保健・勞動	保健・環境 2402～	① 保健・醫療 ② 藥事	△식품위생법 △모자보건법 △약사법 △마약류 관리에 관한 법률
		③ 環境	△환경개선비용 부담법 △대기환경보전법
	福祉・勞動 2902～	① 福祉	△영유아보육법 [illegible] △노인복지법 [illegible]
		② 勞動	△산업전환에 [illegible] △고용정책 기본법 △산업재해보상보험법
教育・文化	教育・科學・文化 3302～	① 教育・學術・體育	△초・중등교육법 △평생교육법 △아동・청소년의 성보호에 관한 법률
		② 科學・技術	△우주항공청의 설치 및 운영에 관한 특별법
		③ 文化・觀光	△저작권법 △관광진흥법 △문화유산의 보존 및 활용에 관한 법률
經濟	財經一般 3702～	① 組織・通則 ② 국가재정・基金・契約 ③ 國有財產・物品・債權・投資機關 ④ 會計檢查・公認會計士 ⑤ 物價・外資・經濟安定 ⑥ 統計 ⑦ 專賣	△부담금관리 기본법 △조달사업에 관한 법률 △귀속재산처리법 △공인회계사법 △독점규제 및 공정거래에 관한 법률 △약관의 규제에 관한 법률 △통계법 △인삼산업법
	金融 4002～	① 金融・信託・保險・간접투자자산운용	△은행법 △경제자유구역의 지정 및 운영에 관한 특별법 △여신전문금융업법 △가상자산 이용자 보호 등에 관한 법률
		② 자본시장・금융투자업・外換・貯蓄・財政資金	△자본시장과 금융투자업에 관한 법률 △주식・사채 등의 전자등록에 관한 법률
	通商・產業 情報・通信 4502～	① 企業・通商 ② 產業	△중소기업진흥에 관한 법률 △산업집적활성화 및 공장설립에 관한 법률
		③ 產業財產權・計量 ④ 動力・地下資源	△발명진흥법 △특허법 △디자인보호법 △상표법 △전기사업법
		⑤ 情報 ⑥ 通信	△정보통신망 이용촉진 및 정보보호 등에 관한 법률 △통신비밀보호법
國土・交通	國土 5002～	① 國土計劃・建設・產業基地 ② 都市・住宅・公園・감정평가 ③ 水資源・自然災害	△공익사업을 위한 토지 등의 취득 및 보상에 관한 법률 △건설산업기본법 △개발제한구역의 지정 및 관리에 관한 특별조치법 △전세사기피해자 지원 및 주거안정에 관한 특별법 △하천법 △소하천정비법
	交通 5602～	① 交通・鐵道・陸運 ② 航空・道路	△자동차관리법 △자동차손해배상 보장법 △항공안전법 △도로법
農林・海洋・國際	別冊 2～	① 農業・農漁村 ② 畜產	△스마트농업 육성 및 지원에 관한 법률 △수의사법 △동물보호법
		③ 競馬 ④ 山林	△한국마사회법
	別冊 302～	① 海洋・海運 ② 船舶・港灣 ③ 水產・資源	△해양폐기물 및 해양오염퇴적물 관리법 △해사안전기본법 △해상교통안전법 △수산자원관리법
	別冊 602～	① 國際機構・基本關係 ② 人權 ③ 法務・國防・航空 ④ 外交・文化 ⑤ 어업 ⑥ 產業財產權 ⑦ 環境・기후・原子力	△국제연합(UN)헌장 △세계인권선언 △韓・美行政協定 △세계저작권협약 △대한민국과 일본국 간의 어업에 관한 협정 △상표법조약 △파리협정
稅法		① 通則・團束 ② 直接稅 ③ 間接稅 ④ 關稅 ⑤ 地方稅와目的稅	△국세기본법 △국세징수법 △소득세법 △법인세법 △부가가치세법 △개별소비세법 △관세법 △지방세기본법 △지방세법

顯

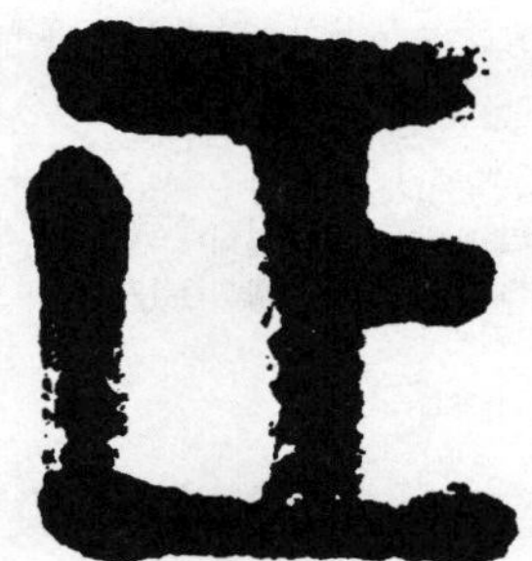

素荃孫在馨題

2024年版

法典

◎ 특별 구성
1.『法典 別冊』
2. 대한민국 현행 법령 현암사 홈페이지 서비스
3. 온·오프라인 법률정보 무료 서비스
4. 편별 색인 스티커

創始 : 玄岩 趙相元
題字 : 素荃 孫 在 馨

創始者略歷
1946年 · 韓國公論社 社長
1959年 ·『法典』編著
1971年 · 讀書新聞 社長
1972年 · 國務總理表彰(文化有功)
1979年 · 서울市 文化賞受賞(法典 등 出版에 先導的 역할 有功)
1984年 · 大統領表彰(法典 등 出版有功), 出版學會賞
1985年 · 文化勳章寶冠章敍勳
1995年 · 中央大學校 言論文化賞(出版部門) 受賞
1999年 · 韓國法學教授會 名譽會員 추대
著書에 〈外國法典〉〈商工法典〉〈基本法典〉〈警察法〉〈實務刑罰法大典〉〈책과 30年〉
〈韓國判例와 外國判例〉〈內外判例事典 全5卷〉〈圖解法律用語辭典〉
〈憲法S-E〉〈刑法S-E〉〈刑訴法S-E〉〈삶에 이르는 삶〉〈법이 뭐길래〉〈그래도 길이 있었다〉 등
2001年 ·「정보산업법전」 발행
2003年 ·「考試法典」 행정고시 · 외무고시 · 법원행정고시 · 법무사 2차 시험장 비치용 법전으로 채택
「試驗用法典」 사법시험 2차 시험장 대비용 법전 발행
2004年 ·「辨理士試驗用法典」 변리사 2차 시험장 비치용 법전으로 채택
대표이사 사장 조근태 제18회 '책의 날' 기념 정부 표창 대통령상 수상(출판공로)
2005年 · 대표이사 사장 조근태 간행물윤리상 출판인쇄상 수상
2009年 ·「法典」 50주년 기념 전시회(국회도서관 2009. 11. 19 ~ 2009. 11. 26)
2010年 · 한국산업인력공단 주관 공인노무사 2차시험용 법전 출간업체로 선정
2011年 · 대표이사 사장 조미현 제25회 '책의 날' 기념 정부 표창 문화체육관광부장관상 수상(출판공로)
2012年 ·「변호사시험법전」 발행
2015年 · 현암사 창립 70주년 기념 전시회(파주 아시아출판문화정보센터 2015. 11. 12 ~ 2015. 11. 30)
2017年 · 대표이사 사장 조미현 출판문화산업진흥원 이사 역임
2018年 · 대표이사 사장 조미현 국가지식재산위원회 민간위원 역임

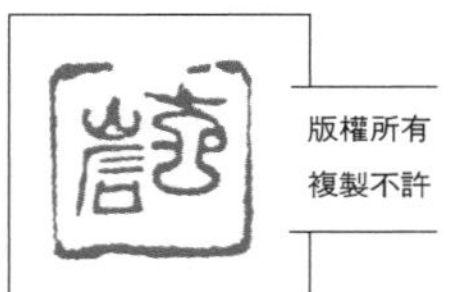

印刷 : 2024. 2. 14
發行 : 2024. 2. 26 *改訂 : 2024年版
발행인 : 조미현
편집 : 윤지현 김희윤 이수호 류근순
發行處 : ㈜현암사
서울특별시 마포구 동교로12안길 35(우 04029)
Tel. 365-5051(법전팀 내선번호 4번) FAX. 313-2729
E-mail : law@hyeonamsa.com
홈페이지 : www.hyeonamsa.com
登錄 : 1951. 12. 24. 10-126

정가 : 170,000원
*파본은 본사나 구입하신 서점에서 바꿔 드립니다.
ISBN 978-89-323-2356-5 14360
ISBN 978-89-323-2355-8 14360(세트)

가나다순 법령 찾기

※표는 참조조문이나 판례에 붙인 것이고, •표는 제정이나 개정법령임.

⇒ 표는 2013년 이후 해당하는 법률 舊제목에서 新제목으로 변경된 것에 표시하였고 稅法은 별도로 발간되는 「稅法」에, 보유는 「別冊」에 각각 수록하였음.

가 部

나 部

다 部

라 部

마 部

바 部

사 部

아 部

자 部

차 部

카 部

타 部

파 部

하 部

시작과 변화의 청룡처럼 성장하는 한 해가 되기를

2024년 갑진년(甲辰年) 새해가 밝았습니다.

갑진년의 '갑'은 푸른색을, '진'은 용을 의미하며 이 두 가지가 결합하여 청룡을 나타냅니다. 용은 12간지의 동물 중 유일하게 현실에 존재하지 않는 상상 속 동물로, 그 중에서 특히 청룡은 해가 뜨는 동쪽과 한 해의 시작인 봄을 상징하는 동물입니다. 따라서 갑진년은 새로운 시작, 성장, 도전, 변화의 의미를 담고 있습니다.

지난 2023년은 다사다난(多事多難)이라는 말로도 형용하기 힘들 정도로 대한민국에 크고 작은 상처를 남긴 한 해였습니다. 어렵사리 코로나19 팬데믹 종식 선언을 하고 마스크를 벗었지만, 혼란은 쉽사리 가라앉지 않았습니다. 국민들을 무엇보다 괴롭힌 것은 다름 아닌 경제적 문제였습니다. 2023년에는 물가 상승률이 5%를 넘어서고, 금리가 인상되는 등 경제적으로 어려운 상황이 지속되었습니다. 고물가·고금리로 인한 서민들의 고통이 증가하며, 가뜩이나 심각하던 저출산 문제도 심화되었습니다. 통계청에 따르면 지난해 3분기 합계출산율은 0.7명으로 역대 최저치를 기록했습니다. 저출산 대응을 위해 천문학적인 예산이 투입되었지만 출산율은 계속 떨어지고 있습니다. 저출산의 이유 중 한 가지로 꼽히는 주거 문제도 점점 심각해지기만 합니다. 대규모 전세사기에 이어 철근을 누락한 부실시공 아파트로 인하여 공급이 축소되는 것이 아니냐며 주거 안정에 대한 불안감 역시 더욱 커지고 있는 실정입니다.

이런 불안한 사회상이 반영된 까닭인지 지난 한 해는 사건 사고도 끊이지 않았습니다. 교권 침해 사건, 출생 미신고 영아 살해 사건을 비롯하여 전국을 두려움에 빠뜨린 일련의 흉기 난동 사건은 일상을 공포 속으로 몰아넣었습니다. 이를 해결하기 위해 「형법」을 개정하여 저항 능력이 없는 사회적 약자인 영아를 범죄로부터 두텁게 보호하기 위해 영아살해·유기죄를 폐지하여 일반 살인·유기죄를 적용하도록 하였고, 살인죄에 대한 공소시효를 폐지하였습니다. 또한 의료기관에 출생신고를 의무적으로 통보하도록 한 「가족관계의 등록 등에 관한 법률」이나 「전세사기피해자 지원 및 주거안정에 관한 특별법」 등이 국회에서 통과되었습니다.

지난 2023년이 대한민국에게 많은 도전과 과제를 주었던 한 해였다면 이제 그 해결은 2024년의 몫이 되었습니다. 경제적 어려움, 갈등과 분열의 꼬인 매듭을 푸는 일도 오늘의 우리가 해야 할 몫입니다. 올해를 상징하는 청룡이 의미하는 대로 '변화'를 '시작'하여 '성장'하는 한 해가 되기를 간절한 마음으로 희망해 봅니다.

어려움을 헤쳐 나가는 길에 조그마한 도움이라도 되기를 바라는 마음으로 앞으로도 현암사는 독자들의 기대에 보답하는 『법전』을 만들기 위해 최선을 다하겠습니다.

2024년 2월

(주)현암사 대표이사 사장 조 미 현

일 러 두 기

1. **【수록범위와 마감시점】** 이 법전은 헌법·법률·조약·대통령령을 비롯하여 주요부령·규칙·조례 등을 2024년 2월 현재로 약 2,000여 건을 수록하였다.

2. **【보유편】** 법전 발간일 후 7개월이 경과한 이후에 시행하는 법률(신법)은 그 시행일 전까지는 현행법률(구법)이 효력을 가지므로 신·구법을 모두 수록함에 따라 양자의 혼란을 피하기 위해 신법을 『別冊』 보유편에 수록하였고, 아울러 이미 부분적으로 편집 마감이 끝나서 가제하지 못한 법령도 '보유편'에 수록하였다. 보유편에 수록한 법령은 각 목차 페이지 앞에 '보유' 표시를 하였다.

3. **【수록근거】** 법전에 수록한 법률·대통령령·부령·규칙·조례 등은 관보에 의거하되 잘못된 부분이 있어도 정정공고가 없으면 공포한 대로 수록하는 것을 원칙으로 하였으며, 편집 마감이 끝난 후 공포가 예정된 법률의 경우 국회 통과안을 기준으로 수록하였다.

4. **【편분류】** 법령의 분류는 법제처에서 발간한 『대한민국현행법령집』의 분류를 원칙으로 따랐고, 편집상 부득이한 부분은 관례에 따라 분류하였다.(책머리 「분류표」 참조)

5. **【기타 신법과 개정법령 표시】** 새로 제정, 개정한 법령은 「가나다순 법령 찾기」 및 「편목차」에 각각 ●표를 붙여 한 눈에 알 수 있게 하였으며, 법령제목이 변경된 경우에는 변경전 제목을 본문중에 병기하고, 「가나다순 법령 찾기」에도 변경전 법령명을 병기하였다.

6. **【편장절 세목차】** 수록된 법령 가운데 조문이 많은 법령은 본문 앞에 편·장·절의 조문세목차를 붙여두었다.

7. **【본래 제목이 없는 조문 표시】** 본래 제목이 없는 것은 편자가 이를 정하여 본래 제목표시부호인 【 】과는 달리 [ ]로 표시하였다.

8. **【법령의 공포 및 공포번호】** 법령제목 아래에는 제정 또는 전문개정 및 부분개정된 공포 연월일과 공포번호를 표기하였다. 개정된 조문에는 조·항·호·목별로 개정연월일을 되도록 철저히 표시하여 적용에 착오가 없게 하였다.

9. **【전부개정과 동시행령】** 전부개정 법령은 그 시행령이 미공포인 것은 이전시행령을 원칙적으로 수록하지 않았으나, 예외로 시행령, 시행규칙 등 별표를 필요로 하는 법률은 그대로 두었다.

10. **【다른 법령에 의한 개정표시】** 예컨대 B법령의 "부칙"에 의해서 개정된 A법은 A법령 제목 아래에 일반개정의 경우와 같이 그 연월일과 공포번호 및 근거법령(다만, 관련 직제에 의한 경우는 "직제"라고만 표시)을 부기하였다.

11. **【개전(改前) 표시】** 개정된 바 있는 민법·상법·형법·민사소송법·민사집행법·형사소송법 등은 개정전의 법조문을 신조문 아래 수록하여 개정후의 조문과 비교할 수 있게 하였다.

12. **【부칙의 처리】** 부칙중 다음의 경우는 원칙적으로 생략하였다.
   - 제정 당시 부칙 : 공포일과 시행일이 같은 경우와 시행일이 문제될 염려가 없다고 인정되는 경우
   - 시한부경과규정 : 그 시한이 경과한 것은 생략
   - 시행일의 표기 : A법령의 개정에 의하여 B법령이 개정되었으나 A법령과 B법령의 시행일이 다른 경우, 혼동을 줄이기 위하여 B법령에는 해당 시행일만을 표기하고 경과조치 등도 이에 따라 불필요한 부분은 생략하였다.

13. **【부칙의 법령공포번호 수록】** 동일한 날짜에 개정된 부칙에는 법령공포번호를 표기하여 구분 가능하도록 하였다.

14. **【조문참조의 극대화】** 헌법을 비롯하여 각 법령조문 상호간의 관련성과 조문해석·적용에 참고가 되도록 기본법과 중요법의 각 조문 끝에 참조조문을 부기하였다. 다만, 편집 마감 후의 관련법 개정에 따른 조문 변경은 부득이 종전대로 두었다.

15. **【판례부기와 화제의 판례】** 기본법을 비롯하여 중요 법률의 각 조문 아래에 2023년 12월까지 선고된 대법원 판례요지와 헌법재판소 결정요지를 부기하였다.

16. **【법률 제명 약칭】** 제명이 10음절 이상인 법률에 대하여서는 법제처에서 정한 '법률 제명 약칭'에 따른 약칭을 함께 표기하였다.

17. **【위헌·헌법 불합치 결정으로 실효된 조항】** 현재의 위헌·불합치 결정으로 효력을 상실한 법조문 아래에 이를 명시하였다.

18. **【법령개폐목록】** 지난 20여 년간 폐지되거나 법명이 바뀐 법령 및 다른 법령과 통합된 법령을 공포 연월일과 함께 정리하였다.

19. **【시행일이 지연(遲延)되는 조항과 2024년 이후 시행되는 조항】** 해당 조항 아래 점선으로 표를 만들어 현재 시행되는 조항과 함께 수록하였다.

20. **【법령명 한글·띄어쓰기 표기】** 법제처의 법령명 '한글·띄어쓰기' 표기 원칙에 맞춰 개정 사항에 반영된 일부 법령은 그에 따랐으나, 아직 개정 사항에 반영되지 못한 법령명은 '한자·붙여쓰기'로 표기하였다.

21. **【라이프니쯔수치표와 호프만수치표】** 손해배상액을 계산하는데 필요한 '라이프니쯔수치표', '호프만법에의한수치표'를 『別冊』 별표편에 수록하였다.

22. **【『別冊』】** '농림편'·'해양편'·'국제편', '별표편', '보유편', '수수료 등 편람'·'사건별 부호문자'·'형법 죄명별 공소시효표' 및 '사례별 조문찾기'를 수록하였다.

23. **【『稅法』】** 세법과 그 시행령·시행규칙을 수록하였다.

24. **【현암법률 발행】** 연중 공포되는 최신 법령을 정리하여 독자에게 1년간 무료로 우송한다.

25. **【대한민국 현행 법령 서비스】** 법제처에서 제공하는 대한민국 현행 법령 서비스를 현암사 홈페이지(www.hyeonamsa.com)와 연동, 대한민국의 현행 및 연혁 법령을 홈페이지에서 검색할 수 있도록 하였다.

26. **【편별 색인】** 편별 색인 스티커를 증정하여 편별 색인에 용이하도록 하였다.

〈法典〉 年誌 – 解題와 沿革

1959年 4月	◈ 우리나라에서 처음으로 <法典>이란 題號를 사용하고「條文參照式」의 大韓民國 法令集을 創刊 ◈ <法典>의 “典”은 우리가 가장 기본적으로 지켜야 할 道德·儀式 또는 책이란 뜻을 포함하고 있으며, 예로부터 우리나라에서도 典大舍典·律令典·朝鮮經國典·經濟六典·經國大典·大典會通·大典通編 등의 이름으로 국민생활을 규율하여 왔다. 따라서 우리가 獨步的으로 이 題名을 씀으로써 과거 日本人이 지어낸 <六法全書>란 잔재적 용어가 우리 사회에서 이제 자취를 감추고 널리 <法典>으로 불리게 되었다. ◈ 創刊 當時 定價가 5,000圜이었는데 出刊되자마자 市中에서는 一時 品貴 상태를 빚어 卷當 6,000圜으로 판매되는 出版物史上 異變的인 사례를 남김 ◈ 이 初版本은 가로 13㎝, 세로 15㎝, 總 1,220面
1960年版	◈ 우리나라에서 처음으로 憲法·民法·商法·手形法(지금의 어음법)·小切手法(지금의 수표법)·刑法·刑事訴訟法 등 7個法의「事項索引」을 特輯收錄하고, 이후 계속 그 범위를 확대하여 10여개 法의 綜合事項索引을 수록하다. ◈ 日政法 依用에서 파생된 日本式 法律用語를 일소할 목적으로「新舊法律用語對照表」를 우리나라에서 처음으로 정리하여 <法典>에 수록, 입법에서의 條文用語醇化에 기여하다.(1984年 순화용어편람으로 代置) ◈ 우리나라에서 처음으로 編者가 법령의 各條文에「條文題目」을 붙이는 創始的 編輯을 하였는데, 그후 모든 法令의 公布에도 이같이 條文題目을 붙이게 됨
1962年版	◈ 우리나라에서 처음으로 모든 法令의 立法過程을 鳥瞰할 수 있는「立法總覽」을 特輯 收錄
1963年版	◈ 우리나라에서 처음으로 法令의 條·項·號別의 改正 年月日을 표시하자, 이후 政府刊行物 또는 市中의 모든 法令集도 이에 따름
1964年版	◈ 모든 公文書가 橫書로 되리라는 豫見下에 우리나라에서 처음으로 全面 橫組를 하자, 이후 官署 또는 市中의 모든 法令集도 이에 따르다. ◈ 이때 條文의 “第○○條”를 本文의 行보다 한 字 안쪽으로 들어가게 편집함으로써 기존의 관례를 깨뜨리다.
1964年	◈ 法律硏究資料誌 <月刊法典>을 創刊(이후 10여 년간 계속 발간)
1967年版	◈ 우리나라 처음으로 법령의 關聯條文아래에「判例要旨」를 附記
1967年版	◈「綜合事項索引」을 增補收錄
1970年版	◈ 本文의 활자를 크게 하고 같은 페이지 안에서 많은 條文을 볼 수 있도록 하기 위해 判型을 크라운判으로 大型化
1970年	◈ 1月 7日 연합상표등록 第18627號
1974年版	◈ 條文參照附 법률을 11個法에서 50個法으로 확대
1975年版	◈ 條文參照附 법률을 50個法에서 120個法으로 極大化(編輯著作權登錄 第471號) ◈ 稅法編을 別冊으로 하는 한편, 稅法의 法律·施行令·施行規則·通則을 對照式으로 편집하고, 重要書式을 동시에 수록(後日 書式省略) ◈ 法制處 發行 法令集의 分類 改編에 따라 <法典>도 全面 改編
1976年版	◈ 우리나라에서 처음으로 복잡한 稅法을 손쉽게 찾아볼 수 있도록 하기 위해 稅法「事項索引」을 새로이 수록(編輯著作權登錄 第471號) ◈ 가장 많이 활용되는 稅法「書式編」을 獨立編으로 新設하다.
1977年版	◈ 빈번한 法令改廢에 대비하여「法令調査部」를 두고 每月 그 改廢目錄을 發行配付함으로써 매년 <法典>을 구입하는 부담을 덜게 함(1989년 創刊「內外法律뉴스」로 代替)
1979年版	◈ 勤勞基準法 관련 全判例 중에서 같은 趣旨의 判例를 제외한 重要判例를 條文下에 同時 收錄 ◈ 不動産登記法의 改正을 계기로 同法의 全判例를 위 勤勞基準法과 같은 방법으로 完全 收錄 ◈ 基本六法 全條文과 重要特別法에 기왕의 重要判例를 附記하여 實務에 最大便益을 도모 ◈ 11月 28日 서울市文化賞 受賞
1981年	◈ 7月 28日 文化公報部에 編輯著作權登錄(第471號)
1982年版	◈ 基本法 重要法律 各條文 아래에 外國判例를 追加收錄
1984年版	◈ 우리나라에서 처음으로 考案한「企業人과 一般人을 위한 事例別條文索引」을 特輯收錄(編輯著作權所有) ◈ 1960年版부터 꾸준히 加除收錄해 오던「新舊法律用語對照表」를 <法典> 본책에서 분리하여 最近까지 行政各部處 기타 團體 등에서 조사 정리한 資料를 묶어서 <法典>特別附錄으로「순화용어편람」책자를 펴내 法案 審理에 참고하도록 法制處에 50餘部를 보내는 한편 <法典> 全讀者에 無償으로 配付(法制處에서는 '85年에「용어순화편람」제1집 발행)
1984年	◈ 5月 10日 大統領表彰 ◈ 10月 13日 韓國出版學會賞 受賞
1985年	◈ 10月 19日 文化勳章 寶冠章 受勳
1987年	◈ 8月 11日 한글世代를 위한 새 憲法의 用語에 관한 建議文을 國會議長 및 各黨總裁등에게 보냄
1988年版	◈ <法典> 本文 組版電算化
1989年版	◈ 附錄에 公認仲介士·勞務士 實務事項索引·契約用語풀이·判例에서 본 職業別稼動年限一覽을 收錄
1989年	◈ 2月에 月刊「內外法律뉴스」創刊
1989年	◈ 月刊「內外法律뉴스」10月號부터「이 用語를 씁시다」라는 欄을 마련 순화用語를 連載
1990年	◈ 版型이 B6版이던「小法典」을 A5版으로 大型化
1991年版	◈ 憲法등 基本六法을 全面改組하고 參照文을 修訂
1992年版	◈ 法令의 收錄件數가 약 1,500件에 이르자, 보다 많은 법을 受容하면서도 閱覽頻度가 높은 法令의 活字크기를 줄이지 않기 위해 大·中·小 세 가지로 구분 편집
1992年	◈ 2月 16日 刑法改正案에 대하여 法務部長官에게 刑法各則에 個人法益을 앞으로 하는 編制와 용어순화등에 대한 건의문 제출 ◈ 11月 4日 國會의 刑法審議小委員會에 條文을 더욱 한글화하도록 건의문 제출
1994年版	◈ 각 特別法罰則에 公訴時效를 附記
1994年	◈ 2月 2日 玄岩法學著作賞制定(韓國法學敎授會 主管)
1995年版	◈ 公職選擧및選擧不正防止法 및 環境關係法條를 單語만으로도 쉽게 찾아 볼 수 있는 事項索引을 수록 ◈ 10月 11日 中央大學校言論文化賞(出版部門) 受賞
1995年	◈ 版型이 B6版이던「稅法」을 A5판으로 大型化하고 조문참조식으로 개편
1998年版	◈ 獨·佛·英·美·日 등의 외국판례 增補 ◈ 勞動法에 改正前 條文 附記 ◈ 공포후 施行日 未到來 法律을 현행법과 함께 수록
1999年版	◈ 1998.7月 韓國法學敎授會 推奬
1999年版	◈ 1998.8月「金·張법률사무소」소속 전문변호사 편집 참여
1999年 5月	◈ 韓國法學敎授會로부터 공로패 受賞 ◈ 韓國法學敎授會 名譽會員 추대
1999年 7月	◈「법률한글화를 위한 청원서」를 한글학회와 함께 국회 제출
2000年版	◈ <法典> 판형을 B6배판으로 확대하고 활자체를 보다 크고 선명하게 하였을 뿐 아니라, 별표를 대폭 수록하는 등 대혁신 단행
2000年 1月	◈ 국회의원을 비롯한 행정각부 법무담당관에게 법률개혁을 위한 호소문(「법률의 대중화를 위한 제언」) 전달
2000年11月	◈ 사이버법정 i-solomon 홈페이지 개설(www.i-solomon.co.kr)
2001年 3月	◈「정보산업법전」발행
2001年 5月	◈「玄岩 趙相元」발행
2002年 1月 2002年 6月	◈ 版型을 B6배판(변형)으로 더욱 확대하여 3단편집화 ◈ 법인등기, 주식회사로 발족 ◈「考試法典」발행
2003年 2月	◈「考試法典」행정고시·외무고시·법원행정고시·법무사 2차 시험장 비치용 법전으로 채택 ◈「試驗用法典」(사시·군법무관임용시험 2차 시험장 대비용 법전) 출간
2004年 1月	◈「考試法典」입법고시 2차 시험장 비치용 법전으로 채택 ◈ 특허청 주관 변리사 2차 시험용 법전 출간 업체로 선정
2004年10月	◈ 제18회 '책의 날' 기념 정부 표창「대표이사 사장 조근태 대통령상 수상(출판공로)」
2005年10月	◈ 대표이사 사장 조근태 간행물윤리상 출판인쇄상 수상
2006年 4月	◈ (주)현암사 자회사「은나팔」설립 ◈ <法典> 판형을 국배판으로 확대하고 활자체를 보다 크고 선명하게 편집
2007年 2月	◈ 法令별지서식 현암사(www.hyeonamsa.com)에서 서비스
2009年 1月 2009年11月	◈ 대표이사 사장 조미현 취임 ◈「法典」50주년 기념전시회(국회도서관 2009.11.19~2019.11.26)
2010年 6月	◈ 한국산업인력공단 주관 공인노무사 2차시험용 법전 출간업체로 선정
2011年10月	◈ 대표이사 사장 조미현 제25회 '책의 날' 기념 정부 표창 문화체육관광부장관상 수상
2012年 3月 2012年10月	◈「변호사시험법전」발간 ◈ 제26회 '책의 날' 기념「한국출판공로상」김정숙 이사 표창
2013年12月	◈ 한국출판인회의 '2013 올해의 출판인' 마케팅부문상 민경옥 이사 수상
2014年10月	◈ 제28회 '책의 날' 기념「한국출판공로상」기획·편집 부문 윤지현 팀장 표창
2015年	◈ 현암사 창립 70주년 기념전시회 개최 (파주 아시아출판문화정보센터 2015.11.12~2015.11.30)
2017年	◈ 대표이사 사장 조미현 출판문화산업진흥원 이사 역임
2018年	◈ 대표이사 사장 조미현 국가지식재산위원회 민간위원 역임

編 目 次

※표는 참조조문 또는 판례를 붙인 것이고,
•표는 새로 공포된 법령이나 개정법령이고,
보유는 『別冊』의 보유편을 말하는 것임.

憲 法

❶ 憲法·選擧·政黨

❷ 國會

法院·法務

❶ 法院

❷ 法務

行政一般

❶ 組織·運營一般

❷ 國家公務員·任用

❸ 服務·訓練·懲戒·訴請

❹ 年金

❺ 賞勳·國慶日

❻ 文書·民願

❼ 外務·海外移住·국제협력

❽ 補償·名譽回復등

地方自治

❶ 組織·通則·地方自治

❷ 住民登錄·印鑑證明·기타 地方行政

❸ 地方公務員

❻ 戒嚴・徵發

❼ 年金・報勳

民　法

❶ 民法

❷ 가족관계등록・혼인

❸ 등기・공탁

商　法

民事訴訟

❶ 民事訴訟 · 行政訴訟 · 共助

❷ 가사소송

❸ 채무자회생파산 · 調停

❹ 訴訟費用

刑 事

❶ 刑法

❷ 刑事訴訟法

保健·環境

❶ 保健·醫療

❷ 藥事

❸ 環境

福祉 · 勞動

❶ 福祉

❷ 勞動

教育 · 科學 · 文化

❶ 教育 · 學術 · 體育

❷ 科學 · 技術

❸ 文化 · 觀光

財經一般

❶ 組織 · 通則

❷ 국가재정 · 基金 · 契約

❸ 國有財産 · 物品 · 債權 · 投資機關

❹ 會計檢査 · 公認會計士

❺ 物價 · 外資 · 經濟安定

❻ 統計

❼ 專賣

金　融

❶ 金融·信託·保險·간접투자자산운용

❷ 자본시장·금융투자업·외환·재정자금

通商·産業·情報·通信

❶ 企業·通商

國 土

❶ 國土計劃·建設·產業基地

❷ 都市 · 住宅 · 公園 · 감정평가

❸ 水資源 · 自然災害

交　通

❶ 交通 · 鐵道 · 陸運

❷ 航空 · 道路

農　林

❶ 農業 · 農漁村

❷ 畜産

❸ 競馬

❹ 山林

海洋・水産

❶ 海洋・海運

❷ 船舶・港灣

❸ 水産・資源

國　際

❶ 國際機構・基本關係

❷ 人權

❸ 法務・國防・航空

❹ 外交・文化

❺ 어업

❻ 産業財産權

❼ 環境・기후・原子力

법령 개폐(변경) 목록 (2000년~2024년)

-법령명은 가나다順-

구 법령명	개폐(변경)	신 법령명	공포일
가석방 심사 등에 관한 규칙	폐지	형의 집행 및 수용자의 처우에 관한 법률 시행규칙	2008.12.19
각급 법원판사 등 정원법	변경	각급 법원 판사 정원법	2007. 5. 1
간접투자자산 운용업법	폐지	자본시장과 금융투자업에 관한 법률	2007. 8. 3
개인채무자회생법	폐지	채무자 회생 및 파산에 관한 법률	2005. 3.31
개항질서법	폐지	선박의 입항 및 출항 등에 관한 법률	2015. 2. 3
건설기계저당법	폐지	자동차 등 특정동산 저당법	2009. 3.25
건설기술관리법	변경	건설기술 진흥법	2013. 5.22
검사의 국선변호인 지정 등에 관한 규칙	변경	검사의 국선변호사 선정 등에 관한 규칙	2013. 6. 3
검사의 사법경찰관리에 대한 수사지휘 및 사법경찰관리의 수사준칙에 관한 규정	폐지	검사와 사법경찰관의 상호협력과 일반적 수사준칙에 관한 규정	2020.10. 7
검사의 수사개시 범죄 범위에 관한 규정 시행규칙		폐지	2022. 9.10
검찰집행사무규칙	변경	자유형등에 관한 검찰집행사무규칙	2008. 1.15
검찰징수사무규칙	변경	재산형등에 관한 검찰집행사무규칙	2008. 1. 7
경제사회발전노사정위원회법	변경	경제사회노동위원회법	2018. 6.12
경찰법	변경	국가경찰과 자치경찰의 조직 및 운영에 관한 법률	2020.12.22
계량및측정에관한법률	변경	계량에 관한 법률	2000. 1.21
고도 보존에 관한 특별법	변경	고도 보존 및 육성에 관한 특별법	2011. 7.21
고령자고용촉진법	변경	고용상 연령차별금지 및 고령자고용촉진에 관한 법률	2008. 3.21
고속국도법		폐지	2014. 1.14
고용직공무원규정		폐지	2011. 7. 4
공공기관의 개인정보보호에 관한 법률	폐지	개인정보 보호법	2011. 3.29
공공용지의취득및손실보상에관한특례법	폐지	공익사업을 위한 토지 등의 취득 및 보상에 관한 법률	2002. 2. 4
공공주택건설 등에 관한 특별법	변경	공공주택 특별법	2015. 8.28
공동주택관리령	폐지	주택법 시행령	2003.11.29
공무국외여행규정		폐지	2016.11.22
공무원임용및시험시행규칙		폐지	2004. 6.12
공무원 직무발명의 처분·관리 및 보상 등에 관한 규정	변경	국가공무원 등 직무발명의 처분·관리 및 보상 등에 관한 규정	2021.10.19
공무원 징계양정 등에 관한 규칙	변경	공무원 징계령 시행규칙	2007. 9.19
공사채 등록법	폐지	주식·사채 등의 전자등록에 관한 법률	2016. 3.22
공소유지담당변호사보수법		폐지	2008.12.19
공업배치및공장설립에관한법률	변경	산업집적활성화 및 공장설립에 관한 법률	2002.12.30
공유수면관리법	폐지	공유수면 관리 및 매립에 관한 법률	2010. 4.15
공유수면매립법	폐지	공유수면 관리 및 매립에 관한 법률	2010. 4.15
공인중개사의 업무 및 부동산 거래신고에 관한 법률	변경	공인중개사법	2014. 1.28
공장저당법	변경	공장 및 광업재단 저당법	2009. 3.25
공중 등 협박목적을 위한 자금조달행위의 금지에 관한 법률	변경	공중 등 협박목적 및 대량살상무기확산을 위한 자금조달행위의 금지에 관한 법률	2014. 5.28
공증인서류보존규칙	변경	공증 서류의 보존에 관한 규칙	2010. 2. 5
공직선거및선거부정방지법	변경	공직선거법	2005. 8. 4
공직선거법 시행령		폐지	2016. 3.11
공탁사무처리규칙	변경	공탁규칙	2007. 3.29
과학관 육성법	변경	과학관의 설립·운영 및 육성에 관한 법률	2013. 1.23
과학교육 진흥법	변경	과학·수학·정보 교육 진흥법	2017.10.24
과학기술진흥법	폐지	과학기술기본법	2001. 1.16
과학기술혁신을위한특별법	폐지	과학기술기본법	2001. 1.16
광업재단저당법	폐지	공장 및 광업재단 저당법	2009. 3.25
광주민주유공자예우에관한법률	변경	5·18민주유공자예우에 관한 법률	2004. 1.20
광주민주화운동관련자보상등에관한법률	변경	5·18민주화운동 관련자 보상 등에 관한 법률	2006. 3.24
교수자격기준 등에 관한 규정	변경	대학교원 자격기준 등에 관한 규정	2012. 2.29
교원지위향상을 위한 특별법	변경	교원의 지위 향상 및 교육활동 보호를 위한 특별법	2016. 2. 3
교통·에너지·환경세법		폐지	2009.12.31 (2025.1.1 폐지)
국가공간정보에 관한 법률	변경	국가공간정보 기본법	2014. 6. 3
국가균형발전 특별법	폐지	지방자치분권 및 지역균형발전에 관한 특별법(통합)	2023. 6. 9
국가정보대학원 설치법		폐지	2011.11.22
국가정보화 기본법	변경	지능정보화 기본법	2020. 6. 9
국가지리정보체계의구축및활용등에관한법률	폐지	국가공간정보에 관한 법률	2009. 2. 6
국고금단수계산법	폐지	국고금관리법	2005. 1.27
국군포로대우등에관한법률	폐지	국군포로의 송환 및 대우 등에 관한 법률	2006. 3.24
국민고충처리위원회의 설치 및 운영에 관한 법률	폐지	부패방지 및 국민권익위원회의 설치와 운영에 관한 법률	2008. 2.29
국유재산의현물출자에관한법률	폐지	국유재산법	2009. 1.30
국유철도의운영에관한특례법	폐지	한국철도공사법	2003.12.31
국제물류기지육성을위한관세자유지역의지정및운영에관한법률	폐지	자유무역지역의 지정 및 운영에 관한 법률	2004. 3.22
국제협력요원에 관한 법률		폐지	2014. 1.21
국토건설종합계획법	폐지	국토기본법	2002. 2. 4
국토이용관리법	폐지	국토의 계획 및 이용에 관한 법률	2002. 2. 4
군법무관임용법	변경	군법무관 임용 등에 관한 법률	2000.12.26
군사법원의 재판권에 관한 법률	폐지	군사법원법(통합)	2009.12.29
군사시설보호법	폐지	군사기지 및 군사시설 보호법	2007.12.21
군용항공기지법	폐지	군사기지 및 군사시설 보호법	2007.12.21
군인보험법		폐지	2002.12. 5
군행형법	변경	군에서의 형의 집행 및 군수용자의 처우에 관한 법률	2009.11. 2
근로자복지기본법	변경	근로복지기본법	2010. 6. 8

구 법령명	개폐(변경)	신 법령명	공포일
근로자의주거안정과목돈마련지원에관한법률	폐지	한국주택금융공사법	2003.12.31
근로자직업능력 개발법	변경	국민 평생 직업능력 개발법	2021. 8.17
금융감독기구의설치등에관한법률	변경	금융위원회의 설치 등에 관한 법률	2008. 2.29
금융회사부실자산 등의 효율적 처리 및 한국자산관리공사의 설립에 관한 법률	변경	한국자산관리공사 설립 등에 관한 법률	2019.11.26
기금관리기본법	폐지	국가재정법	2006.10. 4
기능장려법	변경	숙련기술장려법	2010. 5.31
기르는 어업육성법	폐지	수산생물질병 관리법(통합)	2011. 7.21
기반시설부담금에관한법률	폐지		2008. 3.28
기부금품의 모집 및 사용에 관한 법률	변경	기부금품의 모집·사용 및 기부문화 활성화에 관한 법률	2024. 1.30
기상업무법	변경	기상법	2005.12.30
기술개발촉진법	폐지	산업기술혁신 촉진법	2011. 5.24
기술신용보증기금법	변경	기술보증기금법	2016. 3.29
기술이전촉진법	변경	기술의 이전 및 사업화 촉진에 관한 법률	2006.12.28
기업예산회계법	변경	정부기업예산법	2008.12.31
기초과학연구 진흥법	변경	기초연구진흥 및 기술개발지원에 관한 법률	2011. 3. 9
기초노령연금법	폐지	기초연금법	2014. 5.20
남녀고용평등법	변경	남녀고용평등과 일·가정 양립 지원에 관한 법률	2007.12.21
남녀차별금지및구제에관한법률	폐지		2005. 3.24
내수면어업개발촉진법	변경	내수면어업법	2000. 1.28
노사정위원회의설치및운영등에관한법률	변경	경제사회발전노사정위원회법	2007. 1.26
농산물가공산업 육성법	폐지	식품산업진흥법	2007.12.27
농산물품질관리법	변경	농수산물 품질관리법	2011. 7.21
농수산물유통공사법	변경	한국농수산식품유통공사법	2011. 7.25
농어가부채경감에관한특별조치법	폐지	농어업인 부채경감에 관한 특별조치법	2001. 1. 8
농어촌발전특별조치법	폐지		2009. 5.27
농업기반공사및농지관리기금법	변경	한국농어촌공사 및 농지관리기금법	2005.12.29
농어업·농어촌 및 식품산업 기본법	변경	농업·농촌 및 식품산업 기본법	2015. 6.22
농작물재해보험법	변경	농어업재해보험법	2009. 3. 5
다중이용시설 등의 실내공기질관리법	변경	실내공기질 관리법	2015.12.22
대마관리법	폐지	마약류 관리에 관한 법률	2000. 1.12
대체에너지개발및이용·보급촉진법	변경	신에너지 및 재생에너지 개발·이용·보급 촉진법	2004.12.31
대한민국국기에관한규정	폐지	대한민국국기법 시행령	2007. 7.27
대한주택공사법	폐지	한국토지주택공사법	2009. 5.22
댐건설 및 주변지역지원 등에 관한 법률	변경	댐건설·관리 및 주변지역지원 등에 관한 법률	2021. 6.15
도로명주소 등 표기에 관한 법률	변경	도로명주소법	2009. 4. 1
도서관및독서진흥법	변경	도서관법	2006.10. 4
도시계획법	폐지	국토의 계획 및 이용에 관한 법률	2002. 2. 4
도시공원법	변경	도시공원 및 녹지 등에 관한 법률	2005. 3.31
도시및주거환경정비등기처리규칙	변경	도시 및 주거환경정비 등기규칙	2018. 5.29
도시재개발법	폐지	도시 및 주거환경정비법	2002.12.30
도시저소득주민의주거환경개선을위한임시조치법	폐지	도시 및 주거환경정비법	2002.12.30
등기부 등·초본 등 수수료규칙	변경	등기사항증명서 등 수수료규칙	2011. 9.28
디자인등록령	폐지	특허권 등의 등록령	2011.12. 2

구 법령명	개폐(변경)	신 법령명	공포일
마약법	폐지	마약류 관리에 관한 법률	2000. 1.12
매장및묘지등에관한법률	변경	장사 등에 관한 법률	2000. 1.12
모·부자복지법	변경	한부모가족지원법	2007.10.17
무역업무자동화촉진에관한법률	변경	전자무역 촉진에 관한 법률	2005.12.23
문화재보호법	변경	문화유산의 보존 및 활용에 관한 법률	2023. 8. 8
민법·민사소송법시행에관한임시조치법	폐지		2008.12.19
민사소송법	변경	민사소송법(전부개정) 민사집행법(제정)	2002. 1.26
민사소송 등에서의 전자문서 이용 등에 관한 법률 적용시기에 관한 규칙	폐지	민사소송 등에서의 전자문서 이용 등에 관한 규칙	2011. 3.28
민원사무 처리에 관한 법률	변경	민원 처리에 관한 법률	2015. 8.11
반론보도등청구사건심판규칙	폐지	정정보도청구 등 사건 심판규칙	2005. 7.13
방위산업에관한특별조치법	변경	방위사업법	2006. 1. 2
배타적 경제수역법	변경	배타적 경제수역 및 대륙붕에 관한 법률	2017. 3.21
범죄피해자구조법	폐지	범죄피해자 보호법(통합)	2010. 5.14
법무사법시행규칙	변경	법무사규칙	2008. 7. 7
법정에서의방청·촬영등에관한규칙	변경	법정 방청 및 촬영 등에 관한 규칙	2006.12.29
벤처기업육성에 관한 특별조치법	변경	벤처기업육성에 관한 특별법	2024. 1. 9
보조금의 예산 및 관리에 관한 법률	변경	보조금 관리에 관한 법률	2011. 7.25
보호시설에있는고아의후견직무에관한법률	변경	보호시설에 있는 미성년자의 후견 직무에 관한 법률	2000. 1.12
부당이득세법	폐지		2007. 7.19
부동산 가격공시 및 감정평가에 관한 법률	변경	부동산 가격공시에 관한 법률	2016. 1.19
부동산 거래신고에 관한 법률	폐지	부동산 거래신고 등에 관한 법률	2016. 1.19
부동산등기법시행규칙	변경	부동산등기규칙	2006. 5.30
부부재산약정등기처리규칙	변경	부부재산약정등기규칙	2007. 8.31
부패방지법	폐지	부패방지 및 국민권익위원회의 설치와 운영에 관한 법률	2008. 2.29
비상대비자원 관리법	변경	비상대비에 관한 법률	2022. 1. 4
사격 및 사격장 단속법	변경	사격 및 사격장 안전관리에 관한 법률	2011. 8. 4
사내근로복지기금법	폐지	근로복지기본법(통합)	2010. 6. 8
사면법 시행령	폐지		2013. 5.31
사립학교교원연금법	변경	사립학교교직원 연금법	2000. 1.12
사법시험법	폐지	변호사시험법	2009. 5.28
사회간접자본시설에대한민간투자법	변경	사회기반시설에 대한 민간투자법	2005. 1.27
삭도·궤도법	변경	궤도운송법	2009. 4.22
산림법	폐지	산림자원의 조성 및 관리에 관한 법률	2005. 8. 4
산업교육진흥 및 산학협력촉진에 관한 법률	변경	산업교육진흥 및 산학연협력촉진에 관한 법률	2011. 7.25
산업기술기반조성에관한법률	변경	산업기술혁신 촉진법	2006. 4.28
산업체의근로청소년의교육을위한특별학급등의설치기준령	폐지		2012. 6. 5
상법의일부규정의시행에관한규정	변경	상법 시행령	2009. 2. 3
상업등기처리규칙	폐지	상업등기규칙	2007.12.24
상표등록령	폐지	특허권 등의 등록령	2011.12. 2
상호신용금고법	변경	상호저축은행법	2001. 3.28
석유사업법	변경	석유 및 석유대체연료 사업법	2004.10.22
선물거래법	폐지	자본시장과 금융투자업에 관한 법률	2007. 8. 3
선박등기처리규칙	변경	선박등기규칙	2007. 8.31

구 법령명	개폐(변경)	신 법령명	공포일
섭외사법	변경	국제사법	2001. 4. 7
성폭력범죄의 피해자보호 등에 관한 법률	폐지	성폭력방지 및 피해자보호 등에 관한 법률 성폭력범죄의 처벌 등에 관한 특례법	2010. 4.15
소기업 및 소상공인 지원을 위한 특별조치법	변경	소상공인 보호 및 지원에 관한 법률	2015. 1.28
소년원법	변경	보호소년 등의 처우에 관한 법률	2007.12.21
소득세및법인세중간예납등특례규정		폐지	2012. 2. 2
소송촉진등에관한특례법시행규칙	변경	소송촉진 등에 관한 특례규칙	2006. 6.14
소음·진동규제법	변경	소음·진동관리법	2009. 6. 9
소재·부품·장비산업 경쟁력강화를 위한 특별조치법	변경	소재·부품·장비산업 경쟁력 강화 및 공급망 안정화를 위한 특별조치법	2023. 6.13
소프트웨어산업 진흥법	변경	소프트웨어 진흥법	2020. 6. 9
소형선박저당법	폐지	자동차 등 특정동산 저당법	2009. 3.25
수난구호법	변경	수상에서의 수색·구조 등에 관한 법률	2015. 7.24
수도권 대기환경개선에 관한 특별법	폐지	대기관리권역의 대기환경개선에 관한 특별법	2019. 4. 2
수산동물질병 관리법	변경	수산생물질병 관리법	2011. 7.21
수산물품질관리법	폐지	농수산물 품질관리법	2011. 7.21
수질 및 수생태계 보전에 관한 법률	변경	물환경보전법	2017. 1.17
수출보험법	변경	무역보험법	2010. 4. 5
수표법의 적용에 있어서 은행과 동시되는 사람 또는 시설의 지정에 관한 규정	변경	수표법 적용 시 은행과 동일시되는 사람 또는 시설의 지정에 관한 규정	2012. 3.13
승강기제조 및 관리에 관한 법률	변경	승강기시설 안전관리법	2009. 1.30
시설물의 안전관리에 관한 특별법	변경	시설물의 안전 및 유지관리에 관한 특별법	2017. 2. 8
신문 등의 자유와 기능보장에 관한 법률	변경	신문 등의 진흥에 관한 법률	2009. 7.31
신발전지역 육성을 위한 투자촉진 특별법	폐지	지역 개발 및 지원에 관한 법률	2014. 6. 3
신탁업법	폐지	자본시장과 금융투자업에 관한 법률	2007. 8. 3
실용신안등록령	폐지	특허권 등의 등록령	2011.12. 2
쌀소득 등의 보전에 관한 법률	변경	농업소득의 보전에 관한 법률	2012. 1.26
액화석유가스의안전및사업관리법	변경	액화석유가스의 안전관리 및 사업법	2003. 9.29
야생동·식물보호법	변경	야생생물 보호 및 관리에 관한 법률	2011. 7.28
약국 및 의약품 등의 제조업·수입자 및 판매업의 시설기준령	변경	의약품 등의 제조업 및 수입자의 시설기준령	2013. 3.23
약식절차 등에서의 전자문서 이용 등에 관한 법률	폐지	형사사법절차에서의 전자문서 이용 등에 관한 법률	2021.10.19 (2024.10.20 시행)
양곡증권정리기금법		폐지	2009. 4. 1
에너지기본법	변경	에너지법	2010. 1.13
엔지니어링기술 진흥법	변경	엔지니어링산업 진흥법	2010. 4.12
여성발전기본법	변경	양성평등기본법	2014. 5.28
염관리법	변경	소금산업 진흥법	2011.11.22
영화진흥법	폐지	영화 및 비디오물의 진흥에 관한 법률	2006. 4.28
예산회계법	폐지	국가재정법	2006.10. 4
오수·분뇨및축산폐수의처리에관한법률	폐지	하수도법	2006. 9.27
오존층 보호를 위한 특정물질의 제조규제 등에 관한 법률	변경	오존층 보호 등을 위한 특정물질의 관리에 관한 법률	2022.10.18
옥외광고물 등 관리법	변경	옥외광고물 등의 관리와 옥외광고산업 진흥에 관한 법률	2016. 1. 6
온라인 디지털콘텐츠산업 발전법	변경	콘텐츠산업 진흥법	2010. 6.10

구 법령명	개폐(변경)	신 법령명	공포일
외국 민간원조단체에 관한 법률		폐지	2016. 2. 3
외국인관광객등에대한부가가치세및특별소비세특례규정	변경	외국인관광객 등에 대한 부가가치세 및 개별소비세 특례규정	2007.12.31
외국인토지법	폐지	부동산 거래신고 등에 관한 법률	2016. 1.19
원자력법	변경	원자력 진흥법	2011. 7.25
위생사에 관한 법률	폐지	공중위생관리법	2016. 2. 3
위수령		폐지	2018. 9.18
위험직무 관련 순직공무원의 보상에 관한 법률		폐지	2009.12.31
유아교육진흥법	폐지	유아교육법	2004. 1.29
유통단지개발촉진법	변경	물류시설의 개발 및 운영에 관한 법률	2007. 8. 3
유해화학물질 관리법	변경	화학물질관리법	2013. 6. 4
윤락행위등방지법	폐지	성매매알선 등 행위의 처벌에 관한 법률	2004. 3.22
음반·비디오물 및 게임물에 관한 법률	폐지	영화 및 비디오물의 진흥에 관한 법률	2006. 4.28
의료보호법	변경	의료급여법	2001. 5.24
의사상자예우에관한법률	변경	의사상자 등 예우 및 지원에 관한 법률	2007. 8. 3
의장법	변경	디자인보호법	2004.12.31
인지 첩부 및 공탁 제공에 관한 특례법	변경	인지 첩부·첨부 및 공탁 제공에 관한 특례법	2012.12.18
일제강점하 강제동원피해 진상규명 등에 관한 특별법	폐지	대일항쟁기 강제동원 피해조사 및 국외강제동원 희생자 등 지원에 관한 특별법	2010. 3.22
일제강점하친일반민족행위진상규명에관한특별법	변경	일제강점하 반민족행위 진상규명에 관한 특별법	2005. 1.27
임대주택법	변경	민간임대주택에 관한 특별법	2015. 8.28
임업진흥촉진법	변경	임업 및 산촌 진흥촉진에 관한 법률	2001.12.31
임업협동조합법	변경	산림조합법	2000. 1.21
입목등기처리규칙	변경	입목등기규칙	2007. 8.31
입양특례법	변경	국내입양에 관한 특별법	2023. 7.18 (2025.7.19 시행)
자동차저당법	폐지	자동차 등 특정동산 저당법	2009. 3.25
자유무역지역의지정등에관한법률	변경	자유무역지역의 지정 및 운영에 관한 법률	2004. 3.22
자유무역협정 체결에 따른 무역조정 지원에 관한 법률	변경	무역조정 지원 등에 관한 법률	2021.10.19
잔류성유기오염물질 관리법	변경	잔류성오염물질 관리법	2016. 1.27
장기신용은행법		폐지	2007.12.14
장애인고용촉진등에관한법률	변경	장애인고용촉진 및 직업재활법	2000. 1.12
재난관리법	폐지	재난 및 안전관리 기본법	2004. 3.11
재단저당등기규칙	변경	공장 및 광업재단 저당등기규칙	2012. 5.29
재래시장 및 상점가 육성을 위한 특별법	변경	전통시장 및 상점가 육성을 위한 특별법	2009.12.30
재외국민취적·호적정정 및 호적정리에 관한 특례법	변경	재외국민의 가족관계등록 창설, 가족관계등록부 정정 및 가족관계등록부 정리에 관한 특례법	2007. 5.17
재정융자특별회계법		폐지	2006.12.30
재판기록 열람·등사 규칙	변경	재판기록 열람·복사 규칙	2012.12.27
전기용품안전 관리법	변경	전기용품 및 생활용품 안전관리법	2016. 1.27
전기통신금융사기 피해금 환급에 관한 특별법	변경	전기통신금융사기 피해 방지 및 피해금 환급에 관한 특별법	2014. 1.28
전염병예방법	변경	감염병의 예방 및 관리에 관한 법률	2009.12.29
전자거래기본법	변경	전자문서 및 전자거래 기본법	2012. 6. 1
전자단기사채등의 발행 및 유통에 관한 법률	폐지	주식·사채 등의 전자등록에 관한 법률	2016. 3.22

구 법령명	개폐(변경)	신 법령명	공포일
전자정부구현을위한행정업무등의전자화촉진에관한법률	변경	전자정부법	2007. 1. 3
전투경찰대 설치법	변경	의무경찰대 설치 및 운영에 관한 법률	2015. 7.24
접경지역지원법	변경	접경지역 지원 특별법	2011. 5.19
정보통신망이용촉진등에관한법률	변경	정보통신망 이용촉진 및 정보보호 등에 관한 법률	2001. 1.16
정부업무등의평가에관한기본법	폐지	정부업무평가 기본법	2006. 3.24
정부산하기관 관리기본법	폐지	공공기관의 운영에 관한 법률	2007. 1.19
정부투자기관 관리기본법	폐지	공공기관의 운영에 관한 법률	2007. 1.19
정신보건법	변경	정신건강증진 및 정신질환자 복지서비스 지원에 관한 법률	2016. 5.29
종합금융회사에 관한 법률	폐지	자본시장과 금융투자업에 관한 법률	2007. 8. 3
주식회사의 외부감사에 관한 법률	변경	주식회사 등의 외부감사에 관한 법률	2017.10.31
주택건설촉진법	변경	주택법	2003. 5.29
주택임대차계약증서상의 확정일자 부여에 관한 규칙	변경	주택임대차계약증서상의 확정일자 부여 및 임대차 정보제공에 관한 규칙	2013.12.31
중소기업의사업영역보호및기업간협력증진에관한법률	폐지	대·중소기업 상생협력 촉진에 관한 법률	2006. 3. 3
중소기업진흥 및 제품구매촉진에 관한 법률	변경	중소기업진흥에 관한 법률	2009. 5.21
증권거래법	폐지	자본시장과 금융투자업에 관한 법률	2007. 8. 3
지방공무원의영리업무의한계에관한규정	폐지	지방공무원 복무규정	2005. 3.18
지방공무원법제3조제3항의공무원의범위에관한규정	폐지	지방공무원 복무규정	2005. 3.18
지방교육양여금법	폐지		2004.12.30
지방세외수입금의 징수 등에 관한 법률, 동시행령	변경	지방행정제재·부과금의 징수 등에 관한 법률, 동시행령	2020. 3.24
지방양여금법	폐지		2004. 1.29
지방자치분권 및 지방행정체제개편에 관한 특별법	폐지	지방자치분권 및 지역균형발전에 관한 특별법(통합)	2023. 6. 9
지방행정체제 개편에 관한 특별법	폐지		2013. 5.28
지역균형개발 및 지방중소기업 육성에 관한 법률	폐지		2016. 3.29
지역특화발전특구에 대한 규제특례법	변경	규제자유특구 및 지역특화발전특구에 관한 규제특례법	2018.10.16
집행관법 시행규칙	변경	집행관규칙	2007. 2.15
징병 신체검사 등 검사규칙	변경	병역판정 신체검사 등 검사규칙	2016.11.29
참전유공자예우에 관한 법률	변경	참전유공자예우 및 단체설립에 관한 법률	2009. 2. 6
철도법	폐지	철도사업법	2004.12.31
철도소운송업법	폐지	한국철도공사법	2003.12.31
철도운송규정	폐지	철도사업법 시행령	2005. 6.30
청소년의 성보호에 관한 법률	변경	아동·청소년의 성보호에 관한 법률	2009. 6. 9
총포·도검·화약류 등 단속법	변경	총포·도검·화약류 등의 안전관리에 관한 법률	2015. 1. 6
축산물가공처리법	변경	축산물 위생관리법	2010. 5.25
축산물의소비촉진등에관한법률	변경	축산자조금의 조성 및 운용에 관한 법률	2006.12.28
출판및인쇄진흥법	변경	출판문화산업 진흥법	2007. 7.19
측량·수로조사 및 지적에 관한 법률	변경	공간정보의 구축 및 관리 등에 관한 법률	2014. 6. 3
치료감호법	변경	치료감호 등에 관한 법률	2015.12. 1
친환경농업육성법	변경	친환경농어업 육성 및 유기식품 등의 관리·지원에 관한 법률	2012. 6. 1

구 법령명	개폐(변경)	신 법령명	공포일
컴퓨터프로그램 보호법	폐지	저작권법(통합)	2009. 4.22
토지관리및지역균형개발특별회계법	폐지	국가균형발전 특별법	2004. 1.16
토지구획정리사업법	폐지	도시개발법	2000. 1.28
토지수용법	폐지	공익사업을 위한 토지 등의 취득 및 보상에 관한 법률	2002. 2. 4
통신제한조치 등 허가 규칙	변경	통신제한조치허가 등 규칙	2020. 6. 1
특별사법경찰관리 집무규칙	폐지	특별사법경찰관리에 대한 검사의 수사지휘 및 특별사법경찰관리의 수사준칙에 관한 규칙	2021. 1. 1
특별소비세법	변경	개별소비세법	2007.12.31
특수교육진흥법	폐지	장애인 등에 대한 특수교육법	2007. 5.25
특정 범죄자에 대한 보호관찰 및 전자장치 부착 등에 관한 법률	변경	전자장치 부착 등에 관한 법률	2020. 2. 4
특허등록령	폐지	특허권 등의 등록령	2011.12. 2
특허소송에서의 전자문서 이용 등에 관한 규칙	폐지	민사소송 등에서의 전자문서 이용 등에 관한 규칙	2011. 3.28
파산법	폐지	채무자 회생 및 파산에 관한 법률	2005. 3.31
품질경영 및 공산품안전관리법	폐지		2016. 1.27
학술진흥 및 학자금대출 신용보증 등에 관한 법률	변경	학술진흥법	2011. 7.21
학원의설립·운영에관한법률	변경	학원의 설립·운영 및 과외교습에 관한 법률	2001. 4. 7
한국과학재단법	폐지	한국연구재단법	2009. 3.25
한국농촌공사 및 농지관리기금법	변경	한국농어촌공사 및 농지관리기금법	2008.12.29
한국방송광고공사법	폐지	방송광고판매대행 등에 관한 법률	2012. 2.22
한국증권선물거래소법	폐지	자본시장과 금융투자업에 관한 법률	2007. 8. 3
한국컨테이너부두공단법	폐지		2011. 5.18
한국토지공사법	폐지	한국토지주택공사법	2009. 5.22
한글전용에관한법률	폐지	국어기본법	2005. 1.27
항공기저당법	폐지	자동차 등 특정동산 저당법	2009. 3.25
항공법	폐지	항공안전법	2016. 3.29
항공안전 및 보안에 관한 법률	변경	항공보안법	2013. 4. 5
해군기지법	폐지	군사기지 및 군사시설 보호법	2007.12.21
해사안전법	변경	해사안전기본법	2023. 7.25
해양개발기본법	폐지	해양수산발전 기본법	2002. 5.13
해양오염방지법	폐지	해양환경관리법	2007. 1.19
행형법	변경	형의 집행 및 수용자의 처우에 관한 법률	2007.12.21
향정신성의약품관리법	폐지	마약류 관리에 관한 법률	2000. 1.12
향토예비군 설치법	변경	예비군법	2016. 5.29
형사보상법	변경	형사보상 및 명예회복에 관한 법률	2011. 5.23
호적법	폐지	가족관계의 등록 등에 관한 법률	2007. 5.17
호적법시행규칙	폐지	가족관계의 등록 등에 관한 규칙	2007.11.28
화물유통촉진법	변경	물류정책기본법	2007. 8. 3
화의법	폐지	채무자 회생 및 파산에 관한 법률	2005. 3.31
화재예방, 소방시설 설치·유지 및 안전관리에 관한 법률	변경	소방시설 설치 및 관리에 관한 법률	2021.11.30
환경·교통·재해등에관한영향평가법	변경	환경영향평가법	2008. 3.28
환경기술개발 및 지원에 관한 법률	변경	환경기술 및 환경산업 지원법	2011. 4.28
환경범죄의단속에관한특별조치법	변경	환경범죄 등의 단속 및 가중처벌에 관한 법률	2011. 4.28
회사정리법	폐지	채무자 회생 및 파산에 관한 법률	2005. 3.31

憲法編

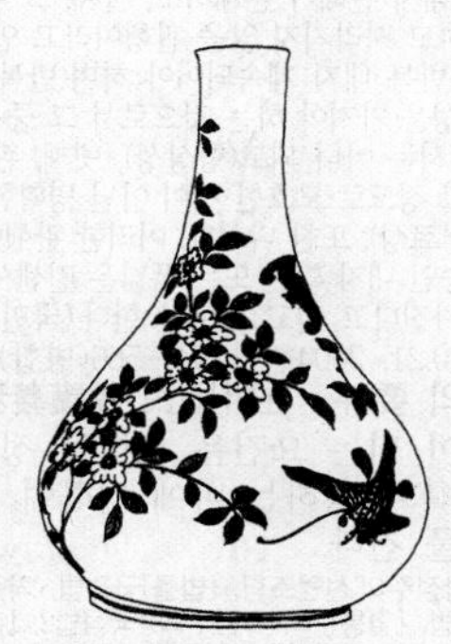

朝鮮朝青華白磁花蝶文瓶(紋樣)

大韓民國憲法

(1948年 7月 12日 制定)
(1948年 7月 17日 公布)

改正
1952. 7. 7憲 2號 1954.11.29憲 3號
1960. 6.15法 4號 1960.11.29憲 5號
1962.12.26憲 6號(전문개정)
1969.10.21憲 7號
1972.12.27憲 8號(전문개정)
1980.10.27憲 9號(전문개정)
1987.10.29憲10號(전문개정)

前 文

悠久한 歷史와 傳統에 빛나는 우리 大韓國民은 3·1運動으로 建立된 大韓民國臨時政府의 法統과 不義에 抗拒한 4·19民主理念을 계승하고, 祖國의 民主改革과 平和的 統一의 使命에 입각하여 正義·人道와 同胞愛로써 民族의 團結을 공고히 하고, 모든 社會的 弊習과 不義를 타파하며, 自律과 調和를 바탕으로 自由民主的 基本秩序를 더욱 확고히 하여 政治·經濟·社會·文化의 모든 領域에 있어서 各人의 機會를 균등히 하고, 能力을 最高度로 발휘하게 하며, 自由와 權利에 따르는 責任과 義務를 완수하게 하여, 안으로는 國民生活의 균등한 향상을 기하고 밖으로는 항구적인 世界平和와 人類共榮에 이바지함으로써 우리들과 우리들의 子孫의 安全과 自由와 幸福을 영원히 확보할 것을 다짐하면서 1948年 7月 12日에 制定되고 8次에 걸쳐 改正된 憲法을 이제 國會의 議決을 거쳐 國民投票에 의하여 改正한다.

1987年 10月 29日

판례 우리 헌법의 최고 이념이 가지는 규범적 효력 : 우리 헌법의 전문과 본문의 전체에 담겨있는 최고 이념은 국민주권주의와 자유민주주의에 입각한 입헌민주헌법의 본질적 기본원리에 기초하고 있다. 기타 헌법상의 제원칙도 여기에서 연유되는 것이므로 이는 헌법전을 비롯한 모든 법령해석의 기준이 되고, 입법형성권 행사의 한계와 정책결정의 방향을 제시하며, 나아가 모든 국가기관과 국민이 존중하고 지켜가야 하는 최고의 가치규범이다.(헌재결 1989.9.8, 88헌가6)

판례 헌법전문의 '3·1운동'의 의미 : 헌법전문에 기재된 3·1운동의 정신은 우리나라 헌법의 연혁적·이념적 기초로서 헌법이나 법률해석의 해석기준이라 할 수 있지만, 그에 기하여 곧바로 개별적 기본권성을 도출해낼 수는 없는바, 헌법소원의 대상인 '헌법상 보장된 기본권'에 해당하지 않는다.
(헌재결 2001.3.21, 99헌마139·142·156·160(병합))

판례 국가존립과 자유민주적 기본질서와의 관계 : 국가보안법 7조 1항 및 5항의 규정은 각 그 소정의 행위가 국가의 존립·안전을 위태롭게 하거나 자유민주적 기본질서에 위해를 줄 명백한 위험이 있을 경우에만 축소적용되는 것으로 해석한다면 헌법에 위반되지 아니한다. 여기에서 국가의 존립·안전을 위태롭게 한다 함은 대한민국의 독립을 위협 침해하고 영토를 침략하여 헌법과 법률의 기능 및 헌법기관을 파괴 마비시키는 것으로 외형적인 적화공작 등일 것이며, 자유민주적 기본질서에 위해를 준다 함은 모든 폭력적 지배와 자의적 지배 즉 반국가단체의 일인독재 내지 일당독재를 배제하고 다수의 의사에 의한 국민의 자치, 자유·평등의 기본 원칙에 의한 법치주의적 통치질서의 유지를 어렵게 만드는 것이고, 이를 보다 구체적으로 말하면 기본적 인권의 존중, 권력분립, 의회제도, 복수정당제도, 선거제도, 사유재산과 시장경제를 골간으로 한 경제질서 및 사법권의 독립 등 우리의 내부 체제를 파괴·변혁시키려는 것으로 풀이할 수 있을 것이다.(헌재결 1990.4.2, 89헌가113)

판례 저항권 : 저항권은 국가권력에 의하여 헌법의 기본원리에 대한 중대한 침해가 행하여지고 그 침해가 헌법의 존재 자체를 부인하는 것으로서 다른 합법적인 구제수단으로는 목적을 달성할 수 없을 때에 국민이 자기의 권리·자유를 지키기 위하여 실력으로 저항하는 권리이다.(헌재결 1997.9.25, 97헌가4)

프판 헌법전문은 헌법본문과 마찬가지로 법규범으로서의 가치를 갖는다. 이에 따라 1789년 인간과 시민의 권리선언도 헌법규범으로서의 가치를 갖는다.
(프랑스 헌법위원회 1970.6.19 : 1971.7.16 : 1973.12.27 결정)

第1章 總 綱

第1條 [國號·政體·國體·主權] ① 大韓民國은 民主共和國이다.

② 大韓民國의 主權은 國民에게 있고, 모든 權力은 國民으로부터 나온다.

참조 구1, '헌법의 기본원리'조항, ①[민주공화국]→'국가형태', [민주]4·8②④·32②·119②, 국회1, 공선47②, 헌재55, 지방자치1, 지방공무원1, 국가자치경찰1, 노노11, 교육기본2, ②[국민주권]→'국가질서 정당성의 근거', [국민의 권리와 의무]제2장, [국민의 요건]2

판례 [1] 관습헌법 인정의 헌법적 근거 : 국민은 대한민국의 주권자이고, 최고의 헌법제정권력이므로 성문헌법의 제·개정에 참여할 뿐만 아니라 헌법전에 포함되지 아니한 헌법사항을 필요에 따라 '관습의 형태'로 직접 형성할 수 있다. 그렇다면 관습헌법도 성문헌법과 마찬가지로 주권자인 국민의 헌법적 결단의 의사의 표현이며 성문헌법과 동등한 효력을 가진다고 보아야 한다. 국민주권주의는 성문이든 관습이든 실정법 전체의 정립에의 국민의 참여를 요구한다고 할 것이며, 국민에 의하여 정립된 관습헌법은 입법권자를 구속하며 헌법으로서의 효력을 가진다.
[2] 관습헌법의 일반적 성립요건 : 첫째, 기본적 헌법사항에 관하여 어떠한 관행 내지 관례가 존재하고, 둘째, 그 관행은 국민이 그 존재를 인식하고 사라지지 않을 관행이라고 인정할 만큼 충분한 기간 동안 반복 내지 계속되어야 하며(반복·계속성), 셋째, 관행은 지속성을 가져야 하는 것으로서 그 중간에 반대되는 관행이 이루어져서는 아니 되고(항상성), 넷째, 관행은 여러 가지 해석이 가능할 정도로 모호한 것이 아닌 명확한 내용을 가진 것이어야 한다(명료성). 또한 다섯째, 이러한 관행이 헌법관습으로서 국민들의 승인 내지 확신 또는 폭넓은 컨센서스를 얻어 국민이 강제력을 가진다고 믿고 있어야 한다.(국민적 합의)
(헌재결 2004.10.21, 2004헌마554·566(병합))

第2條 [國民의 要件·在外國民 保護義務] ① 大韓民國의 國民이 되는 요건은 法律로 정한다.

② 國家는 法律이 정하는 바에 의하여 在外國民을 보호할 義務를 진다.

참조 구2, '국적법정주의'선언조항, [법률]국적법, 가족관계등록93-98, 재외국민등록법, [혈통주의(속인주의)]국적법2, [혼인·인지·귀화]국적법3-7, [재외국민]재외국민등록법, [국적의 상실]국적법15·16·18, [외국인의 법적 지위]6②, [국적에 관한 국제조약]인권15, [무국적자에 관한 국제조약]무국적자의지위에관한협약

판례 일본군 위안부 피해자로서 청구인들이 일본국에 대하여 가지고 있는 배상청구권에 대하여 「대한민국과 일본국 간의 재산 및 청구권에 관한 문제의 해결과 경제협력에 관한 협정」에 의하여 한·일 양국간 해석상 분쟁이 존재하고 있는 바, 국가는 그 분쟁을 해결하기 위한 국가적 조치를 취하여야 할 의무가 규정되어 있음에도 불구하고 이를 이행하지 않는 것은 헌법에 위반해 청구인들의 기본권을 침해한다.
(헌재결 2011.8.30, 2006헌마788)

판례 국적의 개념과 성격 : 국민은 영토, 주권과 더불어 국가의 3대 구성요소 중의 하나다. 국적은 국민이 되는 자격·신분을 의미하므로 국민이 아닌 자는 외국인(외국국적자, 이중국적자, 무국적자 포함)이라고 한다. 국민은 항구적 소속원이므로 어느 곳에 있던지 그가 속하는 국가의 통치권에 복종할 의무를 부담하고, 국외에 있을 때에는 예외적으로 거주국의 통치권에 복종하여야 한다. … 국적의 취득은 대체로 출생에 의한 경우와 귀화에 의한 경우로 나눌 수 있고, 출생에 의한 것은 다시 혈통주의(속인주의)와 출생지주의(속지주의)로 나누어진다. … 국적은 국가와 그의 구성원 간의 법적 유대이고 보호와 복종관계를 뜻하므로 이를 분리하여 생각할 수 없다. 즉 국적은 국가의 생성과 더불어 발생하고 국가의 소멸은 바로 국적의 상실 사유인 것이다. 국적은 성문의 법령을 통해서가 아니라 국가의 생성과 더불어 존재하는 것이므로, 헌법의 위임에 따라 국적법이 제정되나 그 내용은 국가의 구성요소인 국민의 범위를 구체화, 현실화하는 헌법사항을 규율하고 있는 것이다.(헌재결 2000.8.31, 97헌가12)

판례 북한주민의 국적 : 조선인을 부친으로 하여 출생한 자는 남조선과도정부법률 11호 국적에관한임시조례의 규정에 따라 조선국적을 취득하였다가 제헌헌법의 공포와 동시에 대한민국 국적을 취득하였다 할 것이고, 설사 그가 북한법의 규정에 따라 북한국적을 취득하여 중국 주재 북한대사관으로부터 북한의 해외공민증을 발급받은 자라 하더라도 북한지역 역시 대한민국의 영토에 속하는 한반도의 일부를 이루는 것이어서 대한민국의 주권이 미칠 뿐이고, 대한민국의 주권과 부딪치는 어떠한 국가단체나 주권을 법리상 인정할 수 없는 점에 비추어 볼 때, 그러한 사정은 그가 대한민국 국적을 취득하고 이를 유지함에 있어 아무런 영향을 끼칠 수 없다.
(대판 1996.11.12, 96누1221)

第3條 [領土] 大韓民國의 領土는 韓半島와 그 附屬島嶼로 한다.

참조 구3, [영토]66, [영해]영해1, [인접해양의 주권]인접해양의주권에 대한대통령의선언

판례 대한민국과일본국간의어업에관한협정비준등 위헌확인 : 이 사건 협정의 동의 의결절차는 헌법 49조, 국회법 112조 3항 위반으로 인정할 수 있는 증거가 없다. 이 사건 협정은 배타적 경제수역을 직접 규정한 것이 아닐 뿐만 아니라 배타적경제수역이 설정된다 하더라도 영해를 제외한 수역을 의미하며, 이러한 점들은 이 사건 협정에서의 이른바 중간수역에 대해서도 동일하다고 할 것이므로 독도가 중간수역에 속해 있다 할지라도 독도의 영유권문제나 영해문제와는 직접적인 관련을 가지지 아니한 것임은 명백하다. 조업수역의 축소와 어획량의 감축에 따른 어민들의 손실은 이 사건 협정에 의하여 초래되었다기보다는 UN해양법협약의 성립·발효에 의한 세계해양법질서의 변화에 기인한 것으로서 65년협정이 일본의 일방적인 종료선언으로 인해 1999.1.22 종료되게 됨으로써 더 이상 상호간의 배타적경제수역내에서는 어업이 불가능한 상황이 예상되었다. 또한 한일 양국의 마주보는 수역이 400해리에 미치지 못하여 서로 중첩되는 부분이 생겨나게 되었고, 이로 인해 양국간의 어로활동에 있어서의 충돌은 명약관화한 것이었으므로 이러한 사태는 피하여야 한다는 양국의 공통된 인식에 입각하여 협상이 이루어진 결과 성립된 것이 이 사건 협정이라 할 것이며, 이 사건 협정은 어업에 관한 한일 양국의 이해를 타협·절충함에 있어서 현저히 균형을 잃은 것으로는 보이지 않는다고 일응 평가할 수 있으므로, 청구인들의 헌법상 보장된 행복추구권, 직업선택의 자유, 재산권, 평등권, 보건권은 침해되었다고 볼 수 없다.(헌재결 2001.3.21, 99헌마139 등)

第4條 [平和統一政策] 大韓民國은 統一을 指向하며, 自由民主的 基本秩序에 입각한 平和的 統一政策을 수립하고 이를 추진한다.

참조 [자유민주적 기본질서]전문, 국가보안5②·6-8, 민주화운동관련자명예회복및보상등에관한법2, [평화통일]전문·66③·69·92①, [남북교류]남북교류협력에관한법, 남북협력기금법

판례 평화통일의 의미 : 헌법상 통일관련 규정들은 통일의 달성이 우리의 국민적·국가적 과제요 사명임을 밝힘과 동시에 자유민주적 기본질서에 입각한 평화적 통일 원칙을 천명하고 있는 것이다. 따라서 우리 헌법에서 지향하는 통일은 대한민국의 존립과 안전을 부정하는 것이 아니고, 또 자유민주적 기본질서에 위해를 주는 것이 아니라 그것에 바탕을 둔 통일인 것이다. 그러나 평화적 통일을 위하여서는 북한과 적대관계를 지속하면서 접촉·대화를 무조건 피하는 것으로 일관할 수는 없고, 자유민주적 기본질서에 입각하여 상호 접촉하고 대화하면서 협력과 교류의 길로 나아가는 것이 평화적 통일을 위한 초석이 되는 것이며, 순수한 동포애의 발휘로서 서로 도와주고 일정한 범위 내에서 경제적, 기술적 지원과 협조를 도모하여 단일민족으로서의 공감대를 형성하는 것이야말로 헌법 전문의 평화적 통일의 사명에 입각하여 민족의 단결을 공고히 하는 방편으로서 헌법정신에 합치되는 것이다.(헌재결 2000.7.20, 98헌바63)

판례 국가보안법과 남북교류협력에 관한 법률 : 현 단계에 있어서의 북한은 조국의 평화적 통일을 위한 대화와 협력의 동반자임과 동시에 대남적화노선을 고수하면서 우리 자유민주체제의 전복을 획책하고 있는 반국가단체라는 성격도 함께 갖고 있음이 엄연한 현실인 점에 비추어, 헌법 4조가 천명하는 자유민주적 기본질서에 입각한 평화적 통일정책을 수립하고 이를 추진하는 한편 국가의 안전을 위태롭게 하는 반국가활동을 규제하기 위한 법적 장치로서, 전자를 위하여는 남북교류협력에관한법률 등의 시행으로써 이에 대처하고 후자를 위하여는 국가보안법의 시행으로써 이에 대처하고 있는 것이다. 이와 같이 국가보안법과 남북교류협력에관한법률은 상호 그 입법목적과 규제대상을 달리한다.(헌재결 1993.7.29, 92헌바48)

第5條 [侵略的 戰爭의 否認·國軍의 使命, 政治的 中立性] ① 大韓民國은 國際平和의 유지에 노력하고 侵略的 戰爭을 否認한다.

② 國軍은 國家의 安全保障과 國土防衛의 神聖한 義務를 수행함을 使命으로 하며, 그 政治的 中立性은 준수된다.

참조 구4, [침략적 전쟁 부인]'국제평화주의'선언조항, [국제평화]전문, 대외무역5, 외국환거래8⑤, [국제법 존중]6, [국토방위의 신성한 의무]자위(自衛)전쟁 인정, [선전·강화]60·73·89, 군형법6, [국가안전보장]37②·50①·60①·91·109·126, 통신비밀7, 자동차관리법70, 전파법9, 통합방위법9·23, [군의 정치적 중립성]군형법94

판례 이라크 일반사병 파견의 위헌성 여부 : 파견결정이 헌법에 위반되는지의 여부 즉 국가안보에 보탬이 됨으로써 궁극적으로는 국민과 국익에 이로운 것이 될 것인지 여부 및 이른바 이라크 전쟁이 국제규범에 어긋나는 침략전쟁인지 여부 등에 대한 판단은 대의기관인 대통령과 국회의 몫이고, 성질상 한정된 자료만을 가지고 있는 우리 재판소가 판단하는 것은 바람직하지 않다고 할 것이며, 우리 재판소의 판단이 대통령과 국회의 그것보다 더 옳다거나 정확하다고 단정짓기 어려움은 물론 재판결과에 대하여 국민들의 신뢰를 확보하기도 어렵다고 하지 않을 수 없다.
(헌재결 2004.4.29, 2003헌마814)

第6條 [條約·國際法規의 效力·外國人의 法的 地位] ① 憲法에 의하여 체결·公布된 條約과 一般的으로 승인된 國際法規는 國內法과 같은 效力을 가진다.

② 外國人은 國際法과 條約이 정하는 바에 의하여 그 地位가 보장된다.

참조 구5, ①'국제법존중주의'선언조항, [조약의 체결·비준·공포]60·73·82·89, 법령등공포6, ②[외국인의 개념]국적법3, 대외무역3, 외국인투자2, 출입국2, [외국인의 지위]민3, 광업10의2, 수산5, 항공안전법10, 국가배상7, 민소57, 배타적경제수역및대륙붕에관한법4, 범죄피해자보호법23, 비송251, 사회보장8, 선박및해상구조물에대한위해행위의처벌등에관한법3, 주민투표법5, 자본시장금융투자업168, 특허25, 형2, 외국인근로자의고용등에관한법

판례 일제강점기에 강제동원되어 기간 군수사업체인 일본제철 주식회사에서 강제노동에 종사한 갑 등이 위 회사가 해산된 후 새로이 설립된 신일철주금 주식회사(이하 '신일철주금'이라 한다)를 상대로 위자료 지급을 구한 사안에서, 갑 등의 손해배상청구권은, 일본 정부의 한반도에 대한 불법적인 식민지배 및 침략전쟁의 수행과 직결된 일본 기업의 반인도적인 불법행위를 전제로 하는 강제동원 피해자의 일본 기업에 대한 위자료청구권(이하 '강제동원 위자료청구권'이라 한다)인 점, '대한민국과 일본국 간의 재산 및 청구권에 관한 문제의 해결과 경제협력에 관한 협정'(조약 제172호, 이하 '청구권협정'이라 한다)의 체결 경과와 전후 사정들에 의하면, 청구권협정은 일본의 불법적 식민지배에 대한 배상을 청구하기 위한 협상이 아니라 기본적으로 샌프란시스코 조약 제4조에 근거하여 한일 양국 간의 재정적·민사적 채권·채무관계를 정치적 합의에 의하여 해결하기 위한 것이었다고 보이는 점, 청구권협정 제1조에 따라 일본 정부가 대한민국 정부에 지급한 경제협력자금이 제2조에 의한 권리문제의 해결과 법적인 대가관계가 있다고 볼 수 있는지도 분명하지 아니한 점, 청구권협정의 협상 과정에서 일본 정부는 식민지배의 불법성을 인정하지 않은 채 강제동원 피해의 법적 배상을 원천적으로 부인하였고, 이에 따라 한일 양국의 정부는 일제의 한반도 지배의 성격에 관하여 합의에 이르지 못하였는데, 이러한 상황에서 강제동원 위자료청구권이 청구권협정의 적용대상에 포함되었다고 보기는 어려운 점 등에 비추어, 갑 등이 주장하는 신일철주금에 대한 손해배상청구권은 청구권협정의 적용대상에 포함되지 않는다.(대판 2018.10.30, 2013다61381)

판례 국제통화기금협정 : 이 사건 조항은 각 국회의 동의를 얻어 체결된 것으로서, 헌법 6조 1항에 따라 국내법적, 법률적 효력을 가지는 바, 가입국의 재판권 면제에 관한 것이므로 성질상 국내에 바로 적용될 수 있는 법규범으로서 위헌법률심판의 대상이 된다.(헌재결 2001.9.27, 2000헌바20)

판례 국제법 존중주의의 의미 : 헌법 6조 1항의 국제법 존중주의는 우리나라가 가입한 조약과 일반적으로 승인된 국제법규가 국내법과 같은 효력을 가진다는 것으로서 조약이나 국제법규가 국내법에 우선한다는 것은 아니다.(헌재결 2001.4.26, 99헌가13)

판례 남북합의서의 성격 : 남북 사이의 화해와 불가침 및 교류협력에 관한 합의서는 남북관계가 '나라와 나라 사이의 관계가 아닌 통일을 지향하는 과정에서 잠정적으로 형성되는 특수관계'임을 전제로, 조국의 평화적 통일을 이룩해야 할 공동의 정치적 책무를 지는 남북한 당국이 특수관계인 남북관계에 관하여 채택한 합의문서로서, 남북한 당국이 각기 정치적인 책임을 지고 상호간에 그 성의 있는 이행을 약속한 것이기는 하나 법적 구속력이 있는 것은 아니어서 이를 국가 간의 조약 또는 이에 준하는 것으로 볼 수 없고, 따라서 국내법과 동일한 효력이 인정되는 것도 아니다.(대판 1999.7.23, 98두14525)

판례 마라케쉬협정 : 세계무역기구(WTO)설립을 위한 마라케쉬협정도 적법하게 체결되어 공포된 조약이므로 국내법과 같은 효력을 갖는 것이어서 그로 인하여 새로운 범죄를 구성하거나 범죄자에 대한 처벌이 가중된다고 하더라도 이것은 국내법에 의하여 형사처벌을 가중한 것과 같은 효력을 갖게 되는 것이다. 따라서 마라케쉬협정에 의하여 관세법위반자의 처벌이 가중된다고 하더라도 이를 들어 법률에 의하지 아니한 형사처벌이라거나 행위시의 법률에 의하지 아니한 형사처벌이라고 할 수 없다.(헌재결 1998.11.26, 97헌바65)

第7條 [公務員의 地位·責任·身分, 政治的 中立性] ① 公務員은 國民全體에 대한 奉仕者이며, 國民에 대하여 責任을 진다.

② 公務員의 身分과 政治的 中立性은 法律이 정하는 바에 의하여 보장된다.

참조 구6, ①[국민전체의 봉사자]1, [공무담임권]25, [공무원의 임면]78, [공무원의 선거]24, [공무원의 책임]국가공무원1·55－67, 지방공무원47－59, [직무상 불법행위로 인한 손해배상책임]29, 국가배상2, ②[공무원의 신분·권익보장]국가공무원68－77, 지방공무원60－68, [정치적 중립성]112·114, 국가공무원65, 지방공무원57, 법원조직49, 검찰43, 공수처법3 [공무원의 징계]64·106, 국가공무원78－83의3, 지방공무원69－73의3, 법관징계법1, 검사징계법1, 국회155①8

판례 대통령(박근혜) 탄핵 : 헌법 제7조 제1항은 국민주권주의와 대의민주주의를 바탕으로 공무원을 '국민 전체에 대한 봉사자'로 규정하고 공무원의 공익실현의무를 천명하고 있고, 헌법재판소법 제53조 제1항은 '탄핵심판 청구가 이유 있는 경우' 피청구인을 파면하는 결정을 선고하도록 규정하고 있다. 대통령을 탄핵하기 위해서는 대통령의 법 위배 행위가 헌법질서에 미치는 부정적 영향과 해악이 중대하여 대통령을 파면함으로써 얻는 헌법 수호의 이익이 대통령 파면에 따르는 국가적 손실을 압도할 정도로 커야 한다. 헌법 제65조는 대통령이 '그 직무집행에 있어서 헌법이나 법률을 위배한 때'를 탄핵사유로 규정하고 있다. 여기에서 '직무'란 법제상 소관 직무에 속하는 고유 업무와 사회통념상 이와 관련된 업무를 말하고, 법령에 근거한 행위뿐만 아니라 대통령의 지위에서 국정수행과 관련하여 행하는 모든 행위를 포괄하는 개념이다. 헌법 제69조는 대통령의 공익실현의무를 다시 한 번 강조하고 있다. 대통령은 '국민 전체'에 대한 봉사자이므로 특정 정당, 자신이 속한 계급·종교·지역·사회단체, 자신과 친분 있는 세력의 특수한 이익 등으로부터 독립하여 국민 전체를 위하여 공정하고 균형 있게 업무를 수행할 의무가 있다. 헌법재판소의 심판대에 올라온 대통령 파면의 쟁점은 총 7개로 나눌 수 있다. 최순실 국정개입이 △공익 실현 의무에 위배되는가 △기업의 자유와 재산권을 침해하는가 △비밀엄수 의무에 위배되는가 등이다. 헌법재판소는 이러한 쟁점에서 박근혜 전 대통령이 헌법을 어겼다는 점을 인정했다. 하지만 △공무원 임면권 남용 여부 △언론 자유 침해 여부 △생명권 보호 의무 위반 여부 △불성실한 직책 수행이 탄핵심판 절차의 판단 대상이 되는가 등 나머지 4개 쟁점에 대해선 '탄핵 사유가 될 수 없다'고 판단했다. 가장 논란이 된 것은 세월호 참사와 관련한 생명권 보호 의무 위반과 '대통령의 7시간'으로 상징되는 불성실한 직책 수행과 관련한 판단이었다. 이에 대해 "세월호 침몰 사건에 대해 어떠한 말로도 희생자들을 위로하기에는 부족할 것"이라면서도 "세월호 참사 당일 피청구인의 직책을 성실히 수행하였는지 여부는 탄핵심판 절차의 판단 대상이 되지 아니한다"고 밝혔다.(헌재결 2017.3.10, 2016헌나1)

판례 선거에서의 공무원의 정치적 중립의무 : 선거에서 공무원의 정치적 중립의무는 '국민 전체에 대한 봉사자'로서의 공무원의 지위를 규정하는 헌법 제7조 제1항, 자유선거원칙을 규정하는 헌법 제41조 제1항 및 제67조 제1항 및 정당의 기회균등을 보장하는 헌법 제116조 제1항으로부터 나오는 헌법적 요청이다. 공직선거법 제9조는 이러한 헌법적 요청을 구체화하고 실현하는 법규정이며, 제9조의 '공무원'이란, 위 헌법적 요청을 실현하기 위하여 선거에서의 중립의무가 부과되어야 하는 모든 공무원 즉, 구체적으로 '자유선거원칙'과 '선거에서의 정당의 기회균등'을 위협할 수 있는 모든 공무원을 의미한다. 그런데 사실상 모든 공무원이 그 직무의 행사를 통하여 선거에 부당한 영향력을 행사할 수 있는 지위에 있으므로, 여기서의 공무원이란 원칙적으로 국가와 지방자치단체의 모든 공무원 즉, 좁은 의미의 직업공무원은 물론이고, 적극적인 정치활동을 통하여 국가에 봉사하는 정치적 공무원을 포함한다. 다만, 국회의원과 지방의회의원은 정당의 대표자이자 선거운동의 주체로서의 지위로 말미암아 선거에서의 정치적 중립성이 요구될 수 없으므로, 공직선거법 제9조의 '공무원'에 해당하지 않는다. 따라서 선거에 있어서의 정치적 중립성은 행정부와 사법부의 모든 공직자에게 해당하는 공무원의 기본적 의무이다. 더욱이, 대통령은 행정부의 수반으로서 공정한 선거가 실시될 수 있도록 총괄·감독해야 할 의무가 있으므로, 당연히 선거에서의 중립의무를 지는 공직자에 해당하는 것이고, 이로써 공직선거법 제9조의 '공무원'에 포함된다. 따라서 선거에 임박한 시기에 공정한 선거관리의 궁극적 책임을 지는 대통령이 기자회견에서 전 국민을 상대로, 대통령직의 정치적 비중과 영향력을 이용하여 특정 정당을 지지하는 발언을 한 것은, 대통령의 지위를 이용하여 선거에 대한 부당한 영향력을 행사하고 이로써 선거의 결과에 영향을 미치는 행위를 한 것이므로, 선거에서의 중립의무를 위반하였다고 할 것이다.(헌재결 2004.5.14, 2004헌나1)

프판 동일집단에 속하는 공무원 사이에 평등한 대우를 보장하는 한, 입법자는 각 집단에 가장 적합하다고 판단되는 승진규정을 정립할 수 있다.(프랑스 헌법위원회 1984.9.12 결정)

第8條 [政黨] ① 政黨의 設立은 自由이며, 複數政黨制는 보장된다.

② 政黨은 그 目的·組織과 活動이 民主的이어야 하며, 國民의 政治的 意思形成에 참여하는데 필요한 組織을 가져야 한다.

③ 政黨은 法律이 정하는 바에 의하여 國家의 보호를 받으며, 國家는 法律이 정하는 바에 의하여 政黨運營에 필요한 資金을 補助할 수 있다.

④ 政黨의 目的이나 活動이 民主的 基本秩序에 違背될 때에는 政府는 憲法裁判所에 그 解散을 提訴할 수 있고, 政黨은 憲法裁判所의 審判에 의하여 解散된다.

참조 구7, ①[정당의 성립]정당법4－18, ②[조직과 활동]정당법, ③[국고보조]정치자금25－30, ④[민주적 기본질서]전문, [정당해산의 제소]89, [정당해산의 결정]111·113, 헌재55－60, [정당해산의 효과]헌재59·60

판례 일정한 선거운동방법을 비례대표국회의원후보자나 정당에게 허용하지 않는 것이 정당의 정당활동의 자유를 침해하는지 여부 : 공직선거법은 선거기간 전에는 정당의 통상적인 활동을 통해, 선거기간 중에는 통상적인 정당활동과 정당의 비례대표국회의원선거에 허용되는 선거운동방법을 통해 그 정강이나 정책을 유권자에게 알릴 수 있도록 제도적 장치를 마련하고 있으므로 지역구국회의원후보자에게 허용하는 일정한 선거운동방법을 정당에게 허용하지 않는다 하여 이것이 정당활동의 자유를 침해하는 것이라고 볼 수는 없다.(헌재결 2006.7.27, 2004헌마217)

판례 [1] 정당설립의 자유의 내용 : 헌법 제8조 제1항 전단의 정당설립의 자유는 정당설립의 자유만이 아니라 누구나 국가의 간섭을 받지 아니하고 자유롭게 정당에 가입하고 정당으로부터 탈퇴할 수 있는 자유를 함께 보장한다. 구체적으로 정당의 자유는 개개인의 자유로운 정당설립 및 정당가입의 자유, 조직형식 내지 법형식 선택의 자유를 포함한다. 또한 정당설립의 자유는 설립에 대응하는 정당해산의 자유, 합당의 자유, 분당의 자유도 포함한다. 뿐만 아니라 정당설립의 자유는 개인이 정당 일반 또는 특정 정당에 가입하지 아니할 자유, 가입했던 정당으로부터 탈퇴할 자유 등 소극적 자유도 포함한다.

[2] 정당등록을 제한하는 것이 정당설립의 자유에 위반되는지의 여부 : 정당으로 등록되기에 필요한 요건으로서 5개 이상의 시·도당 및 각 시·도당마다 1,000명 이상의 당원을 갖출 것을 요구하는 것이 국민의 정당설립의 자유에 어느 정도 제한을 가하는 점이 있는 것은 사실이나, 이러한 제한은 "상당한 기간 또는 계속해서", "상당한 지역에서" 국민의 정치적 의사형성 과정에 참여해야 한다는 헌법상 정당의 개념표지를 구현하기 위한 합리적인 제한이라고 할 것이므로, 그러한 제한은 헌법적으로 정당화된다고 할 것이다.(헌재결 2006.3.30, 2004헌마246)

판례 비례대표후보자 선정과 순위 확정의 민주성 : 헌법 8조 2항은, 정당은 그 목적·조직과 활동이 민주적이어야 한다고 규정함으로써 민주주의원리를 정당제도에서도 관철하려 하고 있다. 정당은 선거에 있어 후보자를 추천·지지하는 것이 주요 목적이자 활동의 하나인바, 그렇다면 비례대표국회의원선거에 있어서는 비례대표후보자의 선정과 그 순위의 확정이 민주적 절차에 따라 이루어져야 한다. 헌법이 요구하는 정당민주주의의 요청을 충족시키려면, 비례대표후보자의 선정과 순위확정이 당원총회나 대의원대회 등을 통하여 민주적 절차를 거쳐 이루어져야 한다. 그런데 정당법 제31조는 "정당의 공직선거후보자는 후보자를 추천할 공직선거의 선거구를 관할하는 해당 당부 대의기관의 의사가 반영되도록 하여야 하며, 그 구체적 절차는 당헌으로 정한다"고 규정하고 있을 뿐이다. 이와 같이 '대의기관의 의사를 반영'할 구체적 절차를 당헌에 일임해서는 민주적 절차에 의한 비례대표후보자의 결정이라는 헌법적 요청이 충족되리라고 기대하기 어려운 점이 있다. 비례대표후보자가 민주적 절차에 따라 결정되지 않고 당지도부의 영향력에 따라 일방적으로 결정된다면 그러한 비례대표국회의원의 민주적 정당성은 대단히 취약할 수밖에 없다.(헌재결 2001.7.19, 2000헌마91·112·134(병합))

프판 정당에 대하여 일반적인 선거운동 이외에 TV를 통하여 정치적 성격의 광고 방송을 허용하는 것은 평등원리에 반하지 아니한다.(프랑스 헌법위원회 1986.9.18 결정)

第9條 [傳統文化의 계승·발전, 民族文化의 暢達] 國家는 傳統文化의 계승·발전과 民族文化의 暢達에 노력하여야 한다.

참조 구8, 전문·69, 문화산업진흥기본법, 문화예술진흥, 문화유산, 지방문화원진흥법, 무형문화재보전및진흥에관한법

판례 오늘날 종교적인 의식 또는 행사가 하나의 사회공동체의 문화적인 현상으로 자리잡고 있으므로, 어떤 의식, 행사, 유형물 등이 비록 종교적인 의식, 행사 또는 상징에서 유래되었다고 하더라도 그것이 이미 우리 사회공동체 구성원들 사이에서 관습화된 문화요소로 인식되고 받아들여질 정도에 이르렀다면, 이는 정교분리원칙이 적용되는 종교의 영역이 아니라 헌법적 보호가치를 지닌 문화의 의미를 갖게 된다. 그러므로 이와 같이 이미 문화적 가치로 성숙한 종교적인 의식, 행사, 유형물에 대한 국가 등의 지원은 일정 범위 내에서 전통문화의 계승·발전이라는 문화국가원리에 부합하며 정교분리원칙에 위배되지 않는다.(대판 2009.5.28, 2008두16933)

판례 전통문화의 의미 : 헌법 전문과 헌법 제9조에서 말하는 '전통', '전통문화'란 역사성과 시대성을 띤 개념으로 이해하여야 한다. 전통이란 과거와 현재를 다 포함하고 있는 문화적 개념이다. 헌법재판소는 이미 "헌법 제9조의 정신에 따라 우리가 진정으로 계승·발전시켜야 할 전통문화는 이 시대의 제반 사회·경제적 환경에 맞고 또 오늘날에 있어서도 보편타당한 전통윤리 내지 도덕관념이라 할 것이다."고 하여 전통의 이러한 역사성과 시대성을 확인한바 있다. 따라서 우리 헌법에서 말하는 '전통', '전통문화'란 오늘날의 의미로 재해석된 것이 되지 않으면 안 된다. 그리고 오늘날의 의미를 포착함에 있어서는 헌법이념과 헌법의 가치질서가 가장 중요한 척도의 하나가 되어야 할 것임은 두 말할 나위가 없고 여기에 인류의 보편가치, 정의와 인도의 정신 같은 것이 아울러 고려되어야 할 것이다. 따라서 가족제도에 관한 전통·전통문화란 적어도 그것이 가족제도에 관한 헌법이념인 개인의 존엄과 양성의 평등에 반하는 것이어서는 안 된다는 자명한 한계가 도출된다. 결론적으로 전래의 어떤 가족제도가 헌법 제36조 제1항이 요구하는 개인의 존엄과 양성평등에 반한다면 헌법 제9조를 근거로 그 헌법적 정당성을 주장할 수는 없다.(헌재결 2005.2.3, 2001헌가9-15,2004헌가5(병합))

第2章 國民의 權利와 義務

第10條 [人間의 尊嚴性과 基本人權保障] 모든 國民은 人間으로서의 尊嚴과 價値를 가지며, 幸福을 追求할 權利를 가진다. 國家는 개인이 가지는 不可侵의 基本的 人權을 확인하고 이를 보장할 義務를 진다.

참조 구9, [기본적 인권]10－37·39②, 국가인권위원회법1, [인간다운 생활을 할 권리]34①, [헌법에 열거되지 아니한 권리의 보장]37①, [행복추구권]제8차 개헌에서 신설, [법 앞의 평등]11, [양성의 평등]36, [공공복리와 기본적 인권의 제약]12·21·23·33·37, [인격의 존엄]가소1, [사생활의 자유와 비밀]14－18, [환경권]35, 환경정책1, [기본적 인권의 옹호]변호사1, [인권보장의 국제화]국제연합(UN)헌장

▶ 기본권

판례 공교육체계의 헌법적 도입과 우리의 고등학교 교육 현실 및 평준화정책이 고등학교 입시의 과열과 그로 인한 부작용을 막기 위하여 도입된 사정, 그로 인한 기본권의 제한 정도 등을 모두 고려한다면, 고등학교 평준화정책에 따른 학교 강제배정제도에 의하여 학생이나 학교법인의 기본권에 일부 제한이 가하여 진다고 하더라도 그것만으로는 위 제도가 학생이나 학교법인의 기본권을 본질적으로 침해하는 위헌적인 것이라고까지 할 수는 없다.(대판 2010.4.22, 2008다38288 전원합의체)

판례 외국인의 기본권 주체성 인정 : 우리 재판소는 '국민' 또는 국민과 유사한 지위에 있는 '외국인'은 기본권의 주체가 될 수 있다 판시하여 원칙적으로 외국인의 기본권 주체성을 인정하였다. 청구인들이 침해되었다고 주장하는 인간의 존엄과 가치, 행복추구권은 대체로 '인간의 권리'로서 외국인도 주체가 될 수 있다고 보아야 하고, 평등권도 인간의 권리로서 참정권 등에 대한 성질상의 제한 및 상호주의에 따른 제한이 있을 수 있을 뿐이다. 이 사건에서 청구인들이 주장하는 바는 대한민국 국민과의 관계가 아닌, 외국국적의 동포들 사이에 재외동포법의 수혜대상에서 차별하는 것이 평등권 침해라는 것으로서 성질상 위와 같은 제한을 받는 것이 아니고 상호주의가 문제되는 것도 아니므로, 청구인들에게 기본권주체성을 인정함에 아무런 문제가 없다.(헌재결 2001.11.29, 99헌마494)

판례 법인의 기본권주체성과 비법인 사단·재단의 기본권주체성 : 우리 헌법은 법인의 기본권향유능력을 인정하는 명문의 규정을 두고 있지 않지만, 본래 자연인에게 적용되는 기본권규정이라도 언론·출판의 자유, 재산권의 보장 등과 같이 성질상 법인이 누릴 수 있는 기본권을 당연히 법인에게도 적용하여야 한 것으로 본다. 따라서 법인도 사단법인·재단법인 또는 영리법인·비영리법인을 가리지 아니하고 위 한계내에서는 헌법상 보장된 기본권이 침해되었음을 이유로 헌법소원심판을 청구할 수 있다. 또한, 법인아닌 사단·재단이라고 하더라도 대표자의 정함이 있고 독립된 사회적 조직체로서 활동하는 때에는 성질상 법인이 누릴 수 있는 기본권을 침해당하게 되면 그의 이름으로 헌법소원심판을 청구할 수 있다.(헌재결 1991.6.3, 90헌마56)

■ 인간의 존엄성

판례 국가가 한센병 환자의 치료 및 격리수용을 위하여 운영·통제해 온 국립 소록도병원 등에 소속된 의사나 간호사 또는 의료보조원 등이 한센인들에게 시행한 정관절제수술과 임신중절수술은 신체에 대한 직접적인 침해행위로서 그에 관한 동의 내지 승낙을 받지 아니하였다면 헌법상 신체를 훼손당하지 아니할 권리와 태아의 생명권 등을 침해하는 행위이다. 또한 한센인들의 임신과 출산을 사실상 금지함으로써 자손을 낳고 단란한 가정을 이루어 행복을 추구할 권리는 물론이거니와 인간으로서의 존엄과 가치, 인격권 및 자기결정권, 내밀한 사생활의 비밀 등을 침해하거나 제한하는 행위임이 분명하다. 더욱이 위와 같은 침해행위가 정부의 정책에 따른 정당한 공권력의 행사라고 인정받으려면 법률에 그에 관한 명시적인 근거가 있어야 하고, 과잉금지의 원칙에 위배되지 아니하여야 하며, 침해행위의 상대방인 한센인들로부터 '사전에 이루어진 설명에 기한 동의(prior informed consent)'가 있어야 한다. 만일 국가가 위와 같은 요건을 갖추지 아니한 채 한센인들을 상대로 정관절제수술이나 임신중절수술을 시행하였다면 설령 이러한 조치가 정부의 보건정책이나 산아제한정책을 수행하기 위한 것이었다고 하더라도 이는 위법한 공권력의 행사로서 민사상 불법행위가 성립한다.(대판 2017.2.15, 2014다230535)

판례 평화적 생존권 : 오늘날 전쟁과 테러 혹은 무력행위로부터 자유로워야 하는 것은 인간의 존엄과 가치를 실현하고 행복을 추구하기 위한 기본 전제가 되는 것이므로, 달리 이를 보호하는 명시적 기본권이 없다면 헌법 10조와 37조 1항으로부터 평화적 생존권이라는 이름으로 이를 보호하는 것이 필요하다. 그 기본 내용은 침략전쟁에 강제되지 않고 평화적 생존을 할 수 있도록 국가에 요청할 수 있는 권리라고 볼 수 있을 것이다.
(헌재결 2006.2.23, 2005헌마268)

판례 금치 처분을 받은 수형자에 대하여 금치 기간 중 운동을 금지하는 부분이 수형자의 인간의 존엄과 가치, 신체의 자유 등을 침해하는지 여부 : 실외운동은 구금되어 있는 수형자의 신체적·정신적 건강 유지를 위한 최소한의 기본적 요청이라고 할 수 있는데, 금치 수형자에 대하여 일체의 운동을 금지하는 것은 수형자의 신체적 건강뿐만 아니라 정신적 건강을 해칠 위험성이 현저히 높다. 따라서 금치 처분을 받은 수형자에 대한 절대적인 운동의 금지는 징벌의 목적을 고려하더라도 그 수단과 방법에 있어서 필요한 최소한도의 범위를 벗어난 것으로서, 수형자의 헌법 제10조의 인간의 존엄과 가치 및 신체의 안전성이 훼손당하지 아니할 자유를 포함하는 제12조의 신체의 자유를 침해하는 정도에 이르렀다고 판단된다.
(헌재결 2004.12.16, 2002헌마478)

판례 헌법 10조의 인간상 : 우리 헌법질서가 예정하는 인간상은 "자신이 스스로 선택한 인생관·사회관을 바탕으로 사회공동체 안에서 각자의 생활을 자신의 책임 아래 스스로 결정하고 형성하는 성숙한 민주시민"인바, 이는 사회와 고립된 주관적 개인이나 공동체의 단순한 구성분자가 아니라, 공동체에 관련되고 공동체에 구속되어 있기는 하지만 그로 인하여 자신의 고유가치를 훼손당하지 아니하고 개인과 공동체의 상호연관 속에서 균형을 잡고 있는 인격체라 할 것이다.(헌재결 2003.10.30, 2002헌마518)

독판 모든 인간의 생명은 존엄하다. 존엄의 주체가 이를 의식하고 있는지의 여부는 결정적인 것이 아니다.
(BVerfGE 39, 1(41)-1975.2.25)

■ 일반적인격권

판례 신체과잉수색행위 위헌확인 : 청구인들은 공직선거및선거부정방지법위반의 현행범으로 체포된 여자들로서 체포될 당시 흉기 등 위험물을 소지·은닉하고 있었을 가능성이 거의 없었고, 처음 유치장에 수용될 당시 신체검사를 통하여 위험물 및 반입금지물품의 소지·은닉 여부를 조사하여 그러한 물품이 없다는 사실을 이미 확인하였던 점 등에 비추어 청구인들이 유치장에 재수용되는 과정에서 흉기 등 위험물이나 반입금지물품을 소지·은닉할 가능성이 극히 낮았던 한편, 당해 경찰서의 경우 변호인 접견 후 신체검사를 실시하여 흉기 등 위험물이나 반입금지물품의 소지·은닉을 적발한 사례가 없었던 사실을 피청구인이 자인하였으며, 특히 청구인들의 옷을 전부 벗긴 상태에서 청구인들에 대하여 실시한 이 사건 신체수색은 그 수단과 방법에 있어서 필요 최소한의 범위를 명백하게 벗어난 조치로서 이로 말미암아 청구인들에게 심한 모욕감과 수치심만을 안겨주었다고 인정하기에 충분하다. 따라서 피청구인의 청구인들에 대한 이러한 과도한 이 사건 신체수색은 그 수단과 방법에 있어서 필요한 최소한도의 범위를 벗어났을 뿐만 아니라, 이로 인하여 청구인들로 하여금 인간으로서의 기본적 품위를 유지할 수 없도록 하는 것으로서 수인하기 어려운 정도라고 보여지므로 헌법 10조의 인간의 존엄과 가치로부터 유래하는 인격권 및 12조의 신체의 자유를 침해하는 정도에 이르렀다고 판단된다.
(헌재결 2002.7.18, 2000헌마327)

■ 행복추구권

판례 미성년 자녀가 있는 성전환자의 성별정정 : 성전환자가 성별을 정정하더라도 그와 그의 미성년 자녀가 개인적·사회적·법률적으로 친자관계에 있다는 점은 달라지지 않는다. 따라서 성별 정정은 성전환자인 부 또는 모와 그 미성년 자녀 사이의 신분관계에 중대한 변동을 새롭게 초래하거나 권리의무의 내용에 영향을 미치는 것이 아니다. 성별 정정 자체가 가족제도 내에서 성전환자의 부 또는 모로서의 지위와 역할이나 미성년 자녀가 갖는 권리의 본질적이고 핵심적인 내용을 훼손한다고 볼 수도 없다. 미성년 자녀의 복리를 위해서라도 성전환된 부 또는 모와 미성년 자녀 사이에 존재하거나 발생할 수 있는 다양한 상황을 살펴 성별정정을 허가해야 한다.
(대결 2022.11.24, 2020스616 전원합의체)

판례 직장존속보장청구권의 인정여부 : 이 기본권(직업의 자유)은 원하는 직장을 제공하여 줄 것을 청구하거나 한번 선택한 직장의 존속보호를 청구할 권리를 보장하지 않으며, 또한 사용자의 처분에 따른 직장 상실로부터 직접 보호하여줄 것을 청구할 수도 없다. 다만 국가는 이 기본권에서 나오는 객관적 보호의무, 즉 사용자에 의한 해고로부터 근로자를 보호할 의무를 질뿐이다. 근로의 권리로부터 국가에 대한 직접적인 직장존속청구권을 도출할 수도 없다. 단지 위에서 본 직업의 자유에서 도출되는 보호의무와 마찬가지로 사용자의 처분에 따른 직장 상실에 대하여 최소한의 보호를 제공하여야 할 의무를 국가에 지우는 것으로 볼 수는 있을 것이다.(헌재결 2002.11.28, 2001헌바50)

판례 행복추구권의 법적 성격 : 헌법 10조의 행복추구권은 국민이 행복을 추구하기 위하여 필요한 급부를 국가에게 적극적으로 요구할 수 있는 것을 내용으로 하는 것이 아니라, 국민이 행복을 추구하기 위한 활동을 국가권력의 간섭 없이 자유롭게 할 수 있다는 포괄적인 의미의 자유권으로서의 성격을 가진다. 그런데 이 사건 규정(국가유공자등예우및지원에관한법률 20조 2항 등)은 보상금수급권에 대한 일정 요건하의 지급정지를 규정하고 있는 것으로 자유권이나 자유권의 제한영역에 관한 규정이 아니므로, 이 사건 규정이 행복추구권을 침해한다고 할 수는 없다.(헌재결 2000.6.1, 98헌마216)

■ 생존권, 생명권

판례 사형제도가 헌법에 위반되는지 여부 : 모든 인간의 생명은 자연적 존재로서 동등한 가치를 갖는다고 할 것이나 그 동등한 가치가 서로 충돌하게 되거나 생명의 침해에 못지 아니한 중대한 공익을 침해하는 등의 경우에는 국민의 생명·재산 등을 보호할 책임이 있는 국가는 어떠한 생명 또는 법익이 보호되어야 할 것인지 그 규준을 제시할 수 있는 것이다. 인간의 생명을 부정하는 등의 범죄행위에 대한 불법적 효과로서 지극히 한정적인 경우에만 부과되는 사형은 죽음에 대한 인간의 본능적 공포심과 범죄에 대한 응보욕구가 서로 맞물려 고안된 "필요악"으로서 불가피하게 선택된 것이며 지금도 여전히 제 기능을 하고 있다는 점에서 정당화될 수 있다. 따라서 사형은 이러한 측면에서 헌법상의 비례의 원칙에 반하지 아니한다 할 것이고, 적어도 우리의 현행 헌법이 스스로 예상하고 있는 형벌의 한 종류이기도 하므로 아직은 우리의 헌법질서에 반하는 것으로 판단되지 아니한다.(헌재결 1996.11.28, 95헌바1)

프판 태아의 생명권은 존중되어야 하며, 임신중절은 긴급한 경우에 일정한 조건과 한계 내에서만 인정된다.
(프랑스 헌법위원회 1975.1.15 결정)

第11條 [平等權, 特殊階級制度의 否認, 榮典의 效力] ① 모든 國民은 法 앞에 平等하다. 누구든지 性別·宗敎 또는 社會的 身分에 의하여 政治的·經濟的·社會的·文化的 生活의 모든 領域에 있어서 차별을 받지 아니한다.

② 社會的 特殊階級의 制度는 인정되지 아니하며, 어떠한 形態로도 이를 創設할 수 없다.

③ 勳章등의 榮典은 이를 받은 者에게만 效力이 있고, 어떠한 特權도 이에 따르지 아니한다.

참조 구10, ①[남녀평등]36①, 가소1, [종교]20, [평등선거]41①·67①, [선거운동의 기회균등]116①, [공무원 채용 조건의 균등한 보장]국가공무원35, 지방공무원33, [교육의 기회균등]31, 교육기본4, [평등한 근로관계 보장]근기6, 노노9, 남녀고용평등과일·가정양립지원에관한법7-11, ③[영전]80·89, 상훈

■ 평등의 의미

판례 법 제정의 평등 : 헌법 11조 1항의 규범적 의미는 이와 같은 '법 적용의 평등'에서 끝나지 않고, 더 나아가 입법자에 대해서도 그가 입법을 통해서 권리와 의무를 분배함에 있어서 적용할 가치평가의 기준을 정당화할 것을 요구하는 '법 제정의 평등'을 포함한다. 따라서 평등원칙은 입법자가 법률을 제정함에 있어서 법적 효과를 달리 부여하기 위하여 선택한 차별의 기준이 객관적으로 정당화될 수 없을 때에는 그 기준을 법적 차별의 근거로 삼는 것을 금지한다. 이때 입법자가 헌법 11조 1항의 평등원칙에 어느 정도로 구속되는가는 그 규율대상과 차별기준의 특성을 고려하여 구체적으로 결정된다.(헌재결 2000.8.31, 97헌가12)

■ 평등권 침해의 심사기준

판례 성별에 의한 차별의 금지 : 서울기독교청년회(서울YMCA)가 남성 회원에게는 별다른 심사 없이 총회원 자격을 부여하면서도 여성 회원의 경우에는 지속적인 요구에도 불구하고 원천적으로 총회원 자격심사에서 배제하여 온 것은 우리 사회의 건전한 상식과 법감정에 비추어 용인될 수 있는 한계를 벗어나 사회질서에 위반되는 것으로서 여성 회원들의 인격적 법익을 침해하여 불법행위를 구성한다고 보아야 한다.
(대판 2011.1.27, 2009다19864)

판례 평등권에 있어서 차별취급의 판단기준 : 평등권은 당해 공권력의 행사가 본질적으로 같은 것을 다르게, 다른 것을 같게 취급하고 있는 경우에 침해가 발생하는 것이지, 본질적으로 같지 않은 것을 다르게 취급하는 경우에는 차별자체가 존재한다고 할 수 없다.(헌재결 2006.1.17, 2005헌마1214)

판례 자의심사와 비례심사 : 평등권의 침해 여부에 대한 심사는 그 심사기준에 따라 자의금지원칙에 의한 심사와 비례의 원칙에 의한 심사로 크게 나누어 볼 수 있다. 자의심사의 경우에는 차별을 정당화하는 합리적인 이유가 있는지만을 심사하기 때문에 그에 해당하는 비교대상간의 사실상의 차이나 입법목적(차별목적)의 발견·확인에 그치는 반면에, 비례심사의 경우에는 단순히 합리적인 이유의 존부문제가 아니라 차별을 정당화하는 이유와 차별간의 상관관계에 대한 심사, 즉 비교대상간의 사실상의 차이의 성질과 비중 또는 입법목적(차별목적)의 비중과 차별의 정도에 적정한 균형관계가 이루어져 있는가를 심사한다. 그동안 헌법재판소는 평등심사에 있어 원칙적으로 자의금지원칙을 기준으로 하여 심사하여 왔고, 이따금 비례의 원칙을 기준으로 심사한 것으로 보이는 경우에도 비례심사의 본질에 해당하는 '법익의 균형성(협의의 비례성)'에 대한 본격적인 심사를 하는 경우는 찾아보기 힘들었다고 할 수 있다. 그런데 헌법재판소는 1999.12.23. 선고한 98헌마363 사건에서 평등위반심사를 함에 있어 '법익의 균형성' 심사에까지 이르는 본격적인 비례심사를 하고 있다.(헌재결 2001.2.22, 2000헌마25)

독판 규율의 대상과 차별화의 징표에 따라 입법자에 대하여 단순한 자의의 금기에서 엄격한 비례성 원칙에의 구속에 이르기까지의 상이한 한계가 일반적 평등원칙으로부터 도출된다.
(BVerfGE 88, 87(96)-1993.1.26)

■ 조세평등주의

판례 최대주주 또는 최대출자자 등에 대하여 주식의 가액에 10%를 가산하여 평가하는 것 : 이 사건 법률조항이 그 적용범위에서 대통령령이 정하는 최대주주 또는 최대출자자 및 그와 특수 관계에 있는 주주 또는 출자자의 주식 및 출자지분에 대하여 일률적으로 가산하여 평가하고 그 상대방 및 거래량을 한정하지 않고 있는 것이 과연 합리적인 입법으로서 조세평등주의의 원칙에 합치하는 것인지의 문제가 있다. 그런데 만일 최대주주 등의 보유주식 등에 대한 특수한 규율을 위하여 상속 또는 증여되는 주식의 수량에 관한 엄격한 요건을 요구하는 경우에는 최대주주 등 및 그 보유주식 등의 증여자, 피상속인 등은 그 규율을 피하기 위하여 사전에 수회에 걸쳐 소량씩 분리하여 증여하는 등 그 규율을 손쉽게 회피할 가능성이 있다. 또한 비록 증여하는 주식이 발행주식총수에 대한 비율로 보면 소량이라고 하여도 그 이전의 효과는 다른 특수관계인 주식과 결합하여 전체 지배권의 중요한 일부가 이전되는 효과가 발생하는 경우 그 규율의 공백이 생길 수 있다. 한편 최대주주 등이 주식을 자신의 특수관계인 등에게 증여하는 경우로 적용범위를 한정하지 아니한 것은 지배주주 범위의 광범위성, 특수한 관계의 범위의 다양성 및 우리 사회 증여의 관행 등에 비추어 보면 불합리한 것이라고 하기 어렵다. 결국 이 사건 법률조항은 주식 등의 가치 및 회사 지배권의 특성을 감안한 바탕 위에 공평한 조세부담을 통한 조세정의의 실현 요구, 징세의 효율성이라는 조세 정책적, 기술적 요구를 종합적으로 고려하여 결정한 것이라고 할 수 있을 뿐, 그 입법목적에 비추어 자의적이거나 임의적인 것으로서 입법형성권의 한계를 벗어났다고 볼 수 없으므로 조세평등주의에 위반된다 아니한다.
(헌재결 2003.1.30, 2002헌바65)

■ 위헌·헌법불합치결정

판례 사립학교 재심위원회의 결정에 대하여 학교법인이 불복할 수 없도록 한 것 : 학교법인은 그 소속 교원과 사법상의 고용계약관계에 있고 재심절차에서 그 결정의 효력을 받는 일방 당사자의 지위에 있음에도 불구하고 이 사건 법률조항은 합리적인 이유 없이 학교법인의 제소권한을 부인함으로써 헌법 11조의 평등원칙에 위배된다.
(헌재결 2006.2.23, 2005헌가7,2005헌마1163(병합))

판례 제대군인가산점제도로 평등권이 침해되는지 여부 : 제대군인에 대하여 여러 가지 사회정책적 지원을 강구하는 것이 필요하다 할지라도, 그것이 사회공동체의 다른 집단에게 동등하게 보장되어야 할 균등한 기회 자체를 박탈하는 것이어서는 아니되는데, 가산점제도는 아무런 재정적 뒷받침 없이 제대군인을 지원하려 한 나머지 결과적으로 여성과 장애인 등 이른바 사회적 약자들의 희생을 초래하고 있으며, 각종 국제협약, 실질적 평등 및 사회적 법치국가를 표방하고 있는 우리 헌법과 이를 구체화하고 있는 전체 법체계 등에 비추어 우리 법체계내에 확고히 정립된 기본질서라고 할 '여성과 장애인에 대한 차별금지와 보호'에도 저촉되므로 정책수단으로서의 적합성과 합리성을 상실한 것이다.(헌재결 1999.12.23, 98헌마363)

일판 사망한 남자의 유산에 대하여 법률혼의 처와 사실혼 출생자의 상속분에 대한 다툼에 대한 소송에서 재판부는 "민법에서 사실혼의 출생자의 상속분을 법률혼 출생자의 절반으로 규정한 것은(일본민법 제900조 제4호) 국민 평등의 원칙을 규정한 헌법에 위반된다"며 이 일본민법 규정은 무효라 했다.
(日·東京地判 1994.11.30)

■ 합헌결정

판례 노동조합의 조직강제 : 노동조합의 조직강제는 조직의 유지·강화를 통하여 단일하고 결집된 교섭능력을 증진시킴으로써 궁극적으로는 근로자 전체의 지위향상에 기여하고, 특히 이 사건 법률조항은 일정한 지배적 노동조합에게만 단체협약을 매개로 한 조직강제를 제한적으로 허용하고 있는데다가 소수노조에게까지 이를 허용할 경우 자칫 반조합의사를 가진 사용자에 의하여 다수 근로자의 단결권을 탄압하는 도구로 악용될 우려가 있는 점 등을 고려할 때, 이 사건 법률조항이 지배적 노동조합 및 그 조합원에 비하여 소수노조 및 그에 가입하였거나 가입하려고 하는 근로자에 대하여 한 차별적 취급은 합리적인 이유가 있으므로 평등권을 침해하지 않는다.
(헌재결 2005.11.24, 2002헌바95·96,2003헌바9(병합))

판례 국가유공자의 상이등급에 따라서 기본연금지급에 차등을 두는 것 : 국가유공자의 상이등급에 따라서 기본연금지급에 차등을 두는 것은 국가유공자 등 예우 및 지원에 관한 법률의 보상

원칙에 부합하고, 실질적 평등을 구현하는 것이며, 차등의 정도와 방법도 입법재량의 범위 내에 있으므로, 그 차등지급에는 합리적인 이유가 있어서 평등원칙에 위배되지 않는다.
(헌재결 2003.5.15, 2002헌마90)

第12條 [身體의 自由, 自白의 證據能力] ① 모든 國民은 身體의 自由를 가진다. 누구든지 法律에 의하지 아니하고는 逮捕·拘束·押收·搜索 또는 審問을 받지 아니하며, 法律과 適法한 節次에 의하지 아니하고는 處罰·保安處分 또는 强制勞役을 받지 아니한다.

② 모든 國民은 拷問을 받지 아니하며, 刑事上 자기에게 不利한 陳述을 强要당하지 아니한다.

③ 逮捕·拘束·押收 또는 搜索을 할 때에는 適法한 節次에 따라 檢事의 申請에 의하여 法官이 발부한 令狀을 제시하여야 한다. 다만, 現行犯人인 경우와 長期 3年 이상의 刑에 해당하는 罪를 범하고 逃避 또는 證據湮滅의 염려가 있을 때에는 事後에 令狀을 請求할 수 있다.

④ 누구든지 逮捕 또는 拘束을 당한 때에는 즉시 辯護人의 助力을 받을 權利를 가진다. 다만, 刑事被告人이 스스로 辯護人을 구할 수 없을 때에는 法律이 정하는 바에 의하여 國家가 辯護人을 붙인다.

⑤ 누구든지 逮捕 또는 拘束의 이유와 辯護人의 助力을 받을 權利가 있음을 告知받지 아니하고는 逮捕 또는 拘束을 당하지 아니한다. 逮捕 또는 拘束을 당한 者의 家族등 法律이 정하는 者에게는 그 이유와 日時·場所가 지체없이 통지되어야 한다.

⑥ 누구든지 逮捕 또는 拘束을 당한 때에는 適否의 審査를 法院에 請求할 權利를 가진다.

⑦ 被告人의 自白이 拷問·暴行·脅迫·拘束의 부당한 長期化 또는 欺罔 기타의 방법에 의하여 自意로 陳述된 것이 아니라고 인정될 때 또는 正式裁判에 있어서 被告人의 自白이 그에게 不利한 유일한 증거일 때에는 이를 有罪의 증거로 삼거나 이를 이유로 處罰할 수 없다.

참조 구11, ①[체포·구속]형124, 형소69·70·73·200의2~200의4·201·201의2·212·214, 인권9, [압수·수색]형소 제1편제10장·215, [신문]형소 제1편제12장, [처벌]형41, [형법불소급, 일사부재리의 원칙]13, [보안처분]보안관찰1, 소년1, [강제노역]형67·69·70, ②[고문]형125, 형소309, [불리한 진술]형소310, ③[법관의 영장]16·77, 형소73·113·201·215·216, [비상사태하의 특별조치]계엄9, [현행범인]44, 형소211·212, ⑤[변호인의 조력]형소30·72·87①·88·90, [국선변호인]형소33·283·438④, [구속장소등 통지의무]형소87, ⑥[구속적부심사청구권]형소214의2, ⑦[자백의 증거능력 제한]형소309·310

■ 죄형법정주의 및 명확성의 원칙

판례 형벌법규는 문언에 따라 엄격하게 해석·적용하여야 하고 피고인에게 불리한 방향으로 지나치게 확장해석하거나 유추해석하여서는 아니 되나, 형벌법규의 해석에 있어서도 가능한 문언의 의미 내에서 당해 규정의 입법 취지와 목적 등을 고려한 법률체계적 연관성에 따라 그 문언의 논리적 의미를 분명히 밝히는 체계적·논리적 해석방법은 그 규정의 본질적 내용에 가장 접근한 해석을 위한 것으로서 죄형법정주의의 원칙에 부합한다.
(대판 2007.6.14, 2007도2162)

판례 **형벌법규의 해석원칙 :** 형벌법규의 해석은 엄격하여야 하고 명문규정의 의미를 피고인에게 불리한 방향으로 지나치게 확장해석하거나 유추해석하는 것은 죄형법정주의의 원칙에 어긋나는 것으로서 허용되지 않는다.(대판 2006.6.2, 2006도265)

판례 **명확성 판단의 기준 :** 법규범이 명확한지 여부는 그 법규범이 수범자에게 법규의 의미내용을 알 수 있도록 공정한 고지를 하여 예측가능성을 주고 있는지 여부 및 그 법규범이 법을 해석·집행하는 기관에게 충분한 의미내용을 규율하여 자의적인 법해석이나 법집행이 배제되는지 여부, 다시 말하면 예측가능성 및 자의적 법집행 배제가 확보되는지 여부에 따라 이를 판단할 수 있는데, 법규범의 의미내용은 그 문언뿐만 아니라 입법목적이나 입법취지, 입법연혁, 그리고 법규범의 체계적 구조 등을 종합적으로 고려하는 해석방법에 의하여 구체화하게 되므로, 결국 법규범이 명확성원칙에 위반되는지 여부는 위와 같은 해석방법에 의하여 그 의미내용을 합리적으로 파악할 수 있는 해석기준을 얻을 수 있는지 여부에 달려 있다.
(헌재결 2005.6.30, 2002헌바83)

판례 동조 제1항이 규정하는 '죄형법정주의 원칙'은, 범죄와 형벌을 입법부가 제정한 형식적 의미의 법률로 규정하는 것을 그 핵심적 내용으로 하고, 나아가 형식적 의미의 법률로 규정하더라도 그 법률조항이 처벌하고자 하는 행위가 무엇이며 그에 대한 형벌이 어떠한 것인지를 누구나 예견할 수 있고 그에 따라 자신의 행위를 결정할 수 있도록 구성요건을 명확하게 규정할 것을 요구하므로, 처벌법규의 입법목적이나 그 전체적 내용, 구조 등을 살펴보아 사물의 변별능력을 제대로 갖춘 일반인의 이해와 판단으로서 그의 구성요건 요소에 해당하는 행위유형을 정형화하거나 한정할 합리적 해석기준을 찾을 수 있어야 죄형법정주의가 요구하는 형벌법규의 명확성의 원칙에 반하지 않는다.
(대판 2003.11.14, 2003도3600)

프판 입법자는 자의를 배제하기 위하여 충분히 명백하고 정확한 문구로 범죄행위를 확정할 의무를 진다.
(프랑스 헌법위원회 1981.1.20 결정)

■ 적법절차의 원리

판례 출입국관리법 제63조제1항에서는 강제퇴거대상자를 대한민국 밖으로 송환할 수 있을 때까지 보호시설에 인치·수용하도록 하고 있다. 이는 강제퇴거명령을 효율적으로 집행할 수 있도록 함으로써 외국인의 출입국과 체류를 적절하게 통제하고 조정하여 국가의 안전과 질서를 도모하고자 하는 것으로, 그 입법목적의 정당성과 수단의 적합성이 인정된다. 그러나 보호기간의 상한을 두지 아니하여 강제퇴거대상자를 무기한 보호할 수 있도록 하는 것은 보호의 일시적·잠정적 강제조치로서의 한계를 벗어나 피보호자의 신체의 자유를 침해한다고 보아야 한다.(헌재결 2023.3.23, 2020헌가1,2021헌가10(병합))

판례 **배우자의 선거범죄로 인한 당선무효 :** 이 사건 법률조항에 의한 후보자책임의 성격은 일종의 법정무과실책임이다. 타인인 배우자의 행위에 대하여 본인이 책임을 진다는 법적 구조를 지니므로, 행위에 관한 판단은 행위자를 중심으로 이루어지고 또 이로써 충분하다. 행위자인 배우자가 해당 선거범죄를 저질렀고 이에 대한 행위이 있는 것으로 재판절차를 통하여 확정된다면 그로써 곧 후보자에게 법률상 당연히 당선무효라는 책임을 귀속시킨다는 구조이므로, 이러한 법적 구조의 성격상 행위자에 대한 평가를 적법절차가 보장된 가운데 정당하게 하였다면 그와 별도로 후보자에 대하여 따로 적법절차의 보장이 필요한 것이 아니다. 후보자의 감독상의 과실을 사유로 책임을 묻는 것이 아니라 행위자인 배우자의 행위에 대한 연대책임을 묻는 제도이기 때문에, 행위자에 대한 적법절차의 보장이 곧 후보자에 대한 보장이라 할 수 있다. 이 사건 법률조항에 의한 후보자책임의 법적 구조의 특징, 배우자에게 재판절차라는 완비된 절차적 보장이 주어진다는 점, 별도 절차의 채부에 따른 장·단점이 나뉜다는 점 등을 종합하면 후보자에 대하여 변명·방어의 기회를 따로 부여하는 절차를 마련하지 않았다는 점만으로 적법절차원칙에 어긋난다고 볼 수 없다.(헌재결 2005.12.22, 2005헌마19)

판례 **전반적인 사항을 규율하는 헌법적 일반규정과 구체적인 사항을 규율하는 헌법적 특별규정과의 관계 :** 헌법 제12조 제1항은 '신체의 자유'에 관한 일반규정이고, 같은 조 제3항은 수사기관의 피의자에 대한 강제처분절차 등에 관한 특별규정이기 때문에, 수사기관의 피의자에 대한 구속영장청구에 관련된 이 사건 법률조항의 위헌성 여부는 원칙적으로 헌법적 특별규정인 헌법 제12조 제3항의 '영장주의'에 합치되는지 여부에 달려있고, 유죄판결이 확정되기 전에 당해 피의자의 '신체의 자유'가 제한되는 결과가 발생한다는 측면에 대해서는 헌법 제12조 제3항에 위배되는지 여부를 판단하는 것으로 족하며 이에 관하여 일반규정인 헌법 제12조 제1항 및 제27조 제4항의 위반 여부 등을 별도로 판단할 필요는 없다.(헌재결 2003.12.18, 2002헌마593)

판례 **공무원연금법 제64조 제3항의 급여제한이 적법절차원칙에 위배되는지 여부 :** 이 사건 법률조항은 그에 해당하는 사유가 있으면 반드시 급여를 지급하지 않게 되어 있어 청문절차를 거치더라도 그 결과에 따라 급여제한의 내용이 달라질 가능성이 있는 것도 아니고, 급여제한에 관한 결정은 행정처분으로서 그 결정에 이의가 있는 수급자는 공무원연금급여재심위원회에 심사를 청구하고 행정소송을 제기하여 구제를 받을 수 있는 길이 열려 있으므로 급여의 제한조치에 앞서 청문절차를 거치도록 직접 규정하지 아니하였다고 하여 이 사건 법률조항이 적법절차의 원칙에 어긋난다고 할 수는 없다.(헌재결 2002.7.18, 2000헌바57)

■ 진술거부권

판례 피의자의 진술을 녹취 내지 기재한 서류 또는 문서가 수사기관에서의 조사 과정에서 작성된 것이라면, 그것이 '진술조서, 진술서, 자술서'라는 형식을 취하였다고 하더라도 피의자신문조서와 달리 볼 수 없다. 형사소송법이 보장하는 피의자의 진술거부권은 헌법이 보장하는 형사상 자기에게 불리한 진술을 강요당하지 않는 자기부죄거부의 권리에 터 잡은 것이므로, 수사기관이 피의자를 신문함에 있어서 피의자에게 미리 진술거부권을 고지하지 않은 때에는 그 피의자의 진술은 위법하게 수집된 증거로서 진술의 임의성이 인정되는 경우라도 증거능력이 부인되어야 한다.(대판 2009.8.20, 2008도8213)

판례 **'당해 거주자와 비거주자간 채권의 발생 등에 관한 거래와 관련이 없는 지급'을 한국은행 총재의 허가사항으로 규정한 것이 헌법상 보장된 진술거부권의 본질적 내용을 침해하는 것인지 여부 :** 거래를 수반하지 않는 외국환 지급 허가의 신청은 구 외국환관리법이나 그 밖의 법령에 범죄로 규정되어 있지 아니할 뿐 아니라, 위와 같은 지급의 경우에도 지급의 수액 및 그 용도 등에 따라 지급이 허가될 가능성이 전혀 없다고 할 수 없으므로, 위와 같은 지급을 하려는 거주자에 대하여 한국은행 총재의 허가를 미리 받도록 규정한 것이 헌법상 보장된 진술거부권의 본질적 내용을 침해하는 것이라고 할 수는 없다.
(대판 2006.5.11, 2006도920)

판례 **정치자금의 수입·지출에 관한 명세서, 영수증 및 회계장부를 보존하지 않은 정당의 회계책임자를 형사처벌하는 것이 진술거부권을 침해하는지 여부 :** 정치자금법 제31조 제6호에 의하면, 정당의 회계책임자는 정치자금의 수입·지출에 관한 명세서 및 영수증을 정치자금법이 정하는 회계보고를 마친 후 3년간 보존하여야 하는데, 이 조항이 규정하고 있는 회계장부·명세서·영수증을 보존하는 행위는 진술거부권의 보호대상이 되는 "진술" 즉 언어적 표출의 등가물로 볼 수 없으므로, 위 조항은 헌법 제12조 제2항의 진술거부권을 침해하지 않는다.
(헌재결 2005.12.22, 2004헌바25)

판례 **진술거부권의 입법 취지 :** 헌법 제12조 제2항은 형사책임에 관하여 자신에게 불이익한 진술을 강요당하지 아니할 것을 국민의 기본권으로 보장하고 있고, 헌법이 진술거부권을 기본적 권리로 보장하는 것은 형사 피의자나 피고인의 인권을 형사소송의 목적인 실체적 진실발견이나 구체적 사회정의의 실현이라는 국가이익보다 우선적으로 보호함으로써 인간의 존엄성과 가치를 보장하고, 나아가 비인간적인 자백의 강요와 고문을 근절하려는데 있다.(대판 2004.12.24, 2004도5494)

■ 영장주의

판례 영장 대상 범위가 '회계자료 및 입출금 거래 내역 및 통장(상기 범행에 사용된 회사, 사장, 직원 및 가족 명의 포함)'인 압수수색 영장을 근거로 해당 회사 직원이자 피의자 동생의 가족(장모와 부인) 명의의 계좌거래 내역과 통장 등을 압수한 사건에서, 영장에 기재된 '가족'은 '피의자의 가족'만을 의미하고, '회사 직원의 가족'은 포함되지 않는다. 따라서 위법한 영장 집행이기 때문에 관련 압수물을 증거로 사용할 수 없다.
(서울고법 2019.1.31, 2018노885)

판례 헌법과 형사소송법이 정한 절차에 따르지 아니하고 수집한 증거는 물론 이를 기초로 하여 획득한 2차적 증거 역시 기본적 인권 보장을 위해 마련된 적법한 절차에 따르지 않은 것으로서 원칙적으로 유죄 인정의 증거로 삼을 수 없다. 전자정보에 대한 압수·수색영장의 집행에 있어서는 원칙적으로 영장 발부의 사유로 된 혐의사실과 관련된 부분만을 문서 출력물로 수집하거나 수사기관이 휴대한 저장매체에 해당 파일을 복사하는 방식으로 이루어져야 하고, 집행현장의 사정상 위와 같은 방식에 의한 집행이 불가능하거나 현저히 곤란한 부득이한 사정이 있는 경우 그 저장매체 자체를 직접 또는 하드카피나 이미징 등 형태로 수사기관 사무실 등 외부로 반출하여 해당 파일을 압수·수색할 수 있도록 예외적으로 허용될 수 있을 뿐이다. 저장매체 자체를 수사기관 사무실 등으로 옮긴 후 범죄혐의와 관련성에 대한 구분 없이 저장된 전자정보 중 임의로 문서출력 또는 파일복사를 하는 행위는 특별한 사정이 없는 한 영장주의 등 원칙에 반하는 위법한 집행이 된다.(대판 2012.3.29, 2011도10508)

판례 **입법자가 수사기관의 피의자에 대한 강제처분에 관한 헌법적 특별규정인 헌법 제12조 제3항을 준수하는 경우 그 입법형성권의 범위와 이에 관한 위헌성심사기준 :** 수사기관의 피의자에 대한 강제처분에 관한 법률을 제정함에 있어서 입법자는 헌법적 특별규정인 헌법 제12조 제3항을 준수하는 범위 내에서 우리 사회의 법현실, 수사관행, 수사기관과 국민의 법의식수준 등을 종합적으로 검토한 다음 구체적 사정에 따라서 다양한 정책적인 선택을 할 수 있고, 다만 이러한 입법형성권을 남용하거나 그 범위를 현저하게 일탈하여 당사자들의 기본권을 침해하게 된 경우에는 관련 법률들이 '자의금지원칙'에 위배되어 헌법에 위반된다고 보아야 한다.(헌재결 2003.12.18, 2002헌마593)

판례 **형사절차에 있어서의 영장주의의 본질 :** 형사절차에 있어서의 영장주의란 체포·구속·압수 등의 강제처분을 함에 있어서는 사법권 독립에 의하여 그 신분이 보장되는 법관이 발부한 영장에 의하지 않으면 아니된다는 원칙이고, 따라서 영장주의의 본질은 신체의 자유를 침해하는 강제처분을 함에 있어서는 중립적인 법관이 구체적 판단을 거쳐 발부한 영장에 의하여야만 한다는 데에 있다.
(헌재결 1997.3.27, 96헌바28·31·32(병합))

미판 중요한 마약수사에 있어서 원칙적으로 예외를 허용하지 않지만, 영장을 집행하는 경관이 피고인의 호텔 방에 예고없이 들어간 것은 상황에 따라서 허용되는 경우도 있다.
(미연방대법 137 L Ed 2d 615)

■ 변호인의 조력을 받을 권리

판례 피의자 신문을 할 때에는 피의자가 신체적으로나 심리적으로 위축되지 않은 상태에서 자기의 방어권을 충분히 행사할 수 있도록 보호장비를 사용하지 않는 것이 원칙이다. 따라서 피의자신문을 할 때 피의자의 수갑을 풀어달라는 변호인의 요청을 거부하고 변호인을 강제로 퇴거시킨 검사의 처분은 위법하다.(대판 2020.3.17, 2015모2357)

판례 **변호인이 되려는 자의 접견교통권 :** 변호인이 되려고 하는 자가 사건을 수사 중인 검사에게 변호인 접견신청을 하였고, 검사가 담당 교도관에게 접견신청이 있었음을 알렸으나, 교도관이 「형의 집행 및 수용자의 처우에 관한 법률 시행령」 제58조제1항에 따라 「국가공무원 복무규정」상 근무시간이 경과하여 변호인 접견을 허용할 수 없다고 통보한 사건에서, 담당 교도관의 접견 불허 통보 이후 피청구인 검사가 별다른 조치를 취하지 아니하고 피의자 심문을 계속한 것은 실질적으로 변호인의 접견신청을 불허한 것과 같다.(헌재결 2019.2.28, 2015헌마1204)

판례 **불구속피의자의 '변호인의 조력을 받을 권리'의 헌법적 근거 :** 우리 헌법은 변호인의 조력을 받을 권리가 불구속 피의자·피고인 모두에게 포괄적으로 인정되는지 여부에 관하여 명시적으로 규율하고 있지는 않지만, 불구속 피의자의 경우에도 변호인의 조력을 받을 권리는 우리 헌법에 나타난 법치국가원리, 적법절차원칙에서 인정되는 당연한 내용이고, 헌법 제12조 제4항도 이를 전제로 특히 신체구속을 당한 사람에 대하여 변호인의 조력을 받을 권리의 중요성을 강조하기 위하여 별도로 명시하고 있다.(헌재결 2004.9.23, 2000헌마138)

판례 **구금된 피의자에 대한 피의자신문시 변호인의 참여를 요구할 권리가 있는지 여부 :** 형사소송법이 아직은 구금된 피의자의 피의자신문에 변호인이 참여할 수 있다는 명문규정을 두고 있지는 아니하지만, 신체를 구속당한 사람의 변호인과의 접견교통권이 헌법과 법률에 의하여 보장되고 있을 뿐 아니라 누구든지 체포 또는 구속을 당한 때에는 즉시 변호인의 조력을 받을 권리를 가진다고 선언한 헌법규정에 비추어, 구금된 피의자는 형사소송법의 위 규정을 유추·적용하여 피의자신문을 받음에 있어 변호인의 참여를 요구할 수 있고 그러한 경우 수사기관은 이를 거절할 수 없는 것으로 해석하여야 한다.(대결 2003.11.11, 2003모402)

판례 **헌법상 변호인의 조력을 받을 권리의 의미와 내용**
[1] ① 의미 : 신체구속을 당한 사람의 변호인의 조력을 받을 권리는 무죄추정을 받고 있는 피의자·피고인에 대하여 신체구속의 상황에서 생기는 여러가지 폐해를 제거하고 구속이 그 목적의 한도를 초과하여 이용되거나 작용하지 않게끔 보장하기 위한 것으로 여기의 "변호인의 조력"은 "변호인의 충분한 조력"을 의미한다.

② 내용 : 변호인의 조력을 받을 권리의 필수적 내용은 신체구속을 당한 사람과 변호인과의 접견교통권이며 이러한 접견교통권의 충분한 보장은 구속된 자와 변호인의 대화내용에 대하여 비밀이 완전히 보장되고 어떠한 제한·영향·압력 또는 부당한 간섭없이 자유롭게 대화할 수 있는 접견을 통하여서만 가능하고 이러한 자유로운 접견은 구속된 자와 변호인의 접견에 교도관이나 수사관 등 관계공무원의 참여가 없어야 가능하다.
[2] 구속된 사람을 변호인이 접견할 때 소속직원(수사관)이 참여하여 대화내용을 듣거나 기록하는 것은 헌법 제12조 제4항이 규정한 변호인의 조력을 받을 권리를 침해한 것으로 위헌이다.
(헌재결 1992.1.28, 91헌마111)

▣ 체포·구속적부심사제도

판례 사법경찰관리가 현행범인으로 체포하는 경우에는 반드시 범죄사실의 요지, 구속의 이유와 변호인을 선임할 수 있음을 말하고 변명할 기회를 주어야 하며, 이러한 법리는 비단 현행범인을 체포하는 경우 뿐만 아니라 긴급체포의 경우에도 마찬가지로 적용되는 것이고, 이와 같은 고지는 체포를 위한 실력행사에 들어가기 전에 미리 하여야 하는 것이 원칙이나, 달아나는 피의자를 쫓아가 붙들거나 폭력으로 대항하는 피의자를 실력으로 제압하는 경우에는 붙들거나 제압하는 과정에서 하거나, 그것이 여의치 않은 경우에는 일단 붙들거나 제압한 후에 지체없이 하여야 한다.(대판 2010.6.24, 2008도11226)

판례 제12조 제6항이 '체포·구속'의 방법으로 '신체의 자유'가 부당하게 침해되는 것을 사후적으로 구제하는 구체적인 절차적 기본권에 관한 입법형성의무를 부과하고 있는지 여부 : 우리 헌법은 '체포·구속을 당한 때'라고 하는 매우 구체적인 상황에 관련하여 헌법적 차원에서 '적부의 심사를 법원에 청구할 권리'라는 구체적인 절차적 권리를 보장하고 있지만, 입법자의 형성적 법률이 존재하지 아니하는 경우 현실적으로 법원에서 당사자의 '체포·구속적부심사청구권'에 대하여 심리할 방법이 없기 때문에, 입법자가 법률로써 구체적인 내용을 형성하여야만 권리주체가 실질적으로 이를 행사할 수 있는 경우에 해당하는 것으로서 헌법의 개별규정에 의한 헌법위임(Verfassungsauftrag)이 존재한다고 볼 수 있다. 나아가 이러한 체포·구속적부심사청구권의 경우 헌법적 차원에서 독자적인 지위를 가지고 있기 때문에 입법자가 전반적인 법체계를 통하여 관련자에게 그 구체적인 절차적 권리를 제대로 행사할 수 있는 기회를 최소한 1회 이상 제공하여야 할 의무가 있다고 보아야 한다.(헌재결 2004.3.25, 2002헌바104)

第13條 [刑罰不遡及, 一事不再理, 遡及立法 制限, 連坐制禁止] ① 모든 國民은 行爲時의 法律에 의하여 犯罪를 구성하지 아니하는 행위로 訴追되지 아니하며, 동일한 犯罪에 대하여 거듭 處罰받지 아니한다.
② 모든 國民은 遡及立法에 의하여 參政權의 제한을 받거나 財産權을 剝奪당하지 아니한다.
③ 모든 國民은 자기의 행위가 아닌 親族의 행위로 인하여 불이익한 處遇를 받지 아니한다.

참조 구12, ①[죄형법정주의]12, 형1, [형벌불소급]형1, [일사부재리]형소326·327·329, ②[참정권]24·25, [재산권]23, ③[친족]민767

▣ 일사부재리의 원칙

판례 '처벌'의 개념 및 범위 : 일사부재리 또는 이중처벌금지의 원칙에 있어서 처벌이라고 함은 원칙적으로 범죄에 대한 국가의 형벌권 실행으로서의 과벌을 의미하는 것이고 국가가 행하는 일체의 제재나 불이익처분이 모두 그에 포함된다고는 할 수 없다.(헌재결 2002.7.18, 2000헌바57)

판례 누범가중과 일사부재리의 원칙 : 형법 제35조 제1항이 누범을 가중처벌하는 것은 전범에 대하여 형벌을 받았음에도 다시 범행을 하였다는 데 있는 것이지, 전범에 대하여 처벌을 받았음에도 다시 범행을 하는 경우에는 전범도 후범과 일괄하여 다시 처벌한다는 것은 아님이 명백하므로, 누범에 대하여 형을 가중하는 것이 헌법상의 일사부재리의 원칙에 위배하여 피고인의 기본권을 침해하는 것이라고는 볼 수 없다.
(헌재결 1995.2.23, 93헌바43)

▣ 소급입법의 금지

판례 친일재산은 취득·증여 등 원인행위 시에 국가의 소유로 한다고 정한 舊「친일반민족행위자 재산의 국가귀속에 관한 특별법」 제3조제1항 본문이 소급입법금지 원칙에 반하여 위헌인지 여부 : 친일재산의 소급적 박탈은 일반적으로 소급입법을 예상할 수 있었던 예외적인 사안이고, 진정소급입법을 통해 침해되는 법적 신뢰는 심각하다고 볼 수 없는 데 반해 이를 통해 달성되는 공익적 중대성은 압도적이라고 할 수 있으므로 진정소급입법이 허용되는 경우에 해당한다. 따라서 귀속조항이 진정소급입법이라는 이유만으로 헌법 제13조제2항에 위배된다고 할 수 없다.(대판 2012.2.23, 2010두17557)

판례 소급입법에 의한 재산권 박탈의 금지 : 헌법 13조 2항은 "모든 국민은 소급입법에 의하여 재산권을 박탈당하지 아니한다"고 규정하여 소급입법에 의한 재산권의 박탈을 금지하고 있는데, 이러한 재산권의 보장은 국민 개개인이 재산권을 향유할 수 있는 법제도로서의 사유재산제도를 보장한다는 의미와 함께 그 기초 위에서 그들이 현재 누리고 있는 구체적 재산권을 개인의 기본권으로 보장한다는 이중적 의미를 지니고 있는바, 만일 소급입법에 의하여 사유재산권이 부인된다거나 이미 형성된 재산권이 상실된다면 헌법상의 자유민주주의적 경제질서에 반하게 되고 사소유권을 근간으로 한 재산권의 본질이 근본적으로 훼손될 소지가 있으므로, 우리 헌법은 소급입법에 의한 재산권박탈을 명시적으로 금지하고 있는 것이다.
(헌재결 2001.5.31, 99헌가18,99헌바71·111,2000헌바51·64·65·85,2001헌바2(병합))

▣ 이중처벌금지의 원칙

판례 추징금을 납부하지 아니한 자에게 출국을 금지하는 것이 이중처벌금지원칙에 위배되는지 여부 : 일정액수의 추징금을 납부하지 않은 자에게 내리는 출국금지의 행정처분은 형법 제41조 상의 형벌이 아니라 형벌의 이행확보를 위하여 출국의 자유를 제한하는 행정조치의 성격을 지니고 있다. 그렇다면 심판대상 법조항에 의한 출국금지처분은 헌법 제13조 제1항의 이중처벌금지원칙에 위배된다고 할 수 없다.
(헌재결 2004.10.28, 2003헌가18)

판례 청소년 성매수자에 대한 신상공개제도가 이중처벌금지원칙에 위반되는지 여부 : 신상공개제도에 의해 공개되는 신상과 범죄사실은 이미 공개재판에서 확정된 유죄판결의 일부로서, 개인의 신상 내지 사생활에 관한 새로운 내용이 아니고, 공익목적을 위하여 이를 공개하는 과정에서 부수적으로 수치심 등이 발생된다고 하여 이것을 기존의 형벌 외에 또 다른 형벌로서 수치형이나 명예형에 해당한다고 볼 수는 없다. 그렇다면, 신상공개제도는 헌법 제13조의 이중처벌금지 원칙에 위배되지 않는다.
(헌재결 2003.6.26, 2002헌가14)

▣ 형벌불소급의 원칙

판례 행정법규의 소급적용이 허용되는 경우 : 법령의 소급적용, 특히 행정법규의 소급적용은 일반적으로는 법치주의의 원리에 반하고, 개인의 권리·자유에 부당한 침해를 가하며, 법률생활의 안정을 위협하는 것이어서, 이를 인정하지 않는 것이 원칙이지만, 법령을 소급적용하더라도 일반 국민의 이해에 직접 관계가 없는 경우, 오히려 그 이익을 증진하는 경우, 불이익이나 고통을 제거하는 경우 등의 특별한 사정이 있는 경우에 한하여 예외적으로 법령의 소급적용이 허용된다.
(대판 2005.5.13, 2004다8630)

판례 '가입자자격을 상실한 후 1년이 경과한 국민연금가입자'는 반환일시금을 받을 수 없도록 개정된 국민연금법(1998.12.31 법률 제5623호로 개정된 것) 부칙 제16조 제1항은 1999.1.1부터 시행되어 그 이후에 이루어진 반환일시금의 청구에 대하여 적용될 뿐, 그 시행 이전에 구법상의 요건을 충족한 자는 종전의 규정에 따라 급여를 지급받게 되므로 이미 종결된 과거의 사실 또는 법률관계에 사후적으로 적용함으로써 과거를 법적으로 새로이 평가하여 재산권을 박탈하는 소급입법이라고 할 수 없다.(헌재결 2004.6.24, 2002헌바15)

프판 형벌불소급의 원칙은 형사법원에서 적용하는 형벌에만 국한되는 것이 아니라 종국적으로 형벌적 성격을 가지는 모든 제재에 확대하여 적용된다.(프랑스 헌법위원회 1982.12.30 결정)

▣ 연좌제 금지의 원칙

판례 배우자의 중대 선거범죄를 이유로 후보자의 당선을 무효로 하는 경우 연좌제에 해당하는지 여부 : 헌법 제13조 제3항은 '친족의 행위와 본인 간에 실질적으로 의미 있는 아무런 관련성을 인정할 수 없음에도 불구하고 오로지 친족이라는 사유 그 자체만으로' 불이익한 처우를 가하는 경우에만 적용된다. 따라서 후보자와 일상을 공유하는 자로서 후보자와 불가분의 선거운명공동체를 형성하여 활동하게 마련인 배우자의 실질적 지위와 역할을 근거로 후보자에게 연대책임을 부여한 것은 헌법 제13조 제3항에서 금지하고 있는 연좌제에 해당하지 아니한다.
(헌재결 2005.12.22, 2005헌마19)

第14條 [居住·移轉의 自由] 모든 國民은 居住·移轉의 自由를 가진다.

참조 구13, [거주·이전의 제한]37, 감염병42, 계엄9, 검역법15~17, 결핵예방법15, 치료감호등에관한법2, 소년32, 경찰직무4, 형소101①, 소방기본법26, 보안관찰법4, [거주지이동의 신고]주민등록14~17, [해외이주의 제한]해외이주3, [미성년자에 대한 거소지정]민914·945

▣ 거주·이전의 자유의 내용

판례 거주·이전의 자유의 내용 : 거주·이전의 자유란 국민이 원하는 곳에 주소나 거소를 설정하고 이전할 자유를 말하며 그 자유에는 국내에서의 거주·이전의 자유 이외에 해외여행 및 해외이주의 자유가 포함되고, 해외여행 및 해외이주의 자유는 대한민국의 통치권이 미치지 않는 곳으로 여행하거나 이주할 수 있는 자유로서 출국의 자유와 외국 체류를 중단하고 다시 우리나라로 돌아올 수 있는 입국의 자유를 포함한다.(대판 2008.1.24, 2007두10846)

▣ 국내에서의 거주·이전의 자유

판례 인천국제공항고속도로 사용계약체결을 강요함으로써 거주이전의 자유를 제한하는지 여부 : 공항고속도로를 이용하지 않고도 이 도로개설 이전의 영종도 주민들과 마찬가지로 뱃길을 이용하여 자유로이 다른 곳으로 이동할 수도 있고, 다른 곳으로 거주를 옮길 수도 있으며, 또 이 도로를 이용하는 경우에도 비록 통행료의 부담이 있기는 하지만 그 부담의 정도가 이전의 자유를 실제로 제약할 정도로 이용의 편익에 비하여 현저히 크다고는 볼 수 없으므로 거주이전의 자유가 제한된 것으로 볼 수 없다.(헌재결 2005.12.22, 2004헌바64)

▣ 국외 이주·해외 여행의 자유

판례 거주이전의 자유의 보호범위를 '거주이전을 이유로 국방의 의무를 면할 수 있는 혜택의 시기가 다른 사람보다도 늦어지지 않을 것'까지 포함하는 것으로 볼 수 없으므로, 해외에 체재한 사실 때문에 병역법 제71조에 의해 입영의무 등 감면연령이 31세부터가 아닌 36세부터 적용된다고 해서 이를 거주이전의 자유의 제한이라고 할 수 없다.(헌재결 2004.11.25, 2004헌바15)

독판 거주·이전의 자유는 국가권력에 의해 방해받음이 없이 국경내의 모든 지역에서 거주하거나 주소를 정할 수 있는 권리를 말한다.(BVerfGE 2, 266(273)−1953.5.7)

第15條 [職業選擇의 自由] 모든 國民은 職業選擇의 自由를 가진다.

참조 구14, [직업선택·영업자유의 제한]37②·119~123·125·126, 의료법33, 공중13, [강제노역의 금지]12①, 근기7, [적성에 맞는 취업 기회 보장]직업안정1

▣ 직업선택의 자유

판례 직업수행의 자유의 제한에 대한 심사기준 : 헌법 제15조에 의한 직업의 자유는 자신이 원하는 직업을 자유롭게 선택하는 좁은 의미의 직업선택의 자유와 선택한 직업을 자기가 원하는 방식으로 자유롭게 수행할 수 있는 직업수행의 자유를 포함하는 직업의 자유를 뜻한다. 헌법재판소는 직업수행의 자유 제한의 경우에는 입법자의 재량의 여지가 많으므로, 그 제한을 규정하는 법령에 대한 위헌 여부를 심사하는데 있어서 좁은 의미의 직업선택의 자유에 비하여 상대적으로 폭넓은 법률상의 규제가 가능한 것으로 보아 다소 완화된 심사기준을 적용하여 왔다.(헌재결 2007.5.31, 2003헌마579)

판례 기업의 경영권을 헌법상의 권리로 볼 수 있는지 여부 : 헌법 제23조 제1항, 제119조 제1항, 제15조 규정의 취지를 기업활동의 측면에서 보면, 모든 기업은 그가 선택한 사업 또는 영업을 자유롭게 경영하고 이를 위한 의사결정의 자유를 가지며, 사업 또는 영업을 변경(확장 축소 전환)하거나 처분(폐지 양도)할 수 있는 자유를 가지고 있고, 이는 헌법에 의하여 보장되고 있는 것이다.(대판 2003.11.13, 2003도687)

판례 직업의 자유 보장 및 그 제한의 한계 : 헌법 제15조가 말하는 직업선택의 자유는 직업결정의 자유와 직업행사의 자유를 포괄하며, 직업의 자유는 헌법 제37조 제2항에 따라 국가안전보장·질서유지 또는 공공복리를 위하여 불가피한 경우에는 이를 제한할 수 있는데, 특히 직업행사의 자유는 직업결정의 자유에 비하여 상대적으로 그 침해의 정도가 작다고 할 것이어서, 이에 대하여는 공공복리 등 공익상의 이유로 비교적 넓은 법률상의 규제가 가능하지만, 직업수행의 자유를 제한할 때에도 헌법 제37조 제2항에 의거한 비례의 원칙에 위배되어서는 안 된다.
(헌재결 2003.10.30, 2001헌마700,2003헌바11(병합))

판례 유죄판결을 자격취득의 결격사유로 하거나 필요적 취소사유로 하는 규정이 직업선택의 자유를 침해하는지 여부 : 입법자가 일정한 자격제도를 마련하면서 그 자격제도를 둔 취지와 양립할 수 없는 결격사유를 규정하고 있는 이상, 일단 자격을 취득하여 그 자격제도에 포섭된 자일지라도 결격사유에 해당하게 됨으로써 당해 자격제도의 범주에서 벗어난 경우, 필요적으로 그 자격을 취소, 박탈하는 것은 자격취득에 관한 요건으로 결격사유를 설정한 자격제도 자체에서 유래하는 본질적인 한계에 속하고, 단지 그 결과만을 두고 최소침해성의 원칙에 위반된다고 볼 수도 없다.(헌재결 2001.5.31, 99헌바94)

판례 직업의 자유에 대한 제한이 위헌인지 여부의 판단기준 :
[1] 직업의 자유에 대한 제한도 구체적인 경우에 따라 다양한 형태를 취하게 되기 때문에 그것이 위헌인지의 여부도 일률적으로 논할 수는 없고 구체적인 제한조치에 관하여 제한의 목적 필요성 내용과 그것에 의하여 제한되는 직업의 자유의 성질 내용 및 제한의 정도 방법 등을 검토하고 이들을 비교교량하여 신중하게 결정하여야 할 것이다.
[2] 직업의 자유에 대한 제한이 직업의 선택 자체는 제한하지 않으면서 직업활동의 내용이나 태양만을 제한하는 것일 때에는 직업선택의 자유를 제한하는 것보다는 제한의 정도가 가볍다고 할 것이고 따라서 자유를 제한할 수 있는 범위도 커서 비교적 용이하게 제한의 필요성과 합리성을 긍정할 수 있겠지만, 형식적으로는 직업활동의 자유를 제한하는 것처럼 보이더라도 실질에 있어서는 직업선택의 자유를 제한하는 것과 다를 바가 없을 정도로 직업활동의 자유를 크게 제한할 경우에는 그 제한의 합리성을 쉽게 긍정하여서는 안되고, 개인의 자유보다 우월한 매우 중요한 공공의 이익을 보호하기 위하여 그와 같은 제한이 필요하다고 인정되는 경우에만 그 제한을 합헌적인 것으로 보아야 한다.
(대판 1994.3.8, 92누1728)

독판 직업의 자유에 대한 제한, 즉 직업에 대한 자유로운 접근의(법률에 의한) 제한에 있어서는 ① 직업의 행사에 대한 제한, ② 주관적 사유에 의한 직업선택의 제한, ③ 객관적 사유에 의한 직업선택의 제한으로 그 제한의 강도가 강력해질수록 제한을 근거지우는 공익상의 요청도 엄격하게 요구되어야 한다.
(BVerfGE 7, 377(405ff.)−1958.6.11)

▣ 직업선택의 자유의 침해의 예

판례 시각장애인에 한하여 안마사 자격인정을 받을 수 있도록 하는 것 : 이 사건 규칙조항은 안마사의 자격인정을 받을 수 있는 자를 일정한 범위의 "앞을 보지 못하는" 사람으로 한정하는, 이른바 비맹제외기준(非盲除外基準)을 설정함으로써 시각장애인이 아닌 일반인으로 하여금 안마사 자격을 받을 수 없도록 규정하고 있다. 이는 시각장애인이 아닌 일반인이 안마사 직업을 선택할 수 있는 자유를 원천적으로 제한하는 것으로서, 아래에서 보는 바와 같이 기본권 제한에 관한 법률유보원칙이나 과잉금지원칙에 위배하여 일반인의 직업선택의 자유를 침해하고 있으므로 헌법에 위반된다.
(헌재결 2006.5.25, 2003헌마715)

판례 국세체납처분의 예에 따라 징수할 수 있는 청구권으로서 파산선고 전의 원인에 의하여 생긴 채권에 기하여 파산선고 후에 발생한 연체료 청구권이 '국세징수의 예에 의하여 징수할 수 있는 청구권'을 일률적으로 재단채권으로 규정함으로써 파산선고 후 연체료 청구권이 파산법상 재단채권으로서 우선적 지위를 갖도록 한 것은 그 입법목적의 정당성은 인정되지만 입법목적을 달성하는데 적합한 수단을 채택한 것이라고 보기 어려우며 피해의 최소성 및 법익의 균형성 요청에도 저촉되므로 과잉금지의 원칙에 위배된다고 할 것이다.(헌재결 2005.12.22, 2003헌가8)

판례 사고비율에 따라 운전면허 학원의 등록을 취소하거나 운영정지를 하는 것이 직업의 자유를 침해하는지 여부 : 운전교육과 기능검정이 철저하더라도 교통사고는 우연적 사정과 운전자 개인의 부주의로 발생할 수 있다는 것을 감안하면, 교통사고를 예방하고 운전교육과 기능검정을 철저히 하도록 한다는 입법목적은 이 사건 조항으로 인하여 효과적으로 달성된다고 할 수 없으므로 이 사건 조항은 입법목적을 달성하기 위한 수단으로서 부적절하며, 운전전문학원의 영업 내지 직업의 자유를 필요 이상으로 제약하는 것이다.(헌재결 2005.7.21, 2004헌가30)

▣ 직업선택의 자유의 제한의 예

판례 「공직자윤리법」 제17조제1항의 직업선택 자유 침해 여부 : 금융감독원의 4급 이상 직원은 「공직자윤리법」에 의하여 퇴직일부터 3년 간은 퇴직 전 5년 동안 소속되어 있던 부서 또는 기관의 업무와 밀접한 관련성이 있는 심사대상기관에의 취업이 제한되어 있다. 이는 금융감독원 직원이 피감독기관인 사기업체 등과 유착하거나 영향력을 행사할 가능성을 사전에 방지함으로써 금융감독원 업무의 공정성을 확보하고, 금융감독원에 대한 국민의 신뢰를 제고하기 위해서이다. 이로 인하여 달성하려는 공익보다 해당 직원들이 취업을 제한받아 발생하는 불이익이 더 크다고는 할 수 없다.
(헌재결 2021.11.25, 2019헌마555)

판례 변호사법 제5조제1호의 직업선택 자유 침해 여부
① 입법목적의 정당성 : 입법자는 변호사제도를 도입하여 그 직무수행을 엄격히 통제하고 있으며, 일반적으로 법률사건은 그 사무처리에 있어 고도의 법률지식을 요하고 공정성과 신뢰성이 요구된다는 점을 생각할 때, 이 사건 법률조항은 그 입법목적의 정당성이 인정된다. ② 수단의 적절성 : 금고 이상의 형을 선고받고 그 집행이 종료된 후 5년을 경과하지 아니한 자가 변호사가 될 수 없도록 제한한 것은 변호사의 공공성과 변호사에 대한 국민의 신뢰를 보호하고자 하는 입법목적의 달성에 적절한 수단이며, ③ 이 사건 법률조항은 변호사 활동을 영원히 박탈하는 조항이 아니라 직업선택의 자유를 일정 기간 제한하는 것이므로, 이로써 보호하고자 하는 공익이 결격사유에 해당하는 자가 직업을 선택할 수 없는 불이익보다 크다. ④ 또한 금고 이상의 형의 판결을 하였다면 그와 같은 사실만으로는 사회적 비난가능성이 높다고 할 것이며, 변호사의 사명을 고려할 때 변호사의 결격 사유인 금고 이상의 형의 원인이 된 범죄행위가 그 직무관련범죄로 한정되는 것은 아니다. 그렇다면 이 사건 법률조항이 청구인의 직업선택의 자유를 침해할 정도로 입법형성의 재량을 일탈한 것이라고 볼 수는 없다.(헌재결 2006.4.27, 2005헌마997)

판례 재해발생이 우려되는 등의 경우에 산림 안에서 채석허가를 불허하는 것이 채석업을 자유롭게 영위할 수 있는 직업수행의 자유를 제한하는 것은 산림 안에서 채석을 함으로써 발생하게 될 재해를 막고 산림훼손을 방지하는 공공이익의 달성을 통해서 정당화된다고 할 것이므로 직업수행의 자유를 침해하지 않는다.
(헌재결 2006.3.30, 2005헌바78)

판례 제1종 운전면허의 취득요건으로 양쪽 눈의 시력이 각각 0.5 이상일 것을 요구하는 것이 좁은 의미의 직업선택의 자유를 침해하는지 여부 : 도로교통법시행령 제45조 제1항 제1호 가목에 의한 제한은 질서유지 및 공공복리의 증진이라는 공익은 이로써 제한되는 좁은 의미의 직업선택의 자유라는 사익보다 훨씬 더 크다고 할 것이어서 기본권 제한의 입법한계인 비례의 원칙을 준수하였으므로 이 사건 조문은 좁은 의미의 직업선택의 자유를 침해하지 아니한다.(헌재결 2003.6.26, 2002헌마677)

판례 백화점이나 대형 할인매장 등의 셔틀버스 운행을 금지하는 내용의 여객자동차운수사업법 규정에 대한 헌법소원 : 백화점 등의 셔틀버스운행을 원칙적으로 금지하고 이에 위반하는 자를 형사처벌하도록 하는 여객자동차운수사업법(제73조의2, 제81조제7호의2) 규정은, 백화점이나 할인점이 기본적인 업태가 고객 운송이 아니라 상품 판매이고 이들의 무분별한 셔틀버스 운행은 공공성을 띤 여객운송사업체의 경영에 타격을 줌으로써 여객운송질서 확립에 장애를 가져왔고, 유통업체들이 운행 횟수와 노선 수, 운행거리 등을 제한하는 자율감축노력도 대도시와 중소도시의 차이, 업체 상호간 무한 경쟁으로 성공하지 못했고, 백화점 등의 셔틀버스 운행은 운송비가 상품가격에 전이(轉移)하여 결국 유상운송으로 보아야 하며, 셔틀버스 운행을 금지한 법률조항은 대통령령이 정하는 사유에 한해 시·도지사의 허가를 받아 운행이 가능하도록 한만큼 소비자의 불편을 최소화하는 장치를 마련하고 있으므로, 동 법조가 헌법 제10조 행복추구권(소비자의 권리), 제15조 영업의 자유, 제11조 평등권을 침해하지 않는다.(소수의견으로 재판관 4인은 "모든 업종의 셔틀버스 운행은 허용하면서 유통업체의 운행만 금지한 것은 입법 수단의 적정성에 맞지 않는다"는 의견을 피력하였다)
(헌재결 2001.6.28, 2001헌마132)

판례 밀수품의 감정행위를 형사처벌하는 것이 직업선택의 자유를 침해하는지 여부 : 관세법 제186조 제1항 중 감정 부분이 보석감정업자로서 감정할 수 있는 직업수행의 자유를 일부제한하고 있다고 할 것이나, 밀수품의 유통방지를 통한 밀수억제라는 입법목적의 정당성이 인정되고, 밀수품에 대한 감정행위를 금지하고 형사처벌하는 입법수단이 위 입법목적의 달성에 적절하며, 별다른 대체수단이 존재하지 않아서 최소침해성원칙이 지켜지고, 입법수단과 입법목적 사이에도 균형적인 관계가 존재하여 결국 비례의 원칙에 위배되지 아니하므로, 위 법조항 부분은 헌법 제15조에 의거한 청구인의 직업선택의 자유를 침해하지 아니한다.(헌재결 1998.3.26, 97헌마194)

第16條 [住居의 자유] 모든 國民은 住居의 自由를 침해받지 아니한다. 住居에 대한 押收나 搜索을 할 때에는 檢事의 申請에 의하여 法官이 발부한 令狀을 제시하여야 한다.

참조 구15, [거주의 자유]14, [사생활의 자유]17, [주거의 불가침]형319-322, [압수·수색영장]형소113·116, 계엄9, [주거의 자유의 제한]37②, 경찰직무7, 국세징수35, 형소101·109, 감염병42, 우편법5①

프판 헌법상 주거의 불가침의 원리에 비추어 보건대, 행정기관의 세금징수를 위한 납세자의 주거수색도 사법관의 개입과 책임하에서만 가능하다.(프랑스 헌법위원회 1983.12.29 결정)

第17條 [私生活의 秘密과 自由] 모든 國民은 私生活의 秘密과 自由를 침해받지 아니한다.

참조 구16, 개인정보보호법, [주거에 대한 수색]16, [언론·출판물에 의한 침해]21④, [비밀침해]형316·317, [사생활의 비밀과 자유의 제한]37②·76, 국감8

판례 인간의 존엄과 가치, 행복추구권을 규정한 헌법 제10조에서 도출되는 일반적 인격권 및 헌법 제17조의 사생활의 비밀과 자유에 의하여 보장되는 개인정보자기결정권은 자신에 관한 정보가 언제 누구에게 어느 범위까지 알려지고 또 이용되도록 할 것인지를 정보주체가 스스로 결정할 수 있는 권리이다. 개인정보자기결정권의 보호대상이 되는 개인정보는 개인의 신체, 신념, 사회적 지위, 신분 등과 같이 개인의 인격주체성을 특징짓는 사항으로서 개인의 동일성을 식별할 수 있게 하는 일체의 정보이고, 반드시 개인의 내밀한 영역에 속하는 정보에 국한되지 아니하며 공적 생활에서 형성되었거나 이미 공개된 개인정보까지 포함한다. 또한 개인정보를 대상으로 한 조사·수집·보관·처리·이용 등의 행위는 모두 원칙적으로 개인정보자기결정권에 대한 제한에 해당한다.
(대판 2016.8.17, 2014다235080)

판례 사생활의 비밀과 자유의 의미 : 사생활의 비밀은 국가가 사생활영역을 들여다보는 것에 대한 보호를 제공하는 기본권이며, 사생활의 자유는 국가가 사생활의 자유로운 형성을 방해하거나 금지하는 것에 대한 보호를 의미한다. 구체적으로 사생활의 비밀과 자유가 보호하는 것은 개인의 내밀한 내용의 비밀을 유지할 권리, 개인이 자신의 사생활의 불가침을 보장받을 수 있는 권리, 개인의 양심영역이나 성적 영역과 같은 내밀한 영역에 대한 보호, 인격적인 감정세계의 존중의 권리와 정신적인 내면생활이 침해받지 아니할 권리 등이다. 우리 재판소는 '사생활의 자유'란 사회공동체의 일반적인 생활규범의 범위 내에서 사생활을 자유롭게 형성해 나가고 그 설계 및 내용에 대해서 외부로부터의 간섭을 받지 아니할 권리이며, 사생활과 관련된 사사로운 자신만의 영역이 본인의 의사에 반해서 타인에게 알려지지 않도록 할 수 있는 권리인 '사생활의 비밀'과 함께 헌법상 보장되고 있는 것이라고 판시한 바 있다. 즉, 헌법 17조가 보호하고자 하는 기본권은 '사생활영역'의 자유로운 형성과 비밀유지라고 할 것이며, 공적인 영역의 활동은 다른 기본권에 의한 보호는 별론으로 하고 사생활의 비밀과 자유가 보호하는 것은 아니라고 할 것이다.(헌재결 2003.10.30, 2002헌마518)

第18條 [通信의 秘密] 모든 國民은 通信의 秘密을 침해받지 아니한다.

참조 구17, [통신의 자유]인권12, [비밀침해]형316·317, 우편법51, [우편물 내용의 신고 및 개봉]우편법27·28·35, [불법검열, 불법감청에 의한 내용의 증거사용 금지]통신비밀4, [통신의 자유의 제한]37②, 통신비밀5-8, 전파법80①, 국가보안8, 채무자회생파산484②, 형의집행수용자41·43·44, 형소107

판례 수용자의 국가기관에 대한 서신의 검열 : 교도소 수용자로 하여금 제한 없이 서신을 발송할 수 있게 한다면, 서신교환의 방법으로 마약이나 범죄에 이용될 물건을 반입할 수 있고, 외부 범죄세력과 연결하여 탈주를 기도하거나 수용자끼리 연락하여 범죄행위를 준비하는 등 수용질서를 어지럽힐 우려가 많으므로 이들의 도주를 예방하고 교도소내의 규율과 질서를 유지하여 구금의 목적을 달성하기 위해서는 서신에 대한 검열이 불가피하며, 만약 국가기관과 사인에 대한 서신을 따로 분리하여 사인에 대한 서신의 경우에만 검열을 실시하고, 국가기관에 대한 서신의 경우에는 검열을 하지 않는다면 사인에게 보낼 서신을 국가기관의 명의를 빌려 검열 없이 보낼 수 있게 됨으로써 검열을 거치지 않고 사인에게 서신을 발송하는 탈법수단으로 이용될 수 있게 되므로 수용자의 서신에 대한 검열은 국가안전보장·질서유지 또는 공공복리라는 정당한 목적을 위하여 부득이 할 뿐만 아니라 유효 적절한 방법에 의한 최소한의 제한이며, 통신비밀의 자유의 본질적 내용을 침해하는 것이 아니어서 헌법에 위반된다고 할 수 없다.(헌재결 2001.11.29, 99헌마713)

第19條 [良心의 自由] 모든 國民은 良心의 自由를 가진다.

참조 구18, [종교의 자유]20, [표현의 자유]21, [학문과 예술의 자유]22, [직업적 양심]46②·103, [양심의 자유의 제한]37②, [양심에 반하는 행위의 강제금지]형소147-149, 국회에서의증언3, 민764참조판례(사죄광고에 관한 헌재 판례)

판례 헌법상 보호되는 양심의 의미 : 헌법상 보호되는 양심은 어떤 일의 옳고 그름을 판단함에 있어서 그렇게 행동하지 아니하고는 자신의 인격적인 존재가치가 허물어지고 말 것이라는 강력하고 진지한 마음의 소리로서 절박하고 구체적인 양심을 말한다.(헌재결 2002.4.25, 98헌마425 등) 즉, '양심상의 결정'이란 선과 악의 기준에 따른 모든 진지한 윤리적 결정으로서 구체적인 상황에서 개인이 이러한 결정을 자신을 구속하고 무조건적으로 따라야 하는 것으로 받아들이기 때문에 양심상의 심각한 갈등이 없이는 그에 반하여 행동할 수 없는 것을 말한다. 인간의 존엄성 유지와 개인의 자유로운 인격발현을 최고의 가치로 삼는 우리 헌법상의 기본권체계 내에서 양심의 자유의 기능은 개인적 인격의 정체성과 동질성을 유지하는 데 있다.
(헌재결 2004.8.26, 2002헌가1)

판례 국방의 의무와 양심실현의 자유의 경우 법익교량의 특수성 : 양심실현의 자유의 경우 법익교량과정은 특수한 형태를 띠게 된다. 수단의 적합성, 최소침해성의 여부 등의 심사를 통하여 어느 정도까지 기본권이 공익상의 이유로 양보해야 하는가를 밝히는 비례원칙의 일반적 심사과정은 양심의 자유에 있어서는 그대로 적용되지 않는다. 양심의 자유의 경우 비례의 원칙을 통하여 양심의 자유를 공익과 교량하고 공익을 실현하기 위하여 양심을 상대화하는 것은 양심의 자유의 본질과 부합될 수 없다. 양심상의 결정이 법익교량과정에서 공익에 부합하는 상태로 축소되거나 그 내용에 있어서 왜곡·굴절된다면, 이는 이미 '양심'이 아니다. 이 사건의 경우 종교적 양심상의 이유로 병역의무를 거부하는 자에게 병역의무의 절반을 면제해 주거나 아니면 유사시에만 병역의무를 부과한다는 조건 하에서 병역의무를 면제해 주는 것은 병역거부자의 양심을 존중하는 해결책이 될 수 없다. 따라서 양심의 자유의 경우에는 법익교량을 통하여 양심의 자유와 공익을 조화와 균형의 상태로 이루어 양 법익을 함께 실현하는 것이 아니라, 단지 '양심의 자유'와 '공익' 중 양자택일 즉, 양심에 반하는 작위나 부작위를 법질서에 의하여 '강요받는가 아니면 강요받지 않는가'의 문제가 있을 뿐이다.(헌재결 2004.8.26, 2002헌가1)

판례 양심의 보호범위 : 헌법 19조는 "모든 국민은 양심의 자유를 가진다."라고 하여 양심의 자유를 기본권의 하나로 보장하고 있다. 여기에서의 양심은 옳고 그른 것에 대한 판단을 추구하는 가치적·도덕적 마음가짐으로, 개인의 소신에 따른 다양성이 보장되어야 하고 그 형성과 변경에 외부적 개입과 억압에 의한 강요가 있어서는 아니되는 인간의 윤리적 내심영역이다. 보호되어야 할 양심에는 세계관·인생관·주의·신조 등은 물론, 이에 이르지 아니하여도 보다 널리 개인의 인격형성에 관계되는 내심에 있어서의 가치적·윤리적 판단도 포함될 수 있다. 그러나 단순한 사실관계의 확인과 같이 가치적·윤리적 판단이 개입될 여지가 없는 경우는 물론, 법률해석에 관하여 여러 견해가 갈리는 경우처럼 다소의 가치관련성을 가진다고 하더라도 개인의 인격형성과는 관계가 없는 사사로운 사유나 의견 등은 그 보호대상이 아니라고 할 것이다.
(헌재결 2002.1.31, 2001헌바43)

독판 양심의 자유는 개인의 권리일 뿐 아니라 동시에 헌법의 가장 중요한 가치결단적 원칙규범이기도 하다. 따라서 양심의 자유는-형사절차를 통한 형벌의 부과를 포함한-모든 국가활동의 가치기준을 설정하며, 모든 국가활동에 있어서 존중되어야 한다.(BVerfGE 23, 127(134)-1968.3.5)

第20條 [宗敎의 自由] ① 모든 國民은 宗敎의 自由를 가진다.
② 國敎는 인정되지 아니하며, 宗敎와 政治는 分離된다.

참조 구19, [종교에 의한 차별대우의 금지]11, [종교적 집회의 자유의 보장]집시법15, [국·공립학교 종교교육 금지]교육기본6②, [신앙에 관한 죄]형158이하, [종교의 자유의 제한]37②

판례 서울특별시 학생인권조례(2012.1.26, 서울특별시조례 제5247호로 제정된 것) 제5조제1항에서는 성별, 종교, 나이, 사회적 신분 등을 이유로 차별받지 않을 권리를 가지며, 같은 조 제3항에서는 학교의 장과 교직원, 그리고 학생들이 이와 같은 이유로 차별적 언사나 혐오 표현을 하지 못하도록 규정하고 있다. 학교 구성원인 청구인들은 이 중 '성적 지향'과 '성별 정체성'에 관한 규정으로 인하여 종교적 교리에 따라 동성애 등을 인정하지 않는 교육을 할 수 없게 되고, 이것이 곧 표현의 자유와 종교의 자유를 침해한다고 하였다. 그러나 해당 조항은 학교 구성원의 존엄성을 보호하고, 학생이 민주시민으로서의 올바른 가치관을 형성하도록 하며 인권의식을 함양하게 하기 위한 것으로 그 정당성이 인정되고, 수단의 적합성 역시 인정된다. 이렇게 볼 때, 이 규정으로 보호되는 공익은 매우 중대한 반면, 제한되는 표현은 타인의 인권을 침해하는 정도에 이르는 표현으로 그 보호가치가 매우 낮다. 따라서 이 사건 조례 제5조제3항이 과잉금지원칙에 위배되어 청구인들의 종교의 자유와 표현의 자유를 침해한다고 볼 수 없다.(헌재결 2019.11.28, 2017헌마1356)

판례 [1] 헌법상의 기본권은 제1차적으로 개인의 자유로운 영역을 공권력의 침해로부터 보호하기 위한 방어적 권리이지만 다른 한편으로 헌법의 기본적인 결단인 객관적인 가치질서를 구체화한 것으로서, 사법(私法)을 포함한 모든 법 영역에 그 영향을 미치는 것이므로 사인간의 사적인 법률관계도 헌법상의 기본권 규정에 적합하게 규율되어야 한다. 다만 기본권 규정은 그 성질상 사법관계에 직접 적용될 수 있는 예외적인 것을 제외하고는 사법상의 일반원칙을 규정한 민법 제2조, 제103조, 제750조, 제751조 등의 내용을 형성하고 그 해석 기준이 되어 간접적으로 사법관계에 효력을 미치게 된다. 종교의 자유라는 기본권의 침해와 관련한 불법행위의 성립 여부도 위와 같은 일반규정을 통하여 사법상으로 보호되는 종교에 관한 인격적 법익침해 등의 형태로 구체화되어 논하여져야 한다.
[2] 공교육체계에 편입된 종립학교의 학교법인이 가지는 '종교교육의 자유 및 운영의 자유'의 한계 : 고등학교 평준화정책 및 교육 내지 사립학교의 공공성, 학교법인의 종교의 자유 및 운영의 자유가 학생들의 기본권이나 다른 헌법적 가치 앞에서 가지는 한계를 고려하고, 종립학교에서의 종교교육은 필요하고 또한 순기능을 가진다는 것을 간과하여서는 아니 되나 한편으로 종교교육으로 인하여 학생들이 입을 수 있는 피해는 그 정도가 가볍지 아니하며 그 구제수단이 별달리 없음에 반하여 학교법인은 제한된 범위 내에서 종교의 자유 및 운영의 자유를 실현할 가능성이 있다는 점을 감안하면, 비록 종립학교의 학교법인이 국·공립학교의 경우와는 달리 종교교육을 할 자유와 운영의 자유를 가진다고 하더라도, 그 종립학교가 공교육체계에 편입되어 있는 이상 원칙적으로 학생의 종교의 자유, 교육을 받을 권리를 고려한 대책을 마련하는 등의 조치를 취하는 속에서 그러한 자유를 누린다고 해석하여야 한다.
[3] 종립학교가 고등학교 평준화정책에 따라 강제배정된 학생들을 상대로 특정 종교의 교리를 전파하는 종파적인 종교행사와 종교과목 수업을 실시하면서 참가 거부가 사실상 불가능한 분위기를 조성하고 대체과목을 개설하지 않는 등 신앙을 갖지 않거나 학교와 다른 신앙을 가진 학생의 기본권을 고려하지 않은 것은, 우리 사회의 건전한 상식과 법감정에 비추어 용인될 수 있는 한계를 벗어나 학생의 종교에 관한 인격적 법익을 침해하는 위법한 행위이고, 그로 인하여 인격적 법익을 침해받는 학생이 있을 것임이 충분히 예견가능하고 그 침해가 회피가능하므로 과실 역시 인정된다.
(대판 2010.4.22, 2008다38288 전원합의체)

판례 우리 헌법 제20조 제1항은 "모든 국민은 종교의 자유를 가진다."고 규정하고 있는데, 종교의 자유에는 자기가 신봉하는 종교를 선전하고 새로운 신자를 규합하기 위한 선교의 자유가 포함되고, 선교의 자유에는 다른 종교를 비판하거나 다른 종교의 신자에 대하여 개종을 권고하는 자유도 포함되는바, 종교적 선전과 타 종교에 대한 비판 등은 동시에 표현의 자유의 보호대상이 되는 것이나, 그 경우 종교의 자유에 관한 헌법 제20조 제1항은 표현의 자유에 관한 헌법 제21조 제1항에 대하여 특별규정의 성격을 갖는다 할 것이므로 종교적 목적을 위한 언론・출판의 경우에는 그 밖의 일반적인 언론・출판에 비하여 고도의 보장을 받게 되고, 특히 그 언론・출판의 목적이 다른 종교나 종교집단에 대한 신앙교리 논쟁으로서 같은 종파에 속하는 신자들에게 비판하고자 하는 내용을 알리고 아울러 다른 종파에 속하는 사람들에게도 자신의 신앙교리 내용과 반대종파에 대한 비판의 내용을 알리기 위한 것이라면 그와 같은 비판할 권리는 최대한 보장받아야 할 것인바, 그로 인하여 타인의 명예 등 인격권을 침해하는 경우에 종교의 자유 보장과 개인의 명예 보호라는 두 법익을 어떻게 조정할 것인지는 그 비판행위로 얻어지는 이익, 가치와 공표가 이루어진 범위의 광협, 그 표현방법 등 그 비판행위 자체에 관한 제반 사정을 감안함과 동시에 그 비판에 의하여 훼손되거나 훼손될 수 있는 타인의 명예 침해의 정도를 비교 고려하여 결정하여야 한다.
(대판 2007.4.26, 2006다87903)

일판 종교행사에 참가하는 아동에 대하여 학교 출석을 면제한다면 공교육의 종교적 중립성을 유지하는 데에 바람직하지 않으므로 출석을 아니한 아동을 결석으로 처리하는 것은 위법이라 할 수 없다.(日・東京地判 1986.3.20)

第21條 [言論・出版・集會・結社의 自由등, 言論・出版에 의한 被害賠償] ① 모든 國民은 言論・出版의 自由와 集會・結社의 自由를 가진다.

② 言論・出版에 대한 許可나 檢閱과 集會・結社에 대한 許可는 인정되지 아니한다.

③ 通信・放送의 施設基準과 新聞의 機能을 보장하기 위하여 필요한 사항은 法律로 정한다.

④ 言論・出版은 他人의 名譽나 權利 또는 公衆道德이나 社會倫理를 침해하여서는 아니된다. 言論・出版이 他人의 名譽나 權利를 침해한 때에는 被害者는 이에 대한 被害의 賠償을 請求할 수 있다.

참조 구20, ①[언론・출판]인권19(알권리), 저작1, 출판문화산업진흥법, 방송법, 신문등의진흥에관한법, [집회・결사]인권20, 집시법1, 정당1, 노노5, ②[언론・출판・집회・결사의 허가제 금지]신문등의진흥에관한법4, 방송법4, ③[언론 보장을 위한 법률]방송법, 신문등의진흥에관한법, 출판문화산업진흥법, 저작, ④[언론・출판으로 인한 명예훼손]민764・형307이하, [언론・출판・집회・결사의 자유의 제한]37②・76・77, 국가보안7・8, 집시법5, 감염병49①, 형243・309, [공무원 집단행위등의 금지]33, 국가공무원65・66, 지방공무원57・58

➡ 언론・출판의 자유

판례 **사실 적시 명예훼손과 표현의 자유** : 「형법」 제307조제1항이 공연한 사실 적시를 통해 타인의 명예를 훼손하는 행위를 금지함으로써 표현의 자유를 제한하고 있는 것은 사실이다. 그러나 개인의 외적 명예는 일단 훼손되면 완전한 회복이 어렵다는 특징이 있으며, 우리 법률이 징벌적 손해배상을 인정하고 있지 않으므로 민사상 손해배상을 통해 형벌을 대체하는 예방 효과를 기대하기도 어렵다. 따라서 형사처벌이라는 수단을 통하여 사실 적시에 따른 명예훼손을 처벌하는 것은 적합하다.
(헌재결 2021.2.25, 2017헌마1113)

판례 언론보도로 인한 명예훼손이 문제되는 경우에는 그 보도로 인한 피해자가 공적인 존재인지 사적인 존재인지, 그 보도가 공적인 관심사안에 관한 것인지 순수한 사적인 영역에 속하는 사안에 관한 것인지, 그 보도가 객관적으로 국민이 알아야 할 공공성, 사회성을 갖춘 사안에 관한 것으로 여론형성이나 공개토론에 기여하는 것인지 아닌지 등을 따져보아 공적 존재에 대한 공적 관심사안과 사적인 영역에 속하는 사안 간 심사기준에 차이를 두어야 하는데, 당해 표현이 사적인 영역에 속하는 사안에 관한 것인 경우에는 언론의 자유보다 명예의 보호라는 인격권이 우선할 수 있으나, 공공적・사회적인 의미를 가진 사안에 관한 것인 경우에는 그 평가를 달리하여야 하고 언론의 자유에 대한 제한이 완화되어야 한다. 특히 정부 또는 국가기관의 정책결정이나 업무수행과 관련된 사항은 항상 국민의 감시와 비판의 대상이 되어야 하고, 이러한 감시와 비판은 이를 주요 임무로 하는 언론보도의 자유가 충분히 보장될 때 비로소 정상적으로 수행될 수 있으며, 정부 또는 국가기관은 형법상 명예훼손죄의 피해자가 될 수 없으므로, 정부 또는 국가기관의 정책결정 또는 업무수행과 관련된 사항을 주된 내용으로 하는 언론보도로 인하여 그 정책결정이나 업무수행에 관여한 공직자에 대한 사회적 평가가 다소 저하될 수 있더라도, 그 보도의 내용이 공직자 개인에 대한 악의적이거나 심히 경솔한 공격으로서 현저히 상당성을 잃은 것으로 평가되지 않는 한, 그 보도로 인하여 곧바로 공직자 개인에 대한 명예훼손이 된다고 할 수 없다.
(대판 2011.9.2, 2010도17237)

판례 언론기관이 범죄사실을 보도하면서 피의자를 가명이나 두문자 내지 이니셜 등으로 특정하는 경우에는 그 보도 대상자의 주변 사람들만이 제한적 범위에서 피의자의 범죄사실을 알게 될 것이지만, 피의자의 실명을 공개하여 범죄사실을 보도하는 경우에는 피의자의 범죄사실을 알게 되는 사람들의 범위가 훨씬 확대되고 피의자를 더 쉽게 기억하게 되어 그에 따라 피의자에 대한 법익침해의 정도 역시 훨씬 커질 것이므로, 범죄사실의 보도와 함께 피의자의 실명을 공개하기 위해서는 피의자의 실명을 보도함으로써 얻어지는 공공의 정보에 관한 이익과 피의자의 명예나 사생활의 비밀이 유지됨으로써 얻어지는 이익을 비교형량한 후 전자의 이익이 후자의 이익보다 더 우월하다고 인정되어야 한다. 또한, 전자의 이익이 더 우월하다고 판단되더라도 그 보도의 내용이 진실과 다를 경우 실명이 보도된 피의자에 대한 법익침해의 정도는 그렇지 아니한 경우보다 더욱 커지므로, 언론기관이 피의자의 실명을 공개하여 범죄사실을 보도할 경우에는 그 보도내용이 진실인지 여부를 확인할 주의의무는 더 높아진다.(대판 2009.9.10, 2007다71)

판례 **언론・출판・집회・결사의 자유의 보장과 그 한계의 규정취지 및 헌법 제37조 제2항에 근거한 법률적 제한을 받을 수 있는지 여부** : 헌법 제21조 제1항 및 제4항의 취지는 일반 국민들이 행사할 수 있는 언론・출판・집회・결사의 자유를 보장하되, 이러한 유형의 자유가 절대적인 자유가 아니고 타인의 명예나 권리 또는 공중도덕이나 사회윤리를 침해할 수 없는 자체적인 한계가 있다는 점을 헌법적 차원에서 분명히 한 것으로서, 언론・출판・집회・결사의 자유가 절대적인 기본권이 아닌 이상 개인이 하고자 하는 표현행위가 아무런 제한 없이 허용되는 것이 아니고, 헌법 제37조 제2항에 근거한 법률적 제한을 받을 수도 있다.(대판 2006.5.26, 2004다62597)

판례 **언론・출판 등의 표현행위에 대한 사전금지가 허용되는 경우** : 표현내용이 진실이 아니거나 그것이 공공의 이해에 관한 사항으로서 그 목적이 오로지 공공의 이익을 위한 것이 아니며, 또한 피해자에게 중대하고 현저하게 회복하기 어려운 손해를 입힐 우려가 있는 경우에는 그와 같은 표현행위는 그 가치가 피해자의 명예에 우월하지 아니하는 것이 명백하고, 또 그에 대한 유효적절한 구제수단으로서 금지의 필요성도 인정되므로 이러한 실체적인 요건을 갖춘 때에 한하여 예외적으로 사전금지가 허용된다.(대결 2005.1.17, 2003마1477)

판례 **비디오물이 언론・출판의 자유의 보호대상이 되는지 여부** : 의사표현의 자유는 바로 언론・출판의 자유에 속하고, 이러한 의사표현의 자유에 있어서 의사표현의 수단은 어떠한 형태이건 그 제한이 없다고 할 것이어서 비디오물은 의사표현의 수단이 되기도 하므로 그 제작・수입 및 유통 등은 동조 제1항에 의하여 보장을 받는다.(대결 2004.4.13, 2001초472)

판례 **언론・출판의 자유와 명예보호 사이의 한계를 설정함에 있어서 고려하여야 할 사항** : 언론・출판의 자유와 명예보호 사이의 한계를 설정함에 있어서는, 당해 표현으로 인하여 명예를 훼손당하게 되는 피해자가 공적인 존재인지 사적인 존재인지, 그 표현이 공적인 관심 사안에 관한 것인지 순수한 사적인 영역에 속하는 사안에 관한 것인지 등에 따라 그 심사기준에 차이를 두어, 공공적・사회적인 의미를 가진 사안에 관한 표현의 경우에는 언론의 자유에 대한 제한이 완화되어야 하고, 특히 공직자의 도덕성・청렴성이나 그 업무처리가 정당하게 이루어지고 있는지 여부는 항상 국민의 감시와 비판의 대상이 되어야 한다는 점을 감안하면, 이러한 감시와 비판기능은 그것이 악의적이거나 현저히 상당성을 잃은 공격이 아닌 한 쉽게 제한되어서는 아니된다.(대판 2004.2.27, 2001다53387)

판례 **게임물의 제작 및 판매・배포가 표현의 자유를 보장하는 헌법 제21조 제1항에 의하여 보장을 받는지 여부** : 의사표현의 자유는 언론・출판의 자유에 속하고, 여기서 의사표현의 매개체는 어떠한 형태이건 그 제한이 없는바, 게임물은 예술표현의 수단이 될 수도 있으므로 그 제작 및 판매・배포는 표현의 자유를 보장하는 헌법 제21조 제1항에 의하여 보장을 받는다.
(헌재결 2002.2.28, 99헌바117)

판례 **영상물등급위원회가 일정한 사유가 있는 경우 3월 이내의 기간을 정하여 그 상영등급의 분류를 보류할 수 있도록 한 영화진흥법 제21조제4항은 위헌** : 헌법 제21조제2항에서 말하는 검열은 실질적으로 행정권이 주체가 되어 사상이나 의견 등이 발표되기 이전에 예방적 조치로서 그 내용을 심사, 선별하여 발표를 사전에 억제하는 것을 뜻하는 바, 영상물등급위원회는 실질적으로 행정기관인 검열기관에 해당하고, 이에 의한 등급분류보류는 영화 상영 이전에 그 내용을 심사하여 허가받지 아니한 것의 발표를 금지하는 제도, 즉 검열에 해당되므로 헌법에 위반된다.(헌재결 2001.8.30, 2000헌가9)

판례 **언론・출판의 자유의 보호대상이 되는 의사표현 또는 전파의 매개체의 범위** : 언론・출판의 자유의 보호대상이 되는 의사표현 또는 전파의 매개체는 어떠한 형태이건 가능하므로, 담화・연설・토론・연극・방송・음악・영화・가요 등과 문서・소설・시가・도화・사진・조각・서화 등 모든 형상의 의사표현 또는 의사전파의 매개체를 포함한다.(헌재결 2001.8.30, 2000헌가9)

판례 **헌법상 보호되지 않는 언론・출판과 그 판단기준** : 언론・출판의 영역에서 국가는 단순히 어떤 표현이 가치없거나 유해하다는 주장만으로 그 표현에 대한 규제를 정당화시킬 수는 없다. 그 표현의 해악을 시정하는 1차적 기능은 시민사회 내부에 존재하는 사상의 경쟁메커니즘에 맡겨져 있기 때문이다. 그러나 대립되는 다양한 의견과 사상의 경쟁메커니즘에 의하더라도 그 표현의 해악이 처음부터 해소될 수 없는 성질의 것이거나 또는 다른 사상이나 표현을 기다려 해소되기에는 너무나 심대한 해악을 지닌 표현은 언론・출판의 자유에 의한 보장을 받을 수 없고 국가에 의한 내용규제가 광범위하게 허용된다.
(헌재결 1998.4.30, 95헌가16)

판례 **음란표현과 저속표현의 헌법적 평가의 상이** : "음란"이란 인간존엄 내지 인간성을 왜곡하는 노골적이고 적나라한 성표현으로서 오로지 성적 흥미에만 호소할 뿐 전체적으로 보아 하등의 문학적, 예술적, 과학적 또는 정치적 가치를 지니지 않은 것으로서, 사회의 건전한 성도덕을 크게 해칠 뿐만 아니라 사상의 경쟁메커니즘에 의해서도 그 해악이 해소되기 어려워 언론・출판의 자유에 의한 보장을 받지 않는 반면, "저속"은 이러한 정도에 이르지 않는 성표현 등을 의미하는 것으로서 헌법적인 보호영역안에 있다.(헌재결 1998.4.30, 95헌가16)

미판 미성년자에게 '점잖지 못하거나', '명백히 공격적인' 통신의 의도적인 전달을 금지하는 통신예절법의 규정은 언론자유를 박탈하는 것이다.(미연방대법 138 L Ed 2d 874)

미판 연방 '알콜관리법'에서 맥주병 라벨에 알콜도수를 표시하는 것을 금지하고 있는데, 이는 언론(상업적 언론 포함) 자유를 침해하는 것이다.(미연방대법, 131 L Ed 2d 532)

프판 법률에서 신문사의 재정적 투명성에 관한 규정을 두고 있는 것은 신문의 자유를 제한하는 것이 아니다. 일간신문의 다원화는 헌법적 가치를 갖는 원리이다.
(프랑스 헌법위원회 1984.10.10-11 결정)

프판 의사와 사상의 자유로운 유통이란 관점에서 보건대 시청각통신에 대한 허가권을 부여한 법률은 헌법에 반하지 아니한다.
(프랑스 헌법위원회 1984.7.26 결정)

독판 대중매체에 의해 보도된 사람은 이들 매체의 보도에 대항할 수 있도록 법적으로 보장된 수단을 가져야 한다. 그렇지 않으면 그는 대중적 논의의 단순한 객체로 전락하기 때문이다.
(BVerfGE 63, 131(142f.)−1983.2.8)

➡ 집회・결사의 자유

판례 **집회・시위의 자유에 장소선택의 자유가 포함되는지 여부** : 집회・시위장소는 집회・시위의 목적을 달성하는데 있어서 매우 중요한 역할을 수행하는 경우가 많기 때문에 집회・시위장소를 자유롭게 선택할 수 있어야만 집회・시위의 자유가 비로소 효과적으로 보장되므로 장소선택의 자유는 집회・시위의 자유의 한 실질을 형성한다.(헌재결 2005.11.24, 2004헌가17)

판례 **집회의 자유의 이중적 헌법적 기능** : 집회의 자유는 개인의 인격발현의 요소이자 민주주의를 구성하는 요소라는 이중적 헌법적 기능을 가지고 있다. 인간의 존엄성과 자유로운 인격발현을 최고의 가치로 삼는 우리 헌법질서 내에서 집회의 자유는 일차적으로는 개인의 자기결정과 인격발현에 기여하는 기본권이며, 집회를 통하여 국민들이 자신의 의견과 주장을 집단적으로 표명함으로써 여론의 형성에 영향을 미친다는 점에서 표현의 자유와 더불어 민주적 공동체가 기능하기 위하여 불가결한 근본요소에 속한다.(헌재결 2003.10.30, 2000헌바67・83(병합))

판례 **입법과정의 하자를 규탄하는 집회가 저항권의 행사에 해당하는지 여부** : 저항권이란 초실정법적 자연법질서내의 권리주장으로서 실정법을 근거로 국가사회의 법질서위반여부를 판단하는 재판권 행사에 있어 이를 주장하는 것은 허용되지 아니한다는 것이 당원의 견해이고, 저항권은 국가권력에 의하여 헌법의 기본원리에 대한 중대한 침해가 행해지고 그 침해가 헌법의 존재 자체를 부인하는 것으로서 다른 합법적인 구제수단으로서는 목적을 달성할 수 없는 때에 국민이 자기의 권리, 자유를 지키기 위하여 실력으로 저항하는 권리이므로, 국회가 법률을 제정 개폐함에 있어 입법절차를 무시한 하자가 있다고 하더라도 이는 저항권 행사의 대상이 되지 않는 것이며, 이러한 입법과정의 하자를 규탄하고 시정하려는 집회 및 시위라고 하더라도 집회및시위에관한법률에 정한 절차에 따르지 아니한 이상 그 죄책을 면할 수는 없다.(헌재결 1997.9.25, 97헌가4)

판례 헌법 제21조 제1항이 보장하고 있는 결사의 자유에 의하여 보호되는 "결사"의 개념에는 법률이 특별한 공공목적에 의하여 구성원의 자격을 정하고 있는 특수단체의 조직활동까지 포함되는 것으로 볼 수는 없다. 주택건설촉진법상의 주택조합(지역조합 및 직장조합)은 무주택자의 주거생활의 안정을 도모하고 모든 국민의 주거수준의 향상을 기한다는 공공목적(이 법 제1조)을 위하여 법률이 구성원의 자격을 제한적으로 정하여 놓은 특수조합으로서 헌법상의 결사의 자유가 뜻하는 헌법상 보호법익의 대상이 되는 단체가 아니므로 이 사건 법률조항이 유주택자의 결사의 자유를 침해하는 것이라고는 볼 수 없다.
(헌재결 1997.5.29, 94헌바5)

프판 결사의 자유는 헌법적 가치를 갖는 원리이므로 단체결성의 유효성에 관하여서는 어떠한 형태의 사전적 통제도 인정될 수 없다.(프랑스 헌법위원회 1971.7.16 : 1986.7.29 결정)

독판 우발적 집회, 즉 그 순간의 동기로 인하여 사전 계획없이, 그리고 집회의 주최자가 없이 생겨난 집회는 신고의 의무를 지지 않는다.(BVerfGE 85, 69(75)−1991.10.23)

독판 결사의 자유는 자유로이 단체를 결성할 수 있는 개인의 권리 뿐만 아니라 형성된 결사의 존속과 활동에 관한 단체 자체의 권리도 보장한다.(BVerfGE 84, 372(378)−1991.10.9)

➡ 알권리(정보공개청구권)

판례 **고소장과 피의자신문조서의 내용에 대한 변호인의 알 권리** : 고소로 시작된 형사피의사건의 구속적부심절차에서 피구속자의 변호를 맡은 변호인으로서는 피구속자가 무슨 혐의로 고소인의 공격을 받고 있는 것인지 그리고 이와 관련하여 피구속자가 수사기관에서 무엇이라고 진술하였는지 그리고 어느 점에서 수사기관 등이 구속사유가 있다고 보았는지 등을 제대로 파악하지 않고서는 피구속자의 방어를 충분히 조력할 수 없다는 것은 사리상 너무도 명백하므로 이 사건에서 변호인은 고소장과 피의자신문조서의 내용을 알 권리가 있다.
(헌재결 2003.3.27, 2000헌마474)

판례 **국정감사에 대한 시민단체의 방청을 불허한 것이 알 권리를 침해한 것인지 여부** : 의원들의 국정감사활동에 대한 시민단체의 방청을 허용할 경우 원활한 국정감사의 실현이 불가능하다고 보아 전면적으로 또는 조건부로 방청을 불허하였는바, 원만한 회의진행 등 회의의 질서유지를 위하여 방청을 금지할 필요성이 있었는지에 관하여는 국회의 자율적 판단을 존중하여야 하는 것인즉, 피청구인들이 위와 같은 사유를 들어 방청을 불허한 것이 헌법재판소가 관여하여야 할 정도로 명백히 이유없는 자의적인 것이라 단정하기 어렵다.
(헌재결 2000.6.29, 98헌마443,99헌마583(병합))

판례 **정보공개청구권의 인정 근거** : 국민의 알 권리, 특히 국가정보에의 접근의 권리는 우리 헌법상 기본적으로 표현의 자유와 관련하여 인정되는 것으로 그 권리의 내용에는 일반 국민 누구나 국가에 대하여 보유・관리하고 있는 정보의 공개를 청구할 수 있는 이른바 일반적인 정보공개청구권이 포함된다.
(대판 1999.9.21, 97누5114)

판례 **수용소에서의 신문구독이 알 권리의 보호영역에 포함되는지 여부** : 국민의 알 권리는 정보에의 접근・수집・처리의 자유를 뜻하며 그 자유권적 성질의 측면에서는 일반적으로 정보에 접근하고 수집·처리함에 있어서 국가권력의 방해를 받지 아니한다고 할 것이므로, 개인은 일반적으로 접근가능한 정보원, 특히 신문, 방송 등 매스미디어로부터 방해받음이 없이 알 권리를 보장받아야 할 것이다. 미결수용자에게 자비(自費)로 신문을 구독할 수 있도록 한 것은 일반적으로 접근할 수 있는 정보에 대한 능동적 접근에 관한 개인의 행동으로서 이는 알 권리의 행사이다.(헌재결 1998.10.29, 98헌마4)

판례 이해관계인의 문서열람청구에 대하여 당해 행정기관이 그가 보관하고 있는 현황대로 문서를 열람하게 하고 당해 문서를 보관하지 않을 경우 그 문서를 보관하고 있지 않음에 대하여 일반인이 납득할 수 있을 정도로 확인의 기회를 부여하였다면, 비록 청구인이 문서열람의 목적을 달성하지 못하게 되었다고 하더라도 이를 가지고 알 권리를 침해한 것이라고 할 수 없다.
(헌재결 1994.8.31, 93헌마174)

판례 **정정보도청구권의 법적 성질 및 헌법상의 의의** : 정정보도청구권은 정기간행물의 보도에 의하여 인격권 등의 침해를 받은 피해자가 반론의 게재를 요구할 수 있는 권리, 즉 이른바 "반론권"을 뜻하는 것으로서 헌법상 보장된 인격권, 사생활의 비밀과 자유에 그 바탕을 둔 것이며 나아가 피해자에게 반박의 기회를 허용함으로써 언론보도의 공정성과 객관성을 향상시켜 제도로서의 언론보장을 더욱 충실하게 할 수도 있다는 뜻도 함께 지닌다.(헌재결 1991.9.16, 89헌마165)

독판 정보의 자유(알권리)는 국가에 대한 권리이며, 따라서 대사인적(對私人的) 효력이 인정되지 않는다.
(BVerfGE 70, 310(316)－1985.10.8)

➡ **검열금지의 원칙**

판례 이른바 문화예술계 블랙리스트 사건과 관련하여, 정부에 대한 비판적 견해를 가졌다는 이유로 문화예술 지원 공모사업에서 공정한 심사 기회를 박탈하여 지원사업에서 배제되도록 지시한 것은 정치적 표현의 자유에 대한 제한조치로 보아야 하며, 이를 위해 개인의 정치적 견해에 관한 정보를 수집·보유·이용한 행위 역시 개인정보자기결정권을 침해하는 것으로 헌법에 위배된다.(헌재결 2020.12.23, 2017헌마416)

판례 **사전검열이 절대적으로 금지되는 이유** : 언론·출판에 대하여 사전검열이 허용될 경우에는 국민의 예술활동의 독창성과 창의성을 침해하여 정신생활에 미치는 위험이 크고 행정기관이 집권자에게 불리한 내용의 표현을 사전에 억제함으로써 이른바 관제의견이나 지배자에게 무해한 여론만이 허용되는 결과를 초래할 염려가 있기 때문에 헌법이 절대적으로 금지하는 것이다.
(헌재결 2001.8.30, 2000헌가9)

판례 **검열금지원칙의 의미** : 헌법 제21조 제2항의 검열은 그 명칭이나 형식과 관계없이 실질적으로 행정권이 주체가 되어 사상이나 의견 등이 발표되기 이전에 예방적 조치로서 그 내용을 심사, 선별하여 발표를 사전에 억제하는, 즉 허가받지 아니한 것의 발표를 금지하는 제도를 뜻하고, 이러한 사전검열은 법률로써도 불가능한 것으로서 절대적으로 금지된다.
(헌재결 1997.3.27, 97헌가1)

➡ **검열로 인정한 사례**

판례 **외국음반 국내제작 추천제도** : 이 사건 법률조항들이 규정하고 있는 외국음반 국내제작 추천제도는 외국음반의 국내제작이라는 의사표현행위 이전에 그 표현물을 행정기관의 성격을 가진 영상물등급위원회에 제출토록 하여 당해 표현행위의 허용여부가 행정기관의 결정에 좌우되도록 하고 있으며, 더 나아가 이를 준수하지 않는 자들에 대하여 형사처벌 등 강제수단까지 규정하고 있는바, 허가를 받기 위한 표현물의 제출의무, 행정권이 주체가 된 사전심사절차, 허가를 받지 아니한 의사표현의 금지, 심사절차를 관철할 수 있는 강제수단의 존재라는 제 요소를 모두 갖추고 있으므로, 우리 헌법 21조 2항이 절대적으로 금지하고 있는 사전검열에 해당하는 것으로서 위헌을 면할 수 없다 할 것이다.(헌재결 2006.10.26, 2005헌가14)

第22條 [學問·藝術의 自由와 著作權등 保護] ① 모든 國民은 學問과 藝術의 自由를 가진다.
② 著作者·發明家·科學技術者와 藝術家의 權利는 法律로써 보호한다.

참조 구21, ①[학문과 예술의 자유]인권27①, 문화예술진흥1·3, 공연법1, ②[저작자·발명가와 예술가의 보호]인권27②, 저작, 특허, 실용신안, 디자인보호, 발명1, 반도체, [학문·예술의 자유의 제한]37②, 형243·244

판례 **실용신안제도의 헌법적 근거** : 헌법 제22조 제2항은 저작자·발명가·과학기술자와 예술가의 권리는 법률로써 보호한다고 하여 학문과 예술의 자유를 제도적으로 뒷받침해 주고 학문과 예술의 자유에 내포된 문화국가실현의 실효성을 높이기 위하여 저작자 등의 권리보호를 국가의 과제로 규정하고 있다. 저작자 등의 권리를 보호하는 것은 학문과 예술을 발전·진흥시키고 문화국가를 실현하기 위하여 불가결할 뿐 아니라, 이들 저작자 등의 산업재산권을 보호한다는 의미도 함께 가지고 있다.
(헌재결 2002.4.25, 2001헌마200)

판례 **학문의 자유의 내용** : 학문의 자유라 함은 진리를 탐구하는 자유를 의미하는데, 그것은 단순히 진리탐구의 자유에 그치지 않고 탐구한 결과에 대한 발표의 자유 내지 가르치는 자유[편의상 대학의 교수의 자유와 구분하여 수업(授業)의 자유로 한다] 등을 포함하는 것이라 할 수 있다. 다만, 진리탐구의 자유와 결과발표 내지 수업의 자유는 같은 차원에서 거론하기가 어려우며, 전자는 신앙의 자유·양심의 자유처럼 절대적인 자유라고 할 수 있으나, 후자는 표현의 자유와도 밀접한 관련이 있는 것으로서 경우에 따라 헌법 제21조 제4항은 물론 제37조 제2항에 따른 제약이 있을 수 있는 것이다. 물론 수업의 자유는 두텁게 보호되어야 합당하겠지만 그것은 대학에서의 교수의 자유와 완전히 동일할 수는 없을 것이며 대학에서는 교수의 자유가 더욱 보장되어야하는 반면, 초·중·고교에서의 수업의 자유는 후술하는 바와 같이 제약이 있을 수 있다고 봐야 할 것이다.(헌재결 1992.11.12, 89헌마88)

독판 저명한 정치인을 교미중(交尾中)인 돼지로 묘사한 풍자는 인간의 존엄에 의해 보장되는 명예의 핵심적 부분에 대한 침해이며, 일반적 인격권에 대한 중대한 침해이기 때문에 예술활동의 자유에 의해 더 이상 보호될 수 없다.
(BVerfGE 75, 369(380)－1987.6.3)

第23條 [財産權 保障과 制限] ① 모든 國民의 財産權은 보장된다. 그 내용과 限界는 法律로 정한다.
② 財産權의 행사는 公共福利에 적합하도록 하여야 한다.
③ 公共必要에 의한 財産權의 收用·사용 또는 제한 및 그에 대한 補償은 法律로써 하되, 정당한 補償을 支給하여야 한다.

참조 구22, [재산권의 보장]13②·22②·28·121·122·126, 인권17, 민211, ①[내용과 한계]37②, 민2·211, 광업1, 수산1, 사도법9, ②[재산권의 행사]37②, 민2②, 건축1, ③[사용·수용의 제한]119·122·126, 공토법1, 징발법1, 광업1, 수산1, 도로법47·49, 도시및주거환경정비법65, 민방위32, 소방기본법25, [보상]공토법61이하, 징발법19, [무상수거]마약41

판례 **과징금을 부과하는 날 현재의 부동산가액을 기준으로 과징금을 산정하도록 규정한 부동산실권리자명의등기에관한법률 제5조 제2항 본문이 부동산실명법위반자의 재산권을 침해하는지 여부(헌법불합치)** : 행정청이 과징금을 부과할 당시에 법위반자의 명의신탁 관계가 존재한 경우에는, 이 사건 법률조항이 과징금 부과시점의 부동산가액을 과징금 산정기준으로 삼는다고 하더라도 비례원칙에 위배되지 아니하므로, 헌법 제23조 제1항에서 보장된 재산권을 침해하지 않는다. 행정청이 과징금을 부과할 당시에 법위반자의 명의신탁 관계가 이미 종료된 경우에도, 이 사건 법률조항이 과징금 부과시점의 부동산가액을 과징금 산정기준으로 한 것은, 부동산실명법이 추구하는 입법목적을 달성함으로써 얻게 되는 공익이 공공복리에 해당되어 헌법상 목적정당성이 인정되지만, 위 입법목적을 달성하는 데 적절하지 않아서 적합성원칙에 위배되고, 법위반자의 재산권을 덜 제한하면서도 입법목적을 동일하게 달성할 수 있는 명의신탁관계 종료시점의 부동산가액을 과징금 산정기준으로 하는 대체수단이 존재하므로 최소침해성원칙에도 위배되며, 명의신탁 종료시점부터 과징금 부과시점까지 발생하게 되는 과징금 증가액을 법위반자가 부담하는 재산상 불이익이 매우 큰 반면에 명의신탁관계가 종료된 시점 이후의 기간 동안에 발생할 수 있는 법위반자의 불법적인 이익을 회수하고, 실명등기의무의 이행을 강제하여 얻게 되는 공적인 이익은 그리 크지 않다고 할 것이므로 법익균형성원칙에 위배되기 때문에 결국 비례원칙에 어긋나므로, 헌법 제23조 제1항에서 보장된 재산권을 침해한다.
(헌재결 2006.5.25, 2005헌가17,2006헌바17(병합))

판례 **재산권 보장의 의미** : 헌법은 "모든 국민의 재산권은 보장된다. 그 내용과 한계는 법률로 정한다", "재산권의 행사는 공공복리에 적합하도록 하여야 한다"(23조 1항 및 2항)고 규정함으로써 재산권은 법률로써 규제될 수 있고, 그 행사 또한 일정한 제약을 받을 수 있다는 것을 밝히고 있다. 재산권이 법질서 내에서 인정되고 보호받기 위하여는 입법자에 의한 형성을 필요로 한다. 즉, 재산권은 이를 구체적으로 형성하는 법이 없을 경우에는 재산에 대한 사실상의 지배만 있을 뿐이므로 다른 기본권과는 달리 그 내용이 입법자에 의하여 법률로 구체화됨으로써 비로소 권리다운 모습을 갖추게 된다. 입법자는 재산권의 내용을 구체적으로 형성함에 있어서 사적 재산권의 보장이라는 요청(헌법 23조 1항 1문)과 재산권의 사회적 기속성에서 오는 요청(헌법 23조 2항)을 함께 고려하고 조정하여 양 법익이 조화와 균형을 이루도록 하여야 한다.(헌재결 2006.1.26, 2005헌바18)

판례 **가산세제도에 대한 헌법적 요청** : 의무위반에 대한 책임의 추궁에 있어서는 의무위반의 정도와 부과되는 제재 사이에 적정한 비례관계가 유지되어야 하므로, 조세의 형식으로 부과되는 금전적 제재인 가산세 역시 의무위반의 정도에 비례하는 결과를 이끌어내는 그러한 비율에 의하여 산출되어야 하고, 그렇지 못한 경우에는 비례의 원칙에 어긋나서 재산권에 대한 침해가 된다.(헌재결 2005.2.24, 2004헌바26)

판례 **정리회사의 주식** : 회사정리절차가 진행중인 회사가 반드시 채무초과상태에 있는 것은 아니고, 정리회사의 주식도 회사의 신용도 등 무형자산과 향후수익력 등의 평가를 토대로 주식거래시장에서 관리종목으로 거래되고 있을 뿐만 아니라, 궁극적으로는 모든 이해관계인들의 이해를 조정하여 회사를 유지·재건시키는 것이 회사정리제도의 목적인 이상 원활한 사업수행을 통하여 수익력이 제고되면 정리회사의 재무구조가 개선될 여지도 없지 않다. 이러한 의미에서 정리회사의 주식이라 해도 헌법이 보장하는 재산권의 객체가 된다.
(헌재결 2003.12.18, 2001헌바91-94(병합))

판례 시혜적 입법의 시혜대상이 될 경우 얻을 수 있는 재산상 이익의 기대 청구인들은 이 사건 법률조항들에 의한 자의적 차별에 의하여 헌법 23조에 의하여 보장된 재산권도 침해받게 되었다고 주장하나, 재산권에 관계되는 시혜적 입법의 시혜대상에서 제외되었다는 이유만으로 재산권침해가 생기는 것은 아니고, 시혜적 입법의 시혜대상이 될 경우 얻을 수 있는 재산상 이익의 기대가 성취되지 않았다고 하여도 그러한 단순한 재산상 이익의 기대는 헌법이 보호하는 재산권의 영역에 포함되지 않으므로, 이 사건에서 재산권침해가 문제되지는 않는다고 볼 것이다.
(헌재결 2002.12.18, 2001헌바55)

판례 명의신탁자, 장기 미등기자 등에 대하여 일률적으로 부동산 가액의 100분의 30에 해당하는 금액을 과징금으로 부과하는 부동산실권리자명의등기에관한법률의 규정은 헌법이 보장하는 계약자유의 원칙과 재산권 보장의 원칙에 반한다(헌법불합치).
(헌재결 2001.5.31, 99헌가18 등)

판례 헌법 제23조 제1항 및 헌법 제13조 제2항에 의하여 보호되는 재산권은 사적 유용성 및 그에 대한 원칙적 처분권을 내포하는 재산가치 있는 구체적 권리이고, 단순한 이익이나 재화의 획득에 관한 기회 또는 기업활동의 사실적·법적 여건 등은 재산권보장의 대상이 아니다.(헌재결 2000.7.20, 99헌마452)

일판 보상을 돈으로 할 경우에는 피수용자가 수용토지근방에서 대토할 수 있는 금액이라야 한다.(日·最高 1973.10.18)

프판 법률로 소유권의 행사를 제한하는 경우에 그 제한은 소유권의 의미와 내용을 변경시킬 수 없다.
(프랑스 헌법위원회 1982.1.16 결정)

독판 지방자치단체 등 공법인은 일반적으로 재산권의 주체가 되지 못한다. 왜냐하면 그들은 사인(私人)의 경우처럼 국가에 의하여 기본권을 침해받은 상태에 있지 않기 때문이다.
(BVerfGE 61, 82(105ff.) ; 75, 192(197)－1987.4.14)

第24條 [選擧權] 모든 國民은 法律이 정하는 바에 의하여 選擧權을 가진다.

참조 구23, [국민주권전문·1, [공무담임권]25, [공무원선거권]41·67·118②, 공선15, [선거관리]114－116, 공선12, [공민권행사의 보장]공무원복무19, 근기10, [선거권의 제한]37②·공선18

판례 **선거권의 법적 의의(선거권의 우월적 지위)** : 대의민주주의를 원칙으로 하는 오늘날의 민주정치 아래에서 국민의 참여는 기본적으로 선거를 통하여 이루어진다. 따라서, 선거는 주권자인 국민이 그 주권을 행사하는 통로인 것이다. 그러한 국민주권의 원리와 선거를 통한 국민의 참여를 위하여 헌법 24조는 모든 국민에게 법률이 정하는 바에 의하여 선거권을 보장하고 있고, 헌법 제11조는 정치적 생활영역에서의 평등권을 규정하고 있으며, 또한 헌법 제41조 제1항 및 제67조 제1항은 국회의원선거와 대통령선거에 있어서 보통·평등·직접·비밀선거의 원칙을 보장하고 있다. 헌법이 선거권과 선거원칙을 이같이 명문으로 보장하고 있는 것은 국민주권주의와 대의민주주의 하에서는 국민의 선거권 행사를 통해서만 국가와 국가권력의 구성과 창설이 비로소 가능해지고 국가와 국가권력의 민주적 정당성이 마련되기 때문이다. 이러한 국민의 선거권 행사는 국민주권의 현실적 행사수단으로서 한편으로는 국민의 의사를 국정에 반영할 수 있는 중요한 통로로서 기능하며, 다른 한편으로는 주기적 선거를 통하여 국가권력을 통제하는 수단으로서의 기능도 수행한다. 국회의원과 대통령에 대한 선거권(이하 이를 편의상 '국정선거권'이라 한다)을 비롯한 국민의 참정권이 국민주권의 원칙을 실현하기 위한 가장 기본적이고 필수적인 권리로서 다른 기본권에 대하여 우월한 지위를 갖는 것으로 평가되는 것도 바로 그러한 이유 때문이다.
(헌재결 2007.6.28, 2004헌마644,2005헌마360(병합))

판례 **헌법상 정치적 자유권의 의의** : 오늘날 정치적 기본권은 국민이 정치적 의사를 자유롭게 표현하고, 국가의 정치적 의사형성에 참여하는 정치적 활동을 총칭하는 것으로 넓게 인식되고 있다. 정치적 기본권은 기본권의 주체인 개별 국민의 입장에서 보면 주관적 공권으로서의 성질을 가지지만, 민주정치를 표방한 민주국가에 있어서는 국민의 정치적 의사를 국정에 반영하기 위한 객관적 질서로서의 의미를 아울러 가진다. 그중 정치적 자유권이라 함은 국가권력의 간섭이나 통제를 받지 아니하고 자유롭게 정치적 의사를 형성·발표할 수 있는 자유라고 할 수 있다. 이러한 정치적 자유권에는 정치적 의사를 자유롭게 표현하고, 자발적으로 정당에 가입하고 활동하며, 자유롭게 선거운동을 할 수 있는 것을 주된 내용으로 한다.
(헌재결 2004.3.25, 2001헌마710)

판례 **신분증명서로 선거인의 신분확인을 하도록 한 것이 선거권을 침해하는지 여부** : 투표과정에 있어서 선거인 본인 확인은 위장투표, 대리투표 등의 투표부정행위를 방지하여 정확한 민의의 반영과 선거의 공정한 집행을 위한 필수적 절차라 할 것이고, 다만 그 신분확인을 어떠한 방법으로 할 것인지, 즉 그 방법을 다양하게 인정할 것인지 아니면 일정한 방법으로 한정할 것인지의 문제는 입법자가 그 나라의 역사, 전통과 문화, 국민의 의식수준, 정치적 사회적 영향 등 여러 가지 사항을 종합하여 결정하는 것이어서 이에 의한 제한은 선거권 자체의 제한이 아니고 선거권 행사에 있어 필수적인 절차인 신분확인의 제도상 요구되는 내재적 제한이라 할 것이다. 따라서 그 제한의 폭을 어느 범위로 정할 것인지는 입법정책에 속하는 문제이다. 그런데, 주민등록증은 만 17세에 달한 국민은 신청만 하면 발급받을 수 있고, 주민등록증 외에도 여권, 운전면허증, 자격증, 학생증 등 신분증명서로 인정될 수 있는 것들이 다수 있어 선거인으로서는 그 중 어느 하나의 신분증명서라도 제시하면 투표를 할 수 있으므로 이 사건 각 조항이 정하는 신분증명방법이 입법부에 주어진 합리적인 재량의 한계를 벗어난 것이라 할 수는 없다.(헌재결 2003.7.24, 2002헌마508)

판례 **선거운동에서의 기회균등 보장의 의미** : 선거운동에서의 기회균등보장도 일반적 평등원칙과 마찬가지로 절대적이고도 획일적인 평등 내지 기회균등을 요구하는 것이 아니라 합리적인 근거가 없는 자의적인 차별 내지 차등만을 금지하는 것으로 이해하여야 한다.(헌재결 1999.1.28, 98헌마172)

第25條 [公務擔任權] 모든 國民은 法律이 정하는 바에 의하여 公務擔任權을 가진다.

참조 구24, [피선거권]67④, 공선16, [공직취임권]국가공무원, 지방공무원, 교육공무원, 외무공무원, 국회, 법원조직, 헌재, [공무담임권의 제한]37②, 공선19, 국가공무원73의3·74·74의2·78, 지방공무원66·66의2·69이하, 외무공무원26이하, 국회136·155이하, 법원조직43·45·48

판례 **공무담임권의 보호영역** : 공무담임권의 보호영역에는 일반적으로 공직취임의 기회보장, 신분박탈, 직무의 정지가 포함될 뿐이고 청구인이 주장하는 '승진시험의 응시제한'이나 이를 통한 승진기회의 보장 문제는 공직신분의 유지나 업무수행에는 영향을 주지 않는 단순한 내부 승진인사에 관한 문제에 불과하여 공무담임권의 보호영역에 포함된다고 보기는 어려우므로 결국 이 사건 심판대상 규정은 청구인의 공무담임권을 침해한다고 볼 수 없다.(헌재결 2007.6.28, 2005헌마1179)

판례 **공무담임권의 내용을 구체화하는 입법형성권의 범위와 한계** : 공무담임권은 원하는 경우에 언제나 공직을 담당할 수 있는 현실적인 권리가 아니라 공무담임의 기회를 보장하는 성격을 갖는 것으로서 선거에 당선되거나 또는 공직채용시험에 합격하는 등 일정한 공무담임에 필요한 요건을 충족하는 때에만 그 권리가 구체화되고 현실화되기 때문에 입법자는 이러한 공무담임의 전제조건으로서 각종 공직선거의 내용과 절차, 선거권·피선거권 등 공직선거에 참여할 수 있는 권리 또는 자격을 구체적으로 정하는 권한과 책임을 진다. 따라서 국회의원으로 당선될 권리로서 피선거권을 누구에게, 어떤 조건으로 부여할 것인지는 입법자가 그의 입법형성권의 범위 내에서 스스로 정할 사항이지만, 이 때에도 헌법이 피선거권을 비롯한 공무담임권을 기본권으로 보장하는 취지와 대의민주주의 통치질서에서 선거가 가지는 의미와 기능이 충분히 고려되어야 한다는 헌법적인 한계가 있다.(헌재결 2005.4.28, 2004헌마219)

미판 일정한 공직 입후보자에게 소변을 통한 마약검사를 요구하는 것은 헌법위반이다.(미연방대법 137 L Ed 2d 513)

프판 공무원 채용에 있어서 적성과 재능의 판단방식은 다양할 수 있으므로, 공개경쟁방식이 아닌 특별채용제도를 도입하고 있는 것은 평등의 원리에 반하지 아니한다.
(프랑스 헌법위원회 1984.8.30 결정)

第26條 [請願權] ① 모든 國民은 法律이 정하는 바에 의하여 國家機關에 文書로 請願할 權利를 가진다.
② 國家는 請願에 대하여 審査할 義務를 진다.

참조 구25, ①[청원사항]청원법5, [청원금지사항]청원법6·16, [청원방법]청원법9, [청원서의 제출 및 보완요구·이송]청원법11·15, [이의신청]청원법22, [국회청원]국회123–126, [수형자의 청원]형의집행수용자117, ②[청원의 심사]89, 국회125, [청원의 처리 등]청원법21, [청원권의 제한]37②·국가공무원66①

판례 **국회의원소개요건에 대한 합헌결정** : 청원권의 구체적 내용은 입법활동에 의하여 형성되며, 입법형성에는 폭넓은 재량권이 있으므로 입법자는 청원의 내용과 절차는 물론 청원의 심사·처리를 공정하고 효율적으로 행할 수 있게 하는 합리적인 수단을 선택할 수 있는 바, 의회에 대한 청원에 국회의원의 소개를 얻도록 한 것은 청원 심사의 효율성을 확보하기 위한 적절한 수단이다. 또한 청원은 일반의안과 같이 처리되므로 청원서 제출단계부터 의원의 관여가 필요하고, 의원의 소개가 없는 민원의 경우에는 진정으로 접수하여 처리하고 있으며, 청원의 소개의원은 1인으로 족한 점 등을 감안할 때 이 사건 법률조항이 국회에 청원을 하려는 자의 청원권을 침해한다고 볼 수 없다.(헌재결 2006.6.29, 2005헌마604)

판례 **동일내용의 청원에 대한 수리, 심사의무** : 청원법 제8조(현행 제16조)는 동일내용의 청원서를 동일기관에 2개 이상 또는 2개 기관 이상에 제출할 수 없도록 하고, 이에 위배된 청원서를 접수한 관서는 이를 취급하지 아니하도록 하고 있으므로, 동일내용의 청원에 대하여는 국가기관이 이를 수리, 심사 및 통지를 하여야 할 아무런 의무가 없다.
(헌재결 2004.5.27, 2003헌마851)

第27條 [裁判을 받을 權利, 刑事被告人의 無罪推定, 陳述權] ① 모든 國民은 憲法과 法律이 정한 法官에 의하여 法律에 의한 裁判을 받을 權利를 가진다.
② 軍人 또는 軍務員이 아닌 國民은 大韓民國의 領域 안에서는 중대한 軍事上 機密·哨兵·哨所·有毒飮食物供給·捕虜·軍用物에 관한 罪중 法律이 정한 경우와 非常戒嚴이 宣布된 경우를 제외하고는 軍事法院의 裁判을 받지 아니한다.
③ 모든 國民은 신속한 裁判을 받을 權利를 가진다. 刑事被告人은 상당한 이유가 없는 한 지체없이 公開裁判을 받을 權利를 가진다.
④ 刑事被告人은 有罪의 判決이 확정될 때까지는 無罪로 推定된다.
⑤ 刑事被害者는 法律이 정하는 바에 의하여 당해 事件의 裁判節次에서 陳述할 수 있다.

참조 구26, ①[재판을 받을 수 있는 권리]민소470이하·226이하, 형소266이하, 행소1, [죄형법정주의]12, [법관]101·104, 법원조직41–52, [소권]민소, 행소, [제소의 배제]64②③, ②[군인·군무원]군군조직4①·16①, 군무원1, [군사재판]군형1, [초병·초소에 관한 죄]군형28·54–56·58–59·78, [유해음식물 공급죄]군형42, [포로에 관한 죄]군형86–91, [비상계엄]77, [군사법원]110, 군사법원, 계엄16–18, [비상사태하의 비상조치]76·77, ③[공개재판]109, 법원조직57, 군사법원67, [예외]법원조직57①단서, 군사법원67①단서, [구속기간]형소92·202·203, 국가보안19, [구속적부심사]12⑥

■ 재판을 받을 권리

판례 **헌법상 보장되는 재판을 받을 권리에 상고심 재판을 받을 권리까지 포함되는지 여부** : 헌법이 대법원을 최고법원으로 규정하고 있다고 하여 대법원이 곧바로 모든 사건을 상고심으로서 관할하여야 한다는 결론이 당연히 도출되는 것은 아니며, 헌법 제27조 제1항이 보장하는 재판청구권이 사건의 경중을 가리지 아니하고 모든 사건에 대하여 대법원을 구성하는 법관에 의한 균등한 재판을 받을 권리를 의미한다거나 또는 상고심재판을 받을 권리를 의미하는 것이라고 할 수는 없다.
(헌재결 2005.9.29, 2005헌마567)

판례 **재판청구권과 재심청구권과의 관계** : 헌법 제27조 제1항이 보장하고 있는 재판청구권은 헌법이 특별히 달리 규정하고 있지 않는 한 법관에 의하여 사실적 측면과 법률적 측면에서 한 차례의 심리검토의 기회는 적어도 보장되어야 함을 그 핵심적 내용으로 한다. 상소심에서 심판을 받을 권리를 헌법상 명문화한 규정이 없고 상소문제가 일반 법률에 맡겨진 우리 법제 하에서 재판청구권에 모든 사건에 대해 상소심 절차에 의한 재판을 받을 권리까지도 당연히 포함된다고 할 수는 없고, 마찬가지로 재심청구권 역시 헌법 제27조에서 규정한 재판을 받을 권리에 당연히 포함된다고 할 수 없으며, 어떤 사유를 재심사유로 정하여 재심을 허용할 것인가는 입법자가 결정하여야 할 입법정책의 문제이다.(헌재결 2004.12.16, 2003헌바105)

판례 보안관찰처분대상자에게 신고의무를 부과하고 그 의무를 이행하지 않는 경우를 처벌하는 이 사건 조항이 기본권을 직접 침해한다고 보거나 이 사건 조항에 의하여 기소될 경우에는 헌법소원이나 형사재판절차를 통하여 법관에 의한 재판을 받을 수 있는 등 이 사건 조항자체에 대하여는 얼마든지 권리구제를 받을 수 있는 수단이 마련되어 있으므로 법관에 의한 재판을 받을 권리를 침해하는 것이 아니다.
(헌재결 2003.6.26, 2001헌가17,2002헌바98(병합))

판례 **'법률에 의한 재판을 받을 권리'의 법적 의미** : 헌법 제27조 제1항은 법원이 법률에 기속된다는 당연한 법치국가적 원칙을 확인하고, '법률에 의한 재판, 즉 절차법이 정한 절차에 따라 실체법이 정한 내용대로 재판을 받을 권리'를 보장하고 있다. 이로써 위 헌법조항은 '원칙적으로 입법자에 의하여 형성된 현행 소송법의 범주 내에서 권리구제절차를 보장한다'는 것을 밝히고 있다.(헌재결 2002.10.31, 2001헌바40)

판례 **재판청구권의 제한** : 헌법 27조 1항이 규정하는 "법률에 의한" 재판청구권을 보장하기 위해서는 입법자에 의한 재판청구권의 구체적 형성이 불가피하므로 입법자의 광범위한 입법재량이 인정되기는 하나, 그러한 입법을 함에 있어서는 비록 완화된 의미에서일지언정 헌법 37조 2항의 비례의 원칙은 준수되어야 한다. 특히, 단순히 법원에 재소할 수 있는 형식적인 권리나 이론적인 가능성만을 허용하는 것이어서는 아니되고, 상당한 정도로 권리구제의 실효성이 보장되도록 하는 것이어야 할 것이다.(헌재결 2001.2.22, 2000헌가1)

■ 신속한 재판을 받을 권리

판례 **상고심절차에관한특례법 제4조 제1항에서 규정하고 있는 심리불속행제도의 위헌 여부** : 심급제도는 사법에 의한 권리보호에 관한 한정된 법 발견 자원의 합리적인 분배의 문제인 동시에 재판의 적정과 신속이라는 서로 상반되는 두 가지의 요청을 어떻게 조화시키느냐의 문제로 돌아가므로 원칙적으로 입법자의 형성의 자유에 속하는 사항이다. 그러므로 이 사건 법률조항은 비록 국민의 재판청구권을 제약하고 있기는 하지만 위 심급제도와 대법원의 최고법원성을 존중하면서 민사, 가사, 행정, 특허 등 소송사건에 있어서 상고심 재판을 받을 수 있는 객관적인 기준을 정함에 있어 개별적 사건에서의 권리구제보다 법령해석의 통일을 더 우위에 둔 규정으로서 그 합리성이 있다고 할 것이므로 헌법에 위반되지 아니한다.(헌재결 2002.6.27, 2002헌마18)

판례 **신속한 재판을 받을 권리의 헌법상 의의** : 신속한 재판을 받을 권리는 주로 피고인의 이익을 보호하기 위하여 인정된 기본권이지만 동시에 실체적 진실발견, 소송경제, 재판에 대한 국민의 신뢰와 형벌목적의 달성과 같은 공공의 이익에도 근거가 있기 때문에 어느 면에서는 이중적인 성격을 갖고 있다고 할 수 있어, 형사사법체제자체를 위하여서도 아주 중요한 의미를 갖는 기본권이다.(헌재결 1995.11.30, 92헌마44)

■ 무죄추정의 원칙

판례 **형사소송법 제314조가 무죄추정원칙에 위배되는지 여부** : 이 사건 법률조항은 피고인을 유죄라는 전제에서 예외적으로 전문증거의 증거능력을 인정하는 것이 아니라 외국거주의 사유로 원진술자가 법정에서 진술할 수 없어 부득이 피고인이 반대신문을 할 수 없는 경우에 관한 규정이므로 무죄추정의 원칙에 반하는 것이라고 할 수 없다.(헌재결 2005.12.22, 2004헌바45)

판례 **사업자단체의 독점규제및공정거래법 위반행위가 있을 때 "법위반사실의 공표"를 명할 수 있도록 한 부분이 무죄추정의 원칙에 반하는지 여부** : 법위반사실의 공표명령은 공소제기조차 되지 아니하고 단지 고발만 이루어진 수사의 초기단계에서 아직 법원의 유무죄에 대한 판단이 가려지지 아니하였는데도 관련 행위자를 유죄로 추정하는 불이익한 처분이 된다.
(헌재결 2002.1.31, 2001헌바43)

판례 **무죄추정의 원칙의 내용과 적용범위** : 공소제기가 된 피고인이라도 유죄의 확정판결이 있기까지는 원칙적으로 죄가 없는 자에 준하여 취급하여야 하고 불이익을 입혀서는 안 된다고 할 것으로 가사 그 불이익을 입힌다 하여도 필요한 최소제한에 그치도록 비례의 원칙이 존중되어야 한다는 것이 헌법 제27조 제4항의 무죄추정의 원칙이며, 여기의 불이익에는 형사절차상의 처분에 의한 불이익뿐만 아니라 그 밖의 기본권제한과 같은 처분에 의한 불이익도 입어서는 아니된다는 의미도 포함된다고 할 것이다.(헌재결 1990.11.19, 90헌가48)

第28條 [刑事補償] 刑事被疑者 또는 刑事被告人으로서 拘禁되었던 者가 法律이 정하는 不起訴處分을 받거나 無罪判決을 받은 때에는 法律이 정하는 바에 의하여 國家에 정당한 補償을 請求할 수 있다.

참조 구27, [불기소처분]형사보상및명예회복에관한법27, 검찰사건사무규칙69, [무죄판결]형소325, 형사보상및명예회복에관한법26, [형사보상요건]형사보상및명예회복에관한법2, [형사보상내용]형사보상및명예회복에관한법5, [형사보상관할법원]형사보상및명예회복에관한법7, [형사보상청구방식과 기간]형사보상및명예회복에관한법8·9, [형사보상청구권과 타배상 청구권과의 관계]형사보상및명예회복에관한법6, [손해배상청구권]29, 민750, [형사보상청구권의 제한]37②, 형사보상및명예회복에관한법4·19

판례 비상상고의 절차에서 보호감호를 기각하는 재판을 받은 자가 원판결에 의하여 보호감호의 집행을 받았을 때에도 형사보상법 제1조 제2항을 유추적용하여 보호감호의 집행에 대한 보상을 청구할 수 있다고 해석함이 상당하고, 이렇게 해석하는 것이 형사보상청구의 권리를 선언하고 있는 헌법정신에도 부합한다.
(대결 2004.10.18, 2004코1,2004오1)

第29條 [國家·公共團體의 賠償責任] ① 公務員의 職務上 不法行爲로 損害를 받은 國民은 法律이 정하는 바에 의하여 國家 또는 公共團體에 정당한 賠償을 請求할 수 있다. 이 경우 公務員 자신의 責任은 免除되지 아니한다.
② 軍人·軍務員·警察公務員 기타 法律이 정하는 者가 戰鬪·訓練등 職務執行과 관련하여 받은 損害에 대하여는 法律이 정하는 報償외에 國家 또는 公共團體에 公務員의 職務上 不法行爲로 인한 賠償은 請求할 수 없다.

참조 구28, [불법행위]민750이하, [손해배상]국가배상2, [법인의 불법행위책임]민35, [피용자의 가해와 사용자의 책임]민756, [자신의 책임]국가배상2, 민750·756③, [군인·군무원]국군조직4①·16①, 군무원1, [경찰공무원]경찰공무원, [국가배상청구권의 제한]37②

판례 **긴급조치 제9호 위반 혐의로 체포·구금된 피해자들에 대한 국가의 배상책임** : 대통령의 위헌적인 긴급조치 제9호 발령 행위와 그에 따른 수사기관의 수사 및 기소, 법관의 재판 등은 긴급조치 제9호의 발령·적용·집행이라는 일련의 연결된 국가작용이고 이에 관여한 공무원들의 직무수행은 법치국가 원리에 반해 국가의 기본권 보장의무를 다하지 못한 것으로서 전체적으로 보아 객관적 주의의무를 소홀히 해 정당성을 결여한 것으로 평가되므로, 긴급조치 제9호의 적용·집행으로 강제수사를 받거나 유죄 판결을 선고받고 복역함으로써 개별 국민이 입은 손해에 대해서는 국가배상책임이 인정된다.
(대판 2022.8.30, 2018다212610 전원합의체)

판례 **군인의 국가 등에 대한 손해배상청구권을 제한하는 국가배상법 제2조 제1항 단서가 헌법에 위반되는지 여부** : 국가배상법 제2조 제1항 단서는 헌법 제29조 제1항에 의하여 보장되는 국가배상청구권을 헌법 내재적으로 제한하는 헌법 제29조 제2항에 직접 근거하고, 실질적으로 그 내용을 같이하는 것이므로 헌법에 위반되지 아니한다.(헌재결 2001.2.22, 2000헌바38)

판례 **헌법 제29조 제1항 단서의 취지** : 헌법 제29조 제1항 단서는 공무원이 한 직무상 불법행위로 인하여 국가 등이 배상책임을 진다고 할지라도 그 때문에 공무원 자신의 민·형사책임이나 징계책임이 면제되지 아니한다는 원칙을 규정한 것이나, 그 조항 자체로 공무원 개인의 구체적인 손해배상책임의 범위까지 규정한 것으로 보기는 어렵다.
(대판 1996.2.15, 95다38677 전원합의체)

판례 **공무원이 직무수행 중 불법행위로 타인에게 손해를 입힌 경우 공무원 개인의 손해배상책임 유무(=제한적긍정설)** : 공무원이 직무수행 중 불법행위로 타인에게 손해를 입힌 경우에 국가 등이 국가배상책임을 부담하는 외에 공무원 개인도 고의 또는 중과실이 있는 경우에는 불법행위로 인한 손해배상책임을 진다고 할 것이지만, 공무원에게 경과실뿐인 경우에는 공무원 개인은 손해배상책임을 부담하지 아니한다고 해석하는 것이 헌법 제29조 제1항 본문과 단서 및 국가배상법 제2조의 입법취지에 조화되는 올바른 해석이다.
(대판 1996.2.15, 95다38677 전원합의체)

판례 **국가배상법 제2조 제1항 단서 중 군인에 관련되는 부분의 위헌 여부** : 국가배상법 제2조 제1항 단서 중 군인에 관련되는 부분을 일반국민이 직무집행 중인 군인과의 공동불법행위로 직무집행 중인 다른 군인에게 공상을 입혀 그 피해자에게 공동의 불법행위로 인한 손해를 배상한 다음 공동불법행위자인 군인의 부담부분에 관하여 국가에 대하여 구상권을 행사하는 것을 허용하지 않는다고 해석한다면, 이는 위 단서 규정의 헌법상 근거규정인 헌법 제29조가 구상권의 행사를 배제하지 아니하는데도 이를 배제하는 것으로 해석하는 것으로서 합리적인 이유 없이 일반국민을 국가에 대하여 지나치게 차별하는 경우에 해당하므로 헌법 제11조, 제29조에 위반된다.
(헌재결 1994.12.29, 93헌바21)

第30條 [犯罪行爲로 인한 被害救助] 他人의 犯罪行爲로 인하여 生命·身體에 대한 被害를 받은 國民은 法律이 정하는 바에 의하여 國家로부터 救助를 받을 수 있다.

참조 [범죄피해기본]범죄피해자보호법2·3, [범죄피해자 보호·지원의 기본 정책 및 기본계획]범죄피해자보호법7–14, [범죄피해자보호위원회]범죄피해자보호법15, [구조대상 범죄피해에 대한 구조]범죄피해자보호법16–32, [범죄피해구조심의회]범죄피해자보호법24, [범죄피해자 지원법인]범죄피해자보호법33–40, [형사조정]범죄피해자보호법41–46, [경찰관서의 협조]범죄피해자보호법46의2, [형사조정위원회]범죄피해자보호법42, [벌칙·과태료]범죄피해자보호법47–50

판례 **범죄피해자구조청구권의 법적 성격** : 국가는 이미 범죄가 발생한 경우에는 범인을 수사하여 형벌권을 행사함으로써 국민을 보호하여야 할 것이고, 형벌권을 행사하지 아니하는 경우에도 최소한 형벌권을 행사하지 아니하는 것이 오히려 보다 더 나은 결과를 초래할 수 있다고 기대되는 경우에 한정되어야 할 것이다. 그런데, 헌법은 위에서 본 바와 같이 범죄로부터 국민을 보호하여야 할 국가의 의무를 이와 같은 소극적 차원에서만 규정하지 아니하고 이에 더 나아가 범죄행위로 인하여 피해를 받은 국민에 대하여 국가가 적극적인 구조행위까지 하도록 규정하여 피해자의 기본권을 생존권적 기본권의 차원으로 인정하였다. 국가기관이 공소권을 독점하고 피해자에 의한 복수를 허용하지 아니하면서 자력구제를 아주 제한적으로만 인정하고 있는 법제도는 국가에 의한 피해자 보호가 충분히 이루어질 때 비로소 그 존재의의가 있는 것이다. 따라서 범죄로부터 국민을 보호하여야 할 국가의 의무가 이루어지지 아니할 때 국가의 의무위반을 국민에 대한 기본권 침해로 규정할 수 있다. 이 경우 개인의 법익을 직접 침해하는 것은 국가가 아닌 제3자의 범죄행위이므로 위와같은 원초적인 행위 자체를 기본권침해 행위라고 규정할 수는 없으나, 이와같은 침해가 있음에도 불구하고 이것을 배제하여야 할 국가의 의무가 이행되지 아니한다면 이 경우 국민은 국가를 상대로 헌법 10조, 11조 1항 및 30조(이 사건과 같이 생명·신체에 대한 피해를 받은 경우)에 규정된 보호의무 위반 또는 법 앞에서의 평등권 위반이라는 기본권 침해를 주장할 수 있는 것이다.(헌재결 1989.4.17, 88헌마3)

第31條 [教育을 받을 權利·義務, 平生教育振興] ① 모든 國民은 能力에 따라 균등하게 教育을 받을 權利를 가진다.

② 모든 國民은 그 보호하는 子女에게 적어도 初等教育과 法律이 정하는 教育을 받게 할 義務를 진다.

③ 義務教育은 無償으로 한다.

④ 教育의 自主性·專門性·政治的 中立性 및 大學의 自律性은 法律이 정하는 바에 의하여 보장된다.

⑤ 國家는 平生教育을 振興하여야 한다.

⑥ 學校教育 및 平生教育을 포함한 教育制度와 그 운영, 教育財政 및 教員의 地位에 관한 基本的인 사항은 法律로 정한다.

참조 구29, ①[교육을 받을 권리]교육기본3, [교육의 기회균등]11, 교육기본4, ②[의무교육]교육기본8, 초중교육12-16, ④[교육의 자주성과 정치적 중립성]교육기본6, ⑤[평생교육]평생교육1, 교육기본3, ⑥[평가·인증제도]교육기본26, [장학제도]교육기본28, [교육을 받을 권리의 제한]37②

판례 학교교육에 있어서 교원의 가르치는 권리를 수업권이라고 한다면, 이것은 교원의 지위에서 생기는 학생에 대한 일차적인 교육상의 직무권한이지만 어디까지나 학생의 학습권 실현을 위하여 인정되는 것이므로, 학생의 학습권은 교원의 수업권에 대하여 우월한 지위에 있다. 따라서 학생의 학습권이 왜곡되지 않고 올바로 행사될 수 있도록 하기 위해서라면 교원의 수업권은 일정한 범위 내에서 제약을 받을 수밖에 없고, 학생의 학습권은 개개 교원들의 정상을 벗어난 행동으로부터 보호되어야 한다. 특히, 교원의 수업거부행위는 학생의 학습권과 정면으로 상충하는 것인바, 교육의 계속성 유지의 중요성과 교육의 공공성에 비추어 보거나 학생·학부모 등 다른 교육당사자들의 이익과 교량해 볼 때 교원이 고의로 수업을 거부할 자유는 어떠한 경우에도 인정되지 아니하며, 교원은 계획된 수업을 지속적으로 성실히 이행할 의무가 있다.(대판 2007.9.20, 2005다25298)

판례 헌법 제31조 제6항과 헌법 제33조 제1항과의 관계 : 교원의 지위에 관련된 사항에 관한 한 헌법 제31조 제6항이 근로기본권에 관한 헌법 제33조 제1항에 우선하여 적용되기 때문에, 입법자가 교원에 대하여 일반노동조합과 유사한 형태의 조합을 결성할 수 있음을 규정하되 그 규율방식을 달리하여 근로조건의 향상 등을 목적으로 하는 단결권 및 단체교섭권은 허용하면서도 단체행동권의 행사는 전면적으로 금지하거나, 혹은 개별 직장이 아닌 광역단위에 한하여 노동조합을 설립할 수 있도록 하는 등 이에 대하여 특별한 규율을 하는 것도 허용된다.
(대판 2006.5.26, 2004다62597)

판례 교육재정제도에 관한 헌법의 위임과 입법형성권 : 헌법 제31조 제4항·제6항은 교육제도와 교육재정제도의 형성에 관하여 헌법이 직접 규정한 사항 외에는 입법자에게 위임하고 있으므로, 입법자는 중앙정부와 지방정부의 재정상황, 의무교육의 수준 등의 여러 가지 요소와 사정을 감안하여 교육 및 교육재정의 충실을 위한 여러 정책적 방안들을 구상하고 그 중의 하나를 선택할 수 있으며, 이에 관한 입법자의 정책적 판단·선택권은 넓게 인정된다.(헌재결 2005.12.22, 2004헌라3)

판례 의무교육 무상원칙 : 의무교육제도는 국민에 대하여 보호하는 자녀들을 취학시키도록 한다는 의무부과의 면보다는 국가에 대하여 인적·물적 교육시설을 정비하고 교육환경을 개선하여야 한다는 의무부과의 측면이 보다 더 중요한 의미를 갖는다. 의무교육에 필요한 학교시설은 국가의 일반적 과제이고, 학교용지는 의무교육을 시행하기 위한 물적 기반으로서 필수조건임은 말할 필요도 없으므로 이를 달성하기 위한 비용은 국가의 일반재정으로 충당하여야 한다.(헌재결 2005.3.31, 2003헌가20)

판례 헌법 제31조 제6항 교원지위법정주의의 의미 : 교육이 수행하는 중요한 기능에 비추어 우리 헌법은 제31조에서 학교교육 및 평생교육을 포함한 교육제도와 그 운영, 교육재정 및 교원의 지위에 관한 기본적 사항을 법률로 정하도록 한 것이다. 따라서, 입법자가 법률로 정하여야 할 교원지위의 기본적 사항에는 교원의 신분이 부당하게 박탈되지 않도록 하는 최소한의 보호의무에 관한 사항이 포함된다.(헌재결 2003.2.27, 2000헌바26)

일판 학생의 면학을 특히 중시하거나 혹은 비교적 보수적인 교풍을 지닌 대학이 학생의 정치활동에 대하여 상당히 광범하게 규율을 했다 하여도 불합리한 제한이라 할 수 없다.
(日·最高 1974.7.19)

프판 고등교육기관의 교수의 자주성 보장은 공화국 법률에 의하여 인정된 기본권리이다.(프랑스 헌법위원회 1984.1.20 결정)

第32條 [勤勞할 權利·義務, 最低賃金制, 女子·年少者保護, 國家有功者의 機會優先] ① 모든 國民은 勤勞의 權利를 가진다. 國家는 社會的·經濟的 방법으로 勤勞者의 雇傭의 增進과 適正賃金의 보장에 노력하여야 하며, 法律이 정하는 바에 의하여 最低賃金制를 施行하여야 한다.

② 모든 國民은 勤勞의 義務를 진다. 國家는 勤勞의 義務의 내용과 조건을 民主主義原則에 따라 法律로 정한다.

③ 勤勞條件의 基準은 人間의 尊嚴性을 보장하도록 法律로 정한다.

④ 女子의 勤勞는 특별한 보호를 받으며, 雇傭·賃金 및 勤勞條件에 있어서 부당한 차별을 받지 아니한다.

⑤ 年少者의 勤勞는 특별한 보호를 받는다.

⑥ 國家有功者·傷痍軍警 및 戰歿軍警의 遺家族은 法律이 정하는 바에 의하여 優先的으로 勤勞의 機會를 부여받는다.

참조 구30, ①[근로자]근기2, 노노2, [고용증진]고용정책기본법, 직업안정, 국민평생직업능력개발법, [적정임금 보장·최저임금제 실시]임금채권1, 최저임금법1, ②[근로의무의 제한(강제노역금지)]12①, 근기7, ③[근로조건의 기준]근기2·3·4, ④[여성·소년근로자의 보호]근기6·64-75, 선원90-93, [근로청소년을 위한 교육]교육기본21, 초중교육52, 고등교육55이하, ⑤[국가유공자]국가유공자등예우28이하, [근로의 권리의 제한]37②

■ 근로의 권리

판례 산업재해보상보험법 제5조 단서는 산업재해를 입은 근로자에 대한 보상을 어떻게 할 것인가의 문제로 이 사건 법률조항에 의하여 일정 범위의 사업을 적용대상에서 제외한 것은 산업재해보상보험의 특성상 사업규모와 산재발생률 등을 참작하여 현 단계에서 강제적 보험관계를 통한 재해보상 등의 필요성이 크지 않다는 합리적 판단에 기인한 것이라고 볼 수 있으므로, 이 사건 법률조항은 헌법 제32조 제3항의 규정에 위반된다고 볼 수 없다.(헌재결 2003.7.24, 2002헌바51)

판례 헌법 제15조 '직업의 자유'나 헌법 제32조 '근로의 권리', '사회국가원리' 등에 근거하여 실업방지 및 부당한 해고로부터 근로자를 보호하여야 할 국가의 의무를 도출할 수는 있으나, 국가에 대한 직접적인 '직장존속보장청구권'을 근로자에게 인정할 헌법상의 근거는 없다.(헌재결 2002.11.28, 2001헌바50)

■ 여성 및 장애인의 보호

판례 능력주의 원칙에 대한 예외조항 : 헌법의 기본원리나 특정조항에 비추어 능력주의원칙에 대한 예외를 인정할 수 있는 경우가 있다. 그러한 헌법원리로는 우리 헌법의 기본원리인 사회국가원리를 들 수 있고, 헌법조항으로는 여자·연소자근로의 보호를 규정하고 있는 헌법 제32조 제4항 등을 들 수 있다.
(헌재결 2006.5.25, 2005헌마362)

판례 장애인 보호의 판단기준 : 장애인에 대한 생활보호를 위하여 일정한 혜택을 부여하는 법률조항이 헌법에 위배되는지 여부는 입법부가 장애인으로 하여금 인간다운 생활을 영위하도록 하기 위하여 객관적으로 필요한 최소한의 조치를 취할 의무를 다하였는가를 기준으로 판단하여야 할 것이다.
(헌재결 1999.12.23, 98헌마33)

■ 국가유공자 우대

판례 국·공립학교 채용시험의 동점자처리에서 국가유공자 및 그 유족·가족이 가지는 우선권의 위헌 여부 : 국가유공자와 그 유·가족을 동점자처리에서 우대함으로써 우선적 근로기회를 제공하여 생활안정을 도모하고, 이를 통해 국민의 애국정신함양과 민주사회 발전에 이바지하는 데 있다. 이러한 입법목적은 헌법 제32조 제6항의 취지를 반영한 것이거나, 헌법 제37조 제2항의 공공복리 달성을 위한 것으로서 정당하다. 또한 동점자처리조항은 국가유공자와 그 유·가족이 공직에 채용될 수 있도록 지원하는 역할을 함으로써 입법목적의 달성을 촉진하고 있다고 할 것이므로 정책수단으로서의 적합성도 가지고 있다.
(헌재결 2006.6.29, 2005헌마44)

판례 국가유공자에 대한 가산점이 공무담임권을 침해하는지의 여부 : 오늘날 가산점의 대상이 되는 국가유공자와 그 가족의 수가 과거에 비하여 비약적으로 증가하고 있는 현실과, 취업보호대상자에서 가족이 차지하는 비율, 그리고 공무원시험의 경쟁이 갈수록 치열해지는 상황을 고려할 때 법 조항의 폭넓은 해석은 필연적으로 일반 응시자의 공무담임의 기회를 제약하게 되는 결과가 될 수 있으므로 엄격하게 해석할 필요가 있다. 이러한 관점에서 헌법 제32조 제6항의 대상자는 조문의 문리해석대로 "국가유공자", "상이군경", 그리고 "전몰군경의 유가족"이라고 봄이 상당하다.
(헌재결 2006.2.23, 2004헌마675·981·1022(병합))

第33條 [勤勞者의 團結權등] ① 勤勞者는 勤勞條件의 향상을 위하여 自主的인 團結權·團體交涉權 및 團體行動權을 가진다.

② 公務員인 勤勞者는 法律이 정하는 者에 한하여 團結權·團體交涉權 및 團體行動權을 가진다.

③ 法律이 정하는 主要防衛産業體에 종사하는 勤勞者의 團體行動權은 法律이 정하는 바에 의하여 이를 제한하거나 인정하지 아니할 수 있다.

참조 구31, ①[결사의 자유]21, [근로자]근기2, [근로조건]근기3-5, [단결권]노노1·2, [단체교섭권·단체행동권]노노1·4·29이하, [부당노동행위]노노81-86, [쟁의행위]노노37이하, ②[공무원인 근로자의 경우]국가공무원66, 지방공무원58, 교원의노동조합설립및운영등에관한법, [노동3권의 제한]37②

판례 방산업체 근로자의 연장·휴일근로 거부 : 방위사업법에 의해 지정된 주요방위산업체로서 단체행동권에 제한을 받는 사업장에서 근로자들이 노조 지침에 따라 연장근로나 휴일근로를 거부했다고 하더라도, 해당 사업장이 이제까지 일정한 날을 연장근로일 또는 휴일근로일로 미리 지정하는 것이 아니라 필요할 때마다 신청자를 모집하여 연장근로나 휴일근로를 실시해 왔다면 단체협상 기간에 연장근로·휴일근로가 이뤄지지 않았다고 해서 통상적인 연장근로·휴일근로를 집단적으로 거부함으로써 쟁의행위를 했다고 볼 수 없다.(대판 2022.6.9, 2016도11744)

판례 원청 사업장에서 일하는 하청업체 근로자들이 원청에서 소속 하청업체를 상대로 쟁의행위를 한 경우 업무방해의 성립여부 : 헌법상 단체행동권을 실효적으로 보장하기 위해서는 근로제공이 현실적으로 이루어지는 장소에서 쟁의행위가 이루어져야 할 필요성이 있으며, 원청 사업장에서 일하는 하청업체의 조합원들이 수급업체들의 사업장에서 단체행동권을 실효적으로 행사하는 것은 사실상 불가능하다. 또한 도급인은 비록 수급인 소속 근로자와 직접적인 근로계약관계를 맺고 있지는 않지만 수급인 소속 근로자가 제공하는 근로에 의하여 일정한 이익을 누리고, 그러한 이익을 향수하기 위하여 수급인 소속 근로자에게 사업장을 근로의 장소로 제공하였으므로 그 사업장에서 발생하는 쟁의행위로 인하여 일정 부분 법익이 침해되더라도 사회통념상 이를 용인하여야 하는 경우가 있을 수 있다. 따라서 원청 사업장에서 일하는 하청업체 근로자들이 원청에서 소속 하청업체를 상대로 한 쟁의행위는 정당행위에 해당하며, 이와 같은 쟁의행위를 이유로 업무방해나 퇴거불응죄로 처벌할 수 없다.(대판 2020.9.3, 2015도1927)

판례 공무원의 '노동운동'의 개념과 '공무 이외의 일을 위한 집단행위'의 개념 : '노동운동'의 개념은 근로자의 근로조건의 향상을 위한 근로3권을 기초로 하여 이에 직접 관련된 행위를 의미하는 것으로 좁게 해석하여야 하고, '공무 이외의 일을 위한 집단행위'의 개념은 공무 이외의 일을 위한 집단행위 중 공익에 반하는 행위로 축소하여 해석하여야 하며, 법원도 위 개념들을 해석·적용함에 있어서 위와 유사한 뜻으로 명백히 한정해석하고 있다. 아울러 '사실상 노무에 종사하는 공무원'의 개념은 공무원의 주된 직무를 정신활동으로 보고 이에 대비되는 신체활동에 종사하는 공무원으로 명확하게 해석가능하므로 집행당국에 의한 자의적 해석의 여지를 주거나 수범자의 예견가능성을 해할 정도로 불명확하다고 볼 여지가 없다.
(헌재결 2005.10.27, 2003헌바50·62,2004헌바96,2005헌바49(병합))

판례 헌법상 보장된 단체교섭권을 제한하기 위한 요건 : 헌법 제33조 제1항이 보장하는 단체교섭권은 어떠한 제약도 허용되지 아니하는 절대적인 권리가 아니라 헌법 제37조 제2항에 의하여 국가안전보장·질서유지 또는 공공복리 등의 공익상의 이유로 제한이 가능하며, 그 제한은 노동기본권의 보장과 공익상의 필요를 구체적인 경우마다 비교형량하여 양자가 서로 적절한 균형을 유지하는 선에서 결정된다.
(헌재결 2004.8.26, 2003헌바28)

판례 노동3권 보장의 헌법적 의의 : 헌법이 근로자의 근로3권을 보장하는 취지는 원칙적으로 개인과 기업의 경제상의 자유와 창의를 존중함을 기본으로 하는 시장경제의 원리를 경제의 기본질서로 채택하면서 노동관계당사자가 상반된 이해관계로 말미암아 계급적 대립·적대의 관계로 나아가지 않고 활동과정에서 서로 기능을 나누어 가진 대등한 교섭주체의 관계로 발전하게 하여 그들로 하여금 때로는 대립·항쟁하고 때로는 교섭·타협의 조정과정을 거쳐 분쟁을 평화적으로 해결하게 함으로써, 근로자의 이익과 지위의 향상을 도모하는 사회복지국가 건설의 과제를 달성하고자 함에 있다.(헌재결 1993.3.11, 92헌바33)

일판 공무원의 근무조건은 국회에서 법률과 예산으로 결정되고, 단체교섭에 의한 합의로 결정되는 것이 아니기 때문에 단체교섭권이나 쟁의권의 보장은 없다.(日·最高 1977.5.4)

프판 입법자는 파업에 의한 직업적 이익의 보호와 파업으로 인하여 침해할 수 있는 보편적 이익의 보호와의 사이에 필요한 조화를 고려하여 파업권행사의 요건과 한계를 규정하여야 한다.
(프랑스 헌법위원회 1979.7.25 결정)

독판 노조의 정치적 활동 등과 같이 근로조건 및 경제적 조건의 유지와 향상이라는 헌법적으로 실정화된 단결의 목적을 결여한 활동은 단결권에 의해 보호받지 못한다.
(BVerfGE 57, 29(37f.)-1981.4.7)

第34條 [社會保障등] ① 모든 國民은 人間다운 生活을 할 權利를 가진다.

② 國家는 社會保障·社會福祉의 增進에 노력할 義務를 진다.

③ 國家는 女子의 福祉와 權益의 향상을 위하여 노력하여야 한다.

④ 國家는 老人과 青少年의 福祉向上을 위한 政策을 실시할 義務를 진다.

⑤ 身體障碍者 및 疾病·老齡 기타의 사유로 生活能力이 없는 國民은 法律이 정하는 바에 의하여 國家의 보호를 받는다.

⑥ 國家는 災害를 豫防하고 그 위험으로부터 國民을 보호하기 위하여 노력하여야 한다.

참조 구32, 3·4·6, [국민생활의 균등한 향상]전문, [인간다운 생활을 할 권리]10·32①·35, 사회보장2, [최저임금제]최저임금법, [사회보장]사회보장1, 직업안정2, 사회복지사업법1, 아동, 노인복지, 장애인, [생활무능력자의 보호]국민기초생활1

판례 성전환자의 호적정정 : 진정한 신분관계가 호적에 기재되어야 한다는 호적의 기본원칙과 아울러, 첫째 성전환자도 인간으로서의 존엄과 가치를 향유하며 행복을 추구할 권리와 인간다운 생활을 할 권리가 있고 이러한 권리들은 마땅히 보호받아야 한다는 점, 둘째 호적법이 성전환자의 호적상 성별란 기재를 수정하는 절차규정을 두지 않은 이유는 입법 당시에는 미처 그 가능성과 필요성을 상정하지 못하였기 때문이라는 점, 셋째 호적법 제120조에 의한 호적정정 절차를 둔 근본적인 취지가 간이한 절차에 의하여 사실에 부합하도록 수정할 수 있도록 함에 있다는 점을 함께 참작하여 볼 때, 성전환자에 해당함이 명백한 사람에 대하여는 호적의 성별란 기재의 성을 전환된 성에 부합하도록 수정할 수 있도록 허용함이 상당하다.
(대결 2006.6.22, 2004스42 전원합의체)

판례 산재보험수급권의 법적 성격 : 산재법의 기본이념은 산업재해를 당한 근로자와 그 가족의 생존권을 보장하는 데 있고, 산재보험수급권은 이러한 헌법상의 생존권적 기본권에 근거하여 산재법에 의하여 구체화된 것이다.
(헌재결 2005.11.24, 2004헌바97)

판례 국가 등의 양로시설 등에 입소하는 국가유공자에게 부가연금, 생활조정수당 등의 지급을 정지하도록 한 규정에 의하여 일부 연금이나 수당이 지급정지된다고 하여도 청구인들에게 기본연금이 계속 지급되며, 더구나 양로시설에서 무상으로 생활할 수 있게 된다는 점, 그리고 인간다운 생활이라고 하는 개념이 사회의 경제적 수준 등에 따라 달라질 수 있는 상대적 개념이라는 점을 고려하면, 이 사건 규정으로 인하여 헌법 제34조 제1항의 인간의 존엄에 상응하는 최소한의 물질생활의 보장을 내용으로 하는 인간다운 생활을 할 권리를 침해하였다고 볼 수는 없다.(헌재결 2000.6.1, 98헌마216)

第35條 [環境權등] ① 모든 國民은 건강하고 快適한 環境에서 生活할 權利를 가지며, 國家와 國民은 環境保全을 위하여 노력하여야 한다.

② 環境權의 내용과 행사에 관하여는 法律로 정한다.

③ 國家는 住宅開發政策등을 통하여 모든 國民이 快適한 住居生活을 할 수 있도록 노력하여야 한다.

참조 구33, ①[환경권·환경보존의무]환경정책, 대기환경, 물환경보전법, 소음·진동관리법, 자연환경보전법, 토양환경보전법, 폐기물관리법, 해양환경관리법, 백두대간보호에관한법, 야생생물보호및관리에관한법, [일조권]건축61, ③[주택의 건설]주택법4－53, [환경권의 제한]37②

판례 어느 토지나 건물의 소유자가 종전부터 향유하고 있던 경관이나 조망이 그에게 하나의 생활이익으로서의 가치를 가지고 있다고 객관적으로 인정된다면 법적인 보호의 대상이 될 수 있는 것인바, 이와 같은 조망이익은 원칙적으로 특정의 장소가 그 장소로부터 외부를 조망함에 있어 특별한 가치를 가지고 있고, 그와 같은 조망이익의 향유를 하나의 중요한 목적으로 하여 그 장소에 건물이 건축된 경우와 같이 당해 건물의 소유자나 점유자가 그 건물로부터 향유하는 조망이익이 사회통념상 독자의 이익으로 승인되어야 할 정도로 중요성을 갖는다고 인정되는 경우에 비로소 법적인 보호의 대상이 되는 것이고, 그와 같은 정도에 이르지 못하는 조망이익의 경우에는 특별한 사정이 없는 한 법적인 보호의 대상이 될 수 없다.
(대판 2007.6.28, 2004다54282)

판례 환경권에 관한 헌법 제35조 제1항의 취지 및 위 규정에 따른 국가의 책무(도롱뇽사건 판례) : 헌법 제35조 제1항은 환경권을 헌법상의 기본권으로 명시함과 동시에 국가와 국민에게 환경보전을 위하여 노력할 의무를 부과하므로, 국가는 각종 개발·건설계획을 수립하고 시행함에 있어 소중한 자연환경을 보호하여 그 자연환경 속에서 살아가는 국민들이 건강하고 쾌적한 삶을 영위할 수 있도록 보장하고 나아가 우리의 후손에게 이를 물려줄 수 있도록 적극적인 조치를 취하여야 할 책무를 부담한다.
(대결 2006.6.2, 2004마1148·1149(병합))

판례 '조망이익'이 법적인 보호의 대상이 되기 위한 요건 : 어느 토지나 건물의 소유자가 종전부터 향유하고 있던 경관이나 조망이 그에게 하나의 생활이익으로서의 가치를 가지고 있다고 객관적으로 인정된다면 법적인 보호의 대상이 될 수 있는 것인 바, 이와 같은 조망이익은 원칙적으로 특정의 장소가 그 장소로부터 외부를 조망함에 있어 특별한 가치를 가지고 있고, 그와 같은 조망이익의 향유를 하나의 중요한 목적으로 하여 그 장소에 건물이 건축된 경우와 같이 당해 건물의 소유자나 점유자가 그 건물로부터 향유하는 조망이익이 사회통념상 독자의 이익으로 승인되어야 할 정도로 중요성을 갖는다고 인정되는 경우에 비로소 법적인 보호의 대상이 되는 것이라고 할 것이다.
(대판 2004.9.13, 2003다64602)

판례 사법상의 권리로서의 환경권이 인정되려면 그에 관한 명문의 법률규정이 있거나 관계 법령의 규정취지나 조리에 비추어 권리의 주체, 대상, 내용, 행사방법 등이 구체적으로 정립될 수 있어야 한다.(대결 1995.5.23, 94마2218)

판례 헌법 제35조 제1항과 음료수에 관한 국가의 책무 : 헌법 제35조 제1항은 모든 국민은 건강하고 쾌적한 환경에서 생활할 권리를 가진다고 규정하고 있으므로, 국민이 수돗물의 질을 의심하여 수돗물을 마시기를 꺼린다면 국가로서는 수돗물의 질을 개선하는 등의 필요한 조치를 취함으로써 그와 같은 의심이 제거되도록 노력하여야 하고, 만일 수돗물에 대한 국민의 불안감이나 의심이 단시일 내에 해소되기 어렵다면 국민으로 하여금 다른 음료수를 선택하여 마실 수 있게 하는 것이 국가의 당연한 책무이다.(대판 1994.3.8, 92누1728)

第36條 [婚姻과 家族生活保障, 母性保護, 國民保健保護] ① 婚姻과 家族生活은 개인의 尊嚴과 兩性의 平等을 기초로 成立되고 유지되어야 하며, 國家는 이를 보장한다.

② 國家는 母性의 보호를 위하여 노력하여야 한다.

③ 모든 國民은 保健에 관하여 國家의 보호를 받는다.

참조 구34, [혼인]민800이하, [남녀평등]11, [혼인의 효력발생]민812, [중혼의 금지]민810, 형241①, [부부재산제]민829이하, [이혼]민834이하, [국민보건의 보호]34·35, 의료법, 국민체육진흥법, 학교보건, 모자, 식품위생, 해양환경관리법, 약사, 감염병, 국민보험, 근기76, 국가유공자등예우41

판례 호주제의 위헌여부 : 헌법 제36조 제1항은 혼인과 가족생활은 개인의 존엄을 존중하는 가운데 성립되고 유지되어야 함을 분명히 하고 있다. 국가는 개인의 생활양식, 가족형태의 선택의 자유를 널리 존중하고, 인격적·애정적 인간관계에 터잡은 현대 가족관계에 개입하지 않는 것이 바람직하다. 따라서 혼인·가족제도가 지닌 사회성·공공성을 이유로 한 부득이한 사유가 없는 한, 혼인·가족생활의 형성에 관하여 당사자의 의사를 무시하고 법률의 힘만으로 일방적으로 강제하는 것은 개인의 존엄에 반하는 것이다. 그런데 호주제는 당사자의 의사와 자결권을 무시한 채 남계중심의 가제도의 구성을 강제하고 이를 유지하기 위하여 신분당사자의 법률관계를 일방적으로 형성한다. 첫째, 대한민국 국민은 예외 없이 호주이든, 가족이든 법률상의 가족단체인 가에 소속되어야 한다. 둘째, 개인의 의사에 반하여 호주의 지위를 강제로 부여한다. 셋째, 모든 개인은 가족 내에서 평등하고 존엄한 개체로서가 아니라 호주와의 관계를 통하여 가족 내의 신분적 지위가 자리매김된다. 물론 여기에서 호주는 중심적 존재로서, 나머지 가족원은 주변적 존재로서 위계화된 가족질서 내에 배치된다. 이와 같이 호주제는 개인을 독립적 인격체로서 존중하는 것이 아니라 오로지 남계혈통 중심의 가의 유지와 계승이라는 목적을 위한 대상적·도구적 존재로 파악하고 있다. 호주제는 혼인과 가족생활 당사자의 복리나 선택권을 무시한 채 가의 유지와 계승이라는 관념에 뿌리박은 특정한 가족관계의 형태를 법으로써 일방적으로 규정하고 강요하는 것인데, 이는 혼인과 가족생활에서 개인의 존엄을 존중하라는 헌법 제36조 제1항의 요구에 부합하지 않는다.(헌재결 2005.2.3, 2001헌가9 등)

판례 간통죄의 위헌여부 : 간통죄의 규정은 선량한 성도덕과 일부일처주의 혼인제도의 유지, 가족생활의 보장 및 부부쌍방의 성적 성실의무의 확보를 위하여, 그리고 간통으로 인하여 생길 수 있는 사회적 해악의 사전예방을 위하여 필요한 법률이어서 헌법 제36조 제1항의 규정에 반하는 법률이 아니다.
(헌재결 2001.10.25, 2000헌바60)

판례 부모의 자녀교육권 : 자녀의 양육과 교육은 일차적으로 부모의 천부적인 권리인 동시에 부모에게 부과된 의무이기도 하다. '부모의 자녀에 대한 교육권'은 비록 헌법에 명문으로 규정되어 있지는 아니하지만, 이는 모든 인간이 누리는 불가침의 인권으로서 혼인과 가족생활을 보장하는 헌법 제36조 제1항, 행복추구권을 보장하는 헌법 제10조 및 헌법 제37조 제1항에서 나오는 중요한 기본권이다. 부모는 자녀의 교육에 관하여 전반적인 계획을 세우고 자신의 인생관·사회관·교육관에 따라 자녀의 교육을 자유롭게 형성할 권리를 가지며, 부모의 교육권은 다른 교육의 주체와의 관계에서 원칙적인 우위를 가진다.
(헌재결 2000.4.27, 98헌가16,98헌마429(병합))

독판 입법자는 모성보호규정에 따라 임대인이 출산이 임박한 산모에 대하여 주택임대차계약을 해지하지 못하도록 할 수 있다.(BVerfGE 88, 203(259f.)－1993.5.28)

第37條 [國民의 自由와 權利 尊重·制限] ① 國民의 自由와 權利는 憲法에 열거되지 아니한 이유로 輕視되지 아니한다.

② 國民의 모든 自由와 權利는 國家安全保障·秩序維持 또는 公共福利를 위하여 필요한 경우에 한하여 法律로써 제한할 수 있으며, 제한하는 경우에도 自由와 權利의 本質的인 내용을 침해할 수 없다.

참조 구35, ①[기본적 인권의 보장]10, [자유와 권리]10－37, [국민의 평등]11, ②[국가안전보장을 위한 제한]50·60·76·91·109, 형, 국가보안, [질서유지를 위한 제한]형, 도로교통, 경범, 집시법, [공공복리를 위한 제한]76·77·109, 도로교통, 하천법, 산림자원조성관리, [상대적 자유권]12·14－22·33

판례 특정 성폭력범죄자에 대한 위치추적 전자장치 부착에 관한 법률에 의한 전자감시제도는, 성폭력범죄자의 재범방지와 성행교정을 통한 재사회화를 위하여 그의 행적을 추적하여 위치를 확인할 수 있는 전자장치를 신체에 부착하게 하는 부가적인 조치를 취함으로써 성폭력범죄로부터 국민을 보호함을 목적으로 하는 일종의 보안처분이다. 이러한 전자감시제도의 목적과 성격, 그 운영에 관한 위 법률의 규정 내용 및 취지 등을 종합해 보면, 전자감시제도는 범죄행위를 한 자에 대한 응보를 주된 목적으로 그 책임을 추궁하는 사후적 처분인 형벌과 구별되어 그 본질을 달리하는 것으로서 형벌에 관한 일사부재리의 원칙이 그대로 적용되지 않으므로, 위 법률이 형 집행의 종료 후에 부착명령을 집행하도록 규정하고 있다 하더라도 그것이 일사부재리의 원칙에 반한다고 볼 수 없다. 또 위 법률이 그 목적 달성을 위한 합리적 범위 내에서 전자감시제도를 탄력적으로 운영하도록 하면서 그에 따른 피부착자의 기본권 침해를 최소화하기 위한 방안을 마련하고 있는 이상, 오로지 형기를 마친 성폭력범죄자의 감시를 위한 방편으로만 이용함으로써 피부착자의 기본권을 과도하게 제한하는 과잉입법에 해당한다고 볼 수도 없다. 그리고 위 법률은 피부착자의 전자장치로부터 발신되는 전자파의 수신자료에 대한 사용을 피부착자의 재범방지와 성행교정 등을 위하여 필요한 경우로 엄격히 제한하고 있을 뿐 아니라, 부착명령의 선고와 함께 '야간 등 특정 시간대의 외출제한'을 준수사항으로 부과할 수 있도록 한 것도 범죄에 취약한 시간대의 외출을 제한함으로써 가능한 한 재범의 발생을 방지하려는 데 있으므로, 헌법이 보장한 거주이전의 자유를 본질적으로 침해하는 측면도 없다.
(대판 2009.9.10, 2009도6061,2009전도13)

판례 법정형의 종류와 범위를 정할 때에는 형벌 위협으로부터 인간의 존엄과 가치를 존중하고 보호하여야 한다는 헌법 제10조의 요구에 따라야 하고, 헌법 제37조 제2항이 규정하고 있는 과잉입법금지의 정신에 따라 형벌개별화의 원칙에 적용될 수 있는 범위의 법정형을 설정하여 실질적 법치국가의 원리를 구현하도록 하여야 하며, 형벌이 죄질과 책임에 상응하도록 적절한 비례성을 지켜야 한다.(헌재결 2006.4.27, 2006헌가5)

판례 국적선택권에 대한 입법부작위의 존재 여부 : '재외국민 보호의무' 규정이 중국동포와 같이 특수한 국적상황에 처해 있는 자들의 이중국적 해소 또는 국적선택을 위한 특별법 제정의무를 명시적으로 위임한 것이라고 볼 수 없고, 뿐만 아니라 동 규정 및 그 밖의 헌법규정으로부터 그와 같은 해석을 도출해낼 수도 없다.(헌재결 2006.3.30, 2003헌마806)

판례 헌법 제37조 제2항은 기본권제한에 관한 일반적 법률유보조항이라고 할 수 있는데, 법률유보의 원칙은 '법률에 의한 규율'만을 요청하는 것이 아니라 '법률에 근거한 규율'을 요청하는 것이기 때문에 기본권의 제한에는 법률의 근거가 필요할 뿐이고 기본권제한의 형식이 반드시 법률의 형식일 필요는 없다.
(헌재결 2005.3.31, 2003헌마87)

판례 수형자에 대한 기본권 제한의 한계 : 수형자의 기본권 제한에 대한 구체적인 한계는 헌법 제37조 제2항에 따라 법률에 의하여, 구체적인 자유·권리의 내용과 성질, 그 제한의 태양과 정도 등을 교량하여 설정하게 되며, 수용 시설 내의 안전과 질서를 유지하기 위하여 이들 기본권의 일부 제한이 불가피하다 하더라도 그 본질적인 내용을 침해하거나, 목적의 정당성, 방법의 적정성, 피해의 최소성 및 법익의 균형성 등을 의미하는 과잉금지의 원칙에 위배되어서는 안 된다.
(헌재결 2004.12.16, 2002헌마478)

판례 미결수용자의 접견교통권이 헌법상의 기본권인지 여부 : 구속된 피의자 또는 피고인이 갖는 변호인 아닌 자와의 접견교통권은 가족 등 타인과 교류하는 인간으로서의 기본적인 생활관계가 인신의 구속으로 인하여 완전히 단절되어 파멸에 이르는 것을 방지하고, 또한 피의자 또는 피고인의 방어를 준비하기 위해서도 반드시 보장되지 않으면 안되는 인간으로서의 기본적인 권리에 해당하므로 이는 성질상 헌법상의 기본권에 속한다고 보아야 할 것이다. 이는 헌법재판소가 헌법 제10조의 행복추구권에 포함되는 기본권의 하나로 인정하고 있는 일반적 행동자유권으로부터 나온다고 보아야 할 것이고, 무죄추정의 원칙을 규정한 헌법 제27조 제4항도 그 보장의 한 근거가 될 것이다.
(헌재결 2003.11.27, 2002헌마193)

판례 기본권에 관련된 차별에 대한 헌법재판소의 심사기준 : 입법자가 설정한 차별이 기본권에 관련된 차별을 가져온다면 헌법재판소는 그러한 차별에 대해서는 자의금지 내지 합리성 심사를 넘어서 목적과 수단 간의 엄격한 비례성이 준수되었는지를 심사하여야 한다. 이 경우 사람이나 사항에 대한 불평등대우가 기본권으로 보호된 자유의 행사에 불리한 영향을 미칠 수 있는 정도가 크면 클수록, 입법자의 형성의 여지에 대해서는 그만큼 더 좁은 한계가 설정되므로, 헌법재판소는 보다 엄격한 심사척도를 적용한다.(헌재결 2003.9.25, 2003헌마30)

프판 행정상 필요에 의하여 기본권을 제한하는 경찰조치의 적법성은 그 조치가 시간적·장소적 특수상황에 의하여 정당화될 수 있고, 나아가서 공공 질서 유지상의 필요에 비례할 때에만 인정된다.(프랑스 헌법위원회 1977.1.12 결정)

第38條 [納稅의 義務] 모든 國民은 法律이 정하는 바에 의하여 納稅의 義務를 진다.

참조 구36, [조세법률주의]59, [국민의 의무]31·32②·39·123, [납세의무]국세, [국세]국세와지방세의조정2, [지방세]국세와지방세의조정3, [국세의 징수]국세징수, [국세의 심사]국세, [조세범의 처벌]조세범처벌

판례 조세법률주의 원칙은 과세요건 등은 국민의 대표기관인 국회가 제정한 법률로써 규정하여야 하고, 그 법률의 집행에 있어서도 이를 엄격하게 해석·적용하여야 하며, 행정편의적인 확장해석이나 유추적용은 허용되지 않음을 의미하므로, 법률의 위임이 없이 명령 또는 규칙 등의 행정입법으로 과세요건 등에 관한 사항을 규정하거나 법률에 규정된 내용을 함부로 유추, 확장하는 내용의 해석규정을 마련하는 것은 조세법률주의 원칙에 위배된다.(대판 2000.3.16, 98두11731 전원합의체)

第39條 [國防의 義務] ① 모든 國民은 法律이 정하는 바에 의하여 國防의 義務를 진다.

② 누구든지 兵役義務의 이행으로 인하여 불이익한 處遇를 받지 아니한다.

참조 구37, [침략적 전쟁의 부인]5, [국민의 의무]31②·32②·38·122, [국방의 의무]병역1, 예비군법1, 민방위1, 징발법1, 군사기밀1, [군인의 의무]병역3, [국군의 조직]국군조직

판례 병역법 75조 1항 위헌소원 : 헌법 39조 2항은 병역의무를 이행한 사람에게 보상조치를 취하거나 특혜를 부여할 의무를 국가에게 지우는 것이 아니라 병역의무의 이행을 이유로 불이익한 처우를 하는 것을 금지하고 있을 뿐이므로, 개별입영중인 자를 보상의 대상에서 제외한 위 병역법 조항이 위 헌법조항에 위배된다고 할 수 없다.(헌재결 2005.10.27, 2004헌바37)

판례 징집대상자의 범위를 결정하는 문제는 그 목적이 국가안보와 직결되어 있고, 그 성질상 급변하는 국내외 정세 등에 탄력적으로 대응하면서 '최적의 전투력'을 유지할 수 있도록 합목적적으로 정해야 하는 사항이기 때문에, 본질적으로 입법자 등의 입법형성권이 매우 광범위하게 인정되어야 하는 영역이다.
(헌재결 2002.11.28, 2002헌바45)

판례 소집되어 실역에 복무중인 예비역 등에게 현역군인에 준하여 군형법을 적용하는 것이 헌법에 위반되는지 여부 : 병역의무 그 자체를 이행하느라 받는 불이익은 병역의무의 이행으로 인한 불이익한 처우의 금지와는 무관한 바, 예비역이 병역법에 의하여 병력동원훈련 등을 위하여 소집을 받는 것은 헌법과 법률에 따른 국방의 의무를 이행하는 것이고, 그 동안 군형법의 적용을 받는 것 또한 국방의 의무를 이행하는 중에 범한 군사상의 범죄에 대하여 형벌이라는 제재를 받는 것이므로, 어느 것이나 헌법 제39조 제1항에 규정된 국방의 의무를 이행하느라 입는 불이익이라고 할 수는 있을지언정, 병역의무의 이행으로 불이익한 처우를 받는 것이라고는 할 수 없다.
(헌재결 1999.2.25, 97헌바3)

第3章 國 會

第40條 [立法權] 立法權은 國會에 속한다.

참조 구76, [권력분립]66④ · 101①, [국회의 구성 · 조직등]41이하, 공선15 · 21, 국회, 국회사무처법, 국회도서관법, [국회의 입법권]52 · 53 · 128 · 130, [조약에 관한 국회의 동의]60, [국회의 재정에 관한 권한]54 · 58 · 99, [공무원의 임명 동의 및 선출에 관한 국회의 권한]86 · 98 · 104 · 111 · 114, [국무총리 · 국무위원해임건의]63, [긴급처분등의 승인 및 계엄해제요구]76 · 77, [일반사면동의]79②, [선전포고 · 해외파병등 동의]60②, [국정처리상황보고요구]62, [국정감사조사권]61, [국회의 자율권]64, [국회의 탄핵소추권]65, [국회 이외의 입법]52 · 75 · 89 · 95 · 108 · 114⑥, [자치에 관한 규정]117, [관습법]민1, 상1

판례 법률이 입법사항을 대통령령이나 부령이 아닌 고시와 같은 행정규칙의 형식으로 위임하는 것이 헌법 제40조, 제75조와 제95조 등과의 관계에서 허용되는지 여부 : 국회입법에 의한 수권이 입법기관이 아닌 행정기관에게 법률 등으로 구체적인 범위를 정하여 위임한 사항에 관하여는 당해 행정기관에게 법정립의 권한을 갖게 되고, 입법자가 규율의 형식도 선택할 수도 있다 할 것이므로, 헌법이 인정하고 있는 위임입법의 형식은 예시적인 것으로 보아야 할 것이고, 그것은 법률이 행정규칙에 위임하더라도 그 행정규칙은 위임된 사항만을 규율할 수 있으므로, 국회입법의 원칙과 상치되지도 않는다. 다만, 형식의 선택에 있어서 규율의 밀도와 규율영역의 특성이 개별적으로 고찰되어야 할 것이고, 그에 따라 입법자에게 상세한 규율이 불가능한 것으로 보이는 영역이라면 행정부에게 필요한 보충을 할 책임이 인정되고 극히 전문적인 식견에 좌우되는 영역에서는 행정기관에 의한 구체화의 우위가 불가피하게 있을 수 있다. 그러한 영역에서 행정규칙에 대한 위임입법이 제한적으로 인정될 수 있다. (헌재결 2004.10.28, 99헌바91)

第41條 [國會의 構成] ① 國會는 國民의 普通 · 平等 · 直接 · 秘密選擧에 의하여 選出된 國會議員으로 구성한다.

② 國會議員의 數는 法律로 정하되, 200人 이상으로 한다.

③ 國會議員의 選擧區와 比例代表制 기타 選擧에 관한 사항은 法律로 정한다.

참조 구77, [국회의원의 품위]국회25, ①[선거권]24, 공선15, ②[국회의원의 수]공선21, ③[선거관리]114－116, 선거관리위

판례 선거구획정에 관한 입법재량의 한계 : 선거구획정에 관하여 국회의 광범한 재량이 인정되지만 그 재량에는 평등선거의 실현이라는 헌법적 요청에 의하여 일정한 한계가 있을 수밖에 없는바, 첫째로, 선거구획정에 있어서 인구비례원칙에 의한 투표가치의 평등은 헌법적 요청으로서 다른 요소에 비하여 기본적이고 일차적인 기준이기 때문에, 합리적 이유 없이 투표가치의 평등을 침해하는 선거구획정은 자의적인 것으로서 헌법에 위반된다는 것이고, 둘째로, 특정 지역의 선거인들이 자의적인 선거구획정으로 인하여 정치과정에 참여할 기회를 잃게 되었거나, 그들이 지지하는 후보가 당선될 가능성을 의도적으로 박탈당하고 있음이 입증되어 특정 지역의 선거인들에 대하여 차별하고자 하는 국가권력의 의도와 그 집단에 대한 실질적인 차별효과가 명백히 드러난 경우, 즉 게리맨더링에 해당하는 경우에는 그 선거구획정은 입법재량의 한계를 벗어난 것으로서 헌법에 위반된다는 것이다.(헌재결 2001.10.25, 2000헌마92 · 240(병합))

판례 국민주권의 원리와 보통선거원칙 : 민주주의는 참정권의 주체와 국가권력의 지배를 받는 국민이 되도록 일치할 것을 요청한다. 국민의 참정권에 대한 이러한 민주주의적 요청의 결과가 바로 보통선거의 원칙이다. 즉, 원칙적으로 모든 국민이 균등하게 선거에 참여할 것을 요청하는 보통 · 평등선거원칙은 국민의 자기지배를 의미하는 국민주권의 원리에 입각한 민주국가를 실현하기 위한 필수적 요건이다. 원칙적으로 모든 국민이 선거권과 피선거권을 가진다는 것은 바로 국민의 자기지배를 의미하는 민주국가에의 최대한의 접근을 의미하기 때문이다. (헌재결 1999.5.27, 98헌마214)

第42條 [議員의 任期] 國會議員의 任期는 4年으로 한다.

참조 구78, [임기의 개시]공선14②, [임기만료의 경우의 총선거일]공선34, [의원의 제명]64③, 국회163, [의원의 사직 · 퇴직]국회135 · 136, [보궐의원의 임기]공선14②

第43條 [議員의 兼職制限] 國會議員은 法律이 정하는 職을 겸할 수 없다.

참조 구79, [의원의 지위와 책무]40 · 46 · 52, 국회25, [겸직 제한의 범위]국회29, [이권운동의 금지]46, [퇴직사유]국회136, [공무원의 겸직제한의 범위]국가공무원64, 지방공무원56①, 법원조직43, 검찰44 · 44의2

판례 권력분립의 원칙과 겸직금지의 필요성 : 권력분립의 원리는 인적 측면에서도 입법과 행정의 분리를 요청하고, 만일 행정공무원이 지방입법기관에서라도 입법에 참여하면 권력분립의 원칙에 배치되게 되는 것으로, 공무원의 경우는 지방의회의원의 입후보제한이나 겸직금지가 필요하다.
(헌재결 1991.3.11, 90헌마28)

第44條 [議員의 不逮捕特權] ① 國會議員은 現行犯人인 경우를 제외하고는 會期중 國會의 同意없이 逮捕 또는 拘禁되지 아니한다.

② 國會議員이 會期전에 逮捕 또는 拘禁된 때에는 現行犯人이 아닌 한 國會의 요구가 있으면 會期중 釋放된다.

참조 구80, [현행범인]형소211 · 212, [회기]47, 국회7, [체포동의요청절차]국회26, [의원체포통지]국회27, [석방요구절차]국회28, 형소101②③, 군사법원141⑤⑥, [국회내 현행범 체포]국회150, [계엄하에서의 불체포특권]계엄13

第45條 [發言 · 表決의 免責特權] 國會議員은 國會에서 職務上 행한 發言과 表決에 관하여 國會외에서 責任을 지지 아니한다.

참조 구81, [발언]국회99－108, [표결]국회109－114의2, [회의록]국회115－118

판례 국회의원인 피고인이, 구 국가안전기획부 내 정보수집팀이 대기업 고위관계자와 중앙일간지 사주 간의 사적 대화를 불법 녹음한 자료를 입수한 후 그 대화 내용과, 전직 검찰간부인 피해자가 위 대기업으로부터 이른바 떡값 명목의 금품을 수수하였다는 내용이 게재된 보도자료를 작성하여 국회 법제사법위원회 개의 당일 국회 의원회관에서 기자들에게 배포한 사안에서, 피고인이 국회 법제사법위원회에서 발언할 내용이 담긴 위 보도자료를 사전에 배포한 행위는 국회의원 면책특권의 대상이 되는 직무부수행위에 해당한다.
(대판 2011.5.13, 2009도14442)

판례 헌법 제45조는 "국회의원은 국회에서 직무상 행한 발언과 표결에 관하여 국회 외에서 책임을 지지 아니한다"고 규정하여 국회의원의 면책특권을 인정하고 있다. 그 취지는 국회의원이 국민의 대표자로서 국회 내에서 자유롭게 발언하고 표결할 수 있도록 보장함으로써 국회가 입법 및 국정통제 등 헌법에 의하여 부여된 권한을 적정하게 행사하고 그 기능을 원활하게 수행할 수 있도록 보장하는 데에 있다. 따라서 면책특권의 대상이 되는 행위는 국회의 직무수행에 필수적인 국회의원의 국회 내에서의 직무상 발언과 표결이라는 의사표현행위 자체에만 국한되지 아니하고 이에 통상적으로 부수하여 행하여지는 행위까지 포함하며, 그와 같은 부수행위인지 여부는 구체적인 행위의 목적 · 장소 · 태양 등을 종합하여 개별적으로 판단하여야 한다.(대판 2011.5.13, 2009도14442)

판례 국회의원이 국회 내에서 하는 질문 · 질의 및 자료제출요구가 면책특권의 대상이 되는 행위인지 여부 : 면책특권의 대상이 되는 행위는 국회의 직무수행에 필수적인 국회의원의 국회 내에서의 직무상 발언과 표결이라는 의사표현행위 자체에만 국한되지 않고 이에 통상적으로 부수하여 행하여지는 행위까지 포함되므로, 국회의원이 국회의 위원회나 국정감사장에서 국무위원 · 정부위원 등에 대하여 하는 질문이나 질의는 국회의 입법활동에 필요한 정보를 수집하고 국정통제기능을 수행하기 위한 것이므로 면책특권의 대상이 되는 발언에 해당함은 당연하고, 또한 국회의원이 국회 내에서 하는 정부 · 행정기관에 대한 자료제출의 요구는 국회의원이 입법 및 국정통제 활동을 수행하기 위하여 필요로 하는 것이므로 그것이 직무상 질문이나 질의를 준비하기 위한 것인 경우에는 직무상 발언에 부수하여 행하여진 것으로서 면책특권이 인정되어야 한다.(대판 1996.11.8, 96도1742)

第46條 [議員의 義務, 地位의 남용금지] ① 國會議員은 淸廉의 義務가 있다.

② 國會議員은 國家利益을 우선하여 良心에 따라 職務를 행한다.

③ 國會議員은 그 地位를 濫用하여 國家 · 公共團體 또는 企業體와의 契約이나 그 處分에 의하여 財産上의 權利 · 이익 또는 職位를 취득하거나 他人을 위하여 그 취득을 알선할 수 없다.

참조 구82, [국민전체에 대한 봉사의무]7①, [겸직금지의무]43, [품위유지의 의무]국회25, [다른 의원 모욕 · 발언방해 금지의무]국회146 · 147, [국정감사 · 조사 주의의무]국회131②, [회의의 질서유지]국회145

판례 국회의장의 국회의원에 대한 상임위원회 위원의 사 · 보임행위 : 자유위임은 의회내에서의 정치의사형성에 정당의 협력을 배척하는 것이 아니며, 의원이 정당과 교섭단체의 지시에 기속되는 것을 배제하는 근거가 되는 것도 아니다. 또한 국회의원의 국민대표성을 중시하는 입장에서도 특정 정당에 소속된 국회의원이 정당기속 내지는 교섭단체의 결정(소위 '당론')에 위반하는 정치활동을 한 이유로 제재를 받는 경우, 국회의원 신분을 상실하게 할 수는 없으나 "정당내부의 사실상의 강제" 또는 소속 "정당으로부터의 제명"은 가능하다고 보고 있다. 그렇다면, 당론과 다른 견해를 가진 소속 국회의원을 당해 교섭단체의 필요에 따라 다른 상임위원회로 전임(사 · 보임)하는 조치는 특별한 사정이 없는 한 헌법상 용인될 수 있는 "정당내부의 사실상 강제"의 범위내에 해당한다고 할 것이다. 또한 오늘날 교섭단체가 정당국가에서 의원의 정당기속을 강화하는 하나의 수단으로 기능할 뿐만 아니라 정당소속 의원들의 원내 행동통일을 기함으로써 정당의 정책을 의안심의에서 최대한으로 반영하기 위한 기능도 갖는다는 점에 비추어 볼 때, 국회의장이 국회의 의사를 원활히 운영하기 위하여 상임위원회의 구성원인 위원의 선임 및 개선에 있어 교섭단체대표의원과 협의하고 그의 "요청"에 응하는 것은 국회운영에 있어 본질적인 요소라고 아니할 수 없다. 피청구인은 국회법 48조 1항에 규정된 바에 따라 청구인이 소속된 한나라당 "교섭단체대표의원의 요청"을 서면으로 받고 이 사건 사 · 보임행위를 한 것으로서 하등 헌법이나 법률에 위반되는 행위를 한 바가 없다.(헌재결 2003.10.30, 2002헌라1)

第47條 [定期會 · 臨時會] ① 國會의 定期會는 法律이 정하는 바에 의하여 매년 1回 集會되며, 國會의 臨時會는 大統領 또는 國會在籍議員 4分의 1이상의 요구에 의하여 集會된다.

② 定期會의 會期는 100日을, 臨時會의 會期는 30日을 초과할 수 없다.

③ 大統領이 臨時會의 集會를 요구할 때에는 期間과 集會要求의 이유를 명시하여야 한다.

참조 구83, [국회의 회기]국회7, [정기회]국회4, [임시회]국회5, [대통령의 임시회 집회 요구]89, [의안의 차회기 계속]51, [휴회]국회8

第48條 [議長 · 副議長] 國會는 議長 1人과 副議長 2人을 選出한다.

참조 구84, [의장의 직무(권한)]국회10, [의장등의 선거]국회15－17, [의장의 임기]국회9, [의장유고시 부의장의 직무대리]국회12, [의장등의 선거시 의장직무대행]국회18, [임시의장]국회13, [의장의 위원회 출석과 발언 등]국회11, [의장의 표결권]국회113, [의장 · 부의장의 사임]국회19, [의장 · 부의장의 겸직제한]국회20, [의장의 당적보유금지]국회20의2

판례 국회의원과 국회의장이 권한쟁의심판의 당사자가 될 수 있는지 여부 : 국회의장과 국회의원 간에 그들의 권한의 존부 또는 범위에 관하여 분쟁이 생길 수 있고, 이와 같은 분쟁은 단순히 국회의 구성원인 국회의원과 국회의장 간의 국가기관 내부문제가 아니라 헌법상 별개의 국가기관이 각자 그들의 권한의 존부 또는 범위를 둘러싼 분쟁이다. 이 분쟁은 권한쟁의심판 이외에 이를 해결할 수 있는 다른 수단이 없으므로 국회의원과 국회의장은 헌법 제111조 제1항 제4호 소정의 권한쟁의심판의 당사자가 될 수 있다.(헌재결 2000.2.24, 99헌라1)

第49條 [議決定足數와 議決方法] 國會는 憲法 또는 法律에 특별한 規定이 없는 한 在籍議員 過半數의 출석과 出席議員 過半數의 贊成으로 議決한다. 可否同數인 때에는 否決된 것으로 본다.

참조 구85, [의사정족수]국회73, [의결정족수]국회109, [특별정족수]47① · 53④ · 63② · 64③ · 65② · 77⑤ · 128① · 130①, 국회15, 국감3, [표결절차 · 방법등]국회71 · 109－114의2

판례 합의의사록을 국회에 상정하지 아니한 것이 국회의 의결권과 국민의 정치적 평등권을 침해하였는지 여부 : 이 사건 협정의 합의의사록은 한일 양국 정부의 어업질서에 관한 양국의 협력과 협의 의향을 선언한 것으로서, 이러한 것들이 곧바로 구체적인 법률관계의 발생을 목적으로 한 것으로는 보기 어렵다할 것이므로, 합의의사록은 조약에 해당하지 아니하고, 이를 국회에 상정하지 아니한 것이 국회의 의결권과 국민의 정치적 평등권을 침해하였다고 볼 수 없다.
(헌재결 2001.3.21, 99헌마139 · 142 · 156 · 160(병합))

판례 국회의장이 야당의원들에게 본회의 개의일시를 국회법에 규정된 대로 적법하게 통지하지 않음으로써 그들이 본회의에 출석할 기회를 잃게 되었고, 그 결과 법률안의 심의 표결과정에 참여하지 못하게 되었다면 이로써 야당의원들의 헌법에 의하여 부여된 법률안 심의 표결의 권한이 침해된 것이다.
(헌재결 1997.7.16, 96헌라2)

第50條 [議事公開의 原則] ① 國會의 會議는 公開한다. 다만, 出席議員 過半數의 贊成이 있거나 議長이 國家의 安全保障을 위하여 필요하다고 인정할 때에는 公開하지 아니할 수 있다.

② 公開하지 아니한 會議內容의 公表에 관하여는 法律이 정하는 바에 의한다.

참조 구86, [회의의 공개]국회75, [국가안전보장]37②, [비공개회의]국회75①, [공청회 · 청문회]국회64 · 65, [방청]국회55 · 152 · 153, [중계방송]국회149 · 149의2

판례 의사공개의 원칙과 국회방청의 자유 : 헌법 제50조 제1항은 단순한 행정적 회의를 제외하고 국회의 헌법적 기능과 관련된 모든 회의는 원칙적으로 국민에게 공개되어야 함을 천명한 것으로서, 의사공개원칙의 헌법적 의미, 오늘날 국회기능의 중점이 본회의에서 위원회로 옮겨져 위원회중심주의로 운영되고 있는 점, 국회법 제75조 제1항 및 제71조의 규정내용에 비추어 본회의든 위원회의 회의든 국회의 회의는 원칙적으로 공개되어야 하고, 원하는 모든 국민은 원칙적으로 그 회의를 방청할 수 있다.(헌재결 2000.6.29, 98헌마443,99헌마583(병합))

第51條 [議案의 次期繼續] 國會에 제출된 法律案 기타의 議案은 會期중에 議決되지 못한 이유로 폐기되지 아니한다. 다만, 國會議員의 任期가 만료된 때에는 그러하지 아니하다.

참조 구87, '회기계속의 원칙' 조항, [법률안 제출]52, [회기]47, 국회7, [의원의 임기]42, 공선14②, [법률안 기타 의안의 의결절차]49, 국회79이하, [일사부재의]국회92

第52條 [法律案提出權] 國會議員과 政府는 法律案을 제출할 수 있다.

참조 구88, [법률제정절차]49 · 53, 법령등공포, [의안의 발의 및 제출]국회51 · 79이하, [의안의 차회기계속]51

판례 시혜적 소급입법과 입법형성의 자유 및 이에 대한 위헌심사의 한계 : 개정된 신법이 피적용자에게 유리한 경우에 이른바 시혜적 소급입법을 할 것인지의 여부는 입법재량의 문제로서 그 판단은 일차적으로 입법기관에 맡겨져 있으며, 이와 같은 시혜적 조치를 할 것인가 하는 문제는 국민의 권리를 제한하거나 새로운 의무를 부과하는 경우와는 달리 입법자에게 보다 광범위한 입법형성의 자유가 인정된다. 따라서, 입법자의 판단은 존중되어야 하며 그 결정이 합리적 재량의 범위를 벗어나 현저하게 불합리하고 불공정한 것이 아닌 한 헌법에 위반된다고 할 수는 없다.(헌재결 2006.5.25, 2005헌바15)

第53條 [法律 公布, 大統領의 拒否權, 法律案 確定 · 發效] ① 國會에서 議決된 法律案은 政府에 移送되어 15日 이내에 大統領이 公布한다.

② 法律案에 異議가 있을 때에는 大統領은 第1項의 期間내에 異議書를 붙여 國會로 還付하고, 그 再議를 요구할 수 있다. 國會의 閉會중에도 또한 같다.

③ 大統領은 法律案의 일부에 대하여 또는 法律案을 修正하여 再議를 요구할 수 없다.

④ 再議의 요구가 있을 때에는 國會는 再議에 붙이고, 在籍議員 過半數의 출석과 出席議員 3分의 2

憲法

이상의 贊成으로 前과 같은 議決을 하면 그 法律案은 法律로서 확정된다.

⑤ 大統領이 第1項의 期間내에 公布나 再議의 요구를 하지 아니한 때에도 그 法律案은 法律로서 확정된다.

⑥ 大統領은 第4項과 第5項의 規定에 의하여 확정된 法律을 지체없이 公布하여야 한다. 第5項에 의하여 法律이 확정된 후 또는 第4項에 의한 確定法律이 政府에 移送된 후 5日 이내에 大統領이 公布하지 아니할 때에는 國會議長이 이를 公布한다.

⑦ 法律은 특별한 規定이 없는 한 公布한 날로부터 20日을 경과함으로써 效力을 발생한다.

참조 구89, ①[법률안의 의결]49·51, [법률안의 이송]국회98, [법률의 공포]89, 법령등공포5①·10·11①·12, ④[의결정족수의 원칙]49, ⑥[의장에 의한 공포]국회98, 법령등공포5②·11②, ⑦[대통령령·총리령·부령의 효력발생]법령등공포13·13의2, [법률의 합헌성 심사]107

第54條 [豫算案 審議·確定, 議決期間 徒過時의 措置] ① 國會는 國家의 豫算案을 審議·확정한다.

② 政府는 會計年度마다 豫算案을 編成하여 會計年度 開始 90日전까지 國會에 제출하고, 國會는 會計年度 開始 30日전까지 이를 議決하여야 한다.

③ 새로운 會計年度가 開始될 때까지 豫算案이 議決되지 못한 때에는 政府는 國會에서 豫算案이 議決될 때까지 다음의 目的을 위한 經費는 前年度 豫算에 準하여 執行할 수 있다.

1. 憲法이나 法律에 의하여 設置된 機關 또는 施設의 유지·운영
2. 法律上 支出義務의 이행
3. 이미 豫算으로 승인된 事業의 계속

참조 구90, [예산의 구성]국가재정법19, [예산안의 편성]국가재정법28－32, [예산안의 국회제출]국가재정법33·34, [국회제출 중인 예산안의 수정]국가재정법35, 국회90①, [총액계상]국가재정법37, [회계연도]국가재정법2·3, [예산의 공포]법령등공포8·11①, [예비비]55, 국가재정법22, [계속비]55, 국가재정법23, [추가경정예산]56·국가재정법36·89, [예산의 집행]국가재정법42－55, [결산]국가재정법56－61, [결산심사권]90, [국채모집 등에 대한 의결권]58, 국가재정법25, [예산안·결산의 회부 및 심사]국회84

第55條 [繼續費·豫備費] ① 한 會計年度를 넘어 계속하여 支出할 필요가 있을 때에는 政府는 年限을 정하여 繼續費로서 國會의 議決을 얻어야 한다.

② 豫備費는 總額으로 國會의 議決을 얻어야 한다. 豫備費의 支出은 次期國會의 승인을 얻어야 한다.

참조 구91, [계속비]국가재정법23, [예비비]국가재정법22, [회계연도]국가재정법2·3

第56條 [追加更正豫算] 政府는 豫算에 變更을 加할 필요가 있을 때에는 追加更正豫算案을 編成하여 國會에 제출할 수 있다.

참조 구92, [추가경정예산안]국가재정법36·89, [국회제출 중인 예산안의 수정]국가재정법35

第57條 [支出豫算各項 增額과 새 費目의 設置禁止] 國會는 政府의 同意없이 政府가 제출한 支出豫算 各項의 金額을 增加하거나 새 費目을 設置할 수 없다.

참조 구93, [예산안의 국회제출]54①, 국가재정법33·34, [세입세출예산의 구분]국가재정법21, [예산안·결산의 회부 및 심사]국회84, [정부의 동의]89, [정부로부터의 수정제안]국가재정법35

第58條 [國債募集등에 대한 議決權] 國債를 모집하거나 豫算외에 國家의 부담이 될 契約을 체결하려 할 때에는 政府는 미리 國會의 議決을 얻어야 한다.

참조 구94, [국채]국채법, 국가재정법20, [국고채무부담행위]89, [국회의 의결]49·51, [예산외국고부담계약의 공포]법령등공포8·11①, [국가나 국민에게 재정적 부담을 지우는 조약]60①

第59條 [租稅의 種目과 稅率] 租稅의 種目과 稅率은 法律로 정한다.

참조 구95, '조세법률주의'조항, [납세의 의무]38, 국세, 지방세1, [법률]소득, 법인세법, 상속세, 부가세, 개별소비세법, 주세법, 인지세법, 관세, 지방세, 조세, [조세법률주의의 예외－긴급재정·경제처분 및 명령]76, [조례에 따른 세율조정]지방세14

판례 소급입법 과세금지원칙의 법적 근거 및 내용 : 우리 헌법 제38조는 모든 국민은 법률이 정하는 바에 의하여 납세의무를 진다고 규정하는 한편, 헌법 제59조는 조세의 종목과 세율은 법률로 정한다고 규정하여, 조세법률주의를 선언하고 있는데, 이는 납세의무가 존재하지 않았던 과거에 소급하여 과세하는 입법을 금지하는 원칙을 포함하며, 이러한 소급입법 과세금지원칙은 조세법률관계에 있어서 법적 안정성을 보장하고 납세자의 신뢰이익의 보호에 기여한다.(헌재결 2004.7.15, 2002헌바63)

판례 부담금의 정당화 요건 : 부담금은 조세에 대한 관계에서 어디까지나 예외적으로만 인정되어야 하며, 어떤 공적 과제에 관한 재정조달을 조세로 할 것인지 아니면 부담금으로 할 것인지에 관하여 입법자의 자유로운 선택권을 허용하여서는 안 된다. 부담금 납부의무자는 재정조달 대상인 공적 과제에 대하여 일반국민에 비해 '특별히 밀접한 관련성'을 가져야 하며, 부담금이 장기적으로 유지되는 경우에 있어서는 그 징수의 타당성이나 적정성이 입법자에 의해 지속적으로 심사될 것이 요구된다. (헌재결 2004.7.15, 2002헌바42)

판례 양도소득세 면제대상을 정함에 있어서 자연인과 법인이 그 법적 지위나 성격, 설립 및 활동상 차이가 있음에 기초하여 위와 같은 입법목적에 충실하게 자연인과 법인에 각각 걸맞는 다른 요건을 둘 수 있는 것인데, 8년 이상 자경농지 양도에 대하여 특별부가세를 면제하고 있는 법인에 대한 구 조세특례제한법 제69조 제1항 제2호 및 이에 따른 법시행령의 규정내용과 농업·농촌기본법의 관련규정을 볼 때, 법인의 경우에도 농지의 자경을 보다 확실하게 담보하고 농지투기를 방지하기 위한 규율을 하고 있음을 알 수 있는바, 법인에 대하여 거주나 소재지 요건을 두지 않았다고 하여 자연인을 차별하는 것이라 보기는 어렵다. (헌재결 2003.11.27, 2003헌바2)

판례 조세평등주의와 조세감면규정의 허용 한계 : 조세감면의 우대조치는 조세평등주의에 반하고 국가나 지방자치단체의 재원의 포기이기도 하여 가급적 억제되어야 하고 그 범위를 확대하는 것은 결코 바람직하지 못하므로 특히 정책목표달성에 필요한 경우에 그 면제혜택을 받는 자의 요건을 엄격히 하여 극히 한정된 범위 내에서 예외적으로 허용되어야 한다.(헌재결 1996.6.26, 93헌바2)

판례 헌법상의 조세법률주의 원칙의 의미 : 헌법 제38조, 제59조에서 채택하고 있는 조세법률주의의 원칙은 과세요건과 징수절차 등 조세권행사의 요건과 절차는 국민의 대표기관인 국회가 제정한 법률로써 규정하여야 한다는 것이나, 과세요건과 징수절차에 관한 사항을 명령·규칙 등 하위법령에 위임하여 규정하게 할 수 없는 것은 아니고, 이러한 사항을 하위법령에 위임하여 규정하게 하는 경우 구체적·개별적 위임만이 허용되며 포괄적·백지적 위임은 허용되지 아니하고(과세요건법정주의), 이러한 법률 또는 그 위임에 따른 명령·규칙의 규정은 일의적이고 명확하여야 한다(과세요건명확주의)는 것이다.(대결 1994.9.30, 94부18)

第60條 [條約·宣戰布告등에 관한 同意權] ① 國會는 相互援助 또는 安全保障에 관한 條約, 중요한 國際組織에 관한 條約, 友好通商航海條約, 主權의 制約에 관한 條約, 講和條約, 國家나 國民에게 중대한 財政的 부담을 지우는 條約 또는 立法事項에 관한 條約의 체결·批准에 대한 同意權을 가진다.

② 國會는 宣戰布告, 國軍의 外國에의 派遣 또는 外國軍隊의 大韓民國 領域 안에서의 駐留에 대한 同意權을 가진다.

참조 구96, [조약의 체결·비준]73·89, [조약의 국내법적 효력]6①, [조약의 공포]법령등공포6·11①, [선전포고·강화]73·89

판례 성격상 외교 및 국방에 관련된 고도의 정치적 결단이 요구되는 사안에 대한 국민의 대의기관의 결정이 사법심사의 대상이 되는지 여부 : 외국에의 국군의 파견결정은 궁극적으로 국민 내지 국익에 영향을 미치는 복잡하고도 중요한 문제로서 고도의 정치적 결단이 요구되는 사안이다. 따라서 그와 같은 결정은 국민의 대의기관이 관계분야의 전문가들과 광범위하고 심도 있는 논의를 거쳐 신중히 결정하는 것이 바람직하며 우리 헌법도 그 권한을 대통령에게 부여하고 그 권한행사에 신중을 기하도록 하기 위해 국회로 하여금 파병에 대한 동의여부를 결정할 수 있도록 하고 있는바, 현행 헌법이 채택하고 있는 대의민주제 통치구조 하에서 대의기관인 대통령과 국회의 그와 같은 고도의 정치적 결단은 가급적 존중되어야 한다.(헌재결 2004.4.29, 2003헌마814)

第61條 [國政에 관한 監査·調査權] ① 國會는 國政을 監査하거나 특정한 國政事案에 대하여 調査할 수 있으며, 이에 필요한 書類의 提出 또는 證人의 출석과 證言이나 의견의 陳述을 요구할 수 있다.

② 國政監査 및 調査에 관한 節次 기타 필요한 사항은 法律로 정한다.

참조 구97, [감사·조사]국감2·3, [증인등]국회에서의증언2, [법률]국감

第62條 [國務總理등의 國會出席] ① 國務總理·國務委員 또는 政府委員은 國會나 그 委員會에 출석하여 國政處理狀況을 보고하거나 의견을 陳述하고 質問에 응답할 수 있다.

② 國會나 그 委員會의 요구가 있을 때에는 國務總理·國務委員 또는 政府委員은 출석·답변하여야 하며, 國務總理 또는 國務委員이 出席要求를 받은 때에는 國務委員 또는 政府委員으로 하여금 출석·답변하게 할 수 있다.

참조 구98, [국무총리]86, [국무위원]87, [정부위원]정부조직10, [위원회]국회35이하, [국무위원등의 출석요구]국회121, [국무위원등의 발언]국회120, [정부에 대한 질문]국회122·122의2, [증인·감정인등의 출석요구]61, 국회에서의증언2

판례 위원회제도 의의 및 기능 : 상임위원회를 포함한 위원회는 의원 가운데서 소수의 위원을 선임하여 구성되는 국회의 내부기관인 동시에 본회의의 심의 전에 회부된 안건을 심사하거나 그 소관에 속하는 의안을 입안하는 국회의 합의제기관이다. 위원회의 역할은 국회의 예비적 심사기관으로서 회부된 안건을 심사하고 그 결과를 본회의에 보고하여 본회의의 판단자료를 제공하는 데 있다. 우리나라 국회의 법률안 심의는 본회의 중심주의가 아닌 소관 상임위원회 중심으로 이루어진다. 소관 상임위원회에서 심사·의결된 내용을 본회의에서는 거의 그대로 통과시키는 이른바 "위원회 중심주의"를 채택하고 있는 것이다. 오늘날 의회의 기능에는 국민대표기능, 입법기능, 정부감독기능, 재정에 관한 기능 등이 포함된다. 의회가 이러한 본연의 기능을 수행함에 있어서는 국민대표로 구성된 의원 전원에 의하여 운영되는 것이 이상적일 것이나, 의원 전원이 장기간의 회기동안 고도의 기술적이고 복잡다양한 내용의 방대한 안건을 다루기에는 능력과 시간상의 제약이 따른다. 이러한 한계를 극복하기 위한 방안으로 위원회제도가 창설된 것이다. 그리하여 상임위원회의 구성과 활동은 의회의 업적과 성패를 실질적으로 결정짓는 변수가 되고 있다고 평가되고 있다. (헌재결 2003.10.30, 2002헌라1)

第63條 [國務總理·國務委員 解任建議權] ① 國會는 國務總理 또는 國務委員의 解任을 大統領에게 建議할 수 있다.

② 第1項의 解任建議는 國會在籍議員 3分의 1 이상의 發議에 의하여 國會在籍議員 過半數의 贊成이 있어야 한다.

참조 구99, [국무총리]86, [국무위원]87, [국무총리에 의한 국무위원의 해임건의]87③, [의결정족수의 제한]49, [해임의결방법]국회112⑦

판례 국무위원 해임건의의 법적 효력 : 2003.9.3. 국회가 행정자치부장관 해임결의안을 의결하였음에도 이를 즉시 수용하지 아니한 사실이 인정된다. 국회는 국무총리나 국무위원의 해임을 건의할 수 있으나(헌법 63조), 국회의 해임건의는 대통령을 기속하는 해임결의권이 아니라, 아무런 법적 구속력이 없는 단순한 해임건의에 불과하다. 우리 헌법 내에서 '해임건의권'의 의미는, 임기 중 아무런 정치적 책임을 물을 수 없는 대통령 대신에 그를 보좌하는 국무총리·국무위원에 대하여 정치적 책임을 추궁함으로써 대통령을 간접적이나마 견제하고자 하는 것에 지나지 않는다. 헌법 63조의 해임건의권을 법적 구속력 있는 해임결의권으로 해석하는 것은 법문과 부합할 수 없을 뿐만 아니라, 대통령에게 국회해산권을 부여하고 있지 않는 현행 헌법상의 권력분립질서와도 조화될 수 없다. 결국, 대통령이 국회의 해임건의를 수용할 것인지의 문제는 대의기관인 국회의 결정을 정치적으로 존중할 것인지의 문제이지 법적인 문제가 아니다. 따라서 대통령의 이러한 행위는 헌법이 규정하는 권력분립구조 내에서의 대통령의 정당한 권한행사에 해당하거나 또는 헌법규범에 부합하는 것으로서 헌법이나 법률에 위반되지 아니한다.(헌재결 2004.5.14, 2004헌나1)

第64條 [國會의 自律權] ① 國會는 法律에 저촉되지 아니하는 범위안에서 議事와 內部規律에 관한 規則을 制定할 수 있다.

② 國會는 議員의 資格을 審査하며, 議員을 懲戒할 수 있다.

③ 議員을 除名하려면 國會在籍議員 3分의 2 이상의 贊成이 있어야 한다.

④ 第2項과 第3項의 處分에 대하여는 法院에 提訴할 수 없다.

참조 구100, [국회규칙]국회32③·34·37·38·46⑥·46의2⑥·54의2④·57②·63의2⑥·64⑤·65⑧·79의2④·82의2③·83의2⑤·85의2④·118⑥·125⑨·145①·149④·149의2①·169, 국감18, 국회사무처법14, 국가공무원2④·23·32④·54②, [의원자격의 심사]국회138－142, [의원의 징계]국회155－164, [제명]국회163·164, [의결정족수의 원칙]49

판례 국회의장은 이미 행해진 투표의 효력 여하, 투표의 종결 여부, 개표절차의 진행 여부 등 의사절차를 어떻게 진행할 것인지에 관한 선택권을 가진다고 할 것인데, 국회의장이 이와 같이 논란의 여지가 많은 사실관계 하에서 개표절차를 진행하여 표결결과를 선포하지 아니하였다 하여 그것이 헌법이나 법률에 명백히 위배되는 행위라고는 인정되지 않으므로 다른 국가기관은 이를 존중하여야 한다. 따라서 투표가 정상적으로 종결되었는지에 관하여 헌법재판소가 독자적으로 판단하는 것은 바람직하지 않으며, 그 결과 국회의장에게 개표절차를 진행하여 표결결과를 선포할 의무가 있음을 인정할 수 없고, 그러한 작위의무가 인정되지 않는 이상 피청구인의 부작위에 의한 권한침해를 다투는 권한쟁의심판은 허용되지 않는다.(헌재결 1998.7.14, 98헌라3)

第65條 [彈劾訴追權, 彈劾決定의 效力] ① 大統領·國務總理·國務委員·行政各部의 長·憲法裁判所 裁判官·法官·中央選擧管理委員會 委員·監査院長·監査委員 기타 法律이 정한 公務員이 그 職務執行에 있어서 憲法이나 法律을 違背한 때에는 國會는 彈劾의 訴追를 議決할 수 있다.

② 第1項의 彈劾訴追는 國會在籍議員 3分의 1이상의 發議가 있어야 하며, 그 議決은 國會在籍議員 過半數의 贊成이 있어야 한다. 다만, 大統領에 대한 彈劾訴追는 國會在籍議員 過半數의 發議와 國會在籍議員 3分의 2이상의 贊成이 있어야 한다.

③ 彈劾訴追의 議決을 받은 者는 彈劾審判이 있을 때까지 그 權限行使가 정지된다.

④ 彈劾決定은 公職으로부터 罷免함에 그친다. 그러나, 이에 의하여 民事上이나 刑事上의 責任이 免除되지는 아니한다.

참조 구101, [탄핵소추의 의결]국회133, [탄핵소추의 발의]국회130, [의결정족수의 원칙]49, [소추사건의 조사]국회131·132, [탄핵결정(심판)]111①·113①, [권한행사의 정지]국회134②, [민사상의 책임]29, 국가배상2, 민750이하, [형사상의 책임]형122이하

판례 [1] 탄핵심판절차의 본질 : 헌법 제65조는 행정부와 사법부의 고위공직자에 의한 헌법위반이나 법률위반에 대하여 탄핵소추의 가능성을 규정함으로써, 그들에 의한 헌법위반을 경고하고 사전에 방지하는 기능을 하며, 국민에 의하여 국가권력을 위임받은 국가기관이 그 권한을 남용하여 헌법이나 법률에 위반하는 경우에는 다시 그 권한을 박탈하는 기능을 한다. 즉, 공직자가

직무수행에 있어서 헌법에 위반한 경우 그에 대한 법적 책임을 추궁함으로써, 헌법의 규범력을 확보하고자 하는 것이 바로 탄핵심판절차의 목적과 기능인 것이다.
[2] 대통령의 직책수행 성실성 여부가 탄핵심판의 대상이 되는지 여부 : 헌법 제65조 제1항은 탄핵사유를 '헌법이나 법률에 위배한 때'로 제한하고 있고, 헌법재판소의 탄핵심판절차는 법적인 관점에서 단지 탄핵사유의 존부만을 판단하는 것이므로, 정치적 무능력이나 정책결정상의 잘못 등 직책수행의 성실성 여부는 그 자체로서 소추사유가 될 수 없어, 탄핵심판절차의 판단대상이 되지 아니한다.
(헌재결 2004.5.14, 2004헌나1)

판례 국회의 탄핵소추의결 부작위에 대한 위헌확인소원이 적법한 것인지 여부 : 헌법 제65조 제1항은 국회의 탄핵소추의결이 국회의 재량행위임을 명문으로 밝히고 있고 헌법해석상으로도 국정통제를 위하여 헌법상 국회에게 인정된 다양한 권한 중 어떠한 것을 행사하는 것이 적절한 것인가에 대한 판단권은 오로지 국회에 있다고 보아야 할 것이며, 나아가 청구인에게 국회의 탄핵소추의결을 청구할 권리에 관하여도 아무런 규정이 없고 헌법해석상으로도 그와 같은 권리를 인정할 수 없으므로, 국회에게 대통령의 헌법 등 위배행위가 있을 경우에 탄핵소추의결을 하여야 할 헌법상 작위의무가 있다 할 수 없어 국회의 탄핵소추의결 부작위에 대한 위헌확인소원은 부적법하다.
(헌재결 1996.2.29, 93헌마186)

第4章 政 府

第1節 大統領

第66條 [大統領의 地位·責務·行政權] ① 大統領은 國家의 元首이며, 外國에 대하여 國家를 代表한다.
② 大統領은 國家의 獨立·領土의 保全·國家의 繼續性과 憲法을 守護할 責務를 진다.
③ 大統領은 祖國의 平和的 統一을 위한 성실한 義務를 진다.
④ 行政權은 大統領을 首班으로 하는 政府에 속한다.

참조 구38, [대통령의 행정부 수반으로서의 지위]53②·75·78·86①·87①·88·94, [대통령의 국가와 헌법 수호자로서의 지위]69·76·77·91, [국회에 대한 권한]47③·81, [입법에 관한 권한]53②·75·128, [사법에 관한 권한]104, [외교에 관한 권한]73, [국군통수권]74, [겸직제한]83, [형사상 특권]84

판례 헌법을 준수하고 수호해야 할 대통령의 의무 : 헌법 제66조 제2항 및 제69조에 규정된 대통령의 '헌법을 준수하고 수호해야 할 의무'는 헌법상 법치국가원리가 대통령의 직무집행과 관련하여 구체화된 헌법적 표현이다. '헌법을 준수하고 수호해야 할 의무'가 이미 법치국가원리에서 파생되는 지극히 당연한 것임에도, 헌법은 국가의 원수이자 행정부의 수반이라는 대통령의 막중한 지위를 감안하여 제66조 제2항 및 제69조에서 이를 다시 한번 강조하고 있다. 이러한 헌법의 정신에 의한다면, 대통령은 국민 모두에 대한 '법치와 준법의 상징적 존재'인 것이다.(헌재결 2004.5.14, 2004헌나1)

第67條 [大統領의 選擧·被選擧權] ① 大統領은 國民의 普通·平等·直接·秘密選擧에 의하여 選出한다.
② 第1項의 選擧에 있어서 最高得票者가 2人 이상인 때에는 國會의 在籍議員 過半數가 출석한 公開會議에서 多數票를 얻은 者를 當選者로 한다.
③ 大統領候補者가 1人일 때에는 그 得票數가 選擧權者 總數의 3分의 1 이상이 아니면 大統領으로 當選될 수 없다.
④ 大統領으로 選擧될 수 있는 者는 國會議員의 被選擧權이 있고 選擧日 현재 40歲에 達하여야 한다.
⑤ 大統領의 選擧에 관한 사항은 法律로 정한다.

참조 구39·40, [보통·평등·직접(직선제)·비밀선거]24, 공선16①·48②·56·57, [후보자등록]공선49, [선거운동]공선58－118, [당선인]공선187, [선거소송]공선222, [당선소송]공선223

第68條 [大統領選擧의 時期·補闕選擧] ① 大統領의 任期가 만료되는 때에는 任期滿了 70日 내지 40日전에 後任者를 選擧한다.
② 大統領이 闕位된 때 또는 大統領 當選者가 死亡하거나 判決 기타의 사유로 그 資格을 喪失한 때에는 60日 이내에 後任者를 選擧한다.

참조 구43, [선거기간]공선33, [선거일]공선34－36, [보궐선거]공선200③

第69條 [大統領의 就任宣誓] 大統領은 就任에 즈음하여 다음의 宣誓를 한다.
"나는 憲法을 준수하고 國家를 保衛하며 祖國의 平和的 統一과 國民의 自由와 福利의 增進 및 民族文化의 暢達에 노력하여 大統領으로서의 職責을 성실히 수행할 것을 國民 앞에 엄숙히 宣誓합니다."

참조 구44, [헌법준수]66②, [국가보위]66②·91②, [평화통일]전문·66③, [대통령의 직책]66, [국회의원 선서]국회24, [공무원 선서]국가공무원55·지방공무원47

판례 정국의 혼란 및 경제파탄이 탄핵심판절차의 판단대상이 되는지 여부 : 헌법 제69조가 규정한 대통령의 '성실한 직책수행의 무'는 헌법적 의무에 해당하나, '헌법을 수호해야 할 의무'와는 달리 규범적으로 그 이행이 관철될 수 있는 성격의 의무가 아니므로 원칙적으로 사법적 판단의 대상이 될 수 없다고 할 것이다.(헌재결 2004.5.14, 2004헌나1)

第70條 [大統領의 任期] 大統領의 任期는 5年으로 하며, 重任할 수 없다.

참조 구45, [대통령의 중임변경을 위한 헌법개정의 효력]128②

第71條 [大統領 權限代行] 大統領이 闕位되거나 事故로 인하여 職務를 수행할 수 없을 때에는 國務總理, 法律이 정한 國務委員의 順序로 그 權限을 代行한다.

참조 구46, [국무총리]86, [법률에 정한 순위]정부조직12②·22, [보궐선거]68

第72條 [重要政策의 國民投票] 大統領은 필요하다고 인정할 때에는 外交·國防·統一 기타 國家安危에 관한 重要政策을 國民投票에 붙일 수 있다.

참조 구47, [국민투표]전문·1②·89, 국민투표법, [헌법개정안에 대한 국민투표]130

판례 국민투표권의 의의와 유형 : 헌법 제130조 제2항에 의한 헌법개정에 관한 국민투표는 대통령 또는 국회가 제안하고 국회의 의결을 거쳐 확정된 헌법개정안에 대하여 주권자인 국민이 최종적으로 그 승인 여부를 결정하는 절차이다. 국민투표는 국가의 중요정책이나 헌법개정안에 대해 주권자로서의 국민이 그 승인 여부를 결정하는 절차인데, 주권자인 국민의 지위에 아무런 영향을 미칠 수 없는 주민등록 여부만을 기준으로 하여, 주민등록을 할 수 없는 재외국민의 국민투표권 행사를 전면적으로 배제하고 있는 국민투표법 제14조 제1항은 앞서 본 국정선거권의 제한에 대한 판단에서와 동일한 이유에서 청구인들의 국민투표권을 침해한다.
(헌재결 2007.6.28, 2004헌마644,2005헌마360(병합))

판례 특정 국가정책에 관한 국민투표회부 요구권이 인정되는지 여부 : 헌법 제72조는 국민투표에 부쳐질 중요정책인지 여부를 대통령이 재량에 의하여 결정하도록 명문으로 규정하고 있고 헌법재판소 역시 위 규정은 대통령에게 국민투표의 실시 여부, 시기, 구체적 부의사항, 설문내용 등을 결정할 수 있는 임의적인 국민투표발의권을 독점적으로 부여하였다고 하여 이를 확인하고 있다. 따라서 특정의 국가정책에 대하여 다수의 국민들이 국민투표를 원하고 있음에도 불구하고 대통령이 이러한 희망과는 달리 국민투표에 회부하지 아니한다고 하여도 이를 헌법에 위반된다고 할 수 없고 국민에게 특정의 국가정책에 관하여 국민투표에 회부할 것을 요구할 권리가 인정된다고 할 수도 없다.
(헌재결 2005.11.24, 2005헌마579·763(병합))

第73條 [外交·宣戰講和權] 大統領은 條約을 체결·批准하고, 外交使節을 信任·접수 또는 派遣하며, 宣戰布告와 講和를 한다.

참조 구48, [대외적 국가대표]66, [조약의 체결·비준]6·60①·89, [선전포고와 강화]60①·89, [조약의 공포]법령등공포6·11, [조약의 효력]6

第74條 [國軍統帥權, 國軍의 組織·編成] ① 大統領은 憲法과 法律이 정하는 바에 의하여 國軍을 統帥한다.
② 國軍의 組織과 編成은 法律로 정한다.

참조 구49, [국방의 의무]39, 국군조직1, 병역1·2, [국군통수권－'군정통합주의'의 표현]국군조직6, [대통령의 군사에 관한 행위]82, [군사에 관한 중요사항]89, [선전포고]5·60②·73·89, [국군의 조직·편성]국군조직, [각군의 임무]국군조직3

第75條 [大統領令] 大統領은 法律에서 구체적으로 범위를 정하여 委任받은 사항과 法律을 執行하기 위하여 필요한 사항에 관하여 大統領令을 발할 수 있다.

참조 구50, 대통령의 '행정입법권'에 관한 조항, [입법권]40, [국회입법의 예외]95·108·114⑥·117, [국무회의의 심의]89, [대통령령의 공포]법령등공포2·7·10·11, [효력발생]법령등공포13

판례 하위법령은 그 규정이 상위법령의 규정에 명백히 저촉되어 무효인 경우를 제외하고는 관련 법령의 내용과 입법 취지 및 연혁 등을 종합적으로 살펴서 의미를 상위법령에 합치되는 것으로 해석하여야 한다.(대판 2016.6.10, 2016두33186)

판례 특정 사안과 관련하여 법률에서 하위 법령에 위임을 한 경우에 모법의 위임범위를 확정하거나 하위 법령이 위임의 한계를 준수하고 있는지 여부를 판단할 때에는, 하위 법령이 규정한 내용이 입법자가 형식적 법률로 스스로 규율하여야 하는 본질적 사항으로서 의회유보의 원칙이 지켜져야 할 영역인지, 당해 법률 규정의 입법 목적과 규정 내용, 규정의 체계, 다른 규정과의 관계 등을 종합적으로 고려하여야 하고, 위임 규정 자체에서 의미 내용을 정확하게 알 수 있는 용어를 사용하여 위임의 한계를 분명히 하고 있는데도 문언적 의미의 한계를 벗어났는지, 하위 법령의 내용이 모법 자체로부터 위임된 내용의 대강을 예측할 수 있는 범위 내에 속한 것인지, 수권 규정에서 사용하고 있는 용어의 의미를 넘어 범위를 확장하거나 축소하여서 위임 내용을 구체화하는 단계를 벗어나 새로운 입법을 한 것으로 평가할 수 있는지 등을 구체적으로 따져 보아야 한다. 여기서 어떠한 사안이 국회가 형식적 법률로 스스로 규정하여야 하는 본질적 사항에 해당되는지는, 구체적 사례에서 관련된 이익 내지 가치의 중요성, 규제 또는 침해의 정도와 방법 등을 고려하여 개별적으로 결정하여야 하지만, 규율대상이 국민의 기본권 및 기본적 의무와 관련한 중요성을 가질수록 그리고 그에 관한 공개적 토론의 필요성 또는 상충하는 이익 사이의 조정 필요성이 클수록, 그것이 국회의 법률에 의해 직접 규율될 필요성은 더 증대된다.
(대판 2015.8.20, 2012두23808 전원합의체)

판례 법률이 자치적인 사항을 공법적 단체의 정관으로 정하도록 위임한 경우 '포괄위임입법금지원칙'의 적용 여부 : 법률이 행정부가 아니거나 행정부에 속하지 않는 공법적 기관의 정관에 특정 사항을 정할 수 있다고 위임하는 경우에는 권력분립의 원칙을 훼손할 여지가 없다. 이는 자치입법에 해당되는 영역이므로 자치적으로 정하는 것이 바람직하다. 따라서 법률이 정관에 자치법적 사항을 위임한 경우에는 헌법 제75조, 제95조가 정하는 포괄적인 위임입법의 금지는 원칙적으로 적용되지 않는다고 봄이 상당하다.(헌재결 2006.3.30, 2005헌바31)

판례 조세법률주의와 포괄위임입법금지원칙에서 위임의 구체성 요구 정도와 한계 : 위임의 구체성·명확성의 요구 정도는 그 규율대상의 종류와 성격에 따라 달라질 것이지만, 처벌법규나 조세를 부과하는 조세법규와 같이 국민의 기본권을 직접적으로 제한하거나 침해할 소지가 있는 법규에서는 구체성·명확성의 요구가 강화되어 그 위임의 요건과 범위가 더 엄격하게 규정되어야 하는 반면에, 일반적인 급부행정이나 조세감면혜택을 부여하는 조세법규의 경우에는 위임의 구체성 내지 명확성의 요구가 완화되어 그 위임의 요건과 범위가 덜 엄격하게 규정될 수 있으며, 그리고 규율대상이 지극히 다양하거나 수시로 변화하는 성질의 것일 때에는 위임의 구체성·명확성의 요건이 완화되어야 할 것이다. 또한 위임조항 자체에서 위임의 구체적 범위를 명백히 규정하고 있지 않다고 하더라도 당해 법률의 전반적 체계와 관련규정에 비추어 위임조항의 내재적인 위임의 범위나 한계를 객관적으로 분명히 확정할 수 있다면 이를 포괄적인 백지위임에 해당하는 것으로는 볼 수 없다.(헌재결 2005.4.28, 2003헌가23)

第76條 [緊急處分·命令權] ① 大統領은 內憂·外患·天災·地變 또는 중대한 財政·經濟上의 危機에 있어서 國家의 安全保障 또는 公共의 安寧秩序를 유지하기 위하여 긴급한 措置가 필요하고 國會의 集會를 기다릴 여유가 없을 때에 한하여 최소한으로 필요한 財政·經濟上의 處分을 하거나 이에 관하여 法律의 效力을 가지는 命令을 발할 수 있다.
② 大統領은 國家의 安危에 관계되는 중대한 交戰狀態에 있어서 國家를 保衛하기 위하여 긴급한 措置가 필요하고 國會의 集會가 불가능한 때에 한하여 法律의 效力을 가지는 命令을 발할 수 있다.
③ 大統領은 第1項과 第2項의 處分 또는 命令을 한 때에는 지체없이 國會에 보고하여 그 승인을 얻어야 한다.
④ 第3項의 승인을 얻지 못한 때에는 그 處分 또는 命令은 그때부터 效力을 喪失한다. 이 경우 그 命令에 의하여 改正 또는 廢止되었던 法律은 그 命令이 승인을 얻지 못한 때부터 당연히 效力을 회복한다.
⑤ 大統領은 第3項과 第4項의 사유를 지체없이 公布하여야 한다.

참조 구51, [국가안전보장]37·60①·91, [공공의 안녕질서]37·77, [국회의 승인]49, [국회의 집회를 기다릴 여유가 없을 때=국회가 폐회중이어서 임시회의 집회에 필요한 1일을 기다릴 여유조차 없는 경우]국회5②

판례 행정수도 이전사건 : 신행정수도건설이나 수도이전의 문제가 정치적 성격을 가지고 있는 것은 인정할 수 있지만, 그 자체로 고도의 정치적 결단을 요하여 사법심사의 대상으로 하기에는 부적절한 문제라고까지는 할 수 없다. 더구나 이 사건 심판의 대상은 이 사건 법률의 위헌여부이고 대통령의 행위의 위헌여부가 아닌바, 법률의 위헌여부가 헌법재판의 대상으로 된 경우 당해 법률이 정치적인 문제를 포함한다는 이유만으로 사법심사의 대상에서 제외된다고 할 수는 없다. 다만, 이 사건 법률의 위헌여부를 판단하기 위한 선결문제로서 신행정수도건설이나 수도이전의 문제를 국민투표에 붙일지 여부에 관한 대통령의 의사결정이 사법심사의 대상이 될 경우 위 의사결정은 고도의 정치적 결단을 요하는 문제여서 사법심사를 자제함이 바람직하다는 할 수 있고, 이에 따라 그 의사결정에 관련된 흠을 들어 위헌성이 주장되는 법률에 대한 사법심사 또한 자제함이 바람직하다고 할 수 있다. 그러나 대통령의 위 의사결정이 국민의 기본권침해와 직접 관련되는 경우에는 헌법재판소의 심판대상이 될 수 있고, 이에 따라 위 의사결정과 관련된 법률도 헌법재판소의 심판대상이 될 수 있다. 따라서 이 사건 법률의 위헌성이 대통령의 의사결정과 관련하여 문제되는 경우라도 헌법소원의 대상이 될 수 있다.
(헌재결 2004.10.21, 2004헌마554·566(병합))

판례 금융실명거래및비밀보장에관한긴급재정경제명령은 그 발동 당시 헌법 제76조 제1항에서 정한 긴급재정·경제명령의 발동요건이 갖추어져 있었다고 보이고 국회의 승인을 얻었으므로 헌법상의 긴급재정·경제명령으로서 유효하게 성립하였다고 할 것이고, 위와 같이 긴급명령이 유효하게 성립한 이상 가사 그 발동의 원인이 된 '내우·외환·천재·지변 또는 중대한 재정·경제상의 위기'가 사라졌다고 하여 곧바로 그 효력이 상실되는 것이라고는 할 수 없다.(대판 1997.6.27, 95도1964)

第77條 [戒嚴] ① 大統領은 戰時·事變 또는 이에 準하는 國家非常事態에 있어서 兵力으로써 軍事上의 필요에 응하거나 公共의 安寧秩序를 유지할 필요가 있을 때에는 法律이 정하는 바에 의하여 戒嚴을 宣布할 수 있다.

② 戒嚴은 非常戒嚴과 警備戒嚴으로 한다.
③ 非常戒嚴이 宣布된 때에는 法律이 정하는 바에 의하여 令狀制度, 言論·出版·集會·結社의 自由, 政府나 法院의 權限에 관하여 특별한 措置를 할 수 있다.
④ 戒嚴을 宣布한 때에는 大統領은 지체없이 國會에 통고하여야 한다.
⑤ 國會가 在籍議員 過半數의 贊成으로 戒嚴의 解除를 요구한 때에는 大統領은 이를 解除하여야 한다.

참조 구52, [계엄선포의 요건과 목적]89, 계엄1, [계엄의 종류]계엄2①, [공공의 안녕질서]37② · 76①, [계엄의 효력]계엄7-10, [비상계엄]계엄2②, [경비계엄]계엄2③, [영장제도]12 · 16, [언론 · 출판 · 집회 · 결사의 자유]21, [비상계엄하의 특별조치]계엄9 · 10, [국회에의 통고]계엄4, [계엄의 해제]계엄11

판례 비상계엄의 선포나 확대행위가 사법심사의 대상이 되는지 여부 : 대통령의 비상계엄의 선포나 확대 행위는 고도의 정치적 · 군사적 성격을 지니고 있는 행위라 할 것이므로, 그것이 누구에게도 일견하여 헌법이나 법률에 위반되는 것으로서 명백하게 인정될 수 있는 등 특별한 사정이 있는 경우라면 몰라도, 그러하지 아니한 이상 그 계엄선포의 요건 구비 여부나 선포의 당 · 부당을 판단할 권한이 사법부에는 없다고 할 것이나, 비상계엄의 선포나 확대가 국헌문란의 목적을 달성하기 위하여 행하여진 경우에는 법원은 그 자체가 범죄행위에 해당하는지의 여부에 관하여 심사할 수 있다.
(대판 1997.4.17, 96도3376 전원합의체)

판례 계엄해제 후 계엄실시중의 포고령위반행위를 처벌할 수 있는지 여부 : 계엄은 국가비상사태에 당하여 병력으로써 국가의 안전과 공공의 안녕질서를 유지할 필요가 있을 때에 선포되고 평상상태로 회복되었을 때에 해제하는 것으로서 계엄령의 해제는 사태의 호전에 따른 조치이고 계엄령은 부당하다는 반성적 고찰에서 나온 조치는 아니므로 계엄이 해제되었다고 하여 계엄하에서 행해진 위반행위의 가벌성이 소멸된다고는 볼 수 없는 것으로서 계엄기간중의 계엄포고위반의 죄는 계엄해제후에도 행위당시의 법령에 따라 처벌되어야 하고 계엄의 해제를 범죄후 법령의 개폐로 형이 폐지된 경우와 같이 볼 수 없다.
(대판 1985.5.28, 81도1045 전원합의체)

第78條 [公務員任免權] 大統領은 憲法과 法律이 정하는 바에 의하여 公務員을 任免한다.

참조 구53, [공무원의 지위와 책임]7, [국무총리 · 국무위원의 임명]86 · 87, [행정각부의 장의 임명]94, [감사원장 · 감사위원의 임명]98, [대법원장 · 법관의 임명]104, [헌법재판소의 장 · 재판관 임명]111, [중앙선거관리위원회위원의 임명]114, [법률]국가공무원, 검찰, 경찰공무원, 교육공무원

第79條 [赦免權] ① 大統領은 法律이 정하는 바에 의하여 赦免·減刑 또는 復權을 命할 수 있다.
② 一般赦免을 命하려면 國會의 同意를 얻어야 한다.
③ 赦免·減刑 및 復權에 관한 사항은 法律로 정한다.

참조 구54, [국무회의의 심의]89, [사면 · 감형 · 복권]사면1 · 3 · 5, 형39③ · 82, 형소326 · 372 · 383, [일반사면]사면2 · 3 · 5 · 8

판례 사면에 관한 사항을 법률에 위임하고 있는 헌법 제79조 제3항의 의미 : 우리 헌법 제79조 제1항은 대통령의 사면권을 규정하고 있고, 제3항은 사면의 구체적 내용과 방법 등을 법률에 위임하고 있다. 그러므로 사면의 종류, 대상, 범위, 절차, 효과 등은 범죄의 죄질과 보호법익, 일반국민의 가치관 내지 법감정, 국가이익과 국민화합의 필요성, 권력분립의 원칙과의 관계 등 제반사항을 종합하여 입법자가 결정할 사항으로서 광범위한 입법재량 내지 형성의 자유가 부여되어 있다.
(헌재결 2000.6.1, 97헌바74)

第80條 [榮典授與權] 大統領은 法律이 정하는 바에 의하여 勳章 기타의 榮典을 수여한다.

참조 구55, [영전일대의 원칙, 특권불인정원칙]11③, [국무회의의 심의]89, [서훈의 원칙]상훈2, [훈장의 등급과 종류]상훈9-18, [훈장의 수여]상훈29, [부상]상훈32, [포장(褒章)]상훈19-26의5

第81條 [國會에 대한 意思表示] 大統領은 國會에 출석하여 發言하거나 書翰으로 의견을 표시할 수 있다.

참조 구56, [대통령의 행위]82, [국회의 국무총리 · 국무위원에 대한 국회출석요구권 및 질문권]62②

第82條 [國法上 行爲 및 副署] 大統領의 國法上 행위는 文書로써 하며, 이 文書에는 國務總理와 관계 國務委員이 副署한다. 軍事에 관한 것도 또한 같다.

참조 구58, [대통령의 지위]66, [국무회의의 심의]88 · 89, [법령등의 부서]법령등공포3-8, [국무총리 · 국무위원]86 · 87

第83條 [兼職禁止] 大統領은 國務總理·國務委員·行政各部의 長 기타 法律이 정하는 公私의 職을 겸할 수 없다.

참조 구59, [대통령의 지위]66, [국회의원의 겸직제한]43, 국회20 · 29, [공무원의 겸직제한]국가공무원64, 지방공무원56①, 법원조직49, 교육공무원19 · 19의2

第84條 [刑事上 特權] 大統領은 內亂 또는 外患의 罪를 범한 경우를 제외하고는 在職중 刑事上의 訴追를 받지 아니한다.

참조 구60, [대통령의 지위]66, [내란 · 외환의 죄]형87-104, [형사상의 소추]형소246, [탄핵소추]65

판례 [1] '불소추특권'의 규정 취지 : 대통령의 불소추특권에 관한 헌법의 규정이 대통령이라는 특수한 신분에 따라 일반국민과는 달리 대통령 개인에게 특권을 부여한 것으로 볼 것이 아니라 단지 국가의 원수로서 외국에 대하여 국가를 대표하는 지위에 있는 대통령이라는 특수한 직책의 원활한 수행을 보장하고, 그 권위를 확보하여 국가의 체면과 권위를 유지하여야 할 실제상의 필요 때문에 대통령으로 재직중인 동안만 형사상 특권을 부여하고 있음에 지나지 않는 것으로 보아야 할 것이다.
[2] 헌법 제84조에 의하여 대통령 재직 중에는 공소시효의 진행이 당연히 정지되는지 여부 : 헌법 제84조의 규정취지와 함께 공소시효제도나 공소시효정지제도의 본질에 비추어 보면, 대통령의 재직중 공소시효의 진행이 정지된다고 명백히 규정되어 있지는 않다고 하더라도, 위 헌법규정은 바로 공소시효진행의 소극적 사유가 되는 국가의 소추권행사의 법률상 장애사유에 해당하므로, 대통령의 재직중에는 공소시효의 진행이 당연히 정지되는 것으로 보아야 한다.
(헌재결 1995.1.20, 94헌마246)

第85條 [前職大統領의 身分과 禮遇] 前職大統領의 身分과 禮遇에 관하여는 法律로 정한다.

참조 구61, [직전대통령과 국가원로자문회의]90, [예우]전직대통령예우에관한법1

第2節 行政府

第1款 國務總理와 國務委員

第86條 [國務總理] ① 國務總理는 國會의 同意를 얻어 大統領이 任命한다.
② 國務總理는 大統領을 補佐하며, 行政에 관하여 大統領의 命을 받아 行政各部를 統轄한다.
③ 軍人은 現役을 免한 후가 아니면 國務總理로 任命될 수 없다.

참조 구62, ①[대통령의 공무원임명권]78, [국회의 동의]49, [국무총리의 해임결의]63, ②[국무총리의 권한]71 · 87 · 88 · 95, 정부조직18, [국무총리직무대행]정부조직22, [국무총리의 행정감독권]정부조직18, [행정각부의 통할]정부조직26, ③[군인]국군조직4, [현역]병역5①, [전역 및 제적]군인사법35-43, [국무위원의 경우]87④

第87條 [國務委員] ① 國務委員은 國務總理의 提請으로 大統領이 任命한다.
② 國務委員은 國政에 관하여 大統領을 補佐하며, 國務會議의 構成員으로서 國政을 審議한다.
③ 國務總理는 國務委員의 解任을 大統領에게 建議할 수 있다.
④ 軍人은 現役을 免한 후가 아니면 國務委員으로 任命될 수 없다.

참조 구63, ①[대통령의 공무원임명권]78, [국무총리의 제청권]94, ②[국무회의]88 · 89, [행정각부의 장]94, ④[현역]병역5①, [전역 및 제적]군인사법35-43

第2款 國務會議

第88條 [權限, 構成] ① 國務會議는 政府의 權限에 속하는 중요한 政策을 審議한다.
② 國務會議는 大統領·國務總理와 15人이상 30人이하의 國務委員으로 구성한다.
③ 大統領은 國務會議의 議長이 되고, 國務總理는 副議長이 된다.

참조 구64, ①[심의사항]89, [국무회의의 운영]정부조직12, 국무회의규정, [국가안전보장에 관한 자문]91, ②[구성]87 · 88, ③[의장 · 부의장]정부조직12

第89條 [審議事項] 다음 사항은 國務會議의 審議를 거쳐야 한다.

1. 國政의 基本計劃과 政府의 一般政策
2. 宣戰·講和 기타 중요한 對外政策
3. 憲法改正案·國民投票案·條約案·法律案 및 大統領令案
4. 豫算案·決算·國有財産處分의 基本計劃·國家의 부담이 될 契約 기타 財政에 관한 중요사항
5. 大統領의 緊急命令·緊急財政經濟處分 및 命令 또는 戒嚴과 그 解除
6. 軍事에 관한 중요사항
7. 國會의 臨時會 集會의 요구
8. 榮典授與
9. 赦免·減刑과 復權
10. 行政各部間의 權限의 劃定
11. 政府안의 權限의 委任 또는 配定에 관한 基本計劃
12. 國政處理狀況의 評價·分析
13. 行政各部의 중요한 政策의 수립과 調整
14. 政黨解散의 提訴
15. 政府에 제출 또는 회부된 政府의 政策에 관계되는 請願의 審査
16. 檢察總長·合同參謀議長·各軍參謀總長·國立大學校總長·大使 기타 法律이 정한 公務員과 國營企業體管理者의 任命
17. 기타 大統領·國務總理 또는 國務委員이 제출한 사항

참조 구65, [국무회의의 권한 · 구성]88, [국무회의의 소집]정부조직12①, [의사 및 의결정족수]국무회의규정6, (2)[선전 · 강화]60 · 73, (3)[헌법개정안]128-130, [국민투표안]72, [조약안]60, [법률안]52 · 53, [대통령령]75, [법령등의 공포]법령등공포, (4)[예산안]54-58, [결산]97 · 99, [국유재산의 처분]국유재산3, [국가의 부담이 될 계약]58, (5)[긴급명령 · 처분]76, [계엄과 그 해제]77, (6)[군사]74, 국군조직, (7)[국회의 소집]47, (8)[영전]11③ · 80, (9)[사면 · 감형 · 복권]79, (10)[행정각부의 권한]정부조직26-44, (11)[권한의 위임 및 위탁]정부조직6, (12)[국정처리상황의 보고]62, (14)[정당의 해산]8④ · 111 · 113, (15)[청원의 제출]26, 청원법11, [청원의 회부]국회120, [청원의 심사]청원법21③, (16)[공무원의 임명]78, 국가공무원32①, [공공기관임원의 임명]공공기관의운영에관한법25-27, (17)[의안의 제출]정부조직13②

第90條 [國家元老諮問會議] ① 國政의 중요한 사항에 관한 大統領의 諮問에 응하기 위하여 國家元老로 구성되는 國家元老諮問會議를 둘 수 있다.
② 國家元老諮問會議의 議長은 直前大統領이 된다. 다만, 直前大統領이 없을 때에는 大統領이 指名한다.
③ 國家元老諮問會議의 組織·職務範圍 기타 필요한 사항은 法律로 정한다.

참조 구66, [대통령의 자문기관]91-93 · 127

第91條 [國家安全保障會議] ① 國家安全保障에 관련되는 對外政策·軍事政策과 國內政策의 수립에 관하여 國務會議의 審議에 앞서 大統領의 諮問에 응하기 위하여 國家安全保障會議를 둔다.
② 國家安全保障會議는 大統領이 主宰한다.
③ 國家安全保障會議의 組織·職務範圍 기타 필요한 사항은 法律로 정한다.

참조 구67, [대통령의 자문기관]92 · 93 · 127

第92條 [民主平和統一諮問會議] ① 平和統一政策의 수립에 관한 大統領의 諮問에 응하기 위하여 民主平和統一諮問會議를 둘 수 있다.
② 民主平和統一諮問會議의 組織·職務範圍 기타 필요한 사항은 法律로 정한다.

참조 구68, [대통령의 자문기관]91 · 93 · 127

第93條 [國民經濟諮問會議] ① 國民經濟의 발전을 위한 重要政策의 수립에 관하여 大統領의 諮問에 응하기 위하여 國民經濟諮問會議를 둘 수 있다.
② 國民經濟諮問會議의 組織·職務範圍 기타 필요한 사항은 法律로 정한다.

참조 [대통령의 자문기관]91 · 92 · 127

第3款 行政各部

第94條 [各部의 長] 行政各部의 長은 國務委員 중에서 國務總理의 提請으로 大統領이 任命한다.

참조 구69, [행정각부]정부조직26-43, [행정각부의 장]정부조직7, [국무위원]87 · 88, [국무총리의 제청권]87, [행정각부의 통할]86

第95條 [總理令, 部令] 國務總理 또는 行政各部의 長은 所管事務에 관하여 法律이나 大統領令의 委任 또는 職權으로 總理令 또는 部令을 발할 수 있다.

참조 구70, [입법권]40, [국회입법의 예외]75 · 108 · 114 · 117, [소관사무]96, 정부조직16이하, [대통령령]75, [대통령 · 국무총리의 행정감독권]정부조직11 · 18, [총리령의 공포]법령등공포9①, [부령의 공포]법령등공포9②

판례 각 국가유공자 단체의 대의원의 선출에 관한 사항은 각 단체의 구성과 운영에 관한 것으로서, 국민의 권리와 의무의 형성에 관한 사항이나 국가의 통치조직과 작용에 관한 기본적이고 본질적인 사항이라고 볼 수 없으므로, 법률유보 내지 의회유보의 원칙이 지켜져야 할 영역이라고 할 수 없다. 따라서 국가유공자등단체설립에관한법률 제11조가 법률유보 혹은 의회유보의 원칙에 위배되어 청구인의 기본권을 침해한다고 할 수 없다.
(헌재결 2006.3.30, 2005헌바31)

판례 법률이 국민의 권리의무와 관련된 사항을 고시와 같은 행정규칙에 위임하는 경우 그 위헌성 판단방법 : 행정규칙은 법규명령과 같은 엄격한 제정 및 개정절차를 요하지 아니하므로, 재산권 등과 같은 기본권을 제한하는 작용을 하는 법률이 입법위임을 할 때에는 '대통령령', '총리령', '부령' 등 법규명령에 위임함이 바람직하고, 금융감독위원회의 고시와 같은 형식으로 입법위임을 할 때에는 적어도 행정규제기본법 제4조 제2항 단서에서 정한 바와 같이 법령이 전문적 · 기술적 사항이나 경미한 사항으로서 업무의 성질상 위임이 불가피한 사항에 한정된다 할 것이고, 그러한 사항이라 하더라도 포괄위임금지의 원칙상 법률의 위임은 반드시 구체적 · 개별적으로 한정된 사항에 대하여 행하여져야 한다.
(헌재결 2004.10.28, 99헌바91)

第96條 [各部의 組織·職務] 行政各部의 設置·組織과 職務範圍는 法律로 정한다.

참조 구71, [행정각부의 설치 · 종류 · 명칭과 조직]정부조직2 · 26-44, [특별지방행정기관의 설치]정부조직3, [부속기관의 설치]정부조직4

판례 행정 각부는 입법권자가 헌법 제96조의 위임을 받은 정부조직법 제29조에 의하여 설치하는 행정부만을 의미한다. 따라서 행정 각부로 규정되지 아니한 안기부는 행정 각부가 아니다.
(헌재결 1994.4.28, 89헌마221)

第4款　監査院

第97條 [職務와 所屬] 國家의 歲入·歲出의 決算, 國家 및 法律이 정한 團體의 會計檢査와 行政機關 및 公務員의 職務에 관한 監察을 하기 위하여 大統領 所屬下에 監査院을 둔다.

참조 구72, [감사원의 지위]감사2, [감사원의 임무]감사20, [감사원의 구성]감사3, [세입·세출]54·89, 국가재정법21, [결산]99, 국가재정법56-61, 감사21, [회계검사]감사22·23, [직무감찰]감사24

第98條 [構成] ① 監査院은 院長을 포함한 5人 이상 11人 이하의 監査委員으로 구성한다.
② 院長은 國會의 同意를 얻어 大統領이 任命하고, 그 任期는 4年으로 하며, 1次에 한하여 重任할 수 있다.
③ 監査委員은 院長의 提請으로 大統領이 任命하고, 그 任期는 4年으로 하며, 1次에 한하여 重任할 수 있다.

참조 구73, [감사원의 지위·구성·직무]97·100, 감사2·3·20이하, [감사위원]감사4, [감사위원]감사5-10, [감사위원의 임명]감사5①, [감사위원의 임기와 정년]감사6, [감사위원의 임용자격]100, 감사7, [감사위원회의]감사11-15

第99條 [檢査와 報告] 監査院은 歲入·歲出의 決算을 매년 檢査하여 大統領과 次年度 國會에 그 결과를 보고하여야 한다.

참조 구74, [세입·세출]54·89, [결산의 확인]감사21, [결산서의 제출]국가재정법58, [대통령에의 보고]감사41·42, [국회에의 보고]감사41, 국회127-128

第100條 [組織·職務範圍등] 監査院의 組織·職務範圍·監査委員의 資格·監査對象公務員의 범위 기타 필요한 사항은 法律로 정한다.

참조 구75, [감사원의 구성]감사3, [직무범위]감사20-24, [감사위원의 자격]감사7

第5章　法 院

第101條 [司法權·法院 組織·法官의 資格] ① 司法權은 法官으로 구성된 法院에 속한다.
② 法院은 最高法院인 大法院과 各級法院으로 組織된다.
③ 法官의 資格은 法律로 정한다.

참조 구102, ①[권력분립]40·66④, [사법권]법원조직1, [법원의 권한]107·108, 법원조직2·7·14·28·28의4·32·34·40·40의4·40의7, [제소의 배제]64④, ②[법원의 조직]법원조직3, [최고법원]법원조직11·14, [각급법원]법원조직3①, ③[법관의 자격]법원조직42·43

판례 구체적 분쟁사건의 재판에 즈음하여 법률 또는 법률조항의 의미·내용과 적용 범위 : 법령의 해석·적용 권한은 사법권의 본질적 내용을 이루는 것이고, 법률이 헌법규범과 조화되도록 해석하는 것은 법령의 해석·적용상 대원칙이다. 따라서 합헌적 법률해석을 포함하는 법령의 해석·적용 권한은 대법원을 최고법원으로 하는 법원에 전속하는 것이며, 헌법재판소가 법률의 위헌 여부를 판단하기 위하여 불가피하게 법원의 최종적인 법률해석에 앞서 법령을 해석하거나 그 적용 범위를 판단하더라도 헌법재판소의 법률해석에 대법원이나 각급 법원이 구속되는 것은 아니다.
(대판 2009.2.12, 2004두10289)

판례 고도의 정치성을 띤 국가행위인 이른바 '통치행위'가 사법심사의 대상이 되는지 여부 : 입헌적 법치주의 국가의 기본 원칙은 어떠한 국가행위나 국가작용도 헌법과 법률에 근거하여 그 테두리 안에서 합헌적·합법적으로 행하여질 것을 요구하며, 이러한 합헌성과 합법성의 판단은 본질적으로 사법의 권능에 속하는 것이고, 다만 국가행위 중에는 고도의 정치성을 띤 것이 있고, 그러한 고도의 정치행위에 대하여 정치적 책임을 지지 않는 법원이 정치의 합목적성이나 정당성을 도외시한 채 합법성의 심사를 감행함으로써 정책결정이 좌우되는 일은 결코 바람직한 일이 아니며, 법원이 정치문제에 개입되어 그 중립성과 독립성을 침해당할 위험성도 부인할 수 없으므로, 고도의 정치성을 띤 국가행위에 대하여는 이른바 '통치행위'라 하여 법원 스스로 사법심사권의 행사를 억제하여 그 심사대상에서 제외하는 영역이 있으나, 이와 같이 통치행위의 개념을 인정한다고 하더라도 과도한 사법심사의 자제가 기본권을 보장하고 법치주의 이념을 구현하여야 할 법원의 책무를 태만히 하거나 포기하는 것이 되지 않도록 그 인정을 지극히 신중하게 하여야 하며, 그 판단은 오로지 사법부만에 의하여 이루어져야 한다.
(대판 2004.3.26, 2003도7878)

판례 변호사법 제81조 제4항 내지 제6항이 전심절차로서 기능하여야 할 법무부변호사징계위원회를 최종적인 사실심으로 기능하게 함으로써 헌법 제101조 제1항 및 제107조 제3항에 위반되는지 여부 : 위 법률조항들은 행정심판에 불과한 법무부변호사징계위원회의 결정에 대하여 법원의 사실적 측면과 법률적 측면에 대한 심사를 배제하고 대법원으로 하여금 변호사징계사건의 최종심 및 법률심으로서 단지 법률적 측면의 심사만을 할 수 있도록 하고 재판의 전심절차로서만 기능해야 할 법무부변호사징계위원회를 사실확정에 관한 한 사실상 최종심으로 기능하게 하고 있으므로, 일체의 법률적 쟁송에 대한 재판기능을 대법원을 최고법원으로 하는 법원에 속하도록 규정하고 있는 헌법 제101조 제1항 및 재판의 전심절차로서 행정심판을 두도록 하는 헌법 제107조 제3항에 위반된다.(헌재결 2000.6.29, 99헌가9)

판례 양형부당을 사유로 한 상고이유를 제한한 형사소송법 제383조 제4호의 위헌 여부 : 대법원의 재판권에 관하여 헌법은 제107조 제2항의 규정 외에는 아무런 규정을 두고 있지 아니하고 있어, 위 규정 외의 대법원의 재판권에 관한 사항은 적의 규정할 수 있는 것이므로 형사사건에서 어떤 사유를 이유로 하여 상고할 수 있도록 하느냐의 문제는 입법정책의 문제일 뿐만 아니라, 형사소송법 제383조 제4호의 규정은 입법권자에게 허용된 형성의 자유의 영역에 속하는 것이라고 할 것이므로, 위 법률의 규정이 헌법 제101조 제2항이나, 대법원의 재판을 받을 국민의 권리를 규정하고 있는 헌법규정에 위반되는 것이라고 할 수 없다.
(대판 1997.7.11, 97도1355)

第102條 [大法院] ① 大法院에 部를 둘 수 있다.
② 大法院에 大法官을 둔다. 다만, 法律이 정하는 바에 의하여 大法官이 아닌 法官을 둘 수 있다.
③ 大法院과 各級法院의 組織은 法律로 정한다.

참조 구103, ②[대법관 임명·임기]104·105, 법원조직41-42·45, ③[대법원과 각급법원의 조직]법원조직3

第103條 [法官의 獨立] 法官은 憲法과 法律에 의하여 그 良心에 따라 獨立하여 審判한다.

참조 구104, [법관의 신분보장]106, 법원조직46, [법관의 탄핵]65, [정치운동의 금지]법원조직49, [자유심증주의]민소202, 형소308, [법관의 심판참여금지]법원조직52②, [양심의 자유]19, [법관의 보수]법원조직46②, 법관의보수에관한법

판례 형사재판에서 법관의 양형결정이 법률에 기속되는 것은 법률에 따라 심판한다는 헌법 제103조에 의한 것으로 법치국가원리의 당연한 귀결이다.
(헌재결 2005.3.31, 2004헌가27,2005헌바8(병합))

판례 한정위헌(限定違憲) 결정에 표현되어 있는 헌법재판소의 법률해석에 관한 견해는 법률의 의미·내용과 그 적용범위에 관한 헌법재판소의 견해를 일응 표명한데 불과하여 이와 같이 법원에 전속되어 있는 법령의 해석·적용 권한에 대하여 어떠한 영향을 미치거나 기속력도 가질 수 없다.
(대판 1996.4.9, 95누11405)

프판 입법자나 정부가 침해할 수 없는 기능의 특수성에 비추어 사법재판권과 마찬가지로 행정재판권도 독립성을 갖는다.
(프랑스 헌법위원회 1980.7.22 결정)

第104條 [大法院長·大法官 任命] ① 大法院長은 國會의 同意를 얻어 大統領이 任命한다.
② 大法官은 大法院長의 提請으로 國會의 同意를 얻어 大統領이 任命한다.
③ 大法院長과 大法官이 아닌 法官은 大法官會議의 同意를 얻어 大法院長이 任命한다.

참조 구105, ①[대법원장의 권한]법원조직13·15, [대통령의 공무원임명권]78, [대법원장의 임명]법원조직41·42·43, [국회의 임명동의권]86·98, 국회46의3, [대법원장의 임기]105, ②[대법관의 자격]법원조직42, [대법관의 임기]105, ③[법관의 자격]101③, 법원조직42·43, [법관의 임기]105, 법원조직45

第105條 [法官의 任期·連任·停年] ① 大法院長의 任期는 6年으로 하며, 重任할 수 없다.
② 大法官의 任期는 6年으로 하며, 法律이 정하는 바에 의하여 連任할 수 있다.
③ 大法院長과 大法官이 아닌 法官의 任期는 10年으로 하며, 法律이 정하는 바에 의하여 連任할 수 있다.
④ 法官의 停年은 法律로 정한다.

참조 구106, [대법원장등 임기에 대한 경과규정]부칙4

第106條 [法官의 身分保障] ① 法官은 彈劾 또는 禁錮 이상의 刑의 宣告에 의하지 아니하고는 罷免되지 아니하며, 懲戒處分에 의하지 아니하고는 停職·減俸 기타 不利한 處分을 받지 아니한다.
② 法官이 중대한 心身上의 障害로 職務를 수행할 수 없을 때에는 法律이 정하는 바에 의하여 退職하게 할 수 있다.

참조 구107, [법관의 독립]103, [임기]105, [휴직]법원조직51, [임명]104, ①[신분보장]법원조직46, [탄핵]65, [징계처분]법원조직48, 법관징계법3, ②[심신상의 장해로 인한 퇴직]법원조직47, [정년퇴직]법원조직45, [법관의 타기관 파견근무]법원조직50

第107條 [違憲提請, 命令등의 審査權·行政審判] ① 法律이 憲法에 위반되는 여부가 裁判의 前提가 된 경우에는 法院은 憲法裁判所에 提請하여 그 審判에 의하여 裁判한다.
② 命令·規則 또는 處分이 憲法이나 法律에 위반되는 여부가 裁判의 前提가 된 경우에는 大法院은 이를 最終的으로 審査할 權限을 가진다.
③ 裁判의 前審節次로서 行政審判을 할 수 있다. 行政審判의 節次는 法律로 정하되, 司法節次가 準用되어야 한다.

참조 구108, [헌법재판소의 위헌여부 심사]111·113, ②[대법원해석의 기속력]법원조직8, [법률]40·52·53, [명령]75·95, [규칙]64·108·114⑥·117, ③[행정심판]행정심판·행소, [조세심판]국세55

판례 위헌법률심판제청의 요건 : 법원이 어느 법률의 위헌 여부의 심판을 제청하기 위하여는, 당해 법률이 헌법에 위반되는지 여부가 재판을 하기 위한 전제가 되어야 하는 바, 여기에서 재판의 전제가 된다고 함은, 구체적 사건이 법원에 계속중이어야 하고, 위헌 여부가 문제되는 법률이 당해 소송사건의 재판에 적용되는 것이어야 하며, 그 법률이 헌법에 위반되는지의 여부에 따라 당해 사건을 담당하는 법원이 다른 판단을 하게 되는 경우를 말하는 것이다.(대결 2004.10.14, 2004주8)

판례 행정심판의 기능 및 존재이유 : 헌법 제107조 제3항은 "재판의 전심절차로서 행정심판을 할 수 있다."고 하여 행정심판의 헌법적 근거를 제공하고 있다. 행정심판이라 함은 행정청의 위법·부당한 처분 또는 부작위에 대한 불복에 대하여 행정기관이 심판하는 행정쟁송절차를 말한다. 행정심판의 기능 및 존재이유로서는 첫째, 행정청에게 먼저 재고와 반성의 기회를 주어 행정처분의 하자를 자율적으로 시정하도록 하는 '자율적 행정통제'의 기능, 둘째, 행정의 전문·기술성이 날로 증대됨에 따라 행정기관의 전문지식을 활용할 수 있도록 함으로써 법원의 전문성 부족을 보완하는 기능, 셋째, 분쟁을 행정심판단계에서 해결하도록 함으로써 분쟁해결의 시간과 비용을 절약하고 법원의 부담을 경감할 수 있다는 기능 등을 들 수 있다. '행정심판을 행정소송의 전치절차로 할 것인가 아니면 임의절차로 할 것인가'의 문제를 비롯하여 행정심판절차의 구체적 형성을 입법자에게 맡기면서, 다만 '행정심판은 재판의 전심절차로서만 기능하여야 한다'는 것과 '행정심판절차에 사법절차가 준용되어야 한다'는 것을 규정함으로써, 입법적 형성의 한계를 제시하고 있다.(헌재결 2002.10.31, 2001헌바40)

第108條 [大法院의 規則制定權] 大法院은 法律에 저촉되지 아니하는 범위안에서 訴訟에 관한 節次, 法院의 內部規律과 事務處理에 관한 規則을 制定할 수 있다.

참조 구109, [법원의 자율권]법원조직17, [대법원규칙]법원조직18, [규칙제정권]64·114⑥·117, 감사52

第109條 [裁判公開의 原則] 裁判의 審理와 判決은 公開한다. 다만, 審理는 國家의 安全保障 또는 安寧秩序를 방해하거나 善良한 風俗을 해할 염려가 있을 때에는 法院의 決定으로 公開하지 아니할 수 있다.

참조 구110, [공판의 공개]27③, 법원조직57, 형소51②·361의5, [법정질서유지]법원조직58-61, [국가안전보장]37·76, [안녕질서]37·76·77, [선량한 풍속]민103·105·106, [심문의 비공개]비송13, 가소10

판례 법원이 형사재판에 관하여 방청권을 발행하여 방청인의 수를 제한함이 공개재판주의에 반하는지 여부 : 법원이 법정의 규모·질서의 유지·심리의 원활한 진행 등을 고려하여 방청을 희망하는 피고인들의 가족·친지 기타 일반 국민에게 미리 방청권을 발행하게 하고 그 소지자에 한하여 방청을 허용하는 등의 방법으로 방청인의 수를 제한하는 조치를 취하는 것이 공개재판주의의 취지에 반하는 것은 아니다.
(대판 1990.6.8, 90도646)

第110條 [軍事裁判] ① 軍事裁判을 관할하기 위하여 特別法院으로서 軍事法院을 둘 수 있다.
② 軍事法院의 上告審은 大法院에서 관할한다.
③ 軍事法院의 組織·權限 및 裁判官의 資格은 法律로 정한다.
④ 非常戒嚴下의 軍事裁判은 軍人·軍務員의 犯罪나 軍事에 관한 間諜罪의 경우와 哨兵·哨所·有毒飮食物供給·捕虜에 관한 罪중 法律이 정한 경우에 한하여 單審으로 할 수 있다. 다만, 死刑을 宣告한 경우에는 그러하지 아니하다.

참조 구111, [정당한 재판을 받을 권리]27, ①[군사재판의 관할]군사법원7, 계엄10·12, ②[상고심]군사법원442·443, ③[군사법원의 설치]군사법원6, [군사법원의 재판관]군사법원21-30, 군법무관임용등에관한법, ④[비상계엄]77, 군사법원534, 계엄10, [군인·군무]국군조직4①·16①, 군무원, [간첩죄]군형13, [초병·초소에 관한 죄]군형54-59·78, [유해 음식물 공급죄]군형42, [포로에 관한 죄]군형86-91

第6章　憲法裁判所

第111條 [權限과 構成등] ① 憲法裁判所는 다음 사항을 管掌한다.
1. 法院의 提請에 의한 法律의 違憲與否 審判
2. 彈劾의 審判
3. 政黨의 解散 審判
4. 國家機關 相互間, 國家機關과 地方自治團體間 및 地方自治團體 相互間의 權限爭議에 관한 審判
5. 法律이 정하는 憲法訴願에 관한 審判

② 憲法裁判所는 法官의 資格을 가진 9人의 裁判官으로 구성하며, 裁判官은 大統領이 任命한다.
③ 第2項의 裁判官중 3人은 國會에서 選出하는 者를, 3人은 大法院長이 指名하는 者를 任命한다.
④ 憲法裁判所의 長은 國會의 同意를 얻어 裁判官중에서 大統領이 任命한다.

참조 구112, ①(1)[위헌여부의 심판]107, [결정정족수]113, [법률]40·52, (2)[탄핵소추]65, (3)[정당해산]8④·89, [자진해산]정당법45, [정당해산으로 인한 등록말소]정당법47, [대체정당의 금지]정당법40, ②[대통령의 공무원임명권]78, [재판관의 임기·정치적 중립·신분보장·자격]112, ③[국회에서의 선출]국회46의3, [대법원장의 권한]104, 법원조직13, ④[국회의 동의]49·104

판례 분묘기지권에 대한 관습법이 헌법소원심판의 대상에 해당하는지 여부 : 우리 헌법은 위헌심판의 대상을 '법률'이라고 규정하고 있는데, 여기서 '법률'이라고 함은 국회의 의결을 거친 형식적 의미의 법률뿐만 아니라 법률과 같은 효력을 갖는 조약 등도 포함

된다. 따라서 타인 소유의 토지에 소유자의 승낙 없이 분묘를 설치한 경우 20년간 평온·공연하게 그 분묘의 기지를 점유하면 분묘기지권을 취득하도록 하는 내용의 이 사건 관습법 역시 헌법소원심판의 대상이 되는 법률이라고 할 수 있다.
(헌재결 2020.10.29, 2017헌바208)

판례 진정입법부작위에 관한 헌법재판소의 재판관할권 : 헌법에서 기본권보장을 위해 법령에 명시적인 입법위임을 하였음에도 불구하고 입법자가 이를 이행하지 않고 있는 경우 또는 헌법해석상 특정인에게 구체적인 기본권이 생겨 이를 보장하기 위한 국가의 행위의무 내지 보호의무가 발생하였음이 명백함에도 불구하고 입법자가 전혀 아무런 입법조치를 취하지 않고 있는 경우에 한하여 진정입법부작위에 관한 헌법재판소의 재판관할권은 제한적으로 인정된다.
(헌재결 2006.1.17, 2005헌마1214)

판례 헌법소원에 대한 적법요건 규정이 입법자의 입법형성의 영역에 속하는 것인지 여부 : 재판청구권의 실현은 법원의 조직과 절차에 관한 입법에 의존하고 있기 때문에 입법자에 의한 재판청구권의 구체적 형성은 불가피하므로 원칙적으로 소송법상의 재판청구권과 관계되는 모든 제도는 입법자의 광범위한 입법형성권하에 놓여 있는 것인바, 헌법 제111조 제1항 제5호도 헌법재판소의 다른 관장사항과 달리 '법률이 정하는' 헌법소원에 관한 심판이라고 규정하여 헌법소원제도의 구체적 형성을 입법자에게 위임하고 있다. 그러므로 헌법소원의 적법요건을 어떻게 규정할 것인가는 원칙적으로 입법자의 입법형성의 자유에 속하는 것이다.(헌재결 2005.5.26, 2004헌마671)

판례 행정권력의 부작위가 헌법소원의 대상이 되기 위한 요건 : 행정권력의 부작위에 대한 헌법소원은 공권력의 주체에게 헌법에서 유래하는 작위의무가 특별히 구체적으로 규정되어 이에 의거하여 기본권의 주체가 행정행위 내지 공권력의 행사를 청구할 수 있음에도 공권력의 주체가 그 의무를 해태하는 경우에 한하여 허용된다.(헌재결 2004.10.28, 2003헌마898)

독판 정당은 그의 헌법상의 지위에 따라 헌법기관으로서 권한쟁의를 제기할 수 있는 당사자 적격을 갖는다. 그러나 정당이 헌법기관을 상대로 권한쟁의를 제기하는 것은 가능하지만 거꾸로 다른 헌법기관이 정당을 상대로 권한쟁의를 제기하는 것은 가능하지 않다.(BVerfGE 73, 40(66)−1986.7.14)

第112條 [裁判官의 任期와 政治關與禁止·身分保障] ① 憲法裁判所 裁判官의 任期는 6年으로 하며, 法律이 정하는 바에 의하여 連任할 수 있다.
② 憲法裁判所 裁判官은 政黨에 加入하거나 政治에 관여할 수 없다.
③ 憲法裁判所 裁判官은 彈劾 또는 禁錮 이상의 刑의 宣告에 의하지 아니하고는 罷免되지 아니한다.

참조 구113, ①[재판소의 구성]111②, ②[공무원의 정치적 중립성]7, ③[탄핵]65

第113條 [決定定足數·組織과 運營] ① 憲法裁判所에서 法律의 違憲決定, 彈劾의 決定, 政黨解散의 決定 또는 憲法訴願에 관한 認容決定을 할 때에는 裁判官 6人 이상의 贊成이 있어야 한다.
② 憲法裁判所는 法律에 저촉되지 아니하는 범위안에서 審判에 관한 節次, 內部規律과 事務處理에 관한 規則을 制定할 수 있다.
③ 憲法裁判所의 組織과 운영 기타 필요한 사항은 法律로 정한다.

참조 구114, [재판관의 정수]111, [규칙제정권]108·114⑥·117, [조직]헌재120이하

第7章 選擧管理

第114條 [選擧管理委員會] ① 選擧와 國民投票의 공정한 管理 및 政黨에 관한 事務를 처리하기 위하여 選擧管理委員會를 둔다.
② 中央選擧管理委員會는 大統領이 任命하는 3人, 國會에서 選出하는 3人과 大法院長이 指名하는 3人의 委員으로 구성한다. 委員長은 委員중에서 互選한다.
③ 委員의 任期는 6年으로 한다.
④ 委員은 政黨에 加入하거나 政治에 관여할 수 없다.
⑤ 委員은 彈劾 또는 禁錮 이상의 刑의 宣告에 의하지 아니하고는 罷免되지 아니한다.
⑥ 中央選擧管理委員會는 法令의 범위안에서 選擧管理·國民投票管理 또는 政黨事務에 관한 規則을 制定할 수 있으며, 法律에 저촉되지 아니하는 범위안에서 內部規律에 관한 規則을 制定할 수 있다.
⑦ 各級 選擧管理委員會의 組織·職務範圍 기타 필요한 사항은 法律로 정한다.

참조 구115, [선거]41·67·68, 공선1·2, [국민투표]1②·72·130, 투표, [정당]8, 정당법, [선거관리위원회]선거관리위1-3, [중앙선거관리위원회의 구성]선거관리위2·4·5·6, ②[대통령의 공무원임명권]78, [국회에서의 선출]49, 국회46의3, [위원의 임명]선거관리위4, ③[위원의 임기]선거관리위8, ④[공무원의 정치적 중립성]7, [정치관여의 금지]선거관리위9, ⑤[위원의 신분보장]선거관리위13, [탄핵]65, [해임사유]선거관리위9, ⑥[규칙제정권]108·117

판례 각급 선거관리위원회에 배포한 '개표관리요령'은 개표관리 및 투표용지의 유·무효를 가리는 업무에 종사하는 각급 선거관리위원회 직원등에 대한 업무처리지침 내지 사무처리준칙에 불과할 뿐 국민이나 법원을 구속하는 효력은 없다.
(대판 1996.7.12, 96우16)

第115條 [選擧管理委員會의 對行政機關指示權] ① 各級 選擧管理委員會는 選擧人名簿의 작성 등 選擧事務와 國民投票事務에 관하여 관계 行政機關에 필요한 指示를 할 수 있다.
② 第1項의 指示를 받은 당해 行政機關은 이에 응하여야 한다.

참조 구116, [행정기관]96, 정부조직

第116條 [選擧運動·選擧經費] ① 選擧運動은 各級 選擧管理委員會의 管理下에 法律이 정하는 범위안에서 하되, 균등한 機會가 보장되어야 한다.
② 選擧에 관한 經費는 法律이 정하는 경우를 제외하고는 政黨 또는 候補者에게 부담시킬 수 없다.

참조 구117, ①[선거운동]공선58−74·79−89·90−117·118, [각급선거관리위원회]선거관리위2, [법률]공선, [기회균등]11, [후보자]공선47−57, [선거비용의 부담등]공선119−135의2

第8章 地方自治

第117條 [自治權, 地方自治團體의 種類] ① 地方自治團體는 住民의 福利에 관한 事務를 처리하고 財産을 관리하며, 法令의 범위안에서 自治에 관한 規定을 制定할 수 있다.
② 地方自治團體의 종류는 法律로 정한다.

참조 구118, ①[지방자치단체의 법인격]지방자치3①, [지방자치단체의 사무]지방자치13, [주민]지방자치16이하, [공공복리]36, [명칭과 구역]지방자치5, [의회]118, 지방자치37이하, [자치입법]지방자치28−30·32, ②[지방자치단체의 종류]지방자치2

판례 지방자치단체의 장이 처리하고 있는 사무가 기관위임사무에 해당하는지 여부의 판단 방법 : 지방자치단체의 장이 처리하고 있는 사무가 기관위임사무에 해당하는지 여부를 판단함에 있어서는 그에 관한 법규의 규정 형식과 취지를 우선 고려하여야 할 것이지만 그 외에도 그 사무의 성질이 전국적으로 통일적인 처리가 요구되는 사무인지 여부나 그에 관한 경비부담과 최종적인 책임귀속의 주체 등도 아울러 고려하여 판단하여야 한다.
(대판 2006.7.28, 2004다759)

판례 지방자치단체의 통합·분할·폐치가 입법자의 재량행위인지의 여부 : 헌법 제117조 제2항은 지방자치단체의 종류를 법률로 정하도록 규정하고 있을 뿐 지방자치단체의 종류 및 구조를 명시하고 있지 않으므로 이에 관한 사항은 기본적으로 입법자에게 위임된 것으로 볼 수 있으므로 지방자치단체의 중층구조 또는 지방자치단체로서 특별시·광역시 및 도와 함께 시·군 및 구를 계속하여 존속하도록 할지 여부는 결국 입법자의 입법형성권의 범위에 들어가는 것으로 보아야 하며, 이에 대한 위헌성 판단은 입법자의 판단이 현저히 자의적이고 불합리한 기본권 제한인지의 여부로 결정된다.(헌재결 2006.4.27, 2005헌마1190)

판례 헌법 또는 법률상 지방자치단체에 영토고권이라는 자치권이 부여되어 있는지 여부 : 헌법 제117조, 제118조가 제도적으로 보장하고 있는 지방자치의 본질적 내용은 '자치단체의 보장, 자치기능의 보장 및 자치사무의 보장'이라고 할 것이나, 지방자치제도의 보장은 지방자치단체에 의한 자치행정을 일반적으로 보장한다는 것뿐이고 특정자치단체의 존속을 보장한다는 것은 아니므로, 마치 국가가 영토고권을 가지는 것과 마찬가지로, 지방자치단체에게 자신의 관할구역 내에 속하는 영토, 영해, 영공을 자유로이 관리하고 관할구역 내의 사람과 물건을 독점적, 배타적으로 지배할 수 있는 권리가 부여되어 있다고 할 수는 없다.
(헌재결 2006.3.30, 2003헌라2)

第118條 [地方自治團體의 組織·運營] ① 地方自治團體에 議會를 둔다.
② 地方議會의 組織·權限·議員選擧와 地方自治團體의 長의 選任方法 기타 地方自治團體의 組織과 운영에 관한 사항은 法律로 정한다.

참조 구119, ①[지방의회]지방자치37이하, ②[권한]지방자치47−52, [자치입법]지방자치28−30·32, [의원선거]공선20·22·23·24의3·26, [지방자치단체의 장의 선임방법]공선20, [법률]지방자치, 공선

판례 헌법은 지방자치와 관련하여 지방자치단체는 법령의 범위안에서 자치에 관한 규정을 제정할 수 있다고 규정하고, 이에 따른 지방자치법 제15조의 규정에 의해 명시적으로 법령의 범위내에서의 조례제정권만을 인정하고 있으므로 대통령령으로 지방자치단체의 공무원, 특히 지방의회 사무직원의 정원 등에 관하여 규정하는 것이 지방의회에 의한 지방자치단체의 정원조정에 관한 조례제정권의 자율성을 침해한다거나 지방의회제도의 본질에 반하여 헌법에 위배된다고 할 수 없다.
(대판 1997.9.9, 96추169)

第9章 經濟

第119條 [經濟秩序의 基本·經濟의 規制·調整] ① 大韓民國의 經濟秩序는 개인과 企業의 經濟上의 自由와 創意를 존중함을 基本으로 한다.
② 國家는 균형있는 國民經濟의 成長 및 安定과 적정한 所得의 分配를 유지하고, 市場의 支配와 經濟力의 濫用을 방지하며, 經濟主體間의 調和를 통한 經濟의 民主化를 위하여 經濟에 관한 規制와 調整을 할 수 있다.

참조 구120, [경제상의 자유보장]전문·22, [사유재산제의 보장]13·23, ②[경제에 관한 규제와 조정]120−123·125·126, 독점, 공토법, 물가안정2−9, 농수산물유통4−16, 국토이용76−84, 조치법21의2−24의3, 대외무역5, 광업10, 수산8이하, [비상사태하의 경제에 관한 긴급조치]76, 비상자원13−13의4

판례 개성공업지구 현지기업 사이의 민사분쟁은 우리 헌법이 규정하고 있는 자유시장경제질서에 기초한 경제활동을 영위하다가 발생하는 것이라는 점 등까지 고려하면, 대한민국 법원은 개성공업지구 현지기업 사이의 민사분쟁에 대하여 당연히 재판관할권을 가지고, 이는 소송의 목적물이 개성공업지구 내에 있는 건물 등이라고 하여 달리 볼 것이 아니다.
(대판 2016.8.30, 2015다255265)

판례 경제민주화의 헌법적 정당성 : 「유통산업발전법」 제12조의2에 따라 대형마트 등에 영업시간과 의무 휴업일을 강제하는 것에 대하여, 이와 같은 규제를 통해 중소상인의 생존권과 유통산업 노동자의 건강권 보장 등 달성하려는 공익은 중대할 뿐 아니라 이를 보호하여야 할 필요성도 큰 반면, 이로 인해 대형마트의 영업의 자유나 소비자의 선택권 등의 본질적 내용이 침해되었다고 보기는 어렵다. 헌법 제119조제2항에 따라 이루어진 경제규제에 관한 입법의 해석과 적용에 관하여도, 이와 같은 기본원칙이 훼손되지 않고 그 실천원리가 그 한계를 벗어나지 않으면서도 기능을 발휘할 수 있도록 하여야 한다. 경제활동의 규제는 필연적으로 그 규제를 당하는 경제주체나 그와 같은 방향의 이해관계를 가지고 있는 이해관계인에게 불이익과 불편함을 수반하게 된다. 따라서 헌법이 지향하는 것처럼 여러 경제주체가 조화롭게 공존하고 상생하는 경제질서를 구축하고 공공복리를 실현하기 위하여 법률로써 어느 경제주체의 경제활동의 자유 등을 제한하게 되더라도 그 제한이 정당한 목적과 합리적인 수단에 의하고 있고, 개인의 자유와 권리의 본질적인 내용을 침해하는 것이 아니라면 해당 경제주체는 이를 수인하여야 한다. 따라서 대형마트에 심야영업을 제한하고 휴일에 2번 의무 휴업하도록 한 처분은 적법하다.(대판 2015.11.19, 2015두295 전원합의체)

판례 헌법 제119조 제2항의 '경제의 민주화'의 헌법적 의미 : 헌법 제119조 제2항에 규정된 '경제주체간의 조화를 통한 경제민주화'의 이념은 경제영역에서 정의로운 사회질서를 형성하기 위하여 추구할 수 있는 국가목표로서 개인의 기본권을 제한하는 국가행위를 정당화하는 헌법규범이다.
(헌재결 2004.10.28, 99헌바91)

판례 어떤 분야의 경제활동을 사인간의 사적 자치에 완전히 맡길 경우 심각한 사회적 폐해가 예상되는데도 국가가 아무런 관여를 하지 않는다면 공정한 경쟁질서가 깨어지고 경제주체간의 부조화가 일어나게 되어 오히려 헌법상의 경제질서에 반하는 결과가 초래될 것이므로, 경제주체간의 부조화를 방지하고 금융시장의 공정성을 확보하기 위하여 마련된 유사수신행위의규제에 관한법률 제3조는 우리 헌법의 경제질서에 위배되는 것이라 할 수 없다.(헌재결 2003.2.27, 2002헌바4)

판례 헌법상 경제조항의 성격 : 우리 헌법은 전문 및 제119조 이하의 경제에 관한 장에서 균형있는 국민경제의 성장과 안정, 적정한 소득의 분배, 시장의 지배와 경제력남용의 방지, 경제주체간의 조화를 통한 경제의 민주화, 균형있는 지역경제의 육성, 중소기업의 보호육성, 소비자보호 등 경제영역에서의 국가목표를 명시적으로 규정함으로써, 우리 헌법의 경제질서는 사유재산제를 바탕으로 하고 자유경쟁을 존중하는 자유시장 경제질서를 기본으로 하면서도 이에 수반되는 갖가지 모순을 제거하고 사회복지·사회정의를 실현하기 위하여 국가적 규제와 조정을 용인하는 사회적 시장경제질서로서의 성격을 띠고 있다.
(헌재결 2001.6.28, 2001헌마132)

판례 국민연금법 규정이 헌법상의 시장경제질서에 위반되는지 여부 : 우리 헌법의 경제질서 원칙에 비추어 보면, 사회보험방식에 의하여 재원을 조성하여 반대급부로 노후생활을 보장하는 강제저축 프로그램으로서의 국민연금제도는 상호부조의 원리에 입각한 사회연대성에 기초하여 고소득계층에서 저소득층으로, 근로세대에서 노년세대로, 현재세대에서 다음세대로 국민간에 소득재분배의 기능을 함으로써 오히려 위 사회적 시장경제질서에 부합하는 제도라 할 것이므로, 국민연금제도는 헌법상의 시장경제질서에 위배되지 않는다.
(헌재결 2001.2.22, 99헌마365)

第120條 [天然資源 採取·開發 特許·保護] ① 鑛物 기타 중요한 地下資源·水産資源·水力과 經濟上 이용할 수 있는 自然力은 法律이 정하는 바에 의하여 일정한 期間 그 採取·開發 또는 이용을 特許할 수 있다.
② 國土와 資源은 國家의 보호를 받으며, 國家는 그 균형있는 開發과 이용을 위하여 필요한 計劃을 수립한다.

참조 구121, ①[광물과 광업권·조광권]광업3·5·12, 해저광물자원개발법4·5, [어업의 면허·허가·신고]수산8−49, [법률]광업, 해저광물자원개발법, 수산, 하천법, 원자력진흥법, ②[국토의 이용관리]국토기본법, 국토이용

第121條 [農地의 小作制度禁止, 農地의 賃貸借·委託經營] ① 國家는 農地에 관하여 耕者有田의 원칙이 達成될 수 있도록 노력하여야 하며, 農地의 小作制度는 금지된다.
② 農業生産性의 提高와 農地의 合理的인 이용을 위하거나 불가피한 事情으로 발생하는 農地의 賃貸借와 委託經營은 法律이 정하는 바에 의하여 인정된다.

참조 구122, [법률]농지, [임대·위탁경영]농지9·23−27

第122條 [國土의 利用·開發制限과 義務賦課] 國家는 國民 모두의 生産 및 生活의 基盤이 되는 國土의 효율적이고 균형있는 이용·開發과 보전을 위하여 法律이 정하는 바에 의하여 그에 관한 필요한 제한과 義務를 課할 수 있다.

참조 구123, [농지]농지, [산지]산림기본법2, [효율적인 이용·개발·보전]국토이용3, 국토기본법1, 산림기본법5, 내수면1, [제한과 의무]국토이용8·9

第123條 [農·漁村綜合開發과 中小企業保護·育成] ① 國家는 農業 및 漁業을 보호·육성하기 위하여 農·漁村綜合開發과 그 지원등 필요한 計劃을 수립·施行하여야 한다.

② 國家는 地域間의 균형있는 발전을 위하여 地域經濟를 육성할 義務를 진다.

③ 國家는 中小企業을 보호·육성하여야 한다.

④ 國家는 農水産物의 需給均衡과 流通構造의 개선에 노력하여 價格安定을 도모함으로써 農·漁民의 이익을 보호한다.

⑤ 國家는 農·漁民과 中小企業의 自助組織을 육성하여야 하며, 그 自律的 活動과 발전을 보장한다.

참조 구124, ①④[농·어업의 보호·육성]농업·농촌및식품산업기본법, 한국농어촌공사및농지관리기금법, 농지, 농수산물유통4-16, 농협, 수협, 축협, ②[균형있는 발전]119②, ③[중소기업의 보호]중소기업기본법, 중소기업협동, 중소기업창업, 중소기업진흥

판례 주세법의 자도소주(自道燒酒) 구입명령제도가 헌법에 위반되는지 여부 : 전국 각도에 균등하게 하나씩의 소주제조기업을 존속케 하려는 주세법에서는 수정되어야 할 구체적인 지역간의 차이를 확인할 수 없고, 따라서 1도1소주제조업체의 존속유지와 지역경제의 육성간에 상관관계를 찾아볼 수 없으므로 "지역경제의 육성"은 기본권의 침해를 정당화할 수 있는 공익으로 고려하기 어려우며, 중소기업의 보호가 공익이 자유경쟁질서안에서 발생하는 불리함을 국가의 지원으로 보완하여 경쟁을 유지하고 촉진시키려는데 그 목적이 있으므로, 구입명령제도는 이러한 공익을 실현하기에 적합한 수단으로 보기 어렵다.
(헌재결 1996.12.26, 96헌가18)

第124條 [消費者保護] 國家는 건전한 消費行爲를 啓導하고 生産品의 品質向上을 촉구하기 위한 消費者保護運動을 法律이 정하는 바에 의하여 보장한다.

참조 구125, [소비자의 권리]소비자4, 물가안정, 독점3의2

第125條 [對外貿易의 育成과 規制·調整] 國家는 對外貿易을 육성하며, 이를 規制·調整할 수 있다.

참조 구126, [경제에 관한 규제와 조정]119, [무역의 육성·규제·조정]대외무역1, 대한무역투자진흥공사법, 한국수출입은행법

第126條 [私企業 國·公有化와 統制등 禁止] 國防上 또는 國民經濟上 緊切한 필요로 인하여 法律이 정하는 경우를 제외하고는, 私營企業을 國有 또는 公有로 移轉하거나 그 경영을 統制 또는 관리할 수 없다.

참조 구127, [경제 관련 규제와 조정]119, [대통령의 긴급조치권]76, [계엄하의 징발과 보상]계엄9-9의6, 징발법19, [재산권 제한에 대한 보상]23

판례 사납금제를 금지하기 위하여 택시운송사업자의 운송수입금 전액 수납의무와 운수종사자의 운송수입금 전액 납부의무를 규정한 자동차운수사업법 제24조 제3항 및 제33조의5 제2항의 운송수입금 전액관리제로 인하여 청구인들이 기업경영에 있어서 영리추구라고 하는 사기업 본연의 목적을 포기할 것을 강요받거나 전적으로 사회·경제정책적 목표를 달성하는 방향으로 기업활동의 목표를 전환해야 하는 것도 아니고, 그 기업경영과 관련하여 국가의 광범위한 감독과 통제 또는 관리를 받게 되는 것도 아니며, 더구나 청구인들 소유의 기업에 대한 재산권이 박탈되거나 통제를 받게 되어 그 기업이 사회의 공동재산의 형태로 변형된 것도 아니므로, 이 사건 법률조항들이 헌법 제126조에 위반된다고 볼 수 없다.
(헌재결 1998.10.29, 97헌마345)

第127條 [科學技術의 혁신·개발과 國家標準制度 확립] ① 國家는 科學技術의 革新과 情報 및 人力의 開發을 통하여 國民經濟의 발전에 노력하여야 한다.

② 國家는 國家標準制度를 확립한다.

③ 大統領은 第1項의 目的을 達成하기 위하여 필요한 諮問機構를 둘 수 있다.

참조 구128, ①[과학기술의 창달·진흥]과학·수학·정보교육진흥법1, 과학기술기본법1, 국가기술자격법1, 산업기술혁신촉진법1, 특정연구기관육성법1, 한국과학기술원법1, 한국연구재단법1, ②[표준제도]산업표준화법, ③[대통령의 자문기관]90-93

第10章 憲法改正

第128條 [改正提案과 效力] ① 憲法改正은 國會在籍議員 過半數 또는 大統領의 發議로 提案된다.

② 大統領의 任期延長 또는 重任變更을 위한 憲法改正은 그 憲法改正 提案 당시의 大統領에 대하여는 效力이 없다.

참조 구129, [국민투표]1②·130②, [개정안 의결]130①, 국회109-114의2, 법령등공포2-4, [헌법개정의 공포]130③, 법령등공포11①, 투표91

第129條 [改正案公告期間] 提案된 憲法改正案은 大統領이 20日 이상의 期間 이를 公告하여야 한다.

참조 구130, [개정안의 공고]법령등공포2·3·11①

第130條 [改正案 議決과 確定·公布] ① 國會는 憲法改正案이 公告된 날로부터 60日 이내에 議決하여야 하며, 國會의 議決은 在籍議員 3分의 2 이상의 贊成을 얻어야 한다.

② 憲法改正案은 國會가 議決한 후 30日 이내에 國民投票에 붙여 國會議員選擧權者 過半數의 投票와 投票者 過半數의 贊成을 얻어야 한다.

③ 憲法改正案이 第2項의 贊成을 얻은 때에는 憲法改正은 확정되며, 大統領은 즉시 이를 公布하여야 한다.

참조 구131, [개정안의 공고]법령등공포2·3·11①, ②[국민투표]1, 투표1, [국회의원선거권자]24, 공선15, ③[확정의 공포]투표91

판례 '우리나라의 수도가 서울인 점'에 대한 관습헌법을 폐지하기 위해서는 헌법개정이 필요한지 여부 : 우리나라의 수도가 서울이라는 점에 대한 관습헌법을 폐지하기 위해서는 헌법이 정한 절차에 따른 헌법개정이 이루어져야 한다. 이 경우 성문의 조항과 다른 것은 성문의 수도조항이 존재한다면 이를 삭제하는 내용의 개정이 필요하겠지만 관습헌법은 이에 반하는 내용의 새로운 수도설정조항을 헌법에 넣는 것만으로 그 폐지가 이루어지는 점에 있다.
(헌재결 2004.10.21, 2004헌마554·566(병합))

附 則

第1條 [施行日] 이 憲法은 1988年 2月 25日부터 施行한다. 다만, 이 憲法을 施行하기 위하여 필요한 法律의 制定·改正과 이 憲法에 의한 大統領 및 國會議員의 選擧 기타 이 憲法施行에 관한 準備는 이 憲法施行전에 할 수 있다.

第2條 [最初의 大統領選擧日·任期] ① 이 憲法에 의한 최초의 大統領選擧는 이 憲法施行日 40日 전까지 실시한다.

② 이 憲法에 의한 최초의 大統領의 任期는 이 憲法施行日로부터 開始한다.

第3條 [最初의 國會議員選擧·이 憲法施行 당시의 國會議員 任期] ① 이 憲法에 의한 최초의 國會議員選擧는 이 憲法公布日로부터 6月 이내에 실시하며, 이 憲法에 의하여 選出된 최초의 國會議員의 任期는 國會議員選擧후 이 憲法에 의한 國會의 최초의 集會日로부터 開始한다.

② 이 憲法公布 당시의 國會議員의 任期는 第1項에 의한 國會의 최초의 集會日 前日까지로 한다.

第4條 [이 憲法施行 당시의 公務員등의 地位] ① 이 憲法施行 당시의 公務員과 政府가 任命한 企業體의 任員은 이 憲法에 의하여 任命된 것으로 본다. 다만, 이 憲法에 의하여 選任方法이나 任命權者가 변경된 公務員과 大法院長 및 監査院長은 이 憲法에 의하여 後任者가 選任될 때까지 그 職務를 행하며, 이 경우 前任者인 公務員의 任期는 後任者가 選任되는 前日까지로 한다.

② 이 憲法施行 당시의 大法院長과 大法院判事가 아닌 法官은 第1項 但書의 規定에 불구하고 이 憲法에 의하여 任命된 것으로 본다.

③ 이 憲法중 公務員의 任期 또는 重任制限에 관한 規定은 이 憲法에 의하여 그 公務員이 최초로 選出 또는 任命된 때로부터 適用한다.

第5條 [이 憲法施行 당시의 法令과 條約의 效力] 이 憲法施行 당시의 法令과 條約은 이 憲法에 違背되지 아니하는 한 그 效力을 지속한다.

판례 국가보위입법회의에서 제정된 법률의 위헌여부 : 1980.10.27. 공포된 구 헌법 부칙 제6조 제1항, 제3항과 1987.10.29. 개정·공포된 현행 헌법 부칙 제5조의 규정에 비추어 볼 때, 국가보위입법회의에서 제정된 법률에 대하여는 그 내용이 현행 헌법에 저촉된다고 하여 다투는 것은 별론으로 하고, 그 제정절차에 위헌적 하자가 있음을 다툴 수는 없다.
(헌재결 1996.11.28, 95헌바20)

第6條 [이 憲法施行 前에 設置된 機關에 관한 經過措置] 이 憲法施行 당시에 이 憲法에 의하여 새로 設置될 機關의 權限에 속하는 職務를 행하고 있는 機關은 이 憲法에 의하여 새로운 機關이 設置될 때까지 存續하며 그 職務를 행한다.

《대한민국헌법 제정·개정 변천사》

제정·개정 일자	주요 제정·개정 내용	
헌법제정 (1948.7.17.)	▸ 국회에서 대통령 선출(대통령 간선제) ▸ 대통령 임기 4년(재임만 가능) ▸ 대통령의 법률안거부권 인정 ▸ 부통령제 시행 ▸ 단원제 국회	▸ 위헌법률심사권 헌법위원회에 부여 ▸ 탄핵재판소에서 탄핵심판 담당 ▸ 부서제도 ▸ 사기업근로자의 이익균점권 ▸ 기본권의 법률유보에 의한 제한
제1차 개헌 (1952.7.7.)	▸ 대통령, 부통령 직선제 ▸ 국회 양원제(민의원, 참의원)	▸ 국회의 국무원 불신임 제도 ▸ 국무위원임명에 있어서 국무총리제청권
제2차 개헌 (1954.11.29.)	▸ 영토변경·주권제약 등 중요 사항에 관한 국민투표제 ▸ 국무총리제 폐지 ▸ 국무위원에 대한 개별적 불신임제	▸ 초대 대통령에 대한 중임제한 철폐 ▸ 대통령 궐위시 부통령이 지위 승계 ▸ 경제정책에 대한 국가의 통제 완화 ▸ 군법회의에 대한 헌법적 근거 마련
제3차 개헌 (1960.6.15.)	▸ 자유권에 대한 유보 조항 삭제 ▸ 언론·출판·집회·결사의 사전허가 또는 검열 금지 ▸ 선거연령 20세로 내림 ▸ 공무원의 정치적 중립 보장	▸ 헌법재판소 신설(정당해산 관할) ▸ 중앙선거위원회 헌법기관화 ▸ 법관의 자격 있는 자로서 구성된 선거인단에서 대법원장, 대법관 선거 ▸ 의원내각제 정부형태 구현
제4차 개헌 (1960.11.29.)	▸ 부정선거 관련자 처벌 및 부정축재자 처리 등을 위한 소급입법의 헌법적 근거 마련	▸ 특별재판소, 특별검찰부 설치
제5차 개헌 (1962.12.26.)	▸ 대통령제 정부형태로 환원 ▸ 국회 단원제로 환원 ▸ 인간의 존엄성 조항 신설 ▸ 대통령·국회의원 입후보 정당추천제 ▸ 헌법 전문(前文) 개정	▸ 헌법재판소 폐지(위헌법률심사권 등 법원에서 행사) ▸ 헌법개정 국회의결 거쳐 국민투표 ▸ 경제과학심의회의, 국가안전보장회의 설치
제6차 개헌 (1969.10.21.)	▸ 대통령 3선 허용 ▸ 국회의원 수 증원	▸ 대통령에 대한 탄핵소추요건 강화
제7차 개헌 (1972.12.27.)	▸ 헌법개정절차 이원화 ▸ 대통령, 국회의원 임기 6년 연장 ▸ 국회의 국정감사권 폐지 ▸ 통일주체국민회의에서 대통령 선출	▸ 대통령의 사전·사후적 긴급조치권 ▸ 대통령의 국회해산권 ▸ 헌법위원회 설치(헌법재판관 부여) ▸ 평화적 통일 지향 조항 마련
제8차 개헌 (1980.10.27.)	▸ 기본권의 개별적 법률유보 삭제 ▸ 구속적부심사제, 형사피고인 무죄추정 ▸ 재외국민 보호, 연좌제 폐지 ▸ 행복추구권, 사생활보호, 환경권 ▸ 정당운영자금의 국고보조	▸ 대통령 선거인단 통한 간선(7년 단임) ▸ 대통령 임기조항 개정효력 제한 ▸ 국정조사권 신설 ▸ 독과점 폐해 규제, 소비자 보호 ▸ 중소기업 보호 육성, 전통문화 창달
제9차 개헌 (1987.10.29.)	▸ 대통령 직선제(5년 단임) ▸ 4.19민주이념 계승(헌법 전문) ▸ 헌법재판소 부활	▸ 국회의 국정감사권 부활 ▸ 대통령의 국회해산권 폐지 ▸ 최저임금제 보장

영해 및 접속수역법(약칭 : 영해법)

(1977년 12월 31일
법 률 제3037호)

개정
1995.12. 6법 4986호 2011. 4. 4법10524호
2017. 3.21법14607호 2018. 3.13법15429호

제1조【영해의 범위】 대한민국의 영해는 기선(基線)으로부터 측정하여 그 바깥쪽 12해리의 선까지에 이르는 수역(水域)으로 한다. 다만, 대통령령으로 정하는 바에 따라 일정수역의 경우에는 12해리 이내에서 영해의 범위를 따로 정할 수 있다.(2011.4.4 본조개정)

제2조【기선】 ① 영해의 폭을 측정하기 위한 통상의 기선은 대한민국이 공식적으로 인정한 대축척해도(大縮尺海圖)에 표시된 해안의 저조선(低潮線)으로 한다.

② 지리적 특수사정이 있는 수역의 경우에는 대통령령으로 정하는 기점을 연결하는 직선을 기선으로 할 수 있다.
(2011.4.4 본조개정)

제3조【내수】 영해의 폭을 측정하기 위한 기선으로부터 육지 쪽에 있는 수역은 내수(內水)로 한다.(2011.4.4 본조개정)

제3조의2【접속수역의 범위】 대한민국의 접속수역은 기선으로부터 측정하여 그 바깥쪽 24해리의 선까지에 이르는 수역에서 대한민국의 영해를 제외한 수역으로 한다. 다만, 대통령령으로 정하는 바에 따라 일정수역의 경우에는 기선으로부터 24해리 이내에서 접속수역의 범위를 따로 정할 수 있다.(2011.4.4 본조개정)

제4조【인접국 또는 대향국과의 경계선】 대한민국과 인접하거나 마주 보고 있는 국가와의 영해 및 접속수역의 경계선은 관계국과 별도의 합의가 없으면 두 나라가 각자 영해의 폭을 측정하는 기선상의 가장 가까운 지점으로부터 같은 거리에 있는 모든 점을 연결하는 중간선으로 한다.(2011.4.4 본조개정)

제5조【외국선박의 통항】 ① 외국선박은 대한민국의 평화·공공질서 또는 안전보장을 해치지 아니하는 범위에서 대한민국의 영해를 무해통항(無害通航)할 수 있다. 외국의 군함 또는 비상업용 정부선박이 영해를 통항하려는 경우에는 대통령령으로 정하는 바에 따라 관계 당국에 미리 알려야 한다.

② 외국선박이 통항할 때 다음 각 호의 행위를 하는 경우에는 대한민국의 평화·공공질서 또는 안전보장을 해치는 것으로 본다. 다만, 제2호부터 제5호까지, 제11호 및 제13호의 행위로서 관계 당국의 허가·승인 또는 동의를 받은 경우에는 그러하지 아니하다.

1. 대한민국의 주권·영토보전 또는 독립에 대한 어떠한 힘의 위협이나 행사(行使), 그 밖에 국제연합헌장에 구현된 국제법원칙을 위반한 방법으로 하는 어떠한 힘의 위협이나 행사
2. 무기를 사용하여 하는 훈련 또는 연습
3. 항공기의 이함(離艦)·착함(着艦) 또는 탑재
4. 군사기기의 발진(發進)·착함 또는 탑재
5. 잠수항행
6. 대한민국의 안전보장에 유해한 정보의 수집
7. 대한민국의 안전보장에 유해한 선전·선동
8. 대한민국의 관세·재정·출입국관리 또는 보건·위생에 관한 법규에 위반되는 물품이나 통화(通貨)의 양하(揚荷)·적하(積荷) 또는 사람의 승선·하선
9. 대통령령으로 정하는 기준을 초과하는 오염물질의 배출
10. 어로(漁撈)
11. 조사 또는 측량
12. 대한민국 통신체제의 방해 또는 설비 및 시설물의 훼손
13. 통항과 직접 관련 없는 행위로서 대통령령으로 정하는 것

③ 대한민국의 안전보장을 위하여 필요하다고 인정되는 경우에는 대통령령으로 정하는 바에 따라 일정수역을 정하여 외국선박의 무해통항을 일시적으로 정지시킬 수 있다.
(2011.4.4 본조개정)

제6조【정선 등】 외국선박(외국의 군함 및 비상업용 정부선박은 제외한다. 이하 같다)이 제5조를 위반한 혐의가 있다고 인정될 때에는 관계 당국은 정선(停船)·검색·나포(拿捕), 그 밖에 필요한 명령이나 조치를 할 수 있다.
(2011.4.4 본조개정)

제6조의2【접속수역에서의 관계 당국의 권한】 대한민국의 접속수역에서 관계 당국은 다음 각 호의 목적에 필요한 범위에서 법령에서 정하는 바에 따라 그 직무권한을 행사할 수 있다.

1. 대한민국의 영토 또는 영해에서 관세·재정·출입국관리 또는 보건·위생에 관한 대한민국의 법규를 위반하는 행위의 방지
2. 대한민국의 영토 또는 영해에서 관세·재정·출입국관리 또는 보건·위생에 관한 대한민국의 법규를 위반한 행위의 제재

(2011.4.4 본조개정)

제7조【조약 등과의 관계】 대한민국의 영해 및 접속수역과 관련하여 이 법에서 규정하지 아니한 사항에 관하여는 헌법에 의하여 체결·공포된 조약이나 일반적으로 승인된 국제법규에 따른다.(2017.3.21 본조신설)

제8조【벌칙】 ① 제5조제2항 또는 제3항을 위반한 외국선박의 승무원이나 그 밖의 승선자는 5년 이하의 징역 또는 3억원 이하의 벌금에 처하고, 정상을 고려하여 필요할 때에는 해당 선박, 기재(器材), 채포물(採捕物) 또는 그 밖의 위반물품을 몰수할 수 있다.(2018.3.13 본항개정)

② 제6조에 따른 명령이나 조치를 거부·방해 또는 기피한 외국선박의 승무원이나 그 밖의 승선자는 2년 이하의 징역 또는 1억원 이하의 벌금에 처한다.(2018.3.13 본항개정)

③ 제1항 및 제2항의 경우 징역형과 벌금형은 병과(倂科)할 수 있다.

④ 이 조를 적용할 때 그 행위가 이 법 외의 다른 법률에 규정된 죄에 해당하는 경우에는 그 중 가장 무거운 형으로 처벌한다.
(2011.4.4 본조개정)

제9조【군함 등에 대한 특례】 외국의 군함이나 비상업용 정부선박 또는 그 승무원이나 그 밖의 승선자가 이 법이나 그 밖의 다른 법령을 위반하였을 때에는 이의 시정이나 영해로부터의 퇴거를 요구할 수 있다.(2011.4.4 본조개정)

부 칙 (2011.4.4)
(2017.3.21)

이 법은 공포한 날부터 시행한다.

부 칙 (2018.3.13)

이 법은 공포 후 3개월이 경과한 날부터 시행한다.

영해 및 접속수역법 시행령

(1978년 9월 20일
대통령령 제9162호)

개정
1991. 9. 7영13463호(해양오염시)
1996. 7.31영15133호(영해법중개정법률의시행일에관한규정)
2002.12.18영17803호
2008. 1.11영20544호(해양환경관리법시)
2013. 3.23영24424호(직제)
2018. 6. 5영28946호(일본식용어정비)
2021. 1. 5영31380호(법령용어정비)

제1조【목적】 이 영은 영해및접속수역법(이하 "법"이라 한다)에서 위임된 사항과 그 시행에 관하여 필요한 사항을 규정함을 목적으로 한다.(1996.7.31 본조개정)

제2조【직선기선의 기점】 영해의 폭을 측정함에 있어서 법 제2조제2항의 규정에 따라 직선을 기선으로 하는 각 수역과 그 기점은 별표1과 같다.

제3조【대한해협에 있어서의 영해의 범위】 국제항행에 이용되는 대한해협을 구성하는 수역에 있어서의 영해는 법 제1조 단서에 따라 별표2에서 정한 선을 연결하는 선의 육지측에 있는 수역으로 한다.(2018.6.5 본조개정)

제4조【외국군함 등의 통항】 외국의 군함 또는 비상업용 정부선박이 영해를 통항하려는 경우에는 법 제5조제1항 후단에 따라 그 통항 3일 전까지(공휴일은 제외한다) 외교부장관에게 다음 각 호의 사항을 통고해야 한다. 다만, 해당 군함 또는 선박이 통과하는 수역이 국제항행에 이용되는 해협으로서 해당 수역에 공해대(公海帶)가 없을 경우에는 그렇지 않다.(2021.1.5 본문개정)

1. 당해 선박의 선명·종류 및 번호
2. 통항목적
3. 통항항로 및 일정

제5조【외국선박의 영해내 활동】 ① 외국선박이 영해내에서 법 제5조제2항제2호 내지 제5호·제11호 또는 제13호의 행위를 하고자 할 때에는 외교부장관에게 다음 각 호의 사항을 기재한 신청서를 제출하여 관계당국의 허가·승인 또는 동의를 얻어야 한다.(2013.3.23 본문개정)

1. 당해 선박의 선명·종류 및 번호
2. 활동목적
3. 활동수역·항로 및 일정

② 법 제5조제2항제2호 내지 제5호 또는 제11호의 행위에 관하여 다른 법령에 의하여 관계당국의 허가·승인 또는 동의를 얻은 때에는 이 영에 의한 허가·승인 또는 동의를 얻은 것으로 본다.

제6조【오염물질의 배출규제 기준】 법 제5조제2항제9호에서 "대통령령이 정하는 기준"이라 함은 「해양환경관리법 시행령」 제47조에 따른 기준을 말한다.
(2008.1.11 본조개정)

제7조【무해통항의 일시정지】 ① 법 제5조제3항의 규정에 따라 영해내의 일정수역에 있어서 외국선박의 무해통항의 일시적 정지는 국방부장관이 행하되, 미리 국무회의의 심의를 거쳐 대통령의 승인을 얻어야 한다.

② 국방부장관이 제1항의 규정에 따라 대통령의 승인을 얻은 때에는 무해통항의 일시적 정지수역·정지기간 및 정지사유를 지체없이 고시하여야 한다.

부 칙 (2002.12.18)

① **【시행일】** 이 영은 공포한 날부터 시행한다. 다만, 별표1의 개정규정은 2003년 1월 1일부터 시행한다.

② **【다른 법령의 폐지】** 영해법의시행일등에관한규정은 이를 폐지한다.

부 칙 (2018.6.5)

이 영은 공포한 날부터 시행한다.

부 칙 (2021.1.5)

이 영은 공포한 날부터 시행한다.(이하 생략)

[별표] ➡ 「法典 別冊」 참조

(舊 : 배타적 경제수역법)

배타적 경제수역 및 대륙붕에 관한 법률(약칭 : 배타적경제수역법)

(1996년 8월 8일
법 률 제5151호)

개정
2011. 4. 4법10523호 2017. 3.21법14605호

제1조【목적】 이 법은 「해양법에 관한 국제연합 협약」(이하 "협약"이라 한다)에 따라 배타적 경제수역과 대륙붕에 관하여 대한민국이 행사하는 주권적 권리와 관할권 등을 규정하여 대한민국의 해양권익을 보호하고 국제해양질서 확립에 기여함을 목적으로 한다.(2017.3.21 본조개정)

제2조【배타적 경제수역과 대륙붕의 범위】 ① 대한민국의 배타적 경제수역은 협약에 따라 「영해 및 접속수역법」 제2조에 따른 기선(基線)(이하 "기선"이라 한다)으로부터 그 바깥쪽 200해리의 선까지에 이르는 수역 중 대한민국의 영해를 제외한 수역으로 한다.

② 대한민국의 대륙붕은 협약에 따라 영해 밖으로 영토의 자연적 연장에 따른 대륙변계(大陸邊界)의 바깥 끝까지 또는 대륙변계의 바깥 끝이 200해리에 미치지 아니하는 경우에는 기선으로부터 200해리까지의 해저지역의 해저와 그 하층토로 이루어진다. 다만, 대륙변계가 기선으로부터 200해리 밖까지 확장되는 곳에서는 협약에 따라 정한다.(2017.3.21 본항신설)

③ 대한민국과 마주 보고 있거나 인접하고 있는 국가(이하 "관계국"이라 한다) 간의 배타적 경제수역과 대륙붕의 경계는 제1항 및 제2항에도 불구하고 국제법을 기초로 관계국과의 합의에 따라 획정한다.
(2017.3.21 본조개정)

제3조【배타적 경제수역과 대륙붕에서의 권리】 ① 대한민국은 협약에 따라 배타적 경제수역에서 다음 각 호의 권리를 가진다.(2017.3.21 본문개정)

1. 해저의 상부 수역, 해저 및 그 하층토(下層土)에 있는 생물이나 무생물 등 천연자원의 탐사·개발·보존 및 관리를 목적으로 하는 주권적 권리와 해수(海水), 해류 및 해풍(海風)을 이용한 에너지 생산 등 경제적 개발 및 탐사를 위한 그 밖의 활동에 관한 주권적 권리
2. 다음 각 목의 사항에 관하여 협약에 규정된 관할권
   가. 인공섬·시설 및 구조물의 설치·사용
   나. 해양과학 조사
   다. 해양환경의 보호 및 보전
3. 협약에 규정된 그 밖의 권리

② 대한민국은 협약에 따라 대륙붕에서 다음 각 호의 권리를 가진다.

1. 대륙붕의 탐사를 위한 주권적 권리
2. 해저와 하층토의 광물, 그 밖의 무생물자원 및 정착성 어종에 속하는 생물체(협약 제77조제4항에 규정된 정착성 어종에 속하는 생물체를 말한다)의 개발을 위한 주권적 권리
3. 협약에 규정된 그 밖의 권리

(2017.3.21 본항신설)
(2017.3.21 본조제목개정)

제4조【외국 또는 외국인의 권리 및 의무】 ① 외국 또는 외국인은 협약의 관련 규정에 따를 것을 조건으로 대한민국의 배타적 경제수역과 대륙붕에서 항행(航行) 또는 상공 비행의 자유, 해저 전선(電線) 또는 관선(管線) 부설의 자유 및 그 자유와 관련되는 것으로서 국제적으로 적법한 그 밖의 해양 이용에 관한 자유를 누린다.

② 외국 또는 외국인은 대한민국의 배타적 경제수역과 대륙붕에서 권리를 행사하고 의무를 이행할 때에는 대한민국의 권리와 의무를 적절히 고려하고 대한민국의 법령을 준수하여야 한다.
(2017.3.21 본조개정)

제5조【대한민국의 권리 행사 등】 ① 외국과의 협정으로 달리 정하는 경우를 제외하고 대한민국의 배타적 경제수역과 대륙붕에서는 제3조에 따른 권리를 행사하거나 보호하기 위하여 대한민국의 법령을 적용한다. 배타적 경제수역과 대륙붕의 인공섬·시설 및 구조물에서의 법률관계에 대하여도 또한 같다.(2017.3.21 본항개정)

② 제3조에 따른 대한민국의 배타적 경제수역에서의 권리는 대한민국과 관계국 간에 별도의 합의가 없는 경우 대한민국과 관계국의 중간선 바깥쪽 수역에서는 행사하지 아니한다. 이 경우 "중간선"이란 그 선상(線上)의 각 점으로부터 대한민국의 기선상의 가장 가까운 점까지의 직선거리와 관계국의 기선상의 가장 가까운 점까지의 직선거리가 같게 되는 선을 말한다.

③ 대한민국의 배타적 경제수역과 대륙붕에서 제3조에 따른 권리를 침해하거나 그 배타적 경제수역과 대륙붕에 적용되는 대한민국의 법령을 위반한 혐의가 있다고 인정되는 자에 대하여 관계 기관은 협약 제111조에 따른 추적권(追跡權)의 행사, 정선(停船)·승선·검색·나포 및 사법절차를 포함하여 필요한 조치를 할 수 있다.(2017.3.21 본항개정)

(2011.4.4 본조개정)

부 칙 (2017.3.21)

제1조【시행일】 이 법은 공포한 날부터 시행한다. 다만, 부칙 제2조제12항은 2017년 6월 28일부터 시행한다.

제2조【다른 법률의 개정】 ①~⑬ ※(해당 법령에 가제정리 하였음)

청원법

(2020년 12월 22일 전부개정법률 제17701호)

제1조【목적】 이 법은 「대한민국헌법」 제26조에 따른 청원권 행사의 절차와 청원의 처리에 관한 사항을 규정하여 국민이 편리하게 청원권을 행사하고 국민이 제출한 청원이 객관적이고 공정하게 처리되도록 함을 목적으로 한다.

제2조【다른 법률과의 관계】 청원에 관하여 다른 법률에 특별한 규정이 있는 경우를 제외하고는 이 법에 따른다.

제3조【적용범위】 국회와 지방의회에 대해서는 제8조부터 제10조까지, 제11조제2항, 제13조부터 제15조까지 및 제21조부터 제23조까지를 적용하지 아니한다.

제4조【청원기관】 이 법에 따라 국민이 청원을 제출할 수 있는 기관(이하 "청원기관"이라 한다)은 다음 각 호와 같다.

1. 국회·법원·헌법재판소·중앙선거관리위원회, 중앙행정기관(대통령 소속 기관과 국무총리 소속 기관을 포함한다)과 그 소속 기관
2. 지방자치단체와 그 소속 기관
3. 법령에 따라 행정권한을 가지고 있거나 행정권한을 위임 또는 위탁받은 법인·단체 또는 그 기관이나 개인

제5조【청원사항】 국민은 다음 각 호의 어느 하나에 해당하는 사항에 대하여 청원기관에 청원할 수 있다.

1. 피해의 구제
2. 공무원의 위법·부당한 행위에 대한 시정이나 징계의 요구
3. 법률·명령·조례·규칙 등의 제정·개정 또는 폐지
4. 공공의 제도 또는 시설의 운영
5. 그 밖에 청원기관의 권한에 속하는 사항

제6조【청원 처리의 예외】 청원기관의 장은 청원이 다음 각 호의 어느 하나에 해당하는 경우에는 처리를 하지 아니할 수 있다. 이 경우 사유를 청원인(제11조제3항에 따른 공동청원의 경우에는 대표자를 말한다)에게 알려야 한다.

1. 국가기밀 또는 공무상 비밀에 관한 사항
2. 감사·수사·재판·행정심판·조정·중재 등 다른 법령에 의한 조사·불복 또는 구제절차가 진행 중인 사항
3. 허위의 사실로 타인으로 하여금 형사처분 또는 징계처분을 받게 하는 사항
4. 허위의 사실로 국가기관 등의 명예를 실추시키는 사항
5. 사인간의 권리관계 또는 개인의 사생활에 관한 사항
6. 청원인의 성명, 주소 등이 불분명하거나 청원내용이 불명확한 사항

제7조【청원기관의 장의 의무】 ① 청원기관의 장은 국민의 청원권이 존중될 수 있도록 이 법을 운영하고 소관 관계 법령을 정비하여야 한다.

② 청원기관의 장은 청원사항에 관한 업무를 주관하는 부서 및 담당하는 인력을 적정하게 두어야 한다.

제8조【청원심의회】 ① 청원기관의 장은 다음 각 호의 사항을 심의하기 위하여 청원심의회(이하 "청원심의회"라 한다)를 설치·운영하여야 한다.

1. 제11조제2항에 따른 공개청원의 공개 여부에 관한 사항
2. 청원의 조사결과 등 청원처리에 관한 사항
3. 그 밖에 청원에 관한 사항

② 청원심의회의 구성 및 운영에 필요한 사항은 대법원규칙, 헌법재판소규칙, 중앙선거관리위원회규칙 및 대통령령으로 정한다.

제9조【청원방법】 ① 청원은 청원서에 청원인의 성명(법인인 경우에는 명칭 및 대표자의 성명을 말한다)과 주소 또는 거소를 적고 서명한 문서(「전자문서 및 전자거래 기본법」에 따른 전자문서를 포함한다)로 하여야 한다.

② 제1항에 따라 전자문서로 제출하는 청원(이하 "온라인청원"이라 한다)은 본인임을 확인할 수 있는 전자적 방법을 통해 제출하여야 한다. 이 경우 서명이 대체된 것으로 본다.

③ 제2항에 따른 본인임을 확인할 수 있는 전자적 방법은 대법원규칙, 헌법재판소규칙, 중앙선거관리위원회규칙 및 대통령령으로 정한다.

제10조【온라인청원시스템】 ① 행정안전부장관은 서면으로 제출된 청원을 전자적으로 관리하고, 전자문서로 제출된 청원을 효율적으로 접수·처리하기 위하여 정보처리시스템(이하 "온라인청원시스템"이라 한다)을 구축·운영하여야 한다.

② 대법원, 헌법재판소 및 중앙선거관리위원회는 별도의 온라인청원시스템을 구축·운영할 수 있다.

③ 온라인청원시스템의 구축·운영 등에 필요한 사항은 대법원규칙, 헌법재판소규칙, 중앙선거관리위원회규칙 및 대통령령으로 정한다.

제11조【청원서의 제출】 ① 청원인은 청원서를 해당 청원사항을 담당하는 청원기관에 제출하여야 한다.

② 청원인은 청원사항이 제5조제3호 또는 제4호에 해당하는 경우 청원의 내용, 접수 및 처리 상황과 결과를 온라인청원시스템에 공개하도록 청원(이하 "공개청원"이라 한다)할 수 있다. 이 경우 청원서에 공개청원으로 표시하여야 한다.

③ 다수 청원인이 공동으로 청원(이하 "공동청원"이라 한다)을 하는 경우에는 그 처리결과를 통지받을 3명 이하의 대표자를 선정하여 이를 청원서에 표시하여야 한다.

④ 청원인은 청원서에 이유와 취지를 밝히고, 필요한 때에는 참고자료를 붙일 수 있다.

제12조【청원의 접수】 ① 청원기관의 장은 제11조에 따라 제출된 청원서를 지체 없이 접수하여야 한다.

② 제1항에 따른 청원의 접수에 필요한 사항은 대법원규칙, 헌법재판소규칙, 중앙선거관리위원회규칙 및 대통령령으로 정한다.

제13조【공개청원의 공개 여부 결정 통지 등】 ① 공개청원을 접수한 청원기관의 장은 접수일부터 15일 이내에 청원심의회의 심의를 거쳐 공개 여부를 결정하고 결과를 청원인(공동청원의 경우 대표자를 말한다)에게 알려야 한다.

② 청원기관의 장은 공개청원의 공개결정일부터 30일간 청원사항에 관하여 국민의 의견을 들어야 한다.

③ 제2항에 따른 국민의 의견을 듣는 방식, 그 밖에 공개청원의 공개 여부 결정기준 등 공개청원의 운영에 필요한 사항은 대법원규칙, 헌법재판소규칙, 중앙선거관리위원회규칙 및 대통령령으로 정한다.

제14조【접수·처리 상황의 통지 및 공개】 ① 청원기관의 장은 청원의 접수 및 처리 상황을 청원인(공동청원의 경우 대표자를 말한다)에게 알려야 한다. 공개청원의 경우에는 온라인청원시스템에 접수 및 처리 상황을 공개하여야 한다.

② 제1항에 따른 통지 및 공개에 필요한 사항은 대법원규칙, 헌법재판소규칙, 중앙선거관리위원회규칙 및 대통령령으로 정한다.

제15조【청원서의 보완 요구 및 이송】 ① 청원기관의 장은 청원서에 부족한 사항이 있다고 판단되는 경우에는 보완사항 및 보완기간을 표시하여 청원인(공동청원의 경우 대표자를 말한다)에게 보완을 요구할 수 있다.

② 청원기관의 장은 청원사항이 다른 기관 소관인 경우에는 지체 없이 소관 기관에 청원서를 이송하고 이를 청원인(공동청원의 경우 대표자를 말한다)에게 알려야 한다.

③ 그 밖에 청원서의 보완 요구 및 이송 등에 필요한 사항은 대법원규칙, 헌법재판소규칙, 중앙선거관리위원회규칙 및 대통령령으로 정한다.

제16조【반복청원 및 이중청원】 ① 청원기관의 장은 동일인이 같은 내용의 청원서를 같은 청원기관에 2건 이상 제출한 반복청원의 경우에는 나중에 제출된 청원서를 반려하거나 종결처리할 수 있고, 종결처리하는 경우 이를 청원인에게 알려야 한다.

② 동일인이 같은 내용의 청원서를 2개 이상의 청원기관에 제출한 경우 소관이 아닌 청원기관의 장은 청원서를 소관 청원기관의 장에게 이송하여야 한다. 이 경우 반복청원의 처리에 관하여는 제1항을 준용한다.

③ 청원기관의 장은 제1항 및 제2항의 청원(반복청원을 포함한다)이 같은 내용의 청원인지 여부에 대해서는 해당 청원의 성격, 종전 청원과의 내용적 유사성·관련성 및 종전 청원과 같은 답변을 할 수밖에 없는 사정 등을 종합적으로 고려하여 결정하여야 한다.

제17조【청원의 취하】 청원인은 해당 청원의 처리가 종결되기 전에 청원을 취하할 수 있다.

제18조【청원의 조사】 청원기관의 장은 청원을 접수한 경우에는 지체 없이 청원사항을 성실하고 공정하게 조사하여야 한다. 다만, 청원사항이 별도의 조사를 필요로 하지 아니하는 경우에는 조사 없이 신속하게 처리할 수 있다.

제19조【조사의 방법】 ① 청원기관의 장은 제18조에 따른 조사를 할 때 다음 각 호의 조치를 할 수 있다. 이 경우 출석하거나 의견진술 등을 한 사람(청원인은 제외한다)에게는 예산의 범위에서 여비와 수당을 지급할 수 있다.

1. 관계 기관 등에 대한 설명 요구 또는 관련 자료 등의 제출 요구
2. 관계 기관 등의 직원, 청원인, 이해관계인이나 참고인의 출석 및 의견진술 등의 요구
3. 조사사항과 관계있다고 인정되는 장소·시설 등에 대한 실지조사
4. 조사사항과 관계있다고 인정되는 문서·자료 등에 대한 감정의 의뢰

② 관계 기관 등의 장은 제1항에 따른 청원기관의 장의 요구나 조사에 성실하게 응하고 이에 협조하여야 한다.

제20조【관계 기관·부서 간의 협조】 ① 청원기관의 장은 청원을 처리할 때 관계 기관·부서의 협조가 필요한 경우에는 청원을 접수한 후 청원 처리기간의 범위에서 회신기간을 정하여 협조를 요청하여야 하며, 요청받은 관계 기관·부서는 회신기간 내에 이를 회신하여야 한다.

② 협조를 요청받은 관계 기관·부서는 제1항에 따른 회신기간에 협조 요청 사항을 처리할 수 없는 특별한 사정이 있는 경우에는 제21조에 따른 처리기간의 범위에서 청원기관의 장과 협의하여 한 차례만 회신기간을 연장할 수 있다.

③ 협조를 요청받은 관계 기관·부서가 제2항에 따라 회신기간을 연장하는 경우에는 제1항에 따른 회신기간이 끝나기 전에 연장 사유, 진행 상황 및 회신예정일 등을 협조 요청한 청원기관의 장에게 알려야 한다.

제21조【청원의 처리 등】 ① 청원기관의 장은 청원심의회의 심의를 거쳐 청원을 처리하여야 한다. 다만, 청원심의회의 심의를 거칠 필요가 없는 사항에 대해서는 심의를 생략할 수 있다.

② 청원기관의 장은 청원을 접수한 때에는 특별한 사유가 없으면 90일 이내(제13조제1항에 따른 공개청원의 공개 여부 결정기간 및 같은 조 제2항에 따른 국민의 의견을 듣는 기간을 제외한다)에 처리결과를 청원인(공동청원의 경우 대표자를 말한다)에게 알려야 한다. 이 경우 공개청원의 처리결과는 온라인청원시스템에 공개하여야 한다.

③ 청원기관의 장은 부득이한 사유로 제2항에 따른 처리기간에 청원을 처리하기 곤란한 경우에는 60일의 범위에서 한 차례만 처리기간을 연장할 수 있다. 이 경우 그 사유와 처리예정기한을 지체 없이 청원인(공동청원의 경우 대표자를 말한다)에게 알려야 한다.

④ 제1항 단서의 청원심의회의 심의를 거칠 필요가 없는 사항 및 제2항에 따른 처리결과를 알리는 방식 등에 필요한 사항은 대법원규칙, 헌법재판소규칙, 중앙선거관리위원회규칙 및 대통령령으로 정한다.

제22조【이의신청】 ① 청원인은 다음 각 호의 어느 하나에 해당하는 경우로서 공개 부적합 결정 통지를 받은 날 또는 제21조에 따른 처리기간이 경과한 날부터 30일 이내에 청원기관의 장에게 문서로 이의신청을 할 수 있다.

1. 청원기관의 장의 공개 부적합 결정에 대하여 불복하는 경우
2. 청원기관의 장이 제21조에 따른 처리기간 내에 청원을 처리하지 못한 경우

② 청원기관의 장은 이의신청을 받은 날부터 15일 이내에 이의신청에 대하여 인용 여부를 결정하고, 그 결과를 청원인(공동청원의 경우 대표자를 말한다)에게 지체 없이 알려야 한다.

③ 제1항에 따른 이의신청의 절차 및 방법 등 필요한 사항은 대법원규칙, 헌법재판소규칙, 중앙선거관리위원회규칙 및 대통령령으로 정한다.

제23조【청원제도의 총괄 등】 ① 행정안전부장관은 청원의 활성화를 위하여 노력하여야 한다.

② 행정안전부장관은 청원제도의 효율적 운영을 위하여 청원제도의 운영 전반에 관한 사항을 확인·점검·지도하고 그 결과를 공개할 수 있다.

③ 법원·헌법재판소 및 중앙선거관리위원회는 청원제도 운영에 관한 사항을 자체적으로 확인·점검·지도할 수 있다.

제24조【청원의 사후관리】 청원기관의 장은 청원인의 만족 여부 및 개선사항 등을 조사하여 업무에 반영할 수 있다.

제25조【모해의 금지】 누구든지 타인을 모해(謀害)할 목적으로 허위의 사실을 적시한 청원을 하여서는 아니 된다.

제26조【차별대우의 금지】 누구든지 청원을 하였다는 이유로 청원인을 차별대우하거나 불이익을 강요해서는 아니 된다.

제27조 【벌칙】 제25조를 위반한 자는 5년 이하의 징역 또는 5천만원 이하의 벌금에 처한다.

부 칙

제1조 【시행일】 이 법은 공포 후 1년이 경과한 날부터 시행한다. 다만, 제8조제1항제1호, 제9조제2항 및 제3항, 제10조, 제11조제2항, 제13조, 제14조(공개청원에 관한 부분에 한정한다), 제21조제2항 후단의 개정규정은 공포 후 2년이 경과한 날부터 시행한다.
제2조 【적용례】 이 법은 이 법 시행 이후 제출된 청원부터 적용한다.

청원법 시행령

(2021년 12월 21일 대통령령 제32234호)

제1조 【목적】 이 영은 「청원법」에서 위임된 사항과 그 시행에 필요한 사항을 규정함을 목적으로 한다.
제2조 【적용 범위】 이 영은 「청원법」(이하 "법"이라 한다) 제4조 각 호의 기관 중 다음 각 호의 기관 등(이하 "청원기관"이라 한다)에 제출하는 청원에 대하여 적용한다.
1. 법 제4조제1호에 따른 중앙행정기관(대통령 소속 기관과 국무총리 소속 기관을 포함한다)과 그 소속 기관
2. 법 제4조제2호에 따른 지방자치단체와 그 소속 기관
3. 법 제4조제3호에 따른 법인·단체 또는 그 기관이나 개인

제3조 【청원심의회의 구성 및 운영 등】 ① 법 제8조에 따른 청원심의회(이하 "청원심의회"라 한다)는 위원장 1명을 포함하여 5명 이상 7명 이내의 위원으로 구성한다.
② 청원심의회의 위원장은 위원 중에서 청원기관의 장이 지명한다.
③ 청원심의회의 위원은 다음 각 호의 사람으로 하되, 제2호의 위원 수가 전체 위원 수의 2분의 1 이상이 되어야 한다.
1. 청원기관 소속 공무원이나 임직원 중 청원기관의 장이 지명하는 사람
2. 청원기관 소관 사무 분야의 학식과 경험이 풍부한 사람 중에서 청원기관의 장이 위촉하는 사람

④ 제3항제2호의 위원의 임기는 2년으로 하며, 한 차례만 연임할 수 있다.
⑤ 청원심의회의 위원장이 부득이한 사유로 직무를 수행할 수 없는 경우에는 위원장이 미리 지명한 사람이 그 직무를 대행한다.
⑥ 청원심의회의 사무를 처리하기 위하여 간사 1명을 두며, 간사는 청원기관 소속 공무원이나 임직원 중에서 청원기관의 장이 지명한다.
⑦ 청원심의회는 재적위원 과반수의 출석으로 개의(開議)하고, 출석위원 과반수의 찬성으로 의결한다.
⑧ 청원심의회의 회의에 출석하거나 안건을 검토한 위원에게는 예산의 범위에서 수당과 여비를 지급할 수 있다. 다만, 공무원인 위원이 소관 업무와 직접 관련되어 청원심의회의 회의에 출석하거나 안건을 검토한 경우에는 지급하지 않는다.
⑨ 제1항부터 제8항까지에서 규정한 사항 외에 청원심의회의 구성 및 운영 등에 필요한 사항은 청원기관의 장이 정한다.
제4조 【위원의 제척·기피·회피】 ① 청원심의회의 위원이 다음 각 호의 어느 하나에 해당하는 경우에는 청원심의회의 심의에서 제척(除斥)된다.
1. 위원 또는 그 배우자나 배우자였던 사람이 해당 안건의 당사자(당사자가 법인인 경우에는 그 임원 또는 직원을 포함한다. 이하 이 호 및 제2호에서 같다)이거나 그 안건의 당사자와 공동권리자 또는 공동의무자인 경우
2. 위원이 해당 안건의 당사자와 친족이거나 친족이었던 경우
3. 위원이 해당 안건에 관하여 증언, 진술, 자문, 연구, 용역 또는 감정 등의 업무를 수행하고 있거나 수행한 경우
4. 위원이나 위원이 속한 법인이 해당 안건 당사자의 대리인이거나 대리인이었던 경우

② 청원심의회의 심의 대상 안건의 당사자는 청원심의회의 위원에게 공정한 심의를 기대하기 어려운 사정이 있는 경우에는 청원심의회에 기피(忌避) 신청을 할 수 있고, 청원심의회는 의결로 기피 여부를 결정한다. 이 경우 기피 신청의 대상인 위원은 그 의결에 참여할 수 없다.
③ 청원심의회의 위원이 제1항 각 호의 제척 사유에 해당하는 경우에는 청원심의회에 그 사실을 알리고, 스스로 해당 안건의 심의에서 회피(回避)해야 한다.
④ 청원심의회의 위원이 제1항 각 호의 제척 사유에 해당함에도 불구하고 회피 신청을 하지 않은 경우 청원기관의 장은 해당 위원을 해촉할 수 있다.
제5조 【전자문서로 제출하는 청원의 본인 확인 방법】 법 제9조제1항에 따라 전자문서로 청원을 제출하는 사람은 같은 조 제2항에 따라 「전자정부법」 제10조에 따른 본인 확인 방법으로 본인임을 확인해야 한다.
제6조 【온라인청원시스템의 구축·운영 등】 ① 행정안전부장관은 다음 각 호의 사항이 법 제10조제1항에 따른 온라인청원시스템(이하 "온라인청원시스템"이라 한다)을 통해 처리되거나 관리될 수 있도록 해야 한다.
1. 법 제11조제1항에 따른 청원서의 제출
2. 법 제12조제1항에 따른 청원서의 접수
3. 법 제11조제2항에 따른 공개청원(이하 "공개청원"이라 한다)의 법 제13조제1항에 따른 공개 여부 결과 통지
4. 법 제13조제2항에 따른 공개청원에 관한 국민 의견 수렴
5. 법 제14조제1항 전단에 따른 청원의 접수와 처리 상황의 통지
6. 법 제14조제1항 후단에 따른 공개청원의 접수와 처리 상황의 공개
7. 법 제15조에 따른 청원서의 보완 요구와 이송
8. 법 제21조제2항 전단에 따른 청원 처리결과의 통지
9. 법 제21조제2항 후단에 따른 공개청원 처리결과의 공개
10. 법 제21조제3항 후단에 따른 청원 처리기간 연장 사유와 처리예정기한의 통지
11. 법 제22조제1항에 따른 이의신청 제기와 같은 조 제2항에 따른 이의신청에 대한 인용 여부 결과의 통지
12. 그 밖에 청원의 접수, 처리 및 관리에 필요한 사항

② 청원기관의 장은 서면으로 제출받은 청원서를 온라인청원시스템에 입력하고, 그 처리 과정 및 결과 등을 온라인청원시스템을 통해 관리해야 한다.
제7조 【청원서의 제출 방법】 법 제11조제1항에 따른 청원서의 제출은 청원기관에 직접 제출하거나 우편, 팩스 또는 온라인청원시스템을 통해 제출하는 방법으로 한다.
제8조 【청원의 접수】 청원기관의 장이 법 제12조제1항에 따라 청원서를 접수했을 때에는 그 내용을 청원 처리대장에 적고, 해당 청원인(법 제11조제3항에 따른 공동청원의 경우 대표자를 말한다. 이하 이 조, 제12조, 제15조제2항, 제16조, 제17조제3항 및 제18조에서 같다)에게 접수증을 발급해야 한다. 다만, 청원인이 직접 방문하지 않고 청원서를 제출한 경우에는 접수증을 발급하는 대신에 접수 사실을 통지해야 한다.
제9조 【공개청원의 공개 여부 결정】 공개청원을 접수한 청원기관의 장은 청원사항이 다음 각 호의 어느 하나에 해당하는 경우를 제외하고는 법 제13조제1항에 따라 공개결정을 해야 한다.
1. 청원사항에 다른 법령에 따라 공개·게재 또는 유통이 제한되는 내용이 포함되어 있는 경우
2. 그 밖에 청원사항을 공개할 경우 해당 청원의 공정한 처리에 현저히 지장을 주는 등 청원사항을 공개하는 것이 적절하지 않다고 청원심의회에서 인정하는 경우

제10조 【공개청원의 국민 의견 수렴】 ① 청원기관의 장은 제9조에 따라 공개청원의 공개를 결정한 경우에는 법 제13조제2항에 따라 해당 청원사항에 관하여 국민의 의견을 듣기 위하여 다음 각 호의 사항을 온라인청원시스템에 게재해야 한다.
1. 청원내용
2. 의견제출 기간
3. 의견제출 방법
4. 그 밖에 공개청원에 관한 국민의 의견 수렴에 필요한 사항

② 청원기관의 장은 제1항에 따라 제출된 의견을 취합하여 청원심의회의 회의에 제출해야 한다.
제11조 【청원의 접수 및 처리 상황 등의 통지】 ① 법 제14조제1항 전단에 따른 청원의 접수 및 처리 상황에 관한 다음 각 호의 통지는 우편 등의 방법으로 한다. 다만, 제2호·제6호 및 제8호의 통지는 청원서에 적힌 전화나 휴대전화를 이용한 문자전송 등의 방법으로 할 수 있다.
1. 법 제6조 각 호 외의 부분 후단에 따른 통지
2. 법 제13조제1항에 따른 공개청원의 공개 여부 결정 통지
3. 법 제15조제2항에 따른 청원서의 이송 통지
4. 법 제16조에 따른 반복청원 및 이중청원의 반려·종결 또는 이송 통지
5. 법 제21조제3항 후단에 따른 청원 처리기간 연장 사유와 처리예정기한의 통지
6. 제8조 단서에 따른 청원의 접수에 관한 통지
7. 제16조에 따른 청원 처리결과의 통지
8. 제17조제3항 단서에 따른 이의신청 접수 통지
9. 제18조에 따른 이의신청에 대한 인용 여부 결과 통지

② 청원기관의 장은 제1항에 따른 통지를 온라인청원시스템을 통해 할 수 있다. 다만, 청원인이 동의하지 않는 경우에는 그렇지 않다.
③ 청원기관의 장은 법 제14조제1항 후단에 따라 공개청원에 관한 제1항의 통지 사항을 온라인청원시스템에 공개해야 한다.
제12조 【청원서의 보완 요구 등】 ① 청원기관의 장은 법 제15조제1항에 따라 청원인에게 청원서의 보완을 요구하는 경우에는 문서 또는 구술(口述) 등으로 한다. 다만, 청원인이 보완 요구를 문서로 해줄 것을 요청하는 경우에는 문서로 해야 한다.
② 청원기관의 장은 제1항에 따라 보완 요구를 받은 청원인이 보완기간 내에 보완을 할 수 없음을 이유로 보완에 필요한 기간을 분명하게 밝혀 기간 연장을 요청하는 경우에는 이를 고려하여 다시 보완기간을 정해야 한다.
제13조 【청원서의 이송】 ① 청원기관의 장은 청원사항의 일부가 다른 기관 소관인 경우에는 법 제15조제2항에 따라 청원서를 이송할 때 청원서의 사본을 만들어 소관기관에 송부해야 한다.
② 행정안전부장관은 소관 청원기관이 불명확하거나 그 밖의 사유로 청원서가 반복적으로 이송되는 경우에는 소관 청원기관을 지정하여 접수를 권고할 수 있다.
③ 법 제15조제2항에 따라 청원서의 이송에 걸린 기간은 청원의 처리기간에 포함되지 않는다.
제14조 【청원의 취하에 따른 청원서 등의 반환】 청원기관의 장은 법 제17조에 따라 청원을 취하한 청원인이 청원서의 반환을 요청하는 경우 지체 없이 청원서를 반환해야 한다.
제15조 【청원심의회의 심의를 거칠 필요가 없는 사항】 ① 청원기관의 장은 청원사항이 다음 각 호의 어느 하나에 해당하는 경우에는 법 제21조제1항 단서에 따라 청원심의회의 심의를 거치지 않고 청원을 처리할 수 있다.
1. 청원인의 청원 취지대로 처리하는 것이 타당하다고 명백하게 인정되는 경우
2. 해당 청원을 처리할 때 청원기관의 판단 여지가 없는 경우
3. 법령에 해당 청원의 처리 요건이 구체적으로 규정되어 있어 해석의 여지가 없는 경우

② 청원기관의 장이 법 제21조제1항 단서에 따라 청원심의회의 심의를 거치지 않고 청원을 처리한 경우에는 같은 조 제2항 전단에 따라 청원 처리결과를 청원인에게 통지할 때 그 사실을 함께 통지해야 한다.
제16조 【청원 처리결과의 통지】 청원기관의 장은 접수된 청원에 대한 처리를 완료했을 때에는 법 제21조제2항 전단에 따라 그 처리결과와 이유를 청원인에게 문서(전자문서를 포함한다)로 통지해야 한다.
제17조 【이의신청의 절차 및 방법】 ① 법 제22조제1항에 따라 이의신청을 하려는 청원인은 이의신청서에 이의신청의 취지와 이유를 분명히 밝히고 필요한 자료를 첨부하여 청원기관의 장에게 제출해야 한다.
② 제1항에 따른 이의신청서는 청원기관에 직접 제출하거나 우편, 팩스 또는 온라인청원시스템을 통해 제출할 수 있다.
③ 청원기관의 장이 제1항에 따라 이의신청서를 제출받았을 때에는 청원인에게 접수증을 발급해야 한다. 다만, 청원인이 직접 방문하지 않고 이의신청서를 제출한 경우에는 접수증을 발급하는 대신에 접수 사실을 통지해야 한다.
제18조 【이의신청 결과의 통지】 청원기관의 장은 이의신청에 대한 인용 여부를 결정했을 때에는 법 제22조제2항에 따라 그 결과와 이유를 문서(전자문서를 포함한다)로 청원인에게 통지해야 한다.
제19조 【청원 관련 정보의 활용】 행정안전부장관은 법 제23조제1항 및 제2항에 따라 청원을 활성화하고 청원제도를 개선하는 데 활용하기 위하여 온라인청원시스템으로 관리하는 정보(개인정보는 제외한다)를 분석·가공하여 활용할 수 있다.

부 칙

이 영은 2021년 12월 23일부터 시행한다. 다만, 제5조, 제6조, 제7조(온라인청원시스템에 관한 부분으로 한정한다), 제9조, 제10조, 제11조제2항·제3항, 제17조제2항(온라인청원시스템에 관한 부분으로 한정한다) 및 제19조는 2022년 12월 23일부터 시행한다.

법원청원규칙

(2022년 1월 28일 대법원규칙 제3026호)

개정
2022.12. 1대법원규칙3077호

제1조【목적】 이 규칙은 「청원법」에서 위임된 사항과 그 시행에 필요한 사항을 규정함을 목적으로 한다.

제2조【용어의 정의】 이 규칙에서 사용하는 용어의 정의는 다음과 같다.

1. "청원기관"이란 「청원법」(이하 "법"이라 한다) 제4조제1호에 따라 국민이 청원을 제출할 수 있는 법원과 그 소속기관으로서 법원행정처, 사법연수원, 사법정책연구원, 법원공무원교육원, 법원도서관, 고등법원, 특허법원, 지방법원, 가정법원, 행정법원, 회생법원을 말한다.
2. "청원기관의 장"이란 법원행정처장, 사법연수원장, 사법정책연구원장, 법원공무원교육원장, 법원도서관장, 고등법원장, 특허법원장, 지방법원장, 가정법원장, 행정법원장, 회생법원장을 말한다.

제3조【청원심의회의 구성 및 운영 등】 ① 법 제8조에 따른 청원심의회(이하 "청원심의회"라 한다)는 위원장 1명을 포함하여 5명 이상 7명 이하의 위원으로 구성한다.

② 청원심의회의 위원장은 위원 중에서 청원기관의 장이 지명한다.

③ 청원심의회의 위원은 다음 각 호의 사람으로 한다.

1. 청원기관 소속 법관 또는 법원직원 중 청원기관의 장이 지명하는 사람
2. 청원기관 소관 사무 분야에 학식과 경험이 풍부한 사람 중에서 청원기관의 장이 위촉하는 사람

④ 위원의 임기는 2년으로 하며, 연임할 수 있다. 다만, 제3항제1호에 따라 지명된 위원의 임기는 해당 청원기관에 재직하는 기간으로 한다.

⑤ 청원심의회의 위원장이 부득이한 사유로 직무를 수행할 수 없는 경우에는 위원장이 미리 지명한 사람이 그 직무를 대행한다.

⑥ 청원심의회의 사무를 처리하기 위해 간사 1명을 두며, 간사는 청원기관 소속 법원직원 중에서 청원기관의 장이 지명한다.

⑦ 청원심의회는 재적위원 과반수의 출석으로 개의(開議)하고, 출석위원 과반수의 찬성으로 의결한다. 다만, 긴급하거나 부득이한 사유가 있다고 인정되는 경우에는 청원심의회를 소집하지 아니하고 서면으로 의결할 수 있다.

⑧ 청원심의회의 회의에 출석하거나 안건을 검토한 위원에게는 예산의 범위에서 수당과 여비를 지급할 수 있다. 다만, 공무원인 위원이 소관 업무와 직접 관련되어 청원심의회의 회의에 출석하거나 안건을 검토한 경우에는 지급하지 않는다.

⑨ 제1항부터 제8항까지에서 규정한 사항 외에 청원심의회 구성 및 운영 등에 필요한 사항은 청원기관의 장이 정한다.

제4조【위원의 제척·기피·회피】 ① 청원심의회의 위원이 다음 각 호의 어느 하나에 해당하는 경우에는 청원심의회의 심의에서 제척(除斥)된다.

1. 위원 또는 그 배우자나 배우자였던 사람이 해당 안건의 당사자(당사자가 법인인 경우에는 그 임원 또는 직원을 포함한다. 이하 이 호 및 제2호에서 같다)이거나 그 안건의 당사자와 공동권리자 또는 공동의무자인 경우
2. 위원이 해당 안건의 당사자와 친족이거나 친족이었던 경우
3. 위원이 해당 안건에 대하여 재판, 증언, 진술, 자문, 연구, 용역 또는 감정 등의 업무를 수행하고 있거나 수행한 경우
4. 위원이나 위원이 속한 법인이 해당 안건 당사자의 대리인이거나 대리인이었던 경우

② 청원심의회의 심의 대상 안건의 당사자는 청원심의회의 위원에게 공정한 심의를 기대하기 어려운 사정이 있는 경우에는 청원심의회에 기피(忌避) 신청을 할 수 있고, 청원심의회는 의결로 기피 여부를 결정한다. 이 경우 기피 신청의 대상인 위원은 그 의결에 참여할 수 없다.

③ 청원심의회의 위원이 제1항 각 호의 제척 사유에 해당되는 것을 알게 되었을 때에는 청원심의회에 그 사실을 알리고, 스스로 해당 안건의 심의에서 회피(回避)해야 한다.

④ 청원심의회의 위원이 제1항 각 호의 제척 사유에 해당되는 것을 알게 되었음에도 불구하고 회피 신청을 하지 않은 경우 청원기관의 장은 해당 위원을 해촉할 수 있다.

제5조【전자문서로 제출하는 청원의 본인 확인 방법】 법 제9조제1항에 따라 전자문서로 청원을 제출하는 사람은 같은 조 제2항에 따라 「전자정부법」 제10조에 따른 본인 확인 방법으로 본인임을 확인해야 한다.(2022.12.1 본조신설)

제6조【온라인청원시스템의 사용 등】 ① 청원기관의 장은 청원이 효율적으로 처리될 수 있도록 법 제10조제1항에 따라 행정안전부장관이 구축·운영하는 온라인청원시스템(이하 "온라인청원시스템"이라 한다)을 사용할 수 있다.

② 청원기관의 장은 온라인청원시스템을 통하여 다음 각 호의 사항을 처리한다.

1. 법 제11조제1항에 따른 청원서의 제출
2. 법 제12조제1항에 따른 청원서의 접수
3. 법 제11조제2항에 따른 공개청원(이하 "공개청원"이라 한다)의 법 제13조제1항에 따른 공개 여부 결과 통지
4. 법 제13조제2항에 따른 공개청원에 관한 국민 의견 수렴
5. 법 제14조제1항 전단에 따른 청원의 접수와 처리 상황의 통지
6. 법 제14조제1항 후단에 따른 공개청원의 접수와 처리 상황의 공개
7. 법 제15조에 따른 청원서의 보완 요구와 이송
8. 법 제21조제2항 전단에 따른 청원 처리결과의 통지
9. 법 제21조제2항 후단에 따른 공개청원 처리결과의 공개
10. 법 제21조제3항 후단에 따른 청원 처리기간 연장 사유와 처리예정기한의 통지
11. 법 제22조제1항에 따른 이의신청 제기와 같은 조 제2항에 따른 이의신청에 대한 인용 여부 결과의 통지
12. 그 밖에 청원의 접수, 처리 및 관리에 필요한 사항

③ 청원기관의 장은 서면으로 제출받은 청원서를 온라인청원시스템에 입력하고, 그 처리 과정 및 결과 등을 온라인청원시스템을 통하여 관리해야 한다.

(2022.12.1 본조신설)

제7조【청원서의 제출 방법】 청원서는 청원기관에 직접 제출하거나 우편 또는 온라인청원시스템을 통해 제출할 수 있다.(2022.12.1 본조개정)

제8조【청원의 접수】 청원기관의 장은 법 제12조제1항에 따라 청원서를 접수했을 때에는 관계 장부에 기재 또는 기록(전산입력에 의한 처리를 포함한다)하고, 해당 청원인(법 제11조제3항에 따른 공동청원의 경우 대표자를 말한다. 이하 이 조, 제12조, 제15조제2항, 제16조, 제17조제3항, 제18조에서 같다)에게 접수증을 발급해야 한다. 다만, 청원인이 우편으로 청원서를 제출한 경우에는 접수증을 발급하는 대신에 접수 사실을 통지해야 한다.

(2022.12.1 본문개정)

제9조【공개청원의 공개 여부 결정】 공개청원을 접수한 청원기관의 장은 청원사항이 다음 각 호의 어느 하나에 해당하는 경우를 제외하고는 법 제13조제1항에 따라 공개결정을 해야 한다.

1. 청원사항에 다른 법령에 따라 공개·게재 또는 유통이 제한되는 내용이 포함되어 있는 경우
2. 그 밖에 청원사항을 공개할 경우 해당 청원의 공정한 처리에 현저히 지장을 주는 등 청원사항을 공개하는 것이 적절하지 않다고 청원심의회에서 인정하는 경우

(2022.12.1 본조신설)

제10조【공개청원의 국민 의견 수렴】 ① 청원기관의 장은 제9조에 따라 공개청원의 공개를 결정한 경우에는 법 제13조제2항에 따라 해당 청원사항에 관하여 국민의 의견을 듣기 위하여 다음 각 호의 사항을 온라인청원시스템에 게재해야 한다.

1. 청원내용
2. 의견제출 기간
3. 의견제출 방법
4. 그 밖에 공개청원에 관한 국민의 의견 수렴에 필요한 사항

② 청원기관의 장은 제1항에 따라 제출된 의견을 취합하여 청원심의회의 회의에 제출해야 한다.

(2022.12.1 본조신설)

제11조【청원의 접수 및 처리 상황 등의 통지】 ① 법 제14조제1항 전단에 따른 청원의 접수 및 처리 상황에 관한 다음 각 호의 통지는 우편 등의 방법으로 한다. 다만, 제2호·제6호 및 제8호의 사항은 청원서에 적힌 전화나 휴대전화를 이용한 문자전송 등의 방법으로 통지할 수 있다.

1. 법 제6조 각 호 외의 부분 후단에 따른 통지
2. 법 제13조제1항에 따른 공개청원의 공개 여부 결정 통지
3. 법 제15조제2항에 따른 청원서의 이송 통지
4. 법 제16조에 따른 반복청원 및 이중청원의 반려·종결 또는 이송 통지
5. 법 제21조제3항 후단에 따른 청원 처리기간 연장 사유 및 처리예정기한의 통지
6. 제8조 단서에 따른 청원의 접수에 관한 통지
7. 제16조에 따른 청원 처리결과의 통지
8. 제17조제3항 단서에 따른 이의신청 접수 통지
9. 제18조에 따른 이의신청에 대한 인용 여부 결과 통지

② 청원기관의 장은 제1항에 따른 통지를 온라인청원시스템을 통해 할 수 있다. 다만, 청원인이 동의하지 않는 경우에는 그렇지 않다.

③ 청원기관의 장은 법 제14조제1항 후단에 따라 공개청원에 관한 제1항 각 호의 통지 사항을 온라인청원시스템에 공개해야 한다.

(2022.12.1 본조개정)

제12조【청원서의 보완 요구 등】 ① 청원기관의 장은 법 제15조제1항에 따라 청원인에게 청원서의 보완을 요구하는 경우에는 문서 또는 구술(口述) 등으로 한다. 다만, 청원인이 보완 요구를 문서로 해줄 것을 요청하는 경우에는 문서로 해야 한다.

② 청원기관의 장은 제1항에 따라 보완 요구를 받은 청원인이 보완기간 내에 보완을 할 수 없음을 이유로 보완에 필요한 기간을 분명하게 밝혀 기간 연장을 요청하는 경우에는 이를 고려하여 다시 보완기간을 정할 수 있다.

제13조【청원서의 이송】 ① 청원기관의 장은 청원사항의 일부가 다른 기관 소관인 경우에는 법 제15조제2항에 따라 청원서를 이송할 때 청원서의 복사본을 만들어 소관 기관에 송부해야 한다.

② 법 제15조제1항에 따라 청원서의 이송에 걸린 기간은 청원의 처리기간에 포함되지 않는다.

제14조【청원의 취하에 따른 청원서 등의 반환】 청원기관의 장은 법 제17조에 따라 청원을 취하한 청원인이 청원서의 반환을 요청하는 경우 지체 없이 청원서를 반환해야 한다.

제15조【청원심의회의 심의를 거칠 필요가 없는 사항】 ① 청원기관의 장은 청원사항이 다음 각 호의 어느 하나에 해당하는 경우에는 법 제21조제1항 단서에 따라 청원심의회의 심의를 거치지 않고 청원을 처리할 수 있다.

1. 청원인의 청원 취지대로 처리하는 것이 타당하다고 명백하게 인정되는 경우
2. 해당 청원을 처리할 때 청원기관의 판단 여지가 없는 경우
3. 다른 법령에 해당 청원에 관한 처리 절차와 요건이 규정되어 있어 청원심의회 심의를 거치더라도 청원 처리 결과가 달라질 수 없는 경우
4. 법령·제도·절차 등 각 청원기관의 업무에 관하여 설명이나 해석을 요구하는 경우
5. 청원처리결과를 통지받은 자가 다시 같은 내용의 청원을 하는 경우
6. 청원인의 청원의 취지가 재판 결과에 대한 불복인 경우
7. 그 밖에 청원기관의 장이 청원심의회의 심의를 거치지 않고 처리함이 상당하다고 판단하여 정하는 사항

② 청원기관의 장이 법 제21조제1항 단서에 따라 청원심의회의 심의를 거치지 않고 청원을 처리한 경우에는 그 사실을 같은 조 제2항에 따른 청원 처리결과와 함께 청원인에게 통지해야 한다.

제16조【청원 처리결과의 통지】 청원기관의 장은 접수된 청원에 대한 처리를 완료했을 때에는 법 제21조제2항 전단에 따라 그 처리결과와 이유를 청원인에게 문서(전자문서를 포함한다)로 통지해야 한다.

제17조【이의신청의 절차 및 방법】 ① 법 제22조제1항에 따라 이의신청을 하려는 청원인은 이의신청서에 이의신청의 취지와 이유를 명시하고 필요한 자료를 첨부하여 청원기관의 장에게 제출해야 한다.

② 제1항에 따른 이의신청서는 청원기관에 직접 제출하거나 우편 또는 온라인청원시스템을 통해 제출할 수 있다.(2022.12.1 본항개정)

③ 청원기관의 장이 제1항에 따라 이의신청서를 제출받았을 때에는 해당 청원인에게 접수증을 발급해야 한다. 다만, 청원인이 우편으로 이의신청서를 제출한 경우에는 접수증을 발급하는 대신에 접수 사실을 통지해야 한다.

제18조【이의신청 결과의 통지】 청원기관의 장은 이의신청에 대한 인용 여부를 결정하였을 때에는 법 제22조제2항에 따라 그 결과와 이유를 문서(전자문서를 포함한다)로 청원인에게 통지해야 한다.

부 칙

이 규칙은 공포한 날부터 시행한다.

부 칙 (2022.12.1)

제1조【시행일】 이 규칙은 2022년 12월 23일부터 시행한다.

제2조【적용례】 이 규칙 시행 당시에 각급기관에 계속 중인 사건에도 적용한다. 다만, 종전 규정에 따라 생긴 효력에는 영향을 미치지 아니한다.

헌법재판소 청원 규칙

(2022년 4월 15일
헌법재판소규칙 제449호)

개정
2022.12.16헌법재판소규칙453호

제1조【목적】 이 규칙은 「청원법」에서 위임된 사항과 그 시행에 필요한 사항을 규정함을 목적으로 한다.

제2조【청원심의회 구성 및 운영 등】 ① 「청원법」(이하 "법"이라 한다) 제8조에 따른 청원심의회(이하 "청원심의회"라 한다)는 위원장 1명을 포함하여 5명 이상 7명 이하의 위원으로 구성한다.

② 청원심의회 위원장은 위원 중에서 헌법재판소사무처장(이하 "사무처장"이라 한다)이 지명한다.

③ 청원심의회 위원은 다음 각 호의 사람으로 하되, 제2호의 위원 수가 전체 위원 수의 2분의 1 이상이 되어야 한다.

1. 헌법재판소 소속 공무원 중 사무처장이 지명하는 사람
2. 헌법재판소 소관 사무 분야에 학식과 경험이 풍부한 사람 중에서 사무처장이 위촉하는 사람

④ 제3항제2호에 해당하는 위원의 임기는 2년으로 하며, 한 차례만 연임할 수 있다.

⑤ 청원심의회 위원장이 부득이한 사유로 직무를 수행할 수 없는 경우에는 위원장이 미리 지명한 사람이 그 직무를 대행한다.

⑥ 청원심의회 사무를 처리하기 위해 간사 1명을 두며, 간사는 헌법재판소 소속 공무원 중에서 사무처장이 지명한다.

⑦ 청원심의회는 재적위원 과반수의 출석으로 개의(開議)하고, 출석위원 과반수의 찬성으로 의결한다. 다만, 긴급하거나 부득이한 사유가 있다고 인정되는 경우에는 청원심의회를 소집하지 아니하고 서면으로 의결할 수 있다.

⑧ 청원심의회 회의에 출석하거나 안건을 검토한 위원에게는 예산 범위에서 수당과 여비를 지급할 수 있다. 다만, 공무원인 위원이 소관 업무와 직접 관련되어 청원심의회 회의에 출석하거나 안건을 검토한 경우에는 지급하지 않는다.

⑨ 제1항부터 제8항까지에서 규정한 사항 외에 청원심의회 구성 및 운영 등에 필요한 사항은 사무처장이 정한다.

제3조【위원 제척·기피·회피】 ① 청원심의회 위원이 다음 각 호의 어느 하나에 해당하는 경우에는 청원심의회 심의에서 제척(除斥)된다.

1. 위원 또는 그 배우자나 배우자였던 사람이 해당 안건의 당사자(당사자가 법인인 경우에는 그 임원 또는 직원을 포함한다. 이하 이 호 및 제2호에서 같다)이거나 그 안건의 당사자와 공동권리자 또는 공동의무자인 경우
2. 위원이 해당 안건의 당사자와 친족이거나 친족이었던 경우
3. 위원이 해당 안건에 대하여 재판, 증언, 진술, 자문, 연구, 용역 또는 감정 등의 업무를 수행하고 있거나 수행한 경우
4. 위원이나 위원이 속한 법인이 해당 안건 당사자의 대리인이거나 대리인이었던 경우

② 청원심의회 심의 대상 안건의 당사자는 청원심의회 위원에게 공정한 심의를 기대하기 어려운 사정이 있는 경우에는 청원심의회에 기피(忌避) 신청을 할 수 있고, 청원심의회는 의결로 기피 여부를 결정한다. 이 경우 기피 신청의 대상인 위원은 그 의결에 참여할 수 없다.

③ 청원심의회 위원이 제1항 각 호의 제척 사유에 해당하는 경우에는 청원심의회에 그 사실을 알리고, 스스로 해당 안건의 심의에서 회피(回避)해야 한다.

④ 청원심의회 위원이 제1항 각 호의 제척 사유에 해당함에도 불구하고 회피 신청을 하지 않은 경우 사무처장은 해당 위원을 해촉할 수 있다.

제4조【전자문서로 제출하는 청원의 본인 확인 방법】 법 제9조제1항에 따라 전자문서로 제출하는 청원은 「전자정부법」 제10조에 따른 본인 확인 방법을 통해 제출해야 한다.(2022.12.16 본조신설)

제5조【온라인청원시스템 구축·운영 등】 ① 사무처장은 다음 각 호의 사항이 법 제10조제2항에 따른 헌법재판소 온라인청원시스템(이하 "온라인청원시스템"이라 한다)을 통해 처리되거나 관리될 수 있도록 한다.

1. 법 제11조제1항에 따른 청원서 제출
2. 법 제12조제1항에 따른 청원서 접수
3. 법 제11조제2항에 따른 공개청원(이하 "공개청원"이라 한다)의 법 제13조제1항에 따른 공개 여부 결과 통지
4. 법 제13조제2항에 따른 공개청원에 관한 국민 의견 수렴
5. 법 제14조제1항 전단에 따른 청원 접수와 처리 상황 통지
6. 법 제14조제1항 후단에 따른 공개청원 접수와 처리 상황 공개
7. 법 제15조에 따른 청원서 보완 요구와 이송
8. 법 제21조제2항 전단에 따른 청원 처리결과 통지
9. 법 제21조제2항 후단에 따른 공개청원 처리결과 공개
10. 법 제21조제3항 후단에 따른 청원 처리기간 연장 사유와 처리예정기한 통지
11. 법 제22조제1항에 따른 이의신청 제기와 같은 조 제2항에 따른 이의신청에 대한 인용 여부 결과 통지
12. 그 밖에 청원 접수, 처리 및 관리에 필요한 사항

② 사무처장은 서면으로 제출받은 청원서를 온라인청원시스템에 입력하고, 그 처리 과정 및 결과 등을 온라인청원시스템을 통해 관리한다.
(2022.12.16 본조신설)

제6조【청원서 제출 방법】 청원서는 헌법재판소에 직접 제출하거나 우편 또는 온라인청원시스템을 통해 제출할 수 있다.(2022.12.16 본조개정)

제7조【청원 접수】 사무처장은 법 제12조제1항에 따라 청원서를 접수했을 때에는 그 내용을 청원 처리대장에 적고, 해당 청원인(법 제11조제3항에 따른 공동청원의 경우 대표자를 말한다. 이하 이 조, 제11조, 제14조제2항, 제15조, 제16조제3항 및 제17조에서 같다)에게 접수증을 발급해야 한다. 다만, 청원인이 우편으로 청원서를 제출한 경우에는 접수증을 발급하는 대신에 접수 사실을 통지해야 한다.(2022.12.16 본문개정)

제8조【공개청원의 공개 여부 결정】 공개청원을 접수한 사무처장은 청원사항이 다음 각 호의 어느 하나에 해당하는 경우를 제외하고는 법 제13조제1항에 따라 공개결정을 한다.

1. 청원사항에 다른 법령에 따라 공개·게재 또는 유통이 제한되는 내용이 포함되어 있는 경우
2. 그 밖에 청원사항을 공개할 경우 해당 청원의 공정한 처리에 현저히 지장을 주는 등 청원사항을 공개하는 것이 적절하지 않다고 청원심의회에서 인정하는 경우

(2022.12.16 본조신설)

제9조【공개청원의 국민 의견 수렴】 ① 사무처장은 제8조에 따라 공개청원의 공개를 결정한 경우에는 법 제13조제2항에 따라 해당 청원사항에 관하여 국민의 의견을 듣기 위해 다음 각 호의 사항을 온라인청원시스템에 게재한다.

1. 청원 내용
2. 의견제출 기간
3. 의견제출 방법
4. 그 밖에 공개청원에 관한 국민의 의견 수렴에 필요한 사항

② 사무처장은 제1항에 따라 제출된 의견을 취합하여 청원심의회의 회의에 제출한다.
(2022.12.16 본조신설)

제10조【청원 접수 및 처리 상황 등 통지】 ① 법 제14조제1항 전단에 따른 청원 접수 및 처리 상황에 관한 다음 각 호의 통지는 우편 등의 방법으로 한다. 다만, 제2호·제6호 및 제8호의 통지는 청원서에 적힌 전화나 휴대전화를 이용한 문자전송 등의 방법으로 할 수 있다.

1. 법 제6조 각 호 외의 부분 후단에 따른 통지
2. 법 제13조제1항에 따른 공개청원의 공개 여부 결정 통지
3. 법 제15조제2항에 따른 청원서 이송 통지
4. 법 제16조에 따른 반복청원 및 이중청원의 반려·종결 또는 이송 통지
5. 법 제21조제3항 후단에 따른 청원 처리기간 연장 사유와 처리예정기한 통지
6. 제7조 단서에 따른 청원 접수에 관한 통지
7. 제15조에 따른 청원 처리결과 통지
8. 제16조제3항 단서에 따른 이의신청 접수 통지
9. 제17조에 따른 이의신청에 대한 인용 여부 결과 통지

② 사무처장은 제1항에 따른 통지를 온라인청원시스템을 통해 할 수 있다. 다만, 청원인이 동의하지 않는 경우에는 그렇지 않다.

③ 사무처장은 법 제14조제1항 후단에 따라 공개청원에 대한 제1항 각 호의 통지 사항을 온라인청원시스템에 공개한다.
(2022.12.16 본조개정)

제11조【청원서 보완 요구 등】 ① 사무처장은 법 제15조제1항에 따라 청원인에게 청원서 보완을 요구하는 경우에는 문서 또는 구술(口述) 등으로 한다. 다만, 청원인이 보완 요구를 문서로 해줄 것을 요청하는 경우에는 문서로 해야 한다.

② 사무처장은 제1항에 따라 보완 요구를 받은 청원인이 보완기간 내에 보완할 수 없음을 이유로 보완에 필요한 기간을 분명하게 밝혀 기간 연장을 요청하는 경우에는 이를 고려하여 다시 보완기간을 정해야 한다.

제12조【청원서 이송】 ① 사무처장은 청원사항 일부가 다른 기관 소관인 경우에는 법 제15조제2항에 따라 청원서를 이송할 때 청원서 사본을 만들어 소관 기관에 송부해야 한다.

② 법 제15조제2항에 따라 청원서 이송에 걸린 기간은 청원 처리기간에 포함되지 않는다.

제13조【청원 취하에 따른 청원서 반환】 사무처장은 법 제17조에 따라 청원을 취하한 청원인이 청원서 반환을 요청하는 경우 지체 없이 청원서를 반환해야 한다.

제14조【청원심의회 심의를 거칠 필요가 없는 사항】 ① 사무처장은 청원사항이 다음 각 호의 어느 하나에 해당하는 경우에는 법 제21조제1항 단서에 따라 청원심의회 심의를 거치지 않고 청원을 처리할 수 있다.

1. 청원인의 청원 취지대로 처리하는 것이 타당하다고 명백하게 인정되는 경우
2. 해당 청원을 처리할 때 판단 여지가 없는 경우
3. 법령에 해당 청원의 처리 요건이 구체적으로 규정되어 있어 해석의 여지가 없는 경우
4. 청원인의 청원 취지가 심판 결과에 대한 불복인 경우

② 사무처장이 법 제21조제1항 단서에 따라 청원심의회 심의를 거치지 않고 청원을 처리한 경우에는 같은 조 제2항 전단에 따라 청원 처리결과를 청원인에게 통지할 때 그 사실을 함께 통지해야 한다.

제15조【청원 처리결과 통지】 사무처장은 접수된 청원에 대한 처리를 완료했을 때에는 법 제21조제2항 전단에 따라 그 처리결과와 이유를 청원인에게 문서(전자문서를 포함한다)로 통지해야 한다.

제16조【이의신청 절차 및 방법】 ① 법 제22조제1항에 따라 이의신청을 하려는 청원인은 이의신청서에 이의신청의 취지와 이유를 분명히 밝히고 필요한 자료를 첨부하여 사무처장에게 제출해야 한다.

② 제1항에 따른 이의신청서는 헌법재판소에 직접 제출하거나 우편 또는 온라인청원시스템을 통해 제출할 수 있다.(2022.12.16 본항개정)

③ 사무처장이 제1항에 따라 이의신청서를 제출받았을 때에는 청원인에게 접수증을 발급해야 한다. 다만, 청원인이 우편으로 이의신청서를 제출한 경우에는 접수증을 발급하는 대신에 접수 사실을 통지해야 한다.

제17조【이의신청 결과 통지】 사무처장은 이의신청에 대한 인용 여부를 결정하였을 때에는 법 제22조제2항에 따라 그 결과와 이유를 문서(전자문서를 포함한다)로 청원인에게 통지해야 한다.

부칙

제1조【시행일】 이 규칙은 공포한 날부터 시행한다.

제2조【경과조치】 이 규칙 시행 전 접수된 청원은 이 규칙에 따라 접수된 것으로 본다.

부칙 (2022.12.16)

이 규칙은 2022년 12월 23일부터 시행한다.

국민투표법

(1989年 3月 25日
全改法律 第4086號)

改正
1994. 3.16法 4739號(공선)
1994.12.22法 4796號(도농복합)
1997.12.13法 5454號(정부부처명)
2002. 1.26法 6626號(민사소송법)
2005. 3.31法 7427號(민법)
2007. 5.17法 8449號
2009. 2.12法 9467號
2016. 5.29法14184號(예비군법)

第1章 總 則

第1條【目的】 이 法은 憲法 第72條의 規定에 의한 外交·國防·統一 기타 國家安危에 관한 重要政策과 憲法 第130條의 規定에 의한 憲法改正案에 대한 國民投票에 관하여 필요한 사항을 規定함을 目的으로 한다.

第2條【投票人의 定義】 이 法에서 "投票人"이라 함은 投票權이 있는 者로서 投票人名簿에 登載된 者를 말한다.

第3條【國民投票事務의 협조】 官公署 기타의 公共機關은 國民投票管理機關으로부터 國民投票의 실시에 관하여 필요한 협조의 요구를 받은 때에는 우선적으로 이에 응하여야 한다.

第4條【投票權行使에 대한 보장】 公務員·學生 또는 다른 사람에게 雇傭된 者가 投票人名簿의 閱覽 또는 投票에 필요한 時間은 休務 또는 休業으로 보지 아니한다.

第5條【人口의 基準】 이 法에 規定된 人口의 基準은 住民登錄法의 規定에 의한 주민등록표에 의하여 조사한 최근의 인구통계 및 「재외동포의 출입국과 법적 지위에 관한 법률」에 따른 국내거소신고대장에 등재된 재외국민의 수에 의한다.(2009.2.12 본조개정)

第6條【國民投票管理】 國民投票事務는 이 法에 특별한 規定이 있는 경우를 제외하고는 中央選擧管理委員會가 統轄·管理하며, 下級選擧管理委員會의 違法·부당한 處分에 대하여 이를 取消하거나 變更할 수 있다.

第2章 投票權

第7條【投票權】 19세 이상의 國民은 投票權이 있다.(2007.5.17 본조개정)

第8條【年齡算定基準】 投票權者의 年齡은 國民投票日 현재로 算定한다.

第9條【투표권이 없는 자】 투표일 현재 「공직선거법」 제18조의 규정에 따라 선거권이 없는 자는 투표권이 없다.(2007.5.17 본조개정)

第3章 國民投票에 관한 區域

第10條【國民投票의 單位】 國民投票는 全國을 單位로 하여 이를 행한다.

第11條【投票區】 投票區는 國民投票日公告日 현재의 公職選擧및選擧不正防止法에 의한 投票區로 한다.(1994.3.16 본조개정)

第12條【開票區】 區·市·郡을 開票區로 한다. 다만, 國民投票日公告日 현재로 區·市·郡안에 2 이상의 區·市·郡選擧管理委員會가 있는 경우에는 당해 選擧管理委員會의 管轄區域을 각각 開票區로 한다.

第13條【行政區域의 變更】 國民投票日公告日로부터 投票日까지의 사이에는 行政區域의 變更, 投票區의 變更 또는 第12條의 區·市·郡選擧管理委員會의 管轄區域의 變更이 있어도 國民投票에 관한 區域은 變更되지 아니한다.

第4章 投票人名簿

第14條【投票人名簿의 작성】 ① 國民投票를 실시할 때에는 그때마다 區廳長(自治區의 區廳長을 포함하며, 都農複合形態의 市에 있어서는 洞地域에 한한다)·市長(區가 設置되지 아니한 市의 市長을 말하며, 都農複合形態의 市에 있어서는 洞地域에 한한다)·邑長·面長(이하 "區·市·邑·面의 長"이라 한다)은 國民投票日公告日 현재로 그 관할 구역 안에 주민등록이 되어 있는 투표권자 및 「재외동포의 출입국과 법적 지위에 관한 법률」 제2조에 따른 재외국민으로서 같은 법 제6조에 따른 국내거소신고가 되어 있는 투표권자를 投票區別로 調査하여 國民投票日公告日로부터 5日 이내에 投票人名簿를 작성하여야 한다.(2009.2.12 본항개정)

<2014.7.24 헌법재판소 헌법불합치결정으로 이 항 중 '그 관할 구역 안에 주민등록이 되어 있는 투표권자 및 「재외동포의 출입국과 법적 지위에 관한 법률」 제2조에 따른 재외국민으로서 같은 법 제6조에 따른 국내거소신고가 되어 있는 투표권자'에 관한 부분은 2015.12.31을 시한으로 입법자가 개정할 때까지 계속 적용>

② 投票人名簿에 登載된 國內居住者중 다음 各號의 1에 해당하는 者로서 國民投票日 현재에 스스로 投票所에서 投票할 수 없는 때에는 大統領令이 정하는 바에 따라 國民投票日公告日로부터 5日 이내에 區·市·邑·面의 長에게 不在者申告를 할 수 있다. 이 경우 郵便은 無料로 한다.

1. 投票人名簿에 登載된 開票區밖에 長期 旅行하는 者
2. 法令에 의하여 營內 또는 艦艇에 長期 寄居하는 軍人
3. 病院·療養所·收容所·矯導所 또는 船舶등에 長期 寄居하는 者

③ 區·市·邑·面의 長은 第2項의 規定에 의한 申告가 있을 때에는 投票人名簿에 이를 表示하는 동시에 不在者申告人名簿를 投票區別로 따로 작성하여야 한다.

④ 投票人名簿 및 不在者申告人名簿에는 投票權者의 姓名·住所·性別과 生年月日 기타 필요한 사항을 기재하여야 한다.

⑤ 누구든지 2 이상의 投票人名簿에 登載될 수 없다.

⑥ 投票人名簿 및 不在者申告人名簿의 작성등 필요한 사항은 大統領令으로 정한다.

⑦ 區·市·邑·面의 長은 投票人名簿 및 不在者申告人名簿를 작성한 때에는 즉시 그 謄本 1通을 管轄區·市·郡選擧管理委員會에 송부하여야 한다.

⑧ 1投票區의 投票權者의 數가 2千人을 넘을 때에는 그 投票人名簿를 2個로 分綴할 수 있다.

第15條【名簿作成의 監督】 ① 投票人名簿의 작성에 관하여는 管轄區·市·郡選擧管理委員會가 이를 監督한다.

② 區·市·邑·面의 長과 投票人名簿作成에 종사하는 公務員이 任免된 때에는 당해 區·市·邑·面의 長은 지체없이 管轄區·市·郡選擧管理委員會에 통보하여야 한다. 區·市·邑·面의 長이 事故로 인하여 다른 者가 그 職務를 代理하게 된 때에도 또한 같다.

③ 投票人名簿의 作成期間중에 區·市·邑·面의 長과 投票人名簿作成에 종사하는 公務員을 解任하고자 하는 때에는 그 任免權者는 管轄區·市·郡選擧管理委員會 또는 特別市·廣域市·道選擧管理委員會(이하 "市·道選擧管理委員會"라 한다)와 協議하여야 한다.(1997.12.13 본항개정)

④ 區·市·邑·面의 長과 投票人名簿作成에 종사하는 公務員이 정당한 이유없이 投票人名簿作成에 관하여 管轄區·市·郡選擧管理委員會의 指示·命令 또는 是正要求에 不應하거나 그 職務를 태만히 하거나 違法·부당한 행위를 한 때에는 管轄區·市·郡選擧管理委員會 또는 市·道選擧管理委員會는 任免權者에게 그 替任을 요구할 수 있다.

⑤ 第4項의 替任要求가 있는 때에는 任免權者는 정당한 이유를 제시하지 아니하는 한 이에 응하여야 한다.

第16條【名簿閱覽】 ① 區·市·邑·面의 長은 投票人名簿作成滿了日의 다음 날로부터 3日間 場所를 정하여 投票人名簿를 閱覽하게 하여야 하며, 投票權者의 편의를 위하여 閱覽期間중 區·市에 있어서는 統別, 邑·面에 있어서는 里別의 投票人名簿謄本을 統·里의 長이 지정하는 場所에 비치하여 供覽하게 하여야 한다.

② 投票權者는 누구든지 投票人名簿를 자유로이 閱覽할 수 있다.

③ 第1項의 場所와 閱覽時間은 閱覽開始日 3日전에 이를 公告하여야 한다.

第17條【異議申請】 ① 投票權者는 누구든지 投票人名簿에 漏落·誤記 또는 資格이 없는 投票人이 登載되어 있다고 인정하는 때에는 閱覽期間내에 口述 또는 書面으로 당해 區·市·邑·面의 長에게 異議를 申請하여 그 修正을 요구할 수 있다.

② 區·市·邑·面의 長이 第1項의 요구를 받은 때에는 2日 이내에 審査·決定하되 異議가 정당하다고 決定한 때에는 즉시 投票人名簿를 修正하고 申請人·관계인과 管轄區·市·郡選擧管理委員會에 書面으로 통지하여야 하며, 정당하지 아니하다고 決定한 때에는 그 뜻을 申請人·관계인과 管轄區·市·郡選擧管理委員會에 書面으로 통지하여야 한다.

第18條【異議決定에 대한 不服申請】 ① 第17條에 의한 決定에 대하여 불복이 있는 申請人이나 관계인은 그 통지를 받은 날의 다음날까지 管轄區·市·郡選擧管理委員會에 書面으로 再審을 요구할 수 있다.

② 管轄區·市·郡選擧管理委員會가 第1項의 再審要求를 받은 때에는 2日 이내에 審査·決定하되 그 요구가 정당하다고 決定한 때에는 즉시 관계 區·市·邑·面의 長에게 통지하여 投票人名簿를 修正하게 하고 즉시 申請人과 관계인에게 書面으로 통지하여야 하며, 정당하지 아니하다고 決定한 때에는 그 뜻을 申請人·관계인과 관계 區·市·邑·面의 長에게 書面으로 통지하여야 한다.

第19條【名簿의 확정과 效力】 投票人名簿는 投票日전 5日에, 不在者申告人名簿는 그 申請期間滿了日의 다음 날에 각각 확정되며, 당해 國民投票에 한하여 效力을 가진다.

第20條【投票人名簿의 再作成】 ① 天災·地變 기타의 事故로 인하여 필요한 때에는 區·市·邑·面의 長은 다시 投票人名簿를 작성하여야 한다. 다만, 第14條第7項의 規定에 의하여 송부한 投票人名簿謄本이 있는 때에는 投票人名簿를 다시 작성하지 아니하고 그 投票人名簿謄本에 의한다.

② 第1項의 投票人名簿의 작성·閱覽·확정·有效期間 기타 필요한 사항에 관하여는 大統領令으로 정한다.

第21條【名簿寫本의 교부】 ① 區·市·邑·面의 長은 國民投票日公告日 현재 國會에 交涉團體를 구성한 政黨(이하 "政黨"이라 한다)의 申請이 있는 때에는 확정된 投票人名簿 또는 不在者申告人名簿의 寫本 1通을 그 名簿가 확정된 후 지체없이 申請人에게 교부하여야 한다.

② 第1項의 規定에 의한 投票人名簿寫本 및 不在者申告人名簿寫本의 交付申請은 投票人名簿 또는 不在者申告人名簿의 確定日前日까지 당해 區·市·邑·面의 長에게 하여야 한다.

③ 投票人名簿寫本 또는 不在者申告人名簿寫本의 交付申請 및 費用納付등에 관하여 필요한 사항은 大統領令으로 정한다.

第5章 國民投票案의 게시등

第22條【國民投票案의 게시】 ① 中央選擧管理委員會는 公告된 國民投票案을 投票權者에게 周知시키기 위하여 게시하여야 한다.

② 國民投票案의 게시는 人口 100人에 1枚의 比率로 한다. 다만, 區·市에 있어서는 人口密集狀態 및 貼付場所등을 감안하여 中央選擧管理委員會가 정하는 바에 따라 人口 500人에 1枚의 比率까지 조정하여 貼付할 수 있다.

③ 國民投票案의 掲示文에는 國民投票案만을 기재하여야 한다.

④ 國民投票案의 掲示文의 規格·書式 기타 필요한 사항은 中央選擧管理委員會가 정한다.

第23條【國民投票公報의 발행】 ① 區·市·郡選擧管理委員會는 國民投票案의 提案理由·主要骨子와 그 내용·國民投票節次 기타 필요한 사항을 게재한 國民投票公報를 1回 이상 발행하여야 한다.

② 國民投票公報의 規格·작성 기타 필요한 사항에 관하여는 中央選擧管理委員會가 정한다.

第24條【國民投票公報의 배부】 ① 區·市·郡選擧管理委員會는 國民投票公報를 不在者申告人名簿에 登載된 投票人에게는 不在者申告人名簿確定日로부터 5日 이내에, 開票區내 每世帶에 대하여는 投票日전 4日까지 각각 郵便으로 송부하여야 한다. 이 경우 郵便은 無料로 한다.

② 不在者申告人名簿에 登載된 投票人에게는 國民投票公報를 郵便投票의 投票用紙와 同封하여 송부할 수 있다.

第6章 國民投票에 관한 運動

第25條【定義】 ① 이 法에서 "國民投票에 관한 運動"이라 함은 國民投票의 대상이 되는 사항에 관하여 贊成하게 하거나 反對하게 하는 행위를 말한다.

② 國民投票의 대상이 되는 사항에 관한 단순한 의견의 開陳, 意思의 표시는 國民投票에 관한 運動으로 보지 아니한다.

第26條【國民投票에 관한 運動의 期間】 國民投票에 관한 運動(이하 "運動"이라 한다)은 國民投票日公告日로부터 投票日 前日까지에 한하여 이를 할 수 있다.

第27條【運動의 한계】 運動은 이 法에 規定된 이외의 방법으로는 이를 할 수 없다.

第28條【運動을 할 수 없는 者】 ① 政黨法上의 黨員의 資格이 없는 者는 運動을 할 수 없다.

② 예비군 小隊長級 이상의 幹部 및 里·洞·統·班의 長은 國民投票日公告日 이전에 그 職에서 解任되지 아니하고는 運動을 할 수 없으며 演說員 또는 投·開票 參觀人이 될 수 없다.(2016.5.29 본항개정)

第29條【運動關係者등의 身分保障】 演說員·投票參觀人 및 開票參觀人의 身分保障에 관하여는 選擧管理委員會法 第13條를 準用한다.

第30條【放送施設을 이용한 演說】 ① 政黨이 指名한 演說員은 運動期間중에 運動을 위하여 텔레비전 및 라디오 放送施設(이하 "放送施設"이라 한다)을 이용하여 演說을 할 수 있다.

② 第1項의 規定에 의한 演說은 贊成·反對別로 각각 텔레비전 및 라디오 放送施設을 각 3回(再放送을 포함한다. 이하 같다) 이내에서 이용할 수 있으며, 그 時間은 매회 20分을 초과할 수 없다. 이 경우 回數의 計算에 있어서 하나의 放送施設을 선정하여 당해 放送網을 동시에 이용하는 것은 1回로 본다.

③ 中央選擧管理委員會는 國民投票日公告日후 2日 이내에 演說員이 이용할 수 있는 放送施設을 미리 지정하고 이를 政黨에 통지하여야 한다.

④ 政黨은 贊成·反對를 구분하여 이용할 放送施設의 名稱·利用日時·演說員의 姓名·所要時間·이용방법 등을 기재한 申請書를 國民投票日公告日로부터 3日 이내에 中央選擧管理委員會에 제출하여야 한다.

⑤ 第4項의 規定에 의하여 政黨이 申請한 放送施設의 利用日時가 서로 重疊되는 경우에는 中央選擧管理委員會가 모든 政黨에게 公平하게 그 日時와 順序를 정하여야 한다.

⑥ 中央選擧管理委員會가 第5項의 規定에 의하여 放送日時와 順序등을 決定한 때에는 이를 公告하고 政黨에 통지하여야 한다.

⑦ 放送施設을 경영하는 者는 中央選擧管理委員會로부터 放送施設의 이용요청이 있는 때에는 우선적으로 이에 응하여야 한다.

⑧ 放送施設을 이용하여 演說하는 때의 費用은 國庫에서 부담한다.

⑨ 放送施設의 이용에 관한 申請書등 필요한 사항은 中央選擧管理委員會가 정한다.

第31條【放送施設을 이용한 對談·討論】 ① 政黨이 指名한 演說員은 放送施設을 이용하여 對談 또는 討論을 할 수 있다.

② 第1項의 "對談·討論"이라 함은 政黨이 지정한 2人 이상의 演說員이 참여하여 실시하는 것을 말한다.

③ 第1項의 對談 또는 討論은 放送施設을 경영하는 者가 主管하여 행하되, 對談 또는 討論을 하고자 하는 政黨과 協議하여 決定하여야 하며, 그 時間은 매회 120分을 초과할 수 없다.

④ 第3項의 경우 韓國放送公社는 당해 公社가 경영하는 텔레비전과 라디오 放送施設을 통하여 각 2回 이상 對談 또는 討論會를 開催하여야 한다.

⑤ 第3項의 對談 또는 討論은 공정하여야 하며, 이에 필요한 사항은 大統領令으로 정한다.

⑥ 放送施設을 이용한 對談 또는 討論의 費用은 이를 主管한 放送施設을 경영하는 者가 부담한다.

⑦ 第30條第2項 後段의 規定은 放送施設을 이용한 對談 또는 討論의 경우에 이를 準用한다.

⑧ 放送施設을 경영하는 者는 對談 또는 討論이 贊成·反對側의 政黨에 公平하게 행하여야 하며, 그 日時·參加者·방법 등이 決定된 때에는 放送·放映日전 2日까지 이를 中央選擧管理委員會에 申告하여야 한다.

第32條【演說會】 ① 政黨은 運動期間중 運動을 위하여 演說會를 開催할 수 있다.

② 第1項의 "演說會"라 함은 미리 일정한 場所와 時間을 정하여 多數人을 集合하게 하여 실시하는 屋內外集會를 말한다.

③ 第1項의 演說會를 開催하고자 할 때에는 政黨은 大統領令이 정하는 바에 의하여 開催日 前日까지 區·市·郡選擧管理委員會에 書面으로 申告하여야 한다.

④ 第3項의 申告가 동일한 場所에 2 이상이 있을 때에는 區·市·郡選擧管理委員會는 申告書接受順位에 의하여 그 順位를 調整하여야 한다. 다만, 동시에 申告된 때에는 抽籤에 의하여 區·市·郡選擧管理委員會가 우선하여 演說會를 開催할 者를 決定한다.

⑤ 演說會의 場所使用은 1回에 5時間을 초과할 수 없다.

⑥ 演說會는 各 政黨別로 區·市에 있어서는 각각 3回를, 郡에 있어서는 각각 邑·面數를 초과할 수 없다.

⑦ 演說會의 申告 기타 필요한 사항은 大統領令으로 정한다.

⑧ 政黨은 演說會의 告知를 위하여 區·市·郡選擧管理委員會의 檢印을 받아 壁報를 작성·貼付할 수 있다.

⑨ 第8項의 壁報의 枚數는 演說會 1回에 100枚로 하고, 그 規格과 기재사항은 中央選擧管理委員會規則으로 정한다.

第33條【公共施設등의 이용】 ① 政黨은 다음 各號의 1에 해당하는 施設을 大統領令이 정하는 바에 의하여 演說會의 場所로서 無料로 사용할 수 있다.

1. 學校·公會堂·公園·運動場·市場·道路邊廣場
2. 기타 大統領令으로 정하는 建物이나 施設

② 學校 기타 公共施設의 管理者는 第1項의 規定에 의한 使用申請이 있는 때에는 정당한 이유가 있는 경우를 제외하고는 다른 目的에 우선하여 그 사용을 許可하여야 하며, 學校에 있어서는 正常的인 授業時間이 아니면 그 사용을 거부하지 못한다.

第34條【演說禁止場所】 누구든지 다음 各號의 1에 해당하는 場所에서는 運動을 위한 演說을 할 수 없다.

1. 第33條에 規定된 이외의 國家·地方自治團體·政府投資機關管理基本法 第2條에 規定된 政府投資機關이 所有하거나 管理하는 建物·施設
2. 列車·電動車·航空機·船舶·乘合自動車의 停車場構內
3. 病院·診療所·圖書館·硏究所·試驗所와 기타 醫療·文化·硏究施設

第35條【小型印刷物의 配布】 누구든지 運動을 위하여 國民投票案에 관한 의견을 표시한 小型印刷物을 製作·配布할 수 있다.

第36條【擴聲裝置와 自動車등의 사용제한】 ① 演說會와 演說會의 告知 이외에는 擴聲裝置를 사용하여 運動을 할 수 없다.

② 演說會를 開催할 때에는 演說會場所로부터 區·市에 있어서는 300미터, 郡에 있어서는 500미터안의 距離에서는 누구든지 擴聲裝置를 사용할 수 없다.

③ 政黨은 演說會를 위하여 擴聲裝置에 의한 告知를 하고자 할 때에는 告知區域과 時間을 정하여 演說會마다 1回에 한하여 당해 區·市·郡選擧管理委員會에 擴聲裝置에 의한 告知를 申告하여야 한다. 이 경우에 車輛은 演說會 1回에 2臺에 한하며, 告知區域은 당해 區·市·郡으로 한다.

④ 第3項의 告知用 車輛 및 擴聲裝置와 車輛의 運行에 필요한 經費는 擴聲裝置에 의한 告知를 申告한 政黨이 부담한다.

第37條【討論등의 게재금지】 國家 또는 地方自治團體는 그 발행하는 官報·公報 등의 刊行物에 國民投票案에 대한 贊成 또는 反對의 의견을 게재할 수 없다.

第38條【虛僞放送등의 금지】 누구든지 運動을 위하여 放送 또는 刊行物을 통하여 허위의 사실을 宣傳하거나 사실을 歪曲하는 宣傳을 하여 國民投票의 공정을 해하여서는 아니된다.

第39條【新聞·雜誌등의 不法利用의 제한】 누구든지 國民投票案을 贊成 또는 反對하게 하기 위하여 刊行物을 경영·編輯·取材 또는 執筆하는 者에게 金品·饗應 기타 이익을 제공하거나 제공할 意思의 표시 또는 約束을 하여 贊成 또는 反對의 報道·評論 등을 게재하게 할 수 없다.

第40條【특수관계를 이용한 運動의 금지】 누구든지 敎育機關이나 宗敎的·職業的 團體에 대한 특수관계를 이용하여 運動을 할 수 없다.

第41條【戶別訪問禁止】 ① 누구든지 運動을 위하여 戶別로 訪問할 수 없다.

② 누구든지 演說會의 통지를 위하여 戶別로 訪問할 수 없다.

第42條【署名·捺印運動禁止】 누구든지 運動의 目的으로 署名이나 捺印을 받을 수 없다.

第43條【飮食物提供禁止】 누구든지 運動을 위하여 어떠한 場所에서나 어떠한 名目으로도 飮食物을 제공할 수 없다.

第44條【각종 集會등의 제한】 누구든지 運動期間중 國民投票에 영향을 미치게 할 目的으로 團合大會(政黨活動은 제외한다)·鄕友會·野遊會·宗親會 및 同窓會 등의 集會를 開催할 수 없다.

第45條【公務員등의 出張制限】 運動期間중 公務員과 政府投資機關의 任·職員은 정상적인 業務외의 出張을 할 수 없다.

第46條【演說會場에서의 騷亂行爲의 금지】 누구든지 演說會場에서 暴行·脅迫 기타 어떠한 방법으로도 演說會場의 秩序를 문란하게 하거나 그 進行을 방해하는 행위를 할 수 없다.

第47條【夜間演說禁止】 夜間(下午 11時부터 上午 6時까지를 말한다)에는 演說會를 開催할 수 없다.

第48條【特定人 誹謗의 금지】 누구든지 國民投票의 결과에 영향을 미치게 하기 위하여 特定人의 身分·經歷·人格 또는 그 所屬政黨에 관하여 허위의 사실을 陳述하거나 流布할 수 없으며 공연히 사실을 摘示하여 개인의 人身攻擊을 할 수 없다.

第7章 國民投票日과 投票

第49條【國民投票日의 公告】 大統領은 늦어도 國民投票日전 18日까지 國民投票日과 國民投票案을 동시에 公告하여야 한다.

第50條【投票方法】 ① 國民投票는 記票方法에 의한 票로써 한다.

② 投票는 직접 또는 郵便으로 하되, 1人 1票로 한다.

③ 投票를 함에 있어서는 投票人의 姓名을 표시하여서는 아니된다.

第51條【投票所의 設置와 公告】 ① 投票所는 投票區마다 設置하되, 投票區選擧管理委員會가 投票日전 10日까지 그 名稱과 所在地를 公告하여야 한다. 다만, 天災·地變 기타 불가피한 사유가 있을 때에는 이를 變更할 수 있다.

② 第1項 但書의 경우에는 즉시 이를 公告하여 投票人에게 周知시켜야 한다.

③ 投票所는 學校, 邑·面 또는 里·洞의 事務所와 公會堂 중에서 投票하기 편리한 곳에 設置한다. 다만 부득이한 사유로 인하여 기타의 場所에 設置할 때에는 管轄區·市·郡選擧管理委員會의 決定에 의하여야 한다.

④ 兵營안에는 投票所를 設置하지 못한다.

⑤ 投票所의 記票場所는 다른 사람이 엿볼 수 없도록 設備하여야 하며 어떠한 標識도 하여서는 아니된다.

⑥ 投票所에는 投票事務를 補助하게 하기 위하여 投票事務從事員을 둔다.

⑦ 投票事務從事員은 당해 關係行政機關의 公務員 또는 敎育公務員중에서 投票區選擧管理委員會가 위촉하되 投票日전 3日까지 그 姓名을 公告하여야 한다.

第52條【投票時間】 ① 投票所는 오전 6시에 열고 오후 6시에 닫는다. 그러나, 마감할 때에 投票所에서 投票를 하기 위하여 待機하고 있는 投票人에게는 投票를 시킨 후에 닫아야 한다.(2007.5.17 본항개정)

② 投票를 開始할 때에는 投票區選擧管理委員會委員은 投票函 및 記票場所 내외의 異狀有無에 관하여 檢査하여야 하며, 이에는 投票參觀人이 관여하여야 한다.

③ 郵便投票는 投票日의 오후 6시까지 管轄區·市·郡選擧管理委員會에 到着하여야 한다.(2007.5.17 본항개정)

第53條【投票用紙】 ① 投票用紙에는 贊成과 反對의 兩欄을 두어야 한다.

② 投票用紙에는 一連番號를 記入하여야 하며, 그 書式과 規格은 中央選擧管理委員會規則으로 정한다.

第54條【投票用紙·投票函의 작성 등】 ① 投票用紙와 投票函은 管轄區·市·郡選擧管理委員會에서 작성하여 投票日 前日까지 投票區選擧管理委員會에 송부하며, 投票函의 規格은 中央選擧管理委員會規則으로 정한다.

② 第1項의 規定에 의한 投票函의 數는 投票區마다 2個 이내로 한다. 그러나 投票에 있어서 동시에 2個의 投票函을 사용할 수 없다.

③ 郵便投票用投票函은 따로 작성하여야 한다.

④ 投票用紙에는 中央選擧管理委員會規則이 정하는 바에 의하여 管轄區·市·郡選擧管理委員會의 廳印을 捺印하여야 한다.

⑤ 投票用紙에는 區·市·郡選擧管理委員會에서 政黨이 추천한 各 1人중 抽籤에 의한 2人의 政黨代理人이 加印하여야 한다.

⑥ 第5項의 規定에 의한 政黨代理人이 없거나 정당한 이유없이 加印을 거부하는 때에는 그 權限을 포기한 것으로 보고 그 사유를 기재하고 區·市·郡選擧管理委員會委員長이 加印하여야 한다.

第55條【投票用紙模型의 公告】 ① 區·市·郡選擧管理委員會는 投票用紙의 模型을 投票日전 7日까지 各 投票區마다 公告하여야 한다.

② 區·市·郡選擧管理委員會는 投票用紙를 印刷할 印刷所를 決定한 때에는 지체없이 그 印刷所의 名稱과 所在地를 公告하여야 한다.

第56條【投票通知票交付】 ① 區·市·邑·面의 長은 投票通知票를 投票人名簿에 登載된 投票人(投票人이 不在중인 때에는 세대주·가족·同居人의 順으로 事理를 分別할 수 있는 者)에게 投票日전 2日까지 교부하여야 한다.(2005.3.31 본항개정)

② 第1項의 投票通知票에는 投票人의 住所·姓名·性別·生年月日 및 投票人名簿登載番號와 投票場所를 기재하여야 한다.

③ 投票通知票를 교부할 때에는 受領證을 받아야 하며, 投票通知票의 교부가 끝난 후 投票區別로 投票通知票交付錄을 작성하여 受領證 및 교부되지 아니한 殘餘投票通知票와 함께 지체없이 投票區選擧管理委員會에 송부하여야 한다.

④ 投票區選擧管理委員會는 교부되지 아니한 殘餘投票通知票를 第1項의 規定에 準하여 投票日 前日까지 受領證을 받고 교부한 후 投票通知票交付錄을 작성하여야 하며, 교부하지 못한 投票通知票에 대하여는 投票通知票交付錄에 그 사유를 명시하여야 한다.

⑤ 區·市·邑·面의 長과 投票區選擧管理委員會는 投票通知票를 교부하는 때에는 당해 區·市·邑·面의 區域안에 居住하는 投票權者중에서 政黨이 指名하는 者(이하 "投票通知票交付立會人"이라 한다)를 1人씩 立會하게 하여야 한다. 다만, 投票通知票交付立會人이 없거나 참여하지 아니한 때에는 그러하지 아니하다.

⑥ 投票通知票交付立會人은 投票通知票의 교부를 방해·간섭 또는 遲延시키거나 國民投票案에 관한 贊成 또는 反對를 勸誘하거나 기타 어떠한 방법으로든지 國民投票에 영향을 주는 행위를 하여서는 아니되며, 腕章·胸章 기타 國民投票에 관한 어떠한 標識도 附着 또는 휴대할 수 없다.

⑦ 投票通知票와 受領證은 1枚로 印刷하여 100枚 單位로 綴하고 一連番號를 붙이며 投票人에게 교부할 때마다 投票通知票를 切取하여야 한다.

第57條【投票用紙의 受領】 ① 投票人은 자신이 投票所에 가서 投票參觀人의 참여하에 住民登錄證과 投票通知票를 제시하고 本人임을 확인받은 후 投票區選擧管理委員會委員 앞에서 投票人名簿에 捺印 또는 拇印하고 投票用紙 1枚를 받아야 한다.

② 投票區選擧管理委員會委員長은 管轄區·市·郡選擧管理委員會로부터 송부된 投票用紙를 封緘하였다가 投票日에 投票人에게 교부할 때에는 그 때마다 私印을 捺印하여야 한다. 이 경우 投票區選擧管理委員會는 抽籤으로 決定된 2政黨이 추천한 政黨推薦委員 各 1人으로 하여금 投票開始時刻전까지 中央選擧管理委員會規則으로 정하는 時間에 投票用紙에 加印하도록 하여야 한다. 다만, 당해 政黨에서 추천한 委員이 없거나 정당한 이유없이 加印을 거부하는 委員이 있을 때에는 그 權限을 포기한 것으로 보고 그 사유를 投票錄에 기재하여야 한다.

③ 郵便投票의 投票用紙는 投票日전 9日 上午 9時부터 管轄區·市·郡選擧管理委員會에서 政黨이 추천한 者(이하 "郵便投票參觀人"이라 한다)의 參觀下에 投票用紙의 一連番號를 절취한 후 投票用紙를 封套에 넣어 回送用 外封套에 넣고 다시 發送用 外封套에 넣어 封緘하고 2日 이내에 發送하여야 한다. 이 경우 郵便投票參觀人이 그 時刻까지 참석하지 아니한 때에는 參觀을 포기한 것으로 본다.

④ 郵便投票의 投票用紙의 發送과 回送은 無料登記郵便으로 한다.

⑤ 投票區選擧管理委員會委員長은 住民登錄證을 제시하지 아니한 投票人에게 投票用紙를 교부하여서는 아니된다.

⑥ 投票區選擧管理委員會委員長은 第1項의 規定에 의한 投票通知票를 持參하지 아니한 投票人이라도 住民登錄證에 의하여 投票人名簿에 登載된 投票人임이 확인된 때에는 投票用紙를 교부하여야 한다.

第58條【投票의 제한】 ① 投票人名簿에 登載되지 아니한 者는 投票할 수 없다. 다만, 第17條第2項 또는 第18條第2項의 決定書를 持參한 者는 投票할 수 있다.

② 投票人名簿에 登載되었더라도 投票日에 投票權이 없는 者는 投票할 수 없다.

③ 不在者申告人名簿에 登載된 投票人은 郵便投票에 의하지 아니하고는 投票할 수 없다.

第59條【記票節次】 ① 投票人은 投票用紙를 받은 후 投票區選擧管理委員會委員과 投票參觀人의 面前에서 番號紙를 떼어 番號紙函에 넣은 다음 記票所에서 投票用紙에 贊成·反對를 選擇하는 標를 한 후 그 자리에서 보이지 아니하게 접어 投票區選擧管理委員會委員과 投票參觀人의 面前에서 投票函에 넣어야 한다.
② 投票人이 投票用紙를 汚損한 때라도 이를 다시 교부하지 아니한다.
③ 盲人 기타 身體의 不具로 인하여 자신이 記票를 할 수 없는 投票人은 그 家族 또는 本人이 지정한 사람 2人을 同伴하여 投票를 援助하게 할 수 있다.
④ 第3項의 경우를 제외하고는 同一 記票所안에 2人 이상이 동시에 들어갈 수 없다.
⑤ 第14條第2項第2號 및 第3號에 해당하는 者로서 第58條第3項의 規定에 의하여 郵便投票를 하는 者가 소속하는 機關 또는 施設의 長은 郵便投票를 하는 者가 投票用紙에 記票를 하고 郵便投票用 封套를 封緘할 수 있도록 營內·艦艇·病院·療養所·收容所·矯導所 또는 船舶안에 記票所를 設置하고 이를 즉시 告示하여야 한다. 이 경우 記票所는 第51條第5項의 規定에 적합하도록 하여야 한다.
⑥ 第5項의 規定에 의한 郵便投票用記票所의 設置對象과 基準등에 관하여 필요한 사항은 大統領令으로 정한다.
第60條【記票方法】 投票人이 投票用紙에 贊成·反對의 選擇을 하는 標를 할 때에는 "○"標를 하여야 한다.
第61條【委員의 參席數】 投票所에는 投票區選擧管理委員會委員 過半數가 참여하되 늦어도 投票開始 1時間전까지는 출석하여야 한다.
第62條【投票參觀】 ① 投票區選擧管理委員會는 投票參觀人으로 하여금 投票用紙의 交付狀況과 投票狀況을 參觀하게 하여야 한다.
② 投票參觀人은 政黨別로 3人을 投票權者중에서 각각 선정하여 投票日전 3日까지 投票區選擧管理委員會에 申告하여야 한다.
③ 投票參觀人은 12人으로 하되 第2項의 規定에 의하여 投票參觀人을 지정하는 경우에 投票區選擧管理委員會는 政黨의 數가 12를 초과하는 때에는 政黨別로 선정한 者중에서 1人씩 抽籤하여 지정하고, 政黨의 數가 12에 미달하되 선정한 人員數가 12人을 초과하는 때에는 政黨別로 1人씩을 지정한 후 나머지 人員은 抽籤에 의하여 지정하며, 政黨이 선정한 人員數가 12人에 미달하는 때에는 그 投票區를 관할하는 區·市·郡의 區域안에 居住하는 學識과 德望이 있는 投票權者중에서 本人의 승낙을 받아 12人에 達할 때까지 선정한 者를 投票參觀人으로 한다.
④ 第2項의 規定에 의하여 선정·申告된 者 또는 第3項의 規定에 의하여 지정된 者중 政黨이 선정한 投票參觀人에 대하여는 필요에 따라 投票區選擧管理委員會에 申告후 언제든지 交替할 수 있으며, 投票日에는 投票所에서 申告할 수 있다.
⑤ 投票權이 없는 者 및 公職選擧및選擧不正防止法 第53條第1項 各號의 1에 해당하는 者는 投票參觀人이 될 수 없다.(1994.3.16 본항개정)
⑥ 第3項의 規定에 의하여 投票區選擧管理委員會가 선정한 投票參觀人은 정당한 이유없이 參觀을 거부하거나 그 職을 辭任할 수 없다.
⑦ 投票區選擧管理委員會는 投票參觀人을 6人씩 交代하여 參觀하게 하되, 한 政黨이 선정한 投票參觀人 全員을 동시에 參觀하게 하여서는 아니된다.
⑧ 投票區選擧管理委員會는 投票用紙의 交付狀況과 投票狀況을 쉽게 볼 수 있는 場所에 投票參觀人席을 設置하여야 한다.
⑨ 投票參觀人은 投票事務에 간섭하거나 投票를 勸誘하거나 기타 어떠한 방법으로든지 投票에 영향을 미치는 행위를 하여서는 아니된다.
⑩ 投票區選擧管理委員會는 投票參觀人이 投票干涉·不正投票 기타 이 法의 規定에 위반되는 사실을 발견하여 그 是正을 요구한 경우에 그 요구가 정당하다고 인정될 때에는 이를 是正하여야 한다.
⑪ 投票參觀人은 投票所안에서 事故가 발생한 때에는 投票狀況을 촬영할 수 있다.
⑫ 投票參觀人의 手當은 中央選擧管理委員會가 정하는 바에 따라 國庫에서 부담한다.
第63條【投票所의 出入禁止】 ① 投票人·投票參觀人·投票區選擧管理委員會와 그 上級選擧管理委員會의 委員 및 職員과 投票事務從事員을 제외하고는 投票所에 들어갈 수 없다.
② 選擧管理委員會의 委員·職員·投票事務從事員 및 投票參觀人이 投票所에 出入할 때에는 中央選擧管理委員會規則이 정하는 바에 의하여 所屬·職責 및 姓名을 표시하는 記章을 가슴에 附着하여야 하며, 이 規定에 의한 附着物이외는 投票에 관련한 어떠한 表示物도 附着할 수 없다.
③ 第2項의 附着物은 다른 사람에게 讓渡·讓與할 수 없다.
第64條【投票所의 秩序維持】 ① 投票區選擧管理委員會委員長이나 委員 및 職員은 投票所의 秩序가 심히 문란하여 공정한 投票가 실시될 수 없다고 인정될 때에는 投票所의 秩序를 유지하기 위하여 正服을 한 警察公務員에게 援助를 요구할 수 있다.
② 第1項의 規定에 의한 援助要求를 받은 警察公務員은 즉시 이에 응하여야 한다.
③ 第1項의 援助要求에 의하여 投票所안에 들어간 警察公務員은 投票區選擧管理委員會委員長의 指示를 받아야 하며, 秩序가 회복되거나 委員長의 요구가 있는 때에는 즉시 投票所에서 退去하여야 한다.
第65條【武器나 凶器등의 휴대금지】 第64條第1項의 경우를 제외하고는 投票所안에서 武器나 凶器 또는 爆發物을 휴대할 수 없다.
第66條【投票所 내외에서의 騷亂言動禁止】 ① 投票所안에서 또는 投票所로부터 100미터 안에서 騷亂한 言動을 하는 者가 있을 때에는 投票區選擧管理委員會委員長은 이를 制止하고, 그 命令에 불응한 때에는 投票所 또는 그 制限距離밖으로 退去시켜야 한다.
② 第1項의 規定에 의하여 退去당한 投票人은 최후에 投票하게 한다. 그러나 投票區選擧管理委員會委員長은 投票所의 秩序를 문란하게 할 우려가 없다고 인정할 때에는 그 전에라도 投票하게 할 수 있다.
③ 누구든지 投票日에 있어서는 腕章·胸章등의 着用 기타의 방법으로 國民投票에 영향을 미칠 우려가 있는 標識를 할 수 없다. 다만, 第63條第2項의 規定에 의한 記章은 그러하지 아니하다.
④ 第1項의 規定에 의한 投票所의 秩序維持를 위하여 投票區選擧管理委員會委員長이나 委員 및 職員으로부터 필요한 措置의 요구를 받은 警察公務員은 즉시 이에 응하여야 한다.
第67條【投票의 秘密保障】 ① 投票의 秘密은 보장되어야 한다.
② 投票人은 投票에 관하여 누구에게도 陳述할 義務가 없으며 國家 또는 어떠한 機關이라도 이를 質問하거나 陳述을 요구할 수 없다.
③ 投票人은 자신이 記票한 投票紙의 내용을 公開할 수 없으며, 公開한 投票紙는 無效로 한다.
第68條【投票函등의 封鎖】 ① 投票區選擧管理委員會委員長은 投票所를 닫는 時刻이 된 때에는 投票所의 入口를 닫아야 하며, 投票所안에 있는 投票人의 投票가 끝나면 投票參觀人의 참여하에 출석한 委員 全員과 함께 投票函과 그 자물쇠를 封鎖·封印하여야 한다. 다만, 정당한 이유없이 封鎖·封印을 거부하는 委員이나 참여를 거부하는 投票參觀人이 있을 때에는 그 權限을 포기한 것으로 보고 그 사유를 投票錄에 기재하여야 한다.
② 投票函의 열쇠와 殘餘投票用紙·投票通知票 및 番號紙는 第1項의 規定에 의하여 각각 封印하여야 한다.
第69條【投票錄 작성】 投票區選擧管理委員會는 投票錄을 작성하여 委員長과 출석한 委員 全員이 함께 署名·捺印하여야 한다. 다만, 정당한 이유없이 署名·捺印을 거부하는 委員이 있을 때에는 그 權限을 포기한 것으로 보고 그 사유를 投票錄에 기재하여야 한다.
第70條【投票函등의 송부】 ① 投票區選擧管理委員會委員長은 投票가 끝난 후 지체없이 投票函 및 그 열쇠·投票錄과 殘餘投票用紙를 管轄區·市·郡選擧管理委員會에 송부하여야 한다.
② 第1項의 規定에 의하여 投票函을 송부할 때에는 投票參觀人을 同伴할 수 있으며, 護送에 필요한 正服을 한 警察公務員 2人에 한하여 同伴할 수 있다.
第71條【投票關係書類의 引繼】 投票區選擧管理委員會는 投票가 끝난 후 投票人名簿 기타 投票에 관한 모든 書類를 管轄區·市·郡選擧管理委員會委員長에게 引繼하여야 한다.

第8章 開票

第72條【開票管理】 ① 開票事務는 管轄區·市·郡選擧管理委員會가 이를 행한다.
② 開票할 때에는 委員過半數가 출석하여야 한다.
第73條【開票所의 設置와 公告】 ① 區·市·郡選擧管理委員會는 投票日전 5日까지 그 區·市·郡廳所在地에 設置할 開票場所를 公告하여야 한다.
② 區·市·郡選擧管理委員會에 開票事務를 補助하게 하기 위하여 開票事務從事員을 둔다.
③ 開票事務從事員은 당해 關係行政機關이나 法院의 公務員 또는 敎育公務員중에서 區·市·郡選擧管理委員會가 위촉하되, 投票日전 3日까지 그 姓名을 公告하여야 한다. 다만, 關係行政機關의 公務員은 開票事務從事員 總數의 3분의 1을 초과하지 못한다. 그러나, 法院의 公務員 또는 敎育公務員만으로써는 開票事務從事員 總數의 3分의 2에 미달하는 경우에는 그러하지 아니하다.
第74條【開票所의 出入制限과 秩序維持】 ① 區·市·郡選擧管理委員會 및 그 上級選擧管理委員會의 委員이나 職員·開票事務從事員·開票參觀人 이외에는 開票所에 들어갈 수 없다.
② 選擧管理委員會의 委員·職員·開票事務從事員 및 開票參觀人이 開票所에 出入할 때에는 中央選擧管理委員會規則이 정하는 바에 의하여 그 소속·職責 및 姓名을 표시한 記章을 가슴에 附着하여야 한다.
③ 區·市·郡選擧管理委員會委員長은 委員會의 決議에 의하여 開票所의 秩序가 심히 문란하여 공정한 開票가 실시될 수 없다고 인정될 때에는 開票所의 秩序를 유지하기 위하여 正服을 한 警察公務員의 援助를 요구할 수 있다.
④ 第3項의 요구에 의하여 開票所에 들어간 警察公務員은 區·市·郡選擧管理委員會委員長의 指示를 받아야 하며, 秩序가 회복되거나 委員長의 요구가 있을 때에는 즉시 開票所에서 退去하여야 한다.
⑤ 第3項의 경우를 제외하고는 누구든지 開票所안에서 武器나 凶器 또는 爆發物을 휴대할 수 없다.
第75條【開票開始】 ① 開票는 投票區選擧管理委員會로부터 投票函이 전부 到着된 후에 특별한 사유가 없는 한 投票函의 到着順位에 따라 행한다. 다만, 交通 기타 부득이한 事情에 의하여 일부 投票函의 到着이 지연될 경우에는 投票函의 3分의 2이상이 到着되면 開票를 開始할 수 있다.
② 開票參觀人은 投票函이 到着된 때에는 그 封鎖·封印을 檢査하고 管理狀況을 參觀할 수 있다.
③ 區·市·郡選擧管理委員會는 郵便投票를 접수할 때에는 이를 즉시 郵便投票用 投票函에 投入·보관하여야 하며, 投票日 下午 6時후터 開票參觀人의 참여하에 本人이 發送한 여부를 확인하고 外封套를 開封하여 一般投票函의 投票紙와 같이 混合하여 開票한다.
第76條【投票函의 開函】 ① 投票函을 開函할 때에는 委員長은 그 뜻을 宣布하고 출석한 委員 全員과 함께 投票函의 封鎖와 封印을 檢査한 후 이를 열어야 한다. 다만, 정당한 이유없이 檢査를 거부하는 委員이나 참여를 거부하는 開票參觀人이 있을 때에는 그 權限을 포기한 것으로 보고 開票錄에 그 사유를 기재하여야 한다.
② 委員長은 開函한 후 投票數를 計算하여 投票錄에 기재된 投票用紙交付數와 對照하여야 한다.
③ 開票는 投票區別로 하되, 投票函은 順次的으로 開函하며 동시에 開函하는 投票函은 2個이내로 한다.
④ 贊成 및 反對投票數의 발표는 投票區單位로 행하되, 출석한 區·市·郡選擧管理委員會委員은 발표전에 贊成·反對 및 無效의 票數를 檢閱하여야 한다. 다만, 정당한 이유없이 開票事務를 지연시키는 委員이 있을 때에는 그 權限을 포기한 것으로 보고 開票錄에 그 사유를 기재하여야 한다.
第77條【開票參觀】 ① 區·市·郡選擧管理委員會는 開票參觀人으로 하여금 開票所안에서 開票狀況을 參觀하게 하여야 한다.
② 第1項의 開票參觀人은 各 政黨이 6人을 선정하여 投票日전 3日까지 당해 區·市·郡選擧管理委員會에 申告하여야 한다.
③ 區·市·郡選擧管理委員會가 第2項의 規定에 의하여 開票參觀人을 申告받은 때에는 政黨別로 선정한 者중에서 3인씩을 交代하여 參觀하게 하여야 한다.
④ 第2項의 規定에 의하여 선정·申告된 者중 政黨은 그가 선정한 開票參觀人에 대하여는 필요에 따라 區·市·郡選擧管理委員會에 申告한 후 언제든지 交替할 수 있으며, 開票日에는 開票所에서 申告할 수 있다.
⑤ 投票權이 없는 者 및 公職選擧및選擧不正防止法 第53條第1項 各號의 1에 해당하는 者는 開票參觀人이 될 수 없다.(1994.3.16 본항개정)
⑥ 區·市·郡選擧管理委員會는 開票參觀人이 開票內容을 識別할 수 있는 가까운 距離(1미터이상 2미터이내)에서 參觀할 수 있도록 開票事務從事員의 맞은편에 開票參觀人席을 설치하여야 한다.
⑦ 開票參觀人은 언제든지 巡廻·監視할 수 있다.
⑧ 區·市·郡選擧管理委員會는 開票參觀人이 開票에 관한 違法事項을 발견하여 그 是正을 요구한 경우에 그 요구가 정당하다고 인정될 때에는 이를 是正하여야 한다.
⑨ 開票參觀人은 開票所안에서 開票狀況을 촬영할 수 있다.
⑩ 一般人은 區·市·郡選擧管理委員會가 발행하는 觀覽證을 받아 區劃된 場所에서 開票狀況을 觀覽할 수 있다.
⑪ 第10項의 觀覽證의 枚數는 開票場所를 참작하여 적당한 數로 하되 政黨別로 균등하게 配付되도록 하여야 한다.
⑫ 區·市·郡選擧管理委員會는 一般觀覽人席에 대하여 秩序維持에 필요한 設備를 하여야 한다.
⑬ 開票參觀人의 手當은 中央選擧管理委員會가 정하는 바에 따라 國庫에서 부담한다.
第78條【無效投票】 ① 다음 各號의 1에 해당하는 投票는 無效로 한다.
1. 正規의 投票用紙를 사용하지 아니한 것
2. 贊成·反對 어느 欄에도 標를 하지 아니한 것
3. 贊成·反對 모두 標를 한 것
4. 贊成·反對 어느 欄에 標를 한 것인지 識別할 수 없는 것
5. ○標를 하지 아니하고 文字 또는 物形을 記入한 것
6. ○標 이외에 다른 사항을 記入한 것
7. 郵便投票에 있어서 封緘되지 아니한 것 또는 投票人의 本人인 여부가 확인되지 아니한 것
② 다음 各號의 1에 해당하는 投票는 無效로 하지 아니한다.
1. ○票가 一部分 표시되거나 ○票안이 메워져 있어도 당해 投票區選擧管理委員會의 記票用具를 사용하여 記票한 것이 명확한 것
2. 同一欄에만 2個이상 記票되거나 重疊記票된 것
3. 記票欄외에 記票한 것이라도 어느 欄에 記票한 것인가가 명확한 것
4. 贊反의 區分欄線上에 記票되었으나 어느 欄에 記票한 것인가가 명확한 것

5. 記票한 것이 轉寫된 것으로서 어느 欄에 記票한 것인가가 명확한 것
6. 印肉으로 汚損되었으나, 어느 欄에 記票된 것인가가 명확한 것

第79條【投票의 효력의 異議에 대한 決定】 投票의 효력에 관하여 異議가 있을 때에는 區·市·郡選擧管理委員會의 委員 過半數의 출석과 出席委員 過半數의 贊成으로 이를 決定하여야 한다.

第80條【投票紙의 구분】 開票가 끝난 때에는 投票區別로 投票를 有效·無效로 구별하고 有效投票紙는 다시 贊成·反對別로 구분하여 각각 封套에 넣고 區·市·郡選擧管理委員會委員長과 출석한 委員 全員이 封印하여야 한다. 다만, 정당한 이유없이 封印을 거부하는 委員이 있는 때에는 그 權限을 포기한 것으로 보고 그 사유를 開票錄에 기재하여야 한다.

第81條【開票錄의 작성】 區·市·郡選擧管理委員會는 開票錄을 작성하고 委員長과 출석한 委員 全員이 署名·捺印하여야 한다. 다만, 정당한 이유없이 署名·捺印을 거부하는 委員이 있을 때에는 그 權限을 포기한 것으로 보고 그 사유를 開票錄에 기재하여야 한다.

第82條【開票結果의 公表와 보고】 區·市·郡選擧管理委員會는 開票의 결과를 즉시 公表하는 동시에 市·道選擧管理委員會에 開票錄을 첨부하여 보고하여야 한다.

第83條【書類등의 보존】 區·市·郡選擧管理委員會는 投票紙·投票錄 및 開票錄 기타 國民投票에 관한 모든 書類를 投票日로부터 1年間 보존하여야 한다.

第9章 確 定

第84條【中間集計】 ① 市·道選擧管理委員會는 區·市·郡選擧管理委員會로부터 第82條의 보고를 받은 때에는 즉시 投票人數, 投票한 者數, 贊成·反對와 無效의 投票數를 集計하여야 한다.
② 第1項의 경우에는 委員 過半數가 출석하여야 한다.

第85條【中間集計錄의 작성】 市·道選擧管理委員會는 中間集計錄을 작성하고 委員長과 출석한 委員 全員이 署名·捺印하여야 한다. 다만, 정당한 이유없이 署名·捺印을 거부하는 委員이 있을 때에는 그 權限을 포기한 것으로 보고 그 사유를 中間集計錄에 기재하여야 한다.

第86條【集計結果의 公表와 보고】 市·道選擧管理委員會는 集計의 결과를 즉시 公表하는 동시에 中央選擧管理委員會에 中間集計錄을 첨부하여 보고하여야 한다.

第87條【결과의 總集計】 ① 中央選擧管理委員會는 市·道選擧管理委員會로부터 第86條의 보고를 받은 때에는 즉시 投票人數, 投票한 者數, 贊成·反對와 無效의 投票總數를 集計하여야 한다.
② 第1項의 경우에는 委員 過半數가 출석하여야 한다.

第88條【國民投票錄】 中央選擧管理委員會는 國民投票錄을 작성하고 委員長과 출석한 委員 全員이 署名·捺印하여야 한다. 다만, 정당한 이유없이 署名·捺印을 거부하는 委員이 있을 때에는 그 權限을 포기한 것으로 보고 그 사유를 國民投票錄에 기재하여야 한다.

第89條【總結果의 公表와 통보】 中央選擧管理委員會는 第87條第1項의 集計가 끝난 후 즉시 그 결과를 公表하고 이를 大統領과 國會議長에게 통보하여야 한다.

第90條【天災·地變 등으로 인한 再投票】 ① 天災·地變 기타 불가피한 사유로 인하여 1投票區 또는 數個投票區의 投票를 실시하지 못하였거나, 投票函이 紛失 또는 燒失되어 國民投票의 결과에 異動이 미칠 우려가 있다고 인정할 때에는 中央選擧管理委員會는 그 投票區의 投票를 다시 실시한 후 國民投票의 總結果를 公表하고 이를 大統領과 國會議長에게 통보하여야 한다.
② 第1項의 規定에 의한 投票는 그 원인이 제거된 날로부터 10日이내에 실시하되, 中央選擧管理委員會는 投票日 5日전에 投票日을 公告하여야 한다.

第91條【확정의 公布】 大統領이 第89條 또는 第90條의 規定에 의하여 國民投票의 결과를 통보받은 때에는 즉시 이를 公布하여야 한다.

第10章 訴 訟

第92條【國民投票無效의 訴訟】 國民投票의 效力에 관하여 異議가 있는 投票人은 投票人 10萬人이상의 贊成을 얻어 中央選擧管理委員會委員長을 被告로 하여 投票日로부터 20日이내에 大法院에 提訴할 수 있다.

第93條【國民投票無效의 判決】 大法院은 第92條의 規定에 의한 訴訟에 있어서 國民投票에 관하여 이 法 또는 이 法에 의하여 발하는 命令에 위반하는 사실이 있는 경우라도 國民投票의 결과에 영향이 미쳤다고 인정하는 때에 한하여 國民投票의 전부 또는 일부의 無效를 判決한다.

第94條【國民投票訴訟의 우선처리】 國民投票에 관한 訴訟은 다른 訴訟에 우선하여 신속히 裁判하여야 한다.

第95條【訴訟節次】 國民投票에 관한 訴訟에는 이 法에서 規定하는 외에 行政訴訟法 第8條의 規定을 準用한다. 다만, 민사소송법중 제145조·제147조제2항·제149조·제150조제1항·제220조·제225조 내지 제232조·제284조제1항·제285조 및 제288조의 규정은 準用하지 아니한다.(2002.1.26 단서개정)

第96條【國民投票訴訟에 관한 통지】 이 法의 規定에 의하여 訴訟이 제기된 때에는 大法院長은 그 사실을 大統領·國會議長과 中央選擧管理委員會委員長에게 통지하여야 한다. 訴訟이 係屬되지 아니하게 되었거나 判決이 확정된 때에도 또한 같다.

第11章 再投票

第97條【再投票】 ① 第93條의 規定에 의하여 國民投票의 전부 또는 일부의 無效判決이 있을 때에는 再投票를 실시하여야 한다.
② 投票의 全部 無效判決이 있을 때에는 그 判決이 확정된 날로부터 30日이내에 再投票를 실시하여야 하며, 投票日은 늦어도 投票日전 18日까지 大統領이 公告하여야 한다.
③ 投票의 一部 無效의 判決이 있을 때에는 中央選擧管理委員會는 投票가 無效로 된 당해 投票區의 再投票를 실시하여 總集計를 다시 한 후 이를 大統領과 國會議長에게 통보하여야 한다.
④ 第3項의 規定에 의한 投票는 判決이 확정된 날로부터 20日이내에 실시하되, 中央選擧管理委員會는 7日전에 再投票日을 公告하여야 한다.
⑤ 第3項의 規定에 의한 投票는 判決에 명시가 없는 한 第19條의 規定에 불구하고 그 投票에 사용된 投票人名簿를 사용한다.(1997.12.13 본항개정)
⑥ 大統領이 第3項의 規定에 의한 통보를 받은 때에는 지체없이 第91條의 規定에 의한 國民投票에 관한 확정의 公布를 다시 하여야 한다.
⑦ 第93條의 規定에 의하여 國民投票의 일부가 無效인 경우에라도 다시 投票를 하지 아니하고 國民投票의 결과를 決定할 수 있을 때에는 一部 再投票를 실시하지 아니한다.
⑧ 一部 再投票에 있어서의 運動에 관하여는 이 法의 범위안에서 中央選擧管理委員會가 정한다.

第12章 投票의 延期

第98條【投票의 延期】 天災·地變으로 인하여 投票를 실시할 수 없거나, 실시하지 못한 때에는 大統領은 投票를 延期하거나 다시 投票日을 정하여야 한다. 이 경우에는 第49條의 規定에 의한 期間의 제한을 받지 아니한다.

第13章 罰 則

第99條【買收 및 利害誘導罪】 ① 다음 各號의 1에 해당하는 者는 3年이하의 懲役이나 禁錮 또는 150萬원이하의 罰金에 處한다.
1. 贊成하게 하거나 하지 못하게 할 目的으로 投票權者에게 金錢·物品·車馬·饗應 기타 財産上의 이익이나 公私의 職을 제공하거나 그 제공의 意思를 표시 또는 約束한 者
2. 投票를 하거나 하지 아니하거나, 運動을 하거나 하지 아니하거나 또는 그 알선·勸誘에 대한 報酬를 目的으로 投票權者에게 第1號에 規定된 행위를 한 者
3. 投票를 하였거나 아니하였다는 報酬로서 投票權者에게 第1號에 規定된 행위를 한 者
4. 國民投票의 결과에 영향을 미치게 할 目的으로 學校 기타 公共機關·團體에게 金錢·物品 기타 財産上의 이익을 제공하거나 그 제공의 意思를 표시한 者
5. 第1號 내지 第4號에 규정된 행위에 관하여 알선 또는 勸誘를 한 者
6. 第1號 내지 第4號에 規定된 이익 또는 職의 제공을 받거나 요구하거나 그 제공의 意思表示를 승낙한 者
② 選擧管理委員會의 委員이나 職員, 國民投票에 관계있는 公務員 또는 警察公務員이 第1項 各號의 規定된 행위를 한 때에는 7年이하의 懲役이나 禁錮에 處한다.

第100條【多數人買收 및 多數人利害誘導罪】 다음 各號의 1에 해당하는 者는 5年이하의 懲役이나 禁錮 또는 50萬원이상 250萬원이하의 罰金에 處한다.
1. 財産上의 이익을 도모할 目的으로 國民投票의 결과에 영향을 미치게 하기 위하여 多數의 投票權者에 대하여 第99條第1項 各號에 規定된 행위를 하거나 하게 한 者
2. 第1號에 規定된 행위를 할 것을 請託받거나 請託받게 한 者

第101條【買收와 利害誘導罪로 인한 利得의 沒收】 第99條 및 第100條의 罪를 범한 者가 받은 이익은 이를 沒收한다. 다만, 그 전부 또는 일부를 沒收할 수 없을 때에는 그 價額을 追徵한다.

第102條【投票自由妨害罪】 ① 國民投票에 관하여 다음 各號의 1에 해당하는 者는 5年이하의 懲役이나 禁錮 또는 50萬원이상 250萬원이하의 罰金에 處한다.
1. 投票人에 대하여 暴行·脅迫 또는 誘引을 하거나 不法으로 逮捕 또는 監禁한 者
2. 僞計·詐術 기타 부정한 방법으로 投票의 自由를 방해한 者
② 檢事·警察公務員이나 軍人이 第1項 各號에 規定된 행위를 한 때에는 1年이상 10年이하의 懲役이나 禁錮와 5年이상의 資格停止에 處한다.

第103條【軍人에 의한 投票自由妨害罪】 軍人이 運動을 하기 위하여 그 隷下 軍人 또는 軍務員의 投票權行使를 暴行·脅迫 또는 그밖의 방법으로 방해한 者는 3年이상의 懲役 또는 禁錮에 處한다.

第104條【職權濫用에 의한 投票의 自由妨害罪】 國民投票에 관하여 選擧管理委員會의 委員이나 職員·警察公務員 기타의 관계公務員이나 投票人名簿作成에 관계있는 者가 故意로 投票人名簿의 閱覽을 방해하거나 그 職務를 遺棄하거나 投票通知票를 교부하지 아니하는 등 職權을 濫用하여 投票의 自由를 방해한 때에는 7年이하의 懲役이나 禁錮에 處한다.

第105條【國民投票案등에 대한 妨害罪】 ① 第22條의 規定에 의한 國民投票案의 작성·게시를 방해하거나 훼손·撤去한 者는 2年이하의 懲役이나 禁錮 또는 100萬원이하의 罰金에 處한다.
② 選擧管理委員會의 委員이나 職員·國民投票事務에 관계있는 公務員이나 警察公務員이 第1項의 행위를 한 때에는 5年이하의 懲役이나 禁錮에 處한다.

第106條【國民投票案등의 不正作成罪】 選擧管理委員會의 委員이나 職員 또는 國民投票事務에 종사하는 者가 第22條의 規定에 의한 國民投票案 또는 第23條의 規定에 의한 國民投票公報 및 第32條의 規定에 의한 壁報를 부정·부당하게 작성·貼付 또는 配付하였거나 정당한 이유없이 이를 실시하지 아니한 때에는 3年이하의 懲役이나 禁錮 또는 150萬원이하의 罰金에 處한다.

第107條【投票의 秘密侵害罪】 ① 누구든지 投票의 秘密을 침해하거나 投票人에 대하여 投票한 또는 投票하고자 하는 내용의 표시를 요구한 때에는 2年이하의 懲役이나 禁錮 또는 100萬원이하의 罰金에 處한다.
② 選擧管理委員會의 委員이나 職員·警察公務員·軍人 기타 公務員이 第1項의 罪를 범한 때에는 7年이하의 懲役이나 禁錮에 處한다.

第108條【投票나 開票의 干涉罪】 ① 投票所나 開票所에서 정당한 이유없이 投票나 開票에 간섭한 者 또는 投票를 勸誘하거나 기타 投票 또는 開票에 영향을 주는 행위를 한 者는 3年이하의 懲役 또는 禁錮에 處한다.
② 選擧管理委員會의 委員이나 職員 또는 檢事·警察公務員·軍人이나 國民投票事務에 관계있는 公務員이 第1項의 罪를 범한 때에는 7年이하의 懲役이나 禁錮에 處한다.

第109條【投票函등에 관한 罪】 ① 法令에 의하지 아니하고 投票函을 열거나 또는 投票函안의 投票紙를 取去·破壞·훼손·은닉 또는 奪取한 者는 1年이상 7年이하의 懲役 또는 禁錮에 處한다.
② 檢事·警察公務員 또는 軍人이 第1項의 행위를 한 때에는 1年이상 10年이하의 懲役 또는 禁錮에 處한다.

第110條【國民投票事務關係者나 施設등에 대한 暴行攪亂罪】 選擧管理委員會의 委員이나 職員 또는 國民投票事務에 관계있는 公務員에게 暴行 또는 脅迫을 하거나 投票所나 開票所를 攪亂하거나 投票用紙·投票人名簿 기타 國民投票에 관한 書類 또는 印章을 抑留·훼손 또는 奪取한 者는 7年이하의 懲役이나 禁錮 또는 50萬원이상 350萬원이하의 罰金에 處한다.

第111條【投票所등에의 武器携帶濫入罪】 ① 武器·凶器·爆發物 기타 사람을 殺傷할 수 있는 물건을 휴대하고 投票所나 開票所에 濫入한 者는 5年이하의 懲役 또는 禁錮에 處한다.
② 第1項의 罪를 범한 경우에 그 휴대한 물건은 이를 沒收한다.

第112條【多數人의 投票妨害罪】 ① 多數人이 集合하여 第102條·第109條第1項·第110條 또는 第111條의 罪를 범한 때에는 다음의 구별에 의하여 處罰한다.
1. 主謀者는 3年이상의 有期懲役 또는 禁錮
2. 他人을 指揮하거나 他人에 率先하여 행동한 者는 1年이상 10年이하의 懲役 또는 禁錮
3. 附和하여 행동한 者는 1年이하의 懲役이나 禁錮 또는 50萬원이하의 罰金
② 第102條·第109條第1項·第110條 또는 第111條의 행위를 할 目的으로 多數人이 集合한 때에 關係公務員으로부터 3回이상의 解散命令을 받았음에도 불구하고 解散하지 아니한 때에는 그 主導的인 행위를 한 者는 5年이하의 懲役 또는 禁錮에 處하고 기타의 者는 6月이하의 懲役이나 禁錮 또는 30萬원이하의 罰金에 處한다.

第113條【詐僞登載·虛僞捺印罪등】 ① 詐僞의 방법으로 投票人名簿에 登載되게 한 者나 第57條第1項의 경우에 있어서 허위의 捺印 또는 拇印을 한 者는 6月이하의 懲役이나 禁錮 또는 30萬원이하의 罰金에 處한다.
② 投票人名簿作成에 관계있는 公務員이 投票人名簿에 故意로 投票權者를 기재하지 아니하거나, 허위의 사실을 기재한 때에는 3年이하의 懲役이나 禁錮에 處한다.

第114條【詐僞投票罪】 ① 姓名을 詐稱하거나, 기타 詐僞의 방법으로 投票를 하거나 하려고 한 때 또는 投票人이 아닌 者가 投票를 하거나 하려고 한 때에는 2年이하의 懲役이나 禁錮 또는 100萬원이하의 罰金에 處한다.
② 選擧管理委員會의 委員이나 職員·國民投票事務에 관계있는 公務員이 第1項의 罪를 범하거나 범하게 한 때에는 5年이하의 懲役이나 禁錮에 處한다.

第115條【投票僞造 또는 增減罪】 ① 投票를 僞造하거나 그 數를 增減한 者는 1年이상 7年이하의 懲役 또는 禁錮에 處한다.

② 選擧管理委員會의 委員이나 職員·國民投票事務에 관계있는 公務員이 第1項의 罪를 범한 때에는 1年이상 10年이하의 懲役이나 禁錮에 處한다.

第116條【各種 制限規定의 違反罪】 第28條, 第32條第3項·第5項·第6項·第8項·第9項, 第33條第2項, 第34條, 第36條 내지 第47條의 規定에 위반한 者는 2年이하의 懲役이나 禁錮 또는 100萬원이하의 罰金에 處한다.

第117條【特定人 誹謗罪】 第48條의 規定에 위반한 者는 3年이하의 懲役이나 禁錮 또는 150萬원이하의 罰金에 處한다.

第118條【事前運動罪등】 第26條 및 第27條의 規定에 위반하여 運動을 한 者는 2年이하의 懲役이나 禁錮 또는 100萬원이하의 罰金에 處한다.

第119條【參觀人의 義務懈怠罪】 第62條第3項의 規定에 의하여 投票區選擧管理委員會가 선정한 投票參觀人이 정당한 이유없이 參觀을 거부하거나 懈怠한 때에는 50萬원이하의 罰金에 處한다.

第120條【各種制限違反罪】 第99條 내지 第119條외에 國民投票에 관하여 이 法에 規定된 各 制限規定에 위반한 者는 20萬원이하의 罰金에 處한다.

第121條【國民投票에 관한 犯罪煽動罪】 누구든지 壁報·新聞·雜誌를 이용하거나 기타 어떠한 방법으로든지 이 章에 規定된 罪를 범할 것을 煽動한 者는 3年이하의 懲役이나 禁錮 또는 150萬원이하의 罰金에 處한다.

第14章 補 則

第122條【公訴時效】 이 法에 規定된 罪의 公訴時效는 投票日후 3月을 경과함으로써 完成한다. 다만, 犯人이 逃避한 때에는 그 期間을 1年으로 한다.

第123條【裁判의 管轄】 國民投票事犯과 그 共犯에 관한 第1審 裁判은 地方法院合議部의 管轄로 한다.

第124條【告發의 義務】 各級選擧管理委員會의 委員長·委員 및 職員은 그 職務를 행함에 있어서 第99條 내지 第121條의 規定에 위반되는 행위가 있다고 인정한 때에는 이를 告發하여야 한다.

第125條【國民投票에 관한 申告등의 時間】 이 法 또는 이 法의 施行을 위한 大統領令 및 中央選擧管理委員會規則에 의하여 各級 行政機關과 各級選擧管理委員會에 대하여 행하는 申告·申請·제출·보고 등은 이 法에 특별한 規定이 있는 경우를 제외하고는 公休日에 불구하고 一般職國家公務員의 平日의 正規勤務時間중에 하여야 한다.

附 則 (2009.2.12)

이 법은 공포한 날부터 시행한다.

附 則 (2016.5.29)

제1조【시행일】 이 법은 공포 후 6개월이 경과한 날부터 시행한다.(이하 생략)

공직선거법

(**1994년 3월 16일**
법 률 제4739호)

개정
1994.12.22법 4796호(도농복합)
1995. 4. 1법 4947호 1995. 5.10법 4949호
1995. 8. 4법 4957호 1995.12.30법 5127호
1996. 2. 6법 5149호 1997. 1.13법 5262호
1997.11.14법 5412호
1998. 1.13법 5499호(은행법)
1998. 2. 6법 5508호 1998. 4.30법 5537호
2000. 2.16법 6265호
2001. 1.26법 6388호(공직자윤리)
2001. 7.24법 6497호 2001.10. 8법 6518호
2002. 1.26법 6626호(민사소송법)
2002. 3. 7법 6663호
2003. 2. 4법 6854호(대통령직인수에관한법)
2003.10.30법 6988호 2004. 3.12법 7189호
2005. 8. 4법 7681호
2006. 2.21법 7849호(제주자치법)
2006. 3. 2법 7850호 2006.10. 4법 8053호
2007. 1. 3법 8232호
2007. 1.19법 8244호(경기도의왕시한자명칭변경에관한법)
2007. 5.11법 8423호(지방자치)
2007. 6. 1법 8496호(형사소송법)
2007.12.21법 8730호(형사소송법)
2008. 2.29법 8852호(정부조직)
2008. 2.29법 8867호(방송통신위원회의설치및운영에관한법)
2008. 2.29법 8871호(행정심판)
2008. 2.29법 8879호
2009. 2. 3법 9402호(공직자윤리)
2009. 2.12법 9466호
2009. 7.31법 9785호(신문등의진흥에관한법)
2010. 1.25법 9968호(행정심판)
2010. 1.25법 9974호 2010. 3.12법10067호
2010. 5.17법10303호(은행법)
2011. 7.28법10981호 2011. 9.30법11070호
2011.11. 7법11071호
2011.12. 2법11116호(우편법)
2012. 1.17법11207호
2012. 1.26법11212호(고등교육)
2012. 2.22법11373호(방송광고판매대행등에관한법)
2012. 2.29법11374호 2012.10. 2법11485호
2012.12.18법11551호(수입인지에관한법)
2013. 3.23법11690호(정부조직)
2013. 8.13법12111호 2013.12.30법12149호
2014. 1.17법12267호 2014. 2.13법12393호
2014. 5.14법12583호
2014.11.19법12844호(정부조직)
2014.12.30법12946호(공직자윤리)
2015. 6.19법13334호 2015. 8.13법13497호
2015.12.24법13617호
2016. 1. 6법13722호(군사법원)
2016. 1.15법13755호 2016. 3. 3법14073호
2016. 5.29법14184호(예비군법)
2017. 2. 8법14556호 2017. 3. 9법14571호
2017. 7.26법14839호(정부조직)
2018. 3. 9법15424호 2018. 4. 6법15551호
2019.12. 3법16671호(공직자윤리)
2020. 1.14법16864호
2020. 2. 4법16957호(신용정보의이용및보호에관한법)
2020. 3.11법17070호
2020. 3.24법17125호(법원조직)
2020. 3.25법17127호
2020.12.22법17689호(국가자치경찰)
2020.12.29법17758호(국세징수)
2020.12.29법17813호
2021. 1.12법17893호(지방자치)
2021. 3.23법17980호 2021. 3.26법17981호
2021. 9.24법18465호(군사법원)
2022. 1.18법18790호 2022. 1.21법18791호
2022. 2.16법18837호 2022. 4.20법18841호
2023. 3. 4법19228호(정부조직)
2023. 3.14법19234호(개인정보보호법)
2023. 3.29법19325호 2023. 8.30법19696호
2023.12.26법19839호(전북특별자치도설치및글로벌생명경제도시조성을위한특별법)
2023.12.28법19855호

제1장 총 칙

제1조【목적】 이 법은 「대한민국헌법」과 「지방자치법」에 의한 선거가 국민의 자유로운 의사와 민주적인 절차에 의하여 공정히 행하여지도록 하고, 선거와 관련한 부정을 방지함으로써 민주정치의 발전에 기여함을 목적으로 한다.(2005.8.4 본조개정)

제2조【적용범위】 이 법은 대통령선거·국회의원선거·지방의회의원 및 지방자치단체의 장의 선거에 적용한다.

제3조【선거인의 정의】 이 법에서 "선거인"이란 선거권이 있는 사람으로서 선거인명부 또는 재외선거인명부에 올라 있는 사람을 말한다.(2009.2.12 본조개정)

제4조【인구의 기준】 이 법에서 선거사무관리의 기준이 되는 인구는 「주민등록법」에 따른 주민등록표에 따라 조사한 국민의 최근 인구통계에 의한다. 이 경우 지방자치단체의 의회의원 및 장의 선거에서는 제15조제2항제3호에 따라 선거권이 있는 외국인의 수를 포함한다.
(2015.8.13 전단개정)

제5조【선거사무협조】 관공서 기타 공공기관은 선거사무에 관하여 선거관리위원회의 협조요구를 받은 때에는 우선적으로 이에 따라야 한다.(2000.2.16 본조개정)

제6조【선거권행사의 보장】 ① 국가는 선거권자가 선거권을 행사할 수 있도록 필요한 조치를 취하여야 한다.
② 각급선거관리위원회(읍·면·동선거관리위원회는 제외한다)는 선거인의 투표참여를 촉진하기 위하여 교통이 불편한 지역에 거주하는 선거인 또는 노약자·장애인 등 거동이 불편한 선거인에 대한 교통편의 제공에 필요한 대책을 수립·시행하여야 하고, 투표를 마친 선거인에게 국공립 유료시설의 이용요금을 면제·할인하는 등의 필요한 대책을 수립·시행할 수 있다. 이 경우 공정한 실시방법 등을 정당·후보자와 미리 협의하여야 한다.
(2020.12.29 전단개정)
③ 공무원·학생 또는 다른 사람에게 고용된 자가 선거인명부를 열람하거나 투표하기 위하여 필요한 시간은 보장되어야 하며, 이를 휴무 또는 휴업으로 보지 아니한다.
④ 선거권자는 성실하게 선거에 참여하여 선거권을 행사하여야 한다.
⑤ 선거의 중요성과 의미를 되새기고 주권의식을 높이기 위하여 매년 5월 10일을 유권자의 날로, 유권자의 날부터 1주간을 유권자 주간으로 하고, 각급선거관리위원회(읍·면·동선거관리위원회는 제외한다)는 공명선거 추진활동을 하는 기관 또는 단체 등과 함께 유권자의 날 의식과 그에 부수되는 행사를 개최할 수 있다.(2012.1.17 본항신설)

제6조의2【다른 자에게 고용된 사람의 투표시간 보장】
① 다른 자에게 고용된 사람이 사전투표기간 및 선거일에 모두 근무를 하는 경우에는 투표하기 위하여 필요한 시간을 고용주에게 청구할 수 있다.
② 고용주는 제1항에 따른 청구가 있으면 고용된 사람이 투표하기 위하여 필요한 시간을 보장하여 주어야 한다.
③ 고용주는 고용된 사람이 투표하기 위하여 필요한 시간을 청구할 수 있다는 사실을 선거일 전 7일부터 선거일 전 3일까지 인터넷 홈페이지, 사보, 사내게시판 등을 통하여 알려야 한다.
(2014.2.13 본조신설)

제6조의3【감염병환자 등의 선거권 보장】 ① 「감염병의 예방 및 관리에 관한 법률」 제41조제1항 또는 제2항에 따라 입원치료, 자가(自家)치료 또는 시설치료 중이거나 같은 법 제42조제2항제1호에 따라 자가 또는 시설에 격리 중인 사람(이하 "격리자등"이라 한다)은 선거권 행사를 위하여 활동할 수 있다.
② 국가와 지방자치단체는 격리자등의 선거권 행사가 원활하게 이루어질 수 있도록 교통편의 제공 및 그 밖에 필요한 방안을 마련하여야 한다.
(2022.2.16 본조신설)

제7조【정당·후보자 등의 공정경쟁의무】 ① 선거에 참여하는 정당·후보자(후보자가 되고자 하는 자를 포함한다. 이하 이 조에서 같다) 및 후보자를 위하여 선거운동을 하는 자는 선거운동을 함에 있어 이 법을 준수하고 공정하게 경쟁하여야 하며, 정당의 정강·정책이나 후보자의 정견을 지지·선전하거나 이를 비판·반대함에 있어 선량한 풍속 기타 사회질서를 해하는 행위를 하여서는 아니된다.
② 각급선거관리위원회(읍·면·동선거관리위원회는 제외한다)는 정책선거의 촉진을 위하여 필요한 사항을 적극적으로 홍보하여야 하며, 중립적으로 정책선거 촉진활동을 추진하는 단체에 그 활동에 필요한 경비를 지원할 수 있다.(2010.1.25 본항개정)
(2004.3.12 본조개정)

제8조【언론기관의 공정보도의무】 방송·신문·통신·잡지 기타의 간행물을 경영·관리하거나 편집·취재·집필·보도하는 자와 제8조의5(인터넷선거보도심의위원회)제1항의 규정에 따른 인터넷언론사가 정당의 정강·정책이나 후보자(후보자가 되고자 하는 자를 포함한다. 이하 이 조에서 같다)의 정견 기타사항에 관하여 보도·논평을 하는 경우와 정당의 대표자나 후보자 또는 그의 대리인을 참여하게 하여 대담을 하거나 토론을 행하고 이를 방송·보도하는 경우에는 공정하게 하여야 한다.
(2005.8.4 본조개정)

제8조의2【선거방송심의위원회】 ① 「방송통신위원회의 설치 및 운영에 관한 법률」 제18조제1항에 따른 방송통신심의위원회(이하 "방송통신심의위원회"라 한다)는 선거방송의 공정성을 유지하기 위하여 다음 각 호의 구분에 따른 기간 동안 선거방송심의위원회를 설치·운영하여야 한다.

1. 임기만료에 의한 선거
제60조의2제1항에 따른 예비후보자등록신청개시일 전일부터 선거일 후 30일까지
2. 보궐선거등
선거일 전 60일(선거일 전 60일 후에 실시사유가 확정된 보궐선거등의 경우에는 그 선거의 실시사유가 확정된 후 10일)부터 선거일 후 30일까지
(2012.1.17 본호개정)
(2010.1.25 본항개정)
② 선거방송심의위원회는 국회에 교섭단체를 구성한 정당과 중앙선거관리위원회가 추천하는 각 1명, 방송사(제70조제1항에 따른 방송시설을 경영 또는 관리하는 자를 말한다. 이하 이 조 및 제8조의4에서 같다)·방송학계·대한변호사협회·언론인단체 및 시민단체 등이 추천하는 사람을 포함하여 9명 이내의 위원으로 구성한다. 이 경우 선거방송심의위원회를 구성한 후에 국회에 교섭단체를 구성한 정당의 수가 증가하여 위원정수를 초과하게 되는 경우에는 현원을 위원정수로 본다.(2010.1.25 본항개정)
③ 선거방송심의위원회의 위원은 정당에 가입할 수 없다.
④ 선거방송심의위원회는 선거방송의 정치적 중립성·형평성·객관성 및 제작기술상의 균형유지와 권리구제 기타 선거방송의 공정을 보장하기 위하여 필요한 사항을 정하여 이를 공표하여야 한다.
⑤ 선거방송심의위원회는 선거방송의 공정여부를 조사하여야 하고, 조사결과 선거방송의 내용이 공정하지 아니하다고 인정되는 경우에는 「방송법」 제100조제1항 각 호에 따른 제재조치 등을 정하여 이를 「방송통신위원회의 설치 및 운영에 관한 법률」 제3조제1항에 따른 방송통신위원회에 통보하여야 하며, 방송통신위원회는 불공정한 선거방송을 한 방송사에 대하여 통보받은 제재조치 등을 지체없이 명하여야 한다.(2010.1.25 본항개정)
⑥ 후보자 및 후보자가 되려는 사람은 제1항에 따라 선거방송심의위원회가 설치된 때부터 선거방송의 내용이 불공정하다고 인정되는 경우에는 선거방송심의위원회에 그 시정을 요구할 수 있고, 선거방송심의위원회는 지체없이 이를 심의·의결하여야 한다.(2010.1.25 본항개정)
⑦ 선거방송심의위원회의 구성과 운영 그 밖에 필요한 사항은 방송통신심의위원회규칙으로 정한다.
(2010.1.25 본항개정)
(1997.11.14 본조신설)

제8조의3【선거기사심의위원회】 ① 「언론중재 및 피해구제 등에 관한 법률」 제7조에 따른 언론중재위원회(이하 "언론중재위원회"라 한다)는 선거기사(사설·논평·광고 그 밖에 선거에 관한 내용을 포함한다. 이하 이 조에서 같다)의 공정성을 유지하기 위하여 제8조의2제1항 각 호의 구분에 따른 기간 동안 선거기사심의위원회를 설치·운영하여야 한다.(2010.1.25 본항개정)
② 선거기사심의위원회는 국회에 교섭단체를 구성한 정당과 중앙선거관리위원회가 추천하는 각 1명, 언론학계·대한변호사협회·언론인단체 및 시민단체 등이 추천하는 사람을 포함하여 9명 이내의 위원으로 구성한다. 이 경우 위원정수에 관하여는 제8조의2제2항 후단을 준용한다.(2010.1.25 본항개정)
③ 선거기사심의위원회는 「신문 등의 진흥에 관한 법률」 제2조제1호에 따른 신문, 「잡지 등 정기간행물의 진흥에 관한 법률」 제2조제1호에 따른 잡지·정보간행물·전자간행물·기타간행물 및 「뉴스통신진흥에 관한 법률」 제2조제1호에 따른 뉴스통신(이하 이 조 및 제8조의4에서 "정기간행물등"이라 한다)에 게재된 선거기사의 공정 여부를 조사하여야 하고, 조사결과 선거기사의 내용이 공정하지 아니하다고 인정되는 경우에는 해당 기사의 내용에 대하여 다음 각 호의 어느 하나에 해당하는 제재조치를 결정하여 이를 언론중재위원회에 통보하여야 하며, 언론중재위원회는 불공정한 선거기사를 게재한 정기간행물등을 발행한 자(이하 이 조 및 제8조의4에서 "언론사"라 한다)에 대하여 통보받은 제재조치를 지체 없이 명하여야 한다.(2017.2.8 본문개정)
1. 정정보도문 또는 반론보도문 게재
2. 경고결정문 게재
3. 주의사실 게재
4. 경고, 주의 또는 권고
(2017.2.8 1호~4호신설)
④ 정기간행물등을 발행하는 자가 제1항에 규정된 선거기사심의위원회의 운영기간중에 「신문 등의 진흥에 관한 법률」 제2조제1호가목 또는 다목의 규정에 따른 일반일간신문 또는 일반주간신문을 발행하는 때에는 그 정기간행물등 1부를, 그 외의 정기간행물등을 발행하는 때에는 선거기사심의위원회의 요청이 있는 경우 1부를 지체없이 선거기사심의위원회에 제출하여야 한다.
(2009.7.31 본항개정)
⑤ 제4항의 규정에 의하여 정기간행물등을 제출한 자의 요구가 있는 때에는 선거기사심의위원회는 정당한 보상을 하여야 한다.(2008.2.29 본항개정)
⑥ 제8조의2(선거방송심의위원회)제3항·제4항 및 제6항의 규정은 선거기사심의위원회에 관하여 이를 준용한다.
⑦ 선거기사심의위원회의 구성과 운영에 관하여 필요한 사항은 언론중재위원회가 정한다.
(2000.2.16 본조개정)

제8조의4【선거보도에 대한 반론보도청구】 ① 선거방송심의위원회 또는 선거기사심의위원회가 설치된 때부터 선거일까지 방송 또는 정기간행물등에 공표된 인신공격, 정책의 왜곡선전 등으로 피해를 받은 정당(중앙당에 한한다. 이하 이 조에서 같다) 또는 후보자(후보자가 되고자 하는 자를 포함한다. 이하 이 조에서 같다)는 그 방송 또는 기사게재가 있음을 안 날부터 10일 이내에 서면으로 당해 방송을 한 방송사에 반론보도의 방송을, 당해 기사를 게재한 언론사에 반론보도문의 게재를 각각 청구할 수 있다. 다만, 그 방송 또는 기사게재가 있은 날부터 30일이 경과한 때에는 그러하지 아니하다.(2010.1.25 본문개정)
② 방송사 또는 언론사는 제1항의 청구를 받은 때에는 지체없이 당해 정당, 후보자 또는 그 대리인과 반론보도의 내용·크기·횟수 등에 관하여 협의한 후, 방송에 있어서는 이를 청구받은 때부터 48시간 이내에 무료로 반론보도의 방송을 하여야 하며, 정기간행물등에 있어서는 편집이 완료되지 아니한 같은 정기간행물등의 다음 발행호에 무료로 반론보도문의 게재를 하여야 한다. 이 경우 정기간행물등에 있어서 다음 발행호가 선거일후에 발행·배부되는 경우에는 반론보도의 청구를 받은 때부터 48시간 이내에 당해 정기간행물등이 배부된 지역에 배부되는 「신문 등의 진흥에 관한 법률」 제2조(정의)제1호가목에 따른 일반일간신문에 이를 게재하여야 하며, 그 비용은 당해 언론사의 부담으로 한다.(2009.7.31 본항개정)
③ 제2항의 규정에 의한 협의가 이루어지지 아니한 때에는 당해 정당, 후보자, 방송사 또는 언론사는 선거방송심의위원회 또는 선거기사심의위원회에 지체없이 이를 회부하고, 선거방송심의위원회 또는 선거기사심의위원회는 회부받은 때부터 48시간 이내에 심의하여 각하·기각 또는 인용결정을 한 후 지체없이 이를 당해 정당 또는 후보자와 방송사 또는 언론사에 통지하여야 한다. 이 경우 반론보도의 인용결정을 하는 때에는 반론방송 또는 반론보도문의 내용·크기·횟수 기타 반론보도에 필요한 사항을 함께 결정하여야 한다.(2002.3.7 전단개정)
④ 「언론중재 및 피해구제 등에 관한 법률」 제15조(정정보도청구권의 행사)제1항·제4항 내지 제7항의 규정은 반론보도청구에 이를 준용한다. 이 경우 "정정보도청구"는 "반론보도청구"로, "정정"은 "반론"으로, "정정보도청구권"은 "반론보도청구권"으로, "정정보도"는 "반론보도"로, "정정보도문"은 "반론보도문"으로 본다.(2005.8.4 본항개정)

제8조의5【인터넷선거보도심의위원회】 ① 중앙선거관리위원회는 인터넷언론사(「신문 등의 진흥에 관한 법률」 제2조(정의)제4호에 따른 인터넷신문사업자 그 밖에 정치·경제·사회·문화·시사 등에 관한 보도·논평·여론 및 정보 등을 전파할 목적으로 취재·편집·집필한 기사를 인터넷을 통하여 보도·제공하거나 매개하는 인터넷홈페이지를 경영·관리하는 자와 이와 유사한 언론의 기능을 행하는 인터넷홈페이지를 경영·관리하는 자를 말한다. 이하 같다)의 인터넷홈페이지에 게재된 선거보도[사설·논평·사진·방송·동영상 기타 선거에 관한 내용을 포함한다. 이하 이 조 및 제8조의6(인터넷언론사의 정정보도 등)에서 같다]의 공정성을 유지하기 위하여 인터넷선거보도심의위원회를 설치·운영하여야 한다.
(2009.7.31 본항개정)
② 인터넷선거보도심의위원회는 국회에 교섭단체를 구성한 정당이 추천하는 각 1인과 방송통신심의위원회, 언론중재위원회, 학계, 법조계, 인터넷 언론단체 및 시민단체 등이 추천하는 자를 포함하여 중앙선거관리위원회가 위촉하는 11인 이내의 위원으로 구성하며, 위원의 임기는 3년으로 한다. 이 경우 위원정수에 관하여는 제8조의2제2항 후단을 준용한다.(2010.1.25 본항개정)
③ 인터넷선거보도심의위원회에 위원장 1인을 두되, 위원장은 위원중에서 호선한다.
④ 인터넷선거보도심의위원회에 상임위원 1인을 두되, 중앙선거관리위원회가 인터넷선거보도심의위원회의 위원 중에서 지명한다.
⑤ 정당의 당원은 인터넷선거보도심의위원회의 위원이 될 수 없다.
⑥ 인터넷선거보도심의위원회는 인터넷 선거보도의 정치적 중립성·형평성·객관성 및 권리구제 기타 선거보도의 공정을 보장하기 위하여 필요한 사항을 정하여 이를 공표하여야 한다.
⑦ 인터넷선거보도심의위원회는 업무수행을 위하여 필요하다고 인정하는 때에는 관계 공무원 또는 전문가를 초청하여 의견을 듣거나 관련 기관·단체 등에 자료 및 의견제출 등 협조를 요청할 수 있다.
⑧ 인터넷선거보도심의위원회의 사무를 처리하기 위하여 선거관리위원회 소속 공무원으로 구성하는 사무국을 둔다.
⑨ 인터넷선거보도심의위원회의 구성·운영, 위원 및 상임위원의 대우, 사무국의 조직·직무범위 기타 필요한 사항은 중앙선거관리위원회규칙으로 정한다.
(2004.3.12 본조신설)

제8조의6【인터넷언론사의 정정보도 등】 ① 인터넷선거보도심의위원회는 인터넷언론사의 인터넷홈페이지에 게재된 선거보도의 공정 여부를 조사하여야 하며, 조사결과 선거보도의 내용이 공정하지 아니하다고 인정되는 때에는 당해 인터넷언론사에 대하여 해당 선거보도의 내용에 관한 정정보도문의 게재 등 필요한 조치를 명하여야 한다.(2005.8.4 본항신설)
② 정당 또는 후보자(후보자가 되고자 하는 자를 포함한다. 이하 이 조에서 같다)는 인터넷언론사의 선거보도가 불공정하다고 인정되는 때에는 그 보도가 있음을 안 날부터 10일 이내에 인터넷선거보도심의위원회에 서면으로 이의신청을 할 수 있다.
③ 인터넷선거보도심의위원회는 제2항의 규정에 의한 이의신청을 받은 때에는 지체없이 이의신청 대상이 된 선거보도의 공정여부를 심의하여야 하며, 심의결과 선거보도가 공정하지 아니하다고 인정되는 때에는 당해 인터넷언론사에 대하여 해당 선거보도의 내용에 관한 정정보도문의 게재 등 필요한 조치를 명하여야 한다.(2005.8.4 본항개정)
④ 인터넷언론사의 왜곡된 선거보도로 인하여 피해를 받은 정당 또는 후보자는 그 보도의 공표가 있음을 안 날부터 10일 이내에 서면으로 당해 인터넷언론사에 반론보도의 방송 또는 반론보도문의 게재(이하 이 조에서 "반론보도"라 한다)를 청구할 수 있다. 이 경우 그 보도의 공표가 있은 날부터 30일이 경과한 때에는 반론보도를 청구할 수 없다.
⑤ 인터넷언론사는 제4항의 청구를 받은 때에는 지체없이 당해 정당이나 후보자 또는 그 대리인과 반론보도의 형식·내용·크기 및 횟수 등에 관하여 협의한 후, 이를 청구받은 때부터 12시간 이내에 당해 인터넷언론사의 부담으로 반론보도를 하여야 한다.(2005.8.4 본항개정)
⑥ 제5항의 규정에 의한 반론보도 협의가 이루어지지 아니하는 경우에 당해 정당 또는 후보자는 인터넷선거보도심의위원회에 즉시 반론보도청구를 할 수 있으며, 인터넷선거보도심의위원회는 이를 심의하여 각하·기각 또는 인용결정을 한 후 당해 정당·후보자 및 인터넷언론사에 그 결정내용을 통지하여야 한다. 이 경우 반론보도의 인용결정을 하는 때에는 그 형식·내용·크기·횟수 기타 필요한 사항을 함께 결정하여 통지하여야 하며, 통지를 받은 인터넷언론사는 지체없이 이를 이행하여야 한다.
(2005.8.4 본항개정)
⑦ 「언론중재 및 피해구제 등에 관한 법률」 제15조(정정보도청구권의 행사)제1항·제4항부터 제6항까지 및 제8항은 그 성질에 반하지 아니하는 한 인터넷언론사의 선거보도에 관한 반론보도청구에 이를 준용한다. 이 경우 "정정보도청구"는 "반론보도청구"로, "정정"은 "반론"으로, "정정보도청구권"은 "반론보도청구권"으로, "정정보도"는 "반론보도"로, "정정보도문"은 "반론보도문"으로 본다.(2012.1.17 본항개정)
(2004.3.12 본조신설)

제8조의7【선거방송토론위원회】 ① 각급선거관리위원회(읍·면·동선거관리위원회를 제외한다. 이하 이 조에서 같다)는 제82조의2(선거방송토론위원회 주관 대담·토론회)의 규정에 의한 대담·토론회와 제82조의3(선거방송토론위원회 주관 정책토론회)의 규정에 의한 정책토론회(이하 이 조에서 "대담·토론회등"이라 한다)를 공정하게 주관·진행하기 위하여 각각 선거방송토론위원회(이하 이 조에서 "각급선거방송토론위원회"라 한다)를 설치·운영하여야 한다. 다만, 구·시·군선거관리위원회에 설치하는 구·시·군선거방송토론위원회(이하 "구·시·군선거방송토론위원회"라 한다)는 지역구국회의원선거구단위 또는 「방송법」에 의한 종합유선방송사업자의 방송권역단위로 설치·운영할 수 있다.(2005.8.4 본항개정)
② 각급선거방송토론위원회는 다음 각 호에 따라 구성하며, 위원의 임기는 제2호 후단의 경우를 제외하고는 3년으로 한다. 이 경우 위원정수에 관하여는 제8조의2제2항 후단을 준용한다.
1. 중앙선거관리위원회에 설치하는 중앙선거방송토론위원회(이하 "중앙선거방송토론위원회"라 한다)
국회에 교섭단체를 구성한 정당, 공영방송사(한국방송공사와 「방송문화진흥회법」에 따른 방송문화진흥회가 최다출자자인 방송사업자를 말한다. 이하 같다), 지상파방송사(공영방송사가 아닌 지상파방송사업자로서 중앙선거관리위원회규칙으로 정하는 방송사업자를 말한다. 이하 같다)가 포함된 단체로서 중앙선거관리위원회규칙으로 정하는 단체가 추천하는 각 1명, 방송통신심의위원회·학계·법조계·시민단체가 추천하는 사람 등 학식과 덕망이 있는 사람 중에서 중앙선거관리위원회가 위촉하는 사람을 포함하여 11명 이내의 위원
(2022.1.21 본호개정)
1의2. 특별시·광역시·특별자치시·도·특별자치도(이하 "시·도"라 한다)선거관리위원회에 설치하는 시·도선거방송토론위원회(이하 "시·도선거방송토론위원회"라 한다)
국회에 교섭단체를 구성한 정당, 공영방송사, 지상파방송사가 추천하는 각 1명, 방송통신심의위원회·학계·법조계·시민단체가 추천하는 사람 등 학식과 덕망이 있는 사람 중에서 시·도선거관리위원회가 위촉하는 사람을 포함하여 9명 이내의 위원
(2022.1.21 본호신설)

2. 구・시・군선거방송토론위원회
해당 구・시・군선거관리위원회의 위원장 및 정당추천위원을 포함한 위원 3명(정당추천위원의 수가 3명 이상인 경우에는 그 위원을 모두 포함한 수를 말한다), 학계・법조계・시민단체・전문언론인 중에서 해당 구・시・군선거관리위원회가 위촉하는 사람을 포함하여 9명 이내의 위원. 이 경우 구・시・군선거관리위원회 위원을 겸하는 위원의 임기는 「선거관리위원회법」 제8조에 따른 재임기간으로 한다.
(2010.1.25 본항개정)
③ 각급선거방송토론위원회에 위원장 1인을 두되, 위원장은 위원 중에서 호선한다. 다만, 구・시・군선거방송토론위원회 위원장은 해당 구・시・군선거관리위원회 위원장이 겸한다.(2010.1.25 단서신설)
④ 중앙선거방송토론위원회에 상임위원 1인을 두되, 중앙선거관리위원회가 중앙선거방송토론위원회의 위원 중에서 지명한다.
⑤ 정당의 당원은 선거방송토론위원회의 위원이 될 수 없다.
⑥ 중앙선거방송토론위원회는 대담・토론회등의 주관・진행 기타 공정성을 보장하기 위하여 필요한 사항을 정하여 공표하여야 한다.
⑦ 각급선거방송토론위원회는 대담・토론회등의 업무수행을 위하여 필요한 때에는 공영방송사 또는 관련 기관・단체 등에 대하여 협조요구를 할 수 있으며, 그 협조요구를 받은 공영방송사는 우선적으로 이에 응하여야 한다.
⑧ 중앙선거방송토론위원회 또는 시・도선거방송토론위원회에 그 사무를 처리하게 하기 위하여 선거관리위원회 소속 공무원으로 구성하는 사무국을 둔다.(2010.1.25 본항개정)
⑨ 선거방송토론위원회는 업무수행을 위하여 필요하다고 인정하는 때에는 관계 행정기관 또는 관련 기관・단체 등의 장과 협의하여 그 소속 공무원 또는 임・직원을 파견받거나 관계 행정기관 소속 공무원으로 하여금 제8항의 규정에 의한 사무국의 소속 공무원의 직을 겸임하게 할 수 있다.
⑩ 각급선거방송토론위원회의 구성・운영, 위원 및 상임위원의 대우, 사무국의 조직・직무범위 기타 필요한 사항은 중앙선거관리위원회규칙으로 정한다.
(2004.3.12 본조신설)

제8조의8【선거여론조사심의위원회】 ① 중앙선거관리위원회와 시・도선거관리위원회는 선거에 관한 여론조사의 객관성・신뢰성을 확보하기 위하여 선거여론조사심의위원회를 각각 설치・운영하여야 한다.(2017.2.8 본항개정)
② 중앙선거관리위원회에 설치하는 선거여론조사심의위원회(이하 "중앙선거여론조사심의위원회"라 한다) 및 시・도선거관리위원회에 설치하는 선거여론조사심의위원회(이하 "시・도선거여론조사심의위원회"라 한다)는 국회에 교섭단체를 구성한 정당이 추천하는 각 1명과 학계, 법조계, 여론조사 관련 기관・단체의 전문가 등을 포함하여 중립적이고 공정한 사람 중에서 중앙선거관리위원회 또는 시・도선거관리위원회가 위촉하는 사람으로 총 9명 이내의 위원으로 각각 구성하며, 위원의 임기는 3년으로 한다. 이 경우 위원정수에 관하여는 제8조의2제2항 후단을 준용한다.(2017.2.8 전단개정)
③ 선거여론조사심의위원회에 위원장 1명을 두되, 위원장은 위원 중에서 호선한다.(2017.2.8 본항개정)
④ 중앙선거여론조사심의위원회에 상임위원 1명을 두되, 중앙선거관리위원회가 중앙선거여론조사심의위원회의 위원 중에서 지명한다.(2017.2.8 본항개정)
⑤ 정당의 당원은 선거여론조사심의위원회의 위원이 될 수 없다.(2017.2.8 본항개정)
⑥ 중앙선거여론조사심의위원회는 공표 또는 보도를 목적으로 하는 선거에 관한 여론조사의 객관성・신뢰성을 확보하기 위하여 필요한 사항(이하 "선거여론조사기준"이라 한다)을 정하여 공표하여야 한다.(2017.2.8 본항개정)
⑦ 선거여론조사심의위원회의 직무는 다음 각 호와 같다.
(2017.2.8 본문개정)
1. 제108조제4항에 따른 이의신청에 대한 심의 및 같은 조 제7항에 따른 등록 처리
2. 선거에 관한 여론조사가 이 법 또는 선거여론조사기준을 위반하였는지 여부에 대한 심의 및 조치(2017.2.8 본호개정)
3. 제8조의9에 따른 선거여론조사기관 등록 등 처리
(2017.2.8 본호신설)
⑧ 다음 각 호의 어느 하나에 해당하는 여론조사는 이 법에 따른 선거에 관한 여론조사로 보지 아니한다.
1. 정당이 그 대표자 등 당직자를 선출하기 위하여 실시하는 여론조사
2. 후보자(후보자가 되려는 사람을 포함한다)의 성명이나 정당(창당준비위원회를 포함한다)의 명칭을 나타내지 아니하고 정책・공약 개발을 위하여 실시하는 여론조사
3. 국회의원 및 지방의회의원이 의정활동과 관련하여 실시하는 여론조사. 다만, 제60조의2제1항에 따른 해당 선거의 예비후보자등록신청개시일부터 선거일까지 실시하는 여론조사는 제외한다.
4. 정치, 선거 등 분야에서 순수한 학술・연구 목적으로 실시하는 여론조사
5. 단체 등이 의사결정을 위하여 그 구성원만을 대상으로 실시하는 여론조사
(2017.2.8 본항신설)
⑨ 선거여론조사심의위원회가 심의하는 관할 여론조사는 다음 각 호와 같다.
1. 중앙선거여론조사심의위원회 : 전국 또는 2 이상 시・도의 선거구민을 대상으로 하는 여론조사
2. 시・도선거여론조사심의위원회 : 해당 시・도의 선거구민을 대상으로 하는 여론조사
(2017.2.8 본항개정)
⑩ 선거여론조사심의위원회는 선거에 관한 여론조사가 이 법 또는 선거여론조사기준을 위반하였다고 인정되는 때에는 그 위반행위를 한 자에게 시정명령・경고・정정보도문의 게재명령 등 필요한 조치를 하되, 그 위반행위가 선거의 공정성을 현저하게 해치는 것으로 인정되거나 시정명령・정정보도문의 게재명령을 불이행한 때에는 고발 등 필요한 조치를 하여야 하고 이를 관할 선거구선거관리위원회에 통보하여야 한다.(2017.2.8 본항개정)
⑪ 선거여론조사심의위원회가 이 법 또는 선거여론조사기준을 위반한 여론조사에 대하여 조사 등을 하는 경우에는 제272조의2를 준용한다. 이 경우 "각급선거관리위원회" 또는 "선거관리위원회"는 "선거여론조사심의위원회"로, "각급선거관리위원회 위원・직원" 또는 "선거관리위원회 위원・직원"은 "선거여론조사심의위원회 위원・직원"으로, "선거범죄" 또는 "범죄"는 "선거에 관한 여론조사에 있어서 이 법 또는 선거여론조사기준 위반행위"로 본다.(2017.2.8 본항신설)
⑫ 선거여론조사심의위원회는 업무수행을 위하여 필요하다고 인정하는 때에는 관계 공무원 또는 전문가를 초청하여 의견을 듣거나 관련 기관・단체 등에 자료 및 의견 제출 등 협조를 요청할 수 있다.(2017.2.8 본항개정)
⑬ 선거여론조사심의위원회에 그 사무를 처리하기 위하여 선거관리위원회 소속 공무원으로 구성하는 사무국을 둘 수 있다.(2017.2.8 본항개정)
⑭ 선거여론조사심의위원회의 구성・운영, 위원 및 상임위원의 대우, 사무국의 조직・직무범위, 선거여론조사기준의 공표방법, 그 밖에 필요한 사항은 중앙선거관리위원회규칙으로 정한다.(2017.2.8 본항개정)
(2017.2.8 본조제목개정)
(2014.2.13 본조신설)

제8조의9【여론조사 기관・단체의 등록 등】 ① 여론조사 기관・단체가 공표 또는 보도를 목적으로 선거에 관한 여론조사를 실시하려는 때에는 조사시스템, 분석전문인력, 그 밖에 중앙선거관리위원회규칙으로 정하는 요건을 갖추어 관할 선거여론조사심의위원회에 서면으로 그 등록을 신청하여야 한다.
② 제1항에 따른 등록신청을 받은 관할 선거여론조사심의위원회는 그 신청을 접수한 날부터 7일 이내에 등록을 수리하고 등록증을 교부하여야 한다.
③ 선거여론조사심의위원회는 제2항에 따라 등록증을 교부한 여론조사 기관・단체(이하 "선거여론조사기관"이라 한다)에 관한 정보로서 중앙선거관리위원회규칙으로 정하는 정보를 지체 없이 중앙선거여론조사심의위원회 홈페이지에 공개하여야 한다.
④ 제1항에 따른 등록신청 사항 중 변경이 생긴 때에는 선거여론조사기관은 14일 이내에 관할 선거여론조사심의위원회에 변경등록을 신청하여야 한다.
⑤ 선거여론조사기관(그 대표자 및 구성원을 포함한다)이 다음 각 호의 어느 하나에 해당하는 경우 관할 선거여론조사심의위원회는 해당 선거여론조사기관의 등록을 취소한다. 이 경우 제3호에 해당하여 등록이 취소된 선거여론조사기관은 그 등록이 취소된 날부터 1년 이내에는 등록을 신청할 수 없다.
1. 거짓이나 그 밖의 부정한 방법으로 등록한 경우
2. 제1항에 따른 등록 요건을 갖추지 못하게 된 경우
3. 선거에 관한 여론조사와 관련된 죄를 범하여 징역형 또는 100만원 이상의 벌금형의 선고를 받은 경우
⑥ 등록신청서 및 등록증의 서식, 제3항에 따른 정보공개의 절차, 등록변경・등록취소 절차, 그 밖에 필요한 사항은 중앙선거관리위원회규칙으로 정한다.
(2017.2.8 본조신설)

제9조【공무원의 중립의무 등】 ① 공무원 기타 정치적 중립을 지켜야 하는 자(기관・단체를 포함한다)는 선거에 대한 부당한 영향력의 행사 기타 선거결과에 영향을 미치는 행위를 하여서는 아니된다.
② 검사(군검사를 포함한다) 또는 경찰공무원(검찰수사관 및 군사법경찰관리를 포함한다)은 이 법의 규정에 위반한 행위가 있다고 인정되는 때에는 신속・공정하게 단속・수사를 하여야 한다.(2020.12.22 본항개정)

판례 공무원의 의미 : 제9조의 '공무원'이란 원칙적으로 국가와 지방자치단체의 모든 공무원 즉, 좁은 의미의 직업공무원은 물론이고, 적극적인 정치활동을 통하여 국가에 봉사하는 정치적 공무원을 포함한다. 다만, 국회의원과 지방의회의원은 정당의 대표자이자 선거운동의 주체로서의 지위로 말미암아 선거에서의 정치적 중립성이 요구될 수 없으므로 제외된다.
(헌재결 2004.5.14, 2004헌나1)

제10조【사회단체 등의 공명선거추진활동】 ① 사회단체 등은 선거부정을 감시하는 등 공명선거추진활동을 할 수 있다. 다만, 다음 각 호의 어느 하나에 해당하는 단체는 그 명의 또는 그 대표의 명의로 공명선거추진활동을 할 수 없다.(2005.8.4 단서개정)
1. 특별법에 의하여 설립된 국민운동단체로서 국가 또는 지방자치단체의 출연 또는 보조를 받는 단체(바르게살기운동협의회・새마을운동협의회・한국자유총연맹을 말한다)(2004.3.12 본호개정)
2. 법령에 의하여 정치활동이나 공직선거에의 관여가 금지된 단체(2004.3.12 본호개정)
3. 후보자(후보자가 되고자 하는 자를 포함한다. 이하 이 조에서 같다), 후보자의 배우자와 후보자 또는 그 배우자의 직계존・비속과 형제자매나 후보자의 직계비속 및 형제자매의 배우자(이하 "후보자의 가족"이라 한다)가 설립하거나 운영하고 있는 단체(2004.3.12 본호개정)
4. 특정 정당(창당준비위원회를 포함한다. 이하 이 조에서 같다) 또는 후보자를 지원하기 위하여 설립된 단체
(2004.3.12 본호개정)
5. (2005.8.4 삭제)
6. 선거운동을 하거나 할 것을 표방한 노동조합 또는 단체(2004.3.12 본호개정)
② 사회단체 등이 공명선거추진활동을 함에 있어서는 항상 공정한 자세를 견지하여야 하며, 특정 정당이나 후보자의 선거운동에 이르지 아니하도록 유의하여야 한다.
③ 각급선거관리위원회(읍・면・동선거관리위원회를 제외한다)는 사회단체 등이 불공정한 활동을 하는 때에는 경고・중지 또는 시정명령을 하여야 하며, 그 행위가 선거운동에 이르거나 선거관리위원회의 중지 또는 시정명령을 이행하지 아니하는 때에는 고발 등 필요한 조치를 하여야 한다.(2005.8.4 본항개정)

제10조의2【공정선거지원단】 ① 각급선거관리위원회(읍・면・동선거관리위원회는 제외한다)는 선거부정을 감시하고 공정선거를 지원하기 위하여 공정선거지원단을 둔다.(2018.4.6 본항개정)
② 공정선거지원단은 선거운동을 할 수 있는 자로서 정당의 당원이 아닌 중립적이고 공정한 자 중에서 중앙선거관리위원회규칙으로 정하는 바에 따라 10명 이내로 구성한다. 다만, 선거일 전 60일(선거일 전 60일 후에 실시사유가 확정된 보궐선거등의 경우 그 선거의 실시사유가 확정된 때)부터 선거일 후 10일까지는 중앙선거관리위원회 및 시・도선거관리위원회는 10인 이내의, 구・시・군선거관리위원회는 20인 이내의 인원을 추가하여 구성할 수 있다.(2018.4.6 본문개정)
③~⑤ (2008.2.29 삭제)
⑥ 공정선거지원단은 관할 선거관리위원회의 지휘를 받아 이 법에 위반되는 행위에 대하여 증거자료를 수집하거나 조사활동을 할 수 있다.(2018.4.6 본항개정)
⑦ 공정선거지원단의 소속원에 대하여는 예산의 범위안에서 수당 또는 실비를 지급할 수 있다.(2018.4.6 본항개정)
⑧ 공정선거지원단의 구성・활동방법 및 수당・실비의 지급 기타 필요한 사항은 중앙선거관리위원회규칙으로 정한다.(2018.4.6 본항개정)
(2018.4.6 본조제목개정)

제10조의3【사이버공정선거지원단】 ① 중앙선거관리위원회는 인터넷을 이용한 선거부정을 감시하고 공정선거를 지원하기 위하여 중앙선거관리위원회규칙으로 정하는 바에 따라 5인 이상 10인 이하로 구성된 사이버공정선거지원단을 설치・운영하여야 한다. 다만, 선거일 전 60일(선거일 전 60일 후에 실시사유가 확정된 보궐선거등의 경우 그 선거의 실시사유가 확정된 때)부터 선거일 후 10일까지는 10인 이내의 인원을 추가하여 구성할 수 있다.
② 시・도선거관리위원회는 인터넷을 이용한 선거부정을 감시하고 공정선거를 지원하기 위하여 선거일전 120일(선거일전 120일후에 실시사유가 확정된 보궐선거등에 있어서는 그 선거의 실시사유가 확정된 후 5일)부터 선거일까지 30인 이내로 구성된 사이버공정선거지원단을 설치・운영하여야 한다.
③ 사이버공정선거지원단은 정당의 당원이 아닌 중립적이고 공정한 자로 구성한다.
④ 제10조의2제6항부터 제8항까지의 규정은 사이버공정선거지원단에 준용한다. 이 경우 "공정선거지원단"은 "사이버공정선거지원단"으로 본다.
(2018.4.6 본조개정)

제11조【후보자 등의 신분보장】 ① 대통령선거의 후보자는 후보자의 등록이 끝난 때부터 개표종료시까지 사형・무기 또는 장기 7년 이상의 징역이나 금고에 해당하는 죄를 범한 경우를 제외하고는 현행범인이 아니면 체포 또는 구속되지 아니하며, 병역소집의 유예를 받는다.
(1995.5.10 본항개정)
② 국회의원선거, 지방의회의원 및 지방자치단체의 장의 선거의 후보자는 후보자의 등록이 끝난 때부터 개표종료시까지 사형・무기 또는 장기 5년 이상의 징역이나 금고에 해당하는 죄를 범하였거나 제16장 벌칙에 규정된 죄를 범한 경우를 제외하고는 현행범인이 아니면 체포 또는 구속되지 아니하며, 병역소집의 유예를 받는다.
(1995.5.10 본항신설)
③ 선거사무장・선거연락소장・선거사무원・회계책임자・투표참관인・사전투표참관인과 개표참관인(예비후

보자가 선임한 선거사무장·선거사무원 및 회계책임자는 제외한다)은 해당 신분을 취득한 때부터 개표종료시까지 사형·무기 또는 장기 3년 이상의 징역이나 금고에 해당하는 죄를 범하였거나 제230조부터 제235조까지 및 제237조부터 제259조까지의 죄를 범한 경우를 제외하고는 현행범인이 아니면 체포 또는 구속되지 아니하며, 병역소집의 유예를 받는다.(2014.1.17 본항개정)
(2011.7.28 본조제목개정)

제12조【선거관리】 ① 중앙선거관리위원회는 이 법에 특별한 규정이 있는 경우를 제외하고는 선거사무를 통할·관리하며, 하급선거관리위원회(투표관리관 및 사전투표관리관을 포함한다. 이하 이 조에서 같다) 및 제218조에 따른 재외선거관리위원회와 제218조의2에 따른 재외투표관리관의 위법·부당한 처분에 대하여 이를 취소하거나 변경할 수 있다.(2014.1.17 본항개정)
② 시·도선거관리위원회는 지방의회의원 및 지방자치단체의 장의 선거에 관한 하급선거관리위원회의 위법·부당한 처분에 대하여 이를 취소하거나 변경할 수 있다.(2005.8.4 본항개정)
③ 구·시·군선거관리위원회는 당해 선거에 관한 하급선거관리위원회의 위법·부당한 처분에 대하여 이를 취소하거나 변경할 수 있다.
④ 이 법에 규정된 구·시·군선거관리위원회에는 그 성질에 반하지 아니하는 범위에서 세종특별자치시선거관리위원회가 포함된 것으로 본다.(2015.8.13 본항신설)
(2015.8.13 본조제목개정)

제13조【선거구선거관리】 ① 선거구선거사무를 행할 선거관리위원회(이하 "선거구선거관리위원회"라 한다)는 다음 각호와 같다.
1. 대통령선거 및 비례대표전국선거구국회의원(이하 "비례대표국회의원"이라 한다)선거의 선거구선거사무는 중앙선거관리위원회
2. 특별시장·광역시장·특별자치시장·도지사(이하 "시·도지사"라 한다)선거와 비례대표선거구시·도의회의원(이하 "비례대표시·도의원"이라 한다)선거의 선거구선거사무는 시·도선거관리위원회(2015.8.13 본호개정)
3. 지역선거구국회의원(이하 "지역구국회의원"이라 한다)선거, 지역선거구시·도의회의원(이하 "지역구시·도의원"이라 한다)선거, 지역선거구자치구·시·군의회의원(이하 "지역구자치구·시·군의원"이라 한다)선거, 비례대표선거구자치구·시·군의회의원(이하 "비례대표자치구·시·군의원"이라 한다)선거 및 자치구의 구청장·시장·군수(이하 "자치구·시·군의 장"이라 한다)선거의 선거구선거사무는 그 선거구역을 관할하는 구·시·군선거관리위원회[제29조(지방의회의원의 증원선거)제3항 또는「선거관리위원회법」제2조(설치)제6항의 규정에 의하여 선거구선거사무를 행할 구·시·군선거관리위원회가 지정된 경우에는 그 지정을 받은 구·시·군선거관리위원회를 말한다]
(2005.8.4 본호개정)
(2000.2.16 본항개정)
② 제1항에서 "선거구선거사무"라 함은 선거에 관한 사무중 후보자등록 및 당선인결정 등과 같이 당해 선거구를 단위로 행하여야 하는 선거사무를 말한다.
③ 선거구선거관리위원회 또는 직근 상급선거관리위원회는 선거관리를 위하여 특히 필요하다고 인정하는 때에는 중앙선거관리위원회가 정하는 바에 따라 당해 선거에 관하여 관할선거구안의 선거관리위원회가 행할 선거사무의 범위를 조정하거나 하급선거관리위원회 또는 그 위원으로 하여금 선거구선거관리위원회의 직무를 행하게 할 수 있다.
④ 제3항의 규정에 의하여 선거구선거사무를 행하는 하급선거관리위원회의 위원은 선거구선거관리위원회위원의 정수에 산입하지 아니하며, 선거구선거관리위원회의 의결에 참가할 수 없다.
⑤ 구·시·군선거관리위원회 또는 읍·면·동선거관리위원회가 천재·지변 기타 부득이한 사유로 그 기능을 수행할 수 없는 때에는 직근 상급선거관리위원회는 직접 또는 다른 선거관리위원회로 하여금 당해 선거관리위원회의 기능이 회복될 때까지 그 선거사무를 대행하거나 대행하게 할 수 있다. 다른 선거관리위원회로 하여금 대행하게 하는 경우에는 대행할 업무의 범위도 함께 정하여야 한다.(2005.8.4 본항개정)
⑥ 제5항의 규정에 의하여 선거사무를 대행하거나 대행하게 한 때에는 대행할 선거관리위원회와 그 업무의 범위를 지체없이 공고하고, 상급선거관리위원회에 보고하여야 한다.
(2015.8.13 본조제목개정)

제14조【임기개시】 ① 대통령의 임기는 전임대통령의 임기만료일의 다음날 0시부터 개시된다. 다만, 전임자의 임기가 만료된 후에 실시하는 선거와 궐위로 인한 선거에 의한 대통령의 임기는 당선이 결정된 때부터 개시된다.(2003.2.4 본문개정)
② 국회의원과 지방의회의원(이하 이 항에서 "의원"이라 한다)의 임기는 총선거에 의한 전임의원의 임기만료일의 다음날부터 개시된다. 다만, 의원의 임기가 개시된 후에 실시하는 선거와 지방의회의원의 증원선거에 의한 의원의 임기는 당선이 결정된 때부터 개시되며 전임자 또는 같은 종류의 의원의 잔임기간으로 한다.
③ 지방자치단체의 장의 임기는 전임지방자치단체의 장의 임기만료일의 다음날부터 개시된다. 다만, 전임지방자치단체의 장의 임기가 만료된 후에 실시하는 선거와 제30조(지방자치단체의 폐치·분합시의 선거 등)제1항제1호 내지 제3호에 의하여 새로 선거를 실시하는 지방자치단체의 장의 임기는 당선이 결정된 때부터 개시되며 전임자 또는 같은 종류의 지방자치단체의 장의 잔임기간으로 한다.

제2장 선거권과 피선거권

제15조【선거권】 ① 18세 이상의 국민은 대통령 및 국회의원의 선거권이 있다. 다만, 지역구국회의원의 선거권은 18세 이상의 국민으로서 제37조제1항에 따른 선거인명부작성기준일 현재 다음 각 호의 어느 하나에 해당하는 사람에 한하여 인정된다.(2020.1.14 본문개정)
1.「주민등록법」제6조제1항제1호 또는 제2호에 해당하는 사람으로서 해당 국회의원지역선거구 안에 주민등록이 되어 있는 사람
2.「주민등록법」제6조제1항제3호에 해당하는 사람으로서 주민등록표에 3개월 이상 계속하여 올라 있고 해당 국회의원지역선거구 안에 주민등록이 되어 있는 사람
(2015.8.13 1호~2호개정)
② 18세 이상으로서 제37조제1항에 따른 선거인명부작성기준일 현재 다음 각 호의 어느 하나에 해당하는 사람은 그 구역에서 선거하는 지방자치단체의 의회의원 및 장의 선거권이 있다.(2020.1.14 본문개정)
1.「주민등록법」제6조제1항제1호 또는 제2호에 해당하는 사람으로서 해당 지방자치단체의 관할 구역에 주민등록이 되어 있는 사람
2.「주민등록법」제6조제1항제3호에 해당하는 사람으로서 주민등록표에 3개월 이상 계속하여 올라 있고 해당 지방자치단체의 관할구역에 주민등록이 되어 있는 사람
(2015.8.13 1호~2호개정)
3.「출입국관리법」제10조에 따른 영주의 체류자격 취득일 후 3년이 경과한 외국인으로서 같은 법 제34조에 따라 해당 지방자치단체의 외국인등록대장에 올라 있는 사람
(2009.2.12 본항개정)
(2011.11.7 본조제목개정)

판례 선거권 행사는 일정한 수준의 정치적 판단능력이 전제되어야 하는데, 입법자는 우리의 현실상 19세 미만의 미성년자의 경우, 아직 정치적·사회적 시각을 형성하는 과정에 있거나, 독자적인 정치적 판단을 할 수 있을 정도로 정신적·신체적 자율성을 충분히 갖추었다고 보기 어렵다고 보고, 선거권 연령을 19세 이상으로 정한 것이다. 또한 많은 국가에서 선거권 연령을 18세 이상으로 정하고 있으나, 선거권 연령은 국가마다 특수한 상황 등을 고려하여 결정할 사항이고, 다른 법령에서 18세 이상의 사람에게 근로능력이나 군복무능력 등을 인정한다고 하여 선거권 행사능력을 반드시 동일한 기준에 따라 정하여야 하는 것은 아니므로 선거권 연령을 19세 이상으로 정한 것이 불합리하다고 볼 수 없다. 따라서 선거권 연령을 19세 이상으로 정한 것이 입법자의 합리적인 입법재량의 범위를 벗어난 것으로 볼 수 없으므로, 19세 미만인 사람의 선거권 등을 침해하였다고 볼 수 없다.(헌재결 2013.7.25, 2012헌마174)

제16조【피선거권】 ① 선거일 현재 5년 이상 국내에 거주하고 있는 40세 이상의 국민은 대통령의 피선거권이 있다. 이 경우 공무로 외국에 파견된 기간과 국내에 주소를 두고 일정기간 외국에 체류한 기간은 국내거주기간으로 본다.(1997.1.13 본항개정)
② 18세 이상의 국민은 국회의원의 피선거권이 있다.
(2022.1.18 본항개정)
③ 선거일 현재 계속하여 60일 이상(공무로 외국에 파견되어 선거일전 60일후에 귀국한 자는 선거인명부작성기준일부터 계속하여 선거일까지) 해당 지방자치단체의 관할구역에 주민등록이 되어 있는 주민으로서 18세 이상의 국민은 그 지방의회의원 및 지방자치단체의 장의 피선거권이 있다. 이 경우 60일의 기간은 그 지방자치단체의 설치·폐지·분할·합병 또는 구역변경(제28조 각 호의 어느 하나에 따른 구역변경을 포함한다)에 의하여 중단되지 아니한다.(2022.1.18 전단개정)
④ 제3항 전단의 경우에 지방자치단체의 사무소 소재지가 다른 지방자치단체의 관할 구역에 있어 해당 지방자치단체의 장의 주민등록이 다른 지방자치단체의 관할 구역에 있게 된 때에는 해당 지방자치단체의 관할 구역에 주민등록이 되어 있는 것으로 본다.(2009.2.12 본항개정)

제17조【연령산정기준】 선거권자와 피선거권자의 연령은 선거일 현재로 산정한다.

제18조【선거권이 없는 자】 ① 선거일 현재 다음 각 호의 어느 하나에 해당하는 사람은 선거권이 없다.
(2015.8.13 본문개정)
1. 금치산선고를 받은 자
2. 1년 이상의 징역 또는 금고의 형의 선고를 받고 그 집행이 종료되지 아니하거나 그 집행을 받지 아니하기로 확정되지 아니한 사람. 다만, 그 형의 집행유예를 선고받고 유예기간 중에 있는 사람은 제외한다.
(2015.8.13 본호개정)
3. 선거범,「정치자금법」제45조(정치자금부정수수죄) 및 제49조(선거비용관련 위반행위에 관한 벌칙)에 규정된 죄를 범한 자 또는 대통령·국회의원·지방의회의원·지방자치단체의 장으로서 그 재임 중의 직무와 관련하여「형법」(「특정범죄가중처벌 등에 관한 법률」제2조에 의하여 가중처벌되는 경우를 포함한다) 제129조(수뢰, 사전수뢰) 내지 제132조(알선수뢰)·「특정범죄가중처벌 등에 관한 법률」제3조(알선수재)에 규정된 죄를 범한 자로서, 100만원 이상의 벌금형의 선고를 받고 그 형이 확정된 후 5년 또는 형의 집행유예의 선고를 받고 그 형이 확정된 후 10년을 경과하지 아니하거나 징역형의 선고를 받고 그 집행을 받지 아니하기로 확정된 후 또는 그 형의 집행이 종료되거나 면제된 후 10년을 경과하지 아니한 자(형이 실효된 자도 포함한다)
(2005.8.4 본호개정)
4. 법원의 판결 또는 다른 법률에 의하여 선거권이 정지 또는 상실된 자(2004.3.12 본호개정)
② 제1항제3호에서 "선거범"이라 함은 제16장 벌칙에 규정된 죄와「국민투표법」위반의 죄를 범한 자를 말한다.
(2005.8.4 본항개정)
③「형법」제38조에도 불구하고 제1항제3호에 규정된 죄와 다른 죄의 경합범에 대하여는 이를 분리 선고하고, 선거사무장·선거사무소의 회계책임자(선거사무소의 회계책임자로 선임·신고되지 아니한 사람으로서 후보자와 통모(通謀)하여 해당 후보자의 선거비용으로 지출한 금액이 선거비용제한액의 3분의 1 이상에 해당하는 사람을 포함한다) 또는 후보자(후보자가 되려는 사람을 포함한다)의 직계존비속 및 배우자에게 제263조 및 제265조에 규정된 죄와 이 조 제1항제3호에 규정된 죄의 경합범으로 징역형 또는 300만원 이상의 벌금형을 선고하는 때(선거사무장, 선거사무소의 회계책임자에 대하여는 선임·신고되기 전의 행위로 인한 경우를 포함한다)에는 이를 분리 선고하여야 한다.(2010.1.25 본항개정)
(2015.8.13 본조제목개정)

판례 1년 이상의 징역형을 선고받은 사람의 선거권을 제한함으로써 형사적·사회적 제재를 부과하고 준법의식을 강화한다는 공익이, 형 집행기간 동안 선거권을 행사하지 못하는 수형자 개인의 불이익보다 작다고 할 수 없다. 따라서 심판대상조항은 과잉금지원칙을 위반하여 청구인의 선거권을 침해하지 아니한다.
(헌재결 2017.5.25, 2016헌마292)

판례 범죄자의 선거권을 제한할 필요가 있다 하더라도 그가 저지른 범죄의 경중을 전혀 고려하지 않고 수형자와 집행유예자 모두의 선거권을 제한하는 것은 침해의 최소성 원칙에 어긋난다. 특히 집행유예자는 집행유예 선고가 실효되거나 취소되지 않는 한 교정시설에 구금되지 않고 일반인과 동일한 사회생활을 하고 있으므로, 그들의 선거권을 제한해야 할 필요성이 크지 않다. 그러므로 심판대상조항은 헌법 제37조제2항에 위반하여 청구인들의 선거권을 침해하고, 헌법 제41조제1항 및 제67조제1항이 규정한 보통선거원칙에 위반하여 집행유예자와 수형자를 차별취급하는 것이므로 평등의 원칙에도 어긋난다.
(헌재결 2014.1.28, 2012헌마409·510,2013헌마167(병합))

판례 동조 제3항의 규정 취지는 선거범이 아닌 다른 죄가 선거범의 양형에 영향을 미치는 것을 최소화하기 위하여 형법상 경합범 처벌례에 관한 조항의 적용을 배제하고 분리 심리하여 형을 따로 선고하여야 한다는 것이다.(대판 2004.4.27, 2002도315)

제19조【피선거권이 없는 자】 선거일 현재 다음 각 호의 어느 하나에 해당하는 자는 피선거권이 없다.
(2013.12.30 본문개정)
1. 제18조(선거권이 없는 자)제1항제1호·제3호 또는 제4호에 해당하는 자
2. 금고 이상의 형의 선고를 받고 그 형이 실효되지 아니한 자
3. 법원의 판결 또는 다른 법률에 의하여 피선거권이 정지되거나 상실된 자
4.「국회법」제166조(국회 회의 방해죄)의 죄를 범한 자로서 다음 각 목의 어느 하나에 해당하는 자(형이 실효된 자를 포함한다)
  가. 500만원 이상의 벌금형의 선고를 받고 그 형이 확정된 후 5년이 경과되지 아니한 자
  나. 형의 집행유예의 선고를 받고 그 형이 확정된 후 10년이 경과되지 아니한 자
  다. 징역형의 선고를 받고 그 집행을 받지 아니하기로 확정된 후 또는 그 형의 집행이 종료되거나 면제된 후 10년이 경과되지 아니한 자
(2013.12.30 본호신설)
5. 제230조제6항의 죄를 범한 자로서 벌금형의 선고를 받고 그 형이 확정된 후 10년을 경과하지 아니한 자(형이 실효된 자도 포함한다)(2014.2.13 본호신설)

제3장 선거구역과 의원정수

제20조【선거구】 ① 대통령 및 비례대표국회의원은 전국을 단위로 하여 선거한다.(2005.8.4 본항개정)
② 비례대표시·도의원은 당해 시·도를 단위로 선거하며, 비례대표자치구·시·군의원은 당해 자치구·시·군을 단위로 선거한다.(2005.8.4 본항신설)
③ 지역구국회의원, 지역구지방의회의원(지역구시·도의원 및 지역구자치구·시·군의원을 말한다. 이하 같다)은 당해 의원의 선거구를 단위로 하여 선거한다.
(2005.8.4 본항개정)
④ 지방자치단체의 장은 당해 지방자치단체의 관할구역을 단위로 하여 선거한다.

제21조【국회의 의원정수】 ① 국회의 의원정수는 지역구국회의원 253명과 비례대표국회의원 47명을 합하여 300명으로 한다.(2020.1.14 본항개정)

② 하나의 국회의원지역선거구(이하 "국회의원지역구"라 한다)에서 선출할 국회의원의 정수는 1인으로 한다.(2016.3.3 본조개정)

제22조【시·도의회의 의원정수】 ① 시·도별 지역구 시·도의원의 총 정수는 그 관할구역 안의 자치구·시·군(하나의 자치구·시·군이 2 이상의 국회의원지역구로 된 경우에는 국회의원지역구를 말하며, 행정구역의 변경으로 국회의원지역구와 행정구역이 합치되지 아니하게 된 때에는 행정구역을 말한다)수의 2배수로 하되, 인구·행정구역·지세·교통, 그 밖의 조건을 고려하여 100분의 20의 범위에서 조정할 수 있다. 다만, 인구가 5만명 미만인 자치구·시·군의 지역구시·도의원정수는 최소 1명으로 하고, 인구가 5만명 이상인 자치구·시·군의 지역구시·도의원정수는 최소 2명으로 한다.
(2022.4.20 본항개정)

② 제1항에도 불구하고 「지방자치법」 제10조제2항에 따라 시와 군을 통합하여 도농복합형태의 시로 한 경우에는 시·군통합후 최초로 실시하는 임기만료에 의한 시·도의회의원선거에 한하여 해당 시를 관할하는 도의회의원의 정수 및 해당 시의 도의회의원의 정수는 통합 전의 수를 고려하여 이를 정한다.(2021.1.12 본항개정)

③ 제1항 및 제2항의 기준에 의하여 산정된 의원정수가 19명 미만이 되는 광역시 및 도는 그 정수를 19명으로 한다.(2010.1.25 본항개정)

④ 비례대표시·도의원정수는 제1항 내지 제3항의 규정에 의하여 산정된 지역구시·도의원정수의 100분의 10으로 한다. 이 경우 단수는 1로 본다. 다만, 산정된 비례대표시·도의원정수가 3인 미만인 때에는 3인으로 한다.
(1995.4.1 본항신설)
(2014.2.13 본조제목개정)

제23조【자치구·시·군의회의 의원정수】 ① 시·도별 자치구·시·군의회 의원의 총정수는 별표3과 같이 하며, 자치구·시·군의회의 의원정수는 당해 시·도의 총정수 범위 내에서 제24조의3의 규정에 따른 당해 시·도의 자치구·시·군의원선거구획정위원회가 자치구·시·군의 인구와 지역대표성을 고려하여 중앙선거관리위원회규칙이 정하는 기준에 따라 정한다.(2015.6.19 본항개정)

② 자치구·시·군의회의 최소정수는 7인으로 한다.

③ 비례대표자치구·시·군의원정수는 자치구·시·군의원 정수의 100분의 10으로 한다. 이 경우 단수는 1로 본다.
(2005.8.4 본조개정)

제24조【국회의원선거구획정위원회】 ① 국회의원지역구의 공정한 획정을 위하여 임기만료에 따른 국회의원선거의 선거일 전 18개월부터 해당 국회의원선거에 적용되는 국회의원지역구의 명칭과 그 구역이 확정되어 효력을 발생하는 날까지 국회의원선거구획정위원회를 설치·운영한다.(2016.3.3 본항개정)

② 국회의원선거구획정위원회는 중앙선거관리위원회에 두되, 직무에 관하여 독립의 지위를 가진다.

③ 국회의원선거구획정위원회는 중앙선거관리위원회위원장이 위촉하는 9명의 위원으로 구성하되, 위원장은 위원 중에서 호선한다.

④ 국회의 소관 상임위원회 또는 선거구획정에 관한 사항을 심사하는 특별위원회(이하 이 조 및 제24조의2에서 "위원회"라 한다)는 중앙선거관리위원회위원장이 지명하는 1명과 학계·법조계·언론계·시민단체·정당 등으로부터 추천받은 사람 중 8명을 의결로 선정하여 국회의원선거구획정위원회 설치일 전 10일까지 중앙선거관리위원회위원장에게 통보하여야 한다.

⑤ 중앙선거관리위원회위원장은 국회의원선거구획정위원회 위원의 결원이 발생하는 때에는 위원회에 위원을 선정하여 통보하여 줄 것을 요청하여야 한다. 이 경우 위원의 선정 등에 관하여는 제4항을 준용한다.

⑥ 국회의원선거구획정위원회 위원의 임기는 국회의원선거구획정위원회의 존속기간으로 한다.

⑦ 국회의원 및 정당의 당원(제1항에 따른 국회의원선거구획정위원회의 설치일부터 과거 1년 동안 정당의 당원이었던 사람을 포함한다)은 위원이 될 수 없다.

⑧ 위원은 명예직으로 하되, 위원에게 일비·여비 그 밖의 실비를 지급할 수 있다.

⑨ 국회의원선거구획정위원회로부터 선거구획정업무에 필요한 자료의 요청을 받은 국가기관 및 지방자치단체는 지체 없이 이에 따라야 한다.

⑩ 국회의원선거구획정위원회는 국회의원지역구를 획정함에 있어서 국회에 의석을 가진 정당에게 선거구획정에 대한 의견진술의 기회를 부여하여야 한다.(2016.3.3 본항개정)

⑪ 국회의원선거구획정위원회는 제25조제1항에 규정된 기준에 따라 작성되고 재적위원 3분의 2 이상의 찬성으로 의결한 선거구획정안과 그 이유 및 그 밖에 필요한 사항을 기재한 보고서를 임기만료에 따른 국회의원선거의 선거일 전 13개월까지 국회의장에게 제출하여야 한다.

⑫ 국회의원선거구획정위원회에 그 사무를 지원하기 위한 조직(이하 "지원 조직"이라 한다)을 국회의원선거구획정위원회 설치일 전 30일부터 둘 수 있다. 이 경우 지원조직은 중앙선거관리위원회 소속 공무원으로 구성하되, 국회의원선거구획정위원회가 설치된 후 필요하다고 판단되면 국회의원선거구획정위원회위원장은 관계 국가기관에 그 소속 공무원의 파견을 요청할 수 있다.

⑬ 국회의원선거구획정위원회 위원 또는 위원이었던 사람은 그 직무상 알게 된 비밀을 누설하여서는 아니 된다. 국회의원선거구획정위원회 지원 조직의 직원 또한 같다.

⑭ 그 밖에 국회의원선거구획정위원회 및 지원 조직의 운영 등에 필요한 사항은 중앙선거관리위원회규칙으로 정한다.
(2015.6.19 본조개정)

제24조의2【국회의원지역구 확정】 ① 국회는 국회의원지역구를 선거일 전 1년까지 확정하여야 한다.
(2016.3.3 본항개정)

② 국회의장은 제24조제11항에 따라 제출된 선거구획정안을 위원회에 회부하여야 한다.

③ 제2항에 따라 선거구획정안을 회부받은 위원회는 이를 지체 없이 심사하여 국회의원지역구의 명칭과 그 구역에 관한 규정을 개정하는 법률안(이하 "선거구법률안"이라 한다)을 제안하여야 한다. 이 경우 위원회는 국회의원선거구획정위원회가 제출한 선거구획정안을 그대로 반영하되, 선거구획정안이 제25조제1항의 기준에 명백하게 위반된다고 판단하는 경우에는 그 이유를 붙여 재적위원 3분의 2 이상의 찬성으로 국회의원선거구획정위원회에 선거구획정안을 다시 제출하여 줄 것을 한 차례만 요구할 수 있다.(2016.3.3 전단개정)

④ 제3항에 따른 요구를 받은 국회의원선거구획정위원회는 그 요구를 받은 날부터 10일 이내에 새로이 선거구획정안을 마련하여 국회의장에게 제출하여야 한다. 이 경우 선거구획정안의 위원회 회부에 관하여는 제2항을 준용한다.

⑤ 선거구법률안 중 국회의원지역구의 명칭과 그 구역에 한해서는 「국회법」 제86조에 따른 법제사법위원회의 체계와 자구에 대한 심사 대상에서 제외한다.(2016.3.3 본항개정)

⑥ 국회의장은 선거구법률안 또는 선거구법률안이 포함된 법률안이 제안된 후 처음 개의하는 본회의에 이를 부의하여야 한다. 이 경우 본회의는 「국회법」 제95조제1항 및 제96조에도 불구하고 선거구법률안 또는 선거구법률안이 포함된 법률안을 수정 없이 바로 표결한다.
(2016.3.3 본조제목개정)
(2015.6.19 본조신설)

제24조의3【자치구·시·군의원선거구획정위원회】 ① 자치구·시·군의원지역선거구(이하 "자치구·시·군의원지역구"라 한다)의 공정한 획정을 위하여 시·도에 자치구·시·군의원선거구획정위원회를 둔다.

② 자치구·시·군의원선거구획정위원회는 11명 이내의 위원으로 구성하되, 학계·법조계·언론계·시민단체와 시·도의회 및 시·도선거관리위원회가 추천하는 사람 중에서 시·도지사가 위촉하여야 한다.

③ 지방의회의원 및 정당의 당원은 자치구·시·군의원선거구획정위원회의 위원이 될 수 없다.

④ 자치구·시·군의원선거구획정위원회는 선거구획정안을 마련함에 있어서 국회에 의석을 가진 정당과 해당 자치구·시·군의 의회 및 장에 대하여 의견진술의 기회를 부여하여야 한다.

⑤ 자치구·시·군의원선거구획정위원회는 제26조제2항에 규정된 기준에 따라 선거구획정안을 마련하고, 그 이유나 그 밖의 필요한 사항을 기재한 보고서를 첨부하여 임기만료에 따른 자치구·시·군의원선거의 선거일 전 6개월까지 시·도지사에게 제출하여야 한다.

⑥ 시·도의회가 자치구·시·군의원지역구에 관한 조례를 개정하는 때에는 자치구·시·군의원선거구획정위원회의 선거구획정안을 존중하여야 한다.

⑦ 제24조제8항 및 제9항은 자치구·시·군의원선거구획정위원회에 관하여 이를 준용한다.

⑧ 자치구·시·군의원선거구획정위원회의 구성 및 운영, 그 밖에 필요한 사항은 중앙선거관리위원회규칙으로 정한다.(2015.12.24 본항개정)
(2015.6.19 본조신설)

제25조【국회의원지역구의 획정】 ① 국회의원지역구는 시·도의 관할구역 안에서 인구·행정구역·지리적 여건·교통·생활문화권 등을 고려하여 다음 각 호의 기준에 따라 획정한다.

1. 국회의원지역구 획정의 기준이 되는 인구는 선거일 전 15개월이 속하는 달의 말일 현재 「주민등록법」 제7조제1항에 따른 주민등록표에 따라 조사한 인구로 한다.
2. 하나의 자치구·시·군의 일부를 분할하여 다른 국회의원지역구에 속하게 할 수 없다. 다만, 인구범위(인구비례 2:1의 범위를 말한다. 이하 이 조에서 같다)에 미달하는 자치구·시·군으로서 인접한 하나 이상의 자치구·시·군의 관할구역 전부를 합하는 방법으로는 그 인구범위를 충족하는 하나의 국회의원지역구를 구성할 수 없는 경우에는 그 인접한 자치구·시·군의 일부를 분할하여 구성할 수 있다.

(2016.3.3 본항개정)

② 국회의원지역구의 획정에 있어서는 제1항제2호의 인구범위를 벗어나지 아니하는 범위에서 농산어촌의 지역대표성이 반영될 수 있도록 노력하여야 한다.(2016.3.3 본항신설)

③ 국회의원지역구의 명칭과 그 구역은 별표1과 같이 한다.
(2016.3.3 본조제목개정)

제26조【지방의회의원선거구의 획정】 ① 시·도의회의원지역선거구(이하 "시·도의원지역구"라 한다)는 인구·행정구역·지세·교통 그 밖의 조건을 고려하여 자치구·시·군(하나의 자치구·시·군이 2 이상의 국회의원지역구로 된 경우에는 국회의원지역구를 말하며, 행정구역의 변경으로 국회의원지역구와 행정구역이 합치되지 아니하게 된 때에는 행정구역을 말한다)을 구역으로 하거나 분할하여 이를 획정하되, 하나의 시·도의원지역구에서 선출할 지역구시·도의원정수는 1명으로 하며, 그 시·도의원지역구의 명칭과 관할구역은 별표2와 같이 한다.(2010.1.25 본항개정)

② 자치구·시·군의원지역구는 인구·행정구역·지세·교통 그 밖의 조건을 고려하여 획정하되, 하나의 자치구·시·군의원지역구에서 선출할 지역구자치구·시·군의원정수는 2인 이상 4인 이하로 하며, 그 자치구·시·군의원지역구의 명칭·구역 및 의원정수는 시·도조례로 정한다.(2005.8.4 본항개정)

③ 제1항 또는 제2항의 규정에 따라 시·도의원지역구 또는 자치구·시·군의원지역구를 획정하는 경우 하나의 읍·면(「지방자치법」 제7조제3항에 따라 행정면을 둔 경우에는 행정면을 말한다. 이하 같다)·동(「지방자치법」 제7조제4항에 따라 행정동을 둔 경우에는 행정동을 말한다. 이하 같다)의 일부를 분할하여 다른 시·도의원지역구 또는 자치구·시·군의원지역구에 속하게 하지 못한다.(2021.1.12 본항개정)

④ 자치구·시·군의원지역구는 하나의 시·도의원지역구 내에서 획정하여야 한다.(2022.4.20 본항개정)

제27조【임기중 국회의원지역구를 변경한 때의 선거유예】 인구의 증감 또는 행정구역의 변경에 따라 별표1의 개정에 의한 국회의원지역구의 변경이 있더라도 임기만료에 의한 총선거를 실시할 때까지는 그 증감된 국회의원지역구의 선거는 이를 실시하지 아니한다.

제28조【임기중 지방의회의 의원정수의 조정 등】 인구의 증감 또는 행정구역의 변경에 따라 지방의회의 의원정수·선거구 또는 그 구역의 변경이 있더라도 임기만료에 의한 총선거를 실시할 때까지는 그 증감된 선거구의 선거는 이를 실시하지 아니한다. 다만, 지방자치단체의 구역변경이나 설치·폐지·분할 또는 합병이 있는 때에는 다음 각호에 의하여 당해 지방의회의 의원정수를 조정하고, 제3호 단서·제5호 또는 제6호의 경우에는 증원선거를 실시한다.

1. 지방자치단체의 구역변경으로 선거구에 해당하는 구역의 전부가 다른 지방자치단체에 편입된 때에는 그 편입된 선거구에서 선출된 지방의회의원은 종전의 지방의회의원의 자격을 상실하고 새로운 지방의회의원의 자격을, 선거구에 해당하는 구역의 일부가 다른 지방자치단체에 편입된 때에는 그 편입된 구역이 속하게 된 선거구에서 선출된 지방의회의원은 그 구역이 변경된 날부터 14일 이내에 자신이 속할 지방의회를 선택하여 당해 지방의회에 서면으로 신고하여야 하며 그 선택한 지방의회가 종전의 지방의회가 아닌 때에는 종전의 지방의회의원의 자격을 상실하고 새로운 지방의회의원의 자격을 취득하되, 그 임기는 종전의 지방의회의원의 잔임기간으로 하며, 그 재임기간에는 제22조(시·도의회의 의원정수) 또는 제23조(자치구·시·군의회의 의원정수)의 규정에 불구하고 그 재직의원수를 각각 의원정수로 한다. 이 경우 새로운 지방의회의원의 자격을 취득한 지방의회의원의 주민등록이 종전의 지방자치단체의 관할구역안에 되어 있는 때에는 그 구역이 변경된 날부터 14일 이내에 새로운 지방자치단체의 관할구역으로 주민등록을 이전하여야 하며, 그 구역이 변경된 날부터 14일 이내에 자신이 속할 지방의회를 신고하지 아니한 때에는 그 구역이 변경된 날부터 14일이 되는 날 현재 당해 지방의회의원의 주민등록지를 관할하는 지방자치단체의 지방의회에 신고한 것으로 본다.
2. 2이상의 지방자치단체가 합하여 새로운 지방자치단체가 설치된 때에는 종전의 지방의회의원은 같은 종류의 새로운 지방자치단체의 지방의회의원으로 되어 잔임기간 재임하며, 그 잔임기간에는 제22조 또는 제23조의 규정에 불구하고 그 재직의원수를 각각 의원정수로 한다.
3. 하나의 지방자치단체가 분할되어 2이상의 지방자치단체가 설치된 때에는 종전의 지방의회의원은 후보자등록 당시의 선거구를 관할하게 되는 지방자치단체의 지방의회의원으로 되어 잔임기간 재임하며, 그 잔임기간에는 제22조 또는 제23조의 규정에 불구하고 그 재직의원수를 각각 의원정수로 한다. 이 경우 비례대표시·도의원은 당해 시·도가 분할·설치된 날부터 14일 이내에 자신이 속할 시·도의회를 선택하여 당해 시·도의회에 서면으로 신고하여야 하고, 비례대표자치구·시·군의원은 당해 자치구·시·군이 분할·설치된 날부터 14일 이내에 자신이 속할 자치구·시·군의회를

선택하여 당해 자치구·시·군의회에 서면으로 신고하여야 한다. 다만, 재직의원수가 제22조 또는 제23조의 규정에 의한 새로운 의원정수의 3분의 2에 미달하는 때에는 의원정수에 미달하는 수만큼의 증원선거를 실시한다.(2005.8.4 후단개정)
4. 시가 광역시로 된 때에는 종전의 시의회의원과 당해 지역에서 선출된 도의회의원은 종전의 지방의회의원의 자격을 각각 상실하고 광역시의회의원의 자격을 취득하되, 그 임기는 종전의 도의회의원의 잔임기간으로 하며, 그 잔임기간에는 제22조의 규정에 불구하고 그 재직의원수를 의원정수로 한다.(1995.4.1 본호개정)
5. 읍 또는 면이 시로 된 때에는 시의회를 새로 구성하되, 최초로 선거하는 의원의 수는 당해 시·도의 자치구·시·군의원선거구획정위원회가 새로 정한 의원정수로부터 당해 지역에서 이미 선출된 군의회의원정수를 뺀 수로 하고, 종전의 당해 지역에서 선출된 군의회의원은 시의회의원이 된다. 이 경우 새로 선출된 의원정수를 합한 수를 제23조의 규정에 따른 시·도별 자치구·시·군의회의원의 총정수로 한다.(2005.8.4 본호개정)
6. 제4호의 경우 자치구가 아닌 구가 자치구로 된 때에는 자치구의회를 새로 구성하며, 그 의원정수는 당해 시·도의 자치구·시·군의원선거구획정위원회가 새로 정한다. 이 경우 새로 정한 의원 정수를 합한 수를 제23조의 규정에 따른 시·도별 자치구·시·군의회의원의 총정수로 한다.(2005.8.4 본호개정)

제29조【지방의회의원의 증원선거】 ① 제28조(임기중 지방의회의 의원정수의 조정 등)제3호 단서·제5호 또는 제6호의 규정에 의한 증원선거는 제22조(시·도의회의 의원정수)·제23조(자치구·시·군의회의 의원정수) 또는 제26조(지방의회의원선거구의 획정)의 규정에 의하여 새로 획정한 선거구에 의하되, 종전 지방의회의원이 없거나 종전 지방의회의원의 수가 그 선거구의 의원정수에 미달되는 선거구에 대하여 실시한다.
② 제1항의 선거구획정에 있어서 종전 지방의회의원의 선거구는 그 의원의 후보자등록 당시의 주소지를 관할하는 선거구로 하며, 새로 획정한 하나의 선거구안에 종전 지방의회의원의 수가 그 선거구의 새로 정한 의원정수를 넘는 때에는 임기만료에 의한 총선거를 실시할 때까지 제22조 또는 제23조의 규정에 불구하고 그 넘는 의원수를 합한 수를 당해 선거구의 의원정수로 한다.
③ 제1항의 증원선거에 관한 사무는 당해 구·시·군선거관리위원회가 설치되지 아니한 경우에는 시·도선거관리위원회가 지정하거나 그 구역을 관할하던 종전의 구·시·군선거관리위원회로 하여금 그 선거사무를 행하게 할 수 있다.

제30조【지방자치단체의 폐치·분합시의 선거 등】 ① 지방자치단체의 설치·폐지·분할 또는 합병이 있는 때에는 다음 각호에 의하여 당해 지방자치단체의 장을 선거한다.
1. 시·자치구 또는 광역시가 새로 설치된 때에는 당해 지방자치단체의 장은 새로 선거를 실시한다.(1995.4.1 본호개정)
2. 하나의 지방자치단체가 분할되어 2이상의 같은 종류의 지방자치단체로 된 때에는 종전의 지방자치단체의 장은 새로 설치된 지방자치단체중 종전의 지방자치단체의 사무소가 위치한 지역을 관할하는 지방자치단체의 장으로 되며, 그 다른 지방자치단체의 장은 새로 선거를 실시한다. 이 경우 종전의 지방자치단체의 사무소가 다른 지방자치단체의 관할구역안에 있는 때에는 지방자치단체의 분할에 관한 법률제정시 새로 선거를 실시할 지방자치단체를 정하여야 한다.
3. 2 이상의 같은 종류의 지방자치단체가 합하여 새로운 지방자치단체가 설치된 때에는 종전의 지방자치단체의 장은 그 직을 상실하고, 새로운 지방자치단체의 장에 대해서는 새로 선거를 실시한다.
4. 지방자치단체가 다른 지방자치단체에 편입됨으로 인하여 폐지된 때에는 그 폐지된 지방자치단체의 장은 그 직을 상실한다.
② 지방자치단체의 명칭만 변경된 경우에는 종전의 지방자치단체의 장은 변경된 지방자치단체의 장이 되며, 변경당시의 잔임기간 재임한다.
③ 이 법에서 "같은 종류의 지방자치단체"라 함은 「지방자치법」 제2조(지방자치단체의 종류)제1항에 의한 같은 종류의 지방자치단체를 말한다.(2005.8.4 본항개정)

제31조【투표구】 ① 읍·면·동에 투표구를 둔다.
② 구·시·군선거관리위원회는 하나의 읍·면·동에 2이상의 투표구를 둘 수 있다. 이 경우 읍·면의 리(「지방자치법」 제7조제4항에 따라 행정리를 둔 경우에는 행정리를 말한다. 이하 같다)의 일부를 분할하여 다른 투표구에 속하게 할 수 없다.(2021.1.12 후단개정)
③ 투표구를 설치 또는 변경하거나 선거를 실시하는 때에는 구·시·군선거관리위원회는 중앙선거관리위원회규칙이 정하는 바에 따라 투표구의 명칭과 그 구역을 공고하여야 한다.

제32조【구역의 변경 등】 ① 제37조(명부작성)제1항의 선거인명부작성기준일부터 선거일까지의 사이에 선거구의 구역·행정구역 또는 투표구의 구역이 변경된 경우에도 당해 선거에 관한 한 그 구역은 변경되지 아니한 것으로 본다.
② 지방자치단체나 그 행정구역의 관할구역의 변경없이 그 명칭만 변경된 경우에는 별표1·별표2·별표3 및 제26조(지방의회의원선거구의 획정)제2항의 규정에 의한 시·도조례중 국회의원지역구명·선거구명 및 그 구역의 행정구역명은 변경된 지방자치단체명이나 행정구역명으로 변경된 것으로 본다.
(2005.8.4 본조개정)

제4장 선거기간과 선거일

제33조【선거기간】 ① 선거별 선거기간은 다음 각호와 같다.
1. 대통령선거는 23일
2. 국회의원선거와 지방자치단체의 의회의원 및 장의 선거는 14일(2004.3.12 본호개정)
3. (2002.3.7 삭제)
② (2004.3.12 삭제)
③ "선거기간"이란 다음 각 호의 기간을 말한다.
1. 대통령선거 : 후보자등록마감일의 다음 날부터 선거일까지
2. 국회의원선거와 지방자치단체의 의회의원 및 장의 선거 : 후보자등록마감일 후 6일부터 선거일까지
(2011.7.28 본항개정)
(2011.7.28 본조제목개정)

판례 국회의원선거의 선거기간을 14일로 정한 것이 청구인의 정치적 기본권을 침해하거나 평등의 원칙에 위배되는지 여부 : 공직선거법 제33조 제1항 제2호에서 정하는 선거운동 기간은 제한의 입법목적, 제한의 내용, 우리나라에서의 선거의 태양, 현실적 필요성 등을 고려할 때 필요하고도 합리적인 제한이며, 선거운동의 자유를 형해화할 정도로 과도하게 제한하는 것으로 볼 수 없다 할 것이므로 헌법에 위반되지 않는다.(헌재결 2005.2.3, 2004헌마216)

제34조【선거일】 ① 임기만료에 의한 선거의 선거일은 다음 각호와 같다.
1. 대통령선거는 그 임기만료일전 70일 이후 첫번째 수요일(2004.3.12 본호개정)
2. 국회의원선거는 그 임기만료일전 50일 이후 첫번째 수요일(2004.3.12 본호개정)
3. 지방의회의원 및 지방자치단체의 장의 선거는 그 임기만료일전 30일 이후 첫번째 수요일(2004.3.12 본호개정)
② 제1항의 규정에 의한 선거일이 국민생활과 밀접한 관련이 있는 민속절 또는 공휴일인 때와 선거일전일이나 그 다음날이 공휴일인 때에는 그 다음주의 수요일로 한다.(2004.3.12 본항개정)

제35조【보궐선거 등의 선거일】 ① 대통령의 궐위로 인한 선거 또는 재선거(제3항의 규정에 의한 재선거를 제외한다. 이하 제2항에서 같다)는 그 선거의 실시사유가 확정된 때부터 60일 이내에 실시하되, 선거일은 늦어도 선거일 전 50일까지 대통령 또는 대통령권한대행자가 공고하여야 한다.(2009.2.12 본항개정)
② 보궐선거·재선거·증원선거와 지방자치단체의 설치·폐지·분할 또는 합병에 의한 지방자치단체의 장 선거의 선거일은 다음 각 호와 같다.
1. 국회의원·지방의회의원의 보궐선거·재선거 및 지방의회의원의 증원선거는 매년 1회 실시하고, 지방자치단체의 장의 보궐선거·재선거는 매년 2회 실시하되, 다음 각 목에 따라 실시한다. 이 경우 각 목에 따른 선거일에 관하여는 제34조제2항을 준용한다.
   가. 국회의원·지방의회의원의 보궐선거·재선거 및 지방의회의원의 증원선거는 4월 첫 번째 수요일에 실시한다. 다만, 3월 1일 이후 실시사유가 확정된 선거는 그 다음 연도의 4월 첫 번째 수요일에 실시한다.
   나. 지방자치단체의 장의 보궐선거·재선거 중 전년도 9월 1일부터 2월 말일까지 실시사유가 확정된 선거는 4월 첫 번째 수요일에 실시한다.
   다. 지방자치단체의 장의 보궐선거·재선거 중 3월 1일부터 8월 31일까지 실시사유가 확정된 선거는 10월 첫 번째 수요일에 실시한다.
   (2020.12.29 본호개정)
2. 지방자치단체의 설치·폐지·분할 또는 합병에 따른 지방자치단체의 장 선거는 그 선거의 실시사유가 확정된 때부터 60일 이내의 기간 중 관할선거구선거관리위원회 위원장이 해당 지방자치단체의 장(직무대행자를 포함한다)과 협의하여 정하는 날. 이 경우 관할선거구선거관리위원회 위원장은 선거일 전 30일까지 그 선거일을 공고하여야 한다.
(2015.8.13 본항개정)
③ 제197조(선거의 일부무효로 인한 재선거)의 규정에 의한 재선거는 확정판결 또는 결정의 통지를 받은 날부터 30일 이내에 실시하되, 관할선거구선거관리위원회가 그 재선거일을 정하여 공고하여야 한다.
④ 이 법에서 "보궐선거등"이라 함은 제1항 내지 제3항 및 제36조(연기된 선거등의 선거일)의 규정에 의한 선거를 말한다.
⑤ 이 법에서 "선거의 실시사유가 확정된 때"라 함은 다음 각호에 해당하는 날을 말한다.
1. 대통령의 궐위로 인한 선거는 그 사유가 발생한 날
2. 지역구국회의원의 보궐선거는 중앙선거관리위원회가, 지방의회의원 및 지방자치단체의 장의 보궐선거는 관할선거구선거관리위원회가 그 사유의 통지를 받은 날(2004.3.12 본호개정)
3. 재선거는 그 사유가 확정된 날(법원의 판결 또는 결정에 의하여 확정된 경우에는 관할선거구선거관리위원회가 그 판결이나 결정의 통지를 받은 날). 이 경우 제195조(재선거)제2항의 규정에 의한 재선거에 있어서는 보궐선거의 실시사유가 확정된 때를 재선거의 실시사유가 확정된 때로 본다.(2004.3.12 본호개정)
4. 지방의회의원의 증원선거는 새로 정한 선거구에 관한 별표2 또는 시·도조례의 효력이 발생한 날
5. 지방자치단체의 설치·폐지·분할 또는 합병에 의한 지방자치단체의 장선거는 당해 지방자치단체의 설치·폐지·분할 또는 합병에 관한 법률의 효력이 발생한 날
6. 연기된 선거는 제196조(선거의 연기)제3항의 규정에 의하여 그 선거의 연기를 공고한 날
7. 재투표는 제36조의 규정에 의하여 그 재투표일을 공고한 날
(2011.7.28 본조제목개정)

제36조【연기된 선거 등의 선거일】 제196조(선거의 연기)의 규정에 의한 연기된 선거를 실시하는 때에는 대통령선거 및 국회의원선거에 있어서는 대통령이, 지방의회의원 및 지방자치단체의 장의 선거에 있어서는 관할선거구선거관리위원회위원장이 각각 그 선거일을 정하여 공고하여야 하며, 제198조(천재·지변 등으로 인한 재투표)의 규정에 의한 재투표를 실시하는 때에는 관할선거구선거관리위원회위원장이 재투표일을 정하여 공고하여야 한다.(2000.2.16 본조개정)

제5장 선거인명부

제37조【명부작성】 ① 선거를 실시하는 때마다 구(자치구가 아닌 구를 포함한다)·시(구가 설치되지 아니한 시를 말한다)·군(이하 "구·시·군"이라 한다)의 장은 대통령선거에서는 선거일 전 28일, 국회의원선거와 지방자치단체의 의회의원 및 장의 선거에서는 선거일 전 22일(이하 "선거인명부작성기준일"이라 한다) 현재 제15조에 따라 그 관할 구역에 주민등록이 되어 있는 선거권자(지방자치단체의 의회의원 및 장의 선거의 경우 제15조제2항제3호에 따른 외국인을 포함하고, 제218조의13에 따라 확정된 재외선거인명부 또는 다른 구·시·군의 국외부재자신고인명부에 올라 있는 사람은 제외한다)를 투표구별로 조사하여 선거인명부작성기준일부터 5일 이내(이하 "선거인명부작성기간"이라 한다)에 선거인명부를 작성하여야 한다. 이 경우 제218조의13에 따라 확정된 국외부재자신고인명부에 올라 있는 사람은 선거인명부의 비고란에 그 사실을 표시하여야 한다.(2015.8.13 전단개정)
② 선거인명부에는 선거권자의 성명·주소·성별 및 생년월일 기타 필요한 사항을 기재하여야 한다.
③ 누구든지 같은 선거에 있어 2 이상의 선거인명부에 오를 수 없다.
④ 구·시·군의 장은 선거인명부를 작성한 때에는 즉시 그 전산자료 복사본을 관할 구·시·군선거관리위원회에 송부하여야 한다.(2018.4.6 본항개정)
⑤ 하나의 투표구의 선거권자의 수가 1천인을 넘는 때에는 그 선거인명부를 선거인수가 서로 엇비슷하게 분철할 수 있다.
⑥ 제1항의 규정에 의한 선거인명부의 작성은 전산조직에 의할 수 있다.(2005.8.4 후단삭제)
⑦ 행정안전부장관은 제1항에 따른 선거인명부의 작성을 지원하기 위하여 「주민등록법」 제7조의2제1항에 따른 주민등록번호, 「출입국관리법」 제31조제5항에 따른 외국인등록번호 및 「재외동포의 출입국과 법적 지위에 관한 법률」 제7조제1항에 따른 국내거소신고번호를 처리할 수 있고, 처리한 사항을 구·시·군의 장 등에게 제공할 수 있다. 이 경우 행정안전부장관은 관계 행정기관의 장 또는 그 밖의 공공기관의 장에게 필요한 자료를 요청할 수 있고, 요청을 받은 자는 특별한 사유가 없으면 이에 따라야 한다.(2022.1.21 본항신설)
⑧ 선거인명부의 서식 기타 필요한 사항은 중앙선거관리위원회규칙으로 정한다.
(2011.7.28 본조제목개정)

판례 [1] 주민등록을 요건으로 재외국민의 국정선거권을 제한하는 것이 재외국민의 선거권, 평등권을 침해하고 보통선거원칙을 위반하는지 여부(적극) : 선거권의 제한은 불가피하게 요청되는 개별적·구체적 사유가 존재함이 명백할 경우에만 정당화될 수 있고, 막연하고 추상적인 위험이나 국가의 노력에 의해 극복될 수 있는 기술상의 어려움이나 장애 등을 사유로 그 제한이 정당화될 수 없다. 북한주민이나 조총련계 재일동포가 선거에 영향을 미칠 가능성, 선거의 공정성, 선거기술적 이유 등은 재외국민등록제도나 재외국민거소신고제도, 해외에서의 선거운동방법에 대한 제한이나 투표자 신분확인제도, 정보기술의 활용 등을 통해 극복될 수 있으며, 나아가 납세나 국방의무와 선거권 간의 필연적 견련관계도 인정되지 않는다는 점 등에 비추어 볼 때, 단지 주민등록이 되어 있는지 여부에 따라 선거인명부에 오를 자격을 결정하여 그에 따라 선거권 행사 여부가 결정되도록 함으로써 엄연히 대한민국의 국민임에도 불구하고 주민등록법상 주민등록을 할 수 없는 재외국민의 선거권 행사를 전면적으로 부정하고 있는 공직선거법 37조 1항은 어떠한 정당한 목적도 찾기 어려우므로 헌법 37조 2항에 위반하여 재외국민의 선거권과 평등권을 침해하고 보통선거원칙에도 위반된다.
[2] 주민등록을 요건으로 국내거주 재외국민의 지방선거 선거권을 제한하는 것이 국내거주 재외국민의 평등권과 지방의회의원선거권을 침해하는지 여부(적극) : 국내거주 재외국민은 주민등록을 할 수 없을 뿐이지 '국민인 주민'이라는 점에서는 '주민등록이 되어 있는 국

민인 주민'과 실질적으로 동일하므로 지방선거 선거권 부여에 있어 양자에 대한 차별을 정당화할 어떠한 사유도 존재하지 않으며, 또한 헌법상의 권리인 국내거주 재외국민의 선거권이 법률상의 권리에 불과한 '영주의 체류자격 취득일로부터 3년이 경과한 19세 이상의 외국인'의 지방선거 선거권에 못 미치는 부당한 결과가 초래되고 있다는 점에서, 국내거주 재외국민에 대해 그 체류기간을 불문하고 지방선거 선거권을 전면적·획일적으로 박탈하는 공직선거법 15조 2항 1호, 37조 1항은 국내거주 재외국민의 평등권과 지방의회 의원선거권을 침해한다.
(헌재결 2007.6.28, 2004헌마644,2005헌마360(병합))

제38조【거소·선상투표신고】 ① 선거인명부에 오를 자격이 있는 국내에 거주하는 사람으로서 제4항제1호부터 제5호까지 또는 제5호의2에 해당하는 사람(제15조제2항제3호에 따른 외국인은 제외한다)은 선거인명부작성기간 중 구·시·군의 장에게 서면이나 해당 구·시·군이 개설·운영하는 인터넷 홈페이지를 통하여 신고(이하 "거소투표신고"라 한다)를 할 수 있다. 이 경우 우편에 의한 거소투표신고는 등기우편으로 처리하되, 그 우편요금은 국가 또는 해당 지방자치단체가 부담한다.
(2022.2.16 전단개정)
② 대통령선거와 임기만료에 따른 국회의원선거에서 선거인명부에 오를 자격이 있는 사람으로서 다음 각 호의 어느 하나에 해당하는 선박에 승선할 예정이거나 승선하고 있는 선원이 사전투표소 및 투표소에서 투표할 수 없는 경우 선거인명부작성기간 중 구·시·군의 장에게 서면〔승선하고 있는 선원이 해당 선박에 설치된 팩시밀리(전자적 방식을 포함한다. 이하 같다)로 신고하는 경우를 포함한다〕이나 제1항에 따른 인터넷 홈페이지를 통하여 신고(이하 "선상투표신고"라 한다)를 할 수 있다. 이 경우 우편에 의한 방법으로 선상투표신고를 하는 경우에는 제1항 후단을 준용한다.(2022.2.16 전단개정)
1. 다음 각 목의 어느 하나에 해당하는 선박으로서 대한민국 국민이 선장을 맡고 있는 「선박법」 제2조에 따른 대한민국 선박〔대한민국국적취득조건부 나용선(裸傭船)을 포함한다〕
  가. 「원양산업발전법」 제6조제1항에 따라 해양수산부장관의 허가를 받아 원양어업에 사용되는 선박
  나. 「해운법」 제4조제1항에 따라 해양수산부장관의 면허를 받아 외항 여객운송사업에 사용되는 선박
  다. 「해운법」 제24조제2항에 따라 해양수산부장관에게 등록하여 외항 화물운송사업에 사용되는 선박
  (2013.3.23 가목~다목개정)
2. 「해운법」 제33조제1항에 따라 해양수산부장관에게 등록하여 선박관리업을 경영하는 자가 관리하는 외국국적 선박 중 대한민국 국민이 선장을 맡고 있는 선박
  (2013.3.23 본호개정)
(2012.2.29 본항신설)
③ 거소투표신고 또는 선상투표신고를 하려는 사람은 해당 신고서에 다음 각 호의 사항을 적어야 하고, 제4항제1호 및 제2호에 해당하는 사람은 소속기관이나 시설의 장의, 제4항제3호에 해당하는 사람(「장애인복지법」 제32조에 따라 등록된 장애인은 제외한다)은 통·리 또는 반의 장의, 제4항제5호의2에 해당하는 사람으로서 입원치료, 시설치료 또는 시설격리 중인 사람은 해당 시설의 장의, 제4항제6호에 해당하는 선원은 해당 선박 소유자(제2항제2호에 따른 선박의 경우에는 선박관리업을 경영하는 자를 말한다) 또는 해당 선박 선장의 확인을 받아야 한다. 이 경우 구·시·군의 장은 선거인명부작성기준일 전 10일까지 제4항제3호에 해당하는 사람 중에서 「장애인복지법」 제32조에 따라 등록된 장애인에게 거소투표신고에 관한 안내문과 거소투표신고서를 발송하여야 한다.
(2022.2.16 전단개정)
1. 거소투표 또는 선상투표 사유(2014.1.17 본호개정)
2. 성명, 성별, 생년월일
3. 주소, 거소(제4항제6호에 해당하는 선원의 경우 해당 선박의 명칭과 팩시밀리 번호를 말한다)(2012.2.29 본호개정)
(2004.3.12 본항개정)
④ 다음 각 호의 어느 하나에 해당하는 사람은 거소(제6호에 해당하는 선원의 경우 선상을 말한다)에서 투표할 수 있다.(2012.2.29 본문개정)
1. 법령에 따라 영내 또는 함정에 장기기거하는 군인이나 경찰공무원 중 사전투표소 및 투표소에 가서 투표할 수 없을 정도로 멀리 떨어진 영내(營內) 또는 함정에 근무하는 자(2014.1.17 본호개정)
2. 병원·요양소·수용소·교도소 또는 구치소에 기거하는 사람(2014.1.17 본호개정)
3. 신체에 중대한 장애가 있어 거동할 수 없는 자
  (2005.8.4 본호개정)
4. 사전투표소 및 투표소에 가기 어려운 멀리 떨어진 외딴 섬 중 중앙선거관리위원회규칙으로 정하는 섬에 거주하는 자(2014.1.17 본호개정)
5. 사전투표소 및 투표소를 설치할 수 없는 지역에 장기기거하는 자로서 중앙선거관리위원회규칙으로 정하는 자(2014.1.17 본호개정)
5의2. 격리자등(2022.2.16 본호신설)
6. 제2항에 해당하는 선원(2012.2.29 본호신설)
⑤ 거소투표신고 또는 선상투표신고가 있는 때에는 구·시·군의 장은 해당 신고서의 신고사항을 확인한 후 정당한 거소투표신고 또는 선상투표신고인 때에는 선거인명부에 이를 표시하고 거소투표신고인명부와 선상투표신고인명부(이하 "거소·선상투표신고인명부"라 한다)를 각각 따로 작성하여야 한다.(2014.1.17 본항개정)
⑥ 구·시·군의 장은 거소·선상투표신고인명부를 작성한 때에는 즉시 그 등본(전산자료 복사본을 포함한다) 각 1통을 관할 구·시·군선거관리위원회에 송부하여야 한다.(2014.1.17 본항개정)
⑦ 제37조(명부작성)제6항의 규정은 거소·선상투표신고인명부의 작성에 이를 준용한다.(2014.1.17 본항개정)
⑧ 거소투표신고서·선상투표신고서의 서식, 거소·선상투표신고인명부의 서식, 거소투표·선상투표 사유의 확인절차, 그 밖에 필요한 사항은 중앙선거관리위원회규칙으로 정한다.(2014.1.17 본항개정)
(2014.1.17 본조제목개정)

판례 국내거주자에게만 부재자신고를 허용하는 것이 국외거주자의 선거권·평등권을 침해하고 보통선거원칙을 위반하는지 여부(적극) : 직업이나 학문 등의 사유로 자진 출국한 자들이 선거권을 행사하려고 하면 반드시 귀국해야 하고 귀국하지 않으면 선거권 행사를 못하도록 하는 것은 헌법이 보장하는 해외체류자의 국외 거주·이전의 자유, 직업의 자유, 공무담임권, 학문의 자유 등의 기본권을 희생하도록 강요한다는 점에서 부적절하며, 가속화되고 있는 국제화시대에 해외로 이주하여 살 가능성이 높아지고 있는 상황에서, 그것이 자발적 계기에 의해 이루어졌다는 이유만으로 국민이면 누구나 향유해야 할 가장 기본적인 권리인 선거권의 행사가 부인되는 것은 타당성을 갖기 어렵다는 점에 비추어 볼 때, 선거인명부에 오를 자격이 있는 국내거주자에 대해서만 부재자신고를 허용함으로써 재외국민과 단기해외체류자 등 국외거주자 전부의 국정선거권을 부인하고 있는 공직선거법 38조 1항은 정당한 입법목적을 갖추지 못한 것으로 헌법 37조 2항에 위반하여 국외거주자의 선거권과 평등권을 침해하고 보통선거원칙에도 위반된다.(헌재결 2007.6.28, 2004헌마644 등)

제39조【명부작성의 감독 등】 ① 선거인명부(거소·선상투표신고인명부를 포함한다. 이하 이 조에서 같다)의 작성에 관하여는 관할 구·시·군선거관리위원회 및 읍·면·동선거관리위원회가 이를 감독한다.
(2014.1.17 본항개정)
② 선거인명부작성에 종사하는 공무원이 임면된 때에는 당해 구·시·군의 장은 지체없이 관할 구·시·군선거관리위원회에 그 사실을 통보하여야 한다.(2009.2.12 본항개정)
③ 선거인명부작성기간 중에 선거인명부작성에 종사하는 공무원을 해임하고자 하는 때에는 그 임면권자는 관할구·시·군선거관리위원회 또는 직근 상급선거관리위원회와 협의하여야 한다.
④ 선거인명부작성에 종사하는 공무원이 정당한 사유없이 선거인명부작성에 관하여 관할구·시·군선거관리위원회 또는 읍·면·동선거관리위원회의 지시·명령 또는 시정요구에 불응하거나 그 직무를 태만히 한 때 또는 위법·부당한 행위를 한 때에는 관할구·시·군선거관리위원회 또는 직근 상급선거관리위원회는 임면권자에게 그 교체를 요구할 수 있다.(2005.8.4 본항개정)
⑤ 제4항의 교체요구가 있는 때에는 임면권자는 정당한 사유가 없는 한 이에 따라야 한다.
⑥~⑦ (1998.4.30 삭제)
⑧ 누구든지 선거인명부작성사무를 방해하거나 기타 어떠한 방법으로든지 선거인명부작성에 영향을 주는 행위를 하여서는 아니된다.(1998.4.30 본항개정)
⑨ 선거인명부작성에 종사하는 공무원의 임면사항 통보등 기타 필요한 사항은 중앙선거관리위원회규칙으로 정한다.(1998.4.30 본항개정)

제40조【명부열람】 ① 구·시·군의 장은 선거인명부작성기간 만료일의 다음 날부터 3일간 장소를 정하여 선거인명부를 열람할 수 있도록 하여야 한다. 이 경우 구·시·군의 장은 해당 구·시·군이 개설·운영하는 인터넷 홈페이지에서 선거권자가 선거인명부를 열람할 수 있도록 기술적 조치를 하여야 한다.(2009.2.12 본항개정)
② 선거권자는 누구든지 선거인명부를 자유로이 열람할 수 있다. 다만, 제1항의 규정에 따른 인터넷홈페이지에서의 열람은 선거권자 자신의 정보에 한한다.(2005.8.4 본항개정)
③ 구·시·군의 장은 열람개시일전 3일까지 제1항의 장소, 기간, 인터넷홈페이지 주소 및 열람방법을 공고하여야 한다.(2009.2.12 본항개정)

제41조【이의신청과 결정】 ① 선거권자는 누구든지 선거인명부에 누락 또는 오기가 있거나 자격이 없는 선거인이 올라 있다고 인정되는 때에는 열람기간내에 구술 또는 서면으로 당해 구·시·군의 장에게 이의를 신청할 수 있다.
② 제1항의 신청이 있는 때에는 구·시·군의 장은 그 신청이 있는 날의 다음날까지 심사·결정하되, 그 신청이 이유있다고 결정한 때에는 즉시 선거인명부를 정정하고 신청인·관계인과 관할구·시·군선거관리위원회에 통지하여야 하며, 이유없다고 결정한 때에는 그 뜻을 신청인과 관할구·시·군선거관리위원회에 통지하여야 한다.
(2009.2.12 본조개정)

제42조【불복신청과 결정】 ① 제41조(이의신청과 결정)제2항의 결정에 대하여 불복이 있는 이의신청인이나 관계인은 그 통지를 받은 날의 다음날까지 관할구·시·군선거관리위원회에 서면으로 불복을 신청할 수 있다.
② 제1항의 신청이 있는 때에는 관할구·시·군선거관리위원회는 그 신청이 있는 날의 다음날까지 심사·결정하되, 그 신청이 이유있다고 결정한 때에는 즉시 관계 구·시·군의 장에게 통지하여 선거인명부를 정정하게 하고 신청인과 관계인에게 통지하여야 하며, 이유없다고 결정한 때에는 그 뜻을 신청인과 관계 구·시·군의 장에게 통지하여야 한다.(2009.2.12 본항개정)

제43조【명부누락자의 구제】 ① 제41조제1항의 이의신청기간만료일의 다음날부터 제44조제1항의 선거인명부확정일 전일까지 구·시·군의 장의 착오 등의 사유로 인하여 정당한 선거권자가 선거인명부에 누락된 것이 발견된 때에는 해당 선거권자 또는 구·시·군의 장은 주민등록표등본등 소명자료를 첨부하여 관할구·시·군선거관리위원회에 서면으로 선거인명부 등재신청을 할 수 있다.(2011.7.28 본항개정)
② 제1항의 신청이 있는 때에는 관할구·시·군선거관리위원회는 그 신청이 있는 날의 다음날까지 심사·결정하되, 그 신청이 이유있다고 결정한 때에는 즉시 관계 구·시·군의 장에게 통지하여 선거인명부를 정정하게 하고 신청인에게 통지하여야 하며, 이유없다고 결정한 때에는 그 뜻을 신청인과 관계 구·시·군의 장에게 통지하여야 한다.(2009.2.12 본항개정)
(2011.7.28 본조제목개정)

제44조【명부의 확정과 효력】 ① 선거인명부는 선거일 전 12일에, 거소·선상투표신고인명부는 선거인명부작성기간만료일의 다음 날에 각각 확정되며 해당 선거에 한하여 효력을 가진다.(2014.1.17 본항개정)
② 구·시·군의 장은 선거권자가 선거인명부확정일의 다음 날부터 선거일의 투표마감시각까지 해당 구·시·군이 개설·운영하는 인터넷 홈페이지에서 자신이 선거인명부에 올라 있는지 여부, 선거인명부 등재번호 및 투표소의 위치를 확인할 수 있도록 기술적 조치를 하여야 한다.
③ 구·시·군의 장은 제40조제3항에 따른 공고를 할 때 제2항에 따른 확인에 필요한 인터넷 홈페이지 주소, 확인기간 및 확인방법을 함께 공고하여야 한다.
(2011.7.28 본조개정)

제44조의2【통합선거인명부의 작성】 ① 중앙선거관리위원회는 사전투표소에서 사용하기 위하여 확정된 선거인명부의 전산자료 복사본을 이용하여 하나의 선거인명부(이하 "통합선거인명부"라 한다)를 작성한다.
② 중앙선거관리위원회는 통합선거인명부를 작성하는 경우 같은 사람이 2회 이상 투표할 수 없도록 필요한 기술적 조치를 하여야 한다.
③ 통합선거인명부는 전산조직을 이용하여 작성한다.
④ 읍·면·동선거관리위원회는 선거일에 투표소에서 사용하기 위하여 제148조제1항에 따른 사전투표기간 종료 후 중앙선거관리위원회가 제2항에 따라 기술적 조치를 한 선거인명부를 출력한 다음 해당 읍·면·동선거관리위원회위원장이 이를 봉함·봉인하여 보관하여야 하며, 그 보관과정에 정당추천위원이 참여하여 지켜볼 수 있도록 하여야 한다. 이 경우 정당추천위원이 그 시각까지 참여하지 아니한 때에는 참여를 포기한 것으로 본다.
⑤ 누구든지 제4항에 따라 출력한 선거인명부를 이 법에서 정하지 아니한 방법으로 열람·사용 또는 유출하여서는 아니 된다.
⑥ 통합선거인명부의 작성, 선거일 투표소에서 사용하기 위하여 출력한 선거인명부의 보관방법, 그 밖에 필요한 사항은 중앙선거관리위원회규칙으로 정한다.
(2014.1.17 본조신설)

제45조【명부의 재작성】 ① 천재지변, 그 밖의 사고로 인하여 선거인명부(거소·선상투표신고인명부를 포함한다. 이하 이 조에서 같다)가 멸실·훼손된 경우 선거의 실시를 위하여 필요한 때에는 구·시·군의 장은 다시 선거인명부를 작성하여야 한다. 다만, 제38조제6항에 따라 송부한 거소·선상투표신고인명부의 등본이 있는 때에는 거소·선상투표신고인명부를 다시 작성하지 아니할 수 있다.(2018.4.6 단서개정)
② 제1항 본문의 규정에 의한 선거인명부의 재작성·열람·확정 및 유효기간 기타 필요한 사항은 중앙선거관리위원회규칙으로 정한다.

제46조【명부사본의 교부】 ① 구·시·군의 장은 후보자〔비례대표국회의원후보자 및 비례대표지방의회의원(비례대표시·도의원 및 비례대표자치구·시·군의원을 말한다. 이하 같다)후보자를 제외한다〕·선거사무장(비례대표국회의원선거 및 비례대표지방의회의원선거의 선거사무장을 제외한다) 또는 선거연락소장의 신청이 있는 때에는 작성된 선거인명부 또는 거소·선상투표신고인명부의 사본이나 전산자료복사본을 후보자별로 1통씩 24시간 이내에 신청인에게 교부하여야 한다.
② 제1항에 따른 명부의 사본이나 전산자료복사본의 교부신청은 선거기간개시일까지 해당 구·시·군의 장에게 서면으로 하여야 한다.
③ 제2항에 따라 명부의 사본이나 전산자료복사본의 교부신청을 하는 자는 그 사본작성비용을 교부신청과 함께 납부하여야 한다.
④ 누구든지 제1항에 따라 교부된 명부의 사본 또는 전산자료복사본을 다른 사람에게 양도 또는 대여할 수 없으며 재산상의 이익 기타 영리를 목적으로 사용할 수 없다.

⑤ 제2항 및 제3항에 따른 교부신청과 비용납부 기타 필요한 사항은 중앙선거관리위원회규칙으로 정한다.
(2014.1.17 본조개정)

제6장 후보자

제47조【정당의 후보자추천】 ① 정당은 선거에 있어 선거구별로 선거할 정수 범위안에서 그 소속당원을 후보자(이하 "정당추천후보자"라 한다)로 추천할 수 있다. 다만, 비례대표자치구·시·군의원의 경우에는 그 정수 범위를 초과하여 추천할 수 있다.(2020.1.14 본문개정)
② 정당이 제1항에 따라 후보자를 추천하는 때에는 민주적인 절차에 따라야 한다.(2020.12.29 본항개정)
③ 정당이 비례대표국회의원선거 및 비례대표지방의회의원선거에 후보자를 추천하는 때에는 그 후보자 중 100분의 50 이상을 여성으로 추천하되, 그 후보자명부의 순위의 매 홀수에는 여성을 추천하여야 한다.(2005.8.4 본항개정)
④ 정당이 임기만료에 따른 지역구국회의원선거 및 지역구지방의회의원선거에 후보자를 추천하는 때에는 각각 전국지역구총수의 100분의 30 이상을 여성으로 추천하도록 노력하여야 한다.(2005.8.4 본항신설)
⑤ 정당이 임기만료에 따른 지역구지방의회의원선거에 후보자를 추천하는 때에는 지역구시·도의원선거 또는 지역구자치구·시·군의원선거 중 어느 하나의 선거에 국회의원지역구(군지역을 제외하며, 자치구의 일부지역이 다른 자치구 또는 군지역과 합하여 하나의 국회의원지역구로 된 경우에는 그 자치구의 일부지역도 제외한다)마다 1명 이상을 여성으로 추천하여야 한다.
(2010.3.12 본항개정)

제47조의2【정당의 후보자추천 관련 금품수수금지】
① 누구든지 정당이 특정인을 후보자로 추천하는 일과 관련하여 금품이나 그 밖의 재산상의 이익 또는 공사의 직을 제공하거나 그 제공의 의사를 표시하거나 그 제공을 약속하는 행위를 하거나, 그 제공을 받거나 그 제공의 의사표시를 승낙할 수 없다. 이 경우 후보자(후보자가 되려는 사람을 포함한다)와 그 배우자(이하 이 항에서 "후보자등"이라 한다), 후보자등의 직계존비속과 형제자매가 선거일 전 150일부터 선거일 후 60일까지 「정치자금법」에 따라 후원금을 기부하거나 당비를 납부하는 외에 정당 또는 국회의원[「정당법」 제37조(활동의 자유)제3항에 따른 국회의원지역구 또는 자치구·시·군의 당원협의회 대표자를 포함하며, 이하 이 항에서 "국회의원등"이라 한다], 국회의원등의 배우자, 국회의원등 또는 그 배우자의 직계존비속과 형제자매에게 채무의 변제, 대여 등 명목여하를 불문하고 금품이나 그 밖의 재산상의 이익을 제공한 때에는 정당이 특정인을 후보자로 추천하는 일과 관련하여 제공한 것으로 본다.(2014.2.13 후단신설)
② 누구든지 제1항에 규정된 행위에 관하여 지시·권유 또는 요구하거나 알선하여서는 아니 된다.
(2008.2.29 본조신설)

제48조【선거권자의 후보자추천】 ① 관할선거구 안에 주민등록이 된 선거권자는 각 선거(비례대표국회의원선거 및 비례대표지방의회의원선거를 제외한다)별로 정당의 당원이 아닌 자를 당해 선거구의 후보자(이하 "무소속후보자"라 한다)로 추천할 수 있다.(2005.8.4 본항개정)
② 무소속후보자가 되고자 하는 자는 관할선거구선거관리위원회가 후보자등록신청개시일전 5일(대통령의 임기만료에 의한 선거에 있어서는 후보자등록신청개시일전 30일, 대통령의 궐위로 인한 선거 등에 있어서는 그 사유가 확정된 후 3일)부터 검인하여 교부하는 추천장을 사용하여 다음 각호에 의하여 선거권자의 추천을 받아야 한다.(2005.8.4 본문개정)
1. 대통령선거
 5 이상의 시·도에 나누어 하나의 시·도에 주민등록이 되어 있는 선거권자의 수를 700인 이상으로 한 3천500인 이상 6천인 이하
 (2012.1.17 본호개정)
2. 지역구국회의원선거 및 자치구·시·군의 장선거
 300인 이상 500인 이하
3. 지역구시·도의원선거
 100인 이상 200인 이하
 (2000.2.16 본호개정)
4. 시·도지사선거
 당해 시·도안의 3분의 1 이상의 자치구·시·군에 나누어 하나의 자치구·시·군에 주민등록이 되어 있는 선거권자의 수를 50인 이상으로 한 1천인 이상 2천인 이하
5. 지역구자치구·시·군의원선거
 50인 이상 100인 이하. 다만, 인구 1천인 미만의 선거구에 있어서는 30인 이상 50인 이하
 (2005.8.4 본호개정)
③ 제2항의 경우 다음 각 호의 어느 하나에 해당하는 행위를 하여서는 아니 된다.
1. 검인되지 아니한 추천장에 의하여 추천을 받는 행위
2. 추천선거권자수의 상한수를 넘어 추천을 받는 행위
3. 추천선거권자의 서명이나 인영을 위조·변조하는 등의 방법으로 허위의 추천을 받는 행위
(2018.4.6 본항개정)
④ 제2항에 따른 추천장 검인·교부신청은 공휴일에도 불구하고 매일 오전 9시부터 오후 6시까지 할 수 있다.
(2011.7.28 본항신설)
⑤ 선거권자의 추천장의 서식·교부신청 및 교부 기타 필요한 사항은 중앙선거관리위원회규칙으로 정한다.
(2011.7.28 본조제목개정)

제49조【후보자등록 등】 ① 후보자의 등록은 대통령선거에서는 선거일 전 24일, 국회의원선거와 지방자치단체의 의회의원 및 장의 선거에서는 선거일 전 20일(이하 "후보자등록신청개시일"이라 한다)부터 2일간(이하 "후보자등록기간"이라 한다) 관할선거구선거관리위원회에 서면으로 신청하여야 한다.(2011.7.28 본항개정)
② 정당추천후보자의 등록은 대통령선거와 비례대표국회의원선거 및 비례대표지방의회의원선거에 있어서는 그 추천정당이, 지역구국회의원선거와 지역구지방의회의원 및 지방자치단체의 장의 선거에 있어서는 정당추천후보자가 되고자 하는 자가 신청하되, 추천정당의 당인(黨印) 및 그 대표자의 직인이 날인된 추천서와 본인승낙서(대통령선거와 비례대표국회의원선거 및 비례대표지방의회의원선거에 한한다)를 등록신청서에 첨부하여야 한다. 이 경우 비례대표국회의원후보자와 비례대표지방의회의원후보자의 등록은 추천정당이 그 순위를 정한 후보자명부를 함께 첨부하여야 한다.(2011.7.28 본항개정)
③ 무소속후보자가 되고자 하는 자는 제48조에 따라 선거권자가 기명하고 날인(무인을 허용하지 아니한다)하거나 서명한 추천장[단기(單記) 또는 연기(連記)로 하며 간인(間印)을 요하지 아니한다]을 등록신청서에 첨부하여야 한다.(2015.12.24 본항개정)
④ 제1항부터 제3항까지의 규정에 따라 후보자등록을 신청하는 자는 다음 각 호의 서류를 제출하여야 하며, 제56조제1항에 따른 기탁금을 납부하여야 한다.(2010.1.25 본문개정)
1. 중앙선거관리위원회규칙이 정하는 피선거권에 관한 증명서류
2. 「공직자윤리법」 제10조의2(공직선거후보자 등의 재산공개)제1항의 규정에 의한 등록대상재산에 관한 신고서(2005.8.4 본호개정)
3. 「공직자 등의 병역사항신고 및 공개에 관한 법률」 제9조(공직선거후보자의 병역사항신고 및 공개)제1항의 규정에 의한 병역사항에 관한 신고서(2005.8.4 본호개정)
4. 최근 5년간의 후보자, 그의 배우자와 직계존비속(혼인한 딸과 외조부모 및 외손자녀를 제외한다)의 소득세(「소득세법」 제127조제1항에 따라 원천징수하는 소득세는 제출하려는 경우에 한정한다)·재산세·종합부동산세의 납부 및 체납(10만원 이하 또는 3월 이내의 체납은 제외한다)에 관한 신고서. 이 경우 후보자의 직계존속은 자신의 세금납부 및 체납에 관한 신고를 거부할 수 있다.(2011.7.28 전단개정)
5. 벌금 100만원 이상의 형의 범죄경력(실효된 형을 포함하며, 이하 "전과기록"이라 한다)에 관한 증명서류
 (2014.2.13 본호개정)
6. 「초·중등교육법」 및 「고등교육법」에서 인정하는 정규학력(이하 "정규학력"이라 한다)에 관한 최종학력증명서와 국내 정규학력에 준하는 외국의 교육기관에서 이수한 학력에 관한 각 증명서(한글번역문을 첨부한다). 이 경우 증명서의 제출이 요구되는 학력은 제60조의3제1항제4호의 예비후보자홍보물, 제60조의4의 예비후보자공약집, 제64조의 선거벽보, 제65조의 선거공보(같은 조 제9항의 후보자정보공개자료를 포함한다), 제66조의 선거공약서 및 후보자가 운영하는 인터넷 홈페이지에 게재하였거나 게재하고자 하는 학력에 한한다.
 (2014.1.17 후단개정)
7. 대통령선거·국회의원선거·지방의회의원 및 지방자치단체의 장의 선거와 교육의원선거 및 교육감선거에 후보자로 등록한 경력[선거가 실시된 연도, 선거명, 선거구명, 소속 정당명(정당의 후보자추천이 허용된 선거에 한정한다), 당선 또는 낙선 여부를 말한다]에 관한 신고서(2014.2.13 본호신설)
(2000.2.16 본항개정)
⑤ 후보자등록을 신청하는 자는 제60조의2제2항에 따라 예비후보자등록을 신청하는 때에 제출한 서류는 제4항에도 불구하고 제출하지 아니할 수 있다. 다만, 그 서류 중 변경사항이 있는 경우에는 후보자등록을 신청하는 때까지 추가하거나 보완하여야 한다.(2010.1.25 본항개정)
⑥ 정당의 당원인 자는 무소속후보자로 등록할 수 없으며, 후보자등록기간중(후보자등록신청시를 포함한다) 당적을 이탈·변경하거나 2 이상의 당적을 가지고 있는 때에는 당해 선거에 후보자로 등록될 수 없다. 소속정당의 해산이나 그 등록의 취소 또는 중앙당의 시·도당창당승인취소로 인하여 당원자격이 상실된 경우에도 또한 같다.(2004.3.12 본항개정)
⑦ 후보자등록신청서의 접수는 공휴일에 불구하고 매일 오전 9시부터 오후 6시까지로 한다.(2011.7.28 본항개정)
⑧ 관할선거구선거관리위원회는 후보자등록신청이 있는 때에는 즉시 이를 수리하여야 하되, 등록신청서·정당의 추천서와 본인승낙서·선거권자의 추천장·기탁금 및 제4항제2호 내지 제5호의 규정에 의한 서류를 갖추지 아니하거나 제47조제3항에 따른 여성후보자 추천의 비율과 순위를 위반한 등록신청은 이를 수리할 수 없다. 다만, 후보자의 피선거권에 관한 증명서류가 첨부되지 아니한 경우에는 이를 수리하되, 당해 선거구선거관리위원회가 그 사항을 조사하여야 하며, 그 조사를 의뢰받은 기관 또는 단체는 지체없이 그 사실을 확인하여 당해 선거구선거관리위원회에 회보하여야 한다.(2020.12.29 본문개정)
⑨ 관할선거구선거관리위원회는 「공직자윤리법」 제9조에 따른 해당 공직자윤리위원회의 요청이 있는 경우 당선인결정 후 15일 이내에 해당 당선인이 제4항제2호에 따라 제출한 등록대상재산에 관한 신고서의 사본을 송부하여야 한다.(2015.12.24 본항개정)
⑩ 후보자가 되고자 하는 자 또는 정당은 선거기간개시일 전 150일부터 본인 또는 후보자가 되고자 하는 소속당원의 전과기록을 국가경찰관서의 장에게 조회할 수 있으며, 그 요청을 받은 국가경찰관서의 장은 지체없이 그 전과기록을 회보(回報)하여야 한다. 이 경우 회보받은 전과기록은 후보자등록시 함께 제출하여야 하며 관할선거구선거관리위원회는 그 확인이 필요하다고 인정되는 후보자에 대하여는 후보자등록마감 후 지체없이 해당 선거구를 관할하는 검찰청의 장에게 그 후보자의 전과기록을 조회할 수 있고, 당해 검찰청의 장은 그 전과기록의 진위여부를 지체없이 회보하여야 한다.(2011.7.28 본항개정)
⑪ 누구든지 선거기간중 관할선거구선거관리위원회가 제10항의 규정에 의하여 회보받은 전과기록을 열람할 수 있다.(2000.2.16 본항신설)
⑫ 관할선거구선거관리위원회는 제4항제2호부터 제7호까지와 제10항의 규정에 의하여 제출받거나 회보받은 서류를 선거구민이 알 수 있도록 공개하여야 한다. 다만, 선거일 후에는 이를 공개하여서는 아니된다.
(2014.2.13 본문개정)
⑬~⑭ (2005.8.4 삭제)
⑮ 후보자의 등록신청서와 추천서의 서식, 세금납부 및 체납에 관한 신고서의 서식, 제출·회보받은 서류의 공개방법 그 밖에 필요한 사항은 중앙선거관리위원회규칙으로 정한다.(2010.1.25 본항개정)
(2011.7.28 본조제목개정)

제50조【후보자추천의 취소와 변경의 금지】 ① 정당은 후보자등록후에는 등록된 후보자에 대한 추천을 취소 또는 변경할 수 없으며, 비례대표국회의원후보자명부(비례대표지방의회의원후보자명부를 포함한다. 이하 이 항에서 같다)에 후보자를 추가하거나 그 순위를 변경할 수 없다. 다만, 후보자등록기간중 정당추천후보자가 사퇴·사망하거나, 소속정당의 제명이나 중앙당의 시·도당창당승인취소외의 사유로 인하여 등록이 무효로 된 때에는 예외로 하되, 비례대표국회의원후보자명부에 후보자를 추가할 경우에는 그 순위는 이미 등록된 자의 다음으로 한다.
② 선거권자는 후보자에 대한 추천을 취소 또는 변경할 수 없다.
(2005.8.4 본조개정)

제51조【추가등록】 대통령선거에 있어서 정당추천후보자가 후보자등록기간중 또는 후보자등록기간이 지난 후에 사망한 때에는 후보자등록마감일후 5일까지 제47조(정당의 후보자추천) 및 제49조(후보자등록 등)의 규정에 의하여 후보자등록을 신청할 수 있다.(2000.2.16 본조개정)

제52조【등록무효】 ① 후보자등록후에 다음 각 호의 어느 하나에 해당하는 사유가 있는 때에는 그 후보자의 등록은 무효로 한다.(2005.8.4 본문개정)
1. 후보자의 피선거권이 없는 것이 발견된 때
2. 제47조(정당의 후보자추천)제1항 본문의 규정에 위반하여 선거구별로 선거할 정수범위를 넘어 추천하거나, 같은 조 제3항에 따른 여성후보자 추천의 비율과 순위를 위반하거나, 제48조(선거권자의 후보자추천)제2항의 규정에 의한 추천인수에 미달한 것이 발견된 때(2018.4.6 본호개정)
3. 제49조제4항제2호부터 제5호까지의 규정에 따른 서류를 제출하지 아니한 것이 발견된 때(2010.1.25 본호개정)
4. 제49조제6항의 규정에 위반하여 등록된 것이 발견된 때(2000.2.16 본호개정)
5. 제53조제1항부터 제3항까지 또는 제5항을 위반하여 등록된 것이 발견된 때(2010.1.25 본호개정)
6. 정당추천후보자가 당적을 이탈·변경하거나 2 이상의 당적을 가지고 있는 때(후보자등록신청시에 2 이상의 당적을 가진 경우를 포함한다), 소속정당의 해산이나 그 등록의 취소 또는 중앙당의 시·도당창당승인취소가 있는 때(2004.3.12 본호개정)
7. 무소속후보자가 정당의 당원이 된 때
8. 제57조의2제2항 또는 제266조제2항·제3항을 위반하여 등록된 것이 발견된 때(2010.1.25 본호개정)
9. 정당이 그 소속 당원이 아닌 사람이나 「정당법」 제22조에 따라 당원이 될 수 없는 사람을 추천한 것이 발견된 때(2010.1.25 본호신설)
10. 다른 법률에 따라 공무담임이 제한되는 사람이나 후보자가 될 수 없는 사람에 해당하는 것이 발견된 때
 (2010.1.25 본호신설)
11. 정당 또는 후보자가 정당한 사유 없이 제65조제9항을 위반하여 후보자정보공개자료를 제출하지 아니한 것이 발견된 때(2015.8.13 본호개정)
② 제47조제5항을 위반하여 등록된 것이 발견된 때에는 그 정당이 추천한 해당 국회의원지역구의 지역구시·도

의원후보자 및 지역구자치구·시·군의원후보자의 등록은 모두 무효로 한다. 다만, 제47조제5항에 따라 여성후보자를 추천하여야 하는 지역에서 해당 정당이 추천한 지역구시·도의원후보자의 수와 지역구자치구·시·군의원후보자의 수를 합한 수가 그 지역구시·도의원 정수와 지역구자치구·시·군의원 정수를 합한 수의 100분의 50에 해당하는 수(1 미만의 단수는 1로 본다)에 미달하는 경우와 그 여성후보자의 등록이 무효로 된 경우에는 그러하지 아니하다.(2010.3.12 본항신설)

③ 후보자가 같은 선거의 다른 선거구나 다른 선거의 후보자로 등록된 때에는 그 등록은 모두 무효로 한다. (2000.2.16 본항개정)

④ 후보자의 등록이 무효로 된 때에는 관할선거구선거관리위원회는 지체없이 그 후보자와 그를 추천한 정당에 등록무효의 사유를 명시하여 이를 통지하여야 한다. (2015.8.13 본조제목개정)

제53조【공무원 등의 입후보】 ① 다음 각 호의 어느 하나에 해당하는 사람으로서 후보자가 되려는 사람은 선거일 전 90일까지 그 직을 그만두어야 한다. 다만, 대통령선거와 국회의원선거에 있어서 국회의원이 그 직을 가지고 입후보하는 경우와 지방의회의원선거와 지방자치단체의 장의 선거에 있어서 당해 지방자치단체의 의회의원이나 장이 그 직을 가지고 입후보하는 경우에는 그러하지 아니하다.(2010.1.25 본문개정)

1. 「국가공무원법」 제2조(공무원의 구분)에 규정된 국가공무원과 「지방공무원법」 제2조(공무원의 구분)에 규정된 지방공무원. 다만, 「정당법」 제22조(발기인 및 당원의 자격)제1항제1호 단서의 규정에 의하여 정당의 당원이 될 수 있는 공무원(정무직공무원을 제외한다)은 그러하지 아니하다.(2005.8.4 본호개정)
2. 각급선거관리위원회위원 또는 교육위원회의 교육위원
3. 다른 법령의 규정에 의하여 공무원의 신분을 가진 자
4. 「공공기관의 운영에 관한 법률」 제4조제1항제3호에 해당하는 기관 중 정부가 100분의 50 이상의 지분을 가지고 있는 기관(한국은행을 포함한다)의 상근 임원 (2010.1.25 본호개정)
5. 「농업협동조합법」·「수산업협동조합법」·「산림조합법」·「엽연초생산협동조합법」에 의하여 설립된 조합의 상근임원과 이들 조합의 중앙회장(2005.8.4 본호개정)
6. 「지방공기업법」 제2조(적용범위)에 규정된 지방공사와 지방공단의 상근임원(2005.8.4 본호개정)
7. 「정당법」 제22조제1항제2호의 규정에 의하여 정당의 당원이 될 수 없는 사립학교교원(2005.8.4 본호개정)
8. 「신문 등의 진흥에 관한 법률」 제2조에 따른 신문 및 인터넷신문, 「잡지 등 정기간행물의 진흥에 관한 법률」 제2조에 따른 정기간행물, 「방송법」 제2조에 따른 방송사업을 발행·경영하는 자와 이에 상시 고용되어 편집·제작·취재·집필·보도의 업무에 종사하는 자로서 중앙선거관리위원회규칙으로 정하는 언론인 (2020.12.29 본호개정)
9. 특별법에 의하여 설립된 국민운동단체로서 국가 또는 지방자치단체의 출연 또는 보조를 받는 단체(바르게살기운동협의회·새마을운동협의회·한국자유총연맹을 말하며, 시·도조직 및 구·시·군조직을 포함한다)의 대표자(2010.1.25 본호신설)

② 제1항 본문에도 불구하고 다음 각 호의 어느 하나에 해당하는 경우에는 선거일 전 30일까지 그 직을 그만두어야 한다.(2015.8.13 본문개정)

1. 비례대표국회의원선거나 비례대표지방의회의원선거에 입후보하는 경우
2. 보궐선거등에 입후보하는 경우
3. 국회의원이 지방자치단체의 장의 선거에 입후보하는 경우
4. 지방의회의원이 다른 지방자치단체의 의회의원이나 장의 선거에 입후보하는 경우

(2010.1.25 본항신설)

③ 제1항 단서에도 불구하고 비례대표국회의원이 지역구국회의원 보궐선거등에 입후보하는 경우 및 비례대표지방의회의원이 해당 지방자치단체의 지역구지방의회의원 보궐선거등에 입후보하는 경우에는 후보자등록신청 전까지 그 직을 그만두어야 한다.(2010.1.25 본항신설)

④ 제1항부터 제3항까지의 규정을 적용하는 경우 그 소속기관의 장 또는 소속위원회에 사직원이 접수된 때에 그 직을 그만둔 것으로 본다.(2010.1.25 본항개정)

⑤ 제1항 및 제2항에도 불구하고, 지방자치단체의 장은 선거구역이 당해 지방자치단체의 관할구역과 같거나 겹치는 지역구국회의원선거에 입후보하고자 하는 때에는 당해 선거의 선거일전 120일까지 그 직을 그만두어야 한다. 다만, 그 지방자치단체의 장이 임기가 만료된 후에 그 임기만료일부터 90일 후에 실시되는 지역구국회의원선거에 입후보하려는 경우에는 그러하지 아니하다. (2010.1.25 본항개정)
(2015.8.13 본조제목개정)

판례 공무원이 공직선거의 후보자가 되고자 하는 경우에, 그 직을 그만두게 한 것은 공무원 담임권의 본질적 내용을 침해했거나 과잉금지 원칙에 위배된다고 할 수 없다.(헌재결 1995.3.23, 95헌마53)

제54조【후보자사퇴의 신고】 후보자가 사퇴하고자 하는 때에는 자신이 직접 당해 선거구선거관리위원회에 가서 서면으로 신고하되, 정당추천후보자가 사퇴하고자 하는 때에는 추천정당의 사퇴승인서를 첨부하여야 한다.

제55조【후보자등록 등에 관한 공고】 후보자가 등록·사퇴·사망하거나 등록이 무효로 된 때에는 당해 선거구선거관리위원회는 지체없이 이를 공고하고, 상급선거관리위원회에 보고하여야 하며, 하급선거관리위원회에 통지하여야 한다.

제56조【기탁금】 ① 후보자등록을 신청하는 자는 등록신청 시에 후보자 1명마다 다음 각 호의 기탁금(후보자등록을 신청하는 사람이 「장애인복지법」 제32조에 따라 등록한 장애인이거나 선거일 현재 29세 이하인 경우에는 다음 각 호에 따른 기탁금의 100분의 50에 해당하는 금액을 말하고, 30세 이상 39세 이하인 경우에는 다음 각 호에 따른 기탁금의 100분의 70에 해당하는 금액을 말한다)을 중앙선거관리위원회규칙으로 정하는 바에 따라 관할선거구선거관리위원회에 납부하여야 한다. 이 경우 예비후보자가 해당 선거의 같은 선거구에 후보자등록을 신청하는 때에는 제60조의2제2항에 따라 납부한 기탁금을 제외한 나머지 금액을 납부하여야 한다.(2022.4.20 전단개정)

1. 대통령선거는 3억원(2012.1.17 본호개정)
2. 지역구국회의원선거는 1천500만원(2020.3.25 본호개정)

2의2. 비례대표국회의원선거는 500만원(2020.3.25 본호신설)

3. 시·도의회의원선거는 300만원(2002.3.7 본호개정)
4. 시·도지사선거는 5천만원
5. 자치구·시·군의 장선거는 1천만원(2002.3.7 본호개정)
6. 자치구·시·군의원선거는 200만원(2000.2.16 본호신설)

② 제1항의 기탁금은 체납처분이나 강제집행의 대상이 되지 아니한다.

③ 제261조에 따른 과태료 및 제271조에 따른 불법시설물 등에 대한 대집행비용은 제1항의 기탁금(제60조의2제2항의 기탁금을 포함한다)에서 부담한다.(2010.1.25 본항개정)

④ 제1항에 따라 장애인 또는 39세 이하의 사람이 납부하는 기탁금의 감액비율은 중복하여 적용하지 아니한다. (2022.4.20 본항신설)

판례 국회의원 입후보시 2,000만원의 기탁금 납부 및 일정한 득표수에 미달하는 경우 이를 국가에 귀속시키는 것과 현행 1인 1표제에 따른 비례대표의원배분방식 및 정당명부식 비례대표제를 실시하면서도 별도의 정당투표를 허용하지 않은 범위에서 1인 1표제를 규정한 부분은 위헌이다.
(헌재결 2001.7.19, 2000헌마91·112·134(병합))

제57조【기탁금의 반환 등】 ① 관할선거구선거관리위원회는 다음 각 호의 구분에 따른 금액을 선거일 후 30일 이내에 기탁자에게 반환한다. 이 경우 반환하지 아니하는 기탁금은 국가 또는 지방자치단체에 귀속한다.(2010.1.25 본문개정)

1. 대통령선거, 지역구국회의원선거, 지역구지방의회의원선거 및 지방자치단체의 장선거(2005.8.4 본문개정)
   가. 후보자가 당선되거나 사망한 경우와 유효투표총수의 100분의 15 이상(후보자가 「장애인복지법」 제32조에 따라 등록한 장애인이거나 선거일 현재 39세 이하인 경우에는 유효투표총수의 100분의 10 이상을 말한다)을 득표한 경우에는 기탁금 전액(2022.4.20 본목개정)
   나. 후보자가 유효투표총수의 100분의 10 이상 100분의 15 미만(후보자가 「장애인복지법」 제32조에 따라 등록한 장애인이거나 선거일 현재 39세 이하인 경우에는 유효투표총수의 100분의 5 이상 100분의 10 미만을 말한다)을 득표한 경우에는 기탁금의 100분의 50에 해당하는 금액(2022.4.20 본목개정)
   다. 예비후보자가 사망하거나, 당헌·당규에 따라 소속정당에 후보자로 추천하여 줄 것을 신청하였으나 해당 정당의 추천을 받지 못하여 후보자로 등록하지 않은 경우에는 제60조의2제2항에 따라 납부한 기탁금 전액(2020.3.25 본목개정)
2. 비례대표국회의원선거 및 비례대표지방의회의원선거 당해 후보자명부에 올라 있는 후보자중 당선인이 있는 때에는 기탁금 전액. 다만, 제189조 및 제190조의2에 따른 당선인의 결정 전에 사퇴하거나 등록이 무효로 된 후보자의 기탁금은 제외한다.(2010.1.25 단서신설)

(2004.3.12 본항개정)

② 제56조제3항에 따라 기탁금에서 부담하여야 할 비용은 제1항에 따라 기탁금을 반환하는 때에 공제하되, 그 부담비용이 반환할 기탁금을 넘는 사람은 그 차액을, 기탁금 전액이 국가 또는 지방자치단체에 귀속되는 사람은 그 부담비용 전액을 해당 선거구선거관리위원회의 고지에 따라 그 고지를 받은 날부터 10일 이내에 납부하여야 한다.(2010.1.25 본항개정)

③ 관할선거구선거관리위원회는 제2항의 납부기한까지 해당자가 그 금액을 납부하지 아니한 때에는 관할세무서장에게 징수를 위탁하고, 관할세무서장은 국세 체납처분의 예에 따라 이를 징수하여 국가 또는 해당 지방자치단체에 납입하여야 한다. 이 경우 제271조에 따른 불법시설물 등에 대한 대집행비용은 우선 해당 선거관리위원회가 지출한 후 관할세무서장에게 그 징수를 위탁할 수 있다. (2010.1.25 본항신설)

④ (2000.2.16 삭제)

⑤ 기탁금의 반환 및 귀속 기타 필요한 사항은 중앙선거관리위원회규칙으로 정한다.(2000.2.16 본항개정)

제6장의2 정당의 후보자 추천을 위한 당내경선
(2005.8.4 본장신설)

제57조의2【당내경선의 실시】 ① 정당은 공직선거후보자를 추천하기 위하여 경선(이하 "당내경선"이라 한다)을 실시할 수 있다.

② 정당이 당내경선[당내경선(여성이나 장애인 등에 대하여 당헌·당규에 따라 가산점 등을 부여하여 실시하는 경우를 포함한다)의 후보자로 등재된 자(이하 "경선후보자"라 한다)를 대상으로 정당의 당헌·당규 또는 경선후보자간의 서면합의에 따라 실시한 당내경선을 대체하는 여론조사를 포함한다]을 실시하는 경우 경선후보자로서 당해 정당의 후보자로 선출되지 아니한 자는 당해 선거의 같은 선거구에서는 후보자로 등록될 수 없다. 다만, 후보자로 선출된 자가 사퇴·사망·피선거권 상실 또는 당적의 이탈·변경 등으로 그 자격을 상실한 때에는 그러하지 아니하다.(2018.4.6 본항개정)

③ 「정당법」 제22조(발기인 및 당원의 자격)의 규정에 따라 당원이 될 수 없는 자는 당내경선의 선거인이 될 수 없다.

제57조의3【당내경선운동】 ① 정당이 당원과 당원이 아닌 자에게 투표권을 부여하여 실시하는 당내경선에서는 다음 각 호의 어느 하나에 해당하는 방법 외의 방법으로 경선운동을 할 수 없다.

1. 제60조의3제1항제1호·제2호에 따른 방법(2012.2.29 본호개정)
2. 정당이 경선후보자가 작성한 1종의 홍보물(이하 이 조에서 "경선홍보물"이라 한다)을 1회에 한하여 발송하는 방법
3. 정당이 합동연설회 또는 합동토론회를 옥내에서 개최하는 방법(경선후보자가 중앙선거관리위원회규칙으로 정하는 바에 따라 그 개최장소에 경선후보자의 홍보에 필요한 현수막 등 시설물을 설치·게시하는 방법을 포함한다)(2008.2.29 본호개정)

② 정당이 제1항제2호 또는 제3호의 규정에 따른 방법으로 경선홍보물을 발송하거나 합동연설회 또는 합동토론회를 개최하는 때에는 당해 선거의 관할선거구선거관리위원회에 신고하여야 한다.

③ 제1항의 규정에 위반되는 경선운동에 소요되는 비용은 제119조(선거비용등의 정의)의 규정에 따른 선거비용으로 본다.

④ 제1항제2호의 경선홍보물의 작성 및 제2항의 신고 그 밖에 필요한 사항은 중앙선거관리위원회규칙으로 정한다.

판례 당내경선운동방법 제한의 취지 및 당내경선기간 이전에 한 경선운동이 공직선거법의 허용 범위를 넘은 경우에도 당내경선운동 위반행위에 해당하는지 여부(적극) : 당내경선에 나서는 후보자에게 위 조항 각 호에서 규정하는 이외의 방법으로 경선운동을 할 수 없도록 당내경선운동방법을 제한하는 취지는, 질서 있는 경선을 도모하고, 당내경선운동이 선거운동으로 변질되어 탈법적 수단으로 악용되는 것을 막기 위한 것이다. 따라서 당내경선기간 이전이라 할지라도 공직선거법이 허용하는 범위를 넘어선 경우에는 당내경선운동 위반행위에 해당한다.(대판 2008.9.25, 2008도6232)

제57조의4【당내경선사무의 위탁】 ① 「정치자금법」 제27조(보조금의 배분)의 규정에 따라 보조금의 배분대상이 되는 정당은 당내경선사무 중 경선운동, 투표 및 개표에 관한 사무의 관리를 당해 선거의 관할선거구선거관리위원회에 위탁할 수 있다.

② 관할선거구선거관리위원회가 제1항에 따라 당내경선의 투표 및 개표에 관한 사무를 수탁관리하는 경우에는 그 비용은 국가가 부담한다. 다만, 투표 및 개표참관인의 수당은 당해 정당이 부담한다.(2008.2.29 본문개정)

③ 제1항의 규정에 따라 정당이 당내경선사무를 위탁하는 경우 그 구체적인 절차 및 필요한 사항은 중앙선거관리위원회규칙으로 정한다.

제57조의5【당원 등 매수금지】 ① 누구든지 당내경선에 있어 후보자로 선출되거나 되게 하거나 되지 못하게 할 목적으로 경선운동관계자, 경선선거인(당내경선의 선거인명부에 등재된 자를 말한다) 또는 그의 배우자나 직계존·비속에게 명목여하를 불문하고 금품 그 밖의 재산상의 이익 또는 공사의 직을 제공하거나 그 제공의 의사를 표시하거나 그 제공을 약속하는 행위를 할 수 없다. 다만, 중앙선거관리위원회규칙이 정하는 의례적인 행위는 그러하지 아니하다.

② 누구든지 당내경선에 있어 후보자가 되지 아니하게 하거나 후보자가 된 것을 사퇴하게 할 목적으로 후보자(후보자가 되고자 하는 자를 포함한다. 이하 이 항에서 같다)에게 제1항의 규정에 따른 이익제공행위 등을 하여서는 아니되며, 후보자는 그 이익이나 직의 제공을 받거나 제공의 의사표시를 승낙하여서는 아니된다.

③ 누구든지 제1항 및 제2항에 규정된 행위에 관하여 지시·권유 또는 요구를 하여서는 아니된다.

제57조의6【공무원 등의 당내경선운동 금지】 ① 제60조제1항에 따라 선거운동을 할 수 없는 사람(제60조제1항제5호의 경우에는 「지방공기업법」 제2조에 규정된 지방공사와 지방공단의 상근직원은 제외한다)은 당내경선에서 경선운동을 할 수 없다. 다만, 소속 당원만을 대상으로 하는 당내경선에서 당원이 될 수 있는 사람이 경선운동을 하는 경우에는 그러하지 아니하다.(2023.8.30 본문개정)

② 공무원은 그 지위를 이용하여 당내경선에서 경선운동을 할 수 없다.
(2010.1.25 본조신설)

판례 경선운동이 금지된 '공무원 등'에 포함된 지방공사의 상근직원이 당원이 아닌 자에게도 투표권을 부여해 실시하는 당내경선에서 경선운동을 한 사건에서, 지방공사의 상근직원이 특정 경선후보자의 당선 또는 낙선을 위한 경선운동을 한다고 하여 그로 인한 부작용과 폐해가 일반 사기업 직원의 경우보다 크다고 보기는 어렵다. 또한 공직선거법 제53조제1항제6호는 지방공사의 상근임원과 달리 상근직원은 그 직을 유지한 채 공직선거에 입후보할 수 있도록 규정하고 있는데, 이 역시 상근직원의 영향력이 상근임원보다 적다는 점을 고려한 것이다. 그럼에도 상근임원이 아닌 상근직원에게까지 경선운동을 금지하는 것은 당내경선의 형평성과 공정성을 확보한다는 입법목적에 비추어 보았을 때 과도한 제한이다.
(헌재결 2022.6.30, 2021헌가24)

제57조의7【위탁하는 당내경선에 있어서의 이의제기】 정당이 제57조의4에 따라 당내경선을 위탁하여 실시하는 경우에는 그 경선 및 선출의 효력에 대한 이의제기는 당해 정당에 하여야 한다.(2010.1.25 본조개정)

제57조의8【당내경선 등을 위한 휴대전화 가상번호의 제공】 ① 국회에 의석을 가진 정당은 다음 각 호의 어느 하나에 해당하는 경우에는 관할 선거관리위원회를 경유하여 이동통신사업자에게 이용자의 이동전화번호가 노출되지 아니하도록 생성한 번호(이하 "휴대전화 가상번호"라 한다)를 제공하여 줄 것을 서면(이하 "휴대전화 가상번호 제공 요청서"라 한다)으로 요청할 수 있다.
(2017.2.8 본문개정)
1. 제57조의2제1항에 따른 당내경선의 경선선거인이 되려는 사람을 모집하거나 당내경선을 위한 여론조사를 실시하는 경우
2. 그 밖에 정당활동을 위하여 여론수렴이 필요한 경우

② 정당은 다음 각 호의 기간까지 관할 선거관리위원회에 휴대전화 가상번호 제공 요청서를 제출하여야 하고, 관할 선거관리위원회는 해당 요청서의 기재사항을 심사한 후 제출받은 날부터 3일 이내에 해당 요청서를 이동통신사업자에게 송부하여야 한다.(2017.2.8 본문개정)
1. 제1항제1호에 따른 당내경선 : 해당 당내경선 선거일 전 23일까지
2. 제1항제2호에 따른 여론수렴 : 해당 여론수렴 기간 개시일 전 10일까지

③ 정당이 제1항에 따른 요청을 하는 경우에는 휴대전화 가상번호 제공 요청서에 다음 각 호에 따른 사항을 적어야 한다.(2017.2.8 본문개정)
1. 제1항제1호에 따른 당내경선
   가. 당내경선의 선거명·선거구명
   나. 당내경선의 선거일
   다. 당내경선 실시 지역 및 경선선거인(당내경선을 위한 여론조사를 실시하는 경우에는 표본을 말한다. 이하 이 항에서 같다) 수
   라. 이동통신사업자별로 제공하여야 하는 성별·연령별·지역별 휴대전화 가상번호 수. 이 경우 제공을 요청할 수 있는 휴대전화 가상번호의 총수는 다목에 따른 경선선거인 수의 30배수를 초과할 수 없다.
   (2017.2.8 본목개정)
   마. 그 밖에 중앙선거관리위원회규칙으로 정하는 사항
2. 제1항제2호에 따른 여론수렴
   가. 여론수렴의 목적·내용 및 기간
   나. 여론수렴 대상 지역 및 대상자 수
   다. 이동통신사업자별로 제공하여야 하는 성별·연령별·지역별 휴대전화 가상번호 수. 이 경우 제공을 요청할 수 있는 휴대전화 가상번호의 총수는 나목에 따른 대상자 수의 30배수를 초과할 수 없다.(2017.2.8 본목개정)
   라. 그 밖에 중앙선거관리위원회규칙으로 정하는 사항

④ 관할 선거관리위원회는 제출된 휴대전화 가상번호 제공 요청서에 제3항에 따른 기재사항이 누락되었거나 심사를 위하여 추가로 자료가 필요하다고 판단되는 때에는 해당 정당에 휴대전화 가상번호 제공 요청서의 보완 또는 자료의 제출을 요구할 수 있으며, 그 요구를 받은 정당은 지체 없이 이에 따라야 한다.(2017.2.8 본항개정)

⑤ 이동통신사업자가 제1항에 따른 요청을 받은 때에는 그 요청을 받은 날부터 7일 이내에 휴대전화 가상번호 제공 요청서에 따라 휴대전화 가상번호를 생성하여 유효기간을 설정한 다음 관할 선거관리위원회를 경유하여 해당 정당에 제공하여야 한다. 다만, 이동통신사업자는 이용자 수의 부족 등으로 제공할 수 있는 휴대전화 가상번호 수가 제공하여야 하는 휴대전화 가상번호 수 보다 적은 때에는 지체 없이 관할 선거관리위원회에 통보하여야 하고, 관할 선거관리위원회는 중앙선거관리위원회규칙으로 정하는 바에 따라 해당 정당과 협의하여 제공하여야 하는 휴대전화 가상번호 수를 조정할 수 있다.
(2017.2.8 본항개정)

⑥ 이동통신사업자는 중앙선거관리위원회규칙으로 정하는 바에 따라 이용자에게 정당의 당내경선이나 여론수렴 등을 위하여 본인의 이동전화번호가 정당에 휴대전화 가상번호로 제공된다는 사실과 그 제공을 거부할 수 있다는 사실을 알려야 한다.(2017.2.8 본항개정)

⑦ 이동통신사업자(그 대표자 및 구성원을 포함한다)가 제5항에 따라 휴대전화 가상번호를 제공할 때에는 다음 각 호의 어느 하나에 해당하는 행위를 하여서는 아니 된다.
1. 휴대전화 가상번호에 유효기간을 설정하지 아니하고 제공하거나 휴대전화 가상번호를 제공하는 날부터 당내경선의 선거일까지의 기간(당내경선을 위한 여론조사를 실시하는 경우에는 그 여론조사기간을 말한다)이나 여론수렴 기간을 초과하는 유효기간을 설정하여 제공하는 행위
2. 요청받은 휴대전화 가상번호 수를 초과하여 휴대전화 가상번호를 제공하는 행위
3. 휴대전화 가상번호, 이용자의 성(性)·연령·거주지역 정보 외의 정보를 제공하는 행위. 이 경우 연령과 거주지역 정보의 범위에 대하여는 중앙선거관리위원회규칙으로 정한다.
4. 휴대전화 가상번호의 제공을 요청한 정당 외의 자에게 휴대전화 가상번호를 제공하는 행위
5. 제6항에 따른 고지를 받고 명시적으로 거부의사를 밝힌 이용자의 휴대전화 가상번호를 제공하는 행위
6. 여론조사의 결과에 영향을 미치게 하기 위하여 특정 정당 또는 후보자가 되려는 사람에게 유리 또는 불리하도록 휴대전화 가상번호를 생성하여 제공하는 행위
(2017.2.8 본항개정)

⑧ 정당은 제5항에 따라 제공받은 휴대전화 가상번호를 제1항에 따른 여론조사를 실시하거나 여론수렴을 하기 위하여 여론조사 기관·단체에 제공할 수 있다.
(2017.2.8 본항개정)

⑨ 제5항 본문 또는 제8항에 따라 휴대전화 가상번호를 제공받은 정당(그 대표자 및 구성원을 포함한다) 또는 여론조사 기관·단체(그 대표자 및 구성원을 포함한다)는 다음 각 호의 어느 하나에 해당하는 행위를 하여서는 아니 된다.
1. 제공받은 휴대전화 가상번호를 제1항에 따른 여론조사를 실시하거나 여론수렴을 하기 위한 목적 외의 다른 목적으로 사용하는 행위
2. 제공받은 휴대전화 가상번호를 다른 자에게 제공하는 행위
(2017.2.8 본항개정)

⑩ 휴대전화 가상번호를 제공받은 자(그 대표자 및 구성원을 포함한다)는 유효기간이 지난 휴대전화 가상번호를 즉시 폐기하여야 한다.(2017.2.8 본항개정)

⑪ 이동통신사업자가 제5항에 따라 휴대전화 가상번호를 생성하여 제공하는데 소요되는 비용은 휴대전화 가상번호의 제공을 요청한 해당 정당이 부담한다. 이 경우 이동통신사업자는 휴대전화 가상번호 생성·제공에 소요되는 최소한의 비용을 청구하여야 한다.(2017.2.8 본항개정)

⑫ 누구든지 휴대전화 가상번호를 제공한 이동통신사업자에게 당내경선의 결과·효력이나 여론수렴의 결과에 대하여 이의를 제기할 수 없다.(2017.2.8 본항개정)

⑬ 휴대전화 가상번호 제공 요청 방법과 절차, 휴대전화 가상번호의 유효기간 설정, 휴대전화 가상번호 제공 요청서 서식, 관할 선거관리위원회, 그 밖에 필요한 사항은 중앙선거관리위원회규칙으로 정한다.(2017.2.8 본항개정)
(2017.2.8 본조제목개정)
(2016.1.15 본조신설)

제7장 선거운동

제58조【정의 등】 ① 이 법에서 "선거운동"이라 함은 당선되거나 되게 하거나 되지 못하게 하기 위한 행위를 말한다. 다만, 다음 각호의 어느 하나에 해당하는 행위는 선거운동으로 보지 아니한다.(2013.8.13 본문개정)
1. 선거에 관한 단순한 의견개진 및 의사표시
2. 입후보와 선거운동을 위한 준비행위
3. 정당의 후보자 추천에 관한 단순한 지지·반대의 의견개진 및 의사표시
4. 통상적인 정당활동
5. (2014.5.14 삭제)
6. 설날·추석 등 명절 및 석가탄신일·기독탄신일 등에 하는 의례적인 인사말을 문자메시지(그림말·음성·화상·동영상 등을 포함한다. 이하 같다)로 전송하는 행위(2020.3.25 본호개정)
(2000.2.16 본항개정)

② 누구든지 자유롭게 선거운동을 할 수 있다. 그러나 이 법 또는 다른 법률의 규정에 의하여 금지 또는 제한되는 경우에는 그러하지 아니하다.

판례 단체가 선거 이전부터 지지·반대하여 온 특정 정책이, 각 정당 및 선거에 출마하고자 하는 입후보예정자들이 공약으로 채택하거나 정당·후보자 간 쟁점으로 부각된 정치적·사회적 현안을 말하는 이른바 '선거쟁점'에 해당하게 되었더라도, 그러한 사정만으로 특정 정책에 대한 단체의 지지·반대활동이 전부 공직선거법에 의한 규제 대상이 된다고 할 수 없다. 특정 정당이나 후보자 또는 입후보예정자와 특정 정책의 관련성을 나타내지 않고 정책 자체에 대한 지지·반대 의사를 표현하는 단체의 활동이 '선거에 영향을 미치게 할 목적의 탈법행위' 또는 '선거운동'에 해당하는지는 그 정책이 '선거쟁점'이 되었는지에 따라 일률적으로 결정될 수 없고, 일정한 판단 기준에 따라 개별적으로 판단되어야 한다. 또한 이러한 법리는, 선거쟁점이 된 특정 정책에 대한 단체의 지지·반대활동이 결과적으로 그 정책에 찬성하거나 반대하는 정당, 후보자, 입후보예정자에게 유·불리한 영향을 미치게 되는 경우에도 마찬가지이다.(대판 2011.6.24, 2011도3447)

판례 공직선거법 58조 1항에 정한 선거운동의 의미 : 공직선거법 58조 1항 소정의 선거운동은 특정 후보자의 당선 내지 득표나 낙선을 위하여 필요하고도 유리한 모든 행위로서 당선 또는 낙선을 도모한다는 목적이 객관적으로 인정될 수 있는 능동적·계획적인 행위를 말하는 것으로서, 단순히 장래의 선거운동의 준비행위나 통상적인 정당활동과는 구별되나, 구체적으로 어떠한 행위가 선거운동에 해당하는지 여부를 판단함에 있어서는 단순히 그 행위의 명목뿐만 아니라 그 행위의 태양, 즉 그 행위가 행하여지는 시기·장소·방법 등을 종합적으로 관찰하여 그것이 특정후보자의 당선 또는 낙선을 도모하는 목적의지를 수반하는 행위인지 여부를 판단하여야 하며, 공직선거법상, '기부행위'의 경우와는 달리 '선거운동'에 있어서는 그 상대방이 제한되어 있지 않으므로, 그 선거운동의 상대방이 당선 또는 낙선을 도모하는 특정 후보자의 선거구 안에 있거나 선거구민과 연고가 있는 사람이나 기관·단체·시설 등에 해당하여야만 선거운동에 해당한다고 볼 것은 아니다.
(대판 2007.3.30, 2006도9043)

판례 제3자의 낙선운동이 제58조의 '선거운동'에 포함되는지 여부 : (편집자 주 : 시민단체 등의) 제3자가 당선의 목적 없이 오로지 특정 후보자의 낙선만을 목적으로 하여 벌이는 낙선운동은 특정인의 당선을 목적으로 함이 없이 부적격 후보자의 낙선만을 목적으로 하고 있다는 점에서 특정인의 당선을 목적으로 경쟁후보가 당선되지 못하게 하는 선거운동과 의미상으로는 일응 구별되기는 하지만, 그 주관적인 목적과는 관계없이 실제의 행동방식과 효과에 있어서는 다른 후보자의 당선을 위하여 하는 선거운동과 다를 것이 없다.
(대판 2004.4.27, 2002도315)

제58조의2【투표참여 권유활동】 누구든지 투표참여를 권유하는 행위를 할 수 있다. 다만, 다음 각 호의 어느 하나에 해당하는 행위의 경우에는 그러하지 아니하다.
1. 호별로 방문하여 하는 경우
2. 사전투표소 또는 투표소로부터 100미터 안에서 하는 경우
3. 특정 정당 또는 후보자(후보자가 되려는 사람을 포함한다. 이하 이 조에서 같다)를 지지·추천하거나 반대하는 내용을 포함하여 하는 경우
4. 현수막 등 시설물, 인쇄물, 확성장치·녹음기·녹화기(비디오 및 오디오 기기를 포함한다), 어깨띠, 표찰, 그 밖의 표시물을 사용하여 하는 경우(정당의 명칭이나 후보자의 성명·사진 또는 그 명칭·성명을 유추할 수 있는 내용을 나타내어 하는 경우에 한정한다)
(2014.5.14 본조신설)

제59조【선거운동기간】 선거운동은 선거기간개시일부터 선거일 전일까지에 한하여 할 수 있다. 다만, 다음 각 호의 어느 하나에 해당하는 경우에는 그러하지 아니하다.(2011.7.28 본문개정)
1. 제60조의3(예비후보자 등의 선거운동)제1항 및 제2항의 규정에 따라 예비후보자 등이 선거운동을 하는 경우
(2005.8.4 본호개정)
2. 문자메시지를 전송하는 방법으로 선거운동을 하는 경우. 이 경우 자동 동보통신의 방법(동시 수신대상자가 20명을 초과하거나 그 대상자가 20명 이하인 경우에도 프로그램을 이용하여 수신자를 자동으로 선택하여 전송하는 방식을 말한다. 이하 같다)으로 전송할 수 있는 자는 후보자와 예비후보자에 한하되, 그 횟수는 8회(후보자의 경우 예비후보자로서 전송한 횟수를 포함한다)를 넘을 수 없으며, 중앙선거관리위원회규칙에 따라 신고한 1개의 전화번호만을 사용하여야 한다.(2017.2.8 본호개정)
3. 인터넷 홈페이지 또는 그 게시판·대화방 등에 글이나 동영상 등을 게시하거나 전자우편(컴퓨터 이용자끼리 네트워크를 통하여 문자·음성·화상 또는 동영상 등의 정보를 주고받는 통신시스템을 말한다. 이하 같다)을 전송하는 방법으로 선거운동을 하는 경우. 이 경우 전자우편 전송대행업체에 위탁하여 전자우편을 전송할 수 있는 사람은 후보자와 예비후보자에 한한다.
(2017.2.8 전단개정)
4. 선거일이 아닌 때에 전화(송·수화자 간 직접 통화하는 방식에 한정하며, 컴퓨터를 이용한 자동 송신장치를 설치한 전화는 제외한다)를 이용하거나 말(확성장치를 사용하거나 옥외집회에서 다중을 대상으로 하는 경우를 제외한다)로 선거운동을 하는 경우(2020.12.29 본호신설)
5. 후보자가 되려는 사람이 선거일 전 180일(대통령선거의 경우 선거일 전 240일을 말한다)부터 해당 선거의 예비후보자등록신청 전까지 제60조의3제1항제2호의 방법(같은 호 단서를 포함한다)으로 자신의 명함을 직접 주는 경우(2020.12.29 본호신설)
(2011.7.28 본조제목개정)

제60조【선거운동을 할 수 없는 자】 ① 다음 각 호의 어느 하나에 해당하는 사람은 선거운동을 할 수 없다. 다만, 제1호에 해당하는 사람이 예비후보자·후보자의 배우자인 경우와 제4호부터 제8호까지의 규정에 해당하는 사람이 예비후보자·후보자의 배우자이거나 후보자의 직계존비속인 경우에는 그러하지 아니하다.(2010.1.25 본문개정)
1. 대한민국 국민이 아닌 자. 다만, 제15조제2항제3호에 따른 외국인이 해당 선거에서 선거운동을 하는 경우에는 그러하지 아니하다.(2012.1.17 단서신설)
2. 미성년자(18세 미만의 자를 말한다. 이하 같다)
(2020.1.14 본호개정)
3. 제18조(선거권이 없는 자)제1항의 규정에 의하여 선거권이 없는 자
4. 「국가공무원법」 제2조(공무원의 구분)에 규정된 국가공무원과 「지방공무원법」 제2조(공무원의 구분)에 규정된 지방공무원. 다만, 「정당법」 제22조(발기인 및 당원의 자격)제1항제1호 단서의 규정에 의하여 정당의 당

원이 될 수 있는 공무원(국회의원과 지방의회의원외의 정무직공무원을 제외한다)은 그러하지 아니하다.
(2005.8.4 본호개정)
5. 제53조(공무원 등의 입후보)제1항제2호 내지 제7호에 해당하는 자(제5호 및 제6호의 경우에는 그 상근직원을 포함한다)(2020.12.29 본호개정)
6. 예비군 중대장급 이상의 간부(2016.5.29 본호개정)
7. 통·리·반의 장 및 읍·면·동주민자치센터(그 명칭에 관계없이 읍·면·동사무소 기능전환의 일환으로 조례에 의하여 설치된 각종 문화·복지·편익시설을 총칭한다. 이하 같다)에 설치된 주민자치위원회(주민자치센터의 운영을 위하여 조례에 의하여 읍·면·동사무소의 관할 구역별로 두는 위원회를 말한다. 이하 같다)위원(2002.3.7 본호개정)
8. 특별법에 의하여 설립된 국민운동단체로서 국가 또는 지방자치단체의 출연 또는 보조를 받는 단체(바르게살기운동협의회·새마을운동협의회·한국자유총연맹을 말한다)의 상근 임·직원 및 이들 단체 등(시·도조직 및 구·시·군조직을 포함한다)의 대표자
(2004.3.12 본호개정)
9. 선상투표신고를 한 선원이 승선하고 있는 선박의 선장
(2014.1.17 본호개정)
② 각급선거관리위원회위원·예비군 중대장급 이상의 간부·주민자치위원회위원 또는 통·리·반의 장이 선거사무장, 선거연락소장, 선거사무원, 제62조제4항에 따른 활동보조인, 회계책임자, 연설원, 대담·토론자 또는 투표참관인이나 사전투표참관인이 되고자 하는 때에는 선거일 전 90일(선거일 전 90일 후에 실시사유가 확정된 보궐선거등에서는 그 선거의 실시사유가 확정된 때부터 5일 이내)까지 그 직을 그만두어야 하며, 선거일 후 6월 이내(주민자치위원회위원은 선거일까지)에는 종전의 직에 복직될 수 없다. 이 경우 그만둔 것으로 보는 시기에 관하여는 제53조제4항을 준용한다.(2016.5.29 전단개정)
(2011.7.28 본조제목개정)

판례 새마을운동중앙회는 공직선거법 제60조 제1항 제8호의 '특별법에 의하여 설립된 국민운동단체로서 국가 또는 지방자치단체의 출연 또는 보조를 받는 단체(바르게살기운동협의회·새마을운동협의회·한국자유총연맹을 말한다)'에 해당한다고 해석함이 상당하고, 새마을운동중앙회 및 포천시 새마을회가 비록 민법에 의하여 설립된 사단법인의 형태를 지니고 있다고 하더라도 이와 같은 해석에 방해가 되거나 위 해석이 유추해석으로서 죄형법정주의에 위배되는 것은 아니다.(대판 2010.5.13, 2009도327)

제60조의2【예비후보자등록】 ① 예비후보자가 되려는 사람(비례대표국회의원선거 및 비례대표지방의회의원선거는 제외한다)은 다음 각 호에서 정하는 날(그 날후에 실시사유가 확정된 보궐선거등에 있어서는 그 선거의 실시사유가 확정된 때)부터 관할선거구선거관리위원회에 예비후보자등록을 서면으로 신청하여야 한다.(2010.1.25 본문개정)
1. 대통령선거
선거일전 240일
2. 지역구국회의원선거 및 시·도지사선거
선거일전 120일
3. 지역구시·도의회의원선거, 자치구·시의 지역구의회의원 및 장의 선거
선거기간개시일 전 90일
(2010.1.25 본호개정)
4. 군의 지역구의회의원 및 장의 선거
선거기간개시일 전 60일
(2010.1.25 본호신설)
(2005.8.4 본항개정)
② 제1항에 따라 예비후보자등록을 신청하는 사람은 다음 각 호의 서류를 제출하여야 하며, 제56조제1항에 따른 해당 선거 기탁금의 100분의 20에 해당하는 금액을 중앙선거관리위원회규칙으로 정하는 바에 따라 관할선거구선거관리위원회에 기탁금으로 납부하여야 한다.
(2022.4.20 본문개정)
1. 중앙선거관리위원회규칙으로 정하는 피선거권에 관한 증명서류
2. 전과기록에 관한 증명서류
3. 제49조제4항제6호에 따른 학력에 관한 증명서(한글번역문을 첨부한다)
(2010.1.25 본항신설)
③ 제1항의 등록신청을 받은 선거관리위원회는 지체없이 이를 수리하되, 제2항에 따른 기탁금과 전과기록에 관한 증명서류를 갖추지 아니한 등록신청은 수리할 수 없다. 이 경우 피선거권에 관한 증명서류가 첨부되지 아니한 경우에는 이를 수리하되, 피선거권에 관하여 확인이 필요하다고 인정되는 예비후보자에 대하여는 관계기관의 장에게 필요한 사항을 조회할 수 있으며, 그 조회를 받은 관계기관의 장은 지체없이 해당 사항을 조사하여 회보하여야 한다.(2010.1.25 본항개정)
④ 예비후보자등록후에 다음 각 호의 어느 하나에 해당하는 사유가 있는 때에는 그 예비후보자의 등록은 무효로 한다.(2005.8.4 본문개정)
1. 피선거권이 없는 것이 발견된 때
1의2. 제2항제2호에 따른 전과기록에 관한 증명서류를 제출하지 아니한 것이 발견된 때(2010.1.25 본호신설)
2. 제53조제1항부터 제3항까지 또는 제5항에 따라 그 직을 가지고 입후보할 수 없는 자에 해당하는 것이 발견된 때(2010.1.25 본호개정)
3. 제57조의2제2항 본문 또는 제266조제2항·제3항에 따라 후보자가 될 수 없는 자에 해당하는 것이 발견된 때
(2010.1.25 본호개정)
4. 다른 법률에 따라 공무담임이 제한되는 사람이나 후보자가 될 수 없는 사람에 해당하는 것이 발견된 때
(2010.1.25 본호신설)
⑤ 제52조제3항의 규정은 예비후보자등록에 준용한다. 이 경우 "후보자"는 "예비후보자"로 본다.(2010.3.12 본항개정)
⑥ 예비후보자가 사퇴하고자 하는 때에는 직접 당해 선거구선거관리위원회에 서면으로 신고하여야 한다.
⑦ 제49조에 따라 후보자로 등록한 자는 선거기간개시일 전일까지 예비후보자를 겸하는 것으로 본다. 이 경우 선거운동은 예비후보자의 예에 따른다.(2011.7.28 본항개정)
⑧ 예비후보자의 전과기록조회 및 회보에 관하여는 제49조제10항을 준용한다. 이 경우 "선거기간개시일 전 150일"은 "선거기간개시일 전 150일(대통령선거의 경우 예비후보자등록신청개시일 전 60일을 말한다)"로 본다.
(2010.1.25 본항신설)
⑨ 제1항의 등록신청을 받은 선거관리위원회는 중앙선거관리위원회규칙으로 정하는 바에 따라 해당 예비후보자의 당적보유 여부를 정당에 요청하여 조회할 수 있으며, 그 요청을 받은 정당은 이를 확인하여 지체 없이 해당 선거관리위원회에 회보하여야 한다.(2015.8.13 본항신설)
⑩ 관할선거구선거관리위원회는 제2항제2호 및 제3호와 제8항에 따라 제출받거나 회보받은 서류를 선거구민이 알 수 있도록 공개하여야 한다. 다만, 후보자등록신청 개시일 이후에는 이를 공개하지 아니한다(제49조제12항에 따라 공개하는 경우는 제외한다).(2015.8.13 본항신설)
⑪ 예비후보자가 제49조에 따라 후보자로 등록하지 않은 때에는 후보자등록마감일의 등록마감시각 후부터 예비후보자의 지위를 상실한다.(2017.3.9 본항신설)
⑫ 예비후보자등록신청서의 서식, 피선거권에 관한 증명서류, 제출·회보받은 서류의 공개방법, 그 밖에 필요한 사항은 중앙선거관리위원회규칙으로 정한다.(2015.8.13 본항개정)
(2004.3.12 본조신설)

제60조의3【예비후보자 등의 선거운동】 ① 예비후보자는 다음 각 호의 어느 하나에 해당하는 방법으로 선거운동을 할 수 있다.(2005.8.4 본문개정)
1. 제61조(선거운동기구의 설치)제1항 및 제6항 단서의 규정에 의하여 선거사무소를 설치하거나 그 선거사무소에 간판·현판 또는 현수막을 설치·게시하는 행위
2. 자신의 성명·사진·전화번호·학력(정규학력과 이에 준하는 외국의 교육과정을 이수한 학력을 말한다. 이하 제4호에서 같다)·경력, 그 밖에 홍보에 필요한 사항을 게재한 길이 9센티미터 너비 5센티미터 이내의 명함을 직접 주거나 지지를 호소하는 행위. 다만, 선박·정기여객자동차·열차·전동차·항공기의 안과 그 터미널·역·공항의 개찰구 안, 병원·종교시설·극장의 옥내(대관 등으로 해당 시설이 본래의 용도 외의 용도로 이용되는 경우는 제외한다)에서 주거나 지지를 호소하는 행위는 그러하지 아니하다.(2020.12.29 단서개정)
3. (2012.2.29 삭제)
4. 선거구안에 있는 세대수의 100분의 10에 해당하는 수이내에서 자신의 사진·성명·전화번호·학력·경력, 그 밖에 홍보에 필요한 사항을 게재한 인쇄물(이하 "예비후보자홍보물"이라 한다)을 작성하여 관할선거관리위원회로부터 발송대상·매수 등을 확인받은 후 선거기간개시일 전 3일까지 중앙선거관리위원회규칙이 정하는 바에 따라 우편발송하는 행위. 이 경우 대통령선거 및 지방자치단체의 장선거의 예비후보자는 표지를 포함한 전체면수의 100분의 50 이상의 면수에 선거공약 및 이에 대한 추진계획으로 각 사업의 목표·우선순위·이행절차·이행기한·재원조달방안을 게재하여야 하며, 이를 게재한 면에는 다른 정당이나 후보자가 되려는 자에 관한 사항을 게재할 수 없다.(2011.7.28 전단개정)
5. 선거운동을 위하여 어깨띠 또는 예비후보자임을 나타내는 표지물을 착용하거나 소지하여 내보이는 행위
(2023.12.28 본호개정)
6. (2020.12.29 삭제)
7. (2012.2.29 삭제)
② 다음 각 호의 어느 하나에 해당하는 사람은 예비후보자의 선거운동을 위하여 제1항제2호에 따른 예비후보자의 명함을 직접 주거나 예비후보자에 대한 지지를 호소할 수 있다.
1. 예비후보자의 배우자(배우자가 없는 경우 예비후보자가 지정한 1명)와 직계존비속(2018.4.6 본호개정)
2. 예비후보자와 함께 다니는 선거사무장·선거사무원 및 제62조제4항에 따른 활동보조인
3. 예비후보자가 그와 함께 다니는 사람 중에서 지정한 1명(2017.2.8 본호개정)
(2010.1.25 본항개정)
③ 제1항제4호에 따라 예비후보자홍보물을 우편발송하고자 하는 예비후보자는 그 발송통수 이내의 범위 안에서 선거권자인 세대주의 성명·주소(이하 이 조에서 "세대주명단"이라 한다)의 교부를 구·시·군의 장에게 신청할 수 있으며, 신청을 받은 구·시·군의 장은 다른 법률의 규정에 불구하고 지체 없이 그 세대주명단을 작성·교부하여야 한다.(2008.2.29 본항개정)
④ 제3항의 규정에 따른 세대주명단의 교부신청은 후보자등록기간개시일 전 5일까지 서면으로 신청하여야 하며, 그 작성비용을 함께 납부하여야 한다.(2005.8.4 본항신설)
⑤ 제3항의 규정에 따라 교부된 세대주명단의 양도·대여 및 사용의 금지에 관하여는 제46조(명부사본의 교부)제4항의 규정을 준용한다. 이 경우 "명부"는 "세대주명단"으로 본다.(2014.1.17 후단개정)
⑥ 예비후보자홍보물의 규격·면수와 작성근거 등의 표시, 어깨띠·표지물의 규격, 세대주명단의 교부신청과 비용납부 그 밖에 필요한 사항은 중앙선거관리위원회규칙으로 정한다.(2010.1.25 본항개정)
(2005.8.4 본조제목개정)
(2004.3.12 본조신설)

제60조의4【예비후보자공약집】 ① 대통령선거 및 지방자치단체의 장선거의 예비후보자는 선거공약 및 이에 대한 추진계획으로 각 사업의 목표·우선순위·이행절차·이행기한·재원조달방안을 게재한 공약집(도서의 형태로 발간된 것을 말하며, 이하 "예비후보자공약집"이라 한다) 1종을 발간·배부할 수 있으며, 이를 배부하려는 때에는 통상적인 방법으로 판매하여야 한다. 다만, 방문판매의 방법으로 판매할 수 없다.
② 제1항의 예비후보자가 선거공약 및 그 추진계획에 관한 사항 외에 자신의 사진·성명·학력(정규학력과 이에 준하는 외국의 교육과정을 이수한 학력을 말한다)·경력, 그 밖에 홍보에 필요한 사항을 예비후보자공약집에 게재하는 경우 그 게재면수는 표지를 포함한 전체면수의 100분의 10을 넘을 수 없으며, 다른 정당이나 후보자가 되려는 자에 관한 사항은 예비후보자공약집에 게재할 수 없다.
③ 예비후보자가 제1항에 따라 예비후보자공약집을 발간하여 판매하려는 때에는 발간 즉시 관할 선거구선거관리위원회에 2권을 제출하여야 한다.
④ 예비후보자공약집의 작성근거 등의 표시와 제출, 그 밖에 필요한 사항은 중앙선거관리위원회규칙으로 정한다.
(2008.2.29 본조신설)

제61조【선거운동기구의 설치】 ① 선거운동 및 그 밖의 선거에 관한 사무를 처리하기 위하여 정당 또는 후보자는 다음 각호에 따라 선거사무소와 선거연락소를, 예비후보자는 선거사무소를, 정당은 중앙당 및 시·도당의 사무소에 선거대책기구 각 1개씩을 설치할 수 있다.
(2014.1.17 본문개정)
1. 대통령선거
정당 또는 후보자가 설치하되, 선거사무소 1개소와 시·도 및 구·시·군(하나의 구·시·군이 2 이상의 국회의원지역구로 된 경우에는 국회의원지역구를 말한다. 이하 이 조에서 같다)마다 선거연락소 1개소
2. 지역구국회의원선거
후보자가 설치하되, 당해 국회의원지역구안에 선거사무소 1개소. 다만, 하나의 국회의원지역구가 2 이상의 구·시·군으로 된 경우에는 선거사무소를 두지 아니하는 구·시·군마다 선거연락소 1개소
3. 비례대표국회의원선거 및 비례대표지방의회의원선거
정당이 설치하되, 선거사무소 1개소(비례대표시·도의원선거의 경우에는 비례대표시·도의원후보자명부를 제출한 시·도마다, 비례대표자치구·시·군의원선거의 경우에는 비례대표자치구·시·군의원후보자명부를 제출한 자치구·시·군마다 선거사무소 1개소)
4. 지역구지방의회의원선거
후보자가 설치하되, 당해 선거구안에 선거사무소 1개소
(2005.8.4 3호~4호개정)
5. 시·도지사선거
후보자가 설치하되, 당해 시·도안에 선거사무소 1개소와 당해 시·도안의 구·시·군마다 선거연락소 1개소
6. 자치구·시·군의 장선거
후보자가 설치하되, 당해 자치구·시·군안에 선거사무소 1개소. 다만, 자치구가 아닌 구가 설치된 시에 있어서는 선거사무소를 두지 아니하는 구마다 선거연락소 1개소를 둘 수 있으며, 하나의 구·시·군이 2 이상의 국회의원지역구로 된 경우에는 선거사무소를 두지 아니하는 국회의원지역구마다 선거연락소 1개소를 둘 수 있다.
② 선거사무소 또는 선거연락소는 시·도 또는 구·시·군의 사무소 소재지가 다른 시·도 또는 구·시·군의 구역안에 있는 때에는 제1항의 규정에 불구하고 그 시·도 또는 구·시·군의 사무소 소재지를 관할하는 시·도 또는 구·시·군의 구역안에 설치할 수 있다.
③ 정당·정당추천후보자 또는 정당소속 예비후보자의 선거사무소와 선거연락소는 그에 대응하는 정당[제61조의2(정당선거사무소의 설치)의 규정에 의한 정당선거사무소를 포함한다]의 사무소가 있는 때에는 그 사무소에 둘 수 있다.(2004.3.12 본항개정)
④ 예비후보자가 제49조(후보자등록 등)의 규정에 의하여 후보자등록을 마친 때에는 당해 예비후보자의 선거사무소는 후보자의 선거사무소로 본다.(2004.3.12 본항신설)

⑤ 선거사무소와 선거연락소는 고정된 장소 또는 시설에 두어야 하며, 「식품위생법」에 의한 식품접객영업소 또는 「공중위생관리법」에 의한 공중위생영업소안에 둘 수 없다.(2005.8.4 본항개정)
⑥ 선거사무소, 선거연락소 및 선거대책기구에는 중앙선거관리위원회규칙으로 정하는 바에 따라 선거운동을 위한 간판·현판 및 현수막, 제64조의 선거벽보, 제65조의 선거공보, 제66조의 선거공약서 및 후보자의 사진을 첩부할 수 있다. 다만, 예비후보자의 선거사무소에는 간판·현판 및 현수막에 한하여 설치·게시할 수 있다.
(2014.1.17 본문개정)
⑦ 예비후보자가 그 신분을 상실한 때에는 제1항의 규정에 의하여 설치한 선거사무소를 폐쇄하여야 하며, 이를 폐쇄하지 아니한 경우 선거구선거관리위원회는 당해 예비후보자에게 즉시 선거사무소의 폐쇄를 명하여야 한다.(2004.3.12 본항신설)

제61조의2【정당선거사무소의 설치】 ① 정당은 선거에 있어서 당해 선거에 관한 정당의 사무를 처리하기 위하여 다음 각 호에서 정하는 날(그 날후에 실시사유가 확정된 보궐선거등에 있어서는 그 선거의 실시사유가 확정된 때)부터 선거일후 30일까지 선거구안에 있는 구·시·군(하나의 구·시·군이 2 이상의 국회의원 지역구로 된 경우에는 국회의원지역구)마다 1개소의 정당선거사무소를 설치할 수 있다.
1. 대통령선거
선거일 전 240일
2. 국회의원선거 및 시·도지사선거
선거일 전 120일
3. 지방의회의원선거 및 자치구·시·군의 장선거
선거기간개시일 전 60일
(2005.8.4 본항개정)
② 정당선거사무소에는 당원 중에서 소장 1인을 두어야 하며, 2인 이내의 유급사무직원을 둘 수 있다.
③ 중앙당 또는 시·도당의 대표자는 정당선거사무소를 설치하는 때에는 지체없이 관할선거관리위원회에 다음 각호의 사항을 서면으로 신고하여야 한다. 이 경우 신고사항의 변경이 있는 때에는 지체없이 그 변경사항을 신고하여야 한다.
1. 설치연월일
2. 사무소의 소재지와 명칭
3. 소장의 성명·주소·주민등록번호(2005.8.4 본호개정)
4. 사무소인(인)
④ 정당선거사무소에는 중앙선거관리위원회규칙으로 정하는 바에 따라 정당의 홍보에 필요한 사항을 게재한 간판·현판·현수막을 설치·게시할 수 있다.(2010.1.25 후단삭제)
⑤ 정당선거사무소의 소장은 이 법 또는 다른 법률의 규정에 의한 신고·신청·제출·보고·추천 등에 관하여 당해 정당을 대표한다.
⑥ 정당은 선거일후 30일이 지난 때에는 제1항의 규정에 의한 정당선거사무소를 즉시 폐쇄하여야 한다.
⑦ 제61조(선거운동기구의 설치)제2항 및 제5항의 규정은 정당선거사무소에 이를 준용한다. 이 경우 "선거사무소 또는 선거연락소"와 "선거사무소와 선거연락소"는 "정당선거사무소"로 본다.
(2004.3.12 본조신설)

제62조【선거사무관계자의 선임】 ① 제61조(선거운동기구의 설치)의 선거사무소와 선거연락소를 설치한 자는 선거운동을 할 수 있는 자중에서 선거사무소에 선거사무장 1인을, 선거연락소에 선거연락소장 1인을 두어야 한다.
② 선거사무장 또는 선거연락소장은 선거에 관한 사무를 처리하기 위하여 선거운동을 할 수 있는 자중에서 다음 각호에 의하여 선거사무원(제135조제1항 본문에 따른 수당과 실비를 지급받는 선거사무원을 말한다. 이하 같다)을 둘 수 있다.(2010.1.25 본문개정)
1. 대통령선거
선거사무소에서 시·도수의 6배수 이내와 시·도선거연락소에 당해 시·도안의 구·시·군(하나의 구·시·군이 2이상의 국회의원지역구로 된 경우에는 국회의원지역구를 말한다. 이하 이 항에서 같다)수(그 구·시·군수가 10 미만인 때에는 10인)이내 및 구·시·군선거연락소에 당해 구·시·군안의 읍·면·동(제148조제1항제2호에 해당하는 경우에는 설치·폐지·분할·합병 직전의 읍·면·동을 말한다. 이하 이 조, 제67조제1항, 제118조제5호 및 제121조제1항에서 같다)수 이내
(2022.1.21 본호개정)
2. 지역구국회의원선거 및 자치구·시·군의 장선거
선거사무소와 선거연락소를 두는 구·시·군 안의 읍·면·동수의 3배수에 5를 더한 수 이내(선거연락소를 두지 아니하는 경우에는 선거연락소에 둘 수 있는 선거사무원의 수만큼 선거사무소에 더 둘 수 있다)
(2010.1.25 본호개정)
3. 비례대표국회의원선거
선거사무소에 시·도수의 2배수 이내
(2000.2.16 본호개정)
4. 지역구시·도의원선거
선거사무소에 10인 이내
(1998.4.30 본호개정)
5. 비례대표시·도의원선거
선거사무소에 당해 시·도안의 구·시·군의 수(산정한 수가 20 미만인 때에는 20인) 이내
(1997.1.13 본호개정)
6. 시·도지사선거
선거사무소에 당해 시·도안의 구·시·군의 수(그 구·시·군수가 10 미만인 때에는 10인) 이내와 선거연락소에 당해 구·시·군안의 읍·면·동수 이내
(1998.4.30 본호개정)
7. 지역구자치구·시·군의원선거
선거사무소에 8명 이내
(2010.1.25 본호개정)
8. 비례대표자치구·시·군의원선거
선거사무소에 당해 자치구·시·군 안의 읍·면·동수 이내
(2005.8.4 본호신설)
③ 예비후보자는 선거운동을 할 수 있는 자 중에서 제1항에 따른 선거사무장을 포함하여 다음 각 호에 따른 수의 선거사무원을 둘 수 있다.(2010.1.25 본문개정)
1. 대통령선거
10인 이내
2. 시·도지사선거
5인 이내
3. 지역구국회의원선거 및 자치구·시·군의 장선거
3인 이내
4. 지역구지방의회의원선거
2인 이내
(2005.8.4 본항개정)
④ 중앙선거관리위원회규칙으로 정하는 장애인 예비후보자·후보자는 그의 활동을 보조하기 위하여 선거운동을 할 수 있는 사람 중에서 1명의 활동보조인(이하 "활동보조인"이라 한다)을 둘 수 있다. 이 경우 활동보조인은 제2항 및 제3항에 따른 선거사무원수에 산입하지 아니한다.(2010.1.25 본항신설)
⑤ 제135조제1항 단서의 규정에 의하여 수당을 지급받을 수 없는 정당의 유급사무직원, 국회의원과 그 보좌관·선임비서관·비서관 또는 지방의회의원은 선거사무원이 된 경우에도 제2항의 선거사무원수에는 산입하지 아니한다.
(2022.4.20 본항개정)
⑥ 선거사무장을 두지 아니한 경우에는 후보자(제2항제1호·제3호·제5호 및 제8호의 경우에는 정당의 회계책임자) 또는 예비후보자가 선거사무장을 겸한 것으로 본다.
(2005.8.4 본항개정)
⑦ 같은 선거에 있어서는 2 이상의 정당·예비후보자 또는 후보자가 동일인을 함께 선거사무장·선거연락소장 또는 선거사무원으로 선임할 수 없다.(2004.3.12 본항개정)
⑧ 누구든지 이 법에 규정되지 아니한 방법으로 인쇄물·시설물, 그 밖의 광고물을 이용하여 선거운동을 하는 사람을 모집할 수 없다.(2010.1.25 본항개정)

제63조【선거운동기구 및 선거사무관계자의 신고】 ① 정당·후보자 또는 예비후보자가 선거사무소와 선거연락소를 설치·변경한 때와 정당·후보자·예비후보자·선거사무장 또는 선거연락소장이 선거사무장·선거연락소장·선거사무원 또는 활동보조인(이하 이 조에서 "선거사무장등"이라 한다)을 선임하거나 해임한 때에는 지체없이 관할선거관리위원회에 서면으로 신고하여야 한다. 이 경우 교체선임할 수 있는 선거사무원수는 최초의 선임을 포함하여 제62조제2항 또는 제3항에 따른 선거사무원수의 2배수를 넘을 수 없다.
② 선거사무장등(회계책임자를 포함한다)은 해당 선거관리위원회가 교부하는 표지를 패용하고 선거운동을 하여야 한다.
③ 선거관리위원회는 제2항에 따른 표지의 교부신청을 받은 때에는 즉시 이를 교부하여야 한다.
④ 선거사무소와 선거연락소의 설치신고서, 선거사무장등의 선임신고서, 선거사무장등(회계책임자를 포함한다)의 표지 및 그 표지 분실 시 처리절차, 그 밖에 필요한 사항은 중앙선거관리위원회규칙으로 정한다.
(2010.1.25 본조개정)

제64조【선거벽보】 ① 선거운동에 사용하는 선거벽보에는 후보자의 사진(후보자만의 사진을 말한다)·성명·기호(제150조에 따라 투표용지에 인쇄할 정당 또는 후보자의 게재순위를 말한다. 이하 같다)·정당추천후보자의 소속정당명(무소속후보자는 "무소속"이라 표시한다)·경력〔학력을 게재하는 경우에는 정규학력과 이에 준하는 외국의 교육과정을 이수한 학력 외에는 게재할 수 없다. 이 경우 정규학력을 게재하는 경우에는 졸업 또는 수료 당시의 학교명(중퇴한 경우에는 수학기간을 함께 기재하여야 한다)을 기재하고, 정규학력에 준하는 외국의 교육과정을 이수한 학력을 게재하는 때에는 그 교육과정명과 수학기간 및 학위를 취득한 때의 취득학위명을 기재하여야 하며, 정규학력의 최종학력과 외국의 교육과정을 이수한 학력은 제49조제4항제6호에 따라 학력증명서를 제출한 학력에 한하여 게재할 수 있다. 이하 같다〕·정견 및 소속정당의 정강·정책 그 밖의 홍보에 필요한 사항(지역구국회의원선거에 있어서는 비례대표국회의원후보자명단을, 지역구시·도의원선거에 있어서는 비례대표시·도의원후보자 명단을, 지역구자치구·시·군의원선거에 있어서는 비례대표자치구·시·군의원후보자명단을 포함하며, 후보자외의 자의 인물사진을 제외한다)을 게재하여 동에 있어서는 인구 500명에 1매, 읍에 있어서는 인구 250명에 1매, 면에 있어서는 인구 100명에 1매의 비율을 한도로 작성·첩부한다. 다만, 인구밀집상태 및 첩부장소 등을 감안하여 중앙선거관리위원회규칙으로 정하는 바에 따라 인구 1천명에 1매의 비율까지 조정할 수 있다.
② 제1항에 따른 선거벽보는 후보자(비례대표국회의원후보자와 비례대표지방의회의원후보자를 제외하며, 대통령선거에 있어서 정당추천후보자의 경우에는 그 추천정당을 말한다. 이하 이 조에서 같다)가 작성하여 대통령선거는 후보자등록마감일 후 3일(제51조에 따른 추가등록의 경우에는 추가등록마감일 후 2일 이내를 말한다)까지, 국회의원선거와 지방자치단체의 의회의원 및 장의 선거는 후보자등록마감일 후 5일까지 첩부할 지역을 관할하는 구·시·군선거관리위원회에 제출하고, 해당 구·시·군선거관리위원회가 이를 확인하여 선거벽보 제출마감일후 2일(대통령선거와 섬 및 산간오지지역의 경우는 3일)까지 첩부한다. 이 경우 선거벽보의 일부를 제출하지 아니할 때에는 선거벽보를 첩부하지 아니할 지역(투표구를 단위로 한다)을 지정하여 선거벽보의 제출시에 서면으로 신고하여야 하고, 선거벽보를 첩부하지 아니할 지역을 신고하지 아니한 때에는 해당 구·시·군선거관리위원회가 그 지역을 지정한다.(2012.1.17 전단개정)
③ 관할선거구선거관리위원회는 제2항에 따라 후보자가 작성하여 보관 또는 제출할 선거벽보의 수량을 선거기간개시일전 10일까지 공고하여야 한다. 이 경우 중앙선거관리위원회규칙으로 정하는 바에 따라 일정한 수량을 가산할 수 있다.
④ 후보자가 제2항에 따른 제출마감일까지 선거벽보를 제출하지 아니한 때와 규격을 넘기거나 미달하는 선거벽보를 제출한 때에는 그 선거벽보는 첩부하지 아니한다.
⑤ 제2항에 따라 제출된 선거벽보는 정정 또는 철회할 수 없다. 다만, 후보자는 선거벽보에 게재된 후보자의 성명·기호·소속 정당명과 경력·학력·학위·상벌(이하 "경력등"이라 한다)이 거짓으로 게재되어 있거나 이 법에 위반되는 내용이 게재되어 있음을 이유로 해당 선거구선거관리위원회에 서면으로 정정 또는 삭제를 요청할 수 있으며, 그 요청을 받은 선거구선거관리위원회는 제2항에 따른 선거벽보 제출마감일까지 그 내용을 정정 또는 삭제하게 할 수 있다. 이 경우 해당 내용을 정정 또는 삭제하는 외에 새로운 내용을 추가하거나 종전의 배열방법·색상·규격 등을 변경할 수 없다.
⑥ 누구든지 선거벽보의 내용 중 경력등에 관한 거짓 사실의 게재를 이유로 이의제기를 하는 때에는 해당 선거구선거관리위원회를 거쳐 직근 상급선거관리위원회에 서면으로 하여야 하고, 이의제기를 받은 상급선거관리위원회는 후보자와 이의제기자에게 그 증명서류의 제출을 요구할 수 있으며, 그 증명서류의 제출이 없거나 거짓 사실임이 판명된 때에는 그 사실을 공고하여야 한다.
(2010.1.25 본항신설)
⑦ 관할선거구선거관리위원회는 제1항의 선거벽보에 다른 후보자, 그의 배우자 또는 직계 존·비속이나 형제자매의 사생활에 대한 사실을 적시하여 비방하는 내용이 이 법에 위반된다고 인정하는 때에는 이를 고발하고 공고하여야 한다.
⑧ 선거벽보를 인쇄하는 인쇄업자는 제3항의 선거벽보의 수량외에는 이를 인쇄하여 누구에게도 제공할 수 없다.
⑨ 후보자는 관할구·시·군선거관리위원회가 첩부한 선거벽보가 오손되거나 훼손되어 보완첩부하고자 하는 때에는 제3항에 따라 공고된 수량의 범위에서 그 선거벽보 위에 덧붙여야 한다.
⑩ 선거벽보는 다수의 통행인이 보기 쉬운 건물 또는 게시판 등에 첩부하여야 한다. 이 경우 해당 건물 또는 게시판 등의 소유자 또는 관리자와 미리 협의하여야 한다.
(2020.12.29 본항신설)
⑪ 제1항에 따라 선거벽보를 첩부하는 경우에 첩부장소가 있는 토지·건물 그 밖의 시설물의 소유자 또는 관리자는 선거벽보의 첩부가 해당 시설물을 심각하게 훼손하거나 자신의 사생활을 침해하는 등 특별한 사유가 없는 한 선거벽보의 첩부에 협조하여야 한다.(2020.12.29 본항개정)
⑫ 선거벽보 내용의 정정·삭제 신청, 수량공고·규격·작성·제출·확인·첩부·경력 등에 관한 허위사실이나 사생활비방으로 인한 고발사실의 공고, 선거벽보 첩부를 위한 협의절차, 그 밖에 필요한 사항은 중앙선거관리위원회규칙으로 정한다.(2020.12.29 본항개정)
(2010.1.25 본조개정)

제65조【선거공보】 ① 후보자(대통령선거에 있어서 정당추천후보자와 비례대표국회의원선거 및 비례대표지방의회의원선거의 경우에는 그 추천정당을 말한다. 이하 이 조에서 같다)는 선거운동을 위하여 책자형 선거공보 1종(대통령선거에서는 전단형 선거공보 1종을 포함한다)을 작성할 수 있다. 이 경우 비례대표국회의원선거 및 비례대표지방의회의원선거에서는 중앙선거관리위원회규칙으로 정하는 바에 따라 해당 정당이 추천한 후보자 모두의 사진·성명·학력·경력을 게재하여야 한다.
(2012.1.17 후단신설)

② 제1항의 규정에 따른 책자형 선거공보는 대통령선거에 있어서는 16면 이내로, 국회의원선거 및 지방자치단체의 장선거에 있어서는 12면 이내로, 지방의회의원선거에 있어서는 8면 이내로 작성하고, 전단형 선거공보는 1매(양면에 게재할 수 있다)로 작성한다.
③ 제1항의 규정에 따른 책자형 선거공보의 수량은 당해 선거구 안의 세대수와 예상 거소투표신고인수 및 제5항에 따른 예상 신청자수를 합한 수에 상당하는 수 이내로, 전단형 선거공보의 수량은 당해 선거구 안의 세대수에 상당하는 수 이내로 한다.(2014.1.17 본항개정)
④ 후보자는 제1항의 규정에 따른 선거공보 외에 시각장애선거인(선거인으로서 「장애인복지법」 제32조에 따라 등록된 시각장애인을 말한다. 이하 이 조에서 같다)을 위한 선거공보(이하 "점자형 선거공보"라 한다) 1종을 제2항에 따른 책자형 선거공보의 면수의 두 배 이내에서 작성할 수 있다. 다만, 대통령선거·지역구국회의원선거 및 지방자치단체의 장선거의 후보자는 점자형 선거공보를 작성·제출하여야 하되, 책자형 선거공보에 그 내용이 음성·점자 등으로 출력되는 인쇄물 접근성 바코드를 표시하는 것으로 대신할 수 있다.(2020.12.29 본문개정)
⑤ 사전투표소에서 투표할 수 있는 선거인 중 법령에 따라 영내 또는 함정에 장기 기거하는 군인이나 경찰공무원은 선거인명부작성기간 중 관할 구·시·군선거관리위원회에 자신의 거주지로 책자형 선거공보를 발송해 줄 것을 서면이나 중앙선거관리위원회 홈페이지를 통하여 신청할 수 있다. 이 경우 부대장·경찰관서의 장은 선거인명부작성기간 개시일 전일까지 소속 군인·경찰공무원에게 선거공보의 발송 신청을 할 수 있다는 사실을 알려야 한다.(2015.8.13 후단신설)
⑥ 선거공보의 제출과 발송은 다음 각 호에 따른다.
1. 대통령선거
 가. 책자형 선거공보(점자형 선거공보를 포함한다)
  후보자가 후보자등록마감일 후 6일(제51조에 따른 추가등록의 경우에는 추가등록마감일 후 2일)까지 배부할 지역을 관할하는 구·시·군선거관리위원회에 제출하고 당해 선거관리위원회가 이를 확인하여 관할구역 안의 매세대에는 제출마감일 후 3일까지, 제5항에 따른 발송신청자에게는 선거일 전 10일까지 각각 우편으로 발송하고, 거소투표신고인명부에 올라 있는 선거인에게는 제154조에 따라 거소투표용지를 발송하는 때에 동봉하여 발송한다.
  (2014.1.17 본목개정)
 나. 전단형 선거공보
  후보자가 후보자등록마감일 후 10일까지 배부할 지역을 관할하는 구·시·군선거관리위원회에 제출하고 당해 선거관리위원회가 이를 확인하여 제153조(투표안내문의 발송)의 규정에 따른 투표안내문을 발송하는 때에 이를 동봉하여 발송한다. 이 경우 선거인명부 확정결과 책자형 선거공보를 발송하지 아니한 세대가 있는 때에는 그 세대에 이를 전단형 선거공보와 함께 추가로 발송하여야 한다.
  (2012.1.17 전단개정)
2. 국회의원선거, 지방자치단체의 의회의원 및 장의 선거
 후보자가 후보자등록마감일 후 7일까지 배부할 지역을 관할하는 구·시·군선거관리위원회에 제출하고 해당 선거관리위원회가 이를 확인하여 제5항에 따른 발송신청자에게는 선거일 전 10일까지 우편으로 발송하고, 매세대에는 제153조에 따라 투표안내문을 발송하는 때에, 거소투표신고인명부에 올라 있는 선거인에게는 제154조에 따라 거소투표용지를 발송하는 때에 각각 동봉하여 발송한다.(2014.1.17 본호개정)
⑦ 구·시·군의 장은 제4항의 규정에 따른 시각장애선거인과 그 세대주의 성명·주소를 조사하여 선거기간개시일 전 20일까지 관할구·시·군선거관리위원회에 통보하여야 한다.
⑧ 대통령선거, 지역구국회의원선거, 지역구지방의회의원선거 및 지방자치단체의 장선거에서 책자형 선거공보(점자형 선거공보를 포함한다)를 제출하는 경우에는 중앙선거관리위원회규칙으로 정하는 바에 따라 다음 각 호에 따른 내용(이하 이 조에서 "후보자정보공개자료"라 한다)을 그 둘째 면에 게재하여야 하며, 후보자정보공개자료에 대하여 소명이 필요한 사항은 그 소명자료를 함께 게재할 수 있다. 이 경우 그 둘째 면에는 후보자정보공개자료와 그 소명자료만을 게재하여야 하며, 점자형 선거공보에 게재하는 후보자정보공개자료의 내용은 책자형 선거공보에 게재하는 내용과 똑같아야 한다.(2010.1.25 본문개정)
1. 재산상황
 후보자, 후보자의 배우자 및 직계존·비속(혼인한 딸과 외조부모 및 외손자녀를 제외한다. 이하 제3호에서 같다)의 각 재산총액
 (2011.7.28 본호개정)
2. 병역사항
 후보자 및 후보자의 직계비속의 군별·계급·복무기간·복무분야·병역처분사항 및 병역처분사유[「공직자 등의 병역사항신고 및 공개에 관한 법률」 제8조(신고사항의 공개)제3항의 규정에 따라 질병명 또는 심신장애내용의 비공개를 요구하는 경우에는 이를 제외한다]
3. 최근 5년간 소득세·재산세·종합부동산세 납부 및 체납실적
 후보자, 후보자의 배우자 및 직계존·비속의 연도별 납부액, 연도별 체납액(10만원 이하 또는 3월 이내의 체납은 제외한다) 및 완납시기[제49조(후보자등록 등)제4항제4호의 규정에 따라 제출한 원천징수 소득세를 포함하되, 증명서의 제출을 거부한 후보자의 직계존속의 납부 및 체납실적은 제외한다]
 (2006.3.2 본호개정)
4. 전과기록
 죄명과 그 형 및 확정일자
5. 직업·학력·경력 등 인적사항
 후보자등록신청서에 기재된 사항
⑨ 후보자가 제13항에 따라 공고한 책자형 선거공보 제출수량의 전부 또는 일부를 제출하지 아니하는 때에는 후보자정보공개자료를 별도로 작성하여 제6항에 따라 책자형 선거공보의 제출마감일까지 제출하여야 하며, 제출받은 후보자정보공개자료는 제6항에 따라 책자형 선거공보를 발송하는 때에 함께 발송한다. 이 경우 별도로 작성한 후보자정보공개자료를 그 제출마감일까지 제출하지 못한 정당한 사유가 있는 때에는 책자형 선거공보의 발송 전까지 이를 제출할 수 있다.(2020.12.29 전단개정)
⑩ 제1항의 규정에 불구하고 관할선거구선거관리위원회는 후보자로 하여금 책자형 선거공보 원고를 제49조의 규정에 따라 후보자등록을 신청하는 때에 당해 선거관리위원회가 제공하는 서식에 따라 컴퓨터의 자기디스크 그 밖에 이와 유사한 매체에 기록하여 제출하게 하거나 당해 선거관리위원회가 지정하는 인터넷홈페이지에 입력하는 방법으로 제출하게 한 후 제150조(투표용지의 정당·후보자의 게재순위등)의 규정에 따라 투표용지에 게재할 후보자의 기호순에 따라 선거공보를 1책으로 작성하여 발송할 수 있다. 이 경우 선거공보의 인쇄비용은 후보자가 부담하여야 한다.
⑪ 후보자가 시각장애선거인에게 제공하기 위하여 책자형 선거공보의 내용을 음성·점자 등으로 출력되는 디지털 파일로 전환하여 저장한 저장매체를 책자형 선거공보(점자형 선거공보를 포함한다)와 같이 제출하는 경우 배부할 지역을 관할하는 구·시·군선거관리위원회는 이를 함께 발송하여야 한다.(2020.12.29 본항신설)
⑫ 구·시·군선거관리위원회는 제8항을 위반하여 책자형 선거공보(점자형 선거공보는 제외한다. 이하 이 항에서 같다)에 후보자정보공개자료를 게재하지 아니하거나, 책자형 선거공보의 둘째 면이 아닌 다른 면(둘째 면이 부족하여 셋째 면에 연이어 게재한 경우는 제외한다)에 후보자정보공개자료를 게재하거나, 그 둘째 면에 후보자정보공개자료와 그 소명자료 외의 다른 내용을 게재하거나, 선거공보의 규격·제출기한을 위반한 때에는 이를 접수하지 아니한다.(2014.1.17 본항개정)
⑬ 제64조제2항 후단부터 제8항까지의 규정은 선거공보에 이를 준용한다. 이 경우 "선거벽보"는 "선거공보"로, "첩부하지 아니할 지역"은 "발송하지 아니할 대상 및 지역"으로, "첩부"는 "발송"으로, "규격을 넘거나 미달하는"은 "규격을 넘는"으로, "경력·학력·학위·상벌(이하 "경력등"이라 한다)"은 "경력등이나 후보자정보공개자료"로 본다.(2010.1.25 본항개정)
⑭ 선거공보의 규격·작성·제출·확인·발송 및 공고, 책자형 선거공보의 발송신청 양식, 후보자정보공개자료의 게재방법과 선거공보의 원고 및 인쇄비용의 산정·납부 그 밖에 필요한 사항은 중앙선거관리위원회규칙으로 정한다.(2014.1.17 본항개정)
(2005.8.4 본조개정)

제66조【선거공약서】 ① 대통령선거 및 지방자치단체의 장선거의 후보자(대통령선거에 있어서 정당추천후보자의 경우에는 그 추천정당을 말한다. 이하 제2항 및 제5항을 제외하고 이 조에서 같다)는 선거운동을 위하여 선거공약 및 그 추진계획을 게재한 인쇄물(이하 "선거공약서"라 한다) 1종을 작성할 수 있다.(2008.2.29 본항개정)
② 선거공약서에는 선거공약 및 이에 대한 추진계획으로 각 사업의 목표·우선순위·이행절차·이행기한·재원조달방안을 게재하여야 하며, 다른 정당이나 후보자에 관한 사항을 게재할 수 없다. 이 경우 후보자의 성명·기호와 선거공약 및 그 추진계획에 관한 사항 외의 후보자의 사진·학력·경력, 그 밖에 홍보에 필요한 사항은 제3항에 따른 면수 중 1면 이내에서 게재할 수 있다.(2012.1.17 후단개정)
③ 선거공약서는 대통령선거에 있어서는 32면 이내로, 시·도지사선거에 있어서는 16면 이내로, 자치구·시·군의 장선거에 있어서는 12면 이내로 작성한다.
(2008.2.29 본항개정)
④ 선거공약서의 수량은 해당 선거구 안에 있는 세대수의 100분의 10에 해당하는 수 이내로 한다.(2008.2.29 본항개정)
⑤ 후보자와 그 가족, 선거사무장, 선거연락소장, 선거사무원, 회계책임자 및 후보자와 함께 다니는 활동보조인은 선거공약서를 배부할 수 있다. 다만, 우편발송(점자형 선거공약서는 제외한다)·호별방문이나 살포(특정 장소에 비치하는 방법을 포함한다)의 방법으로 선거공약서를 배부할 수 없다.(2010.1.25 본항개정)
⑥ 후보자가 선거공약서를 배부하고자 하는 때에는 배부일 전일까지 2부를 첨부하여 작성수량·작성비용 및 배부방법 등을 관할선거구선거관리위원회에 서면으로 신고하여야 하며, 배부 전까지 배부할 지역을 관할하는 구·시·군선거관리위원회에 각 2부를 제출하여야 한다.
(2008.2.29 본항개정)
⑦ 관할선거구선거관리위원회는 선거공약서를 선거관리위원회의 인터넷홈페이지에 게시하는 등 선거구민이 알 수 있도록 이를 공개할 수 있으며, 당선인 결정 후에는 당선인의 선거공약서를 그 임기만료일까지 선거관리위원회의 인터넷홈페이지 또는 중앙선거관리위원회가 지정하는 인터넷홈페이지에 게시할 수 있다. 이 경우 후보자로 하여금 그 전산자료 복사본을 제출하게 하거나 그 내용을 요약하여 제출하게 할 수 있다.(2008.2.29 본항개정)
⑧ 제64조제3항·제8항 및 제65조제4항(단서는 제외한다)은 선거공약서에 관하여 각각 이를 준용한다. 이 경우 "선거벽보" 또는 "책자형 선거공보"는 "선거공약서"로, "작성하여 보관 또는 제출할"은 "작성할"로, "점자형 선거공보"는 "점자형 선거공약서"로 보며, 점자형 선거공약서는 선거공약서와 같은 종류로 본다.(2015.8.13 전단개정)
⑨ 선거공약서의 규격, 작성근거 등의 표시, 신고 및 제출 그 밖의 필요한 사항은 중앙선거관리위원회규칙으로 정한다.
(2007.1.3 본조신설)

제67조【현수막】 ① 후보자(비례대표국회의원후보자 및 비례대표지방의회의원후보자를 제외하며, 대통령선거에 있어서 정당추천후보자의 경우에는 그 추천정당을 말한다)는 선거운동을 위하여 해당 선거구안의 읍·면·동 수의 2배 이내의 현수막을 게시할 수 있다.(2018.4.6 본항개정)
② (2005.8.4 삭제)
③ 제1항의 현수막의 규격 및 게시방법 등에 관하여 필요한 사항은 중앙선거관리위원회규칙으로 정한다.
(2002.3.7 본조신설)

제68조【어깨띠 등 소품】 ① 후보자와 그 배우자(배우자 대신 후보자가 그의 직계존비속 중에서 신고한 1인을 포함한다), 선거사무장, 선거연락소장, 선거사무원, 후보자와 함께 다니는 활동보조인 및 회계책임자는 선거운동기간 중 후보자의 사진·성명·기호 및 소속 정당명, 그 밖의 홍보에 필요한 사항을 게재한 어깨띠나 중앙선거관리위원회규칙으로 정하는 규격 또는 금액 범위의 윗옷(上衣)·표찰(標札)·수기(手旗)·마스코트, 그 밖의 소품(이하 "소품등"이라 한다)을 붙이거나 입거나 지니고 선거운동을 할 수 있다.
② 선거운동을 할 수 있는 사람은 선거운동기간 중 중앙선거관리위원회규칙으로 정하는 규격 범위의 소형의 소품등을 본인의 부담으로 제작 또는 구입하여 몸에 붙이거나 지니고 선거운동을 할 수 있다.
③ 제1항 및 제2항에 따른 소품등의 규격과 그 밖에 필요한 사항은 중앙선거관리위원회규칙으로 정한다.
(2023.8.30 본조개정)

제69조【신문광고】 ① 선거운동을 위한 신문광고는 후보자(대통령선거에 있어서 정당추천후보자와 비례대표국회의원선거의 경우에는 후보자를 추천한 정당을 말한다. 이하 이 조에서 같다)가 다음 각호에 의하여 선거기간개시일부터 선거일전 2일까지 소속정당의 정강·정책이나 후보자의 정견, 정치자금모금(대통령선거에 한한다) 기타 홍보에 필요한 사항을 「신문 등의 진흥에 관한 법률」 제2조(정의)제1호가목 및 나목에 따른 일간신문에 게재할 수 있다. 이 경우 일간신문에의 광고회수의 계산에 있어서는 하나의 일간신문에 1회 광고하는 것을 1회로 본다.(2009.7.31 본문개정)
1. 대통령선거
 총 70회 이내
 (1997.11.14 본호개정)
2. 비례대표국회의원선거
 총 20회 이내
 (2004.3.12 본호신설)
3. 시·도지사선거
 총 5회 이내. 다만, 인구 300만을 넘는 시·도에 있어서는 300만을 넘는 매 100만까지마다 1회를 더한다.
② 제1항의 광고에는 광고근거와 광고주명을 표시하여야 한다.(2010.1.25 본항개정)
③ 시·도지사선거에 있어서 같은 정당의 추천을 받은 2인 이상의 후보자는 합동으로 광고를 할 수 있다. 이 경우 광고회수는 해당 후보자가 각각 1회의 광고를 한 것으로 보며, 그 비용은 해당 후보자 간의 약정에 의하여 분담하되, 그 분담내역을 광고계약서에 명시하여야 한다.
(2010.1.25 본항개정)
④ (2010.1.25 삭제)
⑤ 후보자가 광고를 하고자 하는 때에는 광고전에 이 법에 의한 광고임을 인정하는 관할선거구선거관리위원회의 인증서를 교부받아 광고를 하여야 하며, 일간신문을 경영·관리하는 자 또는 광고업무를 담당하는 자는 인증서가 첨부되지 아니한 후보자의 광고를 게재하여서는 아니된다.
⑥ (2010.1.25 삭제)
⑦ (2000.2.16 삭제)

⑧ 제1항의 규정에 의한 신문광고를 게재하는 일간신문을 경영·관리하는 자는 그 광고비용을 산정함에 있어 선거기간 중에 같은 지면에 같은 규격으로 게재하는 상업·문화 기타 각종 광고의 요금중 최저요금을 초과하여 후보자에게 청구하거나 받을 수 없다.(1998.4.30 본항신설)
⑨ 인증서의 서식, 광고근거의 표시, 그 밖에 필요한 사항은 중앙선거관리위원회규칙으로 정한다.(2010.1.25 본항개정)

제70조【방송광고】 ① 선거운동을 위한 방송광고는 후보자(대통령선거에 있어서 정당추천후보자와 비례대표국회의원선거의 경우에는 후보자를 추천한 정당을 말한다. 이하 이 조에서 같다)가 다음 각 호에 따라 선거운동기간중 소속정당의 정강·정책이나 후보자의 정견 그 밖의 홍보에 필요한 사항을 텔레비전 및 라디오 방송시설〔「방송법」에 의한 방송사업자가 관리·운영하는 무선국 및 종합유선방송국(종합편성 또는 보도전문편성의 방송채널사용사업자의 채널을 포함한다)을 말한다. 이하 이 조에서 같다〕을 이용하여 실시할 수 있되, 광고시간은 1회 1분을 초과할 수 없다. 이 경우 광고회수의 계산에 있어서는 재방송을 포함하되, 하나의 텔레비전 또는 라디오 방송시설을 선정하여 당해 방송망을 동시에 이용하는 것은 1회로 본다.(2022.1.21 전단개정)

1. 대통령선거
 텔레비전 및 라디오 방송별로 각 30회 이내
 (1997.11.14 본호개정)
2. 비례대표국회의원선거
 텔레비전 및 라디오 방송별로 각 15회 이내
 (2004.3.12 본호신설)
3. 시·도지사선거
 지역방송시설을 이용하여 텔레비전 및 라디오 방송별 각 5회 이내
 (2010.1.25 본호신설)

② (2000.2.16 삭제)
③ 제1항의 규정에 의한 광고를 실시하는 방송시설의 경영자는 방송광고의 일시와 광고내용 등을 중앙선거관리위원회규칙이 정하는 바에 따라 관할선거구선거관리위원회에 통보하여야 한다.
④ 제1항의 방송광고는 「방송법」 제73조(방송광고 등) 제2항 및 「방송광고판매대행 등에 관한 법률」 제5조의 규정을 적용하지 아니한다.(2012.2.22 본항개정)
⑤ 방송시설을 경영 또는 관리하는 자는 제1항의 방송광고를 함에 있어서 방송시간대와 방송권역 등을 고려하여 모든 후보자에게 공평하게 하여야 하며, 후보자가 신청한 방송시설의 이용일시가 서로 중첩되는 경우에 방송일시의 조정은 중앙선거관리위원회규칙이 정하는 바에 의한다.(1997.11.14 본항개정)
⑥ 후보자는 제1항의 규정에 의한 방송광고에 있어서 청각장애선거인을 위한 한국수화언어(이하 "한국수어"라 한다) 또는 자막을 방영할 수 있다.(2020.12.29 본항개정)
⑦ (2000.2.16 삭제)
⑧ 제1항의 규정에 의한 방송광고를 행하는 방송시설을 경영·관리하는 자는 그 광고비용을 산정함에 있어 선거기간중 같은 방송시간대에 광고하는 상업·문화 기타 각종 광고의 요금중 최저요금을 초과하여 후보자에게 청구하거나 받을 수 없다.(1998.4.30 본항신설)

제71조【후보자 등의 방송연설】 ① 후보자와 후보자가 지명하는 연설원은 소속정당의 정강·정책이나 후보자의 정견 기타 홍보에 필요한 사항을 발표하기 위하여 다음 각호에 의하여 선거운동기간중 텔레비전 및 라디오 방송시설〔제70조(방송광고)제1항의 규정에 의한 방송시설을 말한다. 이하 이 조에서 같다〕을 이용한 연설을 할 수 있다.(2000.2.16 본문개정)

1. 대통령선거
 후보자와 후보자가 지명한 연설원이 각각 1회 20분 이내에서 텔레비전 및 라디오 방송별 각 11회 이내
 (1997.11.14 본호개정)
2. 비례대표국회의원선거
 정당별로 비례대표국회의원후보자중에서 선임된 대표 2인이 각각 1회 10분 이내에서 텔레비전 및 라디오 방송별 각 1회
 (2000.2.16 본호개정)
3. 지역구국회의원선거 및 자치구·시·군의 장선거
 후보자가 1회 10분 이내에서 지역방송시설을 이용하여 텔레비전 및 라디오 방송별 각 2회 이내
 (2004.3.12 단서삭제)
4. 비례대표시·도의원선거
 정당별로 비례대표시·도의원선거구마다 당해 선거의 후보자 중에서 선임된 대표 1인이 1회 10분 이내에서 지역방송시설을 이용하여 텔레비전 및 라디오 방송별 각 1회
 (2000.2.16 본호개정)
5. 시·도지사선거
 후보자가 1회 10분 이내에서 지역방송시설을 이용하여 텔레비전 및 라디오 방송별 각 5회 이내
 (1998.4.30 본호개정)

② 이 법에서 "지역방송시설"이란 해당 시·도의 관할구역 안에 있는 방송시설(도의 경우 해당 도의 구역을 방송권역으로 하는 인접한 특별시 또는 광역시 안에 있는 방송시설을 포함한다)을 말하며, 해당 시·도의 관할 구역 안에 지역방송시설이 없는 시·도로서 서울특별시에 인접한 시·도의 경우 서울특별시 안에 있는 방송시설을 말한다.(2011.7.28 본항개정)
③ 제70조(방송광고)제1항 후단·제6항 및 제8항의 규정은 후보자 등의 방송연설에 이를 준용한다.(2000.2.16 본항개정)
④ 제1항에 따라 텔레비전 방송시설을 이용한 방송연설을 하는 경우에는 후보자 또는 연설원이 연설하는 모습, 후보자의 성명·기호·소속 정당명(해당 정당을 상징하는 마크나 심벌의 표시를 포함한다)·경력, 연설요지 및 통계자료 외의 다른 내용이 방영되게 하여서는 아니되며, 후보자 또는 연설원이 방송연설을 녹화하여 방송하고자 하는 때에는 당해 방송시설을 이용하여야 한다.
(2010.1.25 본항개정)
⑤ 방송시설을 경영 또는 관리하는 자는 제1항의 규정에 의한 후보자 또는 연설원의 연설을 위한 방송시설명·이용일시·시간대등을 선거일전 30일(보궐선거등에 있어서는 후보자등록신청개시일 전 3일)까지 관할선거구선거관리위원회에 통보하여야 한다.(2012.1.17 본항개정)
⑥ 선거구선거관리위원회는 후보자등록신청개시일전 3일(보궐선거등에 있어서는 후보자등록신청개시일 전일)까지 제1항의 규정에 의한 연설에 이용할 수 있는 방송시설과 일정을 선거구단위로 미리 지정·공고하고 후보자등록신청시 후보자에게 통지하여야 한다.(2012.1.17 본항개정)
⑦ 대통령선거에 있어서 후보자가 제1항의 규정에 의하여 방송시설을 이용한 연설을 하고자 하는 때에는 이용할 방송시설명·이용일시·연설을 할 사람의 성명·소요시간·이용방법 등을 기재한 신청서를 후보자등록마감일후 3일(추가등록의 경우에는 추가등록마감일)까지 중앙선거관리위원회에 서면으로 제출하여야 한다.
⑧ 제7항의 규정에 의하여 후보자(정당추천후보자는 그 추천정당을 말한다)가 신청한 방송시설의 이용일시가 서로 중첩되는 경우에는 중앙선거관리위원회가 그 일시를 정하되, 그 일시는 모든 후보자에게 공평하여야 한다. 이 경우 후보자가 그 지정된 일시의 24시간전까지 방송시설 이용계약을 하지 아니한 때에는 당해 방송시설을 경영·관리하는 자는 그 시간대에 다른 방송을 할 수 있다.
(2000.2.16 본항개정)
⑨ 중앙선거관리위원회가 제8항의 규정에 의하여 방송일시를 결정한 때에는 이를 공고하고, 정당 또는 후보자에게 통지하여야 한다.(2000.2.16 본항개정)
⑩ 국회의원선거, 비례대표시·도의원선거, 지방자치단체의 장선거에 있어서 후보자가 제1항제2호 내지 제5호의 규정에 의하여 방송시설을 이용한 연설을 하고자 하는 때에는 당해 방송시설을 경영 또는 관리하는 자와 체결한 방송시설이용계약서 사본을 첨부하여 이용할 방송시설명·이용일시·소요시간·이용방법 등을 방송일전 3일까지 당해 선거구선거관리위원회에 서면으로 신고하여야 한다.(1998.4.30 본항개정)
⑪ 방송시설을 경영 또는 관리하는 자는 제1항의 방송시설을 이용한 연설에 협조하여야 하며, 방송시간대와 방송권역 등을 고려하여 모든 후보자에게 공평하게 하여야 한다.(1997.11.14 본항개정)
⑫ 「방송법」에 따른 종합유선방송사업자(종합편성 또는 보도전문편성의 방송채널사용사업자를 포함한다)·중계유선방송사업자 및 인터넷언론사는 후보자 등의 방송연설을 중계방송할 수 있다. 이 경우 방송연설을 행한 모든 후보자에게 공평하게 하여야 한다.(2022.1.21 전단개정)
⑬ 방송시설을 이용한 연설신청서의 서식·중첩된 방송일시의 조정방법 기타 필요한 사항은 중앙선거관리위원회규칙으로 정한다.(2000.2.16 본항개정)
(2011.7.28 본조제목개정)

제72조【방송시설 주관 후보자연설의 방송】 ① 텔레비전 및 라디오 방송시설〔제70조(방송광고)제1항의 규정에 의한 방송시설을 말한다. 이하 이 조에서 같다〕이 그의 부담으로 제71조(후보자 등의 방송연설)의 규정에 의한 후보자 등의 방송연설외에 선거운동기간중 정당 또는 후보자를 선거인에게 알리기 위하여 후보자(비례대표국회의원선거 및 비례대표지방의회의원선거에 있어서는 그 추천정당이 당해 선거의 후보자 중에서 선임한 자를 말한다. 이하 제3항에서 같다)의 연설을 방송하고자 하는 때에는 내용을 편집하지 아니한 상태에서 방송하여야 하며, 선거구단위로 모든 정당 또는 후보자에게 공평하게 하여야 한다. 다만, 정당 또는 후보자가 그 연설을 포기한 때에는 그러하지 아니하다.(2005.8.4 본문개정)
② 제1항의 규정에 의한 후보자연설의 방송에 있어서는 청각장애선거인을 위하여 한국수어 또는 자막을 방영할 수 있다.(2020.12.29 본항개정)
③ 방송시설을 경영 또는 관리하는 자가 제1항의 규정에 의하여 후보자의 연설을 방송하고자 하는 때에는 그 방송일전 2일까지 방송시설명·방송일시·소요시간 등을 중앙선거관리위원회규칙이 정하는 바에 따라 관할선거구선거관리위원회에 통보하여야 한다.
④ 제71조제12항의 규정은 방송시설 주관 후보자연설의 방송에 이를 준용한다.(1998.4.30 본항개정)

제73조【경력방송】 ① 한국방송공사는 대통령선거·국회의원선거 및 지방자치단체의 장선거에 있어서 선거운동기간중 텔레비전과 라디오 방송시설을 이용하여 후보자마다 매회 2분 이내의 범위안에서 관할선거구선거관리위원회가 제공하는 후보자의 사진·성명·기호·연령·소속정당명(무소속후보자는 "무소속"이라 한다) 및 직업 기타 주요한 경력을 선거인에게 알리기 위하여 방송하여야 한다. 이 경우 대통령선거가 아닌 선거에 있어서는 그 지역방송시설을 이용하여 실시할 수 있다.(2000.2.16 본항개정)
② 제1항의 경력방송 횟수는 텔레비전 및 라디오 방송별로 다음 각호의 1에 의한다.

1. 대통령선거
 각 8회 이상
2. 국회의원선거 및 자치구·시·군의 장선거
 각 2회 이상
3. 시·도지사선거
 각 3회 이상

(2000.2.16 본항개정)
③ 경력방송을 하는 때에는 그 횟수와 내용이 선거구단위로 모든 후보자에게 공평하게 하여야 하며, 그 비용은 한국방송공사가 부담한다.
④ 제71조(후보자 등의 방송연설)제12항 및 제72조(방송시설주관 후보자연설의 방송)제2항의 규정은 경력방송에 이를 준용한다.(2000.2.16 본항개정)
⑤ 경력방송 원고의 관할선거구선거관리위원회에의 제출 및 경력방송실시의 통보 기타 필요한 사항은 중앙선거관리위원회규칙으로 정한다.

제74조【방송시설주관 경력방송】 ① 한국방송공사외의 텔레비전 및 라디오 방송시설〔제70조(방송광고)제1항의 규정에 의한 방송시설을 말한다. 이하 이 조에서 같다〕이 그의 부담으로 후보자의 경력을 방송하고자 하는 때에는 관할선거구선거관리위원회가 제공하는 내용에 의하되, 선거구단위로 모든 후보자에게 공평하게 하여야 한다.
② 제71조(후보자 등의 방송연설)제12항 및 제72조(방송시설주관 후보자연설의 방송)제2항 및 제3항의 규정은 방송시설주관 경력방송에 이를 준용한다.
(2000.2.16 본조개정)

제75조～제78조 (2004.3.12 삭제)

제79조【공개장소에서의 연설·대담】 ① 후보자(비례대표국회의원후보자 및 비례대표지방의회의원후보자는 제외한다. 이하 이 조에서 같다)는 선거운동기간 중에 소속 정당의 정강·정책이나 후보자의 정견, 그 밖에 필요한 사항을 홍보하기 위하여 공개장소에서의 연설·대담을 할 수 있다.(2010.1.25 본항개정)
② 제1항에서 "공개장소에서의 연설·대담"이라 함은 후보자·선거사무장·선거연락소장·선거사무원(이하 이 조에서 "후보자등"이라 한다)과 후보자등이 선거운동을 할 수 있는 사람 중에서 지정한 사람이 도로변·광장·공터·주민회관·시장 또는 점포, 그 밖에 중앙선거관리위원회규칙으로 정하는 다수인이 왕래하는 공개장소를 방문하여 정당이나 후보자에 대한 지지를 호소하는 연설을 하거나 청중의 질문에 대답하는 방식으로 대담하는 것을 말한다.(2010.1.25 본항개정)
③ 공개장소에서의 연설·대담을 위하여 다음 각 호의 구분에 따라 자동차와 이에 부착된 확성장치 및 휴대용 확성장치를 각각 사용할 수 있다.(2010.1.25 본문개정)

1. 대통령선거
 후보자와 시·도 및 구·시·군선거연락소마다 각 1대·각 1조
 (1998.4.30 본호개정)
2. 지역구국회의원선거 및 시·도지사선거
 후보자와 구·시·군선거연락소마다 각 1대·각 1조
 (2010.1.25 본호개정)
3. 지역구지방의회의원선거 및 자치구·시·군의 장선거
 후보자마다 1대·1조
 (2010.1.25 본호개정)

④ 제3항의 확성장치는 연설·대담을 하는 경우에만 사용할 수 있으며, 휴대용 확성장치는 연설·대담용 차량이 정차한 외의 다른 지역에서 사용할 수 없다. 이 경우 차량부착용 확성장치와 동시에 사용할 수 없다.(2010.1.25 전단개정)
⑤ 자동차에 부착된 확성장치를 사용함에 있어 확성나팔의 수는 1개를 넘을 수 없다.(2004.3.12 본항개정)
⑥ 자동차와 확성장치에는 중앙선거관리위원회규칙으로 정하는 바에 따라 표지를 부착하여야 하고, 제64조의 선거벽보, 제65조의 선거공보, 제66조의 선거공약서 및 후보자 사진을 붙일 수 있다.(2010.1.25 본항개정)
⑦ 후보자등은 다른 사람이 개최한 옥내모임에 일시적으로 참석하여 연설·대담을 할 수 있으며, 이 경우 그 장소에 설치된 확성장치를 사용하거나 휴대용 확성장치를 사용할 수 있다.(2010.1.25 본항개정)
⑧ 제3항에 따른 확성장치는 다음 각 호의 구분에 따른 소음기준을 초과할 수 없다.

1. 자동차에 부착된 확성장치
 정격출력 3킬로와트 및 음압수준 127데시벨. 다만, 제3항제1호에 따른 대통령선거 후보자용 또는 같은 항 제2호에 따른 시·도지사선거 후보자용의 경우에는 정격출력 40킬로와트 및 음압수준 150데시벨

2. 휴대용 확성장치
정격출력 30와트. 다만, 제3항제1호에 따른 대통령선거 후보자용 또는 같은 항 제2호에 따른 시·도지사선거 후보자용의 경우에는 정격출력 3킬로와트
(2022.1.18 본항신설)
⑨ (2010.1.25 삭제)
⑩ 후보자등이 공개장소에서의 연설·대담을 하는 때(후보자등이 연설·대담을 하기 위하여 제3항에 따른 자동차를 타고 이동하거나 해당 자동차 주위에서 준비 또는 대기하고 있는 경우를 포함한다)에는 후보자와 선거연락소(대통령선거, 지역구국회의원선거, 시·도지사선거의 선거연락소에 한정한다)마다 각 1대의 녹음기 또는 녹화기(비디오 및 오디오 기기를 포함한다. 이하 이 조에서 같다)를 사용하여 선거운동을 위한 음악 또는 선거운동에 관한 내용을 방송할 수 있다. 이 경우 녹음기 및 녹화기에는 중앙선거관리위원회규칙으로 정하는 바에 따라 표지를 부착하여야 한다.(2015.8.13 본항개정)
⑪ (2010.1.25 삭제)
⑫ 녹화기의 규격 기타 필요한 사항은 중앙선거관리위원회규칙으로 정한다.(2004.3.12 본항개정)
(2015.8.13 본조제목개정)

판례 공개장소에서 비례대표국회의원후보자의 연설·대담을 허용하지 아니한 공직선거법 제79조 제1항은 비례대표국회의원선거가 기본적으로 전국을 하나의 선거구로 하는 정당에 대한 선거라는 점을 고려한 것으로서, 비례대표국회의원 후보자인 청구인의 선거운동의 자유, 정당활동의 자유, 평등권을 침해하지 아니한다.
(헌재결 2013.10.24, 2012헌마311)

제80조【연설금지장소】 다음 각호의 1에 해당하는 시설이나 장소에서는 제79조(공개장소에서의 연설·대담)의 연설·대담을 할 수 없다.
1. 국가 또는 지방자치단체가 소유하거나 관리하는 건물·시설. 다만, 공원·문화원·시장·운동장·주민회관·체육관·도로변·광장 또는 학교 기타 다수인이 왕래하는 공개된 장소는 그러하지 아니하다.
2. 선박·정기여객자동차·열차·전동차·항공기의 안과 그 터미널구내 및 지하철역구내(2012.1.17 본호개정)
3. 병원·진료소·도서관·연구소 또는 시험소 기타 의료·연구시설
(2004.3.12 본조개정)

제81조【단체의 후보자 등 초청 대담·토론회】 ① 제87조(단체의 선거운동금지)제1항제1호 내지 제6호의 규정에 해당하지 아니하는 단체는 후보자 또는 대담·토론자(대통령선거 및 시·도지사선거의 경우에 한하며, 정당 또는 후보자가 선거운동을 할 수 있는 자 중에서 선거사무소 또는 선거연락소마다 지명한 1인을 말한다. 이하 이 조에서 같다) 1인 또는 수인을 초청하여 소속정당의 정강·정책이나 후보자의 정견 기타사항을 알아보기 위한 대담·토론회를 이 법이 정하는 바에 따라 옥내에서 개최할 수 있다. 다만, 제10조제1항제6호의 노동조합과 단체는 그러하지 아니하다.(2005.8.4 본문개정)
1.~3. (2004.3.12 삭제)
② 제1항에서 "대담"이라 함은 1인의 후보자 또는 대담자가 소속정당의 정강·정책이나 후보자의 정견 기타사항에 관하여 사회자 또는 질문자의 질문에 대하여 답변하는 것을 말하고, "토론"이라 함은 2인 이상의 후보자 또는 토론자가 사회자의 주관하에 소속정당의 정강·정책이나 후보자의 정견 기타사항에 관한 주제에 대하여 사회자를 통하여 질문·답변하는 것을 말한다.(1997.11.14 본항개정)
③ 제1항의 규정에 의하여 대담·토론회를 개최하고자 하는 단체는 중앙선거관리위원회규칙이 정하는 바에 따라 주최단체명·대표자성명·사무소 소재지·회원수·설립근거등 단체에 관한 사항과 초청할 후보자 또는 대담·토론자의 성명, 대담 또는 토론의 주제, 사회자의 성명, 진행방법, 개최일시와 장소 및 참석예정자수 등을 개최일전 2일까지 관할선거구선거관리위원회 또는 그 개최장소의 소재지를 관할하는 구·시·군선거관리위원회에 서면으로 신고하여야 한다. 이 경우 초청할 후보자 또는 대담·토론자의 참석승낙서를 첨부하여야 한다.
④ 제1항의 규정에 의한 대담·토론회를 개최하는 때에는 중앙선거관리위원회규칙이 정하는 바에 따라 제1항에 의한 대담·토론회임을 표시하는 표지를 게시 또는 첩부하여야 한다.
⑤ 제1항의 대담·토론은 모든 후보자에게 공평하게 실시하여야 하되, 후보자가 초청을 수락하지 아니한 경우에는 그러하지 아니하며, 대담·토론회를 개최하는 단체는 대담·토론이 공정하게 진행되도록 하여야 한다.
⑥ 정당, 후보자, 대담·토론자, 선거사무장, 선거연락소장, 선거사무원, 회계책임자 또는 제114조(정당 및 후보자의 가족 등의 기부행위제한)제2항의 후보자 또는 그 가족과 관계있는 회사 등은 제1항의 규정에 의한 대담·토론회와 관련하여 대담·토론회를 주최하는 단체 또는 사회자에게 금품·향응 기타의 이익을 제공하거나 제공할 의사의 표시 또는 그 제공의 약속을 할 수 없다.
⑦ 제1항의 대담·토론회를 개최하는 단체는 그 비용을 후보자에게 부담시킬 수 없다.
⑧ 제71조(후보자 등의 방송연설)제12항의 규정은 후보자 등 초청 대담·토론회에 이를 준용한다.(1998.4.30 본항신설)
⑨ 대담·토론회의 개최신고서와 표지의 서식 기타 필요한 사항은 중앙선거관리위원회규칙으로 정한다.
(1997.11.14 본항개정)
(2000.2.16 본조제목개정)

제82조【언론기관의 후보자 등 초청 대담·토론회】 ① 텔레비전 및 라디오 방송시설(제70조제1항에 따른 방송시설을 말한다. 이하 이 조에서 같다)·「신문 등의 진흥에 관한 법률」 제2조제3호에 따른 신문사업자·「잡지 등 정기간행물의 진흥에 관한 법률」 제2조제2호에 따른 정기간행물사업자(정보간행물·전자간행물·기타간행물을 발행하는 자를 제외한다)·「뉴스통신진흥에 관한 법률」 제2조제3호에 따른 뉴스통신사업자 및 인터넷언론사(이하 이 조에서 "언론기관"이라 한다)는 선거운동기간중 후보자 또는 대담·토론자(후보자가 선거운동을 할 수 있는 자 중에서 지정하는 자를 말한다)에 대하여 후보자의 승낙을 받아 1명 또는 여러 명을 초청하여 소속정당의 정강·정책이나 후보자의 정견, 그 밖의 사항을 알아보기 위한 대담·토론회를 개최하고 이를 보도할 수 있다. 다만, 제59조에도 불구하고 대통령선거에서는 선거일 전 1년부터, 국회의원선거 또는 지방자치단체의 장선거에 있어서는 선거일전 60일부터 선거기간개시일전일까지 후보자가 되고자 하는 자를 초청하여 대담·토론회를 개최하고 이를 보도할 수 있다. 이 경우 방송시설이 대담·토론회를 개최하고 이를 방송하고자 하는 때에는 내용을 편집하지 않은 상태에서 방송하여야 하며, 대담·토론회의 방송일시와 진행방법 등을 중앙선거관리위원회규칙이 정하는 바에 따라 관할선거구선거관리위원회에 통보하여야 한다.(2010.1.25 본항개정)
② 제1항의 대담·토론회는 언론기관이 방송시간·신문의 지면 등을 고려하여 자율적으로 개최한다.
③ 제1항의 대담·토론의 진행은 공정하여야 하며, 이에 관하여 필요한 사항은 중앙선거관리위원회규칙으로 정한다.
④ 제71조(후보자 등의 방송연설)제12항, 제72조(방송시설 주관 후보자연설의 방송)제2항 및 제81조(단체의 후보자 등 초청 대담·토론회)제2항·제6항·제7항의 규정은 언론기관의 후보자 등 초청 대담·토론회에 이를 준용한다.(2000.2.16 본항개정)
(2000.2.16 본조제목개정)

제82조의2【선거방송토론위원회 주관 대담·토론회】 ① 중앙선거방송토론위원회는 대통령선거 및 비례대표국회의원선거에 있어서 선거운동기간중 다음 각호에서 정하는 바에 따라 대담·토론회를 개최하여야 한다.
1. 대통령선거
후보자 중에서 1인 또는 수인을 초청하여 3회 이상
2. 비례대표국회의원선거
해당 정당의 대표자가 비례대표국회의원후보자 또는 선거운동을 할 수 있는 사람(지역구국회의원 후보자는 제외한다) 중에서 지정하는 1명 또는 여러 명을 초청하여 2회 이상
(2010.1.25 본호개정)
② 시·도선거방송토론위원회는 시·도지사선거 및 비례대표시·도의원선거에 있어서 선거운동기간 중 다음 각 호에서 정하는 바에 따라 대담·토론회를 개최하여야 한다.
1. 시·도지사선거
후보자 중에서 1인 또는 수인을 초청하여 1회 이상
2. 비례대표시·도의원선거
해당 정당의 대표자가 비례대표시·도의원후보자 또는 선거운동을 할 수 있는 사람(지역구시·도의원후보자는 제외한다) 중에서 지정하는 1명 또는 여러 명을 초청하여 1회 이상
(2010.1.25 본호개정)
(2005.8.4 본항개정)
③ 구·시·군선거방송토론위원회는 선거운동기간 중 지역구국회의원선거 및 자치구·시·군의 장선거의 후보자를 초청하여 1회 이상의 대담·토론회 또는 합동방송연설회를 개최하여야 한다. 이 경우 합동방송연설회의 연설시간은 후보자마다 10분 이내의 범위에서 균등하게 배정하여야 한다.(2005.8.4 전단개정)
④ 각급선거방송토론위원회는 제1항 내지 제3항의 대담·토론회를 개최하는 때에는 다음 각 호의 어느 하나에 해당하는 후보자를 대상으로 개최한다. 이 경우 각급선거방송토론위원회로부터 초청받은 후보자는 정당한 사유가 없는 한 그 대담·토론회에 참석하여야 한다.
(2005.8.4 본문개정)
1. 대통령선거
가. 국회에 5인 이상의 소속의원을 가진 정당이 추천한 후보자
나. 직전 대통령선거, 비례대표국회의원선거, 비례대표시·도의원선거 또는 비례대표자치구·시·군의원선거에서 전국 유효투표총수의 100분의 3 이상을 득표한 정당이 추천한 후보자(2005.8.4 본목개정)
다. 중앙선거관리위원회규칙이 정하는 바에 따라 언론기관이 선거기간개시일전 30일부터 선거기간개시일전일까지의 사이에 실시하여 공표한 여론조사결과를 평균한 지지율이 100분의 5 이상인 후보자
2. 비례대표국회의원선거 및 비례대표시·도의원선거
(2005.8.4 본문개정)
가. 제1호가목 또는 나목에 해당하는 정당의 대표자가 지정한 후보자
나. 제1호다목에 의한 여론조사결과를 평균하여 100분의 5 이상의 지지를 얻은 정당의 대표자가 지정한 후보자
3. 지역구국회의원선거 및 지방자치단체의 장선거
(2005.8.4 본문개정)
가. 제1호가목 또는 나목에 해당하는 정당이 추천한 후보자
나. 최근 4년 이내에 해당 선거구(선거구의 구역이 변경되어 변경된 구역이 직전 선거의 구역과 겹치는 경우를 포함한다)에서 실시된 대통령선거, 지역구국회의원선거 또는 지방자치단체의 장선거(그 보궐선거등을 포함한다)에 입후보하여 유효투표총수의 100분의 10 이상을 득표한 후보자(2010.1.25 본목개정)
다. 제1호 다목에 의한 여론조사결과를 평균한 지지율이 100분의 5 이상인 후보자
⑤ 각급선거방송토론위원회는 제4항의 초청대상에 포함되지 아니하는 후보자를 대상으로 대담·토론회를 개최할 수 있다. 이 경우 대담·토론회의 시간이나 횟수는 중앙선거관리위원회규칙이 정하는 바에 따라 제4항의 초청대상 후보자의 대담·토론회와 다르게 정할 수 있다.
(2005.8.4 본항신설)
⑥ 각급선거방송토론위원회는 제4항 후단의 규정을 위반하여 정당한 사유 없이 대담·토론회에 참석하지 아니한 초청 후보자가 있는 때에는 그 사실을 선거인이 알 수 있도록 당해 후보자의 소속 정당명(무소속후보자는 "무소속"이라 한다)·기호·성명과 불참사실을 제10항 또는 제11항의 중계방송을 시작하는 때에 방송하게 하고, 중앙선거관리위원회규칙으로 정하는 인터넷 홈페이지에 게시하여야 한다.(2018.4.6 본항개정)
⑦ 각급선거방송토론위원회는 제1항 내지 제3항 및 제5항의 대담·토론회(합동방송연설회를 포함하며, 이하 이 조에서 "대담·토론회"라 한다)를 개최하는 때에는 공정하게 하여야 한다.(2005.8.4 본항개정)
⑧ 각급선거방송토론위원회위원장 또는 그가 미리 지명한 위원은 대담·토론회에서 후보자가 이 법에 위반되는 내용을 발표하거나 배정된 시간을 초과하여 발언하는 때에는 이를 제지하거나 자막안내하는 등 필요한 조치를 할 수 있다.
⑨ 각급선거방송토론위원회위원장 또는 그가 미리 지명한 위원은 대담·토론회장에서 진행을 방해하거나 질서를 문란하게 하는 자가 있는 때에는 그 중지를 명하고, 그 명령에 불응하는 때에는 대담·토론회장 밖으로 퇴장시킬 수 있다.
⑩ 공영방송사와 지상파방송사는 그의 부담으로 대담·토론회를 텔레비전방송을 통하여 중계방송하여야 하되, 대통령선거에 있어서 중앙선거방송토론위원회가 주관하는 대담·토론회는 오후 8시부터 당일 오후 11시까지의 사이에 중계방송하여야 한다. 다만, 지역구국회의원선거 및 자치구·시·군의 장선거에 있어서 전국을 방송권역으로 하는 등 정당한 사유가 있는 경우에는 그러하지 아니하다.(2022.1.21 본문개정)
⑪ 구·시·군선거방송토론위원회는 지역구국회의원선거 및 자치구·시·군의 장선거에 있어서 제10항 단서의 규정에 의하여 공영방송사 또는 지상파방송사가 중계방송을 할 수 없는 때에는 다른 종합유선방송사업자의 방송시설을 이용하여 대담·토론회를 텔레비전방송을 통하여 중계방송하게 할 수 있다. 이 경우 그 방송시설이용료는 국가 또는 당해 지방자치단체가 부담한다.
(2022.1.21. 전단개정)
⑫ 각급선거방송토론위원회는 대담·토론회를 개최하는 때에는 청각장애선거인을 위하여 자막방송 또는 한국수어통역을 하여야 한다.(2020.12.29 본항개정)
⑬ 「방송법」 제2조(용어의 정의)의 규정에 의한 방송사업자·중계유선방송사업자 및 인터넷언론사는 그의 부담으로 대담·토론회를 중계방송할 수 있다. 이 경우 편집없이 중계방송하여야 한다.(2008.2.29 본항개정)
⑭ 대담·토론회의 진행절차, 개최홍보, 방송시설이용료의 산정·지급 기타 필요한 사항은 중앙선거관리위원회규칙으로 정한다.
(2004.3.12 본조개정)

제82조의3【선거방송토론위원회 주관 정책토론회】 ① 중앙선거방송토론위원회는 정당이 방송을 통하여 정강·정책을 알릴 수 있도록 하기 위하여 임기만료에 의한 선거(대통령의 궐위로 인한 선거 및 재선거를 포함한다)의 선거일전 90일(대통령의 궐위로 인한 선거 및 재선거에 있어서는 그 선거의 실시사유가 확정된 날의 다음날)부터 후보자등록신청개시일전일까지 다음 각호에 해당하는 정당(선거에 참여하지 아니할 것을 공표한 정당을 제외한다)의 대표자 또는 그가 지정하는 자를 초청하여 정책토론회(이하 이 조에서 "정책토론회"라 한다)를 월 1회 이상 개최하여야 한다.
1. 국회에 5인 이상의 소속의원을 가진 정당
2. 직전 대통령선거, 비례대표국회의원선거 또는 비례대표시·도의원선거에서 전국 유효투표총수의 100분의 3 이상을 득표한 정당

② 제82조의2(선거방송토론위원회 주관 대담·토론회) 제7항 내지 제9항·제10항 본문·제12항 및 제13항의 규정은 정책토론회에 이를 준용한다. 이 경우 "대담·토론회"는 "정책토론회"로, "각급선거방송토론위원회"는 "중앙선거방송토론위원회"로 본다.(2005.8.4 전단개정)
③ 정책토론회의 운영·진행절차·개최홍보 기타 필요한 사항은 중앙선거관리위원회규칙으로 정한다.
(2004.3.12 본조신설)

제82조의4【정보통신망을 이용한 선거운동】 ① (2020.12.29 삭제)
1.~3. (2012.2.29 삭제)
② 누구든지 「정보통신망 이용촉진 및 정보보호 등에 관한 법률」 제2조제1항제1호에 따른 정보통신망(이하 "정보통신망"이라 한다)을 이용하여 후보자(후보자가 되려는 사람을 포함한다. 이하 이 조에서 같다), 그의 배우자 또는 직계존·비속이나 형제자매에 관하여 허위의 사실을 유포하여서는 아니되며, 공연히 사실을 적시하여 이들을 비방하여서는 아니된다. 다만, 진실한 사실로서 공공의 이익에 관한 때에는 그러하지 아니하다.(2012.2.29 본문개정)
③ 각급선거관리위원회(읍·면·동선거관리위원회를 제외한다) 또는 후보자는 이 법의 규정에 위반되는 정보가 인터넷 홈페이지 또는 그 게시판·대화방 등에 게시되거나, 정보통신망을 통하여 전송되는 사실을 발견한 때에는 해당 정보를 게시한 자 또는 해당 정보가 게시된 인터넷 홈페이지를 관리·운영하는 자에게 해당 정보의 삭제를 요청하거나, 전송되는 정보를 취급하는 인터넷 홈페이지의 관리·운영자 또는 「정보통신망 이용촉진 및 정보보호 등에 관한 법률」 제2조제1항제3호의 규정에 의한 정보통신서비스제공자(이하 "정보통신서비스제공자"라 한다)에게 그 취급의 거부·정지·제한을 요청할 수 있다. 이 경우 인터넷 홈페이지 관리·운영자 또는 정보통신서비스 제공자가 후보자의 요청에 따르지 아니하는 때에는 해당 후보자는 관할 선거구선거관리위원회에 서면으로 그 사실을 통보할 수 있으며, 관할 선거구선거관리위원회는 후보자가 삭제요청 또는 취급의 거부·정지·제한을 요청한 정보가 이 법의 규정에 위반된다고 인정되는 때에는 해당 인터넷 홈페이지 관리·운영자 또는 정보통신서비스 제공자에게 삭제요청 또는 취급의 거부·정지·제한을 요청할 수 있다.(2023.12.28 전단개정)
④ 제3항에 따라 선거관리위원회로부터 요청을 받은 해당 정보의 게시자, 인터넷 홈페이지 관리·운영자 또는 정보통신서비스제공자는 지체없이 이에 따라야 한다.
(2023.12.28 본항개정)
⑤ 제3항에 따라 선거관리위원회로부터 요청을 받은 인터넷 홈페이지 관리·운영자 또는 정보통신서비스제공자는 그 요청을 받은 날부터, 해당 정보를 게시하거나 전송한 자는 당해 정보가 삭제되거나 그 취급이 거부·정지 또는 제한된 날부터 3일 이내에 그 요청을 한 선거관리위원회에 이의신청을 할 수 있다.(2012.2.29 본항개정)
⑥ 제3항에 따라 선거관리위원회로부터 요청을 받아 해당 정보의 삭제 또는 그 취급의 거부·제한·정지를 한 인터넷 홈페이지 관리·운영자 또는 정보통신서비스제공자는 다음 각 호에 따른 내용을 해당 인터넷 홈페이지 또는 그 게시판·대화방 등에 게시하는 방법 등으로 그 정보를 게시하거나 전송한 사람에게 알려야 한다.
1. 선거관리위원회로부터 제3항에 따른 요청이 있었다는 사실
2. 제5항에 따라 이의신청을 할 수 있다는 사실
(2020.3.25 본항신설)
⑦ 위법한 정보의 게시에 대한 삭제 등의 요청, 이의신청 기타 필요한 사항은 중앙선거관리위원회규칙으로 정한다.
(2004.3.12 본조개정)

제82조의5【선거운동정보의 전송제한】 ① 누구든지 정보수신자의 명시적인 수신거부의사에 반하여 선거운동 목적의 정보를 전송하여서는 아니된다.
② 예비후보자 또는 후보자가 제59조제2호·제3호에 따라 선거운동 목적의 정보(이하 "선거운동정보"라 한다)를 자동 동보통신의 방법으로 문자메시지로 전송하거나 전송대행업체에 위탁하여 전자우편으로 전송하는 때에는 다음 각 호의 사항을 선거운동정보에 명시하여야 한다.
(2012.2.29 본문개정)
1. 선거운동정보에 해당하는 사실(2005.8.4 본호개정)
2. 문자메시지를 전송하는 경우 그의 전화번호(2012.2.29 본호개정)
3. 불법수집정보 신고 전화번호(2017.2.8 본호신설)
4. 수신거부의 의사표시를 쉽게 할 수 있는 조치 및 방법에 관한 사항
③ (2012.1.17 삭제)
④ 선거운동정보를 전송하는 자는 수신자의 수신거부를 회피하거나 방해할 목적으로 기술적 조치를 하여서는 아니된다.
⑤ 선거운동정보를 전송하는 자는 수신자가 수신거부를 할 때 발생하는 전화요금 기타 금전적 비용을 수신자가 부담하지 아니하도록 필요한 조치를 하여야 한다.
⑥ 누구든지 숫자·부호 또는 문자를 조합하여 전화번호·전자우편주소 등 수신자의 연락처를 자동으로 생성하는 프로그램 그 밖의 기술적 장치를 이용하여 선거운동정보를 전송하여서는 아니된다.
(2004.3.12 본조신설)

제82조의6 (2023.8.30 삭제)

제82조의7【인터넷광고】 ① 후보자(대통령선거의 정당추천후보자와 비례대표국회의원선거 및 비례대표지방의회의원선거에 있어서는 후보자를 추천한 정당을 말한다. 이하 이 조에서 같다)는 인터넷언론사의 인터넷홈페이지에 선거운동을 위한 광고(이하 "인터넷광고"라 한다)를 할 수 있다.
② 제1항의 인터넷광고에는 광고근거와 광고주명을 표시하여야 한다.
③ 같은 정당의 추천을 받은 2인 이상의 후보자는 합동으로 제1항의 규정에 따른 인터넷광고를 할 수 있다. 이 경우 그 비용은 당해 후보자간의 약정에 따라 분담하되, 그 분담내역을 광고계약서에 명시하여야 한다.
④ (2010.1.25 삭제)
⑤ 누구든지 제1항의 경우를 제외하고는 선거운동을 위하여 인터넷광고를 할 수 없다.
⑥ 광고근거의 표시방법 그 밖에 필요한 사항은 중앙선거관리위원회규칙으로 정한다.(2010.1.25 본항개정)
(2005.8.4 본조신설)

제82조의8【딥페이크영상등을 이용한 선거운동】 ① 누구든지 선거일 전 90일부터 선거일까지 선거운동을 위하여 인공지능 기술 등을 이용하여 만든 실제와 구분하기 어려운 가상의 음향, 이미지 또는 영상 등(이하 "딥페이크영상등"이라 한다)을 제작·편집·유포·상영 또는 게시하는 행위를 하여서는 아니 된다.
② 누구든지 제1항의 기간이 아닌 때에 선거운동을 위하여 딥페이크영상등을 제작·편집·유포·상영 또는 게시하는 경우에는 해당 정보가 인공지능 기술 등을 이용하여 만든 가상의 정보라는 사실을 명확하게 인식할 수 있도록 중앙선거관리위원회규칙으로 정하는 바에 따라 해당 사항을 딥페이크영상등에 표시하여야 한다.
(2023.12.28 본조신설)

제83조【교통편의의 제공】 ① 대통령선거에 있어서 한국철도공사사장은 중앙선거관리위원회규칙이 정하는 바에 따라 선거운동기간 중에 선거운동을 위하여 사용할 수 있는 전국용 무료승차권 50매를 각 후보자에게 발급하여야 한다.
② 제1항의 규정에 의하여 전국용 무료승차권을 발급받은 후보자가 사퇴·사망하거나 등록이 무효로 된 때에는 그 후 이를 사용할 수 없으며, 한국철도공사사장에게 지체없이 반환하여야 한다.
(2012.1.17 본조개정)

제84조【무소속후보자의 정당표방제한】 무소속후보자는 특정 정당으로부터의 지지 또는 추천받음을 표방할 수 없다. 다만, 다음 각 호의 어느 하나에 해당하는 행위는 그러하지 아니하다.
1. 정당의 당원경력을 표시하는 행위
2. 해당 선거구에 후보자를 추천하지 아니한 정당이 무소속후보자를 지지하거나 지원하는 경우 그 사실을 표방하는 행위
(2010.1.25 본조개정)

제85조【공무원 등의 선거관여 등 금지】 ① 공무원 등 법령에 따라 정치적 중립을 지켜야 하는 자는 직무와 관련하여 또는 지위를 이용하여 선거에 부당한 영향력을 행사하는 등 선거에 영향을 미치는 행위를 할 수 없다.
(2014.2.13 본항신설)
② 공무원은 그 지위를 이용하여 선거운동을 할 수 없다. 이 경우 공무원이 그 소속직원이나 제53조제1항제4호부터 제6호까지에 규정된 기관 등의 임직원 또는 「공직자윤리법」 제17조에 따른 취업심사대상기관의 임·직원을 대상으로 한 선거운동은 그 지위를 이용하여 하는 선거운동으로 본다.(2019.12.3 후단개정)
③ 누구든지 교육적·종교적 또는 직업적인 기관·단체 등의 조직내에서의 직무상 행위를 이용하여 그 구성원에 대하여 선거운동을 하거나 하게 하거나, 계열화나 하도급 등 거래상 특수한 지위를 이용하여 기업조직·기업체 또는 그 구성원에 대하여 선거운동을 하거나 하게 할 수 없다.
④ 누구든지 교육적인 특수관계에 있는 선거권이 없는 자에 대하여 교육상의 행위를 이용하여 선거운동을 할 수 없다.
(2014.2.13 본조제목개정)

판례 교회의 담임목사 지위를 이용하여 그 구성원인 신도들에 대하여 선거운동 기간 전에 공직선거법에 의하지 아니하고 임박한 국회의원 선거에 출마할 후보자나 후보자를 낸 특정 정당에 대한 노골적 지지의사를 표현함과 아울러 투표 기호 및 정당 명칭을 반복적으로 강조하고 투표할 것을 직접 권유했다면 이는 개신교라는 동일한 종교적 경향성을 지닌 특정 후보자 및 정당에 대한 단순한 정치적 동질감·호감을 표현하는 데 그친 것이라고 볼 수 없다.
(대판 2021.9.30, 2021도9669)

제86조【공무원 등의 선거에 영향을 미치는 행위금지】
① 공무원(국회의원과 그 보좌관·선임비서관·비서관 및 지방의회의원을 제외한다), 선상투표신고를 한 선원이 승선하고 있는 선박의 선장, 제53조제1항제4호에 규정된 기관 등의 상근 임원과 같은 항 제6호에 규정된 기관 등의 상근 임직원, 통·리·반의 장, 주민자치위원회위원과 예비군 중대장급 이상의 간부, 특별법에 의하여 설립된 국민운동단체로서 국가나 지방자치단체의 출연 또는 보조를 받는 단체(바르게살기운동협의회·새마을운동협의회·한국자유총연맹을 말한다)의 상근 임·직원 및 이들 단체 등(시·도조직 및 구·시·군조직을 포함한다)의 대표자는 다음 각 호의 어느 하나에 해당하는 행위를 하여서는 아니된다.(2022.4.20 본문개정)
1. 소속직원 또는 선거구민에게 교육 기타 명목여하를 불문하고 특정 정당이나 후보자(후보자가 되고자 하는 자를 포함한다. 이하 이 항에서 같다)의 업적을 홍보하는 행위(1997.11.14 본호개정)
2. 지위를 이용하여 선거운동의 기획에 참여하거나 그 기획의 실시에 관여하는 행위(2010.1.25 본호개정)
3. 정당 또는 후보자에 대한 선거권자의 지지도를 조사하거나 이를 발표하는 행위(2000.2.16 본호개정)
4. (2010.1.25 삭제)
5. 선거기간중 국가 또는 지방자치단체의 예산으로 시행하는 사업중 즉시 공사를 진행하지 아니할 사업의 기공식을 거행하는 행위
6. 선거기간중 정상적 업무외의 출장을 하는 행위
7. 선거기간중 휴가기간에 그 업무와 관련된 기관이나 시설을 방문하는 행위
② 지방자치단체의 장(제4호의 경우 소속 공무원을 포함한다)은 선거일전 60일(선거일전 60일후에 실시사유가 확정된 보궐선거등에 있어서는 선거의 실시사유가 확정된 때)부터 선거일까지 다음 각 호의 어느 하나에 해당하는 행위를 하여서는 아니된다.(2011.7.28 본문개정)
1. (2004.3.12 삭제)
2. 정당의 정강·정책과 주의·주장을 선거구민을 대상으로 홍보·선전하는 행위. 다만, 당해 지방자치단체의 장의 선거에 예비후보자 또는 후보자가 되는 경우에는 그러하지 아니하다.(2004.3.12 단서개정)
3. 창당대회·합당대회·개편대회 및 후보자선출대회를 제외하고는 정당이 개최하는 시국강연회, 정견·정책발표회, 당원연수·단합대회 등 일체의 정치행사에 참석하거나 선거대책기구, 선거사무소, 선거연락소를 방문하는 행위. 다만, 해당 지방자치단체의 장선거에 예비후보자 또는 후보자가 된 경우와 당원으로서 소속 정당이 당원만을 대상으로 개최하는 정당의 공개행사에 의례적으로 방문하는 경우에는 그러하지 아니하다.
(2010.1.25 단서개정)
4. 다음 각 목의 1을 제외하고는 교양강좌, 사업설명회, 공청회, 직능단체모임, 체육대회, 경로행사, 민원상담 기타 각종행사를 개최하거나 후원하는 행위(2011.7.28 본문개정)
가. 법령에 의하여 개최하거나 후원하도록 규정된 행사를 개최·후원하는 행위(2000.2.16 본목개정)
나. 특정일·특정시기에 개최하지 아니하면 그 목적을 달성할 수 없는 행사
다. 천재·지변 기타 재해의 구호·복구를 위한 행위
라. 직업지원교육 또는 유상(有償)으로 실시하는 교양강좌를 개최·후원하는 행위 또는 주민자치센터가 개최하는 교양강좌를 후원하는 행위. 다만, 종전의 범위를 넘는 새로운 강좌를 개설하거나 수강생을 증원하거나 장소를 이전하여 실시하는 주민자치센터의 교양강좌를 후원하는 행위를 제외한다.(2011.7.28 본문개정)
마. 집단민원 또는 긴급한 민원이 발생하였을 때 이를 해결하기 위한 행위
바. 가목 내지 마목에 준하는 행위로서 중앙선거관리위원회규칙으로 정하는 행위
5. 통·리·반장의 회의에 참석하는 행위. 다만, 천재·지변 기타 재해가 있거나 집단민원 또는 긴급한 민원이 발생하였을 때에는 그러하지 아니하다.
(1997.11.14 본항개정)
③~④ (2010.1.25 삭제)
⑤ 지방자치단체의 장(소속 공무원을 포함한다)은 다음 각 호의 어느 하나에 해당하는 경우를 제외하고는 지방자치단체의 사업계획·추진실적 그 밖에 지방자치단체의 활동상황을 알리기 위한 홍보물(홍보지·소식지·간행물·시설물·녹음물·녹화물 그 밖의 홍보물 및 신문·방송을 이용하여 행하는 경우를 포함한다)을 분기별로 1종 1회를 초과하여 발행·배부 또는 방송하여서는 아니되며 당해 지방자치단체의 장의 선거의 선거일전 180일(보궐선거등에 있어서는 그 선거의 실시사유가 확정된 때, 이하 제6항에서 같다)부터 선거일까지는 홍보물을 발행·배부 또는 방송할 수 없다.(2010.1.25 본문개정)
1. 법령에 의하여 발행·배부 또는 방송하도록 규정된 홍보물을 발행·배부 또는 방송하는 행위(2000.2.16 본호개정)
2. 특정사업을 추진하기 위하여 그 사업과 이해관계가 있는 자나 관계주민의 동의를 얻기 위한 행위
3. 집단민원 또는 긴급한 민원이 발생하였을 때 이를 해결하기 위한 행위
4. 기타 위 각호의 1에 준하는 행위로서 중앙선거관리위원회규칙이 정하는 행위(1998.4.30 본호신설)
⑥ 지방자치단체의 장은 당해 지방자치단체의 장의 선거의 선거일전 180일부터 선거일까지 주민자치센터가 개최하는 교양강좌에 참석할 수 없으며, 근무시간중에 공공기

관이 아닌 단체 등이 주최하는 행사(해당 지방자치단체의 청사에서 개최하는 행사를 포함한다)에는 참석할 수 없다. 다만, 제2항제3호에 따라 참석 또는 방문할 수 있는 행사의 경우에는 그러하지 아니하다.(2010.1.25 본항개정)

⑦ 지방자치단체의 장은 소관 사무나 그 밖의 명목 여하를 불문하고 방송·신문·잡지나 그 밖의 광고에 출연할 수 없다.(2010.1.25 본항신설)

(2011.7.28 본조제목개정)

판례 공직선거법 제86조에서는 공무원 등 공적 지위에 있는 자들에 대해서 선거운동에 이르지 아니하여도 선거에 영향을 미칠 우려가 있는 행위를 금지하면서, '선거운동' 보다 개념이 넓은 '선거에 영향을 미치는 행위' 유형을 예시하여 규정하고 있으므로, 선거운동의 목적을 요하지 아니하며 공무원 등에 의하여 위와 같은 행위가 있을 때 바로 본조에 해당된다 할 것이고, 같은 법 제86조 제1항 제2호의 '선거운동의 기획에 참여하는 행위'라 함은 선거운동의 효율적 수행을 위한 일체의 계획 수립에 참여하는 것이라고 해석함이 상당하다 할 것이다.(대판 2007.3.29, 2006도9392)

제87조【단체의 선거운동금지】 ① 다음 각 호의 어느 하나에 해당하는 기관·단체(그 대표자와 임직원 또는 구성원을 포함한다)는 그 기관·단체의 명의 또는 그 대표의 명의로 선거운동을 할 수 없다.(2010.1.25 본문개정)

1. 국가·지방자치단체
2. 제53조(공무원 등의 입후보)제1항제4호 내지 제6호에 규정된 기관·단체
3. 향우회·종친회·동창회, 산악회 등 동호인회, 계모임 등 개인간의 사적모임
4. 특별법에 의하여 설립된 국민운동단체로서 국가 또는 지방자치단체의 출연 또는 보조를 받는 단체(바르게살기운동협의회·새마을운동협의회·한국자유총연맹을 말한다)
5. 법령에 의하여 정치활동이나 공직선거에의 관여가 금지된 단체
6. 후보자 또는 후보자의 가족(이하 이 항에서 "후보자등"이라 한다)이 임원으로 있거나, 후보자등의 재산을 출연하여 설립하거나, 후보자등이 운영경비를 부담하거나 관계법규나 규약에 의하여 의사결정에 실질적으로 영향력을 행사하는 기관·단체
7. (2005.8.4 삭제)
8. 구성원의 과반수가 선거운동을 할 수 없는 자로 이루어진 기관·단체

② 누구든지 선거에 있어서 후보자(후보자가 되고자 하는 자를 포함한다)의 선거운동을 위하여 연구소·동우회·향우회·산악회·조기축구회, 정당의 외곽단체 등 그 명칭이나 표방하는 목적여하를 불문하고 사조직 기타 단체를 설립하거나 설치할 수 없다.

(2004.3.12 본조개정)

판례 특정 후보의 지지 등이 허용되는 단체의 선거운동 방법 : 특정 후보의 지지 등이 허용되는 단체의 대표자가 단체의사를 결정하는 절차를 거치지 아니하고 소속회원 등에게 특정 후보를 반대한다는 내용으로 자신의 의견만이 담긴 유인물을 배포한 행위는 허용되지 않는다.(대판 2003.4.25, 2003도782)

제88조【타후보자를 위한 선거운동금지】 후보자, 선거사무장, 선거연락소장, 선거사무원, 회계책임자, 연설원, 대담·토론자는 다른 정당이나 선거구가 같거나 일부 겹치는 다른 후보자를 위한 선거운동을 할 수 없다. 다만, 정당이나 후보자가 다른 선거운동을 함에 있어서 그 일부가 다른 정당이나 후보자의 선거운동에 이른 경우와 같은 정당이나 같은 정당의 추천후보자를 지원하는 경우 및 이 법의 규정에 의하여 공동선임된 선거사무장 등이 선거운동을 하는 경우에는 그러하지 아니하다.(2012.1.17 본문개정)

제89조【유사기관의 설치금지】 ① 누구든지 제61조제1항·제2항에 따른 선거사무소, 선거연락소 및 선거대책기구 외에는 후보자 또는 후보자가 되려는 사람을 위하여 선거추진위원회·후원회·연구소·상담소 또는 휴게소 기타 명칭의 여하를 불문하고 이와 유사한 기관·단체·조직 또는 시설을 새로이 설립 또는 설치하거나 기존의 기관·단체·조직 또는 시설을 이용할 수 없다. 다만, 후보자 또는 예비후보자의 선거사무소에 설치되는 1개의 선거대책기구 및「정치자금법」에 의한 후원회는 그러하지 아니하다.(2014.1.17 본항개정)

② 정당이나 후보자(후보자가 되려는 사람을 포함한다. 이하 이 항에서 같다)가 설립·운영하는 기관·단체·조직 또는 시설은 선거일전 180일(보궐선거등에 있어서는 그 선거의 실시사유가 확정된 때)부터 선거일까지 당해 선거구민을 대상으로 선거에 영향을 미치는 행위를 하거나, 그 기관·단체 또는 시설의 설립이나 활동내용을 선거구민에게 알리기 위하여 정당 또는 후보자의 명의나 그 명의를 유추할 수 있는 방법으로 벽보·현수막·방송·신문·통신·잡지 또는 인쇄물을 이용하거나 그 밖의 방법으로 선전할 수 없다. 다만,「정치자금법」제15조(후원금 모금 등의 고지·광고)의 규정에 따른 모금을 위한 고지·광고는 그러하지 아니하다.(2012.10.2 본문개정)

판례 정당이나 후보자가 설립·운영하는 기관·단체·조직 또는 시설(이하 '단체 등'이라고 한다)은 선거일 전 180일(보궐선거 등에 있어서는 그 선거의 실시사유가 확정된 때)부터 선거일까지 그 단체 등의 설립이나 활동내용을 선거구민에게 알리기 위하여 정당 또는 후보자의 명의나 그 명의를 유추할 수 있는 방법으로 벽보·현수막·방송·신문·통신·잡지 또는 인쇄물을 이용하거나 그 밖의 방법으로 선전하는 행위를 하여서는 아니 된다. 여기에서 '그 명의를 유추할 수 있는 방법으로' 선전하는 행위라 함은, 단체 등이 그 설립이나 활동내용을 벽보 등의 매체를 이용하여 선전하면서 정당이나 후보자의 명의를 직접 명시하지 않아도 그 선전에 사용된 특정 문구나 기호, 이미지, 영상 등에 의하여 또는 그러한 정보들을 종합함으로써 일반 선거인들이 그 정당이나 후보자의 명의를 쉽게 유추할 수 있다고 인정되는 경우를 의미하고, 위와 같이 벽보 등을 이용한 단체 등의 선전행위가 정당이나 후보자의 명의를 쉽게 유추할 수 있는 방법에 해당하는지 여부는 그 단체 등의 회원이 아닌 일반 선거구민을 기준으로 판단하여야 한다.

(대판 2011.3.10, 2010도16996)

제89조의2 (2004.3.12 삭제)

제90조【시설물설치 등의 금지】 ① 누구든지 선거일 전 120일(보궐선거등에서는 그 선거의 실시사유가 확정된 때)부터 선거일까지 선거에 영향을 미치게 하기 위하여 이 법의 규정에 의한 것을 제외하고는 다음 각 호의 어느 하나에 해당하는 행위를 할 수 없다. 이 경우 정당(창당준비위원회를 포함한다)의 명칭이나 후보자(후보자가 되려는 사람을 포함한다. 이하 이 조에서 같다)의 성명·사진 또는 그 명칭·성명을 유추할 수 있는 내용을 명시한 것은 선거에 영향을 미치게 하기 위한 것으로 본다.

(2023.8.30 전단개정)

1. 화환·풍선·간판·현수막·애드벌룬·기구류 또는 선전탑, 그 밖의 광고물이나 광고시설을 설치·진열·게시·배부하는 행위
2. 표찰이나 그 밖의 표시물을 착용 또는 배부하는 행위
3. 후보자를 상징하는 인형·마스코트 등 상징물을 제작·판매하는 행위

② 제1항에도 불구하고 다음 각 호의 어느 하나에 해당하는 행위는 선거에 영향을 미치게 하기 위한 행위로 보지 아니한다.

1. 선거기간이 아닌 때에 행하는「정당법」제37조제2항에 따른 통상적인 정당활동
2. 의례적이거나 직무상·업무상의 행위 또는 통상적인 정당활동으로서 중앙선거관리위원회규칙으로 정하는 행위

(2010.1.25 본조개정)

판례 시설물설치 등 금지조항은 후보자의 정치적 표현의 자유를 상당부분 제한할 뿐 아니라, 일반 유권자에 대하여는 현수막, 그 밖의 광고물을 이용하여 정치적 표현을 할 기회를 사실상 박탈하고 있다. 또한 선거의 공정성을 해치는 것이 명백하다고 볼 수 없는 정치적 표현까지 금지·처벌함으로 인하여 일반 유권자나 후보자가 받게 되는 정치적 표현의 자유에 대한 제약이 매우 크다. 그렇다고 해서 이로 인하여 달성하고자 하는 공익이 그보다 중대하다고 볼 수도 없다. 그렇다면 시설물설치 등 금지조항은 과잉금지원칙에 반하여 정치적 표현의 자유를 침해한다.

(헌재결 2022.7.21, 2018헌바357,2021헌가7(병합))

제91조【확성장치와 자동차 등의 사용제한】 ① 누구든지 이 법의 규정에 의한 공개장소에서의 연설·대담장소 또는 대담·토론회장에서 연설·대담·토론용으로 사용하는 경우를 제외하고는 선거운동을 위하여 확성장치를 사용할 수 없다.(2004.3.12 본항개정)

② (2004.3.12 삭제)

③ 누구든지 자동차를 사용하여 선거운동을 할 수 없다. 다만, 제79조에 따른 연설·대담장소에서 자동차에 승차하여 선거운동을 하는 경우와 같은 조 제6항에 따른 선거벽보 등을 자동차에 부착하여 사용하는 경우에는 그러하지 아니하다.(2010.1.25 단서개정)

④ 정당·후보자·선거사무장 또는 선거연락소장은 제3항 단서에 따른 경우 외에 다음 각 호에 따른 수 이내에서 관할선거관리위원회가 교부한 표지를 부착한 자동차와 선박에 제64조의 선거벽보, 제65조의 선거공보 및 제66조의 선거공약서를 부착하여 운행하거나 운행하게 할 수 있다.(2010.1.25 본문개정)

1. 대통령선거와 시·도지사선거
선거사무소와 선거연락소마다 각 5대·5척 이내
2. 지역구국회의원선거와 자치구·시·군의 장선거
후보자마다 각 5대·5척 이내
3. 지역구시·도의원선거
후보자마다 각 2대·2척 이내
(1995.4.1 본호개정)
4. 지역구자치구·시·군의원선거
후보자마다 각 1대·1척
(2005.8.4 본호개정)

제92조【영화 등을 이용한 선거운동금지】 누구든지 선거기간 중에는 선거운동을 위하여 저술·연예·연극·영화 또는 사진을 이 법에 규정되지 아니한 방법으로 배부·공연·상연·상영 또는 게시할 수 없다.

제93조【탈법방법에 의한 문서·도화의 배부·게시 등 금지】 ① 누구든지 선거일 전 120일(보궐선거등에 있어서는 그 선거의 실시사유가 확정된 때)부터 선거일까지 선거에 영향을 미치게 하기 위하여 이 법의 규정에 의하지 아니하고는 정당(창당준비위원회와 정당의 정강·정책을 포함한다. 이하 이 조에서 같다) 또는 후보자(후보자가 되고자 하는 자를 포함한다. 이하 이 조에서 같다)를 지지·추천하거나 반대하는 내용이 포함되어 있거나 정당의 명칭 또는 후보자의 성명을 나타내는 광고, 인사장, 벽보, 사진, 문서·도화, 인쇄물이나 녹음·녹화테이프 그 밖에 이와 유사한 것을 배부·첩부·살포·상영 또는 게시할 수 없다. 다만, 다음 각 호의 어느 하나에 해당하는 행위는 그러하지 아니하다.(2023.8.30 본문개정)

1. 선거운동기간 중 후보자, 제60조의3제2항 각 호의 어느 하나에 해당하는 사람(같은 항 제2호의 경우 선거연락소장을 포함하며, 이 경우 "예비후보자"는 "후보자"로 본다)이 제60조의3제1항제2호에 따른 후보자의 명함을 직접 주는 행위(2010.1.25 본호신설)
2. 선거기간이 아닌 때에 행하는「정당법」제37조제2항에 따른 통상적인 정당활동(2010.1.25 본호신설)

② 누구든지 선거일전 90일부터 선거일까지는 정당 또는 후보자의 명의를 나타내는 저술·연예·연극·영화·사진 그 밖의 물품을 이 법에 규정되지 아니한 방법으로 광고할 수 없으며, 후보자는 방송·신문·잡지 기타의 광고에 출연할 수 없다. 다만, 선거기간이 아닌 때에「신문 등의 진흥에 관한 법률」제2조제1호에 따른 신문 또는「잡지 등 정기간행물의 진흥에 관한 법률」제2조에 따른 정기간행물의 판매를 위하여 통상적인 방법으로 광고하는 경우에는 그러하지 아니하다.(2010.1.25 본항개정)

③ 누구든지 선거운동을 하도록 권유·약속하기 위하여 선거구민에 대하여 신분증명서·문서 기타 인쇄물을 발급·배부 또는 징구하거나 하게 할 수 없다.(1995.12.30 본항신설)

판례 선거일 180일 전부터 선거에 영향을 미치기 위한 인쇄물의 살포를 금지한 조항은 선거의 공정성을 해치는 것이 명백하다고 볼 수 없는 정치적 표현까지 금지·처벌하고 있다. 이로 인하여 유권자나 후보자가 받게 되는 정치적 표현의 자유에 대한 제약은 매우 크며, 후보자에 비해 선거운동의 허용영역이 상대적으로 좁은 일반 유권자에 대해서는 더욱 그렇다. 이는 당초의 입법취지에서 벗어나 선거와 관련한 국민의 자유로운 목소리를 상시적으로 억압하는 결과를 초래할 수 있다. 인쇄물은 시설물 등과 비교하더라도 투입되는 비용이 상대적으로 적어 경제력 차이로 인한 선거기회 불균형의 문제가 크지 않고, 공직선거법상 후보자 비방 금지나 허위사실공표 금지 규정 등이 이미 존재하므로 인쇄물 살포를 금지하는 것이 선거의 과열로 인한 무분별한 흑색선전, 허위사실유포나 비방 등을 방지하기 위한 불가피한 수단에 해당하지도 않는다. 따라서 이와 같은 인쇄물 살포 금지 조항은 정치적 표현의 자유를 침해하므로 헌법에 어긋난다.

(헌재결 2023.3.23, 2023헌가4)

판례 인터넷 상의 선거운동은 누구나 손쉽게 접근이 가능하고 비용이 매우 저렴해 비용을 획기적으로 낮출 수 있는 정치공간이므로 '기회의 균형성, 투명성, 저비용성의 제고'라는 공직선거법 목적에 부합한다. 선거일 전 180일부터 선거일까지 인터넷상 정치적 표현 내지 선거운동을 제한하는 것은 후보자 간의 경제력 차이에 따른 불균형이라는 폐해를 방지한다는 입법목적의 달성을 위한 적절한 수단이라 할 수 없다. 따라서 트위터를 비롯한 소셜네트워크서비스(SNS)를 이용한 사전선거운동을 금지한 공직선거법 조항은 헌법에 위반된다.(헌재결 2011.12.29, 2007헌마1001,2010헌바88,2010헌마173·191(병합))

판례 국회의원 예비후보자의 선거사무실 개소식을 알리는 내용의 문자메시지를 위 후보자나 개소식과 직접 관련없는 사람들을 포함한 수천 명의 선거구민들에게 대량으로 발송한 행위가, 문자메시지 발송 시기, 동기, 방법, 내용과 태양 등 제반 사정을 종합하여 볼 때 사회생활상의 일상적·의례적·사교적인 행위에 불과하다고 보기는 어렵고, 오히려 위 후보자의 인지도를 높이고 지지를 이끌어 냄으로써 그 당선이나 선거에서 유리한 입지를 확보하게 하는, 선거에 영향을 미치기 위한 행위에 해당한다.

(대판 2009.5.28, 2009도1937)

판례 탈법방법에 의한 문서·도화의 배부·게시 등 금지규정인 공직선거법 제93조 제1항의 입법 취지와 '배부행위'란 문언의 의미에 비추어 보면, 직접 배부행위의 상대방에게 문서·도화 등이 도달되지 않는 이상 배부행위자의 사자 또는 그 내용을 모르는 운송기관 등에게 교부된 것만으로는 배부행위가 기수에 이르렀다고 할 수 없다.(대판 2009.5.14, 2009도1938)

판례 공직선거법 제93조 제1항은 탈법행위의 수단을 '광고, 인사장, 벽보, 사진, 문서·도화, 인쇄물이나 녹음·녹화테이프 기타 이와 유사한 것'이라고 표현함으로써 적용대상에 관하여 기본적으로 의사전달의 성질이나 기능을 가진 매체나 수단을 포괄적으로 규정하고 있는 점, 무선정보통신으로 전달되는 것이 유형물이 아니라 전자정보에 해당하더라도 문자와 기호를 사용하여 관념이나 의사를 다른 사람에게 전달하는 문서가 가지는 고유의 기능을 그대로 보유하고 있는 점, 휴대전화가 보편적으로 보급되어 일상생활화 된 이른바 정보통신시대에 있어 휴대전화 문자메시지는 유체물인 종이문서 등을 대신하는 기능과 역할을 담당하고 있어 문자메시지로 전송한 글도 선거에 미치는 영향이 문서 못지않으므로 이를 규제할 필요성이 클 뿐만 아니라 선거의 공정성을 보장하려는 공직선거법 규정의 입법취지에도 부합한다고 보이는 점 등 여러 사정을 종합적으로 고려하면, 휴대전화로 문자메시지를 대량으로 전송한 행위는 공직선거법 제255조 제2항 제5호, 제93조 제1항의 구성요건에 해당한다고 보아야 한다.(대판 2007.2.22, 2006도7847)

판례 후보자가 되고자 하는 자가 그 성명 등을 나타내고 지지를 호소하는 내용의 인사장 등을 배부하는 행위는 공직선거법 제93조 제1항의 탈법방법에 의한 문서의 배부에 해당한다.

(대판 2007.2.9, 2006도7417)

판례 선거일 전 180일부터 선거일까지 선거에 영향을 미치게 하기 위하여 정당 또는 후보자를 지지·추천하거나 반대하는 내용이 포함되어 있는 광고, 벽보, 문서, 인쇄물 등의 배부·살포 등의 행위를 금지한 공직선거및선거부정방지법 제93조제1항은 합헌이다.

(헌재결 2001.8.30, 99헌바92 등)

제94조【방송·신문 등에 의한 광고의 금지】 누구든지 선거기간중 선거운동을 위하여 이 법에 규정되지 아니한 방법으로 방송·신문·통신 또는 잡지 기타의 간행물 등 언론매체를 통하여 광고할 수 없다.(2000.2.16 본조개정)

제95조【신문·잡지 등의 통상방법 외의 배부 등 금지】 ① 누구든지 이 법의 규정에 의한 경우를 제외하고는 선거에 관한 기사를 게재한 신문·통신·잡지 또는 기관·단체·시설의 기관지 기타 간행물을 통상방법외의 방법으로 배부·살포·게시·첩부하거나 그 기사를 복사하여 배부·살포·게시·첩부할 수 없다.(2012.1.17 본항개정)

② 제1항에서 "선거에 관한 기사"라 함은 후보자(후보자가 되려는 사람을 포함한다. 이하 제96조 및 제97조에서

같다)의 당락이나 특정 정당(창당준비위원회를 포함한다)에 유리 또는 불리한 기사를 말하며, "통상방법에 의한 배부"라 함은 종전의 방법과 범위안에서 발행·배부하는 것을 말한다.(2012.2.29 본항개정)
(2012.1.17 본조제목개정)

판례 동조 제1항에 의하여 배부가 허용되는 '신문·통신·잡지 또는 기관·단체·시설의 기관지 기타 간행물'의 의미 : 여기서 '신문등'이라 함은 단순한 문서·도화의 수준을 넘어서서 상당한 기간 반복적으로 제호, 발행인, 발행일 등을 표기하면서 일정한 격식을 갖추어 발행되는 것에 한정되고, 비록 신문·잡지의 형식을 취하였다고 하더라도 통상방법에 의한 배부인지 여부를 판단할 수 있을 정도로 상당한 기간 반복적으로 발행·배부되어 오던 것이 아니라면 제93조 제1항에 규정된 '문서·도화·인쇄물 등'에 해당할 뿐이에는 해당하지 않는다.(대판 2005.5.13, 2005도836)

제96조【허위논평·보도 등 금지】 ① 누구든지 선거에 관한 여론조사결과를 왜곡하여 공표 또는 보도할 수 없다.
② 방송·신문·통신·잡지, 그 밖의 간행물을 경영·관리하는 자 또는 편집·취재·집필·보도하는 자는 다음 각 호의 어느 하나에 해당하는 행위를 할 수 없다.
1. 특정 후보자를 당선되게 하거나 되지 못하게 할 목적으로 선거에 관하여 허위의 사실을 보도하거나 사실을 왜곡하여 보도 또는 논평을 하는 행위
2. 여론조사결과 등과 같은 객관적 자료를 제시하지 아니하고 선거결과를 예측하는 보도를 하는 행위
(2012.2.29 본항신설)
(2012.2.29 본조개정)

제97조【방송·신문의 불법이용을 위한 행위 등의 제한】 ① 누구든지 선거운동을 위하여 방송·신문·통신·잡지 기타의 간행물을 경영·관리하는 자 또는 편집·취재·집필·보도하는 자에게 금품·향응 기타의 이익을 제공하거나 제공할 의사의 표시 또는 그 제공을 약속할 수 없다.
② 정당, 후보자, 선거사무장, 선거연락소장, 선거사무원, 회계책임자, 연설원, 대담·토론자 또는 제114조(정당 및 후보자의 가족등의 기부행위제한)제2항의 후보자 또는 그 가족과 관계있는 회사등은 선거에 관한 보도·논평이나 대담·토론과 관련하여 당해 방송·신문·통신·잡지 기타 간행물을 경영·관리하거나 편집·취재·집필·보도하는 자 또는 그 보조자에게 금품·향응 기타 이익을 제공하거나 제공할 의사의 표시 또는 그 제공을 약속할 수 없다.
③ 방송·신문·통신·잡지 기타 간행물을 경영·관리하거나 편집·취재·집필·보도하는 자는 제1항 또는 제2항의 규정에 의한 금품·향응 기타의 이익을 받거나 권유·요구 또는 약속할 수 없다.

제98조【선거운동을 위한 방송이용의 제한】 누구든지 이 법의 규정에 의하지 아니하고는 그 방법의 여하를 불문하고 방송시설을 이용하여 선거운동을 위한 방송을 하거나 하게 할 수 없다.(2000.2.16 본조개정)

제99조【구내방송 등에 의한 선거운동금지】 누구든지 이 법의 규정에 의하지 아니하고는 선거기간중 교통수단·건물 또는 시설안의 방송시설을 이용하여 선거운동을 할 수 없다.

제100조【녹음기 등의 사용금지】 누구든지 선거기간중 이 법의 규정에 의하지 아니하고는 녹음기나 녹화기(비디오 및 오디오기기를 포함한다)를 사용하여 선거운동을 할 수 없다.(2005.8.4 본조개정)

제101조【타연설회 등의 금지】 누구든지 선거기간중 선거에 영향을 미치게 하기 위하여 이 법의 규정에 의한 연설·대담 또는 대담·토론회를 제외하고는 다수인을 모이게 하여 개인정견발표회·시국강연회·좌담회 또는 토론회 기타의 연설회나 대담·토론회를 개최할 수 없다.(2004.3.12 본조개정)

제102조【야간연설 등의 제한】 ① 이 법의 규정에 의한 연설·대담과 대담·토론회(방송시설을 이용하는 경우를 제외한다)는 오후 11시부터 다음날 오전 6시까지는 개최할 수 없으며, 공개장소에서의 연설·대담은 오후 11시부터 다음날 오전 7시까지는 이를 할 수 없다. 다만, 공개장소에서의 연설·대담을 하는 경우 자동차에 부착된 확성장치 또는 휴대용 확성장치는 오전 7시부터 오후 9시까지 사용할 수 있다.
② 제79조에 따른 공개장소에서의 연설·대담을 하는 경우 오후 9시부터 다음 날 오전 7시까지 같은 조 제10항에 따른 녹음기와 녹화기(비디오 및 오디오 기기를 포함한다. 이하 이 항에서 같다)를 사용할 수 없다. 다만, 녹화기는 소리의 출력 없이 화면만을 표출하는 경우에 한정하여 오후 11시까지 사용할 수 있다.
(2022.1.18 본조개정)

제103조【각종집회 등의 제한】 ① 누구든지 선거기간중 선거운동을 위하여 이 법에 규정된 것을 제외하고는 명칭 여하를 불문하고 집회나 모임을 개최할 수 없다.
(2023.8.30 본항신설)
② 특별법에 따라 설립된 국민운동단체로서 국가나 지방자치단체의 출연 또는 보조를 받는 단체(바르게살기운동협의회·새마을운동협의회·한국자유총연맹을 말한다) 및 주민자치위원회는 선거기간 중 회의 그 밖에 어떠한 명칭의 모임도 개최할 수 없다.(2005.8.4 본항신설)
③ 누구든지 선거기간 중 선거에 영향을 미치게 하기 위하여 향우회·종친회·동창회·단합대회·야유회 또는 참가 인원이 25명을 초과하는 그 밖의 집회나 모임을 개최할 수 없다.(2023.8.30 본항개정)
④ 선거기간중에는 특별한 사유가 없는 한 반상회를 개최할 수 없다.
⑤ 누구든지 선거일전 90일(선거일전 90일후에 실시사유가 확정된 보궐선거등에 있어서는 그 선거의 실시사유가 확정된 때)부터 선거일까지 후보자(후보자가 되고자 하는 자를 포함한다)와 관련있는 저서의 출판기념회를 개최할 수 없다.(2004.3.12 본항신설)

판례 집회개최 금지조항이 금지하고 처벌하는 행위의 주체는 선거의 후보자, 예비후보자 등록을 한 자, 선거사무원 등에 한정되지 않고, 일반 유권자의 경우도 집회개최 금지조항의 대상이 된다. 개최를 금지하는 모임 역시 '모든 집회나 모임'이며, 합법 집회인지, 그렇지 않은 불법 집회인지, 옥내 집회인지 옥외 집회인지를 묻지 않는다. 이처럼 집회개최 금지조항은 선거의 공정과 평온에 대한 위험 상황이 구체적으로 존재하지 않는 경우까지도 예외 없이 선거기간 중의 집회나 모임을 금지하고 있는바, 이는 입법목적의 달성에 필요한 범위를 넘는 과도한 제한이다.
(헌재결 2022.7.21, 2018헌바357,2021헌가7(병합))

제104조【연설회장에서의 소란행위 등의 금지】 누구든지 이 법의 규정에 의한 공개장소에서의 연설·대담장소, 대담·토론회장 또는 정당의 집회장소에서 폭행·협박 기타 어떠한 방법으로도 연설·대담장소 등의 질서를 문란하게 하거나 그 진행을 방해할 수 없으며, 연설·대담 등의 주관자가 연단과 그 주변의 조명을 위하여 사용하는 경우를 제외하고는 횃불을 사용할 수 없다.
(2004.3.12 본조개정)

제105조【행렬 등의 금지】 ① 누구든지 선거운동을 위하여 5명(후보자와 함께 있는 경우에는 후보자를 포함하여 10명)을 초과하여 무리를 지어 다음 각 호의 어느 하나에 해당하는 행위를 할 수 없다. 다만, 제2호의 행위를 하는 경우에는 후보자와 그 배우자(배우자 대신 후보자가 그의 직계존비속 중에서 신고한 1인을 포함한다), 선거사무장, 선거연락소장, 선거사무원, 후보자와 함께 있는 활동보조인 및 회계책임자는 그 수에 산입하지 아니한다.(2010.1.25 본문개정)
1. 거리를 행진하는 행위
2. 다수의 선거구민에게 인사하는 행위
3. 연달아 소리지르는 행위. 다만, 제79조(공개장소에서의 연설·대담)의 규정에 의한 공개장소에서의 연설·대담에서 당해 정당 또는 후보자에 대한 지지를 나타내기 위하여 연달아 소리지르는 경우에는 그러하지 아니하다.
② (2010.1.25 삭제)
(2004.3.12 본조개정)

제106조【호별방문의 제한】 ① 누구든지 선거운동을 위하여 또는 선거기간중 입당의 권유를 위하여 호별로 방문할 수 없다.
② 선거운동을 할 수 있는 자는 제1항의 규정에 불구하고 관혼상제의 의식이 거행되는 장소와 도로·시장·점포·다방·대합실 기타 다수인이 왕래하는 공개된 장소에서 정당 또는 후보자에 대한 지지를 호소할 수 있다.
③ 누구든지 선거기간중 공개장소에서의 연설·대담의 통지를 위하여 호별로 방문할 수 없다.(2004.3.12 본항개정)

판례 호별방문죄의 성립요건 : ① 공직선거법 106조 1항 소정의 호별방문죄는 연속적으로 두 집 이상을 방문함으로써 성립하고, 또 타인과 면담하기 위하여 그 거택 등에 들어간 경우는 물론 타인을 면담하기 위하여 방문하였으나 피방문자가 부재중이어서 들어가지 못한 경우에도 성립한다. ② 공직선거법 106조 1항 소정의 호별방문죄에 있어서 각 집의 방문이 '연속적'인 것으로 인정되기 위해서는 반드시 집집을 중단 없이 방문하여야 하거나 동일한 일시 및 기회에 각 집을 방문하여야 하는 것은 아니지만, 각 방문행위 사이에는 어느 정도의 시간적 근접성이 있어야 할 것이고, 이러한 시간적 근접성이 없다면 '연속적'인 것으로 인정될 수는 없다.
(대판 2007.3.15, 2006도9042)

제107조【서명·날인운동의 금지】 누구든지 선거운동을 위하여 선거구민에 대하여 서명이나 날인을 받을 수 없다.

제108조【여론조사의 결과공표금지 등】 ① 누구든지 선거일 전 6일부터 선거일의 투표마감시각까지 선거에 관하여 정당에 대한 지지도나 당선인을 예상하게 하는 여론조사(모의투표나 인기투표에 의한 경우를 포함한다. 이하 이 조에서 같다)의 경위와 그 결과를 공표하거나 인용하여 보도할 수 없다.(2017.3.9 본항개정)
② 누구든지 선거일전 60일(선거일전 60일 후에 실시사유가 확정된 보궐선거등에서는 그 선거의 실시사유가 확정된 때)부터 선거일까지 선거에 관한 여론조사를 투표용지와 유사한 모형에 의한 방법을 사용하거나 후보자(후보자가 되고자 하는 자를 포함한다. 이하 이 조에서 같다) 또는 정당(창당준비위원회를 포함한다. 이하 이 조에서 같다)의 명의로 선거에 관한 여론조사를 할 수 없다. 다만, 제57조의2제2항에 따른 여론조사는 그러하지 아니하다.(2010.1.25 단서신설)
③ 다음 각 호의 어느 하나에 해당하는 자를 제외하고는 누구든지 선거에 관한 여론조사를 실시하려면 여론조사의 목적, 표본의 크기, 조사지역·일시·방법, 전체 설문내용 등 중앙선거관리위원회규칙으로 정하는 사항을 여론조사 개시일 전 2일까지 관할 선거여론조사심의위원회에 서면으로 신고하여야 한다.(2017.2.8 본문개정)
1. 제3자로부터 여론조사를 의뢰받은 여론조사 기관·단체(제3자의 의뢰 없이 직접 하는 경우는 제외한다)
2. 정당[창당준비위원회와 「정당법」 제38조(정책연구소의 설치·운영)에 따른 정책연구소를 포함한다]
3. 「방송법」 제2조(용어의 정의)에 따른 방송사업자
4. 전국 또는 시·도를 보급지역으로 하는 「신문 등의 진흥에 관한 법률」 제2조(정의)에 따른 신문사업자 및 「잡지 등 정기간행물의 진흥에 관한 법률」 제2조(정의)에 따른 정기간행물사업자
5. 「뉴스통신 진흥에 관한 법률」 제2조(정의)에 따른 뉴스통신사업자
6. 제3호부터 제5호까지의 사업자가 관리·운영하는 인터넷언론사
7. 전년도 말 기준 직전 3개월 간의 일일 평균 이용자 수 10만명 이상인 인터넷언론사(2014.2.13 본호신설)
(2014.2.13 본항개정)
④ 관할 선거여론조사심의위원회는 제3항에 따른 신고내용이 이 법 또는 선거여론조사기준을 충족하지 못한다고 판단되는 때에는 여론조사실시 전까지 보완할 것을 요구할 수 있다. 이 경우 보완요구에 이의가 있는 때에는 관할 선거여론조사심의위원회에 서면으로 이의신청을 할 수 있다.(2017.2.8 본항개정)
⑤ 누구든지 선거에 관한 여론조사를 하는 경우에는 피조사자에게 질문을 하기 전에 여론조사 기관·단체의 명칭과 전화번호를 밝혀야 하고, 해당 조사대상의 전계층을 대표할 수 있도록 피조사자를 선정하여야 하며, 다음 각 호의 어느 하나에 해당하는 행위를 하여서는 아니된다.
(2017.2.8 본문개정)
1. 특정 정당 또는 후보자에게 편향되도록 하는 어휘나 문장을 사용하여 질문하는 행위
2. 피조사자에게 응답을 강요하거나 조사자의 의도에 따라 응답을 유도하는 방법으로 질문하거나, 피조사자의 의사를 왜곡하는 행위
3. 오락 기타 사행성을 조장할 수 있는 방법으로 조사하거나 제13항에 따라 제공할 수 있는 전화요금 할인 혜택을 초과하여 제공하는 행위(2017.2.8 본호개정)
4. 피조사자의 성명이나 성명을 유추할 수 있는 내용을 공개하는 행위
(1997.11.14 본항신설)
⑥ 누구든지 선거에 관한 여론조사의 결과를 공표 또는 보도하는 때에는 선거여론조사기준으로 정한 사항을 함께 공표 또는 보도하여야 하며, 선거에 관한 여론조사를 실시한 기관·단체는 조사설계서·피조사자선정·표본추출·질문지작성·결과분석 등 조사의 신뢰성과 객관성의 입증에 필요한 자료와 수집된 설문지 및 결과분석자료 등 해당 여론조사와 관련있는 자료일체를 해당 선거의 선거일 후 6개월까지 보관하여야 한다.(2015.12.24 본항개정)
⑦ 선거에 관한 여론조사 결과를 공표·보도하려는 때에는 그 결과의 공표·보도 전에 해당 여론조사를 실시한 선거여론조사기관이 선거여론조사기준으로 정한 사항을 중앙선거여론조사심의위원회 홈페이지에 등록하여야 한다. 이 경우 선거여론조사기관이 제3자로부터 의뢰를 받아 여론조사를 실시한 때에는 해당 여론조사를 의뢰한 자는 선거여론조사기관에 해당 여론조사 결과의 공표·보도 예정일시를 통보하여야 하며, 선거여론조사기관은 통보받은 공표·보도 예정일시 전에 해당 사항을 등록하여야 한다.(2017.2.8 본항개정)
⑧ 누구든지 다음 각 호의 어느 하나에 해당하는 행위를 하여서는 아니 된다.
1. 제7항에 따라 중앙선거여론조사심의위원회 홈페이지에 등록되지 아니한 선거에 관한 여론조사 결과를 공표 또는 보도하는 행위(2017.2.8 본호개정)
2. 선거여론조사기준을 따르지 아니하고 공표 또는 보도를 목적으로 선거에 관한 여론조사를 하거나 그 결과를 공표 또는 보도하는 행위(2015.12.24 본호개정)
(2014.2.13 본항신설)
⑨ 다음 각 호의 어느 하나에 해당하는 때에는 해당 여론조사를 실시한 기관·단체에 제6항에 따라 보관 중인 여론조사와 관련된 자료의 제출을 요구할 수 있으며, 그 요구를 받은 기관·단체는 지체 없이 이에 따라야 한다.
(2015.12.24 본문개정)
1. 관할 선거구선거관리위원회가 공표 또는 보도된 여론조사와 관련하여 이 법을 위반하였다고 인정할 만한 상당한 이유가 있다고 판단되는 때
2. 선거여론조사심의위원회가 공표 또는 보도된 여론조사결과의 객관성·신뢰성에 대하여 정당 또는 후보자로부터 서면으로 이의신청을 받거나 제8조의8제7항제2호에 따른 심의를 위하여 필요하다고 판단되는 때
(2017.2.8 본호개정)
(2014.2.13 본항개정)
⑩ 누구든지 야간(오후 10시부터 다음 날 오전 7시까지를 말한다)에는 전화를 이용하여 선거에 관한 여론조사를 실시할 수 없다.(2010.1.25 본항신설)
⑪ 누구든지 다음 각 호의 어느 하나에 해당하는 행위를 하여서는 아니 된다.
1. 제57조의2제1항에 따른 당내경선을 위한 여론조사의 결과에 영향을 미치게 하기 위하여 다수의 선거구민을 대상으로 성별·연령 등을 거짓으로 응답하도록 지시·권유·유도하는 행위

2. 선거에 관한 여론조사의 결과에 영향을 미치게 하기 위하여 둘 이상의 전화번호를 착신 전환 등의 조치를 하여 같은 사람이 두 차례 이상 응답하거나 이를 지시·권유·유도하는 행위
(2016.1.15 본항신설)
⑫ 누구든지 다음 각 호의 어느 하나에 해당하는 선거에 관한 여론조사의 결과를 해당 선거일의 투표마감시각까지 공표 또는 보도할 수 없다. 다만, 제2호의 경우 해당 선거여론조사기관에 대하여 불송치결정 또는 불기소처분이 있거나 무죄의 판결이 확정된 때에는 그러하지 아니하다.(2021.3.23 단서개정)
1. 정당 또는 후보자가 실시한 해당 선거에 관한 여론조사
2. 제8조의8제10항에 따라 고발되거나 이 법에 따른 여론조사에 관한 범죄로 기소된 선거여론조사기관이 실시한 선거에 관한 여론조사
3. 선거여론조사기관이 아닌 여론조사기관·단체가 실시한 선거에 관한 여론조사
(2017.2.8 본항신설)
⑬ 선거에 관한 여론조사에 성실하게 응답한 사람에게는 중앙선거관리위원회규칙으로 정하는 바에 따라 전화요금 할인 혜택을 제공할 수 있다. 이 경우 전화요금 할인에 소요되는 비용은 해당 여론조사를 실시하는 자가 부담한다.(2017.2.8 본항신설)
⑭ 여론조사의 신고, 이의신청, 자료제출 요구 절차, 그 밖에 필요한 사항은 중앙선거관리위원회규칙으로 정한다.(2014.2.13 본항개정)
(2015.12.24 본조제목개정)

판례 여론조사의 공표 방법에 관한 공직선거법 제108조 제4항은 선거와 관련된 여론조사의 결과를 공표함에 있어서 그 객관성과 신뢰성을 유지할 수 있도록 하기 위한 것으로서, '누구든지 선거에 관한 여론조사의 결과를 공표 또는 보도하는 때에는'이라고 규정하여 그 행위 주체에 아무런 제한을 두고 있지 아니하므로, 위 규정이 여론조사의 결과를 최초로 공표 또는 보도하는 자에 한하여 적용된다고는 할 수 없다.(대판 2007.6.14, 2007도2741)

제108조의2【선거여론조사를 위한 휴대전화 가상번호의 제공】 ① 선거여론조사기관이 공표 또는 보도를 목적으로 전화를 이용하여 선거에 관한 여론조사를 실시하는 경우 휴대전화 가상번호를 사용할 수 있다.
② 선거여론조사기관이 제1항에 따른 여론조사를 실시하는 경우에는 관할 선거여론조사심의위원회를 경유하여 이동통신사업자에게 휴대전화 가상번호를 제공하여 줄 것을 요청할 수 있다.
③ 제2항에 따라 휴대전화 가상번호를 사용하고자 하는 선거여론조사기관은 해당 여론조사 개시일 전 10일까지 관할 선거여론조사심의위원회에 휴대전화 가상번호 제공 요청서를 제출하여야 하고, 관할 선거여론조사심의위원회는 해당 요청서의 기재사항을 심사한 후 제출받은 날부터 3일 이내에 해당 요청서를 이동통신사업자에게 송부하여야 한다.
④ 선거여론조사기관이 제2항에 따른 요청을 하는 경우에는 휴대전화 가상번호 제공 요청서에 다음 각 호에 따른 사항을 적어야 한다.
1. 여론조사의 목적·내용 및 기간
2. 여론조사 대상 지역 및 대상자 수
3. 이동통신사업자별로 제공하여야 하는 성별·연령별·지역별 휴대전화 가상번호 수. 이 경우 제공을 요청할 수 있는 휴대전화 가상번호의 총수는 제2호에 따른 대상자 수의 30배수를 초과할 수 없다.
4. 그 밖에 중앙선거관리위원회규칙으로 정하는 사항
⑤ 선거에 관한 여론조사를 위한 휴대전화 가상번호 제공에 관하여 제57조의8제4항부터 제7항까지 및 제9항부터 제11항까지의 규정을 준용한다.
⑥ 휴대전화 가상번호 제공 요청 방법과 절차, 휴대전화 가상번호의 유효기간 설정, 휴대전화 가상번호 제공 요청서 서식, 그 밖에 필요한 사항은 중앙선거관리위원회규칙으로 정한다.
(2017.2.8 본조신설)

제108조의3【정책·공약에 관한 비교평가결과의 공표제한 등】 ① 언론기관(제82조의 언론기관을 말한다) 및 제87조제1항 각 호의 어느 하나에 해당하지 아니하는 단체(이하 이 조에서 "언론기관등"이라 한다)는 정당·후보자(후보자가 되려는 자를 포함한다. 이하 이 조에서 "후보자등"이라 한다)의 정책이나 공약에 관하여 비교평가하고 그 결과를 공표할 수 있다.
② 언론기관등이 후보자등의 정책이나 공약에 관한 비교평가를 하거나 그 결과를 공표하는 때에는 다음 각 호의 어느 하나에 해당하는 행위를 하여서는 아니 된다.
1. 특정 후보자등에게 유리 또는 불리하게 평가단을 구성·운영하는 행위
2. 후보자등별로 점수부여 또는 순위나 등급을 정하는 등의 방법으로 서열화하는 행위
③ 언론기관등이 후보자등의 정책이나 공약에 관한 비교평가의 결과를 공표하는 때에는 평가주체, 평가단 구성·운영, 평가지표·기준·방법 등 평가의 신뢰성·객관성을 입증할 수 있는 내용을 공표하여야 하며, 비교평가와 관련있는 자료 일체를 해당 선거의 선거일 후 6개월까지 보관하여야 한다. 이 경우 선거운동을 하거나 할 것을 표방한 단체는 지지하는 후보자등을 함께 공표하여야 한다.
(2008.2.29 본조신설)

제109조【서신·전보 등에 의한 선거운동의 금지】 ① 누구든지 선거기간 중 이 법에 규정되지 아니한 방법으로 선거권자에게 서신·전보·모사전송 그 밖에 전기통신의 방법을 이용하여 선거운동을 할 수 없다.(2010.1.25 본항개정)
② 제59조제4호에 따른 전화를 이용한 선거운동은 야간(오후 11시부터 다음날 오전 6시까지를 말한다)에는 이를 할 수 없다.(2020.12.29 본항개정)
③ 누구든지 선거운동을 위하여 후보자, 선거사무장, 선거연락소장, 선거사무원, 회계책임자, 연설원, 대담·토론자 또는 선거권자등을 전화 기타의 방법으로 협박할 수 없다.
(1997.11.14 본조제목개정)

제110조【후보자 등의 비방금지】 ① 누구든지 선거운동을 위하여 후보자(후보자가 되고자 하는 자를 포함한다. 이하 이 조에서 같다), 후보자의 배우자 또는 직계존비속이나 형제자매의 출생지·가족관계·신분·직업·경력등·재산·행위·소속단체, 특정인 또는 특정단체로부터의 지지여부 등에 관하여 허위의 사실을 공표할 수 없으며, 공연히 사실을 적시하여 사생활을 비방할 수 없다. 다만, 진실한 사실로서 공공의 이익에 관한 때에는 그러하지 아니하다.
② 누구든지 선거운동을 위하여 정당, 후보자, 후보자의 배우자 또는 직계존비속이나 형제자매와 관련하여 특정 지역·지역인 또는 성별을 공연히 비하·모욕하여서는 아니 된다.
(2015.12.24 본조개정)

제110조의2【허위사실 등에 대한 이의제기】 ① 누구든지 후보자 또는 예비후보자의 출생지·가족관계·신분·직업·경력등·재산·행위·소속단체, 특정인 또는 특정단체로부터의 지지여부 등에 관하여 공표된 사실이 거짓임을 이유로 해당 선거구선거관리위원회를 거쳐 직근 상급선거관리위원회에 서면으로 이의제기를 할 수 있다.
② 제1항에 따른 이의제기를 받은 직근 상급선거관리위원회는 후보자 또는 예비후보자, 소속정당, 이의제기자, 관련 국가기관·지방자치단체, 그 밖의 기관·단체에 대하여 증명서류 및 관련자료의 제출을 요구할 수 있다. 이 경우 제출요구를 받은 자는 정당한 사유가 없으면 지체없이 이에 따라야 한다.
③ 직근 상급선거관리위원회는 증명서류 및 관련자료의 제출이 없거나 제출한 증명서류 및 관련자료를 통하여 확인한 결과 공표된 사실이 거짓으로 판명된 때에는 이를 지체 없이 공고하여야 한다. 이 경우 이의제기서와 제출받은 서류·자료를 「개인정보 보호법」을 위반하지 아니하는 범위에서 편집·수정 없이 선거관리위원회 홈페이지에 공개하여야 한다.
④ 이의제기서의 양식, 제출 서류·자료의 공개, 그 밖에 필요한 사항은 중앙선거관리위원회규칙으로 정한다.
(2015.12.24 본조신설)

제111조【의정활동 보고】 ① 국회의원 또는 지방의회의원은 보고회 등 집회, 보고서(인쇄물, 녹음·녹화물 및 전산자료 복사본을 포함한다), 인터넷, 문자메시지, 송·수화자 간 직접 통화방식의 전화 또는 축사·인사말(게재하는 경우를 포함한다)을 통하여 의정활동(선거구활동·일정고지, 그 밖에 업적의 홍보에 필요한 사항을 포함한다)을 선거구민(행정구역 또는 선거구역의 변경으로 새로 편입된 구역의 선거구민을 포함한다. 이하 이 조에서 같다)에게 보고할 수 있다. 다만, 대통령선거·국회의원선거·지방의회의원선거 및 지방자치단체의 장선거의 선거일전 90일부터 선거일까지 직무상의 행위 그 밖에 명목여하를 불문하고 의정활동을 인터넷 홈페이지 또는 그 게시판·대화방 등에 게시하거나 전자우편·문자메시지로 전송하는 외의 방법으로 의정활동을 보고할 수 없다.(2012.2.29 단서개정)
② 국회의원 또는 지방의회의원이 의정보고회를 개최하는 때에는 고지벽보와 의정보고회 장소표지를 첩부·게시할 수 있으며, 고지벽보와 표지에는 보고회명과 개최일시·장소 및 보고사항(후보자가 되고자 하는 자를 선전하는 내용을 제외한다)을 게재할 수 있다. 이 경우 의정보고회를 개최한 국회의원 또는 지방의회의원은 고지벽보와 표지를 의정보고회가 끝난 후 지체없이 철거하여야 한다.
③ 제1항의 규정에 따라 보고서를 우편으로 발송하고자 하는 국회의원 또는 지방의회의원은 그 발송수량의 범위안에서 선거구민인 세대주의 성명·주소(이하 이 조에서 "세대주명단"이라 한다)의 교부를 연 1회에 한하여 구·시·군의 장에게 서면으로 신청할 수 있으며, 신청을 받은 구·시·군의 장은 다른 법률의 규정에도 불구하고 지체 없이 그 세대주명단을 작성·교부하여야 한다.
(2005.8.4 본항신설)
④ 제3항의 규정에 따른 세대주명단의 작성비용의 납부, 교부된 세대주명단의 양도·대여 및 사용의 금지에 관하여는 제46조(명부사본의 교부)제3항 및 제4항의 규정을 준용한다. 이 경우 "명부"는 "세대주명단"으로 본다.
(2014.1.17 후단개정)
⑤ 의정보고회의 고지벽보와 표지의 규격·수량, 세대주의 명단의 교부신청 그 밖의 의정활동보고에 관하여 필요한 사항은 중앙선거관리위원회규칙으로 정한다.
(2005.8.4 본항개정)
(2000.2.16 본조개정)

제112조【기부행위의 정의 등】 ① 이 법에서 "기부행위"라 함은 당해 선거구안에 있는 자나 기관·단체·시설 및 선거구민의 모임이나 행사 또는 당해 선거구의 밖에 있더라도 그 선거구민과 연고가 있는 자나 기관·단체·시설에 대하여 금전·물품 기타 재산상 이익의 제공, 이익제공의 의사표시 또는 그 제공을 약속하는 행위를 말한다.(2004.3.12 본문개정)
1.~11. (2004.3.12 삭제)
② 제1항의 규정에 불구하고 다음 각 호의 어느 하나에 해당하는 행위는 기부행위로 보지 아니한다.(2005.8.4 본문개정)
1. 통상적인 정당활동과 관련한 행위
가. 정당이 각급당부에 당해 당부의 운영경비를 지원하거나 유급사무직원에게 보수를 지급하는 행위
나. 정당의 당헌·당규 기타 정당의 내부규약에 의하여 정당의 당원이 당비 기타 부담금을 납부하는 행위
다. 정당이 소속 국회의원, 이 법에 따른 공직선거의 후보자·예비후보자에게 정치자금을 지원하는 행위
(2010.1.25 본목개정)
라. 제140조제1항에 따른 창당대회 등과 제141조제2항에 따른 당원집회 및 당원교육, 그 밖에 소속 당원만을 대상으로 하는 당원집회에서 참석당원 등에게 정당의 경비로 교재, 그 밖에 정당의 홍보인쇄물, 싼 값의 정당의 배지 또는 상징마스코트나 통상적인 범위에서 차·커피 등 음료(주류는 제외한다)를 제공하는 행위
(2010.1.25 본목개정)
마. 통상적인 범위안에서 선거사무소·선거연락소 또는 정당의 사무소를 방문하는 자에게 다과·떡·김밥·음료(주류는 제외한다) 등 다과류의 음식물을 제공하는 행위
바. 중앙당의 대표자가 참석하는 당직자회의(구·시·군단위 이상의 지역책임자급 간부와 시·도수의 10배수에 상당하는 상위직의 간부가 참석하는 회의를 말한다) 또는 시·도당의 대표자가 참석하는 당직자회의(읍·면·동단위 이상의 지역책임자급 간부와 관할 구·시·군의 수에 상당하는 상위직의 간부가 참석하는 회의를 말한다)에 참석한 당직자에게 통상적인 범위에서 식사류의 음식물을 제공하는 행위
(2010.1.25 본목개정)
사. 정당이 소속 유급사무직원을 대상으로 실시하는 교육·연수에 참석한 유급사무직원에게 정당의 경비로 숙식·교통편의 또는 실비의 여비를 제공하는 행위
아. 정당의 대표자가 소속 당원만을 대상으로 개최하는 신년회·송년회에 참석한 사람에게 정당의 경비로 통상적인 범위에서 다과류의 음식물을 제공하는 행위
자. 정당이 그 명의로 재해구호·장애인돕기·농촌일손돕기 등 대민 자원봉사활동을 하거나 그 자원봉사활동에 참석한 당원에게 정당의 경비로 교통편의(여비는 제외한다)와 통상적인 범위에서 식사류의 음식물을 제공하는 행위
차. 정당의 대표자가 개최하는 정당의 정책개발을 위한 간담회·토론회에 참석한 직능·사회단체의 대표자, 주제발표자, 토론자 등에게 정당의 경비로 식사류의 음식물을 제공하는 행위
카. 정당의 대표자가 개최하는 정당의 각종 행사에서 모범·우수당원에게 정당의 경비로 상장과 통상적인 부상을 수여하는 행위
타. 제57조의5제1항 단서에 따른 의례적인 행위
파. 정당의 대표자가 주관하는 당무에 관한 회의에서 참석한 각급 당부의 대표자·책임자 또는 유급당직자에게 정당의 경비로 식사류의 음식물을 제공하는 행위
하. 정당의 중앙당의 대표자가 당무파악 및 지역여론을 수렴하기 위하여 시·도당을 방문하는 때에 정당의 경비로 방문지역의 기관·단체의 장 또는 사회단체의 간부나 언론인 등 제한된 범위의 인사를 초청하여 간담회를 개최하고 식사류의 음식물을 제공하는 행위
(2010.1.25 사목~하목신설)
거. 정당의 중앙당이 당헌에 따라 개최하는 전국 단위의 최고 대의기관 회의에 참석하는 당원에게 정당의 경비로 교통편의를 제공하는 행위(2013.8.13 본목신설)
2. 의례적 행위
가. 민법 제777조(친족의 범위)의 규정에 의한 친족의 관혼상제의식 기타 경조사에 축의·부의금품을 제공하는 행위
나. 정당의 대표자가 중앙당 또는 시·도당에서 근무하는 해당 유급사무직원(중앙당 대표자의 경우 시·도당의 대표자와 상근 간부를 포함한다)·그 배우자 또는 그 직계존비속이 결혼하거나 사망한 때에 통상적인 범위에서 축의·부의금품(화환 또는 화분을 포함한다)을 제공하거나 해당 유급사무직원(중앙당 대표자의 경우 시·도당 대표자를 포함한다)에게 연말·설·추석·창당기념일 또는 그의 생일에 정당의 경비로 의례적인 선물을 정당의 명의로 제공하는 행위
(2010.1.25 본목개정)
다. 국가유공자의 위령제, 국경일의 기념식, 「각종 기념일 등에 관한 규정」 제2조에 규정된 정부가 주관하는 기념일의 기념식, 공공기관·시설의 개소·이전식,

합동결혼식, 합동분향식, 산하 기관·단체의 준공식, 정당의 창당대회·합당대회·후보자선출대회, 그 밖에 이에 준하는 행사에 의례적인 화환·화분·기념품을 제공하는 행위(2010.1.25 본목개정)

라. 공익을 목적으로 설립된 재단 또는 기금이 선거일 전 4년 이전부터 그 설립목적에 따라 정기적으로 지급하여 온 금품을 지급하는 행위. 다만, 선거일 전 120일(선거일 전 120일 후에 실시사유가 확정된 보궐선거등에 있어서는 그 선거의 실시사유가 확정된 때)부터 선거일까지 그 금품의 금액과 지급 대상·방법 등을 확대·변경하거나 후보자(후보자가 되려는 사람을 포함한다. 이하 이 조에서 같다)가 직접 주거나 후보자 또는 그 소속 정당의 명의를 추정할 수 있는 방법으로 지급하는 행위는 제외한다.(2010.1.25 본목개정)

마. 친목회·향우회·종친회·동창회 등 각종 사교·친목단체 및 사회단체의 구성원으로서 당해 단체의 정관·규약 또는 운영관례상의 의무에 기하여 종전의 범위안에서 회비를 납부하는 행위

바. 종교인이 평소 자신이 다니는 교회·성당·사찰 등에 통상의 예에 따라 헌금(물품의 제공을 포함한다)하는 행위

사. 선거운동을 위하여 후보자와 함께 다니는 자나 국회의원·후보자·예비후보자가 관할구역안의 지역을 방문하는 때에 함께 다니는 자에게 통상적인 범위에서 식사류의 음식물을 제공하는 행위. 이 경우 함께 다니는 자의 범위에 관하여는 중앙선거관리위원회규칙으로 정한다.(2010.1.25 전단개정)

아. 기관·단체·시설의 대표자가 소속 상근직원(「지방자치법」 제6장제3절과 제4절에서 규정하고 있는 소속 행정기관 및 하부행정기관과 그 밖에 명칭여하를 불문하고 이에 준하는 기관·단체·시설의 직원은 제외한다. 이하 이 목에서 같다)이나 소속 또는 차하급기관·단체·시설의 대표자·그 배우자 또는 그 직계존비속이 결혼하거나 사망한 때에 통상적인 범위에서 축의·부의금품(화환 또는 화분을 포함한다)을 제공하는 행위와 소속 상근직원이나 소속 또는 차하급기관·단체·시설의 대표자에게 연말·설·추석·창립기념일 또는 그의 생일에 자체사업계획과 예산에 따라 의례적인 선물을 해당 기관·단체·시설의 명의로 제공하는 행위(2010.1.25 본목개정)

자. 읍·면·동 이상의 행정구역단위의 정기적인 문화·예술·체육행사, 각급학교의 졸업식 또는 공공의 이익을 위한 행사에 의례적인 범위에서 상장(부상은 제외한다. 이하 이 목에서 같다)을 수여하는 행위와 구·시·군단위 이상의 조직 또는 단체(향우회·종친회·동창회, 동호인회, 계모임 등 개인 간의 사적모임은 제외한다)의 정기총회에 의례적인 범위에서 연 1회에 한하여 상장을 수여하는 행위. 다만, 제60조의2(예비후보자등록)제1항의 규정에 따른 예비후보자등록신청개시일부터 선거일까지 후보자(후보자가 되고자 하는 자를 포함한다)가 직접 수여하는 행위를 제외한다.(2010.1.25 본문개정)

차. 의정활동보고회, 정책토론회, 출판기념회, 그 밖의 각종 행사에 참석한 사람에게 통상적인 범위에서 차·커피 등 음료(주류는 제외한다)를 제공하는 행위

카. 선거사무소·선거연락소 또는 정당선거사무소의 개소식·간판게시식 또는 현판식에 참석한 정당의 간부·당원들이나 선거사무관계자들에게 해당 사무소 안에서 통상적인 범위의 다과류의 음식물(주류를 제외한다)을 제공하는 행위

타. 제114조제2항에 따른 후보자 또는 그 가족과 관계있는 회사등이 개최하는 정기적인 창립기념식·사원체육대회 또는 사옥준공식 등에 참석한 소속 임직원이나 그 가족, 거래선, 한정된 범위의 내빈 등에게 회사등의 경비로 통상적인 범위에서 유공자를 표창(지방자치단체의 경우 소속 직원이 아닌 자에 대한 부상의 수여는 제외한다)하거나 식사류의 음식물 또는 싼 값의 기념품을 제공하는 행위

파. 제113조 및 제114조에 따른 기부행위를 할 수 없는 자의 관혼상제에 참석한 하객이나 조객 등에게 통상적인 범위에서 음식물 또는 답례품을 제공하는 행위(2010.1.25 차목~파목신설)

3. 구호적·자선적 행위

가. 법령에 의하여 설치된 사회보호시설중 수용보호시설에 의연금품을 제공하는 행위

나. 「재해구호법」의 규정에 의한 구호기관(전국재해구호협회를 포함한다) 및 「대한적십자사 조직법」에 의한 대한적십자사에 천재·지변으로 인한 재해의 구호를 위하여 금품을 제공하는 행위(2005.8.4 본목개정)

다. 「장애인복지법」 제58조에 따른 장애인복지시설(유료복지시설을 제외한다)에 의연금품·구호금품을 제공하는 행위(2008.2.29 본목개정)

라. 「국민기초생활 보장법」에 의한 수급권자인 중증장애인에게 자선·구호금품을 제공하는 행위(2005.8.4 본목개정)

마. 자선사업을 주관·시행하는 국가·지방자치단체·언론기관·사회단체 또는 종교단체 그 밖에 국가기관이나 지방자치단체의 허가를 받아 설립된 법인 또는 단체에 의연금품·구호금품을 제공하는 행위. 다만, 광범위한 선거구민을 대상으로 하는 경우 제공하는 개별 물품 또는 그 포장지에 직명·성명 또는 그 소속 정당의 명칭을 표시하여 제공하는 행위는 제외한다.(2010.1.25 본목개정)

바. 자선·구호사업을 주관·시행하는 국가·지방자치단체, 그 밖의 공공기관·법인을 통하여 소년·소녀가장과 후원인으로 결연을 맺고 정기적으로 제공하여 온 자선·구호금품을 제공하는 행위(2010.1.25 본목신설)

사. 국가기관·지방자치단체 또는 구호·자선단체가 개최하는 소년·소녀가장, 장애인, 국가유공자, 무의탁노인, 결식자, 이재민, 「국민기초생활 보장법」에 따른 수급자 등을 돕기 위한 후원회 등의 행사에 금품을 제공하는 행위. 다만, 개별 물품 또는 그 포장지에 직명·성명 또는 그 소속 정당의 명칭을 표시하여 제공하는 행위는 제외한다.(2010.1.25 본목신설)

아. 근로청소년을 대상으로 무료학교(야학을 포함한다)를 운영하거나 그 학교에서 학생들을 가르치는 행위(2010.1.25 본목신설)

4. 직무상의 행위

가. 국가기관 또는 지방자치단체가 자체사업계획과 예산으로 행하는 법령에 의한 금품제공행위(지방자치단체가 표창·포상을 하는 경우 부상의 수여를 제외한다. 이하 나목에서 같다)(2005.8.4 본목개정)

나. 지방자치단체가 자체사업계획과 예산으로 대상·방법·범위 등을 구체적으로 정한 당해 지방자치단체의 조례에 의한 금품제공행위(2005.8.4 본목개정)

다. 구호사업 또는 자선사업을 행하는 국가기관 또는 지방자치단체가 자체사업계획과 예산으로 당해 국가기관 또는 지방자치단체의 명의를 나타내어 행하는 구호행위·자선행위(2005.8.4 본목개정)

라. 선거일전 60일까지 국가·지방자치단체 또는 공공기관(「공공기관의 운영에 관한 법률」 제4조에 따라 지정된 기관이나 그 밖에 중앙선거관리위원회규칙으로 정하는 기관을 말한다)의 장이 업무파악을 위한 초도순시 또는 연두순시차 하급기관을 방문하여 업무보고를 받거나 주민여론 등을 청취하면서 자체사업계획과 예산에 따라 참석한 소속공무원이나 임·직원, 유관기관·단체의 장과 의례적인 범위안의 주민대표에게 통상적인 범위안에서 식사류(지방자치단체의 장의 경우에는 다과류를 말한다)의 음식물을 제공하는 행위(2010.1.25 본목개정)

마. 국가기관 또는 지방자치단체가 긴급한 현안을 해결하기 위하여 자체사업계획과 예산으로 해당 국가기관 또는 지방자치단체의 명의로 금품이나 그 밖에 재산상의 이익을 제공하는 행위(2010.1.25 본목신설)

바. 선거기간이 아닌 때에 국가기관이 효자·효부·모범시민·유공자등에게 포상을 하거나, 국가기관·지방자치단체가 관할구역 안의 환경미화원·구두미화원·가두신문판매원·우편집배원 등에게 위문품을 제공하는 행위(2010.1.25 본목신설)

사. 국회의원 및 지방의회의원이 자신의 직무 또는 업무를 수행하는 상설사무소 또는 상설사무소를 두지 아니하는 구·시·군의 경우 임시사무소 등 중앙선거관리위원회규칙으로 정하는 장소에서 행하거나, 정당이 해당 당사에서 행하는 무료의 민원상담행위(2017.3.9 본목개정)

아. 변호사·의사 등 법률에서 정하는 일정한 자격을 가진 전문직업인이 업무활동을 촉진하기 위하여 자신이 개설한 인터넷 홈페이지를 통하여 법률·의료 등 자신의 전문분야에 대한 무료상담을 하는 행위

자. 제114조제2항에 따른 후보자 또는 그 가족과 관계있는 회사가 영업활동을 위하여 달력·수첩·탁상일기·메모판 등 홍보물(후보자의 성명이나 직명 또는 사진이 표시된 것은 제외한다)을 그 명의로 종업원이나 제한된 범위의 거래처, 영업활동에 필요한 유관기관·단체·시설에 배부하거나 영업활동에 부가하여 해당 기업의 영업범위에서 무료강좌를 실시하는 행위(2010.1.25 아목~자목신설)

차. 물품구매·공사·역무의 제공 등에 대한 대가의 제공 또는 부담금의 납부 등 채무를 이행하는 행위

5. 제1호부터 제4호까지의 행위 외에 법령의 규정에 근거하여 금품 등을 찬조·출연 또는 제공하는 행위(2010.1.25 본호신설)

6. 그 밖에 위 각 호의 어느 하나에 준하는 행위로서 중앙선거관리위원회규칙으로 정하는 행위(2005.8.4 본호개정)

(2004.3.12 본항개정)

③ 제2항에서 "통상적인 범위에서 제공하는 음식물 또는 음료"라 함은 중앙선거관리위원회규칙으로 정하는 금액범위안에서 일상적인 예를 갖추는데 필요한 정도로 현장에서 소비될 것으로 제공하는 것을 말하며, 기념품 또는 선물로 제공하는 것은 제외한다.(2010.1.25 본항개정)

④ 제2항제4호 각 목 중 지방자치단체의 직무상 행위는 법령·조례에 따라 표창·포상하는 경우를 제외하고는 해당 지방자치단체의 명의로 하여야 하며, 해당 지방자치단체의 장의 직명 또는 성명을 밝히거나 그가 하는 것으로 추정할 수 있는 방법으로 하는 행위는 기부행위로 본다. 이 경우 다음 각 호의 어느 하나에 해당하는 경우에는 "그가 하는 것으로 추정할 수 있는 방법"에 해당하는 것으로 본다.

1. 종전의 대상·방법·범위·시기 등을 법령 또는 조례의 제정 또는 개정 없이 확대 변경하는 경우

2. 해당 지방자치단체의 장의 업적을 홍보하는 등 그를 선전하는 행위가 부가되는 경우

(2010.1.25 본항신설)

⑤ 각급선거관리위원회(읍·면·동선거관리위원회를 제외한다)는 기부행위제한의 주체·내용 및 기간 그 밖에 필요한 사항을 광고 등의 방법으로 홍보하여야 한다.(2005.8.4 본항개정)

(2004.3.12 본조제목개정)

판례 '제공'은 반드시 금품을 '상대방에게 귀속'시키는 것만을 뜻하는 것으로 한정 해석할 것은 아니고, 중간자에게 금품을 주는 경우라 하더라도 그 중간자가 단순한 보관자이거나 특정인에게 특정금품을 전달하기 위하여 심부름을 하는 사자(使者)에 불과한 자가 아니고 그에게 금품배분의 대상이나 방법, 배분액수 등에 대한 어느 정도의 판단과 재량의 여지가 있는 한 비록 그에게 귀속될 부분이 지정되어 있지 않은 경우라 하더라도 위 규정에서 말하는 '제공'에 포함된다고 해석함이 상당하다.(대판 2009.4.23, 2009도834)

판례 기부행위는 그에 의한 기부의 효과를 후보자 또는 후보자가 되려는 자에게 돌리려는 의사를 가지고 공직선거법 제112조 제1항에 규정된 사람에게 금품 등을 제공하는 것으로서, 그 출연자가 기부행위자가 되는 것이 통례이지만 그 기부행위를 한 것으로 평가되는 주체인 기부행위자는 항상 그 물품 등의 사실상 출연자에 한정되는 것은 아니고, 또 출연자와 기부행위자가 일치하지 않거나 외형상 기부행위에 함께 관여하는 듯이 보여서 어느 쪽이 기부행위자인지 분명하지 않은 경우에는 그 물품 등이 출연된 동기 또는 목적, 출연행위와 기부행위의 실행경위, 기부자와 출연자 그리고 기부받는 자와의 관계 등 모든 사정을 종합하여 기부행위자를 특정하여야 한다.(대판 2007.3.30, 2006도9043)

판례 공직선거법 112조 1항의 기부행위 중 금품이나 이익제공의 의사표시의 정도 : 공직선거법 112조 1항의 기부행위 중 금품이나 이익제공의 의사표시는 사회통념상 쉽게 철회하기 어려울 정도로 진정한 의지가 담긴 것으로 외부적·객관적으로 나타나는 정도에 이르러야 하고, 금품이나 이익제공과 관련하여 어떤 대화가 있었다고 하더라도 그것이 단지 의례적이나 사교적인 인사치레 표현에 불과하다면 금품이나 이익제공의 의사표시라고 볼 수 없다.(대판 2007.3.15, 2006도8869)

판례 '기부행위'의 의미 및 기부행위의 상대방의 범위 : 동조제1항 소정의 '기부행위'라 함은 원칙적으로 당사자의 일방이 상대방에게 무상으로 금품이나 재산상 이익 등을 제공하는 것을 말하고, 기부행위의 상대방은 '당해 선거구 안에 있는 자나 기관·단체·시설 및 선거구민의 모임이나 행사 또는 당해 선거구의 밖에 있더라도 그 선거구민과 연고가 있는 자'이면 족하며, 그 상대방이 선거운동원이든, 정당원이든 묻지 않는다.(대판 2002.2.21, 2001도2819 전원합의체)

판례 후보자의 배우자가 선거사무원에게 유권자 제공용으로 금전을 교부한 행위가 동조제1항의 '기부행위'에 해당하는지 여부 : 후보자의 배우자와 선거사무원 사이의 현금 수수는 후보자의 배우자가 특정의 선거인에게 전달하기 위하여 선거사무원에게 단순히 보관시키거나 또는 그 심부름을 시킨 것이 아니라 그로 하여금 불특정 다수의 선거인들을 매수하여 지지표를 확보하는 등의 부정한 선거운동에 사용하도록 제공한 것으로서 동조제1항의 '기부행위'에 해당한다 할 것이고, 이를 들어 기부행위를 실행하기 위한 준비 내지 예비 행위에 불과하다고 할 수 없다.(대판 2002.2.21, 2001도2819 전원합의체)

제113조【후보자 등의 기부행위제한】 ① 국회의원·지방의회의원·지방자치단체의 장·정당의 대표자·후보자(후보자가 되고자 하는 자를 포함한다)와 그 배우자는 당해 선거구안에 있는 자나 기관·단체·시설 또는 당해 선거구의 밖에 있더라도 그 선거구민과 연고가 있는 자나 기관·단체·시설에 기부행위(결혼식에서의 주례행위를 포함한다)를 할 수 없다.

② 누구든지 제1항의 행위를 약속·지시·권유·알선 또는 요구할 수 없다.

(2004.3.12 본조개정)

제114조【정당 및 후보자의 가족 등의 기부행위제한】 ① 정당[「정당법」 제37조제3항에 따른 당원협의회(이하 "당원협의회"라 한다)와 창당준비위원회를 포함한다. 이하 이 조에서 같다], 정당선거사무소의 소장, 후보자(후보자가 되고자 하는 자를 포함한다. 이하 이 조에서 같다)나 그 배우자의 직계존·비속과 형제자매, 후보자의 직계비속 및 형제자매의 배우자, 선거사무장, 선거연락소장, 선거사무원, 회계책임자, 연설원, 대담·토론자나 후보자 또는 그 가족(가족의 범위는 제10조제1항제3호에 규정된 "후보자의 가족"을 준용한다)과 관계있는 회사 그 밖의 법인·단체(이하 "회사등"이라 한다) 또는 그 임·직원은 선거기간전에는 당해 선거에 관하여, 선거기간에는 당해 선거에 관한 여부를 불문하고 후보자 또는 그 소속정당을 위하여 일체의 기부행위를 할 수 없다. 이 경우 후보자 또는 그 소속정당의 명의를 밝혀 기부행위를 하거나 후보자 또는 그 소속정당이 기부하는 것으로 추정할 수 있는 방법으로 기부행위를 하는 것은 당해 선거에 관하여 후보자 또는 정당을 위한 기부행위로 본다.(2010.1.25 전단개정)

② 제1항에서 "후보자 또는 그 가족과 관계있는 회사등"이라 함은 다음 각 호의 어느 하나에 해당하는 회사등을 말한다.(2005.8.4 본문개정)

1. 후보자가 임·직원 또는 구성원으로 있거나 기금을 출연하여 설립하고 운영에 참여하고 있거나 관계법규나 규약에 의하여 의사결정에 실질적으로 영향력을 행사할 수 있는 회사 기타 법인·단체

2. 후보자의 가족이 임원 또는 구성원으로 있거나 기금을 출연하여 설립하고 운영에 참여하고 있거나 관계법규 또는 규약에 의하여 의사결정에 실질적으로 영향력을 행사할 수 있는 회사 기타 법인·단체
3. 후보자가 소속한 정당이나 후보자를 위하여 설립한 「정치자금법」에 의한 후원회(2005.8.4 본호개정)

제115조【제삼자의 기부행위제한】 제113조(후보자 등의 기부행위제한) 또는 제114조(정당 및 후보자의 가족등의 기부행위제한)에 규정되지 아니한 자라도 누구든지 선거에 관하여 후보자(후보자가 되고자 하는 자를 포함한다. 이하 이 조에서 같다) 또는 그 소속정당(창당준비위원회를 포함한다. 이하 이 조에서 같다)을 위하여 기부행위를 하거나 하게 할 수 없다. 이 경우 후보자 또는 그 소속정당의 명의를 밝혀 기부행위를 하거나 후보자 또는 그 소속정당이 기부하는 것으로 추정할 수 있는 방법으로 기부행위를 하는 것은 당해 선거에 관하여 후보자 또는 정당을 위한 기부행위로 본다.(2004.3.12 본조개정)

판례 "당해 선거에 관하여"라 함은 "당해 선거"를 위한 선거운동이 되지 아니하더라도 "당해 선거"를 동기로 하거나 빌미로 하는 등 당해 선거와 관련이 있으면 족하다.(대판 1996.6.14, 96도405)

제116조【기부의 권유·요구 등의 금지】 누구든지 선거에 관하여 제113조부터 제115조까지에 규정된 기부행위가 제한되는 자로부터 기부를 받거나 기부를 권유 또는 요구할 수 없다.(2010.1.25 본조개정)

제117조【기부받는 행위 등의 금지】 누구든지 선거에 관하여 「정치자금법」 제31조(기부의 제한)의 규정에 따라 정치자금을 기부할 수 없는 자에게 기부를 요구하거나 그로부터 기부를 받을 수 없다.(2005.8.4 본조개정)

제117조의2 (2004.3.12 삭제)

제118조【선거일후 답례금지】 후보자와 후보자의 가족 또는 정당의 당직자는 선거일후에 당선되거나 되지 아니한데 대하여 선거구민에게 축하 또는 위로 그 밖의 답례를 하기 위하여 다음 각 호의 어느 하나에 해당하는 행위를 할 수 없다.(2010.1.25 본문개정)
1. 금품 또는 향응을 제공하는 행위
2. 방송·신문 또는 잡지 기타 간행물에 광고하는 행위
3. 자동차에 의한 행렬을 하거나 다수인이 무리를 지어 거리를 행진하거나 거리에서 연달아 소리지르는 행위. 다만, 제79조(공개장소에서의 연설·대담)제3항의 규정에 의한 자동차를 이용하여 당선 또는 낙선에 대한 거리인사를 하는 경우에는 그러하지 아니하다.
4. 일반 선거구민을 모이게 하여 당선축하회 또는 낙선에 대한 위로회를 개최하는 행위
5. 현수막을 게시하는 행위. 다만, 선거일의 다음 날부터 13일 동안 해당 선거구 안의 읍·면·동마다 1매의 현수막을 게시하는 행위는 그러하지 아니하다.(2010.1.25 본호신설)

제8장 선거비용

제119조【선거비용 등의 정의】 ① 이 법에서 "선거비용"이라 함은 당해 선거에서 선거운동을 위하여 소요되는 금전·물품 및 채무 그 밖에 모든 재산상의 가치가 있는 것으로서 당해 후보자(후보자가 되려는 사람을 포함하며, 대통령선거에 있어서 정당추천후보자와 비례대표국회의원선거 및 비례대표지방의회의원선거에 있어서는 그 추천정당을 포함한다. 이하 이 항에서 같다)가 부담하는 비용과 다음 각 호의 어느 하나에 해당되는 비용을 말한다.(2010.1.25 본문개정)
1. 후보자가 이 법에 위반되는 선거운동을 위하여 지출한 비용과 기부행위제한규정을 위반하여 지출한 비용
2. 정당, 정당선거사무소의 소장, 후보자의 배우자 및 직계존비속, 선거사무장·선거연락소장·회계책임자가 해당 후보자의 선거운동(위법선거운동을 포함한다. 이하 이 항에서 같다)을 위하여 지출한 비용과 기부행위제한규정을 위반하여 지출한 비용
3. 선거사무장·선거연락소장·회계책임자로 선임된 사람이 선임·신고되기 전까지 해당 후보자의 선거운동을 위하여 지출한 비용과 기부행위제한규정을 위반하여 지출한 비용
4. 제2호 및 제3호에 규정되지 아니한 사람이라도 누구든지 후보자, 제2호 또는 제3호에 규정된 자와 통모하여 해당 후보자의 선거운동을 위하여 지출한 비용과 기부행위제한규정을 위반하여 지출한 비용

(2010.1.25 1호~4호신설)

② 이 법에서 "수입"이라 함은 선거비용의 충당을 위한 금전 및 금전으로 환가할 수 있는 물품 기타 재산상의 이익을 받거나 받기로 한 약속을 말한다.

③ 이 법에서 "지출"이라 함은 선거비용의 제공·교부 또는 그 약속을 말한다.

④ 이 법에서 "회계책임자"라 함은 「정치자금법」 제34조(회계책임자의 선임신고 등)제1항제5호·제6호 또는 제3항의 규정에 의하여 선임신고된 각각의 회계책임자를 말한다.(2005.8.4 본항신설)

제120조【선거비용으로 인정되지 아니하는 비용】 다음 각 호의 어느 하나에 해당하는 비용은 이 법에 따른 선거비용으로 보지 아니한다.(2010.1.25 본문개정)
1. 선거권자의 추천을 받는데 소요된 비용 등 선거운동을 위한 준비행위에 소요되는 비용(2004.3.12 본호개정)
2. 정당의 후보자선출대회비용 기타 선거와 관련한 정당활동에 소요되는 정당비용
3. 선거에 관하여 국가·지방자치단체 또는 선거관리위원회에 납부하거나 지급하는 기탁금과 모든 납부금 및 수수료
4. 선거사무소와 선거연락소의 전화료·전기료 및 수도료 기타의 유지비로서 선거기간전부터 정당 또는 후보자가 지출하여 온 경비
5. 선거사무소와 선거연락소의 설치 및 유지비용
6. 정당, 후보자, 선거사무장, 선거연락소장, 선거사무원, 회계책임자, 연설원 및 대담·토론자가 승용하는 자동차[제91조(확성장치와 자동차 등의 사용제한)제4항의 규정에 의한 자동차와 선박을 포함한다]의 운영비용
7. 제삼자가 정당·후보자·선거사무장·선거연락소장 또는 회계책임자와 통모함이 없이 특정 후보자의 선거운동을 위하여 지출한 전신료 등의 비용(1997.11.14 본호개정)
8. 제112조제2항에 따라 기부행위로 보지 아니하는 행위에 소요되는 비용. 다만, 같은 항 제1호마목(정당의 사무소를 방문하는 사람에게 제공하는 경우는 제외한다) 및 제2호사목(후보자·예비후보자가 아닌 국회의원이 제공하는 경우는 제외한다)의 행위에 소요되는 비용은 선거비용으로 본다.(2010.1.25 본호개정)
9. 선거일후에 지출원인이 발생한 잔무정리비용
10. 후보자(후보자가 되려는 사람을 포함한다)가 선거에 관한 여론조사의 실시를 위하여 지출한 비용. 다만, 제60조의2제1항에 따른 예비후보자등록신청개시일부터 선거일까지의 기간 동안 4회를 초과하여 실시하는 선거에 관한 여론조사비용은 선거비용으로 본다.(2017.2.8 본호신설)

제121조【선거비용제한액의 산정】 ① 선거비용제한액은 선거별로 다음 각호에 의하여 산정되는 금액으로 한다. 이 경우 100만원 미만의 단수는 100만원으로 한다.
1. 대통령선거
인구수×950원
2. 지역구국회의원선거
1억원+(인구수×200원)+(읍·면·동수×200만원). 이 경우 하나의 국회의원지역구가 둘 이상의 자치구·시·군으로 된 경우에는 하나를 초과하는 자치구·시·군마다 1천5백만원을 가산한다.
(2018.4.6 본호개정)
3. 비례대표국회의원선거
인구수×90원
(2008.2.29 본호개정)
4. 지역구시·도의원선거
4천만원+(인구수×100원)
5. 비례대표시·도의원선거
4천만원+(인구수×50원)
6. 시·도지사선거
가. 특별시장·광역시장·특별자치시장 선거
4억원(인구수 200만 미만인 때에는 2억원)+(인구수×300원)
(2015.8.13 본목개정)
나. 도지사 선거
8억원(인구수 100만 미만인 때에는 3억원)+(인구수×250원)
7. 지역구자치구·시·군의원선거
3천500만원+(인구수×100원)
(2005.8.4 본호개정)
8. 비례대표자치구·시·군의원선거
3천5백만원+(인구수×50원)
(2005.8.4 본호신설)
9. 자치구·시·군의 장 선거
9천만원+(인구수×200원)+(읍·면·동수×100만원)

② 제1항의 규정에 의한 선거비용제한액을 산정하는 때에는 당해 선거의 직전 임기만료에 의한 선거의 선거일이 속하는 달의 말일부터 제122조(선거비용제한액의 공고)의 규정에 의한 공고일이 속하는 달의 전전달 말일까지의 전국소비자물가변동률(「통계법」 제3조의 규정에 의하여 통계청장이 매년 고시하는 전국소비자물가변동률을 말한다)을 감안하여 정한 비율(이하 "제한액산정비율"이라 한다)을 적용하여 증감할 수 있다. 이 경우 그 제한액산정비율은 관할선거구선거관리위원회가 해당 선거 때마다 정한다.(2005.8.4 전단개정)

③ 제135조제2항에 따른 선거사무장등(활동보조인은 제외한다. 이하 이 항에서 같다)에게 지급할 수 있는 수당의 금액이 인상된 경우 총 수당 인상액과 선거사무장등의 「산업재해보상보험법」에 따른 산재보험 가입에 소요되는 총 산재보험료를 다음 각 호에 따라 산정하여 제1항 및 제2항에 따라 산정한 선거비용제한액에 각각 가산하여야 한다.
1. 총 수당 인상액
선거사무장등에게 지급할 수 있는 수당의 인상차액×선거사무장등의 수(선거사무원의 경우에는 제62조제2항에 따라 선거별로 선거사무장 또는 선거연락소장이 둘 수 있는 선거사무원의 최대수를 말한다. 이하 이 항에서 같다)×해당 선거의 선거운동기간
2. 총 산재보험료
선거사무장등의 수×제135조제2항에 따라 선거사무장등에게 지급할 수 있는 수당의 금액×해당 선거의 선거운동기간×산재보험료율

(2022.4.20 본항신설)

④ 선거비용제한액 산정을 위한 인구수의 기준일, 제한액 산정비율의 결정 기타 필요한 사항은 중앙선거관리위원회규칙으로 정한다.
(2004.3.12 본조신설)

제122조【선거비용제한액의 공고】 선거구선거관리위원회는 선거별로 제121조(선거비용제한액의 산정)의 규정에 의하여 산정한 선거비용제한액을 중앙선거관리위원회규칙이 정하는 바에 따라 공고하여야 한다.
(2004.3.12 본조개정)

제122조의2【선거비용의 보전 등】 ① 선거구선거관리위원회는 다음 각호의 규정에 따라 후보자(대통령선거의 정당추천후보자와 비례대표국회의원선거 및 비례대표지방의회의원선거에 있어서는 후보자를 추천한 정당을 말한다. 이하 이 조에서 같다)가 이 법의 규정에 의한 선거운동을 위하여 지출한 선거비용[「정치자금법」 제40조(회계보고)의 규정에 따라 제출한 회계보고서에 보고된 선거비용으로서 정당하게 지출한 것으로 인정되는 선거비용을 말한다]을 제122조(선거비용제한액의 공고)의 규정에 의하여 공고한 비용의 범위안에서 대통령선거 및 국회의원선거에 있어서는 국가의 부담으로, 지방자치단체의 의회의원 및 장의 선거에 있어서는 당해 지방자치단체의 부담으로 선거일후 보전한다.(2005.8.4 본문개정)
1. 대통령선거, 지역구국회의원선거, 지역구지방의회의원선거 및 지방자치단체의 장선거(2005.8.4 본문개정)
가. 후보자가 당선되거나 사망한 경우 또는 후보자의 득표수가 유효투표총수의 100분의 15 이상인 경우
후보자가 지출한 선거비용의 전액
나. 후보자의 득표수가 유효투표총수의 100분의 10 이상 100분의 15 미만인 경우
후보자가 지출한 선거비용의 100분의 50에 해당하는 금액
2. 비례대표국회의원선거 및 비례대표지방의회의원선거
후보자명부에 올라 있는 후보자중 당선인이 있는 경우에 당해 정당이 지출한 선거비용의 전액
(2005.8.4 본호개정)
(2004.3.12 본항개정)

② 제1항에 따른 선거비용의 보전에 있어서 다음 각 호의 어느 하나에 해당하는 비용은 이를 보전하지 아니한다.
(2010.1.25 본문개정)
1. 예비후보자의 선거비용
2. 「정치자금법」 제40조(회계보고)의 규정에 따라 제출한 회계보고서에 보고되지 아니하거나 허위로 보고된 비용
3. 이 법에 위반되는 선거운동을 위하여 또는 기부행위제한규정을 위반하여 지출된 비용
4. 제64조 또는 제65조에 따른 선거벽보와 선거공보를 관할 구·시·군선거관리위원회에 제출한 후 그 내용을 정정하거나 삭제하는데 소요되는 비용(2010.1.25 본호신설)
5. 이 법에 따라 제공하는 경우 외에 선거운동과 관련하여 지출된 수당·실비 그 밖의 비용(2011.7.28 본호개정)
6. 정당한 사유 없이 지출을 증빙하는 적법한 영수증 그 밖의 증빙서류가 첨부되지 아니한 비용
7. 후보자가 자신의 차량·장비·물품 등을 사용하거나 후보자의 가족·소속 정당 또는 제3자의 차량·장비·물품 등을 무상으로 제공 또는 대여받는 등 정당 또는 후보자가 실제로 지출하지 아니한 비용
8. 청구금액이 중앙선거관리위원회규칙으로 정하는 기준에 따라 산정한 통상적인 거래가격 또는 임차가격과 비교하여 정당한 사유 없이 현저하게 비싸다고 인정되는 경우 그 초과하는 가액의 비용
9. 선거운동에 사용하지 아니한 차량·장비·물품 등의 임차·구입·제작비용
10. 휴대전화 통화료와 정보이용요금. 다만, 후보자와 그 배우자, 선거사무장, 선거연락소장 및 회계책임자가 선거운동기간 중 선거운동을 위하여 사용한 휴대전화 통화료 중 후보자가 부담하는 통화료는 보전한다.
(2010.1.25 본호개정)
11. 그 밖에 위 각 호의 어느 하나에 준하는 비용으로서 중앙선거관리위원회규칙으로 정하는 비용
(2005.8.4 본항신설)

③ 다음 각 호의 어느 하나에 해당하는 비용은 국가 또는 지방자치단체가 후보자를 위하여 부담한다. 이 경우 제3호의2 및 제5호의 비용은 국가가 부담한다.(2010.1.25 본문개정)
1. 제64조에 따른 선거벽보의 첩부 및 철거의 비용(첩부 및 철거로 인한 원상복구 비용을 포함한다)(2020.12.29 본호개정)
2. 제65조에 따른 점자형 선거공보(같은 조 제11항에 따라 후보자가 제출하는 저장매체를 포함한다. 이하 이 항에서 같다)의 작성비용과 책자형 선거공보(점자형 선거공보 및 같은 조 제9항의 후보자정보공개자료를 포함한다) 및 전단형 선거공보의 발송비용과 우편요금
(2020.12.29 본호개정)

3. 제66조(선거공약서)제8항의 규정에 따른 점자형 선거공약서의 작성비용(2007.1.3 본호신설)
3의2. 활동보조인(예비후보자로서 선임하였던 활동보조인을 포함한다)의 수당, 실비 및 산재보험료(2022.4.20 본호개정)
4. 제82조의2(선거방송토론위원회 주관 대담·토론회)의 규정에 의한 대담·토론회(합동방송연설회를 포함한다)의 개최비용(2004.3.12 본호개정)
5. 제82조의3(선거방송토론위원회 주관 정책토론회)의 규정에 의한 정책토론회의 개최비용(2004.3.12 본호신설)
6. 제161조(투표참관)의 규정에 의한 투표참관인 및 제162조에 따른 사전투표참관인의 수당과 식비(2014.1.17 본호개정)
7. 제181조(개표참관)의 규정에 의한 개표참관인의 수당과 식비

④ 제3항제6호에 따른 투표참관인 및 사전투표참관인 수당은 10만원으로 하고, 같은 항 제7호에 따른 개표참관인 수당은 10만원으로 한다. 이 경우 투표참관인 및 사전투표참관인의 수당과 개표참관 도중 개표참관인을 교체하는 경우의 수당은 6시간 이상 출석한 사람에게만 지급한다.(2022.4.20 본항신설)

⑤ 제1항 내지 제3항의 규정에 따른 비용의 산정 및 보전청구 그 밖에 필요한 사항은 중앙선거관리위원회규칙으로 정한다.(2005.8.4 본항개정)

(2011.7.28 본조제목개정)

(2000.2.16 본조신설)

제123조~제134조 (2005.8.4 삭제)

제135조【선거사무관계자에 대한 수당과 실비보상】 ① 선거사무장·선거연락소장·선거사무원·활동보조인 및 회계책임자(이하 이 조에서 "선거사무장등"이라 한다)에 대하여는 수당과 실비를 지급할 수 있다. 다만, 정당의 유급사무직원, 국회의원과 그 보좌관·선임비서관·비서관 또는 지방의회의원이 선거사무장등을 겸한 때에는 실비만을 보상할 수 있으며, 후보자등록신청개시일부터 선거기간개시일 전일까지는 후보자로서 신고한 선거사무장등에게 수당과 실비를 지급할 수 없다.(2022.4.20 단서개정)

② 제1항에 따라 선거사무장등에게 지급할 수 있는 수당의 금액은 다음 각 호와 같다. 다만, 같은 사람이 회계책임자·선거사무장·선거연락소장 또는 선거사무원·활동보조인을 함께 맡은 때에는 다음 각 호의 금액 중 많은 금액으로 한다.
1. 대통령선거 및 비례대표국회의원선거의 선거사무장 : 14만원 이내
2. 비례대표시·도의원선거와 시·도지사선거의 선거사무장, 대통령선거의 시·도선거연락소장 : 14만원 이내
3. 지역구국회의원선거 및 자치구·시·군의 장선거의 선거사무장, 대통령선거 및 시·도지사선거의 구·시·군선거연락소장 : 10만원 이내
4. 지역구시·도의원선거 및 자치구·시·군의원선거의 선거사무장, 지역구국회의원선거 및 자치구·시·군의 장선거의 선거연락소장 : 10만원 이내
5. 선거사무원·활동보조인 : 6만원 이내
6. 회계책임자 : 해당 회계책임자가 소속된 선거사무소 또는 선거연락소의 선거사무장 또는 선거연락소장의 수당과 같은 금액

(2022.4.20 본항개정)

③ 이 법의 규정에 의하여 수당·실비 기타 이익을 제공하는 경우를 제외하고는 수당·실비 기타 자원봉사에 대한 보상 등 명목여하를 불문하고 누구든지 선거운동과 관련하여 금품 기타 이익의 제공 또는 그 제공의 의사를 표시하거나 그 제공의 약속·지시·권유·알선·요구 또는 수령할 수 없다.(2000.2.16 본항개정)

④ 제1항에 따른 수당의 지급에 있어서 같은 정당의 추천을 받은 둘 이상의 후보자가 선거사무장등(회계책임자는 제외한다. 이하 이 항에서 같다)을 공동으로 선임한 경우 후보자별로 선거사무장등에게 지급하여야 하는 수당의 금액은 해당 후보자 사이의 약정에 따라 한 후보자의 선거사무장등에 대한 수당만을 지급하여야 한다.

(2022.4.20 본항신설)

⑤ 제1항에 따라 선거사무장등에게 지급할 수 있는 실비의 종류와 금액은 중앙선거관리위원회규칙으로 정한다.

(2022.4.20 본항신설)

(2011.7.28 본조제목개정)

제135조의2【선거비용보전의 제한】 ① 선거구선거관리위원회는 이 법의 규정에 의하여 선거비용을 보전함에 있어서 선거사무소의 회계책임자가 정당한 사유없이 「정치자금법」 제40조(회계보고)의 규정에 따른 회계보고서를 그 제출마감일까지 제출하지 아니한 때에는 그 비용을 보전하지 아니한다.(2005.8.4 본항개정)

② 선거구선거관리위원회는 후보자·예비후보자·선거사무장 또는 선거사무소의 회계책임자가 당해 선거와 관련하여 이 법 또는 「정치자금법」 제49조(선거비용관련 위반행위에 관한 벌칙)에 규정된 죄를 범함으로 인하여 유죄의 판결이 확정되거나 선거비용제한액을 초과하여 지출한 경우에는 이 법의 규정에 의하여 보전할 비용중 그 위법행위에 소요된 비용 또는 선거비용제한액을 초과하여 지출한 비용의 2배에 해당하는 금액은 이를 보전하지 아니한다.(2005.8.4 본항개정)

③ 선거구선거관리위원회는 제2항에도 불구하고 정당, 후보자(예비후보자를 포함한다) 및 그 가족, 선거사무장, 선거연락소장, 선거사무원, 회계책임자 또는 연설원으로부터 기부를 받은 자가 제261조제9항에 따른 과태료를 부과받은 경우 이 법에 따라 보전할 비용 중 그 기부행위에 사용된 비용의 5배에 해당하는 금액을 보전하지 아니한다.(2014.2.13 본항개정)

④ 제2항에 규정된 자가 당해 선거와 관련하여 이 법 또는 「정치자금법」 제49조에 규정된 죄를 범함으로 인하여 기소되거나 선거관리위원회에 의하여 고발된 때에는 판결이 확정될 때까지 그 위법행위에 소요된 비용의 2배에 해당하는 금액의 보전을 유예한다.(2005.8.4 본항개정)

⑤ 선거구선거관리위원회는 정당 또는 후보자에게 선거비용을 보전한 후에 제1항부터 제3항까지의 규정에 따라 보전하지 아니할 사유가 발견된 때에는 당해 정당 또는 후보자에게 그 사실을 통지하고, 보전비용액중 제1항부터 제3항까지의 규정에 해당하는 금액의 반환을 명하여야 한다. 이 경우 정당 또는 후보자는 그 반환명령을 받은 날부터 30일이내에 당해 선거구선거관리위원회에 이를 반환하여야 한다.(2008.2.29 본항개정)

⑥ 선거구선거관리위원회는 정당 또는 후보자가 제5항 후단의 기한안에 해당 금액을 반환하지 아니한 때에는 대통령선거와 국회의원선거에 있어서는 관할세무서장에게 징수를 위탁하고 관할세무서장이 국세체납처분의 예에 따라 이를 징수하여 국가에 납입하여야 하며, 지방자치단체의 의회의원 및 장의 선거에 있어서는 당해 지방자치단체의 장에게 징수를 위탁하고 지방자치단체의 장이 지방세체납처분의 예에 따라 이를 징수하여 지방자치단체에 납입하여야 한다.(2008.2.29 본항개정)

⑦ 보전하지 아니할 비용의 산정 기타 필요한 사항은 중앙선거관리위원회규칙으로 정한다.

(2000.2.16 본조신설)

제136조 (2005.8.4 삭제)

제9장 선거와관련있는정당활동의규제

제137조【정강·정책의 신문광고 등의 제한】 ① 선거가 임박한 시기에 있어서 정당이 행하는 「신문 등의 진흥에 관한 법률」 제2조제1호에 따른 신문과 「잡지 등 정기간행물의 진흥에 관한 법률」 제2조제1호에 따른 정기간행물(이하 이 조에서 "일간신문등"이라 한다)에 의한 정강·정책의 홍보, 당원·후보지망자의 모집, 당비모금, 정치자금모금(대통령선거에 한한다) 또는 선거에 있어 당해 정당이나 추천후보자가 사용할 구호·도안·정책 그 밖에 선거에 관한 의견수집을 위한 광고는 다음 각호의 범위안에서 하여야 하며, 그 선거기간 중에는 이를 할 수 없다.(2010.1.25 본문개정)
1. 임기만료에 의한 선거
정당의 중앙당이 행하되, 선거일전 90일부터 선거기간개시일전일까지 일간신문등에 총 70회 이내
(2004.3.12 본호개정)
2. 대통령의 궐위로 인한 선거·재선거〔제197조(선거의 일부무효로 인한 재선거)의 규정에 의한 재선거를 제외한다. 이하 이 항에서 같다〕 및 연기된 선거
정당의 중앙당이 행하되, 그 선거의 실시사유가 확정된 때부터 선거기간개시일전일까지 일간신문등에 총 20회 이내
(1997.11.14 본호개정)
3. 제2호외의 보궐선거·재선거 및 연기된 선거
정당의 중앙당이 행하되, 그 선거의 실시사유가 확정된 때부터 선거기간개시일전일까지 일간신문등에 총 10회 이내

② 제1항의 규정에 의한 일간신문등의 광고 1회의 규격은 가로 37센티미터 세로 17센티미터 이내로 하여야 하며, 후보자가 되고자 하는 자의 사진·성명(성명을 유추할 수 있는 내용을 포함한다) 기타 선거운동에 이르는 내용을 게재할 수 없다.

③ 제69조제1항 후단(광고횟수를 말한다)·제2항·제5항·제8항 및 제9항은 제1항의 규정에 의한 일간신문등의 광고에 이를 준용한다. 이 경우 "후보자"는 "정당"으로 본다.(2010.1.25 본항개정)

제137조의2【정강·정책의 방송연설의 제한】 ① 정당이 방송시설〔제70조(방송광고)제1항의 규정에 의한 방송시설을 말한다. 이하 이 조에서 같다〕을 이용하여 정강·정책을 알리기 위한 방송연설을 하는 때에는 다음 각호의 범위안에서 하여야 한다.
1. 임기만료에 의한 선거
정당의 중앙당 대표자 또는 그가 선거운동을 할 수 있는 자 중에서 지명한 자가 행하되, 선거일전 90일이 속하는 달의 초일부터 선거기간개시일전일까지 1회 20분 이내에서 텔레비전 및 라디오방송별로 월 2회(선거기간개시일전일이 해당달의 10일 이내에 해당하는 경우에는 1회) 이내
(2004.3.12 본호개정)
2. 대통령의 궐위로 인한 선거, 재선거〔제197조(선거의 일부무효로 인한 재선거)의 규정에 의한 재선거를 제외한다〕 및 연기된 선거
정당의 중앙당 대표자 또는 그가 선거운동을 할 수 있는 자 중에서 지명한 자가 행하되, 그 선거의 실시사유가 확정된 때부터 선거기간개시일전일까지 1회 10분 이내에서 텔레비전 및 라디오 방송별 각 5회 이내
(2004.3.12 본호개정)

② 제1항에 따라 텔레비전 방송시설을 이용한 방송연설을 하는 때에는 연설하는 모습, 정당명(해당 정당을 상징하는 마크나 심벌의 표시를 포함한다), 연설의 요지 및 통계자료 외의 다른 내용이 방영되게 하여서는 아니되며, 방송연설을 녹화하여 방송하고자 하는 때에는 당해 방송시설을 이용하여야 한다.(2010.1.25 본항개정)

③ 제1항의 규정에 의한 방송연설을 함에 있어서는 선거운동에 이르는 내용의 연설을 하여서는 아니된다.

④ 제1항의 규정에 의한 방송연설의 비용은 당해 정당이 부담하되, 국회에 교섭단체를 구성한 정당이 공영방송사를 이용하여 방송연설을 하는 때에는 각 공영방송사마다 텔레비전 및 라디오 방송별로 행하는 월 1회의 방송연설비용(제작비용을 제외한다)은 당해 공영방송사가 이를 부담하여야 한다.(2004.3.12 본항개정)

⑤ 제4항의 규정에 의하여 공영방송사가 비용을 부담하는 방송연설을 하고자 하는 경우 그 방송연설의 일시·시간대 기타 필요한 사항은 당해 공영방송사와 당해 정당이 협의하여 정한다.

⑥ 제70조(방송광고)제1항 후단·제6항 및 제8항과 제71조제10항 및 제12항의 규정은 제1항의 규정에 의한 방송연설에 이를 준용한다.

⑦ 제6항의 규정에 의한 방송연설신고서의 서식 기타 필요한 사항은 중앙선거관리위원회규칙으로 정한다.

(2000.2.16 본조신설)

제138조【정강·정책홍보물의 배부제한 등】 ① 정당이 선거기간 중에 후보자를 추천한 선거구의 소속당원에게 배부할 수 있는 정강·정책홍보물은 정당의 중앙당이 제작한 책자형 정강·정책홍보물 1종으로 한다.

(1997.11.14 본항개정)

② 제1항의 규정에 의한 정강·정책홍보물을 배부할 수 있는 수량은 후보자를 추천한 선거구의 소속당원에 상당하는 수를 넘지 못한다.(1997.11.14 본항개정)

③ 제1항의 규정에 의한 정강·정책홍보물을 제작·배부하는 때에는 그 표지에 "당원용"이라 표시하여야 한다.

④ 정당이 제1항의 정강·정책홍보물을 배부하고자 하는 때에는 배부전까지 중앙선거관리위원회에 2부를 제출하여야 하되, 전자적 파일로 대신 제출할 수 있다.(2010.1.25 본항개정)

⑤ 제1항에 따른 정강·정책홍보물에는 해당 정당이 추천한 후보자의 기호·성명·사진·경력등을 제외하고는 후보자와 관련된 사항을 게재할 수 없다.(2010.1.25 본항개정)

⑥ 제1항의 규정에 따른 정강·정책홍보물은 길이 27센티미터 너비 19센티미터 이내에서 대통령선거의 경우에는 16면 이내로, 지역구국회의원선거, 지역구지방의회의원선거 및 지방자치단체의 장선거의 경우에는 8면 이내로 작성한다.(2005.8.4 본항개정)

제138조의2【정책공약집의 배부제한 등】 ① 정당이 자당의 정책과 선거에 있어서 공약을 게재한 정책공약집(도서의 형태로 발간된 것을 말하며, 이하 "정책공약집"이라 한다)을 배부하고자 하는 때에는 통상적인 방법으로 판매하여야 한다. 다만, 방문판매의 방법으로 정책공약집을 판매할 수 없다.

② 정당은 제1항의 규정에 따른 통상적인 방법에 의한 판매 외에 해당 정당의 당사와 제79조에 따라 소속 정당 추천후보자가 개최한 공개장소에서의 연설·대담 장소에서 정책공약집을 판매할 수 있다. 이 경우 정당의 당사에서 판매할 때에는 공개된 장소에 별도의 판매대를 설치하는 등 정책공약집의 판매사실을 공개적으로 확인할 수 있는 방법으로 판매하여야 한다.(2010.1.25 전단개정)

③ 정당이 제1항 및 제2항의 규정에 따라 정책공약집을 판매하고자 하는 때에는 발간 즉시 「정당법」의 규정에 따라 해당 정당의 등록사무를 처리하는 관할선거관리위원회에 2권을 제출하여야 하되, 전자적 파일로 대신 제출할 수 있다.(2010.1.25 본항개정)

④ 정책공약집에는 후보자의 기호·성명·사진·학력·경력 등 후보자와 관련된 사항 및 다른 정당에 관한 사항을 게재할 수 없다.

⑤ 정책공약집의 작성근거 등의 표시, 제출 그 밖의 필요한 사항은 중앙선거관리위원회규칙으로 정한다.

(2007.1.3 본조신설)

제139조【정당기관지의 발행·배부제한】 ① 정당의 중앙당은 선거기간중 기관지를 통상적인 방법외의 방법으로 발행·배부할 수 없다. 다만, 선거기간중 통상적인 주기에 의한 발행회수가 2회 미만인 때에는 2회(증보·호외·임시판을 포함하며, 배부되는 지역에 따라 게재내용 중 일부를 달리하더라도 동일한 것으로 본다) 이내로 한다. 이 경우 정당의 중앙당외의 당부가 발행하거나 공개장소에서의 연설·대담장소 또는 대담·토론회장에서의 배부, 거리에서의 판매·배부, 첩부, 게시, 살포는 통상적인 방법에 의한 배부로 보지 아니한다.(2004.3.12 후단개정)

② 제1항의 기관지에는 당해 정당이 추천한 후보자의 기호·성명·사진·학력·경력 등외에 후보자의 홍보에 관한 사항을 게재할 수 없다.(2000.2.16 본항신설)

③ 제1항의 기관지를 발행·배부하고자 하는 때에는 발행 즉시 2부를 중앙선거관리위원회에 제출하여야 하되, 전자적 파일로 대신 제출할 수 있다.(2010.1.25 본항개정)

제140조【창당대회등의 개최와 고지의 제한】 ① 정당이 선거일전 120일(선거일전 120일후에 실시사유가 확정된 보궐선거등에 있어서는 그 선거의 실시사유가 확정된 때)부터 선거일까지 창당대회·합당대회·개편대회 및 후보자선출대회(이하 이 조에서 "창당대회등"이라 한다)를 개최하는 때에는 다수인이 왕래하는 공개된 장소가 아닌 장소에서 소속당원(후보자선출대회의 경우에는 당해 정당의 공직선거후보자를 선출하기 위한 투표권이 있는 당원이 아닌 자를 포함한다)만을 대상으로 개최하여야 하되, 사회통념상 인정되는 범위안에서 당원이 아닌 자를 초청할 수 있다.(2005.8.4 본항개정)

② 제1항의 창당대회등을 주관하는 정당은 「정당법」 제10조(창당집회의 공개)제2항의 신문공고를 하는 외에 창당대회등의 장소에 5매 이내의 표지를 게시할 수 있다. 이 경우 신문공고·표지에는 후보자(후보자가 되고자 하는 자를 포함한다. 이하 이 항에서 같다)의 사진·성명(성명을 유추할 수 있는 내용을 포함한다) 또는 선전구호 등 후보자를 선전하는 내용을 게재할 수 없다.(2005.8.4 본항개정)

③ 제1항에서 "개편대회"라 함은 정당의 대표자의 변경등 당헌·당규상의 조직개편에 관한 안건을 처리하기 위하여 개최하는 당원총회 또는 그 대의기관의 회의 등 집회를 말하고, "후보자선출대회"라 함은 정당의 각급 당부가 이 법에 의한 선거의 당해 정당추천후보자를 선출하기 위하여 제57조의2(당내경선의 실시)의 규정에 의하여 개최하는 집회를 말한다.(2005.8.4 본항개정)

④ 제2항의 규정에 의한 표지는 당해 집회종료후 지체없이 주최자가 철거하여야 한다.(2004.3.12 본항개정)

판례 공직선거법 제256조 제3항 제5호, 제140조 제1항에서 정하는 창당대회 등 개최제한 위반 행위의 요건 : 공직선거법 제256조 제3항 제5호는 같은 법 제140조 제1항의 규정에 위반하여 창당대회 등을 개최한 자를 처벌하도록 규정하고 있는데, 위 각 규정은 당원이 아닌 자를 사회통념상 인정되는 범위를 넘어서서 초대한 상태에서 창당대회 등을 개최하는 것을 금지하고 그 위반행위를 처벌대상으로 삼고 있는 것으로, 그와 같이 초대받은 사람이 창당대회 등에 참석할 것까지를 요건으로 하는 것은 아니다.(대판 2007.2.9, 2006도7417)

제141조【당원집회의 제한】 ① 정당(당원협의회를 포함한다)은 선거일전 30일부터 선거일까지 소속당원의 단합·수련·연수·교육 그 밖에 명목여하를 불문하고 선거가 실시중인 선거구안이나 선거구민인 당원을 대상으로 당원수련회등(이하 이 조에서 "당원집회"라 한다)을 개최할 수 없다. 다만, 당무에 관한 연락·지시 등을 위하여 일시적으로 이루어지는 당원간의 면접은 당원집회로 보지 아니한다.(2010.1.25 본문개정)

② 정당이 선거일 전 90일(선거일 전 90일 후에 실시사유가 확정된 보궐선거등에서는 그 선거의 실시사유가 확정된 때)부터 당원집회를 개최하는 때(중앙당이 그 연수시설에서 개최하는 경우를 제외한다)에는 개최지역을 관할하는 구·시·군선거관리위원회에 신고한 후 당해 정당의 사무소, 주민회관, 공공기관·단체의 사무소 그 밖의 공공시설 또는 다수인이 왕래하는 장소가 아닌 공개된 장소에서 개최하여야 한다.(2010.1.25 본항개정)

③ 「정치자금법」 제27조(보조금의 배분)의 규정에 의하여 보조금의 배분대상이 되는 정당은 중앙선거관리위원회규칙이 정하는 바에 따라 국가 또는 지방자치단체[제53조(공무원 등의 입후보)제1항제4호 또는 제6호에 규정된 기관을 포함한다]가 소유하거나 관리하는 주민회관·체육관 또는 문화원 기타 다수인이 모일 수 있는 시설이나 장소를 당원집회의 장소로써 무료로 사용할 수 있다. 이 경우 시설의 손괴 또는 전력의 사용 등 재산상의 손실을 끼친 때에는 당해 정당이 보상하여야 한다.(2005.8.4 본항개정)

④ 제2항의 당원집회 장소의 외부에는 이 법에 의한 당원집회임을 표시하는 표지를 첨부 또는 게시하여야 하되, 그 개최자는 당해 집회종료후에는 지체없이 철거하여야 한다. 이 경우 그 표지에는 후보자가 되고자 하는 자의 사진·성명 또는 선전구호 기타 후보자가 되고자 하는 자를 선전하는 내용을 게재하여서는 아니된다.(2004.3.12 본항개정)

⑤ 제3항의 규정에 의한 사용신청을 받은 공공시설의 관리자는 정당한 사유가 있는 경우를 제외하고는 그 사용을 거부할 수 없다.(2004.3.12 본항신설)

⑥ 당원집회의 신고, 표지의 매수, 그 밖에 필요한 사항은 중앙선거관리위원회규칙으로 정한다.(2010.1.25 본항개정)

(2000.2.16 본조제목개정)

제142조~제143조 (2004.3.12 삭제)

제144조【정당의 당원모집 등의 제한】 ① 정당은 선거기간중 당원을 모집하거나 입당원서를 배부할 수 없다. 다만, 시·도당의 창당 또는 개편을 위하여 창당대회·개편대회를 개최하는 경우에는 그 집회일까지는 그러하지 아니하다.(2004.3.12 본항개정)

② (2006.3.2 삭제)

제145조【당사게시 선전물 등의 제한】 ① 정당(제61조제1항에 따라 해당 정당의 사무소에 선거대책기구를 설치한 정당은 제외한다)은 선거기간 중 구호, 그 밖에 정당의 홍보에 필요한 사항과 당해 당명 및 그 대표자 성명, 해당 정당이 추천한 후보자의 기호·성명·사진·경력등에 관한 사항을 게재한 간판·현판 또는 현수막을 중앙선거관리위원회규칙으로 정하는 바에 따라 당해 당사의 외벽면 또는 옥상에 설치·게시할 수 있다.

② 「정치자금법」에 따른 후원회의 사무소에는 중앙선거관리위원회규칙으로 정하는 바에 따라 간판을 달 수 있다.

(2014.1.17 본조개정)

제10장 투 표

제146조【선거방법】 ① 선거는 기표방법에 의한 투표로 한다.

② 투표는 직접 또는 우편으로 하되, 1인 1표로 한다. 다만, 국회의원선거, 시·도의원선거 및 자치구·시·군의원선거에 있어서는 지역구의원선거 및 비례대표의원선거마다 1인 1표로 한다.(2005.8.4 단서개정)

③ 투표를 함에 있어서는 선거인의 성명 기타 선거인을 추정할 수 있는 표시를 하여서는 아니된다.

제146조의2【투표관리관 및 사전투표관리관】 ① 구·시·군선거관리위원회는 투표에 관한 사무를 관리하게 하기 위하여 투표구마다 투표관리관 1명을, 사전투표소마다 사전투표관리관 1명을 각각 둔다.

② 투표관리관 및 사전투표관리관은 국가 또는 지방자치단체의 소속 공무원 또는 각급학교의 교직원 중에서 위촉하며, 사전투표관리관은 위촉된 투표관리관 중에서 지정할 수 있다.

③ 국가기관·지방자치단체 및 각급 학교의 장이 선거관리위원회로부터 투표관리관 및 사전투표관리관의 추천 협조요구를 받은 때에는 우선적으로 이에 따라야 한다.(2014.2.13 본항신설)

④ 투표관리관 및 사전투표관리관의 위촉 및 해촉, 수당 그 밖에 필요한 사항은 중앙선거관리위원회규칙으로 정한다.

(2014.1.17 본조개정)

제147조【투표소의 설치】 ① 읍·면·동선거관리위원회는 선거일 전일까지 관할 구역 안의 투표구마다 투표소를 설치하여야 한다.(2005.8.4 본항개정)

② 투표소는 투표구안의 학교, 읍·면·동사무소 등 관공서, 공공기관·단체의 사무소, 주민회관 기타 선거인이 투표하기 편리한 곳에 설치한다. 다만, 당해 투표구안에 투표소를 설치할 적당한 장소가 없는 경우에는 인접한 다른 투표구안에 설치할 수 있다.(2005.8.4 단서개정)

③ 학교·관공서 및 공공기관·단체의 장은 선거관리위원회로부터 투표소 설치를 위한 장소사용 협조요구를 받은 때에는 우선적으로 이에 응하여야 한다.(2004.3.12 본항신설)

④ 병영 안과 종교시설 안에는 투표소를 설치하지 못한다. 다만, 종교시설의 경우 투표소를 설치할 적합한 장소가 없는 부득이한 경우에는 그러하지 아니하다.(2010.1.25 본항개정)

⑤ 투표소에는 기표소·투표함·참관인의 좌석 그 밖의 투표관리에 필요한 시설을 설비하여야 한다.(2005.8.4 본항개정)

⑥ 기표소는 그 안을 다른 사람이 엿볼 수 없도록 설비하여야 하며 어떠한 표지도 하여서는 아니된다.

⑦ 정당·후보자·선거사무장 또는 선거연락소장은 투표소의 설비에 대하여 그 시정을 요구할 수 있다.

⑧ 제1항의 규정에 의하여 투표소를 설치하는 때에는 읍·면·동선거관리위원회는 선거일전 10일까지 그 명칭과 소재지를 공고하여야 한다. 다만, 천재·지변 기타 부득이한 사유가 있는 때에는 이를 변경할 수 있으며, 이 경우에는 즉시 공고하여 선거인에게 알려야 한다.(2005.8.4 본문개정)

⑨ 읍·면·동선거관리위원회는 투표사무를 보조하게 하기 위하여 다음 각 호의 어느 하나에 해당하는 자 중에서 투표사무원을 위촉하여야 한다.(2018.4.6 본문개정)

1. 「국가공무원법」 제2조에 규정된 국가공무원과 「지방공무원법」 제2조에 규정된 지방공무원. 다만, 일반직공무원의 행정직군 중 교정·보호·검찰사무·마약수사·출입국관리·철도공안 직렬의 공무원과 교육공무원 외의 특정직공무원 및 정무직공무원을 제외한다.(2010.1.25 단서개정)
2. 각급학교의 교직원
3. 「은행법」 제2조의 규정에 의한 은행의 직원(2010.5.17 본호개정)
4. 제53조제1항제4호 내지 제6호에 규정된 기관 등의 직원
5. 투표사무를 보조할 능력이 있는 공정하고 중립적인 자(2004.3.12 본호신설)

(2002.3.7 본항개정)

⑩ 제9항제1호부터 제4호까지의 기관·단체의 장이 선거관리위원회로부터 투표사무원의 추천 협조요구를 받은 때에는 우선적으로 이에 따라야 한다.(2014.2.13 본항신설)

⑪ 투표소의 설비, 고령자·장애인·임산부 등 교통약자와 격리자등의 투표소 접근 편의를 보장하기 위한 제반 시설의 설치, 적절한 투표소 위치 확보 등의 조치, 그 밖에 필요한 사항은 중앙선거관리위원회규칙으로 정한다.(2022.2.16 본항개정)

제148조【사전투표소의 설치】 ① 구·시·군선거관리위원회는 선거일 전 5일부터 2일 동안(이하 "사전투표기간"이라 한다) 관할구역(선거구가 해당 구·시·군의 관할구역보다 작은 경우에는 해당 선거구를 말한다)의 읍·면·동마다 1개소씩 사전투표소를 설치·운영하여야 한다. 다만, 다음 각 호의 어느 하나에 해당하는 경우에는 해당 지역에 사전투표소를 추가로 설치·운영할 수 있다.(2022.1.21 단서개정)

1. 읍·면·동 관할구역에 군부대 밀집지역 등이 있는 경우(2022.1.21 본호신설)
2. 읍·면·동이 설치·폐지·분할·합병되어 관할구역의 총 읍·면·동의 수가 줄어든 경우(2022.1.21 본호신설)
3. 읍·면·동 관할구역에 「감염병의 예방 및 관리에 관한 법률」 제36조제3항에 따른 감염병관리시설 또는 같은 법 제39조의3제1항에 따른 감염병의심자 격리시설이 있는 경우(2022.2.16 본호신설)
4. 천재지변 또는 전쟁·폭동, 그 밖에 부득이한 사유로 인하여 사전투표소를 추가로 설치·운영할 필요가 있다고 관할 구·시·군선거관리위원회가 인정하는 경우(2022.2.16 본호신설)

② 구·시·군선거관리위원회는 제1항에 따라 사전투표소를 설치할 때에는 선거일 전 9일까지 그 명칭·소재지 및 설치·운영기간을 공고하고, 선거사무장 또는 선거연락소장에게 이를 통지하여야 하며, 관할구역 안의 투표구마다 5개소에 공고문을 첩부하여야 한다. 사전투표소의 설치장소를 변경한 때에도 또한 같다.

③ 구·시·군선거관리위원회는 제1항에 따라 설치된 사전투표소의 투표사무를 보조하게 하기 위하여 제147조제9항 각 호의 어느 하나에 해당하는 사람 중에서 사전투표사무원을 두어야 한다.

④ 사전투표소 설치 장소의 제한·사용협조, 설비, 사전투표사무원의 추천 협조 등에 관하여는 제147조제3항부터 제7항까지, 제10항 및 제11항을 준용한다.(2018.4.6 본항개정)

⑤ 중앙선거관리위원회는 사전투표소에서 통합선거인명부를 사용하기 위한 선거전용통신망을 구축하여야 하며, 정보의 불법 유출·위조·변조·삭제 등을 방지하기 위한 기술적 보호조치를 하여야 한다.(2021.3.26 본항개정)

⑥ 사전투표소의 설치·공고·통보 및 사전투표사무원의 위촉, 그 밖에 필요한 사항은 중앙선거관리위원회규칙으로 정한다.

(2014.1.17 본조개정)

제149조【기관·시설 안의 기표소】 ① 다음 각 호의 어느 하나에 해당하는 기관·시설(이하 이 조에서 "기관·시설"이라 한다)로서 제38조제1항의 거소투표신고인을 수용하고 있는 기관·시설의 장은 그 명칭과 소재지 및 거소투표신고인수 등을 선거인명부작성기간만료일 후 3일까지 관할 구·시·군선거관리위원회에 신고하여야 한다.

1. 병원·요양소·수용소·교도소 및 구치소
2. 「장애인복지법」 제58조(장애인복지시설)제1항제1호에 따른 장애인 거주시설
3. 「감염병의 예방 및 관리에 관한 법률」 제36조제3항에 따른 감염병관리시설 또는 같은 법 제39조의3제1항에 따른 감염병의심자 격리시설(2022.2.16 본호신설)

② 제1항의 신고를 받은 관할 구·시·군선거관리위원회는 거소투표신고인을 수용하고 있는 기관·시설의 명칭과 소재지 및 거소투표신고인수 등을 공고하여야 한다.

③ 10명 이상의 거소투표신고인을 수용하고 있는 기관·시설의 장은 일시·장소를 정하여 해당 신고인의 거소투표를 위한 기표소를 설치하여야 한다.

④ 후보자(대통령선거에서 정당추천후보자의 경우에는 그 추천 정당을 말한다. 이하 이 조에서 같다)·선거사무장 또는 선거연락소장은 10명 미만의 거소투표신고인을 수용하고 있는 기관·시설의 장에게 제2항에 따른 공고일 후 2일 이내에 거소투표를 위한 기표소 설치를 요청할 수 있다. 이 경우 기관·시설의 장은 정당한 사유가 없는 한 이에 따라야 한다.

⑤ 제3항 및 제4항에 따라 기표소를 설치하는 기관·시설의 장은 기표소 설치·운영 일시 및 장소를 정하여 그 기표소 설치일 전 2일까지 관할 구·시·군선거관리위원회에 신고하여야 하며, 신고를 받은 관할 구·시·군선거관리위원회는 이를 공고하여야 한다.

⑥ 후보자·선거사무장·선거연락소장은 선거권자 중에서 1명을 선정하여 기관·시설의 장이 설치·운영하는 기표소의 투표상황을 참관하게 할 수 있다.

⑦ 기관·시설의 장은 기표소를 설치하는 장소에 기표소·참관좌석, 그 밖에 필요한 시설을 설비하여야 한다.

⑧ 기관·시설의 거소투표신고인수 공고 서식, 그 밖에 필요한 사항은 중앙선거관리위원회규칙으로 정한다.

(2014.1.17 본조개정)

제149조의2 (2014.1.17 삭제)

제150조【투표용지의 정당·후보자의 게재순위 등】 ① 투표용지에는 후보자의 기호·정당추천후보자의 소속정당명 및 성명을 표시하여야 한다. 다만, 무소속후보자는 후보자의 정당추천후보자의 소속정당명의 란에 "무소속"으로 표시하고, 비례대표지방의회의원선거에 있어서는 후보자를 추천한 정당의 기호와 정당명을 표시하여야 한다.(2005.8.4 단서개정)

② 기호는 투표용지에 게재할 정당 또는 후보자의 순위에 의하여 "1, 2, 3"등으로 표시하여야 하며, 정당명과 후보자의 성명은 한글로 기재한다. 다만, 한글로 표시된 성명이 같은 후보자가 있는 경우에는 괄호속에 한자를 함께 기재한다.(2002.3.7 본문개정)
③ 후보자의 게재순위를 정함에 있어서는 후보자등록마감일 현재 국회에서 의석을 갖고 있는 정당의 추천을 받은 후보자, 국회에서 의석을 갖고 있지 아니한 정당의 추천을 받은 후보자, 무소속후보자의 순으로 하고, 정당의 게재순위를 정함에 있어서는 후보자등록마감일 현재 국회에서 의석을 가지고 있는 정당, 국회에서 의석을 가지고 있지 아니한 정당의 순으로 한다.(2005.8.4 단서삭제)
④ 제3항의 경우 국회에서 의석을 가지고 있는 정당의 게재순위를 정함에 있어 다음 각 호의 어느 하나에 해당하는 정당은 전국적으로 통일된 기호를 우선하여 부여한다.
1. 국회에 5명 이상의 소속 지역구국회의원을 가진 정당
2. 직전 대통령선거, 비례대표국회의원선거 또는 비례대표지방의회의원선거에서 전국 유효투표총수의 100분의 3 이상을 득표한 정당
(2010.1.25 본항개정)
⑤ 제3항 및 제4항에 따라 관할선거구선거관리위원회가 정당 또는 후보자의 게재순위를 정함에 있어서는 다음 각 호에 따른다.
1. 후보자등록마감일 현재 국회에 의석을 가지고 있는 정당이나 그 정당의 추천을 받은 후보자 사이의 게재순위는 국회에서의 다수의석순. 다만, 같은 의석을 가진 정당이 둘 이상인 때에는 최근에 실시된 비례대표국회의원선거에서의 득표수 순
2. 후보자등록마감일 현재 국회에서 의석을 가지고 있지 아니한 정당이나 그 정당의 추천을 받은 후보자 사이의 게재순위는 그 정당의 명칭의 가나다순
3. 무소속후보자 사이의 게재순위는 관할선거구선거관리위원회에서 추첨하여 결정하는 순
(2010.1.25 본항개정)
⑥ 제5항의 경우에 같은 게재순위에 해당하는 정당 또는 후보자가 2 이상이 있을 때에는 소속정당의 대표자나 후보자 또는 그 대리인의 참여하에 관할선거구선거관리위원회에서 후보자등록마감후에 추첨하여 결정한다. 다만, 추첨개시시각에 소속정당의 대표자나 후보자 또는 그 대리인이 참여하지 아니하는 경우에는 관할선거구선거관리위원회위원장 또는 그가 지명한 자가 그 정당 또는 후보자를 대리하여 추첨할 수 있다.(2010.1.25 본항개정)
⑦ 지역구자치구·시·군의원선거에서 정당이 같은 선거구에 2명 이상의 후보자를 추천한 경우 그 정당이 추천한 후보자 사이의 투표용지 게재순위는 해당 정당이 정한 순위에 따르되, 정당이 정하지 아니한 경우에는 관할선거구선거관리위원회에서 추첨하여 결정한다. 이 경우 그 게재순위는 "1-가, 1-나, 1-다" 등으로 표시한다.
(2010.1.25 본항신설)
⑧ 후보자등록기간이 지난 후에 후보자가 사퇴·사망하거나 등록이 무효로 된 때라도 투표용지에서 그 기호·정당명 및 성명을 말소하지 아니한다.(2002.3.7 본항개정)
⑨ 대통령선거에 있어서 제51조(추가등록)의 규정에 의한 추가등록이 있는 경우에 그 정당의 후보자의 게재순위는 이미 결정된 종전의 당해 정당추천후보자의 게재순위로 한다.
⑩ 투표용지에는 일련번호를 인쇄하여야 한다.
(2002.3.7 본조제목개정)

제151조【투표용지와 투표함의 작성】 ① 투표용지와 투표함은 구·시·군선거관리위원회가 작성하여 선거일 전일까지 읍·면·동선거관리위원회에 송부하며, 이를 송부받은 읍·면·동선거관리위원회위원장은 투표용지를 봉함하여 보관하였다가 투표함과 함께 투표관리관에게 인계하여야 한다.(2005.8.4 본항개정)
② 하나의 선거에 관한 투표에 있어서 투표구마다 선거구별로 동시에 2개의 투표함을 사용할 수 없다.(2004.3.12 본항개정)
③ 사전투표소의 투표함(이하 "사전투표함"이라 한다)과 우편으로 접수한 투표를 보관하는 투표함(이하 "우편투표함"이라 한다)은 따로 작성하되, 그 수는 예상 사전투표자수 및 거소투표신고인수·선상투표신고인수를 감안하여 당해 구·시·군선거관리위원회가 정한다.
(2014.1.17 본항개정)
④ 투표용지에는 중앙선거관리위원회규칙이 정하는 바에 따라 관할구·시·군선거관리위원회의 청인을 날인하여야 한다. 이 경우 그 청인의 날인은 인쇄날인으로 갈음할 수 있다.
⑤ 구·시·군선거관리위원회는 투표용지의 인쇄·납품 및 읍·면·동선거관리위원회에 송부하는 과정에, 읍·면·동선거관리위원회는 투표용지의 수령·보관 및 투표관리관에게 인계하는 과정에 당해 선거관리위원회의 정당추천위원이 각각 참여하여 입회할 수 있도록 하여야 한다. 이 경우 정당추천위원이 참여하지 아니한 때에는 입회를 포기한 것으로 본다.(2005.8.4 본항개정)
⑥ 구·시·군선거관리위원회는 제1항 및 제5항에도 불구하고 사전투표소에서 교부할 투표용지는 사전투표관리관이 사전투표소에서 투표용지 발급기를 이용하여 작성하게 하여야 한다. 이 경우 투표용지에 인쇄하는 일련번호는 바코드(컴퓨터가 인식할 수 있도록 표시한 막대모양의 기호를 말한다)의 형태로 표시하여야 하며, 바코드에는 선거명, 선거구명, 관할 선거관리위원회명 및 일련번호를 제외한 그 밖의 정보를 담아서는 아니 된다.
(2021.3.26 후단개정)
⑦ 제1항 또는 제6항에 따라 투표용지를 작성하는 때에는 각 정당간 또는 후보자간 사이에 여백을 두어야 하며, 그 구체적인 작성방법은 중앙선거관리위원회규칙으로 정한다.(2015.8.13 본항신설)
⑧ 구·시·군선거관리위원회는 시각장애로 인하여 자신이 기표를 할 수 없는 선거인을 위하여 필요한 경우에는 중앙선거관리위원회규칙이 정하는 바에 따라 특수투표용지 또는 투표보조용구를 제작·사용할 수 있다.
⑨ 투표용지와 투표함의 규격 및 투표용지의 봉함·보관·인계 그 밖에 필요한 사항은 중앙선거관리위원회규칙으로 정한다.(2005.8.4 본항신설)
(2015.8.13 본조제목개정)

제152조【투표용지모형 등의 공고】 ① 구·시·군선거관리위원회는 투표용지의 모형을 선거일전 7일까지 공고하여야 한다.(2004.3.12 본항개정)
② 구·시·군선거관리위원회는 투표용지를 인쇄할 인쇄소를 결정한 때에는 지체없이 그 인쇄소의 명칭과 소재지를 공고하여야 한다.

제153조【투표안내문의 발송】 ① 구·시·군선거관리위원회는 세대별로 선거인의 성명·선거인명부등재번호·투표소의 위치·투표할 수 있는 시간·투표할 때 가지고 가야 할 지참물 그 밖에 투표참여를 권유하는 내용 등이 기재된 투표안내문을 작성하여 선거인명부확정일 후 2일까지 관할구역안의 매세대에 발송하여야 한다. 이 경우 제65조제7항에 따라 통보받은 세대에는 점자형 투표안내문을 동봉하여 발송하여야 한다.(2014.1.17 후단개정)
② 제1항의 투표안내문의 발송을 위한 우편요금은 국가 또는 당해 지방자치단체가 부담한다.(2005.8.4 본항개정)
③ 투표안내문의 작성은 전산조직에 의할 수 있다.
④ 투표안내문의 서식·규격·게재사항 및 우편발송절차 기타 필요한 사항은 중앙선거관리위원회규칙으로 정한다.
(2011.7.28 본조제목개정)

제154조【거소투표자에 대한 투표용지의 발송】 ① 거소투표신고인명부에 올라 있는 선거인(이하 "거소투표자"라 한다)에게 발송할 투표용지(이하 "거소투표용지"라 한다)는 구·시·군선거관리위원회에서 당해 구·시·군선거관리위원회 정당추천위원의 참여하에 투표용지의 일련번호를 절취한 후 바코드(거소투표의 접수에 필요한 거소투표자의 거소·성명·선거인명부등재번호 등이 기록되어 컴퓨터가 인식할 수 있도록 표시한 막대모양의 기호를 말한다)가 표시된 회송용 봉투에 넣고 다시 발송용 봉투에 넣어 봉함한 후 선거일 전 10일까지 거소투표자에게 발송하여야 한다. 이 경우 정당추천위원이 그 시각까지 참석하지 아니한 때에는 참여를 포기한 것으로 본다.
② 제1항의 규정에 불구하고 거소투표자가 다음 각 호의 어느 하나에 해당하는 경우 해당 거소투표자에게는 당해 구·시·군선거관리위원회의 의결로 거소투표용지를 발송하지 아니할 수 있다. 이 경우 거소투표발송록에 그 사실을 기재하여야 한다.(2022.2.16 전단개정)
1. 허위로 신고한 경우(2022.2.16 본호신설)
2. 자신의 의사에 의하여 신고된 것으로 인정되지 아니한 경우(2022.2.16 본호신설)
3. 격리자등이 제38조제1항 전단에 따라 신고한 후 거소투표용지 발송 전에 치료가 완료되거나 격리가 해제된 경우(2022.2.16 본호신설)
③ 구·시·군선거관리위원회는 제2항의 규정에 의하여 거소투표용지를 발송하지 아니한 거소투표자와 선거일 전 2일까지 거소투표용지가 반송된 거소투표자의 명단을 작성하여 선거일전일까지 읍·면·동선거관리위원회에 통지하여야 하며, 읍·면·동선거관리위원회는 지체 없이 이를 투표관리관에게 통지하여야 한다.
④ 거소투표용지의 발송과 회송은 등기우편으로 하되, 그 우편요금은 국가 또는 당해 지방자치단체가 부담한다.
⑤ 구·시·군선거관리위원회는 투표방법 기타 선거에 관한 안내문을 거소투표용지와 동봉하여 발송하여야 한다.
⑥ 거소투표용지의 발송용 봉투 및 회송용 봉투의 규격·게재사항 그 밖에 필요한 사항은 중앙선거관리위원회규칙으로 정한다.
(2014.1.17 본조개정)

제154조의2【선상투표자에 대한 투표용지의 전송 등】
① 구·시·군선거관리위원회는 선상투표신고인명부에 올라 있는 선거인(이하 "선상투표자"라 한다)에게 보낼 투표용지(이하 "선상투표용지"라 한다)를 작성하여 해당 선상투표자가 승선하고 있는 선박의 선장(이하 "선장"이라 한다)에게 선거일 전 9일까지 팩시밀리를 이용하여 전송하여야 한다. 이 경우 허위로 신고하거나 자신의 의사에 따라 신고된 것으로 인정되지 아니한 선상투표자에 대하여는 제154조제2항을 준용한다.(2014.1.17 전단개정)
② 구·시·군선거관리위원회는 선상투표용지를 작성할 때 표지부분과 투표부분을 구분하고, 표지부분에는 선거인 확인란과 해당 선거구의 정당·후보자에 관한 정보를 열람할 수 있는 중앙선거관리위원회 인터넷 홈페이지 주소, 선상투표방법에 관한 사항 등을 게재하여야 한다.
③ 선장이 제1항에 따라 선상투표용지를 받은 때에는 즉시 해당 선상투표자에게 인계하여야 한다.
④ 선상투표용지의 규격과 게재사항, 선상투표용지 송부과정에 정당추천위원의 참여, 그 밖에 필요한 사항은 중앙선거관리위원회규칙으로 정한다.
(2012.2.29 본조신설)

제155조【투표시간】 ① 투표소는 선거일 오전 6시에 열고 오후 6시(보궐선거 등에 있어서는 오후 8시)에 닫는다. 다만, 마감할 때에 투표소에서 투표하기 위하여 대기하고 있는 선거인에게는 번호표를 부여하여 투표하게 한 후에 닫아야 한다.(2004.3.12 본문개정)
② 사전투표소는 사전투표기간 중 매일 오전 6시에 열고 오후 6시에 닫되, 제148조제1항제3호에 따라 설치하는 사전투표소는 관할 구·시·군선거관리위원회가 예상 투표자수 등을 고려하여 투표시간을 조정할 수 있다. 이 경우 제1항 단서의 규정은 사전투표소에 이를 준용한다.
(2022.4.20 전단개정)
③ 투표를 개시하는 때에는 투표관리관은 투표함 및 기표소내외의 이상유무에 관하여 검사하여야 하며, 이에는 투표참관인이 참관하여야 한다. 다만, 투표개시시각까지 투표참관인이 참석하지 아니한 때에는 최초로 투표하러 온 선거인으로 하여금 참관하게 하여야 한다.
(2005.8.4 본문개정)
④ 사전투표소에서 투표를 개시하는 때에는 사전투표관리관은 사전투표함 및 기표소내외의 이상유무에 관하여 검사하여야 하며, 이에는 사전투표참관인이 참관하여야 한다. 다만, 사전투표개시시각까지 사전투표참관인이 참석하지 아니한 때에는 최초로 투표하러 온 선거인으로 하여금 참관하게 하여야 한다.(2014.1.17 본항개정)
⑤ 사전투표·거소투표 및 선상투표는 선거일 오후 6시(보궐선거등에 있어서는 오후 8시)까지 관할 구·시·군선거관리위원회에 도착되어야 한다.(2014.1.17 본항개정)
⑥ 제1항 본문 및 제2항 전단에도 불구하고 격리자등이 선거권을 행사할 수 있도록 격리자등에 한정하여서는 투표소를 오후 6시 30분(보궐선거등에 있어서는 오후 8시 30분)에 열고 오후 7시 30분(보궐선거등에 있어서는 오후 9시 30분)에 닫으며, 사전투표소(제148조제1항제3호에 따라 설치하는 사전투표소를 제외하고 사전투표기간 중 둘째 날의 사전투표소에 한정한다. 이하 이 항에서 같다)는 오후 6시 30분에 열고 오후 8시에 닫는다. 다만, 농산어촌 지역에 거주하는 고령자·장애인·임산부 등 교통약자인 격리자등은 관할 보건소로부터 일시적 외출의 필요성을 인정받은 경우 투표소 또는 사전투표소에서 오후 6시(보궐선거등에 있어서는 투표소에서 오후 8시) 전에도 투표할 수 있다.(2023.3.29 본항개정)
⑦ 제6항 본문에 따라 투표하는 경우 제5항, 제176조제4항, 제218조의16제2항 및 제218조의24제2항부터 제4항까지의 규정 중 "선거일 오후 6시"는 각각 "선거일 오후 7시 30분"으로, "오후 8시"는 각각 "오후 9시 30분"으로 본다.
(2023.3.29 본항개정)

제156조【투표의 제한】 ① 선거인명부에 올라 있지 아니한 자는 투표할 수 없다. 다만, 제41조(이의신청과 결정)제2항·제42조(불복신청과 결정)제2항 또는 제43조(명부누락자의 구제)제2항의 이유있다는 결정통지서를 가지고 온 자는 투표할 수 있다.
② 선거인명부에 올라 있더라도 선거일에 선거권이 없는 자는 투표할 수 없다.
③ 거소투표자는 제158조의2에 따라 거소투표를 하여야 한다. 다만, 다음 각 호의 어느 하나에 해당하는 사람은 선거일에 해당 투표소에서 투표할 수 있다.
1. 제154조제2항에 해당하여 거소투표용지를 송부받지 못한 사람
2. 거소투표용지가 반송되어 거소투표용지를 송부받지 못한 사람
3. 거소투표용지를 송부받았으나 거소투표를 하지 못한 사람으로서 선거일에 해당 투표소에서 투표관리관에게 거소투표용지와 회송용 봉투를 반납한 사람
(2014.1.17 본항개정)
④ 제3항 단서에 따라 거소투표자가 선거일에 해당 투표소에서 투표하는 경우 투표관리관은 선거인명부 또는 제154조제3항에 따라 통지받은 거소투표자의 명단과 대조·확인하고 선거인명부 비고란에 그 사실을 적어야 한다.(2014.1.17 본항개정)

제157조【투표용지수령 및 기표절차】 ① 선거인은 자신이 투표소에 가서 투표참관인의 참관하에 주민등록증(주민등록증이 없는 경우에는 관공서 또는 공공기관이 발행한 증명서로서 사진이 첩부되어 본인임을 확인할 수 있는 여권·운전면허증·공무원증 또는 중앙선거관리위원회규칙으로 정하는 신분증명서를 말한다. 이하 "신분증명서"라 한다)을 제시하고 본인임을 확인받은 후 선거인명부에 서명이나 날인 또는 무인하고 투표용지를 받아야 한다.(2011.7.28 본항개정)
② 투표관리관은 선거일에 선거인에게 투표용지를 교부하는 때에는 사인날인란에 사인을 날인한 후 선거인이 보는 앞에서 일련번호지를 떼어서 교부하되, 필요하다고 인정되는 때에는 100매 이내의 범위안에서 그 사인을 미리 날인해 놓은 후 이를 교부할 수 있다.(2005.8.4 본항개정)

③ 투표관리관은 신분증명서를 제시하지 아니한 선거인에게 투표용지를 교부하여서는 아니된다.(2005.8.4 본항개정)
④ 선거인은 투표용지를 받은 후 기표소에 들어가 투표용지에 1인의 후보자(비례대표국회의원선거와 비례대표지방의회의원선거에 있어서는 하나의 정당을 말한다)를 선택하여 투표용지의 해당란에 기표한 후 그 자리에서 기표내용이 다른 사람에게 보이지 아니하게 접어 투표참관인의 앞에서 투표함에 넣어야 한다.(2005.8.4 본항개정)
⑤ 투표용지를 교부받은 후 그 선거인에게 책임이 있는 사유로 훼손 또는 오손된 때에는 다시 이를 교부하지 아니한다.
⑥ 선거인은 투표소의 질서를 해하지 아니하는 범위안에서 초등학생 이하의 어린이와 함께 투표소(초등학생인 어린이의 경우에는 기표소를 제외한다)안에 출입할 수 있으며, 시각 또는 신체의 장애로 인하여 자신이 기표할 수 없는 선거인은 그 가족 또는 본인이 지명한 2인을 동반하여 투표를 보조하게 할 수 있다.(2004.3.12 본항개정)
⑦ 제6항의 경우를 제외하고는 같은 기표소안에 2인 이상이 동시에 들어갈 수 없다.
⑧ 투표용지의 날인·교부방법 및 기표절차 그 밖에 필요한 사항은 중앙선거관리위원회규칙으로 정한다.
(2005.8.4 본항개정)
(2011.7.28 본조제목개정)

제158조【사전투표】 ① 선거인(거소투표자와 선상투표자는 제외한다)은 누구든지 사전투표기간 중에 사전투표소에 가서 투표할 수 있다.
② 사전투표를 하려는 선거인은 사전투표소에서 신분증명서를 제시하여 본인임을 확인받은 다음 전자적 방식으로 손도장을 찍거나 서명한 후 투표용지를 받아야 한다. 이 경우 중앙선거관리위원회는 해당 선거인에게 투표용지가 교부된 사실을 확인할 수 있도록 신분증명서의 일부를 전자적 이미지 형태로 저장하여 선거일의 투표마감시각까지 보관하여야 한다.(2015.8.13 후단신설)
③ 사전투표관리관은 투표용지 발급기로 선거권이 있는 해당 선거의 투표용지를 인쇄하여 "사전투표관리관"칸에 자신의 도장을 찍은 후 일련번호를 떼지 아니하고 회송용 봉투와 함께 선거인에게 교부한다.
④ 투표용지와 회송용 봉투를 받은 선거인은 기표소에 들어가 투표용지에 1명의 후보자(비례대표국회의원선거 및 비례대표지방의회의원선거에서는 하나의 정당을 말한다)를 선택하여 투표용지의 해당 칸에 기표한 다음 그 자리에서 기표내용이 다른 사람에게 보이지 아니하게 접어 이를 회송용 봉투에 넣어 봉함한 후 사전투표함에 넣어야 한다.
⑤ 제3항 및 제4항에도 불구하고 사전투표관리관은 중앙선거관리위원회규칙으로 정하는 구역의 선거인에게는 회송용 봉투를 교부하지 아니할 수 있다.
⑥ 사전투표관리관은 사전투표기간 중 매일의 사전투표마감 후 또는 사전투표기간 종료 후 투표지를 인계하는 경우에는 사전투표참관인의 참관 하에 다음 각 호에 따라 처리한다.(2014.2.13 본문개정)
1. 제3항 및 제4항에 따라 투표용지와 회송용 봉투를 함께 교부하여 투표하게 한 경우에는 사전투표함을 개함하고 사전투표자수를 계산한 후 관할 우체국장에게 인계하여 등기우편으로 발송한다. 이 경우 사전투표관리관은 후보자별로 사전투표참관인 1명씩을 지정하여 해당 우체국까지 동행하여야 하며, 사전투표관리관이 지정한 사전투표참관인이 정당한 사유 없이 동행을 거부한 때에는 그 권한을 포기한 것으로 보고 투표록에 그 사유를 기재한다.(2021.3.26 후단신설)
2. 제5항에 따라 회송용 봉투를 교부하지 아니하고 투표하게 한 경우에는 해당 사전투표함을 직접 관할 구·시·군선거관리위원회에 인계한다. 이 경우 사전투표함 등의 송부에 관하여는 제170조를 준용한다.
⑦ 투표용지를 교부하지 아니하는 경우와 투표소 출입등에 관하여는 제157조제3항 및 제5항부터 제7항까지의 규정을 준용한다.
⑧ 전기통신 장애 등이 발생하는 경우 사전투표절차, 그 밖에 필요한 사항은 중앙선거관리위원회규칙으로 정한다.
(2014.1.17 본조개정)

제158조의2【거소투표】 거소투표자는 관할 구·시·군선거관리위원회로부터 송부 받은 투표용지에 1명의 후보자(비례대표국회의원선거 및 비례대표지방의회의원선거에서는 하나의 정당을 말한다)를 선택하여 투표용지의 해당 칸에 기표한 다음 회송용 봉투에 넣어 봉함한 후 등기우편으로 발송하여야 한다.(2014.1.17 본조신설)

제158조의3【선상투표】 ① 선장은 선거일 전 8일부터 선거일 전 5일까지의 기간(이하 "선상투표기간"이라 한다) 중 해당 선박의 선상투표자의 수와 운항사정 등을 고려하여 선상투표를 할 수 있는 일시를 정하고, 해당 선박에 선상투표소를 설치하여야 한다. 이 경우 선장은 지체 없이 선상투표자에게 선상투표를 할 수 있는 일시와 선상투표소가 설치된 장소를 알려야 한다.(2015.8.13 전단개정)
② 선장은 선상투표소를 설치할 때 선상투표자가 투표의 비밀이 보장된 상태에서 투표한 후 팩시밀리로 선상투표용지를 전송할 수 있도록 설비하여야 한다.
③ 선장은 선상투표가 진행되는 동안에는 해당 선박에 승선하고 있는 선원 중 대한민국 국민으로서 공정하고 중립적인 사람 1명 이상을 입회시켜야 한다. 다만, 해당 선박에 승선하고 있는 대한민국 국민이 1명뿐인 경우에는 그러하지 아니하다.
④ 선장은 제1항에 따른 선상투표소에서 선상투표자가 가져 온 선상투표용지의 해당 서명란에 제3항 본문에 따른 입회인(이하 "입회인"이라 한다)과 함께 서명한 다음 해당 선상투표자에게 교부하여야 한다. 이 경우 선상투표소에서 투표하기 전에 미리 기표하여 온 선상투표용지는 회수하여 별도의 봉투에 넣어 봉함한다.
⑤ 제4항에 따라 선상투표용지를 교부받은 선상투표자는 선거인 확인란에 서명한 후 1명의 후보자(비례대표국회의원선거에서는 하나의 정당을 말한다)를 선택하여 선상투표용지의 해당란에 기표한 다음 선상투표소에 설치된 팩시밀리로 직접 해당 시·도선거관리위원회에 전송하여야 한다.
⑥ 제5항에 따라 전송을 마친 선상투표자는 선상투표지를 직접 봉투에 넣어 봉함한 후 선장에게 제출하여야 한다.
⑦ 선장은 해당 선박의 선상투표를 마친 후 입회인의 입회 아래 제6항에 따라 제출된 선상투표지 봉투와 제4항 후단에 따른 선상투표용지 봉투를 구분하여 함께 포장한 다음 자신과 입회인이 각각 봉인한 후 보관하여야 한다.
⑧ 선장은 해당 선박의 선상투표를 마친 때에는 선상투표관리기록부를 작성하여 선거일 전일까지 해당 선박의 선박원부를 관리하는 지방해양항만청의 소재지(대한민국국적취득조건부 나용선의 경우 해당 선박회사의 등록지, 외국국적 선박은 선박관리업 등록을 한 지방해양항만청의 소재지를 말한다)를 관할하는 시·도선거관리위원회에 팩시밀리로 전송하고, 국내에 도착하는 즉시 선상투표관리기록부와 제7항에 따라 보관 중인 봉투를 해당 시·도선거관리위원회에 제출하여야 한다. 이 경우 국내에 도착하기 전이라도 외국에서 국제우편을 이용하여 제출할 수 있다.
⑨ 시·도선거관리위원회는 제5항에 따른 선상투표지를 수신할 팩시밀리에 투표의 비밀이 보장될 수 있도록 기술적 장치를 하여야 한다.
⑩ 시·도선거관리위원회는 제5항에 따라 수신된 선상투표지의 투표부분은 절취하여 봉투에 넣고, 표지부분은 그 봉투에 붙여서 봉함한 후 선상투표자의 주소지 관할 구·시·군선거관리위원회에 보내야 한다. 이 경우 투표한 선거인을 알 수 없는 선상투표지는 봉투에 넣어 봉함한 후 그 사유를 적은 표지를 부착하여 보관한다.
⑪ 시·도선거관리위원회는 선상투표지 관리록에 선상투표지 수신상황과 발송상황을 적어야 한다.
⑫ 구·시·군선거관리위원회는 선거일 투표마감시각까지 시·도선거관리위원회로부터 송부된 선상투표지를 접수하여 우편투표함에 투입하여야 한다.
⑬ 선상투표기간 개시일 전에 국내에 도착한 선상투표자는 중앙선거관리위원회규칙으로 정하는 서류를 첨부하여 관할 구·시·군선거관리위원회에 신고한 후 선거일에 주소지를 관할하는 투표구에 설치된 투표소에서 투표할 수 있다. 이 경우 해당 선박에서 선상투표용지를 미리 교부받은 사람은 관할 구·시·군선거관리위원회에 신고할 때에 그 투표용지를 반납하여야 한다.(2015.8.13 본항신설)
⑭ 선상투표의 투표절차, 투표의 비밀을 보장하기 위한 팩시밀리의 기술적 요건, 선상투표관리기록부 및 선상투표지 관리록의 작성·제출, 선상투표기간 개시일 전에 국내에 도착한 선상투표자의 투표절차, 그 밖에 필요한 사항은 중앙선거관리위원회규칙으로 정한다.(2015.8.13 본항개정)
(2012.2.29 본조신설)

제159조【기표방법】 선거인이 투표용지에 기표를 하는 때에는 "㉥"표가 각인된 기표용구를 사용하여야 한다. 다만, 거소투표자가 거소투표(선상투표를 포함한다)를 하는 경우에는 "○"표를 할 수 있다.(2012.2.29 단서개정)

제160조 (2005.8.4 삭제)

제161조【투표참관】 ① 투표관리관은 투표참관인으로 하여금 투표용지의 교부상황과 투표상황을 참관하게 하여야 한다.(2005.8.4 본항개정)
② 투표참관인은 정당·후보자·선거사무장 또는 선거연락소장이 후보자마다 투표소별로 2인을 선정하여 선거일 전 2일까지 읍·면·동선거관리위원회에 서면으로 신고하여야 한다.(2005.8.4 본항개정)
③ 투표참관인은 투표소마다 8명으로 하되, 제2항의 규정에 의하여 선정·신고한 인원수가 8명을 넘는 때에는 읍·면·동선거관리위원회가 추첨에 의하여 지정한 자를 투표참관인으로 한다. 다만, 투표참관인의 선정이 없거나 선정·신고한 인원수가 4명에 미달하는 때에는 읍·면·동선거관리위원회가 그 투표구를 관할하는 구·시·군의 구역안에 거주하는 선거권자 중에서 본인의 승낙을 얻어 4명에 달할 때까지 선정한 자를 투표참관인으로 한다.(2010.1.25 본항개정)
④ 읍·면·동선거관리위원회가 제3항의 규정에 의하여 투표참관인을 지정하는 경우에 후보자수가 8명을 넘는 때에는 후보자별로 1명씩 우선 선정한 후 추첨에 의하여 8명을 지정하고, 후보자수가 8명에 미달하되 후보자가 선정·신고한 인원수가 8명을 넘는 때에는 후보자별로 1명씩 선정한 자를 우선 지정한 후 나머지 인원은 추첨에 의하여 지정한다.(2010.1.25 본항개정)
⑤ 정당·후보자·선거사무장 또는 선거연락소장은 그가 선정한 투표참관인에 대하여는 필요한 경우에는 언제든지 읍·면·동선거관리위원회에 신고하고 교체할 수 있으며, 선거일에는 투표소에서 교체신고할 수 있다.
(2005.8.4 본항개정)
⑥ 제3항 단서의 규정에 의하여 읍·면·동선거관리위원회가 선정한 투표참관인은 정당한 사유없이 참관을 거부하거나 그 직을 사임할 수 없다.(2005.8.4 본항개정)
⑦ 대한민국 국민이 아닌 자·미성년자·제18조(선거권이 없는 자)제1항 각호의 1에 해당하는 자·제53조(공무원 등의 입후보)제1항 각호의 1에 해당하는 자·후보자 또는 후보자의 배우자는 투표참관인이 될 수 없다.
(2004.3.12 본항개정)
⑧ 투표관리관은 원활한 투표관리를 위하여 필요하다고 인정하는 경우에는 투표참관인을 교대로 참관하게 할 수 있다. 이 경우 정당·후보자별로 참관인수의 2분의 1씩 교대하여 참관하게 하여야 한다.(2005.8.4 전단개정)
⑨ 투표관리관은 투표용지의 교부상황과 투표상황을 쉽게 볼 수 있는 장소에 투표참관인석을 마련하여야 한다.
(2005.8.4 본항개정)
⑩ 투표참관인은 투표에 간섭하거나 투표를 권유하거나 기타 어떠한 방법으로든지 선거에 영향을 미치는 행위를 하여서는 아니된다.
⑪ 투표관리관은 투표참관인이 투표간섭 또는 부정투표 그 밖에 이 법의 규정에 위반되는 사실을 발견하고 그 시정을 요구한 경우에 그 요구가 정당하다고 인정하는 때에는 이를 시정하여야 한다.(2005.8.4 본항개정)
⑫ 투표참관인은 투표소안에서 사고가 발생한 때에는 투표상황을 촬영할 수 있다.
⑬ (2000.2.16 삭제)
⑭ 투표참관인신고서의 서식 기타 필요한 사항은 중앙선거관리위원회규칙으로 정한다.

제162조【사전투표참관】 ① 사전투표관리관은 사전투표참관인으로 하여금 사전투표 상황을 참관하게 하고, 제158조제6항제1호에 따라 관할 우체국장에게 투표지를 인계하기까지 일련의 과정에 동행하게 하여야 한다.
(2021.3.26 본항개정)
② 정당·후보자·선거사무장 또는 선거연락소장은 후보자마다 사전투표소별로 2명의 사전투표참관인을 선정하여 선거일 전 7일까지 구·시·군선거관리위원회에 서면으로 신고하여야 하고, 필요한 경우 언제든지 신고한 후 교체할 수 있으며 사전투표기간 중에는 사전투표소에서 교체신고를 할 수 있다.
③ 제2항에 따른 사전투표참관인의 선정이 없거나 한 후보자가 선정한 사전투표참관인밖에 없는 때에는 관할 구·시·군선거관리위원회가 선거권자중에서 본인의 승낙을 얻어 4인에 달할 때까지 선정한 자를 사전투표참관인으로 한다.
④ 사전투표참관에 관하여는 제161조제6항부터 제12항까지의 규정을 준용한다. 이 경우 "읍·면·동선거관리위원회"는 "관할구·시·군선거관리위원회"로, "투표관리관"은 "사전투표관리관"으로, "투표참관인"은 "사전투표참관인"으로 본다.(2015.8.13 전단개정)
⑤ 사전투표참관인신고서의 서식, 그 밖에 필요한 사항은 중앙선거관리위원회규칙으로 정한다.
(2014.1.17 본조개정)

제163조【투표소 등의 출입제한】 ① 투표하려는 선거인·투표참관인·투표관리관, 읍·면·동선거관리위원회 및 그 상급선거관리위원회의 위원과 직원 및 투표사무원을 제외하고는 누구든지 투표소에 들어갈 수 없다.
(2005.8.4 본항개정)
② 선거관리위원회의 위원·직원·투표관리관·투표사무원 및 투표참관인이 투표소에 출입하는 때에는 중앙선거관리위원회규칙이 정하는 바에 따라 표지를 달거나 붙여야 하며, 이 규정에 의한 표지외에는 선거와 관련한 어떠한 표시물도 달거나 붙일 수 없다.(2005.8.4 본항개정)
③ 제2항의 표지는 다른 사람에게 양도·양여할 수 없다.
④ 사전투표소(제149조에 따라 기표소가 설치된 장소를 포함한다)의 출입제한에 관하여는 제1항부터 제3항까지의 규정을 준용한다.(2014.1.17 본항개정)

제164조【투표소 등의 질서유지】 ① 투표관리관 또는 투표사무원은 투표소의 질서가 심히 문란하여 공정한 투표가 실시될 수 없다고 인정하는 때에는 투표소의 질서를 유지하기 위하여 정복을 한 경찰공무원 또는 경찰관서장에게 원조를 요구할 수 있다.(2005.8.4 본항개정)
② 제1항의 규정에 의하여 원조요구를 받은 경찰공무원 또는 경찰관서장은 즉시 이에 따라야 한다.
③ 제1항의 요구에 의하여 투표소안에 들어간 경찰공무원 또는 경찰관서장은 투표관리관의 지시를 받아야 하며, 질서가 회복되거나 투표관리관의 요구가 있는 때에는 즉시 투표소안에서 퇴거하여야 한다.(2005.8.4 본항개정)
④ 사전투표소의 질서유지에 관하여는 제1항부터 제3항까지의 규정을 준용한다. 이 경우 "투표관리관"은 "사전투표관리관"으로, "투표사무원"은 "사전투표사무원"으로 본다.(2014.1.17 본항개정)

제165조【무기나 흉기 등의 휴대금지】 ① 제164조(투표소등의 질서유지)제1항의 경우를 제외하고는 누구든지 투표소안에서 무기나 흉기 또는 폭발물을 지닐 수 없다.

② 사전투표소(제149조에 따라 기표소가 설치된 장소를 포함한다)에서의 무기나 흉기 등의 휴대금지에 관하여는 제1항을 준용한다.(2014.1.17 본항개정)
제166조【투표소내외에서의 소란언동금지 등】 ① 투표소안에서 또는 투표소로부터 100미터안에서 소란한 언동을 하거나 특정 정당이나 후보자를 지지 또는 반대하는 언동을 하는 자가 있는 때에는 투표관리관 또는 투표사무원은 이를 제지하고, 그 명령에 불응하는 때에는 투표소 또는 그 제한거리 밖으로 퇴거하게 할 수 있다. 이 경우 투표관리관 또는 투표사무원은 필요하다고 인정하는 때에는 정복을 한 경찰공무원 또는 경찰관서장에게 원조를 요구할 수 있다.(2005.8.4 본항개정)
② 제1항의 규정에 의하여 퇴거당한 선거인은 최후에 투표하게 한다. 다만, 투표관리관은 투표소의 질서를 문란하게 할 우려가 없다고 인정하는 때에는 그 전에라도 투표하게 할 수 있다.(2005.8.4 단서개정)
③ 누구든지 제163조(투표소 등의 출입제한)제2항의 규정에 의하여 표지를 달거나 붙이는 경우를 제외하고는 선거일에 완장·흉장 등의 착용 기타의 방법으로 선거에 영향을 미칠 우려가 있는 표지를 할 수 없다.
④ 제164조(투표소 등의 질서유지)제2항 및 제3항의 규정은 투표소내외에서의 소란언동금지등에 이를 준용한다.
⑤ 사전투표소 내외에서의 소란언동금지 등에 관하여는 제1항부터 제4항까지의 규정을 준용한다. 이 경우 "투표관리관"은 "사전투표관리관"으로, "투표사무원"은 "사전투표사무원"으로, "선거일에"는 "사전투표소 안에서"로 본다.(2014.1.17 본항개정)
제166조의2【투표지 등의 촬영행위 금지】 ① 누구든지 기표소 안에서 투표지를 촬영하여서는 아니 된다.
② 투표관리관 또는 사전투표관리관은 선거인이 기표소 안에서 투표지를 촬영한 경우 해당 선거인으로부터 그 촬영물을 회수하고 투표록에 그 사유를 기록한다.
(2014.1.17 본항개정)
(2010.1.25 본조신설)
제167조【투표의 비밀보장】 ① 투표의 비밀은 보장되어야 한다.
② 선거인은 투표한 후보자의 성명이나 정당명을 누구에게도 또한 어떠한 경우에도 진술할 의무가 없으며, 누구든지 선거일의 투표마감시각까지 이를 질문하거나 그 진술을 요구할 수 없다. 다만, 텔레비전방송국·라디오방송국·「신문 등의 진흥에 관한 법률」 제2조제1호가목 및 나목에 따른 일간신문사가 선거의 결과를 예상하기 위하여 선거일에 투표소로부터 50미터 밖에서 투표의 비밀이 침해되지 않는 방법으로 질문하는 경우에는 그러하지 아니하며 이 경우 투표마감시각까지 그 경위와 결과를 공표할 수 없다.(2012.2.29 단서개정)
③ 선거인은 자신이 기표한 투표지를 공개할 수 없으며, 공개된 투표지는 무효로 한다.
제168조【투표함 등의 봉쇄·봉인】 ① 투표관리관은 투표소를 닫는 시각이 된 때에는 투표소의 입구를 닫아야 하며, 투표소안에 있는 선거인의 투표가 끝나면 투표참관인의 참관하에 투표함의 투입구와 그 자물쇠를 봉쇄·봉인하여야 한다. 다만, 정당한 사유없이 참관을 거부하는 투표참관인이 있는 때에는 그 권한을 포기한 것으로 보고, 투표록에 그 사유를 기재한다.(2005.8.4 본항개정)
② 투표함의 열쇠와 잔여투표용지 및 번호지는 제1항의 규정에 의하여 각각 봉인하여야 한다.
제169조【투표록의 작성】 투표관리관은 투표록을 작성하여 기명하고 서명 또는 날인하여야 한다.(2011.7.28 본조개정)
제170조【투표함 등의 송부】 ① 투표관리관은 투표가 끝난 후 지체없이 투표함 및 그 열쇠와 투표록 및 잔여투표용지를 관할구·시·군선거관리위원회에 송부하여야 한다.(2005.8.4 본항개정)
② 제1항의 규정에 의하여 투표함을 송부하는 때에는 후보자별로 투표참관인 1인과 호송에 필요한 정복을 한 경찰공무원을 2인에 한하여 동반할 수 있다.(2010.3.12 후단삭제)
제171조【투표관계서류의 인계】 투표관리관은 투표가 끝난 후 선거인명부 기타 선거에 관한 모든 서류를 관할 구·시·군선거관리위원회위원장에게 인계하여야 한다.(2005.8.4 본조개정)

제11장 개 표

제172조【개표관리】 ① 개표사무는 구·시·군선거관리위원회가 이를 행한다.
② 제173조(개표소)제2항의 규정에 의하여 2개 이상의 개표소를 설치하는 때에는 당해 구·시·군선거관리위원회위원을 각 개표소에 비등하게 지정·배치하되, 이 법에 의한 개표관리에 관하여 당해 구·시·군선거관리위원회의 의결을 요하는 사항은 당해 개표소에 배치된 위원[「선거관리위원회법」 제4조(위원의 임명 및 위촉)제13항의 규정에 의한 보조위원을 포함한다. 이하 이 장에서 같다]수의 과반수의 의결로 결정하고, 구·시·군선거관리위원회위원장의 직무는 각각 당해 위원장과 부위원장 또는 위원장이 지명한 위원이 행한다.(2005.8.4 본항개정)
③ 개표를 개시한 이후에는 개표소에 구·시·군선거관리위원회재적위원(제173조제2항의 규정에 의하여 2개 이상의 개표소를 설치한 때에는 당해 개표소에 배치된 위원을 말한다)의 과반수가 참석하여야 한다.(2000.2.16 본항개정)
④ 「선거관리위원회법」 제4조제13항 및 동법 제5조(위원장)제4항의 규정은 2개 이상의 개표소를 설치하는 선거의 경우에 관하여 이를 준용한다.(2005.8.4 본항개정)
제173조【개표소】 ① 구·시·군선거관리위원회는 선거일전 5일까지 그 구·시·군의 사무소 소재지 또는 당해 관할구역(당해 구역안에 적정한 장소가 없는 때에는 인접한 다른 구역을 포함한다)안에 설치할 개표소를 공고하여야 한다. 다만, 천재·지변 기타 부득이한 사유가 있는 때에는 이를 변경할 수 있으며, 이 경우에는 즉시 공고하여야 한다.(1998.4.30 본항개정)
② 구·시·군선거관리위원회는 2개 이상의 개표소를 설치할 수 있다.(2000.2.16 본항신설)
③ 제147조(투표소의 설치)제3항의 규정은 개표소에 준용한다.(2004.3.12 본항신설)
④ 2개 이상의 개표소를 설치하는 때의 개표의 절차 및 방법 기타 필요한 사항은 중앙선거관리위원회규칙으로 정한다.(2000.2.16 본항신설)
제174조【개표사무원】 ① 구·시·군선거관리위원회는 개표사무를 보조하게 하기 위하여 개표사무원을 두어야 한다.(2018.4.6 본항개정)
② 개표사무원은 제147조제9항제1호 내지 제4호에 해당하는 자 또는 공정하고 중립적인 자 중에서 위촉한다.(2004.3.12 본항개정)
③ 제147조제9항제1호부터 제4호까지의 기관·단체의 장이 선거관리위원회로부터 개표사무원의 추천 협조요구를 받은 때에는 우선적으로 이에 따라야 한다.(2014.2.13 본항신설)
④ (2004.3.12 삭제)
제175조【개표개시】 ① (2004.3.12 삭제)
② 구·시·군선거관리위원회는 관할구역안에 2 이상의 선거구가 있는 경우에는 선거구 단위로 개표한다.(2004.3.12 본항개정)
제176조【사전투표·거소투표 및 선상투표의 접수·개표】 ① 구·시·군선거관리위원회는 우편으로 송부된 사전투표·거소투표 및 선상투표를 접수한 때에는 당해 구·시·군선거관리위원회의 정당추천위원의 참여하에 이를 즉시 우편투표함에 투입·보관하여야 한다.
② 구·시·군선거관리위원회는 제158조제6항제2호에 따라 사전투표함을 인계받은 때에는 해당 구·시·군선거관리위원회의 정당추천위원의 참여 하에 투표함의 봉함·봉인상태를 확인하고 보관하여야 한다.(2014.1.17 본항신설)
③ 구·시·군선거관리위원회는 제1항에 따른 우편투표함과 제2항에 따른 사전투표함을 「개인정보 보호법」 제2조제7호에 따른 고정형 영상정보처리기기가 설치된 장소에 보관하여야 하고, 해당 영상정보는 해당 선거의 선거일 후 6개월까지 보관하여야 한다.(2023.3.14 본항개정)
④ 제1항에 따른 우편투표함과 제2항에 따른 사전투표함은 개표참관인이 참관하에 선거일 오후 6시(보궐선거등에 있어서는 오후 8시)후에 개표소로 옮겨서 일반투표함의 투표지와 별도로 먼저 개표할 수 있다.
⑤ 제3항에 따른 영상정보처리기기의 설치, 투표함 보관, 그 밖에 필요한 사항은 중앙선거관리위원회규칙으로 정한다.(2021.3.26 본항신설)
(2014.1.17 본조개정)
제177조【투표함의 개함】 ① 투표함을 개함하는 때에는 구·시·군선거관리위원회위원장은 개표참관인의 참관하에 투표함의 봉쇄와 봉인을 검사한 후 이를 열어야 한다. 다만, 정당한 사유 없이 참관을 거부하는 개표참관인이 있는 때에는 그 권한을 포기한 것으로 보고, 개표록에 그 사유를 기재한다.(2005.8.4 본항개정)
② 구·시·군선거관리위원회위원장은 투표함을 개함한 후 투표수를 계산하여 투표록에 기재된 투표용지 교부수와 대조하여야 한다. 이 경우 정당한 사유없이 개표사무를 지연시키는 위원이 있는 때에는 그 권한을 포기한 것으로 보고, 개표록에 그 사유를 기재한다.
제178조【개표의 진행】 ① 개표는 투표구별로 구분하여 투표수를 계산한다.(2002.3.7 본항개정)
② 구·시·군선거관리위원회는 개표사무를 보조하기 위하여 투표지를 유·무효별 또는 후보자(비례대표국회의원선거 및 비례대표지방의회의원선거에서는 정당을 말한다)별로 구분하거나 계산에 필요한 기계장치 또는 전산조직을 이용할 수 있다.(2014.1.17 본항신설)
③ 후보자별 득표수(비례대표국회의원선거 및 비례대표지방의회의원선거에 있어서는 정당별 득표수를 말한다. 이하 이 조에서 같다)의 공표는 구·시·군선거관리위원회위원장이 투표구별로 집계·작성된 개표상황표에 의하여 투표구 단위로 하되, 출석한 구·시·군선거관리위원회위원 전원은 공표 전에 득표수를 검열하고 개표상황표에 서명하거나 날인하여야 한다. 다만, 정당한 사유없이 개표사무를 지연시키는 위원이 있는 때에는 그 권한을 포기한 것으로 보고, 개표록에 그 사유를 기재한다.(2011.7.28 본항개정)
④ 누구든지 제3항에 따른 후보자별 득표수의 공표전에는 이를 보도할 수 없다. 다만, 선거관리위원회가 제공하는 개표상황 자료를 보도하는 경우에는 그러하지 아니하다.(2014.1.17 본항개정)
⑤ 개표절차 및 개표상황표의 서식 기타 필요한 사항은 중앙선거관리위원회규칙으로 정한다.
(2011.7.28 본조제목개정)
제179조【무효투표】 ① 다음 각 호의 어느 하나에 해당하는 투표는 무효로 한다.(2005.8.4 본문개정)
1. 정규의 투표용지를 사용하지 아니한 것
2. 어느 란에도 표를 하지 아니한 것
3. 2란에 걸쳐서 표를 하거나 2 이상의 란에 표를 한 것(2015.8.13 본호개정)
4. 어느 란에 표를 한 것인지 식별할 수 없는 것
5. ⓐ표를 하지 아니하고 문자 또는 물형을 기입한 것
6. ⓐ표 외에 다른 사항을 기입한 것(2005.8.4 본호개정)
7. 선거관리위원회의 기표용구가 아닌 용구로 표를 한 것
② 사전투표 및 거소투표의 경우에는 제1항의 규정에 의하는 외에 다음 각 호의 어느 하나에 해당하는 투표도 이를 무효로 한다.(2014.1.17 본문개정)
1. 정규의 회송용 봉투를 사용하지 아니한 것(2005.8.4 본호개정)
2. 회송용 봉투가 봉함되지 아니한 것(2005.8.4 본호개정)
3. (2005.8.4 삭제)
4. (2014.1.17 삭제)
③ 선상투표의 경우에는 제1항에 따라 무효로 하는 경우 외에 다음 각 호의 어느 하나에 해당하는 경우에도 무효로 한다.
1. 선상투표신고서에 기재된 팩시밀리 번호가 아닌 번호를 이용하여 전송되거나 전송한 팩시밀리 번호를 알 수 없는 것(2014.1.17 본호개정)
2. 같은 선거인의 투표지가 2회 이상 수신된 경우 정상적으로 수신된 최초의 투표지 외의 것
3. 선거인이나 선장 또는 입회인의 서명이 누락된 것(제158조의3제3항 단서에 따라 입회인을 두지 아니한 경우 입회인의 서명이 누락된 것은 제외한다)(2014.1.17 본호개정)
4. 표지부분에 후보자의 성명이나 정당의 명칭 또는 그 성명이나 명칭을 유추할 수 있는 내용이 표시된 것
(2012.2.29 본항신설)
④ 다음 각 호의 어느 하나에 해당하는 투표는 무효로 하지 아니한다.(2005.8.4 본문개정)
1. ⓐ표가 일부분 표시되거나 ⓐ표안이 메워진 것으로서 선거관리위원회의 기표용구를 사용하여 기표를 한 것이 명확한 것
2. 한 후보자(비례대표국회의원선거 및 비례대표지방의회의원선거에 있어서는 정당을 말한다. 이하 이 항에서 같다)란에만 2 이상 기표된 것(2005.8.4 본호개정)
3. 후보자란 외에 추가 기표되었으나 추가 기표된 것이 어느 후보자에게도 기표한 것으로 볼 수 없는 것(2005.8.4 본호개정)
4. (2015.8.13 삭제)
5. 기표한 것이 전사된 것으로서 어느 후보자에게 기표한 것인지가 명확한 것
6. 인육으로 오손되거나 훼손되었으나 정규의 투표용지임이 명백하고 어느 후보자에게 기표한 것인지가 명확한 것
7. 거소투표(선상투표를 포함한다)의 경우 이 법에 규정된 방법외의 다른 방법[인장(무인을 제외한다)의 날인·성명기재 등 누가 투표한 것인지 알 수 있는 것을 제외한다]으로 표를 하였으나 어느 후보자에게 기표한 것인지가 명확한 것(2012.2.29 본호개정)
8. 회송용 봉투에 성명 또는 거소가 기재되거나 사인이 날인된 것(2005.8.4 본호신설)
9. 거소투표자 또는 선상투표자가 투표 후 선거일의 투표개시 전에 사망한 경우 그 거소투표 또는 선상투표(2014.1.17 본호개정)
10. 사전투표소에서 투표한 선거인이 선거일의 투표개시 전에 사망한 경우 해당 선거인의 투표(2014.1.17 본호개정)
(2015.8.13 본조제목개정)
제180조【투표의 효력에 관한 이의에 대한 결정】 ① 투표의 효력에 관하여 이의가 있는 때에는 구·시·군선거관리위원회는 재적위원 과반수의 출석과 출석위원 과반수의 의결로 결정한다.(1995.12.30 본항개정)
② 투표의 효력을 결정함에 있어서는 선거인의 의사가 존중되어야 한다.
제181조【개표참관】 ① 구·시·군선거관리위원회는 개표참관인으로 하여금 개표소안에서 개표상황을 참관하게 하여야 한다.
② 제1항의 개표참관인은 구·시·군선거관리위원회의 관할구역안에서 실시되는 선거에 후보자를 추천하는 정당은 6인을, 무소속후보자는 3인을 선정하여 선거일 전 2일까지 당해 구·시·군선거관리위원회에 서면으로 신고하여 참관하게 하되, 신고후 언제든지 교체할 수 있으며 개표일에는 개표소에서 교체신고를 할 수 있다.
(2018.4.6 본항개정)
③ 제2항의 규정에 의한 개표참관인의 신고가 없거나 한 정당 또는 한 후보자가 선정한 개표참관인밖에 없는 때에는 구·시·군선거관리위원회가 선거권자 중에서 본인의 승낙을 얻어 12인[지역구자치구·시·군의원선거

에 있어서는 6인(한 정당이 선정한 개표참관인밖에 없는 때에는 9인)]에 달할 때까지 선정한 자를 개표참관인으로 한다.(2012.1.17 본항개정)
④ 제3항의 규정에 의하여 구·시·군선거관리위원회가 선정한 개표참관인은 정당한 사유없이 참관을 거부하거나 그 직을 사임할 수 없다.
⑤ 구·시·군선거관리위원회는 제2항 및 제3항에도 불구하고 개표장소, 선거인수 등을 고려하여 선거권자의 신청을 받아 제2항에 따라 정당 또는 후보자가 신고할 수 있는 개표참관인 수의 100분의 20 이내에서 개표참관인을 추가로 선정하여 참관하게 할 수 있다.(2015.8.13 본항신설)
⑥ 개표참관인은 투표구에서 송부된 투표함의 인계·인수절차를 참관하고 투표함의 봉쇄·봉인을 검사하며 그 관리상황을 참관할 수 있다.
⑦ 구·시·군선거관리위원회는 개표참관인이 개표내용을 식별할 수 있는 가까운 거리(1미터 이상 2미터 이내)에서 참관할 수 있도록 개표참관인석을 마련하여야 한다.
⑧ 구·시·군선거관리위원회는 개표참관인이 개표에 관한 위법사항을 발견하여 그 시정을 요구한 경우에 그 요구가 정당하다고 인정되는 때에는 이를 시정하여야 한다.
⑨ 개표참관인은 개표소안에서 개표상황을 언제든지 순회·감시 또는 촬영할 수 있으며, 당해 구·시·군선거관리위원회위원장이 개표소안 또는 일반관람인석에 지정한 장소에서 전화·컴퓨터 기타의 통신설비를 설치하고, 이를 이용하여 개표상황을 후보자 또는 정당에 통보할 수 있다.
⑩ 구·시·군선거관리위원회는 원활한 개표관리를 위하여 필요한 경우에는 개표참관인을 교대하여 참관하게 할 수 있다. 이 경우 정당·후보자별로 참관인수의 2분의 1씩 교대하여 참관하게 하여야 한다.(2004.3.12 본항개정)
⑪ 다음 각 호의 어느 하나에 해당하는 사람은 개표참관인이 될 수 없다.
1. 대한민국 국민이 아닌 사람
2. 미성년자
3. 제18조제1항 각 호의 어느 하나에 해당하는 사람
4. 제53조제1항 각 호의 어느 하나에 해당하는 사람
(2015.8.13 본항개정)
⑫ 개표참관인신고서의 서식 기타 필요한 사항은 중앙선거관리위원회규칙으로 정한다.
(2015.8.13 본조제목개정)
제182조【개표관람】 ① 누구든지 구·시·군선거관리위원회가 발행하는 관람증을 받아 구획된 장소에서 개표상황을 관람할 수 있다.
② 제1항의 관람증의 매수는 개표장소를 참작하여 적당한 수로 하되, 후보자별로 균등하게 배부되도록 하여야 한다.
③ 구·시·군선거관리위원회는 일반관람인석에 대하여 질서유지에 필요한 설비를 하여야 한다.
제183조【개표소의 출입제한과 질서유지】 ① 구·시·군선거관리위원회와 그 상급선거관리위원회의 위원·직원, 개표사무원·개표사무협조요원 및 개표참관인을 제외하고는 누구든지 개표소에 들어갈 수 없다. 다만, 관람증을 배부받은 자와 방송·신문·통신의 취재·보도요원이 일반관람인석에 들어가는 경우는 그러하지 아니하다.(2002.3.7 본문개정)
② 선거관리위원회의 위원·직원, 개표사무원·개표사무협조요원 및 개표참관인이 개표소에 출입하는 때에는 중앙선거관리위원회규칙이 정하는 바에 따라 표지를 달거나 붙여야 하며, 이를 다른 사람에게 양도·양여할 수 없다.(2002.3.7 본항개정)
③ 구·시·군선거관리위원회위원장이나 위원은 개표소의 질서가 심히 문란하여 공정한 개표가 진행될 수 없다고 인정하는 때에는 개표소의 질서유지를 위하여 정복을 한 경찰공무원 또는 경찰관서장에게 원조를 요구할 수 있다.
④ 제3항의 규정에 의하여 원조요구를 받은 경찰공무원 또는 경찰관서장은 즉시 이에 따라야 한다.
⑤ 제3항의 요구에 의하여 개표소안에 들어간 경찰공무원 또는 경찰관서장은 구·시·군선거관리위원회위원장의 지시를 받아야 하며, 질서가 회복되거나 위원장의 요구가 있는 때에는 즉시 개표소에서 퇴거하여야 한다.
⑥ 제3항의 경우를 제외하고는 누구든지 개표소안에서 무기나 흉기 또는 폭발물을 지닐 수 없다.
제184조【투표지의 구분】 개표가 끝난 때에는 투표구별로 개표한 투표지를 유효·무효로 구분하고, 유효투표지는 다시 후보자(비례대표국회의원선거 및 비례대표지방의회의원선거에 있어서는 후보자를 추천한 정당을 말한다)별로 구분하여 각각 포장하여 구·시·군선거관리위원회위원장이 봉인하여야 한다.(2010.1.25 본조개정)
제185조【개표록·집계록 및 선거록의 작성 등】 ① 구·시·군선거관리위원회는 개표결과를 즉시 공표하고 개표록을 작성하여 관할선거구선거관리위원회(대통령선거 및 비례대표국회의원선거에 있어서는 시·도선거관리위원회)에 송부하여야 한다.(2004.3.12 본항개정)
② 제1항의 개표록을 송부받은 관할선거구선거관리위원회는 지체없이 후보자(비례대표지방의회의원선거에 있어서는 정당을 말한다)별 득표수를 계산·공표하고 선거록을 작성하여야 한다.(2005.8.4 본항개정)
③ 시·도선거관리위원회가 제1항의 개표록을 송부받은 때에는 대통령선거에 있어서는 후보자별 득표수를, 비례대표국회의원선거에 있어서는 정당별 득표수를 계산·공표하고 집계록을 작성하여 중앙선거관리위원회에 송부하여야 한다.(2004.3.12 본항개정)
④ 중앙선거관리위원회가 제3항의 집계록을 송부받은 때에는 대통령선거에 있어서는 후보자별 득표수를, 비례대표국회의원선거에 있어서는 정당별 득표수를 계산·공표하고, 선거록을 작성하여야 한다.(2004.3.12 본항개정)
⑤ 개표록·집계록 및 선거록에는 위원장과 출석한 위원전원이 기명하고 서명 또는 날인하여야 한다. 다만, 정당한 사유없이 서명 또는 날인을 거부하는 위원이 있는 때에는 그 권한을 포기한 것으로 보고, 개표록·집계록 및 선거록에 그 사유를 기재한다.(2011.7.28 본항개정)
⑥ 개표록·집계록 및 선거록의 서식 기타 필요한 사항은 중앙선거관리위원회규칙으로 정한다.
(2011.7.28 본조제목개정)
제186조【투표지·개표록 및 선거록 등의 보관】 구·시·군선거관리위원회는 투표지·투표함·투표록·개표록·선거록 기타 선거에 관한 모든 서류를, 시·도선거관리위원회는 집계록 및 선거록 기타 선거에 관한 모든 서류를, 중앙선거관리위원회는 선거록 기타 선거에 관한 모든 서류를 그 당선인의 임기중 각각 보관하여야 한다. 다만, 제219조(선거소청)·제222조(선거소송) 및 제223조(당선소송)의 규정에 의한 선거에 관한 쟁송이 제기되지 아니하거나 계속되지 아니하게 된 때에는 중앙선거관리위원회규칙이 정하는 바에 따라 그 보존기간을 단축할 수 있다.(2002.3.7 본문개정)

제12장 당선인

제187조【대통령당선인의 결정·공고·통지】 ① 대통령선거에 있어서는 중앙선거관리위원회가 유효투표의 다수를 얻은 자를 당선인으로 결정하고, 이를 국회의장에게 통지하여야 한다. 다만, 후보자가 1인인 때에는 그 득표수가 선거권자총수의 3분의 1 이상에 달하여야 당선인으로 결정한다.
② 최고득표자가 2인 이상인 때에는 중앙선거관리위원회의 통지에 의하여 국회는 재적의원 과반수가 출석한 공개회의에서 다수표를 얻은 자를 당선인으로 결정한다.
③ 제1항의 규정에 의하여 당선인이 결정된 때에는 중앙선거관리위원회위원장이, 제2항의 규정에 의하여 당선인이 결정된 때에는 국회의장이 이를 공고하고, 지체없이 당선인에게 당선증을 교부하여야 한다.
④ 천재·지변 기타 부득이한 사유로 인하여 개표를 모두 마치지 못하였다 하더라도 개표를 마치지 못한 지역의 투표가 선거의 결과에 영향을 미칠 염려가 없다고 인정되는 때에는 중앙선거관리위원회는 우선 당선인을 결정할 수 있다.
제188조【지역구국회의원당선인의 결정·공고·통지】 ① 지역구국회의원선거에 있어서는 선거구선거관리위원회가 당해 국회의원지역구에서 유효투표의 다수를 얻은 자를 당선인으로 결정한다. 다만, 최고득표자가 2인 이상인 때에는 연장자를 당선인으로 결정한다.
② 후보자등록마감시각에 지역구국회의원후보자가 1인이거나 후보자등록마감후 선거일 투표개시시각전까지 지역구국회의원후보자가 사퇴·사망하거나 등록이 무효로 되어 지역구국회의원후보자수가 1인이 된 때에는 지역구국회의원후보자에 대한 투표를 실시하지 아니하고, 선거일에 그 후보자를 당선인으로 결정한다.
③ 선거일의 투표개시시각부터 투표마감시각까지 지역구국회의원후보자가 사퇴·사망하거나 등록이 무효로 되어 지역구국회의원후보자수가 1인이 된 때에는 나머지 투표는 실시하지 아니하고 그 후보자를 당선인으로 결정한다.
④ 선거일의 투표마감시각후 당선인결정전까지 지역구국회의원후보자가 사퇴·사망하거나 등록이 무효로 된 경우에는 개표결과 유효투표의 다수를 얻은 자를 당선인으로 결정하되, 사퇴·사망하거나 등록이 무효로 된 자가 유효투표의 다수를 얻은 때에는 그 국회의원지역구는 당선인이 없는 것으로 한다.
⑤ 제2항 및 제3항의 규정에 의하여 투표를 실시하지 아니하는 때에는 당해 선거구선거관리위원회는 지체없이 이를 공고하고 상급선거관리위원회에 보고하여야 하며, 하급선거관리위원회에 통지하여야 한다.
⑥ 제1항 내지 제4항의 규정에 의하여 국회의원지역구의 당선인이 결정된 때에는 당해 선거구선거관리위원회위원장은 이를 공고하고 지체없이 당선인에게 당선증을 교부하여야 하며, 상급선거관리위원회에 보고하여야 한다.
⑦ 제187조(대통령당선인의 결정·공고·통지)제4항의 규정은 지역구국회의원당선인의 결정에 이를 준용한다.
제189조【비례대표국회의원의석의 배분과 당선인의 결정·공고·통지】 ① 중앙선거관리위원회는 다음 각 호의 어느 하나에 해당하는 정당(이하 이 조에서 "의석할당정당"이라 한다)에 대하여 비례대표국회의원의석을 배분한다.
1. 임기만료에 따른 비례대표국회의원선거에서 전국 유효투표총수의 100분의 3 이상을 득표한 정당
2. 임기만료에 따른 지역구국회의원선거에서 5 이상의 의석을 차지한 정당
(2020.1.14 본항개정)
② 비례대표국회의원의석은 다음 각 호에 따라 각 의석할당정당에 배분한다.
1. 각 의석할당정당에 배분할 의석수(이하 이 조에서 "연동배분의석수"라 한다)는 다음 계산식에 따른 값을 소수점 첫째자리에서 반올림하여 산정한다. 이 경우 연동배분의석수가 1보다 작은 경우 연동배분의석수는 0으로 한다.

연동배분 의석수 = 〔(국회의원정수 − 의석할당정당이 추천하지 않은 지역구국회의원당선인수) × 해당 정당의 비례대표국회의원선거 득표비율 − 해당 정당의 지역구국회의원당선인수〕 ÷ 2

2. 제1호에 따른 각 정당별 연동배분의석수의 합계가 비례대표국회의원 의석정수에 미달할 경우 각 의석할당정당에 배분할 잔여의석수(이하 이 조에서 "잔여배분의석수"라 한다)는 다음 계산식에 따라 산정한다. 이 경우 정수(정수)의 의석을 먼저 배정하고 잔여의석은 소수점 이하 수가 큰 순으로 각 의석할당정당에 1석씩 배분하되, 그 수가 같은 때에는 해당 정당 사이의 추첨에 따른다.

잔여배분 의석수 = (비례대표국회의원 의석정수 − 각 연동배분의석수의 합계) × 비례대표국회의원선거 득표비율

3. 제1호에 따른 각 정당별 연동배분의석수의 합계가 비례대표국회의원 의석정수를 초과할 경우에는 제1호 및 제2호에도 불구하고 다음 계산식에 따라 산출된 수(이하 이 조에서 "조정의석수"라 한다)를 각 연동배분의석할당정당의 의석으로 산정한다. 이 경우 산출방식에 관하여는 제2호 후단을 준용한다.

조정 의석수 = 비례대표국회의원 의석정수 × 연동배분의석수 ÷ 각 연동배분의석수의 합계

(2020.1.14 본항개정)
③ 제2항의 비례대표국회의원선거 득표비율은 각 의석할당정당의 득표수를 모든 의석할당정당의 득표수의 합계로 나누어 산출한다.(2020.1.14 본항개정)
④ 중앙선거관리위원회는 제출된 정당별 비례대표국회의원후보자명부에 기재된 당선인으로 될 순위에 따라 정당에 배분된 비례대표국회의원의 당선인을 결정한다.
⑤ 정당에 배분된 비례대표국회의원의석수가 그 정당이 추천한 비례대표국회의원후보자수를 넘는 때에는 그 넘는 의석은 공석으로 한다.
⑥ 중앙선거관리위원회는 비례대표국회의원선거에 있어서 제198조(천재·지변 등으로 인한 재투표)의 규정에 의한 재투표 사유가 발생한 경우에는 그 투표구의 선거인수를 전국선거인수로 나눈 수에 비례대표국회의원 의석정수를 곱하여 얻은 수의 정수(1 미만의 단수는 1로 본다)를 비례대표국회의원 의석정수에서 뺀 다음 제1항부터 제4항까지의 규정에 따라 비례대표국회의원의석을 배분하고 당선인을 결정한다. 다만, 재투표결과에 따라 의석할당정당이 추가될 것으로 예상되는 경우에는 추가가 예상되는 정당마다 비례대표국회의원 의석정수의 100분의 3에 해당하는 정수(1미만의 단수는 1로 본다)의 의석을 별도로 빼야 한다.(2020.1.14 본항개정)
⑦ 비례대표국회의원의 당선인이 결정된 때에는 중앙선거관리위원회위원장은 그 명단을 공고하고 지체없이 각 정당에 통지하며, 당선인에게 당선증을 교부하여야 한다.
⑧ 제187조(대통령당선인의 결정·공고·통지)제4항의 규정은 비례대표국회의원당선인의 결정에 이를 준용한다.
(2004.3.12 본조제목개정)
제190조【지역구지방의회의원당선인의 결정·공고·통지】 ① 지역구시·도의원 및 지역구자치구·시·군의원의 선거에 있어서는 선거구선거관리위원회가 당해 선거구에서 유효투표의 다수를 얻은 자(지역구자치구·시·군의원선거에 있어서는 유효투표의 다수를 얻은 자순으로 의원정수에 이르는 자를 말한다. 이하 이 조에서 같다)를 당선인으로 결정한다. 다만, 최고득표자가 2인 이상인 때에는 연장자 순에 의하여 당선인을 결정한다.
(2005.8.4 본문개정)
② 후보자등록마감시각에 후보자가 당해 선거구에서 선거할 의원정수를 넘지 아니하거나 후보자등록마감후 선거일 투표개시시각까지 후보자가 사퇴·사망하거나 등록이 무효로 되어 후보자수가 당해 선거구에서 선거할 의원정수를 넘지 아니하게 된 때에는 투표를 실시하지 아니하고, 선거일에 그 후보자를 당선인으로 결정한다.
③ 제187조(대통령당선인의 결정·공고·통지)제4항 및 제188조(지역구국회의원당선인의 결정·공고·통지)제3항 내지 제6항의 규정은 지역구지방의회의원의 당선인의 결정·공고·통지에 이를 준용한다. 이 경우 "지역구국회의원후보자"는 "지역구지방의회의원후보자"로, "1인이 된 때"는 "의원정수를 넘지 아니하게 된 때"로, "그 국회의원지역구"는 "그 선거구"로 본다.(2005.8.4 본항개정)
④~⑨ (2005.8.4 삭제)
(2005.8.4 본조제목개정)
제190조의2【비례대표지방의회의원당선인의 결정·공고·통지】 ① 비례대표지방의회의원선거에 있어서는 당해 선거구선거관리위원회가 유효투표총수의 100분의 5 이상을 득표한 각 정당(이하 이 조에서 "의석할당정당"이라 한다)에 대하여 당해 선거에서 얻은 득표비율에 비례대표지방의원정수를 곱하여 산출된 수의 정수의

의석을 그 정당에 먼저 배분하고 잔여의석은 단수가 큰 순으로 각 의석할당정당에 1석씩 배분하되, 같은 단수가 있는 때에는 그 득표수가 많은 정당에 배분하고 그 득표수가 같은 때에는 당해 정당 사이의 추첨에 의한다. 이 경우 득표비율은 각 의석할당정당의 득표수를 모든 의석할당정당의 득표수의 합계로 나누고 소수점 이하 제5위를 반올림하여 산출한다.
② 비례대표시·도의원선거에 있어서 하나의 정당에 의석정수의 3분의 2 이상의 의석이 배분될 때에는 그 정당에 3분의 2에 해당하는 수의 정수(整數)의 의석을 먼저 배분하고, 잔여의석은 나머지 의석할당정당간의 득표비율에 잔여의석을 곱하여 산출된 수의 정수(整數)의 의석을 각 나머지 의석할당정당에 배분한 다음 잔여의석이 있는 때에는 그 단수가 큰 순위에 따라 각 나머지 의석할당정당에 1석씩 배분한다. 다만, 의석정수의 3분의 2에 해당하는 수의 정수(整數)에 해당하는 의석을 배분받는 정당 외에 의석할당정당이 없는 경우에는 의석할당정당이 아닌 정당간의 득표비율에 잔여의석을 곱하여 산출된 수의 정수(整數)의 의석을 먼저 그 정당에 배분하고 잔여의석이 있을 경우 단수가 큰 순으로 각 정당에 1석씩 배분한다. 이 경우 득표비율의 산출 및 같은 단수가 있는 경우의 의석배분은 제1항의 규정을 준용한다.
③ 관할선거구선거관리위원회는 비례대표지방의회의원선거에 있어서 제198조(천재·지변 등으로 인한 재투표)의 규정에 의한 재투표 사유가 발생한 때에는 그 투표구의 선거인수를 당해 선거구의 선거인수로 나눈 수에 비례대표지방의회의원의석정수를 곱하여 얻은 수의 정수(1 미만의 단수는 1로 본다)를 비례대표지방의회의원의 석정수에서 뺀 다음 제1항 및 제2항의 규정에 따라 비례대표지방의회의원의석을 배분하고 당선인을 결정한다. 다만, 비례대표지방의회의원의석배분이 배제된 정당 중 재투표결과에 따라 의석할당정당이 추가될 것으로 예상되는 때에는 추가가 예상되는 정당마다 비례대표지방의회의원정수의 100분의 5에 해당하는 정수(1 미만의 단수는 1로 본다)의 의석을 별도로 빼야 한다.
④ 제187조(대통령당선인의 결정·공고·통지)제4항, 제189조제4항·제5항 및 제7항은 비례대표지방의회의원 당선인의 결정에 이를 준용한다. 이 경우 "중앙선거관리위원회"는 "관할선거구선거관리위원회"로, "비례대표국회의원"은 "비례대표지방의회의원"으로 본다.
(2020.1.14 전단개정)
(2005.8.4 본조신설)

제191조【지방자치단체의 장의 당선인의 결정·공고·통지】 ① 지방자치단체의 장선거에 있어서는 선거구선거관리위원회가 유효투표의 다수를 얻은 자를 당선인으로 결정하고, 이를 당해 지방의회의장에게 통지하여야 한다. 다만, 최고득표자가 2인 이상인 때에는 연장자를 당선인으로 결정한다.
② (2010.1.25 삭제)
③ 제187조제4항 및 제188조제2항부터 제6항까지의 규정은 지방자치단체의 장의 당선인의 결정에 이를 준용한다.
(2010.1.25 본항개정)

제191조의2【당선인 사퇴의 신고】 당선인이 임기개시전에 사퇴하려는 때에는 직접 해당 선거구선거관리위원회에 서면으로 신고하여야 하고, 비례대표국회의원선거 또는 비례대표지방의회의원선거의 당선인이 사퇴하려는 때에는 소속정당의 사퇴승인서를 첨부하여야 한다.
(2011.7.28 본조신설)

제192조【피선거권상실로 인한 당선무효 등】 ① 선거일에 피선거권이 없는 자는 당선인이 될 수 없다.
② 당선인이 임기개시전에 피선거권이 없게 된 때에는 당선의 효력이 상실된다.
③ 당선인이 임기개시전에 다음 각 호의 어느 하나에 해당되는 때에는 그 당선을 무효로 한다.(2005.8.4 본문개정)
1. 당선인이 제1항의 규정에 위반하여 당선된 것이 발견된 때
2. 당선인이 제52조제1항 각 호의 어느 하나 또는 같은 조 제2항 및 제3항의 등록무효사유에 해당하는 사실이 발견된 때(2020.12.29 본호개정)
3. 비례대표국회의원 또는 비례대표지방의회의원의 당선인이 소속정당의 합당·해산 또는 제명외의 사유로 당적을 이탈·변경하거나 2 이상의 당적을 가지고 있는 때(당선인결정시 2 이상의 당적을 가진 자를 포함한다)
(2005.8.4 본호개정)
④ 비례대표국회의원 또는 비례대표지방의회의원이 소속정당의 합당·해산 또는 제명외의 사유로 당적을 이탈·변경하거나 2 이상의 당적을 가지고 있는 때에는 「국회법」 제136조(퇴직) 또는 「지방자치법」 제90조(의원의 퇴직)의 규정에 불구하고 퇴직된다. 다만, 비례대표국회의원이 국회의장으로 당선되어 「국회법」 규정에 의하여 당적을 이탈한 경우에는 그러하지 아니하다.(2021.1.12 본문개정)
⑤ 제2항 및 제3항의 경우 관할선거구선거관리위원회[제187조(대통령당선인의 결정·공고·통지)제2항의 규정에 의하여 국회에서 대통령당선인을 결정한 경우에는 국회]는 그 사실을 공고하고 당해 당선인 및 당선인의 추천정당에 통지하여야 하며, 당선의 효력이 상실되거나 무효로 된 자가 대통령당선인 및 국회의원당선인인 때에는 국회의장에게, 지방자치단체의 의회의원 및 장의 당선인인 때에는 당해 지방의회의장에게 통지하여야 한다.

제193조【당선인결정의 착오시정】 ① 선거구선거관리위원회[제187조(대통령당선인의 결정·공고·통지)제2항의 규정에 의하여 국회에서 대통령당선인을 결정하는 경우에는 국회]는 당선인결정에 명백한 착오가 있는 것을 발견한 때에는 선거일후 10일 이내에 당선인의 결정을 시정하여야 한다.
② 선거구선거관리위원회(중앙선거관리위원회를 제외한다)가 제1항의 규정에 의한 시정을 하는 때에는 지역구국회의원선거, 비례대표시·도의원선거, 지역구세종특별자치시의회의원선거 및 시·도지사선거에 있어서는 중앙선거관리위원회의, 지역구시·도의원선거(지역구세종특별자치시의회의원선거는 제외한다) 및 자치구·시·군의 의회의원과 장의 선거에 있어서는 시·도선거관리위원회의 심사를 받아야 한다.(2015.8.13 본항개정)
(2015.8.13 본조제목개정)

제194조【당선인의 재결정과 비례대표국회의원의석 및 비례대표지방의회의원의석의 재배분】 ① 제187조(대통령당선인의 결정·공고·통지)·제188조(지역구국회의원당선인의 결정·공고·통지)·제190조제1항 내지 제3항 또는 제191조(지방자치단체의 장의 당선인의 결정·공고·통지)의 규정에 의한 당선인결정의 위법을 이유로 당선무효의 판결이나 결정이 확정된 때에는 당해 선거구선거관리위원회(제187조제2항의 규정에 의하여 국회에서 대통령당선인을 결정한 경우에는 국회)는 지체없이 당선인을 다시 결정하여야 한다.(2002.3.7 본항개정)
② 제189조 및 제190조의2(비례대표지방의회의원당선인의 결정·공고·통지)의 규정에 따른 비례대표국회의원의석 또는 비례대표지방의회의원의석의 배분 및 그 당선인결정의 위법을 이유로 당선무효의 판결이나 결정이 있는 때 또는 제197조의 사유로 인한 재선거를 실시한 때에는 관할선거구선거관리위원회는 지체없이 의석을 재배분하고 다시 당선인을 결정하여야 한다.(2005.8.4 본항개정)
③ 선거구선거관리위원회는 비례대표국회의원선거 또는 비례대표지방의회의원선거의 당선인이 그 임기개시전에 사퇴·사망하거나 제192조(피선거권상실로 인한 당선무효 등)제2항의 규정에 의하여 당선의 효력이 상실되거나 같은 조 제3항의 규정에 의하여 당선이 무효로 된 때에는 그 선거 당시의 소속정당이 추천한 후보자를 비례대표국회의원후보자명부 또는 비례대표지방의회의원후보자명부에 기재된 순위에 따라 당선인으로 결정한다.
(2005.8.4 본항개정)
④ 선거구선거관리위원회는 비례대표국회의원선거 또는 비례대표지방의회의원선거에 있어서 제198조의 사유로 인한 재투표를 실시한 때에는 당초 선거에서의 득표수와 재투표에서의 득표수를 합하여 득표비율을 산출하고 그 득표비율에 당해 선거구의 의석정수를 곱하여 얻은 수에서 각 정당이 이미 배분받은 의석수를 뺀 수가 큰 순위에 따라 잔여의석을 배분하고 당선인을 결정한다. 이 경우 비례대표국회의원선거에 있어서는 제189조제1항부터 제5항까지의 규정을, 비례대표지방의회의원선거에 있어서는 제190조의2의 규정을 준용한다.(2020.1.14 후단개정)
(2005.8.4 본조제목개정)

제13장 재선거와 보궐선거

제195조【재선거】 ① 다음 각호의 1에 해당하는 사유가 있는 때에는 재선거를 실시한다.(2004.3.12 본문개정)
1. 당해 선거구의 후보자가 없는 때(2004.3.12 본호개정)
2. 당선인이 없거나 지역구자치구·시·군의원선거에 있어 당선인이 당해 선거구에서 선거할 지방의회의원정수에 달하지 아니한 때(2005.8.4 본호개정)
3. 선거의 전부무효의 판결 또는 결정이 있는 때
4. 당선인이 임기개시전에 사퇴하거나 사망한 때
5. 당선인이 임기개시전에 제192조(피선거권상실로 인한 당선무효 등)제2항의 규정에 의하여 당선의 효력이 상실되거나 같은 조 제3항의 규정에 의하여 당선이 무효로 된 때
6. 제263조(선거비용의 초과지출로 인한 당선무효) 내지 제265조(선거사무장 등의 선거범죄로 인한 당선무효)의 규정에 의하여 당선이 무효로 된 때
② 하나의 선거의 같은 선거구에 제200조(보궐선거)의 규정에 의한 보궐선거의 실시사유가 확정된 후 재선거 실시사유가 확정된 경우로서 그 선거일이 같은 때에는 재선거로 본다.(2004.3.12 본항신설)

제196조【선거의 연기】 ① 천재·지변 기타 부득이한 사유로 인하여 선거를 실시할 수 없거나 실시하지 못한 때에는 대통령선거와 국회의원선거에 있어서는 대통령이, 지방의회의원 및 지방자치단체의 장의 선거에 있어서는 관할선거구선거관리위원회위원장이 당해 지방자치단체의 장(직무대행자를 포함한다)과 협의하여 선거를 연기하여야 한다.(2000.2.16 본항개정)
② 제1항의 경우 선거를 연기한 때에는 처음부터 선거절차를 다시 진행하여야 하고, 선거일만을 다시 정한 때에는 이미 진행된 선거절차에 이어 계속하여야 한다.
③ 제1항의 규정에 의하여 선거를 연기하는 때에는 대통령 또는 관할선거구선거관리위원회위원장은 연기할 선거명과 연기사유등을 공고하고, 지체없이 대통령은 관할선거구선거관리위원회위원장에게, 관할선거구선거관리위원회위원장은 당해 지방자치단체의 장에게 각각 통보하여야 한다.(2000.2.16 본항개정)

제197조【선거의 일부무효로 인한 재선거】 ① 선거의 일부무효의 판결 또는 결정이 확정된 때에는 관할선거구선거관리위원회는 선거가 무효로 된 당해 투표구의 재선거를 실시한 후 다시 당선인을 결정하여야 한다.
② 제1항의 재선거를 실시함에 있어서 판결 또는 결정에 특별한 명시가 없는 한 제44조제1항에도 불구하고 당초 선거에 사용된 선거인명부를 사용한다.(2011.7.28 본항개정)
③ 제1항의 재선거를 실시함에 있어서 정당이 합당한 경우 합당된 정당은 그 재선거의 선거기간개시일부터 그 다음날까지 당해 선거구선거관리위원회에 합당전 후보자중 1인을 후보자로 추천하고, 비례대표국회의원선거 및 비례대표지방의회의원선거에 있어서는 하나의 후보자명부를 제출하되 합당전 각 정당이 제출한 후보자명부에 등재되지 아니한 자를 추가할 수 없다.(2005.8.4 본항개정)
④ 제3항의 기간내에 추천이 없는 때에는 합당전 정당의 당해 선거구의 후보자의 등록은 모두 무효로 한다.
⑤ 합당된 정당의 후보자(비례대표국회의원선거 및 비례대표지방의회의원선거에 있어서는 후보자를 추천한 정당을 말한다)의 기호는 당초 선거 당시의 그 후보자의 기호로 한다.(2005.8.4 본항개정)
⑥ 제3항의 규정에 의하여 추천된 후보자의 득표계산에 있어서는 합당으로 인하여 추천을 받지 못한 후보자의 득표는 이를 계산하지 아니한다.
⑦ 비례대표국회의원선거 및 비례대표지방의회의원선거에 있어서 제1항의 규정에 의한 재선거 사유가 확정된 경우에는 그 투표구의 선거인수를 당해 선거구의 선거인수로 나눈 수에 당해 선거구의 의석정수를 곱하여 얻은 수의 정수(1 미만의 단수는 1로 본다)를 의석정수에서 뺀 다음 제189조제1항부터 제4항까지 또는 제190조의2의 규정에 따라 의석을 재배분하고, 그 재배분에서 제외된 비례대표국회의원 및 비례대표지방의회의원의 당선은 무효로 한다.(2020.1.14 본항개정)
⑧ 비례대표국회의원선거 및 비례대표지방의회의원선거에 있어서 제1항의 규정에 의한 재선거를 실시한 때의 의석 재배분 및 당선인결정에 있어서는 제194조제4항의 규정을 준용한다.(2005.8.4 본항개정)
⑨ 제1항의 규정에 의한 재선거에 있어서의 선거운동 및 선거비용 기타 필요한 사항은 이 법의 범위안에서 중앙선거관리위원회규칙으로 정한다.
(2011.7.28 본조제목개정)

제198조【천재·지변 등으로 인한 재투표】 ① 천재·지변 기타 부득이한 사유로 인하여 어느 투표구의 투표를 실시하지 못한 때와 투표함의 분실·멸실 등의 사유가 발생한 때에는 관할선거구선거관리위원회는 당해 투표구의 재투표를 실시한 후 당해 선거구의 당선인을 결정한다.(2004.3.12 본항개정)
② 제1항의 규정에 의한 재투표가 당해 선거구의 선거결과에 영향을 미칠 염려가 없다고 인정되는 때에는 재투표를 실시하지 아니하고 당선인을 결정한다.(2004.3.12 단서삭제)
③ 제1항의 재투표를 실시함에 있어서 합당된 정당이 있는 경우 제194조의 비례대표국회의원 및 비례대표지방의회의원의 의석 재배분을 위한 득표수의 계산은 그 후보자의 합당전 정당의 득표수에 합산한다.(2005.8.4 본항개정)
④ 제197조(선거의 일부무효로 인한 재선거)제3항 내지 제6항의 규정은 천재·지변 등으로 인한 재투표에 이를 준용한다.
⑤ 제1항의 규정에 의한 재투표에 있어서의 선거운동 및 선거비용 기타 필요한 사항은 이 법의 범위안에서 중앙선거관리위원회규칙으로 정한다.

제199조【연기된 선거 등의 실시】 제196조(선거의 연기)제1항의 연기된 선거 또는 제198조(천재·지변 등으로 인한 재투표)제1항의 재투표는 가능한 한 제35조(보궐선거 등의 선거일)의 규정에 의한 선거와 함께 실시하여야 한다.(2004.3.12 본조개정)

제200조【보궐선거】 ① 지역구국회의원·지역구지방의회의원 및 지방자치단체의 장에 궐원 또는 궐위가 생긴 때에는 보궐선거를 실시한다.(2005.8.4 본항개정)
② 비례대표국회의원 및 비례대표지방의회의원에 궐원이 생긴 때에는 선거구선거관리위원회는 궐원통지를 받은 후 10일 이내에 그 궐원된 의원이 그 선거 당시에 소속한 정당의 비례대표국회의원후보자명부 및 비례대표지방의회의원후보자명부에 기재된 순위에 따라 궐원된 국회의원 및 지방의회의원의 의석을 승계할 자를 결정하여야 한다.(2020.1.14 단서삭제)
③ 제2항에도 불구하고 의석을 승계할 후보자를 추천한 정당이 해산되거나 임기만료일 전 120일 이내에 궐원이 생긴 때에는 의석을 승계할 사람을 결정하지 아니한다.
(2020.1.14 본항개정)
④ 대통령권한대행자는 대통령이 궐위된 때에는 중앙선거관리위원회에, 국회의장은 국회의원이 궐원된 때에는 대통령과 중앙선거관리위원회에 그 사실을 지체 없이 통보하여야 한다.(2020.1.14 본항개정)
⑤ 지방의회의장은 당해 지방의회의원에 궐원이 생긴 때에는 당해 지방자치단체의 장과 관할선거구선거관리위원회에 이를 통보하여야 하며, 지방자치단체의 장이 궐위

된 때에는 궐위된 지방자치단체의 장의 직무를 대행하는 자가 당해 지방의회의장과 관할선거구선거관리위원회에 이를 통보하여야 한다.
⑥ 국회의원 또는 지방의회의원이 제53조(공무원 등의 입후보)의 규정에 의하여 그 직을 그만두었으나 후보자 등록신청시까지 제4항 또는 제5항의 규정에 의한 궐원통보가 없는 경우에는 후보자로 등록된 때에 그 통보를 받은 것으로 본다.(2004.3.12 본항신설)

제201조【보궐선거 등에 관한 특례】 ① 보궐선거등(대통령선거·비례대표국회의원선거 및 비례대표지방의회의원선거를 제외한다. 이하 이 항에서 같다)은 그 선거일부터 임기만료일까지의 기간이 1년 미만이거나, 지방의회의 의원정수의 4분의 1 이상이 궐원(임기만료일까지의 기간이 1년 이상인 때에 재선거·연기된 선거 또는 재투표사유로 인한 경우를 제외한다)되지 아니한 경우에는 실시하지 아니할 수 있다. 이 경우 지방의회의 의원정수의 4분의 1 이상이 궐원되어 보궐선거등을 실시하는 때에는 그 궐원된 의원 전원에 대하여 실시하여야 한다.
(2005.8.4 전단개정)
② 제219조(선거소청)제2항 또는 제223조(당선소송)의 규정에 의하여 당선의 효력에 관한 쟁송이 계속 중인 때에는 보궐선거를 실시하지 아니한다.
③ 지방의회의원의 보궐선거·재선거·연기된 선거 또는 재투표를 실시하는 경우에 지방자치단체의 관할구역의 변경에 따라 그 선거구의 구역이 그 지방의회의원이 속하는 지방자치단체에 상응하는 다른 지방자치단체의 관할구역에 걸치게 된 때에는 당해 지방자치단체에 속한 구역만을 그 선거구의 구역으로 한다.
④ 보궐선거등의 사유가 발생하였으나 제1항 전단의 규정에 해당되어 보궐선거등을 실시하지 아니하고자 하는 때에는 보궐선거등의 실시사유가 확정된 날부터 10일 이내에 그 뜻을 공고하여야 한다. 다만, 국회의원보궐선거등에 있어서는 대통령이 관할선거구선거관리위원회에, 지방자치단체의 의회의원 및 장의 보궐선거등에 있어서는 관할선거구선거관리위원회위원장이 당해 지방의회의장 및 지방자치단체의 장에게 통보하여야 한다. 이 경우에는 제35조제5항의 규정에 불구하고 선거의 실시사유가 확정되지 아니한 것으로 본다.(2000.2.16 본항개정)
⑤ 제1항 후단에 따라 보궐선거등을 실시하게 된 때에는 제35조제2항제1호에도 불구하고 그 실시사유가 확정된 때부터 60일 이내에 실시하여야 하며, 관할선거구선거관리위원회 위원장은 선거일 전 30일까지 선거일을 정하여 공고하여야 한다. 다만, 그 보궐선거등의 선거일이 제35조제2항제1호에 따른 4월 중 첫 번째 수요일에 실시되는 보궐선거등의 선거기간개시일 전 40일부터 선거일 후 30일까지의 사이에 있는 경우에는 그 보궐선거등과 함께 선거를 실시한다.(2015.8.13 단서개정)
⑥ 제1항 후단 및 제5항에 따라 실시하는 보궐선거등의 "선거의 실시사유가 확정된 때"란 제35조제5항에도 불구하고 관할선거구선거관리위원회가 해당 지방의회의장으로부터 그 지방의회 의원정수의 4분의 1 이상의 궐원에 해당하는 의원의 궐원을 통보받은 날을 말한다.
(2010.1.25 본항신설)
⑦ 보궐선거등(대통령의 궐위로 인한 선거·재선거 및 연기된 선거, 임기만료에 따른 선거와 동시에 실시하는 보궐선거등은 제외한다)에서 제38조제4항제1호부터 제5호까지에 해당하는 사람 외에 보궐선거등이 실시되는 선거구(선거구가 해당 구·시·군의 관할구역보다 작은 경우에는 해당 구·시·군의 관할구역을 말한다) 밖에 거소를 둔 사람도 거소투표신고를 하고 제158조의2에 따른 거소투표자의 예에 따라 투표할 수 있다.(2014.1.17 본항개정)
(2015.8.13 본조제목개정)

제14장 동시선거에 관한 특례

제202조【동시선거의 정의와 선거기간】 ① 이 법에서 "동시선거"라 함은 선거구의 일부 또는 전부가 서로 겹치는 구역에서 2 이상의 다른 종류의 선거를 같은 선거일에 실시하는 것을 말한다.
② 동시선거에 있어 선거기간 및 선거사무일정이 서로 다른 때에는 이 법의 다른 규정에 불구하고 선거기간이 긴 선거의 예에 의한다.

제203조【동시선거의 범위와 선거일】 ① 임기만료일이 같은 지방의회의원 및 지방자치단체의 장의 선거는 그 임기만료에 의한 선거의 선거일에 동시실시한다.
② 제35조제2항제2호에 따른 지방자치단체의 장 선거가 다음 각호에 해당되는 때에는 임기만료에 의한 선거의 선거일에 동시실시한다.(2015.8.13 본문개정)
1. 임기만료에 의한 선거의 선거기간 중에 그 선거를 실시할 수 있는 기간의 만료일이 있는 보궐선거등
2. 선거를 실시할 수 있는 기간의 만료일이 임기만료에 의한 선거의 선거일후에 해당되나 그 선거의 실시사유가 임기만료에 의한 선거의 선거일 30일전까지 확정된 보궐선거등(2000.2.16 본호개정)
③ 임기만료에 따른 국회의원선거 또는 지방의회의원 및 지방자치단체의 장의 선거가 실시되는 연도에는 제35조제2항제1호에 따라 4월 첫 번째 수요일에 실시하는 보궐선거등은 임기만료에 따른 선거의 선거일에 동시 실시한다. 이 경우 4월 30일까지 실시사유가 확정된 보궐선거등은 임기만료에 따른 지방의회의원 및 지방자치단체의 장의 선거의 선거일에 동시 실시한다.(2020.12.29 본항개정)
④ 임기만료에 따른 대통령선거가 실시되는 연도에는 1월 31일까지 실시사유가 확정된 제35조제2항제1호가목 본문 및 나목에 따른 보궐선거등은 해당 임기만료에 따른 대통령선거의 선거일에 동시 실시한다.(2020.12.29 본항개정)
⑤ 제35조제2항제1호 각 목(가 목 단서에 따른 보궐선거등은 제외한다)에 따른 보궐선거등의 후보자등록신청개시일 전일까지 대통령의 궐위로 인한 선거 또는 재선거의 실시사유가 확정된 경우 그 보궐선거등은 대통령의 궐위로 인한 선거 또는 재선거의 선거일에 동시 실시한다.(2020.12.29 본항개정)
(2015.8.13 본조제목개정)

제204조【선거인명부에 관한 특례】 ① 동시선거에 있어서 선거인명부와 거소·선상투표신고인명부는 제44조제1항에도 불구하고 각각 하나의 선거인명부와 거소·선상투표신고인명부로 한다.
② (1998.4.30 삭제)
③ 동시선거에 사용할 선거인명부 및 거소·선상투표신고인명부의 표지서식 기타 필요한 사항은 중앙선거관리위원회규칙으로 정한다.
(2014.1.17 본조개정)

제205조【선거운동기구의 설치 및 선거사무관계자의 선임에 관한 특례】 ① 동시선거에 있어서 같은 정당의 추천을 받은 2인 이상의 후보자(비례대표지방의회의원선거에 있어서는 후보자를 추천한 정당을 포함한다. 이하 이 조에서 같다)는 선거사무소와 선거연락소를 공동으로 설치할 수 있다.(2005.8.4 본항개정)
② 동시선거에 있어서 같은 정당의 추천을 받은 2인 이상의 후보자는 선거사무장·선거연락소장 또는 선거사무원을 공동으로 선임할 수 있다.
③ 제1항 및 제2항의 경우 그 설치 또는 선임은 후보자가 각각 설치·선임한 것으로 보며, 그 설치·선임신고서에 그 사실을 명시하여야 하고 공동설치·선임에 따른 비용은 당해 후보자간의 약정에 의하여 분담할 수 있되, 그 분담내역을 설치·선임신고서에 명시하여야 한다.
④ 후보자는 다른 선거의 후보자의 선거사무장·선거연락소장·선거사무원 또는 회계책임자가 될 수 없다.
⑤ 선거사무소·선거연락소의 공동설치와 선거사무관계자의 공동선임에 따른 설치·선임신고 및 신분증명서의 서식 기타 필요한 사항은 중앙선거관리위원회규칙으로 정한다.

제206조【선거벽보에 관한 특례】 제203조제1항에 따라 동시선거를 실시하는 때의 선거벽보의 매수는 2개의 선거를 동시에 실시하는 때에는 제64조제1항에 따른 기준매수의 3분의 2, 3개 이상의 선거를 동시에 실시하는 때에는 기준매수의 2분의 1에 각 상당하는 수로 한다.
(2010.1.25 본조개정)

제207조【책자형 선거공보에 관한 특례】 ① 동시선거에 있어서 같은 정당의 추천을 받은 2인 이상의 후보자(대통령선거의 정당추천후보자와 비례대표국회의원선거 및 비례대표지방의회의원선거에 있어서는 후보자를 추천한 정당을 말한다. 이하 이 조에서 같다)는 제65조(선거공보)의 규정에 따른 책자형 선거공보를 공동으로 작성할 수 있으며, 책자형 선거공보는 공동으로 작성한 때에는 후보자마다 각각 1종을 작성한 것으로 본다.
② 관할구역이 큰 선거구의 후보자가 책자형 선거공보의 일부 지면에 작은 선거구의 후보자에 관한 내용을 선거구에 따라 달리 게재하는 방법으로 공동작성하였을 경우 큰 선거구의 후보자에 관한 내용이 동일한 책자형 선거공보는 1종으로 본다.
③ 제1항의 규정에 의하여 책자형 선거공보를 공동으로 작성하는 경우에는 후보자간의 약정에 의하여 그 비용을 분담할 수 있다. 이 경우 그 분담내역을 관할구·시·군선거관리위원회에 책자형 선거공보를 제출하는 때에 각각 서면으로 신고하여야 한다.
(2005.8.4 본조개정)

제208조 (2004.3.12 삭제)

제209조【공개장소에서의 연설·대담에 관한 특례】 동시선거에 있어서 같은 정당의 추천을 받은 2인 이상의 후보자는 한 장소에서 제79조에 따른 공개장소에서의 연설·대담을 공동으로 할 수 있다.(2010.1.25 본조개정)

제210조【선거와 관련있는 정당활동의 규제에 관한 특례】 동시선거에 있어서 제9장 선거와 관련있는 정당활동의 규제의 적용에 있어서 기준이 되는 선거는 동시에 실시하는 선거의 수에 불구하고 하나의 선거를 기준으로 하되, 임기만료에 의한 선거와 제35조(보궐선거등의 선거일)제2항 및 제3항의 보궐선거 등이나 제36조(연기된 선거 등의 선거일)의 연기된 선거를 동시에 실시하는 경우에는 임기만료에 의한 선거를 기준으로 하고, 제35조제2항 및 제3항의 규정에 의한 보궐선거등을 동시에 실시하는 때의 "그 선거의 실시사유가 확정된 때"는 "동시에 실시하는 보궐선거등 가운데 최초로 그 선거의 실시사유가 확정된 보궐선거등의 실시사유가 확정된 때"로 본다.

제211조【투표용지·투표안내문 등에 관한 특례】 ① 동시선거에 있어서 투표용지는 색도 또는 지질 등을 달리하는 등 중앙선거관리위원회규칙이 정하는 바에 따라 선거별로 구분이 되도록 작성·교부할 수 있다.
② (2005.8.4 삭제)
③ 동시선거에 있어서 투표용지는 시·도지사선거 및 비례대표시·도의원선거의 투표용지는 제151조(투표용지와 투표함의 작성)제1항의 규정에 불구하고 중앙선거관리위원회규칙이 정하는 바에 따라 당해 시·도선거관리위원회가 작성한다. 이 경우 투표용지에는 당해 시·도선거관리위원회의 청인을 날인하되, 인쇄날인으로 갈음할 수 있다.
(2005.8.4 본항개정)
④ 동시선거에 있어서 투표안내문(점자형 투표안내문을 포함한다. 이하 이 항에서 같다)은 제153조에도 불구하고 중앙선거관리위원회규칙으로 정하는 바에 따라 하나의 투표안내문으로 할 수 있다.(2011.7.28 본항개정)
⑤ 동시선거에 있어서 투표소의 수·설치·설비와 투표용지의 작성·교부자와 교부방법 및 투표절차 기타 필요한 사항은 중앙선거관리위원회규칙으로 정한다.
(2011.7.28 본조제목개정)

제212조【거소투표·사전투표의 투표용지 발송과 회송 등에 관한 특례】 동시선거에서 다음 각 호의 어느 하나에 해당하는 경우에는 해당 선거인마다 하나의 회송용 봉투 또는 발송용 봉투를 사용하여 행할 수 있다.
1. 거소투표자에 대한 투표용지의 발송 및 투표지 회송
2. 사전투표소에서 투표한 선거인의 투표지 회송
(2014.1.17 본조개정)

제213조【투표참관인선정 및 지정 등에 관한 특례】 ① 동시선거에 있어 투표참관인은 제161조(투표참관)제2항의 규정에 의한 선정·신고인원수에 불구하고 후보자를 추천한 정당과 무소속후보자마다 2인을 선정·신고하여야 한다.(2005.8.4 본항개정)
② 동시선거의 투표참관인의 지정에 있어 제161조제4항의 "후보자"는 "정당 또는 후보자"로, "후보자별"은 "정당·후보자별"로 본다.(2005.8.4 본항개정)
③ 동시선거에서 사전투표참관인은 제162조제2항에 따른 선정·신고인원수에 불구하고 당해 선거에 참여한 정당마다 2인을, 무소속후보자는 1인을 선정·신고하여야 한다.(2014.1.17 본항개정)
④ 동시선거에 있어서 사전투표참관인은 8명 이내로 하되, 제3항의 규정에 의하여 선정·신고한 인원수가 8명을 넘는 때에는 관할선거관리위원회는 정당이 선정·신고한 자를 우선 지정하고 나머지 인원은 무소속후보자가 선정·신고한 자 중에서 8명에 달할 때까지 추첨에 의하여 지정한다. 이 경우 정당이 선정·신고한 인원수가 8명을 넘는 때에는 제150조제3항부터 제5항까지의 규정에 따른 정당순위의 앞 순위의 정당이 선정·신고한 자부터 8명에 달할 때까지 지정한다.(2014.1.17 전단개정)

제214조【투표함의 개함 등에 관한 특례】 동시선거에 있어서 제175조(개표개시)제2항의 규정에 의한 개표순서는 선거별 또는 그 선거구의 관할구역이 작은 선거구별로 구분하여 행한다.(2006.3.2 본조개정)

제215조【개표참관인 등에 관한 특례】 ① 동시선거에 있어서 개표참관인은 제181조(개표참관)제2항의 규정에 의한 선정·신고인원수에 불구하고 후보자를 추천한 정당마다 8인을, 무소속후보자는 2인을 선정·신고하여야 한다. 다만, 구·시·군선거관리위원회는 거소투표·선상투표 및 사전투표의 개표를 하는 때에는 정당 또는 후보자가 선정·신고한 자 중에서 정당은 4인씩을, 무소속후보자는 1인씩을 참관하게 한다.(2014.1.17 단서개정)
② 동시선거에 있어서 관람증의 매수는 제182조(개표관람)제2항의 규정에 불구하고 정당별로 균등하게 우선 배부한 후 무소속후보자로 균등하게 배부하되, 후보자마다 1매 이상 배부하여야 한다.
(2005.8.4 본조개정)

제216조【4개 이상 선거의 동시실시에 관한 특례】 ① 4개 이상 동시선거에 있어 지역구자치구·시·군의원선거의 후보자는 제79조(공개장소에서의 연설·대담)의 연설·대담을 위하여 자동차 1대와 휴대용 확성장치 1조를 사용할 수 있다. 이 경우 휴대용 확성장치는 제79조제8항제2호 본문에 따른 소음기준을 초과할 수 없다.(2022.1.18 후단신설)
② 임기만료에 의한 지방자치단체의 의회의원 및 장의 선거를 동시에 실시하는 경우 개표진행 및 결과공표는 제178조제1항·제3항에도 불구하고 읍·면·동을 단위로 할 수 있다.(2014.1.17 본문개정)
1.~9. (2011.7.28 삭제)
③ (2010.1.25 삭제)
④ (2000.2.16 삭제)
⑤ 4개 이상 선거를 동시에 실시하는 경우 제1항 및 제2항 외에 투표소에 설치하는 투표함의 수, 투표와 개표의 절차·방법, 제2항의 개표절차 그 밖에 필요한 사항은 중앙선거관리위원회규칙으로 정한다.(2011.7.28 본항개정)
(2011.7.28 본조제목개정)

제217조【투표록·개표록 등 작성에 관한 특례】 동시선거에 있어 투표록 및 개표록은 선거의 구분없이 하나의 투표록 및 개표록으로 각각 작성할 수 있다.(2005.8.4 본조개정)

제14장의2 재외선거에 관한 특례
(2009.2.12 본장신설)

제218조【재외선거관리위원회 설치·운영】 ① 중앙선거관리위원회는 대통령선거와 임기만료에 따른 국회의원선거를 실시하는 때마다 선거일 전 180일부터 선거일 후 30일까지 「대한민국재외공관 설치법」 제2조에 따른 공관(공관이 설치되지 아니한 지역에서 영사사무를 수행하는 사무소와 같은 법 제3조에 따른 분관 또는 출장소를 포함하고, 영사사무를 수행하지 아니하거나 영사관할구역이 없는 공관 및 영사관할구역 안에 공관사무소가 설치되지 아니한 공관은 제외한다. 이하 이 장에서 "공관"이라 한다)마다 재외선거의 공정한 관리를 위하여 재외선거관리위원회를 설치·운영하여야 한다. 다만, 대통령의 궐위(闕位)로 인한 선거 또는 재선거는 그 선거의 실시사유가 확정된 날부터 10일 이내에 재외선거관리위원회를 설치하여야 한다.(2017.3.9 본문개정)
② 재외선거관리위원회는 중앙선거관리위원회가 지명하는 2명 이내의 위원과 국회에 교섭단체를 구성한 정당이 추천하는 각 1명, 공관의 장 또는 공관의 장이 공관원 중에서 추천하는 1명을 중앙선거관리위원회가 위원으로 위촉하여 구성하되, 그 위원 정수는 홀수로 한다. 다만, 재외선거관리위원회를 구성한 후에 국회에 교섭단체를 구성한 정당의 수에 변경이 있는 때에는 현원을 위원 정수로 본다.(2012.1.17 단서신설)
③ 다음 각 호의 어느 하나에 해당하는 사람은 재외선거관리위원회의 위원이 될 수 없다.(2011.7.28 본문개정)
1. 국회의원의 선거권이 없는 사람
2. 정당의 당원인 사람
3. 재외투표관리관
(2011.7.28 1호~3호신설)
④ 재외선거관리위원회에 위원장과 부위원장 각 1명을 두되, 위원 중에서 호선한다. 다만, 공관의 장과 그가 추천하는 공관원은 위원장이 될 수 없다.
⑤ 재외선거관리위원회는 재외선거의 관리를 위하여 필요한 때에는 해당 공관의 장에게 협조를 요구할 수 있으며, 그 협조를 요구받은 공관의 장은 우선적으로 이에 따라야 한다.
⑥ 재외선거관리위원회위원장은 해당 공관의 장과 협의하여 해당 공관의 소속 직원 중에서 간사·서기 및 선거사무종사원을 위촉할 수 있다.
⑦ 새로이 구성된 재외선거관리위원회의 최초의 회의소집에 관하여는 공관의 장이 해당 재외선거관리위원회위원장의 직무를 대행한다.
⑧ 재외선거관리위원회의 관할 구역은 해당 공관의 영사관할구역(공관의 장이 다른 대사관의 장을 겸하는 경우에는 그 다른 대사관의 영사관할구역을 포함한다)으로 하고 그 명칭은 해당 공관명을 붙여 표시하되 약칭을 사용할 수 있다.(2011.7.28 본항개정)
⑨ 중앙선거관리위원회는 재외선거관리위원회의 운영기간 중 또는 운영기간 만료 후 6개월 이내에 다른 선거의 재외선거관리위원회 설치·운영기간이 시작되는 경우에는 제1항에도 불구하고 다른 선거의 재외선거관리위원회를 설치하지 아니하고, 운영 중인 재외선거관리위원회를 다른 선거의 재외선거관리위원회로 본다.(2011.7.28 본항신설)
⑩ 「선거관리위원회법」 제4조제3항 단서, 제4조제7항부터 제11항까지, 제4조제12항 본문, 제5조제3항·제5항, 제7조, 제9조제1호부터 제4호까지, 제10조, 제11조제1항·제3항, 제12조제1항·제3항, 제13조 및 제14조의2는 재외선거관리위원회의 설치·운영에 준용한다. 이 경우 "관계선거관리위원회"·"하급선거관리위원회"·"각급선거관리위원회" 및 "구·시·군선거관리위원회"는 각각 "재외선거관리위원회"로, "선거기간개시일(위탁선거는 제외한다. 이하 같다) 또는 국민투표안공고일"·"선거기간개시일 또는 국민투표안공고일" 및 "선거인명부작성기준일 또는 국민투표안공고일"은 각각 "재외투표소설치일"로, "당해 또는 읍·면·동선거관리위원회"는 "해당 재외선거관리위원회"로, "구·시·군선거관리위원회위원장"은 "재외선거관리위원회위원장"으로, "각 상급선거관리위원회"는 "중앙선거관리위원회"로, "상임위원 또는 부위원장"은 "부위원장"으로, "위원장·상임위원·부위원장"은 "위원장·부위원장"으로, "개표종료시"는 "재외투표 마감일"로 본다.

제218조의2【재외투표관리관의 임명】 ① 재외선거에 관한 사무를 처리하기 위하여 공관마다 재외투표관리관을 둔다.(2011.7.28 본항개정)
② 재외투표관리관은 공관의 장으로 한다. 다만, 공관의 장과 총영사를 함께 두고 있는 공관의 경우 그 공관의 장이 총영사를 재외투표관리관으로 지정할 수 있다.
(2011.7.28 본항신설)

제218조의3【재외선거관리위원회와 재외투표관리관의 직무】 ① 재외선거관리위원회는 재외선거에 관한 다음 각 호의 사무를 처리한다.
1. 재외투표소 설치장소와 운영기간 등의 결정·공고
2. 재외투표소의 투표관리
3. 재외투표소 투표사무원 위촉 및 투표참관인 선정
4. 재외투표관리관이 행하는 선거관리사무 감독
5. 선거범죄 예방 및 단속에 관한 사무
6. 그 밖에 재외투표관리관이 필요하다고 인정하여 재외선거관리위원회에 부의하는 사항
② 재외투표관리관은 다음 각 호의 사무를 처리한다.
1. 재외선거인 등록신청·변경등록신청과 국외부재자 신고의 접수 및 처리(2015.12.24 본호개정)
2. 재외선거인의 선거권 행사에 필요한 사항의 홍보·지원
3. 재외투표소 설비
4. 재외투표 국내 회송 등 재외선거사무(국외부재자투표사무를 포함한다. 이하 같다) 총괄 관리
5. 재외선거관리위원회 운영 지원

제218조의4【국외부재자 신고】 ① 주민등록이 되어 있는 사람으로서 다음 각 호의 어느 하나에 해당하여 외국에서 투표하려는 선거권자(지역구국회의원선거에서는 「주민등록법」 제6조제1항제3호에 해당하는 사람과 같은 법 제19조제4항에 따라 재외국민으로 등록·관리되는 사람은 제외한다)는 대통령선거와 임기만료에 따른 국회의원선거를 실시하는 때마다 선거일 전 150일부터 선거일 전 60일까지(이하 이 장에서 "국외부재자 신고기간"이라 한다) 서면·전자우편 또는 중앙선거관리위원회 홈페이지를 통하여 관할 구·시·군의 장에게 국외부재자 신고를 하여야 한다. 이 경우 외국에 머물거나 거주하는 사람은 공관을 경유하여 신고하여야 한다.(2015.8.13 전단개정)
1. 사전투표기간 개시일 전 출국하여 선거일 후에 귀국이 예정된 사람(2014.1.17 본호개정)
2. 외국에 머물거나 거주하여 선거일까지 귀국하지 아니할 사람
② 제1항에 따라 국외부재자 신고를 하려는 사람은 그 신고서에 다음 각 호의 사항을 적어야 한다.(2015.12.24 본문개정)
1. 성명
2. 주민등록번호(2015.8.13 본호개정)
3. 주소
4. 거소(로마자 대문자로 적되, 구체적인 방법은 중앙선거관리위원회규칙으로 정한다. 이하 제218조의5제2항 제4호에서 같다)
5. 여권번호(2015.12.24 본호신설)
③ 제1항에 따른 전자우편을 이용하여 국외부재자 신고를 하려는 때에는 재외투표관리관 또는 구·시·군의 장이 공고하는 전자우편 주소로 국외부재자신고서를 전송하는 방법으로 하여야 한다. 이 경우 본인 명의의 전자우편 주소로 자신의 국외부재자 신고에 한하여 할 수 있다.
(2012.10.2 본항신설)
④ 재외투표관리관 또는 구·시·군의 장은 전자우편을 이용한 국외부재자 신고를 접수하기 위하여 전자우편 계정을 별도로 개설하는 등 필요한 조치를 하여야 한다.
(2012.10.2 본항신설)
⑤ 재외투표관리관 또는 구·시·군의 장은 국외부재자 신고서에 제2항 각 호에 따른 기재사항 중 여권번호의 누락이 있는 때에는 해당 선거권자에게 국외부재자 신고기간 만료일까지 보완할 것을 통보하여야 하며, 이를 통보받은 선거권자가 국외부재자 신고기간 만료일까지 보완하지 아니한 때에는 그 신고를 접수하지 아니한다.
(2015.12.24 본항신설)

제218조의5【재외선거인 등록신청】 ① 주민등록이 되어 있지 아니하고 재외선거인명부에 올라 있지 아니한 사람으로서 외국에서 투표하려는 선거권자는 대통령선거와 임기만료에 따른 비례대표국회의원선거를 실시하는 때마다 해당 선거의 선거일 전 60일까지(이하 이 장에서 "재외선거인 등록신청기간"이라 한다) 다음 각 호의 어느 하나에 해당하는 방법으로 중앙선거관리위원회에 재외선거인 등록신청을 하여야 한다.(2015.12.24 본문개정)
1. 공관을 직접 방문하여 서면으로 신청하는 방법. 이 경우 대한민국 국민은 가족(본인의 배우자와 본인·배우자의 직계존비속을 말한다)의 재외선거인 등록신청서를 대리하여 제출할 수 있다.(2015.12.24 본호개정)
2. 관할구역을 순회하는 공관에 근무하는 직원에게 직접 서면으로 신청하는 방법. 이 경우 제1호 후단을 준용한다.(2012.10.2 본호신설)
3. 우편 또는 전자우편을 이용하거나 중앙선거관리위원회 홈페이지를 통하여 신청하는 방법. 이 경우 외국에 머물거나 거주하는 사람은 공관을 경유하여 신청하여야 한다.(2015.8.13 본호개정)
② 재외선거인 등록신청(제3항에 따른 변경등록신청을 포함한다. 이하 이 장에서 같다)을 하려는 사람은 그 신청서에 다음 각 호의 사항을 적어야 한다.(2015.12.24 본문개정)
1. 성명
2. 여권번호·생년월일 및 성별
3. 국내의 최종주소지(국내의 최종주소지가 없는 사람은 「가족관계의 등록 등에 관한 법률」에 따른 등록기준지)
4. 거소
5. 「가족관계의 등록 등에 관한 법률」 제15조제1항제1호에 따른 가족관계증명서에 기재된 부 또는 모의 성명 등 중앙선거관리위원회규칙으로 정하는 사항
(2015.12.24 본호신설)
③ 재외선거인명부에 올라 있는 선거인은 그 기재사항의 변경이 있는 경우에는 제1항 각 호의 어느 하나에 해당하는 방법으로 해당 선거의 선거일 전 60일까지 재외선거인 변경등록신청을 하여야 한다.(2015.12.24 본항신설)
④ 재외투표관리관은 매년 1월 31일까지 비자·영주권증명서·장기체류증 또는 거류국의 외국인등록증 등 재외선거인의 국적확인에 필요한 서류의 종류를 공고하여야 한다. 이 경우 둘 이상의 공관을 둔 국가에서는 대사관의 재외투표관리관이 일괄하여 공고한다.(2015.12.24 본항개정)
⑤ 재외선거인 등록신청에 관하여는 제218조의4제3항부터 제5항까지의 규정을 준용한다. 이 경우 "국외부재자신고"는 "재외선거인 등록신청"으로, "재외투표관리관 또는 구·시·군의 장"은 "재외투표관리관"으로, "국외부재자신고서"는 "재외선거인 등록신청서 또는 변경등록신청서"로, "국외부재자 신고기간 만료일"은 "재외선거인 등록신청기한"으로, "여권번호"는 "여권번호 및 「가족관계의 등록 등에 관한 법률」 제15조제1항제1호에 따른 가족관계증명서에 기재된 부 또는 모의 성명"으로 본다.(2015.12.24 본항개정)

제218조의6【공관부재자신고인명부 등 작성】 ① 재외투표관리관이 국외부재자신고서 또는 재외선거인 등록신청서(변경등록신청서를 포함한다. 이하 이 장에서 같다)를 접수하면 기재사항의 적정 여부, 정당한 신고·신청 여부를 확인한 다음 제218조의4제1항 각 호의 어느 하나에 해당하는 사람을 대상으로는 공관부재자신고인명부를, 제218조의5제1항 및 제3항에 해당하는 사람을 대상으로는 재외선거인 등록신청자명부를 각각 작성(전산정보자료를 포함한다. 이하 이 장에서 같다)하여야 한다.
(2015.12.24 본항개정)
② 재외투표관리관은 제1항에 따른 확인을 위하여 필요한 경우에는 「주민등록법」 제30조에 따른 주민등록전산정보자료 또는 「가족관계의 등록 등에 관한 법률」 제11조에 따른 등록전산정보자료, 그 밖에 국가가 관리하는 전산정보자료를 이용할 수 있다.
③ 재외투표관리관이 공관부재자신고인명부와 재외선거인 등록신청자명부를 작성하는 때에는 신고서 또는 신청서의 내용에 따라 정확하게 작성하여야 한다.

제218조의7【공관부재자신고인명부 등의 송부】 ① 재외투표관리관이 공관부재자신고인명부와 재외선거인 등록신청자명부를 작성하면 이를 즉시 구·시·군별로 분류하여 국외부재자신고서 및 재외선거인 등록신청서와 함께 외교부장관을 경유하여 중앙선거관리위원회에 보낸다.(2013.3.23 본항개정)
② 중앙선거관리위원회가 제1항에 따라 공관부재자신고인명부와 국외부재자신고서를 접수하면 이를 해당 구·시·군의 장에게 보낸다.
③ 제1항 및 제2항에 따른 공관부재자신고인명부, 재외선거인 등록신청자명부, 국외부재자신고서 및 재외선거인 등록신청서의 송부는 전산조직을 이용한 전산정보자료의 전송으로 갈음할 수 있다. 이 경우 해당 서류 원본의 보관, 그 밖에 필요한 사항은 중앙선거관리위원회규칙으로 정한다.(2011.7.28 본항신설)

제218조의8【재외선거인명부의 작성】 ① 중앙선거관리위원회는 해당 선거의 선거일 전 60일 현재의 최종주소지 또는 등록기준지를 기준으로 선거일 전 49일부터 선거일 전 40일까지 10일간 해당 선거 직전에 실시한 대통령선거 또는 임기만료에 따른 비례대표국회의원선거에서 확정된 재외선거인명부와 재외투표관리관이 송부한 재외선거인 등록신청서에 따라 재외선거인명부를 작성한다. 이 경우 같은 사람이 2 이상의 재외선거인 등록신청을 한 사실이 발견된 때에는 그 중 가장 나중에 접수된 재외선거인 등록신청서에 따라 재외선거인명부를 작성한다.(2015.12.24 전단개정)
② 중앙선거관리위원회는 해당 선거의 선거일 전 60일까지 해당 선거 직전에 실시한 대통령선거 또는 임기만료에 따른 비례대표국회의원선거에서 확정된 재외선거인명부에 올라 있는 선거인의 선거권 유무 등을 확인하여 그 재외선거인명부를 정비하여야 한다.(2022.1.21 후단삭제)
③ 거짓으로 재외선거인 등록신청을 한 사람이나 자신의 의사에 따라 신청한 것으로 인정되지 아니하는 사람은 재외선거인명부에 올릴 수 없다.(2015.12.24 본항개정)
④ 다음 각 호의 어느 하나에 해당하는 정보를 관리하는 기관의 장은 선거일 전 150일부터 중앙선거관리위원회가 재외선거인명부의 작성 및 해당 선거 직전에 실시한 대통령선거 또는 임기만료에 따른 비례대표국회의원선거에서 확정된 재외선거인명부의 정비를 위하여 필요한 범위에서 해당 정보를 전산조직으로 조회할 수 있도록 필요한 조치를 하여야 한다.(2015.12.24 본문개정)
1. 「주민등록법」 제30조에 따른 주민등록에 관한 정보
2. 「가족관계의 등록 등에 관한 법률」 제11조에 따른 가족관계 등록에 관한 정보
3. 제18조제1항제1호에 해당하는 금치산자에 관한 정보. 이 경우 행정안전부장관은 해당 정보를 관리하는 구·시·읍·면의 장으로부터 통보받은 자료를 데이터베이스로 구축하여 손쉽게 활용할 수 있도록 하여야 한다.
(2017.7.26 후단개정)
4. 제18조제1항제2호부터 제4호까지의 규정에 해당하는 사람에 관한 정보

⑤ 중앙선거관리위원회는 재외선거인 등록을 신청한 사람이 정당한 신청인인지를 확인하기 위하여 관계 행정기관에 필요한 지시를 할 수 있다.
⑥ 국가는 재외선거인명부의 정확한 작성을 위하여 필요한 제도적·재정적 조치를 하여야 한다.(2011.7.28 본항신설)

제218조의9【국외부재자신고인명부의 작성】 ① 구·시·군의 장은 국외부재자 신고기간만료일 현재의 주소지를 기준으로 선거일 전 49일부터 선거일 전 40일까지 10일간(이하 이 장에서 "국외부재자신고인명부 작성기간"이라 한다) 중앙선거관리위원회가 송부한 국외부재자신고서와 해당 구·시·군의 장이 직접 접수한 국외부재자신고서에 따라 국외부재자신고인명부를 작성한다. 이 경우 같은 사람이 2 이상의 국외부재자신고를 한 사실이 발견된 때에는 그 중 가장 나중에 접수된 국외부재자신고서에 따라 국외부재자신고인명부를 작성한다.
(2015.8.13 전단개정)
② 거짓으로 국외부재자 신고를 한 사람이나 자신의 의사에 따라 신고한 것으로 인정되지 아니하는 사람은 국외부재자신고인명부에 올릴 수 없다.
③ 국외부재자신고인명부 작성의 감독 등에 관하여는 제39조를 준용한다. 이 경우 "선거인명부"는 "국외부재자신고인명부"로, "선거인명부작성기간"은 "국외부재자신고인명부 작성기간"으로 본다.

제218조의10【재외선거인명부등의 열람】 ① 중앙선거관리위원회와 구·시·군의 장(이하 이 장에서 "명부작성권자"라 한다)은 재외선거인명부 및 국외부재자신고인명부(이하 "재외선거인명부등"이라 한다)의 작성기간 만료일의 다음 날부터 5일간(이하 이 장에서 "재외선거인명부등의 열람기간"이라 한다) 장소를 정하여 재외선거인명부등을 열람할 수 있도록 하여야 한다. 다만, 재외선거인명부는 인터넷 홈페이지에서의 열람에 한한다.
② 선거권자는 누구든지 재외선거인명부등의 열람기간 중 자유로이 재외선거인명부등을 열람할 수 있다.
③ 명부작성권자는 재외선거인명부등의 열람기간 동안 자신이 개설·운영하는 인터넷 홈페이지에서 국외부재자 신고를 한 사람이나 재외선거인등록을 신청한 사람이 자신의 정보에 한하여 재외선거인명부등을 열람할 수 있도록 하는 기술적 조치를 하여야 한다.
④ 행정안전부장관은 명부작성권자의 협조를 받아 재외선거인 및 국외부재자신고인(이하 "재외선거인등"이라 한다)이 재외선거인명부등의 열람기간 동안 행정안전부가 개설·운영하는 인터넷 홈페이지에서 자신이 재외선거인명부등에 올라 있는지 여부를 확인할 수 있도록 기술적 조치를 하여야 한다.(2017.7.26 본항개정)
⑤ 재외투표관리관은 재외선거인명부등의 열람기간 동안 중앙선거관리위원회가 전송하는 재외선거인명부등을 이용하여 재외선거인등이 재외선거인명부등에 올라 있는지 여부를 확인할 수 있도록 하여야 한다.(2011.7.28 본항신설)
⑥ 재외선거인명부등의 사본은 교부하지 아니한다.
(2011.7.28 본항신설)

제218조의11【재외선거인명부등에 대한 이의 및 불복신청 등】 ① 선거권자는 재외선거인명부등의 열람기간 중 재외선거인명부등에 정당한 선거권자가 빠져 있거나 잘못 써진 내용이 있거나 자격이 없는 사람이 올라 있으면 말 또는 서면으로 명부작성권자에게 이의를 신청할 수 있고, 해당 명부작성권자는 그 신청이 있는 날의 다음 날까지 심사·결정하여야 한다.
② 제1항의 이의신청에 따른 구·시·군의 장의 결정에 대하여 불복이 있는 이의신청인이나 관계인은 그 통지를 받은 날의 다음 날까지 관할 구·시·군선거관리위원회에 서면으로 불복을 신청할 수 있다.
③ 제1항에 따른 이의신청기간 만료일의 다음 날부터 재외선거인명부등의 확정일 전일까지 명부작성권자의 착오나 그 밖의 사유로 재외선거인 등록신청 또는 국외부재자 신고를 한 사람 중 정당한 선거권자가 재외선거인명부등에 빠진 것이 발견된 경우 해당 선거권자는 명부작성권자에게 소명자료를 붙여 서면으로 등재신청을 할 수 있다.
④ 선거권자는 재외선거인 등록신청서를 대리하여 제출한 사람과 재외선거인 등록신청을 한 사람의 관계가 제218조의5제1항제1호 후단에 따른 가족이 아닌 경우 제1항에 따라 이의신청을 할 수 있다. 이 경우 중앙선거관리위원회는 「가족관계의 등록 등에 관한 법률」 제15조(증명서의 종류 및 기록사항)제1항 각 호에 따른 증명서를 관계기관으로부터 교부받아 가족관계를 확인하여야 하며, 제218조의5제1항제1호 후단에 따른 가족이 아닌 것으로 확인되면 그 등록신청을 한 사람을 재외선거인명부에서 삭제하여야 한다.(2012.10.2 본항신설)
⑤ 이의신청·불복신청 또는 재외선거인명부등 등재신청에 대한 결정 내용의 통지는 명부작성권자가 개설·운영하는 인터넷 홈페이지에 게시하거나 전자우편을 전송하는 방법으로 갈음할 수 있다.
⑥ 명부작성권자가 재외선거인명부등의 확정일 전일까지 같은 사람이 재외선거인명부와 국외부재자신고인명부에 각각 올라 있는 사실을 발견한 때에는 그 중 나중에 접수된 재외선거인 등록신청서 또는 국외부재자신고서에 따라 재외선거인명부 또는 국외부재자신고인명부 중 어느 하나에 올려야 한다.(2011.7.28 본항신설)

제218조의12【대통령의 궐위선거 및 재선거에서 기한 등의 단축】 제218조의4부터 제218조의11까지의 규정에도 불구하고 대통령의 궐위로 인한 선거 또는 재선거를 실시하는 경우에 재외선거인 등록신청기한과 국외부재자 신고기간 등은 다음 각 호에 따른다. 이 경우 재외선거인명부등에 대한 열람과 이의신청을 위한 기간은 따로 두지 아니한다.(2015.12.24 전단개정)
1. 재외선거인 등록신청기한 및 국외부재자 신고기간
선거의 실시사유가 확정된 때부터 선거일 전 40일까지
(2015.12.24 본호개정)
2. 재외선거인명부등의 작성기간
선거일 전 34일부터 선거일 전 30일까지
(2015.12.24 본조제목개정)

제218조의13【재외선거인명부등의 확정과 송부】 ① 재외선거인명부등은 선거일 전 30일에 확정되며, 국외부재자신고인명부는 해당 선거에 한정하여 효력을 가진다.
(2015.12.24 본항개정)
② 명부작성권자는 재외선거인명부등이 확정되면 즉시 그 전산자료 복사본을 관할 구·시·군선거관리위원회에 보내야 한다. 이 경우 구·시·군의 장은 국외부재자신고서(제218조의7제3항에 따라 전산정보자료로 전송받은 경우에는 그 전산정보자료 복사본을 포함한다)를 함께 보내야 한다.(2018.4.6 전단개정)
③ 중앙선거관리위원회는 제1항에 따라 확정된 재외선거인명부등을 하나로 합하여 재외선거관리위원회에 송부하여야 하며, 그 절차와 방법, 그 밖에 필요한 사항은 중앙선거관리위원회규칙으로 정한다.(2015.8.13 본항개정)
④ 누구든지 재외선거인등이 투표한 후에는 그 재외선거인등의 해당 선거의 선거권 유무에 대하여 대한민국 국민이 아니라는 이유로 법적·행정적 이의를 제기할 수 없다.(2011.7.28 본항신설)

제218조의14【국외선거운동 방법에 관한 특례】 ① 재외선거권자(재외선거인명부등에 올라 있거나 오를 자격이 있는 사람을 말한다. 이하 같다)를 대상으로 하는 선거운동은 다음 각 호에서 정한 방법으로만 할 수 있다.
(2010.1.25 후단삭제)
1. 제59조제2호부터 제5호까지의 규정에 따른 선거운동
(2020.12.29 본호개정)
2. 위성방송시설(「방송법」에 따른 방송사업자가 관리·운영하는 국외송출이 가능한 국내의 방송시설을 말한다. 이하 이 장에서 같다)을 이용한 제70조에 따른 방송광고(2011.7.28 본호개정)
3. 위성방송시설을 이용한 제71조에 따른 방송연설
4. (2012.2.29 삭제)
5. 제82조의7에 따른 인터넷광고
6. (2020.12.29 삭제)
② 제1항제2호에 따른 방송광고의 횟수는 다음 각 호에 따른다.
1. 대통령선거
텔레비전 및 라디오 방송시설별로 각 10회 이내
2. 비례대표국회의원선거
텔레비전 및 라디오 방송시설별로 각 5회 이내
③ 제1항제3호에 따른 방송연설의 횟수는 다음 각 호에 따른다.
1. 대통령선거
후보자와 그가 지명한 연설원이 각각 텔레비전 및 라디오 방송시설별로 각 5회 이내
2. 비례대표국회의원선거
정당별로 정당의 대표자가 선임한 2명이 각각 텔레비전 및 라디오 방송시설별로 각 1회
④ 중앙선거관리위원회는 대통령선거 및 임기만료에 따른 비례대표국회의원선거에서 정당·후보자에 대한 정보를 재외선거인등에게 알리기 위하여 중앙선거관리위원회규칙으로 정하는 바에 따라 정당·후보자 정보자료를 작성하여 다음 각 호에 따른 방법으로 재외선거인등에게 제공하여야 한다.(2011.7.28 본문개정)
1. 공관 게시판 게시
2. 중앙선거관리위원회, 외교부, 재외동포청 및 공관의 인터넷 홈페이지 게시(2023.3.4 본호개정)
3. 전자우편 전송(수신을 원하는 재외선거인등에 한한다)
⑤ 방송시설을 관리 또는 운영하는 자는 자신의 부담으로 제82조의2제1항에 따른 대담·토론회와 제82조의3에 따른 정책토론회를 중계방송할 수 있다.
⑥ 다음 각 호의 어느 하나에 해당하는 단체의 상근 임직원 및 이들 단체의 대표자는 재외선거권자를 대상으로 선거운동을 할 수 없다.
1. 「한국국제협력단법」에 따라 설립된 한국국제협력단
2. 「한국국제교류재단법」에 따라 설립된 한국국제교류재단
3. (2023.3.4 삭제)
(2010.1.25 본항신설)
⑦ 제87조제1항에도 불구하고 단체(그 대표자와 임직원 또는 구성원을 포함한다)는 그 단체의 명의 또는 그 대표의 명의로 재외선거권자를 대상으로 선거운동을 할 수 없다.(2010.1.25 본항신설)

제218조의15【선거비용에 대한 특례】 제119조제1항에도 불구하고 재외선거권자를 대상으로 하는 선거운동을 위하여 국외에서 지출한 비용은 선거비용으로 보지 아니한다.

제218조의16【재외선거의 투표방법】 ① 재외선거의 투표는 제159조 본문에 따른 기표에 의한 방법으로 한다.
(2015.8.13 본항개정)
② 재외투표는 선거일 오후 6시(대통령의 궐위로 인한 선거 또는 재선거는 오후 8시를 말한다)까지 관할 구·시·군선거관리위원회에 도착되어야 한다.(2011.7.28 본항개정)
③ 제218조의13제1항에 따라 재외선거인명부등에 등재된 사람이 재외투표소에서 투표를 하지 아니하고 귀국한 때에는 선거일 전 8일부터 선거일까지 주소지 또는 최종 주소지(최종 주소지가 없는 사람은 등록기준지를 말한다)를 관할하는 구·시·군선거관리위원회에 신고한 후 선거일에 해당 선거관리위원회가 지정하는 투표소에서 투표할 수 있다.(2023.3.29 본항개정)
④ 제3항의 신고에 관한 구체적인 절차 및 그 밖에 필요한 사항은 중앙선거관리위원회규칙으로 정한다.
(2015.8.13 본항신설)

제218조의17【재외투표소의 설치·운영】 ① 재외선거관리위원회는 선거일 전 14일부터 선거일 전 9일까지의 기간 중 6일 이내의 기간(이하 이 장에서 "재외투표기간"이라 한다)을 정하여 공관에 재외투표소를 설치·운영하여야 한다. 이 경우 공관의 협소 등의 사유로 부득이 공관에 재외투표소를 설치할 수 없는 경우에는 공관의 대체시설에 재외투표소를 설치할 수 있다.(2015.12.24 후단신설)
② 재외선거관리위원회는 제1항에도 불구하고 다음 각 호의 어느 하나에 해당하는 사유가 있는 경우에는 재외투표기간 중 기간을 정하여 제1항에 따른 공관 또는 공관의 대체시설 외의 시설·병영 등에 추가로 재외투표소를 설치·운영할 수 있다. 다만, 제1호에 따른 사유로 추가하여 설치하는 재외투표소의 경우에는 재외국민수가 3만명을 넘으면 이후 매 3만명까지마다 1개소씩 추가로 설치·운영하되, 추가되는 재외투표소의 총 수는 3개소를 초과할 수 없다.(2022.1.21 단서개정)
1. 관할구역의 재외국민수가 3만명 이상인 것으로 추정되는 경우(2022.1.21 본호개정)
2. 공관의 관할구역 또는 관할구역의 인접한 지역에 재외선거인등이 소속된 국군부대가 있는 경우
(2016.1.15 본항개정)
③ 재외선거관리위원회는 선거일 전 20일까지 재외투표소의 명칭·소재지와 운영기간 등을 인터넷 홈페이지 등에 공고하여야 한다.(2015.12.24 본항개정)
④ 재외선거관리위원회는 공정하고 중립적인 사람 중에서 재외투표소에 투표사무원을 두어야 한다.(2018.4.6 본항개정)
⑤ 재외선거관리위원회는 정당추천위원이 아닌 1명의 위원을 책임위원으로 지정하여 재외투표소의 투표관리를 행하게 한다. 다만, 책임위원으로 지정되지 아니한 위원도 본인의 의사에 따라 투표관리에 참여할 수 있으며, 재외투표소의 책임위원에게 투표관리에 관하여 의견을 개진할 수 있다.(2012.1.17 본항개정)
⑥ 재외선거관리위원회는 제5항에도 불구하고 제2항에 따라 설치하는 재외투표소에는 재외선거관리위원회가 지정하는 재외투표소관리자로 하여금 투표관리를 행하게 할 수 있다.(2015.12.24 본항신설)
⑦ 재외투표소는 재외투표기간 중 공휴일에도 불구하고 매일 오전 8시에 열고 오후 5시에 닫는다. 다만, 다음 각 호의 어느 하나에 해당하는 경우 재외선거관리위원회는 예상 투표자 수 등을 고려하여 투표시간을 조정할 수 있되, 중앙선거관리위원회와 협의하여야 한다.(2022.1.21 단서개정)
1. 천재지변 또는 전쟁·폭동, 그 밖에 부득이한 사유가 있는 경우(2022.1.21 본호신설)
2. 제2항제2호에 따라 추가로 설치·운영하는 재외투표소의 경우(2022.1.21 본호신설)
⑧ 제2항에 따른 재외투표소의 설치·운영, 국군부대에 재외투표소를 설치·운영할 재외선거관리위원회 지정 및 그 밖에 필요한 사항은 중앙선거관리위원회규칙으로 정한다.(2016.1.15 본항개정)
⑨ 제163조·제166조·제166조의2 및 제167조(제2항 단서는 제외한다)는 재외투표소에 준용한다. 이 경우 "읍·면·동선거관리위원회 및 그 상급선거관리위원회"는 "중앙선거관리위원회 및 재외선거관리위원회"로, "투표소"는 "재외투표소"로, "투표관리관"은 "재외투표소의 책임위원 또는 재외투표소관리자"로, "선거일에"는 "재외투표소 안에서"로 본다.(2015.12.24 후단개정)

제218조의18【투표용지 작성 등】 ① 중앙선거관리위원회는 재외투표소의 책임위원 또는 재외투표소관리자(이하 "책임위원등"이라 한다)로 하여금 재외투표소에서 투표용지 발급기를 이용하여 투표용지를 작성·교부하게 한다. 이 경우 투표용지에 인쇄하는 일련번호에 관하여는 제151조제6항 후단을 준용한다.(2015.12.24 전단개정)
② 중앙선거관리위원회는 투표용지의 작성을 위하여 제151조제1항에 따라 작성한 투표용지원고를 재외투표기간 개시일 전 2일까지 전산조직을 이용하여 재외투표관리관에게 보내야 한다.

③ 중앙선거관리위원회는 투표용지의 작성 및 투표용지 원고의 송부에 필요한 기술적 조치를 하여야 한다.
④ 재외투표소의 책임위원등은 투표용지 발급기의 장애 등으로 인하여 투표용지를 작성·교부할 수 없는 때에는 중앙선거관리위원회가 전산조직으로 송부한 투표용지원고를 이용하여 투표용지를 작성·교부한다. 이 경우 제218조의16제1항에도 불구하고 국회의원선거의 투표는 후보자의 성명이나 정당의 명칭 또는 기호를 한글 또는 아라비아숫자로 투표용지에 직접 적는 방법으로 한다.
(2015.12.24 전단개정)
⑤ 투표용지 작성방법, 재외선거인등에 대한 투표안내, 그 밖에 필요한 사항은 중앙선거관리위원회규칙으로 정한다.
(2015.8.13 본조개정)
제218조의19【재외선거의 투표 절차】 ① 재외선거인등은 신분증명서(여권·주민등록증·공무원증·운전면허증 등 사진이 첩부되어 본인임을 확인할 수 있는 대한민국의 관공서나 공공기관이 발행한 증명서 또는 사진이 첩부되고 성명과 생년월일이 기재되어 본인임을 확인할 수 있는 거류국의 정부가 발행한 증명서를 말한다. 이하 이 조에서 같다)를 제시하여 본인임을 확인받은 다음 전자적 방식으로 손도장을 찍거나 서명한 후 투표용지를 받아야 한다. 다만, 재외선거인은 제218조의5제4항에 따라 재외투표관리관이 공고한 서류의 원본을 제시하여 국적 및 본인 여부를 확인받은 다음 투표용지를 받아야 하며, 제시한 서류에 본인임을 확인할 수 있는 사진이 첩부되지 아니한 경우에는 신분증명서를 함께 제시하여야 한다.(2015.12.24 단서개정)
② 재외투표소의 책임위원등은 투표용지 발급기로 투표용지를 인쇄하여 "책임위원"칸에 자신의 도장을 찍거나 서명(한글성명이 모두 나타나야 한다)한 후 일련번호를 떼지 아니하고 회송용 봉투와 함께 교부한다.
(2015.12.24 본항개정)
③ 투표용지와 회송용 봉투를 받은 재외선거인등은 기표소에 들어가 투표용지에 1명의 후보자(비례대표국회의원선거에서는 하나의 정당을 말한다)를 선택하여 투표용지의 해당 칸에 기표한 다음 그 자리에서 기표내용이 다른 사람에게 보이지 아니하게 접어 이를 회송용 봉투에 넣어 봉함한 후 투표함에 넣어야 한다.
④ 투표용지 발급기의 봉함·봉인, 그 밖에 필요한 사항은 중앙선거관리위원회규칙으로 정한다.
(2015.8.13 본조개정)
제218조의20【재외투표소의 투표참관】 ① 재외투표소의 책임위원등은 투표참관인이 투표상황을 참관할 수 있도록 하여야 한다.(2015.12.24 본항개정)
② 대통령선거의 경우 후보자(정당추천후보자의 경우에는 후보자를 추천한 정당을 말한다)가, 국회의원선거의 경우 「정치자금법」 제27조에 따라 보조금의 배분 대상이 되는 정당이 선거일 전 17일까지 재외선거관리위원회에 재외투표소별로 재외선거인등 중 2명을 투표참관인으로 신고할 수 있다.
③ 제2항에 따라 신고한 투표참관인은 언제든지 교체할 수 있으며, 재외투표기간에는 그 재외투표소에서 교체신고를 할 수 있다.
④ 제2항에 따른 투표참관인의 선정이 없거나 한 후보자 또는 한 정당이 선정한 투표참관인밖에 없는 경우에는 재외선거관리위원회가 재외선거인등 중 2명을 본인의 승낙을 얻어 투표참관인으로 선정한다. 이 경우 재외선거관리위원회가 제218조의17제2항제2호에 따른 재외투표소의 투표참관인을 선정할 때에는 군인이 아닌 사람을 우선하여 선정하여야 한다.(2016.1.15 후단신설)
⑤ 제4항에 따라 선정된 투표참관인은 정당한 사유 없이 참관을 거부하거나 그 직을 사임할 수 없다.
⑥ 재외투표소의 책임위원등은 원활한 투표관리를 위하여 필요한 때에는 투표참관인을 교대로 참관하게 할 수 있다. 이 경우 정당·후보자별로 투표참관인 수의 2분의 1씩 교대하여 참관하여야 한다.(2015.12.24 후단개정)
제218조의21【재외투표의 회송】 ① 재외투표소의 책임위원등은 매일의 재외투표 마감 후 투표참관인의 참관 아래 투표함을 열고 투표자수를 계산한 다음 재외투표를 포장·봉인(封印)하여 재외투표관리관에게 인계하여야 한다. 다만, 제218조의17제2항에 따라 설치하는 재외투표소는 공관과의 거리 등의 사유로 매일의 재외투표를 인계할 수 없는 부득이한 경우에는 해당 재외투표소 운영기간 종료 후 그 기간 중의 재외투표를 일괄하여 인계할 수 있다.(2015.12.24 본항개정)
② 재외투표관리관은 제1항에 따른 재외투표를 재외투표기간 만료일 후 지체 없이 국내로 회송하고, 외교부장관은 외교행낭의 봉함·봉인 상태를 확인한 후 중앙선거관리위원회에 보내야 한다. 이 경우 재외투표의 수가 많은 때에는 재외투표기간 중 그 일부를 먼저 보낼 수 있다.
(2013.3.23 전단개정)
③ 중앙선거관리위원회는 제2항에 따라 인수한 재외투표를 관할 구·시·군선거관리위원회에 등기우편으로 보내야 한다.
④ 제1항 단서에 따른 재외투표의 인계, 제2항에 따른 재외투표의 국내 회송방법, 그 밖에 필요한 사항은 중앙선거관리위원회규칙으로 정한다.(2015.12.24 본항개정)
제218조의22【재외투표소투표록 등의 작성·송부】 ① 재외투표소의 책임위원등은 재외투표소에 재외투표소투표록을 비치하고 매일의 투표자 수, 재외투표관리관에 대한 재외투표의 인계, 그 밖에 재외투표소의 투표관리에 관한 사항을 기록하여야 한다.(2015.12.24 본항개정)
② 재외투표소의 책임위원등은 재외투표소의 투표가 모두 끝난 때에는 투표함과 그 열쇠, 재외투표소투표록, 그 밖에 재외투표소의 투표에 관한 모든 서류를 재외투표관리관에게 인계하여야 한다.(2015.12.24 본항개정)
③ 재외투표관리관은 재외선거관리록을 비치하고 재외선거인 등록신청과 국외부재자 신고의 접수 및 처리, 재외투표소 설치·운영, 그 밖에 재외선거 및 국외부재자투표의 관리에 관한 사항을 적어야 한다.
④ 재외투표관리관이 제218조의21제2항 전단에 따라 재외투표를 중앙선거관리위원회에 보내는 때에는 재외투표소투표록을 함께 보내야 한다.
제218조의23【재외투표의 접수】 ① 구·시·군선거관리위원회는 선거일 전 10일부터 재외투표의 투입과 보관을 위하여 국외부재자 투표함과 재외선거인 투표함(이하 이 조와 제218조의24에서 "재외투표함"이라 한다)을 각각 갖추어 놓아야 한다.
② 구·시·군선거관리위원회가 접수한 재외투표는 정당추천위원의 참여하에 재외투표함에 넣어야 한다. 이 경우 재외투표함의 보관에 관하여는 제176조제3항을 준용한다.(2021.3.26 후단신설)
제218조의24【재외투표의 개표】 ① 재외투표는 구·시·군선거관리위원회가 개표한다.
② 재외투표함은 개표참관인의 참관 아래 선거일 오후 6시(대통령의 궐위로 인한 선거 또는 재선거는 오후 8시를 말한다. 이하 이 조에서 같다) 후에 개표소로 옮겨서 다른 투표함의 투표지와 별도로 먼저 개표할 수 있다.
(2011.7.28 본항개정)
③ 제1항에도 불구하고 중앙선거관리위원회는 천재지변 또는 전쟁·폭동, 그 밖에 부득이한 사유로 재외투표가 선거일 오후 6시까지 관할 구·시·군선거관리위원회에 도착할 수 없다고 인정하는 때에는 해당 재외선거관리위원회로 하여금 재외투표를 보관하였다가 개표하게 할 수 있다.(2011.7.28 본항신설)
④ 재외선거관리위원회가 제3항에 따라 개표하는 때에는 선거일 오후 6시 이후에 개표참관인의 참관 아래 공관에서 개표하고, 그 결과를 중앙선거관리위원회에 보고하며, 중앙선거관리위원회는 관할 선거구선거관리위원회에 그 결과를 통지한다.(2011.7.28 본항신설)
⑤ 제3항에 따라 개표하는 경우 개표참관인 선정·신고 등에 관하여는 제218조의20제2항부터 제5항까지를 준용한다. 이 경우 "재외투표소별로"는 "개표소별로", "투표참관인"은 "개표참관인"으로, "선거일 전 17일"은 "선거일 전 3일"로, "재외투표기간에는 그 재외투표소에서"는 "개표일에는 개표소에서"로 본다.(2015.12.24 후단개정)
⑥ 재외선거관리위원회가 재외투표를 개표하는 경우 재외투표의 보관, 개표의 진행 및 절차, 개표결과의 보고·통지, 그 밖에 필요한 사항은 중앙선거관리위원회규칙으로 정한다.(2011.7.28 본항신설)
제218조의25【재외투표의 효력】 ① 재외투표의 효력에 관하여는 제179조(같은 조 제3항 및 제4항제7호·제10호는 제외한다)를 준용한다. 이 경우 "사전투표 및 거소투표"는 "재외투표"로, "비례대표국회의원선거 및 비례대표지방의회의원선거"는 "비례대표국회의원선거"로, "거소투표자 또는 선상투표자가"는 "재외선거인등이"로, "거소투표 또는 선상투표"는 "재외투표"로 본다.
(2015.8.13 본항개정)
② 제218조의18제4항 후단의 방법으로 투표를 한 경우 후보자의 성명이나 정당의 명칭 또는 기호를 모두 한글 또는 아라비아숫자가 아닌 그 밖의 문자(한글 또는 아라비아숫자와 그 밖의 문자를 병기한 것은 한글 또는 아라비아숫자로 적은 것으로 본다)로 적거나 비례대표국회의원선거에서 후보자의 성명을 적은 재외투표(정당의 명칭 또는 기호를 함께 적은 것을 포함한다)는 무효로 한다. 다만, 다음 각 호의 어느 하나에 해당하는 재외투표는 무효로 하지 아니한다.
1. 같은 후보자의 성명이나 정당의 명칭 또는 기호를 2회 이상 적은 것
2. 후보자의 성명이나 정당의 명칭 또는 기호가 일부 틀리게 적혀 있으나 어느 후보자 또는 정당에게 투표하였는지 명확한 것
(2015.8.13 본항개정)
③ 같은 선거에서 한 사람이 2회 이상 투표를 한 경우 해당 선거에서 본인이 한 재외투표는 모두 무효로 한다.
(2011.7.28 본항신설)
④~⑤ (2015.8.13 삭제)
(2015.8.13 본조제목개정)
제218조의26【국외선거범에 대한 공소시효 등】 ① 제268조제1항 본문에도 불구하고 국외에서 범한 이 법에 규정된 죄의 공소시효는 해당 선거일 후 5년을 경과함으로써 완성한다.
② 국외에서 이 법에 규정된 죄를 범한 자로서 「형사소송법」에 따라 법원의 관할을 특정할 수 없는 자의 제1심 재판 관할은 서울중앙지방법원으로 한다.(2011.7.28 본항신설)
(2011.7.28 본조제목개정)
제218조의27【재외선거의 공정성 확보 의무】 ① 중앙선거관리위원회와 재외투표관리관은 재외선거인 등록신청, 재외투표의 방법, 그 밖에 재외선거인의 선거권 행사를 위한 사항을 홍보하는 등 재외선거인의 투표참여와 재외선거의 공정성을 확보하기 위하여 노력하여야 한다.
② 중앙선거관리위원회는 재외선거인이 전화 또는 인터넷을 통하여 후보자를 추천한 정당의 명칭, 후보자의 성명, 기호 및 선거공약 등을 알 수 있도록 필요한 조치를 하여야 한다.
③ 중앙선거관리위원회는 외국의 선거·정당·정치자금제도와 그 운영현황, 정당 발전방안 등에 관한 조사·연구를 추진하여 재외선거제도의 개선과 정치발전을 위하여 필요한 노력을 하여야 한다.
제218조의28【재외선거사무의 지원 등】 ① 중앙선거관리위원회, 법무부, 경찰청 등은 재외선거관리위원회 또는 재외투표관리관이 행하는 재외선거사무를 지원하고 위법행위 예방 및 자료수집 등을 위하여 필요한 경우에는 공관에 소속 직원을 파견할 수 있다.
② 제1항에 따라 공관에 파견된 중앙선거관리위원회 소속 직원이 제272조의2 또는 「정치자금법」 제52조에 따라 조사를 하는 경우에는 다른 법령에도 불구하고 중앙선거관리위원회의 지휘·감독을 받는다. 다만, 조사에 착수하는 때에는 조사와 관련하여 공관의 장과 협의하여야 한다.
(2011.9.30 본조개정)
제218조의29【천재지변 등의 발생 시 재외선거사무의 처리】 ① 중앙선거관리위원회는 천재지변 또는 전쟁·폭동, 그 밖에 부득이한 사유로 해당 공관 관할구역에서 재외선거를 실시할 수 없다고 인정하는 때에는 해당 공관에 재외선거관리위원회를 설치하지 아니하거나 설치·운영 중인 재외선거관리위원회 및 재외투표관리관의 재외선거사무를 중지할 것을 결정할 수 있다.
② 제1항에 따른 재외선거사무 중지결정에 따라 재외투표기간 중에 투표를 마치지 못한 경우에도 재외투표기간이 지난 후에는 다시 투표를 실시하지 아니한다. 이 경우 재외투표관리관은 이미 실시된 재외투표를 제218조의21제2항에 따라 국내로 회송하여야 한다.
③ 중앙선거관리위원회는 제1항에 따른 결정 후 재외투표기간 전에 사정 변경으로 재외선거를 실시할 수 있다고 인정하는 때에는 지체 없이 재외선거관리위원회를 설치하거나 재외선거사무가 중지된 해당 재외선거관리위원회 및 재외투표관리관으로 하여금 재외선거사무를 재개하도록 하여야 하고, 이 경우 처리기한이 경과된 재외선거사무는 이 법에 따라 처리한 것으로 본다. 다만, 재외선거관리위원회는 제218조의17에 따른 기한이 경과된 경우라도 지체 없이 재외투표소의 명칭·소재지와 운영기간 등을 공고하여야 한다.
(2011.7.28 본조신설)
제218조의30【국외선거범에 대한 여권발급 제한 등】
① 외교부장관은 다음 각 호의 어느 하나에 해당하는 사람에 대하여 중앙선거관리위원회나 검사 또는 사법경찰관의 요청이 있는 때에는 「여권법」에 따른 여권의 발급·재발급(이하 "여권발급등"이라 한다)을 제한하거나 반납(이하 "제한등"이라 한다)을 명하여야 한다.(2021.3.23 본문개정)
1. 국외에서 이 법에 따른 장기 3년 이상의 형에 해당하는 죄를 범한 혐의를 인정할 만한 상당한 이유가 있으나 중앙선거관리위원회의 조사에 불응하거나 소재가 불명하여 조사를 종결할 수 없는 사람
2. 국외에서 이 법에 따른 장기 3년 이상의 형에 해당하는 죄를 범하여 기소중지 또는 수사중지(피의자중지로 한정한다)된 사람(2021.3.23 본호개정)
② 중앙선거관리위원회 또는 검사가 제1항에 따라 여권발급등의 제한등을 요청할 때에는 그 요청사유, 제한기간 또는 반납 후의 보관기간(이하 "보관기간"이라 한다) 등을 적은 서면으로 하여야 한다.
③ 중앙선거관리위원회 또는 검사는 제2항에 따른 제한기간 또는 보관기간을 연장할 필요가 있다고 인정되는 때에는 그 제한기간 또는 보관기간 만료일 전 30일까지 서면으로 연장을 요청할 수 있다.
④ 제2항 및 제3항에 따른 제한기간 또는 보관기간은 해당 선거의 선거일 후 5년 이내로 하되, 중앙선거관리위원회 또는 검사는 제한기간 또는 보관기간 중이라도 요청사유가 소멸되었다고 인정될 때에는 여권발급등의 제한등을 해제하여 줄 것을 외교부장관에게 요청할 수 있다.(2013.3.23 본항개정)
⑤ 제3항과 제4항에 따른 요청이 있는 경우 외교부장관은 특별한 사정이 없는 한 그 요청에 따라야 한다.(2013.3.23 본항개정)
⑥ 제1항에 따른 여권발급등의 제한등과 관련하여 이 조에서 정한 것을 제외하고는 여권발급등의 제한등의 절차, 반납명령을 이행하지 않는 경우 여권의 효력상실과 회수, 그 밖의 사항에 관하여는 「여권법」을 준용한다.
(2012.2.29 본조신설)
제218조의31【외국인의 입국금지】 ① 법무부장관은 국외에서 이 법에서 금지하는 행위를 하였다고 인정할 만

한 상당한 이유가 있는 외국인에 대하여 입국을 금지할 수 있다. 다만, 수사에 응하기 위하여 입국하려는 때에는 그러하지 아니하다.
② 중앙선거관리위원회는 제1항에 따른 입국금지대상에 해당하는 외국인을 법무부장관에게 통보할 수 있다.
③ 제1항에 따른 입국 금지기간은 해당 선거 당선인의 임기만료일까지로 한다.
④ 제1항에 따른 입국금지 절차 등에 관하여는 「출입국관리법」을 준용한다.
(2012.2.29 본조신설)

제218조의32 【국외선거범에 대한 영사조사】 ① 영사는 법원 또는 검사의 의뢰를 받아 대한민국 재외공관 등에서 「형사소송법」 제200조, 제221조에 따라 이 법의 위반행위와 관련된 피의자 또는 피의자 아닌 자의 출석을 요구하여 진술을 들을 수 있다.
② 법원 또는 검사가 영사에게 진술 청취를 의뢰할 때에는 법무부 및 외교부를 경유하여야 한다. 사법경찰관은 검사에게 영사에 대한 진술 청취의 의뢰를 신청할 수 있다.(2013.3.23 본항개정)
③ 영사는 제1항에 따라 진술을 들을 경우 그 진술 내용을 기재한 조서를 작성하거나 진술서를 제출받을 수 있고, 그 과정을 영상녹화할 수 있다. 다만, 피의자 아닌 자의 경우에는 동의를 받아야 영상녹화할 수 있다.
④ 영사가 법원의 의뢰를 받아 진술을 들을 경우 그 절차 및 방식에 관하여는 「형사소송법」 제48조, 제50조 및 제161조의2부터 제164조까지를 준용한다.
⑤ 영사가 검사의 의뢰를 받아 진술을 들을 경우 그 절차 및 방식에 관하여는 「형사소송법」 제241조, 제242조, 제243조의2부터 제245조까지를 준용한다.
⑥ 영사는 제3항에 따라 작성한 조서, 진술인으로부터 제출받은 진술서 또는 영상녹화물을 즉시 외교부 및 법무부를 경유하여 법원 또는 검사에게 송부하여야 한다.
(2013.3.23 본항개정)
(2012.2.29 본조신설)

제218조의33 【국외선거범에 대한 인터넷 화상조사】
① 검사 또는 사법경찰관은 「형사소송법」 제200조, 제221조에 따라 재외공관에 출석한 이 법의 위반행위와 관련된 피의자 또는 피의자 아닌 자를 상대로 인터넷 화상장치를 이용하여 진술을 들을 수 있다.
② 제1항에 따라 진술을 들을 경우 검사 또는 사법경찰관은 법무부 및 외교부를 경유하여 해당 재외공관의 장에게 조사할 사건에 관하여 통보하여야 하고, 진술을 들을 때에는 영사가 참여하여야 한다.(2013.3.23 본항개정)
③ 검사 또는 사법경찰관은 제1항에 따라 진술을 들을 경우 그 진술 내용을 기재한 조서를 작성할 수 있고, 그 과정을 영상 녹화하여야 한다. 다만, 피의자가 아닌 자의 경우에는 동의를 받아야 영상녹화할 수 있다.
④ 검사 또는 사법경찰관은 작성한 조서를 재외공관에 전송하고, 영사는 이를 출력하여 진술자에게 열람케 하여야 한다.
⑤ 제1항에 따른 진술 청취의 절차 및 방식에 관하여는 「형사소송법」 제241조, 제242조, 제243조의2부터 제245조까지를 준용한다.
⑥ 영사는 완성된 조서를 외교부 및 법무부를 경유하여 검사 또는 사법경찰관에게 송부하여야 한다.(2013.3.23 본항개정)
⑦ 제1항부터 제6항까지에 따라 작성된 조서는 국내에서 검사 또는 사법경찰관이 작성한 조서와 동일한 것으로 본다.
(2012.2.29 본조신설)

제218조의34 【준용규정 등】 ① 재외선거에 관하여 이 장에 정한 것을 제외하고는 그 성질에 반하지 아니하는 범위에서 이 법의 다른 규정을 준용한다.
② 이 장에서 날짜로 정한 기간을 계산하는 때에는 대한민국 표준시를 기준으로 한다.
③ 재외선거와 관련한 공관의 선거관리경비의 사용 잔액에 대하여는 「재외공관 수입금 등 직접사용에 관한 법률」 제2조 · 제3조를 준용한다. 이 경우 "외교부장관"은 "중앙선거관리위원회사무총장"으로, "대한민국 재외공관의 장" 또는 "재외공관의 장"은 "재외투표관리관"으로, "수입금 및 관서 운영경비"는 "선거관리경비"로 본다.
(2013.3.23 본항개정)

제218조의35 【시행규칙】 국외부재자투표와 재외선거의 실시를 위하여 필요한 사항은 중앙선거관리위원회규칙으로 정한다.

제15장 선거에 관한 쟁송

제219조 【선거소청】 ① 지방의회의원 및 지방자치단체의 장의 선거에 있어서 선거의 효력에 관하여 이의가 있는 선거인 · 정당(후보자를 추천한 정당에 한한다. 이하 이 조에서 같다) 또는 후보자는 선거일부터 14일 이내에 당해 선거구선거관리위원회위원장을 피소청인으로 하여 지역구시 · 도의원선거(지역구세종특별자치시의회의원선거는 제외한다), 자치구 · 시 · 군의원선거 및 자치구 · 시 · 군의 장선거에 있어서는 시 · 도선거관리위원회에, 비례대표시 · 도의원선거, 지역구세종특별자치시의회의원선거 및 시 · 도지사선거에 있어서는 중앙선거관리위원회에 소청할 수 있다.(2015.8.13 본항개정)
② 지방의회의원 및 지방자치단체의 장의 선거에 있어서 당선의 효력에 관하여 이의가 있는 정당 또는 후보자는 당선인결정일부터 14일 이내에 제52조제1항부터 제3항까지 또는 제192조제1항부터 제3항까지의 사유에 해당함을 이유로 하는 때에는 당선인을, 제190조(지역구지방의회의원당선인의 결정 · 공고 · 통지) 내지 제191조(지방자치단체의 장의 당선인의 결정 · 공고 · 통지)의 규정에 의한 결정의 위법을 이유로 하는 때에는 당해 선거구선거관리위원회위원장을 각각 피소청인으로 하여 지역구시 · 도의원선거(지역구세종특별자치시의회의원선거는 제외한다), 자치구 · 시 · 군의원선거 및 자치구 · 시 · 군의 장선거에 있어서는 시 · 도선거관리위원회에, 비례대표시 · 도의원선거, 지역구세종특별자치시의회의원선거 및 시 · 도지사선거에 있어서는 중앙선거관리위원회에 소청할 수 있다.(2015.8.13 본항개정)
③ 제1항 및 제2항의 규정에 의하여 피소청인으로 될 당해 선거구선거관리위원회위원장이 궐위된 때에는 당해 선거구선거관리위원회위원 전원을 피소청인으로 한다.
④ 제2항의 규정에 의하여 피소청인으로 될 당선인이 사퇴 또는 사망하거나 제192조제2항의 규정에 의하여 당선의 효력이 상실되거나 같은 조 제3항의 규정에 의하여 당선이 무효로 된 때에는 당해 선거구선거관리위원회위원장을, 당해 선거구선거관리위원회위원장이 궐위된 때에는 당해 선거구선거관리위원회위원 전원을 피소청인으로 한다.
⑤ 제1항 및 제2항에 따른 소청은 서면으로 하여야 하되, 다음 각 호의 사항을 기재한 후 기명하고 날인하여야 한다. 이 경우 소청장에는 당사자수에 해당하는 부본을 첨부하여야 한다.(2011.7.28 본문개정)
1. 소청인의 성명과 주소
2. 피소청인의 성명과 주소
3. 소청의 취지 및 이유
4. 소청의 대상이 되는 처분의 내용
5. 대리인 또는 선정대표자가 있는 경우에는 그 성명과 주소
⑥ 제5항의 규정에 의한 소청장을 접수한 중앙선거관리위원회 또는 시 · 도선거관리위원회는 지체없이 소청장 부본을 당사자에게 송달하여야 한다.
⑦ 제6항의 규정에 의하여 소청장 부본을 송달받은 피소청인은 중앙선거관리위원회 또는 시 · 도선거관리위원회가 지정한 기일까지 답변서를 제출하여야 한다. 이 경우 당사자수에 상응하는 부본을 첨부하여야 하며, 답변서를 접수한 중앙선거관리위원회 또는 시 · 도선거관리위원회는 그 부본을 당사자에게 송달하여야 한다.
(2011.7.28 본조제목개정)

제220조 【소청에 대한 결정】 ① 제219조(선거소청)제1항 또는 같은 조 제2항의 소청을 접수한 중앙선거관리위원회 또는 시 · 도선거관리위원회는 소청을 접수한 날부터 60일 이내에 그 소청에 대한 결정을 하여야 한다.
② 제1항의 결정은 다음 각 호의 사항을 기재한 서면으로 하여야 하며, 결정에 참여한 위원이 기명하고 서명 또는 날인하여야 한다.(2011.7.28 본문개정)
1. 사건번호와 사건명
2. 당사자 · 참가인 및 대리인의 성명과 주소
3. 주문
4. 소청의 취지
5. 이유
6. 결정한 날짜
③ 중앙선거관리위원회 또는 시 · 도선거관리위원회는 지체없이 제2항의 결정서의 정본을 소청인 · 피소청인 및 참가인에게 송달하여야 하며, 그 결정요지를 공고하여야 한다.
④ 소청의 결정은 소청인에게 제3항의 규정에 의한 송달이 있는 때에 그 효력이 생긴다.
(2011.7.28 본조제목개정)

제221조 【「행정심판법」의 준용】 ① 선거소청에 관하여는 이 법에 규정된 것을 제외하고는 「행정심판법」 제10조(위원의 제척 · 기피 · 회피)(이 경우 "위원장"은 "중앙선거관리위원회 또는 시 · 도선거관리위원회"로 본다), 제15조(선정대표자), 제16조(청구인의 지위 승계)제2항부터 제4항까지(이 경우 "법인"은 "정당"으로 본다), 제17조(피청구인의 적격 및 경정)제2항부터 제6항까지, 제18조(대리인의 선임), 제19조(대표자 등의 자격), 제20조(심판참가), 제21조(심판참가의 요구), 제22조(참가인의 지위), 제29조(청구의 변경), 제30조(집행정지)제1항, 제32조(보정), 제33조(주장의 보충), 제34조(증거서류 등의 제출), 제35조(자료의 제출 요구 등)제1항부터 제3항까지, 제36조(증거조사), 제37조(절차의 병합 또는 분리), 제38조(심리기일의 지정과 변경), 제39조(직권심리), 제40조(심리의 방식), 제41조(발언 내용 등의 비공개), 제42조(심판청구 등의 취하), 제43조(재결의 구분)제1항 · 제2항, 제51조(행정심판 재청구의 금지), 제55조(증거서류 등의 반환), 제56조(주소 등 송달장소 변경의 신고의무), 제57조(서류의 송달) 및 제61조(권한의 위임)의 규정을 준용하고, 선거소청비용에 관하여는 「민사소송법」을 준용하되, 「행정심판법」을 준용하는 경우 "행정심판"은 "선거소청"으로, "청구인"은 "소청인"으로, "피청구인"은 "피소청인"으로, "심판청구 또는 심판"은 "소청"으로, "심판청구서"는 "소청장"으로, "재결"은 "결정"으로, "재결기간"은 "결정기간"으로, "위원회"는 "중앙선거관리위원회 또는 시 · 도선거관리위원회"로, "재결서"는 "결정서"로 본다.(2010.1.25 본항개정)
② 소청에 관하여 기타 필요한 사항은 중앙선거관리위원회규칙으로 정한다.
(2005.8.4 본조제목개정)

제222조 【선거소송】 ① 대통령선거 및 국회의원선거에 있어서 선거의 효력에 관하여 이의가 있는 선거인 · 정당(후보자를 추천한 정당에 한한다) 또는 후보자는 선거일부터 30일 이내에 당해 선거구선거관리위원회위원장을 피고로 하여 대법원에 소를 제기할 수 있다.
② 지방의회의원 및 지방자치단체의 장의 선거에 있어서 선거의 효력에 관한 제220조의 결정에 불복이 있는 소청인(당선인을 포함한다)은 해당 소청에 대하여 기각 또는 각하 결정이 있는 경우(제220조제1항의 기간 내에 결정하지 아니한 때를 포함한다)에는 해당 선거구선거관리위원회 위원장을, 인용결정이 있는 경우에는 그 인용결정을 한 선거관리위원회 위원장을 피고로 하여 그 결정서를 받은 날(제220조제1항의 기간 내에 결정하지 아니한 때에는 그 기간이 종료된 날)부터 10일 이내에 비례대표시 · 도의원선거 및 시 · 도지사선거에 있어서는 대법원에, 지역구시 · 도의원선거, 자치구 · 시 · 군의원선거 및 자치구 · 시 · 군의 장선거에 있어서는 그 선거구를 관할하는 고등법원에 소를 제기할 수 있다.(2010.1.25 본항개정)
③ 제1항 또는 제2항에 따라 피고로 될 위원장이 궐위된 때에는 해당 선거관리위원회 위원 전원을 피고로 한다.
(2010.1.25 본항개정)

판례 국회의원선거 유효득표수의 검증을 소송으로 청구할 수 있는지 여부 : 유효득표수의 검증은 당선무효소송에 있어서 선거관리위원회의 개개인에 대한 당선인 결정 자체에 위법이 있는지 여부를 판단하기 위한 증거조사절차로서 투표용지의 유 · 무효를 가리기 위하여 하는 것이므로 이를 독립된 청구로 구할 수는 없는 것이고, 공직선거및선거부정방지법에서도 이와 같은 소송형태를 인정하고 있지 아니하므로 이를 구하는 소는 부적법하다.(대판 1996.11.22, 96수73)

제223조 【당선소송】 ① 대통령선거 및 국회의원선거에 있어서 당선의 효력에 이의가 있는 정당(후보자를 추천한 정당에 한한다) 또는 후보자는 당선인결정일부터 30일 이내에 제52조제1항 · 제3항 또는 제192조제1항부터 제3항까지의 사유에 해당함을 이유로 하는 때에는 당선인을, 제187조(대통령당선인의 결정 · 공고 · 통지)제1항 · 제2항, 제188조(지역구국회의원당선인의 결정 · 공고 · 통지)제1항 내지 제4항, 제189조(비례대표국회의원의석의 배분과 당선인의 결정 · 공고 · 통지) 또는 제194조(당선인의 재결정과 비례대표국회의원의석 및 비례대표지방의회의원의석의 재배분)제4항의 규정에 의한 결정의 위법을 이유로 하는 때에는 대통령선거에 있어서는 그 당선인을 결정한 중앙선거관리위원회위원장 또는 국회의장을, 국회의원선거에 있어서는 당해 선거구선거관리위원회위원장을 각각 피고로 하여 대법원에 소를 제기할 수 있다.(2020.12.29 본항개정)
② 지방의회의원 및 지방자치단체의 장의 선거에 있어서 당선의 효력에 관한 제220조의 결정에 불복이 있는 소청인 또는 당선인인 피소청인(제219조제2항 후단에 따라 선거구선거관리위원회 위원장이 피소청인인 경우에는 당선인을 포함한다)은 해당 소청에 대하여 기각 또는 각하 결정이 있는 경우(제220조제1항의 기간 내에 결정하지 아니한 때를 포함한다)에는 당선인(제219조제2항 후단을 이유로 하는 때에는 관할선거구선거관리위원회 위원장을 말한다)을, 인용결정이 있는 경우에는 그 인용결정을 한 선거관리위원회 위원장을 피고로 하여 그 결정서를 받은 날(제220조제1항의 기간 내에 결정하지 아니한 때에는 그 기간이 종료된 날)부터 10일 이내에 비례대표시 · 도의원선거 및 시 · 도지사선거에 있어서는 대법원에, 지역구시 · 도의원선거, 자치구 · 시 · 군의원선거 및 자치구 · 시 · 군의 장선거에 있어서는 그 선거구를 관할하는 고등법원에 소를 제기할 수 있다.(2010.1.25 본항개정)
③ 제1항 또는 제2항에 따라 피고로 될 위원장이 궐위된 때에는 해당 선거관리위원회 위원 전원을, 국회의장이 궐위된 때에는 부의장중 1인을 피고로 한다.
(2010.1.25 본항개정)
④ 제1항 및 제2항의 규정에 의하여 피고로 될 당선인이 사퇴 · 사망하거나 제192조제2항의 규정에 의하여 당선의 효력이 상실되거나 같은 조 제3항의 규정에 의하여 당선이 무효로 된 때에는 대통령선거에 있어서는 법무부장관을, 국회의원선거 · 지방의회의원 및 지방자치단체의 장의 선거에 있어서는 관할고등검찰청검사장을 피고로 한다.

제224조 【선거무효의 판결 등】 소청이나 소장을 접수한 선거관리위원회 또는 대법원이나 고등법원은 선거쟁송에 있어 선거에 관한 규정에 위반된 사실이 있는 때라도 선거의 결과에 영향을 미쳤다고 인정하는 때에 한하여 선거의 전부나 일부의 무효 또는 당선의 무효를 결정하거나 판결한다.

제225조 【소송 등의 처리】 선거에 관한 소청이나 소송은 다른 쟁송에 우선하여 신속히 결정 또는 재판하여야 하며, 소송에 있어서는 수소법원은 소가 제기된 날부터 180일 이내에 처리하여야 한다.

제226조【소송 등에 관한 통지】 ① 이 장의 규정에 의하여 소청이 제기된 때 또는 소청이 계속되지 아니하게 되거나 결정된 때에는 중앙선거관리위원회 또는 시·도선거관리위원회는 당해 지방자치단체와 지방의회 및 관할선거구선거관리위원회에 통지하여야 한다.
② 이 장의 규정에 의하여 소가 제기된 때 또는 소송이 계속되지 아니하게 되거나 판결이 확정된 때에는 대법원장 또는 고등법원장은 대통령선거 및 국회의원선거에 있어서는 국회와 중앙선거관리위원회 및 관할선거구선거관리위원회에, 지방의회의원 및 지방자치단체의 장의 선거에 있어서는 당해 지방자치단체와 지방의회 및 관할선거구선거관리위원회에 통지하여야 한다.

제227조【「행정소송법」의 준용 등】 선거에 관한 소송에 관하여는 이 법에 규정된 것을 제외하고는 「행정소송법」 제8조(법적용례)제2항 및 제26조(직권심리)의 규정을 준용한다. 다만, 같은 법 제8조제2항에서 준용되는 「민사소송법」 제145조(화해의 권고), 제147조(제출기간의 제한)제2항, 제149조(실기한 공격·방어방법의 각하), 제150조(자백간주)제1항, 제220조(화해, 청구의 포기·인낙조서의 효력), 제225조(결정에 의한 화해권고), 제226조(결정에 대한 이의신청), 제227조(이의신청의 방식), 제228조(이의신청의 취하), 제229조(이의신청권의 포기), 제230조(이의신청의 각하), 제231조(화해권고결정의 효력), 제232조(이의신청에 의한 소송복귀 등), 제284조(변론준비절차의 종결)제1항, 제285조(변론준비기일을 종결한 효과) 및 제288조(불요증사실)의 규정을 제외한다.
(2005.8.4 본조개정)

제228조【증거조사】 ① 정당(후보자를 추천한 정당에 한한다) 또는 후보자는 개표완료후에 선거쟁송을 제기하는 때의 증거를 보전하기 위하여 그 구역을 관할하는 지방법원 또는 그 지원에 투표함·투표지 및 투표록 등의 보전신청을 할 수 있다.
② 법관은 제1항의 신청이 있는 때에는 현장에 출장하여 조서를 작성하고 적정한 보관방법을 취하여야 한다. 다만, 소청심사에 필요한 경우 중앙선거관리위원회 또는 시·도선거관리위원회는 증거보전신청자의 신청에 의하여 관여법관의 입회하에 증거보전물품에 대한 검증을 할 수 있다.
③ 제2항의 처분은 제219조(선거소청)의 규정에 의한 소청의 제기가 없거나 제222조(선거소송) 및 제223조(당선소송)의 규정에 의한 소의 제기가 없는 때에는 그 효력을 상실한다.
④ 선거에 관한 소송에 있어서는 대법원 및 고등법원은 고등법원·지방법원 또는 그 지원에 증거조사를 촉탁할 수 있다.

제229조【인지 첨부 및 첨부에 관한 특례】 선거에 관한 소송에 있어서는 「민사소송 등 인지법」의 규정에 불구하고 소송서류에 붙여야 할 인지는 「민사소송 등 인지법」에 규정된 금액의 10배로 한다.(2012.12.18 본조개정)

제16장 벌 칙

제230조【매수 및 이해유도죄】 ① 다음 각 호의 어느 하나에 해당하는 자는 5년 이하의 징역 또는 3천만원 이하의 벌금에 처한다.(2014.2.13 본문개정)
1. 투표를 하게 하거나 하지 아니하게 하거나 당선되거나 되게 하거나 되지 못하게 할 목적으로 선거인(선거인명부 또는 재외선거인명부등을 작성하기 전에는 그 선거인명부 또는 재외선거인명부등에 오를 자격이 있는 사람을 포함한다. 이하 이 장에서 같다) 또는 다른 정당이나 후보자(예비후보자를 포함한다)의 선거사무장·선거연락소장·선거사무원·회계책임자·연설원(제79조제1항·제2항에 따라 연설·대담을 하는 사람과 제81조제1항·제82조제1항 또는 제82조의2제1항·제2항에 따라 대담·토론을 하는 사람을 포함한다. 이하 이 장에서 같다) 또는 참관인(투표참관인·사전투표참관인과 개표참관인을 말한다. 이하 이 장에서 같다)·선장·입회인에게 금전·물품·차마·향응 그 밖에 재산상의 이익이나 공사의 직을 제공하거나 그 제공의 의사를 표시하거나 그 제공을 약속한 자(2014.1.17 본호개정)
2. 선거운동에 이용할 목적으로 학교, 그 밖에 공공기관·사회단체·종교단체·노동단체·청년단체·여성단체·노인단체·재향군인단체·씨족단체 등의 기관·단체·시설에 금전·물품 등 재산상의 이익을 제공하거나 그 제공의 의사를 표시하거나 그 제공을 약속한 자(2011.7.28 본호개정)
3. 선거운동에 이용할 목적으로 야유회·동창회·친목회·향우회·계모임 기타의 선거구민의 모임이나 행사에 금전·물품·음식물 기타 재산상의 이익을 제공하거나 그 제공의 의사를 표시하거나 그 제공을 약속한 자
4. 제135조(선거사무관계자에 대한 수당과 실비보상)제3항의 규정에 위반하여 수당·실비 기타 자원봉사에 대한 보상 등 명목여하를 불문하고 선거운동과 관련하여 금품 기타 이익의 제공 또는 그 제공의 의사를 표시하거나 그 제공을 약속한 자(2000.2.16 본호개정)
5. 선거에 영향을 미치게 하기 위하여 이 법에 따른 경우를 제외하고 문자·음성·화상·동영상 등을 인터넷 홈페이지의 게시판·대화방 등에 게시하거나 전자우편·문자메시지로 전송하게 하고 그 대가로 금품, 그 밖에 이익의 제공 또는 그 제공의 의사표시를 하거나 그 제공을 약속한 자(2012.2.29 본호개정)
6. 정당의 명칭 또는 후보자(후보자가 되려는 사람을 포함한다)의 성명을 나타내거나 그 명칭·성명을 유추할 수 있는 내용으로 제58조의2에 따른 투표참여를 권유하는 행위를 하게 하고 그 대가로 금품, 그 밖에 이익의 제공 또는 그 제공의 의사표시를 하거나 그 제공을 약속한 자(2014.5.14 본호신설)
7. 제1호부터 제6호까지에 규정된 이익이나 직의 제공을 받거나 그 제공의 의사표시를 승낙한 자(제261조제9항제2호에 해당하는 자는 제외한다)(2014.5.14 본호개정)

② 정당·후보자(후보자가 되고자 하는 자를 포함한다) 및 그 가족·선거사무장·선거연락소장·선거사무원·회계책임자·연설원 또는 제114조(정당 및 후보자의 가족 등의 기부행위제한)제2항의 규정에 의한 후보자 또는 그 가족과 관계 있는 회사 등이 제1항 각호의 1에 규정된 행위를 한 때에는 7년 이하의 징역 또는 5천만원 이하의 벌금에 처한다.(2014.2.13 본항개정)
③ 제1항 각호의 1 또는 제2항에 규정된 행위에 관하여 지시·권유·요구하거나 알선한 자는 7년 이하의 징역 또는 5천만원 이하의 벌금에 처한다.(2014.2.13 본항개정)
④ 당선되거나 되게 하거나 되지 못하게 할 목적으로 선거기간중 포장된 선물 또는 돈봉투 등 다수의 선거인에게 배부하도록 구분된 형태로 되어 있는 금품을 운반하는 자는 5년 이하의 징역 또는 3천만원 이하의 벌금에 처한다.(2014.2.13 본항개정)
⑤ 선거관리위원회의 위원·직원(투표관리관 및 사전투표관리관을 포함한다. 이하 이 장에서 같다) 또는 선거사무에 관계있는 공무원(선장을 포함한다)이나 경찰공무원(사법경찰관리 및 군사법경찰관리를 포함한다)이 제1항 각호의 1 또는 제2항에 규정된 행위를 하거나 하게 한 때에는 7년 이하의 징역에 처한다.(2014.1.17 본항개정)
⑥ 제47조의2제1항 또는 제2항을 위반한 자는 5년 이하의 징역 또는 500만원 이상 3천만원 이하의 벌금에 처한다.(2014.2.13 본항개정)
⑦ 당내경선과 관련하여 다음 각 호의 어느 하나에 해당하는 자는 3년 이하의 징역 또는 1천만원 이하의 벌금에 처한다.(2014.2.13 본문개정)
1. 제57조의5(당원 등 매수금지)제1항 또는 제2항의 규정을 위반한 자
2. 후보자로 선출되거나 되게 하거나 되지 못하게 하거나, 경선선거인(당내경선의 선거인명부에 등재된 자를 말한다. 이하 이 조에서 같다)으로 하여금 투표를 하게 하거나 하지 아니하게 할 목적으로 경선후보자·경선운동관계자·경선선거인 또는 참관인에게 금품·향응 그 밖의 재산상의 이익이나 공사의 직을 제공하거나 그 제공의 의사를 표시하거나 그 제공을 약속한 자
3. 제57조의5제1항 또는 제2항에 규정된 이익이나 직의 제공을 받거나 그 제공의 의사표시를 승낙한 자

(2005.8.4 본항신설)
⑧ 제7항제2호·제3호에 규정된 행위에 관하여 지시·권유·요구하거나 알선한 자 또는 제57조의5제3항의 규정을 위반한 자는 5년 이하의 징역 또는 3천만원 이하의 벌금에 처한다.(2014.2.13 본항개정)
(2011.7.28 본조제목개정)

판례 [1] 매수죄는 금품 등을 제공받은 선거인의 투표행위에 직접 영향을 미칠 목적으로 금품 등을 제공하는 경우에만 성립하는 것이 아니라, 선거인으로 하여금 타인의 투표의사나 특정 후보자의 당락에 영향을 미치는 행위를 하게 할 목적으로 금품 등을 제공하는 경우에도 성립한다. 또한, 이러한 상대방에게 금품 등의 제공을 요구하는 경우에는 매수요구죄가 성립한다.
[2] 피고인들이 대통령 선거를 앞두고 특정 대통령 후보자의 지지에 타격을 줄 수 있는 내용이 담겨 있는 CD를 폭로하거나 폭로하지 않는 대가로 위 후보자측 또는 상대방 후보자측에게 금원의 제공을 요구한 사안에서 매수요구죄가 성립한다.
(대판 2008.10.9, 2008도6233)

판례 '경선운동관계자'는, 널리 당내경선운동에 관여하거나 기타 당내경선에 관한 사무를 담당하고 처리하는 자를 포괄적으로 지칭하는 것으로 해석하여야 할 것이어서, 직접적으로 당내경선사무에 종사하거나 그 절차에 관여하는 자 및 다른 경선후보자의 경선운동관계자는 물론, 행위자가 어떤 특정 경선후보자의 선출을 돕기 위하여 금품제공 등의 행위에 나아간 경우 해당 경선후보자의 경선운동관계자 역시 이에 포함되는 것으로 해석된다.(대판 2007.6.1, 2006도8134)

판례 동조 제1항 제4호, 제5호의 '제공' : 공직선거및선거부정방지법 제230조 제1항 제4호, 제5호의 금품 기타 이익의 '제공'이라 함은 반드시 금품 등을 상대방에게 귀속시키는 것만을 뜻하는 것은 아니고, 그 금품 등을 지급 받는 상대방이 금품 등의 귀속주체가 아닌 이른바 '중간자'라 하더라도…(중략)…그 중간자가 단순한 보관자이거나 특정인에게 특정 금품 등을 전달하기 위하여 심부름을 하는 사자(사자)에 불과한 경우에는 그에게 금품 등을 주는 것은 이 규정의 '제공'에 해당하지 않는다.
(대판 2004.11.12, 2004도5600)

판례 동조 제1항 제5호·제4호, 제135조 제3항 소정의 '선거운동'은 동법 제2조 소정의 '공직선거에서의 당선 또는 낙선을 위한 행위'를 말한다고 할 것이고, 따라서 공직선거에 출마할 정당 추천 후보자를 선출하기 위한 당내 경선에서의 당선 또는 낙선을 위한 행위는 여기에 해당하지 아니하여 그와 관련하여 금품 기타 이익의 제공을 받은 경우에는 동조 제1항 제5호·제4호 위반죄에 해당하지 않고, 다만 당내 경선에서 당선 또는 낙선을 위한 행위라는 구실로 실질적으로는 동법 제2조 소정의 공직선거에서의 당선 또는 낙선을 위한 행위를 하는 것으로 평가할 수 있는 예외적인 경우에 한하여 위반죄가 성립할 수 있다.(대판 2003.7.8, 2003도305)

제231조【재산상의 이익목적의 매수 및 이해유도죄】 ① 다음 각 호의 어느 하나에 해당하는 사람은 7년 이하의 징역 또는 300만원 이상 5천만원 이하의 벌금에 처한다.
(2014.2.13 본문개정)
1. 재산상의 이익을 얻거나 얻을 목적으로 정당 또는 후보자(후보자가 되려는 사람을 포함한다)를 위하여 선거인·선거사무장·선거연락소장·선거사무원·회계책임자·연설원 또는 참관인에게 제230조제1항 각 호의 어느 하나에 해당하는 행위를 한 사람
2. 제1호에 규정된 행위의 대가로 또는 그 행위를 하게 할 목적으로 금전·물품, 그 밖에 재산상의 이익 또는 공사의 직을 제공하거나 그 제공의 의사를 표시하거나 그 제공을 약속한 사람
3. 제1호에 규정된 행위의 대가로 또는 그 행위를 약속하고 제2호에 규정된 이익 또는 직의 제공을 받거나 그 제공의 의사표시를 승낙한 사람

(2010.1.25 본항개정)
② 제1항에 규정된 행위에 관하여 지시·권유·요구하거나 알선한 자(제261조제1항에 해당하는 자는 제외한다)는 10년 이하의 징역 또는 500만원 이상 7천만원 이하의 벌금에 처한다.(2014.2.13 본항개정)

제232조【후보자에 대한 매수 및 이해유도죄】 ① 다음 각호의 1에 해당하는 자는 7년 이하의 징역 또는 500만원 이상 5천만원 이하의 벌금에 처한다.(2014.2.13 본문개정)
1. 후보자가 되지 아니하게 하거나 후보자가 된 것을 사퇴하게 할 목적으로 후보자가 되고자 하는 자나 후보자에게 제230조(매수 및 이해유도죄)제1항제1호에 규정된 행위를 한 자 또는 그 이익이나 직의 제공을 받거나 제공의 의사표시를 승낙한 자
2. 후보자가 되고자 하는 것을 중지하거나 후보자를 사퇴한데 대한 대가를 목적으로 후보자가 되고자 하였던 자나 후보자이었던 자에게 제230조제1항제1호에 규정된 행위를 한 자 또는 그 이익이나 직의 제공을 받거나 제공의 의사표시를 승낙한 자

② 제1항 각호의 1에 규정된 행위에 관하여 지시·권유·요구하거나 알선한 자는 10년 이하의 징역 또는 500만원 이상 7천만원 이하의 벌금에 처한다.(2014.2.13 본항개정)
③ 선거관리위원회의 위원·직원 또는 선거사무에 관계있는 공무원이나 경찰공무원(사법경찰관리 및 군사법경찰관리를 포함한다)이 당해 선거에 관하여 제1항 각호의 1 또는 제2항에 규정된 행위를 한 때에는 10년이하의 징역에 처한다.

제233조【당선인에 대한 매수 및 이해유도죄】 ① 다음 각호의 1에 해당하는 자는 1년이상 10년이하의 징역에 처한다.
1. 당선을 사퇴하게 할 목적으로 당선인에 대하여 금전·물품·차마·향응 기타 재산상의 이익 또는 공사의 직을 제공하거나 그 제공의 의사를 표시하거나 그 제공을 약속한 자(2000.2.16 본호개정)
2. 제1호에 규정된 이익 또는 직의 제공을 받거나 그 제공의 의사표시를 승낙한 자

② 제1항 각호의 1에 규정된 행위에 관하여 지시·권유·요구하거나 알선한 자는 1년이상 10년이하의 징역에 처한다.

제234조【당선무효유도죄】 제263조(선거비용의 초과지출로 인한 당선무효) 또는 제265조(선거사무장 등의 선거범죄로 인한 당선무효)에 해당되어 후보자의 당선을 무효로 되게 할 목적으로 제263조 또는 제265조에 규정된 자를 유도 또는 도발하여 그 자로 하여금 제230조(매수 및 이해유도죄)제1항 내지 제5항·제231조(재산상의 이익목적의 매수 및 이해유도죄) 내지 제233조(당선인에 대한 매수 및 이해유도죄)·제257조(기부행위의 금지제한등 위반죄)제1항 또는 제258조(선거비용부정지출등 죄)제1항에 규정된 행위를 하게 한 자는 1년이상 10년이하의 징역에 처한다.(2005.8.4 본조개정)

제235조【방송·신문등의 불법이용을 위한 매수죄】 ① 제97조(방송·신문의 불법이용을 위한 행위등의 제한)제1항·제3항의 규정에 위반한 자는 5년이하의 징역 또는 1천만원이하의 벌금에 처한다.
② 제97조제2항의 규정에 위반한 자는 7년이하의 징역 또는 2천만원이하의 벌금에 처한다.

제236조【매수와 이해유도죄로 인한 이익의 몰수】 제230조(매수 및 이해유도죄) 내지 제235조(방송·신문등의 불법이용을 위한 매수죄)의 죄를 범한 자가 받은 이익은 이를 몰수한다. 다만, 그 전부 또는 일부를 몰수할 수 없는 때에는 그 가액을 추징한다.

제237조【선거의 자유방해죄】 ① 선거에 관하여 다음 각 호의 어느 하나에 해당하는 자는 10년이하의 징역 또는 500만원이상 3천만원이하의 벌금에 처한다.(2010.1.25 본문개정)
1. 선거인·후보자·후보자가 되고자 하는 자·선거사무장·선거연락소장·선거사무원·활동보조인·회계책임자·연설원 또는 당선인을 폭행·협박 또는 유인하거나 불법으로 체포·감금하거나 이 법에 의한 선거운동용 물품을 탈취한 자(2010.1.25 본호개정)
2. 집회·연설 또는 교통을 방해하거나 위계·사술 기타 부정한 방법으로 선거의 자유를 방해한 자

3. 업무·고용 기타의 관계로 인하여 자기의 보호·지휘·감독하에 있는 자에게 특정 정당이나 후보자를 지지·추천하거나 반대하도록 강요한 자
② 검사 또는 경찰공무원(사법경찰관리를 포함한다)이 제1항 각호의 1에 규정된 행위를 하거나 하게 한 때에는 1년 이상 10년 이하의 징역과 5년 이하의 자격정지에 처한다.
③ 이 법에 규정된 연설·대담장소 또는 대담·토론회장에서 위험한 물건을 던지거나 후보자 또는 연설원을 폭행한 자는 다음 각호의 구분에 따라 처벌한다.(2004.3.12 본문개정)
1. 주모자는 5년 이상의 유기징역
2. 다른 사람을 지휘하거나 다른 사람에 앞장서서 행동한 자는 3년 이상의 유기징역
3. 부화하여 행동한 자는 7년 이하의 징역
④ 제1항 내지 제3항의 죄를 범한 경우에 그 범행에 사용하기 위하여 지닌 물건은 이를 몰수한다.
⑤ 당내경선과 관련하여 다음 각 호의 어느 하나에 해당하는 자는 5년 이하의 징역 또는 1천만원 이하의 벌금에 처한다.
1. 경선후보자(경선후보자가 되고자 하는 자를 포함한다) 또는 후보자로 선출된 자를 폭행·협박 또는 유인하거나 체포·감금한 자
2. 경선운동 또는 교통을 방해하거나 위계·사술 그 밖의 부정한 방법으로 당내경선의 자유를 방해한 자
3. 업무·고용 그 밖의 관계로 인하여 자기의 보호·지휘·감독을 받는 자에게 특정 경선후보자를 지지·추천하거나 반대하도록 강요한 자
(2005.8.4 본항신설)
⑥ 당내경선과 관련하여 다수인이 경선운동을 위한 시설·장소 등에서 위험한 물건을 던지거나 경선후보자를 폭행한 자는 다음 각 호의 구분에 따라 처벌한다.
1. 주모자는 3년 이상의 유기징역
2. 다른 사람을 지휘하거나 다른 사람에 앞장서서 행동한 자는 7년 이하의 징역
3. 다른 사람의 의견에 동조하여 행동한 자는 2년 이하의 징역
(2005.8.4 본항신설)

제238조【군인에 의한 선거자유방해죄】 군인(군수사기관소속 군무원을 포함한다)이 제237조(선거의 자유방해죄)제1항 각호의 1에 규정된 행위를 하거나, 특정한 후보자를 당선되게 하거나 되지 못하게 하기 위하여 그 영향하에 있는 군인 또는 군무원의 선거권행사를 폭행·협박 또는 그 밖의 방법으로 방해하거나 하게 한 때에는 1년 이상 10년 이하의 징역과 5년 이하의 자격정지에 처한다.

제239조【직권남용에 의한 선거의 자유방해죄】 선거에 관하여 선거관리위원회의 위원·직원, 선거사무에 종사하는 공무원 또는 선거인명부(재외선거인명부등을 포함한다. 이하 이 장에서 같다)작성에 관계있는 자나 경찰공무원(사법경찰관리 및 군사법경찰관리를 포함한다)이 직권을 남용하여 다음 각 호의 어느 하나에 해당하는 행위를 하거나 하게 한 때에는 7년 이하의 징역에 처한다.(2009.2.12 본문개정)
1. 선거인명부의 열람을 방해하거나 그 열람에 관한 직무를 유기한 때(2005.8.4 본호개정)
2. 정당한 사유없이 후보자를 미행하거나 그 주택·선거사무소 또는 선거연락소에 승낙없이 들어가거나 퇴거요구에 불응한 때

제239조의2【선장 등에 의한 선거자유방해죄 등】 ① 선장 또는 입회인이 다음 각 호의 어느 하나에 해당하는 행위를 하거나 하게 한 때에는 1년 이상 10년 이하의 징역에 처한다.
1. 선상투표신고 또는 선상투표를 하지 못하게 하거나 선상투표용지에의 서명을 거부하는 등 투표를 방해하는 행위(2014.1.17 본호개정)
2. 다른 사람의 선상투표용지를 이용하여 선상투표를 하는 행위
3. 선상투표자에게 특정 정당이나 후보자를 지지·추천하거나 반대하도록 강요하는 등 부정한 방법으로 선거의 자유를 방해하는 행위
4. 선상투표소에서 특정 정당이나 후보자에게 투표하도록 권유하는 등 투표에 영향을 미치는 행위
② 선장이 다음 각 호의 어느 하나에 해당하는 행위를 한 때에는 10년 이하의 징역 또는 500만원 이상 3천만원 이하의 벌금에 처한다.
1. 제158조의3제1항을 위반하여 선상투표의 일시와 장소를 선상투표자에게 알리지 아니하는 행위
2. 제158조의3제1항을 위반하여 선상투표소를 설치하지 아니하거나 같은 조 제2항을 위반하여 선상투표소를 설비하는 행위
3. 제158조의3제3항을 위반하여 입회인을 입회시키지 아니하는 행위
4. 제158조의3제7항에 따른 선상투표지 봉투와 선상투표용지 봉투를 보관하지 아니하는 행위
5. 제158조의3제8항을 위반하여 선상투표관리기록부를 작성·전송하지 아니하거나 선상투표관리기록부와 제158조의3제7항에 따른 선상투표지 봉투와 선상투표용지 봉투를 제출하지 아니하는 행위
(2014.1.17 1호~5호개정)
(2012.2.29 본조신설)

제240조【벽보, 그 밖의 선전시설 등에 대한 방해죄】 ① 정당한 사유없이 이 법에 의한 벽보·현수막 기타 선전시설의 작성·게시·첩부 또는 설치를 방해하거나 이를 훼손·철거한 자는 2년 이하의 징역 또는 400만원 이하의 벌금에 처한다.
② 선거관리위원회의 위원·직원 또는 선거사무에 관계있는 공무원이나 경찰공무원(사법경찰관리 및 군사법경찰관리를 포함한다)이 제1항에 규정된 행위를 하거나 하게 한 때에는 3년 이하의 징역 또는 600만원 이하의 벌금에 처한다.
③ 선거관리위원회의 위원·직원 또는 선거사무에 종사하는 자가 제64조의 선거벽보·제65조의 선거공보(같은 조 제9항의 후보자정보공개자료를 포함한다) 또는 제153조의 투표안내문(점자형 투표안내문을 포함한다)을 부정하게 작성·첩부·발송하거나 정당한 사유없이 이에 관한 직무를 행하지 아니한 때에는 3년 이하의 징역 또는 600만원 이하의 벌금에 처한다.(2014.1.17 본항개정)
(2011.7.28 본조제목개정)

제241조【투표의 비밀침해죄】 ① 제167조(제218조의17제9항에서 준용하는 경우를 포함한다)를 위반하여 투표의 비밀을 침해하거나 선거일의 투표마감시각 종료 이전에 선거인에 대하여 그 투표하고자 하는 정당이나 후보자 또는 투표한 정당이나 후보자의 표시를 요구한 자와 투표결과를 예상하기 위하여 투표소로부터 50미터 이내에서 질문하거나 투표마감시각 전에 그 경위와 결과를 공표한 자는 3년 이하의 징역 또는 600만원 이하의 벌금에 처한다.(2015.12.24 본항개정)
② 선거관리위원회의 위원·직원, 선거사무에 관계있는 공무원, 검사, 경찰공무원(사법경찰관리를 포함한다) 또는 군인(군수사기관소속 군무원을 포함한다)이 제1항에 규정된 행위를 하거나 하게 한 때에는 5년 이하의 징역에 처한다.
(2011.7.28 본조제목개정)

제242조【투표·개표의 간섭 및 방해죄】 ① 다음 각 호의 어느 하나에 해당하는 사람은 3년 이하의 징역에 처한다.
1. 투표를 방해하기 위하여 이 법에서 규정한 투표에 필요한 신분증명서를 맡기게 하거나 이를 인수한 사람 또는 투표소(재외투표소·사전투표소 및 선상투표소를 포함한다. 이하 이 장에서 같다)나 개표소에서 정당한 사유 없이 투표나 개표에 간섭한 사람 또는 투표소에서 특정 정당이나 후보자에게 투표를 권유하거나 투표를 공개하는 등 투표 또는 개표에 영향을 미치는 행위를 한 사람(2014.1.17 본호개정)
2. 정당한 사유 없이 거소투표자의 투표를 간섭하거나 방해한 사람, 거소투표자의 투표를 공개하거나 하게 하는 등 거소투표에 영향을 미치는 행위를 한 사람
(2010.1.25 본항개정)
② 개표소에서 제181조(개표참관)의 규정에 의하여 개표참관인이 설치한 통신설비를 파괴 또는 훼손한 자는 5년 이하의 징역에 처한다.
③ 검사·경찰공무원(사법경찰관리를 포함한다) 또는 군인(군수사기관소속 군무원을 포함한다)이 제1항에 규정된 행위를 하거나 하게 한 때에는 1년 이상 10년 이하의 징역에 처한다.
(2011.7.28 본조제목개정)

제242조의2【공무원의 재외선거사무 간섭죄】 ① 공무원이 선거에 있어서 특정 정당이나 후보자(후보자가 되고자 하는 자를 포함한다)에게 유리 또는 불리하게 할 목적으로 재외선거관리위원회 위원이나 공무원에게 재외선거사무 처리와 관련하여 부당한 영향력을 행사한 때에는 3년 이하의 징역 또는 600만원 이하의 벌금에 처한다.
② 자신의 지휘·감독하에 있는 공무원에게 제1항에 따른 행위를 한 때에는 1년 이상 5년 이하의 징역에 처한다.
(2012.1.17 본조신설)

제243조【투표함 등에 관한 죄】 ① 법령에 의하지 아니하고 투표함을 열거나 투표함(빈 투표함을 포함한다)이나 투표함안의 투표지를 취거·파괴·훼손·은닉 또는 탈취한 자는 1년 이상 10년 이하의 징역에 처한다.
② 검사·경찰공무원(사법경찰관리를 포함한다) 또는 군인(군수사기관소속 군무원을 포함한다)이 제1항에 규정된 행위를 하거나 하게 한 때에는 2년 이상 10년 이하의 징역에 처한다.

제244조【선거사무관리관계자나 시설 등에 대한 폭행·교란죄】 ① 선거관리위원회의 위원·직원, 공정선거지원단·사이버공정선거지원단, 투표사무원·사전투표사무원·개표사무원, 참관인 기타 선거사무에 종사하는 자를 폭행·협박·유인 또는 불법으로 체포·감금하거나, 폭행이나 협박을 가하여 투표소·개표소 또는 선거관리위원회 사무소(재외선거사무를 수행하는 공관과 그 분관 및 출장소의 사무소를 포함한다. 이하 제245조제1항에서 같다)를 소요·교란하거나, 투표용지·투표지·투표보조용구·전산조직 등 선거관리 및 단속사무와 관련한 시설·설비·장비·서류·인장 또는 선거인명부(거소·선상투표신고인명부를 포함한다)를 은닉·손괴·훼손 또는 탈취한 자는 1년 이상 10년 이하의 징역 또는 500만원 이상 3천만원 이하의 벌금에 처한다.
(2018.4.6 본항개정)
② 제57조의4(당내경선사무의 위탁)의 규정에 따라 위탁한 당내경선에 있어 제1항에 규정된 행위를 한 자는 10년 이하의 징역 또는 2천만원 이하의 벌금에 처한다.
(2005.8.4 본항신설)

판례 공직선거법 제244조 제1항에 정한 '단속사무와 관련한 장비의 탈취'의 의미 : 공직선거법 제244조 제1항 소정의 '단속사무와 관련한 장비'라 함은 선거부정감시단원 등이 불법 선거운동의 단속사무에 사용하기 위하여 소지하고 있는 물건을 뜻하고, 그 장비를 '탈취'한다고 함은 유형력을 행사하여 그 소지자의 의사에 반하여 그 장비를 자신의 지배 아래로 옮기는 행위를 뜻하며, 단속사무와 관련한 장비임을 알면서 이를 탈취하면 위 조항 소정의 죄가 성립하는 것이고, 단속사무와 관련한 장비의 탈취 당시 그 소지자가 단속업무를 수행 중인 상태에 있거나 탈취자에게 단속사무를 방해할 의사가 있어야만 위 죄가 성립하는 것은 아니다.
(대판 2007.1.25, 2006도8588)

제245조【투표소 등에서의 무기휴대죄】 ① 무기·흉기·폭발물, 그 밖에 사람을 살상할 수 있는 물건을 지니고 투표소(제149조제3항 및 제4항에 따른 기표소가 설치된 장소를 포함한다)·개표소 또는 선거관리위원회 사무소에 함부로 들어간 자는 7년 이하의 징역에 처한다.
(2014.1.17 본항개정)
② 정당한 사유없이 제1항에 규정된 물건을 지니고 이 법에 규정된 연설·대담장소 또는 대담·토론회장에 들어간 자는 3년 이하의 징역 또는 600만원 이하의 벌금에 처한다.(2004.3.12 본항개정)
③ 제1항 또는 제2항의 죄를 범한 경우에는 그 지닌 무기등 사람을 살상할 수 있는 물건은 이를 몰수한다.

제246조【다수인의 선거방해죄】 ① 다수인이 집합하여 제243조(투표함 등에 관한 죄) 내지 제245조(투표소등에서의 무기휴대죄)에 규정된 행위를 한 때에는 다음 각호의 구분에 따라 처벌한다.
1. 주모자는 3년 이상의 유기징역
2. 다른 사람을 지휘하거나 다른 사람에 앞장서서 행동한 자는 2년 이상 10년 이하의 징역
3. 부화하여 행동한 자는 5년 이하의 징역
② 제243조 내지 제245조에 규정된 행위를 할 목적으로 집합한 다수인이 관계공무원으로부터 3회 이상의 해산명령을 받았음에도 불구하고 해산하지 아니한 때에는 그 주도적 행위자는 5년 이하의 징역에 처하고, 기타의 자는 1년 이하의 징역 또는 200만원 이하의 벌금에 처한다.

제247조【사위등재·허위날인죄】 ① 사위(詐僞)의 방법으로 선거인명부(거소·선상투표신고인명부를 포함한다. 이하 이 조에서 같다)에 오르게 한 자, 거짓으로 거소투표신고·선상투표신고 또는 국외부재자신고를 하거나 재외선거인 등록신청 또는 변경등록신청을 한 자, 특정한 선거구에서 투표할 목적으로 선거인명부작성기준일 전 180일부터 선거인명부작성만료일까지 주민등록에 관한 허위의 신고를 한 자 또는 제157조제1항의 경우에 있어서 허위의 서명이나 날인 또는 무인을 한 자는 3년 이하의 징역 또는 500만원 이하의 벌금에 처한다.
(2015.12.24 본항개정)
② 선거관리위원회의 위원·직원, 선거사무에 종사하는 공무원 또는 선거인명부작성에 관계있는 자가 선거인명부에 고의로 선거권자를 기재하지 아니하거나 허위의 사실을 기재하거나 하게 한 때에는 5년 이하의 징역 또는 1천만원 이하의 벌금에 처한다.
(2011.7.28 본조제목개정)

제248조【사위투표죄】 ① 성명을 사칭하거나 신분증명서를 위조·변조하여 사용하거나 기타 사위의 방법으로 투표하거나 하게 하거나 또는 투표를 하려고 한 자는 5년 이하의 징역 또는 1천만원 이하의 벌금에 처한다.
② 선거관리위원회의 위원·직원 또는 선거사무에 관계있는 공무원(투표사무원·사전투표사무원 및 개표사무원을 포함한다)이 제1항에 규정된 행위를 하거나 하게 한 때에는 7년 이하의 징역에 처한다.(2014.1.17 본항개정)

제249조【투표위조 또는 증감죄】 ① 투표를 위조하거나 그 수를 증감한 자는 1년 이상 7년 이하의 징역에 처한다.
② 선거관리위원회의 위원·직원 또는 선거사무에 관계있는 공무원(투표사무원·사전투표사무원 및 개표사무원을 포함한다)이나 종사원이 제1항에 규정된 행위를 한 때에는 3년 이상 10년 이하의 징역에 처한다.(2014.1.17 본항개정)

제250조【허위사실공표죄】 ① 당선되거나 되게 할 목적으로 연설·방송·신문·통신·잡지·벽보·선전문서 기타의 방법으로 후보자(후보자가 되고자 하는 자를 포함한다. 이하 이 조에서 같다)에게 유리하도록 후보자, 후보자의 배우자 또는 직계존비속이나 형제자매의 출생지·가족관계·신분·직업·경력등·재산·행위·소속단체, 특정인 또는 특정단체로부터의 지지여부 등에 관하여 허위의 사실[학력을 게재하는 경우 제64조제1항의 규정에 의한 방법으로 게재하지 아니한 경우를 포함한다]을 공표하거나 공표하게 한 자와 허위의 사실을 게재한 선전문서를 배포할 목적으로 소지한 자는 5년 이하의 징역 또는 3천만원 이하의 벌금에 처한다.(2015.12.24 본항개정)
② 당선되지 못하게 할 목적으로 연설·방송·신문·통신·잡지·벽보·선전문서 기타의 방법으로 후보자에게 불리하도록 후보자, 그의 배우자 또는 직계존·비속이나 형제자매에 관하여 허위의 사실을 공표하거나 공표하게

한 자와 허위의 사실을 게재한 선전문서를 배포할 목적으로 소지한 자는 7년 이하의 징역 또는 500만원 이상 3천만원 이하의 벌금에 처한다.
③ 당내경선과 관련하여 제1항(제64조제1항의 규정에 따른 방법으로 학력을 게재하지 아니한 경우를 제외한다)에 규정된 행위를 한 자는 3년 이하의 징역 또는 6백만원 이하의 벌금에, 제2항에 규정된 행위를 한 자는 5년 이하의 징역 또는 1천만원 이하의 벌금에 처한다. 이 경우 "후보자" 또는 "후보자(후보자가 되고자 하는 자를 포함한다)"는 "경선후보자"로 본다.(2005.8.4 본항신설)
④ 제82조의8제2항을 위반하여 중앙선거관리위원회규칙으로 정하는 사항을 딥페이크영상등에 표시하지 아니하고 제1항에 규정된 행위를 한 자는 5년 이하의 징역 또는 5천만원 이하의 벌금에, 제2항에 규정된 행위를 한 자는 7년 이하의 징역 또는 1천만원 이상 5천만원 이하의 벌금에 처한다.(2023.12.28 본항신설)
(2015.12.24 본조제목개정)
(1997.1.13 본조개정)

판례 '허위의 사실'은 진실에 부합하지 않은 사항으로서, 선거인으로 하여금 후보자에 대한 정확한 판단을 그르치게 할 수 있을 정도로 구체성을 가진 것이면 충분하다. 하지만, 공표된 사실의 내용 전체의 취지를 살펴볼 때 중요한 부분이 객관적 사실과 합치되는 경우에는 세부에 있어서 진실과 약간 차이가 나거나 다소 과장된 표현이 있다 하더라도 이를 허위의 사실이라고 볼 수는 없다.
(대판 2009.3.12, 2009도26)

판례 공직선거법 제250조 제2항에서 말하는 '후보자에 관한 사실' 중에는 직접 후보자 본인에 관한 사실뿐 아니라 후보자의 소속 정당이나 그 정당의 소속 인사에 관한 사항 등과 같은 간접사실이라도 후보자와 직접적으로 관련된 사실이고 그 공표가 후보자의 당선을 방해하는 성질을 가진 것인 경우에는 후보자에 관한 사실에 해당한다고 할 것이지만, 공표된 사실이 후보자와 직접적인 관련이 없어 후보자의 선거에 관한 신용을 실추시키거나 이에 영향을 미치는 것이 아닌 경우에는 후보자에 관한 사실에 포함되지 아니한다.
(대판 2007.3.15, 2006도8368)

판례 [1] 공직선거법 제250조 제1항에서 '허위의 사실'이라 함은 진실에 부합하지 않은 사항으로서 선거인으로 하여금 후보자에 대한 정확한 판단을 그르치게 할 수 있을 정도로 구체성을 가진 것이면 충분하다.
[2] 공직선거법 제250조 제1항의 규정 취지가 선거인의 공정한 판단에 영향을 미치는 허위사실을 공표하는 행위 등을 처벌함으로써 선거운동의 자유를 해치지 않으면서 선거의 공정을 보장하기 위함에 있는 점에 비추어 볼 때, 비정규학력의 게재 자체를 금지함으로써 후보자의 선거운동의 자유, 표현의 자유, 공무담임권 등이 제한받는 효과가 발생하기는 하나, 이러한 제한효과와 민주절차의 중심이 되는 선거과정의 공정성을 확보한다는 공익과의 사이에 법익의 균형성이 인정되므로 과잉금지원칙에 위반되지 아니하는 것이다.
(대판 2007.2.23, 2006도8098)

판례 '허위의 사실'의 의미 : 동조 제1항에서 '허위의 사실'이라 함은 진실에 부합하지 않은 사항으로서 선거인이 후보자에 대한 정확한 판단을 그르치게 할 수 있을 정도로 구체성을 가진 것이면 충분하다.
(피고인이 선거운동기간 중 개최된 후보자초청토론회에서 대학원이 비정규학력과정으로 개설한 교육과정을 이수하고서도 대학원을 수료하였다고 말한 경우 허위사실의 공표에 해당한다고 한 사례)
(대판 2003.2.20, 2001도6138 전원합의체)

제251조【후보자비방죄】 당선되거나 되게 하거나 되지 못하게 할 목적으로 연설·방송·신문·통신·잡지·벽보·선전문서 기타의 방법으로 공연히 사실을 적시하여 후보자(후보자가 되고자 하는 자를 포함한다), 그의 배우자 또는 직계존·비속이나 형제자매를 비방한 자는 3년 이하의 징역 또는 500만원 이하의 벌금에 처한다. 다만, 진실한 사실로서 공공의 이익에 관한 때에는 처벌하지 아니한다.

판례 후보자비방죄에서 정한 '비방'이란 정당한 이유 없이 상대방을 깎아내리거나 헐뜯는 것을 의미한다. 한편, 위 조항 단서의 규정에 의하여 위법성이 조각되기 위하여서는 적시된 사실이 전체적으로 보아 진실에 부합하고, 그 내용과 성질에 비추어 객관적으로 볼 때 공공의 이익에 관한 것으로서 행위자도 공공의 이익을 위하여 그 사실을 적시한다는 동기를 가지고 있어야 하되, 반드시 공공의 이익이 사적 이익보다 우월한 동기에서 된 것이 아니더라도 양자가 동시에 존재하고 거기에 상당성이 인정되어야 한다.
(대판 2009.6.25, 2009도1936)

판례 동조 단서의 '진실한 사실로서 공공의 이익에 관한 때'의 의미 : 후보자를 비방하는 행위라 하더라도 적시된 사실이 진실에 부합하고 공공의 이익에 관한 때에는 위법성이 조각되는 바, 여기서 '적시된 사실이 진실에 부합한다 함'은 그 내용 전체의 취지를 살펴볼 때 중요한 부분이 객관적 사실과 합치되면 족한 것이고 세부에 있어 약간의 차이가 있거나 다소 과장된 표현이 있더라도 무방하고, '공공의 이익에 관한 때라 함'은 반드시 공공의 이익이 사적 이익보다 우월한 동기가 된 것이 아니더라도 양자가 동시에 존재하고 거기에 상당성이 인정된다면 이에 해당한다.(대판 2002.4.9, 2000도4469)

판례 '사실의 적시'란 가치판단이나 평가를 내용으로 하는 의견표현에 대치되는 개념으로서 시간과 공간적으로 구체적인 과거 또는 현재의 사실관계에 관한 보고 내지 진술을 의미하는 것이며 그 표현내용이 증거에 의한 입증이 가능한 것을 말하고, 판단할 진술이 사실인가 또는 의견인가를 구별함에 있어서는 언어의 통상적 의미와 용법, 입증가능성, 문제된 말이 사용된 문맥, 그 표현이 행하여진 사회적 정황 등 전체적 정황을 고려하여 판단하여야 한다.
(대판 1996.11.22, 96도1741)

제252조【방송·신문 등 부정이용죄】 ① 제96조제2항을 위반한 자는 7년 이하의 징역 또는 500만원 이상 3천만원 이하의 벌금에 처한다.(2015.12.24 본항신설)
② 제96조제1항을 위반한 자는 5년 이하의 징역 또는 300만원 이상 2천만원 이하의 벌금에 처한다.(2015.12.24 본항신설)
③ 제82조의7제5항·제94조·제95조제1항·제98조 또는 제99조의 규정에 위반한 자는 3년 이하의 징역 또는 600만원 이하의 벌금에 처한다.(2015.12.24 본항개정)
④ 제71조(후보자 등의 방송연설)제12항[제72조(방송시설 주관 후보자연설의 방송)제4항, 제73조(경력방송)제4항, 제74조(방송시설주관 경력방송)제2항, 제81조(단체의 후보자 등 초청 대담·토론회)제8항, 제82조(언론기관의 후보자 등 초청 대담·토론회)제4항, 제137조의2(정강·정책의 방송연설의 제한)제6항에서 준용하는 경우를 포함한다] 및 제82조의2(선거방송토론위원회 주관 대담·토론회)제13항 후단[제82조의3(선거방송토론위원회 주관 정책토론회)제2항에서 준용하는 경우를 포함한다]의 규정에 위반한 자는 2년 이하의 징역 또는 400만원 이하의 벌금에 처한다.
(2015.12.24 본조제목개정)
(2005.8.4 본조개정)

제253조【성명 등의 허위표시죄】 당선되거나 되게 하거나 되지 못하게 할 목적으로 진실에 반하는 성명·명칭 또는 신분의 표시를 하여 우편이나 전보 또는 전화 기타 전기통신의 방법에 의한 통신을 한 자는 3년 이하의 징역 또는 600만원 이하의 벌금에 처한다.

제254조【선거운동기간위반죄】 ① 선거일에 투표마감시각전까지 이 법에 규정된 방법을 제외하고 선거운동을 한 자는 3년 이하의 징역 또는 600만원 이하의 벌금에 처한다.(2017.2.8 본항개정)
② 선거운동기간 전에 이 법에 규정된 방법을 제외하고 선전시설물·용구 또는 각종 인쇄물, 방송·신문·뉴스통신·잡지, 그 밖의 간행물, 정견발표회·좌담회·토론회·향우회·동창회·반상회, 그 밖의 집회, 정보통신, 선거운동기구나 사조직의 설치, 호별방문, 그 밖의 방법으로 선거운동을 한 자는 2년 이하의 징역 또는 400만원 이하의 벌금에 처한다.(2010.1.25 본항개정)
<2022.2.24 헌법재판소 단순위헌결정으로 이 항 중 '그 밖의 방법'에 관한 부분 가운데 개별적으로 대면하여 말로 하는 선거운동을 한 자에 관한 부분은 헌법에 위반>
③ (2010.1.25 삭제)

판례 선거운동은 특정후보자의 당선 내지 득표나 낙선을 위하여 필요하고도 유리한 모든 행위로서 당선 또는 낙선을 도모한다는 목적의사가 객관적으로 인정될 수 있는 능동적·계획적인 행위를 말하는 것으로, 단순히 장래의 선거운동을 위한 내부적·절차적인 준비행위에 해당하는 선거운동의 준비행위나 통상적인 정당활동과는 구별되나, 구체적으로 어떠한 행위가 선거운동에 해당하는지 여부를 판단함에 있어서는 단순히 그 행위의 명목뿐만 아니라 그 행위의 태양, 즉 그 행위가 행하여지는 시기·장소·방법 등을 종합적으로 관찰하여 그것이 특정후보자의 당선 또는 낙선을 도모하는 목적의지를 수반하는 행위인지 여부를 판단하여야 한다.
(대판 2007.3.15, 2006도8869)

제255조【부정선거운동죄】 ① 다음 각 호의 어느 하나에 해당하는 자는 3년 이하의 징역 또는 600만원 이하의 벌금에 처한다.(2005.8.4 본문개정)
1. 제57조의6제1항을 위반하여 당내경선에서 경선운동을 한 사람(2010.1.25 본호신설)
2. 제60조(선거운동을 할 수 없는 자)제1항의 규정에 위반하여 선거운동을 하거나 하게 한 자 또는 같은 조 제2항이나 제205조(선거운동기구의 설치 및 선거사무관계자의 선임에 관한 특례)제4항의 규정에 위반하여 선거사무장 등으로 되거나 되게 한 자
3. 제61조(선거운동기구의 설치)제1항의 규정에 위반하여 선거운동기구를 설치하거나 이를 설치하여 선거운동을 한 자
4. 제62조제1항부터 제4항까지의 규정을 위반하여 선거사무장·선거연락소장·선거사무원 또는 활동보조인을 선임한 자(2010.1.25 본호개정)
5. 제68조제2항 또는 제3항(소품등의 규격을 말한다)을 위반하여 소품등을 사용한 선거운동을 한 사람(2023.8.30 본호개정)
6. 제80조(연설금지장소)의 규정에 위반하여 선거운동을 위한 연설·대담을 한 자(2004.3.12 본호개정)
7. 제81조(단체의 후보자 등 초청 대담·토론회)제1항의 규정에 위반하여 후보자 등 초청 대담·토론회를 개최한 자(2000.2.16 본호개정)
8. 제81조제7항[제82조(언론기관의 후보자 등 초청 대담·토론회)제4항에서 준용하는 경우를 포함한다]의 규정에 위반하여 대담·토론회를 개최한 자(2004.3.12 본호개정)
9. 제85조제3항 또는 제4항에 위반한 행위를 하거나 하게 한 자(2014.2.13 본호개정)
10. 제86조제1항제1호부터 제3호까지·제2항 또는 제5항을 위반한 사람 또는 같은 조 제6항을 위반한 행위를 한 사람(2010.1.25 본호개정)
11. 제87조(단체의 선거운동금지)제1항의 규정을 위반하여 선거운동을 하거나 하게 한 자 또는 동조제2항의 규정을 위반하여 사조직 기타 단체를 설립·설치하거나 하게 한 자(2004.3.12 본호개정)
12. 제88조(타후보자를 위한 선거운동금지) 본문의 규정에 위반하여 다른 정당이나 후보자를 위한 선거운동을 한 자
13. 제89조(유사기관의 설치금지)제1항 본문의 규정에 위반하여 유사기관을 설립·설치하거나 기존의 기관·단체·조직 또는 시설을 이용한 자(1997.11.14 본호개정)
14. (2004.3.12 삭제)
15. 제92조(영화 등을 이용한 선거운동금지)의 규정에 위반하여 저술·연예·연극·영화나 사진을 배부·공연·상연·상영 또는 게시하거나 하게 한 자
16. 제105조(행렬 등의 금지)제1항의 규정에 위반하여 무리를 지어 거리행진·인사 또는 연달아 소리 지르는 행위를 한 사람(2010.1.25 본호개정)
17. 제106조(호별방문의 제한)제1항 또는 제3항의 규정에 위반하여 호별로 방문하거나 하게 한 자(1995.12.30 본호개정)
18. 제107조(서명·날인운동의 금지)의 규정에 위반하여 서명이나 날인을 받거나 받게 한 자
19. 제109조제1항 또는 제2항을 위반하여 서신·전보·모사전송·전화 그 밖에 전기통신의 방법을 이용하여 선거운동을 하거나 하게 한 자나 같은 조 제3항을 위반하여 협박하거나 하게 한 자(2010.1.25 본호개정)
20. 제218조의14제1항·제6항 또는 제7항을 위반하여 재외선거권자를 대상으로 선거운동을 한 자(2010.1.25 본호개정)
② 다음 각 호의 어느 하나에 해당하는 자는 2년 이하의 징역 또는 400만원 이하의 벌금에 처한다.(2005.8.4 본문개정)
1. 제60조의3제1항제4호 후단을 위반하여 예비후보자홍보물을 작성한 자(2008.2.29 본호신설)
1의2. 대통령선거 및 지방자치단체의 장선거의 예비후보자가 아닌 자로서 제60조의4제1항의 예비후보자공약집을 발간·배부한 자, 같은 항을 위반하여 1종을 넘어 예비후보자공약집을 발간·배부한 자, 같은 항을 위반하여 예비후보자공약집을 통상적인 방법으로 판매하지 아니하거나 방문판매의 방법으로 판매한 자, 같은 조 제2항을 위반하여 예비후보자공약집을 발간·배부한 자(2008.2.29 본호신설)
1의3. 제64조제1항·제9항, 제65조제1항·제2항, 제66조제1항부터 제5항까지를 위반하여 선거벽보·선거공보 또는 선거공약서를 선거운동을 위하여 작성·사용하거나 하게 한 자(2010.1.25 본호개정)
2. (2010.1.25 삭제)
3. 제57조의3(당내경선운동)제1항의 규정을 위반하여 경선운동을 한 자(2005.8.4 본호신설)
4. 제91조(확성장치와 자동차 등의 사용제한)제1항·제3항 또는 제216조(4개 이상 선거의 동시실시에 관한 특례)제1항 전단의 규정에 위반하여 확성장치나 자동차를 사용하여 선거운동을 하거나 하게 한 자(2022.1.18 본호개정)
5. 제93조(탈법방법에 의한 문서·도화의 배부·게시등 금지)제1항의 규정에 위반하여 문서·도화 등을 배부·첩부·살포·게시·상영하거나 하게 한 자, 같은 조 제2항의 규정에 위반하여 광고 또는 출연을 하거나 하게 한 자 또는 제3항의 규정에 위반하여 신분증명서·문서 기타 인쇄물을 발급·배부 또는 징구하거나 하게 한 자(1998.4.30 본호개정)
6. 제100조(녹음기 등의 사용금지)의 규정에 위반하여 녹음기 또는 녹화기를 사용하여 선거운동을 하거나 하게 한 자
7. (1995.12.30 삭제)
8. 제271조의2(선거에 관한 광고의 제한)제1항의 규정에 의한 광고중지요청에 불응하여 광고를 하거나 광고게재를 의뢰한 자(1998.4.30 본호신설)
③ 다음 각 호의 어느 하나에 해당하는 사람은 5년 이하의 징역에 처한다.
1. 제57조의6제2항을 위반하여 경선운동을 한 사람
2. 제85조제2항을 위반하여 선거운동을 한 사람
(2014.2.13 본호개정)
(2010.1.25 본항개정)
④ 제82조의5(선거운동정보의 전송제한)제1항의 규정을 위반하여 선거운동정보를 전송한 자, 동조제2항의 규정을 위반하여 선거운동정보에 해당하는 사실 등을 선거운동정보에 명시하지 아니하거나 허위로 명시한 자, 동조제4항의 규정을 위반하여 기술적 조치를 한 자, 동조제5항의 규정을 위반하여 비용을 수신자에게 부담하도록 한 자, 동조제6항의 규정을 위반하여 선거운동정보를 전송한 자는 1년 이하의 징역 또는 100만원 이하의 벌금에 처한다.(2012.1.17 본항개정)
⑤ 제82조의8제1항을 위반한 자는 7년 이하의 징역 또는 1천만원 이상 5천만원 이하의 벌금에 처한다.(2023.12.28 본항신설)
⑥ 제85조제1항을 위반한 자는 5년 이하의 징역 또는 2천만원 이하의 벌금에 처한다.(2017.2.8 본항개정)

제256조【각종제한규정위반죄】 ① 다음 각 호의 어느 하나에 해당하는 자는 3년 이하의 징역 또는 600만원 이하의 벌금에 처한다.
1. 제57조의8제7항제3호(제108조의2제5항에서 준용하는 경우를 포함한다)를 위반하여 이용자의 정보를 제공한 자, 같은 항 제4호(제108조의2제5항에서 준용하는 경우를 포함한다)를 위반하여 해당 정당 또는 선거여론조사기관 외의 자에게 휴대전화 가상번호를 제공한 자, 같은 항 제5호(제108조의2제5항에서 준용하는 경우를 포함한다)를 위반하여 명시적으로 거부의사를 밝힌 이용자의 휴대전화 가상번호를 제공한 자 또는 같은 항 제6호

(제108조의2제5항에서 준용하는 경우를 포함한다)를 위반하여 휴대전화 가상번호를 생성하여 제공한 자(2017.2.8 본호개정)
2. 제57조의8제9항제1호(제108조의2제5항에서 준용하는 경우를 포함한다)를 위반하여 휴대전화 가상번호를 제57조의8제1항에 따른 여론조사·여론수렴 또는 제108조의2제1항에 따른 여론조사가 아닌 목적으로 사용하거나 제57조의8제9항제2호(제108조의2제5항에서 준용하는 경우를 포함한다)를 위반하여 다른 자에게 제공한 자(2017.2.8 본호개정)
3. 제57조의8제10항(제108조의2제5항에서 준용하는 경우를 포함한다)을 위반하여 유효기간이 지난 휴대전화 가상번호를 즉시 폐기하지 아니한 자(2017.2.8 본호개정)
4. 제103조제2항을 위반하여 모임을 개최한 자
5. 제108조제5항을 위반하여 여론조사를 한 자, 같은 조 제9항에 따른 요구를 받고 거짓의 자료를 제출한 자, 같은 조 제11항제1호를 위반하여 지시·권유·유도한 자, 같은 항 제2호를 위반하여 여론조사에 응답하거나 이를 지시·권유·유도한 자 또는 같은 조 제12항을 위반하여 선거에 관한 여론조사의 결과를 공표·보도한 자(2017.2.8 본호개정)
(2012.2.29 본항개정)
② 다음 각 호의 어느 하나에 해당하는 통보를 받고 지체없이 이를 이행하지 아니한 자는 2년 이하의 징역 또는 1천500만원 이하의 벌금에 처한다.
1. 제8조의2제5항 및 제6항(제8조의3제6항에서 준용하는 경우를 포함한다)에 따른 제재조치 등
2. 제8조의3제3항제1호부터 제3호까지의 규정에 따른 제재조치(2017.2.8 본호개정)
3. 제8조의4제3항에 따른 반론보도의 결정
4. 제8조의6제1항 또는 제3항에 따른 조치 또는 같은 조 제6항에 따른 반론보도의 결정
(2014.2.13 본항신설)
③ 다음 각 호의 어느 하나에 해당하는 자는 2년 이하의 징역 또는 400만원 이하의 벌금에 처한다.(2005.8.4 본문개정)
1. 선거운동과 관련하여 다음 각 목의 어느 하나에 해당하는 자(2005.8.4 본문개정)
가. 제67조의 규정에 위반하여 현수막을 게시한 자(2002.3.7 본목신설)
나. 제59조제2호 후단을 위반하여 후보자 또는 예비후보자가 아닌 자로서 자동 동보통신의 방법으로 문자메시지를 전송한 자, 같은 조 같은 호 후단을 위반하여 8회를 초과하여 자동 동보통신의 방법으로 문자메시지를 전송한 자, 같은 조 제3호 후단을 위반하여 후보자 또는 예비후보자가 아닌 자로서 전송대행업체에 위탁하여 전자우편을 전송한 자(2017.2.8 본목개정)
다. 제79조제10항에 따른 녹음기 또는 녹화기의 사용대수를 초과하여 사용한 자(2015.8.13 본목개정)
라. 제84조를 위반하여 특정 정당으로부터의 지지 또는 추천받음을 표방한 자(2010.1.25 본목개정)
마. 제82조의4제4항에 따라 선거관리위원회로부터 2회 이상 요청을 받고 이행하지 아니한 자(2012.2.29 본목개정)
바. 제86조제1항제5호부터 제7호까지 또는 제7항을 위반한 행위를 한 사람(2010.1.25 본목개정)
사. 제89조(유사기관의 설치금지)제2항의 규정에 위반하여 선거에 영향을 미치는 행위 또는 선전행위를 하거나 하게 한 자
아. 제90조(시설물설치 등의 금지)의 규정에 위반하여 선전물을 설치·진열·게시·배부하거나 하게 한 자 또는 상징물을 제작·판매하거나 하게 한 자
자. 제101조(타연설회 등의 금지)의 규정에 위반하여 타연설회 등을 개최하거나 하게 한 자
차. 제102조제1항을 위반하여 연설·대담 또는 대담·토론회를 개최한 자(2012.1.17 본목개정)
카. 제103조(각종집회 등의 제한)제1항 및 제3항 내지 제5항의 규정에 위반하여 각종집회 등을 개최하거나 하게 한 자(2023.8.30 본목개정)
타. 제104조(연설회장에서의 소란행위 등의 금지)의 규정에 위반하여 연설·대담장소 등에서 질서를 문란하게 하거나 횃불을 사용하거나 하게 한 자(2004.3.12 본목개정)
파. 제108조제1항을 위반하여 여론조사의 경위와 그 결과를 공표 또는 인용하여 보도한 자, 같은 조 제2항을 위반하여 여론조사를 한 자, 같은 조 제6항을 위반하여 여론조사와 관련 있는 자료일체를 해당 선거의 선거일 후 6개월까지 보관하지 아니한 자, 같은 조 제9항을 위반하여 정당한 사유 없이 여론조사와 관련된 자료를 제출하지 아니한 자 또는 같은 조 제10항을 위반하여 여론조사를 한 자(2015.12.24 본목개정)
하. 제57조의8제7항제1호(제108조의2제5항에서 준용하는 경우를 포함한다)를 위반하여 휴대전화 가상번호에 유효기간을 설정하지 아니하고 제공하거나 휴대전화 가상번호를 제공하는 날부터 당내경선의 선거일까지의 기간, 여론수렴 기간 또는 여론조사 기간을 초과하는 유효기간을 설정하여 제공한 자 또는 같은 항 제2호(제108조의2제5항에서 준용하는 경우를 포함한다)를 위반하여 요청받은 휴대전화 가상번호 수를 초과하여 휴대전화 가상번호를 제공한 자(2017.2.8 본목개정)
거. 제108조의3을 위반하여 비교평가를 하거나 그 결과를 공표한 자 또는 비교평가와 관련있는 자료 일체를 해당 선거의 선거일 후 6개월까지 보관하지 아니한 자(2017.2.8 본목개정)
너. 제111조(의정활동 보고)제1항 단서의 규정에 위반하여 선거일전 90일부터 선거일까지 의정활동을 보고한 자(2004.3.12 본목개정)
2. 선거질서와 관련하여 다음 각 목의 어느 하나에 해당하는 자(2005.8.4 본문개정)
가. 제39조제8항(제218조의9제3항에서 준용하는 경우를 포함한다)의 규정에 위반하여 선거인명부작성사무를 방해하거나 영향을 주는 행위를 한 자(2009.2.12 본목개정)
나. 제44조의2제5항을 위반하여 선거인명부를 열람·사용 또는 유출한 자(2014.1.17 본목신설)
다. 제46조(명부사본의 교부)제4항〔제60조의3(예비후보자 등의 선거운동)제5항 및 제111조(의정활동 보고)제4항에서 준용하는 경우를 포함한다〕의 규정을 위반하여 선거인명부 및 거소·선상투표신고인명부(전산자료복사본을 포함한다)의 사본이나 세대주명단을 다른 사람에게 양도·대여 또는 재산상의 이익 기타 영리를 목적으로 사용하거나 하게 한 자(2014.1.17 본목개정)
라. 제161조제7항(제162조제4항에서 준용하는 경우를 포함한다) 또는 제181조제11항을 위반하여 참관인이 되거나 되게 한 자(2015.8.13 본목개정)
마. 제163조(제218조의17제9항에서 준용하는 경우를 포함한다)를 위반하여 투표소(제149조제3항 및 제4항에 따른 기표소가 설치된 장소를 포함한다)에 들어가거나, 표지를 하지 아니하거나, 표지 외의 표시물을 달거나 붙이거나, 표지를 양도·양여하거나 하게 한 자
바. 제166조(제218조의17제9항에서 준용하는 경우를 포함한다)에 따른 명령에 불응한 자 또는 같은 규정을 위반한 표지를 하거나 하게 한 자
사. 제166조의2제1항(제218조의17제9항에서 준용하는 경우를 포함한다)을 위반하여 투표지를 촬영한 사람(2015.12.24 마목~사목개정)
아. 제183조(개표소의 출입제한과 질서유지)제1항의 규정에 위반하여 개표소에 들어간 자 또는 같은 조 제2항의 규정에 위반하여 표지를 하지 아니하거나 표지외의 표시물을 달거나 붙이거나 표지를 양도·양여하거나 하게 한 자
3. 이 법에 규정되지 아니한 방법으로 제58조의2 단서를 위반하여 투표참여를 권유하는 행위를 한 자(2014.5.14 본호신설)
4. 제262조의2(선거범죄신고자 등의 보호)제2항의 규정을 위반한 자(2004.3.12 본호신설)
④ 정당(당원협의회를 포함한다)이 다음 각 호의 어느 하나에 해당하는 행위를 한 때에는 해당 정당에 대하여는 1천만원 이하의 벌금에 처하고, 해당 정당의 대표자·간부 또는 소속 당원으로서 위반행위를 하거나 하게 한 자는 2년 이하의 징역 또는 400만원 이하의 벌금에 처한다.(2010.1.25 본문개정)
1. 제137조(정강·정책의 신문광고 등의 제한)의 규정에 위반하여 일간신문등에 광고를 한 자
2. 제137조의2(정강·정책의 방송연설의 제한)제1항 내지 제3항의 규정에 위반하여 정강·정책의 방송연설을 한 자
3. 제138조(정강·정책홍보물의 배부제한 등)의 규정(제4항을 제외한다)에 위반하여 정강·정책홍보물을 제작·배부한 자
3의2. 제138조의2(정책공약집의 배부제한 등)의 규정(제3항을 제외한다)을 위반하여 정책공약집을 발간·배부한 자(2007.1.3 본호신설)
4. 제139조(정당기관지의 발행·배부제한)의 규정(제3항을 제외한다)에 위반하여 정당기관지를 발행·배부한 자
5. 제140조(창당대회등의 개최와 고지의 제한)제1항 및 제2항의 규정에 위반하여 창당대회등을 개최한 자
6. 제141조(당원집회의 제한)제1항 및 제4항(철거하지 아니한 경우를 제외한다)의 규정에 위반하여 당원집회를 개최한 자(2004.3.12 본호개정)
7.~8. (2004.3.12 삭제)
9. 제144조(정당의 당원모집 등의 제한)제1항의 규정에 위반하여 당원을 모집하거나 입당원서를 배부한 자(2006.3.2 본호개정)
10. 제61조의2(정당선거사무소의 설치)제1항의 규정을 위반하여 정당선거사무소를 설치하거나, 동조제2항의 규정을 위반하여 소장 또는 유급사무직원을 둔 자(2004.3.12 본호신설)
(2000.2.16 본항개정)
⑤ 다음 각 호의 어느 하나에 해당하는 자는 1년 이하의 징역 또는 200만원 이하의 벌금에 처한다.(2005.8.4 본문개정)
1. 제48조제3항제1호를 위반하여 검인되지 아니한 추천장에 의하여 선거권자의 추천을 받거나 받게 한 사람, 같은 항 제2호를 위반하여 선거운동을 위하여 추천선거권자수의 상한수를 넘어 선거권자의 추천을 받거나 받게 한 사람, 같은 항 제3호를 위반하여 허위의 추천을 받거나 받게 한 사람(2018.4.6 본호개정)
2. 제61조(선거운동기구의 설치)제5항〔제61조의2(정당선거사무소의 설치)제7항에서 준용하는 경우를 포함한다〕의 규정에 위반하여 선거사무소나 선거연락소를 설치한 자(2004.3.12 본호개정)
2의2. 제61조(선거운동기구의 설치)제7항의 규정에 의하여 선거사무소의 폐쇄명령을 받고도 이를 이행하지 아니한 자(2004.3.12 본호신설)
3. 제62조제7항을 위반하여 선거사무장·선거연락소장 또는 선거사무원을 선임한 자 또는 같은 조 제8항을 위반하여 선거운동을 하는 자를 모집한 자(2010.1.25 본호개정)
4. 제63조(선거운동기구 및 선거사무관계자의 신고)제1항 후단의 규정에 위반하여 선거사무원수의 2배수를 넘어 두거나 두게 한 자(2000.2.16 본호개정)
5. 제64조제8항(제65조제13항 및 제66조제8항에서 준용하는 경우를 포함한다)을 위반하여 선거벽보·선거공보 또는 선거공약서의 수량을 넘게 인쇄하여 제공한 자(2020.12.29 본호개정)
6. 제69조제1항의 횟수에 관한 규정을 위반하지 아니하였으나 같은 조 제5항을 위반하여 광고한 사람(2010.1.25 본호개정)
7. (2010.1.25 삭제)
8. 제79조제1항·제3항부터 제5항까지·제6항(표지를 부착하지 아니한 경우는 제외한다)·제7항을 위반하여 공개장소에서의 연설·대담을 한 자(2010.1.25 본호개정)
9. 제81조(단체의 후보자 등 초청 대담·토론회)제3항 또는 제4항의 규정에 위반하여 대담·토론회의 개최신고를 하지 아니하거나 표지를 게시 또는 첩부하지 아니한 자(2000.2.16 본호개정)
10. 제102조제2항을 위반하여 녹음기 또는 녹화기를 사용한 자. 다만, 오후 9시부터 오후 11시까지의 사이에 소리를 출력하여 녹화기를 사용한 자는 제외한다.(2022.1.18 본호개정)
10의2. 제110조제2항을 위반하여 특정 지역·지역인 또는 성별을 공연히 비하·모욕한 자(2015.12.24 본호신설)
11. 제118조(선거일후 답례금지)의 규정에 위반한 자
12. 제272조의2제3항(제8조의8제11항에서 준용하는 경우를 포함한다)을 위반하여 출입을 방해하거나 자료제출요구에 응하지 아니한 자 또는 허위의 자료를 제출한 자(2017.2.8 본호개정)
(2015.8.13 본조제목개정)

판례 동조 제3항(구 제2항) 제1호 (아)목이 규정하는 '선전물'의 의미 : 동조항의 '선전물'이라 함은 동법 제90조에 규정된 광고물, 광고시설, 표찰 기타 표시물을 포함하는 개념으로서, 반드시 후보자의 성명이나 외모가 기재·묘사되거나 특징 등이 화체되어 있지 아니하더라도 선거운동에 있어 특정 후보자의 인지도를 상승시키거나 이미지를 고양시키기 위하여 사용되는 제반 시설물과 용구를 총칭하는 것으로 보아야 한다(대통령 선거에서 특정 후보자를 위하여 배부한 이른바 '희망돼지'라는 이름의 돼지저금통이 동조항의 '선전물' 또는 동법 제90조의 '광고물'에 해당한다고 한 사례). (대판 2004.4.23, 2004도1242)

제257조【기부행위의 금지제한 등 위반죄】 ① 다음 각호의 1에 해당하는 자는 5년이하의 징역 또는 1천만원이하의 벌금에 처한다.
1. 제113조(후보자 등의 기부행위제한)·제114조(정당 및 후보자의 가족 등의 기부행위제한)제1항 또는 제115조(제삼자의 기부행위제한)의 규정에 위반한 자
2. 제81조(단체의 후보자 등 초청 대담·토론회)제6항〔제82조(언론기관의 후보자 등 초청 대담·토론회)제4항에서 준용하는 경우를 포함한다〕의 규정을 위반한 자(2004.3.12 본호개정)
② 제81조제6항·제82조제4항·제113조·제114조제1항 또는 제115조에서 규정하고 있는 정당(창당준비위원회를 포함한다)·정당의 대표자·정당선거사무소의 소장, 국회의원·지방의회의원·지방자치단체의 장, 후보자(후보자가 되고자 하는 자를 포함한다. 이하 이 조에서 같다), 후보자의 배우자, 후보자나 그 배우자의 직계존비속과 형제자매, 후보자의 직계비속 및 형제자매의 배우자, 선거사무장, 선거연락소장, 선거사무원, 회계책임자, 연설원, 대담·토론자, 후보자 또는 그 가족과 관계있는 회사등이나 그 임·직원과 제삼자〔제116조(기부의 권유·요구 등의 금지)에 규정된 행위의 상대방을 말한다〕에게 기부를 지시·권유·알선·요구하거나 그로부터 기부를 받은 자(제261조제9항제1호·제6호에 해당하는 사람은 제외한다)는 3년 이하의 징역 또는 500만원 이하의 벌금에 처한다.(2014.2.13 본항개정)
③ 제117조(기부받는 행위 등의 금지)의 규정에 위반한 자는 3년 이하의 징역 또는 500만원 이하의 벌금에 처한다.(1995.5.10 본항신설)
④ 제1항 내지 제3항의 죄를 범한 자가 받은 이익은 이를 몰수한다. 다만, 그 전부 또는 일부를 몰수할 수 없는 때에는 그 가액을 추징한다.(1995.5.10 본항신설)

판례 기부행위의 제한은 부정한 경제적 이익을 제공함으로써 유권자의 자유의사를 왜곡시키는 선거운동을 범죄로 처벌하여 선거의 공정성을 보장하기 위한 규정으로 입법목적의 정당성 및 기본권 제한 수단의 적절성이 인정된다. 그리고 해당 금지조항은 모든 기부행위를 언제나 금지하고 있는 것이 아니고, 기부행위가 제112조제2항 각 호의 예외사유에 해당하거나 정당행위로서 사회상규

에 위배되지 아니하면 위법성이 조각되어 허용될 수도 있는 점 등을 감안하면 최소침해성 요건을 갖추었다. 선거의 공정이 훼손되는 경우 후보자 선택에 관한 민의가 왜곡되고 대의민주주의 제도 자체가 위협을 받을 수 있는 점을 감안하면 법익 균형성 요건도 준수하였다. 따라서 과잉금지원칙을 위반하여 행복추구권, 일반적 행동자유권, 선거운동의 자유를 침해하지 아니한다.
(헌재결 2014.2.27, 2013헌바106)

제258조【선거비용부정지출 등 죄】 ① 다음 각 호의 어느 하나에 해당하는 때에는 5년 이하의 징역 또는 2천만원 이하의 벌금에 처한다.(2005.8.4 본문개정)
1. 정당·후보자·선거사무장·선거연락소장·회계책임자 또는 회계사무보조자가 제122조(선거비용제한액의 공고)의 규정에 의하여 공고한 선거비용제한액의 200분의 1 이상을 초과하여 선거비용을 지출한 때
(2004.3.12 본호개정)
2. (2005.8.4 삭제)
② (2005.8.4 삭제)

제259조【선거범죄선동죄】 연설·벽보·신문 기타 어떠한 방법으로든지 제230조(매수 및 이해유도죄) 내지 제235조(방송·신문 등의 불법이용을 위한 매수죄)·제237조(선거의 자유방해죄)의 죄(당내경선과 관련한 죄를 제외한다)를 범할 것을 선동한 자는 3년 이하의 징역 또는 600만원 이하의 벌금에 처한다.(2005.8.4 본조개정)

제260조【양벌규정】 ① 정당·회사, 그 밖의 법인·단체(이하 이 조에서 "단체등"이라 한다)의 대표자, 그 대리인·사용인, 그 밖의 종업원과 정당의 간부인 당원이 그 단체등의 업무에 관하여 제230조제1항부터 제4항까지·제6항부터 제8항까지, 제231조, 제232조제1항·제2항, 제235조, 제237조제1항·제5항, 제240조제1항, 제241조제1항, 제244조, 제245조제2항, 제246조제2항, 제247조제1항, 제248조제1항, 제250조부터 제254조까지, 제255조제1항·제2항, 같은 조 제4항부터 제6항까지, 제256조, 제257조제1항부터 제3항까지, 제258조, 제259조의 어느 하나에 해당하는 위반행위를 하면 그 행위자를 벌하는 외에 그 단체등에도 해당 조문의 벌금형을 과(科)한다. 다만, 단체등이 그 위반행위를 방지하기 위하여 해당 업무에 관하여 상당한 주의와 감독을 게을리하지 아니한 경우에는 그러하지 아니하다.(2023.12.28 본문개정)
② 단체등의 대표자, 그 대리인·사용인, 그 밖의 종업원과 정당의 간부인 당원이 그 단체등의 업무에 관하여 제233조, 제234조, 제237조제3항·제6항, 제242조제1항·제2항, 제243조제1항, 제245조제1항, 제246조제1항, 제249조제1항, 제255조제3항의 어느 하나에 해당하는 위반행위를 하면 그 행위자를 벌하는 외에 그 단체등에도 3천만원 이하의 벌금에 처한다. 다만, 단체등이 그 위반행위를 방지하기 위하여 해당 업무에 관하여 상당한 주의와 감독을 게을리하지 아니한 경우에는 그러하지 아니하다.
(2010.1.25 본조개정)

제261조【과태료의 부과·징수 등】 ① 제231조제1항제1호에 규정된 행위를 하는 것을 조건으로 정당 또는 후보자(후보자가 되려는 사람을 포함한다)에게 금전·물품, 그 밖의 재산상의 이익 또는 공사의 직의 제공을 요구한 자에게는 5천만원 이하의 과태료를 부과한다.
(2014.2.13 본항신설)
② 다음 각 호의 어느 하나에 해당하는 행위를 한 자에게는 3천만원 이하의 과태료를 부과한다.
1. 제8조의8제10항에 따른 시정명령·정정보도문의 게재명령을 통보받고 이를 이행하지 아니한 자(2017.2.8 본호개정)
2. 제108조제6항을 위반하여 선거여론조사기준으로 정한 사항을 함께 공표 또는 보도하지 아니한 자
3. 제108조제7항을 위반하여 선거여론조사기준으로 정한 사항을 등록하지 아니한 자. 이 경우 해당 여론조사를 의뢰한 자가 여론조사 결과의 공표·보도 예정일시를 통보하지 아니하여 등록하지 못한 때에는 그 여론조사 의뢰자를 말한다.
4. 제108조제8항을 위반하여 여론조사를 실시하거나 그 결과를 공표 또는 보도한 자
(2015.12.24 본항개정)
③ 다음 각 호의 어느 하나에 해당하는 행위를 한 자에게는 1천만원 이하의 과태료를 부과한다.
1. 제6조의2제2항을 위반하여 투표시간을 보장하여 주지 아니한 자(2014.2.13 본호신설)
2. 제59조제2호 후단을 위반하여 신고한 전화번호가 아닌 전화번호를 정당한 이유 없이 사용하여 자동 동보통신의 방법으로 문자메시지를 전송한 사람(2017.2.8 본호신설)
3. 제65조제4항 단서를 위반하여 점자형 선거공보의 전부 또는 일부를 제출하지 아니한 사람(2015.8.13 본호신설)
3의2. 제79조제8항 또는 제216조제1항 후단을 위반하여 소음기준을 초과한 확성장치를 사용하거나 사용하게 한 자(2022.1.18 본호신설)
3의3. 제82조의2제4항 각 호 외의 부분 후단을 위반하여 정당한 사유 없이 대담·토론회에 참석하지 아니한 사람(2018.4.6 본호신설)
4. 제82조의8제2항을 위반하여 중앙선거관리위원회규칙으로 정하는 사항을 딥페이크영상등에 표시하지 아니한 자(2023.12.28 본호신설)
4의2. 제102조제2항 단서를 위반하여 오후 9시부터 오후 11시까지의 사이에 소리를 출력하여 녹화기를 사용한 자(2022.1.18 본호신설)
5. 제108조제3항을 위반하여 관할 선거여론조사심의위원회에 신고하지 아니하거나 신고내용과 다르게 여론조사를 실시하거나 같은 조 제4항을 위반하여 보완사항을 보완하지 아니하고 여론조사를 실시한 자(2017.2.8 본호개정)
④ 제147조제3항(제148조제4항 및 제173조제3항에서 준용하는 경우를 포함한다)을 위반하여 정당한 사유 없이 협조요구에 따르지 아니한 자에게는 500만원 이하의 과태료를 부과한다.(2014.2.13 본항신설)
⑤ (2018.4.6 삭제)
⑥ 다음 각 호의 어느 하나에 해당하는 행위를 한 자는 300만원 이하의 과태료를 부과한다.(2010.1.25 본문개정)
1. 제70조제3항·제71조제10항·제72조제3항(제74조제2항에서 준용하는 경우를 포함한다)·제73조제1항(관할 선거구선거관리위원회가 제공하는 내용에 한한다) 및 제2항·제272조의3제4항 또는 제275조의 규정을 위반한 자(2012.2.29 본호개정)
2. 「형사소송법」 제211조(현행범인과 준현행범인)에 규정된 현행범인 또는 준현행범인으로서 제272조의2제4항(제8조의8제11항에서 준용하는 경우를 포함한다)에 따른 동행요구에 응하지 아니한 자(2017.2.8 본호개정)
3. (2023.8.30 삭제)
4. 제82조의4제4항을 위반하여 선거관리위원회의 요청을 이행하지 아니한 자. 다만, 2회 이상 요청을 받고 이행하지 아니한 자는 그러하지 아니하다.(2012.2.29 본호신설)
⑦ 다음 각 호의 어느 하나에 해당하는 행위를 한 자는 이 법에 다른 규정이 있는 경우를 제외하고는 200만원 이하의 과태료를 부과한다.(2010.1.25 본문개정)
1. 선거에 관하여 이 법이 규정하는 신고·제출의 의무를 해태한 자
2. 다음 각 목의 어느 하나에 해당하는 자(2005.8.4 본문개정)
가. 제205조(선거운동기구의 설치 및 선거사무관계자의 선임에 관한 특례)제3항의 규정에 위반하여 그 분담내역을 선거사무소·선거연락소의 설치신고서에 명시하지 아니한 자(1995.4.1 본목개정)
나. 제205조제3항의 규정에 위반하여 그 분담내역을 선거사무장·선거연락소장·선거사무원의 선임신고서에 명시하지 아니한 자(1995.4.1 본목개정)
다. 제207조(책자형 선거공보에 관한 특례)제3항 후단의 규정을 위반하여 그 분담내역을 선거공보를 제출하는 때에 서면으로 신고하지 아니한 자(2005.8.4 본목개정)
라. (2010.1.25 삭제)
마. 제69조(신문광고)제3항 후단 및 제82조의7(인터넷광고)제3항 후단의 규정에 위반하여 그 분담내역을 광고계약서에 명시하지 아니한 자(2005.8.4 본목개정)
바. (2010.1.25 삭제)
사. 제146조의2제3항이나 제147조제10항(제148조제4항에서 준용하는 경우를 포함한다) 또는 제174조제3항을 위반하여 정당한 사유 없이 협조요구에 따르지 아니한 자(2014.2.13 본목개정)
아. 제149조제3항·제4항을 위반한 사람(2014.1.17 본목개정)
3. (2005.8.4 삭제)
4. 제152조(투표용지모형 등의 공고)제1항의 규정에 의하여 첩부한 투표용지모형을 훼손·오손한 자
5. 제271조(불법시설물 등에 대한 조치 및 대집행)제1항의 규정에 의한 대집행을 한 것으로서 사안이 경미한 행위를 한 자. 이 경우 과태료를 부과하지 아니한 때에는 관할수사기관에 고발 또는 수사의뢰 등을 하여야 한다.
6. 제276조(선거일후 선전물 등의 철거)의 규정에 위반하여 선전물 등을 철거하지 아니한 자(2000.2.16 본호개정)
⑧ 다음 각 호의 어느 하나에 해당하는 행위를 한 자는 100만원 이하의 과태료를 부과한다.(2010.1.25 본문개정)
1. 제161조제3항 단서, 제162조제3항, 제181조제3항 또는 제218조의20제4항에 따라 선거관리위원회·재외선거관리위원회가 선정한 참관인이 정당한 사유 없이 참관을 거부하거나 게을리한 경우(2009.2.12 본호개정)
1의2. 제8조의9제4항을 위반하여 변경등록신청을 제때 하지 아니한 자(2017.2.8 본호신설)
2. 각 목의 어느 하나에 해당하는 자(2010.1.25 본문개정)
가. 제61조제6항을 위반하여 선거사무소, 선거연락소 또는 선거대책기구에 간판·현판·현수막을 설치·게시하거나 하게 한 자(2014.1.17 본목개정)
나. 제61조의2(정당선거사무소의 설치)제4항의 규정을 위반하여 정당선거사무소에 간판·현판·현수막을 설치 또는 게시하거나 하게 한 자(2004.3.12 본목신설)
다. 제63조제2항을 위반하여 표지를 패용하지 아니하고 선거운동을 하거나 하게 한 자(2010.1.25 본목개정)
라. 제79조제6항 또는 제10항 후단을 위반하여 자동차, 확성장치, 녹음기 또는 녹화기에 표지를 부착하지 아니하고 연설·대담을 한 사람(2015.8.13 본목개정)
마. 제91조(확성장치와 자동차 등의 사용제한)제4항의 규정에 위반하여 표지를 부착하지 아니하고 자동차 또는 선박을 운행한 자
바. 제147조제9항, 제148조제3항 또는 제174조(개표사무원)제2항의 규정에 의하여 투표사무원·사전투표사무원 또는 개표사무원으로 위촉된 자가 정당한 사유없이 그 직무수행을 거부·유기하거나 해태한 자(2014.1.17 본목개정)
2의2. 다음 각 목의 어느 하나에 해당하는 자
가. 제60조의4제3항을 위반하여 예비후보자공약집을 제출하지 아니한 자
나. 제66조제6항을 위반하여 선거공약서를 제출하지 아니한 자
(2008.2.29 본호신설)
3. 제111조(의정활동 보고)제2항의 규정에 위반하여 고지벽보와 표지를 게시하거나, 의정보고회가 끝난 후 지체없이 고지벽보와 표지를 철거하지 아니한 자
4. 다음 각 목의 어느 하나에 해당하는 자(2005.8.4 본문개정)
가. 제138조(정강·정책홍보물의 배부·제한 등)제4항의 규정에 위반하여 정강·정책홍보물을 제출하지 아니한 자
나. 제138조의2(정책공약집의 배부제한 등)제3항의 규정을 위반하여 정책공약집을 제출하지 아니한 자
(2007.1.3 본목신설)
다. 제139조(정당기관지의 발행·배부제한)제3항의 규정에 위반하여 기관지를 제출하지 아니한 자
라. 제140조(창당대회등의 개최와 고지의 제한)제4항의 규정에 위반하여 창당대회등의 표지를 지체없이 철거하지 아니한 자(2004.3.12 본목개정)
마. 제141조(당원집회의 제한)제2항에 규정된 장소가 아닌 장소에서 당원집회를 개최하거나 동조제4항의 규정에 위반하여 당원집회의 표지를 지체없이 철거하지 아니한 자(2004.3.12 본목개정)
바. (2004.3.12 삭제)
사. 제145조(당사게시 선전물 등의 제한)의 규정에 위반하여 당사 또는 후원회의 사무소에 선전물 등을 설치·게시한 자(2014.1.17 본목개정)
5. 제8조의3제4항의 규정에 위반하여 정당한 사유없이 정기간행물등을 제출하지 아니한 자(2008.2.29 본호개정)
6. 제272조의2제4항(제8조의8제11항에서 준용하는 경우를 포함한다)에 따른 출석요구에 정당한 사유없이 응하지 아니한 자(2017.2.8 본호개정)
(2000.2.16 본항개정)
⑨ 다음 각 호의 어느 하나에 해당하는 자(그 제공받은 금액 또는 음식물·물품 등의 가액이 100만원을 초과하는 자는 제외한다)는 그 제공받은 금액 또는 음식물·물품 등의 가액의 10배 이상 50배 이하에 상당하는 금액(주례의 경우에는 200만원)의 과태료를 부과하되, 그 상한은 3천만원으로 한다. 다만, 제1호 또는 제2호에 해당하는 자가 그 제공받은 금액 또는 음식물·물품(제공받은 것을 반환할 수 없는 경우에는 그 가액에 상당하는 금액을 말한다) 등을 선거관리위원회에 반환하고 자수한 경우에는 중앙선거관리위원회규칙으로 정하는 바에 따라 그 과태료를 감경 또는 면제할 수 있다.(2012.2.29 본문개정)
1. 제116조를 위반하여 금전·물품·음식물·서적·관광 기타 교통편의를 제공받은 자(2012.2.29 본호개정)
2. 제230조제1항제7호에 규정된 자로서 같은 항 제5호의 자로부터 금품, 그 밖의 이익을 제공받은 자(2014.5.14 본호개정)
3.~5. (2008.2.29 삭제)
6. 제116조를 위반하여 제113조에 규정된 자로부터 주례행위를 제공받은 자(2012.2.29 본호개정)
⑩ 과태료는 중앙선거관리위원회규칙으로 정하는 바에 따라 당해 선거관리위원회(선거여론조사심의위원회를 포함한다. 이하 이 조에서 "부과권자"라 한다)가 부과한다. 이 경우 제1항부터 제8항까지에 따른 과태료는 당사자(「질서위반행위규제법」 제2조제3호에 따른 당사자를 말한다. 이하 이 조에서 같다)가 정당·후보자(예비후보자를 포함한다. 이하 이 조에서 같다) 및 그 가족·선거사무장·선거연락소장·선거사무원·회계책임자·연설원 또는 활동보조인인 때에는 제57조에 따라 해당 후보자의 기탁금 중에서 공제하여 국가 또는 지방자치단체에 납입하고, 그 밖의 자와 제9항에 따른 과태료의 과태료처분대상자에 대하여는 위반자가 납부하도록 하며, 납부기한까지 납부하지 아니한 때에는 관할세무서장에게 위탁하고 관할세무서장이 국세체납처분의 예에 따라 이를 징수하여 국가 또는 지방자치단체에 납입하여야 한다.(2017.2.8 전단개정)
⑪ 이 법에 따른 과태료의 부과·징수 등의 절차에 관하여는 「질서위반행위규제법」 제5조에도 불구하고 다음 각 호에서 정하는 바에 따른다.
1. 당사자는 「질서위반행위규제법」 제16조제1항 전단에도 불구하고 부과권자로부터 사전통지를 받은 날부터 3일까지 의견을 제출하여야 한다.
2. 「질서위반행위규제법」 제17조제3항에도 불구하고 이 조 제10항 후단에 따라 해당 후보자의 기탁금에서 공제하는 과태료에 대하여는 「국세징수법」 제13조부터 제16조까지의 규정을 준용하지 아니한다.(2020.12.29 본호개정)
3. 이 조 제10항 전단에 따른 과태료 처분에 불복이 있는 당사자는 「질서위반행위규제법」 제20조제1항 및 제2항에도 불구하고 그 처분의 고지를 받은 날부터 20일 이내

에 부과권자에게 이의를 제기하여야 하며, 이 경우 그 이의제기는 과태료 처분의 효력이나 그 집행 또는 절차의 속행에 영향을 주지 아니한다.(2014.2.13 본호개정)
4. 「질서위반행위규제법」 제24조에도 불구하고 이 조 제10항 후단에 따라 해당 후보자의 기탁금에서 공제하지 아니하는 과태료를 당사자가 납부기한까지 납부하지 아니한 경우 부과권자는 체납된 과태료에 대하여 100분의 5에 상당하는 가산금을 더하여 관할세무서장에게 징수를 위탁하고, 관할세무서장은 국세 체납처분의 예에 따라 이를 징수하여 국가 또는 지방자치단체에 납입하여야 한다.(2014.2.13 본호개정)
5. 「질서위반행위규제법」 제21조제1항 본문에도 불구하고 이 조 제10항에 따라 과태료 처분을 받은 당사자가 제3호에 따라 이의를 제기한 경우 부과권자는 지체 없이 관할 법원에 그 사실을 통보하여야 한다.(2014.2.13 본호개정)
(2010.1.25 본항개정)
⑫ 「질서위반행위규제법」 제37조에 따라 과태료 재판의 결정을 고지 받은 검사는 과태료 처분을 한 관할 선거관리위원회에 그 결정을 지체 없이 통보하여야 한다.
(2018.4.6 본항신설)

판례 공직선거법 제261조 제3항은 그 제1호에 규정된 "선거에 관하여 이 법이 규정하는 신고·제출의 의무를 해태한 자"에 대하여 200만 원 이하의 과태료에 처하는 것으로 규정되어 있는바, 이는 공직선거법에서 선거에 관하여 신고나 제출의 의무를 규정하고 있는 사항들의 준수를 담보하기 위한 규정이므로, 원칙적으로 그 신고나 제출의 의무의 구체적인 내용이 법률 자체에 명시적으로 규정되어 있어야 하고, 다만 예외적으로 위임입법의 필요성에 의하여 그 구체적인 내용을 하위법령으로 정하도록 위임할 수 있다고 할지라도 법률 자체에서 신고나 제출의 의무의 대강을 정한 다음 그 위임사항이 신고나 제출의 의무임을 분명히 하여 위임한 경우에 한하여 하위법령에서 정한 구체적 신고나 제출의 의무가 과태료의 근거규정인 위 법률조항에서 정한 '이 법이 규정하는 신고·제출의 의무'의 범위에 포섭될 수 있다고 할 것이다.(대결 2007.3.30, 2005마1063)

제262조【자수자에 대한 특례】 ① 다음 각 호의 어느 하나에 해당하는 사람이 자수한 때에는 그 형을 감경 또는 면제한다.
1. 제230조제1항·제2항, 제231조제1항 및 제257조제2항을 위반한 사람 중 금전·물품, 그 밖의 이익 등을 받거나 받기로 승낙한 사람(후보자와 그 가족 또는 사위의 방법으로 이익 등을 받거나 받기로 승낙한 사람을 제외한다)
2. 다른 사람의 지시에 따라 제230조제1항·제2항 또는 제257조제1항을 위반하여 금전·물품, 그 밖의 재산상의 이익이나 공사의 직을 제공하거나 그 제공을 약속한 사람
(2012.1.17 본항개정)
② 제1항에 규정된 자가 각급선거관리위원회(읍·면·동선거관리위원회를 제외한다)에 자신의 선거범죄사실을 신고하여 선거관리위원회가 관계수사기관에 이를 통보한 때에는 선거관리위원회에 신고한 때를 자수한 때로 본다.(2005.8.4 본항개정)

제262조의2【선거범죄신고자 등의 보호】 ① 선거범죄〔제16장 벌칙에 규정된 죄(제261조제9항의 과태료에 해당하는 위법행위를 포함한다)와 「국민투표법」 위반의 죄를 말한다. 이하 같다〕에 관한 신고·진정·고소·고발 등 조사 또는 수사단서의 제공, 진술 또는 증언 그 밖의 자료제출행위 및 범인검거를 위한 제보 또는 검거활동을 한 자가 그와 관련하여 피해를 입거나 입을 우려가 있다고 인정할 만한 상당한 이유가 있는 경우 그 선거범죄에 관한 형사절차 및 선거관리위원회의 조사과정에서는 「특정범죄신고자 등 보호법」 제5조·제7조·제9조부터 제12조까지 및 제16조를 준용한다.(2014.2.13 본항개정)
② 누구든지 제1항의 규정에 의하여 보호되고 있는 선거범죄신고자 등이라는 정을 알면서 그 인적사항 또는 선거범죄신고자 등임을 알 수 있는 사실을 다른 사람에게 알려주거나 공개 또는 보도하여서는 아니된다.
(2004.3.12 본조신설)

판례 '제1항의 규정에 의하여 보호되고 있는 선거범죄신고자 등'의 의미 : '제1항의 규정에 의하여 보호되고 있는 선거범죄신고자 등'이라 함은, 특정범죄신고자등보호법 제7조에 의하여 조서 기타 서류에 선거범죄신고자 등의 인적사항의 기재가 생략되고 신원관리카드에 그 인적사항이 등재된 선거범죄신고자 등을 뜻한다고 봄이 상당하다.(대판 2006.5.25, 2005도2049)

제262조의3【선거범죄신고자에 대한 포상금 지급】 ① 각급선거관리위원회(읍·면·동선거관리위원회를 제외한다. 이하 이 조에서 같다)는 선거범죄에 대하여 선거관리위원회가 인지하기 전에 그 범죄행위의 신고를 한 사람에게 포상금을 지급할 수 있다.(2013.8.13 본항개정)
② 중앙선거관리위원회 및 시·도선거관리위원회는 제1항에 따른 포상금 지급의 심사를 위하여 중앙선거관리위원회규칙으로 정하는 바에 따라 각각 포상금심사위원회를 설치·운영하여야 한다.(2013.8.13 본항신설)
③ 각급선거관리위원회는 제1항에 따라 포상금을 지급한 후 다음 각 호의 어느 하나에 해당하는 사유가 있는 경우에는 그 포상금의 지급결정을 취소한다. 다만, 제2호의 경우 법원의 판결에 따라 유죄로 확정된 경우는 제외한다.(2021.3.23 단서신설)
1. 담합 등 거짓의 방법으로 신고한 사실이 발견된 경우
2. 사법경찰관의 불송치결정이나 검사의 불기소처분이 있는 경우(2021.3.23 본호개정)
3. 무죄의 판결이 확정된 경우
(2013.8.13 본항개정)
④ 각급선거관리위원회는 제3항에 따라 포상금의 지급결정을 취소한 때에는 해당 신고자에게 그 취소 사실과 지급받은 포상금에 해당하는 금액을 반환할 것을 통지하여야 하며, 해당 신고자는 통지를 받은 날부터 30일 이내에 그 금액을 해당 선거관리위원회에 납부하여야 한다.
(2013.8.13 본항신설)
⑤ 각급선거관리위원회는 제4항에 따라 포상금의 반환을 통지받은 해당 신고자가 납부기한까지 반환할 금액을 납부하지 아니한 때에는 해당 신고자의 주소지를 관할하는 세무서장에게 징수를 위탁하고 관할 세무서장이 국세 체납처분의 예에 따라 징수한다.(2013.8.13 본항개정)
⑥ 제4항 또는 제5항에 따라 납부 또는 징수된 금액은 국가에 귀속된다.(2013.8.13 본항개정)
⑦ 포상금의 지급 기준 및 절차, 포상금심사위원회의 구성 및 심의사항, 제3항제2호 및 제3호의 경우 포상금의 반환사유, 반환금액의 납부절차, 그 밖에 필요한 사항은 중앙선거관리위원회규칙으로 정한다.(2013.8.13 본항신설)

제17장 보 칙

제263조【선거비용의 초과지출로 인한 당선무효】 ① 제122조(선거비용제한액의 공고)의 규정에 의하여 공고된 선거비용제한액의 200분의 1 이상을 초과지출한 이유로 선거사무장, 선거사무소의 회계책임자가 징역형 또는 300만원 이상의 벌금형의 선고를 받은 때에는 그 후보자의 당선은 무효로 한다. 다만, 다른 사람의 유도 또는 도발에 의하여 당해 후보자의 당선을 무효로 되게 하기 위하여 지출한 때에는 그러하지 아니하다.
② 「정치자금법」 제49조(선거비용관련 위반행위에 관한 벌칙)제1항 또는 제2항제6호의 죄를 범함으로 인하여 선거사무소의 회계책임자가 징역형 또는 300만원 이상의 벌금형의 선고를 받은 때에는 그 후보자(대통령후보자, 비례대표국회의원후보자 및 비례대표지방의회의원후보자를 제외한다)의 당선은 무효로 한다. 이 경우 제1항 단서의 규정을 준용한다.
(2005.8.4 본조개정)

제264조【당선인의 선거범죄로 인한 당선무효】 당선인이 당해 선거에 있어 이 법에 규정된 죄 또는 「정치자금법」 제49조의 죄를 범함으로 인하여 징역 또는 100만원 이상의 벌금형의 선고를 받은 때에는 그 당선은 무효로 한다.(2010.1.25 본조개정)

제265조【선거사무장 등의 선거범죄로 인한 당선무효】 선거사무장·선거사무소의 회계책임자(선거사무소의 회계책임자로 선임·신고되지 아니한 자로서 후보자와 통모하여 당해 후보자의 선거비용으로 지출한 금액이 선거비용제한액의 3분의 1 이상에 해당되는 자를 포함한다) 또는 후보자(후보자가 되려는 사람을 포함한다)의 직계존비속 및 배우자가 해당 선거에 있어서 제230조부터 제234조까지, 제257조제1항 중 기부행위를 한 죄 또는 「정치자금법」 제45조제1항의 정치자금 부정수수죄를 범함으로 인하여 징역형 또는 300만원 이상의 벌금형의 선고를 받은 때(선거사무장, 선거사무소의 회계책임자에 대하여는 선임·신고되기 전의 행위로 인한 경우를 포함한다)에는 그 선거구 후보자(대통령후보자, 비례대표국회의원후보자 및 비례대표지방의회의원후보자를 제외한다)의 당선은 무효로 한다. 다만, 다른 사람의 유도 또는 도발에 의하여 당해 후보자의 당선을 무효로 되게 하기 위하여 죄를 범한 때에는 그러하지 아니하다.(2010.1.25 본문개정)

제265조의2【당선무효된 자 등의 비용반환】 ① 제263조부터 제265조까지의 규정에 따라 당선이 무효로 된 사람(그 기소 후 확정판결 전에 사직한 사람을 포함한다)과 당선되지 아니한 사람으로서 제263조부터 제265조까지에 규정된 자신 또는 선거사무장 등의 죄로 당선무효에 해당하는 형이 확정된 사람은 제57조와 제122조의2에 따라 반환·보전받은 금액을 반환하여야 한다. 이 경우 대통령선거의 정당추천후보자는 그 추천 정당이 반환하며, 비례대표국회의원선거 및 비례대표지방의회의원선거의 경우 후보자의 당선이 모두 무효로 된 때에 그 추천 정당이 반환한다.(2010.1.25 본항개정)
② 관할선거구선거관리위원회는 제1항의 규정에 의한 반환사유가 발생한 때에는 지체없이 당해 정당·후보자에게 반환하여야 할 금액을 고지하여야 하고, 당해 정당·후보자는 그 고지를 받은 날부터 30일 이내에 선거구선거관리위원회에 이를 납부하여야 한다.
③ 관할선거구선거관리위원회는 제2항의 납부기한까지 당해 정당·후보자가 납부하지 아니한 때에는 당해 후보자의 주소지(정당에 있어서는 중앙당의 사무소 소재지를 말한다)를 관할하는 세무서장에게 징수를 위탁하고 관할 세무서장이 국세체납처분의 예에 따라 이를 징수한다.
④ 제2항 또는 제3항의 규정에 의하여 납부 또는 징수된 금액은 국가 또는 지방자치단체에 귀속된다.
⑤ 제2항의 규정에 따른 고지방법·절차 기타 필요한 사항은 중앙선거관리위원회규칙으로 정한다.
(2004.3.12 본조신설)

제266조【선거범죄로 인한 공무담임 등의 제한】 ① 다른 법률의 규정에도 불구하고 제230조부터 제234조까지, 제237조부터 제255조까지, 제256조제1항부터 제3항까지, 제257조부터 제259조까지의 죄(당내경선과 관련한 죄는 제외한다) 또는 「정치자금법」 제49조의 죄를 범함으로 인하여 징역형의 선고를 받은 자는 그 집행을 받지 아니하기로 확정된 후 또는 그 형의 집행이 종료되거나 면제된 후 10년간, 형의 집행유예의 선고를 받은 자는 그 형이 확정된 후 10년간, 100만원 이상의 벌금형의 선고를 받은 자는 그 형이 확정된 후 5년간 다음 각 호의 어느 하나에 해당하는 직에 취임하거나 임용될 수 없으며, 이미 취임 또는 임용된 자의 경우에는 그 직에서 퇴직된다.
(2014.2.13 본문개정)
1. 제53조제1항 각 호의 어느 하나에 해당하는 직(제53조제1항제1호의 경우 「고등교육법」 제14조제1항·제2항에 따른 교원을, 같은 항 제5호의 경우 각 조합의 조합장 및 상근직원을 포함한다)(2012.1.26 본호개정)
2. 제60조(선거운동을 할 수 없는 자)제1항제6호 내지 제8호에 해당하는 직(2005.8.4 본호개정)
3. 「공직자윤리법」 제3조제1항제12호 또는 제13호에 해당하는 기관·단체의 임·직원(2009.2.3 본호개정)
4. 「사립학교법」 제53조(학교의 장의 임면) 또는 같은 법 제53조의2(학교의 장이 아닌 교원의 임면)의 규정에 의한 교원(2005.8.4 본호개정)
5. 방송통신심의위원회의 위원(2010.1.25 본호개정)
② 다음 각 호의 어느 하나에 해당하는 사람은 당선인의 당선무효로 실시사유가 확정된 재선거(당선인이 그 기소 후 확정판결 전에 사직함으로 인하여 실시사유가 확정된 보궐선거를 포함한다)의 후보자가 될 수 없다.
1. 제263조 또는 제265조에 따라 당선이 무효로 된 사람(그 기소 후 확정판결 전에 사직한 사람을 포함한다)
2. 당선되지 아니한 사람(후보자가 되려던 사람을 포함한다)으로서 제263조 또는 제265조에 규정된 선거사무장 등의 죄로 당선무효에 해당하는 형이 확정된 사람
(2010.1.25 본항개정)
③ 다른 공직선거(교육의원선거 및 교육감선거를 포함한다)에 입후보하기 위하여 임기 중 그 직을 그만 둔 국회의원·지방의회의원 및 지방자치단체의 장은 그 사직으로 인하여 실시사유가 확정된 보궐선거의 후보자가 될 수 없다.(2010.1.25 본항신설)

제267조【기소·판결에 관한 통지】 ① 선거에 관한 범죄로 당선인, 후보자, 후보자의 직계존·비속 및 배우자, 선거사무장, 선거사무소의 회계책임자를 기소한 때에는 당해 선거구선거관리위원회에 이를 통지하여야 한다.
② 제230조(매수 및 이해유도죄) 내지 제235조(방송·신문 등의 불법이용을 위한 매수죄)·제237조(선거의 자유방해죄) 내지 제259조(선거범죄선동죄)의 범죄에 대한 확정판결을 행한 재판장은 그 판결서등본을 당해 선거구선거관리위원회에 송부하여야 한다.

제268조【공소시효】 ① 이 법에 규정한 죄의 공소시효는 당해 선거일후 6개월(선거일후에 행하여진 범죄는 그 행위가 있는 날부터 6개월)을 경과함으로써 완성한다. 다만, 범인이 도피한 때나 범인이 공범 또는 범죄의 증명에 필요한 참고인을 도피시킨 때에는 그 기간은 3년으로 한다.(2012.2.29 본문개정)
② 제1항 본문에도 불구하고 선상투표와 관련하여 선박에서 범한 이 법에 규정된 죄의 공소시효는 범인이 국내에 들어온 날부터 6개월을 경과함으로써 완성된다.
(2012.2.29 본항신설)
③ 제1항 및 제2항에도 불구하고 공무원(제60조제1항제4호 단서에 따라 선거운동을 할 수 있는 사람은 제외한다)이 직무와 관련하여 또는 지위를 이용하여 범한 이 법에 규정된 죄의 공소시효는 해당 선거일 후 10년(선거일 후에 행하여진 범죄는 그 행위가 있는 날부터 10년)을 경과함으로써 완성된다.(2014.2.13 본항신설)

제269조【재판의 관할】 선거범과 그 공범에 관한 제1심 재판은 「법원조직법」 제32조(합의부의 심판권)제1항의 규정에 의한 지방법원합의부 또는 그 지원의 합의부의 관할로 한다. 다만, 군사법원이 재판권을 갖는 선거범과 그 공범에 관한 제1심 재판은 「군사법원법」 제11조에 따른 군사법원의 관할로 한다.(2021.9.24 단서개정)

제270조【선거범의 재판기간에 관한 강행규정】 선거범과 그 공범에 관한 재판은 다른 재판에 우선하여 신속히 하여야 하며, 그 판결의 선고는 제1심에서는 공소가 제기된 날부터 6월 이내에, 제2심 및 제3심에서는 전심의 판결의 선고가 있은 날부터 각각 3월 이내에 반드시 하여야 한다.(2000.2.16 본조개정)

제270조의2【피고인의 출정】 ① 선거범에 관한 재판에서 피고인이 공시송달에 의하지 아니한 적법한 소환을 받고서도 공판기일에 출석하지 아니한 때에는 다시 기일을 정하여야 한다.
② 피고인이 정당한 사유없이 다시 정한 기일 또는 그 후에 열린 공판기일에 출석하지 아니한 때에는 피고인의 출석없이 공판절차를 진행할 수 있다.
③ 제2항의 규정에 의하여 공판절차를 진행할 경우에는 출석한 검사 및 변호인의 의견을 들어야 한다.
④ 법원은 제2항의 규정에 따라 판결을 선고한 때에는 피고인 또는 변호인(변호인이 있는 경우에 한한다)에게 전화 기타 신속한 방법으로 그 사실을 통지하여야 한다.
(2004.3.12 본조신설)

제271조【불법시설물 등에 대한 조치 및 대집행】 ① 각급선거관리위원회는 이 법의 규정에 위반되는 선거에 관

한 벽보·인쇄물·현수막 기타 선전물(정당의 당사게시선전물을 포함한다)이나 유사기관·사조직 또는 시설 등을 발견한 때에는 지체없이 그 첩부 등의 중지 또는 철거·수거·폐쇄등을 명하고, 이에 불응하는 때에는 대집행을 할 수 있다. 이 경우 대집행은 「행정대집행법」에 의하되, 그 절차는 「행정대집행법」 제3조(대집행의 절차)의 규정에 불구하고 중앙선거관리위원회규칙이 정하는 바에 의할 수 있다.(2005.8.4 후단개정)

② 각급선거관리위원회는 제1항의 불법시설물 등에 중앙선거관리위원회규칙이 정하는 바에 따라 불법시설물임을 표시하는 표지를 하거나 공고할 수 있다.

③ 제56조제3항에 따라 기탁금에서 부담하는 대집행비용의 공제·납입·징수위탁 등에 관하여는 제261조제10항을 준용한다.(2014.2.13 본항개정)

제271조의2【선거에 관한 광고의 제한】 ① 선거관리위원회는 방송·신문·잡지 기타 간행물에 방영·게재하고자 하는 광고내용이 이 법에 위반된다고 인정되는 때에는 당해 방송사 또는 일간신문사 등을 경영·관리하는 자와 광고주에게 광고중지를 요청할 수 있다.

② 제1항의 규정에 의한 중지요청을 받은 자는 이에 따라야 하며, 당해 선거관리위원회는 중지요청에 불응하고 광고를 하는 때에는 지체없이 관할수사기관에 수사의뢰 또는 고발하여야 한다.

③ 제1항의 "광고"라 함은 후보자(후보자가 되고자 하는 자를 포함한다)의 당락이나 특정정당(창당준비위원회를 포함한다)에 유리 또는 불리한 광고(이 법의 규정에 의한 광고를 제외한다)를 말한다.

(1998.4.30 본조신설)

제272조【불법선전물의 우송중지】 ① 각급선거관리위원회(읍·면·동선거관리위원회를 제외한다. 이하 이 조에서 같다)는 직권 또는 정당·후보자의 요청에 의하여 이 법에 규정된 죄에 해당하는 범죄의 혐의가 있는 선전물을 우송하려 하거나 우송중임을 발견한 때에는 당해 우체국장에게 그 선전물에 대한 우송의 금지 또는 중지를 요청할 수 있다.(2005.8.4 본항개정)

② 우체국장이 제1항의 우송금지 또는 중지를 요청받은 때에는 그 우편물의 우송을 즉시 중지하고, 발송인에 대하여 그 사실을 통보하여야 한다. 다만, 발송인의 주소가 기재되지 아니한 때에는 발송우체국 게시판에 우송중지의 사실을 공고하여야 한다.

③ 제1항의 규정에 의한 우송의 금지 또는 중지를 요청한 때에는 당해 선거관리위원회는 지체없이 수사기관에 조사를 의뢰하거나 고발하고, 해당 우편물의 압수를 요청하여야 한다.

④ 제3항의 경우 수사기관은 「형사소송법」 제200조의4(긴급체포와 영장청구기간)의 기간내에 해당우편물에 대한 압수영장의 발부여부를 당해 선거관리위원회 및 우체국장에게 통보하여야 하되, 이 기간내에 압수영장을 발부받지 못한 때에는 우체국장은 즉시 그 우편물의 우송중지를 해제하여야 한다.(2005.8.4 본항개정)

⑤ 각급선거관리위원회는 이 법에 규정된 죄에 해당하는 범죄의 혐의가 있는 선전물이 우송된 것을 발견한 때에는 그 선전물의 우송에 관련된 자의 성명·주소 등 인적사항과 발송통수·배달지역 기타 선거범죄의 조사에 필요한 자료의 제출을 관계우체국장에게 요구할 수 있다. 이 경우 자료제출의 요구를 받은 우체국장은 이에 응하여야 한다.(2002.3.7 본항개정)

⑥ 우체국장이 각급선거관리위원회의 요청에 의하여 우편물의 우송을 중지하거나 선전물의 우송에 관련된 자의 인적사항 등 자료를 제출한 때에는 「우편법」 제3조(우편물의 비밀보장)·제50조(우편취급 거부의 죄)·제51조(서신의 비밀침해의 죄)·제51조의2(비밀 누설의 죄), 「우편환법」 제19조(비밀의 보장) 및 「통신비밀보호법」 제3조(통신 및 대화비밀의 보호)의 규정을 적용하지 아니한다.

(2011.12.2 본항개정)

⑦ 각급선거관리위원회는 우편관서에서 취급 중에 있는 우편물중 이 법에 규정된 죄에 해당하는 범죄의 혐의가 있는 불법선전물이 있다고 판단되는 때에는 당해 우체국장에게 제1항의 조치와 함께 「우편법」 제28조(법규 위반 우편물의 개봉)에 의한 조치를 하여 줄 것을 요청할 수 있다. 이 경우 「우편법」 제48조(우편물 개봉 훼손의 죄) 및 「통신비밀보호법」 제16조(벌칙)의 규정은 적용하지 아니한다.(2011.12.2 본항개정)

제272조의2【선거범죄의 조사 등】 ① 각급선거관리위원회(읍·면·동선거관리위원회를 제외한다. 이하 이 조에서 같다)위원·직원은 선거범죄에 관하여 그 범죄의 혐의가 있다고 인정되거나, 후보자(경선후보자를 포함한다)·예비후보자·선거사무장·선거연락소장 또는 선거사무원이 제기한 그 범죄의 혐의가 있다는 소명이 이유있다고 인정되는 경우 또는 현행범의 신고를 받은 경우에는 그 장소에 출입하여 관계인에 대하여 질문·조사를 하거나 관련서류 기타 조사에 필요한 자료의 제출을 요구할 수 있다.(2005.8.4 본항개정)

② 각급선거관리위원회위원·직원은 선거범죄 현장에서 선거범죄에 사용된 증거물품으로서 증거인멸의 우려가 있다고 인정되는 때에는 조사에 필요한 범위안에서 현장에서 이를 수거할 수 있다. 이 경우 당해 선거관리위원회위원·직원은 수거한 증거물품을 그 관련된 선거범죄에 대하여 고발 또는 수사의뢰한 때에는 관계수사기관에 송부하고, 그러하지 아니한 때에는 그 소유·점유·관리하는 자에게 지체없이 반환하여야 한다.(2004.3.12 전단개정)

③ 누구든지 제1항의 규정에 의한 장소의 출입을 방해하여서는 아니되며 질문·조사를 받거나 자료의 제출을 요구받은 자는 이에 응하여야 한다.

④ 각급선거관리위원회위원·직원은 선거범죄 조사와 관련하여 관계자에게 질문·조사하기 위하여 필요하다고 인정되는 때에는 선거관리위원회에 동행 또는 출석할 것을 요구할 수 있다. 다만, 선거기간중 후보자에 대하여는 동행 또는 출석을 요구할 수 없다.(2004.3.12 본항개정)

⑤ 각급선거관리위원회위원·직원은 선거의 자유와 공정을 현저히 해할 우려가 있는 이 법에 위반되는 행위가 눈앞에 행하여지고 있거나, 행하여질 것이 명백하다고 인정되는 경우에는 그 현장에서 행위의 중단 또는 예방에 필요한 조치를 할 수 있다.(2002.3.7 본항신설)

⑥ 각급선거관리위원회위원·직원이 제1항의 규정에 의한 장소에 출입하거나 질문·조사·자료의 제출을 요구하는 경우에는 관계인에게 그 신분을 표시하는 증표를 제시하고 소속과 성명을 밝히고 그 목적과 이유를 설명하여야 한다.

⑦ 각급선거관리위원회 위원·직원이 제1항에 따라 피조사자에 대하여 질문·조사를 하는 경우 질문·조사를 하기 전에 피조사자에게 진술을 거부할 수 있는 권리 및 변호인의 조력을 받을 권리가 있음을 알리고, 문답서에 이에 대한 답변을 기재하여야 한다.(2013.8.13 본항신설)

⑧ 각급선거관리위원회 위원·직원은 피조사자가 변호인의 조력을 받으려는 의사를 밝힌 경우 지체 없이 변호인(변호인이 되려는 자를 포함한다)으로 하여금 조사에 참여하게 하거나 의견을 진술하게 하여야 한다.

(2013.8.13 본항신설)

⑨ 제1항부터 제8항까지의 규정에 따른 소명절차·방법, 증거자료의 수거, 증표의 규격 기타 필요한 사항은 중앙선거관리위원회규칙으로 정한다.(2013.8.13 본항개정)

(1997.11.14 본조신설)

제272조의3【통신관련 선거범죄의 조사】 ① 각급선거관리위원회(읍·면·동선거관리위원회를 제외한다. 이하 이 조에서 같다)직원은 정보통신망을 이용한 이 법 위반행위의 혐의가 있다고 인정되는 상당한 이유가 있는 때에는 당해 선거관리위원회의 소재지를 관할하는 고등법원(구·시·군선거관리위원회의 경우에는 지방법원을 말한다) 수석판사 또는 이에 상당하는 판사의 승인을 얻어 정보통신서비스제공자에게 당해 정보통신서비스이용자의 성명(이용자를 식별하기 위한 부호를 포함한다)·주민등록번호·주소(전자우편주소·인터넷 로그기록자료 및 정보통신망에 접속한 정보통신기기의 위치를 확인할 수 있는 자료를 포함한다)·이용기간·이용요금에 대한 자료의 열람이나 제출을 요청할 수 있다.

(2020.3.24 본항개정)

② 각급선거관리위원회직원은 전화를 이용한 이 법 위반행위의 혐의가 있다고 인정되는 상당한 이유가 있는 때에는 당해 선거관리위원회의 소재지를 관할하는 고등법원(구·시·군선거관리위원회의 경우에는 지방법원을 말한다) 수석판사 또는 이에 상당하는 판사의 승인을 얻어 정보통신서비스제공자에게 이용자의 성명·주민등록번호·주소·이용기간·이용요금, 송화자 또는 수화자의 전화번호, 설치장소·설치대수에 대한 자료의 열람이나 제출을 요청할 수 있다.(2020.3.24 본항개정)

③ 제1항 및 제2항 또는 다른 법률에도 불구하고 다음 각 호의 어느 하나에 해당하는 자료의 열람이나 제출을 요청하는 때에는 제1항 또는 제2항에 따른 승인이 필요하지 아니하다.

1. 인터넷 홈페이지 게시판·대화방 등에 글이나 동영상 등을 게시하거나 전자우편을 전송한 사람의 성명·주민등록번호·주소 등 인적사항
2. 문자메시지를 전송한 사람의 성명·주민등록번호·주소 등 인적사항 및 전송통수

(2012.2.29 본항신설)

④ 제1항부터 제3항까지에 따른 요청을 받은 자는 지체없이 이에 응하여야 한다.(2012.2.29 본항개정)

⑤ 각급선거관리위원회 직원은 정보통신서비스제공자로부터 제1항부터 제3항까지의 규정에 따라 자료제공을 받은 때에는 30일 이내에 그 사실과 내용을 문서, 팩스, 전자우편, 휴대전화 문자메시지 등으로 해당 이용자에게 알려야 한다. 다만, 선거관리위원회에서 고발·수사의뢰한 경우에는 그 불송치결정, 기소 또는 불기소처분을 통지받은 날부터 10일 이내에 알릴 수 있다.(2021.3.23 단서개정)

⑥ 각급선거관리위원회 직원은 제1항부터 제3항까지의 규정에 따라 자료제공을 받은 경우에는 해당 자료의 제공요청사실 등 필요한 사항을 기재한 대장과 자료제공요청서 등 관련 자료를 해당 선거관리위원회에 비치하여야 한다.(2020.3.25 본항신설)

⑦ 각급선거관리위원회 직원은 정보통신서비스제공자로부터 제1항부터 제3항까지에 따라 제출받은 자료를 이 법 위반행위에 대한 조사목적외의 용도로 사용하여서는 아니되며, 관계 수사기관에 고발 또는 수사의뢰하는 경우를 제외하고는 이를 공개하여서는 아니된다.(2012.2.29 본항개정)

⑧ 제1항부터 제3항까지에 따른 요청 기타 필요한 사항은 중앙선거관리위원회규칙으로 정한다.(2012.2.29 본항개정)

제273조【재정신청】 ① 제230조부터 제234조까지, 제237조부터 제239조까지, 제248조부터 제250조까지, 제255조제1항제1호·제2호·제10호·제11호 및 제3항·제5항·제6항, 제257조 또는 제258조의 죄에 대하여 고발을 한 후보자와 정당(중앙당에 한한다) 및 해당 선거관리위원회는 그 검사 소속의 지방검찰청 소재지를 관할하는 고등법원에 그 당부에 관한 재정을 신청할 수 있다.

(2023.12.28 본항개정)

② 제1항의 규정에 의한 재정신청에 관하여는 「형사소송법」 제260조제2항부터 제4항까지, 제261조, 제262조, 제262조의4제2항, 제264조 및 제264조의2의 규정을 적용한다.(2007.6.1 본항개정)

③ 제1항의 규정에 의한 재정신청서가 「형사소송법」 제260조제3항에 따른 지방검찰청검사장 또는 지청장에게 접수된 때에는 그 때부터 「형사소송법」 제262조제2항의 결정이 있을 때까지 공소시효의 진행이 정지된다.

(2007.12.21 본항개정)

④ 제1항의 규정에 의한 재정신청에 관하여는 검사가 당해 선거범죄의 공소시효만료일전 10일까지 공소를 제기하지 아니한 때에는 그 때, 선거관리위원회가 고발한 선거범죄에 대하여 고발을 한 날부터 3월까지 검사가 공소를 제기하지 아니한 때에는 그 3월이 경과한 때 각각 검사로부터 공소를 제기하지 아니한다는 통지가 있는 것으로 본다.(2000.2.16 본항개정)

판례 재정신청 대상으로 포함되어 있지 않은 고발사실을 재정신청의 대상으로 추가한 경우, 그 재정신청보충서에서 추가한 부분에 관한 재정신청은 법률상 방식에 어긋난 것으로서 부적법하다.
(대결 1997.4.22, 97모30)

제274조【선거에 관한 신고 등】 ① 이 법 또는 이 법의 시행을 위한 중앙선거관리위원회규칙에 의하여 후보자등록마감일의 다음날부터 선거일까지 각급행정기관과 각급선거관리위원회에 대하여 행하는 신고·신청·제출·보고 등은 이 법에 특별한 규정이 있는 경우를 제외하고는 공휴일에도 불구하고 매일 오전 9시부터 오후 6시까지 하여야 한다.(2015.8.13 본항개정)

② 각급선거관리위원회는 이 법 또는 이 법의 시행을 위한 중앙선거관리위원회규칙에 따른 신고·신청·제출·보고 등을 당해 선거관리위원회가 제공하는 서식에 따라 컴퓨터의 자기디스크 그 밖에 이와 유사한 매체에 기록하여 제출하게 하거나 당해 선거관리위원회가 지정하는 인터넷홈페이지에 입력하는 방법으로 제출하게 할 수 있다.(2005.8.4 본항신설)

(2011.7.28 본조제목개정)

제275조【선거운동의 제한·중지】 지역구국회의원선거, 지방의회의원선거 및 지방자치단체의 장선거에서 후보자등록마감후 후보자가 사퇴·사망하거나 등록이 무효로 된 경우 해당 선거구의 후보자가 그 선거구에서 선거할 정수범위를 넘지 아니하게 되어 투표를 하지 아니하게 된 때에는 그 사유가 확정된 때부터 이 법에 의한 해당 지역구국회의원선거, 해당 지방의회의원선거 및 지방자치단체의 장선거의 선거운동은 이를 중지한다.

(2010.1.25 본조개정)

제276조【선거일후 선전물 등의 철거】 선거운동을 위하여 선전물이나 시설물을 첩부·게시 또는 설치한 자는 선거일후 지체없이 이를 철거하여야 한다.

제277조【선거관리경비】 ① 대통령선거 및 국회의원선거의 관리준비와 실시에 필요한 다음 각호에 해당하는 경비와 지방의회의원 및 지방자치단체의 장의 선거에 관한 사무중 통일적인 수행을 위하여 중앙선거관리위원회 및 시·도선거관리위원회가 집행하는 경비는 국가가 부담한다. 이 경우 임기만료에 의한 선거에 있어서는 당해 선거의 선거기간개시일이 속하는 연도(제2호에 해당하는 경비는 당해 선거의 선거일전 180일이 속하는 연도를 포함한다)의 본예산에 편성하여야 하되 늦어도 선거기간개시일전 60일(제2호에 해당하는 경비는 당해 선거의 선거일전 240일)까지 중앙선거관리위원회에 배정하여야 하며, 보궐선거등에 있어서는 그 사무의 수행에 지장이 없도록 그 선거의 실시사유가 확정된 때부터 15일[제197조(선거의 일부무효로 인한 재선거)의 재선거에 있어서는 그 사유확정일부터 5일을, 연기된 선거와 재투표에 있어서는 늦어도 선거일공고일전일을 말한다. 이하 이 조에서 같다]까지 중앙선거관리위원회에 배정하여야 한다.

(2004.3.12 본문개정)

1. 이 법의 규정에 의한 선거의 관리준비와 실시에 필요한 경비
2. 선거에 관한 계도·홍보 및 단속사무에 필요한 경비
3. 선거에 관한 소송에 필요한 경비
4. 선거에 관한 소송의 결과로 부담하여야 할 경비
5. 선거결과에 대한 자료의 정리에 필요한 경비
6. 선거관리를 위한 선거관리위원회의 운영 및 사무처리에 필요한 경비
7. 예측할 수 없는 경비 또는 예산초과지출에 충당하기 위한 경비로서 제1호 및 제2호의 규정에 의한 경비의 합계금액의 100분의 1에 상당하는 금액(2000.2.16 본호신설)

② 지방의회의원 및 지방자치단체의 장의 선거의 관리준비와 실시에 필요한 다음 각호에 해당하는 경비는 당해 지방자치단체가 부담한다. 이 경우 임기만료에 의한 선거에 있어서는 당해 선거의 선거기간개시일이 속하는 연도(제1항제2호에 해당하는 경비는 당해 선거의 선거일전 180일이 속하는 연도를 포함한다)의 본예산에 편성하여야 하되 늦어도 선거기간개시일전 60일(제1항제1호 중 선거의 관리준비에 필요한 경비는 해당 선거의 선거일전 120일, 제1항제2호에 해당하는 경비는 해당 선거의 선거일 전 240일)까지 시·도의 의회의원 및 장의 선거에 있어서는 당해 시·도선거관리위원회에, 자치구·시·군의 의회의원 및 장의 선거에 있어서는 당해 선거구선거관리위원회에 납부하여야 하며, 보궐선거등에 있어서는 그 사무의 수행에 지장이 없도록 그 선거의 실시사유가 확정된 때부터 15일까지 시·도의 의회의원 및 장의 선거에 있어서는 해당 시·도선거관리위원회에, 자치구·시·군의회의원 및 장의 선거에 있어서는 당해 선거구선거관리위원회에 납부하여야 한다.(2018.4.6 후단개정)
1. 제1항 각호의 경비
2. 선거에 관한 소청에 필요한 경비
3. 선거에 관한 소청의 결과로 부담하여야 할 경비
③ 제1항 및 제2항의 규정에 의하여 국가나 지방자치단체가 선거관리경비를 배정 또는 납부한 후에 이미 그 경비를 배정 또는 납부한 선거와 동시에 선거를 실시하여야 할 새로운 사유가 발생하거나 배정 또는 납부한 경비에 부족액이 발생한 때에는 제4항의 구분에 따른 당해 선거관리위원회의 요구에 의하여 지체없이 추가로 배정 또는 납부하여야 한다.
④ 제1항 내지 제3항의 규정에 의한 경비외의 경비로서 이 법에 의하여 국가 또는 지방자치단체가 부담하는 경비중 국가가 부담하는 경비는 중앙선거관리위원회의, 시·도의 의회의원 및 장의 선거에 따른 경비는 시·도선거관리위원회의, 자치구·시·군의 의회의원 및 장의 선거에 따른 경비는 당해 선거구선거관리위원회의 요구에 의하여 당해 선거의 선거일부터 15일안에 당해 선거관리위원회에 배정 또는 납부하여야 한다.
⑤ 제2항 내지 제4항의 규정에 의한 경비의 산출기준·납부절차와 방법·집행·검사 및 반환 기타 필요한 사항은 중앙선거관리위원회규칙으로 정한다.

제277조의2【질병·부상 또는 사망에 대한 보상】 ① 중앙선거관리위원회는 각급선거관리위원회위원, 투표관리관, 사전투표관리관, 공정선거지원단원, 투표 및 개표사무원(공무원인 자를 제외한다)이 선거기간(공정선거지원단원의 경우 공정선거지원단을 두는 기간을 말한다) 중에 선거업무로 인하여 질병·부상 또는 사망한 때에는 중앙선거관리위원회규칙이 정하는 바에 의하여 보상금을 지급하여야 한다.(2018.4.6 본항개정)
② 중앙선거관리위원회는 제1항의 규정에 의한 보상을 위하여 매년 예산에 재해보상준비금을 계상하여야 한다.
③ 제1항의 보상금 지급사유가 제3자의 행위로 인하여 발생한 경우에는 중앙선거관리위원회는 이미 지급한 보상금의 지급 범위안에서 수급권자가 제3자에 대하여 가지는 손해배상청구권을 취득한다. 다만, 제3자가 공무수행 중의 공무원인 경우에는 손해배상청구권의 전부 또는 일부를 행사하지 아니할 수 있다.(2004.3.12 본항신설)
④ 제3항의 경우 보상금의 수급권자가 그 제3자로부터 동일한 사유로 인하여 이미 손해배상을 받은 경우에는 그 배상액의 범위안에서 보상금을 지급하지 아니한다.(2004.3.12 본항신설)
⑤ 제1항의 보상금 지급사유가 그 수급권자의 고의 또는 중대한 과실로 인하여 발생한 경우에는 해당 보상금의 전부 또는 일부를 지급하지 아니할 수 있다.(2010.1.25 본항신설)
⑥ 제5항의 고의 또는 중대한 과실에 의한 보상금의 감액, 중대한 과실의 적용범위, 그 밖에 필요한 사항은 중앙선거관리위원회규칙으로 정한다.(2010.1.25 본항신설)
(2002.3.7 본조신설)

제278조【전산조직에 의한 투표·개표】 ① 중앙선거관리위원회는 투표 및 개표 기타 선거사무의 정확하고 신속한 관리를 위하여 사무전산화를 추진하여야 한다.
② 투표사무관리의 전산화에 있어서는 투표의 비밀이 보장되고 선거인의 투표가 용이하여야 하며, 정당 또는 후보자의 참관이 보장되어야 하고, 기표착오의 시정, 무효표의 방지 기타 투표의 정확을 기할 수 있도록 하여야 한다.
③ 개표사무관리의 전산화에 있어서는 정당 또는 후보자별 득표수의 계산이 정확하고, 투표결과를 검증할 수 있어야 하며, 정당 또는 후보자의 참관이 보장되어야 한다.
④ 중앙선거관리위원회는 투표 및 개표 사무관리를 전산화하여 실시하고자 하는 때에는 이를 선거인이 알 수 있도록 안내문 배부·언론매체를 이용한 광고 기타의 방법으로 홍보하여야 하며, 그 실시여부에 대하여는 국회에 교섭단체를 구성한 정당과 협의하여 결정하여야 한다. 다만, 제158조제2항·제3항 및 제218조의19제1항·제2항에 따른 본인여부 확인장치 및 투표용지 발급기와 제178조제2항에 따른 기계장치 또는 전산조직의 사용에 대하여는 그러하지 아니하다.(2015.8.13 단서개정)
⑤ 중앙선거관리위원회는 제4항의 협의를 위하여 국회에 교섭단체를 구성한 정당이 참여하는 전자선거추진협의회를 설치·운영할 수 있다.(2005.8.4 본항신설)
⑥ 투표 및 개표 기타 선거사무관리의 전산화에 있어서 투표 및 개표절차와 방법, 전산전문가의 투표 및 개표사무원 위촉과 전산조직운영 프로그램의 작성·검증 및 보관, 전자선거추진협의회의 구성·기능 및 운영 그 밖에 필요한 사항은 중앙선거관리위원회규칙으로 정한다.(2005.8.4 본항개정)
(2000.2.16 본조신설)

제279조【정당·후보자의 선전물의 공익목적 활용 등】 ① 각급선거관리위원회(읍·면·동선거관리위원회는 제외한다. 이하 이 조에서 같다)는 이 법(대통령선거·국회의원선거·지방의회의원선거 및 지방자치단체의 장선거에 관한 각 폐지법률을 포함한다)에 따라 정당 또는 후보자(후보자가 되려는 자를 포함한다. 이하 이 조에서 같다)가 선거관리위원회에 제출한 벽보·공보·소형인쇄물 등 각종 인쇄물, 광고, 사진, 그 밖의 선전물을 공익을 목적으로 출판·전시하거나 인터넷홈페이지 게시, 그 밖의 방법으로 활용할 수 있다.
② 제1항에 따라 각급선거관리위원회가 공익을 목적으로 활용하는 정당 또는 후보자의 벽보·공보·소형인쇄물 등 각종 인쇄물, 광고, 사진, 그 밖의 선전물에 대하여는 누구든지 각급선거관리위원회에 대하여 「저작권법」상의 권리를 주장할 수 없다.
(2008.2.29 본조신설)

부 칙

제1조【시행일】 이 법은 공포한 날부터 시행한다.
제2조【폐지법률】 대통령선거법·국회의원선거법·지방의회의원선거법 및 지방자치단체의장선거법은 이를 폐지한다.
제3조~제11조 (생략)

부 칙 (2009.2.12)

① 【시행일】 이 법은 공포한 날부터 시행한다.
② (2017.3.9 삭제)

부 칙 (2011.12.2)

제1조【시행일】 이 법은 「대한민국과 미합중국 간의 자유무역협정 및 대한민국과 미합중국 간의 자유무역협정에 관한 서한교환」이 발효되는 날부터 시행한다.(이하 생략)<2012.3.15 발효>

부 칙 (2012.1.26)

제1조【시행일】 이 법은 2019년 8월 1일부터 시행한다.(이하 생략)(2018.12.18 본조개정)

부 칙 (2012.2.29)

제1조【시행일】 이 법은 공포한 날부터 시행한다. 다만, 제21조제1항 단서의 개정규정은 2012년 7월 1일부터, 제158조의3·제179조제4항제10호 및 제201조제7항의 개정규정은 2013년 1월 1일부터 시행한다.
제2조【선상부재자투표에 관한 적용례】 선상부재자신고 및 선상투표에 관한 개정규정은 이 법 시행 후 최초로 실시하는 임기만료에 따른 대통령선거부터 적용한다.
제3조【국회의 의원정수에 관한 특례】 2012년 4월 11일에 실시하는 국회의원선거에서는 제21조제1항에도 불구하고 2012년 7월 1일 세종특별자치시가 새로이 설치되는 것을 고려하여 국회의 의원정수는 300인으로 한다.
제4조【국회의원지역구획정에 관한 특례】 2012년 4월 11일에 실시하는 국회의원선거(보궐선거등을 포함한다)에서는 제25조제1항에도 불구하고 인구편차를 줄이기 위하여 부산광역시해운대구 일부를 분할하여 해운대구기장군을국회의원지역구에, 부산광역시북구 일부를 분할하여 북구강서구을국회의원지역구에, 인천광역시서구 일부를 분할하여 서구강화군을국회의원지역구에, 경상북도포항시 일부를 분할하여 포항시남구울릉군국회의원지역구에 속하게 할 수 있다.
제5조【세종특별자치시 설치에 따른 국회의원지역구획정에 관한 특례】 2012년 4월 11일에 실시하는 국회의원선거에서는 제25조제1항에도 불구하고 2012년 7월 1일 세종특별자치시가 새로이 설치되는 것을 고려하여 「세종특별자치시 설치 등에 관한 특별법」 제6조제2항에 따른 세종특별자치시의 관할구역을 하나의 국회의원지역구로 하여 세종특별자치시국회의원지역구로 한다. 이 경우 세종특별자치시국회의원지역구의 선거관리는 연기군선거관리위원회가 행하고, 선거사무와 관련하여 연기군의 관할구역은 세종특별자치시의 관할구역으로 하며, 충청북도청원군 부용면 일부지역과 충청남도공주시 의당면·장기면·반포면 각 일부 지역은 각각 하나의 면으로 본다.
제6조【공무원 등의 입후보에 관한 경과조치】 2012년 4월 11일에 실시하는 국회의원선거에서는 제53조제1항 본문에도 불구하고 같은 항 각 호의 어느 하나에 해당하는 사람으로서 이 법 시행에 따라 선거구역이 변경된 국회의원지역구(세종특별자치시선거구, 경기도 파주시갑·을선거구, 경기도 이천시선거구, 경기도 여주군양평군가평군선거구, 강원도 원주시갑·을선거구, 충청남도 공주시선거구, 전라남도 순천시곡성군선거구, 전라남도 광양시구례군선거구, 전라남도 담양군함평군영광군장성군선거구, 경상남도 사천시남해군하동군선거구를 말한다. 이하 이 부칙 제8조 및 제9조에서 같다)에 국회의원후보자가 되고자 하는 사람은 이 법 시행일부터 10일 이내에 그 직을 그만두어야 한다.
제7조【예비후보자의 기탁금 반환에 관한 특례】 이 법의 시행에 따라 부칙 제8조 전단의 신고기간 내에 사퇴하거나 같은 조 후단에 따라 등록이 무효로 된 예비후보자는 관할 선거구선거관리위원회가 제57조제1항에도 불구하고 그 예비후보자가 납부한 기탁금 전액을 선거일 후 30일 이내에 반환하여야 한다.
제8조【예비후보자 등록에 관한 경과조치】 2012년 4월 11일에 실시하는 국회의원선거의 예비후보자로서 이 법 시행에 따라 선거구역이 변경된 국회의원지역구의 예비후보자는 이 법 시행일 후 10일까지 입후보하고자 하는 해당 선거구를 선택하여 관할 선거구선거관리위원회에 신고하여야 한다. 이 경우 그 날까지 신고가 없는 때에는 해당 예비후보자의 등록은 무효로 된 것으로 본다.
제9조【예비후보자홍보물 발송에 관한 경과조치】 ① 2012년 4월 11일에 실시하는 국회의원선거에서 이 법 시행에 따라 선거구역이 변경된 국회의원지역구의 경우 예비후보자는 변경된 선거구 안에 있는 세대수의 100분의 10의 범위에서 예비후보자홍보물을 발송할 수 있다. 이 경우 부칙 제8조 전단에 따라 새로 선택한 선거구에는 이 법 시행 전에 그 선거구에 발송한 수량을 뺀 수량만을 발송할 수 있다.
② 제1항에 따라 예비후보자홍보물을 발송하는 경우 제60조의3제3항에도 불구하고 예비후보자는 발송할 수 있는 예비후보자홍보물의 수량 범위에서 발송할 지역의 세대주의 성명·주소의 교부를 구·시·군의 장에게 신청할 수 있다.
제10조【예비후보자의 선거사무소 등에 관한 경과조치】 2012년 4월 11일에 실시하는 국회의원선거에서 이 법 시행에 따라 예비후보자의 선거사무소가 다른 국회의원지역구에 있게 된 때에는 이 법 시행일 후 10일까지 예비후보자선거사무소를 해당 국회의원지역구로 이전하고 선거사무소의 소재지 변경신고를 하여야 한다.
제11조【정당선거사무소 설치에 관한 경과조치】 2012년 4월 11일에 실시하는 국회의원선거에서 이 법 시행에 따라 하나의 구·시·군이 2 이상의 국회의원지역구로 획정된 경우 종전에 설치하였던 정당선거사무소는 그 주소지를 관할하는 해당 선거구에 설치된 정당선거사무소로 본다.
제12조【자동 동보통신의 방법에 따른 문자메시지 전송에 관한 경과조치】 부칙 제8조 전단에 따라 새로 국회의원지역구를 선택한 예비후보자가 이 법 시행 전에 제60조의3제1항제7호에 따른 자동 동보통신의 방법으로 문자메시지를 전송한 경우에는 제59조제2호의 개정규정의 전송횟수에 포함된 것으로 본다.
제13조【예비후보자의 선거비용에 관한 적용례】 부칙 제8조 전단에 따라 예비후보자가 새로 선택한 국회의원지역구의 선거구역이 종전의 국회의원지역구의 선거구역과 일부 겹치는 경우 그 예비후보자가 지출한 선거비용은 해당 선거의 선거비용으로 본다.
제14조【벌칙 및 과태료에 관한 경과조치】 이 법 시행 전의 행위에 대한 벌칙 및 과태료의 적용에 있어서는 종전의 규정에 따른다.

부 칙 (2014.1.17)

제1조【시행일】 이 법은 공포한 날부터 시행한다.
제2조【벌칙 및 과태료에 관한 경과조치】 이 법 시행 전의 행위에 대한 벌칙 및 과태료의 적용에 대하여는 종전의 규정에 따른다.
제3조【다른 법령과의 관계】 이 법 시행 당시 다른 법령에서 종전의 규정을 인용하고 있는 경우에 이 법 가운데 그에 해당하는 규정이 있는 때에는 종전의 규정을 갈음하여 이 법의 해당 규정을 인용한 것으로 본다.

부 칙 (2014.2.13)

제1조【시행일】 이 법은 공포한 날부터 시행한다.
제2조【선거여론조사공정심의위원회 설치 등에 관한 특례】 ① 제8조의8의 개정규정에 따른 선거여론조사공정심의위원회는 이 법 시행일 후 20일 이내에 설치·운영한다.
② 제8조의8제6항의 개정규정에도 불구하고 선거여론조사기준은 중앙선거여론조사공정심의위원회 설치 후 20일 이내에 공표하여야 한다.
제3조【지역구시·도의원정수에 관한 특례】 2014년 6월 4일 실시하는 임기만료에 따른 지방의회의원선거에서는 제22조제1항의 개정규정에도 불구하고 부산광역시 북구강서구을국회의원지역구에 속하는 북구지역, 해운대구기장군을국회의원지역구에 속하는 해운대구지역, 인천광역시 서구강화군을국회의원지역구에 속하는 서구지역 및 경상북도 포항시남구울릉군국회의원지역구에 속하는 포항시지역을 각각 1개의 국회의원지역선거구로 간주하여 지역구시·도의회의원정수를 산정한다.

제4조【지역구시·도의원 선거구획정에 관한 특례】 2014년 6월 4일 실시하는 임기만료에 따른 지역구지방의회의원선거(보궐선거등을 포함한다)에서는 제26조제3항에도 불구하고 선거구의 인구편차를 줄이기 위하여 부산광역시 강서구 명지동 일부를 분할하여 각각 강서구제1선거구와 강서구제2선거구에, 강원도 영월군 영월읍 일부를 분할하여 각각 영월군제1선거구와 영월군제2선거구에, 경상남도 거창군 거창읍 일부를 분할하여 각각 거창군제1선거구와 거창군제2선거구에 속하게 할 수 있다.

제5조【자치구·시·군의원 선거구획정에 관한 특례】 ① 2014년 6월 4일 실시하는 임기만료에 따른 지방의회의원선거에서 자치구·시·군의원선거구획정위원회는 제24조제7항에도 불구하고 선거구획정안을 이 법 시행일 후 5일까지 시·도지사에게 제출하여야 하며, 시·도의회는 이 법 시행일 후 12일까지 조례안을 의결하여야 한다.

② 시·도의회가 제1항에 따른 기한까지 조례안을 의결하지 아니한 경우에는 그 자치구·시·군의원지역구의 명칭·구역 및 의원정수는 중앙선거관리위원회규칙으로 정한다.

③ 제26조제3항에도 불구하고 지역선거구별 의원 1명당 인구수의 편차를 최소화하기 위하여 중앙선거관리위원회규칙으로 정하는 자치구·시·군은 읍·면·동의 일부를 분할하여 다른 자치구·시·군의원지역구에 속하도록 할 수 있다.

제6조【예비후보자 등록에 관한 특례】 2014년 6월 4일 실시하는 자치구·시의 지역구의회의원선거의 예비후보자가 되려는 사람은 제60조의2제1항제3호에도 불구하고 이 법 시행일 후 17일부터 예비후보자등록을 신청할 수 있다.

제7조【후보자등록 경력의 제출에 관한 적용례】 후보자등록 경력의 제출에 관한 제49조제4항제7호의 개정규정은 1991년 3월 26일 실시한 구·시·군의회의원선거의 후보자등록 경력 등부터 적용한다.

제8조【피선거권에 관한 경과조치】 이 법 시행 전에 제19조제5호의 개정규정에 해당하는 죄를 범한 사람의 피선거권은 종전의 예에 따른다.

제9조【전과기록에 관한 증명서류 제출에 관한 경과조치】 이 법 시행 전에 제60조의2에 따라 예비후보자등록을 한 사람은 이 법 시행일 후 10일까지 제60조의2제2항제2호에 따른 전과기록에 관한 증명서류를 다시 제출하여야 한다.

제10조【선거에 관한 여론조사 신고와 공표·보도 등에 관한 경과조치】 ① 이 법 시행 후 중앙선거여론조사공정심의위원회가 선거여론조사기준을 공표하기 전까지 실시하는 선거에 관한 여론조사의 신고는 제108조제3항의 개정규정에도 불구하고 종전의 규정에 따른다.

② 이 법 시행 후 중앙선거여론조사공정심의위원회가 선거여론조사기준을 공표하기 전까지 실시하는 선거에 관한 여론조사 결과의 공표·보도는 제108조제7항 및 제8항의 개정규정에도 불구하고 종전의 규정에 따른다.

제11조【벌칙·과태료 및 공소시효에 관한 경과조치】 이 법 시행 전의 행위와 중앙선거여론조사공정심의위원회가 선거여론조사기준을 공표하기 전까지 부칙 제10조제1항 및 제2항에 따른 행위에 대한 벌칙·과태료 및 공소시효의 적용은 종전의 규정에 따른다.

제12조【다른 법령과의 관계】 이 법 시행 당시 다른 법령에서 종전의 규정을 인용하고 있는 경우에 이 법 가운데 그에 해당하는 규정이 있는 때에는 종전의 규정을 갈음하여 이 법의 해당 규정을 인용한 것으로 본다.

부 칙 (2014.5.14)

제1조【시행일】 이 법은 공포한 날부터 시행한다.

제2조【벌칙 및 과태료에 관한 경과조치】 이 법 시행 전의 행위에 대한 벌칙 및 과태료의 적용에 있어서는 종전의 규정에 따른다.

부 칙 (2015.6.19)

제1조【시행일】 이 법은 공포한 날부터 시행한다.

제2조【국회의원선거구획정위원회 설치 등에 관한 특례】 ① 제24조제1항의 개정규정에도 불구하고 2016년 4월 13일 실시하는 국회의원선거와 관련한 국회의원선거구획정위원회는 이 법 시행일부터 30일 이내에 설치한다.

② 제24조제4항의 개정규정에도 불구하고 2016년 4월 13일 실시하는 국회의원선거와 관련하여 국회의 소관 상임위원회 또는 선거구획정에 관한 사항을 심사하는 특별위원회는 이 법 시행일부터 20일 이내에 중앙선거관리위원회위원장이 지명하는 1명과 학계·법조계·언론계·시민단체·정당 등으로부터 추천받은 사람 중 8명을 의결로 선정하여 중앙선거관리위원회위원장에게 통보하여야 한다.

③ 제24조제11항의 개정규정에도 불구하고 2016년 4월 13일 실시하는 국회의원선거와 관련한 국회의원선거구획정위원회는 선거구획정안을 선거일 전 6개월까지 국회의장에게 제출하여야 한다.

④ 제24조제12항 전단의 개정규정에도 불구하고 중앙선거관리위원회위원장은 2016년 4월 13일 실시하는 국회의원선거와 관련한 국회의원선거구획정위원회 지원 조직을 이 법 시행일부터 둘 수 있다.

⑤ 제24조의2제1항의 개정규정에도 불구하고 국회는 2016년 4월 13일 실시하는 국회의원선거의 국회의원지역선거구는 선거일 전 5개월까지 확정하여야 한다.

제3조【다른 법률의 개정】 ①~② ※(해당 법령에 가제정리 하였음)

부 칙 (2015.8.13)

제1조【시행일】 이 법은 공포한 날부터 시행한다. 다만, 제18조제1항제2호의 개정규정은 2016년 1월 1일부터 시행한다.

제2조【보궐선거등에 관한 경과조치】 이 법 시행 전에 실시사유가 확정된 보궐선거등은 제35조제2항, 제53조제2항, 제201조제5항, 제203조제2항부터 제4항까지의 개정규정에도 불구하고 종전의 규정에 따른다.

제3조【국내거소신고 재외국민에 대한 경과조치】 법률 제12593호 재외동포의 출입국과 법적 지위에 관한 법률 일부개정법률 시행 당시 종전의 재외동포의 출입국과 법적 지위에 관한 법률에 따라 국내거소신고를 한 재외국민에 대하여는 2016년 6월 30일까지는 제4조, 제15조제1항·제2항, 제16조제3항, 제37조제1항, 제218조의4제1항·제2항 및 제218조의9제1항의 개정규정을 적용하지 아니하고 종전의 규정에 따른다. 이 경우 제218조의4제1항 및 제2항의 개정규정은 「주민등록법」에 관한 사항에 한정한다.

제4조【벌칙 및 과태료에 관한 경과조치】 이 법 시행 전의 행위에 대한 벌칙 및 과태료의 적용에 있어서는 종전의 규정에 따른다.

제5조【다른 법률의 개정】 ※(해당 법령에 가제정리 하였음)

부 칙 (2015.12.24)

제1조【시행일】 이 법은 공포한 날부터 시행한다. 다만, 제8조의8제1항·제6항·제7항·제9항 및 제108조제3항·제5항·제6항·제7항·제8항·제9항의 개정규정은 이 법 공포 후 10일이 경과한 날부터 시행한다.

제2조【재외선거인명부에 관한 특례】 2016년 4월 13일에 실시하는 국회의원선거에서는 2012년 12월 19일 실시한 대통령선거에서 확정된 재외선거인명부를 제218조의8제2항의 개정규정에 따른 "해당 선거 직전에 실시한 대통령선거 또는 임기만료에 따른 비례대표국회의원선거에서 확정된 재외선거인명부"로 본다.

제3조【국외부재자 신고 및 재외선거인 등록신청에 관한 경과조치】 이 법 시행 당시 종전의 규정에 따른 국외부재자 신고 및 재외선거인 등록신청은 제218조의4 및 제218조의5의 개정규정에 따른 국외부재자 신고 및 재외선거인 등록신청으로 본다.

제4조【벌칙 및 과태료에 관한 경과조치】 이 법 시행 전의 행위에 대한 벌칙 및 과태료의 적용은 종전의 규정에 따른다.

제5조【다른 법령과의 관계】 이 법 시행 당시 다른 법령에서 종전의 「공직선거법」의 규정을 인용하고 있는 경우에 이 법 가운데 그에 해당하는 규정이 있는 때에는 종전의 규정을 갈음하여 이 법의 해당 규정을 인용한 것으로 본다.

부 칙 (2016.1.15)

제1조【시행일】 이 법은 공포한 날부터 시행한다.

제2조【벌칙에 관한 경과조치】 이 법 시행 전의 행위에 대한 벌칙의 적용은 종전의 규정에 따른다.

부 칙 (2016.3.3)

제1조【시행일】 이 법은 공포한 날부터 시행한다.

제2조【국회의원지역구 획정에 관한 특례】 2016년 4월 13일 실시하는 국회의원선거에서는 제25조제1항제1호의 개정규정에도 불구하고 국회의원지역구 획정의 기준이 되는 인구는 2015년 10월 31일 현재를 기준으로 한다.

제3조【국회의원지역구 획정에 관한 일반적 경과조치】 2016년 4월 13일 실시하는 국회의원선거에서는 2015년 12월 31일 현재 국회의원지역구(이하 "종전 국회의원지역구"라 한다)가 2016년 1월 1일부터 이 법 시행 전까지 존재한 것으로 보고, 국회의원지역구 획정 지연에 따른 필요한 후속조치를 마련한다.

제4조【예비후보자의 기탁금 반환에 관한 특례】 이 법 시행에 따라 선거구역이 변경된 국회의원지역구의 예비후보자로서 이 법 시행일 후 10일까지 사퇴하거나 부칙 제6조제3항에 따라 등록이 무효로 된 예비후보자에게는 제57조제1항에도 불구하고 관할 선거구선거관리위원회가 그 예비후보자가 납부한 기탁금을 선거일 후 30일 이내에 반환하여야 한다.

제5조【당내경선을 위한 안심번호 제공요청 등에 관한 특례】 ① 2016년 4월 13일 실시하는 국회의원선거에서는 이 법 시행 전에 관할 선거관리위원회에 접수된 당내경선을 위한 안심번호 제공 요청서는 당내경선 선거일 전 23일에 제출한 것으로 본다.

② 제57조의8제5항 본문에도 불구하고 이동통신사업자가 제1항에 따른 안심번호 제공 요청을 받은 때에는 이 법 시행일부터 5일 이내에 안심번호를 생성하여 해당 정당에 제공하여야 한다.

③ 2016년 4월 13일 실시하는 국회의원선거에서는 제57조의8제2항제1호에도 불구하고 정당은 이 법 시행일 후 3일까지 관할 선거관리위원회에 당내경선을 위한 안심번호 제공 요청서를 제출할 수 있다.

④ 제57조의8제5항 본문에도 불구하고 이동통신사업자가 제3항에 따른 안심번호 제공 요청을 받은 때에는 그 요청을 받은 날부터 5일 이내에 안심번호를 생성하여 해당 정당에 제공하여야 한다.

제6조【예비후보자등록에 관한 경과조치】 ① 2016년 4월 13일 실시하는 국회의원선거에서는 제60조의2제1항에도 불구하고 종전 국회의원지역구의 예비후보자는 이 법 시행에 따른 국회의원지역구의 관할 선거구선거관리위원회에 예비후보자로 등록된 것으로 본다.

② 종전 국회의원지역구의 예비후보자로서 이 법 시행에 따라 선거구역이 변경된 국회의원지역구의 예비후보자는 이 법 시행일 후 10일까지 종전 국회의원지역구의 전부 또는 일부를 포함하는 국회의원지역구 중 입후보하고자 하는 국회의원지역구를 선택하여 관할 선거구선거관리위원회에 신고하여야 한다.

③ 제2항에 따른 신고를 하지 아니한 경우에는 해당 예비후보자의 등록은 무효로 한다.

제7조【예비후보자홍보물 발송에 관한 경과조치】 ① 2016년 4월 13일 실시하는 국회의원선거에서 종전 국회의원지역구의 예비후보자가 이 법 시행 전에 제60조의3제1항제4호에 따라 예비후보자홍보물을 발송한 경우 그 수량은 이 법 시행에 따른 예비후보자홍보물 발송 수량에 포함한다.

② 제1항에도 불구하고 부칙 제6조제2항에 따라 새로 국회의원지역구를 선택한 예비후보자는 새로 선택한 국회의원지역구 안에 있는 세대수의 100분의 10의 범위에서 예비후보자홍보물을 발송할 수 있다. 이 경우 이 법 시행 전에 그 국회의원지역구에 발송한 수량을 뺀 수량 범위에서만 발송할 수 있다.

③ 제2항에 따라 예비후보자홍보물을 발송하려는 예비후보자는 발송할 수 있는 예비후보자홍보물의 수량 범위에서 발송할 지역의 세대주의 성명·주소의 교부를 구·시·군의 장에게 신청할 수 있다.

제8조【예비후보자의 선거사무소 등에 관한 경과조치】 ① 2016년 4월 13일 실시하는 국회의원선거에서 종전 국회의원지역구의 예비후보자가 이 법 시행 전에 관할 선거구선거관리위원회에 선거사무소 설치 신고를 하거나 선거사무장·선거사무원 또는 활동보조인 선임 신고를 한 경우 이 법 시행에 따라 신고한 것으로 본다.

② 2016년 4월 13일 실시하는 국회의원선거에서 이 법 시행에 따라 예비후보자의 선거사무소가 다른 국회의원지역구에 있게 된 때에는 이 법 시행일 후 10일까지 예비후보자선거사무소를 해당 국회의원지역구로 이전하고 관할 선거구선거관리위원회에 선거사무소의 소재지 변경신고를 하여야 한다.

제9조【정당선거사무소 설치에 관한 경과조치】 2016년 4월 13일 실시하는 국회의원선거에서 이 법 시행에 따라 하나의 구·시·군이 둘 이상의 국회의원지역구로 획정된 경우 종전에 설치하였던 정당선거사무소는 그 주소지를 관할하는 해당 국회의원지역구에 설치된 정당선거사무소로 본다.

제10조【자동 동보통신의 방법에 따른 문자메시지 전송에 관한 경과조치】 ① 2016년 4월 13일 실시하는 국회의원선거에서 부칙 제6조제1항에 따른 종전 국회의원지역구의 예비후보자가 이 법 시행 전에 제59조제2호의 자동 동보통신의 방법으로 문자메시지를 전송한 경우에는 이 법 시행에 따른 전송횟수에 포함한다.

② 부칙 제6조제2항에 따라 새로 국회의원지역구를 선택한 예비후보자가 이 법 시행 전에 제59조제2호의 자동 동보통신의 방법으로 문자메시지를 전송한 경우에는 이 법 시행에 따른 전송횟수에 포함한다.

제11조【예비후보자의 선거비용에 관한 경과조치】 ① 2016년 4월 13일 실시하는 국회의원선거에서 부칙 제6조제1항에 따른 종전 국회의원지역구의 예비후보자가 이 법 시행 전에 선거운동을 위하여 지출한 비용은 해당 선거의 선거비용으로 본다.

② 부칙 제6조제2항에 따라 새로 국회의원지역구를 선택한 예비후보자가 이 법 시행 전에 선거운동을 위하여 지출한 비용은 해당 선거의 선거비용으로 본다.

부 칙 (2016.5.29)

제1조【시행일】 이 법은 공포 후 6개월이 경과한 날부터 시행한다.(이하 생략)

부 칙 (2017.2.8)

제1조【시행일】 이 법은 공포한 날부터 시행한다. 다만, 제8조의8제7항제3호, 제8조의9, 제108조제12항제3호의 개정규정은 공포 후 3개월이 경과한 날부터 시행한다.

제2조【휴대전화 가상번호 사용에 관한 특례】 이 법 시행일부터 3개월까지의 기간 중에는 공표 또는 보도를 목적으로 전화를 이용하여 선거에 관한 여론조사를 실시하려는 여론조사 기관·단체는 제108조의2의 개정규정에 따라 휴대전화 가상번호를 사용할 수 있는 선거여론조사기관으로 본다.

제3조【자동 동보통신의 방법에 따른 문자메시지 전송에 관한 경과조치】 예비후보자가 이 법 시행 전에 종전의 규정에 따른 자동 동보통신의 방법으로 문자메시지를 전송한 경우 그 횟수는 제59조제2호의 개정규정에 따른 전송횟수에 포함한다.

제4조【선거에 관한 여론조사 실시에 관한 경과조치】 후보자(후보자가 되려는 사람을 포함한다)가 제60조의2제1항에 따른 예비후보자등록신청개시일부터 이 법 시행 전까지 선거에 관한 여론조사를 실시한 경우 그 횟수는 제120조제10호 단서의 개정규정에 따른 여론조사의 실시횟수에 포함하지 아니한다.

제5조【벌칙 및 과태료에 관한 경과조치】 이 법 시행 전의 행위에 대한 벌칙 및 과태료의 적용은 종전의 규정에 따른다.

부 칙 (2018.3.9)

제1조【시행일】 이 법은 공포한 날부터 시행한다.

제2조【지역구시·도의원정수에 관한 특례】 2018년 6월 13일 실시하는 임기만료에 따른 지방의회의원선거에서는 제22조제1항에도 불구하고 서울특별시 중구성동구을지역구에 속하는 성동구지역, 부산광역시 북구강서구을국회의원지역구에 속하는 북구지역, 광주광역시 동구남구을지역구에 속하는 남구지역, 경상북도 포항시남구울릉군국회의원지역구에 속하는 포항시지역을 각각 1개의 국회의원지역선거구로 간주하여 지역구시·도의회의원정수를 산정한다.

제3조【지역구시·도의원 선거구획정에 관한 특례】 2018년 6월 13일 실시하는 임기만료에 따른 지역구지방의회의원선거(보궐선거등을 포함한다)에서는 제26조제3항에도 불구하고 선거구의 인구편차를 줄이기 위하여 강원도 영월군 영월읍 일부를 분할하여 각각 영월군제1선거구와 영월군제2선거구에, 경상남도 거창군 거창읍 일부를 분할하여 각각 거창군제1선거구와 거창군제2선거구에 속하게 할 수 있다.

제4조【자치구·시·군의원 선거구획정에 관한 특례】 ① 2018년 6월 13일 실시하는 임기만료에 따른 지방의회의원선거에서 자치구·시·군의원선거구획정위원회는 제24조의3제5항에도 불구하고 선거구획정안을 이 법 시행일 후 5일까지 시·도지사에게 제출하여야 하며, 시·도의회는 이 법 시행일 후 12일까지 조례안을 의결하여야 한다.
② 시·도의회가 제1항에 따른 기한까지 조례안을 의결하지 아니한 경우에는 그 자치구·시·군의원지역구의 명칭·구역 및 의원정수는 중앙선거관리위원회규칙으로 정한다.
③ 제26조제3항에도 불구하고 지역선거구별 의원 1명당 인구수의 편차를 최소화하기 위하여 중앙선거관리위원회규칙으로 정하는 자치구·시·군은 읍·면·동의 일부를 분할하여 다른 자치구·시·군의원지역구에 속하도록 할 수 있다.

제5조【예비후보자의 기탁금 반환에 관한 특례】 이 법 및 부칙 제4조에 따른 해당 시·도의 조례 또는 중앙선거관리위원회규칙(이하 "선거구역 변경규정"이라 한다)의 시행에 따라 선거구역의 변경으로 부칙 제7조 전단의 신고기간 내에 사퇴하거나 같은 조 후단에 따라 등록이 무효로 된 예비후보자에게는 관할 선거구선거관리위원회가 제57조제1항에도 불구하고 그 예비후보자가 납부한 기탁금 전액을 선거일 후 30일 이내에 반환하여야 한다.

제6조【자동 동보통신의 방법에 따른 문자메시지 전송에 관한 경과조치】 ① 부칙 제7조 전단에 따라 새로 선거구를 선택한 예비후보자가 해당 선거구역 변경규정의 시행 전에 제59조제2호 후단에 따른 자동 동보통신의 방법으로 문자메시지를 전송한 경우에는 같은 호의 전송횟수에 포함된 것으로 본다. 다만, 새로 선택한 선거구와 종전 선거구의 구역 중 일부 겹치는 지역의 인구수가 새로 선택한 선거구의 인구수의 100분의 50에 미달하는 선거구(이하 "인구수미달 선거구"라 한다)의 경우에는 그러하지 아니하다.
② 제1항 단서의 인구수는 제4조에 따른 인구수로 한다.

제7조【예비후보자 등록에 관한 경과조치】 2018년 6월 13일 실시하는 임기만료에 따른 지역구지방의회의원선거의 예비후보자로서 선거구역 변경규정의 시행에 따라 선거구역이 변경된 지역의 예비후보자는 해당 선거구역 변경규정의 시행일 후 10일까지 입후보하려는 해당 선거구를 선택하여 관할 선거구선거관리위원회에 신고하여야 한다. 이 경우 그 날까지 신고가 없는 때에는 해당 예비후보자의 등록은 무효로 된 것으로 본다.

제8조【예비후보자홍보물 발송에 관한 경과조치】 ① 부칙 제7조 전단에 따라 새로 선거구를 선택한 예비후보자는 새로 선택한 선거구 안에 있는 세대수의 100분의 10의 범위에서 예비후보자홍보물을 발송할 수 있다. 이 경우 선거구역 변경규정의 시행 전에 그 선거구에 발송한 수량을 뺀 수량만을 발송하여야 한다.
② 제1항에 따라 예비후보자홍보물을 발송하려는 예비후보자는 발송할 수 있는 예비후보자홍보물의 수량 범위에서 발송할 지역의 세대주의 성명·주소의 교부를 구·시·군의 장에게 신청할 수 있다.

제9조【예비후보자의 선거사무소에 관한 경과조치】 부칙 제7조 전단에 따라 새로 선거구를 선택한 예비후보자의 선거사무소가 다른 선거구역에 있을 경우에는 해당 선거구역 변경규정의 시행일 후 20일까지 해당 선거구역으로 예비후보자의 선거사무소를 이전하고 선거사무소의 소재지 변경신고를 하여야 한다.

제10조【예비후보자의 선거사무원 선임에 관한 경과조치】 부칙 제7조 전단에 따라 새로 선거구를 선택한 예비후보자가 선거구역 변경규정의 시행일 후 10일까지 선거사무원을 교체하는 경우에는 제63조제1항 후단에 따른 교체선임 수에 포함하지 아니한다.

제11조【예비후보자의 선거비용에 관한 경과조치】 ① 부칙 제7조 전단에 따라 새로 선택한 선거구가 종전의 선거구와 일부 겹치는 경우 그 예비후보자가 지출한 선거비용은 해당 선거의 선거비용으로 본다. 다만, 인구수미달 선거구의 경우에는 그러하지 아니하다.
② 제1항 단서에도 불구하고 해당 선거구역 변경규정의 시행 전에 종전 선거구 구역 중 부칙 제7조 전단에 따라 새로 선택한 선거구의 구역에 포함된 지역에 발송한 예비후보자홍보물의 작성·발송비용은 해당 선거의 선거비용으로 본다.

제12조【선거에 관한 여론조사의 실시에 관한 경과조치】 2018년 6월 13일 실시하는 임기만료에 따른 지역구지방의회의원선거에서 선거구역 변경규정의 시행에 따라 선거구역이 변경된 지역의 예비후보자(후보자가 되려는 사람을 포함한다)가 선거구역 변경규정의 시행일까지 실시한 선거에 관한 여론조사는 제120조제10호 단서에도 불구하고 그 횟수에 포함하지 아니한다.

부 칙 (2018.4.6)

제1조【시행일】 이 법은 공포한 날부터 시행한다.

제2조【벌칙 및 과태료에 관한 경과조치】 이 법 시행 전의 행위에 대한 벌칙 및 과태료의 적용은 종전의 규정에 따른다.

제3조【다른 법률의 개정】 ※(해당 법령에 가제정리 하였음)

부 칙 (2020.1.14)

제1조【시행일】 이 법은 공포한 날부터 시행한다.

제2조【일반적 적용례】 이 법의 개정규정은 2020년 4월 15일 실시하는 임기만료에 따른 국회의원선거부터 적용한다.

제3조【비례대표국회의원선거의 후보자 추천절차 제출에 관한 특례】 2020년 4월 15일 실시하는 비례대표국회의원선거에서는 제47조제2항제2호의 개정규정에도 불구하고 후보자등록신청개시일 전 10일까지 후보자 추천절차의 구체적 사항을 정한 당헌·당규 및 그 밖의 내부규약 등을 제출하여야 한다.

제4조【비례대표국회의원의석의 배분에 관한 특례】 ① 2020년 4월 15일 실시하는 비례대표국회의원선거에서는 제189조제2항의 개정규정에도 불구하고 비례대표국회의원의석정수를 다음 각 호에 따라 의석할당정당에 배분한다.

1. 30석

가. 다음 계산식에 따른 값을 소수점 첫째자리에서 반올림하여 연동배분의석수를 산정하되, 연동배분의석수가 1보다 작은 경우 연동배분의석수는 0으로 한다.

연동배분의석수 = [(국회의원정수 − 의석할당정당이 추천하지 않은 지역구국회의원 당선인수) × 해당 정당의 비례대표국회의원선거 득표비율 − 해당 정당의 지역구국회의원당선인수] ÷ 2

나. 가목에 따른 각 정당별 연동배분의석수의 합계가 30석에 미달할 경우 각 의석할당정당에 배분할 잔여의석수(이하 이 조에서 "잔여배분의석수"라 한다)는 다음 계산식에 따라 산정한다. 이 경우 정수(整數)의 의석을 먼저 배정하고 잔여의석은 소수점 이하 수가 큰 순으로 각 의석할당정당에 1석씩 배분하되, 그 수가 같은 때에는 해당 정당 사이의 추첨에 따른다.

잔여배분의석수 = (30 − 각 연동배분의석수의 합계) × 비례대표국회의원선거 득표비율

다. 가목에 따른 각 정당별 연동배분의석수의 합계가 30석을 초과할 경우에는 가목 및 나목에도 불구하고 다음 계산식에 따라 산출된 수(이하 이 조에서 "조정의석수"라 한다)를 각 연동배분의석 할당정당의 의석으로 산정한다. 이 경우 산출방식에 관하여는 나목 후단을 준용한다.

조정의석수 = 30 × 연동배분의석수 ÷ 각 연동배분의석수의 합계

2. 비례대표국회의원 의석정수에서 30석을 뺀 수 : 각 의석할당정당의 비례대표국회의원선거 득표비율에 비례대표국회의원 의석정수에서 30석을 뺀 수를 곱하여 산출된 수의 정수(整數)의 의석을 해당 정당에 먼저 배분하고 잔여의석은 소수점 이하 수가 큰 순으로 각 정당에 1석씩 배분하되, 그 수가 같은 때에는 해당 정당 사이의 추첨에 따른다.

② 2020년 4월 15일 실시하는 비례대표국회의원선거에서 제189조제6항, 제194조제4항, 제197조제7항의 개정규정에 따라 의석을 배분하는 경우에는 제189조제1항부터 제3항까지의 개정규정에도 불구하고 제1항에 따라 비례대표국회의원의석을 배분한다.

부 칙 (2020.2.4)

제1조【시행일】 이 법은 공포 후 6개월이 경과한 날부터 시행한다.(이하 생략)

부 칙 (2020.3.11)

제1조【시행일】 이 법은 공포한 날부터 시행한다.

제2조【국회의원지역구획정에 관한 특례】 ① 2020년 4월 15일에 실시하는 국회의원선거에서는 제25조제1항에도 불구하고 농산어촌의 지역대표성 반영을 위하여 강원도 춘천시의 일부를 분할하여 강원도 춘천시철원군화천군양구군을국회의원지역구에, 전라남도 순천시의 일부를 분할하여 전라남도 순천시광양시곡성군구례군을국회의원지역구에 속하게 할 수 있다.
② 2020년 4월 15일에 실시하는 국회의원선거에서는 제25조제1항에도 불구하고 인구편차를 줄이기 위하여 경기도 화성시 봉담읍을 분할하여 각각 경기도 화성시갑국회의원지역구와 화성시병국회의원지역구에 속하게 할 수 있다.

제3조【예비후보자의 기탁금 반환에 관한 특례】 이 법 시행에 따라 선거구역이 변경된 국회의원지역구의 예비후보자로서 이 법 시행일 후 10일까지 사퇴하거나 부칙 제6조제2항에 따라 등록이 무효로 된 예비후보자에게 관할 선거구선거관리위원회는 제57조제1항에도 불구하고 그 예비후보자가 납부한 기탁금을 선거일 후 30일 이내에 반환하여야 한다.

제4조【당내경선을 위한 휴대전화 가상번호 제공요청 등에 관한 특례】 ① 2020년 4월 15일 실시하는 국회의원선거에서는 제57조의8제2항제1호에도 불구하고 정당은 이 법 시행일 후 3일까지 관할 선거관리위원회에 당내경선을 위한 휴대전화 가상번호 제공 요청서를 제출할 수 있다.
② 제57조의8제5항 본문에도 불구하고 이동통신사업자가 제1항에 따른 휴대전화 가상번호 제공 요청을 받은 때에는 그 요청을 받은 날부터 5일 이내에 휴대전화 가상번호를 생성하여 해당 정당에 제공하여야 한다.

제5조【자동 동보통신의 방법에 따른 문자메시지 전송에 관한 경과조치】 부칙 제6조제1항에 따라 새로 국회의원지역구를 선택한 예비후보자가 이 법 시행 전에 제59조제2호 후단에 따른 자동 동보통신의 방법으로 문자메시지를 전송한 경우에는 같은 호의 전송횟수에 포함된 것으로 본다.

제6조【예비후보자 등록에 관한 경과조치】 ① 2020년 4월 15일 실시하는 국회의원선거의 예비후보자로서 이 법 시행에 따라 선거구역이 변경된 국회의원지역구의 예비후보자는 이 법 시행일 후 10일까지 종전 국회의원지역구의 전부 또는 일부를 포함하는 국회의원지역구 중 입후보하려는 국회의원지역구를 선택하여 관할 선거구선거관리위원회에 신고하여야 한다.
② 제1항에 따른 신고를 하지 아니한 경우에는 해당 예비후보자의 등록은 무효로 한다.

제7조【예비후보자홍보물 발송에 관한 경과조치】 ① 부칙 제6조제1항에 따라 새로 국회의원지역구를 선택한 예비후보자는 새로 선택한 국회의원지역구 안에 있는 세대수의 100분의 10의 범위에서 예비후보자홍보물을 발송할 수 있다. 이 경우 이 법 시행 전에 그 국회의원지역구에 발송한 수량을 뺀 수량의 범위에서만 발송할 수 있다.
② 제1항에 따라 예비후보자홍보물을 발송하려는 예비후보자는 발송할 수 있는 예비후보자홍보물의 수량 범위에서 발송할 지역의 세대주의 성명·주소의 교부를 구·시·군의 장에게 신청할 수 있다.

제8조【예비후보자의 선거사무소에 관한 경과조치】 2020년 4월 15일 실시하는 국회의원선거에서 이 법 시행에 따라 예비후보자의 선거사무소가 다른 국회의원지역구에 있게 된 때에는 이 법 시행일 후 10일까지 예비후보자 선거사무소를 해당 국회의원지역구로 이전하고 관할 선거구선거관리위원회에 선거사무소의 소재지 변경신고를 하여야 한다.

제9조【정당선거사무소 설치에 관한 경과조치】 2020년 4월 15일 실시하는 국회의원선거에서 이 법 시행에 따라 하나의 구·시·군이 둘 이상의 국회의원지역구에 회정된 경우 종전에 설치하였던 정당선거사무소는 그 주소지를 관할하는 해당 국회의원지역구에 설치된 정당선거사무소로 본다.

제10조【예비후보자의 선거사무원 선임에 관한 경과조치】 부칙 제6조제1항에 따라 새로 국회의원지역구를 선택한 예비후보자는 제63조제1항 후단에도 불구하고 이 법 시행일부터 제62조제3항제3호에 따른 선거사무원수의 2배수 범위에서 선거사무원을 교체선임할 수 있다.

제11조【예비후보자의 선거비용에 관한 경과조치】 부칙 제6조제1항에 따라 새로 국회의원지역구를 선택한 예비후보자가 이 법 시행 전에 선거운동을 위하여 지출한 비용은 해당 선거의 선거비용으로 본다.

제12조【선거에 관한 여론조사의 실시에 관한 경과조치】 2020년 4월 15일 실시하는 국회의원선거에서 이 법 시행에 따라 선거구역이 변경된 국회의원지역구의 예비후보자(후보자가 되려는 사람을 포함한다)가 이 법 시행일까지 실시한 선거에 관한 여론조사는 제120조제10호 단서에도 불구하고 그 횟수에 포함하지 아니한다.

부　칙 (2020.3.24)

제1조【시행일】 이 법은 2021년 2월 9일부터 시행한다. (이하 생략)

부　칙 (2020.3.25)

제1조【시행일】 이 법은 공포한 날부터 시행한다.

제2조【기탁금 납부에 관한 적용례】 제56조제1항제2호 및 제2호의2의 개정규정은 이 법 시행 후 최초로 실시하는 비례대표국회의원선거부터 적용한다.

제3조【기탁금 반환에 관한 적용례】 제57조제1항제1호 다목의 개정규정은 이 법 시행 후 최초로 실시하는 선거부터 적용한다.

부　칙 (2020.12.22)
(2020.12.29 법17758호)

제1조【시행일】 이 법은 2021년 1월 1일부터 시행한다. (이하 생략)

부　칙 (2020.12.29 법17813호)

제1조【시행일】 이 법은 공포한 날부터 시행한다.

제2조【보궐선거등의 선거일에 관한 적용례】 제35조제2항제1호의 개정규정은 2021년 3월 1일 이후부터 실시사유가 확정된 보궐선거등부터 적용한다.

부　칙 (2021.1.12)

제1조【시행일】 이 법은 공포 후 1년이 경과한 날부터 시행한다.(이하 생략)

부　칙 (2021.3.23)

제1조【시행일】 이 법은 공포한 날부터 시행한다.

제2조【선거여론조사기관의 여론조사 결과 공표·보도에 관한 적용례】 제108조제12항의 개정규정은 제8조의8 제10항에 따라 고발된 선거여론조사기관에 대하여 2021년 1월 1일부터 이 법 시행일 전에 불송치결정이 있는 경우에도 적용한다.

제3조【자료제공 사실 고지에 관한 특례】 각급선거관리위원회 직원은 선거관리위원회에서 고발·수사의뢰한 사건에 대하여 2021년 1월 1일부터 이 법 시행일 전까지 불송치결정의 통지를 받은 경우 제272조의3제5항의 개정규정에도 불구하고 이 법 시행일부터 10일 이내에 자료제공을 받은 사실과 내용을 해당 이용자에게 알릴 수 있다.

부　칙 (2021.3.26)

이 법은 공포한 날부터 시행한다. 다만, 제176조제3항·제5항 및 제218조의23제2항 후단의 개정규정은 공포 후 6개월이 경과한 날부터 시행한다.

부　칙 (2021.9.24)

제1조【시행일】 이 법은 2022년 7월 1일부터 시행한다. (이하 생략)

부　칙 (2022.1.18)

제1조【시행일】 이 법은 2022년 4월 1일부터 시행한다. 다만, 제16조제2항 및 제3항의 개정규정은 공포한 날부터 시행한다.

제2조【벌칙에 관한 경과조치】 이 법 시행 전의 행위에 대하여 벌칙을 적용할 때에는 종전의 규정에 따른다.

부　칙 (2022.1.21)

제1조【시행일】 이 법은 공포한 날부터 시행한다.

제2조【선거방송토론위원회 위원의 추천·위촉에 관한 특례】 ① 중앙선거관리위원회는 이 법 시행일부터 30일 이내에 지상파방송사가 포함된 단체로서 중앙선거관리위원회규칙으로 정하는 단체가 추천하는 사람을 중앙선거방송토론위원회의 위원으로 위촉하여야 한다.
② 시·도선거관리위원회는 이 법 시행일부터 30일 이내에 지상파방송사가 추천하는 사람을 시·도선거방송토론위원회의 위원으로 위촉하여야 한다.
③ 제1항 및 제2항에 따라 위촉된 위원으로 인하여 해당 선거방송토론위원회의 위원현원이 위원정수를 초과하게 되는 경우에도 현원을 위원정수로 본다.
④ 국회에 교섭단체를 구성한 정당과 공영방송사가 각각 추천하는 위원이 이 법 시행 후 임기가 만료되는 경우에는 국회에 교섭단체를 구성한 정당과 공영방송사가 각각 추천하는 사람을 우선하여 해당 선거방송토론위원회의 위원으로 위촉한다. 이 경우 위촉된 위원으로 인하여 해당 선거방송토론위원회의 위원현원이 위원정수를 초과하게 되는 경우에도 현원을 위원정수로 본다.

제3조【공정선거지원단 추가 구성에 관한 특례】 제10조의2제2항 단서에도 불구하고 2017년 1월 1일 이후 둘 이상의 구·시·군선거관리위원회가 하나의 구·시·군선거관리위원회로 통합된 경우 해당 구·시·군선거관리위원회가 추가하여 구성할 수 있는 공정선거지원단의 인원은 통합 전 구·시·군선거관리위원회의 수에 20을 곱하여 얻은 수 이내로 한다.

제4조【재외선거인 등록신청에 관한 특례】 2017년 5월 9일 실시한 대통령선거의 재외선거와 2020년 4월 15일 실시한 국회의원선거의 재외선거에 계속하여 투표하지 아니한 선거인으로서 종전의 제218조의8제2항 후단에 따라 재외선거인명부에서 삭제된 사람은 2022년 3월 9일 실시하는 대통령선거의 재외선거에 있어 선거일 전 60일까지 제218조의5제1항에 따라 재외선거인 등록신청을 하지 아니한 경우 선거일 전 60일에 제218조의5제1항에 따라 재외선거인 등록신청을 한 것으로 본다.

제5조【읍·면·동의 설치·폐지·분할·합병에 관한 적용례】 ① 제148조제1항제2호의 개정규정은 2018년 6월 13일(이하 "기준시점"이라 한다) 이후 읍·면·동이 설치·폐지·분할·합병되어 기준시점 직전보다 관할구역의 총 읍·면·동의 수가 줄어든 경우부터 적용한다.
② 기준시점 이후 여러 번의 설치·폐지·분할·합병이 실시되어 관할구역의 총 읍·면·동의 수가 계속하여 줄어드는 경우에도 기준시점 직전의 읍·면·동을 기준으로 한다.

부　칙 (2022.2.16)

이 법은 공포한 날부터 시행한다. 다만, 제38조제1항의 개정규정 중 해당 구·시·군이 개설·운영하는 인터넷 홈페이지를 통하여 하는 거소투표신고 부분 및 같은 조 제2항의 개정규정은 공포 후 6개월이 경과한 날부터 시행한다.

부　칙 (2022.4.20)

제1조【시행일】 이 법은 공포한 날부터 시행한다.

제2조【지역구시·도의원정수에 관한 특례】 2022년 6월 1일 실시하는 임기만료에 따른 지방의회의원선거에서는 제22조제1항에도 불구하고 서울특별시 중구성동구을 국회의원지역구에 속하는 성동구지역, 부산광역시 북구강서구을국회의원지역구에 속하는 북구지역, 인천광역시 동구미추홀구갑국회의원지역구에 속하는 미추홀구지역, 광주광역시 동구남구을국회의원지역구에 속하는 남구지역, 강원도 춘천시철원군화천군양구군을국회의원지역구에 속하는 춘천시지역, 전라남도 순천시광양시곡성군구례군을국회의원지역구에 속하는 순천시지역, 경상북도 포항시남구울릉군국회의원지역구에 속하는 포항시지역을 각각 1개의 국회의원지역선거구로 간주하여 지역구시·도의회의원정수를 산정한다.

제3조【지역구시·도의원 선거구획정에 관한 특례】 2022년 6월 1일 실시하는 임기만료에 따른 지역구지방의회의원선거(보궐선거등을 포함한다)에서는 제26조제3항에도 불구하고 선거구의 인구편차를 줄이기 위하여 경기도 화성시 봉담읍 일부를 분할하여 각각 화성시제1선거구와 화성시제6선거구에, 강원도 영월군 영월읍 일부를 분할하여 각각 영월군제1선거구와 영월군제2선거구에, 충청남도 아산시 배방읍 일부를 분할하여 각각 아산시제4선거구와 아산시제5선거구에, 전라남도 순천시 해룡면 일부를 분할하여 각각 순천시제7선거구와 순천시제8선거구에, 전라남도 광양시 중마동 일부를 분할하여 각각 광양시제3선거구와 광양시제4선거구에, 전라남도 장흥군 장흥읍 일부를 분할하여 각각 장흥군제1선거구와 장흥군제2선거구에, 경상북도 포항시북구 장량동 일부를 분할하여 각각 포항시제4선거구와 포항시제5선거구에, 경상남도 양산시 물금읍 일부를 분할하여 각각 양산시제1선거구와 양산시제2선거구에, 경상남도 거창군 거창읍 일부를 분할하여 각각 거창군제1선거구와 거창군제2선거구에 속하게 할 수 있다.

제4조【자치구·시·군의원 선거구획정에 관한 특례】 ① 2022년 6월 1일 실시하는 임기만료에 따른 지방의회의원선거에서 자치구·시·군의원선거구획정위원회는 제24조의3제5항에도 불구하고 선거구획정안을 이 법 시행일 후 2일까지 시·도지사에게 제출하여야 하며, 시·도의회는 이 법 시행일 후 9일까지 조례안을 의결하여야 한다.
② 시·도의회가 제1항에 따른 기한까지 조례안을 의결하지 아니한 경우에는 그 자치구·시·군의원지역구의 명칭·구역 및 의원정수는 중앙선거관리위원회규칙으로 정한다.
③ 제26조제3항에도 불구하고 지역선거구별 의원 1명당 인구수의 편차를 최소화하기 위하여 중앙선거관리위원회규칙으로 정하는 자치구·시·군은 읍·면·동의 일부를 분할하여 다른 자치구·시·군의원지역구에 속하도록 할 수 있다.

제5조【지역구지방의원 선거구획정에 관한 일반적 경과조치】 2022년 6월 1일 실시하는 임기만료에 따른 지방의회의원선거에서는 2021년 12월 31일 현재 〔별표2〕 시·도의회의원지역선거구구역표 중 '인천광역시의회의원지역선거구', '경상북도의회의원지역선거구'와 「서울특별시 자치구의회의원 선거구와 선거구별 의원정수에 관한 조례」〔별표〕 서울특별시 자치구의회의원 선거구와 선거구별 의원정수 중 '마포구', '강서구', '강남구'는 부칙 제6조의 선거구역 변경규정의 시행 전까지 존재한 것으로 본다.

제6조【예비후보자의 기탁금 반환에 관한 특례】 이 법 및 부칙 제4조(법률 제18840호 제주특별자치도 설치 및 국제자유도시 조성을 위한 특별법 일부개정법률 부칙 제3조 및 법률 제18839호 세종특별자치시 설치 등에 관한 특별법 일부개정법률 부칙 제3조를 포함한다)에 따른 해당 시·도의 조례 또는 중앙선거관리위원회규칙(이하 "선거구역 변경규정"이라 한다)의 시행에 따라 선거구역의 변경으로 부칙 제9조 전단의 신고기간 내에 사퇴하거나 같은 조 후단에 따라 등록이 무효로 된 예비후보자에게는 관할 선거구선거관리위원회가 제57조제1항의 개정규정에도 불구하고 그 예비후보자가 납부한 기탁금 전액을 선거일 후 30일 이내에 반환하여야 한다.

제7조【당내경선을 위한 휴대전화 가상번호 제공요청 등에 관한 특례】 ① 2022년 6월 1일 실시하는 임기만료에 따른 지방의회의원선거에서는 제57조의8제2항제1호에도 불구하고 정당은 선거구역 변경규정의 시행일 후 3일까지 관할 선거관리위원회에 당내경선을 위한 휴대전화 가상번호 제공 요청서를 제출할 수 있다.
② 제57조의8제5항 본문에도 불구하고 이동통신사업자가 제1항에 따른 휴대전화 가상번호 제공 요청을 받은 때에는 그 요청을 받은 날부터 5일 이내에 휴대전화 가상번호를 생성하여 해당 정당에 제공하여야 한다.

제8조【자동 동보통신의 방법에 따른 문자메시지 전송에 관한 경과조치】 ① 부칙 제9조 전단에 따라 새로 선거구를 선택한 예비후보자가 해당 선거구역 변경규정의 시행 전에 제59조제2호에 따른 자동 동보통신의 방법으로 문자메시지를 전송한 경우에는 같은 호의 전송횟수에 포함된 것으로 본다. 다만, 새로 선택한 선거구와 종전 선거구의 구역 중 일부 겹치는 지역의 인구수가 새로 선택한 선거구의 인구수의 100분의 50에 미달하는 선거구(이하 "인구수미달 선거구"라 한다)의 경우에는 그러하지 아니하다.
② 제1항 단서의 인구수는 제4조에 따른 인구수로 한다.

제9조【예비후보자 등록에 관한 경과조치】 2022년 6월 1일 실시하는 임기만료에 따른 지역구지방의회의원선거의 예비후보자로서 선거구역 변경규정의 시행에 따라 선거구역이 변경된 지역의 예비후보자는 해당 선거구역 변경규정의 시행일 후 10일(해당 선거구역 변경규정의 시행일 후 10일 이내에 후보자등록신청개시일이 도래하는 경우에는 후보자등록신청개시일 전일을 말한다)까지 입후보하려는 해당 선거구를 선택하여 관할 선거구선거관리위원회에 신고하여야 한다. 이 경우 그 날까지 신고가 없는 때에는 해당 예비후보자의 등록은 무효로 된 것으로 본다.

제10조【예비후보자홍보물 발송에 관한 경과조치】 ① 부칙 제9조 전단에 따라 새로 선거구를 선택한 예비후보자는 새로 선택한 선거구 안에 있는 세대수의 100분의 10의 범위에서 예비후보자홍보물을 발송할 수 있다. 이 경우 해당 선거구역 변경규정의 시행 전에 그 선거구에 발송한 수량을 뺀 수량의 범위에서만 발송할 수 있다.
② 제1항에 따라 예비후보자홍보물을 발송하려는 예비후보자는 발송할 수 있는 예비후보자홍보물의 수량 범위에서 발송할 지역의 세대주의 성명·주소의 교부를 구·시·군의 장에게 신청할 수 있다.

제11조【예비후보자의 선거사무소에 관한 경과조치】 부칙 제9조 전단에 따라 새로 선거구를 선택한 예비후보자의 선거사무소가 다른 선거구에 있을 경우에도 그 선거사무소는 법 제60조의3제1항제1호 및 제61조제1항제4호에 따른 선거사무소로 본다.

제12조【예비후보자의 선거사무원 선임에 관한 경과조치】 부칙 제9조 전단에 따라 새로 선거구를 선택한 예비후보자가 해당 선거구역 변경규정의 시행일 후 10일(해당 선거구역 변경규정의 시행일 후 10일 이내에 후보자등

록신청개시일이 도래하는 경우에는 후보자등록신청개시일 전일을 말한다)까지 선거사무원을 교체하는 경우에는 제63조제1항 후단에 따른 교체선임 수에 포함하지 아니한다.

제13조【예비후보자의 선거비용에 관한 경과조치】 ① 부칙 제9조 전단에 따라 새로 선택한 선거구가 종전의 선거구와 일부 겹치는 경우 그 예비후보자가 지출한 선거비용은 해당 선거의 선거비용으로 본다. 다만, 인구수 미달 선거구의 경우에는 그러하지 아니하다.

② 제1항 단서에도 불구하고 해당 선거구역 변경규정의 시행 전에 종전 선거구 구역 중 부칙 제9조 전단에 따라 새로 선택한 선거구의 구역에 포함된 지역에 발송한 예비후보자홍보물의 작성·발송비용은 해당 선거의 선거비용으로 본다.

제14조【선거에 관한 여론조사의 실시에 관한 경과조치】 2022년 6월 1일 실시하는 임기만료에 따른 지역구지방의회의원선거에서 선거구역 변경규정의 시행에 따라 선거구역이 변경된 지역의 예비후보자(후보자가 되려는 사람을 포함한다)가 해당 선거구역 변경규정의 시행일까지 실시한 선거에 관한 여론조사는 제120조제10호 단서에도 불구하고 그 횟수에 포함하지 아니한다.

제15조【기탁금 반환에 관한 경과조치】 ① 2022년 6월 1일 실시하는 임기만료에 따른 지방자치단체의 장선거 및 지방의회의원선거에서 「장애인복지법」 제32조에 따른 장애인이거나 선거일 현재 29세 이하인 사람으로서 이 법 시행 전에 예비후보자로 등록된 사람이 사퇴하거나 등록이 무효로 된 경우(제57조의2제2항 본문에 따른 사유로 예비후보자의 등록이 무효로 된 경우는 제외한다. 이하 제2항에서 같다)에는 그 예비후보자가 납부한 기탁금의 100분의 50을 선거일 후 30일 이내에 반환하여야 한다.

② 2022년 6월 1일 실시하는 임기만료에 따른 지방자치단체의 장선거 및 지방의회의원선거에서 선거일 현재 30세 이상 39세 이하인 사람으로서 이 법 시행 전에 예비후보자로 등록된 사람이 사퇴하거나 등록이 무효로 된 경우에는 그 예비후보자가 납부한 기탁금의 100분의 30을 선거일 후 30일 이내에 반환하여야 한다.

제16조【선거사무장등의 수당 인상 차액의 산정 기준에 관한 특례】 제121조제3항의 개정규정 중 선거사무장등에게 지급할 수 있는 수당의 금액이 인상된 경우 그 차액의 산정은 2022년 1월 1일 현재 중앙선거관리위원회규칙으로 정한 선거사무장등의 수당을 기준으로 한다.

제17조【자치구·시·군의원선거 중대선거구제 확대 시범실시에 관한 특례】 ① 제26조제2항에도 불구하고 2022년 6월 1일 실시하는 임기만료에 따른 지역구지방의회의원선거에서 서울특별시서초구갑국회의원선거구, 서울특별시동대문구을국회의원선거구, 서울특별시성북구갑국회의원선거구, 서울특별시강서구을국회의원선거구, 경기도용인시정국회의원선거구, 경기도남양주시병국회의원선거구, 경기도구리시국회의원선거구, 인천광역시동구미추홀구갑국회의원선거구, 대구광역시수성구을국회의원선거구, 광주광역시광산구을국회의원선거구 및 충청남도논산시계룡시금산군국회의원선거구(이하 이 조에서 "시범실시지역"이라 한다)내의 하나의 자치구·시·군의원지역구에서 선출할 지역구자치구·시·군의원정수는 각각 3인 이상 5인 이하로 한다.

② 제23조 및 제26조제2항에도 불구하고 2022년 6월 1일 실시하는 임기만료에 따른 지역구지방의회의원선거에서 시범실시지역 내의 자치구·시·군의회에는 지역구자치구·시·군의회의원을 추가로 1인 증원할 수 있다. 이 경우 증원여부 및 증원이 이루어질 시범실시지역 내 지역구자치구·시·군의원선거구는 해당 시범실시지역의 지역구국회의원이 정한다.

③ 제2항에 따라 추가로 증원된 인원은 제23조에 따라 해당 시·도의 자치구·시·군의원선거구획정위원회가 정하는 의원정수와는 별개로 한다.

④ 제1항부터 제3항까지의 규정은 2022년 6월 1일 실시하는 임기만료에 따른 지역구지방의회의원선거에 한정하여 적용한다.

제18조【자치구·시·군의 지역구시·도의원정수에 관한 특례】 2018년 6월 13일 실시한 임기만료에 따른 지역구지방의회의원선거(보궐선거등을 포함한다)에서 자치구·시·군의 지역구시·도의원정수가 1인인 경우에는 제22조제1항 단서의 개정규정에도 불구하고 2022년 6월 1일 실시하는 임기만료에 따른 지역구지방의회의원선거(보궐선거등을 포함한다)에서 인구 5만명 이상인 자치구·시·군의 지역구시·도의원정수를 1인으로 한다.

제19조【자치구·시·군의원정수에 관한 특례】 신설된 시·도의원지역구에는 자치구·시·군의원 1인이 우선 배정되도록 반영한다.

제20조【다른 법률의 개정】 ※(해당 법령에 가제정리 하였음)

부　칙 (2023.3.4)

제1조【시행일】 이 법은 공포 후 3개월이 경과한 날부터 시행한다.(이하 생략)

부　칙 (2023.3.14)

제1조【시행일】 이 법은 공포 후 6개월이 경과한 날부터 시행한다.(이하 생략)

부　칙 (2023.3.29)

이 법은 공포한 날부터 시행한다. 다만, 제218조의16제3항의 개정규정은 공포 후 3개월이 경과한 날부터 시행한다.

부　칙 (2023.8.30)

이 법은 공포한 날부터 시행한다.

부　칙 (2023.12.26)

제1조【시행일】 이 법은 2024년 1월 18일부터 시행한다.(이하 생략)

부　칙 (2023.12.28)

이 법은 공포 후 1개월이 경과한 날부터 시행한다. 다만, 제60조의3제1항제5호 및 제82조의4의 개정규정은 공포한 날부터 시행한다.

〔별표〕 ➡ 「法典 別冊」 参照

공직선거관리규칙

(1994년 5월 28일 중앙선거관리위원회규칙 제108호)

개정
1995. 4.14중선위121호　1995. 5.17중선위124호
1995. 6.24중선위125호　1995.12.30중선위129호
1996. 3.28중선위134호　1997. 1.13중선위142호
1997.11.14중선위148호　1998. 4.30중선위154호
2000. 2.16중선위168호　2000. 5.13중선위173호
2002. 3.21중선위187호　2002.10.28중선위198호
2002.12. 7중선위200호　2004. 3.12중선위209호
2004. 8.28중선위224호　2005. 4.23중선위236호
2005. 8. 4중선위241호　2006. 3. 2중선위257호
2006. 5.10중선위260호　2006.12.15중선위267호
2007. 1. 3중선위271호　2007.11.22중선위282호
2008. 2.29중선위289호　2008. 3.24중선위294호
2008.12.23중선위302호(공직선거관리규칙등일부개정규칙)
2009. 2.19중선위305호　2010. 1.25중선위320호
2010. 6.28중선위334호　2011. 7.28중선위350호
2011. 9.30중선위352호　2011.11.30중선위361호
2012. 1.17중선위365호　2012. 3. 2중선위367호
2012. 6.25중선위376호　2012. 9.24중선위380호
2012.10. 2중선위381호　2013. 3.27중선위387호
2013. 8.13중선위389호　2014. 1.17중선위400호
2014. 2.13중선위402호　2014. 2.20중선위407호
2014. 7.29중선위415호(공직선거관리규칙등일부개정규칙)
2015. 8.13중선위430호　2015.12.24중선위434호
2016. 1.15중선위440호　2017. 1.23중선위455호
2017. 2.24중선위458호　2017. 3. 9중선위460호
2018. 1.19중선위471호　2018. 3. 9중선위478호
2018. 4. 6중선위482호　2019. 1.25중선위491호
2019. 5.30중선위495호　2020. 1.17중선위509호
2020. 3.25중선위515호　2020.12.29중선위522호
2021. 3.23중선위527호　2021.10.22선관위536호
2022. 1.26선관위545호　2022. 2.24선관위547호
2022. 4.20선관위549호　2023. 2.24선관위572호
2023. 7.31선관위581호　2023. 9.22선관위583호
2023.12.15선관위589호　2024. 1.19선관위595호

제1장 총　칙

제1조【목적】 이 규칙은 「공직선거법」(이하 "법"이라 한다)에서 위임된 사항과 그 밖에 대통령·국회의원·지방의회의원 및 지방자치단체의 장의 선거의 관리에 필요한 세부사항을 규정함을 목적으로 한다.(2005.8.4 본조개정)

제2조【인구수등의 통보등】 ① 법 제4조(인구의 기준)의 규정에 의한 선거사무관리의 기준이 되는 인구의 기준일은 법 제60조의2(예비후보자등록)제1항의 규정에 의한 예비후보자등록신청개시일이 속하는 달의 전전달 말일로 한다.(2004.3.12 본항개정)

② 구청장(자치구가 아닌 구의 구청장을 포함한다)·시장(구가 설치되지 아니한 시의 시장을 말한다)·군수(이하 "구·시·군의 장"이라 한다)는 선거가 실시되는 때마다 제1항의 규정에 의한 인구의 기준일 현재의 인구수, 세대수, 18세 이상의 주민수 및 관할구역의 읍·면(「지방자치법」 제7조제3항에 따라 행정면을 둔 경우에는 행정면을 말한다. 이하 같다)·동(「지방자치법」 제7조제4항에 따라 행정동을 둔 경우에는 행정동을 말한다. 이하 같다) 현황을 별지 제1호서식에 의하여 인구의 기준일 후 15일〔인구의 기준일 후 15일 후에 실시사유가 확정된 법 제35조(보궐선거등의 선거일)제4항의 규정에 따른 보궐선거등(이하 "보궐선거등"이라 한다)의 경우에는 그 선거의 실시사유가 확정된 때부터 5일〕까지 당해 구·시·군선거관리위원회(이하 "구·시·군위원회"라 한다)에 통보하여야 한다. 이 경우 지방자치단체의 의회의원 및 장의 선거에 있어서는 법 제4조 후단에 따른 외국인(이하 "외국인선거권자"라 한다)의 수와 그 세대수를 포함하여야 한다.(2022.1.26 전단개정)

③ 구·시·군위원회는 인구의 기준일부터 선거인명부 작성기준일까지의 사이에 신도시 개발, 토목사업, 행정구역의 변경 기타 사유로 인구수의 현저한 변동이 있는 때에는 제1항 및 제2항의 규정에 불구하고 당해 구·시·군

의 장과 협의하여 인구의 기준일 및 인구수등의 통보기한을 다시 정할 수 있다.(1995.12.30 본항신설)
④ (2014.1.17 삭제)
제2조의2【여론조사 기관·단체의 등록 등】 ① 법 제8조의9제1항에 따른 등록신청은 별지 제1호의2서식의(가)에 따라 해당 여론조사 기관·단체의 사무소의 소재지를 관할하는 시·도선거여론조사심의위원회에 한다.
② 제1항에도 불구하고 중앙선거여론조사심의위원회는 여론조사 기관·단체의 등록신청 건수 및 신청 시기 등을 종합적으로 고려하여 등록사무를 대행할 선거여론조사심의위원회를 정할 수 있다. 이 경우 그 대행하는 선거여론조사심의위원회에 등록신청을 하여야 한다.
③ 제1항 및 제2항에 따른 등록신청을 하려는 때에는 다음 각 호에서 정하는 요건을 모두 갖추어야 한다.
1. 전화면접조사시스템 또는 전화자동응답조사시스템
2. 다음 각 목의 어느 하나에 해당하는 분석전문인력 3명 이상을 포함한 5명 이상의 상근 직원. 이 경우 같은 사람을 법 제8조의9제3항에 따른 2 이상의 선거여론조사기관의 분석전문인력으로 등록할 수 없으며, 상근직원은 등록신청을 하는 때에 3개월 이상 계속 근무하고 있어야 한다.
  가. 여론조사 관련 분야의 학사 이상의 학위를 보유하고 여론조사 기관·단체에서 여론조사의 실시·결과분석 등 여론조사와 직접 관련된 업무를 2년 이상 수행한 사람
  나. 사회조사분석사 자격증을 보유하고 여론조사 기관·단체에서 여론조사의 실시·결과분석 등 여론조사와 직접 관련된 업무를 3년 이상 수행한 사람
  다. 여론조사 기관·단체에서 여론조사의 실시·결과분석 등 여론조사와 직접 관련된 업무를 5년 이상 수행한 사람
  (2023.7.31 본호개정)
3. 연간(등록신청을 하는 때에는 최근 1년간을 말한다) 1억원 이상의 여론조사 실시 매출액. 다만, 설립된 지 1년 미만인 여론조사 기관·단체의 경우 5천만원 이상의 여론조사 실시 매출액으로 한다.(2023.7.31 본호개정)
4. 제1호에 따른 조사시스템과 제2호에 따른 상근 직원을 수용할 수 있는 사무소(2023.7.31 본호개정)
④ 법 제8조의9제1항에 따라 등록신청을 받은 관할 선거여론조사심의위원회는 여론조사 기관·단체가 제3항에 따른 등록요건을 갖추었는지 확인한 후 등록을 수리하고, 별지 제1호의2서식의(나)에 따른 등록증을 교부하여야 한다.
⑤ 선거여론조사심의위원회가 법 제8조의9제3항에 따라 공개하여야 하는 선거여론조사기관의 정보는 다음 각 호와 같다.
1. 명칭
2. 사무소의 소재지 및 전화번호
3. 대표자의 성명
4. 등록연월일
⑥ 법 제8조의9제4항에 따른 변경등록 신청은 별지 제1호의2서식의(다)에 따른다.
⑦ 제6항에 따른 변경등록 신청을 받은 관할 선거여론조사심의위원회는 그 신청을 접수한 날부터 7일 이내에 변경등록을 수리하고, 등록증의 기재사항에 변경이 있는 경우 등록증을 다시 교부하여야 한다.
⑧ 관할 선거여론조사심의위원회가 법 제8조의9제5항에 따라 선거여론조사기관의 등록을 취소한 때에는 중앙선거여론조사심의위원회 홈페이지에 그 사실을 알려야 한다.
⑨ 관할 선거여론조사심의위원회는 다음 각 호에 따라 제3항에 따른 등록요건의 충족 여부 등에 관한 실태 점검을 하여야 한다. 다만, 중앙선거여론조사심의위원회는 필요한 경우 직접 실태 점검을 실시하거나 이를 대행할 선거여론조사심의위원회를 정할 수 있다.
1. 정기 점검 : 연 1회
2. 수시 점검 : 중앙선거여론조사심의위원회 또는 관할 선거여론조사심의위원회가 필요하다고 인정하는 때
(2023.7.31 본항신설)
(2017.2.24 본조신설)
제2조의3【공정선거지원단】 ① 법 제10조의2제2항 본문에 따라 중앙선거관리위원회(이하 "중앙위원회"라 한다)와 시·도선거관리위원회(이하 "시·도위원회"라 한다)가 설치·운영하는 공정선거지원단은 10명 이내로 구성하고, 구·시·군위원회가 설치·운영하는 공정선거지원단의 수는 10명 이내에서 선거환경, 관할구역, 선거구수, 선거인수, 예상되는 선거의 종류와 실시시기, 지역특성과 그 밖의 사항을 고려하여 중앙위원회가 정하는 기준에 따라 해당 구·시·군위원회가 정한다.
(2018.4.6 본항개정)
② 법 제10조의2제2항 단서에 따라 각급선거관리위원회(읍·면·동선거관리위원회는 제외하며, 이하 이 조에서 "각급위원회"라 한다)에 두는 공정선거지원단의 수는 다음 각 호에 따른다.(2018.4.6 본문개정)
1. 중앙위원회
  법 제34조제1항에 따른 임기만료에 의한 선거(법 제35조제1항에 따른 대통령의 궐위로 인한 선거 및 재선거를 포함하며, 이하 이 항에서 "임기만료에 의한 선거"라 한다)가 실시되는 때에는 10명 이내, 그 밖의 선거가 실시되는 때에는 선거의 종류와 실시구역 등을 고려하여 중앙위원회가 정하는 인원
2. 시·도위원회
  임기만료에 의한 선거가 실시되는 때에는 10명 이내, 그 밖의 선거가 실시되는 때에는 선거의 종류와 실시구역 등을 고려하여 해당 시·도위원회가 정하는 인원
3. 구·시·군위원회
  임기만료에 의한 선거가 실시되거나 해당 구·시·군위원회의 관할구역 전역에서 선거가 실시되는 때에는 20명 이내, 그 밖의 선거가 실시되는 때에는 선거의 종류와 실시구역 등을 고려하여 해당 구·시·군위원회가 정하는 인원
③ 공정선거지원단원이 되려는 사람은 별지 제1호의2서식의(라)의 본인승낙 및 비당원확인서를 제출하여야 한다.(2018.4.6 본항개정)
④ 각급위원회는 공정선거지원단원에게 별지 제63호양식의 신분증명서를 발급하여야 한다.(2018.4.6 본항개정)
⑤ 공정선거지원단원은 임무를 수행함에 있어서 법규를 준수하고 성실하여야 하며 소속된 선거관리위원회의 명령에 따라야 한다.(2018.4.6 본항개정)
⑥ 공정선거지원단원이 이 법에 위반되는 행위에 대하여 증거자료를 수집하거나 조사활동을 하는 때에는 관계인에게 제4항의 신분증명서를 제시하고 소속과 신분을 밝혀야 하며, 그 목적과 이유를 알려야 한다.(2018.4.6 본항개정)
⑦ 각급위원회는 공정선거지원단원이 다음 각 호의 어느 하나에 해당하는 때에는 해촉할 수 있다.(2018.4.6 본문개정)
1. 법규를 위반하거나 그 임무를 수행함에 있어서 불공정한 행위를 하거나 할 우려가 있는 때
2. 정당한 사유 없이 소속된 선거관리위원회의 지휘명령에 따르지 아니하거나 그 임무를 게을리 한 때
3. 임무수행 중 입수한 자료를 유출하거나 알게 된 정보를 누설한 때
4. 공정선거지원단원이 그 품위를 손상하거나 선거관리위원회의 위신을 실추시킨 행위를 한 때(2018.4.6 본호개정)
5. 건강 그 밖의 사유로 임무를 성실히 수행할 수 없다고 판단 된 때
⑧ 공정선거지원단원은 사직하거나 해촉된 때에는 지체없이 그 신분증명서를 반환하여야 한다.(2018.4.6 본항개정)
⑨ 법 제10조의2제7항에 따라 공정선거지원단원에게 예산의 범위에서 수당을 지급할 때에는 「최저임금법」 제10조(최저임금의 고시와 효력발생)에 따라 고시된 최저임금액 이상으로 지급하고, 실비는 「공무원여비규정」 별표2의 제2호에 따라 산정된 금액을 지급한다. 이 경우 활동실적과 근무상황이 우수한 공정선거지원단원에게는 예산의 범위에서 추가로 성과수당을 지급할 수 있다.
(2018.4.6 본항개정)
(2018.4.6 본조제목개정)
제2조의4【사이버공정선거지원단】 ① 법 제10조의3제1항 본문에 따라 중앙위원회가 설치·운영하는 사이버공정선거지원단은 10명 이내로 구성하며, 법 같은 조 같은 항 단서에 따라 중앙위원회가 추가로 구성하는 인원과 법 같은 조 제2항에 따라 시·도위원회가 설치·운영하는 사이버공정선거지원단의 수는 선거의 종류, 선거의 수, 선거가 실시되는 구역과 그 밖의 사항을 고려하여 선거를 실시하는 때마다 해당 위원회가 정한다.
② 법 제10조의3제4항(법 제10조의2제7항을 준용하는 경우를 말한다)에 따라 사이버공정선거지원단원에게 예산의 범위에서 수당을 지급할 때에는 「최저임금법」 제10조(최저임금의 고시와 효력발생)에 따라 고시된 최저임금액 이상으로 지급하고, 식비는 「국가재정법」 제44조(예산집행지침의 통보)에 따른 예산집행에 관한 지침의 특근매식비 지급단가에 따라 지급한다. 이 경우 활동실적과 근무상황이 우수한 사이버공정선거지원단원에게는 예산의 범위에서 추가로 성과수당을 지급할 수 있다.
③ 제2항 전단에도 불구하고 사이버선거범죄의 증거자료 분석 및 시스템 연구 등을 수행하기 위하여 전문인력으로 채용된 사이버공정선거지원단원에게는 예산의 범위에서 유사 직종이나 업무에 근무하는 근로자의 임금 수준에 상응하는 금액을 수당으로 지급할 수 있다.
④ 제2조의3제3항부터 제8항까지의 규정은 사이버공정선거지원단에 준용한다. 이 경우 "공정선거지원단원"은 "사이버공정선거지원단원"으로, "각급위원회"는 "중앙위원회" 또는 "시·도위원회"로 본다.
(2018.4.6 본조개정)
제2조의5【선거관리】 이 규칙에 규정된 구·시·군위원회에는 그 성질에 반하지 아니하는 범위에서 세종특별자치시선거관리위원회가 포함된 것으로 본다.
(2015.8.13 본조신설)
제3조【선거사무의 조정·대행등】 ① 선거구선거관리위원회(이하 "선거구위원회"라 한다) 또는 직근 상급선거관리위원회(이하 "상급위원회"라 한다)가 법 제13조(선거구선거관리)제3항의 규정에 의하여 관할구역안의 선거관리위원회(이하 "위원회"라 한다)가 행할 선거사무의 범위를 조정하는 때에는 관할구역·업무량등 관리여건과 선거인 및 후보자의 편의를 감안하여야 하되, 선거구위원회가 조정하는 때에는 직근 상급위원회의 승인을 얻어야 한다.
② (2004.3.12 삭제)
③ 다음 각 호의 사무는 구·시·군위원회가 법 제13조제3항에 따라 그 관할구역의 읍·면·동위원회 또는 그 위원으로 하여금 행하게 할 수 있다.(2022.1.26 본문개정)
1. 선거벽보의 접수·확인·첩부 및 철거에 관한 사무(2010.1.25 본호개정)
2. 매세대발송용 선거공보(법 제65조제9항에 따른 후보자정보공개자료를 포함한다)의 접수·확인 및 발송에 관한 사무(2015.8.13 본호개정)
3. 투표안내문(점자형 투표안내문을 포함한다. 이하 같다)의 작성 및 발송에 관한 사무(2011.7.28 본호개정)
4. 사전투표소의 설비, 사전투표참관인 신고접수·선정 및 사전투표사무원 위촉에 관한 사무(2014.1.17 본호신설)
5. 그 밖에 위 각 호의 어느 하나에 준하는 사무로서 시·도위원회가 정하는 사무
④ 구·시·군위원회는 선거가 있을 때마다 선거일전 30일(선거일전 30일후에 선거의 실시사유가 확정된 보궐선거등에 있어서는 선거인명부작성기준일)까지 읍·면·동위원회가 대행할 직무의 범위·대행기간 그 밖에 필요한 사항을 정하여 이를 지체 없이 공고하고 해당 읍·면·동위원회에 통지하여야 한다.(2005.8.4 본항개정)
⑤ (2005.8.4 삭제)
⑥ 읍·면·동위원회가 제3항의 규정에 의한 사무를 행함에 있어서 구·시·군위원회의 청인 또는 그 위원장의 직인을 날인하게 되어 있는 것은 당해 읍·면·동위원회의 청인 또는 그 위원장의 직인을 날인한다.(2005.8.4 본항개정)
⑦ 읍·면·동위원회는 관할구·시·군위원회가 정한 대행할 직무의 범위·대행방법 등의 범위안에서 당해 구·시·군위원회의 지도·감독하에 업무를 행하되, 그 업무를 행한 때에는 당해 읍·면·동위원회위원장은 그 업무에 관한 모든 서류를 선거일후 지체없이 관할구·시·군위원회에 송부하여야 한다.(2005.8.4 본항개정)

제2장 선거구역과 의원정수

제4조【자치구·시·군의회의 의원정수 산정기준】 ① 법 제23조(자치구·시·군의회의 의원정수)제1항의 규정에 따른 자치구·시·군의회의 의원정수의 산정은 다음 각 호에서 정하는 기준에 따른다.
1. 자치구·시·군의회의 의원정수는 법 별표3의 시·도별 자치구·시·군의회의원의 총정수의 범위 내에서 자치구·시·군별 인구 비율과 읍·면·동수 비율 등을 고려하여 정한다. 이 경우 자치구·시·군의회의 의원정수 산정의 기준이 되는 인구 및 읍·면·동수의 기준일은 최근의 통계에 따라 법 제24조의3제1항에 따른 해당 시·도의 자치구·시·군의원선거구획정위원회가 정하되, 읍·면·동 통합이 있는 때에 읍·면·동수의 기준일은 통합 전 통계에 따를 수 있다.(2019.1.25 후단개정)
2. 비례대표선거구자치구·시·군의회의원(이하 "비례대표자치구·시·군의원"이라 한다)정수는 자치구·시·군의회의 의원정수에서 법 제23조제3항의 규정에 따라 먼저 정하고, 지역선거구자치구·시·군의회의원(이하 "지역구자치구·시·군의원"이라 한다)정수는 그 나머지 인원으로 한다.
② 지역구자치구·시·군의원정수를 정함에 있어서는 자치구·시·군 안에서 지역선거구별로 의원 1인당 인구수의 편차가 최소화되도록 노력하여야 한다.
(2005.8.4 본조신설)
제4조의2【자치구·시·군의원선거구획정위원회의 구성 및 운영 등】 ① 법 제24조의3제1항에 따른 자치구·시·군의원선거구획정위원회(이하 이 조에서 "획정위원회"라 한다)는 위원장 1명을 포함한 11명의 비상근 위원으로 구성하되, 위원은 시·도의회가 추천하는 2명, 시·도위원회가 추천하는 1명, 학계·법조계·언론계 및 시민단체가 추천하는 각 2명을 위촉하고, 위원장은 위원 중에서 호선한다.
② 위원의 임기는 위원으로 위촉된 날부터 획정위원회가 법 제24조의3제5항에 따라 선거구획정안 및 보고서를 특별시장·광역시장·특별자치시장·도지사(이하 "시·도지사"라 한다)에게 제출하는 날까지로 한다.
③ 위원장은 획정위원회를 대표하고 획정위원회의 직무를 총괄하며, 위원장이 부득이한 사유로 직무를 수행할 수 없는 때에는 미리 위원장이 지명한 위원이 그 직무를 대행한다.
④ 위원회의는 시·도지사 또는 위원장이 필요하다고 인정하는 때에 위원장이 소집하며, 재적위원 과반수의 찬성으로 의결한다.
⑤ 획정위원회는 위원장의 명의로 선거구획정 업무에 필요한 서류 등의 제출을 국가기관 및 지방자치단체에 요청할 수 있으며, 그 요청을 받은 국가기관 및 지방자치단체는 지체 없이 이에 따라야 한다.
⑥ 위원에게는 해당 시·도의 예산의 범위에서 일비·여비 그 밖에 필요한 경비를 지급할 수 있다.
⑦ 획정위원회에 그 사무를 처리하게 하기 위하여 간사 1명을 두되, 간사는 해당 시·도 소속공무원 중에서 해당 시·도지사가 지정하는 공무원이 된다.

⑧ 이 규칙에 규정된 사항 외에 획정위원회의 운영에 관하여 필요한 사항은 획정위원회의 의결로 정한다.
(2015.12.24 본조신설)

제4조의3【자치구·시·군의원지역선거구의 명칭】 법 제26조제2항에 따른 자치구·시·군의원지역선거구의 명칭은 자치구·시·군의 명칭 뒤에 가, 나, 다를 붙여 표시한다.(2015.12.24 본조신설)

제4조의4【지방의회의원의 증원선거구와 그 의원수의 통보】 지방자치단체의 장은 지방의회의원의 증원선거사유가 발생한 때에는 지체없이 법 제29조(지방의회의원의 증원선거)제1항의 규정에 의한 증원선거를 실시할 선거구명 및 증원선거에 의하여 선출할 의원수를 당해 선거구위원회에 통보하여야 한다.(2005.8.4 본조개정)

제5조【지방의회의원 증원선거의 선거구선거관리】 법 제29조(지방의회의원의 증원선거)제3항의 규정에 의한 시·도위원회의 증원선거에 관한 사무를 행할 구·시·군위원회의 지정은 「선거관리위원회법」 제2조(설치)제6항의 규정에 준한다.(2005.8.4 본조개정)

제6조【투표구의 명칭표시등】 ① 법 제31조(투표구)제2항의 규정에 의하여 하나의 읍·면·동에 2 이상의 투표구를 두는 경우의 투표구의 명칭은 그 읍·면·동의 명칭 밑에 제1, 제2, 제3 등을 붙여 표시한다.
② 구·시·군의 장은 관할구역안의 읍·면·동·통·리(「지방자치법」 제7조제4항에 따라 행정리를 둔 경우에는 행정리를 말한다. 이하 같다)의 명칭 또는 구역의 변경이 있거나 폐치·분합이 있는 때에는 지체없이 이를 관할 구·시·군위원회에 통보하여야 한다.(2021.10.22 본항개정)
③ (2005.8.4 삭제)

제7조【투표구의 공고와 통보】 구·시·군위원회는 법 제31조(투표구)제3항의 규정에 의하여 투표구의 설치 또는 변경의 공고를 한 때에는 그 때마다 지체없이 관할 구·시·군의 장과 관계읍·면·동위원회에 이를 통보하여야 하며, 선거를 실시하는 때에는 그 때마다 선거인명부작성기준일전일까지 관할구역안의 투표구를 일괄하여 공고하여야 한다.(2005.8.4 본조개정)

제3장 선거기간과 선거일

제8조【민속절 등의 범위】 법 제34조(선거일)제2항의 민속절 또는 공휴일은 「관공서의 공휴일에 관한 규정」 제2조(공휴일)제1호 내지 제10호에 규정된 날과 한식일로 한다.(2006.3.2 본조개정)

제9조【일부재선거등의 선거일등 공고】 법 제35조제3항에 따른 일부재선거일과 법 제36조에 따른 재투표일을 공고하는 때에는 일부재선거의 선거일 또는 재투표의 투표일 전 19일(대통령선거는 23일)까지 공고하여야 한다.
(2011.7.28 본조개정)

제4장 선거인명부

제10조【명부작성】 ① 구·시·군의 장이 법 제37조에 따라 선거인명부를 작성하는 때에는 주민등록표에 따라 엄정히 조사·작성하여야 한다. 다만, 천재·지변 기타 부득이한 사유로 주민등록표에 의하여 선거인명부를 작성할 수 없을 때에는 그 선거권자가 거주하는 통·리의 장과 그 통·리에 거주하는 선거권자 2인이상의 보증으로 작성할 수 있다.(2015.8.13 본항개정)
② 제1항에 따른 선거인명부는 별지 제2호서식의(가)·(나)·(라)에 의하여 투표구별로 1통을 작성하여야 한다.
(2018.4.6 본항개정)
③ 구·시·군의 장이 제1항에 따라 선거인명부를 작성하는 때에는 투표구별로 지방의회의원선거 및 지방자치단체의 장 선거에서는 주민등록이 되어 있는 선거권자, 외국인선거권자의 순으로 각각 구분하여 작성하고, 국회의원선거에서는 선거권자 중 비례대표국회의원의 선거권만 있는 사람은 선거인명부의 비고칸에 "비례대표 선거권자"라고 적어야 한다.(2015.8.13 본항개정)
④ (2021.10.22 삭제)
⑤ 제1항 단서의 규정에 따른 사유로 외국인선거권자에 대한 선거인명부를 작성할 수 없는 경우에는 「출입국관리법 시행령」 제43조(등록외국인기록표등의 작성 및 관리)의 규정에 따른 등록외국인기록표에 의하여 체류지를 관할하는 출입국관리사무소장 또는 출입국관리사무소출장소장의 확인으로 작성할 수 있다.(2005.8.4 본항신설)
⑥ 구·시·군의 장은 선거인명부작성 후 지체 없이 선거인명부의 작성상황을 별지 제9호서식의(가)에 의하여 관할구·시·군위원회에 통보하여야 한다.(2009.2.19 본항개정)

제10조의2 (2022.1.26 삭제)

제10조의3【선상투표신고에 관한 안내 등】 ① 구·시·군의 장은 법 제38조제2항에 따른 선상투표신고(이하 "선상투표신고"라 한다) 중 승선하고 있는 선원이 해당 선박에 설치된 팩시밀리(전자적 방식을 포함한다. 이하 같다)로 하는 신고를 하는 데 사용할 1대 이상의 팩시밀리 번호를 선거인명부작성기준일 전 3개월[대통령의 궐위로 인한 선거 또는 재선거(이하 이 조에서 "대통령 궐위선거등"이라 한다)의 경우에는 그 실시사유가 확정된 때부터 3일]까지 관할 구·시·군위원회에 통보하여야 하며, 선거인명부 작성기간 중에 선상투표신고를 받는 데 지장이 없도록 필요한 조치를 하여야 한다.(2018.4.6 본항개정)
② 해양수산부장관은 선거인명부작성기준일 전 120일이 속하는 달(대통령 궐위선거등의 경우에는 그 실시사유가 확정된 날이 속하는 달의 전달)의 말일을 기준으로 법 제38조제2항에 해당하는 선박에 대한 다음 각 호의 현황을 그 기준일 후 10일(대통령 궐위선거등의 경우에는 그 실시사유가 확정된 때부터 3일)까지 중앙위원회에 통보하여야 한다.(2017.1.23 본문개정)
1. 선박의 명칭과 위성통신번호(팩시밀리 번호를 포함한다)
2. 선박 소유자(법 제38조제2항제2호의 경우에는 선박관리업을 경영하는 자를 말하며, 이하 "선박회사"라 한다)의 명칭과 주소·전화번호
3. 선상투표신고를 할 수 있는 선원의 수(2014.1.17 본호개정)
4. 출항 및 귀항 일자
5. 그 밖에 선상투표 관리에 필요한 사항
③ 중앙위원회는 제1항에 따라 통보받은 팩시밀리 번호, 선상투표관리기록부를 보낼 시·도위원회의 팩시밀리 번호, 선상투표신고서, 그 밖에 선상투표신고 및 선상투표에 관한 안내문 등을 작성·제작하여 선거일 전 3개월(대통령 궐위선거등의 경우에는 그 실시사유가 확정된 때부터 5일)까지 선박회사에 제공하고, 선박회사는 선거일 전 30일까지 선상투표신고를 할 수 있는 선원이 승선하고 있는 선박의 선장에게 이를 송부하여야 한다.(2017.1.23 본항개정)
④ 선상투표신고를 할 수 있는 선원이 승선하고 있는 선박의 선장은 제3항에 따라 송부된 선상투표신고서와 안내문 등을 해당 선박에 비치하여야 한다.(2014.1.17 본항개정)
⑤ 중앙위원회는 행정안전부, 해양수산부, 그 밖에 선상투표신고를 할 수 있는 선원과 관련 있는 기관·단체 등에 선상투표신고 및 선상투표에 관한 사항을 해당 선원에게 안내하여 줄 것을 요청할 수 있다.(2018.1.19 본항개정)
(2014.1.17 본조제목개정)
(2012.6.25 본조신설)

제11조【거소·선상투표신고】 ① 법 제38조제1항에 따라 거소투표신고(이하 "거소투표신고"라 한다)를 할 수 있는 사람 중 같은 조 제4항제4호에 따른 거소투표신고를 할 수 있는 사람이 거주하는 섬은 별표1과 같다.
② 거소투표신고는 별지 제3호서식의(가)에, 선상투표신고는 별지 제3호서식의(다)에, 법 제38조제3항 후단에 해당하는 사람에게 보내는 거소투표신고서의 서식과 거소투표신고에 관한 안내문은 별지 제3호서식의(라)에 따른다.
③ 법 제38조제1항부터 제3항까지에 따라 구·시·군의 장이 거소투표신고 또는 팩시밀리로 선상투표신고를 받은 때에는 별지 제3호서식의(나)의 거소·선상투표신고서 접수부에 적은 후 신고요건을 갖춘 사람은 거소투표신고인명부 또는 선상투표신고인명부에 올려야 하며, 신고요건을 갖추지 못한 사람은 그 사유를 거소·선상투표신고서 접수부의 비고란에 적고 본인에게 그 뜻을 지체없이 알려야 한다. 다만, 팩시밀리로 선상투표신고를 한 선원 중에서 신고요건을 갖추지 못한 선원에게는 지체없이 선상투표신고서에 기재된 해당 선박의 팩시밀리로 별지 제4호서식에 따라 그 사실을 알려 선상투표신고서를 보완하여 다시 전송하게 하고, 보완이 없는 때에는 그 사실을 거소·선상투표신고서 접수부의 비고란에 적는다.(2015.8.13 단서개정)
④ 통·리 또는 반의 장은 법 제38조제4항제3호에 해당하는 사람(「장애인복지법」 제32조에 따라 등록된 장애인은 제외한다. 이하 이 항에서 같다)이 이 법 같은 조 제3항 전단에 따른 확인을 요청하는 경우에는 확인에 필요한 조치를 취하여야 하며, 구·시·군의 장은 법 제38조제4항 제3호에 해당하는 사람이 통·리 또는 반의 장의 확인을 받지 아니하고 거소투표신고를 한 경우라도 그 사람이 거소에서 투표할 수 있는 사람으로 확인된 때에는 제3항 본문에도 불구하고 거소투표신고인명부에 올릴 수 있다.
⑤ 법 제38조제5항에 따른 거소투표신고인명부와 선상투표신고인명부(이하 "거소·선상투표신고인명부"라 한다)는 별지 제2호서식의(가)·(다)·(라)에 따라 읍·면·동별로 2통씩을 각각 작성하여야 한다.(2015.12.24 본항개정)
⑥ 중앙위원회는 법 제38조제4항제5호에 따라 사전투표소 및 투표소를 설치할 수 없는 지역에 장기기거하는 자로서 거소투표를 할 수 있는 자를 선거인명부작성기준일전 10일까지 지정·공고하여야 한다.
⑦ 구·시·군의 장이 거소투표신고 또는 선상투표신고를 받은 때에는 해당 신고서에 기재된 거소투표사유 또는 선상투표사유와 법 제38조제3항에 따른 확인자를 확인하여 거소투표사유 또는 선상투표사유에 해당하지 아니하거나 거소투표사유 또는 선상투표사유와 확인자의 직명·성명의 표시 또는 그 날인이 맞지 아니하는 때에는 제3항에 준하여 신고요건을 갖추지 못한 사람으로 처리하여야 한다.
⑧ 제3항에 따라 거소·선상투표신고인명부에 올릴 때에는 선거인명부의 비고란에 "거소투표자" 또는 "선상투표자"로 적고, 국회의원선거에서 거소투표신고인 또는 선상투표신고인이 비례대표국회의원의 선거권만 있는 사람인 때에는 선거인명부와 거소·선상투표신고인명부에 각각 "비례대표 선거권자"로 적어야 한다.(2015.8.13 본항개정)
⑨ 우체국 또는 구·시·군의 장은 다른 구·시·군의 장에게 송달되어야 할 거소투표신고서 또는 선상투표신고서(팩시밀리로 신고한 선상투표신고서를 제외하고, 이하 이 항에서 "거소·선상투표신고서"라 한다)를 배달받았으나 부득이한 사유로 선거인명부작성기간 만료일의 마감시각까지 해당 구·시·군의 장에게 도달시킬 수 없는 때에는 우선 팩시밀리로 송부하고, 그 원본을 지체없이 송부하여야 한다. 이 경우 당해 구·시·군의 장은 모사전송방법으로 도달된 거소·선상투표신고서를 접수하여 거소·선상투표신고서 접수부에 기재하고 거소·선상투표신고인명부에 등재할 수 있되, 거소·선상투표신고서의 원본을 받아 이를 확인하여야 하고, 모사전송된 거소·선상투표신고서와 그 원본을 함께 거소투표신고서철 또는 선상투표신고서철에 편철하여야 한다.
(2015.8.13 본항개정)
⑩ 구·시·군의 장이 선거인명부작성기간 만료일의 마감시각이 지난 후에 선박에 설치된 팩시밀리로 보낸 선상투표신고를 받은 때에는 해당 선거권자는 선상투표신고인명부에 올리지 아니한다.(2015.8.13 본항개정)
(2014.1.17 본조개정)

제12조【명부작성의 감독등】 ① 구·시·군의 장은 법 제39조(명부작성의 감독등)제2항의 규정에 의하여 선거인명부작성에 종사하는 공무원을 임면한 때에는 소속·직위 또는 직급·성명 및 임면연월일 등을 관할 구·시·군위원회에 통보하여야 한다.(2009.2.19 본항개정)
② (2002.3.21 삭제)
③~④ (1998.4.30 삭제)

제13조【명부열람】 ① 구·시·군의 장은 법 제40조제1항에 따라 선거권자가 선거인명부를 열람하는 때에는 관계공무원을 참여시켜야 하며, 열람기간 중 선거권자가 해당 구·시·군이 개설·운영하는 인터넷홈페이지에서 선거인명부를 열람(이하 "인터넷열람"이라 한다)하는 경우 본인임을 확인받은 후 열람할 수 있도록 하는 기술적 조치를 하여야 한다.(2009.2.19 본항개정)
② 선거인명부의 열람시간은 공휴일[「관공서의 공휴일에 관한 규정」 제2조(공휴일)제1호 내지 제10호에 규정된 날을 말한다. 이하 같다]에 불구하고 매일 오전 9시부터 오후 6시까지로 한다. 다만, 인터넷열람은 그러하지 아니하다.(2011.7.28 본문개정)
③ 구·시·군의 장은 해당 구·시·군이 개설·운영하는 인터넷홈페이지의 초기화면에 선거인명부의 열람방법을 안내하여야 한다.(2005.8.4 본항신설)
④ 구·시·군의 장은 법 제41조(이의신청과 결정)제1항의 규정에 따른 이의신청을 해당 구·시·군이 개설·운영하는 인터넷홈페이지에서 할 수 있도록 하는 기술적 조치를 하여야 한다.(2005.8.4 본항신설)
⑤ 선거인명부의 열람장소와 기간, 인터넷홈페이지 주소 및 열람방법의 공고는 별지 제6호서식에 의한다.
(2005.8.4 본항개정)
(2005.8.4 본조제목개정)

제14조【명부의 수정】 ① 법 제41조(이의신청과 결정)제2항·법 제42조(불복신청과 결정)제2항 또는 법 제43조(명부누락자의 구제)제2항의 규정에 의하여 선거인명부를 수정할 때에는 그 사유와 연월일을 비고란에 기재하고, 구·시·군의 장의 사인을 날인하여야 한다.
(2009.2.19 본항개정)
② 선거인명부의 열람기간이 지난 후 선거인명부확정전까지 선거인명부에 올라 있는 자중 오기 또는 선거권이 없는 자나 사망자가 있는 것을 발견한 때에는 이를 수정 또는 삭제하되, 비고란에 그 사유와 연월일을 기재하고 구·시·군의 장의 사인을 날인하여야 한다.(2009.2.19 본항개정)
③ 구·시·군의 장은 제1항 및 제2항의 규정에 의하여 선거인명부를 수정한 때에는 그 상황을 제16조(명부확정상황의 통보 등)제1항의 규정에 따라 선거인명부의 확정상황을 통보하는 때에 함께 관할구·시·군위원회에 통보하여야 한다.(2009.2.19 본항개정)
④ 구·시·군의 장은 거소·선상투표신고인명부 확정 후 오기 또는 선거권이 없는 자나 사망자가 있는 것을 발견한 때에는 그때마다 지체 없이 관할 구·시·군위원회에 별지 제7호서식의(나)에 따라 그 사실을 통보하고, 이를 통보받은 당해 구·시·군위원회는 거소·선상투표신고인명부의 비고란에 기재하여야 한다.(2014.1.17 본항개정)
⑤ 구·시·군위원회는 법 제38조제6항에 따라 송부 받은 거소·선상투표신고인명부(전산자료 복사본을 포함한다. 이하 이 항에서 같다)의 기재사항에 오기가 있다고 인정되는 경우에는 구·시·군의 장에게 해당 신고서와 거소·선상투표신고인명부의 대조·확인을 요구할 수 있다.(2014.1.17 본항개정)
⑥~⑦ (2014.1.17 삭제)

제15조【명부등재신청 서식】 법 제43조(명부누락자의 구제)제1항의 규정에 의한 선거인명부등재신청은 별지 제8호서식에 의한다.

제16조【명부확정상황의 통보 등】 ① 구·시·군의 장은 법 제44조제1항에 따라 선거인명부 및 거소·선상투표신고인명부가 확정된 후 지체 없이 그 확정상황을 별지 제9호서식의(나)·(다)에 따라 관할 구·시·군 위원회에 통보하여야 한다. 이 경우 확정된 선거인명부 및 거소·선상투표신고인명부의 전산자료 복사본을 함께 송부하여야 한다.(2014.1.17 본항개정)
② 구·시·군의 장은 거소·선상투표신고인명부에 올라 있는 자의 신고서를 그 명부등재번호순으로 정리·편철하여 그 명부확정후 즉시 그 명부와 함께 관할 구·시·군위원회에 송부하여야 한다.(2014.1.17 본항개정)
③~④ (2014.1.17 삭제)
⑤ 법 제44조제3항에 따른 공고는 별지 제6호서식에 따른다.(2011.7.28 본항신설)
(2005.8.4 본조제목개정)
제16조의2【통합선거인명부의 작성 등】 ① 중앙위원회는 제16조제1항 후단에 따라 송부 받은 선거인명부 전산자료 복사본을 이용하여 통합선거인명부를 작성한다.
② 중앙위원회는 읍·면·동위원회가 사전투표기간 종료 후 관할구역의 투표구별로 사전투표소에서 투표한 사람의 투표사실이 표시되어 있는 선거인명부를 출력할 수 있도록 기술적 조치를 하여야 한다.
③ 읍·면·동위원회는 제2항에 따라 출력한 선거인명부를 금고 등 안전한 곳에 보관하여야 하며, 투표관리관에게 법 제151조제1항에 따라 투표용지와 투표함을 인계하는 때에 그 선거인명부를 함께 인계하여야 한다.
④ 읍·면·동위원회는 제2항 및 제3항에 따른 선거인명부의 출력·보관 및 인계 과정에 해당 읍·면·동위원회의 정당추천위원이 각각 참여하여 입회할 수 있도록 하여야 한다. 이 경우 정당추천위원이 참여하지 아니한 때에는 입회를 포기한 것으로 본다.
⑤ 구·시·군의 장은 선거인명부 확정 후 오기 또는 선거권이 없는 자나 사망자가 있는 것을 발견한 때에는 그 때마다 사전투표기간 종료 전에는 관할 구·시·군위원회에, 사전투표기간 종료 후에는 관할 구·시·군위원회와 읍·면·동위원회에 별지 제7호서식의(나)에 따라 그 사실을 통보하고, 이를 통보받은 해당 구·시·군위원회는 통합선거인명부의 비고란에, 읍·면·동위원회는 제2항에 따라 출력한 선거인명부의 비고란에 그 사실을 기재하여야 한다. 이 경우 읍·면·동위원회가 선거인명부를 수정하는 때에는 정당추천위원의 참여 하에 봉함·봉인을 해제하고 통보 사실을 기재한 후 다시 봉함·봉인하여 보관하여야 하며, 정당추천위원이 참여하지 아니한 때에는 입회를 포기한 것으로 본다.
⑥ 구·시·군위원회는 법 제154조제2항·제3항 또는 제154조의2제1항에 따라 거소투표용지 또는 선상투표용지를 발송하지 아니하거나 거소투표용지가 반송된 거소투표신고인이 있는 때에는 통합선거인명부의 비고란에 그 사실을 기재하여야 하며, 읍·면·동위원회는 법 제154조제3항에 따라 거소투표용지가 반송된 거소투표신고인의 명단을 통지받은 때에는 제2항에 따라 출력한 선거인명부의 비고란에 그 사실을 기재하여야 한다. 이 경우 읍·면·동위원회의 선거인명부 수정 과정의 정당추천위원 참여에 관하여는 제5항 후단을 준용한다.
⑦ 읍·면·동위원회는 선거인명부를 투표관리관에게 인계한 후에 제5항 및 제6항에 따른 오기 등을 통보받은 때에는 지체 없이 이를 투표관리관에게 통보하여야 하며, 이를 통보받은 투표관리관은 선거인명부의 비고란에 그 사실을 기재하여야 한다.
(2014.1.17 본조신설)
제17조【명부의 재작성】 ① 법 제45조제1항에 따른 선거인명부 재작성에 관하여는 법 제37조부터 제44조의2까지의 규정에 준하되, 부득이한 사유가 있는 경우에는 관할구·시·군위원회의 의결로 선거인명부의 작성기준일·작성기간·열람기간·열람장소·이의신청 및 심사결정·유효기간과 확정 기타 선거인명부의 재작성에 관하여 필요한 사항을 따로 정할 수 있다.(2014.1.17 본항개정)
② 제1항의 규정에 의하여 선거인명부의 재작성에 관하여 필요한 사항을 따로 정한 때에는 구·시·군위원회는 이를 공고하고 당해 구·시·군의 장에게 통보하여야 하며, 직근 상급위원회에 보고하여야 한다.(2009.2.19 본항개정)
제18조【명부사본의 작성 및 교부신청등】 ① 구·시·군의 장은 법 제46조(명부사본의 교부)제1항의 규정에 의하여 선거인명부(거소·선상투표신고인명부를 포함한다. 이하 이 조에서 같다)의 사본 또는 전산자료 복사본을 작성하는 경우 그 사본 또는 전산자료 복사본의 앞표지는 별지 제10호서식의(가)에 의하고, 그 끝에는 별지 제10호서식의(나)에 의한 기재를 하여 원본과 틀림이 없음을 증명하여야 한다. 이 경우 선거인명부 사본은 전산자료에 의하여 출력한 사본으로 갈음할 수 있다.
(2014.1.17 전단개정)
② 구·시·군의 장은 선거인명부의 동일성이 유지되도록 전산자료복사본에 변조방지장치를 할 수 있다.
(2009.2.19 본항개정)
③ 법 제46조제2항의 규정에 의한 선거인명부사본 또는 전산자료복사본의 교부신청은 별지 제10호서식의(다)에 의하되, 1종에 한한다.(2000.2.16 본항개정)
④ 구·시·군의 장은 선거인명부사본과 전산자료 복사본의 작성비용을 선거인명부작성마감일까지 별지 제10호서식의(라)에 의하여 공시하여야 한다.(2009.2.19 본항개정)

제5장 후보자

제19조【선거권자의 후보자추천】 ① 법 제48조(선거권자의 후보자추천)제2항의 규정에 의한 선거권자의 추천장의 검인은 관할선거구위원회의 청인을 날인하는 것으로 하되, 관할선거구위원회가 선거권자의 추천장을 인쇄하여 교부하는 때의 검인의 청인날인은 인쇄날인으로 갈음할 수 있다.(1998.4.30 본항개정)
② 관할선거구위원회가 법 제48조제1항에 따른 무소속후보자(이하 "무소속후보자"라 한다)가 되고자 하는 자로부터 추천장의 검인을 신청받은 때에는 후보자가 되고자 하는 자의 해당 선거구명·주소·성명 및 생년월일이 기재된 추천장만을 검인하여야 하며, 제1항 후단의 규정에 따라 인쇄한 추천장을 교부하는 때에는 추천장에 그 기재사항을 기재하게 하여 교부하되, 검인 또는 교부매수는 법 제48조제2항 각 호의 규정에 따른 추천인수의 상한수의 추천이 가능한 매수 이내로 한다. 다만, 검인 또는 교부받은 추천장이 오손 또는 파손 등으로 사용할 수 없게 된 때에는 그 사용할 수 없게 된 추천장과의 교환으로 새로운 추천장을 검인 또는 교부할 수 있다.(2005.8.4 본항개정)
③ 선거권자의 추천장 및 추천장의 검인 또는 교부신청은 별지 제11호서식의(가)·(나)에 의한다.
제20조【후보자등록】 ① 후보자등록을 신청하는 때에는 법 제49조제2항부터 제4항까지의 규정에 따른 등록신청관계서류외에 피선거권에 관한 증명서류로서 후보자가 되려는 사람의 주민등록표 초본, 「가족관계의 등록 등에 관한 법률」 제15조제1항제1호에 따른 가족관계증명서(이하 "가족관계증명서"라 하며, 손자 또는 외손자 중 병역사항 신고대상자가 있는 때에는 그 손자 또는 외손자가 기록된 가족관계증명서를 포함한다) 및 재직증명서(법 제16조제4항의 경우에 해당되는 지방자치단체의 장에 한한다)를 첨부하여야 한다. 이 경우 주민등록표 초본의 제출은 대통령선거, 지방의회의원선거 및 지방자치단체의 장선거에 한한다.(2015.8.13 본항개정)
② 법 제53조제1항부터 제3항까지 또는 제5항 본문에 따라 그 직을 그만두고 입후보하려는 사람은 사직원접수증 또는 해임된 것을 증명하는 서류를 첨부하여야 한다.
(2010.1.25 본항개정)
③ 관할선거구위원회가 법 제49조제8항 단서에 따라 후보자의 피선거권에 관한 조사를 함에 있어서는 「가족관계의 등록 등에 관한 법률」 제10조제1항에 따른 후보자의 등록기준지를 관할하는 구청장·시장(구가 설치되지 아니한 시의 시장을 말한다)·읍장·면장과 해당 선거구를 관할하는 검찰청의 장에게 조회하되, 법 같은 조 제10항 후단에 따라 전과기록을 조회하는 때에 함께 할 수 있다.
(2009.2.19 본항개정)
④ 법 제49조제11항과 제12항에 따른 전과기록의 열람 또는 공개는 후보자등록을 신청하는 자가 제출한 서류에 의하되, 법 같은 조 제10항 후단에 따라 조회한 전과기록을 검찰청의 장으로부터 회보받은 경우에는 그에 의하여 수정된 사항을 열람하게 하거나 공개한다.(2007.11.22 본항개정)
⑤ 법 제49조제11항의 규정에 의한 전과기록의 열람은 당해 선거구위원회가 위원회 사무소 등 장소를 지정하여 열람하게 할 수 있다.(2004.3.12 본항신설)
⑥ 제49조제12항에 따른 후보자등록서류의 공개는 선거관리위원회의 인터넷 홈페이지에 게시하는 등 선거구민이 쉽게 알 수 있는 방법으로 한다. 이 경우 법 제49조제4항제3호·제5호·제6호 및 제7호의 서류의 공개는 「공직선거후보자의병역사항신고및공개에관한규칙」 별지 제1호서식과 이 규칙 별지 제12호서식의(카)·(타)·(파)에 따른 신고서·제출서(첨부서류는 제외한다)를 공개하는 것으로 갈음할 수 있다.(2018.1.19 후단개정)
⑦ 법 제49조제1항부터 제3항까지의 규정에 따른 후보자등록신청서, 정당의 추천서, 비례대표전국선거구국회의원(이하 "비례대표국회의원"이라 한다)후보자 및 비례대표지방의회의원후보자의 명부, 대통령후보자·비례대표국회의원후보자 및 비례대표지방의회의원후보자의 본인승낙서는 별지 제12호서식의(나) 내지 (바)에 의하고, 법 같은 조 제10항 전단에 따른 전과기록의 조회신청은 별지 제12호서식의(사)에 의하며, 법 같은 조 제8항 단서 및 제10항 후단에 따른 피선거권 조사 의뢰 및 조회는 별지 제12호서식의(아) 및 (자)에 따르고, 법 같은 조 제4항제4호부터 제7호까지의 규정에 따른 세금의 납부 및 체납에 관한 신고서, 전과기록에 관한 증명서류, 학력에 관한 증명서, 공직선거 후보자등록 경력 신고서의 제출은 별지 제12호서식의(차)부터 (파)에 따른다.(2015.12.24 본항개정)
⑧ 후보자등록신청서에 후보자의 성명을 한글로 기재함에 있어서는 해당 후보자의 가족관계증명서에 기록된 성명을 그대로 기재하여야 하며, 관할선거구위원회가 후보자등록신청서에 한글로 기재된 후보자의 성명이 가족관계증명서에 기록된 성명과 일치하지 아니한 것을 발견한 때에는 이를 후보자등록을 신청한 자에게 보완하게 하거나 직권으로 정정할 수 있다.(2007.11.22 본항개정)
⑨ 법 제49조제4항제6호에서 "최종학력증명서"라 함은 재학증명서·재적증명서·졸업증명서(이를 발행할 수 없는 경우에는 졸업증 원본을 포함한다)·수료증명서(이를 발행할 수 없는 경우에는 수료증원본을 포함한다) 기타 학교의 장이 발행한 최종학력을 증명할 수 있는 서류를 말한다.(2004.3.12 본항신설)
제20조의2 (2005.8.4 삭제)
제21조【후보자등의 인영】 ① 선거에 후보자를 추천한 정당이 해당 선거에 사용할 정당의 당인과 대표자의 인장은 해당 정당이 「정당법」 제16조에 따라 관계선거관리위원회(이하 "관계위원회"라 한다)에 등록한 인영(법 제61조의2에 따라 관계위원회에 신고한 인영을 포함한다)의 인장으로 한다. 다만, 정당이 등록한 인영의 인장과 다른 인장을 사용한다는 뜻을 후보자등록신청개시일 전일까지 관할위원회에 신고한 때에는 해당 인장으로 한다.
② 후보자·예비후보자·선거사무장 및 선거연락소장의 인장의 인영은 별지 제13호서식에 따라 그 등록신청서 또는 선임·교체신고서에 첨부하여 관할위원회에 제출하여야 한다.
③ 제2항에도 불구하고 다음 각 호의 어느 하나에 해당하는 때에는 해당 후보자 또는 후보자의 선거사무장의 인장의 인영은 제출하지 아니할 수 있다. 이 경우 이미 제출된 해당 예비후보자 또는 예비후보자의 선거사무장의 인장의 인영은 후보자 또는 후보자의 선거사무장의 인장의 인영으로 본다.
1. 예비후보자가 후보자로 등록한 경우
2. 제28조제5항에 따라 예비후보자의 선거사무장을 후보자의 선거사무장으로 보는 경우
(2019.5.30 본조개정)
제22조【후보자 등의 당적이탈 등의 통보】 ① 정당은 소속 정당추천후보자가 당적을 이탈·변경하거나 2 이상의 당적을 가지고 있는 경우에는 지체 없이 그 사실을 별지 제14호서식에 의하여 관할선거구위원회에 통보하여야 한다.
② 정당이 법 제57조의2(당내경선의 실시)제2항의 규정에 따른 당내경선을 실시한 경우에는 지체 없이 경선후보자의 명단, 경선방법, 경선결과 순위, 경선후보자의 자격상실 여부 및 그 사유 등(이하 이 조에서 "당내경선 결과"라 한다)을 별지 제14호의2서식에 의하여 관할선거구위원회에 통보하여야 한다. 이 경우 중앙당이 당내경선을 실시한 때에는 중앙위원회에, 시·도당이 당내경선을 실시한 때에는 해당 시·도위원회에 통보하는 것으로 갈음할 수 있으며, 당내경선 결과를 통보받은 중앙위원회 또는 시·도위원회는 지체 없이 이를 관할선거구위원회에 통지하여야 한다.(2006.5.10 본항개정)
③ 정당이 제2항의 규정에 따라 당내경선 결과를 통보한 후 후보자로 선출된 자가 사퇴·사망·피선거권 상실 또는 당적의 이탈·변경 등으로 그 자격을 상실한 때에는 지체 없이 그 사실을 별지 제14호의3서식에 의하여 관할선거구위원회에 통보하여야 한다.(2006.5.10 본항신설)
④ 관할선거구위원회는 당내경선 결과나 후보자로 선출된 자의 자격상실 여부 등을 해당 정당에 조회할 수 있으며, 정당은 그 결과나 자격상실 여부 등을 지체 없이 관할선거구위원회에 회보하여야 한다.(2006.5.10 본항신설)
(2005.8.4 본조개정)
제22조의2【현직을 가지고 입후보할 수 없는 언론인의 범위】 법 제53조제1항제8호에서 "중앙선거관리위원회 규칙으로 정하는 언론인"이란 다음 각 호의 어느 하나에 해당하는 언론인을 말한다.
1. 「신문 등의 진흥에 관한 법률」 제9조에 따라 등록한 신문 및 인터넷신문과 「잡지 등 정기간행물의 진흥에 관한 법률」 제15조에 따라 등록하거나 같은 법 제16조에 따라 신고한 정기간행물(분기별 1회 이상 발행하는 것으로 등록된 것만 해당한다) 중 다음 각 목의 어느 하나에 해당하는 것을 제외한 신문, 인터넷신문 및 정기간행물을 발행·경영하는 자와 이에 상시 고용되어 편집·취재 또는 집필의 업무에 종사하는 자
   가. 정당의 기관지와 「고등교육법」 제2조에 따른 대학, 산업대학, 교육대학, 전문대학, 원격대학, 기술대학 및 각종학교의 학보
   나. 산업·경제·사회·과학·종교·교육·문화·체육 등 전문분야에 관한 순수한 학술 및 정보의 제공·교환을 목적으로 발행하는 것
   다. 기업체가 소속원에게 그 동정 또는 공지사항을 알리거나 기업의 홍보 또는 제품의 소개를 위하여 발행하는 것
   라. 법인·단체 등이 소속원에게 그 동정이나 공지사항을 알릴 목적으로 발행하는 것
   마. 정치에 관한 보도·논평의 목적 없이 발행하는 것
   바. 그 밖에 여론형성의 목적 없이 발행하는 것
2. 「방송법」에 따른 방송사업(방송채널사용사업은 보도에 관한 전문편성을 행하는 방송채널사용사업에 한정한다)을 경영하는 자와 이에 상시고용되어 편집·제작·취재·집필 또는 보도의 업무에 종사하는 자
(2015.12.24 본조신설)

제23조【후보자 사퇴의 신고】 법 제54조(후보자사퇴의 신고)의 규정에 의한 후보자사퇴의 신고와 정당의 사퇴승인은 별지 제14호의4서식에 의한다.(2020.3.25 본조개정)

제23조의2【후보자등록 등에 관한 공고】 ① 법 제55조(후보자등록 등에 관한 공고)의 규정에 의하여 후보자가 등록·사퇴 또는 사망하거나 등록이 무효로 된 때의 공고는 당해 선거구위원회의 게시판에 첩부하는 것으로 한다.(2002.3.21 본항개정)

② (2004.3.12 삭제)

(2004.3.12 본조제목개정)

제24조【기탁금의 납부】 ① 법 제56조제1항 또는 법 제60조의2제2항에 따른 기탁금의 납부는 선거구위원회가 기탁금의 예치를 위하여 개설한 금융기관(우체국을 포함한다)의 예금계좌에 후보자등록 또는 예비후보자등록을 신청하는 자의 명의로 계좌입금하고 해당 금융기관이 발행한 입금표를 제출하는 것으로 한다. 다만, 부득이한 사유가 있는 경우에는 현금(금융기관이 발행한 자기앞수표를 포함한다. 이하 이 조에서 같다)으로 납부할 수 있다.
(2010.1.25 본문개정)

② 관할선거구위원회가 제1항 단서의 규정에 의하여 기탁금을 현금으로 받은 때에는 영수증을 교부하고 금융기관에 즉시 예치하여야 한다.

③ 후보자등록 또는 예비후보자등록을 신청하려는 사람이 「장애인복지법」 제32조에 따라 등록된 장애인으로서 법 제56조제1항 및 법 제60조의2제2항에 따른 기탁금을 납부하려는 때에는 「장애인복지법」 및 「장애인복지법 시행규칙」에 따른 장애인등록증의 사본이나 장애인증명서 그 밖에 관공서가 발행한 것으로 장애인임을 증명할 수 있는 서류(이하 "장애인증명서등"이라 한다)를 제출하여야 한다. 다만, 예비후보자가 같은 선거구에 후보자등록을 신청하는 때에는 그 제출을 생략할 수 있다.
(2022.4.20 본항신설)

(2004.3.12 본조개정)

제25조【기탁금의 반환·귀속등】 ① 관할선거구위원회는 법 제57조제1항에 따른 기탁금의 반환은 법 제56조제3항에 따라 기탁금에서 부담하는 비용을 공제한 금액을 기탁자의 금융기관 예금계좌에 무통장입금하고 공제명세서를 해당 기탁자에게 송부하는 것으로 한다. 다만, 부득이한 사유로 현금(금융기관이 발행한 자기앞수표를 포함한다)으로 반환하는 경우에는 영수증을 받아야 한다.

② 관할선거구위원회위원장은 법 제57조제1항 각 호 외의 부분 후단에 따라 국가 또는 해당 지방자치단체에 귀속할 기탁금을 납입할 때에는 기탁자별로 정산하여 해당 기탁자에게 통지하고 선거일후 30일이내에 대통령 및 국회의원의 선거에 있어서는 중앙위원회의 수입징수관에게, 지방의회의원 및 지방자치단체의 장의 선거에 있어서는 해당 지방자치단체의 징수관에게 납입하여야 한다.

③ 정당은 당헌·당규에 따라 소속 당원의 후보자(비례대표국회의원후보자 및 비례대표지방의회의원후보자를 제외한다. 이하 이 항에서 같다) 추천 신청을 받았으나 후보자로 추천하지 아니한 사람의 명단을 후보자등록마감일 후 지체 없이 별지 제15호서식에 따라 관할 선거구위원회에 통지하여야 한다. 이 경우 중앙당이 후보자 추천 신청을 받은 경우에는 중앙위원회에, 시·도당이 후보자 추천 신청을 받은 경우에는 해당 시·도위원회에 통지하는 것으로 갈음할 수 있으며, 해당 명단을 통지받은 중앙위원회 또는 시·도위원회는 지체 없이 이를 관할 선거구위원회에 통지하여야 한다.(2020.3.25 본항신설)

④ 관할선거구위원회는 법 제57조제2항에 따라 납부하여야 할 부담비용을 선거일 후 15일까지 해당 기탁자에게 고지하여야 하며, 해당 기탁자가 이를 납부하지 아니하여 관할세무서장이 이를 징수하는 때의 국가 또는 지방자치단체에의 납입절차에 관하여는 「국고금관리법 시행규칙」 또는 지방자치단체의 지방세 부과징수에 관한 관계규정을 준용한다.
(2010.1.25 본조개정)

제5장의2 정당의 후보자 추천을 위한 당내경선

(2005.8.4 본장신설)

제25조의2【당내경선운동】 ① 법 제57조의3제1항제1호에 따라 경선후보자가 자신의 명함을 직접 주거나 지지를 호소하는 방법의 경선운동은 당내경선의 선거일 투표개시시각부터 투표마감시각까지는 이를 할 수 없다.
(2010.1.25 본항개정)

② 법 제57조의3제1항제2호의 규정에 따른 경선홍보물의 작성 및 발송은 다음 각 호에서 정하는 바에 따른다.

1. 경선홍보물은 해당 정당이 정한 경선선거인수에 그 100분의 3에 상당하는 수를 더한 수 이내의 수량으로 작성하여야 한다. 이 경우 작성할 수 있는 총수량의 단수가 100 미만인 때에는 100매로 한다.
2. 경선홍보물은 길이 27센티미터 너비 19센티미터 이내에서 4면(대통령 및 시·도지사선거의 당내경선의 경우에는 8면) 이내의 규격으로 작성하여야 한다.
3. 경선홍보물에는 작성근거, 인쇄소의 명칭·주소·전화번호를 표시하여야 하며, 앞면에는 "경선후보자 홍보물"이라 표시하여야 한다.
4. 정당이 경선홍보물을 발송하고자 하는 경우에는 별지 제15호의2서식의(가)에 의한 발송용 봉투를 사용하여야 하며, 「우편법 시행령」 제25조(우편요금 등의 별납)의 규정에 따라 우편요금 등을 따로 납부하는 방법으로 하여야 한다.
5. 정당이 경선홍보물을 발송하고자 하는 때에는 발송일 전 2일까지 경선후보자별 홍보물 4부씩을 첨부하여 별지 제15호의2서식의(나)에 의하여 관할선거구위원회에 신고하여야 한다.

③ 경선후보자는 법 제57조의3제1항제3호에 따라 합동연설회 또는 합동토론회가 개최되는 시설의 입구나 담장 또는 그 구내(옥외를 말한다)에 다음 각 호에 따라 자신의 홍보에 필요한 현판과 현수막을 각 2개 이내에서 설치·게시할 수 있다. 다만, 애드벌룬이나 기구류를 이용한 방법으로는 설치·게시할 수 없다.

1. 규격
   대통령선거는 20제곱미터 이내, 국회의원선거·지방의 회의원선거 및 지방자치단체의 장선거는 10제곱미터 이내
2. 설치·게시 기간
   합동연설회 또는 합동토론회 개최일 전일부터 개최일까지

(2008.2.29 본항개정)

④ 정당이 법 제57조의3제1항제3호의 규정에 따라 합동연설회 또는 합동토론회를 개최하는 때에는 개최일 전일까지 관할선거구위원회에 별지 제15호의2서식의(다)에 의하여 신고하여야 한다. 이 경우 신고사항에 변경이 있는 때에는 개최시각 전까지 그 변경사항을 신고하여야 한다.

제25조의3【당원 등 매수금지의 예외】 ① 법 제57조의5(당원 등 매수금지)제1항 단서에서 "의례적인 행위"라 함은 다음 각 호의 어느 하나에 해당하는 행위를 말한다.

1. 경선후보자의 경선운동기구를 방문하는 자나 경선운동기구의 개소식에 참석한 자에게 통상적인 범위 안에서 다과류의 음식물(주류를 제외한다)을 제공하는 행위
2. 경선후보자와 함께 다니는 자와 경선운동기구에서 경선사무에 종사하는 자를 합하여 다음 각 목에 해당하는 수〔법 제10조(사회단체등의 공명선거추진활동)제1항제3호의 규정에 따른 가족은 그 수에 산입하지 아니한다〕 이내에서 통상적인 범위 안의 식사류의 음식물을 제공하는 행위
   가. 대통령선거의 당내경선에 있어서는 30인
   나. 시·도지사선거의 당내경선에 있어서는 15인
   다. 국회의원선거, 자치구의 구청장 및 시장·군수(이하 "자치구·시·군의 장"이라 한다)선거의 당내 경선에 있어서는 10인(2009.2.19 본목개정)
   라. 지방의회의원선거의 당내경선에 있어서는 5인
3. 그 밖에 위 각 호의 어느 하나에 준하는 것으로서 중앙위원회가 정하는 행위

② 제1항의 규정에 따라 통상적인 범위 안에서 1인에게 제공할 수 있는 음식물의 가액범위는 제50조(기부행위로 보지 아니하는 행위 등)제6항의 규정을 준용한다.

제25조의4【당내경선 등을 위한 휴대전화 가상번호의 제공 요청】 ① 법 제57조의8제1항에 따른 휴대전화 가상번호 제공 요청서는 별지 제15호의2서식의(라)에 따른다.(2017.2.24 본항개정)

② 법 제57조의8에 따른 관할 위원회(이하 이 조부터 제25조의8까지 "관할 위원회"라 한다)는 다음 각 호와 같다.

1. 정당의 중앙당이 요청하는 경우 : 중앙위원회
2. 정당의 시·도당이 요청하는 경우 : 시·도위원회

③ 법 제57조의8제2항에 따라 정당이 휴대전화 가상번호 제공 요청서를 제출한 경우에는 관할 위원회가 기재사항, 정당의 경선선거인 수 또는 여론수렴 대상자 수의 30배수 초과 여부 등을 확인한 다음 제1항에 따라 정당이 제출한 휴대전화 가상번호 제공 요청서를 해당 이동통신사업자에게 보낸다.(2017.2.24 본항개정)

④ 관할 위원회는 법 제57조의8제5항 단서에 따라 정당에 제공하여야 할 휴대전화 가상번호 수의 조정이 필요한 경우 해당 정당에 통보기한을 정하여 그 조정을 요청하여야 한다.(2017.2.24 본항개정)

⑤ 관할 위원회는 제4항에 따라 해당 정당이 조정된 휴대전화 가상번호 제공 수를 통보한 경우 지체 없이 해당 이동통신사업자에게 알려야 한다. 다만, 관할 위원회가 지정한 통보기한까지 해당 정당이 조정된 휴대전화 가상번호 제공 수를 통보하지 아니한 경우 관할 위원회는 그 사실을 해당 이동통신사업자에게 알려야 한다.(2017.2.24 본항개정)

⑥ 제5항 단서에 따른 안내를 받은 이동통신사업자는 정당의 요청에 따라 제공하여야 하는 휴대전화 가상번호 수에도 불구하고 이동통신사업자가 제공할 수 있는 휴대전화 가상번호의 최대수를 제공하여야 한다.(2017.2.24 본항개정)

⑦ 제5항 또는 제6항에 따라 제공받은 휴대전화 가상번호의 수가 법 제57조의8제1항에 따라 요청한 휴대전화 가상번호의 수보다 적은 때에는 해당 정당은 통보 받은 날로부터 2일 이내에 관할 위원회에 다른 이동통신사업자의 휴대전화 가상번호 제공을 요청할 수 있다.(2017.2.24 본항개정)

⑧ 제2항에도 불구하고 중앙위원회는 휴대전화 가상번호의 요청건수 및 요청시기 등을 종합적으로 고려하여 관할 위원회를 조정할 수 있다.(2017.2.24 본항개정)

(2017.2.24 본조제목개정)

(2016.1.15 본조신설)

제25조의5【이용자에 대한 고지와 제공거부】 ① 이동통신사업자는 임기만료에 따른 선거가 있을 때마다 그 선거의 예비후보자등록신청개시일 전 1개월부터 예비후보자등록신청개시일 전일까지(이하 이 조에서 "휴대전화 가상번호의 제공 고지기간"이라 한다) 선거일 현재 18세 이상의 이용자(이하 이 조부터 제25조의6까지 "이용자"라 한다)에게 법 제57조의8제6항에 따른 사실을 다음 각 호의 방법 중 둘 이상의 방법으로 알려야 한다.
(2020.1.17 본문개정)

1. 이동통신사업자 홈페이지(이동통신단말장치 응용프로그램을 포함한다) 게시
2. 전자우편 전송
3. 우편물 발송

② 본인의 이동전화번호가 정당에 휴대전화 가상번호로 제공되는 것을 거부하려는 이용자는 제1항에 따른 휴대전화 가상번호의 제공 고지기간이 만료된 날의 다음 날부터 20일 이내에 해당 이동통신사업자에게 명시적으로 그 의사를 표시하여야 한다.(2017.2.24 본항개정)

③ 이동통신사업자는 법 제57조의8제5항 본문에 따라 휴대전화 가상번호를 제공한 후 선정된 이용자가 휴대전화 가상번호 활용에 대한 거부의 의사를 표시할 경우 그 후에 휴대전화 가상번호를 생성하는 때에는 해당 이용자가 포함되지 아니하도록 필요한 조치를 하여야 한다. 다만, 불가피한 사정이 있는 경우에는 그러하지 아니하다.
(2017.2.24 본문개정)

④ 제2항 또는 제3항에 따른 거부의 의사표시 방법은 해당 이동통신사업자가 정하되, 그 의사표시에 소요되는 비용을 이용자가 부담하지 않도록 필요한 조치를 하여야 한다.
(2016.1.15 본조신설)

제25조의6【휴대전화 가상번호의 생성】 ① 이동통신사업자가 제25조의4제1항에 따른 휴대전화 가상번호 제공요청서에 따라 휴대전화 가상번호를 생성하는 때에는 해당 이동통신사업자가 보유한 이용자의 최신 정보를 기준으로 한다.

② 휴대전화 가상번호 제공을 요청한 정당의 대표자가 제1항에 따른 휴대전화 가상번호를 생성하는 과정에 참관인 1명을 지정하여 참관을 요청하는 경우 이동통신사업자는 그 참관을 보장하여야 한다. 이 경우 이동통신사업자가 지정한 시각까지 참관인이 참석하지 아니한 때에는 참관을 포기한 것으로 본다.
(2017.2.24 본조개정)

제25조의7【휴대전화 가상번호와 함께 제공되는 정보】 법 제57조의8제5항 본문 및 같은 조 제7항제3호 후단에 따라 휴대전화 가상번호와 함께 제공되는 정보는 다음 각 호와 같다.(2017.2.24 본문개정)

1. 성(性) : 남성 또는 여성
2. 연령 : 20대(18세 및 19세를 포함한다), 30대, 40대, 50대, 60대, 70대 이상(2020.1.17 본호개정)
3. 거주지역
   가. 대통령선거 및 비례대표국회의원선거 : 시·도 단위
   나. 비례대표시·도의원선거 및 시·도지사선거 : 자치구·시·군 단위
   다. 지역구국회의원선거, 비례대표자치구·시·군의원선거 및 자치구·시·군의 장선거 : 선거구, 자치구·시·군 또는 읍·면·동 단위(2022.1.26 본목개정)
   라. 지역구지방의회의원선거 : 선거구 또는 읍·면·동 단위(2022.1.26 본목개정)
   마. 여론수렴 : 시·도, 자치구·시·군 또는 읍·면·동 단위(2022.1.26 본목개정)

(2017.2.24 본조제목개정)

(2016.1.15 본조신설)

제25조의8【휴대전화 가상번호의 제공 및 반납】 ① 이동통신사업자가 법 제57조의8제5항에 따라 휴대전화 가상번호를 제공하는 경우 별지 제15호의2서식의(마)에 따른다.(2017.2.24 본항개정)

② 이동통신사업자는 제25조의6에 따라 생성한 휴대전화 가상번호 1부를 정보저장매체에 암호화하여 저장·봉인한 후 관할 위원회를 경유하여 휴대전화 가상번호를 요청한 정당에 제공하여야 한다. 이 경우 관할 위원회 경유는 별지 제15호의2서식의(마) 표지를 해당 관할 위원회에 송부하는 것으로 갈음할 수 있다.(2017.2.24 전단개정)

③ 관할 위원회는 제2항에 따라 이동통신사업자가 휴대전화 가상번호를 정당에 제공하는 때에는 그 제공할 장소를 지정할 수 있다.(2017.2.24 본항개정)

④ 정당이 법 제57조의8제1항제1호에 따라 당내경선을 위하여 휴대전화 가상번호를 제공받은 경우에는 휴대전화 가상번호를 제공 받은 날부터 그 당내경선의 선거일(당내경선에서 정당이 정하는 바에 따라 결선투표를 실시하는 경우에는 그 결선투표일을 말한다)까지 경선 선거인으로 선정된 사람에 한정하여 다음 각 호에 따른 용도로 해당 휴대전화 가상번호를 활용할 수 있다.
(2017.2.24 본문개정)

1. 경선 일정에 관한 안내
2. 투표참여에 관한 홍보
3. 경선 여론조사에 응답하도록 권유
⑤ 법 제57조의8제1항제2호에 따른 여론수렴을 위한 휴대전화 가상번호의 유효기간은 10일을 넘을 수 없다.
(2017.2.24 본항개정)
⑥ 정당은 휴대전화 가상번호 유효기간 만료 전에 이동통신사업자에게 휴대전화 가상번호를 반납할 수 있다. 이 경우 해당 이동통신사업자가 제공한 휴대전화 가상번호를 모두 반납하여야 한다.(2017.2.24 본항개정)
(2017.2.24 본조제목개정)
(2016.1.15 본조신설)

제25조의9【휴대전과 가상번호의 비용】 ① 이동통신사업자는 제25조의6에 따른 휴대전화 가상번호의 생성에 소요되는 비용(휴대전화 가상번호 1개를 20일 동안 사용하는 경우를 기준으로 정당이 부담하여야 하는 비용을 말한다. 이하 이 조에서 "휴대전화 가상번호의 비용"이라 한다)을 별지 제15호의2서식의(바)에 따라 매년 12월 말까지 중앙위원회에 통보하여야 한다.
② 중앙위원회는 제1항에 따라 휴대전화 가상번호의 비용을 통보 받은 후 지체 없이 별지 제15호의2서식의(사)에 따라 공고하고 이를 국회에 의석을 가진 정당에게 통지하여야 한다. 이 경우 통지는 공고문의 사본 교부로 갈음할 수 있다.
③ 이동통신사업자는 제25조의6에 따라 휴대전화 가상번호를 생성한 후 그에 따른 휴대전화 가상번호의 비용을 해당 정당에 청구할 수 있고, 해당 정당은 제25조의8제2항에 따라 휴대전화 가상번호를 제공 받기 전까지 이를 납부하여야 한다.
④ 휴대전화 가상번호의 유효기간이 20일보다 짧은 경우에 그 휴대전화 가상번호의 비용은 일할(日割)하여 계산한다.
⑤ 이동통신사업자는 휴대전화 가상번호의 비용·납부방법 등을 해당 이동통신사업자 홈페이지에 게시하는 등 정당이 쉽게 알 수 있도록 필요한 조치를 하여야 한다.
(2017.2.24 본조개정)

제6장 선거운동

제25조의10【문자메시지 전송용 전화번호의 신고】 법 제59조제2호 후단에 따른 자동 동보통신 방법에 의한 문자메시지 전송에 사용할 전화번호는 전송일 전일까지 별지 제15호의2서식의(아)에 따라 관할 선거구위원회에 신고하여야 한다.(2017.2.24 본조개정)

제26조【예비후보자등록】 ① 법 제60조의2제1항에 따라 예비후보자등록을 신청하는 때에는 다음 각호에 정하는 피선거권에 관한 증명서류를 첨부하여야 한다.
(2007.11.22 본문개정)
1. 주민등록표 초본(대통령선거, 지방의회의원선거 및 지방자치단체의 장의 선거에 한한다)(2015.8.13 본호개정)
2. 가족관계증명서(2007.11.22 본호개정)
3. 재직증명서(법 제16조제4항의 경우에 해당되는 지방자치단체의 장에 한한다)(2007.11.22 본호개정)
4. 사직원접수증 또는 해임증명서류(법 제53조제1항부터 제3항까지 또는 제5항 본문에 해당하는 사람에 한정한다)(2010.1.25 본호개정)
② 제20조제3항은 예비후보자등록에 이를 준용한다. 이 경우 "후보자"는 "예비후보자"로 본다.(2007.11.22 전단개정)
③ 예비후보자등록신청서는 별지 제12호서식의(나)에 의하고, 사퇴신고서는 별지 제14호의4서식에 의한다.
(2020.3.25 본항개정)
④ 법 제60조의2제2항 및 제8항에 따른 전과기록에 관한 증명서류 및 학력에 관한 증명서의 제출과 전과기록의 조회 및 회보에 관하여는 제20조제7항·제9항을 준용한다.(2010.1.25 본항신설)
⑤ 관할 선거구위원회는 중앙위원회가 정하는 기준에 따라 법 제60조의2제9항에 따른 예비후보자의 당적 보유 여부 조회를 정당에 요청하여야 한다. 이 경우 해당 시·도위원회가 일괄하여 조회할 수 있다.(2015.8.13 본항신설)
⑥ 법 제60조의2제10항에 따른 예비후보자등록서류의 공개는 제20조제6항을 준용한다.(2015.8.13 본항신설)
⑦ 관할선거구위원회는 예비후보자가 등록·사퇴·사망하거나 등록이 무효로 된 때에는 이를 공고하여야 한다.
(2005.8.4 본항개정)
⑧ 법 및 이 규칙에 따라 각급위원회에 대하여 행하는 예비후보자와 관련된 신청·신고·제출 등은 일반적 국가공무원의 정상근무일의 오전 9시부터 오후 6시까지 하여야 한다. 다만, 예비후보자등록신청 개시일에는 토요일 또는 공휴일에도 불구하고 오전 9시부터 오후 6시까지 이를 할 수 있다.(2011.7.28 본항개정)

제26조의2【예비후보자 등의 선거운동】 ① (2017.2.24 삭제)
② 법 제60조의3제1항제4호에 따른 예비후보자홍보물(이하 "예비후보자홍보물"이라 한다)은 1종으로 하되, 그 규격과 적어야 할 사항은 다음 각 호에 따른다.
1. 규격
가. 크기
길이 27센티미터 너비 19센티미터 이내
나. 면수
대통령선거는 16면 이내, 지역구국회의원선거와 지역구지방의회의원선거 및 지방자치단체의장선거는 8면 이내
2. 적어야 할 사항
가. 앞면
명칭("예비후보자홍보물"이라 적는다), 선거명, 선거구명, 예비후보자의 성명, 소속정당명(정당의 당원이 아닌 사람은 "무소속"이라 적는다)
나. 맨 뒷면
작성근거("이 예비후보자홍보물은 「공직선거법」 제60조의3제1항제4호에 따라 제작한 것입니다."라고 적는다), 인쇄사의 명칭·주소·전화번호
(2008.2.29 본항개정)
③ 예비후보자홍보물의 발송수량은 제51조제1항에 따라 선거비용제한액을 공고하거나 같은 조 제3항에 따라 선거비용제한액을 변경하여 공고하는 때에 함께 공고하여야 한다.(2008.2.29 본항개정)
④ 예비후보자가 제2항의 홍보물을 발송하고자 하는 경우에는 별지 제15호의3서식의(가)에 의한 발송용 봉투를 사용하여야 하며, 「우편법 시행령」 제25조(우편요금등의 별납)의 규정에 따라 우편요금 등을 따로 납부하는 방법으로 하여야 한다.(2005.8.4 본항개정)
⑤ 예비후보자가 제4항에 따라 예비후보자홍보물을 발송하려는 때에는 발송일 전 2일까지 예비후보자홍보물 2부 또는 그 전자적 파일을 붙여 다음 각 호의 내용을 적은 별지 제15호의3서식의(나)에 따라 관할 선거구위원회에 신고하여야 한다. 이 경우 수회에 걸쳐 예비후보자홍보물을 발송하려는 때에는 최초 신고시에 일괄신고할 수 있다.(2011.7.28 본문개정)
1. 작성수량·발송수량·발송대상
2. 예비후보자홍보물 제작 인쇄사의 명칭·주소·전화번호
3. 발송우체국의 명칭·발송일시
(2019.5.30 1호~3호개정)
⑥ (2017.1.23 삭제)
⑦ 예비후보자는 세대주의 주소·성명의 오기 등 착오나 그 밖의 사유로 인하여 제4항의 규정에 따라 발송한 홍보물이 반송된 경우에는 이를 해당 세대주에게 다시 발송할 수 있다.(2005.8.4 본항신설)
⑧ 법 제60조의3제1항제5호에 따른 어깨띠와 표지물의 규격은 다음 각 호에 따른다.
1. 어깨띠
길이 240센티미터 너비 20센티미터 이내
2. 표지물
길이 100센티미터 너비 100센티미터 이내
(2010.1.25 본항신설)
⑨ (2012.3.2 삭제)
⑩ 법 제59조제2호·제3호·제5호에 따른 문자메시지·전자우편·명함과 법 제60조의3제1항제2호부터 제5호까지에 따른 명함, 예비후보자홍보물, 어깨띠·표지물에는 법 제150조에 따른 기호가 결정되기 전이라도 기호를 알 수 있는 때에는 그 기호를 게재할 수 있다.(2020.12.29 본항개정)
⑪ 예비후보자는 법 제60조의3제2항에 따라 그의 명함을 줄 수 있는 배우자(배우자가 없는 경우 예비후보자가 지정한 1명)와 직계존비속(이하 이 조에서 "예비후보자의 배우자등"이라 한다)을 별지 제16호서식의(나)에 의하여 관할선거구위원회에 신고하여야 하며, 그 신고를 받은 관할선거구위원회는 지체 없이 별지 제16호 서식의(다)에 따른 표지를 교부하여야 한다. 이 경우 표지의 교부신청은 제28조제3항과 제6항을 준용한다.(2018.4.6 전단개정)
⑫ 예비후보자의 배우자등은 제11항에 따라 교부된 표지를 늘 잘 보이도록 달고 선거운동을 하여야 한다.
(2010.1.25 본항개정)
⑬ 법 제60조의3제3항에 따라 예비후보자가 선거권자인 세대주의 성명·주소가 기재된 명단(이하 이 조에서 "세대주명단"이라 한다)의 교부를 신청하는 때에는 그 대상을 지역별·연령별·성별 등으로 정하여야 한다. 이 경우 교부신청은 별지 제15호의4서식의(가)에 의한다.
(2010.1.25 전단개정)
⑭ 구·시·군의 장은 예비후보자가 신청한 발송대상의 범위 안에서 행정구역순, 지번순으로 세대주를 선정하여 세대주명단을 작성·교부하여야 한다. 이 경우 그 앞표지는 별지 제15호의4서식의(나)에 의한다.(2005.8.4 본항신설)
⑮ 구·시·군의 장은 전산조직을 이용하여 세대주명단을 작성할 수 있으며, 세대주명단의 교부는 전산자료 복사본의 교부로 갈음할 수 있다.(2005.8.4 본항신설)
⑯ 세대주명단의 전산자료 복사본의 변조방지장치에 대하여는 제18조(명부사본의 작성 및 교부신청 등)제2항의 규정을, 세대주명단의 작성비용의 공시에 대하여는 제49조(의정활동보고회의 고지등)제3항의 규정을 준용한다. 이 경우 "선거인명부"는 "세대주명단"으로 본다.
(2005.8.4 본항신설)
⑰ (2012.3.2 삭제)
(2005.8.4 본조제목개정)

제26조의3【예비후보자공약집】 ① 법 제60조의4제1항에 따라 대통령선거 및 지방자치단체의 장선거의 예비후보자가 발간·배부하는 예비후보자공약집에는 다음 각 호의 사항을 적어야 한다.
1. 앞면
명칭("예비후보자공약집"이라 적는다), 선거명, 예비후보자의 성명, 소속정당명(정당의 당원이 아닌 사람은 "무소속"이라 적는다)
2. 맨 뒷면
작성근거("이 예비후보자공약집은 「공직선거법」 제60조의4제1항에 따라 제작한 것입니다."라고 적는다), 판매가격, 출판사(출판사를 이용하지 아니하고 발간한 경우에는 그 인쇄사를 말한다)의 명칭·주소·전화번호
② 제1항의 예비후보자공약집에는 법 제150조에 따른 기호가 결정되기 전이라도 예비후보자가 자신의 기호를 알 수 있는 때에는 그 기호를 게재할 수 있다.(2010.1.25 본항신설)
③ 법 제60조의4제3항에 따라 예비후보자가 관할선거구위원회에 예비후보자공약집을 제출하는 때에는 별지 제15호의5서식에 따른다.
(2008.2.29 본조신설)

제27조【선거운동기구의 간판·현판·현수막등】 ①~② (2005.8.4 삭제)
③ 법 제61조제6항에 따라 선거사무소, 선거연락소 및 선거대책기구에 설치·게시하는 간판·현판·현수막에는 법 제150조(투표용지의 정당·후보자의 게재순위등)의 규정에 따른 기호가 결정되기 전이라도 정당 또는 후보자(예비후보자를 포함한다)가 자신의 기호를 알 수 있는 때에는 그 기호를 게재할 수 있다.(2014.1.17 본항개정)
④ 법 제61조제6항에 따른 간판·현판 및 현수막과 선거벽보·선거공보·선거공약서 및 후보자의 사진은 선거사무소, 선거연락소 및 선거대책기구가 있는 건물이나 그 담장을 벗어난 장소에 또는 애드벌룬을 이용한 방법으로 설치·게시할 수 없다.(2014.1.17 본항개정)
⑤ 정당·후보자·선거사무장 또는 선거연락소장이 법 제61조제6항에 따라 선거사무소와 선거연락소에 첩부할 수 있는 선거벽보·선거공보 및 선거공약서의 수량은 다음 각 호의 매수(책자형 선거공보 및 선거공약서의 경우에는 부수를 말한다. 이하 같다) 이내로 한다.(2010.1.25 본문개정)
1. 대통령, 비례대표국회의원과 비례대표시·도의원 및 시·도지사의 선거의 선거사무소에 있어서는 각각 50매
2. 지역구국회의원 및 자치구·시·군의 장의 선거의 선거사무소와 대통령 및 시·도지사의 선거의 선거연락소에 있어서는 각각 30매
3. 지역구국회의원 및 자치구·시·군의 장의 선거의 선거연락소와 지역구시·도의원선거 및 자치구·시·군의원선거의 선거사무소에 있어서는 각각 20매
(2005.8.4 본항개정)
⑥ 법 제61조제6항에 따라 선거사무소와 선거연락소에 첩부할 수 있는 후보자의 사진의 매수는 제5항에 따른 선거사무소와 선거연락소별 선거벽보의 첩부매수(비례대표국회의원선거 및 비례대표지방의회의원선거의 선거사무소의 경우에는 후보자마다 각 10매)범위 이내로 한다.(2017.1.23 본항개정)
⑦ (2014.1.17 삭제)

제27조의2【정당선거사무소의 신고 등】 ① 법 제61조의2(정당선거사무소의 설치)제3항의 규정에 의한 정당선거사무소(이하 이 조에서 "정당선거사무소"라 한다)의 설치·변경신고는 별지 제16호서식의(마)에 의한다.
② 정당이 정당선거사무소를 설치·운영하는 중에 다른 선거를 실시하게 되는 때에는 해당 선거의 선거일후 30일까지 이미 설치된 정당선거사무소외에 별도의 정당선거사무소를 설치할 수 없다. 이 경우 이미 설치된 정당선거사무소는 해당 선거에 있어서 법 제61조의2제3항의 규정에 따라 신고된 정당선거사무소로 본다.(2021.10.22 본항개정)
③ 정당선거사무소에 설치·게시하는 간판·현판·현수막에는 후보자(후보자가 되고자 하는 자를 포함한다. 이하 이 항에서 같다)의 성명·사진 또는 그 성명을 유추할 수 있는 내용을 게재하거나 후보자를 지지·추천하거나 반대하는 내용을 게재하여서는 아니된다.(2005.8.4 본항개정)
④ 제3항의 간판·현판·현수막은 정당선거사무소가 있는 건물이나 그 담장을 벗어난 장소에 또는 애드벌룬을 이용한 방법으로 설치·게시할 수 없다.(2014.1.17 본항개정)
(2004.3.12 본조신설)

제27조의3【활동보조인을 둘 수 있는 장애인 예비후보자·후보자의 범위】 ① 법 제62조제4항에 따라 활동보조인을 둘 수 있는 장애인 예비후보자·후보자는 「장애인복지법」 제32조에 따라 등록된 장애인으로서 「장애인복지법 시행규칙」 별표1에 따른 장애인의 장애 정도 중 다음 각 호의 어느 하나에 해당하는 사람으로 한다.
1. 청각장애인 및 언어장애인 : 모든 장애인
2. 그 밖의 장애인 : 장애의 정도가 심한 장애인
(2020.1.17 본항개정)
② 제1항의 장애인 예비후보자·후보자가 활동보조인을 두려는 경우에는 법 제63조제1항에 따라 활동보조인의 선임신고를 하는 때에 제1항 각 호의 어느 하나에 해당하

는 장애인임을 증명할 수 있는 장애인증명서등을 제출하여야 하되, 제24조제3항에 따라 기탁금을 납부하는 때에 제출한 경우에는 제출하지 아니할 수 있다.(2022.4.20 본항개정)
(2010.1.25 본조신설)

제28조【선거운동기구 및 선거사무관계자의 신고 등】 ① 법 제63조제1항에 따른 선거사무소·선거연락소의 설치·변경의 신고는 별지 제16호서식의(가)에 의하고, 선거사무장·선거연락소장이나 선거사무원·활동보조인(이하 이 조에서 "선거사무장등"이라 한다)의 선임·해임 및 교체(이하 이 항에서 "선임등"이라 한다)의 신고와 후보자의 배우자(배우자가 없는 경우 후보자가 지정한 1명) 및 직계존비속(이하 "후보자의 배우자등"이라 한다)의 신고는 별지 제16호서식의(나)에 의하되, 신고사항별로 다음 각호의 관할위원회에 신고하여야 한다.
(2018.4.6 본문개정)
1. 대통령선거의 선거사무소의 설치·변경, 선거사무장 및 선거사무소에 두는 선거사무원의 선임등의 신고와 비례대표국회의원선거의 선거사무소의 설치·변경, 선거사무장 및 선거사무원의 선임등의 신고는 중앙위원회(2000.2.16 본호개정)
2. 대통령선거의 시·도선거연락소의 설치·변경, 시·도선거연락소장 및 시·도선거연락소에 두는 선거사무원의 선임등의 신고와 비례대표시·도의원선거 및 시·도지사선거의 선거사무소의 설치·변경, 선거사무장 및 선거사무소에 두는 선거사무원의 선임등의 신고는 시·도위원회(1995.4.14 본호개정)
3. 지역구국회의원·지방의회의원(비례대표시·도의원을 제외한다) 및 자치구·시·군의 장의 선거의 선거사무소의 설치·변경, 선거사무장 및 선거사무소에 두는 선거사무원의 선임등의 신고는 선거구위원회인 구·시·군위원회(1995.4.14 본호개정)
4. 대통령 및 지역구국회의원의 선거와 시·도지사 및 자치구·시·군의 장의 선거의 구·시·군선거연락소의 설치·변경, 구·시·군선거연락소장 및 구·시·군선거연락소에 두는 선거사무원의 선임등의 신고는 관할 구·시·군위원회
② 법 제62조제2항제2호에 따라 지역구국회의원선거 및 자치구·시·군의 장선거에서 그 읍·면·동수의 3배수 외에 추가로 둘 수 있는 5명 이내의 선거사무원은 선거사무소에 둔다.(2010.1.25 본항신설)
③ 법 제63조제2항에 따른 표지의 규격과 그 게재사항은 별지 제16호서식의(다)에 의하며, 제1항의 선거사무장등의 선임신고와 후보자의 배우자등의 신고는 표지의 교부신청을 겸한 것으로 본다. 이 경우 관할위원회는 법 제63조제1항에 따른 신고가 있는 때에는 신고된 선거사무장등(회계책임자를 포함한다. 이하 이 조에서 같다)과 후보자의 배우자등의 수에 해당하는 표지를 교부하여야 한다.
(2010.1.25 본항개정)
④ 예비후보자가 법 제49조에 따라 해당 선거의 같은 선거구에 후보자등록을 마친 때에는 제26조의2제11항에 따라 신고된 예비후보자의 배우자등은 이 조에 따라 신고된 후보자의 배우자등으로 보아 따로 신고하지 아니할 수 있으며, 후보자의 배우자등은 이 조 제3항에 따라 교부된 표지를 늘 잘 보이도록 달고 선거운동을 하여야 한다.
(2010.1.25 본항개정)
⑤ 예비후보자가 법 제49조에 따라 해당 선거의 같은 선거구에 후보자등록을 마치고 선거사무장의 선임 신고를 하지 않은 경우에는 예비후보자의 선거사무장을 후보자의 선거사무장으로 본다.(2017.1.23 본항신설)
⑥ 선거사무장등과 후보자의 배우자등이 제3항의 표지를 분실한 때에는 분실일시와 장소, 분실사유등을 적고 분실한 자와 그 선임권자가 함께 서명 또는 날인하여 해당 위원회에 별지 제16호서식의(라)에 따라 표지의 재교부를 신청할 수 있으며, 해당 위원회는 분실한 것으로 인정되는 때에는 표지의 빈 자리에 "재교부"라고 표시하여 교부하여야 한다.(2011.7.28 본항개정)

제29조【선거벽보】 ① 법 제64조제1항에 따른 선거벽보는 후보자마다 1종으로 하고, 그 규격은 다음 각호에 의하되, 길이를 상하로 하여 작성하여야 한다. 이 경우 선거벽보를 인쇄하는 종이는 100g/㎡ 이내의 종이로 한다.(2010.1.25 본문개정)
1. 대통령선거
길이 76센티미터 너비 52센티미터
2. 지역구국회의원·지역구지방의회의원 및 지방자치단체의 장의 선거(2005.8.4 본문개정)
길이 53센티미터 너비 38센티미터
3. (2005.8.4 삭제)
② 구·시·군위원회가 법 제64조제1항 및 제2항에 따라 첩부하는 선거벽보는 읍·면·동을 단위로 다음 각 호의 비율을 한도로 균등하게 후보자의 기호순으로 길이를 상하로 하여 동시에 같은 장소에 첩부하여야 한다. 이 경우 다음 각 호에 따라 산출한 매수가 5매 미만인 경우에는 5매로 한다.
1. 읍, 동 및 2만명 이상인 면은 인구 1천명에 1매
2. 인구 5천명 이상 2만명 미만인 면은 50매에 인구 5천명을 넘는 매 1천명까지 마다 1매를 더한 매수
3. 인구 5천명 미만인 면은 인구 100명에 1매
(2021.10.22 1호~3호개정)
(2011.7.28 본항개정)
③ 법 제64조제3항에 따라 정당 또는 후보자가 제출할 선거벽보의 수량은 구·시·군위원회(지역구지방의회의원선거에 있어서는 관할선거구)별로 제2항에 따라 산출한 수량에 그 100분의 5에 상당하는 매수를 더한 수량으로 하며, 보완첩부용으로 보관할 수량은 제2항에 따라 산출한 수량의 100분의 30에 상당하는 매수로 한다. 이 경우 법 및 이 규칙의 규정에 의하여 작성할 수 있는 총수량의 단수가 10미만인 때에는 10매로 한다.(2010.1.25 전단개정)
④ 정당 또는 후보자가 법 제64조제2항에 따라 관할 구·시·군위원회에 선거벽보를 제출하는 때에는 별지 제17호서식의(나)에 의하되, 관할 구·시·군위원회는 법 같은 조 제3항에 따라 공고된 수량의 범위안에서 미리 읍·면·동위원회별로 제출할 매수와 장소를 정하여 정당 또는 후보자로 하여금 그 지정장소에 제출하게 할 수 있다.(2010.1.25 본항개정)
⑤ 선거벽보를 첩부할 마땅한 장소가 없는 때에는 지역구지방의회의원 및 지방자치단체의 장의 선거에 있어서는 해당 지방자치단체가, 대통령 및 지역구국회의원의 선거에 있어서는 관할 구·시·군위원회가 선거벽보를 첩부할 벽보판을 제작·설치하여야 한다.(2020.12.29 본항개정)
⑥ (2010.1.25 삭제)
⑦ 법 제64조제6항에 따른 경력 등에 관한 허위사실의 게재를 이유로 한 이의제기는 별지 제17호서식의(마)에 따라 하여야 하며, 해당 상급위원회로부터 이의제기에 대한 증명서류의 제출을 요구받은 이의제기자·정당 또는 후보자는 그 요구를 받은 날부터 3일 이내에 관련증명서류를 제출하여야 한다.(2011.7.28 본항개정)
⑧ 상급위원회는 법 제64조제6항에 따라 경력등의 허위게재사실을 공고한 때에는 그 공고문사본을 관할선거구위원회에 송부하여야 하며, 관할선거구위원회는 상급위원회로부터 허위게재사실의 공고문사본을 송부받거나 법 같은 조 제7항에 따른 사생활에 대한 비방으로 인한 고발사실을 공고한 때에는 동 공고문사본을 통행인이 쉽게 알아볼 수 있도록 길이 53센티미터 너비 38센티미터로 작성하여 투표구마다 5매를 첩부하고 사전투표기간 및 선거일에는 사전투표소와 투표소 입구에 각 1매를 추가로 첩부하되, 해당 후보자가 입후보한 선거의 선거구 안에만 첩부한다. 이 경우 상급위원회 및 해당 선거구위원회의 청인날인은 생략할 수 있다.(2017.1.23 전단개정)
⑨ 해당위원회는 법 제64조제1항부터 제4항까지(종수·규격·수량 및 제출기한을 말한다)의 규정에 위반하지 아니하는 한 선거벽보의 접수를 거부할 수 없으며, 법 제64조제6항에 따른 이의제기나 법 같은 조 제7항에 따른 고발은 선거벽보의 제출·접수 또는 첩부의 계속진행에 영향을 주지 아니한다.(2010.1.25 본항개정)
⑩ 법 제64조제5항 단서에 따른 선거벽보의 정정·삭제요청은 별지 제17호서식의(라)에 의한다.(2010.1.25 본항신설)
⑪ 법 제64조제10항에 따른 선거벽보 첩부장소에 대한 협의는 소유자 또는 관리자의 장소 사용승낙 등으로 갈음할 수 있다.(2020.12.29 본항신설)
(2010.1.25 본조제목개정)

제30조【선거공보】 ① 법 제65조제1항과 제4항에 따른 책자형 선거공보, 전단형 선거공보, 점자형 선거공보, 법 같은 조 제9항에 따라 후보자가 작성하는 후보자정보공개자료(이하 이 조에서 "선거공보등"이라 한다)는 각각 1종으로 하며, 그 규격은 다음 각 호에 따른다.
(2015.8.13 본문개정)
1. 책자형 선거공보, 점자형 선거공보, 후보자정보공개자료
길이 27센티미터 너비 19센티미터 이내
(2015.8.13 본호개정)
2. 전단형 선거공보
길이 38센티미터 너비 27센티미터 이내 또는 길이 54센티미터 너비 19센티미터 이내
(2008.2.29 본항개정)
② 선거공보등에는 다음 각 호에 따른 사항을 적되, 점자형 선거공보에는 해당 사항을 한글과 점자로 함께 적어야 한다.(2015.8.13 본문개정)
1. 책자형 선거공보와 전단형 선거공보의 앞면
명칭("책자형 선거공보" 또는 "전단형 선거공보"라 적는다), 선거명, 선거구명
2. 점자형 선거공보의 앞면
선거명, 선거구명, 후보자성명
(2008.2.29 본항개정)
③ 정당 또는 후보자가 제출할 선거공보등의 수량은 제2조에 따른 인구의 기준일 현재 구·시·군위원회(지역구지방의회의원선거의 경우에는 선거구를 말한다)별 세대수(이하 이 항에서 "세대수"라 한다) 등을 기준으로 다음 각 호에 따라 산출한 수에 각각 그 100분의 5를 더한 수로 한다. 이 경우 제출할 수량의 단수가 10미만인 때에는 10매로 하고, 법과 이 규칙에 따라 작성할 수 있는 총수량의 단수가 100미만인 때에는 100매로 한다.
1. 책자형 선거공보
세대수와 예상 거소투표신고인수 및 법 제65조제5항에 따른 예상 신청자수를 합한 수
(2014.1.17 본호개정)
2. 점자형 선거공보
법 제65조제7항에 따라 통보된 시각장애선거인수(이하 이 조에서 "시각장애선거인수"라 한다)
(2014.1.17 본호개정)
3. 전단형 선거공보
세대수
4. 후보자정보공개자료
제출하여야 할 책자형 선거공보의 매수에서 제출한 책자형 선거공보의 매수를 뺀 수
5. (2015.8.13 삭제)
(2008.2.29 본항개정)
④ 중앙위원회는 후보자가 법 제65조제4항 단서에 따른 인쇄물 접근성 바코드를 표시할 수 있도록 기술적 조치를 하여야 한다.(2018.4.6 본항개정)
⑤ 법 제65조제5항에 따른 책자형 선거공보의 발송신청은 별지 제17호서식의(바)에 따르고, 같은 조 제6항에 따라 정당 또는 후보자가 관할구·시·군위원회에 선거공보등을 제출하는 경우에는 별지 제17호서식의(나)에 의하되, 관할구·시·군위원회는 미리 매세대에 발송할 선거공보등은 읍·면·동위원회별로 제출할 매수와 장소를 정하여 정당 또는 후보자로 하여금 그 지정장소에 제출하게 할 수 있으며, 거소투표신고인명부 확정 및 법 제65조제5항에 따른 책자형 선거공보 발송신청 접수 결과 거소투표신고인 및 신청자에게 발송하여야 할 선거공보등의 수량이 제3항에 따른 제출수량을 초과하는 때에는 정당 또는 후보자에게 그 초과수량을 제출하게 할 수 있다. 이 경우 우편에 의한 책자형 선거공보의 발송신청은 등기우편으로 처리하되, 그 우편요금은 국가 또는 지방자치단체가 부담한다.(2014.1.17 본항개정)
⑥ 법 제65조제7항에 따라 구·시·군의 장이 관할구·시·군위원회에 통보하여야 하는 시각장애선거인은 「장애인복지법 시행규칙」 별표1에 따른 "장애의 정도가 심한 장애인"에 해당하는 사람과 해당 구·시·군의 장이 "장애의 정도가 심하지 않은 장애인" 중 점자형 선거공보가 필요하다고 인정하는 사람으로 한다.(2020.1.17 본항개정)
⑦ 법 제65조제8항에 따른 후보자정보공개자료는 별지 제17호서식의(다)에 따라 작성한다.(2014.1.17 본항개정)
⑧ 제7항의 후보자정보공개자료에는 선거벽보·선거공보·선거공약서 및 후보자가 운영하는 인터넷 홈페이지에 적었거나 적고자 하는 학력을 2개 이내로 적는다.
(2017.1.23 본항개정)
⑨ 법 제65조제9항에 따라 후보자가 작성하는 후보자정보공개자료의 작성방법은 제7항과 제8항을 준용한다.
(2015.8.13 본항개정)
⑩ 비례대표국회의원 및 비례대표지방의회의원선거에서 후보자의 사진·성명·학력·경력은 추천순위에 따라 게재한다.(2019.5.30 본항개정)
⑪ (2010.1.25 삭제)
⑫ 제29조제7항부터 제10항까지의 규정은 선거공보등에 준용한다. 이 경우 "선거벽보"는 "선거공보 등"으로, "경력등"은 "경력등이나 후보자정보공개자료"로, "첩부(제9항을 말한다)"는 "발송"으로 본다.(2010.1.25 본항개정)

제30조의2 (2010.1.25 삭제)

제31조【선거공약서】 ① 법 제66조의 규정에 따른 선거공약서(점자형 선거공약서를 포함한다. 이하 같다)는 길이 27센티미터 너비 19센티미터 이내로 작성하여야 한다.
② 선거공약서의 앞면에는 "선거공약서"라고 표시하고, 선거명, 후보자성명, 정당추천후보자의 소속정당명(무소속후보자는 "무소속"이라 표시한다)을 한글로 게재하여야 하며, 선거공약서의 뒷면에는 "이 선거공약서는 「공직선거법」 제66조의 규정에 따른 것입니다."라고 표시하고, 인쇄소의 명칭·주소·전화번호를 게재하여야 한다.
③ 후보자가 점자형 선거공약서를 우편으로 발송하려는 경우에는 별지 제17호의2서식의(다)에 의한 발송용 봉투를 사용하여야 하며, 「우편법 시행령」 제25조에 따라 우편요금 등을 따로 납부하는 방법으로 하여야 한다.
(2010.1.25 본항신설)
④ 점자형 선거공약서를 우편으로 발송하려는 후보자는 선거일 전 5일까지 구·시·군의 장에게 시각장애선거인과 그 세대주의 성명·주소의 교부를 신청할 수 있으며, 신청을 받은 구·시·군의 장은 지체 없이 이를 교부하여야 한다. 이 경우 시각장애선거인의 범위에 관하여는 제30조제6항을 준용한다.(2015.8.13 후단개정)
⑤ 법 제66조제6항에 따른 선거공약서의 관계위원회에의 신고 및 제출은 별지 제17호의2서식의(가)에 의한다.
(2010.1.25 본항개정)
⑥ 법 제66조제7항에 따른 선거공약서의 전산자료복사본 또는 그 요약본의 제출은 별지 제17호의2서식의(나)에 의한다.(2010.1.25 본항개정)
(2007.1.3 본조신설)

제32조【현수막】 ① 법 제67조제1항에 따른 현수막(이하 이 조에서 "현수막"이라 한다)은 천으로 제작하되, 그 규격은 10제곱미터 이내로 한다.
② 후보자(대통령선거의 정당추천후보자는 그 추천정당을 말한다. 이하 이 조에서 같다)는 현수막을 내걸기 전에

관할 구·시·군위원회에 별지 제18호서식에 따라 그 표지를 신청하여야 하며, 현수막을 내거는 때에는 관할 구·시·군위원회가 내어준 별지 제19호의3양식의 표지를 붙여야 한다. 이 경우 내건 현수막을 바꿀 때에는 종전의 현수막에 붙였던 표지를 새로운 현수막에 붙여야 한다.
③ 후보자가 제2항에 따른 표지를 잃어버린 때에는 관할 구·시·군위원회에 별지 제18호의2서식에 따라 표지를 다시 신청할 수 있다.
④ 제1항의 현수막은 일정한 장소·시설에 고정하여 내걸어야 하며, 다음 각 호의 어느 하나에 해당하는 방법으로는 내걸 수 없다.
1. 애드벌룬·네온사인·형광 그 밖에 전광으로 표시하는 방법
2. 다른 후보자의 현수막이나 「도로교통법」 제2조에 따른 신호기 또는 안전표지를 가리는 방법
3. 「도로교통법」 제2조에 따른 도로를 가로지르는 방법
4. 사전투표기간 및 선거일에 사전투표소와 투표소가 설치된 시설의 담장이나 입구 또는 그 안에 내걸리게 하는 방법(2018.1.19 본호개정)
(2008.2.29 본조개정)

제33조【어깨띠 등 소품】 ① 법 제68조제1항에 따른 소품등의 규격 또는 금액은 다음 각 호에 따른다.(2023.9.22 본문개정)
1. 어깨띠
제26조의2제8항제1호의 규격
2. 윗옷
법 제135조제2항제5호에 따른 선거사무원 수당의 기준금액 이내
(2022.4.20 본호개정)
3. 마스코트, 표찰·수기 그 밖의 소품
옷에 붙이거나 사람이 입거나 한 손으로 지닐 수 있는 정도의 크기
② 법 제68조제2항에 따른 소형의 소품등의 규격은 길이 25센티미터 너비 25센티미터 높이 25센티미터 이내로 한다.(2023.9.22 본항신설)
(2010.1.25 본조개정)

제34조【신문광고】 ① 법 제69조(신문광고)제1항의 신문광고에는 "이 신문광고는 「공직선거법」 제69조의 규정에 따른 광고입니다"라고 표시하여야 한다.(2005.8.4 본항개정)
② 법 제69조제5항에 따른 인증서의 교부신청은 별지 제18호의3서식에 따르고, 인증서의 서식은 별지 제20호서식의(나)에 따른다.(2011.7.28 본항개정)
③ (2010.1.25 삭제)
④ 같은 날에 발행되는 일간신문이 배달되는 지역에 따라 각각 다르게 발행일자가 표시되었더라도 그 신문에 게재된 광고의 횟수는 1회로 본다.
⑤ (2000.2.16 삭제)

제35조【방송광고】 ① 법 제70조(방송광고)제3항의 규정에 의한 방송광고실시의 통보는 별지 제21호서식에 의하되, 그 광고의 방송·방영일 전일까지 하여야 한다.
② 방송광고를 실시하는 방송시설의 경영자는 관할선거구위원회로부터 그 방송광고내용의 녹음·녹화물의 제출요구가 있는 때에는 이에 협조하여야 한다.
③ 법 제70조제5항의 규정에 의하여 후보자가 신청한 방송시설의 이용일시가 서로 중첩되는 경우에 방송일시의 조정은 당해 방송시설을 경영 또는 관리하는 자가 신청을 받은 순서에 의하고, 신청 순서가 같을 때에는 그 방송시설의 이용횟수(계약이 이루어진 횟수를 포함한다. 이하 이 항에서 같다)가 적은 신청인의 순서에 의하며, 신청순서와 이용횟수가 같을 경우에는 신청인 또는 그 대리인의 참여하에 추첨에 의하여 정하여야 한다.(1997.11.14 본항신설)
④ (2000.2.16 삭제)

제36조【후보자등의 방송연설】 ① 법 제71조(후보자등의 방송연설)제5항의 규정에 의한 방송시설명·이용일시·시간대등의 통보는 별지 제22호서식의(가)에 의하며, 방송시설을 경영 또는 관리하는 자는 특별한 사유가 없는 한 통보한 내용을 변경할 수 없다.(2000.2.16 본항개정)
② 대통령선거에 있어서 법 제71조제7항의 규정에 의한 방송연설신청은 별지 제22호서식의(나)에 의한다. 다만, 추가등록의 경우에는 당해 정당이 추천하였던 종전의 후보자의 방송연설신청에 의하고, 종전의 후보자의 방송연설신청이 없었던 때에는 다른 후보자가 신청하여 확정된 방송연설일시와 중첩되지 아니하는 범위안에서 추가등록마감일까지 방송연설을 신청할 수 있다.(2000.2.16 본항개정)
③ 중앙위원회는 제2항의 방송연설신청서를 받은 때에는 방송연설신청서 제출마감일후 2일이내에 다음 각호에 의하여 방송연설일시를 결정한다.
1. 방송연설일시가 중첩되지 아니하는 때에는 그 신청한 일시로 한다.
2. 방송연설의 일시가 중첩되는 경우의 일시의 조정은 다음 각목에 의한다.
가. 텔레비전방송시설과 라디오방송시설별로 후보자와 연설원을 구분(후보자와 연설원간에 중첩되는 경우에는 후보자가 우선한다)하여 먼저 후보자의 방송연설일시를 모두 지정한 다음 연설원의 방송연설일시를 지정한다.
나. 중첩되는 시간대의 방송연설 일시의 조정은 선거일에 가까운 일자부터 일자별로 중첩되는 시간대에 연설할 자를 추첨으로 우선 지정하고, 지정받지 못한 자의 방송연설 일시는 같은 방송시설의 같은 일자의 다른 이용가능한 시간대를 배정함을 원칙으로 하되 지정받지 못한 자와 같은 일자의 다른 이용가능한 시간대가 각 복수로서 동일수인 경우에는 추첨에 의하여 각 시간대를 배정하고, 지정받지 못한 자의 수가 다른 이용가능한 시간대의 수보다 적을 때에는 이용가능한 시간대를 추출하여 지정받지 못한 자의 수와 동일하게 한 뒤 추첨에 의하여 각 시간대를 배정하며, 지정받지 못한 자의 수가 다른 이용가능한 시간대의 수보다 많을 때에는 신청일과 가장 가까운 일자(신청일자의 후일자를 우선한다)의 이용가능한 시간대를 추출하여 지정받지 못한 자의 수와 동일하게 한 뒤 추첨에 의하여 각 시간대를 배정한다.
다. 나목의 추첨이 모두 끝난 후 당해 방송시설의 이용가능한 시간대가 부족하여 방송연설일시를 지정받지 못하는 자가 있는 때에는 이들로부터 방송시설별로 방송연설신청을 다시 받아 나목에 의한 추첨방법에 따라 지정한다.
라. 나목과 다목의 추첨은 후보자 기호순에 의하여 추첨순위를 추첨하고 추첨순위에 의하여 시간대를 추첨한다. 이 경우 추첨순위는 모든 후보자를 대상으로 일회 추첨에 의하여 정한다.
마. 나목과 다목의 추첨에 있어 후보자가 그 대리인으로 하여금 추첨하게 하는 때에는 위임장을 제출하여야 하며, 추첨개시시각까지 후보자 또는 그 대리인이 참여하지 아니하는 경우에는 중앙위원회위원장이 지명하는 자가 그 후보자를 대리하여 추첨할 수 있다.
(1997.11.14 본항개정)
④ 중앙위원회가 제3항의 규정에 의하여 방송연설일시와 순서를 결정한 때에는 지체없이 이를 공고하고 당해 정당 또는 후보자와 당해 방송시설을 경영 또는 관리하는 자에게 통지하여야 한다.
⑤ 대통령선거에 있어서 정당 또는 후보자가 연설원을 교체하고자 하는 때에는 그 연설원의 방송연설일전 2일까지 중앙위원회에 별지 제22호서식의(다)에 의하여 신고하여야 하며, 중앙위원회는 이를 당해 방송시설을 경영 또는 관리하는 자에게 통지하여야 한다.
⑥ 대통령선거에 있어서 후보자 또는 연설원이 지정된 방송연설일시에 방송연설을 하지 아니한 경우에도 그 횟수로 산입한다.
⑦ 국회의원과 비례대표시·도의원 및 지방자치단체의 장의 선거에 있어서 법 제71조제10항의 규정에 의한 방송연설의 신고는 별지 제22호서식의(라)에 의한다.
(2000.2.16 본항개정)
⑧ 국회의원과 비례대표시·도의원 및 지방자치단체의 장의 선거에 있어서 방송연설일시가 중첩되는 경우의 일시와 순서의 조정은 방송시설을 경영 또는 관리하는 자가 정하되, 모든 후보자에게 공평하게 하여야 한다.
(1998.4.30 본항개정)
⑨ 법 제71조제2항의 규정에 따른 "지역방송시설"과 관련하여 관할구역 안에 「방송법 시행령」 제1조의2(용어의 정의)제1호의 규정에 따른 지상파텔레비전방송사업자(이하 이 조에서 "지상파텔레비전방송사업자"라 한다)의 방송시설이 없는 광역시의 경우 해당 광역시의 구역을 방송권역으로 하는 인접한 특별시 또는 도의 안에 있는 지상파텔레비전방송사업자의 방송시설을 포함하는 것으로 본다.(2006.5.10 본항신설)
⑩ (2000.2.16 삭제)
⑪ 제35조(방송광고)제2항의 규정은 후보자등의 방송연설에 이를 준용한다. 이 경우 "방송광고"는 "후보자등의 방송연설"로 본다.

제37조【방송시설주관 후보자연설의 방송】 ① 방송시설을 경영 또는 관리하는 자가 법 제72조(방송시설주관 후보자연설의 방송)제1항의 규정에 의하여 후보자(비례대표국회의원선거 및 비례대표지방의회의원선거에 있어서는 그 추천정당이 당해 선거의 후보자 중에서 선임한 자를 말한다)의 연설을 방송하고자 하는 때에는 방송시설명·이용일시·시간대와 후보자 1인의 방송연설시간을 정하여 선거구단위로 모든 후보자(비례대표국회의원선거 및 비례대표지방의회의원선거에 있어서는 후보자를 추천한 정당을 말한다)에게 통지하여야 한다.(2005.8.4 본항개정)
② 법 제72조제3항의 규정에 의한 방송시설주관 후보자연설의 방송의 실시통보는 별지 제23호서식에 의한다.
(2000.2.16 본항개정)
③ 제35조(방송광고)제2항의 규정은 방송시설주관 후보자연설의 방송에 이를 준용한다. 이 경우 "방송광고"는 "방송시설주관 후보자연설의 방송"으로 본다.

제38조【한국방송공사의 경력방송】 ① 한국방송공사는 법 제73조(경력방송)제1항 후단의 규정에 의하여 지역방송국을 이용한 경력방송을 하고자 하는 때에는 선거구단위로 경력방송을 행할 지역방송국을 지정하여 법 제71조(후보자 등의 방송연설)제5항의 규정에 의하여 후보자 등의 연설을 위한 방송시설명·이용일시·시간대 등을 통보하는 때에 함께 별지 제24호서식의(가)에 의하여 중앙위원회에 통보하여야 한다.(2004.3.12 본항개정)
② 후보자는 경력방송의 원고를 후보자등록마감일까지(대통령선거에 있어서 추가등록의 경우에는 추가등록과 동시에) 별지 제24호서식의(나)에 의하여 관할선거구위원회에 제출하여야 하며, 관할선거구위원회는 후보자등록마감일후 3일(대통령선거에 있어서 추가등록의 경우에는 추가등록마감일의 다음날)까지 한국방송공사(지역방송국을 이용하는 때에는 지역방송국을 말한다. 이하 이 조에서 같다)에 송부하여야 한다. 이 경우 후보자가 사진을 제출하지 아니한 때에는 그 후보자는 사진의 방영을 포기한 것으로 본다.
③ 후보자가 관할선거구위원회에 제출하는 경력방송원고의 자수는 100자를 넘을 수 없으며, 그 넘는 부분은 이를 방송하지 아니할 수 있다. 이 경우 구두점, 그 밖의 문장부호도 자수로 산입한다.(2015.12.24 본항개정)
④ 후보자가 제2항의 규정에 의한 경력방송의 원고제출마감일까지 경력방송의 원고를 제출하지 아니한 때에는 관할선거구위원회가 후보자등록신청서에 의하여 경력방송원고를 작성하여 한국방송공사에 송부하여야 한다. 이 경우 후보자가 사진을 제출하지 아니한 때에는 그 후보자는 사진의 방영을 포기한 것으로 본다.
⑤ 한국방송공사가 후보자의 경력방송을 하는 때에는 선거구단위로 하되, 후보자의 기호순에 의하여야 한다.
⑥ 한국방송공사는 후보자의 경력방송의 일정을 결정한 때에는 이를 별지 제24호서식의(다)에 의하여 관할선거구위원회에 통보하여야 한다. 다만, 한국방송공사는 경력방송의 일정을 시·도단위로 일괄통보하는 때에는 시·도위원회에, 전국단위로 일괄통보하는 때에는 중앙위원회에 통보할 수 있다.
⑦ 관할선거구위원회는 후보자가 사퇴·사망하거나 등록이 무효로 된 때에는 지체없이 이를 한국방송공사에 통보하여야 한다.
⑧ 제35조(방송광고)제2항의 규정은 경력방송에 이를 준용한다. 이 경우 "방송광고"는 "경력방송"으로 본다.

제39조【방송시설주관 경력방송】 ① 관할선거구위원회는 한국방송공사외의 방송시설을 경영 또는 관리하는 자로부터 법 제74조(방송시설주관 경력방송)제1항의 규정에 의한 후보자의 경력방송을 위한 원고의 제공을 요청받은 때에는 지체없이 제38조(한국방송공사의 경력방송)제2항 또는 제4항의 규정에 의한 경력방송의 원고를 당해 방송시설을 경영 또는 관리하는 자에게 제공하여야 한다.
② 법 제74조제2항〔법 제72조(방송시설주관 후보자연설의 방송)제3항을 준용하는 경우를 말한다〕규정에 의한 방송시설주관 경력방송실시의 통보는 별지 제24호서식의(다)에 준한다.(2000.2.16 본항개정)
③ 제35조(방송광고)제2항의 규정은 방송시설주관 경력방송에 이를 준용한다.(2000.2.16 본항신설)

제40조~제42조 (2004.3.12 삭제)

제43조【공개장소에서의 연설·대담】 ① 법 제79조제2항에서 그 밖에 다수인이 왕래하는 공개장소라 함은 "공원·운동장·주차장·선착장·방파제·대합실(검표원에게 개표하기 전의 대기장소를 말한다) 또는 경로당 등 누구나 오갈 수 있는 공개된 장소"를 말한다.(2010.1.25 본항개정)
② 법 제79조제3항에 따른 자동차·확성장치 및 같은 조 제10항에 따른 녹음기·녹화기에는 정당 또는 후보자의 홍보에 필요한 사항을 표시하거나 연설·대담을 위하여 필요한 설비를 할 수 있다. 이 경우 자동차, 확성장치, 녹음기 및 녹화기에는 별지 제19호의3양식에 따른 표지를 붙여야 하며, 그 표지는 별지 제18호서식에 따라 다음 각 호의 관할 위원회에 신청하되, 교부받은 표지를 잃어버리거나 못쓰게 된 때에는 관할 위원회에 별지 제18호의2서식에 따라 표지를 다시 신청할 수 있다.(2015.8.13 본문개정)
1. 후보자용은 관할 선거구위원회(2008.2.29 본호개정)
2. 대통령선거와 지역구국회의원선거 및 시·도지사선거의 선거연락소용은 그 선거연락소를 관할하는 시·도위원회 또는 구·시·군위원회(2011.7.28 본호개정)
③ 제2항 후단에 따른 확성장치의 표지를 신청하는 때에는 시험기관이 발급한 확성장치(스피커를 말한다)의 시험성적서 또는 제품검사성적서 등 법 제79조제8항에 따른 소음기준의 초과 여부를 확인할 수 있는 서류(사본을 포함하며, 이하 "시험성적서등"이라 한다)를 첨부하여야 한다. 이 경우 시험성적서등이 첨부되지 아니하거나 소음기준을 초과하는 경우에는 표지를 교부하지 아니한다.
(2022.1.26 본항신설)
④ 법 제64조제3항, 법 제65조제13항 및 법 제66조제8항에 따라 관할 선거구위원회가 선거벽보·선거공보 및 선거공약서의 작성수량을 공고하는 때에는 이 규칙 제29조제3항·제30조제3항 및 법 제66조제4항에 따라 산출한 수에 법 제79조제6항에 따라 자동차와 확성장치에 붙일 수 있는 적정한 수량을 더하여야 한다.(2020.12.29 본항개정)
⑤~⑥ (2004.3.12 삭제)
⑦ 법 제79조제3항 및 제10항에 따른 시·도 및 구·시·군선거연락소의 자동차, 확성장치, 녹음기 및 녹화기는 당해 시·도 및 구·시·군선거연락소의 관할구역안에서 사용하여야 한다.(2015.8.13 본항개정)
⑧ 법 제79조제10항에 따라 후보자등이 공개장소에서의 연설·대담에서 사용할 수 있는 녹화기의 화면의 규격은 대통령선거에 있어서 후보자가 사용하는 녹화기외에는 다음 각호에 의한다.(2010.1.25 본문개정)

1. 대통령선거의 시·도선거연락소용 및 시·도지사선거의 후보자용
10제곱미터 이내
(2010.1.25 본호개정)
2. 대통령선거와 지역구국회의원선거 및 시·도지사선거의 구·시·군선거연락소용, 지역구국회의원선거 및 자치구·시·군의 장선거의 후보자용
5제곱미터이내
(2010.1.25 본호개정)
3. 지역구지방의회의원선거의 후보자용
3제곱미터 이내
(2005.8.4 본호개정)

제44조【단체의 후보자등 초청 대담·토론회】 ① 법 제81조(단체의 후보자 등 초청 대담·토론회)제3항의 규정에 의한 후보자(비례대표국회의원선거 및 비례대표지방의회의원선거에 있어서는 그 추천정당이 당해 선거의 후보자 중에서 선임한 자를 말한다. 이하 이 조에서 같다) 또는 대담·토론자(이하 이 조에서 "후보자등"이라 한다) 초청 대담·토론회의 개최신고와 후보자등의 참석승낙서는 별지 제30호서식의(가)·(나)에 의한다.(2005.8.4 본항개정)
② 법 제81조제4항의 규정에 의한 대담·토론회임을 표시하는 표지는 2개 이내로 하되, 그 규격과 게재사항은 별지 제31호양식에 의한다.
③ 단체가 법 제81조제1항의 규정에 의한 후보자등 초청 대담·토론회를 개최하고자 하는 때에는 법 같은 조 제5항의 규정에 따라 선거구단위로 모든 후보자등(비례대표국회의원선거 및 비례대표지방의회의원선거에 있어서는 그 추천정당을 포함한다)에게 미리 통지하여 참석할 수 있는 기회를 주어야 하며, 대담·토론을 하는 때에는 질문과 답변의 횟수와 시간은 대담·토론에 참석한 모든 후보자등에게 공정하게 하여야 한다. 다만, 하나의 단체가 특정 후보자등만을 계속적으로 초청하여 대담·토론회를 개최하는 것은 후보자간의 형평을 잃은 것으로 본다.(2005.8.4 본문개정)
④ 단체가 법 제81조제1항의 규정에 의한 후보자등 초청 대담·토론회를 개최함에 있어서 선거구단위로 모든 후보자등을 초청하여 개최하지 아니하고 1인 또는 2인 이상의 후보자등을 먼저 초청하여 대담·토론을 실시한 다음에 나머지 후보자등을 초청하거나 1회에 1인 또는 2인 이상의 후보자씩 순번에 따라 후보자등을 초청하여 대담·토론회를 개최하고자 하는 때에는 당해 단체의 후보자등 초청 대담·토론회 개최계획을 맨 먼저 개최할 후보자등 초청 대담·토론회의 개최신고시에 함께 제출하여야 한다.
⑤ 후보자등 초청 대담·토론회의 개최장소는 공개되어야 하며, 그 개최장소에는 특정 정당이나 후보자를 지지·추천하거나 반대하는 내용의 시설물·인쇄물 기타의 선전물을 설치·게시 또는 첨부할 수 없다.
⑥ 후보자등 초청 대담·토론회에서 사회자는 참가한 후보자등이 선량한 풍속 기타 사회질서를 해하는 발언을 하거나 법 제110조에 따라 금지된 허위사실의 공표, 사생활에 대한 비방, 특정 지역·지역인 또는 성별에 대한 비하·모욕을 하는 때에는 이를 제지하고 재발방지를 위한 경고를 하여야 한다.(2015.12.24 본항개정)
(2000.2.16 본조제목개정)

제45조【언론기관의 후보자등 초청 대담·토론회】 ① 언론기관은 법 제82조(언론기관의 후보자등 초청 대담·토론회)제1항 및 제2항의 규정에 의하여 개최하는 대담·토론회에 있어서 특정 후보자 또는 그 대담·토론자 1인만을 계속적으로 초청하여서는 아니된다.(2000.2.16 본항개정)
② 언론기관은 법 제82조의 규정에 의한 대담·토론회를 개최하는 때에는 그 대담·토론회에 참가하는 후보자 또는 대담·토론자(이하 이 조에서 "토론자"라 한다)별로 주제발표시간(주제발표를 하게 하는 경우에 한한다) 및 맺음말을 하는 시간(맺음말을 하게 하는 경우에 한한다), 질문과 답변 또는 보충질문과 보충답변의 시간, 질문 및 답변의 순서, 사회자의 선정방법 기타 그 대담·토론회의 공정한 진행을 위한 절차와 방법을 토론자에게 알려야 한다.
③ 언론기관은 법 제82조제1항의 규정에 의하여 대담·토론회를 개최하고 이를 보도하는 때에는 신문지면·화면 및 녹음구성이 토론자간에 형평이 유지되도록 하여야 한다.
④ 법 제82조제1항 후단의 규정에 의하여 방송시설을 경영 또는 관리하는 자가 대담·토론회의 방송일시와 진행방법 등을 통보하는 때에는 별지 제31호의2서식에 의하여 대담·토론회의 개최일전일까지 관할선거구위원회(대통령선거에 있어서는 지역방송시설이 대담·토론회를 개최하는 때에는 관할 시·도위원회를 포함한다)에 통보하여야 한다.(2004.3.12 본항개정)
⑤ 제35조(방송광고)제2항의 규정은 방송시설의 초청 대담·토론회에 이를 준용한다.(2004.3.12 본항개정)
(2000.2.16 본조제목개정)

제45조의2 (2004.3.12 삭제)

제45조의3【정보통신망을 이용한 선거운동】 ① 각급위원회(읍·면·동위원회를 제외한다. 이하 이 조에서 같다)가 법 제82조의4(정보통신망을 이용한 선거운동)제3항의 규정에 의하여 법에 위반되는 정보의 삭제 또는 그 정보의 취급의 거부·정지·제한을 요청하는 때에는 다음 각호의 사항을 기재한 서면[「선거관리위원회 사무관리규칙」 제3조(정의)제5호의 규정에 의한 전자문서를 포함한다]으로 한다.(2005.8.4 본문개정)
1. 법에 위반되는 정보가 게시된 인터넷홈페이지나 그 게시판·대화방 등의 주소 또는 전송되는 전자우편의 주소
2. 법에 위반되는 정보의 내용
3. 요청근거 및 요청내용
4. 요청사항의 이행기간
5. 불응시 조치사항
6. 이의신청의 절차와 방법 등
② 후보자(후보자가 되려는 사람을 포함한다)가 법 제82조의4제3항에 따라 법에 위반되는 정보의 삭제 또는 취급의 거부·정지·제한을 요청하는 때에는 별지 제32호의3서식의(가)에 따르고, 관할 선거구위원회에 통보하는 때에는 별지 제32호의3서식의(나)에 따른다.(2012.3.2 본항개정)
③ 법 제82조의4제5항에 따른 이의신청은 다음 각 호의 사항을 기재하여 기명하고 날인한 서면으로 하여야 한다.
1. 이의신청인의 성명·주소·직업·생년월일
(2015.8.13 본호개정)
2. 이의신청내용
(2012.3.2 본항개정)
④ 각급위원회는 제3항의 이의신청이 법 제82조의4제5항의 이의신청기간을 지난 때에는 그 이의신청을 각하하고, 이의신청서에 제3항에 따른 기재사항이나 기명 또는 날인이 누락되었거나 명확하지 아니하다고 인정되는 경우에는 해당 이의신청인에게 보정기간을 정하여 보정을 요구할 수 있으며, 이의신청이 이유있다고 인정되는 때에는 해당 인터넷 홈페이지 관리·운영자 또는 정보통신서비스제공자에 대한 법 같은 조 제3항의 요청을 철회하고 이의신청인 및 관계위원회에 그 처리결과를, 이유없다고 인정되는 때에는 이를 기각하고 이의신청인 및 관계위원회에 그 뜻을 각각 통지하여야 한다.(2012.3.2 본항개정)
(2004.3.12 본조신설)

제45조의4【선거운동정보의 전송제한】 법 제82조의5(선거운동정보의 전송제한)제2항의 규정에 의하여 선거운동정보를 전송하는 경우에는 그 제목이 시작되는 부분에 "선거운동정보"라고 표시하여야 한다.(2004.3.12 본조신설)

제45조의5【인터넷광고】 법 제82조의7제1항에 따른 인터넷광고에는 "선거광고"라고 표시하여야 한다.
(2010.1.25 본조개정)

제45조의6【딥페이크영상등의 표시방법 등】 법 제82조의8제2항에 따른 표시방법 등은 별표1의3과 같다.
(2024.1.19 본조신설)

제46조【교통편의의 제공】 ① 법 제83조(교통편의의 제공)제1항의 규정에 의한 전국용 무료승차권을 발급받고자 하는 대통령후보자는 중앙위원회의 인증을 받아 한국철도공사사장에게 서면으로 신청하여야 한다.(2012.1.17 본항개정)
② 제1항의 규정에 의한 전국용 무료승차권의 발급신청과 중앙위원회의 인증은 별지 제32호서식에 의한다.
③ 중앙위원회는 대통령후보자가 사퇴·사망하거나 등록이 무효로 된 때에는 한국철도공사사장에게 이를 통지하여야 한다.(2012.1.17 본항개정)

제47조【공무원등의 선거에 영향을 미치는 행위금지의 예외】 ① (2010.1.25 삭제)
② 법 제86조제2항제4호바목의 행위는 다음 각호와 같다.
1. 국가유공자의 위령제, 국경일의 기념식, 「각종기념일 등에 관한 규정」 제2조(기념일등)에 의하여 시행되는 기념행사를 개최·후원하는 행위(2005.8.4 본호개정)
2. 법령·조례에 의하여 주민의 동의를 필요로 하는 사업의 시행을 위하여 사업설명회를 개최하는 행위
3. 읍·면·동이상의 행정구역 단위의 정기적인 종합주민체육대회나 전래적인 고유축제를 개최·후원하는 행위
4. 정부가 주관하는 공공행사에 인력·시설·장비등을 지원하는 행위
5. 그 밖에 위 각 호의 어느 하나에 준하는 행위로서 중앙위원회가 정하는 행위(2005.8.4 본호개정)
(1997.11.14 본항신설)
③ (2005.8.4 삭제)
④ 법 제86조제5항제4호의 규정에 의하여 지방자치단체의 장이 발행·배부할 수 있는 홍보물은 다음 각호와 같다.(2005.8.4 본문개정)
1. 소속직원의 직무교육이나 업무추진을 위한 홍보물
2. 각종 통계·정보등을 알리기 위하여 정기적으로 발행하는 백서·연감 또는 총람등의 홍보물
3. 지방자치단체가 개최하는 사업설명회·교양강좌·공청회·체육대회·기념일·고유축제등 각종 행사를 안내하기 위한 홍보물(지방자치단체의 장의 성명·사진·활동상황·공약실천사항 기타 업적이 게재된 홍보물을 제외한다. 이하 이 항에서 같다)
4. 환경·의료·교통·조세·건축등에 대한 민원안내서 또는 방재·보상등 주민의 일상생활에 필요한 정보제공을 위한 홍보물(2002.3.21 본호개정)
5. 역사·지리·문화·특산물·관광명소등을 안내하기 위한 홍보물
6. 재난관리·안전사고의 예방을 위한 홍보물
7. 지방자치단체의 청사의 입구, 외벽면 또는 담장에 게시하는 홍보물(지방자치단체의 장의 직명이 게재된 홍보물을 제외한다)(2002.3.21 본호신설)
8. 그 밖에 위 각 호의 어느 하나에 준하는 것으로 중앙위원회가 정하는 홍보물(2005.8.4 본호개정)
(1998.4.30 본항신설)
⑤ 법 제86조제6항 본문의 '공공기관'이란 다음 각 호의 어느 하나에 해당하는 기관을 말한다.
1. 국가기관·지방자치단체
2. 「공공기관의 운영에 관한 법률」 제4조에 따라 기획재정부장관이 지정한 공공기관
3. 「공공기관의 정보공개에 관한 법률」 제2조 및 같은 법 시행령 제2조에 따른 기관
4. 한국은행
5. 농업협동조합법·수산업협동조합법·산림조합법·엽연초생산협동조합법에 따라 설립된 조합과 그 중앙회
6. 「지방공기업법」에 의한 지방공사 및 지방공단
7. 특별법에 의하여 설립된 국민운동단체로서 국가 또는 지방자치단체의 출연 또는 보조를 받는 단체(바르게살기운동협의회·새마을운동협의회·한국자유총연맹을 말하며, 시·도조직 및 구·시·군조직을 포함한다)
8. 법령·조례에 의하여 지방자치단체의 장이 당연직으로 대표자 또는 임원으로 되는 기관
9. 중앙행정기관의 장 또는 지방자치단체의 장이 임원을 선임하거나 선임의 승인을 하는 기관
10. 그 밖에 위 각 호의 어느 하나에 준하는 기관
(2010.1.25 본항신설)

제47조의2【선거에 영향을 미치는 시설물등의 예외】 다음 각 호의 어느 하나에 해당하는 행위는 법 제90조제2항제2호에 따라 선거에 영향을 미치게 하기 위한 것으로 보지 아니한다. 다만, 집회나 행사의 안내 등을 위하여 시설물 등을 설치·게시한 경우 동 집회나 행사의 종료 후 지체없이 이를 철거하지 아니한 때에는 그러하지 아니하다.(2010.1.25 본문개정)
1. 통상적인 정당활동과 관련한 행위
가. 정당(창당준비위원회를 포함한다)이 정강·정책구호 기타 정당의 홍보에 필요한 사항과 당해 정당명 및 그 대표자 성명을 게재한 간판·현판 또는 현수막(이하 이 조에서 "간판등"이라 한다)을 중앙당과 시·도당의 당사의 건물이나 그 담장에 설치·게시하는 행위. 다만, 후보자(후보자가 되고자 하는 자를 포함한다. 이하 이 조에서 같다)의 사진을 게재하거나 후보자를 지지·추천하거나 반대하는 내용을 게재하는 행위를 제외한다. 이하 마목에서 같다.(2005.8.4 본목개정)
나. (2002.3.21 삭제)
다. 정당이 민원상담을 행하는 당사에 민원상담에 관한 안내사항과 정당명을 게재한 간판등을 게시하는 행위
라. 정당의 업무용 자동차에 정당명·전화번호·정책구호등을 표시하여 운행하는 행위
마. 정당이 소속당원만을 대상으로 당원집회를 개최하는 때에 동 집회장소임을 알리는 현수막을 주최 당부명의로 설치·게시하는 행위
바. 정당이 책임있는 정치적 주장을 펴기 위하여 정강·정책의 설명회·토론회·강연회(선거기간중에는 법에 규정된 방법에 한한다)를 개최하면서 현판·현수막을 주최 당부명의로 개최장소에 설치·게시하는 행위
사. 정당이 자연보호활동 또는 대민봉사활동등을 하면서 그 행사장소에 정당명과 행사명을 게재한 현수막을 설치·게시하는 행위
아. 정당의 당원이 소속정당의 배지(달고 다닐 수 있도록 배지형태로 제작된 소형의 상징마크나 마스코트를 포함한다)를 달고 다니는 행위(1997.11.14 본목개정)
2. 직무상·업무상 행위
가. 지방자치단체의 장이 선거일전 60일(선거일전 60일 후에 실시사유가 확정된 보궐선거등에 있어서는 그 선거의 실시사유가 확정된 날)전에 법 제86조(공무원등의 선거에 영향을 미치는 행위금지)제2항제4호에 규정된 행사를 개최하면서 그 행사장소에 개최자의 직명을 표시한 현판·현수막을 설치·게시하는 행위
(2004.3.12 본목개정)
나. 특정 정당이나 후보자를 지지·추천하거나 반대함이 없이 개최하는 학술·문화·체육·예술·종교 기타 이에 준하는 각종집회를 개최하면서 그 개최장소에 주관단체명 또는 그 단체대표자의 직명을 표시한 간판등을 설치·게시하는 행위
다. 직업상의 사무소나 업소에 그 대표자의 성명이 표시된 간판을 게시하는 행위
라. 국회의원 및 지방의회의원이 자신의 직무 또는 업무를 수행하는 법 제112조제2항제4호사목에 따른 사무소 또는 장소에 그 직명·성명과 업무 및 민원상담에 관한 안내사항이 게재된 간판등을 게시하는 행위
(2017.3.9 본목개정)
마. (2004.3.12 삭제)
3. 의례적인 행위
가. 민속절·국경일 그 밖에 기념일, 사무소의 개소·이전 그 밖에 관계있는 행사나 사업의 축하등을 위하여 정당·기관·단체·시설이 그 명의(정당의 경우 그 대표자의 성명을 포함한다)를 표시한 간판등을 해당 사무소에 설치·게시하는 행위(2010.1.25 본목개정)

나. 정당 또는 기관·단체·시설의 장의 이·취임식장이나 이들의 하급당부(정당선거사무소를 포함한다)나 기관·단체·시설방문시에 그 방문 행사장소에 직·성명을 표시한 현수막을 설치·게시하는 행위(2004.3.12 본목개정)
4. 그 밖에 위 각 호의 어느 하나에 준하는 행위로서 중앙위원회가 정하는 행위(2005.8.4 본호개정)
(1995.12.30 본조신설)

제48조【확성장치와 자동차등의 사용제한】 ① 법 제91조제4항에 따라 선거벽보·선거공보 및 선거공약서(이하 이 조에서 "선거벽보등"이라 한다)를 부착하여 운행하는 자동차와 선박에는 별지 제19호의3양식에 의한 표지를 부착하여야 한다.
② 정당·후보자·선거사무장 또는 선거연락소장은 법 제91조제4항에 따라 선거벽보등을 자동차와 선박에 부착하여 운행하고자 하는 때에는 관할 위원회에 별지 제18호서식에 따라 그 표지의 교부를 신청하여야 하며, 자동차와 선박에 부착할 수 있는 선거벽보등의 수량은 자동차 1대마다 각 5매 이내와 선박 1척마다 각 10매 이내로 한다.(2011.7.28 본항개정)
③ 정당·후보자·선거사무장 또는 선거연락소장은 교부받은 표지를 잃어버리거나 못쓰게 된 때에는 관할 위원회에 별지 제18호의2서식에 따라 표지를 다시 신청할 수 있다.(2011.7.28 본항신설)
(2010.1.25 본조개정)

제48조의2~제48조의3 (2010.1.25 삭제)

제48조의4【여론조사의 신고 등】 ① 법 제108조제3항에 따른 여론조사신고에 대한 관할 선거여론조사심의위원회는 다음 각 호와 같다.
1. 전국 또는 2 이상 시·도의 선거구민을 대상으로 하는 여론조사 : 중앙선거여론조사심의위원회
2. 하나의 시·도의 선거구민을 대상으로 하는 여론조사 : 관할 시·도선거여론조사심의위원회
3. (2017.2.24 삭제)
(2017.2.24 본항개정)
② 법 제108조제3항에 따른 여론조사신고는 별지 제33호서식에 따른다. 이 경우 신고 후 신고내용을 변경하려는 때에는 변경사항을 여론조사실시 전까지 다시 신고하여야 한다.
③ 선거구위원회가 법 제108조제9항제1호에 따라 여론조사와 관련된 자료의 제출을 요구하는 때에는 요구근거, 제출할 자료 및 제출기한 등을 기재한 서면으로 한다.(2014.2.13 본항개정)
④ 선거에 관한 여론조사를 실시하는 자가 법 제108조제13항에 따라 전화요금 할인 혜택을 제공하는 경우 해당 여론조사에 관한 질문에 모두 응답한 사람에게 1회 응답시 1천원의 범위에서 전화요금 할인 혜택을 제공할 수 있다. 이 경우 피조사자에게 질문을 하기 전에 전화요금 할인 혜택을 제공받을 수 있다는 사실을 알려야 한다.(2017.2.24 본항신설)
⑤ 전화요금 할인 혜택 제공에 관한 구체적인 절차 및 그 밖에 필요한 사항은 선거에 관한 여론조사를 실시하는 자와 「전기통신사업법」 제2조제8호에 따른 전기통신사업자가 협의하여 정한다.(2017.2.24 본항신설)
(2012.3.2 본조개정)

제48조의5【선거여론조사를 위한 휴대전화 가상번호의 제공 요청】 ① 법 제108조의2제2항에 따른 휴대전화 가상번호 제공 요청서는 별지 제15호의2서식의(라)에 따른다.
② 법 제108조의2에 따른 관할 선거여론조사심의위원회는 다음 각 호와 같다.
1. 전국 또는 2 이상 시·도의 선거구민을 대상으로 하는 여론조사 : 중앙선거여론조사심의위원회
2. 하나의 시·도의 선거구민을 대상으로 하는 여론조사 : 관할 시·도선거여론조사심의위원회
③ 선거에 관한 여론조사를 위한 휴대전화 가상번호 제공에 관하여는 제25조의4(제1항·제2항을 제외한다)·제25조의5·제25조의6(제2항을 제외한다)·제25조의7(제3호마목을 제외한다)·제25조의8(제4항을 제외한다)·제25조의9를 준용한다.
(2017.2.24 본조신설)

제48조의6【허위사실 등에 대한 이의제기】 법 제110조의2제1항에 따른 이의제기서는 별지 제17호서식의(마)를, 법 같은 조 제3항에 따른 공고문은 별표4의 서식표 중 9. (선거벽보)·(선거공보)·(후보자정보공개자료)의 내용에 관한 공고 서식을 각각 준용한다.(2015.12.24 본조신설)

제49조【의정활동보고회의 고지등】 ① 국회의원 또는 지방의회의원이 법 제111조제1항에 따라 의정활동보고회를 개최하는 때에는 다음 각 호에서 정하는 방법에 따라 보고자명과 개최일시 및 장소를 알리는 벽보를 붙이거나 장소표지를 내걸 수 있다.(2008.2.29 본문개정)
1. 고지벽보
의정활동보고회의 개최단위가 구·시·군인 때에는 1회 100매 이내, 읍·면·동인 때에는 1회 20매 이내, 통·리·반 또는 자연마을 단위인 때에는 1회 3매이내로 하되, 그 규격은 길이 53센티미터 너비 38센티미터 이내로 하고, 의정활동보고회 개최일전 3일부터 보고일까지 붙일 수 있다.
(2008.2.29 본호개정)
2. 장소표지
의정활동보고회 장소의 입구(의정보고회장을 벗어난 구역을 제외한다)에 1회 1매 이내에서 게시하여야 하고, 의정활동보고회 개최일에 한하여 그 의정활동보고회가 끝나는 때까지 게시할 수 있다.
(2005.8.4 본호개정)
② 법 제111조제3항에 따른 세대주명단의 작성 및 교부에 대하여는 그 성질에 반하지 아니하는 범위 안에서 제26조의2제13항부터 제16항까지의 규정을 준용한다.
(2010.1.25 본항개정)
③ 구·시·군의 장은 매년 1월말까지 제2항의 규정에 따른 세대주명단의 작성비용을 별지 제32호의2서식에 의하여 공시하여야 한다.(2005.8.4 본항신설)

제50조【기부행위로 보지 아니하는 행위등】 ① (1998.4.30 삭제)
② 법 제112조(기부행위의 정의 등)제2항제2호사목의 규정에 따른 후보자·예비후보자 및 국회의원과 함께 다니는 자의 범위는 선거사무관계자·정당의 간부 및 보좌관등 수행원을 모두 합하여 다음 각 호에 해당하는 수 이하로 한다. 이 경우 가족〔가족의 범위는 법 제10조(사회단체등의 공명선거추진활동)제1항제3호의 규정을 준용한다. 이하 이 조에서 같다〕은 함께 다니는 자의 수에 산입하지 아니한다.
1. 후보자·예비후보자
가. 대통령선거에 있어서는 30인
나. 시·도지사선거에 있어서는 15인
다. 지역구국회의원선거 및 자치구·시·군의 장선거에 있어서는 10인
라. 지역구지방의회의원선거에 있어서는 5인
2. 국회의원 : 10인. 다만, 예비후보자 또는 후보자가 된 경우에는 제1호에서 정한 수로 한다.
(2005.8.4 본항개정)
③ 법 제112조제2항제4호라목에서 "그 밖에 중앙선거관리위원회규칙으로 정하는 기관"에 관하여는 제47조제5항을 준용한다.(2010.1.25 본항개정)
④ 법 제112조제2항제4호마목의 "긴급한 현안"이란 국가·지방자치단체가 국민 또는 주민의 생명·신체의 안전보호, 재난 및 안전사고 수습을 위한 긴급지원, 중대한 재정·경제상의 위기와 관련된 현안을 해결하기 위하여 금품 그 밖에 재산상의 이익을 제공할 필요가 있고 법령이나 조례를 제정 또는 개정할 시간적 여유가 없는 경우를 말한다.(2010.1.25 본항신설)
⑤ 법 제112조제2항제4호사목에서 "중앙선거관리위원회규칙으로 정하는 장소"란 국회의원 또는 지방의회의원이 자신의 직무 또는 업무를 수행하기 위하여 설치한 다음 각 호의 어느 하나에 해당하는 장소를 말한다. 이 경우 그 수는 상설사무소 또는 임시사무소를 두지 아니하는 구·시·군마다 모두 합하여 1개로 하며, 같은 날에는 이동하여 설치할 수 없다.
1. 천막
2. 주차된 자동차
(2017.3.9 본항신설)
⑥ 법 제112조제3항에 따라 통상적인 범위에서 1명에게 제공할 수 있는 음식물 또는 음료의 금액범위는 식사류는 1만원 이하로, 다과류는 3천원 이하로, 음료는 1천원 이하로 한다.(2010.1.25 본항개정)
⑦ 각급위원회(읍·면·동위원회를 제외한다)는 법 제112조제5항의 규정에 따라 임기만료에 의한 선거에 있어서는 중앙위원회가, 보궐선거등에 있어서는 관할선거구위원회가 정하는 바에 따라 기부행위제한의 주체·내용 및 허용되는 사항과 금지되는 사항에 관한 주요사례 등을 방송·신문·통신·잡지 등 언론매체를 이용한 광고 그 밖의 방법으로 홍보하여야 한다.(2005.8.4 본항개정)

제50조의2 (2004.3.12 삭제)

제7장 선거비용

제50조의3【선거비용제한액 산정비율】 ① 중앙위원회는 선거비용제한액 공고일이 속하는 달의 전달 15일까지 법 제121조(선거비용제한액의 산정)제2항의 규정에 따른 제한액산정비율의 결정에 필요한 전국소비자물가변동률을 조사하여 선거구위원회에 통보하여야 한다.
② 보궐선거등에서 선거비용제한액을 산정하는 경우에는 해당 선거의 직전에 실시한 임기만료에 따른 선거의 제한액산정비율을 적용한다.(2015.12.24 본항개정)
(2005.8.4 본조신설)

제51조【선거비용제한액의 공고】 ① 관할선거구위원회는 예비후보자등록신청개시일 전 10일(예비후보자등록신청개시일 전 10일 후에 실시사유가 확정된 보궐선거등에 있어서는 그 선거의 실시사유가 확정된 때부터 10일)까지 선거비용제한액을 공고하여야 한다.(2005.8.4 본항개정)
② 관할선거구위원회는 제1항의 규정에 따라 선거비용제한액을 공고한 때에는 이를 정당·정당선거사무소·예비후보자 및 후보자에게 통지하여야 한다. 이 경우 통지는 공고문의 사본교부로 갈음할 수 있다.(2005.8.4 본항개정)
③ 관할선거구위원회는 제1항에 따라 선거비용제한액을 공고한 후 다음 각 호의 어느 하나에 해당하는 사유가 발생한 때에는 선거비용제한액을 변경할 수 있으며, 관할선거구위원회가 선거비용제한액을 변경한 때에는 지체없이 그 내용과 사유를 공고하고 이를 제2항에 준하여 알려야 한다.
1. 선거구역이 변경된 때
2. 법 제121조제1항에 따른 선거비용제한액 산정기준이 변경된 때
3. 법 제121조제2항에 따른 제한액산정비율이 변경된 때
4. 제2조제3항에 따른 인구수가 현저하게 변경되는 등 부득이한 사유가 있는 때. 이 경우 선거일 전 30일이 속하는 달의 전달 말일 후에는 선거비용제한액을 변경할 수 없다.
5. 법 제135조제2항에 따른 선거사무장등의 수당의 금액이 인상된 때(2022.4.20 본호신설)
(2008.2.29 본항개정)

제51조의2【선거비용 보전 및 부담비용 산정의 기준】 ① 법 제122조의2제2항제6호에서 "적법한 영수증"이란 「부가가치세법」 제32조에 따라 세금계산서를 교부하여야 하는 사업자, 「소득세법」 제163조에 따라 계산서 또는 영수증을 교부하여야 하는 사업자 또는 「법인세법」 제121조에 따라 계산서를 교부하여야 하는 사업자로부터 재화 또는 용역을 공급받고 그 대가를 지출하는 경우 해당 사업자가 발급하여야 하는 세금계산서·계산서 또는 영수증을 말한다.(2015.8.13 본항개정)
② 법 제122조의2제2항제8호에 따른 통상적인 거래가격 또는 임차가격의 계산은 다음 각 호의 기준에 따른다. 다만, 제1호와 제2호에 따라 계산한 가격이 서로 다른 경우에는 그 평균한 가격을 기준으로 한다.(2010.1.25 본문개정)
1. 정부고시가격 또는 정부의 기준요금(「국가재정법」 제29조제1항에 따른 예산안편성지침의 기준단가와 요금을 포함한다)
2. 「국가를 당사자로 하는 계약에 관한 법률 시행규칙」 제5조에 따른 전문가격조사기관이 조사하여 공표한 가격
3. 위 각 호의 어느 하나의 기준에 따라 계산할 수 없는 가격의 경우에는 「부가가치세법」 제8조에 따라 등록된 해당 업종 3이상의 사업자가 계산한 견적가격을 평균한 가격 또는 최근 실시한 임기만료에 따른 선거에서 산정한 가격에 「통계법」 제3조에 따라 통계청장이 고시한 전국소비자물가변동률을 감안하여 중앙위원회가 정한 가격(2015.8.13 본호개정)
(2008.2.29 본항개정)
③ 법 제122조의2제2항제11호에서 "그 밖에 위 각 호의 어느 하나에 준하는 비용"이라 함은 다음 각 호의 어느 하나에 해당하는 비용을 말한다.(2010.1.25 본문개정)
1. 법 제59조제3호에 따른 인터넷 홈페이지 또는 그 게시판·대화방 등에 글이나 동영상 등을 게시하는 방법의 선거운동에 소요된 비용과 선거운동기간이 아닌 때에 법 제59조제2호부터 제5호까지에 따른 문자메시지·전자우편·전화·명함에 의한 선거운동에 소요된 비용(2020.12.29 본호개정)
2. 법 제112조제2항제1호마목에 따른 선거사무소 또는 선거연락소를 방문하는 자에게 통상적인 범위에서 다과류의 음식물을 제공하는 데 소요되는 비용(2010.1.25 본호개정)
2의2. 법 제120조제10호 단서에 따라 4회를 초과하여 실시한 선거에 관한 여론조사 비용(2017.2.24 본호신설)
3. 「정치자금법」 제36조제2항을 위반하여 예금계좌를 통하지 아니하고 지출한 비용(2010.1.25 본호개정)
4. 그 밖에 위 각 호의 어느 하나에 준하는 비용으로서 중앙위원회가 정하는 비용
(2006.3.2 본항신설)
④ 법 제122조의2제3항에 따라 국가 또는 지방자치단체가 후보자를 위하여 부담하는 비용의 산정은 다음 각호에서 정한 기준에 따른다.(2008.2.29 본문개정)
1. 점자형 선거공보 등의 작성비용
점자형 선거공보 및 점자형 선거공약서의 지대(150g/㎡ 이내의 백상지를 기준으로 한다)·인쇄 및 제본에 소요되는 비용과 법 제65조제11항에 따라 후보자가 제출하는 저장매체(이하 이 항에서 "저장매체"라 한다)의 작성비용. 이 경우 선거공보와 점자형 선거공보를 같은 종이에 통합하여 작성한 경우에는 점자 인쇄비용에 한한다.
(2020.12.29 전단개정)
1의2. 선거공보 등의 발송비용
선거공보(점자형 선거공보 및 저장매체를 포함한다) 및 후보자정보공개자료의 운반, 발송용 봉투의 제작·기재, 봉투에 투입·봉합 및 우체국에 넘겨주는 데 드는 모든 비용
(2020.12.29 본호개정)
1의3. 활동보조인의 수당과 실비
법 제135조제2항제5호에 따른 수당의 금액 및 제59조제1항제2호에 따른 실비의 금액
2. 투표참관인·사전투표참관인 및 개표참관인의 수당
법 제122조의2제4항에 따른 금액
(2022.4.20 1호의3~2호개정)
3. (2022.4.20 삭제)

4. 투표참관인·사전투표참관인 및 개표참관인의 식비 정부예산의 급식비 단가(2014.1.17 본호개정)
5. 선거방송토론위원회 주관 대담·토론회(합동방송연설회를 포함한다. 이하 이 호에서 같다) 또는 정책토론회 개최비용
대담·토론회 또는 정책토론회의 준비·질문선정 및 진행에 소요되는 비용
(2004.3.12 본호신설)
(2004.3.12 본조제목개정)

제51조의3【선거비용의 보전 등】 ① 정당 또는 후보자는 법 제122조의2(선거비용의 보전 등)제1항 각호의 규정에 따라 선거비용을 보전받고자 하는 때에는 선거비용을 지출한 영수증·계약서·비용청구서 기타 증빙서류(별표1의2에 따른 자료를 포함한다)를 첨부하여 선거일후 10일(대통령선거에 있어서는 20일)까지 서면으로 관할선거구위원회에 청구하여야 한다. 이 경우 청구내역중 누락된 사항에 대하여는 「정치자금법」 제40조(회계보고)제1항의 규정에 따라 회계보고서를 제출하는 때에 추가로 청구할 수 있다.(2014.1.17 전단개정)
② 관할선거구위원회는 제1항의 청구를 받은 때에는 그 청구내역을 검산 및 조사하여 선거일후 60일(대통령선거에 있어서는 70일) 이내에 당해 정당 또는 후보자에게 보전하고 영수증을 받아야 한다. 이 경우 예금계좌를 통하여 지급한 때에는 그 입금표를 영수증으로 갈음할 수 있다.
③ 법 제122조의2제3항제2호·제3호 및 제3호의2에 따른 점자형 선거공보와 점자형 선거공약서의 작성비용 및 활동보조인의 수당, 실비 및 산재보험료에 대한 청구 및 지급은 제1항 및 제2항의 절차에 따른다.(2022.4.20 본항개정)
④ 관할선거구위원회는 정당 또는 후보자에게 선거비용을 보전한 후에 법 제122조의2제2항의 규정에 따라 보전하지 아니할 사유가 발견된 때에는 해당 정당 또는 후보자에게 그 사실을 통지하고, 보전비용액 중 해당하는 금액의 반환을 명하여야 한다. 이 경우 정당 또는 후보자는 그 반환명령을 받은 날부터 30일 이내에 관할선거구위원회에 이를 반환하여야 한다.(2005.8.4 본항신설)
⑤ 관할선거구위원회는 정당 또는 후보자가 제4항 후단의 기한까지 해당 금액을 반환하지 아니한 때에는 대통령선거와 국회의원선거에 있어서는 관할세무서장에게 징수를 위탁하고 관할세무서장이 국세체납처분의 예에 따라 이를 징수하여 국가에 납입하여야 하며, 지방자치단체의 의회의원 및 장의 선거에 있어서는 당해 지방자치단체의 장에게 징수를 위탁하고 지방자치단체의 장이 지방세체납처분의 예에 따라 이를 징수하여 지방자치단체에 납입하여야 한다.(2005.8.4 본항신설)
(2004.3.12 본조개정)

제52조~제58조 (2005.8.4 삭제)

제59조【선거사무관계자에 대한 실비보상】 ① 법 제135조제5항에 따른 선거사무장·선거연락소장 및 선거사무원·활동보조인(이하 이 조에서 "선거사무장등"이라 한다)의 실비의 종류와 금액은 다음 각 호와 같이 하되, 회계책임자의 실비는 해당 회계책임자가 소속된 선거사무소 또는 선거연락소의 선거사무장 또는 선거연락소장의 실비와 같은 금액으로 하고, 같은 사람이 회계책임자·선거사무장·선거연락소장 또는 선거사무원·활동보조인을 함께 맡은 때에는 다음 각 호의 금액 중 많은 금액으로 한다.(2022.4.20 본문개정)
1. 대통령선거 및 비례대표국회의원선거의 선거사무장, 비례대표시·도의원선거와 시·도지사선거의 선거사무장, 대통령선거의 시·도선거연락소장은 「공무원여비규정」 별표2의 제1호에 해당하는 실비(숙박료를 제외한다. 이하 이 조에서 같다)(2022.4.20 본호개정)
2. 지역구국회의원선거 및 자치구·시·군의 장선거의 선거사무장, 대통령선거 및 시·도지사선거의 구·시·군선거연락소장, 지역구시·도의원선거 및 자치구·시·군의원선거의 선거사무장, 지역구국회의원선거 및 자치구·시·군의 장선거의 선거연락소장, 선거사무원·활동보조인은 「공무원여비규정」 별표2의 제2호에 해당하는 실비(2022.4.20 본호개정)
3.~5. (2022.4.20 삭제)
② 회계책임자는 선거사무장등에게 식사 또는 교통편의를 제공한 때에는 지급될 실비의 금액에서 그 금액을 공제하고 지급하여야 한다.
③ 법 제135조제1항의 규정에 따른 실비의 지급에 있어서 같은 정당의 추천을 받은 2인 이상의 후보자가 선거사무장등을 공동으로 선임한 경우에는 해당 후보자간의 약정에 따라 1후보자의 선거사무장등에 대한 실비금액만을 지급하여야 한다.(2022.4.20 본항개정)
④ (2000.2.16 삭제)
(2022.4.20 본조제목개정)

제59조의2【선거비용보전의 제한】 ① 법 제135조의2(선거비용보전의 제한)제2항의 규정에 의하여 보전하지 아니할 비용의 산정은 다음 각호에 의한다.
1. 적법한 행위에 위법행위가 부가된 때에는 그 부가된 일부의 위법행위에 소요된 비용의 2배에 상당하는 금액
2. 위법행위가 그 행위의 일부이더라도 당해 행위의 전부에 영향을 미치므로 인하여 그 행위의 전부가 위법행위에 이르렀다고 인정되는 때에는 그 모든 비용의 2배에 상당하는 금액
② 제1항의 규정에 의한 위법행위에 소요된 비용은 관련비용의 지급영수증·본인확인서 등의 관련자료에 의하여 산정하되, 위법행위자 등 관계자가 관련자료를 제출하지 아니하는 때에는 시중의 통상적인 소요비용을 계상하여 산정한다.
③ 법 제135조의2제4항에 따라 보전을 미룬 선거비용은 유죄의 판결 또는 결정의 통지가 있는 때에는 20일 이내에 대통령선거 및 국회의원선거에서는 중앙위원회의 수입징수관에게, 지방자치단체의 의회의원 및 장의 선거에서는 해당 지방자치단체의 징수관에게 내고, 무죄의 판결 또는 결정의 통지가 있는 때에는 20일 이내에 해당 정당 또는 후보자에게 지급하여야 한다.(2008.2.29 본항개정)
④ 제3항의 규정에 의하여 국가 또는 지방자치단체에 납입하거나 당해 정당 또는 후보자에게 지급하는 때에는 법원의 판결에 따라 정산하여야 한다.(2002.3.21 본항개정)
(2000.2.16 본조신설)

제8장 선거와 관련있는 정당활동의 규제

제60조【정강·정책의 신문광고등】 ① 법 제137조제1항에 따른 광고기간의 기준은 당해 광고가 게재된 일간신문등이 발행되는 날을 기준으로 한다.
② 제34조제1항·제2항 및 제4항은 정강·정책의 신문광고등에 이를 준용한다. 이 경우 "일간신문"은 "일간신문등"으로, "정당 또는 후보자"는 "정당의 중앙당"으로, "관할선거구위원회"는 "중앙위원회"로 본다.
(2010.1.25 본조개정)

제60조의2【정강·정책의 방송연설의 신고】 법 제137조의2(정강·정책의 방송연설의 제한)제6항〔법 제71조(후보자 등의 방송연설)제10항을 준용하는 경우를 말한다〕의 규정에 의한 방송연설의 신고는 별지 제22호서식(라)에 의한다.(2005.8.4 본조개정)

제61조【정강·정책홍보물등의 제출】 ① 법 제138조(정강·정책홍보물의 배부제한등)제1항의 규정에 의한 정강·정책홍보물에는 작성근거, 제작정당명과 인쇄소의 명칭·주소·전화번호를 표시하여야 한다.(2005.8.4 본항개정)
② 법 제138조의2제1항의 규정에 따른 정책공약집의 앞면에는 "정책공약집"이라 표시하고, 정당명을 한글로 게재하여야 하며, 정책공약집의 뒷면에는 "이 정책공약집은 「공직선거법」 제138조의2의 규정에 따른 것입니다."라고 표시하고, 판매가격 및 인쇄소의 명칭·주소·전화번호를 게재하여야 한다.(2007.1.3 본항신설)
③ 법 제138조제4항의 규정에 의한 정강·정책홍보물, 법 제138조의2제3항의 규정에 의한 정책공약집 및 법 제139조(정당기관지의 발행·배부제한)제3항의 규정에 의한 정당기관지의 관계위원회에의 제출은 별지 제38호서식에 의한다.(2007.1.3 본항개정)

제62조【창당대회등의 고지의 제한】 ① 법 제140조(창당대회 등의 개최와 고지의 제한)제1항의 규정에 의하여 정당의 창당대회·합당대회·개편대회 및 후보자선출대회(이하 이 조에서 "창당대회등"이라 한다)에 사회통념상 인정되는 범위안에서 당원이 아닌 자를 초청하기 위하여 초청장을 발송하는 경우에는 창당대회등의 주최당부 명의로 하여야 한다.
② 법 제140조제2항의 규정에 의한 창당대회등의 표지에는 대회명·개최일시·개최장소·주최당부명 그 밖에 정당의 홍보에 필요한 사항을 게재할 수 있다.(2005.8.4 본항개정)
(2004.3.12 본조개정)

제63조【당원집회의 제한】 ① 정당은 다음 각 호의 어느 하나에 해당하는 집회를 제외하고는 법 제141조제2항에 따라 당원집회를 개최하는 때에는 해당 당원집회의 개최일전일까지 그 개최지역을 관할하는 구·시·군위원회에 별지 제40호서식에 의하여 당원집회의 신고를 하여야 한다.(2010.1.25 본문개정)
1. 정당의 사무소 및 당원연수시설에서 개최하는 당원집회
2. 법 제112조제2항제1호바목에 따른 당직자회의 (2010.1.25 본호개정)
3. (2010.1.25 삭제)
② 법 제141조제6항에 따른 당원집회의 표지의 매수는 1매로 하고, 그 표지에는 집회명·일시·장소·주최당부명·참석대상외의 사항을 게재할 수 없다.(2010.1.25 본항개정)
③ 정당은 제1항 각 호의 어느 하나에 해당하는 당원집회를 개최하는 때에는 표지를 첩부 또는 게시하지 아니할 수 있다.(2005.8.4 본항개정)
(2004.3.12 본조개정)

제64조 (2004.3.12 삭제)

제65조 (1997.11.14 삭제)

제66조【당사게시 선전물등의 제한】 ① 법 제145조제1항 및 제2항에 따른 간판·현판·현수막(이하 이 조에서 "간판등"이라 한다)은 해당 정당의 사무소 또는 후원회의 사무소가 있는 건물이나 그 담장을 벗어난 장소에 설치·게시할 수 없으며, 애드벌룬을 이용하는 방법으로 설치·게시할 수 없다.(2014.1.17 본항개정)
② 간판등에는 법 및 이 규칙의 규정에 의하지 아니하고는 후보자(후보자가 되려는 사람을 포함한다)를 지지·추천하거나 반대하는 내용을 게재하여서는 아니 된다.
(2010.1.25 본조개정)

제9장 투 표

제67조【투표관리관 및 사전투표관리관】 ① 구·시·군위원회는 선거가 있을 때마다 선거일 전 60일(선거일 전 60일 후에 선거의 실시사유가 확정된 보궐선거등에 있어서는 그 선거의 실시사유가 확정된 후 5일)부터 선거일 후 10일까지 투표관리관 및 사전투표관리관(이하 이 조에서 "투표관리관등"이라 한다)을 위촉·운영한다. 이 경우 사전투표관리관은 사전투표기간 중 일자별로 순번을 정하여 지정할 수 있다.(2014.1.17 본항개정)
② 투표관리관등은 법규를 준수하고 성실하게 직무를 수행하여야 하며, 관할구·시·군위원회 또는 읍·면·동위원회의 지시에 따라야 한다.(2014.1.17 본항개정)
③ 투표관리관등은 해당 투표구 또는 사전투표소의 투표사무원에 대하여 투표관리사무의 처리에 있어 필요한 지시·감독을 할 수 있다.(2014.1.17 본항개정)
④ 구·시·군위원회는 투표구 또는 사전투표소마다 투표사무원 중에서 1인을 미리 지정하여 투표관리관등이 유고 그 밖의 사유로 직무를 수행할 수 없게 된 때에는 그 직무를 행하게 할 수 있으며, 미리 지정한 투표사무원이 유고 그 밖의 사유로 직무를 수행할 수 없게 된 때에는 투표사무원 중 연장자순에 의하여 투표관리관등의 직무를 행하게 할 수 있다.(2014.1.17 본항개정)
⑤ (2014.2.13 삭제)
⑥ 투표관리관등이 되고자 하는 자는 별지 제40호의2서식에 따른 본인승낙서를 제출하여야 한다. 다만, 법 제146조의2제3항에 따라 국가기관·지방자치단체 및 각급 학교의 장이 「정당법」 제22조에 따라 당원이 될 수 없는 공무원 또는 교원을 추천하는 때에는 그 제출을 생략할 수 있다.(2022.1.26 단서신설)
⑦ 구·시·군위원회는 투표관리관등이 다음 각 호의 어느 하나에 해당하는 경우에는 해촉할 수 있다.(2014.1.17 본문개정)
1. 법규에 위반되거나 불공정한 행위를 한 경우
2. 정당한 사유 없이 관할구·시·군위원회 또는 읍·면·동위원회의 지시·명령에 불응하거나 그 임무를 게을리 한 경우
3. 건강 또는 그 밖의 사유로 임무를 수행하기 어렵다고 인정되는 경우
⑧ 구·시·군위원회가 투표관리관등을 위촉 또는 해촉한 때에는 지체 없이 이를 공고하고 그가 소속된 국가기관·지방자치단체·학교의 장 및 관할읍·면·동위원회에 통보하여야 한다.(2014.1.17 본항개정)
⑨ 구·시·군위원회는 투표관리관등이 제7항제1호 및 제2호에 해당하는 행위를 한 때에는 그 소속 국가기관·지방자치단체·학교의 장에게 그 사실을 통보하여야 한다.(2014.1.17 본항개정)
⑩ (2007.11.22 삭제)
⑪ 투표관리관등의 여비는 「선거관리위원회법 시행규칙」 별표3의 읍·면·동위원회위원과 같은 금액으로 하고, 수당은 같은 규칙 별표4에 따른다.(2014.1.17 본항개정)
(2014.1.17 본조제목개정)
(2005.8.4 본조신설)

제67조의2【투표소의 설치 및 설비】 ① 투표소는 고령자·장애인·임산부 등 이동약자(이하 이 조에서 "이동약자"라 한다)의 투표소 접근 편의를 위하여 1층 또는 승강기 등의 편의시설이 있는 곳에 설치하여야 한다. 다만, 원활한 투표관리를 위하여 적절한 장소가 없는 경우에는 그러하지 아니하다.
② 제1항 단서에 따라 투표소를 설치하는 경우에는 투표소 입구에 이동약자를 보조할 투표사무원 등을 배치하거나 임시 기표소를 설치하는 등 이동약자가 투표하는 데 지장이 없도록 필요한 조치를 하여야 한다.
③ 법 제6조의3제1항에 따른 격리자등의 투표를 위하여 임시 기표소를 설치하는 등 필요한 조치를 하여야 한다. (2022.2.24 본항신설)
④ 읍·면·동위원회와 투표관리관은 법 제147조제5항에 따라 선거일 전일까지 투표소에 다음의 설비를 하여야 한다.
1. 투표참관인의 좌석
2. 선거인명부의 대조와 투표용지의 교부에 필요한 시설
3. 투표함
4. 기표소
5. 그 밖의 투표사무에 필요한 시설
(2018.4.6 본조개정)

제68조【사전투표소의 설치 및 설비】 ① 사전투표소의 설치에 관하여는 제67조의2제1항 및 제2항을 준용한다. 이 경우 "투표소"는 "사전투표소"로, "투표사무원"은 "사전투표사무원"으로 본다.(2018.4.6 본항신설)
② (2015.12.24 삭제)
③ (2014.1.17 삭제)
④ 구·시·군위원회는 선거일 전 6일까지 사전투표소에 각각 다음의 설비를 하여야 한다.

1. 사전투표참관인의 좌석
2. 본인여부 확인 및 투표용지 발급에 필요한 전산설비 및 시설(2015.12.24 본호개정)
3. 사전투표함
4. 기표소
5. 그 밖의 사전투표사무에 필요한 시설
⑤ 관할구·시·군위원회는 법 제148조제2항에 따른 사전투표소 설치의 공고와 통지를 하는 때에는 관할구역안에 설치한 사전투표소를 일괄하여 행한다. 이 경우 투표구마다 첩부하는 사전투표소 설치의 공고문에는 당해 위원회의 청인의 날인을 생략할 수 있다.
⑥ 사전투표사무원으로 위촉된 자가 사전투표사무를 처리하는 때에는 제67조에 따른 사전투표관리관의 지시에 따라야 한다.(2014.2.13 본항개정)
(2018.4.6 본조제목개정)
(2014.1.17 본조개정)
제69조 (2014.1.17 삭제)
제70조【기관·시설 안의 기표소】 ① 법 제149조제1항·제5항에 따른 10명 이상의 거소투표신고인을 수용하고 있는 기관·시설 및 기표소 설치의 신고는 별지 제41호서식의(다)에 따르고, 10명 미만의 거소투표신고인을 수용하고 있는 기관·시설 및 기표소 설치의 신고는 별지 제41호서식의(라) 및 제41호서식의(마)에 따른다.
② 법 제149조제1항에 따라 기관·시설의 명칭과 소재지 및 거소투표신고인수 등을 신고 받은 관할 구·시·군위원회는 그 신고만료일의 다음 날까지 이를 공고하여야 한다.
③ 법 제149조제4항에 따른 정당·후보자·선거사무장 또는 선거연락소장(이하 이 조에서 "정당등"이라 한다)의 기관·시설 안의 기표소 설치 요청은 별지 제41호서식의(바)에 따르며, 정당등이 10명 미만의 거소투표신고인을 수용하고 있는 기관·시설의 장에게 기표소 설치를 요청한 때에는 지체 없이 그 요청서 사본을 관할 구·시·군위원회에 제출하여야 한다.
④ 법 제149조제5항에 따라 기표소 설치·운영 일시 및 장소의 신고를 받은 관할 구·시·군위원회는 기관·시설 안의 기표소 설치일 전일까지 이를 공고하여야 한다.
⑤ 기관·시설의 장이 법 제149조제5항에 따라 기표소 설치신고를 한 때에는 기표소의 설치·운영 일시 및 장소를 해당 거소투표신고인에게 안내하여야 한다.
⑥ 기관·시설의 장은 법 제149조제7항에 따라 투표개시전까지 기표소를 설치하는 장소에 다음의 설비를 하여야 한다.
1. 기표소
2. 투표참관에 필요한 좌석
3. 그 밖의 기표에 필요한 시설
(2014.1.17 본조개정)
제70조의2 (2014.1.17 삭제)
제71조【투표용지】 ① 선거구위원회가 법 제150조(투표용지의 정당·후보자의 게재순위등)의 규정에 의하여 정당 또는 후보자의 투표용지 게재순위를 정한 때에는 제2항의 규정에 의한 투표용지의 인쇄원고를 작성하여 지체없이 구·시·군위원회에 송부하여야 한다.
(2002.3.21 본항개정)
② 투표용지는 별지 제42호서식의(가)에 의하여 작성한다. 이 경우 대통령선거에서 후보자가 1인인 경우에는 해당 후보자란만을 작성하며, 법 제150조제4항에 따라 전국적으로 통일된 기호를 부여받는 정당이 후보자를 추천하지 아니한 경우에는 투표용지에 그 기호, 정당명, 후보자의 성명 및 기표란은 게재하지 아니한다.(2015.8.13 후단개정)
③ 제2항의 투표용지에 「정당법」 제16조에 따라 등록된 정당 명칭의 약칭을 게재하려는 정당의 중앙당은 후보자등록신청개시일 전일까지 중앙위원회에 서면으로 그 약칭의 게재를 요청할 수 있다.(2019.5.30 본항신설)
④ 지역구자치구·시·군의원선거에서 법 제150조제7항에 따라 같은 정당추천후보자 사이의 투표용지 게재순위를 해당 정당이 정한 때에는 별지 제12호서식의(다)에 의한 후보자추천서에 그 순위를 게재하여야 한다.
(2010.1.25 본항개정)
⑤ 투표용지에 청인의 인영을 인쇄하지 아니하고 직접 날인하는 구·시·군위원회는 2개이상의 청인을 사용할 수 있다.(2002.3.21 본항개정)
⑥ 제5항의 규정에 의한 청인의 인영은 별지 제43호서식의(나)의 인영대장에 등록하고, 사용할 청인의 상부에는 인영대장에 등록된 일련번호를 표시하여야 하며, 투표용지에 날인하는 청인은 날인이 끝난 즉시 참여한 위원 전원이 봉인하여 보관하여야 한다.(2019.5.30 본항개정)
⑦ 후보자가 사퇴·사망하거나 등록이 무효(이하 이 항에서 "사퇴등"이라 한다)로 된 경우에 투표용지의 인쇄 및 안내는 다음 각 호에 따른다.
1. 인쇄소에서 작성하는 투표용지
가. 사퇴등의 시기가 후보자등록신청기간(대통령선거에서는 후보자 추가등록신청기간을 말한다. 이하 이 항에서 같다)이 지난 후 투표용지 인쇄전인 때 : 투표용지의 해당 정당 또는 후보자의 기표란에 "사퇴"·"사망" 또는 "등록무효"라고 인쇄한다.
나. 사퇴등의 시기가 투표용지를 인쇄한 후인 때 : 별지 제42호서식의(나)에 따라 투표소에 잘 보이게 게시한다. 이 경우 법 제154조제5항에 따라 거소투표용지 발송시에 동봉하는 선거에 관한 안내문을 인쇄하기 전인 때에는 별지 제42호서식의(나)에 준하여 이를 게재하여야 한다.
2. 투표용지 발급기로 인쇄하는 투표용지
가. 사퇴등의 시기가 후보자등록신청기간이 지난 후 사전투표개시일 전일까지인 때 : 제1호가목과 같이 인쇄한다.
나. 사퇴등의 시기가 사전투표개시일 이후 사전투표종료 전인 때 : 사전투표소를 설치한 해당 읍·면·동을 선거구역에 포함하는 선거의 후보자에 한정하여 별지 제42호서식의(나)에 따라 사전투표소에 잘 보이게 게시한다.(2014.2.13 본목개정)
(2014.1.17 본항개정)
⑧ 대통령선거 및 임기만료에 따른 국회의원선거에서 투표용지의 색도는 별표2의2에 따른다. 다만, 해당 색도의 종이가 부족하거나 불가피한 사정이 있는 경우에는 중앙위원회가 투표용지의 색도를 달리 정할 수 있다.
(2018.1.19 본항개정)
⑨ 중앙위원회가 제8항 단서에 따라 투표용지의 색도를 정한 때에는 후보자등록신청개시일전일까지 관할 구·시·군위원회에 통지하여야 하며, 관할 구·시·군위원회는 이를 정당과 후보자에게 통지하여야 한다.
(2019.5.30 본항개정)
⑩ 법 제150조제5항제3호 또는 같은 조 제7항에 따라 무소속후보자 또는 추천정당이 정하지 아니한 지역구자치구·시·군의원후보자 사이의 투표용지 게재순위를 결정하기 위하여 추첨하는 경우 그 추첨방법은 법 제150조제6항을 준용한다. 이 경우 "소속정당의 대표자나 후보자"는 "후보자"로 본다.(2010.1.25 본항신설)
제71조의2【투표용지 인쇄시기】 ① 투표용지는 다음 각 호에서 정하는 날 후에 인쇄한다. 다만, 인쇄시설의 부족 등 선거관리에 지장이 있다고 인정되는 경우에는 해당 위원회의 의결로 그 날을 변경할 수 있다.
1. 투표소에서 사용하는 투표용지
가. 대통령선거 : 후보자등록마감일 후 13일
나. 국회의원선거 : 후보자등록마감일 후 9일
다. 지방의회의원 및 지방자치단체의 장의 선거 : 후보자등록마감일 후 2일
2. 거소투표신고인명부에 올라 있는 선거인에게 발송하는 투표용지 : 후보자등록마감일 후 2일
② 제1항제1호에도 불구하고 같은 호 나목 및 다목의 보궐선거등의 경우 투표용지는 후보자등록마감일 후 9일 후에 인쇄한다. 다만, 임기만료에 따른 선거와 동시에 실시할 때에는 임기만료에 따른 선거의 예에 따른다.
(2019.5.30 본항신설)
(2014.2.13 본조신설)
제72조【투표함의 규격 및 투표용지 발급기의 송부 등】
① 법 제151조에 따른 투표함의 규격은 별표2에 따른다.
② 법 제151조제6항에 따른 투표용지 발급기는 구·시·군위원회가 사전투표기간 개시일 전일까지 읍·면·동위원회에 송부하며, 이를 송부 받은 읍·면·동위원회 위원장은 투표용지 발급기를 봉함·봉인하여 보관하였다가 투표함과 함께 사전투표관리관에게 인계하여야 한다. 이 경우 투표용지 발급기의 인계 후 사전투표기간 개시일 전일까지의 기간 동안 점검 등을 위해 봉함·봉인을 해제한 경우에는 사전투표관리관이 다시 봉함·봉인한다.(2021.10.22 단서신설)
③ 구·시·군위원회는 투표용지 발급기의 읍·면·동위원회 송부과정에, 읍·면·동위원회는 투표용지 발급기의 수령·보관 및 사전투표관리관에게 인계하는 과정에 해당 위원회의 정당추천위원이 각각 참여하여 입회할 수 있도록 하여야 한다. 이 경우 정당추천위원이 참여하지 아니한 때에는 입회를 포기한 것으로 본다.
④ 구·시·군위원회 정당추천위원의 다른 노선의 송부과정 입회, 신분증명서 착용에 관하여는 제73조제1항 및 제2항을 준용한다.
(2014.1.17 본조개정)
제73조【정당추천위원의 참여·입회】 ① 법 제151조(투표함과 투표용지의 작성)제5항의 규정에 따라 구·시·군위원회가 투표용지를 관할읍·면·동위원회에 송부하는 경우 해당 구·시·군위원회의 정당추천위원은 자신이 입회하지 아니하는 다른 노선의 송부과정에 해당 읍·면·동위원회의 같은 정당의 추천위원 중 1인을 입회하게 할 수 있다.
② 정당추천위원이 투표용지의 인쇄·납품 및 송부과정에 참여하여 입회하는 동안에는 신분증명서를 달아야 한다.
③ 구·시·군위원회는 별지 제43호서식의(나)에 의한 투표용지작성·관리록을 비치하고 투표용지의 인쇄상황 및 정당추천위원의 참여·입회상황 그 밖의 투표용지의 작성에 관한 사항을 기재하여야 한다.
(2005.8.4 본조개정)
제74조【시각장애선거인용 특수투표용지등】 ① 구·시·군위원회가 법 제151조제8항에 따라 시각장애로 인하여 자신이 기표를 할 수 없는 선거인(이하 이 조에서 "시각장애선거인"이라 한다)을 위한 특수투표용지를 작성하는 때에는 제71조(투표용지)제2항의 규정에 의한 투표용지 서식에 의하되, 점자로 작성한다. 이 경우 후보자의 성명은 법 제150조(투표용지의 정당·후보자의 게재순위등)제2항 단서의 규정에 불구하고 한글점자로 표시한다.(2015.8.13 전단개정)
② 구·시·군위원회는 제1항의 규정에 의한 특수투표용지를 작성하지 아니하는 때에는 중앙위원회가 정하는 바에 따라 투표보조용구를 작성하여 사전투표관리관 또는 투표관리관이 사전투표소 또는 투표소에서 시각장애선거인에게 제공하게 할 수 있다.(2014.1.17 본항개정)
③ 제2항의 규정에 의한 투표보조용구는 시각장애선거인이 투표용지의 기표란에 표를 하기 쉽도록 작성하여야 한다.
(2005.8.4 본조제목개정)
제75조【투표용지모형의 공고】 법 제152조(투표용지모형등의 공고)제1항의 규정에 의한 투표용지모형공고문의 빈 자리에는 중앙위원회가 정하는 바에 따라 투표절차에 관한 안내사항을 게재할 수 있다.
제76조【투표안내문의 작성·발송등】 ① 법 제153조(투표안내문의 발송)제1항의 규정에 의한 투표안내문의 서식·규격 및 그 게재사항은 별지 제44호서식에 의하고, 투표안내문의 발송용봉투의 규격 및 그 게재사항은 별지 제45호양식에 의하되, 투표안내문의 게재방법과 투표절차 기타 투표에 필요한 안내사항에 대하여는 선거가 있을 때마다 임기만료에 의한 선거에 있어서는 중앙위원회가, 보궐선거등에 있어서는 관할선거구위원회가 이를 정한다.
② 구·시·군위원회는 투표안내문의 작성 및 발송을 위하여 필요하다고 인정하는 때에는 관할 읍·면·동의 장에게 자료의 제출·투표안내문 및 봉투의 기재 기타 필요한 사항의 협조를 요구할 수 있다.
③ 구·시·군위원회는 세대주의 주소·성명의 오기등 착오로 인하여 투표안내문이 반송되어 온 때에는 이를 다시 발송하되, 다시 발송할 수 없는 경우에는 이를 따로 보관하여야 한다.
④ 「주민등록법」 제19조제3항 또는 같은 법 제20조제6항 단서에 따라 읍·면사무소 또는 동 주민센터의 주소가 행정상 관리주소인 사람에 대한 투표안내문(선거공보를 포함한다)의 발송은 해당 행정상 관리주소지인 읍·면사무소 또는 동 주민센터에 보관하였다가 본인의 신청이 있는 경우 교부하는 방법으로 한다.(2015.8.13 본항개정)
제77조【거소투표용지의 발송】 ① 거소투표용지는 거소투표신고인명부에 따라 해당 구·시·군위원회의 관할구역을 관할하는 우체국을 통하여 발송하여야 한다. 이 경우 우체국장은 거소투표용지가 들어 있는 우편물의 발송과 회송을 다른 우편물보다 우선하여 취급하여야 한다.
(2017.1.23 전단개정)
② (2005.8.4 삭제)
③ 구·시·군위원회가 거소투표신고인명부에 올라 있는 선거인(이하 "거소투표자"라 한다)에게 법 제65조제6항에 따라 거소투표용지와 선거공보를 동봉하여 발송하는 경우 정당·후보자가 제출한 선거공보의 매수가 거소투표자수에 미달하는 때에는 투표구단위로 그 정당 또는 후보자가 지정한 거소투표자에게 발송하고, 이를 지정하지 아니하는 때에는 발송작업순에 따라 제출매수에 달하는 순위자까지 발송한다.
(2014.1.17 본조개정)
제78조【거소투표용지의 미발송 통지등】 ① 구·시·군위원회는 거소투표용지의 발송 전에 거소투표자 중 선거권이 없는 자나 사망자의 명단을 구·시·군의 장으로부터 통보받은 때에는 그 거소투표용지는 발송하지 아니한다.(2014.1.17 본항개정)
② 구·시·군위원회는 법 제154조제2항제3호에 해당하는 거소투표자를 확인하기 위하여 관계기관의 장에게 필요한 사항을 조회하거나 자료의 제출을 요청할 수 있다. 이 경우 중앙위원회가 일괄하여 조회하거나 요청할 수 있다.(2022.2.24 본항신설)
③ 구·시·군위원회는 법 제154조제2항에 따라 거소투표자에게 거소투표용지를 발송하지 아니한 때에는 거소투표등 발송·접수록에 그 사실을 기재하고 지체없이 당해 선거인에게 그 사유와 사전투표기간에 사전투표소에서 투표하거나 선거일에 주민등록지의 투표소에서 투표하여야 한다는 뜻을 통지하여야 한다.(2019.5.30 본항개정)
④ 법 제154조제3항에 따른 거소투표자의 명단은 별표4의 20. 거소투표용지 미발송·반송자 명단 통지의 서식에 의하여 작성하되, 그 비고란에 "미발송" 또는 "반송"이라고 표시하여야 한다.(2014.1.17 본항개정)
⑤ 법 제154조제5항의 규정에 의한 투표방법 기타 선거에 관한 안내문의 규격·게재사항등은 선거가 있을 때마다 임기만료에 의한 선거에 있어서는 중앙위원회가, 보궐선거등에 있어서는 관할선거구위원회가 이를 정한다.
(2014.1.17 본조제목개정)
제79조【거소투표용 봉투의 규격등】 법 제154조제1항에 따른 거소투표용지의 발송용과 회송용 봉투의 규격과 그 게재사항은 별지 제46호양식의(가)·(나)에 의한다.
(2014.1.17 본조개정)
제79조의2【선상투표자를 위한 후보자정보자료 작성·전송】 중앙위원회는 선상투표자에게 후보자에 대한 정보를 알리기 위하여 후보자등록신청서에 따라 후보자정보자료를 작성하여 제공할 수 있다. 이 경우 후보자정보자료의 작성은 별표4의 서식표 중 7. 후보자등록 공고에 관한 서식을 준용한다.(2015.12.24 본조신설)

제80조【우편투표함의 비치】 ① 관할구·시·군위원회는 예상 사전투표자수 및 거소투표신고인수·선상투표신고인수를 감안하여 해당 위원회 사무소 안에 우편투표함을 비치하되, 투표함 안팎의 이상유무에 관하여 정당추천위원의 참여하에 검사한 후 투표함의 자물쇠를 잠그고 정당추천위원이 봉인하여야 한다. 다만, 정당추천위원이 지정된 시각까지 참석하지 아니한 때에는 참여를 포기한 것으로 본다.
② 관할 구·시·군위원회는 관할구역안에 2 이상의 선거구가 있는 때에는 선거구별로 우편투표함을 비치하거나 우편투표함을 사전투표·거소투표 또는 선상투표의 접수용으로 각각 따로 비치할 수 있다.
(2014.1.17 본조개정)

제81조【거소투표 등 발송·접수록】 구·시·군위원회는 거소투표용지를 발송하거나 거소투표를 접수한 때에는 별지 제47호서식에 의한 거소투표 등 발송·접수록을 비치하고, 거소투표용지의 발송 및 거소투표 등의 접수상황을 기재하여야 한다.(2014.1.17 본조개정)

제82조【투표의 계속진행】 ① 투표관리관은 법 제157조(투표용지수령 및 기표절차)제1항의 규정에 의한 본인여부의 확인을 함에 있어서 시간을 요하는 경우에는 이를 확인하는 동안에도 다른 선거인에 대하여는 계속하여 투표를 진행시켜야 한다.(2005.8.4 본항개정)
② 법 제157조제1항에서 "중앙선거관리위원회규칙이 정하는 신분증명서"라 함은 관공서 또는 공공기관이 발행한 증명서로서 사진이 첩부되어 본인임을 확인할 수 있는 국가보훈등록증·장애인등록증·외국인등록증·자격증 그 밖에 신분을 확인할 수 있는 증명서 또는 이들 기관이 기록·관리하는 것으로서 사진이 첩부되어 본인임을 확인할 수 있는 서류를 말한다.(2023.7.31 본항개정)
③ 제1항의 규정은 사전투표소에서의 투표진행에 이를 준용한다.(2014.1.17 본항개정)

제83조【투표용지의 봉인·보관등】 읍·면·동위원회는 구·시·군위원회로부터 투표용지를 송부받은 때에는 투표관리관으로 하여금 투표용지의 매수·청인날인·일련번호 그 밖의 인쇄상태의 이상유무 등을 확인한 후 이를 봉인하여 투표함 등 견고한 용기에 넣고 그 자물쇠를 봉쇄·봉인하게 한 다음 법 제151조(투표용지와 투표함의 작성)제1항의 규정에 따라 인계하는 때까지 이를 보관하여야 한다.(2005.8.4 본조개정)

제84조【투표용지에의 날인】 ① 거소투표용지의 "투표관리관"칸에는 구·시·군위원회 위원장 자신의 도장을 찍어야 한다. 이 경우 그 도장은 별지 제43호서식의(나)의 인영대장에 등록된 도장으로 하되, 구·시·군위원회 위원장은 2개 이상의 도장을 조각하여 인영대장에 등록하고 날인할 수 있다.
② 투표관리관 및 사전투표관리관은 법 제157조제2항 및 제158조제3항에 따라 투표용지에 날인하는 도장의 인영을 별지 제50호서식의(가) 및 제53호서식의 인영대장에 등록하고, 그 도장에는 별지 제48호양식에 따라 등록된 도장임을 표시하는 고정된 표지를 하여야 한다.
③ 구·시·군위원회 위원장이 거소투표용지에 자신의 도장을 찍거나 사전투표관리관이 투표용지에 자신의 도장을 찍는 경우 도장의 날인은 인쇄날인으로 갈음할 수 있다.(2014.1.17 본항신설)
④ 제2항의 도장과 인영대장은 날인이 끝날 때까지 해당 투표소 또는 사전투표소 밖으로 가지고 나갈 수 없다.
(2014.1.17 본조개정)

제85조【선상투표용지의 작성·전송】 ① 법 제154조의2 제1항에 따른 선상투표용지는 별지 제42호서식의(다)에 따른다.
② 선상투표용지에는 일련번호를 표시하고, 관할 구·시·군위원회의 청인과 해당 구·시·군위원회위원장 개인의 도장을 찍는다. 이 경우 일련번호는 바코드의 형태로 표시할 수 있다.
③ 선상투표용지의 작성, 일련번호의 표시 및 선상투표용지에의 날인은 전산조직을 이용한 인쇄의 방법으로 작성·표시·날인할 수 있으며, 같은 선상투표자의 2회 이상 접수 여부를 확인할 수 있도록 하기 위하여 선상투표용지의 표지부분에 선상투표신고인명부에 올라 있는 선거인(이하 "선상투표자"라 한다)인 식별번호를 표시할 수 있다.(2014.1.17 본항개정)
④ 구·시·군위원회는 법 제154조의2제1항에 따른 선상투표용지를 선상투표신고서에 기재한 해당 선박의 팩시밀리로 전송하는 방법으로 송부하되, 중앙위원회가 운영하는 전산조직을 경유하게 할 수 있다. 이 경우 선상투표자가 수신하는 선상투표용지에는 일련번호가 표시되지 아니하도록 하여야 한다.(2014.1.17 본항개정)
⑤ 구·시·군위원회는 선상투표용지의 작성·송부 과정에 해당 구·시·군위원회의 정당추천위원이 입회할 수 있게 하여야 한다. 이 경우 정당추천위원이 입회하지 아니한 때에는 이를 포기한 것으로 본다.
⑥ 구·시·군위원회는 법 제154조의2제1항 후단에 따라 선상투표용지를 전송하지 아니한 때에는 그 사실을 선상투표신고서에 기재한 해당 선박의 팩시밀리를 통해 해당 선상투표자에게 알려야 한다.(2014.1.17 본항개정)
⑦ 구·시·군위원회는 별지 제43호서식의(나) 및 별지 제47호서식에 준하여 선상투표용지의 작성·관리 및 선상투표 발송·접수상황을 기록하여야 한다. 이 경우 선상투표용지의 팩시밀리 전송내역 기록을 첨부하여야 한다.
⑧ 법 제77조제1항 후단 및 제78조제1항의 규정은 선상투표용지의 발송·회송에 준용한다. 이 경우 "거소투표용지"는 "선상투표용지" 또는 "선상투표지"로 본다.(2014.1.17 본항개정)
(2012.6.25 본조신설)

제86조【사전투표】 ① 사전투표소에서의 본인여부 확인을 위한 신분증명서에 관하여는 법 제157조제1항 및 이 규칙 제82조제2항의 규정을 준용한다.
② 법 제158조제2항 후단에 따라 중앙위원회가 신분증명서의 일부를 전자적 이미지 형태로 저장할 때에는 성명, 생년월일 등을 통하여 해당 선거인의 신분증명서임을 확인할 수 있도록 하되, 저장된 전자적 이미지는 선거일 후 30일이 지난 후 지체 없이 삭제하여야 한다.(2023.12.15 본항개정)
③ 법 제158조제5항에 따라 회송용 봉투를 교부하지 아니하는 구역은 해당 구·시·군위원회의 관할구역(하나의 구·시·군위원회 관할구역 안에서 2 이상의 지역구국회의원선거가 실시되는 경우에는 국회의원지역구를 말한다)으로 한다.(2015.12.24 본항개정)
④ 사전투표관리관은 전기통신 장애, 그 밖의 부득이한 사유로 해당 사전투표소에서 통합선거인명부를 사용하여 투표를 할 수 없는 경우에는 투표하러 온 선거인이 다른 사전투표소에서 투표할 수 있도록 하여야 한다.
⑤ 제4항에도 불구하고 관할 구·시·군위원회는 전국단위의 통합선거인명부 통신망의 장애가 발생하였거나 다른 사전투표소로 이동 및 투표마감시각까지 도착할 시간적 여유가 없는 때에는 사전투표관리관으로 하여금 신분증명서로 본인여부를 확인하고, 그 명단(이하 이 조에서 "잠정투표자명부"라 한다)을 별도로 작성한 다음 선거인에게 투표용지 발급기를 이용하여 출력한 투표용지와 회송용 봉투를 교부하여 투표(이하 이 조에서 "잠정투표"라 한다)하게 할 수 있다.(2015.8.13 본항개정)
⑥ 관할 구·시·군위원회는 잠정투표의 실시사유가 해소되면 지체 없이 잠정투표자명부를 통합선거인명부 운용시스템에 전송하게 하고 그 기록을 보관하여야 한다. 이 경우 그 해소 시기가 사전투표기간 중인 때에는 사전투표관리관이, 그 해소 시기가 사전투표기간 종료 후인 때에는 관할 읍·면·동위원회가 사전투표관리관으로부터 잠정투표자명부를 인계 받아 전송하게 하여야 한다.
⑦ 사전투표관리관은 선거인 자신이 기표한 투표지를 공개한 것을 발견한 때에는 사전투표참관인의 참관 하에 해당 선거인으로부터 그 투표지를 회수하여 앞면에 공개된 투표지라는 표시를 하고, 자신의 도장을 찍거나 서명한 다음 회송용 봉투에 넣어 봉함하고 사전투표함에 투입하여야 한다. 이 경우 법 제158조제5항에 따라 회송용 봉투를 교부하지 아니한 선거인인 때에는 회수한 투표지 앞면에 공개된 투표지라는 표시를 하고, 자신의 도장을 찍거나 서명한 다음 그 투표지를 사전투표함에 투입한다.
(2017.1.23 본항개정)
⑧ (2021.10.22 삭제)
⑨ 법 제158조제6항제2호에 따라 사전투표함을 직접 관할 구·시·군위원회에 인계하는 경우 사전투표함의 봉쇄·봉인 및 송부에 관하여는 제92조의2 및 제94조제2항을 준용한다. 이 경우 사전투표관리관은 미리 지정한 사전투표사무원이 관할 구·시·군위원회에 인계하도록 할 수 있다.(2021.10.22 후단신설)
⑩ 법 제158조제6항에 따라 사전투표기간 종료 후에 투표지를 인계하는 때에는 사전투표기간 첫째 날의 투표마감시각 후에 사전투표함의 투입구에 봉인지를 부착한 다음 사전투표관리관과 사전투표참관인이 봉인지에 서명 또는 날인하여 보관하고, 둘째 날 해당 사전투표함을 계속하여 사용하려는 경우에는 투표개시 전에 사전투표참관인의 참여 하에 봉함·봉인상태의 이상 유무를 확인한 후 봉인지를 떼어내어 사용한다.(2014.2.13 본항신설)
⑪ 사전투표관리관은 별지 제50호서식의(가)에 의한 사전투표록을 비치하고 매일의 사전투표자수 등 사전투표관리에 관한 사항을 기재하여야 한다.(2018.1.19 본항개정)
⑫ 사전투표관리관은 해당 사전투표소의 투표가 모두 끝난 후 사전투표관리에 관한 모든 서류, 장비 등을 관할 구·시·군위원회에 인계하여야 한다.
(2014.1.17 본조개정)

제86조의2【선상투표】 ① 법 제158조의3제1항에 따른 선상투표를 할 수 있는 기간은 대한민국 표준시를 기준으로 정해지는 날짜에 상응하는 날짜로 한다.(2014.1.17 본항개정)
② 선장은 기상악화, 통신장애, 그 밖에 부득이한 사유로 당초 정한 일시에 선상투표를 할 수 없거나 모두 마치지 못한 때에는 새로이 투표일시를 정하여 선상투표를 할 수 있다. 이 경우 해당 선박의 선상투표자에게 즉시 그 사실을 알려야 한다.
③ 선장은 선상투표소에 다음의 설비를 하여야 한다.
1. 선장 및 입회인이 서명하는데 필요한 좌석
2. 기표소(기표에 필요한 용구를 포함한다)
3. 선상투표지 전송석(팩시밀리를 포함한다)
4. 선상투표지 봉함석
5. 그 밖에 선상투표에 필요한 시설
④ 제3항제3호에 따라 설비하는 팩시밀리의 번호는 선상투표자가 선상투표신고서에 기재한 팩시밀리 번호와 일치하여야 한다.(2014.1.17 본항개정)
⑤ 선장은 투표일 전일까지 입회인을 선정하고, 이를 선상투표자에게 알려야 한다. 이 경우 2명 이상의 입회인을 선정하는 때에는 선상투표용지에 서명할 입회인 1명을 미리 지정하여야 한다.
⑥ 법 제158조의3제3항 단서에 따라 입회인을 두지 아니한 때에는 선장이 선상투표용지에 기재된 내용에 따라 그 표시를 하여야 한다.(2014.1.17 본항개정)
⑦ 선상투표자는 법 제158조의3제6항에 따라 선상투표지를 넣은 봉투의 겉면에 자신의 성명과 생년월일을 기재하여 선장에게 제출한다.(2014.1.17 본항개정)
⑧ 선장은 선상투표자가 선상투표소에서 투표하기 전에 선상투표용지에 미리 기표하여 오거나 선상투표자가 자신이 기표한 선상투표지를 공개한 것을 발견한 때에는 해당 선상투표용지 또는 선상투표지를 회수하여 앞면에 미리 기표된 투표용지 또는 공개된 투표지라는 표시를 하고 자신의 도장을 찍거나 서명한 다음 별도의 봉투에 넣고 봉함하여 보관한다. 이 경우 선상투표지를 전송한 후에 공개한 때에는 해당 시·도위원회에 그 사실을 지체 없이 알려야 한다.(2017.1.23 전단개정)
⑨ 법 제158조의3제8항에 따른 선상투표관리기록부는 별지 제50호서식의(다)에 따른다.(2014.1.17 본항개정)
(2012.6.25 본조신설)

제86조의3【선상투표의 접수】 ① 중앙위원회는 선상투표자가 법 제158조의3제5항에 따른 선상투표지를 편리하게 전송할 수 있도록 하기 위하여 중앙위원회가 운영하는 전산조직을 경유하여 시·도위원회로 전송하게 할 수 있다.(2014.1.17 본항개정)
② 중앙위원회 및 시·도위원회는 법 제158조의3제9항에 따른 팩시밀리에 투표의 비밀을 보장하기 위하여 다음 각 호의 기술적 장치를 하여야 한다.(2014.1.17 본문개정)
1. 선상투표지의 표지부분에 선상투표지를 전송한 팩시밀리의 번호와 수신일시가 기재되도록 하는 장치
2. 출력된 선상투표지의 투표부분을 볼 수 없도록 하는 장치
③ 시·도위원회는 선상투표지를 수신하는 기간 동안 수신된 선상투표지를 매일 1회 이상 등기우편으로 해당 구·시·군위원회에 보내야 한다.
④ 시·도위원회는 제86조의2제8항 후단에 따른 통지를 받은 때에는 해당 선상투표지를 넣은 봉투에 공개된 투표지라는 표시를 하고 구·시·군위원회에 보내야 한다.
(2017.1.23 본항개정)
⑤ 시·도위원회는 선상투표지의 수신·발송 과정에 해당 시·도위원회의 정당추천위원이 입회할 수 있게 하여야 한다. 이 경우 정당추천위원이 입회하지 아니한 때에는 이를 포기한 것으로 본다.
⑥ 구·시·군위원회는 제96조에 준하여 선상투표지를 접수하되, 표지부분에 표시된 팩시밀리 번호와 해당 선상투표자의 신고서에 기재된 팩시밀리 번호가 서로 다른 선상투표지가 발견된 때에는 그 사실을 기재한 붙임쪽지를 붙여 우편투표함에 투입한다.(2014.1.17 본항개정)
⑦ 구·시·군위원회는 같은 사람의 선상투표지가 2회 이상 접수된 경우에는 가장 먼저 접수된 선상투표지 외의 선상투표지는 우편투표함에 투입하지 아니하고 따로 보관하되, 그 사실을 제85조제7항에 따른 선상투표 발송·접수상황에 기록하여야 한다.
⑧ 법 제158조의3제10항 후단에 따른 표지는 별지 제50호서식의(나)에 따라 작성하되, 법 제158조의3제10항 후단과 제4항에 따른 선상투표지를 넣은 봉투에는 그 선상투표지를 수신한 공무원이 자신의 도장을 찍거나 서명한다.
(2017.1.23 본항개정)
⑨ 법 제158조의3제10항에 따라 선상투표지를 구·시·군위원회에 보내는데 사용하는 봉투는 별지 제46호양식의(나)에 준하며, 같은 조 제11항에 따른 선상투표지 관리록은 별지 제50호서식의(라)에 따른다. 이 경우 선상투표지 관리록에는 선상투표지 팩시밀리 수신내역 기록을 첨부하여야 한다.(2014.1.17 본항개정)
(2012.6.25 본조신설)

제86조의4【선상투표관련 비용의 보전】 ① 선상투표신고를 한 선원이 승선한 선박의 선박회사는 선거일 후 40일까지 자신의 사무소 소재지를 관할하는 시·도위원회에 법 제158조의3제8항에 따라 선상투표관리기록부와 봉투를 제출하는데 소요된 비용, 선상투표신고 또는 선상투표에 사용한 팩시밀리의 전송·수신기록과 통신요금 내역을 첨부하여 그 보전을 청구할 수 있다. 이 경우 팩시밀리의 전송·수신기록과 통신요금 내역을 첨부할 수 없는 때에는 시·도위원회가 제공하는 팩시밀리 전송·수신기록과 위성통신사별 통신요금의 평균액에 따라 보전을 청구할 수 있다.
② 제1항에 따른 청구를 받은 시·도위원회는 청구내역을 심사하여 선상투표관리기록부 등의 제출에 소요된 비용과 선상투표신고 또는 선상투표에 사용한 것으로 인정되는 범위에서 통신요금을 보전한다.
(2021.10.22 본조개정)

제86조의5【국내에 도착한 선상투표자의 투표방법】 ① 법 제158조의3제13항 전단에 따른 신고(이하 이 조에서 "선상귀국투표신고"라 한다)는 별지 제50호서식의(마)에 따른다.

② 법 제158조의3제13항에 따른 "중앙선거관리위원회규칙으로 정하는 서류"란 「선원법」 제45조에 따른 선원수첩, 같은 법 제51조에 따른 승무경력증명서, 그 밖에 관공서 또는 공공기관이 발행한 승선경력을 확인할 수 있는 서류를 말한다.
③ 관할 구·시·군위원회가 선상귀국투표신고를 받은 경우에는 해당 신고서의 신고사항을 확인한 후 정당한 선상귀국투표신고인 때에는 접수하고, 해당 신고인에게 선거일에 주소지를 관할하는 투표구에 설치된 투표소에서 투표할 수 있다는 사실을 알려야 한다.
④ 관할 구·시·군위원회는 제3항에 따른 신고를 접수한 경우에는 해당 읍·면·동위원회에 통보하여야 한다. 이 경우 선거인명부의 수정 등에 관하여는 제16조의2제6항 및 제7항을 준용한다.
⑤ 선상투표자가 선거일에 투표소에서 투표하는 경우 투표관리관은 투표록에 그 사실을 적어야 한다.
(2015.8.13 본조신설)
제87조 (2014.1.17 삭제)
제88조【투표참관인등의 신고】 ① 법 제161조제2항과 제162조제2항에 따른 투표참관인 또는 사전투표참관인(이하 이 장에서 "투표참관인등"이라 한다)은 해당 투표소 또는 사전투표소를 선거구역으로 포함하는 선거에 후보자를 추천한 정당이나 후보자·선거사무장·선거연락소장이 별지 제51호서식의(가)에 따라 신고하고, 법 제161조제3항 단서와 제162조제3항에 따른 본인승낙은 별지 제51호서식의(나)에 따른다.
② 법 제161조제2항에 따른 투표참관인의 신고를 하는 때에는 그 신고서에 법 같은 조 제4항에 따라 투표참관인을 지정하는 경우의 순위를 기재하여야 한다.
③ (2007.11.22 삭제)
(2023.2.24 본조개정)
제89조【투표참관과 질서유지】 ① 투표참관인등은 투표참관 도중에 선거인에 대하여 직접 질문하거나 투표 또는 투표사무를 방해·간섭·지연시키거나 특정한 정당이나 후보자의 지지 또는 반대를 권유하거나 기타 어떠한 방법으로든지 선거에 영향을 주는 행위를 하여서는 아니된다.
② 투표참관인등은 투표참관 도중에 이의가 있을 경우에는 해당 투표관리관 또는 사전투표관리관에게 그 시정을 요구할 수 있다.(2014.1.17 본항개정)
제90조【투표참관인의 식비】 법 제122조의2제3항제6호에 따른 투표참관인과 사전투표참관인의 식비는 정부예산의 급식비단가 범위 이내로 한다.(2022.4.20 본조개정)
제91조【투표소에 출입하는 자의 표지】 법 제163조제2항과 제4항에 따라 투표소 또는 사전투표소(법 제149조제3항 및 제4항에 따른 기표소가 설치된 장소를 포함한다)에 출입하는 위원회위원·직원·투표관리관·사전투표관리관·투표사무원·사전투표사무원·투표참관인·사전투표참관인의 표지는 늘 잘 보이도록 달아야 하며, 그 규격과 게재사항은 별지 제52호양식에 의한다. 이 경우 위원회 위원과 직원의 표지는 신분증명서 또는 공무원증으로 갈음할 수 있다.(2014.1.17 전단개정)
제92조【공개된 투표지의 처리】 투표관리관은 선거인이 자신이 기표한 투표지를 공개한 것을 발견한 때에는 투표참관인의 참관하에 해당 선거인으로부터 그 투표지를 회수하여 앞면에 공개된 투표지라는 표시를 한 후 자신의 도장을 찍거나 서명한 다음 투표함에 투입한다.
(2017.1.23 본조개정)
제92조의2【투표함등 봉쇄·봉인】 ① 법 제168조제1항 본문에 따른 투표함의 투입구와 그 자물쇠의 봉쇄·봉인은 다음 각 호에 따른다.
1. 투표함의 투입구
투표함의 투입구(투입구를 봉쇄하는 별도의 장치가 있는 경우에는 그 투입구를 막는 장치를 말한다)에 봉인지를 부착한 다음 투표관리관 및 투표참관인이 봉인지에 각각 본인의 도장을 찍거나 서명하여야 한다.
2. 자물쇠
투표함에 부착된 자물쇠(열쇠와 일체형으로 제작된 경우를 포함한다)마다 봉인지를 부착한 다음 투표관리관 및 투표참관인이 봉인지에 각각 본인의 도장을 찍거나 서명하여야 한다. 이 경우 열쇠가 있는 때에는 별도의 봉투에 넣어 봉함한 후 투표함과 함께 구·시·군위원회에 인계하여야 한다.
(2015.12.24 1호~2호개정)
② 투표관리관은 투표참관인 중에서 제1항 각 호에 따른 봉인지에 도장을 찍거나 서명할 사람을 후보자별로 1명씩 지정할 수 있다. 이 경우 법 제161조제3항 단서에 따라 읍·면·동위원회가 투표참관인을 선정한 때에는 해당 투표참관인 중에서 지정할 수 있다.(2015.12.24 본항신설)
③ 투표관리관이 제2항에 따라 지정한 투표참관인이 정당한 사유없이 봉인지에 본인의 도장을 찍거나 서명하기를 거부한 때에는 그 권한을 포기한 것으로 보고, 투표록에 그 사유를 적는다.(2015.12.24 본항신설)
④ 투표함에는 중앙위원회가 정하는 바에 따라 전자적 보안장치를 할 수 있다.
(2012.6.25 본조신설)
제93조【투표록의 서식】 법 제169조(투표록의 작성)의 규정에 의한 투표록의 표준서식은 별지 제53호서식에 의한다.
제94조【투표관계서류등의 인계】 ① 투표관리관은 법 제170조제1항에 따라 투표가 끝난 후 투표함 및 그 열쇠, 투표록 및 잔여투표용지를 관할 구·시·군위원회에 송부할 때에는 선거인명부 및 투표용지의 절취된 일련번호지를 함께 송부하여야 한다.
② 투표관리관은 선거일의 투표마감시각까지 법 제170조제2항에 따른 투표함 송부과정에 동반할 투표참관인을 후보자별로 1인씩 지정할 수 있다. 이 경우 투표관리관이 지정한 투표참관인이 정당한 사유 없이 동반을 거부한 때에는 그 권한을 포기한 것으로 보고, 투표록에 그 사유를 기재한다.
(2012.6.25 본조개정)

제10장 개 표

제95조【개표소의 설비】 ① 구·시·군위원회는 선거일전일까지 개표소에 투표함의 접수에 필요한 시설, 투표함의 개함과 투표지의 점검, 심사·집계 및 정리등에 필요한 시설, 구·시·군위원회위원과 개표참관인의 좌석 및 일반인의 개표관람시설 기타 개표사무에 필요한 시설의 설비를 하여야 한다.
② 구·시·군위원회가 법 제173조(개표소)제2항의 규정에 의하여 개표소를 2개소 이상 설치하고자 하는 때에는 같은 법 같은 조 제1항의 규정에 의하여 개표소를 공고하는 때에 개표소별로 개표할 선거명을 공고하고 선거사무소장 또는 선거연락소장에게 통지하여야 한다.(2000.2.16 본항신설)
③ 구·시·군위원회가 법 제173조제2항 및 이 조 제2항의 규정에 의하여 2개소 이상으로 나누어 설치한 개표소의 명칭은 각각 당해 구·시·군위원회의 명칭밑에 "제1개표소", "제2개표소"등을 붙여 표시하며, 제1개표소는 당해 구·시·군위원회위원장이, 제2개표소 이상의 개표소는 당해 구·시·군위원회부위원장 또는 위원장이 지명한 위원이 개표사무를 관장한다.(2000.2.16 본항신설)
제95조의2【개표개시】 개표는 개표소에 투표함이 도착되면 개시할 수 있다.(2004.3.12 본조신설)
제96조【사전투표·거소투표의 접수】 ① 구·시·군위원회가 우편으로 송부된 사전투표 또는 거소투표를 접수한 때에는 통합선거인명부 또는 거소투표신고인명부에 그 접수일시를 기재(전산조직으로 할 수 있다)한 후 정당추천위원의 참여하에 이를 우편투표함에 투입하여야 한다. 이 경우 정당추천위원은 사전투표 또는 거소투표를 투입한 때마다 투입구를 봉인하여야 하되, 정당한 사유없이 참여·봉인을 거부하는 정당추천위원이 있는 때에는 그 권한을 포기한 것으로 본다.(2021.10.22 본항개정)
② 구·시·군위원회는 사전투표 종료 후 사전투표를 접수할 때까지 또는 거소투표용지를 발송한 후 거소투표를 접수할 때까지의 사이에 구·시·군의 장으로부터 선거권이 없는 자나 사망자의 명단을 통보받은 때에는 붙임쪽지에 선거권이 없는 자 또는 사망자라고 기재한 후 이를 회송용 봉투에 붙여 우편투표함에 투입하고 개표시에 이를 무효로 하며, 사전투표 또는 거소투표를 접수한 후에 통보를 받은 때에는 개표시에 해당 투표를 가려내어 무효로 처리한다. 이 경우 사전투표자 또는 거소투표자가 투표 후 사망한 것이 확인된 때에는 이를 유효로 처리한다.
③ 법 제155조제5항에 따른 사전투표·거소투표 및 선상투표 접수마감시각 후 개표록 작성완료시까지 도착된 사전투표·거소투표 및 선상투표는 우편투표함에 투입하지 아니하고 이를 따로 보관하되, 그 사실을 개표록에 기재하고 기권으로 처리한다.
(2014.1.17 본조개정)
제96조의2【우편투표함 등의 보관】 ① 법 제176조제3항에 따른 영상정보처리기기는 우편투표함과 사전투표함(이하 "우편투표함등"이라 한다)의 보관상황 전체를 녹화·기록할 수 있도록 설치하여야 한다.
② 제1항에 따른 녹화영상은 법 제176조제3항에 따른 보관기한이 경과한 때에는 해당 구·시·군위원회의 의결로 폐기한다.
(2021.10.22 본조신설)
제97조【우편투표함등의 개표장 이송】 구·시·군위원회가 법 제176조제4항에 따라 우편투표함등을 개표장으로 옮길 때에 참관하는 개표참관인은 정당 또는 후보자마다 1인으로 한다. 다만, 우편투표함등을 옮기는 시각까지 참여하지 아니하거나 정당한 사유없이 참관을 거부하는 개표참관인은 그 권한을 포기한 것으로 본다.
(2021.10.22 본조개정)
제98조【사전투표·거소투표 및 선상투표의 개표】 ① 구·시·군위원회위원장은 법 제176조제4항에 따라 우편투표함을 개함한 때에는 회송용봉투를 개봉하여 투표지를 꺼낸 다음, 사전투표함을 개함한 때에는 투표지를 꺼낸 다음 각각 일반투표함과는 별도로 개표한다. 이 경우 회송용봉투에 투표지가 들어 있지 아니한 사전투표(우편투표함에 들어 있는 사전투표를 말한다)·거소투표 및 선상투표는 기권으로 처리한다.(2022.4.20 전단개정)
② 법 제179조제2항 각 호의 어느 하나에 해당하는 회송용봉투와 이 규칙 제96조제2항에 따른 무효투표는 개표참관인의 참관하에 개봉하여 투표지 앞면에 무효처리된 우편투표지라는 표시를 한 후 위원장(법 제173조제2항에 따라 2개 이상의 개표소를 두는 경우에는 해당 선거의 개표사무를 관장하는 부위원장 또는 위원장이 지명하는 위원을 말한다. 이하 이 조에서 같다)이 서명 또는 날인한다.(2018.1.19 본항신설)
③ 제1항 및 제2항에 따라 개봉된 빈 회송용봉투는 포장하여 위원장이 봉인하여야 한다.(2018.1.19 본항신설)
(2018.1.19 본조개정)
제99조【개표의 진행등】 ① (2002.3.21 삭제)
② (2005.8.4 삭제)
③ (2014.1.17 삭제)
④ 선거별 또는 선거구별로 투표함을 설치한 경우 잘못 투입된 투표지가 발견된 때에는 그 사실을 개표상황표에 기재하고 해당 선거의 투표수로 집계하여야 한다. 이 경우 그 투표지는 별도로 관리하여야 한다.(2004.3.12 본항신설)
⑤ 법 제178조제5항에 따른 개표상황표의 표준서식은 별지 제54호서식에 의한다.(2014.1.17 본항개정)
제100조【정규의 투표용지등】 ① 법 제179조제1항제1호의 "정규의 투표용지"란 다음 각 호의 어느 하나에 해당하는 투표용지를 말한다.
1. 관할 구·시·군위원회가 작성하고 청인을 찍은 후 관할 읍·면·동위원회에 송부하여 해당 투표관리관이 자신의 도장을 찍어 정당한 선거인에게 교부한 투표용지
2. 사전투표관리관이 투표용지 발급기로 시·도위원회 또는 구·시·군위원회의 청인이 날인된 투표용지를 인쇄하여 자신의 도장을 찍은 후 정당한 선거인에게 교부한 투표용지
3. 관할 시·도위원회 또는 구·시·군위원회가 작성하고 청인과 해당 구·시·군위원회 위원장 자신의 도장을 찍은 후 정당한 거소투표자 또는 선상투표자에게 발송 또는 전송한 투표용지(2014.2.13 본호개정)
4. 동시선거에서 관할 시·도위원회가 작성하고 청인을 찍은 후 관할 구·시·군위원회를 거쳐 관할 읍·면·동위원회에 송부하여 해당 투표관리관이 자신의 도장을 찍어 정당한 선거인에게 교부한 시·도지사선거 및 비례대표시·도의원선거의 투표용지
② 제1항의 규정에 불구하고 투표관리관·사전투표관리관 도는 관할 위원회 위원장 도장의 날인이 누락되어 있으나 관할 위원회의 청인이 날인되어 있고 투표록 등에 도장의 날인이 누락된 사유가 기재되어 있는 투표용지는 정규의 투표용지로 본다. 이 경우 투표관리관 또는 사전투표관리관 도장의 날인 누락사유가 투표록 등에 기재되어 있지 아니하나 투표용지 교부매수와 투표수와의 대비, 투표록 등에 따라 투표관리관 또는 사전투표관리관이 선거인에게 정당하게 교부한 투표용지로 판단되는 것은 정규의 투표용지로 본다.
(2014.1.17 본조개정)
제100조의2【무효투표】 다음 각 호의 어느 하나에 해당하는 제86조제5항에 따른 잠정투표는 무효로 한다.
(2015.8.13 본문개정)
1. 같은 선거에서 한 사람이 2회 이상 투표를 한 경우 해당 선거에서 본인이 한 모든 투표
2. 선거인명부에 올라 있지 아니한 사람이 한 투표
(2014.1.17 본조신설)
제101조【투표의 효력에 관한 이의에 대한 결정공표】 구·시·군위원회위원장은 법 제180조(투표의 효력에 관한 이의에 대한 결정)제1항의 규정에 의하여 투표의 효력에 관한 이의에 대한 결정을 한 때에는 그때마다 그 내용을 공표하여야 한다.
제102조【개표참관인】 ① 법 제173조제2항에 따라 개표소를 2개소 이상 설치하는 때에는 개표소마다 후보자를 추천한 해당 정당은 6명, 해당 무소속후보자는 3명의 개표참관인을 선정·신고할 수 있으며, 국회의원선거에 있어서 2개 이상의 국회의원지역구를 관할하는 구·시·군위원회가 하나의 개표소를 설치하는 때에는 후보자를 추천한 정당은 국회의원지역구마다 6명의 개표참관인을 선정·신고할 수 있다.(2019.5.30 본항개정)
② 법 제181조제5항에 따른 개표참관인이 되고자 하는 선거권자는 중앙위원회가 정하는 방법으로 자신의 주소지(선거인명부에 적힌 주소지를 말한다)를 관할하는 구·시·군위원회가 설치하는 개표소에 한정하여 신청하여야 한다.(2015.8.13 본항신설)
③ 개표참관인은 개표참관도중에 개표사무를 방해·지연시키거나 기타 어떠한 방법으로든지 법 및 이 규칙에 의하지 아니한 방법으로 개표의 진행에 지장을 주는 행위를 하여서는 아니되며, 법 제181조제8항에 따른 개표에 관한 사항의 시정을 요구하는 경우에는 당해 구·시·군위원회를 통하여서 요구하여야 한다.(2015.8.13 본항개정)
④ 법 제181조제2항에 따른 개표참관인의 신고는 별지 제55호서식의(가)에 의하고, 법 같은 조 제3항에 따른 본인승낙은 별지 제55호서식의(나)에 의한다.
(2007.11.22 본조개정)
제103조【개표참관인의 식비】 법 제122조의2제3항제7호에 따른 개표참관인의 식비는 정부예산의 급식비 단가 범위 이내로 한다.(2022.4.20 본조개정)
제104조【개표관람증】 법 제182조(개표관람)제1항의 규정에 의한 개표관람증은 별지 제56호양식에 의한다.
제105조【개표소에 출입하는 자의 표지등】 ① 법 제182조(개표관람)제1항의 규정에 의한 개표관람증과 법 제183조(개표소의 출입제한과 질서유지)제2항의 규정에 의한 개표소에 출입하는 위원회의 위원·직원, 개표사무원, 개

표사무협조요원 및 개표참관인의 표지는 늘 잘 보이도록 달아야 하며, 표지의 규격 및 게재사항은 별지 제52호양식에 의한다. 이 경우 위원회(읍·면·동위원회를 제외한다)위원·직원의 표지는 신분증명서 또는 공무원증으로 갈음할 수 있다.
② (2005.8.4 삭제)
③ 법 제183조제1항 단서의 규정에 의하여 일반관람인석에 들어가는 취재·보도요원은 관할 구·시·군위원회가 발행하는 출입증을 늘 잘 보이도록 달아야 한다.
(2005.8.4 본조개정)
제106조【개표록·집계록 및 선거록의 작성 등】① 법 제173조(개표소)제2항의 규정에 의하여 개표소를 2개소 이상 설치하여 개표하는 때의 개표록은 개표소마다 각각 작성하되, 구·시·군위원회 부위원장 또는 구·시·군위원회 위원장이 지명하는 위원은 자신이 관장하는 개표소에서 개표한 투표지·투표함·투표록 기타 선거에 관한 모든 서류를 관할 구·시·군위원회위원장에게 인계하여야 한다.(2015.8.13 본항개정)
② 법 제185조(개표록·집계록 및 선거록의 작성 등)의 규정에 의한 개표록·집계록 및 선거록의 작성과 상급위원회에의 보고 또는 송부는 전산조직에 의할 수 있으며, 그 표준서식은 별지 제57호서식의(가) 내지 (아)에 의한다.(2005.8.4 본항개정)
제107조【투표지등의 보존기간의 단축】법 제186조 단서에 따라 다음 각 호의 선거 관계서류는 법 제219조에 따른 선거소청이나 법 제222조 또는 법 제223조에 따른 선거에 관한 소송이 제기되지 아니한 때에는 그 제기기한 만료일부터 1월 이후에, 선거에 관한 쟁송이 종료된 때에는 그 확정판결 또는 결정의 통지를 받은 날부터 1월 이후에 해당 구·시·군위원회의 결정에 의하여 폐기할 수 있다. 다만, 제5호의2의 통합선거인명부는 중앙위원회의 결정으로 폐기할 수 있다.(2019.5.30 단서신설)
1. 투표지
2. 잔여투표용지
3. 절취된 일련번호지
4. 법 제37조제4항에 따라 송부된 선거인명부의 전산자료 복사본과 법 제38조제6항에 따라 송부된 거소·선상투표신고인명부 및 전산자료복사본(2018.4.6 본호개정)
5. 제16조제1항 후단에 따라 송부된 전산자료 복사본, 같은 조 제2항에 따라 송부된 거소·선상투표신고인명부 및 신고서(2017.1.23 본호개정)
5의2. 제16조의2에 따른 통합선거인명부 및 선거인명부(2017.1.23 본호신설)
6. 반송된 선거공보 및 투표안내문(2005.8.4 본호개정)
7. 반송되거나 법 제156조제3항제3호에 따라 반납된 거소투표용지(그 봉투를 포함한다) 및 법 제158조의3제13항에 따라 반납된 선상투표용지(2015.8.13 본호개정)
8. 접수마감시각 후 도착된 사전투표·거소투표 및 선상투표(2014.1.17 본호개정)
9. 사전투표·거소투표 및 선상투표 회송용 봉투(2014.1.17 본호개정)

제11장 당선인

제108조【당선증의 서식】당선인으로 결정된 자에게 교부하는 당선증은 별지 제58호서식에 의한다.(2000.2.16 본조개정)
제109조【투표를 실시하지 아니할 때의 공고·통지】
① 구·시·군위원회는 법 제188조제2항·법 제190조제2항 및 법 제191조제3항에 따라 후보자등록마감시각에 지역구국회의원선거 또는 지역구지방의회의원선거 및 지방자치단체의 장선거에서 후보자가 해당 선거구에서 선거할 정수를 넘지 아니하게 된 때에는 그 사실을 별지 제59호서식의(가)에 따라 선거일 전 10일까지 거소·선상투표신고인명부에 올라 있는 선거인에게 통지하여야 한다.(2014.1.17 본항개정)
② 읍·면·동위원회는 법 제188조제3항 또는 법 제190조제3항 및 법 제191조제3항(법 제188조제3항을 준용하는 경우를 말한다)에 따라 선거일의 투표개시시각부터 투표마감시각까지에 투표를 실시하지 아니할 사유가 발생된 때에는 별지 제59호서식의(나)에 의하여 선거당일에 그 사실을 투표소의 입구에 게시하여야 한다.
③ 법 제188조제4항, 법 제190조제3항 및 법 제191조제3항(법 제188조제4항을 준용하는 경우를 말한다)에 따라 해당 선거구의 당선인이 없거나 그 의원정수에 미달하게 된 때에는 관할선거구위원회는 그 사실을 공고하고, 상급위원회에 보고하여야 하며, 해당 선거구의 모든 후보자와 하급위원회에 통지하여야 한다.
(2010.1.25 본조개정)
제109조의2【당선인의 사퇴신고】법 제191조의2에 따른 당선인의 사퇴신고와 정당의 사퇴승인은 별지 제14호의4서식을 따르되, 관할 선거구위원회는 정당 추천 당선인의 사퇴신고를 접수한 때에는 지체 없이 해당 당선인의 추천 정당에 통보하여야 한다.(2020.3.25 본조개정)
제110조【피선거권상실등으로 인한 당선무효】관할선거구위원회는 당선인이 그 임기개시전에 법 제192조(피선거권상실로 인한 당선무효등)제1항 내지 제3항에 해당되는 것이 확인된 때에는 지체없이 그 당선을 무효로 결정하여야 한다.
제111조【당선인결정의 착오시정·재결정등의 공고·통지】관할선거구위원회는 법 제193조(당선인결정의 착오시정)의 규정에 의하여 당선인의 결정을 시정한 때와 법 제194조(당선인의 재결정과 비례대표국회의원의석 및 비례대표지방의회의원의석의 재배분)의 규정에 의하여 당선인을 다시 결정하거나 비례대표국회의원선거 및 비례대표지방의회의원선거의 당선인을 결정한 때에는 각각 이를 공고하고 당해 당선인과 그 소속정당에 통지하여야 한다.(2005.8.4 본조개정)

제12장 재선거와 보궐선거

제112조【재선거사유의 공고·통보】선거구위원회는 법 제195조(재선거)의 규정에 의한 재선거의 사유가 생겼거나 재선거의 사유의 통보를 받은 때에는 이를 공고하고, 대통령 및 지역구국회의원의 선거에 있어서는 대통령에게, 지방의회의원 및 지방자치단체의 장의 선거에 있어서는 당해 지방자치단체의 장에게 통보하여야 한다.
(2002.3.21 본조개정)
제113조【보궐선거등의 선거일공고·통보】법 제35조(보궐선거등의 선거일)제2항제2호 또는 법 제201조(보궐선거등에 관한 특례)제5항의 규정에 따라 선거일을 공고한 관할선거구위원회위원장은 지체 없이 이를 해당 지방자치단체의 장에게 통보하여야 한다.(2005.8.4 본조개정)
제114조【일부재선거·재투표시의 선거운동 범위와 선거비용제한액 등】① 관할선거구위원회가 법 제197조(선거의 일부무효로 인한 재선거)제9항 및 법 제198조(천재·지변등으로 인한 재투표)제5항의 규정에 의하여 일부재선거 또는 재투표에 있어서의 선거운동의 범위와 선거비용의 제한액을 결정하는 때에는 다음 각호와 제2항의 기준에 의하되, 제9조(일부재선거등의 선거일 등 공고)의 규정에 의한 일부재선거일공고일 또는 재투표일공고일에 이를 공시하여야 한다.(2004.3.12 본문개정)
1. 방송시설을 이용한 선거운동은 실시하지 아니하는 것으로 한다.
2. 선거운동을 할 수 있는 구역은 당해 선거를 실시하는 구역안으로 한다. 다만, 법 제61조(선거운동기구의 설치)제2항·법 제81조(단체의 후보자등 초청 대담·토론회) 및 법 제82조(언론기관의 후보자 등 초청 대담·토론회)의 규정에 의한 대담·토론회의 경우와 이 항제6호(신문광고를 말한다)의 경우에는 구역제한을 받지 아니한다.(2004.3.12 본호개정)
3. 법 및 이 규칙에서 그 시기가 "후보자등록신청개시일" 또는 "후보자등록마감일"로 되어 있는 것은 "일부재선거일공고일" 또는 "재투표일공고일"로 본다.
4. 선거사무소 및 선거연락소와 선거사무장·선거연락소장·선거사무원 및 회계책임자는 당초 선거에 있어서의 설치 또는 선임신고에 불구하고 이를 다시 설치 또는 선임신고하는 것으로 한다.(2015.8.13 본호개정)
5. 법 제61조제1항의 규정에 의한 선거연락소의 설치 및 법 제62조(선거사무관계자의 선임)제2항의 규정에 의한 선거사무원의 선임의 경우 일부재선거 또는 재투표를 실시하는 구역(이하 이 조에서 "일부재선거등 실시구역"이라 한다)이 그 설치 또는 선임단위구역의 일부인 때에도 이를 그 설치 또는 선임단위 구역으로 본다.
(2004.3.12 본호개정)
6. 법 제69조(신문광고)의 규정에 의한 신문광고의 횟수는 일부재선거등 실시구역의 당초 선거시의 인구수를 해당 선거구의 인구수로 나누어 얻은 수에 당초 선거시의 광고횟수를 곱하여 얻은 수로 한다. 이 경우 단수는 1로 하고 신문에 의하는 경우에는 해당 일부재선거등 실시구역을 주된 배부대상으로 하는 일간신문에 의하여야 한다.(2005.8.4 본호개정)
7. 선거벽보의 첩부매수, 선거공보의 발송매수의 산출은 일부재선거등 실시구역의 당초 선거시의 인구수와 세대수, 예상 거소투표신고인수 및 법 제65조제5항에 따른 예상 신청자수로 한다.(2014.1.17 본호개정)
② 법 제197조제9항 및 법 제198조제5항의 규정에 의한 일부재선거 또는 재투표를 실시하는 때의 선거비용제한액은 일부재선거등 실시구역의 당초 선거시의 인구수를 당해 선거구의 당초 선거시의 인구수로 나누어 얻은 수에 그 선거구의 당초 선거시의 후보자 1인의 선거비용제한액을 곱하여 얻은 금액에 중앙위원회가 일부재선거등 실시구역의 넓고 좁음·물가지수 및 제1항 각호의 기준에 의한 선거운동방법 등을 감안하여 정한 금액을 더하거나 뺀 금액으로 한다. 이 경우 10만원미만의 단수는 10만원으로 한다.(2004.3.12 전단개정)
제115조【일부재선거·재투표시의 투표구공고】관할 구·시·군위원회는 일부재선거일공고일 또는 재투표일공고일의 다음날까지 일부재선거 또는 재투표가 실시되는 투표구를 공고하여야 한다.
제116조【일부재선거·재투표시의 투표소 공고】읍·면·동위원회는 법 제147조(투표소의 설치)제8항의 규정에 의한 투표소의 명칭과 소재지를 일부재선거일 또는 재투표일이 공고된 날부터 3일이내에 공고하여야 한다.
(2005.8.4 본조개정)
제117조【비례대표국회의원등의 의석승계자 결정공고 및 통지】선거구위원회는 법 제200조(보궐선거)제2항의 규정에 의하여 비례대표국회의원 또는 비례대표지방의회의원의 의석을 승계할 자를 결정한 때에는 즉시 이를 공고하고 당해 정당 및 의석을 승계할 자에게 통지하여야 한다.(2005.8.4 본조개정)

제13장 동시선거에 관한 특례

제118조【인구수등의 통보등에 관한 특례】① 동시선거에 있어서 제2조제1항에 따른 인구의 기준일이 서로 다른 때에는 법 제60조의2제1항에 따른 예비후보자등록신청개시일이 빠른 선거의 예에 따른다.
② (2011.7.28 삭제)
(2010.1.25 본조개정)
제119조 (2000.2.16 삭제)
제120조【명부작성】① 법 제204조(선거인명부에 관한 특례)제3항의 규정에 의한 동시선거에 사용할 선거인명부 및 거소·선상투표신고인명부는 별지 제2호서식의(가) 내지 (라)에 의한다.
② 동시선거에 있어서 거소투표신고는 동시에 실시하는 선거의 수에 불구하고 하나의 거소투표신고로 한다.
③ 동시선거에서 선거권자 중 일부의 선거에 대해서만 선거권을 가지는 사람이 있는 경우에는 해당 선거권자를 선거인명부의 맨 끝에 적는다. 이 경우 해당 선거권자를 선거인명부 및 거소·선상투표신고인명부의 비고란에 표시하는 방법에 관하여는 제10조제3항·제11조제8항의 규정을 준용하되, ""비례대표 선거권자""는 ""○○ 선거권자""로 한다.(2015.8.13 본항개정)
(2014.1.17 본조개정)
제121조【선거명 등의 표시】동시선거에 있어서 선거벽보·선거공보에는 선거인에게 잘 보이도록 선거명과 선거구명을 표시한다. 이 경우 보궐선거등을 임기만료에 의한 선거와 동시에 실시하는 때에는 보궐선거등에, 2 이상의 보궐선거등을 동시에 실시하는 때에는 선거를 실시하는 구역이 작은 보궐선거등에 선거명과 선거구명을 표시한다.(2010.1.25 전단개정)
제122조【선거운동기구·선거사무관계자의 공동설치·선임의 신고 등】① 법 제205조제1항에 따라 선거사무소와 선거연락소를 공동으로 설치하거나 법 같은 조제2항에 따라 선거사무장·선거연락소장 또는 선거사무원을 공동으로 선임한 때의 설치·선임의 신고(변경신고를 포함한다)는 공동으로 설치·선임한 자가 공동명의로 하여야 하며, 그 설치·선임의 신고와 선거사무관계자의 표지는 별지 제16호서식의(가)·(나)·(다)에 의한다. 이 경우 신고하는 관할위원회가 다른 때에는 해당위원회마다 각각 신고하여야 한다.(2010.1.25 전단개정)
② 법 제205조제1항에 따라 선거운동기구를 공동으로 설치한 경우 법 제61조제6항에 따라 첩부·게시하는 선전물은 공동설치한 후보자마다 각각 첩부·게시하는 것으로 한다. 이 경우 책자형 선거공보를 공동으로 작성한 경우에도 또한 같다.(2010.1.25 전단개정)
제123조【선거벽보의 첩부】동시선거에 있어서 같은 장소에 2이상의 선거의 선거벽보를 첩부하는 때에는 선거별로 명확히 구분되도록 사이를 두어 첩부하여야 한다.
(2010.1.25 본조개정)
제124조【책자형 선거공보의 비용부담 등】법 제207조(책자형 선거공보에 관한 특례)제3항의 규정에 따라 공동으로 책자형 선거공보를 작성한 때의 비용분담내역의 신고는 별지 제17호서식의(나)에 의한다.(2005.8.4 본조개정)
제125조 (2004.3.12 삭제)
제126조【투표용지의 작성】① 동시선거에서 선거별 투표용지의 색도는 별표2의2에 따르되, 임기만료에 따른 선거와 동시에 실시하지 아니하는 보궐선거등에서는 관할선거구위원회가 정한다. 다만, 해당 색도의 종이가 부족하거나 불가피한 사정이 있는 경우에는 중앙위원회가 투표용지의 색도를 달리 정할 수 있다.(2018.1.19 본항개정)
② 중앙위원회 또는 관할선거구위원회가 제1항에 따라 투표용지의 색도를 정한 때에는 후보자등록신청개시일 전일까지 관할시·도위원회 및 구·시·군위원회에 통지하여야 하며, 관할시·도위원회 및 구·시·군위원회는 이를 정당과 후보자에게 통보하여야 한다.(2018.1.19 본항개정)
③ 법 제211조(투표용지·투표안내문등에 관한 특례) 제3항의 규정에 따라 시·도지사선거 및 비례대표시·도의원선거의 투표용지를 시·도위원회가 작성하는 때에는 투표용지의 인쇄·납품 및 구·시·군위원회에 송부하는 과정에 해당 시·도위원회의 정당추천위원이 참여하여 입회할 수 있도록 하여야 한다. 이 경우 정당추천위원은 그 보조자를 두어 이를 입회하도록 할 수 있다.
(2005.8.4 본항신설)
④ (2014.1.17 삭제)
⑤ 법 제211조제3항에 따라 시·도위원회가 투표용지를 작성하는 경우에는 제84조에도 불구하고 거소투표용지의 "투표관리관"칸에는 해당 시·도위원회 위원장 자신의 도장을 찍을 수 있다. 이 경우 도장의 날인은 인쇄날인으로 갈음할 수 있다.(2014.1.17 본항개정)
⑥~⑦ (1998.4.30 삭제)
(1998.4.30 본조제목개정)
제127조【투표안내문】동시선거에 있어서 법 제153조(투표안내문의 발송)의 규정에 의한 투표안내문은 하나

로 하며, 동시에 실시하는 선거의 종류와 선거구명, 선거별 투표용지의 구분, 투표진행절차등 동시선거의 투표에 필요한 사항을 게재하여야 한다.

제128조【투표소 및 사전투표소의 설비】① 동시선거에 있어서 투표소에는 선거인명부 대조석, 선거별 투표함 및 동시선거의 투표관리에 필요한 기표소, 투표참관인의 좌석, 투표용지교부에 필요한 시설등을 설비하여야 한다.

② 동시선거에서 사전투표소에는 동시선거의 사전투표관리에 필요한 기표소, 사전투표참관인의 좌석, 본인여부 확인 및 투표용지 발급에 필요한 시설 등을 설비하여야 한다.(2014.1.17 본항신설)

(2014.1.17 본조제목개정)

(2005.8.4 본조개정)

제129조【투표절차등】① 동시선거에서 법 제157조제2항 및 제158조제3항에 따라 선거인에게 투표용지를 교부하는 때에는 투표관리관 및 사전투표관리관은 동시에 실시하는 각 선거의 투표용지에 각각 자신의 도장을 날인하여 함께 선거인에게 교부하여야 하며, 투표용지를 교부받은 선거인은 각 투표용지에 각각 1인의 후보자(비례대표국회의원선거 및 비례대표지방의회의원선거에 있어서는 하나의 정당을 말한다)를 선택하는 표를 한 후 투표함에 투입하여야 한다.(2014.1.17 본항개정)

② 동시선거에서 사전투표관리관은 법 제158조제5항에 따라 회송용 봉투를 교부하지 아니하는 때에는 100매 이내의 범위에서 투표용지를 미리 출력할 수 있다.

(2014.1.17 본항신설)

③ 사전투표관리관이 제2항에 따라 투표용지를 미리 출력하는 때에는 사전투표참관인의 참관 하에 출력하되, 사전투표개시시각까지 사전투표참관인이 출석하지 아니한 때에는 최초로 투표하러 온 선거인으로 하여금 참관하게 하여야 한다.(2014.1.17 본항신설)

④ 사전투표관리관은 제2항에 따라 미리 출력한 투표용지가 선거인에게 교부하고 남은 때에는 사전투표기간 첫째 날에는 금고 등 안전한 곳에 보관하고, 사전투표기간 종료일에는 관할 구·시·군위원회에 인계하여야 한다. 이 경우 사전투표기간 첫째 날에 남은 투표용지는 사전투표기간 둘째 날에 계속하여 교부할 수 있다.(2014.1.17 본항신설)

⑤ 법 제2조에 따른 선거와 「지방교육자치에 관한 법률」에 따른 교육감선거를 동시에 실시하는 경우 법 제158조제5항에 따라 회송용봉투를 교부하지 아니하는 구역은 해당 자치구·시·군의원지역선거구(세종특별자치시와 제주특별자치도는 시·도의원지역선거구를 말하며, 이하 이 항에서 "선거구"라 한다)로 할 수 있다. 다만, 하나의 읍·면·동이 2 이상의 선거구로 되거나 읍·면·동의 일부가 다른 선거구에 속한 경우 해당 읍·면·동 및 그 읍·면·동의 일부가 속한 선거구는 읍·면·동위원회의 관할구역으로 할 수 있다.(2023.2.24 본항신설)

제130조【사전투표의 공개된 투표지 처리】① 동시선거에서 선거인이 사전투표소에서 일부의 투표지를 공개한 것을 발견한 때에는 사전투표관리관은 사전투표참관인의 참관 하에 공개된 투표지는 회수하여 앞면에 공개된 투표지라는 표시를 하고, 자신의 도장을 찍거나 서명한 다음 정상적인 투표지와 함께 회송용 봉투에 넣어 봉함하게 한 후 사전투표함에 투입하여야 한다. 이 경우 법 제158조제5항에 따라 회송용 봉투를 교부하지 아니한 선거인인 때에는 회수한 투표지 앞면에 공개된 투표지라는 표시를 하고, 자신의 도장을 찍거나 서명한 다음 정상적인 투표지와 함께 사전투표함에 투입한다.(2017.1.23 본항개정)

② (2014.1.17 삭제)

제131조 (2005.8.4 삭제)

제132조【투표함의 개함등에 관한 특례】① (2004.3.12 삭제)

② 동시선거에 있어서 투표함에 잘못 투입된 투표지가 발견된 때에는 그 사실을 개표상황표에 기재하고 해당 선거의 투표수로 집계하여야 한다. 이 경우 그 투표지는 별도로 관리하여야 한다.

(1995.5.17 본조제목개정)

(1995.4.14 본조개정)

제132조의2【개표참관인 등에 관한 특례】동시선거에서 법 제173조제2항에 따라 개표소를 2개소 이상 설치하는 때에는 이 규칙 제102조제1항에 따른 선정·신고인원수에도 불구하고 개표소마다 후보자를 추천한 해당 정당은 8명, 해당 무소속후보자는 2명의 개표참관인을 선정·신고할 수 있다.(2019.5.30 본조신설)

제133조【4개 이상 선거의 동시실시에 관한 특례】① 임기만료에 의한 지방자치단체의 의회의원 및 장의 선거를 동시에 실시하는 경우 법 제157조제2항에 따라 선거인에게 투표용지를 교부하는 때에는 투표관리관은 투표사무원 중에서 지정한 1명에게 자치구·시·군의원 및 자치구·시·군의 장의 선거의 투표용지에 그 투표관리관의 사인을 각각 날인하여 함께 선거인에게 교부하게 하고, 시·도의원 및 시·도지사의 선거의 투표용지에는 투표관리관이 사인을 각각 날인하여 함께 선거인에게 교부하여야 하되, 선거인은 자치구·시·군의원 및 자치구·시·군의 장의 선거의 투표용지에 각각 1명의 후보자(비례대표자치구·시·군의원선거에서는 하나의 정당을 말한다)를 선택하는 표를 하여 투표함에 투입한 후 시·도의원 및 시·도지사의 선거의 투표용지를 교부받아 각각 1명의 후보자(비례대표시·도의원선거에서는 하나의 정당을 말한다)를 선택하는 표를 하여 투표함에 투입한 다음 투표소에서 퇴소하여야 한다. 다만, 임기만료에 의한 지방자치단체의 의회의원 및 장의 선거와 보궐선거등 또는 다른 법률에 따른 선거를 동시 실시하는 경우에는 중앙위원회가 투표용지 교부방법을 달리 정할 수 있다.

(2018.1.19 단서개정)

② 제1항의 경우를 제외하고 4개 이상의 선거를 동시에 실시하는 경우 투표용지의 교부는 선거구의 구역이 작은 선거부터 선거구의 구역이 큰 선거의 순(자치구·시·군의 장선거와 지역구국회의원선거의 구역이 같은 때에는 자치구·시·군의 장선거, 지역구국회의원선거순)으로 2회에 나누어 투표관리관이 투표사무원 중에서 지정한 1명이 먼저 교부하고, 나머지 투표용지는 투표관리관이 교부한다.(2010.1.25 본항개정)

③ 임기만료에 따른 지방자치단체의 의회의원 및 장의 선거를 동시에 실시하는 경우(임기만료에 따른 지방자치단체의 의회의원 및 장의 선거와 보궐선거등 또는 다른 법률에 따른 선거를 동시에 실시하는 경우를 포함한다) 법 제158조제5항에 따라 회송용 봉투를 교부하지 아니하는 구역은 해당 자치구·시·군의원지역선거구(세종특별자치시와 제주특별자치도는 시·도의원지역선거구를 말하며, 이하 이 항에서 "선거구"라 한다)로 한다. 다만, 하나의 읍·면·동이 2 이상의 선거구로 되거나 읍·면·동의 일부가 다른 선거구에 속한 경우 해당 읍·면·동 및 그 읍·면·동의 일부가 속한 선거구는 읍·면·동위원회의 관할구역으로 할 수 있다.(2018.4.6 본항개정)

④ 4개 이상의 선거를 동시에 실시하는 경우에는 투표관리관은 투표용지에 날인할 사인을 2개 조각하여 별지 제53호서식의 인영대장에 등록하고 그 중 1개를 투표사무원중에서 지정한 1인이 투표용지의 투표관리관 사인날인란에 날인하여 교부하게 하여야 한다.(2005.8.4 본항개정)

⑤ 4개 이상의 선거를 동시에 실시하는 경우 하나의 투표소에 설치하는 투표함의 수는 중앙위원회가 선거의 수, 투표소의 여건 등을 감안하여 정하되, 2개 이상으로 한다.(2006.3.2 본항신설)

⑥ (2023.2.24 삭제)

⑦ 2개이상의 선거를 한 장소에서 동시에 개표하는 경우 개표하는 도중에 어느 한 선거의 개표가 중단된 경우라도 다른 선거의 개표는 계속하여 진행하여야 한다.

⑧ 법 제216조제2항에 따라 읍·면·동단위로 개표하는 때에는 해당 선거와 동시에 실시하는 보궐선거등 또는 다른 법률에 따른 선거의 경우에도 읍·면·동을 단위로 개표하여야 하며, 후보자별 득표수는 구·시·군위원회 위원장(법 제173조제2항에 따라 2개 이상의 개표소를 두는 경우에는 해당 선거의 개표사무를 관장하는 부위원장 또는 위원장이 지명하는 위원을 말한다)이 읍·면·동별로 집계·작성된 개표상황표에 따라 공표한다.(2018.1.19 본항개정)

(2011.7.28 본조제목개정)

제134조【투표록·개표록 및 선거록등 서식】동시선거에 있어서 법 제217조(투표록·개표록등 작성에 관한 특례)의 규정에 의한 투표록·개표록 또는 선거록의 표준서식은 각각 별지 제53호서식 및 별지 제57호서식의 (가) 내지 (다)에 의한다.

제135조【선거관리경비의 부담비율】국가의 공직선거와 지방자치단체의 공직선거를 동시에 실시하는 경우의 선거관리경비의 부담은 법 제277조(선거관리경비)의 규정에 의하되, 국가의 공직선거에 관한 사무와 지방자치단체의 공직선거에 관한 사무가 겹치거나 공동으로 수행하게 되어 그 구분·분리가 명확하지 아니한 때에는 「지방자치단체 선거관리경비규칙」이 정하는 바에 따라 국가 또는 당해 지방자치단체가 부담하는 것으로 한다.

(2005.8.4 본조개정)

제136조【투표를 실시하지 아니하는 때의 통지】동시선거에 있어서 어느 한 선거의 투표를 실시하지 아니하게 된 경우 거소투표자에 대한 당해 사실의 통지는 투표를 실시하는 선거의 거소투표용지를 발송하는 때에 별지 제59호서식의(가)에 의하여 함께 통지한다.(2014.1.17 본조개정)

제13장의2 재외선거에 관한 특례

(2010.6.28 본장신설)

제136조의2【재외선거관리위원회의 구성 및 운영】① 국회에 교섭단체를 구성한 정당과 법 제218조제1항에 따라 재외선거관리위원회(이하 "재외위원회"라 한다)를 설치하는 공관(이하 이 장에서 "공관"이라 한다)의 장이 법 제218조제2항에 따라 재외위원회 위원을 추천하는 경우에는 별지 제59호의2서식에 따른다.(2011.7.28 본항개정)

② 재외위원회 위원으로 지명되거나 위촉되는 사람은 별지 제59호의3서식에 따른 본인승낙 및 비당원확인서에 여권사본을 첨부하여 중앙위원회에 제출하여야 한다. 다만, 공관의 장과 그가 추천하는 공관원의 경우에는 여권사본의 제출을 생략할 수 있다.

③ 제1항 및 제2항을 제외하고 재외위원회 위원의 지명·위촉 및 해촉에 관하여는 「선거관리위원회법 시행규칙」 제5조제2항·제4항부터 제8항까지의 규정을 준용한다. 다만, 대한민국 공무원을 재외위원회의 위원으로 지명하거나 위촉하는 경우에는 신원조회를 통한 조사를 하지 아니한다.

④ 재외위원회의 위원·간사·서기 및 선거사무종사원에 대한 수당·여비 그 밖의 실비보상에 관하여는 「선거관리위원회법 시행규칙」 제12조를 준용한다. 이 경우 재외위원회 위원에 대하여는 시·도위원회 위원에 준하고, 선거사무종사원에 대하여는 간사·서기에 준한다.

⑤ 중앙위원회는 재외위원회가 설치된 때에는 그 명칭(약칭을 포함한다)과 관할 구역 등을 인터넷 홈페이지 등에 공고하여야 한다.(2011.7.28 본항개정)

⑥ 재외위원회 관인의 종류 및 규격에 관하여는 「선거관리위원회 사무관리규칙」 제31조제1항·제2항 및 제33조의 시·도위원회에 관한 규정을, 관인의 등록 및 폐기에 관하여는 같은 규칙 제34조제1항·제2항 및 제35조제1항·제2항을, 관인의 공고에 관하여는 제36조의 읍·면·동위원회에 관한 규정을 준용한다. 다만, 재외위원회의 관인은 중앙위원회에서 새겨 이를 등록한 후 교부한다.

⑦ 재외위원회의 정·부위원장 선출공고 및 보고, 부위원장의 직무, 위원회의, 그 밖에 재외위원회의 구성 및 운영에 관하여 이 규칙에서 정한 것을 제외하고는 그 성질에 반하지 아니하는 범위에서 「선거관리위원회법 시행규칙」을 준용한다.

제136조의3【재외선거사무의 대행 등】① 공관의 장이 법 제218조의2제2항 단서에 따라 총영사를 재외투표관리관으로 지정한 때에는 그 사실을 중앙위원회와 해당 재외위원회에 알려야 한다.(2011.7.28 본항신설)

② 외교부장관은 재외투표관리관이 유고 그 밖의 사유로 직무를 수행할 수 없게 된 때에는 지체없이 해당 공관의 소속 직원 중에서 직무대행자를 정하여 중앙위원회에 알려야 한다. 이 경우 해당 공관의 소속 직원 중에서 1명을 재외투표관리관의 직무대행자로 미리 지정하여 둘 수 있다.(2014.1.17 전단개정)

③ 재외투표관리관은 법 제218조의3제2항에 따른 재외선거사무를 처리하기 위하여 필요한 경우 해당 공관의 소속 직원을 재외선거사무 담당공무원으로 지정하여 수행하게 할 수 있다. 이 경우 재외선거사무 담당공무원을 지정한 때에는 소속, 직위 또는 직급, 성명 등을 해당 재외위원회에 알려야 한다.(2011.7.28 후단개정)

④ 재외투표관리관의 직인의 인영은 해당 공관의 명칭에 "재외투표관리관인" 또는 "재외투표관리관의 인"을 붙여 표시하되 약칭을 사용할 수 있으며, 그 규격은 「선거관리위원회 사무관리규칙」 제33조의 시·도위원회위원장에 관한 규정을 준용하고, 직인의 등록, 폐기 및 공고에 관하여는 제136조의2제6항에 따른다.(2011.7.28 본항신설)

제136조의4【국외부재자신고 및 재외선거인 등록신청등】① 법 제218조의4제2항에 따른 국외부재자신고서 및 법 제218조의5제2항에 따른 재외선거인 등록신청서는 별지 제59호의4서식에 따르고, 법 제218조의5제2항에 따른 재외선거인 변경등록신청서는 별지 제59호의5서식에 따른다.(2019.5.30 본항개정)

② 법 제218조의4제2항제4호 및 법 제218조의5제2항제4호에 따른 거소는 해당 국가에서 주소를 적는 방법에 따라 로마자 또는 영문 대문자로 적되, 해당 국가의 언어를 함께 적을 수 있다. 이 경우 거소가 잘못 적힌 경우에는 중앙위원회와 구·시·군의 장(이하 이 장에서 "명부작성권자"라 한다), 재외투표관리관은 이를 직권으로 수정할 수 있다.(2011.7.28 전단개정)

③ 국외부재자신고·재외선거인 등록신청 또는 재외선거인변경등록신청(이하 이 항에서 "국외부재자신고등"이라 한다)을 하는 때에 거류국 우편제도 미비, 거소불확정 등의 부득이한 사유로 거소를 정할 수 없는 국외부재자신고인 및 재외선거인(이하 이 장에서 "재외선거인등"이라 한다)은 공관을 거소로 하여 국외부재자신고등을 할 수 있다.(2015.12.24 본항개정)

④ (2011.9.30 삭제)

⑤ (2015.12.24 삭제)

(2015.12.24 본조제목개정)

제136조의5【공관부재자신고인명부 등 작성】① 법 제218조의6제1항에 따른 공관부재자신고인명부와 재외선거인 등록신청자명부(이하 이 장에서 "공관부재자신고인명부등"이라 한다)는 별지 제59호의6서식의(가)·(나)·(다)에 따라 구·시·군별로 각각 1부를 작성하여야 한다.

② 재외투표관리관 또는 구·시·군의 장이 국외부재자신고를 받거나 재외투표관리관이 재외선거인 등록신청 또는 변경등록신청을 받은 때에는 별지 제59호의7서식에 따른 국외부재자신고서 접수부(전산조직을 이용하여 작성할 수 있다. 이하 이 항에서 같다) 또는 별지 제59호의8서식에 따른 재외선거인 등록신청서 접수부(전산조직을 이용하여 작성할 수 있다. 이하 이 항에서 같다)에 적은 후 기재사항의 적정 여부, 정당한 신고·신청 여부를 확인한 다음 공관부재자신고인명부등 또는 국외부재자신고인명부에 올려야 하며, 그 신고·신청 요건을 갖추지 못한 사람은 그 사유를 해당 접수부의 비고란에 각각 적고 본인에게 지체 없이 그 뜻을 알려야 한다.

(2015.12.24 본항개정)

③ 재외위원회는 법 제218조의6제1항에 따른 공관부재자신고인명부등의 작성에 관하여 감독하며, 재외투표관리

관 또는 공관부재자신고인명부등의 작성에 종사하는 사람이 위법·부당한 행위를 하는 때에는 그 시정을 요구를 할 수 있다. 이 경우 그 시정을 요구받은 재외투표관리관 등은 정당한 사유가 없으면 이에 따라야 한다.
④ 법 제218조의6제2항에 따른 전산정보자료의 주소 또는 등록기준지와 국외부재자신고서에 적힌 주소 또는 재외선거인 등록신청서에 적힌 국내의 최종주소지(최종주소지가 없는 사람은 「가족관계의 등록 등에 관한 법률」에 따른 등록기준지를 말한다)가 서로 다른 경우에는 그 전산정보자료의 주소 또는 등록기준지에 따라 공관부재자신고인명부등을 작성한다.(2015.8.13 본항개정)

제136조의6【공관부재자신고인명부등의 송부】 ① 재외투표관리관이 법 제218조의7제1항 또는 제3항에 따라 공관부재자신고인명부등을 중앙위원회에 보내는 때에는 국외부재자신고서 접수부와 재외선거인 등록신청서 접수부 각 1부를 함께 보내야 한다. 이 경우 전산조직을 이용한 전산정보자료의 전송으로 갈음할 수 있다.
(2011.7.28 본항개정)
② 재외투표관리관이 법 제218조의7제1항 또는 제3항에 따라 중앙위원회에 보내는 국외부재자신고서·재외선거인등록신청서 및 재외선거인변경등록신청서(이하 이 장에서 "국외부재자신고서등"이라 한다)는 공관부재자신고인명부등에 올라 있는 순서에 따라 붙이고, 공관부재자신고인명부등에 올리지 아니한 사람의 국외부재자신고서등은 따로 구분되게 하여 보내야 한다.(2015.12.24 본항개정)
③ 재외투표관리관이 법 제218조의7제3항 전단 및 이 조 제1항 후단에 따라 중앙위원회에 공관부재자신고인명부등 및 국외부재자신고서등, 국외부재자신고서 접수부 및 재외선거인 등록신청서 접수부를 보내는 경우에는 외교부를 경유하지 아니할 수 있으며, 재외투표관리관은 그 서류의 원본을 해당 선거의 당선인의 임기 동안 공관에 보관하여야 한다.(2014.1.17 본항개정)
④ 중앙위원회가 법 제218조의7제3항 전단에 따라 구·시·군의 장에게 공관부재자신고인명부 및 국외부재자신고서를 보내는 경우에는 행정안전부장관을 경유하여 보낼 수 있다.(2018.1.19 본항개정)

제136조의7【선거권 관련 전산정보자료 조회시스템 구축·활용】 ① 중앙위원회는 법 제218조의8제4항에 따라 선거일 전 150일(대통령의 궐위로 인한 선거 및 재선거에서는 그 선거의 실시사유가 확정된 날을 말한다. 이하 이 조에서 같다)부터 선거일까지 재외국민의 선거권 조회를 위한 전산정보자료 조회시스템(이하 이 조에서 "전산정보조회시스템"이라 한다)을 구축(構築)·운영하여야 한다.
(2015.12.24 본항개정)
② 법 제218조의4제2항·제218조의6제2항 및 제218조의8 제4항과 이 규칙 제136조의20제4항의 어느 하나에 해당하는 전산정보자료를 관리하는 기관의 장은 선거일 전 150일부터 선거일까지 중앙위원회가 제1항의 전산정보조회시스템을 이용하여 해당 전산정보자료를 조회할 수 있도록 필요한 조치를 하여야 한다.(2015.12.24 본항개정)
③ 재외투표관리관은 법 제218조의6제2항에 따라 같은 조 제1항에 따른 정당한 신고·신청 여부의 확인을 위하여 전산정보조회시스템을 이용할 수 있다.
④ 중앙위원회는 선거권자가 해당 선거 직전에 실시한 대통령선거 또는 임기만료에 따른 비례대표국회의원선거에서 확정된 재외선거인명부에 자신이 올라 있는지 여부를 중앙위원회가 개설·운영하는 홈페이지에서 확인할 수 있도록 하는 기술적 조치를 하여야 한다.
(2015.12.24 본항신설)

제136조의8【재외선거인명부의 작성·송부】 ① 법 제218조의8제1항에 따른 재외선거인명부는 별지 제59호의9서식의(가)·(나)·(라)에 따라 작성한다.
② 중앙위원회가 법 제218조의8제2항에 따라 재외선거인명부를 정비할 경우에는 선거권이 없는 것으로 확인되거나 재외선거인명부 기재사항 등의 변경이 있는 선거인을 직권으로 삭제하거나 수정하여야 한다.(2015.12.24 본항신설)
③ 중앙위원회는 법 제218조의8제1항에 따라 작성한 재외선거인명부의 전산자료 복사본을 지체 없이 행정안전부장관과 재외투표관리관에게 전송하여야 한다.
(2018.1.19 본항개정)
④ 중앙위원회가 재외선거인명부 작성 후 그 작성상황을 관할 구·시·군위원회에 알리는 경우에는 별지 제59호의11서식의(가)에 따른다.
(2011.7.28 본조제목개정)

제136조의9【국외부재자신고인명부의 작성·송부】
① (2011.7.28 삭제)
② 법 제218조의9제1항에 따른 국외부재자신고인명부는 별지 제59호의9서식의(가)·(다)·(라)에 따라 1부를 작성하여야 한다.(2018.4.6 본항개정)
③ 구·시·군의 장은 국외부재자신고를 한 사람의 주소가 국외부재자 신고기간 만료일 전에 변경된 경우에는 그 사람의 국외부재자신고서를 변경된 주소를 관할하는 구·시·군의 장에게 보내야 한다.(2015.8.13 본항개정)
④ (2011.7.28 삭제)
⑤ 구·시·군의 장은 국외부재자신고인명부 작성 후 지체 없이 국외부재자신고인명부의 전산자료 복사본을 행정안전부장관에게 전송하여야 하며, 그 전산자료 복사본과 함께 국외부재자신고인명부 작성상황을 별지 제59호의11서식의(나)에 따라 관할 구·시·군위원회에 알려야 한다.(2018.1.19 본항개정)
⑥ 관할 구·시·군위원회는 제5항에 따라 송부받은 국외부재자신고인명부의 전산자료 복사본을 지체 없이 중앙위원회에 전송하여야 하며, 중앙위원회는 각 구·시·군위원회로부터 전송받은 전산자료 복사본을 하나로 합하여 재외투표관리관에게 전송하여야 한다.(2011.7.28 본항신설)
(2011.7.28 본조제목개정)

제136조의10【재외선거인명부등의 열람 등】 ① 재외투표관리관은 법 제218조의10제5항에 따라 선거권자가 재외선거인등이 재외선거인명부 및 국외부재자신고인명부(이하 이 장에서 "재외선거인명부등"이라 한다)에 올라 있는지 확인할 수 있도록 공관에 재외선거인명부등을 조회할 수 있는 컴퓨터 또는 해당 공관의 관할 구역 안에 거소를 둔 재외선거인등만이 올라 있는 명부를 비치하여야 한다.
② 법 제218조의11제3항에 따른 재외선거인명부등에의 등재신청은 별지 제59호의10서식에 따른다.
③ 명부작성권자가 법 제218조의11제6항에 따라 나중에 접수된 재외선거인 등록신청서 또는 국외부재자신고서에 따라 재외선거인명부등에 올린 때에는 그 사실을 관계 명부작성권자에게 알려야 한다.(2012.10.2 본항개정)
(2011.7.28 본조개정)

제136조의11【확정된 재외선거인명부등의 송부】 ① 명부작성권자가 법 제218조의13제2항에 따라 확정된 재외선거인명부등의 전산자료 복사본을 관할 구·시·군위원회에 보내는 경우에는 별지 제59호의11서식의(다)·(라)에 따른다. 이 경우 함께 보내는 국외부재자신고서는 국외부재자신고인명부에 올라 있는 순서에 따라 정리·편철하여야 한다.(2018.4.6 전단개정)
② 관할 구·시·군위원회는 법 제218조의13제2항에 따라 송부받은 국외부재자신고인명부의 전산자료 복사본을 지체 없이 중앙위원회에 전송하여야 한다.(2011.7.28 본항신설)
③ 중앙위원회는 확정된 재외선거인명부와 제2항에 따라 전송받은 각 국외부재자신고인명부를 하나로 합하여 전산조직 등을 이용하여 재외투표관리관에게 보내야 한다.
(2015.8.13 본항개정)
④ 재외투표관리관은 제3항에 따라 중앙위원회가 보낸 재외선거인명부등에 올라 있는 사람 중에서 해당 공관의 관할구역 안에 거소를 둔 재외선거인등만이 올라 있는 명부 1부를 출력하거나 보안이 되는 정보저장매체에 담아 공관의 금고 등 안전한 곳에 보관하여야 한다.
(2011.7.28 본항신설)
(2011.7.28 본조제목개정)

제136조의12【선거인명부의 정확한 작성을 위한 조치】 중앙위원회와 행정안전부장관은 법 제37조제1항에 따른 선거인명부의 정확한 작성을 위하여 구·시·군의 장이 전산조직으로 재외선거인명부와 다른 구·시·군의 국외부재자신고인명부를 조회할 수 있도록 필요한 조치를 하여야 한다.(2018.1.19 본조개정)

제136조의13【정당·후보자 정보자료 작성·송부】 ① 대통령선거 및 임기만료에 따른 비례대표국회의원선거에서 후보자(대통령선거에서 정당추천후보자와 비례대표국회의원선거의 경우에는 그 추천 정당을 말한다)는 후보자등록을 신청하는 때에 법 제218조의14제4항에 따른 정당·후보자 정보자료의 작성을 위한 원고를 길이 30센티미터 너비 21센티미터 이내, 2면의 규격으로 작성하여 별지 제59호의12서식의(가)에 따라 중앙위원회에 제출하여야 한다. 이 경우 정당·후보자 정보자료 원고의 전자적 파일을 함께 제출하여야 한다.(2012.6.25 전단개정)
② 중앙위원회는 제1항에 따라 제출된 원고를 별지 제59호의12서식의(나)에 따라 법 제150조에 따른 투표용지 게재 순으로 정당·후보자 정보자료를 작성한다. 이 경우 원고를 제출하지 아니한 정당·후보자의 경우에는 해당 후보자등록신청서에 의하여 정당·후보자정보자료를 작성한다.

제136조의14【귀국한 재외선거인등의 투표방법】 ① 법 제218조의16제3항에 따른 신고(이하 이 조에서 "재외귀국투표신고"라 한다)는 별지 제59호의12서식의(다)에 따른다.(2023.7.31 후단삭제)
② 재외귀국투표신고는 다음 각 호에 따른 방법으로 한다.
1. 국외부재자 : 다음 각 목의 어느 하나에 해당하는 방법
 가. 관할 구·시·군위원회를 방문하여 서면으로 신고
 나. 관할 구·시·군위원회로 모사전송 신고
 다. 중앙위원회 홈페이지 이용 신고
2. 재외선거인
 관할 구·시·군위원회를 방문하여 서면으로 신고. 이 경우 법 제218조의5제4항에 따라 재외투표관리관이 공고한 서류의 원본을 함께 제시하여야 하되, 제시한 서류에 본인임을 확인할 수 있는 사진이 첩부되지 아니한 경우에는 법 제218조의19제1항에 따른 신분증명서를 함께 제시하여야 한다.
(2023.7.31 본항개정)
③ 관할 구·시·군위원회가 재외귀국투표신고를 받은 경우에는 해당 신고서의 신고사항을 확인한 후 정당한 재외귀국투표신고인 때에는 접수하고, 해당 신고인에게 선거일에 다음 각 호에 따른 투표소에서 투표할 수 있다는 사실을 알려야 한다.
1. 국외부재자
 주소지를 관할하는 투표구에 설치된 투표소
2. 재외선거인
 관할 구·시·군위원회가 지정하는 투표소
④ 관할 구·시·군위원회는 제3항에 따른 신고를 접수한 경우에는 해당 읍·면·동위원회에 통보하여야 한다. 이 경우 선거인명부의 수정 등에 관하여는 제16조의2제6항 및 제7항을 준용하되, 재외선거인을 선거인명부에 적는 방법은 중앙위원회가 정한다.
⑤ 재외선거인등이 선거일에 투표소에서 투표하는 경우에는 투표관리관은 투표록에 그 사실을 적어야 한다.
(2015.8.13 본조개정)

제136조의15【재외투표소의 설치·운영】 ① 재외투표소의 명칭은 다음 각 호에 따르되, 약칭을 사용할 수 있다.
1. 법 제218조의17제1항에 따른 재외투표소
 해당 공관의 명칭 뒤에 "재외투표소"를 붙여 표시한다.
2. 법 제218조의17제2항에 따른 재외투표소
 해당 공관의 명칭 뒤에 추가로 설치하는 지역명 또는 국군부대명을 붙이고, 그 뒤에 "재외투표소"를 붙여 표시한다.(2016.1.15 본호개정)
(2015.12.24 본항개정)
② 재외위원회가 법 제218조의17제5항에 따라 책임위원을 지정하는 때에는 재외투표소 설치·운영기간 중 일자별로 순번을 정하여 지정할 수 있으며, 책임위원이 재외투표관리 도중에 유고, 그 밖의 부득이한 사유로 직무를 수행할 수 없는 때에는 참여한 위원(정당추천위원을 제외한다) 중에서 연장자순에 따라 그 직무를 행하게 할 수 있되, 참여한 위원이 없는 경우에는 미리 지정한 투표사무원이 그 직무를 행하게 할 수 있다.(2012.1.17 본항개정)
③ 재외위원회가 법 제218조의17제6항에 따라 지정한 재외투표소관리자가 재외투표관리 도중에 유고, 그 밖의 부득이한 사유로 직무를 수행할 수 없는 때에는 미리 지정한 투표사무원이 그 직무를 행하게 할 수 있다.
(2015.12.24 본항신설)
④ 재외투표소에서 재외투표 진행 중에 재외투표관리에 대하여 이의가 있는 때에는 책임위원 또는 재외투표소관리자(이하 "책임위원등"이라 한다)가 결정한다.
(2015.12.24 본항개정)
⑤ 재외투표관리관은 재외투표기간개시일 전날까지 참관인의 좌석, 본인여부확인에 필요한 시설, 투표함, 기표소, 그 밖에 재외투표사무에 필요한 시설을 설비하여야 한다. 다만, 법 제218조의17제2항에 따라 설치하는 재외투표소에는 그 운영기간개시일 전날까지 설비할 수 있다.
(2015.12.24 단서신설)
⑥ 재외투표관리관은 제5항에 따른 설비 외에 투표용지발급기에 법 제218조의18제2항에 따른 투표용지원고와 제136조의11제3항에 따라 보내 온 재외선거인명부등을 내장하여 함께 설비하여야 한다.(2015.12.24 본항개정)

제136조의16【재외투표소의 추가 설치 결정 등】 ① 법 제218조의17제2항제1호에 따른 재외국민 수는 재외동포청장이 발표한 최근 공관별 관할 재외국민 수에 따른다. 다만, 재외동포청장 발표에 포함되지 아니한 공관의 경우에는 해당 공관의 장이 선거일 전 90일(대통령의 궐위로 인한 선거 및 재선거에서는 그 선거의 실시사유가 확정된 날의 다음날을 말한다. 이하 이 조에서 같다)까지 그 관할구역에 거주하는 것으로 추정되는 재외국민 수를 관할 재외위원회에 통보하여야 한다.(2023.12.15 본항개정)
② 국방부장관은 선거일 전 90일까지 재외선거인등이 소속된 국군부대명, 해당 국군부대의 예상 재외선거인등의 수 및 재외투표소 설치 희망지역 등을 중앙위원회에 통보하여야 하고, 중앙위원회는 재외투표소를 설치·운영할 재외위원회를 지정하여 지체 없이 해당 재외위원회에 이를 통지하여야 한다.
③ 재외위원회는 법 제218조의17제2항 각 호의 어느 하나에 해당하는 사유가 있는 경우 재외투표관리관의 의견을 들어 재외국민 수, 공관과의 거리 등을 고려하여 선거일 전 60일(대통령의 궐위로 인한 선거 및 재선거에서는 재외위원회가 설치된 날의 다음날을 말한다)까지 법 제218조의17제2항에 따른 재외투표소의 설치 여부를 결정하여야 한다.
④ 재외위원회가 제3항에 따라 재외투표소를 추가로 설치하기로 결정한 경우에는 설치장소 및 운영기간 등을 함께 정하고 이를 지체 없이 중앙위원회에 보고하여야 한다.
⑤ 재외위원회가 제218조의17제2항제2호에 따른 재외투표소의 투표사무원을 위촉할 때에는 군인이 아닌 사람을 우선하여 위촉하여야 한다.
⑥ 법 제218조의17제2항에 따라 병영이나 병영이 아닌 시설에 국군부대의 재외선거인등을 위하여 추가로 재외투표소를 설치하는 경우 해당 국군부대의 장은 설치장소 및 시설 제공 등 재외투표소 설치·운영에 필요한 사항을 협조하여야 한다.
⑦ 중앙위원회는 법 제218조의17제2항에 따른 재외투표소의 설치·운영과 관련하여 재외위원회가 재외투표관리에 필요한 인력의 지원 등을 요청하는 경우 필요한 조치를 하여야 한다.
(2016.1.15 본조개정)

제136조의17【투표용지원고 보관】 재외투표관리관은 법 제218조의18제2항 및 제4항에 따라 송부받은 투표용지원고를 보안이 되는 정보저장매체에 담아 해당 공관의 금고 등 안전한 곳에 보관하여야 한다.(2015.8.13 본조개정)

제136조의18【투표용지 발급기를 이용할 수 없는 경우 투표용지의 작성】 ① 중앙위원회는 법 제218조의18제4항에 따른 투표용지원고를 다음 각 호에 따라 작성하여 재외투표기간 개시일 전 2일까지 전산조직을 이용하여 재외투표관리관에게 보내야 한다.(2015.8.13 본문개정)

1. 대통령선거
   별지 제42호서식의(가)에 따른 투표용지
2. 국회의원선거
   별지 제59호의13서식에 따른 투표용지

② 재외투표소의 책임위원등은 투표용지 발급기의 장애 등으로 인하여 재외투표소에서 투표용지를 작성·교부할 수 없게 된 때에는 즉시 그 사실을 중앙위원회와 재외위원회에 보고하고, 재외투표관리관에게 알려야 한다.(2015.12.24 본항개정)

③ 재외투표관리관은 제2항에 따른 통지를 받은 때에는 제136조의11제4항에 따라 보관하고 있던 해당 공관의 명부(정보저장매체에 담아 보관한 경우에는 출력한 명부를 말한다. 이하 이 조에서 같다)와 함께 투표용지원고를 담은 정보저장매체를 즉시 재외투표소의 책임위원등에게 인계하여야 한다.(2015.12.24 본항개정)

④ 제3항에도 불구하고 법 제218조의17제2항에 따라 설치하는 재외투표소의 책임위원등에게는 그 재외투표소의 운영기간개시일 전일까지 해당 공관의 명부와 투표용지원고를 담은 정보저장매체를 인계할 수 있다.(2015.12.24 본항신설)

⑤ 재외투표소의 책임위원등은 제3항 또는 제4항에 따라 인계받은 정보저장매체에 담긴 투표용지원고를 이용하여 투표참관인이 참여한 가운데 인쇄·복사하는 방법으로 투표용지를 작성하되, 그 투표용지에는 중앙위원회의 청인을 찍고, 일련번호를 표시한다. 이 경우 청인의 날인은 인쇄·복사하는 방법으로 갈음할 수 있다.(2015.12.24 본항개정)

⑥ 재외투표소의 책임위원등은 재외투표소 입구에 제1항에 따른 투표용지원고의 사용 사실과 그 투표용지의 사본을 게시하여 재외선거인등에게 알려야 한다.(2015.12.24 본항개정)

⑦ 중앙위원회는 제2항의 보고를 받은 때에는 그 사실을 정당·후보자 및 각급위원회(읍·면·동위원회를 제외한다)에 알려야 한다.(2015.8.13 본조제목개정)(2011.7.28 본조개정)

제136조의19【재외선거안내문 등의 작성 등】 ① 재외선거인등에 대한 재외선거 안내는 별지 제59호의14서식의(나)에 따른 재외선거안내문을 중앙위원회 및 공관 홈페이지에 게시하는 방법으로 한다.

② 법 제218조의19제3항에 따른 회송용 봉투(법 제218조의18제4항에 따라 투표용지를 작성·교부하는 경우를 포함한다)의 양식은 별지 제46호양식의(나)에 따른다.(2015.8.13 본조개정)

제136조의20【재외투표 절차】 ① 재외투표소의 책임위원등은 재외투표기간개시일의 투표개시 직전에 출석한 위원과 투표참관인이 참여한 가운데 투표용지에 날인하거나 서명할 자신의 도장의 인영이나 서명을 별지 제59호의16서식에 따른 재외투표소 투표록에 등록하여야 한다. 이 경우 투표참관인이 투표개시시각까지 참여하지 아니한 때에는 참여를 포기한 것으로 본다.

② 재외투표소의 책임위원등은 매일의 투표마감 후에 출석한 위원과 투표참관인이 참여한 가운데 투표용지 사인날인에 사용한 자신의 도장을 별도의 봉투에 담아 그 봉투와 투표용지 발급기의 투표용지가 나오는 곳을 재외위원회위원장의 직인 또는 자신의 서명으로 봉함·봉인하여야 한다.

③ 재외투표소의 책임위원등은 매일의 투표개시 전에 출석한 위원과 투표참관인이 참여한 가운데 제2항에 따른 봉함·봉인상태의 이상유무를 확인하여야 한다. 이 경우 투표참관인이 투표개시시각까지 참여하지 아니한 때에는 참여를 포기한 것으로 본다.

④「국적법」제11조의2에 따른 복수국적자로서 법 제218조의5제4항에 따라 공고한 서류를 갖출 수 있는 대상이 아닌 사람이 투표를 하려는 때에는 국적취득신고사실증명서, 국적보유신고사실증명서, 국적선택신고사실증명서, 외국국적포기확인서, 외국국적불행사서약확인서, 병적증명서, 그 밖에 대한민국 국민임을 입증하는 서류 중 어느 하나에 해당하는 서류를 제시할 수 있다.(2015.12.24 본항신설)

⑤ 재외투표소의 책임위원등은 재외선거인등이 자신이 기표한 투표지를 공개한 것을 발견한 때에는 투표참관인의 참관 하에 해당 재외선거인등으로부터 그 투표지를 회수하여 투표지 앞면에 공개된 투표지라는 표시를 하고, 자신의 도장을 찍거나 서명한 다음 회송용 봉투에 넣어 봉함하고 투표함에 투입하여야 한다.(2017.1.23 본항개정)

⑥ 재외투표소의 책임위원등은 별지 제59호의16서식에 따른 재외투표소 투표록을 비치하고 매일의 재외투표자수 등 재외투표관리에 관한 사항을 적어야 한다.(2015.12.24 본조개정)

제136조의21【투표용지 발급기를 이용할 수 없는 경우 재외투표절차 등】 ① 재외투표소의 책임위원등은 법 제218조의18제4항에 따라 투표용지를 작성·교부하는 경우 본인임이 확인된 재외선거인등에게 제136조의18제3항 또는 제4항에 따라 인계받은 재외선거인명부등에 서명이나 날인 또는 무인하게 하고, 투표용지에 선거구명(지역구국회의원선거에 한정한다)과 일련번호를 적은 후 사인날인란에 자신의 도장을 찍거나 서명하고, 회송용 봉투에 관할 구·시·군위원회의 주소와 선거인 정보(등재번호, 생년월일)를 적은 다음 재외선거인등이 보는 앞에서 투표용지의 일련번호지를 떼어낸 후 회송용 봉투와 함께 교부한다.(2015.12.24 본항개정)

② 투표용지를 받은 재외선거인등은 기표소에 들어가 다음 각 호에 따라 투표하고, 이를 회송용 봉투에 넣어 봉함한 후 투표함에 넣어야 한다.

1. 대통령선거
   1명의 후보자를 선택하여 투표용지의 해당 칸에 기표한다.
2. 국회의원선거
   지역구국회의원선거에서는 후보자의 성명이나 정당의 명칭 또는 기호를, 비례대표국회의원선거에서는 정당의 명칭 또는 기호를 한글 또는 아라비아숫자로 적는다.

③ 재외투표소 책임위원등의 도장·서명 등록, 투표용지 발급기의 봉함·봉인, 공개된 투표지의 처리 및 재외투표소 투표록의 작성에 관하여는 제136조의20을 준용한다.(2015.12.24 본항개정)(2015.8.13 본조개정)

제136조의22【투표참관과 질서유지】 ① 투표참관인은 참관도중에 재외선거인등에게 직접 질문하거나 재외투표사무를 방해·간섭 또는 지연시키거나 특정한 정당이나 후보자에 대한 지지 또는 반대를 권유하거나 그 밖에 어떠한 방법으로든지 선거에 영향을 미치는 행위를 해서는 아니 된다.

② 투표참관인은 참관도중에 이의가 있으면 해당 재외투표소의 책임위원등에게 시정을 요구할 수 있다.(2015.12.24 본항개정)

제136조의23【재외투표의 회송 등】 ① 재외투표관리관은 법 제218조의21제1항에 따라 재외투표소의 책임위원등으로부터 재외투표를 인수한 때에는 중앙위원회에 보내기 전까지 해당 공관의 금고 등 안전한 곳에 이를 보관하여야 한다.(2015.12.24 본항개정)

② 책임위원등이 법 제218조의21제1항 단서에 따라 재외투표를 일괄하여 인계하는 경우에는 매일의 재외투표 마감 후 투표참관인의 참관 아래 투표함을 열고 투표자수를 계산한 다음 재외투표를 포장하고 책임위원등과 투표참관인이 봉인지에 본인의 도장을 찍거나 서명하여 안전한 곳에 보관하여야 한다. 다만, 투표참관인이 정당한 사유없이 봉인지에 본인의 도장을 찍거나 서명하기를 거부한 때에는 그 권한을 포기한 것으로 보고, 투표록에 그 사유를 적는다.(2015.12.24 본항신설)

③ 재외투표관리관이 법 제218조의21제2항 및 법 제218조의22제4항에 따라 재외투표 및 재외투표소투표록을 중앙위원회에 보내는 경우에는 별지 제59호의17서식에 따른다.

④ 법 제218조의22제1항의 재외투표소투표록은 별지 제59호의16서식에 따르고, 법 제218조의22제3항에 따른 재외선거관리록은 별지 제59호의18서식에 따른다.

⑤ 재외투표소의 책임위원등은 재외투표기간 종료 후 제136조의21제1항에 따라 재외투표소에서 사용한 재외선거인명부등, 잔여투표용지 및 절취된 일련번호지 등을 재외투표관리관에게 인계하여야 하며, 재외투표관리관은 인계받은 서류 등을 법 제218조의21제2항 전단에 따라 재외투표를 중앙위원회에 보내는 때에 함께 보내야 한다.(2021.10.22 본항개정)

⑥ 재외투표관리관은 법 제218조의21제2항에 따라 국내로 회송하는 재외투표를 외교행낭에 담아 보내야 한다. 이 경우 회송기간, 회송노선 등을 고려하여 공관 소속 직원이 직접 가지고 가게 하거나 외교행낭을 운반하는 교통편에 동승하게 하는 방법으로 보낼 수 있되, 필요한 경우에는 중앙위원회가 사람을 지정하여 공관 소속 직원을 대신하게 할 수 있다.(2011.7.28 본항신설)

⑦ 외교부장관은 제6항에 따라 회송된 외교행낭의 봉함·봉인상태를 확인한 후 중앙위원회에 인계하여야 하며, 중앙위원회는 국회에 교섭단체를 구성한 정당이 추천한 참관인이 참여한 가운데 회송용 봉투의 수량을 확인한 후 관할 구·시·군위원회에 등기우편으로 보낸다. 이 경우 정당한 사유 없이 참관을 거부한 참관인은 그 권한을 포기한 것으로 본다.(2015.12.24 전단개정)

⑧ 국회에 교섭단체를 구성한 정당은 제7항에 따른 참관인 2명을 선정하여 선거일 전 14일까지 중앙위원회에 신고하여야 한다.(2015.12.24 본항개정)

제136조의24【재외투표의 접수】 구·시·군위원회가 재외투표를 접수한 때에는 재외투표발송·접수록에 그 사실을 적어야 한다.

제136조의25【공관 개표】 ① 재외투표관리관은 천재지변 또는 전쟁·폭동 그 밖에 부득이한 사유로 재외투표를 선거일 오후 6시(법 제155조제6항 본문에 따라 투표하는 경우에는 오후 7시 30분을 말하고, 대통령의 궐위로 인한 선거 또는 재선거는 오후 8시를 말한다. 이하 이 장에서 같다)까지 관할 구·시·군위원회에 도착하게 할 수 없다고 인정되는 때에는 즉시 중앙위원회와 재외위원회에 그 사실을 보고하여야 한다.(2022.2.24 본항개정)

② 중앙위원회는 제1항의 보고를 받은 때에는 해당 재외위원회가 공관에서 개표하도록 결정(개표일시를 포함한다)할 수 있으며, 그 결정을 한 때에는 지체 없이 정당, 관할 선거구위원회, 해당 재외위원회 및 재외투표관리관에게 통지하여야 한다.

③ 제2항의 통지를 받은 재외위원회와 재외투표관리관은 재외투표를 개표개시 전까지 해당 공관의 금고 등 안전한 곳에 보관하여야 한다.

④ 재외투표관리관은 개표일 전일까지 제95조제1항에 준하여 개표에 필요한 시설을 설비하여야 한다.

⑤ 재외위원회위원장은 제2항에 따라 통지된 개표일시에 공관에서 개표참관인이 참여한 가운데 재외투표의 포장·봉인을 검사한 후 이를 열어 회송용 봉투수를 계산하여 재외투표소투표록에 기재된 회송용 봉투수와 대조하여야 한다. 이 경우 정당한 사유 없이 참관을 거부한 개표참관인은 그 권한을 포기한 것으로 보고, 개표록에 그 사유를 기재한다.

⑥ 재외투표의 개표는 선거구별로 개표하며, 별지 제54호서식을 준용하는 개표상황표와 별지 제57호서식의(가)를 준용하는 개표록을 작성한다. 이 경우 정당한 사유 없이 개표사무를 지연시키는 위원이 있는 때에는 그 권한을 포기한 것으로 보고, 개표록에 그 사유를 기재한다.

⑦ 재외위원회위원장은 개표상황표에 따라 선거구 단위로 후보자별 득표수(비례대표국회의원선거에서는 정당별 득표수를 말한다)를 공표하고, 전산조직(모사전송을 포함한다)을 이용하여 지체 없이 중앙위원회에 개표상황표를 보고하며, 중앙위원회는 이를 즉시 관할 선거구위원회에 통지하여야 한다.

⑧ 재외위원회위원장은 개표 완료 후 다음 각 호의 서류를 재외투표관리관에게 인계하여야 하고, 재외투표관리관은 이를 중앙위원회에 송부하여야 한다. 이 경우 개표록은 전산조직을 이용하여 보낼 수 있다.(2021.10.22 전단개정)

1. 재외투표소투표록
2. 재외선거관리록
3. 개표록
4. 투표지 및 회송용봉투
5. 제136조의21제1항에 따라 재외투표소에서 사용한 재외선거인명부등, 잔여투표용지 및 절취된 일련번호지 등(2021.10.22 1호~5호신설)

⑨ 중앙위원회는 제8항에 따라 인수한 서류 중 제4호 및 제5호의 서류를 관할 선거구위원회에 송부하여야 한다. 다만, 대통령선거와 임기만료에 따른 비례대표국회의원선거의 경우에는 중앙위원회가 지정한 하나의 구·시·군위원회에 해당 서류를 송부할 수 있다.(2021.10.22 본항신설)(2011.7.28 본조신설)

제136조의26【정규의 투표용지】 법 제179조제1항제1호를 준용하는 법 제218조의25제1항의 "정규의 투표용지"란 다음 각 호의 어느 하나에 해당하는 투표용지를 말한다.(2015.8.13 본문개정)

1. (2015.8.13 삭제)
2. 재외투표소의 책임위원등이 투표용지 발급기로 구·시·군위원회의 청인이 날인된 투표용지를 인쇄하여 자신의 도장을 찍거나 서명(인쇄에 의한 날인·서명을 포함한다)하여 정당한 재외선거인등에게 교부한 투표용지(2015.12.24 본호개정)
3. 제136조의18제5항 및 제136조의21제1항에 따라 재외투표소의 책임위원등이 작성하여 중앙위원회의 청인을 찍거나 인쇄·복사하고, 해당 재외투표소의 책임위원등 개인의 도장을 찍거나 서명하여 정당한 재외선거인등에게 교부한 투표용지(2015.12.24 본호개정)

제136조의27【재외선거의 투표지 등 보존기간 단축】 ① 법 제186조 단서에 따라 재외선거에 관한 다음 각 호의 서류는 법 제222조 또는 법 제223조에 따른 선거에 관한 소송이 제기되지 아니한 때에는 그 제기기한 만료일부터 1개월 이후에, 선거에 관한 소송이 종료된 때에는 그 확정판결의 통지를 받은 날부터 1개월 이후에 해당 위원회의 결정에 따라 폐기할 수 있다.

1. 투표지(2015.8.13 본호개정)
2. 제136조의21제1항에 따른 재외선거인명부등, 잔여투표용지 및 절취된 일련번호지(2021.10.22 본호개정)
3. (2021.10.22 삭제)
4. 공관부재자신고인명부 및 국외부재자신고서(전산정보자료 및 전산자료 복사본을 포함한다. 이하 제6호에서 같다)(2018.4.6 본호개정)
5. 법 제218조의13제2항에 따라 송부된 국외부재자신고인명부의 전산자료 복사본(2018.4.6 본호개정)
6. 국외부재자신고서 접수부(2015.12.24 본호개정)
7. (2015.8.13 삭제)
8. 선거일 오후 6시 후에 도착한 재외투표
9. 재외선거 회송용 봉투

② 중앙위원회는 결정으로 다음 각 호의 서류의 보존기간을 단축할 수 있으며, 그 결정을 한 때에는 재외투표관리관에게 이를 통지하고, 재외투표관리관은 그 서류를 폐기하여야 한다.(2021.10.22 본문개정)

1. 제136조의6제3항에 따른 서류(재외선거인 등록신청서, 재외선거인 등록신청서 접수부 및 재외선거인 등록신청자명부를 제외한다)
2. 제136조의10에 따라 공관에 비치한 열람용 재외선거인명부등
3. 제136조의11제3항 및 제4항에 따른 재외선거인명부등(전산정보자료 및 전산자료 복사본을 포함한다)

(2021.10.22 1호~3호신설)
(2015.8.13 본조제목개정)

제136조의28【각종 안내·통지】 ① 중앙위원회는 후보자등록마감 후 투표를 실시하지 아니하게 된 경우에는 별지 제59호의19서식의(가)에 따른 안내문을, 후보자가 사퇴·사망 또는 등록무효로 된 경우에는 별지 제59호의19서식의(나)에 따른 안내문을 인터넷 홈페이지에 게시하여야 한다.(2015.8.13 본항개정)
② 재외위원회는 후보자등록마감 후 투표를 실시하지 아니하게 된 경우에는 별지 제59호의19서식의(가)에 따른 안내문을 공관 게시판에 게시하여야 하고, 후보자가 사퇴·사망 또는 등록무효로 된 경우에는 별지 제59호의19서식의(나)에 따른 안내문을 재외투표시기간 중 재외투표소 입구에 붙여야 한다.(2015.8.13 본항신설)
③ 이 규칙에서 따로 정하지 아니한 안내·통지사항은 중앙위원회 또는 공관의 인터넷 홈페이지에 게시하는 방법으로 할 수 있다.

제136조의29【천재지변 등의 발생시 재외선거사무의 처리】 ① 중앙위원회가 법 제218조의29제1항 또는 제3항 전단에 따른 결정을 하고자 하는 때에는 사전에 해당 공관의 장의 의견을 들어야 한다.
② 중앙위원회가 법 제218조의29제1항 또는 제3항에 따른 결정을 한 때에는 지체 없이 그 뜻을 공고하고, 정당·후보자 및 해당 재외위원회 또는 재외투표관리관에게 알려야 한다.
(2011.7.28 본조신설)

제136조의30【여권발급등의 제한등 결정·통지】 ① 중앙위원회에 다음 각 호의 사항을 심의·의결하기 위한 심의위원회(이하 이 조에서 "심의위원회"라 한다)를 둔다.
1. 법 제218조의30제2항·제3항에 따른 중앙위원회의 여권발급등의 제한등 요청대상 및 제한·보관기간
2. 법 제218조의31제2항에 따른 입국금지 통보대상

② 심의위원회는 위원장 1인을 포함한 7인의 위원으로 구성하며, 위원장과 위원은 중앙위원회 소속 일반직국가공무원 중에서 중앙위원회 사무총장이 임명한다.
③ 중앙위원회는 심의위원회가 여권발급등의 제한등을 요청하기로 결정한 때에는 그 사실을 당사자에게 통지하여야 한다. 이 경우 당사자의 소재를 알 수 없는 때에는 중앙위원회 홈페이지에 게시하는 것으로 갈음한다.
(2012.3.2 본조신설)

제136조의31【재외선거에 관한 기간계산】 공관에서 재외선거와 관련하여 날짜로 정한 기간을 계산하는 경우에는 법 제218조의34제2항에 따라 대한민국 표준시를 기준으로 정해지는 날짜에 상응하는 해당 공관의 날짜에 따른다.(2012.3.2 본조개정)

제136조의32【재외위원회 위원 등의 질병·부상 또는 사망에 대한 보상】 ① 재외위원회 위원이 재외위원회 설치·운영기간 중에 선거업무로 인하여 질병·부상 또는 사망한 때의 재해보상금 지급 등에 관하여는 제146조의6의 시·도위원회 위원에 관한 규정을 준용한다.
② 재외투표소관리자 및 투표사무원이 재외투표기간 중에 선거업무로 인하여 질병·부상 또는 사망한 때의 재해보상금 지급 등에 관하여는 제146조의6의 사전투표관리관 및 사전투표사무원에 관한 규정을 준용한다.
(2015.12.24 본항개정)
(2011.7.28 본조제목개정)

제136조의33【준용규정 등】 ① 재외선거에 관하여 이 장에서 정한 것을 제외하고는 그 성질에 반하지 아니하는 범위에서 이 규칙의 다른 규정을 준용한다.
② 제1항에 따라 이 규칙의 다른 규정을 준용하는 경우 관련 별표4의 서식표 또는 별지서식 중 재외선거에 적합하지 아니한 내용이 있을 때에는 중앙위원회 위원장이 그에 맞게 고쳐서 사용할 수 있다.

제14장 선거에 관한 쟁송

제137조【선거소청의 심의등】 ① 법 제219조(선거소청)의 규정에 의한 선거소청의 심리와 결정을 위한 중앙위원회 또는 시·도위원회의 회의는 「선거관리위원회법」 및 같은 법시행규칙의 규정에 의한다.(2005.8.4 본항개정)
② 중앙위원회 또는 시·도위원회는 선거소청의 사전심리와 증거조사를 위하여 필요하다고 인정하는 때에는 당해 위원회위원 3인이상으로 부를 구성하여 행하게 할 수 있다.
③ 중앙위원회 또는 시·도위원회는 법 제221조에 따라 준용되는 「행정심판법」 제36조(증거조사)에 따른 증거조사와 법 제228조제2항에 따른 검증을 위하여 필요하다고 인정하는 때에는 피소청인이 속한 위원회가 아닌 시·도위원회 또는 구·시·군위원회에 증거조사를 촉탁할 수 있다.(2011.7.28 본항개정)

제138조【간사장 및 간사】 ① 선거소청에 관한 사무를 처리하기 위하여 중앙위원회 및 시·도위원회에 간사장 1인과 간사 약간인을 둔다.
② 제1항의 규정에 의한 간사장은 중앙위원회는 선거정책실장이, 시·도위원회는 사무처장이 되며, 간사는 중앙위원회위원장 또는 시·도위원회위원장이 소속공무원중에서 임명한다.(2014.7.29 본항개정)
③ 간사장은 위원장의 명을 받아 선거소청에 관한 사무를 처리하고, 간사는 간사장을 보좌한다.

제139조【답변서 작성】 법 제219조(선거소청)제7항의 규정에 의한 답변서에는 선거소청의 취지와 이유에 대응하는 답변을 기재하여야 한다.

제140조【선거소청비용】 ① 중앙위원회위원장 또는 시·도위원회위원장은 법 제221조(「행정심판법」의 준용)제1항의 규정에 따라 선거소청비용에 준용되는 「민사소송법」 제116조(비용의 예납)의 규정에 의하여 서류송달·증거조사비용 기타 당사자에게 원인이 있는 선거소청비용을 당해 당사자에게 예납하게 할 수 있다.
② 제1항의 규정에 의하여 당사자가 예납하여야 할 비용의 산정에 있어서 「민사소송비용법」 제5조(법관등의 일당·여비)의 "법관 등의 일당·여비"는 선거관리위원회의 위원·직원에 대한 일당·여비 기타의 실비보상으로 보며, 당해 위원회의 위원·직원에 대한 일당·여비 기타 실비보상은 「선거관리위원회법」 제12조(위원의 대우)제3항과 「공무원여비규정」에 의한다.
③ 법 제221조제1항의 규정에 의하여 선거소청비용에 관하여 「민사소송법」의 규정을 준용함에 있어서 "법원"은 "중앙위원회 또는 시·도위원회"로, "소송비용"은 "선거소청비용"으로, "법원사무관 등"은 "간사장 또는 간사"로, "재판장"은 "위원장"으로 본다.
(2005.8.4 본조개정)

제141조【소청에 대한 결정】 법 제220조(소청에 대한 결정)제2항제5호의 규정에 의하여 기재하는 이유에는 주문내용이 정당함을 인정할 수 있는 정도의 판단을 표시하여야 한다.

제142조【서식의 준용】 법 제221조(「행정심판법」의 준용)제1항의 규정에 따라 「행정심판법」을 준용함에 있어서 「행정심판법 시행규칙」의 각 별지서식중 "기관명 또는 ○○행정심판위원회"는 "중앙위원회 또는 ○○시·도위원회"로, 근거법조의 "「행정심판법」 제○조"는 "「공직선거법」 제221조제1항(「행정심판법」 제○조 준용)"으로 하고, 동 서식의 내용중 선거소청에 적합하지 아니한 내용이 있을 때에는 중앙위원회가 달리 정하여 사용할 수 있다.(2005.8.4 본조개정)

제15장 벌 칙

제143조【과태료의 부과·징수등】 ① 법 제261조제10항에 따라 각급위원회(읍·면·동위원회를 제외한다) 및 선거여론조사심의위원회(이하 이 조에서 "부과권자"라 한다)가 과태료를 부과할 때에는 당해 위반행위를 조사·확인한 후 위반사실·이의제기방법·이의제기기한 및 과태료 등을 명시하여 이를 납부할 것(기탁금에서 공제하는 경우에는 그 뜻)을 과태료처분대상자(기탁금에서 공제하는 때에는 정당 또는 후보자 및 예비후보자를 포함한다)에게 통지하여야 한다.(2017.2.24 본항개정)
② 법 제261조제1항부터 제8항까지의 위반행위에 대한 과태료 부과기준은 별표3과 같다.(2014.2.13 본항개정)
③ 부과권자는 과태료의 처분을 함에 있어서는 해당 위반행위의 동기와 그 결과 및 선거에 미치는 영향, 위반기간 및 위반정도 등을 고려하여 제2항의 기준금액의 2분의 1의 범위안에서 이를 경감하거나 가중할 수 있다. 이 경우 1회 부과액은 법 제261조제1항부터 제8항까지의 규정에 따른 과태료의 상한액을 넘을 수 없다.(2014.2.13 후단개정)
④ 부과권자는 법 제261조제9항에 따라 과태료를 부과할 때 과태료처분대상자가 제공받은 금액 또는 음식물·물품의 가액이 명확하지 아니한 경우에는 통상적인 거래가격 또는 시장가격을 기준으로 과태료를 부과한다.
(2014.2.13 본항개정)
⑤ 법 제261조제9항 각 호 외의 부분 본문에 해당하는 사람에 대한 과태료의 부과기준은 별표3의2와 같이 한다.
(2014.2.13 본항개정)
⑥ 법 제261조제9항 각 호 외의 부분 단서에 해당하는 사람에 대한 과태료의 감경 또는 면제의 기준은 다음 각 호에 따른다.(2014.2.13 본문개정)
1. 금품·음식물 등을 제공받은 경위, 자수의 동기와 시기, 금품·음식물 등을 제공한 사람에 대한 조사의 협조 여부와 그 밖의 사항을 고려하여 과태료 부과기준액과 감경기준 등은 별표3의3과 같이 한다.(2010.1.25 본호개정)
2. 과태료의 면제
   가. 선거관리위원회와 수사기관이 금품·음식물 등의 제공사실을 알기 전에 선거관리위원회 또는 수사기관에 그 사실을 알려 선거범죄에 관한 조사 또는 수사단서를 제공한 사람
   나. 선거관리위원회와 수사기관이 금품·음식물 등의 제공사실을 알게 된 후에 자수한 사람으로서 금품·음식물 등을 제공한 사람과 제공받은 일시·장소·방법·상황 등을 선거관리위원회 또는 수사기관에 자세하게 알린 사람

(2008.2.29 본항신설)
⑦ 부과권자는 제6항에 해당하는 사람을 법 제262조의2제1항에 따라 보호하여야 하며, 이 규칙 제6항제2호가목에 해당하는 사람에게는 법 제262조의3에 따른 포상금을 지급할 수 있다.(2010.1.25 본항개정)
⑧ 법 제261조제9항에 따라 자수한 사람이 반환한 금품등은 다음 각 호에 따라 처리한다.(2014.2.13 본문개정)
1. 위반행위자를 고발 또는 수사의뢰하는 경우에는 증거자료로 제출하고, 증거자료를 제출할 수 없거나 경고 등 자체 종결하는 경우에는 「국고금관리법 시행규칙」 또는 지방자치단체의 지방세 부과징수에 관한 관계규정을 준용하여 국가 또는 지방자치단체에 납입한다.
(2014.1.17 본호개정)
2. 제1호에 따라 국가 또는 지방자치단체에 납입할 때에는 물품·음식물은 입찰 또는 경매의 방법에 따라 공매하되, 공매가 적절하지 않다고 판단되는 경우에는 수의계약에 따라 매각할 수 있다.
3. 물품·음식물이 멸실·부패·변질되어 경제적 가치가 없는 경우에는 폐기처분하며, 멸실·부패·변질될 우려가 있거나 공매 또는 수의계약에 따른 매각이 적절하지 않다고 판단되는 경우에는 공익법인·사회복지시설·불우이웃돕기시설 등에 인계할 수 있다.

(2008.3.24 본항개정)
⑨ 법 제261조제10항에 따라 해당후보자(예비후보자를 포함한다)의 기탁금 중에서 공제하는 과태료처분대상자가 아닌 사람이 과태료 처분의 고지를 받은 때에는 그 고지를 받은 날부터 20일안에 납부하여야 한다.
(2014.2.13 본항개정)
⑩ 법 제261조제11항에 따른 이의제기는 별지 제60호서식에 의한다.(2014.2.13 본항개정)
⑪ 법 제261조제12항에 따른 과태료 재판의 결정 통보는 별지 제60호의2서식에 따른다.(2018.4.6 본항신설)
⑫ 부과권자 또는 관할세무서장이 징수한 과태료의 국가 또는 지방자치단체에의 납입절차에 관하여는 「국고금관리법 시행규칙」 또는 지방자치단체의 지방세 부과징수에 관한 관계규정을 준용한다.(2017.2.24 본항개정)

제143조의2【정기간행물의 미제출에 따른 과태료 부과】 ① 법 제8조의3(선거기사심의위원회)제4항의 규정에 의하여 정기간행물을 제출하여야 할 의무가 있는 자가 이를 이행하지 아니하는 경우에는 선거기사심의위원회는 제출의무자에게 서면으로 2회이상 그 제출을 요구하여야 한다.
② 제1항의 규정에 의한 요구에 불구하고 이를 제출하지 아니한 경우 선거기사심의위원회는 과태료부과대상임을 증명할 수 있는 자료를 「신문 등의 진흥에 관한 법률」 제9조와 「잡지 등 정기간행물의 진흥에 관한 법률」 제15조에 따라 등록된 해당 신문 및 정기간행물의 발행소 소재지를 관할하는 시·도위원회에 통보하여야 한다.
(2010.1.25 본항개정)
③ 제2항의 규정에 의한 통보를 받은 시·도위원회는 7일 이상의 기간을 정하여 과태료부과대상자에게 해당 정기간행물을 제출하였다는 것을 증명할 수 있는 자료의 제출을 요구하여야 하고, 과태료부과대상자가 그 기간내에 증명자료를 제출하지 아니하거나 제출하였음을 증명하지 못하는 때에는 지체없이 과태료를 부과하여야 한다.
④ 시·도위원회는 관할구역안의 구·시·군위원회를 지정하여 당해 과태료를 부과하게 할 수 있다.
(2002.3.21 본조신설)

제143조의3【선거범죄신고자등의 보호】 ① 각급위원회(읍·면·동위원회를 제외한다. 이하 이 조에서 같다) 위원·직원(이하 이 조에서 "위원·직원"이라 한다)은 선거범죄신고와 관련하여 문답서·확인서 그 밖의 서류(이하 "문답서등"이라 한다)를 작성함에 있어서 선거범죄에 관한 신고·진술·증언 그 밖의 자료제출행위 등을 한 자(이하 이 조에서 "선거범죄신고자등"이라 한다)의 성명·연령·주소 및 직업 등 신원을 알 수 있는 사항(이하 이 조에서 "인적사항"이라 한다)의 전부 또는 일부를 기재하지 아니할 수 있다.(2005.8.4 본항개정)
② 선거범죄신고자등은 문답서등을 작성함에 있어서 위원·직원의 승인을 얻어 인적사항의 전부 또는 일부를 기재하지 아니할 수 있다.
③ 제1항 또는 제2항의 경우 위원·직원은 문답서등에 기재하지 아니한 인적사항을 별지 제62호서식의(다)에 의한 선거범죄신고자등 신원관리카드(이하 이 조에서 "신원관리카드"라 한다)에 등재하여야 한다.
④ 각급위원회가 수사의뢰 또는 고발을 하는 때에는 조사서류와 별도로 신원관리카드를 봉인하여 조사기록과 함께 관할 경찰관서 또는 관할 검찰청에 이를 제출하여야 한다.(2021.3.23 본항개정)
(2004.3.12 본조신설)

제143조의4【포상금 지급기준 및 포상방법】 ① 법 제262조의3(선거범죄신고자에 대한 포상금 지급)의 규정에 의한 선거범죄신고자에 대한 포상은 5억원의 범위 안에서 포상금심사위원회의 의결을 거쳐 각급위원회(읍·면·동위원회를 제외한다. 이하 이 조에서 같다)위원장이 포상하되, 익명으로 할 수 있다. 다만, 선거범죄에 관한

신고로 인하여 당선인의 당선무효에 해당하는 형이 확정된 경우에는 그 신고자에게 추가로 포상할 수 있다. (2006.3.2 본문개정)
② 포상금의 지급기준과 세부절차는 중앙위원회 사무총장(이하 "사무총장"이라 한다)이 정한다.
③ (2006.3.2 삭제)
④ 각급위원회는 제1항의 규정에 의하여 포상금을 지급하고자 하는 때에는 다음 각호의 사항을 기재하여 서면으로 상급위원회에 이를 추천하여야 한다.
1. 포상대상자의 인적사항(익명을 요구한 경우에는 익명으로 한다)
2. 포상사유와 그 증명서류
3. 포상금액에 관한 의견
4. 기타 포상금 지급 결정에 필요한 사항
⑤ 제4항의 규정에 의한 추천을 받은 상급위원회는 지체없이 그에 대응하는 제1항의 규정에 의한 포상금심사위원회(이하 "포상금심사위원회"라 한다)에 관계서류를 이송하여야 한다.
⑥ 하나의 사건에 대하여 선거범죄신고자가 2인 이상인 경우에는 제2항의 규정에 의한 지급기준의 범위안에서 포상금심사위원회가 결정한 포상금을 그 공로를 참작하여 적절하게 배분·지급하여야 한다. 다만, 포상금을 지급받을 자가 배분방법에 관하여 미리 합의하여 포상금의 지급을 신청하는 경우에는 그 합의에 의하여 지급한다.
⑦ 제4항의 규정에 의한 포상금 지급 추천은 별지 제62호서식의(라)에 의한다.
(2004.3.12 본조신설)

제143조의5【포상금심사위원회의 설치 및 구성】 ① (2013.8.13 삭제)
② 중앙위원회에 두는 포상금심사위원회는 위원장 1명과 6명의 위원으로 구성하며, 위원장은 중앙위원회 사무차장이 되고, 위원은 중앙위원회 소속 4급 이상 일반직국가공무원이 된다.(2015.8.13 본항개정)
③ 시·도위원회에 두는 포상금심사위원회는 위원장 1명과 6명의 위원으로 구성하며, 위원장은 당해 시·도위원회 상임위원이 되고, 위원은 당해 시·도위원회 및 그 관할구역안의 구·시·군위원회 소속 4급 이상 일반직국가공무원이 된다. 다만, 해당 시·도위원회 및 그 관할구역 안의 구·시·군위원회 소속 4급 이상 일반직 국가공무원의 정원이 6명 미만인 경우에는 그 부족한 인원만큼 소속 5급 일반직 국가공무원을 위원으로 한다.
(2015.8.13 본항개정)

제143조의6【포상금심사위원회의 심의사항】 포상금심사위원회는 다음 각호의 사항을 심의·의결한다.
1. 포상대상자에 대한 포상여부
2. 포상금 지급여부와 그 지급금액
3. 기타 포상에 관한 사항
(2004.3.12 본조신설)

제143조의7【포상금심사위원회의 회의】 ① 포상금심사위원회의 위원장은 위원회의 회의를 소집하고 그 의장이 된다.
② 포상금심사위원회의 회의는 위원장을 포함한 재적위원 과반수의 출석으로 개의하고 출석위원 과반수의 찬성으로 의결한다.
③ 포상금심사위원회의 위원장이 부득이한 사유로 그 직무를 수행하지 못하는 경우에는 위원장이 지명하는 위원이 그 직무를 대행한다.
④ 포상금심사위원회의 위원이 회의에 출석하지 못할 부득이한 사유가 있는 때에는 그 소속공무원으로 하여금 회의에 출석하여 그 권한을 대행하게 할 수 있다.
⑤ 포상금심사위원회에는 간사 1인을 두되, 포상담당 행정사무관 또는 서기관으로 한다.
⑥ 포상금심사위원회의 위원장과 위원은 자신의 이해에 관한 회의에 참석하지 못한다.
(2004.3.12 본조신설)

제143조의8【포상금심사위원회의 의견청취 등】 포상금심사위원회는 심의를 위하여 필요하다고 인정되는 때에는 포상금지급대상자 또는 참고인의 출석을 요청하여 그 의견을 들을 수 있으며, 관계기관에 대하여 필요한 자료의 제출을 요청할 수 있다.(2004.3.12 본조신설)

제143조의9【포상금의 반환사유】 법 제262조의3제3항 제2호에 따라 포상금의 지급결정을 취소하는 불송치결정 또는 불기소처분은 다음 각 호와 같다.(2021.3.23 본문개정)
1. 혐의없음
2. 죄가안됨
(2013.8.13 본조신설)

제143조의10【포상금의 반환통지 등】 ① 각급위원회(읍·면·동위원회는 제외한다. 이하 이 조에서 같다)는 법 제262조의3제3항에 따른 포상금의 지급결정을 취소한 날부터 20일 이내에 해당 신고자에게 별지 제62호서식의(마)에 따라 반환하여야 할 금액을 알려야 한다. 이 경우 그 서면을 해당 신고자에게 직접 주거나 배달증명등기우편 등의 방법으로 알릴 수 있다.(2013.8.13 본항개정)
② 제1항에 따른 통지를 받은 해당 신고자는 통지를 받은 날부터 30일 이내에 반환하여야 할 금액을 해당 위원회가 지정한 예금계좌에 자신의 명의로 입금하는 방법으로 내야 한다.
③ 각급위원회는 제2항에 따라 납부된 금액을 그 날부터 20일 이내에 중앙위원회의 수입징수관에게 내야 한다.
④ 각급위원회는 해당 신고자가 제2항에서 정한 기한까지 제1항에 따라 통지한 금액을 내지 아니한 때에는 지체없이 관할 세무서장에게 징수를 맡긴다.
⑤ 제2항 또는 제4항에 따라 납부 또는 징수한 금액을 국가에 내는 절차는 「국고금관리법 시행규칙」을 준용한다.
(2008.2.29 본조신설)

제16장 보 칙

제144조【당선무효의 결정등】 ① 관할선거구위원회는 법 제267조(기소·판결에 관한 통지)제2항의 규정에 의하여 법 제263조(선거비용의 초과지출로 인한 당선무효) 및 법 제265조(선거사무장등의 선거범죄로 인한 당선무효)의 규정에 의한 당선무효사유에 해당하는 확정판결의 판결서등본을 송부받은 때에는 지체없이 당해 당선인의 당선을 무효로 결정·공고하고 당해 당선인과 그 소속정당에 통지하여야 하며, 대통령 및 국회의원의 선거에 있어서는 대통령과 국회의장에게, 지방의회의원 및 지방자치단체의 장의 선거에 있어서는 당해 지방의회의장 또는 지방자치단체의 장에게 통보하여야 한다.
② 관할선거구위원회는 법 제267조제2항의 규정에 의하여 당선인이 법 제264조(당선인의 선거범죄로 인한 당선무효)의 규정에 의한 당선무효의 사유에 해당하는 확정판결의 판결서등본을 송부받은 때에는 대통령 및 국회의원의 선거에 있어서는 대통령과 국회의장에게, 지방의회의원 및 지방자치단체의 장의 선거에 있어서는 당해 지방의회의장 또는 지방자치단체의 장에게 통보하여야 한다.

제144조의2【당선무효된 자 등의 비용반환】 ① 관할선거구위원회는 법 제265조의2제2항에 따라 고지를 하는 경우에는 다음 각 호의 어느 하나에 해당하는 때에 서면으로 하여야 한다. 이 경우 관할선거구위원회는 해당 서면을 직접 교부하거나 배달증명등기우편의 방법으로 고지하여야 한다.(2010.1.25 본문개정)
1. 법 제265조의2제1항에 해당하는 당선이 무효로 된 사람과 당선되지 아니한 사람
확정판결의 판결서등본을 송부받은 때
(2010.1.25 본호개정)
2. 기소 후 확정판결 전에 사직한 자
사직서사본을 송부받은 때
(2005.8.4 본항개정)
② 반환대상자는 반환하여야 할 금액을 제1항의 규정에 의한 고지를 받은 날부터 30일 이내에 관할선거구위원회가 지정하는 예금계좌에 자신의 명의로 입금하는 방법으로 반환하여야 한다.
③ 관할선거구위원회는 제2항의 규정에 의하여 반환된 금액을 반환일부터 15일 이내에 대통령선거 및 국회의원선거에 있어서는 중앙위원회의 수입징수관에게, 지방의회의원 및 지방자치단체의 장의 선거에 있어서는 당해 지방자치단체의 징수관에게 납입하여야 한다.
④ 관할선거구위원회는 당해 반환대상자가 반환기한까지 납부하지 아니한 때에는 지체없이 관할세무서장에게 징수를 위탁한다.
⑤ 제2항 또는 제4항의 규정에 의하여 반환된 금액을 국가 또는 지방자치단체에 납입하는 절차에 관하여는 「국고금관리법 시행규칙」 또는 지방자치단체의 지방세 부과징수에 관한 관계 규정을 준용한다.(2005.8.4 본항개정)
⑥ 제1항의 규정에 의한 고지는 별지 제62호서식의(마)에 의한다.
(2004.3.12 본조신설)

제145조【불법시설물표시문 첩부 등】 ① 각급위원회는 법 제271조(불법시설물등에 대한 조치 및 대집행)제1항에 규정된 불법시설물등을 발견하고 철거·수거·폐쇄등을 명하였으나 이에 불응하는 때에는 별지 제61호서식에 의한 불법시설물표시문을 첩부할 수 있다. 이 경우 불법시설물등이 선거에 영향을 미칠 우려가 있다고 인정되는 때에는 그 철거·수거·폐쇄등을 명하는 절차를 거치지 아니하고 불법시설물표시문을 첩부할 수 있다.
② 각급위원회가 법의 규정에 위반하여 제작·배포된 인쇄물을 수거한 때에는 관할구·시·군위원회 게시판에 이를 공고한다.

제146조【불법시설물등에 대한 대집행】 ① 각급위원회가 법 제271조(불법시설물등에 대한 조치 및 대집행)제1항의 규정에 의하여 불법시설물 등의 첩부 등의 중지 또는 철거·수거·폐쇄 등을 명하는 때에는 이행기한을 정하여 그 기한안에 이행하지 아니할 때에는 계고절차를 거치지 아니하고 대집행을 한다는 뜻을 당해 의무자에게 통지하고, 당해 의무자가 동 이행기한안에 이행하지 아니하는 때에는 「행정대집행법」 제3조(대집행의 절차)의 규정에 의한 절차를 거치지 아니하고 대집행을 할 수 있다.
(2005.8.4 본항개정)
② 법 제56조제3항에 따라 기탁금에서 부담하는 대집행비용의 공제·납부와 관할 세무서장에게 징수를 맡기는 절차와 방법 등은 법 제261조제10항과 이 규칙 제143조제12항의 과태료의 예에 따른다.(2018.4.6 본항개정)

제146조의2【선거범죄혐의에 대한 소명절차 등】 ① 법 제272조의2(선거범죄의 조사등)제1항의 규정에 의하여 후보자·예비후보자·선거사무장·선거연락소장 및 선거사무원이 이 법 또는 「국민투표법」 위반의 죄(이하 "선거범죄"라 한다)의 혐의를 제기하는 때에는 그 범죄혐의에 관한 소명자료를 첨부하여 별지 제62호서식의(가)의 소명서를 각급위원회(읍·면·동위원회를 제외한다. 이하 이 조에서 같다)에 제출하여야 한다.(2005.8.4 본항개정)
② 각급위원회의 위원·직원은 제1항의 소명이 이유있다고 인정되는 때에는 당해 범죄혐의사실을 조사하여 그에 상응하는 처분을 하고 그 처분결과를, 이유없다고 인정되는 때에는 그 뜻을 각 소명서를 제출한 자에게 통지하여야 한다.
(1997.11.14 본조신설)

제146조의3【선거범죄혐의에 대한 조사등】 ① 각급위원회의 위원·직원(이하 이 조에서 "위원·직원"이라 한다)이 법 제272조의2(선거범죄의 조사등)제1항의 규정에 의한 장소에 출입하여 관계인에 대하여 자료제출을 요구함에 있어서 정당한 사유없이 출입을 방해하거나 자료의 제출요구에 불응하거나 허위의 자료를 제출하는 때에는 법 제256조제5항제12호에 따라 처벌받을 수 있음을 알려야 한다.(2014.2.13 본항개정)
② 위원·직원은 조사업무에 필요하다고 인정되는 때에는 법 제5조(선거사무협조)의 규정에 의하여 경찰공무원·경찰관서의 장이나 행정기관의 장에게 원조를 요구할 수 있다.(2000.2.16 본항개정)
③ 위원·직원은 조사업무 수행중 필요하다고 인정되는 때에는 질문답변내용의 기록, 녹음·녹화, 사진촬영, 선거범죄와 관련있는 서류의 복사 또는 수집 기타 필요한 조치를 취할 수 있다.(2002.3.21 본항개정)
④ 위원·직원은 직접 방문하여 조사하는 경우외에 필요하다고 인정되는 때에는 서면답변 또는 자료의 제출을 요구할 수 있다.(2000.2.16 본항개정)
⑤ 위원·직원은 법 제272조의2제2항의 규정에 의하여 선거범죄에 사용된 증거물품을 수거한 때에는 그 목록 2부를 작성하여 그 중 1부를 당해 물품을 소유·점유 또는 관리하는 자에게 교부하고, 나머지 1부는 당해 위원회에 제출하여야 한다.(2000.2.16 본항신설)
⑥ 위원·직원이 법 제272조의2제4항에 따라 관계자에게 동행을 요구하는 때에는 구두로 할 수 있으며, 출석을 요구하는 때에는 별지 제62호서식의(나)에 따른다. 이 경우 「형사소송법」 제211조(현행범인과 준현행범인)에 규정된 현행범인 또는 준현행범인에 해당하는 관계자에게 동행요구를 함에 있어서 정당한 사유 없이 동행요구에 응하지 아니하는 때에는 법 제261조제6항제2호에 따라 과태료에 처할 수 있음을 알려야 한다.(2014.2.13 본항개정)
⑦ 각급위원회는 중앙위원회위원장이 정하는 바에 따라 법 제272조의2제4항의 규정에 따른 선거범죄 조사와 관련하여 동행 또는 출석한 관계자에게 예산의 범위 안에서 여비·일당을 지급할 수 있다.(2006.5.10 본항신설)
⑧ 법 제272조의2제6항의 규정에 의한 위원·직원의 신분을 표시하는 증표는 별지 제63호양식에 의하되 관할위원회가 발행하는 위원신분증 또는 공무원증으로 갈음할 수 있다.(2004.3.12 본항개정)
⑨ 법 제272조의2제8항에 따라 피조사자가 변호인의 조력을 받으려는 의사를 밝혔으나 변호인이 상당한 시간 안에 출석하지 아니하거나 출석할 수 없는 경우에는 피조사자의 의사를 확인한 후 변호인의 참여 없이 피조사자에 대하여 질문·조사할 수 있다.(2013.8.13 본항신설)

제146조의4【통신관련 선거범죄의 조사 등】 ① 각급위원회(읍·면·동위원회를 제외한다. 이하 이 조에서 같다) 직원이 법 제272조의3(통신관련선거범죄의 조사)제1항 또는 제2항의 규정에 의하여 고등법원(구·시·군위원회의 경우에는 지방법원을 말한다) 수석판사 또는 이에 상당하는 부장판사(이하 이 조에서 "승인권자"라 한다)의 승인을 얻고자 하는 때에는 요청사유, 해당 이용자와의 연관성, 필요한 자료의 범위 등을 기재한 서면으로 신청하여야 한다. 다만, 서면으로 요청할 수 없는 긴급한 사유가 있는 때에는 모사전송 등의 방법에 의할 수 있다.(2021.10.22 본문개정)
② 제1항의 규정에 의한 신청을 받은 승인권자는 요청사유 등을 심사한 후 그 결과를 신청한 직원에게 통지하여야 한다.
③ 각급위원회 직원이 법 제272조의3제1항 또는 제2항의 규정에 의하여 정보통신서비스제공자에게 통신자료 또는 전화자료의 제출을 요청하는 때에는 통신자료 또는 전화자료의 제출요청서와 함께 제2항의 규정에 의한 승인권자의 승인을 증명하는 서면을 제시하고 통신자료 또는 전화자료의 제출을 요청하는 자의 신분을 표시할 수 있는 증표를 제시하여야 한다. 다만, 승인권자의 승인을 얻을 수 없는 긴급한 사유가 있는 때에는 통신자료 또는 전화자료의 제출을 요청한 후 지체없이 승인권자의 승인을 증명하는 서면을 제시하여야 한다.
④ 제1항의 규정에 의한 승인권자의 승인을 얻기 위한 신청은 별지 제62호서식의(바)에 의하고, 제3항의 규정에 의한 정보통신서비스제공자에 대한 통신자료 또는 전화자료의 제출요청은 별지 제62호서식의(사)에 의한다.
⑤ 제146조의3(선거범죄혐의에 대한 조사 등)제8항의 규정은 이 조의 증표에 준용한다.(2006.5.10 본항개정)
(2004.3.12 본조신설)

제146조의5【선거에 관한 신고 등】 ① 법 제274조(선거에 관한 신고 등)제2항의 규정에 따라 신고·신청·제출 및 보고 등을 관할위원회가 제공하는 서식에 따라 컴퓨터의 자기디스크 등에 기록하여 제출하거나 관할위원

회가 정하는 인증방식에 따라 인증을 받은 후 관할위원회가 지정하는 인터넷홈페이지에 입력하는 방법으로 제출하는 경우에는 신청권자 등의 인영이 날인되어 있지 아니하더라도 정당한 인영이 날인된 신고·신청·제출 및 보고 등으로 본다.
② 제1항에 따른 방법으로 신고·신청·제출 및 보고 등을 하는 때에 그 첨부서류는 컴퓨터·스캐너 등 정보처리능력을 가진 장치를 이용하여 전자적인 이미지형태로 제출하게 할 수 있다.(2010.1.25 본항개정)
(2005.8.4 본조신설)

제146조의6【질병·부상 또는 사망에 대한 보상】 ① 법 제277조의2제1항에 따라 각급위원회위원·투표관리관·사전투표관리관·공정선거지원단원·사이버공정선거지원단원·사전투표사무원·투표사무원 및 개표사무원(이하 이 조에서 "선거사무종사자"라 한다)에게 지급하는 보상의 종류 및 금액은 다음 각 호와 같다.
(2018.4.6 본문개정)
1. 요양보상
선거사무종사자가 선거업무로 인하여 부상을 당하거나 질병에 걸려 요양할 경우에는 이에 필요한 진료, 치료, 수술, 약제, 입원비 등을 지급한다. 다만, 다음 각목에 상당하는 금액의 5배를 초과할 수 없다.
가. 중앙위원회위원은 「공무원보수규정」 별표32의 장관 및 장관급에 준하는 공무원 연봉액의 55퍼센트에 해당하는 금액(2008.2.29 본목개정)
나. 시·도위원회위원은 「공무원보수규정」 별표33의 1급(상당)공무원 연봉액(연봉상한액을 기준으로 한다)의 55퍼센트에 해당하는 금액(2005.8.4 본목개정)
다. 구·시·군위원회위원은 「공무원보수규정」 별표3의 일반직 4급공무원 5호봉 봉급연액(2005.8.4 본목개정)
라. 읍·면·동위원회위원·투표관리관·사전투표관리관·공정선거지원단원·사이버공정선거지원단원·투표사무원·사전투표사무원 및 개표사무원은 「공무원보수규정」 별표3의 일반직 9급공무원의 5호봉 봉급연액(2018.4.6 본목개정)
2. 장애보상
선거사무종사자가 선거업무로 인하여 부상을 당하거나 질병에 걸려 완치된 후에 신체장애가 있는 경우 별표5 및 별표6에서 정한 신체장애등급표 및 신체장애등급별 장애보상표의 기준에 따라 산정한 보상금을 지급하되, 2가지 이상의 신체장애가 발병되었을 경우에는 그 중 중한 신체장애에 해당하는 등급에 의한다.
3. 장제보상
선거사무종사자가 선거업무로 인하여 사망한 때에는 그 유족 또는 장제를 행하는 자에게 제1호 각목에서 정한 금액을 4로 나누어 산정한 금액을 지급한다.
4. 유족보상
선거사무종사자가 선거업무로 인하여 사망한 때에는 그 유족에게 제1호 각목에서 정한 금액의 10년분 범위 안에서 각각 지급한다.
② 제1항에 규정된 유족의 범위와 우선순위에 대하여는 「공무원 재해보상법」 제3조제1항제5호 및 제11조를 준용한다.(2023.7.31 본항개정)
③ 제1항에 따른 보상의 청구는 별지 제64호서식의(가)부터 (라)까지에 따라 다음 각 호의 기한 내에 해당 선거사무종사자를 위촉한 위원회(투표사무원은 관할 구·시·군위원회)를 경유하여 중앙위원회에 청구하여야 한다.
(2023.7.31 본문개정)
1. 요양보상 : 재해를 받은 날부터 180일까지
2. 장애보상 : 장애 진단을 받은 날부터 180일까지
3. 장제 또는 유족보상 : 사망한 날부터 180일까지
(2023.7.31 1호~3호신설)
④ 중앙위원회는 청구서의 첨부 서류 등의 보완이 필요한 사항은 적절한 기간을 정하여 보정을 요구할 수 있으며, 해당 기간은 제5항에 따른 보상 결정 기간에 산입하지 아니한다.(2023.7.31 본항신설)
⑤ 중앙위원회는 제3항의 규정에 의한 보상의 청구를 받은 때에는 청구를 받은 날부터 90일이내에 그에 대한 결정을 하고 보상금을 지급하여야 한다. 다만, 부득이한 사정이 있는 경우에는 30일 이내에서 그 기간을 연장할 수 있다.(2023.7.31 단서신설)
⑥ 법 제277조의2제1항에 따라 보상금을 지급받을 수 있는 사람에 대하여 다음 각 호에 따라 그 보상금의 지급을 제한할 수 있다.
1. 고의로 질병·부상·장애 또는 재해를 발생하게 한 경우에는 해당 보상금을 지급하지 아니한다.
2. 다음 각 목의 어느 하나에 해당하는 경우에는 해당 보상금의 2분의 1을 감하고 나머지 금액을 지급한다.
가. 중대한 과실에 의하여 또는 정당한 사유 없이 요양하지 아니하여 질병·부상·장애를 발생하게 하거나, 사망하거나 또는 그 질병·부상·장애의 정도를 악화하게 하거나, 그 회복을 방해한 경우
나. 고의로 질병·부상·장애의 정도를 악화하게 하거나, 회복을 방해한 경우
3. 동일한 사유로 다른 법령에 따라 국가나 지방자치단체로부터 보상을 받는 경우에는 해당 금액을 감액한 나머지 금액을 지급한다.(2023.7.31 본호신설)
(2010.1.25 본항신설)
⑦ 다음 각 호의 어느 하나에 해당하는 경우에는 이를 법 제277조의2제5항의 "중대한 과실"로 본다.
1. 선거업무수행 중 불가피한 사유 없이 「교통사고처리특례법」 제3조제2항 각 호의 규정을 위반하여 사고가 발생한 경우
2. 선거업무수행 중 불가피한 사유 없이 법령을 위반하거나 음주 또는 안전수칙·근무수칙의 현저한 위반으로 사고가 발생한 경우
(2010.1.25 본항신설)
⑧ 제1항에 따른 보상을 심사·결정하기 위하여 중앙위원회에 선거재해보상금심의위원회(이하 이 조에서 "심의위원회"라 한다)를 둔다.
1. 심의위원회는 위원장을 포함한 9명 이내의 위원으로 구성하되, 위원장은 사무차장이 되고, 위원은 중앙위원회 소속 3급 이상 공무원이나 의사, 변호사 또는 그 밖에 재해보상, 사회보장 및 사회보험 등 관련 분야에 학식과 경험이 풍부한 사람 중에서 사무총장이 임명 또는 위촉하며, 위원의 임기는 3년으로 한다.(2023.7.31 본호개정)
2. 심의위원회의 위원장은 위원회의를 소집하고 그 의장이 되며, 심의위원회의 회의는 재적위원 과반수 출석으로 개의하고 출석위원 과반수의 찬성으로 의결한다.
(2011.7.28 본호개정)
3. 보상사무를 담당하기 위하여 간사 1명을 두며, 간사는 심의위원회의 위원장이 중앙위원회 소속 5급 이상 공무원 중에서 임명한다.
4. 공무원이 아닌 위원에게는 회의 참석시 중앙위원회 위원에 준하는 수당 그 밖의 실비를 지급할 수 있다.
5. 그 밖에 심의위원회의 운영에 필요한 사항은 사무총장이 정한다.
(2010.1.25 본항신설)
(2002.3.21 본조신설)

제147조【각종 공고·보고·통지·통보 서식】 법 및 이 규칙에 따라 각급위원회가 행하는 각종 공고·보고·통지·통보는 법 및 이 규칙에서 따로 정한 경우를 제외하고는 별표4에 따르며, 문서의 작성절차와 형식은 「선거관리위원회 사무관리규칙」에 따른다.(2005.8.4 본조개정)

제16장의2 전자투표 및 개표에 관한 특례
(2000.2.16 본장신설)

제148조【전자투표 및 개표의 정의등】 ① 이 규칙에서 "전자투표 및 개표"라 함은 전산조직에 의하여 투표(거소투표를 제외함)·개표를 실시하는 것을 말한다.
② 전자투표 및 개표에 관하여 이 장에 규정된 경우를 제외하고는 이 법의 투표와 개표에 관한 규정을 준용한다.
③ 구·시·군위원회가 전자투표 및 개표를 하고자 하는 때에는 그 취지를 당해 선거의 선거인명부작성기준일전일까지 이를 공고하여야 한다.

제149조【투표소설치등에 관한 특례】 ① 구·시·군위원회는 전자투표를 위하여 화상에 의한 투표용지·기표방법·집계방법 기타 투표 및 개표의 전산처리방법이 장치된 전산조직(이하 "전자투표기"라 한다)을 읍·면·동위원회에 송부하여야 한다. 이 경우 투표용지와 투표함은 별도로 작성하지 아니한다.(2005.8.4 본항개정)
② 구·시·군위원회는 제1항의 규정에 의한 전자투표기의 송부에 있어서 법 제151조(투표용지와 투표함의 작성) 제5항 및 이 규칙 제73조(정당추천위원의 참여·입회)의 규정에 따른 정당추천위원이 참여하게 하여야 한다.
(2005.8.4 본항개정)
③ 전자투표기는 투표소마다 2 이상 설비할 수 있다.

제150조【투표용지모형의 공고·안내등에 관한 특례】
① 법 제152조(투표용지등의 공고)제1항의 규정에 의한 투표용지모형의 공고는 구·시·군위원회가 선거일전 7일까지 당해 구·시·군위원회 게시판에 공고하는 것으로 하며, 구·시·군위원회는 전자투표기에 의한 투표절차 안내도를 투표구마다 5매씩 첩부하여야 한다.
(2005.8.4 본항개정)
② 구·시·군위원회는 법 제153조(투표안내문의 발송) 제1항의 규정에 의한 투표안내문을 작성하는 때에는 전자투표기에 의한 투표절차 기타 안내가 필요한 사항을 포함하여 작성하여야 한다.

제151조【투표함의 확인등에 관한 특례】 법 제155조(투표시간)제3항의 규정은 전자투표기의 이상유무에 대한 검사에 관하여 이를 준용한다. 이 경우 "투표함"은 "전자투표기"로 본다.

제152조【전자투표기 수령 및 기표절차에 관한 특례】
① 법 제151조(투표용지와 투표함의 작성)제1항 및 이 규칙 제83조(투표용지의 봉인·보관 등)의 규정은 전자투표기의 수령·보관 및 관리에 관하여 이를 준용한다.
(2006.3.2 본항개정)
② 투표관리관은 본인임이 확인되어 선거인명부에 서명 또는 날인한 선거인에게 선거인명부등재번호표를 교부하여 투표하게 할 수 있다.(2005.8.4 본항개정)

제153조【투표방법에 관한 특례】 선거인이 기표하는 때에는 법 제159조(기표방법) 본문의 규정에 불구하고 전자투표기에 장치된 기표방법에 의하여야 한다.

제154조【전자투표기등의 봉쇄·봉인에 관한 특례】 법 제168조(투표함등의 봉쇄·봉인)제1항의 규정은 전자투표기 및 개표기의 봉쇄·봉인에 관하여 이를 준용한다. 이 경우 "투표함의 투입구와 그 자물쇠"를 "전자투표기 안에 있는 투표집계저장디스켓과 기록지보관함 및 전자투표기"로 한다.

제155조【전자투표기등의 송부에 관한 특례】 투표관리관은 투표가 끝난 후 지체없이 전자투표기와 투표집계저장디스켓 및 기록지보관함을 관할 구·시·군위원회에 송부하여야 한다.(2005.8.4 본조개정)

제156조【투표함등 개함에 관한 특례】 ① 전산조직에 의한 개표에 있어서 기록지보관함을 개함하고 일반투표소 투표집계저장디스켓을 개봉할 때에는 구·시·군위원회위원장은 그 뜻을 선포하고, 출석한 위원 전원과 함께 전자투표기 및 투표집계저장디스켓과 기록지보관함의 봉쇄와 봉인을 검사한 후 이를 열어야 한다.
② 구·시·군위원회위원장은 전산조직에 의하여 투표구별 투표집계저장디스켓에 저장된 투표수를 전산출력하여 투표록에 기재된 투표용지 교부수와 대조하여야 한다.

제157조【개표진행에 관한 특례】 전산조직에 의한 개표에 있어서 투표집계저장디스켓의 불량으로 판독이 불가능 할 경우에는 전자투표기에 저장된 자료에 의하고, 전자투표기의 불량으로 판독이 불가능 할 경우에는 기록지보관함에 보관된 투표기록지에 의하여 개표한다.

제158조【투표지의 구분에 관한 특례】 전산조직에 의한 개표에 있어서 개표가 끝난 때에는 투표구별 투표집계저장디스켓은 별도 포장하여 구·시·군위원회위원장과 출석한 위원 전원이 봉인하여야 한다.

제159조【전자투표 및 개표에 관한 안내·홍보】 선거구위원회는 전자투표 및 개표에 관하여 후보자등록마감 후 후보자 및 선거인에게 안내·홍보하여야 한다.

부 칙 (2015.12.24)

제1조【시행일】 이 규칙은 공포한 날부터 시행한다. 다만, 제136조의7제4항의 개정규정은 2016년 1월 1일부터 시행한다.

제2조【국내거소신고 재외국민에 대한 경과조치】 법률 제12593호 재외동포의 출입국과 법적 지위에 관한 법률 일부개정법률 시행 당시 종전의 재외동포의 출입국과 법적 지위에 관한 법률에 따라 국내거소신고를 한 재외국민에 대하여는 2016년 6월 30일까지는 별지 제3호서식의(다) 및 별지 제16호서식의(나)의 개정규정 중 "주소"를 "국내거소신고지"로 보고, 별지 제9호서식의(가)·(나)·(다)의 개정규정 중 인구수·선거인명부에 등재된 선거인수·주민등록이 된 재외국민 선거인수 및 세대수에는 국내거소신고인을 포함한다.

제3조【다른 법령과의 관계】 이 규칙 시행 당시 다른 법령에서 종전의 규정을 인용하고 있는 경우에 이 규칙 가운데 그에 해당하는 규정이 있는 때에는 종전의 규정을 갈음하여 이 규칙의 해당 규정을 인용한 것으로 본다.

부 칙 (2016.1.15)

제1조【시행일】 이 규칙은 공포한 날부터 시행한다.

제2조【안심번호의 제공 요청에 관한 특례】 제25조의4 제1항의 개정규정에 따른 안심번호의 제공 요청은 이 규칙 시행 후 부칙 제3조제2항에 따른 거부의사 표시기간이 만료된 날의 다음 날부터 할 수 있다.

제3조【이용자에 대한 고지와 제공거부에 관한 특례】
① 제25조의5제1항의 개정규정에도 불구하고 이동통신사업자는 이 규칙 시행 후 10일간 이용자에게 본인의 이동전화번호가 정당에 안심번호로 제공된다는 사실과 그 제공을 거부할 수 있다는 사실을 알려야 한다.
② 제25조의5제2항의 개정규정에도 불구하고 본인의 이동전화번호가 정당에 제공되는 것을 거부하는 이용자는 제1항에 따른 안내기간이 만료된 날의 다음 날부터 5일 이내에 해당 이동통신사업자에게 명시적으로 그 의사를 표시하여야 한다.

제4조【이동통신사업자의 안심번호 비용 통보에 관한 특례】 제25조의9제1항의 개정규정에도 불구하고 이동통신사업자는 이 규칙 시행 후 10일 이내에 그 안심번호의 비용을 중앙위원회에 통보하여야 한다.

제5조【국방부장관의 재외투표소 설치 희망지역 등 통보에 관한 특례】 제136조의16제2항의 개정규정에도 불구하고 국방부장관은 이 규칙 시행 후 5일 이내에 재외투표소 설치를 희망하는 지역 등을 중앙위원회에 통보하여야 한다.

부 칙 (2017.2.24)

제1조【시행일】 이 규칙은 공포한 날부터 시행한다. 다만, 제2조의2의 개정규정은 2017년 5월 9일부터 시행한다.

제2조【휴대전화 가상번호의 제공 요청에 관한 특례】 제48조의5제1항의 개정규정에 따른 휴대전화 가상번호의 제공 요청은 이 규칙 시행 후 부칙 제3조제2항에 따른 거부의사 표시기간이 만료된 날의 다음 날부터 할 수 있다.

제3조【이용자에 대한 고지와 제공거부에 관한 특례】
① 제48조의5제3항의 개정규정에도 불구하고 이동통신

사업자는 이 규칙 시행 후 10일간 이용자에게 본인의 이동전화번호가 선거여론조사기관에 휴대전화 가상번호로 제공된다는 사실과 그 제공을 거부할 수 있다는 사실을 알려야 한다.
② 제48조의5제3항의 개정규정에도 불구하고 본인의 이동전화번호가 선거여론조사기관에 제공되는 것을 거부하고자 하는 이용자는 제1항에 따른 안내기간이 만료된 날의 다음 날부터 5일 이내에 해당 이동통신사업자에게 명시적으로 그 의사를 표시하여야 한다.
제4조【이동통신사업자의 휴대전화 가상번호 비용 통보에 관한 특례】 제48조의5제3항의 개정규정에도 불구하고 이동통신사업자는 이 규칙 시행 후 10일 이내에 그 휴대전화 가상번호의 비용을 중앙선거여론조사심의위원회에 통보하여야 한다.

부 칙 (2018.1.19)

제1조【시행일】 이 규칙은 공포한 날부터 시행한다.
제2조【다른 규칙의 개정】 ※(해당 규칙에 가제정리 하였음)

부 칙 (2018.3.9)

제1조【시행일】 이 규칙은 공포한 날부터 시행한다.
제2조【자치구·시·군의원 선거구획정에 관한 특례】 법 부칙 제4조제3항에서 "중앙선거관리위원회규칙으로 정하는 자치구·시·군"이란 강원도 영월군, 충청북도 증평군, 경상남도 거창군을 말한다.

부 칙 (2018.4.6)

제1조【시행일】 이 규칙은 공포한 날부터 시행한다.
제2조【다른 규칙의 개정】 ①~⑤ ※(해당 규칙에 가제정리 하였음)

부 칙 (2019.1.25)

제1조【시행일】 이 규칙은 공포한 날부터 시행한다.
제2조【읍·면·동 통합을 고려한 의원정수 산정기준에 관한 적용례】 제4조제1항제1호 후단의 개정규정은 이 규칙 시행 이후 읍·면·동이 통합된 경우부터 적용한다.

부 칙 (2019.5.30)

제1조【시행일】 이 규칙은 공포한 날부터 시행한다.
제2조【다른 규칙의 개정】 ①~② ※(해당 규칙에 가제정리 하였음)

부 칙 (2020.1.17)

제1조【시행일】 이 규칙은 공포한 날부터 시행한다.
제2조【휴대전화 가상번호의 제공 요청에 관한 특례】 제25조의4제1항 및 제48조의5제1항에도 불구하고 선거일 현재 18세인 이용자의 휴대전화 가상번호의 제공 요청은 이 규칙 시행 후 부칙 제3조제2항에 따른 거부의사 표시기간이 만료된 날의 다음 날부터 할 수 있다.
제3조【이용자에 대한 고지와 제공거부에 관한 특례】 ① 제25조의5제1항의 개정규정 및 제48조의5제3항에도 불구하고 이동통신사업자는 이 규칙 시행 후 10일간 선거일 현재 18세인 이용자에게 본인의 이동전화번호가 정당 또는 선거여론조사기관에 휴대전화 가상번호로 제공된다는 사실과 그 제공을 거부할 수 있다는 사실을 알려야 한다.
② 제25조의5제2항 및 제48조의5제3항에도 불구하고 본인의 이동전화번호가 정당 또는 선거여론조사기관에 제공되는 것을 거부하려는 선거일 현재 18세인 이용자는 제1항에 따른 안내기간이 만료된 날의 다음 날부터 5일 이내에 해당 이동통신사업자에게 명시적으로 그 의사를 표시하여야 한다.
제4조【선거록 작성에 관한 특례】 2020년 4월 15일 실시하는 비례대표국회의원선거에서는 별지 제57호서식의 (바)의 개정규정에도 불구하고 같은 서식 내지 중 3.의 라.를 다음과 같이 작성한다.
제5조【다른 규칙의 개정】 ①~③ ※(해당 규칙에 가제정리 하였음)

부 칙 (2020.3.25)

제1조【시행일】 이 규칙은 공포한 날부터 시행한다.
제2조【다른 규칙의 개정】 ①~② ※(해당 규칙에 가제정리 하였음)

부 칙 (2020.12.29)
(2021.3.23)

이 규칙은 공포한 날부터 시행한다.

부 칙 (2021.10.22)

이 규칙은 공포한 날부터 시행한다. 다만, 제3조제3항 및 제6조제2항의 개정규정은 2022년 1월 13일부터 시행한다.

부 칙 (2022.1.26)

제1조【시행일】 이 규칙은 공포한 날부터 시행한다. 다만, 제43조제3항의 개정규정은 2022년 4월 1일부터 시행한다.
제2조【읍·면·동 현황의 통보에 관한 특례】 2022년 6월 1일 실시하는 지방의회의원 및 지방자치단체의 장의 선거에 있어 제2조제2항의 개정규정에도 불구하고 구·시·군의 장은 이 규칙 시행일 현재 관할구역 안의 읍·면·동을 기준으로 별지 제1호서식의 개정규정에 따른 읍·면·동 현황을 이 규칙 시행일 후 5일까지 관할 구·시·군위원회에 제출하여야 한다.
제3조【재외선거인 등록신청에 관한 경과조치】 법 부칙 제4조에 따라 재외선거인 등록신청을 한 것으로 보는 자의 등록신청서 기재사항은 해당 재외선거인이 등재되어 있던 2020년 4월 15일 실시한 국회의원선거의 재외선거인명부 기재사항에 의한다.

부 칙 (2022.2.24)

이 규칙은 공포한 날부터 시행한다.

부 칙 (2022.4.20)

제1조【시행일】 이 규칙은 공포한 날부터 시행한다.
제2조【자치구·시·군의원 선거구획정에 관한 특례】 법 부칙 제4조제3항에서 "중앙선거관리위원회규칙으로 정하는 자치구·시·군"이란 경기도 화성시, 강원도 영월군, 충청북도 증평군, 충청남도 아산시, 충청남도 예산군, 전라남도 순천시, 전라남도 광양시, 전라남도 장흥군, 경상북도 포항시, 경상남도 양산시, 경상남도 거창군을 말한다.

부 칙 (2023.2.24)

이 규칙은 공포한 날부터 시행한다.

부 칙 (2023.7.31)

제1조【시행일】 이 규칙은 공포한 날부터 시행한다.
제2조【선거여론조사기관에 대한 경과조치】 이 규칙 시행 당시 법 제8조의9에 따라 등록된 선거여론조사기관은 2023년 12월 31일까지 이 규칙 제2조의2제3항 개정 규정에 따른 요건을 갖추어야 하되, 여론조사 실시 매출액이 5천만원 이상인 경우 제2조의2제3항제3호의 요건을 갖춘 것으로 본다.

부 칙 (2023.9.22)
(2023.12.15)

이 규칙은 공포한 날부터 시행한다.

부 칙 (2024.1.19)

이 규칙은 공포한 날부터 시행한다. 다만, 제45조의6의 개정규정은 2024년 1월 29일부터 시행한다.

〔별표〕 ➡ 「法典 別册」 참조

〔별지서식〕 ➡ 「www.hyeonamsa.com」 참조

선거관리위원회법

(1987年 11月 7日 全改法律 第3938號)

改正
1989. 3.25法 4088號
1990. 4. 7法 4224號
1992.11.11法 4496號
1994. 3.16法 4739號(공선)
1994.12.22法 4796號(도농복합)
1995. 5.10法 4949號(공선)
1995.12.29法 5052號
1997.12.13法 5454號(정부부처명)
1998. 1.13法 5499號(은행법)
1998.12.31法 5625號
2000. 2.16法 6265號(공선)
2002. 1.19法 6622號(국가공무원)
2004. 3.12法 7190號(정당법)
2005. 5.31法 7574號
2005. 7.28法 7614號(국회)
2005. 8. 4法 7681號(공선)
2009. 4. 1法 9577號(지방자치)
2010. 1.25法 9972號
2010. 5.17法10303號(은행법)
2012.12.11法11530號(국가공무원)
2014. 6.11法12756號
2014.11.19法12844號(정부조직)
2016. 1.15法13756號
2021. 1.12法17893號(지방자치)
2024. 1.30法20180號

第1條【目的】 이 法은 選擧와 國民投票의 공정한 管理 및 政黨에 관한 事務를 管掌하는 選擧管理委員會의 組織과 職務를 規定함을 目的으로 한다.
第2條【設置】 ① 選擧管理委員會의 종류와 委員會別 委員의 定數는 다음과 같다.
1. 中央選擧管理委員會 9人
2. 特別市·廣域市·道選擧管理委員會 9人(1997.12.13 본호개정)
3. 區·市·郡選擧管理委員會 9人
4. 읍·면·동선거관리위원회 7人(2005.8.4 본호개정)
② 特別市·廣域市·道(이하 "市·道"라 한다)와 區·市(區가 設置된 市는 제외한다)·郡 및 읍·면(「지방자치법」 제7조제3항에 따른 행정면을 말한다. 이하 같다)·동(「지방자치법」 제7조제4항에 따른 행정동을 말한다. 이하 같다)에 각각 이에 대응하여 特別市·廣域市·道選擧管理委員會(이하 "市·道選擧管理委員會"라 한다)와 區·市·郡選擧管理委員會 및 읍·면·동선거관리위원회를 둔다. 다만, 區·市·郡에는 人口數·投票區數·交통 기타 여건을 감안하여 中央選擧管理委員會規則이 정하는 바에 따라 그 區域안에 2個이상의 區·市·郡選擧管理委員會를 둘 수 있다.(2021.1.12 본문개정)
③ 시·도선거관리위원회, 구·시·군선거관리위원회 및 읍·면·동선거관리위원회의 관할 구역은 각각 당해 행정구역으로 한다. 다만, 第2項 但書의 規定에 따라 1個의 區·市·郡안에 2個이상의 區·市·郡選擧管理委員會를 두는 경우의 각 管轄區域은 中央選擧管理委員會規則으로 정한다.(2005.8.4 본문개정)
④ 시·도선거관리위원회, 구·시·군선거관리위원회 및 읍·면·동선거관리위원회의 명칭은 당해 행정구역을 붙여 표시한다. 다만, 1個의 區·市·郡의 管轄區域안에 2個이상의 區·市·郡選擧管理委員會가 있을 때에는 區·市·郡의 行政區域名 다음에 甲·乙·丙 등을 붙여 표시한다.(2005.8.4 본문개정)
⑤ 시·도선거관리위원회와 구·시·군선거관리위원회의 사무소는 그 관할하는 행정구역의 안에 두고, 읍·면·동선거관리위원회의 사무소는 당해 읍·면·동의 사무소 소재지에 둔다. 이 경우 시·도선거관리위원회와 구·시·군선거관리위원회의 사무소는 다른 선거관리위원회와 청사의 공동사용 등 특별한 사유가 있는 때에는 그 관할하는 행정구역의 밖에 둘 수 있다.(2005.8.4 본항개정)
⑥ 中央選擧管理委員會는 각종 選擧(全國 또는 市·道를 選擧區로 하는 選擧는 제외한다. 이하 이 項에서는 같다)에 있어 1個의 選擧區의 區域안에 2個이상의 區·市·郡選擧管理委員會가 있거나, 1選擧區의 區域이 2個이상의 區·市·郡選擧管理委員會의 管轄區域에 걸치는 경우에는 당해 選擧區의 選擧事務를 행할 區·市·郡選擧管理委員會를 지정하여야 한다. 이 경우 選擧區選擧事務를 행하는 區·市·郡選擧管理委員會는 당해 選擧에 있어서 그 選擧區안의 다른 區·市·郡選擧管理委員會의 直近上級選擧管理委員會가 된다.
第3條【委員會의 職務】 ① 選擧管理委員會는 法令이 정하는 바에 의하여 다음 各號의 事務를 행한다.
1. 國家 및 地方自治團體의 選擧에 관한 事務
2. 國民投票에 관한 事務
3. 政黨에 관한 事務
4. 「공공단체등 위탁선거에 관한 법률」에 따른 위탁선거(이하 "위탁선거"라 한다)에 관한 사무(2014.6.11 본호개정)
5. 기타 法令으로 정하는 事務
② 選擧管理委員會는 法令을 성실히 준수함으로써 選擧 및 國民投票의 管理와 政黨에 관한 事務의 처리에 공정을 기하여야 한다.
③ 中央選擧管理委員會는 第1項의 事務를 統轄·管理하며, 各級選擧管理委員會는 第1項의 事務를 수행함에 있어 下級選擧管理委員會를 指揮·監督한다.
④~⑤ (2014.6.11 삭제)

第4條【委員의 任命 및 위촉】 ① 中央選擧管理委員會는 大統領이 任命하는 3人, 國會에서 選出하는 3人과 大法院長이 指名하는 3人의 委員으로 구성한다. 이 경우 위원은 국회의 인사청문을 거쳐 임명·선출 또는 지명하여야 한다.(2005.7.28 후단신설)

② 市·道選擧管理委員會의 委員은 國會議員의 選擧權이 있고 政黨員이 아닌 者중에서 國會에 交涉團體를 구성한 政黨이 추천한 사람과 당해 地域을 관할하는 地方法院長이 추천하는 法官 2人을 포함한 3人과 教育者 또는 學識과 德望이 있는 者중에서 3人을 中央選擧管理委員會가 위촉한다.(1989.3.25 본항개정)

③ 區·市·郡選擧管理委員會의 委員은 그 區域안에 居住하는 國會議員의 選擧權이 있고 政黨員이 아닌 者중에서 國會에 交涉團體를 구성한 政黨이 추천한 사람과 法官·教育者 또는 學識과 德望이 있는 者중에서 6人을 市·道選擧管理委員會가 위촉한다. 다만, 政黨이 추천하는 委員은 選擧期間開始日(委託選擧는 제외한다. 이하 같다) 또는 國民投票案公告日후에는 당해 區·市·郡選擧管理委員會가 위촉할 수 있다.(1994.3.16 본항개정)

④ 읍·면·동선거관리위원회의 위원은 그 읍·면·동의 구역안에 居住하는 國會議員의 選擧權이 있고 政黨員이 아닌 者중에서 國會에 交涉團體를 구성한 政黨이 추천한 사람과 學識과 德望이 있는 者중에서 4人을 區·市·郡選擧管理委員會가 위촉한다. 다만, 邑·面의 區域안에 軍人을 제외한 選擧權者가 없는 경우에는 그 읍·면·동선거관리위원회의 위원은 그 읍·면·동을 관할하는 區·市·郡選擧管理委員會의 區域안에 居住하는 國會議員選擧權者중에서 이를 위촉할 수 있다.
(2005.8.4 본항개정)

⑤ 區·市·郡選擧管理委員會와 읍·면·동선거관리위원회의 委員이 될 法官과 法院公務員 및 教育公務員은 居住要件의 제한을 받지 아니하며 法官을 우선하여 위촉하여야 한다.(2005.8.4 본항개정)

⑥ 法官과 法院公務員 및 教育公務員 이외의 公務員은 各級選擧管理委員會의 委員이 될 수 없다.

⑦ 第2項 내지 第4項의 規定에 따라 政黨에서 추천하는 委員(이하 "政黨推薦委員"이라 한다)은 國會에 交涉團體를 구성한 政黨(1政黨이 1交涉團體를 구성한 경우를 말한다. 이하 같다)이 각 1人씩 書面으로 추천한다. 이 경우 國會에 交涉團體를 구성한 政黨이 3을 초과하거나 그 미만이 되어 第2條第1項第2號 내지 第4號에 정한 委員의 定數를 초과하거나 부족하게 되는 경우에는 그 現員을 委員定數로 본다.(1989.3.25 본항개정)

⑧ 第7項의 規定에 의한 政黨推薦委員의 추천은 당해 黨部가 推薦政黨의 黨員이 아님을 증명하는 書類와 本人承諾書 및 住民登錄票 抄本을 첨부하여 書面으로 제출한다. 다만, 國會議員選擧權이 있는지의 여부에 대하여는 中央選擧管理委員會規則이 정하는 바에 따라 위촉후에 調査할 수 있다. 이 경우 "黨部"라 함은 政黨法 第3條의 規定에 의한 중앙당과 시·도당을 말하며 추천할 당해 黨部가 없을 때에는 그 上級 黨部가 추천한다.(2004.3.12 단서개정)

⑨ 政黨推薦委員에 缺員이 생긴 때에는 관계選擧管理委員會는 第8項의 規定에 의한 당해 黨部에 이를 통지하여야 한다.

⑩ 國會議長은 第7項의 規定에 의한 交涉團體를 구성한 政黨에 變動이 있을 때에는 이를 中央選擧管理委員會에 통보하여야 하며, 中央選擧管理委員會는 당해 政黨과 그 下級選擧管理委員會에 이를 즉시 통지하여야 한다.
(1989.3.25 본항개정)

⑪ 第7項의 規定에 따라 委員을 추천한 政黨이 國會에 交涉團體를 구성할 수 없는 政黨이 되고 새로 交涉團體를 구성하게 된 政黨이 있는 경우에는 그 政黨에서 추천한 者가 委員으로 위촉될 때까지 在任한다.(1989.3.25 본항개정)

⑫ 區·市·郡選擧管理委員會는 選擧期間開始日 또는 國民投票案公告日후에 당해 또는 읍·면·동선거관리위원회의 政黨推薦委員의 推薦書를 접수한 때에는 第3項 但書의 規定에 따라 24時間이내에 위촉하여야 하며, 24時間이내에 위촉하지 아니할 때에는 區·市·郡選擧管理委員會委員長이 이를 위촉하고 각 上級選擧管理委員會에 보고하여야 한다. 다만, 投票日 또는 開票開始日직전에 交替하고자 할 때에는 늦어도 投票日 또는 開票開始日 2日전에 당해 政黨의 交替推薦이 있어야 하며 投票日 또는 開票期間중에는 이를 交替할 수 없다.
(2005.8.4 본문개정)

⑬ 公職選擧및選擧不正防止法 第173條(開票所)第2項의 規定에 의하여 하나의 區·市·郡選擧管理委員會가 2개 이상의 開票所를 設置하는 경우 區·市·郡選擧管理委員會의 開票事務를 보조하기 위한 補助委員은 選擧期間開始日 현재 國會에 交涉團體를 둔 政黨이 開票所마다 각 3人이내에서 추천한 者를 區·市·郡選擧管理委員會가 위촉한다. 이 경우 政黨推薦補助委員의 身分保障에 관하여는 第13條(委員의 身分保障)의 規定을 準用하며, 그 근무기간·實費補償 및 위촉절차 기타 필요한 사항은 中央選擧管理委員會規則으로 정한다.(2000.2.16 본항개정)

第5條【委員長】 ① 各級選擧管理委員會에 委員長 1人을 둔다.

② 各級選擧管理委員會의 委員長은 당해 選擧管理委員會委員중에서 互選한다.

③ 委員長은 委員會를 代表하고 그 事務를 統轄한다.

④ 區·市·郡選擧管理委員會와 읍·면·동선거관리위원회에 副委員長 1人을 두며 당해 選擧管理委員會委員중에서 互選한다. 다만, 區·市·郡選擧管理委員會는 「공직선거법」 第173條(開票所)第2項의 規定에 의하여 하나의 區·市·郡選擧管理委員會가 2개 이상의 開票所를 설치하는 경우의 選擧管理를 위하여 第4條(委員의 任命 및 위촉)第3項의 委員定數에 불구하고 開票所마다 地方法院長 또는 支院長이 추천하는 法官 1人을 당해 區·市·郡選擧管理委員會 副委員長으로 위촉할 수 있다. 이 경우 勤務期間, 實費補償 및 委囑節次 기타 필요한 사항은 中央選擧管理委員會規則으로 정한다.(2005.8.4 본항개정)

⑤ 委員長이 事故가 있을 때에는 常任委員 또는 副委員長이 그 職務를 代行하며 委員長·常任委員·副委員長이 모두 事故가 있을 때에는 委員중에서 臨時委員長을 互選하여 委員長의 職務를 代行하게 한다.

第6條【常任委員】 ① 中央選擧管理委員會와 市·道選擧管理委員會에 委員長을 補佐하고 그 命을 받아 소속사무처의 事務를 監督하게 하기 위하여 각 1人의 常任委員을 둔다.(2010.1.25 본항개정)

② 中央選擧管理委員會의 常任委員은 委員중에서 互選한다.

③ 市·道選擧管理委員會의 常任委員은 당해 選擧管理委員會의 委員중 다음 各號의 1에 해당하고 選擧 및 政黨事務에 관한 識見이 풍부한 者중에서 中央選擧管理委員會가 指名하되 常任委員으로서의 勤務上限은 60歲로 한다.(1998.12.31 본문개정)

1. 法官·檢事 또는 辯護士의 職에 5年이상 근무한 者
2. 大學에서 行政學·政治學 또는 法律學을 담당한 副教授이상의 職에 5年이상 근무한 者
3. 3級이상 公務員으로서 2年이상 근무한 者

第7條【政黨推薦委員의 常勤】 區·市·郡選擧管理委員會의 政黨推薦委員은 選擧期間開始日 또는 國民投票案公告日로부터 開票終了時까지 常勤할 수 있다.
(1994.3.16 본조개정)

第8條【委員의 任期】 各級選擧管理委員會委員의 任期는 6年으로 한다. 다만, 구·시·군선거관리위원회 위원의 임기는 3년으로 하되, 한 차례만 연임할 수 있다.
(2016.1.15 단서신설)

第9條【委員의 解任事由】 各級選擧管理委員會의 委員은 다음 各號의 1에 해당할 때가 아니면 解任·解囑 또는 罷免되지 아니한다.

1. 政黨에 加入하거나 政治에 관여한 때
2. 彈劾決定으로 罷免된 때
3. 禁錮이상의 刑의 宣告를 받은 때
4. 政黨推薦委員으로서 그 推薦政黨의 요구가 있거나 推薦政黨이 國會에 交涉團體를 구성할 수 없게 된 때와 國會議員選擧權이 없음이 발견된 때(1989.3.25 본호개정)
5. 市·道選擧管理委員會의 常任委員인 委員으로서 國家公務員法 第33條 各號의 1에 해당하거나 常任委員으로서의 勤務上限에 달하였을 때(1997.12.13 본호개정)

第10條【委員會의 議決定足數】 ① 各級選擧管理委員會는 委員 過半數의 출석으로 開議하고 出席委員 過半數의 贊成으로 議決한다.

② 委員長은 表決權을 가지며 可否同數인 때에는 決定權을 가진다.

第11條【會議召集】 ① 各級選擧管理委員會의 會議는 당해 委員長이 召集한다. 다만, 委員 3分의 1이상의 요구가 있을 때에는 委員長은 會議를 召集하여야 하며 委員長이 會議召集을 거부할 때에는 會議召集을 요구한 3分의 1이상의 委員이 직접 會議를 召集할 수 있다.

② 法令의 改正 또는 委員의 任期滿了등으로 새로이 구성된 委員會의 최초의 會議召集에 관하여는 事務總長, 사무처장, 사무국장, 事務課長, 委囑幹事가 각각 당해 委員長의 職務를 代行한다.(2010.1.25 본항개정)

③ 區·市·郡選擧管理委員會와 읍·면·동선거관리위원회의 委員長과 副委員長이 모두 闕位 또는 事故가 있을 경우 委員長·副委員長 또는 臨時委員長을 互選하기 위한 會議召集은 事務局長·事務課長 또는 委囑幹事가 이를 代行한다.(2005.8.4 본항개정)

第12條【委員의 待遇】 ① 各級選擧管理委員會委員중 常任이 아닌 委員은 名譽職으로 한다. 다만, 예산의 범위에서 다음 각 호의 비용을 지급할 수 있다.(2024.1.30 단서개정)

1. 공명선거 등을 위한 자료 수집·연구, 추진 활동에 사용되는 비용을 보전하기 위하여 매월 지급하는 활동비. 이 경우 그 대상은 중앙선거관리위원회위원 중 상임이 아닌 위원으로 한정한다.(2024.1.30 본호신설)
2. 직무활동에 대하여 지급하는 수당(2024.1.30 본호신설)
3. 여비 및 그 밖의 실비(2024.1.30 본호신설)

② 中央選擧管理委員會의 常任委員은 政務職으로 하고 그 보수는 國務委員의 보수와 동액으로 하며, 市·道選擧管理委員會의 常任委員은 1급인 일반직국가공무원으로서 「국가공무원법」 제26조의5에 따른 임기제공무원으로 한다.(2016.1.15 본항개정)

③ 各級選擧管理委員會의 委員 및 委囑職員에 대한 활동비·수당·여비 및 그 밖의 실비에 관하여 이 법에서 정한 사항 외에는 中央選擧管理委員會規則으로 정한다.
(2024.1.30 본항개정)

第13條【委員의 身分保障】 各級選擧管理委員會의 委員은 選擧人名簿作成基準日 또는 國民投票案公告日로부터 開票終了時까지 內亂·外患·國交·爆發物·放火·麻藥·通貨·有價證券·郵票·印章·殺人·暴行·逮捕·監禁·竊盜·强盜 및 國家保安法違反의 犯罪에 해당하는 경우를 제외하고는 現行犯人이 아니면 逮捕 또는 拘束되지 아니하며 兵役召集의 猶豫를 받는다.
(1994.3.16 본조개정)

第14條【選擧啓導】 ① 각급선거관리위원회는 選擧權者의 主權意識의 앙양을 위하여 常時啓導를 실시하여야 한다.(2005.8.4 본항개정)

② 選擧 또는 國民投票가 있을 때에는 각급선거관리위원회는 그 主管하에 文書·圖畵·施設物·新聞·放送등의 방법으로 投票方法·棄權防止 기타 選擧 또는 國民投票에 관하여 필요한 啓導를 실시하여야 한다.
(2005.8.4 본항개정)

③ 中央選擧管理委員會는 第1項의 常時啓導를 위한 事業을 적당하다고 인정하는 團體에 委託하여 행하게 할 수 있다.

第14條의2【選擧法違反行爲에 대한 중지·警告등】 各級選擧管理委員會의 委員·職員은 職務遂行중에 選擧法違反行爲를 발견한 때에는 중지·警告 또는 是正命令을 하여야 하며, 그 위반행위가 選擧의 공정을 현저하게 해치는 것으로 인정되거나 중지·警告 또는 是正命令을 不履行하는 때에는 管轄搜査機關에 搜査依賴 또는 告發할 수 있다.(1992.11.11 본조신설)

第15條【事務機構등】 ① 中央選擧管理委員會에 事務處를 둔다.

② 事務處에 事務總長 1人과 事務次長 1人을 둔다.

③ 事務總長은 委員長의 指揮를 받아 處務를 掌理하며 所屬公務員을 指揮·監督한다.

④ 事務總長은 政務職으로 하고 報酬는 國務委員의 報酬와 同額으로 한다.(1992.11.11 본항개정)

⑤ 事務次長은 事務總長을 補佐하며 事務總長이 事故가 있을 때에는 그 職務를 代行한다.

⑥ 事務次長은 政務職으로 하고 報酬는 次官의 報酬와 同額으로 한다.(1992.11.11 본항개정)

⑦ 사무처에 실·국 및 과를 두며, 실에는 실장, 국에는 국장, 과에는 과장을 둔다. 다만, 실장·국장의 명칭은 중앙선거관리위원회규칙이 정하는 바에 따라 본부장·단장·부장·팀장 등(이하 "본부장등"이라 한다)으로 달리 정할 수 있으며, 이 경우 명칭을 달리 정한 본부장등은 이 법을 적용함에 있어서 실장·국장으로 본다.
(2005.5.31 본항개정)

⑧ 사무총장·사무차장·실장 또는 국장 밑에 정책의 기획, 계획의 입안, 연구·조사, 심사·평가 및 홍보업무 등을 보좌하는 보좌기관을 둘 수 있다.(2005.5.31 본항개정)

⑨ 실장은 1급, 국장은 2급 또는 3급, 보좌기관은 2급 내지 4급, 과장은 3급 또는 4급인 일반직국가공무원으로 보한다. 다만, 보좌기간 중 1인은 3급 상당 또는 4급 상당인 별정직국가공무원으로 보할 수 있다.(2005.5.31 본항신설)

⑩ 市·道選擧管理委員會에 사무처와 필요한 課를 두며 처장은 2級 또는 3級, 課長은 4級 또는 5級인 一般職國家公務員으로 補한다.(2010.1.25 본항개정)

⑪ 區·市·郡選擧管理委員會에 事務局 또는 事務課를 두며 局長은 4級, 課長은 4級 또는 5級인 一般職國家公務員으로 補한다.(1992.11.11 본항개정)

⑫ 5級이상 公務員의 任免은 中央選擧管理委員會의 議決을 거쳐 中央選擧管理委員會委員長이 행하고 6급 이하 공무원의 任免은 事務總長이 행한다.(2012.12.11 본항개정)

⑬ 各級選擧管理委員會에 두는 조직·직무범위 및 공무원의 정원 그 밖의 필요한 사항은 中央選擧管理委員會規則으로 정한다.(2005.5.31 본항개정)

⑭ 各級選擧管理委員會의 所屬公務員에 대하여 이 法에 특별한 規定이 없는 경우에는 「국가공무원법」중 行政府所屬公務員에 관한 規定을 適用한다.(2005.8.4 본항개정)

⑮ 各級選擧管理委員會는 選擧·國民投票事務를 수행하기 위하여 필요한 경우에 國家機關 또는 地方自治團體에 대하여 그 소속 公務員의 派遣勤務를 요청할 수 있다.
(1990.4.7 본항신설)

⑯ 各級選擧管理委員會 委員長은 選擧事務를 담당하는 公務員중에서 그 所屬行政機關의 長과 協議하여 幹事·書記·選擧事務從事員 각 若干人을 위촉할 수 있다.

⑰ 제10항의 사무처장 및 제11항의 事務局長 또는 事務課長과 제16항의 委囑幹事는 당해 委員長의 命을 받아 所管事務를 掌理하고 所屬職員을 指揮·監督한다.
(2010.1.25 본항개정)
(1990.4.7 본조제목개정)

第15條의2【選擧研修院】 ① 選擧·政黨事務에 관한 公務員의 教育과 選擧·政黨關係者에 대한 研修를 위하여 事務處에 選擧研修院을 둘 수 있다.

② 選擧研修院에 院長 1人을 두며, 2級 또는 3級인 一般職國家公務員으로 補한다.

③ 選擧研修院의 組織과 운영에 관하여 필요한 사항은 中央選擧管理委員會規則으로 정한다.
(1992.11.11 본조신설)

第15條의3【公務員의 採用등】 ① 選擧管理委員會 소속 公務員의 任用을 위한 採用試驗·昇進試驗·기타 試驗은 「국가공무원법」을 적용하여 事務總長이 실시하되, 試驗의 일부 또는 전부를 인사혁신처장에게 委託하여 실시할 수 있다.(2014.11.19 본항개정)
② 國會·法院 및 行政府 소속公務員을 轉入任用하고자 할 때에는 試驗을 거쳐 任用하여야 한다. 다만, 해당 職級에 대한 任用資格要件 또는 昇進所要最低年數·試驗科目이 동일할 때에는 그 試驗의 일부 또는 전부를 免除할 수 있다.
(1992.11.11 본조신설)

第16條【選擧事務등에 대한 指示·協助要求】 ① 各級選擧管理委員會는 選擧人名簿의 작성등 選擧事務와 國民投票事務에 관하여 관계行政機關에 필요한 指示를 할 수 있다.
② 各級選擧管理委員會는 選擧事務를 위하여 人員·裝備의 지원등이 필요한 경우에는 行政機關에 대하여는 指示 또는 協助要求를, 公共團體 및 「은행법」 제2조에 따른 은행(開票事務從事員을 委囑하는 경우에 한한다)에 대하여는 協助要求를 할 수 있다.(2010.5.17 본항개정)
③ 第1項 및 第2項의 規定에 의하여 指示를 받거나 協助要求를 받은 行政機關·公共團體등은 우선적으로 이에 응하여야 한다.
(1992.11.11 본조개정)

第17條【法令에 관한 의견표시등】 ① 行政機關이 選擧(委託選擧를 포함한다. 이하 이 條에서 같다)·國民投票 및 政黨關係法令을 制定·改正 또는 廢止하고자 할 때에는 미리 당해 法令案을 中央選擧管理委員會에 송부하여 그 의견을 구하여야 한다.(1992.11.11 본항개정)
② 中央選擧管理委員會는 다음 각 호의 어느 하나에 해당하는 법률의 制定·改正등이 필요하다고 인정하는 경우에는 國會에 그 의견을 서면으로 제출할 수 있다.
(2016.1.15 본문개정)
1. 선거·국민투표·정당관계법률
2. 주민투표·주민소환관계법률. 이 경우 선거관리위원회의 관리 범위에 한정한다.
(2016.1.15 1호~2호신설)

第18條【中央選擧管理委員會의 經費】 ① 中央選擧管理委員會의 經費는 獨立하여 國家豫算에 이를 計上하여야 한다.
② 第1項의 經費중에는 豫備金을 둔다.
③ 中央選擧管理委員會의 豫備金은 中央選擧管理委員會의 議決을 거쳐 支出한다.
(1990.4.7 본조신설)

第19條【經費의 부담】 ① 選擧管理委員會의 職務에 요하는 다음 各號의 經費는 國家가 부담하고 그 事務의 수행에 지장이 없도록 中央選擧管理委員會에 支出하여야 한다.
1. 選擧管理委員會의 운영과 選擧·國民投票·政黨 및 政治資金制度의 연구에 필요한 經費
2. 國民投票의 준비·실시·결과자료정리·啓導·弘報 및 團束事務에 필요한 經費
3. 國民投票에 관한 訴訟에 필요한 경비 및 訴訟의 결과로 부담하여야 할 經費
4. 政黨에 관한 사무 및 政黨支援에 필요한 經費
5. 公明選擧에 관한 硏修·敎育·訓練에 필요한 經費
(1994.3.16 본항개정)
②~③ (2014.6.11 삭제)

第19條의2【特別精勵金 지급】 ① 각종 選擧 및 國民投票期間(準備期間을 포함한다)중 選擧管理委員會 소속公務員 및 派遣·委囑公務員에 대하여는 豫算의 범위안에서 特別精勵金을 지급할 수 있다.
② 第1項의 規定에 의하여 支給하는 特別精勵金은 國家가 실시하는 選擧 및 國民投票의 경우에는 國家가 地方自治團體의 選擧의 경우에는 당해 地方自治團體가 각각 이를 부담하되, 그 地方自治團體의 區域을 관할하는 選擧管理委員會의 上級選擧管理委員會 소속 公務員등에 지급하는 特別精勵金은 國家가 부담한다.
③ 第1項 및 第2項의 規定에 의한 特別精勵金은 選擧實施可能期間의 開始日전 3月부터 選擧日후 1月의 범위내에서 지급하되, 選擧類型別 지급대상·지급기간 및 支給額등에 관하여 필요한 사항은 中央選擧管理委員會規則으로 정한다.
(1992.11.11 본조신설)

第20條【施行規則】 이 法의 施行에 관하여 필요한 사항은 中央選擧管理委員會規則으로 정한다.

附 則 (2016.1.15)

第1條【시행일】 이 법은 공포한 날부터 시행한다.
第2條【구·시·군선거관리위원회 위원의 임기에 관한 경과조치】 이 법 시행 당시의 구·시·군선거관리위원회 위원의 임기는 제8조의 개정규정에도 불구하고 종전의 규정에 따른 임기만료일까지로 한다.
第3條【시·도선거관리위원회 상임위원의 임기제공무원 임용에 관한 경과조치】 이 법 시행 당시 종전의 규정에 따라 시·도선거관리위원회의 상임위원으로 재직 중인 별정직공무원은 이 법 시행일에 「국가공무원법」 제26조의5에 따른 임기제공무원으로 임용된 것으로 본다. 이 경우 그 임기는 상임위원 지명기간의 남은 기간으로 한다.

附 則 (2021.1.12)

第1條【시행일】 이 법은 공포 후 1년이 경과한 날부터 시행한다.(이하 생략)

附 則 (2024.1.30)

이 법은 공포한 날부터 시행한다.

헌법재판소법

(1988년 8월 5일 법 률 제4017호)

개정
1991.11.30법 4408호 1994.12.22법 4815호
1995. 8. 4법 4963호
1997.12.13법 5454호(정부부처명)
2002. 1.19법 6622호(국가공무원)
2002. 1.26법 6626호(민사소송법)
2003. 3.12법 6861호
2005. 3.31법 7427호(민법)
2005. 7.29법 7622호 2007.12.21법 8729호
2008. 3.14법 8893호 2009.12.29법 9839호
2010. 5. 4법10278호 2011. 4. 5법10546호
2012.12.11법11530호(국가공무원)
2014. 5.20법12597호 2014.12.30법12897호
2018. 3.20법15495호 2020. 6. 9법17469호
2022. 2. 3법18836호

제1장 총 칙

(2011.4.5 본장개정)

제1조【목적】 이 법은 헌법재판소의 조직 및 운영과 그 심판절차에 관하여 필요한 사항을 정함을 목적으로 한다.
제2조【관장사항】 헌법재판소는 다음 각 호의 사항을 관장한다.
1. 법원의 제청(提請)에 의한 법률의 위헌(違憲) 여부 심판
2. 탄핵(彈劾)의 심판
3. 정당의 해산심판
4. 국가기관 상호간, 국가기관과 지방자치단체 간 및 지방자치단체 상호간의 권한쟁의(權限爭議)에 관한 심판
5. 헌법소원(憲法訴願)에 관한 심판
제3조【구성】 헌법재판소는 9명의 재판관으로 구성한다.
제4조【재판관의 독립】 재판관은 헌법과 법률에 의하여 양심에 따라 독립하여 심판한다.
제5조【재판관의 자격】 ① 재판관은 다음 각 호의 어느 하나에 해당하는 직(職)에 15년 이상 있던 40세 이상인 사람 중에서 임명한다. 다만, 다음 각 호 중 둘 이상의 직에 있던 사람의 재직기간은 합산한다.
1. 판사, 검사, 변호사
2. 변호사 자격이 있는 사람으로서 국가기관, 국영·공영기업체, 「공공기관의 운영에 관한 법률」 제4조에 따른 공공기관 또는 그 밖의 법인에서 법률에 관한 사무에 종사한 사람
3. 변호사 자격이 있는 사람으로서 공인된 대학의 법률학 조교수 이상의 직에 있던 사람
② 다음 각 호의 어느 하나에 해당하는 사람은 재판관으로 임명할 수 없다.
1. 다른 법령에 따라 공무원으로 임용하지 못하는 사람
2. 금고 이상의 형을 선고받은 사람
3. 탄핵에 의하여 파면된 후 5년이 지나지 아니한 사람
4. 「정당법」 제22조에 따른 정당의 당원 또는 당원의 신분을 상실한 날부터 3년이 경과되지 아니한 사람
5. 「공직선거법」 제2조에 따른 선거에 후보자(예비후보자를 포함한다)로 등록한 날부터 5년이 경과되지 아니한 사람
6. 「공직선거법」 제2조에 따른 대통령선거에서 후보자의 당선을 위하여 자문이나 고문의 역할을 한 날부터 3년이 경과되지 아니한 사람
(2020.6.9 4호~6호신설)
③ 제2항제6호에 따른 자문이나 고문의 역할을 한 사람의 구체적인 범위는 헌법재판소규칙으로 정한다.
(2020.6.9 본항신설)
제6조【재판관의 임명】 ① 재판관은 대통령이 임명한다. 이 경우 재판관 중 3명은 국회에서 선출하는 사람을, 3명은 대법원장이 지명하는 사람을 임명한다.
② 재판관은 국회의 인사청문을 거쳐 임명·선출 또는 지명하여야 한다. 이 경우 대통령은 재판관(국회에서 선출하거나 대법원장이 지명하는 사람은 제외한다)을 임명하기 전에, 대법원장은 재판관을 지명하기 전에 인사청문을 요청한다.
③ 재판관의 임기가 만료되거나 정년이 도래하는 경우에는 임기만료일 또는 정년도래일까지 후임자를 임명하여야 한다.
④ 임기 중 재판관이 결원된 경우에는 결원된 날부터 30일 이내에 후임자를 임명하여야 한다.
⑤ 제3항 및 제4항에도 불구하고 국회에서 선출한 재판관이 국회의 폐회 또는 휴회 중에 그 임기가 만료되거나 정년이 도래한 경우 또는 결원된 경우에는 국회는 다음 집회가 개시된 후 30일 이내에 후임자를 선출하여야 한다.
제7조【재판관의 임기】 ① 재판관의 임기는 6년으로 하며, 연임할 수 있다.
② 재판관의 정년은 70세로 한다.(2014.12.30 본항개정)
제8조【재판관의 신분 보장】 재판관은 다음 각 호의 어느 하나에 해당하는 경우가 아니면 그 의사에 반하여 해임되지 아니한다.
1. 탄핵결정이 된 경우
2. 금고 이상의 형을 선고받은 경우
제9조【재판관의 정치 관여 금지】 재판관은 정당에 가입하거나 정치에 관여할 수 없다.
제10조【규칙 제정권】 ① 헌법재판소는 이 법과 다른 법률에 저촉되지 아니하는 범위에서 심판에 관한 절차, 내부 규율과 사무처리에 관한 규칙을 제정할 수 있다.
② 헌법재판소규칙은 관보에 게재하여 공포한다.
제10조의2【입법 의견의 제출】 헌법재판소장은 헌법재판소의 조직, 인사, 운영, 심판절차와 그 밖에 헌법재판소의 업무와 관련된 법률의 제정 또는 개정이 필요하다고 인정하는 경우에는 국회에 서면으로 그 의견을 제출할 수 있다.
제11조【경비】 ① 헌법재판소의 경비는 독립하여 국가의 예산에 계상(計上)하여야 한다.
② 제1항의 경비 중에는 예비금을 둔다.

제2장 조 직

(2011.4.5 본장제목개정)

제12조【헌법재판소장】 ① 헌법재판소에 헌법재판소장을 둔다.
② 헌법재판소장은 국회의 동의를 받아 재판관 중에서 대통령이 임명한다.
③ 헌법재판소장은 헌법재판소를 대표하고, 헌법재판소의 사무를 총괄하며, 소속 공무원을 지휘·감독한다.
④ 헌법재판소장이 궐위(闕位)되거나 부득이한 사유로 직무를 수행할 수 없을 때에는 다른 재판관이 헌법재판소규칙으로 정하는 순서에 따라 그 권한을 대행한다.
(2011.4.5 본조개정)
제13조 (1991.11.30 삭제)
제14조【재판관의 겸직 금지】 재판관은 다음 각 호의 어느 하나에 해당하는 직을 겸하거나 영리를 목적으로 하는 사업을 할 수 없다.
1. 국회 또는 지방의회의 의원의 직
2. 국회·정부 또는 법원의 공무원의 직
3. 법인·단체 등의 고문·임원 또는 직원의 직
(2011.4.5 본조개정)
제15조【헌법재판소장 등의 대우】 헌법재판소장의 대우와 보수는 대법원장의 예에 따르며, 재판관은 정무직(政務職)으로 하고 그 대우와 보수는 대법관의 예에 따른다.(2011.4.5 본조개정)
제16조【재판관회의】 ① 재판관회의는 재판관 전원으로 구성하며, 헌법재판소장이 의장이 된다.
② 재판관회의는 재판관 전원의 3분의 2를 초과하는 인원의 출석과 출석인원 과반수의 찬성으로 의결한다.
(2022.2.3 본항개정)
③ 의장은 의결에서 표결권을 가진다.
④ 다음 각 호의 사항은 재판관회의의 의결을 거쳐야 한다.
1. 헌법재판소규칙의 제정과 개정, 제10조의2에 따른 입법 의견의 제출에 관한 사항
2. 예산 요구, 예비금 지출과 결산에 관한 사항
3. 사무처장, 사무차장, 헌법재판연구원장, 헌법연구관 및 3급 이상 공무원의 임면(任免)에 관한 사항
4. 특히 중요하다고 인정되는 사항으로서 헌법재판소장이 재판관회의에 부치는 사항
⑤ 재판관회의의 운영에 필요한 사항은 헌법재판소규칙으로 정한다.
(2011.4.5 본조개정)
제17조【사무처】 ① 헌법재판소의 행정사무를 처리하기 위하여 헌법재판소에 사무처를 둔다.
② 사무처에 사무처장과 사무차장을 둔다.
③ 사무처장은 헌법재판소장의 지휘를 받아 사무처의 사무를 관장하며, 소속 공무원을 지휘·감독한다.
④ 사무처장은 국회 또는 국무회의에 출석하여 헌법재판소의 행정에 관하여 발언할 수 있다.
⑤ 헌법재판소장이 한 처분에 대한 행정소송의 피고는 헌법재판소 사무처장으로 한다.

⑥ 사무차장은 사무처장을 보좌하며, 사무처장이 부득이한 사유로 직무를 수행할 수 없을 때에는 그 직무를 대행한다.
⑦ 사무처에 실, 국, 과를 둔다.
⑧ 실에는 실장, 국에는 국장, 과에는 과장을 두며, 사무처장·사무차장·실장 또는 국장 밑에 정책의 기획, 계획의 입안, 연구·조사, 심사·평가 및 홍보업무를 보좌하는 심의관 또는 담당관을 둘 수 있다.
⑨ 이 법에 규정되지 아니한 사항으로서 사무처의 조직, 직무 범위, 사무처에 두는 공무원의 정원, 그 밖에 필요한 사항은 헌법재판소규칙으로 정한다.
(2011.4.5 본조개정)

제18조【사무처 공무원】 ① 사무처장은 정무직으로 하고, 보수는 국무위원의 보수와 같은 금액으로 한다.
② 사무차장은 정무직으로 하고, 보수는 차관의 보수와 같은 금액으로 한다.
③ 실장은 1급 또는 2급, 국장은 2급 또는 3급, 심의관 및 담당관은 2급부터 4급까지, 과장은 3급 또는 4급의 일반직국가공무원으로 임명한다. 다만, 담당관 중 1명은 3급 상당 또는 4급 상당의 별정직국가공무원으로 임명할 수 있다.
④ 사무처 공무원은 헌법재판소장이 임면한다. 다만, 3급 이상의 공무원의 경우에는 재판관회의의 의결을 거쳐야 한다.
⑤ 헌법재판소장은 다른 국가기관에 대하여 그 소속 공무원을 사무처 공무원으로 근무하게 하기 위하여 헌법재판소에의 파견근무를 요청할 수 있다.
(2011.4.5 본조개정)

제19조【헌법연구관】 ① 헌법재판소에 헌법재판소규칙으로 정하는 수의 헌법연구관을 둔다.
② 헌법연구관은 특정직국가공무원으로 한다.
③ 헌법연구관은 헌법재판소장의 명을 받아 사건의 심리(審理) 및 심판에 관한 조사·연구에 종사한다.
④ 헌법연구관은 다음 각 호의 어느 하나에 해당하는 사람 중에서 헌법재판소장이 재판관회의의 의결을 거쳐 임용한다.
1. 판사·검사 또는 변호사의 자격이 있는 사람
2. 공인된 대학의 법률학 조교수 이상의 직에 있던 사람
3. 국회, 정부 또는 법원 등 국가기관에서 4급 이상의 공무원으로서 5년 이상 법률에 관한 사무에 종사한 사람
4. 법률학에 관한 박사학위 소지자로서 국회, 정부, 법원 또는 헌법재판소 등 국가기관에서 5년 이상 법률에 관한 사무에 종사한 사람
5. 법률학에 관한 박사학위 소지자로서 헌법재판소규칙으로 정하는 대학 등 공인된 연구기관에서 5년 이상 법률에 관한 사무에 종사한 사람
⑤ (2003.3.12 삭제)
⑥ 다음 각 호의 어느 하나에 해당하는 사람은 헌법연구관으로 임용될 수 없다.
1. 「국가공무원법」 제33조 각 호의 어느 하나에 해당하는 사람
2. 금고 이상의 형을 선고받은 사람
3. 탄핵결정에 의하여 파면된 후 5년이 지나지 아니한 사람
⑦ 헌법연구관의 임기는 10년으로 하되, 연임할 수 있고, 정년은 60세로 한다.
⑧ 헌법연구관이 제6항 각 호의 어느 하나에 해당할 때에는 당연히 퇴직한다. 다만, 「국가공무원법」 제33조제5호에 해당할 때에는 그러하지 아니하다.
⑨ 헌법재판소장은 다른 국가기관에 대하여 그 소속 공무원을 헌법연구관으로 근무하게 하기 위하여 헌법재판소에의 파견근무를 요청할 수 있다.
⑩ 사무차장은 헌법연구관의 직을 겸할 수 있다.
⑪ 헌법재판소장은 헌법연구관을 사건의 심리 및 심판에 관한 조사·연구업무 외의 직에 임명하거나 그 직을 겸임하게 할 수 있다. 이 경우 헌법연구관의 수는 헌법재판소규칙으로 정하며, 보수는 그 중 고액의 것을 지급한다.(2014.12.30 전단개정)
(2011.4.5 본조개정)

제19조의2【헌법연구관보】 ① 헌법연구관을 신규임용하는 경우에는 3년간 헌법연구관보(憲法硏究官補)로 임용하여 근무하게 한 후 그 근무성적을 고려하여 헌법연구관으로 임용한다. 다만, 경력 및 업무능력 등을 고려하여 헌법재판소규칙으로 정하는 바에 따라 헌법연구관보 임용을 면제하거나 그 기간을 단축할 수 있다.
② 헌법연구관보는 헌법재판소장이 재판관회의의 의결을 거쳐 임용한다.
③ 헌법연구관보는 별정직국가공무원으로 하고, 그 보수와 승급기준은 헌법연구관의 예에 따른다.
④ 헌법연구관보가 근무성적이 불량한 경우에는 재판관회의의 의결을 거쳐 면직시킬 수 있다.
⑤ 헌법연구관보의 근무기간은 이 법 및 다른 법령에 규정된 헌법연구관의 재직기간에 산입한다.
(2011.4.5 본조개정)

제19조의3【헌법연구위원】 ① 헌법재판소에 헌법연구위원을 둘 수 있다. 헌법연구위원은 사건의 심리 및 심판에 관한 전문적인 조사·연구에 종사한다.
② 헌법연구위원은 3년 이내의 범위에서 기간을 정하여 임명한다.
③ 헌법연구위원은 2급 또는 3급 상당의 별정직공무원이나 「국가공무원법」 제26조의5에 따른 임기제공무원으로 하고, 그 직제 및 자격 등에 관하여는 헌법재판소규칙으로 정한다.(2012.12.11 본항개정)
(2007.12.21 본조신설)

제19조의4【헌법재판연구원】 ① 헌법 및 헌법재판 연구와 헌법연구관, 사무직 공무원 등의 교육을 위하여 헌법재판소에 헌법재판연구원을 둔다.
② 헌법재판연구원의 정원은 원장 1명을 포함하여 40명 이내로 하고, 원장 밑에 부장, 팀장, 연구관 및 연구원을 둔다.(2014.12.30 본항개정)
③ 원장은 헌법재판소장이 재판관회의의 의결을 거쳐 헌법연구관으로 보하거나 1급인 일반직국가공무원으로 임명한다.(2014.12.30 본항신설)
④ 부장은 헌법연구관이나 2급 또는 3급 일반직공무원으로, 팀장은 헌법연구관이나 3급 또는 4급 일반직공무원으로 임명하고, 연구관 및 연구원은 헌법연구관 또는 일반직공무원으로 임명한다.(2014.12.30 본항개정)
⑤ 연구관 및 연구원은 다음 각 호의 어느 하나에 해당하는 사람 중에서 헌법재판소장이 보하거나 헌법재판연구원장의 제청을 받아 헌법재판소장이 임명한다.
1. 헌법연구관
2. 변호사의 자격이 있는 사람(외국의 변호사 자격을 포함한다)
3. 학사 또는 석사학위를 취득한 사람으로서 헌법재판소규칙으로 정하는 실적 또는 경력이 있는 사람
4. 박사학위를 취득한 사람
(2014.12.30 본항신설)
⑥ 그 밖에 헌법재판연구원의 조직과 운영에 필요한 사항은 헌법재판소규칙으로 정한다.(2014.12.30 본항신설)
(2011.4.5 본조개정)

제20조【헌법재판소장 비서실 등】 ① 헌법재판소에 헌법재판소장 비서실을 둔다.
② 헌법재판소장 비서실에 비서실장 1명을 두되, 비서실장은 1급 상당의 별정직국가공무원으로 임명하고, 헌법재판소장의 명을 받아 기밀에 관한 사무를 관장한다.
③ 제2항에 규정되지 아니한 사항으로서 헌법재판소장 비서실의 조직과 운영에 필요한 사항은 헌법재판소규칙으로 정한다.
④ 헌법재판소에 재판관 비서관을 둔다.
⑤ 재판관 비서관은 4급의 일반직국가공무원 또는 4급 상당의 별정직국가공무원으로 임명하며, 재판관의 명을 받아 기밀에 관한 사무를 관장한다.
(2011.4.5 본조개정)

제21조【서기 및 정리】 ① 헌법재판소에 서기(書記) 및 정리(廷吏)를 둔다.
② 헌법재판소장은 사무처 직원 중에서 서기 및 정리를 지명한다.
③ 서기는 재판장의 명을 받아 사건에 관한 서류의 작성·보관 또는 송달에 관한 사무를 담당한다.
④ 정리는 심판정(審判廷)의 질서유지와 그 밖에 재판장이 명하는 사무를 집행한다.
(2011.4.5 본조개정)

제3장 일반심판절차
(2011.4.5 본장개정)

제22조【재판부】 ① 이 법에 특별한 규정이 있는 경우를 제외하고는 헌법재판소의 심판은 재판관 전원으로 구성되는 재판부에서 관장한다.
② 재판부의 재판장은 헌법재판소장이 된다.

제23조【심판정족수】 ① 재판부는 재판관 7명 이상의 출석으로 사건을 심리한다.
② 재판부는 종국심리(終局審理)에 관여한 재판관 과반수의 찬성으로 사건에 관한 결정을 한다. 다만, 다음 각 호의 어느 하나에 해당하는 경우에는 재판관 6명 이상의 찬성이 있어야 한다.
1. 법률의 위헌결정, 탄핵의 결정, 정당해산의 결정 또는 헌법소원에 관한 인용결정(認容決定)을 하는 경우
2. 종전에 헌법재판소가 판시한 헌법 또는 법률의 해석 적용에 관한 의견을 변경하는 경우

제24조【제척·기피 및 회피】 ① 재판관이 다음 각 호의 어느 하나에 해당하는 경우에는 그 직무집행에서 제척(除斥)된다.
1. 재판관이 당사자이거나 당사자의 배우자 또는 배우자였던 경우
2. 재판관과 당사자가 친족관계이거나 친족관계였던 경우
3. 재판관이 사건에 관하여 증언이나 감정(鑑定)을 하는 경우
4. 재판관이 사건에 관하여 당사자의 대리인이 되거나 되었던 경우
5. 그 밖에 재판관이 헌법재판소 외에서 직무상 또는 직업상의 이유로 사건에 관여한 경우
② 재판부는 직권 또는 당사자의 신청에 의하여 제척의 결정을 한다.
③ 재판관에게 공정한 심판을 기대하기 어려운 사정이 있는 경우 당사자는 기피(忌避)신청을 할 수 있다. 다만, 변론기일(辯論期日)에 출석하여 본안(本案)에 관한 진술을 한 때에는 그러하지 아니하다.
④ 당사자는 동일한 사건에 대하여 2명 이상의 재판관을 기피할 수 없다.
⑤ 재판관은 제1항 또는 제3항의 사유가 있는 경우에는 재판장의 허가를 받아 회피(回避)할 수 있다.
⑥ 당사자의 제척 및 기피신청에 관한 심판에는 「민사소송법」 제44조, 제45조, 제46조제1항·제2항 및 제48조를 준용한다.

제25조【대표자·대리인】 ① 각종 심판절차에서 정부가 당사자(참가인을 포함한다. 이하 같다)인 경우에는 법무부장관이 이를 대표한다.
② 각종 심판절차에서 당사자인 국가기관 또는 지방자치단체는 변호사 또는 변호사의 자격이 있는 소속 직원을 대리인으로 선임하여 심판을 수행하게 할 수 있다.
③ 각종 심판절차에서 당사자인 사인(私人)은 변호사를 대리인으로 선임하지 아니하면 심판청구를 하거나 심판 수행을 하지 못한다. 다만, 그가 변호사의 자격이 있는 경우에는 그러하지 아니하다.

판례 변호사강제주의(제3항)를 채택하고 있는 것은 재판을 통한 기본권의 실질적 보장, 사법의 원활한 운영과 헌법재판의 질적 개선, 재판심리의 부담경감 및 효율화, 그리고 사법운영의 민주화를 도모하기 위한 것이다.(헌재결 1996.10.4, 95헌마70)

판례 변호사강제주의가 "무자력자의 헌법재판을 받을 권리"를 크게 제한하는 것이라 하여도 "국선대리인제도"라는 "대상조치"가 별도로 마련되어 있는 이상, 재판을 받을 권리의 "본질적 내용의 침해"라고는 볼 수 없다.(헌재결 1990.9.3, 89헌마120·212(병합))

제26조【심판청구의 방식】 ① 헌법재판소에의 심판청구는 심판절차별로 정하여진 청구서를 헌법재판소에 제출함으로써 한다. 다만, 위헌법률심판에서는 법원의 제청서, 탄핵심판에서는 국회의 소추의결서(訴追議決書)의 정본(正本)으로 청구서를 갈음한다.
② 청구서에는 필요한 증거서류 또는 참고자료를 첨부할 수 있다.

제27조【청구서의 송달】 ① 헌법재판소가 청구서를 접수한 때에는 지체 없이 그 등본을 피청구기관 또는 피청구인(이하 "피청구인"이라 한다)에게 송달하여야 한다.
② 위헌법률심판의 제청이 있으면 법무부장관 및 당해 소송사건의 당사자에게 그 제청서의 등본을 송달한다.

제28조【심판청구의 보정】 ① 재판장은 심판청구가 부적법하나 보정(補正)할 수 있다고 인정되는 경우에는 상당한 기간을 정하여 보정을 요구하여야 한다.
② 제1항에 따른 보정 서면에 관하여는 제27조제1항을 준용한다.
③ 제1항에 따른 보정이 있는 경우에는 처음부터 적법한 심판청구가 있은 것으로 본다.
④ 제1항에 따른 보정기간은 제38조의 심판기간에 산입하지 아니한다.
⑤ 재판장은 필요하다고 인정하는 경우에는 재판관 중 1명에게 제1항의 보정요구를 할 수 있는 권한을 부여할 수 있다.

제29조【답변서의 제출】 ① 청구서 또는 보정 서면을 송달받은 피청구인은 헌법재판소에 답변서를 제출할 수 있다.
② 답변서에는 심판청구의 취지와 이유에 대응하는 답변을 적는다.

제30조【심리의 방식】 ① 탄핵의 심판, 정당해산의 심판 및 권한쟁의의 심판은 구두변론에 의한다.
② 위헌법률의 심판과 헌법소원에 관한 심판은 서면심리에 의한다. 다만, 재판부는 필요하다고 인정하는 경우에는 변론을 열어 당사자, 이해관계인, 그 밖의 참고인의 진술을 들을 수 있다.
③ 재판부가 변론을 열 때에는 기일을 정하여 당사자와 관계인을 소환하여야 한다.

제31조【증거조사】 ① 재판부는 사건의 심리를 위하여 필요하다고 인정하는 경우에는 직권 또는 당사자의 신청에 의하여 다음 각 호의 증거조사를 할 수 있다.
1. 당사자 또는 증인을 신문(訊問)하는 일
2. 당사자 또는 관계인이 소지하는 문서·장부·물건 또는 그 밖의 증거자료의 제출을 요구하고 영치(領置)하는 일
3. 특별한 학식과 경험을 가진 자에게 감정을 명하는 일
4. 필요한 물건·사람·장소 또는 그 밖의 사물의 성상(性狀)이나 상황을 검증하는 일
② 재판장은 필요하다고 인정하는 경우에는 재판관 중 1명을 지정하여 제1항의 증거조사를 하게 할 수 있다.

제32조【자료제출 요구 등】 재판부는 결정으로 다른 국가기관 또는 공공단체의 기관에 심판에 필요한 사실을 조회하거나, 기록의 송부나 자료의 제출을 요구할 수 있다. 다만, 재판·소추 또는 범죄수사가 진행 중인 사건의 기록에 대하여는 송부를 요구할 수 없다.

제33조【심판의 장소】 심판의 변론과 종국결정의 선고는 심판정에서 한다. 다만, 헌법재판소장이 필요하다고 인정하는 경우에는 심판정 외의 장소에서 변론 또는 종국결정의 선고를 할 수 있다.

제34조【심판의 공개】 ① 심판의 변론과 결정의 선고는 공개한다. 다만, 서면심리와 평의(評議)는 공개하지 아니한다.
② 헌법재판소의 심판에 관하여는 「법원조직법」 제57조제1항 단서와 같은 조 제2항 및 제3항을 준용한다.

판례 탄핵심판절차에서 소수의견을 밝힐 수 있는지 여부 : 개별 재판관의 의견을 결정문에 표시하기 위해서는 평의의 비밀에 대해 예외를 인정하는 특별규정이 있어야만 가능한데, 탄핵심판에 관해서는 평의의 비밀에 대한 예외를 인정하는 법률규정이 없으므로 탄핵심판사건에 관해서도 재판관의 개별적 의견 및 그 의견의 수 등을 결정문에 표시할 수는 없다.(헌재결 2004.5.14, 2004헌나1)

제35조【심판의 지휘와 법정경찰권】 ① 재판장은 심판정의 질서와 변론의 지휘 및 평의의 정리(整理)를 담당한다.

② 헌법재판소 심판정의 질서유지와 용어의 사용에 관하여는 「법원조직법」 제58조부터 제63조까지의 규정을 준용한다.

제36조【종국결정】 ① 재판부가 심리를 마쳤을 때에는 종국결정을 한다.

② 종국결정을 할 때에는 다음 각 호의 사항을 적은 결정서를 작성하고 심판에 관여한 재판관 전원이 이에 서명날인하여야 한다.

1. 사건번호와 사건명
2. 당사자와 심판수행자 또는 대리인의 표시
3. 주문(主文)
4. 이유
5. 결정일

③ 심판에 관여한 재판관은 결정서에 의견을 표시하여야 한다.

④ 종국결정이 선고되면 서기는 지체 없이 결정서 정본을 작성하여 당사자에게 송달하여야 한다.

⑤ 종국결정은 헌법재판소규칙으로 정하는 바에 따라 관보에 게재하거나 그 밖의 방법으로 공시한다.

제37조【심판비용 등】 ① 헌법재판소의 심판비용은 국가부담으로 한다. 다만, 당사자의 신청에 의한 증거조사의 비용은 헌법재판소규칙으로 정하는 바에 따라 그 신청인에게 부담시킬 수 있다.

② 헌법재판소는 헌법소원심판의 청구인에 대하여 헌법재판소규칙으로 정하는 공탁금의 납부를 명할 수 있다.

③ 헌법재판소는 다음 각 호의 어느 하나에 해당하는 경우에는 헌법재판소규칙으로 정하는 바에 따라 공탁금의 전부 또는 일부의 국고 귀속을 명할 수 있다.

1. 헌법소원의 심판청구를 각하하는 경우
2. 헌법소원의 심판청구를 기각하는 경우에 그 심판청구가 권리의 남용이라고 인정되는 경우

제38조【심판기간】 헌법재판소는 심판사건을 접수한 날부터 180일 이내에 종국결정의 선고를 하여야 한다. 다만, 재판관의 궐위로 7명의 출석이 불가능한 경우에는 그 궐위된 기간은 심판기간에 산입하지 아니한다.

제39조【일사부재리】 헌법재판소는 이미 심판을 거친 동일한 사건에 대하여는 다시 심판할 수 없다.

판례 이미 헌법재판소의 심판을 거친 종전 사건과 당사자와 심판대상은 동일하나 당해 사건이 다른 경우 일사부재리의 원칙이 적용되는지 여부 : 헌법재판소법 제68조 제2항에 의한 헌법소원에 있어서 당사자와 심판대상이 동일하더라도 당해 사건이 다른 경우에는 동일한 사건이 아니므로 일사부재리의 원칙이 적용되지 아니한다.
(헌재결 2006.5.25, 2003헌바115,2005헌바27(병합))

판례 헌법재판소의 결정에 대한 헌법소원의 적법여부 : 헌법재판소가 이미 행한 결정에 대해서는 이를 취소, 변경할 수 없으므로 이에 대한 헌법소원심판청구는 부적법하다.
(헌재결 1989.7.24. 89헌마141)

제39조의2【심판확정기록의 열람·복사】 ① 누구든지 권리구제, 학술연구 또는 공익 목적으로 심판이 확정된 사건기록의 열람 또는 복사를 신청할 수 있다. 다만, 헌법재판소장은 다음 각 호의 어느 하나에 해당하는 경우에는 사건기록을 열람하거나 복사하는 것을 제한할 수 있다.

1. 변론이 비공개로 진행된 경우
2. 사건기록의 공개로 인하여 국가의 안전보장, 선량한 풍속, 공공의 질서유지나 공공복리를 현저히 침해할 우려가 있는 경우
3. 사건기록의 공개로 인하여 관계인의 명예, 사생활의 비밀, 영업비밀(「부정경쟁방지 및 영업비밀보호에 관한 법률」 제2조제2호에 규정된 영업비밀을 말한다) 또는 생명·신체의 안전이나 생활의 평온을 현저히 침해할 우려가 있는 경우

② 헌법재판소장은 제1항 단서에 따라 사건기록의 열람 또는 복사를 제한하는 경우에는 신청인에게 그 사유를 명시하여 통지하여야 한다.

③ 제1항에 따른 사건기록의 열람 또는 복사 등에 관하여 필요한 사항은 헌법재판소규칙으로 정한다.

④ 사건기록을 열람하거나 복사한 자는 열람 또는 복사를 통하여 알게 된 사항을 이용하여 공공의 질서 또는 선량한 풍속을 침해하거나 관계인의 명예 또는 생활의 평온을 훼손하는 행위를 하여서는 아니 된다.

제40조【준용규정】 ① 헌법재판소의 심판절차에 관하여는 이 법에 특별한 규정이 있는 경우를 제외하고는 헌법재판의 성질에 반하지 아니하는 한도에서 민사소송에 관한 법령을 준용한다. 이 경우 탄핵심판의 경우에는 형사소송에 관한 법령을 준용하고, 권한쟁의심판 및 헌법소원심판의 경우에는 「행정소송법」을 함께 준용한다.

② 제1항 후단의 경우에 형사소송에 관한 법령 또는 「행정소송법」이 민사소송에 관한 법령에 저촉될 때에는 민사소송에 관한 법령은 준용하지 아니한다.

판례 위헌법률심판의 제청은 법원이 헌법재판소에 대하여 하는 것이기 때문에 당해 사건에서 법원으로 하여금 위헌법률심판을 제청하도록 신청을 한 사람은 위헌법률심판사건의 당사자라고 할 수 없다. 원래 재심은 재판을 받은 당사자에게 이를 인정하는 특별한 불복절차이므로 청구인처럼 위헌법률심판이라는 재판의 당사자가 아닌 사람은 그 재판에 대하여 재심을 청구할 수 있는 지위 내지 적격을 갖지 못한다.(헌재결 2004.9.23, 2003헌아61)

제4장 특별심판절차
(2011.4.5 본장개정)

제1절 위헌법률심판

제41조【위헌 여부 심판의 제청】 ① 법률이 헌법에 위반되는지 여부가 재판의 전제가 된 경우에는 당해 사건을 담당하는 법원(군사법원을 포함한다. 이하 같다)은 직권 또는 당사자의 신청에 의한 결정으로 헌법재판소에 위헌 여부 심판을 제청한다.

② 제1항의 당사자의 신청은 제43조제2호부터 제4호까지의 사항을 적은 서면으로 한다.

③ 제2항의 신청서면의 심사에 관하여는 「민사소송법」 제254조를 준용한다.

④ 위헌 여부 심판의 제청에 관한 결정에 대하여는 항고할 수 없다.

⑤ 대법원 외의 법원이 제1항의 제청을 할 때에는 대법원을 거쳐야 한다.

판례 재판의 전제성에 관한 제청법원의 법률적 견해의 존중여부 : 법원의 위헌여부심판제청에 있어서 위헌여부가 문제되는 법률 또는 법률조항이 재판의 전제성 요건을 갖추고 있는지 여부는 되도록 제청법원의 이에 관한 법률적 견해를 존중해야 할 것이며, 다만 그 전제성에 관한 법률적 견해가 명백히 유지될 수 없을 때에만 헌법재판소가 그 제청을 부적법하다 하여 각하할 수 있다.
(헌재결 1999.9.16, 98헌가6)

제42조【재판의 정지 등】 ① 법원이 법률의 위헌 여부 심판을 헌법재판소에 제청한 때에는 당해 소송사건의 재판은 헌법재판소의 위헌 여부의 결정이 있을 때까지 정지된다. 다만, 법원이 긴급하다고 인정하는 경우에는 종국재판 외의 소송절차를 진행할 수 있다.

② 제1항 본문에 따른 재판정지기간은 「형사소송법」 제92조제1항·제2항 및 「군사법원법」 제132조제1항·제2항의 구속기간과 「민사소송법」 제199조의 판결 선고기간에 산입하지 아니한다.

제43조【제청서의 기재사항】 법원이 법률의 위헌 여부 심판을 헌법재판소에 제청할 때에는 제청서에 다음 각 호의 사항을 적어야 한다.

1. 제청법원의 표시
2. 사건 및 당사자의 표시
3. 위헌이라고 해석되는 법률 또는 법률의 조항
4. 위헌이라고 해석되는 이유
5. 그 밖에 필요한 사항

제44조【소송사건 당사자 등의 의견】 당해 소송사건의 당사자 및 법무부장관은 헌법재판소에 법률의 위헌 여부에 대한 의견서를 제출할 수 있다.

제45조【위헌결정】 헌법재판소는 제청된 법률 또는 법률 조항의 위헌 여부만을 결정한다. 다만, 법률 조항의 위헌결정으로 인하여 해당 법률 전부를 시행할 수 없다고 인정될 때에는 그 전부에 대하여 위헌결정을 할 수 있다.

판례 헌법재판소의 위헌결정은 행정청이 개인에게 신뢰의 대상이 되는 공적인 견해를 표명한 것이라고 할 수 없으므로, 위헌결정에 관련한 개인의 행위에는 신뢰보호의 원칙을 적용하지 아니한다.
(대판 2003.6.27, 2002두6965)

제46조【결정서의 송달】 헌법재판소는 결정일부터 14일 이내에 결정서 정본을 제청한 법원에 송달한다. 이 경우 제청한 법원이 대법원이 아닌 경우에는 대법원을 거쳐야 한다.

제47조【위헌결정의 효력】 ① 법률의 위헌결정은 법원과 그 밖의 국가기관 및 지방자치단체를 기속(羈束)한다.

② 위헌으로 결정된 법률 또는 법률의 조항은 그 결정이 있는 날부터 효력을 상실한다.(2014.5.20 단서삭제)

③ 제2항에도 불구하고 형벌에 관한 법률 또는 법률의 조항은 소급하여 그 효력을 상실한다. 다만, 해당 법률 또는 법률의 조항에 대하여 종전에 합헌으로 결정한 사건이 있는 경우에는 그 결정이 있는 날의 다음 날로 소급하여 효력을 상실한다.(2014.5.20 본항신설)

④ 제3항의 경우에 위헌으로 결정된 법률 또는 법률의 조항에 근거한 유죄의 확정판결에 대하여는 재심을 청구할 수 있다.(2014.5.20 본항개정)

⑤ 제4항의 재심에 대하여는 「형사소송법」을 준용한다.
(2014.5.20 본항개정)

판례 헌법재판소의 위헌결정의 효력은 위헌제청을 한 당해 사건, 위헌결정이 있기 전에 이와 동종의 위헌 여부에 관하여 헌법재판소에 위헌제청을 하였거나 법원에 위헌제청신청을 한 사건, 따로 위헌제청신청은 하지 않았지만 당해 법률 또는 법률 조항이 재판의 전제가 되어 법원에 계속중인 사건뿐만 아니라, 위헌결정 이후에 위와 같은 이유로 제소된 일반사건에도 미친다. 그러나 위헌결정의 효력은 그 미치는 범위가 무한정일 수는 없고 다른 법리에 의하여 그 소급효를 제한하는 것까지 부정되는 것은 아니며, 법적 안정성의 유지나 당사자의 신뢰보호를 위하여 불가피한 경우에 위헌결정의 소급효를 제한하는 것은 오히려 법치주의의 원칙상 요청되는 것이다.(대판 2009.6.11, 2008두21577)

판례 헌법재판소의 한정위헌결정이 법원의 법령 해석·적용 권한에 대하여 기속력을 가지는지 여부 : 헌법재판소의 결정이 특정의 해석기준을 제시하면서 그러한 해석에 한하여 위헌임을 선언하는 이른바 '한정위헌결정'의 경우에는 헌법재판소의 결정에도 불구하고 법률이나 법률조항은 그 문언이 전혀 달라지지 않은 채 효력을 상실하지 않고 존속하게 되므로, 이러한 한정위헌결정은 유효하게 존속하는 법률이나 법률조항의 의미·내용과 그 적용 범위에 관한 해석기준을 제시하는 법률해석이라 할 수 있다. 그런데 구체적 분쟁사건의 재판에 있어서 이에 관한 법령의 해석·적용 권한은 사법권의 본질적 내용을 이루는 것이고, 법률이 헌법규범과 조화되도록 해석하는 것은 법령의 해석·적용상 대원칙이므로, 합헌적 법률 해석을 포함하는 법령의 해석·적용 권한은 대법원을 최고법원으로 하는 법원에 전속하는 것이다. 이러한 법원의 권한에 대하여 다른 국가기관이 법률의 해석기준을 제시하여 법원으로 하여금 그에 따라 당해 법률을 구체적 분쟁사건에 적용하도록 하는 등의 간섭을 하는 것은 우리 헌법에 규정된 국가권력 분립구조의 기본원리와 사법권 독립의 원칙상 허용될 수 없다. 따라서 법률의 해석기준을 제시하는 헌법재판소의 한정위헌결정은 법원에 전속한 법령의 해석·적용 권한에 대하여 기속력을 가질 수 없으며, 헌법재판소법에서 헌법재판소로 하여금 제청된 법률 또는 법률조항의 위헌 여부만을 결정하도록 하고(제45조), 법률의 위헌결정에 기속력을 부여하면서(제47조 제1항) 위헌으로 결정된 법률 또는 법률조항은 효력을 상실하도록 규정하고 있으므로(제47조 제2항), 법률 또는 법률조항 자체의 효력을 상실시키는 위헌결정은 기속력이 있지만, 한정위헌결정과 같은 해석기준을 제시하는 형태의 헌법재판소 결정은 기속력을 인정할 근거가 없다.(대판 2001.4.27, 95재다14)

제2절 탄핵심판

제48조【탄핵소추】 다음 각 호의 어느 하나에 해당하는 공무원이 그 직무집행에서 헌법이나 법률을 위반한 경우에는 국회는 헌법 및 「국회법」에 따라 탄핵의 소추를 의결할 수 있다.

1. 대통령, 국무총리, 국무위원 및 행정각부(行政各部)의 장
2. 헌법재판소 재판관, 법관 및 중앙선거관리위원회 위원
3. 감사원장 및 감사위원
4. 그 밖에 법률에서 정한 공무원

제49조【소추위원】 ① 탄핵심판에서는 국회 법제사법위원회의 위원장이 소추위원이 된다.

② 소추위원은 헌법재판소에 소추의결서의 정본을 제출하여 탄핵심판을 청구하며, 심판의 변론에서 피청구인을 신문할 수 있다.

제50조【권한 행사의 정지】 탄핵소추의 의결을 받은 사람은 헌법재판소의 심판이 있을 때까지 그 권한 행사가 정지된다.

제51조【심판절차의 정지】 피청구인에 대한 탄핵심판 청구와 동일한 사유로 형사소송이 진행되고 있는 경우에는 재판부는 심판절차를 정지할 수 있다.

제52조【당사자의 불출석】 ① 당사자가 변론기일에 출석하지 아니하면 다시 기일을 정하여야 한다.

② 다시 정한 기일에도 당사자가 출석하지 아니하면 그의 출석 없이 심리할 수 있다.

제53조【결정의 내용】 ① 탄핵심판 청구가 이유 있는 경우에는 헌법재판소는 피청구인을 해당 공직에서 파면하는 결정을 선고한다.

② 피청구인이 결정 선고 전에 해당 공직에서 파면되었을 때에는 헌법재판소는 심판청구를 기각하여야 한다.

판례 '탄핵심판청구가 이유 있는 때'가 중대한 법위반의 경우에 한정되는지 여부와 '법위반의 중대성'에 관한 판단 기준 : 헌법재판소법 제53조 제1항의 '탄핵심판청구가 이유 있는 때'란 단지 공직자의 파면을 정당화할 정도로 '중대한' 법위반의 경우를 말하며, '법위반이 중대한지' 또는 '파면이 정당화되는지'의 여부는 '법위반이 어느 정도로 헌법질서에 부정적 영향이나 해악을 미치는지의 관점'과 '피청구인을 파면하는 경우 초래되는 효과'를 서로 형량하여 탄핵심판청구가 이유 있는지의 여부를 결정해야 한다.
(헌재결 2004.5.14, 2004헌나1)

제54조【결정의 효력】 ① 탄핵결정은 피청구인의 민사상 또는 형사상의 책임을 면제하지 아니한다.

② 탄핵결정에 의하여 파면된 사람은 결정 선고가 있은 날부터 5년이 지나지 아니하면 공무원이 될 수 없다.

제3절 정당해산심판

제55조【정당해산심판의 청구】 정당의 목적이나 활동이 민주적 기본질서에 위배될 때에는 정부는 국무회의의 심의를 거쳐 헌법재판소에 정당해산심판을 청구할 수 있다.

제56조【청구서의 기재사항】 정당해산심판의 청구서에는 다음 각 호의 사항을 적어야 한다.

1. 해산을 요구하는 정당의 표시
2. 청구 이유

제57조【가처분】 헌법재판소는 정당해산심판의 청구를 받은 때에는 직권 또는 청구인의 신청에 의하여 종국결정의 선고 시까지 피청구인의 활동을 정지하는 결정을 할 수 있다.

제58조【청구 등의 통지】 ① 헌법재판소장은 정당해산심판의 청구가 있는 때, 가처분결정을 한 때 및 그 심판이 종료한 때에는 그 사실을 국회와 중앙선거관리위원회에 통지하여야 한다.

② 정당해산을 명하는 결정서는 피청구인 외에 국회, 정부 및 중앙선거관리위원회에도 송달하여야 한다.

제59조【결정의 효력】 정당의 해산을 명하는 결정이 선고된 때에는 그 정당은 해산된다.

제60조【결정의 집행】 정당의 해산을 명하는 헌법재판소의 결정은 중앙선거관리위원회가 「정당법」에 따라 집행한다.

제4절 권한쟁의심판

제61조【청구 사유】 ① 국가기관 상호간, 국가기관과 지방자치단체 간 및 지방자치단체 상호간에 권한의 유무 또는 범위에 관하여 다툼이 있을 때에는 해당 국가기관 또는 지방자치단체는 헌법재판소에 권한쟁의심판을 청구할 수 있다.

② 제1항의 심판청구는 피청구인의 처분 또는 부작위(不作爲)가 헌법 또는 법률에 의하여 부여받은 청구인의 권한을 침해하였거나 침해할 현저한 위험이 있는 경우에만 할 수 있다.

판례 권한쟁의 심판청구는 헌법과 법률에 의하여 권한을 부여받은 자만이 그 권한의 침해를 다투는 헌법소송으로서 지방자치단체의 장은 원칙적으로 권한쟁의 심판청구의 당사자가 될 수 없다. 다만 지방자치단체의 장이 국가위임 사무에 대해 국가기관의 지위에서 처분을 행한 경우에는 권한쟁의 심판청구의 당사자가 될 수 있다.(헌재결 2006.8.31, 2003헌라1)

판례 국회의 법률제정행위가 권한쟁의심판의 대상이 될 수 있는 '처분'에 해당하는지 여부 : 권한쟁의심판 청구를 위한 처분은 입법행위와 같은 법률의 제정과 관련된 권한의 존부 및 행사상의 다툼, 행정처분은 물론 행정입법과 같은 모든 행정작용 그리고 법원의 재판 및 사법행정작용 등을 포함하는 넓은 의미의 공권력 처분을 의미하는 것으로 보아야 할 것이므로, 법률에 대한 권한쟁의심판도 허용된다고 봄이 일반적이나 다만, '법률 그 자체'가 아니라 '법률제정행위'를 그 심판대상으로 하여야 할 것이다.
(헌재결 2006.5.25, 2005헌라4)

판례 권한쟁의심판을 청구하려면 피청구인의 처분 또는 부작위가 존재하여야 하고, 여기서 "처분"이란 법적 중요성을 지닌 것에 한하므로, 청구인의 법적 지위에 구체적으로 영향을 미칠 가능성이 없는 행위는 "처분"이라 할 수 없어 이를 대상으로 하는 권한쟁의심판청구는 허용되지 않는다.(헌재결 2005.12.22, 2004헌라3)

판례 피청구인의 '장래처분'에 의해서 청구인의 권한이 침해될 위험성이 있어서 청구인의 권한을 사전에 보호해 주어야 할 필요성이 매우 큰 예외적인 경우에는 피청구인의 장래처분에 대해서도 권한쟁의심판을 청구할 수 있다.(헌재결 2004.9.23, 2000헌라2)

제62조【권한쟁의심판의 종류】 ① 권한쟁의심판의 종류는 다음 각 호와 같다.

1. 국가기관 상호간의 권한쟁의심판
 국회, 정부, 법원 및 중앙선거관리위원회 상호간의 권한쟁의심판
2. 국가기관과 지방자치단체 간의 권한쟁의심판
 가. 정부와 특별시·광역시·특별자치시·도 또는 특별자치도 간의 권한쟁의심판(2018.3.20 본목개정)
 나. 정부와 시·군 또는 지방자치단체인 구(이하 "자치구"라 한다) 간의 권한쟁의심판
3. 지방자치단체 상호간의 권한쟁의심판
 가. 특별시·광역시·특별자치시·도 또는 특별자치도 상호간의 권한쟁의심판(2018.3.20 본목개정)
 나. 시·군 또는 자치구 상호간의 권한쟁의심판
 다. 특별시·광역시·특별자치시·도 또는 특별자치도와 시·군 또는 자치구 간의 권한쟁의심판(2018.3.20 본목개정)

② 권한쟁의가 「지방교육자치에 관한 법률」 제2조에 따른 교육·학예에 관한 지방자치단체의 사무에 관한 것인 경우에는 교육감이 제1항제2호 및 제3호의 당사자가 된다.

제63조【청구기간】 ① 권한쟁의의 심판은 그 사유가 있음을 안 날부터 60일 이내에, 그 사유가 있은 날부터 180일 이내에 청구하여야 한다.

② 제1항의 기간은 불변기간으로 한다.

판례 국회의 법률제정행위에 대한 권한쟁의심판의 청구기간 기산점 : 법률의 제정에 대한 권한쟁의심판의 경우, 일정한 법률안이 법률로 성립하기 위해서는 국회의 의결을 거쳐 관보에 게재·공포되어야 하고, 이로써 이해당사자 및 국민에게 널리 알려지는 것이기 때문에 청구기간은 법률이 공포되거나 이와 유사한 방법으로 일반에게 알려진 것으로 간주된 때부터 기산되는 것이 일반적이다.(헌재결 2006.5.25, 2005헌라4)

제64조【청구서의 기재사항】 권한쟁의심판의 청구서에는 다음 각 호의 사항을 적어야 한다.

1. 청구인 또는 청구인이 속한 기관 및 심판수행자 또는 대리인의 표시
2. 피청구인의 표시
3. 심판 대상이 되는 피청구인의 처분 또는 부작위
4. 청구 이유
5. 그 밖에 필요한 사항

제65조【가처분】 헌법재판소가 권한쟁의심판의 청구를 받았을 때에는 직권 또는 청구인의 신청에 의하여 종국결정의 선고 시까지 심판 대상이 된 피청구인의 처분의 효력을 정지하는 결정을 할 수 있다.

판례 권한쟁의심판의 가처분 요건 : 권한쟁의심판에서의 가처분결정은 피청구기관의 처분 등이나 그 집행 또는 절차의 속행으로 인하여 생길 회복하기 어려운 손해를 예방할 필요가 있거나 기타 공공복리상의 중대한 사유가 있어야 하고 그 처분의 효력을 정지시켜야 할 긴급한 필요가 있는 경우 등이 그 요건이 되고, 본안사건이 부적법하거나 이유없음이 명백하지 않는 한, 가처분을 인용한 뒤 종국결정에서 청구가 기각되었을 때 발생하게 될 불이익과 가처분을 기각한 뒤 청구가 인용되었을 때 발생하게 될 불이익에 대한 비교형량을 하여 행한다.(헌재결 1999.3.25, 98헌사98)

제66조【결정의 내용】 ① 헌법재판소는 심판의 대상이 된 국가기관 또는 지방자치단체의 권한의 유무 또는 범위에 관하여 판단한다.

② 제1항의 경우에 헌법재판소는 권한침해의 원인이 된 피청구인의 처분을 취소하거나 그 무효를 확인할 수 있고, 헌법재판소가 부작위에 대한 심판청구를 인용하는 결정을 한 때에는 피청구인은 결정 취지에 따른 처분을 하여야 한다.

제67조【결정의 효력】 ① 헌법재판소의 권한쟁의심판의 결정은 모든 국가기관과 지방자치단체를 기속한다.

② 국가기관 또는 지방자치단체의 처분을 취소하는 결정은 그 처분의 상대방에 대하여 이미 생긴 효력에 영향을 미치지 아니한다.

제5절 헌법소원심판

제68조【청구 사유】 ① 공권력의 행사 또는 불행사(不行使)로 인하여 헌법상 보장된 기본권을 침해받은 자는 법원의 재판을 제외하고는 헌법재판소에 헌법소원심판을 청구할 수 있다. 다만, 다른 법률에 구제절차가 있는 경우에는 그 절차를 모두 거친 후에 청구할 수 있다.
<2022.6.30 헌법재판소 단순위헌결정으로 이 항 본문 중 '법원의 재판' 가운데 '법률에 대한 위헌결정의 기속력에 반하는 재판' 부분은 헌법에 위반>
<2016.4.28 헌법재판소 한정위헌결정으로 이 항 본문 중 "법원의 재판을 제외하고는" 부분은 헌법재판소가 위헌으로 결정한 법령을 적용함으로써 국민의 기본권을 침해한 재판이 포함되는 것으로 해석하는 한 헌법에 위반>

② 제41조제1항에 따른 법률의 위헌 여부 심판의 제청신청이 기각된 때에는 그 신청을 한 당사자는 헌법재판소에 헌법소원심판을 청구할 수 있다. 이 경우 그 당사자는 당해 사건의 소송절차에서 동일한 사유를 이유로 다시 위헌 여부 심판의 제청을 신청할 수 없다.

■ 위헌법률심사형 헌법소원심판

① 공권력의 행사 또는 불행사

판례 행정권력의 부작위에 대한 헌법소원의 대상이 되기 위한 요건 : 행정권력의 부작위에 대한 헌법소원은 공권력의 주체에게 헌법에서 유래하는 작위의무가 특별히 구체적으로 규정되어 이에 의거하여 기본권의 주체가 행정행위 내지 공권력의 행사를 청구할 수 있음에도 공권력의 주체가 그 의무를 해태하는 경우에 한하여 허용된다.(헌재결 2004.10.28, 2003헌마898)

판례 청원 처리내용이 청원인의 기대에 미치지 않는 경우 헌법소원의 대상이 되는지 여부 : 청원서를 접수한 국가기관은 청원법이 정하는 절차와 범위 내에서 청원사항을 성실·공정·신속히 심사하고 청원인에게 그 청원결과를 통지함으로써 충분하고, 비록 그 처리내용이 청원인이 기대한 바에 미치지 않는다고 하더라도 헌법소원의 대상이 되는 공권력의 불행사가 있다고 볼 수 없다.
(헌재결 2004.5.27, 2003헌마851)

판례 외국의 공권력 작용이 헌법소원의 대상이 되는지 여부 : 헌법소원심판의 대상이 되는 공권력의 행사 또는 불행사는 헌법소원의 본질상 대한민국 국가기관의 공권력 작용을 의미하고 외국이나 국제기관의 공권력 작용은 이에 포함되지 아니한다 할 것이다.
(헌재결 1997.9.25, 96헌마159)

② 청구인 적격

판례 헌법소원의 대상이 된 침해행위가 종료되었어도 심판청구의 이익이 존재하는 경우 : 침해행위는 이미 종료되어 위헌확인을 하더라도 청구인에 대한 권리구제는 불가능한 상태여서 주관적 권리보호의 이익은 이미 소멸되었다 할 것이나, 같은 방법의 침해행위가 현재 및 앞으로 계속하여 반복적으로 행하여질 것이므로 헌법적으로 그 해명이 중대한 의미를 가지고 있는 경우 심판청구의 이익을 인정할 수 있다.(헌재결 2006.6.29, 2004헌마826)

판례 이라크 파병결정이 사법심사의 대상이 되는지 여부 : 파견결정은 그 성격상 국방 및 외교에 관련된 고도의 정치적 결단을 요하는 문제로서, 헌법과 법률이 정한 절차를 지켜 이루어진 것임이 명백하므로, 대통령과 국회의 판단은 존중되어야 하고 헌법재판소가 사법적 기준만으로 이를 심판하는 것은 자제되어야 한다. 이에 대하여는 설혹 사법적 심사의 회피로 자의적 결정이 방치될 수도 있다는 우려가 있을 수 있으나 그러한 대통령과 국회의 판단은 궁극적으로는 선거를 통해 국민에 의한 평가와 심판을 받게 될 것이다.(헌재결 2004.4.29, 2003헌마814)

판례 헌법적 해명의 필요성이 인정되는 경우 심판청구의 이익이 인정될 수 있는지 여부 : 검사가 수사단계에서 발부받은 구속영장의 효력이 유지되는 기간은 비교적 단기간으로 이에 관한 헌법소원심판청구의 심리도중에 심판청구인의 권리보호이익이 사후적으로 소멸될 개연성이 높으므로, 이러한 유형의 사건에서 주관적 권리보호이익이 사후적으로 소멸하였다는 이유로 헌법소원심판청구의 이익이 없다고 보게 되면, 청구인의 경우 인신구속에 관한 중요한 사항에 대하여 적용되는 법률의 위헌여부를 헌법재판소로부터 판단받을 기회를 사실상 박탈당하는 결과를 초래하기 때문에, 이러한 경우 예외적 상황을 인정하여 그 권리보호이익을 인정함이 상당하다.(헌재결 2004.3.25, 2002헌바104)

판례 법률에 대한 헌법소원에서 직접성과 그 예외 : 헌법소원심판의 대상이 될 수 있는 법률은 그 법률에 기한 다른 집행행위를 기다리지 않고 직접 국민의 기본권을 침해하는 법률이어야 한다. 그러나 구체적 집행행위가 존재한 경우라고 하여 언제나 반드시 법률자체에 대한 헌법소원심판청구의 적법성이 부정되는 것은 아니며, 예외적으로 집행행위가 존재하는 경우라도 그 집행행위를 대상으로 하는 구제절차가 없거나 구제절차가 있다고 하더라도 권리구제의 기대가능성이 없고 다만 기본권침해를 당한 청구인에게 불필요한 우회절차를 강요하는 것밖에 되지 않는 경우 등으로서 당해 법률에 대한 전제관련성이 확실하다고 인정되는 때에는 당해 법률을 헌법소원의 직접 대상으로 삼을 수 있다.
(헌재결 1997.8.21, 96헌마48)

③ 보충성

판례 헌법소원은 구제절차가 있다고 하더라도 그로 인하여 권리가 구제될 가능성이 없어 청구인에게 그 절차의 선이행을 요구할 기대가능성이 없는 경우에 해당하는 경우 헌법재판소법 제68조 제1항 단서에 불구하고 구제절차를 거치지 아니하고 직접 헌법소원을 제기할 수 있다.(헌재결 2002.7.18, 99헌마592·689(병합))

판례 수용소에서의 신문기사 삭제행위에 대해 행정심판이나 행정소송의 대상이 될 수 있을 것이라고 일반국민이 쉽게 판단하기는 어렵고, 청구인이 구금자로서 활동의 제약을 받고 있었던 점을 아울러 고려할 때 이는 전심절차 이행의 기대가능성이 없어 보충성의 예외인 경우로 인정된다.(헌재결 1998.10.29, 98헌마4)

판례 법령에 대한 헌법소원과 보충성의 원칙 : 법령 자체에 대한 헌법소원심판청구의 경우에도 법령 자체에 의한 직접적인 기본권침해 여부가 문제되었을 경우 그 법령의 효력을 직접 다투는 것을 소송물로 하여 일반 법원에 구제를 구할 수 있는 절차는 존재하지 아니하므로 이 경우에는 다른 구제절차를 거칠 것 없이 바로 헌법소원심판을 청구할 수 있다.(헌재결 1993.5.13, 91헌마190)

■ 권리구제형 헌법소원심판에서 재판의 전제성

판례 행정처분취소 청구가 부적법하여 각하되는 경우에 재판의 전제성을 인정할 수 있는지 여부 : 법원에서 당해 소송사건에 적용되는 재판규범 중 위헌제청신청대상이 아닌 관련 법률에서 규정한 소송요건을 구비하지 못하였기 때문에 부적법하다는 이유로 소각하 판결을 선고하고 그 판결이 확정되거나, 소각하판결이 확정되지 않았더라도 당해 소송사건이 부적법하여 각하될 수밖에 없는 경우에는 당해 소송사건에 관한 재판의 전제성 요건이 흠결되어 부적법하다.(헌재결 2005.3.31, 2003헌바113)

판례 제2항에 의한 위헌소원에서의 "재판의 전제성"의 의미 : 재판의 전제성이 있다고 하려면 우선 그 법률이 당해 사건에 적용될 법률이어야 하고 또 그 법률이 위헌일 때에는 합헌일 때와 다른 판단을 할 수밖에 없는 경우 즉 재판의 주문이 달라질 경우 및 문제된 법률의 위헌 여부가 재판의 주문에는 영향을 주지 않는다 하더라도 적어도 재판의 내용과 효력에 관한 법률적 의미가 달리하는 경우라야 한다.
(헌재결 1993.5.13, 90헌바22,91헌바12·13,92헌바3·4(병합))

■ 권리구제형 헌법소원심판의 청구요건

① 최후수단성

판례 일반적으로 법률에서 예정한 구체적인 집행행위를 매개로 하여 그 법률이 비로소 국민 개개인의 기본권에 영향을 미칠 수 있게 되므로 개개의 국민은 먼저 일반쟁송의 방법으로 구체적인 집행행위를 대상으로 하여 그로 인한 기본권침해에 대한 구제절차를 밟는 것이 순서이고 이는 최후·보충적인 기본권 구제수단이라는 헌법소원의 본질로부터 당연히 요청되는 것이다.
(헌재결 2006.4.27, 2004헌마562)

판례 헌법재판소법 제68조 제2항의 헌법소원은 청구인이 특정 법률조항에 대한 위헌여부심판의 제청신청을 하지 않았고 따라서 법원의 기각결정도 없었다면 비록 헌법소원심판청구에 이르러 위헌이라고 주장하는 법률조항에 대한 헌법소원은 원칙적으로 심판청구요건을 갖추지 못하여 부적법한 것이나, 예외적으로 위헌제청신청을 기각 또는 각하한 법원이 위 조항을 실질적으로 판단하였거나 위 조항이 명시적으로 위헌제청신청을 한 조항과 필연적 연관관계를 맺고 있어서 법원이 위 조항을 묵시적으로나마 위헌제청신청으로 판단을 하였을 경우에는 헌법재판소법 제68조 제2항의 헌법소원으로서 적법한 것이다.
(헌재결 2005.2.24, 2004헌바24)

② 자기관련성

판례 공권력 작용의 직접적인 상대방이 아닌 제3자의 자기관련성 : 공권력 작용의 직접적인 상대방이 아닌 제3자라고 하더라도 공권력 작용이 그 제3자의 기본권을 직접적이고 법적으로 침해하고 있는 경우에는 그 제3자에게 자기관련성이 인정될 수 있다. 그렇지만 타인에 대한 공권력의 작용이 단지 간접적, 사실적 또는 경제적인 이해관계로만 관련되어 있는 제3자에게는 자기관련성이 인정되지 않는다.(헌재결 2006.5.25, 2004헌마744)

③ 직접성

판례 헌법소원심판의 직접성 요건은 다른 권리구제수단에 의해서는 구제되지 않는 기본권 보장을 위한 특별하고도 보충적인 수단이라는 헌법소원의 본질로부터 비롯된 것이므로, 이 사건 조항이 헌법소원심판청구의 적법요건 중 하나로 기본권 침해의 직접성을 요구하는 것이 재판청구권을 침해하는 것은 아니다.
(헌재결 2005.5.26, 2004헌마671)

판례 법령의 집행행위가 재량행위인 경우 직접성요건의 충족 여부 : 법령에 근거한 구체적인 집행행위가 재량행위인 경우에는 법령은 집행관청에게 기본권침해의 가능성만을 부여할 뿐 법령 스스로가 기본권의 침해행위를 규정하고 행정청이 이에 따르도록 구속하는 것이 아니고, 이때의 기본권의 침해는 집행기관의 의사에 따른 집행행위, 즉 재량권의 행사에 의하여 비로소 이루어지고 현실화되므로 이러한 경우에는 법령에 의한 기본권침해의 직접성이 인정될 여지가 없다.(헌재결 1998.4.30, 97헌마141)

■ 권리구제형 헌법소원심판의 대상

판례 대법원 판결 취소 청구가 헌법소원의 대상이 되는지 여부 : 소멸시효를 이유로 긴급조치 관련 국가배상책임을 인정하지 않은 대법원 판결의 취소를 구하는 청구에 관하여, 대법원의 판결이 헌법소원심판의 대상이 되는 경우는 예외적으로 '헌법재판소가 위헌으로 결정한 법령을 적용함으로써 국민의 기본권을 침해한 재판'에 한정하며, 해당 판결은 이와 같은 경우에 해당되지 않는다. 따라서 그 취소를 구하는 심판청구는 허용될 수 없어 부적법하다.
(헌재결 2020.11.26, 2014헌마1175)

판례 국회가 의결한 예산 또는 국회의 예산안 의결행위가 헌법소원의 대상이 되는지 여부 : 예산은 일종의 법규범이고 법률과 마찬가지로 국회의 의결을 거쳐 제정되지만 법률과 달리 국가기관만을 구속할 뿐 일반국민을 구속하지 않으므로 국회가 의결한 예산 또는 국회의 예산안 의결은 헌법재판소법 제68조 제1항 소정의 '공권력의 행사'에 해당하지 않고 따라서 헌법소원의 대상이 되지 아니한다.(헌재결 2006.4.25, 2006헌마409)

판례 가처분에 대해 헌법소원심판이 허용되는지 여부 : 헌법소원심판에서 가처분결정은 다투어지는 '공권력 행사 또는 불행사'의 현상을 그대로 유지시킴으로 인하여 생길 회복하기 어려운 손해를 예방할 필요가 있어야 하고 그 효력을 정지시켜야 할 긴급한 필요가 있어야 한다는 것 등이 그 요건이 된다 할 것이므로, 본안심판이 부적법하거나 이유 없음이 명백하지 않는 한, 위와 같은 가처분의 요건을 갖춘 것으로 인정되고, 이에 덧붙여 가처분을 인용한 뒤 종국결정에서 청구가 기각되었을 때 발생하게 될 불이익과 가처분을 기각한 뒤 청구가 인용되었을 때 발생하게 될 불이익에 대한 비교형량을 하여 후자의 불이익이 전자의 불이익보다 크다면 가처분을 인용할 수 있다.(헌재결 2006.2.23, 2005헌사754)

판례 헌법재판소법 제68조 제2항의 규정에 의한 헌법소원심판청구는 그 심판의 대상은 재판의 전제가 되는 법률인 것이지 대통령령은 그 대상이 될 수 없다고 할 것이다.
(헌재결 2004.8.26, 2004헌바14)

제69조【청구기간】 ① 제68조제1항에 따른 헌법소원의 심판은 그 사유가 있음을 안 날부터 90일 이내에, 그 사유가 있는 날부터 1년 이내에 청구하여야 한다. 다만, 다른 법률에 따른 구제절차를 거친 헌법소원의 심판은 그 최종결정을 통지받은 날부터 30일 이내에 청구하여야 한다.
② 제68조제2항에 따른 헌법소원심판은 위헌 여부 심판의 제청신청을 기각하는 결정을 통지받은 날부터 30일 이내에 청구하여야 한다.

판례 청구기간산정의 기산점이 되는 '법령에 해당하는 사유가 발생한 날'이란 법령의 규율을 구체적이고 현실적으로 적용받게 된 최초의 날을 의미하는 것으로 보는 것이 상당하다. 즉, 일단 '법령에 해당하는 사유가 발생'하면 그때로부터 당해 법령에 대한 헌법소원의 청구기간의 진행이 개시되며, 그 이후에 새로이 '법령에 해당하는 사유가 발생'한다고 하여서 일단 개시된 청구기간의 진행이 정지되고 새로운 청구기간의 진행이 개시된다고 볼 수는 없다. 또한, '법령에 해당하는 사유가 발생'한 이후에 당해 법령의 규율을 적용받게 되는 사유가 발생하는 때마다 새로이 청구기간이 진행된다고 본다면 사실상 법령에 대한 헌법소원에 대하여는 청구기간의 제한이 적용되지 아니하는 것으로 보는 결과를 초래하게 될 것이고, 이는 법령소원의 경우에도 헌법재판소법 제69조 제1항의 청구기간요건이 적용되어야 함을 일관되게 판시하고 있는 우리 헌법재판소의 입장에 반한다.
(헌재결 2004.4.29, 2003헌마484)

판례 법령에 대한 헌법소원의 청구기간 기산점 : 법령에 대한 헌법소원의 청구기간도 기본권을 침해받은 때로부터 기산하여야 할 것이지 기본권을 침해받기도 전에 그 침해가 확실히 예상되는 등 실체적 제요건이 성숙하여 헌법판단에 적합하게 된 때로부터 기산할 것은 아니므로, 법령의 시행과 동시에 기본권침해를 받은 자는 그 법령이 시행된 사실을 안 날로부터 60일 이내에, 그 법령이 시행된 날로부터 180일 이내에 청구하여야 할 것이나, 법령이 시행된 후에 비로소 그 법령에 해당하는 사유가 발생하여 기본권의 침해를 받게 된 경우에는 그 사유가 발생하였음을 안 날로부터 60일 이내에, 그 사유가 발생한 날로부터 180일 이내에 청구하여야 할 것이다.(헌재결 1996.3.28, 93헌마198)

제70조【국선대리인】 ① 헌법소원심판을 청구하려는 자가 변호사를 대리인으로 선임할 자력(資力)이 없는 경우에는 헌법재판소에 국선대리인을 선임하여 줄 것을 신청할 수 있다. 이 경우 제69조에 따른 청구기간은 국선대리인의 선임신청이 있는 날을 기준으로 정한다.
② 제1항에도 불구하고 헌법재판소가 공익상 필요하다고 인정할 때에는 국선대리인을 선임할 수 있다.
③ 헌법재판소는 제1항의 신청이 있는 경우 또는 제2항의 경우에는 헌법재판소규칙으로 정하는 바에 따라 변호사 중에서 국선대리인을 선정한다. 다만, 그 심판청구가 명백히 부적법하거나 이유 없는 경우 또는 권리의 남용이라고 인정되는 경우에는 국선대리인을 선정하지 아니할 수 있다.
④ 헌법재판소가 국선대리인을 선정하지 아니한다는 결정을 한 때에는 지체 없이 그 사실을 신청인에게 통지하여야 한다. 이 경우 신청인이 선임신청을 한 날부터 그 통지를 받은 날까지의 기간은 제69조의 청구기간에 산입하지 아니한다.
⑤ 제3항에 따라 선정된 국선대리인은 선정된 날부터 60일 이내에 제71조에 규정된 사항을 적은 심판청구서를 헌법재판소에 제출하여야 한다.
⑥ 제3항에 따라 선정한 국선대리인에게는 헌법재판소규칙으로 정하는 바에 따라 국고에서 그 보수를 지급한다.

제71조【청구서의 기재사항】 ① 제68조제1항에 따른 헌법소원의 심판청구서에는 다음 각 호의 사항을 적어야 한다.
1. 청구인 및 대리인의 표시
2. 침해된 권리
3. 침해의 원인이 되는 공권력의 행사 또는 불행사
4. 청구 이유
5. 그 밖에 필요한 사항

② 제68조제2항에 따른 헌법소원의 심판청구서의 기재사항에 관하여는 제43조를 준용한다. 이 경우 제43조제1호 중 "제청법원의 표시"는 "청구인 및 대리인의 표시"로 본다.
③ 헌법소원의 심판청구서에는 대리인의 선임을 증명하는 서류 또는 국선대리인 선임통지서를 첨부하여야 한다.

제72조【사전심사】 ① 헌법재판소장은 헌법재판소에 재판관 3명으로 구성되는 지정재판부를 두어 헌법소원심판의 사전심사를 담당하게 할 수 있다.
② (1991.11.30 삭제)
③ 지정재판부는 다음 각 호의 어느 하나에 해당되는 경우에는 지정재판부 재판관 전원의 일치된 의견에 의한 결정으로 헌법소원의 심판청구를 각하한다.
1. 다른 법률에 따른 구제절차가 있는 경우 그 절차를 모두 거치지 아니하거나 또는 법원의 재판에 대하여 헌법소원의 심판이 청구된 경우
2. 제69조의 청구기간이 지난 후 헌법소원심판이 청구된 경우
3. 제25조에 따른 대리인의 선임 없이 청구된 경우
4. 그 밖에 헌법소원심판의 청구가 부적법하고 그 흠결을 보정할 수 없는 경우

④ 지정재판부는 전원의 일치된 의견으로 제3항의 각하결정을 하지 아니하는 경우에는 결정으로 헌법소원을 재판부의 심판에 회부하여야 한다. 헌법소원심판의 청구 후 30일이 지날 때까지 각하결정이 없는 때에는 심판에 회부하는 결정(이하 "심판회부결정"이라 한다)이 있는 것으로 본다.
⑤ 지정재판부의 심리에 관하여는 제28조, 제31조, 제32조 및 제35조를 준용한다.
⑥ 지정재판부의 구성과 운영에 필요한 사항은 헌법재판소규칙으로 정한다.

제73조【각하 및 심판회부 결정의 통지】 ① 지정재판부는 헌법소원을 각하하거나 심판회부결정을 한 때에는 그 결정일부터 14일 이내에 청구인 또는 그 대리인 및 피청구인에게 그 사실을 통지하여야 한다. 제72조제4항 후단의 경우에도 또한 같다.
② 헌법재판소장은 헌법소원이 제72조제4항에 따라 재판부의 심판에 회부된 때에는 다음 각 호의 자에게 지체 없이 그 사실을 통지하여야 한다.
1. 법무부장관
2. 제68조제2항에 따른 헌법소원심판에서는 청구인이 아닌 당해 사건의 당사자

제74조【이해관계기관 등의 의견 제출】 ① 헌법소원의 심판에 이해관계가 있는 국가기관 또는 공공단체와 법무부장관은 헌법재판소에 그 심판에 관한 의견서를 제출할 수 있다.
② 제68조제2항에 따른 헌법소원이 재판부에 심판 회부된 경우에는 제27조제2항 및 제44조를 준용한다.

제75조【인용결정】 ① 헌법소원의 인용결정은 모든 국가기관과 지방자치단체를 기속한다.
② 제68조제1항에 따른 헌법소원을 인용할 때에는 인용결정서의 주문에 침해된 기본권과 침해의 원인이 된 공권력의 행사 또는 불행사를 특정하여야 한다.
③ 제2항의 경우에 헌법재판소는 기본권 침해의 원인이 된 공권력의 행사를 취소하거나 그 불행사가 위헌임을 확인할 수 있다.
④ 헌법재판소가 공권력의 불행사에 대한 헌법소원을 인용하는 결정을 한 때에는 피청구인은 결정 취지에 따라 새로운 처분을 하여야 한다.
⑤ 제2항의 경우에 헌법재판소는 공권력의 행사 또는 불행사가 위헌인 법률 또는 법률의 조항에 기인한 것이라고 인정될 때에는 인용결정에서 해당 법률 또는 법률의 조항이 위헌임을 선고할 수 있다.
⑥ 제5항의 경우 및 제68조제2항에 따른 헌법소원을 인용하는 경우에는 제45조 및 제47조를 준용한다.
⑦ 제68조제2항에 따른 헌법소원이 인용된 경우에 해당 헌법소원과 관련된 소송사건이 이미 확정된 때에는 당사자는 재심을 청구할 수 있다.
⑧ 제7항에 따른 재심에서 형사사건에 대하여는 「형사소송법」을 준용하고, 그 외의 사건에 대하여는 「민사소송법」을 준용한다.

판례 헌법재판소의 한정위헌결정이 동조 제7항에 규정된 재심사유에 해당하는지 여부 : 헌법재판소법 제75조제7항에서 재심을 청구할 수 있는 사유로서 규정하고 있는 '헌법소원이 인용된 경우'라 함은 법원에 대하여 기속력이 있는 위헌결정이 선고된 경우를 말하는 것인바, 그 주문에서 법률조항의 해석기준을 제시함에 그치는 한정위헌결정은 법원에 전속되어 있는 법령의 해석·적용 권한에 대하여 기속력을 가질 수 없고, 따라서 소송사건이 확정된 후 그와 관련된 헌법소원에서 한정위헌결정이 선고되었다고 하여 위 재심사유가 존재한다고 할 수 없다.(대판 2001.4.27, 95재다14)

판례 제7항중 "당해 헌법소원과 관련된 소송사건"이라 함은 헌법소원의 전제가 된 당해 소송사건만을 가리키는 것이다.
(대판 1993.7.27, 92누13400)

제5장 전자정보처리조직을 통한 심판절차의 수행

제76조【전자문서의 접수】 ① 각종 심판절차의 당사자나 관계인은 청구서 또는 이 법에 따라 제출할 그 밖의 서면을 전자문서(컴퓨터 등 정보처리능력을 갖춘 장치에 의하여 전자적인 형태로 작성되어 송수신되거나 저장된 정보를 말한다. 이하 같다)화하고 이를 정보통신망을 이용하여 헌법재판소에서 지정·운영하는 전자정보처리조직(심판절차에 필요한 전자문서를 작성·제출·송달하는 데에 필요한 정보처리능력을 갖춘 전자적 장치를 말한다. 이하 같다)을 통하여 제출할 수 있다.
② 제1항에 따라 제출된 전자문서는 이 법에 따라 제출된 서면과 같은 효력을 가진다.
③ 전자정보처리조직을 이용하여 제출된 전자문서는 전자정보처리조직에 전자적으로 기록된 때에 접수된 것으로 본다.
④ 제3항에 따라 전자문서가 접수된 경우에 헌법재판소는 헌법재판소규칙으로 정하는 바에 따라 당사자나 관계인에게 전자적 방식으로 그 접수 사실을 즉시 알려야 한다.
(2011.4.5 본조개정)

제77조【전자서명 등】 ① 당사자나 관계인은 헌법재판소에 제출하는 전자문서에 헌법재판소규칙으로 정하는 바에 따라 본인임을 확인할 수 있는 전자서명을 하여야 한다.
② 재판관이나 서기는 심판사건에 관한 서류를 전자문서로 작성하는 경우에 「전자정부법」 제2조제6호에 따른 행정전자서명(이하 "행정전자서명"이라 한다)을 하여야 한다.
③ 제1항의 전자서명과 제2항의 행정전자서명은 헌법재판소의 심판절차에 관한 법령에서 정하는 서명·서명날인 또는 기명날인으로 본다.
(2009.12.29 본조신설)

제78조【전자적 송달 등】 ① 헌법재판소는 당사자나 관계인에게 전자정보처리조직과 그와 연계된 정보통신망을 이용하여 결정서나 이 법에 따른 각종 서류를 송달할 수 있다. 다만, 당사자나 관계인이 동의하지 아니하는 경우에는 그러하지 아니하다.
② 헌법재판소는 당사자나 관계인에게 송달하여야 할 결정서 등의 서류를 전자정보처리조직에 입력하여 등재한 다음 그 등재 사실을 헌법재판소규칙으로 정하는 바에 따라 전자적 방식으로 알려야 한다.
③ 제1항에 따른 전자정보처리조직을 이용한 서류 송달은 서면으로 한 것과 같은 효력을 가진다.
④ 제2항의 경우 송달받을 자가 등재된 전자문서를 헌법재판소규칙으로 정하는 바에 따라 확인한 때에 송달된 것으로 본다. 다만, 그 등재 사실을 통지한 날부터 1주 이내에 확인하지 아니하였을 때에는 등재 사실을 통지한 날부터 1주가 지난 날에 송달된 것으로 본다.(2022.2.3 단서개정)
⑤ 제1항에도 불구하고 전자정보처리조직의 장애로 인하여 전자적 송달이 불가능하거나 그 밖에 헌법재판소규칙으로 정하는 사유가 있는 경우에는 「민사소송법」에 따라 송달할 수 있다.
(2011.4.5 본조개정)

제6장 벌 칙
(2011.4.5 본장개정)

제79조【벌칙】 다음 각 호의 어느 하나에 해당하는 자는 1년 이하의 징역 또는 100만원 이하의 벌금에 처한다.
1. 헌법재판소로부터 증인, 감정인, 통역인 또는 번역인으로서 소환 또는 위촉을 받고 정당한 사유 없이 출석하지 아니한 자
2. 헌법재판소로부터 증거물의 제출요구 또는 제출명령을 받고 정당한 사유 없이 이를 제출하지 아니한 자
3. 헌법재판소의 조사 또는 검사를 정당한 사유 없이 거부·방해 또는 기피한 자

부 칙 (2014.5.20)

이 법은 공포한 날부터 시행한다.

부 칙 (2014.12.30)

이 법은 공포 후 6개월이 경과한 날부터 시행한다. 다만, 제7조제2항의 개정규정은 공포한 날부터 시행한다.

부 칙 (2018.3.20)

이 법은 공포한 날부터 시행한다.

부 칙 (2020.6.9)

제1조【시행일】 이 법은 공포 후 6개월이 경과한 날부터 시행한다.
제2조【재판관 결격사유에 관한 적용례】 제5조제2항 및 제3항의 개정규정은 이 법 시행 이후 재판관으로 임명하는 경우부터 적용한다.

부 칙 (2022.2.3)

제1조【시행일】 이 법은 공포한 날부터 시행한다.
제2조【적용례】 제78조제4항의 개정규정은 이 법 시행 후 최초로 청구서가 접수된 사건부터 적용한다.

헌법재판소 심판 규칙

(2007년 12월 7일
헌법재판소규칙 제201호)

개정
2008.12.22헌법재판소규칙233호　2010. 2.26헌법재판소규칙251호
2011. 7. 8헌법재판소규칙265호　2012.11.26헌법재판소규칙299호
2014. 6. 9헌법재판소규칙324호　2015. 7.22헌법재판소규칙369호
2017. 5.30헌법재판소규칙389호　2018. 6.15헌법재판소규칙399호
2021. 9.14헌법재판소규칙436호

제1장 총 칙

제1조【목적】 이 규칙은 「대한민국헌법」 제113조제2항과 「헌법재판소법」 제10조제1항에 따라 헌법재판소의 심판절차에 관하여 필요한 사항을 규정함을 목적으로 한다.
제2조【헌법재판소에 제출하는 서면 또는 전자문서의 기재사항】 ① 헌법재판소에 제출하는 서면 또는 전자문서에는 특별한 규정이 없으면 다음 각 호의 사항을 기재하고 기명날인하거나 서명하여야 한다.(2010.2.26 본문개정)
1. 사건의 표시
2. 서면을 제출하는 사람의 이름, 주소, 연락처(전화번호, 팩시밀리번호, 전자우편주소 등을 말한다. 다음부터 같다)
3. 덧붙인 서류의 표시
4. 작성한 날짜
② 제출한 서면에 기재한 주소 또는 연락처에 변동사항이 없으면 그 후에 제출하는 서면에는 이를 기재하지 아니하여도 된다.
③ 심판서류는 「헌법재판소 심판절차에서의 전자문서 이용 등에 관한 규칙」에 따라 전자헌법재판시스템을 통하여 전자문서로 제출할 수 있다.(2010.2.26 본항신설)
(2010.2.26 본조제목개정)
제2조의2【민감정보 등의 처리】 ① 헌법재판소는 심판업무 수행을 위하여 필요한 범위 내에서 「개인정보 보호법」 제23조의 민감정보, 제24조의 고유식별정보 및 그 밖의 개인정보를 처리할 수 있다.
② 헌법재판소는 「헌법재판소법」(다음부터 "법"이라 한다) 제32조에 따라 국가기관 또는 공공단체의 기관에 제1항의 민감정보, 고유식별정보 및 그 밖의 개인정보가 포함된 자료의 제출 요구 등을 할 수 있다.
(2012.11.26 본조신설)
제3조【심판서류의 작성방법】 ① 심판서류는 간결한 문장으로 분명하게 작성하여야 한다.
② 심판서류의 용지크기는 특별한 사유가 없으면 가로 210㎜·세로 297㎜(A4 용지)로 한다.
제4조【번역문의 첨부】 외국어나 부호로 작성된 문서에는 국어로 된 번역문을 붙인다.
제5조【심판서류의 접수와 보정권고 등】 ① 심판서류를 접수한 공무원은 심판서류를 제출한 사람이 요청하면 바로 접수증을 교부하여야 한다.
② 제1항의 공무원은 제출된 심판서류의 흠결을 보완하기 위하여 필요한 보정을 권고할 수 있다.
③ 헌법재판소는 필요하다고 인정하면 심판서류를 제출한 사람에게 그 문서의 전자파일을 전자우편이나 그 밖에 적당한 방법으로 헌법재판소에 보내도록 요청할 수 있다.

제2장 일반심판절차

제1절 당사자

제6조【법정대리권 등의 증명】 법정대리권이 있는 사실, 법인이나 법인이 아닌 사단 또는 재단의 대표자나 관리인이라는 사실, 소송행위를 위한 권한을 받은 사실은 서면으로 증명하여야 한다.
제7조【법인이 아닌 사단 또는 재단의 당사자능력을 판단하는 자료의 제출】 헌법재판소는 법인이 아닌 사단 또는 재단이 당사자일 때에는 정관이나 규약, 그 밖에 그 당사자의 당사자능력을 판단하기 위하여 필요한 자료를 제출하게 할 수 있다.
제8조【대표대리인】 ① 재판장은 복수의 대리인이 있을 때에는 당사자나 대리인의 신청 또는 재판장의 직권에 의하여 대표대리인을 지정하거나 그 지정을 철회 또는 변경할 수 있다.
② 대표대리인은 3명을 초과할 수 없다.
③ 대표대리인 1명에 대한 통지 또는 서류의 송달은 대리인 전원에 대하여 효력이 있다.

제2절 심판의 청구

제9조【심판용 부본의 제출】 법 제26조에 따라 헌법재판소에 청구서를 제출하는 사람은 9통의 심판용 부본을 함께 제출하여야 한다. 이 경우 제23조에 따른 송달용 부본은 따로 제출하여야 한다.(2012.11.26 본조개정)
제10조【이해관계기관 등의 의견서 제출 등】 ① 헌법재판소의 심판에 이해관계가 있는 국가기관 또는 공공단체와 법무부장관은 헌법재판소에 의견서를 제출할 수 있고, 헌법재판소는 이들에게 의견서를 제출할 것을 요청할 수 있다.
② 헌법재판소는 필요하다고 인정하면 당해심판에 이해관계가 있는 사람에게 의견서를 제출할 수 있음을 통지할 수 있다.
③ 헌법재판소는 제1항 후단 및 제2항의 경우에 당해심판의 제청서 또는 청구서의 등본을 송달한다.

제3절 변론 및 참고인 진술

제11조【심판준비절차의 실시】 ① 헌법재판소는 심판절차를 효율적이고 집중적으로 진행하기 위하여 당사자의 주장과 증거를 정리할 필요가 있을 때에는 심판준비절차를 실시할 수 있다.
② 헌법재판소는 재판부에 속한 재판관을 수명재판관으로 지정하여 심판준비절차를 담당하게 할 수 있다.
(2017.5.30 본항개정)
③ 헌법재판소는 당사자가 심판정에 직접 출석하기 어려운 경우 당사자의 동의를 받아 인터넷 화상장치를 이용하여 심판준비절차를 실시할 수 있다.(2021.9.14 본항신설)
제11조의2【헌법연구관의 사건의 심리 및 심판에 관한 조사】 ① 헌법연구관은 주장의 정리나 자료의 제출을 요구하거나, 조사기일을 여는 방법 등으로 사건의 심리 및 심판에 관한 조사를 할 수 있다.
② 헌법연구관은 조사대상자가 조사기일에 직접 출석하기 어려운 경우 조사대상자의 동의를 받아 인터넷 화상장치를 이용하여 조사기일을 열 수 있다.(2021.9.14 본항신설)
(2018.6.15 본조신설)
제12조【구두변론의 방식 등】 ① 구두변론은 사전에 제출한 준비서면을 읽는 방식으로 하여서는 아니되고, 쟁점을 요약·정리하고 이를 명확히 하는 것이어야 한다.
② 재판관은 언제든지 당사자에게 질문할 수 있다.
③ 재판장은 필요에 따라 각 당사자의 구두변론시간을 제한할 수 있고, 이 경우에 각 당사자는 그 제한된 시간 내에 구두변론을 마쳐야 한다. 다만, 재판장은 필요하다고 인정하는 경우에 제한한 구두변론시간을 연장할 수 있다.
④ 각 당사자를 위하여 복수의 대리인이 있는 경우에 재판장은 그 중 구두변론을 할 수 있는 대리인의 수를 제한할 수 있다.
⑤ 재판장은 심판절차의 원활한 진행과 적정한 심리를 도모하기 위하여 필요한 한도에서 진행중인 구두변론을 제한할 수 있다.
⑥ 이해관계인이나 참가인이 구두변론을 하는 경우에는 제1항부터 제5항까지의 규정을 준용한다.
⑦ 조서에는 서면, 사진, 속기록, 녹음물, 영상녹화물, 녹취서 등 헌법재판소가 적당하다고 인정한 것을 인용하고 소송기록에 첨부하거나 전자적 형태로 보관하여 조서의 일부로 할 수 있다.(2017.5.30 본항신설)
⑧ 제7항에 따라 속기록, 녹음물, 영상녹화물, 녹취서를 조서의 일부로 한 경우라도 재판장은 서기로 지명된 서기관, 사무관(다음부터 "사무관등"이라 한다)으로 하여금 당사자, 증인, 그 밖의 심판관계인의 진술 중 중요한 사항을 요약하여 조서의 일부로 기재하게 할 수 있다.
(2017.5.30 본항신설)
제13조【참고인의 지정 등】 ① 헌법재판소는 전문적인 지식을 가진 사람을 참고인으로 지정하여 그 진술을 듣거나 의견서를 제출하게 할 수 있다.
② 헌법재판소는 참고인을 지정하기에 앞서 그 지정에 관하여 당사자, 이해관계인 또는 관련 학회나 전문가 단체의 의견을 들을 수 있다.
제14조【지정결정 등본 등의 송달】 ① 사무관등은 참고인 지정결정 등본이나 참고인 지정결정이 기재된 변론조서 등본을 참고인과 당사자에게 송달하여야 한다. 다만, 변론기일에서 참고인 지정결정을 고지 받은 당사자에게는 이를 송달하지 아니한다.(2017.5.30 본문개정)
② 참고인에게는 다음 각 호의 서류가 첨부된 의견요청서를 송달하여야 한다.
1. 위헌법률심판제청서 또는 심판청구서 사본
2. 피청구인의 답변서 사본
3. 이해관계인의 의견서 사본
4. 의견서 작성에 관한 안내문
제15조【참고인 의견서】 ① 참고인은 의견요청을 받은 사항에 대하여 재판부가 정한 기한까지 의견서를 제출하여야 한다.
② 사무관등은 제1항의 의견서 사본을 당사자에게 바로 송달하여야 한다.
제16조【참고인 진술】 ① 참고인의 의견진술은 사전에 제출한 의견서의 내용을 요약·정리하고 이를 명확히 하는 것이어야 한다.
② 재판장은 참고인 진술시간을 합리적인 범위 내에서 제한할 수 있다.
③ 재판관은 언제든지 참고인에게 질문할 수 있다.
④ 당사자는 참고인의 진술이 끝난 후 그에 관한 의견을 진술할 수 있다.
제17조【헌법재판소의 석명처분】 ① 헌법재판소는 심판관계를 분명하게 하기 위하여 다음 각 호의 처분을 할 수 있다.
1. 당사자 본인이나 그 법정대리인에게 출석하도록 명하는 일
2. 심판서류 또는 심판에 인용한 문서, 그 밖의 물건으로서 당사자가 가지고 있는 것을 제출하게 하는 일
3. 당사자 또는 제3자가 제출한 문서, 그 밖의 물건을 헌법재판소에 유치하는 일
4. 검증을 하거나 감정을 명하는 일
5. 필요한 조사를 촉탁하는 일
② 제1항의 검증·감정과 조사의 촉탁에는 법 및 이 규칙, 민사소송법 및 민사소송규칙의 증거조사에 관한 규정을 준용한다.
제18조【통역】 ① 심판정에서는 우리말을 사용한다.
② 심판관계인이 우리말을 하지 못하거나 듣거나 말하는 데에 장애가 있으면 통역인으로 하여금 통역하게 하거나 그 밖에 의사소통을 도울 수 있는 방법을 사용하여야 한다.
제19조【녹화 등의 금지】 누구든지 심판정에서는 재판장의 허가 없이 녹화·촬영·중계방송 등의 행위를 하지 못한다.
제19조의2【변론영상 등의 공개】 헌법재판소는 변론 및 선고에 대한 녹음·녹화의 결과물을 홈페이지 등을 통해 공개할 수 있다.(2017.5.30 본조신설)
제19조의3【변론 또는 선고의 방송】 재판장은 필요하다고 인정하는 경우 변론 또는 선고를 인터넷, 텔레비전 등 방송통신매체를 통하여 방송하게 할 수 있다.
(2021.9.14 본조신설)

제4절 기 일

제20조【기일의 지정과 변경】 ① 재판장은 재판부의 협의를 거쳐 기일을 지정한다. 다만, 수명재판관이 신문하거나 심문하는 기일은 그 수명재판관이 지정한다.
② 이미 지정된 기일을 변경하는 경우에도 제1항과 같다.
③ 기일을 변경하거나 변론을 연기 또는 속행하는 경우에는 심판절차의 중단 또는 중지, 그 밖에 다른 특별한 사정이 없으면 다음 기일을 바로 지정하여야 한다.
제21조【기일의 통지】 ① 기일은 기일통지서 또는 출석요구서를 송달하여 통지한다. 다만, 그 사건으로 출석한 사람에게는 기일을 직접 고지하면 된다.
② 기일의 간이통지는 전화·팩시밀리·보통우편 또는 전자우편으로 하거나 그 밖에 적절하다고 인정되는 방법으로 할 수 있다.
③ 제2항의 규정에 따라 기일을 통지한 때에는 사무관등은 그 방법과 날짜를 심판기록에 표시하여야 한다.

제5절 송 달

제22조【전자헌법재판시스템·전화 등을 이용한 송달】
① 사무관등은 「헌법재판소 심판절차에서의 전자문서 이용 등에 관한 규칙」에 따라 전자헌법재판시스템을 이용하여 송달하거나 전화·팩시밀리·전자우편 또는 휴대전화 문자전송을 이용하여 송달할 수 있다.
(2010.2.26 본항개정)
② 양쪽 당사자가 변호사를 대리인으로 선임한 경우에 한쪽 당사자의 대리인인 변호사가 상대방 대리인인 변호사에게 송달될 심판서류의 부본을 교부하거나 팩시밀리 또는 전자우편으로 보내고 그 사실을 헌법재판소에 증명하면 송달의 효력이 있다. 다만, 그 심판서류가 당사자 본인에게 교부되어야 할 경우에는 그러하지 아니하다.
(2010.2.26 본조제목개정)
제22조의2【공시송달의 방법】 「민사소송법」 제194조 제1항 및 제3항에 따라 공시송달을 실시하는 경우에는 사무관등은 송달할 서류를 보관하고 다음 각 호 가운데 어느 하나의 방법으로 그 사유를 공시하여야 한다.
(2015.7.22 본문개정)
1. 헌법재판소게시판 게시
2. 헌법재판소홈페이지 전자헌법재판센터의 공시송달란 게시
(2010.2.26 본조신설)
제22조의3【송달기관】 헌법재판소는 우편이나 재판장이 지명하는 사무직 직원에 의하여 심판서류를 송달한다.
(2017.5.30 본조신설)
제23조【부본제출의무】 송달을 하여야 하는 심판서류를 제출할 때에는 특별한 규정이 없으면 송달에 필요한 수만큼 부본을 함께 제출하여야 한다.
제24조【공동대리인에게 할 송달】 「민사소송법」 제180조에 따라 송달을 하는 경우에 그 공동대리인들이 송달을 받을 대리인 한 사람을 지정하여 신고한 때에는 지정된 대리인에게 송달하여야 한다.

제6절 증 거

제25조【증거의 신청】 증거를 신청할 때에는 증거와 증명할 사실의 관계를 구체적으로 밝혀야 한다.
제26조【증인신문과 당사자신문의 신청】 ① 증인신문은 부득이한 사정이 없으면 일괄하여 신청하여야 한다. 당사자신문을 신청하는 경우에도 마찬가지이다.

② 증인신문을 신청할 때에는 증인의 이름·주소·연락처·직업, 증인과 당사자의 관계, 증인이 사건에 관여하거나 내용을 알게 된 경위를 밝혀야 한다.

제27조【증인신문사항의 제출 등】 ① 증인신문을 신청한 당사자는 헌법재판소가 정한 기한까지 상대방의 수에 12를 더한 수의 증인신문사항을 기재한 서면을 함께 제출하여야 한다.

② 사무관등은 제1항의 서면 1통을 증인신문기일 전에 상대방에게 송달하여야 한다.

③ 증인신문사항은 개별적이고 구체적이어야 한다.

제28조【증인 출석요구서의 기재사항 등】 ① 증인의 출석요구서에는 다음 각 호의 사항을 기재하고 재판장이 서명 또는 기명날인하여야 한다.

1. 출석일시 및 장소
2. 당사자의 표시
3. 신문사항의 요지
4. 출석하지 아니하는 경우의 법률상 제재
5. 출석하지 아니하는 경우에는 그 사유를 밝혀 신고하여야 한다는 취지
6. 제5호의 신고를 하지 아니하는 경우에는 정당한 사유 없이 출석하지 아니한 것으로 인정되어 법률상 제재를 받을 수 있다는 취지

② 증인에 대한 출석요구서는 늦어도 출석할 날보다 7일 전에 송달되어야 한다. 다만, 부득이한 사정이 있으면 그러하지 아니하다.

제29조【불출석의 신고】 증인이 출석요구를 받고 기일에 출석할 수 없으면 바로 그 사유를 밝혀 신고하여야 한다.

제30조【증인이 출석하지 아니한 경우 등】 ① 정당한 사유 없이 출석하지 아니한 증인의 구인에 관하여는 「형사소송규칙」 중 구인에 관한 규정을 준용한다.

② 증언거부나 선서거부에 정당한 이유가 없다고 한 결정이 있은 뒤에 증언거부나 선서거부를 한 증인에 대한 과태료재판절차에 관하여는 「비송사건절차법」 제248조, 제250조의 규정(다만, 검사, 항고, 과태료재판절차의 비용에 관한 부분을 제외한다)을 준용한다.

제31조【증인신문의 방법】 ① 신문은 개별적이고 구체적으로 하여야 한다.

② 당사자의 신문이 다음 각 호의 어느 하나에 해당하는 때에는 재판장은 직권 또는 당사자의 신청에 따라 이를 제한할 수 있다. 다만, 제2호 내지 제6호에 규정된 신문에 관하여 정당한 사유가 있으면 그러하지 아니하다.

1. 증인을 모욕하거나 증인의 명예를 해치는 내용의 신문
2. 「민사소송규칙」 제91조 내지 제94조의 규정에 어긋나는 신문
3. 이미 한 신문과 중복되는 신문
4. 쟁점과 관계없는 신문
5. 의견의 진술을 구하는 신문
6. 증인이 직접 경험하지 아니한 사항에 관하여 진술을 구하는 신문

제32조【이의신청】 ① 증인신문에 관한 재판장의 명령 또는 조치에 대한 이의신청은 그 명령 또는 조치가 있은 후 바로 하여야 하며, 그 이유를 구체적으로 밝혀야 한다.

② 재판부는 제1항에 따른 이의신청에 대하여 바로 결정하여야 한다.

제33조【증인의 증인신문조서 열람 등】 증인은 자신에 대한 증인신문조서의 열람 또는 복사를 청구할 수 있다.

제34조【서증신청의 방식】 당사자가 서증을 신청하려는 경우에는 문서를 제출하는 방식 또는 문서를 가진 사람에게 그것을 제출하도록 명할 것을 신청하는 방식으로 한다.

제35조【문서를 제출하는 방식에 의한 서증신청】 ① 문서를 제출하면서 서증을 신청할 때에는 문서의 제목·작성자 및 작성일을 밝혀야 한다. 다만, 문서의 내용상 명백한 경우에는 그러하지 아니하다.

② 서증을 제출할 때에는 상대방의 수에 1을 더한 수의 사본을 함께 제출하여야 한다. 다만, 상당한 이유가 있으면 헌법재판소는 기간을 정하여 나중에 사본을 제출하게 할 수 있다.

③ 제2항의 사본은 명확한 것이어야 하며 재판장은 사본이 명확하지 아니한 경우에는 사본을 다시 제출하도록 명할 수 있다.

④ 문서의 일부를 증거로 할 때에도 문서의 전부를 제출하여야 한다. 다만, 그 사본은 재판장의 허가를 받아 증거로 원용할 부분의 초본만을 제출할 수 있다.

⑤ 헌법재판소는 서증에 대한 증거조사가 끝난 후에도 서증 원본을 다시 제출할 것을 명할 수 있다.

제36조【증거설명서의 제출 등】 ① 재판장은 서증의 내용을 이해하기 어렵거나 서증의 수가 너무 많은 경우 또는 서증의 입증취지가 명확하지 아니한 경우에는 당사자에게 서증과 증명할 사실의 관계를 구체적으로 밝힌 설명서를 제출하도록 명할 수 있다.

② 서증이 국어 아닌 문자 또는 부호로 되어 있으면 그 문서의 번역문을 붙여야 한다. 다만, 문서의 일부를 증거로 할 때에는 재판장의 허가를 받아 그 부분의 번역문만을 붙일 수 있다.

제37조【서증에 대한 증거결정】 당사자가 서증을 신청한 경우에 다음 각 호의 어느 하나에 해당하는 사유가 있으면 헌법재판소는 그 서증을 채택하지 아니하거나 채택결정을 취소할 수 있다.

1. 서증과 증명할 사실 사이에 관련성이 인정되지 아니하는 경우
2. 이미 제출된 증거와 같거나 비슷한 취지의 문서로서 별도의 증거가치가 있음을 당사자가 밝히지 못한 경우
3. 국어 아닌 문자 또는 부호로 되어 있는 문서로서 그 번역문을 붙이지 아니하거나 재판장의 번역문 제출명령에 따르지 아니한 경우
4. 제36조에 따른 재판장의 증거설명서 제출명령에 따르지 아니한 경우
5. 문서의 작성자나 그 작성일이 분명하지 아니하여 이를 명확히 하도록 한 재판장의 명령에 따르지 아니한 경우

제38조【문서제출신청의 방식 등】 ① 문서를 가진 사람에게 그것을 제출하도록 명하는 방법으로 서증을 신청하려는 경우에는 다음 각 호의 사항을 기재한 서면으로 하여야 한다.

1. 문서의 표시
2. 문서의 취지
3. 문서를 가진 사람
4. 증명할 사실
5. 문서를 제출하여야 하는 의무의 원인

② 상대방은 제1항의 신청에 관하여 의견이 있으면 의견을 기재한 서면을 헌법재판소에 제출할 수 있다.

제39조【문서송부의 촉탁】 ① 서증의 신청은 제34조의 규정에 불구하고 문서를 가지고 있는 사람에게 그 문서를 보내도록 촉탁할 것을 신청하는 방법으로 할 수도 있다. 다만, 당사자가 법령에 따라 문서의 정본이나 등본을 청구할 수 있는 경우에는 그러하지 아니하다.

② 헌법재판소는 법 제32조에 따라 기록의 송부나 자료의 제출을 요구하는 경우로서 국가기관 또는 공공단체의 기관이 원본을 제출하기 곤란한 사정이 있는 때에는 그 인증등본을 요구할 수 있다.(2017.5.30 본항신설)

제40조【기록 가운데 일부문서에 대한 송부촉탁】 ① 법원, 검찰청, 그 밖의 공공기관(다음부터 이 조문에서 이 모두를 "법원등"이라 한다)이 보관하고 있는 기록 가운데 불특정한 일부에 대하여도 문서송부의 촉탁을 신청할 수 있다.

② 헌법재판소가 제1항의 신청을 채택한 경우에는 기록을 보관하고 있는 법원등에 대하여 그 기록 가운데 신청인이 지정하는 부분의 인증등본을 보내 줄 것을 촉탁하여야 한다.

③ 제2항에 따른 촉탁을 받은 법원등은 그 문서를 보관하고 있지 아니하거나 그 밖에 송부촉탁에 따를 수 없는 특별한 사정이 없으면 문서송부촉탁 신청인에게 그 기록을 열람하게 하여 필요한 부분을 지정할 수 있도록 하여야 한다.

제41조【문서가 있는 장소에서의 서증조사 등】 ① 제3자가 가지고 있는 문서를 문서제출신청 또는 문서송부촉탁의 방법에 따라 서증으로 신청할 수 없거나 신청하기 어려운 사정이 있으면 헌법재판소는 당사자의 신청 또는 직권에 의하여 그 문서가 있는 장소에서 서증조사를 할 수 있다.

② 제1항의 경우 신청인은 서증으로 신청한 문서의 사본을 헌법재판소에 제출하여야 한다.

제42조【협력의무】 ① 헌법재판소로부터 문서의 전부 또는 일부의 송부를 촉탁 받은 사람 또는 문서가 있는 장소에서의 서증조사 대상인 문서를 가지고 있는 사람은 정당한 이유 없이 문서의 송부나 서증조사에 대한 협력을 거절하지 못한다.

② 문서의 송부촉탁을 받은 사람이 그 문서를 보관하고 있지 아니하거나 그 밖에 송부촉탁에 따를 수 없는 사정이 있으면 그 사유를 헌법재판소에 통지하여야 한다.

제43조【문서제출방법 등】 ① 헌법재판소에 문서를 제출하거나 보낼 때에는 원본, 정본 또는 인증이 있는 등본으로 하여야 한다.

② 헌법재판소는 필요하다고 인정하면 원본을 제출하도록 명하거나 원본을 보내도록 촉탁할 수 있다.

③ 헌법재판소는 당사자로 하여금 그 인용한 문서의 등본 또는 초본을 제출하게 할 수 있다.

④ 헌법재판소는 문서가 증거로 채택되지 아니한 경우에 당사자의 의견을 들어 제출된 문서의 원본·정본·등본·초본 등을 돌려주거나 폐기할 수 있다.

제44조【감정의 신청 등】 ① 감정을 신청할 때에는 감정을 구하는 사항을 적은 서면을 함께 제출하여야 한다.

② 제1항의 서면은 상대방에게 송달하여야 한다.

제45조【감정의 촉탁】 헌법재판소는 필요하다고 인정하면 공공기관, 학교, 그 밖에 상당한 설비가 있는 단체 또는 외국의 공공기관에 감정을 촉탁할 수 있다. 이 경우 선서에 관한 규정은 적용하지 아니한다.

제46조【검증의 신청】 당사자가 검증을 신청할 때에는 검증의 목적을 표시하여 신청하여야 한다.

제47조【검증할 때의 감정 등】 수명재판관은 검증에 필요하다고 인정하면 감정을 명하거나 증인을 신문할 수 있다.

제7절 그 밖의 절차

제48조【선고의 방식】 결정을 선고할 경우에는 재판장이 결정서 원본에 따라 주문을 읽고 이유의 요지를 설명하되, 필요한 때에는 다른 재판관으로 하여금 이유의 요지를 설명하게 할 수 있다. 다만, 법정의견과 다른 의견이 제출된 경우에는 재판장은 선고 시 이를 공개하고 그 의견을 제출한 재판관으로 하여금 이유의 요지를 설명하게 할 수 있다.

제49조【결정서 등본의 송달】 헌법재판소의 종국 결정이 법률의 제정 또는 개정과 관련이 있으면 그 결정서 등본을 국회 및 이해관계가 있는 국가기관에게 송부하여야 한다.

제49조의2【종국결정의 공시】 ① 다음 각 호의 종국결정은 관보에, 그 밖의 종국결정은 헌법재판소의 인터넷 홈페이지에 각 게재함으로써 공시한다.

1. 법률의 위헌결정
2. 탄핵심판에 관한 결정
3. 정당해산심판에 관한 결정
4. 권한쟁의심판에 관한 본안결정
5. 헌법소원의 인용결정
6. 기타 헌법재판소가 필요하다고 인정한 결정

② 관보에 게재함으로써 공시하는 종국결정은 헌법재판소의 인터넷 홈페이지에도 게재한다.

(2011.7.8 본조신설)

제50조【가처분의 신청과 취하】 ① 가처분의 신청 및 가처분신청의 취하는 서면으로 하여야 한다. 다만, 변론기일 또는 심문기일에서는 가처분신청의 취하를 말로 할 수 있다.

② 가처분신청서에는 신청의 취지와 이유를 기재하여야 하며, 주장을 소명하기 위한 증거나 자료를 첨부하여야 한다.

③ 가처분의 신청이 있는 때에는 신청서의 등본을 피신청인에게 바로 송달하여야 한다. 다만, 본안사건이 헌법소원심판사건인 경우로서 그 심판청구가 명백히 부적법하거나 권리의 남용이라고 인정되는 경우에는 송달하지 아니할 수 있다.(2014.6.9 단서신설)

제51조【신청에 대한 결정서 정본의 송달】 ① 가처분신청에 대한 결정을 한 때에는 결정서 정본을 신청인에게 바로 송달하여야 한다. 가처분신청에 대하여 답변서를 제출한 피신청인, 의견서를 제출한 이해관계기관이 있을 때에는 이들에게도 결정서 정본을 송달하여야 한다.

② 재판관에 대한 제척 또는 기피의 신청에 대한 결정, 국선대리인 선임신청에 대한 결정을 한 때에는 결정서 정본을 신청인에게 바로 송달하여야 한다. 국선대리인을 선정하는 결정을 한 때에는 국선대리인에게도 결정서 정본을 송달하여야 한다.

제52조【재심의 심판절차】 재심의 심판절차에는 그 성질에 어긋나지 아니하는 범위 내에서 재심 전 심판절차에 관한 규정을 준용한다.

제53조【재심청구서의 기재사항】 ① 재심청구서에는 다음 각 호의 사항을 기재하여야 한다.

1. 재심청구인 및 대리인의 표시
2. 재심할 결정의 표시와 그 결정에 대하여 재심을 청구하는 취지
3. 재심의 이유

② 재심청구서에는 재심의 대상이 되는 결정의 사본을 붙여야 한다.

제3장 특별심판절차

제1절 위헌법률심판

제54조【제청서의 기재사항】 제청서에는 법 제43조의 기재사항 외에 다음 각 호의 사항을 기재하여야 한다.

1. 당해사건이 형사사건인 경우 피고인의 구속여부 및 그 기간
2. 당해사건이 행정사건인 경우 행정처분의 집행정지 여부

제55조【제청법원의 의견서 등 제출】 제청법원은 위헌법률심판을 제청한 후에도 심판에 필요한 의견서나 자료 등을 헌법재판소에 제출할 수 있다.

제56조【당해사건 참가인의 의견서 제출】 당해사건의 참가인은 헌법재판소에 법률이나 법률조항의 위헌 여부에 관한 의견서를 제출할 수 있다.

제2절 탄핵심판

제57조【소추위원의 대리인 선임】 소추위원은 변호사를 대리인으로 선임하여 탄핵심판을 수행하게 할 수 있다.

제58조【소추위원의 자격상실과 심판절차의 중지】 ① 소추위원인 국회법제사법위원회의 위원장이 그 자격을 잃은 때에는 탄핵심판절차는 중단된다. 이 경우 새로 국회법제사법위원회의 위원장이 된 사람이 탄핵심판절차를 수계하여야 한다.

② 소추위원의 대리인이 있는 경우에는 탄핵심판절차는 중단되지 아니한다.

제59조【변론기일의 시작】 변론기일은 사건과 당사자의 이름을 부름으로써 시작한다.

제60조【소추의결서의 낭독】 ① 소추위원은 먼저 소추의결서를 낭독하여야 한다.

② 제1항의 경우에 재판장은 원활한 심리를 위하여 필요하다고 인정하면 소추사실의 요지만을 진술하게 할 수 있다.

제61조【피청구인의 의견진술】 재판장은 피청구인에게 소추에 대한 의견을 진술할 기회를 주어야 한다.

제62조【증거에 대한 의견진술】 소추위원 또는 피청구인은 증거로 제출된 서류나 물건 등을 증거로 하는 것에 동의하는지 여부에 관한 의견을 진술하여야 한다.
(2017.5.30 본조개정)

제62조의2【피청구인에 대한 신문】 ① 재판장은 피청구인이 변론기일에 출석한 경우 피청구인을 신문하거나 소추위원과 그 대리인 또는 피청구인의 대리인으로 하여금 신문하게 할 수 있다.
② 피청구인은 진술하지 아니하거나 개개의 질문에 대하여 진술을 거부할 수 있다.
③ 재판장은 피청구인에 대한 신문 전에 피청구인에게 제2항과 같이 진술을 거부할 수 있음을 고지하여야 한다.
④ 제1항에 따른 피청구인에 대한 신문은 소추위원과 피청구인의 최종 의견진술 전에 한다. 다만, 재판장이 필요하다고 인정한 때에는 피청구인의 최종 의견진술 후에도 피청구인을 신문할 수 있다.
(2017.5.30 본조신설)

제63조【최종 의견진술】 ① 소추위원은 탄핵소추에 관하여 최종 의견을 진술할 수 있다. 다만, 소추위원이 출석하지 아니한 경우에는 소추의결서 정본의 기재사항에 의하여 의견을 진술한 것으로 본다.(2017.5.30 본문개정)
② 재판장은 피청구인에게 최종 의견을 진술할 기회를 주어야 한다.
③ 재판장은 심리의 적절한 진행을 위하여 필요한 경우 제1항과 제2항에 따른 의견진술 시간을 제한할 수 있다.
(2017.5.30 본조제목개정)

제64조【당사자의 불출석과 선고】 당사자가 출석하지 아니한 경우에도 종국결정을 선고할 수 있다.

제3절 정당해산심판

제65조【정당해산심판청구서의 첨부서류】 ① 정당해산심판의 청구서에는 정당해산의 제소에 관하여 국무회의의 심의를 거쳤음을 증명하는 서류를 붙여야 한다.
② 정당해산심판의 청구서에는 중앙당등록대장등본 등 피청구인이 정당해산심판의 대상이 되는 정당임을 증명할 수 있는 자료를 붙여야 한다.

제66조【청구 등의 통지방법】 ① 정당해산심판의 청구 또는 청구의 취하가 있는 때, 가처분결정을 한 때 및 그 심판을 종료한 때에는 헌법재판소장은 국회와 중앙선거관리위원회에 정당해산심판청구서 부본 또는 취하서 부본, 가처분결정서 등본, 종국결정 등본을 붙여 그 사실을 통지하여야 한다.
② 법 제58조제2항에 따라 정당해산을 명하는 결정서를 정부에 송달할 경우에는 법무부장관에게 송달하여야 한다.

제4절 권한쟁의심판

제67조【권한쟁의심판청구의 통지】 헌법재판소장은 권한쟁의심판이 청구된 경우에는 다음 각 호의 국가기관 또는 지방자치단체에게 그 사실을 바로 통지하여야 한다.
1. 법무부장관
2. 지방자치단체를 당사자로 하는 권한쟁의심판인 경우에는 행정안전부장관. 다만, 법 제62조제2항에 의한 교육·학예에 관한 지방자치단체의 사무에 관한 것일 때에는 행정안전부장관 및 교육부장관(2021.9.14 본호개정)
3. 시·군 또는 지방자치단체인 구를 당사자로 하는 권한쟁의심판인 경우에는 그 지방자치단체가 소속된 특별시·광역시 또는 도
4. 그 밖에 권한쟁의심판에 이해관계가 있다고 인정되는 국가기관 또는 지방자치단체

제5절 헌법소원심판

제68조【헌법소원심판청구서의 기재사항】 ① 법 제68조제1항에 따른 헌법소원심판의 청구서에는 다음 각 호의 사항을 기재하여야 한다.
1. 청구인 및 대리인의 표시
2. 피청구인(다만, 법령에 대한 헌법소원의 경우에는 그러하지 아니하다)
3. 침해된 권리
4. 침해의 원인이 되는 공권력의 행사 또는 불행사
5. 청구이유
6. 다른 법률에 따른 구제 절차의 경우에 관한 사항
7. 청구기간의 준수에 관한 사항

② 법 제68조제2항에 따른 헌법소원심판의 청구서에는 다음 각 호의 사항을 기재하여야 한다.
1. 청구인 및 대리인의 표시
2. 사건 및 당사자의 표시
3. 위헌이라고 해석되는 법률 또는 법률 조항
4. 위헌이라고 해석되는 이유
5. 법률이나 법률 조항의 위헌 여부가 재판의 전제가 되는 이유
6. 청구기간의 준수에 관한 사항

제69조【헌법소원심판청구서의 첨부서류】 ① 헌법소원심판의 청구서에는 대리인의 선임을 증명하는 서류를 붙여야 한다. 다만, 심판청구와 동시에 국선대리인선임신청을 하는 경우에는 그러하지 아니하다.
② 법 제68조제2항에 따른 헌법소원심판의 청구서를 제출할 때에는 다음 각 호의 서류도 함께 제출하여야 한다.
1. 위헌법률심판제청신청서 사본
2. 위헌법률심판제청신청 기각결정서 사본
3. 위헌법률심판제청신청 기각결정서 송달증명원
4. 당해사건의 재판서를 송달받은 경우에는 그 재판서 사본

제70조【보정명령】 ① 헌법재판소는 청구서의 필수 기재사항이 누락되거나 명확하지 아니한 경우에 적당한 기간을 정하여 이를 보정하도록 명할 수 있다.
② 제1항에 따른 보정기간까지 보정하지 아니한 경우에는 심판청구를 각하할 수 있다.

부 칙

제1조【시행일】 이 규칙은 공포 후 30일이 경과한 날부터 시행한다.

제2조【계속사건에 관한 경과조치】 이 규칙은 특별한 규정이 없으면 이 규칙 시행 당시 헌법재판소에 계속 중인 사건에도 적용한다. 다만, 이 규칙 시행 전에 생긴 효력에는 영향을 미치지 아니한다.

부 칙 (2015.7.22)

이 규칙은 공포한 날부터 시행하되, 2015년 7월 1일부터 적용한다.

부 칙 (2017.5.30)
(2018.6.15)

이 규칙은 공포한 날부터 시행한다.

부 칙 (2021.9.14)

제1조【시행일】 이 규칙은 공포한 날부터 시행한다.
제2조【다른 규칙의 개정】 ①~③ ※(해당 규칙에 가제정리 하였음)

헌법재판소국선대리인의 선임 및 보수에 관한 규칙

(1988년 10월 15일 헌법재판소규칙 제6호)

개정
1997.11.18헌법재판소규칙 91호
2002. 8.29헌법재판소규칙125호
2003. 6. 9헌법재판소규칙140호
2006. 5.29헌법재판소규칙185호
2011.11.10헌법재판소규칙281호
2012. 7. 4헌법재판소규칙296호
2019. 6.19헌법재판소규칙407호

제1조【목적】 이 규칙은 「헌법재판소법」(이하 "법"이라 한다) 제70조제3항 및 제6항의 규정에 의한 국선대리인의 선임 및 보수 등에 관한 필요한 사항을 규정함을 목적으로 한다.(2006.5.29 본조개정)

제2조【국선대리인의 자격】 국선대리인은 대한민국에 사무소를 둔 변호사 중에서 이를 선정한다.

제3조【국선대리인의 수】 ① 국선대리인은 청구인마다 1인을 선정한다. 다만, 사건의 특수성에 비추어 필요하다고 인정할 때에는 1인의 청구인에게 수인의 국선대리인을 선정할 수 있다.
② 청구인 수인간에 이해가 상반되지 아니한 때에는 그 수인의 청구인을 위하여 동일한 국선대리인을 선정할 수 있다.

제4조【선임기준 및 절차】 ① 법 제70조제1항에서 규정한 변호사를 대리인으로 선임할 자력이 없는 자의 기준은 다음 각호의 1에 의한다.
1. 월평균수입이 300만원 미만인 자(2019.6.19 본호개정)
2. (2006.5.29 삭제)
3. 「국민기초생활보장법」에 따른 수급자 및 차상위계층(2019.6.19 본호개정)
4. 「국가유공자 등 예우 및 지원에 관한 법률」에 의한 국가유공자와 그 유족 또는 가족(2006.5.29 본호개정)
5. 「한부모가족지원법」에 따른 지원대상자
6. 「기초연금법」에 따른 기초연금 수급자
7. 「장애인연금법」에 따른 수급자
8. 「북한이탈주민의 보호 및 정착지원에 관한 법률」에 따른 보호대상자
(2019.6.19 5호~8호신설)
9. 위 각호에는 해당하지 아니하나, 청구인이 시각·청각·언어·정신 등 신체적·정신적 장애가 있는지 여부 또는 청구인이나 그 가족의 경제능력 등 제반사정에 비추어 보아 변호사를 대리인으로 선임하는 것을 기대하기 어려운 경우(2011.11.10 본호개정)

② 국선대리인의 선임신청을 하고자 하는 자는 헌법소원사유를 명시하고 제1항 각호의 1에 해당하는 자임을 소명하는 서면을 제출하여야 한다.
③ 제2항의 규정에 위배한 경우에는 재판장은 상당한 기간을 정하고 그 기간내에 보정할 것을 명하여야 한다.
(1997.11.18 본조개정)

제5조【통지】 헌법재판소가 국선대리인의 선정에 관한 결정을 한 때에는 지체없이 그 사실을 당해 국선대리인과 신청인에게 서면으로 통지하여야 한다.

제6조【선정취소】 ① 헌법재판소는 다음 각호의 1에 해당하는 때에는 국선대리인의 선정을 취소하여야 한다.
1. 청구인에게 변호사가 선임된 때
2. 국선대리인이 변호사법에 규정한 자격을 상실한 때
3. 헌법재판소가 제7조의 규정에 의하여 국선대리인의 사임을 허가한 때

② 헌법재판소는 국선대리인이 그 직무를 성실히 수행하지 아니하거나 기타 상당한 이유가 있는 때에는 선정을 취소할 수 있다.
③ 헌법재판소가 제1항제1호 이외의 사유로 국선대리인의 선정을 취소한 때에는 지체없이 다른 국선대리인을 선정하여야 한다.
④ 국선대리인의 선정을 취소하거나 개임한 때에는 지체없이 그 뜻을 당해 국선대리인과 청구인에게 서면으로 통지하여야 한다.

제7조【사임】 국선대리인은 다음 각호의 1에 해당하는 경우에는 헌법재판소의 허가를 얻어 사임할 수 있다.
1. 질병 또는 장기여행으로 인하여 국선대리인의 직무를 수행하기 어려울 때
2. 청구인 기타 관계인으로부터 부당한 대우를 받아 신뢰관계를 지속할 수 없을 때
3. 청구인 기타 관계인으로부터 부정한 행위를 할 것을 종용받았을 때
4. 기타 국선대리인으로서의 직무를 수행할 수 없다고 인정할 만한 상당한 사유가 있을 때

제8조【감독】 헌법재판소는 국선대리인이 그 임무를 해태하여 국선대리인으로서의 불성실함이 현저하다고 인정할 때에는 그 사유를 대한변호사협회장 또는 소속 변호사회장에게 통고할 수 있다.

제9조【보수】 ① 국선대리인의 보수는 매년 예산의 범위내에서 재판관회의에서 정한다.
② 제1항의 보수는 사안의 난이, 국선대리인이 수행한 직무의 내용, 청구인의 수, 변론의 회수, 기록의 등사나 청구인 면담등에 지출한 비용 기타 사항을 참작하여 예산의 범위안에서 재판장이 증액할 수 있다.

부 칙 (2019.6.19)

이 규칙은 공포한 날부터 시행한다.

법령 등 공포에 관한 법률

(약칭 : 법령공포법)

(1963년 12월 16일 법 률 제1539호)

개정
1973. 3. 9법 2585호　1982.11.29법 3573호
1997.12.13법 5454호(정부부처명)
2008. 3.28법 8997호　2010. 3.12법10059호
2018.10.16법15798호

제1조【목적】 이 법은 법령 등의 공포(公布) 절차에 관하여 규정함을 목적으로 한다.(2010.3.12 본조개정)

제2조【전문】 헌법개정·법률·조약 및 대통령령의 공포문과 헌법개정안·예산 및 예산 외 국고부담계약의 공고문에는 전문(前文)을 붙여야 한다.(2010.3.12 본조개정)

제3조【헌법개정안】 헌법개정안 공고문의 전문에는 대통령 또는 국회 재적의원 과반수가 발의(發議)한 사실을 적고, 대통령이 서명한 후 대통령인(大統領印)을 찍고 그 공고일을 명기(明記)하여 국무총리와 각 국무위원이 부서(副署)한다.(2010.3.12 본조개정)

제4조【헌법개정】 헌법개정 공포문의 전문에는 헌법개정안이 대통령 또는 국회 재적의원 과반수의 발의로 제안되어 국회에서 재적의원 3분의 2 이상이 찬성하고 국민투표에서 국회의원 선거권자 과반수가 투표하여 투표자 과반수가 찬성한 사실을 적고, 대통령이 서명한 후 국새(國璽)와 대통령인을 찍고 그 공포일을 명기하여 국무총리와 각 국무위원이 부서한다.(2010.3.12 본조개정)

제5조【법률】 ① 법률 공포문의 전문에는 국회의 의결을 받은 사실을 적고, 대통령이 서명한 후 대통령인을 찍고 그 공포일을 명기하여 국무총리와 관계 국무위원이 부서한다.
② 「대한민국헌법」 제53조제6항에 따라 국회의장이 공포하는 법률의 공포문 전문에는 국회의 의결을 받은 사실과 「대한민국헌법」 제53조제6항에 따라 공포한다는 뜻을 적고, 국회의장이 서명한 후 국회의장인(國會議長印)을 찍고 그 공포일을 명기하여야 한다.
(2010.3.12 본조개정)

제6조【조약】 조약 공포문의 전문에는 국회의 동의 또는 국무회의의 심의를 거친 사실을 적고, 대통령이 서명한 후 대통령인을 찍고 그 공포일을 명기하여 국무총리와 관계 국무위원이 부서한다.(2010.3.12 본조개정)

제7조【대통령령】 대통령령 공포문의 전문에는 국무회의의 심의를 거친 사실을 적고, 대통령이 서명한 후 대통령인을 찍고 그 공포일을 명기하여 국무총리와 관계 국무위원이 부서한다.(2010.3.12 본조개정)

제8조【예산 등】 예산 및 예산 외 국고부담계약 공고문의 전문에는 국회의 의결을 받은 사실을 적고, 대통령이 서명한 후 대통령인을 찍고 그 공고일을 명기하여 국무총리와 관계 국무위원이 부서하여야 한다.(2010.3.12 본조개정)

제9조【총리령 등】 ① 총리령을 공포할 때에는 그 일자를 명기하고, 국무총리가 서명한 후 총리인(總理印)을 찍는다.
② 부령을 공포할 때에는 그 일자를 명기하고, 해당 부(部)의 장관이 서명한 후 그 장관인(長官印)을 찍는다.
(2010.3.12 본조개정)

제10조【법령 번호】 ① 법률, 대통령령, 총리령 및 부령은 각각 그 번호를 붙여서 공포한다.
② 제1항의 번호는 법률, 대통령령, 총리령 및 각 부령별로 표시한다. 다만, 국회의장이 공포하는 법률의 번호는 국회규칙으로 정하는 바에 따라 따로 표시하되, 대통령이 공포한 법률과 구별할 수 있는 표지(標識)를 하여야 한다.
(2010.3.12 본조개정)

제11조【공포 및 공고의 절차】 ① 헌법개정·법률·조약·대통령령·총리령 및 부령의 공포와 헌법개정안·예산 및 예산 외 국고부담계약의 공고는 관보(官報)에 게재함으로써 한다.
② 「국회법」 제98조제3항 전단에 따라 하는 국회의장의 법률 공포는 서울특별시에서 발행되는 둘 이상의 일간신문에 게재함으로써 한다.
③ 제1항에 따른 관보는 종이로 발행되는 관보(이하 "종이관보"라 한다)와 전자적인 형태로 발행되는 관보(이하 "전자관보"라 한다)로 운영한다.(2018.10.16 본항개정)
④ 관보의 내용 해석 및 적용 시기 등에 대하여 종이관보와 전자관보는 동일한 효력을 가진다.(2018.10.16 본항개정)
(2010.3.12 본조개정)

제12조【공포일·공고일】 제11조의 법령 등의 공포일 또는 공고일은 해당 법령 등을 게재한 관보 또는 신문이 발행된 날로 한다.(2010.3.12 본조개정)

제13조【시행일】 대통령령, 총리령 및 부령은 특별한 규정이 없으면 공포한 날부터 20일이 경과함으로써 효력을 발생한다.(2010.3.12 본조개정)

제13조의2【법령의 시행유예기간】 국민의 권리 제한 또는 의무 부과와 직접 관련되는 법률, 대통령령, 총리령 및 부령은 긴급히 시행하여야 할 특별한 사유가 있는 경우를 제외하고는 공포일부터 적어도 30일이 경과한 날부터 시행되도록 하여야 한다.(2010.3.12 본조개정)

제14조 (2010.3.12 삭제)

부 칙 (2010.3.12)
(2018.10.16)

이 법은 공포한 날부터 시행한다.

연호에 관한 법률

(1961년 12월 2일 법 률 제775호)

개정
2014. 1. 7법12209호

대한민국의 공용(公用) 연호(年號)는 서력기원(西曆紀元)으로 한다.(2014.1.7 개정)

부 칙

① 본법은 단기 4295년 1월 1일부터 시행한다.
② 법률 제4호 연호에관한법률은 이를 폐지한다.
③ 본법 시행 당시의 공문서중 단기로 표시된 연대는 당해 단기연대에서 2333년을 감하여 이를 서력연대로 간주한다.
④ 연대정정에 있어서는 공문서 정정에 관한 타법령의 규정에 불구하고 당해 공문서의 서식에 적합하도록 연대정정인을 사용하여 정정할 수 있다.

부 칙 (2014.1.7)

이 법은 공포한 날부터 시행한다.

대한민국국기법

(2007년 1월 26일 법 률 제8272호)

개정
2011. 5.30법10741호(국가장법)
2014. 1.28법12342호

제1조【목적】 이 법은 대한민국을 상징하는 국기의 제작·게양 및 관리 등에 관한 기본적인 사항을 규정함으로써 국기에 대한 인식의 제고 및 존엄성의 수호를 통하여 애국정신을 고양함을 목적으로 한다.

제2조【정의】 이 법에서 "공공기관"이라 함은 다음 각 호의 어느 하나에 해당하는 기관·법인 또는 단체를 말한다.
1. 「공공기관의 운영에 관한 법률」 제4조에 따른 기관(2014.1.28 본호개정)
2. 그 밖에 대통령령이 정하는 기관·법인 또는 단체

제3조【다른 법률과의 관계】 국기에 관한 사항은 다른 법률에 특별한 규정이 있는 경우를 제외하고는 이 법이 정하는 바에 따른다.

제4조【대한민국의 국기】 대한민국의 국기(이하 "국기"라 한다)는 태극기(太極旗)로 한다.

제5조【국기의 존엄성 등】 ① 모든 국민은 국기를 존중하고 애호하여야 한다.
② 국가 및 지방자치단체는 국기의 제작·게양 및 관리 등에 있어서 국기의 존엄성이 유지될 수 있도록 필요한 조치를 강구하여야 한다.

제6조【국기에 대한 경례】 국기에 대한 경례를 하는 때에는 선 채로 국기를 향하여 오른손을 펴서 왼편가슴에 대고 국기를 주목하거나 거수경례를 한다. 그 밖에 국기에 대한 경례방법 및 절차 등에 관하여 필요한 사항은 대통령령으로 정한다.

제7조【국기의 깃면, 깃봉, 깃대 등】 ① 국기는 가운데의 태극(太極)과 네 모서리의 건곤감리(乾 : ☰, 坤 : ☷, 坎 : ☵, 離 : ☲) 4괘(卦)로 구성한다.
② 국기의 깃면은 그 바탕을 흰색으로 하고, 태극의 윗부분은 빨간색, 아랫부분은 파란색으로 하며, 괘는 검은색으로 한다.
③ 국기의 깃면의 길이와 너비는 3대 2의 비례로 한다. 다만, 경축행사 등 대통령령이 정하는 경우에는 그러하지 아니하다.
④ 국기의 깃봉은 아랫부분에 꽃받침 다섯 편이 있는 둥근 무궁화봉오리 모양으로 하며, 그 색은 황금색으로 한다.
⑤ 국기의 깃대는 견고한 재질로 만들고, 그 색은 흰색·은백색·연두색 또는 이와 유사한 색으로 한다.
⑥ 국기 깃면의 그리는 방법과 규격, 국기의 표준색도, 깃봉의 제작 및 깃대의 설치방법 등 그 밖의 필요한 사항은 대통령령으로 정한다.

제8조【국기의 게양일 등】 ① 국기를 게양하여야 하는 날은 다음 각호와 같다.
1. 「국경일에 관한 법률」 제2조의 규정에 따른 국경일
2. 「각종 기념일 등에 관한 규정」 제2조의 규정에 따른 기념일 중 현충일 및 국군의 날
3. 「국가장법」 제6조에 따른 국가장기간(2011.5.30 본호개정)
4. 정부가 따로 지정한 날
5. 지방자치단체가 조례 또는 지방의회의 의결로 정하는 날
② 제1항의 규정에 불구하고 국기는 매일·24시간 게양할 수 있다.
③ 국가, 지방자치단체 및 공공기관의 청사 등에는 국기를 연중 게양하여야 하며, 다음 각 호의 장소에는 가능한 한 연중 국기를 게양하여야 한다. 이 경우 야간에는 적절한 조명을 하여야 한다.
1. 공항·호텔 등 국제적인 교류장소
2. 대형건물·공원·경기장 등 많은 사람이 출입하는 장소
3. 주요 정부청사의 울타리
4. 많은 깃대가 함께 설치된 장소
5. 그 밖에 대통령령이 정하는 장소
④ 각급 학교 및 군부대의 주된 게양대에는 국기를 매일 낮에만 게양한다.
⑤ 국기가 심한 눈·비와 바람 등으로 그 훼손이 우려되는 경우에는 이를 게양하지 아니한다.
⑥ 국기의 게양 및 강하 시각, 시각의 변경 등에 관하여 필요한 사항은 대통령령으로 정한다.

제9조【국기의 게양방법 등】 ① 국기는 다음 각 호의 방법으로 게양하여야 한다.
1. 경축일 또는 평일 : 깃봉과 깃면의 사이를 떼지 아니하고 게양함
2. 현충일·국가장기간 등 조의를 표하는 날 : 깃봉과 깃면의 사이를 깃면의 너비만큼 떼어 조기(弔旗)를 게양함(2011.5.30 본호개정)
② 국기의 게양 및 강하 방법, 국기와 다른 기의 게양 및 강하 방법, 국기의 게양위치, 게양식·강하식 등 그 밖에 필요한 사항은 대통령령으로 정한다.

제10조【국기의 관리 등】 ① 국기를 게양하는 기관 또는 단체의 장 등은 국기의 존엄성이 훼손되지 아니하도록 국기·깃봉 및 깃대 등을 관리하여야 한다.

② 여러 사람이 모이는 집회 등 각종 행사에서 수기(手旗)를 사용하는 경우 행사를 주최하는 자는 국기가 함부로 버려지지 아니하도록 관리하여야 한다.

③ 국기가 훼손된 때에는 이를 지체 없이 소각 등 적절한 방법으로 폐기하여야 한다.

④ 국기를 영구(靈柩)에 덮을 때에는 국기가 땅에 닿지 않도록 하고 영구와 함께 매장하여서는 아니 된다. 이 경우 국기를 영구에 덮는 방법 등에 관하여 필요한 사항은 대통령령으로 정한다.

제11조【국기 또는 국기문양의 활용 및 제한】 ① 국기 또는 국기문양(태극과 4괘)은 각종 물품과 의식(儀式) 등에 활용할 수 있다. 다만, 다음 각 호에 해당하는 경우에는 그러하지 아니하다.

1. 깃면에 구멍을 내거나 절단하는 등 훼손하여 사용하는 경우
2. 국민에게 혐오감을 주는 방법으로 활용하는 경우

② 제1항의 국기문양 중 태극과 괘는 이를 함께 또는 따로 분리하여 각종 물품과 의식 등에 활용할 수 있다.

제12조【국기선양을 위한 사업의 지원】 국가는 국기선양을 위하여 대통령령이 정하는 사업을 추진하는 법인·단체 등에 대하여 예산의 범위 안에서 필요한 지원을 할 수 있다.

부 칙 (2014.1.28)

이 법은 공포한 날부터 시행한다.

대한민국국기법 시행령

(2007년 7월 27일 대통령령 제20204호)

개정
2008. 2.29영20741호(직제)
2008. 7.17영20915호
2011. 8.22영23091호(국가장법시)
2013. 3.23영24425호(직제)
2014.11.19영25751호(직제)
2017. 7.26영28211호(직제)

제1조【목적】 이 영은 「대한민국국기법」에서 위임된 사항과 그 시행에 관하여 필요한 사항을 규정함을 목적으로 한다.

제2조【국가 및 지방자치단체의 국기선양활동】 ① 행정안전부장관 및 지방자치단체의 장은 국기에 대한 올바른 이해와 국기의 존엄성을 유지하기 위하여 필요한 교육 및 홍보 활동 등 국기선양사업을 추진·지원한다.
(2017.7.26 본항개정)

② 교육부장관은 각급 학교에서의 국기에 대한 교육활동 등 국기선양사업을 추진한다.
(2013.3.23 본조개정)

제3조【국기에 대한 경례방법】 「대한민국국기법」(이하 "법"이라 한다) 제6조의 국기에 대한 경례는 다음 각 호의 구분에 따른 방법으로 한다.

1. 제복을 입지 아니한 국민은 국기를 향하여 오른손을 펴서 왼쪽 가슴에 대고 국기를 주목(注目)한다.
2. 제복을 입지 아니한 국민 중 모자를 쓴 국민은 국기를 향하여 오른손으로 모자를 벗어 왼쪽 가슴에 대고 국기를 주목한다. 다만, 모자를 벗기 곤란한 경우에는 제1호의 방법에 따를 수 있다.
3. 제복을 입은 국민은 국기를 향하여 거수경례(擧手敬禮)를 한다.

제4조【국기에 대한 맹세】 ① 국기에 대한 경례를 하는 때에는 다음의 맹세문을 낭송하되, 애국가를 연주하는 경우에는 낭송하지 아니한다.

"나는 자랑스러운 태극기 앞에 자유롭고 정의로운 대한민국의 무궁한 영광을 위하여 충성을 다할 것을 굳게 다짐합니다."

② 제1항의 맹세문 낭송은 녹음물·영상물 등 시청각 자료를 활용하여 실시할 수 있다.

제5조【깃면의 길이와 너비에 대한 예외】 법 제7조제3항 단서에 따라 경축행사 또는 가로변에 국기를 게양하는 경우에는 깃면의 길이와 너비의 비례를 달리 할 수 있다.

제6조【국기의 깃면을 그리는 방법】 ① 국기는 흰색 바탕의 깃면에 가운데의 태극과 네 모서리의 4괘로 구성한다.

② 태극은 다음 각 호의 순서에 따라 아래의 그림과 같이 그린다.

1. 깃면의 두 대각선이 서로 교차하는 점을 중심으로 깃면 너비의 2분의 1을 지름으로 하는 원을 그린다.
2. 두 대각선 중 왼쪽 윗 모서리에서 오른쪽 아랫 모서리로 그어진 대각선상의 원의 지름을 2등분하여, 왼쪽 부분에 원의 지름의 2분의 1(깃면 너비의 4분의 1)을 지름으로 하는 반원을 대각선의 아랫 부분에 그리고, 그 오른쪽 부분에 원의 지름의 2분의 1(깃면 너비의 4분의 1)을 지름으로 하는 반원을 대각선의 윗부분에 그린다.
3. 반원으로 연결된 원의 윗부분은 빨간색으로, 그 아랫부분은 파란색으로 한다.

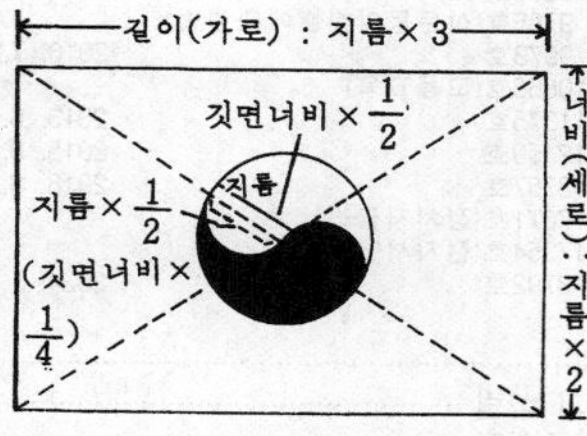

③ 4괘는 다음 각 호의 방법에 따라 아래의 그림과 같이 그린다.

1. 4괘는 깃면의 왼쪽 윗부분에 건(乾 : ☰)을, 오른쪽 아랫부분에 곤(坤 : ☷)을, 오른쪽 윗부분에 감(坎 : ☵)을, 왼쪽 아랫부분에 이(離 : ☲)를 각각 배열한다.
2. 괘의 길이는 태극지름의 2분의 1(깃면 너비의 4분의 1)로 하고, 괘의 너비는 태극지름의 3분의 1(깃면 너비의 6분의 1)로 하며, 괘와 태극사이는 태극지름의 4분의 1(깃면 너비의 8분의 1)로 한다.
3. 괘의 길이 중심을 깃면의 두 대각선상에 두되, 그 길이는 두 대각선과 각각 직각을 이루도록 한다.
4. 괘의 구성부분은 효(爻)로 하되, 그 효의 너비는 괘 너비의 4분의 1(깃면 너비의 24분의 1)로 하고, 효와 효 사이 및 끊어진 효의 사이는 효 너비의 2분의 1(깃면 너비의 48분의 1)로 한다.
5. 괘는 검은색으로 한다.

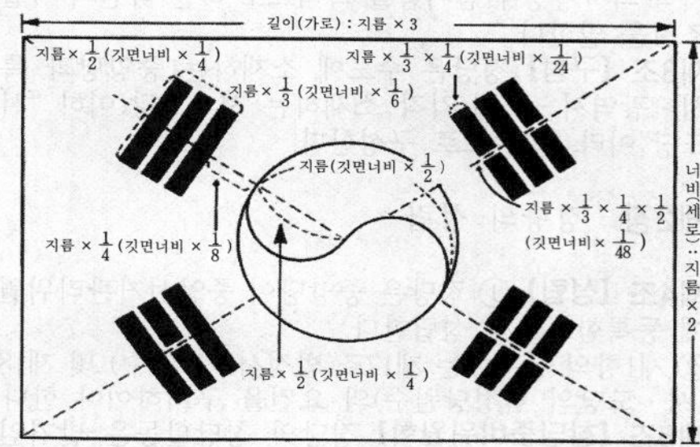

제7조【국기의 호수별 표준규격】 법 제7조의 국기 깃면의 크기는 특호 및 1호부터 10호까지로 구분하며, 호수별 표준규격은 별표1과 같다. 다만, 필요한 경우에는 같은 조에 따른 길이와 너비의 비례를 유지하면서 그 크기를 달리할 수 있다.

제8조【국기의 표준색도】 법 제7조의 국기의 표준색도는 별표2와 같다.

제9조【금실의 부착】 ① 다음 각 호의 어느 하나에 해당하는 경우에는 국기의 깃면 둘레에 금실을 달 수 있다.

1. 국가를 대표하는 사람의 승용차에 다는 경우
2. 의전용으로 쓰이는 경우
3. 실내에서 게양하는 경우
4. 각종 국제회의 시 탁상용으로 쓰이는 경우

② 금실의 길이는 깃면 너비의 7분의 1에서 8분의 1 사이의 길이로 하여 깃면의 둘레에 달되, 깃대와 접하는 부분에는 금실을 달지 아니한다.

제10조【깃봉의 제작】 법 제7조의 깃봉의 지름은 국기 깃면 너비의 10분의 1로 하며, 깃봉의 제작방법은 별표3과 같다.

제11조【깃대의 설치방법】 ① 지상이나 건물 등에 고정하여 설치하는 깃대(이하 "국기게양대"라 한다)는 지면 또는 건물 등에 수직으로 설치한다. 다만, 건물 등의 벽면에 국기게양대를 설치하는 경우에는 하늘을 향하여 기울어진 형태로 설치한다.

② 국기게양대는 주위가 트인 지면 또는 건물 옥상 등에 국기의 게양식·강하식을 할 수 있을 정도로 높게 설치한다. 다만, 건물의 구조 또는 주변 환경으로 인하여 부득이한 경우에는 건물앞면의 벽면 또는 차양시설 위 등 건물 형태에 적합한 장소에 설치할 수 있다.

③ 국기게양대를 다른 기의 게양대와 같이 설치하는 때에는 국기게양대를 다른 기의 게양대보다 높게 설치한다. 다만 다음 각 호의 어느 하나에 해당하는 경우에는 그러하지 아니하다.

1. 국기게양대를 포함하여 게양대를 2개 설치하는 경우
2. 국기게양대와 유엔기·외국기를 상시 게양하기 위한 게양대를 같이 설치하는 경우

④ 제3항 본문에 따라 게양대를 설치하는 경우 그 총수가 홀수인 경우에는 국기게양대를 중앙에 설치하고, 짝수인 경우에는 앞에서 바라보아 중앙에서 왼쪽 첫 번째에 설치한다.(2008.7.17 본항신설)

⑤ 제3항에 따라 국기게양대를 설치하는 때에는 국기게양대의 높이는 다른 게양대보다 깃면의 너비(세로)만큼 높게 하고, 그 간격은 깃면의 길이(가로)보다 넓게 한다.
(2008.7.17 본항신설)

제12조【국기의 게양 및 강하 시각】 ① 국기를 매일 게양·강하하는 경우에는 다음 각 호의 구분에 따른 시각에 국기를 게양·강하한다.

1. 게양 시각 : 오전 7시
2. 강하 시각 : 3월부터 10월까지는 오후 6시, 11월부터 다음 해 2월까지는 오후 5시

② 다음 각 호의 어느 하나에 해당하는 경우에는 제1항의 국기 게양 및 강하 시각을 달리 할 수 있다.

1. 야간행사 등에 국기를 게양할 필요가 있는 경우
2. 「국가장법」에 따른 국가장 등 조기(弔旗)를 게양하여야 하는 경우(2011.8.22 본호개정)
3. 그 밖에 특별한 사유로 인하여 중앙행정기관의 장이 행정안전부장관과 협의하여 정한 경우(2017.7.26 본호개정)

제13조【국기의 게양 및 강하 방법】 ① 국기는 깃대 또는 국기게양대에 게양한다. 다만, 다음 각 호의 어느 하나에 해당하는 경우에는 국기를 벽면 등에 게시할 수 있다.

1. 실내 여건, 교육 목적 등으로 실내 벽면에 국기를 게시하는 경우
2. 경축 등의 목적으로 건물의 벽면 등에 대형국기를 게시하는 경우

② 국기는 그 깃면의 건괘가 왼쪽 위로 오도록 하여 건괘와 이괘가 있는 쪽의 깃면 너비부분이 깃대에 접하도록 게양한다.

③ 조기의 게양 및 강하 순서는 다음 각 호의 방법에 따른다.

1. 게양 시에는 깃면의 왼쪽 윗 모서리가 깃봉에 닿을 때까지 깃면을 올렸다가 깃면 너비만큼 내려 게양한다.
2. 강하 시에는 깃면의 왼쪽 윗 모서리가 깃봉에 닿을 때까지 올렸다가 다시 내린다.

제14조【국기의 깃면을 늘여서 게양하는 방법】 제5조에 따라 국기의 깃면을 늘여서 게양할 때에는 별표4에 따라 이괘가 왼쪽 위로 오도록 한다. 다만, 가로변에 게양하는 국기로서 대칭하여 2개의 국기를 늘여서 게양하는 경우에는 왼쪽 국기의 건괘가 왼쪽 위에 오도록 한다.

제15조【국기와 다른 기의 게양 방법】 ① 국기와 다른 기를 같이 게양할 때에는 별표5에 따라 국기를 가장 높은 깃대에 게양한다. 다만, 2개 이상의 게양대 높이가 동일할 때에는, 별표5-2에 따라 게양하는 기의 수가 홀수인 경우에는 국기를 중앙에, 그 수가 짝수인 경우에는 앞에서 바라보아 왼쪽 첫 번째에 게양한다.(2008.7.17 본항개정)

② 국기와 다른 기를 같이 게양할 경우에 다른 기는 국기 게양과 동시에 또는 그 이후에 게양하며, 강하할 경우에는 다른 기는 국기강하와 동시에 또는 그 이전에 강하한다.

제16조【국기와 외국기의 게양방법】 ① 외국기는 우리나라를 승인한 나라만 게양한다. 다만, 국제회의·체육대회 등에 있어서는 우리나라를 승인하지 아니한 국가의 국기도 게양할 수 있다.

② 국기와 외국기를 게양할 때에는 별표6과 같이 하며, 국기와 외국기는 그 크기와 높이를 같게 게양한다. 이 경우 외국기의 게양 순서는 외국 국가 명칭의 영문 알파벳 순서에 따른다.(2008.7.17 본항개정)

③ 국기와 외국기를 교차시켜 게양하는 경우에는 별표7과 같이 앞에서 바라보아 국기의 깃면이 왼쪽에 오도록 하고, 그 깃대는 외국기의 깃대 앞쪽에 오도록 한다.

제17조【국기와 유엔기의 게양방법】 ① 국기와 유엔기를 게양할 경우에는 앞에서 바라보아 왼쪽에 유엔기를, 오른쪽에 국기를 게양한다.

② 국기·유엔기 및 외국기를 함께 게양할 경우에는 유엔기·국기·및 제16조제2항의 외국기의 순서로 게양한다.

제18조【국기의 게양위치】 국기는 다음 각 호의 위치에 게양한다. 다만, 건물 또는 차량의 구조 등으로 인하여 부득이한 경우에는 국기의 게양위치를 달리 할 수 있다.

1. 단독주택의 대문과 공동주택 각 세대의 난간에는 중앙이나 앞에서 바라보아 왼쪽에 국기를 게양한다.
2. 제1호의 주택을 제외한 건물에는 앞에서 바라보아 지면의 중앙이나 왼쪽, 옥상의 중앙, 현관의 차양시설 위 중앙 또는 주된 출입구의 위 벽면 중앙에 국기를 게양한다.
3. 건물 안의 회의장·강당 등에서는 그 내부의 전면을 앞에서 바라보아 그 전면의 왼쪽 또는 중앙에 국기가 위치하도록 한다.
4. 차량에는 그 전면을 앞에서 바라보아 왼쪽에 국기를 게양한다.

제19조【게양식 및 강하식】 ① 법 제8조제4항의 낮에만 국기를 게양하는 학교 및 군부대는 그 주된 국기게양대의 국기를 게양·강하하는 때에는 게양식 및 강하식을 행한다. 다만, 같은 조 제5항의 사유로 국기를 게양·강하하는 경우에는 그러하지 아니하다.

② 법 제9조의 게양식 및 강하식은 애국가의 연주에 맞추어 행한다. 다만, 주변여건상 부득이한 경우에는 애국가의 연주를 생략할 수 있다.

제20조【게양식 및 강하식에서의 국기에 대한 경의표시】 법 제9조의 국기 게양식 또는 강하식을 하는 때에는 다음 각 호의 구분에 따라 국기에 대하여 경의를 표시한다. 다만, 경기 중이거나 그 밖에 경의를 표시하지 못할 부득이한 사유가 있는 경우에는 경의표시를 생략할 수 있다.
1. 국기를 볼 수 있는 국민은 국기를 향하여 경례를 하며, 국기를 볼 수 없고 연주만을 들을 수 있는 국민은 그 방향을 향하여 선채로 차렷 자세를 취한다.
2. 건물의 울타리안에 있는 차량에 탑승하고 있는 사람은 그 차량을 멈추고 앉은 채로 차렷 자세를 취한다.

제21조【영구에 국기 깃면을 덮는 방법】 법 제10조에 따라 국기를 영구(靈柩)에 덮을 때에는 영구의 덮개를 위에서 바로 내려다보아 덮개의 윗부분 오른쪽에 건(乾 : ☰)괘가, 왼쪽에 이(離 : ☲)괘가 오도록 한다.

제22조【국기의 관리】 국기에 때가 묻거나 구겨진 경우에는 국기를 훼손하지 아니하는 범위에서 국기를 세탁하거나 다림질하여 게양·보관할 수 있다.

제23조【재외공관의 국기 게양 및 강하 시각 등】 재외공관의 국기 게양 및 강하 시각 등은 주재국의 관례에 따른다.

제24조【국기선양사업의 범위】 법 제12조에 따라 국가는 국기에 대한 교육 또는 홍보 사업을 추진하는 법인·단체 등에 필요한 지원을 할 수 있다.

부 칙

제1조【시행일】 이 영은 공포한 날부터 시행한다.

제2조【「대한민국 국기에 관한 규정」의 폐지】 「대한민국 국기에 관한 규정」은 폐지한다.

부 칙 (2013.3.23)
(2014.11.19)
(2017.7.26)

제1조【시행일】 이 영은 공포한 날부터 시행한다.(이하 생략)

〔별표〕 ➡ 「法典 別冊」 참조

나라문장 규정

(1970년 7월 3일
전개대통령령 제5151호)

개정
2006. 6.12영19513호(고위공무원단인사규정)
2011.12.28영23399호

제1조【목적】 이 영은 외국에 발신하는 공문서와 국가적 중요문서, 그 밖의 시설, 물자 등에 대한민국을 상징하는 휘장(徽章)으로 사용하기 위한 나라문장(紋章)에 관하여 필요한 사항을 규정함을 목적으로 한다.(2011.12.28 본조개정)

제2조【규격】 나라문장은 별표와 같이 하되, 휘장이나 철인(鐵印)으로 하여 사용한다. 다만, 필요에 따라 규격을 확대하거나 축소하여 사용할 수 있다.(2011.12.28 본조개정)

제3조【사용】 나라문장은 다음 각 호의 문서, 시설 또는 물자에 사용할 수 있다.
1. 외국·국제기구 또는 국내 외국기관에 발신하는 공문서
2. 1급 이상 상당 공무원(고위공무원단에 속하는 공무원을 포함한다)의 임명장
3. 훈장과 훈장증 및 대통령표창장
4. 국가공무원 신분증
5. 국공립 대학교의 졸업증서 및 학위증서
6. 재외공관 건물
7. 정부소유의 선박 및 항공기
8. 화폐
9. 그 밖에 각 중앙행정기관의 장이 국가표지가 필요하다고 인정하는 문서, 시설 또는 물자

(2011.12.28 본조개정)

제4조【휘장 또는 철인의 위치】 문서에 휘장이나 철인을 사용할 때에는 그 휘장이나 철인이 문서의 중앙상단부에 오도록 찍는다.(2011.12.28 본조개정)

부 칙 (2011.12.28)

이 영은 공포한 날부터 시행한다.

〔별표〕 ➡ 「www.hyeonamsa.com」 참조

정당법

(2005년 8월 4일
전부개정법률 제7683호)

개정
2008. 2.29법 8881호
2009. 7.31법 9785호(신문등의진흥에관한법)
2010. 1.25법 9973호
2010. 7.23법10396호
2011. 7.21법10866호(고등교육)
2012. 2.29법11375호
2013. 8.13법12112호
2013.12.30법12150호
2015. 8.11법13460호
2016. 1.15법13757호
2018. 8.14법15750호
2020. 3.11법17071호(정치자금법)
2020. 6. 9법17354호(전자서명법)
2022. 1.21법18792호
2024. 1. 2법19922호

제1장 총 칙

제1조【목적】 이 법은 정당이 국민의 정치적 의사형성에 참여하는데 필요한 조직을 확보하고 정당의 민주적인 조직과 활동을 보장함으로써 민주정치의 건전한 발전에 기여함을 목적으로 한다.

제2조【정의】 이 법에서 "정당"이라 함은 국민의 이익을 위하여 책임있는 정치적 주장이나 정책을 추진하고 공직선거의 후보자를 추천 또는 지지함으로써 국민의 정치적 의사형성에 참여함을 목적으로 하는 국민의 자발적 조직을 말한다.

제3조【구성】 정당은 수도에 소재하는 중앙당과 특별시·광역시·도에 각각 소재하는 시·도당(이하 "시·도당"이라 한다)으로 구성한다.

제2장 정당의 성립

제4조【성립】 ① 정당은 중앙당이 중앙선거관리위원회에 등록함으로써 성립한다.
② 제1항의 등록에는 제17조(법정시·도당수) 및 제18조(시·도당의 법정당원수)의 요건을 구비하여야 한다.

제5조【창당준비위원회】 정당의 창당활동은 발기인으로 구성하는 창당준비위원회가 이를 한다.

제6조【발기인】 창당준비위원회는 중앙당의 경우에는 200명 이상의, 시·도당의 경우에는 100명 이상의 발기인으로 구성한다.(2010.7.23 본조개정)

제7조【신고】 ① 중앙당창당준비위원회를 결성한 때에는 그 대표자는 중앙선거관리위원회에 다음 각 호의 사항을 신고하여야 한다.
1. 발기의 취지
2. 정당의 명칭(가칭)
3. 사무소의 소재지
4. 발기인과 그 대표자의 성명·주소
5. 회인(會印) 및 그 대표자 직인의 인영
6. 중앙선거관리위원회규칙으로 정하는 사항

② 중앙당창당준비위원회는 제1항의 신고를 함으로써 그 활동을 개시할 수 있다.
③ 제1항의 신고를 하는 때에는 발기인이 서명·날인한 동의서를 첨부하여야 한다.(2010.7.23 본항신설)
④ 제1항의 신고사항 중 제1호 내지 제5호(제4호 중 발기인의 성명·주소를 제외한다)에 규정된 사항에 변경이 생긴 때에는 중앙당창당준비위원회의 대표자는 14일 이내에 중앙선거관리위원회에 변경신고를 하여야 한다.

제8조【창당준비위원회의 활동범위】 ① 창당준비위원회는 창당의 목적범위 안에서만 활동을 할 수 있다.
② 중앙당창당준비위원회는 제7조(신고)제1항의 규정에 의한 결성신고일부터 6월 이내에 한하여 창당활동을 할 수 있다.
③ 중앙당창당준비위원회가 제2항의 기간 이내에 제11조(등록신청)의 규정에 의한 중앙당의 창당등록신청을 하지 아니한 때에는 그 기간만료일의 다음 날에 그 창당준비위원회는 소멸된 것으로 본다.
④ 중앙당창당준비위원회가 소멸된 때에는 중앙선거관리위원회는 지체 없이 그 뜻을 공고하여야 한다.

제9조【시·도당의 창당승인】 시·도당의 창당에는 중앙당(창당준비위원회를 포함한다)의 승인이 있어야 한다.

제10조【창당집회의 공개】 ① 정당의 창당집회는 공개하여야 한다.
② 중앙당창당준비위원회는 창당집회의 공개를 위하여 집회개최일 전 5일까지 「신문 등의 진흥에 관한 법률」 제2조(정의)에 따른 일간신문에 집회개최공고를 하여야 한다.(2009.7.31 본항개정)

제11조【등록신청】 창당준비위원회가 창당준비를 완료한 때에는 그 대표자는 관할 선거관리위원회에 정당의 등록을 신청하여야 한다.

제12조【중앙당의 등록신청사항】 ① 중앙당의 등록신청사항은 다음 각 호와 같다.
1. 정당의 명칭(약칭을 정한 때에는 약칭을 포함한다)
2. 사무소의 소재지
3. 강령(또는 기본정책)과 당헌
4. 대표자·간부의 성명·주소
5. 당원의 수
6. 당인(黨印) 및 그 대표자 직인의 인영
7. 시·도당의 소재지와 명칭
8. 시·도당의 대표자의 성명·주소

② 제1항의 등록신청에는 대표자 및 간부의 취임동의서와 제10조(창당집회의 공개)제2항의 규정에 의한 신문공고에 관한 증빙자료 및 창당대회 회의록 사본을 첨부하여야 한다.
③ 제1항제4호의 간부의 범위는 중앙선거관리위원회규칙으로 정한다.(2010.1.25 본항신설)

제13조【시·도당의 등록신청사항】 ① 시·도당의 등록신청사항은 다음 각 호와 같다.
1. 정당의 명칭
2. 사무소의 소재지
3. 대표자·간부의 성명·주소
4. 당원의 수
5. 당인(黨印) 및 그 대표자 직인의 인영

② 제1항의 등록신청에는 대표자 및 간부의 취임동의서, 중앙당 또는 그 창당준비위원회의 창당승인서, 법정당원수에 해당하는 수의 당원의 입당원서 사본(18세 미만인 당원의 경우 법정대리인의 동의서 사본을 포함한다) 및 창당대회 회의록 사본을 첨부하여야 한다.(2022.1.21 본항개정)
③ 제1항제3호의 간부의 범위는 중앙선거관리위원회규칙으로 정한다.(2010.1.25 본항신설)

제14조【변경등록】 제12조(중앙당의 등록신청사항) 및 제13조(시·도당의 등록신청사항)의 등록신청사항 중 다음 각 호의 어느 하나에 변경이 생긴 때에는 14일 이내에 관할 선거관리위원회에 변경등록을 신청하여야 한다.
1. 정당의 명칭(약칭을 포함한다)
2. 사무소(중앙당의 경우 당해 사무소에 한한다)의 소재지
3. 강령(또는 기본정책)과 당헌
4. 대표자·간부의 성명·주소(2010.1.25 본호개정)
5. 당인(黨印) 및 그 대표자 직인의 인영

제15조【등록신청의 심사】 등록신청을 받은 관할 선거관리위원회는 형식적 요건을 구비하는 한 이를 거부하지 못한다. 다만, 형식적 요건을 구비하지 못한 때에는 상당한 기간을 정하여 그 보완을 명하고, 2회 이상 보완을 명하여도 응하지 아니할 때에는 그 신청을 각하할 수 있다.

제16조【등록·등록증의 교부 및 공고】 ① 제12조(중앙당의 등록신청사항) 내지 제14조(변경등록)의 규정에 의한 등록신청을 받은 관할 선거관리위원회는 등록신청을 접수한 날부터 7일 이내에 등록을 수리하고 등록증을 교부하여야 한다.
② 제1항의 등록을 수리한 때에는 당해 선거관리위원회는 지체 없이 그 뜻을 공고하여야 한다.

제17조【법정시·도당수】 정당은 5 이상의 시·도당을 가져야 한다.

제18조【시·도당의 법정당원수】 ① 시·도당은 1천인 이상의 당원을 가져야 한다.
② 제1항의 규정에 의한 법정당원수에 해당하는 수의 당원은 당해 시·도당의 관할구역 안에 주소를 두어야 한다.

제3장 정당의 합당

제19조【합당】 ① 정당이 새로운 당명으로 합당(이하 "신설합당"이라 한다)하거나 다른 정당에 합당(이하 "흡수합당"이라 한다)될 때에는 합당을 하는 정당들의 대의기관이나 그 수임기관의 합동회의의 결의로써 합당할 수 있다.
② 정당의 합당은 제20조(합당된 경우의 등록신청)제1항·제2항 및 제4항의 규정에 의하여 중앙선거관리위원회에 등록 또는 신고함으로써 성립한다. 다만, 정당이 「공직선거법」 제2조(적용범위)의 규정에 의한 선거(이하 "공직선거"라 한다)의 후보자등록신청개시일부터 선거일까지의 사이에 합당된 때에는 선거일 후 20일에 그 효력이 발생한다.
③ 제1항 및 제2항의 규정에 의하여 정당의 합당이 성립한 경우에는 그 소속 시·도당도 합당한 것으로 본다. 다만, 신설합당인 경우에는 합당등록신청일부터 3월 이내에 시·도당 개편대회를 거쳐 변경등록신청을 하여야 한다.
④ 신설합당된 정당이 제3항 단서의 규정에 의한 기간 이내에 변경등록신청을 하지 아니한 경우에는 그 기간만료일의 다음 날에 당해 시·도당은 소멸된 것으로 본다.
⑤ 합당으로 신설 또는 존속하는 정당은 합당 전 정당의 권리·의무를 승계한다.

제20조【합당된 경우의 등록신청】 ① 신설합당의 경우 정당의 대표자는 제19조(합당)제1항의 규정에 의한 합동회의의 결의가 있은 날부터 14일 이내에 그 회의록 사본

을 첨부하여 중앙선거관리위원회에 제12조(중앙당의 등록신청사항)의 규정에 의한 등록신청을 하여야 한다.
② 제1항의 경우에 제12조제1항제7호 및 제8호의 사항은 등록신청일부터 120일 이내에 보완할 수 있다.
③ 제2항의 경우에 있어 그 기간 이내에 보완이 없는 때에는 중앙선거관리위원회는 2회 이상 상당한 기간을 두어 보완을 명하고, 보완이 없는 때에는 제44조(등록의 취소)제1항의 규정에 의하여 그 등록을 취소할 수 있다.
④ 흡수합당으로 존속하는 정당의 대표자는 제19조제1항의 규정에 의한 합동회의의 결의가 있은 날부터 14일 이내에 그 회의록 사본을 첨부하여 합당된 사유를 중앙선거관리위원회에 신고하여야 한다.
제21조【합당된 경우의 당원】 제19조(합당)의 규정에 의한 합당의 경우 합당 전 정당의 당원은 합당된 정당의 당원이 된다. 이 경우 합당 전의 입당원서는 합당된 정당의 입당원서로 본다.

제4장 정당의 입당·탈당

제22조【발기인 및 당원의 자격】 ① 16세 이상의 국민은 공무원 그 밖에 그 신분을 이유로 정당가입이나 정치활동을 금지하는 다른 법령의 규정에 불구하고 누구든지 정당의 발기인 및 당원이 될 수 있다. 다만, 다음 각 호의 어느 하나에 해당하는 자는 그러하지 아니하다.(2022.1.21 본문개정)
1. 「국가공무원법」 제2조(공무원의 구분) 또는 「지방공무원법」 제2조(공무원의 구분)에 규정된 공무원. 다만, 대통령, 국무총리, 국무위원, 국회의원, 지방의회의원, 선거에 의하여 취임하는 지방자치단체의 장, 국회 부의장의 수석비서관·비서관·비서·행정보조요원, 국회 상임위원회·예산결산특별위원회·윤리특별위원회 위원장의 행정보조요원, 국회의원의 보좌관·비서관·비서, 국회 교섭단체대표의원의 행정비서관, 국회 교섭단체의 정책연구위원·행정보조요원과 「고등교육법」 제14조(교직원의 구분)제1항·제2항에 따른 교원은 제외한다.(2013.12.30 단서개정)
2. 「고등교육법」 제14조제1항·제2항에 따른 교원을 제외한 사립학교의 교원(2013.12.30 본호개정)
3. 법령의 규정에 의하여 공무원의 신분을 가진 자
4. 「공직선거법」 제18조제1항에 따른 선거권이 없는 사람(2022.1.21 본호신설)
② 대한민국 국민이 아닌 자는 당원이 될 수 없다.
제23조【입당】 ① 당원이 되고자 하는 자는 다음 각 호의 어느 하나에 해당하는 방법으로 시·도당 또는 그 창당준비위원회에 입당신청을 하여야 한다. 이 경우 18세 미만인 사람이 입당신청을 하는 때에는 법정대리인의 동의서를 함께 제출하여야 한다.(2022.1.21 후단신설)
1. 자신이 서명 또는 날인한 입당원서를 제출하는 방법
2. 「전자서명법」 제2조제2호에 따른 전자서명(서명자의 실지명의를 확인할 수 있는 것을 말한다. 이하 같다)이 있는 전자문서로 입당원서를 제출하는 방법(2020.6.9 본호개정)
3. 정당의 당헌·당규로 정하는 바에 따라 정보통신망을 이용하는 방법. 이 경우 「정보통신망 이용촉진 및 정보보호 등에 관한 법률」 등 관계 법령에 따라 본인확인을 거쳐야 한다.
(2015.8.11 본항개정)
② 시·도당 또는 그 창당준비위원회는 제1항의 규정에 의한 입당원서를 접수한 때에는 당원자격 심사기관의 심의를 거쳐 입당허가 여부를 결정하여 당원명부에 등재하고, 시·도당 또는 그 창당준비위원회의 대표자는 당원이 된 자의 요청이 있는 경우 당원증을 발급하여야 한다. 이 경우 입당의 효력은 입당신청인이 당원명부에 등재된 때에 발생한다.(2015.8.11 전단개정)
③ 입당신청인은 시·도당 또는 그 창당준비위원회가 입당원서의 접수를 거부하거나 또는 정당한 사유 없이 입당심의를 지연하거나 입당을 허가하지 아니하는 경우에는 중앙당 또는 그 창당준비위원회에 입당원서를 제출할 수 있으며, 중앙당 또는 그 창당준비위원회는 입당허가 여부를 심사하여 입당을 허가함이 상당하다고 인정하는 때에는 해당 시·도당 또는 그 창당준비위원회에 입당신청인을 당원명부에 등재하도록 명하여야 한다. 이 경우 입당의 효력은 입당원서가 중앙당 또는 그 창당준비위원회에 접수한 때에 발생한다.
④ 당원명부에 등재되지 아니한 자는 당원으로 인정하지 아니한다.
제24조【당원명부】 ① 시·도당에는 당원명부를 비치하여야 한다.
② 중앙당은 시·도당의 당원명부에 근거하여 당원명부를 전산조직에 의하여 통합 관리할 수 있다. 이 경우 시·도당의 당원명부와 중앙당이 전산조직에 의하여 관리하는 당원명부가 일치하지 아니한 때에는 당원명부의 효력은 시·도당의 당원명부가 우선한다.(2012.2.29 본항신설)
③ 제1항 및 제2항의 명부는 법원이 재판상 요구하는 경우와 관계 선거관리위원회가 당원에 관한 사항을 확인하는 경우를 제외하고는 이의 열람을 강요당하지 아니한다.
(2012.2.29 본항개정)
④ 범죄수사를 위한 당원명부의 조사에는 법관이 발부하는 영장이 있어야 한다. 이 경우 조사에 관여한 관계 공무원은 당원명부에 관하여 지득한 사실을 누설하지 못한다.
제25조【탈당】 ① 당원이 탈당하고자 할 때에는 다음 각 호의 어느 하나에 해당하는 방법으로 소속 시·도당에 탈당신고를 하여야 하며, 소속 시·도당에 탈당신고를 할 수 없을 때에는 그 중앙당에 탈당신고를 할 수 있다.
1. 자신이 서명 또는 날인한 탈당신고서를 제출하는 방법
2. 「전자서명법」 제2조제2호에 따른 전자서명이 있는 전자문서로 탈당신고서를 제출하는 방법(2020.6.9 본호개정)
3. 정당의 당헌·당규로 정하는 바에 따라 정보통신망을 이용하는 방법. 이 경우 「정보통신망 이용촉진 및 정보보호 등에 관한 법률」 등 관계 법령에 따라 본인확인을 거쳐야 한다.
(2015.8.11 본항개정)
② 제1항의 규정에 의한 탈당의 효력은 탈당신고서가 소속 시·도당 또는 중앙당에 접수된 때에 발생한다.
③ 탈당신고서를 접수한 당해 시·도당은 접수한 날부터 2일 이내에 당원명부의 기재를 말소하고, 탈당증명서를 교부하여야 한다.
④ 제1항의 규정에 의하여 중앙당이 탈당신고서를 접수한 때에는 즉시 탈당증명서를 교부하고, 해당 시·도당에 통보하여 당원명부의 기재를 말소하게 하여야 한다.
제26조【탈당원명부】 시·도당에는 탈당원명부를 비치하여야 한다. 이 경우 탈당원명부는 당원명부에 탈당일자를 기재하는 것으로 갈음할 수 있다.
제27조【당원명부 등의 인계】 정당은 대표자 등의 변경이나 합당에 따른 조직개편시 당원명부 등 중앙선거관리위원회규칙으로 정하는 관련 서류(이하 "관련 서류"라 한다)와 정당운영에 관련되는 인장 등의 인계의무자를 당헌에 정하여야 하며, 당해 인계의무자는 사유발생일부터 14일 이내에 관련 서류와 인장 등을 인계하여야 한다.
제27조의2【입당원서·탈당신고서의 보관 및 폐기】
① 시·도당은 당원명부·탈당원명부 작성의 기초가 되는 입당원서 또는 탈당신고서가 접수된 지 5년이 지난 경우에는 중앙선거관리위원회규칙으로 정하는 바에 따라 이를 전자매체 등으로 보관할 수 있다.
② 제1항에 따라 입당원서 또는 탈당신고서를 전자매체 등으로 보관하는 경우에는 중앙선거관리위원회규칙으로 정하는 바에 따라 그 원본을 폐기할 수 있다.
(2018.8.14 본조신설)

제5장 정당의 운영

제28조【강령 등의 공개 및 당헌의 기재사항】 ① 정당은 그 강령(또는 기본정책)과 당헌을 공개하여야 한다.
② 제1항의 당헌에는 다음 각 호의 사항을 규정하여야 한다.
1. 정당의 명칭
2. 정당의 일반적인 조직·구성 및 권한에 관한 사항
3. 대표자·간부의 선임방법·임기·권리 및 의무에 관한 사항
4. 당원의 입당·탈당·제명과 권리 및 의무에 관한 사항
5. 대의기관의 설치 및 소집절차
6. 간부회의의 구성·권한 및 소집절차
7. 당의 재정에 관한 사항
8. 공직선거후보자 선출에 관한 사항
9. 당헌·당규의 제정 및 개정에 관한 사항
10. 정당의 해산 및 합당에 관한 사항
11. 등록취소 또는 자진해산시의 잔여재산 처분에 관한 사항
③ 중앙선거관리위원회는 제12조(중앙당의 등록신청사항)제1항 및 제14조(변경등록)에 따라 등록신청받은 강령(또는 기본정책)과 당헌을 보존하고, 이를 인터넷 홈페이지에 공개하여야 한다. 이 경우 해당 정당이 합당 또는 소멸된 때에도 계속하여 공개하여야 한다.(2016.1.15 본항신설)
④ 제3항에 따른 강령·당헌의 보존 및 공개 방법, 그 밖에 필요한 사항은 중앙선거관리위원회규칙으로 정한다.
(2016.1.15 본항신설)
제29조【정당의 기구】 ① 정당은 민주적인 내부질서를 유지하기 위하여 당원의 총의를 반영할 수 있는 대의기관 및 집행기관과 소속 국회의원이 있는 경우에는 의원총회를 가져야 한다.
② 중앙당은 정당의 예산과 결산 및 그 내역에 관한 회계검사 등 정당의 재정에 관한 사항을 확인·검사하기 위하여 예산결산위원회를 두어야 한다.
③ 제1항 및 제2항의 기관의 조직·권한 그 밖의 사항에 관하여는 당헌으로 이를 정하여야 한다.
제30조【정당의 유급사무직원수 제한】 ① 정당에 둘 수 있는 유급사무직원은 중앙당에는 100명을 초과할 수 없으며, 시·도당에는 총 100인 이내에서 각 시·도당별로 중앙당이 정한다.(2010.1.25 본항개정)
② 중앙선거관리위원회는 정당이 제1항에 규정된 유급사무직원수를 초과한 경우에는 다음 연도에 「정치자금법」 제25조제4항에 따라 지급하는 경상보조금에서 당해 정당의 유급사무직원의 연간 평균인건비에 초과한 유급사무직원수를 곱한 금액을 감액한다.(2008.2.29 본항개정)
③ 제1항에서 "유급사무직원"이라 함은 상근·비상근을 불문하고 월 15일 이상 정당에 고용되어 근로를 제공하고 임금·봉급·수당·활동비 그 밖에 어떠한 명칭으로든지 그 대가를 제공받는 자를 말한다. 이 경우 월 15일 미만의 근로를 제공하고 그 대가를 받은 사람(청소, 이사 등 일시적으로 단순노무를 제공한 일용근로자나 용역업체 직원 등은 제외한다)이 2명 이상인 때에는 그들의 근로일수를 모두 합하여 월 15일 이상 매 30일까지마다 1명을 유급사무직원수에 산입한다.(2010.1.25 후단개정)
④ 제3항에도 불구하고 다음 각 호의 어느 하나에 해당하는 사람은 제1항의 유급사무직원수에 포함하지 아니한다.
1. 제38조에 따른 정책연구소의 연구원
2. 근로에 대한 대가를 제공받음이 없이 직책수행에 소요되는 활동비만을 지급받는 정당의 간부
(2010.1.25 본항개정)
제31조【당비】 ① 정당은 당원의 정예화와 정당의 재정자립을 도모하기 위하여 당비납부제도를 설정·운영하여야 한다.
② 정당의 당원은 같은 정당의 타인의 당비를 부담할 수 없으며, 타인의 당비를 부담한 자와 타인으로 하여금 자신의 당비를 부담하게 한 자는 당비를 낸 것이 확인된 날부터 1년간 당해 정당의 당원자격이 정지된다.
③ 당비납부의무를 이행하지 아니하는 당원에 대한 권리행사의 제한, 제명 및 제2항의 규정에 의한 당원자격의 정지 등에 관하여 필요한 사항은 당헌으로 정한다.
제32조【서면결의의 금지】 ① 대의기관의 결의와 소속 국회의원의 제명에 관한 결의는 서면이나 대리인에 의하여 의결할 수 없다.
② 대의기관의 결의는 「전자서명법」 제2조제2호에 따른 전자서명을 통하여도 의결할 수 있으며, 그 구체적인 방법은 당헌으로 정한다.(2020.6.9 본항개정)
제33조【정당소속 국회의원의 제명】 정당이 그 소속 국회의원을 제명하기 위해서는 당헌이 정하는 절차를 거치는 외에 그 소속 국회의원 전원의 2분의 1 이상의 찬성이 있어야 한다.
제34조【정당의 재정】 정당의 재산 및 수입·지출 등 재정에 관한 사항은 따로 법률로 정한다.
제35조【정기보고】 ① 중앙당과 시·도당은 매년 12월 31일 현재로 그 당원수 및 활동개황을 다음 연도 2월 15일(시·도당은 1월 31일)까지 관할 선거관리위원회에 보고하여야 한다. 이 경우 중앙당은 당해 연도의 정책추진내용과 그 추진결과 및 다음 연도의 주요정책추진계획을 중앙선거관리위원회에 보고하여야 한다.
② 중앙당과 시·도당은 제17조(법정시·도당수) 및 제18조(시·도당의 법정당원수)의 요건에 흠결이 생긴 때에는 흠결이 생긴 날부터 14일 이내에 관할 선거관리위원회에 이를 보고하여야 한다.
③ 제38조(정책연구소의 설치·운영)의 규정에 의한 정책연구소는 매년 12월 31일 현재로 연간 활동실적을 다음 연도 2월 15일까지 중앙선거관리위원회에 보고하고, 당해 정당의 인터넷 홈페이지에 게시하는 등의 방법으로 공개하여야 한다.
④ 중앙선거관리위원회는 제3항의 규정에 의하여 보고받은 연간 활동실적을 당해 인터넷 홈페이지 등을 이용하여 공개하여야 한다.
제36조【보고 또는 자료 등의 제출의 요구】 각급 선거관리위원회(읍·면·동선거관리위원회를 제외한다)는 감독상 필요한 때에는 정당에 대하여 보고 또는 장부·서류 그 밖의 자료제출을 요구할 수 있다. 다만, 당원명부는 그러하지 아니하다.
제36조의2【비례대표국회의원선거의 후보자추천】 정당이 「공직선거법」 제47조제1항 및 제2항에 따라 비례대표국회의원선거의 후보자를 추천하는 경우에는 당헌·당규 또는 그 밖의 내부규약 등으로 정하는 바에 따라 민주적 절차를 거쳐 추천할 후보자를 결정한다.(2024.1.2 본조신설)

제6장 정당활동의 보장

제37조【활동의 자유】 ① 정당은 헌법과 법률에 의하여 활동의 자유를 가진다.
② 정당이 특정 정당이나 공직선거의 후보자(후보자가 되고자 하는 자를 포함한다)를 지지·추천하거나 반대함이 없이 자당의 정책이나 정치적 현안에 대한 입장을 인쇄물·시설물·광고 등을 이용하여 홍보하는 행위와 당원을 모집하기 위한 활동(호별방문을 제외한다)은 통상적인 정당활동으로 보장되어야 한다.
③ 정당은 국회의원지역구 및 자치구·시·군, 읍·면·동별로 당원협의회를 둘 수 있다. 다만, 누구든지 시·도당 하부조직의 운영을 위하여 당원협의회 등의 사무소를 둘 수 없다.
판례 정당의 자율성은 최대한 보장되어야 하고, 정당의 당직자 선출방법 등은 기본적으로 정당의 자치규범인 당헌과 당규에 따라 정당이 자치적이고 자율적으로 결정하여야 할 사항이다. 그러나 정당의 자율성은 무제한 보장되는 것이 아니므로, 정당의 당직자 선출방법 등과 관련된 당헌을 개정하는 의결절차가 당헌의 규정에 따라 이루어지지 않았을 뿐 아니라 헌법이나 정당법, 정당의 민주주의 원칙 등에 위배되는 경우에는 법원의 사법심사 대상에 속한다고 보아야 한다.(서울남부지법 결정 2011.6.28, 2011카합342)

제38조【정책연구소의 설치·운영】 ① 「정치자금법」 제27조(보조금의 배분)의 규정에 의한 보조금 배분대상정당(이하 "보조금 배분대상정당"이라 한다)은 정책의 개발·연구활동을 촉진하기 위하여 중앙당에 별도 법인으로 정책연구소(이하 "정책연구소"라 한다)를 설치·운영하여야 한다.
② 국가는 정책연구소의 활동을 지원할 수 있다.
제39조【정책토론회】 ①「공직선거법」 제8조의7(선거방송토론위원회)의 규정에 의한 중앙선거방송토론위원회는 보조금 배분대상정당이 방송을 통하여 정강·정책을 알릴 수 있도록 하기 위하여 임기만료에 의한 공직선거(대통령의 궐위로 인한 선거 및 재선거를 포함한다)의 선거일 전 90일(대통령의 궐위로 인한 선거 및 재선거에 있어서는 그 선거의 실시사유가 확정된 날)부터 선거일까지를 제외한 기간 중 연 2회 이상 중앙당의 대표자·정책연구소의 소장 또는 중앙당의 대표자가 지정하는 자를 초청하여 정책토론회(이하 "정책토론회"라 한다)를 개최하여야 한다.
② 공영방송사(한국방송공사와 「방송문화진흥회법」에 의한 방송문화진흥회가 최다 출자자인 방송사업자를 말한다. 이하 이 조에서 같다)는 정책토론회를 당해 텔레비전방송을 통하여 중계방송하여야 하며, 그 비용은 공영방송사가 부담한다.
③ 「공직선거법」 제82조의2(선거방송토론위원회 주관 대담·토론회)제7항 내지 제9항·제12항 및 제13항의 규정은 정책토론회에 이를 준용한다. 이 경우 "대담·토론회"는 "정책토론회"로, "각급 선거방송토론위원회"는 "중앙선거방송토론위원회"로 본다.
④ 정책토론회의 개최·진행 및 고지 그 밖에 필요한 사항은 중앙선거관리위원회규칙으로 정한다.
제39조의2【정책선거 활성화를 위한 공익광고】 ①「방송법」에 따른 지상파방송사는 임기만료에 의한 공직선거가 실시되는 연도에 정책선거 활성화를 위한 공익광고를 5회 이상 중앙선거관리위원회규칙으로 정하는 시간대에 하여야 하며, 그 비용은 해당 방송사가 부담한다.
② 제1항의 공익광고를 위하여 「방송광고판매대행 등에 관한 법률」에 따른 한국방송광고진흥공사(이하 이 조에서 "한국방송광고진흥공사"라 한다)는 그 부담으로 방송광고물을 제작하여 1회 이상 지상파방송사에 제공하여야 한다.(2020.3.11 본항개정)
③ 한국방송광고진흥공사는 제2항에 따른 방송광고물을 제작하고자 하는 때에는 그 방송광고의 주제에 관하여 중앙선거관리위원회와 협의하여야 한다.(2020.3.11 본항개정)
(2012.2.29 본조신설)
제40조【대체정당의 금지】 정당이 헌법재판소의 결정으로 해산된 때에는 해산된 정당의 강령(또는 기본정책)과 동일하거나 유사한 것으로 정당을 창당하지 못한다.
제41조【유사명칭 등의 사용금지】 ① 이 법에 의하여 등록된 정당이 아니면 그 명칭에 정당임을 표시하는 문자를 사용하지 못한다.
② 헌법재판소의 결정에 의하여 해산된 정당의 명칭과 같은 명칭은 정당의 명칭으로 다시 사용하지 못한다.
③ 창당준비위원회 및 정당의 명칭(약칭을 포함한다)은 이미 신고된 창당준비위원회 및 등록된 정당이 사용 중인 명칭과 뚜렷이 구별되어야 한다.
④ 제44조(등록의 취소)제1항의 규정에 의하여 등록취소된 정당의 명칭과 같은 명칭은 등록취소된 날부터 최초로 실시하는 임기만료에 의한 국회의원선거의 선거일까지 정당의 명칭으로 사용할 수 없다.
<2014.1.28 헌법재판소 단순위헌결정으로 이 항 중 "제44조제1항제3호"에 관한 부분은 헌법에 위반>
제42조【강제입당 등의 금지】 ① 누구든지 본인의 자유의사에 의하는 승낙 없이 정당가입 또는 탈당을 강요당하지 아니한다. 다만, 당원의 제명처분은 그러하지 아니하다.
② 누구든지 2 이상의 정당의 당원이 되지 못한다.
판례 복수당적 보유 금지 조항은 정당의 정체성을 보존하고 정당간의 위법·부당한 간섭을 방지함으로써 정당정치를 보호·육성하기 위한 것이다. 정당법상 당원의 입당, 탈당 또는 재입당에 제한이 없고, 복수 당적 보유에 따른 부작용을 방지할 수 있는 실효성 있는 대안이 없으며, 어느 정당의 당원이라 하더라도 일반에 개방되는 다른 정당의 경선에 참여하는 등 다양한 방법으로 정치적 의사를 표현할 수 있다는 점 등을 고려하면 심판대상조항이 침해의 최소성에 반한다고 보기 어렵다. 나아가, 정당의 당원이 다른 정당의 당원이 될 수 없도록 하는 정당 가입·활동 자유 제한의 정도가 정당정치를 보호·육성하고자 하는 공익에 비하여 중하다고 볼 수도 없다.
(헌재결 2022.3.31, 2020헌마1729)
제43조【비밀엄수의 의무】 각급 선거관리위원회 위원과 직원은 재직 중은 물론 퇴직 후라도 직무상의 비밀을 엄수하여야 한다.

제7장 정당의 소멸

제44조【등록의 취소】 ① 정당이 다음 각 호의 어느 하나에 해당하는 때에는 당해 선거관리위원회는 그 등록을 취소한다.
1. 제17조(법정시·도당수) 및 제18조(시·도당의 법정당원수)의 요건을 구비하지 못하게 된 때. 다만, 요건의 흠결이 공직선거의 선거일 전 3월 이내에 생긴 때에는 선거일 후 3월까지, 그 외의 경우에는 요건흠결시부터 3월까지 그 취소를 유예한다.
2. 최근 4년간 임기만료에 의한 국회의원선거 또는 임기만료에 의한 지방자치단체의 장선거나 시·도의회의원선거에 참여하지 아니한 때
3. 임기만료에 의한 국회의원선거에 참여하여 의석을 얻지 못하고 유효투표총수의 100분의 2 이상을 득표하지 못한 때
<2014.1.28 헌법재판소 단순위헌결정으로 이 호는 헌법에 위반>
② 제1항의 규정에 의하여 등록을 취소한 때에는 당해 선거관리위원회는 지체 없이 그 뜻을 공고하여야 한다.
판례 일정기간 동안 공직선거에 참여할 기회를 수회 부여하고 그 결과에 따라 등록 취소 여부를 결정하는 등 기본권의 제한적인 방법을 덜 상정할 수 있고, 정당법에서 법정의 등록 요건을 갖추지 못하게 된 정당이나 일정 기간 국회의원선거 등에 참여하지 아니한 정당의 등록을 취소하도록 하는 등 입법목적을 실현할 수 있는 다른 법적 장치도 마련되어 있으므로, 정당등록취소조항은 침해의 최소성 요건을 갖추지 못하였다. 나아가, 위 조항은 어느 정당이 대통령선거나 지방자치선거에서 아무리 좋은 성과를 올리더라도 국회의원선거에서 일정 수준의 지지를 얻는 데 실패하면 등록이 취소될 수밖에 없어 불합리하고, 신생·군소정당으로 하여금 국회의원선거에의 참여 자체를 포기하게 할 우려도 있어 법익의 균형성 요건도 갖추지 못하였다. 따라서 정당등록취소조항은 과잉금지원칙에 위반되어 청구인들의 정당설립의 자유를 침해한다고 할 것이다.(헌재결 2014.1.28, 2012헌마431,2012헌가19(병합))
제45조【자진해산】 ① 정당은 그 대의기관의 결의로써 해산할 수 있다.
② 제1항의 규정에 의하여 정당이 해산한 때에는 그 대표자는 지체 없이 그 뜻을 관할 선거관리위원회에 신고하여야 한다.
제46조【시·도당 창당승인의 취소】 중앙당 또는 그 창당준비위원회는 시·도당 창당승인에 대한 취소사유와 절차를 당헌 또는 창당준비위원회 규약에 정하여야 하며, 당헌 또는 규약에서 정한 외의 사유로 창당승인을 취소하는 때에는 중앙당 또는 그 창당준비위원회의 대의기관에서 투표로 결정하여야 한다.
제47조【해산공고 등】 제45조(자진해산)의 신고가 있거나 헌법재판소의 해산결정의 통지나 중앙당 또는 그 창당준비위원회의 시·도당 창당승인의 취소통지가 있는 때에는 당해 선거관리위원회는 그 정당의 등록을 말소하고 지체 없이 그 뜻을 공고하여야 한다.
제48조【해산된 경우 등의 잔여재산 처분】 ① 정당이 제44조(등록의 취소)제1항의 규정에 의하여 등록이 취소되거나 제45조(자진해산)의 규정에 의하여 자진해산한 때에는 그 잔여재산은 당헌이 정하는 바에 따라 처분한다.
② 제1항의 규정에 의하여 처분되지 아니한 정당의 잔여재산 및 헌법재판소의 해산결정에 의하여 해산된 정당의 잔여재산은 국고에 귀속한다.
③ 제2항에 관하여 필요한 사항은 중앙선거관리위원회규칙으로 정한다.

제7장의2 보 칙

(2008.2.29 본장신설)

제48조의2【당대표경선사무의 위탁】 ①「정치자금법」 제27조에 따라 보조금의 배분대상이 되는 정당의 중앙당은 그 대표자의 선출을 위한 선거(이하 이 조에서 "당대표경선"이라 한다)사무 중 투표 및 개표에 관한 사무의 관리를 중앙선거관리위원회에 위탁할 수 있다.
② 중앙선거관리위원회가 제1항에 따라 당대표경선의 투표 및 개표에 관한 사무를 수탁관리하는 경우 그 비용은 해당 정당이 부담한다.
③ 제1항에 따라 정당의 중앙당이 당대표경선사무를 위탁하는 경우 그 구체적인 절차와 필요한 사항은 중앙선거관리위원회규칙으로 정한다.

제8장 벌 칙

제49조【당대표경선등의 자유방해죄】 ① 정당의 대표자·투표로 선출하는 당직자(당직자의 선출을 위한 선거인단을 포함한다. 이하 같다)의 선출을 위한 선거(이하 "당대표경선등"이라 한다)와 관련하여 다음 각 호의 어느 하나에 해당하는 자는 5년 이하의 징역 또는 1천만원 이하의 벌금에 처한다.
1. 후보자·후보자가 되고자 하는 자 또는 당선인을 폭행·협박 또는 유인하거나 체포·감금한 자
2. 선거운동 또는 교통을 방해하거나 위계·사술 그 밖에 부정한 방법으로 당대표경선등의 자유를 방해한 자
3. 업무·고용 그 밖에 관계로 인하여 자기의 보호·지휘·감독을 받는 자에게 특정 후보자를 지지·추천하거나 반대하도록 강요한 자
② 당대표경선등과 관련하여 다수인이 선거운동을 위한 시설·장소 등에서 위험한 물건을 던지거나 후보자를 폭행한 때에는 다음 각 호의 구분에 따라 처벌한다.
1. 주모자는 3년 이상의 유기징역
2. 다른 사람을 지휘하거나 다른 사람에 앞장서서 행동한 자는 7년 이하의 징역
3. 다른 사람의 의견에 동조하여 행동한 자는 2년 이하의 징역
제50조【당대표경선등의 매수 및 이해유도죄】 ① 당대표경선등과 관련하여 다음 각 호의 어느 하나에 해당하는 자는 3년 이하의 징역 또는 600만원 이하의 벌금에 처한다.
1. 정당의 대표자 또는 당직자로 선출되거나 되게 하거나 되지 못하게 하거나 선거인(당대표경선등의 선거인명부에 등재된 자를 말한다. 이하 이 조에서 같다)으로 하여금 투표를 하게 하거나 하지 아니하게 할 목적으로 후보자(후보자가 되고자 하는 자를 포함한다)·선거운동관계자·선거인 또는 참관인에게 금품·향응 그 밖에 재산상의 이익이나 공사의 직을 제공하거나 그 제공의 의사를 표시하거나 그 제공을 약속한 자. 다만, 정당의 중앙당이 당헌에 따라 개최하는 전국 단위의 최고대의기관 회의에 참석하는 당원에게 정당의 경비로 제공하는 교통편의 및 중앙선거관리위원회규칙으로 정하는 바에 따라 의례적으로 제공할 수 있는 음식물은 그러하지 아니하다.(2013.8.13 본호개정)
2. 제1호에 규정된 이익이나 직의 제공을 받거나 그 제공의 의사표시를 승낙한 자
② 제1항제1호·제2호에 규정된 행위에 관하여 지시·권유·요구하거나 알선한 자는 5년 이하의 징역 또는 1천만원 이하의 벌금에 처한다.
제51조【당대표경선등의 매수 및 이해유도죄로 인한 이익의 몰수】 제50조(당대표경선 등의 매수 및 이해유도죄)의 죄를 범한 자가 받은 이익은 이를 몰수한다. 다만, 그 전부 또는 일부를 몰수할 수 없을 때에는 그 가액을 추징한다.
제52조【당대표경선등의 허위사실공표죄】 ① 당대표경선등과 관련하여 당선되거나 되게 할 목적으로 연설·방송·신문·통신·잡지·벽보·선전문서 그 밖의 방법으로 후보자에게 유리하도록 후보자, 그의 배우자 또는 직계존·비속이나 형제자매의 소속·신분·직업·재산·경력·학력·학위 또는 상벌에 관한 허위의 사실을 공표한 자와 허위의 사실을 게재한 선전문서를 배포한 자(배포할 목적으로 소지한 자를 포함한다)는 3년 이하의 징역 또는 6백만원 이하의 벌금에 처한다.
② 당대표경선등과 관련하여 당선되지 못하게 할 목적으로 연설·방송·신문·통신·잡지·벽보·선전문서 그 밖의 방법으로 후보자에게 불리하도록 후보자, 그의 배우자 또는 직계 존·비속이나 형제자매에 관하여 허위의 사실을 공표한 자와 허위의 사실을 게재한 선전문서를 배포한 자(배포할 목적으로 소지한 자를 포함한다)는 5년 이하의 징역 또는 1천만원 이하의 벌금에 처한다.
제53조【위법으로 발기인이나 당원이 된 죄】 제22조(발기인 및 당원의 자격)제1항 단서의 규정을 위반하여 정당의 발기인이나 당원이 된 자는 1년 이하의 징역이나 100만원 이하의 벌금에 처한다.
제54조【입당강요죄 등】 제42조(강제입당 등의 금지)제1항의 규정을 위반하여 정당가입 또는 탈당을 강요한 자는 2년 이하의 징역 또는 200만원 이하의 벌금에 처한다.
제55조【위법으로 정당에 가입한 죄】 제42조(강제입당 등의 금지)제2항의 규정을 위반하여 2 이상의 정당의 당원이 된 자는 1년 이하의 징역 또는 100만원 이하의 벌금에 처한다.
제56조【당원명부 강제열람죄】 당원명부의 열람을 강요한 자는 5년 이하의 징역에 처한다.
제57조【보고불이행 등의 죄】 제36조(보고 또는 자료등의 제출의 요구)의 규정에 의한 선거관리위원회의 보고 또는 자료제출의 요구에 정당한 사유 없이 응하지 아니하거나 이에 허위의 보고나 기재를 한 자 또는 제35조(정기보고)제1항 내지 제3항의 규정에 의한 보고를 하지 아니하거나 그 보고서에 허위의 기재를 한 자는 2년 이하의 징역이나 200만원 이하의 벌금에 처한다.
제58조【공무상 지득한 사실누설죄 등】 다음 각 호의 어느 하나에 해당하는 자는 3년 이하의 징역이나 금고에 처한다.
1. 제24조(당원명부)제4항 후단의 규정을 위반하여 당원명부에 관하여 지득한 사실을 누설한 자(2012.2.29 본호개정)
2. 제43조(비밀엄수의 의무)의 규정을 위반하여 직무상의 비밀을 엄수하지 아니한 자
제59조【허위등록신청죄 등】 ① 다음 각 호의 어느 하나에 해당하는 자는 2년 이하의 징역이나 200만원 이하의 벌금에 처한다.
1. 허위로 제12조(중앙당의 등록신청사항) 또는 제13조(시·도당의 등록신청사항)의 등록신청을 한 자
2. 허위로 제14조(변경등록)의 변경등록신청을 한 자
3. 제37조(활동의 자유)제3항 단서의 규정을 위반하여 시·도당 하부조직의 운영을 위하여 당원협의회 등의 사무소를 둔 자
② 제41조(유사명칭 등의 사용금지)제1항 또는 제2항의 규정을 위반한 자는 1년 이하의 징역이나 100만원 이하의 벌금에 처한다.
제60조【각종 의무해태죄】 ① 제24조(당원명부)제1항 또는 제26조(탈당원명부)의 규정을 위반하여 당원명부나 탈당원명부를 비치하지 아니한 자는 1년 이하의 징역 또는 50만원 이상 300만원 이하의 벌금에 처한다.

② 제25조(탈당)제3항의 규정을 위반한 자는 100만원 이하의 벌금에 처한다.
③ 제27조(당원명부 등의 인계)의 규정을 위반하여 관련 서류와 인장 등을 인계하지 아니한 자는 2년 이하의 징역 또는 200만원 이하의 벌금에 처한다.

제61조【창당방해 등의 죄】 ① 위계 또는 위력으로써 창당준비활동을 방해하여 창당준비위원회의 기능을 상실 또는 일시 정지하게 한 자는 7년 이하의 징역 또는 3천만원 이하의 벌금에 처한다.
② 위계 또는 위력으로써 정당활동을 방해하여 정당의 기능을 상실 또는 일시 정지하게 한 자도 제1항에 규정하는 형(刑)에 처한다.

제62조【과태료】 ① 다음 각 호의 어느 하나에 해당하는 행위를 한 자는 100만원 이하의 과태료에 처한다.
1. 제14조(변경등록)의 규정에 의한 변경등록신청을 해태한 자
2. 제20조(합당된 경우의 등록신청)제1항의 규정에 의한 등록신청 또는 같은 조 제4항의 규정에 의한 신고를 해태한 자
3. 제35조(정기보고)제1항 내지 제3항의 규정에 의한 보고를 해태한 자

② 제1항의 규정에 의한 과태료는 중앙선거관리위원회규칙이 정하는 바에 의하여 관할 선거관리위원회(읍·면·동선거관리위원회를 제외한다)가 위반자에게 부과하며, 납부기한까지 납부하지 아니한 때에는 관할 세무서장에게 위탁하고 관할 세무서장이 국세체납처분의 예에 따라 이를 징수한다.
③~⑤ (2012.2.29 삭제)
(2012.2.29 본조제목개정)

부　칙 (2010.1.25)

① **【시행일】** 이 법은 공포한 날부터 시행한다.
② **【중앙당 및 시·도당 간부의 변경등록에 관한 경과조치】** 제12조부터 제14조까지의 개정규정에 따른 중앙당 및 시·도당 간부의 변경등록은 이 법 시행 후 30일 이내에 하여야 한다.
③ **【다른 법령과의 관계】** 이 법 시행 당시 다른 법령에서 종전의 규정을 인용하고 있는 경우에 이 법 중 그에 해당하는 규정이 있는 때에는 종전의 규정을 갈음하여 이 법의 해당 규정을 인용한 것으로 본다.

부　칙 (2013.8.13)

제1조【시행일】 이 법은 공포한 날부터 시행한다.
제2조【벌칙에 관한 경과조치】 이 법 시행 전의 행위에 대하여 벌칙을 적용할 때에는 종전의 규정에 따른다.

부　칙 (2016.1.15)

제1조【시행일】 이 법은 공포 후 3개월이 경과한 날부터 시행한다.
제2조【강령·당헌의 공개에 관한 적용례】 제28조제3항의 개정규정은 이 법 시행 당시 등록된 정당과 이 법 시행 후 등록하는 정당의 강령·당헌에 적용한다.

부　칙 (2018.8.14)

제1조【시행일】 이 법은 공포 후 6개월이 경과한 날부터 시행한다.
제2조【입당원서·탈당신고서의 보관 및 폐기에 관한 적용례】 제27조의2의 개정규정은 이 법 시행 전 접수된 당원명부·탈당원명부 작성의 기초가 되는 입당원서 또는 탈당신고서에 대하여도 적용한다.

부　칙 (2020.3.11)

제1조【시행일】 이 법은 공포한 날부터 시행한다.(이하 생략)

부　칙 (2020.6.9)

제1조【시행일】 이 법은 공포 후 6개월이 경과한 날부터 시행한다.(이하 생략)

부　칙 (2022.1.21)
(2024.1.2)

이 법은 공포한 날부터 시행한다.

정치자금법

(2005년 8월 4일
전부개정법률 제7682호)

개정
2006. 3. 2법 7851호
2006. 3.24법 7908호(기부금품의모집및사용에관한법)
2006. 4.28법 7938호
2008. 2.29법 8880호
2009. 7.31법 9785호(신문등의진흥에관한법)
2010. 1.25법 9975호
2010. 7.23법10395호
2012. 2.29법11376호
2016. 1.15법13758호
2016. 3. 3법14074호
2017. 6.30법14838호
2020. 3.11법17071호
2021. 1. 5법17885호
2022. 2.22법18838호
2022. 4.20법18842호
2023. 8. 8법19624호
2024. 1. 2법19923호

제1장 총　칙

제1조【목적】 이 법은 정치자금의 적정한 제공을 보장하고 그 수입과 지출내역을 공개하여 투명성을 확보하며 정치자금과 관련한 부정을 방지함으로써 민주정치의 건전한 발전에 기여함을 목적으로 한다.

제2조【기본원칙】 ① 누구든지 이 법에 의하지 아니하고는 정치자금을 기부하거나 받을 수 없다.
② 정치자금은 국민의 의혹을 사는 일이 없도록 공명정대하게 운용되어야 하고, 그 회계는 공개되어야 한다.
③ 정치자금은 정치활동을 위하여 소요되는 경비로만 지출하여야 하며, 사적 경비로 지출하거나 부정한 용도로 지출하여서는 아니된다. 이 경우 "사적 경비"라 함은 다음 각 호의 어느 하나의 용도로 사용하는 경비를 말한다.
1. 가계의 지원·보조
2. 개인적인 채무의 변제 또는 대여
3. 향우회·동창회·종친회, 산악회 등 동호인회, 계모임 등 개인간의 사적 모임의 회비 그 밖의 지원경비
4. 개인적인 여가 또는 취미활동에 소요되는 비용

④ 이 법에 의하여 1회 120만원을 초과하여 정치자금을 기부하는 자와 다음 각 호에 해당하는 금액을 초과하여 정치자금을 지출하는 자는 수표나 신용카드·예금계좌입금 그 밖에 실명이 확인되는 방법으로 기부 또는 지출하여야 한다. 다만, 현금으로 연간 지출할 수 있는 정치자금은 연간 지출총액의 100분의 20(선거비용은 선거비용제한액의 100분의 10)을 초과할 수 없다.
1. 선거비용 외의 정치자금 : 50만원. 다만, 공직선거의 후보자·예비후보자의 정치자금은 20만원
2. 선거비용 : 20만원

⑤ 누구든지 타인의 명의나 가명으로 정치자금을 기부할 수 없다.

제3조【정의】 이 법에서 사용하는 용어의 정의는 다음과 같다.
1. 정치자금의 종류는 다음 각 목과 같다.
   가. 당비
   나. 후원금
   다. 기탁금
   라. 보조금
   마. 정당의 당헌·당규 등에서 정한 부대수입
   바. 정치활동을 위하여 정당(중앙당창당준비위원회를 포함한다), 「공직선거법」에 따른 후보자가 되려는 사람, 후보자 또는 당선된 사람, 후원회·정당의 간부 또는 유급사무직원, 그 밖에 정치활동을 하는 사람에게 제공되는 금전이나 유가증권 또는 그 밖의 물건
   사. 바목에 열거된 사람(정당 및 중앙당창당준비위원회를 포함한다)의 정치활동에 소요되는 비용
   (2016.3.3 본호개정)
2. "기부"라 함은 정치활동을 위하여 개인 또는 후원회 그 밖의 자가 정치자금을 제공하는 일체의 행위를 말한다. 이 경우 제3자가 정치활동을 하는 자의 정치활동에 소요되는 비용을 부담하거나 지출하는 경우와 금품이나 시설의 무상대여, 채무의 면제·경감 그 밖의 이익을 제공하는 행위 등은 이를 기부로 본다.
3. "당비"라 함은 명목여하에 불구하고 정당의 당헌·당규 등에 의하여 정당의 당원이 부담하는 금전이나 유가증권 그 밖의 물건을 말한다.
4. "후원금"이라 함은 이 법의 규정에 의하여 후원회에 기부하는 금전이나 유가증권 그 밖의 물건을 말한다.
5. "기탁금"이라 함은 정치자금을 정당에 기부하고자 하는 개인이 이 법의 규정에 의하여 선거관리위원회에 기탁하는 금전이나 유가증권 그 밖의 물건을 말한다.
6. "보조금"이라 함은 정당의 보호·육성을 위하여 국가가 정당에 지급하는 금전이나 유가증권을 말한다.
7. "후원회"라 함은 이 법의 규정에 의하여 정치자금의 기부를 목적으로 설립·운영되는 단체로서 관할 선거관리위원회에 등록된 단체를 말한다.
8. 공직선거와 관련한 용어의 정의는 다음과 같다.
   가. "공직선거"라 함은 「공직선거법」 제2조(적용범위)의 규정에 의한 선거를 말한다.
   나. "공직선거의 후보자"라 함은 「공직선거법」 제49조(후보자등록 등)의 규정에 의하여 관할 선거구선거관리위원회에 등록된 자를 말한다.
   다. "공직선거의 예비후보자"라 함은 「공직선거법」 제60조의2(예비후보자등록)의 규정에 의하여 관할 선거구선거관리위원회에 등록된 자를 말한다.
   라. "비례대표지방의회의원"이라 함은 비례대표시·도의회의원 및 비례대표자치구·시·군의회의원을 말한다.
   마. "정당선거사무소"라 함은 「공직선거법」 제61조의2(정당선거사무소의 설치)의 규정에 의한 정당선거사무소를 말한다.
   바. "선거사무소"·"선거연락소"라 함은 각각 「공직선거법」 제63조(선거운동기구 및 선거사무관계자의 신고)의 규정에 의한 선거사무소·선거연락소를 말한다.
   사. "선거사무장"·"선거연락소장"이라 함은 각각 「공직선거법」 제63조의 규정에 의한 선거사무장·선거연락소장을 말한다.
   아. "선거비용"이라 함은 「공직선거법」 제119조(선거비용 등의 정의)의 규정에 의한 선거비용을 말한다.
   자. "선거비용제한액"이라 함은 「공직선거법」 제122조(선거비용제한액의 공고)의 규정에 의하여 관할 선거구선거관리위원회가 공고한 당해 선거(선거구가 있는 때에는 그 선거구)의 선거비용제한액을 말한다.

제2장 당　비

제4조【당비】 ① 정당은 소속 당원으로부터 당비를 받을 수 있다.
② 정당의 회계책임자는 타인의 명의나 가명으로 납부된 당비는 국고에 귀속시켜야 한다.
③ 제2항의 규정에 의하여 국고에 귀속되는 당비는 관할 선거관리위원회가 이를 납부받아 국가에 납입하되, 납부기한까지 납부하지 아니한 때에는 관할 세무서장에게 위탁하여 관할 세무서장이 국세체납처분의 예에 따라 이를 징수한다.
④ 제3항의 규정에 의한 국고귀속절차 그 밖에 필요한 사항은 중앙선거관리위원회규칙으로 정한다.

제5조【당비영수증】 ① 정당의 회계책임자는 당비를 납부받은 때에는 당비를 납부받은 날부터 30일까지 당비영수증을 당원에게 교부하고 그 원부를 보관하여야 한다. 다만, 당비를 납부한 당원이 그 당비영수증의 수령을 원하지 아니하는 경우에는 교부하지 아니하고 발행하여 원부와 함께 보관할 수 있다.(2012.2.29 본문개정)
② 1회 1만원 이하의 당비납부에 대한 당비영수증은 해당 연도말일(정당이 등록취소되거나 해산되는 경우에는 그 등록취소일 또는 해산일을 말한다) 현재로 연간 납부총액에 대하여 1매로 발행·교부할 수 있다.(2010.1.25 본항개정)
③ 제1항 및 제2항에 따른 당비영수증은 전자적 형태로 제작하여 인터넷을 통하여 발행·교부할 수 있되, 위조·변조를 방지할 수 있는 기술적 조치를 하여야 한다.
(2008.2.29 본항신설)
④ 제1항부터 제3항까지의 규정에 따른 당비영수증의 서식 그 밖에 필요한 사항은 중앙선거관리위원회규칙으로 정한다.(2008.2.29 본항개정)

제3장 후원회

제6조【후원회지정권자】 다음 각 호에 해당하는 자(이하 "후원회지정권자"라 한다)는 각각 하나의 후원회를 지정하여 둘 수 있다.
1. 중앙당(중앙당창당준비위원회를 포함한다)(2017.6.30 본호신설)
2. 국회의원(국회의원선거의 당선인을 포함한다)
   <2022.11.24 헌법재판소 헌법불합치결정으로 이 호는 2024.5.31을 시한으로 입법자가 개정할 때까지 계속 적용>

2의2. 대통령선거의 후보자 및 예비후보자(이하 "대통령후보자등"이라 한다)(2008.2.29 본호신설)
3. 정당의 대통령선거후보자 선출을 위한 당내경선후보자(이하 "대통령선거경선후보자"라 한다)
4. 지역선거구(이하 "지역구"라 한다)국회의원선거의 후보자 및 예비후보자(이하 "국회의원후보자등"이라 한다). 다만, 후원회를 둔 국회의원의 경우에는 그러하지 아니하다.
5. 중앙당 대표자 및 중앙당 최고 집행기관(그 조직형태와 관계없이 당헌으로 정하는 중앙당 최고 집행기관을 말한다)의 구성원을 선출하기 위한 당내경선후보자(이하 "당대표경선후보자등"이라 한다)(2016.1.15 본호개정)

6. 지역구지방의회의원선거의 후보자 및 예비후보자(이하 "지방의회의원후보자등"이라 한다)(2021.1.5 본호개정)
7. 지방자치단체의 장선거의 후보자 및 예비후보자(이하 "지방자치단체장후보자등"이라 한다)(2021.1.5 본호신설)

판례 지방의회의원의 전문성을 확보하고 원활한 의정활동을 지원하기 위해서는 지방의회의원들에게도 후원회를 허용해 정치자금을 합법적으로 확보할 방안을 마련해 줄 필요가 있다. 또한 지방의회의원에게 후원회를 지정할 수 없도록 하는 것은 경제력을 갖추지 못한 사람의 정치입문을 저해할 수 있다. 따라서 국회의원과 달리 지방의회의원을 후원회지정권자에서 제외하고 있는 것은 불합리한 차별로서 평등권을 침해한다.
(헌재결 2022.11.24, 2019헌마528등(병합))

제7조【후원회의 등록신청 등】 ① 후원회의 대표자는 당해 후원회지정권자의 지정을 받은 날부터 14일 이내에 그 지정서를 첨부하여 관할 선거관리위원회에 등록신청을 하여야 한다.
② 후원회의 등록신청사항은 다음 각 호와 같다.
1. 후원회의 명칭
2. 후원회의 소재지
3. 정관 또는 규약
4. 대표자의 성명·주민등록번호·주소
5. 회인(會印) 및 그 대표자 직인의 인영
6. 중앙선거관리위원회규칙으로 정하는 사항
③ 후원회를 둔 국회의원이 대통령후보자등·대통령선거경선후보자 또는 당대표경선후보자등이 되는 경우 기존의 국회의원후원회를 대통령후보자등·대통령선거경선후보자 또는 당대표경선후보자등의 후원회로 지정할 수 있으며, 후원회를 둔 대통령예비후보자가 대통령선거경선후보자가 되는 경우 기존의 대통령예비후보자후원회를 대통령선거경선후보자후원회로 지정할 수 있다. 이 경우 그 대통령후보자등·대통령선거경선후보자 또는 당대표경선후보자등의 후원회의 대표자는 후원회지정권자의 지정을 받은 날부터 14일 이내에 그 지정서와 회인(會印) 및 그 대표자 직인의 인영을 첨부하여 관할 선거관리위원회에 신고하여야 한다.(2016.1.15 본항개정)
④ 제2항의 규정에 의한 등록신청사항 중 제1호 내지 제5호에 규정된 사항 및 제3항의 규정에 의한 회인(會印) 및 그 대표자 직인의 인영에 변경이 생긴 때에는 후원회의 대표자는 14일 이내에 관할 선거관리위원회에 변경등록신청 또는 신고를 하여야 한다.
⑤ 관할 선거관리위원회는 제1항 또는 제4항의 규정에 의한 등록신청을 접수한 날부터 7일 이내에 등록을 수리하고 등록증을 교부하여야 한다.

제8조【후원회의 회원】 ① 누구든지 자유의사로 하나 또는 둘 이상의 후원회의 회원이 될 수 있다. 다만, 제31조(기부의 제한)제1항의 규정에 의하여 기부를 할 수 없는 자와 「정당법」 제22조(발기인 및 당원의 자격)의 규정에 의하여 정당의 당원이 될 수 없는 자는 그러하지 아니하다.
② 후원회는 회원명부를 비치하여야 한다.
③ 제2항의 회원명부는 법원이 재판상 요구하는 경우와 제52조(정치자금범죄 조사 등)의 규정에 의하여 관할 선거관리위원회가 회원의 자격과 후원금내역 등 필요한 사항을 확인하는 경우를 제외하고는 이의 열람을 강요당하지 아니한다.
④ 범죄수사를 위한 회원명부의 조사에는 법관이 발부한 영장이 있어야 한다.
⑤ 누구든지 회원명부에 관하여 직무상 알게 된 사실을 누설하여서는 아니된다.

제9조【후원회의 사무소 등】 ① 후원회는 그 사무를 처리하기 위하여 다음 각 호에서 정하는 바에 따라 사무소와 연락소를 설치할 수 있다.
1. 중앙당후원회
사무소 1개소와 특별시·광역시·특별자치시·도·특별자치도마다 연락소 각 1개소
(2017.6.30 본호신설)
2. 지역구국회의원후원회·지역구국회의원후보자후원회
서울특별시와 그 지역구에 사무소 또는 연락소 각 1개소. 이 경우 사무소를 둔 지역구 안에는 연락소를 둘 수 없다.
3. 제1호·제2호 외의 후원회
사무소 1개소
(2017.6.30 본호개정)
② 후원회의 사무소와 연락소에 두는 유급사무직원의 수는 모두 합하여 2인을 초과할 수 없다. 다만, 중앙당후원회·대통령후보자등후원회·대통령선거경선후보자후원회는 그러하지 아니하다.(2017.6.30 단서개정)
③ 국회의원이 지역에 두는 사무소의 유급사무직원의 수는 5인을 초과할 수 없다. 다만, 하나의 국회의원지역구가 2 이상의 구(자치구가 아닌 구를 포함한다)·시(구가 설치되지 아니한 시를 말한다)·군으로 된 경우 2를 초과하는 구·시·군마다 2인을 추가할 수 있다.

제10조【후원금의 모금·기부】 ① 후원회는 제7조(후원회의 등록신청 등)의 규정에 의하여 등록을 한 후 후원인(회원과 회원이 아닌 자를 말한다. 이하 같다)으로부터 후원금을 모금하여 이를 당해 후원회지정권자에게 기부한다. 이 경우 후원회가 모금한 후원금 외의 차입금 등 금품은 기부할 수 없다.
② 후원회가 후원금을 모금한 때에는 모금에 직접 소요된 경비를 공제하고 지체 없이 이를 후원회지정권자에게 기부하여야 한다.
③ 후원인이 후원회지정권자에게 직접 후원금을 기부한 경우(후원회지정권자의 정치활동에 소요되는 비용을 부담·지출하거나 금품·시설의 무상대여 또는 채무의 면제·경감의 방법으로 기부하는 경우는 제외한다) 해당 후원회지정권자가 기부받은 날부터 30일(기부받은 날부터 30일이 경과하기 전에 후원회를 둘 수 있는 자격을 상실하는 경우에는 그 자격을 상실한 날) 이내에 기부받은 후원금과 기부자의 인적사항을 자신이 지정한 후원회의 회계책임자에게 전달한 경우에는 해당 후원회가 기부받은 것으로 본다.(2010.7.23 본항신설)

제11조【후원인의 기부한도 등】 ① 후원인이 후원회에 기부할 수 있는 후원금은 연간 2천만원을 초과할 수 없다.
② 후원인이 하나의 후원회에 연간(대통령후보자등·대통령선거경선후보자·당대표경선후보자등·국회의원후보자등·지방의회의원후보자등 및 지방자치단체장후보자등의 후원회의 경우에는 당해 후원회를 둘 수 있는 기간을 말한다. 이하 같다) 기부할 수 있는 한도액은 다음 각 호와 같다.(2021.1.5 본문개정)
1. 대통령후보자등·대통령선거경선후보자의 후원회에는 각각 1천만원(후원회지정권자가 동일인인 대통령후보자등후원회에는 합하여 1천만원)(2008.2.29 본호개정)
2. 다음 각 목의 후원회에는 각각 500만원
가. 중앙당후원회(중앙당창당준비위원회후원회가 중앙당후원회로 존속하는 경우에는 합하여 500만원)
나. 국회의원후원회(후원회지정권자가 동일인인 국회의원후보자등후원회와 국회의원후원회는 합하여 500만원)
다. 국회의원후보자등후원회(후원회지정권자가 동일인인 경우 합하여 500만원)
라. 당대표경선후보자등후원회
마. 지방의회의원후보자등후원회(후원회지정권자가 동일인인 경우 합하여 500만원)
바. 지방자치단체장후보자등후원회(후원회지정권자가 동일인인 경우 합하여 500만원)
(2021.1.5 본호개정)
③ 후원인은 1회 10만원 이하, 연간 120만원 이하의 후원금은 이를 익명으로 기부할 수 있다.
④ 후원회의 회계책임자는 제3항의 규정에 의한 익명기부한도액을 초과하거나 타인의 명의 또는 가명으로 후원금을 기부받은 경우 그 초과분 또는 타인의 명의나 가명으로 기부받은 금액은 국고에 귀속시켜야 한다. 이 경우 국고귀속절차에 관하여는 제4조(당비)제3항 및 제4항의 규정을 준용한다.
⑤ 후원회의 회원은 연간 1만원 또는 그에 상당하는 가액 이상의 후원금을 기부하여야 한다.
⑥ 후원인의 기부방법 그 밖에 필요한 사항은 중앙선거관리위원회규칙으로 정한다.

제12조【후원회의 모금·기부한도】 ① 후원회가 연간 모금할 수 있는 한도액(이하 "연간 모금한도액"이라 하고, 전년도 연간 모금한도액을 초과하여 모금한 금액을 포함한다)은 다음 각 호와 같다. 다만, 신용카드·예금계좌·전화 또는 인터넷전자결제시스템 등에 의한 모금으로 부득이하게 연간 모금한도액을 초과하게 된 때에는 연간 모금한도액의 100분의 20의 범위에서 그러하지 아니하되, 그 이후에는 후원금을 모금할 수 없다.
(2016.1.15 본문개정)
1. 중앙당후원회는 중앙당창당준비위원회후원회가 모금한 후원금을 합하여 50억원(2017.6.30 본호신설)
2. (2008.2.29 삭제)
3. 대통령후보자등후원회·대통령선거경선후보자후원회는 각각 선거비용제한액의 100분의 5에 해당하는 금액(후원회지정권자가 동일인인 대통령후보자등후원회는 합하여 선거비용제한액의 100분의 5에 해당하는 금액)
(2008.2.29 본호개정)
4. 국회의원·국회의원후보자등 및 당대표경선후보자등의 후원회는 각각 1억5천만원(후원회지정권자가 동일인인 국회의원후보자등후원회는 합하여 1억5천만원)
(2016.1.15 본호개정)
5. 지방의회의원후보자등후원회는 선거비용제한액의 100분의 50에 해당하는 금액(후원회지정권자가 동일인인 지방의회의원후보자등후원회는 합하여 선거비용제한액의 100분의 50에 해당하는 금액)(2021.1.5 본호개정)
6. 지방자치단체장후보자등후원회는 선거비용제한액의 100분의 50에 해당하는 금액(후원회지정권자가 동일인인 지방자치단체장후보자등후원회는 합하여 선거비용제한액의 100분의 50에 해당하는 금액)(2021.1.5 본호신설)
② 후원회가 해당 후원회지정권자에게 연간 기부할 수 있는 한도액(이하 "연간 기부한도액"이라 한다)은 제1항의 규정에 의한 연간 모금한도액과 같은 금액으로 한다. 다만, 부득이하게 해당 연도(대통령후보자등·대통령선거경선후보자·당대표경선후보자등·국회의원후보자등·지방의회의원후보자등 및 지방자치단체장후보자등의 후원회는 해당 후원회를 둘 수 있는 기간을 말한다)에 후원회지정권자에게 기부하지 못한 때에는 제40조(회계보고)제1항에 따른 회계보고〔국회의원후원회는 12월 31일 현재의 회계보고를, 후원회가 해산한 때에는 제40조(회계보고)제2항에 따른 회계보고를 말한다〕를 하는 때까지 기부할 수 있다.(2021.1.5 단서개정)
③ 후원회가 모금한 후원금이 연간 기부한도액을 초과하는 때에는 다음 연도에 이월하여 기부할 수 있다.
④ 제19조(후원회의 해산 등)의 규정에 의하여 후원회가 해산된 후 후원회지정권자가 같은 종류의 새로운 후원회를 두는 경우 그 새로운 후원회가 모금·기부할 수 있는 후원금은 당해 후원회의 연간 모금·기부한도액에서 종전의 후원회가 모금·기부한 후원금을 공제한 금액으로 한다.

제13조【연간 모금·기부한도액에 관한 특례】 ① 다음 각 호에 해당하는 후원회는 공직선거가 있는 연도에는 연간 모금·기부한도액의 2배를 모금·기부할 수 있다. 같은 연도에 2 이상의 공직선거가 있는 경우에도 또한 같다.(2012.2.29 후단신설)
1. 대통령선거
후보자를 선출한 정당의 중앙당후원회 및 지역구국회의원후원회
2. 임기만료에 의한 국회의원선거
후보자를 추천한 정당의 중앙당후원회 및 지역구에 후보자로 등록한 국회의원후원회
3. 임기만료에 의한 동시지방선거
후보자를 추천한 정당의 중앙당후원회 및 해당 선거구에 후보자를 추천한 정당의 지역구국회의원후원회
(2017.6.30 1호~3호개정)
② 제1항에서 "공직선거가 있는 연도"라 함은 당해 선거의 선거일이 속하는 연도를 말한다.

제14조【후원금 모금방법】 ① 후원회는 우편·통신(전화, 인터넷전자결제시스템 등을 말한다)에 의한 모금, 중앙선거관리위원회가 제작한 정치자금영수증(이하 "정치자금영수증"이라 한다)과의 교환에 의한 모금 또는 신용카드·예금계좌 등에 의한 모금 그 밖에 이 법과 「정당법」 및 「공직선거법」에 위반되지 아니하는 방법으로 후원금을 모금할 수 있다. 다만, 집회에 의한 방법으로는 후원금을 모금할 수 없다.
② (2010.1.25 삭제)

제15조【후원금 모금 등의 고지·광고】 ① 후원회는 회원모집 또는 후원금 모금을 위하여 인쇄물·시설물 등을 이용하여 후원회명, 후원금 모금의 목적, 기부처, 기부방법, 해당 후원회지정권자의 사진·학력(정규학력과 이에 준하는 외국의 교육과정을 이수한 학력에 한한다)·경력·업적·공약과 그 밖에 홍보에 필요한 사항을 알릴 수 있다. 다만, 다른 정당·후보자(공직선거의 후보자를 말하며, 후보자가 되려는 자를 포함한다)·대통령선거경선후보자 및 당대표경선후보자등에 관한 사항은 포함할 수 없다.(2016.1.15 단서개정)
② 후원회는 「신문 등의 진흥에 관한 법률」 제2조(정의)에 따른 신문 및 「잡지 등 정기간행물의 진흥에 관한 법률」 제2조(정의)에 따른 정기간행물을 이용하여 분기별 4회 이내에서 후원금의 모금과 회원의 모집 등을 위하여 제1항의 내용을 광고할 수 있다. 이 경우 후원회를 둘 수 있는 기간이 3월을 초과하지 아니하는 때에는 4회 이내로 한다.(2009.7.31 본항개정)
③ 제2항의 규정에 의한 1회 광고의 규격은 다음 각 호의 기준에 의한다.
1. 신문광고는 길이 17센티미터 너비 18.5센티미터 이내
2. 제1호 외의 광고는 당해 정기간행물의 2면 이내
④ 제2항의 광고횟수 산정에 있어서 같은 날에 발행되는 하나의 정기간행물을 이용하는 것은 1회로 본다. 이 경우 같은 날에 발행되는 정기간행물이 배달되는 지역에 따라 발행일자가 각각 다르게 기재된 경우에도 그 광고횟수는 1회로 본다.
⑤ 제1항의 규정에 의한 인쇄물·시설물 등에 의한 고지방법 그 밖에 필요한 사항은 중앙선거관리위원회규칙으로 정한다.

제16조【정치자금영수증과의 교환에 의한 모금】 ① 후원회 또는 후원회로부터 위임을 받은 자는 정치자금영수증을 후원금과 교환하는 방법으로 모금을 할 수 있다.
② 제1항의 규정에 의하여 후원회로부터 위임받은 자가 후원금을 모금한 때에는 30일 이내에 그 후원회의 회계책임자에게 정치자금영수증 원부와 후원인의 성명·생년월일·주소·전화번호 및 후원금을 인계하여야 한다.
③ 정치자금영수증과의 교환에 의한 모금의 위임절차와 방법 그 밖에 필요한 사항은 중앙선거관리위원회규칙으로 정한다.

제17조【정치자금영수증】 ① 후원회가 후원금을 기부받은 때에는 후원금을 기부받은 날부터 30일까지 정치자금영수증을 후원인에게 교부하여야 한다.(2012.2.29 본항개정)
② 제1항의 규정에 의한 정치자금영수증은 중앙선거관리위원회가 제작하는 정액영수증과 무정액영수증만을 말한다. 이 경우 무정액영수증은 인터넷을 통하여 발행·교부할 수 있도록 전자적 형태로 제작할 수 있되, 위조·변조를 방지할 수 있는 기술적 조치를 하여야 한다.
(2008.2.29 후단신설)

③ 무정액영수증은 1회 10만원 미만의 후원금이나 10만원을 초과하여 기부한 후원금의 경우라도 10만원 미만에 해당하는 후원금에 한하여 교부할 수 있다. 다만, 제2항 후단에 따라 전자적 형태로 제작한 무정액영수증을 인터넷을 통하여 교부하는 경우에는 그러하지 아니하다. (2008.2.29 단서신설)

④ 1회 1만원 이하의 후원금 기부에 대한 정치자금영수증은 해당 연도말일(후원회가 해산되는 경우에는 그 해산일을 말한다) 현재로 일괄 발행·교부할 수 있다. (2010.1.25 본항개정)

⑤ 제1항에도 불구하고 다음 각 호의 어느 하나에 해당하는 경우에는 정치자금영수증을 후원인에게 교부하지 아니하고 후원회가 발행하여 원부와 함께 보관할 수 있다.
1. 후원인이 정치자금영수증 수령을 원하지 아니하는 경우
2. 익명기부, 신용카드·예금계좌·전화 또는 인터넷 전자결제 시스템 등에 의한 기부로 후원인의 주소 등 연락처를 알 수 없는 경우
3. 후원인이 연간 1만원 이하의 후원금을 기부한 경우 (2010.1.25 본항개정)

⑥ 후원회가 정치자금영수증을 발급받고자 하는 때에는 정치자금영수증의 종류와 발급수량 등을 기재한 신청서 및 정치자금영수증 제작비용을 관할 선거관리위원회에 제출·납부하여야 한다.

⑦ 하나의 후원회가 연간 발급받을 수 있는 정액영수증의 액면가액총액은 그 후원회의 연간 모금한도액을 초과할 수 없다. 이 경우 후원회는 연간 모금한도액의 범위안에서 정액영수증을 일시에 발급받을 수 있다.

⑧ 정치자금영수증에는 후원금의 금액, 그 금액에 대하여 세금혜택이 된다는 문언과 일련번호를 표시하되, 규격과 양식 그 밖에 필요한 사항은 중앙선거관리위원회규칙으로 정한다.

⑨ 정액영수증에 표시하는 금액은 1만원·5만원·10만원·50만원·100만원·500만원의 6종으로 하고 기부자에게 교부하는 정치자금영수증에는 후원회명을 기재할 수 없다.

⑩ 후원회는 관할 선거관리위원회로부터 발급받은 정치자금영수증의 매년 12월 31일 현재 매수 등 사용실태를 제40조(회계보고)제1항에 따른 12월 31일 현재의 회계보고를 하는 때에 관할 선거관리위원회에 보고하여야 하며, 후원회가 해산되는 경우에는 제40조(회계보고)에 따른 회계보고를 하는 때에 사용하지 아니한 정치자금영수증을 관할 선거관리위원회에 반납하여야 한다. (2010.1.25 본항개정)

⑪ 후원회는 무정액영수증의 기재금액 및 정액영수증의 액면금액과 상이한 금액을 기부받고 사용할 수 없으며, 사용하지 아니한 정치자금영수증에 대하여 제10항의 규정에 의한 기한 이내에 매수를 보고 또는 반납하지 아니한 경우에는 그 액면금액 총액을 기부받은 것으로 본다.

⑫ 선거관리위원회와 후원회 그 밖에 정치자금영수증의 발급·발행·교부 등에 관계하는 자는 법률에 의한 절차에 의하지 아니하고는 그 후원회에 발급한 정치자금영수증의 일련번호를 공개하거나 이를 다른 국가기관에 고지하여서는 아니된다.

⑬ 후원회는 제34조(회계책임자의 선임신고 등)제4항에 따라 신고된 정치자금의 수입을 위한 예금계좌에 입금된 후원금에 대한 정치자금영수증 발행을 위하여 해당 금융기관에 입금의뢰인(신용카드·전화 또는 인터넷 전자결제 시스템 등에 의한 입금을 포함한다)의 성명과 연락처를 알려줄 것을 서면으로 요청할 수 있으며, 그 요청을 받은 금융기관은 「금융실명거래 및 비밀보장에 관한 법률」에도 불구하고 지체 없이 그 내용을 알려주어야 한다. (2010.1.25 본항신설)

⑭ 제13항에 따른 입금의뢰인의 성명과 연락처를 알려줄 것을 요청하는 서식과 그 밖에 필요한 사항은 중앙선거관리위원회규칙으로 정한다.(2010.1.25 본항신설)

제18조【불법후원금의 반환】 후원회의 회계책임자는 후원인으로부터 기부받은 후원금이 이 법 또는 다른 법률에 위반되는 청탁 또는 불법의 후원금이라는 사실을 안 날부터 30일 이내에 후원인에게 반환하고, 정치자금영수증을 교부하였을 때에는 이를 회수하여야 한다. 이 경우 후원인의 주소 등 연락처를 알지 못하여 반환할 수 없거나 후원인이 수령을 거절하는 때에는 선거관리위원회를 통하여 이를 국고에 귀속시켜야 한다.

제19조【후원회의 해산 등】 ① 후원회는 해당 후원회지정권자가 해산, 그 밖의 사유로 소멸하거나 후원회를 둘 수 있는 자격을 상실하거나 후원회의 지정을 철회한 때 또는 정관 등에 정한 해산사유가 발생한 때에는 해산한다. 다만, 후원회를 둔 중앙당창당준비위원회가 정당으로 등록하거나 후원회를 둔 국회의원후보자가 국회의원으로 당선된 경우에는 그 후원회는 대의기관이나 수임기관의 존속결의로써 등록된 중앙당 또는 당선된 국회의원의 후원회로 존속할 수 있으며, 국회의원당선자후원회는 국회의원후원회로, 후원회를 둔 대통령예비후보자·국회의원예비후보자·지방의회의원예비후보자·지방자치단체장예비후보자가 대통령후보자·국회의원후보자·지방의회의원후보자·지방자치단체장후보자로 등록된 때에는 그 대통령예비후보자후원회·국회의원예비후보자후원회·지방의회의원예비후보자후원회·지방자치단체장예비후보자후원회는 대통령후보자후원회·국회의원후보자후원회·지방의회의원후보자후원회·지방자치단체장후보자후원회로 본다.(2021.1.5 단서개정)

② 제1항 단서의 경우에 중앙당후원회 및 국회의원후보자후원회의 대표자는 그 존속결의가 있은 날부터 14일 이내에 제7조(후원회의 등록신청 등)제4항의 규정에 의한 변경등록을 신청하여야 하며, 그 후원회는 종전의 후원회의 권리·의무를 승계한다.(2017.6.30 본항개정)

③ 후원회가 해산한 때에는 그 대표자는 14일 이내에 그 사실을 관할 선거관리위원회에 신고하여야 한다. 다만, 다음 각 호의 어느 하나에 해당하는 경우에는 그러하지 아니하다.(2012.2.29 단서개정)
1. 대통령선거경선후보자와 당대표경선후보자등이 경선의 종료로 그 신분이 상실되어 해산되는 경우 (2016.1.15 본호개정)
2. 국회의원의 임기만료, 대통령후보자등·국회의원후보자등·지방의회의원후보자등 또는 지방자치단체장후보자등의 신분상실로 인하여 해산되는 경우(2021.1.5 본호개정)

④ 후원회가 해산일부터 14일 이내에 제3항 본문의 규정에 의한 해산신고를 하지 아니한 경우에는 관할 선거관리위원회는 그 후원회의 등록을 말소할 수 있다.

제20조【후원회의 합병 등】 ① 「정당법」 제19조에 따라 정당이 신설합당하거나 흡수합당하는 경우에는 각 후원회의 대의기관이나 수임기관의 합동회의의 합병결의 또는 대의기관이나 수임기관의 존속결의로써 신설 또는 흡수하는 정당의 후원회로 존속할 수 있다. 이 경우 각 후원회는 제7조제4항에 따른 변경등록신청을 하여야 한다.

② 제1항에 따른 합병으로 신설 또는 존속하는 후원회는 합병 전 후원회의 권리·의무를 승계한다.

③ 제1항에 따라 존속하는 후원회의 모금·기부 한도액, 그 밖에 필요한 사항은 중앙선거관리위원회규칙으로 정한다.
(2017.6.30 본조신설)

제21조【후원회가 해산한 경우의 잔여재산 처분 등】 ① 제19조(후원회의 해산 등)제1항 본문의 규정에 의하여 후원회가 해산된 경우 잔여재산은 다음 각 호에서 정한 바에 따라 제40조(회계보고)의 규정에 의한 회계보고 전까지 처분하여야 한다.
1. 후원회지정권자가 중앙당(중앙당창당준비위원회를 포함한다) 또는 당원인 경우
해산 당시의 소속 정당에 인계한다. 다만, 후원회를 둔 국회의원이 대통령후보자등후원회·대통령선거경선후보자후원회나 당대표경선후보자등후원회를 둔 경우 또는 후원회를 둔 대통령예비후보자가 대통령선거경선후보자후원회를 둔 경우로서 어느 하나의 후원회가 해산된 경우 그 잔여재산은 해산되지 아니한 후원회에 그 후원회의 연간 모금·기부한도액 범위 안에서 후원금으로 기부할 수 있다.
2. 후원회지정권자가 당원이 아닌 경우와 정당이 해산, 그 밖의 사유로 소멸한 경우
「공익법인의 설립·운영에 관한 법률」에 의하여 등록된 공익법인(학교법인을 포함하며, 이하 "공익법인"이라 한다) 또는 사회복지시설에 인계한다.
(2017.6.30 1호~2호개정)

② 후원회지정권자(중앙당은 제외한다)가 후원회를 둘 수 있는 자격을 상실한 경우 후원회로부터 기부받아 사용하고 남은 잔여재산[제36조(회계책임자에 의한 수입·지출)제5항을 위반하여 지출한 비용을 포함한다]은 제40조의 규정에 의한 회계보고 전까지 제1항 각 호의 규정에 준하여 처분하여야 한다. 이 경우 후원회를 둔 중앙당창당준비위원회가 중앙당으로 존속하지 아니하고 해산된 경우에는 후원회로부터 기부받아 사용하고 남은 잔여재산은 제1항제2호에 준하여 처분하여야 한다. (2017.6.30 본항개정)

③ 제1항 및 제2항에도 불구하고 대통령선거경선후보자·당대표경선후보자등·대통령예비후보자·국회의원예비후보자·지방의회의원예비후보자 또는 지방자치단체장예비후보자가 후원회를 둘 수 있는 자격을 상실한 때(정당의 공직선거 후보자선출을 위한 당내경선 또는 당대표경선에 참여하여 당선 또는 낙선한 때를 제외한다)에는 그 후원회와 후원회지정권자는 잔여재산을 제40조에 따른 회계보고 전까지 국고에 귀속시켜야 한다. (2021.1.5 본항개정)

④ 제1항 및 제2항의 규정에 의하여 잔여재산 또는 후원회로부터 기부받은 후원금을 인계하지 아니한 때에는 이를 국고에 귀속시켜야 한다.

⑤ 후원회가 해산된 후에 기부된 후원금은 지체 없이 후원인에게 이를 반환하되, 제40조의 규정에 의한 회계보고 전까지 반환하지 아니하는 때에는 이를 국고에 귀속시켜야 한다.

⑥ 제3항 내지 제5항의 규정에 의한 국고귀속절차에 관하여는 제4조(당비)제3항 및 제4항의 규정을 준용한다.

⑦ 후원회가 해산된 경우의 잔여재산 처분절차 그 밖에 필요한 사항은 중앙선거관리위원회규칙으로 정한다.

제4장 기탁금

제22조【기탁금의 기탁】 ① 기탁금을 기탁하고자 하는 개인(당원이 될 수 없는 공무원과 사립학교 교원을 포함한다)은 각급 선거관리위원회(읍·면·동선거관리위원회를 제외한다)에 기탁하여야 한다.

② 1인이 기탁할 수 있는 기탁금은 1회 1만원 또는 그에 상당하는 가액 이상, 연간 1억원 또는 전년도 소득의 100분의 5 중 다액 이하로 한다.

③ 누구든지 타인의 명의나 가명 또는 그 성명 등 인적 사항을 밝히지 아니하고 기탁금을 기탁할 수 없다. 이 경우 기탁자의 성명 등 인적 사항을 공개하지 아니할 것을 조건으로 기탁할 수 있다.

④ 기탁절차 그 밖에 필요한 사항은 중앙선거관리위원회규칙으로 정한다.

제23조【기탁금의 배분과 지급】 ① 중앙선거관리위원회는 기탁금의 모금에 직접 소요된 경비를 공제하고 지급 당시 제27조(보조금의 배분)의 규정에 의한 국고보조금 배분율에 따라 기탁금을 배분·지급한다.

② 중앙선거관리위원회가 기탁금을 배분·지급하는 때에는 1회 300만원을 초과하여 기탁한 자의 성명 등 인적사항을 공개하여야 한다. 다만, 제22조(기탁금의 기탁)제3항 후단의 규정에 의하여 이를 공개하지 아니할 것을 조건으로 기탁한 경우에는 그러하지 아니하다.(2008.2.29 본항개정)

③ 기탁금의 지급시기 및 절차 그 밖에 필요한 사항은 중앙선거관리위원회규칙으로 정한다.

제24조【기탁금의 국고귀속 등】 ① 제22조(기탁금의 기탁)제2항 및 제3항의 규정을 위반하여 기탁된 기탁금은 국고에 귀속한다.

② 중앙선거관리위원회는 기탁금을 지급받을 정당이 수령을 거절하는 경우에는 그 기탁금은 수령을 거절한 정당을 제외한 나머지 정당에 제23조(기탁금의 배분과 지급)제1항의 규정에 의하여 배분·지급한다.

③ 제1항의 규정에 의한 국고귀속절차에 관하여는 제4조(당비)제3항 및 제4항의 규정을 준용한다.

제5장 국고보조금

제25조【보조금의 계상】 ① 국가는 정당에 대한 보조금으로 최근 실시한 임기만료에 의한 국회의원선거의 선거권자 총수에 보조금 계상단가를 곱한 금액을 매년 예산에 계상하여야 한다. 이 경우 임기만료에 의한 국회의원선거의 실시로 선거권자 총수에 변경이 있는 때에는 당해 선거가 종료된 이후에 지급되는 보조금은 변경된 선거권자 총수를 기준으로 계상하여야 한다.(2008.2.29 본항개정)

② 대통령선거, 임기만료에 의한 국회의원선거 또는 「공직선거법」 제203조(동시선거의 범위와 선거일)제1항의 규정에 의한 동시지방선거가 있는 연도에는 각 선거(동시지방선거는 하나의 선거로 본다)마다 보조금 계상단가를 추가한 금액을 제1항의 기준에 의하여 예산에 계상하여야 한다.(2008.2.29 본항개정)

③ 제1항 및 제2항에 따른 보조금 계상단가는 전년도 보조금 계상단가에 「통계법」 제3조에 따라 통계청장이 매년 고시하는 전전년도와 대비한 전년도 전국소비자물가 변동률을 적용하여 산정한 금액을 증감한 금액으로 한다. (2008.2.29 본항신설)

④ 중앙선거관리위원회는 제1항의 규정에 의한 보조금(이하 "경상보조금"이라 한다)은 매년 분기별로 균등분할하여 정당에 지급하고, 제2항의 규정에 의한 보조금(이하 "선거보조금"이라 한다)은 당해 선거의 후보자등록마감일 후 2일 이내에 정당에 지급한다.

제26조【공직후보자 여성추천보조금】 ① 국가는 임기만료에 의한 지역구국회의원선거, 지역구시·도의회의원선거 및 지역구자치구·시·군의회의원선거에서 여성후보자를 추천하는 정당에 지급하기 위한 보조금(이하 "여성추천보조금"이라 한다)으로 최근 실시한 임기만료에 의한 국회의원선거의 선거권자 총수에 100원을 곱한 금액을 임기만료에 의한 국회의원선거, 시·도의회의원선거 또는 자치구·시·군의회의원선거가 있는 연도의 예산에 계상하여야 한다.(2006.4.28 본항개정)

② 여성추천보조금은 제1항에 따른 선거에서 여성후보자를 추천한 정당에 대하여 다음 각 호에 따라 배분·지급한다. 이 경우 지역구시·도의회의원선거와 지역구자치구·시·군의회의원선거에서의 여성추천보조금은 제1항에 따라 해당 연도의 예산에 계상된 여성추천보조금의 100분의 50을 각 선거의 여성추천보조금 총액으로 한다.
1. 여성후보자를 전국지역구총수의 100분의 40 이상 추천한 정당에는 여성추천보조금 총액의 100분의 40을 다음 기준에 따라 배분·지급한다.(2024.1.2 본문개정)
가. 배분대상 여성추천보조금 총액의 100분의 40 : 지급 당시 정당별 국회의석수의 비율
나. 배분대상 여성추천보조금 총액의 100분의 40 : 최근 실시한 임기만료에 따른 국회의원선거에서의 득표수의 비율(비례대표전국선거구 및 지역구에서 해당 정

당이 득표한 득표수 비율의 평균을 말한다. 이하 "국회의원선거의 득표수 비율"이라 한다)
다. 배분대상 여성추천보조금 총액의 100분의 20 : 각 정당이 추천한 지역구 여성후보자수의 합에 대한 정당별 지역구 여성후보자수의 비율
2. 여성후보자를 전국지역구총수의 100분의 30 이상 100분의 40 미만을 추천한 정당에는 여성추천보조금 총액의 100분의 30을 제1호 각 목의 기준에 따라 배분·지급한다. 이 경우 하나의 정당에 배분되는 여성추천보조금은 제1호에 따라 각 정당에 배분되는 여성추천보조금 중 최소액을 초과할 수 없다.(2024.1.2 본호신설)
3. 여성후보자를 전국지역구총수의 100분의 20 이상 100분의 30 미만을 추천한 정당에는 여성추천보조금 총액의 100분의 20을 제1호 각 목의 기준에 따라 배분·지급한다. 이 경우 하나의 정당에 배분되는 여성추천보조금은 제2호에 따라 각 정당에 배분되는 여성추천보조금 중 최소액을 초과할 수 없다.(2024.1.2 본호개정)
4. 여성후보자를 전국지역구총수의 100분의 10 이상 100분의 20 미만을 추천한 정당에는 여성추천보조금 총액의 100분의 10을 제1호 각 목의 기준에 따라 배분·지급한다. 이 경우 하나의 정당에 배분되는 여성추천보조금은 제3호에 따라 각 정당에 배분되는 여성추천보조금 중 최소액을 초과할 수 없다.(2024.1.2 본호개정)
(2022.4.20 본항개정)
③ 여성추천보조금은 임기만료에 의한 지역구국회의원선거, 지역구시·도의회의원선거 또는 지역구자치구·시·군의회의원선거의 후보자등록마감일 후 2일 이내에 정당에 지급한다.(2006.4.28 본항개정)

제26조의2【공직후보자 장애인추천보조금】 ① 국가는 임기만료에 의한 지역구국회의원선거, 지역구시·도의회의원선거 및 지역구자치구·시·군의회의원선거에서 장애인후보자(후보자 중 「장애인복지법」 제32조에 따라 등록된 자를 말한다. 이하 같다)를 추천한 정당에 지급하기 위한 보조금(이하 "장애인추천보조금"이라 한다)으로 최근 실시한 임기만료에 의한 국회의원선거의 선거권자 총수에 20원을 곱한 금액을 임기만료에 의한 국회의원선거, 시·도의회의원선거 또는 자치구·시·군의회의원선거가 있는 연도의 예산에 계상하여야 한다.
② 장애인추천보조금은 제1항에 따른 선거에서 장애인후보자를 추천한 정당에 대하여 다음 각 호에 따라 배분·지급한다. 이 경우 지역구시·도의회의원선거와 지역구자치구·시·군의회의원선거에서의 장애인추천보조금은 제1항에 따라 해당 연도의 예산에 계상된 장애인추천보조금의 100분의 50을 각 선거의 장애인추천보조금 총액으로 한다.
1. 장애인후보자를 전국지역구총수의 100분의 5 이상 추천한 정당에는 장애인추천보조금 총액의 100분의 50을 다음 기준에 따라 배분·지급한다.
가. 배분대상 장애인추천보조금 총액의 100분의 40 : 지급 당시 정당별 국회의석수의 비율
나. 배분대상 장애인추천보조금 총액의 100분의 40 : 최근 실시한 국회의원선거의 득표수 비율
다. 배분대상 장애인추천보조금 총액의 100분의 20 : 각 정당이 추천한 지역구 장애인후보자수의 합에 대한 정당별 지역구 장애인후보자수의 비율
2. 장애인후보자를 전국지역구총수의 100분의 3 이상 100분의 5 미만을 추천한 정당에는 장애인추천보조금 총액의 100분의 30을 제1호 각 목의 기준에 따라 배분·지급한다. 이 경우 하나의 정당에 배분되는 장애인추천보조금은 제1호에 따라 각 정당에 배분되는 장애인추천보조금 중 최소액을 초과할 수 없다.
3. 장애인후보자를 전국지역구총수의 100분의 1 이상 100분의 3 미만을 추천한 정당에는 장애인추천보조금 총액의 100분의 20을 제1호 각 목의 기준에 따라 배분·지급한다. 이 경우 하나의 정당에 배분되는 장애인추천보조금은 제2호에 따라 각 정당에 배분되는 장애인추천보조금 중 최소액을 초과할 수 없다.
(2022.4.20 본항개정)
③ 장애인추천보조금은 임기만료에 의한 지역구국회의원선거, 지역구시·도의회의원선거 또는 지역구자치구·시·군의회의원선거의 후보자등록마감일 후 2일 이내에 정당에 지급한다.
(2010.1.25 본조신설)

제26조의3【공직후보자 청년추천보조금】 ① 국가는 임기만료에 의한 지역구국회의원선거, 지역구시·도의회의원선거 및 지역구자치구·시·군의회의원선거에서 청년후보자(39세 이하 후보자를 말한다. 이하 같다)를 추천한 정당에 지급하기 위한 보조금(이하 "청년추천보조금"이라 한다)으로 최근 실시한 임기만료에 의한 국회의원선거의 선거권자 총수에 100원을 곱한 금액을 임기만료에 의한 국회의원선거, 시·도의회의원선거 또는 자치구·시·군의회의원선거가 있는 연도의 예산에 계상하여야 한다.
② 청년추천보조금은 제1항에 따른 선거에서 청년후보자를 추천한 정당에 대하여 다음 각 호에 따라 배분·지급한다. 이 경우 지역구시·도의회의원선거와 지역구자치구·시·군의회의원선거에서의 청년추천보조금은 제1항에 따라 해당 연도의 예산에 계상된 청년추천보조금의 100분의 50을 각 선거의 청년추천보조금 총액으로 한다.
1. 청년후보자를 전국지역구총수의 100분의 20 이상 추천한 정당에는 청년추천보조금 총액의 100분의 50을 다음 기준에 따라 배분·지급한다.
가. 배분대상 청년추천보조금 총액의 100분의 40 : 지급 당시 정당별 국회의석수의 비율
나. 배분대상 청년추천보조금 총액의 100분의 40 : 최근 실시한 국회의원선거의 득표수 비율
다. 배분대상 청년추천보조금 총액의 100분의 20 : 각 정당이 추천한 지역구 청년후보자수의 합에 대한 정당별 지역구 청년후보자수의 비율
2. 청년후보자를 전국지역구총수의 100분의 15 이상 100분의 20 미만을 추천한 정당에는 청년추천보조금 총액의 100분의 30을 제1호 각 목의 기준에 따라 배분·지급한다. 이 경우 하나의 정당에 배분되는 청년추천보조금은 제1호에 따라 각 정당에 배분되는 청년추천보조금 중 최소액을 초과할 수 없다.
3. 청년후보자를 전국지역구총수의 100분의 10 이상 100분의 15 미만을 추천한 정당에는 청년추천보조금 총액의 100분의 20을 제1호 각 목의 기준에 따라 배분·지급한다. 이 경우 하나의 정당에 배분되는 청년추천보조금은 제2호에 따라 각 정당에 배분되는 청년추천보조금 중 최소액을 초과할 수 없다.
③ 청년추천보조금은 임기만료에 의한 지역구국회의원선거, 지역구시·도의회의원선거 또는 지역구자치구·시·군의회의원선거의 후보자등록마감일 후 2일 이내에 정당에 지급한다.
(2022.2.22 본조신설)

제27조【보조금의 배분】 ① 경상보조금과 선거보조금은 지급 당시 「국회법」 제33조(교섭단체)제1항 본문의 규정에 의하여 동일 정당의 소속의원으로 교섭단체를 구성한 정당에 대하여 그 100분의 50을 정당별로 균등하게 분할하여 배분·지급한다.
② 보조금 지급 당시 제1항의 규정에 의한 배분·지급대상이 아닌 정당으로서 5석 이상의 의석을 가진 정당에 대하여는 100분의 5씩을, 의석이 없거나 5석 미만의 의석을 가진 정당 중 다음 각 호의 어느 하나에 해당하는 정당에 대하여는 보조금의 100분의 2씩을 배분·지급한다.
1. 최근에 실시된 임기만료에 의한 국회의원선거에 참여한 정당의 경우에는 국회의원선거의 득표수 비율이 100분의 2 이상인 정당
2. 최근에 실시된 임기만료에 의한 국회의원선거에 참여한 정당 중 제1호에 해당하지 아니하는 정당으로서 의석을 가진 정당의 경우에는 최근에 전국적으로 실시된 후보추천이 허용되는 비례대표시·도의회의원선거, 지역구시·도의회의원선거, 시·도지사선거 또는 자치구·시·군의 장선거에서 당해 정당이 득표한 득표수 비율이 100분의 0.5 이상인 정당
3. 최근에 실시된 임기만료에 의한 국회의원선거에 참여하지 아니한 정당의 경우에는 최근에 전국적으로 실시된 후보추천이 허용되는 비례대표시·도의회의원선거, 지역구시·도의회의원선거, 시·도지사선거 또는 자치구·시·군의 장선거에서 당해 정당이 득표한 득표수 비율이 100분의 2 이상인 정당
③ 제1항 및 제2항의 규정에 의한 배분·지급액을 제외한 잔여분 중 100분의 50은 지급 당시 국회의석을 가진 정당에 그 의석수의 비율에 따라 배분·지급하고, 그 잔여분은 국회의원선거의 득표수 비율에 따라 배분·지급한다.
④ 선거보조금은 당해 선거의 후보자등록마감일 현재 후보자를 추천하지 아니한 정당에 대하여는 이를 배분·지급하지 아니한다.
⑤ 보조금의 지급시기 및 절차 그 밖에 필요한 사항은 중앙선거관리위원회규칙으로 정한다.

제27조의2【보조금을 지급받을 권리의 보호】 이 법에 따라 정당이 보조금을 지급받을 권리는 양도 또는 압류하거나 담보로 제공할 수 없다.(2010.1.25 본조신설)

제28조【보조금의 용도제한 등】 ① 보조금은 정당의 운영에 소요되는 경비로서 다음 각 호에 해당하는 경비 외에는 사용할 수 없다.
1. 인건비
2. 사무용 비품 및 소모품비
3. 사무소 설치·운영비
4. 공공요금
5. 정책개발비
6. 당원 교육훈련비
7. 조직활동비
8. 선전비
9. 선거관계비용
② 경상보조금을 지급받은 정당은 그 경상보조금 총액의 100분의 30 이상은 정책연구소[「정당법」 제38조(정책연구소의 설치·운영)에 의한 정책연구소를 말한다. 이하 같다]에, 100분의 10 이상은 시·도당에 배분·지급하여야 하며, 100분의 10 이상은 여성정치발전을 위하여, 100분의 5 이상은 청년정치발전을 위하여 사용하여야 한다. 이 경우 여성정치발전을 위한 경상보조금의 구체적인 사용 용도는 다음 각 호와 같다.(2024.1.2 후단신설)
1. 여성정책 관련 정책개발비
2. 여성 공직선거 후보자 지원 선거관계경비
3. 여성정치인 발굴 및 교육 관련 경비
4. 양성평등의식 제고 등을 위한 당원 교육 관련 경비
5. 여성 국회의원·지방의회의원 정치활동 지원 관련 경비
6. 그 밖에 여성정치발전에 필요한 활동비, 인건비 등의 경비로서 중앙선거관리위원회규칙으로 정하는 경비
(2024.1.2 1호~6호신설)
③ 정당은 소속 당원인 공직선거의 후보자·예비후보자에게 보조금을 지원할 수 있으며, 제1항에도 불구하고 여성추천보조금은 여성후보자의, 장애인추천보조금은 장애인후보자의, 청년추천보조금은 청년후보자의 선거경비로 사용하여야 한다.(2022.2.22 본항개정)
④ 각급 선거관리위원회(읍·면·동선거관리위원회를 제외한다) 위원·직원은 보조금을 지급받은 정당 및 이의 지출을 받은 자 그 밖에 관계인에 대하여 감독상 또는 이 법의 위반여부를 확인하기 위하여 필요하다고 인정하는 때에는 보조금 지출에 관하여 조사할 수 있다.

제29조【보조금의 감액】 중앙선거관리위원회는 다음 각 호의 규정에 따라 당해 금액을 회수하고, 회수가 어려운 때에는 그 이후 당해 정당에 지급할 보조금에서 감액하여 지급할 수 있다.
1. 보조금을 지급받은 정당(정책연구소 및 정당선거사무소를 포함한다)이 보조금에 관한 회계보고를 허위·누락한 경우에는 허위·누락에 해당하는 금액의 2배에 상당하는 금액
2. 제28조(보조금의 용도제한 등)제1항의 규정에 의한 용도 외의 용도로 사용한 경우에는 그 용도를 위반하여 사용한 보조금의 2배에 상당하는 금액
3. 제28조제2항의 규정에 의한 용도 외의 용도로 사용한 경우에는 용도를 위반한 보조금의 2배에 상당하는 금액
4. 제28조제3항의 규정에 의한 여성추천보조금, 장애인추천보조금 또는 청년추천보조금의 용도 외의 용도로 사용한 경우에는 용도를 위반한 보조금의 2배에 상당하는 금액(2022.2.22 본호개정)
5. 제40조(회계보고)의 규정을 위반하여 회계보고를 하지 아니한 경우에는 중앙당의 경우 지급한 보조금의 100분의 25에 상당하는 금액, 시·도당의 경우 중앙당으로부터 지원받은 보조금의 2배에 상당하는 금액

제30조【보조금의 반환】 ① 보조금을 지급받은 정당이 해산되거나 등록이 취소된 경우 또는 정책연구소가 해산 또는 소멸하는 때에는 지급받은 보조금을 지체 없이 다음 각 호에서 정한 바에 따라 처리하여야 한다.
1. 정당
보조금의 지출내역을 중앙선거관리위원회에 보고하고 그 잔액이 있는 때에는 이를 반환한다.
2. 정책연구소
보조금의 사용잔액을 소속 정당에 인계한다. 이 경우 정당은 새로이 설립하는 정책연구소에 그 잔액을 인계하여야 하며, 정당이 해산 또는 등록이 취소된 경우에는 제1호에 준하여 이를 반환한다.
(2010.1.25 본항개정)
② 중앙선거관리위원회는 제1항의 규정에 의하여 정당이 반환하여야 할 보조금을 반환하지 아니한 때에는 국세체납처분의 예에 의하여 강제징수할 수 있다.
③ 제2항의 규정에 의한 보조금의 징수는 다른 공과금에 우선한다.
④ 보조금 잔액의 반환 그 밖에 필요한 사항은 중앙선거관리위원회규칙으로 정한다.

제6장 기부의 제한

제31조【기부의 제한】 ① 외국인, 국내·외의 법인 또는 단체는 정치자금을 기부할 수 없다.
② 누구든지 국내·외의 법인 또는 단체와 관련된 자금으로 정치자금을 기부할 수 없다.

제32조【특정행위와 관련한 기부의 제한】 누구든지 다음 각 호의 어느 하나에 해당하는 행위와 관련하여 정치자금을 기부하거나 받을 수 없다.
1. 공직선거에 있어서 특정인을 후보자로 추천하는 일
2. 지방의회 의장·부의장 선거와 교육위원회 의장·부의장, 교육감·교육위원을 선출하는 일
3. 공무원이 담당·처리하는 사무에 관하여 청탁 또는 알선하는 일
4. 다음 각 목의 어느 하나에 해당하는 법인과의 계약이나 그 처분에 의하여 재산상의 권리·이익 또는 직위를 취득하거나 이를 알선하는 일
가. 국가·공공단체 또는 특별법의 규정에 의하여 설립된 법인
나. 국가나 지방자치단체가 주식 또는 지분의 과반수를 소유하는 법인
다. 국가나 공공단체로부터 직접 또는 간접으로 보조금을 받는 법인
라. 정부가 지급보증 또는 투자한 법인

제33조【기부의 알선에 관한 제한】 누구든지 업무·고용 그 밖의 관계를 이용하여 부당하게 타인의 의사를 억압하는 방법으로 기부를 알선할 수 없다.

제7장 정치자금의 회계 및 보고·공개

제34조【회계책임자의 선임신고 등】 ① 다음 각 호에 해당하는 자(이하 "선임권자"라 한다)는 정치자금의 수입과 지출을 담당하는 회계책임자 1인을 공직선거의 선거운동을 할 수 있는 자 중에서 선임하여 지체 없이 관할 선거관리위원회에 서면으로 신고하여야 한다.
1. 정당(후원회를 둔 중앙당창당준비위원회, 정책연구소 및 정당선거사무소를 포함한다. 이하 이 장에서 같다)의 대표자(2017.6.30 본호개정)
2. 후원회의 대표자
3. 후원회를 둔 국회의원
4. 대통령선거경선후보자, 당대표경선후보자등 (2016.1.15 본호개정)
5. 공직선거의 후보자·예비후보자(선거사무소 및 선거연락소의 회계책임자를 선임하는 경우를 말한다). 이 경우 대통령선거의 정당추천후보자, 비례대표국회의원선거 및 비례대표지방의회의원선거에 있어서는 그 추천정당이 선임권자가 되며, 그 선거사무소 및 선거연락소의 회계책임자는 각각 정당의 회계책임자가 겸한다.
6. 선거연락소장(선거연락소의 회계책임자에 한한다)

② 누구든지 2 이상의 회계책임자가 될 수 없다. 다만, 후원회를 둔 국회의원이 대통령후보자등후원회·대통령선거경선후보자후원회 또는 당대표경선후보자등후원회를 두는 등 중앙선거관리위원회규칙으로 정하는 경우에는 그러하지 아니하다.(2016.1.15 단서개정)

③ 공직선거의 후보자·예비후보자 또는 그 선거사무장이나 선거연락소장은 회계책임자를 겸할 수 있다. 이 경우 그 뜻을 지체 없이 관할 선거관리위원회에 서면으로 신고하여야 한다. 제1항제5호 후단 및 제2항 단서의 규정에 의하여 회계책임자를 겸하는 경우에도 또한 같다.

④ 제1항 및 제3항의 규정에 의하여 회계책임자를 신고하는 때에는 다음 각 호의 사항을 첨부하여야 한다.
1. 정치자금의 수입 및 지출을 위한 예금계좌
2. 선거비용제한액 한도 내에서 회계책임자가 지출할 수 있는 금액의 최고액을 정하고 회계책임자와 선임권자가 함께 서명·날인한 약정서(선거사무소의 회계책임자에 한한다)

⑤ 회계책임자의 선임신고 및 예금계좌의 개설 그 밖에 필요한 사항은 중앙선거관리위원회규칙으로 정한다.

제35조【회계책임자의 변경신고 등】 ① 선임권자는 회계책임자의 변경이 있는 때에는 14일 이내에[제34조(회계책임자의 선임신고 등)제1항제5호 및 제6호의 규정에 의한 선임권자는 지체 없이] 관할 선거관리위원회에 서면으로 변경신고를 하여야 한다.

② 회계책임자의 변경이 있는 때에는 인계자와 인수자는 지체 없이 인계·인수서를 작성하여 서명·날인한 후 재산, 정치자금의 잔액과 회계장부, 예금통장·신용카드 및 후원회인(後援會印)·그 대표자 직인 등 인장 그 밖의 관계 서류를 인계·인수하여야 한다.

③ 회계책임자의 변경신고를 하는 때에는 제2항의 규정에 의한 인계·인수서를 함께 제출하여야 한다.

④ 회계책임자의 변경신고 및 인계·인수 그 밖에 필요한 사항은 중앙선거관리위원회규칙으로 정한다.

제36조【회계책임자에 의한 수입·지출】 ① 정당, 후원회, 후원회를 둔 국회의원, 대통령선거경선후보자, 당대표경선후보자등 또는 공직선거의 후보자·예비후보자의 정치자금 수입·지출은 그 회계책임자(공직선거의 후보자·예비후보자의 경우 그 선거사무소·선거연락소의 회계책임자를 말한다. 이하 같다)만이 이를 할 수 있다. 다만, 다음 각 호의 어느 하나에 해당하는 경우에는 그러하지 아니하다.(2017.6.30 본문개정)
1. 회계책임자로부터 지출의 대강의 내역을 알 수 있는 정도의 지출의 목적과 금액의 범위를 정하여 서면으로 위임받은 회계사무보조자(공직선거의 선거운동을 할 수 있는 자에 한한다)가 지출하는 경우
2. 회계책임자의 관리·통제 아래 제34조(회계책임자의 선임신고 등)에 따라 신고된 정치자금 지출을 위한 예금계좌를 결제계좌로 하는 신용카드·체크카드, 그 밖에 이에 준하는 것으로 지출하는 경우

(2010.1.25 1호~2호신설)

② 회계책임자가 정치자금을 수입·지출하는 경우에는 제34조(회계책임자의 선임신고 등)제4항의 규정에 의하여 관할 선거관리위원회에 신고된 예금계좌를 통해서 하여야 한다. 이 경우 정치자금의 지출을 위한 예금계좌는 1개만을 사용하여야 한다.

③ 대통령선거경선후보자, 당대표경선후보자등 또는 공직선거의 후보자·예비후보자가 자신의 재산으로 정치자금을 지출하는 경우에도 그 회계책임자를 통하여 지출하여야 한다. 후원회를 둔 국회의원이 당해 국회의원선거의 예비후보자로 신고하지 아니한 경우로서 선거일 전 120일부터 자신의 재산으로 정치자금을 지출하는 경우에도 또한 같다.(2016.1.15 전단개정)

④ 「공직선거법」 제135조(선거사무관계자에 대한 수당과 실비보상)의 규정에 의한 선거사무장 등의 수당·실비는 당해 선거사무장 등이 지정한 금융기관의 예금계좌에 입금하는 방법으로 지급하여야 한다.

⑤ 후원회를 둔 공직선거의 후보자·예비후보자의 회계책임자는 후원회로부터 기부받은 후원금을 후원회 등록 전에 지출의 원인이 발생한 용도로 지출할 수 없다. 다만, 「공직선거법」 제7장에서 허용하는 선거운동(같은 법 제59조제3호에 따른 인터넷 홈페이지를 이용한 선거운동과 같은 법 제60조의4에 따른 예비후보자공약집은 제외한다)을 위한 경우에는 그러하지 아니하다.(2010.1.25 단서신설)

⑥ 대통령선거에 있어 예비후보자가 정당추천후보자로 된 경우 그 예비후보자의 선거사무소 회계책임자는 예비후보자의 선거비용의 지출에 관한 내역을 지체 없이 후보자의 선거사무소 회계책임자에게 통지하여 선거비용의 지출에 지장이 없도록 하여야 한다.

⑦ 정치자금의 지출방법 그 밖에 필요한 사항은 중앙선거관리위원회규칙으로 정한다.

제37조【회계장부의 비치 및 기재】 ① 회계책임자는 회계장부를 비치하고 다음 각 호에서 정하는 바에 따라 모든 정치자금의 수입과 지출에 관한 사항을 기재하여야 한다. 이 경우 보조금과 보조금 외의 정치자금, 선거비용과 선거비용 외의 정치자금은 각각 별도의 계정을 설정하여 구분·경리하여야 한다.
1. 정당의 회계책임자(대통령선거의 정당추천후보자와 비례대표국회의원선거 및 비례대표지방의회의원선거의 선거사무소와 선거연락소의 회계책임자를 포함한다)
 가. 수입
  당비, 후원회로부터 기부받은 후원금, 기탁금, 보조금, 차입금, 지원금 및 기관지의 발행 그 밖에 부대수입 등 수입의 상세내역
  (2017.6.30 본목개정)
 나. 지출
  지출(대통령선거와 비례대표국회의원선거 및 비례대표지방의회의원선거에 있어서 추천후보자의 정치자금의 지출을 포함한다)의 상세내역
2. 후원회의 회계책임자
 가. 수입
  후원금 등 수입의 상세내역. 다만, 제11조(후원인의 기부한도 등)제3항의 규정에 의한 익명기부의 경우에는 일자·금액 및 기부방법
 나. 지출
  후원회지정권자에 대한 기부일자·금액과 후원금 모금에 소요된 경비 등 지출의 상세내역
3. 후원회를 둔 국회의원의 회계책임자
 가. 수입
  소속 정당의 지원금과 후원회로부터 기부받은 후원금의 기부일자·금액 및 후원금에서 공제하고자 하는 선임권자의 재산(차입금을 포함한다) 등 수입의 상세내역
 나. 지출
  지출의 상세내역
4. 대통령선거경선후보자, 당대표경선후보자등의 회계책임자, 공직선거의 후보자·예비후보자의 회계책임자(대통령선거의 정당추천후보자와 비례대표국회의원선거 및 비례대표지방의회의원선거의 선거사무소와 선거연락소의 회계책임자를 제외한다)(2016.1.15 본문개정)
 가. 수입
  소속 정당의 지원금과 후원회로부터 기부받은 후원금의 기부일자·금액, 선임권자의 재산(차입금을 포함한다) 및 선거사무소 회계책임자의 지원금(선거연락소의 회계책임자에 한한다) 등 수입의 상세내역
 나. 지출
  지출의 상세내역

② 제1항에 규정된 용어의 정의는 다음 각 호와 같다.
1. "수입의 상세내역"이라 함은 수입의 일자·금액과 제공한 자의 성명·생년월일·주소·직업 및 전화번호 그 밖의 명세를 말한다.
2. "지출의 상세내역"이라 함은 지출의 일자·금액·목적과 지출을 받은 자의 성명·생년월일·주소·직업 및 전화번호를 말한다. 이 경우 선거운동을 위한 인쇄물·시설물 그 밖에 물품·장비 등을 시중의 통상적인 거래가격보다 현저히 싼 값 또는 무상으로 사용한 경우에는 회계책임자가 중앙선거관리위원회규칙으로 정하는 시중의 통상적인 거래가격 또는 임차가격에 상당하는 가액을 계상한 금액으로 지출을 처리한다.

③ 제1항의 회계장부의 종류·서식 및 기재방법 그 밖에 필요한 사항은 중앙선거관리위원회규칙으로 정한다.

제38조【정당의 회계처리】 ① 중앙당은 정치자금의 지출을 공개적·민주적으로 처리하기 위하여 회계처리에 관한 절차 등을 당헌·당규로 정하여야 한다.

② 제1항의 당헌·당규에는 다음 각 호의 사항이 포함되어야 한다.
1. 예산결산위원회의 구성 및 운영에 관한 사항
2. 다음 각 목의 내용을 명시한 지출결의서에 관한 사항
 가. 지출과목, 지출의 목적·일자 및 금액
 나. 지급받거나 받을 권리가 있는 자의 성명·생년월일·주소·직업 및 전화번호
3. 중앙당(정책연구소를 포함한다) 및 시·도당이 물품·용역을 구입·계약하고자 하는 때의 구입·지급품의서에 관한 사항

③ 중앙당의 예산결산위원회(시·도당의 경우에는 그 대표자를 말한다. 이하 같다)는 매분기마다 다음 각 호의 사항을 확인·검사하여야 하며, 그 결과를 지체 없이 당원에게 공개하여야 한다.
1. 당헌·당규에 정한 회계처리절차 준수 여부
2. 예금계좌의 잔액
3. 정치자금의 수입금액 및 그 내역
4. 정치자금의 지출금액 및 그 내역

④ 정당의 회계처리 등에 관하여 필요한 사항은 중앙선거관리위원회규칙으로 정한다.

제39조【영수증 그 밖의 증빙서류】 회계책임자가 정치자금을 수입·지출하는 경우에는 영수증 그 밖의 증빙서류를 구비하여야 한다. 다만, 중앙선거관리위원회규칙으로 정하는 경우에는 그러하지 아니하다.

제40조【회계보고】 ① 회계책임자는 다음 각 호에서 정하는 기한까지 관할 선거관리위원회에 정치자금의 수입과 지출에 관한 회계보고(이하 "회계보고"라 한다)를 하여야 한다.
1. 정당의 회계책임자
 가. 공직선거에 참여하지 아니한 연도
  매년 1월 1일부터 12월 31일 현재로 다음 연도 2월 15일(시·도당의 경우에는 1월 31일)까지
 나. 전국을 단위로 실시하는 공직선거에 참여한 연도
  매년 1월 1일(정당선거사무소의 경우에는 그 설치일)부터 선거일 후 20일(20일 후에 정당선거사무소를 폐쇄하는 경우에는 그 폐쇄일을 말한다) 현재로 당해 선거일 후 30일(대통령선거 및 비례대표국회의원선거에 있어서는 40일)까지, 선거일 후 21일부터 12월 31일 현재로 다음 연도 2월 15일(시·도당은 1월 31일)까지
 다. 전국의 일부지역에서 실시하는 공직선거의 보궐선거 등에 참여한 연도
  중앙당과 정책연구소는 가목에 의하고, 당해 시·도당과 정당선거사무소는 나목에 의한다.
2. 후원회를 둔 국회의원의 회계책임자
 가. 공직선거에 참여하지 아니한 연도
  매년 1월 1일부터 12월 31일 현재로 다음 연도 1월 31일까지
 나. 공직선거에 참여한 연도
  매년 1월 1일부터 선거일 후 20일 현재로 선거일 후 30일까지, 선거일 후 21일부터 12월 31일 현재로 다음 연도 1월 31일까지
3. 중앙당후원회(중앙당창당준비위원회후원회를 포함한다) 및 국회의원후원회의 회계책임자(2017.6.30 본문개정)
 가. 연간 모금한도액을 모금할 수 있는 연도
  매년 1월 1일부터 6월 30일 현재로 7월 31일까지, 7월 1일부터 12월 31일 현재로 다음 연도 1월 31일까지
 나. 연간 모금한도액의 2배를 모금할 수 있는 연도
  매년 1월 1일부터 선거일 후 20일 현재로 선거일 후 30일까지, 선거일 후 21일부터 12월 31일 현재로 다음 연도 1월 31일까지. 다만 선거일이 12월 중에 있는 경우에는 가목에 의한다.
4. 대통령선거경선후보자·당대표경선후보자등 및 그 후원회의 회계책임자(2016.1.15 전단개정)
 정당의 경선일 후 20일 현재로 경선일 후 30일까지. 이 경우 후원회를 둔 국회의원의 회계책임자는 제2호의 규정에 불구하고 매년 1월 1일부터 경선일 후 20일 현재로 경선일 후 30일까지, 경선일 후 21일부터 12월 31일 현재로 다음 연도 1월 31일까지
5. 공직선거의 후보자·예비후보자 및 그 후원회의 회계책임자
 선거일 후 20일(대통령선거의 정당추천후보자의 경우 그 예비후보자의 회계책임자는 후보자등록일 전일) 현재로 선거일 후 30일(대통령선거의 무소속후보자는 40일)까지. 이 경우 대통령선거의 정당추천 후보자와 비례대표국회의원선거 및 비례대표지방의회의원선거의 선거사무소·선거연락소의 회계책임자는 제1호나목 또는 다목에 의한다.

② 제1항의 규정에 불구하고 다음 각 호에 해당하는 사유가 있는 때에는 그 회계책임자는 그 날부터 14일 이내에 관할 선거관리위원회에 회계보고를 하여야 한다.
1. 정당이 등록취소되거나 해산한 때
2. 후원회를 둔 중앙당창당준비위원회가 소멸한 때 (2017.6.30 본호신설)
3. 후원회가 제19조(후원회의 해산 등)제1항의 규정에 의하여 해산한 때(선거 또는 경선의 종료로 후원회지정권자가 후원회를 둘 수 있는 자격을 상실하여 해산한 때는 제외한다)(2010.1.25 본호개정)
4. 후원회를 둔 국회의원, 대통령선거경선후보자 또는 당대표경선후보자등이 후원회지정을 철회하거나 후원회를 둘 수 있는 자격을 상실한 때(경선의 종료로 인하여 자격을 상실한 때는 제외한다)(2016.1.15 본호개정)
5. 공직선거의 예비후보자 또는 그 후원회가 선거기간개시일 30일 전에 그 자격을 상실하거나 해산할 때

③ 제1항 및 제2항의 규정에 의하여 회계보고하는 사항은 다음 각 호와 같다.

1. 정당 및 후원회의 회계책임자
가. 재산상황
정당에 있어서는 12월 31일 현재의 회계보고에 한한다.
나. 정치자금의 수입내역
1회 30만원 초과 또는 연간 300만원(대통령후보자등 후원회·대통령선거경선후보자후원회의 경우에는 500만원)을 초과하여 수입을 제공한 자의 경우에는 성명·생년월일·주소·직업·전화번호와 수입일자 및 그 금액을, 그 이하 금액의 수입을 제공한 자의 경우에는 일자별로 그 건수와 총금액. 다만, 당비의 경우에는 그러하지 아니하다.
(2008.2.29 본목개정)
다. 제37조(회계장부의 비치 및 기재)제1항의 규정에 의하여 회계장부에 기재하는 지출의 상세내역
2. 후원회지정권자(정당은 제외한다)·대통령선거경선후보자, 당대표경선후보자등, 공직선거의 후보자·예비후보자의 회계책임자(대통령선거의 정당추천 후보자, 비례대표국회의원선거 및 비례대표지방의회의원선거에 있어서는 제1호에 의한다)(2017.6.30 본문개정)
가. 후원금 및 소속 정당의 지원금으로 구입·취득한 재산상황
나. 제37조제1항의 규정에 의하여 회계장부에 기재하는 수입·지출의 상세내역
④ 제1항 내지 제3항의 규정에 의하여 회계보고를 하는 때에는 다음 각 호의 서류를 첨부하여야 한다.
1. 정치자금의 수입과 지출명세서
2. 제39조(영수증 그 밖의 증빙서류) 본문의 규정에 의한 영수증 그 밖의 증빙서류 사본
3. 정치자금을 수입·지출한 예금통장 사본
4. 제41조제1항 본문에 따른 자체 감사기관의 감사의견서와 대의기관(그 수임기관을 포함한다)·예산결산위원회의 심사의결서〔제38조(정당의 회계처리)제3항의 규정에 의한 공개자료를 포함한다〕 사본〔정당(정당선거사무소를 제외한다)과 후원회의 회계책임자에 한한다〕
(2012.2.29 본호개정)
5. 제41조제1항 단서의 규정에 의한 공인회계사의 감사의견서(중앙당과 그 후원회에 한한다). 다만, 정치자금의 수입·지출이 없는 경우에는 그러하지 아니하다.
(2017.6.30 본문개정)
6. 잔여재산의 인계·인수서(인계의무자에 한한다). 이 경우 제58조(후보자의 반환기탁금 및 보전비용의 처리) 제1항의 규정에 의한 반환·보전비용의 인계·인수서는 반환·보전받은 날부터 30일까지 제출한다.
7. 제36조(회계책임자에 의한 수입·지출)제6항의 규정에 의한 예비후보자의 선거비용 지출내역서 사본(대통령선거의 정당추천후보자의 선거사무소의 회계책임자와 그 예비후보자의 회계책임자에 한한다)
⑤ 선거사무소·선거연락소의 회계책임자가 회계보고를 하는 때에는 정당의 대표자 또는 공직선거후보자와 선거사무장의 연대 서명·날인을 받아야 한다. 다만, 선거연락소의 경우에는 선거연락소장의 서명·날인을 받아야 한다.
⑥ 회계보고 그 밖에 필요한 사항은 중앙선거관리위원회 규칙으로 정한다.

제41조【회계보고의 자체 감사 등】 ① 정당(정당선거사무소를 제외한다)과 후원회의 회계책임자가 회계보고를 하는 때에는 대의기관(그 수임기관을 포함한다) 또는 예산결산위원회의 심사·의결을 거쳐야 하며, 그 의결서 사본과 자체 감사기관의 감사의견서를 각각 첨부하여야 한다. 다만, 정당의 중앙당과 그 후원회는 해당 정당의 당원이 아닌 자 중에서 공인회계사의 감사의견서를 함께 첨부하여야 한다.(2017.6.30 단서개정)
② 제1항의 규정에 의한 공인회계사는 성실하게 감사하여야 한다.

제42조【회계보고서 등의 열람 및 사본교부】 ① 제40조(회계보고)의 규정에 의하여 회계보고를 받은 관할 선거관리위원회는 회계보고 마감일부터 7일 이내에 그 사실과 열람·사본교부기간 및 사본교부에 필요한 비용 등을 공고하여야 한다.
② 관할 선거관리위원회는 제40조제3항 및 제4항의 규정에 의하여 보고된 재산상황, 정치자금의 수입·지출내역 및 첨부서류를 그 사무소에 비치하고 제1항의 규정에 의한 공고일부터 3월간(이하 "열람기간"이라 한다) 누구든지 볼 수 있게 하여야 한다. 다만, 선거비용에 한하여 열람대상 서류 중 제40조(회계보고)제4항제1호의 수입과 지출명세서를 선거관리위원회의 인터넷 홈페이지를 통하여 공개할 수 있되, 열람기간이 아닌 때에는 이를 공개하여서는 아니된다.(2010.1.25 단서개정)
<2021.5.27 헌법재판소 단순위헌결정으로 이 항 본문 중 '3월간' 부분은 헌법에 위반>
③ 누구든지 회계보고서, 정치자금의 수입·지출내역과 제40조제4항의 규정에 의한 첨부서류(제2호 및 제3호의 서류를 제외한다)에 대한 사본교부를 관할 선거관리위원회에 서면으로 신청할 수 있다. 이 경우 사본교부에 필요한 비용은 그 사본교부를 신청한 자가 부담한다.
④ 제2항 및 제3항의 규정에 불구하고 후원회에 연간 300만원(대통령후보자등·대통령선거경선후보자의 후원회의 경우 500만원을 말한다) 이하를 기부한 자의 인적 사항과 금액은 이를 공개하지 아니한다.(2008.2.29 본항개정)
⑤ 누구든지 제2항 및 제3항의 규정에 의하여 공개된 정치자금 기부내역을 인터넷에 게시하여 정치적 목적에 이용하여서는 아니된다.
⑥ 제40조의 규정에 의하여 관할 선거관리위원회에 보고된 재산상황, 정치자금의 수입·지출내역 및 첨부서류에 관하여 이의가 있는 자는 그 이의에 대한 증빙서류를 첨부하여 열람기간 중에 관할 선거관리위원회에 서면으로 이의신청을 할 수 있다.
⑦ 제6항의 규정에 의한 이의신청을 받은 관할 선거관리위원회는 이의신청을 받은 날부터 60일 이내에 이의신청 사항을 조사·확인〔제39조(영수증 그 밖의 증빙서류) 단서의 규정에 해당하는 사항을 제외한다〕하고 그 결과를 신청인에게 통보하여야 한다.
⑧ 선거비용에 관하여 제6항의 규정에 의한 이의신청을 받은 관할 선거관리위원회는 회계책임자 그 밖의 관계인에게 이의사실에 대한 소명자료를 제출하도록 통지하여야 하며, 회계책임자 그 밖의 관계인은 통지를 받은 날부터 7일 이내에 소명자료를 제출하여야 한다. 이 경우 관할 선거관리위원회는 그 소명자료를 제출받은 때에는 그 이의신청내용과 소명내용을, 그 소명자료의 제출이 없는 때에는 이의신청내용과 소명이 없음을 공고하고 지체 없이 그 사실을 당해 이의신청인에게 통지하여야 한다.
⑨ 제1항의 공고, 회계보고서 등의 열람, 이의신청 및 사본교부 그 밖에 필요한 사항은 중앙선거관리위원회규칙으로 정한다.

제43조【자료제출요구 등】 ① 각급 선거관리위원회(읍·면·동선거관리위원회를 제외한다. 이하 이 조에서 같다) 위원·직원은 선거비용의 수입과 지출에 관하여 확인할 필요가 있다고 인정되는 때에는 회계장부 그 밖의 출납서류를 보거나, 정당, 공직선거의 후보자·예비후보자·회계책임자 또는 선거비용에서 지출하는 비용을 지급받거나 받을 권리가 있는 자 그 밖의 관계인에 대하여 조사할 수 있으며, 보고 또는 자료의 제출을 요구할 수 있다.
② 선거관리위원회로부터 제1항의 규정에 의한 요구를 받은 자는 지체 없이 이에 따라야 한다.
③ 선거관리위원회는 제42조(회계보고서 등의 열람 및 사본교부)제6항의 이의신청과 이 조 제1항의 규정에 의한 열람·보고 또는 제출된 자료 등에 의하여 회계장부 그 밖의 출납서류 또는 회계보고서의 내용 중 허위사실의 기재·불법지출이나 초과지출 그 밖에 이 법에 위반되는 사실이 있다고 인정되는 때에는 관할 수사기관에 고발 또는 수사의뢰 그 밖에 필요한 조치를 하여야 한다.

제44조【회계장부 등의 인계·보존】 ① 회계책임자는 제40조(회계보고)의 규정에 의하여 회계보고를 마친 후 지체 없이 선임권자에게 이 법의 규정에 의한 당비영수증 원부, 정치자금영수증 원부, 회계장부, 정치자금의 수입·지출에 관한 명세서, 영수증 그 밖의 증빙서류, 예금통장, 지출결의서 및 구입·지급품의서("회계장부등"이라 한다. 이하 제2항에서 같다)를 인계하여야 하며, 선임권자는 회계책임자가 회계보고를 마친 날부터 3년간 보존하여야 한다.
② 제1항의 규정에 불구하고 회계책임자는 선임권자의 동의를 얻어 관할 선거관리위원회에 회계장부등의 보존을 위탁할 수 있다.

제8장 벌 칙

제45조【정치자금부정수수죄】 ① 이 법에 정하지 아니한 방법으로 정치자금을 기부하거나 기부받은 자(정당·후원회·법인 그 밖에 단체에 있어서는 그 구성원으로서 당해 위반행위를 한 자를 말한다. 이하 같다)는 5년 이하의 징역 또는 1천만원 이하의 벌금에 처한다. 다만, 정치자금을 기부하거나 기부받은 자의 관계가 「민법」 제777조(친족의 범위)의 규정에 의한 친족인 경우에는 그러하지 아니하다.
<2015.12.23 헌법재판소 헌법불합치결정으로 이 항 본문의 '이 법에 정하지 아니한 방법' 중 제6조에 관한 부분은 2017.6.30을 시한으로 입법자가 개정할 때까지 계속 적용>
② 다음 각 호의 어느 하나에 해당하는 자는 5년 이하의 징역 또는 1천만원 이하의 벌금에 처한다.
1. 제6조(후원회지정권자)의 규정에 의한 후원회지정권자가 아닌 자로서 정치자금의 기부를 목적으로 후원회나 이와 유사한 기구를 설치·운영한 자
2. 제11조(후원인의 기부한도 등)제1항의 규정을 위반하여 기부한 자와 제11조제2항, 제12조(후원회의 모금·기부한도)제1항·제2항 또는 제13조(연간 모금·기부한도액에 관한 특례)제1항의 규정을 위반하여 후원금을 받거나 모금 또는 기부를 한 자
3. 제14조(후원금 모금방법) 내지 제16조(정치자금영수증과의 교환에 의한 모금)제1항의 규정에 위반하여 고지·광고하거나 후원금을 모금한 자
4. 제22조(기탁금의 기탁)제1항의 규정을 위반하여 선거관리위원회에 기탁하지 아니하고 정치자금을 기부하거나 받은 자
5. 제31조(기부의 제한) 또는 제32조(특정행위와 관련한 기부의 제한)의 규정을 위반하여 정치자금을 기부하거나 받은 자
6. 제33조(기부의 알선에 관한 제한)의 규정을 위반하여 정치자금의 기부를 받거나 이를 알선한 자
③ 제1항 및 제2항의 경우 그 제공된 금품 그 밖에 재산상의 이익은 몰수하며, 이를 몰수할 수 없을 때에는 그 가액을 추징한다.
판례 정치자금법 제45조제3항의 규정에 의한 필요적 몰수 또는 추징은 같은 법 제45조제1항 및 제2항을 위반한 자에게 제공된 금품 기타 재산상 이익을 박탈하여 그들로 하여금 부정한 이익을 보유하지 못하게 함에 그 목적이 있고, 금품의 무상대여를 통하여 위법한 정치자금을 기부받은 경우 범인이 받은 부정한 이익은 무상 대여금에 대한 금융이익 상당액이라 할 것이므로, 여기서 몰수 또는 추징의 대상이 되는 것은 무상으로 대여받은 금품 그 자체가 아니라 위 금융이익 상당액이다.(대판 2007.3.30, 2006도7241)

제46조【각종 제한규정위반죄】 다음 각 호의 어느 하나에 해당하는 자는 3년 이하의 징역 또는 600만원 이하의 벌금에 처한다.
1. 제5조(당비영수증)제1항·제2항 또는 제17조(정치자금영수증)제11항의 규정을 위반하여 당비영수증·정치자금영수증의 기재금액 또는 액면금액과 상이한 금액을 기부한 자와 이를 받은 자, 당비영수증·정치자금영수증을 허위로 작성하여 교부하거나 위조·변조하여 이를 사용한 자
2. 제8조(후원회의 회원)제3항의 규정을 위반하여 회원명부의 열람을 강요한 자 또는 같은 조 제5항의 규정을 위반하여 회원명부에 관하여 직무상 알게 된 사실을 누설한 자
3. 제10조(후원금의 모금·기부)제1항 후단의 규정을 위반하여 정치자금을 기부한 자
4. 제17조제12항의 규정을 위반하여 법률에 의한 절차에 의하지 아니하고 후원회에 발급한 정치자금영수증의 일련번호를 공개하거나 이를 다른 국가기관에 고지한 자
5. 제37조(회계장부의 비치 및 기재)제1항 또는 제40조(회계보고)제1항 내지 제4항의 규정을 위반하여 회계장부를 비치하지 아니하거나 허위로 기재한 자 또는 회계보고를 하지 아니하거나 재산상황, 정치자금의 수입·지출금액과 그 내역, 수입·지출에 관한 명세서, 영수증 그 밖의 증빙서류, 예금통장 사본을 제출하지 아니하거나 이를 허위로 제출한 자 또는 수입·지출에 관한 영수증 그 밖의 증빙서류를 허위기재·위조 또는 변조한 자
6. 제44조(회계장부 등의 인계·보존)제1항의 규정을 위반하여 당비영수증 원부, 정치자금영수증 원부, 회계장부, 정치자금의 수입·지출명세서와 증빙서류, 예금통장, 지출결의서 또는 구입·지급품의서를 인계·보존하지 아니한 자
7. 제63조(비밀엄수의 의무)의 규정을 위반하여 직무상 비밀을 누설한 자

제47조【각종 의무규정위반죄】 ① 다음 각 호의 어느 하나에 해당하는 자는 2년 이하의 징역 또는 400만원 이하의 벌금에 처한다.
1. 제2조(기본원칙)제3항의 규정을 위반하여 정치자금을 정치활동을 위하여 소요되는 경비 외의 용도로 지출한 자
2. 제5조(당비영수증)제1항 또는 제17조(정치자금영수증)제1항·제3항의 규정을 위반하여 당비·후원금을 납부 또는 기부받은 날부터 30일까지 당비영수증이나 정치자금영수증을 발행 또는 교부하지 아니한 자와 무정액영수증의 사용범위를 위반하여 교부한 자
(2012.2.29 본호개정)
3. 제16조(정치자금영수증과의 교환에 의한 모금)제2항의 규정을 위반하여 정당한 사유 없이 정치자금영수증 원부, 기부자의 인적 사항 또는 후원금을 인계하지 아니한 자
4. 제28조(보조금의 용도제한 등)제1항 내지 제3항의 규정을 위반하여 보조금을 사용한 자(2006.4.28 본호개정)
5. 제30조(보조금의 반환)제1항의 규정을 위반하여 보조금의 잔액을 반환하지 아니한 자
6. 제34조(회계책임자의 선임신고 등)제4항제1호의 규정을 위반하여 정치자금의 수입·지출을 위한 예금계좌를 신고하지 아니한 자
7. 제35조(회계책임자의 변경신고 등)제2항의 규정을 위반하여 재산 및 정치자금의 잔액 또는 회계장부 등을 인계·인수하지 아니한 자
8. 제36조(회계책임자에 의한 수입·지출)제1항 또는 제3항의 규정을 위반하여 회계책임자에 의하지 아니하고 정치자금을 수입·지출한 자
9. 제36조제2항의 규정을 위반하여 신고된 예금계좌를 통하지 아니하고 정치자금을 수입·지출한 자
10. 제39조(영수증 그 밖의 증빙서류) 본문의 규정을 위반하여 영수증 그 밖의 증빙서류를 구비하지 아니하거나 허위기재·위조·변조한 자
11. 제41조(회계보고의 자체 감사 등)제2항의 규정을 위반하여 허위의 감사보고를 한 자
12. 제42조(회계보고서 등의 열람 및 사본교부)제5항의 규정을 위반하여 공개된 정치자금 기부내역을 인터넷에 게시하여 정치적 목적에 이용한 자

13. 제53조(정치자금범죄 신고자의 보호 등)제2항의 규정을 위반한 자
② 제28조제4항·제42조제7항 또는 제52조(정치자금범죄 조사 등)제1항·제4항의 규정을 위반하여 선거관리위원회의 조사·자료확인이나 제출요구에 정당한 사유 없이 응하지 아니하거나 허위자료의 제출 또는 장소의 출입을 방해한 자는 1년 이하의 징역 또는 200만원 이하의 벌금에 처한다.

제48조【감독의무해태죄 등】 다음 각 호의 어느 하나에 해당하는 자는 200만원 이하의 벌금형에 처한다.
1. 회계책임자가 제46조(각종 제한규정위반죄)제5호의 규정에 의한 죄를 범한 경우 당해 회계책임자의 선임 또는 감독에 상당한 주의를 태만히 한 회계책임자의 선임권자
2. 제2조(기본원칙)제4항의 규정을 위반하여 실명이 확인되지 아니한 방법으로 정치자금을 기부·지출한 자 또는 현금으로 지출할 수 있는 연간 한도액을 초과하여 지출한 자
3. 제2조제5항의 규정을 위반하여 타인의 명의나 가명으로 정치자금을 기부한 자
4. 제4조(당비)제2항·제11조(후원인의 기부한도 등)제4항·제21조(후원회가 해산한 경우의 잔여재산 처분 등)제3항 내지 제5항 또는 제58조(후보자의 반환기탁금 및 보전비용의 처리)제4항의 규정을 위반하여 당비 등을 정당한 사유 없이 국고에 귀속시키지 아니한 자
5. 제8조(후원회의 회원)제2항의 규정을 위반하여 회원명부를 비치하지 아니하거나 허위로 작성한 자
6. 제11조제3항의 규정에 의한 익명기부한도액을 위반하여 기부한 자

제49조【선거비용관련 위반행위에 관한 벌칙】 ① 회계책임자가 정당한 사유 없이 선거비용에 대하여 제40조(회계보고)제1항·제2항의 규정에 의한 회계보고를 하지 아니하거나 허위기재·위조·변조 또는 누락(선거비용의 수입·지출을 은닉하기 위하여 누락한 경우를 말한다)한 자는 5년 이하의 징역 또는 2천만원 이하의 벌금에 처한다.
② 선거비용과 관련하여 다음 각 호의 어느 하나에 해당하는 자는 2년 이하의 징역 또는 400만원 이하의 벌금에 처한다.
1. 제2조(기본원칙)제4항의 규정을 위반한 자
2. 제34조(회계책임자의 선임신고 등)제1항·제4항제1호 또는 제35조(회계책임자의 변경신고 등)제1항의 규정을 위반하여 회계책임자·예금계좌를 신고하지 아니한 자
3. 제36조(회계책임자에 의한 수입·지출)제1항·제3항·제5항의 규정을 위반한 자, 동조제2항의 규정을 위반하여 신고된 예금계좌를 통하지 아니하고 수입·지출한 자와 동조제4항의 규정을 위반하여 예금계좌에 입금하지 아니하는 방법으로 지급한 자
4. 제36조제6항의 규정을 위반하여 선거비용의 지출에 관한 내역을 통지하지 아니한 자
5. 제37조(회계장부의 비치 및 기재)제1항의 규정을 위반하여 회계장부를 비치·기재하지 아니하거나 허위기재·위조·변조한 자
6. 제39조(영수증 그 밖의 증빙서류) 본문의 규정에 의한 영수증 그 밖의 증빙서류를 허위기재·위조·변조한 자
7. 제40조제4항제3호의 규정을 위반하여 예금통장 사본을 제출하지 아니한 자
8. 제43조제2항을 위반하여 선거관리위원회의 보고 또는 자료의 제출 요구에 정당한 사유없이 응하지 아니하거나 보고 또는 자료의 제출을 허위로 한 자(2012.2.29 본호개정)
9. 제44조(회계장부 등의 인계·보존)제1항의 규정을 위반한 자
③ 선거비용과 관련하여 다음 각 호의 어느 하나에 해당하는 자는 200만원 이하의 과태료에 처한다.
1. 제34조제1항·제3항 또는 제35조제1항의 규정을 위반하여 회계책임자의 선임·변경·겸임신고를 해태한 자
2. 제34조제4항제2호의 규정에 의한 약정서를 제출하지 아니한 자
3. 제35조제2항의 규정을 위반하여 인계·인수서를 작성하지 아니한 자
4. 제40조제5항의 규정을 위반한 자

제50조【양벌규정】 정당·후원회의 회계책임자와 그 회계사무보조자 또는 법인·단체의 임원이나 구성원이 그 업무에 관하여 제45조(정치자금부정수수죄)부터 제48조(감독의무해태죄 등)까지의 어느 하나에 해당하는 위반행위를 한 때에는 행위자를 벌하는 외에 당해 정당이나 후원회 또는 법인·단체가 한 것으로 보아 그 정당이나 후원회 또는 법인·단체에 대하여도 각 해당 조의 벌금형을 과한다. 다만, 해당 정당이나 후원회 또는 법인·단체가 그 위반행위를 방지하기 위하여 해당 업무에 관하여 상당한 주의와 감독을 게을리하지 아니한 경우에는 그러하지 아니하다.(2010.1.25 본조개정)

제51조【과태료】 ① 다음 각 호의 어느 하나에 해당하는 행위를 한 자는 300만원 이하의 과태료에 처한다.
1. 제5조(당비영수증)제1항 또는 제17조(정치자금영수증)제1항의 규정을 위반하여 당비영수증 또는 정치자금영수증의 발행·교부를 해태한 자(2010.1.25 본호개정)
2. 제9조(후원회의 사무소 등)제2항·제3항의 규정을 위반하여 유급사무직원의 수를 초과하여 둔 자
3. 「형사소송법」 제211조(현행범인과 준현행범인)에 규정된 현행범인 또는 준현행범인으로서 제52조(정치자금범죄 조사 등)제5항의 규정에 의한 동행요구에 응하지 아니한 자
② 다음 각 호의 어느 하나에 해당하는 행위를 한 자는 200만원 이하의 과태료에 처한다.
1. 제35조(회계책임자의 변경신고 등)제2항의 규정을 위반하여 인계·인수를 지체한 자
2. 제38조(정당의 회계처리)제2항의 규정을 위반하여 지출결의서나 구입·지급품의서에 의하지 아니하고 정치자금을 지출한 자
③ 다음 각 호의 어느 하나에 해당하는 행위를 한 자는 100만원 이하의 과태료에 처한다.
1. 제7조제1항·제4항, 제19조제2항·제3항 본문, 제20조제1항 후단, 제34조제1항·제3항, 제35조제1항 또는 제40조제1항·제2항을 위반하여 신고·보고 또는 신청을 해태한 자(2017.6.30 본호개정)
2. 제7조의 규정을 위반하여 후원회의 등록신청 또는 변경등록신청을 허위로 한 자
3. 제8조(후원회의 회원)제1항의 규정을 위반하여 후원회의 회원이 될 수 없는 자를 회원으로 가입하게 하거나 가입한 자
4. 제17조제10항의 규정을 위반하여 정치자금영수증 사용실태를 보고하지 아니하거나 정치자금영수증을 관할 선거관리위원회에 반납하지 아니한 자
5. 제21조(후원회가 해산한 경우의 잔여재산 처분 등)제1항·제2항 또는 제58조(후보자의 반환기탁금 및 보전비용의 처리)제1항의 규정을 위반하여 잔여재산 또는 반환기탁금·보전비용의 인계의무를 해태한 자
6. 제34조제2항 본문의 규정을 위반하여 회계책임자가 된 자
7. 제37조(회계장부의 비치 및 기재)제1항 후단의 규정을 위반하여 보조금과 보조금 외의 정치자금, 선거비용과 선거비용 외의 정치자금을 각각 구분하여 경리하지 아니한 자
8. 제40조제4항제4호 내지 제6호의 규정을 위반하여 예산결산위원회가 확인·검사한 사실이 명시된 공개자료의 사본, 의결서 사본 또는 감사의견서와 인계·인수서를 첨부하지 아니한 자
9. 제52조(정치자금범죄 조사 등)제5항의 규정을 위반하여 출석요구에 응하지 아니한 자
④ 이 법의 규정에 의한 과태료는 중앙선거관리위원회규칙이 정하는 바에 의하여 관할 선거관리위원회(읍·면·동선거관리위원회를 제외한다. 이하 이 조에서 "부과권자"라 한다)가 그 위반자에게 부과하며, 납부기한까지 납부하지 아니한 때에는 관할 세무서장에게 위탁하고 관할 세무서장이 국세체납처분의 예에 따라 이를 징수한다. 다만, 과태료 처분대상자가 정당인 경우에는 당해 정당에 배분·지급될 보조금 중에서 공제하고, 후보자[제49조(선거비용관련 위반행위에 대한 벌칙)제3항에 따라 과태료 처분을 받은 선거연락소장과 회계책임자를 포함한다]인 경우에는 「공직선거법」 제57조(기탁금의 반환 등) 및 제122조의2(선거비용의 보전 등)의 규정에 의하여 당해 후보자(대통령선거의 정당추천후보자, 비례대표국회의원선거 및 비례대표지방의회의원선거에 있어서는 그 추천정당을 말한다)에게 반환·지급할 기탁금 또는 선거비용 보전금에서 공제할 수 있다.(2010.1.25 단서개정)
⑤~⑦ (2012.2.29 삭제)
(2012.2.29 본조제목개정)

제9장 보 칙

제52조【정치자금범죄 조사 등】 ① 각급 선거관리위원회(읍·면·동선거관리위원회를 제외한다. 이하 이 조에서 같다) 위원·직원은 이 법을 위반한 범죄의 혐의가 있다고 인정되거나 현행범의 신고를 받은 경우에는 그 장소에 출입하여 정당, 후원회, 후원회를 둔 국회의원, 대통령선거경선후보자, 당대표경선후보자등, 공직선거의 후보자·예비후보자, 회계책임자, 정치자금을 기부하거나 받은 자 또는 정치자금에서 지출하는 비용을 지급받거나 받을 권리가 있는 자 그 밖에 관계인에 대하여 질문·조사하거나 관계 서류 그 밖에 조사에 필요한 자료의 제출을 요구할 수 있다.(2016.1.15 본항개정)
② 각급 선거관리위원회는 정치자금의 수입과 지출에 관한 조사를 위하여 불가피한 경우에는 다른 법률의 규정에 불구하고 금융기관의 장에게 이 법을 위반하여 정치자금을 주거나 받은 혐의가 있다고 인정되는 상당한 이유가 있는 자의 다음 각 호에 해당하는 금융거래자료의 제출을 요구할 수 있다. 다만, 당해 계좌에 입·출금된 타인의 계좌에 대하여는 그러하지 아니하다. 이 경우 당해 금융기관의 장은 이를 거부할 수 없다.
1. 계좌개설 내역
2. 통장원부 사본
3. 계좌이체의 경우 거래상대방의 인적 사항
4. 수표에 의한 거래의 경우 당해 수표의 최초 발행기관 및 발행의뢰인의 인적 사항
③ 각급 선거관리위원회 위원·직원은 이 법에 규정된 범죄에 사용된 증거물품으로서 증거인멸의 우려가 있다고 인정되는 경우에는 조사에 필요한 범위 안에서 현장에서 이를 수거할 수 있다. 이 경우 당해 선거관리위원회 위원·직원은 수거한 증거물품을 그 관련된 범죄에 대하여 고발 또는 수사의뢰한 때에는 관계 수사기관에 송부하고 그러하지 아니한 때에는 그 소유·점유·관리하는 자에게 지체 없이 반환하여야 한다.
④ 누구든지 제1항의 규정에 의한 장소의 출입을 방해하여서는 아니되며, 질문·조사를 받거나 자료의 제출을 요구받은 자는 즉시 이에 따라야 한다.
⑤ 각급 선거관리위원회 위원·직원은 정치자금범죄의 조사와 관련하여 관계자에게 질문·조사하기 위하여 필요하다고 인정되는 때에는 선거관리위원회에 출석할 것을 요구할 수 있고, 범죄혐의에 대하여 명백한 증거가 있는 때에는 동행을 요구할 수 있다. 다만, 공직선거(대통령선거경선후보자·당대표경선후보자등의 당내경선을 포함한다)의 선거기간 중 후보자(대통령선거경선후보자·당대표경선후보자등을 포함한다)에 대하여는 동행 또는 출석을 요구할 수 없다.(2016.1.15 단서개정)
⑥ 각급 선거관리위원회 위원·직원이 제1항의 규정에 의한 질문·조사·자료의 제출 요구 또는 장소에 출입하거나 제5항의 규정에 의한 동행 또는 출석을 요구하는 경우에는 관계인에게 그 신분을 표시하는 증표를 제시하고 소속과 성명을 밝히고 그 목적과 이유를 설명하여야 한다.
⑦ 제2항의 규정에 의하여 금융거래의 내용에 대한 정보 또는 자료(이하 "거래정보등"이라 한다)를 알게 된 자는 그 알게 된 거래정보등을 타인에게 제공 또는 누설하거나 그 목적 외의 용도로 이를 이용하여서는 아니된다.
⑧ 제1항 내지 제6항의 규정에 의한 자료제출요구서, 증거자료의 수거 및 증표의 규격 그 밖에 필요한 사항은 중앙선거관리위원회규칙으로 정한다.

제53조【정치자금범죄 신고자의 보호 등】 ① 정치자금범죄(제8장에 해당하는 죄를 말한다. 이 장에서 같다)에 관한 신고·진정·고소·고발 등 조사 또는 수사단서의 제공, 진술 또는 증언 그 밖에 자료제출행위 및 범인검거를 위한 제보 또는 검거활동을 한 자(이하 이 조에서 "정치자금범죄 신고자등"이라 한다)가 그와 관련하여 피해를 입거나 입을 우려가 있다고 인정할 만한 상당한 이유가 있는 경우 그 정치자금범죄에 관한 형사절차 및 선거관리위원회의 조사과정에 있어서는 「특정범죄신고자 등 보호법」 제5조(불이익처우의 금지)·제7조(인적 사항의 기재생략)·제9조(신원관리카드의 열람) 내지 제12조(소송진행의 협의 등) 및 제16조(범죄신고자 등에 대한 형의 감면)의 규정을 준용한다.
② 누구든지 제1항의 규정에 의하여 보호되고 있는 정치자금범죄 신고자등이라는 정을 알면서 그 인적 사항 또는 정치자금 범죄신고자등임을 미루어 알 수 있는 사실을 다른 사람에게 알려 주거나 공개 또는 보도하여서는 아니된다.

제54조【정치자금범죄 신고자에 대한 포상금 지급】 ① 각급 선거관리위원회(읍·면·동선거관리위원회를 제외한다. 이하 이 조에서 같다) 또는 수사기관은 정치자금범죄에 대하여 선거관리위원회 또는 수사기관이 인지하기 전에 그 범죄행위의 신고를 한 자에 대하여는 중앙선거관리위원회규칙이 정하는 바에 따라 포상금을 지급할 수 있다.
② 각급선거관리위원회 또는 수사기관은 제1항에 따라 포상금을 지급한 후 담합 등 거짓의 방법으로 신고한 사실이 발견된 경우 해당 신고자에게 반환할 금액을 고지하여야 하고, 해당 신고자는 그 고지를 받은 날부터 30일 이내에 해당 선거관리위원회 또는 수사기관에 이를 납부하여야 한다.(2008.2.29 본항신설)
③ 각급선거관리위원회 또는 수사기관은 해당 신고자가 제2항의 납부기한까지 반환할 금액을 납부하지 아니한 때에는 해당 신고자의 주소지를 관할하는 세무서장에게 징수를 위탁하고 관할 세무서장이 국세 체납처분의 예에 따라 징수한다.(2008.2.29 본항신설)
④ 제2항 또는 제3항에 따라 납부 또는 징수된 금액은 국가에 귀속된다.(2008.2.29 본항신설)

제55조【피고인의 출정】 ① 정치자금범죄에 관한 재판에서 피고인이 공시송달에 의하지 아니한 적법한 소환을 받고서도 공판기일에 출석하지 아니한 때에는 다시 기일을 정하여야 한다.
② 피고인이 정당한 사유 없이 다시 정한 기일 또는 그 후에 열린 공판기일에 출석하지 아니한 때에는 피고인의 출석 없이 공판절차를 진행할 수 있다.
③ 제2항의 규정에 의하여 공판절차를 진행할 경우에는 출석한 검사 및 변호인의 의견을 들어야 한다.
④ 법원은 제2항의 규정에 따라 판결을 선고한 때에는 피고인 또는 변호인(변호인이 있는 경우에 한한다)에게 전화 그 밖에 신속한 방법으로 그 사실을 통지하여야 한다.

제56조【기소·판결에 관한 통지】 ① 정치자금범죄로 정당의 대표자, 국회의원, 지방자치단체의 장, 지방의회의원, 공직선거 후보자·예비후보자, 대통령선거경선후

보자·당대표경선후보자등, 후원회의 대표자 또는 그 회계책임자를 기소한 검사는 이를 관할 선거관리위원회에 통지하여야 한다.(2016.1.15 본항개정)
② 제45조부터 제48조까지 및 제49조제1항·제2항의 범죄에 대한 확정판결을 행한 재판장은 그 판결서 등본을 관할 선거관리위원회에 송부하여야 한다.(2012.2.29 본항개정)
제57조【정치자금범죄로 인한 공무담임 등의 제한】 제45조(정치자금부정수수죄)에 해당하는 범죄로 인하여 징역형의 선고를 받은 자는 그 집행을 받지 아니하기로 확정된 후 또는 그 형의 집행이 종료되거나 면제된 후 10년간, 금고 이상의 형의 집행유예의 선고를 받은 자는 그 형이 확정된 후 10년간, 100만원 이상의 벌금형(집행유예를 포함한다)의 선고를 받은 자는 그 형이 확정된 후 5년간 「공직선거법」 제266조(선거범죄로 인한 공무담임 등의 제한)제1항 각 호의 어느 하나에 해당하는 직에 취임하거나 임용될 수 없으며, 이미 취임 또는 임용된 자의 경우에는 그 직에서 퇴직된다.(2023.8.8 본조개정)
제58조【후보자의 반환기탁금 및 보전비용의 처리】 ① 공직선거의 후보자가 후원회의 후원금 또는 정당의 지원금으로 「공직선거법」 제56조(기탁금)의 규정에 의한 기탁금을 납부하거나 선거비용을 지출하여 같은 법 제57조(기탁금의 반환 등) 또는 제122조의2(선거비용의 보전 등)의 규정에 의하여 반환·보전받은 경우 그 반환·보전비용〔자신의 재산(차입금을 포함한다)으로 지출한 비용을 모두 공제한 잔액을 말한다〕은 선거비용을 보전받은 날부터 20일 이내(이하 이 조에서 "인계기한"이라 한다)에 정당추천후보자는 소속정당에, 무소속후보자는 공익법인 또는 사회복지시설에 인계하여야 한다.(2012.2.29 본항개정)
② 국회의원선거의 당선인은 제1항의 규정에 불구하고 그 반환·보전비용을 자신의 정치자금으로 사용할 수 있으며, 이 경우 제34조(회계책임자의 선임신고 등)제4항제1호의 규정에 의한 예금계좌(후원회를 두지 아니한 경우에는 자신의 명의로 개설한 예금계좌를 말한다)에 입금하여 정치자금으로 사용하여야 한다.
③ 후원회를 두지 아니한 국회의원이 자신 명의로 개설한 예금계좌에 입금한 제2항의 자금을 모두 지출한 때에는 중앙선거관리위원회규칙이 정하는 바에 따라 관할 선거관리위원회에 보고하여야 한다.
④ 공직선거의 후보자가 제1항에 따라 인계하여야 하는 반환·보전비용을 그 인계기한 이내에 소속 정당 등에 인계하지 아니한 경우에는 이를 국고에 귀속시켜야 한다. 이 경우 국고귀속절차에 관하여는 제4조(당비)제3항 및 제4항의 규정을 준용한다.(2012.2.29 본항개정)
제59조【조세의 감면】 ① 이 법에 의하여 정치자금을 기부한 자 또는 기부받은 자에 대하여는 「조세특례제한법」이 정하는 바에 따라 그 정치자금에 상당하는 금액에 대한 소득세 및 증여세를 면제하되, 개인이 기부한 정치자금은 해당 과세연도의 소득금액에서 10만원까지는 그 기부금액의 110분의 100을, 10만원을 초과한 금액에 대해서는 해당 금액의 100분의 15(해당 금액이 3천만원을 초과하는 경우 그 초과분에 대해서는 100분의 25)에 해당하는 금액을 종합소득산출세액에서 공제하고, 「지방세특례제한법」에 따라 그 공제금액의 100분의 10에 해당하는 금액을 해당 과세연도의 개인지방소득세 산출세액에서 추가로 공제한다. 다만, 제11조(후원인의 기부한도 등)제3항의 규정에 의한 익명기부, 후원회 또는 소속 정당 등으로부터 기부받거나 지원받은 정치자금을 당비로 납부하거나 후원회에 기부하는 경우에는 그러하지 아니하다.
② 후원회의 명의로 개설된 정치자금 예금계좌에 입금하는 방법으로 1회 10만원, 연간 120만원 이하의 정치자금을 기부한 자는 그 후원회의 명의와 기부자의 성명·생년월일 등 인적 사항, 거래일자·거래금액 등 기부내역이 기재된 금융거래 입금증이나 위조·복사·변조를 방지하기 위한 장치가 된 전자결제영수증 원본을 제1항의 규정에 따른 세액공제를 위한 영수증으로 사용할 수 있다.(2016.1.15 본조개정)
제60조【정치자금의 기부 등 촉진】 각급 선거관리위원회(읍·면·동선거관리위원회를 제외한다)는 정치자금의 기부·기탁을 촉진하기 위하여 정치자금의 기부·기탁의 방법·절차 및 필요성 등을 인쇄물·시설물·광고물 등을 이용하여 홍보하여야 한다.
제61조【정치자금 모금을 위한 방송광고】 ① 「방송법」에 의한 지상파방송사는 깨끗한 정치자금의 기부문화 조성을 위하여 공익광고를 하여야 하며, 그 비용은 당해 방송사가 부담한다.
② 제1항의 공익광고를 위하여 「방송광고판매대행 등에 관한 법률」에 따른 한국방송광고진흥공사(이하 이 조에서 "한국방송광고진흥공사"라 한다)는 그 부담으로 방송광고물을 제작하여 연 1회 이상 지상파방송사에 제공하여야 한다.(2020.3.11 본항개정)
③ 한국방송광고진흥공사는 제2항의 규정에 의한 방송광고물을 제작하고자 하는 때에는 그 방송광고의 주제에 관하여 중앙선거관리위원회와 협의하여야 한다.(2020.3.11 본항개정)
제62조【「기부금품의 모집 및 사용에 관한 법률」의 적용배제】 이 법에 의하여 정치자금을 기부하거나 받는 경우에는 「기부금품의 모집 및 사용에 관한 법률」의 적용을 받지 아니한다.(2006.3.24 본조개정)
제63조【비밀엄수의 의무】 각급 선거관리위원회 위원과 직원은 재직 중은 물론 퇴직 후라도 이 법의 시행과 관련하여 직무상 알게 된 비밀을 누설하여서는 아니된다.
제64조【공고】 관할 선거관리위원회는 제7조(후원회의 등록신청 등)·제19조(후원회의 해산 등)제3항 본문의 규정에 의한 신고나 등록신청을 받은 때, 제40조(회계보고)제1항·제2항의 규정에 의한 회계보고를 받은 때, 제19조제4항의 규정에 의하여 후원회의 등록을 말소한 때, 제23조(기탁금의 배분과 지급)·제27조(보조금의 배분)의 규정에 의한 정치자금을 정당에 지급한 때 또는 제30조(보조금의 반환)의 규정에 의하여 보고를 받거나 보조금을 반환받은 때에는 중앙선거관리위원회규칙이 정하는 바에 따라 그 뜻을 공고하여야 한다.
제65조【시행규칙】 이 법 시행에 관하여 필요한 사항은 중앙선거관리위원회규칙으로 정한다.

부 칙 (2016.1.15)

제1조【시행일】 이 법은 공포한 날부터 시행한다.
제2조【후원회의 연간 모금한도액에 관한 경과조치】 제12조제1항 각 호 외의 부분 본문의 개정규정에도 불구하고 2016년도의 연간 모금한도액에는 2015년에 연간 모금한도액을 초과하여 모금한 금액을 포함하지 아니한다.
제3조【벌칙에 관한 경과조치】 이 법 시행 전의 행위에 대한 벌칙을 적용할 때에는 종전의 규정에 따른다.

부 칙 (2016.3.3)

제1조【시행일】 이 법은 공포한 날부터 시행한다.
제2조【지역구국회의원예비후보자후원회에 관한 경과조치】 ① 2016년 4월 13일 실시하는 국회의원선거에서 2015년 12월 31일 현재 국회의원지역구(이하 "종전 국회의원지역구"라 한다)의 관할 선거관리위원회에 등록된 지역구국회의원예비후보자후원회는 제7조제1항에도 불구하고 이 법 시행 당시 관할 선거관리위원회에 등록된 것으로 본다.
② 법률 제14073호 공직선거법 일부개정법률 시행에 따라 선거구역이 변경된 국회의원지역구의 지역구국회의원예비후보자후원회 중 관할 선거관리위원회가 변경된 경우에는 이 법 시행일 후 10일까지 서면으로 변경신고를 하여야 하며, 종전에 교부받은 후원회등록증을 반납하고 새로운 등록증을 교부받아야 한다.
제3조【지역구국회의원예비후보자 및 그 후원회 회계책임자에 관한 경과조치】 ① 2016년 4월 13일 실시하는 국회의원선거에서 종전 국회의원지역구의 관할 선거관리위원회에 신고된 예비후보자 및 그 후원회의 회계책임자는 제34조제1항에도 불구하고 이 법 시행 당시 관할 선거관리위원회에 신고된 것으로 본다.
② 법률 제14073호 공직선거법 일부개정법률 시행에 따라 선거구역이 변경된 국회의원지역구의 예비후보자 및 그 후원회 중 관할 선거관리위원회가 변경된 경우에는 이 법 시행일 후 10일까지 서면으로 회계책임자 변경신고를 하여야 한다.
제4조【후원회의 후원금 모금 및 기부에 관한 경과조치】 2016년 4월 13일 실시하는 국회의원선거에서 2016년 1월 1일부터 이 법 시행 전까지 예비후보자의 후원회가 종전의 규정에 따라 후원금을 모금하거나 기부한 경우에는 이 법의 관련 규정에 따른 것으로 본다.

부 칙 (2017.6.30)

이 법은 공포한 날부터 시행한다.

부 칙 (2020.3.11)

제1조【시행일】 이 법은 공포한 날부터 시행한다.
제2조【지역구국회의원예비후보자후원회에 관한 경과조치】 ① 2020년 4월 15일 실시하는 국회의원선거에서 법률 제17070호 공직선거법 일부개정법률 시행에 따라 선거구역이 변경된 국회의원지역구의 지역구국회의원예비후보자후원회 중 관할 선거관리위원회가 변경되지 않은 경우 그 지역구국회의원예비후보자후원회는 제7조에도 불구하고 이 법 시행 당시 관할 선거관리위원회에 등록된 것으로 본다.
② 2020년 4월 15일 실시하는 국회의원선거에서 법률 제17070호 공직선거법 일부개정법률 시행에 따라 선거구역이 변경된 국회의원지역구의 지역구국회의원예비후보자후원회 중 관할 선거관리위원회가 변경된 경우 그 지역구국회의원예비후보자후원회 대표자는 이 법 시행 후 10일까지 서면으로 변경신고를 하여야 하며, 종전에 교부받은 후원회등록증을 반납하고 새로운 등록증을 교부받아야 한다.
제3조【지역구국회의원예비후보자 및 그 후원회 회계책임자에 관한 경과조치】 ① 2020년 4월 15일 실시하는 국회의원선거에서 법률 제17070호 공직선거법 일부개정법률 시행에 따라 선거구역이 변경된 국회의원지역구의 예비후보자 및 그 후원회 중 관할 선거관리위원회가 변경되지 않은 경우 해당 예비후보자 및 그 후원회 회계책임자는 제34조에도 불구하고 이 법 시행 당시 관할 선거관리위원회에 신고된 것으로 본다.
② 2020년 4월 15일 실시하는 국회의원선거에서 법률 제17070호 공직선거법 일부개정법률 시행에 따라 선거구역이 변경된 국회의원지역구의 예비후보자 및 그 후원회 중 관할 선거관리위원회가 변경된 경우에는 이 법 시행 후 10일까지 서면으로 회계책임자 변경신고를 하여야 한다.
제4조【다른 법률의 개정】 ※(해당 법령에 가제정리 하였음)

부 칙 (2021.1.5)

이 법은 공포한 날부터 시행한다.

부 칙 (2022.2.22)

제1조【시행일】 이 법은 공포한 날부터 시행한다.
제2조【공직후보자 청년추천보조금 배분·지급에 관한 적용례】 제26조의3의 개정규정은 이 법 시행 이후 실시하는 선거부터 적용한다.

부 칙 (2022.4.20)

제1조【시행일】 이 법은 공포한 날부터 시행한다.
제2조【공직후보자 여성추천보조금 배분·지급에 관한 적용례】 제26조제2항의 개정규정은 이 법 시행 후 최초로 실시하는 선거부터 적용한다.
제3조【공직후보자 장애인추천보조금 배분·지급에 관한 적용례】 제26조의2제2항의 개정규정은 이 법 시행 후 최초로 실시하는 선거부터 적용한다.
제4조【지역구지방의회의원예비후보자후원회에 관한 경과조치】 ① 2022년 6월 1일 실시하는 지방의회의원선거에서는 2021년 12월 31일 현재 「공직선거법」 〔별표2〕 시·도의회의원지역선거구구역표 중 인천광역시의회의원지역선거구들 부분 및 경상북도의회의원지역선거구들 부분, 「서울특별시 자치구의회의원 선거구와 선거구별 의원정수에 관한 조례」 〔별표〕 서울특별시 자치구의회의원 선거구와 선거구별 의원정수 중 마포구 부분, 강서구 부분 및 강남구 부분에 포함된 지역선거구의 관할 선거관리위원회에 등록된 지역구지방의회의원예비후보자후원회는 제7조제1항에도 불구하고 법률 제18841호 공직선거법 일부개정법률 부칙 제6조에 따른 선거구역 변경규정(이하 "선거구역 변경규정"이라 한다)의 시행 당시 관할 선거관리위원회에 등록된 것으로 본다.
② 2022년 6월 1일 실시하는 지역구지방의회의원선거에서 선거구역 변경규정의 시행에 따라 선거구역이 변경된 지방의회의원지역구의 지역구지방의회의원예비후보자후원회 중 관할 선거관리위원회가 변경되지 아니한 지역구지방의회의원예비후보자후원회는 제7조에도 불구하고 선거구역 변경규정 시행 당시 관할 선거관리위원회에 등록된 것으로 본다.
③ 2022년 6월 1일 실시하는 지역구지방의회의원선거에서 선거구역 변경규정의 시행에 따라 선거구역이 변경된 지방의회의원지역구의 지역구지방의회의원예비후보자후원회 중 관할 선거관리위원회가 변경된 지역구지방의회의원예비후보자후원회의 경우 해당 후원회의 대표자가 해당 선거구역 변경규정의 시행일 후 10일(해당 선거구역 변경규정의 시행일 후 10일 이내에 후보자등록신청개시일이 도래하는 경우에는 후보자등록신청개시일 전일을 말한다)까지 서면으로 변경신고를 하여야 하며, 종전에 교부받은 후원회등록증을 반납하고 새로운 등록증을 교부받아야 한다.
제5조【지역구지방의회의원예비후보자 및 그 후원회 회계책임자에 관한 경과조치】 ① 2022년 6월 1일 실시하는 지역구지방의회의원선거에서 선거구역 변경규정의 시행에 따라 선거구역이 변경된 지방의회의원지역구의 지방의회의원예비후보자 및 그 후원회 중 관할 선거관리위원회가 변경되지 아니한 지방의회의원예비후보자 및 그 후원회 회계책임자는 제34조에도 불구하고 선거구역 변경규정 시행 당시 관할 선거관리위원회에 신고된 것으로 본다.
② 2022년 6월 1일 실시하는 지역구지방의회의원선거에서 선거구역 변경규정의 시행에 따라 선거구역이 변경된 지방의회의원지역구의 예비후보자 및 그 후원회 중 관할 선거관리위원회가 변경된 지방의회의원지역구의 예비후보자 및 그 후원회는 해당 선거구역 변경규정의 시행일 후 10일(해당 선거구역 변경규정의 시행일 후 10일 이내에 후보자등록신청개시일이 도래하는 경우에는 후보자등록신청개시일 전일을 말한다)까지 서면으로 회계책임자 변경신고를 하여야 한다.
제6조【후원회의 후원금 모금 및 기부에 관한 경과조치】 ① 2022년 6월 1일 실시하는 지역구지방의회의원선거에서 부칙 제4조제1항에 따라 관할 선거관리위원회에

등록된 것으로 보는 지역구지방의회의원예비후보자후원회가 선거구역 변경규정의 시행 전까지 종전의 규정에 따라 후원금을 모금하거나 기부한 경우에는 이 법의 관련 규정에 따른 것으로 본다.
② 2022년 6월 1일 실시하는 지역구지방의회의원선거에서 선거구역 변경규정의 시행에 따라 지역구지방의회의원후보자등후원회의 연간모금한도액이 변경된 경우에는 변경된 연간 모금한도액을 해당 후원회의 연간 모금한도액으로 본다.
③ 제2항에도 불구하고 선거구역 변경규정의 시행에 따라 지역구지방의회의원후보자등후원회의 연간 모금한도액이 줄어든 경우에는 지역구지방의회의원선거예비후보자후원회가 선거구역 변경규정의 시행 전에 모금한 금액이 변경된 연간 모금한도액을 초과한 경우에도 연간 모금한도액을 초과하지 아니한 것으로 본다.

부 칙 (2023.8.8)

제1조【시행일】 이 법은 공포한 날부터 시행한다.
제2조【벌금형의 집행유예 선고를 받고 확정된 사람의 공무담임제한에 관한 적용례】 제57조의 개정규정은 이 법 시행 전에 종전의 규정에서 정한 범죄로 100만원 이상의 벌금형의 집행유예 선고를 받고 확정된 사람에 대하여도 적용한다.

부 칙 (2024.1.2)

제1조【시행일】 이 법은 공포한 날부터 시행한다. 다만, 제28조제2항의 개정규정은 공포 후 3개월이 경과한 날부터 시행한다.
제2조【여성추천보조금 배분·지급에 관한 적용례】 제26조제2항의 개정규정은 이 법 시행 이후 여성추천보조금을 배분·지급하는 경우부터 적용한다.

불법정치자금 등의 몰수에 관한 특례법(약칭 : 불법정치자금법)

(2005년 8월 4일
법 률 제7652호)

개정
2010. 3.31법10219호(지방세기본법)
2011. 5.23법10698호(형사보상및명예회복에관한법)
2016. 3.29법14116호(항공안전법)
2016.12.27법14476호(지방세징수법)
2017.10.31법14968호
2021. 1. 5법17830호
2021. 5.18법18191호(공직자의이해충돌방지법)

제1장 총 칙

제1조【목적】 이 법은 불법정치자금의 몰수 등에 관한 특례를 규정함으로써 불법정치자금등의 조성을 근원적으로 막고, 정치자금의 투명성을 제고함을 그 목적으로 한다.
제2조【정의】 이 법에서 사용하는 용어의 정의는 다음과 같다.
1. "불법정치자금등"이라 함은 다음 각 목의 어느 하나에 해당하는 죄(그 죄와 다른 죄가 「형법」 제40조의 관계에 있는 경우에는 그 다른 죄를 포함한다)의 범죄행위로 얻은 재산을 말한다.
   가. 「정치자금법」 제45조의 죄
   나. 「공직선거법」 제2조의 규정에 따른 선거에 의하여 취임한 공무원이 범한 「형법」 제129조부터 제132조까지, 「특정범죄가중처벌 등에 관한 법률」 제2조 또는 제3조, 「공직자의 이해충돌 방지법」 제27조제1항 및 같은 조 제2항제1호의 죄(2021.5.18 본목개정)
2. "불법정치자금등에서 유래한 재산"이라 함은 불법정치자금등의 과실로서 얻은 재산, 불법정치자금등의 대가로서 얻은 재산, 이들 재산의 대가로서 얻은 재산 등 불법정치자금등의 변형 또는 증식으로 형성된 재산(불법정치자금등이 불법정치자금 등과 관련 없는 재산과 합하여져 변형되거나 증식된 경우에는 불법정치자금등에서 비롯된 부분에 한한다)을 말한다.
3. "불법재산"이라 함은 불법정치자금등 및 불법정치자금등에서 유래한 재산을 말한다.

제2장 몰수의 범위 및 요건에 관한 특례

제3조【불법재산의 몰수】 ① 불법재산은 이를 몰수한다.
② 제1항의 규정에 의하여 몰수하여야 할 재산에 대하여 재산의 성질, 사용상황, 그 재산에 관한 범인 외의 자의 권리유무 그 밖의 사정으로 이를 몰수함이 상당하지 아니하다고 인정될 때에는 제1항의 규정에 불구하고 몰수하지 아니할 수 있다.
제4조【불법재산이 합하여진 재산의 몰수방법】 불법재산이 불법재산 외의 재산과 합하여진 경우에 제3조제1항의 규정에 의하여 그 불법재산을 몰수하여야 하는 때에는 불법재산과 그 외의 재산이 합하여진 재산(이하 "혼합재산"이라 한다)중 불법재산의 비율에 상당하는 부분을 몰수한다.
제5조【몰수의 요건 등】 ① 제3조의 규정에 의한 몰수는 불법재산 또는 혼합재산이 범인 외의 자에게 귀속되지 아니하는 경우에 한한다. 다만, 범인 외의 자가 범죄 후 그 정을 알면서 그 불법재산 또는 혼합재산을 취득한 경우에는 그 불법재산 또는 혼합재산이 범인 외의 자에게 귀속된 경우에도 몰수할 수 있다.
② 지상권·저당권 그 밖의 권리가 그 위에 존재하는 재산을 제3조의 규정에 의하여 몰수하는 경우에 범인 외의 자가 범죄 전에 그 권리를 취득한 때 또는 범인 외의 자가 범죄 후 그 정을 알지 못하고 그 권리를 취득한 때에는 이를 존속시킨다.
③ 제1항 단서에 있어서 범인 외의 자가 정당인 경우 정당대표자·회계책임자 또는 회계사무보조자가 그 정을 알았을 때에 정당이 안 것으로 본다.
제6조【추징】 불법재산을 몰수할 수 없거나 제3조제2항의 규정에 의하여 몰수하지 아니하는 때에는 그 가액을 범인으로부터 추징한다.
제7조【불법재산의 입증】 제2조제1호에 규정된 죄의 범행 후 범인이 취득한 재산으로서 그 가액이 취득 당시의 범인의 재산운용상황 또는 법령에 기한 급부의 수령상황 등에 비추어 현저하게 고액이고 그 취득한 재산이 불법정치자금등의 금액·재산취득시기 등 제반사정에 비추어 불법정치자금등으로 형성되었다고 볼만한 상당한 개연성이 있는 경우에는 불법정치자금등이 그 재산의 취득에 사용된 것으로 인정할 수 있다.

제3장 몰수에 관한 절차 등의 특례

제8조【제3자의 권리존속 등】 법원은 지상권·저당권 그 밖의 권리가 그 위에 존재하는 재산을 몰수하는 경우 제5조제2항의 규정에 의하여 당해 권리를 존속시키는 때에는 몰수의 선고와 동시에 그 취지를 선고하여야 한다.
제9조【몰수된 재산의 처분 등】 ① 몰수된 재산은 검사가 이를 처분하여야 한다.
② 검사는 채권의 몰수재판이 확정된 때에는 그 채권의 채무자에게 몰수재판의 초본을 송부하여 그 요지를 통지하여야 한다.
제10조【몰수의 재판에 기한 등기등】 권리의 이전에 등기 또는 등록(이하 "등기등"이라 한다)을 요하는 재산을 몰수하는 재판에 기하여 권리의 이전등의 등기등을 관계기관에 촉탁하는 경우 몰수에 의하여 효력을 잃은 처분의 제한에 관련된 등기등이 있거나 몰수에 의하여 소멸된 권리의 취득에 관련된 등기등이 있는 때 또는 그 몰수에 관하여 제5장제1절의 규정에 의한 몰수보전명령 또는 부대보전명령에 관련된 등기등이 있는 때에는 위 각 등기등도 말소를 촉탁한 것으로 본다.
제11조【형사보상의 특례】 채권 등의 몰수집행에 대한 「형사보상 및 명예회복에 관한 법률」에 의한 보상의 내용에 관하여는 같은 법 제5조제6항을 준용한다.(2011.5.23 본조개정)

제4장 제3자 참가절차 등의 특례

제12조【고지】 ① 검사는 공소를 제기함에 있어서 이 법의 규정에 의하여 피고인 외의 자(「정치자금법」 제50조의 규정에 의하여 공동피고인이 된 정당·후원회 또는 법인·단체를 포함한다)의 재산 또는 지상권·저당권 그 밖의 권리가 그 위에 존재하는 재산의 몰수가 필요하다고 인정하는 때에는 즉시 위 재산을 가진 자 또는 그 재산 위에 지상권·저당권 그 밖의 권리를 가진 자로서 피고인 외의 자(이하 "제3자"라 한다)에게 서면으로 다음 사항을 고지하여야 한다. 다만, 「정치자금법」 제50조의 규정에 의하여 공동피고인이 된 정당·후원회 또는 법인·단체의 경우 제1호·제2호 또는 제7호의 사항에 대한 고지를 생략할 수 있다.
1. 피고인에 대한 형사사건이 계속 중인 법원
2. 피고인에 대한 형사사건명 및 피고인의 성명
3. 몰수하여야 할 재산의 품명·수량 그 밖에 그 재산을 특정할 만한 사항
4. 몰수의 이유가 될 사실의 요지
5. 피고인에 대한 형사사건절차에의 참가신청이 가능하다는 취지
6. 참가신청이 가능한 기간
7. 피고인에 대한 형사사건에 대하여 공판기일이 정하여진 경우에는 공판기일
② 검사는 제3자의 소재를 알 수 없거나 그 밖의 사유로 제1항의 고지를 할 수 없을 때에는 제1항 각 호의 사항을 관보나 일간신문에 게재하고 검찰청 또는 고위공직자범죄수사처 게시장에 14일간 게시하여 공고하여야 한다.(2021.1.5 본항개정)
③ 검사가 제1항 또는 제2항의 규정에 의한 고지 또는 공고를 한 때에는 이를 증명하는 서면을 법원에 제출하여야 한다.
제13조【참가절차】 ① 몰수될 염려가 있는 재산을 가진 제3자는 제1심 재판이 있기까지(약식절차에 의한 재판이 있는 경우에는 정식재판 청구가 가능한 기간이 경과하기까지를 말하며, 이 경우 정식재판 청구가 있는 때에는 통상의 공판절차에 의한 제1심 재판이 있기까지를 말한다. 이하 같다) 피고인에 대한 형사사건이 계속 중인 법원에 대하여 서면으로 그 형사사건절차에의 참가신청을 할 수 있다. 다만, 제12조제1항 또는 제2항의 규정에 의한 고지 또는 공고가 있은 때에는 고지 또는 공고가 있은 날부터 14일 이내에 한하여 참가신청을 할 수 있다.
② 검사가 제12조제1항 또는 제2항의 규정에 의하여 고지 또는 공고한 법원이 피고인에 대한 형사사건을 이송한 경우 그 법원에 참가신청이 있는 때에는 신청을 받은 법원은 피고인에 대한 형사사건을 이송받은 법원에 그 신청서면을 송부하여야 한다. 이 경우 그 서면이 송부된 때에는 처음부터 피고인에 대한 형사사건을 이송받은 법원에 대하여 참가신청을 한 것으로 본다.
③ 법원은 참가신청이 법률상의 방식에 위반되거나 제1항에 규정된 기간이 경과한 후에 이루어진 때와 몰수하여야 할 재산 또는 몰수하여야 할 재산 위에 존재하는 지상권·저당권 그 밖의 권리가 신청인에게 귀속하지 아니함이 명백한 때에는 참가신청을 기각하여야 한다. 다만, 제1항 단서에 규정된 기간 내에 참가신청을 하지 아니한 것이 신청인의 책임으로 돌릴 수 없는 사유에 의한 것으로 인정될 때에는 제1심 재판이 있기까지 참가를 허가할 수 있다.
④ 법원은 제3항의 경우를 제외하고는 참가신청을 허가하여야 한다. 다만, 몰수하는 것이 불가능하거나 몰수가 필요하지 아니하다는 취지의 검사의 의견이 상당하다고 인정될 때에는 참가신청을 기각할 수 있다.
⑤ 법원이 참가를 허가한 경우에 있어서 몰수하여야 할 재산 또는 몰수하여야 할 재산 위에 존재하는 지상권·저당권 그 밖의 권리가 참가가 허가된 자(이하 "참가인"이라 한다)에게 귀속하지 아니함이 명백하게 된 때에는 참가를 허가한 재판을 취소하여야 하며, 몰수하는 것이

불가능하거나 몰수가 불필요하다는 취지의 검사의 의견이 상당하다고 인정될 때에는 참가를 허가한 재판을 취소할 수 있다.
⑥ 참가에 관한 재판은 검사, 참가신청인 또는 참가인, 피고인 또는 변호인의 의견을 듣고 결정하여야 한다.
⑦ 검사, 참가신청인 또는 참가인은 참가신청을 기각한 결정 또는 참가를 허가한 재판을 취소한 결정에 대하여 즉시 항고할 수 있다.
⑧ 참가의 취하는 서면으로 하여야 한다. 다만, 공판기일에는 구술로 할 수 있다.
제14조【참가인의 권리】 ① 참가인은 이 법에 특별한 규정이 있는 외에는 몰수에 관하여 피고인과 동일한 소송상의 권리를 가진다.
② 제1항의 규정은 참가인을 증인으로서 조사하는 것을 방해하지 아니한다.
제15조【참가인의 출석 등】 ① 참가인은 공판기일에 출석할 것을 요하지 아니한다.
② 법원은 참가인의 소재를 알 수 없는 때에는 공판기일의 통지 그 밖에 서류의 송달을 요하지 아니한다.
③ 법원은 공판기일에 출석한 참가인에 대하여 몰수의 이유가 될 사실의 요지, 참가 전의 공판기일에 있어서의 심리에 관한 중요한 사항 그 밖에 참가인의 권리를 보호하기 위하여 필요하다고 인정하는 사항을 고지하고 몰수에 관하여 진술할 기회를 주어야 한다.
제16조【증거】 ① 참가인의 참가는 「형사소송법」 제310조의2 내지 제318조의3의 규정을 적용하는데 영향을 미치지 아니한다.
② 법원은 「형사소송법」 제318조 및 제318조의3 본문의 규정에 의하여 증거로 하는 것이 가능한 서면 또는 진술을 조사한 경우에 참가인이 그 서면 또는 진술의 내용이 된 진술을 한 자를 증인으로 조사할 것을 청구한 때에는 그 권리의 보호에 필요하다고 인정되는 한 이를 조사하여야 한다. 참가인의 참가 전에 조사한 증인에 대하여 참가인이 다시 그 조사를 청구한 때에도 같다.
제17조【몰수재판의 제한】 제3자가 참가허가를 받지 못한 때에는 다음 각 호의 어느 하나에 해당하는 경우를 제외하고는 몰수재판을 할 수 없다.
1. 제12조제1항 또는 제2항의 규정에 의한 고지 또는 공고가 있은 날부터 14일이 경과된 때. 다만, 몰수하여야 할 재산 또는 몰수하여야 할 재산 위에 존재하는 지상권·저당권 그 밖의 권리가 참가신청인 또는 참가인에게 귀속하지 아니함이 명백하다는 이유로 또는 몰수하는 것이 불가능하거나 불필요하다는 취지의 검사의 의견에 기하여 참가신청이 기각되거나 참가를 허가한 재판이 취소된 경우를 제외한다.
2. 참가신청이 법률상의 방식에 위반되어 기각된 때
3. 참가가 취하된 때
제18조【상소】 ① 원심의 참가인은 상소심에서도 참가인으로서의 지위를 잃지 아니한다.
② 참가인이 상소한 때에는 검사 또는 피고인이 상소를 하지 아니하거나 상소의 포기 또는 취하를 한 경우에도 원심 재판 중 몰수에 관한 부분은 확정되지 아니한다.
③ 제2항의 경우에 피고인은 상소심 및 그 후의 심급에 있어서 공판기일에 출석할 것을 요하지 아니한다. 이 경우 「형사소송법」 제33조·제282조 및 제283조의 규정은 이를 적용하지 아니한다.
④ 제2항 및 제3항의 규정은 약식절차에 의한 재판에 대하여 참가인이 정식재판의 청구를 한 경우 이를 준용한다.
제19조【대리인】 ① 이 법의 규정에 의하여 피고인에 대한 형사사건절차에 관여하는 제3자는 변호사 중에서 대리인을 선임하여 소송행위를 대리하게 할 수 있다. 이 경우 「형사소송법」 제32조제1항 및 제35조의 규정을 준용한다.
② 대리인은 참가인의 서면에 의한 동의가 없으면 참가의 취하, 정식재판 청구의 취하, 상소의 포기 또는 취하를 할 수 없다.
제20조【「형사소송법」의 준용】 ① 제3자의 소송능력에 관하여는 「형사소송법」 제26조 내지 제28조의 규정을, 제3자의 소송비용부담에 관하여는 동법 제186조 및 제191조의 규정을 각각 준용한다.
② 제12조제1항에 규정된 재산을 몰수하는 절차에 관하여는 이 법에 특별한 규정이 있는 경우를 제외하고는 「형사소송법」의 규정을 준용한다.
제21조【다른 절차와의 관계】 제12조제1항에 규정된 재산을 몰수하는 재판을 자기의 책임으로 돌릴 수 없는 사유로 피고인에 대한 형사사건절차에서 권리를 주장할 수 없었던 제3자의 권리에는 영향을 미치지 아니한다.

제5장 보전절차

제1절 몰수보전

제22조【몰수보전명령】 ① 법원은 제2조제1호에 규정된 죄에 관련된 피고인에 대한 형사사건에 관하여 이 법의 규정에 의하여 몰수할 수 있는 재산(이하 "몰수대상재산"이라 한다)에 해당한다고 판단할만한 상당한 이유가 있고, 그 재산을 몰수하기 위하여 필요하다고 인정될 때에는 검사의 청구에 의하여 또는 직권으로 몰수보전명령을 발하여 그 재산에 관한 처분을 금지할 수 있다.
② 법원은 지상권·저당권 그 밖의 권리가 그 위에 존재하는 재산에 대하여 몰수보전명령을 발한 경우 또는 발하고자 하는 경우 그 권리가 몰수에 의하여 소멸된다고 볼만한 상당한 이유가 있고 그 재산을 몰수하기 위하여 필요하다고 인정될 때 또는 그 권리가 가장된 것이라고 볼만한 상당한 이유가 있다고 인정될 때에는 검사의 청구에 의하여 또는 직권으로 별도의 부대보전명령을 발하여 그 권리의 처분을 금지할 수 있다.
③ 몰수보전명령서 또는 부대보전명령서에는 피고인의 성명, 죄명, 공소사실의 요지, 몰수의 근거가 되는 법령의 조항, 처분을 금지하는 재산 또는 권리의 표시, 이들 재산이나 권리를 가진 자(명의인이 다른 경우 명의인을 포함한다)의 성명, 발부연월일 그 밖에 대법원규칙에서 정하는 사항을 기재하고 재판한 법관이 서명날인하여야 한다.
④ 재판장은 긴급을 요하는 경우에는 제1항 또는 제2항에 규정된 처분을 하거나 합의부의 구성원에게 그 처분을 하게 할 수 있다.
⑤ 부동산 또는 동산에 대한 몰수보전은 「형사소송법」의 규정에 의한 압수를 방해하지 아니한다.
제23조【기소 전 몰수보전명령】 ① 검사는 제22조제1항 또는 제2항의 이유와 필요가 있다고 인정되는 경우에는 공소가 제기되기 전이라도 지방법원판사에게 청구하여 동조제1항 또는 제2항의 규정에 의한 처분을 받을 수 있으며, 사법경찰관은 검사에게 신청하여 검사의 청구로 위 처분을 받을 수 있다.
② 사법경찰관은 몰수보전명령 또는 부대보전명령이 발하여진 경우에는 지체 없이 관계 서류를 검사에게 송부하여야 한다.
③ 제1항의 규정에 의한 청구는 청구하는 검사가 소속하는 지방검찰청 또는 지청 소재지를 관할하는 지방법원 또는 지원의 판사에게 하여야 하고, 고위공직자범죄수사처에 소속된 검사의 경우에는 그에 대응하는 법원의 판사에게 하여야 한다.(2021.1.5 본항개정)
④ 제1항의 규정에 의하여 청구를 받은 판사는 몰수보전에 관하여 법원 또는 재판장과 동일한 권한을 가진다.
⑤ 검사는 제1항의 규정에 의한 몰수보전 후 공소를 제기한 때에는 그 요지를 몰수보전명령을 받은 자(피고인을 제외한다)에게 통지하여야 한다. 다만, 그 사람의 소재가 불명하거나 그 밖의 이유로 통지할 수 없을 때에는 통지에 갈음하여 그 요지를 관할 지방검찰청 또는 그 지청, 고위공직자범죄수사처의 게시장에 7일간 게시하여 공고하여야 한다.(2021.1.5 단서개정)
제24조【몰수보전에 관한 재판의 집행】 ① 몰수보전에 관한 재판은 검사의 지휘에 의하여 집행한다.
② 몰수보전명령의 집행은 그 명령에 의하여 처분이 금지되는 재산을 가진 자에게 몰수보전명령의 등본이 송달되기 전에도 할 수 있다.
제25조【몰수보전의 효력】 몰수보전된 재산(이하 "몰수보전재산"이라 한다)에 대하여 당해 보전 이후에 된 처분은 몰수에 관하여 그 효력을 발생하지 아니한다. 다만, 제36조제1항 본문에 규정된 경우(제39조제4항 및 제5항의 규정에 의하여 준용하는 경우를 포함한다)및 몰수보전명령에 대항할 수 있는 담보권의 실행으로서의 처분에 관하여는 그러하지 아니하다.
제26조【부동산의 몰수보전】 ① 부동산의 몰수보전은 그 처분을 금지하는 취지의 몰수보전명령에 의하여 한다.
② 제1항의 몰수보전명령의 등본은 부동산의 소유자(명의인이 다른 경우 명의인을 포함한다)에게 송달하여야 한다.
③ 부동산에 대한 몰수보전명령의 집행은 몰수보전등기를 하는 방법에 의하여 한다.
④ 제3항의 등기는 검사가 촉탁한다.
⑤ 부동산에 대한 몰수보전의 효력은 몰수보전등기가 된 때에 발생한다.
⑥ 부동산에 대하여 등기청구권을 보전하기 위한 처분금지 가처분의 등기가 된 후 몰수보전등기가 된 경우에 그 가처분채권자가 보전하려는 등기청구권에 기한 등기를 할 때에는 몰수보전등기에 의한 처분의 제한은 그 가처분등기에 기한 권리의 취득 또는 소멸에 영향을 미치지 아니한다.
⑦ 「민사집행법」 제83조제2항·제94조제2항 및 제95조의 규정은 부동산의 몰수보전에 관하여 이를 준용한다. 이 경우 같은 법 제83조제2항 중 "채무자"는 "몰수보전재산을 가진 자"로, 제94조제2항 중 "제1항" 및 제95조 중 "제94조"는 "「불법정치자금 등의 몰수에 관한 특례법」 제26조제4항"으로, 제95조 중 "법원"은 "검사"로 본다.
제27조【선박 등의 몰수보전】 등기할 수 있는 선박, 「항공안전법」에 의하여 등록된 항공기, 「자동차관리법」에 의하여 등록된 자동차, 「건설기계관리법」에 의하여 등록된 건설기계의 몰수보전에 관하여는 부동산에 대한 몰수보전의 예에 의한다.(2016.3.29 본조개정)
제28조【동산의 몰수보전】 ① 동산(제27조에 규정된 것 외의 것을 말한다. 이하 이 조에서 같다)의 몰수보전은 그 처분을 금지하는 취지의 몰수보전명령에 의하여 한다.
② 제1항의 몰수보전명령의 등본은 동산의 소유자(명의인이 다른 경우 명의인을 포함한다. 이하 이 조에서 같다)에게 송달하여야 한다.
③ 「형사소송법」의 규정에 의하여 압수되지 아니한 동산 또는 같은 법 제130조제1항의 규정에 의하여 간수자를 두거나 소유자 또는 적당한 자에게 보관하게 할 수 있는 동산에 관하여 몰수보전명령이 있는 때에는 검사는 공시서를 첩부시키거나 그 밖의 상당한 방법으로 그 취지를 공시하는 조치를 하여야 한다.
④ 동산의 몰수보전의 효력은 몰수보전명령의 등본이 소유자에게 송달된 때에 발생한다.
제29조【채권의 몰수보전】 ① 채권의 몰수보전은 채권자(명의인이 다른 경우 명의인을 포함한다. 이하 이 조에서 같다)에게는 채권의 처분과 영수를 금하고, 채무자에게는 채권자에 대한 지급을 금하는 취지의 몰수보전명령에 의하여 한다.
② 제1항의 몰수보전명령의 등본은 채권자 및 채무자에게 송달하여야 한다.
③ 채권의 몰수보전의 효력은 몰수보전명령의 등본이 채무자에게 송달된 때에 발생한다.
④ 「민사집행법」 제228조, 제248조제1항 및 제4항 본문의 규정은 채권의 몰수보전에 관하여 이를 준용한다. 이 경우 같은 법 제228조제1항 중 "압류"는 "몰수보전"으로, "채권자"는 "검사"로, 제228조제1항 및 제2항 중 "압류명령" 및 제248조제1항 중 "압류"는 각각 "몰수보전명령"으로, 제248조제1항 및 제4항 본문 중 "제3채무자"는 각각 "채무자"로, 같은 조 제4항 중 "법원"은 "몰수보전명령을 발한 법원"으로 본다.
제30조【기타재산권의 몰수보전】 ① 제26조 내지 제29조에 규정된 재산외의 재산권(이하 이 조에서 "기타재산권"이라 한다)의 몰수보전에 관하여는 이 조에 특별히 정한 사항을 제외하고는 채권의 몰수보전의 예에 의한다.
② 기타재산권 중 채무자 또는 이에 준하는 자가 없는 경우(제3항의 경우를 제외한다) 몰수보전의 효력은 몰수보전명령이 그 권리자에게 송달된 때에 발생한다.
③ 제26조제3항 내지 제6항과 「민사집행법」 제94조제2항 및 제95조의 규정은 기타 재산권 중 권리의 이전에 등기 등을 요하는 경우에 이를 준용한다. 이 경우 같은 법 제94조제2항중 "제1항" 및 제95조 중 "제94조"는 각각 "「불법정치자금 등의 몰수에 관한 특례법」 제30조제3항에서 준용하는 제26조제4항"으로, 제95조 중 "법원"은 "검사"로 본다.
제31조【몰수보전명령의 취소】 ① 법원은 몰수보전의 이유 또는 필요가 없어지거나 몰수보전의 기간이 부당하게 길어진 때에는 검사나 몰수보전재산을 가진 자(그 사람이 피고인 또는 피의자인 경우에는 그 변호인을 포함한다)의 청구 또는 직권에 의한 결정으로 몰수보전명령을 취소하여야 한다.
② 법원은 검사의 청구에 의한 경우를 제외하고는 제1항의 결정을 할 때 검사의 의견을 들어야 한다.
제32조【몰수보전명령의 실효】 ① 몰수보전명령은 몰수선고가 없는 재판(「형사소송법」 제327조제2호의 규정에 의한 경우를 제외한다)이 확정된 때에는 그 효력을 잃는다.
② 「형사소송법」 제327조제2호의 규정에 의한 공소기각의 재판이 있은 경우 공소기각의 재판이 확정된 날부터 30일 이내에 그 사건에 대하여 공소가 제기되지 아니할 때에는 몰수보전명령은 그 효력을 잃는다.
제33조【실효 등 경우의 조치】 검사는 몰수보전이 실효된 때에는 지체없이 몰수보전등기 등에 대한 말소촉탁을 하고, 공시서의 제거 그 밖의 필요한 조치를 하여야 한다.
제34조【몰수보전재산에 대한 강제집행절차의 제한】
① 몰수보전이 된 후에 그 몰수보전의 대상이 된 부동산 또는 제27조에 규정된 선박·항공기·자동차 또는 건설기계에 대하여 강제경매개시결정이 된 경우 또는 그 몰수보전의 대상이 된 유체동산에 대하여 강제집행에 의한 압류가 된 경우에는 강제집행에 의한 환가절차는 몰수보전이 실효된 후가 아니면 이를 진행할 수 없다.
② 몰수보전된 채권에 대하여 강제집행에 의한 압류명령이 발하여진 경우 그 압류채권자는 압류된 채권 중 몰수보전된 부분에 대하여 몰수보전이 실효되지 아니하면 채권을 영수할 수 없다.
③ 제1항의 규정은 몰수보전이 된 후에 강제집행에 의하여 압류된 채권이 조건부 또는 기한부이거나 반대이행과 관련되어 있거나 그 밖의 사유로 추심하기 곤란한 경우에 이를 준용한다.
④ 몰수보전된 그 밖의 재산권(「민사집행법」 제251조제1항에 규정된 그 밖의 재산권을 말한다)에 대한 강제집행에 관하여는 몰수보전된 채권에 대한 강제집행의 예에 의한다.
제35조【제3채무자의 공탁】 ① 금전의 지급을 목적으로 하는 채권(이하 "금전채권"이라 한다)의 채무자(이하 "제3채무자"라 한다)는 당해 채권이 몰수보전된 후에 그 몰수보전의 대상이 된 채권에 대하여 강제집행에 의한 압류명령의 송달을 받은 때에는 그 채권의 전액을 채무이행지의 지방법원 또는 지원에 공탁할 수 있다.

② 제3채무자가 제1항의 규정에 의한 공탁을 한 때에는 그 사유를 몰수보전명령을 발한 법원 및 압류명령을 발한 법원에 신고하여야 한다.
③ 제1항의 규정에 의하여 공탁된 경우 집행법원은 공탁된 금원 중에서 몰수보전된 금전채권의 금액에 상당하는 부분에 관하여는 몰수보전이 실효된 때, 그 나머지 부분에 관하여는 공탁된 때 배당절차를 개시하거나 변제금의 교부를 실시한다.
④ 제1항 및 제2항의 규정은 강제집행에 의하여 압류된 금전채권에 관하여 몰수보전이 된 경우 제3채무자의 공탁에 관하여 이를 준용한다.
⑤ 제1항(제4항에서 준용하는 경우를 포함한다)의 규정에 의하여 공탁된 경우 「민사집행법」 제247조의 규정을 적용함에 있어서 동조제1항제1호중 "제248조제4항"은 "「불법정치자금 등의 몰수에 관한 특례법」 제35조제1항(동조제4항에서 준용하는 경우를 포함한다)"으로 본다.

제36조【강제집행의 대상이 된 재산의 몰수제한】 ① 몰수보전되기 전에 강제경매개시결정 또는 강제집행에 의하여 압류된 재산에 대하여는 몰수재판을 할 수 없다. 다만, 압류채권자의 채권이 가장된 것일 때, 압류채권자가 몰수대상재산이라는 사실을 알면서 강제집행을 신청한 때 또는 압류채권자가 범인일 때에는 그러하지 아니하다.
② 몰수대상재산 위에 존재하는 지상권 그 밖의 권리로서 부대보전명령에 의하여 처분이 금지된 것에 대하여 그 처분금지 전에 강제경매개시결정 또는 강제집행에 의하여 압류된 경우에 그 재산을 몰수할 때에는 그 권리를 존속시키고 몰수한다는 취지를 선고하여야 한다. 다만, 압류채권자의 채권이 가장된 것일 때, 압류채권자가 몰수에 의하여 그 권리가 소멸된다는 사실을 알면서 강제집행을 신청한 때 또는 압류채권자가 범인일 때에는 그러하지 아니하다.

제37조【강제집행의 정지】 ① 법원은 강제경매개시결정 또는 강제집행에 의하여 압류된 재산에 관하여 몰수보전명령을 발한 경우 또는 발하고자 하는 경우 제36조제1항 단서에 규정된 사유가 있다고 판단할만한 상당한 이유가 있다고 인정되는 때에는 검사의 청구 또는 직권에 의한 결정으로 강제집행의 정지를 명할 수 있다.
② 집행법원은 검사가 제1항의 결정등본을 집행법원에 제출한 때에는 강제집행을 정지하여야 한다. 이 경우 「민사집행법」의 규정을 적용함에 있어서 같은 법 제49조제2호의 서류가 제출된 것으로 본다.
③ 법원은 몰수보전이 실효된 때, 제1항의 이유가 없어진 때 또는 강제집행정지기간이 부당하게 길어진 때에는 검사나 압류채권자의 청구에 의하여 또는 직권으로 제1항의 결정을 취소하여야 한다. 이 경우 제31조제2항의 규정을 준용한다.

제38조【담보권의 실행을 위한 경매절차와의 조정】 ① 몰수보전재산 위에 존재하는 담보권이 몰수보전된 후에 성립되거나 부대보전명령에 의하여 처분이 금지된 경우 그 담보권의 실행(압류를 제외한다)은 몰수보전 또는 부대보전명령에 의한 처분금지가 실효되지 아니하면 이를 할 수 없다.
② 담보권의 실행을 위한 경매절차가 개시된 후 그 담보권에 관하여 부대보전명령이 발하여진 경우 검사가 그 명령의 등본을 제출한 때에는 집행법원은 그 절차를 정지하여야 한다. 이 경우 「민사집행법」의 규정을 적용함에 있어서는 같은 법 제266조제1항제5호(같은 법 제269조 및 제272조에서 준용하는 경우를 포함한다)의 문서가 제출된 것으로 본다.

제39조【그 밖의 절차와의 조정】 ① 제34조의 규정은 몰수보전된 재산이 체납처분(「국세징수법」 및 「지방세징수법」의 규정 또는 그 예에 의하는 각종 징수절차를 말한다. 이하 같다)에 의하여 압류된 경우, 몰수보전된 재산을 가진 자에 대하여 파산선고 또는 화의개시결정(이하 "파산선고등"이라 한다)이 있는 경우 또는 몰수보전된 재산을 가진 회사에 대하여 정리절차개시결정이 있는 경우 그 절차의 제한에 관하여 이를 준용한다.(2016.12.27 본항개정)
② 제35조의 규정은 몰수보전된 금전채권에 대하여 체납처분에 의한 압류가 있는 경우 또는 체납처분에 의하여 압류된 금전채권에 대하여 몰수보전이 있는 경우 제3채무자의 공탁에 관하여 이를 준용한다.
③ 제35조제1항 및 제2항의 규정은 몰수보전된 금전채권에 대하여 가압류가 있는 경우 또는 가압류된 금전채권에 대하여 몰수보전이 있는 경우에 제3채무자의 공탁에 관하여 이를 준용한다.
④ 제36조의 규정은 몰수보전이 되기 전 그 몰수보전의 대상이 된 재산에 대하여 가압류가 있는 경우 또는 몰수대상재산 위에 존재하는 지상권 그 밖의 권리로서 부대보전명령에 의하여 처분이 금지된 것에 대하여 그 처분금지 전에 가압류가 있는 경우 그 재산의 몰수제한에 관하여 이를 준용한다.
⑤ 제36조제1항 본문의 규정은 몰수보전이 되기 전 그 몰수보전의 대상이 된 재산에 대하여 체납처분에 의한 압류가 있는 경우, 몰수보전이 되기 전 그 몰수보전의 대상이 된 재산을 가진 자에 대하여 파산선고등이 있는 경우 또는 몰수보전이 되기 전 그 몰수보전의 대상이 된 재산을 가진 회사에 대하여 정리절차개시결정이 있는 경우 그 재산의 몰수제한에 관하여 이를 준용한다.
⑥ 제36조제2항 본문의 규정은 몰수대상재산 위에 존재하는 지상권 그 밖의 권리로서 부대보전명령에 의하여 처분이 금지된 것에 관하여 그 처분금지 전에 체납처분에 의한 압류가 있는 경우, 몰수대상재산 위에 존재하는 지상권 그 밖의 권리로서 부대보전명령에 의하여 처분이 금지된 권리의 권리자에 대하여 그 처분금지 전에 파산선고등이 있는 경우 또는 몰수대상재산 위에 존재하는 지상권 그 밖의 권리로서 부대보전명령에 의하여 처분이 금지된 권리를 가진 회사에 대하여 그 처분금지 전에 정리절차개시결정이 있는 경우 그 재산의 몰수제한에 관하여 이를 준용한다.
⑦ 제37조의 규정은 가압류된 재산에 대하여 몰수보전명령을 발한 경우 또는 발하고자 하는 경우에 강제집행정지에 관하여 이를 준용한다.

제40조【부대보전명령의 효력 등】 ① 부대보전명령은 그 명령에 관계된 몰수보전의 효력이 존속하는 동안 그 효력이 있다.
② 부대보전명령에 의한 처분금지에 관하여는 이 법에 특별한 규정이 있는 경우를 제외하고는 몰수보전에 관한 규정을 준용한다.

제2절 추징보전

제41조【추징보전명령】 ① 법원은 제2조제1호에 규정된 죄에 관련된 피고인에 대한 형사사건에 관하여 제6조의 규정에 의하여 추징하여야 할 경우에 해당한다고 판단할 만한 상당한 이유가 있는 경우에 추징재판을 집행할 수 없게 될 염려가 있거나 집행이 현저히 곤란할 염려가 있다고 인정될 때에는 검사의 청구에 의하여 또는 직권으로 추징보전명령을 발하여 피고인에 대하여 재산의 처분을 금지할 수 있다.
② 추징보전명령은 추징재판의 집행을 위하여 보전하는 것이 상당하다고 인정되는 금액(이하 "추징보전액"이라 한다)을 정하여 특정재산에 대하여 발하여야 한다. 다만, 유체동산에 관하여는 그 목적물을 특정하지 아니할 수 있다.
③ 추징보전명령에는 추징보전명령의 집행정지나 집행처분의 취소를 위하여 피고인이 공탁하여야 할 금원(이하 "추징보전해방금"이라 한다)의 금액을 정하여야 한다.
④ 추징보전명령서에는 피고인의 성명, 죄명, 공소사실의 요지, 추징의 근거가 되는 법령의 조항, 추징보전액, 처분을 금지하는 재산의 표시, 추징보전해방금의 금액, 발부연월일 그 밖에 대법원규칙에서 정하는 사항을 기재하고 재판한 법관이 서명날인하여야 한다.
⑤ 제22조제4항의 규정은 추징보전에 관하여 이를 준용한다.

제42조【기소 전 추징보전명령】 ① 검사는 제41조제1항의 이유와 필요가 있다고 인정되는 경우에는 공소가 제기되기 전이라도 지방법원판사에게 청구하여 동조동항에 규정된 처분을 받을 수 있다.
② 제23조제3항 및 제4항의 규정은 제1항의 규정에 의한 추징보전에 관하여 이를 준용한다.

제43조【추징보전명령의 집행】 ① 추징보전명령은 검사의 명령에 의하여 집행한다. 이 경우 검사의 명령은 「민사집행법」의 규정에 의한 가압류명령과 동일한 효력을 가진다.
② 추징보전명령의 집행은 추징보전명령의 등본이 피고인 또는 피의자에게 송달되기 전에도 할 수 있다.
③ 추징보전명령의 집행에 관하여는 이 법에 특별한 규정이 있는 경우를 제외하고는 「민사집행법」 그 밖에 가압류집행의 절차에 관한 법령의 규정을 준용한다. 이 경우 법령의 규정에 의하여 가압류명령을 발한 법원이 가압류집행법원으로서 관할하도록 되어 있는 가압류의 집행에 관하여는 제1항의 규정에 의한 명령을 발한 검사가 소속하는 검찰청 또는 고위공직자범죄수사처에 대응하는 법원이 관할한다.(2021.1.5 후단개정)

제44조【금전채권 채무자의 공탁】 추징보전명령에 기하여 추징보전집행된 금전채권의 채무자는 그 채권액에 상당한 금원을 공탁할 수 있다. 이 경우 채권자의 공탁금출급청구권에 대하여 추징보전집행이 된 것으로 본다.

제45조【추징보전해방금의 공탁과 추징 등의 재판의 집행】 ① 추징보전해방금이 공탁된 후에 추징재판이 확정된 때 또는 가납재판이 선고된 때에는 공탁된 금액의 범위안에서 추징 또는 가납재판의 집행이 있은 것으로 본다.
② 추징선고된 경우에 공탁된 추징보전해방금이 추징금액을 초과하는 때에는 그 초과액은 피고인에게 환부하여야 한다.

제46조【추징보전명령의 취소】 법원은 추징보전의 이유 또는 필요가 없게 되거나 추징보전기간이 부당하게 길어진 때에는 검사, 피고인·피의자나 그 변호인의 청구 또는 직권에 의한 결정으로 추징보전명령을 취소하여야 한다. 이 경우 제31조제2항의 규정을 준용한다.

제47조【추징보전명령의 실효】 ① 추징보전명령은 추징선고가 없는 재판(「형사소송법」 제327조제2호의 규정에 의한 경우를 제외한다)이 확정된 때에는 그 효력을 잃는다.
② 「형사소송법」 제327조제2호의 규정에 의한 공소기각의 재판이 있은 경우 추징보전명령의 효력에 관하여는 제32조제2항의 규정을 준용한다.

제48조【추징보전명령이 실효된 경우의 조치】 검사는 추징보전명령이 실효되거나 추징보전해방금이 공탁된 경우 신속하게 제43조제1항의 규정에 의한 명령을 취소함과 동시에 추징보전명령에 기한 추징보전집행의 정지 또는 취소를 위하여 필요한 조치를 하여야 한다.

제3절 보 칙

제49조【송달】 몰수보전 또는 추징보전(추징보전명령에 기한 추징보전집행을 제외한다. 이하 이 절에서 같다)에 관한 서류의 송달에 관하여는 대법원규칙에 특별히 정한 경우를 제외하고는 민사소송에 관한 법령의 규정을 준용한다. 이 경우 「민사소송법」 제194조제1항에 규정된 공시송달의 효력발생시기는 같은 법 제196조제1항 본문 및 제2항의 규정에 불구하고 7일로 한다.

제50조【상소제기기간 중의 처분 등】 상소제기기간 내의 사건으로서 아직 상소가 제기되지 아니한 사건과 상소하였으나 소송기록이 상소법원에 도달하지 아니한 사건에 관하여 몰수보전 또는 추징보전에 관한 처분을 하여야 할 경우에는 원심법원이 그 처분을 하여야 한다.

제51조【불복신청】 ① 몰수보전 또는 추징보전에 관한 법원의 결정에 대하여는 항고할 수 있다.
② 몰수보전 또는 추징보전에 관한 법관의 재판에 불복이 있는 경우 그 법관이 소속한 법원에 그 재판의 취소 또는 변경을 청구할 수 있다.
③ 제2항의 규정에 의한 불복신청의 절차에 관하여는 「형사소송법」 제416조제1항에서 규정한 재판의 취소 또는 변경의 청구에 관련된 절차규정을 준용한다.

부 칙

① **【시행일】** 이 법은 공포한 날부터 시행한다.
② **【몰수·추징보전에 관한 경과조치】** 제5장의 규정은 이 법 시행 전에 행한 범죄로 취득한 불법정치자금등에 대하여도 적용한다. 이 경우 제22조제1항 중 "이 법"은 "「정치자금법」 제45조제3항 전단, 「형법」 제134조 전단, 「특정범죄가중처벌 등에 관한 법률」 제13조 전단, 「부패방지법」 제50조제3항 중 몰수부분"으로, 제41조제1항 중 "제6조"는 "「정치자금법」 제45조제3항 후단, 「형법」 제134조 후단, 「특정범죄가중처벌 등에 관한 법률」 제13조 후단, 「부패방지법」 제50조제3항 중 추징부분"으로 각각 본다.

부 칙 (2016.3.29)

제1조【시행일】 이 법은 공포 후 1년이 경과한 날부터 시행한다.(이하 생략)

부 칙 (2016.12.27)

제1조【시행일】 이 법은 공포 후 3개월이 경과한 날부터 시행한다.(이하 생략)

부 칙 (2017.10.31) (2021.1.5)

이 법은 공포한 날부터 시행한다.

부 칙 (2021.5.18)

제1조【시행일】 이 법은 공포 후 1년이 경과한 날부터 시행한다.(이하 생략)

진정처리에 관한 규정

(2016년 11월 14일 전부개정국회규정 제794호)

제1조【목적】 이 규정은 국회에 제출되는 진정을 신속·정확히 처리함을 목적으로 한다.

제2조【정의】 이 규정에서 "진정"이란 국회의장, 상임위원회·특별위원회의 위원장 및 국회의원(이하 "국회의장등"이라 한다)에게 제출된 민원(「민원 처리에 관한 법률」 제2조제1호에 따른 민원 및 「국회법」에 따른 청원은 포함되지 아니한다)을 말한다.

제3조【진정의 제출】 ① 국회의장등에게 진정을 제출하려는 자는 다음 각 호의 사항을 기재한 문서(「전자정부법」 제2조제7호에 따른 전자문서를 포함하며, 이하 "진정서"라 한다)로 하여야 한다.

1. 진정인의 성명·주소(법인 또는 단체의 경우에는 그 명칭 및 주된 사무소의 소재지와 대표자의 이름) 및 연락처(전화번호·전자우편주소 등을 말한다)
2. 진정의 취지·이유 등 진정의 내용

② 진정인은 제1항에도 불구하고 다음 각 호의 어느 하나에 해당하는 특별한 사정이 있는 경우에는 구두(口頭)로 할 수 있다. 이 경우 진정인은 담당 공무원의 앞에서 진술하여야 하고, 담당 공무원은 구두진정 접수서를 작성하여 진정인과 함께 기명날인하거나 서명하여야 한다.

1. 진정인이 문맹이거나 문서 이해능력이 부족하여 스스로 문서를 작성하는 것이 어렵다고 인정되는 경우
2. 진정인이 고령·질병·장애 등으로 인하여 직접 문서를 작성하는 것이 어렵다고 인정되는 경우

③ 진정은 방문하여 제출하거나 팩스·인터넷 등 정보통신망(「전자정부법」 제2조제10호의 정보통신망을 말한다. 이하 같다) 또는 우편 등을 이용하여 제출할 수 있다.

제4조【진정의 접수 등】 ① 제3조에 따라 제출된 진정은 국회사무총장(이하 "사무총장"이라 한다)이 접수한다.

② 사무총장은 제1항에 따라 진정을 접수할 때 또는 접수한 후 해당 진정이 「민원 처리에 관한 법률」 제2조제1호에 따른 민원(이하 "행정민원"이라 한다)에 해당한다고 인정되는 경우에는 이를 행정민원으로 접수할 수 있다.

제5조【다수 진정인 중 대표자의 선정】 ① 사무총장은 다음 각 호의 어느 하나에 해당하는 경우에는 일정한 기간을 정하여 진정인 중에서 3명 이내의 대표자를 선정하여 통보할 것을 요청할 수 있다.

1. 3명 이상의 진정인이 대표자를 정하지 아니하고 같은 진정을 연명(連名)으로 제출한 경우
2. 3명 이상의 진정인이 동일한 내용의 진정을 같은 시기에 제출한 경우

② 사무총장은 제1항에 따라 대표자로 선정하여 통보할 것을 요청받은 3명 이상의 진정인이 정하여진 기간 내에 대표자를 선정하여 통보하지 아니한 경우에는 3명 이상의 진정인 중에서 3명 이내의 대표자를 직접 선정할 수 있다.

③ 제1항 및 제2항에 따라 선정된 대표자는 해당 진정의 진정인으로 본다.

제6조【진정의 불수리】 ① 사무총장은 진정의 내용이 다음 각 호의 어느 하나에 해당하는 때에는 이를 수리하지 아니한다.

1. 국가기밀 또는 공무상의 비밀에 관한 것
2. 감사·수사·재판·행정심판·조정·중재 등 다른 법령에 따른 조사·불복 또는 구제절차가 진행 중인 것
3. 판결·결정·재결·화해·조정·중재 등에 의하여 확정된 권리관계에 관한 것
4. 감사원이 감사위원회의의 결정을 거쳐 행하는 것
5. 각급 선거관리위원회의 의결을 거쳐 행하는 것
6. 거짓의 사실로 타인을 해롭게 하거나 국가기관 등을 모독하는 것
7. 사인간의 권리관계 또는 개인의 사생활에 관한 것
8. 동일인이 동일한 내용의 진정을 2회 이상 제출하였을 때 나중에 제출한 것
9. 진정인(다수인 경우에는 그 대표자)의 성명·주소가 분명하지 않은 것
10. 진정의 취지 및 내용이 불분명한 것

② 사무총장은 제1항에 따라 진정을 수리하지 아니하는 경우에는 그 사유를 진정인에게 통지하여야 한다. 다만, 다음 각 호의 어느 하나에 해당하는 경우에는 통지하지 아니할 수 있다.

1. 제1항제9호에 해당하는 경우
2. 동일인이 동일한 내용의 진정을 3회 이상 반복하여 제출한 경우

③ 제2항에 따른 통지는 진정서에 적힌 휴대전화 문자전송, 전자우편 등 간편한 통지 방법(이하 "간이통지방법"이라 한다)으로 할 수 있다.

제7조【진정의 회부 등】 ① 사무총장은 접수된 진정을 다음 각 호의 구분에 따라 소관위원회에 회부하거나 참고자료로 송부한다.

1. 소관위원회에 회부하는 진정 : 소관위원회에서 진정을 검토하여 진정인에게 처리 결과를 통지할 필요가 있는 진정
2. 소관위원회에 참고자료로 송부하는 진정 : 법령·제도의 개선 또는 정책에 관한 의견제시 등으로 소관위원회가 진정인에게 별도로 처리결과를 통지할 필요는 없으나 법률안 심사 등 위원회 활동에 참고할 수 있는 진정

② 사무총장은 제1항에도 불구하고 효율적인 진정처리를 위하여 직접 처리하는 것이 타당하다고 인정되는 진정은 소관위원회로 회부 또는 송부하지 아니하고 직접 처리할 수 있다.

③ 사무총장은 인터넷을 통하여 접수된 진정(이하 "인터넷진정"이라 한다)을 해당 인터넷 서비스를 제공하는 시스템을 통하여 제1항 또는 제2항에 따라 소관위원회에 회부 또는 송부하거나 직접 처리할 수 있다. 이 경우 사무총장은 소관위원회에 인터넷진정 담당자의 지정을 요청할 수 있다.

④ 소관위원회 위원장은 제1항 또는 제3항에 따라 회부되거나 참고자료로 송부된 진정이 해당 위원회의 소관사항이 아닌 경우에는 해당 진정을 지체 없이 사무총장에게 반송하여야 한다.

제8조【처리기간】 ① 소관위원회는 특별한 사유가 없으면 진정이 회부된 날부터 60일 이내에 처리하여야 한다. 다만, 사무총장이 직접 처리하는 경우에는 진정이 접수된 날부터 60일 이내에 처리하여야 한다.

② 소관위원회는 제1항 본문에 따른 기간에 진정을 처리하지 못할 경우에는 국회의장의 승인을 받아 처리기간을 연장할 수 있다. 이 경우 국회의장의 승인은 사무총장이 대행할 수 있다.

③ 소관위원회의 위원장은 제2항에 따라 진정의 처리기간을 연장한 경우에는 진정인에게 처리기간의 연장 사실을 통지하여야 한다.

제9조【진정 집중처리기간】 사무총장은 진정의 효율적인 처리를 위하여 진정 집중처리기간을 정하고, 소관위원회로 하여금 해당 기간 내에 진정을 집중적으로 처리하도록 요청할 수 있다.

제10조【처리결과등의 통지】 ① 소관위원회 위원장은 제7조제1항제1호에 따라 회부된 진정의 처리 및 제13조제2항에 따른 종결처리의 결과를 진정인에게 통지하여야 한다.

② 사무총장은 다음 각 호의 사항을 진정인에게 통지한다.

1. 제7조제1항제2호 또는 제3항에 따라 진정을 소관위원회에 참고자료로 송부한 사실
2. 제7조제2항에 따라 직접 처리한 진정의 처리결과

③ 제1항 및 제2항에 따른 통지는 팩스·인터넷 등 정보통신망 또는 우편 등의 방법으로 한다. 다만, 본인이 동의하는 경우에는 간이통지방법으로 할 수 있다.

제11조【처리 결과의 배부】 소관위원회 위원장은 매월 초 지난 달에 처리한 진정의 처리 결과를 소속 위원에게 배부하여야 한다.

제12조【진정서의 반환】 진정인이 진정을 철회하고 진정서의 반환을 요청하는 때에는 진정서를 반환할 수 있다.

제13조【진정의 종결처리】 ① 제6조에 따라 불수리하거나 제10조에 따라 처리결과등을 통지한 진정은 종결된 것으로 본다.

② 소관위원회는 국회의원의 임기가 만료된 때에는 처리필요성이 없어지거나 처리될 가능성이 현저히 낮은 진정을 국회의장의 승인을 받아 종결처리할 수 있다. 이 경우 국회의장의 승인은 사무총장이 대행할 수 있다.

제14조【준용규정】 지방자치단체·지방의회 등이 국회에 제출한 건의서·결의문 등의 처리에 관하여는 제4조·제5조·제7조·제10조 및 제13조를 준용한다.

제15조【위임사항】 이 규정의 시행에 관하여 필요한 사항은 사무총장이 정한다.

부 칙

제1조【시행일】 이 규정은 결재한 날부터 시행한다.

제2조【진정의 종결처리에 관한 특례】 ① 이 규정 시행 당시 미처리된 진정 중 2012년 5월 29일 이전에 접수된 진정은 이 규정 시행일에 종결처리된 것으로 본다.

② 제1항에 따라 종결처리한 진정은 제10조의 개정규정에도 불구하고 진정인에게 처리결과를 통지하지 아니할 수 있다.

국회법

(1988년 6월 15일 전개법률 제4010호)

개정
1990. 6.29법 4237호
2000. 2.16법 6266호
2001.12.31법 6590호(기금관리기본법)
2002. 3. 7법 6657호
2003. 7.18법 6930호
2004.12.31법 7311호(수협)
2005. 7.28법 7614호
2006. 2.21법 7849호(제주자치법)
2006.10. 4법 8050호(국가재정법)
2006.12.30법 8134호
2007.12.14법 8685호
2008. 2.29법 8857호(국가공무원)
2008. 2.29법 8867호(방송통신위원회의설치및운영에관한법)
2008. 8.25법 9129호
2010. 5.28법 10328호
2010. 6. 4법 10339호(정부조직)
2011. 5.19법 10652호
2012. 5.25법 11453호
2013. 5.22법 11820호
2014. 3.18법 12422호(특별감찰관법)
2014. 3.18법 12502호
2014. 5.28법 12677호(방송법)
2014.11.19법 12845호
2017. 7.26법 14840호
2018. 7.17법 15713호
2020. 2.18법 17066호
2020.12.15법 17646호(국가정보원법)
2020.12.22법 17689호(국가자치경찰)
2020.12.22법 17756호
2021. 7.27법 18367호
2021.10.14법 18474호
2022. 1. 4법 18719호(국회의원의보좌직원과수당등에관한법)
2023. 6. 7법 19429호
2023. 7.18법 19563호(가상자산이용자보호등에관한법)→2024년 7월 19일 시행

<중략>
2003. 2. 4법 6855호
2007. 1.24법 8261호
2010. 3.12법 10047호
2012. 3.21법 11416호
2013. 3.23법 11717호
2013. 8.13법 12108호
2014. 5.14법 12582호
2016.12.16법 14376호
2018. 4.17법 15620호
2019. 4.16법 16325호
2020. 8.18법 17487호
2021. 5.18법 18192호
2021. 9.14법 18453호
2021.12.28법 18666호
2023. 7.11법 19538호

제1장 총 칙

(2018.4.17 본장개정)

제1조【목적】 이 법은 국회의 조직·의사(議事), 그 밖에 필요한 사항을 규정함으로써 국민의 대의기관인 국회의 민주적이고 효율적인 운영에 기여함을 목적으로 한다.

제2조【당선 통지 및 등록】 ① 중앙선거관리위원회 위원장은 국회의원 당선인이 결정된 때에는 그 명단을 즉시 국회에 통지하여야 한다.

② 국회의원 당선인은 당선인으로 결정된 후 당선증서를 국회사무처에 제시하고 등록하여야 한다.

제3조【의석 배정】 국회의원(이하 "의원"이라 한다)의 의석은 국회의장(이하 "의장"이라 한다)이 각 교섭단체 대표의원과 협의하여 정한다. 다만, 협의가 이루어지지 아니할 때에는 의장이 잠정적으로 이를 정한다.

제4조【정기회】 정기회는 매년 9월 1일에 집회한다. 다만, 그 날이 공휴일인 때에는 그 다음 날에 집회한다.

제5조【임시회】 ① 의장은 임시회의 집회 요구가 있을 때에는 집회기일 3일 전에 공고한다. 이 경우 둘 이상의 집회 요구가 있을 때에는 집회일이 빠른 것을 공고하되, 집회일이 같은 때에는 그 요구서가 먼저 제출된 것을 공고한다.

② 의장은 제1항에도 불구하고 다음 각 호의 어느 하나에 해당하는 경우에는 집회기일 1일 전에 공고할 수 있다.

1. 내우외환, 천재지변 또는 중대한 재정·경제상의 위기가 발생한 경우
2. 국가의 안위에 관계되는 중대한 교전 상태나 전시·사변 또는 이에 준하는 국가비상사태인 경우

③ 국회의원 총선거 후 첫 임시회는 의원의 임기 개시 후 7일에 집회하며, 처음 선출된 의장의 임기가 폐회 중에 만료되는 경우에는 늦어도 임기만료일 5일 전까지 집회한다. 다만, 그 날이 공휴일인 때에는 그 다음 날에 집회한다.

제5조의2【연간 국회 운영 기본일정 등】 ① 의장은 국회의 연중 상시 운영을 위하여 각 교섭단체 대표의원과의 협의를 거쳐 매년 12월 31일까지 다음 연도의 국회 운영 기본일정(국정감사를 포함한다)을 정하여야 한다. 다만, 국회의원 총선거 후 처음 구성되는 국회의 해당 연도 국회 운영 기본일정은 6월 30일까지 정하여야 한다.
② 제1항의 연간 국회 운영 기본일정은 다음 각 호의 기준에 따라 작성한다.
1. 2월·3월·4월·5월 및 6월 1일과 8월 16일에 임시회를 집회한다. 다만, 국회의원 총선거가 있는 경우 임시회를 집회하지 아니하며, 집회일이 공휴일인 경우에는 그 다음 날에 집회한다.
2. 정기회의 회기는 100일로, 제1호에 따른 임시회의 회기는 해당 월의 말일까지로 한다. 다만, 임시회의 회기가 30일을 초과하는 경우에는 30일로 한다.
3. 2월, 4월 및 6월에 집회하는 임시회의 회기 중 한 주(週)는 제122조의2에 따라 정부에 대한 질문을 한다.
(2020.12.22 1호~3호개정)
제5조의3【법률안 제출계획의 통지】 ① 정부는 부득이한 경우를 제외하고는 매년 1월 31일까지 해당 연도에 제출할 법률안에 관한 계획을 국회에 통지하여야 한다.
② 정부는 제1항에 따른 계획을 변경하였을 때에는 분기별로 주요 사항을 국회에 통지하여야 한다.
제6조【개회식】 국회는 집회일에 개회식을 실시한다. 다만, 임시회의 경우에는 개회식을 생략할 수 있다.

제2장 국회의 회기와 휴회
(2018.4.17 본장개정)

제7조【회기】 ① 국회의 회기는 의결로 정하되, 의결로 연장할 수 있다.
② 국회의 회기는 집회 후 즉시 정하여야 한다.
제8조【휴회】 ① 국회는 의결로 기간을 정하여 휴회할 수 있다.
② 국회는 휴회 중이라도 대통령의 요구가 있을 때, 의장이 긴급한 필요가 있다고 인정할 때 또는 재적의원 4분의 1 이상의 요구가 있을 때에는 국회의 회의(이하 "본회의"라 한다)를 재개한다.

제3장 국회의 기관과 경비
(2018.4.17 본장개정)

제9조【의장·부의장의 임기】 ① 의장과 부의장의 임기는 2년으로 한다. 다만, 국회의원 총선거 후 처음 선출된 의장과 부의장의 임기는 그 선출된 날부터 개시하여 의원의 임기 개시 후 2년이 되는 날까지로 한다.
② 보궐선거로 당선된 의장 또는 부의장의 임기는 전임자 임기의 남은 기간으로 한다.
제10조【의장의 직무】 의장은 국회를 대표하고 의사를 정리하며, 질서를 유지하고 사무를 감독한다.
제11조【의장의 위원회 출석과 발언】 의장은 위원회에 출석하여 발언할 수 있다. 다만, 표결에는 참가할 수 없다.
제12조【부의장의 의장 직무대리】 ① 의장이 사고(事故)가 있을 때에는 의장이 지정하는 부의장이 그 직무를 대리한다.
② 의장이 심신상실 등 부득이한 사유로 의사표시를 할 수 없게 되어 직무대리자를 지정할 수 없을 때에는 소속 의원 수가 많은 교섭단체 소속 부의장의 순으로 의장의 직무를 대행한다.
제13조【임시의장】 의장과 부의장이 모두 사고가 있을 때에는 임시의장을 선출하여 의장의 직무를 대행하게 한다.
제14조【사무총장의 의장 직무대행】 국회의원 총선거 후 의장이나 부의장이 선출될 때까지는 사무총장이 임시회 집회 공고에 관하여 의장의 직무를 대행한다. 처음 선출된 의장과 부의장의 임기만료일까지 부득이한 사유로 의장이나 부의장을 선출하지 못한 경우와 폐회 중에 의장·부의장이 모두 궐위(闕位)된 경우에도 또한 같다.
제15조【의장·부의장의 선거】 ① 의장과 부의장은 국회에서 무기명투표로 선거하고 재적의원 과반수의 득표로 당선된다.
② 제1항에 따른 선거는 국회의원 총선거 후 첫 집회일에 실시하며, 처음 선출된 의장 또는 부의장의 임기가 만료되는 경우에는 그 임기만료일 5일 전에 실시한다. 다만, 그 날이 공휴일인 경우에는 그 다음 날에 실시한다.
③ 제1항의 득표자가 없을 때에는 2차투표를 하고, 2차투표에도 제1항의 득표자가 없을 때에는 최고득표자가 1명이면 최고득표자와 차점자에 대하여, 최고득표자가 2명 이상이면 최고득표자에 대하여 결선투표를 하되, 재적의원 과반수의 출석과 출석의원 다수득표자를 당선자로 한다.
제16조【보궐선거】 의장 또는 부의장이 궐위된 때나 의장과 부의장이 모두 궐위된 때에는 지체 없이 보궐선거를 실시한다.
제17조【임시의장 선거】 임시의장은 무기명투표로 선거하고 재적의원 과반수의 출석과 출석의원 다수득표자를 당선자로 한다.
제18조【의장 등 선거 시의 의장 직무대행】 의장 등의 선거에서 다음 각 호의 어느 하나에 해당할 때에는 출석의원 중 최다선(最多選) 의원이, 최다선 의원이 2명 이상인 경우에는 그 중 연장자가 의장의 직무를 대행한다.
1. 국회의원 총선거 후 처음으로 의장과 부의장을 선거할 때
2. 제15조제2항에 따라 처음 선출된 의장 또는 부의장의 임기가 만료되는 경우 그 임기만료일 5일 전에 의장과 부의장의 선거가 실시되지 못하여 그 임기 만료 후 의장과 부의장을 선거할 때
3. 의장과 부의장이 모두 궐위되어 그 보궐선거를 할 때
4. 의장 또는 부의장의 보궐선거에서 의장과 부의장이 모두 사고가 있을 때
5. 의장과 부의장이 모두 사고가 있어 임시의장을 선거할 때
제19조【의장·부의장의 사임】 의장과 부의장은 국회의 동의를 받아 그 직을 사임할 수 있다.
제20조【의장·부의장의 겸직 제한】 ① 의장과 부의장은 특별히 법률로 정한 경우를 제외하고는 의원 외의 직을 겸할 수 없다.
② 다른 직을 겸한 의원이 의장이나 부의장으로 당선된 때에는 당선된 날에 그 직에서 해직된 것으로 본다.
제20조의2【의장의 당적 보유 금지】 ① 의원이 의장으로 당선된 때에는 당선된 다음 날부터 의장으로 재직하는 동안은 당적(黨籍)을 가질 수 없다. 다만, 국회의원 총선거에서 「공직선거법」 제47조에 따른 정당추천후보자로 추천을 받으려는 경우에는 의원 임기만료일 90일 전부터 당적을 가질 수 있다.
② 제1항 본문에 따라 당적을 이탈한 의장의 임기가 만료된 때에는 당적을 이탈할 당시의 소속 정당으로 복귀한다.
제21조【국회사무처】 ① 국회의 입법·예산결산심사 등의 활동을 지원하고 행정사무를 처리하기 위하여 국회에 사무처를 둔다.
② 국회사무처에 사무총장 1명과 필요한 공무원을 둔다.
③ 사무총장은 의장이 각 교섭단체 대표의원과의 협의를 거쳐 본회의의 승인을 받아 임면(任免)한다.
④ 사무총장은 의장의 감독을 받아 국회의 사무를 총괄하고 소속 공무원을 지휘·감독한다.
⑤ 국회사무처는 국회의 입법 및 예산결산심사 등의 활동을 지원할 때 의원이나 위원회의 요구가 있는 경우 필요한 자료 등을 제공하여야 한다.
⑥ 제5항과 관련하여 사무총장이나 사무총장이 지정하는 소속 공무원은 위원회의 요구에 응하여 해당 위원회에서 보고 또는 설명할 수 있으며, 사무총장은 의장의 허가를 받아 정부, 행정기관 등에 대하여 필요한 자료의 제공을 요청할 수 있다.
⑦ 이 법에서 정한 사항 외에 국회사무처에 관한 사항은 따로 법률로 정한다.
제22조【국회도서관】 ① 국회의 도서 및 입법자료에 관한 업무를 처리하기 위하여 국회도서관을 둔다.
② 국회도서관에 도서관장 1명과 필요한 공무원을 둔다.
③ 도서관장은 의장이 국회운영위원회의 동의를 받아 임면한다.
④ 도서관장은 국회의 입법활동을 지원하기 위하여 도서와 그 밖의 도서관자료의 수집·정리·보존 및 도서관봉사를 한다.
⑤ 이 법에서 정한 사항 외에 국회도서관에 관한 사항은 따로 법률로 정한다.
제22조의2【국회예산정책처】 ① 국가의 예산결산·기금 및 재정 운용과 관련된 사항을 연구분석·평가하고 의정활동을 지원하기 위하여 국회예산정책처를 둔다.
② 국회예산정책처에 처장 1명과 필요한 공무원을 둔다.
③ 처장은 의장이 국회운영위원회의 동의를 받아 임면한다.
④ 이 법에서 정한 사항 외에 국회예산정책처에 관한 사항은 따로 법률로 정한다.
제22조의3【국회입법조사처】 ① 입법 및 정책과 관련된 사항을 조사·연구하고 관련 정보 및 자료를 제공하는 등 입법정보서비스와 관련된 의정활동을 지원하기 위하여 국회입법조사처를 둔다.
② 국회입법조사처에 처장 1명과 필요한 공무원을 둔다.
③ 처장은 의장이 국회운영위원회의 동의를 받아 임면한다.
④ 이 법에서 정한 사항 외에 국회입법조사처에 관한 사항은 따로 법률로 정한다.
제22조의4【국회세종의사당】 ① 국회는 「세종특별자치시 설치 등에 관한 특별법」에 따른 세종특별자치시에 국회 분원(分院)으로 세종의사당(이하 "국회세종의사당"이라 한다)을 둔다.
② 제1항에 따른 국회세종의사당의 설치와 운영, 그 밖에 필요한 사항은 국회규칙으로 정한다.
(2021.10.14 본조신설)
제23조【국회의 예산】 ① 국회의 예산은 독립하여 국가예산에 계상(計上)한다.
② 의장은 국회 소관 예산요구서를 작성하여 국회운영위원회의 심사를 거쳐 정부에 제출한다. 다만, 「국가재정법」에서 정한 예산요구서 제출기일 전일까지 국회운영위원회가 국회 소관 예산요구서의 심사를 마치지 못한 경우에는 의장은 직접 국회 소관 예산요구서를 정부에 제출할 수 있다.
③ 국회의 예산에 예비금을 둔다.
④ 국회의 예비금은 사무총장이 관리하되, 국회운영위원회의 동의와 의장의 승인을 받아 지출한다. 다만, 폐회 중일 때에는 의장의 승인을 받아 지출하고 다음 회기 초에 국회운영위원회에 보고한다.
⑤ 정부가 「국가재정법」 제40조제2항에 따라 국회 소관 세출예산요구액을 감액하기 위하여 국회의 의견을 구하려는 경우에는 그 감액 내용 및 사유를 적어 국무회의 7일 전까지 의장에게 송부하여야 한다.
⑥ 의장은 제5항에 따른 송부가 있은 때에는 그 감액 내용에 대한 의견서를 해당 국무회의 1일 전까지 정부에 송부한다.

제4장 의 원
(2018.4.17 본장개정)

제24조【선서】 의원은 임기 초에 국회에서 다음의 선서를 한다.
"나는 헌법을 준수하고 국민의 자유와 복리의 증진 및 조국의 평화적 통일을 위하여 노력하며, 국가이익을 우선으로 하여 국회의원의 직무를 양심에 따라 성실히 수행할 것을 국민 앞에 엄숙히 선서합니다."
제25조【품위유지의 의무】 의원은 의원으로서의 품위를 유지하여야 한다.
제26조【체포동의 요청의 절차】 ① 의원을 체포하거나 구금하기 위하여 국회의 동의를 받으려고 할 때에는 관할법원의 판사는 영장을 발부하기 전에 체포동의 요구서를 정부에 제출하여야 하며, 정부는 이를 수리(受理)한 후 지체 없이 그 사본을 첨부하여 국회에 체포동의를 요청하여야 한다.
② 의장은 제1항에 따른 체포동의를 요청받은 후 처음 개의하는 본회의에 이를 보고하고, 본회의에 보고된 때부터 24시간 이후 72시간 이내에 표결한다. 다만, 체포동의안이 72시간 이내에 표결되지 아니하는 경우에는 그 이후에 최초로 개의하는 본회의에 상정하여 표결한다.
제27조【의원 체포의 통지】 정부는 체포 또는 구금된 의원이 있을 때에는 지체 없이 의장에게 영장 사본을 첨부하여 이를 통지하여야 한다. 구속기간이 연장되었을 때에도 또한 같다.
제28조【석방 요구의 절차】 의원이 체포 또는 구금된 의원의 석방 요구를 발의할 때에는 재적의원 4분의 1 이상의 연서(連署)로 그 이유를 첨부한 요구서를 의장에게 제출하여야 한다.
제29조【겸직 금지】 ① 의원은 국무총리 또는 국무위원 직 외의 다른 직을 겸할 수 없다. 다만, 다음 각 호의 어느 하나에 해당하는 경우에는 그러하지 아니하다.
1. 공익 목적의 명예직
2. 다른 법률에서 의원이 임명·위촉되도록 정한 직
3. 「정당법」에 따른 정당의 직
② 의원이 당선 전부터 제1항 각 호의 직 외의 직을 가진 경우에는 임기개시일 전까지(재선거·보궐선거 등의 경우에는 당선이 결정된 날의 다음 날까지를 말한다. 이하 이 항에서 같다) 그 직을 휴직하거나 사직하여야 한다. 다만, 다음 각 호의 어느 하나의 직을 가진 경우에는 임기개시일 전까지 그 직을 사직하여야 한다.
1. 「공공기관의 운영에 관한 법률」 제4조에 따른 공공기관(한국은행을 포함한다)의 임직원
2. 「농업협동조합법」, 「수산업협동조합법」에 따른 조합, 중앙회와 그 자회사(손자회사를 포함한다)의 임직원
3. 「정당법」 제22조제1항에 따라 정당의 당원이 될 수 있는 교원
③ 의원이 당선 전부터 제1항 각 호의 직(제3호의 직은 제외한다. 이하 이 조에서 같다)을 가지고 있는 경우에는 임기 개시 후 1개월 이내에, 임기 중에 제1항 각 호의 직을 가지는 경우에는 지체 없이 이를 의장에게 서면으로 신고하여야 한다.
④ 의장은 제3항에 따라 신고한 직(본회의 의결 또는 의장의 추천·지명 등에 따라 임명·위촉된 경우는 제외한다)이 제1항 각 호의 직에 해당하는지 여부를 제46조의2에 따른 윤리심사자문위원회(이하 "윤리심사자문위원회"라 한다)의 의견을 들어 결정하고 그 결과를 해당 의원에게 통보한다. 이 경우 의장은 윤리심사자문위원회의 의견을 존중하여야 한다.(2021.5.18 전단개정)
⑤ 윤리심사자문위원회는 의장으로부터 의견제출을 요구받은 날부터 1개월 이내에 그 의견을 의장에게 제출하여야 한다. 다만, 필요한 경우에는 1개월의 범위에서 한 차례만 의견제출 기간을 연장할 수 있다.
⑥ 의원은 의장으로부터 겸하고 있는 직이 제1항 각 호의 직에 해당하지 아니한다는 통보를 받은 때에는 통보를 받은 날부터 3개월 이내에 그 직을 휴직하거나 사직하여야 한다.
⑦ 의장은 제4항에 따라 의원에게 통보한 날부터 15일 이내(본회의 의결 또는 의장의 추천·지명 등에 따라 임명·위촉된 경우에는 해당 의원이 신고한 날부터 15일 이내)에 겸직 내용을 국회공보 또는 국회 인터넷 홈페이지 등에 게재하는 방법으로 공개하여야 한다.
⑧ 의원이 제1항 각 호의 직을 겸하는 경우에는 그에 따른 보수를 받을 수 없다. 다만, 실비 변상은 받을 수 있다.

제29조의2【영리업무 종사 금지】 ① 의원은 그 직무 외에 영리를 목적으로 하는 업무에 종사할 수 없다. 다만, 의원 본인 소유의 토지·건물 등의 재산을 활용한 임대업 등 영리업무를 하는 경우로서 의원 직무수행에 지장이 없는 경우에는 그러하지 아니하다.
② 의원이 당선 전부터 제1항 단서의 영리업무 외의 영리업무에 종사하고 있는 경우에는 임기 개시 후 6개월 이내에 그 영리업무를 휴업하거나 폐업하여야 한다.
③ 의원이 당선 전부터 제1항 단서의 영리업무에 종사하고 있는 경우에는 임기 개시 후 1개월 이내에, 임기 중에 제1항 단서의 영리업무에 종사하게 된 경우에는 지체 없이 이를 의장에게 서면으로 신고하여야 한다.
④ 의장은 의원이 제3항에 따라 신고한 영리업무가 제1항 단서의 영리업무에 해당하는지를 윤리심사자문위원회의 의견을 들어 결정하고 그 결과를 해당 의원에게 통보한다. 이 경우 의장은 윤리심사자문위원회의 의견을 존중하여야 한다.(2021.5.18 전단개정)
⑤ 윤리심사자문위원회는 의장으로부터 의견제출을 요구받은 날부터 1개월 이내에 그 의견을 의장에게 제출하여야 한다. 다만, 필요한 경우에는 1개월의 범위에서 한 차례만 의견제출 기간을 연장할 수 있다.
⑥ 의원은 의장으로부터 종사하고 있는 영리업무가 제1항 단서의 영리업무에 해당하지 아니한다는 통보를 받은 때에는 통보를 받은 날부터 6개월 이내에 그 영리업무를 휴업하거나 폐업하여야 한다.

제30조【수당·여비】 의원은 따로 법률에서 정하는 바에 따라 수당과 여비를 받는다.

제31조 (2014.3.18 삭제)

제32조【청가 및 결석】 ① 의원이 사고로 국회에 출석하지 못하게 되거나 출석하지 못한 때에는 청가서(請暇書) 또는 결석신고서를 의장에게 제출하여야 한다.
② 의원이 청가서를 제출하여 의장의 허가를 받거나 정당한 사유로 결석하여 결석신고서를 제출한 경우 외에는 「국회의원의 보좌직원과 수당 등에 관한 법률」에 따른 특별활동비에서 그 결석한 회의일수에 상당하는 금액을 감액한다.(2022.1.4 본항개정)
③ 제1항의 청가 및 결석에 관하여 필요한 사항은 국회규칙으로 정한다.

제4장의2 의원의 이해충돌 방지
(2021.5.18 본장신설)

제32조의2【사적 이해관계의 등록】 ① 의원 당선인은 당선인으로 결정된 날부터 30일 이내(재선거·보궐선거 등의 경우에는 당선인으로 결정된 날부터 10일 이내를 말한다)에 당선인으로 결정된 날을 기준으로 다음 각 호의 사항을 윤리심사자문위원회에 등록하여야 한다. 이 경우 윤리심사자문위원회는 다른 법령에서 정보공개가 금지되지 아니하는 범위에서 다음 각 호의 사항 중 의원 본인에 관한 사항을 공개할 수 있다.
1. 의원 본인, 그 배우자 또는 직계존비속이 임원·대표자·관리자 또는 사외이사로 재직하고 있는 법인·단체의 명단 및 그 업무내용
2. 의원 본인, 그 배우자 또는 직계존비속이 대리하거나 고문·자문 등을 제공하는 개인이나 법인·단체의 명단 및 그 업무내용
3. 의원으로 당선되기 전 3년 이내에 의원 본인이 재직하였던 법인·단체의 명단 및 그 업무내용
4. 의원으로 당선되기 전 3년 이내에 의원 본인이 대리하거나 고문·자문 등을 제공하였던 개인이나 법인·단체의 명단 및 그 업무내용
5. 의원으로 당선되기 전 3년 이내에 의원 본인이 민간부문에서 관리·운영하였던 사업 또는 영리행위의 내용
6. 의원 본인, 그 배우자 또는 직계존비속이 국회규칙으로 정하는 금액 이상의 주식·지분 또는 자본금 등을 소유하고 있는 법인·단체의 명단
6의2. 의원 본인, 그 배우자 또는 직계존비속이 소유하고 있는 국회규칙으로 정하는 비율 또는 금액 이상의 가상자산(「가상자산 이용자 보호 등에 관한 법률」 제2조제1호에 따른 가상자산을 말한다)과 발행인 명단(2023.7.18 본호개정)
7. 의원 본인, 그 배우자 또는 직계존비속이 소유하고 있는 다음 각 목의 재산(소유 명의와 관계없이 사실상 소유하는 재산, 비영리법인에 출연한 재산과 외국에 있는 재산을 포함한다)
 가. 부동산에 관한 소유권·지상권 및 전세권
 나. 광업권·어업권·양식업권, 그 밖에 부동산에 관한 규정이 준용되는 권리
8. 그 밖에 의원의 사적 이해관계와 관련되는 사항으로서 국회규칙으로 정하는 재산사항
② 의원은 제1항 각 호의 등록사항에 대하여 국회규칙으로 정하는 변경사항이 발생한 경우에는 발생한 날부터 10일 이내에 윤리심사자문위원회에 변경등록을 하여야 한다.
③ 윤리심사자문위원회는 제1항 또는 제2항에 따라 등록 또는 변경등록된 사적 이해관계의 검토에 필요한 경우에는 기간을 정하여 의원(의원 당선인을 포함한다. 이하 이 조에서 같다)에게 소명자료의 제출을 요청할 수 있다.
④ 의원, 그 배우자 및 직계존비속은 제1항 또는 제2항에 따른 사적 이해관계의 등록 또는 변경등록이나 제32조의3에 따른 윤리심사자문위원회의 등록 및 변경등록 사항에 관한 검토 과정에 성실하게 응하여야 한다.
⑤ 제1항부터 제3항까지의 규정에 따른 등록·변경등록, 공개, 소명자료 제출의 절차·방법·관리 등에 필요한 사항은 국회규칙으로 정한다.

제32조의3【윤리심사자문위원회의 의견 제출】 ① 윤리심사자문위원회는 제32조의2에 따른 등록 및 변경등록 사항을 바탕으로 이해충돌(의원이 직무를 수행할 때 본인의 사적 이해관계가 관련되어 공정하고 청렴한 직무수행이 저해되거나 저해될 우려가 있는 상황을 말한다. 이하 같다) 여부를 검토하여 그 의견을 의장, 해당 의원 및 소속 교섭단체 대표의원에게 제출하여야 한다.
② 윤리심사자문위원회는 제1항에 따른 의견을 다음 각 호에서 정하고 있는 기한까지 의장, 해당 의원 및 소속 교섭단체 대표의원에게 제출하여야 한다.
1. 국회의원 총선거 후 처음 상임위원회의 위원(이하 "상임위원"이라 한다)을 선임하는 경우 : 6월 1일까지. 다만, 해당 기한까지 의장이 선출되지 아니한 경우에는 의장이 선출되는 즉시 의장에게 제출하여야 한다.
2. 처음 선임된 상임위원 임기가 만료되어 상임위원을 다시 선임하는 경우 : 그 임기만료일 15일 전까지
3. 재선거·보궐선거 등으로 제32조의2제1항에 따라 등록을 한 경우 : 등록한 날부터 10일 이내
4. 제32조의2제2항에 따라 변경등록을 한 경우 : 변경등록을 한 날부터 10일 이내
③ 제2항에 따른 의견 제출의 절차·방법 등에 필요한 사항은 국회규칙으로 정한다.

제32조의4【이해충돌의 신고】 ① 의원은 소속 위원회의 안건 심사, 국정감사 또는 국정조사와 관련하여 다음 각 호의 어느 하나에 해당하는 자가 직접적인 이익 또는 불이익을 받게 되는 것을 안 경우에는 안 날부터 10일 이내에 윤리심사자문위원회에 그 사실을 신고하여야 한다.
1. 의원 본인 또는 그 가족(「민법」 제779조에 따른 가족을 말한다. 이하 같다)
2. 의원 본인 또는 그 가족이 임원·대표자·관리자 또는 사외이사로 재직하고 있는 법인·단체
3. 의원 본인 또는 그 가족이 대리하거나 고문·자문 등을 제공하는 개인이나 법인·단체
4. 의원 임기 개시 전 2년 이내에 의원 본인이 대리하거나 고문·자문 등을 제공하였던 개인이나 법인·단체
5. 의원 본인 또는 그 가족이 국회규칙으로 정하는 일정 비율 이상의 주식·지분 또는 자본금 등을 소유하고 있는 법인·단체
6. 최근 2년 이내에 퇴직한 공직자로서 퇴직일 전 2년 이내에 위원회의 안건 심사, 국정감사 또는 국정조사를 수행하는 의원과 국회규칙으로 정하는 범위의 부서에서 같이 근무하였던 사람
7. 그 밖에 의원의 사적 이해관계와 관련되는 자로서 국회규칙으로 정하는 자
② 윤리심사자문위원회는 제1항에 따른 신고를 바탕으로 이해충돌 여부를 검토하여 의원이 소속 위원회 활동과 관련하여 이해충돌이 발생할 우려가 있다고 인정하는 경우에는 그 의견을 신고를 받은 날부터 10일 이내에 의장, 해당 의원 및 소속 교섭단체 대표의원에게 제출하여야 한다.
③ 제1항에 따른 신고의 절차·방법·관리 및 제2항에 따른 의견 제출의 절차·방법 등에 필요한 사항은 국회규칙으로 정한다.

제32조의5【이해충돌 우려가 있는 안건 등에 대한 회피】 ① 의원은 소속 위원회의 안건 심사, 국정감사 또는 국정조사 과정에서 제32조의4제1항의 신고사항에 해당하여 이해충돌이 발생할 우려가 있다고 판단하는 경우에는 소속 위원회의 위원장에게 그 사안 또는 안건에 대한 표결 및 발언의 회피를 신청하여야 한다.
② 제1항에 따른 회피 신청을 받은 위원장은 간사와 협의하여 회피를 허가할 수 있다.
③ 윤리심사자문위원회는 의원이 이해충돌 우려가 있음에도 불구하고 제1항에 따라 표결 및 발언의 회피를 신청하지 아니하였다고 인정하는 경우에는 그 의견을 의장, 해당 의원 및 소속 교섭단체 대표의원에게 제출할 수 있다.

제32조의6【「공직자의 이해충돌 방지법」의 적용 특례】 ① 의원이 제32조의2제1항제3호부터 제5호까지의 사적 이해관계를 등록 또는 변경등록한 경우에는 「공직자의 이해충돌 방지법」 제8조에 따른 의무를 이행한 것으로 본다.
② 제32조의2제1항 각 호 외의 부분 후단에 따라 사적 이해관계에 관한 자료가 공개된 경우 「공직자의 이해충돌 방지법」 제8조제4항에 따라 공개한 것으로 본다.

제5장 교섭단체·위원회와 위원
(2018.4.17 본장개정)

제33조【교섭단체】 ① 국회에 20명 이상의 소속 의원을 가진 정당은 하나의 교섭단체가 된다. 다만, 다른 교섭단체에 속하지 아니하는 20명 이상의 의원으로 따로 교섭단체를 구성할 수 있다.
② 교섭단체 대표의원은 그 단체의 소속 의원이 연서·날인한 명부를 의장에게 제출하여야 하며, 그 소속 의원에 이동(異動)이 있거나 소속 정당의 변경이 있을 때에는 그 사실을 지체 없이 의장에게 보고하여야 한다. 다만, 특별한 사유가 있을 때에는 해당 의원이 관계 서류를 첨부하여 이를 보고할 수 있다.
③ 어느 교섭단체에도 속하지 아니하는 의원이 당적을 취득하거나 소속 정당을 변경한 때에는 그 사실을 즉시 의장에게 보고하여야 한다.

제34조【교섭단체 정책연구위원】 ① 교섭단체 소속 의원의 입법 활동을 보좌하기 위하여 교섭단체에 정책연구위원을 둔다.
② 정책연구위원은 해당 교섭단체 대표의원의 제청(提請)에 따라 의장이 임면한다.
③ 정책연구위원은 별정직공무원으로 하고, 그 인원·자격·임면절차·직급 등에 필요한 사항은 국회규칙으로 정한다.

제35조【위원회의 종류】 국회의 위원회는 상임위원회와 특별위원회 두 종류로 한다.

제36조【상임위원회의 직무】 상임위원회는 그 소관에 속하는 의안과 청원 등의 심사, 그 밖에 법률에서 정하는 직무를 수행한다.

제37조【상임위원회와 그 소관】 ① 상임위원회의 종류와 소관 사항은 다음과 같다.
1. 국회운영위원회
 가. 국회 운영에 관한 사항
 나. 「국회법」과 국회규칙에 관한 사항
 다. 국회사무처 소관에 속하는 사항
 라. 국회도서관 소관에 속하는 사항
 마. 국회예산정책처 소관에 속하는 사항
 바. 국회입법조사처 소관에 속하는 사항
 사. 대통령비서실, 국가안보실, 대통령경호처 소관에 속하는 사항
 아. 국가인권위원회 소관에 속하는 사항
2. 법제사법위원회
 가. 법무부 소관에 속하는 사항
 나. 법제처 소관에 속하는 사항
 다. 감사원 소관에 속하는 사항
 라. 고위공직자범죄수사처 소관에 속하는 사항
 (2020.8.18 본목신설)
 마. 헌법재판소 사무에 관한 사항
 바. 법원·군사법원의 사법행정에 관한 사항
 사. 탄핵소추에 관한 사항
 아. 법률안·국회규칙안의 체계·형식과 자구의 심사에 관한 사항
3. 정무위원회
 가. 국무조정실, 국무총리비서실 소관에 속하는 사항
 나. 국가보훈부 소관에 속하는 사항(2023.7.11 본목개정)
 다. 공정거래위원회 소관에 속하는 사항
 라. 금융위원회 소관에 속하는 사항
 마. 국민권익위원회 소관에 속하는 사항
4. 기획재정위원회
 가. 기획재정부 소관에 속하는 사항
 나. 한국은행 소관에 속하는 사항
5. 교육위원회
 가. 교육부 소관에 속하는 사항
 나. 국가교육위원회 소관에 속하는 사항
 (2023.7.11 본호개정)
6. 과학기술정보방송통신위원회
 가. 과학기술정보통신부 소관에 속하는 사항
 나. 방송통신위원회 소관에 속하는 사항
 다. 원자력안전위원회 소관에 속하는 사항
 (2018.7.17 본호개정)
7. 외교통일위원회
 가. 외교부 소관에 속하는 사항
 나. 통일부 소관에 속하는 사항
 다. 민주평화통일자문회의 사무에 관한 사항
8. 국방위원회
 국방부 소관에 속하는 사항
9. 행정안전위원회
 가. 행정안전부 소관에 속하는 사항
 나. 인사혁신처 소관에 속하는 사항
 다. 중앙선거관리위원회 사무에 관한 사항
 라. 지방자치단체에 관한 사항
10. 문화체육관광위원회
 문화체육관광부 소관에 속하는 사항
 (2018.7.17 본호신설)
11. 농림축산식품해양수산위원회
 가. 농림축산식품부 소관에 속하는 사항
 나. 해양수산부 소관에 속하는 사항
12. 산업통상자원중소벤처기업위원회
 가. 산업통상자원부 소관에 속하는 사항
 나. 중소벤처기업부 소관에 속하는 사항
13. 보건복지위원회
 가. 보건복지부 소관에 속하는 사항
 나. 식품의약품안전처 소관에 속하는 사항

14. 환경노동위원회
가. 환경부 소관에 속하는 사항
나. 고용노동부 소관에 속하는 사항
15. 국토교통위원회
국토교통부 소관에 속하는 사항
16. 정보위원회
가. 국가정보원 소관에 속하는 사항
나. 「국가정보원법」 제4조제1항제5호에 따른 정보 및 보안 업무의 기획·조정 대상 부처 소관의 정보 예산안과 결산 심사에 관한 사항(2020.12.15 본목개정)
17. 여성가족위원회
여성가족부 소관에 속하는 사항
② 의장은 어느 상임위원회에도 속하지 아니하는 사항은 국회운영위원회와 협의하여 소관 상임위원회를 정한다.

제38조【상임위원회의 위원 정수】 상임위원회의 위원정수(定數)는 국회규칙으로 정한다. 다만, 정보위원회의 위원 정수는 12명으로 한다.

제39조【상임위원회의 위원】 ① 의원은 둘 이상의 상임위원이 될 수 있다.(2021.5.18 본항개정)
② 각 교섭단체 대표의원은 국회운영위원회의 위원이 된다.
③ 의장은 상임위원이 될 수 없다.
④ 국무총리 또는 국무위원의 직을 겸한 의원은 상임위원을 사임할 수 있다.(2020.2.18 본항개정)

제40조【상임위원의 임기】 ① 상임위원의 임기는 2년으로 한다. 다만, 국회의원 총선거 후 처음 선임된 위원의 임기는 선임된 날부터 개시하여 의원의 임기 개시 후 2년이 되는 날까지로 한다.
② 보임(補任)되거나 개선(改選)된 상임위원의 임기는 전임자 임기의 남은 기간으로 한다.

제40조의2【상임위원의 직무 관련 영리행위 금지】 상임위원은 소관 상임위원회의 직무와 관련한 영리행위를 하여서는 아니 된다.

제41조【상임위원장】 ① 상임위원회에 위원장(이하 "상임위원장"이라 한다) 1명을 둔다.
② 상임위원장은 제48조제1항부터 제3항까지에 따라 선임된 해당 상임위원 중에서 임시의장 선거의 예에 준하여 본회의에서 선거한다.
③ 제2항의 선거는 국회의원 총선거 후 첫 집회일부터 3일 이내에 실시하며, 처음 선출된 상임위원장의 임기가 만료되는 경우에는 그 임기만료일까지 실시한다.
④ 상임위원장의 임기는 상임위원의 임기와 같다.
⑤ 상임위원장은 본회의의 동의를 받아 그 직을 사임할 수 있다. 다만, 폐회 중에는 의장의 허가를 받아 사임할 수 있다.

제42조【전문위원과 공무원】 ① 위원회에 위원장과 위원의 입법 활동 등을 지원하기 위하여 의원이 아닌 전문지식을 가진 위원(이하 "전문위원"이라 한다)과 필요한 공무원을 둔다. 위원회에 두는 전문위원과 공무원에 대해서는 「국회사무처법」에서 정하는 바에 따른다.
② 위원회에 두는 전문위원과 공무원이 그 직무를 수행하는 때에는 정치적 중립성을 유지하여야 한다.
③ 전문위원은 사무총장의 제청으로 의장이 임명한다.
④ 전문위원은 위원회에서 의안과 청원 등의 심사, 국정감사, 국정조사, 그 밖의 소관 사항과 관련하여 검토보고 및 관련 자료의 수집·조사·연구를 수행한다.
⑤ 전문위원은 제4항의 직무를 수행하는 데 필요한 자료의 제공을 정부, 행정기관 등에 요청할 수 있다. 이 경우 그 요청은 위원장의 허가를 받아 위원장 명의로 하여야 한다.
⑥ 전문위원은 위원회에서 발언할 수 있으며 본회의에서는 본회의의 의결 또는 의장의 허가를 받아 발언할 수 있다.

제43조【전문가의 활용】 ① 위원회는 의결로 중요한 안건 또는 전문지식이 필요한 안건의 심사와 관련하여 필요한 경우에는 해당 안건에 관하여 학식과 경험이 있는 3명 이내의 전문가를 심사보조자로 위촉할 수 있다.
② 위원회가 제1항에 따라 전문가를 심사보조자로 위촉하려는 경우에는 위원장이 의장에게 이를 요청한다. 이 경우 의장은 예산 사정 등을 고려하여 그 인원이나 위촉기간 등을 조정할 수 있다.
③ 제1항에 따라 위촉된 심사보조자는 「국가공무원법」 제33조의 결격사유에 해당하지 아니하는 사람이어야 하며, 위촉된 업무의 성질에 반하지 아니하는 범위에서 「국가공무원법」 제7장 복무에 관한 규정이 준용된다.
④ 위촉된 심사보조자에 대한 수당의 지급기준과 그 밖에 필요한 사항은 의장이 정한다.

제44조【특별위원회】 ① 국회는 둘 이상의 상임위원회와 관련된 안건이거나 특히 필요하다고 인정한 안건을 효율적으로 심사하기 위하여 본회의의 의결로 특별위원회를 둘 수 있다.
② 제1항에 따른 특별위원회를 구성할 때에는 그 활동기간을 정하여야 한다. 다만, 본회의의 의결로 그 기간을 연장할 수 있다.
③ 특별위원회는 활동기한의 종료 시까지 존속한다. 다만, 활동기한의 종료 시까지 제86조에 따라 법제사법위원회에 체계·자구 심사를 의뢰하였거나 제66조에 따라 심사보고서를 제출한 경우에는 해당 안건이 본회의에서 의결될 때까지 존속하는 것으로 본다.
④ 제2항에도 불구하고 특별위원회 활동기간 중 연속하여 3개월 이상 회의가 열리지 아니하는 때에는 본회의의 의결로 특별위원회의 활동을 종료시킬 수 있다.
⑤ 특별위원회는 활동기간을 연장할 필요가 있다고 판단되는 경우 활동기간 종료 15일 전까지 특별위원회의 활동에 관한 중간보고서 및 활동기간 연장 사유를 국회운영위원회에 제출하여야 한다.
⑥ 특별위원회는 활동기간 종료(제3항 단서 또는 제4항에 해당하는 경우에는 해당 안건이 본회의에서 의결된 날을 말한다) 후 15일 이내에 활동결과보고서를 국회운영위원회에 제출하여야 한다. 국회운영위원회는 이를 심사한 후 국회 인터넷 홈페이지 등에 게재하는 방법으로 공개하여야 한다.

제45조【예산결산특별위원회】 ① 예산안, 기금운용계획안 및 결산(세입세출결산과 기금결산을 말한다. 이하 같다)을 심사하기 위하여 예산결산특별위원회를 둔다.
② 예산결산특별위원회의 위원 수는 50명으로 한다. 이 경우 의장은 교섭단체 소속 의원 수의 비율과 상임위원회 위원 수의 비율에 따라 각 교섭단체 대표의원의 요청으로 위원을 선임한다.
③ 예산결산특별위원회 위원의 임기는 1년으로 한다. 다만, 국회의원 총선거 후 처음 선임된 위원의 임기는 선임된 날부터 개시하여 의원의 임기 개시 후 1년이 되는 날까지로 하며, 보임되거나 개선된 위원의 임기는 전임자 임기의 남은 기간으로 한다.
④ 예산결산특별위원회의 위원장은 예산결산특별위원회의 위원 중에서 임시의장 선거의 예에 준하여 본회의에서 선거한다.
⑤ 예산결산특별위원회에 대해서는 제44조제2항 및 제3항을 적용하지 아니한다.
⑥ 예산결산특별위원회 위원장의 선거 및 임기 등과 위원의 선임에 관하여는 제41조제3항부터 제5항까지, 제48조제1항 후단 및 제2항을 준용한다.

제46조【윤리특별위원회】 ① 의원의 자격심사·징계에 관한 사항을 심사하기 위하여 제44조제1항에 따라 윤리특별위원회를 구성한다.(2018.7.17 본항개정)
② (2018.7.17 삭제)
③ 윤리특별위원회는 의원의 징계에 관한 사항을 심사하기 전에 윤리심사자문위원회의 의견을 청취하여야 한다. 이 경우 윤리특별위원회는 윤리심사자문위원회의 의견을 존중하여야 한다.(2021.5.18 전단개정)
④~⑤ (2018.7.17 삭제)
⑥ 윤리특별위원회의 운영 등에 관하여 이 법에서 정한 사항 외에 필요한 사항은 국회규칙으로 정한다.
(2018.7.17 본항개정)

제46조의2【윤리심사자문위원회】 ① 다음 각 호의 사무를 수행하기 위하여 국회에 윤리심사자문위원회를 둔다.
(2021.5.18 본문개정)
1. 의원의 겸직, 영리업무 종사와 관련된 의장의 자문
2. 의원 징계에 관한 윤리특별위원회의 자문
3. 의원의 이해충돌 방지에 관한 사항
(2021.5.18 1호~3호신설)
② 윤리심사자문위원회는 위원장 1명을 포함한 8명의 자문위원으로 구성하며, 자문위원은 각 교섭단체 대표의원의 추천에 따라 의장이 위촉한다.(2021.5.18 본항개정)
③ 자문위원의 임기는 2년으로 한다.(2021.5.18 본항신설)
④ 각 교섭단체 대표의원이 추천하는 자문위원 수는 교섭단체 소속 의원 수의 비율에 따른다. 이 경우 소속 의원수가 가장 많은 교섭단체 대표의원이 추천하는 자문위원 수는 그 밖의 교섭단체 대표의원이 추천하는 자문위원 수와 같아야 한다.
⑤ 윤리심사자문위원회 위원장은 자문위원 중에서 호선하되, 위원장이 선출될 때까지는 자문위원 중 연장자가 위원장의 직무를 대행한다.(2021.5.18 본항개정)
⑥ 의원은 윤리심사자문위원회의 자문위원이 될 수 없다.
(2021.5.18 본항개정)
⑦ 자문위원은 「형법」 제127조 및 제129조부터 제132조까지의 규정을 적용할 때에는 공무원으로 본다.
(2021.5.18 본항신설)
⑧ 윤리심사자문위원회의 사무를 지원하기 위하여 국회규칙으로 정하는 바에 따라 필요한 공무원을 둔다.
(2021.5.18 본항신설)
⑨ 자문위원은 제1항 각 호의 사무와 관련하여 직접적인 이해관계가 있거나 공정을 기할 수 없는 현저한 사유가 있는 경우에는 심사에 참여할 수 없다. 이 경우 윤리심사자문위원회는 그 의결로 해당 자문위원의 심사를 중지시킬 수 있다.(2021.5.18 본항신설)
⑩ 제1항부터 제9항까지에서 규정한 사항 외에 자문위원의 자격 및 윤리심사자문위원회의 운영·지원 등에 필요한 사항은 국회규칙으로 정한다.(2021.5.18 본항개정)

제46조의3【인사청문특별위원회】 ① 국회는 다음 각 호의 임명동의안 또는 의장이 각 교섭단체 대표의원과 협의하여 제출한 선출안 등을 심사하기 위하여 인사청문특별위원회를 둔다. 다만, 「대통령직 인수에 관한 법률」 제5조제2항에 따라 대통령당선인이 국무총리 후보자에 대한 인사청문의 실시를 요청하는 경우에 의장은 각 교섭단체 대표의원과 협의하여 그 인사청문을 실시하기 위한 인사청문특별위원회를 둔다.
1. 헌법에 따라 그 임명에 국회의 동의가 필요한 대법원장·헌법재판소장·국무총리·감사원장 및 대법관에 대한 임명동의안
2. 헌법에 따라 국회에서 선출하는 헌법재판소 재판관 및 중앙선거관리위원회 위원에 대한 선출안
② 인사청문특별위원회의 구성과 운영에 필요한 사항은 따로 법률로 정한다.

제47조【특별위원회의 위원장】 ① 특별위원회에 위원장 1명을 두되, 위원회에서 호선하고 본회의에 보고한다.
② 특별위원회의 위원장이 선임될 때까지는 위원 중 연장자가 위원장의 직무를 대행한다.
③ 특별위원회의 위원장은 그 특별위원회의 동의를 받아 그 직을 사임할 수 있다. 다만, 폐회 중에는 의장의 허가를 받아 사임할 수 있다.

제48조【위원의 선임 및 개선】 ① 상임위원은 교섭단체 소속 의원 수의 비율에 따라 각 교섭단체 대표의원의 요청으로 의장이 선임하거나 개선한다. 이 경우 각 교섭단체 대표의원은 국회의원 총선거 후 첫 임시회의 집회일부터 2일 이내에 의장에게 상임위원 선임을 요청하여야 하고, 처음 선임된 상임위원의 임기가 만료되는 경우에는 그 임기만료일 3일 전까지 의장에게 상임위원 선임을 요청하여야 하며, 이 기한까지 요청이 없을 때에는 의장이 상임위원을 선임할 수 있다.
② 어느 교섭단체에도 속하지 아니하는 의원의 상임위원 선임은 의장이 한다.
③ 정보위원회의 위원은 의장이 각 교섭단체 대표의원으로부터 해당 교섭단체 소속 의원 중에서 후보를 추천받아 부의장 및 각 교섭단체 대표의원과 협의하여 선임하거나 개선한다. 다만, 각 교섭단체 대표의원은 정보위원회의 위원이 된다.
④ 특별위원회의 위원은 제1항과 제2항에 따라 의장이 상임위원 중에서 선임한다. 이 경우 그 선임은 특별위원회 구성결의안이 본회의에서 의결된 날부터 5일 이내에 하여야 한다.
⑤ 위원을 선임한 후 교섭단체 소속 의원 수가 변동되었을 때에는 의장은 위원회의 교섭단체별 할당 수를 변경하여 위원을 개선할 수 있다.
⑥ 제1항부터 제4항까지에 따라 위원을 개선할 때 임시회의 경우에는 회기 중에 개선될 수 없고, 정기회의 경우에는 선임 또는 개선 후 30일 이내에는 개선될 수 없다. 다만, 위원이 질병 등 부득이한 사유로 의장의 허가를 받은 경우에는 그러하지 아니하다.
⑦ (2021.5.18 삭제)

제48조의2【이해충돌 위원의 선임 제한】 ① 의장과 교섭단체 대표의원은 의원의 이해충돌 여부에 관한 제32조의3제1항에 따른 윤리심사자문위원회의 의견을 고려하여 의원을 위원회의 위원으로 선임하는 것이 공정을 기할 수 없는 뚜렷한 사유가 있다고 인정할 때에는 그 의원을 해당 위원회의 위원으로 선임하거나 선임을 요청하여서는 아니 된다.
② 윤리심사자문위원회는 위원이 소속 위원회 활동과 관련하여 이해충돌이 발생할 우려가 있으면 의장의 요청 또는 직권으로 위원의 이해충돌 여부를 검토하여 의장, 해당 의원 및 소속 교섭단체 대표의원에게 그 의견을 제출할 수 있다.
③ 의장과 교섭단체 대표의원은 윤리심사자문위원회로부터 제2항, 제32조의3제2항제4호 및 제32조의4제2항에 따라 위원이 소속 위원회 활동과 관련하여 이해충돌이 발생할 우려가 있다는 의견을 받은 경우 해당 위원이 직무에 공정을 기할 수 없다고 인정하면 해당 위원을 개선하거나 개선하도록 요청할 수 있다.
④ 의장과 교섭단체 대표의원은 위원의 선임·선임요청 또는 개선·개선요청과 관련하여 윤리심사자문위원회에 이해충돌 여부에 관하여 자문을 요청할 수 있다.
(2021.5.18 본조신설)

제49조【위원장의 직무】 ① 위원장은 위원회를 대표하고 의사를 정리하며, 질서를 유지하고 사무를 감독한다.
② 위원장은 위원회의 의사일정과 개회일시를 간사와 협의하여 정한다.

제49조의2【위원회 의사일정의 작성기준】 ① 위원장(소위원회의 위원장을 포함한다)은 예측 가능한 국회운영을 위하여 특별한 사정이 없으면 다음 각 호의 기준에 따라 제49조제2항의 의사일정 및 개회일시를 정한다.
1. 위원회 개회일시 : 매주 월요일·화요일 오후 2시
2. 소위원회 개회일시 : 매주 수요일·목요일 오전 10시
(2019.4.16 본호개정)
② 위원회(소위원회는 제외한다)는 매월 2회 이상 개회한다. 다만, 다음 각 호의 어느 하나에 해당하는 경우에는 그러하지 아니하다.
1. 해당 위원회의 국정감사 또는 국정조사 실시기간
2. 그 밖에 회의를 개회하기 어렵다고 의장이 인정하는 기간
(2020.12.22 본항신설)
③ 제2항에도 불구하고, 국회운영위원회, 정보위원회, 여성가족위원회, 특별위원회 및 예산결산특별위원회의 경우에는 위원장이 개회 횟수를 달리 정할 수 있다.
(2020.12.22 본항신설)

제49조의3【위원 회의 출석 현황 공개】 위원장은 위원회(소위원회는 제외한다) 회의가 종료되면 그 다음 날까

지 소속 위원의 회의 출석 여부를 국회공보 또는 인터넷 홈페이지 등에 게재하는 방법으로 공개하여야 한다.
(2020.12.22 본조신설)

제50조【간사】 ① 위원회에 각 교섭단체별로 간사 1명을 둔다.
② 간사는 위원회에서 호선하고 이를 본회의에 보고한다.
③ 위원장이 사고가 있을 때에는 위원장이 지정하는 간사가 위원장의 직무를 대리한다.
④ 위원장이 궐위된 때에는 소속 의원 수가 많은 교섭단체 소속 간사의 순으로 위원장의 직무를 대리한다.
⑤ 위원장이 위원회의 개회 또는 의사진행을 거부·기피하거나 제3항에 따른 직무대리자를 지정하지 아니하여 위원회가 활동하기 어려울 때에는 위원장이 소속되지 아니한 교섭단체 소속의 간사 중에서 소속 의원 수가 많은 교섭단체 소속 간사의 순으로 위원장의 직무를 대행한다.

제51조【위원회의 제안】 ① 위원회는 그 소관에 속하는 사항에 관하여 법률안과 그 밖의 의안을 제출할 수 있다.
② 제1항의 의안은 위원장이 제안자가 된다.

제52조【위원회의 개회】 위원회는 다음 각 호의 어느 하나에 해당할 때에 개회한다.
1. 본회의의 의결이 있을 때
2. 의장이나 위원장이 필요하다고 인정할 때
3. 재적위원 4분의 1 이상의 요구가 있을 때

제53조 (2020.12.22 삭제)

제54조【위원회의 의사정족수·의결정족수】 위원회는 재적위원 5분의 1 이상의 출석으로 개회하고, 재적위원 과반수의 출석과 출석위원 과반수의 찬성으로 의결한다.

제54조의2【정보위원회에 대한 특례】 ① 정보위원회의 회의는 공개하지 아니한다. 다만, 공청회 또는 제65조의2에 따른 인사청문회를 실시하는 경우에는 위원회의 의결로 이를 공개할 수 있다.
<2022.1.27 헌법재판소 단순위헌결정으로 이 항 본문은 헌법에 위반>
② 정보위원회의 위원 및 소속 공무원(의원 보좌직원을 포함한다. 이하 이 조에서 같다)은 직무수행상 알게 된 국가기밀에 속하는 사항을 공개하거나 타인에게 누설해서는 아니 된다.
③ 정보위원회의 활동을 보좌하는 소속 공무원에 대해서는 국가정보원장에게 신원조사를 의뢰하여야 한다.
④ 이 법에서 정한 사항 외에 정보위원회의 구성과 운영 등에 필요한 사항은 국회규칙으로 정한다.

판례 헌법상 의사공개원칙과 정보위원회 회의록의 비공개 규정 : 헌법상 의사공개원칙에 따라 회의를 공개하지 아니할 경우에는 헌법에서 정하고 있는 일정한 요건을 갖추어야 한다. 헌법 제50조제1항 단서가 정하고 있는 회의의 비공개를 위한 절차나 사유는 그 문언이 매우 구체적이어서 이에 대한 예외도 엄격하게 인정되어야 한다. 따라서 정보위원회의 회의 일체를 비공개하도록 정하는 것은 정보위원회 활동에 대한 국민의 감시와 견제를 사실상 불가능하게 하고 있으며, 입법과정에서 재적의원 과반수의 출석과 출석의원 과반수의 찬성으로 의결되었다는 사실만으로 헌법 제50조제1항 단서의 '출석위원 과반수의 찬성'이라는 요건이 충족되었다고 볼 수도 없다.
(헌재결 2022.1.27, 2018헌마1162)

제55조【위원회에서의 방청 등】 ① 의원이 아닌 사람이 위원회를 방청하려면 위원장의 허가를 받아야 한다.
② 위원장은 질서 유지를 위하여 필요할 때에는 방청인의 퇴장을 명할 수 있다.

제56조【본회의 중 위원회의 개회】 위원회는 본회의의 의결이 있거나 의장이 필요하다고 인정하여 각 교섭단체 대표의원과 협의한 경우를 제외하고는 본회의 중에는 개회할 수 없다. 다만, 국회운영위원회는 그러하지 아니하다.

제57조【소위원회】 ① 위원회는 소관 사항을 분담·심사하기 위하여 상설소위원회를 둘 수 있고, 필요한 경우 특정한 안건의 심사를 위하여 소위원회를 둘 수 있다. 이 경우 소위원회에 대하여 국회규칙으로 정하는 바에 따라 필요한 인원 및 예산 등을 지원할 수 있다.(2019.4.16 본항개정)
② 상임위원회는 소관 법률안의 심사를 분담하는 둘 이상의 소위원회를 둘 수 있다.(2019.4.16 본항개정)
③ 소위원회의 위원장은 위원회에서 소위원회의 위원 중에서 선출하고 이를 본회의에 보고하며, 소위원회의 위원장이 사고가 있을 때에는 소위원회의 위원장이 소위원회의 위원 중에서 지정하는 위원이 그 직무를 대리한다.
(2019.4.16 본항개정)
④ 소위원회의 활동은 위원회가 의결로 정하는 범위에 한정한다.
⑤ 소위원회의 회의는 공개한다. 다만, 소위원회의 의결로 공개하지 아니할 수 있다.
⑥ 소위원회는 폐회 중에도 활동할 수 있으며, 법률안을 심사하는 소위원회는 매월 3회 이상 개회한다. 다만, 국회운영위원회, 정보위원회 및 여성가족위원회의 법률안을 심사하는 소위원회의 경우에는 소위원장이 개회 횟수를 달리 정할 수 있다.(2020.12.22 본항개정)
⑦ 소위원회는 그 의결로 의안 심사와 직접 관련된 보고 또는 서류 및 해당 기관이 보유한 사진·영상물의 제출을 정부·행정기관 등에 요구할 수 있고, 증인·감정인·참고인의 출석을 요구할 수 있다. 이 경우 그 요구는 위원장의 명의로 한다.(2019.4.16 본항신설)
⑧ 소위원회에 관하여는 이 법에서 다르게 정하거나 성질에 반하지 아니하는 한 위원회에 관한 규정을 적용한다. 다만, 소위원회는 축조심사(逐條審査)를 생략해서는 아니 된다.
⑨ 예산결산특별위원회는 제1항의 소위원회 외에 심사를 위하여 필요한 경우에는 이를 여러 개의 분과위원회로 나눌 수 있다.

제57조의2【안건조정위원회】 ① 위원회는 이견을 조정할 필요가 있는 안건(예산안, 기금운용계획안, 임대형 민자사업 한도액안 및 체계·자구 심사를 위하여 법제사법위원회에 회부된 법률안은 제외한다. 이하 이 조에서 같다)을 심사하기 위하여 재적위원 3분의 1 이상의 요구로 안건조정위원회(이하 이 조에서 "조정위원회"라 한다)를 구성하고 해당 안건을 제58조제1항에 따른 대체토론(大體討論)이 끝난 후 조정위원회에 회부한다. 다만, 조정위원회를 거친 안건에 대해서는 그 심사를 위한 조정위원회를 구성할 수 없다.
② 조정위원회의 활동기한은 그 구성일부터 90일로 한다. 다만, 위원장은 조정위원회를 구성할 때 간사와 합의하여 90일을 넘지 아니하는 범위에서 활동기한을 따로 정할 수 있다.
③ 조정위원회는 조정위원회의 위원장(이하 이 조에서 "조정위원장"이라 한다) 1명을 포함한 6명의 조정위원회의 위원(이하 이 조에서 "조정위원"이라 한다)으로 구성한다.
④ 제3항에 따라 조정위원회를 구성하는 경우에는 소속 의원 수가 가장 많은 교섭단체(이하 이 조에서 "제1교섭단체"라 한다)에 속하는 조정위원의 수와 제1교섭단체에 속하지 아니하는 조정위원의 수를 같게 한다. 다만, 제1교섭단체가 둘 이상인 경우에는 각 교섭단체에 속하는 조정위원 및 어느 교섭단체에도 속하지 아니하는 조정위원의 수를 위원장이 간사와 합의하여 정한다.
⑤ 조정위원은 위원장이 소속 위원 중에서 간사와 협의하여 선임하고, 조정위원장은 조정위원회가 제1교섭단체 소속 조정위원 중에서 선출하여 위원장이 의장에게 보고한다.
⑥ 조정위원회는 제1항에 따라 회부된 안건에 대한 조정안을 재적 조정위원 3분의 2 이상의 찬성으로 의결한다. 이 경우 조정위원장은 의결된 조정안을 지체 없이 위원회에 보고한다.
⑦ 조정위원회에서 조정안이 의결된 안건에 대해서는 소위원회의 심사를 거친 것으로 보며, 위원회는 조정위원회의 조정안이 의결된 날부터 30일 이내에 그 안건을 표결한다.
⑧ 조정위원회의 활동기한까지 안건이 조정되지 아니하거나 조정안이 부결된 경우에는 조정위원장은 심사경과를 위원회에 보고하여야 한다. 이 경우 위원장은 해당 안건(소위원회의 심사를 마친 안건은 제외한다)을 소위원회에 회부한다.
⑨ 제85조의2제2항에 따른 신속처리대상안건을 심사하는 조정위원회는 그 안건이 같은 조 제4항 또는 제5항에 따라 법제사법위원회에 회부되거나 바로 본회의에 부의된 것으로 보는 경우에는 제2항에 따른 활동기한이 남았더라도 그 활동을 종료한다.
⑩ 조정위원회에 관하여는 이 법에서 다르게 정하거나 성질에 반하지 아니하는 한 위원회 또는 소위원회에 관한 규정을 준용한다.

제58조【위원회의 심사】 ① 위원회는 안건을 심사할 때 먼저 그 취지의 설명과 전문위원의 검토보고를 듣고 대체토론[안건 전체에 대한 문제점과 당부(當否)에 관한 일반적 토론을 말하며 제안자와의 질의·답변을 포함한다]과 축조심사 및 찬반토론을 거쳐 표결한다.
② 상임위원회는 안건을 심사할 때 소위원회에 회부하여 이를 심사·보고하도록 한다.(2019.4.16 본항개정)
③ 위원회는 제1항에 따른 대체토론이 끝난 후에만 안건을 소위원회에 회부할 수 있다.
④ 제1항 및 제3항에도 불구하고 소위원회에 회부되어 심사 중인 안건과 직접 관련된 안건이 위원회에 새로 회부된 경우 위원장이 간사와 협의하여 필요하다고 인정할 때에는 그 안건을 바로 해당 소위원회에 회부하여 함께 심사하게 할 수 있다.
⑤ 제1항에 따른 축조심사는 위원회의 의결로 생략할 수 있다. 다만, 제정법률안과 전부개정법률안에 대해서는 그러하지 아니하다.
⑥ 위원회는 제정법률안과 전부개정법률안에 대해서는 공청회 또는 청문회를 개최하여야 한다. 다만, 위원회의 의결로 이를 생략할 수 있다.
⑦ 위원회는 안건이 예산상의 조치를 수반하는 경우에는 정부의 의견을 들어야 하며, 필요하다고 인정하는 경우에는 의안 시행에 수반될 것으로 예상되는 비용에 관하여 국회예산정책처의 의견을 들을 수 있다.
⑧ 위원회는 안건이 제58조의2에 따라 제정 또는 개정되는 법률안인 경우 국회사무처의 의견을 들을 수 있다.
⑨ 제1항에 따른 전문위원의 검토보고서는 특별한 사정이 없으면 해당 안건의 위원회 상정일 48시간 전까지 소속 위원에게 배부되어야 한다.
⑩ 법제사법위원회의 체계·자구 심사에 관하여는 제5항 단서와 제6항을 적용하지 아니한다.

제58조의2【헌법재판소 위헌결정에 대한 위원회의 심사】 ① 헌법재판소는 종국결정이 법률의 제정 또는 개정과 관련이 있으면 그 결정서 등본을 국회로 송부하여야 한다.
② 의장은 제1항에 따라 송부된 결정서 등본을 해당 법률의 소관 위원회와 관련위원회에 송부한다.
③ 위원장은 제2항에 따라 송부된 종국결정을 검토하여 소관 법률의 제정 또는 개정이 필요하다고 판단하는 경우 소위원회에 회부하여 이를 심사하도록 한다.
(2019.4.16 본항개정)

제59조【의안의 상정시기】 위원회는 의안(예산안, 기금운용계획안 및 임대형 민자사업 한도액안은 제외한다. 이하 이 조에서 같다)이 위원회에 회부된 날부터 다음 각 호의 구분에 따른 기간이 지나지 아니하였을 때에는 그 의안을 상정할 수 없다. 다만, 긴급하고 불가피한 사유로 위원회의 의결이 있는 경우에는 그러하지 아니하다.
1. 일부개정법률안 : 15일
2. 제정법률안, 전부개정법률안 및 폐지법률안 : 20일
3. 체계·자구 심사를 위하여 법제사법위원회에 회부된 법률안 : 5일
4. 법률안 외의 의안 : 20일

제59조의2【의안 등의 자동 상정】 위원회에 회부되어 상정되지 아니한 의안(예산안, 기금운용계획안 및 임대형 민자사업 한도액안은 제외한다) 및 청원은 제59조 각 호의 구분에 따른 기간이 지난 후 30일이 지난 날(청원의 경우에는 위원회에 회부된 후 30일이 지난 날) 이후 처음으로 개회하는 위원회에 상정된 것으로 본다. 다만, 위원장이 간사와 합의하는 경우에는 그러하지 아니하다.

제60조【위원의 발언】 ① 위원은 위원회에서 같은 의제(議題)에 대하여 횟수 및 시간 등에 제한 없이 발언할 수 있다. 다만, 위원장은 발언을 원하는 위원이 2명 이상일 경우에는 간사와 협의하여 15분의 범위에서 각 위원의 첫 번째 발언시간을 균등하게 정하여야 한다.
② 위원회에서의 질의는 일문일답(一問一答)의 방식으로 한다. 다만, 위원회의 의결이 있는 경우 일괄질의의 방식으로 할 수 있다.

제61조【위원이 아닌 의원의 발언 청취】 위원회는 안건에 관하여 위원이 아닌 의원의 발언을 들을 수 있다.

제62조【비공개회의록 등의 열람과 대출 금지】 위원장은 의원이 비공개회의록이나 그 밖의 비밀참고자료의 열람을 요구하면 심사·감사 또는 조사에 지장이 없으면 이를 허용하여야 한다. 다만, 국회 밖으로는 대출할 수 없다.

제63조【연석회의】 ① 소관 위원회는 다른 위원회와 협의하여 연석회의(連席會議)를 열고 의견을 교환할 수 있다. 다만, 표결은 할 수 없다.
② 연석회의를 열려는 위원회는 위원장이 부의할 안건명과 이유를 서면에 적어 다른 위원회의 위원장에게 요구하여야 한다.
③ 연석회의는 안건의 소관 위원회의 회의로 한다.
④ 세입예산안과 관련 있는 법안을 회부받은 위원회는 예산결산특별위원회 위원장의 요청이 있을 때에는 연석회의를 열어야 한다.

제63조의2【전원위원회】 ① 국회는 위원회의 심사를 거치거나 위원회가 제안한 의안 중 정부조직에 관한 법률안, 조세 또는 국민에게 부담을 주는 법률안 등 주요 의안의 본회의 상정 전이나 본회의 상정 후에 재적의원 4분의 1 이상이 요구할 때에는 그 심사를 위하여 의원 전원으로 구성되는 전원위원회(全院委員會)를 개회할 수 있다. 다만, 의장은 주요 의안의 심의 등 필요하다고 인정하는 경우 각 교섭단체 대표의원의 동의를 받아 전원위원회를 개회하지 아니할 수 있다.
② 전원위원회는 제1항에 따른 의안에 대한 수정안을 제출할 수 있다. 이 경우 해당 수정안은 전원위원장이 제안자가 된다.
③ 전원위원회에 위원장 1명을 두되, 의장이 지명하는 부의장으로 한다.
④ 전원위원회는 제54조에도 불구하고 재적위원 5분의 1 이상의 출석으로 개회하고, 재적위원 4분의 1 이상의 출석과 출석위원 과반수의 찬성으로 의결한다.
⑤ 그 밖에 전원위원회 운영에 필요한 사항은 국회규칙으로 정한다.

제64조【공청회】 ① 위원회(소위원회를 포함한다. 이하 이 조에서 같다)는 중요한 안건 또는 전문지식이 필요한 안건을 심사하기 위하여 그 의결 또는 재적위원 3분의 1 이상의 요구로 공청회를 열고 이해관계자 또는 학식·경험이 있는 사람 등(이하 "진술인"이라 한다)으로부터 의견을 들을 수 있다. 다만, 제정법률안과 전부개정법률안의 경우에는 제58조제6항에 따른다.
② 위원회에서 공청회를 열 때에는 안건·일시·장소·진술인·경비, 그 밖의 참고사항을 적은 문서로 의장에게 보고하여야 한다.
③ 진술인의 선정, 진술인과 위원의 발언시간은 위원회에서 정하며, 진술인의 발언은 그 의견을 듣고자 하는 안건의 범위를 벗어나서는 아니 된다.
④ 위원회가 주관하는 공청회는 그 위원회의 회의로 한다.
⑤ 그 밖에 공청회 운영에 필요한 사항은 국회규칙으로 정한다.

제65조【청문회】 ① 위원회(소위원회를 포함한다. 이하 이 조에서 같다)는 중요한 안건의 심사와 국정감사 및 국

정조사에 필요한 경우 증인·감정인·참고인으로부터 증언·진술을 청취하고 증거를 채택하기 위하여 위원회 의결로 청문회를 열 수 있다.
② 제1항에도 불구하고 법률안 심사를 위한 청문회는 재적위원 3분의 1 이상의 요구로 개회할 수 있다. 다만, 제정법률안과 전부개정법률안의 경우에는 제58조제6항에 따른다.
③ 위원회는 청문회 개회 5일 전에 안건·일시·장소·증인 등 필요한 사항을 공고하여야 한다.
④ 청문회는 공개한다. 다만, 위원회의 의결로 청문회의 전부 또는 일부를 공개하지 아니할 수 있다.
⑤ 위원회는 필요한 경우 국회사무처, 국회예산정책처 또는 국회입법조사처 소속 공무원이나 교섭단체의 정책연구위원을 지정하거나 전문가를 위촉하여 청문회에 필요한 사전조사를 실시하게 할 수 있다.
⑥ 청문회에서의 발언·감정 등에 대하여 이 법에서 정한 것을 제외하고는 「국회에서의 증언·감정 등에 관한 법률」에 따른다.
⑦ 청문회에 대해서는 제64조제2항부터 제4항까지를 준용한다.
⑧ 그 밖에 청문회 운영에 필요한 사항은 국회규칙으로 정한다.
제65조의2【인사청문회】 ① 제46조의3에 따른 심사 또는 인사청문을 위하여 인사에 관한 청문회(이하 "인사청문회"라 한다)를 연다.
② 상임위원회는 다른 법률에 따라 다음 각 호의 어느 하나에 해당하는 공직후보자에 대한 인사청문 요청이 있는 경우 인사청문을 실시하기 위하여 각각 인사청문회를 연다.
1. 대통령이 임명하는 헌법재판소 재판관, 중앙선거관리위원회 위원, 국무위원, 방송통신위원회 위원장, 국가정보원장, 공정거래위원회 위원장, 금융위원회 위원장, 국가인권위원회 위원장, 고위공직자범죄수사처장, 국세청장, 검찰총장, 경찰청장, 합동참모의장, 한국은행 총재, 특별감찰관 또는 한국방송공사 사장의 후보자 (2020.8.18 본호개정)
2. 대통령당선인이 「대통령직 인수에 관한 법률」 제5조제1항에 따라 지명하는 국무위원 후보자
3. 대법원장이 지명하는 헌법재판소 재판관 또는 중앙선거관리위원회 위원의 후보자
③ 상임위원회가 구성되기 전(국회의원 총선거 후 또는 상임위원장의 임기 만료 후에 제41조제2항에 따라 상임위원장이 선출되기 전을 말한다)에 제2항 각 호의 어느 하나에 해당하는 공직후보자에 대한 인사청문 요청이 있는 경우에는 제44조제1항에 따라 구성되는 특별위원회에서 인사청문을 실시할 수 있다. 이 경우 특별위원회의 설치·구성은 의장이 각 교섭단체 대표의원과 협의하여 제의하며, 위원 선임에 관하여는 제48조제4항을 적용하지 아니하고 「인사청문회법」 제3조제3항 및 제4항을 준용한다.
④ 제3항에 따라 실시한 인사청문은 소관 상임위원회의 인사청문으로 본다.
⑤ 헌법재판소 재판관 후보자가 헌법재판소장 후보자를 겸하는 경우에는 제2항제1호에도 불구하고 제1항에 따른 인사청문특별위원회의 인사청문회를 연다. 이 경우 제2항에 따른 소관 상임위원회의 인사청문회를 겸하는 것으로 본다.
⑥ 인사청문회의 절차 및 운영 등에 필요한 사항은 따로 법률로 정한다.
제66조【심사보고서의 제출】 ① 위원회는 안건 심사를 마쳤을 때에는 심사 경과 및 결과, 그 밖에 필요한 사항을 서면으로 의장에게 보고하여야 한다.
② 제1항의 보고서에는 소수의견의 요지 및 관련위원회의 의견요지를 적어야 한다.
③ 제1항의 안건이 예산상 또는 기금상의 조치를 수반하고 위원회에서 수정된 경우에는 제1항의 보고서에 그 안건의 시행에 수반될 것으로 예상되는 비용에 관하여 국회예산정책처가 작성한 추계서를 첨부하여야 한다. 다만, 긴급한 사유가 있는 경우 위원회 의결로 추계서 첨부를 생략할 수 있다.
④ 의장은 제1항의 보고서가 제출되었을 때에는 본회의에서 의제가 되기 전에 인쇄하거나 전산망에 입력하는 방법으로 의원에게 배부한다. 다만, 긴급할 때에는 배부를 생략할 수 있다.
제67조【위원장의 보고】 ① 위원장은 소관 위원회에서 심사를 마친 안건이 본회의에서 의제가 되었을 때에는 위원회의 심사 경과 및 결과와 소수의견 및 관련위원회의 의견 등 필요한 사항을 본회의에 보고한다.
② 위원장은 다른 위원으로 하여금 제1항의 보고를 하게 할 수 있다.
③ 위원장은 소위원회의 위원장 또는 간사로 하여금 보충보고를 하게 할 수 있다.
④ 위원장이 제1항의 보고를 할 때에는 자기의 의견을 덧붙일 수 없다.
제68조【소위원회 위원장의 보고】 소위원회에서 심사를 마쳤을 때에는 소위원회 위원장은 그 심사 경과 및 결과를 위원회에 보고한다. 이 경우 소위원회 위원장은 심사보고서에 소위원회의 회의록 또는 그 요지를 첨부하여야 한다.
제69조【위원회 회의록】 ① 위원회는 위원회 회의록을 작성하고 다음 사항을 적는다.
1. 개의, 회의 중지 및 산회(散會)의 일시
2. 의사일정
3. 출석위원의 수 및 성명
4. 위원이 아닌 출석의원의 성명
5. 출석한 국무위원·정부위원 또는 증인·감정인·참고인·진술인의 성명
6. 심사안건명
7. 의사
8. 표결 수
9. 위원장의 보고
10. 위원회에서 종결되거나 본회의에 부의할 필요가 없다고 결정된 안건명과 그 내용
11. 그 밖에 위원회 또는 위원장이 필요하다고 인정하는 사항
② 위원회의 의사는 속기로 기록한다.
③ 위원회 회의록에는 위원장이나 위원장을 대리한 간사가 서명·날인한다.
④ 소위원회의 회의록에 대해서는 제1항부터 제3항까지를 준용한다.
제70조【위원회의 문서 관리와 발간】 ① 위원회에 제출된 보고서 또는 서류 등은 해당 위원회의 문서로 한다.
② 위원장은 제1항의 문서를 문서의 종류와 성질 등을 고려하여 다른 서류와 분리하여 보관하여야 한다.
③ 위원은 해당 위원회의 문서를 열람하거나 비밀이 아닌 문서를 복사할 수 있다. 다만, 위원장의 허가를 받은 경우에는 위원이 아닌 의원도 열람 또는 복사를 할 수 있다.
④ 위원장이 필요하다고 인정하거나 위원회의 의결이 있는 경우에는 해당 위원회의 공청회 또는 청문회 등의 경과 및 결과나 보관 중인 문서를 발간하여 의원에게 배부하고 일반에 배포할 수 있다.
⑤ 위원회에서 생산되거나 위원회에 제출된 비밀문건의 보안관리에 관하여 이 법에서 정한 사항 외에는 국회운영위원회의 동의를 받아 의장이 이를 정한다.
⑥ 제1항부터 제5항까지에서 규정한 사항 외에 위원회의 문서 보관에 필요한 사항은 위원장이 정한다.
제71조【준용규정】 위원회에 관하여는 이 장에서 규정한 사항 외에 제6장과 제7장의 규정을 준용한다. 다만, 위원회에서의 동의(動議)는 특별히 다수의 찬성자가 있어야 한다는 규정에도 불구하고 동의자 외 1명 이상의 찬성으로 의제가 될 수 있으며, 표결은 거수로 할 수 있다.

제6장 회 의
(2018.4.17 본장제목개정)

제1절 개의·산회와 의사일정
(2018.4.17 본절개정)

제72조【개의】 본회의는 오후 2시(토요일은 오전 10시)에 개의한다. 다만, 의장은 각 교섭단체 대표의원과 협의하여 그 개의시(開議時)를 변경할 수 있다.
제73조【의사정족수】 ① 본회의는 재적의원 5분의 1 이상의 출석으로 개의한다.
② 의장은 제72조에 따른 개의시부터 1시간이 지날 때까지 제1항의 정족수에 미치지 못할 때에는 유회(流會)를 선포할 수 있다.
③ 회의 중 제1항의 정족수에 미치지 못할 때에는 의장은 회의의 중지 또는 산회를 선포한다. 다만, 의장은 교섭단체 대표의원이 의사정족수의 충족을 요청하는 경우 외에는 효율적인 의사진행을 위하여 회의를 계속할 수 있다.
제73조의2【원격영상회의】 ① 의장은 「감염병의 예방 및 관리에 관한 법률」 제2조제2호에 따른 제1급감염병의 확산 또는 천재지변 등으로 본회의가 정상적으로 개의되기 어렵다고 판단하는 경우에는 각 교섭단체 대표의원과 합의하여 본회의를 원격영상회의(의원이 동영상과 음성을 동시에 송수신하는 장치가 갖추어진 복수의 장소에 출석하여 진행하는 회의를 말한다. 이하 이 조에서 같다) 방식으로 개의할 수 있다.
② 의장은 제76조제2항 및 제77조에도 불구하고 각 교섭단체 대표의원과 합의하여 제1항에 따른 본회의의 당일 의사일정을 작성하거나 변경한다.
③ 의장이 각 교섭단체 대표의원과 합의한 경우에만 제1항에 따른 본회의에 상정된 안건을 표결할 수 있다.
④ 원격영상회의에 출석한 의원은 동일한 회의장에 출석한 것으로 보며, 제111조제1항에도 불구하고 표결에 참가할 수 있다.
⑤ 제1항에 따라 개의된 본회의에서의 표결은 제6항에 따른 원격영상회의시스템을 이용하여 제112조에 따라 실시한다. 다만, 의장이 필요하다고 인정하는 경우에는 거수로 표결할 수 있다.
⑥ 국회는 원격영상회의에 필요한 원격영상회의시스템을 운영하여야 한다.
⑦ 그 밖에 원격영상회의의 운영에 필요한 사항은 국회규칙으로 정한다.
(2020.12.22 본조신설 : 2022.6.30까지 유효)
제74조【산회】 ① 의사일정에 올린 안건의 의사가 끝났을 때에는 의장은 산회를 선포한다.
② 산회를 선포한 당일에는 회의를 다시 개의할 수 없다. 다만, 내우외환, 천재지변 또는 중대한 재정·경제상의 위기, 국가의 안위에 관계되는 중대한 교전 상태나 전시·사변 또는 이에 준하는 국가비상사태로서 의장이 각 교섭단체 대표의원과 합의한 경우에는 그러하지 아니하다.
제75조【회의의 공개】 ① 본회의는 공개한다. 다만, 의장의 제의 또는 의원 10명 이상의 연서에 의한 동의(動議)로 본회의 의결이 있거나 의장이 각 교섭단체 대표의원과 협의하여 국가의 안전보장을 위하여 필요하다고 인정할 때에는 공개하지 아니할 수 있다.
② 제1항 단서에 따른 제의나 동의에 대해서는 토론을 하지 아니하고 표결한다.
제76조【의사일정의 작성】 ① 의장은 본회의에 부의(附議) 요청된 안건의 목록을 그 순서에 따라 작성하고 이를 매주 공표하여야 한다.
② 의장은 회기 중 본회의 개의일시 및 심의대상 안건의 대강을 적은 회기 전체 의사일정과 본회의 개의시간 및 심의대상 안건의 순서를 적은 당일 의사일정을 작성한다.
③ 제2항에 따른 의사일정 중 회기 전체 의사일정을 작성할 때에는 국회운영위원회와 협의하되, 협의가 이루어지지 아니할 때에는 의장이 이를 결정한다.
④ 의장은 제2항과 제3항에 따라 작성한 의사일정을 지체 없이 의원에게 통지하고 전산망 등을 통하여 공표한다.
⑤ 의장은 특히 긴급하다고 인정할 때에는 회의의 일시만을 의원에게 통지하고 개의할 수 있다.
제76조의2【회기 전체 의사일정의 작성기준】 의장은 특별한 사정이 없으면 다음 각 호의 기준에 따라 제76조제2항의 회기 전체 의사일정을 작성한다.
1. 본회의 개의일시 : 매주 목요일 오후 2시
2. 제122조의2에 따른 정부에 대한 질문을 위한 본회의 개의일시 : 개의일 오후 2시
제77조【의사일정의 변경】 의원 20명 이상의 연서에 의한 동의(動議)로 본회의 의결이 있거나 의장이 각 교섭단체 대표의원과 협의하여 필요하다고 인정할 때에는 의장은 회기 전체 의사일정의 일부를 변경하거나 당일 의사일정의 안건 추가 및 순서 변경을 할 수 있다. 이 경우 의원의 동의에는 이유서를 첨부하여야 하며, 그 동의에 대해서는 토론을 하지 아니하고 표결한다.
제78조【의사일정의 미처리 안건】 의장은 의사일정에 올린 안건에 대하여 회의를 열지 못하였거나 회의를 마치지 못하였을 때에는 다시 그 일정을 정한다.

제2절 발의·위원회회부·철회와 번안(飜案)
(2018.4.17 본절개정)

제79조【의안의 발의 또는 제출】 ① 의원은 10명 이상의 찬성으로 의안을 발의할 수 있다.
② 의안을 발의하는 의원은 그 안을 갖추고 이유를 붙여 찬성자와 연서하여 이를 의장에게 제출하여야 한다.
③ 의원이 법률안을 발의할 때에는 발의의원과 찬성의원을 구분하되, 법률안 제명의 부제(副題)로 발의의원의 성명을 기재한다.(2023.7.11 단서삭제)
④ 제3항에 따라 발의의원의 성명을 기재할 때 발의의원이 2명 이상인 경우에는 대표발의의원 1명을 명시(明示)하여야 한다. 다만, 서로 다른 교섭단체에 속하는 의원이 공동으로 발의하는 경우(교섭단체에 속하는 의원과 어느 교섭단체에도 속하지 아니하는 의원이 공동으로 발의하는 경우를 포함한다) 소속 교섭단체가 다른 대표발의의원(어느 교섭단체에도 속하지 아니하는 의원을 포함할 수 있다)을 3명 이내의 범위에서 명시할 수 있다.
(2023.7.11 본항신설)
⑤ 의원이 발의한 법률안 중 국회에서 의결된 제정법률안 또는 전부개정법률안을 공표하거나 홍보하는 경우에는 해당 법률안의 부제를 함께 표기할 수 있다.
제79조의2【의안에 대한 비용추계 자료 등의 제출】 ① 의원이 예산상 또는 기금상의 조치를 수반하는 의안을 발의하는 경우에는 그 의안의 시행에 수반될 것으로 예상되는 비용에 관한 국회예산정책처의 추계서 또는 국회예산정책처에 대한 추계요구서를 함께 제출하여야 한다.
(2021.7.27 단서삭제)
② 제1항에 따라 의원이 국회예산정책처에 대한 비용추계요구서를 제출한 경우 국회예산정책처는 특별한 사정이 없으면 제58조제1항에 따른 위원회의 심사 전에 해당 의안에 대한 비용추계서를 의장과 비용추계를 요구한 의원에게 제출하여야 한다. 이 경우 의원이 제1항에 따라 비용추계서를 제출한 것으로 본다.(2021.7.27 본항신설)
③ 위원회가 예산상 또는 기금상의 조치를 수반하는 의안을 제안하는 경우에는 그 의안의 시행에 수반될 것으로 예상되는 비용에 관한 국회예산정책처의 추계서를 함께 제출하여야 한다. 다만, 긴급한 사유가 있는 경우 위원회의 의결로 추계서 제출을 생략할 수 있다.
④ 정부가 예산상 또는 기금상의 조치를 수반하는 의안을 제출하는 경우에는 그 의안의 시행에 수반될 것으로 예상되는 비용에 관한 추계서와 이에 상응하는 재원조달방안에 관한 자료를 의안에 첨부하여야 한다.
⑤ 제1항부터 제4항까지에 따른 비용추계 및 재원조달방안에 관한 자료의 작성 및 제출 절차 등에 필요한 사항은 국회규칙으로 정한다.(2021.7.27 본항개정)

제79조의3【조세특례 관련 법률안에 대한 조세특례평가자료의 제출】 ① 의원이나 위원회가 「조세특례제한법」에 따른 조세특례를 신규로 도입하는 법률안을 발의하거나 제안하는 경우로서 연간 조세특례금액이 국회규칙으로 정하는 일정 금액 이상인 때에는 국회예산정책처 등 국회규칙으로 정하는 전문 조사·연구 기관에서 조세특례의 필요성 및 적시성, 기대효과, 예상되는 문제점 등 국회규칙으로 정하는 내용에 대하여 평가한 자료를 함께 제출하여야 한다. 다만, 위원회에서 제안하는 법률안에 대해서는 긴급한 사유가 있는 경우 위원회의 의결로 자료 제출을 생략할 수 있다.
② 제1항에 따른 조세특례평가 자료의 작성 및 제출 절차 등에 필요한 사항은 국회규칙으로 정한다.

제80조【국회공보의 발간】 ① 의장은 본회의 또는 위원회의 운영 및 의사일정, 발의 또는 제출되거나 심사 예정인 의안 목록, 국회의 주요 행사, 그 밖에 필요한 사항을 적은 국회공보를 특별한 사정이 없으면 회기 중 매일 발간하고 국회 인터넷 홈페이지에 게재한다.
② 국회공보의 발간, 그 밖에 필요한 사항은 의장이 정한다.

제81조【상임위원회 회부】 ① 의장은 의안이 발의되거나 제출되었을 때에는 이를 인쇄하거나 전산망에 입력하는 방법으로 의원에게 배부하고 본회의에 보고하며, 소관 상임위원회에 회부하여 그 심사가 끝난 후 본회의에 부의한다. 다만, 폐회 또는 휴회 등으로 본회의에 보고할 수 없을 때에는 보고를 생략하고 회부할 수 있다.
② 의장은 안건이 어느 상임위원회의 소관에 속하는지 명백하지 아니할 때에는 국회운영위원회와 협의하여 상임위원회에 회부하되, 협의가 이루어지지 아니할 때에는 의장이 소관 상임위원회를 결정한다.
③ 의장은 발의되거나 제출된 의안과 직접적인 이해관계가 있는 위원이 소관 상임위원회 재적위원 과반수를 차지하여 그 의안을 공정하게 심사할 수 없다고 인정하는 경우에는 제1항에도 불구하고 국회운영위원회와 협의하여 그 의안을 다른 위원회에 회부하여 심사하게 할 수 있다.
④ 의장은 제1항에 따라 의안을 의원에게 배부할 때에는 이를 전산망에 입력하여 의원이 이용할 수 있도록 하여야 한다.

제82조【특별위원회 회부】 ① 의장은 특히 필요하다고 인정하는 안건에 대해서는 본회의의 의결을 거쳐 이를 특별위원회에 회부한다.
② 의장은 특별위원회에 회부된 안건과 관련이 있는 다른 안건을 그 특별위원회에 회부할 수 있다.

제82조의2【입법예고】 ① 위원장은 간사와 협의하여 회부된 법률안(체계·자구 심사를 위하여 법제사법위원회에 회부된 법률안은 제외한다)의 입법 취지와 주요 내용 등을 국회공보 또는 국회 인터넷 홈페이지 등에 게재하는 방법 등으로 입법예고하여야 한다. 다만, 다음 각 호의 어느 하나에 해당하는 경우에는 위원장이 간사와 협의하여 입법예고를 하지 아니할 수 있다.
1. 긴급히 입법을 하여야 하는 경우
2. 입법 내용의 성질 또는 그 밖의 사유로 입법예고가 필요 없거나 곤란하다고 판단되는 경우
② 입법예고기간은 10일 이상으로 한다. 다만, 특별한 사정이 있는 경우에는 단축할 수 있다.
③ 입법예고의 시기·방법·절차, 그 밖에 필요한 사항은 국회규칙으로 정한다.

제83조【관련위원회 회부】 ① 의장은 소관 위원회에 안건을 회부하는 경우에 그 안건이 다른 위원회의 소관 사항과 관련이 있다고 인정할 때에는 관련위원회에 그 안건을 회부하되, 소관 위원회와 관련위원회를 명시하여야 한다. 안건이 소관 위원회에 회부된 후 다른 위원회로부터 회부 요청이 있는 경우 필요하다고 인정할 때에도 또한 같다.
② 의장이 제1항에 따라 관련위원회에 안건을 회부할 때에는 관련위원회가 소관 위원회에 의견을 제시할 기간을 정하여야 하며, 필요한 경우 그 기간을 연장할 수 있다.
③ 소관 위원회는 관련위원회가 특별한 이유 없이 제2항의 기간 내에 의견을 제시하지 아니하는 경우 바로 심사보고를 할 수 있다.
④ 소관 위원회는 관련위원회가 제2항에 따라 제시한 의견을 존중하여야 한다.
⑤ 소관 위원회는 제2항에 따라 관련위원회가 의견을 제시한 경우 해당 안건에 대한 심사를 마쳤을 때에는 의장에게 심사보고서를 제출하기 전에 해당 관련위원회에 그 내용을 송부하여야 한다.

제83조의2【예산 관련 법률안에 대한 예산결산특별위원회와의 협의】 ① 기획재정부 소관인 재정 관련 법률안과 상당한 규모의 예산상 또는 기금상의 조치를 수반하는 법률안을 심사하는 소관 위원회는 미리 예산결산특별위원회와의 협의를 거쳐야 한다.
② 소관 위원회의 위원장은 제1항에 따른 법률안을 심사할 때 20일의 범위에서 협의기간을 정하여 예산결산특별위원회에 협의를 요청하여야 한다. 다만, 예산결산특별위원회 위원장의 요청에 따라 그 기간을 연장할 수 있다.
③ 소관 위원회는 기획재정부 소관의 재정 관련 법률안을 예산결산특별위원회와 협의하여 심사할 때 예산결산특별위원회 위원장의 요청이 있을 때에는 연석회의를 열어야 한다.
④ 소관 위원회는 제1항부터 제3항까지에 따른 협의가 이루어지지 아니하는 경우에는 바로 심사보고를 할 수 있다.
⑤ 제1항에 따른 상당한 규모의 예산상 또는 기금상의 조치를 수반하는 법률안의 범위 등에 필요한 사항은 국회규칙으로 정한다.

제84조【예산안·결산의 회부 및 심사】 ① 예산안과 결산은 소관 상임위원회에 회부하고, 소관 상임위원회는 예비심사를 하여 그 결과를 의장에게 보고한다. 이 경우 예산안에 대해서는 본회의에서 정부의 시정연설을 듣는다.
② 의장은 예산안과 결산에 제1항의 보고서를 첨부하여 이를 예산결산특별위원회에 회부하고 그 심사가 끝난 후 본회의에 부의한다. 결산의 심사 결과 위법하거나 부당한 사항이 있는 경우에 국회는 본회의 의결 후 정부 또는 해당 기관에 변상 및 징계조치 등 그 시정을 요구하고, 정부 또는 해당 기관은 시정 요구를 받은 사항을 지체 없이 처리하여 그 결과를 국회에 보고하여야 한다.
③ 예산결산특별위원회의 예산안 및 결산 심사는 제안설명과 전문위원의 검토보고를 듣고 종합정책질의, 부별 심사 또는 분과위원회 심사 및 찬반토론을 거쳐 표결한다. 이 경우 위원장은 종합정책질의를 할 때 간사와 협의하여 각 교섭단체별 대표질의 또는 교섭단체별 질의시간 할당 등의 방법으로 그 기간을 정한다.
④ 정보위원회는 제1항과 제2항에도 불구하고 국가정보원 소관 예산안과 결산, 「국가정보원법」 제4조제1항제5호에 따른 정보 및 보안 업무의 기획·조정 대상 부처 소관의 정보 예산안과 결산에 대한 심사를 하여 그 결과를 해당 부처별 총액으로 하여 의장에게 보고하고, 의장은 정보위원회에서 심사한 예산안과 결산에 대하여 총액으로 예산결산특별위원회에 통보한다. 이 경우 정보위원회의 심사는 예산결산특별위원회의 심사로 본다. (2020.12.15 전단개정)
⑤ 예산결산특별위원회는 소관 상임위원회의 예비심사 내용을 존중하여야 하며, 소관 상임위원회에서 삭감한 세출예산 각 항의 금액을 증가하게 하거나 새 비목(費目)을 설치할 경우에는 소관 상임위원회의 동의를 받아야 한다. 다만, 새 비목의 설치에 대한 동의 요청이 소관 상임위원회에 회부되어 회부된 때부터 72시간 이내에 동의 여부가 예산결산특별위원회에 통지되지 아니한 경우에는 소관 상임위원회의 동의가 있는 것으로 본다.
⑥ 의장은 예산안과 결산을 소관 상임위원회에 회부할 때에는 심사기간을 정할 수 있으며, 상임위원회가 이유 없이 그 기간 내에 심사를 마치지 아니한 때에는 이를 바로 예산결산특별위원회에 회부할 수 있다.
⑦ 위원회는 세목 또는 세율과 관계있는 법률의 제정 또는 개정을 전제로 하여 미리 제출된 세입예산안은 이를 심사할 수 없다.

제84조의2【기금운용계획안의 회부 등】 ① 국회는 「국가재정법」 제68조제1항에 따라 제출된 기금운용계획안을 회계연도 개시 30일 전까지 심의·확정한다.
② 제1항에 따른 기금운용계획안과 「국가재정법」 제70조제2항에 따른 기금운용계획변경안의 회부 등에 관하여는 제84조 중 예산안 관련 규정을 준용한다.
③ 제2항에 따라 상임위원회가 기금운용계획안 등에 대한 예비심사를 하는 경우(제84조제1항에 따라 결산에 대한 예비심사를 하는 경우를 포함한다) 기금을 운용·관리하는 부처의 소관 상임위원회와 기금사업을 수행하는 부처의 소관 상임위원회가 다를 때에는 기금을 운용·관리하는 부처의 소관 상임위원회는 기금사업을 수행하는 부처의 소관 상임위원회로부터 기금사업에 대한 의견을 들어야 한다. 다만, 기금을 운용·관리하는 부처의 소관 상임위원회의 의결일 전날까지 의견을 제시하지 아니할 경우에는 그러하지 아니하다.
④ 제3항에 따른 기금사업을 수행하는 부처의 소관 상임위원회는 기금사업에 대한 업무보고를 들은 후 의견을 제시할 수 있다.

제84조의3【예산안·기금운용계획안 및 결산에 대한 공청회】 예산결산특별위원회는 예산안, 기금운용계획안 및 결산에 대하여 공청회를 개최하여야 한다. 다만, 추가경정예산안, 기금운용계획변경안 또는 결산의 경우에는 위원회의 의결로 공청회를 생략할 수 있다.

제84조의4【임대형 민자사업 한도액안의 회부 등】 ① 국회는 「사회기반시설에 대한 민간투자법」 제7조의2제1항에 따라 국회에 제출되는 임대형 민자사업 한도액안을 회계연도 개시 30일 전까지 심의·확정한다.
② 제1항에 따른 임대형 민자사업 한도액안의 회부 등에 관하여는 제84조 중 예산안 관련 규정을 준용한다.

제85조【심사기간】 ① 의장은 다음 각 호의 어느 하나에 해당하는 경우에는 위원회에 회부하는 안건 또는 회부된 안건에 대하여 심사기간을 지정할 수 있다. 이 경우 제1호 또는 제2호에 해당할 때에는 의장이 각 교섭단체 대표의원과 협의하여 해당 호와 관련된 안건에 대해서만 심사기간을 지정할 수 있다.
1. 천재지변의 경우
2. 전시·사변 또는 이에 준하는 국가비상사태의 경우
3. 의장이 각 교섭단체 대표의원과 합의하는 경우
② 제1항의 경우 위원회가 이유 없이 지정된 심사기간 내에 심사를 마치지 아니하였을 때에는 의장은 중간보고를 들은 후 다른 위원회에 회부하거나 바로 본회의에 부의할 수 있다.

제85조의2【안건의 신속 처리】 ① 위원회에 회부된 안건(체계·자구 심사를 위하여 법제사법위원회에 회부된 안건을 포함한다)을 제2항에 따른 신속처리대상안건으로 지정하려는 경우 의원은 재적의원 과반수가 서명한 신속처리대상안건 지정요구 동의(動議)(이하 이 조에서 "신속처리안건 지정동의"라 한다)를 의장에게 제출하고, 안건의 소관 위원회 소속 위원은 소관 위원회 재적위원 과반수가 서명한 신속처리안건 지정동의를 소관 위원회 위원장에게 제출하여야 한다. 이 경우 의장 또는 안건의 소관 위원회 위원장은 지체 없이 신속처리안건 지정동의를 무기명투표로 표결하되, 재적의원 5분의 3 이상 또는 안건의 소관 위원회 재적위원 5분의 3 이상의 찬성으로 의결한다.
② 의장은 제1항 후단에 따라 신속처리안건 지정동의가 가결되었을 때에는 그 안건을 제3항의 기간 내에 심사를 마쳐야 하는 안건으로 지정하여야 한다. 이 경우 위원회가 전단에 따라 지정된 안건(이하 "신속처리대상안건"이라 한다)에 대한 대안을 입안한 경우 그 대안을 신속처리대상안건으로 본다.
③ 위원회는 신속처리대상안건에 대한 심사를 그 지정일부터 180일 이내에 마쳐야 한다. 다만, 법제사법위원회는 신속처리대상안건에 대한 체계·자구 심사를 그 지정일, 제4항에 따라 회부된 것으로 보는 날 또는 제86조제1항에 따라 회부된 날부터 90일 이내에 마쳐야 한다.
④ 위원회(법제사법위원회는 제외한다)가 신속처리대상안건에 대하여 제3항 본문에 따른 기간 내에 심사를 마치지 아니하였을 때에는 그 기간이 끝난 다음 날에 소관 위원회에서 심사를 마치고 체계·자구 심사를 위하여 법제사법위원회로 회부된 것으로 본다. 다만, 법률안 및 국회규칙안이 아닌 안건은 바로 본회의에 부의된 것으로 본다.
⑤ 법제사법위원회가 신속처리대상안건(체계·자구 심사를 위하여 법제사법위원회에 회부되었거나 제4항 본문에 따라 회부된 것으로 보는 신속처리대상안건을 포함한다)에 대하여 제3항 단서에 따른 기간 내에 심사를 마치지 아니하였을 때에는 그 기간이 끝난 다음 날에 법제사법위원회에서 심사를 마치고 바로 본회의에 부의된 것으로 본다.
⑥ 제4항 단서 또는 제5항에 따른 신속처리대상안건은 본회의에 부의된 것으로 보는 날부터 60일 이내에 본회의에 상정되어야 한다.
⑦ 제6항에 따라 신속처리대상안건이 60일 이내에 본회의에 상정되지 아니하였을 때에는 그 기간이 지난 후 처음으로 개의되는 본회의에 상정된다.
⑧ 의장이 각 교섭단체 대표의원과 합의한 경우에는 신속처리대상안건에 대하여 제2항부터 제7항까지의 규정을 적용하지 아니한다.

제85조의3【예산안 등의 본회의 자동 부의 등】 ① 위원회는 예산안, 기금운용계획안, 임대형 민자사업 한도액안(이하 "예산안등"이라 한다)과 제4항에 따라 지정된 세입예산안 부수 법률안의 심사를 매년 11월 30일까지 마쳐야 한다.
② 위원회가 예산안등과 제4항에 따라 지정된 세입예산안 부수 법률안(체계·자구 심사를 위하여 법제사법위원회에 회부된 법률안을 포함한다)에 대하여 제1항에 따른 기한까지 심사를 마치지 아니하였을 때에는 그 다음 날에 위원회에서 심사를 마치고 바로 본회의에 부의된 것으로 본다. 다만, 의장이 각 교섭단체 대표의원과 합의한 경우에는 그러하지 아니하다.
③ 의장은 제2항 본문에 따른 법률안 중에 같은 제명의 법률안이 둘 이상일 경우에는 제2항 본문에도 불구하고 소관 위원회 위원장의 의견을 들어 일부 법률안만을 본회의에 부의할 수 있다.
④ 의원이나 정부가 세입예산안에 부수하는 법률안을 발의하거나 제출하는 경우 세입예산안 부수 법률안 여부를 표시하여야 하고, 의장은 국회예산정책처의 의견을 들어 세입예산안 부수 법률안으로 지정한다.
⑤ 위원회가 제4항에 따라 지정된 세입예산안 부수 법률안에 대하여 대안을 입안한 경우에는 그 대안을 제4항에 따라 세입예산안 부수 법률안으로 지정된 것으로 본다.

제86조【체계·자구의 심사】 ① 위원회에서 법률안의 심사를 마치거나 입안을 하였을 때에는 법제사법위원회에 회부하여 체계와 자구에 대한 심사를 거쳐야 한다. 이 경우 법제사법위원회 위원장은 간사와 협의하여 심사에서 제안자의 취지 설명과 토론을 생략할 수 있다.
② 의장은 제1항의 심사에 대하여 제85조제1항 각 호의 어느 하나에 해당하는 경우에는 심사기간을 지정할 수 있으며, 법제사법위원회가 이유 없이 그 기간 내에 심사를 마치지 아니하였을 때에는 바로 본회의에 부의할 수 있다. 이 경우 제85조제1항제1호 또는 제2호에 해당하는 경우에는 의장이 각 교섭단체 대표의원과 협의하여 해당 호와 관련된 안건에 대하여만 심사기간을 지정할 수 있다.
③ 법제사법위원회가 제1항에 따라 회부된 법률안에 대하여 이유 없이 회부된 날부터 60일 이내에 심사를 마치지 아니하였을 때에는 심사대상 법률안의 소관 위원회

위원장은 간사와 협의하여 이의가 없는 경우에는 의장에게 그 법률안의 본회의 부의를 서면으로 요구한다. 다만, 이의가 있는 경우에는 그 법률안에 대한 본회의 부의 요구 여부를 무기명투표로 표결하되, 해당 위원회 재적위원 5분의 3 이상의 찬성으로 의결한다.(2021.9.14 본문개정)
④ 의장은 제3항에 따른 본회의 부의 요구가 있을 때에는 해당 법률안을 각 교섭단체 대표의원과 합의하여 바로 본회의에 부의한다. 다만, 제3항에 따른 본회의 부의 요구가 있었던 날부터 30일 이내에 합의가 이루어지지 아니하였을 때에는 그 기간이 지난 후 처음으로 개의되는 본회의에서 해당 법률안에 대한 본회의 부의 여부를 무기명투표로 표결한다.
⑤ 법제사법위원회는 제1항에 따라 회부된 법률안에 대하여 체계와 자구의 심사 범위를 벗어나 심사하여서는 아니 된다.(2021.9.14 본항신설)
제87조【위원회에서 폐기된 의안】 ① 위원회에서 본회의에 부의할 필요가 없다고 결정된 의안은 본회의에 부의하지 아니한다. 다만, 위원회의 결정이 본회의에 보고된 날부터 폐회 또는 휴회 중의 기간을 제외한 7일 이내에 의원 30명 이상의 요구가 있을 때에는 그 의안을 본회의에 부의하여야 한다.
② 제1항 단서의 요구가 없을 때에는 그 의안은 폐기된다.
제88조【위원회의 제출 의안】 위원회에서 제출한 의안은 그 위원회에 회부하지 아니한다. 다만, 의장은 국회운영위원회의 의결에 따라 그 의안을 다른 위원회에 회부할 수 있다.
제89조【동의】 이 법에 다른 규정이 있는 경우를 제외하고 동의(動議)는 동의자 외 1명 이상의 찬성으로 의제가 된다.
제90조【의안·동의의 철회】 ① 의원은 그가 발의한 의안 또는 동의(動議)를 철회할 수 있다. 다만, 2명 이상의 의원이 공동으로 발의한 의안 또는 동의에 대해서는 발의의원 2분의 1 이상이 철회의사를 표시하는 경우에 철회할 수 있다.
② 제1항에도 불구하고 의원이 본회의 또는 위원회에서 의제가 된 의안 또는 동의를 철회할 때에는 본회의 또는 위원회의 동의(同意)를 받아야 한다.
③ 정부가 본회의 또는 위원회에서 의제가 된 정부제출 의안을 수정하거나 철회할 때에는 본회의 또는 위원회의 동의를 받아야 한다.
제91조【번안】 ① 본회의에서의 번안동의(飜案動議)는 의안을 발의한 의원이 그 의안을 발의할 때의 발의의원 및 찬성의원 3분의 2 이상의 동의(同意)로, 정부 또는 위원회가 제출한 의안은 소관 위원회의 의결로 각각 그 안을 갖춘 서면으로 제출하되, 재적의원 과반수의 출석과 출석의원 3분의 2 이상의 찬성으로 의결한다. 다만, 의안이 정부에 이송된 후에는 번안할 수 없다.
② 위원회에서의 번안동의는 위원의 동의(動議)로 그 안을 갖춘 서면으로 제출하되, 재적위원 과반수의 출석과 출석위원 3분의 2 이상의 찬성으로 의결한다. 다만, 본회의에서 의제가 된 후에는 번안할 수 없다.
제92조【일사부재의】 부결된 안건은 같은 회기 중에 다시 발의하거나 제출할 수 없다.

제3절 의사와 수정
(2018.4.17 본절개정)

제93조【안건 심의】 본회의는 안건을 심의할 때 그 안건을 심사한 위원장의 심사보고를 듣고 질의·토론을 거쳐 표결한다. 다만, 위원회의 심사를 거치지 아니한 안건에 대해서는 제안자가 그 취지를 설명하여야 하고, 위원회의 심사를 거친 안건에 대해서는 의결로 질의와 토론을 모두 생략하거나 그 중 하나를 생략할 수 있다.
제93조의2【법률안의 본회의 상정시기】 본회의는 위원회가 법률안에 대한 심사를 마치고 의장에게 그 보고서를 제출한 후 1일이 지나지 아니하였을 때에는 그 법률안을 의사일정으로 상정할 수 없다. 다만, 의장이 특별한 사유로 각 교섭단체 대표의원과의 협의를 거쳐 이를 정한 경우에는 그러하지 아니하다.
제94조【재회부】 본회의는 위원장의 보고를 받은 후 필요하다고 인정할 때에는 의결로 다시 안건을 같은 위원회 또는 다른 위원회에 회부할 수 있다.
제95조【수정동의】 ① 의안에 대한 수정동의(修正動議)는 그 안을 갖추고 이유를 붙여 30명 이상의 찬성 의원과 연서하여 미리 의장에게 제출하여야 한다. 다만, 예산안에 대한 수정동의는 의원 50명 이상의 찬성이 있어야 한다.
② 위원회에서 심사보고한 수정안은 찬성 없이 의제가 된다.
③ 위원회는 소관 사항 외의 안건에 대해서는 수정안을 제출할 수 없다.
④ 의안에 대한 대안은 위원회에서 그 원안을 심사하는 동안에 제출하여야 하며, 의장은 그 대안을 그 위원회에 회부한다.
⑤ 제1항에 따른 수정동의는 원안 또는 위원회에서 심사보고(제51조에 따라 위원회에서 제안하는 경우를 포함한다)한 안의 취지 및 내용과 직접 관련이 있어야 한다. 다만, 의장이 각 교섭단체 대표의원과 합의를 하는 경우에는 그러하지 아니하다.
제96조【수정안의 표결 순서】 ① 같은 의제에 대하여 여러 건의 수정안이 제출되었을 때에는 의장은 다음 각 호의 기준에 따라 표결의 순서를 정한다.
1. 가장 늦게 제출된 수정안부터 먼저 표결한다.
2. 의원의 수정안은 위원회의 수정안보다 먼저 표결한다.
3. 의원의 수정안이 여러 건 있을 때에는 원안과 차이가 많은 것부터 먼저 표결한다.
② 수정안이 전부 부결되었을 때에는 원안을 표결한다.
제97조【의안의 정리】 본회의는 의안이 의결된 후 서로 어긋나는 조항·자구·숫자나 그 밖의 사항에 대한 정리가 필요할 때에는 이를 의장 또는 위원회에 위임할 수 있다.
제98조【의안의 이송】 ① 국회에서 의결된 의안은 의장이 정부에 이송한다.
② 정부는 대통령이 법률안을 공포한 경우에는 이를 지체 없이 국회에 통지하여야 한다.
③ 헌법 제53조제6항에 따라 대통령이 확정된 법률을 공포하지 아니하였을 때에는 의장은 그 공포기일이 경과한 날부터 5일 이내에 공포하고, 대통령에게 통지하여야 한다.
제98조의2【대통령령 등의 제출 등】 ① 중앙행정기관의 장은 법률에서 위임한 사항이나 법률을 집행하기 위하여 필요한 사항을 규정한 대통령령·총리령·부령·훈령·예규·고시 등이 제정·개정 또는 폐지되었을 때에는 10일 이내에 이를 국회 소관 상임위원회에 제출하여야 한다. 다만, 대통령령의 경우에는 입법예고를 할 때(입법예고를 생략하는 경우에는 법제처장에게 심사를 요청할 때를 말한다)에도 그 입법예고안을 10일 이내에 제출하여야 한다.
② 중앙행정기관의 장은 제1항의 기간 이내에 제출하지 못한 경우에는 그 이유를 소관 상임위원회에 통지하여야 한다.
③ 상임위원회는 위원회 또는 상설소위원회를 정기적으로 개회하여 그 소관 중앙행정기관이 제출한 대통령령·총리령 및 부령(이하 이 조에서 "대통령령등"이라 한다)의 법률 위반 여부 등을 검토하여야 한다.(2020.2.18 본항개정)
④ 상임위원회는 제3항에 따른 검토 결과 대통령령 또는 총리령이 법률의 취지 또는 내용에 합치되지 아니한다고 판단되는 경우에는 검토의 경과와 처리 의견 등을 기재한 검토결과보고서를 의장에게 제출하여야 한다.
(2020.2.18 본항신설)
⑤ 의장은 제4항에 따라 제출된 검토결과보고서를 본회의에 보고하고, 국회는 본회의 의결로 이를 처리하고 정부에 송부한다.(2020.2.18 본항신설)
⑥ 정부는 제5항에 따라 송부받은 검토결과에 대한 처리 여부를 검토하고 그 처리결과(송부받은 검토결과에 따르지 못하는 경우 그 사유를 포함한다)를 국회에 제출하여야 한다.(2020.2.18 본항신설)
⑦ 상임위원회는 제3항에 따른 검토 결과 부령이 법률의 취지 또는 내용에 합치되지 아니한다고 판단되는 경우에는 소관 중앙행정기관의 장에게 그 내용을 통보할 수 있다.(2020.2.18 본항신설)
⑧ 제7항에 따라 검토내용을 통보받은 중앙행정기관의 장은 통보받은 내용에 대한 처리 계획과 그 결과를 지체 없이 소관 상임위원회에 보고하여야 한다.(2020.2.18 본항신설)
⑨ 전문위원은 제3항에 따른 대통령령등을 검토하여 그 결과를 해당 위원회 위원에게 제공한다.

제4절 발 언
(2018.4.17 본절개정)

제99조【발언의 허가】 ① 의원은 발언을 하려면 미리 의장에게 통지하여 허가를 받아야 한다.
② 발언 통지를 하지 아니한 의원은 통지를 한 의원의 발언이 끝난 다음 의장의 허가를 받아 발언할 수 있다.
③ 의사진행에 관한 발언을 하려면 발언 요지를 의장에게 미리 통지하여야 하며, 의장은 의제와 직접 관계가 있거나 긴급히 처리할 필요가 있다고 인정되는 것은 즉시 허가하고, 그 외의 것은 의장이 그 허가의 시기를 정한다.
제100조【발언의 계속】 ① 의원의 발언은 도중에 다른 의원의 발언에 의하여 정지되지 아니한다.
② 의원이 산회 또는 회의의 중지로 발언을 마치지 못한 경우에 다시 그 의사(議事)가 개시되면 의장은 그 의원에게 먼저 발언을 계속하게 한다.
제101조【보충 보고】 의장은 위원장이나 위원장이 지명한 소수의견자가 위원회의 보고를 보충하기 위하여 발언하려고 할 때에는 다른 발언보다 우선적으로 발언하게 할 수 있다.
제102조【의제 외 발언의 금지】 의제와 관계없거나 허가받은 발언의 성질과 다른 발언을 하여서는 아니 된다.
제103조【발언 횟수의 제한】 의원은 같은 의제에 대하여 두 차례만 발언할 수 있다. 다만, 질의에 대하여 답변할 때와 위원장·발의자 또는 동의자(動議者)가 그 취지를 설명할 때에는 그러하지 아니하다.
제104조【발언 원칙】 ① 정부에 대한 질문을 제외하고는 의원의 발언 시간은 15분을 초과하지 아니하는 범위에서 의장이 정한다. 다만, 의사진행발언, 신상발언 및 보충발언은 5분을, 다른 의원의 발언에 대한 반론발언은 3분을 초과할 수 없다.
② 교섭단체를 가진 정당을 대표하는 의원이나 교섭단체의 대표의원이 정당 또는 교섭단체를 대표하여 연설(이하 "교섭단체대표연설"이라 한다)이나 그 밖의 발언을 할 때에는 40분까지 발언할 수 있다. 이 경우 교섭단체대표연설은 매년 첫 번째 임시회와 정기회에서 한 번씩 실시하되, 전반기·후반기 원(院) 구성을 위한 임시회의 경우와 의장이 각 교섭단체 대표의원과 합의를 하는 경우에는 추가로 한 번씩 실시할 수 있다.
③ 의장은 각 교섭단체 대표의원과 협의하여 같은 의제에 대한 총 발언시간을 정하여 교섭단체별로 소속 의원 수의 비율에 따라 할당한다. 이 경우 각 교섭단체 대표의원은 할당된 시간 내에서 발언자 수와 발언자별 발언시간을 정하여 미리 의장에게 통보하여야 한다.
④ 의장은 필요한 경우에는 제3항에도 불구하고 각 교섭단체 대표의원과 협의하여 같은 의제에 대하여 교섭단체별로 소속 의원 수의 비율에 따라 발언자 수를 정할 수 있다.
⑤ 교섭단체에 속하지 아니하는 의원의 발언시간 및 발언자 수는 의장이 각 교섭단체 대표의원과 협의하여 정한다.
⑥ 의원이 시간 제한으로 발언을 마치지 못한 부분은 의장이 인정하는 범위에서 회의록에 게재할 수 있다.
제105조【5분자유발언】 ① 의장은 본회의가 개의된 경우 그 개의시부터 1시간을 초과하지 아니하는 범위에서 의원에게 국회가 심의 중인 의안과 청원, 그 밖의 중요한 관심 사안에 대한 의견을 발표할 수 있도록 하기 위하여 5분 이내의 발언(이하 "5분자유발언"이라 한다)을 허가할 수 있다. 다만, 의장은 당일 본회의에서 심의할 의안이 여러 건 있는 경우 등 효율적인 의사진행을 위하여 필요하다고 인정하는 경우에는 각 교섭단체 대표의원과 협의하여 개의 중에 5분자유발언을 허가할 수 있다.
② 5분자유발언을 하려는 의원은 늦어도 본회의 개의 4시간 전까지 그 발언 취지를 간략히 적어 의장에게 신청하여야 한다.
③ 5분자유발언의 발언자 수와 발언 순서는 교섭단체별 소속 의원 수의 비율을 고려하여 의장이 각 교섭단체 대표의원과 협의하여 정한다.
제106조【토론의 통지】 ① 의사일정에 올린 안건에 대하여 토론하려는 의원은 미리 반대 또는 찬성의 뜻을 의장에게 통지하여야 한다.
② 의장은 제1항의 통지를 받은 순서와 그 소속 교섭단체를 고려하여 반대자와 찬성자가 교대로 발언하게 하되, 반대자에게 먼저 발언하게 한다.
제106조의2【무제한토론의 실시 등】 ① 의원이 본회의에 부의된 안건에 대하여 이 법의 다른 규정에도 불구하고 시간의 제한을 받지 아니하는 토론(이하 이 조에서 "무제한토론"이라 한다)을 하려는 경우에는 재적의원 3분의 1 이상이 서명한 요구서를 의장에게 제출하여야 한다. 이 경우 의장은 해당 안건에 대하여 무제한토론을 실시하여야 한다.
② 제1항에 따른 요구서는 요구 대상 안건별로 제출하되, 그 안건이 의사일정에 기재된 본회의가 개의되기 전까지 제출하여야 한다. 다만, 본회의 개의 중 당일 의사일정에 안건이 추가된 경우에는 해당 안건의 토론 종결 선포 전까지 요구서를 제출할 수 있다.
③ 의원은 제1항에 따른 요구서가 제출되면 해당 안건에 대하여 무제한토론을 할 수 있다. 이 경우 의원 1명당 한 차례만 토론할 수 있다.
④ 무제한토론을 실시하는 본회의는 제7항에 따른 무제한토론 종결 선포 전까지 산회하지 아니하고 회의를 계속한다. 이 경우 제73조제3항 본문에도 불구하고 회의 중 재적의원 5분의 1 이상이 출석하지 아니하였을 때에도 회의를 계속한다.
⑤ 의원은 무제한토론을 실시하는 안건에 대하여 재적의원 3분의 1 이상의 서명으로 무제한토론의 종결동의(終結動議)를 의장에게 제출할 수 있다.
⑥ 제5항에 따른 무제한토론의 종결동의는 동의가 제출된 때부터 24시간이 지난 후에 무기명투표로 표결하되 재적의원 5분의 3 이상의 찬성으로 의결한다. 이 경우 무제한토론의 종결동의에 대해서는 토론을 하지 아니하고 표결한다.
⑦ 무제한토론을 실시하는 안건에 대하여 무제한토론을 할 의원이 더 이상 없거나 제6항에 따라 무제한토론의 종결동의가 가결되는 경우 의장은 무제한토론의 종결을 선포한 후 해당 안건을 지체 없이 표결하여야 한다.
⑧ 무제한토론을 실시하는 중에 해당 회기가 끝나는 경우에는 무제한토론의 종결이 선포된 것으로 본다. 이 경우 해당 안건은 바로 다음 회기에서 지체 없이 표결하여야 한다.
⑨ 제7항이나 제8항에 따라 무제한토론의 종결이 선포되었거나 선포된 것으로 보는 안건에 대해서는 무제한토론을 요구할 수 없다.
⑩ 예산안등과 제85조의3제4항에 따라 지정된 세입예산안 부수 법률안에 대해서는 제1항부터 제9항까지를 매년 12월 1일까지 적용하고, 같은 항에 따라 실시 중인 무제한토론, 계속 중인 본회의, 제출된 무제한토론의 종결동의에 대한 심의절차 등은 12월 1일 밤 12시에 종료한다.

제107조【의장의 토론 참가】 의장이 토론에 참가할 때에는 의장석에서 물러나야 하며, 그 안건에 대한 표결이 끝날 때까지 의장석으로 돌아갈 수 없다.

제108조【질의 또는 토론의 종결】 ① 질의나 토론이 끝났을 때에는 의장은 질의나 토론의 종결을 선포한다.
② 각 교섭단체에서 1명 이상의 발언이 있은 후에는 본회의 의결로 의장은 질의나 토론의 종결을 선포한다. 다만, 질의나 토론에 참가한 의원은 질의나 토론의 종결동의를 할 수 없다.
③ 제2항의 동의는 토론을 하지 아니하고 표결한다.

제5절 표 결
(2018.4.17 본절개정)

제109조【의결정족수】 의사는 헌법이나 이 법에 특별한 규정이 없으면 재적의원 과반수의 출석과 출석의원 과반수의 찬성으로 의결한다.

제110조【표결의 선포】 ① 표결할 때에는 의장이 표결할 안건의 제목을 의장석에서 선포하여야 한다.
② 의장이 표결을 선포한 후에는 누구든지 그 안건에 관하여 발언할 수 없다.

제111조【표결의 참가와 의사변경의 금지】 ① 표결을 할 때 회의장에 있지 아니한 의원은 표결에 참가할 수 없다. 다만, 기명투표 또는 무기명투표로 표결할 때에는 투표함이 폐쇄될 때까지 표결에 참가할 수 있다.
② 의원은 표결에 대하여 표시한 의사를 변경할 수 없다.

제112조【표결방법】 ① 표결할 때에는 전자투표에 의한 기록표결로 가부(可否)를 결정한다. 다만, 투표기기의 고장 등 특별한 사정이 있을 때에는 기립표결로, 기립표결이 어려운 의원이 있는 경우에는 의장의 허가를 받아 본인의 의사표시를 할 수 있는 방법에 의한 표결로 가부를 결정할 수 있다.(2021.12.28 단서개정)
② 중요한 안건으로서 의장의 제의 또는 의원의 동의(動議)로 본회의 의결이 있거나 재적의원 5분의 1 이상의 요구가 있을 때에는 기명투표·호명투표(呼名投票) 또는 무기명투표로 표결한다.
③ 의장은 안건에 대하여 이의가 있는지 물어서 이의가 없다고 인정할 때에는 가결되었음을 선포할 수 있다. 다만, 이의가 있을 때에는 제1항이나 제2항의 방법으로 표결하여야 한다.
④ 헌법개정안은 기명투표로 표결한다.
⑤ 대통령으로부터 환부(還付)된 법률안과 그 밖에 인사에 관한 안건은 무기명투표로 표결한다. 다만, 겸직으로 인한 의원 사직과 위원장 사임에 대하여 의장이 각 교섭단체 대표의원과 협의한 경우에는 그러하지 아니하다.
⑥ 국회에서 실시하는 각종 선거는 법률에 특별한 규정이 없으면 무기명투표로 한다. 투표 결과 당선자가 없을 때에는 최고득표자와 차점자에 대하여 결선투표를 하여 다수표를 얻은 사람을 당선자로 한다. 다만, 득표수가 같을 때에는 연장자를 당선자로 한다.
⑦ 국무총리 또는 국무위원의 해임건의안이 발의되었을 때에는 의장은 그 해임건의안이 발의된 후 처음 개의하는 본회의에 그 사실을 보고하고, 본회의에 보고된 때부터 24시간 이후 72시간 이내에 무기명투표로 표결한다. 이 기간 내에 표결하지 아니한 해임건의안은 폐기된 것으로 본다.
⑧ 제1항 본문에 따라 투표를 하는 경우 재적의원 5분의 1 이상의 요구가 있을 때에는 전자적인 방법 등을 통하여 정당한 투표권자임을 확인한 후 투표한다.
⑨ 의장이 각 교섭단체 대표의원과 합의를 하는 경우에는 제2항, 제4항부터 제7항까지에 따른 기명투표 또는 무기명투표를 전자장치를 이용하여 실시할 수 있다.

제113조【표결 결과 선포】 표결이 끝났을 때에는 의장은 그 결과를 의장석에서 선포한다.

제114조【기명투표·무기명투표 절차】 ① 기명투표 또는 무기명투표를 할 때에는 각 의원은 먼저 명패를 명패함에 넣고, 다음에 투표용지를 투표함에 넣는다.
② 기명투표 또는 무기명투표를 할 때에는 의장은 의원 중에서 몇 명의 감표위원(監票委員)을 지명하고 그 위원의 참여하에 직원으로 하여금 명패와 기명투표·무기명투표의 수를 점검·계산하게 한다. 이 경우 감표위원으로 지명된 의원이 이에 응하지 아니할 때에는 그 의원을 제외하거나 다른 의원을 감표위원으로 지명할 수 있다.
③ 투표의 수가 명패의 수보다 많을 때에는 재투표를 한다. 다만, 투표의 결과에 영향을 미치지 아니할 때에는 그러하지 아니하다.

제114조의2【자유투표】 의원은 국민의 대표자로서 소속 정당의 의사에 기속되지 아니하고 양심에 따라 투표한다.

제7장 회의록
(2018.4.17 본장개정)

제115조【회의록】 ① 국회는 회의록을 작성하고 다음 사항을 적는다.
1. 개의, 회의 중지 및 산회의 일시
2. 의사일정
3. 출석의원의 수 및 성명
4. 개회식에 관한 사항
5. 의원의 이동(異動)
6. 의석의 배정과 변동
7. 의안의 발의·제출·회부·환부·이송과 철회에 관한 사항
8. 출석한 국무위원과 정부위원의 성명
9. 부의안건과 그 내용
10. 의장의 보고
11. 위원회의 보고서
12. 의사
13. 표결 수
14. 기명투표·전자투표·호명투표의 투표자 및 찬반의 원 성명
15. 의원의 발언보충서
16. 서면질문과 답변서
17. 정부의 청원 처리 결과보고서
18. 정부의 국정감사 또는 국정조사 결과 처리보고서
19. 그 밖에 본회의 또는 의장이 필요하다고 인정하는 사항

② 본회의의 의사는 속기로 기록한다.
③ 회의록에는 의장, 의장을 대리한 부의장, 임시의장, 사무총장 또는 그 대리인이 서명·날인하여 국회에 보존한다.

제116조【참고문서의 게재】 의원이 그 발언에 참고가 되는 간단한 문서(시청각 자료를 포함한다) 등을 회의록에 게재하려고 할 때에는 의장의 허가를 받아야 한다. (2021.7.27 본조개정)

제117조【자구의 정정과 이의의 결정】 ① 발언한 의원은 회의록이 배부된 날의 다음 날 오후 5시까지 회의록에 적힌 자구의 정정을 의장에게 요구할 수 있다. 다만, 발언의 취지를 변경할 수 없다.
② 회의에서 발언한 국무총리·국무위원 및 정부위원, 그 밖의 발언자의 경우에도 제1항과 같다.
③ 속기로 작성한 회의록의 내용은 삭제할 수 없으며, 발언을 통하여 자구 정정 또는 취소의 발언을 한 경우에는 그 발언을 회의록에 적는다.
④ 의원이 회의록에 적힌 사항과 회의록의 정정에 관하여 이의를 신청하였을 때에는 토론을 하지 아니하고 본회의 의결로 이를 결정한다.

제118조【회의록의 배부·배포】 ① 회의록은 의원에게 배부하고 일반인에게 배포한다. 다만, 의장이 비밀 유지나 국가안전보장을 위하여 필요하다고 인정한 부분에 관하여는 발언자 또는 그 소속 교섭단체 대표의원과 협의하여 게재하지 아니할 수 있다.
② 의원이 제1항 단서에 따라 게재되지 아니한 회의록 부분에 관하여 열람·복사 등을 신청한 경우에 정당한 사유가 없으면 의장은 이를 거절해서는 아니 된다.
③ 제2항에 따라 허가받은 의원은 타인에게 해당 회의록 부분을 열람하게 하거나 전재(轉載)·복사하게 해서는 아니 된다.
④ 공개하지 아니한 회의의 내용은 공표되어서는 아니 된다. 다만, 본회의 의결 또는 의장의 결정으로 제1항 단서의 사유가 소멸되었다고 판단되는 경우에는 공표할 수 있다.
⑤ 공표할 수 있는 회의록은 일반인에게 유상으로 배포할 수 있다.
⑥ 회의록의 공표에 관한 기간·절차, 그 밖에 필요한 사항은 국회규칙으로 정한다.

제8장 국무총리·국무위원·정부위원과 질문
(2018.4.17 본장개정)

제119조【국무총리·국무위원 및 정부위원의 임면 통지】 정부는 국무총리와 국무위원 및 정부위원인 공무원을 임면하였을 때에는 이를 국회에 통지한다.

제120조【국무위원 등의 발언】 ① 국무총리, 국무위원 또는 정부위원은 본회의나 위원회에서 발언하려면 미리 의장이나 위원장의 허가를 받아야 한다.
② 법원행정처장, 헌법재판소 사무처장, 중앙선거관리위원회 사무총장은 의장이나 위원장의 허가를 받아 본회의나 위원회에서 소관 사무에 관하여 발언할 수 있다.

제121조【국무위원 등의 출석 요구】 ① 본회의는 의결로 국무총리, 국무위원 또는 정부위원의 출석을 요구할 수 있다. 이 경우 그 발의는 의원 20명 이상이 이유를 구체적으로 밝힌 서면으로 하여야 한다.
② 위원회는 의결로 국무총리, 국무위원 또는 정부위원의 출석을 요구할 수 있다. 이 경우 위원장은 의장에게 그 사실을 보고하여야 한다.
③ 제1항이나 제2항에 따라 출석 요구를 받은 국무총리, 국무위원 또는 정부위원은 출석하여 답변을 하여야 한다.
④ 제3항에도 불구하고 국무총리나 국무위원은 의장 또는 위원장의 승인을 받아 국무총리는 국무위원으로 하여금, 국무위원은 정부위원으로 하여금 대리하여 출석·답변하게 할 수 있다. 이 경우 의장은 각 교섭단체 대표의원과, 위원장은 간사와 협의하여야 한다.
⑤ 본회의나 위원회는 특정한 사안에 대하여 질문하기 위하여 대법원장, 헌법재판소장, 중앙선거관리위원회 위원장, 감사원장 또는 그 대리인의 출석을 요구할 수 있다. 이 경우 위원장은 의장에게 그 사실을 보고하여야 한다.

제122조【정부에 대한 서면질문】 ① 의원이 정부에 서면으로 질문하려고 할 때에는 질문서를 의장에게 제출하여야 한다.
② 의장은 제1항의 질문서를 받았을 때에는 지체 없이 이를 정부에 이송한다.
③ 정부는 질문서를 받은 날부터 10일 이내에 서면으로 답변하여야 한다. 그 기간 내에 답변하지 못할 때에는 그 이유와 답변할 수 있는 기한을 국회에 통지하여야 한다.
④ 정부는 서면질문에 대하여 답변할 때 회의록에 게재할 답변서와 그 밖의 답변 관계 자료를 구분하여 국회에 제출하여야 한다.
⑤ 제3항의 답변에 대하여 보충하여 질문하려는 의원은 서면으로 다시 질문할 수 있다.

제122조의2【정부에 대한 질문】 ① 본회의는 회기 중 기간을 정하여 국정 전반 또는 국정의 특정 분야를 대상으로 정부에 대하여 질문(이하 "대정부질문"이라 한다)을 할 수 있다.
② 대정부질문은 일문일답의 방식으로 하되, 의원의 질문시간은 20분을 초과할 수 없다. 이 경우 질문시간에 답변시간은 포함되지 아니한다.
③ 제2항에도 불구하고 시각장애 등 신체장애를 가진 의원이 대정부질문을 하는 경우 의장은 각 교섭단체 대표의원과 협의하여 별도의 추가 질문시간을 허가할 수 있다.
④ 의제별 질문 의원 수는 의장이 각 교섭단체 대표의원과 협의하여 정한다.
⑤ 의장은 제4항에 따른 의제별 질문 의원 수를 교섭단체별로 그 소속 의원 수의 비율에 따라 배정한다. 이 경우 교섭단체에 속하지 아니하는 의원의 질문자 수는 의장이 각 교섭단체 대표의원과 협의하여 정한다.
⑥ 의장은 의원의 질문과 정부의 답변이 교대로 균형 있게 유지되도록 하여야 한다.
⑦ 대정부질문을 하려는 의원은 미리 질문의 요지를 적은 질문요지서를 구체적으로 작성하여 의장에게 제출하여야 하며, 의장은 늦어도 질문시간 48시간 전까지 질문요지서가 정부에 도달되도록 송부하여야 한다.
⑧ 각 교섭단체 대표의원은 질문 의원과 질문 순서를 질문일 전날까지 의장에게 통지하여야 한다. 이 경우 의장은 각 교섭단체 대표의원의 통지 내용에 따라 질문 순서를 정한 후 본회의 개의 전에 각 교섭단체 대표의원과 정부에 통지하여야 한다.

제122조의3【긴급현안질문】 ① 의원은 20명 이상의 찬성으로 회기 중 현안이 되고 있는 중요한 사항을 대상으로 정부에 대하여 질문(이하 이 조에서 "긴급현안질문"이라 한다)을 할 것을 의장에게 요구할 수 있다.
② 제1항에 따라 긴급현안질문을 요구하는 의원은 그 이유와 질문 요지 및 출석을 요구하는 국무총리 또는 국무위원을 적은 질문요구서를 본회의 개의 24시간 전까지 의장에게 제출하여야 한다.
③ 의장은 질문요구서를 접수하였을 때에는 긴급현안질문 실시 여부와 의사일정을 국회운영위원회와 협의하여 정한다. 다만, 의장은 필요한 경우 본회의에서 긴급현안질문 실시 여부를 표결에 부쳐 정할 수 있다.
④ 제3항에 따른 의장의 결정 또는 본회의의 의결이 있었을 때에는 해당 국무총리 또는 국무위원에 대한 출석 요구의 의결이 있는 것으로 본다.
⑤ 긴급현안질문 시간은 총 120분으로 한다. 다만, 의장은 각 교섭단체 대표의원과 협의하여 시간을 연장할 수 있다.
⑥ 긴급현안질문을 할 때 의원의 질문시간은 10분을 초과할 수 없다. 다만, 보충질문은 5분을 초과할 수 없다.
⑦ 긴급현안질문의 절차 등에 관하여 이 조에서 정한 것을 제외하고는 제122조의2를 준용한다.

제9장 청 원
(2018.4.17 본장개정)

제123조【청원서의 제출】 ① 국회에 청원을 하려는 자는 의원의 소개를 받거나 국회규칙으로 정하는 기간 동안 국회규칙으로 정하는 일정한 수 이상의 국민의 동의를 받아 청원서를 제출하여야 한다.
② 청원은 청원자의 주소·성명(법인인 경우에는 그 명칭과 대표자의 성명을 말한다. 이하 같다)을 적고 서명한 문서(「전자정부법」 제2조제7호에 따른 전자문서를 포함한다)로 하여야 한다.
③ 제2항에 따라 전자문서로 제출하는 청원은 본인임을 확인할 수 있는 전자적 방법을 통하여 제출하여야 한다. 이 경우 서명이 대체된 것으로 본다.(2023.7.11 본항신설)
④ 청원이 다음 각 호의 어느 하나에 해당하는 경우에는 이를 접수하지 아니한다.
1. 재판에 간섭하는 내용의 청원
2. 국가기관을 모독하는 내용의 청원
3. 국가기밀에 관한 내용의 청원

⑤ 제1항에 따른 국민의 동의 방법·절차 및 청원 제출 등에 필요한 사항, 제3항에 따른 본인임을 확인할 수 있는 전자적 방법에 관한 사항은 국회규칙으로 정한다.
(2023.7.11 본항개정)
(2019.4.16 본조개정)

제123조의2【청원 업무의 전자화】 ① 국회는 청원의 제출·접수·관리 등 청원에 관한 업무를 효율적으로 처리하기 위한 전자시스템(이하 "전자청원시스템"이라 한다)을 구축·운영하여야 한다.

② 전자청원시스템의 구축·운영 등에 필요한 사항은 국회규칙으로 정한다.
(2019.4.16 본조신설)
제124조【청원요지서의 작성과 회부】 ① 의장은 청원을 접수하였을 때에는 청원요지서를 작성하여 인쇄하거나 전산망에 입력하는 방법으로 각 의원에게 배부하는 동시에 그 청원서를 소관 위원회에 회부하여 심사하게 한다.
② 청원요지서에는 청원자의 주소·성명, 청원의 요지, 소개 의원의 성명 또는 동의 국민의 수와 접수 연월일을 적는다.(2019.4.16 본항개정)
제125조【청원 심사·보고 등】 ① 위원회는 청원 심사를 위하여 청원심사소위원회를 둔다.
② 위원장은 폐회 중이거나 그 밖에 필요한 경우 청원을 바로 청원심사소위원회에 회부하여 심사보고하게 할 수 있다.
③ 청원을 소개한 의원은 소관 위원회 또는 청원심사소위원회의 요구가 있을 때에는 청원의 취지를 설명하여야 한다.
④ 위원회는 의결로 위원이나 전문위원을 현장이나 관계 기관 등에 파견하여 필요한 사항을 파악하여 보고하게 할 수 있으며, 필요한 경우 청원인·이해관계인 및 학식·경험이 있는 사람으로부터 진술을 들을 수 있다.
⑤ 위원회는 청원이 회부된 날부터 90일 이내에 심사 결과를 의장에게 보고하여야 한다. 다만, 특별한 사유로 그 기간 내에 심사를 마치지 못하였을 때에는 위원장은 의장에게 중간보고를 하고 60일의 범위에서 한 차례만 심사기간의 연장을 요구할 수 있다.
⑥ 제5항에도 불구하고 장기간 심사를 요하는 청원으로서 같은 항에 따른 기간 내에 심사를 마치지 못하는 특별한 사유가 있는 경우에는 위원회의 의결로 심사기간의 추가연장을 요구할 수 있다.
⑦ 위원회에서 본회의에 부의하기로 결정한 청원은 의견서를 첨부하여 의장에게 보고한다.
⑧ 위원회에서 본회의에 부의할 필요가 없다고 결정한 청원은 그 처리 결과를 의장에게 보고하고, 의장은 청원인에게 알려야 한다. 다만, 폐회 또는 휴회 기간을 제외한 7일 이내에 의원 30명 이상의 요구가 있을 때에는 이를 본회의에 부의한다.
⑨ 청원 심사에 관하여 그 밖에 필요한 사항은 국회규칙으로 정한다.
제126조【정부 이송과 처리보고】 ① 국회가 채택한 청원으로서 정부에서 처리하는 것이 타당하다고 인정되는 청원은 의견서를 첨부하여 정부에 이송한다.
② 정부는 제1항의 청원을 처리하고 그 처리 결과를 지체 없이 국회에 보고하여야 한다.

제10장 국회와 국민 또는 행정기관과의 관계
(2018.4.17 본장개정)

제127조【국정감사와 국정조사】 국회의 국정감사와 국정조사에 관하여 이 법에서 정한 것을 제외하고는 「국정감사 및 조사에 관한 법률」에서 정하는 바에 따른다.
제127조의2【감사원에 대한 감사 요구 등】 ① 국회는 의결로 감사원에 대하여 「감사원법」에 따른 감사원의 직무 범위에 속하는 사항 중 사안을 특정하여 감사를 요구할 수 있다. 이 경우 감사원은 감사 요구를 받은 날부터 3개월 이내에 감사 결과를 국회에 보고하여야 한다.
② 감사원은 특별한 사유로 제1항에 따른 기간 내에 감사를 마치지 못하였을 때에는 중간보고를 하고 감사기간 연장을 요청할 수 있다. 이 경우 의장은 2개월의 범위에서 감사기간을 연장할 수 있다.
제127조의3【국민권익위원회에 대한 고충민원 조사요구 등】 ① 위원회는 회부된 청원이 고충민원(「부패방지 및 국민권익위원회의 설치와 운영에 관한 법률」 제2조제5호에 따른 고충민원을 말한다)으로서 정부에서 조사하는 것이 타당하다고 인정하는 경우에는 그 의결로 국민권익위원회에 대하여 그 청원의 조사를 요구할 수 있다. 이 경우 국민권익위원회는 그 조사요구를 받은 날부터 3개월 이내에 조사 및 처리 결과를 해당 조사를 요구한 위원회에 보고하여야 한다.
② 국민권익위원회는 특별한 사유로 제1항에 따른 기간 내에 조사를 마치지 못하였을 때에는 중간보고를 하여야 하며 조사기간의 연장을 요청할 수 있다. 이 경우 해당 조사를 요구한 위원회의 위원장은 2개월의 범위에서 조사기간을 한 차례만 연장할 수 있다.
(2018.4.17 본조신설)
제128조【보고·서류 등의 제출 요구】 ① 본회의, 위원회 또는 소위원회는 그 의결로 안건의 심의 또는 국정감사나 국정조사와 직접 관련된 보고 또는 서류와 해당 기관이 보유한 사진·영상물(이하 이 조에서 "서류등"이라 한다)의 제출을 정부, 행정기관 등에 요구할 수 있다. 다만, 위원회가 청문회, 국정감사 또는 국정조사와 관련된 서류등의 제출을 요구하는 경우에는 그 의결 또는 재적위원 3분의 1 이상의 요구로 할 수 있다.
② 제1항에 따라 서류등의 제출을 요구할 때에는 서면, 전자문서 또는 컴퓨터의 자기테이프·자기디스크, 그 밖에 이와 유사한 매체에 기록된 상태나 전산망에 입력된 상태로 제출할 것을 요구할 수 있다.
③ 제1항에도 불구하고 폐회 중에 의원으로부터 서류등의 제출 요구가 있을 때에는 의장 또는 위원장은 교섭단체 대표의원 또는 간사와 협의하여 이를 요구할 수 있다.
④ 위원회(소위원회를 포함한다. 이하 이 장에서 같다)가 제1항의 요구를 할 때에는 의장에게 그 사실을 보고하여야 한다.
⑤ 제1항의 요구를 받은 정부, 행정기관 등은 기간을 따로 정하는 경우를 제외하고는 요구를 받은 날부터 10일 이내에 보고 또는 서류등을 제출하여야 한다. 다만, 특별한 사유가 있을 때에는 의장이나 위원장에게 그 사유를 보고하고 그 기간을 연장할 수 있다. 이 경우 의장이나 위원장은 제1항의 요구를 한 의원에게 그 사실을 통보한다.
⑥ 제1항의 보고 또는 서류등의 제출 요구 등에 관하여 그 밖에 필요한 절차는 다른 법률에서 정하는 바에 따른다.
제128조의2【결산의 심의기한】 국회는 결산에 대한 심의·의결을 정기회 개회 전까지 완료하여야 한다.
제129조【증인·감정인 또는 참고인의 출석 요구】 ① 본회의나 위원회는 그 의결로 안건의 심의 또는 국정감사나 국정조사를 위하여 증인, 감정인 또는 참고인의 출석을 요구할 수 있다.
② 위원회가 제1항의 요구를 할 때에는 의장에게 보고하여야 한다.
③ 제1항의 증언·감정 등에 관한 절차는 다른 법률에서 정하는 바에 따른다.

제11장 탄핵소추
(2018.4.17 본장개정)

제130조【탄핵소추의 발의】 ① 탄핵소추가 발의되었을 때에는 의장은 발의된 후 처음 개의하는 본회의에 보고하고, 본회의는 의결로 법제사법위원회에 회부하여 조사하게 할 수 있다.
② 본회의가 제1항에 따라 탄핵소추안을 법제사법위원회에 회부하기로 의결하지 아니한 경우에는 본회의에 보고된 때부터 24시간 이후 72시간 이내에 탄핵소추 여부를 무기명투표로 표결한다. 이 기간 내에 표결하지 아니한 탄핵소추안은 폐기된 것으로 본다.
③ 탄핵소추의 발의에는 소추대상자의 성명·직위와 탄핵소추의 사유·증거, 그 밖에 조사에 참고가 될 만한 자료를 제시하여야 한다.
제131조【회부된 탄핵소추사건의 조사】 ① 법제사법위원회가 제130조제1항의 탄핵소추안을 회부받았을 때에는 지체 없이 조사·보고하여야 한다.
② 제1항의 조사에 관하여는 「국정감사 및 조사에 관한 법률」에 따른 조사의 방법 및 주의의무 규정을 준용한다.
제132조【조사의 협조】 조사를 받는 국가기관은 그 조사가 신속히 완료될 수 있도록 충분히 협조하여야 한다.
제133조【탄핵소추의 의결】 본회의의 탄핵소추 의결은 소추대상자의 성명·직위 및 탄핵소추의 사유를 표시한 문서(이하 "소추의결서"라 한다)로 하여야 한다.
제134조【소추의결서의 송달과 효과】 ① 탄핵소추가 의결되었을 때에는 의장은 지체 없이 소추의결서 정본(正本)을 법제사법위원장인 소추위원에게 송달하고, 그 등본(謄本)을 헌법재판소, 소추된 사람과 그 소속 기관의 장에게 송달한다.
② 소추의결서가 송달되었을 때에는 소추된 사람의 권한 행사는 정지되며, 임명권자는 소추된 사람의 사직원을 접수하거나 소추된 사람을 해임할 수 없다.

제12장 사직·퇴직·궐원과 자격심사
(2018.4.17 본장개정)

제135조【사직】 ① 국회는 의결로 의원의 사직을 허가할 수 있다. 다만, 폐회 중에는 의장이 허가할 수 있다.
② 의원이 사직하려는 경우에는 본인이 서명·날인한 사직서를 의장에게 제출하여야 한다.
③ 사직 허가 여부는 토론을 하지 아니하고 표결한다.
제136조【퇴직】 ① 의원이 「공직선거법」 제53조에 따라 사직원을 제출하여 공직선거후보자로 등록되었을 때에는 의원직에서 퇴직한다.
② 의원이 법률에 규정된 피선거권이 없게 되었을 때에는 퇴직한다.
③ 의원에 대하여 제2항의 피선거권이 없게 되는 사유에 해당하는 형을 선고한 법원은 그 판결이 확정되었을 때에 그 사실을 지체 없이 국회에 통지하여야 한다.
제137조【궐원 통지】 의원이 궐원되었을 때에는 의장은 15일 이내에 대통령과 중앙선거관리위원회에 통지하여야 한다.
제138조【자격심사의 청구】 의원이 다른 의원의 자격에 대하여 이의가 있을 때에는 30명 이상의 연서로 의장에게 자격심사를 청구할 수 있다.
제139조【청구서의 위원회 회부와 답변서의 제출】 ① 의장은 제138조의 청구서를 윤리특별위원회에 회부하고 그 부본을 심사대상 의원에게 송달하여 기일을 정하여 답변서를 제출하게 한다.
② 심사대상 의원이 천재지변이나 질병 또는 그 밖의 사고로 기일 내에 답변서를 제출하지 못하였음을 증명하였을 때에는 의장은 다시 기일을 정하여 답변서를 제출하게 할 수 있다.
제140조【위원회의 답변서 심사】 ① 의장이 답변서를 접수하였을 때에는 이를 윤리특별위원회에 회부한다.
② 윤리특별위원회는 청구서와 답변서에 의하여 심사한다.
③ 기일 내에 답변서가 제출되지 아니하였을 때에는 윤리특별위원회는 청구서만으로 심사를 할 수 있다.
제141조【당사자의 심문과 발언】 ① 윤리특별위원회는 필요할 때에는 자격심사 청구의원과 심사대상 의원을 출석하게 하여 심문할 수 있다.
② 자격심사 청구의원과 심사대상 의원은 위원회의 허가를 받아 출석하여 발언할 수 있다. 이 경우 심사대상 의원은 다른 의원으로 하여금 출석하여 발언하게 할 수 있다.
제142조【의결】 ① 윤리특별위원회가 심사보고서를 의장에게 제출하면 의장은 본회의에 부의하여야 한다.
② 심사대상 의원은 본회의에서 스스로 변명하거나 다른 의원으로 하여금 변명하게 할 수 있다.
③ 본회의는 심사대상 의원의 자격 유무를 의결로 결정하되, 그 자격이 없는 것으로 의결할 때에는 재적의원 3분의 2 이상의 찬성이 있어야 한다.
④ 제3항의 결정이 있을 때에는 의장은 그 결과를 서면으로 자격심사 청구의원과 심사대상 의원에게 송부한다.

제13장 질서와 경호
(2018.4.17 본장개정)

제143조【의장의 경호권】 의장은 회기 중 국회의 질서를 유지하기 위하여 국회 안에서 경호권을 행사한다.
제144조【경위와 경찰관】 ① 국회의 경호를 위하여 국회에 경위(警衛)를 둔다.
② 의장은 국회의 경호를 위하여 필요할 때에는 국회운영위원회의 동의를 받아 일정한 기간을 정하여 정부에 경찰공무원의 파견을 요구할 수 있다.(2020.12.22 본항개정)
③ 경호업무는 의장의 지휘를 받아 수행하되, 경위는 회의장 건물 안에서, 경찰공무원은 회의장 건물 밖에서 경호한다.(2020.12.22 본항개정)
제145조【회의의 질서 유지】 ① 의원이 본회의 또는 위원회의 회의장에서 이 법 또는 국회규칙을 위반하여 회의장의 질서를 어지럽혔을 때에는 의장이나 위원장은 경고나 제지를 할 수 있다.
② 제1항의 조치에 따르지 아니하는 의원에 대해서는 의장이나 위원장은 당일 회의에서 발언하는 것을 금지하거나 퇴장시킬 수 있다.
③ 의장이나 위원장은 회의장이 소란하여 질서를 유지하기 곤란하다고 인정할 때에는 회의를 중지하거나 산회를 선포할 수 있다.
제146조【모욕 등 발언의 금지】 의원은 본회의나 위원회에서 다른 사람을 모욕하거나 다른 사람의 사생활에 대한 발언을 하여서는 아니 된다.
제147조【발언 방해 등의 금지】 의원은 폭력을 행사하거나 회의 중 함부로 발언하거나 소란한 행위를 하여 다른 사람의 발언을 방해해서는 아니 된다.
제148조【회의 진행 방해 물건 등의 반입 금지】 의원은 본회의 또는 위원회의 회의장에 회의 진행에 방해가 되는 물건이나 음식물을 반입해서는 아니 된다.
제148조의2【의장석 또는 위원장석의 점거 금지】 의원은 본회의장 의장석이나 위원회 회의장 위원장석을 점거해서는 아니 된다.
제148조의3【회의장 출입의 방해 금지】 누구든지 의원이 본회의 또는 위원회에 출석하기 위하여 본회의장이나 위원회 회의장에 출입하는 것을 방해해서는 아니 된다.
제149조【국회에 의한 방송】 ① 국회는 방송채널을 확보하여 본회의 또는 위원회의 회의, 그 밖에 국회 및 의원의 입법활동 등을 음성이나 영상으로 방송하는 제도를 마련하여 운용하여야 한다.
② 제1항의 방송은 공정하고 객관적이어야 하며, 정치적·상업적 목적으로 사용되어서는 아니 된다.
③ 국회는 제1항의 방송 제도를 운용하거나 인터넷 등 정보통신망을 통하여 중계방송을 하는 경우 장애인에 대한 원활한 정보 제공을 위하여 국회규칙으로 정하는 바에 따라 한국수어·폐쇄자막·화면해설 등을 제공하여야 한다.(2020.12.22 본항신설)
④ 국회운영위원회는 제1항의 방송에 관한 기본원칙의 수립 및 관리 등 필요한 사항을 심의한다.
⑤ 제1항의 방송에 관한 절차·대상, 그 밖에 필요한 사항은 국회규칙으로 정한다.
제149조의2【중계방송의 허용 등】 ① 본회의 또는 위원회의 의결로 공개하지 아니하기로 한 경우를 제외하고는 의장이나 위원장은 회의장 안(본회의장은 방청석으로 한정한다)에서의 녹음·녹화·촬영 및 중계방송을 국회규칙에서 정하는 바에 따라 허용할 수 있다.
② 제1항의 녹음·녹화·촬영 및 중계방송을 하는 사람은 회의장의 질서를 어지럽혀서는 아니 된다.
제150조【현행범인의 체포】 경위나 경찰공무원은 국회 안에 현행범인이 있을 때에는 체포한 후 의장의 지시를 받아야 한다. 다만, 회의장 안에서는 의장의 명령 없이 의원을 체포할 수 없다.(2020.12.22 본문개정)

제151조【회의장 출입의 제한】 회의장에는 의원, 국무총리, 국무위원 또는 정부위원, 그 밖에 의안 심의에 필요한 사람과 의장이 허가한 사람 외에는 출입할 수 없다.
제152조【방청의 허가】 ① 의장은 방청권을 발행하여 방청을 허가한다.
② 의장은 질서를 유지하기 위하여 필요할 때에는 방청인 수를 제한할 수 있다.
제153조【방청의 금지와 신체검사】 ① 흉기를 지닌 사람, 술기운이 있는 사람, 정신에 이상이 있는 사람, 그 밖에 행동이 수상하다고 인정되는 사람에 대해서는 방청을 허가하지 아니한다.
② 의장은 필요할 때에는 경위나 경찰공무원으로 하여금 방청인의 신체를 검사하게 할 수 있다.(2020.12.22 본항개정)
제154조【방청인에 대한 퇴장명령】 ① 의장은 회의장 내 질서를 방해하는 방청인의 퇴장을 명할 수 있으며 필요할 때에는 국가경찰관서에 인도할 수 있다.
② 방청석이 소란할 때에는 의장은 모든 방청인을 퇴장시킬 수 있다.

제14장 징 계

(2018.4.17 본장개정)

제155조【징계】 국회는 의원이 다음 각 호의 어느 하나에 해당하는 행위를 하였을 때에는 윤리특별위원회의 심사를 거쳐 그 의결로써 징계할 수 있다. 다만, 의원이 제10호에 해당하는 행위를 하였을 때에는 윤리특별위원회의 심사를 거치지 아니하고 그 의결로써 징계할 수 있다.
1. 헌법 제46조제1항 또는 제3항을 위반하는 행위를 하였을 때
2. 제29조의 겸직 금지 규정을 위반하였을 때
3. 제29조의2의 영리업무 종사 금지 규정을 위반하였을 때
3의2. 제32조의2제1항 또는 제2항에 따른 사적 이해관계의 등록·변경등록을 하지 아니하거나 등록·변경등록 사항을 고의로 누락 또는 허위로 제출하였을 때
3의3. 제32조의4제1항에 따른 이해충돌의 신고 규정을 위반하였을 때
3의4. 제32조의5제1항에 따라 표결 및 발언을 회피할 의무가 있음을 알면서 회피를 신청하지 아니하였을 때
(2021.5.18 3호의2~3호의4신설)
4. 제54조의2제2항을 위반하였을 때
5. 제102조를 위반하여 의제와 관계없거나 허가받은 발언의 성질과 다른 발언을 하거나 이 법에서 정한 발언시간의 제한 규정을 위반하여 의사진행을 현저히 방해하였을 때
6. 제118조제3항을 위반하여 게재되지 아니한 부분을 다른 사람에게 열람하게 하거나 전재 또는 복사하게 하였을 때
7. 제118조제4항을 위반하여 공표 금지 내용을 공표하였을 때
8. 제145조제1항에 해당되는 회의장의 질서를 어지럽히는 행위를 하거나 이에 대한 의장 또는 위원장의 조치에 따르지 아니하였을 때
9. 제146조를 위반하여 본회의 또는 위원회에서 다른 사람을 모욕하거나 다른 사람의 사생활에 대한 발언을 하였을 때
10. 제148조의2를 위반하여 의장석 또는 위원장석을 점거하고 점거 해제를 위한 제145조에 따른 의장 또는 위원장의 조치에 따르지 아니하였을 때
11. 제148조의3을 위반하여 의원의 본회의장 또는 위원회 회의장 출입을 방해하였을 때
12. 정당한 이유 없이 국회 집회일부터 7일 이내에 본회의 또는 위원회에 출석하지 아니하거나 의장 또는 위원장의 출석요구서를 받은 후 5일 이내에 출석하지 아니하였을 때
13. 탄핵소추사건을 조사할 때 「국정감사 및 조사에 관한 법률」에 따른 주의의무를 위반하는 행위를 하였을 때
14. 「국정감사 및 조사에 관한 법률」 제17조에 따른 징계사유에 해당할 때
15. 「공직자윤리법」 제22조에 따른 징계사유에 해당할 때
15의2. 「공직자의 이해충돌 방지법」을 위반하였을 때
(2021.5.18 본호신설)
16. 「국회의원윤리강령」이나 「국회의원윤리실천규범」을 위반하였을 때
제156조【징계의 요구와 회부】 ① 의장은 제155조 각 호의 어느 하나에 해당하는 행위를 한 의원(이하 "징계대상자"라 한다)이 있을 때에는 윤리특별위원회에 회부하고 본회의에 보고한다.
② 위원장은 소속 위원 중에 징계대상자가 있을 때에는 의장에게 보고하며, 의장은 이를 윤리특별위원회에 회부하고 본회의에 보고한다.
③ 의원이 징계대상자에 대한 징계를 요구하려는 경우에는 의원 20명 이상의 찬성으로 그 사유를 적은 요구서를 의장에게 제출하여야 한다.
④ 징계대상자로부터 모욕을 당한 의원이 징계를 요구할 때에는 찬성의원을 필요로 하지 아니하며, 그 사유를 적은 요구서를 의장에게 제출한다.
⑤ 제3항과 제4항의 징계 요구가 있을 때에는 의장은 이를 윤리특별위원회에 회부하고 본회의에 보고한다.
⑥ 윤리특별위원회의 위원장 또는 위원 5명 이상이 징계대상자에 대한 징계 요구를 하였을 때에는 윤리특별위원회는 이를 의장에게 보고하고 심사할 수 있다.
⑦ 제155조제10호에 해당하여 징계가 요구되는 경우에는 의장은 제1항, 제2항, 제5항 및 제6항에도 불구하고 해당 의원에 대한 징계안을 바로 본회의에 부의하여 지체 없이 의결하여야 한다.
제157조【징계의 요구 또는 회부의 시한 등】 ① 의장은 다음 각 호에 해당하는 날부터 폐회 또는 휴회 기간을 제외한 3일 이내에 윤리특별위원회에 징계(제155조제10호에 해당하여 요구되는 징계는 제외한다. 이하 이 항에서 같다) 요구를 회부하여야 한다. 다만, 윤리특별위원회가 구성되지 아니하여 본문에 따른 기간 내에 징계 요구를 회부할 수 없을 때에는 제46조에 따라 윤리특별위원회가 구성된 날부터 폐회 또는 휴회 기간을 제외하고 3일 이내에 징계 요구를 회부하여야 한다.(2018.7.17 본문개정)
1. 제156조제1항의 경우 : 그 사유가 발생한 날 또는 그 징계대상자가 있는 것을 알게 된 날
2. 제156조제2항의 경우 : 위원장의 보고를 받은 날
3. 제156조제5항의 경우 : 징계요구서를 제출받은 날
② 제156조제2항에 따른 위원장의 징계대상자 보고와 같은 조 제3항·제4항 및 제6항에 따른 징계 요구는 그 사유가 발생한 날 또는 그 징계대상자가 있는 것을 알게 된 날부터 10일 이내에 하여야 한다. 다만, 폐회기간 중에 그 징계대상자가 있을 경우에는 다음 회 국회의 집회일부터 3일 이내에 하여야 한다.
제158조【징계의 의사】 징계에 관한 회의는 공개하지 아니한다. 다만, 본회의나 위원회의 의결이 있을 때에는 그러하지 아니하다.
제159조【심문】 윤리특별위원회는 징계대상자와 관계 의원을 출석하게 하여 심문할 수 있다.
제160조【변명】 의원은 자기의 징계안에 관한 본회의 또는 위원회에 출석하여 변명하거나 다른 의원으로 하여금 변명하게 할 수 있다. 이 경우 의원은 변명이 끝난 후 회의장에서 퇴장하여야 한다.
제161조 (2010.5.28 삭제)
제162조【징계의 의결】 의장은 윤리특별위원회로부터 징계에 대한 심사보고서를 접수하였을 때에는 지체 없이 본회의에 부의하여 의결하여야 한다. 다만, 의장은 윤리특별위원회로부터 징계를 하지 아니하기로 의결하였다는 심사보고서를 접수하였을 때에는 지체 없이 본회의에 보고하여야 한다.
제163조【징계의 종류와 선포】 ① 제155조에 따른 징계의 종류는 다음과 같다.
1. 공개회의에서의 경고
2. 공개회의에서의 사과
3. 30일(제155조제2호 또는 제3호에 해당하는 행위를 한 의원에 대한 징계는 90일) 이내의 출석정지. 이 경우 출석정지기간에 해당하는 「국회의원의 보좌직원과 수당 등에 관한 법률」에 따른 수당·입법활동비 및 특별활동비(이하 "수당등"이라 한다)는 2분의 1을 감액한다.
(2022.1.4 후단개정)
4. 제명(除名)
② 제1항에도 불구하고 제155조제8호·제10호 또는 제11호에 해당하는 행위를 한 의원에 대한 징계의 종류는 다음과 같다.
1. 공개회의에서의 경고 또는 사과. 이 경우 수당등 월액의 2분의 1을 징계 의결을 받은 달과 다음 달의 수당등에서 감액하되, 이미 수당등을 지급한 경우에는 감액분을 환수한다.
2. 30일 이내의 출석정지. 이 경우 징계 의결을 받은 달을 포함한 3개월간의 수당등을 지급하지 아니하되, 이미 수당등을 지급한 경우에는 전액 환수한다.
3. 제명
③ 제1항제1호·제2호 및 제2항제1호의 경우에는 윤리특별위원회에서 그 문안을 작성하여 보고서와 함께 의장에게 제출하여야 한다. 다만, 제155조제10호에 해당하여 바로 본회의에 부의하는 징계안의 경우에는 그러하지 아니하다.
④ 제명이 의결되지 아니하였을 때에는 본회의는 다른 징계의 종류를 의결할 수 있다.
⑤ 징계를 의결하였을 때에는 의장은 공개회의에서 그 사실을 선포한다.
제164조【제명된 사람의 입후보 제한】 제163조에 따른 징계로 제명된 사람은 그로 인하여 궐원된 의원의 보궐선거에서 후보자가 될 수 없다.

제15장 국회 회의 방해 금지

(2018.4.17 본장개정)

제165조【국회 회의 방해 금지】 누구든지 국회의 회의(본회의, 위원회 또는 소위원회의 각종 회의를 말하며, 국정감사 및 국정조사를 포함한다. 이하 이 장에서 같다)를 방해할 목적으로 회의장이나 그 부근에서 폭력행위 등을 하여서는 아니 된다.
제166조【국회 회의 방해죄】 ① 제165조를 위반하여 국회의 회의를 방해할 목적으로 회의장이나 그 부근에서 폭행, 체포·감금, 협박, 주거침입·퇴거불응, 재물손괴의 폭력행위를 하거나 이러한 행위로 의원의 회의장 출입 또는 공무 집행을 방해한 사람은 5년 이하의 징역 또는 1천만원 이하의 벌금에 처한다.
② 제165조를 위반하여 국회의 회의를 방해할 목적으로 회의장 또는 그 부근에서 사람을 상해하거나, 폭행으로 상해에 이르게 하거나, 단체 또는 다중의 위력을 보이거나 위험한 물건을 휴대하여 사람을 폭행 또는 재물을 손괴하거나, 공무소에서 사용하는 서류, 그 밖의 물건 또는 전자기록 등 특수매체기록을 손상·은닉하거나 그 밖의 방법으로 그 효용을 해한 사람은 7년 이하의 징역 또는 2천만원 이하의 벌금에 처한다.
제167조【확정판결 통보】 제166조의 죄를 범한 사람이 유죄 확정판결을 받은 경우 법원은 확정판결 내용을 확정판결을 받은 사람의 소속 기관 등에 통보하여야 한다.

제16장 보 칙

(2018.4.17 본장개정)

제168조【기간의 기산일】 이 법에 따른 기간을 계산할 때에는 첫날을 산입한다.
제169조【규칙 제정】 ① 국회는 헌법과 법률에 위배되지 아니하는 범위에서 의사와 내부 규율에 관한 규칙을 제정할 수 있다.
② 위원회는 이 법과 제1항의 규칙에 위배되지 아니하는 범위에서 국회운영위원회와 협의하여 회의 및 안건 심사 등에 관한 위원회의 운영규칙을 정할 수 있다.

부 칙 (2013.8.13)

제1조【시행일】 이 법은 공포한 날부터 시행한다. 다만, 제29조, 제29조의2, 제46조의2, 제48조, 제136조, 제155조, 제163조의 개정규정은 공포 후 6개월이 경과한 날부터 시행한다.
제2조【겸직 금지에 관한 적용례】 ① 제29조의 개정규정 시행 당시 의원이 같은 개정규정 제1항 각 호의 직 이외의 직(국무총리 또는 국무위원의 직은 제외하며, 제29조의 개정규정 제2항 각 호 중 제3호의 직을 포함한다)을 겸하고 있는 경우에는 같은 개정규정 시행 후 3개월 이내에 그 직을 휴직 또는 사직하여야 한다. 다만, 제29조의 개정규정 시행 당시 의원이 같은 개정규정 제2항 각 호 중 제1호 또는 제2호의 직을 겸하고 있는 경우에는 같은 개정규정 시행 후 3개월 이내에 그 직을 사직하여야 한다.
② 제29조의 개정규정 시행 당시 의원이 같은 개정규정 제1항 각 호의 직(제3호의 직은 제외한다)을 겸하고 있는 경우에는 같은 개정규정 시행 후 1개월 이내에 의장에게 그 직을 신고하여야 하며, 이 신고는 같은 개정규정 제3항에 따른 신고로 본다.
제3조【영리업무 종사 금지에 관한 적용례】 ① 제29조의2의 개정규정 시행 당시 의원이 같은 개정규정 제1항 단서의 영리업무 이외의 영리업무에 종사하는 경우에는 같은 개정규정 시행 후 6개월 이내에 그 영리업무를 휴업 또는 폐업하여야 한다.
② 제29조의2의 개정규정 시행 당시 의원이 같은 개정규정 제1항 단서의 영리업무에 종사하고 있는 경우에는 같은 개정규정 시행 후 1개월 이내에 의장에게 그 영리업무를 신고하여야 하며, 이 신고는 같은 개정규정 제3항에 따른 신고로 본다.

부 칙 (2014.3.18 법12502호)

제1조【시행일】 이 법은 공포한 날부터 시행한다. 다만, 제58조제7항과 제66조제3항 및 제79조의2의 개정규정은 공포 후 1년이 경과한 날부터 시행하고, 제79조의3의 개정규정은 2015년 1월 1일부터 시행한다.
제2조【서류등의 제출 요구에 관한 적용례】 제128조의 개정규정은 이 법 시행 후 최초로 제출을 요구하는 서류등부터 적용한다.

부 칙 (2016.12.16)

제1조【시행일】 이 법은 공포한 날부터 시행한다.
제2조【청원의 자동상정에 관한 적용례】 이 법 시행 당시 위원회에 회부되어 상정되지 아니하고 있는 청원은 이 법 시행 후 30일이 경과한 날 이후 처음으로 개회하는 위원회에 상정된 것으로 본다.
제3조【청원심사에 관한 적용례】 제125조제5항의 개정규정은 이 법 시행 후 최초로 위원회에 회부되는 청원부터 적용한다.

부 칙 (2017.7.26)

제1조【시행일】 이 법은 공포한 날부터 시행한다.
제2조【위원 및 위원장 선임에 관한 경과조치】 이 법 시행 당시 미래창조과학방송통신위원회, 안전행정위원회 또는 산업통상자원위원회의 위원 및 위원장은 각각 이

법에 따른 과학기술정보방송통신위원회, 행정안전위원회 또는 산업통상자원중소벤처기업위원회의 위원 및 위원장으로 선임된 것으로 본다.
제3조【법률안 등에 관한 경과조치】 이 법 시행 전에 종전의 규정에 따른 소관 상임위원회가 제출한 법률안 등 의안이나 심사보고서와 법제사법위원회에 체계·자구심사를 의뢰한 법률안은 제37조제1항의 개정규정에 따른 소관 상임위원회가 제출하거나 심사의뢰한 것으로 본다.
제4조【다른 법률의 개정】 ①~② ※(해당 법령에 가제정리 하였음)

부 칙 (2018.4.17)

이 법은 공포한 날부터 시행한다.

부 칙 (2018.7.17)

제1조【시행일】 이 법은 공포한 날부터 시행한다.
제2조【법률안 등 의안에 관한 경과조치】 ① 이 법 시행 전에 종전의 규정에 따른 소관 상임위원회가 제출한 법률안 등 의안이나 심사보고서와 법제사법위원회에 체계·자구 심사를 의뢰한 법률안은 제37조제1항의 개정규정에 따른 소관 상임위원회가 제출하거나 심사의뢰한 것으로 본다.
② 이 법 시행 전에 종전의 규정에 따른 소관 상임위원회(제57조에 따른 해당 상임위원회의 소위원회를 포함한다. 이하 이 항에서 같다)에 계류 중인 법률안 등 의안은 제37조제1항의 개정규정에 따른 소관 상임위원회에 계류 중인 것으로 본다.
제3조【윤리심사자문위원회에 대한 경과조치】 이 법 시행 당시 제46조의2에 따라 설치·운영되고 있는 윤리심사자문위원회는 제46조의 개정규정에 따라 처음으로 구성되는 윤리특별위원회에 두는 윤리심사자문위원회로 본다.
제4조【징계 요구의 회부에 관한 경과조치】 이 법 시행 당시 종전의 윤리특별위원회에 회부된 징계 요구로서 이 법 시행 후 제46조의 개정규정에 따라 구성되는 윤리특별위원회에 회부하는 징계 요구는 제157조제1항에 따른 회부기간을 충족하는 것으로 본다.
제5조【다른 법률의 개정】 ※(해당 법령에 가제정리 하였음)

부 칙 (2019.4.16)

제1조【시행일】 이 법은 공포 후 3개월이 경과한 날부터 시행한다. 다만, 제123조, 제123조의2 및 제124조제2항의 개정규정은 2019년 12월 1일부터 시행한다.
제2조【청원의 제출에 관한 적용례】 제123조 및 제124조제2항의 개정규정은 같은 개정규정 시행 후 최초로 제출되는 청원부터 적용한다.
제3조【법률안의 심사를 분담하는 소위원회에 관한 특례】 이 법 시행 당시 이미 소관 법률안의 심사를 분담하는 둘 이상의 소위원회를 둔 상임위원회는 제57조제2항의 개정규정에 따른 소위원회를 둔 것으로 본다.
제4조【다른 법률의 개정】 ※(해당 법령에 가제정리 하였음)

부 칙 (2020.2.18)

제1조【시행일】 이 법은 공포한 날부터 시행한다.
제2조【적용례】 제98조의2제3항부터 제8항까지의 개정규정은 이 법 시행 후 최초로 제98조의2제1항에 따라 제출되는 대통령령·총리령 및 부령부터 적용한다.

부 칙 (2020.8.18)

이 법은 공포한 날부터 시행한다.

부 칙 (2020.12.15)
(2020.12.22 법17689호)

제1조【시행일】 이 법은 2021년 1월 1일부터 시행한다.(이하 생략)

부 칙 (2020.12.22 법17756호)

제1조【시행일】 이 법은 공포 후 3개월이 경과한 날부터 시행한다. 다만, 제5조의2제2항 및 제73조의2의 개정규정은 공포한 날부터 시행하고, 제149조제3항의 개정규정은 공포 후 6개월이 경과한 날부터 시행한다.
제2조【원격영상회의의 유효기간】 제73조의2의 개정규정은 2022년 6월 30일까지 효력을 가진다.(2021.12.28 본조개정)

부 칙 (2021.5.18)

제1조【시행일】 이 법은 2022년 5월 30일부터 시행한다.
제2조【이 법 시행을 위한 준비행위】 윤리심사자문위원회 사무를 지원하기 위한 공무원의 임명 등 윤리심사자문위원회의 운영을 위한 준비행위는 이 법 시행 전에 할 수 있다.
제3조【사적 이해관계 등록 등에 관한 특례】 ① 의원은 제32조의2제1항의 개정규정에도 불구하고 2022년 3월 15일 기준의 같은 항 각 호의 등록 사항을 2022년 4월 15일까지 윤리심사자문위원회에 등록하여야 한다.
② 윤리심사자문위원회는 제1항에 따른 사적 이해관계 등록 사항을 바탕으로 이해충돌 여부를 검토하여 2022년 5월 15일까지 그 의견을 의장, 해당 의원 및 소속 교섭단체 대표의원에게 제출하여야 한다.
③ 부칙 제1조에도 불구하고 윤리심사자문위원회는 제1항 및 제2항에 따른 사적 이해관계의 등록, 의견 제출 및 이와 관련된 업무를 이 법 시행 전에 수행할 수 있다.
제4조【윤리심사자문위원회에 대한 경과조치】 ① 이 법 시행 당시 설치·운영되고 있는 윤리심사자문위원회는 제46조의2의 개정규정에 따른 윤리심사자문위원회로 본다.
② 이 법 시행 당시 윤리심사자문위원회의 위원 및 위원장은 각각 이 법에 따른 윤리심사자문위원회의 위원 및 위원장으로 선임된 것으로 보며, 그 임기는 종전 위원 및 위원장 임기의 남은 기간으로 한다.
제5조【다른 법률의 개정】 ①~② ※(해당 법령에 가제정리 하였음)

부 칙 (2021.7.27)

제1조【시행일】 이 법은 공포 후 3개월이 경과한 날부터 시행한다. 다만, 제116조의 개정규정은 공포 후 6개월이 경과한 날부터 시행한다.
제2조【비용추계서 제출에 관한 적용례】 제79조의2제2항의 개정규정은 이 법 시행 이후 의원이 국회예산정책처에 대한 비용추계요구서를 첨부하여 의안을 발의한 경우부터 적용한다.
제3조【회의록 게재에 관한 적용례】 제116조의 개정규정은 이 법 시행 이후 최초로 열리는 회의부터 적용한다.

부 칙 (2021.9.14)

제1조【시행일】 이 법은 공포한 날부터 시행한다.
제2조【본회의 부의 요구에 관한 적용례】 제86조제3항의 개정규정은 이 법 시행 후 제86조제1항에 따라 법제사법위원회에 회부되는 법률안부터 적용한다.

부 칙 (2021.10.14)
(2021.12.28)

이 법은 공포한 날부터 시행한다.

부 칙 (2022.1.4)

제1조【시행일】 이 법은 공포 후 3개월이 경과한 날부터 시행한다.(이하 생략)

부 칙 (2023.6.7)

제1조【시행일】 이 법은 공포한 날부터 시행한다.
제2조【가상자산 등록에 관한 특례 등】 ① 제32조의2제1항제6호의2의 개정규정에도 불구하고 의원은 임기개시일부터 2023년 5월 31일까지의 가상자산 소유 현황 및 변동내역을 2023년 6월 30일까지 윤리심사자문위원회에 등록하여야 한다.
② 윤리심사자문위원회는 제1항에 따른 등록 사항을 바탕으로 이해충돌 여부를 검토하여 2023년 7월 31일까지 그 의견을 의장, 해당 의원 및 소속 교섭단체 대표의원에게 제출하여야 한다.

부 칙 (2023.7.11)

제1조【시행일】 이 법은 공포 후 6개월이 경과한 날부터 시행한다. 다만, 제37조제1항제3호 및 제5호의 개정규정은 공포한 날부터 시행한다.
제2조【대표발의의원 명시에 관한 적용례】 제79조제4항의 개정규정은 이 법 시행 이후 발의하는 법률안부터 적용한다.

부 칙 (2023.7.18)

제1조【시행일】 이 법은 공포 후 1년이 경과한 날부터 시행한다.(이하 생략)

국회입법조사처법

(2007년 1월 24일
법 률 제8263호)

개정
2009. 2. 3법 9404호
2012.12.11법11530호(국가공무원)
2019. 4.16법16327호
2020. 3.24법17122호
2021. 1.12법17903호

제1조【목적】 이 법은 국회입법조사처의 조직 및 직무 그 밖에 필요한 사항을 규정함을 목적으로 한다.
제2조【지위】 ① 국회입법조사처(이하 "입법조사처"라 한다)는 국회의장(이하 "의장"이라 한다) 소속하에 둔다.
② 입법조사처의 직무에 관하여는 독립성이 존중되어야 한다.
제3조【직무】 입법조사처는 입법 및 정책과 관련된 다음 각 호의 사무를 처리한다.
1. 국회의 위원회(이하 "위원회"라 한다) 또는 국회의원이 요구하는 사항의 조사·분석 및 회답
2. 입법 및 정책 관련 조사·연구 및 정보의 제공
3. 입법 및 정책 관련 자료의 수집·관리 및 보급
4. 국회의원연구단체에 대한 정보의 제공
5. 외국의 입법동향의 분석 및 정보의 제공
제4조【처장】 ① 입법조사처의 장(이하 "처장"이라 한다)은 정무직으로 하고, 보수는 차관의 보수와 동액으로 한다.
② 처장은 그 사무를 처리함에 있어서 전문성을 확보하고 중립성을 유지하여야 한다.
③ 처장은 의장의 감독을 받아 입법조사처의 사무를 통할하고, 소속 공무원을 지휘·감독한다. 다만, 입법조사처 관련 사무 중 인사행정·예산회계·국유재산관리·물품관리·비상계획·공직자재산등록 등에 관하여 「국회사무처법」·「국가공무원법」·「국가재정법」·「국유재산법」 그 밖의 다른 법령이 국회사무처 또는 국회사무총장의 권한에 속하는 사무로 규정한 경우에는 그러하지 아니하다.
제4조의2【국회입법조사처장추천위원회】 ① 의장은 「국회법」 제22조의3제3항에 따라 처장의 임명동의를 요청할 때에는 미리 국회입법조사처장추천위원회(이하 이 조에서 "추천위원회"라 한다)의 추천을 받아야 한다.
② 추천위원회는 입법조사처의 직무에 관하여 전문성을 가지고 정치적으로 중립성을 유지하며 추천업무를 공정하게 수행할 수 있는 자로서 국회의원·국회공무원이 아닌 자로 구성되어야 한다.
③ 추천위원회의 구성 및 운영 등에 관하여 필요한 사항은 규칙으로 정한다.
(2009.2.3 본조신설)
제4조의3【임명동의 시 첨부서류 등】 ① 제4조의2제1항에 따라 처장의 임명동의를 요청할 때에는 다음 각 호의 사항에 관한 증빙서류를 첨부하여야 한다.
1. 직업·학력·경력에 관한 사항
2. 「공직자 등의 병역사항 신고 및 공개에 관한 법률」에 따른 병역신고사항
3. 「공직자윤리법」 제10조의2제2항에 따른 재산신고사항
4. 최근 5년간의 소득세·재산세·종합토지세의 납부 및 체납 실적에 관한 사항
5. 범죄경력에 관한 사항
② 제1항에 따른 임명동의의 요청 대상인 사람은 필요한 경우 같은 항 각 호에 따른 서류를 국가기관, 지방자치단체 등 유관기관의 장에게 요구할 수 있으며, 그 요구를 받은 해당 기관의 장은 이에 따라야 한다.
(2021.1.12 본조신설)
제5조【공무원의 임용】 입법조사처의 5급 이상 공무원은 의장이 임면하고, 그 밖의 공무원은 처장이 임면한다. 다만, 의장은 규칙이 정하는 바에 따라 처장에게 그 임용권의 일부를 위임할 수 있다.
제6조【조직】 ① 입법조사처의 보조기관은 실장·국장 및 과장으로 한다. 다만, 규칙이 정하는 바에 따라 보조기관의 명칭을 달리 정할 수 있다.
② 처장·실장 및 국장을 직접 보좌하기 위하여 그 밑에 담당관을 둘 수 있으며, 처장 밑에 실 또는 국에 속하지 아니하는 과 1개를 둘 수 있다.
③ 실장은 1급·2급 또는 연구관, 국장은 2급·3급 또는 연구관, 과장은 3급·4급 또는 연구관인 일반직국가공무원으로 각각 보하고, 담당관은 2급 내지 4급 또는 연구관인 일반직국가공무원으로 보한다.(2019.4.16 본항개정)
④ 처장의 자문에 응하기 위하여 처장 소속하에 자문기구를 둘 수 있다.
⑤ 입법조사처에 두는 공무원의 정원, 실·국·과 및 담당관의 설치와 사무분장 그 밖의 필요한 사항은 규칙으로 정한다. 다만, 과 및 이에 상당하는 담당관의 설치 및 사무분장은 처장이 정할 수 있다.
제6조의2【연구직공무원 직위심사 등】 ① 처장은 연구직공무원을 채용하기 위하여 연구직공무원 직위심사를 실시할 수 있다.

② 처장은 제1항에 따른 직위심사 결과에 따라 경력경쟁채용시험 대상직위를 결정하고 「국가공무원법」 제34조제3항에 따른 시험 실시기관의 장에게 경력경쟁채용시험(같은 법 제28조제2항 각 호 외의 부분 본문에 따른 시험을 말한다) 실시를 요청할 수 있다.
③ 제1항에 따른 직위심사 절차 및 제2항에 따른 경력경쟁채용시험 등에 필요한 사항은 국회규칙으로 정한다.
(2019.4.16 본조신설)
제7조【위원회 및 국회의원에 대한 자료제공】 처장은 그 직무를 수행함에 있어서 위원회 또는 국회의원의 요구가 있는 경우에는 필요한 자료를 제공하여야 한다.
제8조【위원회 보고 등】 ① 처장 또는 처장이 지정하는 소속 공무원은 위원회의 요구에 응하여 해당 위원회에서 보고·설명하여야 한다.
② 처장은 그 직무를 수행함에 있어서 관계 행정기관의 위법사항이나 법령·제도 또는 행정상의 개선이 필요한 사항이 있다고 인정할 때에는 국회의 해당 업무의 소관 상임위원회에 이를 보고하여야 한다.(2020.3.24 본항개정)
제9조【자료의 요청】 처장은 의장의 허가를 받아 국가기관 그 밖의 기관·단체에 대하여 직무수행에 필요한 자료의 제공을 요청할 수 있다. 이 경우 요청을 받은 자는 특별한 사유가 없는 한 이에 응하여야 한다.
제10조【위임규정】 이 법에서 규칙으로 정하도록 위임한 사항과 이 법 시행에 관하여 필요한 사항은 의장이 국회운영위원회의 동의를 얻어 정한다.

부 칙 (2009.2.3)

① **【시행일】** 이 법은 공포한 날부터 시행한다.
② **【국회입법조사처장추천위원회에 관한 적용례】** 제4조의2의 개정규정은 이 법 시행 후 최초로 임명되는 국회입법조사처장부터 적용한다.

부 칙 (2019.4.16)

이 법은 공포 후 6개월이 경과한 날부터 시행한다.

부 칙 (2020.3.24)
(2021.1.12)

이 법은 공포한 날부터 시행한다.

국회사무처법

(1984年 7月 25日
全改法律 第3733號)

개정
1988.12.29법 4036호
1994. 7.20법 4763호
1995.12.30법 5142호
1997.12.13법 5455호
1999.12.15법 6033호
2003. 7.18법 6931호(국회예산정책처법)
2006.10. 4법 8050호(국가재정법)
2007. 1.24법 8262호
2009. 2. 3법 9403호
2012.12.11법11530호(국가공무원)
2018. 6.12법15710호
2020. 5.29법17337호

제1장 총 칙
(2018.6.12 본장개정)

제1조【목적】 이 법은 국회사무처의 조직과 직무, 그 밖에 필요한 사항을 규정함을 목적으로 한다.
제2조【직무】 국회사무처(이하 "사무처"라 한다)는 의장의 지휘·감독을 받아 국회 및 국회의원의 입법활동과 국회의 행정업무에 관련된 다음 각 호의 사무를 처리한다.
1. 법률안, 청원 등의 접수·처리
2. 국회의 법안심사, 예산결산심사, 국정감사 및 국정조사, 국가정책평가 등의 지원
3. 국회의 본회의 및 위원회회의에 관한 지원
4. 국회의원의 의정활동지원
5. 국회의 의사중계방송 및 홍보
6. 국회의 의원외교활동지원
7. 국회 소속 공무원에 대한 교육훈련과 의회제도 및 운영에 관한 연수
8. 국회의 청사 관리·경비 및 후생
9. 국회의 직장민방위대 및 직장예비군의 편성·운영과 비상대비업무
10. 「국가공무원법」, 「국가재정법」, 「국유재산법」, 그 밖에 다른 법령에 따라 사무처 또는 사무총장의 권한에 속하는 사항
11. 감사업무나 그 밖에 의장이 필요하다고 인정하여 지정하는 사항
제3조【공무원의 임용】 ① 사무처에 사무총장 외에 차장 2명과 필요한 공무원을 둔다.
② 5급 이상의 공무원은 의장이 임면하고, 그 밖의 공무원은 사무총장이 임면한다. 다만, 국회규칙으로 정하는 바에 따라 의장은 사무총장에게 그 임용권의 일부를 위임할 수 있다.
③ 의장은 국회기관 상호 간에 인사교류가 필요하다고 인정할 때에는 인사교류심의위원회의 심의를 거쳐 인사교류계획을 수립하여 이를 실시할 수 있다.
④ 사무총장은 입법지원활동에 필요한 전문인력을 보강하기 위하여 「국가공무원법」 제26조의5에 따른 임기제공무원을 둘 수 있다.

제2장 사무처
(2018.6.12 본장제목개정)

제4조【사무총장】 ① 사무총장은 의장의 감독을 받아 국회의 사무를 통할하고 소속 공무원을 지휘·감독한다.
② 사무총장은 정무직으로 하고 국무위원과 같은 금액의 보수를 받는다.
③ 의장이 한 처분에 대한 행정소송의 피고는 사무총장으로 한다.
(2018.6.12 본조개정)
제5조【차장】 ① 차장은 입법차장·사무차장으로 하고 사무총장의 제청으로 의장이 임면한다.
② 차장은 정무직으로 하고 차관과 같은 금액의 보수를 받는다.
③ 차장은 사무총장을 보좌하여 사무처의 사무를 분장하여 처리하고, 사무총장이 사고가 있을 때에는 입법차장·사무차장의 순서로 그 직무를 대리한다.
④ 입법차장은 입법보조업무와 위원회업무지원 및 이에 따른 경정에 관하여 사무총장을 보좌한다.
⑤ 사무차장은 행정관리업무에 관하여 사무총장을 보좌한다.
(2018.6.12 본조개정)
제6조【의장비서실】 ① 의장의 비서업무와 그 밖에 이와 관련된 사항에 관한 업무를 관장하기 위하여 의장비서실을 둔다.
② 의장비서실에 비서실장 1명을 두되, 비서실장은 정무직으로 하고 차관과 같은 금액의 보수를 받는다.
③ 비서실장은 의장의 명을 받아 실무를 관장하고 소속 공무원을 지휘·감독한다.
(2018.6.12 본조개정)
제6조의2 (2020.5.29 삭제)
제7조【조직】 ① 사무처의 보조기관은 차장·실장·국장 및 과장으로 한다. 다만, 소관업무의 특성상 실장·국장 또는 과장의 명칭이 적당하지 않은 경우 국회규칙으로 정하는 바에 따라 보조기관의 명칭을 달리 정할 수 있으며, 이 경우 명칭을 달리 정한 보조기관은 이 법을 적용하는 경우 실장·국장 또는 과장으로 본다.
② 사무총장, 차장·실장 및 국장을 직접 보좌하기 위하여 그 밑에 담당관을 둘 수 있고 사무차장 밑에 국에 속하지 아니하는 과를 둘 수 있다.
③ 실장은 1급 또는 2급, 국장은 2급 또는 3급, 과장은 3급 또는 4급인 일반직국가공무원(「국가공무원법」 제26조의5에 따라 임용된 임기제공무원은 제외한다)으로 각각 보(補)하고, 담당관은 2급, 3급 또는 4급인 일반직국가공무원(「국가공무원법」 제26조의5에 따라 임용된 임기제공무원은 제외한다) 또는 2급부터 4급까지 상당의 별정직국가공무원으로 보한다.
④ 제3항 및 제8조제3항·제4항에도 불구하고 3급 이상 일반직국가공무원으로 보할 수 있는 직위(과장 또는 이에 상당하는 직위를 제외한다) 중 그 소관업무의 성질상 전문성이 특히 필요하다고 인정되는 경우에는 그 정원의 100분의 20 범위에서 국회규칙으로 정하는 직위에 대하여 「국가공무원법」 제26조의5에 따른 임기제공무원을 임용할 수 있다.
⑤ 사무처 및 위원회에 두는 공무원의 정원, 실·국·과 및 담당관의 설치 및 사무분장 그 밖에 필요한 사항은 국회규칙으로 정한다. 다만, 과 및 이에 상당하는 담당관(위원회의 입법조사관을 포함한다)의 설치 및 사무분장은 사무총장이 정할 수 있다.
(2018.6.12 본조개정)

제3장 위원회에 두는 공무원
(2018.6.12 본장개정)

제8조【위원회의 공무원】 ① 위원회에 수석전문위원 1명을 포함한 전문위원과 입법심의관, 입법조사관, 그 밖에 필요한 공무원을 둔다. 다만, 특별위원회의 수석전문위원과 위원회의 입법심의관은 필요한 경우에만 둘 수 있다.
② 수석전문위원은 별정직으로 하고 차관보와 같은 금액의 보수를 받는다.
③ 수석전문위원 외의 전문위원은 2급인 일반직국가공무원(「국가공무원법」 제26조의5에 따른 임기제공무원은 제외한다)으로 보한다.
④ 입법심의관은 2급 또는 3급, 입법조사관은 3급부터 5급까지인 일반직국가공무원(「국가공무원법」 제26조의5에 따른 임기제공무원은 제외한다)으로 각각 보한다.
⑤ 의장은 필요하다고 인정할 때에는 전문위원과 필요한 공무원을 특별위원회에 겸직근무하게 할 수 있다.
⑥ 전문위원의 임용자격과 그 밖에 필요한 사항은 국회규칙으로 정한다.
제9조【전문위원의 직무】 ① 수석전문위원은 소속 위원회 위원장의 지휘를 받아 그 업무를 처리하고, 그 위원회 소속 공무원을 지휘·감독한다.
② 전문위원은 다음 각 호의 업무를 한다.
1. 법률안, 예산안, 청원 등 소관안건에 대한 검토보고
2. 각종 의안을 비롯한 소관사항에 관한 자료의 수집·조사·연구 및 소속 위원에게 그 자료의 제공
3. 위원회에서의 각종 질의 시 소속 위원에게 질의자료의 제공
4. 의사진행의 보좌
5. 그 밖에 소속 위원회 소관에 속하는 사항

제4장 보 칙
(2018.6.12 본장개정)

제10조【법인의 설립】 ① 의장은 국회와 관련된 연구·조사, 연수, 국회의원 및 국회공무원에 대한 후생복지증진, 국회의 의사중계방송, 그 밖에 국회활동의 지원을 목적으로 하는 법인을 설립하게 할 수 있다.
② 제1항에 따라 설립된 법인의 임원 선임 및 사업계획에 관하여는 정관으로 정하는 바에 따라 의장의 승인을 받아야 한다.
③ 의장은 제1항에 따라 설립된 법인에 예산의 범위에서 출연금 또는 보조금을 교부할 수 있다.
④ 사무총장은 제1항에 따라 설립된 법인에 그 소속 공무원을 파견할 수 있다.
⑤ 국가 또는 지방자치단체는 제1항에 따라 설립된 법인에 대하여 국·공유재산을 그 용도에 지장을 주지 아니하는 범위에서 무상으로 대부·사용·수익하게 할 수 있다.
제11조【시차제 근무】 사무총장은 국회의 회기 중에만 업무의 사정에 따라 소속 공무원으로 하여금 근무시간을 변경하여 근무하게 할 수 있다.
제12조【권한의 위임】 「국가공무원법」, 「국가재정법」, 「국유재산법」, 「물품관리법」, 그 밖의 법령에 따른 사무처 또는 사무총장의 권한은 그 일부를 국회규칙으로 정하는 바에 따라 국회도서관·국회도서관장, 국회예산정책처·국회예산정책처장 또는 국회입법조사처·국회입법조사처장에게 위임할 수 있다.
제13조【시행규칙】 이 법 시행에 필요한 사항은 국회규칙으로 정한다.
제14조【위임규정】 「국가공무원법」과 이 법에서 국회규칙으로 정하도록 위임된 사항은 의장이 국회운영위원회의 동의(同意)를 얻어 정한다.

부 칙 (2018.6.12)

이 법은 공포한 날부터 시행한다.

부 칙 (2020.5.29)

이 법은 2020년 5월 30일부터 시행한다.

國會傍聽規則

(1964年 5月 11日 國會規則 第6號)

改正
1991.12.28國會規則65號(국회에서의중계방송등에관한규칙)
1995. 3.27國會規則91號

第1條【目的】 이 規則은 國會의 傍聽에 관한 事項을 規定하여 傍聽秩序를 維持함을 目的으로 한다.
第2條【傍聽席의 區分】 傍聽席은 特別席, 一般席, 記者席으로 區分한다.
第3條【傍聽券의 交付】 ① 傍聽을 하려고 하는 者는 傍聽券의 交付를 받아야 한다.
② 傍聽券은 議長의 指揮를 받아 事務總長이 그 張數를 정하여 이를 交付한다.
第4條【特別傍聽】 ① 國會議員이었던 者·行政府에서 國會議員이상의 職에 있었던 者·法院에서 大法官 이상의 직에 있던 자·헌법재판소에서 재판관 이상의 직에 있던 자·國會에 交涉團體가 있는 政黨의 代表·外國貴賓 또는 특히 필요하다고 인정하는 者는 特別傍聽席에서 傍聽할 수 있다.(1995.3.27 본항개정)
② 前項의 特別傍聽은 傍聽券을 필요로 하지 아니한다.
第5條【傍聽券의 種別】 傍聽券의 種別은 一般傍聽券·團體傍聽券 및 長期傍聽券으로 한다.
第6條【一般傍聽券】 一般傍聽券은 國會議員·國會소속機關의 2級相當이상의 別定職 또는 書記官이상의 一般職公務員의 紹介에 의하여 交付한다.
第7條【團體傍聽券】 團體傍聽券은 敎育機關 기타 團體의 申請에 의하여 團體로 傍聽이 필요하다고 인정할 때에 그 代表 또는 責任者에게 交付한다.
第8條【長期傍聽券】 ① 長期傍聽券은 報道機關者 및 業務上 傍聽이 극히 필요한 官署의 職員에게 交付한다.
② 長期傍聽券의 交付를 받은 者는 그 會期를 통하여 傍聽할 수 있다.
第9條【傍聽券의 記載】 傍聽人은 傍聽券에 住所·姓名·職業 및 年齡등 所定의 事項을 記載하여야 한다.
第10條【傍聽券의 提示】 傍聽人은 入場할 때 또는 警衛의 要求가 있을 때에는 언제든지 傍聽券을 提示하고 點檢을 받아야 하며 그 指示에 응하여야 한다.
第11條【傍聽人의 身體檢査】 傍聽人은 警衛가 身體檢査를 할 때에는 이에 응하여야 한다.
第12條【傍聽할 수 없는 者】 ① 銃器 또는 危險한 物品을 所持한 者, 酒氣가 있는 者 기타 秩序維持에 방해가 될 우려가 있는 者는 傍聽을 할 수 없다.
② 12歲未滿者는 특히 議長이 許可한 때에 限하여 傍聽할 수 있다.
第13條【傍聽의 制限】 秩序維持上 필요하여 傍聽人數를 制限할 때 또는 傍聽席의 餘裕가 없을 때에는 傍聽券을 所持한 者에게 傍聽을 制限할 수 있다.
第14條【傍聽人의 遵守事項】 傍聽人이 傍聽席에 있을 때에는 다음 事項을 遵守하여야 한다.
1. 帽子·外套를 着用하지 못한다.
2. 보자기 기타 부피가 있는 物品을 携帶하지 못한다.
3. 飮食 또는 喫煙을 하지 못한다.
4. 新聞 기타 書籍類를 閱讀하지 못한다.
5. 會議場의 言論에 대하여 可否의 의견을 표시하거나 拍手를 하지 못한다.
6. 소리를 내거나 떠들지 말아야 한다.
第15條【傍聽人의 退場】 傍聽人은 國會가 會議를 公開하지 아니하기로 議決한 때에는 警衛의 指示에 따라 迅速히 退場하여야 한다.
第16條【同前】 傍聽人이 이 規則을 違反한 때에는 警衛는 議長의 命을 받아 退場을 命할 수 있다.
第17條 (1991.12.28 삭제)

附 則

이 規則은 1964年 5月 11日부터 시행한다.

附 則 (1995.3.27)

이 規則은 議決한 날부터 시행한다.

국회에서의 증언·감정 등에 관한 법률(약칭 : 국회증언감정법)

(1988年 8月 5日 全改法律 第4012號)

개정
2000. 2.16법 6268호
2003. 2. 4법 6858호
2010. 5.28법10330호
2016.12.16법14377호
2018. 4.17법15621호
2002. 3. 7법 6659호
2010. 3.12법10051호
2014. 3.18법12503호
2017. 3.21법14757호

제1조【목적】 이 법은 국회에서의 안건심의 또는 국정감사나 국정조사와 관련하여 하는 보고와 서류제출의 요구, 증언·감정 등에 관한 절차를 규정함을 목적으로 한다.(2018.4.17 본조개정)
제2조【증인출석 등의 의무】 국회에서 안건심의 또는 국정감사나 국정조사와 관련하여 보고와 서류 및 해당 기관이 보유한 사진·영상물(이하 "서류등"이라 한다)의 제출 요구를 받거나, 증인·참고인으로서 출석이나 감정의 요구를 받은 때에는 이 법에 특별한 규정이 있는 경우를 제외하고는 다른 법률에도 불구하고 누구든지 이에 따라야 한다.(2018.4.17 본조개정)
제3조【증언 등의 거부】 ① 증인은 「형사소송법」 제148조 또는 제149조에 해당하는 경우에 선서·증언 또는 서류등의 제출을 거부할 수 있다.
② 감정인은 「형사소송법」 제148조에 해당하는 경우에 선서 또는 감정을 거부할 수 있다.
③ 제1항 및 제2항의 거부이유는 소명(疏明)하여야 한다.
④ 16세 미만의 사람이나 선서의 취지를 이해하지 못하는 사람에게는 선서를 하게 하지 아니한다.
(2018.4.17 본조개정)
제4조【공무상 비밀에 관한 증언·서류등의 제출】 ① 국회로부터 공무원 또는 공무원이었던 사람이 증언의 요구를 받거나, 국가기관이 서류등의 제출을 요구받은 경우에 증언할 사실이나 제출할 서류등의 내용이 직무상 비밀에 속한다는 이유로 증언이나 서류등의 제출을 거부할 수 없다. 다만, 군사·외교·대북 관계의 국가기밀에 관한 사항으로서 그 발표로 말미암아 국가안위에 중대한 영향을 미칠 수 있음이 명백하다고 주무부장관(대통령 및 국무총리의 소속기관에서는 해당 관서의 장)이 증언 등의 요구를 받은 날부터 5일 이내에 소명하는 경우에는 그러하지 아니하다.
② 국회가 제1항 단서의 소명을 수락하지 아니할 경우에는 본회의의 의결로, 폐회 중에는 해당 위원회의 의결로 국회가 요구한 증언 또는 서류등의 제출이 국가의 중대한 이익을 해친다는 취지의 국무총리의 성명(聲明)을 요구할 수 있다.
③ 국무총리가 제2항의 성명 요구를 받은 날부터 7일 이내에 그 성명을 발표하지 아니하는 경우에는 증언이나 서류등의 제출을 거부할 수 없다.
(2018.4.17 본조개정)
제4조의2【서류등의 제출 거부 등에 대한 조치요구】 국회는 제2조에 따라 서류등의 제출을 요구받은 국가기관이 제4조제1항 단서에 해당하지 아니함에도 이를 거부하거나 거짓으로 제출한 때에는 본회의 또는 해당 위원회의 의결로 주무부장관에 대하여 본회의 또는 위원회에 출석하여 해명하도록 하거나, 관계자에 대한 징계 등 필요한 조치를 요구할 수 있다.(2014.3.18 본조개정)
제5조【증인 등의 출석요구 등】 ① 본회의 또는 위원회(국정감사나 국정조사를 위하여 구성된 소위원회 또는 반을 포함한다)가 이 법에 따른 보고나 서류등의 제출 요구 또는 증인·감정인·참고인의 출석요구를 할 때에는 본회의의 경우에는 의장이, 위원회의 경우에는 위원장이 해당자나 기관의 장에게 요구서를 발부한다.(2018.4.17 본항개정)
② 의원 또는 위원은 제1항에 따라 출석요구할 증인을 의장 또는 위원장에게 신청할 수 있다. 이 경우 의원 또는 위원은 증인 신청의 이유, 안건 또는 국정감사·국정조사와의 관련성 등을 기재한 신청서를 제출하여야 한다.
(2016.12.16 본항신설)
③ 제1항에 따른 서류등의 제출은 서면, 전자문서 또는 컴퓨터의 자기테이프·자기디스크 그 밖에 이와 유사한 매체에 기록된 상태나 전산망에 입력된 상태로 제출할 것을 요구할 수 있다.(2018.4.17 본항개정)
④ 제1항의 요구서에는 보고할 사항이나 제출할 서류등 또는 증인·감정인·참고인이 출석할 일시 및 장소와 요구에 따르지 아니하는 경우의 법률상 제재에 관한 사항을 기재하고, 증인과 참고인의 경우에는 신문(訊問)할 요지를 첨부하여야 한다.(2018.4.17 본항개정)
⑤ 제1항의 요구서는 늦어도 보고 또는 서류등의 제출요구일이나 증인 등의 출석요구일 7일 전에 송달되어야 한다.(2018.4.17 본항개정)
⑥ 제1항의 요구서의 송달에 관하여는 「민사소송법」의 송달에 관한 규정을 준용한다.(2018.4.17 본항개정)
⑦ 제1항의 요구서의 송달을 위하여 필요한 경우 의장 또는 위원장은 관할 경찰관서의 장 등 관계 행정기관의 장 또는 「전기통신사업법」 제2조제8호에 따른 전기통신사업자(이하 "전기통신사업자"라 한다)에게 증인·감정인·참고인의 주소·거소·영업소·사무소, 전화번호(휴대전화번호를 포함한다) 또는 출입국관리기록(요구서의 송달을 위하여 필요한 범위로 한정한다)의 정보제공을 요구할 수 있다. 이 경우 정보제공을 요구받은 경찰관서의 장 등 관계 행정기관의 장 또는 전기통신사업자는 「개인정보 보호법」 제18조, 「형사사법절차 전자화 촉진법」 제6조 및 「전기통신사업법」 제83조에도 불구하고 해당 정보를 지체 없이 제공하여야 한다.(2017.3.21 본항신설)
⑧ 출석을 요구받은 증인 또는 참고인은 사전에 신문할 요지에 대한 답변서를 제출할 수 있다.(2018.4.17 본항개정)
(2018.4.17 본조제목개정)
제5조의2【증인의 불출석 사유서 제출】 제5조에 따라 요구서를 송달받은 증인은 부득이한 사유로 출석하지 못할 경우 출석요구일 3일 전까지 의장 또는 위원장에게 불출석 사유서를 제출하여야 한다.(2018.4.17 본조신설)
제5조의3【공시송달】 ① 제5조제1항의 요구서를 송달받아야 할 증인이 다음 각 호의 어느 하나에 해당하는 경우에는 공시송달을 할 수 있다.
1. 증인의 주소·거소·영업소 또는 사무소(이하 이 조에서 "주소등"이라 한다)가 분명하지 아니한 경우
2. 주소등이 국외에 있고 송달하기 곤란한 경우
3. 요구서의 수령을 회피할 목적으로 도망 또는 잠적함이 명백한 경우
4. 등기우편으로 송달하였으나 수취인 부재로 반송되는 경우 등 국회규칙으로 정하는 경우
② 제1항에 따른 공시송달은 다음 각 호의 어느 하나의 방법으로 한다.
1. 국회게시판 게시
2. 관보·국회공보 또는 일간신문 게재
3. 전자통신매체 등을 이용한 공시
③ 최초의 공시송달은 제2항에 따라 공시한 날부터 7일이 지나면 그 효력이 발생한다. 다만, 같은 증인에게 하는 그 뒤의 공시송달은 공시한 날의 다음 날부터 그 효력이 발생한다.
④ 제1항부터 제3항까지에 따른 공시송달의 방법 및 절차 등에 필요한 사항은 국회규칙으로 정한다.
(2018.4.17 본조신설)
제6조【증인에 대한 동행명령】 ① 국정감사나 국정조사를 위한 위원회(이하 "위원회"라 한다)는 증인이 정당한 이유 없이 출석하지 아니하는 때에는 그 의결로 해당 증인에 대하여 지정한 장소까지 동행할 것을 명령할 수 있다.
② 제1항의 동행명령을 할 때에는 위원회의 위원장이 동행명령장을 발부한다.
③ 제2항의 동행명령장에는 해당 증인의 성명·주거, 동행명령을 하는 이유, 동행할 장소, 발부연월일, 그 유효기간과 그 기간을 경과하면 집행하지 못하며 동행명령장을 반환하여야 한다는 취지와 동행명령을 받고 거부하면 처벌된다는 취지를 기재하고 위원장이 서명·날인하여야 한다. 이 경우 해당 증인의 성명이 분명하지 아니한 때에는 인상, 체격, 그 밖에 해당 증인을 특정할 수 있는 사항으로 표시할 수 있으며, 주거가 분명하지 아니한 때에는 주거기재를 생략할 수 있다.
④ 동행명령장의 집행은 동행명령장을 해당 증인에게 제시함으로써 한다.
⑤ 동행명령장은 국회사무처 소속 공무원으로 하여금 이를 집행하도록 한다.
⑥ 교도소 또는 구치소(군교도소 또는 군구치소를 포함한다)에 수감 중인 증인에 대한 동행명령장의 집행은 국회사무처 소속 공무원의 위임에 따라 교도관리가 한다.
⑦ 현역군인인 증인이 영내(營內)에 있을 때에는 소속 부대장은 국회사무처 소속 공무원의 동행명령장 집행에 협력할 의무가 있다.
(2018.4.17 본조개정)
제7조【증인·감정인의 선서】 ① 의장 또는 위원장(국정감사나 국정조사를 위하여 구성된 소위원회 또는 반의 소위원장 또는 반장을 포함한다. 이하 이 조에서 같다)은 증인·감정인에게 증언·감정을 요구할 때에는 선서하게 하여야 한다.
② 참고인으로 출석한 사람이 증인으로서 선서할 것을 승낙하는 경우에는 증인으로 신문할 수 있다.
③ 증언·감정을 요구한 의장 또는 위원장은 선서하기 전에 선서의 취지를 명시하고 위증(僞證) 또는 허위감정의 벌이 있음을 알려야 한다.
(2018.4.17 본조개정)
제8조【선서의 내용과 방식】 ① 제7조에 따라 증인이 선서할 경우 그 선서서에 다음과 같은 내용이 기재되어야 한다.
"양심에 따라 숨김과 보탬이 없이 사실 그대로 말하고 만일 진술이나 서면답변에 거짓이 있으면 위증의 벌을 받기로 맹서합니다"
② 그 밖에 선서의 내용과 방식에 관한 사항에 대하여는 「형사소송법」 제157조 또는 제170조를 준용한다.
(2010.3.12 본조개정)
제9조【증인의 보호】 ① 국회에서 증언하는 증인은 변호사인 변호인을 대동할 수 있다. 이 경우 변호인은 그 자격을 증명하는 서면을 제출하고, 증인에 대하여 헌법 및 법률상의 권리에 관하여 조언할 수 있다.

② 국회에서 증언하는 증인·참고인이 중계방송 또는 사진보도 등에 응하지 아니한다는 의사를 표명하거나, 특별한 이유로 회의의 비공개를 요구할 때에는 본회의 또는 위원회의 의결로 중계방송 또는 녹음·녹화·사진보도를 금지시키거나 회의의 일부 또는 전부를 공개하지 아니할 수 있다.
③ 국회에서 증인·감정인·참고인으로 조사받은 사람은 이 법에서 정한 처벌을 받는 외에 그 증언·감정·진술로 인하여 어떠한 불이익한 처분도 받지 아니한다.
④ 국회가 국정감사 또는 국정조사 시 작성한 서류 또는 녹취한 녹음테이프 등은 이를 외부에 공표할 수 없다. 다만, 이 법의 위반 여부가 수사 또는 재판의 대상이 된 경우나 증인·감정인·참고인으로서 증언·감정·진술을 한 사람이 그 사본을 요구한 때에는 의장의 승인을 받아 이를 교부할 수 있다.
(2018.4.17 본조개정)
제10조【검증】 ① 위원회는 안건심의 또는 국정감사나 국정조사를 위하여 필요한 경우에는 그 의결로 검증(檢證)할 수 있다.
② 제1항의 의결이 있는 경우에는 위원장은 해당 기관의 장에게 검증실시통보서(이하 이 조에서 "통보서"라 한다)를 발부한다. 이 경우 그 통보서는 늦어도 검증실시일 3일 전에 송달되어야 한다.
③ 통보서에는 검증위원과 검증의 목적, 대상, 방법, 일시 및 장소, 그 밖에 검증에 필요한 사항을 기재하여야 한다.
④ 국가기관이 제1항의 검증을 거절할 경우에는 제4조를 준용한다.
⑤ 통보서의 송달에 관하여는 「민사소송법」의 송달에 관한 규정을 준용한다.
(2018.4.17 본조개정)
제11조【여비·수당의 지급】 이 법에 따라 서류의 제출이나 증언·감정 또는 진술을 하기 위하여 국회 또는 그 밖의 장소에 출석한 사람에게는 국회규칙으로 정하는 바에 따라 여비·일당·숙박료를 지급한다.(2018.4.17 본조개정)
제12조【불출석 등의 죄】 ① 정당한 이유 없이 출석하지 아니한 증인, 고의로 출석요구서의 수령을 회피한 증인, 보고 또는 서류 제출 요구를 거절한 자, 선서 또는 증언이나 감정을 거부한 증인이나 감정인은 3년 이하의 징역 또는 1천만원 이상 3천만원 이하의 벌금에 처한다.
② 정당한 이유 없이 증인·감정인·참고인의 출석을 방해하거나 검증을 방해한 자에 대하여도 제1항의 형과 같다.
(2018.4.17 본조개정)
제13조【국회모욕의 죄】 ① 증인이 본회의 또는 위원회에 출석하여 증언함에 있어 폭행·협박, 그 밖의 모욕적인 언행으로 국회의 권위를 훼손한 때에는 5년 이하의 징역 또는 1천만원 이상 5천만원 이하의 벌금에 처한다.
(2018.4.17 본항개정)
② 증인이 동행명령을 거부하거나 고의로 동행명령장의 수령을 회피한 때, 제3자로 하여금 동행명령장의 집행을 방해하도록 한 때에는 5년 이하의 징역에 처한다.
(2017.3.21 본조개정)
제14조【위증 등의 죄】 ① 이 법에 따라 선서한 증인 또는 감정인이 허위의 진술(서면답변을 포함한다)이나 감정을 하였을 때에는 1년 이상 10년 이하의 징역에 처한다. 다만, 범죄가 발각되기 전에 자백하였을 때에는 그 형을 감경 또는 면제할 수 있다.
② 제1항의 자백은 국회에서 안건심의 또는 국정감사나 국정조사를 종료하기 전에 하여야 한다.
(2018.4.17 본조개정)
제15조【고발】 ① 본회의 또는 위원회는 증인·감정인 등이 제12조·제13조 또는 제14조제1항 본문의 죄를 범하였다고 인정한 때에는 고발하여야 한다. 다만, 청문회의 경우에는 재적위원 3분의 1 이상의 연서에 따라 그 위원의 이름으로 고발할 수 있다.
② 제1항에도 불구하고 제14조제1항 단서의 자백이 있는 경우에는 고발하지 아니할 수 있다.
③ 제1항 본문에 따른 고발은 서류등을 요구하였거나 증인·감정인 등을 조사한 본회의 또는 위원회의 의장 또는 위원장의 명의로 한다.
④ 제1항에 따른 고발이 있는 경우에는 검사는 고발장이 접수된 날부터 2개월 이내에 수사를 종결하여야 하며, 검찰총장은 지체 없이 그 처분결과를 국회에 서면으로 보고하여야 한다.
(2018.4.17 본조개정)
판례 법에서는 국회에서 증인의 불출석이나 모욕, 위증 등에 대하여 고발의 주체를 정하고 있을 뿐 고발기간을 제한하는 규정을 두고 있지 않다. 국정감사에서 증인이 위증을 하면 증언 내용과 관련된 다른 증인들의 증언과 객관적인 자료들을 대조하는 등 추가조사를 한 후에야 비로소 혐의가 드러나고, 그 과정에서 적지 않은 시일이 소요되는 것이 일반적이다. 그런데 이 조항의 내용을 증언이 이루어진 해당 회기의 위원회가 고발을 해야 한다고 해석하면 명문에도 없는 고발기간을 창설하는 결과가 되어 국회에서의 위증죄를 엄단하려는 이 법의 입법취지에 반하는 결과를 초래하게 될 것이다. 따라서 국정감사에 출석한 증인이 위증했다면 해당 회기 이후라도 국회 상임위원회가 고발할 수 있다고 보아야 한다.
(대판 2021.10.14, 2021도8960)
제16조【기간의 기산일】 이 법에 따른 기간의 계산에는 첫날을 산입한다.(2018.4.17 본조개정)
제17조【국회규칙】 이 법 시행에 필요한 사항은 국회규칙으로 정한다.(2018.4.17 본조개정)

부 칙 (2014.3.18)

제1조【시행일】 이 법은 공포한 날부터 시행한다.
제2조【서류등의 제출 요구에 관한 적용례】 이 법의 개정규정은 이 법 시행 후 최초로 제출을 요구하는 서류등부터 적용한다.

부 칙 (2016.12.16)
(2017.3.21)
(2018.4.17)

이 법은 공포한 날부터 시행한다.

국정감사 및 조사에 관한 법률

(약칭 : 국감국조법)

(1988年 8月 5日
法 律 第4011號)

개정
1997.12.13법 5454호(정부부처명)
2000. 2.16법 6267호 2002. 3. 7법 6658호
2003. 2. 4법 6857호 2006. 9.22법 7973호
2008. 8.25법 9129호(국회)
2010. 3.12법10048호 2011. 5.19법10651호
2012. 3.21법11414호 2014. 3.18법12501호
2016.12.16법14374호 2018. 4.17법15619호
2019. 4.16법16325호(국회)
2021. 5.18법18192호(국회)
2023. 7.11법19536호

제1조【목적】 이 법은 국정감사와 국정조사에 관한 절차, 그 밖에 필요한 사항을 규정함을 목적으로 한다.
(2018.4.17 본조개정)
제2조【국정감사】 ① 국회는 국정전반에 관하여 소관 상임위원회별로 매년 정기회 집회일 이전에 국정감사(이하 "감사"라 한다) 시작일부터 30일 이내의 기간을 정하여 감사를 실시한다. 다만, 본회의 의결로 정기회 기간 중에 감사를 실시할 수 있다.
② 제1항의 감사는 상임위원장이 국회운영위원회와 협의하여 작성한 감사계획서에 따라 한다. 국회운영위원회는 상임위원회 간에 감사대상기관이나 감사일정의 중복 등 특별한 사정이 있는 때에는 이를 조정할 수 있다.
③ 제2항에 따른 감사계획서에는 감사반의 편성, 감사일정, 감사요령 등 감사에 필요한 사항을 기재하여야 한다.
④ 제2항에 따른 감사계획서는 매년 처음 집회되는 임시회에서 작성하고 제7조에 따른 감사대상기관에 이를 통지하여야 한다. 다만, 국회의원 총선거가 실시되는 연도에는 국회의원 총선거 후 새로 구성되는 국회의 임시회 또는 정기회에서 감사계획서를 작성·통지할 수 있다.
⑤ 제4항에 따른 감사계획서의 감사대상기관이나 감사일정 등을 변경하는 경우에는 그 내용을 감사실시일 7일 전까지 감사대상기관에 통지하여야 한다.
(2018.4.17 본조개정)
제3조【국정조사】 ① 국회는 재적의원 4분의 1 이상의 요구가 있는 때에는 특별위원회 또는 상임위원회로 하여금 국정의 특정사안에 관하여 국정조사(이하 "조사"라 한다)를 하게 한다.
② 제1항에 따른 조사 요구는 조사의 목적, 조사할 사안의 범위와 조사를 할 위원회 등을 기재하여 요구의원이 연서(連署)한 서면(이하 "조사요구서"라 한다)으로 하여야 한다.
③ 의장은 조사요구서가 제출되면 지체 없이 본회의에 보고하고 각 교섭단체 대표의원과 협의하여 조사를 할 특별위원회를 구성하거나 해당 상임위원회(이하 "조사위원회"라 한다)에 회부하여 조사를 할 위원회를 확정한다. 이 경우 국회가 폐회 또는 휴회 중일 때에는 조사요구서에 따라 국회의 집회 또는 재개의 요구가 있는 것으로 본다.
④ 조사위원회는 조사의 목적, 조사할 사안의 범위와 조사방법, 조사에 필요한 기간 및 소요경비 등을 기재한 조사계획서를 본회의에 제출하여 승인을 받아 조사를 한다.
⑤ 본회의는 제4항의 조사계획서를 검토한 다음 의결로써 이를 승인하거나 반려한다.
⑥ 조사위원회는 본회의에서 조사계획서가 반려된 경우에는 이를 그대로 본회의에 다시 제출할 수 없다.
(2018.4.17 본조개정)
제4조【조사위원회】 ① 제3조제3항의 특별위원회는 교섭단체 의원 수의 비율에 따라 구성하여야 한다. 다만, 조사에 참여하기를 거부하는 교섭단체의 의원은 제외할 수 있다.
② 제1항의 특별위원회는 위원장 1명과 각 교섭단체별로 간사 1명을 호선하고 본회의에 보고한다.
③ 조사위원회의 위원장이 사고가 있거나 그 직무를 수행하기를 거부 또는 기피하여 조사위원회가 활동하기 어려운 때에는 위원장이 소속하지 아니하는 교섭단체 소속의 간사 중에서 소속 의원 수가 많은 교섭단체 소속인 간사의 순으로 위원장의 직무를 대행한다.
④ 조사위원회는 의결로써 국회의 폐회 중에도 활동할 수 있고 조사와 관련한 보고 또는 서류 및 해당 기관이 보유한 사진·영상물(이하 "서류등"이라 한다)의 제출을 요구하거나 조사를 위한 증인·감정인·참고인의 출석을 요구하는 경우에는 의장을 경유하지 아니할 수 있다.
(2018.4.17 본조개정)
제5조【소위원회 등】 ① 감사 또는 조사를 하는 위원회(이하 "위원회"라 한다)는 위원회의 의결로 필요한 경우 2명 이상의 위원으로 별도의 소위원회나 반을 구성하여 감사 또는 조사를 하게 할 수 있다. 위원회가 상임위원회인 경우에는 「국회법」 제57조제1항에 따른 상설소위원회로 하여금 감사 또는 조사를 하게 할 수 있다.(2019.4.16 후단개정)
② 제1항의 소위원회나 반은 같은 교섭단체 소속 의원만으로 구성할 수 없다.
③ 제1항의 소위원회나 반에 관하여는 성질에 반하지 아니하는 한 「국회법」 또는 이 법의 위원회에 관한 규정을 준용한다.
(2018.4.17 본조개정)
제6조【사무보조자】 ① 감사 또는 조사에는 사무보조자의 보조를 받을 수 있다.
② 사무보조자는 전문위원 등 국회사무처 소속 공무원, 국회예산정책처 및 국회입법조사처 소속 공무원과 교섭단체 소속의 정책연구위원으로 한다. 다만, 특히 필요한 경우에는 감사 또는 조사의 대상기관의 소속이 아닌 전문가 등을 사무보조자로 위촉할 수 있다.
(2018.4.17 본조개정)
제7조【감사의 대상】 감사의 대상기관은 다음 각 호와 같다.
1. 「정부조직법」, 그 밖의 법률에 따라 설치된 국가기관
2. 지방자치단체 중 특별시·광역시·도. 다만, 그 감사범위는 국가위임사무와 국가가 보조금 등 예산을 지원하는 사업으로 한다.
3. 「공공기관의 운영에 관한 법률」 제4조에 따른 공공기관, 한국은행, 농업협동조합중앙회, 수산업협동조합중앙회
4. 제1호부터 제3호까지 외의 지방행정기관, 지방자치단체, 「감사원법」에 따른 감사원의 감사대상기관. 이 경우 본회의가 특히 필요하다고 의결한 경우로 한정한다.
(2018.4.17 본조개정)
제7조의2【지방자치단체에 대한 감사】 지방자치단체에 대한 감사는 둘 이상의 위원회가 합동으로 반을 구성하여 할 수 있다.(2018.4.17 본조개정)
제8조【감사 또는 조사의 한계】 감사 또는 조사는 개인의 사생활을 침해하거나 계속 중인 재판 또는 수사 중인 사건의 소추(訴追)에 관여할 목적으로 행사되어서는 아니 된다.(2018.4.17 본조개정)
제9조【조사위원회의 활동기간】 ① 조사위원회의 활동기간 연장은 본회의 의결로 할 수 있다.
② 본회의는 조사위원회의 중간보고를 받고 조사를 장기간 계속할 필요가 없다고 인정되는 경우에는 의결로 조사위원회의 활동기간을 단축할 수 있다.
③ 조사계획서에 조사위원회의 활동기간이 확정되지 아니한 경우에는 그 활동기간은 조사위원회의 조사 결과가 본회의에서 의결될 때까지로 한다.
(2018.4.17 본조개정)
제9조의2【예비조사】 위원회는 조사를 하기 전에 전문위원이나 그 밖의 국회사무처 소속 직원 또는 조사대상기관의 소속이 아닌 전문가 등으로 하여금 예비조사를 하게 할 수 있다.(2018.4.17 본조개정)
제10조【감사 또는 조사의 방법】 ① 위원회, 제5조제1항에 따른 소위원회 또는 반은 감사 또는 조사를 위하여 그 의결로 감사 또는 조사와 관련된 보고 또는 서류등의 제출을 관계인 또는 그 밖의 기관에 요구하고, 증인·감정인·참고인의 출석을 요구하고 검증을 할 수 있다. 다만, 위원회가 감사 또는 조사와 관련된 서류등의 제출 요구를 하는 경우에는 재적위원 3분의 1 이상의 요구로 할 수 있다.
② 제1항에 따른 서류등의 제출은 서면, 전자문서 또는 컴퓨터의 자기테이프·자기디스크, 그 밖에 이와 유사한 매체에 기록된 상태나 전산망에 입력된 상태로 제출할 것을 요구할 수 있다.
③ 위원회(제5조제1항에 따른 소위원회 또는 반을 포함한다. 이하 같다)는 제1항의 증거의 채택 또는 증거의 조사를 위하여 청문회를 열 수 있다.
④ 제1항 본문의 요구를 받은 관계인 또는 기관은 「국회에서의 증언·감정 등에 관한 법률」에서 특별히 규정한 경우를 제외하고는 누구든지 이에 따라야 하고, 위원회의 검증이나 그 밖의 활동에 협조하여야 한다.
⑤ 감사 또는 조사를 위한 증인·감정인·참고인의 증언·감정 등에 관한 절차는 「국회에서의 증언·감정 등에 관한 법률」에서 정하는 바에 따른다.
(2018.4.17 본조개정)

제11조【감사 또는 조사의 장소】 감사 또는 조사는 위원회에서 정하는 바에 따라 국회 또는 감사·조사 대상 현장이나 그 밖의 장소에서 할 수 있다.(2018.4.17 본조개정)
제12조【공개원칙】 감사 및 조사는 공개한다. 다만, 위원회의 의결로 달리 정할 수 있다.(2018.4.17 본조개정)
제12조의2【국정감사정보시스템의 구축 등】 ① 국회는 다음 각 호의 내용을 포함한 감사의 과정 및 결과를 전자적 방식으로 일반에 공개할 수 있다.
1. 제2조에 따른 감사계획서
2. 제15조에 따른 감사보고서
3. 제16조제4항에 따른 정부 또는 해당 기관의 처리결과 보고(2023.7.11 본호개정)
4. 그 밖에 국회규칙으로 정하는 사항
② 국회는 제1항에 따른 감사정보를 공개·관리하기 위하여 국정감사정보시스템을 구축·운영할 수 있다.
③ 국정감사정보시스템의 구축 및 운영에 필요한 사항은 국회규칙으로 정한다.
(2018.4.17 본조신설)
제13조【제척과 회피】 ① 의원은 직접 이해관계가 있거나 공정을 기할 수 없는 현저한 사유가 있는 경우에는 그 사안에 한정하여 감사 또는 조사에 참여할 수 없다.
② 제1항의 사유가 있다고 인정할 때에는 본회의 또는 위원회 의결로 해당 의원의 감사 또는 조사를 중지시키고 다른 의원으로 하여금 감사 또는 조사하게 하여야 한다.
③ 제2항에 따른 조치에 대하여 해당 의원의 이의가 있는 때에는 본회의가 의결한다.
④ 제1항의 사유가 있는 의원 또는 「국회법」 제32조의4제1항의 신고사항에 해당하여 이해충돌이 발생할 우려가 있다고 판단하는 의원은 소속 위원장에게 회피를 신청하여야 한다. 이 경우 회피 신청을 받은 위원장은 간사와 협의하여 회피를 허가할 수 있다.(2021.5.18 본항개정)
(2018.4.17 본조개정)
제14조【주의의무】 ① 감사 또는 조사를 할 때에는 그 대상기관의 기능과 활동이 현저히 저해되거나 기밀이 누설되지 아니하도록 주의하여야 한다.
② 의원 및 사무보조자는 감사 또는 조사를 통하여 알게 된 비밀을 정당한 사유 없이 누설해서는 아니 된다.
(2018.4.17 본조개정)
제15조【감사 또는 조사 결과의 보고】 ① 감사 또는 조사를 마쳤을 때에는 위원회는 지체 없이 그 감사 또는 조사 보고서를 작성하여 의장에게 제출하여야 한다.
② 제1항의 보고서에는 증인 채택 현황 및 증인신문 결과를 포함한 감사 또는 조사의 경과와 결과 및 처리의견을 기재하고 그 중요근거서류를 첨부하여야 한다.
③ 제1항의 보고서를 제출받은 의장은 이를 지체 없이 본회의에 보고하여야 한다.
④ 의장은 위원회로 하여금 중간보고를 하게 할 수 있다.
(2018.4.17 본조개정)
제15조의2【관계 행정기관에 대한 지원요청】 조사기간 및 자료의 부족 등으로 인하여 조사가 추가로 필요하다고 인정되는 경우나 사전조사가 필요한 경우에는 본회의 또는 위원회 의결로 감사원 등 관계 행정기관의 장에게 인력, 시설, 장비 등의 지원을 요청할 수 있다. 이 경우 관계 행정기관의 장은 특별한 사유가 없으면 이에 따라야 한다.(2018.4.17 본조개정)
제16조【감사 또는 조사 결과에 대한 처리】 ① 국회는 본회의 의결로 감사 또는 조사 결과를 처리한다.
② 국회가 제1항에 따라 감사 결과를 처리하는 경우에는 감사 종료 후 90일 이내에 의결하여야 한다.(2023.7.11 본항신설)
③ 국회는 감사 또는 조사 결과 위법하거나 부당한 사항이 있을 때에는 그 정도에 따라 정부 또는 해당 기관에 변상, 징계조치, 제도개선, 예산조정 등 시정을 요구하고, 정부 또는 해당 기관에서 처리함이 타당하다고 인정되는 사항은 정부 또는 해당 기관에 이송한다.
④ 정부 또는 해당 기관은 제3항에 따른 시정요구를 받거나 이송받은 사항을 지체 없이 처리하고 그 결과를 국회에 보고하여야 한다.(2023.7.11 본항개정)
⑤ 국회는 제4항에 따른 처리결과보고에 대하여 적절한 조치를 취할 수 있다.(2023.7.11 본항개정)
⑥ 국회는 소관 위원회의 활동기한 종료 등의 사유로 제4항에 따른 처리결과보고에 대하여 조치할 위원회가 불분명할 경우 의장이 각 교섭단체 대표의원과 협의하여 지정하는 위원회로 하여금 이를 대신하게 하여야 한다.
(2023.7.11 본항개정)
(2018.4.17 본조개정)
제17조【징계】 감사 또는 조사를 하는 의원이 제13조제1항에 따른 제척사유 또는 같은 조 제4항에 따른 회피사유가 있음을 알면서 회피 신청을 하지 아니하거나 제14조에 따른 주의의무를 위반한 때에는 「국회법」에서 정하는 바에 따라 징계할 수 있다.(2021.5.18 본조개정)
제18조【국회규칙】 이 법 시행에 필요한 사항은 국회규칙으로 정한다.(2018.4.17 본조개정)

부 칙

① 이 法은 公布한 날로부터 施行한다.
② 이 法 施行당시 國會에 구성된 "5·18光州民主化運動眞相調査特別委員會"와 "第5共和國에있어서의政治權力型非理調査特別委員會", "兩大選擧不正調査特別委員會"는 이 法 第3條의 規定에 의한 國政調査承認을 받은 特別委員會로 본다.

부 칙 (2014.3.18)

제1조【시행일】 이 법은 공포한 날부터 시행한다.
제2조【서류등의 제출 요구에 관한 적용례】 제4조제4항 및 제10조제1항·제2항의 개정규정은 이 법 시행 후 최초로 제출을 요구하는 서류등부터 적용한다.

부 칙 (2016.12.16)

제1조【시행일】 이 법은 공포한 날부터 시행한다.
제2조【적용례】 이 법은 이 법 시행 후 최초로 실시하는 국정감사 또는 국정조사부터 적용한다.

부 칙 (2018.4.17)

이 법은 공포한 날부터 시행한다.

부 칙 (2019.4.16)

제1조【시행일】 이 법은 공포 후 3개월이 경과한 날부터 시행한다.(이하 생략)

부 칙 (2021.5.18)

제1조【시행일】 이 법은 2022년 5월 30일부터 시행한다.(이하 생략)

부 칙 (2023.7.11)

제1조【시행일】 이 법은 공포한 날부터 시행한다.
제2조【국정감사 결과 처리에 관한 적용례】 제16조제2항의 개정규정은 이 법 시행 이후 실시하는 국정감사에 대한 결과를 처리하는 경우부터 적용한다.

인사청문회법

(2000년 6월 23일
법 률 제6271호)

개정
2002. 3. 7법 6660호 2003. 2. 4법 6856호
2005. 7.29법 7627호 2007.12.14법 8686호
2008. 2.29법 8867호(방송통신위원회의설치및운영에관한법)
2010. 5.28법10329호 2012. 3.21법11415호
2014. 3.18법12422호(특별감찰관법)
2014. 5.28법12677호(방송법)
2020. 3.24법17123호 2020. 8.18법17488호
2021. 5.18법18192호(국회)

제1조【목적】 이 법은 국회의 인사청문특별위원회의 구성·운영과 인사청문회의 절차·운영 등에 관하여 필요한 사항을 규정함을 목적으로 한다.
제2조【정의】 이 법에서 사용하는 용어의 정의는 다음과 같다.
1. "공직후보자"라 함은 국회법 제46조의3제1항의 규정에 의하여 임명을 위하여 동의요청된 자, 선출을 위하여 추천된 자, 대통령당선인으로부터 국무총리후보자로 인사청문이 요청된 자와 동법 제65조의2제2항의 규정에 의하여 다른 법률에서 대통령·대통령당선인 또는 대법원장으로부터 국회에 인사청문이 요청된 자를 말한다.(2007.12.14 본호개정)
2. "임명동의안등"이라 함은 국회법 제46조의3제1항의 규정에 의한 임명동의안, 선출안, 대통령당선인으로부터 요청된 국무총리후보자에 대한 인사청문요청안과 동법 제65조의2제2항의 규정에 의하여 다른 법률에서 국회의 인사청문을 거치도록 한 공직후보자에 대한 인사청문요청안을 말한다.
(2003.2.4 본조개정)
제3조【인사청문특별위원회】 ① 국회법 제46조의3의 규정에 의한 인사청문특별위원회는 임명동의안등(국회법 제65조의2제2항의 규정에 의하여 다른 법률에서 국회의 인사청문을 거치도록 한 공직후보자에 대한 인사청문요청안을 제외한다)이 국회에 제출된 때에 구성된 것으로 본다.(2003.2.4 본항개정)
② 인사청문특별위원회의 위원정수는 13인으로 한다.
(2003.2.4 본항개정)
③ 인사청문특별위원회의 위원은 교섭단체 등의 의원수의 비율에 의하여 각 교섭단체대표의원의 요청으로 국회의장(이하 "의장"이라 한다)이 선임 및 개선(改選)한다. 이 경우 각 교섭단체대표의원은 인사청문특별위원회가 구성된 날부터 2일 이내에 의장에게 위원의 선임을 요청하여야 하며, 이 기한내에 요청이 없는 때에는 의장이 위원을 선임할 수 있다.(2003.2.4 본문개정)
④ 어느 교섭단체에도 속하지 아니하는 의원의 위원선임은 의장이 이를 행한다.
⑤ 인사청문특별위원회는 위원장 1인과 각 교섭단체별로 간사 1인을 호선하고 본회의에 보고한다.(2003.2.4 본항개정)
⑥ 인사청문특별위원회는 임명동의안등이 본회의에서 의결될 때 또는 인사청문경과가 본회의에 보고될 때까지 존속한다.(2003.2.4 본항개정)
제4조【임명동의안등의 심사 또는 인사청문】 ① 인사청문특별위원회, 소관상임위원회 또는 「국회법」 제65조의2제3항에 따른 특별위원회(이하 "위원회"라 한다)의 임명동의안등에 대한 심사 또는 인사청문은 국회법 제65조의2의 규정에 의한 인사청문회를 열어, 공직후보자를 출석하게 하여 질의를 행하고 답변과 의견을 청취하는 방식으로 한다.(2010.5.28 본항개정)
② 위원회는 필요한 경우 증인·감정인 또는 참고인으로부터 증언·진술을 청취하는 등 증거조사를 할 수 있다.
(2003.2.4 본조제목개정)
제5조【임명동의안등의 첨부서류】 ① 국회에 제출하는 임명동의안등에는 요청사유서 또는 의장의 추천서와 다음 각호의 사항에 관한 증빙서류를 첨부하여야 한다.
(2003.2.4 본문개정)
1. 직업·학력·경력에 관한 사항(2005.7.29 본호개정)
2. 공직자등의병역사항신고및공개에관한법률의 규정에 의한 병역신고사항
3. 공직자윤리법 제10조의2제2항의 규정에 의한 재산신고사항
4. 최근 5년간의 소득세·재산세·종합토지세의 납부 및 체납 실적에 관한 사항(2005.7.29 본호개정)
5. 범죄경력에 관한 사항
② 제1항 각호의 규정에 의한 서류는 국회의 동의 또는 인사청문을 요하는 공직후보자에 대하여는 임명권자(대통령당선인을 포함한다) 또는 지명권자가, 국회에서 선출하는 공직후보자에 대하여는 해당 공직후보자가 이를 의장에게 제출한다.(2020.3.24 본항개정)
③ 국회에서 선출하는 공직후보자는 필요한 경우 제1항 각호의 규정에 의한 서류를 국가기관, 지방자치단체 등 유관

기관의 장에 대하여 요구할 수 있으며, 그 요구를 받은 해당 기관의 장은 이에 응하여야 한다.(2020.3.24 본항개정)

제6조【임명동의안 등의 회부 등】 ① 의장은 임명동의안등이 제출된 때에는 즉시 본회의에 보고하고 위원회에 회부하며, 그 심사 또는 인사청문이 끝난 후 본회의에 부의하거나 위원장으로 하여금 본회의에 보고하도록 한다. 다만, 폐회 또는 휴회 등으로 본회의에 보고할 수 없을 때에는 이를 생략하고 회부할 수 있다.(2003.2.4 본문개정)

② 국회는 임명동의안등이 제출된 날부터 20일 이내에 그 심사 또는 인사청문을 마쳐야 한다.(2003.2.4 본항개정)

③ 부득이한 사유로 제2항의 규정에 의한 기간 이내에 헌법재판소 재판관·중앙선거관리위원회 위원·국무위원·방송통신위원회 위원장·국가정보원장·공정거래위원회 위원장·금융위원회 위원장·국가인권위원회 위원장·고위공직자범죄수사처장·국세청장·검찰총장·경찰청장·합동참모의장·한국은행 총재·특별감찰관 또는 한국방송공사 사장(이하 "헌법재판소재판관등"이라 한다)의 후보자에 대한 인사청문회를 마치지 못하여 국회가 인사청문경과보고서를 송부하지 못한 경우에 대통령·대통령당선인 또는 대법원장은 제2항에 따른 기간의 다음날부터 10일 이내의 범위에서 기간을 정하여 인사청문경과보고서를 송부하여 줄 것을 국회에 요청할 수 있다.
(2020.8.18 본항개정)

④ 제3항의 규정에 의한 기간 이내에 헌법재판소재판관등의 후보자에 대한 인사청문경과보고서를 국회가 송부하지 아니한 경우에 대통령 또는 대법원장은 헌법재판소재판관등으로 임명 또는 지명할 수 있다.(2007.12.14 본항개정)

제7조【위원의 질의 등】 ① 위원회는 공직후보자로부터 선서를 들은 후 10분의 범위내에서 모두(冒頭)발언을 청취한다.

② 제1항의 규정에 의한 공직후보자의 선서는 다음과 같이 한다.

"공직후보자인 본인은 양심에 따라 숨김과 보탬이 없이 사실 그대로 말할 것을 맹서합니다."

③ 위원 1인당 질의시간은 위원장이 간사와 협의하여 정한다.

④ 위원회에서의 질의는 1문1답의 방식으로 한다. 다만, 위원회의 의결이 있는 경우 일괄질의 등 다른 방식으로 할 수 있다.

⑤ 위원이 공직후보자에 대하여 질의하고자 하는 경우에는 질의요지서를 구체적으로 작성하여 인사청문회개회 24시간전까지 위원장에게 제출하여야 한다. 이 경우 위원장은 지체없이 질의요지서를 공직후보자에게 송부하여야 한다.

⑥ 위원은 공직후보자에게 서면으로 질의를 할 수 있다. 이 경우 질의서는 위원장에게 제출하고, 위원장은 늦어도 인사청문회개회 5일 전까지 질의서가 공직후보자에게 도달되도록 송부하여야 하며 공직후보자는 인사청문회개회 48시간 전까지 위원장에게 답변서를 제출하여야 한다.(2005.7.29 후단개정)

⑦ 제14조 및 제15조의 규정은 서면답변에 관하여 이를 준용한다.

제8조【증인 등의 출석요구 등】 위원회가 증인·감정인·참고인의 출석요구를 한 때에는 그 출석요구서가 늦어도 출석요구일 5일전에 송달되도록 하여야 한다.

제9조【위원회의 활동기간 등】 ① 위원회는 임명동의안등이 회부된 날부터 15일 이내에 인사청문회를 마치되, 인사청문회의 기간은 3일 이내로 한다. 다만, 부득이한 사유로 헌법재판소재판관등의 후보자에 대한 인사청문회를 그 기간 이내에 마치지 못하여 제6조제3항의 규정에 의하여 기간이 정하여진 때에는 그 연장된 기간 이내에 인사청문회를 마쳐야 한다.(2007.12.14 단서개정)

② 위원회는 임명동의안등에 대한 인사청문회를 마친 날부터 3일 이내에 심사경과보고서 또는 인사청문경과보고서를 의장에게 제출한다.(2003.2.4 본항개정)

③ 위원회가 정당한 이유없이 제1항 및 제2항의 기간내에 임명동의안등(국회법 제65조의2제2항의 규정에 의하여 다른 법률에서 국회의 인사청문을 거치도록 한 공직후보자에 대한 인사청문요청안을 제외한다)에 대한 심사 또는 인사청문을 마치지 아니한 때에는 의장은 이를 바로 본회의에 부의할 수 있다.(2003.2.4 본항개정)

제10조【경과보고서】 ① 위원회가 제9조제2항의 규정에 의하여 의장에게 제출하는 보고서에는 심사경과 또는 인사청문경과를 기재하고 관련된 중요 증거서류를 첨부하여야 한다.(2003.2.4 본항개정)

② 의장은 보고서가 제출된 때에는 본회의에서 의제가 되기 전에 인쇄하여 의원에게 배부한다. 다만, 긴급을 요할 때에는 이를 생략할 수 있다.

③ 제1항의 규정에 의한 인사청문경과보고서중 국회법 제46조의3제1항 단서의 규정에 의한 국무총리후보자에 대한 인사청문경과보고서는 국무총리임명동의안의 심사경과보고서로 본다.(2003.2.4 본항신설)
(2003.2.4 본조제목개정)

제11조【위원장의 보고 등】 ① 위원장은 위원회에서 심사 또는 인사청문을 마친 임명동의안등에 대한 위원회의 심사경과 또는 인사청문경과를 본회의에 보고한다.

② 의장은 국회법 제65조의2제2항의 규정에 의한 공직후보자에 대한 인사청문경과가 본회의에 보고되면 지체없이 인사청문경과보고서를 대통령·대통령당선인 또는 대법원장에게 송부하여야 한다. 다만, 인사청문을 마친 후 폐회 또는 휴회 그 밖의 부득이한 사유로 위원장이 인사청문경과를 본회의에 보고할 수 없을 때에는 위원장은 이를 의장에게 보고하고 의장은 인사청문경과보고서를 대통령·대통령당선인 또는 대법원장에게 송부하여야 한다.(2007.12.14 본항개정)
(2003.2.4 본조개정)

제11조의2【대통령당선인의 행위에 대한 의제】「대통령직인수에 관한 법률」 제5조제2항에 따라 대통령당선인이 국무위원 후보자에 대한 인사청문을 요청한 후 대통령 임기가 개시된 때에는 대통령당선인이 인사청문과 관련하여 행한 행위는 대통령이 행한 행위로 본다.
(2007.12.14 본조신설)

제12조【자료제출요구】 ① 위원회는 그 의결 또는 재적의원 3분의 1 이상의 요구로 공직후보자의 인사청문과 직접 관련된 자료의 제출을 국가기관·지방자치단체, 기타 기관에 대하여 요구할 수 있다.

② 제1항의 요구를 받은 때에는 기간을 따로 정하는 경우를 제외하고는 5일 이내에 자료를 제출하여야 한다.

③ 제1항의 규정에 의하여 자료의 제출을 요구받은 기관은 제2항의 규정에 의한 기간 이내에 자료를 제출하지 아니한 때에는 그 사유서를 제출하여야 한다. 이 경우 위원회는 제출된 사유서를 심사경과보고서 또는 인사청문경과보고서에 첨부하여야 한다.(2003.2.4 본항신설)

④ 위원회는 제1항의 규정에 의하여 자료의 제출을 요구받은 기관이 정당한 사유없이 제2항의 규정에 의한 기간 이내에 자료를 제출하지 아니한 때에는 해당 기관에 이를 경고할 수 있다.(2020.3.24 본항개정)

제13조【검증】 위원회는 공직후보자의 인사청문을 위하여 필요한 경우에는 그 의결로 검증을 행할 수 있다.

제14조【인사청문회의 공개】 인사청문회는 공개한다. 다만, 다음 각호의 1에 해당하는 경우에는 위원회의 의결로 공개하지 아니할 수 있다.

1. 군사·외교 등 국가기밀에 관한 사항으로서 국가의 안전보장을 위하여 필요한 경우
2. 개인의 명예나 사생활을 부당하게 침해할 우려가 명백한 경우
3. 기업 및 개인의 적법한 금융 또는 상거래 등에 관한 정보가 누설될 우려가 있는 경우
4. 계속(繫屬)중인 재판 또는 수사중인 사건의 소추에 영향을 미치는 정보가 누설될 우려가 명백한 경우
5. 기타 다른 법령에 의해 비밀이 유지되어야 하는 경우로서 비공개가 필요하다고 판단되는 경우

제15조【공직후보자 등의 보호】 위원회에 출석한 공직후보자·증인·참고인 등이 답변을 하거나 증언 등을 함에 있어서 특별한 이유로 인사청문회의 비공개를 요구할 때에는 위원회의 의결로 인사청문회를 공개하지 아니할 수 있다. 이 경우 그 비공개이유는 비공개회의에서 소명하여야 한다.

제15조의2【공직후보자에 대한 지원】 국가기관은 이 법에 따른 공직후보자에게 인사청문에 필요한 최소한의 행정적 지원을 할 수 있다.(2010.5.28 본조신설)

제16조【답변 등의 거부】 ① 공직후보자는 국회에서의 증언·감정등에관한법률 제4조제1항 단서의 규정에 해당하는 경우에는 답변 또는 자료제출을 거부할 수 있다.

② 공직후보자는 형사소송법 제148조 또는 제149조의 규정에 해당하는 경우에 답변 또는 자료제출을 거부할 수 있다. 이 경우 그 거부이유는 소명하여야 한다.

제17조【제척과 회피】 ① 위원은 공직후보자와 직접 이해관계가 있거나 공정을 기할 수 없는 현저한 사유가 있는 경우에는 그 공직후보자에 대한 인사청문회에 참여할 수 없다.

② 위원회는 제척사유가 있다고 인정할 때에는 그 의결로 해당 위원의 인사청문회 참여를 배제하고 다른 위원으로 개선(改選)하여 심사 또는 인사청문을 하게 하여야 한다.(2020.3.24 본항개정)

③ 제1항의 사유가 있는 위원 또는 「국회법」 제32조의4제1항의 신고사항에 해당하여 이해충돌이 발생할 우려가 있다고 판단하는 위원은 위원장에게 회피를 신청하여야 한다. 이 경우 회피 신청을 받은 위원장은 간사와 협의하여 회피를 허가할 수 있다.(2021.5.18 본항개정)

제18조【주의의무】 ① 위원은 허위사실임을 알고 있음에도 진실인 것을 전제로 하여 발언하거나 위협적 또는 모욕적인 발언을 하여서는 아니된다.

② 위원 및 사무보조자는 임명동의안등의 심사 또는 인사청문을 통하여 알게된 비밀을 정당한 사유없이 누설하여서는 아니된다.(2003.2.4 본항개정)

제19조【준용규정】 위원회의 구성·운영과 인사청문회의 절차·운영 등에 관하여는 이 법에서 규정한 사항을 제외하고는 국회법, 국정감사및조사에관한법률 및 국회에서의증언·감정등에관한법률의 규정을 준용한다.

부 칙

① **【시행일】** 이 법은 공포한 날부터 시행한다.

② **【경과조치】** 이 법 시행 당시 국회법 제44조의 규정에 의하여 구성된 국무총리(이한동)임명동의에관한인사청문특별위원회와 동법 제65조에 의하여 개회되는 청문회는 각각 이 법에 의한 위원회 및 인사청문회로 본다.

부 칙 (2020.3.24)
(2020.8.18)

이 법은 공포한 날부터 시행한다.

부 칙 (2021.5.18)

제1조【시행일】 이 법은 2022년 5월 30일부터 시행한다.(이하 생략)

法院·法務編

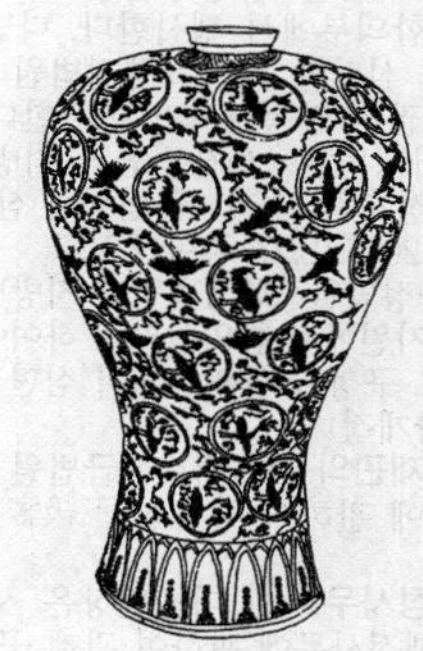

高麗 青磁雲鶴文梅甁(紋樣)

법원조직법

(1987년 12월 4일 전개법률 제3992호)

개정
1988. 8. 5법 4017호(헌재)
1990.12.31법 4300호(가소)
1994. 7.27법 4765호　　1995. 3.30법 4945호
1995.12. 6법 5002호(집행관)
1996.12.12법 5181호
1998. 9.23법 5577호(실용신안)
1999. 1.21법 5642호(법관징계법)
1999.12.31법 6084호　　2001. 1.29법 6408호
2004.12.31법 7289호(디자인보호)
2005. 3.24법 7402호　　2005.12.14법 7725호
2005.12.23법 7730호
2006. 2.21법 7849호(제주자치법)
2006. 3. 3법 7872호(실용신안)
2007. 1.26법 8270호　　2007. 5. 1법 8411호
2007. 5.17법 8435호(가족관계등록)
2007.12.27법 8794호　　2010. 1.25법 9940호
2011. 7.18법10861호
2012.12.11법11530호(국가공무원)
2012.12.18법11554호
2013. 5.28법11848호(디자인보호)
2013. 8.13법12041호　　2014. 1. 7법12188호
2014.10.15법12780호(소송촉진)
2014.12.30법12886호　　2015.12. 1법13522호
2016. 1. 6법13717호(특정범죄가중)
2016. 1. 6법13718호(폭력처벌)
2016. 1. 6법13719호(형법)
2016. 2.29법14033호(상표)
2016. 3.29법14104호　　2016.12.27법14470호
2017.12.12법15152호　　2018. 3.20법15490호
2018.12.24법16037호(도로교통)
2020. 2. 4법16959호　　2020. 3.24법17125호
2020.12.22법17689호(국가자치경찰)
2021. 1.26법17907호(중대재해처벌등에관한법)
2021.12.21법18633호

제1편 총 칙
(2014.12.30 본편개정)

제1조【목적】 이 법은 헌법에 따라 사법권을 행사하는 법원의 조직을 정함을 목적으로 한다.
제2조【법원의 권한】 ① 법원은 헌법에 특별한 규정이 있는 경우를 제외한 모든 법률상의 쟁송(爭訟)을 심판하고, 이 법과 다른 법률에 따라 법원에 속하는 권한을 가진다.
② 제1항은 행정기관에 의한 전심(前審)으로서의 심판을 금하지 아니한다.
③ 법원은 등기, 가족관계등록, 공탁, 집행관, 법무사에 관한 사무를 관장하거나 감독한다.
제3조【법원의 종류】 ① 법원은 다음의 7종류로 한다. (2016.12.27 본문개정)
1. 대법원
2. 고등법원
3. 특허법원
4. 지방법원
5. 가정법원
6. 행정법원
7. 회생법원(2016.12.27 본호신설)
② 지방법원 및 가정법원의 사무의 일부를 처리하게 하기 위하여 그 관할구역에 지원(支院)과 가정지원, 시법원 또는 군법원(이하 "시·군법원"이라 한다) 및 등기소를 둘 수 있다. 다만, 지방법원 및 가정법원의 지원은 2개를 합하여 1개의 지원으로 할 수 있다.
③ 고등법원·특허법원·지방법원·가정법원·행정법원·회생법원과 지방법원 및 가정법원의 지원, 가정지원, 시·군법원의 설치·폐지 및 관할구역은 따로 법률로 정하고, 등기소의 설치·폐지 및 관할구역은 대법원규칙으로 정한다.(2016.12.27 본항개정)
제4조【대법관】 ① 대법원에 대법관을 둔다.
② 대법관의 수는 대법원장을 포함하여 14명으로 한다.
제5조【판사】 ① 대법원장과 대법관이 아닌 법관은 판사로 한다.
② 고등법원·특허법원·지방법원·가정법원·행정법원 및 회생법원에 판사를 둔다.(2016.12.27 본항개정)
③ 판사의 수는 따로 법률로 정한다. 다만, 제2항의 각급 법원에 배치할 판사의 수는 대법원규칙으로 정한다.
제6조【직무대리】 ① 대법원장은 판사로 하여금 다른 고등법원·특허법원·지방법원·가정법원·행정법원 또는 회생법원의 판사의 직무를 대리하게 할 수 있다. (2016.12.27 본항개정)
② 고등법원장 또는 지방법원장은 그 관할구역으로 한정하여 판사로 하여금 제1항에 따른 직무대리를 하게 할 수 있다. 다만, 대리기간이 6개월을 초과하는 경우에는 대법원장의 허가를 받아야 한다.
제7조【심판권의 행사】 ① 대법원의 심판권은 대법관 전원의 3분의 2 이상의 합의체에서 행사하며, 대법원장이 재판장이 된다. 다만, 대법관 3명 이상으로 구성된 부(部)에서 먼저 사건을 심리(審理)하여 의견이 일치한 경우에 한정하여 다음 각 호의 경우를 제외하고 그 부에서 재판할 수 있다.
1. 명령 또는 규칙이 헌법에 위반된다고 인정하는 경우
2. 명령 또는 규칙이 법률에 위반된다고 인정하는 경우
3. 종전에 대법원에서 판시(判示)한 헌법·법률·명령 또는 규칙의 해석 적용에 관한 의견을 변경할 필요가 있다고 인정하는 경우
4. 부에서 재판하는 것이 적당하지 아니하다고 인정하는 경우
② 대법원장은 필요하다고 인정하는 경우에 특정한 부로 하여금 행정·조세·노동·군사·특허 등의 사건을 전담하여 심판하게 할 수 있다.
③ 고등법원·특허법원 및 행정법원의 심판권은 판사 3명으로 구성된 합의부에서 행사한다. 다만, 행정법원의 경우 단독판사가 심판할 것으로 행정법원 합의부가 결정한 사건의 심판권은 단독판사가 행사한다.
④ 지방법원·가정법원·회생법원과 지방법원 및 가정법원의 지원, 가정지원 및 시·군법원의 심판권은 단독판사가 행사한다.(2016.12.27 본항개정)
⑤ 지방법원·가정법원·회생법원과 지방법원 및 가정법원의 지원, 가정지원에서 합의심판을 하여야 하는 경우에는 판사 3명으로 구성된 합의부에서 심판권을 행사한다. (2016.12.27 본항개정)
제8조【상급심 재판의 기속력】 상급법원 재판에서의 판단은 해당 사건에 관하여 하급심(下級審)을 기속(羈束)한다.
제9조【사법행정사무】 ① 대법원장은 사법행정사무를 총괄하며, 사법행정사무에 관하여 관계 공무원을 지휘·감독한다.
② 대법원장은 사법행정사무의 지휘·감독권의 일부를 법률이나 대법원규칙으로 정하는 바에 따라 또는 대법원장의 명으로 법원행정처장이나 각급 법원의 장, 사법연수원장, 법원공무원교육원장 또는 법원도서관장에게 위임할 수 있다.
③ 대법원장은 법원의 조직, 인사, 운영, 재판절차, 등기, 가족관계등록, 그 밖의 법원 업무와 관련된 법률의 제정 또는 개정이 필요하다고 인정하는 경우에는 국회에 서면으로 그 의견을 제출할 수 있다.
제9조의2【판사회의】 ① 고등법원·특허법원·지방법원·가정법원·행정법원 및 회생법원과 대법원규칙으로 정하는 지원에 사법행정에 관한 자문기관으로 판사회의를 둔다.(2016.12.27 본항개정)
② 판사회의는 판사로 구성하되, 그 조직과 운영에 필요한 사항은 대법원규칙으로 정한다.
제10조【각급 법원 등의 사무국】 ① 고등법원·특허법원·지방법원·가정법원·행정법원 및 회생법원과 대법원규칙으로 정하는 지원에 사무국을 두며, 대법원규칙으로 정하는 고등법원 및 지방법원에 사무국 외의 국(局)을 둘 수 있다.(2016.12.27 본항개정)
② 제1항의 사무국 및 국, 사무국을 두지 아니하는 지원 및 가정지원에 과(課)를 두되, 그 설치 및 분장사무는 대법원규칙으로 정한다.
③ 고등법원과 특허법원의 사무국장 및 제1항에 규정된 사무국 외의 국을 두고 있는 지방법원의 사무국장은 법원이사관 또는 법원부이사관으로 보(補)하고, 고등법원 국장, 지방법원 사무국장(제1항에 규정된 사무국 외의 국을 두고 있는 지방법원의 사무국장은 제외한다) 및 국장, 가정법원 사무국장, 행정법원 사무국장, 회생법원 사무국장 및 대법원규칙으로 정하는 지원의 사무국장은 법원부이사관 또는 법원서기관으로 보하며, 과장은 법원부이사관·법원서기관·법원사무관 또는 등기사무관으로 보한다. (2016.12.27 본항개정)
④ 사무국장, 국장 및 과장은 상사의 명을 받아 국 또는 과의 사무를 관장하고, 소속 직원을 지휘·감독한다.

제2편 대법원
(2014.12.30 본편제목개정)

제11조【최고법원】 대법원은 최고법원이다. (2014.12.30 본조개정)
제12조【소재지】 대법원은 서울특별시에 둔다. (2014.12.30 본조개정)
제13조【대법원장】 ① 대법원에 대법원장을 둔다.
② 대법원장은 대법원의 일반사무를 관장하며, 대법원의 직원과 각급 법원 및 그 소속 기관의 사법행정사무에 관하여 직원을 지휘·감독한다.
③ 대법원장이 궐위되거나 부득이한 사유로 직무를 수행할 수 없을 때에는 선임대법관이 그 권한을 대행한다. (2014.12.30 본조개정)
제14조【심판권】 대법원은 다음 각 호의 사건을 종심(終審)으로 심판한다.
1. 고등법원 또는 항소법원·특허법원의 판결에 대한 상고사건
2. 항고법원·고등법원 또는 항소법원·특허법원의 결정·명령에 대한 재항고사건
3. 다른 법률에 따라 대법원의 권한에 속하는 사건
(2014.12.30 본조개정)
제15조【대법관의 의사표시】 대법원 재판서(裁判書)에는 합의에 관여한 모든 대법관의 의견을 표시하여야 한다. (2014.12.30 본조개정)
제16조【대법관회의의 구성과 의결방법】 ① 대법관회의는 대법관으로 구성되며, 대법원장이 그 의장이 된다.
② 대법관회의는 대법관 전원의 3분의 2 이상의 출석과 출석인원 과반수의 찬성으로 의결한다.
③ 의장은 의결에서 표결권을 가지며, 가부동수(可否同數)일 때에는 결정권을 가진다.
(2014.12.30 본조개정)
제17조【대법관회의의 의결사항】 다음 각 호의 사항은 대법관회의의 의결을 거친다.
1. 판사의 임명 및 연임에 대한 동의
2. 대법원규칙의 제정과 개정 등에 관한 사항
3. 판례의 수집·간행에 관한 사항
4. 예산 요구, 예비금 지출과 결산에 관한 사항
5. 다른 법령에 따라 대법관회의의 권한에 속하는 사항
6. 특히 중요하다고 인정되는 사항으로서 대법원장이 회의에 부친 사항
(2014.12.30 본조개정)
제18조【위임사항】 대법관회의의 운영에 필요한 사항은 대법원규칙으로 정한다.(2014.12.30 본조개정)
제19조【법원행정처】 ① 사법행정사무를 관장하기 위하여 대법원에 법원행정처를 둔다.
② 법원행정처는 법원의 인사·예산·회계·시설·통계·송무(訟務)·등기·가족관계등록·공탁·집행관·법무사·법령조사 및 사법제도연구에 관한 사무를 관장한다.
(2014.12.30 본조개정)
제20조【사법연수원】 판사의 연수와 사법연수생의 수습에 관한 사무를 관장하기 위하여 대법원에 사법연수원을 둔다.(2014.12.30 본조개정)
제20조의2【사법정책연구원】 사법제도 및 재판제도의 개선에 관한 연구를 하기 위하여 대법원에 사법정책연구원을 둔다.(2013.8.13 본조신설)
제21조【법원공무원교육원】 법원직원·집행관 등의 연수 및 양성에 관한 사무를 관장하기 위하여 대법원에 법원공무원교육원을 둔다.(2014.12.30 본조개정)
제22조【법원도서관】 재판사무의 지원 및 법률문화의 창달을 위한 판례·법령·문헌·사료 등 정보를 조사·수집·편찬하고 이를 관리·제공하기 위하여 대법원에 법원도서관을 둔다.(2014.12.30 본조개정)
제23조【대법원장비서실 등】 ① 대법원에 대법원장비서실을 둔다.
② 대법원장비서실에 실장을 두되, 실장은 판사로 보하거나 정무직으로 하고, 대법원장의 명을 받아 비서실의 사무를 관장하며, 소속 공무원을 지휘·감독한다.
③ 대법원장비서실의 조직과 운영에 필요한 사항은 대법원규칙으로 정한다.
④ 대법원에 대법관비서관을 둔다.
⑤ 대법관비서관은 법원서기관 또는 4급 상당의 별정직공무원으로 보한다.
(2014.12.30 본조개정)
제24조【재판연구관】 ① 대법원에 재판연구관을 둔다.
② 재판연구관은 대법원장의 명을 받아 대법원에서 사건의 심리 및 재판에 관한 조사·연구 업무를 담당한다.
③ 재판연구관은 판사로 보하거나 3년 이내의 기간을 정하여 판사가 아닌 사람 중에서 임명할 수 있다.
④ 판사가 아닌 재판연구관은 2급 또는 3급 상당의 별정직공무원이나 「국가공무원법」 제26조의5에 따른 임기제공무원으로 하고, 그 직제(職制) 및 자격 등에 관하여는 대법원규칙으로 정한다.
⑤ 대법원장은 다른 국가기관, 공공단체, 교육기관, 연구기관, 그 밖에 필요한 기관에 대하여 소속 공무원 및 직원을 재판연구관으로 근무하게 하기 위하여 파견근무를 요청할 수 있다.
⑥ 제5항에 따라 파견된 재판연구관에게는 대법원규칙으로 정하는 수당을 지급할 수 있다.
(2014.12.30 본조개정)
제25조【사법정책자문위원회】 ① 대법원장은 필요하다고 인정할 경우에는 대법원장의 자문기관으로 사법정책자문위원회를 둘 수 있다.
② 사법정책자문위원회는 사법정책에 관하여 학식과 덕망이 높은 사람 중에서 대법원장이 위촉하는 7명 이내의

위원으로 구성하며, 그 조직·운영에 필요한 사항은 대법원규칙으로 정한다.
(2014.12.30 본조개정)

제25조의2【법관인사위원회】 ① 법관의 인사에 관한 중요 사항을 심의하기 위하여 대법원에 법관인사위원회(이하 "인사위원회"라 한다)를 둔다.
② 인사위원회는 다음 각 호의 사항을 심의한다.
1. 인사에 관한 기본계획의 수립에 관한 사항
2. 제41조제3항에 따른 판사의 임명에 관한 사항
3. 제45조의2에 따른 판사의 연임에 관한 사항
4. 제47조에 따른 판사의 퇴직에 관한 사항
5. 그 밖에 대법원장이 중요하다고 인정하여 회의에 부치는 사항
③ 인사위원회는 위원장 1명을 포함한 11명의 위원으로 구성한다.
④ 위원은 다음 각 호에 해당하는 사람을 대법원장이 임명하거나 위촉한다.
1. 법관 3명
2. 법무부장관이 추천하는 검사 2명. 다만, 제2항제2호의 판사의 신규 임명에 관한 심의에만 참여한다.
3. 대한변호사협회장이 추천하는 변호사 2명
4. 사단법인 한국법학교수회 회장과 사단법인 법학전문대학원협의회 이사장이 각각 1명씩 추천하는 법학교수 2명
5. 학식과 덕망이 있고 각계 전문 분야에서 경험이 풍부한 사람으로서 변호사의 자격이 없는 사람 2명. 이 경우 1명 이상은 여성이어야 한다.
⑤ 위원장은 위원 중에서 대법원장이 임명하거나 위촉한다.
⑥ 제1항부터 제5항까지에서 규정한 사항 외에 인사위원회의 구성과 운영 등에 필요한 사항은 대법원규칙으로 정한다.
(2014.12.30 본조개정)

제3편 각급 법원
(2014.12.30 본편개정)

제1장 고등법원

제26조【고등법원장】 ① 고등법원에 고등법원장을 둔다.
② 고등법원장은 판사로 보한다.
③ 고등법원장은 그 법원의 사법행정사무를 관장하며, 소속 공무원을 지휘·감독한다.
④ 고등법원장이 궐위되거나 부득이한 사유로 직무를 수행할 수 없을 때에는 수석판사, 선임판사의 순서로 그 권한을 대행한다.(2020.3.24 본항개정)
⑤ 고등법원에 고등법원장비서관을 둔다.
⑥ 고등법원장비서관은 법원사무관 또는 5급 상당의 별정직공무원으로 보한다.

제27조【부】 ① 고등법원에 부(部)를 둔다.
② (2020.3.24 삭제)
③ 부의 구성원 중 1인은 그 부의 재판에서 재판장이 되며, 고등법원장의 지휘에 따라 그 부의 사무를 감독한다.
(2020.3.24 본항개정)
④ 재판업무 수행상 필요한 경우 대법원규칙으로 정하는 바에 따라 고등법원의 부로 하여금 그 관할구역의 지방법원 소재지에서 사무를 처리하게 할 수 있다.
⑤ 대법원장은 제4항에 따라 지방법원 소재지에서 사무를 처리하는 고등법원의 부가 2개 이상인 경우 그 부와 관련된 사법행정사무를 관장하는 법관을 지정할 수 있다.

제28조【심판권】 고등법원은 다음의 사건을 심판한다. 다만, 제28조의4제2호에 따라 특허법원의 권한에 속하는 사건은 제외한다.(2015.12.1 단서신설)
1. 지방법원 합의부, 가정법원 합의부, 회생법원 합의부 또는 행정법원의 제1심 판결·심판·결정·명령에 대한 항소 또는 항고사건(2016.12.27 본호개정)
2. 지방법원단독판사, 가정법원단독판사의 제1심 판결·심판·결정·명령에 대한 항소 또는 항고사건으로서 형사사건을 제외한 사건 중 대법원규칙으로 정하는 사건
3. 다른 법률에 따라 고등법원의 권한에 속하는 사건

제2장 특허법원

제28조의2【특허법원장】 ① 특허법원에 특허법원장을 둔다.
② 특허법원장은 판사로 보한다.
③ 특허법원장은 그 법원의 사법행정사무를 관장하며, 소속 공무원을 지휘·감독한다.
④ 특허법원에 대해서는 제26조제4항부터 제6항까지의 규정을 준용한다.

제28조의3【부】 ① 특허법원에 부(部)를 둔다.
② 특허법원에 대해서는 제27조제3항을 준용한다.
(2020.3.24 본항개정)

제28조의4【심판권】 특허법원은 다음의 사건을 심판한다.
1. 「특허법」 제186조제1항, 「실용신안법」 제33조, 「디자인보호법」 제166조제1항 및 「상표법」 제162조에서 정하는 제1심사건(2016.2.29 본호개정)
2. 「민사소송법」 제24조제2항 및 제3항에 따른 사건의 항소사건(2015.12.1 본호신설)
3. 다른 법률에 따라 특허법원의 권한에 속하는 사건

제3장 지방법원

제29조【지방법원장】 ① 지방법원에 지방법원장을 둔다.
② 지방법원장은 판사로 보한다.
③ 지방법원장은 그 법원과 소속 지원, 시·군법원 및 등기소의 사법행정사무를 관장하며, 소속 공무원을 지휘·감독한다.
④ 지방법원장이 궐위되거나 부득이한 사유로 직무를 수행할 수 없을 때에는 수석부장판사, 선임부장판사의 순서로 그 권한을 대행한다.(2020.3.24 본항개정)
⑤ 지방법원에 대해서는 제26조제5항 및 제6항을 준용한다.(2020.3.24 본항신설)

제30조【부】 ① 지방법원에 부(部)를 둔다.
② 부에 부장판사를 둘 수 있다.(2020.3.24 본항개정)
③ 지방법원에 대해서는 제27조제3항을 준용한다.
(2020.3.24 본항신설)

제31조【지원】 ① 지방법원의 지원과 가정지원에 지원장을 둔다.
② 지원장은 판사로 보한다.
③ 지원장은 소속 지방법원장의 지휘를 받아 그 지원과 관할구역에 있는 시·군법원의 사법행정사무를 관장하며, 소속 공무원을 지휘·감독한다.
④ 사무국을 둔 지원의 지원장은 소속 지방법원장의 지휘를 받아 관할구역에 있는 등기소의 사무를 관장하며, 소속 공무원을 지휘·감독한다.
⑤ 지방법원의 지원과 가정지원에 부(部)를 둘 수 있다.
⑥ 제5항에 따라 부를 두는 지방법원의 지원과 가정지원에 대해서는 제27조제3항 및 제30조제2항을 준용한다.
(2020.3.24 본항개정)

제31조의2【가정지원의 관할】 가정지원은 가정법원이 설치되지 아니한 지역에서 가정법원의 권한에 속하는 사항을 관할한다. 다만, 가정법원단독판사의 판결·심판·결정·명령에 대한 항소 또는 항고사건에 관한 심판에 해당하는 사항은 제외한다.

제32조【합의부의 심판권】 ① 지방법원과 그 지원의 합의부는 다음의 사건을 제1심으로 심판한다.
1. 합의부에서 심판할 것으로 합의부가 결정한 사건
2. 민사사건에 관하여는 대법원규칙으로 정하는 사건
3. 사형, 무기 또는 단기 1년 이상의 징역 또는 금고에 해당하는 사건. 다만, 다음 각 목의 사건은 제외한다.
  가. 「형법」 제258조의2제1항, 제331조, 제332조(제331조의 상습범으로 한정한다)와 그 각 미수죄, 제350조의2와 그 미수죄, 제363조에 해당하는 사건(2021.12.21 본목개정)
  나. 「폭력행위 등 처벌에 관한 법률」 제2조제3항제2호·제3호, 제6조(제2조제3항제2호·제3호의 미수죄로 한정한다) 및 제9조에 해당하는 사건(2016.1.6 본목개정)
  다. 「병역법」 위반사건
  라. 「특정범죄 가중처벌 등에 관한 법률」 제5조의3제1항, 제5조의4제5항제1호·제3호 및 제5조의11에 해당하는 사건(2016.1.6 본목개정)
  마. 「보건범죄 단속에 관한 특별조치법」 제5조에 해당하는 사건
  바. 「부정수표 단속법」 제5조에 해당하는 사건
  사. 「도로교통법」 제148조의2제1항·제2항, 같은 조 제3항제1호 및 제2호에 해당하는 사건(2018.12.24 본목개정)
  아. 「중대재해 처벌 등에 관한 법률」 제6조제1항·제3항 및 제10조제1항에 해당하는 사건(2021.1.26 본목신설)
4. 제3호의 사건과 동시에 심판할 공범사건
5. 지방법원판사에 대한 제척·기피사건
6. 다른 법률에 따라 지방법원 합의부의 권한에 속하는 사건
② 지방법원 본원 합의부 및 춘천지방법원 강릉지원 합의부는 지방법원단독판사의 판결·결정·명령에 대한 항소 또는 항고사건 중 제28조제2호에 해당하지 아니하는 사건을 제2심으로 심판한다. 다만, 제28조의4제2호에 따라 특허법원의 권한에 속하는 사건은 제외한다.
(2015.12.1 단서신설)

제33조【시·군법원】 ① 대법원장은 지방법원 또는 그 지원 소속 판사 중에서 그 관할구역에 있는 시·군법원의 판사를 지명하여 시·군법원의 관할사건을 심판하게 한다. 이 경우 1명의 판사를 둘 이상의 시·군법원의 판사로 지명할 수 있다.
② 시·군법원의 판사는 소속 지방법원장 또는 지원장의 지휘를 받아 시·군법원의 사법행정사무를 관장하며, 그 소속 직원을 지휘·감독한다. 다만, 가사사건에 관하여는 그 지역을 관할하는 가정법원장 또는 그 지원장의 지휘를 받는다.

제34조【시·군법원의 관할】 ① 시·군법원은 다음 각 호의 사건을 관할한다.
1. 「소액사건심판법」을 적용받는 민사사건
2. 화해·독촉 및 조정(調停)에 관한 사건
3. 20만원 이하의 벌금 또는 구류나 과료에 처할 범죄사건
4. 「가족관계의 등록 등에 관한 법률」 제75조에 따른 협의상 이혼의 확인
② 제1항제2호 및 제3호의 사건이 불복신청으로 제1심법원에 계속(係屬)하게 된 경우에는 그 지역을 관할하는 지방법원 또는 그 지원이 관할한다. 다만, 「소액사건심판법」을 적용받는 사건은 그 시·군법원에서 관할한다.
③ 제1항제3호에 해당하는 범죄사건에 대해서는 즉결심판을 한다.

제35조【즉결심판에 대한 정식재판의 청구】 제34조의 즉결심판에 대하여 피고인은 고지를 받은 날부터 7일 이내에 정식재판을 청구할 수 있다.

제36조【등기소】 ① 등기소에 소장을 둔다.
② 소장은 법원서기관·법원사무관 또는 등기사무관으로 보한다.
③ 소장은 소속 지방법원장 또는 사무국을 둔 지원의 지원장의 지휘를 받아 등기소의 사무를 관장하고, 그 소속 직원을 지휘·감독한다.

제4장 가정법원

제37조【가정법원장】 ① 가정법원에 가정법원장을 둔다.
② 가정법원장은 판사로 보한다.
③ 가정법원장은 그 법원과 소속 지원의 사법행정사무를 관장하며, 소속 공무원을 지휘·감독한다. 다만, 제3조제2항 단서에 따라 1개의 지원을 두는 경우에는 가정법원장은 그 지원의 가사사건, 소년보호 및 가족관계등록에 관한 사무를 지휘·감독한다.
④ 가정법원에 대해서는 제26조제5항 및 제6항, 제29조제4항을 준용한다.(2020.3.24 본항개정)

제38조【부】 ① 가정법원에 부(部)를 둔다.
② 가정법원에 대해서는 제27조제3항 및 제30조제2항을 준용한다.(2020.3.24 본항개정)

제39조【지원】 ① 가정법원 지원에 지원장을 둔다.
② 지원장은 소속 가정법원장의 지휘를 받아 지원의 사법행정사무를 관장하며, 소속 공무원을 지휘·감독한다.
③ 가정법원의 지원에 대해서는 제27조제3항, 제30조제2항 및 제31조제2항·제5항을 준용한다.(2020.3.24 본항개정)

제40조【합의부의 심판권】 ① 가정법원 및 가정법원 지원의 합의부는 다음 각 호의 사건을 제1심으로 심판한다.
1. 「가사소송법」에서 정한 가사소송과 마류(類) 가사비송사건(家事非訟事件) 중 대법원규칙으로 정하는 사건
2. 가정법원판사에 대한 제척·기피사건
3. 다른 법률에 따라 가정법원 합의부의 권한에 속하는 사건
② 가정법원 본원 합의부 및 춘천가정법원 강릉지원 합의부는 가정법원단독판사의 판결·심판·결정·명령에 대한 항소 또는 항고사건 중 제28조제2호에 해당하지 아니하는 사건을 제2심으로 심판한다.

제5장 행정법원

제40조의2【행정법원장】 ① 행정법원에 행정법원장을 둔다.
② 행정법원장은 판사로 보한다.
③ 행정법원장은 그 법원의 사법행정사무를 관장하며, 소속 공무원을 지휘·감독한다.
④ 행정법원에 대해서는 제26조제5항 및 제6항, 제29조제4항을 준용한다.(2020.3.24 본항개정)

제40조의3【부】 ① 행정법원에 부(部)를 둔다.
② 행정법원에 대해서는 제27조제3항 및 제30조제2항을 준용한다.(2020.3.24 본항개정)

제40조의4【심판권】 행정법원은 「행정소송법」에서 정한 행정사건과 다른 법률에 따라 행정법원의 권한에 속하는 사건을 제1심으로 심판한다.

제6장 회생법원
(2016.12.27 본장신설)

제40조의5【회생법원장】 ① 회생법원에 회생법원장을 둔다.
② 회생법원장은 판사로 보한다.
③ 회생법원장은 그 법원의 사법행정사무를 관장하며, 소속 공무원을 지휘·감독한다.
④ 회생법원에 대해서는 제26조제5항 및 제6항, 제29조제4항을 준용한다.(2020.3.24 본항개정)

제40조의6【부】 ① 회생법원에 부를 둔다.
② 회생법원에 대해서는 제27조제3항 및 제30조제2항을 준용한다.(2020.3.24 본항개정)

제40조의7【합의부의 심판권】 ① 회생법원의 합의부는 다음 각 호의 사건을 제1심으로 심판한다.
1. 「채무자 회생 및 파산에 관한 법률」에 따라 회생법원 합의부의 권한에 속하는 사건
2. 합의부에서 심판할 것으로 합의부가 결정한 사건
3. 회생법원판사에 대한 제척·기피사건 및 「채무자 회생 및 파산에 관한 법률」 제16조에 따른 관리위원에 대한 기피사건
4. 다른 법률에 따라 회생법원 합의부의 권한에 속하는 사건
② 회생법원 합의부는 회생법원단독판사의 판결·결정·명령에 대한 항소 또는 항고사건을 제2심으로 심판한다.

제4편 법 관
(2014.12.30 본편개정)

제41조【법관의 임명】 ① 대법원장은 국회의 동의를 받아 대통령이 임명한다.
② 대법관은 대법원장의 제청으로 국회의 동의를 받아 대통령이 임명한다.
③ 판사는 인사위원회의 심의를 거치고 대법관회의의 동의를 받아 대법원장이 임명한다.

제41조의2【대법관후보추천위원회】 ① 대법원장이 제청할 대법관 후보자의 추천을 위하여 대법원에 대법관후보추천위원회(이하 "추천위원회"라 한다)를 둔다.
② 추천위원회는 대법원장이 대법관 후보자를 제청할 때마다 위원장 1명을 포함한 10명의 위원으로 구성한다.
③ 위원은 다음 각 호에 해당하는 사람을 대법원장이 임명하거나 위촉한다.
1. 선임대법관
2. 법원행정처장
3. 법무부장관
4. 대한변호사협회장
5. 사단법인 한국법학교수회 회장
6. 사단법인 법학전문대학원협의회 이사장
7. 대법관이 아닌 법관 1명
8. 학식과 덕망이 있고 각계 전문 분야에서 경험이 풍부한 사람으로서 변호사 자격을 가지지 아니한 사람 3명. 이 경우 1명 이상은 여성이어야 한다.

④ 위원장은 위원 중에서 대법원장이 임명하거나 위촉한다.
⑤ 추천위원회는 대법원장 또는 위원 3분의 1 이상이 요청하거나 위원장이 필요하다고 인정할 때 위원장이 소집하고, 재적위원 과반수의 찬성으로 의결한다.
⑥ 추천위원회는 제청할 대법관(제청할 대법관이 2명 이상인 경우에는 각각의 대법관을 말한다)의 3배수 이상을 대법관 후보자로 추천하여야 한다.
⑦ 대법원장은 대법관 후보자를 제청하는 경우에는 추천위원회의 추천 내용을 존중한다.
⑧ 추천위원회가 제6항에 따라 대법관 후보자를 추천하면 해당 추천위원회는 해산된 것으로 본다.
⑨ 제1항부터 제8항까지에서 규정한 사항 외에 추천위원회의 구성과 운영 등에 필요한 사항은 대법원규칙으로 정한다.

제42조【임용자격】 ① 대법원장과 대법관은 20년 이상 다음 각 호의 직(職)에 있던 45세 이상의 사람 중에서 임용한다.
1. 판사·검사·변호사
2. 변호사 자격이 있는 사람으로서 국가기관, 지방자치단체, 「공공기관의 운영에 관한 법률」 제4조에 따른 공공기관, 그 밖의 법인에서 법률에 관한 사무에 종사한 사람
3. 변호사 자격이 있는 사람으로서 공인된 대학의 법률학 조교수 이상으로 재직한 사람

② 판사는 10년 이상 제1항 각 호의 직에 있던 사람 중에서 임용한다. 판사의 임용에는 성별, 연령, 법조경력의 종류 및 기간, 전문분야 등 국민의 다양한 기대와 요청에 부응하기 위한 사항을 적극 반영하여야 한다.(2021.12.21 후단신설)
③ 제1항 각 호에 규정된 둘 이상의 직에 재직한 사람에 대해서는 그 연수를 합산한다.
④ 법원행정처는 제2항에 따른 판사 임용 과정과 결과 및 임용제도 개선 상황을 매년 국회 소관 상임위원회에 보고하여야 한다.(2021.12.21 본항신설)

제42조의2 (2007.5.1 삭제)

제42조의3【직무권한의 제한】 ① 제42조제1항 각 호의 재직기간을 합산하여 5년 미만인 판사는 변론을 열어 판결하는 사건에 관하여는 단독으로 재판할 수 없다.
② 제1항의 판사는 합의부의 재판장이 될 수 없다.

제42조의4 (1999.12.31 삭제)

제43조【결격사유】 ① 다음 각 호의 어느 하나에 해당하는 사람은 법관으로 임용할 수 없다.
1. 다른 법령에 따라 공무원으로 임용하지 못하는 사람
2. 금고 이상의 형을 선고받은 사람
3. 탄핵으로 파면된 후 5년이 지나지 아니한 사람
4. 대통령비서실 소속의 공무원으로서 퇴직 후 3년이 지나지 아니한 사람(2020.2.4 본호신설)
5. 「정당법」 제22조에 따른 정당의 당원 또는 당원의 신분을 상실한 날부터 3년이 경과되지 아니한 사람(2020.3.24 본호신설)
6. 「공직선거법」 제2조에 따른 선거에 후보자(예비후보자를 포함한다)로 등록한 날부터 5년이 경과되지 아니한 사람(2020.3.24 본호신설)
7. 「공직선거법」 제2조에 따른 대통령선거에서 후보자의 당선을 위하여 자문이나 고문의 역할을 한 날부터 3년이 경과되지 아니한 사람(2020.3.24 본호신설)

② 제1항제7호에 따른 자문이나 고문의 역할을 한 사람의 구체적인 범위는 대법원규칙으로 정한다.(2020.3.24 본항신설)

제44조【보직】 ① 판사의 보직(補職)은 대법원장이 행한다.
② 사법연수원장, 고등법원장, 특허법원장, 법원행정처차장, 지방법원장, 가정법원장, 행정법원장, 회생법원장은 15년 이상 제42조제1항 각 호의 직에 있던 사람 중에서 보한다.(2020.3.24 본항개정)

제44조의2【근무성적 등의 평정】 ① 대법원장은 판사에 대한 근무성적과 자질을 평정(評定)하기 위하여 공정한 평정기준을 마련하여야 한다.
② 제1항의 평정기준에는 근무성적평정인 경우에는 사건처리율과 처리기간, 상소율, 파기율 및 파기사유 등이 포함되어야 하고, 자질평정인 경우에는 성실성, 청렴성 및 친절성 등이 포함되어야 한다.
③ 대법원장은 제1항의 평정기준에 따라 판사에 대한 평정을 실시하고 그 결과를 연임, 보직 및 전보 등의 인사관리에 반영한다.
④ 제1항부터 제3항까지에서 규정한 사항 외에 근무성적과 자질의 평정에 필요한 사항은 대법원규칙으로 정한다.

제45조【임기·연임·정년】 ① 대법원장의 임기는 6년으로 하며, 중임(重任)할 수 없다.
② 대법관의 임기는 6년으로 하며, 연임할 수 있다.
③ 판사의 임기는 10년으로 하며, 연임할 수 있다.
④ 대법원장과 대법관의 정년은 각각 70세, 판사의 정년은 65세로 한다.
⑤ 판사는 그 정년에 이른 날이 2월에서 7월 사이에 있는 경우에는 7월 31일에, 8월에서 다음 해 1월 사이에 있는 경우에는 다음 해 1월 31일에 각각 당연히 퇴직한다.(2018.3.20 본항신설)

제45조의2【판사의 연임】 ① 임기가 끝난 판사는 인사위원회의 심의를 거치고 대법관회의의 동의를 받아 대법원장의 연임발령으로 연임한다.
② 대법원장은 다음 각 호의 어느 하나에 해당한다고 인정되는 판사에 대해서는 연임발령을 하지 아니한다.
1. 신체상 또는 정신상의 장해로 판사로서 정상적인 직무를 수행할 수 없는 경우
2. 근무성적이 현저히 불량하여 판사로서 정상적인 직무를 수행할 수 없는 경우
3. 판사로서의 품위를 유지하는 것이 현저히 곤란한 경우

③ 판사의 연임절차에 관하여 필요한 사항은 대법원규칙으로 정한다.

제46조【법관의 신분보장】 ① 법관은 탄핵결정이나 금고 이상의 형의 선고에 의하지 아니하고는 파면되지 아니하며, 징계처분에 의하지 아니하고는 정직(停職)·감봉 또는 불리한 처분을 받지 아니한다.
② 법관의 보수는 직무와 품위에 상응하도록 따로 법률로 정한다.

제47조【심신상의 장해로 인한 퇴직】 법관이 중대한 신체상 또는 정신상의 장해로 직무를 수행할 수 없을 때에는, 대법관인 경우에는 대법원장의 제청으로 대통령이 퇴직을 명할 수 있고, 판사인 경우에는 인사위원회의 심의를 거쳐 대법원장이 퇴직을 명할 수 있다.

제48조【징계】 ① 대법원에 법관징계위원회를 둔다.
② 법관 징계에 관한 사항은 따로 법률로 정한다.

제49조【금지사항】 법관은 재직 중 다음 각 호의 행위를 할 수 없다.
1. 국회 또는 지방의회의 의원이 되는 일
2. 행정부서의 공무원이 되는 일
3. 정치운동에 관여하는 일
4. 대법원장의 허가 없이 보수를 받는 직무에 종사하는 일
5. 금전상의 이익을 목적으로 하는 업무에 종사하는 일
6. 대법원장의 허가를 받지 아니하고 보수의 유무에 상관없이 국가기관 외의 법인·단체 등의 고문, 임원, 직원 등의 직위에 취임하는 일
7. 그 밖에 대법원규칙으로 정하는 일

제50조【파견근무】 대법원장은 다른 국가기관으로부터 법관의 파견근무 요청을 받은 경우에 업무의 성질상 법관을 파견하는 것이 타당하다고 인정되고 해당 법관이 파견근무에 동의하는 경우에는 그 기간을 정하여 이를 허가할 수 있다.

제50조의2【법관의 파견 금지 등】 ① 법관은 대통령비서실에 파견되거나 대통령비서실의 직위를 겸임할 수 없다.
② 법관으로서 퇴직 후 2년이 지나지 아니한 사람은 대통령비서실의 직위에 임용될 수 없다.
(2020.2.4 본조신설)

제51조【휴직】 ① 대법원장은 법관이 다음 각 호의 어느 하나에 해당하는 경우에는 2년 이내의 범위에서 기간을 정하여(제1호의 경우는 그 복무기간이 끝날 때까지) 휴직을 허가할 수 있다.
1. 「병역법」에 따른 병역복무를 위하여 징집·소집된 경우
2. 국내외 법률연구기관·대학 등에서의 법률연수나 본인의 질병 요양 등을 위하여 휴직을 청원하는 경우로서 그 청원 내용이 충분한 이유가 있다고 인정되는 경우

② 제1항의 경우에 휴직기간 중의 보수 지급에 관한 사항은 대법원규칙으로 정한다.

제52조【겸임 등】 ① 대법원장은 법관을 사건의 심판 외의 직(재판연구관을 포함한다)에 보하거나 그 직을 겸임하게 할 수 있다.
② 제1항의 법관은 사건의 심판에 참여하지 못하며, 제5조제3항에 따른 판사의 수에 산입(算入)하지 아니한다.
③ 제1항의 법관의 수는 대법원규칙으로 정하며, 보수는 그 중 고액(高額)의 것을 지급한다.

제5편 법원직원
(2014.12.30 본편개정)

제53조【법원직원】 법관 외의 법원공무원은 대법원장이 임명하며, 그 수는 대법원규칙으로 정한다.

제53조의2【재판연구원】 ① 각급 법원에 재판연구원을 둘 수 있다.
② 재판연구원은 소속 법원장의 명을 받아 사건의 심리 및 재판에 관한 조사·연구, 그 밖에 필요한 업무를 수행한다.
③ 재판연구원은 변호사 자격이 있는 사람 중에서 대법원장이 임용한다.
④ 재판연구원은 「국가공무원법」 제26조의5에 따른 임기제공무원으로 한다.
⑤ 재판연구원은 총 3년의 범위에서 기간을 정하여 채용한다.
⑥ 재판연구원의 정원 및 직제와 그 밖에 필요한 사항은 대법원규칙으로 정한다.

제54조【사법보좌관】 ① 대법원과 각급 법원에 사법보좌관을 둘 수 있다.
② 사법보좌관은 다음 각 호의 업무 중 대법원규칙으로 정하는 업무를 할 수 있다.
1. 「민사소송법」(같은 법이 준용되는 경우를 포함한다) 및 「소송촉진 등에 관한 특례법」에 따른 소송비용액·집행비용액 확정결정절차, 독촉절차, 공시최고절차 「소액사건심판법」에 따른 이행권고결정절차에서의 법원의 사무(2016.3.29 본호개정)
2. 「민사집행법」(같은 법이 준용되는 경우를 포함한다)에 따른 집행문 부여명령절차, 채무불이행자명부 등재절차, 재산조회절차, 부동산에 대한 강제경매절차, 자동차·건설기계에 대한 강제경매절차, 동산에 대한 강제경매절차, 금전채권 외의 채권에 기초한 강제집행절차, 담보권 실행 등을 위한 경매절차, 제소명령절차, 가압류·가처분의 집행취소신청절차에서의 법원의 사무(2016.3.29 본호개정)
3. 「주택임대차보호법」 및 「상가건물 임대차보호법」상의 임차권등기명령절차에서의 법원의 사무
4. 「가사소송법」에 따른 상속의 한정승인·포기 신고의 수리와 한정승인취소·포기취소 신고의 수리절차에서의 가정법원의 사무(2017.12.12 본호신설)
5. 미성년 자녀가 없는 당사자 사이의 「가족관계의 등록 등에 관한 법률」에 따른 협의이혼절차에서의 가정법원의 사무(2017.12.12 본호신설)

③ 사법보좌관은 법관의 감독을 받아 업무를 수행하며, 사법보좌관의 처분에 대해서는 대법원규칙으로 정하는 바에 따라 법관에게 이의신청을 할 수 있다.
④ 사법보좌관은 법원사무관 또는 등기사무관 이상 직급으로 5년 이상 근무한 사람, 법원주사보 또는 등기주사보 이상 직급으로 10년 이상 근무한 사람 중 대법원규칙으로 정하는 사람으로 한다.
⑤ 사법보좌관의 직제 및 인원과 그 밖에 필요한 사항은 대법원규칙으로 정한다.

제54조의2【기술심리관】 ① 특허법원에 기술심리관을 둔다.
② 법원은 필요하다고 인정하는 경우 결정으로 기술심리관을 「특허법」 제186조제1항, 「실용신안법」 제33조 및 「디자인보호법」 제166조에 따른 소송의 심리에 참여하게 할 수 있다.
③ 제2항에 따라 소송의 심리에 참여하는 기술심리관은 재판장의 허가를 받아 기술적인 사항에 관하여 소송관계인에게 질문을 할 수 있고, 재판의 합의에서 의견을 진술할 수 있다.
④ 대법원장은 특허청 등 관계 국가기관에 대하여 그 소속 공무원을 기술심리관으로 근무하게 하기 위하여 파견근무를 요청할 수 있다.
⑤ 기술심리관의 자격, 직제 및 인원과 그 밖에 필요한 사항은 대법원규칙으로 정한다.

제54조의3【조사관】 ① 대법원과 각급 법원에 조사관을 둘 수 있다.
② 조사관은 법관의 명을 받아 법률 또는 대법원규칙으로 정하는 사건에 관한 심판에 필요한 자료를 수집·조사하고, 그 밖에 필요한 업무를 담당한다.
③ 대법원장은 다른 국가기관에 대하여 그 소속 공무원을 조사관으로 근무하게 하기 위하여 법원에의 파견근무를 요청할 수 있다.
④ 조사관의 자격, 직제 및 인원과 그 밖에 필요한 사항은 대법원규칙으로 정한다.

제55조【집행관】 ① 지방법원 및 그 지원에 집행관을 두며, 집행관은 법률에서 정하는 바에 따라 소속 지방법원장이 임면(任免)한다.
② 집행관은 법령에서 정하는 바에 따라 재판의 집행, 서류의 송달, 그 밖의 사무에 종사한다.
③ 집행관은 그 직무를 성실히 수행할 것을 보증하기 위하여 소속 지방법원에 보증금을 내야 한다.
④ 제3항의 보증금 및 집행관의 수수료에 관한 사항은 대법원규칙으로 정한다.

제55조의2【법원보안관리대】 ① 법정의 존엄과 질서유지 및 법원청사의 방호를 위하여 대법원과 각급 법원

에 법원보안관리대를 두며, 그 설치와 조직 및 분장사무에 관한 사항은 대법원규칙으로 정한다.
② 법원보안관리대의 대원은 법원청사 내에 있는 사람이 다음 각 호의 어느 하나에 해당하는 경우에는 이를 제지하기 위하여 신체적인 유형력(有形力)을 행사하거나 경비봉, 가스분사기 등 보안장비를 사용할 수 있다. 이 경우 유형력의 행사 등은 필요한 최소한도에 그쳐야 한다.
1. 다른 사람의 생명, 신체, 재산 등에 위해(危害)를 주거나 주려고 하는 경우
2. 법정의 존엄과 질서를 해치는 행위를 하거나 하려고 하는 경우
3. 법관 또는 법원직원의 정당한 업무를 방해하거나 방해하려고 하는 경우
4. 그 밖에 법원청사 내에서 질서를 문란하게 하는 행위를 하거나 하려고 하는 경우
③ 법원보안관리대의 대원은 흉기나 그 밖의 위험한 물건 또는 법원청사 내의 질서유지에 방해되는 물건을 지니고 있는지 확인하기 위하여 법원청사 출입자를 검색할 수 있다.
④ 제2항에 따른 조치를 할 때에는 미리 그 행위자에게 경고하여야 한다. 다만, 긴급한 상황으로서 경고를 할 만한 시간적 여유가 없는 경우에는 그러하지 아니하다.

제6편 재 판
(2014.12.30 본편개정)

제1장 법 정

제56조【개정의 장소】 ① 공판(公判)은 법정에서 한다.
② 법원장은 필요에 따라 법원 외의 장소에서 개정(開廷)하게 할 수 있다.
제57조【재판의 공개】 ① 재판의 심리와 판결은 공개한다. 다만, 심리는 국가의 안전보장, 안녕질서 또는 선량한 풍속을 해칠 우려가 있는 경우에는 결정으로 공개하지 아니할 수 있다.
② 제1항 단서의 결정은 이유를 밝혀 선고한다.
③ 제1항 단서의 결정을 한 경우에도 재판장은 적당하다고 인정되는 사람에 대해서는 법정 안에 있는 것을 허가할 수 있다.
제58조【법정의 질서유지】 ① 법정의 질서유지는 재판장이 담당한다.
② 재판장은 법정의 존엄과 질서를 해칠 우려가 있는 사람의 입정(入廷) 금지 또는 퇴정(退廷)을 명할 수 있고, 그 밖에 법정의 질서유지에 필요한 명령을 할 수 있다.
제59조【녹화 등의 금지】 누구든지 법정 안에서는 재판장의 허가 없이 녹화, 촬영, 중계방송 등의 행위를 하지 못한다.
제60조【경찰공무원의 파견 요구】 ① 재판장은 법정에서의 질서유지를 위하여 필요하다고 인정할 때에는 개정 전후에 상관없이 관할 경찰서장에게 경찰공무원의 파견을 요구할 수 있다.
② 제1항의 요구에 따라 파견된 경찰공무원은 법정 내외의 질서유지에 관하여 재판장의 지휘를 받는다.
(2020.12.22 본조개정)
제61조【감치 등】 ① 법원은 직권으로 법정 내외에서 제58조제2항의 명령 또는 제59조를 위반하는 행위를 하거나 폭언, 소란 등의 행위로 법원의 심리를 방해하거나 재판의 위신을 현저하게 훼손한 사람에 대하여 결정으로 20일 이내의 감치(監置)에 처하거나 100만원 이하의 과태료를 부과할 수 있다. 이 경우 감치와 과태료는 병과(倂科)할 수 있다.
② 법원은 제1항의 감치를 위하여 법원직원, 교도관 또는 경찰공무원으로 하여금 즉시 행위자를 구속하게 할 수 있으며, 구속한 때부터 24시간 이내에 감치에 처하는 재판을 하여야 하고, 이를 하지 아니하면 즉시 석방을 명하여야 한다.(2020.12.22 본항개정)
③ 감치는 경찰서유치장, 교도소 또는 구치소에 유치(留置)함으로써 집행한다.
④ 감치는 감치대상자에 대한 다른 사건으로 인한 구속 및 형에 우선하여 집행하며, 감치의 집행 중에는 감치대상자에 대한 다른 사건으로 인한 구속 및 형의 집행이 정지되고, 감치대상자가 당사자로 되어 있는 본래의 심판사건의 소송절차는 정지된다. 다만, 법원은 상당한 이유가 있는 경우에는 소송절차를 계속하여 진행하도록 명할 수 있다.
⑤ 제1항의 재판에 대해서는 항고 또는 특별항고를 할 수 있다.
⑥ 제1항의 재판에 관한 절차와 그 밖에 필요한 사항은 대법원규칙으로 정한다.
제62조【법정의 용어】 ① 법정에서는 국어를 사용한다.
② 소송관계인이 국어가 통하지 아니하는 경우에는 통역에 의한다.
제62조의2【외국어 변론 및 전담재판부의 설치】 ① 특허법원이 심판권을 가지는 사건 및 「민사소송법」 제24조제2항 및 제3항에 따른 소의 제1심사건을 담당하는 법원은 제62조에도 불구하고 당사자의 동의를 받아 당사자가 법정에서 외국어로 변론하는 것을 허가할 수 있다. 이 경우 「민사소송법」 제143조제1항 및 제277조는 적용하지 아니한다.
② 특허법원장 및 「민사소송법」 제24조제2항에서 정한 지방법원의 장은 제1항에 따른 허가가 있는 사건(이하 "국제사건"이라 한다)을 특정한 재판부(이하 "국제재판부"라 한다)로 하여금 전담하게 할 수 있다.
③ 제1항에 따른 허가의 절차, 국제사건에서 허용되는 외국어의 범위, 그 밖에 국제사건의 재판 및 국제재판부의 운영에 필요한 사항은 대법원규칙으로 정한다.
(2017.12.12 본조신설)
제63조【준용규정】 법관이 법정 외의 장소에서 직무를 하는 경우에는 제57조부터 제62조까지 및 제62조의2를 준용한다.(2017.12.12 본조개정)
제64조【법원경위】 ① 대법원 및 각급 법원에 법원경위(法院警衛)를 둔다.
② 법원경위는 법정에서 법관이 명하는 사무와 그 밖에 대법원장이 정하는 사무를 집행한다.
③ 법원은 집행관을 사용하기 어려운 사정이 있다고 인정될 때에는 법원경위로 하여금 소송서류를 송달하게 할 수 있다.

제2장 합 의

제65조【합의의 비공개】 심판의 합의는 공개하지 아니한다.
제66조【합의의 방법】 ① 합의심판은 헌법 및 법률에 다른 규정이 없으면 과반수로 결정한다.
② 합의에 관한 의견이 3개 이상의 설(說)로 나뉘어 각각 과반수에 이르지 못할 때에는 다음 각 호의 의견에 따른다.
1. 액수의 경우 : 과반수에 이르기까지 최다액(最多額)의 의견의 수에 차례로 소액의 의견의 수를 더하여 그 중 최소액의 의견
2. 형사(刑事)의 경우 : 과반수에 이르기까지 피고인에게 가장 불리한 의견의 수에 차례로 유리한 의견의 수를 더하여 그 중 가장 유리한 의견
③ 제7조제1항에 따른 과반수 결정사항에 관하여 의견이 2개의 설로 나뉘어 각 설이 과반수에 이르지 못할 때에는 원심재판을 변경할 수 없다.

제7편 대법원의 기관
(2014.12.30 본편제목개정)

제1장 법원행정처
(2014.12.30 본장개정)

제67조【법원행정처장 등】 ① 법원행정처에 처장과 차장을 둔다.
② 처장은 대법원장의 지휘를 받아 법원행정처의 사무를 관장하고, 소속 직원을 지휘·감독하며, 법원의 사법행정사무 및 그 직원을 감독한다.
③ 차장은 처장을 보좌하여 법원행정처의 사무를 처리하고, 처장이 궐위되거나 부득이한 사유로 직무를 수행할 수 없을 때에는 그 권한을 대행한다.
④ 처장은 대법원규칙으로 정하는 바에 따라 또는 대법원장의 명으로 그 소관 사무의 일부를 차장, 실장 또는 국장에게 위임할 수 있다.
⑤ 법원행정처에 법원행정처장비서관과 법원행정처차장비서관을 둔다.
⑥ 법원행정처장비서관은 법원서기관 또는 4급 상당의 별정직공무원으로 보하고, 법원행정처차장비서관은 법원사무관 또는 5급 상당의 별정직공무원으로 보한다.
제68조【임명】 ① 법원행정처장은 대법관 중에서 대법원장이 보한다.
② 법원행정처차장은 판사 중에서 대법원장이 보한다.
제69조【국회출석권 등】 법원행정처장 및 차장은 사법행정에 관하여 국회 또는 국무회의에 출석하여 발언할 수 있다.
제70조【행정소송의 피고】 대법원장이 한 처분에 대한 행정소송의 피고는 법원행정처장으로 한다.
제71조【조직】 ① 법원행정처에 실·국 및 과를 두며, 그 설치 및 분장사무는 대법원규칙으로 정한다.
② 실에는 실장, 국에는 국장, 과에는 과장을 둔다.
③ 법원행정처장·차장·실장 또는 국장 밑에 정책의 기획, 계획의 입안, 연구·조사, 심사·평가 및 홍보업무 등을 보좌하는 심의관 또는 담당관을 둘 수 있으며, 그 직명(職名)과 사무분장은 대법원규칙으로 정한다.
④ 실장은 판사 또는 법원관리관으로, 국장은 판사·법원이사관·시설이사관 또는 공업이사관으로, 심의관 및 담당관은 판사·법원이사관·법원부이사관·법원서기관·시설이사관·시설부이사관·시설서기관·공업이사관·공업부이사관 또는 공업서기관으로, 과장은 법원부이사관·법원서기관·시설부이사관·시설서기관·공업부이사관 또는 공업서기관으로 보한다.
⑤ 실장·국장 및 과장은 상사의 명을 받아 실·국 또는 과의 사무를 처리하고, 소속 직원을 지휘·감독한다.
제71조의2【윤리감사관】 ① 대법원에 윤리감사관을 두고, 그 보좌기관 및 분장사무는 대법원규칙으로 정한다.
② 윤리감사관은 정무직으로 한다.
③ 윤리감사관은 「국가공무원법」 제33조의 결격사유에 해당되지 아니하고 다음 각 호의 직위에 합산하여 10년 이상 재직하였던 사람 중에서 공개모집절차를 통하여 적격자를 임용한다.
1. 판사, 검사, 변호사, 공인회계사
2. 국가기관, 지방자치단체, 국영·공영기업체, 「공공기관의 운영에 관한 법률」 제4조에 따른 공공기관 또는 그 밖의 법인에서 법률 또는 감사에 관한 사무에 종사한 사람
3. 공인된 대학의 법률학 조교수 이상으로 재직하였던 사람
④ 윤리감사관의 임기는 2년으로 하며 연임할 수 있다.
⑤ 대법원장은 윤리감사관이 직무수행능력이 현저히 떨어지는 등 윤리감사관으로서 정상적인 직무수행이 어렵다고 인정하는 경우에는 대법관회의의 의결을 거쳐 퇴직을 명할 수 있다. 이 경우 대법관회의의 의결 전에 해당 윤리감사관에게 진술을 충분히 할 수 있는 기회를 주어야 한다.
(2020.3.24 본조신설)

제2장 사법연수원
(2014.12.30 본장개정)

제72조【사법연수생】 ① 사법연수생은 사법시험에 합격한 사람 중에서 대법원장이 임명하며, 별정직공무원으로 한다.
② 사법연수생의 수습기간은 2년으로 한다. 다만, 필요한 경우에는 대법원규칙으로 정하는 바에 따라 수습기간을 변경할 수 있다.
③ 사법연수생이 다음 각 호의 어느 하나에 해당하는 경우에는 면직(免職)할 수 있다.
1. 「국가공무원법」 제33조 각 호의 어느 하나에 해당하는 경우
2. 품위를 손상시키는 행위를 한 경우
3. 수습의 태도가 매우 불성실하여 수습성적이 불량한 경우
4. 질병으로 인하여 수습을 할 수 없는 경우
④ 법원은 직권으로 사법연수생을 변호인으로 선정할 수 있다.
제72조의2【사법연수생 수습의 목적】 사법연수생의 수습은 법률전문가로서의 이론과 실무를 연구·습득하고 높은 윤리의식과 국민에 대한 봉사정신을 함양함으로써 법치주의의 확립과 민주주의의 발전에 이바지할 수 있는 법조인을 양성함을 목적으로 한다.
제73조【조직】 ① 사법연수원에 원장 1명, 부원장 1명, 교수 및 강사를 둔다.
② 원장은 대법원장의 지휘를 받아 사법연수원의 사무를 관장하며, 소속 직원을 지휘·감독한다.
③ 부원장은 원장을 보좌하여 사법연수원의 사무를 처리하며, 원장이 궐위되거나 부득이한 사유로 직무를 수행할 수 없을 때에는 그 권한을 대행한다.
④ 사법연수원에 사법연수원장비서관과 사법연수원부원장비서관을 둔다.
⑤ 사법연수원장비서관과 사법연수원부원장비서관은 법원사무관 또는 5급 상당의 별정직공무원으로 보한다.
제74조【사법연수원장 등】 ① 사법연수원장은 판사 중에서, 부원장은 검사 중에서 대법원장이 보한다.
② 사법연수원 교수는 다음 각 호의 어느 하나에 해당하는 사람 중에서 대법원장이 보하거나 사법연수원장의 제청을 받아 대법원장이 임명한다.
1. 판사
2. 검사
3. 변호사
4. 학사 또는 석사학위를 취득한 사람으로서 대법원규칙으로 정하는 실적 또는 경력이 있는 사람
5. 박사학위를 취득한 사람
③ 강사는 상당한 학식과 경험이 있는 사람 중에서 사법연수원장이 위촉한다.
④ 사법연수원에서 전임으로 근무하는 판사 및 검사는 제5조제3항에 따른 판사의 수 또는 「검사정원법」에 따른 검사의 수에 산입하지 아니한다.
제74조의2【교수의 지위 등】 ① 판사나 검사가 아닌 사법연수원 교수(이하 "전임교수"라 한다)는 특정직공무원으로 한다.
② 전임교수의 임기는 10년으로 하며, 연임할 수 있다. 다만, 신규채용되는 교수는 3년의 범위에서 한 차례만 대법원규칙으로 정하는 바에 따라 기간을 정하여 임용할 수 있다.
③ 전임교수의 정년은 판사에 준하고, 징계에 관하여는 「법관징계법」을 준용한다. 이 경우 「법관징계법」(제5조는 제외한다) 중 "법관"은 "전임교수"로 본다.
④ 전임교수의 직명과 임용 등에 관하여 필요한 사항은 대법원규칙으로 정한다.
제74조의3【초빙교수】 ① 변호사 자격(외국의 변호사 자격을 포함한다)이 있는 사람 또는 특수한 분야에 관하여 전문지식과 경험이 있다고 인정되는 사람은 초빙교수로 임용할 수 있다.
② 제1항에 따른 초빙교수의 임용절차와 임용조건 및 복무에 관하여 필요한 사항은 대법원규칙으로 정한다.
제74조의4【교수요원의 파견】 ① 법원행정처장은 사법연수원장이 요청하는 경우에는 다른 국가기관, 공공단체, 교육기관, 연구기관, 그 밖에 필요한 기관에 교수요원

의 파견을 요청할 수 있다.
② 제1항에 따라 사법연수원에 파견된 교수요원에게는 대법원규칙으로 정하는 수당을 지급할 수 있다.
제74조의5【사법연수원운영위원회】 ① 사법연수원에 교육의 기본방향, 교과과정, 그 밖에 대법원규칙으로 정하는 사법연수원의 운영과 교육에 관한 중요 사항을 심의하기 위하여 운영위원회를 둔다.
② 운영위원회는 대법원장이 위촉하는 10명 이상 15명 이하의 위원으로 구성하되, 그 임기는 2년으로 하며 연임할 수 있다.
③ 운영위원회의 조직과 운영에 필요한 사항은 대법원규칙으로 정한다.
제75조【사무국】 ① 사법연수원에 사무국을 두고, 사무국에는 과를 두며, 그 설치 및 분장사무는 대법원규칙으로 정한다.
② 국에는 국장, 과에는 과장을 둔다.
③ 국장은 법원이사관 또는 법원부이사관으로, 과장은 법원부이사관·법원서기관 또는 법원사무관으로 보한다.
④ 국장과 과장은 상사의 명을 받아 국 또는 과의 사무를 관장하고, 소속 직원을 지휘·감독한다.
제76조【위임사항】 사법연수생의 임명, 수습 및 보수와 그 밖에 사법연수원의 운영에 필요한 사항은 대법원규칙으로 정하되, 사법연수원 교육의 자율성과 운영의 중립성을 최대한 보장하여야 한다.

제3장 사법정책연구원
(2013.8.13 본장신설)

제76조의2【조직】 ① 사법정책연구원에 원장 1명, 수석연구위원 1명, 연구위원 및 연구원을 둔다.
② 원장은 대법원장의 지휘를 받아 사법정책연구원의 사무를 관장하며, 소속 직원을 지휘·감독한다.
③ 수석연구위원은 원장을 보좌하여 사법정책연구원의 사무를 처리하며, 원장이 궐위되거나 사고로 인하여 직무를 수행할 수 없을 때에는 수석연구위원이 그 권한을 대행한다.
④ 사법정책연구원에 사법정책연구원장비서관을 둔다.
⑤ 사법정책연구원장비서관은 법원사무관 또는 5급 상당의 별정직공무원으로 보한다.
제76조의3【사법정책연구원장 등】 ① 사법정책연구원장 및 수석연구위원은 대법원장이 대법관회의의 동의를 거쳐 판사로 보하거나 정무직으로 임명한다.
② 연구위원 및 연구원(이하 "연구위원등"이라 한다)은 다음 각 호의 어느 하나에 해당하는 사람 중에서 대법원장이 보하거나 사법정책연구원장의 제청을 받아 대법원장이 임명한다.
1. 판사
2. 변호사의 자격이 있는 사람(외국의 변호사 자격을 포함한다)
3. 학사 또는 석사학위를 취득한 사람으로서 대법원규칙으로 정하는 실적 또는 경력이 있는 사람
4. 박사학위를 취득한 사람
제76조의4【비법관 연구위원등 지위 등】 ① 판사가 아닌 연구위원등(이하 "비법관 연구위원등"이라 한다)은 「국가공무원법」 제26조의5에 따른 임기제공무원으로 한다.
② 비법관 연구위원등의 임용절차와 임용조건 및 복무에 관하여 필요한 사항은 대법원규칙으로 정한다.
제76조의5【초빙연구위원】 ① 제76조의3제2항제2호부터 제4호까지의 규정의 어느 하나에 해당하는 사람 또는 특수한 분야에 관하여 전문지식과 경험이 있다고 인정되는 사람은 초빙연구위원으로 임용할 수 있다.
② 제1항에 따른 초빙연구위원의 임용절차와 임용조건 및 복무에 관하여 필요한 사항은 대법원규칙으로 정한다.
제76조의6【사법정책연구원운영위원회】 ① 사법정책연구원의 운영과 연구에 관한 중요사항을 심의하기 위하여 사법정책연구원에 운영위원회를 둔다.
② 운영위원회는 대법원장이 위촉하는 9명의 위원으로 구성하되, 그 임기는 2년으로 하며 연임할 수 있다. 다만, 위원 중 과반수는 법관이 아닌 사람으로 한다.
③ 운영위원회의 조직과 운영에 관하여 필요한 사항은 대법원규칙으로 정한다.
제76조의7【보고서 발간 및 국회 보고】 사법정책연구원은 매년 다음 연도의 연구 추진계획과 해당 연도의 연구실적을 담은 연간 보고서를 발간하고, 이를 국회에 보고하여야 한다.
제76조의8【준용규정】 사법정책연구원에 관해서는 제74조의4 및 제75조의 규정을 준용한다. 이 경우 "교수"는 "연구위원등"으로 본다.
제76조의9【위임사항】 사법정책연구원의 운영 등에 관하여 필요한 사항은 대법원규칙으로 정한다.

제4장 법원공무원교육원
(2014.12.30 본장개정)

제77조【조직】 ① 법원공무원교육원에 원장 1명, 교수 및 강사를 둔다.
② 원장은 대법원장의 지휘를 받아 법원공무원교육원의 사무를 관장하며, 소속 직원을 지휘·감독한다.
제78조【원장 등】 ① 법원공무원교육원장은 판사로 보하거나 정무직으로 한다.
② 법관이 아닌 사람이 법원공무원교육원장이 된 경우 그 보수는 차관의 보수와 같은 금액으로 한다.
③ 교수는 법원부이사관, 법원서기관, 3급 상당 또는 4급 상당의 별정직공무원으로 보한다.
④ 강사는 상당한 학식과 경험이 있는 사람 중에서 법원공무원교육원장이 위촉한다.
제79조【준용규정】 법원공무원교육원의 사무국 설치 등에 관하여는 제75조를 준용한다.
제80조【위임사항】 법원공무원교육원의 운영 등에 필요한 사항은 대법원규칙으로 정한다.

제5장 법원도서관
(2014.12.30 본장개정)

제81조【조직】 ① 법원도서관에 관장을 둔다.
② 관장은 판사, 법원이사관 또는 법원부이사관으로 보한다.
③ 관장은 대법원장의 지휘를 받아 법원도서관의 사무를 관장하며, 소속 직원을 지휘·감독한다.
④ 법원도서관의 조직, 운영 등에 필요한 사항은 대법원규칙으로 정한다.

제8편 양형위원회
(2007.1.26 본편신설)

제81조의2【양형위원회의 설치】 ① 형(刑)을 정할 때 국민의 건전한 상식을 반영하고 국민이 신뢰할 수 있는 공정하고 객관적인 양형(量刑)을 실현하기 위하여 대법원에 양형위원회(이하 "위원회"라 한다)를 둔다.
② 위원회는 양형기준을 설정·변경하고, 이와 관련된 양형정책을 연구·심의할 수 있다.
③ 위원회는 그 권한에 속하는 업무를 독립하여 수행한다.
(2014.12.30 본조개정)
제81조의3【위원회의 구성】 ① 위원회는 위원장 1명을 포함한 13명의 위원으로 구성하되, 위원장이 아닌 위원 중 1명은 상임위원으로 한다.
② 위원장은 15년 이상 다음 각 호의 직에 있던 사람 중에서 대법원장이 임명하거나 위촉한다.
1. 판사, 검사, 변호사
2. 국가, 지방자치단체, 국영·공영기업체, 「공공기관의 운영에 관한 법률」 제4조에 따른 공공기관, 그 밖의 법인에서 법률에 관한 사무에 종사한 사람
3. 공인된 대학의 법학 조교수 이상의 교수
③ 위원회의 위원은 다음 각 호의 사람을 대법원장이 임명하거나 위촉한다.
1. 법관 4명
2. 법무부장관이 추천하는 검사 2명
3. 대한변호사협회장이 추천하는 변호사 2명
4. 법학 교수 2명
5. 학식과 경험이 있는 사람 2명
④ 위원장과 위원의 임기는 2년으로 하고, 연임할 수 있다.
⑤ 대법원장은 위원이 다음 각 호의 어느 하나에 해당하는 경우에는 그 위원을 해임하거나 해촉할 수 있다.
1. 부득이한 사유로 직무를 수행할 수 없다고 인정되는 경우
2. 위원이 직무상 의무를 위반하는 등 위원의 자격을 유지하는 것이 적합하지 아니하다고 인정되는 경우
⑥ 법관·검사의 직에 있는 사람으로서 위원으로 임명된 사람이 그 직에서 퇴직하는 경우에는 해임된 것으로 본다.
(2014.12.30 본조개정)
제81조의4【위원장의 직무】 ① 위원장은 위원회를 대표하고, 위원회의 직무를 총괄한다.
② 위원장이 부득이한 사유로 그 직무를 수행할 수 없을 때에는 상임위원, 위원장이 미리 지명한 위원의 순으로 그 직무를 대행한다.
(2014.12.30 본조개정)
제81조의5【위원회의 회의】 ① 위원장은 위원회의 회의를 소집하며, 그 의장이 된다.
② 위원회는 재적위원 과반수의 찬성으로 의결한다.
(2014.12.30 본조개정)
제81조의6【양형기준의 설정 등】 ① 위원회는 법관이 합리적인 양형을 도출하는 데 참고할 수 있는 구체적이고 객관적인 양형기준을 설정하거나 변경한다.
② 위원회는 양형기준을 설정·변경할 때 다음 각 호의 원칙을 준수하여야 한다.
1. 범죄의 죄질, 범정(犯情) 및 피고인의 책임의 정도를 반영할 것
2. 범죄의 일반예방과 피고인의 재범 방지 및 사회복귀를 고려할 것
3. 같은 종류 또는 유사한 범죄에 대해서는 고려하여야 할 양형 요소에 차이가 없으면 양형에서 서로 다르게 취급하지 아니할 것
4. 피고인의 국적, 종교 및 양심, 사회적 신분 등을 이유로 양형상 차별을 하지 아니할 것
③ 위원회는 양형기준을 설정·변경할 때 다음 각 호의 사항을 고려하여야 한다.
1. 범죄의 유형 및 법정형
2. 범죄의 중대성을 가중하거나 감경할 수 있는 사정
3. 피고인의 나이, 성품과 행실, 지능과 환경
4. 피해자에 대한 관계
5. 범행의 동기, 수단 및 결과
6. 범행 후의 정황
7. 범죄 전력(前歷)
8. 그 밖에 합리적인 양형을 도출하는 데 필요한 사항
④ 위원회는 양형기준을 공개하여야 한다.
(2014.12.30 본조개정)
제81조의7【양형기준의 효력 등】 ① 법관은 형의 종류를 선택하고 형량을 정할 때 양형기준을 존중하여야 한다. 다만, 양형기준은 법적 구속력을 갖지 아니한다.
② 법원이 양형기준을 벗어난 판결을 하는 경우에는 판결서에 양형의 이유를 적어야 한다. 다만, 약식절차 또는 즉결심판절차에 따라 심판하는 경우에는 그러하지 아니하다.
(2014.12.30 본조개정)
제81조의8【관계 기관의 협조 등】 ① 위원회는 필요한 경우 관계 공무원 또는 전문가를 회의에 출석하게 하여 의견을 들을 수 있고, 관계 국가기관·연구기관·단체 또는 전문가 등에게 자료 및 의견의 제출이나 그 밖의 협력을 요청할 수 있다.
② 위원회는 업무수행을 위하여 필요하다고 인정하는 경우 관계 국가기관·연구기관·단체 등의 장에게 그 소속 공무원 또는 직원의 파견을 요청할 수 있다.
(2014.12.30 본조개정)
제81조의9【사무기구】 위원회의 업무를 보좌하고 실무를 지원하기 위하여 사무기구를 둔다.(2014.12.30 본조개정)
제81조의10【보고서 발간】 위원회는 매년 그 연도의 실적과 그 다음 연도의 추진계획을 담은 연간 보고서를 발간하고, 이를 국회에 보고하여야 한다.
제81조의11【비밀준수 의무 등】 ① 위원회의 위원장, 위원, 사무기구의 임원 및 직원은 직무상 알게 된 비밀을 누설하여서는 아니 된다. 그 직에서 퇴직한 후에도 같다.
② 공무원이 아닌 위원장 및 위원은 「형법」이나 그 밖의 법률에 따른 벌칙을 적용할 때에는 공무원으로 본다.
(2014.12.30 본조개정)
제81조의12【위임규정】 ① 이 법에서 규정한 것 외에 위원회의 조직에 필요한 사항은 대법원규칙으로 정한다.
② 이 법에서 규정한 것 외에 위원회의 운영에 필요한 사항은 위원회의 의결로 정한다.
(2014.12.30 본조개정)

제9편 법원의 경비
(2014.12.30 본편개정)

제82조【법원의 경비】 ① 법원의 경비는 독립하여 국가의 예산에 계상(計上)하여야 한다.
② 법원의 예산을 편성할 때에는 사법부의 독립성과 자율성을 존중하여야 한다.
③ 제1항의 경비 중에는 예비금을 둔다.

부 칙 (2011.7.18)

제1조【시행일】 이 법은 2012년 1월 1일부터 시행한다. 다만, 제41조의2의 개정규정은 2011년 9월 1일부터 시행하고, 제42조제1항·제2항, 제44조제2항 및 제45조제4항의 개정규정은 2013년 1월 1일부터 시행한다.
<2012.11.29 헌법재판소 한정위헌결정으로 이 조 단서 중 제42조제2항에 관한 부분 및 제2조는 2011.7.18 당시 사법연수생의 신분을 가지고 있었던 자가 사법연수원을 수료하는 해의 판사 임용에 지원하는 경우에 적용되는 한 헌법에 위반>
제2조【판사 임용을 위한 재직연수에 관한 경과조치】 제42조제2항의 개정규정에도 불구하고 2013년 1월 1일부터 2017년 12월 31일까지 판사를 임용하는 경우에는 3년 이상 제42조제1항 각 호의 직에 있던 사람 중에서, 2018년 1월 1일부터 2024년 12월 31일까지 판사를 임용하는 경우에는 5년 이상 제42조제1항 각 호의 직에 있던 사람 중에서, 2025년 1월 1일부터 2028년 12월 31일까지 판사를 임용하는 경우에는 7년 이상 제42조제1항 각 호의 직에 있던 사람 중에서 임용할 수 있다.(2021.12.21 본조개정)
제3조【재판연구원의 채용기간에 관한 경과조치】 제53조의2제5항의 개정규정에도 불구하고 2016년 12월 31일 이전에 채용하는 재판연구원은 총 2년의 범위에서 기간을 정하여 채용한다.(2018.3.20 본조개정)
제4조【재판연구원의 정원에 관한 경과조치】 제53조의2제6항의 개정규정에도 불구하고 재판연구원의 정원은 2018년까지 200명, 2022년까지 300명의 범위에서 대법원규칙으로 정한다.(2018.3.20 본조개정)

부 칙 (2017.12.12)

제1조【시행일】 이 법은 공포 후 6개월이 경과한 날부터 시행한다. 다만, 제54조제2항제4호 및 제5호의 개정규정은 2018년 7월 1일부터 시행한다.
제2조【사법보좌관의 직무범위에 관한 적용례】 제54조제2항제4호 및 제5호의 개정규정은 같은 개정규정 시행 후 최초로 신고 또는 확인 신청하는 사건부터 적용한다.

제3조【계속 중인 사건의 외국어 변론 등에 관한 경과조치】 제62조의2 및 제63조의 개정규정은 이 법 시행 당시 법원에 계속 중인 사건에 대하여도 적용한다.

부 칙 (2020.2.4)

제1조【시행일】 이 법은 공포한 날부터 시행한다.
제2조【결격사유에 관한 적용례】 제43조제4호의 개정규정은 이 법 시행 후 최초로 법관으로 임용하는 경우부터 적용한다.
제3조【법관의 파견 금지 등에 관한 적용례】 제50조의2의 개정규정은 이 법 시행 후 최초로 법관을 파견 또는 겸임하게 하거나 법관으로서 퇴직하는 경우부터 적용한다.

부 칙 (2020.3.24)

제1조【시행일】 이 법은 2021년 2월 9일부터 시행한다. 다만, 제43조의 개정규정은 공포 후 6개월이 경과한 날부터 시행한다.
제2조【결격사유에 관한 적용례】 제43조의 개정규정은 같은 개정규정 시행 이후 최초로 법관으로 임용하는 자부터 적용한다.
제3조【고등법원 부장판사 직위 폐지에 따른 경과조치】 이 법 시행 전에 종전의 규정에 따라 고등법원 부장판사급 이상의 법관에 보임된 법관의 직위는 종전의 규정에 따른다.
제4조【다른 법률의 개정】 ①～② ※(해당 법령에 가제정리 하였음)

부 칙 (2020.12.22)

제1조【시행일】 이 법은 2021년 1월 1일부터 시행한다. (이하 생략)

부 칙 (2021.1.26)

제1조【시행일】 ① 이 법은 공포 후 1년이 경과한 날부터 시행한다.(이하 생략)

부 칙 (2021.12.21)

제1조【시행일】 이 법은 공포한 날부터 시행한다.
제2조【계속 중인 사건에 대한 경과조치】 이 법 시행 당시 법원에 계속 중인 형사사건에 대하여는 제32조제1항제3호의 개정규정에도 불구하고 종전의 규정에 따른다.

원격영상재판에 관한 특례법

(약칭 : 원격재판법)

(1995년 12월 6일 법 률 제5004호)

개정
2010. 3.24법10177호

제1조【목적】 이 법은 원격영상재판(遠隔映像裁判)의 실시에 필요한 사항과 원격영상재판에 관한 절차상의 특례를 규정함을 목적으로 한다.(2010.3.24 본조개정)
제2조【정의】 이 법에서 사용하는 용어의 뜻은 다음과 같다.
1. "재판관계인"이란 법관, 당사자, 증인 등 법원의 재판절차에 참여하는 자를 말한다.
2. "원격영상재판"이란 재판관계인이 교통의 불편 등으로 법정(法廷)에 직접 출석하기 어려운 경우에 동영상과 음성을 동시에 송수신(送受信)하는 장치가 갖추어진 다른 원격지(遠隔地)의 법정에 출석하여 진행하는 재판을 말한다.

(2010.3.24 본조개정)
제3조【적용 범위】 법원은 다음 각 호의 사건에 대하여만 원격영상재판을 할 수 있다.
1. 「법원조직법」 제34조제1항 각 호의 사건(같은 항 제3호의 사건은 즉결심판하는 경우만 해당한다)
2. 원격영상재판을 하는 과정에서 발생하는 「법원조직법」 제61조제1항의 사건
3. 다른 법률에 따라 시법원(市法院) 또는 군법원(郡法院)의 권한에 속하는 사건

(2010.3.24 본조개정)
제4조【원격영상재판의 효과】 원격영상재판은 재판관계인이 동일한 법정에 출석하여 진행하는 재판으로 본다. (2010.3.24 본조개정)
제5조【원격영상재판의 장치】 원격영상재판을 진행하기 위한 장치는 다음 각 호의 요건을 모두 갖추어야 한다.
1. 동영상 및 음성의 송수신 장치는 양쪽에 모두 갖추어져 서로 상대방을 보면서 대화할 수 있을 것
2. 동영상 및 음성의 전송은 양쪽에서 동시에 이루어질 것
3. 전송되는 동영상 및 음성은 권한이 없는 자가 송수신할 수 없도록 보안장치를 갖출 것
4. 그 밖에 대법원규칙으로 정하는 요건을 갖출 것

(2010.3.24 본조개정)
제6조【변호권 등의 보장】 법원은 소송대리인 또는 변호인이 당사자 또는 피고인과 서로 다른 법정에 출석하여 원격영상재판이 진행되는 경우에는 소송대리인 또는 변호인이 당사자 또는 피고인과 비공개로 대화할 수 있는 장치를 마련하여야 한다.(2010.3.24 본조개정)
제7조【녹화】 원격영상재판을 할 때에는 재판의 진행상황 전부를 녹화하여야 한다.(2010.3.24 본조개정)
제8조【시행규칙】 이 법 시행에 필요한 사항은 대법원규칙으로 정한다.(2010.3.24 본조개정)

부 칙 (2010.3.24)

이 법은 공포한 날부터 시행한다.

각급 법원 판사 정원법

(약칭 : 판사정원법)

(1963년 12월 16일 법 률 제1529호)

개정
1965.12.29법 1729호
1973. 6.14법 2620호
1973.12.20법 2652호
1974.12.21법 2698호
1975.12.15법 2788호
1976.12.22법 2908호
1980.12.18법 3283호
1986.12.23법 3856호
1987.12. 4법 3992호(법원조직)
1990. 8. 1법 4247호
1994. 7.27법 4767호
1995.12. 6법 5005호
2001. 7.24법 6492호
2005.12.23법 7732호
2007. 5. 1법 8412호
2011. 4.12법10574호
2014.12.31법12951호

제1조【각급 법원 판사의 수】 「법원조직법」 제5조제3항 본문에 따른 각급 법원 판사의 수는 3,214명으로 한다. (2014.12.31 본조개정)
제2조 (2007.5.1 삭제)

부 칙 (2007.5.1)

① **【시행일】** 이 법은 공포한 날부터 시행한다.
② **【예비판사에 대한 경과조치】** 이 법 시행 당시 재직 중인 예비판사에 대하여는 종전의 규정을 적용한다.

부 칙 (2014.12.31)

이 법은 공포한 날부터 시행한다. 다만, 이 법에 따라 증원되는 판사의 정원 370명 중 50명의 증원은 2015년 1월 1일부터 시행하고, 60명의 증원은 2016년 1월 1일부터 시행하며, 80명의 증원은 2017년 1월 1일부터 시행하고, 90명의 증원은 2018년 1월 1일부터 시행하며, 90명의 증원은 2019년 1월 1일부터 시행한다.

각급 법원의 설치와 관할구역에 관한 법률

(약칭 : 법원설치법)

(1963년 12월 13일 법 률 제1497호)

개정
1964. 6. 1법 1639호
1964. 7.28법 1651호
1966. 3. 9법 1763호
1967. 3.30법 1922호
1970. 6.18법 2202호
1970.12.31법 2253호
1973. 3. 3법 2561호
1975.12.31법 2816호
1979. 4.17법 3162호
1980.12.31법 3345호
1983. 5.21법 3655호
1985.12.31법 3801호
1986. 5.12법 3827호
1987.11.28법 3970호
1987.12. 4법 3992호(법원조직)
1991.11.30법 4409호
1993.12.10법 4588호
1994. 7.27법 4766호
1995.12. 6법 5003호
1996.11.23법 5165호
1997. 8.22법 5342호
1997.12.13법 5432호
1998. 9.17법 5562호
2001. 1.29법 6409호
2002. 8.26법 6717호
2003. 7.18법 6923호
2004. 1.20법 7082호
2005. 3.24법 7403호
2005.12.14법 7726호
2006.12.28법 8133호
2007. 1.19법 8244호(경기도의왕시한자명칭변경에관한법)
2007. 3.29법 8318호
2011. 4. 5법10536호
2012. 1.17법11151호
2013. 1.23법11623호
2013. 4. 5법11726호
2013. 7.30법11951호
2014. 1. 7법12184호
2014. 3.18법12419호
2014.12.30법12879호
2016. 1.19법13761호
2016.12.27법14469호
2017.12.19법15248호
2020. 3.24법17124호→2025년 3월 1일 시행이므로 「法典 別冊」 보유편 수록
2022.12.27법19149호
2023.12.26법19839호(전북특별자치도설치및글로벌생명경제도시조성을위한특별법)

제1조【목적】 이 법은 「법원조직법」 제3조제3항에 따라 각급 법원의 설치와 관할구역을 정함을 목적으로 한다. (2011.4.5 본조개정)
제2조【설치】 ① 고등법원, 특허법원, 지방법원, 가정법원, 행정법원, 회생법원과 지방법원의 지원(支院) 및 가정법원의 지원을 별표1과 같이 설치한다.(2016.12.27 본항개정)
② 시법원 또는 군법원(이하 "시·군법원"이라 한다)을 별표2와 같이 설치한다.
(2011.4.5 본조개정)
제3조【합의부지원】 지방법원의 지원 및 가정법원의 지원에 합의부를 둔다. 다만, 대법원규칙으로 정하는 지원에는 두지 아니한다.(2011.4.5 본조개정)
제4조【관할구역】 각급 법원의 관할구역은 다음 각 호의 구분에 따라 정한다. 다만, 지방법원 또는 그 지원의 관할구역에 시·군법원을 둔 경우 「법원조직법」 제34조제1항제1호 및 제2호의 사건에 관하여는 지방법원 또는 그 지원의 관할구역에서 해당 시·군법원의 관할구역을 제외한다.
1. 각 고등법원·지방법원과 그 지원의 관할구역 : 별표3
2. 특허법원의 관할구역 : 별표4
3. 각 가정법원과 그 지원의 관할구역 : 별표5
4. 행정법원의 관할구역 : 별표6
5. 각 시·군법원의 관할구역 : 별표7
6. 항소사건(抗訴事件) 또는 항고사건(抗告事件)을 심판하는 지방법원 본원 합의부 및 지방법원 지원 합의부의 관할구역 : 별표8
7. 행정사건을 심판하는 춘천지방법원 및 춘천지방법원 강릉지원의 관할구역 : 별표9
8. 회생법원의 관할구역 : 별표10(2016.12.27 본호신설)

(2011.4.5 본조개정)
제5조【행정구역 등의 변경과 관할구역】 ① 법원의 관할구역의 기준이 되는 행정구역이 변경된 경우에는 이 법에 따라 관할구역이 정하여질 때까지 정부와 협의하여 그 변경으로 인한 관할구역을 대법원규칙으로 정할 수 있다.
② 인구 및 사건 수 등의 변동으로 인하여 시·군법원의 관할구역을 조정할 필요가 있다고 인정되는 경우에는 이 법에 따라 관할구역이 정하여질 때까지 그 관할구역의 변경을 대법원규칙으로 정할 수 있다.
(2011.4.5 본조개정)

부 칙 (2011.4.5)

제1조【시행일】 이 법은 공포한 날부터 시행한다. 다만, 부산가정법원의 설치에 관한 사항은 2011년 4월 11일부터 시행하고, 대전가정법원과 그 지원, 대구가정법원과 그 지원 및 광주가정법원과 그 지원의 설치에 관한 사항은 2012년 3월 1일부터 시행한다.
제2조【사건관할에 관한 경과조치】 ① 이 법 시행으로 2011년 4월 11일부터 부산가정법원의 관할에 속할 사건으로 2011년 4월 10일 현재 부산지방법원 본원에 계속 중인 사건은 그 계속 중인 법원의 관할로 하고, 2011년 4월 10일 현재 부산지방법원 가정지원에 계속 중인 사건은 2011년 4월 11일부터 부산가정법원에 계속 중인 것으로 본다.
② 이 법 시행으로 2012년 3월 1일부터 대전가정법원의 관할에 속할 사건으로 2012년 2월 29일 현재 대전지방법

원 본원에 계속 중인 사건은 그 계속 중인 법원의 관할로 하고, 2012년 2월 29일 현재 대전지방법원 가정지원에 계속 중인 사건은 2012년 3월 1일부터 대전가정법원에 계속 중인 것으로 본다.
③ 이 법 시행으로 2012년 3월 1일부터 대구가정법원의 관할에 속할 사건으로 2012년 2월 29일 현재 대구지방법원 본원에 계속 중인 사건은 그 계속 중인 법원의 관할로 하고, 2012년 2월 29일 현재 대구지방법원 가정지원에 계속 중인 사건은 2012년 3월 1일부터 대구가정법원에 계속 중인 것으로 본다.
④ 이 법 시행으로 2012년 3월 1일부터 광주가정법원의 관할에 속할 사건으로 2012년 2월 29일 현재 광주지방법원 본원에 계속 중인 사건은 그 계속 중인 법원의 관할로 하고, 2012년 2월 29일 현재 광주지방법원 가정지원에 계속 중인 사건은 2012년 3월 1일부터 광주가정법원에 계속 중인 것으로 본다.
⑤ 2012년 2월 29일 현재 대전지방법원 홍성지원, 공주지원, 논산지원, 서산지원 및 천안지원에 계속 중인 사건 중 가사사건, 가정보호사건 및 가족관계등록사건은 2012년 3월 1일부터 대전가정법원 홍성지원, 공주지원, 논산지원, 서산지원 및 천안지원에 계속 중인 것으로 본다.
⑥ 2012년 2월 29일 현재 대구지방법원 안동지원, 경주지원, 포항지원, 김천지원, 상주지원, 의성지원 및 영덕지원에 계속 중인 사건 중 가사사건, 가정보호사건 및 가족관계등록사건은 2012년 3월 1일부터 대구가정법원 안동지원, 경주지원, 포항지원, 김천지원, 상주지원, 의성지원 및 영덕지원에 계속 중인 것으로 본다.
⑦ 2012년 2월 29일 현재 광주지방법원 목포지원, 장흥지원, 순천지원 및 해남지원에 계속 중인 사건 중 가사사건, 가정보호사건 및 가족관계등록사건은 2012년 3월 1일부터 광주가정법원 목포지원, 장흥지원, 순천지원 및 해남지원에 계속 중인 것으로 본다.

부 칙 (2012.1.17)

제1조【시행일】 이 법은 2016년 3월 1일부터 시행한다. 다만, 부산지방법원 서부지원 설치에 관한 사항은 2017년 3월 1일부터 시행한다.
제2조【사건관할에 관한 경과조치】 ① 이 법 시행으로 2016년 3월 1일부터 인천가정법원의 관할에 속할 사건으로 2016년 2월 29일 현재 인천지방법원 본원에 계속 중인 사건은 인천가정법원의 관할로 한다.(2016.1.19 본항개정)
② 2016년 2월 29일 현재 인천지방법원 부천지원에 계속 중인 사건 중 가사사건, 가정보호사건 및 가족관계등록사건은 2016년 3월 1일부터 인천가정법원 부천지원에 계속 중인 것으로 본다.
③ 이 법 시행으로 2017년 3월 1일부터 부산지방법원 서부지원의 관할에 속할 사건으로 2017년 2월 28일 현재 부산지방법원 본원에 계속 중인 사건은 그 계속 중인 법원의 관할로 한다.

부 칙 (2013.1.23)

제1조【시행일】 이 법은 2014년 3월 1일부터 시행한다. 다만, 의정부지방법원 남양주지원 설치에 관한 사항은 2022년 3월 1일부터 시행한다.(2017.12.19 단서개정)
제2조【사건관할에 관한 경과조치】 ① 이 법 시행으로 2014년 3월 1일부터 서울북부지방법원의 관할에 속할 사건으로 2014년 2월 28일 현재 서울중앙지방법원 및 서울가정법원에 계속 중인 사건은 그 계속 중인 법원의 관할로 한다.
② 이 법 시행으로 2022년 3월 1일부터 의정부지방법원 남양주지원의 관할에 속할 사건으로 2022년 2월 28일 현재 의정부지방법원 본원에 계속 중인 사건은 그 계속 중인 법원의 관할로 하고, 2022년 2월 28일 현재 의정부지방법원 남양주시법원에 계속 중인 사건은 2022년 3월 1일부터 의정부지방법원 남양주지원에 계속 중인 것으로 본다.
(2017.12.19 본항개정)

부 칙 (2013.4.5)

제1조【시행일】 이 법은 공포한 날부터 시행한다.
제2조【사건관할에 관한 경과조치】 이 법 시행으로 대전지방법원, 대전가정법원 및 대전지방법원 세종특별자치시법원의 관할에 속할 사건으로 이 법 시행일 전날 현재 대전지방법원 공주지원, 대전가정법원 공주지원 및 청주지방법원에 계속 중인 사건은 그 계속 중인 법원의 관할로 하고, 이 법 시행일 전날 현재 대전지방법원 연기군법원에 계속 중인 사건은 이 법 시행일부터 대전지방법원 세종특별자치시법원에 계속 중인 것으로 본다.

부 칙 (2013.7.30)

제1조【시행일】 이 법은 공포한 날부터 시행한다.
제2조【사건관할에 관한 경과조치】 이 법 시행일 전날 현재 대전지방법원 서산지원 당진군법원에 계속 중인 사건은 이 법 시행일부터 대전지방법원 서산지원 당진시법원에 계속 중인 것으로 본다.

부 칙 (2014.1.7)

제1조【시행일】 이 법은 2014년 7월 1일부터 시행한다. 다만, 부산가정법원 관할에 속하는 소년보호사건의 관할구역 변경에 관한 사항은 2014년 10월 1일부터 시행하고, 울산가정법원의 설치에 관한 사항은 2018년 3월 1일부터 시행한다.
제2조【사건관할에 관한 경과조치】 ① 이 법 시행으로 2014년 10월 1일부터 울산지방법원 관할에 속할 소년보호사건으로 2014년 9월 30일 현재 부산가정법원에 계속 중인 소년보호사건은 그 계속 중인 법원의 관할로 한다.
② 이 법 시행으로 2018년 3월 1일부터 울산가정법원 관할에 속할 사건으로 2018년 2월 28일 현재 울산지방법원에 계속 중인 사건은 울산가정법원의 관할로 한다.
(2016.1.19 본항개정)

부 칙 (2014.3.18)

제1조【시행일】 이 법은 2019년 3월 1일부터 시행한다.
제2조【사건관할에 관한 경과조치】 ① 이 법 시행으로 2019년 3월 1일부터 수원고등법원 관할에 속할 사건으로 2019년 2월 28일 현재 서울고등법원에 계속 중인 사건은 그 계속 중인 법원의 관할로 한다.
② 이 법 시행으로 2019년 3월 1일부터 수원가정법원 관할에 속할 사건으로 2019년 2월 28일 현재 수원지방법원 본원에 계속 중인 사건은 수원가정법원의 관할로 한다.
(2016.1.19 본항개정)
③ 이 법 시행으로 2019년 2월 28일 현재 수원지방법원 성남지원, 여주지원, 평택지원, 안산지원 및 안양지원에 계속 중인 사건 중 가사사건, 가정보호사건 및 가족관계등록사건은 2019년 3월 1일부터 수원가정법원 성남지원, 여주지원, 평택지원, 안산지원 및 안양지원에 각각 계속 중인 것으로 본다.

부 칙 (2016.1.19)

이 법은 법률 제11151호 각급 법원의 설치와 관할구역에 관한 법률 일부개정법률 부칙 제2조제1항의 개정규정에 관하여는 2016년 3월 1일부터, 법률 제12184호 각급 법원의 설치와 관할구역에 관한 법률 일부개정법률 부칙 제2조제2항의 개정규정에 관하여는 2018년 3월 1일부터, 법률 제12419호 각급 법원의 설치와 관할구역에 관한 법률 일부개정법률 부칙 제2조제2항의 개정규정에 관하여는 2019년 3월 1일부터 각각 시행한다.

부 칙 (2016.12.27)

제1조【시행일】 이 법은 2017년 3월 1일부터 시행한다.
제2조【경과조치】 ① 이 법 시행에 따라 서울회생법원의 관할에 속할 사건으로서 이 법 시행일 전날 서울중앙지방법원에 계속 중인 사건은 이 법 시행일부터 서울회생법원에 계속 중인 것으로 본다.
② 이 법 시행에 따라 회생법원의 관할에 속할 사건으로서 이 법 시행일 전날 서울중앙지방법원이 아닌 지방법원에 계속 중인 사건은 그 계속 중인 법원의 관할로 한다.

부 칙 (2022.12.27)

제1조【시행일】 이 법은 2023년 3월 1일부터 시행한다.
제2조【사건관할에 관한 경과조치】 ① 이 법 시행으로 2023년 3월 1일부터 수원회생법원의 관할에 속할 사건으로 2023년 2월 28일 현재 수원지방법원 본원에 계속 중인 사건은 이 법 시행일부터 수원회생법원에 계속 중인 것으로 본다.
② 이 법 시행으로 2023년 3월 1일부터 부산회생법원의 관할에 속할 사건으로 2023년 2월 28일 현재 부산지방법원 본원에 계속 중인 사건은 이 법 시행일부터 부산회생법원에 계속 중인 것으로 본다.

부 칙 (2023.12.26)

제1조【시행일】 이 법은 2024년 1월 18일부터 시행한다.
(이하 생략)

[별표] ➡ 「法典 別冊」 참조

등기소의 설치와 관할구역에 관한 규칙

(1989년 6월 21일 전개대법원규칙 제1075호)

개정

1989.12.23대법원규칙1096호	<중략>
1995. 7.28대법원규칙1377호	1996. 3.29대법원규칙1425호
1996. 7.20대법원규칙1435호	1997. 6. 3대법원규칙1472호
1997. 8. 4대법원규칙1477호	1997.11.27대법원규칙1482호
1998. 2.23대법원규칙1521호	1998. 6.20대법원규칙1551호
1998. 8.24대법원규칙1562호	1998.12. 4대법원규칙1571호
1999. 9. 3대법원규칙1606호	1999.12.11대법원규칙1618호
2000. 4.29대법원규칙1646호	2000. 9.25대법원규칙1668호
2000.11. 2대법원규칙1672호	2001. 2.10대법원규칙1694호
2001. 8.22대법원규칙1716호	2001.12.27대법원규칙1736호
2002. 3.22대법원규칙1751호	2002. 6.17대법원규칙1759호
2002. 8.26대법원규칙1792호	2003. 2. 8대법원규칙1816호
2003. 8.30대법원규칙1839호	2003.12.26대법원규칙1854호
2004. 1.12대법원규칙1858호	2004. 1.28대법원규칙1868호
2004. 9.30대법원규칙1906호	2005. 6. 3대법원규칙1940호
2005.11. 3대법원규칙1960호	2006. 3.23대법원규칙2010호
2006. 7. 7대법원규칙2032호	2006.12.28대법원규칙2059호
2007. 2.15대법원규칙2066호	2008. 6. 5대법원규칙2182호
2009. 2.17대법원규칙2221호	2009. 9.28대법원규칙2249호
2010. 6.30대법원규칙2294호	2010. 7.30대법원규칙2300호
2011. 2.22대법원규칙2326호	2011. 9.14대법원규칙2351호
2011.12.12대법원규칙2373호	2012. 5.29대법원규칙2415호
2012. 6.27대법원규칙2420호	2013. 4.11대법원규칙2460호
2013. 6. 5대법원규칙2471호	2013.10.11대법원규칙2491호
2013.12.10대법원규칙2504호	2014. 5.30대법원규칙2540호
2014.10. 2대법원규칙2560호(상업등기규칙)	
2014.11. 6대법원규칙2565호	2016. 2.19대법원규칙2643호
2016. 6. 1대법원규칙2663호	2016.10. 4대법원규칙2685호
2017. 2. 2대법원규칙2716호	2017. 2.23대법원규칙2725호
2017. 7.31대법원규칙2752호	2018. 5.29대법원규칙2791호
2019. 1.29대법원규칙2828호	2019. 6. 4대법원규칙2849호
2019.11. 6대법원규칙2863호	2021. 1.29대법원규칙2952호
2021.12.31대법원규칙3020호	2022. 2.25대법원규칙3044호
2022. 9.29대법원규칙3069호	2023. 5.17대법원규칙3100호
2023.11.29대법원규칙3115호	

제1조【목적】 이 규칙은 「법원조직법」 제3조제3항에 따라 지방법원 관내에 설치할 등기소와 그 관할구역을 정하고, 「상업등기법」 제5조와 「동산·채권 등의 담보에 관한 법률」 제39조제3항 및 「선박등기법」 제5조에 따른 등기사무의 위임에 관한 사항을 정함을 목적으로 한다.
(2014.10.2 본조개정)
제2조【소관사무】 등기소에서는 등기와 공증사무를 처리한다.
제3조【설치와 관할구역】 각 지방법원과 지원(사무국을 둔 지원에 한함)관내에 설치할 등기소와 그 명칭 및 관할구역과 각 지방법원 및 지원의 등기과·계의 관할구역은 별표와 같다.(1996.7.20 본조개정)
제4조【상업등기사무의 위임】 ① 서울특별시내에 관할이 있는 지방법원 및 등기소의 서울특별시내의 상업등기사무는 서울중앙지방법원 등기국에서, 대구광역시내에 관할이 있는 지원 및 등기소의 대구광역시내의 상업등기사무는 대구지방법원 등기국에서, 부산광역시내에 관할이 있는 지원 및 등기소의 부산광역시내의 상업등기사무는 부산지방법원 등기국에서, 인천광역시내에 관할이 있는 등기소의 인천광역시내의 상업등기사무는 인천지방법원 등기국에서 이를 각 처리한다.(2023.5.17 본항개정)
② (1995.7.28 삭제)
③ 광주지방법원 순천지원 여수등기소의 관할구역의 상업등기사무는 광주지방법원 순천지원 여천등기소에서 이를 처리한다(2005.6.3 본항개정)
④ (1996.7.20 삭제)
⑤ (2008.6.5 삭제)
⑥ (2004.9.30 삭제)
⑦ (2000.9.25 삭제)
⑧ (1998.2.23 삭제)
⑨ (1999.12.11 삭제)
⑩ 수원지방법원 장안등기소의 관할구역의 상업등기사무는 수원지방법원 동수원등기소에서, 수원지방법원 송탄등기소의 관할구역의 상업등기사무는 수원지방법원 평택지원에서, 수원지방법원 성남지원 분당등기소의 관할구역의 상업등기사무는 수원지방법원 성남지원에서 이를 각 처리한다.(2001.12.27 본항개정)
⑪ (2006.12.28 삭제)
⑫ (2013.6.5 삭제)
⑬ 창원지방법원 진해등기소와 마산지원 등기계 관할구역의 상업등기사무는 창원지방법원 등기과에서 처리한다.
(2012.5.29 본항개정)
제5조 (2011.9.14 삭제)
제6조【선박등기사무의 위임】 ① 선박등기사무의 위임에 관하여는 제4조제1항, 제10항 및 제13항을 준용한다. 다만, 인천광역시에 관할이 있는 등기소 중 강화등기소는 제외한다.(2013.6.5 본문개정)
② 광주지방법원 순천지원 여천등기소의 관할구역의 선박등기사무는 광주지방법원 순천지원 여수등기소에서 이를 처리한다.
(2012.5.29 본조신설)
제7조【동산·채권담보등기사무의 위임】 동산·채권담보등기사무의 위임에 관하여는 제4조를 준용한다.
(2012.5.29 본조신설)

부　칙 (2019.1.29)

이 규칙은 2019년 2월 11일부터 시행한다.

부　칙 (2019.6.4)

이 규칙은 2019년 7월 1일부터 시행한다.

부　칙 (2019.11.6)

이 규칙은 2019년 12월 2일부터 시행한다.

부　칙 (2021.1.29)

이 규칙은 2021년 3월 15일부터 시행한다.

부　칙 (2021.12.31)
(2022.2.25)

이 규칙은 2022년 3월 1일부터 시행한다.

부　칙 (2022.9.29)

이 규칙은 2022년 10월 4일부터 시행한다.

부　칙 (2023.5.17)

제1조【시행일】 이 규칙은 2023년 6월 11일부터 시행한다. 다만, 별표의 개정규정 중 대구지방법원 군위등기소 관할구역에 관한 사항은 2023년 7월 1일부터 시행하고, 제4조제1항의 개정규정은 2024년 1월 1일부터 시행한다.
제2조【군위등기소의 상업등기 등의 관할구역에 관한 경과조치】 군위군 지역의 상업등기, 선박등기 및 동산 · 채권담보의 등기사무 관할에 관한 별표의 군위등기소 관할구역란은 별표의 개정규정에도 불구하고 2023년 12월 31일까지는 종전 규정에 따른다.

부　칙 (2023.11.29)

이 규칙은 2024년 1월 18일부터 시행한다.

〔별표〕 ➡「法典 別册」참조

국제재판부의 설치 및 운영에 관한 규칙

(2018년　5월　29일
대법원규칙　제2789호)

제1장　총　칙

제1조【목적】 이 규칙은 「법원조직법」(이하 "법"이라 한다) 제62조의2에 따른 외국어 변론 허가의 절차, 국제사건에서 허용되는 외국어의 범위, 국제사건의 재판 및 국제재판부의 운영에 필요한 사항을 정하는 것을 목적으로 한다.
제2조【정의】 이 규칙에서 사용하는 용어의 뜻은 다음과 같다.
1. "국제사건"이란 법 제62조의2제1항에 따라 당사자가 법정에서 외국어로 변론하는 것을 법원이 허가한 사건을 말한다.
2. "국제재판부"란 법 제62조의2제2항에 따라 국제사건을 전담하는 재판부를 말한다.

제2장　국제재판부의 설치 및 운영

제3조【설치】 ① 국제재판부를 설치할 법원은 다음과 같다.
1. 특허법원
2. 서울중앙지방법원
② 다음 각 호 법원의 장은 국제사건의 수 등을 고려하여 필요한 경우 국제재판부를 설치할 수 있다.
1. 대전지방법원
2. 대구지방법원
3. 부산지방법원
4. 광주지방법원
제4조【운영】 ① 국제재판부를 설치한 법원은 국제사건의 재판에 필요한 통번역 업무를 수행하기 위해 통번역센터를 설치 · 운영할 수 있다.
② 국제재판부에는 외국어 능력과 국제사건에 전문성을 갖춘 법 제53조의2에 따른 재판연구원을 배치할 수 있다.

제3장　외국어 변론 허가의 절차

제5조【허가의 요건】 법원은 법 제62조의2제1항에 따른 지식재산권 등에 관한 사건 중 다음 각 호의 어느 하나에 해당하는 사건에 대하여 당사자의 동의를 받아 당사자가 법정에서 외국어로 변론하는 것을 허가할 수 있다. 다만, 재판을 현저히 지연시키는 경우에는 그러하지 아니하다.
1. 당사자가 외국인인 사건
2. 주요 증거조사가 외국어로 이루어질 필요가 있는 사건
3. 그 밖에 이에 준하는 국제적 관련성이 있는 사건
제6조【신청 및 동의】 외국어 변론의 신청 및 동의는 제1심과 항소심의 각 제1회 변론기일 전에 서면으로 하여야 한다. 다만, 법원은 제1회 변론기일 이후의 신청 및 동의에 대해서도 그 필요성이 현저하다고 인정하는 경우 외국어 변론을 허가할 수 있다.
제7조【허가의 효력】 외국어 변론의 허가는 당해 심급에만 효력이 있다.
제8조【허가의 취소】 ① 법원은 다음 각 호 중 어느 하나의 경우 외국어 변론 허가를 취소할 수 있다.
1. 당사자가 모두 외국어 변론의 신청 및 동의를 철회하는 경우
2. 외국어 변론으로 인하여 재판진행에 현저한 지장이 있는 경우
② 제1항의 허가 취소는 이미 진행된 재판에 영향을 미치지 아니한다.

제4장　허용되는 외국어의 범위

제9조【외국어의 범위】 법 제62조의2제3항에 따른 국제사건에서 허용되는 외국어는 영어로 한다. 다만, 당사자의 신청에 따라 영어 외에 다른 외국어를 허용할 수 있다.

제5장　국제사건의 재판

제1절　변론기일

제10조【재판장의 소송지휘】 재판장은 국제사건 소송의 지휘에 국어를 사용한다.
제11조【통역】 ① 법원은 국제사건의 변론기일에 재판부의 말과 변론에 참여하는 사람의 말을 통역인에게 통역하게 하여야 한다.
② 통역인이 허가된 외국어를 국어로, 국어를 허가된 외국어로 통역하는 경우에는 동시통역을 원칙으로 한다.
③ 변론에 참여하는 사람이 허가된 외국어 또는 국어를 듣거나 말하는 데 어려움이 있으면 통역인에게 허가된 외국어 또는 국어로 통역하게 하여야 한다.
제12조【문서와 번역문의 첨부】 ① 국제사건에서 허가된 외국어로 작성된 문서에는 번역문을 붙이지 아니할 수 있다. 다만, 법원은 소송절차의 원활한 진행을 위해 현저히 필요한 경우 번역문 제출을 명할 수 있다.
② 당사자는 허가된 외국어가 아닌 외국어로 작성된 문서에 대하여는 국어 또는 허가된 외국어 번역문을 붙여야 한다.

제2절　결정, 명령, 변론조서의 작성

제13조【결정, 명령】 ① 국제사건에서의 결정, 명령은 국어로 한다.
② 결정서, 명령서는 국어로 작성하고, 당사자에게 허가된 외국어 번역문을 송부할 수 있다.
제14조【변론조서의 작성】 국제사건에서 변론조서는 「민사소송법」 제159조제1항 및 제2항에 따라 녹음테이프 또는 속기록을 조서의 일부로 삼는 방식을 원칙으로 한다. 다만, 「민사소송규칙」 제36조제3항은 적용하지 아니한다.

제3절　판결의 선고

제15조【선고의 방식】 국제사건의 판결은 국어로 작성하여 선고한다.
제16조【판결의 효력】 상소기간의 기산 및 판결의 효력은 국어로 작성된 판결서를 기준으로 한다.
제17조【판결서의 번역】 법원서기관, 법원사무관, 법원주사 또는 법원주사보(이하 "법원사무관등"이라 한다)는 판결서 정본 송달 후 당사자에게 판결서에 대한 허가된 외국어 번역문을 송부한다.

제4절　상　소

제18조【항소 또는 상고의 특례】 ① 국제사건에 대하여 항소하는 경우 당사자는 「민사소송법」 제398조에서 준용하는 제277조에도 불구하고 허가된 외국어로 작성된 항소장을 제출할 수 있다.
② 국제사건에 대하여 상고하는 경우에도 제1항과 같다.
제19조【상고기록 송부의 특례】 ① 원심법원의 법원사무관등은 상고기록 조제 시에 허가된 외국어로 작성된 문서가 있는 경우 이에 대한 국어번역문을 첨부하여야 한다. 다만, 원심재판장은 그 번역에 필요한 범위를 지정할 수 있다.
② 국제사건이 상고되는 경우 「민사소송법」 제425조가 준용하는 제400조에서 정하는 기록송부 기간에 소송기록의 번역에 소요되는 기간은 산입하지 아니한다.

부　칙

이 규칙은 2018년 6월 13일부터 시행한다.

법원재판사무 처리규칙

(1993년　12월　28일
대법원규칙　제1276호)

개정
1994.11.28대법원규칙1321호　1997.12.30대법원규칙1492호
1998. 6.20대법원규칙1549호　1999. 1. 4대법원규칙1581호
1999.12.22대법원규칙1623호　2000. 6.30대법원규칙1659호
2000.12.30대법원규칙1678호　2001.10.29대법원규칙1719호
2001.12.27대법원규칙1732호　2002. 6.28대법원규칙1764호
2003. 6. 9대법원규칙1828호　2005. 1. 6대법원규칙1921호
2006. 3. 2대법원규칙2000호　2006. 3.23대법원규칙2003호
2007. 7.31대법원규칙2093호　2007.10.29대법원규칙2109호
2009. 6.26대법원규칙2241호　2011.10.26대법원규칙2363호
2012. 5.29대법원규칙2407호　2014. 8. 6대법원규칙2547호
2014. 9. 1대법원규칙2556호(아동보호심판규칙)
2020. 2. 3대법원규칙2880호　2020.10.29대법원규칙2919호
2021. 1.29대법원규칙2949호(고위공직자범죄수사처설치에따른일부개정규칙)
2023. 8.31대법원규칙3104호

제1장　총　칙

제1조【목적】 이 규칙은 법원의 재판사무, 조정사무 기타 이와 관련된 사무(이하 "재판사무등"이라 한다)의 처리에 관한 사항을 정함을 목적으로 한다.
제2조【적용범위】 재판사무등의 처리에 관하여는 다른 법령에 특별한 규정이 있는 경우를 제외하고는 이 규칙이 정하는 바에 의하되, 그 성질에 반하지 아니하는 범위내에서 「법원사무처리규칙」의 규정을 준용한다.
(2006.3.2 본조개정)
제3조【사무처리의 원칙】 재판사무등은 적정 · 신속하게 처리하여야 하고, 능률과 봉사를 지향하여야 한다.
제4조【사무분담】 ① 각급법원(지원 포함, 이하 같다)의 재판사무등에 관한 사무분담은 해당법원의 장이 정한다.
② 제1항의 사무분담을 정함에 있어서는 법관 기타 직원들 상호간의 업무분담이 공평하도록 하여야 하고, 사무분담을 자주 변경함으로써 업무수행에 지장을 초래하는 일이 없도록 하여야 한다.
③ 각급 법원의 장은 사무분담에 관한 사항의 자문을 위한 사무분담위원회를 둘 수 있다.(2020.2.3 본항신설)
④ 사무분담위원회의 설치, 구성 및 운영 등에 관한 사항은 각급 법원의 내규로 정한다.(2020.2.3 본항신설)
제5조【재판사무 등에 관한 감사와 보고】 ① 대법원장은 재판사무등의 처리에 필요한 사항에 관하여 수시로 대법관 기타 직원으로 하여금 각급법원의 사무를 감사, 보고하게 할 수 있다.
② 각급법원의 장은 재판사무등의 처리에 필요한 사항에 관하여 수시로 소속법원의 법관 기타 직원으로 하여금 그 관하기관의 사무를 감사, 보고하게 할 수 있다.
③고등법원 및 특허법원의 장은 연중계획에 의하여 매년 1회 재판사무 등의 처리에 필요한 사항에 관하여 자체 법원 및 관하 기관에 대한 감사를 실시하고, 지체없이 그 감사결과를 대법원에 보고하여야 한다.(2006.3.2 본항신설)
(2006.3.2 본조제목개정)
제5조의2【민감정보 등의 처리】 법원은 다음 각호의 사무를 수행하기 위하여 필요한 범위 내에서 「개인정보 보호법」 제23조의 민감정보, 제24조의 고유식별정보, 제24조의2의 주민등록번호 및 그 밖의 개인정보를 처리할 수 있다.
1. 「법원조직법」 제2조제1항에 따른 일체의 법률상의 쟁송 심판사무
2. 「민사조정법」(동법이 준용되는 경우를 포함한다)상의 조정사무
3. 사건의 접수 및 접수 보류, 관련 증명서 발급, 기록 열람, 정보제공, 인터넷 홈페이지 이용 및 운영 등 제1호 및 제2호의 사무와 관련되거나 이를 수행하기 위하여 부수적으로 필요한 사무(2023.8.31 본호개정)
(2014.8.6 본조신설)

제2장　문서관리

제6조【문서의 양식 등】 ① 재판서 기타 재판사무등에 관한 문서의 양식, 비치 및 사용등에 관한 사항은 대법원 예규로 정한다.
② 재판사무등에 관한 문서는 용지의 위로부터 45밀리미터, 왼쪽 및 오른쪽으로부터 각 20밀리미터, 아래로부터 30밀리미터의 여백을 둔다.
제7조【문서 등의 접수 · 처리】 ① 재판사무 등에 관하여 접수한 문서에는 문서의 첫면 좌측 하단에(좌측 하단에 여백이 없을 때에는 첫면 적당한 부위에, 첫면에 여백

이 없을 때에는 끝면 좌측 하단에) 문서접수인(별지 제1호서식)을 찍어 접수연월일과 번호를 기입하고 물건에는 종이조각 기타 표찰을 붙여, 그 종류에 따라 대법원예규로써 정하는 장부 또는 재판사무시스템에 등록 또는 입력한 후 담임법원서기관·법원사무관·법원주사·법원주사보(이하 "담임법원사무관등"이라 한다)에게 교부하여야 한다. 다만, 대법원예규가 정하는 경우에는 문서접수인의 날인을 생략할 수 있다.(2005.1.6 본항개정)
② 제1항에 의하여 담임법원사무관등이 교부받은 문서 또는 물건은 지체없이 이를 담임법관에게 제출하여 서명 또는 날인을 받아야 한다. 그러나 이를 받을 필요가 없다고 인정되는 경우에는 그러하지 아니하다.

제8조【금전 등이 첨부된 문서의 접수·처리】 접수한 문서에 금전·유가증권·우표·인지 그 밖의 물건이 첨부되어 있어 제7조제1항 본문에 따라 그 첨부된 물건에 관하여 재판사무시스템에 입력하는 경우에는 물건의 품목·수량·금액 등을 전산입력하며, 입력한 내용은 해당 문서의 여백에도 기입하여야 한다.(2023.8.31 본조개정)

제8조의2【접수가 보류되는 문서 등의 처리】 ①「민사소송 등 인지법」 제13조제2항에 따라 접수를 보류한 소장, 참가신청서, 재심소장, 준재심소장(이하 "소장등"이라 한다)에는 접수보류인(별지 제1호의2서식)을 찍는다. 이 경우 접수보류인을 찍는 위치에 관하여는 제7조제1항 본문을 준용한다.
② 제1항에 따라 찍은 접수보류인에는 소장등의 제출일시와 제출방법을 기입하고, 소장등의 제출과 동시에 구두로「민사소송 등 인지규칙」 제4조의3제1항 각 호의 사항을 통지한 경우에는 그 취지를 비고란에 기재한다.
③ 접수담당 법원사무관등은 접수가 보류된 소장등과 이에 첨부된 서류·물건(이하 "소장등관계서류·물건"이라 한다)을「민사소송 등 인지규칙」 제4조의3에 규정된 절차에 따라 접수하거나 반환·폐기하되, 접수하거나 반환·폐기하기 전까지 현상 그대로 보관한다.
④ 접수담당 법원사무관등은 소장등의 접수를 보류하는 경우에는 소장등의 제출일시 및 방법,「민사소송 등 인지규칙」 제4조의3제1항에 따른 통지의 여부 및 방법, 같은 조 제5항에 따른 소장등관계서류·물건의 처리 등에 관한 사항을 대법원예규로 정하는 장부에 기입하거나 전자적으로 관리한다.
(2023.8.31 본조신설)

제9조【번역문첨부】 재판사무등에 관한 문서중 국어를 해득하지 못하는 외국인에게 교부 또는 제시할 문서로서 필요하다고 인정되는 것과 외국어로 된 문서를 접수할 때에는 그 문서의 제출자로 하여금 번역문을 붙이도록 하여야 한다.

제10조【문서 등의 발송】 ① 재판사무등에 관한 문서의 원본을 송부한 경우에는 그 부본이나 사본을, 부본이나 사본을 송부한 경우에는 그 원본을 사건기록 기타 관계서류에 편철한다. 다만, 다른 자료에 의하여 그 처리상황이 객관적으로 명백하거나 이를 편철할 필요가 없다고 인정되는 경우에는 그러하지 아니하다.
② 재판사무등에 관한 문서와 기록 또는 물건의 발송은 특별한 규정이 있는 경우를 제외하고는 인편, 등기우편 기타 발송사실을 증명할 수 있는 방법으로 하여야 하고, 문서사송부(별지 제2호서식)등으로써 이를 명백히 하여야 한다.
③ 물건을 발송함에는 그 물건에 관계문서번호를 기입한 종이조각 기타 표찰을 붙이고 송부문서의 여백에 물건첨부의 기호를 붙여야 한다.

제11조【문서등의 청외 반출】 재판사무등에 관한 문서와 기록 또는 물건은 소속법원의 장 또는 담임법관의 허가를 얻지 아니하고는 이를 청외에 반출하지 못한다.

제3장 사무처리

제12조【열람·복사】 재판사무 등에 관한 문서·기록·증거물 그 밖의 관계서류의 열람 또는 복사는 일정한 장소에서 상당한 감시하에 이를 하게 하여야 한다.
(2005.1.6 본조개정)

제13조【공탁서의 처리】 공탁서의 제출이 있을 때에는 그 사본을 받아 원본과 대조한 후 담임법원사무관등이 사본의 여백에 원본과 대조하여 틀림이 없다는 뜻을 기재하고 서명 또는 날인한 다음 담임법관의 검열을 받아 기록에 편철하고 원본은 제출자에게 반환한다.

제14조 (2005.1.6 삭제)

제15조【압수물건의 처리】 ① 법원이 압수한 물건은 압수표에 등록하고 담임법관과 담임법원사무관등이 서명 또는 날인한 후, 그 물건에 압수번호, 사건번호, 피고인의 성명 및 물건번호등을 표시한 종이조각 기타 표찰을 붙여 지체없이 이를 압수물취급담임자에게 교부하여야 한다.
② 동일 사건에 관하여 수사기관에 의하여 압수된 물건이 있을 때에는 제1항의 압수번호는 전후 일련번호로 한다.
③ 수사기관에 의하여 압수된 물건을 송부받았을 때의 압수물의 처리에 관하여도 제1항 및 제2항의 규정을 준용한다.

제16조【압수물의 보관, 출납】 ① 압수물취급담임자가 압수물의 교부를 받았을 때에는 이를 압수물대장에 등록하고 그의 책임하에 보관하여야 한다.
② 압수물은 담임법관의 명에 의하여 출납하고, 압수물가출(假出)의 명에 의하여 이를 가출할 때에는 압수물가출부에 기재하고, 영수인의 서명 또는 날인을 받거나 압수물수령표를 교부받아야 한다.
③ 가출한 압수물을 반환받았을 때에는 압수물가출부에 그 취지를 기재하고, 전에 교부받은 압수물수령표가 있으면 이를 반환하여야 한다.

제17조【형사판결 등 결과 통지】 형사판결 또는 감호판결이 있을 때에는 담임법원사무관등은 지체없이 재판장의 확인을 받아 판결 결과를 검찰청 또는 고위공직자범죄수사처(이하 "수사처"라고 한다)에 통지하여야 한다.
(2021.1.29 본조개정)

제4장 기 록

제18조【사건기록】 사건기록은 매 사건마다 별책으로 편성한다. 다만, 대법원예규가 정하는 바에 따라 합철 또는 첨철할 수 있다.

제19조【사건번호 등】 ① 사건기록에는 사건번호를 붙여야 한다.
② 사건번호는 서기 연수에 네자리 아라비아 숫자, 사건별 부호문자와 진행번호인 아라비아 숫자로 표시한다.
(1999.12.22 본항개정)
③ 사건에 관하여 최초에 붙인 사건번호와 사건명은 그 사건이 종국에 이르기까지 사용한다. 다만, 사건명은 잘못이 있음이 분명한 때에는 제1심 종국에 이르기까지 재판장의 허가를 받아 정정할 수 있다.(2005.1.6 본항개정)

제20조【사건별 부호문자】 사건별 부호문자는 사건의 성격, 사건수등을 고려하여 대법원예규로 정한다.
(2003.6.9 본조개정)

제21조【기일지정신청사건】 ①「민사소송규칙」 제67조, 제68조의 규정에 의한 기일지정신청이 있는 사건은 따로 사건번호를 붙이지 아니한다.(2006.3.2 본항개정)
② 제1항의 사건에 관하여는 기록 표지 우측 상부의 여백에 붉은 글씨로 "기일지정신청사건"이라고 표시한다.

제22조【파산폐지결정의 취소 등】 ① 파산폐지결정의 취소결정이 확정된 때에는 따로 사건번호를 붙이지 아니한다.
② 제1항의 경우에는 기록표지 우측 상부의 여백에 붉은 글씨로 "파산폐지결정취소"라고 표시한다.
(2006.3.23 본조개정)

제22조의2【수소법원의 조정사건】「민사조정법」 제7조제3항의 규정에 의하여 수소법원이 스스로 처리하는 민사조정사건 및 수소법원의 재판장 또는 수명법관이 조정장인 조정위원회에서 처리하는 민사조정사건에는 본안사건번호 이외에 따로 조정사건번호를 붙이지 아니한다.
(2006.3.2 본조개정)

제23조【기록의 편철방법, 목록】 ① 기록을 접수하거나 작성하는 때에는 표지를 붙여 편철하며, 그 뒤에 접수 또는 작성한 것은 순서에 따라 이를 가철하되, 기록의 장수가 많은 것은 500매내외를 기준으로 하여 분책한다. 다만, 대법원예규로써 이와 다른 방법을 정할 수 있다.
② 기록의 매장 표면 하단 중앙에는 장수를 표시하고 심리가 종결된 때에는 목록을 작성하여야 한다. 재판에 의하지 아니하고 사건이 종국된 때에는 그 종국후에 목록을 작성한다. 그러나 기록의 장수가 적은 것은 목록 작성을 생략할 수 있다.
③ 기록의 일부가 된 물건으로서 통상의 방법으로 편철할 수 없는 것은 그 제출시기에 따라 목록에 명칭과 수량등을 적고 목록의 비고란에 보관의 방법등을 기재하여야 한다.

제24조【기록의 공람】 ① 기록의 접수공람은 하지 아니한다.
② 기록의 완결공람은 다음 각 호에 따라 하고, 담임법원사무관등은 공람란에 담임이라고 표시한다.
1. 확정된 기록의 완결공람은 담임, 과장이 한다.
2. 상소된 기록의 완결공람은 담임, 과장, 주심판사(합의사건), 재판장이 한다.
③ 공람은 제2항의 공람권자가 해당 공람란에 날인하는 방식으로 하고, 날인 시에 "전결" 표시는 하지 아니한다. 이 경우 공람권자가 아닌 공람란은 빈칸으로 둔다.
④ 제3항에 불구하고 전자소송 사건에서의 공람은 전자공람의 방법에 따른다.
(2012.5.29 본조개정)

제25조【완결된 사건기록의 인계】 사건이 완결된 때에는 담임법원사무관등은 완결후 1월이내에 기록을 보존담당부서에 인계하여야 한다.

제26조【형사소송기록 등 송부】 형사사건 또는 치료감호사건이 완결된 때에는 담임법원사무관등은 지체없이 사건기록과 재판서를 그 법원에 대응하는 검찰청 또는 수사처에 송부하여야 한다. 다만, 사건기록의 일부가 전자적 형태로 보관된 경우 이를 전송하거나 컴퓨터용디스크, 그 밖에 이와 비슷한 정보저장매체에 복제하여 송부한다.(2021.1.29 본조개정)

제5장 장부와 재판사무시스템
(2005.1.6 본장개정)

제27조【장부와 재판사무시스템】 각급법원에서는 재판사무 등의 종류에 따라 장부를 비치하여야 하고, 그 보조장부를 둘 수 있다. 다만, 재판사무시스템에 입력함으로써 장부의 기재를 갈음하는 경우에는 장부를 비치하지 아니한다.

제28조 (2005.1.6 삭제)

제6장 보 존

제29조【기록등의 보존】 재판서 기타 이에 준하는 문서의 종류별 보존기간은 별표2와 같다. 그밖에 사건기록 및 장부의 종류별 보존기간과 재판서, 사건기록 및 장부등의 보존절차와 방법등에 관한 사항은 이 장에서 특별히 정한 경우를 제외하고는 대법원예규로 정한다.

제29조의2【형사 및 감호사건에 관한 판결등본 보존의 특칙】 ① 제29조의 규정에도 불구하고 형사 및 감호사건에 관한 판결의 전자파일이 전산정보처리시스템에 등록되어 있고, 그 전자파일이 판결원본과 일치하는 때에는 판결등본을 보존하지 아니할 수 있다.
② 제1항에 따라 판결등본을 보존하지 아니하는 때에는 해당 판결서에 대한 경정결정의 전자파일도 전산정보처리시스템에 등록하여야 한다.
③ 제1항 및 제2항의 전자파일은 영구 보관하고, 위조·변조·훼손·유출 등을 방지하기 위한 보안조치를 하여야 한다.
(2020.10.29 본조신설)

제30조【기간의 기산】 ① 사건기록 및 장부의 보존기간 기산일은 사건의 종국, 완결 또는 기입을 마친 날이 속하는 해의 다음해 1월 1일로 한다. 다만, 말소된 채무불이행자명부의 경우에는 당해 채무불이행자명부가 말소된 다음해 1월 1일로 한다.
② 보존기간을 달리하는 관련서류등은 그 기간의 긴 것에 따른다.
③ 완결의 시기를 예측하기 어려운 사건에 관한 기록은 사건의 종국 또는 완결전이라도 완결기록의 예에 따라 가보존하거나 대법원예규가 정하는 바에 따라 이를 보존할 수 있다.

제31조【기간경과후의 보존】 역사적 가치가 있거나 특별한 사유에 의하여 보존의 필요가 있는 사건기록 및 장부는 보존기간 경과후라 할지라도 그 사유가 존속하는 한 이를 보존하여야 한다.

제32조【보존과 전산입력】 사건기록은 사건별 부호문자에 따라 분류한 다음 기록의 인계순서에 따라 사건번호순으로 재판사무시스템의 사건보존항목에 전산입력하여야 한다.(2005.1.6 본조개정)

제33조【보존종료연도 등 표시】 ① 보존한 기록 및 장부에는 그 표지에 붉은 글씨로 보존종료연도를 기재하여야 한다.
② 한 질로 만든 사건기록에는 그 질의 번호와 순차번호를 표시하여야 한다.(2005.1.6 본항개정)

부 칙 (1997.12.30)

이 규칙중 행정사건 부호문자는 1998.1.1부터, 특허사건 관련부호는 1998.3.1부터 접수되는 각 사건에 대하여 시행한다. 다만 1998.1.1부터 1998.2.28까지는 고등법원에 접수되는 행정 제1심사건이라도 사건별 부호문자는 "누"를 사용하고(재심사건도 동일함), 행정 제1심사건에 대한 부호문자 "구"는 1998.3.1부터 사용한다.

부 칙 (2020.2.3)

이 규칙은 공포한 날부터 시행한다.

부 칙 (2020.10.29)

제1조【시행일】 이 규칙은 공포한 날부터 시행한다.
제2조【적용례】 이 규칙은 이 규칙 시행 후 최초로 선고되는 사건부터 적용한다.

부 칙 (2021.1.29)

이 규칙은 공포한 날부터 시행한다.

부 칙 (2023.8.31)

이 규칙은 2023년 10월 19일부터 시행한다.

〔별표〕➡「法典 別冊」 참조

〔별지서식〕➡「www.hyeonamsa.com」 참조

법원사무관리규칙

(1993년 9월 8일
대법원규칙 제1265호)

개정
1995. 2.16대법원규칙1350호 1997. 9.30대법원규칙1479호
1997.12.30대법원규칙1490호(법원정보공개규칙)
1997.12.30대법원규칙1495호 1999. 9. 3대법원규칙1608호
2003. 3.21대법원규칙1822호 2003. 7.30대법원규칙1837호
2004. 2.28대법원규칙1875호 2004. 8.28대법원규칙1905호
2005. 3.23대법원규칙1935호 2006. 2.21대법원규칙1993호
2006.12.28대법원규칙2055호(국고금관리법등의위임사항등에관한규칙)
2007. 3.29대법원규칙2079호(공탁규칙)
2007. 5. 1대법원규칙2082호(법관인사위원회규칙)
2007. 7.31대법원규칙2096호(법원기록물관리규칙)
2008. 9.26대법원규칙2194호(부등규)
2011. 9.28대법원규칙2356호(부등규)
2013. 6.27대법원규칙2481호
2013.12.31대법원규칙2512호(사법정책연구원운영규칙)
2015. 4.24대법원규칙2598호(가족관계등록규)
2015. 7.28대법원규칙2615호
2017. 2. 2대법원규칙2714호(채무자회생파산규)

제1장 총 칙

제1조【목적】 이 규칙은 법원의 사무관리에 관한 사항을 규정함으로써 사무의 간소화·표준화·과학화 및 정보화를 기하여 사법행정의 능률을 높임을 목적으로 한다.(2006.2.21 본조개정)

제2조【적용범위】 각급법원, 법원행정처, 사법연수원, 사법정책연구원, 법원공무원교육원, 법원도서관 및 그 소속기관(이하 "각급기관"이라 한다)의 사무관리에 관하여는 다른 법령에 특별한 규정이 있는 경우를 제외하고는 이 규칙이 정하는 바에 의한다.(2013.12.31 본조개정)

제3조【정의】 이 규칙에서 사용하는 용어의 정의는 다음과 같다.

1. "공문서"라 함은 각급기관 내부 또는 상호간이나 대외적으로 공무상 작성 또는 시행되는 문서(도면·사진·디스크·테이프·필름·슬라이드·전자문서 등의 특수매체기록을 포함한다. 이하 같다) 및 각급기관이 접수한 모든 문서를 말한다.(2006.2.21 본호개정)
2. "문서과"라 함은 각급기관내의 공문서의 분류·배부·수발업무지원 및 보존등 문서에 관한 사무를 주관하는 과·담당관 또는 계를 말한다.(2006.2.21 본호개정)
3. "처리과"라 함은 문서의 수발 및 사무처리를 주관하는 과·담당관 또는 계를 말한다.(2006.2.21 본호개정)
4.~5. (2005.3.23 삭제)
6. "정보통신망"이라 함은 전기통신설비를 활용하거나 전기통신설비와 컴퓨터 및 컴퓨터의 이용기술을 활용하여 정보를 수집, 가공, 저장, 검색, 송신 또는 수신하는 정보통신체제를 말한다.(2005.3.23 본호신설)
7. "전자문서"라 함은 컴퓨터 등 정보처리능력을 가진 장치에 의하여 전자적인 형태로 작성, 송·수신 또는 저장된 문서를 말한다.(2006.2.21 본호신설)
8. "서명"이라 함은 기안자·검토자·협조자·결재권자 또는 발신명의인이 공문서(전자문서를 제외한다)상에 자필로 자기의 성명을 다른 사람이 알아볼 수 있도록 한글로 표시하는 것을 말한다.(2006.2.21 본호신설)
9. "전자문자서명"이라 함은 기안자·검토자·협조자·결재권자 또는 발신명의인이 전자문서상에 전자적 결합으로 자동 생성된 자기의 성명을 전자적인 문자 형태로 표시하는 것을 말한다.(2006.2.21 본호신설)
10. "전자이미지서명"이라 함은 기안자·검토자·협조자·결재권자 또는 발신명의인이 전자문서상에 전자적인 이미지 형태로 된 자기의 성명을 표시하는 것을 말한다.(2006.2.21 본호신설)
11. "행정전자서명"이라 함은 기안자·검토자·협조자·결재권자 또는 발신명의인의 신원과 전자문서의 변경여부를 확인할 수 있도록 당해 전자문서에 첨부되거나 논리적으로 결합된 전자적 형태의 정보로서 인증을 받은 것을 말한다.(2006.2.21 본호신설)
12. "전자이미지관인"이라 함은 관인의 인영을 컴퓨터 등 정보처리능력을 가진 장치에 전자적인 이미지 형태로 입력하여 사용하는 관인을 말한다.(2004.2.28 본호신설)
13. "전자문서시스템"이라 함은 문서의 기안·검토·협조·결재·등록·시행·분류·편철·보관·보존·이관·접수·배부·공람·검색·활용 등 문서의 모든 처리절차가 전자적으로 처리되는 시스템을 말한다.
14. "사법행정정보시스템"이라 함은 각급기관이 사법행정정보를 생산·수집·가공·저장·검색·제공·송신·수신 및 활용하기 위한 하드웨어·소프트웨어·데이터베이스와 처리절차 등을 통합한 시스템을 말한다.

(2006.2.21 13호~14호신설)

제4조【사무관리의 원칙】 법원의 사무는 용이성·정확성·신속성 및 경제성이 확보될 수 있도록 관리하여야 한다.

제5조【사무의 분장】 각 처리과의 장은 사무의 능률적 처리와 책임소재의 명확을 기하기 위하여 소관사무를 단위업무별로 분장하되, 소속직원간의 업무량이 균형되게 하여야 한다.

제6조【사무의 인계·인수】 법원공무원이 인사발령 또는 사무분장의 조정 등의 사유로 사무를 인계·인수하는 때에는 담당사무에 관한 진행상황·관계문서·자료 기타 업무와 관련되는 사항을 구체적으로 문서로 작성하여 인계·인수하여야 한다.(2006.2.21 본조개정)

제2장 공문서관리

제1절 일반사항

제7조【공문서의 종류】 공문서(이하 "문서"라 한다)는 다음 각호와 같이 법규문서·지시문서·공고문서·비치문서·민원문서 및 일반문서로 나눈다.(2006.2.21 본문개정)

1. 법규문서는 헌법·법률·대법원규칙·대법원내규등에 관한 문서를 말한다.
2. 지시문서는 지시·예규·내규 및 일일명령등 각급기관이 그 하급기관 또는 소속공무원에 대하여 일정한 사항을 지시하는 문서를 말한다.
3. 공고문서는 고시·공고등 각급기관이 일정한 사항을 일반에게 알리기 위한 문서를 말한다.
4. 비치문서는 비치대장·비치카드등 각급기관이 일정한 사항을 기록하여 기관내부에 비치하면서 업무에 활용하는 문서를 말한다.
5. 민원문서는 민원인이 각급기관에 대하여 신청·진정·건의 등 특정한 행위를 요구하는 문서 및 그에 대한 처리문서를 말한다.(2006.2.21 본호신설)
6. 일반문서는 제1호 내지 제5호에 속하지 아니하는 모든 문서를 말한다.(2006.2.21 본호개정)

제8조【문서의 성립 및 효력발생】 ① 문서는 당해 문서에 대한 서명(전자문자서명·전자이미지서명 및 행정전자서명을 포함한다. 이하 같다)에 의한 결재가 있음으로써 성립한다.

② 문서는 수신자에게 도달(전자문서는 수신자의 컴퓨터파일에 기록되는 것을 말한다)됨으로써 그 효력을 발생한다.

③ 민원문서를 정보통신망을 이용하여 접수·처리한 경우에는 당해 민원사항에 대한 규정에서 정한 절차에 따라 접수·처리된 것으로 본다.(2006.2.21 본항신설)

(2006.2.21 본조개정)

제8조의2【행정전자서명의 인증 및 효력】 ① 법원행정처장은 행정전자서명에 대한 인증업무를 행하되, 「법원행정전자서명 인증업무에 관한 규칙」 제2조의 규정에 의한 인증관리센터가 그 기능을 수행한다.

② 제1항의 규정에 의한 인증을 받은 행정전자서명이 있는 경우에는 제3조제8호의 규정에 의한 서명이 있는 것으로 보며, 당해 전자문서는 행정전자서명이 된 후에 그 내용이 변경되지 아니하였다고 추정한다.

(2006.2.21 본조신설)

제9조【문서의 발신원칙】 ① 문서는 직접 처리하여야 할 기관에 발신한다. 다만, 필요한 경우에는 행정계통에 따라 발신한다.(2006.2.21 본문개정)

② 하급기관이 직근 상급기관외의 상급기관(당해 하급기관에 대한 지휘·감독권을 가지는 상급기관을 말한다. 이하 이 조에서 같다)에 발신하는 문서 중 필요하다고 인정되는 문서는 그 직근 상급기관을 경유하여 발신하여야 한다.(2006.2.21 본문개정)

③ 제2항의 규정은 상급기관에서 직근 하급기관외의 하급기관(당해 상급기관이 지휘·감독권을 가지는 하급기관을 말한다)에 문서를 발신하는 경우에 이를 준용한다.

제2절 문서의 작성 및 처리
(2006.2.21 본절제목개정)

제10조【문서작성의 일반사항】 ① 문서는 「국어기본법」 제3조의 규정에 의한 어문규범에 맞게 한글로 작성하되, 쉽고 간명하게 표현하고, 뜻을 정확하게 전달하기 위하여 필요한 경우에는 괄호안에 한자 그 밖의 외국어를 넣어 쓸 수 있으며, 특별한 사유가 있는 경우를 제외하고는 가로로 쓴다.(2006.2.21 본항개정)

② 문서에 쓰는 숫자는 특별한 사유가 있는 경우를 제외하고는 아라비아숫자로 한다.

③ 문서에 쓰는 날짜의 표기는 숫자로 하되, 연·월·일의 글자는 생략하고 그 자리에 온점을 찍어 표시하며, 시·분의 표기는 24시각제에 따라 숫자로 하되, 시·분의 글자는 생략하고 그 사이에 쌍점을 찍어 구분한다. 다만, 특별한 사유로 인하여 다른 방법으로 표시할 필요가 있는 경우에는 그러하지 아니하다.

④ 문서의 작성에 쓰이는 용지는 특별한 사유가 있는 경우를 제외하고는 가로 210밀리미터, 세로 297밀리미터의 종이를 세워서 쓰는 것을 원칙으로 한다.

제10조의2【문서의 전자적 처리】 각급기관의 장은 문서의 기안·검토·협조·결재·등록·시행·분류·편철·보관·보존·이관·접수·배부·공람·검색·활용 등 문서의 모든 처리절차가 전자문서시스템상에서 전자적으로 처리되도록 하여야 한다.(2006.2.21 본조신설)

제11조【문서의 수정】 문서의 일부분을 삭제하거나 수정할 때에는 대법원내규가 정하는 바에 따라 삭제하거나 수정한 곳에 서명 또는 날인하여야 한다. 다만, 전자문서를 본문의 규정에 따라 수정할 수 없을 경우에는 수정한 내용대로 재작성하여 결재를 받아 시행하되, 수정 전의 전자문서는 기안자·검토자 또는 결재권자가 보존할 필요가 있다고 인정하는 경우에는 이를 보존하여야 한다.(2006.2.21 단서신설)

제12조【문서의 간인】 ① 다음 각호의 1에 해당하는 2장이상으로 이루어지는 문서에는 대법원내규가 정하는 바에 따라 간인하여야 한다.(2006.2.21 단서삭제)

1. 전후관계를 명백히 할 필요가 있는 문서
2. 사실 또는 법률관계의 증명에 관계되는 문서
3. 기타 결재권자가 간인이 필요하다고 인정하는 문서

② 제1항의 규정에도 불구하고 민원서류 기타 필요하다고 인정되는 문서는 간인에 갈음하여 천공방식으로 할 수 있다.(2006.2.21 본항신설)

③ 전자문서의 간인은 대법원내규가 정하는 면표시 또는 발급번호기게 등의 방법으로 할 수 있다.(2006.2.21 본항신설)

제13조【발신명의】 ① 문서의 발신명의는 각급기관의 장(법령에 의하여 행정권한이 위임 또는 위탁된 경우에는 그 위임 또는 위탁을 받은 자를 말한다. 이하 같다)으로 한다. 다만, 각급기관내의 보조기관 또는 보좌기관 상호간에 발신하는 문서는 당해 보조기관 또는 보좌기관의 명의로 한다.

② 내부결재문서는 발신명의를 표시하지 아니한다.(2006.2.21 본항신설)

제14조【문서의 기안】 ① 문서의 기안은 전자문서로 함을 원칙으로 한다. 다만, 업무의 성격 기타 특별한 사정이 있는 경우에는 그러하지 아니하다.(2006.2.21 본항개정)

② 문서의 기안은 대법원내규가 정하는 기안문서(이하 "기안문"이라 한다)로 하여야 한다. 다만, 관계서식이 따로 있는 경우에는 그 내용을 관계서식에 기입하는 방법으로 할 수 있다.(2006.2.21 본항신설)

③ 문서의 내용이 서로 관련성이 있는 문서로서 동일한 기안용지에 일괄하여 기안하는 것이 필요하다고 인정되는 때에는 제1안·제2안 등으로 구분하여 동일한 기안용지에 기안할 수 있다. 다만, 일괄기안문은 시행문을 자동으로 작성하여 기안문과 시행문을 대조할 필요가 없는 시스템으로만 기안한다.(2006.2.21 본항개정)

④ 2이상의 기관의 장의 결재를 요하는 문서는 그 문서의 처리를 주관하는 기관에서 기안하여야 한다.

⑤ 기안문에는 대법원내규가 정하는 바에 따라 발의자(기안하도록 지시한 자를 말하며, 기안자가 스스로 입안한 경우에는 기안자를 말한다)와 보고자(결재권자에게 직접 보고하는 자를 말한다)를 표시할 수 있다.(2006.2.21 본항신설)

제15조【검토 및 협조】 ① 기안문은 결재권자의 결재를 받기전에 보조기관 또는 보좌기관의 검토를 받아야 한다. 다만, 보조기관 또는 보좌기관의 출장 등의 사유로 검토를 받을 수 없는 등 부득이한 경우에는 이를 생략할 수 있으며, 이 경우 검토자의 서명란에 출장 등의 사유를 명시하여야 한다.(2006.2.21 단서신설)

② 문서의 내용이 각급기관내의 다른 보조기관 또는 보좌기관이나 다른 기관의 업무와 관련이 있는 때에는 그 기관의 협조를 받아야 한다.

③ 제1항 및 제2항의 규정에 의하여 기안문을 검토 또는 협조함에 있어서 그 내용과 다른 의견이 있는 때에는 당해 문서 또는 별지에 그 의견을 표시하여야 한다.

제15조의2【검토자의 수】 각급기관의 장은 결재권자의 결재에 이르기까지 검토자의 수가 2인을 넘지 아니하도록 노력하여야 한다.(2006.2.21 본조신설)

제16조【결재】 ① 문서는 당해 기관의 장의 결재를 받아야 한다. 다만, 보조기관 또는 보좌기관의 명의로 발신하는 문서는 그 보조기관 또는 보좌기관의 결재를 받아야 한다.

② 각급기관의 장은 사무의 내용에 따라 그 보조기관 또는 보좌기관으로 하여금 위임전결하게 할 수 있으며, 그

위임전결사항은 당해 기관의 내규로 정한다. 다만, 상급기관으로부터 권한의 위임을 받은 사항을 그 보조기관 또는 보좌기관에게 위임전결하게 할 때에는 미리 위임한 기관의 장의 승인을 받아야 한다.
③ 결재권자가 휴가·출장 기타의 사유로 결재할 수 없는 때에는 그 직무를 대리하는 자가 대결할 수 있되, 내용이 중요한 문서에 대하여는 결재권자에게 사후에 보고하여야 한다.(2006.2.21 본항개정)
제16조의2【검토·협조 및 결재중인 문서의 열람체계 구축】 각급기관의 장은 검토·협조 및 결재중인 전자문서를 검토자·협조자 및 결재권자가 동시에 볼 수 있도록 전자문서의 열람체계를 구축할 수 있다.(2006.2.21 본조신설)
제17조【발신방법의 지정】 결재권자가 전신 또는 정보통신망에 의하여 시행할 문서에 결재를 함에 있어서 그 내용이 비밀사항이거나 비밀사항이 아니라도 누설되는 경우 국가안전보장, 질서유지, 경제안정 기타 국가이익을 해할 우려가 있는 사항은 그 발신방법을 암호 또는 음어로 지정하여야 한다.(2005.3.23 본조개정)
제18조【시행문의 작성】 ① 결재를 받은 문서중 발신을 하여야 할 문서에 대하여는 대법원내규가 정하는 바에 따라 수신자별로 시행문서(이하 "시행문"이라 한다)를 작성하여야 한다. 다만, 전신·전신타자 또는 전화로 발신하는 문서에 대하여는 시행문을 작성하지 아니한다.(2006.2.21 단서개정)
② (2006.2.21 삭제)
제19조~제20조 (2006.2.21 삭제)
제21조【관인날인 및 서명】 ① 각급기관의 장의 명의로 발신하는 문서의 시행문과 임용장·상장 및 각종 증명서에 속하는 문서에는 관인(전자이미지관인을 포함한다. 이하 같다)을 찍고, 보조기관 및 보좌기관의 명의로 발신하는 문서의 시행문에는 보조기관 또는 보좌기관이 서명을 한다. 다만, 전신·전신타자 또는 전화로 발신하는 문서에는 관인을 찍지 아니하며, 경미한 내용의 문서에는 대법원내규가 정하는 바에 따라 관인을 찍는 것을 생략할 수 있다.(2006.2.21 본항개정)
② 관인을 찍어야 할 문서로서 다수의 수신자에게 동시에 발신 또는 교부하는 문서에는 관인날인에 갈음하여 관인의 인영을 인쇄하여 사용할 수 있다.
③ 인터넷에 의하여 교부하는 등기사항증명서 또는 등록사항별 증명서(제적 등·초본을 포함한다)에는 전자이미지관인을 사용한다.(2013.6.27 본항개정)
제22조【문서의 발송】 ① 시행문은 처리과에서 발송하되, 전자문서인 경우에는 전자문서시스템상에서 발송하여야 한다.(2006.2.21 본항개정)
② 제18조제1항 단서의 규정에 의하여 시행문을 작성하지 아니하고 발송하는 경우에도 처리과에서 발송하여야 한다.(2006.2.21 본항신설)
③ 문서는 정보통신망을 이용하여 발신함을 원칙으로 한다. 다만, 업무의 성격 기타 특별한 사정이 있는 경우에는 인편·우편·모사전송·전신·전신타자·전화 등의 방법으로 발신할 수 있으며, 내용이 중요한 문서는 인편·등기우편 기타 발송사실을 증명할 수 있는 특수한 방법으로 발송하여야 한다.
④ 인편 또는 우편으로 발송하는 문서는 문서과의 지원을 받아 발송할 수 있다.(2005.3.23 본항신설)
⑤ 제1항의 규정에 불구하고 전자문서는 각급기관의 홈페이지 또는 법원공무원의 공식 전자우편주소를 이용하여 각급기관외의 자에게 발송할 수 있다.(2006.2.21 본항신설)
⑥ 전자문서 중 정보통신망을 이용하여 발송할 수 없는 문서는 이를 출력하여 발송할 수 있다.(2006.2.21 본항신설)
(2005.3.23 본조개정)
제23조【문서의 접수·처리】 ① 문서는 처리과에서 접수하여야 하며, 문서과에서 직접 받은 문서는 지체 없이 처리과에 이를 배부하여 접수하게 하되, 이 경우 배부정보는 「법원기록물 관리규칙」 제12조의 규정에 의한 전자기록생산시스템에 등록된 정보로 관리하여야 한다.(2007.7.31 본항개정)
② 접수된 문서에는 대법원내규가 정하는 문서처리인을 찍고, 「법원기록물 관리규칙」 제12조의 규정에 의한 전자기록생산시스템에 등록된 접수등록번호와 접수일시를 기재하며 전자문서인 경우에는 그 접수등록번호와 접수일시가 자동으로 표시되도록 하여야 한다. 다만, 제1항의 규정에 의하여 문서과에서 직접 받은 문서는 문서과가 접수일시를 기재하여 이를 처리과로 보낸다.(2007.7.31 본문개정)
③ 처리과의 문서수발사무를 담당하는 자는 접수된 문서를 처리담당자에게 인계하고, 처리담당자는 대법원내규가 정하는 문서에 해당하는 경우에는 공람할 자의 범위를 정하여 그 문서를 공람하게 할 수 있다. 다만, 전자문서인 경우에는 공람하였다는 기록이 전자문서시스템상에서 자동으로 표시되도록 하여야 한다.(2006.2.21 본항개정)
④ 제3항의 규정에 의한 공람을 하는 결재권자는 문서의 처리기한 및 처리방법을 지시할 수 있으며, 필요하다고 인정하는 때에는 그 처리담당자를 따로 지정할 수 있다.(2006.2.21 본항개정)
⑤ 각급기관의 장은 정보통신망을 이용하여 각급기관외의 자로부터 문서를 접수할 수 있도록 필요한 조치를 할 수 있으며, 정보통신망을 이용하여 접수된 문서는 제1항 내지 제4항의 규정에 의하여 처리하여야 한다. 다만, 발신자의 주소·성명 등이 불분명한 경우에는 접수하지 아니할 수 있다.(2006.2.21 본항신설)
⑥ 각급기관의 장은 각급기관의 홈페이지 또는 법원공무원의 공식전자우편주소를 이용하여 각급기관외의 자로부터 문서를 받아 처리과에서 접수할 수 있다.(2006.2.21 본항신설)
⑦ 민원문서의 접수 및 처리는 「법원민원사무처리내규」가 정하는 바에 의한다.(2006.2.21 본항신설)
제24조【문서의 등록】 문서는 생산한 즉시 「법원기록물 관리규칙」 제12조의 규정에 의한 전자기록생산시스템에 등록하고 생산등록번호를 부여하여야 한다.(2007.7.31 본조개정)
제25조【외국어로 된 문서 등에 대한 특례】 외국어로 된 문서에 대하여는 제10조 내지 제13조 및 제21조의 규정을 적용하지 아니할 수 있고, 법규문서중 법률에 관한 문서에 대하여는 이 규칙의 적용을 받는 기관외의 기관에서 다른 관행이 있는 경우에는 그에 의할 수 있다.(2005.3.23 본조개정)
제25조의2【사법행정정보시스템과 전자문서시스템 간 연계】 법원행정처장은 자체적으로 운영·관리하고 있는 사법행정정보시스템을 전자문서시스템 등과 연계하여 사법행정정보를 공동 활동하는 등의 조치를 취하여야 한다.(2006.2.21 본조신설)

제3절 문서의 보존등

제26조~제33조 (2005.3.23 삭제)
제34조 → 제25조로 이동

제2장의2 정책실명제 등
(2006.2.21 본장신설)

제34조의2【정책실명제】 ① 각급기관의 장은 주요정책의 결정 또는 집행과 관련되는 다음 각 호의 사항을 종합적으로 기록·보존하여야 한다.
1. 주요정책의 결정 및 집행과정에 참여한 관련자의 소속·직급 및 성명과 그 의견
2. 주요정책의 결정 및 집행과 관련된 각종 계획서, 보고서, 회의·공청회·세미나 관련 준비자료 및 토의내용
② 각급기관의 장은 주요정책의 결정을 위하여 공청회·세미나·관계자회의 등을 개최하는 경우에는 개최일시·참석자·발언내용·결정사항·표결내용 등을 처리과의 직원으로 하여금 기록하게 하여야 한다.
제34조의3【정책자료집】 ① 각급기관의 장은 매년 처리과로 하여금 다음 각 호에 관한 정책자료집을 만들게 하여야 한다.
1. 주요 사법정책의 결정 또는 변경
2. 대규모의 예산이 투입되는 사업
3. 대법원규칙 이상의 규정의 제정
4. 국민생활에 큰 영향을 미치는 제도
5. 기타 정책자료집으로 만들어 보존할 필요가 있는 사항
② 제1항의 규정에 의한 정책자료집에는 다음 각 호의 사항이 포함되어야 한다.
1. 추진배경
2. 추진경과
3. 계획에서부터 시행·완결까지에 관련된 다음 각 목의 문서
가. 계획서·보고서·추진계획표·일정표·심사 분석결과 등
나. 관련자 및 관련자별 업무분담내용
다. 공청회·세미나 및 관계자회의의 기록
라. 정책·사업 등을 변경하는 경우 변경하게 된 경위, 관련자 및 관련기록
③ 각급기관의 장은 제1항 및 제2항의 규정에 의하여 만든 정책자료집 중 1부는 당해 기관에 보관하고, 1부는 법원기록보존소에 제출하여야 한다.
④ 법원기록보존소장은 제3항의 규정에 의하여 제출받은 정책자료집을 영구보존하여야 한다.
제34조의4【사법행정보도자료의 실명제공】 각급기관이 언론기관에 보도 자료를 제공하는 경우에는 당해 자료에 담당부서·담당자·연락처 등을 함께 기재하여야 한다.

제3장 관인관리

제35조【관인의 종류】 ① 관인은 각급기관의 명의로 발송 또는 교부하는 문서에 사용하는 청인과 다음 각호의 1에 해당하는 자의 명의로 발송 또는 교부하는 문서에 사용하는 직인으로 구분한다.
1. 각급기관의 장(법원조직법 제67조제4항의 규정에 의하여 법원행정처장의 권한이 위임된 경우에는 그 위임을 받은 자를 포함한다. 이하 같다)
2. 법원서기관, 법원사무관, 법원주사, 법원주사보
3. 조사관
4. 등기관(2006.2.21 본호개정)
4의2. 후견등기관(2013.6.27 본호신설)
5. 공탁관(2007.3.29 본호개정)
6. 법원행정처 등기정보중앙관리소 전산운영책임관(2008.9.26 본호개정)
6의2. 법원행정처 전산정보중앙관리소 전산운영책임관(2013.6.27 본호신설)
7. 법원행정처 재외국민 가족관계등록사무소 가족관계등록관(2015.4.24 본호신설)
② 각 위원회는 위원회인을 가지되 위원장의 인은 가질 수 없다. 다만, 필요에 따라 부득이한 경우에는 대법원장의 인가를 받아 가질 수 있다.(2006.2.21 본항개정)
제36조【특수관인】 ① 민원업무처리등을 위하여 제35조제1항제2호부터 제7호까지의 직인에 한하여 동일 종류의 관인을 2개이상 사용할 수 있다.(2015.7.28 본항개정)
② (2011.9.28 삭제)
③ 수입징수관·지출관·회계 기타 재무에 관한 사무를 담당하는 공무원의 직인의 규격·등록 등 관리에 관하여는 재정경제부장관이 정하는 바에 의한다.(2006.12.28 본항개정)
④ 각급기관은 전자문서에 사용하기 위하여 전자이미지관인을 가지며, 전자이미지관인은 관인을 전자입력하여 사용하여야 한다.(2006.2.21 본항신설)
제37조【규격】 ① 관인은 정사각형으로 하되, 그 한변의 길이는 별표1과 같다.(법원조직법 제67조제4항의 규정에 의한 권한위임의 경우에 법원행정처 차장·실장은 지방법원장에 준하고, 국장은 지원장에 준한다)
② 제35조제2항의 규정에 의한 관인의 규격은 그 소속기관의 장의 직인 규격에 준한다.
제38조【등록 등】 ① 각급법원(지원을 제외한다), 법원행정처, 사법연수원, 사법정책연구원, 법원공무원교육원과 법원도서관은 대법원 내규가 정하는 바에 따라 관인의 인영을 당해 기관의 관인대장에, 전자이미지관인의 인영을 당해 기관의 전자이미지관인대장에 각각 등록하여야 한다. 다만, 각 지원과 시·군법원 및 등기소의 관인은 직근 상급법원에 등록하여야 한다.(2013.12.31 본문개정)
② 제35조제2항의 규정에 의한 관인은 그 소속기관에 등록한다.
③ 관인은 각급기관에서 새겨 사용하되 같은 조 제1항 또는 같은 조 제2항에 따라 등록하지 아니하면 이를 사용하지 못한다.(2006.2.21 본조개정)
제39조【재등록 및 폐기】 ① 관인이 분실 또는 마멸되거나 갱신할 필요가 있는 때에는 그 사유를 들어 제38조의 규정에 의한 등록기관에 관인을 재등록하여야 한다.
② 제1항 또는 그 밖의 사유로 관인을 폐기하고자 하는 때에는 관인대장에 관인폐기내역을 기재하고, 그 관인을 「법원기록물 관리규칙」 제39조에 따라 법원기록보존소로 이관하여야 한다. 법원기록보존소는 폐기된 관인이 잘못 사용되거나 유출되지 아니하도록 하여야 한다.(2007.7.31 본항개정)
③ 전자이미지관인을 사용하는 기관은 관인을 재등록한 경우 즉시 사용중인 전자이미지관인을 삭제하고, 재등록한 관인의 인영을 전자이미지관인으로 전환하여 사용하여야 한다.
④ 전자이미지관인을 사용하는 기관은 사용중인 전자이미지관인의 인영의 원형이 제대로 표시되지 아니하는 경우 전자이미지관인을 재등록하여 사용하여야 한다.(2006.2.21 본조개정)
제40조【공고】 청인 및 제35조제1항제1호의 직인(전자이미지관인을 포함한다)을 등록 또는 재등록하거나 폐기한 때에는 교부기관은 이를 법원공보에 공고하여야 한다.(2006.2.21 본조개정)
제41조 (2006.2.21 삭제)

제4장 보고사무

제42조【보고의 심사】 각급기관이 다른 기관이나 공공단체·기타단체(이하 "민간단체"라 한다)로부터 정기 또는 수시로 보고를 받고자 하는 때에는 미리 이 장에 의한 심사(이하 "보고심사"라 한다)를 받아야 한다.(2006.2.21 본조개정)
제43조【보고심사대상】 ① 보고심사의 대상이 되는 보고는 다음과 같다.(2006.2.21 본문개정)
1. 각급기관이 다른 기관으로부터 받는 보고(2006.2.21 본호개정)
2. 법령의 규정에 의하여 각급기관이 민간단체로부터 받는 보고
② 제1항의 규정에 불구하고 다음 각호의 1에 해당하는 사항에 대하여는 보고심사를 받지 아니한다.(2006.2.21 본문개정)

1. 법령의 해석 및 질의응답
2. 표창상신
3. 유인물·책자 및 수령증등의 송부
4. 각종위원회 위원의 위촉에 따른 동의·조회 및 신원조회
5. 소송수행에 필요한 보고 또는 자료
6. 법령에 의한 관계기관간의 협의·동의 및 합의
7. 「비밀보호규칙」에 의하여 비밀로 분류된 보고 (2006.2.21 본호개정)
8. 인원, 자금(예산), 물자의 신청과 각종 신청서(다만, 이에 수반하는 보고를 제외한다)
9. 고과표, 기록변경서, 인사기록표, 복무기록표
10. 신상명세서, 지원서, 서약서
11. 공적조사서, 문책서, 시말서, 징계자명부
12. 출납감사보고, 물품검사보고
13. 업무인계서, 급여통보, 보관전환증
14. 입찰공고, 예정가격조서, 구매통보지출원인행위
15. 지출 또는 회계처리의 서류
16. 기획예산처에 제출되는 예산안과 운영계획(2006.2.21 본호개정)
17. 발령통지서
18. 보고심사에 관한 보고(2006.2.21 본호개정)
19. 신문, 잡지, 라디오의 논설기고
20. 보고(응신)에 대한 시정처리 보고
21. 화재, 범죄 기타 긴급을 요하는 보고
22. 기타 법원행정처장이 특별히 정하는 보고(2006.2.21 본호개정)

(2006.2.21 본조제목개정)

제44조【보고심사관】 보고관계업무의 사전심사·조정·승인등 보고심사에 관한 사무를 관장하기 위하여 법원행정처에 전체보고심사관을, 각급기관에 자체보고심사관을 두며, 총무과장(법원행정처의 경우 총무담당관) 또는 사무과장이 이를 겸임한다.(2006.2.21 본조개정)

제45조【보고의 종류】 ① 보고는 정기보고 및 수시보고로 구분한다.
② 정기보고는 정기적으로 행하여지는 보고를 말한다.
③ 수시보고는 정기보고를 제외한 보고를 말한다.
(2006.2.21 본항개정)

제46조【정기보고의 지정】 ① 정기보고는 대법원내규로 지정한다.
② 정기보고의 서식은 법원행정처장의 승인을 얻어야 한다. 이 경우 법원행정처장은 대법원내규가 정하는 바에 따라 정기보고의 지정번호를 부여하여야 한다.
③ 제1항 및 제2항의 규정에 의하여 정기보고의 지정을 받고자 하거나 서식의 승인을 얻고자 하는 경우에는 대법원내규가 정하는 바에 따라 관계서류를 제출하여야 한다.
④ 법원행정처장은 지정된 정기보고에 대하여 연 1회이상 그 존치의 필요성 여부를 확인하고, 존치의 필요가 없다고 인정되는 때에는 이를 폐지하여야 한다.

제47조【수시보고요구에 대한 심사】 ① 다음 각호의 1에 해당하는 수시보고요구문서는 전체보고심사관의 보고심사를 받아야 한다. 다만, 민원사무처리에 관한 수시보고의 경우에는 자체보고심사로 전체보고심사관의 보고심사에 갈음할 수 있다.(2006.2.21 본문개정)
1. 법원행정처가 각급법원(대법원을 제외한다. 이하 이 조에서 같다) 및 그 소속기관, 사법연수원, 사법정책연구원, 법원공무원교육원 및 법원도서관을 제외한 국가기관 및 민간단체로부터 받는 수시보고
2. 각급법원 및 그 소속기관, 사법연수원, 사법정책연구원, 법원공무원교육원 및 법원도서관이 법원행정처로부터 받는 수시보고

(2013.12.31 1호~2호개정)
② 다음 각호의 1에 해당하는 수시보고 요구문서는 자체보고심사관의 보고심사를 받아야 한다.(2006.2.21 본문개정)
1. 각급법원 및 그 소속기관, 사법연수원, 사법정책연구원, 법원공무원교육원 및 법원도서관이 법원행정처를 제외한 국가기관 및 민간단체로부터 받는 수시보고 (2013.12.31 본호개정)
2. 각급기관이 동급 또는 소속을 달리하는 하급기관으로부터 받은 수시보고

③ 수시보고 요구문서는 당해 기관의 장의 직근하급공무원이상의 결재를 받아 시행하여야 한다. 다만, 실·국장급 공무원이 있는 기관은 실·국장의 결재를 받아 시행할 수 있다.(2006.2.21 본항개정)
④~⑤ (2006.2.21 삭제)
(2006.2.21 본조제목개정)

제48조【보고심사기준】 정기보고를 지정하거나 수시보고에 대한 보고심사를 함에 있어서는 다음의 기준에 의하여 심사하고 그 결과를 지체없이 당해 기관에 통보하여야 한다.(2006.2.21 본문개정)
1. 보고목적의 타당성
2. 다른 보고와의 중복여부
3. 관계기관등과의 사전협의 여부
4. 보고기일 또는 보고주기의 타당성
5. 보고작성기관의 적정성
6. 보고서식의 합리성
7. 기존자료활용 가능성
8. 표본조사의 가능성
9. 보고내용의 정확성
10. 행정용어 순화여부

(2006.2.21 본조제목개정)

제49조【보고기일】 ① 정기보고의 보고기일은 별표2에 의한다. 다만, 정기보고를 지정한 법령, 규칙, 내규 또는 예규등이 보고기일을 따로 정한 경우에는 그러하지 아니하다.
② 수시보고의 보고기일은 보고기관의 범위, 보고내용의 난이도 및 보고작성에 소요되는 시간등을 참작하여 정하되, 최소한 다음 각호에 규정된 기일을 부여하여야 한다. 다만, 전신·전신타자·전화 또는 정보통신망으로 보고하는 경우와 특별한 사유가 있는 경우에는 전체보고심사관 또는 자체보고심사관의 승인을 얻어 그 기일을 단축조정할 수 있다.(2006.2.21 단서개정)
1. 법원행정처, 사법연수원, 사법정책연구원, 법원공무원교육원, 법원도서관간에는 5일(2013.12.31 본호개정)
2. 법원행정처, 사법연수원, 사법정책연구원, 법원공무원교육원, 법원도서관과 각급법원간에는 7일(2013.12.31 본호개정)
3. 각 고등법원과 그 소속 지방법원간에는 7일
4. 지방법원과 지원 및 시·군 법원, 등기소간에는 5일 (1995.2.16 본호개정)

③ 제1항 및 제2항의 보고기일내에 보고할 수 없는 경우에는 당해 보고기일 이전에 보고예정일과 지연사유를 보고요구기관에 통보하여야 한다.

제50조【보고의 독촉】 ① 보고요구기관의 장은 보고가 기일내에 도달되지 아니한 때에는 다음 각호의 규정에 의하여 보고기관의 장에게 대법원내규가 정하는 독촉장을 발부할 수 있으며, 독촉을 받은 보고기관의 보고심사관은 그 독촉장에 당해 기관의 장의 선결을 받은 후 당해 보고가 지체없이 행하여지도록 필요한 조치를 하여야 한다.
(2006.2.21 본문개정)
1. 보고기일후 5일이 경과하여도 보고가 도달되지 아니한 때에는 제1차 독촉장을 발부한다.
2. 제1차 독촉장에 명시된 보고기일후 5일이 경과하여도 보고가 도달되지 아니한 때에는 제2차 독촉장을 발부한다.
3. 제2차 독촉장에 명시된 보고기일후 5일이 경과하여도 보고가 도달되지 아니한 때에는 제3차 독촉장을 발부할 수 있다.
4. 독촉장을 발부하는 경우에는 3일이상의 보고기일을 부여하여야 한다.

② (2006.2.21 삭제)

제51조【보고문서 근거등의 표시】 ① 보고요구문서 및 보고문서를 시행하는 때에는 그 기안문서 및 시행문에 대법원내규가 정하는 바에 따라 표시를 하여야 한다.
② (2006.2.21 삭제)
(2006.2.21 본조개정)

제52조 (2006.2.21 삭제)

제5장 협조사무

제53조【기관간 업무협조】 ① 각급기관이 다음 각호의 1에 해당하는 업무를 행하고자 하는 때에는 당해 업무의 기획·확정·공표 또는 시행전에 관계기관의 업무협조를 받아야 한다. 이 경우 업무협조의 요청을 받은 기관은 업무가 효율적으로 수행되도록 적극 협조하여야 한다.
1. 2이상의 기관이 공동으로 행하는 것이 필요한 업무
2. 다른 기관의 행정지원을 필요로 하는 업무
3. 다른 기관 또는 상급기관의 인가·승인등을 거쳐야 하는 업무
4. 기타 다른 기관의 협의·동의 및 의견조회등이 필요한 업무

② 업무협조를 요청함에 있어서는 그 취지와 추진계획 및 파급효과등 당해 업무협조사안에 대한 이해를 도울 수 있는 관계자료를 함께 송부하여야 한다.

제54조【업무협조의 방법】 업무협조는 다음의 방법에 의한다.
1. 문서에 의한 협조
2. 회의등에 의한 협조
3. 공동작업반 편성등에 의한 협조
4. 전화등에 의한 협조

제55조【업무협조의 종류】 ① 업무협조는 지정협조와 수시협조로 구분한다.
② 지정협조는 각급기관 사이에 상례적으로 행하여지는 업무협조로서 협조업무명·처리기간·협조요청기관 및 협조기관등이 대법원내규로 지정된 업무협조를 말한다.
③ 수시협조는 업무협조를 하여야 할 사안이 발생한 때에는 수시로 처리기간등을 정하여 요청하는 업무협조를 말한다.

제56조【지정협조의 지정】 ① 지정협조는 대법원내규로 지정한다.
② 지정협조의 지정을 받고자 하는 때에는 대법원내규가 정하는 바에 따라 관계서류를 법원행정처장에게 제출하여야 한다.
③ 법원행정처장은 대법원내규로 지정된 지정협조에 대하여 연 1회이상 그 존치의 필요성 여부를 검토하고 이를 정비하여야 한다.
④ 지정협조의 지정을 하거나 이를 정비함에 있어서는 관계기관사이에 충분한 협의를 거쳐야 한다.

제57조【협조심사관】 ① 업무협조문서의 심사에 관한 사무를 관장하기 위하여 각급기관에 협조심사관을 둔다.
② 협조심사관은 특별한 사유가 있는 경우를 제외하고는 제44조의 규정에 의한 자체보고심사관이 이를 겸임한다.
③ (2006.2.21 삭제)
(2006.2.21 본조개정)

제58조【수시협조문서의 심사】 ① 수시협조를 요청하는 문서를 시행하는 때에는 대법원내규가 정하는 바에 따라 협조심사관의 심사를 받아야 한다.
② 협조심사관이 제1항의 규정에 의하여 심사를 하는 때에는 대법원내규가 정하는 바에 따라 협조심사의 표시를 하여야 한다.
③ (2006.2.21 삭제)
(2006.2.21 본조개정)

제59조【지정·심사의 기준】 지정협조를 지정하거나 수시협조를 심사하는 때에는 다음 사항을 검토·심사하여야 한다.(2006.2.21 본문개정)
1. 협조요청 목적의 타당성
2. 협조요청 대상기관의 타당성
3. 협조처리기간의 타당성
4. 협조요청내용의 명확성
5. 관계기관등과의 사전협조 여부

(2006.2.21 본조제목개정)

제60조 (2006.2.21 삭제)

제61조【처리기간】 ① 지정협조의 처리기간은 그 지정형식에 따라 대법원내규로 정한다.
② 수시협조의 처리기간은 업무협조를 요청하는 기관이 업무협조내용과 그 처리 및 회신에 필요한 기간등을 참작하여 정하되, 특별한 사유가 있는 경우를 제외하고는 다음 각호의 구분에 의한 처리기간을 부여하여야 한다.
1. 위원회등의 심의를 거쳐야 하는 경우 30일이상
2. 상급기관의 결정등을 거쳐야 하는 경우 25일이상
3. 관계기관의 업무협조를 거쳐야 하는 경우 20일이상
4. 자체종합계획의 수립을 필요로 하는 경우 20일이상
5. 기타 경미한 사안에 대한 업무협조 7일이상

③~④ (2006.2.21 삭제)

제62조【업무협조문서의 보완】 ① 업무협조요청을 받은 기관이 협조요청문서에 흠이 있음을 발견한 때에는 접수한 날부터 3일이내에 보완을 요구하여야 한다. 이 경우 보완요구사항을 구체적으로 명시하여 일괄요구하여야 하며, 5일이상의 보완기간을 부여하여야 한다.
② (2006.2.21 삭제)
③ 보완요구기관은 제1항의 규정에 의한 보완기간의 만료일부터 7일이 경과하여도 보완문서가 도달되지 아니한 때에는 당해 협조요청문서를 협조요청기관에 반려할 수 있다.(2006.2.21 본항개정)
④ (2006.2.21 삭제)

제63조【업무협조의 촉구】 ① 업무협조요청기관은 협조문서가 처리기간내에 도달되지 아니한 때에는 당해 협조기관에 대하여 5일이상의 처리기간을 부여하여 대법원내규가 정하는 바에 따라 협조를 촉구할 수 있다.
② (2006.2.21 삭제)

제64조~제65조 (2006.2.21 삭제)

제6장 서식관리

제66조【서식의 제정】 ① 장기간에 걸쳐 반복적으로 사용하는 문서로서 정형화할 수 있는 문서는 특별한 사유가 있는 경우를 제외하고는 서식으로 정하여 사용한다.
② 서식은 다음과 같이 일반서식·보고서식·민원서식·카드서식 및 대장서식으로 나눈다.
1. 보고서식은 보고의 내용을 기재하는 서식을 말한다.
2. 민원서식은 민원사항을 각 기관에 제출함에 있어서 사용하는 서식을 말한다.
3. 카드서식은 비치하여 사용되는 카드류의 서식을 말한다.
4. 대장서식은 비치대장·비치장부류에 사용하는 서식을 말한다.
5. 일반서식은 제1호 내지 제4호에 속하지 아니하는 모든 서식을 말한다.

제67조【서식제정의 방법】 서식은 대법원규칙·대법원내규 또는 예규로 정한다.(2006.2.21 본조개정)

제68조【서식설계의 일반원칙】 ① 서식에 사용되는 용지의 규격은 제10조제4항의 규정에 의한 용지의 규격과 같게 하되, 부득이한 경우에는 별표3의 규격에 해당하는 용지를 사용한다. 다만, 증표류 또는 컴퓨터에 의한 기록서식등 기타 특별한 사유가 있는 경우에는 그에 적합한 규격의 용지를 사용할 수 있다.(2006.2.21 본항개정)

② 서식은 특별한 사유가 있는 경우를 제외하고는 별도의 기안문 및 시행문을 작성하지 아니하고 서식자체를 기안문 및 시행문으로 갈음할 수 있도록 생산등록번호·접수등록번호·수신자·시행일자 및 접수일자등의 항목을 넣어 설계한다.(2006.2.21 본항개정)
③ 「전자정부 구현을 위한 행정업무 등의 전자화 촉진에 관한 법률」에 따라 전자문서의 서식을 마련하는 경우에는 기존서식을 활용하되 가능한 한 도표나 선분 등을 사용하지 않아야 하며 전자문서의 서식이더라도 민원창구에서 직접 내용을 기입하도록 하는 서식을 따로 사용할 수 있다.(2006.2.21 본항개정)
④ 서식에는 호적·병적·연고지조사등의 필요가 있는 경우를 제외하고는 본적란을 설치하지 아니한다.
⑤ 민원서식에는 당해 민원사무의 처리절차·연락처·처리기간 및 전자적 처리가능 여부 등을 표시하여 민원인의 편의를 도모하여야 한다.(2006.2.21 본항개정)
⑥ 서식은 누구나 쉽게 이해할 수 있는 용어를 사용하여 설계하여야 하며, 불필요하거나 활용도가 낮은 항목을 넣어서는 안 된다.(2006.2.21 본항신설)
⑦ 서식은 법규에 의하여 서식에 날인하도록 정한 경우를 제외하고는 서명이나 날인을 선택적으로 할 수 있도록 설계하여야 한다.(2006.2.21 본항신설)
⑧ 서식은 글씨의 크기, 항목간의 간격, 기재할 여백의 크기 등을 균형있게 조절하여 기입항목의 식별이 쉽도록 설계하여야 한다.(2006.2.21 본항신설)
⑨ 서식에는 가능한 한 법원의 로고·상징·마크 또는 홍보문구 등을 표시하여 법원의 이미지가 제고될 수 있도록 설계하여야 한다.(2006.2.21 본항신설)

제69조【서식제원의 표시】 ① 서식에는 당해 서식의 아래한계선 오른쪽 밑에 용지의 규격·지질 및 단위당 중량을 표시하여야 한다.
② 서식의 지질 및 단위당 중량의 결정기준은 대법원내규로 정한다.
(2006.2.21 본조제목개정)

제70조【서식의 전산관리】 법원행정처장은 서식중 전산기기에 의하여 관리함이 타당하다고 인정하는 서식에 대하여는 특별한 사유가 있는 경우를 제외하고는 그 관리에 필요한 소프트웨어를 개발하여 서식을 관리하고 이를 사용자에게 제공할 수 있다.

제7장 자료관리

제71조~제79조 (2005.3.23 삭제)
제80조 (1997.12.30 삭제)
제81조~제82조 (2005.3.23 삭제)

제8장 업무편람

제83조【업무편람의 작성·활용】 각급기관이 상당기간에 걸쳐 반복적으로 행하는 업무에 대하여는 그 업무의 처리가 표준화·전문화될 수 있도록 업무편람을 작성하여 활용함을 원칙으로 한다.

제84조【업무편람의 종류】 업무편람은 다음과 같이 사법편람과 직무편람으로 구분한다.
1. 사법편람은 사무처리절차 및 기준과 장비운용방법 기타 일상적 근무규칙등에 관하여 각 업무담당자에게 필요한 지침·기준 또는 지식을 제공하는 업무지도서 또는 업무참고서를 말한다.
2. 직무편람은 부서별 또는 개인별로 그 소관업무에 대한 업무계획·관련업무현황 기타 참고자료등을 체계적으로 정리하여 활용하는 업무현황철 또는 업무참고철을 말한다.

제85조【업무편람 발간계획등】 법원행정처장은 매년 1회이상 업무편람으로 발간 또는 작성할 대상업무를 조사하여 업무편람 발간대상목록을 작성·관리하고, 사법편람발간계획을 수립하여야 한다.

제86조【사법편람의 발간구분】 ① 사법편람은 법원행정처 명의로 발간하는 법원편람과 각급기관의 명의로 발간하는 기관편람으로 구분한다.
② 다음 각호의 1에 해당하는 사항의 경우에는 법원편람으로 발간한다.
1. 모든 기관이 공통적으로 행하는 업무에 관한 사항
2. 다수의 기관이 공통적으로 행하는 업무로서 그 업무처리에 표준화가 필요한 업무에 관한 사항
3. 다수의 기관이 공통적으로 활용하는 장비등의 이용방식이나 운용규칙등에 관한 사항
4. 다수의 법관 및 법원공무원에게 공통적으로 적용되는 복무규칙 기타 법관 및 법원공무원이 알아야 할 사항 (2007.5.1 본호개정)
5. 기타 법원행정처장이 법원편람 발간대상으로 지정한 사항
③ 다음 각호의 1에 해당하는 사항의 경우에는 기관편람으로 발간한다.
1. 당해 기관만 행하는 고유업무에 관한 사항
2. 당해 업무를 행하는 기관 또는 부서의 수가 적어 법원편람으로 발간하는 것이 적합하지 아니한 사항
3. 기타 각급기관의 장이 기관편람으로 발간하는 것이 필요하다고 인정하는 사항

제87조【사법편람의 발간기관】 법원편람은 법원행정처장이 발간하고, 기관편람은 당해 각급기관의 장이 발간한다.

제88조【법원편람의 심의】 ① 법원행정처장은 법원편람을 발간함에 있어서 필요한 경우에는 해당기관 공무원 및 관계전문가를 심의자문위원으로 위촉할 수 있다.
② 제1항의 규정에 의한 심의자문위원에 대하여는 예산의 범위안에서 수당 기타 필요한 경비를 지급할 수 있다.

제89조【사법편람의 수정 및 보완】 ① 사법편람의 발간기관은 관련제도의 변경등으로 사법편람의 내용을 수정 또는 보완하여야 하는 사유가 발생한 때에는 그 내용을 수정 또는 보완하여야 한다.
② 사법편람의 발간기관은 발간된 각 사법편람의 수정 및 보완등에 관한 사항을 관장할 사후관리부서를 지정할 수 있으며, 지정을 받은 사후관리부서의 장은 관련제도의 변경등으로 당해 사법편람의 내용을 수정 또는 보완하여야 하는 사유가 발생한 때에는 지체없이 이를 발간기관에 통보하여야 한다.
③ 사법편람을 수령하여 배부하는 기관은 사법편람의 수정 및 보완이 용이하도록 대법원내규가 정하는 바에 따라 편람배부대장을 작성·관리하여야 한다.

제90조【법원편람의 판매등】 법원행정처장은 법원편람의 보급촉진을 위하여 필요하다고 인정하는 경우에는 판매업자를 지정하여 법원편람을 판매하게 할 수 있다.

제91조【직무편람의 작성대상】 ① 직무편람은 부서별로 작성하는 부서편람과 개인별로 작성하는 개인편람으로 구분한다.
② 부서편람은 특별한 사유가 있는 경우를 제외하고는 법원사무기구에 규정된 최하단위부서별로 작성한다.
③ 개인편람은 특별한 사유가 있는 경우를 제외하고는 소속공무원이 담당하고 있는 단위업무별로 작성한다.

제92조【업무편람의 규격등】 ① 사법편람의 규격은 특별한 사유가 있는 경우를 제외하고는 가로 182밀리미터, 세로 257밀리미터로 하고, 직무편람의 규격은 특별한 사유가 있는 경우를 제외하고는 가로 210밀리미터, 세로 297밀리미터로 한다.
② 사법편람은 특별한 사유가 있는 경우를 제외하고는 가제식편철방법으로 발간한다.

제93조【업무편람의 관리】 ① (2005.3.23 삭제)
② 각급기관의 장 및 처리과의 장은 정기 또는 수시로 직무편람의 내용을 점검하여야 한다.
③ 업무편람은 컴퓨터화일로 관리할 수 있다.(2005.3.23 본항신설)

제9장 사무자동화

제94조【사법행정사무의 자동화】 ① 각급기관은 소관사무를 효율적으로 수행하기 위하여 사무의 자동화를 추진하여야 한다.
② (2005.3.23 삭제)
(2006.2.21 본조제목개정)

제95조【기본계획의 수립】 ① 법원행정처장은 사무자동화를 종합적·체계적으로 추진하기 위하여 다음의 내용이 포함된 사무자동화기본계획(이하 "기본계획"이라 한다)을 수립하여 추진할 수 있다.
1. 사무자동화의 대상이 되는 사무분야
2. 사무자동화기기의 수요 및 소요예산에 관한 사항
3. 사무자동화기기 이용기술의 보급에 관한 사항
4. 사무자동화의 교육·훈련에 관한 사항
5. 기타 사무자동화사업의 추진에 관한 사항
② 법원행정처장은 제1항의 규정에 의하여 기본계획을 수립한 때에는 이를 각급기관의 장에게 통보하여야 한다.
③ 각급기관의 장은 제1항의 기본계획을 수정할 필요가 있는 때에는 이를 법원행정처장에게 요청할 수 있으며, 법원행정처장은 그 타당성을 검토한 후 기본계획을 수정하고, 그 결과를 당해 기관의 장에게 통보하여야 한다.

제96조【시범사업등의 실시】 ① 법원행정처장은 각 기관에서 공통적으로 사용하거나 호환성이 필요한 사무자동화기기에 대하여 그 기종의 지정에 앞서 기기의 성능측정을 위하여 필요한 경우에는 특정기관을 지정하여 그 기관으로 하여금 기기의 시험운용을 하게 할 수 있다.
② 법원행정처장은 기기의 보급·확산을 위하여 필요한 경우에는 시범기관을 지정하여 사무자동화시범사업을 하게 할 수 있다.

제97조【실태조사】 ① 법원행정처장은 사무자동화사업의 효율적인 추진을 위하여 필요한 때에는 각급기관에 대하여 시행계획의 추진상황과 사무자동화기기의 운영실태등을 조사하거나 관계자료의 제출을 요청할 수 있다.
② 법원행정처장은 제1항의 규정에 의한 조사결과 시정 또는 보완이 필요한 사항에 대하여는 이를 관계기관의 장에게 통보하여야 하며, 통보받은 관계기관의 장은 필요한 조치를 취하고, 그 결과를 법원행정처장에게 통보하여야 한다.

제10장 사무환경

제98조【사무환경의 관리】 각급기관의 장은 사무환경을 사무능률의 향상 및 공무원의 건강보호를 기할 수 있도록 조성·관리하여야 한다.

제99조【사무실의 배치기준】 각급기관의 각 사무실은 건물구조·조직·업무 및 인원등을 고려하여 배치하되, 업무처리흐름의 원활화, 관련부서의 인접배치, 민원인의 출입편의 및 대사무실화가 이루어지도록 배치함을 원칙으로 한다.

제100조【사무실의 면적기준】 사무실의 면적은 업무의 성격, 직위 및 직급별 근무인원, 집기 및 장비와 방문객의 규모등을 고려하여 산정한다.

제101조【사무용집기】 사무용집기류는 「물품관리법」 또는 「산업표준화법」에 의하여 제정된 규격품이 있는 때에는 이를 우선적으로 사용하여야 한다.(2006.2.21 본조개정)

제102조【사무실의 환경】 법원행정처장은 사무실내의 조명, 온·습도, 공기, 소음, 색채등 환경요소에 대한 관리기준을 정할 수 있다.

제103조【사무환경관리의 점검】 ① 각급기관의 장은 매년 1회이상 사무환경관리상태의 적정여부를 점검하고, 중대한 결함이 발견된 경우에는 지체없이 이를 시정·개선하여야 한다.
② 법원행정처장은 사무환경개선을 위하여 필요하다고 인정하는 때에는 각급기관의 사무환경관리실태를 조사할 수 있다.

제11장 보 칙

제104조【사무관리감사】 법원행정처장은 필요하다고 인정하는 때에는 각급기관에 대한 사무관리감사를 실시할 수 있다.

부 칙 (2006.2.21)

① **【시행일】** 이 규칙은 2006년 4월 1일부터 시행한다.
② **【전자문서시스템 및 행정전자서명의 시범운영에 관한 특례】** 각급기관의 장은 이 규칙 시행 전에 전자문서시스템 및 행정전자서명을 시범운영할 수 있으며, 전자문서시스템 및 행정전자서명을 시범운영하는 각급기관에 대하여는 제1항의 규정에 불구하고 이 규칙 시행 전에 이 규칙의 개정규칙(전자문서시스템 및 행정전자서명과 관련된 내용에 한한다)을 적용할 수 있다.

부 칙 (2017.2.2)

제1조【시행일】 이 규칙은 2017년 3월 1일부터 시행한다.(이하 생략)

[별표] ➡ 「法典 別冊」 참조

법원정보공개규칙

(2004년 7월 26일
전개대법원규칙 제1898호)

개정
2005. 3.10대법원규칙1932호(법원기록물관리규칙)
2007. 3. 8대법원규칙2074호
2007. 7.31대법원규칙2096호(법원기록물관리규칙)
2012. 4. 9대법원규칙2393호
2013.11. 1대법원규칙2494호
2013.12.31대법원규칙2512호(사법정책연구원운영규칙)
2017. 2. 2대법원규칙2714호(채무자회생파산규)
2017.12.27대법원규칙2766호
2021. 5.27대법원규칙2987호

제1조【목적】 이 규칙은 「공공기관의 정보공개에 관한 법률」(이하 "법"이라 한다)에서 위임된 사항과 그 시행에 필요한 사항을 규정함을 목적으로 한다.(2012.4.9 본조개정)

제1조의2【정보공개 제도에 관한 교육실시】 ① 각급법원, 법원행정처, 사법연수원, 사법정책연구원, 법원공무원교육원, 법원도서관 및 그 소속기관(이하 "각급기관"이라 한다)은 법 제6조제5항에 따른 정보공개 제도 운영에 관한 교육(이하 "정보공개 교육"이라 한다)에 다음 각 호의 내용을 포함하여 연1회 이상 실시하여야 한다.
1. 정보공개 관련 법 및 제도
2. 정보공개 제도 운영에 관한 내용(청구처리 절차, 불복절차, 정보공개시스템 등)
② 정보공개 교육은 강의, 시청각교육, 정보통신망을 이용한 교육 등의 방법으로 실시할 수 있다.
(2021.5.27 본조신설)

제2조【정보의 사전적 공개 등】 ① 각급기관은 법 제7조제1항 각 호에 해당하는 정보를 정보통신망을 이용하거나, 간행물의 발간·판매 등 다양한 방법으로 국민에게 공개하여야 한다.(2021.5.27 본항개정)
② 법원행정처장은 각급기관이 공표한 정보의 이용편의를 위하여 종합목록의 발간 기타 필요한 조치를 할 수 있다.
(2021.5.27 본조제목개정)

제3조【정보목록의 작성·비치 등】 ① 법 제8조제1항의 규정에 의하여 작성·비치되는 정보목록에는 각급기관의 각 부서별 주요문서제목, 생산연도, 업무담당자, 보존기간 등이 포함되어야 한다. 이 경우 정보목록은 「법원기록물 관리규칙」 제12조제1항 및 제15조의 규정에 의한 등록정보를 목록으로 제공하는 경우 이를 목록으로 갈음할 수 있다.(2007.7.31 본항개정)
② 각급기관은 정보공개절차를 일반국민이 쉽게 알 수 있도록 정보공개청구 및 처리절차, 정보공개청구서식, 수수료 기타 주요사항이 포함된 정보공개편람을 작성·비치하여 일반국민의 열람에 제공하여야 한다.
③ 각급기관은 청구인의 편의를 도모하기 위하여 정보공개주관부서를 지정하고 이를 표시하여야 하며, 정보공개청구서식·컴퓨터단말기 등을 비치하여야 한다.

제4조【정보공개의 청구방법 등】 ① 법 제10조제1항의 규정에 의한 정보공개청구서는 각급기관에 직접 출석하거나 우편·모사전송 또는 정보통신망에 의하여 제출할 수 있다. 다만, 대법원이 보유·관리하는 정보의 공개청구는 법원행정처에 대하여 한다.
② 각급기관이 정보공개청구서를 접수한 때에는 정보공개 처리 전산시스템에 입력하고 청구인에게 접수증을 교부하여야 한다. 다만, 다음 각 호의 1에 해당하는 때에는 청구인이 요청하는 경우를 제외하고는 접수증을 교부하지 아니할 수 있다.
1. 즉시 또는 구술처리가 가능한 정보의 정보공개청구서를 접수한 때
2. 우편·모사전송 또는 정보통신망에 의하여 정보공개청구서를 접수한 때
(2012.4.9 본항개정)
③ 각급기관은 법 제11조제5항에 따른 청구를 받은 경우에 해당 정보를 보유·관리하지 아니한다는 사실 등 청구에 따를 수 없는 사유를 구체적으로 적어 청구인에게 통지하여야 한다.(2021.5.27 본항개정)

제5조【다수인의 공개 청구】 2인 이상이 공동으로 정보공개를 청구하는 때에는 1인의 대표자를 선정하여야 한다.
(2013.11.1 본조제목개정)

제6조【보완요구】 공개를 청구하는 정보의 내용이 불명확하여 공개여부를 결정할 수 없는 경우 담당공무원은 지체없이 청구인에게 보완을 요구하여야 한다. 이때 보완기간은 정보공개여부 결정기간에 산입하지 아니한다.
(2012.4.9 본조개정)

제7조【공개여부 결정기간의 연장 등】 ① 법 제11조제2항에서 "부득이한 사유"라 함은 다음 각 호의 1의 사유를 말한다.
1. 일시에 많은 정보공개가 청구되거나 공개 청구된 정보의 내용이 복잡하여 정하여진 기간 내에 공개여부의 결정이 곤란한 경우
2. 정보를 생산한 공공기관 또는 공개 청구된 정보와 관련있는 제3자의 의견청취, 정보공개심의회개최 등의 사유로 정하여진 기간 내에 공개여부의 결정이 곤란한 경우
3. 전산정보처리조직에 의하여 처리된 정보가 공개부분과 비공개부분을 포함하고 있고, 정하여진 기간 내에 부분공개가능여부의 결정이 곤란한 경우
4. 천재지변, 일시적인 업무량의 증대 등으로 정하여진 기간 내에 공개여부의 결정이 곤란한 경우
(2013.11.1 본항개정)
② 각급기관이 법 제11조제4항의 규정에 의하여 공개청구서를 소관기관으로 이송하는 경우 청구서 이송에 소요되는 기간은 공개여부 결정기간에 산입하지 아니한다.

제8조【제3자의 의견청취】 ① 법 제11조제3항의 규정에 의한 제3자의 의견청취는 서면에 의한다. 다만, 각급기관이 필요하다고 인정한 때와 제3자가 원하는 때에는 구술로 할 수 있다.
② 제1항 단서의 규정에 의하여 구술로 의견을 청취한 담당공무원 등은 구술내용을 기록하고 본인의 확인을 받아야 한다.

제9조【정보생산 공공기관의 의견청취】 각급기관은 공개 청구된 정보 중 전부 또는 일부가 다른 공공기관이 생산한 정보인 때에는 당해 정보를 생산한 공공기관의 의견을 들어 공개여부를 결정하여야 한다.(2013.11.1 본조개정)

제10조【관계기관 및 부서간의 협조】 ① 정보공개청구업무를 처리하는 부서는 관계기관 또는 다른 부서의 협조가 필요한 때에는 정보공개청구서를 접수한 후 처리기간의 범위 내에서 회신기간을 명시하여 협조를 요청하여야 한다.
② 제1항의 규정에 의하여 협조를 요청받은 기관 또는 부서는 그 회신 기간 내에 회신하여야 한다.
(2013.11.1 본조개정)

제11조【정보공개심의회】 ① 각 고등법원, 특허법원, 각 지방법원, 각 가정법원, 행정법원, 회생법원, 법원행정처, 사법연수원, 사법정책연구원, 법원공무원교육원, 법원도서관은 법 제12조의 규정에 의한 정보공개심의회(이하 "심의회"라 한다)를 설치·운영하여야 한다. 다만, 당해기관에 심의회와 유사한 구성과 기능을 수행하는 위원회 등이 있는 경우에는 당해위원회 등으로 하여금 심의회의 기능을 수행하게 할 수 있다.(2017.2.2 본항개정)
② 심의회는 다음 각 호의 사항을 심의한다.(2013.11.1 본문개정)
1. 각급기관의 장이 공개청구된 정보의 공개여부를 결정하기 곤란한 사항
2. 법 제18조 및 법 제21조제2항의 규정에 의한 이의신청
3. 당해기관의 정보공개기준수립에 관한 사항
4. 기타 정보공개제도의 운영에 관한 사항
③ 심의회의 위원의 임기는 2년으로 하며, 1차에 한하여 연임할 수 있다. 다만, 공무원인 위원의 임기는 그 직위에 재직하는 기간으로 한다.
④ 심의회에 출석한 위원에 대하여는 예산의 범위에서 수당·여비 기타 필요한 경비를 지급할 수 있다.
(2013.11.1 본항개정)
⑤ 기타 심의회의 운영에 관하여 필요한 사항은 심의회가 설치된 각급기관의 장이 정한다.

제12조【정보공개일시의 통지 등】 ① 각급기관은 법 제21조제1항에 해당하는 경우를 제외하고 정보의 공개를 결정한 때에는 지체없이 그 공개를 결정한 날부터 10일 이내에 공개되도록 법 제13조제1항의 규정에 의한 공개일시를 정하여 청구인에게 통지하여야 한다. 다만, 청구인이 요청하는 경우에는 공개일시를 달리 정할 수 있다.
② 법 제13조제3항의 경우에는 청구인이 먼저 열람하게 한 후 사본·복제물을 교부할 수 있으며 특별한 사정이 없는 한 2개월 이내에 교부를 완료하여야 한다.(2021.5.27 본항개정)
③ 청구인이 제1항의 규정에 의하여 통지한 공개일 후 10일이 경과할 때까지 정당한 사유없이 당해 정보를 수령하지 아니한 경우에는 이를 내부적으로 종결 처리할 수 있다.(2013.11.1 본항개정)

제13조【부분공개】 각급기관은 법 제14조에 의해 부분공개결정을 하는 경우 비공개하는 부분에 대해서 비공개이유·불복방법 및 불복절차를 구체적으로 명시하여야 한다.

제14조【정보공개방법】 ① 정보의 공개는 다음 각 호의 1의 방법으로 한다. 이 경우 사본·복제물·인화물 또는 출력물은 1부 교부하는 것을 원칙으로 한다.(2013.11.1 본문개정)
1. 문서·도면·사진 등은 열람 또는 사본의 교부
2. 필름·테이프 등은 시청 또는 인화물·복제물의 교부
3. 마이크로필름·슬라이드 등은 시청·열람 또는 사본·복제물의 교부
4. 전자적 형태로 보유·관리하는 정보 등은 파일을 복제하여 정보통신망으로 송부, 매체에 저장하여 제공, 열람·시청 또는 사본·출력물의 교부(2013.11.1 본호개정)
5. (2021.5.27 삭제)
② 파일형태로 정보통신망을 통해 공개하는 것이 현저히 곤란한 경우에는 청구인의 요청에도 불구하고 저장매체를 제공하거나 열람·시청 또는 사본·출력물의 교부로 대체할 수 있다.(2013.11.1 본항개정)
③ 각급기관은 정보를 공개함에 있어서 본인 또는 그 정당한 대리인임을 직접 확인할 필요가 없는 경우에는 청구인의 요청에 의하여 제1항 각 호의 사본·복제물·인화물·출력물 또는 복제된 파일을 모사전송·우편(정보통신망을 포함한다)으로 송부할 수 있다.(2013.11.1 본항개정)
④ 제1항 각 호의 규정에 의하여 정보를 공개하는 때에는 타인의 지적 소유권, 사생활의 비밀 기타 타인의 권리 또는 이익이 부당하게 침해되지 아니하도록 유의하여야 한다.
(2013.11.1 본항개정)
⑤ 각급기관은 법 제11조에 의해 공개된 정보의 내용을 국민에게 알릴 필요가 있는 경우, 해당 정보를 정보통신망을 통해 국민에게 공개할 수 있다.(2021.5.27 본항신설)

제15조【정보공개시 청구인의 확인】 ① 청구된 정보의 공개는 청구인 본인 또는 그 대리인에게 하여야 한다.
② 각급기관이 제1항의 규정에 의하여 정보를 공개하는 때에는 다음 각 호의 1의 구분에 의한 신분증명서 등에 의하여 청구인 본인 또는 그 정당한 대리인임을 확인하여야 한다. 다만, 정보를 공개함에 있어서 본인 또는 그 정당한 대리인임을 확인할 필요가 없는 경우에는 그러하지 아니하다.(2013.11.1 본문개정)
1. 청구인 본인에게 공개할 때에는 청구인의 주민등록증 기타 그 신원을 확인할 수 있는 신분증명서(청구인이 외국인인 경우에는 여권·외국인등록증 기타 국내에 일정한 주소를 두고 거주하거나 학술·연구를 위하여 일시적으로 체류하는 자임을 확인할 수 있는 신분증명서, 청구인이 외국의 법인 또는 단체인 경우에는 사업자등록증·외국단체등록증 기타 국내에 사무소를 두고 있는 법인 또는 단체임을 확인할 수 있는 증명서)
2. 청구인의 법정대리인에게 공개할 때에는 법정대리인임을 증명할 수 있는 서류와 대리인의 주민등록증 기타 그 신원을 확인할 수 있는 신분증명서
3. 청구인의 임의대리인에게 공개할 때에는 내규가 정하는 위임장과 청구인 및 수임인의 주민등록증 기타 그 신원을 확인할 수 있는 신분증명서
③ 제2항의 규정에도 불구하고 각급기관이 정보통신망을 통하여 정보를 공개하는 경우 당해 청구인의 신원을 확인할 필요가 있는 때에는 전자서명 등을 통하여 그 신원을 확인하여야 한다.

제16조【정보공개처리상황의 전산입력】 각급기관은 정보공개청구에 대한 처리상황을 정보공개 처리 전산시스템에 입력·유지하여야 한다.(2007.3.8 본조개정)

제17조【비용부담】 ① 법 제17조제1항의 규정에 의한 정보의 공개 및 우송 등에 소요되는 비용은 수수료와 우편요금(공개되는 정보의 사본·복제물·인화물 또는 출력물을 우편으로 송부하는 경우에 한한다)으로 구분하되 수수료의 금액은 내규로 정한다.
② 법 제15조제1항 및 제2항의 규정에 의해 정보통신망을 통해 전자적 형태로 공개하는 경우 업무부담을 고려하여 각급기관의 장이 정하는 바에 의해 수수료를 감면할 수 있다. 다만, 매체에 저장하여 제공하는 경우 실비 범위내에서 수수료를 징수할 수 있다.
③ 법 제17조제2항의 규정에 의하여 비용을 감면할 수 있는 경우는 다음 각 호의 1과 같으며, 수수료에 한한다.
(2013.11.1 본문개정)
1. 비영리의 학술·공익단체 또는 법인이 학술이나 연구목적 또는 행정감시를 위하여 필요한 정보를 청구한 때
2. 교수·교사 또는 학생이 교육자료나 연구목적으로 필요한 정보를 소속기관의 장의 확인을 받아 청구한 때
3. 기타 각급기관의 장이 공공복리의 유지·증진을 위하여 비용의 감면이 필요하다고 인정한 때
④ 비용감면을 신청하는 경우 청구서에 사용목적에 관한 소명자료를 첨부하여야 하며, 청구목적에 따라 적정하게 사용하여야 한다.
⑤ 제3항의 규정에 의한 비용의 감면비율은 각급기관의 장이 정한다.
⑥ 수수료는 수입인지로 납부하여야 한다. 그러나 내규가 정하는 바에 의하여 이를 현금으로 납부하게 할 수 있다.
⑦ 각급기관은 제6항의 규정에 의하여 수수료를 징수한 때에는 정보공개결정통지서(즉시 또는 구술처리가 가능한 정보를 공개한 때에는 정보공개청구서)에 수입인지 또는 현금납부영수증을 붙이고 소인하여야 한다.

제18조【이의신청】 ① 법 제18조제1항 및 법 제21조제2항의 규정에 의한 이의신청은 다음 각 호의 사항을 기재한 서면으로 하여야 한다.(2013.11.1 본문개정)
1. 신청인의 이름·생년월일·주소(법인·단체의 경우에는 그 명칭, 사무소 또는 사업소의 소재지와 대표자의 이름) 및 연락처(전화번호·전자우편주소 등)
(2021.5.27 본호개정)
2. 이의신청의 대상이 되는 정보공개여부 결정의 내용
3. 이의신청의 취지 및 이유
4. 정보공개여부의 결정통지를 받은 날 또는 정보공개 청구 후 20일이 경과한 날(2013.11.1 본호개정)
② 각급기관은 법 제18조제3항 단서 규정에 의하여 정보공개심의회 개최 등의 사유로 이의신청결정기간의 연장을 통지하는 경우 통지서에 연장사유 및 연장기간 등을 구체적으로 기재하여야 한다.(2013.11.1 본항개정)
③ 각급기관은 법 제18조제4항에 의해 이의신청을 각하 또는 기각하는 결정을 하는 경우에도 법 제13조제5항을 준용하여 결정이유·불복방법 및 불복절차를 구체적으로 명시하여야 한다.(2021.5.27 본항개정)
④ 각급기관은 이의신청에 대한 처리상황을 이의신청처리대장에 기록·유지하여야 한다.

제19조【정보공개운영실태의 공표 등】 ① 각 고등법원, 특허법원, 각 지방법원, 각 가정법원, 행정법원, 회생법원, 사법연수원, 사법정책연구원, 법원공무원교육원, 법원도서관의 장은 그 소속기관의 정보공개운영실태를 포함한

法院法務

전년도의 정보공개운영실태를 매년 2월 말일까지 법원행정처장에게 제출하여야 한다.(2017.2.2 본항개정)
② 법원행정처장은 연 1회 제1항의 규정에 의하여 제출받은 전년도의 법원정보공개운영실태를 종합하여 공표하여야 한다.
제20조【위임규정】 이 규칙의 시행에 관하여 필요한 사항은 내규로 정한다.

부 칙 (2017.12.27)

이 규칙은 공포한 날부터 시행한다.

부 칙 (2021.5.27)

제1조【시행일】 이 규칙은 2021년 6월 23일부터 시행한다.
제2조【적용례】 이 규칙 시행 당시에 각급기관에 계속 중인 사건에도 적용한다. 다만, 종전 규정에 따라 생긴 효력에는 영향을 미치지 아니한다.

법관징계법

(1999년 1월 21일
전개법률 제5642호)

개정
1999.12.31법 6082호(형사소송비용등에관한법)
2006.10.27법 8058호
2009.11. 2법 9814호
2011. 4.12법10578호
2014.12.30법12884호
2017.12.19법15250호
2022. 1. 4법18720호

제1조【목적】 이 법은 법관의 징계에 관한 사항을 규정함을 목적으로 한다.(2011.4.12 본조개정)
제2조【징계 사유】 법관에 대한 징계 사유는 다음 각 호와 같다.
1. 법관이 직무상 의무를 위반하거나 직무를 게을리한 경우
2. 법관이 그 품위를 손상하거나 법원의 위신을 떨어뜨린 경우
(2011.4.12 본조개정)
제3조【징계처분의 종류】 ① 법관에 대한 징계처분은 정직·감봉·견책의 세 종류로 한다.
② 정직은 1개월 이상 1년 이하의 기간 동안 직무집행을 정지하고, 그 기간 동안 보수를 지급하지 아니한다.
③ 감봉은 1개월 이상 1년 이하의 기간 동안 보수의 3분의 1 이하를 줄인다.
④ 견책은 징계 사유에 관하여 서면으로 훈계한다.
(2011.4.12 본조개정)
제4조【법관징계위원회】 ① 법관에 대한 징계사건을 심의·결정하기 위하여 대법원에 법관징계위원회(이하 "위원회"라 한다)를 둔다.
② 위원회는 위원장 1명과 위원 6명으로 구성하고, 예비위원 3명을 둔다.
(2011.4.12 본조개정)
제5조【위원장 및 위원】 ① 위원회의 위원장은 대법관 중에서 대법원장이 임명하고, 위원은 법관 3명과 다음 각 호에 해당하는 사람 중 각 1명을 대법원장이 각각 임명하거나 위촉한다.(2014.12.30 본문개정)
1. 변호사
2. 법학교수
3. 그 밖에 학식과 경험이 풍부한 사람
② 예비위원은 법관 중에서 대법원장이 임명한다.
③ 위원장·위원 및 예비위원의 임기는 각각 3년으로 한다.
④ 위원장은 위원회의 사무를 총괄하고 회의를 소집하며, 의결할 때 표결권을 가진다.
⑤ 위원장에게 제10조에 따른 사유 등으로 그 사무를 처리하지 못할 부득이한 사유가 있는 경우에는 대법원장이 지명하는 위원이 그 직무를 대리하고, 위원에게 같은 사유가 있는 경우에는 위원장이 지명하는 예비위원이 그 직무를 대리한다.
(2011.4.12 본조개정)
제6조【위원회의 간사】 ① 위원회에 간사를 두며, 간사는 법관 중에서 대법원장이 임명한다.
② 간사는 위원장의 명을 받아 징계사건에 관한 기록과 그 밖의 서류의 작성 및 보관에 관한 사무를 담당한다.
(2011.4.12 본조개정)
제7조【징계청구와 징계심의의 개시】 ① 위원회의 징계 심의는 다음 각 호의 사람의 징계청구에 의하여 개시한다.
1. 대법원장
2. 대법관
3. 해당 법관에 대하여 「법원조직법」에 따라 사법행정사무에 관한 감독권을 가지는 법원행정처장, 사법연수원장, 각급 법원장, 법원도서관장
② 제1항에 따른 징계청구권자는 해당 법관에게 징계 사유가 있다고 인정될 때에는 그에 관하여 조사할 수 있다.
③ 징계청구권자는 제2항에 따라 조사한 결과 제2조 각 호의 어느 하나에 해당된다고 인정할 때에는 징계를 청구하여야 한다.
④ 징계의 청구는 위원회에 서면으로 제출하는 방식으로 한다.(2017.12.19 본항개정)
(2011.4.12 본조개정)
제7조의2【징계부가금】 ① 제7조에 따라 징계청구권자가 징계를 청구하는 경우 그 징계 사유가 다음 각 호의 어느 하나에 해당하는 경우에는 해당 징계 외에 다음 각 호의 행위로 취득하거나 제공한 금전 또는 재산상 이득(금전이 아닌 재산상 이득의 경우에는 금전으로 환산한 금액을 말한다)의 5배 내의 징계부가금 부과 의결을 위원회에 청구하여야 한다.
1. 금전, 물품, 부동산, 향응 또는 그 밖에 대법원규칙으로 정하는 재산상 이익을 취득하거나 제공한 경우
2. 다음 각 목에 해당하는 것을 횡령(橫領), 배임(背任), 절도, 사기 또는 유용(流用)한 경우
가. 「국가재정법」에 따른 예산 및 기금
나. 「지방재정법」에 따른 예산 및 「지방자치단체 기금관리기본법」에 따른 기금
다. 「국고금 관리법」 제2조제1호에 따른 국고금
라. 「보조금 관리에 관한 법률」 제2조제1호에 따른 보조금
마. 「국유재산법」 제2조제1호에 따른 국유재산 및 「물품관리법」 제2조제1항에 따른 물품
바. 「공유재산 및 물품 관리법」 제2조제1호 및 제2호에 따른 공유재산 및 물품
사. 그 밖에 가목부터 바목까지에 준하는 것으로서 대법원규칙으로 정하는 것(2022.1.4 본목신설)
② 위원회는 징계부가금 부과 의결을 하기 전에 징계부가금 부과 대상자가 다른 법률에 따라 형사처벌을 받거나 변상책임 등을 이행한 경우(몰수나 추징을 당한 경우를 포함한다) 또는 다른 법령에 따른 환수나 가산징수 절차에 따라 환수금이나 가산징수금을 납부한 경우에는 대법원규칙으로 정하는 바에 따라 조정된 범위에서 징계부가금 부과를 의결하여야 한다.
③ 위원회는 징계부가금 부과 의결을 한 후에 징계부가금 부과 대상자가 형사처벌을 받거나 변상책임 등을 이행한 경우(몰수나 추징을 당한 경우를 포함한다) 또는 환수금이나 가산징수금을 납부한 경우에는 대법원규칙으로 정하는 바에 따라 이미 의결된 징계부가금의 감면 등의 조치를 하여야 한다.
④ 제1항에 따라 징계부가금 부과처분을 받은 사람이 납부기간 내에 그 부가금을 납부하지 아니한 때에는 대법원장은 국세 체납처분의 예에 따라 징수할 수 있다. 다만, 체납액 징수가 사실상 곤란하다고 판단되는 경우에는 징수를 관할 세무서장에게 의뢰하여야 한다.
⑤ 대법원장은 제4항 단서에 따라 관할 세무서장에게 징계부가금 징수를 의뢰한 후 체납일부터 5년이 지난 후에도 징수가 불가능하다고 인정될 때에는 위원회에 징계부가금 감면의결을 요청할 수 있다.
(2017.12.19 본조신설)
제7조의3【재징계등의 청구】 ① 징계청구권자는 다음 각 호의 어느 하나에 해당하는 사유로 대법원에서 징계 및 징계부가금 부과(이하 "징계등"이라 한다) 처분의 무효 또는 취소 판결을 받은 경우에는 다시 징계등을 청구하여야 한다. 다만, 제3호의 사유로 무효 또는 취소 판결을 받은 감봉·견책 처분에 대해서는 징계등을 청구하지 아니할 수 있다.
1. 법령의 적용, 증거 및 사실 조사에 명백한 흠이 있는 경우
2. 위원회의 구성 또는 징계등 의결에 절차상의 흠이 있는 경우
3. 징계양정 및 징계부가금이 과다(過多)한 경우
② 징계청구권자는 제1항에 따른 징계등을 청구하는 경우에는 대법원의 판결이 확정된 날부터 3개월 이내에 위원회에 징계등을 청구하여야 하며, 위원회에서는 다른 징계사건에 우선하여 징계등을 의결하여야 한다.
(2017.12.19 본조신설)
제7조의4【퇴직 희망 법관의 징계 사유 확인 등】 ① 대법원장은 법관이 퇴직을 희망하는 경우에는 제2조에 따른 징계 사유가 있는지 여부를 확인하여야 한다.
② 제1항에 따른 확인 결과 정직에 해당하는 징계 사유가 있는 경우 징계청구권자는 지체 없이 징계등을 청구하여야 한다.
③ 위원회는 제2항에 따라 징계등이 청구된 경우 다른 징계사건에 우선하여 징계등을 의결하여야 한다.
(2017.12.19 본조신설)
제8조【징계등 사유의 시효】 ① 징계등 청구는 징계등 사유가 발생한 날부터 다음 각 호의 구분에 따른 기간이 지나면 하지 못한다.
1. 징계등 사유가 다음 각 목의 어느 하나에 해당하는 경우 : 10년
가. 「성매매알선 등 행위의 처벌에 관한 법률」 제4조에 따른 금지행위
나. 「성폭력범죄의 처벌 등에 관한 특례법」 제2조에 따른 성폭력범죄
다. 「아동·청소년의 성보호에 관한 법률」 제2조제2호에 따른 아동·청소년대상 성범죄
라. 「양성평등기본법」 제3조제2호에 따른 성희롱
2. 징계등 사유가 제7조의2제1항 각 호의 어느 하나에 해당하는 경우 : 5년
3. 그 밖의 징계등 사유에 해당하는 경우 : 3년
(2022.1.4 본항개정)
② 제20조에 따라 징계절차를 진행하지 못하여 제1항의 기간이 지나거나 그 남은 기간이 1개월 미만인 경우에는 제1항의 기간은 제20조에 따른 절차가 완결된 날부터 1개월이 지난 날에 끝나는 것으로 본다.(2017.12.19 본항신설)
③ 제7조의3제1항 각 호의 어느 하나에 해당하는 사유로 대법원에서 징계등 처분의 무효 또는 취소 판결을 한 경우에는 제1항의 기간이 지나거나 그 남은 기간이 3개월 미만인 경우에도 그 판결이 확정된 날부터 3개월 이내에는 다시 징계등을 청구할 수 있다.(2017.12.19 본항신설)
(2017.12.19 본조개정)
제9조【징계청구서의 송달】 위원회는 징계청구서의 부본(副本)을 징계가 청구된 법관(이하 "피청구인"이라 한다)에게 송달하여야 한다.(2011.4.12 본조개정)
제10조【제척·기피·회피】 ① 위원장 및 위원은 자신 또는 그 친족에 대한 징계사건의 심의·결정에 관여하지 못한다.
② 징계청구인이 위원인 경우에 그 위원은 해당 사건의 심의·결정에 관여하지 못한다.
③ 피청구인은 위원장 또는 위원에게 제1항 또는 제2항의 사유가 있거나 징계결정의 공정을 기대하기 어려운 사정이 있을 때에는 위원회에 그 사실을 서면으로 소명(疏明)하여 기피를 신청할 수 있다.
④ 위원회는 제3항의 신청에 대하여 지체 없이 결정하여야 하며, 기피신청의 대상이 된 위원장 또는 위원은 그 결정에 관여하지 못한다.
⑤ 위원장이나 위원은 제1항부터 제3항까지의 경우에는 회피할 수 있다.
(2011.4.12 본조개정)
제11조【예비심의】 ① 위원회나 위원장은 필요하다고 인정할 때에는 제13조에 따라 심의를 개시하기 전에 예비심의를 할 것을 결정할 수 있다.
② 예비심의를 할 경우에는 위원장이 위원 중에서 예비심의위원을 지명한다.
③ 예비심의 절차에 관하여는 그 성질에 반하지 아니하는 범위에서 제12조부터 제17조까지, 제19조 및 제22조를 준용한다.
(2011.4.12 본조개정)
제12조【피청구인에 대한 출석요구】 징계청구가 있을 때에는 위원장은 심의기일을 정하여 피청구인의 출석을 요구하여야 한다.(2011.4.12 본조개정)
제13조【징계의 심의】 ① 위원회는 위원장을 포함한 위원 과반수가 출석한 경우에 심의를 개시한다.
② 위원장은 심의기일에 심의개시를 선언하고, 피청구인에게 징계가 청구된 원인사실과 그 밖에 필요한 사항을 심문(審問)한다.
③ 위원은 위원장에게 알리고 제2항의 심문을 할 수 있다.
④ 징계심의는 공개하지 아니한다.
⑤ 위원회의 심의·결정에 참여한 사람은 직무상 알게 된 비밀을 누설하여서는 아니 된다.
(2011.4.12 본조개정)
제14조【피청구인과 징계청구인의 진술권 및 증거제출권】 피청구인과 징계청구인은 서면 또는 구술로 의견을 진술하거나 증거를 제출할 수 있다.(2011.4.12 본조개정)
제15조【변호인 등의 선임】 피청구인은 변호사를 변호인으로 선임하여 징계사건에 대한 보충진술과 증거제출을 하게 할 수 있다. 다만, 위원회의 허가를 받은 경우에는 변호사가 아닌 사람을 특별변호인으로 선임할 수 있다.
(2011.4.12 본조개정)
제16조【감정·증인신문 등】 위원회는 직권으로 또는 징계청구인·피청구인·변호인·특별변호인의 신청에 의하여 감정(鑑定)을 명하거나 증인을 신문(訊問)할 수 있으며, 공공기관 등에 사실조회를 하거나 서류의 제출을 요구할 수 있다.(2011.4.12 본조개정)
제17조【피청구인의 불출석】 위원회는 피청구인이 적법한 송달을 받고도 심의기일에 출석하지 아니하거나 진술권을 포기한 경우에는 피청구인의 진술 없이 서면에 의하여 심의할 수 있다.(2011.4.12 본조개정)
제18조【최종의견 진술권】 위원장은 피청구인과 변호인 또는 특별변호인에게 최종의견을 진술할 기회를 주어야 한다.(2011.4.12 본조개정)
제19조【간사의 참여와 심의기록의 작성】 간사는 사건의 심의에 참여하여 심의기록을 작성하고 위원장과 함께 서명 및 날인하여야 한다.(2011.4.12 본조개정)
제20조【징계절차의 정지】 ① 징계 사유에 관하여 탄핵의 소추가 있는 경우에는 그 절차가 완결될 때까지 징계절차는 정지된다.
② 위원회는 징계 사유에 관하여 공소가 제기된 경우에는 그 절차가 완결될 때까지 징계절차를 정지할 수 있다.
(2011.4.12 본조개정)

제21조【징계청구의 취하】 징계청구인은 징계청구 이후 새로운 사실이 발견되는 등 피청구인이 제2조 각 호의 어느 하나에 해당되지 아니한다고 인정할 만한 사유가 있는 경우에는 제24조에 따른 징계결정이 있기 전까지 징계청구를 취하할 수 있다.(2011.4.12 본조개정)

제22조【「형사소송법」 등의 준용】 서류의 송달, 기일의 지정·변경, 증인·감정인의 선서, 증인·감정인에게 지급하는 비용에 관하여는 이 법 또는 대법원규칙에 특별한 규정이 있는 경우를 제외하고는 「형사소송법」과 「형사소송비용 등에 관한 법률」을 준용한다.
(2011.4.12 본조개정)

제23조【위원회의 결정방식】 ① 위원회가 징계사건에 관하여 결정하려는 경우에는 위원장을 포함한 위원 과반수의 출석과 출석위원 과반수의 찬성으로 의결한다. 다만, 제10조제4항 및 제11조제1항에 따른 결정과 제15조 단서에 따른 허가는 서면에 의하여 위원 과반수의 찬성으로 의결할 수 있다.

② 위원회가 제1항 본문에 따른 징계결정을 할 때 의견이 나뉘어 출석위원 과반수에 이르지 못한 경우에는 과반수에 이르기까지 피청구인에게 가장 불리한 의견의 수에 차례로 유리한 의견의 수를 더하여 그 중 가장 유리한 의견에 따른다.
(2011.4.12 본조개정)

제24조【위원회의 징계결정】 위원회는 심의를 종료하였을 때에는 다음 각 호의 구분에 따라 결정을 한다.
1. 징계 사유가 있고 이에 대하여 징계등 처분을 하는 것이 타당하다고 인정되는 경우 : 징계 사유의 경중(輕重), 피청구인의 근무성적, 공적(功績), 뉘우치는 정도, 그 밖의 여러 사정을 종합하여 그에 합당한 징계등 처분을 하는 결정. 다만, 징계등 처분을 하지 아니하는 것이 타당하다고 인정되는 경우에는 불문(不問)으로 하는 결정을 할 수 있다.(2017.12.19 본호개정)
2. 징계 사유가 인정되지 아니하는 경우 : 무혐의 결정
(2011.4.12 본조개정)

제25조【징계결정서의 작성 및 송달】 ① 위원회가 제24조에 따른 결정을 하였을 때에는 그 이유를 붙인 결정서를 작성하여야 한다.

② 제1항의 결정서에는 위원장과 심의·결정에 관여한 위원이 서명 및 날인하여야 한다.

③ 제1항의 결정서의 정본(正本)은 징계청구인, 피청구인, 징계처분권자에게 각각 송달하여야 한다.
(2011.4.12 본조개정)

제26조【징계등 처분 및 집행】 ① 대법원장은 위원회의 결정에 따라 징계 등 처분을 하고, 이를 집행한다.

② 대법원장은 징계 등 처분을 하였을 때에는 이를 관보에 게재한다.
(2017.12.19 본조개정)

제27조【불복절차】 ① 피청구인이 징계등 처분에 대하여 불복하려는 경우에는 징계등 처분이 있음을 안 날부터 14일 이내에 전심(前審) 절차를 거치지 아니하고 대법원에 징계등 처분의 취소를 청구하여야 한다.(2017.12.19 본항개정)

② 대법원은 제1항의 취소청구사건을 단심(單審)으로 재판한다.
(2011.4.12 본조개정)

제28조【대법원규칙】 이 법의 시행에 필요한 사항은 대법원규칙으로 정한다.(2011.4.12 본조개정)

부 칙 (2017.12.19)

제1조【시행일】 이 법은 공포한 날부터 시행한다.

제2조【징계부가금에 관한 적용례】 제7조의2의 개정규정은 이 법 시행 후 최초로 징계 사유가 발생한 경우부터 적용한다.

제3조【재징계등의 청구에 관한 적용례】 제7조의3의 개정규정은 이 법 시행 후 최초로 징계등 처분의 무효 또는 취소 판결을 받은 경우부터 적용한다.

제4조【징계등 사유의 시효 정지에 관한 적용례】 제8조제2항 및 제3항의 개정규정은 이 법 시행 후 최초로 징계등 사유의 시효기간이 만료되는 경우부터 적용한다.

제5조【징계등 사유의 시효에 관한 경과조치】 이 법 시행 전에 징계등 사유가 발생한 사람에 대하여는 제8조제1항의 개정규정에도 불구하고 종전의 규정에 따른다.

부 칙 (2022.1.4)

제1조【시행일】 이 법은 공포한 날부터 시행한다. 다만, 제7조의2제1항제2호사목의 개정규정은 공포 후 6개월이 경과한 날부터 시행한다.

제2조【징계시효 연장에 관한 경과조치】 이 법 시행 전에 징계등 사유가 발생한 경우 그 징계시효에 관하여는 제8조제1항의 개정규정에도 불구하고 종전의 규정에 따른다.

법관이관여할수없는직무등에 관한규칙

(1981년 5월 25일 대법원규칙 제759호)

개정
1988. 3.23대법원규칙1004호(법원조직법개정법률에따른등기소의설치와그관할구역에관한규칙등의개정등규칙)

제1조【목적】 이 규칙은 법원조직법(이하 "법"이라 한다) 제49조의 규정에 의하여 법관이 관여할 수 없는 직무등에 관한 사항을 규정함을 목적으로 한다.(1988.3.23 본조개정)

제2조【영리업무】 법 제49조제5호에 규정한 금전상의 이익을 목적으로 하는 업무는 다음 각호의 1에 해당하는 경우를 말한다.(1988.3.23 본문개정)
1. 상업·공업·금융업 기타 영리적인 업무를 경영하는 일
2. 상업·공업·금융업 기타 영리를 목적으로 하는 사기업체의 이사, 감사, 업무를 집행하는 무한책임사원, 발기인등 임원이 되거나 지배인 기타 사용인이 되는 일
3. 그 직무와 관련이 있는 타인의 기업에 투자하는 일
4. 기타 계속적으로 재산상의 이득을 목적으로 하는 업무에 종사하는 일

제3조【허가에 의한 관여】 ① 법관이 법 제49조제4호 및 제6호의 규정에 의하여 관여할 수 있는 직무에 종사하거나 직위에 취임하고자 할 경우에는 사전에 대법원장의 허가를 받아야 한다.(1988.3.23 본항개정)

② 전항의 허가를 받고자 하는 법관은 소속기관의 장을 경유하여 대법원장에게 그 신청을 하여야 한다.

제4조【국가기관의 직위 관여】 법관이 다른 국가기관으로부터 법 제50조에 규정된 파견근무 이외의 방식에 의한 관여의 요청이 있을 경우에도 제3조의 규정을 준용한다.
(1988.3.23 본조개정)

제5조【관여종료의 보고】 법관이 이 규칙에 의하여 대법원장의 허가를 받아 관여하던 업무로부터 해제된 경우에는 지체없이 이를 소속기관의 장을 경유하여 대법원장에게 보고하여야 한다.

부 칙

①【시행일】 이 규칙은 공포한 날로부터 시행한다.

②【경과조치】 이 규칙 시행당시 법 제43조제4호, 제6호, 이 규칙 제4조에 정한 직무등에 관여하는 법관은 이 규칙이 정하는 바에 따라 이 규칙 시행일로부터 1월내에 대법원장의 허가를 받아야 한다.

부 칙 (1988.3.23)

이 규칙은 공포한 날로부터 시행한다.

법정 방청 및 촬영 등에 관한 규칙

(1973년 2월 7일 대법원규칙 제502호)

개정
1982. 3. 4대법원규칙 802호
1988. 3.23대법원규칙1004호(법원조직법개정법률에따른등기소의설치와그관할구역에관한규칙)
1995. 2.16대법원규칙1347호 2006.12.29대법원규칙2061호
2014. 8. 6대법원규칙2548호
2017. 2. 2대법원규칙2714호(채무자회생파산규)
2017. 8. 4대법원규칙2751호

제1조【방청인의 준수사항】 방청인은 법정의 존엄과 질서유지를 위한 재판장의 명령 및 재판장의 명을 받은 법원직원의 지시에 따라야 한다.(2006.12.29 본조개정)

제2조【방청에 관한 조치】 재판장은 법정질서를 유지하기 위하여 필요하다고 인정한 때에는 방청에 관하여 다음 각호의 조치를 할 수 있다.(2006.12.29 본문개정)
1. 방청석 수에 해당하는 방청권을 발행케 하고 그 소지자에 한하여 방청을 허용하는 것
2. 법원경위로 하여금 방청인의 의복 또는 소지품을 검사케 하고 위험물 기타 법정에서 소지함이 부적당하다고 인정되는 물품을 가진 자의 입정을 금하게 하는 것
3. 위 각호의 조치에 따르지 아니한 자, 보호자 동행 없는 12세 미만의 아동, 단정한 의복을 착용하지 아니한 자, 법정에서 법원 또는 법관의 직무집행을 방해하거나 부당한 행동을 할 염려가 있다고 믿을 만한 현저한 사정이 인정되는 자의 입정을 금하게 하는 것

(2006.12.29 2호~3호개정)
(2006.12.29 본조제목개정)

제3조【퇴정명령 등】 재판장은 다음 각호에 해당하는 자에 대하여 이를 제지하거나 또는 퇴정을 명할 수 있다.
1. 재판장의 허가없이 녹음, 녹화, 촬영, 중계방송 등(이하 '촬영 등 행위'라 한다)을 하는 자
2. 음식을 먹거나 흡연을 하는 자
3. 법정에서 떠들거나 소란을 피우는 등 재판에 지장을 주는 자

(2006.12.29 1호~3호개정)
(2006.12.29 본조제목개정)

제4조【촬영등의 제한】 ① 법원조직법 제59조의 규정에 의한 재판장의 허가를 받고자 하는 자는 촬영 등 행위의 목적, 종류, 대상, 시간 및 소속기관명 또는 성명을 명시한 신청서를 재판기일 전날까지 제출하여야 한다.
(2006.12.29 본항개정)

② 재판장은 피고인(또는 법정에 출석하는 원, 피고)의 동의가 있는 때에 한하여 전항의 신청에 대한 허가를 할 수 있다. 다만, 피고인(또는 법정에 출석하는 원, 피고)의 동의여부에 불구하고 촬영등 행위를 허가함이 공공의 이익을 위하여 상당하다고 인정되는 경우에는 그러하지 아니하다.
(1982.3.4 본조개정)

제5조【촬영등 행위시의 주의】 ① 재판장이 제4조의 규정에 의하여 허가를 할 때에는 다음 각호의 제한을 하여야 한다.
1. 촬영 등 행위는 공판 또는 변론의 개시 전이나, 판결선고 시에 한한다.(2017.8.4 본호개정)
2. 법단 위에서 촬영등 행위를 하여서는 아니된다.
3. 촬영등 행위로 소란케 하여서는 아니된다.
4. 구속피고인에 대한 촬영등 행위는 수갑 등을 푼 상태에서 하여야 한다.(2006.12.29 본호개정)
5. 소년에 대하여는 성명, 연령, 직업, 용모등에 의하여 당해 본인임을 알아볼 수 있을 정도로 촬영등 행위를 하여서는 아니된다.(2006.12.29 본호개정)

② 재판장은 소송관계인의 변론권·방어권 기타 권리의 보호, 법정의 질서유지 또는 공공의 이익을 위하여 촬영등 행위의 시간·방법을 제한하거나 허가에 조건을 부가하는 등 필요한 조치를 취할 수 있다.(2017.8.4 본항신설)
(1982.3.4 본조개정)

제6조【재판장의 명에 의한 중계 목적 녹음·녹화·촬영】 ① 재판장은 다음 각 호의 어느 하나에 해당하는 경우에는 공판 또는 변론의 전부 또는 일부에 대하여 중계를 목적으로 한 녹음, 녹화 또는 촬영을 명할 수 있다.
1. 소송관계인의 수가 재판이 진행되는 법정의 수용인원보다 현저히 많아 법정질서 유지를 위하여 필요한 경우
2. 재난 또는 이에 준하는 사유로 인하여 다수의 인명피해가 발생한 사건에서 당사자, 피해자 또는 그 법정대리인(피해자가 사망한 경우에는 배우자·직계친족·형제자매를 포함한다) 중 상당수가 재판이 진행되는 법원으로부터 원격지에 거주하여 법정에 직접 출석하기 어려운 경우에 중계장치가 갖추어진 원격지의 법원에서 재판진행을 시청할 수 있도록 하는 것이 참여 보장을 위하여 상당하다고 인정되는 경우

② 제1항의 경우 재판장은 녹음물, 녹화물 또는 촬영물을 다음 각 호에서 정하는 바에 따라 일정한 시설에서 중계

하도록 할 수 있다.
1. 제1항제1호의 경우 : 소속 법원 내의 시설
2. 제1항제2호의 경우 : 원격지 법원 내의 시설
③ 제2항의 경우 다음 각 호의 1에 따라 사전에 승인을 받아야 한다.
1. 제2항제1호의 경우 : 소속 고등법원장(특허법원장을 포함한다) 또는 지방법원장(가정법원장, 행정법원장 또는 회생법원장을 포함한다)의 승인(2017.2.2 본호개정)
2. 제2항 제2호의 경우 : 법원행정처장의 승인
④ 재판장은 중계에 의하여 소송관계인의 개인정보가 침해되지 않도록 필요한 조치를 취할 수 있다.
(2014.8.6 본조신설)

부 칙 (2017.8.4)

이 규칙은 공포한 날부터 시행한다.

법정등의질서유지를위한재판에관한규칙

(1981년 12월 18일 대법원규칙 제794호)

개정
1988. 5. 4대법원규칙1014호 1992. 5.13대법원규칙1216호
1993.12.28대법원규칙1276호(법원재판사무처리규칙)
1994.11.28대법원규칙1320호 1998. 3. 5대법원규칙1526호
2002. 8.26대법원규칙1791호
2021. 1.29대법원규칙2949호(고위공직자범죄수사처설치에따른일부개정규칙)

제1장 총 칙

제1조【목적】 이 규칙은 법원조직법(이하 "법"이라 한다) 제61조제6항의 규정에 의하여 법 제61조제1항 내지 제5항에 규정된 감치 또는 과태료에 처하는 재판에 관한 절차 기타 필요한 사항을 정함을 목적으로 한다.(1988.5.4 본조개정)

제2조【용어의 정의】 이 규칙에서 사용하는 용어의 정의는 다음과 같다.
1. "위반행위"라 함은 법 제58조제2항에 규정된 명령위배행위, 법 제59조에 위배하는 행위, 심리방해행위 또는 재판의 위신을 현저히 훼손하는 행위를 말한다.(1988.5.4 본호신설)
2. "위반자"라 함은 제1호에 규정된 "위반행위"를 한 자를 말한다.
3. "재판"이라 함은 제2호에 규정된 "위반자"를 감치 또는 과태료에 처하는 결정을 말한다.
4. "감치시설"이라 함은 경찰서유치장, 교도소 또는 구치소등 감치에 처하는 재판을 받은 위반자에 대한 감치의 집행을 하는 시설을 말한다.(1988.5.4 본호신설)

제2장 재 판

제3조【관할법원】 재판은 위반행위를 직접 알게 된 법원이 행한다.(1988.5.4 본조개정)

제4조【신속한 재판】 ① 재판은 특별한 사유가 없는 한 위반행위가 있은 날에 이를 하여야 한다.
② 위반행위가 종료된 날로부터 20일을 경과하면 재판을 할 수 없다.

제5조【구속】 ① 법원직원, 교도관 또는 경찰관은 법 제61조제2항에 의하여 법원으로부터 위반자를 구속하도록 명령받은 경우 그 위반자를 법원이 지시하는 장소에 유치하여야 한다.(1988.5.4 본항개정)
② 구속한 때로부터 24시간이내에 감치에 처하는 재판을 한 때에는 그 재판의 집행을 개시하기까지 24시간을 초과하더라도 이를 구속할 수 있다.

제6조【재판기일의 절차】 ① 재판은 위반자의 출석없이는 이를 할 수 없다. 다만, 위반자가 정당한 이유없이 출석하지 아니하거나 재판장의 허가없이 퇴정한 때 또는 재판장의 질서유지를 위한 퇴정명령을 받은 때에는 그러하지 아니하다.
② 법원은 재판을 함에 있어서 제1항 단서의 경우를 제외하고는 위반자에게 위반행위의 내용을 고지하고 변명할 기회를 주어야 한다.
③ 법원은 필요하다고 인정한 때에는 직권으로 위반자 또는 참고인을 심문하거나 기타 방법으로 사실을 조사할 수 있다.

제7조【보조인】 위반자는 재판지연의 우려가 없는 경우에 한하여 변호사의 보조(補助)를 받을 수 있다.

제7조의2【감치장소의 지정】 감치의 결정을 할 때에는 감치할 장소를 지정하여야 한다. 다만, 구속영장 또는 감호영장에 의하여 구속되어 있는 위반자나 징역, 금고, 구류 또는 감호의 집행중에 있거나 벌금 또는 과료에 관한 노역장유치중에 있는 위반자에 대하여 감치의 결정을 할 때에는 그 구금시설을 감치장소로 지정하여야 한다.
(1988.5.4 본조신설)

제8조【조서】 재판기일의 절차에 관하여는 참여한 법원서기관, 법원사무관, 법원주사 또는 법원주사보(이하 "법원사무관등"이라 한다)가 다음 사항을 기재한 조서를 작성하고, 재판장과 참여한 법원사무관등이 이에 기명 날인하여야 한다.
1. 재판기일의 일시와 장소
2. 법관, 법원사무관등의 관직, 성명
3. 위반자, 보조인의 성명
4. 위반자의 구속여부와 구속하였을 경우에는 법 제61조제2항 후단에 의한 석방여부 및 그 구속 또는 석방의 일시(1988.5.4 본호개정)
5. 위반자의 출석여부와 제6조제1항 단서에 의하여 재판하는 때에는 그 사유
6. 위반행위의 요지
7. 위반자에게 변명할 기회를 준 사실과 그 진술한 사실의 요지
8. 사실조사에 관한 사항
9. 재판의 선고일시(2002.8.26 본호개정)
10. 출석한 위반자에게 불복할 기간과 불복할 법원을 알려준 사실

제9조【불처벌의 결정】 법원은 위반행위가 인정되는 경우에도 감치 또는 과태료에 처함이 상당하지 아니하다고 인정되는 때에는 불처벌의 결정을 할 수 있다.(1988.5.4 본조개정)

제10조【재판의 효력발생 등】 ① 재판은 법정에서 선고함으로써 그 효력이 발생한다. 재판을 선고하는 때에는 위반행위의 요지와 적용법조를 명시하고 위반자가 출석한 경우에는 불복할 기간과 불복할 법원을 알려주어야 한다.
② 위반자가 출석하지 아니한 상태에서 제1항에 의하여 재판을 선고한 때에는 지체없이 제11조에 규정된 재판서 또는 재판의 내용을 기재한 조서의 등본을 위반자에게 송달하여야 한다.
(2002.8.26 본조개정)

제11조【재판서 등】 ① 재판을 한 때에는 그 재판을 한 법관이 재판서를 작성하고 서명날인하여야 한다. 재판서에는 위반자의 성명·주거 기타 위반자 본인의 특정에 필요한 사항과 재판의 주문 및 위반행위의 요지와 적용법조를 기재하여야 한다.
② 재판을 한 법관은 제1항의 규정에도 불구하고 재판의 내용을 제8조의 조서에 기재하게 하여 재판서의 작성에 갈음할 수 있다.

제3장 불 복

제12조【항고】 ① 재판을 받은 위반자는 감치 또는 과태료의 양정이 과중하다고 인정할 사유가 있거나, 재판에 영향을 미친 법령에 위반이 있음을 이유로 하여 항고법원에 항고할 수 있다.
② 법 제3조제2항 단서에 해당하는 지원의 단독판사가 한 재판에 대한 항고는 지방법원 본원합의부에서 심판한다.
③ 항고는 재판의 선고일부터 3일이내에 하여야 한다. 다만, 위반자가 출석하지 아니한 때에는 제10조제2항의 규정에 따라 재판서 또는 조서의 등본이 위반자에게 송달된 날부터 항고 제기기간을 기산한다.(2002.8.26 본항개정)
④ 항고를 함에는 이유를 기재한 항고장을 재판법원에 제출하여야 한다.
(1994.11.28 본조개정)

제13조【항고에 대한 재판법원의 처리】 재판법원은 항고가 이유있다고 인정한 때에는 결정으로 원재판을 취소하고 다시 재판하여야 하고, 그렇지 않을 때에는 즉시 의견서를 첨부하여 사건기록을 항고법원에 송부하여야 한다.
(1994.11.28 본조개정)

제14조【항고와 집행정지】 항고는 재판의 집행을 정지하는 효력이 없다. 다만, 재판법원 또는 항고법원은 항고에 대한 결정이 있을 때까지 결정으로 주거제한 기타 적당한 조건을 붙여 재판의 집행을 정지할 수 있다.
(1994.11.28 본조개정)

제15조【항고법원의 처리】 항고법원은 항고의 절차가 이 규칙에 위반된 때 또는 항고가 이유없는 때에는 결정으로 항고를 기각하여야 하고 항고가 이유있는 때에는 결정으로 원재판을 취소하고 다시 재판하여야 한다.
(1988.5.4 본조개정)

제15조의2【불이익변경의 금지】 제13조 및 제15조의 규정에 의하여 원재판을 취소하고 다시 재판하는 경우에는 원재판보다 중한 재판을 하지 못한다.(1994.11.28 본조개정)

제16조【결정의 고지】 제13조 내지 제15조의 규정에 의한 결정은 송달 기타 상당하다고 인정되는 방법에 의하여 고지함으로써 그 효력이 발생한다.

제17조【변호인】 항고인은 변호사를 변호인으로 선임할 수 있다.(1994.11.28 본조개정)

제18조【피구금자의 항고】 재판을 받은 자가 경찰서유치장, 교도소 또는 구치소등 시설에 구금 또는 감치되어 있는 경우 항고의 제기기간내에 항고장을 그 시설의 장 또는 그 직무를 대리하는 자에게 제출한 때에는 그 제기기간내에 항고를 한 것으로 본다.(1994.11.28 본조개정)

제19조【항고권의 회복청구】 ① 재판을 받은 자는 자기가 책임질 수 없는 사유로 적법한 제기기간내에 항고를 하지 못한 때에는 재판법원에 항고권의 회복청구를 할 수 있다.(1994.11.28 본항개정)
② 제1항의 회복청구는 그 사유가 종료한 날로부터 3일내에 항고와 함께 하여야 한다.(1994.11.28 본항개정)
③ 제18조의 규정은 제1항의 회복청구에 관하여 이를 준용한다.

제20조【특별항고】 ① 항고법원의 결정이나 고등법원, 특허법원 또는 항소법원의 재판에 대하여는 그 결정 또는 재판의 고지일로부터 3일이내에 재판 또는 결정에 영향을 미친 다음 각호의 1에 해당하는 사유 있음을 이유로 하는 때에 한하여 대법원에 특별항고를 할 수 있다.
(1998.3.5 본문개정)
1. 헌법에 위반하거나 헌법의 해석이 부당한 때
2. 법률, 명령, 규칙 또는 처분에 대한 해석이 대법원 판례와 상반된 때
② 항고에 관한 규정은 그 성질에 반하지 않는 범위안에서 특별항고에 관하여 이를 준용한다.

제4장 집 행

제21조【감치에 처하는 재판의 집행】 ① 감치에 처하는 재판은 그 재판을 한 법원의 재판장의 명령으로 집행한다. 제13조 및 제15조의 규정에 의하여 원재판을 취소하고 다시 감치에 처하는 재판을 한 경우에도 또한 같다.
(1994.11.28 본항개정)
② 제1항의 집행명령은 재판서 또는 재판의 내용을 기재한 조서의 등본이나 초본을 첨부한 서면으로 한다. 다만, 급속을 요하거나 기타 부득이한 사정이 있는 때에는 이를 첨부하지 아니하고 집행명령을 할 수 있고, 이 경우에는 재판을 선고한 날로부터 2일이내에 감치시설의 장에게 재판서 또는 재판의 내용을 기재한 조서의 등본이나 초본을 교부하여야 한다.(2002.8.26 단서개정)
③ 위반자가 법 제61조제2항의 규정에 의하여 구속되지 아니한 경우 감치에 처하는 재판의 집행을 위하여 필요한 때에는 재판장은 집행장을 발부하여 법원직원, 교도관 또는 경찰관으로 하여금 위반자를 구인하게 할 수 있다.
(1988.5.4 본항개정)
④ 제3항의 집행장에는 재판을 받은 위반자의 성명, 주거 기타 위반자 본인의 특정에 필요한 사항과 감치의 기간 기타 감치의 집행에 필요한 사항을 기재하고 재판장이 서명날인하여야 한다.
⑤ 감치에 처하는 재판은 그 선고일로부터 3월이 경과된 후에는 이를 집행할 수 없다.(2002.8.26 본항개정)
⑥ 감치에 처하는 재판을 받은 위반자가 그 집행에 의하여 현저히 건강을 해할 우려가 있거나 기타 상당한 사유가 있는 때에는 법원은 직권 또는 위반자의 신청에 의하여 결정으로 주거제한 기타 적당한 조건을 붙여 그 집행을 정지할 수 있다.

제22조【감치의 기간의 계산】 ① 감치의 기간은 감치에 처하는 재판의 선고일로부터 기산한다. 다만, 재판의 선고후에 있어서도 법 및 이 규칙에 의하여 구금되지 아니한 일수는 감치의 기간에 산입하지 아니한다.(2002.8.26 본항개정)
② 감치의 기간에 관하여는 초일은 그 시간에 불구하고 이를 1일로 계산한다.
③ 제13조 및 제15조의 규정에 의하여 원재판을 취소하고 다시 감치에 처하는 재판을 한 경우에 이를 집행함에 있어서는 그 감치기간에 원재판의 집행에 의하여 구금된 기간을 산입한다.(1994.11.28 본항개정)

제23조【감치의 집행방법】 ① 재판장의 명을 받은 법원직원, 교도관 또는 경찰관은 감치에 처하는 재판을 받은 위반자를 감치시설에 구인하고 그 시설의 장에게 제21조제2항의 규정에 의한 집행명령서를 교부하여야 한다.
② 재판장은 감치에 처하는 재판을 받은 위반자를 즉시 감치시설에 구인하기 어려운 사유가 있다고 인정하는 때에는 가까운 경찰서유치장등을 지정하여 위반자를 일시 유치할 것을 명할 수 있다. 다만, 그 기간은 24시간을 초과하지 못한다.
③ 제2항의 명령을 하는 경우에는 제21조제2항의 규정에 의한 집행명령서에 그 취지를 부기하여야 한다.
④ 제2항의 명령에 의하여 위반자를 일시 유치한 시설의 장은 그 유치를 종료한 때에는 제21조제2항의 규정에 의한 집행명령서에 그 취지를 부기하여야 한다.
⑤ 제2항의 규정에 의한 사유가 해소된 때에는 제1항의 규정에 의한 법원직원, 교도관 또는 경찰관은 지체없이 위반자를 감치시설에 구인하여야 한다.
⑥ 제2항의 유치기간은 제22조제1항의 규정에 의한 감치의 기간에 산입한다.

⑦ 감치시설의 장은 감치에 처하는 재판을 받은 위반자를 유치한 때 및 집행을 종료한 때에는 수용통보서 및 석방통지서에 의하여 지체없이 법원에 그 사실을 통보하여야 한다. 이 경우 감치에 처하는 재판을 받은 위반자가 제2항의 명령에 의하여 일시 유치된 사실이 있는 때에는 수용통보서에 제4항의 규정에 의하여 집행명령서에 부기된 내용을 기재하여야 한다.
⑧ 감치의 집행을 한 때에는 재판장은 감치에 처하는 재판을 받은 위반자의 법정대리인, 배우자, 직계친족, 형제자매 또는 호주 중 그가 지정하는 자에게 감치의 집행을 한 날로부터 3일이내에 감치집행의 일시·장소·감치결정의 이유와 보조인 또는 변호인을 선임할 수 있는 취지를 서면으로 통지하여야 한다.(2002.8.26 본항개정)
⑨ 감치에 처하는 재판을 받은 위반자를 감치시설에 유치함에 있어서는 행형법중 미결수용자에 대한 수용절차에 의한다.
(1988.5.4 본조개정)

제24조【과태료에 처하는 재판의 집행】 과태료에 처하는 재판은 비송사건절차법 제249조에 규정된 절차에 의하여 집행한다.(2002.8.26 본조개정)

제5장 잡 칙

제25조【사건기록 등】 ① 재판사건의 기록은 별책으로 한다.
② 법원이 위반자를 재판한 때에는 참여한 법원사무관등은 지체없이 감치·과태료 재판사건부에 사건을 등재하여야 한다.
③ 구속영장 또는 감호영장에 의하여 구속되어 있는 위반자에 대하여 감치의 재판을 한 때에는 그 재판서 또는 그 재판의 내용을 기재한 조서와 제23조제7항의 규정에 의한 각 통보서의 등본을 그 구속이 행하여진 사건이 계속중인 법원 또는 그 사건을 수사하는 검찰청, 고위공직자범죄수사처(이하 "수사처"라고 한다)나 경찰서등에 송부하여야 한다.(2021.1.29 본항개정)
④ 제3항의 서류를 송부받은 법원 또는 검찰청, 수사처나 경찰서등은 이를 그 사건기록의 구속관계서류에 연속하여 편철하여야 한다.(2021.1.29 본항개정)
⑤ 재판절차에 필요한 문서의 양식 기타 사항은 대법원예규로 정한다.

제26조【항고사건 등의 접수와 사무분담】 항고사건 및 특별항고사건의 접수와 사무분담은 각 형사항고사건 및 형사재항고사건에 준한다. 다만, 서울가정법원에서의 항고사건의 접수와 사무분담은 호적 과태료의 재판에 대한 즉시항고사건에 준한다.(1994.11.28 본조개정)

제27조 (1993.12.28 삭제)

부 칙 (2002.8.26)

제1조【시행일】 이 규칙은 2002년 9월 1일부터 시행한다.

제2조【경과조치】 이 규칙은 이 규칙 시행 당시 법원에 계속중인 사건에도 적용한다.

부 칙 (2021.1.29)

이 규칙은 공포한 날부터 시행한다.

집행관법

(1995년 12월 6일 전개법률 제5002호)

개정
2001.12.19법 6524호
2002. 1.26법 6627호(민사집행법)
2010. 3.31법10205호
2020.10.20법17508호

제1조【목적】 이 법은「법원조직법」제55조에 따른 집행관에 관한 사항을 규정함을 목적으로 한다.
(2010.3.31 본조개정)

제2조【직무】 집행관은 지방법원에 소속되어 법률에서 정하는 바에 따라 재판의 집행, 서류의 송달, 그 밖에 법령에 따른 사무에 종사한다.(2010.3.31 본조개정)

제3조【임명】 집행관은 10년 이상 법원주사보, 등기주사보, 검찰주사보 또는 마약수사주사보 이상의 직급으로 근무하였던 사람 중에서 지방법원장이 임명한다.
(2010.3.31 본조개정)

제4조【정원 등】 ① 집행관의 정원은 대법원규칙으로 정한다.
② 집행관의 임기는 4년으로 하며, 연임할 수 없다.
③ 집행관의 정년은 61세로 하되, 그 정년이 되는 날이 1월에서 6월 사이에 있으면 6월 30일에 퇴직하고, 7월에서 12월 사이에 있으면 12월 31일에 퇴직한다.
(2010.3.31 본조개정)

제5조【위임 사무】 집행관은 당사자의 위임을 받아 다음 각 호의 사무를 처리한다.
1. 고지 및 최고(催告)
2. 동산(動産)의 경매
3. 거절증서의 작성
(2010.3.31 본조개정)

제6조【의무적 사무】 집행관은 법령에 따른 직무 외에 법원 및 검사의 명령에 따라 다음 각 호의 사무를 처리할 의무를 진다.
1. 서류와 물품의 송달
2. 벌금, 과료, 과태료, 추징 또는 공소에 관한 소송비용의 재판의 집행 및 몰수물의 매각
3. 영장의 집행
4. 그 밖에 직무상 하여야 할 사무
(2010.3.31 본조개정)

제7조【감독기관】 ① 집행관은 소속 지방법원장이 감독한다.
② 지방법원 지원(支院)의 관할구역에 있는 집행관에 대하여는 지원장이 지방법원장의 명을 받아 감독한다.
③ 지방법원장은 소속 판사 중에서 집행관의 감독에 관한 사무를 직접 담당할 1명 또는 여러 명의 감독관을 지정하여야 하고, 소속 직원 중에서 감독관을 보좌할 사람을 지정할 수 있다.
④ 감독관은 수시로 집행관의 직무 집행을 감사하여야 하며, 그 감사를 위하여 다음 각 호의 행위를 할 수 있다.
1. 집행관의 기록·장부 또는 그가 보관하는 금품에 대하여 조사하거나 그 조사를 위하여 이를 제출하게 하는 행위
2. 집행관이 직무를 집행하는 현장에 가서 그 직무 집행을 감찰하는 행위
3. 일정한 사항을 지정하여 집행관으로 하여금 보고하게 하는 행위
(2010.3.31 본조개정)

제8조【사무소】 ① 집행관은 소속 지방법원의 관할구역에서 지방법원장 또는 지원장이 지정한 곳에 사무소를 설치하여야 한다.
② 집행관 사무소에는 대표집행관을 두어야 한다.
③ 제2항의 대표집행관은 집행관 사무소에 소속된 집행관을 대표하며 집행관 사무소의 운영에 관한 업무를 총괄한다.
④ 집행관 사무소에는 사무원을 둘 수 있다.
⑤ 제4항에 따른 사무원의 수, 자격기준 및 수행업무 등에 관한 사항은 대법원규칙으로 정한다.
(2010.3.31 본조개정)

판례 집행관 사무원에 의한 송달업무처리의 적법 여부 : 집행관은 직접 그 송달업무를 처리하여야 하되, 다만 그에 부수한 업무에 관하여 사무원의 보조를 받을 수 있을 뿐, 이러한 사무원에 대하여 보조업무의 일환이란 명목으로 직접 송달업무를 처리하게 할 수는 없다.(의정부지판 2004.12.29, 2003준재가단34)

제9조【장부의 비치】 ① 집행관 사무소에는 다음 각 호의 장부를 갖추어 두어야 한다.
1. 압류직무부(押留職務簿)
2. 가압류직무부
3. 징수명령부
4. 부동산 임대차 조사부
5. 송달부
6. 집행관 수수료 등 수납부
7. 회계에 관한 장부
② 제1항의 장부는 연도별로 구분하여야 한다.
(2010.3.31 본조개정)

제10조【수수료 등의 게시】 집행관 사무소에는 집행관의 수수료·여비·숙박료의 금액표를 누구든지 잘 볼 수 있도록 게시하여야 한다.(2010.3.31 본조개정)

제11조【출장소의 설치와 직무 대행】 ① 지방법원장은 지방법원의 지원 소재지에 집행관이 없는 경우에는 관할구역의 집행관에게 지원 소재지에 출장소를 설치하도록 명하거나 지방법원 및 지원의 법원서기관, 법원사무관, 등기사무관, 법원주사, 등기주사, 법원주사보 또는 등기주사보로 하여금 집행관의 직무를 대행하게 할 수 있다.
② 지방법원장은 제1항의 법원서기관, 법원사무관, 등기사무관, 법원주사, 등기주사, 법원주사보 또는 등기주사보로 하여금 집행관의 직무를 대행하게 하는 경우에는 대행할 사람을 미리 지정하여야 한다.
(2010.3.31 본조개정)

제12조【주거】 집행관은 소속 지방법원 관할구역에 주거(住居)를 정하여야 한다.(2010.3.31 본조개정)

제13조【제척】 집행관은 다음 각 호에 해당하는 경우에는 그 직무를 수행할 수 없다.
1. 자기 또는 배우자나 자기 또는 배우자의 4촌 이내 혈족 또는 인척이 당사자 또는 피해자이거나 당사자 또는 피해자와 공동권리자·공동의무자 또는 상환의무자의 관계가 있는 경우
2. 자기 또는 배우자나 자기 또는 배우자의 4촌 이내 혈족 또는 인척이 당사자, 피해자 또는 그 배우자의 친족인 경우. 인척의 경우에는 혼인이 해소되었을 때에도 또한 같다.
3. 자기가 동일한 사건에 관하여 증인 또는 감정인이 되어 신문(訊問)을 받았던 경우 또는 법률상 대리인이 될 권리가 있거나 있었던 경우
(2010.3.31 본조개정)

제14조【직무 거절 금지】 집행관은 그 직무에 관한 명령 또는 위임을 정당한 이유 없이 거절할 수 없다.
(2010.3.31 본조개정)

제15조【경매물건 등의 매수 금지】 ① 집행관이나 그 친족은 그 집행관 또는 다른 집행관이 경매하거나 매각(賣却)하는 물건을 매수(買受)하지 못한다.
②「민사집행법」제200조에 따른 감정인이나 그 친족의 경우에도 제1항과 같다.
(2010.3.31 본조개정)

제16조【직무 수행 불가능 통지】 ① 집행관이 정당한 이유로 그 직무를 수행할 수 없을 때에는 명령을 한 법원 및 검사나 위임을 한 본인에게 지체 없이 그 뜻을 알려야 한다.
② 집행관은 위임을 한 본인에게 알릴 수 없을 때 또는 긴급한 처분이 필요할 때에는 그 뜻을 지방법원장 또는 지원장에게 신고하여야 한다.
③ 제2항의 신고를 받은 지방법원장 또는 지원장은 그 직무의 집행을 다른 집행관이나 제11조제2항의 법원서기관, 법원사무관, 등기사무관, 법원주사, 등기주사, 법원주사보 또는 등기주사보에게 명하여야 한다.
(2010.3.31 본조개정)

제17조【신분증 휴대】 ① 집행관이 그 직무를 집행할 때에는 지방법원장이 발급한 신분증을 지녀야 한다.
② 경찰이「민사집행법」제5조제2항에 따른 원조의 요청을 받으면 이에 응하여야 한다.
(2010.3.31 본조개정)

제18조【집행관의 교육】 집행관은 대법원규칙으로 정하는 바에 따라 직무 수행에 필요한 교육을 받아야 한다.
(2010.3.31 본조개정)

제19조【수수료 또는 체당금】 ① 집행관이 위임을 받은 직무를 수행하는 경우에는 체당금을 변제(辨濟)받고 대법원규칙으로 정하는 바에 따라 수수료를 받는다.
② 집행관은 정하여진 수수료를 초과하여 징수하거나 특별한 보수를 받지 못한다.
③ 법원서기관, 법원사무관, 등기사무관, 법원주사, 등기주사, 법원주사보 또는 등기주사보가 집행관의 직무를 수행한 경우의 수수료는 국고수입으로 한다.
(2010.3.31 본조개정)

제20조【수수료를 받지 아니하는 사무】 집행관이 제6조 각 호에 따른 직무를 수행할 때에는 체당금 외에 수수료를 받지 못한다. 다만, 제6조제2호에 따른 직무에 관하여는 제19조에 따른다.(2010.3.31 본조개정)

제21조【정직명령】 지방법원장은 집행관이 형사사건으로 공소가 제기되거나 신체상·정신상 장애 등의 사유로 직무를 감당하지 못할 때에는 정직(停職)을 명할 수 있다.
(2010.3.31 본조개정)

제22조【사망 등의 경우의 처분】 지방법원장 또는 지원장은 집행관이 사망·정직·면직 또는 구금(拘禁)되었을 때에는 다음 각 호의 처분을 하여야 한다.
1. 직인, 장부, 그 밖에 직무에 관한 서류의 제출명령
2. 집행관이 직무상 보관한 물품 및 서류의 보전(保全)에 필요한 명령
(2010.3.31 본조개정)

제23조【징계처분】 ① 집행관이 다음 각 호의 어느 하나에 해당할 때에는 소속 지방법원장은 제24조에 따른 집행관징계위원회에 징계 의결을 요구하고 집행관징계위원회의 의결에 따라 징계처분을 하여야 한다.

1. 이 법과 이 법에 따른 명령이나 규칙을 위반하였을 때
2. 직무상의 의무를 위반하거나 직무를 게을리하였을 때
3. 직무 관련 여부와 상관없이 공직상의 체면 또는 위신을 손상시키는 행위를 하였을 때
4. 업무 집행과 관련하여 사무원에 대한 감독상의 과실이 있을 때
5. 정당한 이유 없이 제18조에 따른 교육을 받지 아니하였을 때

② 징계는 견책(譴責), 200만원 이하의 과태료, 1개월 이상 1년 이하의 정직 및 면직으로 구분한다.
(2010.3.31 본조개정)

제24조【징계위원회의 설치】 집행관의 징계처분을 의결하기 위하여 소속 지방법원에 집행관징계위원회를 둔다.(2010.3.31 본조개정)

제25조【징계 사유의 시효】 제23조제1항에 따른 징계 의결의 요구는 징계 사유가 발생한 날부터 2년이 지나면 하지 못한다.(2010.3.31 본조개정)

제26조【벌칙】 ① 제15조를 위반한 사람은 5년 이하의 징역 또는 5천만원 이하의 벌금에 처한다.
② 제19조제2항을 위반한 사람은 3년 이하의 징역 또는 3천만원 이하의 벌금에 처한다.
(2020.10.20 본조개정)

제27조【시행규칙】 이 법 시행에 필요한 사항은 대법원규칙으로 정한다.(2010.3.31 본조개정)

부 칙

제1조【시행일】 이 법은 공포한 날부터 시행한다.

제2조【경과조치】 이 법 시행당시 종전의 규정에 의한 집달관은 이 법에 의한 집행관으로 본다. 다만, 그 임기는 제4조제2항의 규정에 불구하고 종전의 규정에 의한다.

제3조【다른 법률의 개정】 ①~② ※(해당 법령에 가제정리 하였음)

제4조【다른 법령과의 관계】 ① 이 법 시행당시 다른 법령에 규정된 집달관은 이 법에 의한 집행관으로 본다.
② 이 법 시행당시 다른 법령에서 종전의 집달관법 또는 그 규정을 인용한 경우 이 법이 해당되거나 이 법중에 그에 해당하는 규정이 있을 때에는 종전의 규정에 갈음하여 이 법 또는 이 법의 해당 조항을 인용한 것으로 본다.

부 칙 (2020.10.20)

이 법은 공포 후 6개월이 경과한 날부터 시행한다.

집행관규칙

(1995년 12월 26일 전개대법원규칙 제1402호)

개정
1996. 6.17대법원규칙1430호 1996.12.11대법원규칙1443호
1998. 2.23대법원규칙1524호 1998. 9. 2대법원규칙1564호
1999.11. 9대법원규칙1613호 2000. 9.19대법원규칙1667호
2001.11.22대법원규칙1722호 2002. 2. 5대법원규칙1742호
2002.12.31대법원규칙1809호 2003.11. 5대법원규칙1852호
2004. 1.28대법원규칙1867호 2005.12. 7대법원규칙1966호
2006. 5. 9대법원규칙2019호 2007. 2.15대법원규칙2068호
2009. 2. 9대법원규칙2214호 2010. 7.30대법원규칙2298호
2010.10. 4대법원규칙2305호 2011. 2.22대법원규칙2325호
2012.10. 4대법원규칙2427호 2013.10.11대법원규칙2490호
2014.10. 2대법원규칙2561호 2017. 2.23대법원규칙2727호
2019. 1. 9대법원규칙2822호 2021.12.31대법원규칙3019호

제1조【목적】 이 규칙은 「집행관법」(이하 "법"이라 한다)에서 위임된 사항과 그 시행에 관하여 필요한 사항을 규정함을 목적으로 한다.(2005.12.7 본조개정)

제2조【정원 등】 ① 지방법원장은 별표 집행관인원표의 인원범위내에서 집행관을 임명한다. 다만, 집행사무의 적정한 처리를 위한 특별한 사정이 있는 경우에는 대법원장의 허가를 받아 지방법원 본원 또는 지원별로 집행관 1인을 추가하여 임명할 수 있다.
② 지방법원장은 집행사무의 효율적 처리를 위해 제1항에 따른 임명 인원의 일부를 집행관의 직무 중 일정 분야를 주된 업무로 하여 처리하는 집행관으로 임명할 수 있다.
(2019.1.9 본항신설)
③ 지방법원장은 필요한 때에는 집행관을 전보할 수 있다.
④ 지방법원장이 집행관을 임명한 때에는 인사발령문과 이력서를 첨부하여 대법원장에게 보고하여야 하며, 집행관의 전보, 겸임, 퇴직, 파견근무 및 집행관직무대행자를 지정한 때에도 이를 대법원장에게 보고하여야 한다.
⑤ 지방법원장은 제2항에 따라 집행관을 임명하려는 경우에는 집행관 임명희망자의 상급 또는 상위 공무원, 동료, 하급 또는 하위 공무원, 업무 관련 민원인 등에 의한 평가를 실시하여 그 결과를 반영할 수 있다.(2019.1.9 본항신설)
⑥ 지방법원장이 제1항 및 제2항의 규정에 따라 집행관을 임명하는 경우에는 그 지방법원에 설치된 집행관자격심사위원회의 심의를 거쳐야 한다.(2019.1.9 본항개정)
(2003.11.5 본조개정)

제2조의2【적용범위】 집행관업무 등의 처리에 관하여는 다른 법령에 특별한 규정이 있는 경우를 제외하고는 이 규칙이 정하는 바에 의하되, 그 성질에 반하지 아니하는 범위 내에서 「법원사무관리규칙」의 규정을 준용한다.
(2005.12.7 본조개정)

제3조【복무 등】 ① 집행관의 근무시간, 휴가등 복무에 관한 사항은 성질에 반하지 아니하는 한 법원공무원에 준한다.
② 제1항의 경우에 준용할 「법원공무원규칙」 중 소속기관의 장은 대표집행관으로 본다.(2005.12.7 본항개정)

제4조【직무집행관할】 ① 집행관은 다른 법령에 정하여져 있는 경우를 제외하고는 소속법원의 관할구역내에서만 직무를 행할 수 있다. 지원의 관할구역외에서는 그 직무를 행할 수 없다. 그러나 집행개시후 법원의 관할구역이 변경된 경우에는 종전 법원소속 집행관이 집행을 속행한다.
② 강제집행을 위임받은 집행관은 동시에 집행할 수개의 물건이 동일 지방법원 관할구역내인 본원과 지원 상호간의 관할에 산재해 있는 경우에는 소속지방법원장의 허가를 얻어 이를 집행할 수 있다.
③ 지방법원장은 집행관의 업무량 조정 등 필요한 경우에는 정원에 불구하고 소속집행관을 관내의 다른 관할구역의 집행관과 겸임하게 하거나, 관내의 다른 관할구역에 일정기간 파견근무하게 할 수 있다.(2002.2.5 본항개정)

제5조【보증금의 납부 등】 ① 집행관은 「법원조직법」 제55조제3항의 규정에 의한 보증금으로 5,000만원을 소속법원에 납부하여야 한다. 다만, 위 보증금은 은행법에 의한 금융기관이나 보험회사와 지급보증위탁계약을 체결한 문서의 제출로 이를 갈음할 수 있다.(2005.12.7 본문개정)
② 제1항의 보증금은 퇴직후에도 2년간 거치하여야 한다.

제6조【업무감사】 ① 집행관 감독관은 소속집행관에 대하여 매년 1회이상 집행관의 업무집행상황을 감사하여야 하며 필요하다고 인정할 때에는 수시감사를 실시한다.
② 집행관 감독관은 업무감사 결과를 지체없이 소속지방법원장에게 보고하여야 한다.
③ 지방법원장은 업무감사 결과 위반사항이 있는 집행관에 대하여는 해당법규에 의하여 상당한 처분을 하여야 한다.
④ 지방법원장은 위 각 항에 의한 업무감사 결과를 지체없이 대법원장에게 보고하여야 한다.

제7조【미제사건의 보고】 집행관은 사건을 수임한 후 3월이상된 미제사건(현황조사는 1월이상된 사건)이 있을 때에는 그 다음달 10일까지 소속지방법원장에게 그 사유를 보고하여야 한다.

제8조【피고소, 고발의 보고의무】 ① 집행관은 직무상의 사항에 관하여 고소 또는 고발을 당하였을 때에는 지체없이 그 사유를 소속지방법원장에게 보고하여야 한다.
② 집행관이 피의자로서 신문을 받거나 또는 직무집행으로 인하여 민사소송을 제기받았을 때에도 제1항과 같다.
(2001.11.22 본항개정)
③ 제1항 또는 제2항의 규정에 의하여 보고한 사건이 종결된 때에는 집행관은 지체없이 그 결과를 소속 지방법원장에게 보고하여야 한다.(2001.11.22 본항신설)

제9조【정직자 등의 보고】 지방법원장은 법 제21조에 의하여 집행관의 정직을 명하였거나 법 제23조에 의하여 징계처분을 하였을 때에는 지체없이 그 사유를 대법원장에게 보고하여야 한다.

제10조【징계위원회】 ① 집행관징계위원회는 위원장 1인과 위원 4인으로 구성한다.
② 집행관징계위원회의 위원장과 위원은 소속지방법원의 법관과 4급이상 직원중에서 지방법원장이 임명한다.
③ 집행관징계위원회에는 서기 1인을 두고 서기는 소속지방법원의 5급이상 직원중에서 지방법원장이 임명한다.
④ 서기는 위원장의 명을 받아 징계에 관한 기록 기타 서류의 작성 보관에 관한 사무에 종사한다.
⑤ 징계절차에 관하여는 「법원공무원규칙」 제96조 내지 제108조의 규정을 준용한다.(2009.2.9 본항개정)

제11조【서면경고 · 주의촉구】 ① 지방법원장은 집행관이 직무상 과오를 범하거나 품위를 손상하는 행위를 한 경우에 그 사안이 경미한 때에는 징계의결을 요구하지 아니하고 당해 집행관에게 서면으로 경고하거나 주의를 촉구할 수 있다.
② 지방법원장이 제1항의 규정에 의한 조치를 한 때에는 그 사실을 당해 집행관에게 통지하여야 한다.

제12조【문서의 양식등】 집행관이 사용하는 장부와 각종문서의 양식, 비치 및 사용등에 관한 사항은 대법원예규로 정한다.

제13조【긴급사건의 처리】 집행관은 사건이 긴급을 요하는 경우에는 집무시간외라 하더라도 명령 또는 위임에 의한 사건을 처리하여야 한다.

제14조【사건처리의 순서】 집행관은 특별한 사정이 없는 한 명령 또는 위임을 받은 순서에 따라 사건을 처리하여야 한다.

제15조【신분증의 제시】 집행관은 직무집행에 있어서 관계인의 요구가 있으면 언제든지 신분증을 제시하여야 한다.

제16조【재위임의 금지】 집행관은 사건의 처리를 다른 집행관에게 위임하지 못한다. 그러나 명령 또는 위임을 한 자의 승낙이 있는 경우에는 그러하지 아니하다.

제17조【직무의 승계조치】 지방법원장 또는 지원장이 법 제22조의 처분을 하는 경우에 필요하다고 인정되는 때에는 법 제16조제3항의 조치를 취할 수 있다.

제18조【금전 기타 귀중품의 보관방법】 집행관이 그 직무상 보관하는 금전 기타 귀중품은 금고 또는 자물쇠 장치가 되어 있는 견고한 용기에 넣어서 보관하여야 한다.

제19조【목적물의 평가】 집행관은 경매할 물건이 고가물이 아닌 경우에도 필요하다고 인정되는 때에는 적당한 감정인에게 그 평가를 하게 할 수 있다.

제20조【사무소의 운영】 ① 집행관은 사무소 운영에 관한 규약을 정하여 소속지방법원장의 허가를 받아야 한다. 규약을 변경할 때에도 같다.
② 집행관은 소속 지방법원장의 허가를 받아 그 지방법원 소속 집행관사무소 간에 집행관합동사무소를 구성할 수 있다.(2001.11.22 본항신설)
③ 제1항의 규약에는 다음 각호의 사항을 두어야 한다.
1. 명칭 및 소재지
2. 구성원에 관한 사항
3. 대표집행관 등 임원에 관한 사항
4. 사무분담에 관한 사항
5. 수입과 분배에 관한 사항
6. 사무원의 정원, 보수, 승급, 전보 및 징계 등에 관한 사항
7. 집행관합동사무소를 구성하고자 하는 경우, 그에 관한 사항
8. 기타 필요한 사항

(2001.11.22 본항개정)
④ 집행관사무소에 집행관이 2인이상 있는 경우 집행관은 손해배상에 대한 상호연대보증서를 작성하여 소속지방법원장에게 제출하여야 한다.

제21조【사무원의 채용 등】 ① 집행관사무소에 집행관의 업무보조를 위하여 사무원(회계를 담당하는 직원을 포함한다)을 둘 수 있다.
② 사무원은 법원 및 검찰청 9급이상의 직에 근무한 자 또는 이와 동등이상의 자격이 있다고 인정되는 자중에서 소속지방법원장의 허가를 받아 대표집행관이 채용한다.
③ 사무원의 총수는 집행관 정원의 2배를 초과하지 못한다. 다만, 사무원의 업무량 과다 기타 특별한 사유로 소속지방법원장의 허가를 받은 경우에는 그러하지 아니하다.
(2001.11.22 본항개정)
④ 집행관합동사무소가 설치된 경우에는 대표집행관은 그 사무소의 규약에 의하여 사무원을 전보할 수 있다.
(2001.11.22 본항신설)
⑤ 사무원은 채용된 후 4년이 경과되거나 60세에 이른 때에는 퇴직하되, 60세에 이른 날이 1월부터 6월 사이에 있으면 6월 30일에, 7월부터 12월 사이에 있으면 12월 31일에 각각 당연히 퇴직된다. 다만, 4년이 경과되어 퇴직한 경우에는 다시 채용될 수 있다.(2010.7.30 본항개정)

⑥ 지방법원장은 다음 각호의 사유가 있을 때에는 제2항의 채용허가를 취소할 수 있다.
1. 사무원이 부적격하다고 인정되는 경우
2. 대표집행관이 사무원을 면직처분한 경우
⑦ 지방법원에 집행관사무소의 채용허가 및 채용허가취소사유를 심사하기 위하여 집행관사무원자격심사위원회를 둔다.
제22조【사무원의 보수】 ① 사무원은 법원일반직 공무원에 준한 보수를 지급받는다.
② 대표집행관은 매년 1월말까지 소속 사무원의 전년도 보수지급내역을 지방법원장에게 보고하여야 한다.
(2001.11.22 본항신설)
제23조【사무원에 대한 근무평정】 대표집행관은 6월 말일과 12월 말일에 사무원별로 근무평정을 실시하고 그 결과를 지체없이 지방법원장에게 보고하여야 한다.
(2001.11.22 본조개정)
제24조【사무원의 징계 등】 ① 대표집행관은 다음 각호의 1에 해당하는 사무원에 대하여 징계처분을 할 수 있다.
1. 이 규칙에 위반한 때
2. 직무상의 의무에 위반하거나 직무에 태만하였을 때
3. 직무의 내외를 불문하고 체면 또는 위신을 손상하는 행위가 있을 때
4. 정당한 이유없이 제27조제2항 및 제3항의 규정에 의한 교육을 받지 아니한 때(2001.11.22 본호개정)
5. 집행관사무소의 규약에 정한 사유가 있는 때
② 제1항의 징계처분은 견책, 감봉, 정직, 면직으로 하고, 감봉은 본봉의 1/3을 감액하며, 정직은 1월이상 1년이하로 한다.
③ 대표집행관이 제1항의 징계처분을 하였을 때는 지체없이 그 내용 및 결과를 지방법원장에게 보고하여야 한다.
제25조【사무원에의 준용】 제3조, 제8조 및 법 제13조, 법 제15조제1항의 규정은 사무원에게 준용한다.
제26조【기술자 또는 노무자의 사용】 집행관은 직무집행을 위하여 필요한 때에는 기술자 또는 노무자를 보조자로 사용할 수 있다.
제27조【교육】 ① 법 제18조의 규정에 의하여 집행관은 임명예정자로 확정된 날로부터 1년 이내에 법원공무원교육원에서 실시하는 교육을 받아야 한다.(2006.5.9 본항개정)
② 집행관사무원은 채용된 날로부터 1년 이내에 법원공무원교육원에서 실시하는 교육을 받아야 한다. 재채용된 경우에도 이와 같다.(2001.11.22 본항신설)
③ 지방법원장은 소속집행관 및 그 사무원에 대하여 직무수행에 필요한 교육을 실시할 수 있다.
제28조【장부 및 기록의 보존】 ① 집행관사무소에 비치할 장부 및 사건기록의 종류와 보존기간은 다음과 같다.
1. 50년
 가. 부책보존부
 나. 사건기록보존부
2. 20년
 가. 압류직무부
 나. 가압류직무부
 다. 징수명령부
 라. 거절증서등본철
3. 10년
 가.~나. (1999.11.9 삭제)
 다. 금전출납부
4. 5년
 가. 가압류·가처분사건 기록
 나. 통계에 관한 기록
 다. 문서수발부
 라. 집행관수수료등 수납부
 (2002.12.31 본호개정)
5. 3년
 가. 강제집행, 기타 집행사건기록
 나. 기록출입부
 다. 부동산현황조사부
 (2002.12.31 본호개정)
6. 2년
 가. 송달부
 나. 열람 및 등·초본접수장
 다. 잡서철
② 보존기간은 사건 완결 또는 기일을 마친 다음 해부터 기산한다.
③ 특별한 사유에 의하여 보존의 필요가 있는 기록 또는 서류는 보존기간 경과후라 할 지라도 그 사유가 존속하는 한 이를 보존하여야 한다.
제29조【보존부 등록】 ① 사건기록은 직무부의 종류에 따라 구분하여 각 사건마다 사건기록보존부에 등록하여야 한다. 보존부에는 진행번호에 따라 미리 사건번호와 당사자를 기재하고 사건이 완결되는대로 각 해당란에 기재하여야 한다.
② 합철된 관련사건은 보존부의 관련번호란에 그 번호를 기재하고, 가압류, 가처분 사건보존부의 비고란에는 본압류 제 몇 호사건기록에 합철되어 있다는 뜻을 상호 기재하여야 한다.
제30조【가보존】 완결의 시기를 예측하기 어려운 사건기록은 집행위임일로부터 3년이 경과하면 완결기록의 예에 따라 가보존하여야 한다.

제31조【기록등의 폐기】 ① 보존기간이 경과된 기록과 부책은 지방법원장의 허가를 받아 폐기한다.
② 지방법원장은 제1항의 허가를 지원장에게 위임할 수 있다.
제32조【집행기록등의 열람과 등·초본등】 ① 당사자나 이해관계를 소명한 제3자는 집행기록 기타 집행관이 직무상 작성하는 서류의 열람이나 등본·초본의 교부 또는 집행관이 취급한 사무에 관한 증명서의 교부를 청구할 수 있다.
② 제1항의 등·초본 또는 증명서에는 그 취지와 작성연월일을 기재하고 집행관이 기명날인하여야 한다.
제33조【직인의 사용】 집행관이 직무상 작성하여 발행하는 문서와 제증명서에는 직인을 사용한다. 다만, 각종 조서에는 사인을 사용한다.
제34조【경유】 지원 소속 집행관 감독관 또는 집행관이 지방법원장에게 하는 각종보고는 소속 지원장을 경유하여야 한다.

부 칙 (2014.10.2)

이 규칙은 2015년 1월 1일부터 시행한다. 다만, 제2조제1항 별표 집행관 인원표의 개정규정 중 서울남부지방법원 2명, 서울북부지방법원 1명, 의정부지방법원 2명, 같은 법원 고양지원 3명, 인천지방법원 2명, 같은 법원 부천지원 2명, 수원지방법원 2명, 같은 법원 성남지원 1명, 같은 법원 평택지원 1명, 같은 법원 안산지원 2명, 같은 법원 안양지원 1명에 관한 사항은 2015년 7월 1일부터, 서울동부지방법원 1명, 서울북부지방법원 1명, 서울서부지방법원 1명, 의정부지방법원 4명, 같은 법원 고양지원 2명, 인천지방법원 3명, 같은 법원 부천지원 1명, 수원지방법원 3명, 같은 법원 성남지원 1명, 같은 법원 여주지원 2명, 같은 법원 평택지원 1명, 같은 법원 안양지원 1명, 대전지방법원 서산지원 1명에 관한 사항은 2016년 1월 1일부터 시행한다.

부 칙 (2019.1.9)

제1조【시행일】 이 규칙은 2019년 3월 1일부터 시행한다. 다만, 제2조제1항 별표 집행관인원표의 개정규정 중 수원지방법원 여주지원 1명, 대전지방법원 1명, 같은 법원 홍성지원 1명, 같은 법원 천안지원 1명, 청주지방법원 1명, 울산지방법원 1명, 창원지방법원 1명, 같은 법원 통영지원 1명, 광주지방법원 1명, 같은 법원 목포지원 1명, 같은 법원 순천지원 1명, 전주지방법원 군산지원 1명의 증원에 관한 사항 및 대전지방법원 공주지원 1명, 광주지방법원 해남지원 1명의 감원에 관한 사항은 2019년 7월 1일부터, 대전지방법원 1명, 같은 법원 서산지원 1명, 같은 법원 천안지원 1명, 청주지방법원 충주지원 1명, 대구지방법원 김천지원 1명, 창원지방법원 통영지원 1명, 광주지방법원 1명, 같은 법원 순천지원 1명의 증원에 관한 사항은 2020년 1월 1일부터 시행한다.
제2조【경과조치】 이 규칙에 따라 정원이 감축된 지방법원 또는 지원은 감축인원에 해당하는 집행관의 임기가 만료될 때까지 정원을 초과하여 운영할 수 있다.

부 칙 (2021.12.31)

이 규칙은 2022년 3월 1일부터 시행한다.

[별표] ➡「法典 別册」참조

집행관수수료규칙

(1981년 2월 23일 대법원규칙 제751호)

개정
1990. 8.21대법원규칙1126호
1995. 6. 5대법원규칙1368호
1995.12.26대법원규칙1403호
1996.12.11대법원규칙1444호
1999.11. 9대법원규칙1614호
2002.12.31대법원규칙1808호
2006. 3.23대법원규칙2004호
2006. 6.14대법원규칙2029호(민사소송비용규칙)
2007.11.28대법원규칙2123호
2008. 2.18대법원규칙2160호(민집규)
2013.11.27대법원규칙2497호

제1조【목적】 이 규칙은「집행관법」제19조제1항의 규정에 의하여 집행관의 수수료에 관한 사항을 정함을 목적으로 한다.(2006.3.23 본조개정)
제2조【서류송달】 ① 서류의 송달(집행행위에 속한 것은 제외한다) 수수료는 1건에 1,000원으로 한다.(1990.8.21 본항개정)
② 제1항의 사무가 신청에 의하여 휴일 또는 야간에 행하여지는 경우의 수수료는 1건에 1,500원으로 한다.
(1990.8.21 본항개정)
③ 동일사건에 관하여 동일한 일시·장소에서 동일인에게 소송에 관한 서류를 송달하는 경우에는 그 통수에 관계없이 1건으로 한다.
④ (2007.11.28 삭제)
제3조【압류·가압류】 ① 압류 또는 가압류집행의 수수료는 별표1과 같다.(1990.8.21 본항개정)
② 가압류한 물건에 대한 본 압류 수수료는 제1항에 정한 수수료의 반액으로 한다.
③ 집무시간이 3시간을 초과할 때에는 그 초과하는 1시간마다 제1항에 정한 수수료의 10분의 1을 가산하고, 초과시간이 1시간에 미달하여도 1시간으로 산정한다.
④ 집행관이 압류 또는 가압류할 현장에 임하였으나 압류할 물건이 없거나, 압류한 물건을 현금화하더라도 강제집행의 비용을 충당함에 그치는 때의 수수료는 제1항에 정한 수수료의 10분의 3으로 한다.(2002.12.31 본항개정)
제4조【압류의 경합】「민사집행법」제215조제1항의 규정에 의한 사무를 실시하는 경우의 수수료는 제3조제1항에 정한 수수료의 반액으로 한다. 다만, 이미 압류한 물건외의 다른 물건을 추가압류한 경우의 수수료는 제3조제1항에 정한 수수료의 전액으로 한다.(2006.3.23 본문개정)
제4조의2【현금화를 위한 인도】 현금화하기 위하여 유체동산의 인도를 받는 경우의 수수료는 제3조제1항에 정한 수수료의 반액으로 한다. 다만, 인도받은 물건을 즉시 현금화하는 때에는 제16조에 정한 수수료만 받는다.
(2002.12.31 본조개정)
제5조【집행취소 등에 의한 물건의 인도】 ① 압류·가압류한 물건이나 가처분 기타 보전처분에 의하여 보관중인 물건을 집행처분의 취소로 채무자 기타 수취권자에게 인도하는 경우의 수수료는 제3조제1항에 정한 수수료의 반액으로 한다. 다만, 수수료는 4,000원을 초과하지 못한다.
(1990.8.21 본항개정)
② 현금화하기 위하여 인도받은 물건을 현금화절차의 취소에 의하여 소유자 기타 수취권자에게 인도하는 경우의 수수료는 제1항과 같다.(2002.12.31 본항개정)
제6조【압류물 등의 점검】 ① 압류·가압류한 물건과 가처분 기타 보전처분한 물건의 현황을 점검하는 경우의 수수료에 관하여는 제5조의 규정을 준용한다.
② 집행처분의 취소에 의하여 제1항의 물건을 인도하는 경우에 행하는 점검과 현금화를 실시하는 경우에 행하는 점검에 대하여는 수수료를 받지 못한다.(2002.12.31 본항개정)
제7조【임의변제금 등의 수취】 채무자가 임의변제한 금전을 수취하여 이를 채권자에게 교부하는 경우의 수수료는 별표2와 같으며, 금전이외의 물건을 수취하여 교부하는 경우의 수수료는 2,000원으로 한다.(1990.8.21 본조개정)
제7조의2【어음 등의 지급을 위한 제시 등】 ① 어음·수표 기타 금전의 지급을 위한 유가증권에 대하여 인수나 지급을 위한 제시 또는 지급의 청구를 하는 경우의 수수료는 2,000원으로 한다.
② 제1항에 규정된 사무를 행한 경우에 지급이 있은 때에는 그 금액에 따라 제1항의 금액에 제7조의 금액을 가산한다.
(1990.8.21 본조신설)
제8조【배당요구 등】 ① 배당요구등에 관한 사무의 수수료는 1,000원으로 한다.
②「민사집행법」제221조제1항의 규정에 의한 매각대금의 지급사무에 관하여는 제1항을 준용한다.(2006.3.23 본항개정)
(1990.8.21 본조개정)
제9조【거절증서의 작성】 거절증서의 작성에 대한 수수료는 1건에 2,000원으로 한다.(1990.8.21 본조개정)
제10조【집행 이외의 고지·최고】 당사자의 위임에 의하여 고지 또는 최고를 하는 경우의 수수료는 1건에 1,000원으로 한다.(1990.8.21 본조개정)

제10조의2【원조, 참여 등】 ①「민사집행법」이나 동규칙 또는「채무자 회생 및 파산에 관한 법률」에 의하여 원조를 하거나 재산에 봉인을 하는 경우의 수수료는 10,000원으로 한다.(2006.3.23 본항개정)
② 제1항의 봉인을 제거하는 경우의 수수료는 제1항에 정한 수수료의 반액으로 한다.
(1990.8.21 본조신설)
제11조【동산 등의 인도】 ① 특정한 동산이나 대체물의 일정한 수량을 채무자로부터 수취하여 채권자에게 인도할 경우의 수수료는 그 가액이 10만원이하인 때에는 4,000원, 10만원을 초과할 때에는 6,000원으로 한다. 집무시간이 2시간을 초과할 때에는 그 초과하는 1시간마다 1,000원을 가산하고 초과시간이 1시간에 미달하여도 1시간으로 산정한다.(1990.8.21 본항개정)
② 제1항의 경우에 집행관이 현장에 임하였으나, 당해 동산이나 대체물이 없는 때에는 동항에 정한 수수료의 반액으로 한다.(1995.12.26 본항개정)
③「민사집행법」제193조제1항의 규정에 의한 명령에 의하여 압류물을 인도받는 경우의 수수료에 관하여는 제1항, 제2항의 규정을 준용한다.(2006.3.23 본항개정)
제12조【부동산 등의 인도】 ① 부동산 또는 선박에 대하여 채무자의 점유를 해제하고 채권자로 하여금 점유하게 할 경우의 수수료는 15,000원으로 한다. 다만, 집무시간이 2시간을 초과할 때에는 그 초과하는 1시간마다 1,500원을 가산하고, 초과시간이 1시간에 미달하여도 1시간으로 산정한다.(1990.8.21 본항개정)
② 제1항의 경우에 집행관이 현장에 임하였으나 당해 부동산 또는 선박이 없는 때에는 동항에 정한 수수료의 반액으로 한다.(1995.12.26 본항개정)
제13조【대체집행】「민사집행법」제260조제1항의 규정에 의한 결정에 의하여 집행하는 경우의 수수료에 관하여는 제12조의 규정을 준용한다.(2006.3.23 본조개정)
제14조【보전처분】 가처분 기타 보전처분의 집행으로서 제2조 내지 제13조에 규정된 사무에 해당되지 아니하는 경우의 수수료는 5,000원으로 한다.(1990.8.21 본조개정)
제15조【부동산의 현황조사 등】「민사집행법」제81조제4항, 제85조제1항 또는 제111조제3항의 규정에 의한 조사를 하는 경우에는 제3조에 정한 구분에 따라 수수료를 받는다.(2006.3.23 본조개정)
제15조의2【압류부동산의 보전처분】「민사집행법」제83조제3항,「민사집행규칙」제44조제2항의 규정에 의한 명령에 따라 압류부동산을 보관하는 경우의 수수료는 10,000원으로 한다.(2006.3.23 본조개정)
제15조의3【선박 등 국적증서의 수취 등】 ① 선박국적증서 그 밖에 선박운행에 필요한 문서를 수취하거나 인도받는 경우의 수수료는 10,000원으로 한다.(2002.12.31 본항개정)
② 항공기 등록증명서 기타 항공기의 운항에 필요한 서류를 수취하거나 인도받는 경우의 수수료에 관하여는 제1항의 규정을 준용한다.
(1990.8.21 본조신설)
제15조의4【자동차의 인도 등】 ①「민사집행규칙」의 규정에 의하여 자동차, 건설기계 또는 소형선박의 인도를 받는 경우의 수수료는 6,000원으로 한다.
②「민사집행규칙」의 규정에 의하여 자동차, 건설기계 또는 소형선박을 이전하는 경우의 수수료에 관하여는 제1항의 규정을 준용한다.
(2008.2.18 본조개정)
제16조【매각】 ① 매각수수료는 매각금액이 10만원에 달하는 때까지 5,000원으로 한다.
② 제1항의 경우에 매각금액이 10만원을 초과할 때에는 그 초과하는 매 10만원마다 1,000만원까지는 2,000원을, 1,000만원 초과 5,000만원까지는 1,500원을, 5,000만원 초과 1억원까지는 1,000원을, 1억원 초과 3억원까지는 500원을, 3억원 초과 5억원까지는 300원을, 5억원초과 10억원까지는 200원을 각 가산한다. 다만, 초과금액이 10만원에 미달하여도 10만원으로 산정하며, 매각금액이 10억원을 초과할 때에는 10억원으로 본다.
③ 입찰, 호가경매 이외의 다른 적당한 방법으로 매각하는 경우의 수수료에 관하여는 제1항 및 제2항의 규정을 준용한다.
④ 매각수수료는 매각허가결정이 확정된 이후에 지급받을 수 있다. 다만, 매각허가결정이 확정되기 전에 그 결정이 취소되지 아니한 상태에서 매각신청이 취하된 경우에는 그 취하가 있는 때에 지급받을 수 있다.
(2002.12.31 본조개정)
제17조【집행정지·제한 등의 경우】 ① 집행관이 집행에 착수하기전 또는 후에 강제집행이 정지 또는 제한된 때, 위임의 소멸에 의하여 강제집행을 하지 아니하게 된 때 또는 지급 및 인도로 인하여 강제집행의 위임이 종료된 때에는 각 본조에 정한 수수료의 10분의 3으로 한다. 다만, 제16조의 경우에 그 수수료는 1,000원을 초과하지 못한다.(1995.12.26 본항개정)
② 다음 각호의 경우의 수수료도 제1항과 같다.
1. 매각기일에 허가할 매수가격의 신고가 없는 경우 (2002.12.31 본호개정)
2.「민사집행법」제96조의 규정에 의하여 매각취소가 있는 경우(2006.3.23 본호개정)
3.「민사집행법」제123조의 규정에 의하여 매각이 불허된 경우(2006.3.23 본호개정)
4.「민사집행법」제127조제1항의 규정에 의하여 매각이 불허되거나 매각허가결정이 취소된 경우(2006.3.23 본호개정)
5. 항고 또는 재항고로 매각허가결정이 취소된 경우 (2002.12.31 본호개정)
③ 매수인이 대금지급기한에 그 의무를 완전히 이행하지 아니하여 실시하는 재매각의 경우에는 수수료를 받지 못한다.(2002.12.31 본항개정)
제18조【야간·휴일의 집무】 당사자의 신청에 의하여 제3조 내지 제6조·제9조 내지 제14조에 규정된 사무의 집행이 야간 또는 휴일에 행하여진 때에는 각 본조에 정한 수수료의 반액을 가산한다.
제19조【유사집무의 수수료】 이 규칙에 정하지 아니한 집무에 대하여는 그와 유사한 집무에 대하여 정하여진 수수료를 받는다.
제20조【비용】 집행관은 다음 비용의 지급을 받는다. (1995.12.26 본문개정)
1. 서기료
2. 통신료
3. 공고료
4. 감정인 및 참여인의 일당·여비·감정료
5. 기술자 및 노무자의 수당
6.「민사집행법」제211조 또는「민사집행법」제212조제1항의 규정에 의한 행위를 하기 위한 비용(2006.3.23 본호개정)
7. 인신의 인도비용
8. 물건의 운반·보관·감수 및 보존비용
9. 과실 수확의 비용
10. 관청 기타 공공단체로부터 증명을 받은 비용
11. 물건의 현황을 기록하기 위하여 촬영하는 사진의 비용
12. 집행관의 여비 및 숙박료. 다만, 집행관이 소송서류를 송달하는 경우 지급할 여비에 관하여는「민사소송비용규칙」제4조의2의 규정을 준용한다.(2006.6.14 본호개정)
13.「민사소송 등에서의 전자문서 이용 등에 관한 법률」제12조의 전자문서 출력비용. 출력비용은 1장마다 50원으로 한다.(2013.11.27 본호신설)
제21조【감정인의 일당 등】 서기료 및 감정인과 참여인의 일당·여비등에 관하여는「민사소송비용법」을 준용한다.(2006.3.23 본조개정)
제22조【여비의 기준】 집행관의 직무집행을 위한 일당 및 여비는「법원공무원 여비규칙」중 5급공무원과 동액으로 한다.(2006.3.23 본조개정)
제23조【열람 등 수수료】 ① 집행기록 기타 서류의 열람 등에 관한 수수료는 아래와 같다.
1. 열람·복사
1건마다 500원(복사물이 10장을 초과할 경우 초과 1장마다 50원)
2. 등·초본
원본 5장까지 500원, 초과 1장마다 50원
3. 기타의 증명
증명사항 1건마다 500원
② 수수료를 산정할 때 100원 단위 미만 금액은 계산하지 아니하고, 복사가 열람과 동시에 또는 열람 후 즉시 이루어지는 때에는 열람수수료를 별도로 계산하지 아니한다.
(2013.11.27 본항신설)
(2013.11.27 본조개정)
제24조【수수료의 변제기】 집행관은 각개의 사무를 완료하거나 또는 그 사무를 속행할 필요가 없게 된 후가 아니면 그 사무에 대한 수수료를 받을 수 없다. 다만, 이 규칙 또는 다른 법률에 특별한 규정이 있는 경우에는 그러하지 아니하다.(1995.12.26 본조개정)
제25조【비용예납】 ① 집행관은 모든 사무를 담당함에 있어서 수수료 기타 비용의 계산액을 위임자에게 예납시킬 수 있고 예납하지 아니하는 때에는 위임에 응하지 아니할 수 있다. 다만, 강제집행 신청인이 소송구조를 받는 자인 경우에는 그러하지 아니하다.(2002.12.31 단서개정)
② 사무를 개시한 후 예납금이 부족한 때에는 집행관은 추가예납시킬 수 있고 추납하지 아니하는 때에는 사무를 행하지 아니할 수 있다.
(1995.12.26 본조개정)
제25조의2【예납금의 정산】 사무가 종료한 때에는 집행관은 지체없이 예납금의 정산을 하여야 한다. 이때 예납자의 청구가 있는 때에는 정산의 내용을 명시한 서면을 교부하여야 한다.(1995.12.26 본조개정)
제26조【수수료 등의 부기】 집행관은 그 직무집행에 있어서 작성한 서류의 정본 또는 등본에 수수료 및 체당금의 액을 부기하여야 한다.(1995.12.26 본조개정)

부 칙 (2013.11.27)

이 규칙은 2013년 12월 1일부터 시행한다.

〔별표〕➡「法典 別册」참조

법무사법

(1996년 12월 12일 전개법률 제5180호)

개정
1997.12.13법 5453호(행정절차)
2003. 3.12법 6860호
2005. 3.31법 7427호(민법)
2005. 3.31법 7428호(채무자회생파산)
2005. 7.29법 7638호(공인중개사부동산거래신고)
2005.12.29법 7796호(국가공무원)
2006. 3.24법 7895호 2008. 3.21법 8920호
2014.12.30법 12885호 2016. 2. 3법 13953호
2017.10.31법 14967호 2017.12.12법 15151호
2020. 2. 4법 16911호
2020. 6. 9법 17366호(피한정후견인결격조항정비를위한일부개정법률)
2023.12.26법 19841호(주민등록)→2024년 12월 27일 시행이므로「法典 別册」보유편 수록

제1장 총 칙

(2008.3.21 본장개정)

제1조【목적】 이 법은 법무사(法務士) 제도를 확립하여 국민의 법률생활의 편익을 도모하고 사법제도(司法制度)의 건전한 발전에 기여함을 목적으로 한다.
제2조【업무】 ① 법무사의 업무는 다른 사람이 위임한 다음 각 호의 사무로 한다.
1. 법원과 검찰청에 제출하는 서류의 작성
2. 법원과 검찰청의 업무에 관련된 서류의 작성
3. 등기나 그 밖에 등록신청에 필요한 서류의 작성
4. 등기·공탁사건(供託事件) 신청의 대리(代理)
5.「민사집행법」에 따른 경매사건과「국세징수법」이나 그 밖의 법령에 따른 공매사건(公賣事件)에서의 재산취득에 관한 상담, 매수신청 또는 입찰신청의 대리
6.「채무자 회생 및 파산에 관한 법률」에 따른 개인의 파산사건 및 개인회생사건 신청의 대리. 다만, 각종 기일에서의 진술의 대리는 제외한다.(2020.2.4 본호신설)
7. 제1호부터 제3호까지의 규정에 따라 작성된 서류의 제출 대행(代行)
8. 제1호부터 제7호까지의 사무를 처리하기 위하여 필요한 상담·자문 등 부수되는 사무(2020.2.4 본호개정)
② 법무사는 제1항제1호부터 제3호까지의 서류라고 하더라도 다른 법률에 따라 제한되어 있는 것은 작성할 수 없다.
제3조【법무사가 아닌 자에 대한 금지】 ① 법무사가 아닌 자는 제2조에 따른 사무를 업(業)으로 하지 못한다.
② 법무사가 아닌 자는 법무사 또는 이와 비슷한 명칭을 사용하지 못한다.
제4조【자격】 법무사시험에 합격한 자는 법무사의 자격이 있다.
제5조【법무사시험】 ① 법무사시험은 대법원장이 실시한다.
② 법무사시험은 제1차 시험 및 제2차 시험으로 구분하여 실시한다.(2016.2.3 본항개정)
③ 법무사시험의 응시자격, 시험과목, 시험방법, 그 밖에 시험에 관하여 필요한 사항은 대법원규칙으로 정한다.
제5조의2【시험의 일부 면제 등】 ① 법원, 헌법재판소, 검찰청의 법원사무직렬·등기사무직렬·검찰사무직렬 또는 마약수사직렬 공무원으로 10년 이상 근무한 경력이 있는 자에게는 제1차 시험을 면제한다.
② 다음 각 호의 어느 하나에 해당하는 자에게는 제1차 시험의 전과목과 제2차 시험의 과목 중 대법원규칙으로 정하는 일부 과목을 면제한다.
1. 법원, 헌법재판소, 검찰청의 법원사무직렬·등기사무직렬·검찰사무직렬 또는 마약수사직렬 공무원으로 5급 이상의 직에 5년 이상 근무한 경력(해당 분야에서 고위공무원단에 속하는 일반직공무원으로 근무한 경력을 포함한다)이 있는 자
2. 법원, 헌법재판소, 검찰청의 법원사무직렬·등기사무직렬·검찰사무직렬 또는 마약수사직렬 공무원으로 7급 이상의 직에 7년 이상 근무한 경력이 있는 자
③ 제1차 시험에 합격한 자에 대하여는 다음 회의 시험에 한하여 제1차 시험을 면제한다.
제5조의3【법무사자격 심의위원회】 ① 법무사자격의 취득과 관련한 다음 각 호의 사항을 심의하기 위하여 법원행정처에 법무사자격 심의위원회를 둘 수 있다.
1. 법무사시험의 과목과 문제 등 시험에 관한 사항
2. 시험 선발인원의 결정에 관한 사항
3. 시험의 일부 면제 대상자에 관한 사항
4. 그 밖에 법무사자격의 취득과 관련한 중요 사항

② 법무사자격 심의위원회의 구성과 운영 등에 필요한 사항은 대법원규칙으로 정한다.

제6조【결격사유】 다음 각 호의 어느 하나에 해당하는 자는 법무사가 될 수 없다.

1. 피성년후견인 또는 피한정후견인(2014.12.30 본호개정)
2. 파산선고를 받은 자로서 복권(復權)되지 아니한 자
3. 금고 이상의 실형(實刑)을 선고받고 그 집행이 종료(집행이 종료된 것으로 보는 경우를 포함한다)되거나 집행이 면제된 날부터 5년이 경과되지 아니한 자
4. 금고 이상의 형의 집행유예를 선고받고 그 유예기간이 만료된 날부터 2년이 경과되지 아니한 자
5. 금고 이상의 형의 선고유예를 받고 그 유예기간 중에 있는 자
6. 공무원으로서 징계처분에 따라 파면된 후 5년이 경과되지 아니하거나 해임된 후 3년이 경과되지 아니한 자
7. 이 법에 따라 제명(除名)된 후 5년이 경과되지 아니한 자

제2장 법무사의 등록

(2008.3.21 본장개정)

제7조【등록】 법무사자격이 있는 자가 법무사로서 업무를 하려면 대법원규칙으로 정하는 연수교육을 마친 후 대한법무사협회에 등록을 하여야 한다.

제8조【등록신청】 ① 제7조에 따라 등록을 하려는 자는 가입하려는 지방법무사회를 거쳐 대한법무사협회에 등록신청서를 제출하여야 한다.

② 대한법무사협회는 제1항에 따라 등록신청을 받은 때에는 등록신청인이 제9조제1항에 따른 등록 거부사유에 해당하지 아니하면 지체 없이 등록을 한 후 등록신청인에게 등록증을 내주고, 그 사실을 그가 가입하려는 지방법무사회에 알려야 한다.

③ 법무사의 등록신청, 등록사항 및 그 변경절차에 관하여 필요한 사항은 대법원규칙으로 정한다.

제9조【등록 거부】 ① 대한법무사협회는 제8조제1항에 따른 등록신청인이 다음 각 호의 어느 하나에 해당하면 제66조에 따른 등록심사위원회의 심사를 거쳐 등록을 거부할 수 있다. 이 경우 지체 없이 등록 거부 사실 및 그 사유를 등록신청인과 그가 가입하려는 지방법무사회에 알려야 한다.

1. 제4조에 따른 법무사자격이 없는 경우
2. 제6조 각 호의 어느 하나에 따른 결격사유에 해당하는 경우
3. 신체나 정신상의 장애로 법무사의 업무 수행이 현저히 곤란하다고 인정되는 경우
4. 공무원으로 재직 중 직무에 관한 위법행위로 자격정지형, 자격정지형의 선고유예 또는 벌금형을 받았거나 공무원으로 재직 중 징계처분에 따라 강등(降等), 정직(停職) 또는 감봉(減俸)을 받은 사실이 있는 자로서 법무사 업무를 수행하는 것이 현저히 부적당하다고 인정되는 경우(2016.2.3 본호개정)
5. 제4호에 해당하여 등록이 거부된 후 1년이 지나지 아니한 경우

② 대한법무사협회가 제8조제1항에 따른 등록신청을 받은 날부터 3개월이 지날 때까지 등록을 하지 아니하거나 등록을 거부하지 아니하면 3개월이 되는 날의 다음 날에 등록된 것으로 본다.

③ 제1항에 따라 등록이 거부된 자는 그 통지를 받은 날부터 3개월 이내에 등록 거부에 대한 불복의 이유를 소명하여 대법원장에게 이의신청(異議申請)을 할 수 있다.

④ 대법원장은 제3항에 따른 이의신청이 이유 있다고 인정하면 대한법무사협회에 대하여 해당 법무사의 등록을 명하여야 한다.

⑤ 제3항에 따른 이의신청에 필요한 사항은 대법원규칙으로 정한다.

제10조【필요적 등록취소】 대한법무사협회는 법무사가 다음 각 호의 어느 하나에 해당하면 그 등록을 취소하여야 한다. 이 경우 제3호에 해당하여 등록을 취소하려면 미리 제66조에 따른 등록심사위원회의 심사를 거쳐야 한다.

1. 폐업한 경우
2. 사망한 경우
3. 제6조에 따른 결격사유에 해당하는 경우
4. 제12조에 따른 등록취소 명령이 있는 경우

제11조【임의적 등록취소】 대한법무사협회는 법무사가 제9조제1항제3호 또는 제4호에 해당하면 제66조에 따른 등록심사위원회의 심사를 거쳐 그 등록을 취소할 수 있다.

제12조【등록취소 명령】 ① 대법원장은 법무사로 등록된 자가 제9조제1항 각 호의 어느 하나에 해당된다고 인정하면 대한법무사협회에 그 법무사의 등록취소를 명할 수 있다.

② 제1항의 경우 대법원장은 소속 공무원에게 법무사로 등록된 자가 제9조제1항 각 호의 어느 하나에 해당하는지 조사하게 할 수 있다.

제13조【등록취소의 통지 등】 ① 대한법무사협회는 법무사의 등록을 취소한 경우에는 법무사 명부에 그 사유를 적고 해당 법무사와 소속 지방법무사회에 등록이 취소되었음을 알려야 한다.

② 등록취소에 필요한 사항은 대법원규칙으로 정한다.

③ 제1항에 따른 등록취소에 관하여는 등록 거부에 대한 이의신청에 관한 제9조제3항 및 제4항을 준용한다.

제14조【사무소의 설치 등】 ① 법무사가 등록을 한 후 업무를 시작하려면 소속 지방법무사회를 감독하는 지방법원의 관할 구역에 사무소를 설치하여야 한다.

② 법무사가 업무를 시작하면 지체 없이 소속 지방법무사회를 거쳐 대한법무사협회에 신고하여야 한다.

③ 법무사의 사무소는 한 곳으로 한다.

④ 법무사는 그 직무를 조직적이고 전문적으로 행하기 위하여 2명 이상의 법무사로 구성된 합동사무소를 설치할 수 있다. 이 경우 합동사무소를 구성하는 법무사는 같은 지방법무사회에 소속된 자로서 휴업 중이거나 업무정지 중인 자가 아니어야 한다.(2016.2.3 전단개정)

⑤ 제4항에 따른 합동사무소는 소재지를 관할하는 지방법원의 관할 구역에 분사무소(分事務所)를 둘 수 있다.

⑥ 합동사무소의 설치와 운영, 그 밖에 필요한 사항은 대법원규칙으로 정한다.

제15조【사무소의 명칭 등】 ① 법무사는 그 사무소의 종류별로 사무소의 명칭 중에 법무사사무소 또는 법무사합동사무소라는 문자를 사용하고, 법무사합동사무소의 분사무소에는 그 분사무소임을 표시하여야 한다.

② 법무사가 아닌 자는 법무사사무소 또는 이와 비슷한 명칭을 사용하지 못하며, 법무사합동사무소나 그 분사무소가 아니면 법무사합동사무소나 그 분사무소 또는 이와 비슷한 명칭을 사용하지 못한다.

제16조【소속 변경 등록】 ① 법무사가 소속하는 지방법무사회를 변경하려면 새로 가입하려는 지방법무사회를 거쳐 대한법무사협회에 소속변경 등록을 하여야 한다.

② 제1항에 따라 소속이 변경된 법무사는 지체 없이 종전의 소속 지방법무사회에 그 사실을 신고하여야 한다.

제17조【폐업신고】 ① 법무사가 폐업한 경우에는 본인이, 사망한 경우에는 가족이나 동거인 또는 그 사무원이 지체 없이 그 사실을 소속 지방법무사회를 거쳐 대한법무사협회에 신고하여야 한다.

② 제1항에 따른 신고에 필요한 사항은 대법원규칙으로 정한다.

제18조【휴업신고】 ① 법무사가 휴업하려면 소속 지방법무사회를 거쳐 대한법무사협회에 신고하여야 한다. 이 경우 휴업기간은 2년을 초과할 수 없다.

② 제1항에 따라 휴업한 법무사가 2년이 지나도 업무를 재개하지 아니하는 경우에는 폐업한 것으로 본다.

③ 제1항에 따른 휴업신고에 필요한 사항은 대법원규칙으로 정한다.

제3장 법무사의 권리·의무

(2008.3.21 본장개정)

제19조【보수】 ① 법무사는 그 업무에 관하여 위임인으로부터 소정의 보수(報酬)를 받는다.

② 법무사는 그 업무에 관하여 제1항에 따른 보수 외에는 어떠한 명목으로도 위임인으로부터 금품을 받지 못한다.

③ 제1항에 따른 보수의 기준에 관한 사항은 대한법무사협회 회칙(會則)으로 정한다.

제20조【위임에 따를 의무 등】 ① 법무사는 정당한 사유 없이 업무에 관한 위임을 거부할 수 없다.

② 법무사는 당사자 한쪽의 위임을 받아 취급한 사건에 관하여는 상대방을 위하여 서류를 작성하지 못한다. 다만, 당사자 양쪽의 동의가 있는 경우에는 그러하지 아니하다.

제20조의2【출석 의무】 법무사는 제2조제1항제5호에 따른 대리(代理)를 할 때에 경매(競賣) 장소나 공매(公賣) 장소에 직접 출석하여야 한다.

제21조【업무 범위 초과행위 및 등록증 대여의 금지】 ① 법무사는 그 업무 범위를 초과하여 다른 사람의 소송이나 그 밖의 쟁의사건(爭議事件)에 관여하지 못한다.

② 법무사는 등록증을 다른 사람에게 빌려주지 못한다.

제22조【사건부 및 기명날인】 ① 법무사는 사건부(事件簿)를 갖추어 두고, 사건을 위임받으면 사건부에 위임받은 순서에 따라 다음 각 호의 사항을 적어야 한다.

1. 일련번호
2. 위임받은 연월일
3. 사건 명(名)
4. 보수액
5. 위임인의 주소와 성명
6. 그 밖에 필요한 사항

② 법무사는 그 업무에 관하여 위임받아 작성한 서류의 끝부분이나 기재란(記載欄) 밖에 기명날인(記名捺印)하여야 한다.

제23조【사무원】 ① 법무사는 사무원(事務員)을 둘 수 있다.

② 법무사는 다음 각 호의 어느 하나에 해당하는 자를 제1항에 따른 사무원으로 채용할 수 없다.

1. 피성년후견인(2020.6.9 본호개정)
2. 이 법 또는 「형법」 제129조부터 제132조까지, 「특정범죄가중처벌 등에 관한 법률」 제2조와 제3조, 그 밖에 대법원규칙으로 정하는 법률에 따라 유죄판결을 받은 자로서 다음 각 목의 어느 하나에 해당하는 자
   가. 징역 이상의 실형을 선고받고 그 집행이 종료(집행이 종료된 것으로 보는 경우를 포함한다)되거나 그 집행이 면제된 날부터 3년이 경과되지 아니한 자
   나. 징역형의 집행유예를 선고받고 그 유예기간이 만료된 날부터 2년이 경과되지 아니한 자
   다. 징역형의 선고유예를 받고 그 유예기간 중에 있는 자
3. 공무원으로서 징계처분에 따라 파면되거나 해임된 후 3년이 경과되지 아니한 자
4. 다른 법무사사무소의 사무직원인 자
5. 행정사업을 하기 위하여 「행정사법」 제8조에 따라 신고를 한 자
6. 「공인중개사의 업무 및 부동산 거래신고에 관한 법률」 제9조에 따른 중개사무소 개설을 등록한 자

③ 법무사는 그 업무의 적정한 수행을 위하여 제1항에 따른 사무원을 지도하고 감독할 책임이 있다.

④ 제1항에 따른 사무원의 수(數)와 채용, 그 밖에 필요한 사항은 대법원규칙으로 정한다.

⑤ 법무사는 제1항에 따른 사무원이 아닌 자에게 사무를 보조하게 하여서는 아니 된다.

⑥ 지방법무사회의 장은 소속 법무사의 사무원 채용과 관련하여 관할 지방검찰청검사장에게 제2항의 전과(前科) 사실이 있는지 조회를 요청할 수 있다.

⑦ 제6항에 따른 요청을 받은 관할 지방검찰청검사장은 전과사실이 있는지를 조회하여 그 결과를 통보할 수 있다.

제24조【부당한 사건유치의 금지】 법무사는 사건의 알선을 업으로 하는 자를 이용하거나 그 밖의 부당한 방법으로 사건을 유치하는 행위를 하여서는 아니 된다.

제25조【위임인의 확인】 법무사가 사건을 위임받으면 주민등록증·인감증명서 등 법령에 따라 작성된 증명서의 제출이나 제시, 그 밖에 이에 준하는 확실한 방법으로 위임인이 본인이거나 그 대리인임을 확인하여야 하고, 그 확인 방법과 내용 등을 사건부에 적어야 한다.

[판례] 법무사가 사건의 위임을 받은 경우에는 주민등록증·인감증명서 등 법령에 의하여 작성된 증명서의 제출이나 제시 기타 이에 준하는 확실한 방법으로 위임인이 본인 또는 그 대리인임을 확인하여야 하는바, 법무사가 타인의 권리의무에 중대한 영향을 미칠 수 있는 문서를 작성함에 있어 문서명의자 본인의 동의나 승낙이 있었는지에 대한 확인절차를 거치지 아니하거나 명의자 본인의 동의나 승낙이 없음을 알면서도 권한 없이 문서를 작성한 경우에는 사문서위조 및 동행사죄의 고의를 인정할 수 있다.(대판 2008.4.10, 2007도9987)

제26조【손해배상책임】 ① 법무사가 업무를 수행함에 있어서 고의 또는 과실로 위임인에게 재산상의 손해를 끼쳤을 때에는 그 손해를 배상할 책임이 있다.

② 법무사는 제1항에 따른 손해배상책임을 보장하기 위하여 대법원규칙으로 정하는 바에 따라 이행보증보험이나 제67조에 따른 공제(共濟)에 가입하여야 한다.(2016.2.3 본항개정)

③ 법무사는 제2항에 따른 손해배상책임을 보장하기 위한 조치를 이행하지 아니하고 업무를 수행해서는 아니 된다.(2016.2.3 본항신설)

④ 지방법원장은 제3항을 위반하여 업무를 수행한 법무사에 대하여 업무정지를 명할 수 있다.(2016.2.3 본항신설)

⑤ 제4항에 따라 업무정지명령을 받은 법무사는 제2항의 손해배상책임 보장조치를 이행한 경우 지방법원장에게 업무정지명령의 해제를 신청할 수 있다.(2016.2.3 본항신설)

⑥ 제5항에 따른 신청을 받은 지방법원장은 해당 보장조치의 이행이 확인되면 지체 없이 업무정지명령을 해제하여야 한다.(2016.2.3 본항신설)

⑦ 제4항부터 제6항까지에서 규정한 업무정지명령 및 해제에 관한 절차와 그 밖에 필요한 사항은 대법원규칙으로 정한다.(2016.2.3 본항신설)

(2016.2.3 본조제목개정)

제27조【비밀누설 금지】 법무사나 법무사이었던 자는 정당한 사유 없이 업무상 알게 된 비밀을 누설하여서는 아니 된다. 다만, 위임인의 동의가 있거나 법률에 특별한 규정이 있는 경우에는 그러하지 아니하다.

제28조【지방법무사회 가입 의무】 법무사는 그 사무소의 소재지를 관할하는 지방법원의 관할 구역에 설립된 지방법무사회에 가입하여야 한다.

제29조【법무사의 교육】 법무사는 대한법무사협회의 회칙으로 정하는 바에 따라 업무수행에 필요한 교육을 받아야 한다.

제30조【회칙 등의 준수 의무】 법무사는 그 업무를 성실히 수행하여야 하며 그 품위를 유지하고 소속 지방법무사회와 대한법무사협회의 회칙을 지켜야 한다.

제31조【회비 부담의 의무】 법무사는 소속 지방법무사회의 운영에 필요한 회비를 부담할 의무를 진다.

제32조【감독】 ① 법무사는 소속 지방법무사회, 대한법무사협회 및 그 사무소의 소재지를 관할하는 지방법원장의 감독을 받는다.

② 지방법원장은 감독상 필요하다고 인정하면 법무사의 회계에 관한 장부 및 사건부와 그 밖에 필요한 서류를 제출하도록 명하거나 그 소속 공무원에게 검열하게 할 수 있다.

③ 지방법원장은 제2항에 따른 감독에 관한 사무를 지방법원지원장에게 위임할 수 있다.

제4장 법무사법인
(2016.2.3 본장제목개정)

제33조【법무사법인의 설립】 법무사로 등록된 자는 그 업무를 조직적이고 전문적으로 행하고 그 공신력을 높이기 위하여 법무사법인을 설립할 수 있다.
(2016.2.3 본조개정)

제34조【설립 절차】 법무사법인을 설립하려면 구성원이 될 법무사가 정관(定款)을 작성하여 주(主)사무소 소재지의 지방법무사회를 거쳐 대법원장의 인가(認可)를 받아야 한다. 정관을 변경할 때에도 또한 같다.
(2016.2.3 전단개정)

제35조【구성원 등】 ① 법무사법인은 3명 이상의 법무사로 구성하며, 그 중 1명 이상은 제5조의2제2항 각 호의 어느 하나에 해당하거나 7년 이상 법무사 업무에 종사한 자이어야 한다.
② 법무사법인은 구성원이 아닌 소속 법무사를 둘 수 있다.
③ 법무사법인이 구성원이 아닌 소속 법무사를 둔 경우에는 지체 없이 주사무소 소재지의 지방법무사회를 거쳐 지방법원장에게 신고하여야 한다. 그 변경이 있는 경우에도 또한 같다.
④ 법무사법인의 구성원과 구성원이 아닌 소속 법무사는 같은 지방법무사회에 가입한 법무사로서 휴업 중이거나 업무정지 중인 자가 아니어야 한다.
⑤ 법무사법인은 제1항에 따른 구성원의 요건을 충족하지 못하게 된 경우에는 3개월 이내에 구성원을 보충하여야 한다.(2016.2.3 본항신설)
(2016.2.3 본조개정)

제36조【정관의 기재 사항】 법무사법인의 정관에는 다음 각 호의 사항을 적어야 한다.(2016.2.3 본문개정)
1. 목적, 명칭, 주사무소 및 분사무소의 소재지
2. 구성원의 성명, 주민등록번호 및 주소
3. 출자(出資)의 종류 및 그 가액(價額)이나 평가의 기준
4. 구성원 회의에 관한 사항
5. 법인의 대표에 관한 사항
6. 자산과 회계에 관한 사항
7. 존립기간이나 해산사유를 정한 경우에는 그 기간 또는 사유
8. 그 밖에 대법원규칙으로 정하는 사항
(2008.3.21 본조개정)

제37조【명칭 등】 ① 법무사법인은 그 명칭 중에 법무사법인이라는 문자를 사용하여야 한다.
② 법무사법인이 아닌 자는 법무사법인 또는 이와 비슷한 명칭을 사용하지 못한다.
(2016.2.3 본조개정)

제38조【설립등기】 ① 법무사법인의 설립인가가 있는 때에는 2주 이내에 설립등기를 하여야 한다. 등기 사항이 변경된 경우에도 또한 같다.(2016.2.3 전단개정)
② 제1항에 따른 설립등기 사항은 다음 각 호와 같다.
1. 목적, 명칭, 주사무소 및 분사무소의 소재지
2. 구성원의 성명, 주민등록번호 및 주소
3. 구성원의 출자의 종류·가액 및 이행 부분
4. 법인의 대표에 관한 사항 및 법인을 대표할 구성원의 성명과 주소
5. 존립기간이나 해산사유를 정한 경우에는 그 기간 또는 사유
6. 설립인가 연월일
③ 법무사법인은 그 주사무소의 소재지에서 설립등기를 함으로써 성립한다.(2016.2.3 본항개정)
(2008.3.21 본조개정)

제39조【등록】 법무사법인의 대표는 법인의 설립등기를 한 후 지체 없이 주사무소 소재지의 지방법무사회를 거쳐 대한법무사협회에 등록하여야 한다.(2016.2.3 본조개정)

제40조【분사무소】 법무사법인은 주사무소 소재지를 관할하는 지방법원의 관할 구역에 분사무소를 설치할 수 있다. 이 경우 분사무소에는 법무사법인의 분사무소임을 표시하여야 한다.(2016.2.3 본조개정)

제41조【업무집행 방법】 ① 법무사법인은 법인명의로 업무를 하며 구성원 중에서 그 업무를 담당할 법무사를 지정하여야 한다.(2016.2.3 본항개정)
② 제1항에 따른 담당 법무사는 지정된 업무를 할 때에 그 법인을 대표한다.
③ 법무사법인이 그 업무에 관하여 작성하는 서면(書面)에는 법인명의를 표시하고 담당 법무사가 기명날인하여야 한다.(2016.2.3 본항개정)
(2008.3.21 본조개정)

제41조의2【구성원 등의 업무 제한】 ① 법무사법인의 구성원 및 구성원 아닌 소속 법무사는 자기 또는 제3자를 위하여 그 법무사법인의 업무 범위에 속하는 업무를 수행하거나 다른 법무사법인의 구성원 또는 구성원 아닌 소속 법무사가 되어서는 아니 된다.
② 법무사법인의 구성원이었거나 구성원 아닌 소속 법무사이었던 자는 그 법무사법인에 소속되었던 기간 중에 그 법무사법인이 수행하거나 수행을 승낙한 업무에 관하여는 법무사의 업무를 수행할 수 없다. 다만, 법무사법인의 동의를 받은 경우에는 그러하지 아니하다.
(2016.2.3 본조신설)

제42조【구성원의 가입과 탈퇴】 ① 법무사법인에 새로운 구성원이 가입할 때에는 구성원 모두의 동의가 있어야 한다.(2016.2.3 본항개정)
② 구성원은 임의로 탈퇴할 수 있다.
③ 구성원은 다음 각 호의 어느 하나에 해당하는 사유가 있으면 당연히 탈퇴된다.
1. 제10조나 제11조에 따라 등록이 취소된 경우
2. 제48조에 따라 업무정지처분을 받은 경우
3. 정관으로 정한 사유가 발생한 경우
4. 제51조에 따라 업무정지명령을 받은 경우(2016.2.3 본호신설)
(2008.3.21 본조개정)

제43조【설립인가의 취소】 대법원장은 법무사법인이 다음 각 호의 어느 하나에 해당하면 그 설립인가를 취소할 수 있다.
1. 제35조제5항을 위반하여 3개월 이내에 구성원을 보충하지 아니한 경우
2. 업무집행에 관하여 법령을 위반한 경우
(2016.2.3 본조개정)

제44조【해산】 ① 법무사법인은 다음 각 호의 어느 하나에 해당하는 사유가 있을 때에 해산한다.(2016.2.3 본문개정)
1. 정관으로 정한 해산사유의 발생
2. 구성원 전원의 동의
3. 합병
4. 파산
5. 설립인가의 취소
② 법무사법인이 해산하면 청산인은 지체 없이 주사무소 소재지의 지방법무사회를 거쳐 대법원장에게 신고하여야 한다.(2016.2.3 본항개정)
(2008.3.21 본조개정)

제45조【합병】 ① 법무사법인은 구성원 전원의 동의가 있으면 다른 법무사법인과 합병할 수 있다.(2016.2.3 본항개정)
② 제1항의 경우에는 설립절차, 정관의 기재사항, 설립등기, 등록에 관한 제34조, 제36조, 제38조 및 제39조를 준용한다.
(2008.3.21 본조개정)

제45조의2【조직변경】 ① 법무사법인(유한)의 설립요건을 갖춘 법무사법인은 구성원 전원의 동의가 있으면 주사무소 소재지의 지방법무사회를 거쳐 대법원장의 인가를 받아 법무사법인(유한)으로 조직변경을 할 수 있다.
② 법무사법인이 제1항에 따라 대법원장으로부터 법무사법인(유한)의 인가를 받은 경우에는 2주일 이내에 주사무소 소재지에서 법무사법인의 해산등기 및 법무사법인(유한)의 설립등기를 하여야 한다.
③ 제1항에 따른 조직변경의 경우 법무사법인에 현존하는 순재산액이 새로 설립되는 법무사법인(유한)의 자본총액보다 적을 때에는 제1항에 따른 동의가 있을 당시의 구성원들이 연대하여 그 차액을 보충하여야 한다.
④ 제1항에 따라 설립된 법무사법인(유한)의 구성원 중 종전의 법무사법인의 구성원이었던 자는 제2항에 따른 등기를 하기 전에 발생한 법무사법인의 채무에 대하여 등기 후 2년이 될 때까지 법무사법인의 구성원으로서 책임을 진다.
(2016.2.3 본조신설)

제46조 (2016.2.3 삭제)

제47조【준용규정】 ① 법무사법인에 관하여는 그 성질에 반하지 아니하는 범위에서 이 법 중 법무사에 관한 규정을 준용한다.
② 법무사법인에 관하여는 이 법에 정한 것 외에는 「상법」 중 합명회사(合名會社)에 관한 규정을 준용한다.
(2016.2.3 본조개정)

제4장의2 법무사법인(유한)
(2016.2.3 본장신설)

제47조의2【설립】 법무사로 등록된 자는 그 업무를 조직적이고 전문적으로 수행하고 공신력을 높이기 위하여 법무사법인(유한)을 설립할 수 있다.

제47조의3【설립절차】 법무사법인(유한)을 설립하려면 구성원이 될 법무사가 정관을 작성하여 주사무소 소재지의 지방법무사회를 거쳐 대법원장의 인가를 받아야 한다. 정관을 변경할 때에도 또한 같다.

제47조의4【정관의 기재사항】 법무사법인(유한)의 정관에는 다음 각 호의 사항을 기재하여야 한다.
1. 목적, 명칭, 주사무소 및 분사무소의 소재지
2. 구성원의 성명·주민등록번호 및 법무사법인(유한)을 대표할 구성원의 주소
3. 자본의 총액과 각 구성원의 출자좌수
4. 구성원의 가입·탈퇴와 그 밖의 변경에 관한 사항
5. 구성원 회의에 관한 사항
6. 법무사법인(유한)의 대표에 관한 사항
7. 자산과 회계에 관한 사항
8. 존립 기간이나 해산 사유를 정한 경우에는 그 기간 또는 사유

제47조의5【등기】 ① 법무사법인(유한)은 설립인가를 받으면 2주일 이내에 설립등기를 하여야 한다. 등기사항이 변경되었을 때에도 또한 같다.
② 제1항의 등기사항은 다음 각 호와 같다.
1. 목적, 명칭, 주사무소 및 분사무소의 소재지
2. 출자 1좌의 금액 및 자본 총액
3. 이사의 성명 및 주민등록번호
4. 법무사법인(유한)을 대표할 이사의 성명 및 주소
5. 둘 이상의 이사가 공동으로 법무사법인(유한)을 대표할 것을 정한 경우에는 그 규정
6. 존립 기간이나 해산 사유를 정한 경우에는 그 기간 또는 사유
7. 감사가 있을 때에는 그 성명·주민등록번호 및 주소
8. 설립인가 연월일
③ 법무사법인(유한)은 그 주사무소의 소재지에서 설립등기를 함으로써 성립한다.

제47조의6【구성원 등】 ① 법무사법인(유한)은 5명 이상의 법무사로 구성하며, 그 중 2명 이상은 제5조의2제2항 각 호의 어느 하나에 해당하거나 10년 이상 법무사 업무에 종사한 자이어야 한다.
② 법무사법인(유한)은 구성원 아닌 소속 법무사를 둘 수 있다.
③ 법무사법인(유한)이 구성원이 아닌 법무사를 둔 경우에는 지체 없이 주사무소 소재지의 지방법무사회를 거쳐 지방법원장에게 신고하여야 한다. 그 변경이 있는 경우에도 또한 같다.
④ 법무사법인(유한)의 구성원과 구성원이 아닌 소속 법무사는 같은 지방법무사회에 가입한 법무사로서 휴업 중이거나 업무정지 중인 자가 아니어야 한다.
⑤ 법무사법인(유한)이 제1항 또는 제4항에 따른 구성원의 요건을 충족하지 못하게 된 경우에는 3개월 이내에 보충하여야 한다.
⑥ 법무사법인(유한)은 3명 이상의 이사를 두어야 한다. 이 경우 다음 각 호의 어느 하나에 해당하는 자는 이사가 될 수 없다.
1. 구성원이 아닌 자
2. 설립인가가 취소된 법무사법인(유한)의 이사이었던 자(취소사유가 발생하였을 때의 이사이었던 자로 한정한다)로서 그 취소 후 3년이 지나지 아니한 자
3. 제51조에 따른 업무정지 기간 중에 있는 자
⑦ 법무사법인(유한)에는 1명 이상의 감사를 둘 수 있다. 이 경우 감사는 법무사이어야 한다.

제47조의7【자본총액 등】 ① 법무사법인(유한)의 자본총액은 1억원 이상이어야 한다.
② 출자 1좌의 금액은 1만원으로 한다.
③ 각 구성원의 출자좌수는 2천좌 이상이어야 한다.
④ 법무사법인(유한)은 직전 사업연도 말 대차대조표의 자산 총액에서 부채 총액을 뺀 금액이 1억원에 미달하면 부족한 금액을 매 사업연도가 끝난 후 6개월 이내에 증자를 하거나 구성원의 증여로 보전(補塡)하여야 한다.
⑤ 제4항에 따른 증여는 이를 특별이익으로 계상(計上)한다.
⑥ 대법원장은 법무사법인(유한)이 제4항에 따른 증자나 보전을 하지 아니하면 기간을 정하여 증자나 보전을 명할 수 있다.

제47조의8【다른 법인에의 출자 제한 등】 ① 법무사법인(유한)은 자기자본의 100분의 50의 범위에서 대법원규칙으로 정하는 비율을 곱한 금액을 초과하여 다른 법인에 출자하거나 타인을 위한 채무보증을 하여서는 아니 된다.
② 제1항의 자기자본은 직전 사업연도 말 대차대조표의 자산 총액에서 부채 총액을 뺀 금액을 말한다. 새로 설립된 법무사법인(유한)으로서 직전 사업연도의 대차대조표가 없는 경우에는 설립 당시의 납입자본금을 말한다.

제47조의9【구성원의 책임】 법무사법인(유한)의 구성원의 책임은 이 법에 규정된 것 외에는 그 출자금액을 한도로 한다.

제47조의10【수임사건과 관련된 손해배상책임】 ① 담당법무사[담당법무사가 지정되지 아니한 경우에는 그 법무사법인(유한)의 구성원 모두를 말한다]는 수임사건에 관하여 고의나 과실로 그 수임사건의 위임인에게 손해를 발생시킨 경우에는 법무사법인(유한)과 연대하여 그 손해를 배상할 책임이 있다.
② 담당법무사가 제1항에 따른 손해배상책임을 지는 경우 그 담당법무사를 직접 지휘·감독한 구성원도 그 손해를 배상할 책임이 있다. 다만, 지휘·감독을 할 때에 주의를 게을리하지 아니하였음을 증명한 경우에는 그러하지 아니하다.
③ 법무사법인(유한)은 제1항과 제2항에 따른 손해배상책임에 관한 사항을 대법원규칙으로 정하는 바에 따라 사건수임계약서와 광고물에 명시하여야 한다.

제47조의11【손해배상준비금 등】 ① 법무사법인(유한)은 수임사건과 관련한 제47조의10에 따른 손해배상책임을 보장하기 위하여 대법원규칙으로 정하는 바에 따라 사업연도마다 손해배상준비금을 적립하거나 이행보증보험 또는 대한법무사협회가 운영하는 공제에 가입하여야 한다.
② 제1항에 따른 손해배상준비금, 이행보증보험 또는 공제기금은 대법원장의 승인 없이는 손해배상 외의 다른 용도로 사용하거나 그 보험계약 또는 공제계약을 해제 또는 해지해서는 아니 된다.

제47조의12【인가취소】 대법원장은 법무사법인(유한)이 다음 각 호의 어느 하나에 해당하면 그 설립인가를 취소할 수 있다.
1. 제47조의6제5항을 위반하여 3개월 이내에 구성원을 보충하지 아니한 경우
2. 이사 중에 제47조의6제6항 각 호의 어느 하나에 해당하는 자가 있는 경우. 다만, 해당 사유가 발생한 날부터 3개월 이내에 그 이사를 개임(改任)한 경우에는 그러하지 아니하다.
3. 제47조의7제6항에 따른 대법원장의 증자명령 또는 보전명령을 이행하지 아니한 경우
4. 제47조의8제1항을 위반하여 다른 법인에 출자하거나 타인의 채무를 보증한 경우
5. 제47조의11제1항을 위반하여 손해배상준비금을 적립하지 아니하거나 이행보증보험 또는 제67조에 따른 공제에 가입하지 아니한 경우
6. 업무집행에 관하여 법령을 위반한 경우

제47조의13【해산】 ① 법무사법인(유한)은 다음 각 호의 어느 하나에 해당하는 사유가 있을 때에는 해산한다.
1. 정관에서 정한 해산 사유가 발생하였을 때
2. 구성원 과반수와 총구성원의 의결권의 4분의 3 이상을 가진 자가 동의하였을 때
3. 합병하였을 때
4. 파산하였을 때
5. 설립인가가 취소되었을 때
6. 존립 기간을 정한 경우에는 그 기간이 지났을 때

② 법무사법인(유한)이 해산한 경우에는 청산인은 지체 없이 주사무소 소재지의 지방법무사회를 거쳐 대법원장에게 그 사실을 신고하여야 한다.

제47조의14【준용규정】 ① 법무사법인(유한)에 관하여는 그 성질에 반하지 아니하는 범위에서 이 법 중 법무사에 관한 규정과 제37조, 제39조부터 제41조까지, 제41조의2 및 제42조를 준용한다.
② 법무사법인(유한)에 관하여 이 법에 정한 것 외에는 「상법」 중 유한회사에 관한 규정을 준용한다.

제5장 법무사의 징계
(2008.3.21 본장개정)

제48조【징계처분】 ① 지방법원장은 법무사가 다음 각 호의 어느 하나에 해당하면 제49조에 따른 법무사징계위원회에 징계의결을 요구하고 그에 따라 징계처분을 하여야 한다.
1. 이 법 또는 이 법에 따른 대법원규칙을 위반한 경우
2. 소속 지방법무사회 회칙이나 대한법무사협회 회칙을 위반한 경우
3. 사무원에 대한 직무상의 감독을 소홀히 한 경우
4. 휴업신고를 하지 아니하고 6개월 이상 업무를 집행하지 아니하는 경우
5. 직무의 해당 여부와 상관없이 법무사로서 품위를 손상하는 행위를 한 경우

② 징계의 종류는 다음과 같다.
1. 제명(除名)
2. 1개월 이상 2년 이하의 업무정지
3. 500만원 이하의 과태료
4. 견책(譴責)

③ 제2항제3호에 따른 과태료의 결정은 「민사집행법」에 따른 집행력 있는 집행권원과 같은 효력이 있으며, 검사의 지휘로 집행한다.(2016.2.3 본항개정)
④ 대한법무사협회장은 지방법원장으로부터 제1항에 따른 징계처분 결과의 통지를 받은 경우 이를 지체 없이 대한법무사협회가 운영하는 인터넷 홈페이지에 3개월 이상 게재하는 등의 방법으로 공개하여야 한다. 징계처분의 공개 범위와 시행 방법, 그 밖에 필요한 사항은 대법원규칙으로 정한다.(2016.2.3 본항신설)

제49조【법무사 징계위원회】 ① 법무사에 대한 징계의 결을 하기 위하여 지방법원에 법무사 징계위원회를 둔다.
② 법무사 징계위원회의 구성과 운영 등에 필요한 사항은 대법원규칙으로 정한다.

제50조【징계사유의 시효】 징계의결의 요구는 징계사유가 발생한 날부터 3년이 지나면 하지 못한다.
(2016.2.3 본조개정)

제51조【업무정지명령】 ① 지방법원장은 법무사가 공소제기되거나 제48조에 따라 징계 절차가 개시되어 그 재판이나 징계 결정의 결과 등록취소 또는 제명에 이르게 될 가능성이 매우 크고, 그대로 두면 장차 의뢰인이나 공공의 이익을 해칠 구체적인 위험성이 있는 경우에는 법무사 징계위원회에 그 법무사의 업무정지에 관한 결정을 청구할 수 있다. 다만, 약식명령이 청구된 경우와 과실범으로 공소제기된 경우에는 그러하지 아니하다.
② 지방법원장은 법무사 징계위원회의 결정에 따라 해당 법무사에 대하여 업무정지를 명할 수 있다.
③ 제2항의 업무정지명령의 절차에 관하여 필요한 사항은 대법원규칙으로 정한다.
(2016.2.3 본조신설)

제51조의2【업무정지 기간 및 갱신】 ① 법무사 징계위원회는 제51조제1항에 따라 청구를 받은 날부터 1개월 이내에 업무정지에 관한 결정을 하여야 한다. 다만, 부득이한 사유가 있는 경우에는 그 의결로 1개월의 범위에서 그 기간을 연장할 수 있다.
② 업무정지 기간은 6개월로 한다. 다만, 지방법원장은 해당 법무사에 대한 공판 절차 또는 징계 절차가 끝나지 아니하고 업무정지 사유가 없어지지 아니한 경우에는 법무사 징계위원회의 결정에 따라 업무정지 기간을 갱신할 수 있다.
③ 제2항 단서에 따라 갱신할 수 있는 기간은 3개월 단위로 한다.
④ 업무정지 기간은 갱신 기간을 합하여 2년을 넘을 수 없다.
⑤ 업무정지명령을 받은 법무사가 공소제기된 해당 형사사건과 같은 행위로 업무정지의 징계처분을 받으면 업무정지명령에 따른 업무정지 기간은 업무정지 징계처분의 업무정지 기간에 산입한다.
(2016.2.3 본조신설)

제51조의3【업무정지명령의 해제 및 실효】 ① 지방법원장은 업무정지 기간 중에 있는 법무사에 대한 공판 절차나 징계 절차의 진행 상황에 비추어 등록취소 또는 제명에 이르게 될 가능성이 크지 아니하고, 위임인이나 공공의 이익을 침해할 구체적인 위험이 없어졌다고 인정할 만한 상당한 이유가 있으면 직권으로 그 명령을 해제할 수 있다.
② 대한법무사협회의 장 또는 업무정지명령을 받은 법무사는 지방법원장에게 업무정지명령의 해제를 신청할 수 있다.
③ 지방법원장은 제2항에 따른 신청을 받으면 직권으로 업무정지명령을 해제하거나 법무사 징계위원회에 이를 심의하도록 요청하여야 하며, 법무사 징계위원회에서 해제를 결정하면 지체 없이 해제하여야 한다.
④ 업무정지명령은 그 업무정지명령을 받은 법무사에 대한 해당 형사 판결이나 징계 결정이 확정되면 그 효력을 잃는다.
(2016.2.3 본조신설)

제6장 지방법무사회
(2008.3.21 본장개정)

제52조【목적 및 설립】 ① 법무사는 법무사의 품위 유지와 업무의 향상을 도모하고 회원의 지도와 연락에 관한 사무를 하기 위하여 지방법원의 관할 구역마다 하나의 지방법무사회를 설립하여야 한다.
② 지방법무사회는 법인으로 한다.

제53조【설립 절차】 지방법무사회를 설립하려면 회원이 될 법무사가 회칙을 정하여 대한법무사협회를 거쳐 대법원장의 인가를 받아야 한다. 회칙을 변경할 때에도 또한 같다.

제54조【회칙】 지방법무사회의 회칙에는 다음 사항을 적어야 한다.
1. 명칭과 사무소의 소재지
2. 회원의 가입과 탈퇴에 관한 사항
3. 회원의 권리와 의무에 관한 사항
4. 총회, 이사회, 그 밖의 기관의 구성·권한 및 회의에 관한 사항
5. 임원의 선임·임기 및 직무에 관한 사항
6. 회원의 지도와 연락에 관한 사항
7. 자산과 회계에 관한 사항
8. 회비 부담에 관한 사항
9. 그 밖에 지방법무사회의 목적달성을 위하여 필요한 사항

제55조【지방법무사회의 보고 의무】 지방법무사회는 소속 법무사가 다음 각 호의 어느 하나에 해당하는 경우에는 지체 없이 지방법원장에게 보고하여야 한다.
1. 제10조 각 호의 어느 하나 또는 제11조의 등록취소에 해당하는 사유가 발생한 경우
2. 제48조제1항 각 호의 어느 하나에 해당하는 징계사유가 발생한 경우
3. 형사사건으로 기소(起訴)되거나 금고 이상의 형을 받은 경우

제56조【총회】 ① 지방법무사회는 매년 한 차례 정기총회를 열고 필요한 경우에는 임시총회를 열 수 있다.
② 임시총회는 회장의 요구나 회칙에 정한 일정 수의 회원의 요구에 따라 소집한다.

제57조【총회의 결의 등 보고】 지방법무사회는 총회를 마치면 지체 없이 총회의 의결 사항, 임원의 취임과 퇴임 사항을 지방법원장에게 보고하여야 한다.

제58조【총회의 결의를 필요로 하는 사항】 다음 각 호의 사항은 총회의 결의를 거쳐야 한다.
1. 회칙의 변경
2. 예산과 결산

제59조【총회의 결의 등의 취소】 대법원장은 지방법무사회의 결의가 법령에 위반되거나 공익을 해친다고 인정하면 지방법무사회에 그 결의를 취소하도록 명할 수 있다.

제60조【분쟁조정위원회】 ① 위임인과 법무사 사이 또는 법무사와 법무사 사이의 직무상 분쟁을 조정하거나 그 고충을 처리하기 위하여 지방법무사회에 분쟁조정위원회를 둔다.
② 분쟁조정위원회의 구성과 운영 등에 필요한 사항은 대한법무사협회 회칙으로 정한다.

제61조【감독】 ① 지방법무사회는 대한법무사협회와 그 소재지를 관할하는 지방법원장의 감독을 받는다.
② 제32조제2항은 제1항의 경우에 준용한다. 이 경우 "법무사"는 "지방법무사회"로 본다.

제7장 대한법무사협회
(2008.3.21 본장개정)

제62조【목적 및 설립】 ① 지방법무사회는 법무사의 품위 유지와 업무의 향상을 도모하고 지방법무사회와 그 회원의 지도 및 연락에 관한 사무와 법무사의 등록에 관한 사무를 하기 위하여 연합하여 대한법무사협회를 설립하여야 한다.
② 대한법무사협회는 법인으로 한다.

제63조【회칙의 기재 사항】 대한법무사협회의 회칙에는 제54조제1항 각 호의 사항과 법무사의 등록사무와 보수기준에 관한 사항을 포함하여야 한다.

제64조【재원】 대한법무사협회의 운영상 필요한 재원(財源)은 각 지방법무사회가 부담하는 회비로 한다.

제65조【총회】 총회는 각 지방법무사회의 회장과 각 지방법무사회에서 선출된 대의원으로 구성한다.

제66조【등록심사위원회】 ① 제9조에 따른 등록거부와 제10조제3호 및 제11조에 따른 등록취소에 관한 사항을 심사하기 위하여 대한법무사협회에 등록심사위원회를 둔다.
② 등록심사위원회의 구성과 운영 등에 필요한 사항은 대한법무사협회 회칙으로 정한다.

제67조【공제사업】 ① 대한법무사협회는 제26조에 따른 법무사의 손해배상책임을 보장하기 위하여 대한법무사협회 회칙으로 정하는 바에 따라 공제사업(共濟事業)을 할 수 있다.
② 대한법무사협회는 제1항에 따른 공제사업을 하려면 공제규정(共濟規程)을 제정하여 대법원장의 승인을 받아야 한다. 공제규정을 변경할 때에도 또한 같다.
③ 제2항에 따른 공제규정에는 공제사업의 범위, 공제계약의 내용, 공제금, 공제료 등 공제사업의 운영에 필요한 사항을 정하여야 한다.

제68조【감독】 대한법무사협회는 대법원장의 감독을 받는다.

제69조【보고 의무】 대한법무사협회는 등록, 등록거부, 소속 변경등록, 개업, 휴업 및 등록취소에 관한 사항을 지체 없이 대법원장에게 보고하여야 한다.

제70조【준용규정】 대한법무사협회에 관하여는 지방법무사회에 대한 서류제출명령·검열, 설립 절차, 총회, 분쟁조정위원회 등에 관한 제32조제2항, 제53조 및 제56조부터 제60조까지의 규정을 준용한다. 이 경우 "지방법무사회"는 "대한법무사협회"로 보고, 제32조제2항 중 "지방법원장"은 "대법원장"으로, "법무사"는 "대한법무사협회"로 보며, 제57조 중 "지방법원장"은 "대법원장"으로 본다.

제8장 보 칙
(2008.3.21 본장개정)

제70조의2【청문】 다음 각 호의 어느 하나에 해당하는 처분을 하려면 청문을 하여야 한다.
1. 제11조에 따른 법무사의 등록취소
2. 제43조에 따른 법무사법인 설립인가의 취소(2016.2.3 본호개정)
3. 제47조의12에 따른 법무사법인(유한) 설립인가의 취소(2016.2.3 본호신설)

제70조의3【권한의 위임】 대법원장은 다음 각 호에 관한 권한을 대법원규칙으로 정하는 바에 따라 지방법원장에게 위임할 수 있다.
1. 제34조(제45조제2항에서 준용하는 경우를 포함한다) 및 제47조의3에 따른 인가
2. 제43조 및 제47조의12에 따른 인가의 취소
3. 제44조제2항 및 제47조의13제2항에 따른 해산 신고의 수리
4. 제45조의2에 따른 인가
5. 제47조의7제6항에 따른 명령
(2016.2.3 본조신설)

제70조의4【벌칙 적용에서 공무원 의제】 제49조의 법무사 징계위원회의 위원 중 공무원이 아닌 사람은 「형법」 제129조부터 제132조까지의 규정을 적용할 때에는 공무원으로 본다.(2017.10.31 본조신설)

제71조【위임규정】 이 법의 시행에 필요한 사항은 대법원규칙으로 정한다.

제9장 벌 칙
(2008.3.21 본장개정)

제72조【등록증 대여 등】 ① 제21조제2항을 위반하여 등록증을 다른 사람에게 빌려준 법무사는 5년 이하의 징역 또는 1천만원 이하의 벌금에 처한다. 법무사의 등록증을 빌린 사람도 또한 같다.(2017.12.12 후단개정)
② 제1항의 죄를 지은 사람〔제47조 또는 제47조의14에 따라 준용되는 법무사법인 또는 법무사법인(유한)을 포함한다〕 또는 그 사정을 아는 제3자가 취득한 금품이나

그 밖의 이익은 몰수한다. 이를 몰수할 수 없을 때에는 그 가액을 추징한다.(2017.12.12 본항신설)

판례 개정 전 법무사법은 법무사 등록증을 대여한 경우 처벌에 대한 규정은 있었으나 몰수·추징에 관해서는 별도의 규정이 없었다가 2017년 개정을 통해 몰수·추징에 관한 규정을 마련하였다. 따라서 법무사가 등록증을 다른 사람에게 빌려주거나 법무사의 등록증을 빌린 행위가 법무사법 개정 시행 전부터 계속되어 온 경우에는 개정법 시행 이후 행위로 취득한 금품만이 몰수나 추징의 대상이 된다.(대판 2020.10.15, 2020도7307)

제73조【업무 범위의 위반 등】 ① 다음 각 호의 어느 하나에 해당하는 자는 3년 이하의 징역 또는 500만원 이하의 벌금에 처한다.
1. 제20조의2를 위반하여 대리를 할 때에 경매 장소 또는 공매 장소에 직접 출석하지 아니한 자
2. 제21조제1항을 위반하여 업무 범위 초과행위를 한 자
3. 제24조를 위반하여 부당한 방법으로 사건을 유치하는 행위를 한 자
4. 제26조제4항 또는 제51조에 따른 업무정지명령을 위반하여 법무사의 업무를 수행한 자(2016.2.3 본호신설)
5. 제48조제2항제2호에 따른 업무정지처분을 위반하여 법무사의 업무를 수행한 자(2016.2.3 본호신설)

② (2016.2.3 삭제)

제74조【법무사가 아닌 자의 행위】 ① 법무사가 아닌 자가 다음 각 호의 어느 하나에 해당하면 3년 이하의 징역 또는 500만원 이하의 벌금에 처한다.
1. 제3조를 위반하여 제2조에 규정된 사무를 업으로 하거나 법무사 또는 이와 비슷한 명칭을 사용한 경우
2. 이익을 얻을 목적으로 문서, 도화(圖畵), 시설물 등에 법무사 업무를 취급한다는 뜻을 표시하거나 기재한 경우

② 상습적으로 제1항의 죄를 범한 자는 5년 이하의 징역에 처한다.

제75조【위임에 따른 의무 등 위반】 제20조제1항 및 제2항을 위반한 자는 50만원 이하의 벌금에 처한다.

제76조【양벌규정】 법무사법인이나 법무사법인(유한)의 구성원 또는 구성원이 아닌 소속 법무사가 법인의 업무에 관하여 제72조제1항, 제73조 또는 제75조의 위반행위를 하면 그 행위자를 벌할 뿐만 아니라 법무사법인이나 법무사법인(유한)에도 각 해당 조문의 벌금형을 과(科)한다. 다만, 법인이 그 위반행위를 방지하기 위하여 해당 업무에 관하여 상당한 주의와 감독을 게을리 하지 아니한 때에는 그러하지 아니하다.(2017.12.12 본문개정)

부 칙 (2014.12.30)

제1조【시행일】 이 법은 공포한 날부터 시행한다.

제2조【금치산자 등에 대한 경과조치】 제6조제1호 및 제23조제2항제1호의 개정규정에 따른 피성년후견인 및 피한정후견인에는 법률 제10429호 민법 일부개정법률 부칙 제2조에 따라 금치산 또는 한정치산 선고의 효력이 유지되는 사람을 포함하는 것으로 본다.

부 칙 (2016.2.3)

제1조【시행일】 이 법은 공포 후 6개월이 경과한 날부터 시행한다.

제2조【업무정지에 관한 적용례】 제26조제4항 및 제51조의 개정규정은 이 법 시행 이후 발생하는 위반행위부터 적용한다.

제3조【징계처분 공개에 관한 적용례】 제48조제4항의 개정규정은 이 법 시행 이후 징계처분을 받는 자부터 적용한다.

제4조【법무사시험에 관한 경과조치】 이 법 시행 당시 진행 중인 시험에 대해서는 제5조의 개정규정에도 불구하고 종전의 규정에 따른다.

제5조【법무사합동법인의 명칭 변경에 따른 경과조치】 이 법 시행 당시 설립되어 있는 법무사합동법인은 이 법에 따른 법무사법인으로 본다.

제6조【징계시효 연장에 관한 경과조치】 이 법 시행 전에 징계사유가 발생한 자에 대해서는 제50조의 개정규정에도 불구하고 종전의 규정에 따른다.

제7조【다른 법률의 개정】 ①~④ ※(해당 법령에 가제정리 하였음)

제8조【다른 법령과의 관계】 이 법 시행 당시 다른 법령에서 법무사합동법인을 인용하고 있는 경우에는 그를 갈음하여 이 법에 따른 법무사법인을 인용한 것으로 본다.

부 칙 (2017.12.12)

제1조【시행일】 이 법은 공포한 날부터 시행한다.

제2조【몰수·추징에 관한 적용례】 제72조제2항의 개정규정은 이 법 시행 후 최초로 법무사 등록증을 다른 사람에게 빌려준 경우부터 적용한다.

부 칙 (2020.2.4)

이 법은 공포 후 6개월이 경과한 날부터 시행한다.

부 칙 (2020.6.9)

이 법은 공포한 날부터 시행한다.

법무사규칙

(1990년 2월 26일 전개대법원규칙 제1108호)

개정
1991. 3.29대법원규칙1160호
1993.11.19대법원규칙1273호
1994.12.30대법원규칙1327호
1996.12.31대법원규칙1452호
1997. 8. 4대법원규칙1476호
2000.10.26대법원규칙1670호
2003. 9.13대법원규칙1846호
2004. 1.24대법원규칙1859호
2007.11.28대법원규칙2125호
2008. 7. 7대법원규칙2189호
2009. 1. 9대법원규칙2210호
2010. 7.30대법원규칙2301호
2012.12.27대법원규칙2437호(대법원규칙등의제·개정절차등에관한규칙)
2015.11.27대법원규칙2628호
2016. 6.27대법원규칙2668호
2020.12.28대법원규칙2941호

제1조【목적】 이 규칙은 「법무사법」(이하 "법"이라 한다)에서 위임된 사항과 그 시행에 관하여 필요한 사항을 규정함을 목적으로 한다.(2008.7.7 본조개정)

제2조 (2003.9.13 삭제)

제3조【법무사 시험】 ① 법무사시험(이하 "시험"이라고 한다)은 법원행정처장이 대법원장의 승인을 얻어 매년 1회이상 실시한다. 다만, 시험을 실시하기 어려운 부득이한 사정이 있는 경우에는 법 제5조의3에 따른 법무사자격심의위원회의 의결을 거쳐 해당 연도의 시험을 실시하지 아니할 수 있다.(2016.6.27 단서개정)

②~④ (2015.11.27 삭제)

제4조【시험의 목적·방법 및 과목】 ① 시험은 법무사의 직무수행에 필요한 지식 및 그 응용능력을 검정함을 목적으로 한다.(1996.12.31 본항개정)

② 제1차 시험은 별표1의 과목에 관하여 행하되 객관식 필기시험에 의하고, 제2차 시험은 별표2의 과목에 관하여 행하되 주관식 필기시험에 의한다.(2016.6.27 본항개정)

③ (2016.6.27 삭제)

(1996.12.31 본조제목개정)

제4조의2【시험의 일부면제 등】 ① 법 제5조의2제2항에서 "대법원규칙이 정하는 일부 과목"이라 함은 별표2의 규정에 의한 시험과목 중 제1과목 및 제2과목을 말한다.

② 법 제5조의2제1항 및 제2항에 따른 경력산정의 기준일은 해당 시험의 제2차 시험일(시험을 수일간 실시하는 경우 첫 일자)로 한다.(2016.6.27 본항개정)

(2004.1.24 본조신설)

제4조의3 → 제6조로 이동

제5조【응시자격의 제한】 ① 법 제6조 각 호의 어느 하나에 해당하는 자는 시험에 응시할 수 없다.(2016.6.27 본항개정)

② 제1항에 따른 응시자격 제한 사유의 해당여부는 해당 시험의 제2차 시험일(시험을 수일간 실시하는 경우 최종일)을 기준으로 한다.(2016.6.27 본항개정)

③ 법원행정처장은 시험에 응시한 자에 대하여 제1항의 응시자격 제한사유가 있는지 여부를 결정함에 필요한 신원조회 및 사실조사를 할 수 있다.(1996.12.31 본항신설)

제6조【수험절차】 제1차 시험에 합격하지 아니하면 제2차 시험에 응시할 수 없다.(2016.6.27 본조개정)

제7조【시험의 공고】 법원행정처장은 시험을 실시하고자 할 때는 다음 각호의 사항을 시험기일 30일전까지 일간신문이나 법원 홈페이지 또는 그 밖의 효과적인 방법에 의하여 공고하여야 한다. 다만, 불가피한 사유로 공고내용을 변경할 경우에는 시험기일 7일전까지 그 변경내용을 공고하여야 한다.(2012.12.27 본문개정)
1. 응시자격
2. 시험의 일시 및 장소
3. 시험과목
4. 합격자발표의 일시 및 방법
5. 응시원서의 교부장소 및 접수장소와 그 기간
6. 제2차 시험 합격자의 선발예정인원이 정하여진 경우에는 그 예정인원(2016.6.27 본호개정)
7. 그 밖의 시험의 시행에 관하여 필요한 사항

(2010.7.30 본조개정)

제8조【출원서류】 ① 시험에 응시하고자 하는 자는 다음의 서류를 구비하여 제출하여야 한다.(2003.9.13 본문개정)
1. 응시원서
2. 사진 2장(여권사진 규격으로 가로 3.5cm, 세로 4.5cm인 6개월 이내 촬영한 천연색 상반신 정면 탈모사진)(2016.6.27 본호개정)

② 법 제5조의2제1항 및 제2항에 따라 시험의 일부 면제를 받고자 하는 자는 해당 근무경력사항이 포함된 경력증명서를 제출하여야 한다. 다만, 해당 시험의 제2차 시험일에는 경력요건을 충족하나 응시원서 접수 당시에 법 제5조의2제1항 및 제2항에 따른 해당 근무경력이 미달하는 자는 제2차시험일 후 14일 이내에 해당 근무경력사항이 포함된 경력증명서를 추가로 제출하여야 한다.(2016.6.27 본항개정)

③ 제2차 시험에 응시한 자는 법원행정처장이 시험공고에서 지정한 날까지 다음의 서류를 구비하여 제출하여야 한다. 다만, 행정정보의 공동이용을 통하여 제출서류에 대한 정보를 확인할 수 있는 경우에는 그 확인으로 제출서류에 갈음할 수 있다.(2016.6.27 본문개정)
1. 「가족관계의 등록 등에 관한 법률」 제15조제1항제2호 기본증명서(2007.11.28 본호개정)
2. 이력서
3. 기타 필요로 하는 서류

(1996.12.31 본항개정)

④ 제1항부터 제3항까지에 따라 제출된 서류는 이를 반환하지 아니한다.(2016.6.27 본항개정)

(1991.3.29 본조개정)

제9조【수험수수료】 ① 시험에 응시하고자 하는 자는 응시수수료로서 10,000원 상당의 수입인지를 응시원서에 붙여야 한다. 다만, 인터넷으로 응시원서를 제출할 경우에는 수입인지를 붙이지 아니하고, 법원행정처장이 정하는 방법으로 응시수수료에 해당하는 금액을 납부하여야 한다.(2010.7.30 단서신설)

② 제1항의 응시수수료는 그것을 납부한 자가 시험에 응시하지 아니한 경우에도 이를 환급하지 아니한다. 다만, 응시수수료를 납부한 자가 법원행정처장이 공고한 환급기간에 응시의사를 철회하는 경우와 그 밖에 대법원예규로 정하는 경우에는 법원행정처장은 공고한 환급절차 및 방법에 따라 응시수수료의 전부 또는 일부를 환급하여야 한다.(2020.12.28 단서개정)

제10조【법무사자격심의위원회 구성】 ① 법 제5조의3 제1항 각 호의 사항을 심의하기 위하여 법원행정처에 법무사자격심의위원회(이하 "위원회"라 한다)를 둔다.

② 위원회는 위원장, 부위원장을 포함하여 12인 이내의 위원으로 구성한다.

③ 위원회의 위원장은 법원행정처 차장이 되고 부위원장은 법원행정처 기획조정실장이 되며, 위원은 법원행정처장이 임명 또는 위촉한다.(2015.11.27 본항개정)

(2003.9.13 본조개정)

제11조 (2003.9.13 삭제)

제12조【위원회의 회의】 ① 위원회 회의는 위원장이 필요하다고 인정할 때에 이를 소집한다.(2003.9.13 본항신설)

② 위원회는 위원 과반수의 출석과 출석위원 과반수의 찬성으로 의결한다.

③ 위원장은 표결권을 가지며 가부동수인 경우에는 결정권을 가진다.

(2003.9.13 본조제목개정)

제12조의2【대법원내규에의 위임】 제10조 내지 제12조를 위하여 필요한 사항은 대법원내규로 정한다.

(2003.9.13 본조신설)

제13조【합격자의 결정】 ① 제1차 시험에 있어서는 매과목 100점을 만점으로 하여 매과목 40점이상을 득점한 자중에서 시험성적과 응시자수를 참작하여 전과목 총득점의 고득점자순으로 합격자를 결정한다.

② 제2차 시험에 있어서는 매과목 100점을 만점으로 하여 매과목 40점이상을 득점한 자 중 선발예정인원(법 제5조의2제1항 및 제2항에 따른 제1차 시험 및 제2차 시험의 일부 면제를 받는 자를 포함하지 아니한다)의 범위안에서 전과목 총득점의 고득점자 순으로 합격자를 결정한다.

③ 법 제5조의2제1항 및 제2항에 따른 제1차 시험 및 제2차 시험의 일부 면제를 받는 자에 대하여는 매과목 100점을 만점으로 하여 매과목 40점이상을 득점한 자 중 제2항에 의한 최종 순위 합격자의 합격 점수(제2차 시험의 일부면제를 받는 자에 대하여는 과목별 난이도를 반영하여 별표3의 산식에 따라 산출되는 응시과목들의 평균 점수를 합격 점수로 한다) 이상 득점한 자를 합격자로 결정한다.

④ 제2항에 따라 합격결정을 함에 있어 동점자로 인하여 선발예정인원을 초과하는 경우에는 해당 동점자 모두를 합격자로 한다. 이 경우 동점자의 점수는 소수점이하 둘째자리까지 계산한다.

⑤ (2016.6.27 삭제)

(2016.6.27 본조개정)

제14조【합격자공고 등】 ① 법원행정처장은 합격자가 결정된 때에는 시험의 결과를 시험성적표와 함께 대법원장에게 보고하여야 한다.

② 법원행정처장은 제2차 시험의 합격자가 결정된 때에는 지체 없이 이를 관보에 공고하고 합격자에게 합격증을 교부한 후 합격증교부대장에 그 내용을 등재하여야 한다.(2016.6.27 본항개정)

③ 법원행정처장은 제2차 시험의 합격자에게 본인의 신청에 의하여 합격증명서를 발급한다. 이 경우 합격증명서의 발급을 받고자 하는 자는 매통당 1,000원의 수입인지를 붙여야 한다.(2016.6.27 전단개정)

제15조【부정행위에 대한 조치】 ① 시험에 있어서 부정행위를 한 자에 대하여는 해당 시험을 정지 또는 무효로 하거나 합격 결정을 취소할 수 있다.

② 제1항에 따라 시험이 정지 또는 무효로 된 자나 합격결정이 취소된 자는 앞으로 시행될 시험에 3년간 응시하지 못한다.

(2016.6.27 본조개정)

제15조의2【응시자 준수사항 위반자에 대한 조치】 ① 다음 각 호의 어느 하나에 해당하는 자는 그 과목 및 나머지 과목의 시험에 응시할 수 없다.(2016.6.27 본문개정)
1. 시험에 있어서 부정행위를 한 자
2. 지정된 시간까지 지정된 시험실에 입실하지 아니한 자
3. 시험감독관의 승인을 얻지 아니하고 시험시간중에 그 시험실에서 퇴실한 자

② 다음 각 호의 어느 하나에 해당하는 자는 나머지 과목의 시험에 응시할 수 없다.(2016.6.27 본문개정)
1. 답안지를 제출하지 아니한 자

2. 답안지를 훼손하여 제출한 자
③ 다음 각 호의 어느 하나에 해당하는 경우에는 그 해당 시험시간의 답안지를 영점처리한다.(2016.6.27 본문개정)
1. 제1항 각 호의 어느 하나에 해당하는 경우(2016.6.27 본호개정)
2. 제2항 각 호의 어느 하나에 해당하는 경우(2016.6.27 본호개정)
3. 시험시간이 종료되었음에도 불구하고 시험감독관의 답안지 제출지시에 불응하고 계속 답안을 작성한 경우
4. 지정된 필기구를 사용하지 아니한 경우
5. 응시번호, 이름 및 생년월일 등을 기재·표기하지 아니하거나 틀리게 기재·표기하여 누구인지 확인이 불가능하게 한 경우(2016.6.27 본호개정)
6. 인적사항 기재란 외의 부분에 특정인의 답안임을 나타내기 위한 표시를 한 경우
7. 제2차 시험에 있어서 해당 과목의 답안지에 답안을 작성하지 아니한 경우(답안지 제출 전에 시험감독관으로부터 답안지를 정정 받은 경우를 제외한다)(2016.6.27 본호개정)
8. 그 밖에 법원행정처장이 정하는 영점처리기준에 해당하는 경우
(2003.9.13 본조신설)

제16조【등록전 연수교육】 ① 법 제7조에 따라 법무사 자격이 있는 자가 등록전에 마쳐야 하는 연수교육은 법무사의 직무수행에 필요한 법률지식과 실무에 관한 교육을 그 내용으로 하되, 대한법무사협회(이하 "협회"라 한다)가 이를 주관한다.(2016.6.27 본항개정)
② 제1항의 연수교육기간은 법률 제6860호 법무사법중개정법률 부칙 제5조의 자격인정자에 대하여는 1주일 이상으로, 법 제4조의 시험합격자에 대하여는 3주일 이상으로 한다. 다만, 법 제4조의 시험합격자가 등록취소후 다시 등록하는 경우의 연수교육기간은 1주일 이상으로 한다. (2016.6.27 본문개정)
③ 협회는 제1항의 연수교육을 마친 자에게 연수교육필증을 교부하여야 한다.
④ 협회는 제1항의 연수교육을 법률 제6860호 법무사법중개정법률 부칙 제5조의 자격인정자에 대하여는 연 4회 이상, 법 제4조의 시험합격자에 대하여는 최종합격자 발표후 1월이내에 실시하여야 하며, 연수교육 실시후 지체 없이 그 교육의 내용을 대법원장에게 보고하여야 한다. (2016.6.27 본항개정)
⑤ 협회는 매년 말에 다음 연도에 실시할 연수교육의 일정 및 내용에 관한 기본계획을 수립하여 대법원장의 승인을 받아야 한다.
(1996.12.31 본조신설)

제17조【법무사명부】 ① 협회는 법 제7조에 따라 협회에 등록하는 법무사에 대하여 협회가 정하는 양식에 의한 법무사명부를 작성하여 이를 비치하여야 한다. (2016.6.27 본항개정)
② 제1항의 법무사명부에는 법무사의 성명, 주소, 주민등록번호, 사무소의 설치장소, 소속지방법무사회, 법무사의 자격취득의 사유와 그 연월일, 등록번호와 등록연월일 기타 필요한 사항을 기재하여야 한다.(1996.12.31 본항개정)
③ 법무사에 관하여 휴업, 징계처분등의 사유가 발생한 때에는 해당 법무사명부에 그 사유를 기재하여야 한다. (2016.6.27 본항개정)
④ 법무사의 등록을 취소한 때에는 해당 법무사명부를 폐쇄하여 별도로 보관하여야 한다.(2016.6.27 본항개정)
⑤ 징계처분을 받은 법무사에 대하여 그 집행이 종료된 날로부터 다음의 기간이 경과한 때에는 제3항에 따라 법무사명부에 기재한 징계처분의 기록을 말소할 수 있다. 다만, 징계처분을 받고 그 집행이 종료된 날로부터 다음 기간이 경과하기 전에 다른 징계처분을 받은 때에는 각각의 징계처분에 대한 해당기간을 합산한 기간이 경과하여야 한다.(2016.6.27 본문개정)
1. 제명, 업무정지 : 7년
2. 과태료, 견책 : 5년
(2003.9.13 본항신설)

제17조의2【전산정보처리시스템에 의한 명부관리의 특례】 ① 제17조의 법무사명부는 전산정보처리시스템에 의하여 보존·관리할 수 있다.
② 협회가 제19조제2항, 제20조제2항, 제24조제4항, 제43조제2항, 제58조에 따라 대법원장과 소관 지방법원장에게 부본의 송부, 보고 또는 통지를 하여야 하는 경우에는 정보통신망을 이용하여 그 정보를 송신하는 방법으로 할 수 있다.
(2009.1.9 본조신설)

제18조【등록신청】 ① 법 제8조에 따른 등록신청서의 양식은 협회가 정한다.(2016.6.27 본항개정)
② 제1항의 등록신청서에는 제17조제2항에 따른 등록사항을 기재하고, 법무사의 자격을 증명하는 서류외에 신청인의 이력서, 사진, 「가족관계의 등록 등에 관한 법률」 제15조제1항제1호 가족관계증명서, 주민등록표 초본 및 연수교육필증을 첨부하여야 한다.(2016.6.27 본항개정)
③ 지방법무사회가 제1항의 등록신청서를 받은 때에는 지체 없이 법 제9조제1항 각 호에 따른 등록거부사유의 유무 및 제17조제2항에 따른 등록사항에 관하여 조사한 후 그 결과를 신청서의 소정란에 기재하고 그 신청서와 첨부서류를 신청서의 접수일로부터 7일이내에 협회에 송부하여야 한다.(2016.6.27 본항개정)
④ 지방법무사회가 제3항의 기간내에 신청서를 송부할 수 없는 때에는 그 사유를 협회에 서면으로 보고하여야 한다.

제19조【등록절차 등】 ① 협회는 법 제8조제2항에 따라 법무사의 등록을 한 때에는 신청인에게 협회가 정하는 양식에 의한 등록증을 교부하고 그 뜻을 소속지방법무사회에 통지한다.
② 협회는 제1항의 경우에 지체 없이 법무사명부의 부본 1부씩을 대법원장과 소관지방법원장에게 송부하여야 한다.
(2016.6.27 본조개정)

제20조【등록사항의 변경】 ① 법무사는 법무사명부에 등록된 사항이 변경(소속지방법무사회의 변경은 제외한다)된 때에는 지체 없이 소속지방법무사회를 거쳐 협회에 그 변경사항을 신고하여야 한다.
② 협회가 제1항의 신고를 받거나 그 밖의 법무사명부에 변동사항이 발생하였을 때에는 그 법무사명부의 해당사항을 변경한 후 지체 없이 그 내용을 대법원장에게 보고하고 소관 지방법원장에게 통지하여야 한다.
(2016.6.27 본조개정)

제21조【등록거부에 대한 이의절차】 ① 법 제9조제3항에 따른 등록거부에 대한 이의신청을 하고자 하는 자는 이의신청서를 협회에 제출하여야 한다.(2016.6.27 본항개정)
② 협회가 제1항의 이의신청서를 제출받은 때에는 지체 없이 이의신청에 대한 의견서를 첨부하여 등록신청서류와 함께 대법원장에게 송부하여야 한다.(2016.6.27 본항개정)
③ 대법원장이 법 제9조제4항에 따라 법무사의 등록을 명한 때에는 협회는 지체 없이 그 등록을 하여야 한다. (2016.6.27 본항개정)
④ 대법원장은 이의신청이 이유없다고 인정하는 때에는 그 신청을 기각하고 그 뜻을 신청인에게 통지한다.
⑤ 대법원장은 제3항 및 제4항의 경우에는 그 등록신청서류를 협회에 반환한다.

제22조【등록취소】 ① 지방법무사회는 소속법무사에 관하여 법 제10조 및 제11조에 따른 등록취소의 사유가 있다고 인정된 때에는 그 뜻을 지체 없이 협회에 보고하여야 한다.(2016.6.27 본항개정)
② 소관지방법원장은 관내 법무사에 관하여 제1항의 사유가 있다고 인정된 때에는 지체 없이 그 뜻을 협회에 통지하여야 한다.(2016.6.27 본항개정)
③ 제21조의 규정은 등록취소에 대한 이의신청의 경우에 이를 준용한다.(1996.12.31 본항개정)

제23조【업무개시 신고등】 ① 법무사가 법 제14조2항에 따라 업무개시 신고를 한 때에는 소속지방법무사회는 지체 없이 그 사실을 소관지방법원장에게 보고하여야 한다. (2016.6.27 본항개정)
② 법무사는 등록된 사무소 외의 장소에서 그 업무에 종사하지 못한다.(2008.7.7 본항개정)

제24조【소속변경등록】 ① 법 제16조제1항에 따른 소속변경등록신청서의 양식은 협회가 정한다.(2016.6.27 본항개정)
② 지방법무사회가 제1항의 신청서를 받은 때에는 그 신청서를 접수일로부터 7일이내에 협회에 송부하여야 한다.
③ 협회가 제2항의 신청서를 송부받은 때에는 그 법무사명부의 해당사항을 변경등록하여야 한다.(2016.6.27 본항개정)
④ 협회가 소속변경등록을 한 때에는 지체 없이 해당 법무사와 종전 사무소 소재지의 소관지방법원장 및 새로운 소속지방법무사회에 그 뜻을 통지하고, 새로운 사무소 소재지의 소관지방법원장에게 해당 법무사명부의 부본 1부를 송부하여야 한다.(2016.6.27 본항개정)
⑤ 종전 사무소 소재지의 소관지방법원장은 제4항의 통지를 받은 때에는 해당 법무사명부의 부본에 그 뜻을 기재한 후 그 부본을 폐쇄하여 별도로 보관하여야 한다. (2016.6.27 본항개정)
⑥ 제18조제4항의 규정은 제2항의 경우에 이를 준용한다. (1996.12.31 본항개정)
⑦ 제21조의 규정은 제1항의 규정에 의한 소속변경등록신청이 거부된 경우에 이를 준용한다.(1996.12.31 본항개정)

제25조【합동사무소】 ① 법무사가 법 제14조제4항에 따라 합동사무소를 설치하고자 할 때에는 다음 사항을 정한 규약을 첨부하여 소속지방법무사회를 거쳐 협회에 신고하고, 소속지방법무사회는 지체 없이 그 사실을 소관지방법원장에게 보고하여야 한다. 규약을 변경한 때에도 또한 같다.(2016.6.27 전단개정)
1. 명칭
2. 사무소(분사무소 포함)의 설치장소
3. 조직 및 운영에 관한 사항
4. 수입 및 지출에 관한 사항
5. 구성원의 가입과 탈퇴에 관한 사항
6. 구성원 및 대표자의 성명·주민등록번호·주소
(1996.12.31 본항개정)
② 합동사무소의 분사무소에는 1인이상의 법무사가 주재하여야 한다.(1996.12.31 본항개정)
③ 소관지방법원장은 감독상 필요하다고 인정한 때에는 합동사무소의 해산, 분사무소의 폐쇄 기타 합동사무소의 운영에 관하여 필요한 조치를 명할 수 있다.
④ 합동사무소의 대표자는 그 합동사무소가 해산한 때에는 소속 지방법무사회를 거쳐 협회에 신고하고, 소속 지방법무사회는 지체 없이 그 사실을 소관 지방법원장에게 보고하여야 한다.(2016.6.27 본항신설)

제26조【간판등】 ① (2000.10.26 삭제)
② 법무사가 휴업하거나 업무정지의 처분을 받은 때에는 그 기간중 간판을 철거하여야 한다.(1996.12.31 본항개정)
③ 법무사가 폐업하거나 등록취소를 당한 때에는 본인이, 사망한 때에는 법 제17조제1항에 규정되어 있는 자가 지체 없이 등록증을 협회에 반납하고 간판을 철거하여야 하고, 법무사합동사무소가 제25조제3항에 따라 해산명령 또는 분사무소의 폐쇄명령을 받은 때에도 지체 없이 그 간판을 철거하여야 한다.(2016.6.27 본항개정)

제27조【폐업신고등】 ① 법 제17조제1항에 따른 폐업 및 사망신고는 협회가 정하는 양식의 신고서에 의하여 한다. (2016.6.27 본항개정)
② 협회는 제1항의 신고서를 받은 때에는 지체 없이 등록취소처분을 하여야 한다.(2016.6.27 본항개정)
③ 제2항의 규정은 법 제18조제2항의 규정에 의하여 폐업한 것으로 보아야 할 때에도 이를 준용한다.
(1996.12.31 본조개정)

제28조【휴업신고등】 ① 법 제18조제1항에 따른 휴업신고는 협회가 정하는 양식의 신고서에 의하여 한다.
(2016.6.27 본항개정)
② 휴업한 법무사가 업무를 재개하고자 할 때에는 소속지방법무사회를 거쳐 협회에 업무재개 신고를 하여야 한다. (1996.12.31 본항개정)

제29조【직인】 ① 법무사는 협회의 회칙이 정하는 바에 따라 업무상 사용할 직인을 새겨 협회에 신고하여야 한다.
② 제1항에 따라 신고된 직인의 인영은 해당 법무사명부의 인감란에 첨부하여야 한다.(2016.6.27 본항개정)
③ 제1항 및 제2항의 규정은 직인을 개인하는 경우에 이를 준용한다.(1996.12.31 본항개정)

제30조【보수에 관한 규정의 게시】 법무사는 협회의 회칙이 정하는 법무사의 보수에 관한 규정을 사무소의 보기 쉬운 장소에 읽기에 알맞은 크기로 게시하여야 한다. (1996.12.31 본조개정)

제31조【위임의 거부】 법무사는 업무에 관한 위임을 거부한 경우에 위임인의 청구가 있는 때에는 그 이유서를 교부하여야 한다. 이 경우에는 지체 없이 그 경위를 소관지방법원장에게 보고하여야 한다.(2016.6.27 후단개정)

제32조【업무처리의 순서 등】 ① 법무사는 특별한 사유가 없는 한 위임을 받은 순서에 따라 신속히 업무를 처리하여야 한다.
② 법무사는 위임을 받은 사건의 처리가 2월이상 걸릴 때에는 그 사유를 위임인에게 통지하고 그 뜻을 사건부에 기재하여야 한다.
(1996.12.31 본조개정)

제33조【서류의 작성】 ① 법무사는 법령 또는 위임의 취지에 반하는 서류를 작성하여서는 아니된다.
② 법무사는 위임인의 위임에 의하지 아니한 서류를 작성하여 보수를 받아서는 아니된다.
(1996.12.31 본조개정)

제34조【영수증】 ① 법무사는 위임인으로부터 보수를 받은 때에는 협회가 정하는 양식에 의한 영수증을 작성하여 위임인에게 교부하고 그 부본을 진행번호순으로 편철하여 보관한다.(1996.12.31 본항개정)
② 제1항의 영수증의 부본은 작성일로부터 3년간 보존하여야 한다.

제35조【사건부의 작성 및 보존】 ① 법 제22조제1항에 따라 법무사가 사건을 위임받은 때에는 1개월 이내에 수임에 관한 사건부를 작성하고, 그 위임사무 종료일 다음 해부터 5년간 보존하여야 한다.
② 제1항의 사건부에 적어야 할 사항은 다음 각 호와 같다.
1. 일련번호
2. 위임받은 연월일
3. 사건 명
4. 보수액
5. 위임인의 주소와 성명
6. 위임인의 확인방법
7. 종결일자
③ 사건부의 일련번호는 매 년 새로 부여하여야 한다.
④ 사건부에 기재하여야 할 위임인이 다수인 때에는 그 중 1명의 성명·생년월일·주소 및 나머지 인원수를 기재한다.
⑤ 사건부에는 처리한 총건수 및 보수의 총액을 매월 말에 월계와 누계별로 기재하여야 한다.
⑥ 법무사는 사건부가 멸실, 훼손된 때에는 그 사유를 지체 없이 소속지방법무사회를 거쳐 소관 지방법원장에게 신고하여야 한다.
⑦ 법무사는 사건부에 기재를 누락하거나 허위의 기재를 하여서는 아니 된다.
⑧ 제2항에 따른 사건부의 양식, 그 밖에 필요한 사항은 협회의 회칙으로 정한다.
(2016.6.27 본조개정)

제36조 (2016.6.27 삭제)

제37조【사무원】 ① 법무사는 소속지방법무사회의 승인을 얻어 사무원(운전기사등 법무사가 채용하는 일체의

직원을 포함한다. 이하 같다)을 채용할 수 있다.(2003.9.13 본문개정)
1.~4. (2003.9.13 삭제)
② 제1항에 따른 승인을 얻고자 할 때에는 승인신청서를 소속지방법무사회에 제출하여야 한다.(2016.6.27 본항개정)
③ 소속지방법무사회가 제2항의 신청서를 받은 때에는 승인대상자에 대하여 법 제23조제2항 각 호에 따른 결격사유가 있는지 여부를 결정함에 필요한 신원조회 및 사실조사를 하여 결격사유가 없는 경우에 한하여 사무원 채용승인을 하고 승인후 지체 없이 그 사실을 소관지방법원장에게 보고하여야 하며, 채용승인을 거부하는 경우에는 그 사유를 명시하여 사무원 채용승인 신청을 한 법무사에게 통지하여야 한다.(2016.6.27 본항개정)
④ 제3항에 따라 사무원 채용승인이 거부된 자는 그 통지를 받은 날로부터 1월이내에 승인거부에 대한 불복의 이유를 소명하여 소관지방법원장에게 이의신청을 할 수 있다. 이 경우 그 이의절차에 관하여는 제21조의 규정을 준용하되, 동조의 "협회"는 "소속지방법무사회"로, "대법원장"은 "소관지방법원장"으로 본다.(2016.6.27 전단개정)
⑤ 법무사〔법무사합동사무소 및 법무사법인·법무사법인(유한)의 구성원과 구성원 아닌 법무사를 포함한다〕 1인이 채용할 수 있는 사무원의 수는 5인을 초과하지 못한다.
(2016.6.27 본항개정)
⑥ 소속지방법무사회는 법무사 사무원이 법 제23조제2항 각 호의 어느 하나에 해당하거나 법무사 사무원으로서의 업무수행에 지장이 있다고 인정되는 행위를 하였을 경우에는 그 채용승인을 취소하여야 한다.(2016.6.27 본항개정)
⑦ 소관지방법원장은 법무사 사무원에게 제6항의 사유가 있다고 인정되는 경우에는 소속지방법무사회에 대하여 해당 사무원의 채용승인 취소를 명할 수 있다.(2016.6.27 본항개정)
⑧ 법무사가 제1항의 승인을 얻어 사무원을 채용한 경우에는 소속지방법무사회를 거쳐 소관지방법원장에게 그 뜻을 신고하여야 한다. 사무원이 사망하거나 그 직을 그만 둔 경우에도 같다.

제37조의2【사무원의 채용제한】 법 제23조제2항제2호에서 "대법원규칙으로 정하는 법률"이라 함은 「변호사법」 제109조 내지 제114조, 「특정경제범죄 가중처벌 등에 관한 법률」 제3조제1항, 「형법」 제347조 내지 제352조, 제355조 내지 제357조 및 제359조, 「폭력행위 등 처벌에 관한 법률」 제4조·제5조 및 제6조(동법 제2조·제3조의 경우를 제외한다), 「마약류관리에 관한 법률」 제58조 내지 제64조를 말한다.(2016.6.27 본조개정)

제38조【보증보험 등의 가입】 ① 법무사(법무사합동사무소 및 법무사법인을 포함한다)는 법무사 업무를 개시하기 전에 법 제26조제2항에 따른 이행보증보험 또는 공제에 가입하고, 이행보증보험에 가입한 경우에는 그 가입을 증명하는 서류를 첨부하여 소속지방법무사회에 가입사실을 신고하여야 한다.
② 제1항의 경우 그 이행보증보험금액 또는 공제금액은 2억원 이상이어야 한다. 다만, 법무사합동사무소의 경우에는 구성원인 법무사 1인당 1억5천만원 이상으로 하며, 법무사법인의 경우에는 구성원 및 구성원이 아닌 법무사 1인당 1억5천만원 이상 또는 법무사법인당 10억원 이상으로 한다.
③ 법무사(법무사합동사무소 및 법무사법인을 포함한다)는 제1항에 따라 가입한 이행보증보험 또는 공제가 보험기간만료등의 사유로 종료될 때에는 종료일 10일전까지 다시 제1항의 규정에 의하여 보험 또는 공제에 가입하고 그 가입사실을 신고하여야 한다.
(2016.6.27 본조개정)

제38조의2【업무정지명령 절차 등】 ① 지방법무사회장이 소속 법무사에게 법 제26조제3항에 따른 위반사실이 있는 것을 발견하였을 때에는 그 사실을 해당 법무사에게 통지하고 소관 지방법원장에게 보고하여야 한다.
② 소관 지방법원장은 손해배상책임 보장조치의 이행 여부를 확인하기 위하여 필요한 경우에는 해당 법무사, 소속 지방법무사회, 협회 또는 보증보험사 등에 자료의 제출을 요구할 수 있다.
③ 소관 지방법원장은 업무정지명령을 결정하기 전에 해당 법무사 또는 대리인에게 의견을 진술할 기회를 주어야 하고, 법 제26조제3항의 위반사실이 있다고 인정되는 경우에는 업무정지 개시일을 명시하여 업무정지명령을 할 수 있다.
④ 업무정지명령을 받은 법무사가 법 제26조제5항에 따라 업무정지명령의 해제를 신청할 경우에는 손해배상책임 보장조치를 이행한 사실을 증명하는 서류를 첨부하여야 한다.
⑤ 법 제26조제5항에 따라 업무정지명령 해제 신청을 받은 지방법원장은 해당 보장조치의 이행이 확인되면 지체 없이 업무정지명령을 해제하여야 한다.
⑥ 소관 지방법원장이 업무정지를 명한 경우 또는 업무정지명령을 해제한 경우에는 그 뜻을 해당 법무사와 소속 지방법무사회 및 협회에 통지하고 대법원장에게 보고하여야 한다.
(2016.6.27 본조신설)

제39조【권한의 위임】 대법원장은 법 제70조의3에 따라 다음 각 호의 권한을 소관 지방법원장에게 위임한다.
1. 법 제34조(법 제45조제2항에서 준용하는 경우를 포함한다) 및 법 제47조의3에 따른 인가
2. 법 제43조 및 법 제47조의12에 따른 인가의 취소
3. 법 제44조제2항 및 법 제47조의13제2항에 따른 해산신고의 수리
4. 법 제45조의2에 따른 인가
5. 법 제47조의7제6항에 따른 명령
(2016.6.27 본조개정)

제40조【법무사법인의 설립인가신청】 ① 법 제34조에 따른 법무사법인의 설립인가를 받고자 할 때에는 법무사법인설립인가신청서에 다음 각호의 서류를 첨부하여 주사무소 소재지의 지방법무사회를 거쳐 소관지방법원장에게 제출하여야 한다.(2016.6.27 본문개정)
1. 정관
2. 구성원이 될 법무사의 경력증명서
② 소관지방법원장이 법무사법인의 설립인가를 한 때에는 법무사법인인가대장에 다음 각호의 사항을 기재하고 신청인에게 법무사법인설립인가증을 교부하여야 한다.
(2016.6.27 본문개정)
1. 인가번호 및 인가연월일
2. 법무사법인의 명칭(2016.6.27 본호개정)
3. 주사무소 및 분사무소의 소재지
4. 대표자 및 구성원의 성명·주민등록번호 및 주소
5. 기타 필요한 사항
③ 제1항 및 제2항의 규정은 법 제45조에 따른 법무사법인의 합병인가에 관하여 이를 준용한다.(2016.6.27 본항개정)
(2016.6.27 본조제목개정)
(1996.12.31 본조신설)

제41조【법무사법인의 정관변경인가신청】 ① 법 제34조 단서에 따른 법무사법인이 정관변경의 인가를 받고자 할 때에는 정관변경인가신청서에 다음 각호의 서류를 첨부하여 소속지방법무사회를 거쳐 소관지방법원장에게 제출하여야 한다.(2016.6.27 본문개정)
1. 정관변경이유서
2. 정관변경안
3. 정관변경에 관한 법무사법인 구성원회의 회의록
(2016.6.27 본호개정)
② 소관지방법원장이 법무사법인의 정관변경을 인가한 때에는 제40조제2항의 법무사법인인가대장에 그 뜻을 기재하고, 법무사법인은 그 사실을 협회에 신고하여야 한다.
(2016.6.27 본항개정)
(2016.6.27 본조제목개정)
(1996.12.31 본조신설)

제42조【법무사법인의 등기】 ① 법무사법인의 등기는 주사무소 소재지를 관할하는 등기소에서 한다.(2016.6.27 본항개정)
② (2008.7.7 삭제)
③ 법무사법인의 설립등기는 그 대표자가 신청하여야 하며, 그 신청서에는 다음 각호의 서류를 첨부하여야 한다.
(2016.6.27 본문개정)
1. 정관
2. 법무사법인의 설립인가증(2016.6.27 본호개정)
④ 법무사법인의 등기에 관하여 법 및 이 규칙에 정한 것 외에는 「상업등기법」을 준용한다.(2016.6.27 본항개정)
(2016.6.27 본조제목개정)
(1996.12.31 본조신설)

제43조【법무사법인의 등록】 ① 법무사법인의 대표자는 법무사법인의 설립등기를 한 날로부터 7일이내에 소속지방법무사회를 거쳐 협회의 법무사법인명부에 등록하여야 한다.
② 협회는 제1항의 경우에 지체 없이 법무사법인명부의 부본 1부씩을 대법원장과 소관지방법원장에게 송부하여야 한다.
(2016.6.27 본조개정)

제44조【법무사법인의 사무소등】 ① 법무사법인의 구성원과 구성원 아닌 법무사는 법무사법인의 사무소 이외에 따로 법무사사무소를 둘 수 없다.
② 법무사법인이 법 제40조에 따라 분사무소를 둔 때에는 1인이상의 구성원이 그 분사무소에 주재하여야 한다.
(2016.6.27 본조개정)

제45조【준용규정】 이 규칙중 법무사에 관한 규정은 그 성질이 반하지 아니하는 한 법무사법인에 이를 준용한다.
(2016.6.27 본조개정)

제45조의2【다른 법인에 대한 출자 제한 등】 법 제47조의8제1항에 따라 법무사법인(유한)이 다른 법인에 출자하거나 타인을 위하여 채무를 보증한 경우 그 합계액은 법 제47조의8제2항에 따른 자기자본(이하 "자기자본"이라 한다)의 규모에 따라 다음 각 호의 구분에 따른 금액보다 많으면 아니 된다. 이 중 타인을 위하여 채무를 보증한 금액의 합계액은 자기자본의 100분의 10에 해당하는 금액보다 많으면 아니 된다.
1. 자기자본이 1억원인 경우에는 자기자본의 100분의 25에 해당하는 금액
2. 자기자본이 1억원을 넘는 경우에는 1억원의 100분의 25에 해당하는 금액과 1억원을 넘는 금액의 100분의 50에 해당하는 금액을 합산한 금액
(2016.6.27 본조신설)

제45조의3【손해배상책임의 명시】 ① 법 제47조의10제3항에 따라 법무사법인(유한)은 사건수임계약서와 광고물(구성원 또는 소속법무사의 변동을 내용으로 하는 광고물은 제외한다)에 법 제47조의10제1항 및 제2항에 따른 손해배상책임에 관한 사항을 명시하여야 한다.
② 제1항의 광고물은 다음 각 호의 어느 하나에 해당하는 광고매체를 통하여 법무사법인(유한)의 법무사 및 그 업무에 관하여 정보와 자료를 제공하는 것을 말한다.
1. 「출판문화산업 진흥법」 제2조에 따른 간행물
2. 「방송법」 제2조에 따른 방송
(2016.6.27 본조신설)

제45조의4【손해배상준비금의 적립 등】 ① 법무사법인(유한)은 법 제47조의11제1항에 따라 사업연도마다 해당 사업연도 총매출액의 100분의 2에 해당하는 금액을 손해배상준비금으로 적립하거나, 업무를 개시하기 전에 법 제26조제2항에 따른 이행보증보험 또는 공제에 가입하여야 한다.
② 법무사법인(유한)은 제1항에 따른 손해배상준비금을 직전 2개 사업연도 및 해당 사업연도의 총매출액 평균의 100분의 10에 해당하는 금액에 이를 때까지 적립하여야 한다.
③ 제1항에 따른 이행보증보험 또는 공제기금의 보상한도액은 보상 청구 건당 1억5천만원 이상으로 하여야 하고, 연간 보상한도액은 구성원 및 구성원 아닌 소속 법무사의 수에 1억5천만원을 곱하여 산출한 금액 또는 10억원 이상으로 하여야 한다.
④ 법무사법인(유한)은 손해배상준비금을 사용하여 구성원 또는 소속 법무사를 포함한 직원으로부터 취득한 구상권을 행사한 경우 그 구상한 금액을 손해배상준비금에 계상하여야 한다.
⑤ 법무사법인(유한)은 제3항에 따른 보상한도와 관련하여 남은 보상한도액을 3억원 이상으로 유지하여야 하고, 남은 보상한도액이 3억원 미만이 된 경우에는 그 사유가 발생한 날부터 1개월 이내에 3억원 이상이 되도록 하여야 한다.
⑥ 법무사법인(유한)은 제1항에 따라 이행보증보험 또는 공제에 가입한 경우에는 그 가입을 증명하는 서류를 첨부하여 소속 지방법무사회에 가입사실을 신고하여야 하고, 가입한 이행보증보험 또는 공제가 보험기간만료 등의 사유로 종료될 때에는 종료일 10일 전까지 다시 보험 또는 공제에 가입하고 그 가입사실을 신고하여야 한다.
(2016.6.27 본조신설)

제45조의5【준용규정】 ① 법무사법인(유한)에 관하여는 그 성질에 반하지 아니하는 범위에서 이 규칙 중 법무사에 관한 규정과 제40조부터 제44조까지의 규정을 준용한다.
② 법무사법인(유한)에 관하여 이 규칙에 정한 것 외에는 「상법」 중 유한회사에 관한 규정을 준용한다.
(2016.6.27 본조신설)

제46조【책임】 법무사는 그 사무원의 행위에 대하여 자기의 지휘에 의하지 아니하였다는 이유로 그 징계를 면하지 못한다.

제47조【법무사징계위원회의 구성】 ① 법 제49조에 따른 법무사징계위원회는 위원장 1인과 위원 4인으로 구성한다.(2016.6.27 본항개정)
② 위원장은 지방법원의 수석부장판사가 되며 위원은 지방법원 소속법관 또는 4급이상의 직원중에서 지방법원장이 임명한 자와 소속지방법무사회 회장이 된다.
③ 법무사징계위원회에는 서기 1인을 두되, 서기는 지방법원 소속 5급 직원중에서 지방법원장이 지명한다.
(1996.12.31 본조신설)

제48조【징계처분의 통지 등】 소관지방법원장이 법 제48조에 따라 징계처분을 한 때에는 그 뜻을 해당 법무사와 소속지방법무사회 및 협회에 통지하고 대법원장에게 보고하여야 한다.(2016.6.27 본조개정)

제48조의2【징계처분의 공개 범위와 시행 방법】 ① 협회장은 법 제48조제4항에 따라 법무사 징계처분에 관한 다음 각 호의 정보(이하 "징계처분정보"라 한다)를 징계처분의 확정일부터 2주일 이내에 인터넷 홈페이지에 게재하여야 한다.
1. 징계처분을 받은 법무사의 성명·생년월일·소속 지방법무사회 및 사무소 소재지·명칭〔해당 법무사가 법무사합동사무소, 법무사법인, 법무사법인(유한)에 소속되어 있거나 그 구성원인 경우에는 법무사합동사무소, 법무사법인, 법무사법인(유한)의 사무소 소재지·명칭을 말한다〕
2. 징계처분의 내용 및 징계사유의 요지(위반행위의 태양 등 그 사유를 구체적으로 알 수 있는 사실관계의 개요를 포함한다)
3. 징계처분의 효력발생일. 다만, 징계의 종류가 업무정지인 경우에는 업무정지 개시일 및 정지 기간으로 한다.
② 제1항에 따라 징계처분정보를 인터넷 홈페이지에 게재하는 기간은 최초 게재일부터 기산하여 다음 각 호의 구분에 따른 기간으로 한다.
1. 제명 : 3년
2. 업무정지 : 1년. 다만, 업무정지 기간이 1년보다 장기인 경우에는 그 업무정지 기간으로 한다.
3. 과태료 : 6개월

4. 견책 : 3개월
③ 협회장은 제1항 및 제2항에 따라 징계처분정보를 인터넷 홈페이지에 공개할 경우 홈페이지 최상단 메뉴에 법무사 정보란을, 그 하위 메뉴로 법무사 징계 내역을 두고, 법무사 징계 내역 메뉴에 징계처분정보를 기재하는 방법으로 게재하여야 한다.
④ 협회장은 제3항에 따라 설치되는 법무사 징계 내역 메뉴에서 법무사의 성명 및 사무소의 명칭[해당 법무사가 법무사합동사무소, 법무사법인, 법무사법인(유한)에 소속되어 있거나 그 구성원인 경우에는 법무사합동사무소, 법무사법인, 법무사법인(유한)의 명칭을 말한다]으로 징계처분정보가 검색될 수 있도록 하여야 한다.
(2016.6.27 본조신설)
제48조의3【업무정지결정 청구 등】 ① 소관 지방법원장은 법 제51조제1항 본문에 따라 법무사의 업무정지에 관한 결정을 청구하려면 피청구인의 인적사항, 공소사실 또는 징계혐의사실, 의뢰인이나 공공의 이익을 침해할 구체적 위험성 등을 업무정지결정 청구서에 적어 법무사징계위원회에 제출하여야 한다.
② 소관 지방법원장은 법 제51조제2항에 따라 법무사에게 업무정지를 명한 경우에는 지체 없이 그 뜻을 해당 법무사와 소속 지방법무사회 및 협회에 통지하고 대법원장에게 보고하여야 한다. 법 제51조의3제1항 및 제3항에 따라 업무정지명령을 해제한 경우에도 같다.
(2016.6.27 본조신설)
제48조의4【「행정절차법」의 준용】 제38조의2제6항, 제48조 및 제48조의3제2항에 따라 해당 법무사에게 통지할 경우에는 「행정절차법」의 송달 규정을 준용한다.
(2016.6.27 본조신설)
제49조【업무의 보고】 ① 법무사는 매년 1월 15일까지 전년에 처리한 사건의 월별 총건수 및 보수의 월별총액을 소속지방법무사회에 보고하여야 한다.
② 법무사합동사무소 또는 법무사법인·법무사법인(유한)의 경우에는 그 대표자가 제1항의 보고내용을 종합 집계하여 그 결과를 동시에 보고하여야 한다.(2016.6.27 본항개정)
③ 지방법무사회는 매년 1월말까지 소속한 법무사가 전년에 처리한 사건의 총수 및 보수의 월별총액을 소관지방법원장에게 보고하여야 한다.
제50조【신고의무】 법무사는 다음 각 호의 어느 하나에 해당할 때에는 지체 없이 소속지방법무사회를 거쳐 소관지방법원장에게 그 뜻을 신고하여야 한다.(2016.6.27 본문개정)
1. 질병 기타의 사고로 인하여 3주일이상 업무를 수행할 수 없을 때
2. 업무에 관하여 법원 또는 검찰청의 심문을 받은 때
3. 법 제6조 각 호의 어느 하나에 해당하게 되었을 때 (2016.6.27 본호개정)
4. 법무사가 법무사 외의 다른 사람과 사무소를 공동으로 사용하게 되었을 때(2008.7.7 본호신설)
제51조【지방법원장의 업무검열】 ① 지방법원장은 관내 법무사[법무사합동사무소 및 법무사법인·법무사법인(유한)을 포함한다. 이하 같다] 및 지방법무사회에 대하여 필요하다고 인정할 때에는 수시로 업무를 검열할 수 있다.(2016.6.27 본항개정)
② 지방법원장은 업무검열 결과를 지체 없이 대법원장에게 보고하여야 한다.(2016.6.27 본항개정)
③ 법 제32조제3항에 따라 업무검열을 위임받은 지원장은 그 실시결과를 의견서를 첨부하여 지체 없이 지방법원장에게 보고하여야 한다.(2016.6.27 본항개정)
④ 지방법원장은 업무검열결과 법규를 위반하였다고 인정되는 자에 대하여는 해당 법규에 의거하여 상당한 처분을 하여야 한다.
⑤ (1996.12.31 삭제)
(1996.12.31 본조제목개정)
제52조【협회 등의 지방법무사회 등에 대한 감독】 ① 협회는 지방법무사회 및 그 소속 법무사에 대하여 매년 1회 업무검사를 실시하여야 한다. 다만, 협회는 법무사에 대한 업무검사를 그 소속 지방법무사회에 위임할 수 있다.
② 협회 및 지방법무사회는 법무사에 대하여 감독상 필요하다고 인정할 때에는 회칙이 정하는 바에 따른 조사를 할 수 있다.
③ 협회 및 지방법무사회는 제1항 및 제2항에 따른 업무검사 및 조사 결과 해당 법무사에게 법 제48조제1항 각 호의 어느 하나에 해당하는 징계사유가 있다고 인정할 만한 상당한 사유가 있을 때에는 지체 없이 소관지방법원장에게 그 사유를 통지하여야 한다.(2016.6.27 본항개정)
④ 협회는 제1항의 업무검사 결과를 지체 없이 대법원장 및 소관지방법원장에게 보고하여야 한다. 다만, 지방법무사회가 제1항 단서에 따라 위임받은 업무검사를 실시한 때에는 그 업무검사 결과를 지체 없이 지방법원장 및 협회에 보고하여야 하며, 협회는 그 업무검사 결과를 대법원장에게 보고하여야 한다.(2016.6.27 본항개정)
⑤ 제2항의 조사를 실시한 경우에 협회는 매년 말에 해당 연도의 조사 결과를 대법원장에게 보고하여야 하며, 지방법무사회는 매년 말에 해당 연도의 조사결과를 지방법원장 및 협회에 보고하여야 한다.(2016.6.27 본항개정)
⑥ 제51조제2항의 규정은 지방법원장이 지방법무사회로부터 제5항에 따라 조사결과를 보고받은 경우에 이를 준용한다.(2003.9.13 본항신설)
(2003.9.13 본조개정)
제53조【주의·권고】 ① 지방법무사회는 소속 법무사가 법 또는 이 규칙에 위반할 염려가 있다고 인정될 때에는 해당 법무사에게 주의를 촉구하거나 필요한 조치의 강구를 권고할 수 있다.
② 지방법무사회가 제1항에 따른 조치를 한 때에는 그 뜻을 협회 및 소관지방법원장에게 보고하여야 한다.
(2016.6.27 본조개정)
제54조【지방법무사회의 설립인가신청 등】 ① 법 제53조 전단에 따라 지방법무사회의 설립인가를 받고자 할 때에는 그 인가신청서에 다음 각호의 서류를 첨부하여야 한다.(2016.6.27 본문개정)
1. 회칙
2. 회칙 작성에 관한 회의록
② 법 제53조 후단에 따라 지방법무사회회칙의 변경인가를 받고자 할 때에는 그 인가신청서에 다음 각호의 서면을 첨부하여야 한다.(2016.6.27 본문개정)
1. 인가를 받으려는 회칙
2. 회칙의 변경이 회칙의 정함에 의하여 이루어졌음을 증명하는 서면
3. 대표자의 자격을 증명하는 서면
③ 대법원장은 제1항의 설립인가 또는 제2항의 회칙 변경의 인가를 한 때에는 그 뜻을 협회를 거쳐 해당 지방법무사회에 통지한다.(2016.6.27 본항개정)
(1996.12.31 본조개정)
제55조【협회의 설립인가신청 등】 ① 협회의 설립인가 또는 협회회칙의 변경인가를 받고자 할 때에는 대법원장에게 인가신청서를 제출하여야 한다.
② 제54조제1항 및 제2항의 규정은 제1항의 경우에 이를 준용한다.(2016.6.27 본항개정)
(1996.12.31 본조개정)
제56조【공제규정의 승인신청】 협회가 법 제67조제2항에 따라 공제규정의 승인을 받고자 할 때에는 대법원장에게 승인신청서를 제출하여야 한다.(2016.6.27 본조개정)
제57조【교육에 관한 보고】 협회는 법무사의 교육에 관한 계획과 그 실시결과를 매년 대법원장에게 보고하여야 한다.
제58조【협회의 통지의무】 협회는 법 제69조에 따라 대법원장에게 보고하는 외에 소관지방법원장에게 통지하여야 한다.(2016.6.27 본조개정)
제59조【각종 서식 등】 협회는 법 또는 이 규칙에 의하여 법무사와 지방법무사회 및 협회가 하여야 할 각종 보고와 통지 및 신청과 신고에 관한 서식을 정할 수 있다.
(1996.12.31 본조개정)

부 칙 (2016.6.27)

제1조【시행일】 이 규칙은 2016년 8월 4일부터 시행한다.
제2조【업무정지에 관한 적용례】 제38조의2 및 제48조의3의 개정규정은 이 규칙 시행 이후 발생하는 위반행위부터 적용한다.
제3조【징계처분 공개에 관한 적용례】 제48조의2의 개정규정은 이 규칙 시행 이후 징계처분을 받은 자부터 적용한다.
제4조【법무사시험에 관한 경과조치】 이 규칙 시행 당시 진행 중인 시험에 대해서는 제4조, 제5조, 제6조, 제8조, 제13조 및 제14조의 개정규정에도 불구하고 종전의 규정에 따른다.
제5조【다른 규칙의 개정】 ①~⑦ ※(해당 법령에 가제정리 하였음)

부 칙 (2020.12.28)

이 규칙은 공포한 날부터 시행한다.

[별표] ➡「法典 別冊」참조

고위공직자범죄수사처 설치 및 운영에 관한 법률(약칭 : 공수처법)

(2020년 1월 14일 법 률 제16863호)

개정
2020. 2. 4법16924호(형사소송법)
2020.12.15법17645호
2020.12.15법17646호(국가정보원법)
2022. 5. 9법18861호(검찰)

제1장 총 칙

제1조【목적】 이 법은 고위공직자범죄수사처의 설치와 운영에 관하여 필요한 사항을 규정함을 목적으로 한다.
제2조【정의】 이 법에서 사용하는 용어의 정의는 다음과 같다.
1. "고위공직자"란 다음 각 목의 어느 하나의 직(職)에 재직 중인 사람 또는 그 직에서 퇴직한 사람을 말한다. 다만, 장성급 장교는 현역을 면한 이후도 포함된다.
가. 대통령
나. 국회의장 및 국회의원
다. 대법원장 및 대법관
라. 헌법재판소장 및 헌법재판관
마. 국무총리와 국무총리비서실 소속의 정무직공무원
바. 중앙선거관리위원회의 정무직공무원
사. 「공공감사에 관한 법률」 제2조제2호에 따른 중앙행정기관의 정무직공무원
아. 대통령비서실·국가안보실·대통령경호처·국가정보원 소속의 3급 이상 공무원
자. 국회사무처, 국회도서관, 국회예산정책처, 국회입법조사처의 정무직공무원
차. 대법원장비서실, 사법정책연구원, 법원공무원교육원, 헌법재판소사무처의 정무직공무원
카. 검찰총장
타. 특별시장·광역시장·특별자치시장·도지사·특별자치도지사 및 교육감
파. 판사 및 검사
하. 경무관 이상 경찰공무원
거. 장성급 장교
너. 금융감독원 원장·부원장·감사
더. 감사원·국세청·공정거래위원회·금융위원회 소속의 3급 이상 공무원
2. "가족"이란 배우자, 직계존비속을 말한다. 다만, 대통령의 경우에는 배우자와 4촌 이내의 친족을 말한다.
3. "고위공직자범죄"란 고위공직자로 재직 중에 본인 또는 본인의 가족이 범한 다음 각 목의 어느 하나에 해당하는 죄를 말한다. 다만, 가족의 경우에는 고위공직자의 직무와 관련하여 범한 죄에 한정한다.
가. 「형법」 제122조부터 제133조까지의 죄(다른 법률에 따라 가중처벌되는 경우를 포함한다)
나. 직무와 관련되는 「형법」 제141조, 제225조, 제227조, 제227조의2, 제229조(제225조, 제227조 및 제227조의2의 행사죄에 한정한다), 제355조부터 제357조까지 및 제359조의 죄(다른 법률에 따라 가중처벌되는 경우를 포함한다)
다. 「특정범죄 가중처벌 등에 관한 법률」 제3조의 죄
라. 「변호사법」 제111조의 죄
마. 「정치자금법」 제45조의 죄
바. 「국가정보원법」 제21조 및 제22조의 죄(2020.12.15 본목개정)
사. 「국회에서의 증언·감정 등에 관한 법률」 제14조제1항의 죄
아. 가목부터 마목까지의 죄에 해당하는 범죄행위로 인한 「범죄수익은닉의 규제 및 처벌 등에 관한 법률」 제2조제4호의 범죄수익등과 관련된 같은 법 제3조 및 제4조의 죄
4. "관련범죄"란 다음 각 목의 어느 하나에 해당하는 죄를 말한다.
가. 고위공직자와 「형법」 제30조부터 제32조까지의 관계에 있는 자가 범한 제3호 각 목의 어느 하나에 해당하는 죄
나. 고위공직자를 상대로 한 자의 「형법」 제133조, 제357조제2항의 죄
다. 고위공직자범죄와 관련된 「형법」 제151조제1항, 제152조, 제154조부터 제156조까지의 죄 및 「국회에서의 증언·감정 등에 관한 법률」 제14조제1항의 죄
라. 고위공직자범죄 수사 과정에서 인지한 그 고위공직자범죄와 직접 관련성이 있는 죄로서 해당 고위공직자가 범한 죄
5. "고위공직자범죄등"이란 제3호와 제4호의 죄를 말한다.
제3조【고위공직자범죄수사처의 설치와 독립성】 ① 고위공직자범죄등에 관하여 다음 각 호에 필요한 직무를 수행하기 위하여 고위공직자범죄수사처(이하 "수사처"라 한다)를 둔다.
1. 고위공직자범죄등에 관한 수사
2. 제2조제1호다목, 카목, 파목, 하목에 해당하는 고위공직자로 재직 중에 본인 또는 본인의 가족이 범한 고위공직자범죄 및 관련범죄의 공소제기와 그 유지

② 수사처는 그 권한에 속하는 직무를 독립하여 수행한다.
③ 대통령, 대통령비서실의 공무원은 수사처의 사무에 관하여 업무보고나 자료제출 요구, 지시, 의견제시, 협의, 그 밖에 직무수행에 관여하는 일체의 행위를 하여서는 아니 된다.

제2장 조 직

제4조【처장·차장 등】 ① 수사처에 처장 1명과 차장 1명을 두고, 각각 특정직공무원으로 보한다.
② 수사처에 수사처검사와 수사처수사관 및 그 밖에 필요한 직원을 둔다.

제5조【처장의 자격과 임명】 ① 처장은 다음 각 호의 직에 15년 이상 있던 사람 중에서 제6조에 따른 고위공직자범죄수사처장후보추천위원회가 2명을 추천하고, 대통령이 그 중 1명을 지명한 후 인사청문회를 거쳐 임명한다.
1. 판사, 검사 또는 변호사
2. 변호사 자격이 있는 사람으로서 국가기관, 지방자치단체, 「공공기관의 운영에 관한 법률」 제4조에 따른 공공기관 또는 그 밖의 법인에서 법률에 관한 사무에 종사한 사람
3. 변호사 자격이 있는 사람으로서 대학의 법률학 조교수 이상으로 재직하였던 사람
② 제1항 각 호에 규정된 둘 이상의 직에 재직한 사람에 대해서는 그 연수를 합산한다.
③ 처장의 임기는 3년으로 하고 중임할 수 없으며, 정년은 65세로 한다.
④ 처장이 궐위된 때에는 제1항에 따른 절차를 거쳐 60일 이내에 후임자를 임명하여야 한다. 이 경우 새로 임명된 처장의 임기는 새로이 개시된다.

제6조【고위공직자범죄수사처장후보추천위원회】 ① 처장후보자의 추천을 위하여 국회에 고위공직자범죄수사처장후보추천위원회(이하 "추천위원회"라 한다)를 둔다.
② 추천위원회는 위원장 1명을 포함하여 7명의 위원으로 구성한다.
③ 위원장은 위원 중에서 호선한다.(2020.12.15 본항개정)
④ 국회의장은 다음 각 호의 사람을 위원으로 임명하거나 위촉한다.
1. 법무부장관
2. 법원행정처장
3. 대한변호사협회장
4. 대통령이 소속되거나 소속되었던 정당의 교섭단체가 추천한 2명
5. 제4호의 교섭단체 외의 교섭단체가 추천한 2명
⑤ 국회의장은 제4항제4호 및 제5호에 따른 교섭단체에 10일 이내의 기한을 정하여 위원의 추천을 서면으로 요청할 수 있고, 각 교섭단체는 요청받은 기한 내에 위원을 추천하여야 한다.(2020.12.15 본항신설)
⑥ 제5항에도 불구하고 요청받은 기한 내에 위원을 추천하지 아니한 교섭단체가 있는 경우, 국회의장은 해당 교섭단체의 추천에 갈음하여 다음 각 호의 사람을 위원으로 위촉한다.
1. 사단법인 한국법학교수회 회장
2. 사단법인 법학전문대학원협의회 이사장
(2020.12.15 본항신설)
⑦ 추천위원회는 국회의장의 요청 또는 위원 3분의 1 이상의 요청이 있거나 위원장이 필요하다고 인정할 때 위원장이 소집하고, 재적위원 3분의 2 이상의 찬성으로 의결한다.(2020.12.15 본항개정)
⑧ 추천위원회 위원은 정치적으로 중립을 지키고 독립하여 그 직무를 수행한다.
⑨ 추천위원회가 제5조제1항에 따라 처장후보자를 추천하면 해당 추천위원회는 해산된 것으로 본다.
⑩ 그 밖에 추천위원회의 운영 등에 필요한 사항은 국회규칙으로 정한다.

제7조【차장】 ① 차장은 10년 이상 제5조제1항 각 호의 직에 재직하였던 사람 중에서 처장의 제청으로 대통령이 임명한다.
② 제5조제2항은 차장의 임명에 준용한다.
③ 차장의 임기는 3년으로 하고 중임할 수 없으며, 정년은 63세로 한다.

제8조【수사처검사】 ① 수사처검사는 7년 이상 변호사의 자격이 있는 사람 중에서 제9조에 따른 인사위원회의 추천을 거쳐 대통령이 임명한다. 이 경우 검사의 직에 있었던 사람은 제2항에 따른 수사처검사 정원의 2분의 1을 넘을 수 없다.(2020.12.15 전단개정)
② 수사처검사는 특정직공무원으로 보하고, 처장과 차장을 포함하여 25명 이내로 한다.
③ 수사처검사의 임기는 3년으로 하고, 3회에 한정하여 연임할 수 있으며, 정년은 63세로 한다.
④ 수사처검사는 직무를 수행함에 있어서 「검찰청법」 제4조에 따른 검사의 직무 및 「군사법원법」 제37조에 따른 군검사의 직무를 수행할 수 있다.

제9조【인사위원회】 ① 처장과 차장을 제외한 수사처검사의 임용, 전보, 그 밖에 인사에 관한 중요 사항을 심의·의결하기 위하여 수사처에 인사위원회를 둔다.
② 인사위원회는 위원장 1명을 포함한 7명의 위원으로 구성하고, 인사위원회의 위원장은 처장이 된다.
③ 인사위원회 위원 구성은 다음 각 호와 같다.
1. 처장
2. 차장
3. 학식과 덕망이 있고 각계 전문 분야에서 경험이 풍부한 사람으로서 처장이 위촉한 사람 1명
4. 대통령이 소속되거나 소속되었던 정당의 교섭단체가 추천한 2명
5. 제4호의 교섭단체 외의 교섭단체가 추천한 2명
④ 제3항제3호부터 제5호까지의 규정에 따른 위원의 임기는 3년으로 한다.
⑤ 인사위원회는 재적위원 과반수의 찬성으로 의결한다.
⑥ 그 밖에 인사위원회의 구성과 운영 등에 필요한 사항은 수사처규칙으로 정한다.

제10조【수사처수사관】 ① 수사처수사관은 다음 각 호의 어느 하나에 해당하는 사람 중에서 처장이 임명한다.
1. 변호사 자격을 보유한 사람
2. 7급 이상 공무원으로서 조사, 수사업무에 종사하였던 사람
3. 수사처규칙으로 정하는 조사업무의 실무를 5년 이상 수행한 경력이 있는 사람
② 수사처수사관은 일반직공무원으로 보하고, 40명 이내로 한다. 다만, 검찰청으로부터 검찰수사관을 파견받은 경우에는 이를 수사처수사관의 정원에 포함한다.
③ 수사처수사관의 임기는 6년으로 하고, 연임할 수 있으며, 정년은 60세로 한다.

제11조【그 밖의 직원】 ① 수사처의 행정에 관한 사무처리를 위하여 필요한 직원을 둘 수 있다.
② 제1항에 따른 직원의 수는 20명 이내로 한다.

제12조【보수 등】 ① 처장의 보수와 대우는 차관의 예에 준한다.
② 차장의 보수와 대우는 고위공무원단 직위 중 가장 높은 직무등급의 예에 준한다.
③ 수사처검사의 보수와 대우는 검사의 예에 준한다.
④ 수사처수사관의 보수와 대우는 4급 이하 7급 이상의 검찰직공무원의 예에 준한다.

제13조【결격사유 등】 ① 다음 각 호의 어느 하나에 해당하는 사람은 처장, 차장, 수사처검사, 수사처수사관으로 임명될 수 없다.
1. 대한민국 국민이 아닌 사람
2. 「국가공무원법」 제33조 각 호의 어느 하나에 해당하는 사람
3. 금고 이상의 형을 선고받은 사람
4. 탄핵결정에 의하여 파면된 후 5년이 지나지 아니한 사람
5. 대통령비서실 소속의 공무원으로서 퇴직 후 2년이 지나지 아니한 사람
② 검사의 경우 퇴직 후 3년이 지나지 아니하면 처장이 될 수 없고, 퇴직 후 1년이 지나지 아니하면 차장이 될 수 없다.

제14조【신분보장】 처장, 차장, 수사처검사는 탄핵이나 금고 이상의 형을 선고받은 경우를 제외하고는 파면되지 아니하며, 징계처분에 의하지 아니하고는 해임·면직·정직·감봉·견책 또는 퇴직의 처분을 받지 아니한다.

제15조【심신장애로 인한 퇴직】 수사처검사가 중대한 심신상의 장애로 인하여 직무를 수행할 수 없을 때 대통령은 처장의 제청에 의하여 그 수사처검사에게 퇴직을 명할 수 있다.

제16조【공직임용 제한 등】 ① 처장과 차장은 퇴직 후 2년 이내에 헌법재판관(「대한민국헌법」 제111조제3항에 따라 임명되는 헌법재판관은 제외한다), 검찰총장, 국무총리 및 중앙행정기관·대통령비서실·국가안보실·대통령경호처·국가정보원의 정무직공무원으로 임용될 수 없다.
② 처장, 차장, 수사처검사는 퇴직 후 2년이 지나지 아니하면 검사로 임용될 수 없다.
③ 수사처검사로서 퇴직 후 1년이 지나지 아니한 사람은 대통령비서실의 직위에 임용될 수 없다.
④ 수사처에 근무하였던 사람은 퇴직 후 1년 동안 수사처의 사건을 변호사로서 수임할 수 없다.

제3장 직무와 권한

제17조【처장의 직무와 권한】 ① 처장은 수사처의 사무를 통할하고 소속 직원을 지휘·감독한다.
② 처장은 국회에 출석하여 수사처의 소관 사무에 관하여 의견을 진술할 수 있고, 국회의 요구가 있을 때에는 수사나 재판에 영향을 미치지 않는 한 국회에 출석하여 보고하거나 답변하여야 한다.
③ 처장은 소관 사무와 관련된 안건이 상정될 경우 국무회의에 출석하여 발언할 수 있으며, 그 소관 사무에 관하여 법무부장관에게 의안(이 법의 시행에 관한 대통령령안을 포함한다)의 제출을 건의할 수 있다.
④ 처장은 그 직무를 수행함에 있어서 필요한 경우 대검찰청, 경찰청 등 관계 기관의 장에게 고위공직자범죄등과 관련된 사건의 수사기록 및 증거 등 자료의 제출과 수사활동의 지원 등 수사협조를 요청할 수 있다.
⑤ 처장은 제8조에 따른 수사처검사의 직을 겸한다.
⑥ 처장은 수사처의 예산 관련 업무를 수행하는 경우에 「국가재정법」 제6조제2항에 따른 중앙관서의 장으로 본다.

제18조【차장의 직무와 권한】 ① 차장은 처장을 보좌하며, 처장이 부득이한 사유로 그 직무를 수행할 수 없는 때에는 그 직무를 대행한다.
② 차장은 제8조에 따른 수사처검사의 직을 겸한다.

제19조【수사처검사 직무의 위임·이전 및 승계】 ① 처장은 수사처검사로 하여금 그 권한에 속하는 직무의 일부를 처리하게 할 수 있다.
② 처장은 수사처검사의 직무를 자신이 처리하거나 다른 수사처검사로 하여금 처리하게 할 수 있다.

제20조【수사처검사의 직무와 권한】 ① 수사처검사는 제3조제1항 각 호에 따른 수사와 공소의 제기 및 유지에 필요한 행위를 한다.
② 수사처검사는 처장의 지휘·감독에 따르며, 수사처수사관을 지휘·감독한다.
③ 수사처검사는 구체적 사건과 관련된 제2항에 따른 지휘·감독의 적법성 또는 정당성에 대하여 이견이 있을 때에는 이의를 제기할 수 있다.

제21조【수사처수사관의 직무】 ① 수사처수사관은 수사처검사의 지휘·감독을 받아 직무를 수행한다.
② 수사처수사관은 고위공직자범죄등에 대한 수사에 관하여 「형사소송법」 제197조제1항에 따른 사법경찰관의 직무를 수행한다.(2020.2.4 본항개정)

제22조【정치적 중립 및 직무상 독립】 수사처 소속 공무원은 정치적 중립을 지켜야 하며, 그 직무를 수행함에 있어 외부로부터 어떠한 지시나 간섭을 받지 아니한다.

제4장 수사와 공소의 제기 및 유지

제23조【수사처검사의 수사】 수사처검사는 고위공직자범죄의 혐의가 있다고 사료하는 때에는 범인, 범죄사실과 증거를 수사하여야 한다.

제24조【다른 수사기관과의 관계】 ① 수사처의 범죄수사와 중복되는 다른 수사기관의 범죄수사에 대하여 처장이 수사의 진행 정도 및 공정성 논란 등에 비추어 수사처에서 수사하는 것이 적절하다고 판단하여 이첩을 요청하는 경우 해당 수사기관은 이에 응하여야 한다.
② 다른 수사기관이 범죄를 수사하는 과정에서 고위공직자범죄등을 인지한 경우 그 사실을 즉시 수사처에 통보하여야 한다.
③ 처장은 피의자, 피해자, 사건의 내용과 규모 등에 비추어 다른 수사기관이 고위공직자범죄등을 수사하는 것이 적절하다고 판단될 때에는 해당 수사기관에 사건을 이첩할 수 있다.
④ 제2항에 따라 고위공직자범죄등 사실의 통보를 받은 처장은 통보를 한 다른 수사기관의 장에게 수사처규칙으로 정한 기간과 방법으로 수사개시 여부를 회신하여야 한다.

제25조【수사처검사 및 검사 범죄에 대한 수사】 ① 처장은 수사처검사의 범죄 혐의를 발견한 경우에 관련 자료와 함께 이를 대검찰청에 통보하여야 한다.
② 수사처 외의 다른 수사기관이 검사의 고위공직자범죄 혐의를 발견한 경우 그 수사기관의 장은 사건을 수사처에 이첩하여야 한다.

제26조【수사처검사의 관계 서류와 증거물 송부 등】 ① 수사처검사는 제3조제1항제2호에서 정하는 사건을 제외한 고위공직자범죄등에 관한 수사를 한 때에는 관계 서류와 증거물을 지체 없이 서울중앙지방검찰청 소속 검사에게 송부하여야 한다.
② 제1항에 따라 관계 서류와 증거물을 송부받아 사건을 처리하는 검사는 처장에게 해당 사건의 공소제기 여부를 신속하게 통보하여야 한다.

제27조【관련인지 사건의 이첩】 처장은 고위공직자범죄에 대하여 불기소 결정을 하는 때에는 해당 범죄의 수사과정에서 알게 된 관련범죄 사건을 대검찰청에 이첩하여야 한다.

제28조【형의 집행】 ① 수사처검사가 공소를 제기하는 고위공직자범죄등 사건에 관한 재판이 확정된 경우 제1심 관할지방법원에 대응하는 검찰청 소속 검사가 그 형을 집행한다.
② 제1항의 경우 처장은 원활한 형의 집행을 위하여 해당 사건 및 기록 일체를 관할 검찰청의 장에게 인계한다.

제29조【재정신청에 대한 특례】 ① 고소·고발인은 수사처검사로부터 공소를 제기하지 아니한다는 통지를 받은 때에는 서울고등법원에 그 당부에 관한 재정을 신청할 수 있다.
② 제1항에 따른 재정신청을 하려는 사람은 공소를 제기하지 아니한다는 통지를 받은 날부터 30일 이내에 처장에게 재정신청서를 제출하여야 한다.
③ 재정신청서에는 재정신청의 대상이 되는 사건의 범죄사실 및 증거 등 재정신청을 이유 있게 하는 사유를 기재하여야 한다.
④ 제2항에 따라 재정신청서를 제출받은 처장은 재정신청서를 제출받은 날부터 7일 이내에 재정신청서, 의견서, 수사 관계 서류 및 증거물을 서울고등법원에 송부하여야 한다. 다만, 신청이 이유 있는 것으로 인정하는 때에는 즉시 공소를 제기하고 그 취지를 서울고등법원과 재정신청인에게 통지한다.
⑤ 이 법에서 정한 사항 외에 재정신청에 관하여는 「형사소송법」 제262조 및 제262조의2부터 제262조의4까지의

규정을 준용한다. 이 경우 관할법원은 서울고등법원으로 하고, "지방검찰청검사장 또는 지청장"은 "처장", "검사"는 "수사처검사"로 본다.
제30조 (2020.12.15 삭제)
제31조【재판관할】 수사처검사가 공소를 제기하는 고위공직자범죄등 사건의 제1심 재판은 서울중앙지방법원의 관할로 한다. 다만, 범죄지, 증거의 소재지, 피고인의 특별한 사정 등을 고려하여 수사처검사는 「형사소송법」에 따른 관할 법원에 공소를 제기할 수 있다.

제5장 징 계

제32조【징계사유】 수사처검사가 다음 각 호의 어느 하나에 해당하면 그 수사처검사를 징계한다.
1. 재직 중 다음 각 목의 어느 하나에 해당하는 행위를 한 때
 가. 정치운동에 관여하는 일
 나. 금전상의 이익을 목적으로 하는 업무에 종사하는 일
 다. 처장의 허가 없이 보수를 받는 직무에 종사하는 일
2. 직무상의 의무를 위반하거나 직무를 게을리하였을 때
3. 직무 관련 여부에 상관없이 수사처검사로서의 체면이나 위신을 손상하는 행위를 하였을 때
제33조【수사처검사징계위원회】 ① 수사처검사의 징계 사건을 심의하기 위하여 수사처에 수사처검사징계위원회(이하 "징계위원회"라 한다)를 둔다.
② 징계위원회는 위원장 1명을 포함한 7명의 위원으로 구성하고, 예비위원 3명을 둔다.
제34조【징계위원회 위원장의 직무와 위원의 임기 등】
① 징계위원회의 위원장은 차장이 된다. 다만, 차장이 징계혐의자인 경우에는 처장이 위원장이 되고, 처장과 차장이 모두 징계혐의자인 경우에는 수사처규칙으로 정하는 수사처검사가 위원장이 된다.
② 위원은 다음 각 호의 사람이 된다.
1. 위원장이 지명하는 수사처검사 2명
2. 변호사, 법학교수 및 학식과 경험이 풍부한 사람으로서 위원장이 위촉하는 4명
③ 예비위원은 수사처검사 중에서 위원장이 지명하는 사람이 된다.
④ 제2항제2호에 따라 위촉된 위원의 임기는 3년으로 한다.
⑤ 위원장은 징계위원회의 업무를 총괄하고, 회의를 소집하며, 그 의장이 된다.
⑥ 위원장이 부득이한 사유로 직무를 수행할 수 없을 때에는 위원장이 지정하는 위원이 그 직무를 대리하고, 위원장이 지정한 위원이 부득이한 사유로 직무를 수행할 수 없을 때에는 위원장이 지명하는 예비위원이 그 직무를 대리한다.
제35조【징계위원회의 사무직원】 ① 징계위원회에 간사 1명과 서기 몇 명을 둔다.
② 간사는 위원장이 지명하는 수사처검사가 되고, 서기는 수사처 소속 공무원 중에서 위원장이 위촉한다.
③ 간사 및 서기는 위원장의 명을 받아 징계에 관한 기록과 그 밖의 서류의 작성 및 보관에 관한 사무에 종사한다.
제36조【징계의 청구와 개시】 ① 징계위원회의 징계심의는 처장(처장이 징계혐의자인 경우에는 차장을, 처장 및 차장이 모두 징계혐의자인 경우에는 수사처규칙으로 정하는 수사처검사를 말한다. 이하 이 조 및 제38조제1항, 제39조, 제40조제2항, 제42조제1항에서 같다)의 청구에 의하여 시작한다.
② 처장은 수사처검사가 제32조 각 호의 어느 하나에 해당하는 행위를 하였다고 인정할 때에는 제1항의 청구를 하여야 한다.
③ 징계의 청구는 징계위원회에 서면으로 제출하여야 한다.
제37조【징계부가금】 ① 제36조에 따라 처장이 수사처검사에 대하여 징계를 청구하는 경우 그 징계 사유가 금품 및 향응 수수, 공금의 횡령·유용인 경우에는 해당 징계 외에 금품 및 향응 수수액, 공금의 횡령액·유용액의 5배 내의 징계부가금 부과 의결을 징계위원회에 청구하여야 한다.
② 제1항에 따른 징계부가금의 조정, 감면 및 징수에 관하여는 「국가공무원법」 제78조의2제2항 및 제3항을 준용한다.
제38조【재징계 등의 청구】 ① 처장은 다음 각 호의 어느 하나에 해당하는 사유로 법원에서 징계 및 제37조에 따른 징계부가금 부과(이하 "징계등"이라 한다) 처분의 무효 또는 취소 판결을 받은 경우에는 다시 징계등을 청구하여야 한다. 다만, 제3호의 사유로 무효 또는 취소 판결을 받은 감봉·견책 처분에 대해서는 징계등을 청구하지 아니할 수 있다.
1. 법령의 적용, 증거 및 사실 조사에 명백한 흠이 있는 경우
2. 징계위원회의 구성 또는 징계등 의결, 그 밖에 절차상의 흠이 있는 경우
3. 징계양정 및 징계부가금이 과다한 경우
② 처장은 제1항에 따른 징계등을 청구하는 경우에는 법원의 판결이 확정된 날부터 3개월 이내에 징계위원회에 징계등을 청구하여야 하며, 징계위원회에서는 다른 징계사건에 우선하여 징계등을 의결하여야 한다.
제39조【퇴직 희망 수사처검사의 징계사유 확인 등】 ① 처장은 수사처검사가 퇴직을 희망하는 경우에는 제32조에 따른 징계사유가 있는지 여부를 감사원과 검찰·경찰, 그 밖의 수사기관에 확인하여야 한다.
② 제1항에 따른 확인 결과 해임, 면직 또는 정직에 해당하는 징계 사유가 있는 경우 처장은 지체 없이 징계등을 청구하여야 하며, 징계위원회는 다른 징계사건에 우선하여 징계등을 의결하여야 한다.
제40조【징계혐의자에 대한 부본 송달과 직무정지】 ① 징계위원회는 징계청구서의 부본을 징계혐의자에게 송달하여야 한다.
② 처장은 필요하다고 인정할 때에는 징계혐의자에게 직무 집행의 정지를 명할 수 있다.
제41조【징계의결】 ① 징계위원회는 사건심의를 마치면 재적위원 과반수의 찬성으로 징계를 의결한다.
② 위원장은 의결에서 표결권을 가지며, 찬성과 반대가 같은 수인 경우에는 결정권을 가진다.
제42조【징계의 집행】 ① 징계의 집행은 견책의 경우에는 처장이 하고, 해임·면직·정직·감봉의 경우에는 처장의 제청으로 대통령이 한다.
② 수사처검사에 대한 징계처분을 한 때에는 그 사실을 관보에 게재 하여야 한다.
제43조【다른 법률의 준용】 이 장에서 정하지 아니한 사항에 대하여는 「검사징계법」 제3조, 제9조부터 제17조까지, 제19조부터 제21조까지, 제22조(다만, 제2항의 "제23조"는 "제42조"로 본다), 제24조부터 제26조까지의 규정을 준용한다. 이 경우 "검사"는 "수사처검사"로 본다.

제6장 보 칙

제44조【파견공무원】 수사처 직무의 내용과 특수성 등을 고려하여 필요한 경우에는 다른 행정기관으로부터 공무원을 파견받을 수 있다.
제45조【조직 및 운영】 이 법에 규정된 사항 외에 수사처의 조직 및 운영에 필요한 사항은 수사처규칙으로 정한다.
제46조【정보제공자의 보호】 ① 누구든지 고위공직자범죄등에 대하여 알게 된 때에는 이에 대한 정보를 수사처에 제공할 수 있으며, 이를 이유로 불이익한 조치를 받지 아니한다.
② 수사처는 내부고발자에게 「공익신고자 보호법」에 따른 보호조치 및 지원행위를 할 수 있다. 내부고발자 보호에 관한 세부적인 사항은 대통령령으로 정한다.
제47조【다른 법률의 준용】 그 밖에 수사처검사 및 수사처수사관의 이 법에 따른 직무와 권한 등에 관하여는 이 법의 규정에 반하지 아니하는 한 「검찰청법」(다만, 제4조제1항제2호·제4호·제5호 및 같은 조 제2항은 제외한다), 「형사소송법」을 준용한다.(2022.5.9 본조개정)

부 칙

제1조【시행일】 이 법은 공포 후 6개월이 경과한 날부터 시행한다.
제2조【수사처 설립에 관한 준비행위】 수사처 소속 공무원의 임명 등 수사처의 설립에 필요한 행위 및 그 밖에 이 법 시행을 위하여 필요한 준비행위는 이 법 시행 전에 할 수 있다.

부 칙 (2020.2.4)

제1조【시행일】 이 법은 공포 후 6개월이 경과한 날부터 1년 내에 시행하되, 그 기간 내에 대통령령으로 정하는 시점부터 시행한다.(이하 생략)

부 칙 (2020.12.15 법17645호)

제1조【시행일】 이 법은 공포한 날부터 시행한다.
제2조【추천위원회 의결정족수에 관한 적용례】 제6조 제7항의 개정규정은 이 법 시행 전에 구성된 추천위원회에 대해서도 적용한다.

부 칙 (2020.12.15 법17646호)

제1조【시행일】 이 법은 2021년 1월 1일부터 시행한다.(이하 생략)

부 칙 (2022.5.9)

제1조【시행일】 이 법은 공포 후 4개월이 경과한 날부터 시행한다.(이하 생략)

고위공직자범죄등 내부고발자 보호에 관한 규정

(2020년 7월 14일
대통령령 제30831호)

제1조【목적】 이 영은 「고위공직자범죄수사처 설치 및 운영에 관한 법률」 제46조제2항에 따라 내부고발자에 대한 보호 및 지원에 관하여 위임된 사항과 그 시행에 필요한 사항을 규정함을 목적으로 한다.
제2조【비실명 내부고발】 ① 「고위공직자범죄수사처 설치 및 운영에 관한 법률」 제46조제2항에 따른 내부고발자(이하 "내부고발자"라 한다)가 고위공직자범죄수사처(이하 "수사처"라 한다)에 고위공직자범죄등에 대하여 내부고발을 하려는 경우에는 자신의 인적사항(성명·연령·주소·직업 등 신원을 알 수 있는 사항을 말한다. 이하 같다)을 밝혀야 한다.
② 제1항에도 불구하고 내부고발자는 자신의 인적사항을 밝히지 않고 변호사로 하여금 내부고발을 대리하도록 할 수 있다. 이 경우 내부고발자의 인적사항은 변호사의 인적사항으로 갈음한다.
③ 제2항에 따라 대리에 의한 내부고발을 하는 경우 내부고발자 또는 내부고발을 대리하는 변호사는 그 취지를 밝히고 내부고발자의 인적사항, 내부고발자임을 입증할 수 있는 자료 및 위임장을 고위공직자범죄수사처장(이하 "처장"이라 한다)에게 함께 제출해야 한다.
④ 수사처 소속 공무원은 제3항에 따라 제출된 자료를 봉인하여 보관해야 하며, 내부고발자 본인의 동의 없이 이를 열람해서는 안 된다.
제3조【인적사항의 기재 생략】 ① 수사처검사는 내부고발자나 그 친족 또는 동거인이 내부고발을 이유로 피해를 입거나 입을 우려가 있다고 인정되는 경우에는 내부고발과 관련한 조서나 그 밖의 서류(이하 "조서등"이라 한다)를 작성할 때 그 취지를 조서등에 기재하고 내부고발자의 인적사항은 기재하지 않는다.
② 내부고발자는 수사처검사에게 제1항에 따른 조치를 해 줄 것을 신청할 수 있다. 이 경우 수사처검사는 특별한 사유가 없으면 그 조치를 해야 한다.
③ 수사처검사는 제1항에 따라 조서등에 기재하지 않은 인적사항을 내부고발자 신원관리카드(이하 "신원관리카드"라 한다)에 등재해야 한다.
④ 수사처검사는 제1항에 따라 조서등에 성명을 기재하지 않은 경우에는 내부고발자로 하여금 조서등에 서명은 가명(假名)으로, 간인(間印) 및 날인(捺印)은 무인(拇印)으로 하게 해야 한다.
⑤ 내부고발자는 진술서 등을 작성할 때 수사처검사의 승인을 받아 인적사항의 전부 또는 일부를 기재하지 않을 수 있다. 이 경우 제3항 및 제4항을 준용한다.
⑥ 신원관리카드는 수사처검사가 관리한다.
⑦ 제3항 및 제6항에서 규정한 사항 외에 신원관리카드의 작성 및 관리 등에 관한 세부사항은 처장이 정하여 고시한다.
제4조【신원관리카드의 열람】 ① 다음 각 호의 어느 하나에 해당하는 경우에는 그 사유를 소명(疏明)하고 수사처검사의 허가를 받아 신원관리카드를 열람할 수 있다. 다만, 수사처검사는 내부고발자나 그 친족 또는 동거인이 내부고발을 이유로 피해를 입을 우려가 있는 경우에는 열람을 허가해서는 안 된다.
1. 검사나 사법경찰관이 다른 사건의 수사에 필요한 경우
2. 변호인이 피고인의 변호에 필요한 경우
3. 제9조에 따른 구조금 지급에 관한 심의 등 공무상 필요한 경우
② 제1항제2호의 사유로 신원관리카드의 열람을 신청한 변호인은 수사처검사의 불허가처분에 대해 이의신청을 할 수 있다.
③ 제2항에 따른 이의신청은 처장에게 서면으로 제출해야 한다. 이 경우 처장은 이의신청이 이유가 있다고 인정되면 신원관리카드의 열람을 허가해야 한다.
제5조【내부고발자의 비밀보호】 ① 공무원은 직무상 알게 된 내부고발자의 인적사항이나 그가 내부고발자임을 미루어 알 수 있는 사실을 다른 사람에게 알려주거나 공개해서는 안 된다. 다만, 내부고발자가 동의한 때에는 그렇지 않다.
② 처장은 내부고발자의 인적사항이나 내부고발자임을 미루어 알 수 있는 사실이 공개되었을 때에는 그 경위를 확인할 수 있다.
③ 처장은 제1항을 위반하여 내부고발자의 인적사항이나 내부고발자임을 미루어 알 수 있는 사실을 다른 사람에게 알려주거나 공개한 공무원의 징계권자에게 해당 위반 사실을 통보할 수 있다.
제6조【신변안전조치】 ① 수사처검사는 내부고발자나 그 친족 또는 동거인이 내부고발을 이유로 생명·신체에 중대한 위해(危害)를 입었거나 입을 우려가 명백하다고 판단하는 경우 직권으로 또는 내부고발자나 그 친족 또

는 동거인의 신청에 따라 「특정범죄신고자 등 보호법 시행령」 제7조에 따른 신변안전에 필요한 조치(이하 "신변안전조치"라 한다)를 하도록 경찰관서의 장에게 요청할 수 있다.
② 제1항에 따라 신변안전조치를 신청하는 사람은 본인과 신변보호가 필요한 대상자(이하 이 조에서 "보호대상자"라 한다)의 인적사항 및 신청 사유 등을 적은 문서를 수사처검사에게 제출해야 한다. 다만, 긴급한 사유가 있는 경우에는 구두 또는 전화 등으로 신청할 수 있으며, 신청 후 지체 없이 문서를 제출해야 한다.
③ 제1항에 따라 신변안전조치를 요청받은 경찰관서의 장은 수사처검사와의 협의를 거쳐 신변안전조치 중 필요한 조치를 결정하고, 신변안전조치를 했을 때에는 지체 없이 그 사실을 수사처검사에게 통보해야 한다.
④ 제3항에 따라 신변안전조치를 한 경찰관서의 장은 신변안전조치가 필요 없다고 판단될 때에는 수사처검사와 협의하여 제3항에 따른 신변안전조치를 해제할 수 있다.
⑤ 수사처검사는 다음 각 호의 어느 하나에 해당하는 사실이 있으면 신변안전조치를 신청한 사람과 보호대상자에게 지체 없이 통지해야 한다.
1. 제3항에 따라 신변안전조치가 취해진 사실
2. 제4항에 따라 신변안전조치가 해제된 사실
3. 신변안전조치의 기간이 종료된 사실

제7조【의견제시】 처장은 내부고발과 관련하여 발견된 내부고발자의 위법행위 등을 이유로 행정기관이 내부고발자에게 징계 또는 불리한 행정처분을 하려는 경우 내부고발자의 징계권자나 행정처분권자에게 그 징계나 행정처분에 대하여 의견을 제시할 수 있다.

제8조【포상금】 ① 처장은 고위공직자범죄등을 저지른 사람이 내부고발로 인하여 기소유예, 형의 선고유예·집행유예 또는 형의 선고 등을 받으면 제11조에 따른 내부고발자구조심의위원회의 심의를 거쳐 내부고발자에 대하여 포상금을 지급하거나 「상훈법」 등에 따라 포상을 추천할 수 있다. 다만, 포상금은 제9조에 따른 구조금 및 다른 법령에 따른 보상금·포상금 또는 구조금 등과 중복하여 지급할 수 없다.
② 처장은 다음 각 호의 사유를 고려하여 포상금 지급액을 감액하거나 지급하지 않을 수 있으며, 고위공직자범죄등의 조사·수사업무에 종사 중이거나 종사하였던 자가 그 조사 또는 수사사항과 관련하여 내부고발을 한 경우에는 포상금을 지급하지 않는다.
1. 내부고발 내용의 정확성이나 증거자료의 신빙성
2. 내부고발의 대상인 고위공직자범죄등이 신문·방송 등 언론에 의하여 이미 공개된 것인지 여부
3. 내부고발자가 내부고발과 관련한 위법행위를 하였는지 여부
4. 내부고발자가 고위공직자범죄등의 예방 등에 이바지한 정도
5. 내부고발자가 관계 행정기관 등에 내부고발을 할 의무를 가졌는지 또는 직무와 관련하여 내부고발을 하였는지 여부
③ 포상금의 세부적인 지급기준 및 지급절차 등에 관한 사항은 처장이 정하여 고시한다.

제9조【구조금】 ① 처장은 내부고발자나 그 친족 또는 동거인이 내부고발로 인하여 다음 각 호의 어느 하나에 해당하는 때에는 내부고발자나 그 친족 또는 동거인의 신청에 따라 구조금을 지급할 수 있다. 이 경우 제11조에 따른 내부고발자구조심의위원회의 심의를 거쳐야 하되, 피해의 구조를 위하여 긴급한 필요가 인정되는 경우에는 심의를 거치지 않을 수 있다.
1. 중대한 경제적 손실 또는 정신적 고통을 받았을 때
2. 이사·전직 등으로 비용을 지출했거나 지출할 필요가 있을 때
② 처장은 특별한 사유가 없으면 제1항에 따른 구조금의 지급신청이 있는 날부터 1개월 이내에 그 지급 여부 및 지급금액을 결정해야 한다.
③ 처장은 보복의 위험성, 지급대상자의 직업·신분·생활수준, 경제적 손실과 정신적 고통의 정도, 지출비용, 그 밖에 필요한 사항을 고려하여 구조금의 금액을 결정한다.
④ 처장은 구조금 지급과 관련하여 구조금 지급 신청인 또는 그 밖의 관계인을 조사할 수 있고, 행정기관 또는 관련 단체에 필요한 사항을 조회할 수 있다.
⑤ 제1항부터 제4항까지에서 규정한 사항 외에 구조금의 지급에 필요한 사항은 처장이 정하여 고시한다.

제10조【구조금의 중복지급 금지】 구조금을 지급받을 사람이 동일한 원인으로 제8조에 따른 포상금을 받았거나 다른 법령에 따라 보상금·포상금 또는 구조금 등을 받은 경우 그 보상금·포상금 또는 구조금 등의 액수가 이 영에 따라 받을 구조금의 액수와 같거나 이를 초과할 때에는 구조금을 지급하지 않으며, 그 보상금·포상금 또는 구조금 등의 액수가 이 영에 따라 지급받을 구조금의 액수보다 적을 때에는 그 금액을 공제하고 구조금의 액수를 정해야 한다.

제11조【내부고발자구조심의위원회】 ① 제8조에 따른 포상금 및 제9조에 따른 구조금의 지급에 관한 다음 각 호의 사항을 심의하기 위하여 수사처에 내부고발자구조심의위원회(이하 이 조에서 "위원회"라 한다)를 둔다.
1. 포상금 지급 여부 및 지급액
2. 구조금 지급 여부 및 지급액
3. 그 밖에 포상금·구조금의 지급에 필요한 사항
② 위원회는 위원장을 포함하여 5명의 위원으로 구성한다.
③ 위원회의 위원장은 수사처 차장이 되고, 위원은 다음 각 호의 사람이 된다.
1. 수사처검사 또는 수사처 소속 고위공무원단에 속하는 일반직공무원 중에서 처장이 지명하는 사람 1명
2. 범죄수사 및 내부고발자 보호에 관한 학식 또는 경험이 풍부한 법률·회계·감정평가 분야의 전문가 중에서 처장이 위촉하는 사람 3명
④ 제3항제2호에 따라 위촉된 위원의 임기는 2년으로 하되, 한 차례만 연임할 수 있다.
⑤ 제1항부터 제4항까지에서 규정한 사항 외에 위원회의 구성 및 운영에 필요한 사항은 처장이 정하여 고시한다.

제12조【내부고발 관련 협조자의 보호】 처장은 내부고발에 대한 수사·소송 등에서 고위공직자범죄등의 혐의를 입증하는 데에 필요한 진술·증언을 하거나 자료를 제공한 사람에 대해서도 보호조치와 지원행위를 할 수 있다. 이 경우 제3조부터 제10조까지의 규정을 준용한다.

제13조【고유식별정보의 처리】 수사처 소속 공무원은 다음 각 호에 따른 사무를 수행하기 위하여 불가피한 경우 「개인정보 보호법 시행령」 제19조에 따른 주민등록번호, 여권번호, 운전면허의 면허번호 또는 외국인등록번호가 포함된 자료를 처리할 수 있다.
1. 제2조에 따른 비실명 내부고발의 접수 및 처리에 관한 사무
2. 제3조에 따른 내부고발자의 인적사항 기재 생략에 관한 사무
3. 제4조에 따른 신원관리카드 열람에 관한 사무
4. 제5조에 따른 내부고발자의 비밀보호에 관한 사무
5. 제6조에 따른 신변안전조치에 관한 사무
6. 제7조에 따른 내부고발자의 징계권자나 행정처분권자에 대한 의견 제시에 관한 사무
7. 제8조에 따른 포상 추천 및 포상금 지급에 관한 사무
8. 제9조 및 제10조에 따른 구조금 지급에 관한 사무
9. 제11조에 따른 내부고발자구조심의위원회 구성 및 운영에 관한 사무
10. 제12조에 따른 내부고발 관련 협조자에 대한 보호조치 및 지원행위에 관한 사무

제14조【서식 등】 이 영의 시행에 필요한 서식 등에 관한 사항은 처장이 정하여 고시한다.

부 칙

이 영은 2020년 7월 15일부터 시행한다.

검찰청법

(1986년 12월 31일 전개법률 제3882호)

개정
1988.12.31법 4043호 1991.11.22법 4395호
1993. 3.10법 4543호 1995. 1. 5법 4930호
1995. 3.30법 4946호 1995. 8. 4법 4961호
1997. 1.13법 5263호 1997.12.13법 5430호
2003. 2. 4법 6855호(국회)
2004. 1.20법 7078호
2005.12.29법 7796호(국가공무원)
2007. 6. 1법 8494호 2007.12.21법 8717호
2009. 5. 8법 9644호 2009.11. 2법 9815호
2011. 7.18법10858호 2012. 1.17법11153호
2013. 3.23법11690호(정부조직)
2017. 3.14법14582호
2018. 3.20법15522호(공무원재해보상법)
2020. 2. 4법16908호 2020.12. 8법17566호
2022. 5. 9법18861호

제1장 총 칙
(2009.11.2 본장개정)

제1조【목적】 이 법은 검찰청의 조직, 직무 범위 및 인사와 그 밖에 필요한 사항을 규정함을 목적으로 한다.

제2조【검찰청】 ① 검찰청은 검사(檢事)의 사무를 총괄한다.
② 검찰청은 대검찰청, 고등검찰청 및 지방검찰청으로 한다.

제3조【검찰청의 설치와 관할구역】 ① 대검찰청은 대법원에, 고등검찰청은 고등법원에, 지방검찰청은 지방법원과 가정법원에 대응하여 각각 설치한다.
② 지방법원 지원(支院) 설치지역에는 이에 대응하여 지방검찰청 지청(支廳)(이하 "지청"이라 한다)을 둘 수 있다.
③ 대검찰청의 위치와 대검찰청 외의 검찰청(이하 "각급 검찰청"이라 한다) 및 지청의 명칭과 위치는 대통령령으로 정한다.
④ 각급 검찰청과 지청의 관할구역은 각급 법원과 지방법원 지원의 관할구역에 따른다.

제4조【검사의 직무】 ① 검사는 공익의 대표자로서 다음 각 호의 직무와 권한이 있다.
1. 범죄수사, 공소의 제기 및 그 유지에 필요한 사항. 다만, 검사가 수사를 개시할 수 있는 범죄의 범위는 다음 각 목과 같다.(2020.2.4 단서신설)
  가. 부패범죄, 경제범죄 등 대통령령으로 정하는 중요 범죄(2022.5.9 본목개정)
  나. 경찰공무원(다른 법률에 따라 사법경찰관리의 직무를 행하는 자를 포함한다) 및 고위공직자범죄수사처 소속 공무원(「고위공직자범죄수사처 설치 및 운영에 관한 법률」에 따른 파견공무원을 포함한다)이 범한 범죄(2022.5.9 본목개정)
  다. 가목·나목의 범죄 및 사법경찰관이 송치한 범죄와 관련하여 인지한 각 해당 범죄와 직접 관련성이 있는 범죄(2020.2.4 본목신설)
2. 범죄수사에 관한 특별사법경찰관리 지휘·감독(2020.2.4 본호개정)
3. 법원에 대한 법령의 정당한 적용 청구
4. 재판 집행 지휘·감독
5. 국가를 당사자 또는 참가인으로 하는 소송과 행정소송 수행 또는 그 수행에 관한 지휘·감독
6. 다른 법령에 따라 그 권한에 속하는 사항
② 검사는 자신이 수사개시한 범죄에 대하여는 공소를 제기할 수 없다. 다만, 사법경찰관이 송치한 범죄에 대하여는 그러하지 아니하다.(2022.5.9 본항신설)
③ 검사는 그 직무를 수행할 때 국민 전체에 대한 봉사자로서 헌법과 법률에 따라 국민의 인권을 보호하고 적법절차를 준수하며, 정치적 중립을 지켜야 하고 주어진 권한을 남용하여서는 아니 된다.(2020.12.8 본항개정)

판례 검사는 공익의 대표자로서 실체적 진실에 입각한 국가 형벌권의 실현을 위해 공소제기와 유지를 할 의무뿐만 아니라 그 과정에서 피고인의 정당한 이익을 옹호해야 할 의무를 진다. 검사가 수사 및 공판 과정에서 피고인에게 유리한 증거를 발견하게 됐다면 피고인의 이익을 위해 이를 법원에 제출해야 한다.
(대판 2022.9.16, 2021다295165)

제5조【검사의 직무관할】 검사는 법령에 특별한 규정이 있는 경우를 제외하고는 소속 검찰청의 관할구역에서 직무를 수행한다. 다만, 수사에 필요할 때에는 관할구역이 아닌 곳에서 직무를 수행할 수 있다.

제6조【검사의 직급】 검사의 직급은 검찰총장과 검사로 구분한다.

제7조【검찰사무에 관한 지휘·감독】 ① 검사는 검찰사무에 관하여 소속 상급자의 지휘·감독에 따른다.
② 검사는 구체적 사건과 관련된 제1항의 지휘·감독의 적법성 또는 정당성에 대하여 이견이 있을 때에는 이의를 제기할 수 있다.

제7조의2【검사 직무의 위임·이전 및 승계】 ① 검찰총장, 각급 검찰청의 검사장(檢事長) 및 지청장은 소속 검사로 하여금 그 권한에 속하는 직무의 일부를 처리하게 할 수 있다.
② 검찰총장, 각급 검찰청의 검사장 및 지청장은 소속 검사의 직무를 자신이 처리하거나 다른 검사로 하여금 처리하게 할 수 있다.

판례 '법원이 알아서 적절히 선고해 달라'는 이른바 '백지 구형'을 하라는 상급자의 지시에 이의를 제기하고 무죄 구형을 강행한 검사에게 정직 4월 징계 처분을 내린 사안에 대하여, 상급자의 의견을 무시하고 내린 무죄 구형이나 근무시간 위반이 금품·향응 수수와 동일한 정도의 비위에 해당한다고는 보기 어렵다. 이를 볼 때 정직 4월은 상당히 높은 중징계에 해당하므로 해당 징계는 취소해야 한다.(대판 2017.10.31, 2014두45734)

제8조【법무부장관의 지휘·감독】 법무부장관은 검찰사무의 최고 감독자로서 일반적으로 검사를 지휘·감독하고, 구체적 사건에 대하여는 검찰총장만을 지휘·감독한다.

제9조【직무 집행의 상호원조】 검찰청의 공무원은 검찰청의 직무 집행과 관련하여 서로 도와야 한다.

제10조【항고 및 재항고】 ① 검사의 불기소처분에 불복하는 고소인이나 고발인은 그 검사가 속한 지방검찰청 또는 지청을 거쳐 서면으로 관할 고등검찰청 검사장에게 항고할 수 있다. 이 경우 해당 지방검찰청 또는 지청의 검사는 항고가 이유 있다고 인정하면 그 처분을 경정(更正)하여야 한다.

② 고등검찰청 검사장은 제1항의 항고가 이유 있다고 인정하면 소속 검사로 하여금 지방검찰청 또는 지청 검사의 불기소처분을 직접 경정하게 할 수 있다. 이 경우 고등검찰청 검사는 지방검찰청 또는 지청의 검사로서 직무를 수행하는 것으로 본다.

③ 제1항에 따라 항고를 한 자[「형사소송법」 제260조에 따라 재정신청(裁定申請)을 할 수 있는 자는 제외한다. 이하 이 조에서 같다]는 그 항고를 기각하는 처분에 불복하거나 항고를 한 날부터 항고에 대한 처분이 이루어지지 아니하고 3개월이 지났을 때에는 그 검사가 속한 고등검찰청을 거쳐 서면으로 검찰총장에게 재항고할 수 있다. 이 경우 해당 고등검찰청의 검사는 재항고가 이유 있다고 인정하면 그 처분을 경정하여야 한다.

④ 제1항의 항고는 「형사소송법」 제258조제1항에 따른 통지를 받은 날부터 30일 이내에 하여야 한다.

⑤ 제3항의 재항고는 항고기각 결정을 통지받은 날 또는 항고 후 항고에 대한 처분이 이루어지지 아니하고 3개월이 지난 날부터 30일 이내에 하여야 한다.

⑥ 제4항과 제5항의 경우 항고 또는 재항고를 한 자가 자신에게 책임이 없는 사유로 정하여진 기간 이내에 항고 또는 재항고를 하지 못한 것을 소명하면 그 항고 또는 재항고 기간은 그 사유가 해소된 때부터 기산한다.

⑦ 제4항 및 제5항의 기간이 지난 후 접수된 항고 또는 재항고는 기각하여야 한다. 다만, 중요한 증거가 새로 발견된 경우 고소인이나 고발인이 그 사유를 소명하였을 때에는 그러하지 아니하다.

제11조【위임규정】 검찰청의 사무에 관하여 필요한 사항은 법무부령으로 정한다.

제2장 대검찰청

(2009.11.2 본장개정)

제12조【검찰총장】 ① 대검찰청에 검찰총장을 둔다.

② 검찰총장은 대검찰청의 사무를 맡아 처리하고 검찰사무를 총괄하며 검찰청의 공무원을 지휘·감독한다.

③ 검찰총장의 임기는 2년으로 하며, 중임할 수 없다.

제13조【차장검사】 ① 대검찰청에 차장검사를 둔다.

② 차장검사는 검찰총장을 보좌하며, 검찰총장이 부득이한 사유로 직무를 수행할 수 없을 때에는 그 직무를 대리한다.

제14조【대검찰청 검사】 대검찰청에 대검찰청 검사를 둔다.

제15조【검찰연구관】 ① 대검찰청에 검찰연구관을 둔다.

② 검찰연구관은 검사로 보하며, 고등검찰청이나 지방검찰청의 검사를 겸임할 수 있다.

③ 검찰연구관은 검찰총장을 보좌하고 검찰사무에 관한 기획·조사 및 연구에 종사한다.

제16조【직제】 ① 대검찰청에 부(部)와 사무국을 두고, 부와 사무국에 과를 두며, 부·사무국 및 과의 설치와 분장사무(分掌事務)에 관한 사항은 대통령령으로 정한다.

② 제1항의 부, 사무국 및 과에는 각각 부장, 사무국장 및 과장을 두며, 부장은 검사로, 사무국장은 고위공무원단에 속하는 일반직공무원으로, 과장은 검찰부이사관·정보통신부이사관·검찰수사서기관·정보통신서기관 또는 공업서기관으로 보한다. 다만, 부의 과장은 검사로 보할 수 있다.

③ 제2항의 부장, 사무국장 및 과장은 상사의 명을 받아 소관 부, 국 또는 과의 사무를 처리하며 소속 공무원을 지휘·감독한다.

④ 대검찰청에는 대통령령으로 정하는 바에 따라 차장검사 또는 부장 밑에 정책의 기획, 계획의 입안, 연구·조사, 심사·평가 및 홍보를 통하여 그를 직접 보좌하는 담당관을 둘 수 있다. 이 경우 그 담당관은 3급 상당 또는 4급 상당 별정직국가공무원으로 보하되, 특히 필요하다고 인정될 때에는 검사로 보할 수 있다.

제3장 고등검찰청

(2009.11.2 본장개정)

제17조【고등검찰청 검사장】 ① 고등검찰청에 고등검찰청 검사장을 둔다.

② 고등검찰청 검사장은 그 검찰청의 사무를 맡아 처리하고 소속 공무원을 지휘·감독한다.

제18조【고등검찰청 차장검사】 ① 고등검찰청에 차장검사를 둔다.

② 차장검사는 소속 검사장을 보좌하며, 소속 검사장이 부득이한 사유로 직무를 수행할 수 없을 때에는 그 직무를 대리한다.

제18조의2【고등검찰청 부장검사】 ① 고등검찰청에 사무를 분장하기 위하여 부를 둘 수 있다.

② 고등검찰청의 부에 부장검사를 둔다.

③ 부장검사는 상사의 명을 받아 그 부의 사무를 처리한다.

제19조【고등검찰청 검사】 ① 고등검찰청에 검사를 둔다.

② 법무부장관은 고등검찰청의 검사로 하여금 그 관할구역의 지방검찰청 소재지에서 사무를 처리하게 할 수 있다.

제20조【직제】 ① 고등검찰청에 사무국을 두고, 사무국에 과를 두며, 과의 설치와 분장사무에 관한 사항은 대통령령으로 정한다.

② 고등검찰청의 부에 과를 둘 수 있으며 과의 설치와 분장사무에 관한 사항은 대통령령으로 정한다.

③ 제1항과 제2항의 사무국 및 과에는 각각 사무국장 및 과장을 두고, 사무국장은 고위공무원단에 속하는 일반직공무원으로, 과장은 검찰부이사관·검찰수사서기관·정보통신서기관·검찰사무관·수사사무관·마약수사사무관·전기사무관 또는 통신사무관으로 보한다.

④ 제3항의 사무국장과 과장은 상사의 명을 받아 소관 국 또는 과의 사무를 처리하며 소속 공무원을 지휘·감독한다.

제4장 지방검찰청 및 지청

(2009.11.2 본장개정)

제21조【지방검찰청 검사장】 ① 지방검찰청에 지방검찰청 검사장을 둔다.

② 지방검찰청 검사장은 그 검찰청의 사무를 맡아 처리하고 소속 공무원을 지휘·감독한다.

제22조【지청장】 ① 지청에 지청장을 둔다.

② 지청장은 지방검찰청 검사장의 명을 받아 소관 사무를 처리하고 소속 공무원을 지휘·감독한다.

제23조【지방검찰청과 지청의 차장검사】 ① 지방검찰청과 대통령령으로 정하는 지청에 차장검사를 둔다.

② 차장검사는 소속 지방검찰청 검사장 또는 지청장을 보좌하며, 소속 지방검찰청 검사장 또는 지청장이 부득이한 사유로 직무를 수행할 수 없을 때에는 그 직무를 대리한다.

제24조【부장검사】 ① 지방검찰청과 지청에 사무를 분장하기 위하여 부를 둘 수 있다.

② 지방검찰청과 지청의 부에 부장검사를 둔다.

③ 부장검사는 상사의 명을 받아 그 부의 사무를 처리한다.

④ 검찰총장은 제4조제1항제1호가목의 범죄에 대한 수사를 개시할 수 있는 부의 직제 및 해당 부에 근무하고 있는 소속 검사와 공무원, 파견 내역 등의 현황을 분기별로 국회에 보고하여야 한다.(2022.5.9 본항신설)

제25조【지방검찰청과 지청의 검사】 지방검찰청과 지청에 각각 검사를 둔다.

제26조【직제】 ① 지방검찰청과 대통령령으로 정하는 지청에 사무국을 두고 사무국에 과를 두며, 과의 설치와 분장사무에 관한 사항은 대통령령으로 정한다.

② 사무국을 두지 아니하는 지청에 과를 두며, 과의 설치와 분장사무에 관한 사항은 대통령령으로 정한다.

③ 지방검찰청과 지청의 부에 과를 둘 수 있으며, 과의 설치와 분장사무에 관한 사항은 대통령령으로 정한다.

④ 제1항부터 제3항까지의 사무국 및 과에는 각각 사무국장과 과장을 두고, 사무국장은 고위공무원단에 속하는 일반직공무원·검찰부이사관 또는 검찰수사서기관으로, 과장은 검찰부이사관·검찰수사서기관·정보통신서기관·검찰사무관·수사사무관·마약수사사무관·전기사무관 또는 통신사무관으로 보한다.

⑤ 제4항의 사무국장과 과장은 상사의 명을 받아 소관 국 또는 과의 사무를 처리하며 소속 공무원을 지휘·감독한다.

제5장 검 사

(2009.11.2 본장개정)

제27조【검찰총장의 임명자격】 검찰총장은 15년 이상 다음 각 호의 직위에 재직하였던 사람 중에서 임명한다.

1. 판사, 검사 또는 변호사
2. 변호사 자격이 있는 사람으로서 국가기관, 지방자치단체, 국·공영기업체, 「공공기관의 운영에 관한 법률」 제4조에 따른 공공기관 또는 그 밖의 법인에서 법률에 관한 사무에 종사한 사람
3. 변호사 자격이 있는 사람으로서 대학의 법률학 조교수 이상으로 재직하였던 사람

제28조【대검찰청 검사급 이상 검사의 보직기준】 고등검찰청 검사장, 대검찰청 차장검사 등 대통령령으로 정하는 대검찰청 검사급 이상 검사는 10년 이상 제27조 각 호의 직위에 재직하였던 사람 중에서 임용한다.

제28조의2【감찰담당 대검찰청 검사의 임용에 관한 특례】 ① 감찰에 관한 사무를 담당하는 대검찰청 검사(이하 "감찰담당 대검찰청 검사"라 한다)는 검찰청 내부 또는 외부를 대상으로 공개모집 절차를 통하여 적격자를 임용한다.

② 감찰담당 대검찰청 검사는 10년 이상 제27조 각 호의 직위에 재직하였던 사람 중에서 임용한다.

③ 제35조의 검찰인사위원회는 제1항에 따라 공개모집에 응모한 사람이 임용 적격자인지를 심의하고, 3명 이내의 임용후보자를 선발하여 법무부장관에게 추천한다.

④ 제3항의 추천을 받은 법무부장관은 검찰총장의 의견을 들어 검찰인사위원회가 추천한 임용후보자 중 1명을 대통령에게 임용 제청한다. 이 경우 임용 당시 검사는 전보의 방법으로 임용 제청하고, 임용 당시 검사가 아닌 사람은 신규 임용의 방법으로 임용 제청한다.

⑤ 감찰담당 대검찰청 검사의 임기는 2년으로 하며, 연임할 수 있다.

제28조의3【감찰담당 대검찰청 검사의 전보】 ① 전보의 방법으로 임용된 감찰담당 대검찰청 검사는 다음 각 호의 어느 하나에 해당하는 경우를 제외하고는 본인의 의사에 반하여 다른 직위로 전보되지 아니한다.

1. 「검사징계법」 제2조 각 호의 징계 사유 중 어느 하나에 해당하는 경우
2. 직무수행 능력이 현저히 떨어지는 경우

② 법무부장관은 전보의 방법으로 임용된 감찰담당 대검찰청 검사가 제1항 각 호의 어느 하나에 해당하게 되었을 때에는 제35조의 검찰인사위원회의 심의를 거친 후 검찰총장의 의견을 들어 대통령에게 그 검사를 다른 직위에 임용할 것을 제청할 수 있다.

제28조의4【감찰담당 대검찰청 검사의 퇴직】 ① 신규 임용의 방법으로 임용된 감찰담당 대검찰청 검사는 연임하지 아니할 때에는 그 임기가 끝나면 당연히 퇴직한다.

② 법무부장관은 신규 임용의 방법으로 임용된 감찰담당 대검찰청 검사가 직무수행 능력이 현저히 떨어지는 등 검사로서 정상적인 직무수행이 어렵다고 인정하는 경우에는 제39조에 따른 적격심사를 거쳐 대통령에게 그 검사에 대한 퇴직명령을 제청할 수 있다.

③ 제2항의 적격심사에 관하여 제39조를 적용하는 경우 같은 조 제1항 중 "임명 후 7년마다"는 "법무부장관이 필요하다고 인정하는 경우에는"으로 본다.

제29조【검사의 임명자격】 검사는 다음 각 호의 사람 중에서 임명한다.

1. 사법시험에 합격하여 사법연수원 과정을 마친 사람
2. 변호사 자격이 있는 사람

제30조【고등검찰청 검사 등의 임용】 제28조에 해당하는 검사를 제외한 고등검찰청 검사, 지방검찰청과 지청의 차장검사·부장검사 및 지청장은 7년 이상 제27조 각 호의 직위에 재직하였던 사람 중에서 임용한다.

제31조【재직연수의 합산】 제27조·제28조 및 제30조를 적용할 때 2개 이상의 직위에 재직하였던 사람은 그 재직연수(在職年數)를 합산한다.

제32조【검사의 직무대리】 ① 검찰총장은 사법연수원장이 요청하면 사법연수생으로 하여금 일정 기간 지방검찰청 또는 지청 검사의 직무를 대리할 것을 명할 수 있다.

② 검찰총장은 필요하다고 인정하면 검찰수사서기관, 검찰사무관, 수사사무관 또는 마약수사사무관으로 하여금 지방검찰청 또는 지청 검사의 직무를 대리하게 할 수 있다.

③ 제1항이나 제2항에 따라 검사의 직무를 대리하는 사람은 「법원조직법」에 따른 합의부의 심판사건은 처리하지 못한다.

④ 제2항에 따른 검사 직무대리의 직무 범위와 그 밖에 검사 직무대리의 운영 등에 필요한 사항은 대통령령으로 정한다.

제33조【결격사유】 다음 각 호의 어느 하나에 해당하는 사람은 검사로 임용될 수 없다.

1. 「국가공무원법」 제33조 각 호의 어느 하나에 해당하는 사람
2. 금고 이상의 형을 선고받은 사람
3. 탄핵결정에 의하여 파면된 후 5년이 지나지 아니한 사람
4. 대통령비서실 소속의 공무원으로서 퇴직 후 2년이 지나지 아니한 사람(2017.3.14 본호신설)

제34조【검사의 임명 및 보직 등】 ① 검사의 임명과 보직은 법무부장관의 제청으로 대통령이 한다. 이 경우 법무부장관은 검찰총장의 의견을 들어 검사의 보직을 제청한다.

② 대통령이 법무부장관의 제청으로 검찰총장을 임명할 때에는 국회의 인사청문을 거쳐야 한다.

제34조의2【검찰총장후보추천위원회】 ① 법무부장관이 제청할 검찰총장 후보자의 추천을 위하여 법무부에 검찰총장후보추천위원회(이하 "추천위원회"라 한다)를 둔다.

② 추천위원회는 법무부장관이 검찰총장 후보자를 제청할 때마다 위원장 1명을 포함한 9명의 위원으로 구성한다.

③ 위원장은 제4항에 따른 위원 중에서 법무부장관이 임명하거나 위촉한다.

④ 위원은 다음 각 호의 어느 하나에 해당하는 사람을 법무부장관이 임명하거나 위촉한다.

1. 제28조에 따른 대검찰청 검사급 이상 검사로 재직하였던 사람으로서 사회적 신망이 높은 사람
2. 법무부 검찰국장
3. 법원행정처 차장
4. 대한변호사협회장
5. 사단법인 한국법학교수회 회장

6. 사단법인 법학전문대학원협의회 이사장
7. 학식과 덕망이 있고 각계 전문 분야에서 경험이 풍부한 사람으로서 변호사 자격을 가지지 아니한 사람 3명. 이 경우 1명 이상은 여성이어야 한다.

⑤ 추천위원회는 법무부장관의 요청 또는 위원 3분의 1 이상의 요청이 있거나 위원장이 필요하다고 인정할 때 위원장이 소집하고, 재적위원 과반수의 찬성으로 의결한다.
⑥ 추천위원회는 검찰총장 후보자로 3명 이상을 추천하여야 한다.
⑦ 법무부장관은 검찰총장 후보자를 제청하는 경우에는 추천위원회의 추천 내용을 존중한다.
⑧ 추천위원회가 제6항에 따라 검찰총장 후보자를 추천하면 해당 위원회는 해산된 것으로 본다.
⑨ 그 밖에 추천위원회의 구성과 운영 등에 필요한 사항은 대통령령으로 정한다.
(2011.7.18 본조신설)

제35조【검찰인사위원회】 ① 검사의 임용, 전보, 그 밖의 인사에 관한 중요 사항을 심의하기 위하여 법무부에 검찰인사위원회(이하 "인사위원회"라 한다)를 둔다.
② 인사위원회는 위원장 1명을 포함한 11명의 위원으로 구성하고, 위원장은 제3항에 따른 위원 중에서 법무부장관이 임명하거나 위촉한다.
③ 위원은 다음 각 호의 어느 하나에 해당하는 사람을 법무부장관이 임명하거나 위촉하되 임기는 1년으로 한다.
1. 검사 3명. 다만, 제28조 및 제30조에 해당하는 자격을 가진 검사를 제외한 검사가 1명 이상이어야 한다.
2. 법원행정처장이 추천하는 판사 2명. 다만, 제4항제2호의 검사의 신규 임명에 관한 심의에만 참여한다.
3. 대한변호사협회장이 추천하는 변호사 2명
4. 사단법인 한국법학교수회 회장과 사단법인 법학전문대학원협의회 이사장이 각각 1명씩 추천하는 법학교수 2명
5. 학식과 덕망이 있고 각계 전문 분야에서 경험이 풍부한 사람으로서 변호사 자격을 가지지 아니한 사람 2명
(2011.7.18 본항신설)

④ 인사위원회는 다음 각 호의 사항을 심의한다.
1. 검찰인사행정에 관한 기본계획의 수립 및 검찰인사 관계 법령의 개정·폐지에 관한 사항
2. 검사의 임용·전보의 원칙과 기준에 관한 사항
3. 검사의 사건 평가와 관련하여 무죄사건이나 사회적 이목을 끈 사건으로 위원 3분의 1 이상이 심의를 요청한 사항
4. 그 밖에 법무부장관이 심의를 요청하는 인사에 관한 사항
(2011.7.18 본항신설)

⑤ 인사위원회는 재적위원 과반수의 찬성으로 의결한다.
(2011.7.18 본항신설)
⑥ 그 밖에 인사위원회의 구성과 운영 등에 필요한 사항은 대통령령으로 정한다.(2011.7.18 본항신설)
(2011.7.18 본조개정)

제35조의2【근무성적 등의 평정】 ① 법무부장관은 검사에 대한 근무성적과 자질을 평정하기 위하여 공정한 평정기준을 마련하여야 한다.
② 제1항의 자질 평정기준에는 성실성, 청렴성 및 친절성 등이 포함되어야 한다.
③ 법무부장관은 제1항의 평정기준에 따라 검사에 대한 평정을 실시하고 그 결과를 보직, 전보 등의 인사관리에 반영한다.
④ 그 밖에 근무성적과 자질 평정에 필요한 사항은 법무부령으로 정한다.
(2011.7.18 본조신설)

제36조【정원·보수 및 징계】 ① 검사는 특정직공무원으로 하고 그 정원, 보수 및 징계에 관하여 필요한 사항은 따로 법률로 정한다.
② 검사의 지위는 존중되어야 하며, 그 보수는 직무와 품위에 상응하도록 정하여야 한다.
③ 제32조제1항에 따라 검사의 직무를 대리하는 사법연수생에게는 대통령령으로 정하는 바에 따라 실비(實費)를 지급한다.

제37조【신분보장】 검사는 탄핵이나 금고 이상의 형을 선고받은 경우를 제외하고는 파면되지 아니하며, 징계처분이나 적격심사에 의하지 아니하고는 해임·면직·정직·감봉·견책 또는 퇴직의 처분을 받지 아니한다.

제38조【휴직】 ① 법무부장관은 검사가 다음 각 호의 어느 하나의 사유에 해당하면 휴직을 명하여야 한다.
1. 병역 복무를 위하여 징집되거나 소집되었을 때
2. 법률에 따른 의무를 수행하기 위하여 직무를 이탈하게 되었을 때

② 법무부장관은 검사가 다음 각 호의 어느 하나의 사유로 휴직을 청원하는 경우에 그 청원 내용이 충분한 이유가 있다고 인정하면 휴직을 허가할 수 있다.
1. 국내외의 법률연구기관이나 대학 등에서 법률연수를 하게 되었을 때
2. 본인의 질병으로 인한 요양 등이 필요할 때

③ 제1항 및 제2항의 경우 휴직 기간의 보수 지급 등 필요한 사항은 대통령령으로 정한다.

제38조의2【휴직 기간】 검사의 휴직 기간은 다음 각 호와 같다.
1. 제38조제1항에 따른 휴직 기간은 그 복무 기간이 끝날 때까지로 한다.
2. 제38조제2항제1호에 따른 휴직 기간은 2년 이내로 한다.(2012.1.17 본호개정)
3. 제38조제2항제2호에 따른 휴직 기간은 1년(「공무원 재해보상법」에 따른 공무상 부상 또는 질병으로 인한 휴직 기간은 3년) 이내로 한다.(2018.3.20 본호개정)
(2009.11.2 본조신설)

제39조【검사 적격심사】 ① 검사(검찰총장은 제외한다)에 대하여는 임명 후 7년마다 적격심사를 한다.
② 제1항의 심사를 위하여 법무부에 다음 각 호의 위원 9명으로 구성하는 검사적격심사위원회(이하 "위원회"라 한다)를 둔다.
1. 대법원장이 추천하는 법률전문가 1명
2. 대한변호사협회장이 추천하는 변호사 1명
3. 교육부장관이 추천하는 법학교수 1명(2013.3.23 본호개정)
4. 사법제도에 관하여 학식과 경험을 가진 사람으로서 법무부장관이 위촉하는 사람 2명
5. 법무부장관이 지명하는 검사 4명

③ 제2항제1호부터 제3호까지의 위원은 해당 추천기관의 추천을 받아 법무부장관이 위촉한다.
④ 위원회는 검사가 직무수행 능력이 현저히 떨어지는 등 검사로서 정상적인 직무수행이 어렵다고 인정하는 경우에는 재적위원 3분의 2 이상의 의결을 거쳐 법무부장관에게 그 검사의 퇴직을 건의한다.
⑤ 위원회는 제4항에 따른 의결을 하기 전에 해당 검사에게 위원회에 출석하여 충분한 진술을 할 수 있는 기회를 주어야 한다.
⑥ 법무부장관은 제4항에 따른 퇴직 건의가 타당하다고 인정하면 대통령에게 그 검사에 대한 퇴직명령을 제청한다.
⑦ 제2항 각 호의 위원의 자격기준과 임기 및 위원회의 조사·심의 방식, 그 밖에 운영에 필요한 사항은 대통령령으로 정한다.

제39조의2【심신장애로 인한 퇴직】 검사가 중대한 심신상의 장애로 인하여 직무를 수행할 수 없을 때 대통령은 법무부장관의 제청에 의하여 그 검사에게 퇴직을 명할 수 있다.

제40조【명예퇴직】 ① 20년 이상 근속한 검사가 정년 전에 스스로 퇴직하는 경우에는 명예퇴직수당을 지급할 수 있다.
② 제1항의 명예퇴직수당의 금액과 그 밖에 지급에 관하여 필요한 사항은 대통령령으로 정한다.

제41조【정년】 검찰총장의 정년은 65세, 검찰총장 외의 검사의 정년은 63세로 한다.

제42조 (2004.1.20 삭제)

제43조【정치운동 등의 금지】 검사는 재직 중 다음 각 호의 행위를 할 수 없다.
1. 국회 또는 지방의회의 의원이 되는 일
2. 정치운동에 관여하는 일
3. 금전상의 이익을 목적으로 하는 업무에 종사하는 일
4. 법무부장관의 허가 없이 보수를 받는 직무에 종사하는 일

제44조【검사의 겸임】 법무부와 그 소속 기관의 직원으로서 검사로 임명될 자격이 있는 사람은 검사를 겸임할 수 있다. 이 경우 그 중 보수가 더 많은 직위의 보수를 받으며, 그 겸직 검사의 수는 제36조의 검사 정원에 포함하지 아니한다.

제44조의2【검사의 파견 금지 등】 ① 검사는 대통령비서실에 파견되거나 대통령비서실의 직위를 겸임할 수 없다.
② 검사로서 퇴직 후 1년이 지나지 아니한 사람은 대통령비서실의 직위에 임용될 수 없다.(2017.3.14 본항신설)
(2013.3.23 본조개정)

제6장 검찰청 직원
(2009.11.2 본장개정)

제45조【검찰청 직원】 검찰청에는 고위공무원단에 속하는 일반직공무원, 검찰부이사관, 검찰수사서기관, 검찰사무관, 수사사무관, 마약수사사무관, 검찰주사, 마약수사주사, 검찰주사보, 마약수사주사보, 검찰서기, 마약수사서기, 검찰서기보, 마약수사서기보 및 별정직공무원을 둔다.

제46조【검찰수사서기관 등의 직무】 ① 검찰수사서기관, 검찰사무관, 검찰주사, 마약수사주사, 검찰주사보, 마약수사주사보, 검찰서기 및 마약수사서기는 다음 각 호의 사무에 종사한다.
1. 검사의 명을 받은 수사에 관한 사무
2. 형사기록의 작성과 보존
3. 국가를 당사자 또는 참가인으로 하는 소송과 행정소송의 수행자로 지정을 받은 검사의 소송 업무 보좌 및 이에 관한 기록, 그 밖의 서류의 작성과 보존에 관한 사무
4. 그 밖에 검찰행정에 관한 사무

② 검찰수사서기관, 수사사무관 및 마약수사사무관은 검사를 보좌하며 「형사소송법」 제245조의9제2항에 따른 사법경찰관으로서 검사의 지휘를 받아 범죄수사를 한다.
(2020.2.4 본항개정)
③ 검찰서기, 마약수사서기, 검찰서기보 및 마약수사서기보는 검찰수사서기관, 검찰사무관, 수사사무관, 마약수사사무관, 검찰주사, 마약수사주사, 검찰주사보 또는 마약수사주사보를 보좌한다.
④ 검찰수사서기관, 검찰사무관, 검찰주사, 마약수사주사, 검찰주사보, 마약수사주사보, 검찰서기 및 마약수사서기는 수사에 관한 조서 작성에 관하여 검사의 의견이 자기의 의견과 다른 경우에는 조서의 끝 부분에 그 취지를 적을 수 있다.

제47조【사법경찰관리로서의 직무수행】 ① 검찰주사, 마약수사주사, 검찰주사보, 마약수사주사보, 검찰서기, 마약수사서기, 검찰서기보 또는 마약수사서기보로서 검찰총장 또는 각급 검찰청 검사장의 지명을 받은 사람은 소속 검찰청 또는 지청에서 접수한 사건에 관하여 다음 각 호의 구분에 따른 직무를 수행한다.
1. 검찰주사, 마약수사주사, 검찰주사보 및 마약수사주사보 : 「형사소송법」 제245조의9제2항에 따른 사법경찰관의 직무(2020.2.4 본호개정)
2. 검찰서기, 마약수사서기, 검찰서기보 및 마약수사서기보 : 「형사소송법」 제245조의9제3항에 따른 사법경찰리의 직무(2020.2.4 본호개정)

② 별정직공무원으로서 검찰총장 또는 각급 검찰청 검사장의 지명을 받은 공무원은 다음 각 호의 구분에 따른 직무를 수행한다.
1. 5급 상당부터 7급 상당까지의 공무원 : 「형사소송법」 제245조의9제2항에 따른 사법경찰관의 직무(2020.2.4 본호개정)
2. 8급 상당 및 9급 상당 공무원 : 「형사소송법」 제245조의9제3항에 따른 사법경찰리의 직무(2020.2.4 본호개정)

제48조【검찰총장 비서관】 ① 대검찰청에 검찰총장 비서관 1명을 둔다.
② 비서관은 검찰수사서기관이나 4급 상당 별정직국가공무원으로 보하고 검찰총장의 명을 받아 기밀에 관한 사항을 맡아 처리한다.

제49조【통역공무원 및 기술공무원】 ① 검찰청에 통역 및 기술 분야의 업무를 담당하는 공무원을 둘 수 있다.
② 제1항의 공무원은 상사의 명을 받아 번역·통역 또는 기술에 관한 사무에 종사한다. 다만, 전산사무관, 방송통신사무관, 전산주사, 방송통신주사, 전산주사보, 방송통신주사보, 전산서기, 방송통신서기, 전산서기보, 방송통신서기보로서 검찰총장 또는 각급 검찰청 검사장의 지명을 받은 사람은 소속 검찰청 또는 지청에서 접수한 사건에 관하여 다음 각 호의 구분에 따른 직무를 수행한다.
1. 전산사무관, 방송통신사무관, 전산주사, 방송통신주사, 전산주사보, 방송통신주사보 : 「형사소송법」 제245조의9제2항에 따른 사법경찰관의 직무(2020.2.4 본호개정)
2. 전산서기, 방송통신서기, 전산서기보, 방송통신서기보 : 「형사소송법」 제245조의9제3항에 따른 사법경찰리의 직무(2020.2.4 본호개정)

제50조【검찰청 직원의 보직】 ① 검찰청 직원의 보직은 법무부장관이 행한다. 다만, 이 법 또는 다른 법률에 특별한 규정이 있는 경우에는 그러하지 아니하다.
② 법무부장관은 제1항에 따른 권한의 일부를 검찰총장이나 각급 검찰청의 검사장에게 위임할 수 있다.
③ 다음 각 호의 어느 하나에 해당하는 사람은 검찰청 직원으로 임용될 수 없다.
1. 「국가공무원법」 제33조 각 호의 어느 하나에 해당하는 사람
2. 금고 이상의 형을 선고받은 사람

제51조【검찰청 직원의 겸임】 법무부 직원은 이 법에 따른 검찰청 직원의 직위를 겸임할 수 있다. 이 경우 그 보수에 관하여는 제44조 후단을 준용한다.

제52조【검찰청 직원의 정원】 검찰청 직원의 정원은 대통령령으로 정한다.

제7장 사법경찰관리의 지휘·감독
(2009.11.2 본장개정)

제53조 (2011.7.18 삭제)

제54조【교체임용의 요구】 ① 서장이 아닌 경정 이하의 사법경찰관리가 직무 집행과 관련하여 부당한 행위를 하는 경우 지방검찰청 검사장은 해당 사건의 수사 중지를 명하고, 임용권자에게 그 사법경찰관리의 교체임용을 요구할 수 있다.
② 제1항의 요구를 받은 임용권자는 정당한 사유가 없으면 교체임용을 하여야 한다.

부 칙 (2012.1.17)

제1조【시행일】 이 법은 공포한 날부터 시행한다.

제2조【질병 휴직 기간 단축 및 공무상 질병 또는 부상으로 인한 휴직기간 확대에 따른 경과조치】 이 법 시행 당시 제38조제2항제2호에 따라 휴직 중인 사람에 대하여는 종전의 규정을 적용한다. 다만, 이 법 시행 전에 공무상 질병 또는 부상으로 휴직하였거나 이 법 시행 당시 공무상 질병 또는 부상으로 휴직 중인 사람에 대하여는 제38조의2제3호의 개정규정을 적용한다.

부 칙 (2020.2.4)

이 법은 공포 후 6개월이 경과한 날부터 1년 내에 시행하되, 그 기간 내에 대통령령으로 정하는 시점부터 시행한다.

부 칙 (2020.12.8)

이 법은 공포한 날부터 시행한다.

부 칙 (2022.5.9)

제1조【시행일】 이 법은 공포 후 4개월이 경과한 날부터 시행한다.

제2조【검사의 직무에 관한 적용례】 제4조제2항의 개정규정은 이 법 시행 이후 공소를 제기하는 경우부터 적용한다.

제3조【검사가 수사를 개시할 수 있는 범죄의 범위에 관한 경과조치】 이 법 시행 당시 종전의 제4조제1항제1호가목에 따른 선거범죄에 관하여는 2022년 12월 31일까지는 제4조제1항제1호가목의 개정규정에도 불구하고 종전의 규정에 따른다.

제4조【다른 법률의 개정】 ①~③ ※(해당 법령에 가제정리 하였음)

검사의 수사개시 범죄 범위에 관한 규정

(2020년 10월 7일 대통령령 제31090호)

개정
2021.12.28영32274호(독점시)
2022. 9. 8영32902호

제1조【목적】 이 영은 「검찰청법」 제4조제1항제1호 각 목 외의 부분 단서에 따라 검사가 수사를 개시할 수 있는 범죄의 범위를 구체적으로 규정함으로써 국민의 안전과 인권 수호를 위한 수사권의 민주적이고 효율적인 행사를 보장함을 목적으로 한다.

제2조【중요 범죄】 「검찰청법」(이하 "법"이라 한다) 제4조제1항제1호가목에서 "부패범죄, 경제범죄 등 대통령령으로 정하는 중요 범죄"란 다음 각 호의 범죄를 말한다.
1. 부패범죄 : 다음 각 목의 어느 하나에 해당하는 범죄로서 별표1에 규정된 죄
 가. 사무의 공정을 해치는 불법 또는 부당한 방법으로 자기 또는 제3자의 이익이나 손해를 도모하는 범죄
 나. 직무와 관련하여 그 지위 또는 권한을 남용하는 범죄
 다. 범죄의 은폐나 그 수익의 은닉에 관련된 범죄
2. 경제범죄 : 생산·분배·소비·고용·금융·부동산·유통·수출입 등 경제의 각 분야에서 경제질서를 해치는 불법 또는 부당한 방법으로 자기 또는 제3자의 경제적 이익이나 손해를 도모하는 범죄로서 별표2에 규정된 죄
3. 다음 각 목의 어느 하나에 해당하는 죄
 가. 무고·도주·범인은닉·증거인멸·위증·허위감정통역·보복범죄 및 배심원의 직무에 관한 죄 등 국가의 사법질서를 저해하는 범죄로서 별표3에 규정된 죄
 나. 개별 법률에서 국가기관으로 하여금 검사에게 고발하도록 하거나 수사를 의뢰하도록 규정된 범죄

(2022.9.8 본조개정)

제3조 (2022.9.8 삭제)

부 칙

제1조【시행일】 이 영은 2021년 1월 1일부터 시행한다.

제2조【일반적 적용례】 이 영은 이 영 시행 이후 수사를 개시하는 경우부터 적용한다.

부 칙 (2021.12.28)

제1조【시행일】 이 영은 2021년 12월 30일부터 시행한다. (이하 생략)

부 칙 (2022.9.8)

제1조【시행일】 이 영은 2022년 9월 10일부터 시행한다.

제2조【일반적 적용례】 이 영은 이 영 시행 이후 수사를 개시하는 경우부터 적용한다.

제3조【선거범죄의 수사개시 범위에 관한 경과조치】 법률 제18861호 검찰청법 일부개정법률 부칙 제3조에 따라 2022년 12월 31일까지 수사를 개시할 수 있는 선거범죄의 범위에 관하여는 이 영 제2조의 개정규정에도 불구하고 종전의 제2조제4호에 따른다.

〔별표〕 ➡ 「法典 別册」 참조

검사징계법

(1957년 2월 15일 법 률 제438호)

개정
1962. 9.24법 1153호
1963.12.16법 1573호
1986.12.31법 3882호(검찰)
1999.12.31법 6082호(형사소송비용등에관한법)
2004. 1.20법 7078호(검찰)
2005. 3.31법 7427호(민법)
2006.10.27법 8056호
2009.11. 2법 9817호
2014. 5.20법12585호
2016. 1. 6법13709호
2017. 3.14법14581호
2019. 4.16법16312호
2020.10.20법17500호
2022. 1. 4법18668호

제1조【목적】 이 법은 검사(檢事)에 대한 징계에 필요한 사항을 규정함을 목적으로 한다.(2009.11.2 본조개정)

제2조【징계 사유】 검사가 다음 각 호의 어느 하나에 해당하면 그 검사를 징계한다.
1. 「검찰청법」 제43조를 위반하였을 때
2. 직무상의 의무를 위반하거나 직무를 게을리하였을 때
3. 직무 관련 여부에 상관없이 검사로서의 체면이나 위신을 손상하는 행위를 하였을 때

(2009.11.2 본조개정)

제3조【징계의 종류】 ① 징계는 해임(解任), 면직(免職), 정직(停職), 감봉(減俸) 및 견책(譴責)으로 구분한다.
② (2006.10.27 삭제)
③ 정직은 1개월 이상 6개월 이하의 기간 동안 검사의 직무 집행을 정지시키고 보수를 지급하지 아니하는 것을 말한다.
④ 감봉은 1개월 이상 1년 이하의 기간 동안 보수의 3분의 1 이하를 감액하는 것을 말한다.
⑤ 견책은 검사로 하여금 직무에 종사하면서 그가 저지른 잘못을 반성하게 하는 것을 말한다.
(2009.11.2 본조개정)

제4조【검사 징계위원회】 ① 징계 사건을 심의하기 위하여 법무부에 검사 징계위원회(이하 "위원회"라 한다)를 둔다.
② 위원회는 위원장 1명을 포함한 9명의 위원으로 구성하고, 예비위원 3명을 둔다.(2020.10.20 본항개정)
(2009.11.2 본조개정)

제5조【위원장의 직무와 위원의 임기 등】 ① 위원장은 법무부장관이 된다.
② 위원은 다음 각 호의 어느 하나에 해당하는 사람을 법무부장관이 임명하거나 위촉한다.(2020.10.20 본문개정)
1. 법무부차관
2. 법무부장관이 지명하는 검사 2명
3. 대한변호사협회장이 추천하는 변호사 1명(2020.10.20 본호개정)
4. 사단법인 한국법학교수회 회장과 사단법인 법학전문대학원협의회 이사장이 각각 1명씩 추천하는 법학교수 2명(2020.10.20 본호신설)
5. 학식과 경험이 풍부한 사람으로서 변호사의 자격이 없는 사람 2명. 이 경우 1명 이상은 여성이어야 한다.(2020.10.20 본호신설)

③ 예비위원은 검사 중에서 법무부장관이 지명하는 사람이 된다.
④ 제2항제3호부터 제5호까지의 위원의 임기는 3년으로 한다.(2020.10.20 본항개정)
⑤ 위원장은 위원회의 업무를 총괄하며, 회의를 소집하고 그 의장이 된다.
⑥ 위원장이 부득이한 사유로 직무를 수행할 수 없을 때에는 위원장이 지정하는 위원이 그 직무를 대리하고, 위원장이 지정한 위원이 부득이한 사유로 직무를 수행할 수 없을 때에는 위원장이 지명하는 예비위원이 그 직무를 대리한다.
(2009.11.2 본조개정)

제6조【위원회의 사무직원】 ① 위원회에 간사 1명과 서기 몇 명을 둔다.
② 간사는 법무부 검찰국 검찰과장이 되고, 서기는 법무부 검찰국 검찰과 소속 공무원 중에서 위원장이 위촉한다.
③ 간사 및 서기는 위원장의 명을 받아 징계에 관한 기록과 그 밖의 서류의 작성 및 보관에 관한 사무에 종사한다.
(2009.11.2 본조개정)

제7조【징계의 청구와 개시】 ① 위원회의 징계심의는 검찰총장의 청구에 의하여 시작한다.
② 검찰총장은 검사가 제2조 각 호의 어느 하나에 해당하는 행위를 하였다고 인정할 때에는 제1항의 청구를 하여야 한다.
③ 검찰총장인 검사에 대한 징계 및 제7조의2에 따른 징계부가금 부과(이하 "징계등"이라 한다)는 법무부장관이 청구하여야 한다.(2014.5.20 본항개정)
④ 징계의 청구는 위원회에 서면으로 제출하여야 한다.
(2009.11.2 본조개정)

제7조의2【징계부가금】 ① 제7조에 따라 검찰총장이 검사에 대하여 징계를 청구하거나 법무부장관이 검찰총장인 검사에 대하여 징계를 청구하는 경우 그 징계 사유가 「국가공무원법」 제78조의2제1항 각 호의 어느 하나에 해당하는 경우에는 해당 징계 외에 그 행위로 취득하거나 제공한 금전 또는 재산상 이득(금전이 아닌 재산상 이득의 경우에는 금전으로 환산한 금액을 말한다)의 5배 내의 징계부가금 부과 의결을 위원회에 청구하여야 한다.
② 제1항에 따른 징계부가금의 조정, 감면 및 징수 등에 관하여는 「국가공무원법」 제78조의2제2항부터 제5항까지의 규정을 준용한다.
(2019.4.16 본조개정)

제7조의3【재징계 등의 청구】 ① 검찰총장(검찰총장인 검사에 대한 징계등의 경우에는 법무부장관을 말한다)은 다음 각 호의 어느 하나에 해당하는 사유로 법원에서 징계등 처분의 무효 또는 취소 판결을 받은 경우에는 다시 징계등을 청구하여야 한다. 다만, 제3호의 사유로 무효 또는 취소 판결을 받은 감봉·견책 처분에 대해서는 징계등을 청구하지 아니할 수 있다.
1. 법령의 적용, 증거 및 사실 조사에 명백한 흠이 있는 경우
2. 위원회의 구성 또는 징계등 의결, 그 밖에 절차상의 흠이 있는 경우
3. 징계양정 및 징계부가금이 과다(過多)한 경우

② 검찰총장(검찰총장인 검사에 대한 징계등의 경우에는 법무부장관을 말한다)은 제1항에 따른 징계등을 청구하는 경우에는 법원의 판결이 확정된 날부터 3개월 이내에 위원회에 징계등을 청구하여야 하며, 위원회에서는 다른 징계사건에 우선하여 징계등을 의결하여야 한다.
(2014.5.20 본조신설)

제7조의4【퇴직 희망 검사의 징계 사유 확인 등】 ① 법무부장관은 검사가 퇴직을 희망하는 경우에는 제2조에 따른 징계 사유가 있는지 여부를 대검찰청에 확인하여야 한다.
② 제1항에 따른 확인 결과 해임, 면직 또는 정직에 해당하는 징계 사유가 있는 경우 검찰총장(검찰총장인 검사에 대한 징계등의 경우에는 법무부장관을 말한다)은 지체 없이 징계등을 청구하여야 한다.
③ 위원회는 제2항에 따라 징계등이 청구된 경우 다른 징계사건에 우선하여 징계등을 의결하여야 한다.
(2017.3.14 본조신설)

제8조【징계혐의자에 대한 부본 송달과 직무정지】 ① 위원회는 징계청구서의 부본(副本)을 징계혐의자에게 송달하여야 한다.
② 법무부장관은 필요하다고 인정할 때에는 징계혐의자에게 직무 집행의 정지를 명할 수 있다.
③ 검찰총장은 해임, 면직 또는 정직 사유에 해당한다고 인정되는 사유로 조사 중인 검사에 대하여 징계청구가 예상되고, 그 검사가 직무 집행을 계속하는 것이 현저하게 부적절하다고 인정되는 경우에는, 법무부장관에게 그 검사의 직무 집행을 정지하도록 명하여 줄 것을 요청할 수 있다. 이 경우 법무부장관은 그 요청이 타당하다고 인정할 때에는 2개월의 범위에서 직무 집행의 정지를 명하여야 한다.(2016.1.6 전단개정)
④ 법무부장관은 제2항 또는 제3항에 따라 직무 집행이 정지된 검사에 대하여, 공정한 조사를 위하여 필요하다고 인정하는 경우에는 2개월의 범위에서 다른 검찰청이나 법무행정 조사·연구를 담당하는 법무부 소속 기관에서 대기하도록 명할 수 있다.(2016.1.6 본항신설)
(2009.11.2 본조개정)

제9조【징계혐의자의 출석】 위원장은 징계를 청구받으면 징계심의의 기일을 정하고 징계혐의자의 출석을 명할 수 있다.(2009.11.2 본조개정)

제10조【징계의 심의】 ① 위원회는 위원장을 포함한 위원 과반수가 출석한 경우에 심의를 개시한다.
② 위원장은 심의기일에 심의개시를 선언하고, 징계혐의자에게 징계청구에 대한 사실과 그 밖에 필요한 사항을 심문(審問)할 수 있다.
③ 위원은 위원장에게 알리고 제2항의 심문을 할 수 있다.
④ 위원회의 심의·결정에 참여한 사람은 직무상 알게 된 비밀을 누설해서는 아니 된다.
(2019.4.16 본조개정)

제11조【징계혐의자의 진술과 증거 제출권】 징계혐의자가 위원장의 명에 따라 심의기일에 출석하였을 때에는 서면 또는 구술로 자기에게 유리한 사실을 진술하고, 증거를 제출할 수 있다.(2009.11.2 본조개정)

제12조【특별변호인의 선임】 징계혐의자는 변호사 또는 학식과 경험이 있는 사람을 특별변호인으로 선임(選任)하여 사건에 대한 보충진술과 증거 제출을 하게 할 수 있다.(2009.11.2 본조개정)

제13조【감정 또는 증인심문 등】 위원회는 직권으로 또는 징계혐의자나 특별변호인의 청구에 의하여 감정(鑑定)을 명하고 증인을 심문하며, 행정기관이나 그 밖의 기관에 대하여 사실의 조회 또는 서류의 제출을 요구할 수 있다.(2009.11.2 본조개정)

제14조【징계혐의자의 불출석】 위원회는 징계혐의자가 위원장의 출석명령을 받고 심의기일에 출석하지 아니한 때에는 서면으로 심의할 수 있다.(2009.11.2 본조개정)

제15조【예비심사】 ① 위원회는 사건심의에 필요하다고 인정할 때에는 위원을 지정하여 예비심사를 하게 할 수 있다.

② 제1항의 예비심사의 경우에는 제10조부터 제14조까지의 규정을 준용한다.
(2009.11.2 본조개정)
제16조【최종 의견의 진술권】 위원장은 명에 따라 출석한 징계혐의자와 선임된 특별변호인에게 최종 의견을 진술할 기회를 주어야 한다.(2009.11.2 본조개정)
제17조【제척·기피·회피】 ① 위원장과 위원은 자기 또는 자기의 친족이거나 친족이었던 사람에 대한 징계사건의 심의에 관여하지 못한다.
② 징계를 청구한 사람은 사건심의에 관여하지 못한다.
③ 징계혐의자는 위원장 또는 위원에게 제1항 또는 제2항의 사유가 있거나 징계결정의 공정을 기대하기 어려운 사정이 있을 때에는 위원회에 그 사실을 서면으로 소명하여 기피를 신청할 수 있다.(2019.4.16 본항신설)
④ 위원회는 제3항의 기피신청이 있을 때에는 재적위원 과반수의 출석과 출석위원 과반수의 찬성으로 기피 여부를 의결한다. 이 경우 기피신청을 받은 사람은 그 의결에 참여하지 못한다.(2019.4.16 본항신설)
⑤ 위원장이나 위원은 제1항부터 제3항까지의 경우에는 회피할 수 있다.(2019.4.16 본항신설)
(2019.4.16 본조제목개정)
(2009.11.2 본조개정)
제17조의2【징계청구의 취하】 검찰총장(검찰총장인 검사에 대한 징계등의 경우에는 법무부장관을 말한다)은 징계청구 이후에 제2조에 따른 징계 사유에 해당되지 아니한다고 인정할 만한 새로운 사실이 발견되는 등의 사유가 있는 경우에는 징계혐의자에 대한 징계청구를 제18조에 따른 징계의결 전까지 취하할 수 있다.(2019.4.16 본조신설)
제18조【징계의결】 ① 위원회는 사건심의를 마치면 출석위원 과반수의 찬성으로 징계를 의결한다.(2019.4.16 본항개정)
② 위원회가 제1항에 따른 징계결정을 할 때 의견이 나뉘어 출석위원 과반수에 이르지 못한 경우에는 출석위원 과반수에 이르기까지 징계혐의자에게 가장 불리한 의견의 수에 차례로 유리한 의견의 수를 더하여 그 중 가장 유리한 의견에 따른다.(2019.4.16 본항신설)
③ 위원회는 징계 사유가 있으나 징계처분을 하지 아니하는 것이 타당하다고 인정되는 경우에는 불문(不問)으로 하는 결정을 할 수 있다.(2019.4.16 본항개정)
④ 검찰총장은 제1항에 따른 징계의결에 앞서 위원회에 의견을 제시할 수 있다.
(2009.11.2 본조개정)
제19조【징계양정】 위원회는 징계혐의자의 평소의 행실과 직무성적을 고려하고, 징계 대상 행위의 경중(輕重)에 따라 징계의 여부 또는 징계의 종류와 정도를 정하여야 한다.(2009.11.2 본조개정)
제20조【간사의 참여와 심의기록의 작성】 ① 간사는 사건심의에 참여하여 심의기록을 작성하고 위원장과 함께 심의기록에 서명날인하여야 한다.
② 예비심사에 참여한 간사는 심사기록을 작성하고 심사에 관여한 위원과 함께 심사기록에 서명날인하여야 한다.
(2009.11.2 본조개정)
제21조【무혐의의결】 위원회가 징계의 이유가 없다고 의결하였을 때에는 사건을 완결하고, 그 내용을 징계혐의자와 징계청구자에게 알려야 한다.(2009.11.2 본조개정)
제22조【징계결정서의 작성】 ① 위원회가 징계를 의결하였을 때에는 결정서를 작성하여 위원장과 심의에 관여한 위원이 함께 결정서에 서명날인하여야 한다.
② 징계의 의결요지서는 제23조에 따른 징계 집행권자, 징계혐의자 및 징계청구자에게 각각 송달하여야 한다.
(2009.11.2 본조개정)
제23조【징계의 집행】 ① 징계의 집행은 견책의 경우에는 징계처분을 받은 검사가 소속하는 검찰청의 검찰총장·고등검찰청검사장 또는 지방검찰청검사장이 하고, 해임·면직·정직·감봉의 경우에는 법무부장관의 제청으로 대통령이 한다.
② 검사에 대한 징계처분을 한 때에는 그 사실을 관보에 게재하여야 한다.
(2009.11.2 본조개정)
제24조【징계심의의 정지】 징계 사유에 관하여 탄핵의 소추 또는 공소의 제기가 있을 때에는 그 사건이 완결될 때까지 징계심의를 정지한다. 다만, 공소의 제기가 있는 경우로서 징계 사유에 관하여 명백한 증명자료가 있거나, 징계혐의자의 심신상실(心神喪失) 또는 질병 등의 사유로 형사재판 절차가 진행되지 아니할 때에는 징계심의를 진행할 수 있다.(2009.11.2 본조개정)
제25조【징계등 사유의 시효】 ① 징계등은 징계등의 사유가 있는 날부터 3년(「국가공무원법」 제78조의2제1항 각 호의 어느 하나에 해당하는 경우에는 5년, 같은 법 제83조의2제1항제1호 각 목의 어느 하나에 해당하는 경우에는 10년)이 경과하면 이를 청구하지 못한다.
(2022.1.4 본항개정)
② 제24조 본문에 따라 징계 절차를 진행하지 못하여 제1항의 기간이 지나거나 그 남은 기간이 1개월 미만인 경우에는 제1항의 기간은 제24조에 따른 사건이 완결된 날부터 1개월이 지난 날에 끝나는 것으로 본다.
③ 징계등 처분의 무효 또는 취소 판결에 따른 징계등 사유의 시효 정지에 관하여는 「국가공무원법」 제83조의2 제3항을 준용한다.
(2014.5.20 본조개정)
제26조【「형사소송법」 등의 준용】 서류 송달, 기일의 지정 또는 변경, 증인·감정인의 선서와 급여에 관하여는 「형사소송법」과 「형사소송비용 등에 관한 법률」을 준용한다.(2009.11.2 본조개정)
제27조 (2009.11.2 삭제)

부 칙

제28조 본법은 공포한 날로부터 시행한다.
제29조 군정법령 제166호(檢察官懲戒令)는 이를 폐지한다.

부 칙 (2014.5.20)

제1조【시행일】 이 법은 공포한 날부터 시행한다. 다만, 제7조의3의 개정규정은 공포 후 3개월이 경과한 날부터 시행한다.
제2조【징계부가금에 관한 적용례】 제7조의2의 개정규정은 이 법 시행 후 징계 사유가 발생한 경우부터 적용한다.
제3조【재징계 등의 청구에 관한 적용례】 제7조의3의 개정규정은 같은 개정규정 시행 후 징계등 처분의 무효 또는 취소 판결을 받은 경우부터 적용한다.
제4조【징계등 사유의 시효 정지에 관한 적용례】 제25조의 개정규정은 이 법 시행 후 징계등 사유의 시효기간이 만료되는 경우부터 적용한다.

부 칙 (2019.4.16)

제1조【시행일】 이 법은 공포한 날부터 시행한다.
제2조【징계부가금 부과에 관한 적용례】 제7조의2제1항의 개정규정은 이 법 시행 이후 징계 사유가 발생하는 경우부터 적용한다.
제3조【징계부가금 징수 등에 관한 적용례】 제7조의2제2항의 개정규정은 이 법 시행 전에 징계부가금 부과 의결이 된 경우에 대해서도 적용한다.
제4조【징계등 사유의 시효에 관한 경과조치】 이 법 시행 전에 징계등 사유가 발생한 사람에 대해서는 제25조제1항의 개정규정에도 불구하고 종전의 규정에 따른다.

부 칙 (2020.10.20)

제1조【시행일】 이 법은 공포 후 3개월이 경과한 날부터 시행한다.
제2조【검사 징계위원회 위원에 대한 경과조치】 이 법 시행 당시 종전의 제5조제2항제3호에 따라 위촉된 위원은 그 임기가 만료될 때까지 제5조제2항의 개정규정에 따라 위촉된 것으로 본다.

부 칙 (2022.1.4)

제1조【시행일】 이 법은 공포한 날부터 시행한다.
제2조【징계시효 연장에 관한 경과조치】 이 법 시행 전에 징계 등 사유가 발생한 경우 그 징계시효에 관하여는 제25조제1항의 개정규정에도 불구하고 종전의 규정에 따른다.

특별검사의 임명 등에 관한 법률(약칭 : 특검법)

(2014년 3월 18일)
(법 률 제12423호)

개정
2022. 5. 9법18861호(검찰)

제1장 총 칙

제1조【목적】 이 법은 범죄수사와 공소제기 등에 있어 특정사건에 한정하여 독립적인 지위를 가지는 특별검사의 임명과 직무 등에 관하여 필요한 사항을 규정함을 목적으로 한다.

제2장 특별검사의 수사대상 및 임명

제2조【특별검사의 수사대상 등】 ① 특별검사의 수사대상은 다음 각 호와 같다.
1. 국회가 정치적 중립성과 공정성 등을 이유로 특별검사의 수사가 필요하다고 본회의에서 의결한 사건
2. 법무부장관이 이해관계 충돌이나 공정성 등을 이유로 특별검사의 수사가 필요하다고 판단한 사건
② 법무부장관은 제1항제2호에 대하여는 검찰총장의 의견을 들어야 한다.
제3조【특별검사 임명절차】 ① 제2조에 따라 특별검사의 수사가 결정된 경우 대통령은 제4조에 따라 구성된 특별검사후보추천위원회에 지체 없이 2명의 특별검사 후보자 추천을 의뢰하여야 한다.
② 특별검사후보추천위원회는 제1항의 의뢰를 받은 날부터 5일 내에 15년 이상 「법원조직법」 제42조제1항제1호의 직에 있던 변호사 중에서 재적위원 과반수의 찬성으로 2명의 후보자를 서면으로 대통령에게 추천하여야 한다.
③ 대통령은 제2항의 추천을 받은 날부터 3일 내에 추천된 후보자 중에서 1명을 특별검사로 임명하여야 한다.
제4조【특별검사후보추천위원회】 ① 특별검사 후보자의 추천을 위하여 국회에 특별검사후보추천위원회(이하 이 조에서 "추천위원회"라 한다)를 둔다.
② 추천위원회는 위원장 1명을 포함하여 7명의 위원으로 구성한다.
③ 위원장은 제4항에 따른 위원 중에서 호선한다.
④ 위원은 다음 각 호의 어느 하나에 해당하는 사람을 국회의장이 임명하거나 위촉한다.
1. 법무부 차관
2. 법원행정처 차장
3. 대한변호사협회장
4. 그 밖에 학식과 덕망이 있고 각계 전문 분야에서 경험이 풍부한 사람으로서 국회에서 추천한 4명
⑤ 추천위원회는 국회의장의 요청 또는 위원 3분의 1 이상의 요청이 있거나 위원장이 필요하다고 인정할 때 위원장이 소집하고, 재적위원 과반수의 찬성으로 의결한다.
⑥ 추천위원회가 제3조제2항에 따라 특별검사 후보자를 추천하면 해당 위원회는 해산된 것으로 본다.
⑦ 추천위원회 위원은 정치적으로 중립을 지키고 독립하여 그 직무를 수행한다.
⑧ 그 밖에 추천위원회의 구성과 운영 등에 필요한 사항은 국회규칙으로 정한다.
제5조【특별검사의 결격사유】 다음 각 호의 어느 하나에 해당하는 자는 특별검사로 임명될 수 없다.
1. 대한민국 국민이 아닌 자
2. 「국가공무원법」 제2조 또는 「지방공무원법」 제2조에 따른 공무원
3. 특별검사 임명일 전 1년 이내에 제2호의 직에 있었던 자
4. 정당의 당적을 가진 자 또는 특별검사 임명일 전 1년 이내에 당적을 가졌던 자
5. 「공직선거법」에 따라 실시하는 선거에 후보자(예비후보자를 포함한다)로 등록한 사람
6. 「국가공무원법」 제33조 각 호의 어느 하나에 해당하는 자
제6조【특별검사의 정치적 중립 및 직무상 독립】 특별검사는 정치적으로 중립을 지키고 독립하여 그 직무를 수행한다.

제3장 특별검사의 권한 및 의무

제7조【특별검사의 직무범위와 권한 등】 ① 특별검사의 직무 범위는 다음 각 호와 같다.
1. 제3조에 따라 특별검사 임명 추천서에 기재된 사건(이하 "담당사건"이라 한다)에 관한 수사와 공소제기 여부의 결정 및 공소유지
2. 제8조의 특별검사보 및 특별수사관과 관계 기관으로부터 파견받은 공무원에 대한 지휘·감독
② 특별검사는 직무의 범위를 이탈하여 담당사건과 관련되지 아니한 자를 소환·조사할 수 없다.
③ 특별검사는 그 직무수행을 위하여 필요한 때에는 대검찰청, 경찰청 등 관계 기관의 장에게 담당사건과 관련

된 사건의 수사 기록 및 증거 등 자료의 제출, 수사활동의 지원 등 수사 협조를 요청할 수 있다.
④ 특별검사는 그 직무수행을 위하여 필요한 때에는 대검찰청, 경찰청 등 관계 기관의 장에게 소속 공무원의 파견근무와 이에 관련되는 지원을 요청할 수 있다. 다만, 파견검사의 수는 5명 이내, 파견검사를 제외한 파견공무원의 수는 30명 이내로 한다.
⑤ 제3항 및 제4항의 요청을 받은 관계 기관의 장은 정당한 사유가 없으면 이에 따라야 한다. 다만, 특별검사가 특정 검사 및 공무원의 파견을 요청하는 경우에는 사전에 관계 기관의 장과 협의하여야 한다.
⑥ 관계 기관의 장이 제5항 본문의 요청에 정당한 사유 없이 불응할 경우 특별검사는 징계의결요구권자에게 관계 기관의 장에 대한 징계절차를 개시할 것을 요청할 수 있다.
⑦ 「형사소송법」, 「검찰청법」(제4조제2항은 제외한다), 「군사법원법」, 그 밖의 법령 중 검사와 군검찰관의 권한에 관한 규정은 이 법의 규정에 반하지 아니하는 한 특별검사의 경우에 이를 준용한다.(2022.5.9 본항개정)

제8조【특별검사보 및 특별수사관의 임명과 권한】 ① 특별검사는 7년 이상 「법원조직법」 제42조제1항제1호의 직에 있던 변호사 중에서 4명의 특별검사보 후보자를 선정하여 대통령에게 특별검사보로 임명할 것을 요청할 수 있다. 이 경우 대통령은 그 요청을 받은 날부터 3일 이내에 그 후보자 중에서 2명의 특별검사보를 임명하여야 한다.
② 특별검사보는 특별검사의 지휘·감독에 따라 담당사건의 수사 및 공소제기된 사건의 공소유지를 담당하고, 특별수사관 및 관계 기관으로부터 파견받은 공무원을 지휘·감독한다.
③ 특별검사는 그 직무수행에 필요한 때에는 30명 이내의 특별수사관을 임명할 수 있다. 이 경우 유관기관 근무 경력, 업무수행 능력과 자질 등을 고려하여야 한다.
④ 특별수사관은 담당사건의 수사 범위에서 사법경찰관의 직무를 수행한다.
⑤ 특별검사보 및 특별수사관의 결격 사유에 관하여는 제5조, 특별검사보의 권한에 관하여는 제7조제7항을 각각 준용한다.
⑥ 특별검사는 수사완료 후 공소유지를 위한 경우에는 특별검사보, 특별수사관 등 특별검사의 업무를 보조하는 인원을 최소한의 범위로 유지하여야 한다.

제9조【특별검사 등의 의무】 ① 특별검사, 특별검사보 및 특별수사관(이하 "특별검사등"이라 한다)과 제7조제4항에 따라 파견된 공무원 및 특별검사의 직무보조를 위하여 채용된 자는 직무상 알게 된 비밀을 재직 중과 퇴직 후에 누설하여서는 아니 된다.
② 특별검사등은 영리를 목적으로 하는 업무에 종사할 수 없으며, 다른 직무를 겸할 수 없다.
③ 특별검사등과 제7조제4항에 따라 파견된 공무원 및 특별검사의 직무보조를 위하여 채용된 자는 제10조제3항·제4항, 제12조 및 제17조에 따른 경우를 제외하고는 정당한 사유 없이 수사내용을 공표하거나 누설하여서는 아니 된다.
④ 「형사소송법」, 「검찰청법」, 「군사법원법」, 그 밖의 법령 중 검사의 의무에 관한 규정은 이 법의 규정에 반하지 아니하는 한 특별검사 및 특별검사보에 이를 준용한다.

제4장 사건처리절차

제10조【수사기간 등】 ① 특별검사는 임명된 날부터 20일 동안 수사에 필요한 시설의 확보, 특별검사보의 임명요청 등 직무수행에 필요한 준비를 할 수 있다. 이 경우 준비기간 중에는 담당사건에 대하여 수사를 하여서는 아니 된다.
② 특별검사는 제1항의 준비기간이 만료된 날의 다음 날부터 60일 이내에 담당사건에 대한 수사를 완료하고 공소제기 여부를 결정하여야 한다.
③ 특별검사가 제2항의 기간 내에 수사를 완료하지 못하거나 공소제기 여부를 결정하기 어려운 경우에는 대통령에게 그 사유를 보고하고 대통령의 승인을 받아 수사기간을 한 차례만 30일까지 연장할 수 있다.
④ 제3항에 따른 보고 및 승인요청은 수사기간 만료 3일 전에 행하여져야 하고, 대통령은 수사기간 만료 전에 승인 여부를 특별검사에게 통지하여야 한다.
⑤ 특별검사는 수사기간 내에 수사를 완료하지 못하거나 공소제기 여부를 결정하지 못한 경우 수사기간 만료일부터 3일 이내에 사건을 관할 지방검찰청 검사장에게 인계하여야 한다. 이 경우 비용지출 및 활동내역 등에 대한 보고에 관하여는 제17조를 준용하되, 그 보고기간의 기산일은 사건인계일로 한다.

제11조【재판기간 등】 ① 특별검사가 공소제기한 사건의 재판은 다른 재판에 우선하여 신속히 하여야 하며, 그 판결의 선고는 제1심에서는 공소제기일부터 6개월 이내에, 제2심 및 제3심에서는 전심의 판결선고일부터 각각 3개월 이내에 하여야 한다.
② 제1항의 경우 「형사소송법」 제361조, 제361조의3제1항·제3항, 제377조 및 제379조제1항·제4항의 기간은 각각 7일로 한다.

제12조【사건의 처리보고】 특별검사는 담당사건에 대하여 공소를 제기하지 아니하는 결정을 하였을 경우, 공소를 제기하였을 경우 및 해당 사건의 판결이 확정되었을 경우에는 각각 10일 이내에 대통령과 국회에 서면으로 보고하고 법무부장관에게 서면으로 통지하여야 한다.

제5장 특별검사의 지위 및 신분보장

제13조【보수 등】 ① 특별검사의 보수와 대우는 고등검사장의 예에 준한다.
② 특별검사보의 보수와 대우는 검사장의 예에 준한다.
③ 특별수사관의 보수와 대우는 3급부터 5급까지 상당의 별정직 국가공무원의 예에 준한다.
④ 정부는 예비비에서 특별검사등의 직무수행에 필요한 경비를 지급한다. 다만, 수사완료 후 공소를 제기한 이후에는 판결이 확정될 때까지 공소유지에 필요한 최소한의 경비만을 지급한다.
⑤ 특별검사는 그 직무수행에 필요한 사무실과 통신시설 등 장비의 제공을 국가 또는 공공기관에 요청할 수 있다. 이 경우 요청을 받은 기관은 정당한 사유가 없으면 이에 따라야 한다.

제14조【퇴직 등】 ① 특별검사는 정당한 사유가 없으면 퇴직할 수 없으며, 퇴직하고자 하는 경우에는 서면에 의하여야 한다.
② 대통령은 특별검사가 사망하거나 제1항에 따라 사퇴서를 제출한 경우에는 국회의장에게 지체 없이 이를 통보하여야 한다.
③ 대통령은 특별검사가 사망하거나 제1항에 따라 사퇴서를 제출하는 경우에는 제3조에서 정한 임명절차에 따라 후임 특별검사를 임명하여야 한다. 이 경우 후임 특별검사는 전임 특별검사의 직무를 승계한다.
④ 제3항에 따라 후임 특별검사를 임명하는 경우 제10조의 수사기간 산정에 있어서는 전임·후임 특별검사의 수사기간을 합산하되, 특별검사가 사퇴서를 제출한 날부터 후임 특별검사가 임명되는 날까지의 기간은 수사기간에 산입하지 아니한다.
⑤ 특별검사보가 사망하거나 사임한 경우에는 특별검사는 대통령에게 후임 특별검사보의 임명을 요청할 수 있다. 이 경우 대통령은 지체 없이 제8조제1항에 따라 후임 특별검사보를 임명하여야 한다.
⑥ 특별검사등은 제12조에 따라 공소를 제기하지 아니하는 결정을 하거나 판결이 확정되어 보고서를 제출한 때 및 제10조제5항에 따라 사건을 인계한 때에는 당연히 퇴직한다.

제15조【해임 등】 ① 대통령은 다음 각 호의 어느 하나에 해당하는 경우를 제외하고는 특별검사 또는 특별검사보를 해임할 수 없다.
1. 제5조 각 호에 규정된 결격사유가 발견된 경우
2. 직무수행이 현저히 곤란한 신체적·정신적 질환이 있다고 인정되는 경우
3. 제9조제1항 또는 제2항을 위반한 경우
4. 제9조제4항에 따라 특별검사와 특별검사보에게 준용되는 검사의 의무에 관한 규정을 위반한 경우
5. 특별검사가 그 직무수행 또는 제8조제6항에 따라 필요하다고인정하여 대통령에게 특별검사보의 해임을 요청하는 경우
② 대통령은 특별검사를 해임한 경우에는 국회의장에게 지체 없이 이를 통보하여야 한다.
③ 대통령은 특별검사를 해임한 경우에는 제3조에서 정한 임명절차에 따라 후임 특별검사를 임명하여야 한다. 이 경우 직무승계에 관하여는 제14조제3항 후단, 수사기간의 산정에 관하여는 같은 조 제4항을 각각 준용한다.
④ 대통령이 특별검사보를 해임한 경우에는 지체 없이 제8조제1항에 따라 후임 특별검사보를 임명하여야 한다. 다만, 제1항제5호(제8조제6항에 따른 경우로 한정한다)에 따라 특별검사보를 해임한 경우에는 그러하지 아니하다.
⑤ 특별검사는 그 직무수행을 위하여 필요한 때에는 특별수사관을 해임하거나 파견받은 공무원에 대하여 소속 기관의 장에게 교체를 요청할 수 있다.

제16조【신분보장】 특별검사 및 특별검사보는 탄핵 또는 금고 이상의 형을 선고받지 아니하고는 파면되지 아니한다.

제6장 보 칙

제17조【회계보고 등】 특별검사는 담당사건에 대하여 공소를 제기하지 아니하는 결정을 하였을 경우와 공소를 제기한 사건의 판결이 확정되었을 경우에는 10일 이내에 비용지출 및 활동내역 등에 관한 사항을 대통령에게 서면으로 보고하고, 보관하고 있는 업무 관련 서류 등을 검찰총장에게 인계하여야 한다. 다만, 공소를 제기한 경우에는 그 공소제기일까지의 비용지출 및 활동내역 등에 관한 사항을 10일 이내에 대통령에게 서면으로 중간보고하여야 한다.

제18조【재판관할】 특별검사의 담당사건에 관한 제1심 재판은 서울중앙지방법원 합의부의 전속관할로 한다.

제19조【직무범위를 이탈한 공소제기의 효력】 특별검사의 공소제기가 제7조제1항을 위반하여 직무범위를 이탈한 경우 그 공소제기는 효력이 없다.

제20조【이의신청】 ① 담당사건의 수사대상이 된 자 또는 그 배우자·직계존속·직계비속·동거인·변호인은 제7조제2항을 위반한 경우 등 특별검사의 직무범위 이탈에 대하여 서울고등법원에 이의신청을 할 수 있다.
② 제1항에 따른 이의신청은 이유를 기재한 서면으로 하되, 특별검사를 경유하여야 한다.
③ 제2항에 따라 이의신청서를 접수한 특별검사는 다음 각 호의 구분에 따라 이를 처리한다.
1. 신청이 이유 있는 것으로 인정한 때에는 신청내용에 따라 즉시 시정하고, 이를 서울고등법원과 이의신청인에게 서면으로 통지하여야 한다.
2. 신청이 이유 없는 것으로 인정한 때에는 신청서를 접수한 때부터 24시간 이내에 신청서에 의견서를 첨부하여 서울고등법원에 이를 송부하여야 한다.
④ 제3항제2호에 따라 송부된 신청서를 접수한 서울고등법원은 접수한 때부터 48시간 이내에 다음 각 호의 구분에 따라 결정하여야 한다. 이 경우 법원은 필요한 때에는 수사기록의 열람 등 증거조사를 할 수 있다.
1. 신청이 이유 없는 것으로 인정한 때에는 신청을 기각한다.
2. 신청이 이유 있는 것으로 인정한 때에는 신청대상 조사 내용이 특별검사의 직무범위를 이탈하였음을 인용한다.
⑤ 제4항제2호의 인용결정이 있는 경우에는 특별검사는 해당 결정의 취지에 반하는 수사활동을 하여서는 아니된다.
⑥ 제4항의 결정에 대하여는 항고할 수 없다.
⑦ 제1항에 따른 이의신청에도 불구하고 특별검사의 수사활동은 정지되지 아니한다.
⑧ 제1항에 따른 이의신청인은 이의신청과 동시에 또는 그와 별도로 이유를 소명한 서면으로 서울고등법원에 해당 처분 등의 효력이나 그 집행 또는 절차의 속행의 전부 또는 일부 정지를 신청할 수 있고, 법원은 지체 없이 이에 대하여 결정하여야 한다.
⑨ 서울고등법원이 제4항 또는 제8항의 결정을 한 때에는 이의신청인과 특별검사에게 서면으로 통지하여야 한다.

제21조【위임】 그 밖에 이 법률에 규정되지 아니한 특별검사의 사건처리절차 등 이 법 시행을 위하여 필요한 사항은 대통령령 또는 국회규칙으로 정한다.

제7장 벌 칙

제22조【벌칙】 ① 위계 또는 위력으로써 특별검사등의 직무수행을 방해한 자는 5년 이하의 징역 또는 5천만원 이하의 벌금에 처한다.
② 특별검사등이나 제7조제4항에 따라 파견된 공무원 또는 특별검사의 직무보조를 위하여 채용된 자가 제9조제1항을 위반하여 직무상 알게 된 비밀을 누설한 때에는 3년 이하의 징역 또는 5년 이하의 자격정지에 처한다.
③ 특별검사등이나 제7조제4항에 따라 파견된 공무원 또는 특별검사의 직무보조를 위하여 채용된 자가 제9조제3항을 위반하여 직무상 알게 된 수사내용을 공소제기 전에 공표한 때에는 3년 이하의 징역 또는 5년 이하의 자격정지에 처한다.

제23조【벌칙 적용에서의 공무원 의제】 특별검사등 및 특별검사의 직무보조를 위하여 채용된 자는 「형법」이나 그 밖의 법률에 따른 벌칙을 적용할 때에는 공무원으로 본다.

부 칙

이 법은 공포 후 3개월이 경과한 날부터 시행한다.

부 칙 (2022.5.9)

제1조【시행일】 이 법은 공포 후 4개월이 경과한 날부터 시행한다.(이하 생략)

변호사시험법

(2009년 5월 28일 법 률 제9747호)

개정
2011. 7.25법10923호 2017.12.12법15154호
2018.12.18법15975호
2020. 6. 9법17366호(피한정후견인결격조항정비를위한일부개정법률)
2020.12. 8법17569호 2022.12.27법19100호

제1조【목적】 이 법은 변호사에게 필요한 직업윤리와 법률지식 등 법률사무를 수행할 수 있는 능력을 검정하기 위한 변호사시험에 관하여 규정함을 목적으로 한다.

제2조【변호사시험 시행의 기본원칙】 변호사시험(이하 "시험"이라 한다)은 「법학전문대학원 설치·운영에 관한 법률」에 따른 법학전문대학원(이하 "법학전문대학원"이라 한다)의 교육과정과 유기적으로 연계하여 시행되어야 한다.

제3조【시험실시기관】 시험은 법무부장관이 관장·실시한다.

제4조【시험의 실시 및 공고】 ① 법무부장관은 매년 1회 이상 시험을 실시하되, 그 실시계획을 미리 공고하여야 한다.

② 제1항에 따른 공고에 필요한 사항은 대통령령으로 정한다.

판례 법무부장관의 합격기준 공표는 앞으로 실시될 제3회 변호사시험의 합격자 결정에 대하여 최소한의 합격자수 기준이라는 행정관청 내부의 지침을 대외적으로 공표하는 것에 불과하고, 그 자체로 인하여 청구인들의 법적 지위에 영향을 미친다고 보기 어려우므로, 헌법소원심판의 대상이 되는 공권력의 행사에 해당하지 않는다.
(헌재결 2014.3.27, 2013헌마523)

제5조【응시자격】 ① 시험에 응시하려는 사람은 「법학전문대학원 설치·운영에 관한 법률」 제18조제1항에 따른 법학전문대학원의 석사학위를 취득하여야 한다. 다만, 제8조제1항의 법조윤리시험은 대통령령으로 정하는 바에 따라 법학전문대학원의 석사학위를 취득하기 전이라도 응시할 수 있다.

② 3개월 이내에 「법학전문대학원 설치·운영에 관한 법률」 제18조제1항에 따른 법학전문대학원의 석사학위를 취득할 것으로 예정된 사람은 제1항 본문의 응시자격을 가진 것으로 본다. 다만, 그 예정시기에 석사학위를 취득하지 못하는 경우에는 불합격으로 하거나 합격 결정을 취소한다.(2011.7.25 본항신설)

③ 제1항 및 제2항에 따른 응시자격의 소명방법은 대통령령으로 정한다.(2011.7.25 본항개정)

④ 법학전문대학원의 장은 시험 응시자의 자격에 관하여 법무부장관 또는 그 응시자가 확인을 요청하면 그 자격을 확인하여 주어야 한다.

제6조【응시 결격사유】 제4조에 따라 공고된 시험기간 중 다음 각 호의 어느 하나에 해당하는 사람은 그 시험에 응시할 수 없다.

1. 피성년후견인(2020.6.9 본호개정)
2. 금고 이상의 실형(實刑)을 선고받고 그 집행이 끝나거나(집행이 끝난 것으로 보는 경우를 포함한다) 그 집행을 받지 아니하기로 확정된 후 5년이 지나지 아니한 사람
3. 금고 이상의 형의 집행유예를 선고받고 그 유예기간이 지난 후 2년이 지나지 아니한 사람
4. 금고 이상의 형의 선고유예를 받고 그 유예기간 중에 있는 사람
5. 탄핵이나 징계처분을 받아 파면된 후 5년이 지나지 아니한 사람
6. 「변호사법」에 따라 제명된 후 5년이 지나지 아니한 사람
7. 징계처분으로 해임된 후 3년이 지나지 아니한 사람
8. 「변호사법」에 따라 영구 제명된 사람

제7조【응시기간 및 응시횟수의 제한】 ① 시험(제8조제1항의 법조윤리시험은 제외한다)은 「법학전문대학원 설치·운영에 관한 법률」 제18조제1항에 따른 법학전문대학원의 석사학위를 취득한 달의 말일부터 5년 내에 5회만 응시할 수 있다. 다만, 제5조제2항에 따라 시험에 응시한 석사학위취득 예정자의 경우 그 예정기간 내 시행된 시험일부터 5년 내에 5회만 응시할 수 있다.(2011.7.25 단서신설)

② 「법학전문대학원 설치·운영에 관한 법률」 제18조제1항에 따른 법학전문대학원의 석사학위를 취득한 후 또는 이 법 제5조제2항에 따라 석사학위 취득 예정자로서 시험에 응시한 후 「병역법」 또는 「군인사법」에 따른 병역의무를 이행하는 경우 그 이행기간은 제1항의 기간에 포함하지 아니한다.(2018.12.18 본항개정)

판례 법학전문대학원 졸업생 A씨는 변호사시험 전날 신종 코로나바이러스 감염증(코로나19) 의심 증상자로 분류돼 5년 내에 5회 응시할 수 있는 마지막 변호사시험 기회를 놓쳤다. 이와 관련하여, 변호사시험 응시한도의 예외가 되는 사유를 일률적으로 입법하기는 어렵다. 또한 응시기간 및 응시횟수에 관한 다양한 예외를 인정할 경우 오히려 형평 문제로 시험의 신뢰가 떨어질 위험이 있고, 변호사시험 준비생이 변호사시험을 준비하는 기간 동안 시험에 응시할 수 없는 여러 가지 사정이 발생할 수 있음을 고려하여 입법자가 5년 내 5회라는 응시기회를 부여하였다는 점 등을 종합하면 이와 같은 이유로 응시기회가 부여되어야 한다고 보기는 어렵다.
(대판 2023.3.16, 2022두66811)

제8조【시험의 방법】 ① 시험은 선택형(기입형을 포함한다. 이하 같다) 및 논술형(실무능력 평가를 포함한다. 이하 같다) 필기시험과 별도의 법조윤리시험으로 실시한다.

② 선택형 필기시험과 논술형 필기시험은 혼합하여 출제한다.

③ 제1항 및 제2항에도 불구하고 제9조제1항제4호의 전문적 법률분야에 관한 과목에 대하여는 논술형 필기시험만 실시한다.

④ 법무부장관은 법조윤리시험의 시행에 필요한 조직과 인력을 갖춘 외부기관을 지정하여 법조윤리시험을 시행하게 할 수 있다.

⑤ 제4항에 따른 외부기관의 지정기준, 지정절차 및 지정취소, 외부기관에 대한 감독, 그 밖에 법조윤리시험에 관하여 필요한 사항은 대통령령으로 정한다.

제9조【시험과목】 ① 시험과목은 다음 각 호와 같다.

1. 공법(헌법 및 행정법 분야의 과목을 말한다)
2. 민사법(「민법」, 「상법」 및 「민사소송법」 분야의 과목을 말한다)
3. 형사법(「형법」 및 「형사소송법」 분야의 과목을 말한다)
4. 전문적 법률분야에 관한 과목으로 응시자가 선택하는 1개 과목

② 제1항제4호에 따른 전문적 법률분야에 관한 과목의 종류는 대통령령으로 정한다.

③ 시험의 각 과목에 대하여는 대통령령으로 정하는 바에 따라 출제 범위를 정하여 시험을 실시할 수 있다.

④ 제2항에 따른 시험과목을 신설·폐지하거나, 제3항에 따라 시험과목의 출제 범위를 변경할 경우에는 해당 과목의 시험 예정일부터 역산(逆算)하여 2년 이상의 유예기간을 두어야 한다.

제10조【시험의 합격 결정】 ① 법무부장관은 법학전문대학원의 도입 취지를 고려하여 시험의 합격자를 결정하여야 한다. 이 경우 제14조에 따른 변호사시험 관리위원회의 심의 의견과 대법원, 「변호사법」 제78조에 따른 대한변호사협회 및 법학전문대학원 등을 구성원으로 하여 「민법」 제32조와 「공익법인의 설립·운영에 관한 법률」 제4조에 따라 설립된 법인의 의견을 들어야 한다.
(2017.12.12 본항개정)

② 시험의 합격은 선택형 필기시험과 논술형 필기시험의 점수를 일정한 비율로 환산하여 합산한 총득점으로 결정한다. 다만, 각 과목 중 어느 하나라도 합격최저점수 이상을 취득하지 못한 경우에는 불합격으로 한다.

③ 법조윤리시험은 합격 여부만을 결정하고, 그 성적은 제2항의 총득점에 산입하지 아니한다.

④ 선택형 필기시험과 논술형 필기시험 간의 환산비율, 선택형 필기시험 내에서의 각 과목별 배점비율, 각 과목별 필기시험의 합격최저점수, 법조윤리시험의 합격에 필요한 점수, 성적의 세부산출방법, 그 밖에 시험의 합격 결정방법은 대통령령으로 정한다.

제11조【합격자 공고 및 합격증서 발급】 법무부장관은 합격자가 결정되면 즉시 명단을 공고하고, 합격자에게 합격증서를 발급하여야 한다.(2017.12.12 본조개정)

제12조【시험의 일부면제】 법조윤리시험에 합격한 사람은 제7조의 기간 중 그 시험을 면제한다.

제13조【시험위원】 ① 시험의 출제 및 채점을 담당하기 위하여 시험위원을 둔다.

② 시험위원은 시험에 관한 경험과 지식이 풍부한 자 중에서 시험 때마다 법무부장관이 위촉하며, 그 수는 대통령령으로 정한다. 다만, 제14조에 따른 변호사시험 관리위원회의 위원은 시험위원이 될 수 없다.

③ 시험위원은 그 업무를 수행할 때 법학전문대학원의 교육과정을 충실히 마친 사람을 기준으로 학식과 그 응용능력을 종합적으로 판단할 수 있도록 유의하여야 한다.

제14조【변호사시험 관리위원회의 설치 및 구성】 ① 시험을 실시하기 위하여 법무부에 변호사시험 관리위원회(이하 "위원회"라 한다)를 둔다.

② 위원회는 위원장 1명과 부위원장 1명을 포함한 15명의 위원으로 구성하되, 위원장과 부위원장은 위원 중에서 법무부장관이 지명하는 사람으로 한다.

③ 위원은 다음 각 호의 사람으로 한다.

1. 법무부차관
2. 다음 각 목의 어느 하나에 해당하는 사람 중 법무부장관이 위촉하는 사람
   가. 법학교수(부교수 이상의 직위에 있는 사람을 말한다. 이하 같다) 5명
   나. 법원행정처장이 추천하는 10년 이상의 경력을 가진 판사 2명
   다. 10년 이상의 경력을 가진 검사 또는 변호사시험 관련 업무를 담당하는 법무부의 고위공무원단에 속하는 일반직공무원 중 2명(이 중 1명 이상은 검사로 한다)
   (2018.12.18 본목개정)
   라. 대한변호사협회장이 추천하는 10년 이상의 경력을 가진 변호사 3명
   마. 그 밖에 학식과 덕망이 있는 사람 등 대통령령으로 정하는 사람 2명(법학을 가르치는 전임강사 이상의 직위에 있는 사람 및 변호사 자격을 가진 사람은 제외한다)

④ 위원의 임기는 2년으로 한다. 다만, 법학교수, 판사, 검사 또는 법무부의 고위공무원단에 속하는 일반직공무원의 직위에 있는 사람임을 자격요건으로 하여 위원으로 위촉된 사람은 그 직위를 사임하는 경우에는 임기가 만료되기 전이라도 해촉된 것으로 본다.(2018.12.18 단서개정)

⑤ 위원장은 위원회를 대표하고, 위원회의 업무를 총괄한다.

⑥ 위원장이 부득이한 사유로 직무를 수행할 수 없을 때에는 부위원장이 위원장의 직무를 대행한다.

제15조【위원회의 소관 사무】 위원회는 다음 각 호의 사항을 심의한다.

1. 시험문제의 출제 방향 및 기준에 관한 사항
2. 채점기준에 관한 사항
3. 시험합격자의 결정에 관한 사항
4. 시험방법 및 시험시행방법 등의 개선에 관한 사항
5. 그 밖에 시험에 관하여 법무부장관이 회의에 부치는 사항

제16조【위원회의 회의】 ① 위원회의 회의는 법무부장관의 요구가 있거나 위원장이 필요하다고 인정할 때에 위원장이 소집한다.

② 위원회의 회의는 재적위원 과반수의 출석으로 개의(開議)하고, 출석위원 과반수의 찬성으로 의결한다.

제17조【부정행위자에 대한 조치】 ① 법무부장관은 다음 각 호의 어느 하나에 해당하는 사람에 대하여는 해당 시험을 정지시키거나 합격 결정을 취소하고, 그 정황에 따라 처분을 한 날부터 5년 이내의 기간을 정하여 이 법에 따른 시험의 응시자격을 정지할 수 있다.

1. 시험에서 대통령령으로 정하는 부정한 행위를 한 사람
2. 제5조제3항에 따른 응시자격에 관한 소명서류에 거짓으로 기록한 사람(2011.7.25 본호개정)

② 법무부장관은 제1항에 따른 처분을 한 경우에는 그 처분을 받은 사람에게 지체 없이 통지하여야 한다.

제17조의2【응시자준수사항 위반자에 대한 조치】 시험의 공정한 관리를 위하여 대통령령으로 정하는 응시자준수사항을 위반한 사람에 대하여는 그 시험시간 또는 나머지 시험시간의 시험에 응시할 수 없게 하거나 그 답안을 영점 처리할 수 있다.(2011.7.25 본조신설)

제18조【시험정보의 공개】 ① 법무부장관은 시험에 응시한 사람이 그 시험의 합격자 공고일부터 5년 이내에 본인의 성적 및 석차(제10조제2항 본문에 따른 총득점의 순위로 한정한다) 공개를 청구할 경우 이를 공개하여야 한다.(2022.12.27 본항개정)

② 법무부장관은 채점표, 답안지, 그 밖에 공개하면 시험업무의 공정한 수행에 현저한 지장을 줄 수 있는 정보는 공개하지 아니할 수 있다.
(2017.12.12 본조제목개정)

판례 변호사시험 석차 정보 공개가 로스쿨 및 변호사시험 제도의 도입 취지에 반하는 결과를 초래한다고 볼 만한 뚜렷한 근거가 없으며, 또한 이 같은 정보 공개가 로스쿨 교육과정과 변호사시험의 유기적 연계나 로스쿨의 도입 취지를 고려한 합격자 결정의 기본 골격에 어떤 영향을 미친다고 볼 수 없다. 따라서 시험에 응시한 사람이 본인의 석차 공개를 청구할 경우 이를 공개해야 한다.
(대판 2020.10.15, 2020두43319)

제19조【다른 기관 등에 대한 협조요청】 ① 법무부장관은 시험관리업무의 원활한 수행을 위하여 필요하면 중앙행정기관, 지방자치단체, 관계 기관 또는 국공립학교의 장 등에게 시험장소의 제공, 시험관리 인력의 파견, 문제출제 또는 시험장소의 질서 유지, 그 밖에 필요한 협조를 요청할 수 있다.

② 제1항에 따른 협조요청을 받은 중앙행정기관, 지방자치단체, 관계 기관 또는 국공립학교의 장 등은 특별한 사정이 없으면 법무부장관의 요청에 따라야 한다.

제20조【응시 수수료】 ① 시험에 응시하려는 사람은 대통령령으로 정하는 응시 수수료를 내야 한다.

② 법무부장관은 제1항에 따라 응시 수수료를 낸 사람이 실제로 시험에 응시하지 아니한 경우에도 응시 수수료를 반환하지 아니한다. 다만, 다음 각 호의 어느 하나에 해당하는 경우에는 대통령령으로 정하는 바에 따라 응시 수수료의 전부 또는 일부를 반환하여야 한다.

1. 제1항에 따라 응시 수수료를 낸 사람이 시험일 전에 응시 의사를 철회한 경우
2. 제1항에 따라 응시 수수료를 낸 사람이 대통령령으로 정하는 불가피한 사유로 시험에 응시하지 못하였거나 시험을 끝까지 마치지 못한 경우. 다만, 본인의 고의 또는 중대한 과실로 해당 사유를 초래한 경우는 제외한다.
(2022.12.27 1호~2호신설)
(2022.12.27 본항개정)

제21조【벌칙 적용 시의 공무원 의제】 위원회의 위원 또는 시험위원 중 공무원이 아닌 위원, 제8조제4항에 따라 법조윤리시험 실시기관으로 지정된 외부기관의 임직원 중 공무원이 아닌 사람은 그 업무에 관하여 「형법」 제127조 및 제129조부터 제132조까지의 규정을 적용할 때에는 공무원으로 본다.

부 칙

제1조【시행일】 이 법은 공포 후 3개월이 경과한 날부터 시행한다. 다만, 부칙 제4조 및 부칙 제6조는 공포한 날부터 시행하며, 부칙 제2조는 2017년 12월 31일부터 시행한다.

제2조【다른 법률의 폐지】 사법시험법은 폐지한다.

판례 사법시험폐지조항이 법학전문대학원에 입학하지 못한 사람들의 직업선택의 자유를 제한하는 것은 사실이다. 그러나 사법시험폐지조항은 법조인 양성 방식을 '시험을 통한 선발'에서 '교육을 통한 양성'으로 전환함으로써 법학교육을 정상화하고 전문성과 국제 경쟁력을 갖춘 법조인을 양성하며 국가인력을 적재적소에 효율적으로 배치하기 위한 것이므로, 목적의 정당성과 수단의 적합성이 인정된다. 사법

시험은 대학에서의 법학교육과 제도적으로 충분히 연계되어 있지 않아 이를 존치할 경우 위와 같은 입법목적 달성이 어려워질 수 있는 점, 「법학전문대학원 설치·운영에 관한 법률」은 장학금제도를 비롯하여 다양한 재정적·경제적 지원방안 등에 관한 규정을 두고 있는 점, 사법시험법을 폐지하고 법학전문대학원을 도입하는 과정에서 사법시험 준비생들의 신뢰를 보호하기 위하여 8년간의 유예기간을 둔 점, 사법시험법이 폐지된다고 하더라도 법학전문대학원에 입학하여 소정의 교육과정을 마치고 석사학위를 취득하는 경우 변호사시험에 응시하여 법조인이 되는 데 아무런 제한이 없는 점 등을 모두 종합하면, 사법시험폐지조항으로 인한 직업선택의 자유 제한이 침해의 최소성에 반한다고 볼 수 없다.
(헌재결 2017.12.28, 2016헌마1152,2017헌마15,2017헌마300(병합))

제3조【변호사시험의 실시에 관한 특례】 이 법에 따른 최초의 변호사시험은 제4조 및 부칙 제1조에도 불구하고 2012년에 실시한다.

제4조【사법시험과의 병행실시】 ① 이 법에 따른 시험과 별도로 「사법시험법」에 따른 사법시험을 2017년까지 실시한다. 다만, 2017년에는 2016년에 실시한 제1차시험에 합격한 사람 중 2016년에 제3차시험까지 합격하지 못한 사람을 대상으로 제2차시험 또는 제3차시험을 실시한다.
② 「사법시험법」 제5조에도 불구하고 법학전문대학원의 석사학위과정에 재학 또는 휴학 중인 사람과 법학전문대학원에서 석사학위를 취득한 사람은 사법시험에 응시할 수 없다.
③ 제2항에도 불구하고 법학전문대학원의 석사학위과정에 재학 또는 휴학 중인 사람은 이 법 시행일이 속하는 연도에 실시하는 사법시험의 제1차시험에 합격하거나 시행일 이전의 연도에 실시한 사법시험의 제1차시험 또는 제2차시험에 합격한 경우에 한하여 「사법시험법」 제7조제2항 및 제10조에 따라 일부 시험이 면제되는 회까지 사법시험(그 면제되는 차수의 다음 단계의 시험에 응시하는 경우에 한한다)에 응시할 수 있다. 이 경우 제7조제1항을 적용할 때에는 그 입학일 이후에 응시한 사법시험을 이 법에 따른 시험에 응시한 것으로 보아 응시횟수에 포함한다.

제5조【부정응시자에 대한 조치】 제17조제1항에 따라 응시자격이 정지된 사람은 그 정지기간 중 「사법시험법」에 따른 사법시험에 응시할 수 없고, 「사법시험법」 제17조제1항에 따라 응시자격이 정지된 사람은 그 정지기간 중 이 법에 따른 시험에 응시할 수 없다.

제6조【사법시험관리위원회에 대한 경과조치】 「사법시험법」 제14조에 따른 사법시험관리위원회는 이 법에 따른 시험의 준비를 위하여 사전 조치를 취할 수 있다. 이 경우 사법시험관리위원회가 한 사전 조치는 이 법에 따른 변호사시험 관리위원회의 구성과 동시에 변호사시험 관리위원회가 한 것으로 본다.

부 칙 (2017.12.12)

제1조【시행일】 이 법은 공포한 날부터 시행한다.
제2조 (2020.12.8 삭제)
제3조【금치산자 등에 대한 경과조치】 제6조의 개정규정에 따른 피성년후견인 또는 피한정후견인에는 법률 제10429호 민법 일부개정법률 부칙 제2조에 따라 금치산 또는 한정치산 선고의 효력이 유지되는 사람을 포함하는 것으로 본다.

부 칙 (2018.12.18)

제1조【시행일】 이 법은 공포한 날부터 시행한다.
제2조【응시기간 및 응시횟수에 관한 적용례】 제7조제2항의 개정규정은 이 법 시행 전에 제5조제2항에 따라 석사학위 취득 예정자로서 시험에 응시한 사람에 대해서도 적용한다.

부 칙 (2020.6.9)

이 법은 공포한 날부터 시행한다.

부 칙 (2020.12.8)

제1조【시행일】 이 법은 공포한 날부터 시행한다.
제2조【시험정보 공개에 관한 특례】 법률 제15154호 변호사시험법 일부개정법률의 시행일인 2017년 12월 12일 전에 시험에 합격한 사람은 제18조제1항의 개정규정에도 불구하고 이 법 시행일부터 1년 내에 법무부장관에게 본인의 성적 공개를 청구할 수 있다.

부 칙 (2022.12.27)

제1조【시행일】 이 법은 공포한 날부터 시행한다.
제2조【석차 공개에 관한 적용례 등】 ① 제18조제1항의 개정규정은 이 법 시행 전에 시험에 응시한 사람에 대해서도 적용한다.
② 제1항에도 불구하고 이 법 시행 당시 제18조제1항의 개정규정에 따른 청구기간이 지났거나 남은 청구기간이 1년 미만인 사람은 이 법 시행일부터 1년 이내에 법무부장관에게 본인의 석차 공개를 청구할 수 있다.
제3조【응시 수수료 반환에 관한 적용례】 제20조제2항 제2호의 개정규정은 이 법 시행 이후 실시하는 시험에 응시하기 위하여 납부한 응시 수수료부터 적용한다.

검찰 및 특별사법경찰관리 등의 개인정보 처리에 관한 규정

(2017년 3월 27일
대통령령 제27956호)

개정
2022. 7. 5영32770호

제1조【목적】 이 영은 검찰 및 「형사소송법」 제245조의10에 따른 특별사법경찰관리 등이 그 직무를 수행하기 위하여 필요한 경우 「개인정보 보호법」 제23조, 제24조 및 제24조의2에 따른 개인정보를 처리할 수 있는 근거를 규정함을 목적으로 한다.(2022.7.5 본조개정)

제2조【검사 등의 민감정보 등의 처리】 검사 및 검찰청 소속 직원은 다음 각 호의 업무를 수행하기 위하여 불가피한 경우 「개인정보 보호법」(이하 "법"이라 한다) 제23조에 따른 민감정보, 법 제24조에 따른 고유식별정보, 법 제24조의2에 따른 주민등록번호, 그 밖의 개인정보가 포함된 자료를 처리할 수 있다.
1. 「형사소송법」에 따른 범인·범죄사실 및 그 증거에 대한 수사, 공소의 제기 및 그 유지
2. 「형사소송법」에 따른 범죄 수사에 관한 사법경찰관리 및 특별사법경찰관리에 대한 지휘
3. 「형사소송법」에 따른 확정된 재판의 집행·지휘 및 감독
4. 「국가를 당사자로 하는 소송에 관한 법률」에 따른 국가를 당사자나 참가인으로 하는 소송 및 행정소송의 수행 또는 그 수행에 관한 지휘·감독
5. 「가정폭력범죄의 처벌 등에 관한 특례법」, 「가정폭력방지 및 피해자보호 등에 관한 법률」, 「성매매방지 및 피해자보호 등에 관한 법률」, 「성매매알선 등 행위의 처벌에 관한 법률」, 「성폭력범죄의 처벌 등에 관한 특례법」, 「아동복지법」, 「아동·청소년의 성보호에 관한 법률」, 「아동학대범죄의 처벌 등에 관한 특례법」, 「소년법」, 「보호관찰 등에 관한 법률」, 「범죄피해자 보호법」, 「범죄피해자보호기금법」, 「특정범죄신고자 등 보호법」, 「특정강력범죄의 처벌에 관한 특례법」, 「장애인복지법」, 「발달장애인 권리보장 및 지원에 관한 법률」, 「노인복지법」, 「출입국관리법」, 「소송촉진 등에 관한 특례법」, 「형의 집행 및 수용자의 처우에 관한 법률」 등에 따른 임시조치, 응급조치, 범죄 행위자로부터의 피해자 격리, 피해자 등 사건관계인의 보호·지원, 가정보호·소년보호·아동보호 등 보호 사건의 처리 및 형사조정 등에 관한 업무
6. 「디엔에이신원확인정보의 이용 및 보호에 관한 법률」에 따른 디엔에이감식시료의 채취, 디엔에이신원확인정보의 수록, 디엔에이감식시료채취영장의 청구, 디엔에이신원확인정보의 수록·관리, 검색·회보, 삭제, 디엔에이감식시료의 폐기 등 디엔에이신원확인정보의 수집·이용 및 보호에 관한 업무
7. 「형사보상 및 명예회복에 관한 법률」에 따른 형사보상 및 명예회복에 관한 업무
8. 검찰 내부전산망 등 검찰전산통신시스템 운영·관리에 관한 업무
9. 검사, 검찰청 소속 직원의 임용, 상훈, 징계, 인사 관련 제증명 신청·발급, 관계 기관 또는 단체에 사실 또는 자료의 조회, 검찰공무원이 아닌 자의 파견·임용 등 인사 관련 사무
10. 「검찰청법」 제4조제1항제6호에 따른 다른 법령에 따라 검사의 권한에 속하는 사항에 관한 업무
11. 「검찰청법」 제46조부터 제49조까지의 규정에 따른 검찰청 소속 직원의 직무에 속하는 사항에 관한 업무
12. 제1호부터 제11호까지의 업무를 수행하기 위하여 부수적으로 필요한 사무

제3조【특별사법경찰관리의 민감정보 등의 처리】 「사법경찰관리의 직무를 수행할 자와 그 직무범위에 관한 법률」에 따라 사법경찰관리의 직무를 수행하는 사람은 「형사소송법」 제245조의10에 따라 범죄수사 및 이에 필요한 업무를 수행하기 위하여 불가피한 경우 법 제23조에 따른 민감정보, 법 제24조에 따른 고유식별정보, 법 제24조의2에 따른 주민등록번호 및 그 밖의 개인정보가 포함된 자료를 처리할 수 있다.(2022.7.5 본조개정)

제4조【검찰공무원이 아닌 사람에 의한 민감정보 등의 처리】 「형사소송법」에 따른 전문수사자문위원, 형집행정지 심의위원회의 위원 등 검찰공무원이 아닌 사람으로서 법령에 따라 제2조 각 호의 업무를 수행하는 사람은 그 업무를 수행하기 위하여 불가피한 경우 법 제23조에 따른 민감정보, 법 제24조에 따른 고유식별정보, 법 제24조의2에 따른 주민등록번호 및 그 밖의 개인정보가 포함된 자료를 처리할 수 있다.

부 칙

이 영은 2017년 3월 30일부터 시행한다.

부 칙 (2022.7.5)

이 영은 공포한 날부터 시행한다.

검찰사건사무규칙

(2021년 1월 1일
전부개정법무부령 제992호)

개정
2021. 9.24법무부령1016호
2022. 2. 7법무부령1022호(법령용어정비)
2022. 7. 4법무부령 204호(치료감호등에관한법시규)
2023. 7.11법무부령1055호
2024. 1.12법무부령1071호
2023.11. 1법무부령1061호

제1편 총 칙

제1조【목적】 이 규칙은 「검찰청법」 제11조에 따라 각급 검찰청의 사건의 수리(受理)·수사·결정, 기록의 접수·처리 및 공판수행 등에 관한 사항을 정함으로써 사건사무의 적정한 운영을 기함을 목적으로 한다.

제2조【인권보호 및 적법절차의 준수】 검사와 검찰청 직원은 각급 검찰청의 사건의 수리·수사·결정, 기록의 접수·처리 및 공판수행 등을 할 때 인권을 보호하고 「형사소송법」(이하 "법"이라 한다) 등 관련 법령을 준수해야 한다.

제2편 지방검찰청 및 지청에서의 절차

제1장 사건의 수리

제3조【사건의 수리 사유】 사건사무를 담당하는 직원

(이하 "사건사무담당직원"이라 한다)은 다음 각 호의 어느 하나에 해당하는 경우에는 사건으로 수리해야 한다.
1. 검사가 범죄를 인지한 경우
2. 검사가 고소·고발 또는 자수를 받은 경우. 다만, 제224조제3항에 따라 진정사건으로 수리하는 경우는 제외한다.
3. 검사가 진정인·탄원인 등 민원인이 제출하는 서류를 고소·고발의 요건을 갖추었다고 판단하여 고소·고발사건으로 수리하는 경우
4. 법,「고위공직자범죄수사처 설치 및 운영에 관한 법률」(이하 "공수처법"이라 한다),「검사와 사법경찰관의 상호협력과 일반적 수사준칙에 관한 규정」(이하 "수사준칙"이라 한다) 등 관련 법령에 따라 사법경찰관, 특별사법경찰관 등 검사 이외의 수사기관(이하 "사법경찰관등"이라 한다)이 사건을 송치(공수처법 제26조제1항에 따른 관계 서류 및 증거물의 송부를 포함한다. 이하 같다)하거나 이송(공수처법 제24조제3항 및 제27조에 따른 사건의 이첩을 포함한다. 이하 같다)한 경우
5. 다른 검찰청의 검사 또는 군검찰부 군검사가 사건을 송치한 경우
6. 가정법원 또는 지방법원이 다음 각 목의 어느 하나에 해당하는 사건을 송치한 경우
가.「소년법」제7조, 제38조제1항제1호 및 제49조제2항에 따라 사건 송치의 경우
나.「가정폭력범죄의 처벌 등에 관한 특례법」(이하 "가정폭력처벌법"이라 한다) 제27조제2항, 제37조제2항 및 제46조에 따른 사건 송치의 경우
다.「성매매알선 등 행위의 처벌에 관한 법률」(이하 "성매매처벌법"이라 한다) 제17조에서 준용하는 가정폭력처벌법 제27조제2항, 제37조제2항 및 제46조에 따른 사건 송치의 경우
라.「아동학대범죄의 처벌 등에 관한 특례법」(이하 "아동학대처벌법"이라 한다) 제41조제1호와 같은 법 제44조에서 준용하는 가정폭력처벌법 제27조제2항 및 제37조제2항에 따른 사건 송치의 경우
7.「즉결심판에 관한 절차법」제5조제2항 및 제14조제3항에 따라 경찰서장이 사건을 송치하거나 사건기록을 송부한 경우
8. 불기소사건·기소중지사건·참고인중지사건 또는 공소보류사건을 재기(再起)한 경우
9. 검사가 법 제197조의2 및 이 규칙 제132조에 따라 보완수사요구를 결정한 사건에 대하여 수사준칙 제60조제4항 본문에 따라 사법경찰관으로부터 관계 서류와 증거물을 다시 반환받은 경우(수사준칙 제60조제5항에 따라 불송치하거나 수사중지하면서 다시 관계 서류와 증거물이 송부된 경우는 제외한다)(2023.11.1 본호개정)
10. 공소를 취소한 사건에 관하여 법 제329조에 따라 다시 공소를 제기하는 경우
11. 법원 또는 군사법원의 사건이송결정에 따라 사건이 대응하는 법원에 계속된 경우
12. 재심을 청구한 사건에 대하여 법 제435조제1항에 따른 법원의 재심개시결정에 따라 사건이 대응하는 법원에 계속된 경우
13. 재정신청한 사건에 대하여 고등법원이 법 제262조제2항제2호의 결정에 따른 재정결정서를 송부한 경우
14. 상급법원에서의 병합·이송·환송 판결에 따라 사건이 대응하는 법원에 계속된 경우
15. 관할위반 판결이 선고된 사건에 대하여 다시 공소를 제기하는 경우
16. 검사가「국제형사사법 공조법」제15조제1항제1호에 따라 법무부장관으로부터 외국의 형사사법 공조요청에 필요한 조치를 하라는 명령(이하 "국제형사사법공조요청 이행명령"이라 한다)을 받고 그 이행절차를 개시한 경우
17. 공수처법 제28조제2항에 따라 형의 집행을 위해 고위공직자범죄수사처장(이하 "수사처장"이라 한다)으로부터 사건과 기록 전부를 인계받은 경우

제4조【불송치기록·수사중지기록의 접수 사유】 사건사무담당직원은 다음 각 호의 어느 하나에 해당하는 경우에는 기록으로 접수한다.
1. 사법경찰관으로부터 수사준칙 제51조제1항제3호의 불송치 결정에 따른 관계 서류와 증거물을 같은 영 제62조제1항에 따라 송부받은 경우
2. 사법경찰관으로부터 수사준칙 제51조제1항제4호의 수사중지 결정에 따른 사건기록을 같은 영 제51조제4항 전단에 따라 송부받은 경우

제5조【사건과 불송치기록·수사중지기록의 단위】 ① 사건사무담당직원은 제3조에 따른 수리 대상 사건과 제4조에 따른 접수 대상 기록을 제3조 각 호 및 제4조 각 호의 구분에 따라 수리하거나 접수하고, 동일한 관계 서류와 증거물을 동시에 수리하거나 접수해서는 안 된다. 이 경우 원본과 등본 또는 각 등본은 동일한 관계 서류로 보지 않는다.
② 법 제11조의 관련사건은 1건으로 수리한다. 다만, 분리수사를 하는 경우에는 사건마다 각각 수리한다.
③ 피의자의 수를 알 수 없는 사건은 1명으로 수리하고, 그 수가 2명 이상으로 판명된 때에는 추가로 수리한다.
④ 사건사무담당직원은 제1항 전단에도 불구하고 제3조에 따른 수리 대상 사건과 제4조에 따른 접수 대상 기록이 수사준칙 제51조제1항제2호부터 제4호까지의 규정에 따른 송치·불송치·수사중지 결정이 혼재되어 있고, 관계 서류 및 증거물을 각 결정별로 분리할 수 없는 경우에는 제3조 각 호 및 제4조 각 호의 구분에 따르지 않고 수리하거나 접수할 수 있으며, 동일한 관계 서류와 증거물을 동시에 수리하거나 접수할 수 있다. 이 경우 사건사무담당직원은 관계 서류와 증거물 원본에 송치결정서, 불송치결정서, 수사중지결정서 및 각 결정서별 압수물총목록과 기록목록이 각 결정서별 별책으로 편철되어 있는지 점검해야 한다.
⑤ 불송치기록 및 수사중지기록의 접수 단위에 관하여는 제2항 및 제3항을 준용한다. 이 경우 "사건"은 "기록"으로, "수리"는 "접수"로 본다.

제6조【영장 등의 신청서 및 관련 기록의 접수】 사건사무담당직원은 사법경찰관(제5호의 경우 사법경찰리를 포함한다)이 다음 각 호의 영장 등의 청구를 신청하는 경우에는 그 신청서별로 구분하여 영장 등의 신청서와 관련 기록(이하 "영장신청서등"이라 한다)을 함께 접수한다. (2021.9.24 본문개정)
1. 체포·구속영장
2. 압수·수색·검증영장
3.「통신비밀보호법」제6조 및 제8조에 따른 통신제한조치허가서 및 같은 법 제13조에 따른 통신사실 확인자료 제공요청 허가서
4. 가정폭력처벌법 제29조에 따른 임시조치 및 아동학대처벌법 제19조에 따른 임시조치
5.「아동·청소년의 성보호에 관한 법률」(이하 "청소년성보호법"이라 한다) 제25조의3제3항에 따른 신분위장수사에 대한 허가 및 같은 법 제25조의4제2항에 따른 긴급 신분위장수사에 대한 허가(2021.9.24 본호신설)
6.「스토킹범죄의 처벌 등에 관한 법률」(이하 "스토킹처벌법"이라 한다) 제5조에 따른 긴급응급조치의 사후승인, 같은 법 제9조에 따른 잠정조치, 같은 법 제11조에 따른 잠정조치의 기간연장, 종류변경 및 취소(이하 "잠정조치의 기간연장등"이라 한다)(2023.7.11 본호개정)
7. 그 밖에 다른 법률에 따라 사법경찰관의 신청에 의하여 검사가 법원에 청구하는 강제처분에 대한 허가서 (2021.9.24 본조제목개정)

제7조【수리 또는 접수 절차】 ① 사건사무담당직원은 제3조에 따라 수리하는 사건의 사건기록표지 상단 중앙부에 사건접수인을 찍어 수리한다. 다만, 필요한 경우에는 사건기록표지에 사건접수인을 미리 인쇄하여 사용하거나 해당 사건에만 표시할 수 있다.
② 사건사무담당직원은 제3조제4호·제6호 또는 제7호에 따라 사건을 수리한 경우에는 송치관서가 제시하는 사건송치부등에 수리일시와 수리자의 직급 및 성명을 기재하고 날인하며, 압수물이 있는 경우에는 이를 압수물사무담당직원에게 인계하여 압수물수리절차를 취하게 해야 한다.
③ 사건사무담당직원은 제3조제5호에 따라 사건을 수리한 경우에는 지체 없이 별지 제1호서식의 사건수리통지서를 작성하여 사건을 송치한 검찰청 또는 군검찰부에 송부해야 하며, 압수물이 있는 경우에는 이를 압수물사무담당직원에게 인계하여 압수물수리절차를 취하게 해야 한다. 다만, 사건의 수리 여부를「형사사법절차 전자화 촉진법」에 따른 형사사법정보시스템(이하 "형사사법정보시스템"이라 한다) 등 다른 방법으로 송치관서에서 확인할 수 있는 경우에는 사건수리통지서의 송부를 생략할 수 있다.
④ 사건사무담당직원은 제4조에 따라 기록을 접수했을 때에는 불송치-수사중지기록 접수서에 기록접수인을 날인하고, 기록 송부관서가 제시하는 접수기록부 등에 접수일시와 접수자의 직급 및 성명 등을 기재하며, 압수물이 있는 경우에는 이를 압수물사무담당직원에게 인계하여 압수물수리절차를 취하게 해야 한다.
⑤ 사건사무담당직원은 제6조에 따라 영장신청서등을 접수했을 때에는 영장신청서등 기록 표지에 기록접수인을 날인하고, 송부관서가 제시하는 접수기록부 등에 접수일시와 접수자의 직급 및 성명 등을 기록한다.

제8조【전자적으로 처리하는 사건의 수리 또는 접수에 관한 절차】 ① 사건사무담당직원은「약식절차 등에서의 전자문서 이용 등에 관한 법률」(이하 "약식전자문서법"이라 한다) 제3조에서 약식전자문서법의 적용 대상으로 정한 사건(이하 "전자적 처리사건"이라 한다)을 형사사법정보시스템에 따라 전자적으로 부여되는 사건번호로 수리한다.
② 사건사무담당직원은 형사사법정보시스템으로 전송받은 전자적 처리사건의 전자문서(약식전자문서법 제2조제1호에 따른 전자문서를 말한다. 이하 같다)를 조회하여 송치관서, 송치번호, 피의자 인적사항, 죄명 등 전자적 처리사건에 관한 정보를 확인한 후 전자적으로 부여되는 기록번호로 수리한다.
③ 제1항 및 제2항에도 불구하고 제4조제1호에 따라 접수하는 기록은 전자적 처리사건과 같은 방식으로 접수하지 않는다.

제9조【수리 또는 접수 전 점검과 조치】 ① 사건사무담당직원은 제3조제4호·제9호, 제4조 및 제6조에 따라 사건을 수리하거나 기록 또는 영장신청서등을 접수하려는 경우에는 다음 각 호의 사항을 점검해야 한다.
1. 관계 서류 등이 법 및 관련 법령에 따라 작성·편철되었는지 여부
2. 사법경찰관등이 법 및 관련 법령에 따라 필요한 행위를 하였는지 여부
② 사건사무담당직원은 제1항에 따른 점검 결과 관계 서류 등이 법 및 관련 법령에 따라 작성·편철되지 않거나, 사법경찰관등이 법 및 관련 법령에 따라 필요한 행위를 하지 않은 사건 또는 기록에 대해서는 사법경찰관등에게 그 보완을 요구하는 등 필요한 조치를 할 수 있다.
③ 사건사무담당직원은 제3조제2호 및 제3호에 따라 사건을 수리하려는 때에는「검사의 수사개시 범죄 범위에 관한 규정」에 따라 검사가 수사를 개시할 수 있는 범죄인지 여부를 점검해야 한다.
④ 사건사무담당직원은 제3항에 따른 점검 결과 검사가 수사를 개시할 수 있는 범죄에 해당하지 않는 혐의가 포함된 사실을 발견할 때에는 고소인·고발인·자수자에게 관련 절차를 설명하고, 다른 수사기관에 고소·고발·자수할 수 있음을 안내할 수 있다.(2023.11.1 본항개정)

제10조【수리한 사건 또는 접수한 기록과 영장의 전산입력 등】 ① 사건사무담당직원은 제3조에 따라 사건을 수리했을 때에는 수리입력항목에 따른 사항을 형사사법정보시스템에 입력하고, 제3조제2호에 따라 사건을 수리했을 때에는 직수고소·고발사건관리부에 해당 사항을 기록한다. 다만, 형사사법정보시스템을 통하여 사건정보를 전송받은 경우에는 해당 전자문서를 조회하여 송치관서, 송치번호, 송치의견, 피의자 인적사항, 죄명 등을 확인하여 수리하는 것으로 전산입력을 갈음할 수 있다.
② 사건사무담당직원은 제3조에 따라 기록을 접수하거나 제6조에 따라 영장신청서등을 접수했을 때에는 접수입력항목에 따른 사항을 형사사법정보시스템에 입력해야 한다. 다만, 형사사법정보시스템을 통하여 기록정보를 전송받은 경우에는 해당 전자문서를 조회하여 송부관서, 송부번호, 피의자 인적사항, 죄명 등을 확인하는 것으로 전산입력을 갈음할 수 있다.
③ 사건사무담당직원은 범죄인지서, 고소장, 고발장, 자수서, 고소·고발·자수인 진술조서, 별지 제2호서식의 사건송치서, 소송기록송부서 또는 불기소사건재기서, 국제형사사법공조요청 이행명령 개시서 등에 사건번호를 기재하고「검찰보고사무규칙」제3조에 따른 보고사건인 경우에는 그 뜻을 표시한다.
④ 사건번호는 제3조에 따른 수리사건의 전산입력진행번호로서 사건마다 일련번호를 붙이되, 연도별로 접수연도와 접수번호를 "○년 형제 ○호"로 표시한다. 다만, 제8조에 따른 전자적 처리사건은 사건마다 연도별로 접수연도와 접수번호를 "○년 전형제 ○호"로 표시하여 일련번호를 붙인다.
⑤ 사건사무담당직원은 제4조에 따라 기록을 접수했을 때에는 다음 각 호의 구분에 따른 접수 사유에 따라 각각 접수번호를 표시하고, 제6조에 따라 영장신청서등을 접수했을 때에는 같은 조 각 호에 따른 영장 등의 신청서별로 연도와 접수 순서를 표시하는 진행번호를 붙여야 한다.
1. 제4조제1호에 따른 기록의 접수(수사준칙 제63조제1항 단서에 따른 재수사요청을 위해 접수번호가 필요한 경우를 포함한다) : "○년 불제 ○호"
2. 제4조제2호에 따른 기록의 접수 : "○년 중제 ○호"
⑥ 제1항에 따라 전산으로 입력한 자료는 매 분기 말을 기준으로 하여 3개 이상의 장소에 분산·보관한다.

제11조【수리와 접수에 관한 지휘·감독】 ① 사건사무담당직원은 수리·접수 절차가 종료된 사건이나 기록 또는 영장신청서등을 처리하려는 경우에는 소속과장을 거쳐 소속검찰청의 장(지방검찰청 지청의 장을 포함한다. 이하 같다)의 명을 받아야 한다.
② 검사는 사건사무담당직원이 제9조제2항에도 불구하고 관계 서류 등이 법 및 관련 법령에 따라 작성·편철되지 않거나 사법경찰관등이 법 및 관련 법령에 따라 필요한 행위를 하지 않은 사건을 수리하거나 기록 또는 영장신청서등을 접수했을 때에는 사건사무담당직원에게 수리 또는 접수를 취소하게 할 수 있다.

제12조【담당사건의 파악 등】 ① 검사는 수사하거나 처리를 담당하고 있는 사건과 기록의 현황 등을 항상 파악해야 한다.
② 검사의 전보 등으로 수리한 사건 및 접수한 기록, 영장신청서등을 인계인수하는 경우에는 검사기록인계인수서에 따른다.

제13조【피의자색인부】 ① 사건사무담당직원은 매월 초 또는 매년 초에 전월 또는 전년도에 제7조 및 제10조에 따라 수리한 사건의 피의자색인부를 전산처리방법으로 작성하여 비치한다.
② 제1항에도 불구하고 제1항에 따라 매년 초에 수리한 사건의 피의자색인부를 작성한 경우에는 전년도 월별 피의자색인부는 폐기할 수 있다.

제2장 사건의 수사

제1절 총 칙

제14조【불구속 및 임의수사의 원칙】 ① 검사와 검찰청 직원은 법 제198조에 따라 피의자에 대한 수사는 불구속 상태에서 하는 것을 원칙으로 해야 한다.
② 검사와 검찰청 직원은 수사를 할 때 수사 대상자의 자유로운 의사에 따른 임의수사를 원칙으로 해야 하고,

강제수사는 법 제199조제1항 단서에 따라 법 또는 관련 법률에서 정한 바에 따라 필요한 경우에만 최소한의 범위에서 하되, 수사 대상자의 권익 침해의 정도가 더 적은 절차와 방법을 선택해야 한다.
③ 검사는 제1항 및 제2항을 준수하고 인권을 옹호하기 위하여 필요하다고 인정되는 경우에는 제77조에 따라 피의자를 면담 또는 조사하는 등 적절한 조치를 해야 한다.

제15조【강제수사에 관한 원칙과 기준】 ① 검사와 검찰청 직원은 강제수사 과정에서 피의자와 그 밖의 피해자·참고인 등(이하 "사건관계인"이라 한다) 및 가족 등의 인격과 명예가 침해되지 아니하도록 하고, 사생활의 비밀, 주거의 평온 등이 최대한 보장되도록 해야 한다.
② 검사가 강제수사를 위한 영장을 청구하는 경우에는 법 또는 관련 법령에 따라 죄명 및 범죄사실 요지와 함께 죄를 범하였다고 의심할 만한 상당한 이유, 강제수사를 필요로 하는 사유 및 관련 소명자료의 내용 등을 구체적으로 제시해야 한다.

제16조【수사기밀의 유지】 검사 및 검찰청 직원은 법 제198조제2항에 따라 수사과정에서 취득한 비밀을 엄수하여 수사가 방해되지 않도록 해야 한다.

제17조【영장전담검사의 지정】 지방검찰청 또는 지청의 장은 사법경찰관등이 신청한 영장의 처리를 위한 전담검사를 지정할 수 있다.

제18조【수사의 경합에 따른 서류 열람절차】 ① 검사는 사법경찰관에게 수사준칙 제48조제1항에 따른 사건기록의 열람을 요청하려면 열람이 필요한 사건기록을 특정하고, 별지 제3호서식의 사건기록 열람요청서를 작성하여 사법경찰관에게 송부해야 한다.
② 사건사무담당직원은 수사준칙 제48조제1항에 따라 사법경찰관이 사건기록의 열람을 요청하는 서류를 접수한 때에는 지체 없이 해당 사건의 수사를 담당하는 검사에게 보고해야 한다.
③ 제2항에 따른 보고를 받은 검사는 제2항의 접수된 서류를 검토하여 열람 허용 여부 및 범위를 신속하게 결정해야 한다.
④ 검사가 사법경찰관에게 열람을 허용하는 사건기록의 범위는 다음 각 호와 같다.
1. 범죄인지서
2. 영장청구서
3. 고소장, 고발장
4. 그 밖에 검사가 예외적으로 열람을 허용할 필요가 있다고 인정한 사건기록
⑤ 검사는 제3항에 따른 검토 결과 그 열람을 허용하는 경우에는 열람을 허용하는 사건기록의 범위를 기재한 별지 제4호서식의 열람허가서에 제2항의 사건기록 중 열람을 허용한 사건기록 등본을 첨부하여 사건사무담당직원에게 인계한다.
⑥ 제5항에 따라 열람허가서와 사건기록 등본을 인계받은 사건사무담당직원은 사법경찰관에게 기록을 열람하게 하고, 사법경찰관 사건기록 열람 관리대장에 열람 일시, 열람 사법경찰관의 성명 등을 기록한다.

제19조【수사의 경합에 따른 송치요구】 ① 검사가 법 제197조의4제1항에 따라 사법경찰관에게 사건송치를 요구하려는 경우에는 수사경합사건 송치요구 검토결과서 및 별지 제5호서식의 송치요구서를 작성하고, 그 중 송치요구서를 사법경찰관에게 송부한다. 이 경우 검사는 송치요구서 부본 2부를 작성하여 그 중 1부는 수사 중인 사건기록에 편철하고, 다른 1부는 수사경합사건 송치요구 검토결과서와 함께 사건사무담당직원에게 송부한다.
② 사건사무담당직원은 제1항 후단에 따라 검사가 수사경합사건 송치요구 검토결과서 및 송치요구서를 송부한 경우에는 송치요구대장에 해당 사항을 기록한다.
③ 사건사무담당직원은 제1항의 송치요구에 따라 사법경찰관이 사건을 송치한 때에는 송치요구대장에 해당 사항을 기록한다.

제20조【수사중복의 방지】 ① 검사는 법 제197조의4제1항에 따라 송치요구를 하려는 경우 동일한 범죄사실의 범위, 수사의 진행 경과 등 여러 사정을 고려하여 송치요구 여부 및 그 범위와 관련하여 해당 사건을 수사 중인 사법경찰관에게 협의를 요청할 수 있다.
② 검사는 법 제197조의4제2항 단서에 따라 사법경찰관이 범죄사실을 계속 수사할 수 있게 된 경우에는 사안의 경중, 수사의 진행 경과 등을 고려하여 수사준칙 제18조제2항제1호에 따른 이송 여부를 검토해야 한다.

제21조【대표변호인의 지정 등】 ① 검사가 법 제32조의2제5항에 따라 대표변호인을 지정하거나 그 지정을 철회 또는 변경을 하려는 경우에는 별지 제6호서식에 따른다.
② 검사는 제1항에 따라 대표변호인을 지정하거나 그 지정을 철회 또는 변경 하려는 경우에는 별지 제7호서식의 통보서를 피의자와 모든 변호인에게 송부해야 한다.
③ 검사가 대표변호인을 지정, 지정의 철회 또는 변경을 한 경우에는 별지 제6호서식이나 별지 제7호서식의 통보서를 수사기록에 편철하고, 그 부본 1부를 사건사무담당직원에게 송부하며, 사건사무담당직원은 이를 작성일자 순으로 편철하여 보관해야 한다.

제22조【변호인의 피의자신문 등 참여】 ① 검사는 법 제243조의2제1항에 따라 피의자 또는 그 변호인·법정대리인·배우자·직계친족·형제자매의 신청이 있는 경우 변호인의 참여로 인하여 신문이 방해되거나, 수사기밀이 누설되는 등 정당한 사유가 있는 경우를 제외하고는 피의자에 대한 신문에 변호인을 참여하게 해야 한다.
② 제1항의 신청은 서면 또는 구술로 할 수 있다.
③ 피의자나 피의자신문에 참여하려는 변호인은 변호인의 피의자신문 참여 전에 검사에게 변호인선임에 관한 서면을 제출해야 한다.
④ 검사는 변호인의 참여로 증거를 인멸·은닉·조작할 위험이 구체적으로 드러나거나, 신문 방해, 수사기밀 누설 등 수사에 현저한 지장을 초래하는 경우에는 피의자신문 중이라도 변호인의 참여를 제한할 수 있다.
⑤ 검사는 제1항 및 제4항에 따라 변호인의 신문참여를 제한하는 경우에는 법 제243조의2제1항에 따라 피의자와 변호인에게 변호인 참여를 제한하는 처분에 대해 법 제417조에 따른 준항고를 제기할 수 있다는 사실을 고지하고, 피의자에게 다른 변호인을 참여시킬 기회를 주어야 한다.
⑥ 검사는 피의자의 옆에 신문에 참여하는 변호인의 좌석을 마련해야 한다.
⑦ 검사는 조서 등을 작성하지 않고 단순히 피의자로부터 피의사실에 대한 의견을 청취한다는 등의 사유로 변호인의 참여·조력을 제한해서는 안 된다.
⑧ 검사는 피의자신문에 참여한 변호인이 신문 후 조서를 열람하고 의견을 진술할 수 있도록 해야 한다. 이 경우 변호인은 별도의 서면으로 의견을 제출할 수 있으며, 검사는 해당 서면을 사건기록에 편철한다.
⑨ 검사는 법 제243조의2제3항 단서에 따라 피의자신문에 참여한 변호인이 신문 중에 의견진술을 요청한 경우 변호인이 부당하게 신문·조사를 지연시키거나 신문·조사에 개입하는 등 신문·조사를 방해한다고 볼 만한 사정 등의 정당한 사유가 있는 경우를 제외하고는 그 요청을 승인해야 한다. 다만, 변호인은 부당한 신문방법에 대해서는 검사의 승인 없이 이의를 제기할 수 있다.
⑩ 검사는 제8항 및 제9항에 따른 변호인의 의견 진술 또는 이의 제기가 있는 경우에는 해당 내용을 조서에 적어야 한다.
⑪ 검사의 피혐의자·피내사자·피해자·참고인에 대한 조사 시 변호인의 참여에 관하여는 제1항부터 제10항까지의 규정을 준용한다.

제23조【변호인의 변론】 검사는 피의자·피혐의자·피내사자·피해자·참고인의 변호인이 변론을 요청하는 경우 특별한 사정이 없으면 일정, 시간, 방식 등을 협의하여 변론할 기회를 보장해야 한다.

제24조【중요사건 협력절차 등】 ① 사건사무담당직원은 수사준칙 제7조에 따라 사법경찰관이 주한 미합중국 군대의 구성원·외국인군무원 및 그 가족이나 초청계약자의 범죄 관련 사건이 발생했다는 사실을 통보하거나 그 밖의 중요사건에 관한 의견을 제시·교환할 것을 요청하는 사법경찰관의 서면을 접수했을 때에는 이를 검사에게 보고해야 한다.
② 검사는 제1항의 요청에 대하여 의견을 제시하는 경우에는 별지 제8호서식의 사법경찰관의 의견 요청에 대한 의견 제시서를 작성하여 사법경찰관에게 송부하고, 의견서 부본 1부를 사건사무담당직원에게 송부한다.(2023.11.1 본항개정)
③ 사건사무담당직원은 제2항에 따라 검사가 의견서를 송부한 경우에는 중요사건 협력대장에 해당 사항을 기록해야 한다.
④ 검사는 수사준칙 제7조에 따른 중요사건에 대하여 사법경찰관에게 의견을 제시·교환할 것을 요청하는 경우에는 별지 제9호서식의 의견요청서를 작성하여 사법경찰관에게 송부하고, 의견요청서 부본 1부를 사건사무담당직원에게 송부한다.
⑤ 사건사무담당직원은 제4항에 따라 검사가 의견요청서를 송부한 경우에는 중요사건 협력대장에 해당 사항을 기록해야 한다.
⑥ 사건사무담당직원은 제4항의 검사의 요청에 따른 사법경찰관의 의견제시 서면을 접수했을 때에는 이를 검사에게 보고해야 한다.
⑦ 검사는 제6항의 서면에 대하여 의견제시하는 경우에는 별지 제10호서식의 사법경찰관 의견 제시에 대한 검사 의견서를 작성하여 사법경찰관에게 송부하고, 의견서 부본 1부를 사건사무담당직원에게 송부해야 한다.
⑧ 사건사무담당직원은 제7항에 따라 검사가 의견서를 송부한 경우에는 중요사건 협력대장에 해당 사항을 기록한다.

제25조【사건 목록과 요지의 접수 및 처리】 ① 사건사무담당직원은 「특별사법경찰관리에 대한 검사의 수사지휘 및 특별사법경찰관리의 수사준칙에 관한 규칙」(이하 "특별사법경찰관리 지휘규칙"이라 한다) 제20조제1항에 따라 특별사법경찰관리가 사건의 목록과 요지를 제출한 경우에는 사건의 목록과 요지의 표지 상단중앙부에 목록과 요지 접수인을 찍어 접수한다.
② 검사는 사건의 목록과 요지를 검토한 후 사건의 목록과 요지의 표지에 검토필 고무인을 찍고, 사건사무담당직원에게 인계한다.
③ 검사는 특별사법경찰관리 지휘규칙 제20조제2항에 따라 관계 서류와 증거물의 제출을 지시한 경우에는 사건의 목록과 요지의 표지 및 해당 사건의 목록과 요지 옆에 제출지시 고무인을 각각 찍는다.
④ 사건사무담당직원은 검사로부터 사건의 목록과 요지를 인계받으면 해당 기관별로 편철하여 보존해야 한다.

제26조【관계 서류와 증거물의 제출】 ① 검사가 특별사법경찰관리 지휘규칙 제20조제2항에 따라 관계 서류와 증거물의 제출을 지시하는 때에는 별지 제11호서식의 관계 서류 및 증거물 제출 지시서에 따른다. 이 경우 사건사무담당직원은 관계 서류 및 증거물 제출 지시 대장에 해당 기관의 사건번호 등을 기재하여야 한다.
② 검사가 피해자·참고인 등(이하 "사건관계인"이라 한다)의 이의제기에 따라 관계 서류와 증거물의 제출을 지시한 때에는 이의제기는 진정사건으로 수리하여 처리한다.
③ 검사는 제1항에 따라 관계 서류와 증거물의 제출을 지시한 경우에는 특별사법경찰관리에게 사건관계인에 대한 조사 등 필요한 조치와 입건 여부를 지휘할 수 있다.

제27조【수사지휘 등】 ① 검사는 특별사법경찰관의 특별사법경찰관리 지휘규칙 별지 제7호서식의 수사지휘 건의서를 접수한 경우에는 별지 제12호서식의 수사지휘서로 지휘한다.
② 검사는 특별사법경찰관의 특별사법경찰관리 지휘규칙 별지 제9호서식의 수사기일 연장지휘 건의서를 접수한 경우에는 별지 제13호서식의 수사기일연장 지휘건의에 대한 지휘서로 지휘한다.
③ 검사가 특별사법경찰관의 특별사법경찰관리 지휘규칙 별지 제8호서식의 범법자 출입국 규제 요청 지휘 건의서 접수한 경우에는 별지 제14호서식의 범법자 출입국 규제요청 지휘건의에 대한 지휘서로 지휘한다.
④ 검사는 특별사법경찰관의 특별사법경찰관리 지휘규칙 별지 제139호서식의 기소중지자 소재발견 보고서를 접수하거나 같은 규칙 별지 제140호서식의 참고인 등 소재발견 보고서를 접수하여 사건을 재기하고 수사지휘를 하는 경우에는 별지 제15호서식의 재기수사지휘서로 지휘한다. 다만, 수사지휘 전에 피의자의 신병에 대해서 미리 수사지휘를 하는 경우에는 별지 제16호서식의 기소중지자 소재발견보고에 대한 지휘서로 지휘한다.

제28조【출입국 규제 관련 검사의 의견제시】 검사가 사법경찰관으로부터 「출입국관리법」 제4조의6제3항 후단에 따른 검사의 검토의견서를 요청받은 경우에는 별지 제17호서식의 범법자 출입국 규제요청에 대한 검토의견서로 의견을 제시한다.(2023.11.1 본조개정)

제29조【보완수사요구의 대상과 절차】 ① 법 제197조의2제1항에 따른 검사의 사법경찰관에 대한 보완수사요구는 다음 각 호의 구분에 따른다.(2023.11.1 본문개정)
1. 보완수사요구(결정) : 송치사건의 공소제기 여부를 결정하는 데 필요한 사항에 관하여 법 제197조의2제1항제1호에 따라 수사준칙 제52조제1항제5호 및 제60조제1항 본문에 따른 방법으로 보완수사요구를 하는 경우
2. 보완수사요구(추완) : 송치사건의 공소제기 여부를 결정하는 데 필요한 사항에 관하여 법 제197조의2제1항제1호에 따라 수사준칙 제60조제1항 단서에 따른 방법으로 보완수사요구를 하는 경우
3. 보완수사요구(공판) : 공소제기 후 송치사건의 공소유지에 필요한 사항에 관하여 법 제197조의2제1항제1호 및 수사준칙 제59조제3항에 따라 보완수사요구를 하는 경우(2023.11.1 본호개정)
4. 보완수사요구(영장) : 사법경찰관이 신청한 영장의 청구 여부를 결정하는 데 필요한 사항에 관하여 법 제197조의2제1항제2호 및 수사준칙 제59조제4항에 따라 보완수사요구를 하는 경우(2023.11.1 본호개정)
② 검사는 사법경찰관이 송치한 사건 또는 접수된 영장신청서등을 검토한 결과 사법경찰관의 보완수사가 필요하다고 인정하는 경우에는 신속히 보완수사를 요구해야 한다.(2023.11.1 본항개정)
③ 검사는 법 제197조의2제1항에 따라 사법경찰관에게 보완수사요구를 하는 경우에는 보완수사요구서에 보완수사요구가 필요한 이유, 보완수사가 필요한 사항 등을 구체적으로 적는다. 이 경우 검사는 제1항제2호·제3호 및 제4호의 보완수사요구를 하면서 필요한 경우에는 법 제197조의2제2항에 따라 사법경찰관이 지체 없이 보완수사요구를 이행하도록 이행기한을 정할 수 있다.

제30조【검사와 검찰청 직원의 회피】 검사 및 검찰청 직원은 다음 각 호의 어느 하나에 해당하는 경우, 소속 검찰청의 장의 허가를 받아 그 수사 및 공소유지 업무를 회피해야 한다.
1. 피의자나 피해자인 경우
2. 피의자나 피해자의 친족 또는 이에 준하는 관계가 있거나 이와 같은 관계가 있었던 사람인 경우
3. 피의자나 피해자의 법정대리인이나 후견감독인 또는 이에 준하는 관계가 있거나 이와 같은 관계가 있었던 사람인 경우
4. 그 밖에 수사 또는 공소유지의 공정성을 의심받을 염려가 있는 객관적·구체적 사유가 있는 경우

제31조【소재발견 통보와 소재수사 요청】 ① 검사는 소재불명인 피의자나 참고인을 발견한 경우에는 별지 제18호서식의 소재발견 통보서(참고인중지) 및 별지 제19호서식의 소재발견 통보서(수사중지)를 수배관서에 송부해야 한다.
② 검사가 법 제245조의5제1호 또는 제245조의7제2항에 따라 송치된 사건의 피의자나 참고인의 소재 확인이 필

요하다고 판단하여 피의자나 참고인의 주소지 또는 거소지 등을 관할하는 경찰관서의 사법경찰관에게 소재수사를 요청하는 경우에는 별지 제20호서식의 소재수사요청서에 따른다.

제2절 수사의 단서

제32조【고소·고발·자수】 ① 검사가 구술로 직접 고소·고발 또는 자수를 받은 경우에는 별지 제21호서식의 고소인·고발인·자수인 진술조서를 작성한다.
② 검사가 법 제228조, 가정폭력처벌법 제6조제3항 또는 아동학대처벌법 제10조의4제3항에 따라 고소할 수 있는 사람을 지정하는 경우에는 별지 제22호서식의 고소인지정서를 작성하여 그 등본을 고소인으로 지정하는 사람에게 교부해야 한다. 이 경우 신청인이 아닌 사람을 고소인으로 지정했을 때에는 그 내용을 신청인에게 통지해야 한다.

제33조【검시와 부검】 ① 사건사무담당직원은 사법경찰관으로부터 변사자 또는 변사가 의심되는 사체를 발견하였다는 통보가 있는 경우에는 검시사건부에 해당 사항을 기재하고, 즉시 검사에게 이를 보고해야 한다.
② 검시는 검사가 직접 하는 것을 원칙으로 하되, 필요한 경우에는 법 제222조제3항에 따라 사법경찰관에게 검시 또는 검증을 하도록 명할 수 있다.
③ 검사 또는 사법경찰관이 검시 또는 검증을 마친 경우에는 검사는 관련 절차를 종결하도록 한다.
④ 검사는 사법경찰관의 변사사건 발생 통보서를 접수한 경우에는 별지 제23호서식의 변사사건 발생통보에 대한 지휘 및 의견서에 따르고, 사법경찰관으로부터 교통사고 변사사건 발생 통보서를 접수한 때에는 별지 제24호서식의 교통사고 변사사건 발생통보에 대한 지휘 및 의견서에 따른다.
⑤ 검사는 사법경찰관의 변사사건 처리 의견서를 접수한 경우에는 별지 제25호서식의 변사사건 처리에 대한 검사의견서로 의견을 제시한다.
⑥ 검사는 검시를 마쳤을 때에는 별지 제26호서식의 검시조서를 작성한 후 변사사건 발생통보 기록에 첨부하여 사법경찰관에게 송부하고, 부본 1부를 사건사무담당직원에게 송부한다.
⑦ 사건사무담당직원은 검사 또는 사법경찰관이 검시조서를 송부한 경우에는 검시사건부에 해당 사항을 기재하고 해당 검시조서 또는 그 사본을 편철하여 보관해야 한다.

제34조【교정시설 내 변사사건 처리】 ① 사건사무담당직원은 「사법경찰관리의 직무를 수행할 자와 그 직무범위에 관한 법률」(이하 "사법경찰직무법"이라 한다) 제3조의 특별사법경찰관이 변사자 또는 변사가 의심되는 사체를 발견하였다는 보고를 한 경우에는 검시사건부에 해당 사항을 기재하고, 즉시 검사에게 이를 보고해야 한다.
② 검시는 검사가 직접 하는 것을 원칙으로 하고, 필요한 경우 사법경찰직무법 제3조의 특별사법경찰관에게 검시를 명할 수 있으며, 검사는 지체 없이 사체에 대한 처리를 지휘해야 한다.
③ 검사는 사법경찰직무법 제3조의 특별사법경찰관으로부터 변사사건 발생 보고 및 지휘 건의를 받은 경우에는 별지 제27호서식의 변사사건 발생보고 및 지휘건의에 대한 지휘서로, 교통사고 변사사건 발생 보고 및 지휘 건의를 받은 경우에는 별지 제28호서식의 교통사고 변사사건 발생보고 및 지휘건의에 대한 지휘서로 각각 지휘한다.
④ 검사는 변사사건 처리결과 및 지휘 건의를 받은 경우에는 별지 제29호서식의 변사사건 처리결과보고 및 지휘건의에 대한 지휘서로 지휘한다.
⑤ 검사는 검시를 마쳤을 때에는 별지 제26호서식의 검시조서를 작성해야 한다.

제35조【필요적 입건사유】 검사가 다음 각 호의 어느 하나에 해당하는 행위에 착수한 때에는 수사준칙 제16조제1항에 따라 수사를 개시한 것으로 본다. 이 경우 검사는 해당 사건을 즉시 입건해야 한다.
1. 피혐의자의 수사기관 출석조사
2. 피의자신문조서의 작성
3. 긴급체포
4. 체포·구속영장의 청구
5. 사람의 신체, 주거, 관리하는 건조물, 자동차, 선박, 항공기 또는 점유하는 방실에 대한 압수·수색 또는 검증영장(부검을 위한 검증영장은 제외한다)의 청구

제3절 임의수사

제36조【피의자 등의 출석요구】 ① 검사는 피의자에게 출석요구를 하려는 경우 수사준칙 제19조제3항 본문에 따라 피의사실의 요지 등 출석요구의 취지를 구체적으로 적은 별지 제30호서식, 별지 제31호서식 또는 별지 제32호서식의 출석요구서를 발송해야 한다.
② 검사는 수사준칙 제19조제3항 단서에 따라 다음 각 호의 어느 하나에 해당하는 경우에는 전화, 문자메시지, 그 밖의 상당한 방법으로 출석요구를 할 수 있다. 이 경우 출석요구통지부에 해당 사항을 기록한다.
1. 신속한 출석요구가 필요한 경우
2. 피의자가 출석요구서 발송을 원하지 않는다는 의사를 명시적으로 표시한 경우
3. 피의자가 자수 등의 목적으로 스스로 출석조사를 요청하는 경우
4. 출석요구서 발송이 피의자의 명예 또는 사생활의 비밀을 침해하거나 생업에 지장을 줄 것으로 예상되는 경우
5. 피의자의 소재나 주소지 등이 확인되지 않아 출석요구서 발송이 불가능한 경우
6. 그 밖에 제1호부터 제5호까지의 경우에 준하는 부득이한 사정이 있는 경우
③ 검사는 제1항에 따른 방법으로 출석요구를 했을 때에는 출석요구서의 사본을, 제2항에 따른 방법으로 출석요구를 했을 때에는 그 취지를 적은 수사보고서를 각각 사건기록에 편철해야 한다.
④ 검사는 제1항 및 제2항에 따라 피의자에게 출석요구를 하려는 경우 피의자와 조사의 일시·장소에 관하여 협의해야 하고, 변호인이 있는 경우에는 변호인과도 협의해야 한다.
⑤ 제1항부터 제4항까지의 규정은 피의자 외의 사람에 대한 출석요구의 경우에도 준용한다. 이 경우 별지 제33호서식, 별지 제34호서식 또는 별지 제35호서식의 참고인출석요구서에 따른다.

제37조【신뢰관계인의 동석】 ① 검사는 피의자·피해자·참고인 또는 그들의 법정대리인이 수사준칙 제24조제1항 및 「인권보호수사규칙」 제52조제1항에 따라 피의자, 피해자 또는 참고인의 직계친족, 형제자매, 배우자, 가족, 동거인, 보호·교육시설의 보호·교육담당자 등 피의자, 피해자 또는 참고인의 심리적 안정과 원활한 의사소통에 도움을 줄 수 있는 사람을 피의자, 피해자 또는 참고인과 동석할 수 있는 사람(이하 "신뢰관계인"이라 한다)으로 동석을 신청하는 경우에는 신청인으로부터 별지 제36호서식 또는 별지 제37호서식의 동석신청서 및 동석 대상자와 피의자와의 관계를 소명할 수 있는 자료를 제출받아 기록에 편철한다. 다만, 동석신청서를 작성할 시간적 여유가 없는 경우 등에는 이를 작성하게 하지 않고, 조서나 수사보고서에 그 취지를 기재하는 것으로 동석신청서 작성을 갈음할 수 있으며, 조사의 긴급성 또는 동석의 필요성 등이 현저한 경우에는 예외적으로 동석 조사 이후에 신뢰관계인과 피의자와의 관계를 소명할 자료를 제출받아 기록에 편철할 수 있다.
② 검사는 제1항에 따른 신청이 없더라도 동석의 필요성이 있다고 인정되는 때에는 피의자, 피해자 또는 참고인과의 신뢰관계 유무를 확인한 후 직권으로 신뢰관계인을 동석하게 할 수 있다. 이 경우 검사는 이러한 취지를 조서나 수사보고서에 적어야 한다.
③ 검사는 신뢰관계인의 동석으로 인하여 신문이 방해되거나, 수사기밀이 누설되는 등 정당한 사유가 있는 경우에는 동석을 거부할 수 있으며, 신뢰관계인이 피의자신문 또는 피해자·참고인 조사를 방해하거나 그 진술의 내용에 부당한 영향을 미칠 수 있는 행위를 하는 등 수사에 현저한 지장을 초래하는 경우에는 피의자신문 또는 피해자·참고인 조사 중에도 동석을 제한할 수 있다.

제38조【조서와 진술서】 ① 검사가 피의자를 신문하고 조서를 작성하는 경우에는 별지 제38호서식 및 별지 제39호서식(피의자를 추가로 신문하는 경우로 한정한다)의 피의자신문조서에 따른다.
② 검사가 피의자가 아닌 사람으로부터 진술을 듣고 조서를 작성하는 경우에는 별지 제40호서식 및 별지 제41호서식(피의자가 아닌 사람으로부터 진술을 추가로 듣는 경우로 한정한다)의 진술조서에 따른다.
③ 검사는 피의자 또는 피의자가 아닌 사람의 진술을 듣는 경우에 다음 각 호의 어느 하나에 해당하는 경우에는 별지 제42호서식의 진술서를 작성하도록 할 수 있다.
1. 진술인이 서면 진술을 원하는 경우
2. 진술 사항이 복잡하고 진술인이 서면 진술에 동의하는 경우
3. 그 밖에 서면 진술을 하는 것이 상당하다고 인정하는 경우
④ 검사는 피의자신문조서 등을 작성하거나 해당 사건에 관한 자료를 접수했을 때에는 작성 또는 접수 순서에 따라 사건기록에 편철하고, 이를 기록목록에 기재하며, 사건기록에는 매 장마다 장수를 적어야 한다. 다만, 범죄사실과 직접 관련이 없거나 중복하여 작성 또는 접수된 자료는 별도의 사건기록으로 분리하여 편철할 수 있다.

제39조【전자적 처리사건의 조서 등】 ① 검사는 전자적 처리사건에 대하여 피의자를 신문하고 조서를 작성하는 경우에는 별지 제38호서식 및 별지 제39호서식의 피의자신문조서를 형사사법정보시스템에서 전자문서로 작성한다.
② 검사는 피의자가 아닌 사람으로부터 진술을 듣고 조서를 작성하는 경우에는 별지 제40호서식 및 별지 제41호서식의 진술조서를 형사사법정보시스템에서 전자문서로 작성한다.
③ 검사는 제1항 및 제2항에 따라 문서를 작성하는 경우에는 전자문서에 행정전자서명을 하고, 진술자에게 전자서명을 하도록 한다.
④ 제1항부터 제3항까지의 규정에 따라 작성하는 전자문서는 면수(面數)를 표시하는 방법으로 간인(間印)을 한다.
⑤ 검사와 검찰수사서기관, 검찰사무관, 검찰주사 또는 검찰주사보, 검찰서기(이하 "검찰사무관등"이라 한다)는 진술인에게 제38조제3항에 따라 진술서를 작성하도록 한 경우 즉시 그 진술서를 약식전자문서법 제6조에 따른 방법으로 전자화문서(약식전자문서법 제2조제2호에 따른 전자화문서를 말한다. 이하 같다)로 작성한다.
⑥ 검사 및 검찰사무관등은 피의자나 사건관계인으로부터 해당 사건에 관하여 종이문서나 그 밖에 전자적 형태로 작성되지 않은 문서(이하 "전자화대상문서"라 한다)를 접수한 경우 즉시 약식전자문서법 제6조에 따른 방법으로 전자화문서로 작성한다.
⑦ 검사 및 검찰사무관등은 제5항 및 제6항에 따라 전자화문서로 작성하는 경우 전자화문서에 행정전자서명을 한다.

제40조【전자화대상문서의 보관·폐기 등】 ① 검사 및 검찰사무관등은 제39조제5항 및 제6항에 따라 전자화대상문서를 전자화문서로 변환하는 즉시 전자화대상문서에 전자화대상문서 고무인을 찍어 사건번호 등을 기재한 후 보존사무를 담당하는 직원(이하 "보존사무담당직원"이라 한다)에게 인계한다.
② 사건사무담당직원은 사법경찰관이 전자적 처리사건 송치 후 전자화대상문서를 추가로 보내 온 경우에는 추가송부서 등 관련 문서에 전자화대상문서 고무인을 찍어 사건번호 등을 기재한 후 보존사무담당직원에게 인계한다.
③ 재산형(財産刑) 등 형의 집행사무를 담당하는 직원은 법원으로부터 전자화대상문서를 받은 경우에는 그 전자화대상문서에 전자화대상문서 고무인을 찍어 사건번호 등을 기재한 후 보존사무담당직원에게 인계한다.
④ 보존사무담당직원은 제1항부터 제3항까지의 규정에 따라 전자화대상문서를 인계받은 경우 전자화대상문서 관리대장에 해당 사항을 기록한 후 전자적 처리사건기록 보존 시까지 연도별 사건번호순으로 정리하여 보관한다. 이 경우 동일한 사건의 전자화대상문서는 합철(合綴)하여 보관한다.
⑤ 보존사무담당직원은 전자적 처리사건이 약식전자문서법의 절차를 따르지 않게 된 경우 해당 사건의 전자화대상문서를 검사에게 인계하고, 그 사실을 전자화대상문서 관리대장에 기록한다.
⑥ 보존사무담당직원은 전자적 처리사건의 기록을 폐기할 때에는 해당 전자화문서를 폐기하고, 전자화대상문서 관리대장에 그 사실을 기록한다.
⑦ 제6항에 따라 전자화문서를 폐기하는 경우에는 「공공기록물 관리에 관한 법률 시행령」 제43조에 따라 해당 기관 기록물관리 전문요원의 심사 및 기록물평가심의회의 심의 절차를 거쳐야 한다.

제41조【전자적 처리사건으로 처리하지 않게 된 사건】
① 검사는 약식전자문서법 제3조제3항 및 제4항에 따라 전자적 처리사건으로 처리하는 것이 적절하지 않다고 판단하는 경우에는 그 때까지 해당 사건과 관련하여 작성된 전자문서와 전자화문서를 출력한 종이문서를 일반사건 전환 표지와 함께 기록에 편철하여 종이로 된 사건기록을 만든다. 이 경우 사건사무담당직원은 사건번호를 "○년 형제 ○호"로 된 새로운 사건번호로 표시한다.
② 검사 및 검찰사무관등은 제1항에 따라 약식전자문서법의 절차를 따르지 않게 된 경우 그 취지를 기재한 수사보고서를 작성하여 수사기록에 편철한다.
③ 제2항의 수사보고서에는 그 때까지 제출된 전자화대상문서를 첨부한다.

제42조【조사 및 결정 전 의견청취】 ① 검사는 피의자 또는 사건관계인을 조사하기에 앞서 조사 대상자에게 조사의 경위 및 이유를 설명해야 하고, 유리한 자료를 제출할 기회를 주거나, 조사 대상자로부터 피의사실에 대한 의견 및 조사 요구 사항 등 조사에 참고할 사항을 들을 수 있다.
② 검사는 수사준칙 제25조에 따라 조사과정 또는 조사를 종결하기 전에 피의자, 사건관계인 또는 그 변호인에게 사실관계 등의 확인을 위한 자료 또는 의견을 제출할 의사가 있는지 확인하고, 제출받은 자료 또는 의견을 수사기록에 편철한다.
③ 검사는 다음 각 호의 어느 하나에 해당하는 경우에는 그 취지를 기재한 조서나 수사보고서를 수사기록에 편철하고, 설명 또는 의견을 기재한 서면을 제출받은 경우에는 이를 수사기록에 편철한다.
1. 법 제245조의2제1항 및 제2항에 따라 전문수사자문위원의 자문(의견 또는 설명을 포함한다)을 들은 경우
2. 피의자 또는 변호인이 법 제245조의2제3항에 따라 의견을 진술하거나 의견을 기재한 서면을 제출한 경우
3. 검사의 수사 또는 결정과 관련하여 국민의 의견을 직접 반영할 필요가 있거나 검찰청 내·외부의 자문이 필요하여 의견·자문·권고 등을 청취(서면으로 제출받는 것을 포함한다)하는 절차를 거친 경우

제43조【진술거부권 등의 고지 확인】 검사는 다음 각 호의 어느 하나에 해당하는 경우에는 법 제244조의3에 따른 진술거부권 등의 고지 및 그에 대한 피의자의 답변에 관하여 별지 제43호서식의 진술거부권 및 변호인 조력권 고지 등 확인서를 작성하여 기록에 편철해야 한다.
1. 피의자신문조서 작성을 갈음하여 진술서를 작성하는 경우 등 피의자신문조서를 작성하지 않는 경우
2. 제38조제2항에 따라 피혐의자인 피의자가 아닌 사람의 진술을 듣고 같은 항에 따른 진술조서를 작성하는 경우

제44조【수사과정의 기록】 ① 검사는 피의자 또는 사건관계인을 조사하여 조서를 작성하는 경우에는 별지 제44

호서식의 수사 과정 확인서(조서를 작성하는 경우)에 수사과정을 기록하고, 이를 조서의 끝부분에 편철하여 조서와 함께 간인함으로써 조서의 일부로 하거나, 별도의 서면으로 기록에 편철한다.
② 검사는 제1항의 수사과정을 기록할 때에는 수사준칙 제26조제2항제1호 각 목의 사항과 조사과정의 진행 경과를 확인하기 위하여 필요한 사항을 기록한다.
③ 검사는 피의자 또는 사건관계인을 조사하고 조서를 작성하지 않은 경우에는 별지 제45호서식의 수사 과정 확인서(조서를 작성하지 않는 경우)에 수사준칙 제26조제2항제2호 각 목의 사항을 기재하고, 이를 수사기록에 편철해야 한다.
제45조【영상녹화】 ① 검사는 법 제221조제1항 또는 제244조의2제1항에 따라 피의자 또는 피의자가 아닌 사람을 영상녹화하는 경우 해당 조사의 시작부터 종료 시까지의 전 과정을 영상녹화하며, 조사 도중 영상녹화의 필요성이 발생한 경우에는 그 시점에서 진행 중인 조사를 종료하고, 그 다음 조사의 시작부터 종료 시까지의 전 과정을 영상녹화한다.
② 제1항에도 불구하고 검사는 조사를 마친 후 조서 정리에 장시간을 요하는 경우에는 조서정리과정을 영상녹화하지 않고, 조서를 열람하는 때부터 영상녹화를 재개할 수 있다.
③ 검사는 피의자에 대한 조사과정을 영상녹화하는 경우 피의자에게 다음 각 호의 사항을 고지해야 한다.
1. 조사자 및 법 제243조에 따른 참여자(이하 "참여자"라 한다)의 성명과 직책
2. 영상녹화 사실 및 장소, 시작 및 종료 시각
3. 법 제244조의3에 따른 진술거부권 등
4. 조사를 중단하거나 재개하는 경우 중단 이유와 중단 시각, 중단 후 재개하는 시각
④ 검사는 피의자가 아닌 사람에 대한 조사과정을 영상녹화하는 경우 별지 제46호서식의 영상녹화 동의서로 영상녹화에 대한 동의 여부를 확인하고, 제3항제1호·제2호 및 제4호의 사항을 고지해야 한다.
⑤ 검사는 영상녹화를 할 때에는 조사실 전체를 확인할 수 있도록 하고, 피조사자의 얼굴과 음성을 식별할 수 있도록 해야 한다.
⑥ 검사는 피의자에 대한 조사과정을 영상녹화하는 경우 법 제243조에 따라 참여자를 참여하게 해야 한다. 이 경우 참여자는 반드시 조사실에 동석해야 한다.
제46조【영상녹화물의 제작 등】 ① 검사는 영상녹화를 실시한 경우 영상녹화용 컴퓨터에 저장된 영상녹화파일을 이용하여 영상녹화물(CD, DVD 등) 1개를 제작하고, 피조사자의 기명날인 또는 서명을 받아 피조사자 또는 변호인의 면전에서 봉인하여 수사기록에 편철한다.
② 검사는 영상녹화물을 제작한 후 영상녹화용 컴퓨터에 저장되어 있는 영상녹화파일을 데이터베이스 서버에 전송하여 보관할 수 있다.
③ 검사는 제1항의 영상녹화물이 손상 또는 분실 등으로 인하여 사용될 수 없게 된 경우에는 데이터베이스 서버에 저장되어 있는 영상녹화파일을 이용하여 다시 영상녹화물을 제작할 수 있다.
제47조【피의자 및 신문 참여 변호인 등의 기록】 ① 검사는 수사준칙 제13조제1항에 따라 다음 각 호의 어느 하나에 해당하는 경우를 제외하고는 피의자 및 신문에 참여한 변호인이 법적인 조언·상담을 위하여 신문 내용을 메모하는 것을 제한해서는 안 된다. 이 경우 검사는 피의자 또는 변호인이 메모를 할 수 있도록 적절한 조치를 해야 한다.
1. 수사기밀 등 유출될 경우 수사에 현저한 지장을 초래하는 사항을 기록하는 경우
2. 신문을 종료한 후 피의자신문조서의 내용을 옮겨 쓰는 경우
3. 다른 사람의 개인정보 등 유출될 경우 사생활의 비밀 또는 자유를 침해할 우려가 있는 사항을 기록하는 경우
② 검사의 피혐의자·피내사자·피해자·참고인 조사 시 피혐의자 등과 조사에 참여한 변호인이 하는 기록에 관하여는 제1항을 준용한다.
제48조【감정의 위촉】 검사가 법 제221조에 따라 감정을 위촉하거나 법 제221조의4에 따라 감정에 필요한 처분허가장을 받아 위촉하는 경우에는 별지 제47호서식의 감정위촉서에 따른다.
제49조【수사관계사항의 조회】 ① 검사가 법 제199조 제2항에 따라 공무소 기타 공사단체에 필요한 사항의 보고를 요구하는 경우에는 별지 제48호서식의 수사사항 조회서에 따른다.
② 검사는 다음 각 호의 어느 하나에 해당하는 경우에는 피의자의 지문을 채취하여 별지 제49호서식의 수사자료표 송부서에 따라 지문대조조회를 하고, 범죄통계원표(발생사건표, 검거사건표, 피의자표)를 작성한다.
1. 사건을 인지한 경우
2. 고소·고발을 받은 사건을 직접 수사하는 경우
③ 제2항제2호에도 불구하고 검사는 다음 각 호의 어느 하나에 해당하는 경우에는 피의자가 「지문을 채취할 형사피의자의 범위에 관한 규칙」 제2조제2항제1호·제2호 또는 제4호의 어느 하나에 해당하는 경우를 제외하고는 피의자에 대한 지문채취 및 지문대조조회를 하지 않는다.
1. 혐의없음
2. 공소권없음
3. 죄가안됨
4. 각하
5. 참고인중지
④ 검사는 다음 각 호의 어느 하나에 해당하는 경우에는 제2항에 따라 피의자의 지문을 채취하여 별지 제49호서식의 수사자료표 송부서에 따라 지문대조조회를 해야 한다.
1. 불기소결정에 대한 재기수사명령·공소제기명령 또는 주문변경명령을 받은 고소·고발사건이나 사법경찰관이 지문을 채취하지 않고 송치한 사건에 대하여 다음 각 목의 제기 또는 결정을 하는 때
가. 공소의 제기
나. 기소유예, 공소보류, 「소년법」 제2장에 따른 보호사건(이하 "소년보호사건"이라 한다) 송치, 가정폭력처벌법 제2장에 따른 가정보호사건(이하 "가정보호사건"이라 한다) 송치, 성매매처벌법 제3장에 따른 보호사건(이하 "성매매보호사건"이라 한다) 송치 또는 아동학대처벌법 제2조제7호에 따른 아동보호사건(이하 "아동보호사건"이라 한다) 송치의 결정
2. 제3조제5호에 따른 송치를 받은 사건이나 같은 조 제13호에 따라 재정결정서를 송부받은 사건에 대하여 이 항 제1호 각 목의 제기 또는 결정을 하는 때
제50조【임의 제출 등】 ① 검사가 법 제218조에 따라 유류(遺留)한 물건 또는 임의로 제출하는 물건을 압수한 경우에는 별지 제50호서식의 압수조서를 작성한다. 다만, 피의자신문조서 또는 진술조서에 압수의 취지를 기재하는 것으로 압수조서의 작성을 갈음할 수 있다.
② 법 제219조에서 준용하는 법 제129조에 따른 압수목록의 교부는 별지 제51호서식의 압수목록교부서에 따른다.
③ 검사는 제1항에 따라 압수한 경우에는 지체 없이 별지 제52호서식의 압수물총목록을 작성하여 압수조서와 함께 압수물사무담당직원에게 인계하여 압수물 수리절차를 취하게 한다.
④ 검사는 압수물인 유가증권에 관하여 사법경찰관등의 유가증권 원형보존 지휘 요청서 또는 건의서를 접수한 경우에는 별지 제53호서식의 유가증권 원형보존 지휘요청·건의에 대한 지휘서로 지휘한다.
⑤ 검사는 사법경찰관등의 압수물 위탁보관 지휘 요청서 또는 건의서를 접수한 경우에는 별지 제54호서식의 압수물 위탁보관 지휘요청·건의에 대한 지휘서로 지휘한다.
⑥ 검사가 사법경찰관등의 압수물 대가보관 지휘 요청서 또는 건의서를 접수한 경우에는 별지 제55호서식의 압수물 대가보관 지휘요청·건의에 대한 지휘서로 지휘한다.
⑦ 검사가 사법경찰관등의 압수물 폐기처분 지휘 요청서 또는 건의서를 접수한 경우에는 별지 제56호서식의 압수물 폐기처분 지휘요청·건의에 대한 지휘서로 지휘한다.
⑧ 검사가 사법경찰관등의 압수물 환부 지휘 요청서 또는 건의서를 접수한 경우에는 별지 제57호서식의 압수물 환부 지휘요청·건의에 대한 지휘서로 지휘한다.
⑨ 검사가 사법경찰관등의 압수물 가환부 지휘 요청서 또는 건의서를 접수한 경우에는 별지 제58호서식의 압수물 가환부 지휘요청·건의에 대한 지휘서로 지휘한다.
제51조【실황조사】 검사가 범죄 현장이나 그 밖의 장소에서 실황조사를 한 경우에는 별지 제59호서식의 실황조사서를 작성한다.
제52조【수사의 촉탁】 ① 검사가 다른 검찰청의 검사에게 수사촉탁을 하는 경우에는 사건기록을 이송하는 경우를 제외하고는 별지 제60호서식의 수사촉탁서에 따른다. 다만, 긴급을 요할 경우에는 전화·팩스·전자우편이나 그 밖의 방법으로 할 수 있다.
② 제1항에 따른 수사촉탁을 받은 검사는 별지 제61호서식의 공조사건회답서에 따라 회답한다.
③ 사건사무담당직원은 검사가 제1항의 수사촉탁을 한 경우와 제2항에 따른 수사촉탁을 받은 경우에는 공조사건부에 해당 사항을 기록한다.
제53조【증거보전의 청구】 ① 검사가 법 제184조에 따라 증거보전의 청구를 하는 경우에는 별지 제62호서식의 증거보전청구서에 따른다.
② 검사가 사법경찰관등의 증거보전신청에 따라 증거보전을 청구하는 경우에는 별지 제63호서식의 증거보전청구서 또는 특별사법경찰관리 지휘규칙 별지 제119호서식에 따른다.
③ 사건사무담당직원은 제1항 및 제2항의 증거보전의 청구가 있을 때에는 증거보전청구부에 해당 사항을 기록한다.
④ 검사는 사법경찰관등의 증거보전신청을 검토한 결과 증거보전을 할 만한 상당한 이유가 없다고 인정될 때에는 그 이유를 구체적으로 기재하여 별지 제64호서식의 증거보전신청 기각서로 증거보전신청을 기각한다. 이 경우 검사는 특별사법경찰관이 신청한 증거보전을 소명자료의 보완이 필요하다고 인정하여 기각할 때에는 기한을 정하여 재신청지휘를 할 수 있다.

제4절 체 포

제54조【체포 등의 경우 피의사실 요지 등의 고지】 검사 및 직무상 수사와 관계있는 검찰청 직원이 법 제200조의2, 제200조의3 및 제212조에 따라 피의자를 체포·긴급체포하거나 현행범인체포할 때에는 법 제200조의5(법 제213조의2에서 준용하는 경우를 포함한다) 및 수사준칙 제32조에 따라 피의자에게 피의사실의 요지, 체포의 이유와 변호인을 선임할 수 있음을 고지하고 변명의 기회를 주며, 진술거부권을 알려준 후 피의자로부터 별지 제65호서식의 권리고지 확인서를 받아 기록에 편철한다. 다만, 피의자가 별지 제65호서식의 권리고지 확인서에 기명날인 또는 서명을 거부하는 경우에는 피의자를 체포한 검사 또는 검찰청 직원이 확인서 끝부분에 그 사유를 기재하고 기명날인 또는 서명한다.
제55조【체포영장의 청구】 ① 검사가 법 제200조의2제1항 본문에 따라 체포영장을 청구하는 경우에는 별지 제66호서식의 체포영장청구서에 따른다.
② 검사가 법 제200조의2제1항 본문에 따라 사법경찰관등의 체포영장 신청에 따라 체포영장을 청구하는 경우에는 별지 제67호서식의 체포영장청구서 또는 특별사법경찰관리 지휘규칙 별지 제30호서식에 따른다.
③ 검사는 사법경찰관등이 신청한 체포영장을 검토하여 체포할 상당한 이유가 없다고 인정하는 경우에는 그 이유를 구체적으로 기재한 별지 제68호서식의 체포영장신청 기각서로 기각한다. 이 경우 사법경찰관등이 신청한 영장의 청구 여부를 결정하기 위하여 수사의 보완이 필요하다고 인정되는 경우에는 별지 제69호서식의 보완수사요구서(영장)로 보완수사요구를 할 수 있고, 특별사법경찰관이 신청한 영장을 기각하는 경우에는 기한을 정하여 체포 여부를 재지휘받도록 하거나 체포영장을 재신청하도록 할 수 있다.
④ 사건사무담당직원은 검사가 제1항 또는 제2항에 따라 체포영장을 청구하거나 제3항에 따라 체포영장 신청을 기각 또는 보완수사요구를 한 경우에는 체포영장청구부에 해당 사항을 기록한다.
⑤ 검사는 사법경찰관등의 신청에 따라 청구한 체포영장이 판사에 의하여 기각된 경우에는 다음 각 호 구분에 따라 처리할 수 있다.
1. 사법경찰관이 신청한 체포영장의 경우 : 제29조제1항 제4호에 따라 별지 제69호서식의 보완수사요구서(영장)로 기한을 정하여 보완수사요구
2. 특별사법경찰관이 신청한 체포영장의 경우 : 기한을 정하여 수사를 보완한 후 다음 각 목의 방법으로 처리하도록 지휘
가. 체포 여부의 재지휘 건의
나. 체포영장 재신청
⑥ 사건사무담당직원은 판사로부터 체포영장이 발부되거나 기각된 경우에는 제4항의 체포영장청구부에 해당 사항을 기재하고, 체포영장 또는 기각된 체포영장청구서를 검사에게 제출한다.
⑦ 검사가 제3항 및 제5항에 따라 사법경찰관에게 보완수사요구를 한 경우에는 사건사무담당직원은 보완수사요구사건부에 해당 사항을 기재하고, 검사가 이행기한을 정하여 보완수사요구를 하였음에도 사법경찰관이 이행기한까지 보완수사요구 이행결과를 서면으로 통보하지 않은 경우에는 이를 검사에게 보고한다. 다만, 검사가 특별사법경찰관에게 보완수사 후 체포 여부에 대한 재지휘를 건의하도록 지휘한 경우에는 사건사무담당직원은 재수사지휘부에 해당 사항을 기재하고, 특별사법경찰관이 지휘받은 기한까지 체포영장을 재신청하지 않거나 체포 여부에 대한 재지휘를 건의하지 않은 경우에는 이를 검사에게 보고한다.
제56조【체포영장의 재청구】 검사는 법 제200조의2제4항에 따라 체포영장을 재청구하는 경우에는 같은 항에 따른 재체포의 이유 또는 법 제214조의3에 따른 재체포의 사유를 기록한다.
제57조【체포영장의 집행지휘】 검사가 법 제200조의6에서 준용하는 법 제81조제1항 본문 및 제3항에 따라 체포영장의 집행을 지휘하는 경우에는 별지 제70호서식의 체포·구속영장 집행지휘서에 따르거나 체포영장 상단에 서명 또는 날인의 방법으로 지휘할 수 있다.
제58조【체포영장의 집행촉탁】 ① 검사가 법 제200조의6에서 준용하는 법 제83조제1항에 따라 체포영장의 집행을 다른 검찰청의 검사에게 촉탁하는 경우에는 별지 제71호서식의 체포·구속영장 집행촉탁서에 따른다.
② 제1항에 따라 체포영장의 집행을 촉탁받은 검사는 체포영장의 집행이 불가능한 경우에는 별지 제72호서식의 영장반환서에 체포영장 및 체포영장집행지휘서와 사법경찰관등이 작성한 체포영장 집행 불능보고서를 첨부하여 체포영장의 집행을 촉탁한 검사에게 이를 반환한다.
③ 사건사무담당직원은 검사가 제1항에 따라 체포의 집행을 촉탁하거나 체포의 집행을 촉탁받은 경우에는 체포영장집행원부에 해당 사항을 기록한다.
제58조의2【체포영장 사본의 교부】 검사가 체포영장에 따라 피의자를 체포할 때에는 법 제200조의6에서 준용하는 법 제85조제1항·제4항 및 수사준칙 제32조의2에 따라 피의자에게 영장을 제시하고 그 사본을 교부한 후 피의자로부터 별지 제72호의2서식의 영장 사본 교부 확인서를 받아 사건기록에 편철한다. 다만, 피의자가 영장 사본의 수령을 거부하거나 별지 제72호의2서식의 영장 사본 교부 확인서에 기명날인 또는 서명을 거부하는 경우에는 피의자를 체포한 검사 또는 그 검사의 명을 받은 검찰청 직원이 확인서 끝부분에 그 사유를 기재하고 기명날인 또는 서명한다.(2023.11.1 본조신설)

제59조【체포영장의 반환】 ① 검사는 체포영장의 유효기간 내에 영장의 집행에 착수하지 못했거나 그 밖의 사유로 영장의 집행이 불가능하거나 불필요하게 되었을 때에는 지체 없이 그 사유를 체포영장을 집행하고 있는 사람이나 체포영장의 집행을 촉탁받은 사람에게 통지하여 체포영장을 반환하도록 해야 한다.
② 검사는 체포영장의 유효기간이 경과하도록 집행에 착수하지 못할 경우에는 법 제200조의6에서 준용하는 법 제75조제1항에 따라 별지 제72호서식의 영장반환서로 체포영장을 법원에 반환해야 한다. 다만, 검사가 사법경찰관등의 영장반환서를 접수하여 체포영장을 반환하는 경우에는 별지 제73호서식의 영장반환서에 따른다.

제60조【체포의 통지】 ① 검사는 피의자를 체포한 때에는 법 제200조의6에서 준용하는 법 제87조에 따라 변호인이 있는 경우에 변호인에게, 변호인이 없는 경우에는 법 제30조제2항에서 규정한 사람 중 피의자가 지정하는 사람에게 체포한 때부터 늦어도 24시간 내에 별지 제74호서식의 체포·구속 등 통지서에 따라 사건명, 체포의 일시·장소, 범죄사실의 요지, 체포의 이유와 변호인을 선임할 수 있음을 통지해야 한다. 이 경우 법 제30조제2항에서 규정한 사람이 없어 체포의 통지를 할 수 없는 경우에는 그 취지를 수사보고서에 기재하여 기록에 편철한다.
② 검사는 긴급을 요하는 경우 전화, 팩스, 전자우편, 휴대전화 문자전송 또는 그 밖의 상당한 방법으로 체포의 통지를 할 수 있다. 이 경우 제1항에 따라 체포한 때부터 늦어도 24시간 내에 다시 서면으로 체포의 통지를 해야 한다.

제61조【체포·구속 적부심사의 통지】 법 제214조의2 제2항에 따라 같은 조 제1항에 규정된 사람 중에서 피의자가 지정한 사람에게 적부심사를 청구할 수 있음을 알리는 경우에는 제60조를 준용한다.

제62조【피의자 접견 등 금지의 결정】 ① 검사가 법 제200조의6에서 준용하는 법 제91조에 따라 피의자와 법 제34조에서 규정한 사람이 아닌 사람과의 접견 등을 금지하려는 경우에는 별지 제75호서식의 피의자 접견 등 금지결정서에 따른다.
② 사건사무담당직원은 제1항의 결정이 있는 때에는 접견 등 금지처리부에 해당 사항을 기재하고 검사로부터 별지 제76호서식의 접견 등 금지 지휘서를 받아 제1항의 접견 등 금지 결정서의 등본을 첨부하여 피의자가 재소하고 있는 구치소·교도소의 장에게 송부한다.
③ 검사는 제1항의 결정을 취소하는 것이 상당하다고 인정하여 피의자의 접견 등의 금지를 취소하는 경우에는 별지 제77호서식의 접견 등 금지취소결정서에 따른다.
④ 제3항에 따른 접견 등 금지 취소결정이 있는 경우의 사무처리에 관하여는 제2항을 준용한다.
⑤ 제1항의 피의자 접견 등 금지 결정은 공소제기와 동시에 그 효력을 상실한다.

제63조【체포 피의자의 석방 및 체포의 취소】 ① 검사가 법 제200조의2제5항 및 수사준칙 제36조제1항에 따라 체포한 피의자에 대하여 구속영장을 청구하지 않고 석방하는 경우에는 별지 제78호서식의 피의자 석방서에 따른다. 이 경우 검사는 석방서 부본 2부를 작성하여 그 중 1부는 사건기록에 편철하고, 나머지 1부는 사건사무담당직원에게 송부한다.
② 사건사무담당직원은 검사로부터 제1항에 따라 석방서를 송부받은 경우에는 체포영장청구부에 해당 사항을 기록한다.
③ 검사가 법 제200조의6에서 준용하는 법 제93조에 따라 피의자의 체포를 취소하는 경우에는 체포영장의 상단에 체포취소사유와 일시를 적어야 한다.

제64조【특별사법경찰관의 피의자 석방건의에 대한 지휘】 ① 검사는 특별사법경찰관으로부터 특별사법경찰관리 지휘규칙 별지 제53호서식의 피의자 석방 건의서를 접수한 경우에는 별지 제79호서식의 피의자 석방지휘·승인서로 지휘한다.
② 검사가 특별사법경찰관의 체포취소 신청에 따라 체포를 취소하는 경우에는 제63조제3항을 준용한다.

제65조【사법경찰관의 피의자 석방통보에 대한 조치】 사건사무담당직원은 사법경찰관으로부터 수사준칙 제36조제2항제1호에 따른 통보서를 접수한 경우에는 이를 검사에게 보고하고, 체포영장청구부에 해당 사항을 기록한다.

제66조【피의자 석방 통지】 검사가 법 제204조에 따라 체포된 피의자의 석방을 법원에 통지할 때에는 별지 제80호서식의 피의자 석방 통지서에 따른다.

제67조【긴급체포】 ① 검사가 법 제200조의3제1항에 따라 긴급체포를 한 경우에는 같은 조 제3항 및 제4항에 따라 즉시 별지 제81호서식의 긴급체포서를 작성하여 사건기록에 편철하고, 그 부본 1부를 사건사무담당직원에게 송부한다.
② 검사가 법 제200조의3제2항에 따라 사법경찰관등으로부터 긴급체포 승인요청 또는 긴급체포 승인건의를 받은 경우에는 긴급체포 승인요청 또는 승인건의를 검토하여 긴급체포를 할 만한 상당한 이유가 있다고 인정하는 경우에는 이를 승인하고, 긴급체포를 할 만한 상당한 이유가 없다고 인정하는 경우에는 그 이유를 구체적으로 기재하여 긴급체포를 승인하지 않는다. 이 경우 그 서식은 다음 각 호의 구분에 따른다.
1. 사법경찰관의 긴급체포 승인요청의 경우 : 별지 제82호서식의 긴급체포 승인요청에 대한 결정서
2. 특별사법경찰관의 특별사법경찰관리 지휘규칙에 따른 긴급체포 승인건의의 경우 : 별지 제83호서식의 긴급체포 승인건의에 대한 지휘서
③ 사건사무담당직원은 검사가 제1항에 따라 긴급체포서를 송부한 경우에는 긴급체포원부에 해당 사항을 기재하고, 사법경찰관등으로부터 긴급체포 승인요청 또는 긴급체포 승인건의를 받은 경우에는 긴급체포 승인결정부 또는 긴급체포 승인건의 지휘부에 해당 사항을 기재하여 지체 없이 검사에게 긴급체포 승인요청서 또는 긴급체포 승인건의서를 제출하며, 검사가 제2항에 따라 사법경찰관등의 긴급체포 승인요청 또는 건의를 승인하거나 승인하지 않은 경우에는 긴급체포 승인결정부 또는 긴급체포 승인건의 지휘부에 해당 사항을 기록한다.

제68조【긴급체포 시의 유의사항】 검사가 법 제200조의3제1항에 따른 긴급체포를 하는 경우에는 피의자의 연령·경력·범죄성향이나 범죄의 경중·태양(態樣), 그 밖의 여러 사정을 고려하여 인권의 침해가 없도록 신중을 기해야 한다.

제69조【긴급체포 후 석방의 통지】 ① 검사가 법 제200조의3에 따라 긴급체포한 피의자를 법 제200조의4제2항에 따라 구속영장을 청구하지 않고 석방하는 경우에는 별지 제78호서식의 피의자 석방서를 작성하고, 석방한 날부터 30일 이내에 별지 제84호서식의 피긴급체포자 석방통지서를 작성한 후 긴급체포서 사본을 첨부하여 법원에 통지해야 한다. 이 경우 검사는 석방서 및 석방통지서 부본 2부를 각각 작성하여 그 중 1부는 사건기록에 편철하며, 다른 1부는 사건사무담당직원에게 송부한다.
② 사건사무담당직원은 검사로부터 제1항 후단에 따라 석방서 및 석방통지서를 송부받은 경우에는 긴급체포원부의 석방란에 해당 사항을 기록한다.
③ 검사가 사법경찰관등으로부터 수사준칙 제36조제2항 제2호에 따라 석방보고를 받은 후 법 제200조의4제4항에 따라 법원에 석방통지를 하는 경우에는 별지 제85호서식의 피긴급체포자 석방통지서에 따른다. 이 경우 그 부본 1부는 사건사무담당직원에게 송부한다.(2023.11.1 전단개정)
④ 사건사무담당직원은 검사로부터 제3항에 따라 석방통지서를 송부받은 경우에는 긴급체포 승인결정부 또는 긴급체포승인건의지휘부의 석방란에 해당 사항을 기록한다.

제70조【현행범인체포】 ① 검사가 법 제212조에 따라 현행범인을 체포한 경우에는 별지 제86호서식의 현행범인체포서를 작성하고, 그 부본 1부를 사건사무담당직원에게 송부한다.
② 검사가 법 제213조에 따라 현행범인을 인도받은 경우에는 별지 제87호서식의 현행범인인수서를 작성하고, 그 부본 1부를 사건사무담당직원에게 송부한다.
③ 사건사무담당직원은 검사가 제1항 또는 제2항에 따라 현행범인체포서 또는 현행범인인수서를 송부한 경우에는 현행범인체포원부에 해당 사항을 기록한다.
④ 사법경찰관등으로부터 수사준칙 제28조제2항 또는 특별사법경찰관리 지휘규칙 제59조제2항에 따른 현행범인 석방 통보 또는 보고 취지가 기재된 서면을 접수한 경우에는 이를 검사에게 보고한다.

제71조【준용규정】 긴급체포 및 현행범인체포의 경우 피의사실 요지 등의 고지, 변호인 등에게의 통지, 석방 및 체포의 취소 등에 관하여는 제54조·제60조 및 제63조를 준용한다. 이 경우 "체포"는 각각 "긴급체포·현행범인체포 또는 현행범인인수"로, "체포영장"은 "긴급체포서·현행범인체포서 또는 현행범인인수서"로, 제54조 중 "법 제200조의5"는 "법 제200조의5(법 제213조의2에서 준용하는 경우를 포함한다)"로, 제60조 중 "법 제200조의6"은 "법 제200조의6 또는 같은 법 제213조의2"로 각각 본다.

제72조【체포·구속장소 감찰】 ① 검사가 법 제198조의2에 따라 체포·구속장소를 감찰하는 경우에는 불법체포·구속의 유무와 수사사무의 적정 여부 등을 조사하고, 필요하다고 인정할 때에는 사법경찰관리를 지도하거나 사법경찰관등에게 시정을 명하고, 체포·구속장소 감찰보고서에 따라 소속 검찰청의 장에게 보고한다.
② 검사는 제1항에 따른 조사 후 적법한 절차에 의하지 않고 체포·구속된 것이라고 인정하는 경우에는 별지 제88호서식의 피의자 석방명령서에 따라 체포·구속된 사람의 석방을 명하거나 별지 제89호서식의 사건송치명령서에 따라 사건을 송치할 것을 명하고, 피의자 석방명령서 또는 사건송치명령서 등본을 제1항의 체포·구속장소 감찰보고서에 첨부한다.
③ 사건사무담당직원은 제2항의 피의자 석방명령서 또는 사건송치명령서 등본을 송부받은 경우에는 피의자 석방명령·사건송치명령부에 해당 사항을 기록한다.

제73조【체포·구속영장 등본의 교부】 법 제214조의2 제1항에서 규정하는 사람은 체포·구속영장 등본의 교부를 청구할 수 있다. 이 경우 사건사무담당직원은 체포·구속영장 등본교부대장에 해당 사항을 기재하고, 체포·구속영장 등본 교부청구서를 검사에게 제출하여 검사의 지휘에 따라 체포·구속영장의 등본을 청구인에게 교부한다.

제74조【체포와 구속의 적부심사】 ① 사건사무담당직원은 법원으로부터 체포 또는 구속의 적부심사청구에 따른 심문기일통지나 수사관계 서류 및 증거물 송부요청이 있는 경우에는 체포·구속 적부심사청구사건부에 해당 사항을 기록한다.
② 사건사무담당직원은 수사관계 서류 및 증거물을 송부하는 경우에는 별지 제90호서식의 수사관계 서류 등 송부서에 해당 사항을 기재하고, 검사의 의견과 서명날인을 받아 법원에 제출하여 법원으로부터 접수일자 확인을 받아야 하며, 법원이 수사관계 서류 및 증거물을 반환하는 경우에는 법원으로부터 반환일자 확인을 받아야 한다.
③ 사건사무담당직원이 제1항에 따른 법원의 심문기일통지나 수사관계 서류 및 증거물 송부요청에 따라 사법경찰관으로부터 수사관계 서류 등을 제출 받아 송부하는 절차 등에 관하여는 제1항 및 제2항을 준용한다.
④ 검사는 다음 각 호의 어느 하나에 해당하는 경우에는 수사관계 서류등 송부서의 비고란에 그 뜻을 적어야 한다.
1. 법 제214조의2제5항 각 호의 사유가 있는 경우
2. 법 제214조의2제6항에 따른 석방조건을 부가할 필요가 있는 경우
3. 법 제214조의2제11항에 따른 수사상 비밀보호를 위한 조치가 필요한 경우
⑤ 사건사무담당직원은 법원으로부터 체포 또는 구속의 적부심사결정등본을 송부받은 경우에는 지체 없이 검사에게 이를 제출해야 한다. 이 경우 체포·구속 적부심사청구사건부에 해당 사항을 기록한다.
⑥ 사건사무담당직원은 구속의 적부심사결정이 법 제214조의2제5항에 따라 보증금(이하 "적부심보증금"이라 한다)의 납입을 조건으로 피의자의 석방을 명하는 것인 경우에는 적부심보증금 납입조건부 석방 피의자기록표 및 적부심보증금 납입조건부 석방 피의자명부에 해당 사항을 기록한다.
⑦ 사건사무담당직원은 법원의 구속적부 심사결정에 따라 적부심보증금의 납입허가를 받은 사람이 적부심보증금을 납입하거나 보증서를 제출한 경우에는 세입세출 외 현금출납을 담당하는 공무원(이하 "세입세출외현금출납공무원"이라 한다)으로부터 보관금보관보고서 또는 보증서보관보고서 및 보관표를 인계받아 검사의 확인 날인을 받은 후 이를 보관한다.
⑧ 사건사무담당직원은 다음 각 호의 어느 하나에 해당하는 경우에는 별지 제91호서식의 시찰조회요청서를 작성하여 검사의 서명날인을 받아 피의자의 주거지를 관할하는 경찰서의 장에게 송부하여 시찰조회 협력을 요청해야 한다.
1. 석방허가결정으로 석방된 피의자가 정당한 이유 없이 출석하지 않는 등 특별한 사정이 있는 경우
2. 법원이 법 제214조의2제6항에 따라 조건을 부가하여 석방허가결정을 한 경우
⑨ 사건사무담당직원은 다음 각 호의 어느 하나에 해당하는 경우에는 별지 제92호서식의 석방지휘서를 작성하여 검사의 서명날인을 받아 피의자가 재소하고 있는 구치소·교도소 또는 경찰서의 장에게 송부한다. 이 경우 사건사무담당직원은 체포와 구속의 적부심사결정등본을 검사 또는 경찰서의 장에게 교부하여 사건기록에 편철하도록 해야 한다.
1. 법 제214조의2제4항에 따라 피의자의 석방을 명하는 체포와 구속의 적부심사결정이 있는 경우
2. 제7항에 따라 보관금보관보고서 또는 보증서보관보고서 및 보관표를 받은 경우
⑩ 사건사무담당직원은 제9항 각 호의 어느 하나에 해당하여 피의자를 석방하는 경우에는 별지 제80호서식의 피의자 석방 통지서를 작성하여 검사의 서명날인을 받아 법원에 통지해야 한다.

제75조【적부심보증금의 몰수】 ① 법 제214조의4에 따른 검사의 적부심보증금 몰수청구는 별지 제93호서식의 몰수청구서에 따른다.
② 사건사무담당직원은 법원으로부터 적부심보증금 몰수결정의 등본을 송부받은 경우에는 적부심보증금 납입조건부 석방 피의자기록표와 적부심보증금 납입조건부 석방 피의자명부에 해당 사항을 기재한 후 보관표에 검사의 몰수명령과 날인을 받아 세입세출외현금출납공무원에게 인계한다.
③ 사건사무담당직원은 적부심 보증보험증권을 첨부한 보증서의 제출을 허가한 사건에 대하여 법원으로부터 적부심 보증보험금 몰수결정의 등본을 송부받은 때에는 즉시 검사에게 보고하고, 별지 제94호서식의 적부심보증보험금 지급청구서를 작성하여 검사의 서명날인을 받아 「보험업법」 제2조제6호에 따른 보험회사(같은 법 제4조제1항제2호라목의 보증보험을 영위하는 보험회사만 해당한다. "보증보험회사"라 한다)에 송부한다.
④ 사건사무담당직원이 보증보험 주식회사로부터 적부심보증보험금을 송부받은 경우의 몰수 절차에 관하여는 제2항을 준용한다.

제76조【적부심보증금의 환부】 ① 사건사무담당직원은 적부심보증금의 환부청구가 있는 경우에는 환부사유를 확인하여 보관표의 명령란에 사유를 기재하고, 검사의 환부명령과 날인을 받아 적부심보증금 납입조건부 석방 피의자기록표와 적부심보증금 납입조건부 석방 피의자명부에 해당 사항을 기재한 후 보관표를 세입세출외현금출납공무원에게 인계한다.
② 사건사무담당직원은 적부심보증보험증권의 환부 사유가 발생한 날부터 30일 이내에 환부청구가 없는 경우에

는 보관표의 명령란에 검사의 폐기명령과 날인을 받아 적부심보증금 납입조건부 석방 피의자기록표와 적부심보증금 납입조건부 석방 피의자명부에 해당 사항을 기재한 후 보관표를 유가증권취급 담당 공무원에게 인계한다.

제5절 구 속

제77조【구속영장청구 전 피의자 조사 등】 ① 검사가 사법경찰관등의 구속영장 신청에 따라 구속영장의 청구 여부를 판단하면서 구속의 사유 등을 심사하기 위하여 필요하다고 인정하는 경우에는 피의자의 동의를 받아 피의자를 면담 또는 조사하거나 사법경찰관등에게 의견제시를 요청할 수 있다. 이 경우 피의자가 체포 등의 사유로 출석이 곤란하거나, 피의자가 요청한 경우에는 화상, 전화 등의 방법을 활용하여 피의자를 면담 또는 조사할 수 있다.
② 검사가 제1항에 따라 피의자를 면담 또는 조사하는 경우의 변호인의 참여 등에 관하여는 제22조를 준용한다.
제78조【구속영장의 청구】 ① 검사가 법 제201조제1항 본문에 따라 구속영장을 청구하는 경우에는 별지 제95호서식의 구속영장청구서(사전)에 따르고, 법 제200조의2 제5항에 따라 구속영장을 청구하는 경우에는 별지 제96호서식의 구속영장청구서(사후)에 따른다.
② 검사가 법 제201조제1항 본문에 따라 사법경찰관등의 신청에 따라 구속영장을 청구하는 경우에는 별지 제97호서식의 구속영장청구서 또는 특별사법경찰관리 지휘규칙 별지 제41호서식에 따르고, 법 제200조의2제5항에 따라 사법경찰관등의 신청에 따라 구속영장을 청구하는 경우에는 별지 제98호서식의 구속영장청구서 또는 특별사법경찰관리 지휘규칙 별지 제39호서식에 따른다.
③ 검사는 사법경찰관등의 구속영장신청을 검토하여 구속할 만한 상당한 이유가 없다고 인정할 때에는 다음 각 호의 구분에 따른 서류에 그 이유를 구체적으로 기재하여 구속영장신청을 기각한다.
1. 사법경찰관등이 미체포 피의자에 대하여 구속영장을 신청한 경우 : 별지 제99호서식의 구속영장신청 기각서
2. 사법경찰관등이 체포영장에 의하여 체포한 피의자에 대하여 구속영장을 신청한 경우 : 별지 제100호서식의 구속영장신청 기각서
④ 검사는 사법경찰관이 신청한 영장의 청구 여부를 결정하기 위하여 수사의 보완이 필요하다고 인정되는 경우에는 별지 제69호서식의 보완수사요구서(영장)로 보완수사요구를 할 수 있고, 특별사법경찰관이 신청한 영장을 기각하는 경우에는 기한을 정하여 구속 여부를 재지휘받도록 하거나 구속영장을 재신청하도록 할 수 있다.
⑤ 검사는 제1항 및 제2항에 따라 구속영장을 청구할 때 법 제209조에서 준용하는 법 제70조제2항에서 규정한 필요적 고려사항이 있는 경우에는 구속영장 청구서에 이를 기록한다.
제79조【긴급체포, 현행범인체포 후 구속영장의 청구】 ① 검사가 법 제200조의4제1항 또는 법 제213조의2에서 준용하는 법 제200조의2제5항에 따라 구속영장을 청구하는 경우에는 별지 제101호서식 또는 별지 제102호서식의 구속영장청구서에 따른다.
② 검사가 법 제200조의4제1항에 따라 사법경찰관등의 신청에 따라 구속영장을 청구하는 경우에는 별지 제103호서식의 구속영장청구서 또는 특별사법경찰관리 지휘규칙 별지 제40호서식에 따르고, 법 제213조의2에서 준용하는 법 제200조의2제5항에 따라 사법경찰관등의 신청에 따라 구속영장을 청구하는 경우에는 별지 제104호서식의 구속영장청구서 또는 특별사법경찰관리 지휘규칙 별지 제42호서식에 따른다.
③ 검사가 제1항 및 제2항에 따라 구속영장을 청구하는 경우에는 긴급체포서, 현행범인체포서 또는 현행범인인수서를 제출한다.
④ 제1항부터 제3항까지의 경우에는 제78조제5항을 적용한다.
⑤ 검사는 사법경찰관등의 구속영장신청을 검토하여 구속할 만한 상당한 이유가 없다고 인정할 때에는 다음 각 호의 구분에 따른 서류에 그 이유를 구체적으로 기재하여 구속영장신청을 기각한다.
1. 사법경찰관등이 긴급체포한 피의자에 대하여 구속영장을 신청한 경우 : 별지 제105호서식의 구속영장신청 기각서
2. 사법경찰관등이 현행범인체포 피의자에 대하여 구속영장을 신청한 경우 : 별지 제106호서식의 구속영장신청 기각서
⑥ 검사는 사법경찰관이 신청한 영장의 청구 여부를 결정하기 위하여 수사의 보완이 필요하다고 인정되는 경우에는 별지 제69호서식의 보완수사요구서(영장)로 보완수사요구를 할 수 있고, 특별사법경찰관이 신청한 영장을 기각하는 경우에는 기한을 정하여 구속 여부를 재지휘받도록 하거나 구속영장을 재신청하도록 할 수 있다.
제80조【구속영장의 재청구】 검사가 법 제201조제5항에 따라 구속영장을 재청구하는 경우에는 같은 항, 법 제208조제1항 또는 법 제214조의3에 따른 재구속의 사유를 기록한다.
제81조【구속영장청구와 피의자심문】 ① 사건사무담당직원은 법원으로부터 법 제201조의2에 따른 피의자심문의 기일과 장소의 통지를 접수한 경우에는 피의자가 재소하고 있는 구치소·교도소 또는 경찰서의 장에게 서면·전화 또는 팩스나 그 밖의 신속한 방법으로 심문기일과 장소를 통지하고, 구속영장청구부에 해당 사항을 기재한 후 지체 없이 검사에게 통지서를 제출해야 한다.
② 검사는 별지 제107호서식의 의견서에 각 호의 사항을 작성하여 법원에 제출할 수 있다.
1. 구속이 필요한 사유
2. 법 제201조의2제5항에 따른 수사상의 비밀보호를 위한 조치가 필요한 경우에는 그 사유와 필요한 조치
③ 사건사무담당직원은 검사가 제2항에 따라 작성한 의견서를 법원에 제출하고, 법원으로부터 접수일자확인을 받아야 한다.
④ 사건사무담당직원은 구속영장청구서, 수사관계 서류 및 증거물을 법원에 제출하고 법원으로부터 접수일자 확인을 받아야 하며, 법원이 수사관계 서류 및 증거물을 반환하는 경우에는 법원으로부터 반환일자 확인을 받아야 한다.
⑤ 검사가 법 제201조의2제10항에서 준용하는 법 제56조의2제1항에 따라 서면으로 법원에 구속 전 피의자심문의 속기·녹음·영상녹화를 신청하는 때에는 별지 제108호서식의 속기·녹음·영상녹화 신청서에 따른다. 이 경우 신청서에 제6항에 따른 속기록·녹음물·영상녹화물의 사본 청구의 취지를 함께 기재할 수 있다.
⑥ 검사가 법 제201조의2제10항에서 준용하는 법 제56조의2제3항에 따라 서면으로 법원에 구속 전 피의자심문의 속기록·녹음물·영상녹화물의 사본을 청구하는 경우에는 별지 제109호서식의 속기록·녹음물·영상녹화물 사본 청구서에 따른다. 다만, 제5항 후단에 따라 별지 제108호서식의 속기·녹음·영상녹화 신청서에 속기록·녹음물·영상녹화물의 사본 청구의 취지를 함께 기재하여 이미 그 사본을 청구한 경우는 제외한다.
제82조【구속기간의 연장】 ① 검사가 법 제205조에 따라 피의자에 대한 구속기간의 연장을 신청하는 경우에는 별지 제110호서식의 구속기간 연장신청서에 따른다.
② 사건사무담당직원은 검사가 구속기간연장신청을 한 경우에는 구속기간연장처리부에 해당 사항을 기록한다.
③ 사건사무담당직원은 구속기간의 연장결정이 있는 경우에는 지체 없이 구속기간연장처리부에 해당 사항을 기재하고, 그 내용을 피의자가 재소하고 있는 구치소 또는 교도소의 장에게 별지 제111호서식의 구속기간 연장 통지서에 따라 통지한다.
제83조【접견금지 결정 등의 청구】 ① 검사가 피고인과 법 제34조에서 규정한 사람이 아닌 사람과의 접견 등을 금지하려는 경우에는 별지 제112호서식의 피고인 접견 등 금지결정 청구서에 따른다.
② 사건사무담당직원은 검사가 제1항의 청구를 한 경우에는 접견 등 금지처리부에 해당 사항을 기록한다.
③ 사건사무담당직원은 제1항의 청구에 대해 판사의 접견 등 금지결정이 있는 경우에는 접견 등 금지처리부에 해당 사항을 기재하고, 검사로부터 별지 제76호서식의 접견 등 금지 지휘서를 받아 피고인 접견 등 금지결정서 등본을 첨부하여 피고인이 재소하고 있는 구치소·교도소의 장에게 송부한다.
④ 검사는 제1항에 따라 검사의 청구에 대해 내린 판사의 접견 등 금지결정을 취소함이 상당하다고 인정되는 경우에는 별지 제113호서식의 피고인 접견 등 금지 취소청구서를 법원에 송부한다.
⑤ 제4항에 따른 접견 등 금지 취소결정이 있는 경우의 사무처리에 관하여는 제2항 및 제3항을 준용한다.
제84조【감정유치장 청구 등】 ① 검사가 법 제221조의3 제1항에 따라 감정유치처분을 청구하는 경우에는 별지 제114호서식의 감정유치장 청구서에 따른다.
② 검사가 사법경찰관등의 신청에 따라 감정유치장을 청구하는 경우에는 별지 제115호서식의 감정유치장 청구서 또는 특별사법경찰관리 지휘규칙 별지 제114호서식에 따른다.
③ 사건사무담당직원은 검사가 제1항 및 제2항의 청구를 한 경우에는 감정유치장청구부에 해당 사항을 기록한다.
④ 검사는 사법경찰관등의 감정유치장 신청을 검토하여 감정유치를 할 만한 상당한 이유가 없다고 인정될 때에는 그 이유를 구체적으로 기재하여 별지 제116호서식의 감정유치장신청 기각서로 감정유치장 신청을 기각한다.
⑤ 검사는 사법경찰관이 신청한 감정유치장의 청구 여부를 결정하기 위하여 수사의 보완이 필요하다고 인정되는 경우에는 별지 제69호서식으로 보완수사요구를 할 수 있고, 특별사법경찰관이 신청한 감정유치장신청을 기각하는 경우에는 기한을 정하여 감정유치 여부를 재지휘받도록 하거나 감정유치장을 재신청하도록 할 수 있다.
⑥ 사건사무담당직원은 감정유치장이 발부된 경우에는 감정유치장청구부에 해당 사항을 기재하고, 별지 제117호서식의 감정유치장 집행지휘서에 검사의 서명날인을 받아 다음 각 호의 구분에 따른 자에게 송부한다.
(2022.2.7 본문개정)
1. 사법경찰관이 수사 중인 사건의 피의자 또는 불구속 피고인을 유치하려는 경우 : 해당 사건을 수사하고 있는 경찰관서의 장 또는 피고인의 주거지를 관할하는 경찰관서의 장
2. 검사가 수사 중인 피의자를 유치하려는 경우 : 검찰청 직원(감정유치를 지휘하는 검사의 소속 검찰청 직원을 말한다. 이하 이 조에서 같다)
⑦ 검사는 구치소 또는 교도소에 수감 중인 피의자 또는 피고인을 병원이나 그 밖의 상당한 장소에 유치할 때에는 다음 각 호의 구분에 따른 방법으로 지휘한다.
1. 피의자 또는 피고인을 「치료감호 등에 관한 법률」 제16조의2제1항제1호에 따른 국립법무병원(이하 "국립법무병원"이라 한다)에 유치하려는 경우 : 피의자 또는 피고인이 재소하고 있는 구치소 또는 교도소의 장에게 별지 제119호서식의 감정인도지휘서에 따라 검찰청 직원에게 인도할 것을 지휘하고, 피의자를 인도받는 검찰청 직원에게는 별지 제120호서식의 구속집행정지자·형집행정지자 호송지휘서로 호송할 것을 지휘한다.
(2022.7.4 본호개정)
2. 피의자(검사가 수사 중인 사건의 피의자로 한정한다)를 국립법무병원이 아닌 장소에 유치하려는 경우 : 피의자가 재소하고 있는 구치소 또는 교도소의 장에게 별지 제119호서식의 감정인도지휘서에 따라 검찰청 직원에게 인도할 것을 지휘하고, 피의자를 인도받는 검찰청 직원에게는 별지 제120호서식의 구속집행정지자·형집행정지자 호송지휘서에 따라 유치할 장소에 호송할 것과 별지 제121호서식의 감호지휘서에 따라 유치기간 중 감호할 것을 지휘한다. 다만, 「치료감호 등에 관한 법률」상의 치료감호시설에 유치하는 경우에는 감호지휘를 하지 않을 수 있다.(2022.7.4 본문개정)
3. 피의자(검사가 수사 중인 사건의 피의자는 제외한다) 또는 피고인을 국립법무병원이 아닌 장소에 유치하려는 경우 : 피의자가 재소하고 있는 구치소 또는 교도소의 장에게 별지 제119호서식의 감정인도지휘서에 따라 피의자 또는 피고인이 재소하고 있는 장소를 관할하는 경찰서장에게 인도할 것을 지휘하고, 피의자 또는 피고인은 인도받는 경찰서장에게는 별지 제120호서식의 구속집행정지자·형집행정지자 호송지휘서에 따라 유치할 장소에 호송할 것과 유치할 장소를 관할하는 경찰서장에게는 별지 제121호서식의 감호지휘서에 따라 유치기간 중 감호할 것을 지휘한다. 다만, 「치료감호 등에 관한 법률」상의 치료감호시설에 유치하는 경우에는 감호지휘를 하지 않을 수 있다.(2022.7.4 본문개정)
⑧ 검사가 감정유치처분의 해제를 청구하는 경우에는 별지 제118호서식의 감정유치 해제청구서에 따른다.
⑨ 검사는 감정유치기간의 만료 또는 감정유치처분의 해제결정에 따라 피의자 또는 피고인을 구치소 또는 교도소에 재수감할 때에는 다음 각 호의 구분에 따른 방법으로 지휘한다.
1. 피의자 또는 피고인을 국립법무병원에 유치했던 경우 또는 피의자(검사가 수사 중인 사건의 피의자로 한정한다)를 국립법무병원이 아닌 장소에 유치했던 경우 : 검찰청 직원에게 별지 제120호서식의 구속집행정지자·형집행정지자 호송지휘서로 호송할 것을 지휘하고, 구치소 또는 교도소의 장에게 별지 제122호서식의 수감지휘서로 수감할 것을 지휘한다.(2022.7.4 본호개정)
2. 피의자(검사가 수사 중인 사건의 피의자는 제외한다) 또는 피고인을 국립법무병원이 아닌 장소에 유치했던 경우 : 경찰서장에게 별지 제120호서식의 구속집행정지자·형집행정지자 호송지휘서로 호송할 것을 지휘하고, 구치소 또는 교도소의 장에게는 별지 제122호서식의 수감지휘서로 수감할 것을 지휘한다.(2022.7.4 본호개정)
⑩ 검사는 제9항에 따라 피의자를 재수감한 때에는 별지 제123호서식의 수감통지서에 따라 이를 법원에 통지한다.
⑪ 검사는 제6항·제7항 및 제9항에 따라 피의자를 병원 등에 감정유치하거나 구치소 또는 교도소에 재수감할 때에는 별지 제124호서식의 감정피의자 입원의뢰서 및 별지 제125호서식의 감정피의자 퇴원의뢰서에 따라 피의자에 대한 입원 및 퇴원을 의뢰한다.
제85조【검증현장 등으로의 호송】 검사는 수사를 위하여 구속 중인 피의자 또는 피고인을 검증 등에 참여하게 하려는 경우에는 별지 제126호서식의 피의자·피고인 호송지휘서로 피의자 또는 피고인이 재소하고 있는 구치소 또는 교도소의 장에게 지정된 장소에 호송할 것을 지휘한다.
제86조【구속의 집행정지】 ① 검사가 법 제209조에서 준용하는 법 제101조제1항에 따라 구속 중인 피의자에 대한 구속집행정지의 결정을 하거나 사법경찰관등의 신청에 따라 구속집행정지를 결정하는 경우에는 구속집행정지결정서에 따른다. 다만, 다른 법령에 구속집행정지에 대하여 다른 규정이 있는 경우에는 그에 따른다.
② 사건사무담당직원은 제1항 본문의 결정이 있는 경우에는 구속집행정지자명부에 해당 사항을 기재하고, 구속집행정지자기록을 작성한 후 별지 제92호서식의 석방지휘서에 검사의 서명날인을 받아 피의자가 재소하고 있는 구치소·교도소 또는 경찰서의 장에게 송부한다.
③ 사건사무담당직원은 제1항 본문의 결정이 병원 등으로 주거지를 제한하는 내용인 경우에는 별지 제127호서식의 구속집행정지자·형집행정지자 인도지휘서 및 별지 제126호서식의 호송지휘서를 작성하여 검사의 서명날인을 받아 피의자가 재소하고 있는 구치소·교도소 또는 경찰서의 장과 피의자의 주거지를 관할하는 경찰서의 장에게 송부한다.

④ 사건사무담당직원은 제3항의 경우 다음 각 호의 구분에 따른 서류로 시찰조회를 요구하거나 시찰조회에 대한 협력을 요청하는 서면을 송부할 수 있다.
1. 피의자가 재소하고 있는 구치소·교도소의 장 : 별지 제128호서식의 시찰조회서
2. 피의자가 재소하고 있는 경찰서 또는 피의자의 주거지를 관할하는 경찰서의 장 : 별지 제91호서식의 시찰조회요청서
⑤ 검사가 법 제209조에서 준용하는 법 제102조제2항 본문에 따라 구속집행정지결정을 취소하는 경우에는 구속(형)집행정지취소결정서에 따른다. 이 경우 사건사무담당직원은 구속집행정지자명부에 해당 사항을 기재하고 별지 제122호서식의 수감지휘서 또는 별지 제129호서식의 재수용 지휘서를 작성하여 검사의 서명날인을 받아 구치소·교도소 또는 피의자의 주거지를 관할하는 경찰서의 장에게 송부한다.

제87조【피의자의 석방】 ① 검사가 구속 중인 피의자를 석방하는 경우에는 별지 제92호서식의 석방지휘서에 따른다. 다만, 수용지휘를 하지 않은 피의자는 구속영장 상단에 석방사유·일시 등을 기재하고 날인하여 석방할 수 있다.
② 검사는 사법경찰관등의 구속 피의자 석방 건의서 또는 승인요청서를 접수한 때에는 별지 제79호서식의 석방지휘(승인)서에 따라 지휘 또는 승인한다. 다만, 다른 법령에 피의자 석방에 대하여 다른 규정이 있는 경우에는 그에 따른다.

제88조【준용규정】 구속의 경우 피의사실 요지 등의 고지, 영장청구의 기각, 보완수사요구, 영장의 집행지휘·집행촉탁·반환, 영장 사본의 교부, 변호인 등에게의 통지, 접견 등 금지, 석방, 구속의 취소 및 석방통지 등에 관하여는 제54조, 제55조제3항부터 제7항까지, 제57조, 제58조, 제58조의2, 제59조부터 제63조까지 및 제66조를 준용한다. 이 경우 제54조 중 "법 제200조의5"는 "법 제209조에서 준용하는 법 제200조의5"로, 제57조, 제58조, 제58조의2, 제59조부터 제63조까지 중 "법 제200조의6"은 "법 제209조"로, "체포"는 "구속"으로, "체포영장"은 "구속영장"으로 각각 본다.(2023.11.1 본조개정)

제6절 압수·수색·검증

제89조【압수·수색 또는 검증 영장의 청구】 ① 검사가 압수·수색 또는 검증의 영장을 청구하는 경우에는 다음 각 호의 구분에 따른 서식에 따른다.
1. 법 제215조제1항에 따라 압수·수색 또는 검증의 영장을 청구하는 경우 : 별지 제130호서식의 압수·수색·검증영장청구서(사전)
2. 법 제215조제1항에 따라 금융계좌추적을 위한 압수·수색 또는 검증의 영장을 청구하는 경우 : 별지 제131호서식의 압수·수색·검증영장청구서(금융계좌추적용)
3. 「공무원범죄에 관한 몰수 특례법」 제9조의3제3항 및 「범죄수익은닉의 규제 및 처벌 등에 관한 법률」(이하 "범죄수익은닉규제법"이라 한다) 제10조의3제3항에 따라 압수·수색 또는 검증의 영장을 청구하는 경우 : 별지 제132호서식의 압수·수색·검증영장청구서(몰수·추징 집행)
4. 「공무원범죄에 관한 몰수 특례법」 제9조의3제3항 및 범죄수익은닉규제법 제10조의3제3항에 따라 금융계좌추적을 위한 압수·수색 또는 검증의 영장을 청구하는 경우 : 별지 제133호서식의 압수·수색·검증영장청구서〔몰수·추징 집행(금융계좌추적용)〕
② 검사가 사법경찰관등의 신청에 따라 압수·수색 또는 검증 영장을 청구하는 경우에는 다음 각 호의 구분에 따른 서식에 따른다.
1. 사법경찰관등의 압수·수색 또는 검증 영장의 신청에 따라 청구하는 경우 : 별지 제134호서식의 압수·수색·검증영장청구서 또는 특별사법경찰관리 지휘규칙 별지 제55호서식
2. 금융계좌추적을 위한 압수·수색 또는 검증 영장의 신청에 따라 청구하는 경우 : 별지 제135호서식의 압수·수색·검증영장청구서(금융계좌추적용) 또는 특별사법경찰관리 지휘규칙 별지 제56호서식
③ 검사가 법 제216조제3항 및 같은 법 제217조제2항에 따라 압수·수색 또는 검증의 영장을 청구하는 경우에는 별지 제136호서식의 압수·수색·검증영장청구서(사후)에 따른다. 다만, 검사가 사법경찰관등의 신청에 따라 압수·수색 또는 검증영장을 청구하는 경우에는 별지 제137호서식의 압수·수색·검증영장청구서(사후) 또는 특별사법경찰관리 지휘규칙 별지 제57호서식에 따른다.
④ 검사는 사법경찰관등의 압수·수색 또는 검증 영장의 신청을 검토하여 압수·수색 또는 검증을 할 만한 상당한 이유가 없다고 인정할 때에는 다음 각 호의 구분에 따른 서식에 그 이유를 구체적으로 기재하여 압수·수색 또는 검증 영장의 신청을 기각한다.
1. 사법경찰관등이 사전 압수·수색·검증 영장을 신청한 경우 : 별지 제138호서식의 압수·수색·검증영장 신청 기각서
2. 사법경찰관등이 금융계좌추적용 압수·수색·검증 영장을 신청한 경우 : 별지 제139호서식의 압수·수색·검증영장신청 기각서(금융계좌추적용)
3. 사법경찰관등이 사후 압수·수색·검증 영장을 신청한 경우 : 별지 제140호서식의 압수·수색·검증영장 신청 기각서(사후)
⑤ 검사는 사법경찰관이 신청한 영장의 청구 여부를 결정하기 위하여 수사의 보완이 필요하다고 인정되는 경우에는 별지 제69호서식의 보완수사요구서(영장)로 보완수사요구를 할 수 있고, 특별사법경찰관이 신청한 영장을 기각하는 경우에는 기한을 정하여 압수·수색 또는 검증 여부를 재지휘받도록 하거나 압수·수색 또는 검증 영장을 재신청하도록 할 수 있다.
⑥ 제1항부터 제3항까지의 규정에 따라 압수·수색 또는 검증 영장을 청구하거나 제4항 및 제5항에 따라 압수·수색 또는 검증 영장의 신청을 기각 또는 보완수사요구를 한 경우에는 압수·수색·검증영장청구부에 해당 사항을 기록한다.
⑦ 압수·수색 및 검증 영장의 경우 영장청구의 기각, 보완수사요구, 영장의 집행지휘·집행촉탁·반환 등에 관하여는 제55조제3항부터 제7항까지 및 제57조부터 제59조까지를 준용한다.

제89조의2【압수·수색 또는 검증 영장 사본의 교부】 법 제219조에서 준용하는 법 제118조 및 수사준칙 제38조에 따른 피의자에 대한 압수·수색 또는 검증 영장의 사본 교부에 관하여는 제58조의2를 준용한다.(2023.11.1 본조신설)

제90조【압수조서의 작성 등】 법 제215조·제216조, 「공무원범죄에 관한 몰수 특례법」 제9조의3제3항 및 범죄수익은닉규제법 제10조의3제3항에 따른 압수에 대해서는 제50조를 준용한다.

제91조【압수·수색증명서의 교부】 검사가 법 제128조에 따라 증거물 또는 몰수할 물건이 없다는 뜻의 증명서를 교부하는 경우에는 별지 제141호서식의 증명서에 따른다.

제92조【전자정보의 압수·수색】 검사가 수사준칙 제42조제2항에 따라 전자정보를 삭제 또는 폐기하거나 반환할 때에는 별지 제142호서식의 전자정보 삭제·폐기 또는 반환확인서를 작성한다.

제93조【금융정보 등의 압수·수색】 검사는 금융거래정보를 대상으로 하는 압수·수색을 하는 경우에는 「금융실명거래 및 비밀보장에 관한 법률」 제4조의2제2항 각 호에서 정한 사유가 있는지 검토하여 금융회사 등에 대한 금융거래정보 등 제공사실의 통보유예 요청 여부를 결정해야 한다.

제94조【검증조서의 작성】 검사가 검증을 한 경우에는 별지 제143호서식의 검증조서를 작성한다.

제7절 그 밖의 강제수사 등
(2021.9.24 본절제목개정)

제95조【감정처분의 허가청구】 ① 검사가 법 제221조의4에 따라 감정처분의 허가를 청구하는 경우에는 별지 제144호서식의 감정처분 허가장 청구서에 따른다.
② 검사가 사법경찰관등의 신청에 따라 감정처분의 허가를 청구하는 경우에는 별지 제145호서식의 감정처분허가장 청구서 또는 특별사법경찰관리 지휘규칙 별지 제110호서식에 따른다.
③ 검사는 사법경찰관등의 신청을 검토하여 감정처분을 할 만한 상당한 이유가 없다고 인정될 때에는 그 이유를 구체적으로 기재하여 별지 제146호서식의 감정처분허가장신청 기각서로 감정처분허가장신청을 기각한다. 이 경우 특별사법경찰관이 신청한 감정처분허가장을 소명자료의 보완이 필요하다고 인정하여 기각하는 경우에는 기한을 정하여 재신청지휘를 할 수 있다.
④ 사건사무담당직원은 검사가 제1항 및 제2항에 따라 감정처분의 허가를 청구하거나 제3항에 따라 감정처분허가장 신청을 기각하는 경우에는 감정처분허가장청구부에 해당 사항을 기록한다.
⑤ 검사는 감정처분허가장을 발부받은 경우에는 감정위촉서와 함께 감정을 위촉받을 사람에게 이를 교부한다.
⑥ 감정처분 허가의 경우 감정처분 허가 청구의 기각 및 감정처분 허가장의 집행지휘·집행촉탁·반환 등에 관하여는 제55조제5항(제1호는 제외한다)·제6항 및 제57조부터 제59조까지를 준용한다.

제96조【증인신문의 청구】 ① 검사가 법 제221조의2에 따라 증인신문의 청구를 하는 경우에는 별지 제147호서식의 증인신문청구서에 따른다.
② 검사가 사법경찰관등의 신청에 따라 증인신문을 청구하는 경우에는 별지 제148호서식의 증인신문청구서 또는 특별사법경찰관리 지휘규칙 별지 제120호서식에 따른다.
③ 검사는 사법경찰관등의 증인신문 신청을 검토하여 증인신문을 할 만한 상당한 이유가 없다고 인정될 때에는 그 이유를 구체적으로 기재하여 별지 제149호서식의 증인신문신청 기각서로 증인신문신청을 기각한다. 다만, 특별사법경찰관이 신청한 증인신문을 소명자료의 보완이 필요하다고 인정하여 기각하는 경우에는 기한을 정하여 재신청지휘를 할 수 있다.
④ 사건사무담당직원은 제1항 및 제2항의 청구가 있는 때에는 증인신문청구부에 해당 사항을 기록한다.

제97조【임시조치의 청구】 ① 검사는 다음 각 호의 구분에 따른 서식으로 각 호의 임시조치를 청구한다.
1. 가정폭력처벌법 제8조에 따른 직권에 의한 임시조치의 청구 : 별지 제150호서식의 임시조치 청구서(가정폭력)
2. 아동학대처벌법 제14조에 따른 직권에 의한 임시조치의 청구 : 별지 제151호서식의 임시조치 청구서(아동학대)
3. 가정폭력처벌법 제8조제1항 및 제2항에 따른 사법경찰관의 신청에 따른 임시조치의 청구 : 별지 제152호서식의 임시조치 청구서(사전 가정폭력)
4. 아동학대처벌법 제14조제1항에 따른 사법경찰관의 신청에 따른 임시조치의 청구 : 별지 제153호서식의 임시조치 청구서(사전 아동학대)
5. 가정폭력처벌법 제8조의3제1항의 신청에 따른 임시조치의 청구 : 별지 제154호서식의 임시조치 청구서(사후 가정폭력)
6. 아동학대처벌법 제15조제1항의 신청에 따른 임시조치의 청구 : 별지 제155호서식의 임시조치 청구서(사후 아동학대)
② 검사는 사법경찰관의 임시조치 신청을 검토하여 임시조치를 할 만한 상당한 이유가 없다고 인정될 때에는 그 이유를 구체적으로 기재한 별지 제156호서식의 임시조치신청 기각서(가정폭력) 또는 별지 제157호서식의 임시조치신청 기각서(아동학대)로 임시조치의 신청을 기각한다.
③ 사건사무담당직원은 검사가 제1항의 청구를 하거나 제2항에 따라 임시조치 신청을 기각한 경우에는 임시조치청구부에 해당 사항을 기록한다.
④ 검사는 임시조치의 결정을 집행한 때에는 집행일시 및 집행방법을 기재한 서면을 기록에 편철한다.
⑤ 임시조치의 경우 임시조치 청구의 기각 및 임시조치 결정의 청구, 집행 등에 관하여는 임시조치의 성질에 위배되지 아니하는 범위에서 제55조제6항 및 제57조부터 제59조까지를 준용한다.
⑥ 사건사무담당직원은 임시조치 결정에 대하여 항고가 제기되어 법원으로부터 수사기록 등본의 제출을 요구받은 경우에는 담당검사의 지시에 따라 항고심 재판에 필요한 범위에서 수사기록 등본을 법원에 제출하고, 사법경찰관리가 수사 중인 경우에는 위 등본을 사법경찰관리로부터 송부받아 법원에 제출한다. 이 경우 사건사무담당직원은 임시조치청구부에 해당 사항을 기록한다.

제97조의2【신분위장수사 허가 및 긴급 신분위장수사의 사후허가 청구 등】 ① 검사가 청소년성보호법 제25조의3제3항·제8항(같은 법 제25조의4제3항에서 준용하는 경우를 포함한다) 및 제25조의4제2항에 따른 신분위장수사에 대한 허가 또는 긴급 신분위장수사에 대한 사후허가를 청구하거나 그 기간의 연장을 청구하는 경우에는 다음 각 호의 구분에 따른 서식에 따른다.
1. 청소년성보호법 제25조의3제3항에 따른 신분위장수사에 대한 허가를 청구하는 경우 : 별지 제157호의2서식의 신분위장수사 허가 청구서
2. 청소년성보호법 제25조의4제2항에 따른 긴급 신분위장수사에 대한 사후허가를 청구하는 경우 : 별지 제157호의3서식의 긴급 신분위장수사 허가 청구서(사후)
3. 청소년성보호법 제25조의3제8항(같은 법 제25조의4제3항에서 준용하는 경우를 포함한다)에 따라 신분위장수사 기간연장을 청구하는 경우 : 별지 제157호의4서식의 신분위장수사 기간연장 청구서
② 검사는 사법경찰관리의 청소년성보호법 제25조의3제3항, 같은 조 제8항 전단(같은 법 제25조의4제3항에서 준용하는 경우를 포함한다) 또는 제25조의4제2항에 따른 신분위장수사에 대한 허가 신청, 긴급 신분위장수사에 대한 사후허가 신청 또는 그 기간의 연장 신청을 검토한 후 신분위장수사, 긴급 신분위장수사 또는 그 기간 연장을 할 만한 상당한 이유가 없다고 인정하여 그 신청을 기각하는 경우에는 다음 각 호의 구분에 따른 서식에 따른다. 이 경우 그 신청을 기각하는 이유를 다음 각 호의 해당 서식에 구체적으로 적는다.
1. 사법경찰관리의 신분위장수사에 대한 허가 신청을 기각하는 경우 : 별지 제157호의5서식의 신분위장수사 허가 신청 기각서
2. 사법경찰관리의 긴급 신분위장수사에 대한 사후허가 신청을 기각하는 경우 : 별지 제157호의6서식의 긴급 신분위장수사 허가 신청(사후) 기각서
3. 사법경찰관리의 신분위장수사 기간연장 신청을 기각하는 경우 : 별지 제157호의7서식의 신분위장수사 기간 연장 신청 기각서
③ 사건사무담당직원은 제1항 또는 제2항에 따른 청구 또는 기각을 했을 때에는 다음 각 호의 구분에 따른 장부에 해당 사항을 기록한다.
1. 신분위장수사 허가 청구부 : 제1항에 따라 신분위장수사에 대한 허가를 청구하거나 제2항에 따라 신분위장수사에 대한 허가 신청을 기각한 경우
2. 긴급 신분위장수사 사후허가 청구부 : 제1항에 따라 긴급 신분위장수사에 대한 사후허가를 청구하거나 제2항에 따라 긴급 신분위장수사에 대한 사후허가 신청을 기각한 경우
3. 신분위장수사 기간연장 처리부 : 제1항에 따라 신분위장수사 기간연장을 청구하거나 제2항에 따라 신분위장수사 기간연장 신청을 기각한 경우
④ 신분위장수사에 대한 허가 청구, 긴급 신분위장수사에 대한 사후허가 청구 또는 신분위장수사 기간연장 청구의 기각, 집행 등에 관하여는 신분위장수사 또는 긴급 신분

위장수사의 성질에 반하지 않는 범위에서 제55조제6항 및 제57조부터 제59조까지를 준용한다.
(2021.9.24 본조신설)

제97조의3【긴급응급조치의 사후승인 및 잠정조치 청구】 ① 검사가 사법경찰관의 신청을 받아 스토킹처벌법 제5조제2항, 제8조제1항 또는 제11조제2항에 따라 긴급응급조치의 사후승인, 잠정조치 또는 잠정조치의 기간연장등을 청구하는 경우에는 다음 각 호의 구분에 따른 서식에 따른다.(2023.7.11 본문개정)
1. 스토킹처벌법 제5조제2항에 따라 긴급응급조치의 사후승인을 청구하는 경우 : 별지 제157호의8서식의 긴급응급조치 사후승인청구서(2023.7.11 본호개정)
2. 스토킹처벌법 제8조제1항에 따라 잠정조치를 청구하는 경우 : 별지 제157호의9서식의 잠정조치청구서
3. 스토킹처벌법 제11조제2항에 따라 잠정조치의 기간연장 또는 종류변경을 청구하는 경우 : 별지 제157호의10서식의 잠정조치 기간연장 등 청구서(2023.7.11 본호신설)
4. 스토킹처벌법 제11조제2항에 따라 잠정조치의 취소를 청구하는 경우 : 별지 제157호의11서식의 잠정조치 취소청구서(2023.7.11 본호신설)

② 검사는 사법경찰관의 스토킹처벌법 제5조제1항, 제8조제1항 또는 제11조제2항에 따른 긴급응급조치의 사후승인, 잠정조치 또는 잠정조치의 기간연장등 신청을 검토한 후 긴급응급조치의 사후승인, 잠정조치 또는 잠정조치의 기간연장등을 할 만한 상당한 이유가 없다고 인정하여 그 신청을 기각하는 경우에는 다음 각 호의 구분에 따른 서식에 따른다. 이 경우 그 신청을 기각하는 이유를 다음 각 호의 해당 서식에 구체적으로 적는다.
1. 사법경찰관의 긴급응급조치의 사후승인 신청을 기각하는 경우 : 별지 제157호의12서식의 긴급응급조치 사후승인신청 기각서
2. 사법경찰관의 잠정조치 신청을 기각하는 경우 : 별지 제157호의13서식의 잠정조치신청 기각서
3. 사법경찰관의 잠정조치의 기간연장등 신청을 기각하는 경우 : 별지 제157호의14서식의 잠정조치 기간연장등 신청 기각서(2023.7.11 본호신설)

(2023.7.11 본항개정)

③ 검사가 직권으로 스토킹처벌법 제8조제1항 또는 제11조제2항에 따라 잠정조치 또는 잠정조치의 기간연장등을 청구하는 경우에는 다음 각 호의 구분에 따른 서식에 따른다.
1. 스토킹처벌법 제8조제1항에 따라 잠정조치를 청구하는 경우 : 별지 제157호의15서식의 잠정조치청구서
2. 스토킹처벌법 제11조제2항에 따라 잠정조치의 기간연장 또는 종류변경을 청구하는 경우 : 별지 제157호의16서식의 잠정조치 기간연장 등 청구서
3. 스토킹처벌법 제11조제2항에 따라 잠정조치의 취소를 청구하는 경우 : 별지 제157호의17서식의 잠정조치 취소청구서

(2023.7.11 본항개정)

④ 사건사무담당직원은 검사가 제1항부터 제3항까지의 규정에 따른 청구 또는 기각을 했을 때에는 다음 각 호의 구분에 따른 장부에 해당 사항을 기록한다.
1. 긴급응급조치 사후승인 청구부 : 제1항에 따라 긴급응급조치의 사후승인을 청구하거나 제2항에 따라 사후승인 신청을 기각한 경우(2023.7.11 본호개정)
2. 잠정조치 청구부 : 제1항 또는 제3항에 따라 잠정조치 또는 잠정조치의 기간연장등을 청구하거나, 제2항에 따라 잠정조치 또는 잠정조치의 기간연장등 신청을 기각한 경우(2023.7.11 본호개정)

⑤ 긴급응급조치의 사후승인, 잠정조치 또는 잠정조치의 기간연장등 청구의 기각, 집행 등에 관하여는 긴급응급조치의 사후승인, 잠정조치 또는 잠정조치의 기간연장등의 성질에 반하지 않는 범위에서 제55조제6항 및 제57조부터 제59조까지의 규정을 준용한다.(2023.7.11 본항개정)
⑥ 긴급응급조치의 사후승인, 잠정조치 또는 잠정조치의 기간연장등에 대한 결정에 대하여 항고가 제기되어 법원으로부터 수사기록 등본의 제출을 요구받은 경우에 관하여는 제97조제6항을 준용한다.(2023.7.11 본항개정)
(2021.9.24 본조신설)

제3장 사건의 처리 등

제1절 총 칙

제98조【사건의 결정】 검사가 사건의 수사를 종결할 때에는 수사준칙 제52조제1항에 따라 다음 각 호의 구분에 따른 결정을 한다.
1. 공소제기
2. 불기소
 가. 기소유예
 나. 혐의없음
  1) 범죄인정안됨
  2) 증거불충분
 다. 죄가안됨
 라. 공소권없음
 마. 각하
3. 기소중지
4. 참고인중지
5. 보완수사요구
6. 공소보류
7. 이송〔검사가 공수처법 제24조제1항 및 제25조제2항에 따라 고위공직자범죄수사처(이하 "수사처"라 한다)에 이첩하는 경우와 「국제형사사법공조법」 제21조제1항에 따라 같은 법 제15조제1항제1호의 명령에 따른 조치로 수집한 공조 자료 등을 법무부장관에게 송부하는 경우를 포함한다〕
8. 소년보호사건 송치
9. 가정보호사건 송치
10. 성매매보호사건 송치
11. 아동보호사건 송치

제99조【불송치기록 및 수사중지기록의 처리】 ① 검사는 법 제245조의5제2호 전단에 따라 송부받은 불송치기록의 검토를 마친 경우에는 다음 각 호의 구분에 따라 처리한다.
1. 법 제245조의5제2호 후단에 따른 기록반환
2. 법 제245조의8에 따른 재수사요청

② 검사가 수사준칙 제51조제4항 전단에 따라 송부받은 수사중지기록의 검토를 마친 때에는 다음 각 호의 구분에 따라 처리한다.
1. 수사준칙 제51조제4항 전단에 따른 기록반환
2. 법 제197조의3에 따른 시정조치요구

제100조【결정과 처리의 단위 등】 ① 검사는 사건 단위로 결정한다. 다만, 법 제11조의 관련사건은 병합하여 결정할 수 있다.
② 검사는 1건으로 수리한 사건 중 피의자가 여럿이거나 피의사실이 여러 개인 경우로서 분리결정할 사유가 있는 경우에는 그 중 일부에 대하여 결정할 수 있다.
③ 제99조에 따른 불송치기록 및 수사중지기록의 처리단위 등에 관하여는 제1항 및 제2항을 준용한다.

제101조【승인 등 절차】 검사는 다음 각 호의 어느 하나에 해당하는 결정 또는 처리 등을 하려는 경우에는 미리 소속 검찰청의 장으로부터 승인을 받아야 한다.
1. 중요한 사건에 관한 결정 또는 중요한 기록에 관한 처리
2. 중요한 사건에 관한 공소장 변경 등과 상소
3. 중요한 사건에 관한 공소의 취소 또는 상소의 취하

제102조【결정결과 등의 전산입력】 ① 사건사무담당직원은 검사가 사건을 결정한 경우에는 대검찰청예규로 정하는 결정입력항목에 따른 사항을 형사사법정보시스템에 입력하고, 기록을 처리한 경우에는 대검찰청예규로 정하는 처리입력항목에 따른 사항을 형사사법정보시스템에 입력한다.
② 제1항에 따라 전산입력한 자료의 보관 등에 관하여는 제10조제6항을 준용한다.

제103조【결정결과 등의 통지】 ① 검사가 법 제258조제1항 및 수사준칙 제53조제1항에 따라 고소인·고발인에게 통지를 하는 경우 별지 제158호서식의 고소·고발사건 결정결과통지서에 따르고, 공수처법 제26조제2항에 따라 수사처장에게 통보를 하는 경우에는 별지 제159호서식의 수사처 송치사건 결정결과통보서에 따른다. 이 경우 사건사무담당직원은 고소·고발사건 결정결과 통지부 또는 수사처 송치사건 결정결과 통보부에 해당 사항을 기록한다.
② 검사가 법 제258조제2항 및 수사준칙 제53조제1항에 따라 피의자(인지사건의 피의자를 포함한다), 피해자 또는 그 법정대리인(피해자가 사망한 경우에는 그 배우자·직계친족 또는 형제자매를 포함한다. 이하 이 조에서 같다)에게 통지를 하는 경우에는 사건번호, 피의자, 죄명, 결정 결과 등을 전화, 전자우편, 문자메시지 또는 그 밖에 이에 상당한 방법으로 통지한다. 다만, 피의자가 서면에 따른 통지를 요구하거나 그 밖의 여건 등을 고려할 때 서면에 따른 통지가 필요하다고 판단하는 경우에는 별지 제160호서식의 피의사건 결정결과 통지서에 따른다.
③ 사건사무담당직원은 제2항에 따라 피의사건 결정결과를 통지한 경우 피의사건 결정결과 통지부에 해당 사항을 기록한다.
④ 검사가 법 제245조의8제1항 및 수사준칙 제63조제3항에 따라 고소인·고발인·피해자 또는 그 법정대리인에게 통지를 하는 경우에는 별지 제161호서식의 재수사요청 사실 통지서에 따른다. 다만, 고소인 등의 명시적 의사에 반하지 않는 경우에는 전화, 전자우편, 문자메시지 또는 그 밖에 이에 상당한 방법으로 통지할 수 있다.
⑤ 검사가 다음 각 호의 규정에 따라 수사의 개시를 통보하는 경우에는 별지 제162호서식의 공무원 등 피의사건 수사개시통보서 또는 별지 제163호서식의 공무원 등 고소·고발사건 수사개시통보서에 따르고, 수사의 종료를 통보하는 경우에는 별지 제164호서식의 공무원 등 피의사건 결정결과통보서 또는 별지 제165호서식의 공무원 등 고소·고발사건 결정결과통보서에 따른다.(2021.9.24 본문개정)
1. 「공공기관의 운영에 관한 법률」 제53조의2
2. 「과학기술분야 정부출연연구기관 등의 설립·운영 및 육성에 관한 법률」 제35조의2
3. 「국가공무원법」 제83조제3항
4. 「국가연구개발혁신법」 제37조
4의2. 「군인사법」 제59조의3제1항(2023.11.1 본호신설)
5. 「사립학교법」 제66조의3제1항
6. 「지방공기업법」 제80조의2
7. 「지방공무원법」 제73조제3항
8. 「지방자치단체 출자·출연 기관의 운영에 관한 법률」 제34조의2

(2021.9.24 1호~8호신설)

⑥ 사건사무담당직원은 다음 각 호의 어느 하나에 해당하는 경우에는 지체 없이 별지 제166호서식의 송치사건처리결과통지 및 결정결과통보서송부표에 따라 송치관서의 장 또는 사건을 송치한 사법경찰관등에게 그 결정결과를 통보해야 한다. 이 경우 사건사무담당직원은 검사가 법 제245조의5제1호에 따라 송치받은 고소·고발사건에 관하여 혐의없음·공소권없음·죄가안됨·각하 또는 참고인중지의 결정을 한 경우에는 결정결과와 함께 별지 제166호서식의 송치사건처리결과통지 및 결정결과통보서송부표 중 비고란에 피의자에 대한 수사자료표를 폐기하도록 하는 내용을 덧붙여 기재하여 통보해야 한다.
1. 검사가 제3조제4호 및 같은 조 제9호에 따른 송치 또는 이송 등을 받은 사건에 관하여 불기소, 기소중지, 참고인중지, 공소보류, 소년보호사건 송치, 가정보호사건 송치, 성매매보호사건 송치 또는 아동보호사건 송치의 결정을 한 경우
2. 검사가 제3조제4호 및 같은 조 제9호에 따른 송치 또는 이송 등을 받은 사건에 관하여 공소를 제기하여 재판이 확정된 경우
3. 제3조제5호에 따른 송치를 받은 사건이 다음 각 목의 어느 하나에 해당하는 경우
 가. 검사가 불기소, 기소중지, 참고인중지, 공소보류, 소년보호사건 송치, 가정보호사건 송치, 성매매보호사건 송치 또는 아동보호사건 송치의 결정을 한 경우
 나. 검사가 공소를 제기하여 재판이 확정된 경우

⑦ 사건사무담당직원은 검사가 제3조제1호 또는 제2호에 따라 직접 수사한 사건이 다음 각 호의 어느 하나에 해당하는 경우에는 지체 없이 송치사건처리결과통지서 및 결정결과통보서 송부표에 따라 경찰청장에게 그 결정결과를 통보한다.
1. 검사가 불기소, 기소중지, 참고인중지, 공소보류, 소년보호사건 송치, 가정보호사건 송치, 성매매보호사건 송치 또는 아동보호사건 송치의 결정을 한 경우
2. 검사가 공소를 제기하여 재판이 확정된 경우

⑧ 제6항 및 제7항에도 불구하고 대검찰청에서 형사사법정보시스템을 통하여 경찰청장 등 송치관서의 최상급기관의 장에게 검사의 결정이나 재판확정결과 등에 관한 자료를 전송할 경우(기소의견으로 송치받은 고소·고발사건에 대하여 혐의없음·공소권없음·죄가안됨·각하 또는 참고인중지의 결정을 한 경우는 제외한다)에는 제6항 또는 제7항의 통보를 하지 않을 수 있다.
⑨ 검사는 기소중지결정 또는 참고인중지결정을 한 사건에 관하여 재기신청이 있으나 피의자의 계속적인 소재불명, 참고인 소재불명이나 그 밖의 사유로 재기할 필요가 없는 경우에는 부재기결정서에 따라 부재기결정을 하고, 별지 제167호서식, 별지 제168호서식 또는 별지 제169호서식의 부재기결정 통지서에 따라 신청인에게 결정내용과 이유를 통지해야 한다.
⑩ 검사는 특별사법경찰관으로부터 기소중지자 소재발견 보고 또는 참고인 등 소재발견 보고가 된 사건에 관하여 재기 후 특별사법경찰관에게 수사지휘를 하지 않고, 직접 수사하거나 재기불요 결정을 하는 경우에는 별지 제170호서식의 기소중지자 소재발견보고에 대한 처리결과 통보서 또는 별지 제171호서식의 참고인 등 소재발견보고에 대한 처리결과통보서를 작성한 후 특별사법경찰관에게 송부하고, 부본 1부를 기록에 편철한다.
⑪ 사건사무담당직원은 검사가 공소를 제기하여 재판이 확정된 유죄판결에 대하여 사면·복권이 실시된 경우 지체 없이 경찰청장에게 사면·복권 사실을 통보해야 한다.

제104조【사건관계인에 대한 통지와 전자이미지서명】 사건의 수사·처리 등을 위하여 사건관계인에게 서면으로 통지를 하는 경우에는 문서작성자의 서명 또는 기명날인을 전자이미지서명으로 갈음할 수 있다.

제2절 공소제기

제105조【공소장】 ① 검사가 공소를 제기하는 경우에는 별지 제172호서식의 공소장에 따른다. 이 경우 검사가 압수물건에 대한 처분을 하는 때에는 압수물건처분서를 작성하여 기록에 편철하고, 그 부본을 압수담당자에게 인계한다.
② 제1항의 경우에 다음 각 호의 구분에 따른 서류를 공소장에 첨부한다.
1. 피의자가 구속된 경우 : 구속영장
2. 구속기간이 연장된 경우 : 구속기간연장결정서
3. 피의자가 체포된 경우 : 체포영장
4. 피의자가 긴급체포 또는 현행범인체포된 경우 : 긴급체포서·현행범인체포서 또는 현행범인인수서
5. 변호인이 선임된 경우 : 변호인선임서

제106조【공소장 및 기록송부부 기재】 사건사무담당직원은 검사가 공소를 제기한 경우에는 공소장 및 기록송부부에 해당 사항을 기재하고 모든 건마다 법원의 확인을 받아야 한다. 다만, 공소장 및 기록송부부를 전산처리방식으로 일괄출력하여 법원의 확인을 받는 경우에는 공소장 및 기록송부부 기재를 생략할 수 있다.

제107조【기소통지】 사건사무담당직원은 구속 중인 피의자에 대한 공소가 제기된 경우에는 지체 없이 별지 제173호서식의 미결수용자 기소통지부로 해당 사실을 피고인이 재소하고 있는 구치소 또는 교도소의 장에게 통지한다.(2022.2.7 본조개정)

제108조【구속영장청구부의 기재】 사건사무담당직원은 구속 중인 피의자에 관하여 공소제기 등 검사의 결정이 있는 때에는 구속영장청구부에 해당 사항을 기록한다.

제109조【약식명령의 청구】 ① 검사가 약식명령을 청구하는 경우에는 별지 제174호서식의 공소장에 따르며, 공소장에 사건기록을 편철하여 법원에 제출한다. 다만, 1건의 사건에 관하여 여러 명의 피의자 중 일부 피의자에 대해서는 공판을 청구하고, 일부 피의자에 대해서는 약식명령을 청구하는 경우에는 약식명령공소장에 사건기록을 편철하지 않을 수 있다.

② 약식명령을 청구하는 경우 약식명령공소장 및 기록송부부의 기재 및 압수물건 처분 등에 관하여는 제105조제1항 후단 및 제106조를 준용한다.

③ 검사는 구속 중인 피의자에 관하여 제1항의 청구를 하는 경우에는 별지 제92호서식의 석방지휘서로 피의자를 석방한다.

제110조【전자적 처리사건에 대한 약식명령의 청구】 검사가 전자적 처리사건에 대하여 약식명령을 청구하는 경우에는 별지 제174호서식의 공소장을 전자문서로 작성하여 전자문서 및 전자화문서로 된 사건기록과 함께 법원에 전송한다.

제111조【즉결사건기록 등의 송부】 검사가 「즉결심판에 관한 절차법」 제14조제3항에 따라 사건기록과 증거물을 관할법원에 송부하는 경우에는 별지 제175호서식의 즉결사건기록송부서에 따른다. 이 경우 즉결사건기록 등의 송부에 대한 법원의 확인에 관하여는 제106조를 준용한다.

제112조【정식재판의 청구】 검사가 법 제453조제1항에 따라 약식명령에 대하여 정식재판을 청구하는 경우에는 별지 제176호서식의 정식재판청구서에 따른다.

제113조【전자적 처리사건 출력문서의 송부】 ① 검사는 약식전자문서법 제10조에 따라 공판절차에 의하여 심판하게 된 전자적 처리사건의 전자문서 및 전자화문서를 법원으로부터 송부받은 경우에는 이를 종이문서로 출력하여 법원에 제출한다. 이 경우 공소장(피고인의 수만큼의 공소장 부본을 포함한다) 등 소송에 관한 서류를 송부받은 날부터 7일 이내에 법원에 송부한다.

② 사건사무담당직원은 제1항의 경우에 전자적 처리사건 공소장 및 출력문서 송부부에 해당 사항을 기재하고 법원의 확인을 받아야 한다.

제114조【공소취소】 검사가 법 제255조제2항에 따라 서면으로 공소를 취소하는 경우에는 별지 제177호서식의 공소취소장에 따른다.

제3절 불기소

제115조【불기소결정】 ① 검사가 사건을 불기소결정하는 경우에는 불기소 사건기록 및 불기소 결정서에 부수처분과 압수물처분을 기재하고, 불기소 결정서에 피의사실의 요지와 수사의 결과 및 공소를 제기하지 않는 이유를 적어야 한다. 다만, 간단하거나 정형적인 사건의 경우에는 불기소 사건기록 및 불기소 결정서(간이) 양식을 사용할 수 있다.

② 제1항의 불기소 사건기록 및 불기소 결정서를 작성하는 경우에는 다음 각 호의 방법으로 표시하되, 법정형이 중한 순으로 표시한다.

1. 피의자 : 1, 2, 3의 순
2. 죄명 : 가, 나, 다의 순

③ 불기소결정의 주문은 다음과 같이 한다.

1. 기소유예 : 피의사실이 인정되나 「형법」 제51조 각 호의 사항을 참작하여 소추할 필요가 없는 경우
2. 혐의없음
   가. 혐의없음(범죄인정안됨) : 피의사실이 범죄를 구성하지 않거나 피의사실이 인정되지 않는 경우
   나. 혐의없음(증거불충분) : 피의사실을 인정할 만한 충분한 증거가 없는 경우
3. 죄가안됨 : 피의사실이 범죄구성요건에는 해당하지만 법률상 범죄의 성립을 조각하는 사유가 있어 범죄를 구성하지 않는 경우
4. 공소권없음 : 다음 각 목의 어느 해당에 해당하는 경우
   가. 확정판결이 있는 경우
   나. 통고처분이 이행된 경우
   다. 「소년법」·가정폭력처벌법·성매매처벌법 또는 아동학대처벌법에 따른 보호처분이 확정된 경우(보호처분이 취소되어 검찰에 송치된 경우는 제외한다)
   라. 사면이 있는 경우
   마. 공소의 시효가 완성된 경우
   바. 범죄 후 법령의 개정이나 폐지로 형이 폐지된 경우 (2022.2.7 본목개정)
   사. 법률에 따라 형이 면제된 경우
   아. 피의자에 관하여 재판권이 없는 경우
   자. 같은 사건에 관하여 이미 공소가 제기된 경우(공소를 취소한 경우를 포함한다. 다만, 공소를 취소한 후에 다른 중요한 증거를 발견한 경우는 포함되지 않는다)
   차. 친고죄 및 공무원의 고발이 있어야 논할 수 있는 죄의 경우에 고소 또는 고발이 없거나 그 고소 또는 고발이 무효 또는 취소된 경우
   카. 반의사불벌죄의 경우 처벌을 희망하지 않는 의사표시가 있거나 처벌을 희망하는 의사표시가 철회된 경우
   타. 피의자가 사망하거나 피의자인 법인이 존속하지 않게 된 경우
5. 각하
   가. 고소 또는 고발이 있는 사건에 관하여 고소인 또는 고발인의 진술이나 고소장 또는 고발장에 의하여 제2호부터 제4호까지의 규정에 따른 사유에 해당함이 명백한 경우
   나. 법 제224조, 제232조제2항 또는 제235조에 위반한 고소·고발의 경우
   다. 같은 사건에 관하여 검사의 불기소결정이 있는 경우(새로이 중요한 증거가 발견되어 고소인, 고발인 또는 피해자가 그 사유를 소명한 경우는 제외한다)
   라. 법 제223조, 제225조부터 제228조까지의 규정에 따른 고소권자가 아닌 자가 고소한 경우
   마. 고소인 또는 고발인이 고소·고발장을 제출한 후 출석요구나 자료제출 등 혐의 확인을 위한 수사기관의 요청에 불응하거나 소재불명이 되는 등 고소·고발사실에 대한 수사를 개시·진행할 자료가 없는 경우
   바. 고발이 진위 여부가 불분명한 언론 보도나 인터넷 등 정보통신망의 게시물, 익명의 제보, 고발 내용과 직접적인 관련이 없는 제3자로부터의 전문(傳聞)이나 풍문 또는 고발인의 추측만을 근거로 한 경우 등으로서 수사를 개시할만한 구체적인 사유나 정황이 충분하지 않은 경우
   사. 고소·고발 사건(진정 또는 신고를 단서로 수사개시된 사건을 포함한다)의 사안의 경중 및 경위, 피해회복 및 처벌의사 여부, 고소인·고발인·피해자와 피고소인·피고발인·피의자와의 관계, 분쟁의 종국적 해결 여부 등을 고려할 때 수사 또는 소추에 관한 공공의 이익이 없거나 극히 적은 경우로서 수사를 개시·진행할 필요성이 인정되지 않는 경우

제116조【전자적 처리사건에 대한 불기소결정】 검사가 전자적 처리사건을 불기소결정하는 경우에는 불기소 사건기록 및 불기소 결정서, 불기소 결정서를 각각 전자문서로 작성한다. 다만, 간단하거나 정형적인 사건의 경우에는 불기소 사건기록 및 불기소 결정서(간이)를 전자문서로 작성할 수 있다.

제117조【혐의없음 결정과 무고판단】 검사가 고소 또는 고발사건에 관하여 혐의없음의 결정을 하는 경우(법 제234조제2항 등 관련 법령에 따라 고발인이 직무상 고발한 경우는 제외한다)에는 고소인 또는 고발인의 무고혐의의 유·무에 관하여 판단한다.

제118조【기소유예결정시의 부수절차】 ① 검사는 기소유예의 결정을 하려는 경우(경미한 사건의 경우는 제외한다)에는 피의자에게 엄중히 주의를 주고, 재범하지 않겠다는 피의자의 의사를 확인해야 한다.

② 검사는 기소유예의 결정을 하는 경우에 재범방지 등을 위하여 감호자·연고자 또는 「보호관찰 등에 관한 법률」 제18조의 범죄예방 자원봉사위원에게 신병인도조치를 하거나 같은 법 제71조의 한국법무보호복지공단 등 보호단체에 보호를 알선하는 등 필요한 조치를 할 수 있다.

③ 검사가 소년인 피의자에 관하여 선도조건부 기소유예결정을 하는 경우에는 선도보호에 필요한 조치를 한다.

④ 검사는 피의자가 제2항 및 제3항의 조치를 정당한 이유없이 불응하거나 이행하지 않는 경우에는 사건을 재기하여 공소를 제기하거나 소년보호사건송치결정을 할 수 있다.

제119조【불기소결정 등의 이유통지와 사실증명】 ① 검사가 법 제259조에 따라 불기소, 공소의 취소 또는 송치이유를 통지하는 경우에는 별지 제178호서식, 별지 제179호서식 또는 별지 제180호서식의 불기소 이유 통지서에 따르고, 공수처법 제17조제4항에 따른 수사처장의 요청에 따라 수사처가 송치한 사건에 관하여 불기소이유를 통보하는 경우에는 별지 제181호서식의 고위공직자범죄수사처 송치사건 불기소이유 통보서에 따른다.

② 고소인, 고발인 또는 피의자가 불기소결정에 관한 사실증명을 청구한 경우에는 검사는 지체 없이 별지 제182호서식, 별지 제183호서식 또는 별지 제184호서식의 사건결정결과 증명서를 교부한다.

제4절 기소중지·참고인중지

제120조【기소중지의 결정】 검사가 피의자의 소재불명 또는 제121조에 규정된 사유가 아닌 사유로 수사를 종결할 수 없는 경우에는 그 사유가 해소될 때까지 불기소 사건기록 및 불기소 결정서, 불기소 사건기록 및 불기소 결정서(간이)에 따라 기소중지의 결정을 할 수 있다.

제121조【참고인중지의 결정】 검사가 참고인·고소인·고발인 또는 같은 사건 피의자의 소재불명으로 수사를 종결할 수 없는 경우에는 그 사유가 해소될 때까지 불기소 사건기록 및 불기소 결정서, 불기소 사건기록 및 불기소 결정서(간이)에 따라 참고인중지의 결정을 할 수 있다.

제122조【기소중지결정 또는 참고인중지결정시의 유의사항】 ① 검사가 기소중지결정 또는 참고인중지결정을 하는 경우에는 불기소 사건기록 및 불기소 결정서, 불기소 사건기록 및 불기소 결정서(간이)에 공소시효 만료일을 명백히 적어야 한다. 다만, 여러 피의자 중 일부에 대해서만 공소를 제기하고 일부에 대해서는 기소중지 또는 참고인중지 결정을 하는 경우에는 공소제기하는 피의자의 기소일자를 적는다.

② 검사는 송치관서의 의견과 달리 피의자의 소재불명을 이유로 기소중지결정을 하거나, 검찰에서 직접 수사한 고소·고발 및 인지사건 등에 대하여 피의자의 소재불명을 이유로 기소중지결정을 하는 경우에는 지명수배요구서를 작성하여 사건사무담당책임자(각급 검찰청·지청의 사건과장 또는 사무과장을 말한다. 이하 이 조에서 같다)에게 송부한다.

③ 검사는 기소중지결정사건 및 참고인중지결정사건에 관하여 수시로 그 중지 사유의 해소 여부를 검토하여 수사를 완결하도록 유의하고, 제2항에 따른 지명수배자에 대하여 지명수배 해제 사유가 발생한 경우에는 즉시 지명수배해제요구서를 작성하여 사건사무담당책임자에게 송부하여 지명수배 사유가 해소되었음을 알려야 한다.

④ 기소중지사건의 소재수사사무담당직원은 기소중지자명부로 매 분기 1회 이상 기소중지자에 대한 소재수사를 한다. 다만, 기소중지자가 국외출국상태에 있거나 주민등록이 말소되어 있는 경우(가족의 주민등록이 등재되어 있는 경우는 제외한다)에는 소재수사를 하지 않을 수 있다.

⑤ 제4항의 경우 소재수사사무담당직원은 소재수사 일자와 소재수사 결과(수사준칙 제55조에 따라 피의자의 주소지 또는 거소지 등을 관할하는 경찰관서의 사법경찰관에게 소재수사를 요청하는 경우에는 요청일자와 회신일자 및 회신내용을 포함한다)를 기소중지자명부에 기록한다.

제123조【기소중지자 명부】 사건사무담당직원은 검사가 직접 수리한 사건에 대하여 기소중지결정을 하거나 송치관서의 의견과 다르게 기소중지결정을 한 때에는 기소중지자명부에 해당 사항을 기록한다.

제124조【참고인 등 소재수사 요청·지휘부 등】 ① 검사는 송치관서의 의견과 달리 참고인중지결정을 하거나 검찰에서 직접 수사한 고소·고발 및 인지사건 등에 관하여 참고인중지결정을 할 경우에는 참고인 등 소재수사 요청·지휘부를 작성한다. 이 경우 참고인중지결정의 이유를 알 수 있도록 불기소 결정서 사본을 첨부한다.

② 사건사무담당직원은 제1항에 따라 작성된 참고인 등 소재수사 요청·지휘부를 편철하여 관리하고, 매 분기 1회 이상 참고인 등에 대한 소재수사를 행한다. 다만, 참고인 등이 국외출국상태에 있거나 주민등록이 말소되어 있는 경우(가족의 주민등록이 등재되어 있는 경우는 제외한다)에는 소재수사를 하지 않을 수 있으며, 다른 사건으로 지명수배 중인 경우에는 기록보관 검찰청에 참고인 소재불명 사실 통보서를 송부하고 소재수사를 하지 않을 수 있다.

③ 제2항의 경우 사건사무담당직원은 소재수사 일자와 소재수사 결과(수사준칙 제55조에 따라 피의자의 주소지 또는 거소지 등을 관할하는 경찰관서의 사법경찰관에게 소재수사를 요청하는 경우에는 요청일자와 회신일자 및 회신내용을 포함한다)를 참고인 등 소재수사 요청·지휘부에 기록한다.

④ 검사는 특별사법경찰관이 참고인중지 의견으로 송치한 사건에 관하여 송치관서의 의견과 다른 결정을 하는 경우에는 별지 제185호서식의 참고인중지 의견 송치사건 결정결과통보서 3부를 작성하여 1부는 기록에 편철하고, 2부는 사건사무담당직원에게 송부하며, 사건사무담당직원은 그 중 1부는 보관하고, 다른 1부는 즉시 특별사법경찰관에게 송부한다.

제5절 공소보류

제125조【공소보류의 결정】 검사가 「국가보안법」 제20조제1항에 따라 공소제기를 보류하는 경우에는 불기소 사건기록 및 불기소 결정서에 따라 공소보류의 결정을 한다.

제126조【공소보류자명부】 사건사무담당직원은 공소보류결정이 있는 때에는 공소보류자명부에 해당 사항을 기록한다.

제127조【공소보류자 시찰조회】 검사가 공소보류자의 주거지를 관할하는 경찰서의 장에게 공소보류자의 현황 및 현거주지 거주 여부 등 동태 조회에 대한 협력을 요청하는 경우에는 별지 제186호서식의 공소보류자 시찰조회 요청서에 따른다.

제6절 타관송치, 소년보호사건·가정보호사건·성매매보호사건·아동보호사건의 송치 및 사법경찰관 등 이송·이첩

제128조【송치결정】 ① 검사가 다음 각 호의 송치결정을 하는 경우에는 송치결정서에 따른다.

1. 법 제256조 또는 제256조의2에 따라 관할 검찰청 검사 또는 관할 군검찰부 군검사에게 사건의 송치결정을 하는 경우
2. 「소년법」 제49조제1항, 가정폭력처벌법 제11조, 성매매처벌법 제12조제1항 또는 아동학대처벌법 제28조제1항에 따라 관할법원에 송치하는 결정을 하는 경우

② 검사가 제1항제1호의 송치결정을 하는 경우에는 별지 제2호서식의 사건송치서에 관계 서류와 증거물을 첨부하여 송부하고, 같은 항 제2호의 송치결정을 하는 경우에는

별지 제187호서식의 송치서에 관계 서류와 증거물을 첨부하여 송부한다.
③ 사건사무담당직원은 제1항에 따른 송치결정에 의하여 사건기록을 송부한 후 1개월이 지나도 사건을 송치받았다는 통지가 없고, 사건의 수리 여부가 형사사법정보시스템 등 다른 방법으로도 확인되지 않는 경우에는 지체 없이 그 사유를 확인해야 한다.
④ 사건의 관할법원에 대응하는 검찰청 검사는 보완수사요구 등 추가 수사가 필요한 특별한 사정이 있는 경우에는 사건의 관할법원에 대응하지 않은 검찰청 검사에게 추가 수사가 완료되면 관할법원에 대응하는 검찰청 검사에게 다시 사건의 송치결정을 할 것을 조건(이하 "반송조건"이라 한다)으로 제1항에 따른 송치결정을 할 수 있다. 이 경우 사건의 송치결정을 하는 검찰청 검사는 별지 제2호서식의 사건송치서 및 송치결정서에 반송 조건으로 사건의 송치결정을 한다는 취지를 적어야 한다.

제129조【사법경찰관등에게의 이송 · 이첩 결정】 ① 검사가 수사준칙 제18조 또는 공수처법 제24조제1항 및 제25조제2항에 따라 사건을 이송하거나 이첩 결정을 하는 경우에는 사건이송 · 이첩결정서에 따른다.
② 검사가 제1항의 이송 또는 이첩결정을 할 때에는 별지 제188호서식의 사건이송 · 이첩서에 관계 서류와 증거물을 첨부하여 해당 기관에 송부한다.

제130조【피의자에 대한 이감 또는 이송 지휘】 ① 검사는 피의자가 구속되어 있는 사건을 제128조제1항제1호에 따라 관할 검찰청의 검사 또는 관할군검찰부 군검사에게 송치하는 경우에는 별지 제189호서식의 이감지휘서에 따라 피의자가 재소하고 있는 구치소 · 교도소의 장에게 이감할 것을 지휘한다.
② 검사는 구속 중인 소년, 가정폭력행위자, 성매매를 한 자 또는 아동학대행위자에게 제128조제1항제2호에 따라 소년보호사건 송치, 가정보호사건 송치, 성매매보호사건 송치 또는 아동보호사건 송치의 결정을 하는 경우에는 해당 소년, 가정폭력행위자, 성매매를 한 자 또는 아동학대행위자를 구금하고 있는 시설의 장에게 별지 제190호서식의 이송지휘서에 따라 관할법원에 인도할 것을 지휘한다.

제131조【국제형사사법공조사건 이행결과 등 송부】
① 검사가 「국제형사사법공조법」 제21조제1항 및 제37조에 따라 국제형사사법공조요청 이행명령을 이행한 결과를 외국으로 이송하기 위하여 법무부장관에게 송부하는 결정을 하는 경우에는 국제형사사법공조요청사건 송치결정서에 따른다. 이 경우 국제형사사법공조요청사건 송치결정서에 국제형사사법공조요청 이행결과서 부본과 사건기록 사본을 편철한다.
② 제1항에 따라 검사가 국제형사사법공조요청 이행명령을 이행한 결과를 법무부장관에게 송부하는 경우에는 별지 제191호서식의 국제형사사법공조요청사건 송부서를 첨부하여 국제형사사법공조요청 이행결과서와 사건기록을 송부한다.

제7절 공소제기 여부 결정을 위한 보완수사요구

제132조【보완수사요구 결정】 ① 검사가 수사준칙 제52조제1항제5호 및 제29조제1항제1호에 따라 보완수사요구를 하는 경우에는 보완수사요구 결정서 및 별지 제192호서식의 보완수사요구서(결정)에 따른다. 이 경우 검사는 보완수사요구서(결정)를 사건기록에 편철하여 사법경찰관에게 송부하고, 부본은 보완수사요구 결정서와 함께 사건사무담당직원에게 송부한다.
② 사건사무담당직원은 검사로부터 제1항에 따라 보완수사요구서(결정) 부본을 송부받은 경우에는 보완수사요구(결정) 사건부에 해당 사항을 기록한다.
③ 사건사무담당직원은 사법경찰관으로부터 수사준칙 제60조제4항 본문에 따른 보완수사 이행 결과를 기재한 서면을 접수한 경우에는 송부받은 기록과 함께 검사에게 보고한다.(2023.11.1 본항개정)

제133조【사건기록의 송부 없는 보완수사요구】 ① 검사는 제29조제1항제2호에 따른 보완수사요구를 하는 경우에는 별지 제193호서식의 보완수사요구서(추완)에 따른다. 이 경우 검사는 보완수사요구서(추완)를 사법경찰관에게 송부하고, 부본은 사건사무담당직원에게 송부한다.
② 사건사무담당직원은 검사로부터 제1항에 따라 보완수사요구서 부본(추완)을 송부받은 경우에는 보완수사요구사건부(추완)에 해당 사항을 기록한다.
③ 사건사무담당직원은 사법경찰관으로부터 수사준칙 제60조제4항 단서에 따른 보완수사요구 이행 결과가 기재된 서면을 접수한 경우에는 이를 검사에게 보고한다.(2023.11.1 본항개정)
④ 사건사무담당직원은 검사가 이행기한을 정하여 보완수사요구를 하였음에도 사법경찰관이 이행기한 내에 보완수사요구 이행결과를 서면으로 통보하지 않는 경우에는 이를 검사에게 보고한다.

제8절 불송치기록의 처리

제134조【기록반환 등】 ① 검사는 법 제245조의5제2호에 따라 사법경찰관으로부터 송부받은 불송치기록을 검토하는 경우에는 피의자, 사건관계인 또는 그 변호인 등으로부터 사실관계 등의 확인을 위한 자료를 제출받거나 공무소 그 밖의 공사단체에 조회하는 등의 방법으로 사법경찰관이 송치하지 않은 것이 위법 또는 부당한지 여부를 판단할 수 있다.
② 검사가 법 제245조의5제2호에 따라 사법경찰관에게 관계 서류와 증거물을 반환하는 경우에는 불송치기록 검토결과서에 따른다. 이 경우 검사는 불송치기록 검토결과서를 사건사무담당직원에게 송부한다.
③ 제5조제4항에 따라 접수한 기록의 경우에는 별책으로 편철된 불송치결정서 및 압수물총목록, 기록목록 등을 사법경찰관에게 반환하는 것으로 법 제245조의5제2호에 따른 관계 서류와 증거물 반환을 갈음한다. 다만, 하나의 사건에 수사준칙 제51조제1항제3호의 불송치 결정과 같은 항 제4호의 수사중지 결정만 있는 경우에는 불송치기록을 반환할 때에 관계서류 및 증거물 원본을 반환한다.
④ 검사가 법 제245조의5제2호에 따라 사법경찰관이 송부한 불송치기록을 검토 중인 사건의 일부에 대한 법 제245조의7에 따른 이의신청(이하 이 조에서 "이의신청"이라 한다)에 따라 사법경찰관이 해당 사건의 일부에 대해서 사건송치서 및 송치결정서로만 송치를 한 경우에는 송치하지 않은 해당 사건의 나머지 부분에 대해서는 사법경찰관이 송부한 불송치결정서를 반환하는 것으로 법 제245조의5제2호에 따른 관계 서류와 증거물의 반환을 갈음한다. 다만, 송치하지 않은 해당 사건의 나머지 부분에 대해서 법 제245조의5제2호에 따라 관계 서류와 증거물을 반환할 때에 이의신청에 따라 송치된 부분에 대하여 수사준칙 제52조제1항제5호 및 제60조제1항 본문에 따른 보완수사요구를 함께 하는 경우에는 같은 항 본문에 따라 관계서류 및 증거물을 송부하는 것으로 법 제245조의5제2호에 따른 반환을 갈음한다.
⑤ 사건사무담당직원은 검사가 제3항 및 제4항에 따라 기록을 반환한 경우에는 불송치 반환기록송부(목록)부에 해당 사항을 적어야 한다.

제135조【재수사요청】 ① 검사가 법 제245조의8제1항에 따라 재수사를 요청하는 경우에는 불송치기록 검토결과서 및 별지 제194호서식의 재수사요청서에 따른다. 이 경우 검사는 재수사요청서를 기록에 편철하여 사법경찰관에게 송부하고, 부본은 불송치기록 검토결과서와 함께 사건사무담당직원에게 송부한다.
② 사건사무담당직원은 검사로부터 제1항에 따라 재수사요청서 부본 등을 송부받은 경우에는 재수사요청 기록송부(목록)부에 해당 사항을 기록한다.
③ 검사가 불송치기록이 송부된 날부터 90일이 경과한 이후에 재수사를 요청하는 경우에는 별지 제194호서식의 재수사요청서에 수사준칙 제63조제1항 각 호의 이유를 적어야 한다.
④ 재수사요청에 따른 관계 서류 및 증거물 반환에 관하여는 제134조제3항 및 제4항을 준용한다.

제136조【재수사 결과의 처리】 ① 사건사무담당직원이 사법경찰관으로부터 수사준칙 제64조제1항제2호에 따른 재수사결과를 통보받은 경우에는 관련 불송치 사건에 대한 사법경찰관의 불송치 결정서, 재수사요청서 및 불송치기록 검토결과서의 사본을 첨부하여 검사에게 보고한다.
② 검사가 사법경찰관의 재수사결과를 검토하는 경우에는 재수사요청 기록 검토결과서에 따른다.(2023.11.1 후단삭제)
③ 검사가 수사준칙 제64조제3항 전단에 따라 사법경찰관에게 관계 서류와 증거물의 송부를 요청하는 경우에는 별지 제194호의2서식의 관계 서류 등 송부요청서에 따른다. 이 경우 검사는 관계 서류 등 송부요청서를 사법경찰관에게 송부하고, 부본은 사건사무담당직원에게 송부한다.(2023.11.1 본항신설)
④ 제3항 후단에 따라 검사로부터 관계 서류 등 송부요청서 부본을 송부받은 사건사무담당직원은 관계 서류 등 송부요청부에 해당 사항을 기록한다.(2023.11.1 본항신설)
⑤ 사건사무담당직원은 사법경찰관으로부터 제3항 전단의 요청에 따른 관계 서류와 증거물을 접수했을 때에는 이를 검사에게 보고하고, 관계 서류 등 송부요청부에 해당 사항을 기록한다.(2023.11.1 본항신설)
⑥ 검사가 수사준칙 제64조제2항 단서에 따라 사법경찰관에게 송치요구를 하는 경우에는 별지 제5호서식의 송치요구서에 따른다. 이 경우 검사는 송치요구서를 사법경찰관에게 송부하고, 부본은 재수사요청기록 검토결과서와 함께 사건사무담당직원에게 송부한다.
⑦ 제6항에 따라 검사로부터 송치요구서 부본을 송부받은 사건사무담당직원은 송치요구사건부에 해당 사항을 기록한다.(2023.11.1 본항개정)
⑧ 검사는 수사준칙 제64조제2항 단서에 따른 송치요구를 하지 않는 경우에는 재수사요청기록 검토결과서를 재수사요청서 사본 및 재수사결과통보서와 함께 사건사무담당직원에게 송부한다. 이 경우 제5항에 따라 접수한 관계 서류와 증거물은 사법경찰관에게 반환한다.(2023.11.1 후단신설)
⑨ 사건사무담당직원은 검사가 제8항 후단에 따라 관계 서류와 증거물을 사법경찰관에게 반환하는 경우에는 관계 서류 등 송부요청부에 해당 사항을 기록한다.(2023.11.1 본항신설)
(2023.11.1 본조제목개정)

제137조【불송치기록 관련 압수물처분지휘】 ① 불송치기록과 동시에 관련 압수물에 대한 처분지휘요청이 접수된 경우(수사준칙 제64조제1항제2호에 따른 재수사결과통보서와 압수물처분지휘요청을 동시에 접수하는 경우를 포함한다)에는 검사는 사법경찰관에게 기록을 반환(재수사요청과 함께 반환하는 경우를 포함한다)하면서 압수물처분지휘를 할 수 있다.
② 검사가 불송치 송부 기록에 대하여 사법경찰관에게 재수사요청을 하는 경우에는 함께 접수된 압수물처분지휘요청에 대하여 재수사결과와 함께 재지휘요청하도록 지휘할 수 있다.

제9절 수사중지기록의 처리 등
(2021.9.24 본절제목개정)

제138조【기록반환 등】 ① 검사는 수사준칙 제51조제4항에 따라 사법경찰관으로부터 송부받은 수사중지기록을 검토하는 경우에는 피의자, 사건관계인 또는 그 변호인 등으로부터 사실관계 등의 확인을 위한 자료를 제출받거나 공무소 그 밖의 공사단체에 조회하는 등의 방법으로 법 제197조의3제1항에 따른 사유가 있는지 여부를 판단할 수 있다.
② 검사가 수사준칙 제51조제4항 후단에 따라 사법경찰관에게 기록을 반환하는 경우에는 수사중지기록 검토결과서에 따른다. 이 경우 검사는 수사중지기록 검토결과서를 사건사무담당직원에게 송부하고, 사건사무담당직원은 수사중지기록 관리부에 해당 사항을 기록한다.
③ 검사는 수사준칙 제51조제5항에 따라 사법경찰관으로부터 소재발견 및 수사재개 사실을 통보받은 경우에는 지체 없이 기록을 사법경찰관에게 반환하여야 한다. 이 경우 기록의 반환 등에 관하여는 제2항을 준용한다.
(2021.9.24 후단개정)
④ 수사중지기록의 관계 서류 반환에 관하여는 제134조제3항을 준용한다.

제139조【수사중지기록의 처리 등】 ① 검사는 법 제197조의3제3항 및 수사준칙 제51조제4항에 따라 시정조치요구를 하는 경우에는 수사중지기록 검토결과서 및 별지 제269호서식의 시정조치 요구서에 따른다. 이 경우 검사는 시정조치요구서를 기록에 편철하여 사법경찰관에게 송부하고, 수사중지기록 검토결과서를 사건사무담당직원에게 송부한다.
② 사건사무담당직원은 검사로부터 제1항에 따라 수사중지기록 검토결과서를 송부받은 경우에 수사중지기록 관리부에 해당 사항을 기록한다.
③ 검사가 제1항에 따라 시정조치요구를 하는 경우 제232조에 따라 시정사건으로 수리하고, 제234조제4항부터 제11항까지, 제235조 및 제236조에 따른다. 다만, 검사는 수사준칙 제45조제3항 및 이 규칙 제234조제4항에도 불구하고 수사중지기록을 송부받은 날부터 30일 이내에 시정조치요구를 하여야 한다.

제140조【구제신청 접수 시 수사중지기록의 처리 등】
① 검사는 제138조제2항에 따라 수사중지기록을 반환하기 전에 법 제197조의3제8항에 따라 사법경찰관의 수사중지 결정이 법령위반, 인권침해, 현저한 수사권 남용에 해당한다는 취지의 구제신청을 접수한 경우에는 시정조치요구 여부를 검토한 후 수사준칙 제45조제3항 전단에 따른 기간 내에 수사중지기록을 사법경찰관에게 반환한다. 이 경우 수사준칙 제45조제1항 및 제2항에 따라 사법경찰관이 검사에게 송부해야 하는 사건기록 등본은 같은 영 제51조제4항에 따라 이미 검사에게 송부한 수사중지기록으로 갈음하고, 같은 영 제45조제3항의 사건기록 등본을 송부받은 날은 구제신청을 접수한 날로 본다.
(2021.9.24 후단개정)
② 검사가 제1항 전단에 따라 수사중지기록을 반환하는 경우에는 다음 각 호의 구분에 따라 처리한다.
1. 법 제197조의3제3항에 따른 시정조치를 요구하지 않는 경우 : 제138조제2항에 따른 수사중지기록 처리 방법
2. 법 제197조의3제3항에 따른 시정조치를 요구하는 경우 : 제139조제1항에 따른 수사중지기록 처리 방법
(2021.9.24 본항개정)
③ 사건사무담당직원은 검사로부터 제2항에 따라 수사중지기록 검토결과서를 송부받은 경우에 수사중지기록 관리부에 해당 사항을 기록한다.
④ 제1항부터 제3항까지에서 규정된 사항 외에 수사중지기록의 반환 전에 법 제197조의3제8항에 따라 접수된 구제신청에 따른 시정사건의 수리 및 처리 등에 관하여는 제2편제11장에 따른다.(2021.9.24 본항개정)
(2021.9.24 본조제목개정)

제10절 구속취소 시 등의 절차

제141조【구속취소 시의 석방지휘서 등】 사건사무담당직원은 제87조, 제109조제3항 및 제130조에 따른 검사의 석방지휘 · 이감지휘 또는 이송지휘가 있는 경우에는 검사로부터 석방지휘서 · 이감지휘서 또는 이송지휘서를 받아 지휘서송부부, 불기소 사건기록 및 불기소 결정서, 불기소 사건기록 및 불기소 결정서(간이) 및 사건송치결정서에 해당 사항을 기재하고 석방지휘서 · 이감지휘서 또는 이송지휘서를 지체 없이 해당 기관의 장에게 송부한다.

제4장 재정신청절차

제142조【재정신청 사건부의 기재】 사건사무담당직원은 법 제260조 및 수사준칙 제66조에 따른 재정신청이 있는 경우에는 재정신청사건부에 해당 사항을 기록한다.

제143조【지방검찰청 또는 지청의 장의 처리】 ① 지방검찰청 또는 지청의 장은 법 제260조제2항 각 호 외의 본문에 따른 항고가 기각된 사건에 대하여 재정신청이 있는 경우에는 별지 제195호서식의 재정신청사건 송부서에 재정신청서·의견서·수사관계 서류 및 증거물을 첨부하여 관할 고등검찰청의 장에게 송부한다.

② 지방검찰청 또는 지청의 장은 법 제260조제2항 각 호의 사유에 해당하는 사건에 대하여 재정신청이 있는 경우에는 다음 각 호의 구분에 따른다.

1. 신청이 이유 있는 것으로 인정하는 경우 : 즉시 공소를 제기하고, 별지 제196호서식의 재정신청 통지서로 관할 고등법원과 재정신청인에게 통지한다.
2. 신청이 이유 없는 것으로 인정하는 경우 : 20일 이내에 별지 제195호서식의 재정신청사건 송부서에 재정신청서·의견서·수사관계 서류 및 증거물을 첨부하여 관할 고등검찰청의 장에게 송부한다.

③ 지방검찰청 또는 지청의 장은 법 제260조제2항제2호 또는 제3호의 사유에 따른 재정신청이 있는 경우에 수사관계 서류 및 증거물(이하 이 장 및 제2편제5장에서 "수사관계 서류등"이라 한다)이 고등검찰청에 있는 때에는 지체 없이 수사관계 서류등을 송부받아 제2항에 따라 처리한다.

제144조【수사 중인 사건에 대한 재정신청】 ① 지방검찰청 또는 지청 소속 사건사무담당직원은 수사준칙 제66조에 따른 재정신청이 있는 경우에 이를 지방검찰청 또는 지청의 장이 지정하는 검사에게 보고하고, 별지 제197호서식의 재정신청 접수 통보서에 따라 사법경찰관에게 통보한다.

② 지방검찰청 또는 지청의 장은 수사준칙 제66조제2항에 따라 송치된 재정신청 대상 사건에 대하여 다음 각 호의 구분에 따라 처리한다.

1. 신청이 이유 있는 것으로 인정하는 경우 : 즉시 공소를 제기하고, 별지 제143호서식의 재정신청통지서로 관할 고등법원과 재정신청인에게 통지한다.
2. 신청이 이유 없는 것으로 인정하는 경우 : 재정신청 대상 사건은 제98조제2호 또는 제3호의 결정을 하고, 20일 이내에 별지 제195호서식의 재정신청사건 송부서에 재정신청서·의견서·수사관계 서류 및 증거물을 첨부하여 관할 고등검찰청의 장에게 송부한다.(2023.11.1 본호개정)

③ 사건사무담당직원은 법원으로부터 법 제262조제2항제1호에 따른 기각결정서를 송부받은 경우에는 이를 검사에게 보고한다.

④ 제3항에 따른 보고를 받은 검사는 제2항제2호에 따라 결정한 사건을 재기하여 수사준칙 제66조제3항에 따라 사법경찰관에게 이송한다.

⑤ 검사가 수사 중인 사건에 대하여 법 제260조제2항제3호에 따라 재정신청이 접수된 경우의 처리에 관하여는 제2항제2호를 준용한다.

제145조【고등검찰청의 장의 처리】 ① 고등검찰청의 장은 제143조제1항에 따른 재정신청이 있는 경우에 별지 제198호서식의 재정신청사건 기록송부서에 항고기각처분결과 송달보고서, 의견서 및 수사관계 서류 등을 첨부하여 관할 고등법원으로 송부한다.

② 고등검찰청의 장은 제143조제2항제2호 및 제144조제2항제2호에 따른 재정신청이 있는 경우에 다음 각 호의 구분에 따라 처리한다.

1. 재정신청이 이유 있는 것으로 인정하는 경우 : 소속 검사에게 직접 경정(更正)하게 할 것인지 여부를 결정한다.
2. 제1호에 따라 소속 검사에게 직접 경정을 하도록 하는 경우 : 소속 검사로 하여금 사건을 재기하여 공소를 제기하게 하고, 불기소결정청에 공소장 등 공소제기에 필요한 서류와 사건기록을 송부하며, 별지 제196호서식의 재정신청 통지서로 관할 고등법원과 재정신청인에게 이를 통지한다. 다만, 피의자의 주거이전 등으로 불기소결정청의 관할권이 없게 되거나 다른 사건과 병합처리할 필요가 있는 경우에는 제128조에 따라 송치한다.
3. 제1호에 따라 소속 검사에게 직접 경정을 하도록 하지 않는 경우 : 공소제기를 명하는 결정을 하고, 별지 제199호서식의 재정신청사건 송치서에 사건기록과 결정서의 등본을 첨부하여 관할 지방검찰청 또는 지청의 장에게 송부한다. 이 경우 지방검찰청 또는 지청의 장은 즉시 공소를 제기하고, 별지 제196호서식의 재정신청 통지서로 관할 고등법원과 재정신청인에게 이를 통지한다.
4. 신청이 이유 없는 것으로 인정하는 경우 : 별지 제198호서식의 재정신청사건 기록송부서에 불기소결정결과 송달보고서, 의견서, 수사관계 서류등을 첨부하여 관할 고등법원에 송부한다.

③ 고등검찰청의 장이 재정신청을 처리하는 경우에 관하여는 제143조제4항부터 제6항까지의 규정을 준용한다.

제5장 항고·재항고

제146조【불기소결정 항고·재항고 사건부의 기재】 ① 사건사무담당직원은 「검찰청법」 제10조에 따른 항고·재항고사건을 수리하거나 처리하는 경우에는 불기소결정 항고·재항고 사건부에 해당 사항을 기록한다.

② 제1항에도 불구하고 사건사무담당직원은 해당 사항을 전산으로 입력한 경우에는 불기소결정 항고·재항고사건부의 기재를 생략할 수 있다. 이 경우 전산으로 입력된 자료의 보관 등에 관하여는 제10조제6항을 준용한다.

제147조【불기소결정 항고·재항고 기록의 송부 등】 ① 지방검찰청 또는 지청의 장은 불기소결정(기소중지·참고인중지를 포함한다. 이하 이 장에서 같다)에 대하여 항고가 있는 경우에는 다음 각 호의 구분에 따라 처리한다.

1. 다음 각 목의 어느 하나에 해당하는 경우 : 불기소사건재기서에 따라 재기수사하고, 그 결과를 별지 제200호서식의 항고·재항고사건 처리결과보고서에 따라 고등검찰청의 장에게 보고한다. 이 경우 재기수사한 사건을 다시 불기소결정하려 할 경우에는 미리 별지 제201호서식의 항고사건 불기소결정 승인 요청서에 따라 고등검찰청의 장의 승인을 받는다.
   가. 항고가 이유 있는 것으로 인정되는 경우
   나. 재수사에 의하여 항고인의 무고혐의에 대한 판단이 다시 필요하다고 인정될 경우
2. 항고가 이유 없는 것으로 인정될 경우 : 수리한 날부터 20일 이내에 별지 제202호서식의 불기소결정 항고·재항고 기록송부서에 항고장, 불기소결정 결과 송달보고서, 항고에 대한 의견서 및 사건기록을 첨부하여 고등검찰청의 장에게 송부한다. 다만, 사건기록을 송부할 수 없는 사유가 있는 경우에는 별지 제202호서식의 불기소결정 항고·재항고 기록송부서의 비고란에 그 사유를 기록한다.

② 고등검찰청의 장은 재항고가 있는 경우에는 다음 각 호의 구분에 따라 처리한다.

1. 다음 각 목의 어느 하나에 해당하는 경우 : 별지 제203호서식의 불기소결정 항고·재항고 기록반환서에 결정서의 등본과 사건기록을 첨부하여 지방검찰청 또는 지청의 장에게 송부하고, 그 결과를 항고·재항고사건 처리결과보고서에 따라 검찰총장에게 보고한다.
   가. 재항고가 이유 있는 것으로 인정되는 경우
   나. 재수사를 통하여 재항고인의 무고혐의에 대한 판단이 다시 필요하다고 인정되어 재기수사명령, 공소제기명령 또는 주문변경명령 등의 결정을 한 경우
2. 재항고가 이유 없는 것으로 인정될 경우 : 수리한 날부터 20일 이내에 검찰총장에게 별지 제202호서식의 불기소결정 항고·재항고 기록송부서에 항고기각처분결과 송달보고서, 재항고장, 재항고에 대한 의견서 및 사건기록 등을 첨부하여 송부한다.

제148조【항고·재항고 사건의 처리】 ① 고등검찰청의 장은 다음 각 호의 구분에 따라 항고사건을 처리한다.

1. 다음 각 목의 어느 하나에 해당하는 경우 : 소속 검사로 하여금 직접 경정하게 할 것인지의 여부를 결정한다.
   가. 항고가 이유 있는 것으로 인정되는 경우
   나. 재수사를 통하여 항고인의 무고혐의에 대한 판단이 다시 필요하다고 인정하는 경우
2. 제1호에 따라 소속 검사로 하여금 직접 경정하도록 하는 경우 : 소속 검사로 하여금 사건을 재기하여 공소를 제기하게 하거나 주문 또는 이유를 변경하게 할 수 있다.
3. 제2호에 따라 공소를 제기하는 경우 : 불기소결정청에 공소장 등 공소제기에 필요한 서류와 사건기록을 송부한다. 다만, 피의자의 주거이전 등으로 불기소결정청의 관할권이 없게 되거나 다른 사건과 병합처리할 필요가 있는 경우에는 제128조에 따라 송치결정을 한다.
4. 제2호에 따라 주문 또는 이유를 변경하는 경우에는 제115조부터 제122조까지의 규정에 따라 처리하고 관련 서류 및 사건기록을 불기소결정청에 송부한다.
5. 제1호에 따라 소속 검사로 하여금 직접 경정하도록 하지 않고 재기수사명령, 공소제기명령 또는 주문변경명령 등의 결정을 한 경우 : 별지 제203호서식의 불기소결정 항고·재항고 기록반환서에 항고사건 결정서의 등본과 사건기록을 첨부하여 지방검찰청 또는 지청의 장에게 송부한다.
6. 항고가 이유 없는 것으로 인정될 경우 : 항고사건 결정서에 따라 결정으로 항고를 기각한다.
7. 제6호에 따라 항고를 기각한 사건이 재정신청의 대상인 경우 : 그 기각결정 후 지체 없이 별지 제203호서식의 불기소결정 항고·재항고 기록반환서에 결정서의 등본과 사건기록을 첨부하여 지방검찰청 또는 지청의 장에게 송부한다.
8. 제6호에 따라 항고를 기각한 사건이 재항고의 대상인 경우 : 재항고기간이 지난 후 지체 없이 별지 제203호서식의 불기소결정 항고·재항고 기록반환서에 결정서의 등본과 사건기록을 첨부하여 지방검찰청 또는 지청의 장에게 송부한다.(2022.2.7 본호개정)

② 검찰총장은 다음 각 호의 구분에 따라 재항고사건을 처리한다. 다만, 해당 사항을 전산으로 입력한 경우에는 항소사건부 및 상고사건부의 기재를 생략할 수 있다.

1. 다음 각 목의 어느 하나에 해당하는 경우 : 별지 제203호서식의 불기소결정 항고·재항고 기록반환서에 결정서의 등본과 사건기록을 첨부하여 고등검찰청의 장을 거쳐 지방검찰청 또는 지청의 장에게 송부한다.
   가. 재항고가 이유 있는 것으로 인정되는 경우
   나. 재수사를 통하여 재항고인의 무고혐의에 대한 판단이 다시 필요하다고 인정되어 재기수사명령, 공소제기명령 또는 주문변경명령 등의 결정을 한 경우
2. 재항고가 이유 없는 것으로 인정될 경우 : 결정으로 재항고를 기각하고 불기소결정 항고·재항고 기록반환서에 결정서의 등본과 사건기록을 첨부하여 고등검찰청의 장을 거쳐 지방검찰청 또는 지청의 장에게 송부한다.

③ 고등검찰청의 장 또는 검찰총장은 다음 각 호의 어느 하나에 해당하는 경우(항고인 또는 재항고인이 새로운 증거가 발견되었음을 소명한 경우는 제외한다)에는 항고(재항고) 각하결정서로 각하한다. 이 경우 기록 등의 송부에 관하여는 제1항제7호·제8호 및 제2항제2호를 각각 준용한다.

1. 항고권자가 아닌 사람이 항고하거나 재항고권자 아닌 사람이 재항고한 경우
2. 고소·고발, 항고 또는 재항고가 취소된 경우. 다만, 제149조제1항 본문의 경우는 제외한다.
3. 재기수사명령 후 불기소승인건의를 받아 처리한 사건에 대하여 재기수사명령의 결정을 한 고등검찰청의 장 또는 검찰총장에게 다시 항고 또는 재항고한 경우
4. 항고에 대하여 지방검찰청 또는 지청의 장이 재기수사한 후 고등검찰청의 승인을 받아 불기소결정한 사건에 대하여 다시 항고한 경우
5. 제115조제3항제5호에 규정된 사유가 있는 경우

④ 고등검찰청의 장 또는 검찰총장은 항고 또는 재항고를 기각 또는 각하한 경우에는 7일 이내에 항고인 또는 재항고인에게 별지 제204호서식의 항고·재항고사건 결정통지서에 따라 그 결과를 통지한다.

⑤ 지방검찰청 또는 지청의 장은 제1항제5호 또는 제2항제1호에 따른 명령에 따라 항고 또는 재항고사건을 재기하여 처리한 경우에는 항고·재항고사건처리결과보고서에 따라 고등검찰청의 장 및 검찰총장에게 그 처리결과를 보고한다.

제149조【항고·재항고사건 처리 시의 유의사항】 ① 항고·재항고사건을 수리하거나 기록을 송부받은 검찰청의 장은 항고·재항고가 취소된 경우에도 재기수사, 공소제기 또는 주문변경 등의 명령을 하여야 할 사유가 있는 사건의 기록의 송부 및 사건의 처리 등에 관하여는 제147조 및 제148조를 준용한다. 다만, 항고사건을 수리한 지방검찰청이나 지청 또는 재항고사건을 수리한 고등검찰청이 기록을 상급청으로 송부하지 않고 보유하고 있는 중에 항고·재항고의 취소장을 접수한 경우에는 항고·재항고가 이유 없다고 인정되면 항고·재항고 기록을 상급청에 송부하는 대신 항고·재항고 사건을 항고·재항고취소로 종결한다.

② 항고·재항고사건을 수리하거나 기록을 송부받은 검찰청의 장이 다시 불기소결정을 하거나 이송을 하려는 경우에는 다음 각 호의 구분에 따라 승인을 받아야 한다. 다만, 항고인 또는 재항고인의 무고혐의에 대한 판단이 다시 필요하다고 인정되어 재기수사명령을 한 사건에 관하여 항고인 또는 재항고인을 무고죄로 인정한 경우 피항고인 또는 피재항고인의 불기소결정에 대해서는 승인을 받지 않고 다시 불기소결정을 하거나 이송을 할 수 있다.

1. 재기수사 등의 명령이 있는 사건에 관하여 지방검찰청 또는 지청에서 다시 불기소결정을 하거나 이송을 하려는 경우 : 미리 별지 제205호서식의 재기수사명령사건 불기소결정·이송 승인요청서에 따라 그 명령청의 장의 승인을 받아야 한다.
2. 항고사건의 경우 이를 이송받은 지방검찰청 또는 지청에서 다시 불기소결정을 하거나 이송하려는 경우 : 관할 고등검찰청의 장의 승인을 받아야 한다. 이 경우 재이송을 승인한 고등검찰청의 장은 이송받을 지방검찰청 또는 지청을 관할하는 고등검찰청에 별지 제206호서식의 재기수사 등 명령사건 이송 통보서에 따라 그 사실을 통보한다.

③ 제2항에 따라 기소중지·참고인중지결정을 한 사건을 재기한 경우의 처리 등에 관하여는 제2항 및 제148조제5항에 따라 처리한다.

④ 진정서에 의하여 입건하였다가 불기소결정한 사건의 경우 그 진정서나 진정인 진술조서의 기재내용에 피의자의 처벌을 희망하는 의사표시가 있는 경우에는 진정인을 적법한 고소인으로 보아 항고·재항고권을 인정한다.

⑤ 지방검찰청 또는 지청의 장이 직접 불기소결정을 한 경우를 제외하고는 불기소결정을 한 검사로 하여금 항고에 관한 의견서를 첨부하게 하거나, 재기수사·공소제기 또는 주문변경 명령된 사건을 처리하게 해서는 안 된다.

⑥ 고등검찰청의 장은 항고사건에 대하여 법 제260조제2항제2호 또는 제3호의 사유에 따른 재정신청이 있는 경우 지체 없이 별지 제207호서식의 항고사건기록 송부서에 수사관계 서류등을 첨부하여 지방검찰청 또는 지청의 장에게 송부한다.

⑦ 고등검찰청의 장은 항고사건 중 극히 일부 범죄사실에 대해서만 재정신청이 있는 경우에는 제6항에도 불구하고 재정신청절차에 필요한 범위에서 수사관계 서류의

등본을 작성하여 지방검찰청 또는 지청의 장에게 송부할 수 있다.
⑧ 고등검찰창의 장은 제6항의 경우 해당 항고사건을 수사관계 서류의 등본을 작성한 후 제148조제1항·제3항 및 제4항에 따라 처리한다. 이 경우 수사관계 서류의 송부는 그 등본의 송부로 갈음한다.

제6장 공판절차

제1절 총 칙

제150조【공판카드의 작성】 ① 검사는 다음 각 호의 경우에는 공판카드를 작성한다.
1. 공소를 제기하여 공판을 청구한 경우
2. 약식명령을 청구한 사건 중 정식재판의 청구가 있는 경우
3. 법원이 공판절차에서 심판하기로 결정한 경우
② 공판에 관여하는 검사는 공판의 경과를 공판카드에 기록한다.
제151조【공판사건기록관리부의 작성 등】 ① 사건사무담당직원은 검사가 공소를 제기하여 공판을 청구한 경우에는 공판사건기록관리부에 해당 사항을 기록한다.
② 사건사무담당직원은 검사가 사건기록을 법원에 증거로 제출한 경우에는 공판사건기록관리부에 해당 사항을 기재하고 매 건마다 법원의 확인을 받는다.

제2절 피고인 등의 구속

제152조【구속기간 갱신결정】 사건사무담당직원은 법원으로부터 피고인에 관한 구속기간갱신결정의 등본을 송부받은 경우에는 검사의 확인을 받은 후 접수일자 순으로 편철하여 보관한다.
제153조【구인 및 구속의 집행】 ① 검사가 법원으로부터 피고인 또는 증인 등에 대한 구속영장집행의 촉탁을 받은 경우에는 구속영장집행지휘서에 구속영장을 첨부하여 피고인 또는 증인 등의 주거지를 관할하는 경찰서의 장에게 그 집행을 지휘한다. 이 경우 법원이 구속영장을 발부한 피고인의 지명수배를 의뢰한 경우의 유의사항에 관하여는 제122조제2항 및 제3항을 준용한다.
② 제1항의 경우 피고인 또는 증인 등의 주거지가 다른 검찰청의 관할에 속하는 경우의 집행촉탁에 관하여는 제58조를 준용한다.
③ 제1항 또는 제2항의 경우 검사는 구속영장의 집행이 불가능한 경우에는 별지 제72호서식 또는 별지 제73호서식(검사가 사법경찰관으로부터 영장반환서를 접수한 경우로 한정한다)의 영장반환서에 구속영장집행지휘서, 구속영장 및 수사보고서를 첨부하여 구속영장을 발부한 법원에 반환한다.
④ 사건사무담당직원은 검사가 제1항에 따른 구속영장의 집행촉탁을 받은 경우에는 구속영장집행원부에 해당 사항을 기록한다.
제154조【구속취소】 검사가 법 제93조에 따라 구속취소를 청구하는 경우에는 별지 제208호서식의 구속취소 청구서에 따른다.
제155조【보석청구 등에 대한 의견표명】 ① 사건사무담당직원은 법원으로부터 법 제97조제1항·제2항 또는 법 제101조제2항에 따라 의견요청서를 송부받은 경우에는 지체 없이 검사에게 제출하여 의견의 표명을 받아 회송한다.
② 사건사무담당직원은 법 제97조제1항에 따라 의견요청을 송부받은 경우에는 보석청구사건인원표에 해당 사항을 기록한다.
③ 검사는 제1항의 의견표명을 하는 경우에는 그 의견이 법원의 결정에 실질적인 심리자료가 될 수 있도록 구체적으로 이유를 명시한다.
제156조【보석허가 결정 시의 조치】 ① 사건사무담당직원은 법원으로부터 보석허가결정등본, 보석조건변경통지, 보석조건이행유예통지 등을 송부받은 경우에는 지체 없이 검사에게 제출하여야 한다. 이 경우 사건사무담당직원은 보석자기록표와 보석자명부에 해당 사항을 기재하고 보석자기록표와 보석자명부의 각 난에 해당하는 사유가 발생할 때마다 이를 기재하며, 보석자기록표와 함께 관련 서류를 관리한다.
② 제1항에 따른 보석자기록표와 보석자명부의 각 난에 해당하는 사유 중 법 제98조 각 호의 보석조건 이행과 관련된 사유는 다음 각 호의 서류가 관할 검찰청에 제출된 때에 이행된 것으로 본다.
1. 법 제98조제1호에 따른 출석서약서
2. 법 제98조제2호에 따른 납입약정서
3. 법 제98조제5호에 따른 출석보증서
4. 법 제98조제7호에 따른 공탁 또는 담보제공 증명서류
5. 법 제98조제8호에 따른 보증금 납입 또는 담보제공 증명서류
6. 그 밖에 보석조건 이행 관련 증명서류
③ 사건사무담당직원은 법원의 보석허가결정에 따라 보석보증납입허가를 받은 사람이 보석보증금을 납입하거나 보증서를 제출한 경우에는 세입세출외현금출납공무원으로부터 보관금보관보고서 또는 보증서보관보고서 및 보관표를 인계받아 검사의 확인 날인을 받은 후 이를 보관한다.
제157조【피고인의 석방】 ① 사건사무담당직원은 검사가 법원의 구속취소, 구속의 집행정지 또는 보석을 허가하는 결정에 따라 피고인을 석방하는 경우에는 석방지휘서를 작성하여 검사의 서명날인을 받아 피고인이 재소하고 있는 구치소 또는 교도소의 장에게 송부한다.
② 제1항의 경우 사건사무담당직원은 별지 제209호서식의 피고인 석방통지서를 작성하여 검사의 서명날인을 받아 법원에 통지한다.
제158조【보석허가 피고인에 대한 감독】 사건사무담당직원은 보석허가 결정으로 석방된 피고인이 소환을 받고 정당한 이유 없이 출석하지 않거나 법원의 요청이 있는 등 필요한 경우에는 검사의 지휘를 받아 별지 제91호서식의 시찰조회요청서를 작성하여 피고인의 주거지를 관할하는 경찰서의 장에게 송부하여 시찰조회 협력을 요청할 수 있다.(2023.11.1 본조개정)
제159조【구속집행정지결정 시의 조치】 법원에서 법 제101조제2항에 따른 구속집행정지결정이 있는 경우에 관하여는 제86조를 준용한다.
제160조【보석 등의 취소청구】 검사가 법 제102조제1항 또는 「특정강력범죄의 처벌에 관한 특례법」 제6조에 따라 보석 또는 구속집행정지의 취소를 청구하는 경우에는 별지 제210호서식의 보석·구속집행정지 취소청구서에 따른다.
제161조【보석의 취소결정 등】 ① 사건사무담당직원은 법원으로부터 보석취소 또는 구속집행정지 취소결정의 등본을 송부받은 경우에는 보석자기록표와 보석자명부 또는 구속집행정지자 명부에 해당 사항을 기재하고 수감지휘서를 작성하여 검사의 서명날인을 받아 피고인의 주거지를 관할하는 경찰서의 장에게 송부한다.
② 사건사무담당직원은 제1항에 따라 수감지휘서를 송부받은 경찰서장으로부터 수감보고가 있는 경우에는 즉시 검사에게 보고하고, 곧바로 재수용지휘서를 작성하여 검사의 서명날인을 받아 구치소 또는 교도소의 장에게 송부한 후 수감통지서를 작성하여 검사의 서명날인을 받아 법원에 통지한다.
③ 제1항 및 제2항의 경우 구속집행정지 또는 보석이 취소된 피고인을 소재불명으로 지명수배하는 경우의 유의사항에 관하여는 제122조제2항 및 제3항을 준용한다.
제162조【보석보증금의 몰취】 ① 법 제103조에 따른 검사의 보석보증금 몰취청구는 별지 제211호서식의 보석보증금 몰취 청구서에 따른다.
② 사건사무담당직원은 법원으로부터 보석보증금 몰취결정등본을 송부받은 경우에는 보석자기록표와 보석자명부에 해당 사항을 기재한 후 보관표에 검사의 몰취명령과 날인을 받아 세입세출외현금출납공무원에게 인계한다. 다만, 보석보증보험증권을 첨부한 보증서의 제출을 허가한 사건에 대하여 보석보증보험금 몰취결정등본을 송부받은 경우에는 즉시 검사에게 보고하고 별지 제212호서식의 보석보증보험금 지급청구서를 작성하여 검사의 서명날인을 받아 보증보험회사에 송부한다.
③ 사건사무담당직원이 보증보험회사로부터 송부받은 보석보증보험금에 대하여 법원으로부터 보석보증보험금 몰취결정등본을 송부받은 경우에 관하여는 제2항 본문을 준용한다.
제163조【보석보증금의 환부】 ① 사건사무담당직원은 법 제104조에 따라 보석보증금의 환부청구가 있는 경우에는 환부사유를 확인하여 보관표의 명령란에 사유를 기재하고 검사의 환부명령과 날인을 받아 보석자기록표와 보석자명부에 해당 사항을 기재한 후 보관표를 세입세출외현금출납공무원에게 인계한다.
② 사건사무담당직원은 법 제104조에 따라 보석보증보험증권의 환부사유가 발생한 날부터 30일 이내에 환부청구가 없는 경우에는 보관표의 명령란에 검사의 폐기명령과 날인을 받아 보석자기록표와 보석자명부에 해당 사항을 기재한 후 보관표를 유가증권취급공무원에게 인계한다.

제3절 관할지정의 신청 등

제164조【관련사건의 병합신청】 ① 검사는 법 제6조에 따라 토지관할의 병합심리신청을 하는 것이 상당하다고 인정하는 경우에는 별지 제213호서식의 관련사건 병합신청·요청서에 따라 공통되는 직근 상급법원에 대응하는 검찰청의 검사에게 병합신청을 요청한다.
② 제1항의 요청을 받은 검사는 별지 제213호서식의 관련사건 병합신청·요청서에 따라 대응하는 법원에 관련사건의 병합심리결정을 신청한다.
제165조【관할경합 시의 조치】 ① 검사는 법 제13조 단서에 따라 뒤에 공소를 받은 법원이 심판하는 것이 상당하다고 인정하는 경우에는 별지 제214호서식의 심판신청·요청서에 따라 공통되는 직근 상급법원에 대응하는 검찰청의 검사에게 그 심판의 신청을 요청한다.
② 제1항의 요청을 받은 검사는 별지 제214호서식의 심판신청·요청서에 따라 대응하는 법원에 법 제13조 단서에 따라 뒤에 공소를 받은 법원이 심판하게 하는 결정을 신청한다.
제166조【관할지정 신청】 ① 검사는 법 제14조에 따른 관할지정신청을 하여야 하는 경우에는 별지 제215호서식의 관할지정·이전 신청서에 따라 관계있는 제1심 법원에 공통되는 직근 상급법원에 대응하는 검찰청의 검사에게 관할지정의 신청을 요청한다.
② 제1항의 요청을 받은 검사는 제1항에 따른 관할지정·이전신청서에 따라 대응하는 법원에 관할지정을 신청한다.
③ 제2항의 신청을 한 검사는 별지 제216호서식의 관할지정·이전신청 통지서에 따라 해당 사건이 계속 중인 법원에 관할지정·이전신청 사실을 통지한다.
제167조【관할이전의 신청】 ① 검사는 법 제15조에 따른 관할이전신청을 해야 하는 경우에는 직근 상급법원에 대응하는 검찰청의 검사에게 관할지정(이전)신청·요청서로 관할이전의 신청을 요청한다.
② 제1항의 요청을 받은 검사는 관할지정(이전)신청·요청서에 따라 대응하는 법원에 관할이전신청을 한다. 이 경우 제166조제3항을 준용한다.
제168조【병합 또는 국민참여재판절차 회부·이송결정 시의 조치】 ① 사건사무담당직원은 법원으로부터 사건의 병합 또는 국민참여재판절차 회부·이송결정의 등본이나 그 통지를 받은 경우에는 즉시 담당검사에게 이를 통보하고 해당 사항을 전산입력한다.
② 제1항의 경우 사건의 병합 또는 이송결정에 따라 사건이 대응하는 법원 외의 법원에 계속하게 된 경우에는 별지 제217호서식의 병합·이송사건 관련 서류 등 송부서를 작성하여 검사의 서명날인을 받아 병합·이송결정문, 공소장, 공판카드 등 공소유지에 필요한 모든 관련 서류 및 증거물 등을 첨부하여 새로이 사건이 계속하게 된 법원에 대응하는 검찰청의 검사에게 송부한다.
③ 제2항의 경우 구속 중인 피고인의 이감 또는 이송의 지휘 등에 관하여는 제130조제1항을 준용한다.
④ 제2항에 따른 송부를 받은 검찰청의 사건사무담당직원은 즉시 사건이 대응하는 법원에 접수된 일자를 확인하여 담당검사에게 보고하고, 접수된 일자를 수리일자로 하며, 검사결정에 대해서는 "법원송부"라고 전산입력한다.
제169조【기피 등의 신청】 검사가 법 제18조제1항 또는 제25조제1항에 따른 기피신청을 하는 경우에는 별지 제218호서식의 기피 등 신청서에 따른다.
제170조【특별대리인의 선임청구】 검사가 법 제28조제1항의 특별대리인의 선임을 법원에 청구하는 경우에는 별지 제219호서식의 특별대리인 선임청구서에 따른다.

제4절 증거개시 및 공판준비절차

제171조【열람·등사 또는 서면교부의 신청 등】 ① 피고인 또는 변호인이 검사에게 공소제기된 사건에 관한 서류 또는 물건(이하 이 절 및 제2편제6장제5절에서 "서류등"이라 한다)의 목록과 법 제266조의3제1항제1호 및 제2호에 따른 서류등의 열람·등사 및 서면의 교부를 신청하는 경우에는 별지 제220호서식의 열람·등사·서면교부 신청서에 따른다.
② 피고인 또는 변호인이 법 제266조의3제1항제3호 및 제4호에 따른 서류등에 대한 열람·등사를 신청하는 경우에는 다음 각 호의 사항을 포함한 별지 제221호서식의 열람·등사 신청서에 따른다.
1. 신청 대상 서류등에 관하여 구체적으로 명시한 목록이나 내용 등
2. 법 제266조의3제1항제3호의 서류등의 경우 해당 서류등과 관련된 증거의 증명력 및 관련성
3. 법 제266조의3제1항제4호의 서류등의 경우 해당 서류등과 관련된 피고인 또는 변호인의 주장 및 관련성
③ 변호인이 있는 피고인은 법 제266조의3제1항 단서에 따라 열람만을 신청할 수 있으며, 사건사무담당직원은 피고인이 제1항 또는 제2항의 신청서를 제출한 경우에는 그 피고인에게 변호인이 있는지를 확인한다.
제172조【열람·등사 또는 서면교부의 제한】 ① 검사는 법 제266조의3제2항에 따라 국가안보, 증인보호의 필요성, 증거인멸의 염려, 관련사건의 수사에 장애를 가져올 것으로 예상되는 구체적인 사유가 있거나 다음 각 호와 같이 열람·등사 또는 서면의 교부를 허용하지 않을 상당한 이유가 있는 경우에는 서류등의 목록을 제외한 나머지 서류등에 대하여 열람·등사 또는 서면의 교부를 거부하거나 그 범위를 제한할 수 있다. 이 경우 지체 없이 별지 제222호서식의 열람·등사 거부 또는 범위제한 통지서를 작성하여 신청인에게 통지한다.
1. 사건관계인의 명예나 사생활의 비밀 또는 생명·신체의 안전이나 생활의 평온을 현저히 해칠 우려가 있는 경우
2. 법령상 타인에게 제공 또는 누설하거나 목적 외 사용이 금지된 정보·자료 또는 수사방법상의 기밀을 보호할 필요가 있는 경우
3. 수사기관의 의견 또는 법률판단 등을 기재한 내부문서인 경우
4. 열람·등사 대상 서류등이 없거나 특정되지 않은 경우
5. 법 제266조의3제1항제3호에 따른 서면 등의 증명력과의 관련성 또는 같은 항 제4호에 따른 피고인 등의 주장과의 관련성이 인정되지 않는 경우
② 검사가 법 제266조의3제2항에 따라 관련 사건의 수사에 장애를 가져올 것이 예상된다는 이유로 열람·등사

또는 서면의 교부를 거부하거나 그 범위를 제한하기 위해서는 열람·등사 거부 또는 범위제한 통지서에 관련 사건을 표시하고, 공범관계에 있는 사람 등의 증거인멸 또는 도주우려 등 수사에 장애가 예상되는 사유를 구체적으로 기록한다.
③ 검사는 제1항에 따라 열람·등사 또는 서면의 교부를 거부하거나 그 범위를 제한할 수 있는 경우에는 열람·등사 또는 서면 교부의 시기 및 방법을 지정하거나 조건·의무를 부과할 수 있다.
④ 사건사무담당직원은 검사가 열람·등사 거부 또는 범위제한 통지서를 작성한 경우에는 이를 지체 없이 신청인에게 교부하고, 그 부본 2부를 작성하여 그 중 1부는 공판카드에 첨부하며, 다른 1부는 최초 신청서류와 함께 보존한다.
제173조【특수매체기록에 대한 등사의 범위】 법 제266조의3제6항에 따른 도면·사진·녹음테이프·비디오테이프·컴퓨터용 디스크 등 특수매체기록에 대한 등사는 사건관계인 및 조사자의 명예나 사생활의 비밀, 생명·신체의 안전이나 생활의 평온 등을 현저히 침해할 우려가 없는 범위에서만 할 수 있다.
제174조【의견서 제출 등】 ① 사건사무담당직원은 법원으로부터 법 제266조의4제3항에 따른 의견요청이 있거나 의견요청서류가 송부되어 온 경우에는 지체 없이 열람·등사의 거부 또는 범위 제한 결정을 한 검사에게 보고한다.
② 검사는 제1항의 의견요청에 대하여 지체 없이 그에 대한 의견을 서면으로 작성하여 법원에 제시하고, 그 의견서 부본 2부를 작성하여 사건사무담당직원으로 하여금 그 중 1부는 공판카드에 첨부하게 하고, 다른 1부는 최초 신청서류와 함께 보존하게 한다.
③ 검사는 법원이 법 제266조의4제2항에 따라 서류등의 열람·등사 또는 서면의 교부를 허용할 것을 명한 경우에는 이를 지체 없이 이행하고, 사건사무담당직원으로 하여금 법원의 명령서 사본을 공판카드에 첨부하고, 그 원본을 최초 신청서류와 함께 보존하게 한다.
제175조【공판준비기일 또는 공판기일에서의 열람·등사 신청】 ① 피고인 또는 변호인이 공판준비기일 또는 공판기일에서 검사에게 구두로 법 제266조의3에 따른 열람·등사 신청을 한 경우 검사는 해당 기일 중에 허가여부를 결정한다. 다만, 부득이한 사유가 있는 경우에는 해당 기일 종료 후 그 허가여부를 결정할 수 있다.
② 검사는 제1항 본문의 경우 해당 기일 종료 후 지체 없이 사건사무담당직원으로 하여금 피고인 또는 변호인으로부터 제171조에 따른 신청서를 제출받도록 하며, 제1항 단서의 경우에는 그 기일이 종료한 때에 열람·등사의 신청이 있었던 것으로 보고 그 때부터 48시간 이내에 허가여부를 결정한다.
③ 제1항 및 제2항에 따른 열람·등사 신청에 대한 열람·등사 또는 서면 교부의 제한 및 특수매체기록 등사의 범위에 관하여는 제172조 및 제173조를 준용한다.
제176조【공판준비를 위한 서면의 제출 등】 ① 사건사무담당직원은 법원으로부터 법 제266조의6제2항에 따른 서면제출명령 또는 같은 조 제4항에 따른 설명요구가 있는 경우에는 지체 없이 그 사건의 공판에 관여하는 검사에게 보고한다.
② 공판에 관여하는 검사는 재판장의 서면제출 명령이 있는 경우에는 공소사실과 관련된 법률상·사실상의 주장요지 및 입증취지 등을 서면으로 작성하여 법원에 송부하고, 그 부본을 공판카드에 첨부한다.
③ 공판에 관여하는 검사는 제2항의 서면을 갈음하여 입증취지를 기재한 증거목록과 수사검사가 작성한 증거설명서 등을 법원에 제출할 수 있다.
④ 검사가 제2항 또는 제3항에 따른 서면을 법원에 제출할 경우에는 피고인의 수에 1을 더한 수만큼의 부본을 함께 제출한다. 다만, 둘 이상의 피고인에 대하여 같은 변호인이 선임된 경우에는 변호인의 수에 1을 더한 수만큼의 부본만을 제출할 수 있다.
제177조【공판준비기일의 신청 등】 ① 사건사무담당직원은 법원으로부터 법 제266조의7제1항에 따라 공판준비기일 지정에 관한 의견요청이 있는 경우에는 지체 없이 그 사건의 공판에 관여하는 검사에게 보고한다.
② 검사가 법 제266조의7제1항 및 제2항에 따라 공판준비기일의 지정을 신청하는 경우에는 별지 제223호서식의 공판준비기일 지정 신청서에 따른다.
제178조【공판준비기일 지정 시의 조치 등】 ① 사건사무담당직원은 법 제266조의8제3항에 따라 법원으로부터 공판준비기일을 통지받은 경우에는 지체 없이 이를 그 사건의 공판에 관여하는 검사에게 보고한다.
② 제1항의 경우 공판에 관여하는 검사는 필요한 경우 그 사건의 수사를 담당한 검사 또는 수사담당직원에게 공판준비기일 출석 또는 관련 업무의 지원을 요청할 수 있다.
제179조【공판준비기일 결과의 확인 및 이의 등】 ① 검사는 공판준비기일을 종료하는 단계에서 법원이 쟁점 및 증거에 관한 정리 결과를 고지하면 그 내용을 검토하여 이의가 있는 경우에는 즉시 구두로 이의를 제기하고 그 결과를 확인해야 한다.
② 검사는 공판준비기일조서의 기재 내용에 이의가 있는 경우에는 공판준비기일의 재개신청을 하거나 그 이후의 공판기일에서 이의신청을 해야 한다.
제180조【피고인 또는 변호인이 보관하고 있는 서류등의 열람·등사의 요구 등】 ① 검사는 피고인 또는 변호인에게 법 제266조의11제1항에 따라 서류등의 열람·등사 또는 서면의 교부를 요구하는 경우에는 구두 또는 서면으로 다음 각 호의 사항을 명시하여 요구하여야 한다.
1. 신청 대상 서류등에 관하여 구체적으로 명시한 목록이나 내용 등
2. 법 제266조의11제1항제3호의 서류등의 경우 해당 서류등과 관련된 증거의 증명력 및 관련성
3. 법 제266조의11제1항제4호의 서류등의 경우 해당 서류등과 관련된 피고인 또는 변호인의 주장 및 관련성
② 검사는 법원에 법 제266조의11제3항에 따른 신청을 할 경우 별지 제224호서식의 피고인 등이 보관 중인 서류등의 열람·등사·서면교부허용 신청서에 따른다.
제181조【열람·등사된 서류등의 남용금지 표시 등】 사건사무담당직원은 법 제266조의3제1항에 따라 등사한 서류등을 피고인 또는 변호인에게 교부하기 전에 다음 각 호의 사항에 대한 주의 또는 경고 문구를 표시하거나 구멍을 뚫는 등 남용을 금지하기 위하여 필요한 조치를 할 수 있다.
1. 법 제266조의16제1항에 따른 등사한 서류등의 남용금지에 관한 사항
2. 법 제266조의16제2항에 따른 처벌에 관한 사항

제5절 공판기일

제182조【유의사항】 공판에 관여하는 검사 및 사건사무담당직원은 공판준비기일 통지서, 공판기일통지서, 배심원 선정기일 통지서, 공판사건기록관리부 등을 통하여 법원에 계속된 사건의 공판준비·배심원선정·공판기일을 항시 파악해야 한다.
제183조【의견서의 공판카드 편철】 사건사무담당직원은 법 제266조의2제2항에 따라 법원으로부터 피고인 또는 변호인의 의견서를 송부받은 경우에는 지체 없이 공판카드에 이를 편철한다.
제184조【공판기일 변경신청】 검사가 법 제270조제1항에 따라 법원에 공판기일의 변경을 서면으로 신청하는 경우에는 별지 제225호서식의 공판기일 변경신청서에 따른다.
제185조【피고인의 신뢰관계자 동석 신청】 검사가 법 제276조의2제1항에 따라 법원에 피고인과 신뢰관계에 있는 사람의 동석을 신청하는 경우에는 구두 또는 별지 제226호서식의 피고인과 신뢰관계에 있는 사람의 동석신청서에 따른다.

제6절 증거조사 등

제186조【증거신청】 ① 검사가 법 제294조에 따라 서면으로 법원에 서류등을 증거로 제출하는 경우에는 별지 제227호서식의 증거신청서에 따른다.
② 검사가 법 제294조에 따라 서면으로 법원에 증인·감정인·통역인 또는 번역인의 신문을 신청하거나 법 제164조에 따라 검사가 법원에 증인에 대하여 필요한 사항의 신문을 청구하는 경우에는 별지 제147호서식의 증인신문청구서에 따른다.
③ 검사가 제2항에 따른 증인·감정인·통역인 또는 번역인의 신문 신청 또는 청구를 철회하는 경우에는 별지 제228호서식의 증인 등 신문신청·청구 철회서에 따른다.
제187조【공판완결 지연 목적의 증거신청에 대한 이의신청】 검사가 법 제294조제2항에 따라 법원에 피고인 또는 변호인의 공판의 완결을 지연하는 증거신청에 대하여 이의를 신청하는 경우에는 구두 또는 별지 제229호서식의 증거신청에 대한 이의신청서에 따른다.
제188조【피해자의 신뢰관계자 동석 신청】 검사가 법 제163조의2제1항에 따라 법원에 피해자와 신뢰관계 있는 사람의 동석을 신청하는 경우에는 구두 또는 별지 제230호서식의 피해자와 신뢰관계에 있는 사람의 동석신청서에 따른다.
제189조【증인신문 준비】 검사는 증인신문을 신청한 경우 검사가 신청한 증인 및 그 밖의 관계자를 상대로 사실을 확인하는 등 적절한 신문이 이루어질 수 있도록 필요한 준비를 할 수 있다.
제190조【영상녹화물의 증거신청 등】 ① 영상녹화물의 증거신청은 구두 또는 별지 제227호서식의 증거신청서로 할 수 있다.
② 검사가 법 제312조제4항에 따라 영상녹화물에 대한 조사 신청을 하는 경우 구두 또는 별지 제231호서식의 영상녹화물 조사 신청서에 따른다.
③ 기억환기를 위한 영상녹화물의 조사 신청은 구두 또는 별지 제231호서식의 영상녹화물 조사 신청서에 따른다.
제191조【공소유지를 위한 보완수사요구】 ① 검사는 법 제29조제1항제3호에 따른 보완수사요구를 하는 경우에는 별지 제232호서식의 보완수사요구서(공판)에 따른다. 이 경우 보완수사요구서(공판)는 사법경찰관에게 송부하고, 부본은 사건사무담당직원에게 송부한다.
② 사건사무담당직원은 검사로부터 제1항에 따라 보완수사요구서 부본(공판)을 송부받은 경우에는 보완수사요구사건부(공판)에 해당 사항을 기록한다.
③ 사건사무담당직원은 사법경찰관으로부터 수사준칙 제60조제4항 단서에 따른 보완수사요구 이행 결과가 기재된 서면을 접수한 경우에는 이를 검사에게 보고한다. (2023.11.1 본항개정)
④ 사건사무담당직원은 검사가 이행기한을 정하여 보완수사요구를 하였음에도 사법경찰관이 이행기한 내에 보완수사요구 이행결과를 서면으로 통보하지 않는 경우에는 이를 검사에게 보고한다.
제192조【증인신변안전조치】 ① 검사가 「특정강력범죄의 처벌에 관한 특례법」 제7조에 따라 관할 경찰서장에게 증인신변안전조치를 요청하는 경우에는 별지 제233호서식의 증인신변안전조치 요청서에 따른다. 다만, 긴급을 요하는 경우에는 구두나 그 밖의 방법으로 요청할 수 있고 사후에 지체 없이 그 요청서를 송부한다.
② 사건사무담당직원은 제1항의 증인신변안전조치 요청이 있거나 경찰조치결과를 통보받은 경우에는 증인신변안전조치 요청부에 해당 사항을 기록한다.
제193조【공무소 등에 대한 조회 등의 신청】 검사가 법 제272조제1항에 따라 서면으로 법원에 공무소 등에 대한 조회 등을 신청하는 경우에는 별지 제234호서식의 조회신청서에 따른다.
제194조【증거조사에 대한 이의신청】 검사가 법 제296조제1항에 따라 서면으로 법원에 증거조사에 대한 이의신청을 하는 경우에는 별지 제235호서식의 증거조사에 대한 이의신청서에 따른다.
제195조【재판장의 처분에 대한 이의신청】 검사가 법 제304조제1항에 따라 서면으로 재판장의 처분에 대한 이의신청을 하는 경우에는 별지 제236호서식의 재판장의 처분에 대한 이의신청서에 따른다.
제196조【공판조서의 기재에 대한 이의신청】 검사가 법 제48조제5항에 따라 서면으로 공판조서의 기재에 대한 이의를 진술하는 경우에는 별지 제237호서식의 공판조서의 기재에 대한 이의신청서에 따른다.
제197조【공판조서 기재에 대한 변경 청구 등】 검사가 법 제54조제3항에 따라 서면으로 법원의 공판조서의 기재에 대하여 변경을 청구하거나 이의를 제기하는 경우에는 구두 또는 별지 제238호서식의 공판조서의 기재에 대한 변경청구·이의제기서에 따른다.
제198조【압수·수색영장】 ① 사건사무담당직원은 법 제113조 또는 제115조제1항 본문에 따라 검사가 압수·수색영장의 집행을 지휘하는 경우에는 압수·수색·검증영장청구부에 해당 사항을 기재하고, 압수·수색영장에 검사의 서명날인을 받아 이를 집행할 사람에게 교부한다.
② 제1항의 압수·수색영장의 집행지휘 또는 집행의 촉탁에 관하여는 제52조, 제58조, 제90조 및 제91조를 준용한다.
제199조【공소장의 변경허가 신청】 검사가 법 제298조에 따라 법원에 공소장 변경허가 신청을 하는 경우에는 별지 제239호서식의 공소장변경허가 신청서에 따른다.
제200조【변론분리 등의 신청】 ① 검사가 법 제300조에 따라 법원에 변론의 분리 또는 병합을 신청하는 경우에는 다음 각 호의 구분에 따른 서식에 따른다.
1. 법원에 공소제기를 하면서 이미 계속 중인 사건과 변론의 병합을 신청하는 경우 : 별지 제240호서식의 변론의 병합신청서
2. 법원에 계속 중인 사건에 대한 변론의 병합을 신청하는 경우 : 별지 제241호서식의 변론의 병합신청서
3. 법원에 계속 중인 사건에 대하여 변론의 분리를 신청하는 경우 : 별지 제242호서식의 변론의 분리신청서
② 검사가 법 제305조에 따라 법원에 변론의 재개를 신청하는 경우에는 별지 제243호서식의 변론재개신청서에 따른다.
제201조【가납판결의 청구】 검사가 법 제334조제1항에 따라 법원에 벌금등의 가납을 명하는 판결을 청구하는 경우에는 별지 제244호서식의 가납판결청구서에 따른다.

제7절 재 판

제202조【구속영장 실효에 의한 석방】 ① 검사는 법 제331조에 따라 구속영장이 실효된 경우에는 판결이 선고된 날에 지체 없이 피고인을 석방한다.
② 사건사무담당직원은 법원으로부터 제1항의 재판결과 통지를 송부받은 경우에는 그 날에 구속감독부에 해당 사항을 기재하고, 석방지휘서를 작성하여 검사의 서명날인을 받아 피고인이 재소하고 있는 구치소 또는 교도소의 장에게 송부한다.
제203조【소년보호사건·가정보호사건·성매매보호사건·아동보호사건 송치결정시의 조치】 「소년법」 제50조, 가정폭력처벌법 제12조, 성매매처벌법 제12조제2항 또는 아동학대처벌법 제29조에 따라 구속 중인 소년, 가정폭력행위자, 성매매를 한 자 또는 아동학대행위자의 피고사건을 관할 가정법원 또는 지방법원에 송치한다는 법원의 결정이 있는 경우에 구속 중인 소년 등의 이송 또는 이감의 지휘에 관하여는 제130조를 준용한다.
제204조【공판정에서의 속기·녹음 및 영상녹화 신청】 검사가 법 제56조의2에 따라 법원에 속기·녹음 및 영상녹화를 신청하는 경우에는 구두 또는 별지 제245호서식의 속기·녹음·영상녹화 신청서에 따른다.

제8절 국민참여재판

제205조【국민참여재판 통지서 접수 등】 ① 사건사무담당직원은 법원으로부터 다음 각 호의 어느 하나에 해당하는 송부·통지·결정 등이 있는 경우에는 국민참여재판사건부에 해당 사항을 기재하고, 지체 없이 담당검사에게 해당 통지서·명부·질문표 등을 제출해야 한다.
1. 국민참여재판을 원하는지 여부에 관한 서면의 송부
2. 국민참여재판을 원하는지 여부에 관한 의사를 확인하기 위한 심문기일의 통지
3. 배심원후보자 명부 및 질문표의 송부
4. 배심원후보자 선정기일의 통지
5. 배심원후보자 배제결정
6. 통상절차 회부결정
7. 배심원·예비배심원 해임·사임의 통지
8. 평결이나 선고 등

② 공판사무담당직원은 배심원후보자 명부와 질문표를 배심원후보자 명부 및 질문표 철에 편철하고, 그 사본을 공판카드에 편철한다.

제206조【법원에 대한 의견 제출】 사건사무담당직원은 법원으로부터 다음 각 호의 어느 하나에 해당하는 사항에 관한 검사의 의견요청서를 송부받은 경우에는 지체 없이 검사에게 보고하고, 그 의견을 받아 회송한다.
1. 「국민의 형사재판 참여에 관한 법률」(이하 "국민참여재판법"이라 한다) 제9조에 따른 배제결정
2. 국민참여재판법 제11조에 따른 통상절차 회부
3. 국민참여재판법 제32조제2항에 따른 배심원 해임
4. 국민참여재판법 제33조제3항에 따른 배심원 또는 예비배심원의 사임

제207조【통상절차 회부 신청】 검사가 국민참여재판법 제11조제1항에 따라 통상절차 회부 신청을 할 경우에는 별지 제248호서식의 통상절차 회부 신청서에 따른다.

제208조【배심원 등의 해임신청】 검사가 국민참여재판법 제32조제1항에 따라 배심원 또는 예비배심원에 대한 해임신청을 할 경우에는 별지 제247호서식의 배심원등 해임신청서에 따른다.

제209조【속기록·녹음테이프 등의 사본 청구】 검사가 국민참여재판법 제40조제2항에 따라 법원에 속기록·녹음테이프·비디오테이프의 사본을 청구하는 경우에는 구두 또는 별지 제248호서식의 속기록·녹음테이프·비디오테이프 사본교부청구서에 따른다.

제210조【법률적 사항에 대한 설명 요청】 검사가 국민참여재판법 제46조제1항에 따른 재판장의 배심원 설명에 포함할 사항을 요청하는 경우에는 별지 제249호서식의 배심원 설명요청서에 따른다.

제211조【배심원 등에 대한 신변보호 요청】 검사가 국민참여재판법 제53조제2항에 따라 법원에 배심원 또는 예비배심원의 신변안전을 위한 조치를 요청할 경우에는 구두 또는 별지 제250호서식의 배심원 등 신변보호조치 요청서에 따른다.

제7장 상 소

제212조【상소의 포기 또는 취하】 검사가 법 제349조에 따라 상소를 포기 또는 취하하는 경우에는 별지 제251호서식의 상소권포기·취하서에 따른다.

제213조【상소권회복의 청구】 ① 검사가 법 제345조에 따라 상소권회복의 청구를 하는 경우에는 별지 제252호서식의 상소권회복청구서에 따른다.

② 사건사무담당직원은 검사가 상소권회복의 청구를 하거나 검사가 아닌 사람로부터 상소권회복의 청구가 있었다는 통지를 받은 경우에는 상소권 회복청구 사건부에 해당 사항을 기재하고, 상소권회복청구사건부의 각 난에 따른 해당 사항이 발생한 때마다 이를 기록한다.

③ 약식명령에 대한 정식재판청구권의 회복청구의 처리절차에 관하여는 제2항을 준용한다.

제214조【상소절차】 ① 검사가 법 제357조 또는 법 제371조에 따라 상소를 제기하는 경우에는 별지 제253호서식의 항소·상고장에 따른다.

② 사건사무담당직원은 다음 각 호의 어느 하나에 해당하는 경우에는 항소사건부·상고사건부에 해당 사항을 기록한다. 다만, 해당 사항을 전산으로 입력한 경우에는 항소사건부 또는 상고사건부에 기재하지 않을 수 있다.
1. 검사가 법 제357조 또는 법 제371조에 따라 상소를 제기한 경우
2. 법 제356조에 따라 상소장제출통지를 받은 경우
3. 법 제361조의2제1항 또는 법 제378조제1항에 따라 상소기록접수통지서를 받은 경우

제215조【항소·상고사건 접수보고서의 송부 등】 ① 검사가 상소를 제기하거나 원심법원으로부터 상소장 제출통지를 받은 경우에는 7일 이내에 별지 제254호서식에 따른 항소사건 접수보고서 또는 별지 제255호서식의 상고사건 접수보고서를 상소법원에 대응하는 검찰청에 송부한다.

② 검사가 법 제361조의2제3항에 따라 구속 중인 피고인을 항소법원 소재지의 구치소 또는 교도소에 이감하는 경우에는 별지 제189호서식의 이감지휘서에 따른다.

제216조【공판카드의 기재 등】 ① 검사 또는 피고인 등이 상소를 제기하거나 포기 또는 취하한 경우에는 검사는 공판카드에 해당 사항을 기록한다.

② 사건사무담당직원은 사건이 상소심에 계속된 경우에는 제1항의 공판카드를 상소법원에 대응하는 검찰청의 검사에게 송부한다.

제217조【상소이유서】 검사가 법 제361조의3제1항 또는 법 제379조제1항에 따라 상소이유서를 제출하는 경우에는 별지 제256호서식의 항소·상고이유서에 따른다.

제218조【비약적 상고】 검사가 법 제372조에 따라 비약적 상고를 하는 경우에는 별지 제257호서식의 비약적 상고장에 따른다. 이 경우 비약적 상고의 절차, 비약적 상고사건 접수보고서의 송부, 공판카드의 기재, 비약적 상고이유서 등에 관하여는 제214조부터 제217조까지의 규정을 준용하되, "상소법원"은 "대법원"으로, "상소이유서"는 "비약적 상고이유서"로 각각 본다.

제219조【항고 등】 ① 검사가 항고·즉시항고 또는 재항고를 제기하는 경우에는 별지 제258호서식의 항고·재항고장에 따른다.

② 사건사무담당직원은 항고·즉시항고 또는 재항고가 있는 경우에는 형사 신청·항고·재항고사건부에 해당 사항을 기록한다.

제220조【항고기록의 송부 등】 ① 검사가 항고 또는 재항고가 있는 사건의 소송기록을 항고 또는 재항고 법원에 대응하는 검찰청의 검사에게 송부하는 경우에는 별지 제259호서식의 형사 항고·재항고사건기록 송부서에 따른다.

② 항고 또는 재항고 법원에 대응하는 검찰청의 검사가 항고 또는 재항고기록을 반환하는 경우에는 별지 제260호서식의 형사 항고·재항고사건기록 반환서에 따른다.

제221조【준항고】 검사가 법 제416조제1항에 따라 재판장 또는 수명법관이 고지한 재판의 취소 또는 변경을 청구하는 경우에는 별지 제261호서식의 재판의 취소·변경청구서에 따른다. 이 경우 취소변경청구의 기재, 사건기록의 송부 등에 관하여는 제219조제2항 및 제220조를 준용한다.

제8장 재 심

제222조【재심의 청구】 검사가 법 제420조 또는 제421조에 따라 재심을 청구하는 경우에는 별지 제262호서식의 재심청구서에 따른다.

제223조【재심청구사건부의 기재】 사건사무담당직원은 검사가 재심의 청구를 하거나 법 제424조제2호부터 제4호까지에 규정된 사람으로부터 재심의 청구가 있었다는 통지를 받은 경우에는 재심청구사건부에 해당 사항을 기재하고, 재심청구사건부의 각 난에 따른 해당 사항이 발생할 때마다 이를 기록한다.

제9장 진정·탄원·투서

제224조【진정 등 수리】 ① 검사는 범죄에 관한 신문 등 출판물의 기사, 익명의 신고 또는 풍설, 첩보의 입수 등으로 범죄의 존재 여부를 확인할 필요가 있는 경우에는 내사사건으로 수리한다.

② 검사는 진정·탄원 또는 투서 등 진정인·탄원인 등 민원인(이하 "진정인등"이라 한다)이 제출하는 다음 각 호의 어느 하나에 해당하는 사항에 관한 서류를 접수한 경우에는 이를 진정사건으로 수리한다.
1. 수사의 단서가 기재되어 있더라도 익명, 가명, 허무인(虛無人) 명의의 진정서·탄원서 등 수사를 개시하기 어려운 사항
2. 검찰청 소속 공무원 또는 사법경찰관리에 관한 사항
3. 검사 또는 사법경찰관이 수사 중인 사건에 관한 사항
4. 편파적인 조사 등에 대한 시정을 희망하는 사항
5. 병합수사나 이송을 요구하는 사항
6. 법원에 재판이 계속 중인 사건에 관한 사항
7. 전과사실의 정정을 희망하는 사항
8. 그 밖에 제1호부터 제7호까지의 사항과 유사한 사항

③ 검사는 고소 또는 고발사건으로 제출된 서류가 다음 각 호의 어느 하나에 해당하는 경우에는 이를 진정사건으로 수리할 수 있다.
1. 고소인 또는 고발인의 진술이나 고소장 또는 고발장의 내용이 불분명하거나 구체적 사실이 적시되어 있지 않은 경우
2. 피고소인 또는 피고발인에 대한 처벌을 희망하는 의사표시가 없거나 처벌을 희망하는 의사표시가 취소된 경우
3. 고소 또는 고발이 본인의 진의에 의한 것인지 여부가 확인되지 않는 경우
4. 동일한 사실에 관하여 이중으로 고소 또는 고발이 있는 경우

제225조【내사·진정사건의 수리절차】 ① 사건사무담당직원은 다음 각 호의 구분에 따라 내사사건 또는 진정사건을 수리한다.
1. 내사사건 : 형사사법정보시스템에 피내사자의 인적사항 등 해당 사항을 입력하고, 내사사건 수리서를 출력한 후 내사기록 앞에 첨부하여 수리한 다음, 내사사건부에 해당 사항을 기록한다.
2. 진정사건 : 형사사법정보시스템에 진정인·피진정인의 인적사항 등 해당 사항을 전산입력하고, 진정사건 수리서를 출력한 후 진정기록 앞에 첨부하여 수리한 다음, 진정사건부에 해당 사항을 기록한다.

② 사건사무담당직원은 내사사건 또는 진정사건과 관련하여 압수물이 있는 경우에는 이를 압수물사무담당직원에게 인계하여 압수물수리절차를 취하게 한다.

③ 내사 및 진정사건의 번호에 관하여는 제10조제4항을 준용한다. 이 경우 접수연도와 접수번호는 " 년 내사(진정) 제 호"로 표시한다.

④ 내사 및 진정사건의 사건의 단위 및 수리절차에 관하여는 제5조제2항·제3항 및 제7조제3항을 준용한다.

제226조【내사·진정사건의 처리 등】 ① 검사는 다음 각 호의 구분에 따라 내사사건을 처리한다.
1. 입건 : 이 경우 내사사건부의 비고란에 형제번호를 적는다.
2. 입건유예 : 범죄의 혐의는 있으나 입건할 필요가 없는 경우
3. 혐의없음, 죄가안됨 또는 공소권없음 : 제115조제3항제2호부터 제4호까지의 규정에 따른 사유가 있는 경우
4. 내사중지 : 피내사자 또는 참고인 등의 소재불명으로 내사불능인 경우
5. 이송 : 동일 내용의 내사사건을 다른 검찰청의 검사가 내사 중이거나 법 제256조 또는 제256조의2에 해당하는 사유가 있는 경우
6. 조사사건 등록 : 내사사건부의 비고란에 조사사건번호를 적는다.
7. 시정사건 등록 : 내사사건부의 비고란에 시정사건번호를 적는다.

② 검사는 다음 각 호의 구분에 따라 진정사건을 처리한다.
1. 공람종결 : 다음 각 목의 어느 하나에 해당하는 경우
   가. 3회 이상 반복 진정하여 이미 2회 이상 그 처리결과를 통지한 진정과 같은 내용인 경우
   나. 진정인이 이름을 적지 않거나 또는 거짓 이름으로 진정한 경우
   다. 본인의 진정한 의사에 의한 것인지 여부가 확인되지 않은 경우
   라. 내용이 불분명하거나 구체적 사실이 적시되어 있지 않은 경우
   마. 단순한 풍문이나 인신공격적인 내용인 경우
   바. 완결된 사건 또는 재판에 불복하는 내용인 경우
   사. 특정사건과 관련 없는 청원 또는 정책건의를 내용으로 하는 경우
   아. 민사소송 또는 행정소송에 관한 사항인 경우
   자. 동일한 사실에 관하여 고소 또는 고발이 있는 경우
   차. 처벌을 희망하는 의사표시가 없거나 처벌을 희망하는 의사표시가 취소된 경우
2. 전과 정정 : 전과사실을 정정하는 경우
3. 법원이첩 : 법원에 재판이 계속 중인 사건에 대한 내용인 경우
4. 기록편철 : 검사가 조사·검토 중인 사건(검사의 지휘에 따라 수사와 관계있는 검찰청 직원이 조사·검토 중인 사건을 포함한다)에 대한 내용인 경우. 이 경우 사건기록에 편철한다.
5. 다른 기관 이송·이첩 : 수사준칙 제18조에 해당하는 경우 또는 검사 이외의 다른 수사기관이 조사 중이거나 법원·검찰청 또는 군검찰부 외의 다른 기관의 소관사항에 관한 것인 경우
6. 내사사건에 준하여 처리 : 제1항 각 호에 준하는 경우. 이 경우 제1항에 각 호에 따른 내사사건 처리의 방법에 따라 처리한다.
7. 그 밖의 진정종결 : 제1호부터 제6호까지에 해당하지 않는 진정사건 종결의 경우

③ 검사는 내사사건은 내사사건기록에, 진정사건은 진정사건기록에 내사 또는 진정의 요지 및 결정이유를 기재하여 처리한다.

④ 사건사무담당직원은 제1항 및 제2항의 처리결과를 내사사건부 또는 진정사건부에 기재하여야 한다. 이 경우 피내사자 또는 피진정인등이 입건된 경우에는 형사사건부에 내사 또는 진정사건번호를, 내사사건부 또는 진정사건부에는 사건번호를 기록한다.

⑤ 내사사건 또는 진정사건을 이송하는 경우에는 별지 제263호서식의 내사·진정사건 송치서에 따르고, 다른 기관으로 이송·이첩하는 경우에는 별지 제264호서식의 내사·진정사건 이송·이첩서에 따른다.

제227조【내사·진정사건 결과 통지 등】 ① 사건사무담당직원은 제226조제1항 및 제2항의 처리결과를 지체 없이 별지 제265호서식의 사건결정결과통지서(진정인등)에 따라 진정인등에게 통지한다.

② 사건사무담당직원은 제226조제1항제2호·제3호 및 같은 조 제2항제6호(같은 조 제1항제2호·제3호를 준용하는 경우로 한정한다)의 처리결과를 지체 없이 별지 제266호서식의 사건결정결과통지서(피진정인·피내사자)에 따라 피진정인 또는 피내사자에게 통지한다.

③ 사건사무담당직원은 제2항에도 불구하고 통지로 인해 보복범죄 또는 2차 피해 등이 우려되는 다음 각 호의 경우에는 검사에게 보고하고 피진정인 및 피내사자에 대한 통지를 하지 않을 수 있다.

1. 혐의 내용 및 동기, 진정인 또는 피해자와의 관계 등에 비추어 통지로 인해 진정인 또는 피해자의 생명·신체·명예 등에 위해(危害) 또는 불이익이 우려되는 경우
2. 사안의 경중 및 경위, 진정인 또는 피해자의 의사, 피진정인·피내사자와의 관계, 분쟁의 종국적 해결에 미치는 영향 등을 고려하여 통지하지 않는 것이 상당하다고 인정되는 경우

제10장 조사사건

제228조【조사사건의 수리】 ① 검사는 다음 각 호의 어느 하나에 해당하는 경우에는 조사사건으로 수리한다.
1. 수사의 단서로서 수사를 개시할 필요가 있는 사항에 관한 서류(진정인·탄원인 등 민원인이 있는 서류로 한정한다)를 접수한 경우
2. 내사사건 진행 중 제226조제1항제6호에 따라 등록한 경우
3. 진정사건 진행 중 제226조제2항제6호(같은 조 제1항제6호를 준용하는 경우로 한정한다)에 따라 등록한 경우
4. 상급 검찰청에서 범죄 혐의에 대한 조사 또는 보고를 명한 사항이 기재되어 있는 서류를 접수한 경우
5. 다른 기관으로부터 범죄에 대한 수사를 의뢰받은 경우
6. 그 밖에 제1호부터 제5호까지에 준하는 경우

② 검사는 다음 각 호의 어느 하나에 해당하는 행위를 하는 경우에는 조사사건으로 수리하거나 입건하여야 한다.
1. 사람의 신체, 주거, 관리하는 건조물, 자동차, 선박, 항공기 또는 점유하는 방실(房室)에 대한 압수·수색·검증을 제외한 압수·수색·검증 영장을 청구하는 경우
2. 통신제한조치, 통신사실 확인자료제공 등 법 또는 다른 법령에 따른 영장(체포·구속영장 및 제1호에 따른 압수·수색·검증 영장은 제외한다) 또는 허가를 청구하는 경우
3. 현행범인을 체포·인수한 경우

제229조【조사사건의 수리절차】 ① 사건사무담당직원은 조사사건을 수리하는 경우에는 형사사법정보시스템에 피의자의 인적사항 등 해당 사항을 전산입력하고, 조사사건 수리서를 출력한 후 조사사건기록 앞에 첨부하여 수리한 다음, 조사사건부에 해당 사항을 기록한다.
② 사건사무담당직원은 조사사건과 관련하여 압수물이 있는 경우에는 이를 압수물사무담당직원에게 인계하여 압수물수리절차를 취하게 한다.
③ 조사사건의 번호에 관하여는 제10조제4항을 준용한다. 이 경우 접수연도와 접수번호는 "○년 조제 ○호"로 표시한다.
④ 조사사건의 사건의 단위, 수리절차 및 지휘·감독 등에 관하여는 제5조제2항·제3항, 제7조제3항 및 제11조를 준용한다.

제230조【조사사건의 처리 등】 ① 검사는 다음 각 호의 구분에 따라 조사사건을 처리한다.
1. 입건 : 조사사건부의 비고란에 형제번호를 적는다.
2. 입건유예 : 범죄의 혐의는 있으나 입건할 필요가 없는 경우
3. 혐의없음, 죄가안됨 또는 공소권없음 : 제115조제3항제2호부터 제4호까지의 규정에 따른 사유가 있는 경우
4. 조사중지 : 피의자 또는 참고인 등의 소재불명으로 수사의 진행이 불가능한 경우
5. 이송 : 동일한 내용의 조사사건을 다른 검찰청의 검사가 수사 중이거나 법 제256조 또는 제256조의2에 해당하는 사유가 있는 경우
6. 각하 : 제115조제3항제5호에 준하는 사유가 있는 경우

② 제228조제1항제1호부터 제3호까지, 제5호 및 제6호(같은 항 제1호부터 제3호까지 및 제5호에 준하는 경우로 한정한다)의 사유로 수리된 조사사건이 수사준칙 제18조에 해당하는 경우의 이송에 관하여는 제226조제2항제5호를 준용한다.(2021.9.24 본항개정)
③ 조사사건을 제1항제5호에 따라 이송하는 경우에는 별지 제266호의2서식의 조사사건 송치서에 따르고, 제2항에 따라 다른 기관으로 이송하는 경우에는 별지 제266호의3서식의 조사사건 이송·이첩서에 따른다.(2021.9.24 본항신설)

제231조【조사사건 결과 통지 등】 제230조제1항의 처리결과 통지에 관하여는 제227조를 준용한다. 이 경우 별지 제267호서식의 사건처분결정결과통지서(조사)에 따른다.

제11장 시정사건

제232조【시정사건의 수리】 검사는 다음 각 호의 어느 하나에 해당하는 경우에는 시정사건으로 수리한다.
1. 검사가 법 제197조의3제8항에 따른 구제신청을 받은 경우
2. 검사가 진정인·탄원인 등 민원인이 제출하는 서류가 구제신청의 요건을 갖추었다고 판단하여 시정사건으로 수리하는 경우
3. 검사가 법 제197조의3에 따른 사법경찰관리의 법령위반, 인권침해 또는 현저한 수사권 남용이 의심되는 사실을 인식하게 된 경우
4. 내사·진정사건 진행 중 제226조제1항제7호에 따라 등록한 경우
5. 그 밖에 제1호부터 제4호까지에 준하는 경우

제233조【시정사건의 수리절차】 ① 사건사무담당직원은 제232조제1호 및 제2호에 따라 시정사건을 수리하는 경우에는 형사사법정보시스템에 시정사건의 요지 등 해당 사항을 전산입력하고, 시정사건 수리서를 출력한 후 시정사건기록 앞에 첨부하여 수리한 다음, 시정사건부에 해당 사항을 기록한다.
② 사건사무담당직원은 제232조제3호부터 제5호까지의 규정에 따라 시정사건을 수리하는 경우에는 형사사법정보시스템에 시정사건의 요지 등 해당 사항을 전산입력하고, 시정사건 등록서를 출력한 후 제235조제2항의 시정사건기록 앞에 첨부하여 수리한 다음, 시정사건부에 해당사항을 기록한다.
③ 시정사건의 번호에 관하여는 제10조제4항을 준용한다. 이 경우 접수연도와 접수번호는 "○년 시정제○호"로 표시한다.
④ 시정사건의 수리절차에 관하여는 제11조를 준용한다.

제234조【시정조치요구 및 송치요구의 방법 및 절차 등】 ① 검사가 법 제197조의3제1항에 따라 사법경찰관에게 사건기록 등본의 송부를 요구하는 경우에는 별지 제268호서식의 사건기록등본 송부요구서에 따른다. 이 경우 검사는 사건기록 등본송부 요구서는 사법경찰관에게 송부하고, 부본 2부 중 1부는 기록에 편철하고, 나머지 1부는 사건사무담당직원에게 송부한다.
② 사건사무담당직원이 제1항에 따라 사건기록등본 송부요구서 부본을 송부받은 경우에는 시정사건부와 시정조치기록등본 송부요구(목록)부에 해당 사항을 기록한다.
③ 사건사무담당직원이 사법경찰관으로부터 수사준칙 제45조제2항에 따라 사건기록 등본을 송부받은 경우에는 검사에게 보고하고, 시정사건부에 해당 사항을 기록한다.
④ 검사가 법 제197조의3제3항 및 수사준칙 제45조제3항에 따라 사법경찰관에게 시정조치를 요구하는 경우에는 별지 제269호서식의 시정조치 요구서에 따른다. 이 경우 검사는 시정조치 요구서는 사법경찰관에게 송부하고, 부본 2부 중 1부는 기록에 편철한 후 나머지 1부를 사건사무담당직원에게 송부한다.
⑤ 검사가 수사준칙 제45조제3항에 따라 사법경찰관에게 시정조치를 요구하지 않는다는 통보를 하는 경우에는 별지 제270호서식의 시정조치 불요 통보서 또는 제236조 본문에 따른 별지 제271호서식의 시정사건처리결과통지서(제235조에 따라 시정사건을 처리하는 경우로 한정한다)로 통지한다. 이 경우 검사는 시정조치 불요 통보서 부본 2부 중 1부는 기록에 편철하고, 나머지 1부를 사건사무담당직원에게 송부하여야 한다.
⑥ 사건사무담당직원은 제4항 후단에 따라 시정조치 요구서 부본을 송부받거나 제5항 후단에 따라 시정조치 불요 통보서 부본을 송부받은 경우에는 시정사건부와 시정조치 요구서 송부(목록)부에 해당 사항을 기록한다.
⑦ 사건사무담당직원이 수사준칙 제45조제4항에 따라 이행결과통보서를 송부받은 경우에는 지체 없이 검사에게 이를 보고하고, 시정사건부에 해당 사항을 기록한다.
⑧ 검사가 법 제197조의3제5항에 따라 사법경찰관에게 사건을 송치할 것을 요구하는 경우에는 별지 제5호서식의 송치요구서에 따른다. 이 경우 검사는 송치요구서를 사법경찰관에게 송부하고, 부본 2부 중 1부는 기록에 편철한 후, 나머지 1부는 사건사무담당직원에게 송부한다.
⑨ 사건사무담당직원은 제8항 후단에 따라 송치요구서 부본을 송부받은 경우에는 시정사건부에 해당 사항을 기록한다.
⑩ 사건사무담당직원이 수사준칙 제45조제6항에 따라 사건을 송치받은 경우에는 지체 없이 검사에게 이를 보고하고, 시정사건부에 해당 사항을 기록한다.
⑪ 검사는 수사준칙 제45조제1항에 따른 사건기록 등본의 송부 요구, 같은 조 제3항에 따른 시정조치 요구 및 같은 조 제5항에 따른 사건 송치요구 여부를 판단하기 위하여 사법경찰관리의 의견을 듣거나 사건관계인 등에 대한 자료 제출 요구, 면담 등을 할 수 있다.

제235조【시정사건의 처리】 ① 검사는 다음 각 호의 구분에 따라 시정사건을 처리한다.
1. 시정이행 : 사법경찰관이 검사의 시정조치요구를 이행한 경우
2. 시정불요 : 검사가 법 제197조의3에 따른 절차를 진행할 필요가 없다고 판단한 경우
3. 시정종결(송치) : 검사가 법 제197조의3제5항에 따라 송치요구를 하여 사건을 송치받은 경우
4. 각하 : 제115조제3항제5호에 준하는 사유가 있는 경우
5. 이송 : 법 제197조의3에 따른 절차의 대상이 되는 사건이 다른 검찰청의 관할구역에 있는 사법경찰관리의 사건인 경우
6. 그 밖의 종결 : 제1호부터 제5호까지에 해당하지 않는 시정사건 종결의 경우

② 검사는 시정사건기록에 시정사건의 요지 및 결정이유를 기재하여 처리한다.
③ 검사는 제1항제1호부터 제4호까지 및 제6호에 따라 시정사건을 처리하는 경우 시정사건기록의 비고란에 사법경찰관리에 대한 징계요구 여부를 기재하여야 하고, 제1항제3호에 따라 처리하는 경우에는 시정사건기록의 비고란에 송치된 사건의 사건번호를 기록한다.
④ 검사가 제1항제5호에 따라 시정사건을 이송하는 경우에는 별지 제272호서식의 시정사건 송치서에 따른다.

제236조【시정사건 결과 통지 등】 검사가 제235조에 따라 시정사건을 처리하고 그 내용을 신고자, 고소인, 고발인 등에게 통지하는 경우에는 별지 제271호서식의 시정사건 처리결과 통지서에 따른다. 다만, 신고자, 고소인, 고발인 등의 명시적 의사에 반하지 않는 경우에는 전화, 전자우편, 문자메시지 또는 그 밖에 이에 상당한 방법으로 통지할 수 있다.

제3편 고등검찰청에서의 절차

제237조【수리 사유】 ① 고등검찰청(항소심 법원에 대응하는 지방검찰청을 포함한다. 이하 같다)에서는 사건이 다음 각 호의 어느 하나에 해당하는 경우에 이를 수리한다.
1. 항소법원으로부터 법 제361조의2제1항에 따른 항소기록접수통지서를 받은 경우
2. 대법원에서의 병합·이송·환송 또는 재심개시의 결정에 따라 사건이 대응하는 법원에 계속된 경우
3. 「군사법원법」 제2조제3항에 따른 이송결정으로 사건이 대응하는 법원에 계속된 경우
4. 「범죄인 인도법」 제12조제1항 본문에 따라 법무부장관으로부터 범죄인 인도심사청구 명령을 받은 경우(서울고등검찰청에 한한다)

② 사건사무담당직원은 제1항제1호에 따라 사건을 수리한 경우에는 원심법원에 대응하는 검찰청이 제시하는 사건송부부에 수리일시와 수리자의 직급 및 성명을 기재하고 날인하거나 사건수리통지서를 작성하여 송부하며, 압수물이 있는 경우에는 이를 압수물사무담당직원에게 인계하여 압수물수리절차를 취하게 한다. 다만, 사건의 수리 여부가 형사사법정보시스템 등 다른 방법으로 원심법원에 대응하는 검찰청 등에서 확인할 수 있는 경우에는 사건수리통지서의 송부를 생략할 수 있다.

제238조【항소사건부 기재 등】 ① 사건사무담당직원은 제237제1항제1호부터 제3호까지의 규정에 따라 사건을 수리한 경우에는 항소사건부에 해당 사항을 기재함과 동시에 항소기록접수통지서에 항소사건번호를 기재하고, 같은 조 제1항제4호의 사건을 수리한 경우에는 범죄인 인도심사청구 사건부에 해당 사항을 기록한다. 이 경우 사건사무담당직원은 「검찰보고사무규칙」 제3조에 따른 보고사건인 경우에는 해당 사항을 기록한다.
② 항소사건번호 및 범죄인 인도심사청구의 사건번호에 관하여는 제10조제4항을 준용한다. 이 경우 접수연도와 접수번호는 다음 각 호의 구분에 따라 표시한다.
1. 항소사건번호 : "○년 항 제○호"
2. 범죄인 인도심사청구 사건번호 : "○년 인도 제○호"

③ 제1항 및 제2항에 따른 사항을 전산으로 입력한 경우에는 항소사건부(범죄인 인도심사청구 사건부를 포함한다)의 기재를 생략할 수 있다. 이 경우 전산으로 입력된 자료는 매 분기 말을 기준으로 3개 이상의 장소에 분산·보관한다.

제239조【항소기록접수통지서의 처리】 사건사무담당직원은 수리절차가 종료된 항소기록접수통지서를 처리하려는 경우에는 소속 과장을 거쳐 소속검찰청의 장의 지시를 받는다.

제240조【항소취하사건의 수리】 사건사무담당직원은 제237조제1항제1호에 따라 송부된 항소기록접수통지서를 수리하기 전에 항소취하서를 접수한 경우에는 수리절차를 취하여야 한다.

제241조【피고인색인부】 ① 사건사무담당직원은 제239조에 따른 절차를 마친 경우에는 지체 없이 피고인색인부에 해당 사항을 기록한다.
② 사건사무담당직원은 제1항에도 불구하고 제238조제3항 전문에 따라 항소사건부의 기재를 생략한 경우에는 피고인색인부의 기재를 생략하고, 매월 초 또는 매년 초에 전월 또는 전년도에 수리한 사건에 대한 피고인색인부를 전산처리방법으로 작성·비치한다. 이 경우 매년 초에 피고인색인부가 작성된 경우에는 전년도 월별 피고인색인부는 폐기할 수 있다.

제242조【준용규정】 고등검찰청에서의 공판·상소 및 재심의 절차에 관하여는 제2편제6장부터 제8장까지의 규정을 준용한다.

제243조【확정사건기록의 반환】 항소사건에 관하여 종국 재판이 있거나 또는 항소가 취하된 경우에는 사건사무담당직원은 지체 없이 별지 제273호서식의 항소기록 및 증거물반환서로 원심법원에 대응하는 검찰청의 장에게 사건기록을 반환한다.

제4편 대검찰청에서의 절차

제244조【준용규정】 대검찰청에서의 사건사무의 처리절차에 관하여는 제3편의 규정을 준용한다. 이 경우 "항소사건"은 "상고사건"으로, "항소기록접수통지서"는 "상고기록접수통지서"로, "항소취하"는 "상고취하"로, "소속검찰청의 장"은 "검찰총장"으로, "○년 항 제 ○호"는 "○년 상 제○호"로, "대응하는 법원"은 "대법원"으로, "원심법원에 대응하는 검찰청"은 "원심법원에 대응하는 검찰청 또는 원심군사법원 검찰부"로 본다.

제245조【비상상고】 ① 검찰총장이 법 제441조 또는 제442조에 따라 대법원에 비상상고를 신청하는 경우에는 별지 제274호서식의 비상상고신청서에 따른다.

② 비상상고를 신청한 경우에는 사건사무담당직원은 상고사건부와 비상상고사건부에 해당 사항을 기록한다.
③ 비상상고기록을 대법원에 송부하는 경우에는 별지 제275호서식의 비상상고기록 및 증거물 송부서에 따른다.
제246조【판결정정의 신청】 검사가 법 제400조에 따라 판결정정의 신청을 하는 경우에는 별지 제276호서식의 판결정정신청서에 따른다.

제5편 헌법소원 등의 처리절차

제247조【사건접수부의 기재】 사건사무담당직원은 「헌법재판소법」 제41조에 따른 위헌여부심판의 제청서 또는 같은 법 제68조에 따른 헌법소원심판의 청구서가 송달되면 위헌제청사건접수부 또는 헌법소원사건접수부에 해당 사항을 기록한다.
제248조【의견서 등의 작성 및 송부】 ① 「헌법재판소법」 제41조에 따른 위헌여부심판의 제청과 같은 법 제68조제2항에 따른 헌법소원심판의 청구에 대해서는 공소를 제기한 검사가 별지 제277호서식의 의견서 제출서를, 같은 법 제68조제1항에 따른 헌법소원심판의 청구에 대해서는 불기소결정을 한 검사가 별지 제278호서식의 답변서 및 불기소사건기록 제출서를 각각 작성한다.
② 제1항의 의견서 제출서 또는 답변서 및 불기소사건기록 제출서와 이에 관련된 기록을 헌법재판소에 송부하는 경우에는 제출기한 10일 전까지 대검찰청을 경유하여 송부한다.
제249조【헌법재판소의 결정에 의한 조치】 ① 「헌법재판소법」 제41조에 따른 위헌여부심판의 제청 및 같은 법 제68조제2항에 따른 헌법소원심판 청구에 대하여 공소제기한 사건의 적용 법률이 위헌이라고 결정된 경우에 재판이 계속 중일 때에는 공소취소 또는 공소장변경 등 필요한 조치를 취하고, 재판이 확정된 후 재심청구가 있는 경우에는 재심절차에 따른다.
② 「헌법재판소법」 제68조제1항에 따른 헌법소원심판에 따라 헌법재판소로부터 불기소결정취소결정을 통지받은 검찰청의 장은 지체 없이 불기소결정된 사건을 재기수사하여야 한다. 이 경우 재기 사유는 "헌법재판소의 불기소결정취소결정"으로 한다.
③ 제2항에 따라 재기수사한 사건의 처리는 통상의 사건처리절차에 따른다. 다만, 그 처리결과는 제148조제5항에 따라 고등검찰청의 장 및 검찰총장에게 보고하여야 한다.

제6편 통신제한조치 등의 처리절차

제250조【범죄수사목적 통신제한조치허가청구】 ① 검사가 「통신비밀보호법」 제6조제1항 및 제4항에 따라 통신제한조치허가청구를 하는 경우에는 별지 제279호서식의 통신제한조치허가청구서에 따른다.
② 검사가 「통신비밀보호법」 제6조제2항 및 제4항에 따라 사법경찰관등의 통신제한조치허가 신청에 따라 통신제한조치허가청구를 하는 경우에는 별지 제280호서식의 통신제한조치허가청구서 또는 특별사법경찰관리 지휘규칙 별지 제73호서식에 따른다.
③ 검사는 사법경찰관등의 통신제한조치허가 신청을 검토하여 통신제한조치를 할 만한 상당한 이유가 없다고 인정될 경우에는 그 이유를 구체적으로 부기하여 별지 제281호서식의 통신제한조치허가 신청 기각서로 통신제한조치허가 신청을 기각한다. 다만, 사법경찰관이 신청한 통신제한조치허가의 청구 여부를 결정하기 위하여 수사의 보완이 필요하다고 인정되는 경우에는 별지 제69호서식의 보완수사요구서(영장)로 보완수사요구를 하고, 특별사법경찰관의 통신제한조치허가 신청을 기각하는 경우에는 기한을 정하여 재신청지휘를 할 수 있다.
④ 사건사무담당직원은 검사가 제1항 또는 제2항에 따라 통신제한조치허가를 청구하거나 제3항에 따라 통신제한조치허가 신청을 기각한 경우에는 통신제한조치허가청구부에 해당 사항을 기록한다.
⑤ 사건사무담당직원은 판사로부터 통신제한조치허가서가 발부되거나 기각된 경우에는 통신제한조치허가청구부에 해당 사항을 기재하고 통신제한조치허가서 또는 기각된 통신제한조치허가청구서를 검사에게 제출한다.
제251조【범죄수사목적 통신제한조치 기간연장】 ① 검사가 「통신비밀보호법」 제6조제7항 단서에 따라 통신제한조치 기간연장을 신청하는 경우에는 별지 제282호서식의 통신제한조치 기간연장 청구서에 따르고, 검사가 사법경찰관등의 통신제한조치 기간연장의 신청에 따라 청구하는 경우에는 별지 제283호서식의 통신제한조치 기간연장 청구서 또는 특별사법경찰관리 지휘규칙 별지 제74호서식에 따른다.
② 검사는 사법경찰관등의 통신제한조치 기간연장 신청을 검토하여 그 기간을 연장할 만한 상당한 이유가 없다고 인정될 경우에는 그 이유를 구체적으로 기재하여 통신제한조치 기간연장 신청을 기각하고, 이 경우 별지 제284호서식의 통신제한조치 기간연장 신청 기각서에 따른다.
③ 사건사무담당직원은 제1항에 따라 검사가 통신제한조치 기간연장을 청구하는 경우에는 통신제한조치기간 연장처리부에 해당 사항을 기록한다.
제252조【안보목적 통신제한조치허가 청구】 ① 고등검찰청의 검사가 「통신비밀보호법」 제7조제1항제1호 본문 및 「통신비밀보호법 시행령」 제7조제3항에 따라 정보수사기관의 장의 통신제한조치허가청구 신청에 따라 통신제한조치허가청구를 하는 경우에는 별지 제285호서식에 따른다.
② 사건사무담당직원은 제1항에 따라 고등검찰청의 검사가 통신제한조치허가 청구를 하는 경우에는 통신제한조치허가청구부에 해당 사항을 기록한다.
제253조【안보목적 통신제한조치 기간연장】 ① 고등검찰청의 검사가 정보수사기관의 장의 「통신비밀보호법」 제7조제2항에 따른 통신제한조치 기간연장신청에 따라 통신제한조치 기간연장을 청구하는 경우에는 별지 제286호서식에 따른다.
② 사건사무담당직원은 제1항에 따라 고등검찰청의 검사가 통신제한조치기간 연장을 청구하는 경우에는 통신제한조치기간 연장처리부에 해당 사항을 기록한다.
제254조【긴급통신제한조치허가 및 사후통신제한조치 허가의 청구 등】 ① 검사가 「통신비밀보호법」 제8조제1항에 따라 긴급통신제한조치를 하는 경우에는 긴급검열(감청)서에 따른다.
② 검사가 「통신비밀보호법」 제8조제1항에 따라 긴급통신제한조치를 하고 사후 통신제한조치허가청구를 하는 경우에는 별지 제287호서식의 통신제한조치 허가청구서(사후)에 따르고, 검사가 사법경찰관등의 사후 통신제한조치허가 신청에 따라 허가청구를 하는 경우에는 별지 제288호서식의 통신제한조치 허가청구서(사후) 또는 특별사법경찰관리 지휘규칙 별지 제80호서식에 따른다.
③ 정보수사기관의 장이 「통신비밀보호법」 제8조제1항에 따라 긴급통신제한 조치를 하고 고등검찰청 검사에게 사후통신제한조치허가 신청을 하는 경우에는 별지 제289호서식의 안보목적 통신제한조치허가 신청서에 따른다.
④ 검사는 사법경찰관등의 통신제한조치허가 신청을 검토하여 통신제한조치를 할 만한 상당한 이유가 없다고 인정될 경우에는 그 이유를 구체적으로 기재하여 별지 제290호서식의 통신제한조치허가 신청(사후) 기각서로 통신제한조치허가 신청을 기각한다. 다만, 사법경찰관이 신청한 통신제한조치허가의 청구 여부를 결정하기 위하여 수사의 보완이 필요하다고 인정되는 경우에는 별지 제69호서식의 보완수사요구서(영장)로 보완수사요구를 하고, 특별사법경찰관의 통신제한조치허가 신청을 기각하는 경우에는 기한을 정하여 재신청지휘를 할 수 있다.
⑤ 검사가 사법경찰관등으로부터 긴급통신제한조치 지휘 요청서 또는 건의서를 접수한 경우에는 별지 제291호서식의 긴급통신제한조치 지휘요청·건의에 대한 결정서로 지휘하고, 검사가 사법경찰관등으로부터 긴급통신제한조치 승인요청서 또는 승인건의서를 접수한 경우에는 별지 제292호서식의 긴급통신제한조치 승인요청·건의에 대한 결정서로 지휘한다.
⑥ 사건사무담당직원은 사법경찰관등이 긴급통신제한조치 지휘요청을 하거나 긴급통신제한조치 승인요청을 하는 경우에는 긴급통신제한조치 지휘·승인요청 결정부에 해당 사항을 기록한다.
⑦ 사건사무담당직원은 검사가 제1항에 따른 긴급통신제한조치를 한 경우에는 긴급통신제한조치대장에 해당 사항을 기록한다.
⑧ 검사는 「통신비밀보호법」 제8조제5항에 따라 긴급통신제한조치가 단시간 내에 종료되어 법원의 허가를 받을 필요가 없는 경우에는 지체 없이 별지 제293호서식의 긴급통신제한조치통보서 제출서를 작성하여 관할 지방검찰청검사장에게 제출하여야 한다.
⑨ 사건사무담당직원은 「통신비밀보호법」 제8조제5항에 따라 관할 고등검찰청검사장 또는 관할 지방검찰청검사장이 검사, 사법경찰관 또는 정보수사기관의 장으로부터 제출받은 긴급통신제한조치통보서를 대응하는 법원장에게 송부하는 경우에는 긴급통신제한조치통보서 발송부에 해당 사항을 기록한다.
제255조【통신제한조치의 집행 등】 ① 검사가 「통신비밀보호법」 제9조제1항에 따라 통신제한조치 집행위탁을 하는 경우에는 별지 제294호서식의 통신제한조치 집행위탁의뢰서에 따른다. 이 경우 별지 제294호서식의 비고란에는 녹취교부까지 위탁하는지 또는 청취만 위탁하는지 등 구체적인 집행위탁의 범위를 적어야 한다.
② 검사가 집행위탁한 통신제한조치의 통신제한조치허가기간을 연장한 경우에는 별지 제295호서식의 통신제한조치 기간연장통지서로 수탁기관에 통지한다.
③ 검사가 「통신비밀보호법」 제9조제2항에 따라 통신제한조치를 집행하는 경우 또는 통신제한조치의 집행을 위탁하는 경우에는 통신제한조치집행대장에 해당 사항을 기록한다.
④ 통신제한조치를 집행한 검사(검찰청이 정보수사기관으로서 통신제한조치를 하는 경우를 포함한다)는 별지 제296호서식의 통신제한조치 집행조서를 작성하여야 한다.
⑤ 검사는 통신제한조치의 집행이 불가능하거나 필요 없게 된 경우에는 별지 제297호서식의 통신제한조치허가서 반환서에 따라 「통신비밀보호법」 제9조제2항의 통신제한조치허가서를 반환하여야 한다. 다만, 검사가 사법경찰관의 통신제한조치허가서 반환서를 접수한 경우에는 별지 제298호서식의 통신제한조치허가서 반환서에 따른다.
⑥ 검사가 통신제한조치의 집행이 필요 없게 되어 통신제한조치를 중지하려는 경우에는 별지 제299호서식의 통신제한조치 집행중지 통지서를 수탁기관에 통지한다.
제256조【통신제한조치의 집행에 관한 통지절차 등】 ① 검사가 「통신비밀보호법」 제9조의2제1항 또는 제6항에 따라 우편물 검열의 대상자 또는 감청의 대상이 된 전기통신의 가입자에게 통신제한조치를 집행한 사실과 집행기관 및 그 기간 등을 통지하는 경우에는 별지 제300호서식의 통신제한조치 집행사실 통지서에 따른다. 이 경우 사건사무담당직원은 통신제한조치 집행사실 통지부에 해당 사항을 기록한다.
② 검사가 「통신비밀보호법」 제9조의2제2항에 따라 사법경찰관등에게 통신제한조치를 집행한 사건의 처리결과를 통보하는 경우에는 별지 제301호서식의 통신제한조치 집행사건 처리결과 통보서에 따른다. 이 경우 사건사무담당직원은 통신제한조치 집행사건 처리결과 통보부에 해당 사항을 기록한다.
③ 검사가 「통신비밀보호법」 제9조의2제5항 본문 및 같은 법 시행령 제19조제1항 전단에 따라 통신제한조치 집행사실의 통지유예에 관한 관할 지방검찰청검사장의 승인을 받으려는 경우에는 별지 제302호서식의 통신제한조치집행사실 통지유예 승인신청서에 따른다.
④ 검사는 「통신비밀보호법」 제9조의2제5항 본문 및 같은 법 시행령 제19조제1항 후단에 따라 사법경찰관등으로부터 통신제한조치 집행사실 통지유예 승인신청서를 접수한 경우에는 별지 제303호서식의 통신제한조치집행사실 통지유예 승인신청에 대한 지휘서에 검토의견을 기재하여 관할 지방검찰청검사장의 승인을 받아 지휘한다.
⑤ 사건사무담당직원은 제3항 또는 제4항에 따른 승인신청이 있거나 관할 지방검찰청검사장의 승인을 받은 경우에는 통신제한조치 집행사실 통지유예 승인신청부에 해당 사항을 기록한다.
제257조【통신사실 확인자료제공 요청 등】 ① 검사가 「통신비밀보호법」 제13조제1항에 따라 통신사실 확인자료제공을 요청하는 경우에는 별지 제304호서식의 통신사실 확인자료제공 요청서에 따르고, 통신사실 확인자료제공 요청 집행대장에 해당 사항을 기록한다.
② 통신사실 확인자료제공을 요청한 검사는 별지 제305호서식의 통신사실 확인자료제공 요청 집행조서를 작성한다.
③ 검사는 통신사실 확인자료제공을 요청하는 것이 불가능하거나 필요 없게 된 경우에는 별지 제306호서식의 통신사실 확인자료제공 요청허가서 반환서에 따라 통신사실 확인자료제공 요청허가서를 반환하여야 한다. 다만, 검사가 사법경찰관등으로부터 통신사실 확인자료제공 요청허가서 반환서를 접수한 경우에는 별지 제307호서식의 통신사실 확인자료제공 요청허가서 반환서에 따른다.
④ 검사는 통신사실 확인자료제공 요청이 필요 없게 된 경우에는 별지 제308호서식의 통신사실 확인자료제공 요청중지통지서를 해당 전기통신사업자에게 통지하여야 한다.
⑤ 사건사무담당직원은 검사가 제1항에 따라 전기통신사업자로부터 통신사실 확인자료를 제공받은 경우에는 통신사실 확인자료 회신대장에 해당 사항을 기록한다.
제258조【범죄수사를 위한 통신사실 확인자료제공 요청허가청구】 ① 검사가 「통신비밀보호법」 제13조제3항에 따라 통신사실 확인자료제공 요청허가를 청구하는 경우에는 별지 제309호서식의 통신사실 확인자료제공 요청허가 청구서에 따른다.
② 검사가 「통신비밀보호법」 제13조제9항에서 준용하는 같은 법 제6조제2항에 따라 사법경찰관등의 통신사실 확인자료제공 요청허가 신청에 따라 통신사실 확인자료제공 요청허가를 청구하는 경우에는 별지 제310호서식의 통신사실 확인자료제공 요청허가 청구서 또는 특별사법경찰관리 지휘규칙 별지 제104호서식에 따른다.
③ 검사는 사법경찰관등의 통신사실 확인자료제공 요청허가 신청을 검토하여 통신사실 확인자료제공을 요청할 만한 상당한 이유가 없다고 인정할 경우에는 그 이유를 구체적으로 기재하여 별지 제311호서식의 통신사실 확인자료제공 요청허가 신청 기각서로 허가 신청을 기각한다. 다만, 사법경찰관이 신청한 통신사실 확인자료제공요청허가의 청구 여부를 결정하기 위하여 수사의 보완이 필요하다고 인정되는 경우에는 별지 제69호서식의 보완수사요구서(영장)로 보완수사요구를 하고, 특별사법경찰관의 통신사실 확인자료제공 요청 허가 신청을 기각하는 경우에는 기한을 정하여 재신청지휘를 할 수 있다.
④ 사건사무담당직원은 검사가 제1항 또는 제2항에 따라 허가를 청구하거나 제3항에 따라 사법경찰관등의 허가신청을 기각한 경우에는 통신사실 확인자료제공 요청허가청구부에 해당 사항을 기록한다.
⑤ 판사로부터 통신사실 확인자료제공 요청허가서가 발부되거나 기각된 경우에는 사건사무담당직원은 통신사실 확인자료제공 요청허가청구부에 해당 사항을 기재하고 통신사실 확인자료제공 요청허가서 또는 기각된 통신사실 확인자료제공 요청허가청구서를 검사에게 제출한다.
제259조【긴급 통신사실 확인자료제공 요청허가청구 등】 ① 검사가 「통신비밀보호법」 제13조제3항 단서에 따라 긴급 통신사실 확인자료제공을 요청하거나 정보수사기관의 장이 「통신비밀보호법」 제13조의4제2항에서 준용하는 같은 법 제8조에 따라 긴급 통신사실 확인자료제공을 요청하는 경우에는 별지 제312호서식의 긴급 통신사실 확인자료제공 요청서에 따른다.

② 검사가 「통신비밀보호법」 제13조제3항 단서에 따라 긴급 통신사실 확인자료제공을 요청한 후에 통신사실 확인자료제공 요청허가청구를 하는 경우에는 별지 제313호서식의 통신사실 확인자료제공 요청허가 청구서(사후)에 따르고, 검사가 사법경찰관등의 사후 통신사실 확인자료제공 요청허가 신청에 따라 허가청구를 하는 경우에는 별지 제314호서식의 통신사실 확인자료제공 요청허가 청구서(사후) 또는 특별사법경찰관리 지휘규칙 별지 제108호서식에 따른다.
③ 정보수사기관의 장이 「통신비밀보호법」 제13조의4제2항에서 준용하는 같은 법 제8조제1항 및 제2항에 따라 긴급 통신사실 확인자료제공을 요청하고 고등검찰청검사에게 사후 통신사실 확인자료제공 요청허가 신청을 하는 경우에는 별지 제315호서식의 국가안보를 위한 통신사실 확인자료제공 요청허가 신청서에 따른다.
④ 검사는 제2항의 사법경찰관등의 사후 통신사실 확인자료제공 요청허가 신청을 검토하여 통신사실 확인자료제공 요청을 할 만한 상당한 이유가 없다고 인정될 경우에는 그 이유를 구체적으로 기재하여 별지 제316호서식의 통신사실 확인자료제공 요청허가 신청 기각서(사후)로 기각한다. 다만, 사법경찰관이 신청한 통신사실 확인자료제공 요청허가의 청구 여부를 결정하기 위하여 수사의 보완이 필요하다고 인정되는 경우에는 별지 제69호서식의 보완수사요구서(영장)로 보완수사요구를 하고, 특별사법경찰관의 통신사실 확인자료제공 요청허가 신청을 기각하는 경우에는 기한을 정하여 재신청지휘를 할 수 있다.
⑤ 사건사무담당직원은 검사가 제1항에 따라 긴급 통신사실 확인자료제공을 요청한 경우에는 긴급 통신사실 확인자료제공 요청대장에 해당 사항을 기록한다.
⑥ 사건사무담당직원은 「통신비밀보호법」 제13조의4제2항에서 준용하는 같은 법 제8조제5항에 따라 관할 고등검찰청검사장이 정보수사기관의 장으로부터 제출받은 긴급 통신사실 확인자료제공 요청 집행통보서를 대응하는 법원장에게 송부하는 경우에는 국가안보를 위한 긴급 통신사실 확인자료제공 요청 집행통보서 발송부에 해당 사항을 기록한다.
제260조【통신사실 확인자료제공 요청에 관한 통지절차】 ① 검사가 「통신비밀보호법」 제13조의3제1항에 따라 통신사실 확인자료제공요청의 대상이 된 전기통신 가입자로부터 통신사실확인자료를 제공받은 사실과 제공요청기관 및 그 기간 등을 통지하는 경우에는 별지 제317호서식의 통신사실 확인자료제공 요청 집행사실통지서에 따른다. 이 경우 사건사무담당직원은 통신사실 확인자료제공 요청 집행사실 통지부에 해당 사항을 기록한다.
② 검사가 「통신비밀보호법」 제13조의3제7항에서 준용하는 같은 법 제9조의2제2항에 따라 사법경찰관등에게 통신사실 확인자료제공 요청을 받은 사건의 처리결과를 통보하는 경우에는 별지 제318호서식의 통신사실 확인자료제공 요청 집행사건 처리결과통보서에 따른다. 이 경우 사건사무담당직원은 통신사실 확인자료제공 요청 집행사건 처리결과 통보부에 해당 사항을 기록한다.
③ 검사가 「통신비밀보호법」 제13조의3제3항, 제13조의3제7항에서 준용하는 같은 법 제9조의2제5항 및 같은 법 시행령 제37조제3항에서 준용하는 같은 영 제19조제1항에 따라 통신사실 확인자료제공 요청 집행사실의 통지유예에 관한 지방검찰청검사장의 승인을 받으려는 경우에는 통신사실 확인자료제공 요청 집행사실 통지유예 승인신청서에 따른다.
④ 검사는 「통신비밀보호법」 제13조의3제3항, 제13조의3제7항에서 준용하는 같은 법 제9조의2제5항 및 같은 법 시행령 제37조제3항에서 준용하는 같은 영 제19조제1항에 따라 사법경찰관등으로부터 통신사실 확인자료제공 요청 집행사실 통지유예 승인신청서가 접수된 경우에는 별지 제319호서식의 통신사실 확인자료제공 요청 집행사실통지유예 승인신청에 대한 지휘서에 검토의견을 기재하여 관할 지방검찰청검사장의 승인을 받아 지휘한다.
⑤ 사건사무담당직원은 제3항 또는 제4항에 따른 승인신청이 있거나 관할 지방검찰청검사장의 승인을 받은 경우에는 통신사실 확인자료제공요청 집행사실 통지유예 승인신청부에 해당 사항을 기록한다.
⑥ 사건사무담당직원은 「통신비밀보호법」 제13조의3제6항에 따른 통신사실 확인자료제공요청 사유 통지 신청을 접수한 경우에는 이를 검사에게 보고한다.
⑦ 검사는 제6항의 신청에 따라 통지를 하는 경우에는 별지 제320호서식의 통신사실 확인자료제공 요청사유 통지서에 따른다. 이 경우 검사는 통지서 부본 1부를 사건사무담당직원에게 송부한다.
⑧ 사건사무담당직원은 검사로부터 제7항의 통지서를 송부받은 경우에는 통신사실확인자료제공 요청사유 통지 처리부에 해당 사항을 기록한다.
제261조【국가안보를 위한 통신사실 확인자료제공 요청허가청구】 ① 고등검찰청의 검사가 「통신비밀보호법」 제13조의4제2항에서 준용하는 같은 법 제7조제1항제1호 및 같은 법 시행령 제37조제4항에 따라 정보수사기관의 장의 통신사실 확인자료제공 요청허가 신청에 따라 통신사실 확인자료제공 요청허가청구를 하는 경우에는 별지 제321호서식에 따른다.
② 사건사무담당직원은 제1항에 따라 고등검찰청의 검사가 통신사실 확인자료제공 요청허가청구를 하는 경우에는 통신사실 확인자료제공 요청허가청구부에 해당 사항을 기록한다.
제262조【국가안보를 위한 통신사실 확인자료제공 요청기간의 연장】 ① 고등검찰청의 검사가 정보수사기관의 장의 「통신비밀보호법」 제13조의4제2항에서 준용하는 같은 법 제7조제2항에 따른 통신사실 확인자료제공 요청기간 연장신청에 따라 통신사실 확인자료제공 요청기간 연장을 청구하는 경우에는 별지 제322호서식에 따른다.
② 사건사무담당직원은 제1항에 따라 고등검찰청의 검사가 통신사실 확인자료제공 요청기간 연장을 청구하는 경우에는 통신사실 확인자료제공 요청기간 연장처리부에 해당 사항을 기록한다.
제263조【송·수신이 완료된 전기통신에 대한 압수·수색·검증 집행사실 통지절차 등】 ① 검사가 「통신비밀보호법」 제9조의3제1항에 따라 수사대상이 된 가입자에게 송·수신이 완료된 전기통신에 대한 압수·수색·검증의 집행사실을 통지하는 경우에는 별지 제323호서식의 송·수신이 완료된 전기통신에 대한 압수·수색·검증 집행사실 통지서에 따른다. 이 경우 사건사무담당직원은 송·수신이 완료된 전기통신에 대한 압수·수색·검증 집행사실 통지부에 해당 사항을 기록한다.
② 검사가 「통신비밀보호법」 제9조의3제2항에 따라 사법경찰관등에게 송·수신이 완료된 전기통신에 대한 압수·수색·검증 집행사건의 처리결과를 통보하는 경우에는 별지 제324호서식의 송·수신이 완료된 전기통신에 대한 압수·수색·검증 집행사건 처리결과 통보서에 따른다. 이 경우 사건사무담당직원은 송·수신이 완료된 전기통신에 대한 압수·수색·검증 집행사건 처리결과 통보부에 해당 사항을 기록한다.
제264조【범죄수사를 위한 전기통신 보관 등의 승인청구 및 관련 자료의 관리】 ① 검사가 「통신비밀보호법」 제12조의2제1항에 따라 전기통신 보관 등의 승인을 청구하는 경우에는 별지 제325호서식의 전기통신 보관 등 승인 청구서에 따른다.
② 검사가 「통신비밀보호법」 제12조의2제2항에 따라 사법경찰관등의 전기통신 보관 등의 승인신청에 따라 전기통신 보관 등의 승인청구를 하는 경우에는 별지 제326호서식의 전기통신 보관 등 승인 청구서(사법경찰관 신청)에 따른다.
③ 검사는 제2항의 사법경찰관등의 전기통신 보관 등의 승인신청을 검토하여 전기통신 보관 등이 필요할 만한 상당한 이유가 없다고 인정될 경우에는 그 이유를 구체적으로 기재하여 별지 제327호서식의 전기통신 보관 등 승인 신청 기각서로 승인신청을 기각한다. 다만, 사법경찰관이 신청한 전기통신 보관 등의 승인 청구 여부를 결정하기 위하여 수사의 보완이 필요하다고 인정되는 경우에는 별지 제69호서식의 보완수사요구서(영장)로 보완수사요구를 하고, 특별사법경찰관의 전기통신 보관 등의 승인신청을 기각하는 경우에는 기한을 정하여 재신청지휘를 할 수 있다.
④ 사건사무담당직원은 검사가 제1항 또는 제2항에 따라 허가를 청구하거나 제3항에 따라 사법경찰관등의 승인신청을 기각한 경우에는 전기통신 보관 등 승인청구부에 해당 사항을 기록한다.
⑤ 사건사무담당직원은 판사로부터 전기통신 보관 등 승인서가 발부되거나 전기통신 보관 등 승인청구가 기각된 경우에는 전기통신 보관 등 승인청구부에 해당 사항을 기재하고 전기통신 보관 등 승인서 또는 기각된 전기통신 보관 등 승인청구서를 검사에게 제출한다.
⑥ 검사가 「통신비밀보호법」 제12조의2제5항에 따라 전기통신을 폐기하는 경우에는 별지 제328호서식의 폐기결과보고서를 작성하여 법원에 송부하고, 폐기결과보고서 부본 2부를 작성하여 그 중 1부는 사건기록에 편철하고, 다른 부본 1부는 사건사무담당직원에게 송부한다.
⑦ 사건사무담당직원은 검사로부터 제6항에 따라 폐기결과보고서를 송부받은 경우에는 청구부에 해당 사항을 기록한다.
제265조【준용규정】 범죄수사목적 통신제한조치 허가청구(사전청구 또는 사후청구 모두를 포함한다) 및 범죄수사를 위한 통신사실 확인자료제공 요청 허가청구(사전청구 또는 사후청구 모두를 포함한다)의 청구 절차, 통신제한조치 허가서 및 통신사실 확인자료제공 요청 허가서의 집행지휘·집행촉탁 및 반환 등에 관하여는 제55조제3항부터 제7항까지 및 제57조부터 제59조까지의 규정을 준용한다. 이 경우 제57조부터 제59조까지의 규정 중 "법 제200조의6"은 "「통신비밀보호법」 제6조 및 제13조"로, "체포"는 "통신제한조치" 또는 "통신사실 확인자료제공 요청"으로, "체포영장"은 "통신제한조치 허가서" 또는 "통신사실 확인자료제공 요청 허가서"로 각각 본다.

제7편 마약류범죄관련 보전절차 등

제1장 마약류 관련 입국 및 상륙 등 특례절차

제266조【마약류범죄수사관련 특례요청 등】 ① 검사가 「마약류 불법거래 방지에 관한 특례법」(이하 이 편에서 "마약거래방지법"이라 한다) 제3조제1항 또는 제2항에 따른 입국·상륙절차의 특례요청을 하는 경우에는 별지 제329호서식의 입국·상륙절차 특례요청서에 따른다.
② 검사가 마약거래방지법 제3조제3항에 따라 체류부적당 통보를 하는 경우에는 별지 제330호서식의 체류부적당 통보서에 따른다.
③ 검사가 마약거래방지법 제4조제1항 또는 제2항에 따라 반출·반입특례요청을 하는 경우에는 별지 제331호서식의 세관절차 특례요청서에 따른다.
④ 검사가 마약거래방지법 제3조제5항 또는 제4조제3항에 따라 사법경찰관등의 신청에 따라 제1항부터 제3항까지의 규정에 따른 마약류범죄수사 관련 입국·상륙절차 특례요청, 체류부적당 통보 또는 세관절차 특례요청을 하는 경우에는 별지 제332호서식의 입국·상륙절차 특례요청서, 별지 제333호서식의 체류부적당 통보서 또는 별지 제334호서식의 세관절차 특례요청서에 따른다.
⑤ 검사는 제4항의 사법경찰관등의 신청을 검토하여 입국·상륙절차 특례요청, 체류부적당 통보 또는 세관절차 특례요청을 할 상당한 이유가 없다고 인정할 경우에는 별지 제335호서식의 입국·상륙절차 특례신청 기각서, 별지 제336호서식의 체류부적당 통보신청 기각서 또는 제337호서식의 세관절차 특례신청 기각서 그 이유를 구체적으로 기재하여 신청을 기각한다.
⑥ 사건사무담당직원은 검사가 제1항부터 제4항까지의 규정에 따라 마약류범죄수사 관련 입국·상륙절차 특례요청, 체류부적당 통보 및 세관절차 특례요청을 하는 경우에는 특례조치 등 요청·통보부를 작성하고, 필요한 사항을 기재하여야 한다.

제2장 몰수·부대보전절차

제267조【몰수보전 등의 청구】 ① 검사가 마약거래방지법 제33조제1항·제2항 또는 제34조제1항(범죄수익은닉규제법 제12조에서 준용하는 경우를 포함한다)에 따라 몰수보전 또는 부대보전을 청구하는 경우에는 별지 제338호서식의 몰수·부대보전청구서에 따른다.
② 검사가 마약거래방지법 제34조제1항(범죄수익은닉규제법 제12조에서 준용하는 경우를 포함한다)에 따라 사법경찰관등의 신청에 따라 몰수보전 또는 부대보전을 청구하는 경우에는 별지 제339호서식의 몰수·부대보전청구서에 따른다.
③ 검사는 제2항의 사법경찰관등의 신청을 검토하여 몰수보전 또는 부대보전을 할 상당한 이유가 없다고 인정될 경우에는 별지 제340호서식의 몰수·부대보전신청 기각서에 그 이유를 기재하여 신청을 기각한다. 다만, 검사가 특별사법경찰관의 몰수보전신청 또는 부대보전신청을 몰수보전 또는 부대보전의 이유와 필요에 대한 소명자료의 보완이 필요하다고 인정하여 기각하는 경우에는 마약거래방지법 제53조제3항에 따라 기한을 정하여 다시 신청할 것을 지휘할 수 있다.
④ 사건사무담당직원은 검사가 제1항부터 제3항까지의 규정에 따라 몰수보전 또는 부대보전을 청구하거나 사법경찰관등의 신청을 기각한 경우에는 몰수·추징보전청구부에 해당 사항을 기록한다.
⑤ 법원이 몰수보전명령 또는 부대보전명령을 하거나 제1항 및 제2항의 청구를 기각한 경우에는 사건사무담당직원은 제4항의 몰수·추징보전청구부에 해당 사항을 기재하고, 압수사무담당직원을 경유(몰수보전명령 또는 부대보전명령이 기각된 경우는 제외한다)하여 결정서를 검사에게 제출한다.
제268조【몰수보전부】 압수사무담당직원은 제267조제5항에 따라 법원의 몰수보전명령서 또는 부대보전명령서를 받은 경우(법원이 직권으로 몰수보전명령 또는 부대보전명령을 한 경우를 포함한다)에는 몰수보전부를 작성한다.
제269조【몰수보전명령 등의 집행】 검사가 마약거래방지법 제37조제4항 및 제38조(범죄수익은닉규제법 제12조에서 준용하는 경우를 포함한다)에 따라 부동산 및 등기·등록에 의하여 권리변동이 이루어지는 물건 등에 대한 몰수보전명령 또는 부대보전명령의 집행을 하는 경우에는 별지 제341호서식의 등기·등록촉탁서에 따른다.
제270조【공시의 조치】 검사가 마약거래방지법 제39조제3항(범죄수익은닉규제법 제12조에서 준용하는 경우를 포함한다)에 따른 공시 조치를 하기 위한 공시서는 다음 각 호의 사항을 기재한 몰수보전 공시서에 따른다.
1. 동산의 표시
2. 몰수보전명령별 재판 연월일, 법원 및 사건번호
3. 공시 연월일
4. 공시검사
제271조【공소장의 기재】 검사는 공소가 제기되기 전에 법원이 몰수보전명령 또는 부대보전명령을 한 사건에 대하여 공소를 제기하는 경우에는 공소장 첨부란의 우측 여백에 "몰수보전명령 있음"이라고 적는다.
제272조【공소제기의 통지】 ① 검사가 마약거래방지법 제34조제5항 본문(범죄수익은닉규제법 제12조에서 준용하는 경우를 포함한다)에 따라 통지를 하는 경우에는 별지 제342호서식의 몰수·부대보전 공소제기 통지서에 따른다.
② 검사가 마약거래방지법 제34조제5항 단서(범죄수익은닉규제법 제12조에서 준용하는 경우를 포함한다)에 따른 공고를 하는 경우에는 별지 제343호서식의 몰수·부대보전 공소제기 공고서에 따른다.

제273조【몰수보전명령 등의 취소청구 등】① 검사가 마약거래방지법 제42조제1항(범죄수익은닉규제법 제12조에서 준용하는 경우를 포함한다)에 따라 몰수보전명령 또는 부대보전명령의 취소를 청구하는 경우에는 별지 제344호서식의 몰수·부대보전명령 취소청구서에 따른다.
② 마약거래방지법 제42조제2항(범죄수익은닉규제법 제12조에서 준용하는 경우를 포함한다)에 따라 법원에서 몰수보전명령의 취소에 관한 검사의 의견을 요청하는 경우의 의견표명 절차 등에 관하여는 제155조를 준용한다.
제274조【몰수보전명령 등이 실효된 경우의 조치】검사가 마약거래방지법 제44조(범죄수익은닉규제법 제12조에서 준용하는 경우를 포함한다)에 따라 몰수보전 또는 부대보전의 등기나 등록에 대한 말소를 촉탁하는 경우에는 별지 제345호서식의 등기·등록 말소촉탁서에 따른다.
제275조【준수사항】압수사무담당직원은 몰수보전 또는 부대보전에 관련된 절차단계마다 몰수보전부 각 난에 해당 사항을 기록한다.

제3장 추징보전절차

제276조【추징보전의 청구】① 검사가 마약거래방지법 제52조제1항 또는 제53조제1항(범죄수익은닉규제법 제12조에서 준용하는 경우를 포함한다)에 따라 추징보전을 청구하는 경우에는 별지 제346호서식의 추징보전 청구서에 따른다.
② 검사가 마약거래방지법 제53조제1항(범죄수익은닉규제법 제12조에서 준용하는 경우를 포함한다)에 따른 사법경찰관등의 신청에 따라 같은 항에 따른 추징보전을 청구하는 경우에는 별지 제347호서식의 추징보전 청구서에 따른다.
③ 검사가 마약거래방지법 제53조제1항(범죄수익은닉규제법 제12조에서 준용하는 경우를 포함한다)에 따른 사법경찰관등의 신청에 대하여 같은 법 제52조제1항에 따른 추징보전의 이유와 필요가 없다고 인정하여 그 신청을 기각하는 경우에는 별지 제348호서식의 추징보전신청 기각서에 따른다. 다만, 검사가 특별사법경찰관의 추징보전신청을 추징보전의 이유와 필요에 대한 소명자료의 보완이 필요하다고 인정하여 기각하는 경우에는 마약거래방지법 제53조제3항에 따라 기한을 정하여 다시 신청할 것을 재지휘할 수 있다.
④ 제1항부터 제3항까지의 규정에 따른 추징보전의 청구 절차 등에 관하여는 제267조제4항 및 제5항을 준용한다.
제277조【추징보전부】압수사무담당직원은 제276조제4항에서 준용하는 제267조제5항에 따라 추징보전명령서를 받은 경우(법원이 직권으로 추징보전명령을 한 경우를 포함한다)에는 추징보전부를 작성한다.
제278조【추징보전명령의 집행】검사가 마약거래방지법 제54조(범죄수익은닉규제법 제12조에서 준용하는 경우를 포함한다)에 따라 추징보전명령을 집행하는 경우에는 별지 제349호서식의 추징보전명령 집행명령서를 첨부하여 별지 제350호서식의 가압류집행절차 신청서에 따라 법원에 이를 신청한다.
제279조【공소장의 기재】검사는 공소가 제기되기 전에 추징보전명령이 발하여진 사건에 대하여 공소를 제기하는 경우에는 공소장 첨부란의 우측 여백에 "추징보전명령 있음"이라고 적는다.
제280조【추징보전명령의 취소청구】① 검사가 마약거래방지법 제57조(범죄수익은닉규제법 제12조에서 준용하는 경우를 포함한다)에 따라 추징보전명령의 전부 또는 일부의 취소를 청구하는 경우에는 별지 제351호서식의 추징보전명령 취소청구서에 따른다.
② 검사가 사법경찰관등에게 마약거래방지법 제53조제3항(범죄수익은닉규제법 제12조에서 준용하는 경우를 포함한다)에 따른 요구를 하는 경우에는 별지 제352호서식의 추징보전 신청·보완·수정·취소 등 요구서에 따른다.
③ 검사가 사법경찰관등의 신청에 따라 마약거래방지법 제57조(범죄수익은닉규제법 제12조에서 준용하는 경우를 포함한다)에 따른 추징보전명령의 취소를 청구하는 경우에는 별지 제353호서식의 추징보전명령 취소청구서에 따른다.
④ 마약거래방지법 제57조(범죄수익은닉규제법 제12조에서 준용하는 경우를 포함한다)에 따라 법원에서 추징보전명령의 취소에 관한 검사의 의견을 요청하는 경우의 의견표명 절차 등에 관하여는 제155조를 준용한다.
제281조【추징보전명령이 실효된 경우의 조치】① 검사가 마약거래방지법 제59조(범죄수익은닉규제법 제12조에서 준용하는 경우를 포함한다)에 따라 추징보전명령 집행명령을 취소하는 경우에는 별지 제354호서식의 추징보전명령 집행명령 취소서에 따른다.
② 검사는 제1항의 추징보전명령 집행명령 취소와 관련하여 추징보전명령에 따른 추징보전집행을 정지 또는 취소하는 경우에는 별지 제355호서식의 가압류 집행정지·취소절차 신청서에 추징보전명령 집행명령 취소서를 첨부하여 법원에 신청해야 한다.
제282조【준수사항】압수사무담당직원은 추징보전에 관련된 절차단계마다 추징보전부 각 난에 해당 사항을 기록한다.

제4장 강제집행 등과의 조정절차

제283조【강제집행의 정지청구 등】① 검사가 마약거래방지법 제48조제1항(마약거래방지법 제50조제7항 및 범죄수익은닉규제법 제12조에서 준용하는 경우를 포함한다)에 따라 강제집행의 정지를 청구하는 경우에는 별지 제356호서식의 강제집행정지 청구서에 따른다.
② 검사가 마약거래방지법 제48조제3항(마약거래방지법 제50조제7항 및 범죄수익은닉규제법 제12조에서 준용하는 경우를 포함한다)에 따라 강제집행정지결정의 취소를 청구하는 경우에는 별지 제357호서식의 강제집행정지결정 취소청구서에 따른다.
③ 마약거래방지법 제48조제4항(범죄수익은닉규제법 제12조에서 준용하는 경우를 포함한다)에 따라 법원에서 강제집행정지결정의 취소에 관한 검사의 의견을 요청하는 경우의 의견표명 절차 등에 관하여는 제155조를 준용한다.
제284조【몰수보전재산에 대하여 강제집행에 의하여 압류 등이 된 경우의 통지】① 검사는 「마약류범죄 등의 몰수보전 등에 관한 규칙」 제13조제3항이나 같은 규칙 제16조제1항 또는 제2항(같은 규칙 제18조·제19조제1항 및 제20조에서 준용하는 경우를 포함한다)에 따른 통지를 하는 경우에는 몰수·부대보전에 관한 통지서를 작성하여 집행법원(동산의 경우에는 집행관을 말한다)에 그 사실을 통지하여야 한다.

제5장 국제공조절차

제285조【심사청구 등】① 검사가 마약거래방지법 제67조제1항(범죄수익은닉규제법 제12조에서 준용하는 경우를 포함한다)에 따라 심사청구를 하는 경우에 몰수확정재판의 집행에 관한 심사청구는 별지 제358호서식의 몰수집행 공조심사청구서에 따르고, 추징확정재판의 집행에 관한 심사청구는 별지 제359호서식의 추징집행 공조심사청구서에 따른다.
② 마약거래방지법 제67조제7항(범죄수익은닉규제법 제12조에서 준용하는 경우를 포함한다)에 따라 법원에서 심사청구에 관한 검사의 의견을 요청하는 경우의 의견표명 절차 등에 관하여는 제155조를 준용한다.
③ 검사가 마약거래방지법 제71조제1항(범죄수익은닉규제법 제12조에서 준용하는 경우를 포함한다)에 따라 몰수보전명령 또는 부대보전명령을 청구하는 경우에는 별지 제360호서식의 공조몰수·부대보전명령 청구서에 따른다.
④ 검사가 마약거래방지법 제72조제1항(범죄수익은닉규제법 제12조에서 준용하는 경우를 포함한다)에 따라 추징보전명령을 청구하는 경우에는 별지 제361호서식의 공조추징보전명령 청구서에 따른다.
⑤ 사건사무담당직원은 검사가 제1항부터 제4항까지의 규정에 따라 심사청구 또는 보전명령청구를 하는 경우에는 마약류사범 국제공조사건처리부를 작성하고, 마약류사범 국제공조사건처리부에 해당 사항을 기록한다.
⑥ 사건사무담당직원은 법원이 공조허가결정 또는 공조몰수·공조추징보전명령을 하거나 그 청구를 각하, 거절 또는 기각한 경우에는 마약류사범 국제공조사건처리부에 해당 사항을 기재하고, 압수사무담당직원을 경유(심사청구가 각하 또는 거절된 경우 및 공조몰수·공조추징보전청구가 기각된 경우는 제외한다)하여 결정서를 검사에게 제출한다.
제286조【심사청구 등의 취소 등】① 검사가 마약거래방지법 제74조제1항(범죄수익은닉규제법 제12조에서 준용하는 경우를 포함한다)에 따라 심사·몰수보전 또는 추징보전의 청구를 취소하는 경우에는 별지 제362호서식의 청구취소서에 따른다.
② 검사가 마약거래방지법 제70조제1항(범죄수익은닉규제법 제12조에서 준용하는 경우를 포함한다)에 따라 공조허가 결정의 취소를 청구하는 경우에는 별지 제363호서식의 집행공조허가결정 취소청구서에 따른다.
③ 검사가 마약거래방지법 제74조제1항(범죄수익은닉규제법 제12조에서 준용하는 경우를 포함한다)에 따라 몰수보전명령 또는 추징보전명령의 취소를 청구하는 경우에는 별지 제363호서식의 공조몰수·추징보전명령 취소청구서에 따른다.
제287조【몰수·부대보전절차 등의 준용】이 장의 규정에 따른 심사청구 등의 준수사항 등에 관하여는 제278조 및 제282조를 준용한다.
제288조【「형사소송규칙」 등의 준용】이 장에 특별한 규정이 있는 경우를 제외하고 검사 또는 사법경찰관리가 하는 결정에 대한 및 이해관계인의 참가에 관한 절차에 관하여는 「마약류범죄 등의 몰수보전 등에 관한 규칙」 제2장, 「형사소송규칙」(제1편제2장, 같은 편 제5장부터 제13장까지, 제2편제1장, 제3편제1장·제3장·제4장, 제5편 및 제6편으로 한정한다), 「국제형사사법공조규칙」 및 「범죄인 인도법에 의한 인도심사 등의 절차에 관한 규칙」 제4조·제12조·제14조·제15조를 각각 그 성질에 반하지 않는 범위에서 준용한다.

제8편 징계요구·직무배제·교체임용요구

제289조【징계요구 절차 등】① 검찰총장 또는 각급 검찰청의 검사장이 법 제197조의2제3항 및 제197조의3제7항에 따라 사법경찰관에 대한 징계를 요구하는 경우에는 별지 제365호서식의 경찰공무원 징계 요구서에 수사준칙 제46조제1항 및 제61조제1항에 따른 관계 자료를 첨부하여 요구한다.
② 사건사무담당직원은 보완수사요구 사건부(결정), 보완수사요구 사건부(추완), 보완수사요구 사건부(공판), 보완수사요구 사건부(영장) 또는 시정사건부에 해당 사항을 기록한다.
③ 사건사무담당직원은 수사준칙 제46조제2항 및 제61조제3항에 따라 경찰관서장으로부터 징계요구에 대한 처리 결과 및 이유를 통보받은 경우에는 이를 검사에게 보고한다.
제290조【직무배제요구 절차 등】① 검찰총장 또는 각급 검찰청의 검사장이 법 제197조의2제3항에 따라 사법경찰관에 대한 직무배제를 요구하는 경우에는 별지 제366호서식의 경찰공무원 직무배제 요구서에 수사준칙 제61조제1항에 따른 관계 자료를 첨부하여 요구한다.
② 사건사무담당직원은 보완수사요구 사건부(결정), 보완수사요구 사건부(추완), 보완수사요구 사건부(공판), 보완수사요구 사건부(영장)에 해당 사항을 기록한다.
③ 사건사무담당직원은 수사준칙 제61조제3항에 따라 경찰관서장으로부터 직무배제요구에 대한 처리결과 및 이유를 통보받은 경우에는 이를 검사에게 보고한다.
제291조【교체임용요구 절차 등】① 지방검찰청검사장이 「검찰청법」 제54조제1항에 따른 사법경찰관리에 대한 교체임용 요구를 하는 경우에는 별지 제367호서식의 공무원 교체임용 요구서에 따른다.
② 사건사무담당직원은 교체임용 요구부에 해당 사항을 기록한다.

제9편 고위공직자범죄 등 관련 절차

제292조【고위공직자범죄등 인지사건 통보 등】① 검사가 공수처법 제2조제5호의 고위공직자범죄등(이하 이 편에서 "고위공직자범죄등"이라 한다)을 인지하여 수리한 후 공수처법 제24조제2항에 따라 그 사실을 통보하는 경우에는 별지 제368호서식의 고위공직자범죄등 인지사실 통보서에 따른다.
② 검사는 공수처법 제24조제4항에 따른 수사처장의 수사개시 여부에 대한 회신을 접수한 경우에는 이를 사건기록에 편철한다.
제293조【고위공직자범죄수사처의 이첩요청과 사건의 이첩 등】① 검사는 공수처법 제24조제1항에 따른 수사처장의 이첩요청을 받은 경우에는 이를 사건기록에 편철한다.
② 검사는 제1항의 이첩요청이 범죄수사의 중복 등 공수처법 제24조제1항의 요건을 구비한 경우에는 이첩요청을 받은 고위공직자범죄등을 수사처에 이첩한다.
제294조【고위공직자범죄등 인지사건의 관리】사건사무담당직원은 제292조 및 제293조에 따른 해당 사항을 고위공직자범죄등 인지사건 관리부에 기록한다.

제10편 피해자 및 공익신고자 등의 보호

제295조【피해자에 대한 보호 및 지원】① 검사 및 검찰청 소속 직원은 수사, 공소유지 및 형집행 과정에서 피해자의 주소·성명·나이·직업·학교·용모나 그 밖에 피해자를 특정하여 파악할 수 있는 인적사항 등이 공개되거나 타인에게 누설되지 않도록 노력해야 한다.
② 검사는 피해자의 신청이 있는 경우 제103조제2항에 따른 통지 외에도 공판의 일시·장소, 재판결과, 구속·석방 등 구금에 관한 사실, 출소 등 형집행 상황 등 형사절차 관련 정보를 제공해야 한다.
③ 검사가 피해자를 증인으로 소환하거나 참고인으로 조사하는 경우에 피해자의 보복범죄 등의 우려가 있다고 판단되는 경우에는 신변안전을 위하여 필요한 조치를 해야 한다.
④ 검사가 피해자를 조사하는 경우에 피해자의 연령, 심신의 상태, 그 밖의 사정을 고려하여 필요한 경우에는 심리적 안정과 원활한 의사소통을 위한 조치를 할 수 있다.
제296조【공익신고자 등에 대한 보호 등】① 검사는 「공익신고자 보호법」 제2조제5호의 공익신고자등(이하 "공익신고자등"이라 한다)과 「특정범죄신고자 등 보호법」 제2조제3호의 범죄신고자등(이하 "범죄신고자등"이라 한다)을 보호·지원하거나 보복범죄 및 불이익조치 등을 예방하기 위하여 필요한 조치를 할 수 있다.
② 검사가 「공익신고자 보호법」 제11조제1항(「특정범죄신고자 등 보호법」 제10조제1항을 준용하는 부분으로 한정한다) 및 「특정범죄신고자 등 보호법」 제10조제1항에 따라 영상물 촬영을 신청하는 경우에는 별지 제369호서식의 영상물 촬영 신청서에 따른다. 이 경우 제3항에 따른 영상녹화물의 사본 청구의 취지를 함께 기재할 수 있다.
③ 검사가 「공익신고자 보호법」 제11조제1항(「특정범죄신고자 등 보호법」 제10조제2항을 준용하는 부분으로 한정한다), 「특정범죄신고자 등 보호법」 제10조제2항 및 법 제201조의2제10항에서 준용하는 법 제56조의2제3항에 따라 법원에 영상녹화물의 사본을 청구하는 경우에는 별지 제370호서식의 영상녹화물 사본청구서에 따른다. 다만, 제2항 후단에 따라 별지 제369호서식의 영상물 촬영 신청서에 영상녹화물 사본 청구의 취지를 함께 기재하여

이미 그 사본을 청구한 경우는 제외한다.
④ 검사는 공익신고자등이나 범죄신고자등을 증인으로 소환하거나 참고인으로 조사하는 경우에 보복범죄 등의 우려가 있다고 판단될 때에는 「공익신고자 보호법」 제13조제1항 및 「특정범죄신고자 등 보호법」 제13조제1항에 따라 신변안전을 위하여 필요한 조치를 해야 한다.
⑤ 검사가 「특정범죄신고자 등 보호법」 제15조에 따라 피고인 등과 관련된 주요 변동 상황을 통지할 때에 범죄신고자등 또는 친족 등의 신변안전을 위하여 필요한 경우에는 전화, 팩스, 전자우편, 휴대전화 문자전송 또는 그 밖의 상당한 방법으로 통지할 수 있다.

제11편 국제형사사법공조 절차 등

제297조【국제형사사법공조 요청】 검사가 「국제형사사법 공조법」 제29조 및 제37조에 따라 국제형사사법공조를 요청하는 경우에는 별지 제371호서식의 국제형사사법공조 요청서에 따른다.
제298조【국제형사사법공조 이행절차】 검사가 「국제형사사법 공조법」 제15조부터 제21조까지의 규정 및 제37조에 따른 국제형사사법공조요청 이행명령을 완료한 경우에는 국제형사사법공조요청 이행결과서에 따른다.
제299조【외국으로의 범죄인 인도절차】 ① 검사가 「범죄인 인도법」 제13조에 따라 법원에 인도심사를 청구하는 경우에는 별지 제372호서식의 인도심사청구서에 따른다.
② 검사가 「범죄인 인도법」 제19조에 따라 법원에 인도구속영장을 청구하는 경우에는 별지 제373호서식의 인도구속영장 청구서에 따르고, 같은 법 제26조에 따라 법원에 긴급인도구속영장을 청구하는 경우에는 별지 제374호서식의 긴급인도구속영장 청구서에 따른다.
제300조【외국에 대한 범죄인 인도청구 등의 건의】 검사가 「범죄인 인도법」 제42조의3에 따라 법무부장관에게 외국에 대한 범죄인 인도청구 또는 긴급인도구속청구를 건의하는 경우에는 다음 각 호의 구분에 따른 확인서를 첨부하여야 한다.
1. 지명수배의 경우 : 별지 제375호서식의 확인서
2. 자유형 미집행자의 경우 : 별지 제376호서식의 확인서

제12편 다른 국가기관의 의뢰에 의한 압수·수색영장 등의 청구 절차 등

(2021.9.24 본편신설)

제1장 총 칙

제301조【적용범위】 이 편의 규정은 다음 각 호에 따른 압수·수색영장 등의 청구를 의뢰하는 사건(이하 "영장청구의뢰사건"이라 한다)에 적용한다.
1. 「사회적 참사의 진상규명 및 안전사회 건설 등을 위한 특별법」 제27조의2에 따른 압수·수색영장
2. 「5·18민주화운동 진상규명을 위한 특별법」 제30조에 따른 압수·수색영장
3. 그 밖에 다른 법률에 따라 다른 국가기관에서 검사에게 법원에 청구할 것을 의뢰하는 강제처분의 허가서(압수·수색영장, 법원 허가서 또는 명령서 등 그 명칭을 불문하며, 제1호 및 제2호에 따른 압수·수색영장과 유사한 강제처분의 허가서에 한정한다)

제2장 영장청구의뢰사건의 수리

제302조【영장청구의뢰사건의 수리】 사건사무담당직원은 제301조 각 호에 따른 압수·수색영장 등(이하 이 편에서 "압수·수색영장등"이라 한다)의 청구의뢰가 접수될 경우 그 의뢰서 상단에 별표에 따른 영장청구의뢰 사건 접수인을 찍어 수리한다.
제303조【영장청구의뢰사건의 수리절차】 ① 사건사무담당직원은 제302조에 따라 영장청구의뢰사건을 수리한 때에는 별지 제377호서식의 영장청구의뢰사건 처리부에 해당 사항을 적는다.
② 사건번호는 수리사건마다 일련번호를 붙이되, 연도별로 접수연도와 접수번호를 "○○○○년 의뢰 제○호"로 표시한다.
③ 영장청구의뢰사건의 수리 전 점검과 조치, 수리에 관한 지휘·감독 및 수리한 영장청구의뢰사건의 인계인수에 관하여는 제9조제1항·제2항, 제11조 및 제12조제2항을 준용한다. 이 경우 "사법경찰관등"은 "의뢰기관"으로, "사건"은 "영장청구의뢰사건"으로, "영장신청서등"은 "압수·수색영장등 청구의뢰서"로 본다.
제304조【영장청구의뢰사건의 기록 처리절차】 사건사무담당직원은 수리절차가 종료된 영장청구의뢰사건의 기록을 처리할 때에는 소속과장을 거쳐 소속검찰청의 장의 명을 받아야 한다.

제3장 영장청구의뢰사건의 처리

제305조【영장청구의뢰사건의 결정】 검사가 영장청구의뢰사건을 종결할 때에는 다음 각 호의 구분에 따른 결정을 한다.
1. 청구
2. 불청구

제306조【소명자료의 보완 요구】 검사는 의뢰받은 압수·수색영장등의 청구 여부를 결정하기 위하여 필요한 경우 의뢰기관에 소명자료의 보완을 요구할 수 있다.
제307조【압수·수색영장등의 청구】 검사가 의뢰받은 압수·수색영장등을 청구하는 경우에는 별지 제378호서식의 압수·수색영장등 청구서(자료제출요구용)를 작성하고 별지 제379호서식의 영장청구의뢰사건기록 표지에 편철하여 법원에 제출한다.
제308조【압수·수색영장등의 불청구】 검사가 제305조제2호에 따른 불청구결정을 하는 경우에는 별지 제380호서식의 영장청구의뢰사건기록 및 불청구결정서를 작성하여 별지 제379호서식의 영장청구의뢰사건기록 표지에 편철한다.
제309조【영장청구의뢰사건 결정 등의 기재】 사건사무담당직원은 검사의 영장청구의뢰사건에 관한 결정 및 의뢰받은 압수·수색영장등의 청구·발부·집행에 관한 사항을 별지 제377호서식의 영장청구의뢰사건 처리부에 적는다.

제4장 압수·수색영장등의 집행

제310조【압수·수색영장등의 집행】 ① 판사로부터 발부된 압수·수색영장등은 검사의 지휘에 따라 검찰수사관이 집행한다.
② 압수조서 작성, 압수목록 교부 및압수물 수리절차에 관하여는 제50조제1항부터 제3항까지의 규정을, 압수·수색영장등의 집행촉탁·반환에 관하여는 제58조 및 제59조를, 압수·수색증명서의 교부, 전자정보의 압수·수색, 금융정보 등의 압수·수색에 관하여는 제91조부터 제93조까지의 규정을 각각 준용한다. 이 경우 "유류한 물건 또는 임의로 제출하는 물건"은 "자료 또는 물건"으로, "체포영장"은 "압수·수색영장등"으로, "사법경찰관등"은 "검찰수사관"으로 본다.
제311조【압수·수색영장등의 집행 방식】 ① 압수·수색영장등은 그 강제처분을 받는 자에게 반드시 제시해야 한다.
② 압수·수색영장등을 집행할 때에는 해당 강제처분을 받는 자 또는 그 변호인이 압수·수색영장등의 집행에 참여하게 해야 한다. 다만, 압수·수색영장등의 집행에 참여하지 않겠다는 의사를 밝힌 경우에는 예외로 한다.
③ 압수·수색영장등을 집행할 때에는 미리 집행의 일시와 장소를 해당 강제처분을 받는 자 또는 그 변호인에게 통지해야 한다. 다만, 압수·수색영장등의 집행에 참여하지 않겠다는 의사를 밝히거나 압수·수색영장등을 긴급히 집행할 필요가 있는 경우에는 예외로 한다.
④ 압수·수색영장등을 집행할 때에는 그 곳의 관리자, 책임자 또는 이에 준하는 자를 참여하게 해야 한다.
⑤ 일출 전이나 일몰 후에는 압수·수색영장등에 야간집행을 할 수 있다는 내용이 적혀 있는 경우에만 압수·수색영장등을 집행할 수 있다.
⑥ 운반 또는 보관이 불편한 압수물은 소유자 또는 관리자의 승낙을 받아 그에게 보관하게 할 수 있다.
⑦ 압수·수색영장등의 집행과 관련한 다음 각 호의 사항에 관하여는 그 업무의 성격에 반하지 않는 범위에서 「인권보호수사규칙」 제30조부터 제32조까지의 규정을 준용한다.
1. 압수·수색영장등의 집행시의 준수사항
2. 정보저장매체 등에 대한 압수·수색영장등의 집행 방법
3. 신체의 수색·검증을 내용으로 하는 압수·수색영장등의 집행 방법

제5장 결과 통보 등

제312조【처리결과 통보】 ① 검사는 영장청구의뢰사건을 처리한 경우에는 그 처리 결과를 다음 각 호의 구분에 따른 때에 지체 없이 의뢰기관에 통보한다.
1. 제305조제2호의 불청구결정을 한 경우 : 불청구결정을 한 때
2. 판사가 압수·수색영장등 청구를 기각한 경우 : 판사가 압수·수색영장등 청구를 기각한 때
3. 압수·수색영장등을 집행한 경우 : 압수·수색영장등의 집행을 완료한 때
② 제1항에 따른 처리결과 통보는 별지 제381호서식의 영장청구 의뢰에 대한 처리 결과 통보서에 따른다.
제313조【압수한 자료 등의 열람·등사】 ① 제312조제1항제3호의 통보를 받은 의뢰기관이 검사에게 압수·수색영장등의 집행으로 압수한 자료 또는 물건에 대한 열람·등사를 신청할 때에는 별지 제382호서식의 열람·등사 신청서에 따른다.
② 검사는 「사회적 참사의 진상규명 및 안전사회 건설 등을 위한 특별법」 제27조의2제4항의 특별한 이유 등에 해당하여 압수·수색영장등의 집행으로 압수한 자료 또는 물건에 대한 열람·등사를 거부하거나 그 범위를 제한하는 경우에는 지체 없이 별지 제383호서식의 열람·등사 거부 또는 범위제한 통지서를 작성하여 의뢰기관에 통지해야 한다. 이 경우 자료 또는 물건의 목록에 대한 열람·등사를 거부하거나 제한해서는 안 된다.
제314조【압수한 자료 등의 환부】 ① 검사는 압수·수색영장등의 집행으로 압수한 자료 또는 물건의 열람·등사 절차가 완료되면 지체 없이 해당 자료 또는 물건을 환부해야 한다.
② 검사는 의뢰기관이 제312조제1항제3호에 따른 통보를 받은 후 1개월이 지나도록 정당한 사유 없이 열람·등사를 신청하지 않은 경우에는 압수·수색영장등의 집행으로 압수한 자료 또는 물건을 환부할 수 있다.
③ 검사는 압수·수색영장등의 집행으로 압수한 자료 또는 물건을 환부하기 전까지 상실 또는 파손 등을 방지하기 위해 필요한 조치를 해야 한다.
제315조【압수·수색영장등 청구 시 기록관리】 사건사무담당직원은 별지 제379호서식의 영장청구의뢰사건기록 표지와 함께 다음 각 호의 서류를 편철하여 별도 기록으로 만든다.
1. 압수·수색영장등 청구를 판사가 기각한 경우 : 의뢰기관이 제출한 압수·수색영장등 청구의뢰서, 기각된 압수·수색영장등 청구서, 처리결과 통보서 등
2. 압수·수색영장등을 집행한 경우 : 의뢰기관이 제출한 압수·수색영장등 청구의뢰서, 압수·수색영장등, 압수조서, 압수물총목록 등 집행과정에서 작성된 서류, 처리결과 통보서 등
제316조【압수·수색영장등 불청구 시 기록관리】 사건사무담당직원은 제308조에 따라 만든 영장청구의뢰사건기록의 끝부분에 처리결과 통보서 등을 편철한 후 별도 기록으로 만든다.
제317조【준용규정】 ① 압수·수색영장등의 집행으로 압수한 자료 또는 물건의 수리·영치·처분 등에 관하여 이 편에서 규정하지 않은 사항에 대해서는 그 업무의 성격에 반하지 않는 범위에서 「검찰압수물사무규칙」을 준용한다.
② 영장청구의뢰사건기록의 보존 등에 관하여 이 편에서 규정하지 않은 사항에 대해서는 그 업무의 성격에 반하지 않는 범위에서 「검찰보존사무규칙」 중 진정사건 기록에 관한 규정을 준용한다.

제13편 신상정보 공개

(2024.1.12 본편신설)

제318조【피의자 신상정보 공개 결정】 ① 검사가 「특정중대범죄 피의자 등 신상정보 공개에 관한 법률」 제4조제1항에 따라 피의자의 신상정보를 공개하기로 결정한 경우에는 별지 제384호서식의 신상정보 공개 결정서에 따라 공개한다.
② 사건사무담당직원은 제1항의 결정이 있는 경우에는 신상정보 공개대상자명부에 해당 사항을 기재한다.
제319조【피고인 신상정보 공개 청구】 ① 검사가 「특정중대범죄 피의자 등 신상정보 공개에 관한 법률」 제5조제1항에 따라 법원에 피고인의 신상정보 공개를 청구하는 경우에는 별지 제385호서식의 피고인 신상정보 공개 청구서에 따라 청구한다.
② 사건사무담당직원은 검사가 제1항에 따라 신상정보 공개를 청구하는 경우에는 신상정보 공개 청구사건 처리부를 작성하고, 신상정보 공개 청구사건 처리부에 해당 사항을 기록한다.
③ 「특정중대범죄 피의자 등 신상정보 공개에 관한 법률」 제5조제4항에 따라 법원이 신상정보 공개에 관한 검사의 의견을 요청하는 경우의 절차 등에 관하여는 제155조를 준용한다. 이 경우 "보석청구사건인원표"는 "신상정보 공개 청구사건 처리부"로 본다.
④ 사건사무담당직원은 법원이 신상정보 공개 결정을 하거나 그 청구를 기각한 경우에는 신상정보 공개 청구사건 처리부에 해당 사항을 기재한다.

제14편 보 칙

제320조【검찰청 직원의 준수사항】 이 규칙 중 검사의 직무와 관련하여 규정된 각종 준수사항은 수사와 관계있는 검찰청 직원에게도 적용한다.
제321조【별표와 서식 등】 ① 이 규칙에 규정된 다음 각 호의 서식은 대검찰청예규로 정한다.
1. 제7조제4항의 불송치-수사중지기록 접수서
2. 제10조제1항의 직수고소·고발사건관리부
3. 제10조제3항의 범죄인지서
4. 제10조제3항의 불기소사건재기서
5. 제10조제3항의 국제형사사법공조요청 이행명령 개시서
6. 제12조제2항의 검사기록인계인수서
7. 제13조제1항의 피의자색인부
8. 제18조제4항의 사법경찰관 사건기록 열람 관리대장
9. 제19조제1항의 수사경합사건 송치요구 검토결과서
10. 제19조제2항의 송치요구대장
11. 제24조제3항의 중요사건 협력대장
12. 제26조제1항의 관계 서류 및 증거물 제출 지시 대장
13. 제33조제1항의 검시사건부
14. 제36조제2항의 출석요구통지부
15. 제40조제4항의 전자화대상문서 관리대장
16. 제41조제1항의 일반사건 전환 표지
17. 제52조제3항의 공조수사건부
18. 제53조제3항의 증거보전청구부
19. 제55조제4항의 체포영장청구부
20. 제55조제7항의 보완수사요구사건부(결정)

21. 제55조제7항의 보완수사요구사건부(영장)
22. 제52조제7항의 보완수사요구사건부(공판)
23. 제55조제7항의 보완수사요구사건부(추완)
24. 제55조제7항의 재수사지휘부
25. 제58조제3항의 체포영장집행원부
26. 제62조제2항의 접견 등 금지처리부
27. 제67조제3항의 긴급체포원부
28. 제67조제3항의 긴급체포 승인결정부
29. 제67조제3항의 긴급체포승인건의지휘부
30. 제67조제3항의 현행범인체포원부
31. 제72조제1항의 체포·구속장소 감찰보고서
32. 제72조제3항의 피의자 석방명령·사건송치명령부
33. 제73조의 체포·구속영장 등본교부대장
34. 제74조제1항의 체포·구속 적부심사청구사건부
35. 제74조제6항의 적부심보증금 납입조건부 석방 피의자기록표
36. 제74조제6항의 적부심보증금 납입조건부 석방 피의자명부
37. 제74조제7항의 보관표(적부심보증금)
38. 제74조제7항의 보관표(보석보증금)
39. 제81제1항의 구속영장청구부
40. 제82조제2항의 구속기간연장처리부
41. 제84조제3항의 감정유치장청구부
42. 제86조제1항의 구속집행정지결정서
43. 제86조제2항의 구속집행정지자명부
44. 제86조제2항의 구속집행정지자기록
45. 제86조제2항 전단의 구속(형)집행정지취소결정서
46. 제89조제6항의 압수·수색·검증영장청구부
47. 제95조제4항의 감정처분허가장청구부
48. 제96조제4항의 증인신문청구부
49. 제97조제3항의 임시조치청구부
49의2. 제97조의2제3항제1호의 신분위장수사 허가 청구부(2021.9.24 본호신설)
49의3. 제97조의2제3항제2호의 긴급 신분위장수사 사후허가 청구부(2021.9.24 본호신설)
49의4. 제97조의2제3항제3호의 신분위장수사 기간연장처리부(2021.9.24 본호신설)
49의5. 제97조의3제4항제1호의 긴급응급조치 사후승인청구부(2021.9.24 본호신설)
49의6. 제97조의3제4항제2호의 잠정조치 청구부(2021.9.24 본호신설)
50. 제103조제1항의 고소·고발사건 결정결과 통지부
51. 제103조제1항의 수사처송치사건 결정결과 통보부
52. 제103조제3항의 피의사건 결정결과 통지부
53. 제103조제9항의 부재기결정서
54. 제105조제1항의 압수물건처분서
55. 제106조 본문의 공소장 및 기록송부부
56. 제113조제2항의 전자적 처리사건 공소장 및 출력문서 송부부
57. 제115조제1항 본문의 불기소 사건기록 및 불기소 결정서
58. 제115조제1항 본문의 불기소 결정서
59. 제122조제4항의 기소중지자명부
60. 제124조제1항 전단의 참고인 등 소재수사 요청·지휘부
61. 제126조의 공소보류자명부
62. 제128조제1항의 송치결정서
63. 제129조제1항의 사건이송·이첩결정서
64. 제131조제1항 전단의 국제형사사법공조요청사건 송치결정서
65. 제131조제2항의 국제형사사법공조요청 이행결과서
66. 제132조제1항 전단의 보완수사요구 결정서
67. 제134조제2항의 불송치기록 검토결과서
68. 제134조제5항의 불송치 반환기록송부(목록)부
69. 제135조제2항의 재수사요청 기록송부(목록)부
70. 제136조제2항의 재수사요청기록 검토결과서(2023.11.1 본호개정)
70의2. 제136조제4항의 관계 서류 등 송부요청부(2023.11.1 본호신설)
71. 제136조제7항의 송치요구사건부(2023.11.1 본호개정)
72. 제138조제2항 전단의 수사중지기록 검토결과서
73. 제138조제2항 후단의 수사중지기록 관리부
74. 제141조의 지휘서송부부
75. 제142조의 재정신청사건부
76. 제146조제2항 전단의 불기소결정 항고·재항고사건부
77. 제148조제1항제5호의 항고사건 결정서
78. 제148조제3항의 (재항고) 각하결정서
79. 제150조제1항의 공판카드
80. 제151조제1항의 공판사건기록관리부
81. 제154조제4항의 구속영장집행원부
82. 제155조제2항의 보석청구사건인원표
83. 제156조제1항 후단의 보석자기록표
84. 제156조제1항 후단의 보석자명부
85. 제192조제2항의 증인신변안전조치 요청부
86. 제205조제1항의 국민참여재판사건부
87. 제213조제2항의 상소권 회복청구 사건부
88. 제214조제2항 본문의 항소사건부
89. 제214조제2항 본문의 상고사건부
90. 제219조제2항의 형사 신청·항고·재항고사건부
91. 제223조의 재심청구사건부
92. 제225조제1항제1호의 내사사건 수리서
93. 제225조제1항제1호의 내사사건부
94. 제225조제1항제2호의 진정사건 수리서
95. 제225조제1항제2호의 진정사건부
96. 제226조제3항의 내사사건기록
97. 제226조제3항의 진정사건기록
98. 제229조제1항의 조사사건 수리서
99. 제229조제1항의 조사사건부
100. 제229조제1항의 조사사건기록
101. 제233조제1항의 시정사건 수리서
102. 제233조제1항의 시정사건부
103. 제233조제2항의 시정사건 등록서
104. 제234조제2항의 시정조치기록 등본 송부요구(목록)부
105. 제234조제6항의 시정조치 요구서 송부(목록)부
106. 제235조제2항의 시정사건기록
107. 제239조제1항 전단의 범죄인 인도심사청구 사건부
108. 제245조제2항의 비상상고사건부
109. 제247조의 위헌제청사건접수부
110. 제247조의 헌법소원사건접수부
111. 제250조제4항의 통신제한조치허가청구부
112. 제251조제3항의 통신제한조치기간 연장처리부
113. 제253조제2항의 통신제한조치기간 연장처리부
114. 제254조제1항의 긴급검열(감청)서
115. 제254조제6항의 긴급통신제한조치 지휘·승인요청결정부
116. 제254조제7항의 긴급통신제한조치대장
117. 제254조제9항의 긴급통신제한조치통보서 발송부
118. 제255조제3항의 통신제한조치집행대장
119. 제256조제1항의 통신제한조치 집행사실 통지부
120. 제256조제2항 후단의 통신제한조치 집행사건 처리결과 통보부
121. 제256조제5항의 통신제한조치 집행사실 통지유예 승인신청부
122. 제257조제1항의 통신사실 확인자료제공 요청 집행대장
123. 제257조제5항의 통신사실 확인자료 회신대장
124. 제258조제5항의 통신사실 확인자료제공 요청허가청구부
125. 제259조제5항의 긴급 통신사실 확인자료제공 요청대장
126. 제259조제6항의 국가안보를 위한 긴급 통신사실 확인자료제공 요청 집행통보서 발송부
127. 제260조제1항 후단의 통신사실 확인자료제공 요청 집행사실 통지부
128. 제260조제2항 후단의 통신사실 확인자료제공 요청 집행사건 처리결과 통보부
129. 제260조제3항의 통신사실 확인자료제공 요청 집행사실 통지유예 승인신청서
130. 제260조제5항의 통신사실 확인자료제공 요청 집행사실 통지유예 승인신청부
131. 제260조제8항의 통신사실확인자료제공 요청사유 통지처리부
132. 제262제2항의 통신사실 확인자료제공 요청기간 연장처리부
133. 제263조제1항 후단의 송·수신이 완료된 전기통신에 대한 압수·수색·검증 집행사실 통지부
134. 제263조제2항 후단의 송·수신이 완료된 전기통신에 대한 압수·수색·검증 집행사건 처리결과 통보부
135. 제264조제4항의 전기통신 보관 등 승인청구부
136. 제266조제6항의 특례조치 등 요청·통보부
137. 제267조제4항의 몰수·추징보전청구부
138. 제268조의 몰수보전부
139. 제277조의 추징보전부
140. 제285조제5항의 마약류사범 국제공조사건처리부
141. 제292조제2항의 교체임용 요구부
142. 제294조제2항의 고위공직자범죄등 인지사건 관리부
143. 제318조제2항의 신상정보 공개대상자명부
144. 제319조제2항의 신상정보 공개 청구사건 처리부
(2024.1.12 143호~144호신설)

② 이 규칙에 규정된 다음 각 호의 사항은 대검찰청 예규로 정한다.
1. 제7조제1항 본문의 사건접수인
2. 제7조제4항의 기록접수인
3. 제10조제1항 본문의 수리입력항목
4. 제10조제2항 본문의 접수입력항목
5. 제25조제1항의 목록과 요지 접수인
6. 제25조제2항의 검토필 고무인
7. 제25조제3항의 제출지시 고무인
8. 제40조제1항의 전자화대상문서 고무인
9. 제102조제1항의 결정입력항목
10. 제102조제1항의 처리입력항목

③ 제1항 및 제2항에 따른 대검찰청예규는 공개한다.

부 칙

제1조【시행일】 이 규칙은 2021년 1월 1일부터 시행한다. 다만, 제84조제6항부터 제11항까지의 개정규정은 2022년 1월 1일부터 시행한다.

제2조【일반적 적용례】 이 규칙은 이 규칙 시행 당시 수사 중이거나 법원에 계속 중인 사건에도 적용한다. 다만, 이 규칙 시행 전에 종전의 규정에 따라 한 행위의 효력에는 영향을 미치지 않는다.

제3조【구제신청의 처리를 위한 수사중지 기록 반환에 관한 특례】 검사는 법 제197조의3제8항에 따라 사법경찰관의 수사중지 결정이 법령위반, 인권침해, 현저한 수사권 남용에 해당한다는 취지의 구제신청을 2021년 7월 1일 전에 접수한 경우에는 제140조제1항의 개정규정에도 불구하고 즉시 수사중지기록을 사법경찰관에게 반환한다.

제4조【조사사건의 처리에 관한 특례】 제226조제1항제6호, 제2편제10장(제228조부터 제231조까지) 및 제302조제1항제98호부터 제100호까지의 개정규정에도 불구하고 2022년 1월 1일 전에 조사사건을 처리하는 경우에는 제226조제1항제6호, 제2편제10장(제228조부터 제231조까지) 및 제302조제1항제98호부터 제100호까지의 개정규정 중 "조사사건"을 각각 "수사사건"으로, "조사사건 수리서"를 각각 "수사사건 수리서"로, "조사사건부"를 각각 "수사사건부"로, "조사사건기록"을 각각 "수사사건기록"으로 한다.

제5조【시행일에 관한 경과조치】 부칙 제1조 단서에 따라 제84조제6항부터 제11항까지의 개정규정이 시행되기 전까지는 그에 해당하는 종전의 제46조제5항부터 제10항까지의 규정에 따른다.

제6조【다른 법령의 개정】 ①~③ ※(해당 법령에 가제정리 하였음)

부 칙 (2021.9.24)

이 규칙은 공포한 날부터 시행한다. 다만, 제6조제6호, 제97조의3, 제319조(종전의 제302조)제1항제49호의5·제49호의6 및 별지 제157호의8서식부터 별지 제157호의14서식까지의 개정규정은 2021년 10월 21일부터 시행한다.

부 칙 (2022.2.7)

이 규칙은 공포한 날부터 시행한다.

부 칙 (2022.7.4)

제1조【시행일】 이 규칙은 2022년 7월 5일부터 시행한다.(이하 생략)

부 칙 (2023.7.11)

이 규칙은 공포한 날부터 시행한다.

부 칙 (2023.11.1)

제1조【시행일】 이 영은 2023년 11월 1일부터 시행한다.
제2조【일반적 적용례】 이 영은 이 영 시행 당시 수사 중이거나 법원에 계속 중인 사건에 대해서도 적용한다.

부 칙 (2024.1.12)

이 규칙은 2024년 1월 12일부터 시행한다. 다만, 제318조, 제319조, 제321조(종전의 제319조)제1항제143호·제144호, 별지 제384호서식 및 별지 제385호서식의 개정규정은 2024년 1월 25일부터 시행한다.

〔별표·별지서식〕 ➡「www.hyeonamsa.com」참조

검찰압수물사무규칙

(1981년 12월 24일 법무부령 제231호)

개정
1982.12.31법무부령 252호　1984.12.31법무부령 267호
1987.12.31법무부령 306호　1988.12.29법무부령 317호
1993. 8.17법무부령 371호　1994.12.31법무부령 392호
1995.12.30법무부령 419호　1996. 5. 1법무부령 424호
1996.12.31법무부령 437호　1998. 4. 4법무부령 457호
2003. 7.28법무부령 533호　2006. 9.14법무부령 596호
2008. 1. 7법무부령 628호　2010. 1.29법무부령 689호
2010. 9.10법무부령 720호
2014. 6.26법무부령 818호(법령서식개선)
2015.11.12법무부령 853호　2018. 5. 2법무부령 925호
2021. 1. 1법무부령 994호
2022. 2. 7법무부령1022호(법령용어정비)

제1장 총 칙

제1조【목적】 이 규칙은 검찰청법 제11조의 규정에 의하여 압수물을 수리하여 처분할 때까지의 사무에 관한 사항을 정함으로써 압수물사무의 적정한 운영을 기함을 목적으로 한다.(1988.12.29 본조개정)

제2조【정의】 이 규칙에서 사용하는 용어의 정의는 다음과 같다.

1. "압수물"이라 함은 압수된 물건과 환가대금 및 통신제한조치 집행으로 취득한 물건을 말한다.(1994.12.31 본호개정)
2. "압수조서등"이라 함은 압수조서 또는 압수조서에 갈음할 수 있는 진술조서와 공판조서등을 말한다.

2의2. "압수표"라 함은 압수물에 관하여 종류별로 수리·처분명령·처분결과 등을 기재하는 문서를 말한다.(2003.7.28 본호신설)

3. "압제번호"라 함은 압수표의 진행번호를 말한다.
4. "특수압수물"이란 압수물 중 다음 각 목의 어느 하나에 해당하는 것을 말한다.(2008.1.7 본문개정)
   가. 통화·외국환 및 유가증권과 이에 준하는 증서. 다만, 원형보존이 불필요한 통화·외국환 및 유가증권을 제외한다.(2008.1.7 본목개정)
   나. 귀금속류 및 귀금속제품
   다. 총포류 및 화약류
   라. 독약 및 극약(2003.7.28 본목신설)
   마. 마약류
   바. 문화재 및 고가예술품
   사. 법령에 의하여 비밀로 분류된 물건
   아. 그 밖에 검사 또는 법원이 특수압수물로 분류지정하거나 고가품 또는 중요한 물건으로서 특수압수물로 인정하는 물건(2003.7.28 본목개정)

4의2. "일반압수물"이라 함은 특수압수물외의 압수물을 말한다.(2003.7.28 본호신설)

5. "증제번호"라 함은 압수할 때에 압수물을 종류별, 각개별로 분류하여 압수물에 붙인 번호를 말한다.
6. "경찰서등"이란 고위공직자범죄수사처(이하 "수사처"라 한다), 사법경찰관서 및 특별사법경찰관서 등 검찰청 외의 수사기관으로서 사건을 송치하거나 기록을 송부하는 관서를 말한다.(2021.1.1 본호개정)

제3조【주의의무】 ① 압수물에 관한 사무를 처리하는 직원(이하 "압수물사무담당직원"이라 한다)은 압수물이 범죄수사와 공소유지에 중요한 증명자료가 된다는 사실을 인식하고, 압수물이 멸실·훼손·변질되지 않게 책임감을 가지고 성실하게 관리해야 한다.

② 압수물사무담당직원은 압수물을 신속하고 정확하게 취급하고, 관계서류를 항상 정비하여 압수물에 관한 사무에 대한 타인의 의혹을 사는 일이 없도록 엄정한 태도로 관련 업무를 처리해야 한다.
(2021.1.1 본조개정)

제2장 압수물의 수리
(2003.7.28 본장제목개정)

제4조【압수물의 수리】 ① 압수물사무담당직원은 경찰서등에서 검사에게 압수물을 송부 또는 인계하려는 경우 사건기록 또는 불송치기록의 압수물 총목록 및 압수조서등과 그 압수물을 대조하여 확인한 후 압제번호를 부여하여 수리한다. 이 경우 환가대금을 수리할 때에는 환가지휘서·견적서·매수서 등 공매관계서류를 추가로 대조·확인해야 한다.(2021.1.1 본항개정)

② 압수물사무담당직원은 검사로부터 압수물을 송부받은 때에는 압수물과 압수물 총목록 및 압수조서등을 대조·확인하고 이를 수리하여야 한다.

③ 압수물사무담당직원은 압수물을 수리할 때 별지 제1호서식의 압수물부전지를 사건기록 또는 불송치기록 왼쪽 아랫부분에 붙여야 한다.(2021.1.1 본항개정)

④ 제1항부터 제3항까지의 규정에 따른 절차는 검사가 이미 수리되었던 압수물을 사법경찰관에게 반환했다가 재송부받는 경우에도 적용한다.(2021.1.1 본항신설)

제5조【압수물 수리통지서】 ① 압수물사무담당직원이 압수물을 수리한 때에는 압수물을 송부 또는 인계한 자가 제시하는 사건송치부 또는 압수물송부부등에 날인 기타의 방법으로 압수물을 수리하였다는 뜻을 기재하고 사건송치부등을 반환하여야 한다.

② 제1항의 경우 다른 검찰청으로부터의 이송 또는 환부촉탁에 의하여 압수물을 수리한 때에는 별지 제1호의2서식에 의한 압수물수리통지서를 작성하여 당해 검찰청에 송부하여야 한다. 다만, 이송 또는 환부촉탁한 검찰청에서 전산망을 통한 확인 등 다른 방법으로 압수물의 수리여부를 확인할 수 있을 때에는 압수물수리통지서의 송부를 생략할 수 있다.(2008.1.7 단서신설)

③ 압수물사무담당직원은 다른 검찰청 또는 경찰서등에 보존책임이 있는 사건기록 또는 불송치기록을 압수물로 수리한 때에는 그 사실을 해당 관서에 통지해야 한다.
(2021.1.1 본항개정)

제6조【압수표의 작성】 압수물사무담당직원은 압수물을 수리한 경우 별지 제2호서식의 압수표에 압수물의 품명·수량과 그 밖에 필요한 사항을 적어야 한다. 이 경우 압수물의 동일성을 특정할 수 있도록 구체적으로 표시해야 하며, 압수물의 감량·변질 또는 용적의 변화 등이 우려될 경우에는 무게와 부피 등을 기록해 두어야 한다.
(2021.1.1 본조개정)

제7조【압수원표 총목록의 작성】 압수물사무담당직원은 제6조에 따라 별지 제2호서식의 압수표를 작성했을 때에는 별지 제3호서식의 압수원표 총목록에 압제번호·접수연월일·피의자성명 등을 기록하고, 압수물 총목록, 사건송치서 또는 범죄인지서, 불송치기록 접수서, 압수표 및 압수조서 등에 압제번호를 기록해야 한다.
(2021.1.1 본조개정)

제8조【압제번호】 압제번호는 "○년 압제○○호"로 표시하고 사건 또는 기록마다 연도별로 일련번호를 붙인다.
(2021.1.1 본조개정)

제9조【압수물꼬리표·압수물봉투 및 압수금봉투】 ① 압수물사무담당직원은 압수물(환가대금 및 제2조제4호가목에 따른 특수압수물은 제외한다. 이하 이 항에서 같다)을 수리할 때 별지 제4호서식의 압수물꼬리표에 압제번호·증제번호 등을 적어 압수물에 붙이고, 필요한 경우에는 별지 제4호의2서식 또는 별지 제4호의3서식의 압수물봉투에 넣거나 포장한 후 그 봉투와 포장에도 압제번호·증제번호·피의자성명 등을 적어야 한다. 이 경우 검찰청에 보존된 사건기록이 압수물일 때는 압수물꼬리표 및 포장에 그 사건기록의 원보존청·사건번호·피의자성명 및 죄명 등을 적색으로 표시하여 압수가 해제되었을 때 환부에 지장이 없도록 해야 한다.(2021.1.1 본항개정)

② 압수물사무담당직원은 압수물이 통화·외국환·유가증권 또는 환가대금인 때에는 별지 제5호서식에 의한 압수금봉투에 넣고 압제번호·피의자성명·종류·수량·총금액·증제번호등을 기재하여야 한다.
(2008.1.7 본조개정)

제10조【특수압수물】 ① 압수물사무담당직원은 압수물중 특수압수물에 해당하는 것은 특수압수물로 분류하여야 한다.

② 압수물사무담당직원은 특수압수물(제2조제4호가목에 따른 특수압수물은 제외한다. 이하 이 항에서 같다)을 수리할 때에는 사건기록 또는 불송치기록에 감정서 원본이 편철되어 있는지 확인한 후, 특수압수물을 송부 또는 인계한 사람으로부터 감정서 사본 2부를 제출받아 1부는 압수표에 편철하고 다른 1부는 특수압수물에 붙여야 한다. 다만, 시효가 임박한 경우 등 긴급을 요하는 경우에는 감정서를 나중에 제출받을 수 있다.(2021.1.1 본항개정)

③ 압수물사무담당직원은 특수압수물로 분류된 압수물에 관하여는 그 뜻을 압수표·압수물봉투·압수금봉투 또는 압수물포장에 붉은 글씨로 표시해야 한다.
(2022.2.7 본항개정)
(2003.7.28 본조개정)

제11조【압수물 수리명령】 ① 압수물사무담당직원은 압수물의 수리절차가 끝난 때에는 압수표를 소속과장을 거쳐 검사에게 제출하여 압수물의 수리명령 및 확인인을 받아야 한다.(1982.12.31 본항개정)

② 압수물사무담당직원은 통화·외국환 또는 유가증권인 압수물에 관하여 제1항의 압수물수리명령 및 확인인을 받을 때에는 검사로부터 원형보존의 필요유무에 관한 지휘를 받아야 한다. 이 경우 원형보존이 필요없다는 내용의 지휘를 받은 때에는 압수표에 그 뜻을 기재하여야 한다.(2008.1.7 전단개정)

③ 압수물사무담당직원은 제1항의 압수물수리명령을 받은 때에는 압수물과 압수표를 영치사무담당직원에게 인계하여야 한다.

④ 압수물사무담당직원은 압수물인 유가증권에 유효기간이 있는 때에는 이를 압수표·압수물봉투 및 압수물대장에 기재하여야 한다.(2003.7.28 본항신설)

제12조【추송압수물의 수리】 압수물이 추가로 송부 또는 인계된 때에는 당해 사건에 관하여 이미 작성된 압수표에 의하여 이 장에 규정된 수리절차를 취하여야 한다. 법원 또는 검사로부터 추가로 압수물을 송부받은 때에도 또한 같다.

제13조【가환부압수물의 수리】 ① 검사로부터 가환부된 압수물에 관하여 제출명령이 있거나 피가환부인 이외의 자에게 환부할 사유가 발생하여 압수물이 제출된 때에는 이 장의 규정에 따라 수리절차를 취하여야 한다. 이 경우 소속검찰청에서 가환부한 압수물인 때에는 당해 사건에 관하여 이미 작성되어 있는 압수표에 의하여 수리절차를 취하고, 종전의 증제번호를 그대로 부여하되 압수표가 당해 연도이전에 작성 정리된 것인 때에는 새로운 압수표를 작성하고 비고란에 이미 정리된 압제번호를 기재하여야 한다.

② 제1항의 절차를 마친 때에는 압수물사무담당직원은 압수물총목록과 압수조서등에 그 뜻을 기재하여야 한다.

제14조【환가대금의 보관전환통지수리】 압수물사무담당직원은 다른 검찰청으로부터 환가대금의 보관전환통지가 있는 때에는 사건기록과 함께 송부된 보관금전환통지서를 사건기록의 압수물총목록과 대조하여 수리하고 이 장의 규정에 따라 수리절차를 취하여야 한다.

제3장 압수물의 영치

제15조【압수물 보관】 ① 영치사무담당직원은 압수물사무담당직원으로부터 압수물을 인계받아 환가대금을 제외한 압수물을 출납·보관하고, 환가대금은 세입세출외현금출납공무원에게 인계한다.

② 세입세출외현금출납공무원은 영치사무담당직원으로부터 인계받은 환가대금을 출납·보관한다.

③ 환가대금의 출납·보관 절차에 관하여 이 규칙에 규정되지 않은 사항은「정부보관금에 관한 법률」중 정부보관금의 출납·보관에 관한 규정을 준용한다.
(2021.1.1 본조개정)

제16조【영치절차】 ① 영치사무담당직원은 압수물사무담당직원으로부터 인계받은 압수표와 압수물을 대조·확인한 후 인수하여야 하며 압수물을 인수한 때에는 별지 제6호서식에 의한 압수물대장에 영치연월일·압제번호·피의자성명·품명·수량 기타 필요한 사항을 기재한 후 압수표의 수령인란에 날인하고, 압수표는 압수물사무담당직원에게 반환하여야 한다.(1993.8.17 본항개정)

② 제1항의 경우 압수물인 유가증권에 유효기간이 있는 때에는 영치사무담당직원은 압수금품대장에 그 내용을 기재하여야 한다.(2003.7.28 본항신설)

③ 제1항의 경우 압수물이 환가대금인 때에는 영치사무담당직원은 별지 제7호서식에 의한 압수금 및 환가대금인계부에 압제번호·증제번호·피의자성명·금액 기타 필요한 사항을 기재한 후 환가대금과 함께 세입세출외현금출납공무원에게 이를 인계하여야 한다.

④ 세입세출외현금출납공무원은 제3항의 압수금 및 환가대금인계부와 환가대금을 대조·확인한 후 인수하여야 하며 환가대금을 인수한 때에는 압수금 및 환가대금인계부의 수령인란에 날인하고, 보관금영수증과 보관금영수필보고서를 작성하여 압수금 및 환가대금인계부와 함께 영치사무담당직원에게 이를 인계하여야 한다. 이 경우 제14조의 규정에 의하여 보관전환통지서에 의하여 수리된 환가대금에 관하여는 국고금 취급은행으로부터 송부된 국고금송금통지서와도 대조·확인하여야 한다.
(2003.7.28 전단개정)

⑤ 영치사무담당직원은 제4항의 보관금영수필보고서를 압수표에 첨부하여 압수물사무담당직원에게 반환하고, 보관금영수증은 이를 보관하여야 한다.(2003.7.28 본항개정)

제17조【영치장소】 ① 영치사무담당직원은 제16조제1항의 규정에 의한 절차를 마친 때에는 압수물을 지체없이 창고 또는 이에 갈음되는 장소에 보관하여야 한다.

② 특수압수물은 금고 그 밖의 견고한 용기 또는 잠금 수 있는 설비에 보관하여야 한다. 파손되기 쉬운 물건이나 취급상 위험한 물건에 관하여도 또한 같다.(2003.7.28 본항개정)

제18조【특수압수물대장】 영치사무담당직원은 특수압수물에 관하여는 압수물대장외에 별지 제8호서식에 의한 특수압수물대장에 피의자성명·압제번호·품명·수량 기타 필요한 사항을 구체적으로 기재하여 이를 작성·비치하고, 그 보관상황을 명백히 하여야 한다.(2003.7.28 본조개정)

제18조의2【특수압수물의 점검】 영치사무담당직원은 특수압수물에 대하여 월 1회 점검하고 별지 제8호의2서식에 의한 특수압수물점검부에 그 결과를 기재하여야 한다.
(2003.7.28 본조신설)

제19조【압수물인 통화의 영치】 영치사무담당직원은 압수물인 통화에 관하여 제16조제1항의 규정에 의한 절차를 마친 때에는 지체없이 소속과장의 참여하에 압수금봉투를 풀로 견고하게 붙이고 소속과장의 봉인을 받아 보관하여야 한다.

제20조【압수물인 통화영치의 특례】 ① 영치사무담당직원은 압수물인 통화와 함께 당해 통화의 원형보존의 필요가 없다는 뜻이 기재된 압수표를 인계받은 때에는 압수금 및 환가대금인계부에 압제번호·중제번호·피의자성명·금액 기타 필요한 사항을 기재한 후 압수물인 통화와 함께 세입세출외현금출납공무원에게 이를 인계하여야 한다.

② 세입세출외현금출납공무원은 제1항의 압수금 및 환가대금인계부와 압수물인 통화를 대조·확인한 후 인수하여야 하며, 압수물인 통화를 인수한 때에는 압수금인계부의 수령인란에 날인하고 보관금영수증과 보관금영수필보고서를 작성하여 압수금인계부와 함께 영치사무담당직원에게 이를 인계하여야 한다.

③ 영치사무담당직원은 제2항의 보관금영수필보고서를 압수표에 첨부하여 압수물사무담당직원에게 반환하고 보관금영수증은 이를 보관하여야 한다.

제21조【압수물인 유가증권의 영치】 ① 영치사무담당직원은 압수물이 유가증권이나 주식 또는 예금·적금의 통장·전당표·보관표등 유가증권에 준하는 것인 때에는 검사로부터 지급정지의 필요유무에 관한 지휘를 받아야 한다. 이 경우 지급정지의 필요가 있다는 내용의 지휘를 받은 때에는 별지 제9호서식(1)에 의한 지급정지의뢰서를 작성하여 검사의 서명·날인을 받아 그 발행기관에 송부하여 압수해제통보가 있기 전에 지급되는 일이 없도록 조치하여야 한다.(2003.7.28 전단개정)

② 영치사무담당직원은 제1항의 압수물 중 통장 등의 잔액을 인출하거나 환가하여 압수물과 분리할 수 있는 경우에는 검사의 지휘에 따라 이를 분리하여 제16조에 따라 영치해야 한다.(2022.2.7 본항개정)

③ 영치사무담당직원은 제1항의 압수물중 지급정지사유가 소멸되어 검사로부터 지급정지해제지휘를 받아야 할 때에는 별지 제9호서식(2)에 의한 지급정지해제서를 작성하여 검사의 서명·날인을 받아 그 발행기관에 송부하여야 한다.(2003.7.28 본항신설)

제22조【압수물인 외국환의 영치】 ① 영치사무담당직원은 압수물이 외국환인 때에는 별지 제10호서식(1)에 의한 대외지급수단보관의뢰서를 작성하여 검사의 서명·날인을 받아 압수된 외국환과 함께 외국환취급은행에 보관의뢰하고 외국환보관증을 교부받아 이를 보관하여야 한다. 다만, 외국환이 소액인 경우 등 상당한 이유가 있는 경우에는 제19조를 준용한다.(2008.1.7 단서신설)

② 원형보존의 필요가 없는 외국환은 외화당좌예금계좌에 예치하여 보관할 수 있다.(2008.1.7 본항신설)

제4장 압수물의 처분

제1절 처분명령의 기재

제23조【압수표의 처분명령기재】 ① 검사가 압수물을 처분할 경우와 재판에 의한 압수물의 처분 또는 몰수의 집행을 할 경우에는 압수물사무담당직원은 다음의 서류를 조사하고 압수표에 검사가 하여야 할 명령의 요지를 기재하고 소속과장의 확인을 받아 검사에게 제출하여야 한다. 이 경우 필요한 때에는 관계서류와 압수물을 조사할 수 있다.(1995.12.30 본문개정)

1. 재판에 의한 압수물의 처분 또는 몰수의 집행인 때에는 재판서의 원본·압수물총목록 및 압수조서등
2. 불기소·기소중지 또는 참고인중지 처분에 의한 압수물의 처분인 때에는 불기소·기소중지·참고인중지 결정서, 압수물총목록 및 압수조서등(1996.5.1 본호개정)
3. 사건을 다른 검찰청 가정법원 또는 지방법원 소년부에 송치하는 때에는 송치결정서·압수물총목록 및 압수조서등

3의2. 불송치기록을 사법경찰관에게 반환할 때에는 불송치기록 검토결과서, 압수물 총목록 및 압수조서 등(사법경찰관이 검사의 압수물처분지휘를 건의한 경우로 한정한다)(2021.1.1 본호신설)

3의3. 국제형사사법공조요청 이행명령을 이행한 결과를 법무부장관에게 이송할 때 또는 경찰서등에 사건을 이송하거나 이첩할 때에는 이송·이첩 등 결정서, 압수물 총목록 및 압수조서 등(2021.1.1 본호신설)

4. 처분촉탁에 의한 압수물의 처분인 때에는 촉탁서
5. 제1호부터 제3호까지, 제3호의2, 제3호의3 및 제4호 외의 압수물처분을 할 때에는 사건기록(2021.1.1 본호개정)

② 사건결정 또는 기록처리 전에 압수물사무담당직원이 검사로부터 압수물에 관하여 환부·가환부·피해자환부·폐기 또는 환가처분의 지휘를 받은 때에는 압수표에 그 명령의 요지를 기재하여 검사에게 제출해야 한다.(2021.1.1 본항개정)

③ 검사는 제1항 및 제2항의 규정에 의하여 제출받은 압수표의 처분명령요지란의 기재내용을 확인한 후 처분명령란에 날인하고, 압수표를 압수물사무담당직원에게 반환하여야 한다.(2003.7.28 본항개정)

제24조【처분명령요지란의 기재방법】 제23조의 규정에 의한 처분명령요지란의 기재는 별표1에 정한 방법에 의한다.(2003.7.28 본조개정)

제2절 대 출

제25조【대출】 ① 검사는 압수물(환가대금은 제외한다)을 대출받으려는 경우 별지 제11호서식의 압수물대출표를 작성하여 영치사무담당직원에게 송부해야 한다.(2021.1.1 본항개정)

② 영치사무담당직원이 압수물건대출표를 송부받은 때에는 별지 제12호서식에 의한 압수물대출부에 검사의 성명·대출연월일·압제번호·기타 필요한 사항을 기재하고, 수령인란에 검사 또는 참여직원의 수령인을 받고 압수물을 검사에게 제출하여야 한다.

③ 영치사무담당직원이 제2항의 규정에 의하여 대출한 압수물을 반환받은 때에는 압수물대출부에 반환연월일을 기재하고, 반환수령인란에 날인한 후 압수물건대출표는 검사에게 반환하여야 한다.

④ 검사가 시정조치 요구 여부 등을 결정하기 위해 사법경찰관이 보관 중인 압수물의 대출을 요청하려는 경우에는 별지 제12호의2서식의 압수물대출요청서를 작성하여 사법경찰관에게 송부해야 한다. 이 경우 검사는 압수물사무담당직원에게 해당 압수물대출요청서 부본 1부를 인계해야 한다.(2021.1.1 본항신설)

⑤ 압수물사무담당직원은 제4항 후단에 따라 검사로부터 압수물대출요청서 부본을 인계받은 경우 별지 제12호의3서식의 압수물대출요청부에 필요한 사항을 기재해야 한다.(2021.1.1 본항신설)

⑥ 압수물사무담당직원은 사법경찰관으로부터 제4항에 따른 압수물을 송부받은 경우 제5항에 따른 압수물대출요청부에 압수물 수령연월일을 기록한 후 해당 압수물을 검사에게 인계해야 하고, 해당 압수물을 사법경찰관에게 반환할 때에는 해당 압수물대출요청부에 압수물 반환연월일을 기록한 후 반환수령인의 서명 또는 날인을 받아야 한다.(2021.1.1 본항신설)

(1993.8.17 본조개정)

제26조【압수물인 통화의 대출】 ① 검사가 제19조의 규정에 의하여 봉인된 압수물을 대출받아 개봉한 때에는 압수금봉투에 개봉하였다는 뜻을 기재하고 날인하여야 한다.

② 영치사무담당직원이 제1항에 따라 개봉된 압수물을 반환받은 때에는 제19조에 정한 절차에 준하여 개봉한 검사 또는 참여직원의 참관하에 다시 봉인해야 한다.(2022.2.7 본항개정)

제27조【법원 및 사법경찰관의 대출】 ① 법원 또는 사법경찰관이 압수물을 대출받으려는 경우에 관하여는 제25조제1항부터 제3항까지 및 제26조를 준용한다.

② 영치사무담당직원이 법원 또는 사법경찰관으로부터 압수물의 대출을 신청하는 서류를 접수한 경우에는 해당 사건을 담당하는 검사의 결정을 받아 압수물을 대출한다.(2021.1.1 본조개정)

제3절 몰수물처분

제28조【몰수유가물의 처분】 ① 검사는 몰수물이 유가물인 때에는 공매에 의하여 국고납입 처분을 하여야 한다. 다만, 몰수물이 위험물이거나, 파괴 또는 폐기할 물건인 때에는 그러하지 아니하다.

② 압수물사무담당직원은 검사로부터 제1항의 공매에 의한 국고납입 처분명령이 기재된 압수표를 반환받은 때에는 그 기재내용을 확인한 후 이를 영치사무담당직원에게 인계하여야 한다.

③ 영치사무담당직원은 재무관의 지시를 받아 공매절차를 취하여야 한다.

④ 제3항의 공매절차를 마친 때에는 영치사무담당직원은 별지 제13호서식에 의한 압수물처리부와 별지 제14호서식에 의한 압수물공매처리부 및 별지 제15호서식에 의한 압수금처리부에 필요한 사항을 기재하고 압수금처리부와 공매대금을 수입금출납공무원에게 인계하여야 한다.

⑤ 수입금출납공무원은 제4항의 압수금처리부에 날인하고, 수입금보고서와 수입금영수증을 작성하여 압수금처리부와 함께 영치사무담당직원에게 인계하여야 한다.

⑥ 영치사무담당직원은 압수표의 처분결과란을 기재하고, 수입금보고서를 압수표에 첨부하여 소속과장의 확인을 받은 후 이를 압수물사무담당직원에게 반환하고, 수입금영수증은 이를 보관하여야 한다.(2003.7.28 본항개정)

⑦ 영치사무담당직원은 몰수집행 또는 대가보관을 위한 공매를 할 경우 원형보존의 필요가 있다고 판단되는 때에는 낙찰자로 하여금 그의 비용으로 사진촬영등 필요한 조치를 하게 할 수 있다는 내용의 공매조건을 부기하여야 한다.

제29조【몰수무가물의 처분】 ① 검사는 몰수물이 무가물(無價物：경제적 가치가 없는 물건)이거나 다음 각 호의 어느 하나에 해당하는 유가물(有價物)인 경우에는 폐기처분해야 한다.

1. 위험물
2. 노후·파손 등으로 공매할 수 없는 자동차·선박·항공기 또는 건설기계
3. 파괴 또는 폐기해야 할 상당한 이유가 있는 그 밖의 유가물

(2022.2.7 본항개정)

② 영치사무담당직원은 제1항제2호에 해당하는 몰수물을 폐기처분하고자 할 때에는 이해관계인에게 먼저 그 사유를 알려야 한다.(2003.7.28 본항신설)

③ 압수물사무담당직원은 제1항의 처분명령이 기재된 압수표를 반환받은 때에는 그 기재내용을 확인한 후 이를 영치사무담당직원에게 인계하여야 한다.

④ 영치사무담당직원은 제3항의 규정에 의하여 인계받은 압수표에 의하여 압수물처리부에 필요한 사항을 기재하고 소각 기타의 방법에 의하여 파괴 또는 폐기하여야 한다. 이 경우 영치사무담당직원은 별지 제16호서식에 의한 폐기조서를 작성하고, 압수표의 처분결과란을 기재하여 소속과장의 확인을 받은 후 압수표는 압수물사무담당직원에게 반환하고, 폐기조서는 이를 보관하여야 한다.(2003.7.28 본항개정)

제30조【몰수 환가대금의 처분】 ① 검사는 몰수물이 환가대금인 때에는 국고납입처분을 하여야 한다.

② 압수물사무담당직원이 검사로부터 제1항의 국고납입 처분명령이 기재된 압수표를 반환받은 때에는 그 기재내용을 확인한 후 이를 영치사무담당직원에게 인계하여야 한다.

③ 영치사무담당직원은 제2항의 규정에 의하여 인계받은 압수표에 의하여 압수금처리부에 필요한 사항을 기재하고 별지 제17호서식에 의한 보관금국고납입의뢰서를 작성하여 소속과장의 확인을 받아 압수금처리부와 함께 세입세출외현금출납공무원에게 인계하여야 한다.

④ 세입세출외현금출납공무원은 보관금원부와 보관금국고납입의뢰서를 대조하여 압수금처리부에 날인한 후 수입금출납공무원에게 보관금국고납입의뢰서를 인계하여 보관금의 국고귀속절차를 취하게 하여야 한다.

⑤ 수입금출납공무원은 제4항의 규정에 의한 절차를 마친 후 보관금수입보고서와 보관금수입영수증을 작성하여 세입세출외현금출납공무원에게 교부하여야 한다.

⑥ 세입세출외현금출납공무원은 제5항의 보관금수입보고서와 보관금수입영수증을 영치사무담당직원에게 교부하고, 영치사무담당직원은 압수표의 처분결과란을 기재하고, 보관금수입보고서를 압수표에 첨부하여 소속과장의 확인을 받은 후 압수물사무담당직원에게 반환하고 보관금수입영수증은 이를 보관하여야 한다.(2003.7.28 본항개정)

제31조【몰수통화의 처분】 ① 검사는 몰수물이 통화인 때에는 국고납입처분을 하여야 한다.

② 압수물사무담당직원이 검사로부터 제1항의 국고납입 처분명령이 기재된 압수표를 반환받은 때에는 그 기재내용을 확인한 후 이를 영치사무담당직원에게 인계하여야 한다.

③ 영치사무담당직원은 제2항의 규정에 의하여 인계받은 압수표에 의하여 압수금처리부에 필요한 사항을 기재하고 압수금봉투를 개봉하여 소속과장의 확인을 받은 후 압수금처리부와 몰수물인 통화를 수입금출납공무원에게 인계하여야 한다.

④ 수입금출납공무원은 제3항의 몰수물인 통화와 압수금처리부를 대조하여 인수하고 몰수물인 통화를 국고납입하여야 하며, 국고납입한 때에는 수입금영수증과 수입보고서를 작성하여 압수금처리부와 함께 영치담당직원에게 인계하여야 한다.

⑤ 영치사무담당직원은 압수표의 처분결과란을 기재하고, 수입보고서는 압수표에 첨부하여 소속과장의 확인을 받은 후 압수물사무담당직원에게 반환하고 수입금영수증은 보관하여야 한다.(2003.7.28 본항개정)

제32조【몰수통화 처분의 특례】 제30조의 규정은 제20조의 규정에 의하여 세입세출외현금출납공무원이 보관중인 몰수물인 통화의 처분절차에 이를 준용한다.

제33조【몰수 유가증권의 처분의 특례】 ① 검사는 몰수물이 유가증권인 때에는 국고납입처분을 하여야 한다.

② 압수물사무담당직원이 검사로부터 제1항의 국고납입 처분명령이 기재된 압수표를 반환받은 때에는 그 기재내용을 확인한 후 이를 영치사무담당직원에게 인계하여야 한다.(1982.12.31 본항개정)

③ 영치사무담당직원은 제2항의 규정에 의하여 압수표를 인계받은 때에는 별지 제9호서식(2)의 지급정지해제서를 작성하여 검사의 서명날인을 받아 유가증권의 발행기관에 송부하여야 한다.(1982.12.31 본항신설)

④ 영치사무담당직원은 몰수물인 유가증권이 당좌수표·여행자수표·어음 등과 같이 추심을 필요로 하는 것인 때에는 별지 제18호서식에 의한 압수금추심의뢰서를 작성하여 감사의 서명·날인을 받아 발행기관에 추심을 의뢰하여야 한다.(2003.7.28 본항개정)

⑤ 제31조의 규정은 영치사무담당직원이 제4항의 규정에 의한 추심금을 수령한 후의 추심금 및 유가증권의 국고납입절차에 이를 준용한다.(1982.12.31 본항개정)

제34조【몰수 외국환 처분의 특례】 ① 검사는 몰수물이 외국환인 때에는 국고납입처분을 하여야 한다.

② 압수물사무담당직원이 제1항의 국고납입처분명령이 기재된 압수표를 반환받은 때에는 그 기재내용을 확인한 후 이를 영치사무담당직원에게 인계하여야 한다.

③ 영치사무담당직원은 제22조에 따른 외국환을 외국환취급은행에 매각하고, 외국환취급은행으로부터 외국환매입증명서를 교부받아 압수표에 첨부하여야 한다.(2008.1.7 본항개정)
④ 제31조제3항 내지 제5항의 규정은 제3항의 몰수외국환의 매각대금의 국고납입절차에 이를 준용한다.
⑤ 검사는 외국환취급은행이 제22조제1항 본문 및 같은 조 제2항에 따라 보관된 외국환의 매입을 거절하는 때에는 계속 보관하게 하거나 별지 제10호서식(2)에 의한 대외지급수단반환서에 의하여 외국환을 반환받아 폐기하거나 기타 상당한 처분을 할 수 있다. 폐기절차에 관하여는 제29조의 규정을 준용한다.(2008.1.7 본항개정)
⑥ 검사는 제22조제1항 단서에 따라 검찰청에서 보관 중인 외국환에 대하여 외국환취급은행이 매입을 거절할 때에는 계속 보관하게 하거나 폐기하는 등 상당한 처분을 할 수 있다.(2008.1.7 본항신설)
제35조【몰수물의 인계처분】 ① 검사는 별표2에 정한 몰수물에 관하여는 제28조 및 제29조의 규정에 불구하고 동표에 정한 바에 의하여 인계 또는 기타의 처분을 하여야 한다.
② 압수물사무담당직원은 검사로부터 제1항의 규정에 의한 처분명령이 기재된 압수표를 반환받은 때에는 그 기재내용을 확인한 후 이를 영치사무담당직원에게 인계하여야 한다.
③ 영치사무담당직원은 압수물처리부에 필요한 사항을 기재하고 별지 제19호서식에 의한 압수물인계서를 작성한 후 검사의 서명·날인을 받아 별지 제20호서식에 의한 압수물수령서 및 몰수물과 함께 압수표에 기재된 인수자에게 인계하고, 압수물수령서를 반환받아 압수표에 첨부하고 압수표의 처분결과란을 기재하여 소속과장의 확인을 받은 후 이를 압수물사무담당직원에게 반환하여야 한다.(2003.7.28 본항개정)
제36조【몰수물의 특별처분】 ① 검사는 특히 필요하다고 인정할 때에는 제28조 및 제29조의 규정에 불구하고 몰수물에 관하여 상당한 처분을 할 수 있다. 다만, 별표2에 정한 몰수물에 관하여는 그러하지 아니하다.
② 제1항의 규정에 의하여 특별처분을 하는 몰수물의 처분절차에 관하여는 처분명령의 내용에 따라 이 장에 규정된 절차에 의한다.
제37조【몰수물의 특별인계 처분】 ① 검사는 검찰실무자료로서 적당하다고 인정되는 몰수물에 관하여는 대검찰청에 인계처분할 수 있다. 이 경우 검사는 별지 제21호서식에 의한 검찰실무자료요지서를 작성하여 함께 인계하여야 한다.
② 제1항의 규정에 의한 몰수물의 처분절차에 관하여는 제35조제2항 및 제3항의 규정을 준용한다.
제38조【공안사건의 몰수물등 처분】 ① 검사는 국가보안법 위반사건의 몰수물과 국가보안법 제15조제2항의 규정에 의하여 국고귀속된 압수물에 관하여는 「몰수금품등 처리에 관한 임시특례법 시행령」 별지 제1호서식에 의한 몰수금품통보서에 의하여 국가정보원장에게 통보하여야 한다.(2010.9.10 본항개정)
② 검사는 국가정보원장으로부터 제1항의 몰수물 또는 국고귀속된 압수물에 관하여 송부요청을 받은 때에는 당해 물건을 국가정보원장에게 인계하여야 한다.(2003.7.28 본항개정)
③ 제2항의 규정에 의한 몰수물의 처분절차에 관하여는 제35조제2항 및 제3항의 규정을 준용한다.
제39조【몰수물의 처분촉탁】 ① 검사는 몰수물이 다른 검찰청의 관할구역안에 있는 때에는 소재지 관할검찰청의 검사에게 몰수물의 처분을 촉탁할 수 있다.
② 검사가 제1항의 촉탁을 할 때에는 별지 제23호서식에 의한 몰수물처분촉탁서에 재판서등본 또는 초본과 기타 관계서류를 첨부하여 촉탁하여야 한다.
제40조【몰수의 집행】 ① 검사는 몰수물이 압수되어 있지 아니한 때에는 몰수의 선고를 받은 자에게 별지 제24호서식에 의한 몰수물제출명령서에 의하여 몰수물의 제출을 명하여야 한다.
② 몰수의 선고를 받은 자가 제1항의 규정에 의한 몰수물제출명령에 응하지 아니한 때에는 검사는 별지 제25호서식에 의한 몰수집행명령서를 작성하여 집행관에게 강제집행을 명하여야 한다.(2003.7.28 본항개정)
③ 몰수의 선고를 받은 자로부터 몰수물의 제출이 있거나 강제집행에 의하여 집행관으로부터 몰수물을 인계받은 때에는 압수물사무담당직원은 제12조 및 제13조의 규정에 준하여 압수물수리절차를 취하고, 이 장에 정한 절차에 따라 처리하여야 한다.(2003.7.28 본항개정)
제41조【몰수의 집행촉탁】 ① 검사는 몰수물이 다른 검찰청 관할구역안에 있는 때에는 소재지 관할검찰청의 검사에게 몰수의 집행을 촉탁할 수 있다.
② 검사가 제1항의 촉탁을 하는 때에는 별지 제26호서식에 의한 몰수집행촉탁서에 재판서등본 또는 초본과 기타 관계서류를 첨부하여야 한다.
③ 몰수집행의 촉탁과 동시에 당해 몰수물의 처분도 촉탁하는 때에는 제39조의 규정에 불구하고 몰수집행촉탁서의 비고란에 그 뜻과 처분구분을 명백히 기재하여 촉탁하여야 한다.
제42조【상속재산에 관한 몰수집행】 형사소송법 제478조의 규정에 의하여 상속재산에 관한 몰수의 집행을 할 때에는 몰수물제출명령서 또는 몰수집행명령서에 상속재산에 관하여 집행하는 사유를 기재하고, 몰수집행명령서에는 몰수의 선고를 받은 자 및 그 상속인의 성명·주소등을 기재하여 상속인임을 표시하여야 한다.
제43조【합병후 존속법인 등에 관한 몰수집행】 형사소송법 제479조의 규정에 의하여 몰수의 집행을 할 때에는 몰수물제출명령서 또는 몰수집행명령서에 그 법인에 관하여 집행하는 사유를 기재하고, 몰수집행명령서에는 몰수의 선고를 받은 법인의 명칭과 그 주사무소의 소재지 및 합병후 존속하는 법인 또는 합병에 의하여 설립된 법인의 명칭과 그 주사무소의 소재지를 기재하여 합병후 존속하는 법인 또는 합병에 의하여 설립된 법인임을 표시하여야 한다.
제44조【위조·변조된 몰수부분 표시】 ① 검사는 위조 또는 변조된 부분이 몰수된 물건에 관하여는 위조 또는 변조된 부분에 붉은 글씨로 위조·변조의 표시를 하고 판결연월일·관결법원·사건명과 몰수의 뜻을 부기하고, 소속검찰청명과 몰수의 선고를 받은 자의 성명을 기재하고 날인해야 한다.(2022.2.7 본항개정)
② 제1항의 규정에 의한 물건이 압수되어 있지 아니한 때에는 제40조 및 제41조의 규정에 의하여 몰수의 집행을 한 후 제1항의 규정에 따라 처리하여야 한다. 이 경우 그 물건이 공무소에 속한 것인 때에는 별지 제27호서식에 의한 위조(변조)부분 몰수통지서를 작성·송부하여 해당 공무소로 하여금 상당한 처분을 하게 하여야 한다.
제45조【몰수의 집행 또는 몰수물의 처분 불능결정】 ① 검사는 몰수의 집행 또는 몰수물의 처분이 불가능하게 된 때에는 몰수집행불능결정 또는 몰수물처분불능결정의 처분을 하여야 한다.
② 검사가 제1항의 처분을 할 때에는 압수물사무담당직원은 압수표의 명령요지란에 그 뜻을 기재하고 별지 제28호서식에 의한 몰수집행(몰수물처분)불능결정서에 필요한 사항을 기재한 후 그 사유를 소명할 자료를 첨부하여 압수표와 함께 검사에게 제출하여야 한다.
③ 검사의 몰수집행불능결정 또는 몰수물처분불능결정은 압수표처분명령란에 날인의 방법으로 하며, 몰수집행(몰수물처분)불능결정서에 서명·날인하여 압수표와 함께 압수물사무담당직원에게 이를 반환하여야 한다.
④ 압수물사무담당직원은 압수표의 처분결과란을 기재한 후 소속과장의 확인을 받아야 한다.(2003.7.28 본항개정)
제46조【몰수물의 교부】 ① 형사소송법 제484조제1항에 규정된 몰수물을 교부하는 절차에 관하여는 이 장 제5절의 규정을 준용한다.
② 형사소송법 제484조제2항의 규정에 의하여 공매에 의하여 취득한 대가를 교부청구에 의하여 교부하는 경우에 압수물사무담당직원은 교부청구서에 검사의 날인을 받아 수입금출납공무원에게 송부하고 압수표의 비고란에 그 뜻을 기재하여야 한다. 국고납입된 통화와 환가대금을 교부하는 때에도 또한 같다.

제4절 소유권포기

제47조【소유권포기】 ① 검사는 범죄에 이용될 염려가 있거나 선량한 풍속을 해할 우려가 있는 압수물, 법령상 생산·제조 또는 유통이 금지된 압수물, 경제적 가치로 보아 환부의 실익이 없는 압수물, 그 밖의 사유로 환부하는 것이 부적절하다고 인정되는 압수물에 관하여는 소유자에게 소유권 포기의사의 유무를 확인하여야 한다.
② 제1항의 규정에 의한 소유권 포기의 의사표시가 있는 때에는 검사는 별지 제29호서식에 의한 소유권포기서를 받아야 한다. 이 경우 피의자신문조서 또는 진술조서에 그 뜻을 기재함으로써 소유권 포기서를 받는 것에 갈음할 수 있으며, 진술서 그 밖에 소유자가 직접 작성한 서류에 소유권 포기의사가 기재된 때에는 이를 소유권포기서로 갈음할 수 있다.
③ 검사가 제1항의 규정에 의한 소유권포기의사 유무의 확인을 경찰서등의 장 또는 소유자의 주거지를 관할하는 검찰청의 검사에게 촉탁하는 때에는 별지 제30호서식에 의한 소유권포기의사조사촉탁서에 의한다. 소유자가 구치소 또는 교도소등에 수용되어 있어 그 시설의 장에게 촉탁하는 때에도 또한 같다.
(2003.7.28 본조개정)
제48조【소유권포기 압수물의 처분】 ① 소유권 포기의사가 있는 압수물은 국고에 귀속한다.
② 제1항의 규정에 의하여 국고에 귀속된 압수물의 처분에 관하여는 제28조 내지 제38조 및 제44조의 규정을 준용한다. 다만, 검사는 직권이나 피압수자 또는 소유자의 신청에 의하여 압수물을 환부할 수 있다.
(2003.7.28 본조개정)

제5절 환 부

제49조【환부절차】 ① 압수물사무담당직원은 검사로부터 압수물(환가대금을 제외한다)에 관하여 환부명령이 기재된 압수표를 반환받은 때에는 그 기재내용을 확인한 후 별지 제31호서식에 의한 압수물건환부통지서 또는 기타 방법에 의하여 피환부인을 출석시켜 본인임을 확인하고 압수표와 함께 영치사무담당직원에게 인계하여야 한다. 이 경우 대리인이 출석한 때에는 피환부인의 공공기관 발행 신분증 사본, 자필서명이 있거나 전자적 인증의 방법으로 작성된 위임장 등 대리권을 증명하는 서류를 제출받고 피환부인과의 전화 통화 등의 방법으로 대리권 유무를 확인하여야 한다.(2010.1.29 후단개정)
② 영치사무담당직원은 압수물처리부에 정해진 사항을 기재하고, 압수물을 환부한다. 이 경우에는 피환부인으로부터 압수물수령증을 제출받아 압수표에 첨부하고, 압수표의 처분결과란을 기재하여 소속과장의 확인을 받은 후 이를 압수물사무담당직원에게 반환해야 한다.(2022.2.7 본항개정)
③ 제1항의 경우 압수물사무담당직원은 피환부인이 소재불명 또는 기타 사유로 인하여 환부할 수 없는 때에는 검사에게 그 사유를 보고하여야 한다.
제50조【환가대금의 환부】 ① 압수물사무담당직원이 검사로부터 환가대금에 관하여 환부명령이 기재된 압수표를 반환받은 때에는 그 기재내용을 확인한 후 제49조제1항의 규정에 의하여 피환부인을 출석시켜 본인 또는 대리인임을 확인하고 압수표와 함께 영치사무담당직원에게 인계하여야 한다.
② 영치사무담당직원은 압수금처리부에 정해진 사항을 기재한 후 별지 제32호서식에 따른 보관금환부의뢰서를 작성하여 소속과장의 확인을 받아 압수금처리부와 함께 세입세출외현금출납공무원에게 인계해야 한다.(2022.2.7 본항개정)
③ 세입세출외현금출납공무원은 제2항의 보관금환부의뢰서와 보관금원부를 대조하고 압수금처리부에 날인한 후 피환부인에게 보관금을 환부하여야 한다. 이 경우에는 피환부인으로부터 압수물수령증을 제출받아 압수금처리부와 함께 영치사무담당직원에게 인계하고, 영치사무담당직원은 압수표에 압수물수령증을 첨부하고 압수표의 처분결과란을 기재하여 소속과장의 확인을 받은 후 이를 압수물사무담당직원에게 반환하여야 한다.(2003.7.28 후단개정)
제51조【압수물인 통화의 환부】 제50조의 규정은 제20조의 규정에 의하여 세입세출외현금출납공무원이 보관중인 통화의 환부절차에 이를 준용한다.
제51조의2【압수물인 주민등록증 등의 환부】 압수물인 주민등록증·운전면허증·여권 그 밖에 신분관계를 증명하는 서류가 재발급 등으로 효력이 상실된 때에는 이를 환부하지 아니하고 폐기할 수 있다.(2003.7.28 본조신설)
제52조【환부절차의 특례】 ① 압수물사무담당직원은 압수물을 우송하여 환부하는 것이 상당하다고 인정되거나 다음 각호의 1에 해당하는 사유가 있는 경우에는 제49조제1항의 규정에 불구하고 압수물을 배달증명우편 또는 계좌입금으로 환부할 수 있다. 이 경우 압수표의 비고란에 우송 또는 계좌입금의 취지를 기재하고 이를 영치사무담당직원에게 인계하여야 한다.(2003.7.28 본문개정)
1. 피환부인이 우송에 의한 환부를 희망하는 경우
1의2. 피환부인이 계좌입금에 의한 환부를 희망하는 경우(2003.7.28 본호신설)
2. 피환부인으로부터 출석하여 수령하겠다는 회답이 있었으나 그 기일에 출석하지 아니하고 상당한 기간이 경과한 경우
② 영치사무담당직원은 제1항의 규정에 의하여 압수물을 우송하는 때에는 별지 제31호의2서식에 의한 압수물건송부서를 작성하여 환부할 압수물과 함께 동봉하여 우송하여야 한다.(1987.12.31 본항개정)
③ 영치사무담당직원은 제2항의 규정에 의하여 압수물을 환부받은 피환부인으로부터 압수물수령증의 송부가 없는 때에는 우편관서로부터 받은 배달증명서로써 압수물수령증에 갈음할 수 있다. 이 경우 압수표의 비고란에 그 사유를 기재하여야 한다.(1987.12.31 본항개정)
④ 압수물사무담당직원은 환부하여야 할 압수물이 현금 또는 환가대금인 경우에는 별지 제31호의3서식에 의한 압수금환부통지서를 피환부인에게 송부하여야 한다.(2003.7.28 본항신설)
제53조【환부의 촉탁】 ① 검사는 다른 검찰청의 검사 또는 경찰서등의 장에게 압수물의 환부를 촉탁할 수 있다. 피환부인이 구치소 또는 교도소에 수용되어 있는 때에는 그 시설의 장에게도 촉탁할 수 있다.
② 제1항의 촉탁은 별지 제33호서식(1) 또는 별지 제33호서식(2)에 의한 압수물환부촉탁서에 의한다.
③ 검사가 환가대금 또는 세입세출외현금출납공무원이 제20조제2항에 따라 인수하여 보관 중인 통화를 환부촉탁하려는 경우에 관하여는 「정부보관금취급규칙」 제19조에 따른 절차를 준용한다. 이 경우 세입세출외현금출납공무원은 별지 제33호서식(1) 또는 별지 제33호서식(2)의 압수물환부촉탁서에 「정부보관금취급규칙」 별지 제8호서식의 정부보관금보관전환통지서(이하 "정부보관금보관전환통지서"라 한다)를 첨부하여 송부해야 한다.
(2021.1.1 본항개정)
제54조【환부의 공고】 ① 압수물사무담당직원은 검사로부터 환부불능의 사유로 관보에 의한 공고명령이 기재된 압수표를 반환받은 때에는 별지 제34호서식에 의한 압수물공고목록표를 3부 작성하여 소속과장의 확인을 받아 검사에게 이를 제출하여야 한다.
② 검사는 압수물공고목록표 1부에 날인한 후 압수물사무담당직원에게 반환하여 보관하게 하고, 「관보규정 시행규칙」 제4조에 따른 공문서를 작성하여 압수물공고목

목표 2부를 첨부하여 행정안전부장관에게 송부하여 압수물의 공고를 관보에 게재하도록 의뢰하여야 한다.
(2018.5.2 본항개정)
③ 검사는 제2항의 규정에 의한 관보게재와는 별도로 압수물공고목록표를 처분검찰청의 게시판에 게시하거나 전자통신매체를 이용하여 공고할 수 있다.(2003.7.28 본항신설)
제55조【기간만료후의 압수물처분】 공고기간이 만료된 후 국고에 귀속되는 압수물의 처리에 관하여는 몰수물의 처분에 관한 규정을 준용한다.
제56조【불기소처분사건의 압수물환부】 ① 검사는 불기소처분된 고소·고발사건에 관한 압수물중 중요한 증거가치가 있는 압수물에 관하여는 그 사건에 대한 검찰항고 또는 재정신청절차가 종료된 후에 압수물환불절차를 취하여야 한다.
② 압수물사무담당직원 또는 영치사무담당직원 제1항의 항고 또는 재정신청이나 형사소송법 제417조의 준항고 또는 동법 제489조의 이의신청이 있음을 안 때에는 즉시 검사에게 그 사실을 보고하고, 압수표 및 압수물대장에 그 뜻을 기재하여야 한다.(1993.8.17 본항개정)

제6절 이 송

제57조【다른 검찰청에의 이송】 ① 검사는 사건을 다른 검찰청의 검사에게 송치하는 경우에 압수물이 운반에 불편하거나 송부하는 것이 적당하지 아니한 때에는 이를 소속검찰청 또는 그 외의 장소에 보관한 상태로 송치할 수 있다.
② 검사는 압수물이 있는 사건을 다른 검찰청의 검사에게 송치하는 때에는 송치결정서 및 송치서에 압수물의 송부, 소속검찰청 보관 또는 검찰청외 보관의 구별을 기재하여야 한다.
③ 제1항의 규정에 의하여 압수물의 송부없이 사건송치를 받은 검사가 다시 다른 검찰청의 검사에게 사건을 송치하는 때에는 별지 제36호서식에 의한 사건이송통지서에 의하여 원검찰청의 검사에게 그 사실을 통지하여야 한다.
④ 제3항의 규정에 의한 통지를 받은 검사는 압수물사무담당직원으로 하여금 압수표의 비고란에 그 뜻을 기재하게 하여야 한다.
⑤ 「소년법」 제49조제1항에 따른 소년부 송치, 「가정폭력범죄의 처벌 등에 관한 특례법」 제11조제1항에 따른 가정법원 또는 지방법원 송치, 「성매매알선 등 행위의 처벌에 관한 법률」 제12조제1항 및 「아동학대범죄의 처벌 등에 관한 특례법」 제28조제1항에 따른 관할법원 송치에 관하여는 제1항 및 제2항을 준용한다.(2021.1.1 본항개정)
제57조의2【경찰서등에 대한 압수물 송부】 경찰서등에 압수물을 송부하려는 경우에 관하여는 제57조제1항 및 제2항을 준용한다. 이 경우 "송치결정서 및 송치서"는 "이송결정서 및 이송서" 또는 "이첩결정서 및 이첩서"로 본다.
(2021.1.1 본조신설)
제58조【압수물의 송부】 ① 압수물사무담당직원이 검사로부터 압수물(환가대금을 제외한다)에 관하여 송부명령이 기재된 압수표를 반환받은 때에는 그 기재내용을 확인한 후 이를 영치사무담당직원에게 인계하여야 한다.
② 영치사무담당직원은 압수물처리부에 정해진 사항을 기재하고 압수물을 우송이나 그 밖의 적당한 방법으로 송부한 후 압수표의 처분결과란을 기재하여 소속과장의 확인을 받은 후 이를 압수물사무담당직원에게 반환해야 한다.(2022.2.7 본항개정)
제59조【환가대금의 송부】 ① 압수물사무담당직원이 검사로부터 환가대금에 관하여 송부명령이 기재된 압수표를 반환받은 때에는 그 기재내용을 확인한 후 이를 영치사무담당직원에게 인계하여야 한다.
② 영치사무담당직원은 압수금처리부에 정해진 사항을 기재한 후 소속과장의 확인을 받아 이를 세입세출외현금출납공무원에게 인계하고 보관금 송부를 의뢰한다.
(2022.2.7 본항개정)
③ 제2항의 경우 세입세출외현금출납공무원은 압수금처리부와 보관금원부를 대조·확인하여 압수금 처리부에 날인한 후 정부보관금보관전환통지서를 작성하여 압수금처리부와 함께 영치사무담당직원에게 인계한다.
(2021.1.1 본항개정)
④ 영치사무담당직원은 제3항에 따라 인계받은 정부보관금보관전환통지서를 압수표에 첨부하고 압수표의 처분결과란에 송부기관, 송부일자 등 필요한 사항을 작성하여 소속과장에게 보고한 후 압수물사무담당직원에게 압수표를 반환한다. 이 경우 압수물사무담당직원은 사건기록 또는 불송치기록과 함께 정부보관금전환통지서를 제1항에 따른 검사의 송부명령에 따른 기관에 송부한다.
(2021.1.1 본항개정)
제60조【압수물인 통화의 송부】 제59조의 규정은 제20조의 규정에 의하여 세입세출외현금출납공무원이 보관중인 통화의 송부절차에 관하여 이를 준용한다.
제61조【이송 피고사건의 압수물송부등】 제57조제1항 내지 제4항 및 제58조 내지 제60조의 규정은 형사피고사건의 이송 또는 병합등에 의하여 사건관할법원에 대응하는 검찰청의 검사에게 압수물을 송부하는 경우에 이를 준용한다.

제7절 기소중지사건·참고인중지사건
(1996.5.1 본절제목개정)

제62조【기소중지처분·참고인중지처분 사건의 압수물처분】 ① 검사는 기소중지처분 및 참고인중지처분을 하는 사건의 압수물을 공소시효가 완성할 때까지 계속 보관처분하여야 한다. 이 경우 권리증서와 유가증권등 중요한 압수물을 제외한 서류 또는 위조인장등과 같은 소형의 압수물은 사건기록에 편철하여 보관하게 할 수 있다.
(1996.5.1 전단개정)
② 검사는 사건처리에 지장이 없다고 인정하는 압수물은 제1항의 규정에 불구하고 형사소송법 제219조로 준용되는 동법 제133조 및 제134조의 규정에 준하여 공소시효완성전이라도 압수물을 처분할 수 있다. 이 경우에는 압수물을 사진촬영하여 사건기록에 편철하는 등 필요한 조치를 명할 수 있다.
③ 압수물사무담당직원이 검사로부터 제1항의 보관명령 또는 기록편철보관명령을 받은 때에는 압수표의 처분명령요지란 및 공소시효완성연월일란을 기재한 후 검사의 날인을 받아야 한다.(2003.7.28 본항개정)
④ 영치사무담당직원은 제1항의 규정에 의하여 보관중인 압수물에 관하여는 별지 제36호의2서식에 의한 기소중지·참고인중지사건압수물점검부를 작성·비치하고 매반기 1회 이상 점검하여야 하며, 압수표 비고란에 점검연월일 및 결과를 기재하여야 한다.(2003.7.28 본항개정)
⑤ 제4항의 경우 계속 보관하기에 부적절하거나 그 밖의 사정변경이 있는 때에는 검사에게 신속히 보고하여야 하며, 검사는 사건처리에 지장이 없다고 인정되는 압수물에 대하여는 제2항의 규정에 의하여 이를 처분하여야 한다.
(2003.7.28 본항신설)
⑥ 제1항 후단의 경우 기소중지사건 또는 참고인중지사건이 재기된 때에는 다시 제2항의 규정에 의한 압수물 수리절차를 취하여야 한다.(1996.5.1 본항개정)

제8절 사건종결전처리

제63조【준수사항】 검사는 압수물을 계속 압수할 필요가 없다고 인정되거나 압수물의 소유자 또는 소지자가 계속 사용하여야 할 물건이거나 압수한 장물로서 피해자에게 환부할 이유가 명백한 압수물에 관하여는 사건종결전이라도 환부 또는 가환부하도록 하여야 한다.
제63조의2【압수물의 반환】 압수물사무담당직원은 검사가 사법경찰관에게 압수물을 반환할 때 별지 제36호의3서식의 압수물반환부에 압제번호, 압수물 및 반환사유 등을 기록하고, 별지 제36호의4서식의 압수물반환목록부에 압수물 수령인의 서명 또는 날인을 받은 후 압수물을 반환해야 한다.(2021.1.1 본조신설)
제64조【사건결정 전 환부·가환부·피해자 환부】 ① 사건결정 전 압수물의 환부·가환부 또는 피해자 환부에 관하여 이 조에 규정되지 않은 사항은 이 장 제5절의 규정을 준용한다.
② 압수물사무담당직원은 사건결정 전에 압수물을 가환부하는 경우 가환부를 받을 사람으로부터 별지 제37호서식의 압수물가환부신청서를 받아 압수표와 함께 영치사무담당직원에게 인계해야 한다.
③ 영치사무담당직원은 압수물을 가환부하는 경우 가환부를 받을 사람에게 선량한 관리자로서의 주의의무를 다할 것을 고지하고, 가환부압수물수령증 2부를 받아 압수표에 첨부하여 압수물사무담당직원에게 인계해야 한다. 이 경우 압수물사무담당직원은 가환부압수물수령증 1부를 압수표에 첨부하여 보관하고 다른 1부는 사건기록에 편철해야 한다.
④ 압수물사무담당직원은 가환부한 압수물을 그대로 환부하게 되는 경우 가환부를 받은 사람에게 별지 제38호서식의 압수물본환부통지서에 따라 압수해제사실을 통지하고 제3항에 따라 사건기록에 편철한 가환부압수물수령증에 환부사실을 기록한 후 날인해야 한다.
(2021.1.1 본조개정)
제65조【환가처분】 ① 검사는 몰수하여야 할 압수물이 멸실·파손·부패 또는 현저한 가치 감소의 염려가 있거나 보관하기에 곤란한 것인 때에는 환가처분하여 그 대금을 보관하게 할 수 있다. 이 경우에는 제16조제3항부터 제5항까지 및 제28조를 준용한다.(2008.1.7 본항개정)
② 제1항은 환부하여야 할 압수물의 환부를 받을 자가 누구인지 알 수 없거나 그 소재가 불명한 경우로서, 그 압수물이 멸실·파손·부패 또는 현저한 가치감소의 염려가 있거나 보관하기 어려울 때에도 준용한다.(2008.1.7 본항신설)
제66조【사건종결 전 폐기】 ① 제29조·제35조 및 제36조의 규정은 검사의 「형사소송법」 제219조로 준용되는 같은 법 제130조제2항·제3항에 따른 압수물처분에 준용한다. 이 경우, 폐기조서는 사건기록에 편철하여야 한다.
(2008.1.7 본항개정)
② 검사는 사건종결전에 압수물을 폐기할 때에는 견본보관, 사진촬영, 감정서 첨부 등 필요한 조치를 하여야 한다.
(2003.7.28 본항신설)
제67조【사건종결전 처분의 정리】 사건종결전에 이 절에 정한 환부등의 처분을 한 때에는 압수물사무담당직원은 압수표에 그 뜻을 기재하고 소속과장의 확인을 받아야 한다. 이 경우 압수물총목록 및 압수조서등에도 그 뜻을 기재하여야 한다.
제68조【사법경찰관에 대한 압수물처분지휘】 ① 압수물사무담당직원은 사법경찰관이 「형사소송법」 제218조의2제4항 후단 또는 제219조 단서에 따라 검사의 압수물 처분지휘를 건의한 경우 별지 제39호서식의 압수물처분지휘부에 필요한 사항을 기재하고, 검사의 지휘를 받은 후 사건기록 또는 불송치기록을 사법경찰관에게 반환해야 한다.
② 검사는 사법경찰관에게 「검사와 사법경찰관의 상호협력과 일반적 수사준칙에 관한 규정」 제60조제1항에 따른 보완수사요구 또는 같은 영 제63조제1항에 따른 재수사 요청을 하면서 관계 서류 및 증거물을 반환하는 경우 압수물처분지휘를 보류하는 처분을 할 수 있다.
(2021.1.1 본조개정)

제5장 검찰청외 보관 증거물

제69조【압수물의 경찰서등 보관송치사건】 ① 압수물사무담당직원은 사법경찰관 등으로부터 압수물을 경찰서등에 보관한 상태 또는 보관위탁한 상태로 사건의 송치·불송치기록 송부, 이송 또는 고발을 받은 경우 제2장의 규정에 따라 압수물의 수리절차를 진행해야 한다. 이 경우 압수표의 비고란에 경찰서등의 보관송치사건, 보관송부사건, 보관이송사건 또는 고발사건임을 기재해야 한다.
② 압수물사무담당직원은 제1항에 따른 압수물이 공무소 또는 공무원에게 보관위탁되어 있는 때에는 보관증을 제출받아 사건기록에 첨부하고 압수표의 비고란에 보관자의 소속·직위(직급)·성명 및 보관장소 등을 적어야 한다.
③ 압수물사무담당직원은 제1항에 따른 압수물이 공무소 또는 공무원 이외의 자에게 보관위탁되어 있는 때에는 보관증을 제출받아 사건기록에 첨부하고 압수표의 비고란에 보관자의 성명·주소 및 보관장소 등을 적어야 한다. 이 경우 특히 필요한 때에는 보관자로부터 재정보증서 2부를 제출받을 수 있다.
④ 제3항의 경우 압수물사무담당직원은 보관자의 사전동의를 받아 「전자정부법」 제36조제1항에 따른 행정정보의 공동이용을 통하여 보관자의 주민등록등본을 확인해야 한다. 이 경우 보관자가 확인에 동의하지 않는 경우에는 주민등록등본을 제출받아 사건기록에 첨부한다.
(2021.1.1 본조개정)
제70조【압수물의 다른 검찰청 보관 이송사건】 제69조의 규정은 다른 검찰청의 검사로부터 압수물을 당해 검찰청 또는 경찰서등에 보관한 상태로 또는 보관위탁한 상태로 사건의 송치가 있는 경우에 이를 준용한다.
제71조【압수물의 보관위탁】 ① 형사소송법 제219조로 준용되는 동법 제130조제1항의 규정에 의하여 압수물을 압수물의 소유자 또는 제3자에게 보관하게 하는 때에는 압수물사무담당직원은 압수표의 처분명령요지란에 보관위탁의 뜻을 기재한 후 검사의 확인을 받아야 한다. 이 경우 보관중의 징구등에 관하여는 제69조제2항부터 제4항까지의 규정을 준용한다.(2010.9.10 후단개정)
② 검사는 제1항의 규정에 의한 압수물에 관하여 보관료를 지급할 필요가 있는 때에는 재무관에게 통지하여야 하며, 압수물사무담당직원은 압수표에 그 뜻을 기재하여야 한다. 보관료의 변경이 있는 경우에도 또한 같다.
제72조【보관위탁 압수물의 점검】 ① 압수물사무담당직원은 제71조에 따라 보관위탁된 압수물에 관하여는 별지 제40호서식의 보관위탁압수물점검부를 작성·비치하고 매 반기 1회 이상 그 보관상황을 확인하여 이를 검사에게 보고해야 한다. 다만, 다음 각 호의 경우에는 이를 생략할 수 있다.(2021.1.1 본문개정)
1. 불송치기록 송부 사건인 경우(2021.1.1 본호신설)
2. 제68조제2항에 따른 압수물처분지휘 보류로 사법경찰관에게 압수물이 반환된 경우(2021.1.1 본호신설)
② 검사는 필요하다고 인정할 때에는 압수물사무담당직원으로 하여금 제69조 또는 제71조의 규정에 의하여 검찰청 이외의 장소에 보관한 압수물에 관하여 보관상황을 확인하게 할 수 있다.
제73조【경찰서등 보관압수물의 처분】 ① 검사는 송치사건 중 경찰서등에 보관중인 압수물 또는 경찰서등에서 보관위탁한 압수물을 처분할 때에는 압수물처분촉탁서를 작성하여 경찰서등의 장에게 그 처분을 촉탁해야 한다.
(2021.1.1 본항개정)
② 제30조의 규정은 경찰서등의 장으로부터 제1항의 처분촉탁에 의한 압수물공매대금의 송부가 있는 경우에 이를 준용한다.
③ 경찰서등의 장으로부터 제1항의 처분촉탁에 의하여 압수물환가대금의 송부가 있는 때에는 압수물사무담당직원은 이미 작성된 압수표에 의하여 압수물 수리절차를 취하여야 한다.
④ 검사는 경찰서등에 보관중인 압수물에 관하여는 제1항의 규정에 불구하고 필요한 경우에는 그 압수물을 제출하게 하여 처분할 수 있다. 이 경우 압수물사무담당직원은 압수표의 처분명령요지란에 압수물제출을 명하는

뜻을 기재하고 검사의 날인을 받아야 한다.(2003.7.28 후단개정)
⑤ 제4항의 규정에 의하여 압수물이 제출된 때에는 압수물사무담당직원은 이미 작성된 압수표에 의하여 압수물 수리절차를 취하여야 한다.
제74조【공무소등에 보관위탁된 압수물의 처분】 송치사건 중 제71조에 따라 보관위탁된 압수물을 처분하는 경우에 관하여는 제73조제4항 및 제5항을 준용한다. 이 경우 압수물사무담당직원은 별지 제41호서식의 압수해제통지서에 필요한 사항을 적은 후 검사의 서명·날인을 받아 보관자에게 교부해야 한다.(2021.1.1 본조개정)

제6장 공 조

제75조【촉탁수리】 ① 다른 검찰청의 검사로부터 압수물에 관한 처분의 촉탁을 받은 때에는 촉탁받은 검찰청 소속의 압수물사무담당직원은 공조사건부에 정해진 사항을 기재하고, 압수물수리통지서를 작성하여 검사의 서명·날인을 받아 촉탁검찰청에 이를 송부해야 한다. 이 경우 압수물사무담당직원은 압수표를 작성하고 압수표의 비고란에 촉탁받은 뜻을 기재한 후 소속검찰청의 압수물 처분절차에 준하여 처리해야 한다.(2022.2.7 본항개정)
② 제1항의 경우 소속검찰청 또는 그 외의 장소에 보관중인 압수물에 관한 처분촉탁은 이미 작성되어 있는 압수표에 의하여 처리해야 한다.(2021.1.1 본항개정)
③ 압수물사무담당직원은 촉탁검찰청으로부터 처분결과의 회답요청이 있는 때에는 별지 제41호의2서식에 따라 촉탁결과를 회답하고, 압수표 및 공조사건부에 그 사유를 적어야 한다.(2021.1.1 본항개정)
제76조【환부수탁】 ① 다른 검찰청의 검사로부터 환부촉탁을 받은 경우 피환부인의 소재불명이나 기타 사유로 인하여 환부불능인 때에는 제54조 및 제55조의 규정에 의하여 처리하여야 한다.
② 피환부인이 다른 검찰청 관할구역으로 주거를 이전한 때에는 그 검찰청 검사에게 환부를 다시 촉탁할 수 있다.(2022.2.7 본항개정)
제77조【몰수집행수탁】 제75조의 규정은 제41조의 규정에 의한 몰수집행의 촉탁이 있는 경우에 이를 준용한다.
제77조의2【국제형사사법 공조사건의 압수물 처리】
① 국제형사사법 공조사건에 관한 압수물의 수리·영치 및 처분절차 등에 관하여는 그 성질에 반하지 아니하는 범위 안에서 이 규칙을 적용한다.
② 「국제형사사법 공조법」 제8조에 따라 요청국에 압수물에 대한 권리를 포기하고 압수물을 인도하는 경우에는 소유권포기서 또는 권리관계에 관한 자료를 압수표에 첨부하여야 한다.
③ 「국제형사사법 공조법」 제8조제2항에 따라 압수물을 인도함에 있어서 압수물의 반환에 대한 요청국의 보증이 있는 경우에는 보증에 관한 서류를 압수표에 첨부하여야 한다.
④ 압수물사무담당직원은 압수물의 반환에 관한 요청국의 보증이 있는 경우에는 3월마다 요청국의 사건 진행상황을 확인하여야 하며, 사건이 종결된 때에는 검사에게 보고하고, 검사는 지체 없이 압수물의 반환을 요청하여야 한다.
(2006.9.14 본조신설)

제7장 상소사건의 특례

제78조【상소사건압수물의 송부】 상소사건의 압수물의 송부는 상소법원에 대응하는 검찰청 검사로부터 압수물 송부지시가 있는 경우에 한하되, 이 경우에는 제58조의 규정을 준용한다.
제79조【상소사건의 압수물수리 및 영치】 제78조의 규정에 의하여 상소법원에 대응하는 검찰청의 검사가 압수물의 송부를 받은 때의 압수물의 수리 및 영치절차에 관하여는 제2장 및 제3장의 규정을 준용한다.
제80조【상소사건 압수물의 처분】 ① 상소법원에 대응하는 검찰청의 검사는 제78조의 규정에 의하여 송부받은 압수물을 소속검찰청에서 처분하거나 원심법원에 대응하는 검찰청의 검사에게 그 처분을 촉탁할 수 있다. 송부받지 아니한 압수물은 사건기록반환서에 의하여 처분을 지시하거나 이를 송부받아 처분할 수 있다.
② 제1항의 경우 상소법원에 대응하는 검찰청의 압수물의 처분절차에 관하여는 제4장의 규정을 준용한다.

제8장 보 칙

제81조 (2021.1.1 삭제)
제82조【압수표 등의 정리보관】 ① 압수물사무담당직원은 압수물의 처분이 종결된 때에는 압수표에 첨부된 관계서류를 대조·확인하고 압수원표총목록에 최종완결연월일을 기재하여 압수표와 함께 소속과장에게 제출하여 압수표와 압수원표총목록의 완결란에 날인을 받아야 한다.
② 압수표의 처분결과란의 기재는 별표1에 정한 방법에 의한다.(2003.7.28 본항개정)
③ 제1항의 규정에 의한 절차가 끝난 압수표는 연도별, 압제번호 순으로 보존한다.
④ 압수원표총목록·압수물대장·특수압수물대장 및 특수압수물점검부 등은 매 연초 전전년도말 기준 미제를 새장부로 이월하여 직전연도 장부와 함께 사용하고, 이월이 종료된 전전년도 장부는 보존하여야 한다.(2003.7.28 본항개정)
⑤ 각급 검찰청의 장은 압수물사무담당직원 또는 영치사무담당직원의 이동에 따른 압수물·압수표·압수물대장 등에 관한 인계인수부를 비치·관리하고 책임소재를 명백히 하여야 한다.
제83조【압수물보관 및 처리현황보고】 영치사무담당직원은 환가대금, 압수물인 통화와 외국환의 보관 및 처리현황에 관하여 별지 제42호서식에 의한 영치 및 보관금현황표를 작성하여 소속과장을 거쳐 소속검찰청의 장에게 일일보고를 하여야 한다. 이 경우 영치 및 보관금에 관한 업무량이 적은 검찰청 또는 지청에서는 일일보고를 생략할 수 있다.(1993.8.17 본조제목개정)
제84조【압수물 현황심사보고】 ① 각급 검찰청의 장은 필요하다고 인정되는 경우에는 소속 공무원으로 하여금 관할검찰청 및 지청에 대하여 압수물과 이에 관한 관계장부를 조사하여 그 결과를 보고하게 할 수 있다.(1993.8.17 본항개정)
② 각급 검찰청의 장은 제1항의 규정에 의한 결과를 상급검찰청의 장에게 보고하여야 한다.
제85조【지방검찰청 및 지청에서의 특별절차】 지방검찰청의 장은 관할본청 또는 지청이 압수물에 관한 업무량이 적거나 직원 수의 과소등의 사유로 인하여 압수물의 수리영치 및 처분등의 절차에 관하여 이 규칙에 따르기 어려운 경우에는 그 규칙의 뜻을 해하지 아니하는 범위안에서 특별절차에 의하게 할 수 있다. 이 경우에는 지방검찰청의 장은 소속고등검찰청의 장과 검찰총장에게 그 내용을 보고하여야 한다.
제86조【내사사건 등의 압수물처리】 내사·진정·수사·시정·변사·항고·재항고사건에 관한 압수물의 수리·영치 및 처분 절차 등에 관하여는 그 성질에 반하지 않는 범위에서 이 규칙을 적용한다.(2021.1.1 본조개정)
제87조【불기소사건 등의 압수물처리】 불기소처분을 한 사건 또는 무죄판결이 확정된 사건중 수사를 계속할 필요가 있는 사건의 압수물로서 법원의 결정이나 형사소송법의 규정에 의하여 환부 또는 가환부되지 아니한 압수물의 처분에 관하여는 제62조의 규정을 준용한다.(1987.12.31 본조신설)
제88조【통신제한조치 집행에 의한 압수물 처리】 통신제한조치 집행으로 취득한 물건은 그와 관련된 범죄의 사건기록보존기간이 경과한 후 이를 즉시 폐기해야 한다. 다만, 범죄수사를 위하여 인터넷 회선에 대한 통신제한조치로 취득한 자료는 「통신비밀보호법」 제12조의2에 따라 폐기한다.(2021.1.1 본조개정)

부 칙 (2008.1.7)

제1조【시행일】 이 규칙은 2008년 1월 1일부터 시행한다.
제2조【일반적 적용례】 이 규칙은 이 규칙 시행 당시 수사 중이거나 법원에 계속 중인 사건에도 적용한다. 다만, 이 규칙 시행 전에 종전 규정에 따라 행한 행위의 효력에는 영향을 미치지 아니한다.

부 칙 (2018.5.2)

이 규칙은 공포한 날부터 시행한다.

부 칙 (2021.1.1)

제1조【시행일】 이 규칙은 2021년 1월 1일부터 시행한다.
제2조【압수물 처리절차에 관한 일반적 적용례 등】 이 규칙은 이 규칙 시행 당시 수사 중이거나 불기소 처분된 사건, 법원에 계속 중인 사건 및 재판이 확정된 사건에도 적용한다. 다만, 이 규칙 시행 전에 종전의 규정에 따라 한 행위의 효력에는 영향을 미치지 않는다.

부 칙 (2022.2.7)

이 규칙은 공포한 날부터 시행한다.

[별표] ➡ 「法典 別册」 참조

[별지서식] ➡ 「www.hyeonamsa.com」 참조

자유형등에 관한 검찰집행사무규칙

(1981년 12월 24일 법무부령 제232호)

개정
1982.12.31법무부령 253호
1984.12.31법무부령 268호
1987.12.31법무부령 307호
1988.12.29법무부령 318호
1989.12.30법무부령 332호
1991. 7.16법무부령 355호
1993. 8.17법무부령 370호
1994.12.31법무부령 391호
1996.12.31법무부령 438호
1999. 3.30법무부령 475호
2008. 1.15법무부령 632호
2010. 1.29법무부령 687호
2013.12.17법무부령 806호
2016. 2.12법무부령 861호
2021. 1. 1법무부령 992호(검찰사건사무규칙)
2022. 2. 7법무부령1022호(법령용어정비)
2023. 8.21법무부령1058호

제1장 총 칙

제1조【목적】 이 규칙은 「검찰청법」 제11조에 따라 사형과 자유형(이하 "자유형등"이라 한다)의 집행에 관한 사무(이하 "집행사무"라 한다)의 방식과 절차를 정함으로써 집행사무의 적정한 운영을 기함을 목적으로 한다.(2008.1.15 본조개정)

제2장 집행원부의 기재

제2조【재판결과의 기재】 집행사무담당직원은 법원으로부터 재판결과통지서를 송부받거나 다른 법률에 따라 다른 기관으로부터 재판결과통지서 등 형의 집행을 위한 서류를 인계받은 때에는 지체 없이 소속과장을 거쳐 검사에게 보고하고 별지 제1호서식의 집행원부에 정해진 사항을 기재해야 한다.(2023.8.21 본조개정)
제3조【상소제기 등의 기재】 집행사무담당직원은 검사가 상소의 제기, 포기 또는 취하를 한 때에는 집행원부에 정해진 사항을 기재해야 한다. 법원으로부터 피고인 또는 변호인 등이 상소의 제기, 포기 또는 취하를 했다는 통지가 있는 때에도 또한 같다.(2022.2.7 본조개정)

제3장 형의 집행

제4조【형집행지휘서】 ① 검사의 자유형등의 집행지휘는 판결서등본 또는 재판을 기재한 조서의 등본을 첨부한 별지 제2호서식의 형집행지휘서에 따른다. 다만, 자유형의 경우 법원으로부터 판결서등본 또는 재판을 기재한 조서의 등본의 송달이 지체되는 경우에는 검사는 형집행지휘서에 재판결과통지서 또는 그 내용을 소명할 수 있는 자료를 첨부하여 자유형의 집행을 지휘할 수 있다.
② 제1항에 따른 검사의 자유형등의 집행지휘 후 그 지휘를 정정할 사유가 발생한 경우 그 형집행정정지휘는 판결서등본 또는 재판을 기재한 조서의 등본을 첨부한 별지 제2호의2서식의 형집행정정지휘서에 따른다.
(2023.8.21 본항신설)
(2023.8.21 본조개정)
제5조【구금된 사람에 관한 형집행절차】 집행사무담당직원은 구금된 사람에 관하여 형이 확정된 때에는 검사의 형집행지휘서에 따라 집행원부 및 지휘서송부부에 정해진 사항을 기재하고 형집행지휘서를 해당 구치소 또는 교도소의 장에게 송부해야 한다.(2022.2.7 본조개정)
제6조【구금되지 않은 사람 등에 관한 형집행절차】 ① 집행사무담당직원은 구금되지 않은 사람 또는 구금되었다가 석방된 사람에 관하여 형이 확정되거나 형집행정지의 취소, 집행유예 및 가석방의 실효 또는 취소 등으로 집행하지 않은 형을 집행해야 할 사유가 생긴 때에는 별지 제3호서식의 형미집행자명부에 정해진 사항을 기재하고, 별지 제4호서식의 형미집행자기록을 작성해야 한다.(2022.2.7 본항개정)
② 형사소송법 제473조제2항의 형집행장은 별지 제5호서식에 의한다.
③ 집행사무담당직원은 검사가 형집행장을 발부한 때에는 별지 제6호서식의 형집행장원부에 정해진 사항을 기재하고 형집행장을 사법경찰관에게 교부해야 한다.(2022.2.7 본항개정)
④ 검사는 형미집행자에 관하여 2월마다 1회이상 소재수사지휘를 하여야 한다.
(2022.2.7 본조제목개정)
제7조【형집행불능결정】 ① 검사는 형의 시효가 완성된 때, 형의 선고를 받은 자에 관하여 사면이 있는 때와 형의 선고를 받은 자가 사망한 때에는 별지 제7호서식에 의한 형집행불능결정서에 의하여 형집행불능결정을 하여야 한다.
② 제1항의 형집행불능결정서에는 집행불능사유를 소명하는 자료를 첨부하여야 한다.
③ 제1항의 규정에 의한 결정이 있는 때에는 집행사무담당직원은 형미집행자명부·형미집행자기록 및 집행원부에 그 뜻을 기재하여야 한다.

제8조【사형판결 확정보고등】① 사형을 선고한 판결이 확정된 때에는 판결선고법원에 대응하는 검찰청의 장은 지체없이 상급검찰청의 장을 거쳐 법무부장관에게 판결문등본을 첨부하여 다음 사항을 보고하여야 한다.
1. 피고인의 인적사항
2. 죄명
3. 심급별 판결내용(선고연월일·선고법원·형명·형기)
4. 수용되어 있는 교도소
(1984.12.31 본항개정)
② 검사는 사형을 선고한 판결이 확정된 피고인(이하 "사형수"라 한다)이 판결확정시에 구금되어 있는 경우에는 지체없이 사형수가 재소하고 있는 구치소 또는 교도소의 장에게 별지 제8호서식에 의한 사형수에 관한 판결서등본송부서에 판결서등본과 별지 제9호서식에 의한 사형수심신상황조회서를 첨부하여 송부하여야 한다.
제9조【사형집행구신】① 사형을 선고한 판결이 확정된 때에는 판결선고법원에 대응하는 검찰청의 장, 소송기록이 있는 법원에 대응하는 검찰청의 장 또는 소송기록이 있는 검찰청의 장은 판결확정일부터 4개월 이내에 상급검찰청의 장을 거쳐 법무부장관에게 별지 제10호서식의 사형집행구신서에 따라 사형집행을 구신(具申)하여야 한다.
(2023.8.21 본항개정)
② 사형집행의 구신을 하는 경우에는 다음 각 호의 서류를 첨부하여야 한다.(2023.8.21 본문개정)
1. 소송기록
2. 판결서등본 1통
3. 가족관계등록부 1통(2023.8.21 본호개정)
4. 판결서에 기재된 인적사항과 가족관계등록부의 기재가 서로 다른 경우에는 사실조사보고서(2023.8.21 본호개정)
5. 사형수심신상황조회 회답서
③ 사형집행을 구신할 때에는 미리 상소권회복청구·재심청구·비상상고신청 또는 특별사면등 집행에 장애가 되거나 될 수 있는 사유가 있는 지의 여부를 조사하여야 한다.
④ 사형집행구신전에 재심청구가 있는 때에는 그 절차가 종료될 때까지의 기간은 제1항의 사형집행구신기간에 산입하지 아니한다. 다만, 제1차 재심청구 후 6월이내에 재심개시결정이 없거나 제2차 또는 그 이상의 재심청구가 있는 때에는 그 절차의 종료여부에 불구하고 사형집행을 구신하여야 한다. 이 경우에는 재심진행상황과 청구사유의 요지 및 이에 관한 의견등을 기재한 별지 제11호서식에 의한 사형수재심상황표를 첨부하여야 한다.
⑤ 법무부장관이 따로 지시하는 사건에 관하여는 제1항 및 제4항의 규정에 의한 사형집행구신기간에 관한 규정을 적용하지 아니한다.
제10조【사형집행의 지휘등】① 검사는 법무부장관으로부터 사형집행의 명령이 있는 날로부터 5일이내에 형집행지휘서에 의하여 사형수가 재소하고 있는 구치소 또는 교도소의 장에게 사형집행을 지휘하여야 한다.
② 사형의 집행에는 검사·검찰서기관 또는 수사서기관과 구치소 또는 교도소의 장이나 그 대리자가 참여하여야 한다.
③ 사형의 집행에 참여한 검찰서기관 또는 수사서기관은 별지 제12호서식에 의한 사형집행조서를 작성하고, 검사와 구치소 또는 교도소의 장이나 그 대리자와 함께 서명·날인하여야 한다.
제11조【사형수의 이송】① 검사는 사형수가 재소하고 있는 구치소 또는 교도소에 사형집행의 설비가 없는 경우에는 구치소 또는 교도소의 장에게 이송지휘서에 의하여 사형집행의 설비가 있는 구치소 또는 교도소로 사형수를 이송할 것을 지휘하여야 한다.
② 사형수의 이송이 완료된 때에는 검사는 사형수를 이송받은 구치소 또는 교도소의 소재지를 관할하는 검찰청의 검사에게 판결서의 등본을 송부하고, 이송의 뜻을 통지하여야 한다.
제12조【사형집행지휘촉탁】검사는 사형수를 이송한 후 법무부장관의 사형집행명령이 있는 때에는 사형수를 이송받은 구치소 또는 교도소의 소재지를 관할하는 검찰청의 검사에게 별지 제13호서식에 의한 재판집행촉탁서에 의하여 사형집행지휘를 촉탁하여야 한다.
제13조【사형수에 관하여 재심청구등이 있는 경우의 조치】① 검사는 사형집행의 구신 또는 사형집행명령이 있은 후 사형수에 관하여 재심청구·상소권회복청구·특별사면이나 감형의 신청 또는 상신이 있는 때에는 지체없이 그 사실을 법무부장관에게 보고하고 그 지휘를 받아야 한다.
② 사형집행지휘를 촉탁받은 검찰청의 검사는 사형수에 관하여 제1항의 사유가 있는 때에는 지체없이 그 사실을 법무부장관에게 보고하고, 촉탁한 검찰청의 검사에게 통지하여야 한다.
③ 제2항의 통지를 받은 검사가 제1항의 규정에 의하여 법무부장관의 지휘를 받은 때에는 지체없이 이를 사형집행의 지휘를 촉탁받은 검찰청의 검사에게 통지하여야 한다.
제14조【사형집행등에 관한 보고】① 사형집행을 지휘한 검사가 소속하는 검찰청의 장은 재심청구 또는 상소권회복청구에 관한 재판이 있는 때 또는 사형집행이 종료된 때에는 지체없이 그 사실을 상급검찰청의 장을 거쳐 법무부장관에게 보고하여야 한다. 이 경우 사형집행종료보고는 별지 제14호서식에 의한 사형집행종료보고서에 의한다.
② 제1항의 경우 사형집행의 지휘를 촉탁받아 사형집행을 지휘한 검사는 사형집행의 지휘를 촉탁한 검찰청의 검사에게 통지하여야 한다.
제15조【집행원부의 기재】집행사무담당직원은 사형집행이 종료된 때에는 집행원부에 정해진 사항을 기재해야 한다.(2022.2.7 본조개정)
제16조【자유형집행지휘의 순서】① 2이상의 자유형의 집행을 동시에 지휘할 때에는 집행할 순서를 정하여 지휘하여야 한다.
② 자유형의 집행 중 다른 자유형의 집행을 지휘할 때에는 집행 중인 형에 계속하여 집행할 뜻을 명백히 하여 지휘해야 한다.(2023.8.21 본항개정)
제17조【자유형집행지휘시의 유의사항】① 본형에 산입된 판결선고전의 구금일수가 본형의 형기를 초과하여 실제로 집행할 형이 없는 경우에도 형집행지휘를 하여야 한다.
② 판결선고전의 구금일수를 초과하여 구금일수를 산입한 사실이 발견된 때에는 즉시 상소·비약적상고 또는 판결정정의 방법으로 이를 시정하여야 한다.
③ 피고인이 상소를 포기하였으나 검사가 상소를 제기한 때의 판결선고전의 구금일수 산입의 기산일은 피고인의 상소포기일로 하고, 검사 및 피고인 쌍방이 상소를 제기하여 상소가 기각되거나 피고인 또는 피고인이 아닌자(검사를 제외한다)가 상소를 제기하여 원심판결이 파기된 때의 판결선고전의 구금일수 산입의 기산일은 피고인 또는 피고인이 아닌자(검사를 제외한다)의 상소제기일로 한다.(1994.12.31 본항개정)
④ 재심·비상상고 또는 상소권회복청구에 의하여 새로운 형이 선고되어 그 판결이 확정된 때에는 전의 확정판결에 의하여 집행할 형기를 통산하여 집행을 지휘하여야 한다.
⑤ 형사소송법 제336조제1항의 규정에 의하여 법원이 형을 다시 정하는 결정이 있는 때에는 검사는 집행이 완료된 형기를 통산하여 형의 집행을 지휘하여야 한다.
⑥ 형미집행자 또는 잔형집행대상자로서 집행할 형기가 1일인 경우 형집행장에 의하여 구인되거나 자진출석한 때에는 형을 집행한 것으로 보며, 집행원부등에 구인 또는 자진출석하였다는 뜻을 기재하여야 한다.
제18조【자유형집행지휘의 촉탁】① 자유형이 확정된 피고인이 다른 검찰청의 관할 구역안에 현주하는 사실이 발견된 때에는 검사는 재판집행촉탁서에 의하여 당해 검찰청의 검사에게 형의 집행지휘를 촉탁할 수 있다. 다만, 자유형이 확정된 피고인이 군사법원의 재판관할에 속하게 된 때에는 군사법원 검찰관에게 형의 집행지휘를 촉탁하여야 한다.(1989.12.30 본항개정)
② 제1항의 재판집행촉탁서에는 판결등본·소재수사보고서·지문 및 사진등 형의 선고를 받은 자를 특정하는데 필요한 자료를 첨부하여야 한다.
③ 집행사무담당직원은 제1항에 따라 검사가 자유형집행지휘의 촉탁을 한 때에는 별지 제15호서식의 재판집행촉탁부에 정해진 사항을 기재해야 한다.(2022.2.7 본항개정)
제18조의2【보호관찰명령 등의 집행지휘】검사의 보호관찰명령, 사회봉사명령, 수강명령 및 이수명령의 집행지휘는 별지 제15호의2서식에 따르되, 판결서등본을 첨부해야 한다.(2023.8.21 본조개정)
제19조【집행유예의 실효 등】①「형법」제63조에 따른 형의 집행유예의 실효지휘는 별지 제16호서식의 형집행유예의 실효지휘서에 따른다. 이 경우 형집행유예의 실효지휘서에는 형의 집행을 유예한 판결서등본과 형의 집행유예기간 중에 금고 이상의 형을 선고받은 판결서등본을 첨부해야 한다.
② 제1항에 따른 형의 집행유예의 실효지휘를 하는 경우에는 집행사무담당직원은 집행원부 및 형집행유예신고사실이 기재된 원집행원부에 형집행유예의 실효사실을 기재하고 형집행유예의 실효지휘서를 형을 집행할 구치소 또는 교도소의 장에게 송부하여야 한다.
③ 제1항에 따른 형의 집행유예의 실효지휘 후 집행유예실효의 원인이 된 재범사건에 대한 상소권회복청구의 인용결정 등의 사유로 형집행유예의 실효사유가 없어진 경우 형집행유예의 실효취소 지휘는 별지 제16호의2서식의 형집행유예의 실효취소 지휘서에 따른다.(2023.8.21 본항신설)
(2023.8.21 본조개정)
제20조【집행유예의 취소 등】① 검사의「형법」제64조에 따른 형의 집행유예의 취소청구는 별지 제17호서식의 형집행유예 취소청구서에 따르되, 다음 각 호의 어느 하나에 해당하는 취소원인을 소명하는 자료를 첨부해야 한다. 이 경우 필요한 때에는 피청구자의 진술조서를 첨부할 수 있다.(2023.8.21 전단개정)
1. 금고 이상의 형을 선고한 판결이 확정된 때부터 그 집행을 종료하거나 면제된 후 3년까지의 기간에 범한 죄라는 사실(2023.8.21 본호개정)
2. 보호관찰이나 사회봉사 또는 수강을 명한 집행유예를 받은 자가 준수사항이나 명령을 위반하고 그 위반의 정도가 무겁다는 사실
(1996.12.31 본항개정)
② 법원의 집행유예선고 취소결정이 확정된 때에는 검사는 형집행지휘서에 의하여 지체없이 그 형의 집행을 지휘하여야 한다. 형집행지휘서에는 형집행유예취소결정문 및 원판결서의 등본을 첨부하여야 한다.
③ 제2항의 형집행지휘를 하는 경우 집행사무담당직원은 집행원부에 형집행유예의 취소결정 사실을 기재하고, 형집행지휘서를 형을 집행할 구치소 또는 교도소의 장에게 송부하여야 한다.
(2023.8.21 본조제목개정)
제21조【집행유예실효등 통보】집행유예의 선고를 한 법원이외의 법원에서 집행유예의 선고가 취소 또는 실효된 때에는 검사는 별지 제18호서식에 의한 형집행유예실효·취소통보서에 의하여 집행유예를 선고한 법원에 대응하는 검찰청의 검사에게 그 사실을 통보하여야 한다.
제22조【선고유예 실효절차에의 준용】형법 제61조의 규정에 의한 형의 선고유예의 실효절차와 방식에 관하여는 제20조 및 제21조의 규정을 준용한다.
제23조【집행원부의 기재】집행사무담당직원은 검사가 자유형의 집행지휘를 한 때에는 집행원부에 정해진 사항을 기재해야 한다.(2022.2.7 본조개정)

제4장 누범가중청구등의 절차

제24조【누범가중청구】판결선고후 누범인 것이 발각된 때에는 검사는 별지 제19호서식에 의한 누범가중청구서에 의하여 누범가중 청구를 하여야 한다.
제25조【누범가중된 형의 집행】① 법원의 누범가중결정이 있는 때에는 검사는 형집행지휘서의 비고란에 형의 누범가중결정이 있었다는 뜻을 기재하고 형집행지휘서에 누범가중결정등본을 첨부하여야 한다.
② 집행사무담당직원은 집행원부 및 원집행원부에 그 뜻을 기재하여야 한다.
제26조【형의 경정청구】① 형법 제39조제3항의 규정에 의하여 경합범에 의한 판결의 선고를 받은 자의 형을 다시 정할 필요가 있는 경우에는 검사는 별지 제20호서식에 의한 형경정청구서에 의하여 다시 형을 정하여 줄 것을 법원에 청구하여야 한다.
② 제1항의 형경정청구서에는 판결서등본, 경합범중 일부의 죄에 관하여 사면 또는 형의 집행이 면제된 사실을 입증하는 자료와 형의 선고를 받은 자의 소재를 소명하는 자료를 첨부하여야 한다.
제27조【경정형의 집행】제26조의 형의 경정청구에 의하여 법원으로부터 다시 형을 정하는 결정이 있는 경우의 형집행지휘 및 부책정리에 관하여는 제25조의 규정을 준용한다.

제5장 형집행정지

제28조【사형의 집행정지】① 검사는 제8조의 규정에 의한 사형수 심신상황조회결과 사형수에 관하여 형사소송법 제469조제1항에 규정된 사형집행의 정지사유가 있다고 인정될 때에는 지체없이 법무부장관에게 보고하고 그 지휘를 받아야 한다. 사형집행의 정지사유가 해소되었다고 인정될 때에도 또한 같다. 이 경우에는 그 사유가 해소된 일자를 명백히 하여야 한다.
② 법무부장관으로부터 사형집행의 정지명령이 있는 때에는 검사는 별지 제21호서식의 형집행정지결정서에 따라 형의 집행정지 결정을 하고 별지 제22호서식의 형집행정지지휘서에 따라 형집행정지를 지휘해야 하며, 집행사무담당직원은 집행원부와 별지 제23호서식의 형집행정지자 명부에 정해진 사실을 기재하고 별지 제24호서식의 형집행정지자 기록을 작성한 후 형집행정지지휘서를 사형수가 재소하고 있는 구치소 또는 교도소의 장에게 송부하여야 한다.(2022.2.7 본항개정)
③ 검사는 다른 검찰청의 검사에게 사형집행을 촉탁한 후 사형집행의 정지명령이 있는 때에는 즉시 그 사실을 촉탁받은 검사에게 통지하고 촉탁 반송을 구한 후 사형집행정지 결정을 해야 한다. 사형집행정지 결정을 한 때에는 지체 없이 법무부장관에게 그 사실을 보고해야 하며, 사형집행을 촉탁받은 검찰청의 검사에게 통지해야 한다.
(2022.2.7 본항개정)
④ 제3항의 규정에 의한 통지를 받은 검사는 즉시 사형집행지휘를 취소하여야 한다.
제29조【자유형집행정지의 건의·보고 및 허가】① 검사는 구치소 또는 교도소의 장, 형의 선고를 받은 사람 또는 관계인으로부터 형사소송법 제470조 또는 제471조에 규정된 사유로 자유형집행정지의 건의 또는 신청이 있는 경우에는 그 사유를 조사해야 한다. 이 경우 검사는 구치소 또는 교도소에 출장하여 현장 조사를 하되, 필요한 때에는 구치소 또는 교도소의 의무관 또는 다른 의사로 하여금 감정을 하게 해야 한다.(2022.2.7 본항개정)

② 제1항 단서에도 불구하고 검사는 다음 각 호의 어느 하나에 해당하는 사유로 현장 조사가 어려운 경우에는 화상 또는 전화 등 비대면 방식으로 대상자의 상태를 확인하고 현장 조사를 하지 않을 수 있다.
1. 형의 선고를 받은 사람의 생명에 대한 급박한 위험의 우려가 있어 집행정지 여부를 긴급히 결정할 필요가 있는 경우
2. 자유형집행정지의 허가를 받지 못한 사람이 사정 변경이 없음에도 불구하고 다시 자유형집행정지를 신청하는 등 자유형집행정지 사유가 없는 것이 명백한 경우
3. 감염병 확산이나 그에 준하는 재난 발생으로 구치소 또는 교도소로 출장하기 어려운 경우
(2023.8.21 본항신설)
③ 검사는 제1항에 따른 조사를 마친 후 의사의 감정서를 첨부한 별지 제24호의2서식의 현장 조사 결과보고서를 작성하여 소속 검찰청의 장에게 이를 보고하고 형집행정지의 허가를 받아야 한다.(2022.2.7 본항개정)
④ 소속검찰청의 장은 제3항에 따른 허가를 하는 경우 형집행정지 목적 달성에 필요한 범위에서 다음 각 호의 조건 중 하나 이상의 조건을 붙일 수 있다.(2023.8.21 본문개정)
1. 의료기관 등으로 주거를 제한하고, 이를 변경할 필요가 있는 경우에는 검사의 지시에 따를 것
2. 의료기관 등으로 주거를 제한한 경우 외출·외박을 금지하며, 치료 목적 등으로 부득이하게 외출·외박이 필요할 경우, 검사의 지시에 따를 것
3. 치료를 위하여 의료기관을 이용하는 경우, 치료에 반드시 필요한 범위를 초과하여 시설이나 용역을 제공받지 아니할 것
(2013.12.17 본항신설)
(2013.12.17 본조제목개정)

제29조의2【형집행정지 심의위원회의 구성 등】 ①「형사소송법」 제471조의2제1항에 따른 형집행정지 심의위원회(이하 "심의위원회"라 한다)는 각 지방검찰청 차장검사(차장검사가 2명 이상인 경우에는 형의 집행에 관한 사항을 담당하는 부의 사무에 관하여 검사장을 보좌하는 차장검사를 말한다)를 위원장으로 하고, 위원장을 포함하여 5명 이상 10명 이하의 위원으로 구성한다.
② 심의위원회의 위원은 내부위원 및 외부위원으로 구성하되, 내부위원은 각 지방검찰청 검사장이 소속 검사 및 직원 중에서 임명하고, 외부위원은 학계, 법조계, 의료계, 시민단체 인사 등 학식과 경험이 있는 사람 중에서 성별을 고려하여 각 지방검찰청 검사장이 위촉한다. 이 경우 외부위원 중에는 의사의 자격을 가진 위원이 1명 이상 포함되어야 한다.
③ 위원장은 심의위원회의 업무를 총괄하고, 위원장이 부득이한 사유로 그 직무를 수행할 수 없을 때에는 각 지방검찰청 검사장이 지명하는 위원이 그 직무를 대행한다.
(2016.2.12 본조신설)

제29조의3【위원의 임기】 심의위원회 위원의 임기는 1년으로 한다.(2016.2.12 본조신설)

제29조의4【위원의 해임·해촉】 각 지방검찰청 검사장은 심의위원회의 위원이 다음 각 호의 어느 하나에 해당하는 경우에는 해당 위원을 해임하거나 해촉할 수 있다.
1. 심신장애로 인하여 직무를 수행할 수 없게 된 경우
2. 직무와 관련된 비위사실이 있는 경우
3. 직무태만, 품위손상이나 그 밖의 사유로 인하여 위원으로 적합하지 아니하다고 인정되는 경우
4. 위원 스스로 직무를 수행하는 것이 곤란하다고 의사를 밝히는 경우
(2016.2.12 본조신설)

제29조의5【심의위원회의 회의】 심의위원회는 형집행정지 또는 연장 여부의 적정성을 심의하기 위하여 위원장이 소집하여 개최한다. 다만, 생명에 대한 급박한 위험 등으로 인하여 형집행정지 여부를 긴급히 결정할 필요가 있는 경우에는 사후에 심의위원회를 개최할 수 있다.
(2016.2.12 본조신설)

제29조의6【심의위원회의 심의 및 의결 등】 ① 심의위원회는 위원 과반수의 출석으로 개의하고, 출석 위원 과반수의 찬성으로 의결한다.
② 심의위원회 위원장은 제1항의 심의결과를 소속 지방검찰청 검사장에게 보고하여야 한다.
③ 지방검찰청 검사장은 제2항에 따라 보고받은 심의결과를 고려하여 형집행정지 또는 연장 여부를 결정한다.
(2016.2.12 본조신설)

제30조【자유형집행정지의 결정】 ① 제29조의 규정에 의하여 소속검찰청의 장의 형집행정지의 허가가 있는 때의 형집행정지의 결정 및 지휘절차에 관하여는 제28조제2항의 규정을 준용한다.
② 제1항의 결정이 형집행정지 처분을 받은 자(이하 "형집행정지자"라 한다)의 주거를 의료기관등으로 제한하는 것인 때에는 제28조제2항의 규정외에 「검찰사건사무규칙」 제86조제3항을 준용한다.(2021.1.1 본항개정)

제31조【형집행정지의 통지등】 ① 검사가 형의 집행정지결정을 한 때에는 형집행정지자의 주거지를 관할하는 경찰서장에게 별지 제25호서식에 의한 형집행정지통지서에 의하여 통지하여야 한다.
② 형의 집행정지결정을 한 검사가 그 형집행정지자의 주거지를 관할하는 지방검찰청 또는 지청이 아닌 검찰청에 소속하는 경우에는 그 검사는 특별한 사유가 있는 경우를 제외하고는 형집행정지자의 주거지를 관할하는 지방검찰청 또는 지청의 검사에게 형집행정지자기록을 송부하고, 그 송부를 받은 검사가 제1항의 규정에 의한 통지를 하여야 한다.
(1991.7.16 본조개정)

제32조【형집행정지자에 대한 관찰】 ① 검사는 형집행정지자에 관하여 그 주거지를 관할하는 경찰서장으로 하여금 매월 1회이상 형집행정지 사유의 존속 여부 및 조건 준수 여부를 관찰하여 보고하게 하여야 한다. 이 경우 검사는 경찰서장의 관찰과는 따로 집행사무담당직원으로 하여금 형집행정지 사유의 존속 여부 및 조건 준수 여부를 조사하여 보고하게 할 수 있다.(2013.12.17 본항개정)
② 제1항의 규정에 의한 관찰명령은 별지 제26호서식에 의한 형집행정지자 관찰조회서에 의하고 집행사무담당직원은 형집행정지자 명부와 형집행정지자 기록에 그 내용을 기재하여야 한다.
③ 형집행정지자 기록은 형집행정지자별로 매 건마다 표지를 붙이고 건의서, 검사가 작성한 보고서, 형집행정지 결정서, 남은 형기 통보서, 신병인수서, 관찰조회 및 보고서 등을 일자 순으로 편철하고, 판결서등본을 첨부해야 한다.(2022.2.7 본항개정)
④ 형집행정지자가 다른 검찰청의 관할구역안에 현주하는 사실이 발견된 때에는 검사는 당해 검찰청의 검사에게 형집행정지자기록을 송부할 수 있고, 그 송부를 받은 검사는 관할 경찰서장에게 제31조의 규정에 의한 통지를 하여야 한다.(1991.7.16 본항개정)

제33조【형집행정지 취소결정등】 ① 형집행정지자에 관한 형집행정지취소 결정절차에 관하여는 「검찰사건사무규칙」 제86조제5항을 준용한다.(2021.1.1 본항개정)
② 형집행정지자가 주거지를 이탈하여 소재불명인 경우 검사는 그 소재불명이 명백한 형집행정지의 취소 사유로 인정되는 때에 한하여 형집행정지를 취소하여야 한다.
③ 형집행정지자가 사망한 경우에는 검사는 제7조제1항의 규정에 의하여 집행불능결정을 하여야 한다. 이 경우 집행불능 결정서에는 사법경찰관의 보고서, 사망진단서, 등록기준지의 시·구·읍·면장으로부터 송부된 제적등본등 사망 사실을 소명하는 자료를 첨부하여야 한다.
(2008.1.15 본항개정)

제34조【소환, 잔형집행】 ① 형집행정지 취소 결정이 있는 때에는 검사는 형집행정지자를 소환하여 그 인적사항을 확인하고 잔형집행을 지휘하여야 한다.
② 형집행정지자에 관한 잔형의 집행은 판결서등본 또는 재판을 기재한 조서의 등본을 첨부한 별지 제27호서식에 의한 잔형집행지휘서에 의한다. 다만, 천재·지변 또는 불가항력등의 사유로 인하여 판결서등본 또는 재판을 기재한 조서의 등본을 첨부할 수 없는 경우에는 전에 적법한 집행지휘가 있었다는 사실을 확인하는 증빙서류를 첨부하여 잔형의 집행지휘를 할 수 있다.

제35조【관계부책의 정리와 통지】 ① 제33조의 규정에 의하여 형집행정지취소결정을 한 때 또는 제34조의 규정에 의하여 잔형을 집행한 때에는 검사는 형집행정지자의 주거지를 관할하는 경찰서장에게 별지 제28호서식에 의한 형집행정지 취소통지서에 의하여 그 사실을 통지하여야 한다. 이 경우 집행사무담당직원은 형집행정지자 명부와 형집행정지자 기록에 그 내용을 기재하여야 한다.
② 형집행정지의 취소 결정을 한 후 형의 시효가 완성된 때, 형집행정지자에 관하여 사면이 있은 때와 형집행정지자가 사망한 때에는 제7조의 규정을 준용하여 형집행불능결정을 하여야 한다.

제6장 공 조

제36조【형의 집행의 수탁】 ① 다른 검찰청의 검사로부터 형의 집행의 촉탁을 받은 검찰청 소속의 집행사무담당직원은 형미집행자명부 등 관계부책에 정해진 사항을 기재하고 지체 없이 촉탁 검찰청 소속의 집행사무담당직원에게 별지 제29호서식의 재판집행촉탁수리 통지서에 따라 그 수리를 통지해야 한다.(2022.2.7 본항개정)
② 제1항의 규정에 의한 수리통지서를 송부받은 촉탁검찰청 소속의 집행사무담당직원은 재판집행촉탁부, 형선고시의 집행원부 및 형미집행자 명부에 그 사실을 기재하고 소속과장을 거쳐 검사에게 보고한 후 완결처리하여야 한다.

제37조【형집행의 촉탁 반송 등】 ① 검사는 자유형의 집행을 촉탁받은 경우 형의 선고를 받은 사람이 다른 검찰청 또는 촉탁검찰청의 관할구역 안에 거주하고 있는 사실이 발견된 때에는 그 검찰청 소속의 검사에게 집행지휘를 다시 촉탁하거나 촉탁 반송을 할 수 있다.
② 제1항에 따라 다시 촉탁을 받거나 촉탁 반송을 받은 검찰청 소속의 집행사무담당직원은 제36조의 예에 따라 사무를 처리해야 한다.
(2022.2.7 본조개정)

제7장 보 칙

제38조【형의 집행순서변경】 ① 검사가 형사소송법 제462조 단서의 규정에 의하여 형의 집행순서를 변경하고자 할 때에는 별지 제30호서식에 의한 형집행순서변경서를 작성하여 소속검찰청의 장의 허가를 받아야 한다. 2이상의 노역장 유치의 집행을 지휘한 후 그 집행순서를 변경하고자 하는 때에도 또한 같다.
② 검사의 집행순서의 변경지휘는 별지 제31호서식에 의한 형집행순서변경지휘서에 의한다.
③ 제1항 및 제2항의 경우 집행사무담당직원은 별지 제32호서식의 형집행순서변경처리부와 형집행순서변경지휘서 송부부에 정해진 사항을 기재하고 형집행순서변경지휘서를 형의 집행 중에 있는 사람이 재소하고 있는 구치소 또는 교도소의 장에게 송부해야 한다.(2022.2.7 본항개정)
④ 형집행순서 변경은 수형자의 수용시설 소재지 관할 지방검찰청 또는 지청 검사가 지휘한다. 다만, 서울구치소의 경우에는 서울중앙지방검찰청 검사가 이를 지휘한다.
(2010.1.29 본항신설)

제39조【형의 집행순서변경에 의한 노역장 유치의 집행지휘】 ① 자유형과 벌금형이 병과 선고되거나 자유형의 집행중 다른 범죄로 벌금형이 선고된 수형자에 관하여 검사가 노역장 유치의 집행을 지휘하는 때에는 소속검찰청의 장의 허가를 받아 자유형의 집행을 정지하고, 먼저 노역장 유치의 집행을 지휘하여야 한다. 다만, 자유형을 먼저 집행하여도 벌금형에 관한 형의 시효가 완성되지 아니할 것이 명백한 때에는 그러하지 아니하다.
② 제1항의 규정에 의한 검사의 노역장 유치의 집행지휘는 자유형의 집행을 정지하고 먼저 노역장 유치의 집행을 지휘한다는 뜻을 기재한 별지 제33호서식에 의한 노역장유치집행지휘서에 의한다.

제40조【가석방통지등의 처리】 ① 구치소 또는 교도소의 장으로부터 가석방의 처분을 받은 자에 대하여 그 처분에 따라 가석방을 하였다는 통지를 받은 때에는 집행사무담당직원은 그 통지서를 접수일자 순으로 편철하여 보관하여야 한다. 가석방의 실효 또는 가석방의 취소처분이 있음을 통지받은 때에도 또한 같다.(1982.12.31 본항개정)
② 가석방의 실효 또는 취소처분등에 의한 잔형집행을 위하여 수용된 자가 법원에 사건이 계속중인 피고인인 때에는 검사는 법원에 가석방자수감통지서를 송부하여야 한다. 이 경우 그 법원이 다른 검찰청에 대응하는 법원인 때에는 가석방자수감통지서를 그 다른 검찰청의 검사를 거쳐 송부하여야 한다.

제41조【재심개시결정과 형집행정지결정시의 집행】 법원으로부터 구치소 또는 교도소에 수용중인 수형자에 관한 재심개시의 결정 또는 형의 집행정지결정의 등본을 송부받은 때에는 집행사무담당직원은 집행원부에 그 뜻을 기재하고 검사에게 보고하여야 한다.

제42조【관계서류의 정리】 집행사무담당직원은 집행원부를 비롯한 각종 부책을 항시 점검하여 형이 확정된 자에 관한 집행의 누락등이 있는지의 여부를 조사하여야 한다.

제43조【지방검찰청 지청에서의 일부규정에 관한 적용배제의 특례】 ① 업무량 및 직원의 수가 과소한 지방검찰청 지청에서는 소속 지방검찰청의 장의 허가를 받아 이 규칙의 뜻을 해하지 아니하는 범위안에서 이 규칙의 일부를 적용하지 아니할 수 있다.
② 제1항의 경우에는 지방검찰청의 장은 고등검찰청의 장 및 검찰총장 및 법무부장관에게 그 내용을 보고하여야 한다.

부 칙 (2008.1.15)

제1조【시행일】 이 규칙은 공포한 날부터 시행한다.
제2조【다른 법령의 개정】 ※(해당 법령에 가제정리 하였음)
제3조【다른 법령과의 관계】 이 규칙 시행 당시 다른 법령에서 종전의 「검찰집행사무규칙」 또는 그 규정을 인용하고 있는 경우 이 규칙 중 그에 해당하는 규정이 있는 때에는 「검찰집행사무규칙」에 갈음하여 이 규칙 또는 이 규칙의 해당 조항을 인용한 것으로 본다.

부 칙 (2021.1.1)

제1조【시행일】 이 규칙은 2021년 1월 1일부터 시행한다.(이하 생략)

부 칙 (2022.2.7)
(2023.8.21)

이 규칙은 공포한 날부터 시행한다.

〔별지서식〕 ➡ 「www.hyeonamsa.com」 참조

재산형 등에 관한 검찰 집행 사무규칙

(1981년 12월 24일 법무부령 제233호)

개정
1982.12.31법무부령 254호　1984.12.31법무부령 269호
1987.12.31법무부령 308호　1988.12.29법무부령 319호
1989.12.30법무부령 333호　1993. 8.17법무부령 374호
1994.12.31법무부령 388호　1995.12.30법무부령 420호
1996.12.31법무부령 439호　1998. 4. 4법무부령 458호
1999. 3.30법무부령 473호　2003.10.20법무부령 539호
2007. 2.20법무부령 607호　2008. 1. 7법무부령 626호
2011. 1. 6법무부령 729호　2012. 6.18법무부령 775호
2013.12.17법무부령 807호
2014. 6.26법무부령 818호(법령서식개선)
2018. 1. 2법무부령 915호　2021. 1.21법무부령 999호
2022. 2. 7법무부령1022호(법령용어정비)
2023. 8.21법무부령1057호

제1장　총　칙
(2012.6.18 본장개정)

제1조【목적】 이 규칙은 「검찰청법」 제11조에 따라 벌금·과료·추징·과태료·소송비용 및 비용배상의 재판 집행에 관한 사항을 정함을 목적으로 한다.

제2조【회계관계공무원의 재산형등 집행 사무 담당 금지】 회계관계공무원은 벌금·과료·추징·과태료·소송비용 및 비용배상(이하 "벌과금등"이라 한다)의 재판의 집행(이하 "재산형등 집행"이라 한다) 사무를 담당할 수 없다.

제3조【집행 순위】 벌과금등과 그 집행비용의 집행 순위는 다음과 같다. 다만, 특별한 사유가 있을 때에는 그 순위를 변경할 수 있다.
1. 집행비용
2. 소송비용
3. 비용배상
4. 추징
5. 과태료
6. 과료
7. 벌금

제4조【사무연도】 벌과금등에 관한 사무연도는 매년 1월 1일부터 12월 31일까지로 한다.

제2장　재산형등 집행
(2012.6.18 본장개정)

제5조【재판의 파악 등】 ① 재산형등 집행 사무 담당직원은 법원으로부터 벌과금등에 관한 재판결과통지서를 송부받거나 다른 법률에 따라 다른 기관으로부터 재판결과통지서 등 형의 집행을 위한 서류를 인계받은 때에는 재판결과통지서, 판결문, 약식명령, 그 밖의 결정의 정본(正本) 또는 등본에 따라 다음 각 호의 구분에 따른 장부 또는 서류에 그 내용을 적고, 벌과금등에 관한 재판 상황을 항시 파악하고 있어야 한다. 다만, 벌과금등에 관한 재판 상황을 재산형집행시스템에 입력(이하 "전산입력"이라 한다)한 경우에는 그 기재를 생략할 수 있다.
(2023.8.21 본문개정)
1. 재산형의 판결선고 : 별지 제1호서식의 재산형등 판결 결과 처리부
2. 약식명령 : 별지 제2호서식의 약식명령 결과 처리부
3. 과태료, 소송비용 및 비용배상에 관한 재판 : 별지 제3호서식의 과태료 등 처리부

② 재산형등 집행 사무 담당직원은 경찰서장으로부터 「즉결심판에 관한 절차법」 제18조제3항 단서에 따른 집행불능의 통지를 받았을 때에는 별지 제4호서식의 미집행 즉결심판 처리부에, 집행결과 보고를 받았을 때에는 별지 제5호서식의 즉결심판 집행결과 처리부에 각각 정해진 사항을 적고 그 내용을 파악하고 있어야 한다.

제6조【벌과금등의 조정】 ① 재산형등 집행 사무 담당직원은 다음 각 호의 어느 하나에 해당하는 경우에는 지체 없이 벌과금등을 조사·결정(이하 "조정"이라 한다)하여야 한다.(2023.8.21 본문개정)
1. 벌과금등에 관한 재판이 확정된 경우
2. 벌금형의 집행유예가 실효 또는 취소된 경우
3. 벌금형의 선고유예가 실효된 경우
(2023.8.21 1호~3호신설)

② 벌과금등을 조정할 때에는 전산입력의 방식에 따라 별지 제6호서식의 벌과금등원표를 작성하여야 한다.
③ 벌금 또는 과료에 관한 재판에서 재판 선고 및 고지 전의 구금일수를 산입(算入)하여야 할 때에는 미결구금 산입일수 등 주요 내용을 전산입력하여야 한다.
④ 재산형등 집행 사무 담당직원은 벌과금등을 조정하였을 때에는 재판서 원본의 사건번호란과 피고인란 오른쪽 여백에 재판확정 및 벌과금 조정 확인인을 찍고, 징제번호를 적은 후 주무과장의 확인을 받아야 한다.
⑤ 항소심 또는 상고심에서 확정된 벌과금등은 각각 그에 대응하는 검찰청에서 조정하며, 원심청(原審廳 : 원심기관)의 가납(假納 : 임시납부) 또는 제33조의2에 따른 보관 여부를 확인한 후 즉시 원심청에 집행을 촉탁해야 한다. 다만, 「비송사건절차법」에 따른 과태료 재판은 제1심 대응 검찰청에서 조정해야 한다.(2022.2.7 본항개정)
⑥ 재산형등 집행 사무 담당직원은 즉결심판사건의 벌금·과료·몰수에 대하여 다수의 피고인에 대한 벌금·과료·몰수를 1건으로 조정할 수 있다. 이 경우 전산출력된 벌과금등원표에 경찰서장의 즉결벌과금 집행결과 보고서를 첨부하여야 한다.

제7조【벌과금등 조정 원부의 관리】 재산형등 집행 사무 담당직원이 벌과금등을 조정하였을 때에는 기준일을 변경한 후 별지 제7호서식의 벌과금등 조정 원부를 출력하여 소속 과장을 거쳐 검사의 지휘인(指揮印)을 받아야 한다.

제8조【공동 납부의무자의 벌과금등원표 관리】 ① 2명 이상의 벌과금등 납부의무자(이하 "납부의무자"라 한다)에 관하여 공동으로 벌과금등을 집행하는 재판이 있는 때에는 같은 징제번호를 부여하여 납부의무자별로 벌과금등을 조정하되, 집행할 금액란에는 집행할 금액의 전액을, 비고란에는 납부의무자별 분담책임금액을 각각 전산입력하여야 한다. 이 경우 벌과금등원표를 전산출력하여 1건으로 관리하여야 한다.
② 제1항의 경우 납부의무자 중 일부가 상소를 제기한 경우에는 먼저 확정된 자에 관하여 벌과금등을 조정하고 집행할 금액란에는 집행할 금액의 전액을, 비고란에는 납부의무자별 분담책임금액을 각각 전산입력하여야 한다.
③ 2명 이상의 납부의무자에 관하여 공동으로 벌과금등을 집행하는 재판이 심급을 달리하는 여러 개의 법원에서 확정된 경우에는 확정된 납부의무자에 관한 벌과금등은 그 중 하급심에 대응하는 검찰청에서 조정하여야 한다.
④ 제3항의 경우 상급심에 대응하는 검찰청의 재산형등 집행 사무 담당직원은 지체 없이 하급심에 대응하는 검찰청의 재산형등 집행 사무 담당직원에게 별지 제8호서식의 재산형등 재판확정 통지서에 따라 통지하여야 한다.

제9조【벌과금등 미처리부의 작성】 재산형등 집행 사무 담당직원은 매 연도 말에, 집행하지 못한 벌과금에 대하여 별지 제9호서식의 벌과금등 미처리부를 전산출력하여 벌과금 통계 등과 대조·확인하여야 한다.

제10조【납부명령】 ① 검사는 벌과금등이 조정되었을 때에는 납부의무자가 즉시 납부한 경우를 제외하고는 별지 제10호서식의 벌과금 납부명령서 및 영수증에 따라 납부할 것을 명하여야 한다. 다만, 벌금과 추징금이 함께 부과된 경우 등에는 별지 제11호서식의 벌과금등 납부명령서에 따라 납부명령을 할 수 있다.
② 「형사소송법」 제478조 또는 제479조에 따라 상속인, 합병 후 존속하는 법인 또는 합병으로 설립된 법인에 관하여 제1항의 납부명령을 할 때에는 별지 제11호서식의 벌과금등 납부명령서에 그 뜻을 명확하게 적어야 한다.
③ 재산형등 집행 사무 담당직원은 제1항 및 제2항에 따른 절차가 끝나면 정해진 사항을 전산입력하여야 한다.

제11조【납부독촉】 ① 검사는 벌과금등이 납부기한까지 납부되지 아니한 경우에는 납부의무자에게 별지 제12호서식의 벌과금 납부독촉서(1차)를 발급하고, 벌과금 납부독촉서(1차) 기한까지 납부되지 아니한 경우에는 별지 제13호서식의 벌과금 납부독촉서(2차)를 발급하여 벌과금등의 납부를 독촉하여야 한다. 다만, 주소불명 등으로 인하여 벌과금 납부독촉서를 발급하기 어려운 경우에는 그 밖의 적당한 방법으로 벌과금등의 납부를 독촉할 수 있다.
② 제1항에 따른 벌과금등의 납부독촉을 한 경우 재산형등 집행 사무 담당직원은 정해진 사항을 전산입력하여야 한다.

제12조【분할납부 등】 ① 납부의무자가 벌과금등의 분할납부 또는 납부연기를 받으려면 별지 제14호서식에 따른 분할납부(납부연기) 신청서를 제출하여야 한다. 이 경우 재산형등 집행 사무 담당직원은 분할납부 또는 납부연기를 신청한 자가 다음 각 호의 어느 하나에 해당하는지를 조사한 후 관련 자료를 첨부하여 소속 과장을 거쳐 검사의 허가를 받아야 한다.(2013.12.17 본문개정)
1. 「국민기초생활 보장법」에 따른 수급권자
2. 「국민기초생활 보장법」에 따른 차상위계층 중 다음 각 목의 대상자
가. 「의료급여법」에 따른 의료급여대상자
나. 「한부모가족지원법」에 따른 지원대상자(2023.8.21 본목개정)
다. 자활사업 참여자
3. 장애인
4. 본인 외에는 가족을 부양할 사람이 없는 사람
5. 불의의 재난으로 피해를 당한 사람
6. 납부의무자 또는 그 동거 가족이 질병이나 중상해로 1개월 이상의 장기 치료를 받아야 하는 경우 그 납부의무자
7. 「채무자 회생 및 파산에 관한 법률」에 따른 개인회생절차 개시결정자(2013.12.17 본호신설)
8. 「고용보험법」에 따른 실업급여수급자(2013.12.17 본호신설)
9. 그 밖의 부득이한 사유가 있는 사람

② 검사는 제1항에 따른 신청을 받으면 납부의무자의 경제적 능력, 벌과금등의 액수, 분할납부 또는 납부연기 시 이행 가능성, 노역장 유치 집행의 타당성 등을 고려하여 분할납부 또는 납부연기의 필요성이 있다고 인정되는 경우에는 이를 허가할 수 있다.(2021.1.21 본항개정)
③ 검사는 벌과금등의 액수가 500만원 이하인 경우로서 납부의무자의 신체적·정신적인 건강상태가 질병·음주 등으로 인하여 즉각적인 노역장 유치 집행을 하기 어려운 상태로 판단되는 경우에는 직권으로 별지 제14호의2서식에 따라 벌과금등의 분할납부 또는 납부연기를 결정할 수 있다.(2023.8.21 본항개정)
④ 제2항·제3항에 따른 분할납부 또는 납부연기 기한은 6개월 이내로 하되, 검사는 해당 분할납부 또는 납부연기의 사유가 소멸되지 않는 경우 3개월의 범위에서 그 기한을 2회에 한하여 연장할 수 있다.(2021.1.21 본항개정)
⑤ 검사는 제2항·제3항에 따른 분할납부 또는 납부연기의 허가·결정을 받은 사람이 정당한 사유 없이 2회에 걸쳐 허가·결정 내용을 이행하지 않는 경우에는 해당 허가·결정을 취소할 수 있다.(2021.1.21 본항개정)
⑥ 재산형등 집행 사무 담당직원은 제2항·제3항에 따른 검사의 허가 또는 결정이 있으면 납부 시기 및 방법 등 주요 내용을 전산입력해야 한다.(2021.1.21 본항개정)
(2013.12.17 본조제목개정)

제13조【관계기관에 대한 조회】 ① 검사는 「형사소송법」 제477조제5항(준용되는 같은 법 제199조제2항의 경우로 한정한다)에 따라 사실조회를 할 때에는 별지 제15호서식의 사실조회서에 따른다.
② 검사가 제1항의 조회를 하거나 그 회답을 받았을 때에는 재산형등 집행 사무 담당직원은 그 내용을 전산입력하여야 한다.

제13조의2【보호관찰명령 등의 집행】 재산형에 부가된 보호관찰명령, 사회봉사명령, 수강명령 및 이수명령을 집행하는 경우의 절차는 「자유형등에 관한 검찰집행사무규칙」 제18조의2에 따른다.(2023.8.21 본조신설)

제13조의3【벌금형의 집행유예 취소】 검사의 벌금형의 집행유예 취소청구는 별지 제15호의2서식의 벌금형 집행유예 취소청구서에 따르되, 다음 각 호의 어느 하나에 해당하는 취소원인을 소명하는 자료를 첨부해야 한다. 이 경우 필요한 때에는 피청구자의 진술조서를 첨부할 수 있다.
1. 금고 이상의 형을 선고한 판결이 확정된 때부터 그 집행을 종료한 후 또는 집행이 면제된 후 3년까지의 기간에 범한 죄라는 사실
2. 보호관찰이나 사회봉사 또는 수강을 명한 집행유예를 받은 자가 준수사항이나 명령을 위반하고 그 위반의 정도가 무겁다는 사실
(2023.8.21 본조신설)

제13조의4【벌금형의 집행유예 실효 등 통보】 ① 공판사무 담당직원은 벌금형의 집행유예가 실효되거나 벌금형의 집행유예를 취소하는 결정이 확정된 때에는 별지 제15호의3서식의 벌금형 집행유예 실효·취소통보서에 따라 재산형등 집행 사무 담당직원에게 그 사실을 통보해야 한다.
② 벌금형의 집행유예를 선고한 법원 이외의 법원에서 벌금형의 집행유예가 실효되거나 벌금형의 집행유예를 취소하는 결정이 확정된 때에는 해당 법원에 대응하는 검찰청의 검사는 별지 제15호의4서식의 벌금형 집행유예 실효·취소통보서에 따라 집행유예를 선고한 법원에 대응하는 검찰청의 검사에게 그 사실을 통보해야 한다.
(2023.8.21 본조신설)

제13조의5【벌금형의 선고유예 실효절차에의 준용】 벌금형의 선고유예가 실효된 경우의 절차에 대해서는 제13조의3 및 제13조의4를 준용한다.(2023.8.21 본조신설)

제3장　수　납
(2012.6.18 본장개정)

제14조【벌과금등의 금융기관 수납】 재산형등 집행 사무 담당직원은 납부의무자로 하여금 벌과금등을 「국고금관리법」 제12조에 따라 수입금을 수납할 수 있는 금융기관에 납부하도록 하여야 한다. 다만, 다음 각 호의 어느 하나에 해당하는 경우에는 벌과금등을 현금으로 수납하도록 할 수 있다.
1. 형집행장이 발부되어 검거된 사람 또는 노역장 유치 집행 중인 사람의 가족 등이 직접 방문하여 납부를 원하는 경우(2023.8.21 본호개정)
2. 그 밖에 금융기관에 납부하기가 곤란한 경우 등 부득이한 사유가 있는 경우

제15조【현금의 수납절차】 ① 재산형등 집행 사무 담당직원은 제14조 각 호 외의 부분 단서에 따라 벌과금등을 직접 현금으로 수납하도록 하는 경우에는 전산조회하여 납부하여야 할 금액 등을 확인하고 수납 명세를 전산입력한 후 별지 제16호서식의 수납원표, 수납영수증 및 수납보고서를 전산출력하여 수입금 출납공무원에게 인계하여야 한다.

② 제1항에 따라 인계를 받은 수입금 출납공무원은 벌과금등을 수납하고 수납영수증 및 수납보고서에 확인인을 찍은 후 납부의무자에게 수납영수증을 발급하고, 재산형등 집행 사무 담당직원에게 수납보고서를 제출하여야 한다.
③ 재산형등 집행 사무 담당직원은 제1항에 따라 수입금 출납공무원에게 인계하기 어렵거나 그 밖의 부득이한 사유가 있는 경우에는 납부의무자로부터 직접 벌과금등을 수납할 수 있다. 이 경우 재산형등 집행 사무 담당직원은 별지 제16호서식의 수납원표, 수납영수증 및 수납보고서에 해당 사항을 작성한 후 수납영수증의 "검찰청 수입금 출납공무원" 하단부에 서명날인하여 즉석에서 납부의무자에게 교부하고, 수납원표, 수납보고서 및 벌과금등을 지체 없이 수입금 출납공무원에게 인계하여야 한다.
제15조의2【신용카드등에 의한 벌과금등 납부】 ① 납부의무자는 「국세징수법」 제12조제1항제3호 및 같은 법 시행령 제9조제4항에 따른 국세납부대행기관(이하에서 "벌과금등 납부대행기관"이라 한다)을 통하여 벌과금등을 신용카드 및 직불카드 등(이하 이 조에서 "신용카드등"이라 한다)으로 납부할 수 있다.(2023.8.21 본항개정)
② 제1항에 따라 신용카드등으로 벌과금등을 납부하는 경우에는 벌과금등 납부대행기관의 승인일을 납부일로 본다.
③ 벌과금등 납부대행기관은 납부의무자로부터 신용카드등에 의한 벌과금등 납부 대행용역의 대가로 납부대행수수료를 받을 수 있으며, 납부대행수수료 등 그 밖의 사항은 국세납부대행수수료의 예에 따른다.
④ 그 밖에 신용카드등에 의한 벌과금등 납부에 필요한 사항은 검찰총장이 정한다.
(2018.1.2 본조신설)
제15조의3【국고수납된 벌과금등의 처리절차】 ① 재산형등 집행 사무 담당직원은 납부의무자가 금융기관 또는 벌과금등 납부대행기관 등을 이용하여 납부한 벌과금등에 대해서는 기획재정부의 디지털예산회계시스템에서 한국은행 영수 명세서를 출력하고 그 내용을 입력·정리하여야 한다.(2018.1.2 본항개정)
② 입금전용계좌로 수납된 벌과금등에 대해서도 제1항의 절차에 따라 처리하여야 한다.
제16조【수납 후의 절차】 ① 재산형등 집행 사무 담당직원은 현금수납된 벌과금등의 경우 당일 마감 후 별지 제17호서식의 현금수납 명세서를 출력하여, 수납보고서와 대조·확인한 후 소속 과장을 거쳐 검사의 확인을 받아야 한다.
② 재산형등 집행 사무 담당직원은 국고수납된 벌과금등의 경우 당일 마감 후 별지 제18호서식의 국고수납 명세서를 출력하여, 한국은행 영수 명세서와 대조·확인한 후 소속 과장을 거쳐 검사의 확인을 받아야 한다.
③ 재산형등 집행 사무 담당직원은 매일 별지 제19호서식의 벌과금등 집행 실적 보고서(일계표)를 작성하여 소속 검찰청의 장에게 보고하여야 한다.

제4장 강제집행
(2012.6.18 본장개정)

제17조【강제집행의 명령 등】 검사가 벌과금등에 관하여 강제집행을 할 때에는 별지 제20호서식의 집행명령서를 작성하여 집행관에게 집행을 명하거나 법원에 부동산 강제 경매신청을 하는 등 필요한 조치를 하여야 하며, 재산형등 집행 사무 담당직원은 조치 내용을 전산입력하여야 한다. 법원 또는 집행관으로부터 강제집행에 관한 통보를 받았을 때에도 또한 같다.
제17조의2【체납처분】 ① 검사는 벌과금등 납부의무자가 별지 제12호서식의 벌과금 납부독촉서를 받거나 가납벌과금 납부의무자가 별지 제44호서식의 가납벌과금 납부독촉서를 받고 각각 지정된 기한까지 납부하지 아니하였을 때에는 「형사소송법」 제477조제4항에 따라 「국세징수법」에 따른 국세 체납처분의 예에 따라 집행할 수 있다.
② 제1항에 따라 압류한 재산은 「국세징수법 시행령」에서 정하는 바에 따라 공매에 부친다. 다만, 검사는 압류한 재산의 공매에 전문 지식이 필요하거나 그 밖의 특수한 사정이 있어 직접 공매하기에 적당하지 아니하다고 인정될 때에는 별지 제21호서식의 공매대행 의뢰서에 따라 「한국자산관리공사 설립 등에 관한 법률」에 따라 설립된 한국자산관리공사(이하 "한국자산관리공사"라 한다)로 하여금 대행하게 할 수 있다.(2023.8.21 단서개정)
③ 제2항의 경우 동산(動産)에 대해서는 별지 제22호서식의 압류재산 집행명령서에 따라 집행관에게 그 집행을 명령할 수 있다.
④ 검사는 제2항에 따라 한국자산관리공사가 공매를 대행하는 경우에는 「국세징수법 시행령」에서 정하는 바에 따라 수수료를 지급할 수 있다.
⑤ 검사는 제2항에 따라 한국자산관리공사가 대행하는 공매에 필요한 사항으로서 이 규칙에서 정하지 아니한 것은 한국자산관리공사와 협의하여 정한다.
제18조【강제집행명령 후의 납부】 제17조에 따른 강제집행절차의 진행 중에 납부의무자로부터 벌과금등의 전부 또는 일부를 납부받았을 때에는 검사는 별지 제23호서식의 강제집행절차 취소(변경) 결정서에 따라 지체 없이 그 강제집행절차를 취소하거나 변경하여야 한다.
제18조의2【체납처분 중의 납부】 검사는 제17조의2에 따른 체납처분의 진행 중에 납부의무자로부터 벌과금등의 전부를 납부받았을 때에는 압류를 해제하여야 하고, 일부를 납부받았을 때에는 압류재산의 전부 또는 일부에 대하여 압류를 해제할 수 있다. 다만, 한국자산관리공사에 공매대행을 의뢰 중인 경우에는 별지 제24호서식의 공매대행 취소(변경) 의뢰서에 따라, 집행관이 집행 중인 경우에는 별지 제25호서식의 압류재산 집행취소(변경) 명령서에 따라 지체 없이 그 절차를 취소하거나 변경하여야 한다.
제19조【강제집행된 벌과금등의 수납】 법원, 집행관 또는 한국자산관리공사로부터 배당금의 지급에 관한 통지가 있는 경우에는 재산형등 집행 사무 담당직원 및 수입금 출납공무원은 제15조제1항 및 제2항에 따라 처리하여야 한다.

제5장 노역장 유치의 집행
(2012.6.18 본장개정)

제20조【노역장 유치의 집행 지휘】 ① 검사가 「형사소송법」 제492조에 따라 노역장 유치의 집행을 할 때에는 별지 제26호서식의 노역장 유치 집행지휘서에 따른다.
② 제1항에 따른 노역장 유치 집행의 지휘를 받은 구치소 또는 교도소의 장은 다음 각 호의 어느 하나에 해당하는 사유가 있을 때에는 별지 제26호서식의 유치 집행종료 보고서, 별지 제27호서식의 노역장 유치 집행개시(예정) 보고서, 별지 제28호서식의 노역장 유치 집행자 이감(수감) 보고서 또는 별지 제29호서식의 미집행 수형사실 통보서에 따라 지체 없이 검사에게 보고하거나 통보하여야 한다.
1. 노역장 유치의 집행을 마쳤을 때
2. 집행 기산일이 특정되지 아니한 집행지휘서에 따라 집행을 개시하였을 때
3. 노역장 유치 집행 중인 사람을 다른 구치소 또는 교도소로 이송하였을 때, 또는 다른 구치소 또는 교도소로부터 이송받아 수감하였을 때
4. 미집행 수형사실이 발견되었을 때
③ 재산형등 집행 사무 담당직원은 제1항에 따른 노역장 유치의 집행 지휘가 있거나 제2항에 따른 보고가 있는 때에는 전산입력의 방식에 따라 별지 제30호서식의 노역장 유치 집행지휘부를 작성하여야 한다. 이 경우 제2항제1호에 따른 보고서는 소속 과장을 거쳐 검사의 확인을 받아야 한다.
제21조【형집행장의 발부】 검사가 벌금 또는 과료의 납부의무자에 대하여 「형사소송법」 제473조제2항 또는 제3항에 따라 형집행장(刑執行狀)을 발부하였을 때에는 재산형등 집행 사무 담당직원은 전산입력의 방식에 따라 별지 제31호서식의 형집행장 발부부를 작성하여야 한다.
제21조의2【지명수배】 검사는 형집행장이 발부된 벌금 또는 과료의 납부의무자의 소재를 알 수 없는 때에는 지명수배를 할 수 있다.(2023.8.21 본조신설)
제21조의3【지명수배의 해제】 ① 검사는 다음 각 호의 어느 하나에 해당하는 경우에는 즉시 지명수배를 해제해야 한다.
1. 벌금 또는 과료가 완납된 경우
2. 벌금 또는 과료의 납부의무자가 검거되거나 자발적으로 노역장유치의 집행에 따른 경우
3. 제12조에 따른 벌금 또는 과료의 분할납부나 납부연기 허가 결정이 있거나 「벌금 미납자의 사회봉사 집행에 관한 특례법」 제6조에 따른 사회봉사 허가 결정이 있는 경우
4. 형의 시효가 완성되거나 사면이 있는 경우
5. 제24조의2제2항에 따른 재산형등 집행 절차 정지처분이나 제25조에 따른 재산형등 집행 불능의 결정이 있는 경우
6. 벌금 또는 과료 미납액이 노역장 유치기간 1일로 환산되는 벌금 또는 과료액보다 적은 경우
7. 그 밖에 지명수배 필요성이 없어진 경우
② 검사는 감염병 확산이나 재난 발생 등 일시적으로 노역장 유치 집행을 중지할 상당한 이유가 있는 경우에는 소속 검찰청의 장의 허가를 받아 벌금 또는 과료의 납부의무자에 대한 지명수배를 해제할 수 있다.
(2023.8.21 본조신설)
제22조【노역장 유치 집행 지휘 후의 납부】 ① 제20조제1항에 따라 노역장 유치의 집행을 지휘한 후 그 집행을 개시하기 전에 납부의무자가 벌금 또는 과료를 완납하였을 때에는 검사는 별지 제32호서식의 노역장 유치 지휘취소서에 따라 그 집행 지휘를 취소하여야 한다.
② 검사는 납부의무자가 제20조제1항에 따른 노역장 유치의 집행 중에 벌금 또는 과료를 완납하였을 때에는 석방 지휘서에 따라 석방을 지휘하여야 한다.
③ 노역장 유치의 집행을 받고 있는 사람이 그 집행을 지휘한 검사가 소속하는 검찰청(이하 이 조에서 "원 검찰청"이라 한다)의 관할구역 밖에 있는 구치소 또는 교도소로 이송된 경우에는 유치 중인 구치소 또는 교도소 소재지 관할 검찰청에 벌금 또는 과료를 납부할 수 있다. 이 경우 검사는 원 검찰청의 검사에게 지체 없이 그 사실을 통보하여야 하며, 원 검찰청 검사는 즉시 벌과금등 집행 및 석방 지휘를 촉탁하여야 하고, 수탁청의 검사는 벌과금등을 조정한 후 즉시 석방 지휘를 하여야 한다.
④ 노역장 유치의 집행을 할 때에 유치기간 1일로 환산되는 벌금 또는 과료액보다 적은 잔액이 있는 경우에는 그에 대한 유치의 집행은 하지 아니한다. 다만, 노역장에 유치 중인 사람이 그 집행을 면하려고 나머지 기간에 해당하는 벌금 또는 과료액을 한꺼번에 납부하려는 경우에는 그로부터 유치기간 1일로 환산되는 벌금 또는 과료액보다 적은 잔액도 집행하여야 한다.
⑤ 제1항부터 제4항까지의 경우에는 제20조제3항을 준용한다.
제23조【노역장 유치 집행 지휘의 변경】 검사가 노역장 유치의 집행을 지휘한 후 벌금 또는 과료의 일부가 납부되었을 때에는 별지 제33호서식의 노역장 유치 변경지휘서에 따라 변경지휘를 하여야 한다. 이 경우에는 제20조제3항을 준용한다.
제24조【전화·팩스 등에 의한 촉탁】 검사는 긴급한 경우에는 전화·팩스 또는 그 밖의 방법으로 제20조제1항, 제22조, 제23조 및 제39조제1항에 따른 촉탁을 할 수 있다. 이 경우에는 지체 없이 서면으로도 통보를 하여야 한다.

제6장 재산형등 집행 절차 정지처분 및 재산형등 집행 불능의 결정
(2012.6.18 본장개정)

제24조의2【재산형등 집행 절차 정지처분】 ① 검사는 제6조에 따른 벌과금등 조정 후 1년이 지난 벌과금등(벌금 및 과료는 제외한다)에 대하여 다음 각 호의 어느 하나에 해당하는 사유가 있는 경우에는 별지 제34호서식의 재산형등 집행 절차 정지처분서에 따라 재산형등 집행 절차 정지처분을 할 수 있다.
1. 「민사집행법」 제195조 및 제246조에 따른 압류금지물 및 압류금지채권 외에 달리 강제집행할 재산이 없거나 같은 법 제188조제3항에 따라 압류물을 현금화하여도 집행비용 외에 남을 것이 없을 것으로 예상되는 경우
2. 납부의무자의 소재불명으로 강제집행할 수 있는 재산의 유무를 확인할 수 없는 경우
② 검사는 제6조에 따른 벌과금등 조정 후 1년이 지난 벌금 또는 과료에 대하여 제1항제1호의 사유가 있는 경우로서 납부의무자가 법인 또는 소년이거나 「형사소송법」 제470조 및 제471조에 따른 형집행 정지 사유가 있는 경우에는 제1항의 재산형등 집행 절차 정지처분을 할 수 있다.
③ 제1항 및 제2항의 처분은 기간을 정하여 할 수 있다.
④ 재산형등 집행 사무 담당직원은 재산형등 집행 절차 정지처분이 있는 때에는 별지 제6호서식의 벌과금등원표를 출력하여 관계 서류를 첨부하고 벌과금등원표의 비고란에 그 취지를 적어야 한다.
⑤ 제4항의 경우에는 별지 제35호서식의 재산형등 집행 절차 정지처분 관리부에 그 내용을 적고 그 일련번호를 벌과금등원표의 왼쪽 상단 여백에 "정지 제○○호"라고 붉은 글씨로 표시하여 따로 관리하여야 한다.
⑥ 재산형등 집행 절차 정지처분이 된 벌과금등에 대해서는 제11조·제17조·제20조 및 제39조에 따른 절차를 진행하지 아니하되, 제13조 또는 제43조에 따라 시효가 완성되기 6개월 전에 납부의무자의 소재 및 자력(資力) 유무에 관한 조사를 1회 실시하여야 한다.
제24조의3【재산형등 집행 절차 정지처분의 취소】 ① 제24조의2제1항 또는 제2항에 따라 재산형등 집행 절차 정지처분을 한 벌과금등에 대하여 다음 각 호의 어느 하나에 해당하는 사유가 있을 때에는 검사는 별지 제36호서식의 재산형등 집행 절차 정지처분 취소서에 따라 재산형등 집행 절차 정지처분을 취소하여야 한다. 다만, 재산형등 집행 절차 정지처분의 취소와 동시에 제26조에 따른 재산형등 집행 불능의 결정을 할 경우에는 별지 제37호서식의 재산형등 집행 절차 정지처분 취소 및 재산형등 집행 불능 결정서에 따라 재산형등 집행 절차 정지처분의 취소와 재산형등 집행 불능의 결정을 하여야 한다.
1. 재산형등 집행 절차 정지 사유가 소멸된 경우
2. 납부의무자가 납부신청을 한 경우
3. 재산형등 집행 절차 정지처분의 기간이 만료된 경우
4. 재산형등 집행 불능 결정의 사유가 생긴 경우
② 재산형등 집행 절차 정지처분 취소의 경우에는 제24조의2제4항을 준용한다.
제25조【재산형등 집행 불능의 결정】 ① 검사는 제6조에 따라 조정된 벌과금등에 관하여 다음 각 호의 어느 하나에 해당하는 사유가 있을 때에는 별지 제38호서식의 재산형등 집행 불능 결정서에 관련 자료를 첨부하여 재

산형등 집행 불능 결정을 하여야 한다.
1. 벌과금등의 시효가 완성된 경우
2. 납부의무자가 사망한 경우(「형사소송법」 제478조에 따라 상속재산에 관하여 집행할 수 있는 경우는 제외한다)
3. 납부의무자인 법인이 해산되어 청산종결의 등기를 한 경우(「형사소송법」 제479조에 따라 합병 후 존속한 법인 또는 합병으로 설립된 법인에 대하여 집행할 수 있는 경우는 제외한다)
4. 벌금·과료 또는 추징을 선고받은 자에 대하여 사면이 있는 경우
5. 소송비용에 관한 재판의 집행 면제 결정이 확정된 경우
② 검사는 제6조에 따라 조정된 벌과금등에 관하여 다음 각 호의 어느 하나에 해당하는 사유가 있어 집행할 수 없다고 인정될 때에는 별지 제38호서식의 재산형등 집행 불능 결정서에 관련 자료를 첨부하여 재산형등 집행 불능 결정을 할 수 있다.
1. 법인인 납부의무자가 사실상 해산되어 자력이 없는 경우
2. 외국인인 납부의무자 또는 내국인으로서 해외이주자인 납부의무자가 출국하여 재입국할 가능성이 없는 경우
③ 재산형등 집행 사무 담당직원은 재산형등 집행 불능 결정이 있는 때에는 벌과금등원표를 출력한 후, 재산형등 집행 불능 결정서 및 관련 자료를 첨부하여 소속 과장을 거쳐 검사의 확인을 받아야 한다.
제26조【재산형등 집행 심의위원회】 ① 제24조의2 및 제24조의3에 따른 재산형등 집행 절차 정지처분 또는 그 취소 결정과 제25조에 따른 재산형등 집행 불능 결정에 관한 사항을 미리 심의하기 위하여 각급 검찰청〔지청(支廳)을 포함한다〕에 재산형등 집행 심의위원회(이하 "위원회"라 한다)를 둔다. 다만, 해당 검사가 위원회의 심의를 거칠 필요가 없다고 인정할 때에는 위원회의 심의를 거치지 아니할 수 있다.
② 위원회는 위원장 1명과 위원 3명으로 구성하며, 간사 1명을 둘 수 있다.
③ 위원장 및 위원은 각급 검찰청의 검사장(지청장을 포함한다)이 그 소속 직원 중에서 지명한다.
④ 위원회는 위원 과반수의 출석과 출석위원 과반수의 찬성으로 의결한다.
⑤ 위원회가 재산형등 집행 절차의 정지 및 그 취소 또는 재산형등 집행 불능의 의결을 하였을 때에는 위원회에 출석한 위원장 및 위원은 별지 제39호서식의 재산형등 집행 절차 정지 의결서, 별지 제40호서식의 재산형등 집행 절차 정지 취소 의결서, 별지 제41호서식의 재산형등 집행 불능 의결서, 별지 제42호서식의 재산형등 집행 절차 정지 취소 및 재산형등 집행 불능 의결서에 각각 기명날인한다.
제26조의2 (2008.1.7 삭제)

제7장 가 납
(2012.6.18 본장개정)

제27조【가납금의 조정】 ① 재산형등 집행 사무 담당직원은 벌금·과료 또는 추징에 상당하는 금액의 가납을 명하는 재판이 있는 때에는 지체 없이 가납할 금액(이하 "가납금"이라 한다)을 조정하여야 하며, 전산입력의 방식에 따라 별지 제6호서식의 벌과금등원표를 작성하여야 한다. 다만, 항소심에서의 가납을 명하는 재판이 제1심에서와 같은 경우에는 그러하지 아니하다.
② 재산형등 집행 사무 담당직원이 가납금 조정을 한 경우에는 제7조를 준용한다.
③ 가납금을 조정한 후 해당 사건에 관하여 상소가 제기되거나 재판이 확정되었을 때에는 가납금 원표의 비고란에 상소 제기일, 상소사건번호 및 확정 사유 등을 전산입력하여야 한다.
제28조【가납의 명령】 검사는 가납을 명하는 재판이 있는 때에는 즉시 납부기한을 정하여 납부의무자에게 말 또는 별지 제43호서식의 가납벌과금 납부명령서에 따라 납부할 것을 명하여야 한다.
제29조【가납의 독촉 등】 가납금의 독촉은 별지 제44호서식의 가납벌과금 납부독촉서에 따른다. 이 경우에는 제10조제3항, 제12조 및 제13조를 준용한다.
제30조【가납금의 수납절차】 ① 재산형등 집행 사무 담당직원은 납부의무자가 가납금 납부신청을 하였을 때에는 전산조회하여 수납하여야 할 금액 등을 확인하고 별지 제45호서식의 가납금(보관금) 수납원표, 가납금(보관금) 영수증 및 가납금(보관금) 영수보고서를 전산입력의 방식에 따라 작성한 후 세입세출외 현금출납공무원에게 이를 인계하여야 한다.
② 제1항에 따른 인계를 받은 세입세출외 현금출납공무원은 가납금을 수납하고, 가납금(보관금) 영수증 및 가납금(보관금) 영수보고서에 확인인을 찍고, 납부의무자에게 가납금(보관금) 영수증을 발급한 후 재산형등 집행 사무 담당직원에게 가납금(보관금) 영수보고서를 제출하여야 한다.
③ 가납금 수납 후의 절차에 관하여는 제16조제1항을 준용한다.
제31조【가납재판의 확정】 ① 재산형등 집행 사무 담당직원은 가납의 재판이 그 심급에서 확정되어 벌과금등으로 조정할 때에는 제6조를 준용한다.
② 제1항의 경우 재산형등 집행 사무 담당직원은 납부된 가납금을 별지 제46호서식의 가납금(보관금) 세입조치 의뢰서에 별지 제47호서식의 가납금(보관금) 세입조치 명세서를 첨부하여 세입세출외 현금출납공무원에게 세입조치를 의뢰하여야 한다.
③ 제2항의 경우 재산형등 집행 사무 담당직원은 가납금(보관금) 세입조치 의뢰서와 수납공무원이 국고수납 대리점으로부터 받은 납부서 및 영수증을 대조·확인하여야 한다.
제32조【가납재판의 상급심의 처리】 ① 제1심에서 가납이 명하여진 재판이 상급심에서 재산형으로 확정되었을 때에는 그 상급심에 대응하는 검찰청의 검사는 재산형등 집행 사무 담당직원으로 하여금 지체 없이 벌과금등을 조정하게 한 후, 별지 제54호서식의 벌과금등 집행촉탁서에 따라 제1심에 대응하는 검찰청이나 판결문상 주거지 등의 관할 검찰청의 검사에게 그 집행을 촉탁할 수 있다.
② 제1심에서 가납이 명하여진 재판이 상급심에서 다른 종류의 형이나 무죄·면소, 형의 면제, 형의 선고유예 또는 공소기각 등으로 변경되어 선고되었을 때에는 그 상급심에 대응하는 검찰청의 검사는 제1심에 대응하는 검찰청의 검사에게 별지 제48호서식의 가납재판 변경통지서에 따라 그 선고 내용을 통지하여야 한다.
③ 제1심에서 가납이 명하여진 재판이 상급심에서 확정되었으나 제1심에 대응하는 검찰청의 검사에게 벌과금등의 집행촉탁을 하지 아니하고 상급심 대응 검찰청에서 완결 처리한 경우에는 그 상급심에 대응하는 검찰청의 검사는 제1심에 대응하는 검찰청의 검사에게 별지 제49호서식의 가납재판 완결통지서에 따라 통지하여야 한다.
제33조【가납금의 환급】 ① 재산형등 집행 사무 담당직원은 제1심에서 가납이 명하여진 재판이 상급심에서 변경되어 집행할 금액이 없거나 가납된 금액이 확정된 금액을 초과하는 등 환급 사유가 발생하였을 때에는 별지 제50호서식의 보관금 환급처리부에 그 내용을 기재·정리한 후 검사의 지휘를 받아 환급받을 자에게 말 또는 별지 제51호서식의 가납금(보관금) 환급안내서에 따라 환급통지를 하고, 세입세출외 현금출납공무원에게 별지 제52호서식의 가납금(보관금) 환급의뢰서에 따라 환급을 의뢰하여야 한다.
② 제1항에 따라 가납금을 환급할 때에는 세입세출외 현금출납공무원은 납부의무자로부터 별지 제53호서식의 가납금(보관금) 환급청구서를 받아 가납금(보관금) 환급지시서를 금융기관에 교부하여 환급하도록 한 후 금융기관으로부터 가납금(보관금) 환급통지서를 받아 가납금(보관금) 환급의뢰서에 편철하여 보관하여야 한다.
③ 재산형등 집행 사무 담당직원은 가납금을 환급받을 자가 본인 명의의 은행예금계좌번호를 적어 환급금의 무통장입금을 청구하였을 때에는 별지 제52호서식의 가납금(보관금) 환급의뢰서에 무통장입금청구서를 첨부하여 세입세출외 현금출납공무원에게 환급을 의뢰하고 별지 제50호서식의 보관금 환급처리부의 해당란에 환급의뢰일자를 적어야 한다.
④ 제3항에 따른 환급의뢰를 받은 세입세출외 현금출납공무원은 별지 제53호서식의 가납금(보관금) 환급지시서를 금융기관에 교부하여 무통장입금하도록 한 후 금융기관으로부터 가납금(보관금) 환급통지서를 받아 별지 제52호서식의 가납금(보관금) 환급의뢰서에 편철하여 보관하여야 한다.
⑤ 재산형등 집행 사무 담당직원은 환급 사유가 발생한 보관금에 대해서는 지체 없이 그 내용을 전산입력하여야 한다.
⑥ 가납금을 환급받을 자가 각급 검찰청 홈페이지상의 전자민원창구를 통하여 환급을 청구하였을 때에는 제3항 및 제4항의 절차에 따라 처리하여야 한다.
제33조의2【조정 전 벌과금등의 납부】 ① 재산형등 집행 사무 담당직원은 벌과금등에 관한 재판의 선고 또는 고지가 있은 후 벌과금등이 조정되기 전에 납부의무자로부터 벌과금등의 납부신청 또는 송부가 있는 경우에는 별지 제45호서식의 가납금(보관금) 수납원표 등에 정해진 사항을 전산입력하고 세입세출외 현금출납공무원에게 인계하여 그 벌과금등을 수납하게 할 수 있다. 다만, 납부의무자가 재판이 확정되기 전에 출국하여야 하는 등의 특별한 사정이 있을 때에는 벌과금등에 관한 재판의 선고 또는 고지가 있기 전이라도 그 벌과금등에 상당하는 금액을 납부하게 할 수 있다.
② 제1항에 따라 수납한 벌과금등은 "보관금"이라 한다.
③ 보관금의 수납 및 환급절차 등에 관하여는 제30조, 제31조 및 제33조를 준용한다.

제8장 예 납

제34조~제38조 (2003.10.20 삭제)

제9장 촉 탁
(2012.6.18 본장개정)

제39조【벌과금등 집행의 촉탁】 ① 검사는 납부의무자가 납부명령을 받고도 납부하지 아니하는 경우 납부의무자의 현재지·주거지 또는 재산소재지를 관할하는 지방검찰청 또는 지청의 검사에게 별지 제54호서식의 벌과금등 집행촉탁서에 재판서나 재판을 기재한 조서의 등본 또는 초본과 벌과금등원표 및 관계 자료를 첨부하여 벌과금등의 집행을 촉탁할 수 있다. 다만, 벌과금등에 대한 촉탁사항을 전산입력하였을 때에는 벌과금등원표 및 관계 자료의 송부를 생략할 수 있다.
② 제1항에 따른 집행의 촉탁이 있는 경우 재산형등 집행 사무 담당직원은 전산입력의 방식에 따라 별지 제55호서식의 벌과금등 집행촉탁부를 작성하여야 한다.
③ 제1항 및 제2항에 따른 집행의 촉탁은 벌과금등의 시효가 완성되기 3개월 전까지 하여야 한다. 다만, 시효가 완성되기 직전까지 집행할 수 있는 명백한 사정이 있는 경우에는 그러하지 아니하다.
제40조【벌과금등 집행의 수탁】 ① 검사가 제39조에 따라 벌과금등의 집행의 촉탁을 받았을 때에는 재산형등 집행 사무 담당직원은 별지 제56호서식의 벌과금등 집행촉탁 접수부 양식에 따라 그 내용을 전산입력하고 제6조, 제7조 및 제9조에 준하여 벌과금등으로 조정하여야 한다.
② 제1항의 경우 검사는 지체 없이 별지 제57호서식의 벌과금등 집행촉탁 접수통지서를 벌과금등의 집행을 촉탁한 검찰청의 검사에게 송부하여야 한다. 다만, 촉탁청에서 벌과금등 집행촉탁의 수리 여부를 전산망 등 다른 방법으로 확인할 수 있는 경우에는 그러하지 아니하다.
제41조 (2008.1.7 삭제)
제42조【교도소장 등에 대한 벌과금등 집행의 촉탁】 검사는 납부의무자가 구치소 또는 교도소에 수용되어 있을 때에는 그 구치소 또는 교도소의 장에게 별지 제58호서식의 벌과금등 납부촉탁서에 따라 벌과금등의 집행을 촉탁할 수 있다.
제43조【사법경찰관리에 대한 벌과금등 집행의 촉탁】 검사는 사법경찰관리에게 별지 제59호서식의 벌과금등 납부(독촉)촉탁서 및 별지 제60호서식의 자력조사촉탁서에 따라 벌과금등의 집행을 촉탁할 수 있다.

제10장 서류의 정리
(2012.6.18 본장개정)

제44조 (2008.1.7 삭제)
제45조【관계 서류의 정리】 재산형등 집행 사무 담당직원은 재산형등의 집행을 위하여 작성된 서류는 별도 보관하되, 그 주요 내용을 전산입력하여야 한다. 다만, 재산형등 집행이 끝난 경우에는 수납보고서 또는 노역장 유치종료 보고서를 별도 보관하되, 그 밖의 서류는 정해진 절차를 거쳐 폐기 처리하고, 재산형등의 집행불능의 경우에는 벌과금등원표를 전산출력하여 재산형등 집행 불능 결정서 및 재산형등 집행 심의위원회 의결서(위원회의 심의를 거친 경우만 해당한다)와 소재수사 결과 보고서 등 관련 자료 전부를 벌과금등원표에 편철하여 보관하여야 한다.
제46조 (2008.1.7 삭제)

제11장 통계 및 보고 등
(2012.6.18 본장개정)

제47조【벌과금등에 관한 통계보고】 ① 재산형등 집행 사무 담당직원은 매월 별지 제19호서식의 벌과금등 집행 실적 보고서(월보)를 작성하여 다음 달 5일까지 소속 검찰청의 장에게 보고하고, 매년 별지 제19호서식의 벌과금등 집행 실적 보고서(연보)를 작성하여 다음 사무연도의 1월 7일까지 소속 검찰청의 장에게 보고하여야 한다. 이 경우 지방검찰청의 재산형등 집행 사무 담당직원은 소속 지청의 벌과금등 집행 실적 보고서(월보 및 연보)를 전산출력·작성하여 소속 검찰청의 장에게 함께 보고하여야 한다.
② 검찰총장은 전국 검찰청의 벌과금등 집행 실적 보고서(월보)를 다음 달 10일까지, 벌과금등 집행 실적 보고서(연보)를 다음 사무연도의 1월 15일까지 각각 법무부장관에게 보고하여야 한다.
제48조【감사】 ① 각급 검찰청의 장(지청의 장은 제외한다)은 매년 1회 이상 소속 공무원으로 하여금 관할 검찰청의 벌과금등에 관한 장부 및 서류를 감사(監査)하고 그 결과를 보고하게 하여야 한다.
② 각급 검찰청의 장(지청의 장은 제외한다)이 제1항에 따른 감사를 실시하였을 때에는 법무부장관과 상급 검찰청의 장에게 그 결과를 보고하여야 한다.

제12장 보 칙
(2012.6.18 본장개정)

제49조【잘못된 입력의 정정】 ① 벌과금등의 금액이 잘못 입력되었음이 밝혀진 경우에는 다음 각 호와 같은 방

법으로 처리하여야 한다.

1. 재산형등 집행 사무 담당직원은 벌과금등이 잘못 입력된 경우에는 해당 벌과금등원표를 출력하여 그 요지를 표시하고 소속 과장을 거쳐 검사의 지휘를 받아 그 내용을 정정한다.
2. 제1호의 경우 초과액이나 부족액이 있는 경우에는 환급 또는 추가집행 등의 조치를 하여야 한다. 이 경우 통계상의 초과액이나 부족액에 관하여는 붉은 글씨로 정정표시를 하고 그 사유를 덧붙여 적는다.
3. 제2호에 따라 초과액을 환급하여야 하는 경우 검사는 관계 서류를 첨부하여 수입징수관에게 통지하여야 한다.

② 벌과금의 조정 시 벌과금등의 종류가 잘못 입력되었음이 밝혀진 경우에는 제1항을 준용한다. 이 경우 과오납(過誤納)이 있는 벌과금등에 관하여는 그 금액의 전부를 초과액으로 하며, 집행하여야 할 금액에 관하여는 그 금액의 전부를 부족액으로 하여 검사의 지휘를 받아 정정 조치하여야 한다.
③ 제2항의 경우 재산형등 집행 사무 담당직원은 정정의 요지를 수입징수관에게 통지하여야 한다.

부　칙 (2008.1.7)

제1조【시행일】 이 규칙은 공포한 날부터 시행한다.
제2조【법률의 명칭변경에 따른 적용특례】 제12조제1항제2호의개정규정 중 "「한부모가족지원법」"은 이 규칙의 시행일부터 2008년 1월 17일까지는 "「모 · 부자복지법」"으로 본다.
제3조【다른 법령과의 관계】 이 규칙 시행 당시 다른 법령에서 종전의 「검찰징수사무규칙」 또는 그 규정을 인용하고 있는 경우 이 규칙 중 그에 해당하는 규정이 있는 때에는 「검찰징수사무규칙」에 갈음하여 이 규칙 또는 이 규칙의 해당 조항을 인용한 것으로 본다.

부　칙 (2018.1.2)

이 규칙은 2018년 1월 7일부터 시행한다.

부　칙 (2021.1.21)
(2022.2.7)

이 규칙은 공포한 날부터 시행한다.

부　칙 (2023.8.21)

제1조【시행일】 이 규칙은 공포한 날부터 시행한다.
제2조【지명수배에 관한 적용례】 제21조의2 및 제21조의3의 개정규정은 이 규칙 시행 전에 형집행장이 발부된 벌금 또는 과료의 납부의무자에 대해서도 적용한다.

〔별지서식〕 ➡ 「www.hyeonamsa.com」 참조

검찰보존사무규칙

(1981년 12월 24일
법무부령 제234호)

개정
1982.12.31법무부령 255호　1984.12.31법무부령 270호
1987.12.31법무부령 309호　1988.12.29법무부령 320호
1989.12.30법무부령 334호　1991. 6.24법무부령 352호
1993.12.10법무부령 378호　1994.12.31법무부령 389호
1996. 5. 1법무부령 425호　1998. 4. 4법무부령 459호
2003. 7.28법무부령 534호　2006. 7. 4법무부령 591호
2008. 1. 7법무부령 627호　2010. 9.28법무부령 721호
2013.12.17법무부령 808호　2016.10.19법무부령 880호
2017. 8. 4법무부령 906호　2018. 1. 3법무부령 916호
2021. 1. 1법무부령 993호
2022. 2. 7법무부령1022호(법령용어정비)
2023. 8.21법무부령1059호

제1장　총　칙

제1조【목적】 이 규칙은 사건기록 · 재판서 기타 검찰청에서 처리된 문서의 보존 · 관리에 관한 사항을 정함으로써 보존사무의 적정한 운영에 기여함을 목적으로 한다.
제2조【정의】 이 규칙에서 사용하는 용어의 뜻은 다음과 같다.(2021.1.1 본문개정)

1. "사건기록"이란 다음 각 목의 서류 등을 말한다.
   가. 수사, 재판 등에 관한 문서와 기록, 그 밖의 관계 서류 또는 물건(도면 · 사진 · 디스크 · 테이프 · 필름 · 슬라이드 · 영상녹화물 · 전자기록 등의 특수매체기록을 포함한다)
   나. 「검사와 사법경찰관의 상호협력과 일반적 수사준칙에 관한 규정」(이하 "수사준칙"이라 한다) 제45조제1항 및 제56조제1항에 따른 기록 및 관계 서류의 등본[「형사소송법」(이하 "법"이라 한다) 등 관계 법령에 따라 사법경찰관에게 반환하지 않고 검찰청에서 보존하는 것으로 한정한다]
   (2021.1.1 본호개정)

1의2. "영상녹화물"이란 법 제221조 및 제244조의2에 따라 수사과정에서 피의자 또는 피의자 아닌 자의 조사과정을 영상녹화하여 이동 가능한 특수매체에 저장한 것을 말한다.(2021.1.1 본호개정)
1의3. "전자적 처리사건기록"이란 「약식절차 등에서의 전자문서 이용 등에 관한 법률」에 따라 「형사사법절차 전자화 촉진법」 제2조제4호의 형사사법정보시스템(이하 "시스템"이라 한다)을 이용하여 전자적인 형태로 작성 · 관리되는 사건기록을 말한다.(2016.10.19 본호개정)
1의4. "결정 · 처리 생성 문서"란 검사가 작성한 다음 각 목의 문서를 말한다.
   가. 「검찰사건사무규칙」 제319조제1항제1호의 불송치-수사중지기록접수서(2023.8.21 본목개정)
   나. 「검찰사건사무규칙」 제319조제1항제9호의 수사경합사건 송치요구 검토결과서(2023.8.21 본목개정)
   다. 「검찰사건사무규칙」 제319조제1항제66호의 보완수사요구 결정서(2023.8.21 본목개정)
   라. 「검찰사건사무규칙」 제319조제1항제67호의 불송치기록 검토결과서(2023.8.21 본목개정)
   마. 「검찰사건사무규칙」 제319조제1항제70호의 재수사요청기록 검토결과서(2023.8.21 본목개정)
   바. 「검찰사건사무규칙」 제319조제1항제72호의 수사중지기록 검토결과서(2023.8.21 본목개정)
   사. 그 밖에 사법경찰관 수사기록의 결정 및 처리와 관련하여 생성한 문서
   (2021.1.1 본호신설)

2. "재판서"란 판결 · 결정 · 명령의 재판을 기재한 문서로서 재판을 한 법관이 서명 날인한 원본(법 제46조 단서의 등본을 포함한다)을 말한다.(2021.1.1 본호개정)
2의2. "전자적 처리사건의 약식명령문"이란 「약식절차 등에서의 전자문서 이용 등에 관한 법률」 제8조에 따라 전자문서로 작성된 재판서를 말한다.(2016.10.19 본호개정)
3. "보존"이란 완결된 사건기록[진정사건, 내사사건, 수사사건 및 시정사건의 사건기록(이하 "진정 · 내사 · 수사 · 시정사건기록"이라 한다)을 포함한다], 결정 · 처리 생성 문서 및 재판서를 이 규칙에 따른 보존기간에 따라 관리하는 것을 말한다.(2021.1.1 본호개정)
4. "질"이라 함은 사건기록을 몇 건씩 모아 별지 제1호서식에 의한 형사사건기록 보존표지를 붙여 놓은 것을 말한다.
5. "가보존"이라 함은 사건완결의 시기를 예측하기 어려운 사건의 기록을 완결기록의 예에 의하여 보존하는 것을 말한다.
6. "보존종별"이라 함은 사건기록을 보존기간에 따라 구분함을 말한다.
7. "종결구분"이라 함은 사건기록을 종결사유에 따라 구분함을 말한다.
8. "검찰기록물관리시스템"이란 사건기록, 결정 · 처리 생성 문서 및 재판서 등의 보존 · 관리 업무에 활용할 수 있도록 하드웨어, 소프트웨어 및 데이터베이스 등을 결합시켜 구축한 전자적 관리체계를 말한다.(2023.8.21 본호신설)

(1996.5.1 본조개정)

제3조【적용범위】 다음 각 호의 문서에 대한 보존 및 관리에 관하여는 다른 법령에 특별한 규정이 있는 경우를 제외하고는 이 규칙에서 정하는 바에 따른다.

1. 재판이 확정되거나 불기소결정(기소중지 · 참고인중지 및 공소보류를 포함한다. 이하 같다)된 사건에 관한 다음 각 목의 문서
   가. 사건기록
   나. 재판서
   다. 그 밖의 문서
2. 결정 · 처리 생성 문서

(2021.1.1 본조개정)
제4조【보존기간의 기산】 보존기간은 사건이 완결되거나 기록이 처리된 다음해의 1월 1일부터 기산한다.
(2021.1.1 본조개정)
제5조【기록 등의 보존기관】 ① 사건기록은 제1심법원에 대응하는 검찰청에서 보존한다.
② 진정 · 내사 · 수사 · 시정사건기록은 다음 각 호의 구분에 따른 기관에서 보존한다.

1. 진정사건, 내사사건, 수사사건 및 시정사건을 종결한 경우 : 해당 사건을 종결한 검찰청
2. 다음 각 목의 경우 : 형사사건기록보존청
   가. 진정사건, 내사사건 및 수사사건을 입건처리한 경우
   나. 시정사건을 「검찰사건사무규칙」 제235조제1항제3호에 따라 시정종결(송치)한 경우

(2021.1.1 본항개정)
③ 결정 · 처리 생성 문서는 해당 사건에 대하여 결정하거나 해당 기록을 처리한 검찰청에서 보존한다.(2021.1.1 본항신설)
④ 제1항 및 제2항에도 불구하고 제8조 및 제10조(제16조에서 준용되는 경우를 포함한다)에 따른 보존기간이 영구 · 준영구 · 30년에 해당하는 사건기록 및 진정 · 내사 · 수사 · 시정사건기록은 대검찰청에서 보존한다.
(2021.1.1 본항개정)
⑤ 재판서 중 별표1에 기재한 재판서는 대검찰청에서 보존하고, 그 밖의 재판서는 사건기록과 함께 제1심법원에 대응하는 검찰청에서 보존한다.(2018.1.3 본항개정)
(2021.1.1 본조제목개정)
제6조【기록의 보존】 기록은 건별로 보존한다. 이 경우 관련기록은 그 본기록에 합철한다.(1991.6.24 본조개정)

제2장　재판확정기록의 보존

제7조【관련사건에 관한 불기소사건기록 등의 보존】 ① 재판이 확정된 사건의 관련사건에 관한 불기소사건기록 및 결정 · 처리 생성 문서는 재판확정기록에 합철한다.
(2021.1.1 본항개정)
② 제1항의 규정에 의하여 합철된 기록은 재판확정기록의 보존기간에 따라 보존한다. 다만, 기소중지자 또는 참고인중지자가 있는 때 또는 불기소사건기록의 보존기간이 재판확정기록의 보존기간보다 장기인 때에는 불기소사건기록의 보존기간에 따라 보존한다.(1996.5.1 본항개정)
③ 기소중지사건 또는 참고인중지사건을 재기하여 그 재판이 확정된 때에는 재기전의 불기소사건기록을 재판확정기록 뒤에 편철 보존하고, 기록표지의 사건번호 밑에 "○년 형제○호에서 재기"라고 기재하여야 한다.
(1996.5.1 본항개정)
④ 제2항 단서의 규정에 의하여 보존하는 경우 법 제253조제2항에 따른 시효정지기간이 있는 때에는 보존사무담당직원은 불기소사건기록표지에 공소시효완성일을 정정한 후 보존하여야 한다.(2021.1.1 본항개정)
(2021.1.1 본조제목개정)
제8조【보존기간】 ① 형을 선고하는 재판이 확정된 사건기록은 형의 시효가 완성될 때까지 보존한다. 다만, 구류 또는 과료의 형이 선고된 경우에는 3년간 보존한다.
② 2개이상의 형을 선고한 재판이 확정된 사건기록은 중한 형을 기준으로 하여 보존한다.
③ 「형법」 제2편제1장 · 제2장 및 제129조부터 제133조까지의 죄, 「국가보안법」 위반의 죄, 「특정범죄 가중처벌 등에 관한 법률」 제2조 · 제3조의 죄 및 「국제상거래에 있어서 외국공무원에 대한 뇌물방지법」 제3조제1항의 죄의 사건기록은 다음 기준에 의하여 보존한다.(2013.12.17 본문개정)

1. 사형, 무기의 징역 또는 금고의 형이 확정된 사건기록과 국내외적으로 중대한 사건기록은 그 원본과 해당 사건기록을 수록한 보존매체를 함께 영구보존(2021.1.1 본호개정)
2. 10년이상의 유기의 징역 또는 금고의 형이 확정된 사건기록은 영구보존(2021.1.1 본호개정)
3. 10년미만의 유기의 징역 또는 금고의 형이 확정된 사건기록은 준영구보존

(1982.12.31 본항개정)
④ 무죄, 면소, 형의 면제, 공소기각 또는 선고유예의 재판이 확정된 사건기록은 공소시효기간동안 보존한다. 다만, 제3항의 죄(「형법」 제129조부터 제133조까지의 죄 및 「특정범죄 가중처벌 등에 관한 법률」 제3조의 죄는 제외한

다) 또는 국내외적으로 중대하거나 검찰업무에 특히 참고가 될 사건에 관한 사건기록은 준영구로 보존한다.
(2013.12.17 본항개정)

제9조【보존절차】 ① 보존사무담당직원은 재판확정기록 표지의 우측상단 여백에 기록분류인을 찍고, 재판서에 따라 확정연월일·종결구분(재판확정결과)·기록보존기간 및 보존종료연도를 기재해야 한다.(2022.2.7 본항개정)
② 보존사무담당직원은 제1항에 따른 기록을 보존종별 및 확정연도별로 구분하고, 별지 제1호서식의 형사사건기록 보존표지에 해당 사항을 기재한 다음 여러 건을 하나의 보관함에 모아 질을 구분한 후 그 질번호를 부여한다. 이 경우 보존사무담당직원은 별지 제2호서식의 형사사건기록보존부에 해당 사항을 기재한다.(2021.1.1 본항개정)
(2008.1.7 본조개정)

제9조의2【전자적 처리사건기록의 보존】 ① 확정된 전자적 처리사건기록은 시스템을 통하여 전자문서 및 전자화문서를 계속 보관하는 방법으로 보존한다. 다만, 전자화대상 문서는 약식명령이나 판결이 확정된 후 제30조에 따라 폐기한다.(2021.1.1 단서개정)
② 보존사무담당직원은 전자적 처리사건기록을 보존할 때 시스템에 그 확정연월일 및 보존종료연도를 입력하여야 한다.
③ 전자적 처리사건기록의 보존기간에 관하여는 제8조를 준용한다.
(2016.10.19 본조개정)

제3장 불기소사건기록의 보존

제10조【보존기간】 ① 불기소사건기록은 공소시효가 완성될 때까지 보존한다. 다만, 공소시효의 기간이 2년이하인 사건에 관한 불기소사건기록은 3년간, 제8조제3항의 죄(「형법」 제129조부터 제133조까지의 죄 및 「특정범죄 가중처벌 등에 관한 법률」 제3조의 죄는 제외한다) 또는 국내외적으로 중대하거나 검찰업무에 특히 참고가 될 사건에 관한 불기소사건기록은 준영구로 보존한다.
(2013.12.17 단서개정)
② 제1항 본문의 경우 하나의 사건이 여러 죄에 해당할 때에는 공소시효가 가장 늦게 완성되는 죄의 공소시효기간에 따른다.(2022.2.7 본항개정)
③ 범행일자가 불명확한 불기소사건의 사건기록의 보존기간의 기산일은 다음 각호에 의한다.
1. 범행일자가 불명확한 경우에는 범행월의 말일
2. 범행월이 불명확한 경우에는 검사가 불기소결정을 한 연도가 범행이 발생한 연도와 같은 때에는 불기소결정을 한 달, 범행이 발생한 다음 연도인 때에는 범행이 발생한 연도의 12월
3. 범행연도가 불명확할 경우에는 검사가 불기소결정을 한 연도
(1987.12.31 본항신설)

제11조【보존절차】 ① 불기소사건기록중 기소중지사건 및 참고인중지사건기록은 구분하여 보존한다.(1996.5.1 본항개정)
② 보존사무담당직원은 불기소결정서의 우측상단 여백에 보존종료연도와 보존기간을 표시해야 한다. 이 경우 시스템을 통하여 보존종료연도와 보존기간을 입력하여 출력하는 것으로 그 표시를 갈음할 수 있다.(2021.1.1 본항개정)
③ 불기소사건기록의 보존절차에 관하여는 제9조의 규정을 준용한다.

제11조의2【전자적처리 불기소사건기록의 보존】 ① 불기소사건에 대한 전자적 처리사건기록(이하 "전자적처리 불기소사건기록"이라 한다)은 시스템을 통하여 전자문서 및 전자화문서를 계속 보관하는 방법으로 보존한다. 다만, 전자화대상 문서는 불기소결정 후 제30조에 따라 폐기한다.(2021.1.1 단서개정)
② 보존사무담당직원은 전자적처리 불기소사건기록을 보존할 때 시스템에 그 보존종료연도와 보존 기간을 입력하여야 한다.
③ 전자적처리 불기소사건기록의 보존기간에 관하여는 제10조를 준용한다.
(2016.10.19 본조신설)

제12조【합철보존】 ① 보존사무담당직원은 검사가 기소중지사건 또는 참고인중지사건을 재기하여 다시 불기소결정을 한 경우에는 재기전의 불기소결정서를 재기후의 불기소사건 뒤에 편철하고, 그 불기소사건기록의 사건번호 밑에 "○년 형제 ○호에서 재기"라고 기재해야 한다.
(2021.1.1 본항개정)
② 불기소결정에 관한 항고 또는 재항고 사건기록과 심판에 부하여지지 아니한 재정신청 사건기록은 원 불기소사건기록 뒤에 합철하여 보존한다.(2021.1.1 본항개정)
③ 보존사무담당직원은 불기소사건기록을 적어도 3월에 1회씩 형사사건기록보존부 및 법원영구미제사건과 대조하여 합철의 누락여부를 점검하여야 한다.
④ 불기소사건기록의 관련사건에 관한 결정·처리 생성 문서는 불기소사건기록에 합철한다.(2021.1.1 본항신설)

제13조【관련사건에 관한 불기소사건기록의 가보존】
① 관련사건에 관한 불기소사건기록은 원 사건의 재판이 확정될 때까지 연도별 사건번호순으로 정리하여 가보존한다. 이 경우 사건번호가 2개이상인 불기소사건기록인 때에는 최근의 사건번호순에 의한다.
② 보존사무담당직원은 검사가 기소중지사건 또는 참고인중지사건을 재기함에 따라 원불기소사건기록을 대출한 때에는 별지 제3호서식에 따른 보존기록대출부에 정해진 사항을 기재하고 제1항과 같이 가보존해야 한다.
(2022.2.7 본항개정)

제14조【송치결정서 및 사건수리통지서 보존】 송치결정서(「검찰사건사무규칙」 제319조제1항제63호의 사건이송·이첩결정서 및 같은 항 제64호의 국제형사사법공조요청사건 송치결정서 등을 포함한다)는 사건수리통지서와 합철한 후, 여러 건을 하나의 보관함에 모아 질을 구분하여 보존한다.(2023.8.21 본조개정)

제4장 진정·내사·수사·시정사건기록의 보존
(2021.1.1 본장제목개정)

제15조【입건처리로 종결된 진정·내사·수사사건기록의 보존】 ① 입건처리로 종결된 진정사건, 내사사건 및 수사사건의 사건기록(이하 "진정·내사·수사사건기록"이라 한다)은 해당 형사사건기록에 합철한다. 다만, 진정사건, 내사사건 및 수사사건 중 일부의 사실만 입건처리된 경우에는 그 기록의 일부만을 형사사건기록에 합철하고, 나머지는 진정·내사·수사사건기록으로 분리하여 보존할 수 있다.
②「검찰사건사무규칙」 제235조제1항제3호에 따라 시정종결(송치)로 종결된 시정사건의 기록을 보존하는 방법에 관하여는 제1항을 준용한다.
(2021.1.1 본조개정)

제16조【보존기간】 ① 진정사건기록은 3년간 보존한다.
② 내사사건 및 수사사건의 사건기록의 보존기간은 제10조를 준용한다.(2021.1.1 본항개정)
③ 시정사건의 사건기록(이하 "시정사건기록"이라 한다)은 3년간 보존한다. 다만, 소속 검찰청의 장은 중요한 사건이거나 그 밖에 필요한 경우에는 보존기간을 달리 정할 수 있다.(2021.1.1 본항신설)
(1991.6.24 본조신설)

제17조【보존절차】 ① 사건사무담당직원은 진정·내사·수사사건기록표지의 우측상단 여백에 기록보존기간 및 보존종료연도를 기재해야 한다. 이 경우 시스템을 통하여 보존기간과 보존종료연도를 입력하여 출력하는 것으로 그 기재를 갈음할 수 있다.
② 사건사무담당직원은 제1항의 기록을 보존할 때에는 보존종별 및 보존종료 연도별로 구분하여 별지 제1호서식의 형사사건기록 보존표지에 정해진 사항을 기재하고 여러 건을 하나의 보관함에 모아 질을 구분한 후 그 질번호를 부여한다. 이 경우 사건사무담당직원은 진정·내사·수사사건기록부 비고란에 "○년○질○년보존"이라고 기재해야 한다.(2022.2.7 전단개정)
③ 사건사무담당직원은 입건처리된 진정·내사·수사사건기록의 경우에는 진정·내사·수사사건부 비고란에 "형사사건기록에 합철"이라 표시한다.
④ 연간 보존하여야 할 진정·내사·수사사건기록의 양이 적어 제2항에 따른 질 구분과 질번호 부여 등이 부적합할 경우에는 이를 생략하고 별도의 문서철 속에 넣어 보존할 수 있다.
⑤ 시정사건기록의 보존절차에 관하여는 제1항부터 제4항까지의 규정을 준용한다. 이 경우 "진정·내사·수사사건기록부"는 "시정사건부"로, "진정·내사·수사사건기록"은 "시정사건기록"으로 본다.(2021.1.1 본항신설)
(2021.1.1 본조개정)

제4장의2 결정·처리 생성 문서의 보존
(2021.1.1 본장개정)

제17조의2【결정·처리 생성 문서의 보존기간】 ① 결정·처리 생성 문서는 해당 사건 또는 기록의 공소시효가 완성될 때까지 보존한다. 다만, 소속 검찰청의 장은 중요한 사건이거나 그 밖에 필요한 경우에는 보존기간을 달리 정할 수 있다.
② 결정·처리 생성 문서의 보존기간 산정방법에 관하여는 제10조제2항 및 제3항을 준용한다.

제17조의3【결정·처리 생성 문서의 보존절차】 ① 결정·처리 생성 문서는 제2조제1호의4 각 목에 따른 구분에 따라 구분한 후 해당 사건의 공소시효별로 구분하여 보존한다.
② 보존사무담당직원은 제1항에 따라 결정·처리 생성 문서를 보존하는 경우에는 별지 제3호의2서식의 결정·처리 생성 문서 보존표지에 공소시효 등을 기재한 다음 여러 건을 하나의 보관함에 모아 질을 구분한 후 그 질번호를 부여한다. 이 경우 보존사무담당직원은 별지 제3호의3서식의 결정·처리 생성 문서 보존부에 해당 사항을 기재한다.
③ 결정·처리 생성 문서의 보존절차에 관하여는 제9조 및 제11조제2항을 준용한다.

제5장 재판서의 보존

제18조【보존기간】 재판서 중 별표1에 기재한 재판서는 영구보존하고, 그 밖의 재판서는 사건기록의 보존기간에 따라 보존한다.(2008.1.7 본조개정)

제19조【보존절차】 ① 보존사무담당직원은 사건기록에서 별표1에 기재한 재판서를 발췌하여야 한다. 이 경우에는 사건의 병합·분리심리 여부를 확인하고 형이 확정된 피고인에 관한 재판서가 누락되지 아니하도록 유의하여야 한다.(2008.1.7 본항개정)
② 보존사무담당직원은 1건 수인의 피고인이 있는 때에는 각 피고인에 관하여 형이 확정되었는지의 여부를 조사하고, 분리심리등으로 형이 확정되지 아니한 자가 있는 때에는 확정된 재판서 원본만을 발췌하고, 나머지 기록은 법원에 인계하여야 한다.
③ 보존사무담당직원은 재산형이 선고된 재판서에 관하여는 벌과금 조정여부를 확인하여야 한다.
④ 보존사무담당직원은 발췌한 재판서의 아래 여백에 제1심법원에 대응하는검찰청의 사건번호와 수형인 명부의 책수 및 정수를 기재하여야 한다.(1988.12.29 본항개정)
⑤ 보존사무담당직원은 발췌한 재판서를 종류별로 구분하여 확정일자순으로 편철하여야 한다. 1건 수인의 피고인이 있는 사건의 경우 각 피고인에 관한 형의 확정일자가 다른 때에는 최종확정일자를 기준으로 하여 편철하여야 한다.
⑥ 보존사무담당직원은 발췌한 재판서 중 재판확정일부터 1년이 경과된 재판서를 연 1회 제본하고 별지 제4호서식에 따른 형사재판서 원본 목록에 정해진 사항을 기재해야 한다.(2022.2.7 본항개정)
⑦ 보존사무담당직원은 동일사건에 관한 관련재판서 상호간의 관계를 형사재판서 원본 목록에 기재하여야 한다.
⑧ 보존사무담당직원은 발췌한 재판서철 표지에 연도별 일련번호와 확정일자를 기재하고 연도별 일련번호순으로 배열 보존하여야 한다.

제19조의2【전자적 처리사건의 약식명령문 보존절차】 보존사무담당직원은 전자적 처리사건의 약식명령문을 전자적 처리사건기록의 일부로서 보존하되, 약식명령문만을 검색하거나 영구보존할 수 있도록 관리하여야 한다.
(2016.10.19 본조개정)

제6장 기록의 열람 등
(2008.1.7 본장제목개정)

제20조【재판확정기록의 열람·등사 신청】 ① 법 제59조의2제1항에 따라 소송기록을 보관하고 있는 검찰청의 검사에게 소송기록의 열람 또는 등사를 신청하려는 경우에는 별지 제5호서식, 별지 제5호의2서식 또는 별지 제5호의3서식의 사건기록열람·등사신청서에 따른다.
② 법 제59조의2제2항 각 호 외의 부분 단서에서 "소송관계인"이란 피고인, 변호인, 법인인 피고인의 대표자, 법정대리인, 특별대리인, 보조인, 당사자 이외의 상소권자(피고인의 배우자·직계친족·형제자매 등), 피해자, 고소인·고발인을 말한다.
③ 법 제59조의2제2항 각 호 외의 부분 단서에서 "이해관계 있는 제3자"란 제8호에 규정된 소송관계인 외의 자로서 범죄 신고인, 진정인, 참고인, 증인, 감정인, 통역인, 번역인 등 해당 형사절차에 관여하거나 해당 사건과 직접적 이해관계가 있는 사람을 말한다.
(2021.1.1 본조개정)

제20조의2【수사서류 등의 열람·등사 신청】 ① 다음 각 호의 어느 하나에 해당하는 자가 수사준칙 제69조제1항 및 제5항(수사준칙 제16조제6항에서 준용하는 경우를 포함한다)에 따라 진정사건·내사사건·시정사건·수사사건 및 수사 중인 사건에 관한 본인의 진술이 기재된 부분(녹음물 및 영상녹화물을 포함한다)과 본인이 제출한 서류의 전부 또는 일부에 대하여 열람·등사를 신청하는 경우에는 별지 제5호서식, 별지 제5호의2서식 또는 별지 제5호의3서식의 사건기록열람·등사신청서에 따른다.
1. 피의자, 피진정인, 피내사자 또는 피혐의자
2. 고소인·고발인 또는 피해자, 진정인, 참고인 등 사건관계인
3. 제1호 및 제2호에 따른 자의 변호인
4. 제1호 및 제2호에 따른 자의 법정대리인·배우자·직계친족 또는 형제자매로서 제1호 및 제2호에 따른 자의 위임장 및 신분관계를 증명하는 문서를 제출한 사람
② 다음 각 호의 어느 하나에 해당하는 자가 수사준칙 제69조제3항 또는 제5항(제16조제6항에서 준용하는 경우를 포함한다)에 따라 고소장, 고발장, 이의신청서, 항고장 또는 재항고장에 대하여 열람·등사를 신청하는 경우에는 별지 제5호서식, 별지 제5호의2서식 또는 별지 제5호의3서식의 사건기록열람·등사신청서에 따른다.
1. 피의자
2. 피의자의 변호인
3. 피의자의 법정대리인·배우자·직계친족 또는 형제자매로서 피의자의 위임장 및 신분관계를 증명하는 문서를 제출한 사람

③ 다음 각 호의 어느 하나에 해당하는 자가 수사준칙 제69조제4항에 따라 현행범인체포서, 긴급체포서, 체포영장 또는 구속영장에 대하여 열람·등사를 신청하는 경우에는 별지 제5호서식, 별지 제5호의2서식 또는 별지 제5호의3서식의 사건기록열람·등사신청서에 따른다.
1. 체포·구속된 피의자
2. 체포·구속된 피의자의 변호인
3. 체포·구속된 피의자의 법정대리인·배우자·직계친족 또는 형제자매로서 체포·구속된 피의자의 위임장 및 신분관계를 증명하는 문서를 제출한 사람
(2021.1.1 본조신설)
제20조의3【불기소사건기록의 열람·등사 신청】 다음 각 호의 어느 하나에 해당하는 자는 수사준칙 제69조제2항에 따라 별지 제5호서식, 별지 제5호의2서식 또는 별지 제5호의3서식의 사건기록열람·등사신청서에 따라 불기소사건기록 중 전부 또는 일부의 열람·등사를 신청할 수 있다.
1. 피의자이었던 자
2. 고소인·고발인 또는 피해자, 참고인 등 사건관계인
3. 제1호 및 제2호에 따른 자의 변호인
4. 제1호 및 제2호에 따른 자의 법정대리인·배우자·직계친족 또는 형제자매로서 제1호 및 제2호에 따른 자의 위임장 및 신분관계를 증명하는 문서를 제출한 사람
(2021.1.1 본조개정)
제21조【허가여부의 결정 등】 ① 검사는 제20조, 제20조의2 및 제20조의3에 따른 신청을 받은 경우에는 신속하게 허가여부를 결정해야 한다.(2021.1.1 본항개정)
② 검사는 제1항의 결정을 함에 있어 필요하다고 인정하는 경우에는 신청인에게 정당한 사유가 있음을 소명하는 자료의 제출을 요구할 수 있다.(2021.1.1 본항개정)
③ 검사는 신청의 전부나 일부를 허가하지 아니하는 경우에는 신청인에게 별지 제6호서식의 사건기록 열람·등사 불허가 통지서 또는 별지 제6호의2서식에 따른 재판확정기록 열람·등사 불허(제한)통지서에 그 이유를 명시하여 통지해야 한다.(2021.1.1 본항개정)
④ 검사가 재판확정기록의 열람 또는 등사를 허가한 경우 보존사무담당직원은 신청인으로부터 별지 제6호의3서식에 따른 서약서를 수령하여야 한다.(2008.1.7 본항신설)
(2008.1.7 본조제목개정)
제22조【수사서류 등의 열람·등사의 제한】 ① 검사는 제20조의2 및 제20조의3에 따른 수사서류 또는 불기소사건기록 등의 열람·등사의 신청에 대하여 수사준칙 제69조제6항에 따라 다음 각 호의 어느 하나에 해당하는 경우에는 수사서류 또는 불기소사건기록 등의 열람·등사를 제한할 수 있다.
1. 다른 법률 또는 법률의 위임에 따른 명령에서 비밀이나 비공개 사항으로 규정하고 있는 경우
2. 국가안전보장이나 국방·통일·외교관계 등에 관한 사항으로 기록의 공개로 인하여 국가의 중대한 이익을 현저히 해칠 우려가 있거나 선량한 풍속 그 밖의 공공의 질서유지나 공공복리를 현저히 해칠 우려가 있는 경우
3. 기록의 공개로 인하여 사건관계인의 명예나 사생활의 비밀 또는 자유를 침해할 우려가 있거나 생명·신체 및 재산의 보호에 현저한 지장을 초래할 우려가 있는 경우
4. 기록의 공개로 인하여 공범관계에 있는 자 등의 증거인멸 또는 도주를 용이하게 하거나 관련 사건의 수사, 공소의 제기 및 유지, 재판 또는 형집행에 관한 직무수행을 현저히 곤란하게 할 우려가 있는 경우
5. 기록의 공개로 인하여 비밀로 유지할 필요가 있는 수사방법상의 기밀이 누설되는 등 범죄의 예방, 수사, 공소의 제기 및 유지 또는 재판에 관한 직무수행을 현저히 곤란하게 할 우려가 있거나 불필요한 새로운 분쟁이 야기될 우려가 있는 경우
6. 기록의 공개로 인하여 사건관계인의 영업비밀이 침해될 우려가 있거나 사건관계인의 정당한 이익을 현저히 해칠 우려가 있는 경우
7. 의사결정 또는 내부검토 과정에 있는 사항으로서 공개될 경우 업무의 공정한 수행에 현저한 지장을 초래할 우려가 있는 경우
8. 기록의 공개로 인하여 사건관계인에게 부당한 경제적 이익 또는 불이익을 줄 우려가 있거나 공정한 경제질서를 해칠 우려가 있는 경우
9. 그 밖에 기록을 공개하는 것이 적합하지 않다고 인정할 만한 현저한 사유가 있는 경우
(2021.1.1 본항개정)
② 특수매체기록에 대한 등사는 제1항 각 호의 사유에 해당하지 아니하고, 조사자의 명예나 사생활의 비밀 또는 생명·신체의 안전이나 생활의 평온을 해할 우려가 없는 경우에 한하여 할 수 있다.
(2021.1.1 본조제목개정)
(2008.1.7 본조개정)
제22조의2【소송관계인의 부동의 확인 절차】 ① 재판확정기록의 열람·등사 신청이 있는 경우 검사는 법 제59조의2제2항제7호에 따라 소송관계인을 상대로 해당 기록의 공개에 대한 동의 여부를 확인하고, 그 소송관계인이 그 소송기록의 공개에 대하여 동의하지 아니한 때에는 기록의 전부 또는 일부의 열람·등사를 제한할 수 있다.
② 보존사무담당직원은 검사가 지정한 소송관계인을 상대로 별지 제6호의4서식의 기록 열람·등사 동의 여부 확인서를 소송관계인의 주민등록지에 등기우편으로 발송하거나, 전화·모사전송·전자우편·휴대전화 문자전송, 그 밖에 적당한 통지방법으로 동의 여부를 확인하고, 별지 제6호의5서식의 소송관계인의 의사표시 확인보고서에 기재하여 지체 없이 검사에게 보고하여야 한다.
(2008.1.7 본조신설)
제22조의3【재판확정기록의 열람·등사 제한의 예외】 ① 검사는 법 제59조의2제2항 각 호 외의 부분 단서에 따른 정당한 사유를 판단할 때에는 신청인이 열람·등사로 얻을 수 있는 이익이 국가·사회 및 사건관계인이 입게 될 불이익보다 우월한 경우에 해당하는지에 대하여 열람·등사의 목적과 필요성, 열람·등사로 생길 수 있는 피해 내용·정도 등 제반사정을 종합적으로 고려해야 한다.
(2021.1.1 본항개정)
② 검사는 필요하다고 인정하는 때에는 재판확정기록의 열람·등사를 신청한 소송관계인이나 이해관계가 있는 제3자에게 열람·등사에 관한 정당한 사유의 소명을 요구할 수 있다.
(2008.1.7 본조신설)
제23조 (2008.1.7 삭제)
제24조【서증조사등】 ① 검사는 법원으로부터 서증조사의 협조의뢰가 있거나 기록검증의 통지 또는 문서송부의 촉탁이 있는 때에는 기록을 공개함이 적합하지 아니하다고 인정되는 명백한 사유가 없는 한 이에 응하여야 한다. 다만, 문서송부의 촉탁의 경우에는 필요한 부분만을 등본으로 송부할 수 있다.(1994.12.31 본항개정)
② 국가 또는 지방자치단체로부터 직무상 필요에 의하여 기록의 열람·등사청구가 있는 때에는 법령에 근거가 있거나 직무상의 필요성등 청구사유를 소명한 경우에 한하여 제1항의 규정을 준용한다.
(1993.12.10 본조신설)
제24조의2【서증조사 및 문서송부절차】 ① 보존사무담당직원은 법원으로부터 서증조사의 협조의뢰가 있는 때에는 접수 즉시 주임검사에게 협조여부의 결정을 받아야 한다.
② 보존사무담당직원은 문서송부촉탁의 원인이 다른 소송사건의 증거로 사용하기 위하여 사건당사자나 그 소송대리인 또는 변호인 등(이하 "신청인등"이라 한다)이 법원에 문서송부촉탁을 의뢰한 것인 때에는 상당한 기간을 정하여 전화 또는 서면으로 신청인등에게 증거에 필요한 부분을 지정하도록 할 수 있다.(2021.1.1 본항개정)
③ 보존사무담당직원은 해당기록을 보관하고 있지 아니하거나 기타 문서송부촉탁에 따를 수 없는 사정이 있는 때에는 지체없이 그 뜻을 법원에 통지하여야 한다.
(1994.12.31 본조신설)
제25조【학술연구목적의 기록열람등】 ① 검사는 학술연구 등의 목적을 위하여 특히 필요하다고 인정되는 경우에는 소속검찰청(지청의 경우에는 소속지방검찰청을 말한다)의 장의 허가를 받아 불기소사건기록의 열람·등사를 허가할 수 있다.(2021.1.1 본항개정)
② 제1항의 경우 열람·등사의 청구는 별지 제5호서식, 제5호의2서식 또는 별지 제5호의3서식에 의하며, 열람·등사의 허가·제한 및 방법에 관하여는 제21조부터 제23조까지의 규정을 준용한다.(2018.1.3 본항개정)
제26조【재판서등의 등·초본 교부 청구】 ① 제20조에 따라 기록의 열람·등사를 청구할 수 있는 자는 별지 제7호서식, 별지 제7호의2서식 또는 별지 제7호의3 서식의 민원신청서에 따라 재판서 또는 재판을 기재한 조서의 등·초본의 교부를 청구할 수 있다.(2018.1.3 본항개정)
② 제1항의 청구에 대한 허가여부의 결정과 그 제한에 관하여는 제21조 및 제22조의 규정을 준용한다.
(1993.12.10 본조신설)
제27조 (2008.1.7 삭제)

제7장 기타 보존사무처리

제28조【형사사건기록보존부 기재요령】 ① 형사사건기록보존부의 기록번호는 연도별로 사건번호의 순서대로 기재한다.
② 피의자 또는 피고인이 수인인 때에는 "○○○외 몇인"으로 기재한다.
③ 죄명은 형기가 가장 중한 죄명을 기재한다.
④ 종결구분의 재판으로 종결된 사건은 "벌금", "3년 미만", "3년 이상", "10년 이상", "무기", "사형" 등을 구분하여 기재하고, 불기소결정 사건은 불기소결정의 종류를 기재한다.(2022.2.7 본항개정)
⑤ 종결연월일은 재판확정일 또는 불기소결정일을 기재하고 재판의 종류를 기재한다. 다만, 재판확정기록을 불기소기록으로 보존하는 경우에는 불기소결정일과 재판확정일을 함께 기재한다.(2021.1.1 본항개정)
⑥ 보존질 번호는 보존질에 표시된 연도별 질번호를 기재한다.
⑦ 재판 원본 편철번호는 재판서철 표지에 표시된 연도별 일련번호를 기재한다.
⑧ 보존종별은 보존기간을 기재한다.
⑨ 보존종료연도는 재판확정연도(불기소사건기록은 결정연도)에 보존기간을 합산한 연도를 기재한다.
⑩ 비고란에는 재기사건의 상호관련사건번호와 합철보존의 경우 상호관련사건번호등 참고사항을 기재한다.
⑪ 형사사건기록보존부는 영구보존한다.(1987.12.31 본항신설)
제29조【기록의 대출】 ① 기록을 대출하는 경우에는 별지 제9호서식에 의한 기록대출표에 의하여야 하며, 보존사무담당직원은 보존기록대출부에 대출일시 및 대출받는 자를 기재하고 그 날인을 받은 후 형사사건기록보존부의 비고란에 보존기록대출부의 해당일련번호를 기재하여야 한다.(1998.4.4 본항개정)
② 기록대출표는 사건번호순으로 정리한다.
③ 보존사무담당직원은 대출한 기록을 반환받은 때에는 보존기록대출부를 정리하고 기록대출표를 반환하여야 한다.
④ 보존사무담당직원은 대출한 기록이 압수되거나, 대출한 기록의 사건에 관하여 불기소사건재기결정이 있는 때에는 기록대출부의 반환란에 그 사실을 기재하여야 한다.
⑤ 보존사무담당직원은 보존절차가 종료되지 아니한 보존기록에 대한 대출요구가 있는 때에는 반드시 보존절차를 종료한 후 대출하여야 하고 1월이상 장기로 대출한 기록은 수시 점검하여 필요한 경우에는 반환을 독촉하여야 한다.
⑥ 보존사무담당직원은 청외로부터 기록대출 또는 송부요청이 있는 때에는 소속검찰청의 장의 허가를 받아 제1항 내지 제5항의 규정에 의한 기록대출절차에 따라 처리하여야 한다.
⑦ 보존기록대출부는 준영구로 보존한다.(1987.12.31 본항신설)
제29조의2【영상녹화물의 대출】 ① 영상녹화물을 대출하는 경우에는 별지 제10호서식의 영상녹화물대출표에 따르며, 보존사무담당직원은 별지 제11호서식의 영상녹화물대출부에 대출일시 및 대출받는 자를 기재하고 그 날인을 받은 후 별지 제2호서식의 형사사건기록보존부의 비고란에 영상녹화물대출부의 해당 일련번호를 기재해야 한다.(2021.1.1 본항개정)
② 영상녹화물 대출표의 정리, 영상녹화물 반환 및 영상녹화대출부의 보존기간에 관하여는 제29조제2항·제3항·제7항을 준용한다.
(2008.1.7 본조신설)
제29조의3【전자적 처리사건기록의 대출】 ① 전자적 처리사건기록을 대출하려는 검찰청 소속 직원은 시스템에 대출사유를 입력한 후 해당 전자문서 또는 전자화문서를 열람·출력할 수 있다. 다만, 수사 중인 경우에는 수사검사의 승인을, 재판중인 경우에는 공판검사의 승인을 받아야 한다.(2016.10.19 본항개정)
② 제1항에 따라 대출사유를 입력할 때에는 대출이 필요하게 된 사유를 구체적으로 특정할 수 있도록 관련된 사건의 사건번호 등 필요한 정보를 입력하여야 한다.
③ 제1항 단서에 따른 승인을 하지 아니하는 경우 수사검사 또는 공판검사는 시스템에 그 사유를 입력하여야 한다.
④ 다른 청에서 제5조에 따라 보존하고 있는 전자적 처리사건기록을 대출하려는 검찰청 소속 직원은 문서에 의하여 그 전자적 처리사건기록보존청에 대출신청을 하여야 한다. 이 경우 전자적 처리사건기록보존청 소속 보존사무담당직원은 소속검찰청의 장의 허가를 받아 제1항 및 제2항에 따른 기록대출절차가 이루어질 수 있도록 하여야 한다.(2016.10.19 본항개정)
(2016.10.19 본조제목개정)
(2010.9.28 본조신설)
제29조의4【사법경찰관에 대한 기록 대출 요청】 ① 검사가 수사준칙 제6조제2항에 따라 사법경찰관에게 기록의 원본 또는 등본의 전부 또는 일부에 대한 대출을 요청하는 경우에는 별지 제12호서식의 기록대출요청서에 따른다. 이 경우 검사가 기록의 원본 또는 등본의 전부 또는 일부에 대한 대출을 요청한 경우에는 보존사무담당직원에게 기록대출요청서 부본 1부를 송부해야 한다.
② 보존사무담당직원은 검사로부터 제1항에 따라 기록대출요청서 부본을 송부받은 경우에는 별지 제13호서식의 기록대출요청부에 해당 사항을 기재한다.
(2021.1.1 본조신설)
제29조의5【사법경찰관의 대출 등 신청】 ① 보존사무담당직원은 사법경찰관이 수사준칙 제60조제2항에 따라 기록의 전부 또는 일부에 대하여 대출 또는 등사를 신청하는 서류를 접수한 경우에는 별지 제14호서식의 사법경찰관 기록 대출·등사 관리부에 해당 사항을 기재한 후 지체 없이 해당 사건의 수사를 담당하는 검사에게 보고해야 한다.
② 보존사무담당직원은 수사준칙 제60조제2항에 따른 사법경찰관의 대출 등의 신청에 대한 검사의 결정이 있는 경우에는 그 결정에 따라 기록 또는 그 등본을 사법경찰

관에게 인계하고, 별지 제14호서식의 사법경찰관 기록 대출·등사 관리부에 해당 사항을 기재한다.
③ 보존사무담당직원은 사법경찰관이 대출한 기록을 반환하는 경우에는 별지 제14호서식의 사법경찰관 기록 대출·등사 관리부에 반환일자 등을 기재하고, 해당 기록을 담당 검사실에 인계해야 한다.
(2021.1.1 본조신설)

제30조【기록의 폐기】 ① 보존사무담당직원은 보존기간이 만료된 기록은 「공공기록물 관리에 관한 법률 시행령」 제43조에 따라 해당기관 기록물관리 전문요원의 심사 및 기록물평가심의회의 심의 절차를 거쳐 소속검찰청의 장의 허가를 받아 폐기하여야 한다.(2010.9.28 본항개정)
② 보존사무담당직원이 기록을 폐기하는 때에는 미리 재판서 발췌·압수물처리 및 벌과금 조정등 각종 처리의 완결 여부를 확인하여야 한다.(1991.6.24 본항개정)
③ 전자적 처리사건기록은 해당 전자문서 및 전자화문서를 시스템에서 삭제하는 방식으로 폐기한다.(2016.10.19 본항개정)

제31조【창고관리】 ① 보존사무담당직원은 보존기록을 연도별·종결구분 및 보존 종별에 따라 질번호순으로 배열·보관하여야 한다.
② 보존사무담당직원은 창고와 서가의 도면에 기록보존 상황을 표시하고 현황판을 비치하여 현황파악과 기록인출이 용이하도록 하여야 한다.
③ 보존사무담당직원은 창고를 청결히 유지하여 보존기록의 변질·훼손등을 방지하여야 한다.

제32조【각종 대장의 전자적 처리】 사건기록, 결정·처리 생성 문서 및 재판서 등의 보존·관리에 필요한 각종 대장의 기재 및 보존은 검찰기록물관리시스템에 의한 전자적 처리로 갈음할 수 있다.(2023.8.21 본조신설)

부 칙 (2013.12.17)

제1조【시행일】 이 규칙은 공포한 날부터 시행한다.
제2조【사건기록의 보존기간에 관한 적용례】 제8조제3항·제4항 및 제10조제1항의 개정규정은 이 규칙 시행 전에 재판이 확정되거나 불기소처분으로 사건이 완결된 사건기록으로서 종전의 규정에 따른 보존기간이 만료되지 아니한 사건기록에 대해서도 적용한다.

부 칙 (2021.1.1)

제1조【시행일】 이 규칙은 2021년 1월 1일부터 시행한다.
제2조【영구보존 방법에 관한 경과조치】 이 규칙 시행 당시 종전의 규정에 따라 보존 중인 기록의 영구보전 방법에 관하여는 제8조제3항의 개정규정에도 불구하고 종전의 규정에 따른다.
제3조【가보존 또는 보존 중인 영상녹화물에 관한 경과조치】 ① 이 규칙 시행 당시 종전의 규정에 따라 가보존 중인 영상녹화물의 가보존 및 보존에 관하여는 제17조의2, 제17조의3 및 별표2의 개정규정에도 불구하고 종전의 규정에 따른다.
② 이 규칙 시행 당시 종전의 규정에 따라 보존 중인 영상녹화물의 보존에 관하여는 제17조의2, 제17조의3 및 별표2의 개정규정에도 불구하고 종전의 규정에 따른다.
제4조【영상녹화물의 보관에 관한 경과조치】 이 규칙 시행 당시 종전의 규정에 따라 보관 중인 영상녹화물의 보관에 관하여는 제32조의 개정규정에도 불구하고 종전의 규정에 따른다.

부 칙 (2022.2.7)

이 규칙은 공포한 날부터 시행한다.

부 칙 (2023.8.21)

제1조【시행일】 이 규칙은 공포한 날부터 시행한다.
제2조【각종 대장의 전자적 처리에 관한 적용례】 제2조제8호 및 제32조의 개정규정은 이 규칙 시행 당시 보존 중인 각종 대장에 대해서도 적용한다.

〔별표〕 ➡ 「法典 別册」 참조

〔별지서식〕 ➡ 「www.hyeonamsa.com」 참조

사건기록 열람·등사의 방법 및 수수료 등에 관한 규칙

(2008년 1월 7일 법무부령 제631호)

개정
2010. 9.28법무부령 722호
2013.12.17법무부령 809호
2021. 3.15법무부령1003호

제1조【목적】 이 규칙은 사건기록의 열람·등사, 재판서 또는 재판을 기재한 조서의 등본·초본 및 사건에 관한 사항의 증명서 교부에 대한 수수료와 인증방법 등에 관하여 필요한 사항을 규정함을 목적으로 한다.
제2조【정의】 이 규칙에서 사용하는 용어의 정의는 다음 각 호와 같다.
1. "사건기록"이란 수사·재판 및 그에 부수되는 기록(문서, 그 밖의 관계 서류 또는 물건, 도면·사진·디스크·테이프·필름·슬라이드·영상녹화물·전자기록 등의 특수매체기록을 포함한다)을 말한다.
1의2. "전자약식사건기록"이란 「약식절차에서의 전자문서 이용 등에 관한 법률」에 따라 「형사사법절차 전자화 촉진법」 제2조제4호의 형사사법정보시스템(이하 "시스템"이라 한다)을 이용하여 전자적인 형태로 작성·관리되는 사건기록을 말한다.(2010.9.28 본호신설)
2. "재판서"란 판결·결정·명령의 재판을 기재한 문서로서 재판을 한 법관이 서명날인한 원본(「형사소송법」 제46조 단서에 규정된 등본을 포함한다)을 말한다.
3. "재판을 기재한 조서"란 「형사소송법」 제38조 단서에 규정된 결정이나 명령을 기재한 조서를 말한다.
4. "등사"란 문서의 원본 내용을 동일한 문자·부호로 옮기는 것을 말한다.
5. "등본"이란 문서의 원본 전부를 동일한 문자·부호로 옮긴 서면으로서, 직무상 권한 있는 공무원이 원본과 동일하다는 취지를 부기하고 기명날인한 것을 말한다.
6. "초본"이란 문서의 원본 일부를 동일한 문자·부호로 옮긴 서면으로서, 직무상 권한 있는 공무원이 원본과 동일하다는 취지를 부기하고 기명날인한 것을 말한다.
제3조【적용범위】 수사 중인 사건기록, 진정·내사중인 사건기록, 불기소사건기록(기소중지·참고인 중지·공소보류사건기록, 항고·재항고기록을 포함한다), 종결된 진정·내사 사건기록, 공소제기 후 증거제출 전 사건기록(증거로 제출하지 아니할 수사기록을 포함한다), 재판확정 사건기록 등의 열람·등사, 재판서 또는 재판을 기재한 조서의 등본·초본 및 사건에 관한 사항의 증명서 교부에 대한 수수료 및 인증방법 등에 관하여는 다른 법령에 특별한 규정이 있는 경우를 제외하고는 이 규칙에 따른다.
제4조【열람·등사의 방법】 ① 사건기록의 열람·등사는 검사가 지정하는 일시·장소에서 하여야 한다.
② 사건기록의 열람·등사를 신청한 자는 필요한 부분을 특정하여 복사기 등 검찰설비를 이용하여 등사를 신청할 수 있다.
③ 소송대리인 또는 변호인〔변호사, 법무법인, 법무법인(유한) 또는 법무조합만 해당된다. 이하 같다〕은 그 사무원, 사용인, 그 밖의 자(이하 "사용인등"이라 한다)로 하여금 사건기록을 열람·등사하게 할 수 있다. 이 경우 미리 검사의 허가를 얻어야 한다.
④ 담당직원은 열람 시에 참여하여 기록이 훼손되거나 그 밖의 불법행위가 발생하지 아니하도록 필요한 조치를 하여야 한다.
⑤ 검사가 기록의 일부에만 열람·등사를 허가한 경우 담당직원은 허가된 부분만 발췌하거나 다른 부분은 밀봉하는 등의 방법으로 허가되지 아니한 부분이 누설되지 아니하도록 필요한 조치를 하여야 한다.
제4조의2【전자약식사건기록 열람·등사의 방법】 ① 전자약식사건기록에 대한 열람·등사 신청이 있는 경우 담당직원은 열람·등사 신청 대상을 특정하기 위하여 전자약식사건기록의 기록목록이 필요할 때에는 시스템에 접속하여 열람사유에 신청인 등 열람·등사 신청정보를 입력한 후 기록목록을 출력할 수 있다.
② 검사가 제4조에 따라 전자약식사건기록에 대한 열람·등사를 허가한 경우 담당직원은 시스템에 접속하여 열람 사유에 열람·등사 신청정보를 입력하되, 열람이 허가된 문서는 시스템에서 신청인에게 직접 해당 전자문서 또는 전자화문서를 열람하도록 하고, 등사가 허가된 문서는 시스템에서 해당 전자문서 또는 전자화문서를 출력하여 신청인에게 교부하여야 한다.
③ 전자문서를 출력하는 경우에는 원본과 동일한 내용임을 나타내는 표시를 하여야 한다.
④ 제1항부터 제3항에서 규정한 사항 외에 전자약식사건기록의 열람·등사 또는 서면교부의 신청 등의 절차에 관하여는 제4조를 준용한다.
(2010.9.28 본조신설)
제5조【등사의 방법에 관한 특례】 ① 사건기록의 등사 신청인은 검사가 지정한 장소에서 사건기록을 연필로 직접 필사하거나 담당직원의 허가를 받아 등사 신청인의 설비를 이용하여 등사할 수 있다.
② 제1항의 경우 소송대리인, 변호인 또는 그 사용인등은 변호사단체가 해당 검찰청(지청을 포함한다. 이하 같다)의 장의 허가를 얻어 검찰청 안에 설치한 복사기 등의 설비를 이용하여 사건기록을 등사할 수 있다.
제6조【인증의 방식 등】 ① 사건기록의 열람·등사 신청에 따른 등사문서는 "등본(초본)입니다" 등의 인증을 하지 아니하고 사본 그대로 교부한다.
② 재판을 기재한 조서는 그 결정·명령 기재 부분만을 초본으로 교부하여야 하며, 재판 기재 외의 부분까지 포함한 등본을 교부하여서는 아니 된다.
③ 등본·초본 문서는 등사문서의 첫 장에 직무상 권한 있는 공무원이 "이 문서는 등본(초본)입니다"라는 문구와 연월일, 소속기관, 직급 및 성명을 기재하고 성명 옆에 날인하는 방법으로 인증을 한 다음 간인하여 교부 또는 송부한다. 다만, 시스템에서 관리되는 전자문서로 등본·초본을 발급하는 경우에는 등본·초본 문서에 "이 문서는 등본(초본)입니다"라는 문구, 연월일, 소속기관, 직급 및 성명, 면수 표시 및 전자이미지서명 또는 전자관인이 전자적으로 현출되어 출력되도록 하여 교부 또는 송부할 수 있다.(2010.9.28 단서신설)
④ 제3항의 간인은 천공기 또는 인증기로 구멍을 뚫고 눌러찍음으로써 갈음할 수 있다.(2021.3.15 본항개정)
제7조【준수 사항 등】 ① 사건기록을 열람·등사하는 신청인 또는 그 사용인등은 사건기록이 멸실, 손상 또는 변질되지 아니하도록 주의하여야 하고, 그 밖에 검사가 특별히 정하는 사항을 지켜야 한다.
② 검사는 열람·등사 신청인 또는 그 사용인등이 제4조제1항·제3항, 제5조제1항·제2항 또는 전항의 규정을 위반한 경우, 그 밖에 사고가 발생하거나 발생할 염려가 있는 경우에는 열람·등사의 중지 또는 그 밖의 적절한 조치를 취할 수 있다.
제8조【수수료】 ① 사건기록의 열람·등사, 재판서 또는 재판을 기재한 조서의 등본·초본 및 사건에 관한 사항의 증명서 교부 등에 대하여 신청인이 내야 할 수수료의 금액은 다음 각 호와 같다. 다만, 「정보통신망 이용촉진 및 정보보호 등에 관한 법률」 제2조제1항제1호에 따른 정보통신망을 이용하여 온라인 발급하는 경우에는 수수료를 면제할 수 있다.(2010.9.28 단서신설)
1. 열람·등사
 열람·등사를 구하는 사건 1건마다 500원. 이 경우 기록의 열람과 동시에 등사하거나 열람 후 즉시 등사할 때에는 1건의 등사로 본다.
2. 등본·초본
 원본 5장까지 1,000원, 초과 1장마다 50원
3. 사건에 관한 증명서 등의 교부
 1건 1부마다 500원(첨부물이 등본인 경우에는 제2호와 같다)
② 제4조제2항의 경우에는 열람·등사 수수료 외에 교부받는 등사문서 1장마다 50원의 추가 수수료를 내야 한다.
③ 제5조의 경우에는 열람·등사 수수료 500원만을 내야 하고, 제2항의 추가 수수료는 내지 아니한다.
④ 열람·등사 1건의 처리는 1사건·1회를 단위로 하고, 재판확정 또는 공소제기 후 증거제출 전 사건기록에 합철된 불기소사건기록 등 관련 사건은 1사건으로 본다.
⑤ 수수료는 별지서식의 수수료납부서에 수입인지를 붙이거나 정보통신망을 이용한 전자화폐·전자결재 등의 방법으로 납부하여야 한다. 다만, 제1항제3호에 대한 수수료는 관련 신청서에 수입인지를 붙이거나 수수료 납부를 증명하는 서면을 첨부하여 납부하여야 한다.
(2013.12.17 본항개정)
⑥ 사건기록 중 도면·사진·디스크·테이프·필름·슬라이드·영상녹화물·전자기록 등 특수매체기록에 대한 열람(청취·시청을 포함한다)·등사(복제·인화를 포함한다) 수수료는 다음 각 호의 규정에 따라 산정한 금액 중 적은 금액으로 한다.(2021.3.15 본문개정)
1. 「공공기관의 정보공개에 관한 법률 시행규칙」 제7조 및 별표
2. 「재판기록 열람·복사 규칙」 제5조제1항·제2항, 별표1 및 별표2
(2021.3.15 1호~2호신설)

부 칙 (2021.3.15)

제1조【시행일】 이 규칙은 공포한 날부터 시행한다.
제2조【특수매체기록에 대한 열람·등사 수수료에 관한 적용례】 제8조제6항의 개정규정은 이 규칙 시행 전에 특수매체기록의 열람·등사를 신청한 경우로서 이 규칙 시행 이후에 열람·등사하는 경우에도 적용한다.

〔별지서식〕 ➡ 「www.hyeonamsa.com」 참조

변호사법

(2000년 1월 28일
전개법률 제6207호)

개정
2004. 1.20법 7082호(각급법원의설치와관할구역에관한법)
2005. 1.27법 7357호
2005. 3.31법 7428호(채무자회생파산)
2006. 3.24법 7894호 2007. 1.26법 8271호
2007. 3.29법 8321호 2008. 3.28법 8991호
2009. 2. 6법 9416호(공증)
2011. 4. 5법10540호 2011. 5.17법10627호
2011. 7.25법10922호 2012. 1.17법11160호
2013. 5.28법11825호 2014. 5.20법12589호
2014.12.30법12887호
2016. 3. 2법14056호(외국법자문사법)
2017. 3.14법14584호
2017.10.31법15022호(주식회사등의외부감사에관한법)
2017.12.12법15153호 2017.12.19법15251호
2018.12.18법15974호
2020. 6. 9법17366호(피한정후견인결격조항정비를위한일부개정법률)
2021. 1. 5법17828호

제1장 변호사의 사명과 직무
(2008.3.28 본장개정)

제1조【변호사의 사명】 ① 변호사는 기본적 인권을 옹호하고 사회정의를 실현함을 사명으로 한다.
② 변호사는 그 사명에 따라 성실히 직무를 수행하고 사회질서 유지와 법률제도 개선에 노력하여야 한다.
제2조【변호사의 지위】 변호사는 공공성을 지닌 법률 전문직으로서 독립하여 자유롭게 그 직무를 수행한다.
제3조【변호사의 직무】 변호사는 당사자와 그 밖의 관계인의 위임이나 국가·지방자치단체와 그 밖의 공공기관(이하 "공공기관"이라 한다)의 위촉 등에 의하여 소송에 관한 행위 및 행정처분의 청구에 관한 대리행위와 일반 법률 사무를 하는 것을 그 직무로 한다.

제2장 변호사의 자격
(2008.3.28 본장개정)

제4조【변호사의 자격】 다음 각 호의 어느 하나에 해당하는 자는 변호사의 자격이 있다.
1. 사법시험에 합격하여 사법연수원의 과정을 마친 자
2. 판사나 검사의 자격이 있는 자
3. 변호사시험에 합격한 자(2011.5.17 본호신설)
제5조【변호사의 결격사유】 다음 각 호의 어느 하나에 해당하는 자는 변호사가 될 수 없다.
1. 금고 이상의 형(刑)을 선고받고 그 집행이 끝나거나 그 집행을 받지 아니하기로 확정된 후 5년이 지나지 아니한 자
2. 금고 이상의 형의 집행유예를 선고받고 그 유예기간이 지난 후 2년이 지나지 아니한 자
3. 금고 이상의 형의 선고유예를 받고 그 유예기간 중에 있는 자
4. 탄핵이나 징계처분에 의하여 파면되거나 이 법에 따라 제명된 후 5년이 지나지 아니한 자(2014.5.20 본호개정)
5. 징계처분에 의하여 해임된 후 3년이 지나지 아니한 자
6. 징계처분에 의하여 면직된 후 2년이 지나지 아니한 자
(2014.5.20 5호~6호신설)
7. 공무원 재직 중 징계처분에 의하여 정직되고 그 정직기간 중에 있는 자(이 경우 정직기간 중에 퇴직하더라도 해당 징계처분에 의한 정직기간이 끝날 때까지 정직기간 중에 있는 것으로 본다)(2017.12.19 본호신설)
8. 피성년후견인 또는 피한정후견인(2014.12.30 본호개정)
9. 파산선고를 받고 복권되지 아니한 자
10. 이 법에 따라 영구제명된 자
제6조 (2008.3.28 삭제)

제3장 변호사의 등록과 개업
(2008.3.28 본장개정)

제7조【자격등록】 ① 변호사로서 개업을 하려면 대한변호사협회에 등록을 하여야 한다.
② 제1항의 등록을 하려는 자는 가입하려는 지방변호사회를 거쳐 등록신청을 하여야 한다.
③ 지방변호사회는 제2항에 따른 등록신청을 받으면 해당 변호사의 자격 유무에 관한 의견서를 첨부할 수 있다.
④ 대한변호사협회는 제2항에 따른 등록신청을 받으면 지체 없이 변호사 명부에 등록하고 그 사실을 신청인에게 통지하여야 한다.
제8조【등록거부】 ① 대한변호사협회는 제7조제2항에 따라 등록을 신청한 자가 다음 각 호의 어느 하나에 해당하면 제9조에 따른 등록심사위원회의 의결을 거쳐 등록을 거부할 수 있다. 이 경우 제4호에 해당하여 등록을 거부할 때에는 제9조에 따른 등록심사위원회의 의결을 거쳐 1년 이상 2년 이하의 등록금지기간을 정하여야 한다.
(2014.5.20 후단개정)
1. 제4조에 따른 변호사의 자격이 없는 자
2. 제5조에 따른 결격사유에 해당하는 자
3. 심신장애로 인하여 변호사의 직무를 수행하는 것이 현저히 곤란한 자
4. 공무원 재직 중의 위법행위로 인하여 형사소추(과실범으로 공소제기되는 경우는 제외한다) 또는 징계처분[파면, 해임, 면직 및 정직(해당 징계처분에 의한 정직기간이 끝나기 전인 경우에 한정한다)은 제외한다]을 받거나 그 위법행위와 관련하여 퇴직한 자로서 변호사 직무를 수행하는 것이 현저히 부적당하다고 인정되는 자
(2017.12.19 본호개정)
5. 제4호에 해당하여 등록이 거부되거나 제4호에 해당하여 제18조제2항에 따라 등록이 취소된 후 등록금지기간이 지나지 아니한 자(2014.5.20 본호개정)
6. (2014.5.20 삭제)
② 대한변호사협회는 제1항에 따라 등록을 거부한 경우 지체 없이 그 사유를 명시하여 신청인에게 통지하여야 한다.(2014.5.20 본항신설)
③ 대한변호사협회가 제7조제2항에 따른 등록신청을 받은 날부터 3개월이 지날 때까지 등록을 하지 아니하거나 등록을 거부하지 아니할 때에는 등록이 된 것으로 본다.
④ 제1항에 따라 등록이 거부된 자는 제1항에 따른 통지를 받은 날부터 3개월 이내에 등록거부에 관하여 부당한 이유를 소명하여 법무부장관에게 이의신청을 할 수 있다.
⑤ 법무부장관은 제4항의 이의신청이 이유 있다고 인정할 때에는 대한변호사협회에 그 변호사의 등록을 명하여야 한다.(2014.5.20 본항개정)
제9조【등록심사위원회의 설치】 ① 다음 각 호의 사항을 심사하기 위하여 대한변호사협회에 등록심사위원회를 둔다.
1. 제8조제1항에 따른 등록거부에 관한 사항
2. 제18조제1항·제2항에 따른 등록취소에 관한 사항
② 대한변호사협회의 장은 제8조제1항, 제18조제1항제2호 또는 같은 조 제2항에 따라 등록거부나 등록취소를 하려면 미리 그 안건을 등록심사위원회에 회부하여야 한다.
제10조【등록심사위원회의 구성】 ① 등록심사위원회는 다음 각 호의 위원으로 구성한다.
1. 법원행정처장이 추천하는 판사 1명
2. 법무부장관이 추천하는 검사 1명
3. 대한변호사협회 총회에서 선출하는 변호사 4명
4. 대한변호사협회의 장이 추천하는 법학 교수 1명 및 경험과 덕망이 있는 자로서 변호사가 아닌 자 2명
② 등록심사위원회에 위원장 1명과 간사 1명을 두며, 위원장과 간사는 위원 중에서 호선한다.
③ 제1항의 위원을 추천하거나 선출할 때에는 위원의 수와 같은 수의 예비위원을 함께 추천하거나 선출하여야 한다.
④ 위원 중에 사고나 결원이 생기면 위원장이 명하는 예비위원이 그 직무를 대행한다.
⑤ 위원과 예비위원의 임기는 각각 2년으로 한다.
제11조【심사】 ① 등록심사위원회는 심사에 관하여 필요하다고 인정하면 당사자, 관계인 및 관계 기관·단체 등에 대하여 사실을 조회하거나 자료 제출 또는 위원회에 출석하여 진술하거나 설명할 것을 요구할 수 있다.
② 제1항에 따라 사실 조회, 자료 제출 등을 요구받은 관계 기관·단체 등은 그 요구에 협조하여야 한다.
③ 등록심사위원회는 당사자에게 위원회에 출석하여 의견을 진술하고 자료를 제출할 기회를 주어야 한다.
제12조【의결】 ① 등록심사위원회의 회의는 재적위원 과반수의 찬성으로 의결한다.
② 대한변호사협회는 제1항에 따른 등록심사위원회의 의결이 있으면 이에 따라 등록이나 등록거부 또는 등록취소를 하여야 한다.
제13조【운영규칙】 등록심사위원회의 심사 절차와 운영에 관하여 필요한 사항은 대한변호사협회가 정한다.
제14조【소속 변경등록】 ① 변호사는 지방변호사회의 소속을 변경하려면 새로 가입하려는 지방변호사회를 거쳐 대한변호사협회에 소속 변경등록을 신청하여야 한다.
② 제1항에 따라 소속이 변경된 변호사는 지체 없이 종전 소속 지방변호사회에 신고하여야 한다.
③ 제1항의 경우에는 제7조제4항과 제8조를 준용한다.
제15조【개업신고 등】 변호사가 개업하거나 법률사무소를 이전한 경우에는 지체 없이 소속 지방변호사회와 대한변호사협회에 신고하여야 한다.
제16조【휴업】 변호사는 일시 휴업하려면 소속 지방변호사회와 대한변호사협회에 신고하여야 한다.
제17조【폐업】 변호사는 폐업하려면 소속 지방변호사회를 거쳐 대한변호사협회에 등록취소를 신청하여야 한다.
제18조【등록취소】 ① 대한변호사협회는 변호사가 다음 각 호의 어느 하나에 해당하면 변호사의 등록을 취소하여야 한다. 이 경우 지체 없이 등록취소 사유를 명시하여 등록이 취소되는 자(제1호의 경우는 제외한다)에게 통지하여야 하며, 제2호에 해당하여 변호사의 등록을 취소하려면 미리 등록심사위원회의 의결을 거쳐야 한다.
1. 사망한 경우
2. 제4조에 따른 변호사의 자격이 없거나 제5조에 따른 결격사유에 해당하는 경우
3. 제17조에 따른 등록취소의 신청이 있는 경우
4. 제19조에 따른 등록취소의 명령이 있는 경우
② 대한변호사협회는 변호사가 제8조제1항제3호·제4호에 해당하면 등록심사위원회의 의결을 거쳐 변호사의 등록을 취소할 수 있다. 이 경우 제8조제1항제4호에 해당하여 등록을 취소할 때에는 등록심사위원회의 의결을 거쳐 1년 이상 2년 이하의 등록금지기간을 정하여야 한다.
(2014.5.20 후단개정)
③ 대한변호사협회는 제2항에 따라 등록을 취소하는 경우 지체 없이 그 사유를 명시하여 등록이 취소되는 자에게 통지하여야 한다.(2014.5.20 본항신설)
④ 제1항과 제2항의 경우에는 제8조제4항 및 제5항을 준용한다.(2014.5.20 본항개정)
⑤ 지방변호사회는 소속 변호사에게 제1항의 사유가 있다고 인정하면 지체 없이 대한변호사협회에 이를 보고하여야 한다.
제19조【등록취소명령】 법무부장관은 변호사 명부에 등록된 자가 제4조에 따른 변호사의 자격이 없거나 제5조에 따른 결격사유에 해당한다고 인정하는 경우 대한변호사협회에 그 변호사의 등록취소를 명하여야 한다.
제20조【보고 등】 대한변호사협회는 변호사의 등록 및 등록거부, 소속 변경등록 및 그 거부, 개업, 사무소 이전, 휴업 및 등록취소에 관한 사항을 지체 없이 소속 지방변호사회에 통지하고 법무부장관에게 보고하여야 한다.

제4장 변호사의 권리와 의무
(2008.3.28 본장개정)

제21조【법률사무소】 ① 변호사는 법률사무소를 개설할 수 있다.
② 변호사의 법률사무소는 소속 지방변호사회의 지역에 두어야 한다.
③ 변호사는 어떠한 명목으로도 둘 이상의 법률사무소를 둘 수 없다. 다만, 사무공간의 부족 등 부득이한 사유가 있어 대한변호사협회가 정하는 바에 따라 인접한 장소에 별도의 사무실을 두고 변호사가 주재(駐在)하는 경우에는 본래의 법률사무소와 함께 하나의 사무소로 본다.
제21조의2【법률사무소 개설 요건 등】 ① 제4조제3호에 따른 변호사는 통산(通算)하여 6개월 이상 다음 각 호의 어느 하나에 해당하는 기관 등(이하 "법률사무종사기관"이라 한다)에서 법률사무에 종사하거나 연수(제6호에 한정한다)를 마치지 아니하면 단독으로 법률사무소를 개설하거나 법무법인, 법무법인(유한) 및 법무조합의 구성원이 될 수 없다. 다만, 제3호 및 제4호는 통산하여 5년 이상 「법원조직법」 제42조제1항 각 호의 어느 하나에 해당하는 직에 있었던 자 1명 이상이 재직하는 기관 중 법무부장관이 법률사무에 종사가 가능하다고 지정한 곳에 한정한다.
1. 국회, 법원, 헌법재판소, 검찰청
2. 「법률구조법」에 따른 대한법률구조공단, 「정부법무공단법」에 따른 정부법무공단
3. 법무법인, 법무법인(유한), 법무조합, 법률사무소, 「외국법자문사법」 제2조제9호에 따른 합작법무법인
(2016.3.2 본호개정)
4. 국가기관, 지방자치단체와 그 밖의 법인, 기관 또는 단체
5. 국제기구, 국제법인, 국제기관 또는 국제단체 중에서 법무부장관이 법률사무에 종사가 가능하다고 지정한 곳
6. 대한변호사협회
② 대한변호사협회는 제1항제3호에 따라 지정된 법률사무종사기관에 대하여 대한변호사협회 회칙으로 정하는 바에 따라 연수를 위탁하여 실시할 수 있다.
③ 제4조제3호에 따른 변호사가 제1항에 따라 단독으로 법률사무소를 최초로 개설하거나 법무법인, 법무법인(유한) 또는 법무조합의 구성원이 되려면 법률사무종사기관에서 제1항의 요건에 해당한다는 사실을 증명하는 확인서(제1항제6호의 연수는 제외한다)를 받아 지방변호사회를 거쳐 대한변호사협회에 제출하여야 한다.
④ 법률사무종사기관은 제1항에 따른 종사 또는 연수의 목적을 달성하기 위하여 종사하거나 연수를 받는 변호사의 숫자를 적정하게 하는 등 필요한 조치를 하여야 한다.
⑤ 법무부장관은 제1항 단서에 따라 지정된 법률사무종사기관에 대하여 필요하다고 인정하면 종사 현황 등에 대한 서면조사 또는 현장조사를 실시할 수 있고, 조사 결

과 원활한 법률사무 종사를 위하여 필요하다고 인정하면 개선 또는 시정을 명령할 수 있다.
⑥ 법무부장관은 제5항에 따른 서면조사 또는 현장조사를 대한변호사협회에 위탁하여 실시할 수 있고, 대한변호사협회의 장은 그 조사 결과를 법무부장관에게 보고하고 같은 항에 따른 개선 또는 시정을 건의할 수 있다. 이 경우 수탁 사무의 처리에 관한 사항은 대한변호사협회의 회칙으로 정하고 법무부장관의 인가를 받아야 한다.
⑦ 법무부장관은 제1항 단서에 따라 지정된 법률사무종사기관이 다음 각 호의 어느 하나에 해당하면 그 지정을 취소할 수 있다. 다만, 제1호에 해당하는 경우에는 취소하여야 한다.
1. 거짓이나 그 밖의 부정한 방법으로 지정받은 경우
2. 제1항 단서의 지정 요건을 갖추지 못한 경우로서 3개월 이내에 보충하지 아니한 경우. 이 경우 제4조제3호에 따른 변호사가 법률사무에 계속하여 종사한 경우 보충될 때까지의 기간은 법률사무종사기관에서 법률사무에 종사한 기간으로 본다.
3. 거짓으로 제3항의 확인서를 발급한 경우
4. 제5항의 개선 또는 시정 명령을 통산하여 3회 이상 받고 이에 따르지 아니한 경우
⑧ 법무부장관은 제7항에 따라 지정을 취소하려면 청문을 실시하여야 한다.
⑨ 제1항제6호에 따른 연수의 방법, 절차, 비용과 그 밖에 필요한 사항은 대한변호사협회의 회칙으로 정하고 법무부장관의 인가를 받아야 한다.
⑩ 법무부장관은 대통령령으로 정하는 바에 따라 제1항 제6호에 따라 대한변호사협회가 실시하는 연수과정에 대한 지원을 할 수 있다.
⑪ 제1항 단서에 따라 지정된 같은 항 제3호의 법률사무종사기관은 같은 항 제6호에 따른 대한변호사협회의 연수에 필요한 요구에 협조하여야 한다.
⑫ 제1항부터 제11항까지의 규정 외에 법률사무종사기관의 지정 및 취소의 절차와 방법, 지도·감독 등 필요한 사항은 대통령령으로 정한다.
(2011.5.17 본조신설)

제22조【사무직원】 ① 변호사는 법률사무소에 사무직원을 둘 수 있다.
② 변호사는 다음 각 호의 어느 하나에 해당하는 자를 제1항에 따른 사무직원으로 채용할 수 없다.
1. 이 법 또는 「형법」 제129조부터 제132조까지, 「특정범죄가중처벌 등에 관한 법률」 제2조 또는 제3조, 그 밖에 대통령령으로 정하는 법률에 따라 유죄 판결을 받은 자로서 다음 각 목의 어느 하나에 해당하는 자
가. 징역 이상의 형을 선고받고 그 집행이 끝나거나 그 집행을 받지 아니하기로 확정된 후 3년이 지나지 아니한 자
나. 징역형의 집행유예를 선고받고 그 유예기간이 지난 후 2년이 지나지 아니한 자
다. 징역형의 선고유예를 받고 그 유예기간 중에 있는 자
2. 공무원으로서 징계처분에 의하여 파면되거나 해임된 후 3년이 지나지 아니한 자
3. 피성년후견인(2020.6.9 본호개정)
③ 사무직원의 신고, 연수(硏修), 그 밖에 필요한 사항은 대한변호사협회가 정한다.
④ 지방변호사회의 장은 관할 지방검찰청 검사장에게 소속 변호사의 사무직원 채용과 관련하여 제2항에 따른 전과(前科) 사실의 유무에 대한 조회를 요청할 수 있다.
⑤ 제4항에 따른 요청을 받은 지방검찰청 검사장은 전과 사실의 유무를 조회하여 그 결과를 회신할 수 있다.

제23조【광고】 ① 변호사·법무법인·법무법인(유한) 또는 법무조합(이하 이 조에서 "변호사등"이라 한다)은 자기 또는 그 구성원의 학력, 경력, 주요 취급 업무, 업무 실적, 그 밖에 그 업무의 홍보에 필요한 사항을 신문·잡지·방송·컴퓨터통신 등의 매체를 이용하여 광고할 수 있다.
② 변호사등은 다음 각 호의 어느 하나에 해당하는 광고를 하여서는 아니 된다.
1. 변호사의 업무에 관하여 거짓된 내용을 표시하는 광고
2. 국제변호사를 표방하거나 그 밖에 법적 근거가 없는 자격이나 명칭을 표방하는 내용의 광고
3. 객관적 사실을 과장하거나 사실의 일부를 누락하는 등 소비자를 오도(誤導)하거나 소비자에게 오해를 불러일으킬 우려가 있는 내용의 광고
4. 소비자에게 업무수행 결과에 대하여 부당한 기대를 가지도록 하는 내용의 광고
5. 다른 변호사등을 비방하거나 자신의 입장에서 비교하는 내용의 광고
6. 부정한 방법을 제시하는 등 변호사의 품위를 훼손할 우려가 있는 광고
7. 그 밖에 광고의 방법 또는 내용이 변호사의 공공성이나 공정한 수임(受任) 질서를 해치거나 소비자에게 피해를 줄 우려가 있는 것으로서 대한변호사협회가 정하는 광고
③ 변호사등의 광고에 관한 심사를 위하여 대한변호사협회와 각 지방변호사회에 광고심사위원회를 둔다.
④ 광고심사위원회의 운영과 그 밖에 광고에 관하여 필요한 사항은 대한변호사협회가 정한다.

제24조【품위유지의무 등】 ① 변호사는 그 품위를 손상하는 행위를 하여서는 아니 된다.
② 변호사는 그 직무를 수행할 때에 진실을 은폐하거나 거짓 진술을 하여서는 아니 된다.

판례 형사변호인의 기본적인 임무는 피고인 또는 피의자를 보호하고 그의 이익을 대변하는 것이지만, 그러한 이익은 법적으로 보호받을 가치가 있는 정당한 이익으로 제한되며, 의뢰인의 요청에 따른 변론행위라 하더라도 형사변호인이 수사기관이나 법원에 대하여 적극적으로 허위의 진술을 하거나 피고인 또는 피의자로 하여금 허위진술을 하도록 하는 것은 허용될 수 없다.
(대판 2012.8.30, 2012도6027)

제25조【회칙준수의무】 변호사는 소속 지방변호사회와 대한변호사협회의 회칙을 지켜야 한다.

제26조【비밀유지의무 등】 변호사 또는 변호사이었던 자는 그 직무상 알게 된 비밀을 누설하여서는 아니 된다. 다만, 법률에 특별한 규정이 있는 경우에는 그러하지 아니하다.

제27조【공익활동 등 지정업무 처리의무】 ① 변호사는 연간 일정 시간 이상 공익활동에 종사하여야 한다.
② 변호사는 법령에 따라 공공기관, 대한변호사협회 또는 소속 지방변호사회가 지정한 업무를 처리하여야 한다.
③ 공익활동의 범위와 그 시행 방법 등에 관하여 필요한 사항은 대한변호사협회가 정한다.

제28조【장부의 작성·보관】 ① 변호사는 수임에 관한 장부를 작성하고 보관하여야 한다.
② 제1항의 장부에는 수임받은 순서에 따라 수임일, 수임액, 위임인 등의 인적사항, 수임한 법률사건이나 법률사무의 내용, 그 밖에 대통령령으로 정하는 사항을 기재하여야 한다.
③ 제1항에 따른 장부의 보관 방법, 보존 기간, 그 밖에 필요한 사항은 대통령령으로 정한다.

제28조의2【수임사건의 건수 및 수임액의 보고】 변호사는 매년 1월 말까지 전년도에 처리한 수임사건의 건수와 수임액을 소속 지방변호사회에 보고하여야 한다.

제29조【변호인선임서 등의 지방변호사회 경유】 변호사는 법률사건이나 법률사무에 관한 변호인선임서 또는 위임장 등을 공공기관에 제출할 때에는 사전에 소속 지방변호사회를 경유하여야 한다. 다만, 사전에 경유할 수 없는 급박한 사정이 있는 경우에는 변호인선임서나 위임장 등을 제출한 후 지체 없이 공공기관에 소속 지방변호사회의 경유확인서를 제출하여야 한다.

제29조의2【변호인선임서 등의 미제출 변호 금지】 변호사는 법원이나 수사기관에 변호인선임서나 위임장 등을 제출하지 아니하고는 다음 각 호의 사건에 대하여 변호하거나 대리할 수 없다.
1. 재판에 계속(係屬) 중인 사건
2. 수사 중인 형사사건〔내사(內査) 중인 사건을 포함한다〕

제30조【연고 관계 등의 선전금지】 변호사나 그 사무직원은 법률사건이나 법률사무의 수임을 위하여 재판이나 수사업무에 종사하는 공무원과의 연고(緣故) 등 사적인 관계를 드러내며 영향력을 미칠 수 있는 것으로 선전하여서는 아니 된다.

제31조【수임제한】 ① 변호사는 다음 각 호의 어느 하나에 해당하는 사건에 관하여는 그 직무를 수행할 수 없다. 다만, 제2호 사건의 경우 수임하고 있는 사건의 위임인이 동의한 경우에는 그러하지 아니하다.
1. 당사자 한쪽으로부터 상의(相議)를 받아 그 수임을 승낙한 사건의 상대방이 위임하는 사건
2. 수임하고 있는 사건의 상대방이 위임하는 다른 사건
3. 공무원·조정위원 또는 중재인으로서 직무상 취급하거나 취급하게 된 사건
② 제1항제1호 및 제2호를 적용할 때 법무법인·법무법인(유한)·법무조합이 아니면서도 변호사 2명 이상이 사건의 수임·처리나 그 밖의 변호사 업무 수행 시 통일된 형태를 갖추고 수익을 분배하거나 비용을 분담하는 형태로 운영되는 법률사무소는 하나의 변호사로 본다.
③ 법관, 검사, 장기복무 군법무관, 그 밖의 공무원 직에 있다가 퇴직(재판연구원, 사법연수생과 병역의무를 이행하기 위하여 군인·공익법무관 등으로 근무한 자는 제외한다)하여 변호사 개업을 한 자(이하 "공직퇴임변호사"라 한다)는 퇴직 전 1년부터 퇴직한 때까지 근무한 법원, 검찰청, 군사법원, 금융위원회, 공정거래위원회, 경찰관서 등 국가기관(대법원, 고등법원, 지방법원 및 지방법원 지원과 그에 대응하여 설치된 「검찰청법」 제3조제1항 및 제2항의 대검찰청, 고등검찰청, 지방검찰청, 지방검찰청 지청은 각각 동일한 국가기관으로 본다)이 처리하는 사건을 퇴직한 날부터 1년 동안 수임할 수 없다. 다만, 국선변호 등 공익목적의 수임과 사건당사자가 「민법」 제767조에 따른 친족인 경우의 수임은 그러하지 아니하다.(2013.5.28 본항개정)
④ 제3항의 수임할 수 없는 경우는 다음 각 호를 포함한다.
1. 공직퇴임변호사가 법무법인, 법무법인(유한), 법무조합 또는 「외국법자문사법」 제2조제9호에 따른 합작법무법인(이하 이 조에서 "법무법인등"이라 한다)의 담당변호사로 지정되는 경우(2016.3.2 본호개정)
2. 공직퇴임변호사가 다른 변호사, 법무법인등으로부터 명의를 빌려 사건을 실질적으로 처리하는 등 사실상 수임하는 경우
3. 법무법인등의 경우 사건수임계약서, 소송서류 및 변호사의견서 등에는 공직퇴임변호사가 담당변호사로 표시되지 않았으나 실질적으로는 사건의 수임이나 수행에 관여하여 수임료를 받는 경우
(2011.5.17 본항신설)
⑤ 제3항의 법원 또는 검찰청 등 국가기관의 범위, 공익목적 수임의 범위 등 필요한 사항은 대통령령으로 정한다.
(2011.5.17 본항신설)

제31조의2【변호사시험합격자의 수임제한】 ① 제4조제3호에 따른 변호사는 법률사무종사기관에서 통산하여 6개월 이상 법률사무에 종사하거나 연수를 마치지 아니하면 사건을 단독 또는 공동으로 수임〔제50조제1항, 제58조의16 또는 제58조의30에 따라 법무법인·법무법인(유한) 또는 법무조합의 담당변호사로 지정하는 경우나 「외국법자문사법」 제35조의20에 따라 합작법무법인의 담당변호사로 지정하는 경우를 포함한다〕할 수 없다.(2016.3.2 본항개정)
② 제4조제3호에 따른 변호사가 최초로 단독 또는 공동으로 수임하는 경우에 관하여는 제21조의2제3항을 준용한다.
(2011.5.17 본조신설)

판례 법학전문대학원 출신 변호사는 6개월 이상 법률사무종사기관에서 의무종사 또는 의무연수를 마치지 않으면 사건을 단독 또는 공동으로 수임할 수 없도록 규정하고 있는 변호사법 제31조의2 제1항은 법학전문대학원 출신 변호사들의 업무능력에 대한 우려를 불식시키기 위한 적절한 실무능력 향상의 방법일 뿐만 아니라 의무연수 또는 의무종사의 다양성을 보장하고 있어 피해를 최소화하고 있으며, 법익균형성도 인정되어 직업수행의 자유를 과도하게 침해하지 않고, 한편 심판대상조항 적용 과정에서의 법률사무종사취업자와 미취업자의 차이는 각자의 선택, 능력, 기회에 따른 차이일 뿐이며, 검사직무대리나 국선변호인이 될 수 있는 사법연수생과의 차이는 전문가 양성과정의 차이에 따른 것일 뿐이어서 평등권도 침해하지 않는다.(헌재결 2013.10.24, 2012헌마480)

제32조【계쟁권리의 양수 금지】 변호사는 계쟁권리(係爭權利)를 양수하여서는 아니 된다.

제33조【독직행위의 금지】 변호사는 수임하고 있는 사건에 관하여 상대방으로부터 이익을 받거나 이를 요구 또는 약속하여서는 아니 된다.

제34조【변호사가 아닌 자와의 동업 금지 등】 ① 누구든지 법률사건이나 법률사무의 수임에 관하여 다음 각 호의 행위를 하여서는 아니 된다.
1. 사전에 금품·향응 또는 그 밖의 이익을 받거나 받기로 약속하고 당사자 또는 그 밖의 관계인을 특정한 변호사나 그 사무직원에게 소개·알선 또는 유인하는 행위
2. 당사자 또는 그 밖의 관계인을 특정한 변호사나 그 사무직원에게 소개·알선 또는 유인한 후 그 대가로 금품·향응 또는 그 밖의 이익을 받거나 요구하는 행위
② 변호사나 그 사무직원은 법률사건이나 법률사무의 수임에 관하여 소개·알선 또는 유인의 대가로 금품·향응 또는 그 밖의 이익을 제공하거나 제공하기로 약속하여서는 아니 된다.
③ 변호사나 그 사무직원은 제109조제1호, 제111조 또는 제112조제1호에 규정된 자로부터 법률사건이나 법률사무의 수임을 알선받거나 이러한 자에게 자기의 명의를 이용하게 하여서는 아니 된다.
④ 변호사가 아닌 자는 변호사를 고용하여 법률사무소를 개설·운영하여서는 아니 된다.
⑤ 변호사가 아닌 자는 변호사가 아니면 할 수 없는 업무를 통하여 보수나 그 밖의 이익을 분배받아서는 아니 된다.

판례 '변호사는 법률사건의 수임에 관하여 알선의 대가로 금품을 제공하거나 이를 약속하여서는 아니된다.'는 부분은 죄형법정주의의 명확성 원칙에 위반되지 아니하고, 변호사인 청구인의 직업수행의 자유를 침해하지 아니하므로 헌법에 위반되지 아니한다는 결정을 선고하였다.(헌재결 2013.2.28, 2012헌바62)

제35조【사건 유치 목적의 출입금지 등】 변호사나 그 사무직원은 법률사건이나 법률사무를 유상으로 유치할 목적으로 법원·수사기관·교정기관 및 병원에 출입하거나 다른 사람을 파견하거나 출입 또는 주재하게 하여서는 아니 된다.

제36조【재판·수사기관 공무원의 사건 소개 금지】 재판기관이나 수사기관의 소속 공무원은 대통령령으로 정하는 자기가 근무하는 기관에서 취급 중인 법률사건이나 법률사무의 수임에 관하여 당사자 또는 그 밖의 관계인을 특정한 변호사나 그 사무직원에게 소개·알선 또는 유인하여서는 아니 된다. 다만, 사건 당사자나 사무 당사자가 「민법」 제767조에 따른 친족인 경우에는 그러하지 아니하다.

제37조【직무취급자 등의 사건 소개 금지】 ① 재판이나 수사 업무에 종사하는 공무원은 직무상 관련이 있는 법률사건 또는 법률사무의 수임에 관하여 당사자 또는 그 밖의 관계인을 특정한 변호사나 그 사무직원에게 소개·알선 또는 유인하여서는 아니 된다.
② 제1항에서 "직무상 관련"이란 다음 각 호의 어느 하나에 해당하는 경우를 말한다.
1. 재판이나 수사 업무에 종사하는 공무원이 직무상 취급하고 있거나 취급한 경우

2. 제1호의 공무원이 취급하고 있거나 취급한 사건에 관하여 그 공무원을 지휘·감독하는 경우

제38조【겸직 제한】 ① 변호사는 보수를 받는 공무원을 겸할 수 없다. 다만, 국회의원이나 지방의회 의원 또는 상시 근무가 필요 없는 공무원이 되거나 공공기관에서 위촉한 업무를 수행하는 경우에는 그러하지 아니하다.
② 변호사는 소속 지방변호사회의 허가 없이 다음 각 호의 행위를 할 수 없다. 다만, 법무법인·법무법인(유한) 또는 법무조합의 구성원이 되거나 소속 변호사가 되는 경우에는 그러하지 아니하다.
1. 상업이나 그 밖에 영리를 목적으로 하는 업무를 경영하거나 이를 경영하는 자의 사용인이 되는 것
2. 영리를 목적으로 하는 법인의 업무집행사원·이사 또는 사용인이 되는 것
③ 변호사가 휴업한 경우에는 제1항과 제2항을 적용하지 아니한다.

제39조【감독】 변호사는 소속 지방변호사회, 대한변호사협회 및 법무부장관의 감독을 받는다.

제5장 법무법인
(2008.3.28 본장개정)

제40조【법무법인의 설립】 변호사는 그 직무를 조직적·전문적으로 수행하기 위하여 법무법인을 설립할 수 있다.

제41조【설립 절차】 법무법인을 설립하려면 구성원이 될 변호사가 정관을 작성하여 주사무소(主事務所) 소재지의 지방변호사회와 대한변호사협회를 거쳐 법무부장관의 인가를 받아야 한다. 정관을 변경할 때에도 또한 같다.

제42조【정관의 기재사항】 법무법인의 정관에는 다음 각 호의 사항이 포함되어야 한다.
1. 목적, 명칭, 주사무소 및 분사무소(分事務所)의 소재지
2. 구성원의 성명·주민등록번호 및 법무법인을 대표할 구성원의 주소
3. 출자(出資)의 종류와 그 가액(價額) 또는 평가의 기준
4. 구성원의 가입·탈퇴와 그 밖의 변경에 관한 사항
5. 구성원 회의에 관한 사항
6. 법무법인의 대표에 관한 사항
7. 자산과 회계에 관한 사항
8. 존립 시기나 해산 사유를 정한 경우에는 그 시기 또는 사유

제43조【등기】 ① 법무법인은 설립인가를 받으면 2주일 이내에 설립등기를 하여야 한다. 등기사항이 변경되었을 때에도 또한 같다.
② 제1항의 등기사항은 다음 각 호와 같다.
1. 목적, 명칭, 주사무소 및 분사무소의 소재지
2. 구성원의 성명·주민등록번호 및 법무법인을 대표할 구성원의 주소
3. 출자의 종류·가액 및 이행 부분
4. 법무법인의 대표에 관한 사항
5. 둘 이상의 구성원이 공동으로 법무법인을 대표할 것을 정한 경우에는 그 규정
6. 존립 시기나 해산 사유를 정한 경우에는 그 시기 또는 사유
7. 설립인가 연월일
③ 법무법인은 그 주사무소의 소재지에서 설립등기를 함으로써 성립한다.

제44조【명칭】 ① 법무법인은 그 명칭 중에 법무법인이라는 문자를 사용하여야 한다.
② 법무법인이 아닌 자는 법무법인 또는 이와 유사한 명칭을 사용하지 못한다.

제45조【구성원】 ① 법무법인은 3명 이상의 변호사로 구성하며, 그중 1명 이상이 통산하여 5년 이상 「법원조직법」 제42조제1항 각 호의 어느 하나에 해당하는 직에 있었던 자이어야 한다.(2011.5.17 본항개정)
② 법무법인은 제1항에 따른 구성원의 요건을 충족하지 못하게 된 경우에는 3개월 이내에 보충하여야 한다.

제46조【구성원의 탈퇴】 ① 구성원은 임의로 탈퇴할 수 있다.
② 구성원은 다음 각 호의 어느 하나에 해당하는 사유가 있으면 당연히 탈퇴한다.
1. 사망한 경우
2. 제18조에 따라 등록이 취소된 경우
3. 제102조제2항에 따라 업무정지명령을 받은 경우
4. 이 법이나 「공증인법」에 따라 정직(停職) 이상의 징계처분을 받은 경우
5. 정관에 정한 사유가 발생한 경우

제47조【구성원 아닌 소속 변호사】 법무법인은 구성원 아닌 소속 변호사를 둘 수 있다.(2009.2.6 단서삭제)

제48조【사무소】 ① 법무법인은 분사무소를 둘 수 있다. 분사무소의 설치기준에 대하여는 대통령령으로 정한다.
② 법무법인이 사무소를 개업 또는 이전하거나 분사무소를 둔 경우에는 지체 없이 주사무소 소재지의 지방변호사회와 대한변호사협회를 거쳐 법무부장관에게 신고하여야 한다.
③ 법무법인의 구성원과 구성원 아닌 소속 변호사는 법무법인 외에 따로 법률사무소를 둘 수 없다.

제49조【업무】 ① 법무법인은 이 법과 다른 법률에 따른 변호사의 직무에 속하는 업무를 수행한다.(2009.2.6 본항개정)
② 법무법인은 다른 법률에서 변호사에게 그 법률에 정한 자격을 인정하는 경우 그 구성원이나 구성원 아닌 소속 변호사가 그 자격에 의한 직무를 수행할 수 있을 때에는 그 직무를 법인의 업무로 할 수 있다.

제50조【업무 집행 방법】 ① 법무법인은 법인 명의로 업무를 수행하며 그 업무를 담당할 변호사를 지정하여야 한다. 다만, 구성원 아닌 소속 변호사에 대하여는 구성원과 공동으로 지정하여야 한다.
② 법무법인이 제49조제2항에 따른 업무를 할 때에는 그 직무를 수행할 수 있는 변호사 중에서 업무를 담당할 자를 지정하여야 한다.
③ 법무법인이 제1항에 따라 업무를 담당할 변호사(이하 "담당변호사"라 한다)를 지정하지 아니한 경우에는 구성원 모두를 담당변호사로 지정한 것으로 본다.
④ 법무법인은 담당변호사가 업무를 담당하지 못하게 된 경우에는 지체 없이 제1항에 따라 다시 담당변호사를 지정하여야 한다. 다시 담당변호사를 지정하지 아니한 경우에는 구성원 모두를 담당변호사로 지정한 것으로 본다.
⑤ 법무법인은 제1항부터 제4항까지의 규정에 따라 담당변호사를 지정한 경우에는 지체 없이 이를 수임사건의 위임인에게 서면으로 통지하여야 한다. 담당변호사를 변경한 경우에도 또한 같다.
⑥ 담당변호사는 지정된 업무를 수행할 때에 각자가 그 법무법인을 대표한다.
⑦ 법무법인이 그 업무에 관하여 작성하는 문서에는 법인명의를 표시하고 담당변호사가 기명날인하거나 서명하여야 한다.(2009.2.6 단서삭제)

판례 법무법인이 사건 당사자인 경우 그 대표자만 법무법인을 대표해 업무를 수행할 수 있을 뿐, 구성원 변호사가 법무법인을 대표해 업무를 수행할 수 없다. 법무법인이 법인 명의로 수행하는 '업무'는 법무법인이 제3자의 위임이나 위촉 등에 의해 소송행위 등 법률사무를 처리하는 경우를 의미하고, 법무법인이 당사자로서 소송행위 등 법률사무를 처리하는 경우는 포함되지 않는다. 법무법인이 당사자인 경우에는 상법 중 합명회사에 관한 규정에 따라 등기된 법무법인의 대표자만이 법무법인을 대표해 업무를 수행할 수 있다.
(대판 2022.5.26, 2017다238141)

제51조【업무 제한】 법무법인은 그 법인이 인가공증인으로서 공증한 사건에 관하여는 변호사 업무를 수행할 수 없다. 다만, 대통령령으로 정하는 경우에는 그러하지 아니하다.(2009.2.6 본조개정)

제52조【구성원 등의 업무 제한】 ① 법무법인의 구성원 및 구성원 아닌 소속 변호사는 자기나 제3자의 계산으로 변호사의 업무를 수행할 수 없다.
② 법무법인의 구성원이었거나 구성원 아닌 소속 변호사이었던 자는 법무법인의 소속 기간 중 그 법인이 상의를 받아 수임을 승낙한 사건에 관하여는 변호사의 업무를 수행할 수 없다.

제53조【인가취소】 ① 법무부장관은 법무법인이 다음 각 호의 어느 하나에 해당하면 그 설립인가를 취소할 수 있다.
1. 제45조제2항을 위반하여 3개월 이내에 구성원을 보충하지 아니한 경우
2. 업무 집행에 관하여 법령을 위반한 경우
② 법무부장관은 제1항에 따라 법무법인의 설립인가를 취소하려면 청문을 하여야 한다.

제54조【해산】 ① 법무법인은 다음 각 호의 어느 하나에 해당하는 사유가 있을 때에는 해산한다.
1. 정관에 정한 해산 사유가 발생하였을 때
2. 구성원 전원의 동의가 있을 때
3. 합병하였을 때
4. 파산하였을 때
5. 설립인가가 취소되었을 때
② 법무법인이 해산한 경우에는 청산인은 지체 없이 주사무소 소재지의 지방변호사회와 대한변호사협회를 거쳐 법무부장관에게 그 사실을 신고하여야 한다.

제55조【합병】 ① 법무법인은 구성원 전원이 동의하면 다른 법무법인과 합병할 수 있다.
② 제1항의 경우에는 제41조부터 제43조까지의 규정을 준용한다.

제55조의2【조직변경】 ① 법무법인(유한) 또는 법무조합의 설립요건을 갖춘 법무법인은 구성원 전원의 동의가 있으면 법무부장관의 인가를 받아 법무법인(유한) 또는 법무조합으로 조직변경을 할 수 있다.
② 법무법인이 제1항에 따라 법무부장관으로부터 법무법인(유한)의 인가를 받은 때에는 2주일 이내에 주사무소 소재지에서 법무법인의 해산등기 및 법무법인(유한)의 설립등기를 하여야 하고, 법무조합의 인가를 받은 때에는 2주일 이내에 주사무소 소재지에서 법무법인의 해산등기를 하여야 한다.
③ 제1항에 따른 조직변경의 경우 법무법인에 현존하는 순재산액이 새로 설립되는 법무법인(유한)의 자본총액보다 적은 때에는 제1항에 따른 동의가 있을 당시의 구성원들이 연대하여 그 차액을 보충하여야 한다.
④ 제1항에 따라 설립된 법무법인(유한) 또는 법무조합의 구성원 중 종전의 법무법인의 구성원이었던 자는 제2항에 따른 등기를 하기 전에 발생한 법무법인의 채무에 대하여 법무법인(유한)의 경우에는 등기 후 2년이 될 때까지, 법무조합의 경우에는 등기 후 5년이 될 때까지 법무법인의 구성원으로서 책임을 진다.
(2008.3.28 본조신설)

제56조【통지】 법무부장관은 법무법인의 인가 및 그 취소, 해산 및 합병이 있으면 지체 없이 주사무소 소재지의 지방변호사회와 대한변호사협회에 통지하여야 한다.

제57조【준용규정】 법무법인에 관하여는 제22조, 제27조, 제28조, 제28조의2, 제29조, 제29조의2, 제30조, 제31조제1항, 제32조부터 제37조까지, 제39조 및 제10장을 준용한다.

제58조【다른 법률의 준용】 ① 법무법인에 관하여 이 법에 정한 것 외에는 「상법」 중 합명회사에 관한 규정을 준용한다.
② (2009.2.6 삭제)

제5장의2 법무법인(유한)
(2008.3.28 본장개정)

제58조의2【설립】 변호사는 그 직무를 조직적·전문적으로 수행하기 위하여 법무법인(유한)을 설립할 수 있다.

제58조의3【설립 절차】 법무법인(유한)을 설립하려면 구성원이 될 변호사가 정관을 작성하여 주사무소 소재지의 지방변호사회와 대한변호사협회를 거쳐 법무부장관의 인가를 받아야 한다. 정관을 변경할 때에도 또한 같다.

제58조의4【정관의 기재 사항】 법무법인(유한)의 정관에는 다음 각 호의 사항이 포함되어야 한다.
1. 목적, 명칭, 주사무소 및 분사무소의 소재지
2. 구성원의 성명·주민등록번호 및 법무법인(유한)을 대표할 구성원의 주소
3. 자본의 총액과 각 구성원의 출자좌수
4. 구성원의 가입·탈퇴와 그 밖의 변경에 관한 사항
5. 구성원 회의에 관한 사항
6. 법무법인(유한)의 대표에 관한 사항
7. 자산과 회계에 관한 사항
8. 존립 기간이나 해산 사유를 정한 경우에는 그 기간 또는 사유

제58조의5【등기】 ① 법무법인(유한)은 설립인가를 받으면 2주일 이내에 설립등기를 하여야 한다. 등기 사항이 변경되었을 때에도 또한 같다.
② 제1항의 등기 사항은 다음 각 호와 같다.
1. 목적, 명칭, 주사무소 및 분사무소의 소재지
2. 출자 1좌의 금액, 자본 총액 및 이행 부분
3. 이사의 성명 및 주민등록번호
4. 법무법인(유한)을 대표할 이사의 성명 및 주소
5. 둘 이상의 이사가 공동으로 법무법인(유한)을 대표할 것을 정한 경우에는 그 규정
6. 존립 기간이나 해산 사유를 정한 경우에는 그 기간 또는 사유
7. 감사가 있을 때에는 그 성명·주민등록번호 및 주소
8. 설립인가 연월일
③ 법무법인(유한)은 그 주사무소의 소재지에서 설립등기를 함으로써 성립한다.

제58조의6【구성원 등】 ① 법무법인(유한)은 7명 이상의 변호사로 구성하며, 그 중 2명 이상이 통산하여 10년 이상 「법원조직법」 제42조제1항 각 호의 어느 하나에 해당하는 직에 있었던 자이어야 한다.
② 법무법인(유한)은 구성원 아닌 소속 변호사를 둘 수 있다.
③ 법무법인(유한)이 제1항에 따른 구성원의 요건을 충족하지 못하게 된 경우에는 3개월 이내에 보충하여야 한다.
④ 법무법인(유한)은 3명 이상의 이사를 두어야 한다. 이 경우 다음 각 호의 어느 하나에 해당하는 자는 이사가 될 수 없다.
1. 구성원이 아닌 자
2. 설립인가가 취소된 법무법인(유한)의 이사이었던 자(취소 사유가 발생하였을 때의 이사이었던 자로 한정한다)로서 그 취소 후 3년이 지나지 아니한 자
3. 제102조에 따른 업무정지 기간 중에 있는 자
⑤ 법무법인(유한)에는 한 명 이상의 감사를 둘 수 있다. 이 경우 감사는 변호사이어야 한다.

제58조의7【자본 총액 등】 ① 법무법인(유한)의 자본 총액은 5억원 이상이어야 한다.
② 출자 1좌의 금액은 1만원으로 한다.
③ 각 구성원의 출자좌수는 3천좌 이상이어야 한다.
④ 법무법인(유한)은 직전 사업연도 말 대차대조표의 자산 총액에서 부채 총액을 뺀 금액이 5억원에 미달하면 부족한 금액을 매 사업연도가 끝난 후 6개월 이내에 증자를 하거나 구성원의 증여로 보전(補塡)하여야 한다.
⑤ 제4항에 따른 증여는 이를 특별이익으로 계상한다.
⑥ 법무부장관은 법무법인(유한)이 제4항에 따른 증자나

보전을 하지 아니하면 기간을 정하여 증자나 보전을 명할 수 있다.

제58조의8【다른 법인에의 출자 제한 등】 ① 법무법인(유한)은 자기자본에 100분의 50의 범위에서 대통령령으로 정하는 비율을 곱한 금액을 초과하여 다른 법인에 출자하거나 타인을 위한 채무보증을 하여서는 아니 된다.
② 제1항에 규정된 자기자본은 직전 사업연도 말 대차대조표의 자산 총액에서 부채 총액을 뺀 금액을 말한다. 새로 설립된 법무법인(유한)으로서 직전 사업연도의 대차대조표가 없는 경우에는 설립 당시의 납입자본금을 말한다.

제58조의9【회계처리 등】 ① 법무법인(유한)은 이 법에 정한 것 외에는 「주식회사 등의 외부감사에 관한 법률」 제5조에 따른 회계처리기준에 따라 회계처리를 하여야 한다.(2017.10.31 본항개정)
② 법무법인(유한)은 제1항의 회계처리기준에 따른 대차대조표를 작성하여 매 사업연도가 끝난 후 3개월 이내에 법무부장관에게 제출하여야 한다.
③ 법무부장관은 필요하다고 인정하면 제2항에 따른 대차대조표가 적정하게 작성되었는지를 검사할 수 있다.

제58조의10【구성원의 책임】 법무법인(유한)의 구성원의 책임은 이 법에 규정된 것 외에는 그 출자금액을 한도로 한다.

제58조의11【수임사건과 관련된 손해배상책임】 ① 담당변호사(담당변호사가 지정되지 아니한 경우에는 그 법무법인(유한)의 구성원 모두를 말한다)는 수임사건에 관하여 고의나 과실로 그 수임사건의 위임인에게 손해를 발생시킨 경우에는 법무법인(유한)과 연대하여 그 손해를 배상할 책임이 있다.
② 담당변호사가 제1항에 따른 손해배상책임을 지는 경우 그 담당변호사를 직접 지휘·감독한 구성원도 그 손해를 배상할 책임이 있다. 다만, 지휘·감독을 할 때에 주의를 게을리하지 아니하였음을 증명한 경우에는 그러하지 아니하다.
③ 법무법인(유한)은 제1항과 제2항에 따른 손해배상책임에 관한 사항을 대통령령으로 정하는 바에 따라 사건수임계약서와 광고물에 명시하여야 한다.

제58조의12【손해배상 준비금 등】 ① 법무법인(유한)은 수임사건과 관련한 제58조의11에 따른 손해배상책임을 보장하기 위하여 대통령령으로 정하는 바에 따라 사업연도마다 손해배상 준비금을 적립하거나 보험 또는 대한변호사협회가 운영하는 공제기금에 가입하여야 한다.
② 제1항에 따른 손해배상 준비금, 손해배상보험 또는 공제기금은 법무부장관의 승인 없이는 손해배상 외의 다른 용도로 사용하거나 그 보험계약 또는 공제계약을 해제 또는 해지하여서는 아니 된다.

제58조의13【인가취소】 법무부장관은 법무법인(유한)이 다음 각 호의 어느 하나에 해당하면 그 설립인가를 취소할 수 있다.
1. 제58조의6제3항을 위반하여 3개월 이내에 구성원을 보충하지 아니한 경우
2. 이사 중에 제58조의6제4항 각 호의 어느 하나에 해당하는 자가 있는 경우. 다만, 해당 사유가 발생한 날부터 3개월 이내에 그 이사를 개임(改任)한 경우에는 그러하지 아니하다.
3. 제58조의8제1항을 위반하여 다른 법인에 출자하거나 타인의 채무를 보증한 경우
4. 제58조의9제1항을 위반하여 회계처리를 한 경우
5. 제58조의12제1항을 위반하여 손해배상 준비금을 적립하지 아니하거나 보험 또는 공제기금에 가입하지 아니한 경우
6. 업무 집행에 관하여 법령을 위반한 경우

제58조의14【해산】 ① 법무법인(유한)은 다음 각 호의 어느 하나에 해당하는 사유가 있을 때에는 해산한다.
1. 정관에 정한 해산사유가 발생하였을 때
2. 구성원 과반수와 총 구성원의 의결권의 4분의 3 이상을 가진 자가 동의하였을 때
3. 합병하였을 때
4. 파산하였을 때
5. 설립인가가 취소되었을 때
6. 존립 기간을 정한 경우에는 그 기간이 지났을 때
② 법무법인(유한)이 해산한 경우에는 청산인은 지체 없이 주사무소 소재지의 지방변호사회와 대한변호사협회를 거쳐 법무부장관에게 그 사실을 신고하여야 한다.

제58조의15【통지】 법무부장관은 법무법인(유한)의 인가 및 그 취소, 해산 및 합병이 있으면 지체 없이 주사무소 및 분사무소 소재지의 지방변호사회와 대한변호사협회에 그 사실을 통지하여야 한다.

제58조의16【준용규정】 법무법인(유한)에 관하여는 제22조, 제27조, 제28조, 제28조의2, 제29조, 제29조의2, 제30조, 제31조제1항, 제32조부터 제37조까지, 제39조, 제44조, 제46조부터 제52조까지, 제53조제2항 및 제10장을 준용한다.

제58조의17【다른 법률의 준용】 ① 법무법인(유한)에 관하여 이 법에 정한 것 외에는 「상법」 중 유한회사에 관한 규정(「상법」 제545조는 제외한다)을 준용한다.
② (2009.2.6 삭제)

제5장의3 법무조합
(2008.3.28 본장개정)

제58조의18【설립】 변호사는 그 직무를 조직적·전문적으로 수행하기 위하여 법무조합을 설립할 수 있다.

제58조의19【설립 절차】 ① 법무조합을 설립하려면 구성원이 될 변호사가 규약을 작성하여 주사무소 소재지의 지방변호사회와 대한변호사협회를 거쳐 법무부장관의 인가를 받아야 한다. 규약을 변경하려는 경우에도 또한 같다.
② 법무부장관은 제1항에 따라 법무조합의 설립을 인가한 경우에는 관보에 고시하여야 한다.
③ 법무조합은 제2항에 따른 고시가 있을 때에 성립한다.

제58조의20【규약의 기재 사항】 법무조합의 규약에는 다음 각 호의 사항이 포함되어야 한다.
1. 목적, 명칭, 주사무소 및 분사무소의 소재지
2. 구성원의 성명·주민등록번호 및 법무조합을 대표할 구성원의 주소
3. 구성원의 가입·탈퇴와 그 밖의 변경에 관한 사항
4. 출자의 종류 및 그 가액과 평가기준에 관한 사항
5. 손익분배에 관한 사항
6. 법무조합의 대표에 관한 사항
7. 자산과 회계에 관한 사항
8. 존립 기간이나 해산 사유를 정한 경우에는 그 기간 또는 사유

제58조의21【규약의 제출 등】 ① 법무조합은 설립인가를 받으면 2주일 이내에 주사무소 및 분사무소 소재지의 지방변호사회에 규약과 다음 각 호의 사항을 적은 서면을 제출하여야 한다. 규약이나 기재 사항을 변경한 경우에도 또한 같다.
1. 목적, 명칭, 주사무소 및 분사무소의 소재지
2. 구성원의 성명·주민등록번호 및 법무조합을 대표할 구성원의 주소
3. 출자금액의 총액
4. 법무조합의 대표에 관한 사항
5. 존립 기간이나 해산 사유를 정한 경우에는 그 기간 또는 사유
6. 설립인가 연월일
② 법무조합의 주사무소 및 분사무소 소재지의 지방변호사회는 대통령령으로 정하는 바에 따라 다음 각 호의 서면을 비치하여 일반인이 열람할 수 있도록 하여야 한다.
1. 제1항 각 호의 사항이 적힌 서면
2. 제58조의29에 따른 설립인가 및 그 취소와 해산에 관한 서면
3. 제58조의30에 따라 준용되는 제58조의12에 따른 손해배상 준비금을 적립하였거나 보험 또는 공제기금에 가입하였음을 증명하는 서면

제58조의22【구성원 등】 ① 법무조합은 7명 이상의 변호사로 구성하며, 그중 2명 이상이 통산하여 10년 이상 「법원조직법」 제42조제1항 각 호의 어느 하나에 해당하는 직에 있었던 자이어야 한다.
② 법무조합은 구성원 아닌 소속 변호사를 둘 수 있다.
③ 법무조합이 제1항에 따른 구성원의 요건을 충족하지 못하게 된 경우에는 3개월 이내에 보충하여야 한다.

제58조의23【업무 집행】 ① 법무조합의 업무 집행은 구성원 과반수의 결의에 의한다. 다만, 둘 이상의 업무집행구성원을 두는 경우에는 그 과반수의 결의에 의한다.
② 법무조합은 규약으로 정하는 바에 따라 업무집행구성원 전원으로 구성된 운영위원회를 둘 수 있다.

제58조의24【구성원의 책임】 구성원은 법무조합의 채무(제58조의25에 따른 손해배상책임과 관련한 채무는 제외한다)에 대하여 그 채무 발생 당시의 손실분담 비율에 따라 책임을 진다.

제58조의25【수임사건과 관련된 손해배상책임】 ① 담당변호사(담당변호사가 지정되지 아니한 경우에는 그 법무조합의 구성원 모두를 말한다)가 수임사건에 관하여 고의나 과실로 그 수임사건의 위임인에게 손해를 발생시킨 경우 담당변호사는 그 손해를 배상할 책임이 있다.
② 담당변호사가 제1항에 따른 손해배상책임을 지는 경우 그 담당변호사를 직접 지휘·감독한 구성원도 그 손해를 배상할 책임이 있다. 다만, 지휘·감독을 할 때에 주의를 게을리하지 아니하였음을 증명한 경우에는 그러하지 아니하다.
③ 제1항 및 제2항에 따른 책임을 지지 아니하는 구성원은 제1항에 따른 손해배상책임에 대하여는 조합재산의 범위 내에서 그 책임을 진다.
④ 법무조합은 제1항과 제2항에 따른 손해배상책임에 관한 사항을 대통령령으로 정하는 바에 따라 사건수임계약서와 광고물에 명시하여야 한다.

제58조의26【소송당사자능력】 법무조합은 소송의 당사자가 될 수 있다.

제58조의27【인가취소】 법무부장관은 법무조합이 다음 각 호의 어느 하나에 해당하면 그 설립인가를 취소할 수 있다.
1. 제58조의22제3항을 위반하여 3개월 이내에 구성원을 보충하지 아니한 경우
2. 제58조의30에 따라 준용되는 제58조의12제1항을 위반하여 손해배상 준비금을 적립하지 아니하거나 보험 또는 공제기금에 가입하지 아니한 경우
3. 업무 집행에 관하여 법령을 위반한 경우

제58조의28【해산】 ① 법무조합은 다음 각 호의 어느 하나에 해당하는 사유가 있을 때에는 해산한다.
1. 규약에 정한 해산사유가 발생하였을 때
2. 구성원 과반수의 동의가 있을 때. 다만, 규약으로 그 비율을 높게 할 수 있다.
3. 설립인가가 취소되었을 때
4. 존립 기간을 정한 경우에는 그 기간이 지났을 때
② 법무조합이 해산한 경우 청산인은 지체 없이 주사무소 소재지의 지방변호사회와 대한변호사협회를 거쳐 법무부장관에게 그 사실을 신고하여야 한다.

제58조의29【통지】 법무부장관은 법무조합의 설립인가 및 그 취소나 해산이 있으면 지체 없이 주사무소 및 분사무소 소재지의 지방변호사회와 대한변호사협회에 통지하여야 한다.

제58조의30【준용규정】 법무조합에 관하여는 제22조, 제27조, 제28조, 제28조의2, 제29조, 제29조의2, 제30조, 제31조제1항, 제32조부터 제37조까지, 제39조, 제44조, 제46조부터 제52조까지, 제53조제2항, 제58조의9제1항, 제58조의12 및 제10장을 준용한다.

제58조의31【다른 법률의 준용】 ① 법무조합에 관하여 이 법에 정한 것 외에는 「민법」 중 조합에 관한 규정(「민법」 제713조는 제외한다)을 준용한다.
② (2009.2.6 삭제)

제6장 공증인가합동법률사무소

제59조~제63조 (2005.1.27 삭제)

제7장 지방변호사회
(2008.3.28 본장개정)

제64조【목적 및 설립】 ① 변호사의 품위를 보전하고, 변호사 사무의 개선과 발전을 도모하며, 변호사의 지도와 감독에 관한 사무를 하도록 하기 위하여 지방법원 관할 구역마다 1개의 지방변호사회를 둔다. 다만, 서울특별시에는 1개의 지방변호사회를 둔다.
② 지방변호사회는 법인으로 한다.

제65조【설립 절차】 지방변호사회를 설립할 때에는 회원이 될 변호사가 회칙을 정하여 대한변호사협회를 거쳐 법무부장관의 인가를 받아야 한다. 회칙을 변경할 때에도 또한 같다.

제66조【회칙의 기재 사항】 지방변호사회의 회칙에는 다음 각 호의 사항이 포함되어야 한다.
1. 명칭과 사무소의 소재지
2. 회원의 가입 및 탈퇴에 관한 사항
3. 총회, 이사회, 그 밖의 기관의 구성·권한 및 회의에 관한 사항
4. 임원의 구성·수·선임·임기 및 직무에 관한 사항 (2011.4.5 본호개정)
5. 회원의 권리 및 의무에 관한 사항
6. 회원의 지도 및 감독에 관한 사항
7. 자산과 회계에 관한 사항

제67조【고시】 법무부장관은 지방변호사회의 설립을 인가하였을 때에는 그 명칭, 사무소의 소재지 및 설립 연월일을 고시하여야 한다. 명칭이나 사무소 소재지가 변경되었을 때에도 또한 같다.

제68조【가입 및 탈퇴】 ① 제7조에 따른 등록을 한 변호사는 가입하려는 지방변호사회의 회원이 된다.
② 제14조에 따른 소속 변경등록을 한 변호사는 새로 가입하려는 지방변호사회의 회원이 되고, 종전 소속 지방변호사회를 당연히 탈퇴한다.
③ 제18조에 따라 등록이 취소된 변호사는 소속 지방변호사회를 당연히 탈퇴한다.

제69조【임원】 ① 지방변호사회에는 다음 각 호의 임원을 둔다.
1. 회장(2011.4.5 본호개정)
2. 부회장(2011.4.5 본호개정)
3. 상임이사(2011.4.5 본호개정)
4. 이사(2011.4.5 본호개정)
5. 감사(2011.4.5 본호개정)
② 제1항 각 호의 임원의 구성·수·선임·임기 및 직무에 관한 사항은 지방변호사회 회칙으로 정한다. (2014.12.30 본항개정)

제69조의2【회장】 지방변호사회의 장은 지방변호사회를 대표하고, 지방변호사회의 업무를 총괄한다. (2011.4.5 본조신설)

제70조【총회】 ① 지방변호사회에 총회를 둔다.
② 총회는 개업신고를 한 변호사로 구성한다. 다만, 회원수가 200명 이상인 경우에는 회칙으로 정하는 바에 따라

회원이 선출하는 대의원으로 구성할 수 있다.
③ 다음 각 호의 사항은 총회의 결의를 거쳐야 한다.
1. 회칙의 변경
2. 예산 및 결산

제71조【이사회】 ① 지방변호사회에 이사회를 둔다.
② 이사회는 지방변호사회 업무에 관한 중요 사항을 결의한다.

제72조【국선변호 협력의무 등】 ① 지방변호사회는 법원에 국선변호인 예정자 명단을 제출하고 국선변호인의 변호 활동을 지원하는 등 국선변호인제도의 효율적인 운영에 적극 협력하여야 한다.
② 지방변호사회는 재정결정(裁定決定)에 따라 법원의 심판에 부쳐진 사건에 대한 공소유지 변호사의 추천, 「민사조정법」에 따른 조정위원의 추천 등 사법제도의 건전한 운영에 성실히 협력하여야 한다.

제73조【사법연수생의 지도】 지방변호사회는 사법연수원장의 위촉에 따라 사법연수생의 변호사 실무 수습을 담당한다.

제74조【분쟁의 조정】 지방변호사회는 그 회원인 변호사 상호간 또는 그 회원인 변호사와 위임인 사이에 직무상 분쟁이 있으면 당사자의 청구에 의하여 이를 조정할 수 있다.

제75조【자문과 건의】 지방변호사회는 공공기관에서 자문받은 사항에 관하여 회답하여야 하며, 법률사무나 그 밖에 이와 관련된 사항에 대하여 공공기관에 건의할 수 있다.

제75조의2【사실조회 등】 지방변호사회는 회원인 변호사가 수임사건과 관련하여 공공기관에 조회하여 필요한 사항의 회신이나 보관 중인 문서의 등본 또는 사본의 송부를 신청하는 경우에는 그 신청이 적당하지 아니하다고 인정할 만한 특별한 사유가 있는 경우가 아니면 그 신청에 따라 공공기관에 이를 촉탁하고 회신 또는 송부 받은 결과물을 신청인에게 제시하여야 한다.(2008.3.28 본조신설)

제76조【회원들에 관한 정보제공의무】 ① 지방변호사회는 의뢰인의 변호인 선임의 편의를 도모하고 법률사건이나 법률사무 수임의 투명성을 확보하기 위하여 회원들의 학력, 경력, 주요 취급 업무, 업무 실적 등 사건 수임을 위한 정보를 의뢰인에게 제공하여야 한다.
② 제1항에 따른 정보의 제공 범위, 제공 방법, 그 밖에 필요한 사항은 각 지방변호사회가 정한다.

제77조【감독】 ① 지방변호사회는 대한변호사협회와 법무부장관의 감독을 받는다.
② 지방변호사회는 총회의 결의 내용을 지체 없이 대한변호사협회와 법무부장관에게 보고하여야 한다.
③ 법무부장관은 제2항의 결의가 법령이나 회칙에 위반된다고 인정하면 대한변호사협회의 장의 의견을 들어 취소할 수 있다.

제77조의2【비밀 준수】 지방변호사회의 임직원이거나 임직원이었던 자는 법률에 특별한 규정이 있는 경우가 아니면 제28조의2, 제89조의4제1항 및 제89조의5제1항에 관한 업무처리와 관련하여 알게 된 비밀을 누설하여서는 아니 된다.(2008.3.28 본조신설)

제8장 대한변호사협회
(2008.3.28 본장개정)

제78조【목적 및 설립】 ① 변호사의 품위를 보전하고, 법률사무의 개선과 발전, 그 밖의 법률문화의 창달을 도모하며, 변호사 및 지방변호사회의 지도 및 감독에 관한 사무를 하도록 하기 위하여 대한변호사협회를 둔다.
② 대한변호사협회는 법인으로 한다.

제79조【설립 절차】 지방변호사회는 연합하여 회칙을 정하고 법무부장관의 인가를 받아 대한변호사협회를 설립하여야 한다. 회칙을 변경할 때에도 또한 같다.

제80조【회칙의 기재 사항】 대한변호사협회의 회칙에는 다음 각 호의 사항이 포함되어야 한다.
1. 제66조 각 호의 사항
2. 법률구조사업에 관한 사항
3. 변호사의 연수에 관한 사항
4. 변호사의 징계에 관한 사항
5. 변호사와 지방변호사회의 지도 및 감독에 관한 사항

제80조의2【협회장】 대한변호사협회의 장은 대한변호사협회를 대표하고, 대한변호사협회의 업무를 총괄한다.(2011.4.5 본조신설)

제81조【임원】 ① 대한변호사협회에는 다음 각 호의 임원을 둔다.
1. 협회장
2. 부협회장
3. 상임이사
4. 이사
5. 감사
(2011.4.5 1호~5호개정)
② 제1항 각 호의 임원의 구성·수·선임·임기 및 직무에 관한 사항은 대한변호사협회 회칙으로 정한다.
(2011.4.5 본항신설)

제82조【총회】 ① 대한변호사협회에 총회를 둔다.
② 총회의 구성에 관한 사항은 회칙으로 정한다.
(2011.4.5 본항개정)

제83조【분담금】 지방변호사회는 대한변호사협회가 정하는 바에 따라 대한변호사협회의 운영에 필요한 경비를 내야 한다.

제84조【법률구조기구】 대한변호사협회에 법률구조사업을 하도록 하기 위하여 법률구조기구를 두며, 지방변호사회에는 그 지부를 둘 수 있다.

제85조【변호사의 연수】 ① 변호사는 변호사의 전문성과 윤리의식을 높이기 위하여 대한변호사협회가 실시하는 연수교육(이하 "연수교육"이라 한다)을 대통령령으로 정하는 시간 이상 받아야 한다. 다만, 다음 각 호의 어느 하나에 해당하는 경우에는 그러하지 아니하다.
1. 질병 등으로 정상적인 변호사 업무를 수행할 수 없는 경우
2. 휴업 등으로 연수교육을 받을 수 없는 정당한 사유가 있는 경우
3. 고령으로 연수교육을 받기에 적당하지 아니한 경우로서 대한변호사협회가 정하는 경우
② 대한변호사협회는 연수교육을 지방변호사회에 위임하거나 기관 또는 단체를 지정하여 위탁할 수 있다.
③ 대한변호사협회는 변호사가 법학 관련 학술대회 등에 참여한 경우에는 대한변호사협회가 정하는 바에 따라 연수교육을 받은 것으로 인정할 수 있다.
④ 연수교육에는 법조윤리 과목이 포함되어야 한다.
⑤ 연수교육의 방법·절차, 연수교육을 위탁받을 수 있는 기관·단체의 지정 절차 및 지정 기준 등에 관하여 필요한 사항은 대한변호사협회가 정한다.

제86조【감독】 ① 대한변호사협회는 법무부장관의 감독을 받는다.
② 대한변호사협회는 총회의 결의 내용을 지체 없이 법무부장관에게 보고하여야 한다.
③ 법무부장관은 제2항의 결의가 법령이나 회칙에 위반된다고 인정하면 이를 취소할 수 있다.

제87조【준용규정】 대한변호사협회에 관하여는 제70조제3항, 제71조 및 제75조를 준용한다.(2011.4.5 본조개정)

제9장 법조윤리협의회 및 수임자료 제출
(2007.1.26 본장제목개정)

제88조【법조윤리협의회】 법조윤리를 확립하고 건전한 법조풍토를 조성하기 위하여 법조윤리협의회(이하 "윤리협의회"라 한다)를 둔다.(2007.1.26 본조개정)

제89조【윤리협의회의 기능 및 권한】 ① 윤리협의회는 다음 각 호의 업무를 수행한다.
1. 법조윤리의 확립을 위한 법령·제도 및 정책에 관한 협의
2. 법조윤리 실태의 분석과 법조윤리 위반행위에 대한 대책
3. 법조윤리와 관련된 법령을 위반한 자에 대한 징계개시(懲戒開始)의 신청 또는 수사 의뢰
4. 그 밖에 법조윤리의 확립을 위하여 필요한 사항에 대한 협의
② 윤리협의회는 제1항제3호에 따른 징계개시의 신청 또는 수사 의뢰 등 업무수행을 위하여 필요하다고 인정되면 관계인 및 관계 기관·단체 등에 대하여 관련 사실을 조회하거나 자료 제출 또는 윤리협의회에 출석하여 진술하거나 설명할 것을 요구할 수 있으며, 관계인 및 관계 기관·단체 등이 정당한 이유 없이 이를 거부할 때에는 소속 직원으로 하여금 법무법인, 법무법인(유한), 법무조합, 법률사무소, 「외국법자문사법」 제2조제9호에 따른 합작법무법인에 출입하여 현장조사를 실시하게 할 수 있다. 이 경우 요구를 받은 자 및 기관·단체 등은 이에 따라야 한다.(2017.3.14 전단개정)
③ 제2항에 따라 출입·현장조사를 하는 사람은 그 권한을 표시하는 증표를 지니고 이를 관계인에게 내보여야 한다.(2017.3.14 본항신설)
④ 제2항에 따른 사실조회·자료제출·출석요구 및 현장조사에 필요한 사항은 대통령령으로 정한다.(2017.3.14 본항개정)
(2008.3.28 본조개정)

제89조의2【윤리협의회의 구성】 ① 윤리협의회는 다음 각 호의 어느 하나에 해당하는 자 중에서 법원행정처장, 법무부장관 및 대한변호사협회의 장이 각 3명씩 지명하거나 위촉하는 9명의 위원으로 구성한다. 이 경우 법원행정처장, 법무부장관 및 대한변호사협회의 장은 제4호나 제5호에 해당하는 자를 1명 이상 위원으로 위촉하여야 한다.
1. 경력 10년 이상의 판사
2. 경력 10년 이상의 검사
3. 경력 10년 이상의 변호사
4. 법학 교수 또는 부교수
5. 경험과 덕망이 있는 자
② 위원장은 대한변호사협회의 장이 지명하거나 위촉하는 위원 중에서 재적위원 과반수의 동의로 선출한다.
③ 위원장과 위원의 임기는 2년으로 하되, 연임할 수 있다.
④ 제1항제1호부터 제4호까지의 요건에 따라 지명되거나 위촉된 위원이 임기 중 지명 또는 위촉의 요건을 상실하면 위원의 신분을 상실한다.
(2008.3.28 본조개정)

제89조의3【윤리협의회의 조직·운영 및 예산】 ① 윤리협의회의 사무를 처리하기 위하여 윤리협의회에 간사 3명과 사무기구를 둔다.
② 간사는 법원행정처장이 지명하는 판사 1명, 법무부장관이 지명하는 검사 1명, 대한변호사협회의 장이 지명하는 변호사 1명으로 한다.
③ 위원장은 효율적으로 업무를 처리하기 위하여 간사 중에서 주무간사를 임명할 수 있다.
④ 정부는 윤리협의회의 업무를 지원하기 위하여 예산의 범위에서 윤리협의회에 보조금을 지급할 수 있다.
⑤ 윤리협의회의 조직과 운영에 관하여 필요한 사항은 대통령령으로 정한다.
(2008.3.28 본조개정)

제89조의4【공직퇴임변호사의 수임 자료 등 제출】 ① 공직퇴임변호사는 퇴직일부터 2년 동안 수임한 사건에 관한 수임 자료와 처리 결과를 대통령령으로 정하는 기간마다 소속 지방변호사회에 제출하여야 한다.(2013.5.28 본항개정)
② 공직퇴임변호사가 제50조·제58조의16 또는 제58조의30에 따라 법무법인·법무법인(유한) 또는 법무조합의 담당변호사로 지정된 경우나 「외국법자문사법」 제35조의20에 따라 합작법무법인의 담당변호사로 지정된 경우에도 제1항과 같다.(2016.3.2 본항개정)
③ 지방변호사회는 제1항에 따라 제출받은 자료를 윤리협의회에 제출하여야 한다.
④ 윤리협의회의 위원장은 공직퇴임변호사에게 제91조에 따른 징계사유나 위법의 혐의가 있는 것을 발견하였을 때에는 대한변호사협회의 장이나 관할 수사기관의 장에게 그 변호사에 대한 징계개시를 신청하거나 수사를 의뢰할 수 있다.(2021.1.5 본항개정)
⑤ 공직퇴임변호사가 제출하여야 하는 수임 자료와 처리 결과의 기재사항, 제출 절차 등에 관하여 필요한 사항은 대통령령으로 정한다.
(2008.3.28 본조개정)

제89조의5【특정변호사의 수임 자료 등 제출】 ① 지방변호사회는 대통령령으로 정하는 수 이상의 사건을 수임한 변호사[제50조, 제58조의16 및 제58조의30에 따른 법무법인·법무법인(유한) 또는 법무조합의 담당변호사나 「외국법자문사법」 제35조의20에 따른 합작법무법인의 담당변호사를 포함하며, 이하 "특정변호사"라 한다]의 성명과 사건 목록을 윤리협의회에 제출하여야 한다.
(2016.3.2 본항개정)
② 윤리협의회는 제30조, 제31조, 제34조제2항·제3항 및 제35조 등 사건수임에 관한 규정의 위반 여부를 판단하기 위하여 수임 경위 등을 확인할 필요가 있다고 인정되면 특정변호사에게 제1항의 사건 목록에 기재된 사건에 관한 수임 자료와 처리 결과를 제출하도록 요구할 수 있다. 이 경우 특정변호사는 제출을 요구받은 날부터 30일 이내에 제출하여야 한다.
③ 특정변호사에 대하여는 제89조의4제4항 및 제5항을 준용한다.
(2008.3.28 본조개정)

제89조의6【법무법인 등에서의 퇴직공직자 활동내역 등 제출】 ① 「공직자윤리법」 제3조에 따른 재산등록의무자 및 대통령령으로 정하는 일정 직급 이상의 직위에 재직했던 변호사 아닌 퇴직공직자(이하 이 조에서 "퇴직공직자"라 한다)가 법무법인·법무법인(유한)·법무조합 또는 「외국법자문사법」 제2조제9호에 따른 합작법무법인(이하 이 조에서 "법무법인등"이라 한다)에 취업한 때에는, 법무법인등은 지체 없이 취업한 퇴직공직자의 명단을 법무법인등의 주사무소를 관할하는 지방변호사회에 제출하여야 하고, 매년 1월 말까지 업무활동내역 등이 포함된 전년도 업무내역서를 작성하여 법무법인등의 주사무소를 관할하는 지방변호사회에 제출하여야 한다.
(2016.3.2 본항개정)
② 제1항에 따른 취업이란 퇴직공직자가 근로 또는 서비스를 제공하고, 그 대가로 임금·봉급, 그 밖에 어떠한 명칭으로든지 금품 또는 경제적 이익을 받는 일체의 행위를 말한다.
③ 제1항은 법무법인등이 아니면서도 변호사 2명 이상이 사건의 수임·처리나 그 밖의 변호사 업무 수행 시 통일된 형태를 갖추고 수익을 분배하거나 비용을 분담하는 형태로 운영되는 법률사무소에도 적용한다.
④ 지방변호사회는 제1항에 따라 제출받은 자료를 윤리협의회에 제출하여야 한다.
⑤ 윤리협의회의 위원장은 제4항에 따라 제출받은 자료를 검토하여 관련자들에 대한 징계사유나 위법의 혐의가 있는 것을 발견하였을 때에는 대한변호사협회의 장에게 징계개시를 신청하거나 관할 수사기관의 장에게 수사를 의뢰할 수 있다.(2021.1.5 본항개정)
⑥ 제1항에 따른 업무내역서에는 퇴직공직자가 관여한

사건·사무 등 업무활동내역 및 그 밖에 대통령령으로 정하는 사항을 기재하여야 한다.
(2011.5.17 본조신설)

제89조의7【수임사건 처리 결과 등의 통지】 ① 윤리협의회는 제89조의4제3항과 제89조의5제2항에 따라 자료를 제출받으면 지체 없이 그 사건 목록을 관할 법원·검찰청 등 사건을 관할하는 기관의 장에게 통지하여야 한다.
② 제1항에 규정된 각 기관의 장은 제1항의 통지를 받은 날부터 1개월 이내에 통지받은 사건에 대한 처리 현황이나 처리 결과를 윤리협의회에 통지하여야 한다. 다만, 사건이 종결되지 아니한 경우에는 사건이 종결된 때부터 1개월 이내에 통지하여야 한다.
(2008.3.28 본조개정)

제89조의8【비밀 누설의 금지】 윤리협의회의 위원·간사·사무직원 또는 그 직에 있었던 자는 업무처리 중 알게 된 비밀을 누설하여서는 아니 된다.(2008.3.28 본조개정)

제89조의9【국회에 대한 보고】 ① 윤리협의회는 매년 제89조제1항의 업무수행과 관련한 운영상황을 국회에 보고하여야 한다.
② 윤리협의회는 제89조의8에도 불구하고 「인사청문회법」에 따른 인사청문회 또는 「국정감사 및 조사에 관한 법률」에 따른 국정조사를 위하여 국회의 요구가 있을 경우에는 제89조의4제3항 및 제89조의5제2항에 따라 제출받은 자료 중 다음 각 호의 구분에 따른 자료를 국회에 제출하여야 한다.
1. 제89조의4제3항에 따라 제출받은 자료 : 공직퇴임변호사의 성명, 공직퇴임일, 퇴직 당시의 소속 기관 및 직위, 수임일자, 사건명, 수임사건의 관할 기관, 처리 결과
2. 제89조의5제2항에 따라 제출받은 자료 : 변호사의 성명, 사건목록(수임일자 및 사건명에 한한다)
(2013.5.28 본조신설)

제89조의10【벌칙 적용에서 공무원 의제】 윤리협의회의 위원·간사·사무직원으로서 공무원이 아닌 사람은 그 직무상 행위와 관련하여 「형법」이나 그 밖의 법률에 따른 벌칙을 적용할 때에는 공무원으로 본다.
(2017.3.14 본조신설)

제10장 징계 및 업무정지
(2008.3.28 본장개정)

제90조【징계의 종류】 변호사에 대한 징계는 다음 다섯 종류로 한다.
1. 영구제명
2. 제명
3. 3년 이하의 정직
4. 3천만원 이하의 과태료
5. 견책

제91조【징계 사유】 ① 제90조제1호에 해당하는 징계 사유는 다음 각 호와 같다.
1. 변호사의 직무와 관련하여 2회 이상 금고 이상의 형을 선고받아(집행유예를 선고받은 경우를 포함한다) 그 형이 확정된 경우(과실범의 경우는 제외한다)
2. 이 법에 따라 2회 이상 정직 이상의 징계처분을 받은 후 다시 제2항에 따른 징계 사유가 있는 자로서 변호사의 직무를 수행하는 것이 현저히 부적당하다고 인정되는 경우
② 제90조제2호부터 제5호까지의 규정에 해당하는 징계 사유는 다음 각 호와 같다.
1. 이 법을 위반한 경우
2. 소속 지방변호사회나 대한변호사협회의 회칙을 위반한 경우
3. 직무의 내외를 막론하고 변호사로서의 품위를 손상하는 행위를 한 경우

제92조【변호사징계위원회의 설치】 ① 변호사의 징계는 변호사징계위원회가 한다.
② 대한변호사협회와 법무부에 각각 변호사징계위원회를 둔다.

제92조의2【조사위원회의 설치】 ① 변호사의 징계혐의사실에 대한 조사를 위하여 대한변호사협회에 조사위원회를 둔다.
② 조사위원회는 필요하면 관계 기관·단체 등에 자료 제출을 요청할 수 있으며, 당사자나 관계인을 면담하여 사실에 관한 의견을 들을 수 있다.
③ 조사위원회의 구성과 운영 등에 관하여 필요한 사항은 대한변호사협회가 정한다.

제93조【대한변호사협회 변호사징계위원회의 구성】 ① 대한변호사협회 변호사징계위원회(이하 "변협징계위원회"라 한다)는 다음 각 호의 위원으로 구성한다.
1. 법원행정처장이 추천하는, 판사 1명과 변호사가 아닌 경험과 덕망이 있는 자 1명(2017.12.19 본호개정)
2. 법무부장관이 추천하는, 검사 1명과 변호사가 아닌 경험과 덕망이 있는 자 1명(2017.12.19 본호개정)
3. 대한변호사협회 총회에서 선출하는 변호사 3명
4. 대한변호사협회의 장이 추천하는, 변호사가 아닌 법학교수 및 경험과 덕망이 있는 자 각 1명
② 변협징계위원회에 위원장 1명과 간사 1명을 두며, 위원장과 간사는 위원 중에서 호선한다.
③ 제1항의 위원을 추천하거나 선출할 때에는 위원의 수와 같은 수의 예비위원을 함께 추천하거나 선출하여야 한다.
④ 변호사의 자격을 취득한 날부터 10년이 지나지 아니한 자는 위원장이나 판사·검사·변호사인 위원 또는 예비위원이 될 수 없다.
⑤ 위원과 예비위원의 임기는 각각 2년으로 한다.
⑥ 변협징계위원회의 위원 및 예비위원은 제94조에 따른 법무부징계위원회의 위원 및 예비위원을 겸할 수 없다.

제94조【법무부 변호사징계위원회의 구성 등】 ① 법무부 변호사징계위원회(이하 "법무부징계위원회"라 한다)는 위원장 1명과 위원 8명으로 구성하며, 예비위원 8명을 둔다.
② 위원장은 법무부장관이 되고, 위원과 예비위원은 다음 각 호의 구분에 따라 법무부장관이 임명 또는 위촉한다.
(2018.12.18 본문개정)
1. 법원행정처장이 추천하는 판사 중에서 각 2명
2. 법무부차관, 검사 및 법무부의 고위공무원단에 속하는 일반직공무원 중에서 각 2명
3. 대한변호사협회의 장이 추천하는 변호사 중에서 각 1명
4. 변호사가 아닌 자로서 법학 교수 또는 경험과 덕망이 있는 자 각 3명
(2018.12.18 1호~4호신설)
③ 위원과 예비위원의 임기는 각각 2년으로 한다.
④ 위원장은 법무부징계위원회의 업무를 총괄하고 법무부징계위원회를 대표하며 회의를 소집하고 그 의장이 된다.
⑤ 위원장이 부득이한 사유로 그 직무를 수행할 수 없을 때에는 위원장이 미리 지명하는 위원이 그 직무를 대행한다.
⑥ 법무부장관은 제2항에 따른 위원 또는 예비위원이 다음 각 호의 어느 하나에 해당하는 경우에는 해당 위원 또는 예비위원을 해임(解任)하거나 해촉(解囑)할 수 있다.
1. 심신장애로 인하여 직무를 수행할 수 없게 된 경우
2. 직무와 관련된 비위사실이 있는 경우
3. 직무 태만, 품위 손상, 그 밖의 사유로 인하여 위원 또는 예비위원의 직을 유지하는 것이 적합하지 아니하다고 인정되는 경우
(2018.12.18 본항신설)
⑦ 법무부징계위원회의 위원 또는 예비위원으로서 공무원이 아닌 사람은 「형법」 제129조부터 제132조까지의 규정을 적용할 때에는 공무원으로 본다.(2018.12.18 본항신설)
(2018.12.18 본조제목개정)

제95조【변협징계위원회의 심의권】 ① 변협징계위원회는 제91조에 따른 징계 사유에 해당하는 징계 사건을 심의한다.
② 변협징계위원회는 제1항의 심의를 위하여 필요하면 조사위원회에 징계혐의사실에 대한 조사를 요청할 수 있다.

제96조【법무부징계위원회의 심의권】 법무부징계위원회는 변협징계위원회의 징계 결정에 대한 이의신청 사건을 심의한다.

제97조【징계개시의 청구】 대한변호사협회의 장은 변호사가 제91조에 따른 징계 사유에 해당하면 변협징계위원회에 징계개시를 청구하여야 한다.

제97조의2【징계개시의 신청】 ① 지방검찰청검사장 또는 고위공직자범죄수사처장은 범죄수사 등 업무의 수행 중 변호사에게 제91조에 따른 징계 사유가 있는 것을 발견하였을 때에는 대한변호사협회의 장에게 그 변호사에 대한 징계개시를 신청하여야 한다.(2021.1.5 본항개정)
② 지방변호사회의 장이 소속 변호사에게 제91조에 따른 징계 사유가 있는 것을 발견한 경우에도 제1항과 같다.

제97조의3【징계개시의 청원 및 재청원】 ① 의뢰인이나 의뢰인의 법정대리인·배우자·직계친족 또는 형제자매는 수임변호사나 법무법인[제58조의2에 따른 법무법인(유한)과 제58조의18에 따른 법무조합을 포함한다]의 담당변호사에게 제91조에 따른 징계 사유가 있으면 소속 지방변호사회의 장에게 그 변호사에 대한 징계개시의 신청을 청원할 수 있다.
② 지방변호사회의 장은 제1항의 청원을 받으면 지체 없이 징계개시의 신청 여부를 결정하고 그 결과와 이유의 요지를 청원인에게 통지하여야 한다.
③ 청원인은 지방변호사회의 장이 제1항의 청원을 기각하거나 청원이 접수된 날부터 3개월이 지나도 징계개시의 신청 여부를 결정하지 아니하면 대한변호사협회의 장에게 재청원할 수 있다. 이 경우 재청원은 제2항에 따른 통지를 받은 날 또는 청원이 접수되어 3개월이 지난 날부터 14일 이내에 하여야 한다.

제97조의4【대한변호사협회의 장의 결정】 ① 대한변호사협회의 장은 제89조의4제4항(제89조의5제3항에 따라 준용되는 경우를 포함한다) 또는 제97조의2에 따른 징계개시의 신청이 있거나 제97조의3제3항에 따른 재청원이 있으면 지체 없이 징계개시의 청구 여부를 결정하여야 한다.
② 대한변호사협회의 장은 징계개시의 청구 여부를 결정하기 위하여 필요하면 조사위원회로 하여금 징계혐의사실에 대하여 조사하도록 할 수 있다.
③ 대한변호사협회의 장은 제1항의 결정을 하였을 때에는 지체 없이 그 사유를 징계개시 신청인(징계개시를 신청한 윤리협의회 위원장이나 지방검찰청검사장 또는 고위공직자범죄수사처장을 말한다. 이하 같다)이나 재청원인에게 통지하여야 한다.(2021.1.5 본항개정)

제97조의5【이의신청】 ① 징계개시 신청인은 대한변호사협회의 장이 징계개시의 신청을 기각하거나 징계개시의 신청이 접수된 날부터 3개월이 지나도 징계개시의 청구 여부를 결정하지 아니하면 변협징계위원회에 이의신청을 할 수 있다. 이 경우 이의신청은 제97조의4제3항에 따른 통지를 받은 날 또는 징계개시의 신청이 접수되어 3개월이 지난 날부터 14일 이내에 하여야 한다.
② 변협징계위원회는 제1항에 따른 이의신청이 이유 있다고 인정하면 징계절차를 개시하여야 하며, 이유 없다고 인정하면 이의신청을 기각하여야 한다.
③ 변협징계위원회는 제2항의 결정을 하였을 때에는 지체 없이 그 결과와 이유를 이의신청인에게 통지하여야 한다.

제98조【징계 결정 기간 등】 ① 변협징계위원회는 징계개시의 청구를 받거나 제97조의5제2항에 따라 징계 절차를 개시한 날부터 6개월 이내에 징계에 관한 결정을 하여야 한다. 다만, 부득이한 사유가 있을 때에는 그 의결로 6개월의 범위에서 기간을 연장할 수 있다.
② 법무부징계위원회는 변협징계위원회의 결정에 대한 이의신청을 받은 날부터 3개월 이내에 징계에 관한 결정을 하여야 한다. 다만, 부득이한 사유가 있는 때에는 그 의결로 3개월의 범위에서 기간을 연장할 수 있다.
③ 징계개시의 청구를 받거나 징계 절차가 개시되면 위원장은 지체 없이 징계심의 기일을 정하여 징계혐의자에게 통지하여야 한다.

제98조의2【징계혐의자의 출석·진술권 등】 ① 변협징계위원회의 위원장은 징계심의의 기일을 정하고 징계혐의자에게 출석을 명할 수 있다.
② 징계혐의자는 징계심의기일에 출석하여 구술 또는 서면으로 자기에게 유리한 사실을 진술하거나 필요한 증거를 제출할 수 있다.
③ 변협징계위원회는 징계심의기일에 심의를 개시하고 징계혐의자에 대하여 징계 청구에 대한 사실과 그 밖의 필요한 사항을 심문할 수 있다.
④ 징계혐의자는 변호사 또는 학식과 경험이 있는 자를 특별변호인으로 선임하여 사건에 대한 보충 진술과 증거 제출을 하게 할 수 있다.
⑤ 변협징계위원회는 징계혐의자가 위원장의 출석명령을 받고 징계심의기일에 출석하지 아니하면 서면으로 심의할 수 있다.
⑥ 변협징계위원회의 위원장은 출석한 징계혐의자나 선임된 특별변호인에게 최종 의견을 진술할 기회를 주어야 한다.
⑦ 징계개시 신청인은 징계사건에 관하여 의견을 제시할 수 있다.

제98조의3【제척 사유】 위원장과 위원은 자기 또는 자기의 친족이거나 친족이었던 자에 대한 징계 사건의 심의에 관여하지 못한다.

제98조의4【징계 의결 등】 ① 변협징계위원회는 사건 심의를 마치면 위원 과반수의 찬성으로써 의결한다.
② 변협징계위원회는 징계의 의결 결과를 징계혐의자와 징계청구자 또는 징계개시 신청인에게 각각 통지하여야 한다.
③ 징계혐의자가 징계 결정의 통지를 받은 후 제100조제1항에 따른 이의신청을 하지 아니하면 이의신청 기간이 끝난 날부터 변협징계위원회의 징계의 효력이 발생한다.

제98조의5【징계의 집행】 ① 징계는 대한변호사협회의 장이 집행한다.
② 제90조제4호의 과태료 결정은 「민사집행법」에 따른 집행력 있는 집행권원과 같은 효력이 있으며, 검사의 지휘로 집행한다.
③ 대한변호사협회의 장은 징계처분을 하면 이를 지체 없이 대한변호사협회가 운영하는 인터넷 홈페이지에 3개월 이상 게재하는 등 공개하여야 한다.(2011.7.25 본항개정)
④ 대한변호사협회의 장은 변호사를 선임하려는 자가 해당 변호사의 징계처분 사실을 알기 위하여 징계정보의 열람·등사를 신청하는 경우 이를 제공하여야 한다.
(2011.7.25 본항신설)
⑤ 징계처분의 공개 범위와 시행 방법, 제4항에 따른 변호사를 선임하려는 자의 해당 여부, 열람·등사의 방법 및 절차, 이에 소요되는 비용에 관하여 필요한 사항은 대통령령으로 정한다.(2011.7.25 본항개정)

제98조의6【징계 청구의 시효】 징계의 청구는 징계 사유가 발생한 날부터 3년이 지나면 하지 못한다.

제99조【보고】 대한변호사협회의 장은 변협징계위원회에서 징계에 관한 결정을 하면 지체 없이 그 사실을 법무부장관에게 보고하여야 한다.

제100조【징계 결정에 대한 불복】 ① 변협징계위원회의 결정에 불복하는 징계혐의자 및 징계개시 신청인은 그 통지를 받은 날부터 30일 이내에 법무부징계위원회에 이의신청을 할 수 있다.

② 법무부징계위원회는 제1항에 따른 이의신청이 이유 있다고 인정하면 변협징계위원회의 징계 결정을 취소하고 스스로 징계 결정을 하여야 하며, 이의신청이 이유 없다고 인정하면 기각하여야 한다. 이 경우 징계심의의 절차에 관하여는 제98조의2를 준용한다.
③ 제2항의 결정은 위원 과반수의 찬성으로 의결한다.
④ 법무부징계위원회의 결정에 불복하는 징계혐의자는 「행정소송법」으로 정하는 바에 따라 그 통지를 받은 날부터 90일 이내에 행정법원에 소(訴)를 제기할 수 있다.
⑤ 제4항의 경우 징계 결정이 있었던 날부터 1년이 지나면 소를 제기할 수 없다. 다만, 정당한 사유가 있는 경우에는 그러하지 아니하다.
⑥ 제4항에 따른 기간은 불변기간으로 한다.

제101조【위임】 ① 법무부징계위원회의 운영이나 그 밖에 징계에 필요한 사항은 대통령령으로 정한다.
② 변협징계위원회의 운영 등에 필요한 사항은 대한변호사협회가 정한다.

제101조의2【「형사소송법」 등의 준용】 서류의 송달, 기일의 지정이나 변경 및 증인·감정인의 선서와 급여에 관한 사항에 대하여는 「형사소송법」과 「형사소송비용 등에 관한 법률」의 규정을 준용한다.(2007.1.26 본조신설)

제102조【업무정지명령】 ① 법무부장관은 변호사가 공소제기되거나 제97조에 따라 징계 절차가 개시되어 그 재판이나 징계 결정의 결과 등록취소, 영구제명 또는 제명에 이르게 될 가능성이 매우 크고, 그대로 두면 장차 의뢰인이나 공공의 이익을 해칠 구체적인 위험성이 있는 경우에는 법무부징계위원회에 그 변호사의 업무정지에 관한 결정을 청구할 수 있다. 다만, 약식명령이 청구된 경우와 과실범으로 공소제기된 경우에는 그러하지 아니하다.
② 법무부장관은 법무부징계위원회의 결정에 따라 해당 변호사에 대하여 업무정지를 명할 수 있다.

제103조【업무정지 결정기간 등】 ① 법무부징계위원회는 제102조제1항에 따라 청구를 받은 날부터 1개월 이내에 업무정지에 관한 결정을 하여야 한다. 다만, 부득이한 사유가 있는 때에는 그 의결로 1개월의 범위에서 그 기간을 연장할 수 있다.
② 업무정지에 관하여는 제98조제3항 및 제98조의2제2항부터 제6항까지의 규정을 준용한다.

제104조【업무정지 기간과 갱신】 ① 업무정지 기간은 6개월로 한다. 다만, 법무부장관은 해당 변호사에 대한 공판 절차 또는 징계 절차가 끝나지 아니하고 업무정지 사유가 없어지지 아니한 경우에는 법무부징계위원회의 의결에 따라 업무정지 기간을 갱신할 수 있다.
② 제1항 단서에 따라 갱신할 수 있는 기간은 3개월로 한다.
③ 업무정지 기간은 갱신 기간을 합하여 2년을 넘을 수 없다.

제105조【업무정지명령의 해제】 ① 법무부장관은 업무정지 기간 중인 변호사에 대한 공판 절차나 징계 절차의 진행 상황에 비추어 등록취소·영구제명 또는 제명에 이르게 될 가능성이 크지 아니하고, 의뢰인이나 공공의 이익을 침해할 구체적인 위험이 없어졌다고 인정할 만한 상당한 이유가 있으면 직권으로 그 명령을 해제할 수 있다.
② 대한변호사협회의 장, 검찰총장 또는 업무정지명령을 받은 변호사는 법무부장관에게 업무정지명령의 해제를 신청할 수 있다.
③ 법무부장관은 제2항에 따른 신청을 받으면 직권으로 업무정지명령을 해제하거나 법무부징계위원회에 이를 심의하도록 요청하여야 하며, 법무부징계위원회에서 해제를 결정하면 지체 없이 해제하여야 한다.

제106조【업무정지명령의 실효】 업무정지명령은 그 업무정지명령을 받은 변호사에 대한 해당 형사 판결이나 징계 결정이 확정되면 그 효력을 잃는다.

제107조【업무정지 기간의 통산】 업무정지명령을 받은 변호사가 공소제기된 해당 형사사건과 같은 행위로 징계개시가 청구되어 정직 결정을 받으면 업무정지 기간은 그 전부 또는 일부를 정직 기간에 산입한다.

제108조【업무정지명령에 대한 불복】 업무정지명령, 업무정지 기간의 갱신에 관하여는 제100조제4항부터 제6항까지의 규정을 준용한다.

제11장 벌 칙
(2008.3.28 본장개정)

제109조【벌칙】 다음 각 호의 어느 하나에 해당하는 자는 7년 이하의 징역 또는 5천만원 이하의 벌금에 처한다. 이 경우 벌금과 징역은 병과(倂科)할 수 있다.
1. 변호사가 아니면서 금품·향응 또는 그 밖의 이익을 받거나 받을 것을 약속하고 또는 제3자에게 이를 공여하게 하거나 공여하게 할 것을 약속하고 다음 각 목의 사건에 관하여 감정·대리·중재·화해·청탁·법률상담 또는 법률 관계 문서 작성, 그 밖의 법률사무를 취급하거나 이러한 행위를 알선한 자
 가. 소송 사건, 비송 사건, 가사 조정 또는 심판 사건
 나. 행정심판 또는 심사의 청구나 이의신청, 그 밖에 행정기관에 대한 불복신청 사건
 다. 수사기관에서 취급 중인 수사 사건
 라. 법령에 따라 설치된 조사기관에서 취급 중인 조사 사건
 마. 그 밖에 일반의 법률사건
2. 제33조 또는 제34조(제57조, 제58조의16 또는 제58조의30에 따라 준용되는 경우를 포함한다)를 위반한 자

판례 '기타 일반의 법률사건' 및 '기타 법률사무'의 의미 : '기타 일반의 법률사건'은, 법률상의 권리·의무에 관하여 다툼 또는 의문이 있거나, 새로운 권리의무관계의 발생에 관한 사건 일반을 의미하고, '기타 법률사무'는 법률상의 효과를 발생·변경·소멸시키는 사항의 처리 및 법률상의 효과를 보전하거나 명확화하는 사항의 처리를 뜻한다고 보아야 하므로, 부동산 권리관계 내지 부동산등기부 등본에 등재되어 있는 권리관계의 법적 효과에 해당하는 권리의 득실·변경이나 충돌 여부, 우열관계 등을 분석하는 이른바 권리분석업무는 소정의 '법률사무'에 해당함이 분명하지만, 단지 부동산등기부등본을 열람하여 등기부상에 근저당권, 전세권, 임차권, 가압류, 가처분 등이 등재되어 있는지 여부를 확인·조사하거나 그 내용을 그대로 보고서 등의 문서에 옮겨 적는 행위는 일종의 사실행위에 불과하여 이를 소정의 '법률사무' 취급행위라고 볼 수 없다.
(대판 2008.2.28, 2007도1039)

제110조【벌칙】 변호사나 그 사무직원이 다음 각 호의 어느 하나에 해당하는 행위를 한 경우에는 5년 이하의 징역 또는 3천만원 이하의 벌금에 처한다. 이 경우 벌금과 징역은 병과할 수 있다.
1. 판사·검사, 그 밖에 재판·수사기관의 공무원에게 제공하거나 그 공무원과 교제한다는 명목으로 금품이나 그 밖의 이익을 받거나 받기로 한 행위
2. 제1호에 규정된 공무원에게 제공하거나 그 공무원과 교제한다는 명목의 비용을 변호사 선임료·성공사례금에 명시적으로 포함시키는 행위

제111조【벌칙】 ① 공무원이 취급하는 사건 또는 사무에 관하여 청탁 또는 알선을 한다는 명목으로 금품·향응, 그 밖의 이익을 받거나 받을 것을 약속한 자 또는 제3자에게 이를 공여하게 하거나 공여하게 할 것을 약속한 자는 5년 이하의 징역 또는 1천만원 이하의 벌금에 처한다. 이 경우 벌금과 징역은 병과할 수 있다.
② 다른 법률에 따라 「형법」 제129조부터 제132조까지의 규정에 따른 벌칙을 적용할 때에 공무원으로 보는 자는 제1항의 공무원으로 본다.

제112조【벌칙】 다음 각 호의 어느 하나에 해당하는 자는 3년 이하의 징역 또는 2천만원 이하의 벌금에 처한다. 이 경우 벌금과 징역은 병과할 수 있다.
1. 타인의 권리를 양수하거나 양수를 가장하여 소송·조정 또는 화해, 그 밖의 방법으로 그 권리를 실행함을 업(業)으로 한 자
2. 변호사의 자격이 없이 대한변호사협회에 그 자격에 관하여 거짓으로 신청하여 등록을 한 자
3. 변호사가 아니면서 변호사나 법률사무소를 표시 또는 기재하거나 이익을 얻을 목적으로 법률 상담이나 그 밖의 법률사무를 취급하는 뜻을 표시 또는 기재한 자
4. 대한변호사협회에 등록을 하지 아니하거나 제90조제3호에 따른 정직 결정 또는 제102조제2항에 따른 업무정지명령을 위반하여 변호사의 직무를 수행한 변호사
5. 제32조(제57조, 제58조의16 또는 제58조의30에 따라 준용되는 경우를 포함한다)를 위반하여 계쟁권리를 양수한 자
6. 제44조제2항(제58조의16이나 제58조의30에 따라 준용되는 경우를 포함한다)을 위반하여 유사 명칭을 사용한 자
7. 제77조의2 또는 제89조의8을 위반하여 비밀을 누설한 자(2011.5.17 본호개정)

제113조【벌칙】 다음 각 호의 어느 하나에 해당하는 자는 1년 이하의 징역 또는 1천만원 이하의 벌금에 처한다.
1. 제21조의2제1항을 위반하여 법률사무소를 개설하거나 법무법인·법무법인(유한) 또는 법무조합의 구성원이 된 자(2011.5.17 본호신설)
2. 제21조의2제3항(제31조의2제2항에 따라 준용하는 경우를 포함한다)에 따른 확인서를 거짓으로 작성하거나 거짓으로 작성된 확인서를 제출한 자(2011.5.17 본호신설)
3. 제23조제2항제1호 및 제2호를 위반하여 광고를 한 자
4. 조세를 포탈하거나 수임제한 등 관계 법령에 따른 제한을 회피하기 위하여 제29조의2(제57조, 제58조의16 또는 제58조의30에 따라 준용되는 경우를 포함한다)를 위반하여 변호하거나 대리한 자(2017.3.14 본호신설)
5. 제31조제1항제3호(제57조, 제58조의16 또는 제58조의30에 따라 준용되는 경우를 포함한다)에 따른 사건을 수임한 변호사
6. 제31조의2제1항을 위반하여 사건을 단독 또는 공동으로 수임한 자(2011.5.17 본호신설)
7. 제37조제1항(제57조, 제58조의16 또는 제58조의30에 따라 준용되는 경우를 포함한다)을 위반한 자

제114조【상습범】 상습적으로 제109조제1호, 제110조 또는 제111조의 죄를 지은 자는 10년 이하의 징역에 처한다.

제115조【법무법인 등의 처벌】 ① 법무법인·법무법인(유한) 또는 법무조합의 구성원이나 구성원 아닌 소속 변호사가 제51조를 위반한 경우에는 500만원 이하의 벌금에 처한다.
② 법무법인, 법무법인(유한) 또는 법무조합의 구성원이나 구성원이 아닌 소속변호사가 그 법무법인, 법무법인(유한) 또는 법무조합의 업무에 관하여 제1항의 위반행위를 하면 그 행위자를 벌하는 외에 그 법무법인, 법무법인(유한) 또는 법무조합에게도 같은 항의 벌금형을 과(科)한다. 다만, 법무법인, 법무법인(유한) 또는 법무조합이 그 위반행위를 방지하기 위하여 해당 업무에 관하여 상당한 주의와 감독을 게을리하지 아니한 경우에는 그러하지 아니하다.(2012.1.17 본항개정)

제116조【몰수·추징】 제34조(제57조, 제58조의16 또는 제58조의30에 따라 준용되는 경우를 포함한다)를 위반하거나 제109조제1호, 제110조, 제111조 또는 제114조의 죄를 지은 자 또는 그 사정을 아는 제3자가 받은 금품이나 그 밖의 이익은 몰수한다. 이를 몰수할 수 없을 때에는 그 가액을 추징한다.

제117조【과태료】 ① 제89조의4제1항·제2항 및 제89조의5제2항을 위반하여 수임 자료와 처리 결과에 대한 거짓 자료를 제출한 자에게는 2천만원 이하의 과태료를 부과한다.(2013.5.28 본항신설)
② 다음 각 호의 어느 하나에 해당하는 자에게는 1천만원 이하의 과태료를 부과한다.
1. 제21조의2제5항(제21조의2제6항에 따라 위탁하여 사무를 처리하는 경우를 포함한다)에 따른 개선 또는 시정 명령을 받고 이에 따르지 아니한 자(2011.5.17 본호신설)
1의2. 제22조제2항제1호, 제28조의2, 제29조, 제35조 또는 제36조(제57조, 제58조의16 또는 제58조의30에 따라 준용되는 경우를 포함한다)를 위반한 자
2. 제28조에 따른 장부를 작성하지 아니하거나 보관하지 아니한 자
3. (2017.3.14 삭제)
4. 제54조제2항, 제58조의14제2항 또는 제58조의28제2항을 위반하여 해산신고를 하지 아니한 자
5. 제58조의9제2항을 위반하여 대차대조표를 제출하지 아니한 자
6. 제58조의21제1항을 위반하여 규약 등을 제출하지 아니한 자
7. 제58조의21제2항에 따른 서면을 비치하지 아니한 자
8. 제89조의4제1항·제2항 및 제89조의5제2항을 위반하여 수임 자료와 처리 결과를 제출하지 아니한 자
(2013.5.28 본호개정)
③ 다음 각 호의 어느 하나에 해당하는 자에게는 500만원 이하의 과태료를 부과한다.
1. 제85조제1항을 위반하여 연수교육을 받지 아니한 자
2. 제89조제2항에 따른 윤리협의회의 요구에 정당한 이유 없이 따르지 아니하거나 같은 항에 따른 현장조사를 정당한 이유 없이 거부·방해 또는 기피한 자(2017.3.14 본호개정)
(2013.5.28 본항개정)
④ 제1항부터 제3항까지에 따른 과태료는 대통령령으로 정하는 바에 따라 지방검찰청검사장이 부과·징수한다.
(2013.5.28 본항개정)
⑤~⑦ (2017.12.12 삭제)

부 칙 (2005.1.27)

제1조【시행일】 이 법은 공포 후 6월이 경과한 날부터 시행한다. 다만, 제100조제1항 및 제4항 내지 제6항의 개정규정은 공포한 날부터 시행한다.

제2조【정관기재사항에 관한 규정의 적용례】 제42조의 개정규정은 이 법 시행 후 최초로 설립인가 또는 변경인가를 신청하는 분부터 적용한다.

제3조【설립등기사항에 관한 규정의 적용례】 제43조제2항의 개정규정은 이 법 시행 후 최초로 등기 또는 변경등기를 신청하는 분부터 적용한다.

제4조【법무법인의 조직변경에 관한 특례】 ① 이 법 시행 당시의 법무법인으로서 법무법인(유한) 또는 법무조합의 설립요건을 갖춘 법무법인은 구성원 전원의 동의가 있는 때에는 이 법 시행일부터 2년 이내에 법무부장관의 인가를 받아 법무법인(유한) 또는 법무조합으로 조직변경을 할 수 있다.
② 법무법인이 제1항의 규정에 의하여 법무부장관으로부터 법무법인(유한)의 인가를 받은 때에는 2주 이내에 주사무소 소재지에서 법무법인 해산등기 및 법무법인(유한)의 설립등기를, 법무조합의 인가를 받은 때에는 같은 기간 이내에 주사무소 소재지에서 법무법인 해산등기를 하여야 한다.
③ 제1항의 규정에 의한 조직변경의 경우 새로 설립되는 법무법인(유한)의 자본총액은 법무법인에 현존하는 순재산액을 초과할 수 없으며 법무법인에 현존하는 순재산액이 자본총액에 미달하는 때에는 제1항의 규정에 의한 동의가 있은 당시의 구성원들이 연대하여 그 부족액을 보충하여야 한다.
④ 제1항의 규정에 의하여 설립된 법무법인(유한) 또는 법무조합의 구성원 중 종전의 법무법인의 구성원이었던 자는 제2항의 규정에 의한 등기를 하기 전에 발생한 법무법인의 채무에 대하여 법무법인(유한)의 경우에는 등기 후 2년이 경과할 때까지, 법무조합의 경우에는 등기 후 5년이 경과할 때까지 법무법인의 구성원으로서 책임을 진다.

제5조【법무법인에서 공증인의 직무를 행하는 변호사에 대한 경과조치】 이 법 시행 전에 법무법인에서 공증인의 직무를 행하는 변호사로서 공증인법 제20조제1항의 규정에 의하여 신고한 자에 대하여는 제49조제1항 단서의 개정규정을 적용하지 아니한다.

제6조【공증인가합동법률사무소의 폐지에 따른 경과조치】 이 법 시행 당시 종전의 제6장(제59조 내지 제63조)의 규정에 의하여 인가를 받은 공증인가합동법률사무소는 종전의 규정에 의하여 공증인의 직무에 속하는 업무를 수행할 수 있다.

제7조【이의신청기간의 연장에 따른 경과조치】 제100조제1항의 개정규정은 이 법 시행일 전에 징계처분을 받은 자 중 이 법 시행일 현재 종전규정에 의한 이의신청기간이 도과되지 아니한 자에 대하여 적용한다.

제8조【즉시항고제도의 폐지에 따른 경과조치】 제100조제4항 내지 제6항의 개정규정은 2002년 2월 28일 이전에 종전의 규정에 의하여 즉시항고를 하여 법원에 계류중인 자와 2002년 2월 28일 현재 종전의 규정에 의한 즉시항고기간이 도과되지 아니한 자에 대하여도 적용한다. 이 경우 이 법 시행일에 징계결정을 통지받은 것으로 본다.

제9조【다른 법률의 개정】 ①~② ※(해당 법령에 가제정리 하였음)

부　칙 (2014.12.30)

제1조【시행일】 이 법은 공포 후 6개월이 경과한 날부터 시행한다.

제2조【임원에 대한 경과조치】 이 법 시행 당시 재임 중에 있는 지방변호사회 임원은 이 법에 따른 임원으로 보며, 그 임기는 종전의 규정에 따른다.

제3조【금치산자 등에 대한 경과조치】 제5조제7호 및 제22조제2항제3호의 개정규정에 따른 피성년후견인 또는 피한정후견인에는 법률 제10429호 민법 일부개정법률 부칙 제2조에 따라 금치산 또는 한정치산 선고의 효력이 유지되는 사람을 포함하는 것으로 본다.

부　칙 (2017.3.14)

제1조【시행일】 이 법은 공포 후 6개월이 경과한 날부터 시행한다. 다만, 제113조 및 제117조제2항제3호의 개정규정은 공포한 날부터 시행한다.

제2조【벌칙 등에 관한 경과조치】 이 법 시행 전의 위반행위에 대하여 벌칙이나 과태료를 적용할 때에는 종전의 규정에 따른다.

부　칙 (2017.12.19)

제1조【시행일】 이 법은 공포한 날부터 시행한다.

제2조【변협징계위원회의 구성에 관한 적용례】 제93조제1항의 개정규정은 이 법 시행 후 최초로 위원을 추천하는 경우부터 적용한다.

제3조【변호사의 결격사유에 관한 경과조치】 이 법 시행 전에 종전의 규정에 따라 대한변호사협회에 등록을 한 자는 제5조의 개정규정에도 불구하고 종전의 규정에 따른다.

부　칙 (2018.12.18)
(2020.6.9)
(2021.1.5)

이 법은 공포한 날부터 시행한다.

변호사법 시행령

(2000년 7월 27일
전개대통령령 제16914호)

개정
2004. 3.17영18312호(전자적민원처리를위한가석방자관리규정등)
2005. 7.27영18971호　2007. 7.27영20196호
2008. 9. 3영20983호
2010. 2. 4영22006호(공증시)
2010. 5. 4영22151호(전자정부법시)
2010.11. 2영22467호(행정정보이용감축개정령)
2011.10.26영23256호　2012. 1.25영23528호
2012. 6. 7영23845호(마약시)
2013. 3.23영24415호(직제)
2013.11.20영24852호(공무원임용)
2013.12.30영25050호(행정규제재검토에따른일부개정령)
2014.11.19영25751호(직제)
2016. 6.28영27261호(외국법자문사법시)
2017. 7.26영28211호(직제)
2017. 9.15영28290호
2020. 7.14영30833호(고위공직자범죄수사처설치에따른일부개정령)
2020.12.31영31349호(자치경찰조직운영)
2021. 1. 5영31380호(법령용어정비)
2022.12.20영33081호

제1조【목적】 이 영은 「변호사법」에서 위임된 사항과 그 시행에 필요한 사항을 규정함을 목적으로 한다.
(2008.9.3 본조개정)

제2조【법무법인 등의 법률사무종사기관 지정】 ① 「변호사법」(이하 "법"이라 한다) 제21조의2제1항 단서에 따라 같은 조에 따른 법률사무종사기관(이하 "법률사무종사기관"이라 한다)으로 지정받으려는 기관 등(이하 이 조에서 "지정신청기관"이라 한다)은 다음 각 호의 사항을 적은 법률사무종사기관 지정신청서에 필요한 증명서류를 붙여 법무부장관에게 제출하여야 한다.
1. 지정신청기관의 명칭, 주소 및 대표자 인적사항
2. 제2항 각 호의 지정요건을 갖추었다는 취지
3. 법 제21조의2제1항에 따라 법률사무에 종사하는 변호사(이하 "법률사무종사 변호사"라 한다)를 위한 별도의 수련과정이 있는 경우에는 그 취지 및 개요

② 법무부장관은 지정신청기관이 다음 각 호의 요건을 모두 갖춘 경우에는 해당 지정신청기관을 법 제21조의2제1항 단서에 따른 법률사무종사기관으로 지정하여야 한다.
1. 통산하여 5년 이상 「법원조직법」 제42조제1항 각 호의 어느 하나에 해당하는 직에 있었던 사람 1명 이상이 재직할 것. 이 경우 「법원조직법」 제42조제1항 각 호에 규정된 직 중에서 둘 이상의 직에 재직한 사람의 재직기간은 합산한다.
2. 법률사무종사 변호사를 제외한 변호사의 수가 법률사무종사 변호사의 수 이상일 것
3. 소송에 관한 행위, 행정처분의 청구에 관한 대리행위 또는 일반 법률 사무를 주로 취급하는 부서 또는 담당자가 있을 것
4. 법률사무종사 변호사에 대한 관리를 담당할 변호사가 1명 이상 지정되어 있을 것
5. 사무실 공간 등 시설 여건이 법률사무 종사에 적합할 것

③ 법무부장관은 제2항에 따른 지정 여부를 결정하기 위하여 필요하면 지정신청기관에 자료의 제출을 요구하거나 지정신청기관 또는 대한변호사협회의 장의 의견을 들을 수 있다.

④ 법무부장관은 제2항에 따라 법률사무종사기관을 지정하였을 때에는 지정신청기관에 법률사무종사기관 지정서를 발급하여야 한다.

⑤ 법무부장관은 필요하면 제1항에 따른 지정신청이 없는 경우에도 법 제21조의2제1항제3호 또는 제4호의 기관·법인·조합·단체나 사무소 중에서 제2항의 요건을 갖추었다고 인정되는 곳을 법 제21조의2제1항 단서에 따른 법률사무종사기관으로 지정할 수 있다. 이 경우 법무부장관은 사전에 해당 기관 등의 의견을 들어야 한다.

⑥ 제5항에 따른 법률사무종사기관의 지정 요건 및 절차 등에 관하여는 제2항부터 제4항까지의 규정을 준용한다.
(2011.10.26 본조신설)

제3조【국제기구등의 법률사무종사기관 지정】 ① 법무부장관은 직권으로 또는 다음 각 호의 자의 신청에 의하여 국제기구, 국제법인, 국제기관 또는 국제단체(이하 "국제기구등"이라 한다)를 법 제21조의2제1항제5호에 따른 법률사무종사기관으로 지정할 수 있다.
1. 법 제4조제3호의 변호사
2. 국제기구등

② 제1항 각 호에 규정된 자가 제1항에 따른 지정을 신청하는 경우에는 해당 국제기구의 구성원, 취급업무, 사무실 시설 등이 법률사무 종사에 적합하다는 것을 증명하는 서류를 법무부장관에게 제출하여야 한다.
(2011.10.26 본조신설)

제4조【법률사무종사기관의 취소】 ① 법무부장관은 법 제21조의2제7항에 따라 법률사무종사기관의 지정을 취소하려는 경우 필요하면 대한변호사협회의 장의 의견을 들을 수 있다.

② 법 제21조의2제7항에 따라 법률사무종사기관의 지정이 취소된 경우 해당 법률사무종사기관은 지체 없이 제2조제4항에 따라 발급받은 지정서를 법무부장관에게 반납하여야 한다.
(2011.10.26 본조신설)

제5조【대한변호사협회 연수에 대한 지원】 법무부장관은 대한변호사협회가 법 제21조의2제1항에 따른 연수과정을 설치하는 그 운영에 필요한 지원을 요청한 경우 법 제21조의2제10항에 따라 그에 필요한 비용, 시설 및 인력 등에 대하여 지원을 할 수 있다.(2011.10.26 본조신설)

제5조의2【법률사무종사 또는 연수 기간의 합산】 법 제21조의2제1항에 따른 법률사무 종사 또는 연수 기간을 계산할 때 둘 이상의 법률사무종사기관에서 종사 또는 연수한 자에 대하여는 법률사무 종사 또는 연수 기간이 중첩되지 아니하는 범위에서 그 기간을 합산하여 계산한다.
(2011.10.26 본조신설)

제6조【사무직원의 채용제한】 법 제22조제2항제1호 각 목 외의 부분에서 "그 밖에 대통령령으로 정하는 법률"이란 「특정경제범죄 가중처벌 등에 관한 법률」 제3조제1항, 「형법」 제347조, 제347조의2, 제348조, 제348조의2, 제349조부터 제352조까지, 제355조부터 제357조까지 및 제359조, 「폭력행위 등 처벌에 관한 법률」 제4조, 제5조 및 제6조(같은 법 제2조, 제3조의 경우는 제외한다), 「마약류 관리에 관한 법률」 제58조부터 제64조까지의 규정을 말한다.
(2012.6.7 본조개정)

제7조【장부의 작성·보관】 ① 법 제28조에 따라 변호사는 법률사건 또는 법률사무에 관한 수임계약을 체결한 때부터 1개월 이내에 수임에 관한 장부를 작성하고, 그 작성일부터 3년간 법률사무소에 보관하여야 한다.

② 법 제28조제2항에 따라 장부에 적어야 할 사항은 다음 각 호와 같다.
1. 수임일
2. 수임액
3. 위임인·당사자·상대방의 성명과 주소
4. 수임한 법률사건 또는 법률사무의 내용
5. 수임사건의 관할기관·사건번호 및 사건명
6. 처리 결과

③ 제2항에 따른 장부의 작성 방법, 작성 범위, 그 밖에 필요한 사항은 대한변호사협회가 정한다.
(2008.9.3 본조개정)

제7조의2【수임제한 대상 국가기관의 범위】 ① 법 제31조제3항에 따라 공직퇴임변호사의 수임이 제한되는 국가기관은 해당 변호사가 퇴직 전 1년부터 퇴직할 때까지 「국가공무원법」에 따른 국가공무원으로 근무한 모든 국가기관으로 한다.

② 다음 각 호의 각 국가기관은 이를 별도의 국가기관으로 보아 법 제31조제3항을 적용한다. 다만, 법 제31조제3항 본문에 따라 동일한 국가기관으로 보는 경우에는 그러하지 아니하다.
1. 「법원조직법」 제3조에 따른 대법원, 고등법원, 특허법원, 지방법원, 가정법원, 행정법원, 회생법원, 지방법원 지원, 가정법원 지원, 가정지원, 시·군법원 및 「법원조직법」 제27조제4항에 따라 관할구역의 지방법원 소재지에서 사무를 처리하는 고등법원의 부. 다만, 「법원조직법」 제3조제2항 단서에 따라 지방법원 및 가정법원의 지원 2개를 합하여 1개의 지원으로 하는 경우에 그 지방법원 및 가정법원의 지원은 이를 동일한 국가기관으로 보아 법 제31조제3항을 적용한다.(2017.9.15 본문개정)
2. 「검찰청법」 제3조에 따른 대검찰청, 고등검찰청, 지방검찰청, 지방검찰청 지청 및 「검찰청법」 제19조제2항에 따라 관할구역의 지방검찰청 소재지에서 사무를 처리하는 고등검찰청의 지부
3. 「군사법원법」 제6조에 따른 각 지역군사법원
(2022.12.20 본호개정)
4. 「군사법원법」 제36조제1항에 따른 국방부검찰단 및 각 군 검찰단(2022.12.20 본호개정)
5. 「국가경찰과 자치경찰의 조직 및 운영에 관한 법률」 제12조 및 제13조에 따른 경찰청, 시·도경찰청 및 경찰서
(2020.12.31 본호개정)
6. 「정부조직법」 및 그 밖의 다른 법률에 따른 각 중앙행정기관
7. 제6호에 따른 중앙행정기관에 그 소속의 행정기관이 있는 경우에는 각각의 행정기관

③ 파견, 직무대리, 교육훈련, 휴직, 출산휴가 또는 징계 등으로 인하여 실제로 근무하지 아니한 국가기관은 법 제31조제3항을 적용할 때 수임제한 대상 국가기관으로 보지 아니한다.

④ 겸임발령 등으로 인하여 둘 이상의 기관에 소속된 경우에 실제로 근무하지 아니한 국가기관은 법 제31조제3항을 적용할 때 수임제한 대상 국가기관으로 보지 아니한다.

⑤ 퇴직 전 1년부터 퇴직한 때까지 일시적 직무대리, 겸임발령 등으로 인하여 소속된 국가기관에서의 근무기간이 1개월 이하인 국가기관은 법 제31조제3항을 적용할 때 수임제한 대상 국가기관으로 보지 아니한다.
(2011.10.26 본조신설)

제7조의3【공익목적 수임의 범위】 법 제31조제3항 단서 및 같은 조 제5항에서 "공익목적 수임"이란 다음 각 호의 어느 하나에 해당하는 행위나 활동에 관련된 수임을 말한다.

1. 국선변호 또는 국선대리
2. 대한변호사협회 또는 지방변호사회가 지정하는 무상 공익활동
3. 공익법인 또는 비영리법인에 대하여 무료로 제공하는 법률서비스
4. 제1호부터 제3호에 준하는 것으로 법무부장관이 지정하는 활동
(2011.10.26 본조신설)

제8조【자기가 근무하는 기관의 범위】 법 제36조 본문에서 "대통령령으로 정하는 자기가 근무하는 기관"이란 해당 공무원이 실제 근무하는 다음 각 호의 기관 또는 시설을 말한다.
1. 재판기관
가. 헌법재판소
나. 「법원조직법」 제3조제1항에 따른 대법원, 고등법원, 특허법원, 지방법원, 가정법원, 행정법원과 같은 조 제2항에 따른 지방법원 및 가정법원의 지원, 가정지원, 시·군법원
다. 「군사법원법」 제6조에 따른 각 지역군사법원
(2022.12.20 본목개정)
2. 수사기관
가. 「고위공직자범죄수사처 설치 및 운영에 관한 법률」 제3조제1항에 따른 고위공직자범죄수사처(2020.7.14 본목신설)
나. 「검찰청법」 제3조제1항에 따른 대검찰청, 고등검찰청, 지방검찰청과 같은 조 제2항에 따른 지방검찰청 지청
다. 「국가경찰과 자치경찰의 조직 및 운영에 관한 법률」 제12조 및 제13조에 따른 경찰청, 시·도경찰청 및 경찰서(2020.12.31 본목개정)
라. 「정부조직법」 제43조제2항 및 「해양경찰청과 그 소속기관 직제」에 따른 해양경찰청, 지방해양경찰관서 (2017.7.26 본목개정)
마. 「사법경찰관리의 직무를 행할 자와 그 직무범위에 관한 법률」 제3조부터 제5조까지, 제6조의2, 제7조, 제7조의2 및 제8조에 따른 해당 소속기관 또는 시설
바. 「군사법원법」 제36조제1항에 따른 국방부검찰단 및 각 군 검찰단(2022.12.20 본목개정)
(2008.9.3 본조개정)

제9조【법무법인의 설립인가신청】 ① 법 제41조 전단에 따라 법무법인의 설립인가를 받으려면 법무법인 설립인가 신청서에 다음 각 호의 서류를 첨부하여 주사무소 소재지의 지방변호사회 및 대한변호사협회를 거쳐 법무부장관에게 제출하여야 한다.
1. 정관
2. 구성원회의 회의록
② 법무부장관은 제1항의 법무법인 설립인가 신청서류의 기재사항에 흠결이 있거나 첨부서류가 미비되어 있으면 신청인에게 보완을 요구할 수 있다.
③ 법무부장관은 법 제41조 전단에 따라 법무법인 설립인가 신청서류를 심사할 때에 필요하다고 인정하면 사실 및 증거 조사를 하거나 신청인에게 관련 자료 제출을 요구할 수 있다.
④ 법무부장관은 법 제41조 전단에 따라 법무법인 설립인가를 할 때에는 법무법인 인가대장에 다음 각 호의 사항을 적고, 법무법인 설립인가증을 신청인에게 발급하여야 한다.
1. 인가번호 및 인가연월일
2. 법무법인의 명칭
3. 주사무소 및 분사무소의 소재지
4. 구성원의 성명 및 주소
5. 그 밖에 필요한 사항
⑤ 법무부장관은 제4항에 따라 신청인에게 법무법인 설립인가증을 발급하면 대한변호사협회에 통지하여야 한다. 다만, 「공증인법」 제15조의2에 따라 공증인가를 받은 법무법인에 대하여는 소속 지방검찰청 검사장에게도 통지하여야 한다.(2010.2.4 단서개정)
(2008.9.3 본조개정)

제10조【법무법인의 정관변경 인가신청】 ① 법 제41조 후단에 따라 정관변경의 인가를 받으려면 정관변경 인가신청서에 다음 각 호의 서류를 첨부하여 주사무소 소재지의 지방변호사회 및 대한변호사협회를 거쳐 법무부장관에게 제출하여야 한다.
1. 정관변경 이유서
2. 정관변경안
3. 정관변경에 관한 구성원회의 회의록
② 법무부장관은 법 제41조 후단에 따라 법무법인의 정관변경을 인가하면 법무법인 인가대장에 그 뜻을 적고, 대한변호사협회에 통지하여야 한다. 다만, 「공증인법」 제15조의2에 따라 공증인가를 받은 법무법인에 대하여는 소속 지방검찰청 검사장에게도 통지하여야 한다.(2010.2.4 단서개정)
③ 제1항에 따른 법무법인 정관변경 인가신청 절차에 관하여는 제9조제2항 및 제3항을 준용한다.
(2008.9.3 본조개정)

제11조【법무법인의 등기】 ① 법무법인의 등기는 그 주사무소 및 분사무소의 소재지를 관할하는 등기소에서 한다.
② 등기소에는 법무법인 등기부를 비치하여야 한다.
③ 법무법인의 설립등기는 구성원 전원이 공동으로 신청하여야 하며, 그 신청서에는 다음 각 호의 서류를 첨부하여야 한다.
1. 정관
2. 법무법인 설립인가증
④ 법무법인의 등기에 관하여 법 및 이 영에 정한 것 외에는 「상업등기법」을 준용한다.
⑤ 법무법인은 설립등기를 한 경우에는 7일 이내에 법무법인 설립등기 보고서(전자문서로 된 보고서를 포함한다)를 법무부장관에게 제출하여야 한다. 이 경우 법무부장관은 「전자정부법」 제36조제1항에 따른 행정정보의 공동이용을 통하여 법인 등기사항증명서를 확인하여야 한다.
(2010.11.2 본항개정)
(2008.9.3 본조개정)

제12조【법무법인의 주사무소와 분사무소】 ① 법 제48조제1항에 따라 법무법인이 분사무소를 둔 경우 법무법인의 주사무소에는 통산하여 5년 이상 「법원조직법」 제42조제1항 각 호의 어느 하나에 해당하는 직에 있던 사람 1명을 포함하여 구성원의 3분의 1 이상이 주재(駐在)하여야 하고, 분사무소에는 1명 이상의 구성원이 주재하여야 한다.(2011.10.26 본항개정)
② 법 제48조제2항에 따라 분사무소의 설치를 신고할 때에는 그 분사무소에서 직무를 수행할 구성원을 명시하여야 한다.
③ 분사무소는 시·군·구(자치구를 말한다) 관할구역마다 1개를 둘 수 있다.
④ 분사무소에는 법무법인의 분사무소임을 표시하여야 한다.
(2008.9.3 본조개정)

제13조【법무법인의 업무범위】 법 제51조 단서에 따라 법무법인이 수행할 수 있는 변호사의 업무는 다음 각 호의 어느 하나에 해당하는 사건에 대한 소송에 관한 행위를 제외한 것으로 한다.
1. 법률행위나 그 밖의 사법(私法)상 권리에 관한 사실에 대한 공정증서를 작성한 사건(2021.1.5 본호개정)
2. 어음, 수표 또는 이에 부착된 보충지(補充紙)에 강제집행할 것을 적은 증서를 작성한 사건
3. 법인의 등기 절차에 첨부되는 의사록을 인증한 사건
4. 「상법」 제292조 및 그 준용규정에 따라 정관을 인증한 사건
(2008.9.3 본조개정)

제13조의2【다른 법인에 대한 출자제한 등】 법 제58조의8제1항에 따라 법무법인(유한)이 다른 법인에 출자하거나 타인을 위하여 채무를 보증한 경우 그 합계액은 법 제58조의8제2항에 따른 자기자본(이하 "자기자본"이라 한다)의 규모에 따라 다음 각 호의 구분에 따른 금액보다 많으면 아니 된다. 이 중 타인을 위하여 채무를 보증한 금액의 합계액은 자기자본의 100분의 10에 해당하는 금액보다 많으면 아니 된다.
1. 자기자본이 5억원인 경우에는 자기자본의 100분의 25에 해당하는 금액
2. 자기자본이 5억원을 넘는 경우에는 5억원의 100분의 25에 해당하는 금액과 5억원을 넘는 금액의 100분의 50에 해당하는 금액을 합산한 금액
(2008.9.3 본조개정)

제13조의3【손해배상책임에 관한 명시】 ① 법 제58조의11제3항에 따라 법무법인(유한)은 사건수임계약서와 광고물(구성원 또는 소속변호사의 변동을 내용으로 하는 광고물은 제외한다)에 법 제58조의11제1항 및 제2항에 따른 손해배상책임에 관한 사항을 명시하여야 한다.
② 제1항의 광고물은 다음 각 호의 어느 하나에 해당하는 광고매체를 통하여 법무법인(유한)의 변호사 및 그 업무에 관하여 정보와 자료를 제공하는 것을 말한다.
1. 「출판문화산업 진흥법」 제2조에 따른 간행물
2. 「방송법」 제2조에 따른 방송
(2008.9.3 본조개정)

제13조의4【손해배상 준비금의 적립 등】 ① 법무법인(유한)은 법 제58조의12제1항에 따라 사업연도마다 해당 사업연도 총매출액의 100분의 2에 해당하는 금액을 손해배상 준비금으로 적립하거나, 설립등기를 한 날부터 1개월 이내에 보험 또는 대한변호사협회가 운영하는 공제기금에 가입하여야 한다.
② 법무법인(유한)은 제1항에 따른 손해배상 준비금을 직전 2개 사업연도 및 해당 사업연도의 총매출액 평균의 100분의 10에 해당하는 금액에 이를 때까지 적립하여야 한다.
③ 법무법인(유한)은 손해배상 준비금을 사용하여 구성원 또는 소속 변호사를 포함한 직원으로부터 취득한 구상권(求償權)을 행사한 경우 그 구상한 금액을 손해배상 준비금에 계상(計上)하여야 한다.
④ 제1항의 보험 또는 공제기금의 보상한도액은 보상 청구 건당 1억원 이상으로 하여야 하며, 연간 보상한도액은 구성원 및 구성원 아닌 소속 변호사의 수에 1억원을 곱하여 산출한 금액 또는 20억원 이상으로 하여야 한다.
⑤ 법무법인(유한)은 제4항에 따른 보상한도와 관련하여 남은 보상한도액을 3억원 이상으로 유지하여야 하며, 남은 보상한도액이 3억원 미만이 된 경우에는 그 사유발생일부터 1개월 이내에 3억원 이상이 되도록 하여야 한다.
⑥ 법무법인(유한)은 제1항에 따라 가입한 보험 또는 공제기금이 기간만료 등의 사유로 종료될 때에는 종료일 전까지 다시 보험 또는 공제기금에 가입하여야 한다.
⑦ 제1항에 따라 보험 또는 공제기금에 가입하는 경우 보상 청구 건당 1천만원 이하의 범위에서 자기부담금을 설정할 수 있다.
(2008.9.3 본조개정)

제13조의5【준용규정】 법무법인(유한)에 관하여는 제9조부터 제13조까지의 규정을 준용한다.(2008.9.3 본조개정)

제13조의6【법무조합 관련 서면의 비치·열람】 ① 법무조합의 주사무소 및 분사무소 소재지의 지방변호사회는 법 제58조의21제2항 각 호에서 정한 서면을 제출받은 후 1주일 이내에 제목, 제출자 및 제출일자를 적은 후 제출 서면의 사본을 첨부하여 일반인이 열람할 수 있도록 비치하여야 한다.
② 지방변호사회는 제1항에 따라 비치하는 서면의 내용 중 구성원의 주민등록번호 뒷자리 및 주소 등 개인의 사생활을 침해할 우려가 있는 부분을 삭제하여야 한다.
(2008.9.3 본조개정)

제13조의7【준용규정】 법무조합에 관하여는 제9조, 제10조, 제12조, 제13조, 제13조의3 및 제13조의4를 준용한다.
(2008.9.3 본조개정)

제14조~제15조 (2005.7.27 삭제)

제16조【지방변호사회 및 대한변호사협회의 설립인가신청】 지방변호사회 또는 대한변호사협회는 법 제65조 또는 법 제79조에 따라 설립인가 또는 회칙변경인가 신청을 하려면 인가신청서에 다음 각 호의 서류를 첨부하여야 한다.
1. 회칙
2. 회칙 작성에 관한 회의록
(2008.9.3 본조개정)

제17조【총회결의 내용의 보고】 ① 법 제77조제2항 또는 법 제86조제2항에 따른 지방변호사회 또는 대한변호사협회의 총회 결의내용 보고는 그 총회가 종료된 날부터 7일 이내에 하여야 한다.
② 제1항의 보고에는 그 총회의 의사록 사본을 첨부하여야 한다.
(2008.9.3 본조개정)

제17조의2【변호사의 연수교육시간】 법 제85조제1항에 따른 변호사의 연수교육 시간은 1년에 법조윤리과목 1시간 이상을 포함하여 8시간 이상으로 하되, 연수교육 이수시간의 계산방법 및 연수교육 이수의 주기 등에 관한 사항은 대한변호사협회가 정한다.(2007.7.27 본조신설)

제18조【법조윤리협의회의 사무소】 법 제88조에 따라 설치되는 법조윤리협의회(이하 "윤리협의회"라 한다)의 사무소는 서울특별시에 두고, 필요한 경우 지역사무소 또는 출장소를 둘 수 있다.(2007.7.27 본조개정)

제18조의2【사실조회】 ① 윤리협의회는 법 제89조제2항에 따라 관련 사실을 조회하는 때에는 관계인 및 관계기관·단체 등에 사실조회서(「정보통신망 이용촉진 및 정보보호 등에 관한 법률」 제2조제5호에 따른 전자문서를 포함한다)를 회신기한 7일 전까지 통지하여야 한다.
② 제1항에 따른 사실조회서에는 다음 각 호의 사항을 기재하여야 한다.
1. 사실조회의 사유
2. 조회 대상
3. 회신기한
4. 윤리협의회의 요구에 정당한 이유 없이 따르지 아니하는 경우의 제재(근거 법령 및 조항 포함)
5. 그 밖에 사실조회와 관련하여 필요한 사항
(2017.9.15 본조신설)

제18조의3【자료제출 요구】 ① 윤리협의회는 법 제89조제2항에 따라 자료제출을 요구하는 때에는 관계인 및 관계기관·단체 등에 자료제출요구서(「정보통신망 이용촉진 및 정보보호 등에 관한 법률」 제2조제5호에 따른 전자문서를 포함한다)를 제출기한 7일 전까지 통지하여야 한다.
② 제1항에 따른 자료제출요구서에는 다음 각 호의 사항을 기재하여야 한다.
1. 자료제출 요구의 사유
2. 제출할 자료
3. 제출기한
4. 제출자료의 반환 여부
5. 윤리협의회의 요구에 정당한 이유 없이 따르지 아니하는 경우의 제재(근거 법령 및 조항 포함)
6. 그 밖에 자료제출과 관련하여 필요한 사항
(2017.9.15 본조신설)

제18조의4【출석요구】 ① 윤리협의회는 법 제89조제2항에 따라 윤리협의회에 출석하여 진술하거나 설명할 것을 요구하는 때에는 관계인에게 출석요구서(「정보통신망 이용촉진 및 정보보호 등에 관한 법률」 제2조제5호에 따른 전자문서를 포함한다)를 출석요구일 7일 전까지 통지하여야 한다.
② 제1항에 따른 출석요구서에는 다음 각 호의 사항을 기재하여야 한다.

1. 출석요구의 취지
2. 출석일시와 장소
3. 출석하여 진술하거나 설명하여야 하는 내용
4. 윤리협의회의 요구에 정당한 이유 없이 따르지 아니하는 경우의 제재(근거 법령 및 조항 포함)
5. 그 밖에 해당 출석요구와 관련하여 필요한 사항
③ 제1항에 따라 출석을 요구받은 사람은 지정된 출석일시에 출석하는 경우 업무 또는 생활에 지장이 있는 때에는 윤리협의회에 출석일시를 변경하여 줄 것을 신청할 수 있다.
(2017.9.15 본조신설)

제18조의5【현장조사】 ① 윤리협의회는 법 제89조제2항에 따라 현장조사를 실시할 때에는 법무법인, 법무법인(유한), 법무조합, 법률사무소, 「외국법자문사법」 제2조제9호에 따른 합작법무법인(이하 "현장조사대상기관"이라 한다)에 현장조사계획서(「정보통신망 이용촉진 및 정보보호 등에 관한 법률」 제2조제5호에 따른 전자문서를 포함한다)를 현장조사 개시일 7일 전까지 통지하여야 한다. 다만, 미리 통지하면 증거인멸 등으로 인하여 그 목적을 달성할 수 없다고 판단되는 경우에는 현장에서 현장조사계획서를 제시할 수 있다.
② 제1항에 따른 현장조사계획서에는 다음 각 호의 사항을 기재하여야 한다.
1. 현장조사의 목적
2. 현장조사 기간과 장소
3. 현장조사를 실시하는 윤리협의회 소속 직원의 성명과 직위
4. 현장조사 범위와 내용
5. 현장조사를 정당한 이유 없이 거부·방해 또는 기피한 경우의 제재(근거 법령 및 조항 포함)
6. 그 밖에 당해 현장조사와 관련하여 필요한 사항
③ 현장조사는 해가 뜨기 전이나 해가 진 뒤에는 할 수 없다. 다만, 다음 각 호의 어느 하나에 해당하는 경우에는 그러하지 아니하다.
1. 현장조사대상기관(대리인 및 관리책임이 있는 자를 포함한다)이 동의한 경우
2. 현장조사대상기관의 업무시간에 현장조사를 실시하는 경우
3. 해가 뜬 후부터 해가 지기 전까지 현장조사를 실시하는 경우에는 현장조사의 목적 달성이 불가능하거나 증거인멸로 인하여 법령 등의 위반 여부를 확인할 수 없는 경우
(2017.9.15 본조신설)

제18조의6【사실조회 등의 범위】 윤리협의회는 사실조회·자료제출요구·출석요구 및 현장조사를 징계개시의 신청 또는 수사 의뢰 업무를 수행하는데 필요한 최소한의 범위 안에서 실시하여야 한다.(2017.9.15 본조신설)

제19조【윤리협의회 위원】 ① 위원은 윤리협의회의 회의에 의안을 제출할 수 있다.
② 위원은 수시로 윤리협의회의 직무에 관하여 간사 또는 사무직원으로부터 보고를 받을 수 있으며, 사무기구가 보관하는 기록, 그 밖에 필요한 자료를 열람할 수 있다.
(2008.9.3 본조개정)

제20조【후임 위원의 지명 등】 ① 위원의 임기가 만료되는 경우에는 해당 위원을 지명 또는 위촉한 법원행정처장, 법무부장관, 대한변호사협회의 장은 임기만료일 30일 전까지 후임 위원을 지명 또는 위촉하고 이를 윤리협의회에 통보하여야 한다.
② 위원이 법 제89조의2제4항에 따라 위원신분을 상실하거나 사임한 때 또는 그 밖의 사유로 궐위된 때에는 해당 위원을 지명 또는 위촉한 법원행정처장, 법무부장관, 대한변호사협회의 장은 그 사유가 발생한 날부터 30일 이내에 후임 위원을 지명 또는 위촉하고 이를 윤리협의회에 통보하여야 한다.
(2008.9.3 본조개정)

제20조의2【윤리협의회의 위원장】 ① 위원장은 윤리협의회를 대표하고 윤리협의회의 업무를 총괄한다.
② 위원장이 부득이한 사유로 직무를 수행할 수 없을 때에는 대한변호사협회의 장이 지명 또는 위촉한 위원 중에서 위원장이 미리 지명한 사람이 그 직무를 대행한다.
③ 위원장의 임기가 만료되거나 그 직을 사임한 때 또는 그 밖의 사유로 궐위된 때에는 대한변호사협회의 장이 지명 또는 위촉한 위원 중 연장자가 위원장의 직무를 대행하며, 궐위된 날부터 30일 이내에 후임 위원장을 선출하여야 한다.
(2008.9.3 본조개정)

제20조의3【윤리협의회의 의결사항】 ① 윤리협의회는 다음 각 호의 사항을 심의·의결한다.
1. 법 제89조제1항에 따른 윤리협의회의 업무에 관한 사항
2. 법 제89조제2항에 따른 사실조회 등의 요청에 관한 사항
3. 사업계획 및 예산과 결산에 관한 사항
4. 지역 사무소 또는 출장소의 설치 및 폐지에 관한 사항
5. 윤리협의회 규칙의 제정·개정 또는 폐지에 관한 사항 (2021.1.5 본호개정)
6. 그 밖에 법령에 규정되거나 위원장이 회의에 부치는 사항(2021.1.5 본호개정)
② 윤리협의회는 제1항제2호부터 제6호까지의 사항 중 일부를 위원장에게 위임하여 처리하게 할 수 있다.
(2008.9.3 본조개정)

제20조의4【윤리협의회의 회의】 ① 위원장은 윤리협의회의 회의를 소집하고 그 의장이 된다.
② 회의는 정기회의와 임시회의로 구분하며, 정기회의는 분기 1회, 임시회의는 위원장이 필요하다고 인정하는 때 또는 재적위원 3분의 1 이상의 요구가 있을 때에 소집한다.
③ 위원장은 회의 개최 3일 전까지 회의 일시·장소 및 의안을 구체적으로 밝혀 위원에게 통보하여 회의를 소집한다. 다만, 긴급을 요하는 등 부득이한 사유가 있는 경우에는 그러하지 아니하다.
④ 회의의 공개 여부, 회의록 작성, 그 밖에 필요한 사항은 윤리협의회가 정한다.
(2008.9.3 본조개정)

제20조의5【윤리협의회의 의사】 윤리협의회의 회의는 재적위원 과반수의 출석과 출석위원 과반수의 찬성으로 의결한다.(2007.7.27 본조신설)

제20조의6【윤리협의회의 소위원회】 ① 윤리협의회는 심의를 효율적으로 수행하기 위하여 필요하다고 인정하는 경우에는 심의사항에 따라 분야별 소위원회를 구성·운영할 수 있다.
② 소위원회는 윤리협의회의 위원 3명 이상 6명 이내로 구성하며, 소위원회의 위원장은 소위원회 위원 중에서 윤리협의회의 위원장이 지명한다.
③ 소위원회는 윤리협의회가 의결로 정하는 사항에 대하여 심의한다.
④ 소위원회의 운영에 관하여는 제20조의4제3항 및 제20조의5를 준용한다.
(2008.9.3 본조개정)

제20조의7【윤리협의회의 사무기구】 ① 윤리협의회에는 법 제89조의3제1항에 따라 사무기구를 두되, 사무기구에 사무국장 1명과 필요한 직원을 둘 수 있다.
② 윤리협의회는 법원행정처, 법무부 및 대한변호사협회로부터 필요한 직원을 파견받을 수 있다.
③ 사무기구의 조직 및 운영에 관하여 그 밖에 필요한 사항은 윤리협의회가 정한다.
(2008.9.3 본조개정)

제20조의8【윤리협의회의 사업연도】 윤리협의회의 사업연도는 정부의 회계연도에 따른다.(2007.7.27 본조신설)

제20조의9【윤리협의회의 재원】 윤리협의회는 다음 각 호의 재원으로 운영한다.
1. 대한변호사협회 등 정부 외의 자가 기부하는 현금, 그 밖의 재산
2. 정부의 보조금
3. 그 밖의 수입금
(2008.9.3 본조개정)

제20조의10【윤리협의회의 규칙】 윤리협의회는 윤리협의회의 운영 등에 관하여 필요한 사항을 규칙으로 정할 수 있다.(2007.7.27 본조신설)

제20조의11【공직퇴임변호사의 수임자료 등 제출】 ① 법 제89조의4제1항에 따라 법관, 검사, 장기복무 군법무관, 그 밖의 공무원의 직에 있다가 퇴직(재판연구원, 사법연수생과 병역의무의 이행을 위하여 군인, 공익법무관 등으로 근무한 자는 제외한다)하여 변호사 개업을 한 사람(이하 "공직퇴임변호사"라 한다)이 수임자료 및 처리결과를 제출하여야 하는 시기는 다음 각 호와 같다.
(2017.9.15 본문개정)
1. 매년 1월 1일부터 6월 30일까지의 수임사건에 대하여는 7월 31일까지
2. 매년 7월 1일부터 12월 31일까지의 수임사건에 대하여는 다음 해 1월 31일까지
② 법 제89조의4제5항에 따라 공직퇴임변호사가 제출하는 수임자료 및 처리결과의 기재사항은 다음 각 호와 같다.
1. 공직퇴임일
2. 퇴직 당시의 소속기관 및 직위
3. 수임일자
4. 위임인
5. 위임인의 연락처
6. 상대방
7. 사건번호
8. 사건명
9. 수임사건의 관할기관
10. 수임사무의 요지
11. 진행상황 및 처리결과
③ 수임사건이 형사사건(형사신청사건 및 내사사건을 포함한다)인 경우에는 제2항제11호의 사항을 적을 때에는 인신구속 여부 및 그 변경사항도 포함하여 적어야 한다.
④ 지방변호사회는 소속 회원 중 법 제89조의4제1항에 따라 수임자료와 처리결과를 제출하여야 할 공직퇴임변호사의 명단 및 공직퇴임변호사로부터 제출받은 수임자료와 처리결과를 제1항 각 호에 규정된 제출시한으로부터 1개월 내에 윤리협의회에 제출하여야 한다.
(2008.9.3 본조개정)

제20조의12【특정변호사의 수임자료 등 제출】 ① 법 제89조의5제1항에 따라 지방변호사회가 제2항에서 정하는 수 이상의 사건을 수임한 변호사[법 제50조·제58조의16 및 제58조의30에 따른 법무법인·법무법인(유한)·법무조합의 담당변호사나 「외국법자문사법」 제35조의20제1항에 따른 합작법무법인의 담당변호사를 포함하며, 이하 "특정변호사"라 한다]의 성명과 사건목록을 제출하여야 하는 시기는 다음 각 호와 같다.(2016.6.28 본문개정)
1. 매년 1월 1일부터 6월 30일까지의 수임사건에 대하여는 7월 31일까지
2. 매년 7월 1일부터 12월 31일까지의 수임사건에 대하여는 다음 해 1월 31일까지
② 지방변호사회는 해당 기간마다 다음 각 호의 어느 하나에 해당하는 사람을 특정변호사로 선정하고, 그 선정의 근거를 제1항의 성명 및 사건목록과 함께 제출하여야 한다.
1. 형사사건(형사신청사건 및 내사사건을 포함한다. 이하 이 항에서 같다)의 수임건수가 30건 이상이고 소속 회원의 형사사건 평균 수임건수의 2.5배 이상인 변호사
2. 형사사건 외의 본안사건의 수임건수가 60건 이상이고 소속 회원의 형사사건 외의 본안사건 평균 수임건수의 2.5배 이상인 변호사
3. 형사사건 외의 신청사건의 수임건수가 120건 이상이고 소속 회원의 형사사건 외의 신청사건 평균 수임건수의 2.5배 이상인 변호사
③ 하나의 사건을 둘 이상의 변호사[법무법인·법무법인(유한)·법무조합 또는 「외국법자문사법」 제2조제9호에 따른 합작법무법인을 포함한다]가 공동으로 수임한 경우에는 각 변호사의 수임사건 수는 1건으로 한다.(2016.6.28 본항개정)
④ 법무법인·법무법인(유한)·법무조합 또는 「외국법자문사법」 제2조제9호에 따른 합작법무법인이 수임한 사건에 관하여는 1을 담당변호사의 수로 나눈 값을 각 담당변호사의 수임사건 수로 계산한다. 다만, 담당변호사가 4명 이상인 경우에는 각 담당변호사의 수임사건 수는 4분의 1건으로 본다.(2016.6.28 본문개정)
⑤ 인력과 물적 설비를 공동으로 이용하는 법률사무소로서 대한변호사협회가 정하는 바에 따라 대한변호사협회에 신고한 합동사무소의 구성원 둘 이상의 이름으로 수임한 사건의 수임사건 수 계산에 관하여는 제4항을 준용한다.
⑥ 지방변호사회는 특정변호사의 사건목록에 수임일자, 위임인, 사건번호 및 사건명을 적어야 한다.
(2008.9.3 본조개정)

제20조의13【활동내역 등 제출대상 퇴직공직자 범위】 법 제89조의6제1항에서 "대통령령으로 정하는 일정 직급 이상의 직위에 재직했던 변호사 아닌 퇴직공직자"란 다음 각 호의 사람을 말한다.
1. 5급 일반직공무원 및 지방공무원과 이에 상당하는 보수를 받는 별정직 공무원
2. 5등급 외무공무원과 5급 국가정보원 직원 및 대통령경호처 경호공무원(2017.7.26 본호개정)
3. 헌법재판소 헌법연구관보
4. 중령 및 3급 군무원
5. 「연구직 및 지도직공무원의 임용 등에 관한 규정」에 따른 연구직 및 지도직공무원 중 5급 일반직공무원에 상당하는 연구관 및 지도관
6. 5급 일반직공무원에 상당하는 직위에 임명된 장학관·교육연구관
7. 제1호부터 제6호까지의 공무원으로 임명할 수 있는 직위 또는 이에 상당하는 직위에 채용된 임기제공무원
(2013.11.20 본호개정)
8. 금융감독원의 3급 및 4급 직원
(2011.10.26 본조신설)

제20조의14【퇴직공직자의 명단 제출】 법 제89조의6제1항에 따라 제출하는 명단자료에는 다음 각 호의 사항을 기재하여야 한다.
1. 퇴직공직자의 성명
2. 퇴직공직자의 주민등록번호
3. 퇴직공직자의 퇴직 시 소속 기관과 직급
4. 퇴직공직자의 법무법인 등 취업일
5. 명단제출 책임변호사
(2011.10.26 본조신설)

제20조의15【퇴직공직자 업무내역서의 기재사항】 ① 법 제89조의6제6항에서 "그 밖에 대통령령으로 정하는 사항"이란 다음 각 호의 사항을 말한다.
1. 퇴직공직자가 법무법인 등의 의뢰인 및 변호사 등 소속원에게 제공한 자문·고문 내역(서면의 형태로 제공되었을 경우에는 그 개요를 말한다)
2. 퇴직공직자의 보수
3. 업무내역서의 작성 책임변호사
② 제1항에 따른 자문·고문 내역은 퇴직공직자가 퇴직 전 5년 이내에 소속하였던 부처의 업무와 관련된 사항에 한정한다. 이 경우 「정부조직법」 등의 개정에 따른 조직의 통합·분리, 명칭변경 등으로 인하여 부처명이 바뀐 경우 변경 전후 부처는 동일한 부처로 본다.
(2011.10.26 본조신설)

제21조【법무부 변호사징계위원의 자격】 법 제94조제1항에 따른 법무부 변호사징계위원회(이하 "법무부징계위원회"라 한다)의 위원 및 예비위원의 임명 또는 위촉 기준은 다음 각 호와 같다.
1. 판사, 검사인 위원 및 예비위원 : 「법원조직법」 제42조제1항 각 호의 어느 하나에 해당하는 직에 10년 이상 재직한 사람
2. 변호사인 위원 및 예비위원 : 「법원조직법」 제42조제1항 각 호의 어느 하나에 해당하는 직에 10년 이상 재직한 사람으로서 변호사로 5년 이상 개업한 경력이 있는 사람
3. 법학 교수인 위원 및 예비위원 : 법률학 조교수 이상으로 5년 이상 재직한 경력이 있는 사람

4. 경험과 덕망이 있는 자인 위원 및 예비위원 : 일정한 직업을 가지고 10년 이상 사회활동을 한 경력이 있는 사람 또는 「비영리민간단체 지원법」 제2조에 따른 비영리민간단체에서 추천하는 사람
(2008.9.3 본조개정)

제22조【법무부징계위원회의 직원】 ① 법무부징계위원회에는 징계에 관한 기록, 그 밖의 서류의 작성과 보관에 관한 사무를 처리하게 하기 위하여 간사 1명과 서기 약간 명을 둔다.
② 간사와 서기는 법무부 소속 공무원 중에서 위원장이 임명한다.
(2008.9.3 본조개정)

제23조【수당】 법무부징계위원회에 출석한 위원과 예비위원에게는 예산의 범위에서 수당을 지급할 수 있다. 다만, 법무부 소속 공무원인 위원이 그 소관 업무와 직접 관련되어 출석한 경우에는 그러하지 아니하다.
(2008.9.3 본조개정)

제23조의2【징계처분의 공개 범위와 시행 방법】 ① 대한변호사협회의 장은 법 제98조의5제3항에 따라 변호사 징계처분에 관한 다음 각 호의 정보(이하 "징계처분정보"라 한다)를 징계처분의 확정일부터 2주일 이내에 인터넷 홈페이지에 게재하고, 해당 징계처분 이후 최초로 발간하는 대한변호사협회 발행 정기간행물에 게재하여야 한다.
1. 징계처분을 받은 변호사의 성명 · 생년월일 · 소속지방변호사회 및 사무실의 주소 · 명칭[해당 변호사가 법무법인, 법무법인(유한), 법무조합(이하 "법무법인등"이라 한다)에 소속되어 있거나 그 구성원인 경우에는 그 법무법인등의 주소 · 명칭을 말한다]
2. 징계처분의 내용 및 징계사유의 요지(위반행위의 태양 등 그 사유를 구체적으로 알 수 있는 사실관계의 개요를 포함한다)
3. 징계처분의 효력발생일. 다만, 징계의 종류가 정직인 경우에는 정직개시일 및 정직기간으로 한다.
② 제1항에 따라 징계처분정보를 인터넷 홈페이지에 게재하는 기간은 최초 게재일부터 기산하여 다음 각 호의 구분에 따른 기간으로 한다.
1. 영구제명 · 제명 : 3년
2. 정직 : 1년. 다만, 정직기간이 1년보다 장기인 경우에는 그 정직기간으로 한다.
3. 과태료 : 6개월
4. 견책 : 3개월
③ 대한변호사협회의 장은 제1항 및 제2항에 따라 징계처분정보를 인터넷 홈페이지에 공개할 경우 홈페이지 최상단 메뉴에 변호사 정보란을, 그 하위 메뉴로 변호사 징계 내역을 두고, 변호사 징계 내역 메뉴에 징계처분정보를 기재하는 방법으로 게재하여야 한다.
④ 대한변호사협회의 장은 제3항에 따라 설치되는 변호사 징계 내역 메뉴에서 변호사의 성명 및 사무실의 명칭(해당 변호사가 법무법인등에 소속되어 있거나 그 구성원인 경우에는 그 법무법인등의 명칭을 말한다)으로 징계처분정보가 검색될 수 있도록 하여야 한다.
(2012.1.25 본조신설)

제23조의3【징계정보 열람 · 등사 신청을 할 수 있는 자 및 정보제공 범위】 ① 법 제98조의5제4항에 따라 징계정보의 열람 · 등사를 신청할 수 있는 자(이하 이 조 및 제23조의4에서 "신청권자"라 한다)는 다음 각 호의 어느 하나에 해당하는 자로 한다.
1. 해당 변호사와 면담하였거나 사건수임 계약을 체결하는 등 변호사를 선임하였거나 선임하려는 자
2. 제1호에 규정된 자의 직계존비속, 동거친족 또는 대리인
② 신청권자가 징계정보의 열람 · 등사를 신청하는 경우에는 해당 변호사의 인적사항, 변호사 선임 대상 사건의 개요 및 징계정보의 열람 · 등사를 신청하는 취지를 적은 신청서에 다음 각 호의 서류를 첨부하여 대한변호사협회의 장에게 제출하여야 한다.
1. 주민등록증 사본 등 신청권자의 신분을 확인할 수 있는 서류
2. 변호사 선임 대상 사건과 관련하여 해당 변호사의 징계정보가 필요한 사유 등을 적은 선임의사확인서. 다만, 계약서, 선임계 또는 해당 변호사의 동의서 등 위임계약 등을 체결하였거나 징계정보의 열람 · 등사에 대한 해당 변호사의 동의가 있었음을 증명하는 서류가 있으면 선임의사확인서를 갈음하여 그 서류를 제출할 수 있다.
3. 제1항제2호의 신청권자가 신청하는 경우에는 가족관계증명서, 위임장 등 가족관계나 대리관계를 증명할 수 있는 서류
③ 법 제98조의5제4항에 따라 열람 · 등사를 신청할 수 있는 징계정보의 범위는 신청일부터 기산하여 다음 각 호의 구분에 따른 기간 이내에 확정된 징계처분정보로 한다.
1. 영구제명 · 제명 : 10년
2. 정직 : 7년
3. 과태료 : 5년
4. 견책 : 3년
④ 대한변호사협회의 장은 제1항의 신청이 다음 각 호의 어느 하나에 해당하는 경우에는 그 신청에 따른 징계정보를 제공하지 아니할 수 있다.
1. 신청서에 필수적 기재사항을 누락하였거나 제1항에 따른 신청권이 있음을 증명하는 서류를 제출하지 아니한 경우
2. 정당한 이유 없이 수회에 걸쳐 반복적으로 열람 · 등사를 신청하거나, 징계정보의 제공신청대상 변호사가 사건에 비추어 과도하게 다수인 경우 등 열람 · 등사 신청의 목적이 변호사를 선임하기 위한 것이 아님이 명백한 경우
⑤ 대한변호사협회의 장은 제4항에 따라 징계정보를 제공하지 아니하기로 결정한 때에는 지체 없이 신청인에게 그 취지 및 사유를 통지하여야 한다.
(2012.1.25 본조신설)

제23조의4【열람 · 등사 신청 방법, 절차 및 비용 등】 ① 신청권자는 신청서 및 그 첨부서류를 대한변호사협회의 장에게 직접 제출하거나 우편, 모사전송 또는 이메일 등 정보통신망을 이용하여 징계정보의 열람 · 등사를 신청할 수 있다.
② 대한변호사협회의 장은 제1항의 신청을 받으면 신청일부터 1주일 이내에 직접 수령, 우편, 모사전송 또는 이메일 등 정보통신망을 이용한 방법 중 신청인이 선택한 방법으로 해당 변호사에 관한 징계정보 확인서를 제공하여야 한다.
③ 대한변호사협회의 장은 제2항에 따라 정보통신망을 이용하여 정보를 제공하는 경우에는 위조방지를 위한 조치를 하여야 한다.
④ 제1항 및 제2항에 따른 정보의 열람 · 등사 및 우송 등에 드는 비용은 대한변호사협회의 장이 정하는 바에 따라 실비의 범위에서 신청인이 부담하여야 한다.
⑤ 제2항에 따라 징계정보를 제공받은 자는 해당 정보를 변호사 선임 목적 외의 용도로 사용하여서는 아니 된다.
(2012.1.25 본조신설)

제24조【이의신청의 방식】 ① 법 제100조제1항에 따른 이의신청을 하려는 자는 법무부징계위원회에 이의신청서를 제출하여야 한다.
② 제1항의 이의신청서에는 이의신청의 취지와 이유를 적어야 하고, 그 밖에 필요한 자료를 첨부할 수 있다.
(2008.9.3 본조개정)

제24조의2【참고인진술 등】 법무부징계위원회는 직권 또는 징계혐의자나 특별변호인의 청구에 따라 다음 각 호의 사항을 실시할 수 있다.
1. 참고인에 대한 진술 또는 감정의 요청
2. 필요한 물건이나 장소에 대한 검증
3. 서류 또는 그 밖에 심의에 필요한 물건의 소지인에 대한 제출 요청
4. 행정기관, 그 밖의 기관에 대한 사실의 조회
(2008.9.3 본조개정)

제24조의3【대한변호사협회의 장의 의견제시】 대한변호사협회의 장은 법 제100조제2항에 따른 법무부징계위원회의 결정에 앞서 의견을 제시할 수 있다.(2007.7.27 본조신설)

제24조의4【예비위원의 직무수행】 법무부징계위원회 위원이 부득이한 사유로 인하여 직무를 수행할 수 없는 때에는 위원장이 지명하는 예비위원이 그 직무를 수행한다.
(2007.7.27 본조신설)

제24조의5【결정서의 작성 등】 ① 법무부징계위원회가 징계에 관한 의결을 하였을 때에는 결정서를 작성하여야 하며, 결정서에는 주문과 이유를 적고 위원장과 심의에 관여한 위원이 서명하고 날인하여야 한다.
② 간사는 심사기록을 작성하고 위원장과 함께 서명하고 날인하여야 한다.
③ 징계에 관한 의결 결과는 징계혐의자에게 송달하고, 대한변호사협회의 장 및 징계개시를 신청한 자에게 각각 통지하여야 한다.
(2008.9.3 본조개정)

제25조【업무정지결정의 청구】 법무부장관은 법 제102조제1항 본문에 따라 변호사의 업무정지에 관한 결정을 청구하려면 피청구인의 인적사항, 공소사실 또는 징계혐의사실, 의뢰인이나 공공의 이익을 침해할 구체적 위험성 등을 업무정지결정 청구서에 적어 법무부징계위원회에 제출하여야 한다.(2008.9.3 본조개정)

제26조【업무정지의 효력발생】 법 제102조제2항에 따른 법무부장관의 업무정지명령은 해당 변호사에게 송달된 때부터 효력을 발생한다.(2008.9.3 본조개정)

제27조【통보】 ① 법무부장관은 법 제102조제2항에 따라 변호사에게 업무정지를 명한 경우에는 지체 없이 대법원장, 고위공직자범죄수사처장, 검찰총장 및 대한변호사협회에 통보하여야 한다.(2020.7.14 본항개정)
② 법무부장관이 법 제105조제1항 및 제3항에 따라 업무정지명령을 해제한 경우에도 제1항과 같다.
(2008.9.3 본조개정)

제28조【규제의 재검토】 법무부장관은 제13조의2에 따른 다른 법인에 대한 출자 및 채무보증 제한에 대하여 2014년 1월 1일을 기준으로 5년마다(매 5년이 되는 해의 1월 1일 전까지를 말한다) 그 타당성을 검토하여 개선 등의 조치를 하여야 한다.(2013.12.30 본조신설)

부 칙 (2005.7.27)

제1조【시행일】 이 영은 2005년 7월 28일부터 시행한다.

제2조【법무법인의 조직변경에 따른 분사무소에 대한 경과조치】 이 영 시행일부터 2년 이내에 주사무소가 같은 시 · 군 · 구에 있는 법무법인이 합병하여 법무법인(유한) 또는 법무조합으로 조직변경하는 경우에는 법무부장관의 설립인가를 받은 날부터 5년간은 제13조의5 및 제13조의7의 개정규정에 의하여 준용되는 제12조제3항 단서의 규정을 적용하지 아니한다. 다만, 그 분사무소를 폐쇄하는 때에는 그러하지 아니하다.

제3조【다른 법령의 개정】 ①~④ ※(해당 법령에 가제정리 하였음)

부 칙 (2007.7.27)

제1조【시행일】 이 영은 공포한 날부터 시행한다.

제2조【변호사 연수교육에 관한 특례】 제17조의2의 개정규정에 따른 변호사의 연수교육시간은 2007년의 경우에는 2008년과 합산하여 법조윤리과목 1시간 이상을 포함하여 8시간 이상으로 한다.

부 칙 (2008.9.3)

제1조【시행일】 이 영은 2008년 9월 29일부터 시행한다.

제2조【국가공로 외국변호사에 대한 경과조치】 이 영 시행 당시 종전의 규정에 따라 변호사의 인가를 받은 외국변호사의 개업허가, 등록신청, 자격인가 및 개업허가의 취소 등에 관하여는 제3조부터 제5조까지의 개정규정에도 불구하고 종전의 규정을 적용한다.

부 칙 (2011.10.26)

제1조【시행일】 이 영은 공포한 날부터 시행한다.

제2조【종전에 취업한 퇴직공직자의 명단제출】 법 제89조의6제1항에 따라 퇴직공직자의 명단을 지방변호사회에 제출하는 경우에 이 영 시행 전에 이미 취업 중인 퇴직공직자는 이 영 시행일에 취업한 것으로 본다.

부 칙 (2020.7.14)

이 영은 2020년 7월 15일부터 시행한다.

부 칙 (2020.12.31)

제1조【시행일】 이 영은 2021년 1월 1일부터 시행한다.
(이하 생략)

부 칙 (2021.1.5)

이 영은 공포한 날부터 시행한다.(이하 생략)

부 칙 (2022.12.20)

제1조【시행일】 이 영은 공포한 날부터 시행한다.

제2조【이 영 시행 전에 수임한 사건에 관한 특례】 ① 제7조의2제2항제3호 및 제4호의 개정규정에도 불구하고 법률 제18465호 군사법원법 일부개정법률(이하 이 조에서 "개정법률"이라 한다)이 시행되기 전에 종전의 「군사법원법」(개정법률로 개정되기 전의 것을 말한다. 이하 이 조에서 같다) 제5조에 따른 고등군사법원 및 보통군사법원과 같은 법 제36조제2항에 따른 고등검찰부 및 보통검찰부에서 근무하다가 퇴직한 공직퇴임변호사가 개정법률 시행 이후 이 영 시행 전의 기간에 수임한 사건에 관하여는 다음 각 호의 각 국가기관을 별도의 국가기관으로 보아 법 제31조제3항을 적용한다.
1. 「군사법원법」 제6조에 따른 각 지역군사법원, 종전의 「군사법원법」 제5조 각 호에 따른 고등군사법원 및 보통군사법원
2. 「군사법원법」 제36조제1항에 따른 국방부검찰단, 각 군 검찰단, 종전의 「군사법원법」 제36조제2항에 따른 고등검찰부 및 보통검찰부
② 개정법률 시행 이후 이 영 시행 전의 기간에 「군사법원법」 제6조에 따른 지역군사법원과 같은 법 제36조제1항에 따른 국방부검찰단 및 각 군 검찰단에서 근무하다가 퇴직한 공직퇴임변호사가 같은 기간에 수임한 사건에 관하여는 다음 각 호의 각 국가기관을 별도의 국가기관으로 보아 법 제31조제3항을 적용한다.
1. 「군사법원법」 제6조에 따른 각 지역군사법원
2. 「군사법원법」 제36조제1항에 따른 국방부검찰단 및 각 군 검찰단

변호사보수의 소송비용 산입에 관한 규칙

(1981년 2월 28일 대법원규칙 제758호)

개정
1990. 8.21대법원규칙1123호
2003. 6. 9대법원규칙1829호
2007.11.28대법원규칙2116호
2013.11.27대법원규칙2496호
2018. 3. 7대법원규칙2779호
2020.12.28대법원규칙2936호

제1조【목적】 이 규칙은 민사소송법 제109조제1항에 의하여 소송비용에 산입할 변호사보수의 금액을 정함을 목적으로 한다.(2003.6.9 본조개정)

제2조【적용범위】 이 규칙은 민사소송법의 규정(다른 법률에 의하여 민사소송법의 규정이 준용되는 경우를 포함한다)에 의하여 소송비용의 확정결정신청을 할 수 있는 사건에 적용한다.(1990.8.21 본조개정)

제3조【산입할 보수의 기준】 ① 소송비용에 산입되는 변호사의 보수는 당사자가 보수계약에 의하여 지급한 또는 지급할 보수액(다음부터 '지급보수액'이라 한다)의 범위 내에서 각 심급단위로 소송목적의 값에 따라 별표의 기준에 의하여 산정한다.

② 가압류, 가처분 명령의 신청, 그 명령에 대한 이의 또는 취소의 신청사건에 있어서 소송비용에 산입되는 변호사의 보수는 지급보수액의 범위 내에서, 각 심급단위로 피보전권리의 값에 따라 별표의 기준에 의하여 산정한 금액의 2분의 1로 한다. 다만, 가압류, 가처분 명령의 신청사건에 있어서는 변론 또는 심문을 거친 경우에 한한다.

(2020.12.28 본조개정)

제4조【소송목적의 값등의 산정기준】 ① 제3조에 규정된 소송목적의 값 또는 피보전권리의 값의 산정은 민사소송등인지법 제2조의 규정에 의한다.(2003.6.9 본항개정)

② 청구취지 또는 신청취지를 변경한 경우에는 변경한 청구취지 또는 신청취지를 기준으로 한다.(2020.12.28 본항개정)

(2003.6.9 본조제목개정)

제5조【보수의 감액】 피고의 전부자백 또는 자백간주에 의한 판결과 무변론 판결, 이행권고결정의 경우 소송비용에 산입할 변호사의 보수는 지급보수액의 범위 내에서, 소송목적의 값에 따라 별표의 기준에 의하여 산정한 금액의 2분의 1로 한다.(2020.12.28 본조개정)

제6조【재량에 의한 조정】 ① 제3조 및 제5조의 금액 전부를 소송비용에 산입하는 것이 현저히 부당하다고 인정되는 경우에는 법원은 상당한 정도까지 감액 산정할 수 있다.

② 법원은 제3조의 금액이 소송의 특성 및 이에 따른 소송대리인의 선임 필요성, 당사자가 실제 지출한 변호사보수 등에 비추어 현저히 부당하게 낮은 금액이라고 인정하는 때에는 당사자의 신청에 따라 위 금액의 2분의 1 한도에서 이를 증액할 수 있다.

(2007.11.28 본조개정)

부 칙 (2013.11.27)

제1조【시행일】 이 규칙은 2013년 12월 1일부터 시행한다.

제2조【경과조치】 이 규칙은 이 규칙 시행 전에 법원에 접수된 사건에 대하여는 적용하지 아니한다. 다만, 이 규칙 시행 이후 상소되는 사건에 대하여 상소심에서의 소송비용에 산입할 변호사보수의 금액을 정할 때는 이 규칙을 적용한다.

부 칙 (2018.3.7)

제1조【시행일】 이 규칙은 2018년 4월 1일부터 시행한다.

제2조【경과조치】 이 규칙은 이 규칙 시행 전에 법원에 접수된 사건에 대하여는 적용하지 아니한다. 다만, 이 규칙 시행 이후 상소되는 사건에 대하여 상소심에서의 소송비용에 산입할 변호사보수의 금액을 정할 때는 이 규칙을 적용한다.

부 칙 (2020.12.28)

이 규칙은 공포한 날부터 시행한다.

〔별표〕 ➡ 「法典 別册」 참조

외국법자문사법

(2009년 3월 25일 법 률 제9524호)

개정
2011. 4. 5법10542호
2011. 5.19법10629호(지식재산기본법)
2013. 7.30법11962호(변리사)
2016. 1. 6법13715호
2016. 2. 3법13953호(법무사)
2016. 3. 2법14056호
2017.12.12법15153호(변호사)

제1장 총 칙

제1조【목적】 이 법은 대한민국에서 외국법사무를 취급하는 외국법자문사(外國法諮問士)의 자격승인, 등록, 업무수행 및 합작법무법인의 설립인가, 업무수행 등에 관하여 필요한 사항을 규정함을 목적으로 한다.

(2016.3.2 본조개정)

제2조【정의】 이 법에서 사용하는 용어의 뜻은 다음과 같다.

1. "변호사"란 「변호사법」에 따른 변호사를 말한다.
2. "외국변호사"란 외국에서 변호사에 해당하는 법률 전문직의 자격을 취득하여 보유한 사람을 말한다.
3. "외국법자문사"란 외국변호사의 자격을 취득한 후 제6조에 따라 법무부장관으로부터 자격승인을 받고 제10조제1항에 따라 대한변호사협회에 등록한 사람을 말한다.
4. "외국법자문법률사무소"란 외국법사무를 수행하기 위하여 이 법에 따라 개설하는 사무소를 말한다.
5. "원자격국(原資格國)"이란 외국변호사가 그 자격을 취득한 후 법률사무 수행에 필요한 절차를 마친 국가로서 대한민국에서 그 국가의 법령 등에 관한 자문 업무 등을 수행할 수 있도록 법무부장관이 지정한 국가를 말한다. 다만, 어느 국가 내에 지역적으로 한정된 자격이 부여되는 여러 개의 도(道)·주(州)·성(省)·자치구 등이 있는 경우에는 그 국가의 법령 등에 따라 그 자격이 통용되는 지역의 전부를 원자격국으로 본다.
6. "외국법사무"란 원자격국의 법령(원자격국에서 효력을 가지거나 가졌던 것을 말한다. 이하 같다)에 관한 자문 등 제24조에 따라 외국법자문사가 수행하도록 허용된 업무를 말한다.
7. "국제중재사건"이란 대한민국을 중재지로 하고, 대한민국 외 국가의 법령, 대한민국과 외국 간 체결된 조약, 대한민국 외 국가 간 조약 또는 일반적으로 승인된 국제관습법이 적용되거나 또는 적용될 수 있는 민사·상사의 중재사건을 말한다.(2016.3.2 본호개정)
8. "자유무역협정등"이란 명칭 여하를 불문하고 대한민국이 외국(국가연합, 경제공동체 등 국가의 연합체를 포함한다) 또는 국제기구와 외국법사무 분야를 포함한 포괄적인 교역의 자유화를 내용으로 하여 체결하고 그 효력이 발생한 모든 합의를 말한다.
9. "합작법무법인"이란 외국법사무와 이 법에서 규정하는 국내법사무 등을 수행하기 위하여 이 법에 따라 설립된 법인을 말한다.(2016.3.2 본호신설)
10. "국내 합작참여자"란 합작법무법인 설립에 참여하는 「변호사법」에 따른 법무법인, 법무법인(유한) 또는 법무조합을 말한다.(2016.3.2 본호신설)
11. "외국 합작참여자"란 합작법무법인 설립에 참여하는 자로서 제35조의2제1항에 따라 법무부장관이 고시하는 자유무역협정등 당사국에서 그 법적 형태를 불문하고 법률사무의 수행을 주된 목적으로 설립된 자를 말한다.
12. "합작참여자"란 국내 합작참여자 및 외국 합작참여자를 말한다.(2016.3.2 본호신설)

제2장 외국법자문사의 자격승인

제3조【자격승인의 신청】 ① 외국법자문사가 되려는 외국변호사는 법무부장관에게 외국법자문사의 자격승인을 신청하여야 한다.

② 외국변호사의 자격을 갖춘 변호사가 제1항의 신청을 하는 경우에는 변호사업을 휴업하거나 폐업하여야 한다.

③ 신청인은 대통령령으로 정하는 바에 따라 신청서와 증빙서류를 제출하여야 한다. 이 경우 증빙서류는 원본(原本)이거나 인증된 사본(寫本)이어야 하고, 한글로 작성되지 아니한 경우에는 공증된 한글 번역본을 첨부하여야 한다.

④ 신청인은 법무부령으로 정하는 수수료를 내야 한다.(2011.4.5 본항신설)

제4조【직무 경력】 ① 신청인이 외국법자문사의 자격승인을 받기 위하여는 외국변호사의 자격을 취득한 후 원자격국에서 3년 이상 법률 사무를 수행한 경력이 있어야 한다.

② 신청인이 원자격국 외의 외국에서 원자격국의 법령에 관한 법률 사무를 수행한 기간은 대통령령으로 정하는 바에 따라 제1항의 기간에 산입할 수 있다.

③ 신청인이 대한민국에서 고용계약에 따라 사용자에 대하여 원자격국의 법령에 관한 조사·연구·보고 등의 사무를 근로자인 자기의 주된 업무로 수행한 경우에는 그 업무수행 기간을 2년 이내의 범위에서 대통령령으로 정하는 바에 따라 제1항의 기간에 산입할 수 있다.

제5조【결격사유】 다음 각 호의 어느 하나에 해당하는 사람은 외국법자문사가 될 수 없다.

1. 국가를 불문하고 금고 이상의 형벌에 해당하는 형을 선고받고 그 집행이 끝나거나 그 집행을 받지 아니하기로 확정된 후 5년이 지나지 아니한 사람
2. 국가를 불문하고 금고 이상의 형벌에 해당하는 형의 집행유예를 선고받고 그 유예기간 중이거나 그 기간이 지난 후 2년이 지나지 아니한 사람
3. 국가를 불문하고 금고 이상의 형벌에 해당하는 형의 선고를 유예받고 그 유예기간 중에 있는 사람
4. 국가를 불문하고 공직에서 탄핵으로 파면된 후 5년이 지나지 아니하거나, 징계로 해임 이상의 처분을 받은 후 3년이 지나지 아니한 사람
5. 국가를 불문하고 「변호사법」 제90조제1호부터 제3호까지 또는 같은 법 제102조제2항에 따른 처분에 상당하는 처분을 받은 후 그 처분이 실효되지 아니한 사람
6. 피성년후견인, 피한정후견인, 파산선고를 받고 복권(復權)되지 아니한 사람 및 원자격국의 법령에 따라 이와 같이 취급되는 사람(2016.1.6 본호개정)

제6조【자격승인 등】 ① 법무부장관은 신청인이 다음 각 호의 요건을 모두 갖춘 경우에 외국법자문사의 자격승인을 할 수 있다.

1. 원자격국이 자유무역협정등의 당사국일 것
2. 원자격국 내에서 외국변호사의 자격이 유효할 것
3. 제4조에 따른 직무 경력이 있을 것
4. 제5조에 따른 결격사유가 없을 것
5. 대한민국 내에 서류 등을 송달받을 장소를 가지고 있을 것
6. 제3조제2항의 경우 변호사업을 휴업하거나 폐업하였을 것

② 법무부장관은 제1항의 자격승인을 하면서 신청인이 외국법사무를 수행할 수 있는 원자격국을 지정하여야 한다. 이 경우 둘 이상의 국가에서 제1항의 요건을 모두 갖춘 경우 그 전부를 원자격국으로 지정할 수 있다.

③ 법무부장관은 자격승인 여부를 결정할 때에 대한변호사협회의 장의 의견을 들을 수 있다.

④ 법무부장관은 신청인이 제1항의 요건을 갖추지 못하여 자격승인을 거절하는 경우 지체 없이 그 취지와 사유를 신청인에게 알려야 한다.

제7조【자격승인 취소】 ① 법무부장관은 외국법자문사가 다음 각 호의 어느 하나에 해당하는 경우에는 자격승인을 취소하여야 한다.

1. 외국변호사의 자격이 상실되거나 정지된 경우
2. 제5조의 결격사유가 발견되거나 새로 발생한 경우

② 법무부장관은 외국법자문사가 다음 각 호의 어느 하나에 해당하는 경우에는 자격승인을 취소할 수 있다.

1. 자격승인신청서 또는 그 증빙서류의 중요 부분이 누락되었거나 그 내용이 거짓으로 보이는 상당한 사정이 있는 경우
2. 업무능력이나 재산상황이 현저히 악화되어 의뢰인이나 제3자에게 손해를 입힐 우려가 있고, 그 손해를 방지하기 위하여 부득이하다고 판단되는 경우
3. 제9조제1항에 따른 보고 또는 자료 제출을 하지 아니하거나 거짓의 보고 또는 자료 제출을 한 경우
4. 자격승인을 받고 정당한 사유 없이 1년 이내에 대한변호사협회에 제10조에 따른 등록신청을 하지 아니한 경우
5. 제11조제2항에 따른 등록의 유효기간이 지난 후 3년 이내에 제10조에 따른 등록을 하지 아니한 경우

③ 법무부장관은 제2항제1호부터 제3호까지의 규정에 따라 외국법자문사의 자격승인을 취소하려는 경우에는 청문을 하여야 한다.

제8조【고시 등】 ① 법무부장관은 자격승인 또는 자격승인의 취소를 한 경우에는 지체 없이 이를 그 대상자와 대한변호사협회에 서면으로 알리고, 관보에 고시하여야 한다.

② 자격승인 및 그 취소는 고시된 날부터 효력이 있다.

제9조【보고 등】 ① 법무부장관은 신청인이나 외국법자문사에게 자격승인 및 그 취소에 관한 사항의 보고 또는 자료 제출을 요구할 수 있다.

② 법무부장관은 행정기관이나 그 밖의 공사단체(公私團體)에 자격승인 또는 그 취소에 관하여 필요한 자료 제출을 요구할 수 있다.(2016.3.2 본항개정)

제3장 외국법자문사의 등록

제10조【등록의 신청】 ① 외국법자문사로서 업무 수행을 개시하려는 사람은 제6조의 자격승인을 받은 후 대한변호사협회에 외국법자문사로 등록하여야 한다.

② 제1항의 등록을 하려는 사람은 서면으로 대한변호사협회에 등록신청을 하여야 한다. 이 경우 신청인은 제6조제2항에 따라 지정된 원자격국을 대한변호사협회에 신고하여야 한다.

제11조【등록증명서 등】 ① 대한변호사협회는 제10조제2항의 신청에 대하여 제12조제1항에 따른 등록거부 사유가 없으면 지체 없이 이를 외국법자문사 명부에 등록하고 신청인에게 등록증명서를 발급하여야 한다. 이 경우 대한변호사협회는 제10조제2항의 원자격국을 외국법자문사 명부와 등록증명서에 함께 적어야 한다.

② 제1항에 따른 등록의 유효기간은 제1항의 명부에 등록된 날부터 5년으로 한다.
③ 등록의 갱신신청은 제2항의 유효기간이 끝나는 날의 6개월 전부터 1개월 전까지 할 수 있다.
④ 대한변호사협회는 등록 또는 등록 갱신을 한 경우에는 그 취지를 법무부장관에게 서면으로 통지하여야 한다.
⑤ 대한변호사협회는 등록신청 및 등록의 갱신신청의 처리에 관하여 신청인으로부터 대통령령으로 정하는 수수료를 받을 수 있다.
⑥ 외국법자문사의 등록 절차 등에 관하여 그 밖에 필요한 사항은 대한변호사협회가 정한다.

제12조【등록거부 등】 ① 대한변호사협회는 제10조제1항에 따른 등록신청이나 제11조제3항에 따른 등록의 갱신신청을 한 사람이 다음 각 호의 어느 하나에 해당하는 경우에는 제14조에 따른 외국법자문사등록심사위원회의 의결을 거쳐 등록 또는 등록의 갱신을 거부할 수 있다. 이 경우 지체 없이 그 사유를 밝혀 신청인에게 알려야 한다.
1. 심신장애(心神障碍)로 인하여 외국법자문사의 직무를 수행하는 것이 현저히 곤란한 경우
2. 국가를 불문하고 공무원 재직 중의 직무에 관한 위법행위로 인하여 형사소추 또는 징계처분(파면 및 해임은 제외한다)을 받거나 퇴직한 자로서 외국법자문사의 직무를 수행하는 것이 현저히 부적당하다고 인정되는 경우
3. 제7조에 따라 자격승인이 취소된 경우
4. 등록 또는 등록 갱신이 거부되거나 제13조 또는 제36조에 따라 등록이 취소된 후 2년이 지나지 아니한 경우
② 등록 또는 등록 갱신이 거부된 신청인은 그 통지를 받은 날부터 3개월 이내에 소명자료를 첨부하여 법무부장관에게 이의신청을 할 수 있다.
③ 법무부장관은 제2항의 이의신청이 이유가 있다고 인정되면 대한변호사협회에 그 외국법자문사의 등록 또는 등록 갱신을 명하여야 한다.

제13조【등록취소】 ① 대한변호사협회는 외국법자문사가 다음 각 호의 어느 하나에 해당하는 경우에는 그 등록을 취소하여야 한다.
1. 사망한 경우
2. 외국법자문사의 자격이 없거나 자격승인이 취소된 경우
3. 등록취소를 신청한 경우. 다만, 징계를 회피할 목적으로 등록취소를 신청하였다고 볼 만한 상당한 이유가 있는 경우는 제외한다.
4. 변호사의 자격을 갖춘 외국법자문사가 대한변호사협회에 변호사로 등록하는 경우
② 대한변호사협회는 외국법자문사가 다음 각 호의 어느 하나에 해당하는 경우 제14조에 따른 외국법자문사등록심사위원회의 의결을 거쳐 그 등록을 취소할 수 있다.
1. 심신장애로 인하여 외국법자문사의 직무를 수행하는 것이 현저히 곤란한 경우
2. 국가를 불문하고 공무원 재직 중의 직무에 관한 위법행위로 인하여 형사소추 또는 징계처분(파면 및 해임은 제외한다)을 받거나 퇴직한 자로서 외국법자문사의 직무를 수행하는 것이 현저히 부적당하다고 인정되는 경우
3. 제24조, 제25조 및 제34조를 위반하거나, 제35조에 따라 준용되는 「변호사법」 제33조 및 제34조를 위반한 경우 (2016.3.2 본호개정)
③ 대한변호사협회는 제1항(제1항제1호는 제외한다) 및 제2항에 따라 외국법자문사 등록을 취소하는 경우 그 취지와 이유를 해당 외국법자문사(제2항제1호의 경우에는 법정대리인을 포함하며, 이하 제4항에서 같다)에게 지체 없이 서면으로 통지하고, 법무부장관에게 보고하여야 한다.
④ 제3항의 통지를 받은 외국법자문사는 지체 없이 등록증명서를 대한변호사협회에 반납하여야 한다.
⑤ 등록취소에 관하여는 등록거부 시의 이의신청 등에 관한 제12조제2항 및 제3항을 준용한다.

제14조【외국법자문사등록심사위원회】 ① 다음 각 호의 사항을 심사하기 위하여 대한변호사협회에 외국법자문사등록심사위원회를 둔다.
1. 제12조에 따른 등록거부 또는 등록의 갱신거부에 관한 사항
2. 제13조제1항제3호 단서 및 같은 조 제2항에 따른 등록취소에 관한 사항
② 외국법자문사등록심사위원회의 구성, 심사절차 및 운영에 관하여는 「변호사법」 제9조제2항 및 제10조부터 제13조까지의 규정을 준용한다.

제4장 외국법자문법률사무소

제15조【설립신청 등】 ① 원자격국에서 법률사무의 수행을 주된 목적으로 설립된 사무소나 법인(이하 "본점사무소"라 한다)에 소속된 제16조제1항제3호에 해당하는 외국법자문사는 법무부장관의 설립인가를 받아 외국법자문법률사무소를 설립할 수 있다.
② 외국법자문법률사무소의 설립인가를 받으려면 그 대표자가 될 외국법자문사가 대통령령으로 정하는 증빙서류를 첨부하여 서면으로 신청하여야 한다.
③ 제1항의 외국법자문사는 2개 이상의 외국법자문법률사무소를 설립할 수 없다.
④ 신청인은 법무부령으로 정하는 수수료를 내야 한다. (2011.4.5 본항신설)

제16조【설립인가】 ① 법무부장관은 다음 각 호의 요건을 모두 갖춘 경우 외국법자문법률사무소의 설립을 인가할 수 있다.
1. 본점사무소가 자유무역협정등의 당사국에서 그 나라의 법률에 따라 적법하게 설립되어 5년 이상 정상적으로 운영되었을 것
2. 본점사무소가 대한민국 내에서 외국법사무를 수행하기 위한 대표사무소로 그 외국법자문법률사무소를 설립하기로 의결 또는 결정하였을 것
3. 외국법자문법률사무소의 대표자가 될 외국법자문사가 외국변호사의 자격을 취득한 후 원자격국에서 3년 이상의 기간을 포함하여 총 5년 이상 법률사무를 수행한 경력이 있을 것(2016.3.2 본호개정)
4. 본점사무소가 외국법자문법률사무소의 업무와 관련한 민사·상사상 책임에 대하여 그 이행을 보증할 것
② 여러 나라에 걸쳐 사무소, 현지 사무소, 현지 법인, 지사, 분사무소 등 법률사무의 수행을 주된 목적으로 하는 사무소를 두고 있는 경우에는 최고 의사결정이 이루어지는 사무소를 본점사무소로 본다.
③ 외국법자문법률사무소의 대표자가 결원된 때에는 3개월 이내에 이를 보충하여야 한다.

제17조【고시 등】 ① 법무부장관은 외국법자문법률사무소의 설립인가를 한 경우 지체 없이 이를 제15조제2항의 신청인과 대한변호사협회에 각각 서면으로 통지하고, 관보에 고시하여야 한다.
② 외국법자문법률사무소의 설립인가는 제1항의 고시가 있는 날부터 그 효력이 있다.
③ 외국법자문법률사무소의 설립인가에 관한 그 밖의 사항은 대통령령으로 정한다.

제18조【외국법자문법률사무소의 등록】 ① 설립인가를 받은 외국법자문법률사무소의 대표자는 그 고시가 있었던 날부터 3개월 이내에 대한변호사협회에 외국법자문법률사무소의 등록을 신청하여야 한다.
② 제1항에 따라 등록하여야 할 사항은 다음 각 호와 같다.
1. 목적, 명칭 및 사무소의 소재지
2. 구성원의 성명 및 주소와 외국법자문법률사무소를 대표할 구성원의 주소
3. 외국법자문법률사무소의 대표에 관한 사항
4. 설립인가 연월일
5. 본점사무소의 명칭 및 소재지
③ 대한변호사협회는 제1항의 신청이 있는 경우 특별한 사정이 없으면 지체 없이 외국법자문법률사무소 명부에 등록하고 신청인에게 외국법자문법률사무소 등록증명서를 발급하여야 한다.
④ 외국법자문법률사무소의 대표자는 등록된 사항이 변경된 경우 그 변경된 날부터 1개월 이내에 그 내용을 대한변호사협회에 서면으로 신고하여야 한다.
⑤ 대한변호사협회는 다음 각 호의 서면을 비치하여 일반인이 열람할 수 있도록 하여야 한다.
1. 제2항 각 호의 사항이 적힌 서면
2. 제16조에 따른 설립인가 및 그 취소에 관한 서면
3. 제21조에 따른 보험 또는 공제기금에 가입하였음을 증명하는 서면
4. 제34조의3에 따른 등록 및 제34조의4에 따른 취소에 관한 서면(2011.4.5 본호신설)
⑥ 대한변호사협회는 제3항에 따른 등록을 한 경우 그 취지를 법무부장관에게 서면으로 통지하여야 한다. (2011.4.5 본항신설)
⑦ 외국법자문법률사무소의 등록에 필요한 그 밖의 사항은 대한변호사협회가 정한다.

제19조【설립인가의 취소】 ① 법무부장관은 외국법자문법률사무소가 다음 각 호의 어느 하나에 해당하는 경우 그 설립인가를 취소할 수 있다.
1. 설립인가신청서 또는 그 증빙서류의 중요 부분이 누락되었거나 그 내용이 거짓으로 보이는 상당한 사정이 있는 경우
2. 제16조제1항 각 호의 요건을 구비하지 못한 경우
3. 제16조제3항을 위반하여 3개월 이내에 대표자를 보충하지 아니한 경우
4. 외국법자문법률사무소의 구성원 또는 구성원이 아닌 소속 외국법자문사가 외국법자문법률사무소의 업무수행과 관련하여 제24조를 위반한 경우
5. 법무부장관이 제32조제1항에 따라 실시하는 감독에 정당한 사유 없이 따르지 아니하여 공익을 침해하였거나 침해할 우려가 있다고 인정되는 경우
6. 외국법자문법률사무소가 제33조 또는 제34조를 위반한 경우
7. 제34조의2제1항을 위반하여 등록 없이 법률사무소, 법무법인, 법무법인(유한) 또는 법무조합과 국내법사무와 외국법사무가 혼재된 법률사건을 공동으로 처리하고 그로부터 얻게 되는 수익을 분배하는 경우(2011.4.5 본호신설)
8. 설립인가를 받은 외국법자문법률사무소의 대표자가 제18조제1항을 위반하여 3개월 이내에 대한변호사협회에 등록을 신청하지 아니한 경우
② 법무부장관은 본점사무소가 제35조의2에 따라 합작법무법인을 설립한 경우에는 해당 본점사무소가 제15조에 따라 설립한 외국법자문법률사무소의 설립인가를 취소하여야 한다.(2016.3.2 본항개정)
③ 제1항제1호부터 제7호까지 또는 제2항에 따라 외국법자문법률사무소의 설립인가가 취소된 경우에는 대한변호사협회의 등록이 취소된 것으로 본다.(2016.3.2 본항개정)
④ 법무부장관은 제1항의 사유로 외국법자문법률사무소의 설립인가를 취소하려면 청문을 하여야 한다.(2016.3.2 본항신설)
⑤ 설립인가의 취소에 관하여는 제17조를 준용한다.

제20조【사무직원】 ① 외국법자문법률사무소는 사무소에 사무직원을 둘 수 있다.
② 외국법자문법률사무소의 사무직원에 관하여는 「변호사법」 제22조제2항·제4항·제5항을 준용한다. 이 경우 "변호사"는 "외국법자문법률사무소의 대표자"로, "지방변호사회의 장"은 "대한변호사협회의 장"으로 본다.

제21조【수임사건과 관련된 손해배상책임】 ① 외국법자문법률사무소의 구성원은 외국법사무의 수행 및 외국법자문법률사무소의 운영 등과 관련된 손해배상책임을 보장하기 위하여 대통령령으로 정하는 바에 따라 보험 또는 공제기금에 가입하여야 한다.
② 외국법자문법률사무소의 대표자는 제1항에 따른 손해배상책임에 관한 사항을 대통령령으로 정하는 바에 따라 수임 계약서와 광고물에 밝혀야 한다.

제22조【장부의 작성 등】 외국법자문법률사무소는 수임에 관한 장부를 작성하고, 이를 보관하여야 한다. 이 경우 수임장부의 기재 등에 관하여는 「변호사법」 제28조제2항 및 제3항을 준용한다.

제23조【외국법자문법률사무소의 운영 등】 ① 외국법자문법률사무소는 국내에 분사무소를 둘 수 없다.
② 외국법자문법률사무소의 업무집행 방법 및 그 구성원 등의 업무제한에 관하여는 「변호사법」 제50조제1항, 제3항부터 제6항까지, 제7항 본문 및 제52조를 준용한다. 이 경우 준용되는 「변호사법」 해당 조항 중 "법무법인"은 "외국법자문법률사무소"로, "변호사"는 "외국법자문사"로 본다.
③ 외국법자문법률사무소(구성원이 2명 이상인 경우에 한한다)에 관하여 이 법에 정한 것 외에는 「민법」 중 조합에 관한 규정을 준용한다.

제5장 외국법자문사 등의 권리와 의무

제24조【업무 범위】 외국법자문사는 다음 각 호의 사무를 처리할 수 있다.
1. 원자격국의 법령에 관한 자문
2. 원자격국이 당사국인 조약 및 일반적으로 승인된 국제관습법에 관한 자문
3. 국제중재사건의 대리. 다만, 대한민국 법령에 관한 사무는 제외한다.(2016.3.2 본호개정)

제24조의2【외국법자문사 아닌 외국변호사의 국제중재사건 대리】 ① 외국법자문사 아닌 외국변호사(제5조 각 호의 어느 하나에 해당하는 자는 제외한다. 이하 이 조에서 같다)는 제24조제3호의 사무를 수행할 수 있다.
② 제1항의 외국변호사는 제24조제3호의 사무 처리와 관련하여 1년에 90일 이상 대한민국에 체류할 수 없다. 다만, 본인의 부상이나 질병, 친족의 부상이나 질병으로 인한 간호·문병, 그 밖의 부득이한 사정으로 대한민국에 체류한 기간은 체류 기간을 산정할 때 산입하지 아니한다. (2016.3.2 본조신설)

제25조【업무수행의 방식】 ① 외국법자문사는 다음 각 호의 어느 하나에 해당하는 지위에서 업무를 수행할 수 있다.
1. 외국법자문법률사무소의 구성원
2. 외국법자문법률사무소의 구성원이 아닌 소속 외국법자문사
3. 법률사무소, 법무법인, 법무법인(유한) 또는 법무조합 소속 외국법자문사
4. 합작법무법인의 선임외국법자문사(제35조의11제1항의 요건을 갖춘 외국법자문사를 말한다. 이하 같다)
5. 합작법무법인의 선임외국법자문사 아닌 소속외국법자문사
(2016.3.2 4호~5호신설)
② 외국법자문사는 동시에 2개 이상의 외국법자문법률사무소, 법률사무소, 법무법인, 법무법인(유한), 법무조합 또는 합작법무법인에 소속 또는 고용되거나 그 직책을 겸임할 수 없다.(2016.3.2 본항개정)

제26조【신고 등】 ① 외국법자문사가 업무를 개시한 경우, 일시 휴업한 경우 또는 근무지를 변경한 경우에는 지체 없이 대한변호사협회에 신고하여야 한다.
② 대한변호사협회는 제1항의 신고를 받은 때에는 지체 없이 법무부장관에게 보고하여야 한다.

제27조【자격의 표시 등】 ① 외국법자문사는 직무를 수행하면서 본인을 표시할 때는 대한민국에서 통용되는 원자격국의 명칭(원자격국이 도·주·성·자치구 등 한 국가 내의 일부 지역인 경우 그 국가의 명칭을 위 원자격국의 명칭으로 사용할 수 있다. 이하 이 조에서 같다)에 이어 "법자문사"를 덧붙인 직명을 사용하여야 한다. 이 경우 직명과 함께 괄호 안에 원자격국언어로 된 원자격국의 명칭을 포함한 해당 외국변호사의 명칭을 부기할 수 있고, 이어 국어로 된 대한민국에서 통용되는 원자격국의 명칭에 "변호사"를 덧붙인 명칭을 병기할 수 있다. (2016.3.2 전단개정)

② 외국법자문법률사무소는 본점사무소의 명칭 다음에 "외국법자문법률사무소"를 덧붙인 명칭을 사용하여야 한다. 이 경우 외국법자문법률사무소가 위치한 지역명을 병기할 수 있다.(2011.4.5 후단신설)
③ 외국법자문사나 외국법자문법률사무소는 직무를 수행하면서 제1항 및 제2항에 규정된 방식 외의 명칭이나 표시를 사용할 수 없다.
④ 외국법자문법률사무소는 일반인이 쉽게 알아볼 수 있도록 사무소 안팎의 적절한 장소에 구성원, 소속 외국법자문사 및 그 원자격국을 모두 표시하여야 한다.
⑤ 합작법무법인은 일반인이 쉽게 알아볼 수 있도록 사무소 안팎의 적절한 장소에 전체 합작참여자, 선임변호사, 소속변호사, 선임외국법자문사 및 소속외국법자문사(외국법자문사의 경우에는 제6조제2항에 따라 법무부장관이 지정한 원자격국을 포함한다)를 모두 표시하여야 한다.(2016.3.2 본항개정)
⑥ 외국법자문사 또는 합작법무법인은 의뢰인과 외국법사무 등에 관한 계약을 체결하기 전에 의뢰인에게 그 원자격국(합작법무법인의 경우에는 담당외국법자문사의 원자격국을 말한다)과 업무 범위를 명시하여야 한다.
(2016.3.2 본항신설)
⑦ 외국법자문사가 아닌 사람은 외국법자문사 또는 외국법자문사로 오인을 일으킬 수 있는 어떠한 명칭이나 표시도 사용할 수 없다.

제28조【윤리기준 등】 ① 외국법자문사는 그 품위를 손상하는 행위를 하여서는 아니 된다.
② 외국법자문사는 그 직무를 수행하면서 진실을 은폐하거나 거짓의 진술을 하여서는 아니 된다.
③ 외국법자문사는 대한변호사협회가 정하는 윤리장전(倫理章典)을 준수하여야 한다.

제29조【체류 의무】 ① 외국법자문사는 최초의 업무개시일부터 1년에 180일 이상 대한민국에 체류하여야 한다.
② 외국법자문사가 본인의 부상이나 질병, 친족의 부상이나 질병으로 인한 간호·문병, 그 밖의 부득이한 사정으로 외국에 체류한 경우 그 기간은 대한민국에 체류한 것으로 본다.

제30조【비밀유지 의무】 외국법자문사 또는 외국법자문사이었던 사람은 그 직무와 관련하여 알게 된 비밀을 누설하여서는 아니 된다. 다만, 법률에 특별한 규정이 있는 경우에는 그러하지 아니하다.

제31조【광고】 ① 외국법자문사, 외국법자문법률사무소 및 합작법무법인은 자기 또는 그 구성원(합작법무법인의 경우에는 합작참여자, 선임변호사 및 선임외국법자문사를 말한다)의 원자격국, 학력, 경력, 전문분야, 업무 실적, 그 밖에 그 업무의 홍보에 필요한 사항을 방송·신문·잡지·컴퓨터통신 등의 매체를 이용하여 광고할 수 있다.
(2016.3.2 본항개정)
② 제1항의 광고에 관한 사항을 심사하기 위하여 대한변호사협회에 외국법자문사광고심사위원회를 둔다.
③ 외국법자문사의 광고에 관하여는 「변호사법」 제23조제2항 및 제4항을 준용한다. 이 경우 "변호사" 또는 "변호사등"은 "외국법자문사", "외국법자문법률사무소" 또는 "합작법무법인"으로 본다.(2016.3.2 후단개정)

제32조【법무부장관의 감독 등】 ① 외국법자문사, 외국법자문법률사무소 및 합작법무법인은 그 활동에 관하여 법무부장관과 대한변호사협회의 감독을 받는다.
② 대한변호사협회는 외국법자문사, 외국법자문법률사무소 또는 합작법무법인이 이 법에서 규정하는 의무를 위반하였음을 알게 된 경우 이를 법무부장관에게 보고하여야 한다.
(2016.3.2 본조개정)

제33조【자료 제출의 의무】 외국법자문사, 외국법자문법률사무소 또는 합작법무법인은 법무부장관 또는 대한변호사협회가 제32조제1항의 감독을 수행하기 위하여 이유를 명시하여 그 업무·재산의 현황, 수임·회계 내역의 명세, 그 밖에 감독에 필요한 자료의 제출을 요구할 경우 이에 따라야 한다.(2016.3.2 본조개정)

제34조【고용, 동업, 겸임 등의 금지】 ① 외국법자문사나 외국법자문법률사무소는 변호사·법무사·변리사·공인회계사·세무사 및 관세사를 고용할 수 없다.
② 외국법자문사나 외국법자문법률사무소는 변호사·법무사·변리사·공인회계사·세무사 및 관세사와 동업, 업무제휴, 포괄적 협력관계의 설정, 사건의 공동 수임, 그 밖의 어떠한 방식으로든 사건을 공동으로 처리하고 그로 인한 보수나 수익을 분배할 수 없다.
③ 외국법자문사나 외국법자문법률사무소는 변호사·법무법인·법무법인(유한)·법무조합·법무사·법무사법인·법무사법인(유한)·변리사·특허법인·특허법인(유한)·공인회계사·회계법인·세무사·세무법인·관세사 및 관세사법인과 조합계약, 법인설립, 지분참여, 경영권 위임을 할 수 없으며, 그 밖의 어떠한 방식으로든 법률사무소·법무법인·법무법인(유한)·법무조합·법무사사무소·법무사법인·법무사법인(유한)·변리사사무소·특허법인·특허법인(유한)·공인회계사사무소·회계법인·세무사사무소·세무법인·관세사사무소 및 관세사법인을 공동으로 설립·운영하거나 동업할 수 없다.
(2016.2.3 본항개정)

제34조의2【외국법자문법률사무소의 공동 사건 처리 등】 ① 자유무역협정등에 따라 법무부장관이 고시하는 자유무역협정등의 당사국에 본점사무소가 설립·운영되고 있는 외국법자문법률사무소는 사전에 대한변호사협회에 제34조의3에 따른 공동 사건 처리 등을 위한 등록(이하 "공동사건처리등을 위한 등록"이라 한다)을 한 경우 제34조제2항에도 불구하고 법률사무소, 법무법인, 법무법인(유한) 또는 법무조합과 국내법사무와 외국법사무가 혼재된 법률사건을 사안별 개별 계약에 따라 공동으로 처리하고 그로부터 얻게 되는 수익을 분배할 수 있다.
② 외국법자문법률사무소의 구성원 또는 구성원이 아닌 소속 외국법자문사는 제1항에 따른 업무를 처리하는 경우 법률사무소, 법무법인, 법무법인(유한) 또는 법무조합 소속 변호사가 처리하는 법률사무에 대하여 제24조 각 호에 규정된 업무 범위를 넘어 부당하게 관여하여서는 아니 된다.
(2011.4.5 본조신설)

제34조의3【공동사건처리등을 위한 등록】 ① 공동사건처리등을 위한 등록은 공동 사건 처리 등의 업무를 수행하려는 외국법자문법률사무소의 대표자가 서면으로 신청하여야 한다.
② 대한변호사협회는 제1항에 따른 신청이 있는 경우 특별한 사정이 없으면 지체 없이 외국법자문법률사무소 명부에 등록한 후 신청인에게 등록증명서를 발급하고 그 취지를 신청인 및 법무부장관에게 서면으로 통지하여야 한다.
③ 제1항 및 제2항에서 규정한 사항 외에 외국법자문법률사무소의 공동사건처리등을 위한 등록 절차에 관하여 필요한 사항은 대한변호사협회가 정한다.
(2011.4.5 본조신설)

제34조의4【공동사건처리등을 위한 등록의 취소】 ① 법무부장관은 공동사건처리등을 위한 등록을 마친 외국법자문법률사무소의 본점사무소가 법무부장관이 고시하는 자유무역협정등의 당사국에서 설립·운영되고 있지 아니한 경우에는 대한변호사협회에 그 등록의 취소를 명할 수 있다.
② 대한변호사협회는 제1항에 따른 등록취소명령이 있거나 등록취소명령 사유가 있는 경우에는 공동사건처리등을 위한 등록을 취소하여야 한다.
③ 대한변호사협회는 제2항에 따라 공동사건처리등을 위한 등록을 취소하는 경우 그 취지와 이유를 해당 외국법자문법률사무소에 지체 없이 서면으로 통지하고, 법무부장관에게 보고하여야 한다.
④ 제2항에 따른 등록취소에 대한 이의신청에 관하여는 제12조제2항 및 제3항을 준용한다.
(2011.4.5 본조신설)

제34조의5【공동 사건 처리 등의 신고】 ① 공동사건처리등을 위한 등록을 마친 외국법자문법률사무소의 대표자는 매년 1월 31일까지 전년도에 그 외국법자문법률사무소가 제34조의2제1항에 따라 체결한 계약과 관련하여 그 상대방인 법률사무소, 법무법인, 법무법인(유한) 또는 법무조합의 명칭 및 그 사무소의 소재지, 계약체결일, 그 밖에 대한변호사협회가 정하는 사항을 대한변호사협회에 신고하여야 한다.
② 대한변호사협회는 제1항에 따른 신고를 받은 경우에는 그 취지를 법무부장관에게 서면으로 통지하여야 한다.
③ 제1항 및 제2항에서 규정한 사항 외에 외국법자문법률사무소의 공동 사건 처리 등의 신고 절차에 관하여 필요한 사항은 대한변호사협회가 정한다.
(2011.4.5 본조신설)

제35조【「변호사법」의 준용】 외국법자문사의 직무 등에 관하여는 「변호사법」 제28조의2, 제30조부터 제34조까지 및 제38조를 준용한다. 이 경우 준용되는 「변호사법」 해당 조항 중 "변호사"는 "외국법자문사"로, "법률사무소"는 "외국법자문법률사무소"로, "소속 지방변호사회"는 "대한변호사협회"로 본다.(2016.3.2 본조개정)

제5장의2 합작법무법인
(2016.3.2 본장신설)

제35조의2【설립】 ① 법무법인, 법무법인(유한) 또는 법무조합은 법무부장관이 고시하는 자유무역협정등 당사국에서 그 법적 형태를 불문하고 법률사무의 수행을 주된 목적으로 설립된 자와 합작하여 법무법인을 설립할 수 있다.
② 외국 합작참여자가 여러 나라에 걸쳐 사무소, 현지 사무소, 현지 법인, 지사, 분사무소 등 법률사무의 수행을 주된 목적으로 하는 사무소를 두고 있는 경우에는 최고 의사결정이 이루어지는 사무소 소재지 국가를 기준으로 제1항의 자유무역협정등 당사국을 정한다.

제35조의3【설립 신청 등】 ① 합작법무법인을 설립하려면 합작참여자가 정관을 작성하여 주사무소 소재지의 지방변호사회와 대한변호사협회를 거쳐 법무부장관의 인가를 받아야 한다. 정관을 변경할 때에도 또한 같다.
② 합작법무법인의 설립인가 또는 정관변경의 인가를 받으려면 합작참여자가 대통령령으로 정하는 증명서류를 첨부하여 서면으로 신청하여야 한다.
③ 제1항에 따른 인가의 유효기간은 법무부장관의 설립인가일부터 5년으로 한다.
④ 설립인가의 갱신 신청은 제3항의 유효기간이 끝나는 날의 10개월 전부터 5개월 전까지 할 수 있다.

제35조의4【정관 기재 사항】 합작법무법인의 정관에는 다음 각 호의 사항이 포함되어야 한다.
1. 목적, 명칭, 주사무소 및 분사무소의 소재지
2. 전체 합작참여자의 명칭, 등록번호(등록번호가 없는 경우에는 등록번호에 준하는 번호), 주사무소 주소
3. 출자의 종류와 그 가액 또는 평가 기준 및 지분 비율
4. 합작참여자의 가입·탈퇴와 그 밖의 변경에 관한 사항
5. 합작참여자 회의에 관한 사항
6. 합작법무법인 내 선임변호사(제35조의11제1항의 요건을 갖춘 변호사를 말한다. 이하 같다)와 선임외국법자문사의 성명·주민등록번호(외국인인 경우에는 생년월일) 및 대표자의 주소
7. 합작법무법인 내 선임변호사 및 선임외국법자문사의 권한과 의무에 관한 사항
8. 합작법무법인의 대표에 관한 사항
9. 자산과 회계에 관한 사항
10. 존립 시기나 해산 사유를 정한 경우에는 그 시기 또는 사유

제35조의5【등기】 ① 합작법무법인은 설립인가를 받으면 2주일 이내에 설립등기를 하여야 한다. 등기사항이 변경되었을 때에도 또한 같다.
② 제1항의 등기사항은 다음 각 호와 같다.
1. 목적, 명칭, 주사무소 및 분사무소의 소재지
2. 전체 합작참여자의 명칭, 등록번호(등록번호가 없는 경우에는 등록번호에 준하는 번호), 주사무소 주소
3. 출자의 종류·가액 및 이행 부분
4. 합작법무법인 내 선임변호사와 선임외국법자문사의 성명·주민등록번호(외국인인 경우에는 생년월일) 및 대표자의 주소
5. 합작법무법인의 대표에 관한 사항
6. 둘 이상의 자가 공동으로 합작법무법인을 대표할 것을 정한 경우에는 그 규정
7. 존립 시기나 해산 사유를 정한 경우에는 그 시기 또는 사유
8. 설립인가 연월일
③ 합작법무법인은 주사무소 소재지에서 설립등기를 함으로써 성립한다.

제35조의6【명칭】 ① 합작법무법인은 전체 합작참여자의 명칭(통용되는 약칭을 포함한다)을 병기하고, 그 명칭 중에 합작법무법인이라는 문자를 사용하여야 한다.
② 합작법무법인이 아닌 자는 합작법무법인 또는 이와 유사한 명칭을 사용하지 못한다.

제35조의7【합작법무법인의 구성】 ① 합작법무법인은 1개 이상의 국내 합작참여자와 1개 이상의 외국 합작참여자로 구성한다.
② 합작참여자는 2개 이상의 합작법무법인을 설립할 수 없다.
③ 합작법무법인이 제1항에 따른 합작참여자 요건을 충족하지 못하게 된 경우에는 3개월 이내에 보충하여야 한다.

제35조의8【합작참여자】 ① 합작법무법인을 설립하는 국내 합작참여자는 다음 각 호의 요건을 충족하여야 한다.
1. 「변호사법」에 따라 적법하게 설립되어 3년 이상 정상적으로 운영되었을 것
2. 통산하여 5년 이상 「법원조직법」 제42조제1항 각 호의 어느 하나에 해당하는 직에 있었던 5명 이상의 변호사를 보유하고, 이들 중 최소 3명은 해당 국내 합작참여자의 구성원일 것
3. 주사무소의 최고 의사결정 기구가 합작법무법인을 설립하기로 의결 또는 결정하였을 것
4. 다음 각 목의 요건을 충족하여 운영되었을 것
  가. 최근 5년간 「변호사법」에 따른 징계 또는 형사처벌을 받은 사실이 없을 것. 다만, 징계 또는 벌금 300만원 이하의 형사처벌을 받은 경우로서 징계 또는 형사처벌의 원인이 된 행위의 내용 및 동기 등을 고려하여 대통령령으로 정하는 경미한 사유에 해당하는 경우는 제외한다.
  나. 최근 5년간 그 대표가 국내 합작참여자의 업무집행과 관련하여 「변호사법」에 따른 징계 또는 금고 이상의 형을 선고받은 사실이 없을 것. 다만, 징계를 받은 경우로서 징계의 원인이 된 행위의 내용 및 동기 등을 고려하여 대통령령으로 정하는 경미한 사유에 해당하는 경우는 제외한다.
5. 국내 합작참여자의 인적 구성, 업무사례, 업무능력 등에 비추어 합작법무법인 사무 취급에 적합한 전문성을 갖추고 있을 것
② 합작법무법인을 설립하는 외국 합작참여자는 다음 각 호의 요건을 충족하여야 한다.
1. 자유무역협정등 당사국에서 그 나라의 법률에 따라 적법하게 설립되어 3년 이상 정상적으로 운영되었을 것
2. 외국변호사 자격을 취득한 후 5년 이상 법률사무를 수행한 경력이 있는 5명 이상의 외국변호사를 보유하고, 이들 중 최소 3명은 해당 외국 합작참여자의 구성원일 것
3. 제35조의2제2항의 최고 의사결정이 이루어지는 사무소의 최고 의사결정 기구가 합작법무법인을 설립하기로 의결 또는 결정하였을 것
4. 다음 각 목의 요건을 충족하여 운영되었을 것
  가. 최근 5년간 국가를 불문하고 「변호사법」(이 법 또는 「변호사법」에 상당하는 외국의 법률을 포함한다)에 따른 징계 또는 형사처벌에 상당하는 처분을 받은 사

실이 없을 것. 다만, 징계 또는 형사처벌의 원인이 된 행위의 내용 및 동기 등을 고려하여 대통령령으로 정하는 경미한 사유에 해당하는 경우는 제외한다.
나. 최근 5년간 그 대표가 외국 합작참여자의 업무집행과 관련하여 국가를 불문하고 「변호사법」(이 법 또는 「변호사법」에 상당하는 외국의 법률을 포함한다)에 따른 징계 또는 금고 이상의 형에 상당하는 처분을 받은 사실이 없을 것. 다만, 징계 또는 형사처벌의 원인이 된 행위의 내용 및 동기 등을 고려하여 대통령령으로 정하는 경미한 사유에 해당하는 경우는 제외한다.
5. 외국 합작참여자의 인적 구성, 업무사례, 업무능력 등에 비추어 합작법무법인 사무 취급에 적합한 전문성을 갖추고 있을 것

제35조의9【합작참여자의 가입】 ① 합작 참여를 원하는 자는 합작참여자 전원의 동의를 받은 후 법무부장관의 인가를 받아 합작법무법인에 가입할 수 있다.
② 새로 합작법무법인에 가입하게 되는 합작참여자는 제35조의8의 요건을 충족하여야 한다.

제35조의10【합작참여자의 탈퇴】 ① 합작참여자는 임의로 탈퇴할 수 있다. 다만, 6개월 전에 이를 예고하여야 한다.
② 국내 합작참여자는 다음 각 호의 어느 하나에 해당하는 사유가 있으면 당연히 탈퇴한다.
1. 「변호사법」에 따라 해산한 경우
2. 「변호사법」에 따라 업무정지명령을 받은 경우
3. 합작법무법인의 정관에서 정한 탈퇴 사유가 발생한 경우
③ 외국 합작참여자는 다음 각 호의 어느 하나에 해당하는 사유가 있으면 당연히 탈퇴한다.
1. 자유무역협정등 당사국법에 따라 해산 또는 그에 준하는 상황이 발생한 경우
2. 자유무역협정등 당사국법에 따라 업무정지명령을 받거나 그에 준하는 상황이 발생한 경우
3. 합작법무법인의 정관에서 정한 탈퇴 사유가 발생한 경우

제35조의11【선임변호사 및 선임외국법자문사】 ① 「변호사법」 제34조제4항에도 불구하고 합작법무법인에 다음 각 호의 요건을 모두 충족하는 각 2명 이상의 선임변호사 및 선임외국법자문사를 둔다.
1. 합작참여자의 구성원일 것
2. 통산하여 5년 이상 「법원조직법」 제42조제1항 각 호의 어느 하나에 해당하는 직에 있었거나, 외국변호사 자격을 취득한 후 원자격국에서 2년 이상의 기간을 포함하여 총 5년 이상 법률사무를 수행한 경력이 있을 것
3. 외국법자문사의 경우 원자격국이 제35조의2제1항에 따라 법무부장관이 고시하는 자유무역협정등 당사국일 것
② 합작법무법인 내 선임외국법자문사 수는 선임변호사 수를 넘을 수 없다.
③ 제35조의15제3항, 「변호사법」 제21조제3항 및 제48조제3항(같은 법 제58조의16 및 제58조의30에 따라 준용되는 경우를 포함한다)에도 불구하고 합작법무법인 내 선임변호사 및 선임외국법자문사는 법무부장관의 허가를 받아 합작참여자 구성원 직을 겸할 수 있다.
④ 합작법무법인이 제1항 및 제2항에 따른 선임변호사 또는 선임외국법자문사 인원수 요건을 충족하지 못하게 된 경우에는 3개월 이내에 이를 보완하여야 한다.

제35조의12【소속변호사 및 소속외국법자문사】 ① 「변호사법」 제34조제4항에도 불구하고 합작법무법인은 선임변호사 아닌 소속변호사 및 선임외국법자문사 아닌 소속외국법자문사를 둘 수 있다.
② 제1항의 외국법자문사의 경우 원자격국이 제35조의2제1항에 따라 법무부장관이 고시하는 자유무역협정등 당사국이어야 한다.
③ 합작법무법인 내 소속외국법자문사 수는 소속변호사 수를 넘을 수 없다.
④ 합작법무법인이 제3항에 따른 요건을 충족하지 못하게 된 경우에는 3개월 이내에 이를 보완하여야 한다.

제35조의13【대표】 합작법무법인의 대표는 합작참여자 회의(합작참여자를 대표하는 자들로 구성된 회의를 말한다. 이하 같다)에서 다음 각 호의 요건을 모두 충족하는 사람 중에서 선임한다.
1. 선임변호사 또는 선임외국법자문사일 것
2. 외국법자문사의 경우에는 원자격국이 제35조의2제2항에 따른 외국 합작참여자의 소재지국일 것

제35조의14【사무직원】 ① 합작법무법인은 사무소에 사무직원을 둘 수 있다.
② 합작법무법인의 사무직원에 관하여는 「변호사법」 제22조제2항부터 제5항까지의 규정을 준용한다. 이 경우 "변호사"는 "합작법무법인"으로, "지방변호사회의 장"은 "대한변호사협회의 장"으로 본다.

제35조의15【사무소】 ① 합작법무법인은 분사무소를 둘 수 있다.
② 합작법무법인이 사무소를 개업 또는 이전하거나 분사무소를 둔 경우에는 지체 없이 주사무소 소재지의 지방변호사회와 대한변호사협회를 거쳐 법무부장관에게 신고하여야 한다.
③ 합작법무법인 내 변호사 및 외국법자문사는 그 법적 형태를 불문하고 합작법무법인 외에 따로 법률사무의 수행을 주된 목적으로 하는 사무소를 둘 수 없다.
④ 제1항에 따른 분사무소의 설치 기준은 대통령령으로 정한다.

제35조의16【지분】 ① 외국 합작참여자는 100분의 49를 초과하여 합작법무법인의 지분을 보유할 수 없다.
② 합작법무법인 내에 복수의 외국 합작참여자가 있을 경우 제1항을 적용할 때 각 외국 합작참여자의 지분을 합산한 것을 기준으로 한다.
③ 합작참여자는 다른 모든 합작참여자의 동의를 얻지 아니하면 그 지분의 전부 또는 일부를 양도하지 못한다.

제35조의17【의결권 행사】 ① 합작참여자는 합작참여자 회의에서 지분 비율에 따라 의결권을 행사한다.
② 합작참여자의 회의는 총의결권의 과반수로 의결한다.

제35조의18【수익 분배】 「변호사법」 제34조제5항에도 불구하고 전체 합작참여자는 정관에 달리 정한 바가 없으면 지분 비율에 따라 수익을 수취한다.

제35조의19【업무 범위】 합작법무법인은 이 법 및 다른 법률에 저촉되지 아니하는 범위에서 다음 각 호의 사항을 제외한 사무를 수행할 수 있다.
1. 국가·지방자치단체와 그 밖의 공공기관에서의 사법절차 또는 법적 절차를 위한 대리 및 그러한 절차를 위한 법률 문서의 작성
2. 「공증인법」 제2조 각 호에 따른 증서 작성의 촉탁 대리
3. 노동 분야 자문
4. 대한민국에 있는 부동산에 관한 권리, 지식재산권, 광업권, 그 밖에 행정기관에 등기 또는 등록함을 성립요건이나 대항요건으로 하는 권리의 득실변경(得失變更)을 주된 목적으로 하는 사무의 대리 및 이를 목적으로 한 문서의 작성
5. 대한민국 국민이 당사자이거나, 관련된 재산이 대한민국에 소재하고 있는 경우의 친족·상속 관계 사무의 대리 및 이를 목적으로 한 문서의 작성

제35조의20【업무 집행 방법】 ① 합작법무법인은 법인 명의로 업무를 수행하며 그 업무를 담당할 변호사(이하 "담당변호사"라 한다) 또는 그 업무를 담당할 외국법자문사(이하 "담당외국법자문사"라 한다)를 지정하여야 한다. 소속변호사 또는 소속외국법자문사에 대해서는 선임변호사 또는 선임외국법자문사와 공동으로 지정하여야 한다.
② 제1항에 따른 지정을 할 때 외국법자문사는 제24조 각 호에 규정된 업무 외의 업무에 대해서는 담당외국법자문사로 지정될 수 없다.
③ 합작법무법인이 「변호사법」 제49조제2항에 따른 업무를 할 때에는 그 직무를 수행할 수 있는 변호사 중에서 업무를 담당할 자를 지정하여야 한다.
④ 합작법무법인이 제1항에 따라 담당변호사 또는 담당외국법자문사를 지정하지 아니한 경우에는 선임변호사 및 선임외국법자문사 모두를 담당변호사 및 담당외국법자문사로 지정한 것으로 본다. 다만, 제24조 각 호에 규정된 업무 외의 업무에 대해서는 선임변호사 모두를 담당변호사로 지정한 것으로 본다.
⑤ 합작법무법인은 담당변호사 또는 담당외국법자문사가 업무를 담당하지 못하게 된 경우에는 지체 없이 제1항에 따라 다시 담당변호사 또는 담당외국법자문사를 지정하여야 한다.
⑥ 합작법무법인이 제5항에 따라 다시 담당변호사 또는 담당외국법자문사를 지정하지 아니한 경우에는 제4항을 준용한다.
⑦ 합작법무법인은 제1항부터 제6항까지의 규정에 따라 담당변호사 또는 담당외국법자문사를 지정한 경우에는 지체 없이 이를 수임사건의 위임인에게 서면으로 통지하여야 한다. 담당변호사 또는 담당외국법자문사를 변경한 경우에도 또한 같다.
⑧ 담당변호사 및 담당외국법자문사는 지정된 업무를 수행할 때에 각자가 그 합작법무법인을 대표한다.
⑨ 합작법무법인이 그 업무에 관하여 작성하는 문서에는 법인명의를 표시하고 담당변호사 및 담당외국법자문사가 기명날인하거나 서명하여야 한다.

제35조의21【부당 관여 금지】 합작법무법인 내 외국법자문사는 제24조 각 호에 규정된 업무 외의 법률사무를 취급할 때 합작법무법인 내 변호사에게 업무상 명령을 내리거나 부당한 관여를 하여서는 아니 된다.

제35조의22【변호사, 외국법자문사의 업무 제한】 ① 합작법무법인의 변호사 및 외국법자문사는 자기나 제3자의 계산으로 변호사, 외국법자문사 업무를 수행할 수 없다. 다만, 선임변호사 또는 선임외국법자문사가 제35조의11제3항에 따라 합작참여자 구성원 직을 겸하는 경우에 해당 합작참여자의 계산으로 업무를 수행하는 경우는 제외한다.
② 합작법무법인의 변호사 또는 외국법자문사였던 자는 합작법무법인의 소속 기간 중 그 법인이 상의(相議)를 받아 수임을 승낙한 사건에 관하여는 변호사나 외국법자문사의 업무를 수행할 수 없다.

제35조의23【국내 합작참여자의 별도 직무 수행】 국내 합작참여자는 합작법무법인과 별도로 「변호사법」 제3조의 직무를 수행할 수 있다.

제35조의24【장부의 작성·보관】 합작법무법인은 수임에 관한 장부를 작성하고, 이를 보관하여야 한다. 이 경우 수임장부의 기재 등에 관하여는 「변호사법」 제28조제2항 및 제3항을 준용한다.

제35조의25【수임 제한】 합작법무법인은 다음 각 호의 어느 하나에 해당하는 사건에 관하여는 그 직무를 수행할 수 없다. 다만, 제2호 사건의 경우 수임하고 있는 사건의 위임인이 동의한 경우에는 그러하지 아니하다.
1. 당사자 한쪽으로부터 상의를 받아 그 수임을 승낙한 사건(합작참여자가 수임을 승낙한 사건을 포함한다)의 상대방이 위임하는 사건
2. 수임하고 있는 사건(합작참여자가 수임하고 있는 사건을 포함한다)의 상대방이 위임하는 다른 사건
3. 합작법무법인의 선임변호사, 선임외국법자문사, 소속변호사, 소속외국법자문사 또는 소속 외국변호사(국내 합작참여자의 구성원 또는 소속 변호사, 외국 합작참여자의 구성원, 소속 외국법자문사 또는 소속 변호사를 포함한다)가 공무원·조정위원 또는 중재인으로서 직무상 취급하거나 취급하게 된 사건

제35조의26【고용, 동업, 겸임 등의 금지】 ① 합작법무법인은 법무사·변리사·공인회계사·세무사 및 관세사를 고용할 수 없다.
② 합작법무법인은 법무사·변리사·공인회계사·세무사 및 관세사와 동업, 업무제휴, 포괄적 협력관계의 설정, 사건의 공동 수임, 그 밖의 어떠한 방식으로든 사건을 공동으로 처리하고 그로 인한 보수나 수익을 분배할 수 없다.
③ 합작법무법인은 변호사·법무법인·법무법인(유한)·법무조합·법무사·법무사합동법인·변리사·특허법인·특허법인(유한)·공인회계사·회계법인·세무사·세무법인·관세사 및 관세사법인과 조합계약, 법인설립, 지분참여, 경영권 위임을 할 수 없으며, 그 밖의 어떠한 방식으로든 법무사사무소·법무사합동법인·변리사사무소·특허법인·특허법인(유한)·공인회계사사무소·회계법인·세무사사무소·세무법인·관세사사무소 및 관세사법인을 공동으로 설립·운영하거나 동업할 수 없다.

제35조의27【보고 등】 ① 합작법무법인은 다음 각 호의 사항에 변동이 있는 경우, 법무부장관에게 이를 보고하여야 한다.
1. 제35조의8에 관한 사항
2. 제35조의11부터 제35조의13까지의 규정에 관한 사항
3. 제35조의16에 관한 사항
4. 그 밖에 합작법무법인 설립인가에 관한 사항
② 법무부장관은 합작법무법인에 제1항의 사실을 확인할 자료의 제출을 요구할 수 있다.
③ 법무부장관은 행정기관이나 그 밖의 공사단체에 설립인가 또는 그 취소에 관하여 필요한 자료 제출을 요구할 수 있다.

제35조의28【손해배상책임】 ① 합작법무법인을 대표하는 자(담당변호사 및 담당외국법자문사를 포함한다)가 그 업무집행으로 인하여 타인에게 손해를 가한 때에는 합작법무법인은 그 대표와 연대하여 배상할 책임이 있다.
② 합작법무법인은 합작법무법인의 업무 처리 및 운영 등과 관련된 손해배상책임을 보장하기 위하여 대통령령으로 정하는 바에 따라 보험 또는 공제기금에 가입하여야 한다.
③ 합작법무법인은 제2항에 따른 손해배상책임에 관한 사항을 대통령령으로 정하는 바에 따라 수임 계약서와 광고물에 밝혀야 한다.

제35조의29【인가 취소】 ① 법무부장관은 합작법무법인이 다음 각 호의 어느 하나에 해당하면 설립인가를 취소할 수 있다. 다만, 제2호에 해당하는 경우에는 설립인가를 취소하여야 한다.
1. 설립인가신청서 또는 그 증명서류의 중요 부분이 누락되었거나 그 내용이 거짓으로 보이는 상당한 사정이 있는 경우
2. 합작참여자가 제35조의7제2항을 위반하여 2개 이상 합작법무법인을 설립한 경우
3. 제35조의7제3항을 위반하여 3개월 이내에 합작참여자를 보충하지 아니한 경우
4. 합작참여자가 제35조의8의 요건을 충족하지 못한 경우
5. 업무 집행에 관하여 법령을 위반한 경우
② 법무부장관은 제1항에 따라 합작법무법인의 설립인가를 취소하려면 청문을 하여야 한다.

제35조의30【해산】 ① 합작법무법인은 다음 각 호의 어느 하나에 해당하는 사유가 있을 때에는 해산한다.
1. 정관에서 정한 해산 사유가 발생하였을 때
2. 합작참여자 전원의 동의가 있을 때
3. 파산하였을 때
4. 설립인가가 취소되었을 때
5. 인가 유효기간 만료 후 인가 갱신을 받지 못한 때
② 합작법무법인이 해산한 경우에는 청산인은 지체 없이 주사무소 소재지의 지방변호사회와 대한변호사협회를 거쳐 법무부장관에게 그 사실을 신고하여야 한다.

제35조의31【인가 등 통지】 법무부장관은 합작법무법인의 인가, 인가 취소 및 해산이 있으면 지체 없이 주사무소 소재지의 지방변호사회와 대한변호사협회에 통지하여야 한다.

제35조의32【준용 규정】 합작법무법인에 대한 징계에 관하여는 제6장을 준용한다.

제35조의33【다른 법률의 준용】 ① 합작법무법인에 관하여는 「변호사법」 제27조, 제28조의2, 제30조 및 제32조부터 제37조까지의 규정(같은 법 제34조제4항 및 제5항은 제외한다)을 준용한다. 이 경우 "변호사"는 "합작법무법인"으로, "소속 지방변호사회"는 "대한변호사협회"로 본다.
② 합작법무법인에 관하여 이 법에서 정한 것 외에는 「상법」 중 합명회사에 관한 규정을 준용한다. 다만, 「상법」 제173조, 제230조, 제232조부터 제240조까지 및 제242조부터 제244조까지의 규정은 그러하지 아니하다.

제6장 징 계

제36조【징계의 종류】 외국법자문사에 대한 징계의 종류는 다음과 같다.
1. 자격승인취소
2. 등록취소
3. 3년 이하의 정직(停職)
4. 3천만원 이하의 과태료
5. 견책

제37조【징계 사유】 ① 제36조제1호에 해당하는 징계 사유는 다음 각 호와 같다.
1. 제13조제2항제2호 또는 제36조제2호에 따른 등록취소 처분을 받은 사람으로서 외국법자문사의 직무를 수행하는 것이 현저히 부적당하다고 인정되는 경우
2. 제36조제3호에 따른 정직 처분을 2회 이상 받은 후 다시 제2항에서 정하는 징계 사유가 있는 사람으로서 외국법자문사의 직무를 수행하는 것이 현저히 부적당하다고 인정되는 경우

② 제36조제2호부터 제5호까지의 규정에 해당하는 징계 사유는 다음 각 호의 어느 하나와 같다.
1. 이 법을 위반한 경우
2. 대한변호사협회가 정하는 윤리장전을 위반한 경우
3. 직무의 내외를 막론하고 외국법자문사로서의 품위를 손상하는 행위를 한 경우

제38조【외국법자문사징계위원회의 설치】 ① 외국법자문사의 징계는 외국법자문사징계위원회가 행한다.
② 법무부와 대한변호사협회에 각각 외국법자문사징계위원회를 둔다.

제39조【대한변호사협회 외국법자문사징계위원회의 구성】 ① 대한변호사협회 외국법자문사징계위원회(이하 "변협징계위원회"라고 한다)는 다음 각 호의 위원으로 구성한다. 이 경우 법무부장관은 외국법자문사인 위원을 추천하기 곤란한 사정이 있으면 이를 갈음하여 외국변호사의 자격을 가진 자를 추천할 수 있다.
1. 법원행정처장이 추천하는 판사 2명
2. 법무부장관이 추천하는 검사 2명 및 외국법자문사 2명
3. 대한변호사협회의 장이 추천하는 변호사 2명 및 변호사가 아닌 법과대학 교수 1명

② 변협징계위원회에 위원장 1명과 간사 1명을 두되, 위원장과 간사는 위원 중에서 호선한다.
③ 제1항의 위원을 추천할 때에는 위원과 같은 수의 예비위원을 함께 추천하여야 한다.
④ 변호사의 자격을 취득한 날부터 10년이 지나지 아니한 사람은 판사·검사·변호사인 위원 또는 예비위원이 될 수 없다.
⑤ 위원과 예비위원의 임기는 각각 2년으로 한다.
⑥ 변협징계위원회의 결정은 위원 과반수의 찬성으로 의결한다.
⑦ 변협징계위원회의 구성·운영 등에 필요한 사항은 대한변호사협회가 정한다.

제40조【법무부 외국법자문사징계위원회의 구성】 ① 법무부 외국법자문사징계위원회(이하 "법무부징계위원회"라 한다)는 위원장 1명과 부위원장 1명, 위원장 및 부위원장이 아닌 위원 7명으로 구성하며, 예비위원 7명을 둔다.
② 법무부징계위원회의 위원장은 법무부장관이 되고, 부위원장은 법무부차관이 되며, 위원과 예비위원은 다음 각 호의 사람을 법무부장관이 임명 또는 위촉한다. 이 경우 법무부장관은 외국법자문사인 위원을 위촉하기 곤란한 사정이 있으면 외국변호사의 자격을 가진 사람을 위촉할 수 있다.
1. 법원행정처장이 추천하는 판사 중에서 각 2명
2. 검사 중에서 각 2명
3. 외국법자문사 중에서 각 1명
4. 대한변호사협회의 장이 추천하는 변호사 중에서 각 1명
5. 변호사가 아닌 사람으로서 법과대학 교수 또는 경험과 덕망이 있는 사람 각 1명

③ 변협징계위원회의 위원 및 예비위원은 법무부징계위원회의 위원 및 예비위원을 겸할 수 없다.
④ 위원과 예비위원의 임기는 각각 2년으로 한다.
⑤ 위원장은 법무부징계위원회의 업무를 총괄하고 법무부징계위원회를 대표하며 회의를 소집하고 그 의장이 된다.
⑥ 위원장이 부득이한 사유로 그 직무를 수행할 수 없을 때에는 부위원장이 그 직무를 대행하고, 부위원장도 그 직무를 대행할 수 없을 때에는 위원장이 미리 지명하는 위원이 그 직무를 대행한다.
⑦ 법무부징계위원회의 결정은 위원 과반수의 찬성으로 의결한다.
⑧ 법무부징계위원회의 위원 중 공무원이 아닌 사람은 「형법」 제127조 및 제129조부터 제132조까지의 규정을 적용할 때에는 공무원으로 본다.(2016.1.6 본항신설)
⑨ 제1항부터 제8항까지에서 규정한 사항 외에 법무부징계위원회의 운영이나 징계 절차에 필요한 사항은 법무부령으로 정한다.(2016.3.2 본항신설)

제41조【징계위원회의 권한】 ① 변협징계위원회는 제37조제2항에 따른 징계 사유에 해당하는 징계 사건을 심의한다.
② 법무부징계위원회는 제37조제1항에 따른 징계 사유에 해당하는 징계사건과 변협징계위원회의 징계 결정에 대한 이의신청 사건을 심의한다.

제42조【징계개시의 청구 등】 ① 대한변호사협회의 장은 외국법자문사가 제37조제1항에 따른 징계 사유에 해당한다고 판단되면 법무부징계위원회에 징계개시를 청구하여야 하고, 제37조제2항에 따른 징계 사유에 해당한다고 판단되면 변협징계위원회에 징계개시를 청구하여야 한다. 다만, 징계 사유가 발생한 날부터 3년이 지난 때에는 이를 청구하지 못한다.
② 의뢰인이나 의뢰인의 법정대리인·배우자·직계친족·형제자매는 외국법자문사에게 제37조에 따른 징계 사유가 있다고 판단되면 그 사유를 첨부하여 대한변호사협회의 장에게 그 외국법자문사에 대한 징계개시의 청구를 신청할 수 있다.
③ 지방검찰청검사장은 범죄수사 등 검찰 업무의 수행 중 외국법자문사에게 징계 사유가 있는 것을 발견한 때에는 대한변호사협회의 장에게 그 외국법자문사에 대한 징계개시의 청구를 신청하여야 한다.
④ 대한변호사협회의 장은 제2항 및 제3항의 신청에 대하여 징계개시의 청구를 하지 아니하는 경우에는 그 이유를 신청인에게 서면으로 알려야 한다.
⑤ 징계개시 신청인의 이의신청에 관하여는 「변호사법」 제97조의5를 준용한다.

제43조【징계의 결정 기간 등】 ① 변협징계위원회는 징계개시의 청구를 받거나 제42조제5항에서 준용하는 「변호사법」 제97조의5제2항에 따라 징계 절차를 개시한 날부터 6개월 이내에 징계에 관한 결정을 하여야 한다. 다만, 부득이한 사유가 있을 때에는 그 의결로 6개월의 범위에서 그 기간을 연장할 수 있다.
② 법무부징계위원회가 제37조제1항에 따른 징계 사유에 관한 징계개시의 청구를 받거나 변협징계위원회의 결정에 대한 이의신청을 받은 때에도 제1항과 같다.

제44조【징계의 집행·절차 등】 ① 제36조제1호에 따른 징계는 법무부장관이 집행하고, 제36조제2호부터 제5호까지의 규정에 따른 징계는 대한변호사협회의 장이 집행한다.
② 제36조제4호에 따른 과태료 결정은 「민사집행법」에 따른 집행력 있는 집행권원과 같은 효력이 있고, 검사의 지휘로 집행한다.
③ 외국법자문사의 징계에 관하여는 「변호사법」 제98조제3항, 제98조의2, 제98조의3, 제98조의4제2항·제3항, 제98조의5제3항·제4항, 제99조, 제100조 및 제101조의2를 준용한다.

제45조【업무정지명령】 ① 법무부장관은 외국법자문사에 대하여 공소(公訴)가 제기되거나 제42조제1항에 따른 징계 절차가 개시되어 그 재판이나 징계 결정의 결과 자격승인취소 또는 등록취소에 이르게 될 가능성이 매우 크고, 그대로 두면 장차 의뢰인이나 공공의 이익을 해칠 구체적인 위험성이 있는 경우에는 법무부징계위원회에 그 외국법자문사의 업무정지에 관한 결정을 청구할 수 있다. 다만, 약식명령이 청구된 경우와 과실범으로 공소제기된 경우에는 그러하지 아니하다.
② 법무부장관은 법무부징계위원회의 결정에 따라 해당 외국법자문사에 대하여 업무정지를 명할 수 있다.
③ 외국법자문사의 업무정지에 관하여는 「변호사법」 제103조부터 제108조까지의 규정을 준용한다. 이 경우 준용되는 「변호사법」 해당 조항 중 "변호사"는 "외국법자문사"로 본다.

제7장 벌 칙

제46조【벌칙】 다음 각 호의 어느 하나에 해당하는 사람은 7년 이하의 징역 또는 5천만원 이하의 벌금에 처한다. 이 경우 벌금과 징역은 병과(併科)할 수 있다.
1. 외국법자문사 또는 변호사가 아니면서 금품·향응 또는 그 밖의 이익을 받거나 받을 것을 약속하고 또는 제3자에게 금품·향응 또는 그 밖의 이익을 공여(供與)하게 하거나 공여하게 할 것을 약속하고 외국법사무를 취급하거나 알선한 사람. 다만, 제24조의2제1항에 따라 사무를 수행하는 외국법자문사 아닌 외국변호사는 제외한다.(2016.3.2 후단신설)
2. 제35조 및 제35조의33에 따라 준용되는 「변호사법」 제33조 또는 제34조를 위반한 사람(2016.3.2 본호개정)
3. 금품·향응 또는 그 밖의 이익을 받거나 받을 것을 약속하고 또는 제3자에게 금품·향응 또는 그 밖의 이익을 공여하게 하거나 공여하게 할 것을 약속하고 다음 각 목의 사건에 관하여 감정·대리·중재·화해·청탁·법률상담 또는 법률관계 문서작성, 그 밖의 법률사무를 취급하거나 이러한 행위를 알선한 외국법자문사. 다만, 외국법자문사가 제24조 각 호의 사무를 처리하는 경우는 제외한다.
   가. 소송 사건, 비송 사건, 가사 조정 또는 심판 사건
   나. 행정심판 또는 심사의 청구나 이의신청, 그 밖에 행정기관에 대한 불복신청 사건
   다. 수사기관에서 취급 중인 수사 사건
   라. 법령에 따라 설치된 조사기관에서 취급 중인 조사 사건
   마. 그 밖의 일반 법률사건

제47조【벌칙】 다음 각 호의 어느 하나에 해당하는 사람은 5년 이하의 징역 또는 3천만원 이하의 벌금에 처한다. 이 경우 벌금과 징역은 병과할 수 있다.
1. 제25조제1항을 위반하여 업무 범위 외의 업무를 수행한 외국법자문사(2016.3.2 본호개정)
2. 제30조를 위반하여 비밀을 누설한 사람 및 그 위반 사실을 알고도 이를 이용하여 부정한 이익을 얻을 목적으로 취득·사용한 사람
3. 제34조제1항을 위반하여 변호사를 고용한 사람(2016.3.2 본호개정)
4. 제34조제2항 또는 제3항을 위반한 외국법자문사 및 변호사
5. 다음 각 목의 어느 하나에 해당하는 외국법자문사
   가. 외국의 법원 또는 행정기관을 위하여 행하는 문서의 송달과 증거조사를 행한 사람
   나. 대한민국에 있는 부동산에 관한 권리, 지식재산권, 광업권, 그 밖에 행정기관에 등기 또는 등록함을 성립요건이나 대항요건으로 하는 권리의 득실변경을 주된 목적으로 하는 사무를 대리하거나 이를 목적으로 하는 문서의 작성을 행한 사람(2016.3.2 본목개정)
6. 제35조의26제2항 또는 제3항을 위반한 외국법자문사 및 변호사(2016.3.2 본호신설)

제48조【벌칙】 다음 각 호의 어느 하나에 해당하는 사람은 3년 이하의 징역 또는 2천만원 이하의 벌금에 처한다. 이 경우 벌금과 징역은 병과할 수 있다.
1. 법무부장관이나 대한변호사협회에 외국법자문사의 자격승인 또는 등록에 관하여 거짓의 신청을 하여 자격승인을 받거나 등록을 한 사람
2. 제34조제1항을 위반하여 고용된 변호사(2016.3.2 본호개정)
3. 제34조제1항을 위반하여 법무사·변리사·공인회계사·세무사 및 관세사를 고용한 사람(2016.3.2 본호신설)
4. 제34조제2항 또는 제3항을 위반한 법무사·변리사·공인회계사·세무사 및 관세사
5. 제35조 및 제35조의33제1항에서 준용되는 「변호사법」 제32조를 위반하여 계쟁권리(係爭權利)를 양수한 사람(2016.3.2 본호신설)
6. 외국법자문사가 아니면서 외국법자문사나 외국법자문법률사무소를 표시 또는 기재하거나, 이익을 얻을 목적으로 외국법사무를 취급하는 뜻을 표시 또는 기재한 사람
7. 제35조의3제1항에 따른 합작법무법인의 설립인가에 관하여 법무부장관에게 허위의 확인서를 제출하거나 서류를 조작하는 등의 방법으로 거짓의 신청을 하여 설립인가를 받은 사람
8. 제35조의6제2항을 위반하여 유사 명칭을 사용한 사람
9. 제35조의26제1항을 위반하여 법무사·변리사·공인회계사·세무사 및 관세사를 고용한 사람
10. 제35조의26제2항 또는 제3항을 위반한 법무사·변리사·공인회계사·세무사 및 관세사

(2016.3.2 7호~10호신설)

제49조【벌칙】 다음 각 호의 어느 하나에 해당하는 사람은 1년 이하의 징역 또는 1천만원 이하의 벌금에 처한다. 이 경우 벌금과 징역은병과할 수 있다.
1. 제31조제3항에서 준용되는 「변호사법」 제23조제2항제1호를 위반하여 광고를 한 사람
2. 제34조제1항을 위반하여 고용된 법무사·변리사·공인회계사·세무사 및 관세사(2016.3.2 본호개정)
3. 제35조에서 준용되는 「변호사법」 제31조제1항제3호를 위반하거나, 제35조의25제3호를 위반한 사람
4. 제35조의26제1항을 위반하여 고용된 법무사·변리사·공인회계사·세무사 및 관세사
5. 제35조의33제1항에서 준용되는 「변호사법」 제37조제1항을 위반하여 당사자 또는 그 밖의 관계인을 특정한 변호사나 그 사무직원에게 소개·알선 또는 유인한 사람

(2016.3.2 3호~5호신설)

제50조【상습범】 상습적으로 제46조의 죄를 지은 사람은 10년 이하의 징역에 처한다.

제51조【외국인의 국외범】 제47조제2호는 대한민국 외에서 죄를 지은 외국인에게도 적용한다. 다만, 행위지(行爲地)의 법률에 따라 범죄를 구성하지 아니하거나 소추(訴追) 또는 형의 집행을 면제하는 경우에는 그러하지 아니하다.

제52조【몰수 또는 추징】 제46조의 죄를 지은 사람이나 그 사정을 아는 제3자가 받은 금품 또는 그 밖의 이익은 몰수한다. 이를 몰수할 수 없을 때에는 그 가액(價額)을 추징한다.

제53조【과태료】 ① 다음 각 호의 어느 하나에 해당하는 자에게는 3천만원 이하의 과태료를 부과한다.
(2016.3.2 본문개정)
1. 제15조제3항을 위반한 사람
2. 제21조 또는 제23조제1항을 위반한 외국법자문법률사무소의 대표자
3. 제25조제2항을 위반한 외국법자문사와 그 사용자
4. 제27조제3항부터 제6항까지의 규정을 위반한 외국법자문사, 외국법자문법률사무소의 대표자 또는 합작법무법인(2016.3.2 본호개정)
5. 제29조를 위반한 외국법자문사

6. 제35조의28제2항 또는 제3항을 위반한 합작법무법인 (2016.3.2 본호신설)

② 다음 각 호의 어느 하나에 해당하는 자에게는 1천만원 이하의 과태료를 부과한다.(2016.3.2 본문개정)

1. 제22조를 위반하거나, 제20조제2항에 따라 준용되는 「변호사법」 제22조제2항을 위반한 외국법자문법률사무소의 대표자(2016.3.2 본호개정)

1의2. 제24조의2제2항을 위반하여 체류한 사람(2016.3.2 본호신설)

2. 제33조를 위반하여 법무부장관의 자료 제출 요구에 따르지 아니하거나 거짓 자료를 제출한 외국법자문사, 외국법자문법률사무소의 대표자 또는 합작법무법인 (2016.3.2 본호개정)

3. 제34조의5제1항을 위반하여 신고를 하지 아니하거나 거짓으로 신고한 외국법자문법률사무소의 대표자 (2011.4.5 본호신설)

4. 「공증인법」 제2조 각 호에 따른 증서 작성의 촉탁을 대리한 외국법자문사(2016.3.2 본호개정)

5. 제35조에 따라 준용되는 「변호사법」 제28조의2를 위반하여 수임사건의 건수 또는 수임액을 보고하지 아니한 사람

6. 제35조의14제2항에 따라 준용되는 「변호사법」 제22조제2항제1호를 위반하거나, 제35조의24를 위반한 합작법무법인

7. 제35조의30제2항을 위반하여 해산신고를 하지 아니한 사람

8. 제35조의33제1항에서 준용하는 「변호사법」 제28조의2를 위반하여 수임사건의 건수 또는 수임액을 보고하지 아니하거나 같은 법 제35조를 위반하여 사건 유치 목적으로 출입·주재하거나 또는 같은 법 제36조를 위반하여 사건을 소개·알선·유인한 사람 또는 합작법무법인 (2016.3.2 5호~8호신설)

③ 제1항 및 제2항에 따른 과태료의 부과, 징수 등에 관하여는 「변호사법」 제117조제4항을 준용한다.(2017.12.12 본항개정)

부 칙 (2011.4.5)

제1조【시행일】 이 법은 2011년 4월 30일부터 시행한다.

제2조【자격승인 신청 수수료에 관한 적용례】 제3조제4항의 개정규정은 이 법 시행 후 최초로 자격승인을 신청한 자부터 적용한다.

제3조【설립신청 수수료에 관한 적용례】 제15조제4항의 개정규정은 이 법 시행 후 최초로 설립신청을 한 자부터 적용한다.

제4조【등록 취지 통지에 관한 적용례】 제18조제6항의 개정규정은 이 법 시행 후 최초로 등록을 한 자부터 적용한다.

부 칙 (2016.1.6)

제1조【시행일】 이 법은 공포한 날부터 시행한다.

제2조【금치산자 등의 결격사유에 관한 경과조치】 제5조제6호의 개정규정에도 불구하고 같은 개정규정 시행 당시 법률 제10429호 민법 일부개정법률 부칙 제2조에 따라 금치산 또는 한정치산 선고의 효력이 유지되는 사람에 대하여는 종전의 규정에 따른다.

부 칙 (2017.12.12)

제1조【시행일】 이 법은 공포한 날부터 시행한다.(이하 생략)

법률구조법

(1986년 12월 23일 법 률 제3862호)

개정
1994.12.31법 4837호
2001.12.31법 6590호(기금관리기본법)
2007. 3.29법 8320호
2008. 3.28법 8994호
2009. 3.18법 9489호
2009. 5.27법 9717호(농어업·농어촌및식품산업기본법)
2011. 8. 4법11002호(아동)
2011. 9.15법11041호(국가유공자등예우)
2014. 5.20법12617호(기초연금법)
2015. 6.22법13383호(수산업·어촌발전기본법)
2016. 3.29법14102호(공익법무관에관한법)
2021. 1. 5법17883호(5·18민주유공자예우및단체설립에관한법)
2022. 1.11법18755호(수산)

제1조【목적】 이 법은 경제적으로 어렵거나 법을 몰라서 법의 보호를 충분히 받지 못하는 자에게 법률구조(法律救助)를 함으로써 기본적 인권을 옹호하고 나아가 법률 복지를 증진하는 데에 이바지함을 목적으로 한다. (2008.3.28 본조개정)

제2조【정의】 이 법에서 "법률구조"란 제1조의 목적을 달성하기 위하여 법률상담, 변호사나 「공익법무관에 관한 법률」에서 정한 공익법무관(이하 "공익법무관"이라 한다)에 의한 소송대리(訴訟代理), 그 밖에 법률 사무에 관한 모든 지원을 하는 것을 말한다.(2008.3.28 본조개정)

제2조의2【국가와 지방자치단체의 책무】 ① 국가는 국민의 법률복지 증진을 위하여 법률구조 체제를 구축·운영하고, 법률구조 관련 법령의 정비와 각종 정책을 수립·시행하며, 이에 필요한 재원을 조달할 책무를 진다.

② 지방자치단체는 국가의 법률구조 시책이 원활하게 시행될 수 있도록 협력하여야 한다.
(2008.3.28 본조신설)

제3조【등록】 법인으로서 법률구조업무를 하려는 자는 대통령령으로 정하는 바에 따라 자산(資産), 법률구조업무 종사자 등에 관한 요건을 갖추어 법무부장관에게 등록하여야 한다.(2008.3.28 본조개정)

제4조【보조금의 지급】 정부는 제3조에 따라 등록된 법인과 제8조에 따른 대한법률구조공단(이하 "법률구조법인"이라 한다)의 건전한 육성·발전을 위하여 필요하다고 인정하면 예산의 범위에서 보조금을 지급할 수 있다. (2008.3.28 본조개정)

제5조【대리행위의 제한】 법률구조법인이나 그 밖에 공익법무관이 근무하고 있거나 근무하였던 법인은 법률구조업무와 관련하여 법인명의로 소송에 관한 행위, 행정처분의 청구, 그 밖의 법률사무에 관한 대리행위(代理行爲)를 할 수 없다.(2008.3.28 본조개정)

제6조【비밀누설의 금지】 법률구조법인이나 그 밖에 공익법무관이 근무하고 있거나 근무하였던 법인 또는 기관에서 법률구조업무에 종사하였거나 종사하고 있는 자는 그 업무수행 과정에서 알게 된 비밀을 누설하여서는 아니 된다.(2016.3.29 본조개정)

제7조【수수료 등의 징수 금지】 ① 법률구조법인이나 그 밖에 공익법무관이 근무하고 있거나 근무하였던 법인 또는 기관 및 그 법인 또는 기관에서 법률구조업무를 담당하고 있거나 담당하였던 자는 법률구조를 이유로 수수료를 받거나 그 밖의 어떠한 명목으로도 금품을 받아서는 아니 된다. 다만, 대통령령으로 정하는 소송비용, 변호사보수(辯護士報酬) 등에 대하여는 그러하지 아니하다. (2016.3.29 본문개정)

② 제1항 단서에도 불구하고 다음 각 호의 어느 하나에 해당하는 자에 대하여는 대통령령으로 정하는 바에 따라 국가가 소송비용과 변호사보수를 부담할 수 있다.

1. 「국가유공자 등 예우 및 지원에 관한 법률」 제6조제1항에 따라 등록된 국가유공자 및 그 유족(2011.9.15 본호개정)
2. 「독립유공자예우에 관한 법률」 제6조제1항에 따라 등록된 독립유공자와 그 유족 또는 가족
3. 「5·18민주유공자예우 및 단체설립에 관한 법률」 제7조제1항에 따라 등록된 5·18민주유공자(2021.1.5 본호개정)
4. 「국민기초생활 보장법」 제2조제2호에 따른 수급자
5. 「아동복지법」 제3조제4호에 따른 보호대상아동 (2011.8.4 본호개정)
6. 「기초연금법」 제3조에 따른 기초연금 수급권자 (2014.5.20 본호개정)
7. 「장애인복지법」 제2조제2항에 따른 장애인
8. 「한부모가족지원법」 제5조 및 제5조의2에 따른 보호대상자
9. 「농업·농촌 및 식품산업 기본법」 제3조제2호에 따른 농업인과 「수산업·어촌 발전 기본법」 제3조제3호에 따른 어업인(2015.6.22 본호개정)
10. 「수산업법」 제2조제14호에 따른 어획물운반업종사자 (2022.1.11 본호개정)
11. 그 밖에 대통령령으로 정하는 자

③ 제1항 단서와 제2항에 따라 공익법무관이 받은 변호사보수 등은 공익법무관이 근무하고 있거나 근무하였던 법인의 해당 회계에 편입시킨다.
(2008.3.28 본조개정)

제8조【대한법률구조공단의 설립】 법률구조를 효율적으로 추진하기 위하여 대한법률구조공단(이하 "공단"이라 한다)을 설립한다.(2008.3.28 본조개정)

제9조【법인격】 공단은 법인으로 한다.(2008.3.28 본조개정)

제10조【사무소】 ① 공단의 주된 사무소의 소재지는 정관(定款)으로 정한다.

② 공단은 「각급 법원의 설치와 관할구역에 관한 법률」 제2조에 따른 지방법원 소재지에 지부(支部)를, 지방법원 지원 소재지에 출장소를, 시·군법원 소재지에 지소(支所)를 정관으로 정하는 바에 따라 각각 둘 수 있다. (2008.3.28 본조개정)

제11조【정관】 ① 공단의 정관에는 다음 각 호의 사항을 적어야 한다.

1. 설립 목적
2. 명칭
3. 주된 사무소, 지부 및 출장소에 관한 사항
4. 임직원에 관한 사항
5. 이사회에 관한 사항
6. 업무에 관한 사항
7. 재산과 회계에 관한 사항
8. 공고에 관한 사항
9. 정관의 변경에 관한 사항
10. 내부 규정의 제정·개정 및 폐지에 관한 사항

② 공단은 정관을 변경하려고 할 때에는 법무부장관의 인가(認可)를 받아야 한다.
(2008.3.28 본조개정)

제12조【등기】 공단은 그 주된 사무소의 소재지에서 설립등기(設立登記)를 함으로써 성립한다.(2008.3.28 본조개정)

제13조【임원 및 그 임기】 ① 공단에는 이사장 1명을 포함한 14명 이내의 이사(理事)와 감사(監事) 1명을 둔다.

② 이사장은 법무부장관이 임명하고, 이사와 감사는 이사장의 제청에 의하여 법무부장관이 임명한다.

③ 이사장과 이사의 임기는 3년으로 하고, 감사의 임기는 2년으로 한다.
(2008.3.28 본조개정)

제14조【임원의 직무】 ① 이사장은 공단을 대표하고 공단의 업무를 총괄한다.

② 이사는 정관으로 정하는 바에 따라 공단의 업무를 분장하며 이사장이 불가피한 사유로 직무를 수행할 수 없을 때에는 정관으로 정하는 순위에 따라 그 직무를 대리한다.

③ 감사는 공단의 업무와 회계를 감사(監査)한다.
(2008.3.28 본조개정)

제15조【임원의 결격사유】 다음 각 호의 어느 하나에 해당하는 자는 공단의 임원이 될 수 없다.

1. 대한민국 국민이 아닌 자
2. 「국가공무원법」 제33조 각 호의 어느 하나에 해당하는 자

(2008.3.28 본조개정)

제16조【임원의 해임】 ① 임원이 제15조 각 호의 어느 하나에 해당하게 되면 당연히 퇴직한다.

② 임면권자(任免權者)는 임원이 다음 각 호의 어느 하나에 해당하게 되면 그 임원을 해임할 수 있다.

1. 신체장애나 정신장애로 직무수행이 매우 곤란하게 되거나 불가능하게 된 경우
2. 고의 또는 중대한 과실로 공단에 손실을 입힌 경우
3. 직무상 의무를 위반하거나 그 밖에 임원으로서 적합하지 못한 비행(非行)을 한 경우

(2008.3.28 본조개정)

제17조【이사회】 ① 공단의 중요 사항을 심의·의결하기 위하여 공단에 이사회를 둔다.

② 이사회는 이사장과 이사로 구성한다.

③ 이사장은 이사회를 소집하고 그 의장이 된다.

④ 감사는 이사회에 출석하여 의견을 진술할 수 있다. (2008.3.28 본조개정)

제18조【직원의 임면】 공단의 직원은 정관으로 정하는 바에 따라 이사장이 임면(任免)한다.(2008.3.28 본조개정)

제19조【공단 소속 변호사】 ① 법률구조업무를 효율적으로 수행하기 위하여 공단에 법률구조업무를 전담하는 변호사를 둘 수 있다.

② 이 법에 따른 공단 소속 변호사의 임면과 그 밖의 운영에 관하여 이 법에 규정되지 아니한 사항은 법무부장관의 승인을 받아 공단의 규칙으로 정한다.
(2008.3.28 본조개정)

제20조【법률구조위원】 ① 공단의 이사장은 법률구조사건의 소송수행을 위하여 필요하면 변호사 중에서 법률구조위원을 위촉할 수 있다.

② 법률구조위원의 위촉과 그 밖의 운영에 관한 사항은 법무부장관의 승인을 받아 공단의 규칙으로 정한다.
(2008.3.28 본조개정)

제21조【사업】 공단은 제1조의 목적을 달성하기 위하여 다음 각 호의 사업을 한다.

1. 법률구조

2. 법률구조제도에 관한 조사·연구
3. 준법정신을 드높이기 위한 계몽사업
4. 그 밖에 공단의 목적 달성에 필요한 사업
(2008.3.28 본조개정)

제21조의2【범죄피해자 보호·지원】 공단은 법률구조사업을 수행할 때 범죄피해자의 권리가 적절히 보장되고 신속한 피해회복이 이루어질 수 있도록 범죄피해자를 법률적으로 보호·지원할 수 있다.(2008.3.28 본조개정)

제22조【법률구조의 절차 등】 공단이 행하는 법률구조의 요건, 절차 등은 법무부장관의 승인을 받아 공단의 규칙으로 정한다.(2008.3.28 본조개정)

제22조의2【자료 제공의 요청】 ① 공단은 법률구조의 의뢰인이 법률구조사업의 대상자인지를 확인하기 위하여 관계 중앙행정기관, 지방자치단체, 그 밖에 대통령령으로 정하는 공공기관(이하 이 조에서 "공공기관"이라 한다)에 필요한 자료의 제공을 요청할 수 있다. 이 경우 자료 제공을 요청받은 공공기관의 장은 특별한 사유가 없으면 요청에 따라야 한다.
② 제1항에 따라 공단에 제공하는 자료에 대하여는 사용료·수수료 등을 면제한다.
③ 제1항에 따라 공단이 자료 제공을 요청할 수 있는 사유, 제공 자료의 범위, 그 밖에 필요한 사항은 대통령령으로 정한다.
(2008.3.28 본조개정)

제23조 (2001.12.31 삭제)

제24조【공단의 재원】 공단은 다음 각 호의 재원(財源)으로 운영한다.
1. 정부의 출연금(出捐金) 및 보조금
2. 정부 외의 자가 기부하는 현금과 그 밖의 재산
3. 제26조에 따른 차입금
4. 공단의 사업으로 생기는 수입금
5. 그 밖의 수입금
(2008.3.28 본조개정)

제25조 (2001.12.31 삭제)

제26조【자금의 차입】 공단은 제21조에 따른 사업을 하기 위하여 필요하다고 인정하면 법무부장관의 승인을 받아 자금을 차입(借入)할 수 있다.(2008.3.28 본조개정)

제27조 (2001.12.31 삭제)

제28조【국공유재산의 대부 등】 국가나 지방자치단체는 법률구조법인의 설립과 운영을 위하여 필요하면 「국유재산법」이나 「공유재산 및 물품 관리법」의 규정에도 불구하고 대통령령으로 정하는 바에 따라 국공유재산을 무상으로 대부(貸付)하거나 사용·수익하게 할 수 있다. 다만, 공단이 아닌 법률구조법인에는 국유재산만을 무상으로 대부하거나 사용·수익하게 할 수 있다.(2008.3.28 본조개정)

제29조【예산회계】 ① 공단의 사업연도는 정부의 회계연도에 따른다.
② 공단은 매 사업연도의 사업계획과 예산안을 작성하여 해당 사업연도가 시작되기 전까지 법무부장관에게 제출하여 승인을 받아야 한다. 이를 변경하려고 할 때에도 또한 같다.
③ 공단은 매 사업연도의 사업실적과 결산서(決算書)를 작성하여 다음 사업연도 4월말까지 법무부장관에게 제출하여야 한다.
(2008.3.28 본조개정)

제30조【이익금의 처리】 공단은 매 사업연도의 결산 결과 이익금이 생긴 경우에는 이월손실금(移越損失金)의 보전(補塡)에 충당하고, 그 나머지는 적립하여야 한다.
(2008.3.28 본조개정)

제31조【공무원의 겸직근무】 법무부장관은 이사장의 요청에 따라 법무부 소속 공무원을 공단에 겸직근무(兼職勤務)하게 할 수 있다.(2008.3.28 본조개정)

제32조【벌칙 적용 시의 공무원 의제】 공단의 임직원은 「형법」이나 그 밖의 법률에 따른 벌칙을 적용할 때에는 공무원으로 본다.(2008.3.28 본조개정)

제32조의2【공단의 손해배상책임】 ① 공단은 그 임직원이 공단의 사무집행에 관하여 고의 또는 과실로 법령을 위반하여 제삼자에게 손해를 입힌 경우 그 손해에 대한 배상책임을 진다.
② 공단은 제1항에 따른 손해가 소속 임직원의 고의 또는 중대한 과실로 발생한 것일 때에는 그 임직원에 대하여 구상권(求償權)을 행사할 수 있다.
(2008.3.28 본조개정)

제33조【준용】 공단에 관하여는 이 법으로 규정한 것 외에는 「민법」 중 재단법인에 관한 규정을 준용한다.
(2008.3.28 본조개정)

제33조의2【공익법무관의 배치 등】 ① 법무부장관은 법률구조업무를 지원하고 그 밖에 공익목적을 수행하기 위하여 「공익법무관에 관한 법률」에서 정하는 법인이나 기관에 공익법무관을 근무하게 할 수 있다.(2016.3.29 본항개정)
② 제1항에 따른 공익법무관은 「변호사법」에 따른 변호사 자격등록을 하지 아니하고 변호사로서 법률구조업무를 수행할 수 있다.
③ 제1항에 따른 공익법무관은 그 성질에 반하지 아니하는 한 「변호사법」에 규정된 모든 의무를 지키고 성실히 법률구조업무를 수행하여야 한다.
(2008.3.28 본조개정)

제33조의3【공익법무관의 업무 범위 등】 법률구조업무를 담당하는 공익법무관의 법률구조업무의 범위, 대상, 요건 등에 관하여는 법무부령으로 정한다.(2008.3.28 본조개정)

제34조【세제 지원】 정부는 법률구조업무를 효율적으로 추진하기 위하여 세제상의 지원을 할 수 있다.
(2008.3.28 본조개정)

제35조【감독 등】 ① 법무부장관은 법률구조법인을 지도·감독하며 필요하다고 인정하면 법률구조법인에 그 사업에 관한 지시나 명령을 할 수 있다. 다만, 법률구조사업의 구체적 사건에 대하여는 그러하지 아니하다.
② 법무부장관은 필요하다고 인정하면 법률구조법인으로 하여금 그 업무·회계 및 재산에 관하여 보고하게 하거나 소속 공무원으로 하여금 법률구조법인의 장부·서류, 그 밖의 물건을 검사하게 할 수 있다.
③ 제2항에 따라 검사를 하는 공무원은 그 권한을 나타내는 증표를 지니고 이를 관계인에게 내보여야 한다.
(2008.3.28 본조개정)

제36조【유사명칭의 사용 금지】 ① 공단이 아닌 자는 대한법률구조공단 또는 이와 유사한 명칭을 사용하지 못한다.
② 이 법에 따른 법률구조법인이 아닌 자는 법률구조법인 또는 이와 유사한 명칭을 사용하지 못한다.
(2008.3.28 본조개정)

제37조【벌칙】 제6조를 위반하여 비밀을 누설한 자는 1년 이하의 징역 또는 100만원 이하의 벌금에 처한다.
(2009.3.18 본조개정)

제38조【과태료】 ① 법무부장관은 제36조를 위반하여 유사명칭을 사용한 자에게 대통령령으로 정하는 기준에 따라 200만원 이하의 과태료를 부과·징수한다.
② 법무부장관은 법률구조법인의 임직원이 제35조제1항에 따른 지시 또는 명령을 위반하거나 같은 조 제2항에 따른 검사를 거부·방해 또는 기피하거나 거짓으로 보고한 경우 대통령령으로 정하는 기준에 따라 100만원 이하의 과태료를 부과·징수한다.
(2009.3.18 본조개정)

제39조 (2009.3.18 삭제)

부 칙 (2022.1.11)

제1조【시행일】 이 법은 공포 후 1년이 경과한 날부터 시행한다.(이하 생략)

공익법무관에 관한 법률

(약칭 : 공익법무관법)

(1994년 12월 31일 법 률 제4836호)

개정
1997.12.13법 5453호(행정절차)
2009.11. 2법 9810호
2013. 6. 4법11849호(병역)
2016. 3.29법14102호

제1장 총 칙
(2009.11.2 본장개정)

제1조【목적】 이 법은 공익법무관(公益法務官)으로 하여금 법률구조(法律救助)의 혜택을 받기 어려운 지역의 주민등에게 내실 있는 법률구조를 제공하게 하고, 국가나 지방자치단체의 소송 등의 사무 처리를 효율적으로 지원하게 하며, 공익법무관에게 적용할 인사(人事) 및 복무 등에 관하여 「국가공무원법」의 특례를 정함을 목적으로 한다.
(2016.3.29 본조개정)

제2조【정의】 이 법에서 사용하는 용어의 뜻은 다음과 같다.
1. "공익법무관"이란 「병역법」 제34조의6제1항에 따라 공익법무관에 편입된 사람으로서 법무부장관에 의하여 임용되어 법률구조업무나 국가소송 등의 사무에 종사하도록 명령을 받은 사람을 말한다.
2. "법률구조업무"란 「법률구조법」에 따라 경제적으로 어렵거나 법을 몰라서 법의 보호를 충분히 받지 못하는 사람을 위하여 다음 각 목의 법인이나 기관에서 법률상담, 소송대리(訴訟代理), 그 밖의 법률 사무에 관하여 지원하는 업무를 말한다.
가. 대통령령으로 정하는 법인
나. 법무부와 그 소속 기관, 각급 검찰청
(2016.3.29 가목~나목신설)
3. "국가소송 등의 사무"란 국가를 당사자 또는 참가인으로 하는 소송 및 행정소송(행정청을 참가인으로 하는 경우를 포함한다)의 수행과 법률자문업무 등 공공 목적의 업무 수행에 필요한 법률 사무에 관하여 지원하는 업무를 말한다.
4. "각급 기관"이란 제2호가목에 따른 법인 및 같은 호 나목에 따른 기관을 말한다.
(2016.3.29 1호~4호개정)

제2장 직무교육과 임용
(2009.11.2 본장개정)

제3조【신분】 공익법무관은 법무부에 소속된 「국가공무원법」 제26조의5에 따른 임기제공무원으로 한다.
(2016.3.29 본조개정)

제4조【명단 통보 등】 ① 법무부장관은 병무청장과 협의하여 매년도 공익법무관 필요 인원을 미리 정한 다음 그 인원에 따라 예산을 요구하여야 한다.
② 병무청장은 「병역법」 제34조의6제1항에 따라 공익법무관에 편입된 사람의 명단을 편입 후 즉시 법무부장관에게 통보하여야 한다.

제5조【종사명령 등】 ① 법무부장관은 제4조제2항에 따른 명단을 통보받았을 때에는 지체 없이 해당 공익법무관에 편입된 사람을 소집하여 직무수행에 필요한 교육을 하고, 그 성적이 양호한 경우에는 공익법무관으로 임용함과 동시에 대통령령으로 정하는 바에 따라 근무할 각급 기관과 근무 지역을 정하여 법률구조업무 또는 국가소송 등의 사무에 종사할 것을 명하여야 한다. 다만, 대통령령으로 정하는 바에 따라 직무교육 소집 연기원(延期願)을 제출한 사람에 대하여는 필요한 경우 직무교육 전이라도 공익법무관으로 임용할 수 있다.(2016.3.29 본문개정)
② 법무부장관은 공익법무관으로 편입된 사람 중 정당한 사유 없이 직무교육을 받지 아니한 사람과 공익법무관으로 임용된 사람 및 임용되지 아니한 사람의 명단을 병무청장에게 지체 없이 통보하고, 공익법무관으로 임용된 사람의 명단을 해당 각급 기관의 장에게 지체 없이 통보하여야 한다.
③ 제1항의 직무교육과 종사명령에 필요한 사항은 대통령령으로 정한다.

제6조【근무 기관 변경 등】 법무부장관은 필요하다고 인정하면 공익법무관이 근무하는 각급 기관 또는 근무 지역을 변경할 수 있다.

제7조【결격사유】 「국가공무원법」 제33조 각 호의 어느 하나에 해당하는 사람은 공익법무관으로 임용될 수 없다.

제3장 복무와 보수
(2009.11.2 본장개정)

제8조【의무복무기간】 ① 공익법무관의 의무복무기간은 3년으로 한다.

② 제1항에 따른 의무복무기간을 마친 공익법무관에 대하여는 「병역법」 제34조의6제2항에 따라 사회복무요원의 복무를 마친 것으로 본다.(2013.6.4 본항개정)
③ 법무부장관은 의무복무기간을 마친 공익법무관의 명단을 병무청장에게 통보하여야 한다.
④ 의무복무기간의 기산일(起算日) 등 의무복무기간의 산정에 필요한 사항은 대통령령으로 정한다.

제9조【업무 범위】 공익법무관은 법률구조업무, 국가소송 등의 사무, 그 밖에 법률에서 정한 업무 외의 업무에 종사하여서는 아니 된다.(2016.3.29 본조개정)

제10조【직장 이탈 금지】 공익법무관은 업무에 성실히 종사하여야 하며, 각급 기관의 장의 허가 또는 정당한 사유 없이 직장을 이탈하여서는 아니 된다.

제11조【복무 감독】 법무부장관은 공익법무관의 복무에 대하여 지휘·감독한다.

제12조【직무위반의 보고 등】 각급 기관의 장은 공익법무관이 다음 각 호의 어느 하나에 해당하면 지체 없이 그 사유를 구체적으로 밝혀 법무부장관에게 보고하여야 한다.
1. 「국가공무원법」 제33조 각 호의 어느 하나에 해당할 때
2. 변호사의 자격을 상실하거나 정지당하였을 때
3. 신체적·정신적인 장애 또는 생사·소재불명(生死·所在不明)으로 근무하지 못하게 되었을 때
4. 형사사건으로 기소되었을 때
5. 이 법 또는 이 법에 따른 명령이나 그 밖의 직무상 의무를 위반하거나 게을리한 때

제13조【근무상황 평가 보고】 각급 기관의 장은 공익법무관의 근무상황과 직무수행 실적을 평가하여 매 반기 종료 후 1개월 이내에 법무부장관에게 보고하여야 한다.

제14조【보수 등】 ① 공익법무관에 대하여는 군인 보수(報酬)의 한도에서 보수 및 직무수행에 필요한 여비 등을 지급한다.
② 제1항에 따른 보수의 기준 등은 대통령령으로 정한다.

제4장 신분 조치
(2009.11.2 본장개정)

제15조【신분 상실】 공익법무관이 「국가공무원법」 제33조 각 호의 어느 하나에 해당할 때에는 당연히 공익법무관의 신분을 상실한다. 다만, 「국가공무원법」 제33조제2호는 파산선고를 받은 사람으로서 「채무자 회생 및 파산에 관한 법률」에 따라 신청기한 내에 면책신청을 하지 아니하였거나 면책불허가 결정 또는 면책 취소가 확정된 경우만 해당하고, 「국가공무원법」 제33조제5호는 「형법」 제129조부터 제132조까지, 제303조 또는 「성폭력범죄의 처벌 등에 관한 특례법」 제10조 및 직무와 관련하여 「형법」 제355조 또는 제356조에 규정된 죄를 범한 사람으로서 금고 이상의 형의 선고유예를 받은 경우만 해당한다.(2016.3.29 단서신설)

제16조【신분 박탈】 공익법무관이 다음 각 호의 어느 하나에 해당할 때에는 법무부장관은 직권으로 그 신분을 박탈할 수 있다. 다만, 제1호부터 제3호까지의 어느 하나에 해당하면 직권으로 그 신분을 박탈하여야 한다.
1. 변호사 자격을 상실하거나 정지당하였을 때
2. 제5조제1항 단서에 따라 직무교육 전에 공익법무관으로 임용된 사람이 정당한 사유 없이 임용 후의 직무교육 소집명령에 응하지 아니하였을 때
3. 정당한 사유 없이 제10조를 위반하여 통산 8일 이상 해당 직장을 이탈하거나 해당 분야의 업무에 종사하지 아니하였을 때
4. 신체적·정신적인 장애로 1년 이내 또는 생사·소재가 불분명하게 된 후 3개월 이내에 직무로 복귀할 수 없거나 직무를 감당할 수 없게 되었을 때
5. 형사사건으로 기소되어 공익법무관의 신분을 유지하는 것이 부적절할 때
6. 이 법 또는 이 법에 따른 명령이나 그 밖의 직무상 의무를 위반하거나 근무성적이 매우 불량하여 공익법무관의 신분을 유지하는 것이 부적절할 때

제17조【복무기간 연장 등】 ① 공익법무관이 장기입원 또는 요양 등 직무 외의 사유로 1개월 이상 근무하지 못한 경우에는 법무부장관은 그 기간에 해당하는 기간을 연장하여 복무하게 할 수 있다. 다만, 공익법무관이 제16조제4호에 따른 사유로 그 신분을 박탈당한 경우에는 그러하지 아니하다.(2016.3.29 본문개정)
② 공익법무관이 이 법 또는 이 법에 따른 명령이나 그 밖의 직무상 의무를 위반하거나 게을리한 경우에는 법무부장관은 그 사유에 상응하는 적절한 기간을 연장하여 복무하게 하거나 봉급의 3분의 1이하를 감액하거나 견책(譴責)할 수 있다. 다만, 공익법무관이 제16조제2호·제3호·제5호·제6호에 따른 사유로 그 신분을 박탈당한 경우와 정당한 사유 없이 통산 7일 이내의 기간 동안 직장을 이탈하거나 해당 분야의 업무에 종사하지 아니하여 「병역법」 제35조의2제2항에 따라 연장근무하게 된 경우에는 그러하지 아니하다.

제18조【청문】 법무부장관은 제16조에 따라 공익법무관 신분 박탈의 처분을 하려는 경우에는 청문을 하여야 한다.

제19조【신분 조치 통보】 법무부장관은 공익법무관이 신분을 상실하거나 박탈당하였을 때에는 지체 없이 그 사실을 병무청장에게 통보하여야 한다.

제5장 보 칙
(2009.11.2 본장개정)

제20조【등록 등】 ① 공익법무관은 「변호사법」 제7조에도 불구하고 변호사의 자격등록을 하지 아니하고 변호사로서 이 법에서 정한 업무를 수행할 수 있다.
② 법원은 직권으로 공익법무관을 변호인으로 선정할 수 있다.

제21조【권한의 위임·위탁】 ① 이 법에 따른 법무부장관의 권한은 그 일부를 각급 기관의 장에게 대통령령으로 정하는 바에 따라 위임하거나 위탁할 수 있다.
② 제2조제2호가목에 따른 법인 대표자의 권한은 그 일부를 공익법무관이 근무하는 기관의 장에게 대통령령으로 정하는 바에 따라 위임하거나 위탁할 수 있다.
③ 제2조제2호가목에 따른 법인 대표자는 제1항에 따라 법무부장관으로부터 위탁받은 권한의 일부를 법무부장관의 승인을 받아 공익법무관이 근무하는 기관의 장에게 재위임하거나 재위탁할 수 있다.
(2016.3.29 본조개정)

부 칙 (2016.3.29)

제1조【시행일】 이 법은 공포한 날부터 시행한다.

제2조【공익법무관에 대한 복무기간 연장 여부의 검토에 관한 경과조치】 이 법 시행 당시 장기입원 또는 요양 등 직무 외의 사유로 근무하지 못한 기간이 1개월 이상인 공익법무관에 대해서는 제17조제1항 본문의 개정규정에도 불구하고 종전의 규정에 따른다.

제3조【다른 법률의 개정】 ※(해당 법령에 가제정리 하였음)

형사보상 및 명예회복에 관한 법률(약칭 : 형사보상법)

(2011년 5월 23일 전부개정법률 제10698호)

개정
2016. 1. 6법13722호(군사법원)
2018. 3.20법15496호
2021. 3.16법17936호
2023.12.29법19857호

제1장 총 칙

제1조【목적】 이 법은 형사소송 절차에서 무죄재판 등을 받은 자에 대한 형사보상 및 명예회복을 위한 방법과 절차 등을 규정함으로써 무죄재판 등을 받은 자에 대한 정당한 보상과 실질적 명예회복에 이바지함을 목적으로 한다.

제2장 형사보상

제2조【보상 요건】 ① 「형사소송법」에 따른 일반 절차 또는 재심(再審)이나 비상상고(非常上告) 절차에서 무죄재판을 받아 확정된 사건의 피고인이 미결구금(未決拘禁)을 당하였을 때에는 이 법에 따라 국가에 대하여 그 구금에 대한 보상을 청구할 수 있다.
② 상소권회복에 의한 상소, 재심 또는 비상상고의 절차에서 무죄재판을 받아 확정된 사건의 피고인이 원판결(原判決)에 의하여 구금되거나 형 집행을 받았을 때에는 구금 또는 형의 집행에 대한 보상을 청구할 수 있다.
③ 「형사소송법」 제470조제3항에 따른 구치(拘置)와 같은 법 제473조부터 제475조까지의 규정에 따른 구속은 제2항을 적용할 때에는 구금 또는 형의 집행으로 본다.

제3조【상속인에 의한 보상청구】 ① 제2조에 따라 보상을 청구할 수 있는 자가 그 청구를 하지 아니하고 사망하였을 때에는 그 상속인이 이를 청구할 수 있다.
② 사망한 자에 대하여 재심 또는 비상상고의 절차에서 무죄재판이 있었을 때에는 보상의 청구에 관하여는 사망한 때에 무죄재판이 있었던 것으로 본다.

제4조【보상하지 아니할 수 있는 경우】 다음 각 호의 어느 하나에 해당하는 경우에는 법원은 재량(裁量)으로 보상청구의 전부 또는 일부를 기각(棄却)할 수 있다.
1. 「형법」 제9조 및 제10조제1항의 사유로 무죄재판을 받은 경우
2. 본인이 수사 또는 심판을 그르칠 목적으로 거짓 자백을 하거나 다른 유죄의 증거를 만듦으로써 기소(起訴), 미결구금 또는 유죄재판을 받게 된 것으로 인정된 경우
3. 1개의 재판으로 경합범(競合犯)의 일부에 대하여 무죄재판을 받고 다른 부분에 대하여 유죄재판을 받았을 경우

제5조【보상의 내용】 ① 구금에 대한 보상을 할 때에는 그 구금일수(拘禁日數)에 따라 1일당 보상청구의 원인이 발생한 연도의 「최저임금법」에 따른 일급(日給) 최저임금액 이상 대통령령으로 정하는 금액 이하의 비율에 의한 보상금을 지급한다.
② 법원은 제1항의 보상금액을 산정할 때 다음 각 호의 사항을 고려하여야 한다.
1. 구금의 종류 및 기간의 장단(長短)
2. 구금기간 중에 입은 재산상의 손실과 얻을 수 있었던 이익의 상실 또는 정신적인 고통과 신체 손상
3. 경찰·검찰·법원의 각 기관의 고의 또는 과실 유무
4. 무죄재판의 실질적 이유가 된 사정(2018.3.20 본호신설)
5. 그 밖에 보상금액 산정과 관련되는 모든 사정
③ 사형 집행에 대한 보상을 할 때에는 집행 전 구금에 대한 보상금 외에 3천만원 이내에서 모든 사정을 고려하여 법원이 타당하다고 인정하는 금액을 더하여 보상한다. 이 경우 본인의 사망으로 인하여 발생한 재산상의 손실액이 증명되었을 때에는 그 손실액도 보상한다.
④ 벌금 또는 과료(科料)의 집행에 대한 보상을 할 때에는 이미 징수한 벌금 또는 과료의 금액에 징수일의 다음 날부터 보상 결정일까지의 일수에 대하여 「민법」 제379조의 법정이율을 적용하여 계산한 금액을 더한 금액을 보상한다.
⑤ 노역장유치(勞役場留置)의 집행을 한 경우 그에 대한 보상에 관하여는 제1항을 준용한다.
⑥ 몰수(沒收) 집행에 대한 보상을 할 때에는 그 몰수물을 반환하고, 그것이 이미 처분되었을 때에는 보상결정 시의 시가(時價)를 보상한다.
⑦ 추징금(追徵金)에 대한 보상을 할 때에는 그 액수에 징수일의 다음 날부터 보상 결정일까지의 일수에 대하여 「민법」 제379조의 법정이율을 적용하여 계산한 금액을 더한 금액을 보상한다.

제6조【손해배상과의 관계】 ① 이 법은 보상을 받을 자가 다른 법률에 따라 손해배상을 청구하는 것을 금지하지 아니한다.
② 이 법에 따른 보상을 받을 자가 같은 원인에 대하여 다른 법률에 따라 손해배상을 받은 경우에 그 손해배상의 액수가 이 법에 따라 받을 보상금의 액수와 같거나 그보다 많을 때에는 보상하지 아니한다. 그 손해배상의 액수가 이 법에 따라 받을 보상금의 액수보다 적을 때에는 그 손

해배상 금액을 빼고 보상금의 액수를 정하여야 한다.
③ 다른 법률에 따라 손해배상을 받을 자가 같은 원인에 대하여 이 법에 따른 보상을 받았을 때에는 그 보상금의 액수를 빼고 손해배상의 액수를 정하여야 한다.
판례 수사기관이 자행한 고문 등에 의해 이뤄진 자백을 기초로 유죄판결이 확정돼 사형이 집행된 후 유족이 재심에서 무죄 판결을 받아 국가로부터 국가배상금과 형사보상금을 모두 받았더라도 이는 국가의 실수에 의한 것으로, 이중지급으로 판단해 환수에 나서는 것은 신의성실 원칙에 반해 허용될 수 없다.
(대판 2021.11.25, 2017다258381)

제7조【관할법원】 보상청구는 무죄재판을 한 법원에 대하여 하여야 한다.

제8조【보상청구의 기간】 보상청구는 무죄재판이 확정된 사실을 안 날부터 3년, 무죄재판이 확정된 때부터 5년 이내에 하여야 한다.

제9조【보상청구의 방식】 ① 보상청구를 할 때에는 보상청구서에 재판서의 등본과 그 재판의 확정증명서를 첨부하여 법원에 제출하여야 한다.
② 보상청구서에는 다음 각 호의 사항을 적어야 한다.
1. 청구자의 등록기준지, 주소, 성명, 생년월일
2. 청구의 원인이 된 사실과 청구액

제10조【상속인의 소명】 상속인이 보상을 청구할 때에는 본인과의 관계와 같은 순위의 상속인 유무를 소명(疏明)할 수 있는 자료를 제출하여야 한다.

제11조【상속인의 보상청구의 효과】 ① 보상청구를 할 수 있는 같은 순위의 상속인이 여러 명인 경우에 그 중 1명이 보상청구를 하였을 때에는 보상을 청구할 수 있는 모두를 위하여 그 전부에 대하여 보상청구를 한 것으로 본다.
② 제1항의 경우에 청구를 한 상속인 외의 상속인은 공동청구인으로서 절차에 참가할 수 있다.
③ 법원은 제1항의 경우에 보상을 청구할 수 있는 같은 순위의 다른 상속인이 있다는 사실을 알았을 때에는 지체 없이 그 상속인에게 보상청구가 있었음을 통지하여야 한다.

제12조【보상청구의 취소】 ① 같은 순위의 상속인이 여러 명인 경우에 보상을 청구한 자는 나머지 모두의 동의 없이 청구를 취소할 수 없다.
② 보상청구를 취소한 경우에 보상청구권자는 다시 보상을 청구할 수 없다.

제13조【대리인에 의한 보상청구】 보상청구는 대리인을 통하여서도 할 수 있다.

제14조【보상청구에 대한 재판】 ① 보상청구는 법원 합의부에서 재판한다.
② 보상청구에 대하여는 법원은 검사와 청구인의 의견을 들은 후 결정을 하여야 한다.
③ 보상청구를 받은 법원은 6개월 이내에 보상결정을 하여야 한다.(2018.3.20 본항신설)
④ 제1항에 따른 결정의 정본(正本)은 검사와 청구인에게 송달하여야 한다.

제15조【직권조사사항】 법원은 보상청구의 원인이 된 사실인 구금일수 또는 형 집행의 내용에 관하여 직권으로 조사를 하여야 한다.

제16조【보상청구 각하의 결정】 법원은 다음 각 호의 어느 하나에 해당하는 경우에는 보상청구를 각하(却下)하는 결정을 하여야 한다.
1. 보상청구의 절차가 법령으로 정한 방식을 위반하여 보정(補正)할 수 없을 경우
2. 청구인이 법원의 보정명령에 따르지 아니할 경우
3. 제8조에 따른 보상청구의 기간이 지난 후에 보상을 청구하였을 경우

제17조【보상 또는 청구기각의 결정】 ① 보상의 청구가 이유 있을 때에는 보상결정을 하여야 한다.
② 보상의 청구가 이유 없을 때에는 청구기각의 결정을 하여야 한다.

제18조【결정의 효과】 보상청구를 할 수 있는 같은 순위의 상속인이 여러 명인 경우에 그 중 1명에 대한 제17조의 보상결정이나 청구기각의 결정은 같은 순위자 모두에 대하여 한 것으로 본다.

제19조【보상청구의 중단과 승계】 ① 보상을 청구한 자가 청구절차 중 사망하거나 상속인 자격을 상실한 경우에 다른 청구인이 없을 때에는 청구의 절차는 중단된다.
② 제1항의 경우에 보상을 청구한 자의 상속인 또는 보상을 청구한 상속인과 같은 순위의 상속인은 2개월 이내에 청구의 절차를 승계할 수 있다.
③ 법원은 제2항에 따라 절차를 승계할 수 있는 자로서 법원에 알려진 자에게는 지체 없이 제2항의 기간 내에 청구의 절차를 승계할 것을 통지하여야 한다.
④ 제2항의 기간 내에 절차를 승계하는 신청이 없을 때에는 법원은 청구를 각하하는 결정을 하여야 한다.

제20조【불복신청】 ① 제17조제1항에 따른 보상결정에 대하여는 1주일 이내에 즉시항고(卽時抗告)를 할 수 있다.
② 제17조제2항에 따른 청구기각 결정에 대하여는 즉시항고를 할 수 있다.

제21조【보상금 지급청구】 ① 보상금 지급을 청구하려는 자는 보상을 결정한 법원에 대응하는 검찰청에 보상금 지급청구서를 제출하여야 한다.
② 제1항의 청구서에는 법원의 보상결정서를 첨부하여야 한다.
③ 보상결정이 송달된 후 2년 이내에 보상금 지급청구를 하지 아니할 때에는 권리를 상실한다.
④ 보상금을 받을 수 있는 자가 여러 명인 경우에는 그 중 1명이 한 보상금 지급청구는 보상결정을 받은 모두를 위하여 그 전부에 대하여 보상금 지급청구를 한 것으로 본다.

제21조의2【보상금 지급기한 등】 ① 보상금 지급청구서를 제출받은 검찰청은 3개월 이내에 보상금을 지급하여야 한다.
② 제1항에 따른 기한까지 보상금을 지급하지 아니한 경우에는 그 다음 날부터 지급하는 날까지의 지연 일수에 대하여 「민법」 제379조의 법정이율에 따른 지연이자를 지급하여야 한다.
(2018.3.20 본조신설)

제22조【보상금 지급의 효과】 보상금을 받을 수 있는 자가 여러 명인 경우에는 그 중 1명에 대한 보상금 지급은 그 모두에 대하여 효력이 발생한다.

제23조【보상청구권의 양도 및 압류의 금지】 보상청구권은 양도하거나 압류할 수 없다. 보상금 지급청구권도 또한 같다.

제24조【준용규정】 이 법에 따른 결정과 즉시항고에 관하여는 이 법에 특별한 규정이 있는 것을 제외하고는 「형사소송법」의 규정을 준용한다. 기간에 관하여도 또한 같다.

제25조【보상결정의 공시】 ① 법원은 보상결정이 확정되었을 때에는 2주일 내에 보상결정의 요지를 관보에 게재하여 공시하여야 한다. 이 경우 보상결정을 받은 자의 신청이 있을 때에는 그 결정의 요지를 신청인이 선택하는 두 종류 이상의 일간신문에 각각 한 번씩 공시하여야 하며 그 공시는 신청일부터 30일 이내에 하여야 한다.
② 제6조제2항 전단에 규정된 이유로 보상청구를 기각하는 결정이 확정되었을 때에는 제1항을 준용한다.

제26조【면소 등의 경우】 ① 다음 각 호의 어느 하나에 해당하는 경우에도 국가에 대하여 구금에 대한 보상을 청구할 수 있다. 다만, 제3호의 경우 재심 절차에서 선고된 형을 초과하여 집행된 구금일수를 제5조제1항에 따른 구금일수로 본다.(2023.12.29 단서신설)
1. 「형사소송법」에 따라 면소(免訴) 또는 공소기각(公訴棄却)의 재판을 받아 확정된 피고인이 면소 또는 공소기각의 재판을 할 만한 사유가 없었더라면 무죄재판을 받을 만한 현저한 사유가 있었을 경우
2. 「치료감호법」 제7조에 따라 치료감호의 독립 청구를 받은 피치료감호청구인의 치료감호사건이 범죄로 되지 아니하거나 범죄사실의 증명이 없는 때에 해당되어 청구기각의 판결을 받아 확정된 경우
3. 「헌법재판소법」에 따른 재심 절차에서 원판결보다 가벼운 형으로 확정됨에 따라 원판결에 의한 형 집행이 재심 절차에서 선고된 형을 초과한 경우(2023.12.29 본호신설)
② 제1항에 따른 보상에 대하여는 무죄재판을 받아 확정된 사건의 피고인에 대한 보상에 관한 규정을 준용한다. 보상결정의 공시에 대하여도 또한 같다.
③ 제1항제3호에 따른 보상청구의 경우에 법원은 재량으로 보상청구의 전부 또는 일부를 기각할 수 있다.
(2023.12.29 본항신설)

제27조【피의자에 대한 보상】 ① 피의자로서 구금되었던 자 중 검사로부터 불기소처분을 받거나 사법경찰관으로부터 불송치결정을 받은 자는 국가에 대하여 그 구금에 대한 보상(이하 "피의자보상"이라 한다)을 청구할 수 있다. 다만, 구금된 이후 불기소처분 또는 불송치결정의 사유가 있는 경우와 해당 불기소처분 또는 불송치결정이 종국적(終局的)인 것이 아니거나 「형사소송법」 제247조에 따른 것일 경우에는 그러하지 아니하다.(2021.3.16 본항개정)
② 다음 각 호의 어느 하나에 해당하는 경우에는 피의자보상의 전부 또는 일부를 지급하지 아니할 수 있다.
1. 본인이 수사 또는 재판을 그르칠 목적으로 거짓 자백을 하거나 다른 유죄의 증거를 만듦으로써 구금된 것으로 인정되는 경우
2. 구금기간 중에 다른 사실에 대하여 수사가 이루어지고 그 사실에 관하여 범죄가 성립한 경우
3. 보상을 하는 것이 선량한 풍속이나 그 밖에 사회질서에 위배된다고 인정할 특별한 사정이 있는 경우
③ 피의자보상에 관한 사항을 심의·결정하기 위하여 지방검찰청에 피의자보상심의회(이하 "심의회"라 한다)를 둔다.
④ 심의회는 법무부장관의 지휘·감독을 받는다.
⑤ 심의회의 관할·구성·운영, 그 밖에 필요한 사항은 대통령령으로 정한다.

제28조【피의자보상의 청구 등】 ① 피의자보상을 청구하려는 자는 불기소처분을 한 검사가 소속된 지방검찰청(지방검찰청 지청의 검사가 불기소처분을 한 경우에는 그 지청이 소속하는 지방검찰청을 말한다) 또는 불송치결정을 한 사법경찰관이 소속된 경찰관서에 대응하는 지방검찰청의 심의회에 보상을 청구하여야 한다.(2021.3.16 본항개정)
② 제1항에 따라 피의자보상을 청구하는 자는 보상청구서에 불기소처분 또는 불송치결정을 받은 사실을 증명하는 서류를 첨부하여 제출하여야 한다.(2021.3.16 본항개정)
③ 피의자보상의 청구는 불기소처분 또는 불송치결정의 고지(告知) 또는 통지를 받은 날부터 3년 이내에 하여야 한다.(2021.3.16 본항개정)
④ 피의자보상의 청구에 대한 심의회의 결정에 대하여는 「행정심판법」에 따른 행정심판을 청구하거나 「행정소송법」에 따른 행정소송을 제기할 수 있다.
⑤ 심의회의 보상결정이 송달(제4항의 심판을 청구하거나 소송을 제기한 경우에는 그 재결 또는 판결에 따른 심의회의 보상결정이 송달된 때를 말한다)된 후 2년 이내에 보상금 지급청구를 하지 아니할 때에는 그 권리를 상실한다.

제29조【준용규정】 ① 피의자보상에 대하여 이 장에 특별한 규정이 있는 경우를 제외하고는 그 성질에 반하지 아니하는 범위에서 무죄재판을 받아 확정된 사건의 피고인에 대한 보상에 관한 이 장의 규정을 준용한다.
② 다음 각 호의 어느 하나에 해당하는 자에 대한 형사보상에 대하여는 이 장의 규정을 준용한다. 이 경우 "법원"은 "군사법원"으로, "검찰청"은 "군검찰부"로, "심의회"는 "국가배상법」 제10조제2항에 따른 특별심의회 소속 지구심의회(地區審議會)"로, "법무부장관"은 "국방부장관"으로 본다.
1. 군사법원에서 무죄재판을 받아 확정된 자
2. 군사법원에서 제26조제1항 각 호에 해당하는 재판을 받은 자
3. 군검찰부 군검사로부터 공소를 제기하지 아니하는 처분을 받은 자(2016.1.6 본호개정)

제3장 명예회복

제30조【무죄재판서 게재 청구】 무죄재판을 받아 확정된 사건(이하 "무죄재판사건"이라 한다)의 피고인은 무죄재판이 확정된 때부터 3년 이내에 확정된 무죄재판사건의 재판서(이하 "무죄재판서"라 한다)를 법무부 인터넷 홈페이지에 게재하도록 해당 사건을 기소한 검사가 소속된 지방검찰청(지방검찰청 지청을 포함한다)에 청구할 수 있다.

제31조【청구방법】 ① 제30조에 따른 청구를 할 때에는 무죄재판서 게재 청구서에 재판서의 등본과 그 재판의 확정증명서를 첨부하여 제출하여야 한다.
② 상속인에 의한 청구 및 그 소명에 대하여는 제3조 및 제10조를 준용한다. 이 경우 "보상"은 "게재"로 보며, 같은 순위의 상속인이 여러 명일 때에는 상속인 모두가 무죄재판서 게재 청구에 동의하였음을 소명할 자료를 제출하여야 한다.
③ 대리인에 의한 청구에 대하여는 제13조를 준용한다. 이 경우 "보상"은 "게재"로 본다.
④ 청구의 취소에 대하여는 제12조를 준용한다. 이 경우 "보상"은 "게재"로 본다.

제32조【청구에 대한 조치】 ① 제30조에 따른 청구가 있을 때에는 그 청구를 받은 날부터 1개월 이내에 무죄재판서를 법무부 인터넷 홈페이지에 게재하여야 한다. 다만, 청구를 받은 때에 무죄재판사건의 확정재판기록이 해당 지방검찰청에 송부되지 아니한 경우에는 무죄재판사건의 확정재판기록이 해당 지방검찰청에 송부된 날부터 1개월 이내에 게재하여야 한다.
② 다음 각 호의 어느 하나에 해당할 때에는 무죄재판서의 일부를 삭제하여 게재할 수 있다.
1. 청구인이 무죄재판서 중 일부 내용의 삭제를 원하는 의사를 명시적으로 밝힌 경우
2. 무죄재판서의 공개로 인하여 사건 관계인의 명예나 사생활의 비밀 또는 생명·신체의 안전이나 생활의 평온을 현저히 해칠 우려가 있는 경우
③ 제2항제1호의 경우에는 청구인의 의사를 서면으로 확인하여야 한다. 다만, 소재불명 등으로 청구인의 의사를 확인할 수 없을 때에는 「민법」 제779조에 따른 가족 중 1명의 의사를 서면으로 확인하는 것으로 대신할 수 있다.
④ 제1항에 따른 무죄재판서의 게재기간은 1년으로 한다.

제33조【청구에 대한 조치의 통지 등】 ① 제32조제1항에 따라 무죄재판서를 법무부 인터넷 홈페이지에 게재한 경우에는 지체 없이 그 사실을 청구인에게 서면으로 통지하여야 한다.
② 제30조의 청구에 따른 집행절차 등에 관한 세부사항은 대통령령으로 정한다.

제34조【면소 등의 경우】 ① 제26조제1항 각 호의 경우에 해당하는 자는 확정된 사건의 재판서를 게재하도록 청구할 수 있다.
② 제1항에 따른 청구에 대하여는 무죄재판사건 피고인의 무죄재판서 게재 청구에 관한 규정을 준용한다.

제35조【준용규정】 다음 각 호의 어느 하나에 해당하는 자에 대한 명예회복에 대하여는 이 장의 규정을 준용한다. 이 경우 "법원"은 "군사법원"으로, "검찰청"은 "군검찰부"로, "법무부장관"은 "국방부장관"으로 본다.
1. 군사법원에서 무죄재판을 받아 확정된 자
2. 군사법원에서 제26조제1항 각 호에 해당하는 재판을 받은 자

부　칙

제1조【시행일】 이 법은 공포한 날부터 시행한다. 다만,

제30조부터 제35조까지의 개정규정은 공포 후 6개월이 경과한 날부터 시행한다.
제2조【보상금의 하한에 관한 적용례】 제5조제1항의 개정규정은 이 법 시행 당시 보상이 청구되어 재판 또는 심사 중인 경우에 대하여도 적용한다.
제3조【청구기각 판결에 관한 적용례】 제26조제1항제2호의 개정규정은 이 법 시행 후 최초로 확정된 청구기각 판결부터 적용한다.
제4조【군사법원에서의 면소, 공소기각 또는 청구기각 판결에 관한 적용례】 제29조제2항제2호의 개정규정은 이 법 시행 후 최초로 확정된 군사법원의 면소, 공소기각 또는 청구기각의 판결부터 적용한다.
제5조【명예회복제도에 관한 적용례】 제30조부터 제35조까지의 개정규정은 이 법 시행 후 최초로 확정된 무죄, 면소, 공소기각 및 청구기각의 재판부터 적용한다.
제6조【형사보상 청구기간에 관한 적용례】 이 법 시행 당시 법원이나 군사법원의 무죄재판(종전의 제25조제2항에 따라 준용되는 경우를 포함한다)이 확정된 때부터 1년이 경과한 경우에도 제8조의 개정규정에 따라 형사보상을 청구할 수 있다.
제7조【보상금지급 청구기간에 관한 적용례】 이 법 시행 당시 보상결정이 송달된 후 1년이 경과한 경우에도 제21조제3항의 개정규정에 따라 보상금 지급을 청구할 수 있다.
제8조【피의자보상 청구기간에 관한 적용례】 이 법 시행 당시 검사 또는 군검찰부 검찰관으로부터 공소를 제기하지 아니하는 처분의 고지 또는 통지를 받은 날부터 1년이 경과한 경우에도 제28조제3항의 개정규정에 따라 피의자보상을 청구할 수 있다.
제9조【피의자보상금지급 청구기간에 관한 적용례】 이 법 시행 당시 피의자보상심의회 또는 「국가배상법」 제10조제2항에 따른 특별심의회 소속 지구심의회의 보상결정이 송달된 후 1년이 경과한 경우에도 제28조제5항의 개정규정에 따라 보상금 지급을 청구할 수 있다.
제10조【다른 법률의 개정】 ①~③ ※(해당 법령에 가제정리 하였음)
제11조【다른 법령과의 관계】 이 법 시행 당시 다른 법령에서 종전의 「형사보상법」 또는 그 규정을 인용한 경우에 이 법 가운데 그에 해당하는 규정이 있으면 종전의 「형사보상법」 또는 그 규정을 갈음하여 이 법 또는 이 법의 해당 규정을 인용한 것으로 본다.

부 칙 (2018.3.20)

이 법은 공포한 날부터 시행한다.

부 칙 (2021.3.16)

제1조【시행일】 이 법은 공포한 날부터 시행한다.
제2조【적용례】 제27조제1항 및 제28조제1항부터 제3항까지의 개정규정은 이 법 시행 전 사법경찰관으로부터 불송치결정을 받은 경우에도 적용한다.

부 칙 (2023.12.29)

제1조【시행일】 이 법은 공포한 날부터 시행한다.
제2조【형사보상청구에 관한 적용례】 제26조제1항 각 호 외의 부분 단서 및 같은 항 제3호, 같은 조 제3항의 개정규정은 이 법 시행 이후 형사보상이 청구된 사건과 이 법 시행 당시 형사보상청구절차가 계속 중인 사건에도 적용한다.

범죄피해자 보호법

(2010년 5월 14일 전부개정법률 제10283호)

개정
2011. 7.25법10898호(보조금관리에관한법)
2014. 1. 7법12187호　2014.10.15법12779호
2014.12.30법12883호　2016.12. 2법14279호
2017. 3.14법14583호

제1장 총 칙

제1조【목적】 이 법은 범죄피해자 보호·지원의 기본 정책 등을 정하고 타인의 범죄행위로 인하여 생명·신체에 피해를 받은 사람을 구조(救助)함으로써 범죄피해자의 복지 증진에 기여함을 목적으로 한다.
제2조【기본이념】 ① 범죄피해자는 범죄피해 상황에서 빨리 벗어나 인간의 존엄성을 보장받을 권리가 있다.
② 범죄피해자의 명예와 사생활의 평온은 보호되어야 한다.
③ 범죄피해자는 해당 사건과 관련하여 각종 법적 절차에 참여할 권리가 있다.
제3조【정의】 ① 이 법에서 사용하는 용어의 뜻은 다음과 같다.
1. "범죄피해자"란 타인의 범죄행위로 피해를 당한 사람과 그 배우자(사실상의 혼인관계를 포함한다), 직계친족 및 형제자매를 말한다.
2. "범죄피해자 보호·지원"이란 범죄피해자의 손실 복구, 정당한 권리 행사 및 복지 증진에 기여하는 행위를 말한다. 다만, 수사·변호 또는 재판에 부당한 영향을 미치는 행위는 포함되지 아니한다.
3. "범죄피해자 지원법인"이란 범죄피해자 보호·지원을 주된 목적으로 설립된 비영리법인을 말한다.
4. "구조대상 범죄피해"란 대한민국의 영역 안에서 또는 대한민국의 영역 밖에 있는 대한민국의 선박이나 항공기 안에서 행하여진 사람의 생명 또는 신체를 해치는 죄에 해당하는 행위(「형법」 제9조, 제10조제1항, 제12조, 제22조제1항에 따라 처벌되지 아니하는 행위를 포함하며, 같은 법 제20조 또는 제21조제1항에 따라 처벌되지 아니하는 행위 및 과실에 의한 행위는 제외한다)로 인하여 사망하거나 장해 또는 중상해를 입은 것을 말한다.
5. "장해"란 범죄행위로 입은 부상이나 질병이 치료(그 증상이 고정된 때를 포함한다)된 후에 남은 신체의 장해로서 대통령령으로 정하는 경우를 말한다.
6. "중상해"란 범죄행위로 인하여 신체나 그 생리적 기능에 손상을 입은 것으로서 대통령령으로 정하는 경우를 말한다.
② 제1항제1호에 해당하는 사람 외에 범죄피해 방지 및 범죄피해자 구조 활동으로 피해를 당한 사람도 범죄피해자로 본다.
제4조【국가의 책무】 국가는 범죄피해자 보호·지원을 위하여 다음 각 호의 조치를 취하고 이에 필요한 재원을 조달할 책무를 진다.
1. 범죄피해자 보호·지원 체제의 구축 및 운영
2. 범죄피해자 보호·지원을 위한 실태조사, 연구, 교육, 홍보
3. 범죄피해자 보호·지원을 위한 관계 법령의 정비 및 각종 정책의 수립·시행
제5조【지방자치단체의 책무】 ① 지방자치단체는 범죄피해자 보호·지원을 위하여 적극적으로 노력하고, 국가의 범죄피해자 보호·지원 시책이 원활하게 시행되도록 협력하여야 한다.
② 지방자치단체는 제1항에 따른 책무를 다하기 위하여 필요한 재원을 조달하여야 한다.(2014.12.30 본항신설)
제6조【국민의 책무】 국민은 범죄피해자의 명예와 사생활의 평온을 해치지 아니하도록 유의하여야 하고, 국가 및 지방자치단체가 실시하는 범죄피해자를 위한 정책의 수립과 추진에 최대한 협력하여야 한다.

제2장 범죄피해자 보호·지원의 기본 정책

제7조【손실 복구 지원 등】 ① 국가 및 지방자치단체는 범죄피해자의 피해정도 및 보호·지원의 필요성 등에 따라 상담, 의료제공(치료비 지원을 포함한다), 구조금 지급, 법률구조, 취업 관련 지원, 주거지원, 그 밖에 범죄피해자의 보호에 필요한 대책을 마련하여야 한다.
(2014.12.30 본항개정)
② 국가는 범죄피해자와 그 가족에게 신체적·정신적 안정을 제공하고 사회복귀를 돕기 위하여 일시적 보호시설(이하 "보호시설"이라 한다)을 설치·운영하여야 한다. 이 경우 국가는 보호시설의 운영을 범죄피해자 지원법인, 「의료법」에 따른 종합병원, 「고등교육법」에 따른 학교를 설립·운영하는 학교법인, 그 밖에 대통령령으로 정하는 기관 또는 단체에 위탁할 수 있다.(2014.12.30 후단개정)
③ 국가는 범죄피해자와 그 가족의 정신적 회복을 위한 상담 및 치료 프로그램을 운영하여야 한다.
④ 보호시설의 설치·운영 기준, 입소·퇴소의 기준 및 절차, 위탁운영의 절차, 감독의 기준 및 절차와 제3항에 따른 상담 및 치료 프로그램의 운영 등에 관한 사항은 대통령령으로 정한다.
제8조【형사절차 참여 보장 등】 ① 국가는 범죄피해자가 해당 사건과 관련하여 수사담당자와 상담하거나 재판절차에 참여하여 진술하는 등 형사절차상의 권리를 행사할 수 있도록 보장하여야 한다.
② 국가는 범죄피해자가 요청하면 가해자에 대한 수사 결과, 공판기일, 재판 결과, 형 집행 및 보호관찰 집행 상황 등 형사절차 관련 정보를 대통령령으로 정하는 바에 따라 제공할 수 있다.
제8조의2【범죄피해자에 대한 정보 제공 등】 ① 국가는 수사 및 재판 과정에서 다음 각 호의 정보를 범죄피해자에게 제공하여야 한다.
1. 범죄피해자의 해당 재판절차 참여 진술권 등 형사절차상 범죄피해자의 권리에 관한 정보
2. 범죄피해 구조금 지급 및 범죄피해자 보호·지원 단체 현황 등 범죄피해자의 지원에 관한 정보
3. 그 밖에 범죄피해자의 권리보호 및 복지증진을 위하여 필요하다고 인정되는 정보
② 제1항에 따른 정보 제공의 구체적인 방법 및 절차 등에 필요한 사항은 대통령령으로 정한다.
(2014.10.15 본조신설)
제9조【사생활의 평온과 신변의 보호 등】 ① 국가 및 지방자치단체는 범죄피해자의 명예와 사생활의 평온을 보호하기 위하여 필요한 조치를 하여야 한다.
② 국가 및 지방자치단체는 범죄피해자가 형사소송절차에서 한 진술이나 증언과 관련하여 보복을 당할 우려가 있는 등 범죄피해자를 보호할 필요가 있을 경우에는 적절한 조치를 마련하여야 한다.
제10조【교육·훈련】 국가 및 지방자치단체는 범죄피해자에 대한 이해 증진과 효율적 보호·지원 업무 수행을 위하여 범죄 수사에 종사하는 자, 범죄피해자에 관한 상담·의료 제공 등의 업무에 종사하는 자, 그 밖에 범죄피해자 보호·지원 활동과 관계가 있는 자에 대하여 필요한 교육과 훈련을 실시하여야 한다.
제11조【홍보 및 조사연구】 ① 국가 및 지방자치단체는 범죄피해자에 대한 이해와 관심을 높이기 위하여 필요한 홍보를 하여야 한다.
② 국가 및 지방자치단체는 범죄피해자에 대하여 전문적 지식과 경험을 바탕으로 한 적절한 지원이 이루어질 수 있도록 범죄피해의 실태 조사, 지원정책 개발 등을 위하여 노력하여야 한다.

제3장 범죄피해자 보호·지원의 기본계획 등

제12조【기본계획 수립】 ① 법무부장관은 제15조에 따른 범죄피해자 보호위원회의 심의를 거쳐 범죄피해자 보호·지원에 관한 기본계획(이하 "기본계획"이라 한다)을 5년마다 수립하여야 한다.
② 기본계획에는 다음 각 호의 사항이 포함되어야 한다.
1. 범죄피해자 보호·지원 정책의 기본방향과 추진목표
2. 범죄피해자 보호·지원을 위한 실태조사, 연구, 교육과 홍보
3. 범죄피해자 보호·지원 단체에 대한 지원과 감독
4. 범죄피해자 보호·지원과 관련된 재원의 조달과 운용
5. 그 밖에 범죄피해자를 보호·지원하기 위하여 법무부장관이 필요하다고 인정한 사항
제13조【연도별 시행계획의 수립】 ① 법무부장관, 관계 중앙행정기관의 장과 특별시장·광역시장·도지사·특별자치도지사(이하 "시·도지사"라 한다)는 기본계획에 따라 연도별 시행계획(이하 "시행계획"이라 한다)을 수립·시행하여야 한다.
② 관계 중앙행정기관의 장과 시·도지사는 다음 연도의 시행계획과 전년도 추진 실적을 매년 법무부장관에게 제출하여야 한다. 이 경우 법무부장관은 그 시행계획이 부적합하다고 판단할 때에는 그 시행계획을 수립한 장에게 시행계획의 보완·조정을 요구할 수 있다.
③ 제1항 및 제2항에서 정한 사항 외에 시행계획의 수립과 시행에 필요한 사항은 대통령령으로 정한다.
제14조【관계 기관의 협조】 ① 법무부장관은 기본계획과 시행계획을 수립·시행하기 위하여 필요하면 관계 중앙행정기관의 장, 지방자치단체의 장 또는 관계 공공기관의 장에게 협조를 요청할 수 있다.
② 중앙행정기관의 장 또는 시·도지사는 시행계획을 수립·시행하기 위하여 필요하면 관계 중앙행정기관의 장, 지방자치단체의 장 또는 공공기관의 장에게 협조를 요청할 수 있다.
③ 제1항과 제2항에 따른 협조요청을 받은 기관의 장이나 지방자치단체의 장은 특별한 사유가 없으면 협조하여야 한다.
제15조【범죄피해자보호위원회】 ① 범죄피해자 보호·지원에 관한 기본계획 및 주요 사항 등을 심의하기 위하여 법무부장관 소속으로 범죄피해자보호위원회(이하 "보호위원회"라 한다)를 둔다.
② 보호위원회는 다음 각 호의 사항을 심의한다.
1. 기본계획 및 시행계획에 관한 사항
2. 범죄피해자 보호·지원을 위한 주요 정책의 수립·조정에 관한 사항

3. 범죄피해자 보호·지원 단체에 대한 지원·감독에 관한 사항
4. 그 밖에 위원장이 심의를 요청한 사항
③ 보호위원회는 위원장을 포함하여 20명 이내의 위원으로 구성한다.
④ 제1항부터 제3항까지의 규정에서 정한 사항 외에 보호위원회의 구성 및 운영 등에 관한 사항은 대통령령으로 정한다.

제4장 구조대상 범죄피해에 대한 구조

제16조【구조금의 지급요건】 국가는 구조대상 범죄피해를 받은 사람(이하 "구조피해자"라 한다)이 다음 각 호의 어느 하나에 해당하면 구조피해자 또는 그 유족에게 범죄피해 구조금(이하 "구조금"이라 한다)을 지급한다.
1. 구조피해자가 피해의 전부 또는 일부를 배상받지 못하는 경우
2. 자기 또는 타인의 형사사건의 수사 또는 재판에서 고소·고발 등 수사단서를 제공하거나 진술, 증언 또는 자료제출을 하다가 구조피해자가 된 경우

제17조【구조금의 종류 등】 ① 구조금은 유족구조금·장해구조금 및 중상해구조금으로 구분하며, 일시금으로 지급한다.
② 유족구조금은 구조피해자가 사망하였을 때 제18조에 따라 맨 앞의 순위인 유족에게 지급한다. 다만, 순위가 같은 유족이 2명 이상이면 똑같이 나누어 지급한다.
③ 장해구조금 및 중상해구조금은 해당 구조피해자에게 지급한다.

제18조【유족의 범위 및 순위】 ① 유족구조금을 지급받을 수 있는 유족은 다음 각 호의 어느 하나에 해당하는 사람으로 한다.
1. 배우자(사실상 혼인관계를 포함한다) 및 구조피해자의 사망 당시 구조피해자의 수입으로 생계를 유지하고 있는 구조피해자의 자녀
2. 구조피해자의 사망 당시 구조피해자의 수입으로 생계를 유지하고 있는 구조피해자의 부모, 손자·손녀, 조부모 및 형제자매
3. 제1호 및 제2호에 해당하지 아니하는 구조피해자의 자녀, 부모, 손자·손녀, 조부모 및 형제자매
② 제1항에 따른 유족의 범위에서 태아는 구조피해자가 사망할 때 이미 출생한 것으로 본다.
③ 유족구조금을 받을 유족의 순위는 제1항 각 호에 열거한 순서로 하고, 같은 항 제2호 및 제3호에 열거한 사람 사이에서는 해당 각 호에 열거한 순서로 하며, 부모의 경우에는 양부모를 선순위로 하고 친부모를 후순위로 한다.
④ 유족이 다음 각 호의 어느 하나에 해당하면 유족구조금을 받을 수 있는 유족으로 보지 아니한다.
1. 구조피해자를 고의로 사망하게 한 경우
2. 구조피해자가 사망하기 전에 그가 사망하면 유족구조금을 받을 수 있는 선순위 또는 같은 순위의 유족이 될 사람을 고의로 사망하게 한 경우
3. 구조피해자가 사망한 후 유족구조금을 받을 수 있는 선순위 또는 같은 순위의 유족을 고의로 사망하게 한 경우

제19조【구조금을 지급하지 아니할 수 있는 경우】 ① 범죄행위 당시 구조피해자와 가해자 사이에 다음 각 호의 어느 하나에 해당하는 친족관계가 있는 경우에는 구조금을 지급하지 아니한다.
1. 부부(사실상의 혼인관계를 포함한다)
2. 직계혈족
3. 4촌 이내의 친족
4. 동거친족
② 범죄행위 당시 구조피해자와 가해자 사이에 제1항 각 호의 어느 하나에 해당하지 아니하는 친족관계가 있는 경우에는 구조금의 일부를 지급하지 아니한다.
③ 구조피해자가 다음 각 호의 어느 하나에 해당하는 행위를 한 때에는 구조금을 지급하지 아니한다.
1. 해당 범죄행위를 교사 또는 방조하는 행위
2. 과도한 폭행·협박 또는 중대한 모욕 등 해당 범죄행위를 유발하는 행위
3. 해당 범죄행위와 관련하여 현저하게 부정한 행위
4. 해당 범죄행위를 용인하는 행위
5. 집단적 또는 상습적으로 불법행위를 행할 우려가 있는 조직에 속하는 행위(다만, 그 조직에 속하고 있는 것이 해당 범죄피해를 당한 것과 관련이 없다고 인정되는 경우는 제외한다)
6. 범죄행위에 대한 보복으로 가해자 또는 그 친족이나 그 밖에 가해자와 밀접한 관계가 있는 사람의 생명을 해치거나 신체를 중대하게 침해하는 행위
④ 구조피해자가 다음 각 호의 어느 하나에 해당하는 행위를 한 때에는 구조금의 일부를 지급하지 아니한다.
1. 폭행·협박 또는 모욕 등 해당 범죄행위를 유발하는 행위
2. 해당 범죄피해의 발생 또는 증대에 가공(加功)한 부주의한 행위 또는 부적절한 행위
⑤ 유족구조금을 지급할 때에는 제1항부터 제4항까지의 규정을 적용할 때 "구조피해자"는 "구조피해자 또는 맨 앞의 순위인 유족"으로 본다.
⑥ 구조피해자 또는 그 유족과 가해자 사이의 관계, 그 밖의 사정을 고려하여 구조금의 전부 또는 일부를 지급하는 것이 사회통념에 위배된다고 인정될 때에는 구조금의 전부 또는 일부를 지급하지 아니할 수 있다.
⑦ 제1항부터 제6항까지의 규정에도 불구하고 구조금의 실질적인 수혜자가 가해자로 귀착될 우려가 없는 경우 등 구조금을 지급하지 아니하는 것이 사회통념에 위배된다고 인정할 만한 특별한 사정이 있는 경우에는 구조금의 전부 또는 일부를 지급할 수 있다.(2014.10.15 본항개정)

제20조【다른 법령에 따른 급여 등과의 관계】 구조피해자나 유족이 해당 구조대상 범죄피해를 원인으로 하여 「국가배상법」이나 그 밖의 법령에 따른 급여 등을 받을 수 있는 경우에는 대통령령으로 정하는 바에 따라 구조금을 지급하지 아니한다.

제21조【손해배상과의 관계】 ① 국가는 구조피해자나 유족이 해당 구조대상 범죄피해를 원인으로 하여 손해배상을 받았으면 그 범위에서 구조금을 지급하지 아니한다.
② 국가는 지급한 구조금의 범위에서 해당 구조금을 받은 사람이 구조대상 범죄피해를 원인으로 하여 가지고 있는 손해배상청구권을 대위한다.
③ 국가는 제2항에 따라 손해배상청구권을 대위할 때 대통령령으로 정하는 바에 따라 가해자인 수형자나 보호감호대상자의 작업장려금 또는 근로보상금에서 손해배상금을 받을 수 있다.

제22조【구조금액】 ① 유족구조금은 구조피해자의 사망 당시(신체에 손상을 입고 그로 인하여 사망한 경우에는 신체에 손상을 입은 당시를 말한다)의 월급액이나 월실수입액 또는 평균임금에 24개월 이상 48개월 이하의 범위에서 유족의 수와 연령 및 생계유지상황 등을 고려하여 대통령령으로 정하는 개월 수를 곱한 금액으로 한다.(2014.12.30 본항개정)
② 장해구조금과 중상해구조금은 구조피해자가 신체에 손상을 입은 당시의 월급액이나 월실수입액 또는 평균임금에 2개월 이상 48개월 이하의 범위에서 피해자의 장해 또는 중상해의 정도와 부양가족의 수 및 생계유지상황 등을 고려하여 대통령령으로 정한 개월 수를 곱한 금액으로 한다.(2014.12.30 본항개정)
③ 제1항 및 제2항에 따른 월급액이나 월실수입액 또는 평균임금 등은 피해자의 주소지를 관할하는 세무서장, 시장·군수·구청장(자치구의 구청장을 말한다) 또는 피해자의 근무기관의 장(長)의 증명이나 그 밖에 대통령령으로 정하는 공신력 있는 증명에 따른다.
④ 제1항 및 제2항에서 구조피해자의 월급액이나 월실수입액이 평균임금의 2배를 넘는 경우에는 평균임금의 2배에 해당하는 금액을 구조피해자의 월급액이나 월실수입액으로 본다.

제23조【외국인에 대한 구조】 이 법은 외국인이 구조피해자이거나 유족인 경우에는 해당 국가의 상호보증이 있는 경우에만 적용한다.

제24조【범죄피해구조심의회 등】 ① 구조금 지급에 관한 사항을 심의·결정하기 위하여 각 지방검찰청에 범죄피해구조심의회(이하 "지구심의회"라 한다)를 두고 법무부에 범죄피해구조본부심의회(이하 "본부심의회"라 한다)를 둔다.
② 지구심의회는 설치된 지방검찰청 관할 구역(지청이 있는 경우에는 지청의 관할 구역을 포함한다)의 구조금 지급에 관한 사항을 심의·결정한다.
③ 본부심의회는 다음 각 호의 사항을 심의·결정한다.
1. 제27조에 따른 재심신청사건
2. 그 밖에 법령에 따라 그 소관에 속하는 사항
④ 지구심의회 및 본부심의회는 법무부장관의 지휘·감독을 받는다.
⑤ 지구심의회 및 본부심의회 위원 중 공무원이 아닌 위원은 「형법」 제127조 및 제129조부터 제132조까지의 규정을 적용할 때에는 공무원으로 본다.(2017.3.14 본항신설)
⑥ 지구심의회 및 본부심의회의 구성 및 운영 등에 관한 사항은 대통령령으로 정한다.

제25조【구조금의 지급신청】 ① 구조금을 받으려는 사람은 법무부령으로 정하는 바에 따라 그 주소지, 거주지 또는 범죄 발생지를 관할하는 지구심의회에 신청하여야 한다.
② 제1항에 따른 신청은 해당 구조대상 범죄피해의 발생을 안 날부터 3년이 지나거나 해당 구조대상 범죄피해가 발생한 날부터 10년이 지나면 할 수 없다.

제26조【구조결정】 지구심의회는 제25조제1항에 따른 신청을 받으면 신속하게 구조금을 지급하거나 지급하지 아니한다는 결정(지급한다는 결정을 하는 경우에는 그 금액을 정하는 것을 포함한다)을 하여야 한다.

제27조【재심신청】 ① 지구심의회에서 구조금 지급신청을 기각(일부기각된 경우를 포함한다) 또는 각하하면 신청인은 결정의 정본이 송달된 날부터 2주일 이내에 그 지구심의회를 거쳐 본부심의회에 재심을 신청할 수 있다.
② 제1항의 재심신청이 있으면 지구심의회는 1주일 이내에 구조금 지급신청 기록 일체를 본부심의회에 송부하여야 한다.
③ 본부심의회는 제1항의 신청에 대하여 심의를 거쳐 4주일 이내에 다시 구조결정을 하여야 한다.
④ 본부심의회는 구조금 지급신청을 각하한 지구심의회의 결정이 법령에 위반되면 사건을 그 지구심의회에 환송할 수 있다.
⑤ 본부심의회는 구조금 지급신청이 각하된 신청인이 잘못된 부분을 보정하여 재심신청을 하면 사건을 해당 지구심의회에 환송할 수 있다.

제28조【긴급구조금의 지급 등】 ① 지구심의회는 제25조제1항에 따른 신청을 받았을 때 구조피해자의 장해 또는 중상해 정도가 명확하지 아니하거나 그 밖의 사유로 인하여 신속하게 결정을 할 수 없는 사정이 있으면 신청 또는 직권으로 대통령령으로 정하는 금액의 범위에서 긴급구조금을 지급하는 결정을 할 수 있다.
② 제1항에 따른 긴급구조금 지급신청은 법무부령으로 정하는 바에 따라 그 주소지, 거주지 또는 범죄 발생지를 관할하는 지구심의회에 할 수 있다.
③ 국가는 지구심의회가 긴급구조금 지급 결정을 하면 긴급구조금을 지급한다.
④ 긴급구조금을 받은 사람에 대하여 구조금을 지급하는 결정이 있으면 국가는 긴급구조금으로 지급된 금액 내에서 구조금을 지급할 책임을 면한다.
⑤ 긴급구조금을 받은 사람은 지구심의회에서 결정된 구조금의 금액이 긴급구조금으로 받은 금액보다 적을 때에는 그 차액을 국가에 반환하여야 하며, 지구심의회에서 구조금을 지급하지 아니한다는 결정을 하면 긴급구조금으로 받은 금액을 모두 반환하여야 한다.

제29조【결정을 위한 조사 등】 ① 지구심의회는 구조금 지급에 관한 사항을 심의하기 위하여 필요하면 신청인이나 그 밖의 관계인을 조사하거나 의사의 진단을 받게 할 수 있고 행정기관, 공공기관이나 그 밖의 단체에 조회하여 필요한 사항을 보고하게 할 수 있다.
② 지구심의회는 신청인이 정당한 이유 없이 제1항에 따른 조사에 따르지 아니하거나 의사의 진단을 거부하면 그 신청을 기각할 수 있다.

제30조【구조금의 환수】 ① 국가는 이 법에 따라 구조금을 받은 사람이 다음 각 호의 어느 하나에 해당하면 지구심의회 또는 본부심의회의 결정을 거쳐 그가 받은 구조금의 전부 또는 일부를 환수할 수 있다.
1. 거짓이나 그 밖의 부정한 방법으로 구조금을 받은 경우
2. 구조금을 받은 후 제19조에 규정된 사유가 발견된 경우
3. 구조금이 잘못 지급된 경우
② 국가가 제1항에 따라 환수를 할 때에는 국세징수의 예에 따르고, 그 환수의 우선순위는 국세 및 지방세 다음으로 한다.

제31조【소멸시효】 구조금을 받을 권리는 그 구조결정이 해당 신청인에게 송달된 날부터 2년간 행사하지 아니하면 시효로 인하여 소멸된다.

제32조【구조금 수급권의 보호】 구조금을 받을 권리는 양도하거나 담보로 제공하거나 압류할 수 없다.

제5장 범죄피해자 보호·지원사업의 지원 및 감독
(2014.12.30 본장제목개정)

제33조【범죄피해자 지원법인의 등록 등】 ① 범죄피해자 지원법인이 이 법에 따른 지원을 받으려면 자산 및 인적 구성 등 대통령령으로 정하는 요건을 갖추고 대통령령으로 정하는 절차에 따라 법무부장관에게 등록하여야 한다.
② 범죄피해자 지원법인의 설립·운영에 관하여 이 법에 규정이 없는 사항에 대하여는 「민법」과 「공익법인의 설립·운영에 관한 법률」을 적용한다.

제34조【보조금】 ① 국가 또는 지방자치단체는 제33조에 따라 등록한 범죄피해자 지원법인(이하 "등록법인"이라 한다)의 건전한 육성과 발전을 위하여 필요한 경우에는 예산의 범위에서 등록법인에 운영 또는 사업에 필요한 경비를 보조할 수 있다.(2016.12.2 본항개정)
② 국가는 제7조제2항 후단에 따른 위탁기관(범죄피해자 지원법인을 제외한다. 이하 "위탁기관"이라 한다)의 보호시설 운영에 필요한 경비를 보조할 수 있다.(2014.12.30 본항신설)
③ 법무부장관으로부터 보조금을 받으려는 등록법인과 위탁기관은 대통령령으로 정하는 바에 따라 사업의 목적과 내용, 보조사업에 드는 경비 등 필요한 사항을 적은 신청서와 첨부서류를 법무부장관에게 제출하여야 한다.
④ 제3항에 따른 보조금의 지급 기준 및 절차에 관한 사항은 대통령령으로 정한다.
(2014.12.30 본조개정)

제35조【보조금의 목적 외 사용금지 및 반환】 ① 등록법인 또는 위탁기관은 제34조에 따라 교부받은 보조금을 범죄피해자 보호·지원 또는 보호시설 운영을 위한 용도로만 사용할 수 있다.(2014.12.30 본항개정)
② 법무부장관은 등록법인 또는 위탁기관이 제34조제3항에 따른 신청서 등에 거짓 사실을 적거나 그 밖의 부정한 방법으로 보조금을 받은 경우 또는 교부받은 보조금을 다른 용도에 사용한 경우에는 교부한 보조금의 전부 또는 일부를 반환하게 할 수 있다.(2014.12.30 본항개정)
③ 보조금의 반환에 관하여는 「보조금 관리에 관한 법률」을 준용한다.(2011.7.25 본항개정)

제36조【감독 등】 ① 법무부장관은 필요하다고 인정하면 등록법인 또는 위탁기관에 대하여 그 업무·회계 및 재산에 관한 사항을 보고하게 하거나 자료의 제출이나 그 밖에 필요한 명령을 할 수 있으며, 소속 공무원으로 하여금 그 운영 실태를 조사하게 할 수 있다.
(2014.12.30 본항개정)

② 법무부장관은 등록법인 또는 위탁기관의 임직원이 다음 각 호의 어느 하나에 해당하면 해당 등록법인 또는 위탁기관의 대표자에게 이를 시정하게 하거나 해당 임원의 직무정지 또는 직원의 징계를 요구할 수 있으며, 해당 법인의 등록을 취소하거나 보호시설의 운영 위탁을 취소할 수 있다.(2014.12.30 본문개정)
1. 제1항에 따라 법무부장관이 요구하는 보고서 또는 자료를 거짓으로 작성하거나 그 보고 또는 제출을 거부한 경우
2. 제1항에 따른 검사를 거부, 방해 또는 기피한 경우
3. 법무부장관의 시정명령, 직무정지 또는 징계요구에 대한 이행을 게을리한 경우
③ 법무부장관은 제2항에 따라 등록법인의 등록을 취소할 경우 청문을 하여야 한다.
제37조【등록법인 오인 표시의 금지】 누구든지 등록법인이 아니면서 등록법인으로 표시하거나 등록법인으로 오인하게 할 수 있는 명칭을 사용하여서는 아니 된다.
제38조【재판 등에 대한 영향력 행사 금지】 범죄피해자 보호·지원 업무에 종사하는 자는 형사절차에서 가해자에 대한 처벌을 요구하거나 소송관계인에게 위력을 가하는 등 수사, 변호 또는 재판에 부당한 영향을 미치기 위한 행위를 하여서는 아니 된다.
제39조【비밀누설의 금지】 범죄피해자 보호·지원 업무에 종사하고 있거나 종사하였던 자는 그 업무를 수행하는 과정에서 알게 된 타인의 사생활에 관한 비밀을 누설하여서는 아니 되며, 범죄피해자를 보호하고 지원하는 목적으로만 그 비밀을 사용하여야 한다.
제40조【수수료 등의 금품 수수 금지】 범죄피해자 보호·지원 업무에 종사하고 있거나 종사하였던 자는 범죄피해자를 보호·지원한다는 이유로 수수료 등의 명목으로 금품을 요구하거나 받아서는 아니 된다. 다만, 다른 법률에 규정이 있는 경우에는 그러하지 아니하다.
(2014.12.30 본문개정)

제6장 형사조정

제41조【형사조정 회부】 ① 검사는 피의자와 범죄피해자(이하 "당사자"라 한다) 사이에 형사분쟁을 공정하고 원만하게 해결하여 범죄피해자가 입은 피해를 실질적으로 회복하는 데 필요하다고 인정하면 당사자의 신청 또는 직권으로 수사 중인 형사사건을 형사조정에 회부할 수 있다.
② 형사조정에 회부할 수 있는 형사사건의 구체적인 범위는 대통령령으로 정한다. 다만, 다음 각 호의 어느 하나에 해당하는 경우에는 형사조정에 회부하여서는 아니 된다.
1. 피의자가 도주하거나 증거를 인멸할 염려가 있는 경우
2. 공소시효의 완성이 임박한 경우
3. 불기소처분의 사유에 해당함이 명백한 경우(다만, 기소유예처분의 사유에 해당하는 경우는 제외한다)
제42조【형사조정위원회】 ① 제41조에 따른 형사조정을 담당하기 위하여 각급 지방검찰청 및 지청에 형사조정위원회를 둔다.
② 형사조정위원회는 2명 이상의 형사조정위원으로 구성한다.
③ 형사조정위원은 형사조정에 필요한 법적 지식 등 전문성과 덕망을 갖춘 사람 중에서 관할 지방검찰청 또는 지청의 장이 미리 위촉한다.
④「국가공무원법」 제33조 각 호의 어느 하나에 해당하는 사람은 형사조정위원으로 위촉될 수 없다.
⑤ 형사조정위원의 임기는 2년으로 하며, 연임할 수 있다.
⑥ 형사조정위원회의 위원장은 관할 지방검찰청 또는 지청의 장이 형사조정위원 중에서 위촉한다.
⑦ 형사조정위원에게는 예산의 범위에서 법무부령으로 정하는 바에 따라 수당을 지급할 수 있으며, 필요한 경우에는 여비, 일당 및 숙박료를 지급할 수 있다.
⑧ 제1항부터 제7항까지에서 정한 사항 외에 형사조정위원회의 구성과 운영 및 형사조정위원의 임면(任免) 등에 관한 사항은 대통령령으로 정한다.
제43조【형사조정의 절차】 ① 형사조정위원회는 당사자 사이의 공정하고 원만한 화해와 범죄피해자가 입은 피해의 실질적인 회복을 위하여 노력하여야 한다.
② 형사조정위원회는 형사조정이 회부되면 지체 없이 형사조정 절차를 진행하여야 한다.
③ 형사조정위원회는 필요하다고 인정하면 형사조정의 결과에 이해관계가 있는 사람의 신청 또는 직권으로 이해관계인을 형사조정에 참여하게 할 수 있다.
④ 제1항부터 제3항까지에서 정한 사항 외에 형사조정의 절차에 관한 사항은 대통령령으로 정한다.
제44조【관련 자료의 송부 등】 ① 형사조정위원회는 형사사건을 형사조정에 회부한 검사에게 해당 형사사건에 관하여 당사자가 제출한 서류, 수사서류 및 증거물 등 관련 자료의 사본을 보내 줄 것을 요청할 수 있다.
② 제1항의 요청을 받은 검사는 그 관련 자료가 형사조정에 필요하다고 판단하면 형사조정위원회에 보낼 수 있다. 다만, 당사자 또는 제3자의 사생활의 비밀이나 명예를 침해할 우려가 있거나 수사상 비밀을 유지할 필요가 있다고 인정하는 부분은 제외할 수 있다.
③ 당사자는 해당 형사사건에 관한 사실의 주장과 관련된 자료를 형사조정위원회에 제출할 수 있다.
④ 형사조정위원회는 제1항부터 제3항까지의 규정에 따른 자료의 제출자 또는 진술자의 동의를 받아 그 자료를 상대방 당사자에게 열람하게 하거나 사본을 교부 또는 송부할 수 있다.
⑤ 관련 자료의 송부나 제출 절차 및 열람 등에 대한 동의의 확인 방법 등에 관한 사항은 대통령령으로 정한다.
제45조【형사조정절차의 종료】 ① 형사조정위원회는 조정기일마다 형사조정의 과정을 서면으로 작성하고, 형사조정이 성립되면 그 결과를 서면으로 작성하여야 한다.
② 형사조정위원회는 조정 과정에서 증거위조나 거짓 진술 등의 사유로 명백히 혐의가 없는 것으로 인정하는 경우에는 조정을 중단하고 담당 검사에게 회송하여야 한다.
③ 형사조정위원회는 형사조정 절차가 끝나면 제1항의 서면을 붙여 해당 형사사건을 형사조정에 회부한 검사에게 보내야 한다.
④ 검사는 형사사건을 수사하고 처리할 때 형사조정 결과를 고려할 수 있다. 다만, 형사조정이 성립되지 아니하였다는 사정을 피의자에게 불리하게 고려하여서는 아니 된다.
⑤ 형사조정의 과정 및 그 결과를 적은 서면의 서식 등에 관한 사항은 법무부령으로 정한다.
제46조【준용규정】 형사조정위원이나 형사조정위원이었던 사람에 관하여는 제38조부터 제40조까지의 규정을 준용한다.

제7장 보 칙

(2014.12.30 본장신설)

제46조의2【경찰관서의 협조】 범죄피해자 지원법인의 장 또는 보호시설의 장은 피해자나 피해자의 가족구성원을 긴급히 구조할 필요가 있을 때에는 경찰관서(지구대·파출소 및 출장소를 포함한다)의 장에게 그 소속 직원의 동행을 요청할 수 있으며, 요청을 받은 경찰관서의 장은 특별한 사유가 없으면 이에 따라야 한다.

제8장 벌 칙

제47조【벌칙】 ① 거짓이나 그 밖의 부정한 방법으로 제34조에 따른 보조금을 받은 자는 5년 이하의 징역 또는 2천만원 이하의 벌금에 처한다.
② 제35조제1항을 위반하여 보조금을 범죄피해자 보호·지원 외의 다른 용도로 사용한 자는 3년 이하의 징역 또는 1천만원 이하의 벌금에 처한다.
제48조【벌칙】 다음 각 호의 어느 하나에 해당하는 자는 1년 이하의 징역 또는 1천만원 이하의 벌금에 처한다.
(2014.1.7 본문개정)
1. 제39조 또는 제46조를 위반하여 타인의 비밀을 누설하거나 범죄피해자 보호·지원 또는 형사조정 업무 외의 목적에 사용한 자
2. 제40조 또는 제46조를 위반하여 금품을 요구하거나 받은 자
제49조【양벌규정】 법인의 대표자나 법인 또는 개인의 대리인, 사용인, 그 밖의 종업원이 그 법인 또는 개인의 업무에 관하여 제47조 또는 제48조의 위반행위를 하면 그 행위자를 벌하는 외에 그 법인 또는 개인에게도 해당 조문의 벌금형을 과(科)한다. 다만, 법인 또는 개인이 그 위반행위를 방지하기 위하여 해당 업무에 관하여 상당한 주의와 감독을 게을리하지 아니한 경우에는 그러하지 아니하다.
제50조【과태료】 ① 다음 각 호의 어느 하나에 해당하는 자에게는 300만원 이하의 과태료를 부과한다.
1. 제36조제2항 각 호의 어느 하나에 해당하는 자
2. 제37조를 위반하여 등록법인으로 표시하거나 등록법인으로 오인하게 할 수 있는 명칭을 사용한 자
3. 제38조 또는 제46조를 위반하여 수사, 변호 또는 재판에 부당한 영향을 미치기 위한 행위를 한 자
② 제1항에 따른 과태료는 대통령령으로 정하는 바에 따라 법무부장관이 부과·징수한다.

부 칙

제1조【시행일】 이 법은 공포 후 3개월이 경과한 날부터 시행한다.
제2조【다른 법률의 폐지】 범죄피해자구조법은 폐지한다.
제3조【일반적 경과조치】 이 법 시행 당시 종전의 「범죄피해자구조법」에 따른 처분이나 절차, 그 밖의 행위는 이 법에 따라 한 것으로 본다.
제4조【구조에 관한 경과조치】 이 법 시행 전에 발생한 범죄피해에 대한 구조는 종전의 「범죄피해자구조법」에 따른다.
제5조【다른 법령과의 관계】 이 법 시행 당시 다른 법령에서 종전의 「범죄피해자구조법」이나 종전의 「범죄피해자보호법」 또는 그 규정을 인용한 경우 이 법 가운데 그에 해당하는 규정이 있으면 종전의 규정을 갈음하여 이 법 또는 이 법의 해당 규정을 인용한 것으로 본다.

부 칙 (2017.3.14)

이 법은 공포한 날부터 시행한다.

국가인권위원회법

(2001년 5월 24일
법 률 제6481호)

개정
2005. 3.31법 7427호(민법)
2005. 7.29법 7651호
2005. 8. 4법 7655호(치료감호법)
2005.12.29법 7796호(국가공무원)
2006.10. 4법 8050호(국가재정법)
2007. 5.17법 8435호(가족관계등록)
2009. 2. 3법 9402호(공직자윤리)
2011. 5.19법10679호 2012. 3.21법11413호
2013. 3.23법11690호(정부조직)
2014. 3.18법12500호 2016. 2. 3법14028호
2020. 2. 4법16928호(군인사법)
2020. 3.24법17126호
2021. 7.20법18298호(국가교육위원회설치및운영에관한법)
2022. 1. 4법18721호
2022. 4.26법18846호(비영리민간단체지원법)

제1장 총 칙

(2011.5.19 본장개정)

제1조【목적】 이 법은 국가인권위원회를 설립하여 모든 개인이 가지는 불가침의 기본적 인권을 보호하고 그 수준을 향상시킴으로써 인간으로서의 존엄과 가치를 실현하고 민주적 기본질서의 확립에 이바지함을 목적으로 한다.
제2조【정의】 이 법에서 사용하는 용어의 뜻은 다음과 같다.
1. "인권"이란 「대한민국헌법」 및 법률에서 보장하거나 대한민국이 가입·비준한 국제인권조약 및 국제관습법에서 인정하는 인간으로서의 존엄과 가치 및 자유와 권리를 말한다.
2. "구금·보호시설"이란 다음 각 목에 해당하는 시설을 말한다.
가. 교도소·소년교도소·구치소 및 그 지소, 보호감호소, 치료감호시설, 소년원 및 소년분류심사원
나. 경찰서 유치장 및 사법경찰관리가 직무 수행을 위하여 사람을 조사하고 유치(留置)하거나 수용하는 데에 사용하는 시설
다. 군 교도소(지소·미결수용실을 포함한다)(2020.2.4 본목개정)
라. 외국인 보호소
마. 다수인 보호시설(많은 사람을 보호하고 수용하는 시설로서 대통령령으로 정하는 시설을 말한다)
3. "평등권 침해의 차별행위"란 합리적인 이유 없이 성별, 종교, 장애, 나이, 사회적 신분, 출신 지역(출생지, 등록기준지, 성년이 되기 전의 주된 거주지 등을 말한다), 출신 국가, 출신 민족, 용모 등 신체 조건, 기혼·미혼·별거·이혼·사별·재혼·사실혼 등 혼인 여부, 임신 또는 출산, 가족 형태 또는 가족 상황, 인종, 피부색, 사상 또는 정치적 의견, 형의 효력이 실효된 전과(前科), 성적(性的) 지향, 학력, 병력(病歷) 등을 이유로 한 다음 각 목의 어느 하나에 해당하는 행위를 말한다. 다만, 현존하는 차별을 없애기 위하여 특정한 사람(특정한 사람들의 집단을 포함한다. 이하 이 조에서 같다)을 잠정적으로 우대하는 행위와 이를 내용으로 하는 법령의 제정·개정 및 정책의 수립·집행은 평등권 침해의 차별행위(이하 "차별행위"라 한다)로 보지 아니한다.
가. 고용(모집, 채용, 교육, 배치, 승진, 임금 및 임금 외의 금품 지급, 자금의 융자, 정년, 퇴직, 해고 등을 포함한다)과 관련하여 특정한 사람을 우대·배제·구별하거나 불리하게 대우하는 행위
나. 재화·용역·교통수단·상업시설·토지·주거시설의 공급이나 이용과 관련하여 특정한 사람을 우대·배제·구별하거나 불리하게 대우하는 행위
다. 교육시설이나 직업훈련기관에서의 교육·훈련이나 그 이용과 관련하여 특정한 사람을 우대·배제·구별하거나 불리하게 대우하는 행위
라. 성희롱〔업무, 고용, 그 밖의 관계에서 공공기관(국가기관, 지방자치단체, 「초·중등교육법」 제2조, 「고등교육법」 제2조와 그 밖의 다른 법률에 따라 설치된 각급 학교, 「공직자윤리법」 제3조의2제1항에 따른 공직유관단체를 말한다)의 종사자, 사용자 또는 근로자가 그 직위를 이용하여 또는 업무 등과 관련하여 성적 언동 등으로 성적 굴욕감 또는 혐오감을 느끼게 하거나 성적 언동 또는 그 밖의 요구 등에 따르지 아니한다는 이유로 고용상의 불이익을 주는 것을 말한다〕 행위
4. "장애"란 신체적·정신적·사회적 요인으로 장기간에 걸쳐 일상생활 또는 사회생활에 상당한 제약을 받는 상태를 말한다.
5. "시민사회단체"란 「비영리민간단체 지원법」 제4조에 따라 중앙행정기관의 장, 시·도지사나 특례시의 장에게 등록을 한 비영리민간단체, 「민법」 제32조에 따라 주무관청의 허가를 받은 비영리법인, 「공익법인의 설립·운영에 관한 법률」 제4조에 따라 주무관청의 설립허가를 받은 공익법인, 그 밖에 특별법에 따라 설립된 법인을 말한다.(2022.4.26 본호개정)
6. "군인등"이란 다음 각 목의 어느 하나에 해당하는 사람을 말한다.
가. 「군인의 지위 및 복무에 관한 기본법」 제2조제1호에

따른 현역에 복무하는 장교·준사관·부사관 및 병(兵)
나. 「군인의 지위 및 복무에 관한 기본법」 제3조에 따른 사관생도·사관후보생·준사관후보생·부사관후보생, 소집되어 군에 복무하는 예비역·보충역, 군무원
(2022.1.4 본호신설)
7. "군인권침해"란 제30조제1항에 따른 인권침해나 차별행위에 해당하는 경우로서 군인등의 복무 중 업무 수행 과정 또는 병영생활(「군인의 지위 및 복무에 관한 기본법」 제2조제5호에 따른 병영생활을 말한다)에서 발생하는 인권침해나 차별행위를 말한다.(2022.1.4 본호신설)
8. "군인권보호관"이란 「군인의 지위 및 복무에 관한 기본법」 제42조에 따른 군인권보호관을 말한다.
(2022.1.4 본호신설)

제3조【국가인권위원회의 설립과 독립성】 ① 이 법에서 정하는 인권의 보호와 향상을 위한 업무를 수행하기 위하여 국가인권위원회(이하 "위원회"라 한다)를 둔다.
② 위원회는 그 권한에 속하는 업무를 독립하여 수행한다.

제4조【적용범위】 이 법은 대한민국 국민과 대한민국의 영역에 있는 외국인에 대하여 적용한다.

제2장 위원회의 구성과 운영
(2011.5.19 본장개정)

제5조【위원회의 구성】 ① 위원회는 위원장 1명과 상임위원 3명을 포함한 11명의 인권위원(이하 "위원"이라 한다)으로 구성한다.
② 위원은 다음 각 호의 사람을 대통령이 임명한다.
(2016.2.3 본문개정)
1. 국회가 선출하는 4명(상임위원 2명을 포함한다)
2. 대통령이 지명하는 4명(상임위원 1명을 포함한다)
(2016.2.3 본호개정)
3. 대법원장이 지명하는 3명
③ 위원은 인권문제에 관하여 전문적인 지식과 경험이 있고 인권의 보장과 향상을 위한 업무를 공정하고 독립적으로 수행할 수 있다고 인정되는 사람으로서 다음 각 호의 어느 하나에 해당하는 자격을 갖추어야 한다.
1. 대학이나 공인된 연구기관에서 부교수 이상의 직이나 이에 상당하는 직에 10년 이상 있거나 있었던 사람
2. 판사·검사 또는 변호사의 직에 10년 이상 있거나 있었던 사람
3. 인권 분야 비영리 민간단체·법인·국제기구에서 근무하는 등 인권 관련 활동에 10년 이상 종사한 경력이 있는 사람
4. 그 밖에 사회적 신망이 높은 사람으로서 시민사회단체로부터 추천을 받은 사람
(2016.2.3 본항신설)
④ 국회, 대통령 또는 대법원장은 다양한 사회계층으로부터 후보를 추천받거나 의견을 들은 후 인권의 보호와 향상에 관련된 다양한 사회계층의 대표성이 반영될 수 있도록 위원을 선출·지명하여야 한다.(2016.2.3 본항신설)
⑤ 위원장은 위원 중에서 대통령이 임명한다. 이 경우 위원장은 국회의 인사청문을 거쳐야 한다.(2012.3.21 후단신설)
⑥ 위원장과 상임위원은 정무직공무원으로 임명한다.
⑦ 위원은 특정 성(性)이 10분의 6을 초과하지 아니하도록 하여야 한다.(2016.2.3 본항개정)
⑧ 임기가 끝난 위원은 후임자가 임명될 때까지 그 직무를 수행한다.

제6조【위원장의 직무】 ① 위원장은 위원회를 대표하며 위원회의 업무를 총괄한다.
② 위원장이 부득이한 사유로 직무를 수행할 수 없을 때에는 위원장이 미리 지명한 상임위원이 그 직무를 대행한다.
③ 위원장은 국회에 출석하여 위원회의 소관 사무에 관하여 의견을 진술할 수 있으며, 국회에서 요구하면 출석하여 보고하거나 답변하여야 한다.
④ 위원장은 국무회의에 출석하여 발언할 수 있으며, 소관 사무에 관하여 국무총리에게 의안(이 법의 시행에 관한 대통령령안을 포함한다) 제출을 건의할 수 있다.
⑤ 위원장은 위원회의 예산 관련 업무를 수행할 때 「국가재정법」 제6조제3항에 따른 중앙관서의 장으로 본다.

제7조【위원장 및 위원의 임기】 ① 위원장과 위원의 임기는 3년으로 하고, 한 번만 연임할 수 있다.
② 위원 중 결원이 생기면 대통령은 결원된 날부터 30일 이내에 후임자를 임명하여야 한다.
③ 결원이 된 위원의 후임으로 임명된 위원의 임기는 새로 시작된다.

제8조【위원의 신분 보장】 위원은 금고 이상의 형의 선고에 의하지 아니하고는 본인의 의사에 반하여 면직되지 아니한다. 다만, 위원이 장기간의 심신쇠약으로 직무를 수행하기가 극히 곤란하게 되거나 불가능하게 된 경우에는 전체 위원 3분의 2 이상의 찬성에 의한 의결로 퇴직하게 할 수 있다.(2016.2.3 단서개정)

제8조의2【위원의 책임 면제】 위원은 위원회나 제12조에 따른 상임위원회 또는 소위원회에서 직무상 행한 발언과 의결에 관하여 고의 또는 과실이 없으면 민사상 또는 형사상의 책임을 지지 아니한다.(2016.2.3 본조신설)

제9조【위원의 결격사유】 ① 다음 각 호의 어느 하나에 해당하는 사람은 위원이 될 수 없다.
1. 대한민국 국민이 아닌 사람
2. 「국가공무원법」 제33조 각 호의 어느 하나에 해당하는 사람
3. 정당의 당원
4. 「공직선거법」에 따라 실시하는 선거에 후보자로 등록한 사람
② 위원이 제1항 각 호의 어느 하나에 해당하게 되면 당연히 퇴직한다.

제10조【위원의 겸직금지】 ① 위원은 재직 중 다음 각 호의 직을 겸하거나 업무를 할 수 없다.
1. 국회 또는 지방의회의 의원의 직
2. 다른 국가기관 또는 지방자치단체의 공무원(교육공무원은 제외한다)의 직
3. 그 밖에 위원회 규칙으로 정하는 직 또는 업무
② 위원은 정당에 가입하거나 정치운동에 관여할 수 없다.

제11조 (2005.7.29 삭제)

제12조【상임위원회 및 소위원회】 ① 위원회는 그 업무 중 일부를 수행하게 하기 위하여 상임위원회와 침해구제위원회, 차별시정위원회 등의 소위원회(이하 "소위원회"라 한다)를 둘 수 있다.
② 상임위원회는 위원장과 상임위원으로 구성하고, 소위원회는 3명 이상 5명 이하의 위원으로 구성한다.
③ 상임위원회와 소위원회에는 심의 사항을 연구·검토하기 위하여 성·장애 등 분야별 전문위원회를 둘 수 있다.
④ 상임위원회, 소위원회 및 전문위원회의 구성·업무 및 운영과 전문위원의 자격·임기 및 위촉 등에 관하여 필요한 사항은 위원회 규칙으로 정한다.

제13조【회의 의사 및 의결정족수】 ① 위원회의 회의는 위원장이 주재하며, 이 법에 특별한 규정이 없으면 재적위원 과반수의 찬성으로 의결한다.
② 상임위원회 및 소위원회의 회의는 구성위원 3명 이상의 출석과 3명 이상의 찬성으로 의결한다.

제14조【의사의 공개】 위원회의 의사는 공개한다. 다만, 위원회, 상임위원회 또는 소위원회가 필요하다고 인정하면 공개하지 아니할 수 있다.

제15조【자문기구】 ① 위원회는 그 업무 수행에 필요한 사항을 자문받기 위하여 자문기구를 둘 수 있다.
② 자문기구의 조직과 운영에 필요한 사항은 위원회 규칙으로 정한다.

제16조【사무처】 ① 위원회에 위원회의 사무를 처리할 사무처를 두고, 사무처에는 군인권보호관의 업무를 지원하기 위하여 지원조직을 둔다.(2022.1.4 본항개정)
② 사무처에 사무총장 1명과 필요한 직원을 두되 사무총장은 위원회의 심의를 거쳐 위원장의 제청으로 대통령이 임명한다.
③ 소속 직원 중 5급 이상 공무원 또는 고위공무원단에 속하는 일반직공무원은 위원장의 제청으로 대통령이 임명하며, 6급 이하 공무원은 위원장이 임명한다.
④ 사무총장은 위원장의 지휘를 받아 사무처의 사무를 관장하고 소속 직원을 지휘·감독한다.

제17조【징계위원회의 설치】 ① 위원회에 위원회 직원의 징계처분을 의결할 징계위원회를 둔다.
② 징계위원회의 구성, 권한, 심의 절차, 징계의 종류 및 효력, 그 밖에 징계에 필요한 사항은 위원회 규칙으로 정한다.

제18조【위원회의 조직과 운영】 ① 이 법에 규정된 사항 외에 위원회의 조직에 관하여 필요한 사항은 위원회의 독립성을 보장하고 업무를 효과적으로 수행할 수 있도록 최대한 고려하여 대통령령으로 정한다.(2016.2.3 본항개정)
② 이 법에 규정된 사항 외에 위원회의 운영에 필요한 사항은 위원회 규칙으로 정한다.(2016.2.3 본항신설)

제3장 위원회의 업무와 권한
(2011.5.19 본장개정)

제19조【업무】 위원회는 다음 각 호의 업무를 수행한다.
1. 인권에 관한 법령(입법과정 중에 있는 법령안을 포함한다)·제도·정책·관행의 조사와 연구 및 그 개선이 필요한 사항에 관한 권고 또는 의견의 표명
2. 인권침해행위에 대한 조사와 구제
3. 차별행위에 대한 조사와 구제
4. 인권상황에 대한 실태 조사
5. 인권에 관한 교육 및 홍보
6. 인권침해의 유형, 판단 기준 및 그 예방 조치 등에 관한 지침의 제시 및 권고
7. 국제인권조약 가입 및 그 조약의 이행에 관한 연구와 권고 또는 의견의 표명
8. 인권의 옹호와 신장을 위하여 활동하는 단체 및 개인과의 협력
9. 인권과 관련된 국제기구 및 외국 인권기구와의 교류·협력
10. 그 밖에 인권의 보장과 향상을 위하여 필요하다고 인정하는 사항

제20조【관계기관등과의 협의】 ① 관계 국가행정기관 또는 지방자치단체의 장은 인권의 보호와 향상에 영향을 미치는 내용을 포함하고 있는 법령을 제정하거나 개정하려는 경우 미리 위원회에 통지하여야 한다.
② 위원회는 그 업무를 수행하기 위하여 필요하다고 인정하면 국가기관, 지방자치단체, 그 밖의 공사(公私) 단체(이하 "관계기관등"이라 한다)에 협의를 요청할 수 있다.
③ 제2항에 따른 요청을 받은 관계기관등은 정당한 사유가 없으면 이에 성실히 협조하여야 한다.

제21조【정부보고서 작성 시 위원회 의견 청취】 국제인권규약에 따라 관계 국가행정기관이 정부보고서를 작성할 때에는 위원회의 의견을 들어야 한다.

제22조【자료제출 및 사실 조회】 ① 위원회는 그 업무를 수행하기 위하여 필요하다고 인정하면 관계기관등에 필요한 자료 등의 제출이나 사실 조회를 요구할 수 있다.
② 위원회는 그 업무를 수행하기 위하여 필요한 사실을 알고 있거나 전문적 지식 또는 경험을 가지고 있다고 인정되는 사람에게 출석을 요구하여 그 진술을 들을 수 있다.
③ 제1항에 따른 요구를 받은 기관은 지체 없이 협조하여야 한다.

제23조【청문회】 ① 위원회는 그 업무를 수행하기 위하여 필요하다고 인정하면 관계기관등의 대표자, 이해관계인 또는 학식과 경험이 있는 사람 등에게 출석을 요구하여 사실 또는 의견의 진술을 들을 수 있다.
② 제1항에 따라 위원회가 실시하는 청문회의 절차와 방법에 관하여는 위원회 규칙으로 정한다.

제24조【시설의 방문조사】 ① 위원회(상임위원회와 소위원회를 포함한다. 이하 이 조에서 같다)는 필요하다고 인정하면 그 의결로써 구금·보호시설을 방문하여 조사할 수 있다.
② 제1항에 따른 방문조사를 하는 위원은 필요하다고 인정하면 소속 직원 및 전문가를 동반할 수 있으며, 구체적인 사항을 지정하여 소속 직원 및 전문가에게 조사를 위임할 수 있다. 이 경우 조사를 위임받은 전문가가 그 사항에 대하여 조사를 할 때에는 소속 직원을 동반하여야 한다.
③ 제2항에 따라 방문조사를 하는 위원, 소속 직원 또는 전문가(이하 이 조에서 "위원등"이라 한다)는 그 권한을 표시하는 증표를 지니고 이를 관계인에게 내보여야 하며, 방문 및 조사를 받는 구금·보호시설의 장 또는 관리인은 즉시 방문과 조사에 편의를 제공하여야 한다.
④ 제2항에 따라 방문조사를 하는 위원등은 구금·보호시설의 직원 및 구금·보호시설에 수용되어 있는 사람(이하 "시설수용자"라 한다)과 면담할 수 있고 구술 또는 서면으로 사실이나 의견을 진술하게 할 수 있다.
⑤ 구금·보호시설의 직원은 위원등이 시설수용자를 면담하는 장소에 참석할 수 있다. 다만, 대화 내용을 녹음하거나 녹취하지 못한다.
⑥ 구금·보호시설에 대한 방문조사의 절차와 방법 등에 관하여 필요한 사항은 대통령령으로 정한다.

제25조【정책과 관행의 개선 또는 시정 권고】 ① 위원회는 인권의 보호와 향상을 위하여 필요하다고 인정하면 관계기관등에 정책과 관행의 개선 또는 시정을 권고하거나 의견을 표명할 수 있다.
② 제1항에 따라 권고를 받은 관계기관등의 장은 그 권고사항을 존중하고 이행하기 위하여 노력하여야 한다.
③ 제1항에 따라 권고를 받은 관계기관등의 장은 권고를 받은 날부터 90일 이내에 그 권고사항의 이행계획을 위원회에 통지하여야 한다.(2012.3.21 본항개정)
④ 제1항에 따라 권고를 받은 관계기관등의 장은 그 권고의 내용을 이행하지 아니할 경우에는 그 이유를 위원회에 통지하여야 한다.(2012.3.21 본항신설)
⑤ 위원회는 제1항에 따른 권고 또는 의견의 이행실태를 확인·점검할 수 있다.(2022.1.4 본항신설)
⑥ 위원회는 필요하다고 인정하면 제1항에 따른 위원회의 권고와 의견 표명, 제4항에 따라 권고를 받은 관계기관등의 장이 통지한 내용 및 제5항에 따른 이행실태의 확인·점검 결과를 공표할 수 있다.(2022.1.4 본항개정)

제26조【인권교육과 홍보】 ① 위원회는 모든 사람의 인권 의식을 깨우치고 향상시키기 위하여 필요한 인권교육과 홍보를 하여야 한다.
② 위원회는 「초·중등교육법」 제23조에 따른 학교 교육과정에 인권에 관한 내용을 포함시키기 위하여 국가교육위원회와 협의할 수 있다.(2021.7.20 본항개정)
③ 위원회는 인권교육과 인권에 관한 연구의 발전을 위하여 필요한 사항을 「고등교육법」 제2조에 따라 설립된 학교의 장과 협의할 수 있다.
④ 위원회는 공무원의 채용시험, 승진시험, 연수 및 교육훈련 과정에 인권에 관한 내용을 포함시키기 위하여 국가기관 및 지방자치단체의 장과 협의할 수 있다.
⑤ 위원회는 군인권침해를 개선·예방하기 위한 인권교육을 위하여 국방부장관과 협의할 수 있다.(2022.1.4 본항신설)
⑥ 위원회는 「정부출연연구기관 등의 설립·운영 및 육성에 관한 법률」 제8조 및 제18조와 「과학기술분야 정부출연연구기관 등의 설립·운영 및 육성에 관한 법률」 제8조 및 제18조에 따라 설립된 연구기관 또는 연구회의 장과 협의하여 인권에 관한 연구를 요청하거나 공동으로 연구할 수 있다.
⑦ 위원회는 「평생교육법」 제2조제2호에 따른 평생교육기관의 장에 대하여 그 교육내용에 인권 관련 사항을 포함하도록 권고할 수 있다.

제27조【인권도서관】 ① 위원회는 인권도서관을 둘 수 있다.

② 인권도서관은 인권에 관한 국내외의 정보와 자료 등을 수집·정리·보존하여 일반인이 이용하도록 제공할 수 있다.
③ (2012.3.21 삭제)
④ 인권도서관의 설치와 운영에 필요한 사항은 위원회 규칙으로 정한다.
(2012.3.21 본조개정)

제28조【법원 및 헌법재판소에 대한 의견 제출】 ① 위원회는 인권의 보호와 향상에 중대한 영향을 미치는 재판이 계속(係屬) 중인 경우 법원 또는 헌법재판소의 요청이 있거나 필요하다고 인정할 때에는 법원의 담당 재판부 또는 헌법재판소에 법률상의 사항에 관하여 의견을 제출할 수 있다.
② 제4장 및 제4장의2에 따라 위원회 또는 제50조의3제1항에 따른 군인권보호위원회가 조사하거나 처리한 내용에 관하여 재판이 계속 중인 경우 위원회는 법원 또는 헌법재판소의 요청이 있거나 필요하다고 인정할 때에는 법원의 담당 재판부 또는 헌법재판소에 사실상 및 법률상의 사항에 관하여 의견을 제출할 수 있다.(2022.1.4 본항개정)

제29조【보고서 작성 등】 ① 위원회는 해마다 전년도의 활동 내용과 인권 상황 및 개선 대책에 관한 보고서를 작성하여 대통령과 국회에 보고하여야 한다. 이 경우 보고서에는 군 인권 관련 사항을 포함하여야 한다.
(2022.1.4 후단신설)
② 위원회는 제1항에 따른 보고 외에도 필요하다고 인정하면 대통령과 국회에 특별보고를 할 수 있다.
③ 관계기관등은 제1항 및 제2항에 따른 보고에 관한 의견, 조치 결과 또는 조치 계획을 위원회에 제출할 수 있다.
④ 위원회는 제1항 및 제2항에 따른 보고서를 공개하여야 한다. 다만, 국가의 안전보장, 개인의 명예 또는 사생활의 보호를 위하여 필요하거나 다른 법률에 따라 공개가 제한된 사항은 공개하지 아니할 수 있다.

제4장 인권침해 및 차별행위의 조사와 구제
(2005.7.29 본장제목개정)

제30조【위원회의 조사대상】 ① 다음 각 호의 어느 하나에 해당하는 경우에 인권침해나 차별행위를 당한 사람(이하 "피해자"라 한다) 또는 그 사실을 알고 있는 사람이나 단체는 위원회에 그 내용을 진정할 수 있다.
1. 국가기관, 지방자치단체, 「초·중등교육법」 제2조, 「고등교육법」 제2조와 그 밖의 다른 법률에 따라 설치된 각급 학교, 「공직자윤리법」 제3조의2제1항에 따른 공직유관단체 또는 구금·보호시설의 업무 수행(국회의 입법 및 법원·헌법재판소의 재판은 제외한다)과 관련하여 「대한민국헌법」 제10조부터 제22조까지의 규정에서 보장된 인권을 침해당하거나 차별행위를 당한 경우
(2012.3.21 본호개정)
2. 법인, 단체 또는 사인(私人)으로부터 차별행위를 당한 경우
(2011.5.19 본항개정)
② (2005.7.29 삭제)
③ 위원회는 제1항의 진정이 없는 경우에도 인권침해나 차별행위가 있다고 믿을 만한 상당한 근거가 있고 그 내용이 중대하다고 인정할 때에는 직권으로 조사할 수 있다.
(2011.5.19 본항개정)
④ 제1항에 따른 진정의 절차와 방법에 관하여 필요한 사항은 위원회 규칙으로 정한다.(2011.5.19 본항개정)

제31조【시설수용자의 진정권 보장】 ① 시설수용자가 위원회에 진정하려고 하면 그 시설에 소속된 공무원 또는 직원(이하 "소속공무원등"이라 한다)은 그 사람에게 즉시 진정서 작성에 필요한 시간과 장소 및 편의를 제공하여야 한다.
② 시설수용자가 위원 또는 위원회 소속 직원 앞에서 진정하기를 원하는 경우 소속공무원등은 즉시 그 뜻을 위원회에 통지하여야 한다.
③ 소속공무원등은 제1항에 따라 시설수용자가 작성한 진정서를 즉시 위원회에 보내고 위원회로부터 접수증명원을 받아 이를 진정인에게 내주어야 한다. 제2항의 통지에 대한 위원회의 확인서 및 면담일정서는 발급받는 즉시 진정을 원하는 시설수용자에게 내주어야 한다.
④ 제2항에 따라 통지를 받은 경우 또는 시설수용자가 진정을 원한다고 믿을 만한 상당한 근거가 있는 경우 위원회는 위원 또는 소속 직원으로 하여금 구금·보호시설을 방문하게 하여 진정을 원하는 시설수용자로부터 구술 또는 서면으로 진정을 접수하게 하여야 한다. 이때 진정을 접수한 위원 또는 소속 직원은 즉시 접수증명원을 작성하여 진정인에게 내주어야 한다.
⑤ 제4항에 따른 위원 또는 소속 직원의 구금·보호시설의 방문 및 진정의 접수에 관하여는 제24조제3항 및 제4항을 준용한다.
⑥ 시설에 수용되어 있는 진정인(진정을 하려는 사람을 포함한다)과 위원 또는 위원회 소속 직원의 면담에는 구금·보호시설의 직원이 참여하거나 그 내용을 듣거나 녹취하지 못한다. 다만, 보이는 거리에서 시설수용자를 감시할 수 있다.
⑦ 소속공무원등은 시설수용자가 위원회에 제출할 목적으로 작성한 진정서 또는 서면을 열람할 수 없다.
⑧ 시설수용자의 자유로운 진정서 작성과 제출을 보장하기 위하여 구금·보호시설에서 이행하여야 할 조치와 그 밖에 필요한 절차와 방법은 대통령령으로 정한다.
(2011.5.19 본조개정)

제32조【진정의 각하 등】 ① 위원회는 접수한 진정이 다음 각 호의 어느 하나에 해당하는 경우에는 그 진정을 각하(却下)한다.
1. 진정의 내용이 위원회의 조사대상에 해당하지 아니하는 경우
2. 진정의 내용이 명백히 거짓이거나 이유 없다고 인정되는 경우
3. 피해자가 아닌 사람이 한 진정에서 피해자가 조사를 원하지 아니하는 것이 명백한 경우
4. 진정의 원인이 된 사실이 발생한 날부터 1년 이상 지나서 진정한 경우. 다만, 진정의 원인이 된 사실에 관하여 공소시효 또는 민사상 시효가 완성되지 아니한 사건으로서 위원회가 조사하기로 결정한 경우에는 그러하지 아니하다.
5. 진정이 제기될 당시 진정의 원인이 된 사실에 관하여 법원 또는 헌법재판소의 재판, 수사기관의 수사 또는 그 밖의 법률에 따른 권리구제 절차가 진행 중이거나 종결된 경우. 다만, 수사기관이 인지하여 수사 중인 「형법」 제123조부터 제125조까지의 죄에 해당하는 사건과 같은 사안에 대하여 위원회에 진정이 접수된 경우에는 그러하지 아니하다.
6. 진정이 익명이나 가명으로 제출된 경우
7. 진정이 위원회가 조사하는 것이 적절하지 아니하다고 인정되는 경우
8. 진정인이 진정을 취하한 경우
9. 위원회가 기각한 진정과 같은 사실에 대하여 다시 진정한 경우
10. 진정의 취지가 그 진정의 원인이 된 사실에 관한 법원의 확정판결이나 헌법재판소의 결정에 반하는 경우
② 위원회는 제1항에 따라 진정을 각하하는 경우 필요하다고 인정하면 그 진정을 관계 기관에 이송할 수 있다. 이 경우 진정을 이송받은 기관은 위원회의 요청이 있으면 지체 없이 그 처리 결과를 위원회에 통지하여야 한다.
③ 위원회가 진정에 대한 조사를 시작한 후에도 그 진정이 제1항 각 호의 어느 하나에 해당하게 된 경우에는 그 진정을 각하할 수 있다.
④ 위원회는 진정을 각하하거나 이송한 경우 지체 없이 그 사유를 구체적으로 밝혀 진정인에게 통지하여야 한다.
⑤ 위원회는 제4항에 따라 진정인에게 통지하는 경우 필요하다고 인정하면 피해자 또는 진정인에게 권리를 구제받는 데에 필요한 절차와 조치에 관하여 조언할 수 있다.
(2011.5.19 본조개정)

제33조【다른 구제 절차와 이송】 ① 진정의 내용이 다른 법률에서 정한 권리구제 절차에 따라 권한을 가진 국가기관에 제출하려는 것이 명백한 경우 위원회는 지체 없이 그 진정을 그 국가기관으로 이송하여야 한다.
② 위원회가 제30조제1항에 따라 진정에 대한 조사를 시작한 후에 진정의 원인이 된 사실과 같은 사안에 관한 수사가 피해자의 진정 또는 고소에 의하여 시작된 경우에는 그 진정을 관할 수사기관으로 이송하여야 한다.
③ 제1항과 제2항에 따라 위원회가 진정을 이송한 경우 지체 없이 그 내용을 진정인에게 통지하여야 하며, 이송받은 기관은 위원회가 요청하는 경우 그 진정에 대한 처리 결과를 위원회에 통지하여야 한다.
(2011.5.19 본조개정)

제34조【수사기관과 위원회의 협조】 ① 진정의 원인이 된 사실이 범죄행위에 해당한다고 믿을 만한 상당한 이유가 있고 그 혐의자의 도주 또는 증거 인멸 등을 방지하거나 증거 확보를 위하여 필요하다고 인정할 경우에 위원회는 검찰총장 또는 관할 수사기관의 장에게 수사의 개시와 필요한 조치를 의뢰할 수 있다.
② 제1항에 따른 의뢰를 받은 검찰총장 또는 관할 수사기관의 장은 지체 없이 그 조치 결과를 위원회에 통지하여야 한다.
(2011.5.19 본조개정)

제35조【조사 목적의 한계】 ① 위원회는 조사를 할 때에는 국가기관의 기능 수행에 지장을 주지 아니하도록 유의하여야 한다.
② 위원회는 개인의 사생활을 침해하거나 계속 중인 재판 또는 수사 중인 사건의 소추(訴追)에 부당하게 관여할 목적으로 조사를 하여서는 아니 된다.
(2011.5.19 본조개정)

제36조【조사의 방법】 ① 위원회는 다음 각 호에서 정한 방법으로 진정에 관하여 조사할 수 있다.
1. 진정인·피해자·피진정인(이하 "당사자"라 한다) 또는 관계인에 대한 출석 요구, 진술 청취 또는 진술서 제출 요구
2. 당사자, 관계인 또는 관계 기관 등에 대하여 조사 사항과 관련이 있다고 인정되는 자료 등의 제출 요구
3. 조사 사항과 관련이 있다고 인정되는 장소, 시설 또는 자료 등에 대한 현장조사 또는 감정(鑑定)
4. 당사자, 관계인 또는 관계 기관 등에 대하여 조사 사항과 관련이 있다고 인정되는 사실 또는 정보의 조회
② 위원회는 조사를 위하여 필요하다고 인정하면 위원 또는 소속 직원에게 일정한 장소 또는 시설을 방문하여 장소, 시설 또는 자료 등에 대하여 현장조사 또는 감정을 하게 할 수 있다. 이 경우 위원회는 그 장소 또는 시설에 당사자나 관계인의 출석을 요구하여 진술을 들을 수 있다.
③ 제1항제1호에 따라 진술서 제출을 요구받은 사람은 14일 이내에 진술서를 제출하여야 한다.
④ 제1항과 제2항에 따른 피진정인에 대한 출석 요구는 인권침해행위나 차별행위를 한 행위당사자의 진술서만으로는 사안을 판단하기 어렵고, 제30조제1항에 따른 인권침해행위나 차별행위가 있었다고 볼 만한 상당한 이유가 있는 경우에만 할 수 있다.
⑤ 제2항에 따라 조사를 하는 위원 또는 소속 직원은 그 장소 또는 시설을 관리하는 장 또는 직원에게 필요한 자료나 물건의 제출을 요구할 수 있다.
⑥ 제2항에 따라 조사를 하는 위원 또는 소속 직원은 그 권한을 표시하는 증표를 지니고 이를 그 장소 또는 시설을 관리하는 장 또는 직원에게 내보여야 한다.
⑦ 위원회가 자료나 물건의 제출을 요구하거나 그 자료, 물건 또는 시설에 대한 현장조사 또는 감정을 하려고 하는 경우 관계 국가기관의 장은 그 자료, 물건 또는 시설이 다음 각 호의 어느 하나에 해당한다는 사실을 위원회에 소명하고 그 자료나 물건의 제출 또는 그 자료, 물건, 시설에 대한 현장조사 또는 감정을 거부할 수 있다. 이 경우 위원회는 관계 국가기관의 장에게 필요한 사항의 확인을 요구할 수 있으며, 요구를 받은 관계 국가기관의 장은 이에 성실히 협조하여야 한다.
1. 국가의 안전보장 또는 외교관계에 중대한 영향을 미치는 국가기밀 사항인 경우
2. 범죄 수사나 계속 중인 재판에 중대한 지장을 줄 우려가 있는 경우
(2011.5.19 본조개정)

제37조【질문·검사권】 ① 위원회는 제36조의 조사에 필요한 자료 등이 있는 곳 또는 관계인에 관하여 파악하려면 그 내용을 알고 있다고 믿을 만한 상당한 이유가 있는 사람에게 질문하거나 그 내용을 포함하고 있다고 믿을 만한 상당한 이유가 있는 서류와 그 밖의 물건을 검사할 수 있다.
② 제1항의 경우에는 제36조제5항부터 제7항까지를 준용한다.
(2011.5.19 본조개정)

제38조【위원의 제척 등】 ① 위원(제41조에 따른 조정위원을 포함한다. 이하 이 조에서 같다)은 다음 각 호의 어느 하나에 해당하는 경우에는 진정의 심의·의결에서 제척된다.
1. 위원이나 그 배우자 또는 그 배우자이었던 사람이 해당 진정의 당사자이거나 그 진정에 관하여 당사자와 공동권리자 또는 공동의무자인 경우
2. 위원이 해당 진정의 당사자와 친족이거나 친족이었던 경우
3. 위원이 해당 진정에 관하여 증언이나 감정을 한 경우
4. 위원이 해당 진정에 관하여 당사자의 대리인으로 관여하거나 관여하였던 경우
5. 위원이 해당 진정에 관하여 수사, 재판 또는 다른 법률에 따른 구제 절차에 관여하였던 경우
② 당사자는 위원에게 심의·의결의 공정을 기대하기 어려운 사정이 있는 경우에는 위원장에게 기피신청을 할 수 있으며 위원장은 당사자의 기피신청에 대하여 위원회의 의결을 거치지 아니하고 결정한다. 다만, 위원장이 결정하기에 타당하지 아니하는 경우에는 위원회의 의결로 결정한다.
③ 위원이 제1항 각 호의 어느 하나의 사유 또는 제2항의 사유에 해당하는 경우에는 스스로 그 진정의 심의·의결을 회피할 수 있다.
(2011.5.19 본조개정)

제39조【진정의 기각】 ① 위원회는 진정을 조사한 결과 진정의 내용이 다음 각 호의 어느 하나에 해당하는 경우에는 그 진정을 기각한다.
1. 진정의 내용이 사실이 아님이 명백하거나 사실이라고 인정할 만한 객관적인 증거가 없는 경우
2. 조사 결과 제30조제1항에 따른 인권침해나 차별행위에 해당하지 아니하는 경우
3. 이미 피해 회복이 이루어지는 등 별도의 구제 조치가 필요하지 아니하다고 인정되는 경우
② 위원회는 진정을 기각하는 경우 진정의 당사자에게 그 결과와 이유를 통지하여야 한다.
(2011.5.19 본조개정)

제40조【합의의 권고】 위원회는 조사 중이거나 조사가 끝난 진정에 대하여 사건의 공정한 해결을 위하여 필요한 구제 조치를 당사자에게 제시하고 합의를 권고할 수 있다.(2011.5.19 본조개정)

제41조【조정위원회의 설치와 구성】 ① 조정의 신속하고 공정한 처리를 위하여 위원회에 성·장애 등의 분야별로 조정위원회를 둘 수 있다.
② 조정위원회의 위원(이하 "조정위원"이라 한다)은 위원회의 위원과 다음 각 호의 어느 하나에 해당하는 사람 중에서 성·장애 등의 분야별로 위원장이 위촉하는 사람이 된다.
1. 인권문제에 관하여 전문적인 지식과 경험을 가진 사람으로서 국가기관 또는 민간단체에서 인권과 관련된 분야에 10년 이상 종사한 사람

2. 판사·검사·군법무관·변호사로 10년 이상 종사한 사람
3. 대학 또는 공인된 연구기관에서 조교수 이상으로 10년 이상 재직한 사람
③ 조정위원회의 회의는 다음 각 호의 사람으로 구성한다.
1. 위원회의 위원인 조정위원 중 회의마다 위원장이 지명하는 1명
2. 제2항에 따른 분야별 조정위원 중 회의마다 위원장이 지명하는 2명
④ 조정위원의 위촉 및 임기, 조정위원회의 구성·운영, 조정의 절차 등에 관하여 필요한 사항은 위원회 규칙으로 정한다.
⑤ 조정위원회의 조정 절차에 관하여 이 법 및 위원회 규칙에 규정되지 아니한 사항은 「민사조정법」을 준용한다.
(2011.5.19 본조개정)
제42조【조정위원회의 조정】 ① 조정위원회는 인권침해나 차별행위와 관련하여 당사자의 신청이나 위원회의 직권으로 조정위원회에 회부된 진정에 대하여 조정 절차를 시작할 수 있다.
② 조정은 조정 절차가 시작된 이후 당사자가 합의한 사항을 조정서에 적은 후 당사자가 기명날인하고 조정위원회가 이를 확인함으로써 성립한다.
③ 조정위원회는 조정 절차 중에 당사자 사이에 합의가 이루어지지 아니하는 경우 사건의 공정한 해결을 위하여 조정을 갈음하는 결정을 할 수 있다.
④ 조정을 갈음하는 결정에는 다음 각 호의 어느 하나의 사항을 포함시킬 수 있다.
1. 조사대상 인권침해나 차별행위의 중지
2. 원상회복, 손해배상, 그 밖에 필요한 구제조치
3. 동일하거나 유사한 인권침해 또는 차별행위의 재발을 방지하기 위하여 필요한 조치
⑤ 조정위원회는 조정을 갈음하는 결정을 한 경우에는 지체 없이 그 결정서를 당사자에게 송달하여야 한다.
⑥ 당사자가 제5항에 따라 결정서를 송달받은 날부터 14일 이내에 이의를 신청하지 아니하면 조정을 수락한 것으로 본다.
(2011.5.19 본조개정)
제43조【조정위원회의 조정의 효력】 제42조제2항에 따른 조정과 같은 조 제6항에 따라 이의를 신청하지 아니하는 경우의 조정을 갈음하는 결정은 재판상 화해와 같은 효력이 있다.(2011.5.19 본조개정)
제44조【구제조치 등의 권고】 ① 위원회가 진정을 조사한 결과 인권침해나 차별행위가 일어났다고 판단할 때에는 피진정인, 그 소속 기관·단체 또는 감독기관(이하 "소속기관등"이라 한다)의 장에게 다음 각 호의 사항을 권고할 수 있다.
1. 제42조제4항 각 호에서 정하는 구제조치의 이행
(2016.2.3 본호개정)
2. 법령·제도·정책·관행의 시정 또는 개선
② 제1항에 따라 권고를 받은 소속기관등의 장에 관하여는 제25조제2항부터 제6항까지를 준용한다.(2022.1.4 본항개정)
(2011.5.19 본조개정)
제45조【고발 및 징계권고】 ① 위원회는 진정을 조사한 결과 진정의 내용이 범죄행위에 해당하고 이에 대하여 형사 처벌이 필요하다고 인정하면 검찰총장에게 그 내용을 고발할 수 있다. 다만, 피고발인이 군인등인 경우에는 소속 군 참모총장 또는 국방부장관에게 고발할 수 있다.
(2022.1.4 단서개정)
② 위원회가 진정을 조사한 결과 인권침해 및 차별행위가 있다고 인정하면 피진정인 또는 인권침해에 책임이 있는 사람을 징계할 것을 소속기관등의 장에게 권고할 수 있다.
③ 제1항에 따라 고발을 받은 검찰총장, 군 참모총장 또는 국방부장관은 고발을 받은 날부터 3개월 이내에 수사를 마치고 그 결과를 위원회에 통지하여야 한다. 다만, 3개월 이내에 수사를 마치지 못할 때에는 그 사유를 밝혀야 한다.
④ 제2항에 따라 위원회로부터 권고를 받은 소속기관등의 장은 권고를 존중하여야 하며 그 결과를 위원회에 통지하여야 한다.
(2011.5.19 본조개정)
제46조【의견진술의 기회 부여】 ① 위원회는 제44조 또는 제45조에 따른 권고 또는 조치를 하기 전에 피진정인에게 의견을 진술할 기회를 주어야 한다.
② 제1항의 경우 당사자 또는 이해관계인은 구두 또는 서면으로 위원회에 의견을 진술하거나 필요한 자료를 제출할 수 있다.
(2011.5.19 본조개정)
제47조【피해자를 위한 법률구조 요청】 ① 위원회는 진정에 관한 위원회의 조사, 증거의 확보 또는 피해자의 권리 구제를 위하여 필요하다고 인정하면 피해자를 위하여 대한법률구조공단 또는 그 밖의 기관에 법률구조를 요청할 수 있다.
② 제1항에 따른 법률구조 요청은 피해자의 명시한 의사에 반하여 할 수 없다.
③ 제1항에 따른 법률구조 요청의 절차·내용 및 방법에 관하여 필요한 사항은 위원회 규칙으로 정한다.
(2011.5.19 본조개정)
제48조【긴급구제 조치의 권고】 ① 위원회는 진정을 접수한 후 조사대상 인권침해나 차별행위가 계속되고 있다는 상당한 개연성이 있고, 이를 방치할 경우 회복하기 어려운 피해가 발생할 우려가 있다고 인정하면 그 진정에 대한 결정 이전에 진정인이나 피해자의 신청에 의하여 또는 직권으로 피진정인, 그 소속기관등의 장에게 다음 각 호의 어느 하나의 조치를 하도록 권고할 수 있다.
1. 의료, 급식, 의복 등의 제공
2. 장소, 시설, 자료 등에 대한 현장조사 및 감정 또는 다른 기관이 하는 검증 및 감정에 대한 참여
3. 시설수용자의 구금 또는 수용 장소의 변경
4. 인권침해나 차별행위의 중지
5. 인권침해나 차별행위를 하고 있다고 판단되는 공무원 등을 그 직무에서 배제하는 조치
6. 그 밖에 피해자의 생명, 신체의 안전을 위하여 필요한 사항
② 위원회는 필요하다고 인정하면 당사자 또는 관계인 등의 생명과 신체의 안전, 명예의 보호, 증거의 확보 또는 증거 인멸의 방지를 위하여 필요한 조치를 하거나 관계인 및 그 소속기관등의 장에게 그 조치를 권고할 수 있다.
(2011.5.19 본조개정)
제49조【조사와 조정 등의 비공개】 위원회의 진정에 대한 조사·조정 및 심의는 비공개로 한다. 다만, 위원회의 의결이 있을 때에는 공개할 수 있다.(2011.5.19 본조개정)
제50조【처리 결과 등의 공개】 위원회는 이 장에 따른 진정의 조사 및 조정의 내용과 처리 결과, 관계기관등에 대한 권고와 관계기관등이 한 조치 등을 공표할 수 있다. 다만, 다른 법률에 따라 공표가 제한되거나 사생활의 비밀이 침해될 우려가 있는 경우에는 그러하지 아니하다.
(2011.5.19 본조개정)

제4장의2 군인권보호관·군인권보호위원회 및 군인권침해의 조사·구제
(2022.1.4 본장신설)

제50조의2【군인권보호관】 군인권보호관은 제5조제2항 제2호에 따라 대통령이 지명하는 상임위원이 겸직한다.
제50조의3【군인권보호위원회】 ① 위원회는 군인권침해 예방 및 군인등의 인권 보호 관련 업무를 수행하게 하기 위하여 군인권보호위원회(이하 "군인권보호위원회"라 한다)를 둔다.
② 군인권보호위원회의 위원장은 군인권보호관으로 한다.
③ 군인권보호위원회는 제12조제1항에 따라 설치된 소위원회로 본다.
제50조의4【군부대 방문조사】 ① 위원회 또는 군인권보호위원회(이하 이 장에서 "위원회등"이라 한다)는 필요하다고 인정하면 그 의결로써 군인권보호관, 위원 또는 소속 직원에게 군부대(「국군조직법」 제15조에 따라 설치된 부대와 기관을 말한다. 이하 이 조에서 같다)를 방문하여 조사하게 할 수 있다.
② 군인권보호관은 제1항에 따른 군부대 방문조사를 하려는 경우에는 해당 군부대의 장에게 그 취지, 일시, 장소 등을 미리 통지하여야 한다. 다만, 긴급을 요하거나 미리 통지를 하면 목적 달성이 어렵다고 인정되어 국방부장관에게 사전에 통지하고 군인권보호관 또는 위원이 직접 방문조사하는 경우에는 그러하지 아니하다.
③ 국방부장관은 군사·외교·대북관계의 국가기밀에 관한 사항으로서 국가안위에 중대한 영향을 주거나 국가비상사태 또는 작전임무수행에 지장을 주는 등 제1항에 따른 방문조사를 받기 어려운 특별한 사정이 있는 경우 그 이유를 소명하여 방문조사의 중단을 요구할 수 있다. 이 경우 위원회등은 그 이유가 소명된 때에는 즉시 방문조사를 중단하되, 그 사유가 해소되는 즉시 방문조사를 다시 시작할 수 있다.
④ 제1항에 따른 군부대 방문조사를 하는 군인권보호관, 위원 또는 소속 직원은 그 권한을 표시하는 증표를 지니고 이를 관계인에게 내보여야 하며, 방문조사를 받는 군부대의 장은 즉시 방문조사에 편의를 제공하여야 한다.
⑤ 제1항에 따른 군부대 방문조사를 하는 군인권보호관, 위원 또는 소속 직원은 군부대 소속의 직원 및 군인등과 면담할 수 있고 구술 또는 서면으로 사실이나 의견을 진술하게 할 수 있다.
⑥ 그 밖에 군부대 방문조사의 방법, 절차, 통지 시기 등에 관하여 필요한 사항은 대통령령으로 정한다.
제50조의5【군인등의 진정권 보장을 위한 수단 제공】 국방부장관은 군인등의 진정권을 보장하기 위하여 우편·전화·인터넷 등 위원회에 진정할 수 있는 효율적인 수단을 제공하고, 이를 널리 알려야 한다.
제50조의6【사망사건의 통보와 조사·수사의 입회】 ① 국방부장관은 군인등이 복무 중 사망한 경우에는 즉시 위원회등에 사망 사실을 통보하여야 한다.
② 제1항에 따른 통보를 받은 위원회등은 필요하다고 인정하는 경우 해당 사건의 군 조사기관 또는 군 수사기관의 장(「군사법원법」 제2조제2항 각 호의 죄에 해당하는 사건을 수사하는 수사기관의 장은 제외한다)에게 진행 중인 해당 사건에 관한 조사 또는 수사에 군인권보호관 및 소속 직원의 입회를 요구할 수 있다. 이 경우 요구를 받은 군 조사기관 또는 군 수사기관의 장은 진행 중인 조사나 수사에 중대한 지장을 주지 아니하면 그 입회 요구에 따라야 한다.
제50조의7【진정의 각하에 대한 특례】 ① 위원회등은 진정의 원인이 된 사실이 발생한 날부터 1년 이상 지난 군인권침해 사건 관련 진정으로서 진정을 제기하기 어려운 사정이 있었다고 인정되는 진정의 경우에는 제32조제1항제4호 본문에도 불구하고 이를 각하하지 아니하고 조사할 수 있다. 다만, 진정을 제기하기 어려운 사정이 없어진 날부터 1년 이상 지나서 진정한 경우에는 그 진정을 각하한다.
② 위원회등은 군인권침해 사건과 관련된 진정(법원이나 헌법재판소의 재판절차가 진행 중이거나 종결된 경우는 제외한다. 이하 이 조에서 같다)의 경우에는 제32조제1항 제5호 본문에도 불구하고 위원회등의 의결을 거쳐 이를 각하하지 아니하고 조사할 수 있다. 다만, 「군사법원법」 제2조제2항 각 호의 죄와 관련된 진정으로서 그에 관한 수사가 진행 중이거나 종결된 경우에는 군인권침해가 있다고 믿을 만한 상당한 근거가 있고 그 내용이 중대하다고 인정할 때 위원회등의 의결을 거치고, 관계 기관의 장과 협의를 거쳐 이를 각하하지 아니하고 조사할 수 있다.
③ 제2항에 따른 조사는 진행 중인 수사나 그 밖의 법률에 따른 권리구제 절차의 진행에 지장을 주어서는 아니 된다.
제50조의8【조사의 방법에 대한 특례】 ① 위원회등은 군인권침해가 있다고 믿을 만한 상당한 근거가 있고 그 내용이 중대하다고 인정할 때에는 제36조제7항제2호에도 불구하고 관계 국가기관(법원과 헌법재판소는 제외한다. 이하 이 조에서 같다)의 장과 협의를 거쳐 자료나 물건의 제출을 요구하거나 그 자료, 물건 또는 시설에 대한 현장조사 또는 감정을 할 수 있다. 이 경우 관계 국가기관의 장은 해당 사건 수사가 종결된 이후 자료제출 등을 할 수 있다.
② 관계 국가기관의 장은 제1항에 따른 위원회등의 자료 등의 제출 요구, 현장조사 또는 감정에 특별한 사정이 없는 성실히 협조하여야 한다.
제50조의9【피해자 보호조치】 ① 위원회등은 필요하다고 인정하는 경우 국방부장관에게 군인권침해 사건의 피해자 보호를 위하여 제48조에 따른 조치를 하도록 요구할 수 있다.
② 국방부장관은 제1항에 따른 피해자 보호조치의 요구를 받은 경우 이를 이행하기 어려운 특별한 사정이 없으면 즉시 피해자 보호를 위한 조치를 취하고 위원회등에 그 결과를 통보하여야 한다.
③ 국방부장관은 제1항에 따른 피해자 보호조치의 요구를 이행할 수 없는 경우에는 그 요구를 받은 날부터 3일 이내에 위원회등에 문서로 그 사유를 통보하여야 한다.

제5장 보 칙
(2011.5.19 본장개정)

제51조【자격 사칭의 금지】 누구든지 위원회의 위원 또는 직원의 자격을 사칭하여 위원회의 권한을 행사하여서는 아니 된다.
제52조【비밀누설의 금지】 위원, 조정위원, 자문위원 또는 직원이거나 그 직에 재직하였던 사람 및 위원회에 파견되거나 위원회의 위촉에 의하여 위원회의 업무를 수행하거나 수행하였던 사람은 업무상 알게 된 비밀을 누설하여서는 아니 된다.
제53조【유사명칭 사용의 금지】 위원회가 아닌 자는 국가인권위원회 또는 이와 유사한 명칭을 사용하지 못한다.
제54조【공무원 등의 파견】 ① 위원회는 그 업무 수행을 위하여 필요하다고 인정하면 관계기관등의 장에게 그 소속 공무원 또는 직원의 파견을 요청할 수 있다.
② 제1항에 따른 요청을 받은 관계기관등의 장은 위원회와 협의하여 소속 공무원 또는 직원을 위원회에 파견할 수 있다.
③ 제2항에 따라 위원회에 파견된 공무원 또는 직원은 그 소속 기관으로부터 독립하여 위원회의 업무를 수행한다.
④ 제2항에 따라 위원회에 공무원 또는 직원을 파견한 관계기관등의 장은 위원회에 파견된 공무원 또는 직원에 대하여 인사 및 처우 등에서 불리한 조치를 하여서는 아니 된다.
제55조【불이익 금지와 지원】 ① 누구든지 이 법에 따라 위원회에 진정, 진술, 증언, 자료 등의 제출 또는 답변을 하였다는 이유만으로 해고, 전보, 징계, 부당한 대우, 그 밖에 신분이나 처우와 관련하여 불이익을 받지 아니한다.
② 위원회는 인권침해나 차별행위의 진상을 밝히거나 증거 또는 자료 등을 발견하거나 제출한 사람에게 필요한 지원 또는 보상을 할 수 있다.
③ 제2항에 따른 지원 또는 보상의 내용, 절차, 그 밖에 필요한 사항은 위원회 규칙으로 정한다.

제6장 벌 칙
(2011.5.19 본장제목개정)

제56조【인권옹호 업무방해】 ① 다음 각 호의 어느 하나에 해당하는 사람은 5년 이하의 징역 또는 3천만원 이하의 벌금에 처한다.
1. 위원회의 업무를 수행하는 위원 또는 직원을 폭행하거나 협박한 사람
2. 위원 또는 직원에게 그 업무상의 행위를 강요 또는 저

지하거나 그 직을 사퇴하게 할 목적으로 폭행하거나 협박한 사람
3. 위계(僞計)로써 위원 또는 직원의 업무 수행을 방해한 사람
4. 이 법 제4장 및 제4장의2에 따라 위원회 또는 군인권보호위원회의 조사 대상이 되는 다른 사람의 인권침해나 차별행위 사건에 관한 증거를 인멸, 위조 또는 변조하거나 위조 또는 변조한 증거를 사용한 사람(2022.1.4 본호개정)
② 친족이 본인을 위하여 제1항제4호의 죄를 범한 때에는 처벌하지 아니한다.
(2011.5.19 본조개정)
제57조【진정서 작성 등의 방해】 제31조를 위반하여 진정을 허가하지 아니하거나 방해한 사람은 3년 이하의 징역 또는 3천만원 이하의 벌금에 처한다.
(2014.3.18 본조개정)
제58조【자격 사칭】 제51조를 위반하여 위원회의 위원 또는 직원의 자격을 사칭하여 위원회의 권한을 행사한 사람은 2년 이하의 징역 또는 700만원 이하의 벌금에 처한다.(2011.5.19 본조개정)
제59조【비밀누설】 제52조를 위반하여 업무상 알게 된 비밀을 누설한 사람은 2년 이하의 징역, 5년 이하의 자격정지 또는 2천만원 이하의 벌금에 처한다.(2014.3.18 본조개정)
제60조【긴급구제 조치 방해】 제48조제1항 또는 제2항에 따라 위원회가 하는 조치를 방해한 사람은 1년 이하의 징역 또는 500만원 이하의 벌금에 처한다.(2011.5.19 본조개정)
제61조【비밀침해】 제31조제6항 또는 제7항을 위반하여 비밀을 침해한 사람은 1년 이하의 징역 또는 3천만원 이하의 벌금에 처한다.(2014.3.18 본조개정)
제62조【벌칙 적용 시의 공무원 의제】 위원회의 위원 중 공무원이 아닌 사람은 「형법」과 그 밖의 법률에 따른 벌칙을 적용할 때에는 공무원으로 본다.
(2011.5.19 본조개정)
제63조【과태료】 ① 다음 각호의 1에 해당하는 자는 1천만원 이하의 과태료에 처한다.
1. 정당한 이유없이 제24조제1항 또는 제50조의4제1항에 따른 방문조사 또는 제36조의 규정에 의한 실지조사를 거부, 방해 또는 기피한 자(2022.1.4 본호개정)
2. 정당한 이유없이 제36조제1항제1호 또는 제2항의 규정에 의한 위원회의 진술서 제출요구 또는 출석요구에 응하지 아니한 자
3. 정당한 이유없이 제36조제1항제2호 및 제4호 또는 제5항의 규정에 의한 자료 등의 제출요구 및 사실조회에 응하지 아니하거나 거짓의 자료 등을 제출한 자
② 제53조의 규정에 위반한 자는 300만원 이하의 과태료에 처한다.
③ 제1항 및 제2항의 규정에 의한 과태료는 대통령령으로 정하는 바에 따라 위원장이 부과·징수한다.(2020.3.24 본항개정)
④~⑥ (2020.3.24 삭제)

부 칙 (2016.2.3)

제1조【시행일】 이 법은 공포한 날부터 시행한다.
제2조【위원의 직무상 발언 등에 대한 책임의 면제에 관한 적용례】 제8조의2의 개정규정은 이 법 시행 후 위원이 직무상 행한 발언과 의결부터 적용한다.
제3조【위원의 선출·지명 및 임명에 관한 경과조치】 이 법 시행 당시 위원인 사람은 제5조제3항 및 제4항의 개정규정에 따라 선출·지명되거나 임명된 것으로 본다.
제4조【위원회의 위원 구성에 관한 경과조치 등】 ① 이 법 시행 후 위원을 선출·지명하거나 임명할 당시 제5조제7항의 개정규정을 충족하지 못하는 경우(연임하는 경우는 제외한다)에는 해당 개정규정의 요건이 충족될 때까지는 특정 성(性)의 위원을 선출·지명하거나 임명하여야 한다.
② 위원회의 위원 구성에 관하여는 제1항에 따라 제5조제7항의 개정규정을 충족할 때까지는 종전의 제5조제5항에 따른다.

부 칙 (2020.2.4)

제1조【시행일】 이 법은 공포 후 6개월이 경과한 날부터 시행한다.(이하 생략)

부 칙 (2020.3.24)

이 법은 공포한 날부터 시행한다.

부 칙 (2021.7.20)

제1조【시행일】 이 법은 공포 후 1년이 경과한 날부터 시행한다.(이하 생략)

부 칙 (2022.1.4)

제1조【시행일】 이 법은 2022년 7월 1일부터 시행한다.
제2조【일반적 적용례】 이 법은 이 법 시행 당시 위원회에 접수되어 있는 진정에 대하여도 적용한다.
제3조【진정의 각하에 대한 특례에 관한 적용례】 제50조의7제1항의 개정규정은 이 법 시행 전에 발생한 군인권침해 사건으로서 이 법 시행 당시 진정의 원인이 된 사실이 발생한 날부터 1년이 지나지 아니한 경우에 대하여도 적용한다.
제4조【군인권보호관을 겸직하는 상임위원에 관한 경과조치】 이 법 시행 당시 대통령이 임명한 제5조제2항제2호에 따른 상임위원은 그 임기가 종료될 때(임기가 끝난 상임위원이 같은 조 제8항에 따라 후임자가 임명될 때까지 그 직무를 수행하는 경우에는 후임자가 임명될 때를 말한다)까지 제50조의2의 개정규정에 따른 군인권보호관을 겸직한다.

부 칙 (2022.4.26)

제1조【시행일】 이 법은 공포 후 1년이 경과한 날부터 시행한다.(이하 생략)

인권보호수사규칙

(2019년 10월 31일 법무부령 제961호)

개정
2021. 6. 9법무부령1010호

제1장 총 칙

제1조【목적】 이 규칙은 「검찰청법」 제8조 및 제11조에 따라 수사과정에서 사건관계인의 인권을 보호하고 적법절차를 확립하기 위해 검사 및 수사업무 종사자가 지켜야 할 사항 등을 정함을 목적으로 한다.
제2조【인권보호의 책무】 ① 검사는 피의자, 피해자, 그 밖의 사건관계인(이하 "피의자등 사건관계인"이라 한다)의 인권을 존중하고 적법절차를 준수해야 한다.
② 검사는 이 규칙에서 정한 내용이 충실히 이행될 수 있도록 「검찰청법」 제46조에 따라 수사에 관한 사무에 종사하는 검찰수사서기관 등 수사업무 종사자(이하 "수사업무종사자"라 한다)를 지휘·감독한다.
제3조【가혹행위 등의 금지】 ① 어떠한 경우에도 피의자등 사건관계인에게 고문 등 가혹행위를 해서는 안 된다.
② 검사는 가혹행위 등으로 인하여 임의성을 인정하기 어려운 자백을 증거로 사용해서는 안 된다. 진술거부권을 고지받지 못하거나 변호인과 접견·교통이 제한된 상태에서 한 자백도 또한 같다.
제4조【차별의 금지】 합리적 이유 없이 피의자등 사건관계인의 성별, 종교, 나이, 장애, 사회적 신분, 출신지역, 인종, 국적, 용모 등 신체조건, 병력(病歷), 혼인 여부, 정치적 의견 및 성적(性的) 지향 등을 이유로 차별해서는 안 된다.
제5조【공정한 수사】 ① 검사는 객관적인 입장에서 공정하게 예단이나 편견 없이 중립적으로 수사해야 하고, 주어진 권한을 자의적으로 행사하거나 남용해서는 안 된다.
② 검사는 피의자등 사건관계인의 가입 정당, 소속 기업, 사회단체, 그 밖의 정치적·경제적·사회적 지위 등에 의해 영향을 받아서는 안 된다.
③ 검사는 피의자등 사건관계인과 친족이거나 친분이 있는 등 수사의 공정성을 의심받을 염려가 있는 경우에는 사건의 재배당을 요청하거나 소속 상급자에게 보고해야 하고, 상급자는 사건을 재배당하는 등 필요한 조치를 해야 한다.
제6조【수사의 비례성】 검사는 그 목적을 달성하기 위해 필요한 범위를 벗어나 수사해서는 안 된다.
제7조【사생활의 비밀 등의 보호】 검사는 수사의 전 과정에서 피의자등 사건관계인의 사생활의 비밀을 보호하고 그들의 명예나 신용이 훼손되지 않도록 노력해야 한다.
제8조【임의수사의 원칙】 ① 검사는 수사과정에서 원칙적으로 임의수사를 활용하고, 강제수사는 필요한 경우에만 법률이 정한 바에 따라 최소한의 범위에서 해야 한다.
② 강제수사가 필요한 경우에도 대상자의 권익 침해의 정도가 더 낮은 수사 절차와 방법을 선택해야 한다.
제9조【수사지휘를 통한 인권보호】 검사는 수사업무종사자의 수사과정에서 인권침해가 발생하는지 여부를 자세히 살펴 그러한 사례가 있는 경우에는 즉시 이를 바로잡게 하는 등 필요한 조치를 해야 한다.
제10조【수사업무종사자의 의무】 수사업무종사자는 이 규칙에서 검사의 의무로 규정한 사항이라 하더라도 그 내용이 자신의 직무와 관련이 있는 경우에는 이를 지켜야 한다.
제11조【인권교육의 실시】 ① 검찰청의 장은 인간의 존엄과 가치에 대한 이해도를 높이고 인권 감수성을 제고하기 위해 검사 및 수사업무종사자에 대하여 6개월마다 1회 이상 인권교육을 실시해야 한다.
② 검찰총장 또는 법무연수원장이 대검찰청 또는 법무연수원 등에서 인권보호관 등을 대상으로 교육을 하는 경우에는 인권에 관한 특별교육을 실시해야 한다.
제12조【적용 범위】 검사 및 수사업무종사자가 수사절차에서 지켜야 할 사항 등에 관하여는 다른 법령에 특별한 규정이 없는 한 이 규칙에서 정하는 바에 따른다.

제2장 수사절차에서의 인권보호

제1절 수사의 착수

제13조【내사·수사의 착수】 검사는 범죄정보를 입수하였을 때에는 그 신빙성 유무를 신중하게 검토하여 내사·수사의 착수 여부를 결정해야 한다.
제14조【내사·수사의 종결】 검사는 내사·수사가 부당하게 장기화되지 않도록 하고, 범죄혐의가 없다고 인정되면 신속히 내사·수사를 종결해야 한다.
제15조【부당한 수사방식 제한】 ① 검사는 수사 중인 사건의 범죄 혐의를 밝히기 위한 목적만으로 관련 없는 사건을 수사하는 방식으로 부당하게 피의자를 압박해서는 안 된다.
② 검사는 수사 중인 사건과 관련 없는 새로운 범죄혐의를 찾기 위한 목적만으로 수사 중인 사건에 대한 수사기간을 부당하게 지연해서는 안 된다.
제16조【중요 수사 관련 보고】 검사는 다음 각 호의 사건을 수사하거나 처분하는 경우 「검찰보고사무규칙」 제2조 및 제4조에 따라 법무부장관, 검찰총장 및 관할 고등검찰청 검사장에게 지체 없이 충실하게 보고해야 한다.
1. 법무부 소속 공무원의 범죄
2. 판사 또는 변호사의 범죄
3. 국회의원 또는 지방의회의원의 범죄
4. 4급 또는 4급 상당 이상 공무원의 범죄 및 5급 또는 5급 상당 이하 공무원인 기관장의 직무와 관련된 범죄
5. 특히 사회의 이목을 끌만한 중대한 사건
6. 범죄수사·공소유지 또는 검찰정책의 수립·운영에 참고될 사건
제17조【출국금지 등의 억제】 검사는 수사상 부득이한 사유가 있는 경우에만 출국금지나 출국정지를 요청하고, 그 사유가 없어진 경우에는 즉시 출국금지나 출국정지의 해제를 요청해야 한다.

제2절 체포·구속

제18조【체포·구속의 최소화】 체포·구속은 필요 최소한의 범위에 그쳐야 하고 남용해서는 안 된다.
제19조【체포의 남용 금지】 체포는 자백을 강요하기 위한 수단으로 남용되어서는 안 된다.
제20조【불구속수사 원칙】 ① 피의자에 대한 수사는 불구속상태에서 함을 원칙으로 한다.
② 구속 여부를 판단할 때에는 다음 각 호의 사항에 유의해야 한다.
1. 피의자의 범죄혐의가 객관적인 증거에 의해 소명되었는지 충분히 검토한다.
2. 범행의 성격, 예상되는 선고형량, 피의자의 성행, 전과, 가족관계, 직업, 사회적 관계, 범행 후의 정황 등을 종합적으로 고려하여 도망이나 증거인멸의 염려 등 구속사유가 있는지 신중하게 판단하고, 범죄의 중대성, 재범의 위험성, 피해자 및 중요 참고인 등에 대한 위해 우려 등도 고려하여야 한다.
3. 피의자가 범행을 부인하거나 진술거부권을 행사한다는 이유 또는 그 사건이 여론의 주목을 받는다는 이유만으로 곧바로 도망이나 증거인멸의 염려가 있다고 단정하지 않는다.
제21조【구속영장 재청구】 검사는 구속영장 청구가 기각된 경우 기각 사유를 면밀히 검토하고 필요한 보완 조사를 실시한 후 신중하게 재청구 여부를 결정해야 한다.
제22조【구속영장 청구 시 피의자 면담】 검사는 사법경찰관으로부터 신청을 받아 구속영장 청구 여부를 판단하는 경우 인권침해가 의심되거나 그 밖에 구속 사유를 판단하기 위하여 필요한 때에는 피의자를 면담·조사해야 한다.
제23조【체포·구속 시의 준수사항】 피의자를 체포·구속하는 경우에는 다음 각 호의 사항을 지켜야 한다.
1. 체포·구속되는 피의자의 인적사항을 확인해야 한다.
2. 피의자에게 체포·구속하는 공무원의 소속과 성명, 피의사실의 요지, 체포·구속의 이유와 변호인을 선임할 수 있음을 알려주고 변명할 기회를 주어야 한다.
3. 체포·구속되는 피의자가 자해하거나 다른 사람의 신체를 해칠 수 있는 흉기 등 위험한 물건을 가지고 있는지 확인해야 한다.
4. 체포·구속하는 과정에서 피의자 및 현장에 있는 가족 등 지인들의 인격과 명예를 침해하지 않도록 유의한다.
제24조【체포 등의 신속한 통지】 ① 검사는 피의자를 체포·구속한 경우에는 지체 없이 변호인이 있으면 변호인에게, 변호인이 없으면 피의자의 법정대리인·배우자·직계친족·형제자매 중 피의자가 지정한 사람에게 죄명, 체포·구속한 일시와 장소, 범죄사실의 요지, 체포·구속의 이유와 변호인을 선임할 수 있다는 취지를 서면으로 통지해야 한다. 이 경우 통지는 24시간 이내에 하여야 한다.
② 검사는 제1항에 따른 서면통지와는 별도로 체포·구속

하여 인치(引致)한 즉시 전화, 문자메시지 등 전기통신을 이용하여 제1항 전단에 따른 피의자가 지정한 사람에게 그 사실을 통지한다. 다만, 공범의 도피나 증거인멸의 염려 등 특별한 사정이 있거나 체포·구속 당시 제1항 전단에서 정한 사람에게 이미 통지한 때에는 그렇지 않다.

제25조【지명수배의 신속한 해제】 검사는 지명수배자를 검거 또는 인수하였거나 지명수배자가 검찰에 자진출석하는 등 지명수배를 유지하여야 할 필요가 없을 때에는 즉시 지명수배를 해제해야 한다.

제26조【구속의 취소】 검사는 구속 후 실질적인 피해 회복 등 사정변경으로 인하여 피의자에게 증거인멸이나 도망의 염려 등 구속사유가 없어졌다고 판단되는 경우에는 구속취소 등의 적절한 조치를 해야 한다.

제27조【구속사건의 신속한 처리】 ① 검사는 구속기간 이내라도 수사가 마무리된 경우에는 신속히 사건을 처리해야 한다.

② 검사는 사건의 실체적 진실 규명을 위하여 계속 수사가 필요한 경우에만 구속기간의 연장을 신청해야 한다.

제28조【구치시설 확인】 검사는 검찰청 안에 설치된 구속피의자등의 구치시설에 대해 체포·구속장소 감찰을 할 때 해당 시설이 수용자의 인권과 건강을 위하여 적절하게 관리되고 있는지를 확인해야 한다.

제3절 압수·수색·검증 등

제29조【압수·수색영장 청구 시의 유의사항】 ① 압수·수색·검증은 수사상 필요한 경우에 최소한의 범위에서 실시해야 한다.

② 검사는 압수·수색영장을 청구할 때에 압수·수색할 물건이나 장소를 구체적으로 특정해야 하고, 압수·수색의 필요성 및 해당 사건과의 관련성을 인정할 수 있는 자료를 기록에 첨부해야 한다.

③ 피의자가 아닌 자의 신체·물건·주거, 그 밖의 장소를 수색하기 위한 영장을 청구할 때에는 제2항의 자료 외에 압수할 물건이 있음을 인정할 수 있는 자료를 함께 기록에 첨부해야 한다.

제30조【압수·수색 시의 준수사항】 검사는 압수·수색과 관련하여 다음 각 호의 사항을 지켜야 한다.

1. 압수·수색의 대상자에게 압수·수색하는 공무원의 소속과 성명을 알려주고, 압수·수색영장을 제시하며, 압수·수색의 사유를 설명해야 한다.
2. 압수·수색은 원칙적으로 주간에 실시하되, 부득이한 경우 그 취지가 기재된 영장에 의하여 야간에 할 수 있다.
3. 압수·수색의 대상자, 변호인, 그 밖에 참여할 권한이 있는 사람에게 압수·수색 과정에 참여할 수 있는 기회를 충분히 보장해야 한다.
4. 압수·수색 과정에서 사생활의 비밀, 주거의 평온을 최대한 보장하고, 피의자 및 현장에 있는 가족 등 지인들의 인격과 명예를 침해하지 않도록 유의한다.
5. 압수·수색은 수사상 필요한 목적을 달성한 즉시 신속하게 종료해야 하고, 불필요하게 장시간 진행하지 않도록 해야 한다.
6. 수사에 필요한 물건만을 압수하고, 다른 물건이 압수대상물과 섞여 있는 등 부득이한 사유로 압수가 된 경우에는 지체 없이 돌려주어야 한다.
7. 압수물에 대하여 압수를 계속할 필요가 없으면 수사가 종결되기 전이라도 이를 돌려주어야 한다.
8. 검사는 압수물 반환 요청이 있는 때에는 계속 압수할 필요가 없으면 이에 응하여야 한다. 다만, 계속 압수할 필요가 있는 경우에는 그 이유를 압수·수색 대상자 또는 그 변호인에게 설명해야 한다.
9. 회계장부 등 기업의 영업활동에 반드시 필요한 서류 등은 계속 압수할 필요가 없으면 신속히 돌려주어야 하며, 장기간의 압수로 영업 등에 중대한 지장이 있는 경우에는 사본을 교부해야 한다.

제31조【정보저장매체 등의 압수·수색】 검사가 「형사소송법」 제106조제3항에 따라 정보저장매체 등을 압수·수색하는 경우에는 기억된 정보의 범위를 정하여 출력하거나 복제하여 압수하여야 한다. 다만, 범위를 정하여 출력 또는 복제하는 방법이 불가능하거나 압수의 목적을 달성하기 현저히 곤란하다고 인정되는 경우 또는 압수·수색 대상자(「형사소송법」 제121조 및 제123조에 따른 참여인을 포함한다)의 동의가 있는 경우에는 정보저장매체 등을 압수하거나 정보저장매체 등에 기억된 전자정보 전부를 복제할 수 있다.

제32조【신체의 수색·검증】 ① 검사는 대상자의 신체를 수색·검증하는 경우에는 수치심을 느끼거나 그의 명예가 훼손되지 않도록 장소·방법 등을 신중하게 선택해야 한다.

② 여자의 신체에 대하여 수색·검증할 때에는 성년의 여자를 참여하게 해야 한다.

제33조【변사체 검시·부검】 검사는 변사체를 검시하거나 부검하는 경우에는 변사자나 유족의 명예나 사생활의 비밀 등이 침해되지 않도록 유의하면서 예의를 갖추고, 신속하게 절차를 진행하여 유족의 장례 절차에 불필요하게 지장을 초래하지 않도록 한다.

제34조【금융계좌추적】 검사는 금융계좌를 추적하는 경우에는 다음 각 호의 사항에 유의하여야 한다.

1. 금융계좌추적을 위한 압수·수색영장의 대상자와 유효기간은 혐의 유무의 입증에 필요한 범위에서 최소한으로 해야 한다.
2. 금융회사 등에 대한 금융거래정보 등 제공사실의 통보유예 요청은 「금융실명거래 및 비밀보장에 관한 법률」 제4조의2제2항 각 호의 요청 사유가 있는지 신중하게 검토하여 필요 최소한으로 해야 한다.

제35조【통신제한조치 등의 최소화】 검사는 「통신비밀보호법」에 따라 통신제한조치나 통신사실 확인자료 제공의 허가를 청구하는 경우에는 입증에 필요한 범위에서 최소한으로 해야 한다.

제36조【압수한 물건의 부당한 사용 금지 등】 ① 압수한 물건은 적절하게 보관·관리되어야 하고, 수사와 공소유지 등 「검찰청법」 제4조에 따른 정당한 직무 수행에만 활용되어야 한다.

② 압수·수색·검증 과정에서 알게 된 사실은 직무 외에 부당하게 이용하거나 타인에게 누설하지 않아야 한다.

제4절 피의자신문

제37조【출석 요구】 피의자에게 출석을 요구할 때에는 다음 각 호의 사항에 유의해야 한다.

1. 검사가 「형사소송법」 제200조에 따라 피의자에게 출석을 요구하는 경우 조사의 필요성, 우편·전자우편·전화를 통한 진술 등 출석을 대체할 수 있는 방법의 선택 가능성 등 수사 상황과 진행 경과를 고려해야 한다.
2. 피의자에게 전화, 문자메시지 등으로 출석을 요구한 경우 그 사실을 서면으로 작성하여 기록에 첨부한다.
3. 출석 요구 방법, 출석 일시 등을 정할 때 피의자의 명예 또는 사생활의 비밀이 침해되거나 생업에 지장을 주지 않도록 노력해야 한다.
4. 피의자에게 출석을 요구할 때에는 특별한 사정이 없는 한 피의자가 출석하는데 필요한 시간을 부여하고, 주요 죄명 또는 피의사실의 요지 등 출석요구 사유를 알려주어야 한다.
5. 양벌규정을 적용하여 기업체나 그 대표자를 조사하는 경우에는 가능한 한 우편을 통한 진술 등을 활용하여 기업 활동이 위축되지 않도록 한다.
6. 피의자에 대하여 불필요하게 여러 차례 출석 요구를 하지 않는다. 특히 진술을 거부하거나 범행을 부인하는 피의자에게 자백을 강요하기 위한 수단으로 불필요하게 반복적인 출석 요구를 해서는 안 된다.

제38조【진술거부권 등의 고지】 검사는 조사하기 전에 피의자에게 진술을 거부할 권리, 변호인의 조력을 받을 권리 등을 고지하고 진술거부권고지확인서에 피의자의 서명 또는 기명·날인을 받아 기록에 첨부한다.

제39조【변호인의 접견·교통 보장】 ① 검사는 피의자와 변호인 또는 변호인이 되려는 사람과의 접견·교통을 보장해야 한다.

② 체포·구속된 사람을 소환하였거나 조사하고 있는 중에도 제1항의 접견·교통은 보장되어야 한다.

제40조【피의자신문 시 변호인의 참여】 ① 검사는 신문하기 전에 피의자에게 변호인을 참여시킬 수 있음을 미리 알려주어야 한다.

② 검사는 피의자나 그 법정대리인·배우자·직계친족·형제자매 또는 변호인이 신청할 경우에는 피의자신문에 변호인의 참여를 허용해야 한다.

③ 변호인이 신문을 방해하거나 수사기밀을 누설하는 경우 또는 그 염려가 있는 경우 등 정당한 사유가 있는 때를 제외하고는 제2항의 참여를 불허하거나 퇴거를 요구할 수 없다.

④ 피의자신문에 참여하려는 변호인이 2인 이상일 때에는 피의자가 피의자신문에 참여할 대표변호인 1인을 지정하고, 지정이 없는 경우 검사가 1인을 지정할 수 있다.

⑤ 검사는 조서 등을 작성하지 않고 단순히 피의자로부터 피의사실에 대한 의견을 청취한다는 등의 사유로 제1항부터 제4항까지의 적용을 배제해서는 안 된다.

제41조【피의자 조사 시 신뢰관계인의 동석】 검사는 피의자를 신문하는 경우 다음 각 호의 어느 하나에 해당하는 경우에는 수사에 특별한 지장이 없고 피의자의 의사에 반하지 않는 한 가족 등 신뢰관계인의 동석을 허용해야 한다.

1. 피의자가 신체적 또는 정신적 장애로 사물을 변별하거나 의사를 결정·전달할 능력이 미약한 때
2. 피의자의 연령·성별·국적 등의 사정을 고려하여 그 심리적 안정의 도모와 원활한 의사소통을 위해 필요한 경우
3. 피의자가 미성년자인 경우

제42조【피의자의 조사】 피의자를 조사하는 경우에는 다음 각 호의 사항을 지켜야 한다.

1. 피의자가 출석한 경우 지체 없이 조사하고, 부득이한 사유로 조사의 시작이 늦어지거나 조사를 하지 못하는 경우에는 피의자에게 그 사유를 설명해야 한다.
2. 조사 중 폭언, 강압적이거나 모멸감을 주는 언행, 정당한 사유 없이 피의자의 다른 사건이나 가족 등 주변 인물에 대한 형사처벌을 암시하는 내용의 발언 또는 공정성을 의심받을 수 있는 언행을 해서는 안 된다.
3. 피의자에게 피의사실에 대하여 해명할 기회를 충분히 주고, 피의자가 제출하는 자료를 정당한 사유 없이 거부해서는 안 된다.
4. 분쟁을 종국적으로 해결하고 피의자등 사건관계인 모두의 권익에 도움이 되는 경우에는 형사조정을 권유할 수 있다.
5. 검사는 피의자가 출석했으나 조서를 작성하지 않은 경우라도 피의자가 조사장소에 도착하고 떠난 시각, 그 사이 조사장소에서 있었던 상황 등을 별도의 서면에 기재하여 수사기록에 편철해야 한다.
6. 피의자가 기억을 환기하기 위해 수기로 메모하는 것을 허용해야 한다. 다만, 조사과정에서 현출(現出)된 타인의 진술 등 공범의 도피, 증거인멸, 수사기밀 누설 등의 우려가 있거나 제3자의 사생활의 비밀과 평온 또는 생명·신체의 안전 등을 침해할 우려가 있는 내용은 제외한다.

제43조【구속피의자등의 조사】 검사는 구속된 피의자 등 구금시설에 수용 중인 사건관계인(이하 "구속피의자등"이라 한다)을 조사하는 경우 다음 각 호의 사항에 유의해야 한다.

1. 구속피의자등에게 불필요한 출석을 요구하여 변호인이나 가족 등의 접견·교통에 지장을 초래하는 일이 없도록 해야 한다.
2. 구속피의자등이 출석한 경우 지체 없이 조사해야 하며, 부득이한 사유로 장시간 검찰청 안에 설치된 구속피의자등의 구치시설 등에 대기시키거나 조사를 하지 않고 구금시설로 되돌려 보낼 경우에는 그 사유를 설명해야 한다.
3. 관할지역 외의 구속피의자등에 대한 조사가 필요한 경우 사건을 관할 검찰청에 이송하거나 출장·공조수사를 활용해야 한다. 다만, 대질 조사나 장기간의 조사가 필요한 때 등 불가피한 경우에는 이감(移監) 조사를 할 수 있다.

제44조【장시간 조사 제한】 ① 검사는 피의자등 사건관계인을 조사할 때에는 대기시간, 휴식시간, 식사시간 등 모든 시간을 합산한 조사시간(이하 "총조사시간"이라 한다)이 12시간을 초과해서는 안 된다. 다만, 조서의 열람만을 위해 피의자등 사건관계인이 서면으로 요청한 경우에는 그렇지 않다.

② 검사는 특별한 사정이 없는 한 총조사시간 중 식사시간, 휴식 시간 및 조서의 열람 시간을 제외한 실제 조사시간이 8시간을 초과하지 않도록 해야 한다.

③ 제1항에도 불구하고 검사는 다음 각 호의 어느 하나에 해당하는 경우에는 총조사시간을 초과하여 조사할 수 있다.

1. 피의자등 사건관계인이 국외 출국, 입원, 원거리 거주, 직업 등 재출석이 곤란한 구체적 사유를 들어 서면으로 요청하고(변호인이 총조사시간을 초과한 조사에 동의하지 않는다는 의사를 명시한 경우는 제외한다), 그 요청에 상당한 이유가 있다고 인정되는 경우
2. 공소시효의 완성이 임박하거나 검사가 체포시한[「형사소송법」 제200조의2제5항(제213조의2에서 준용하는 경우를 포함한다) 및 제200조의4제1항에 따른 시한을 말한다] 내에 구속 여부 판단을 위해 피의자등 사건관계인을 신속히 조사할 필요가 있는 경우

④ 검사는 피의자등 사건관계인의 조사를 마친 후 최소한 8시간이 경과하기 전에는 다시 조사할 수 없다. 다만, 제3항 각 호의 어느 하나에 해당하는 경우에는 그렇지 않다.

제45조【심야조사 제한】 ① 검사는 조사, 신문, 면담 등 명칭을 불문하고 오후 9시부터 오전 6시까지 사이에 조사(이하 "심야조사"라 한다)를 해서는 안 된다. 다만, 검사는 이미 작성된 조서의 열람을 위한 절차는 자정 이전까지 진행할 수 있다.

② 검사는 제1항에도 불구하고 다음 각 호의 어느 하나에 해당하는 경우에는 서면으로 소속 검찰청 인권보호관의 허가를 받아 심야조사를 할 수 있다.

1. 피의자등 사건관계인이 국외 출국, 입원, 원거리 거주, 직업 등 재출석이 곤란한 구체적 사유를 들어 심야조사를 요청하고(변호인이 심야조사에 동의하지 않는다는 의사를 명시한 경우는 제외한다), 그 요청에 상당한 이유가 있다고 인정되는 경우
2. 공소시효의 완성이 임박하거나 검사가 체포시한[「형사소송법」 제200조의2제5항(제213조의2에서 준용하는 경우를 포함한다) 및 제200조의4제1항에 따른 시한을 말한다] 내에 구속 여부 판단을 위해 피의자등 사건관계인을 신속히 조사할 필요가 있는 경우

③ 각급 검찰청의 인권보호관은 제2항에 따른 심야조사 허가 내역을 대검찰청 인권보호관에게 월별로 보고해야 한다.

제46조【소년에 대한 특칙】 ① 검사는 소년(「소년법」 제2조에 따른 소년을 말한다. 이하 같다)인 피의자등 사건관계인을 조사할 경우에는 제44조제1항에도 불구하고 총조사시간은 8시간을 초과하지 못한다. 다만, 조서의 열람만을 위하여 소년인 피의자등 사건관계인과 법정대리인이 서면으로 요청한 경우에는 그렇지 않다.

② 검사는 특별한 사정이 없는 한 총조사시간 중 식사시간, 휴식 시간 및 조서의 열람 시간을 제외한 실제 조사시간이 6시간을 초과하지 않도록 해야 한다.

③ 제1항에도 불구하고 검사는 다음 각 호의 어느 하나에 해당하는 경우에는 총조사시간을 초과하여 조사할 수 있다.

1. 소년인 피의자등 사건관계인과 법정대리인이 국외 출국, 입원, 원거리 거주, 직업 등 재출석이 곤란한 구체적

사유를 들어 서면으로 요청하고(변호인이 있는 경우 변호인도 이에 동의한 경우로 한정한다), 그 요청에 상당한 이유가 있다고 인정되는 경우
2. 공소시효의 완성이 임박하거나 검사가 체포시한[「형사소송법」 제200조의2제5항(제213조의2에서 준용하는 경우를 포함한다) 및 제200조의4제1항에 따른 시한을 말한다] 내에 구속 여부 판단을 위해 소년인 피의자등 사건관계인을 신속히 조사할 필요가 있는 경우
④ 검사는 소년인 피의자등 사건관계인의 조사를 마친 후 최소한 8시간이 경과하기 전에는 다시 조사할 수 없다. 다만, 제3항 각 호의 어느 하나에 해당하는 경우에는 그렇지 않다.
제47조【휴식시간 부여 등】 ① 검사는 조사에 장시간이 소요되는 경우에는 특별한 사정이 없는 한 조사 도중에 최소한 2시간마다 10분 이상의 휴식시간을 주어야 한다.
② 피의자가 조사 도중에 휴식시간을 요청하는 때에는 그 때까지 조사에 소요된 시간, 피의자의 건강상태 등을 고려하여 적정하다고 판단될 경우 이를 허락하여야 한다.
③ 검사는 조사 중인 피의자의 건강상태에 이상이 발견된 때에는 의사의 진료를 받게 하거나 휴식을 취하게 하는 등 필요한 조치를 해야 한다.
④ 제1항부터 제3항까지의 규정은 피내사자, 피해자, 참고인 등 다른 사건관계인을 조사하는 경우에 준용한다.
제48조【자백의 증명력 판단 시 유의사항】 ① 검사는 피의자의 자백이 경험법칙에 위배되는 등 합리성이 의심되는 경우에는 자백하게 된 경위를 살펴 그 신빙성 유무를 검토해야 한다.
② 공범의 진술이 피의자의 혐의를 인정할 유일한 증거인 경우에는 그 증명력 판단에 더욱 신중해야 한다.

제5절 범죄피해자 및 참고인 조사

제49조【범죄피해자의 진술권 보장 등】 ① 검사는 수사과정에서 범죄피해자가 사실관계나 양형(量刑)에 대한 의견 등을 진술하거나 증거자료를 제출할 기회를 충분히 주어야 한다.
② 검사는 피해자가 요청할 경우 공판절차에서 해당 사건에 관한 의견을 충분히 진술할 수 있도록 법원에 증인을 신청하는 등 필요한 조치를 해야 한다.
제50조【피해자에 대한 정보 제공】 ① 검사는 피해자의 요청이 있는 경우 공소제기·불기소·기소중지·참고인중지·이송 등 처분결과에 대한 정보를 제공하여야 한다.
② 제1항의 경우에 정보 제공을 요청하는 사람이 피해자인지 여부가 확인되지 않는 경우 또는 정보 제공으로 피의자등 사건관계인의 명예나 사생활의 비밀 또는 생명·신체의 안전이나 생활의 평온을 해칠 우려가 있는 경우에는 그 사유를 설명하고 정보 제공 요청에 응하지 않을 수 있다.
제51조【2차 피해 방지】 검사는 수사와 공판과정에서 다음 각 호의 사항에 유의하여 피해자가 추가적인 피해를 입지 않도록 노력해야 한다.
1. 피해자의 인격과 사생활의 비밀을 존중하고 피해자가 입은 정신적·육체적 고통을 충분히 고려한다.
2. 피해자를 정당한 사유 없이 반복적으로 조사하거나 증인으로 신청하지 않는다.
3. 피해자가 피의자나 그 가족 등과의 접촉을 원하지 않는 경우 별도의 대기실에서 머물도록 하는 등 분리조치를 한다.
제52조【피해자 등 조사 시 신뢰관계인의 동석】 검사는 피해자나 그 밖의 참고인이 다음 각 호의 어느 하나에 해당하는 경우에는 수사에 특별한 지장이 없고 본인의 의사에 반하지 않는 한 가족 등 신뢰관계에 있는 자의 동석을 허용하여야 한다.
1. 피해자나 그 밖의 참고인이 신체적 또는 정신적 장애로 사물을 변별하거나 의사를 결정·전달할 능력이 미약한 경우
2. 피해자나 그 밖의 참고인의 연령·성별·국적 등의 사정을 고려하여 그 심리적 안정의 도모와 원활한 의사소통을 위하여 필요한 경우
3. 피해자나 그 밖의 참고인이 미성년자인 경우
제53조【전용조사실 이용 등】 ① 피해자가 범행 당시의 충격이나 불안감, 수치심 등으로 공개된 장소에서 충분한 진술을 할 수 없다고 인정되는 경우에는 특별한 사정이 없는 한 전용조사실을 이용한다.
② 성폭력 피해자가 19세 미만이거나 신체적·정신적 장애로 사물을 변별하거나 의사를 결정할 능력이 미약한 때에는 피해자의 진술내용과 조사과정을 영상녹화장치로 촬영하여 보존한다.
③ 제2항에 따른 영상 녹화는 피해자나 법정대리인이 이를 원하지 않는 경우에는 촬영해서는 안 된다. 다만, 가해자가 친권자 중 한쪽인 경우는 그렇지 않다.
④ 제2항의 경우 검사는 피해자나 법정대리인이 영상 녹화 과정에서 작성한 조서 사본의 교부를 신청할 때에는 이에 응해야 한다.
제54조【피해자 등의 신변 보호】 ① 검사는 「특정범죄신고자 등 보호법」에 규정된 특정범죄를 수사하는 과정에서 보복이 우려되는 경우에는 같은 법에 따라 신고자나 피해자 및 그 가족 등의 신변 보호를 위해 참고인 또는 증인으로 출석·귀가할 때의 동행 등 필요한 조치를 해야 한다.
② 제1항의 경우 외에도 피해자 등이 형사소송절차에서의 진술·증언과 관련하여 보복을 당할 우려가 있는 경우에는 이를 방지하기 위하여 피고인이나 방청인이 퇴정(退廷)하거나 공개법정 외의 장소에서 증인신문할 것을 법원에 신청하는 등 필요한 조치를 해야 한다.
제55조【피해자의 권리 고지와 유익한 정보 제공】 ① 검사는 피해자를 조사할 때 법정에서의 진술권, 처분결과에 대한 정보 요청권 등 피해자의 권리를 알려주어야 한다.
② 검사는 압수물 환부·가환부, 배상명령, 형사재판상 화해, 범죄피해자구조, 교통사고피해자보상 등 해당 피해자가 피해를 회복하는 데에 도움이 될 수 있는 제도를 안내한다.
③ 각급 검찰청의 장은 피해자지원센터나 「법률구조법」 제8조에 따른 대한법률구조공단(이하 "대한법률구조공단"이라 한다)의 위치와 연락처 등 피해자에게 유익한 정보를 제공하기 위하여 안내 자료를 비치하는 등 필요한 노력을 하여야 한다.
제56조【성폭력 등 피해자의 보호】 ① 성폭력·가정폭력(이하 "성폭력등"이라 한다) 범죄의 피해자를 조사하는 경우에는 특히 다음 각 호의 사항에 유의해야 한다.
1. 피해자의 나이, 심리상태, 후유장애의 유무 등을 신중하게 고려하여 조사과정에서 피해자의 인격이나 명예가 손상되거나 사생활의 비밀이 침해되지 않도록 주의한다.
2. 피해자가 편안한 상태에서 진술할 수 있는 조사환경을 조성하고 조사 횟수는 필요한 범위에서 최소한으로 한다.
3. 피해자에게 출석 요구를 하거나 피해자를 조사할 때에는 피해사실이 다른 사람에게 노출되지 않도록 주의한다.
4. 피해자에게 친절하고 온화한 태도로 질문하고, 피해자를 비난하는 발언이나 피해자가 수치심을 느낄 수 있는 저속한 표현을 해서는 안 된다.
5. 성적 수치심을 불러일으킬 수 있는 신체의 전부 또는 일부를 촬영한 사진이나 영상물(CD, 비디오테이프 등을 말한다)이 증거자료로 제출된 경우에는 이를 수사기록과 분리·밀봉하여 수사기록 끝에 첨부하거나 압수물로 처리하는 등 일반인에게 공개되지 않도록 필요한 조치를 해야 한다.
6. 피해자의 사생활 비밀의 보호 등 상당한 이유가 있을 때에는 재판을 비공개로 진행하여 줄 것을 법원에 요청한다.
② 각급 검찰청의 장은 성폭력등 범죄에 대하여 전담검사를 지정·운영하고, 성폭력등 범죄의 수사업무에 종사하는 자에 대하여 수시로 필요한 교육·훈련을 실시해야 한다.
제57조【피해자·참고인의 조사】 ① 검사가 「형사소송법」 제221조에 따라 피해자나 그 밖의 참고인에 대한 출석을 요구하는 경우 조사의 필요성, 우편·전자우편·전화를 통한 진술 등 출석을 대체할 수 있는 방법의 선택 가능성, 해당 사건 수사와의 관련성 등 수사 상황과 진행 경과를 충분히 고려해야 한다.
② 피해자나 그 밖의 참고인에게 전화, 문자메시지 등으로 출석을 요구한 경우 그 사실을 서면으로 작성하여 기록에 첨부한다.
③ 피해자나 그 밖의 참고인을 출석 요구하여 조사한 후 동일인에 대해 재차 출석 요구를 하는 경우에는 제1항에 따른 고려 사항 및 재차 출석의 필요성을 검토해야 한다.
④ 반드시 조사가 필요한 피해자나 그 밖의 참고인이 출석을 거부하더라도 정중하게 협조를 요청해야 하며, 불필요하게 반복적으로 또는 출석하지 않으면 피의자로 입건하여 수사할 수 있다거나 체포영장이 발부될 수 있다고 언급하는 등 강압적인 방법으로 출석을 강요해서는 안 된다.
⑤ 피해자나 그 밖의 참고인이 원거리에 거주하는 경우에는 우편이나 전자우편을 통한 진술서, 녹음·녹화 조사, 공조수사를 적극 활용해야 한다.
⑥ 피해자나 그 밖의 참고인이 출석한 경우 지체 없이 조사하고, 부득이한 사유로 조사의 시작이 늦어지거나 조사를 하지 못할 경우에는 그 사유를 설명해야 한다.
⑦ 녹음·녹화 조사제와 시차제 출석 요구 제도 등을 적극 활용하여 불필요한 출석 요구나 장시간 대기를 방지하며, 피의자와의 대질조사는 불가피한 사정이 있고 사건당사자가 동의한 경우에 한정하여 할 수 있다.
⑧ 피해자나 그 밖의 참고인을 조사할 때에는 폭언, 강압적이거나 모멸감을 주거나 공정성을 의심받을 수 있는 언행을 해서는 안 되고, 사생활에 대한 조사는 수사상 반드시 필요한 경우로 한정한다.

제6절 소년·장애인·외국인

제58조【소년에 대한 조사】 ① 검사는 소년인 피의자에 대하여 심신상태, 성행, 경력, 가정상황, 그 밖의 환경을 조사하고 피의자의 비행 원인을 진단한 후 그에 따라 적절히 처분하여 피의자가 건전한 사회인으로 복귀할 수 있도록 노력해야 한다.
② 소년을 조사하는 경우에는 나이, 지적 능력, 심신상태 등을 이해하고 조사에 임해야 하며, 친절하고 부드러운 어조를 사용해야 한다.
제59조【구속의 억제 등】 ① 소년에 대한 구속수사는 당사자의 심신이나 장래에 미칠 영향을 고려하여 특히 신중해야 한다.
② 소년인 피의자가 체포·구속된 경우에는 다른 사건보다 우선하여 그 사건을 조사하는 등 신속한 수사를 위해 노력해야 한다.
제60조【장애인에 대한 조사】 ① 청각 및 언어장애인이나 그 밖에 의사소통이 어려운 장애인을 조사하는 경우에는 수화·문자통역을 제공하거나 의사소통을 도울 수 있는 사람을 참여시켜야 한다.
② 장애인인 피의자에게는 대한법률구조공단의 법률구조 신청에 대하여 안내해 준다.
제61조【외국인에 대한 통역】 외국인을 조사하는 경우에는 당사자가 이해할 수 있는 언어로 통역해주어야 한다.
제62조【외국 영사관원과의 접견·통신】 ① 외국인을 체포·구속하는 경우에는 우리나라 주재 본국 영사관원과 자유롭게 접견·통신할 수 있고, 체포·구속된 사실을 영사기관에 통지하여 줄 것을 요청할 수 있다는 사실을 알려야 한다.
② 체포·구속된 외국인이 제1항에 따른 통지를 요청할 경우에는 지체 없이 해당 영사기관에 체포·구속된 사실을 통지해야 한다.

제7절 사건의 처분 및 공판

제63조【사건의 결정】 검사는 사건을 결정할 때에 다음 각 호의 사항에 유의하여야 한다.
1. 실체적 진실을 제대로 규명하였는지, 피의자등 사건관계인에게 의견을 진술할 기회를 충분히 주었는지 또는 사건의 발단이나 경위 등을 살펴 억울한 사정이 없는지 등을 검토해야 한다.
2. 피의자가 관련 사건으로 이미 처벌을 받은 경우에는 병합 수사나 재판을 받지 못하여 받게 되는 불이익을 고려한다.
3. 불기소사건을 재기(再起)한 사건이나 이송된 사건은 신속히 종국 처분을 한다.
4. 수사 결과 인권보호를 위하여 법령을 개정할 필요가 있는 사항은 개선을 적극적으로 건의한다.
제64조【고소·고발사건의 불기소처분】 검사는 고소·고발사건을 불기소처분을 하는 경우에는 다음 각 호의 사항에 유의해야 한다.
1. 고소·고발이 취소되지 않은 사건은 처분 전에 고소·고발인에게 구두나 서면으로 의견을 진술할 기회를 준다. 다만, 불기소 사유에 해당함이 명백하거나 수사 과정에서 그와 같은 기회가 주어진 경우에는 그렇지 않다.
2. 고소·고발사실에 대하여 혐의를 인정하기 어려운 경우에도 사건 기록으로 확인되는 여러 사정을 살펴 사건을 종국적으로 해결하도록 노력해야 한다.
3. 불기소 결정서는 사건관계인이 쉽게 이해할 수 있고 처분결과를 충분히 납득할 수 있도록 쉬운 문장을 사용하고 사실과 주요 쟁점에 대한 판단이 빠지지 않도록 작성하여야 한다.
제65조【고소·고발사건의 각하】 검사는 사건을 각하하는 경우 특별한 사정이 없으면 피의자등 사건관계인에게 출석 요구를 하거나 그 처리를 지연해서는 안 된다.
제66조【사건의 종국적·근원적 해결】 ① 검사는 다음 각 호의 사항에 유의하여 기소중지, 참고인중지, 이송 등의 처분을 최대한 억제해야 한다.
1. 피의자나 참고인의 소재에 대한 수사를 철저히 한다.
2. 참고인중지 처분을 하는 경우에는 먼저 그 참고인의 진술이 사건의 실체적 진실 규명에 꼭 필요한지 여부를 판단한다.
3. 피의자나 참고인의 소재불명으로 기소중지 처분이나 참고인중지 처분을 하는 경우라도 그 외의 증거에 대한 조사를 철저히 하여 피의자나 참고인의 소재가 발견된 후에 재차 수사가 지연되지 않도록 노력하여야 한다.
4. 참고인중지 처분을 한 경우에는 정기적으로 참고인에 대한 소재수사를 한다.
5. 공조수사의 방법으로 조사할 수 있는 사건은 참고인이 관할구역 밖에 거주한다는 이유로 이송하지 않는다.
② 동일 또는 관련 사건에 대하여 복수의 수사기관에서 수사 중일 때에는 사건의 이송 등 병합에 필요한 조치를 하여 사건을 종국적으로 해결할 수 있도록 노력해야 한다.
제67조【공판】 검사는 공소제기 후나 공판과정에서 다음 각 호의 사항에 유의해야 한다.
1. 기소한 이후에도 피고인에게 유리한 증거나 자료가 발견된 경우에는 이를 재판부에 제출한다.
2. 피해 회복 여부 등 피해자와의 관계, 범행 후의 정황 등 공소제기 후의 사정까지 구형에 반영하여 적정한 판결이 선고될 수 있도록 노력한다.
3. 상소 여부를 결정할 때에는 인용 가능성을 충분히 고려해야 한다.
제68조【형사보상제도의 안내】 검사는 「형사보상 및 명예회복에 관한 법률」에 따른 보상청구 자격이 인정된다고 판단되는 피의자나 피고인에게 보상을 청구할 수 있도록 제도를 안내해야 한다.

제3장 인권보호를 위한 제도

제69조【인권보호관의 지정 등】 ① 수사 등 형사사법절차에서 인권보호와 적법절차의 보장을 강화하기 위하여 각급 검찰청에 인권보호관을 둔다.
② 각급 검찰청의 인권보호관은 다음 각 호의 검사로 한다.

1. 대검찰청 : 인권정책관
2. 고등검찰청, 지방검찰청 및 차장검사가 있는 지청 : 법조경력 10년 이상의 검사
3. 차장검사가 없는 지청 : 지청장
③ 제2항제2호에 따른 인권보호관은 소속 검찰청의 장을 직접 보좌한다.
④ 대검찰청을 제외한 각급 검찰청의 장은 소속 검사를 인권보호담당관으로 지정할 수 있다.
(2021.6.9 본조개정)
제70조【인권보호관의 직무】 인권보호관은 인권 관련 제도의 개선, 인권 개선에 필요한 실태 및 통계 조사, 인권 교육, 심야조사의 허가와 이 규칙에 위배되는 사항에 대한 시정 등 인권보호와 관련된 업무를 수행한다.
제71조【인권보호담당관의 직무】 ① 인권보호담당관은 인권보호관의 직무를 보좌하며, 필요한 경우에는 인권보호관의 지시나 위임을 받아 제70조의 업무를 수행할 수 있다.
② 인권보호담당관은 인권보호와 관련한 상담 업무를 수행한다.
제72조【인권침해 신고의 처리절차】 ① 피의자등 사건관계인이 검사 및 수사업무종사자의 직무집행과 관련하여 이 규칙 위반이나 그 밖에 인권침해에 관한 신고를 한 경우에는 해당 신고를 내사사건이나 진정사건으로 수리하여 처리한다.
② 인권보호관은 인권침해 사건의 수리와 그 처리상황 등을 감독해야 한다.
③ 각급 검찰청의 장은 중요한 인권침해 사건을 수리하거나 처리한 경우에는 지체 없이 법무부장관과 검찰총장에게 보고하여야 한다.
제73조【불이익 금지】 검사 및 수사업무종사자는 피의자등 사건관계인이 인권침해 신고나 그 밖에 인권 구제를 위한 행위를 하였다는 이유로 부당한 대우를 하거나 그 밖의 불이익을 주어서는 안 된다.
제74조【인권보호 제도의 안내】 각급 검찰청의 장은 피의자등 사건관계인이 수사절차에서 갖는 권리와 그 권리가 침해되었을 때의 구제방법을 안내하기 위하여 관련사항을 정리한 자료를 비치하고, 이 규칙 중 장시간조사 제한, 심야조사 제한, 휴식시간 부여 등 주요 내용을 정하여 조사를 시작하기 전에 피의자등 사건관계인이 알 수 있도록 필요한 조치를 해야 한다.
제75조【인권에 관한 의견 청취】 ① 각급 검찰청의 장은 피의자등 사건관계인의 인권보호·향상에 관한 국가인권위원회나 각종 인권단체의 권고, 그 밖의 일반 국민의 의견을 경청하고 이를 인권에 관한 각종 제도의 개선에 반영하도록 노력하여야 한다.
② 인권보호·향상에 관한 의견을 적극적으로 청취하기 위해 검찰시민옴부즈맨 제도, 검찰시민모니터 제도 등을 적극 활용한다.

제4장 보 칙

제76조【위반행위에 대한 보고】 ① 인권보호관(제69조제2항제3호에 따른 인권보호관은 제외한다)은 소속 청의 검사 및 수사업무종사자가 이 규칙을 위반하여 현저하게 사건관계인의 인권을 침해했거나 적법절차를 위반하였다고 볼 상당한 이유가 있는 경우에는 소속 청의 장에게 보고해야 한다.
② 각급 검찰청의 장은 다음 각 호의 구분에 따른 사항을 법무부장관과 검찰총장에게 보고해야 한다.
1. 대검찰청, 고등검찰청, 지방검찰청 및 차장검사가 있는 지청의 장 : 제1항에 따라 보고받은 사항
2. 차장검사가 없는 지청의 장 : 소속 청의 검사 및 수사업무종사자의 제1항의 위반 사항
(2021.6.9 본조개정)
제77조【교육】 법무부장관은 검사 및 수사업무종사자의 수사 절차상 인권보호 및 적법절차 준수를 위해 적절한 교육을 실시해야 한다.
제78조【시행세칙】 이 규칙을 시행하기 위해 필요한 세부 사항은 검찰총장이 정한다.

부 칙

이 규칙은 2019년 12월 1일부터 시행한다.

부 칙 (2021.6.9)

제1조【시행일】 이 규칙은 공포한 날부터 시행한다.
제2조【고등검찰청 등의 인권보호관에 관한 경과조치】 이 규칙 시행 당시 종전의 규정에 따라 지정된 고등검찰청, 지방검찰청 및 차장검사가 있는 지청의 인권보호관은 제69조제2항제2호의 개정규정에도 불구하고 별도로 인권보호관을 배치할 때까지 인권보호관의 업무를 수행한다.

북한인권법

(2016년 3월 3일 법 률 제14070호)

개정
2024. 1.16법20002호

제1조【목적】 이 법은 북한주민의 인권 보호 및 증진을 위하여 유엔 세계인권선언 등 국제인권규약에 규정된 자유권 및 생존권을 추구함으로써 북한주민의 인권 보호 및 증진에 기여함을 목적으로 한다.
제2조【기본원칙 및 국가의 책무】 ① 국가는 북한주민이 인간으로서의 존엄과 가치를 가지며 행복을 추구할 권리가 있음을 확인하고 북한주민의 인권 보호 및 증진(이하 "북한인권증진"이라 한다)을 위하여 노력하여야 한다.
② 국가는 북한인권증진 노력과 함께 남북관계의 발전과 한반도에서의 평화정착을 위해서도 노력하여야 한다.
③ 국가는 북한인권증진을 위하여 필요한 재원을 지속적이고 안정적으로 마련하여야 한다.
제3조【정의】 이 법에서 "북한주민"이란 군사분계선 이북지역에 거주하며 이 지역에 직계가족·배우자·직장 등 생활의 근거를 두고 있는 사람을 말한다.
제4조【다른 법률과의 관계】 북한인권증진을 위하여 노력함에 있어서 「남북교류협력에 관한 법률」, 「남북협력기금법」, 「남북관계 발전에 관한 법률」에 특별한 규정이 있는 경우를 제외하고는 이 법에서 정하는 바에 따른다.
제5조【북한인권증진자문위원회】 ① 북한인권증진 관련 정책에 관한 자문을 위하여 통일부에 북한인권증진자문위원회(이하 "위원회"라 한다)를 둔다.
② 위원회는 위원장 1명을 포함한 10명 이내의 국회 추천 인사로 구성하고 위원장은 위원 중에서 호선한다. 국회가 위원을 추천함에 있어서는 대통령이 소속되거나 소속되었던 정당의 교섭단체와 그 외 교섭단체가 2분의 1씩 동수로 추천하여 통일부장관이 위촉한다.
③ 위원회의 구성 및 운영 등에 필요한 사항은 대통령령으로 정한다.
제6조【북한인권증진기본계획 및 집행계획】 ① 통일부장관은 관계 중앙행정기관의 장과 협의하여 3년마다 다음 각 호의 사항을 포함한 북한인권증진기본계획(이하 "기본계획"이라 한다)을 위원회의 자문을 거쳐 수립하여야 한다.
1. 북한주민의 인권실태 조사
2. 남북인권대화와 인도적 지원 등 북한주민의 인권 보호 및 증진을 위한 방안
3. 그 밖에 북한주민의 인권 보호 및 증진에 관하여 대통령령으로 정하는 사항
② 통일부장관은 기본계획에 따라 매년 북한인권증진에 관한 집행계획(이하 "집행계획"이라 한다)을 위원회의 자문을 거쳐 수립하여야 한다.
③ 통일부장관은 기본계획 및 집행계획이 수립된 때에는 이를 지체 없이 국회에 보고하여야 한다.
제7조【남북인권대화의 추진】 ① 정부는 북한인권증진에 관한 중요사항에 관하여 남북인권대화를 추진하여야 한다.
② 남북인권대화의 대표 임명에 필요한 사항은 「남북관계 발전에 관한 법률」 제15조를 준용한다.
③ 그 밖에 남북인권대화의 추진을 위하여 필요한 사항은 대통령령으로 정한다.
제8조【인도적 지원】 ① 국가는 북한인권증진을 위하여 북한주민에 대한 인도적 지원을 북한 당국 또는 북한의 기관에 제공하는 경우에는 다음 각 호의 사항이 준수되도록 노력하여야 한다.
1. 국제적으로 인정되는 인도(引渡)기준에 따라 투명하게 추진되어야 한다.
2. 임산부, 영유아 및 장애인 등 취약계층에 대한 지원이 우선되어야 한다.(2024.1.16 본호개정)
② 국가는 민간단체 등이 시행하는 인도적 지원에 대하여도 제1항 각 호의 사항이 준수되도록 노력하여야 한다.
제9조【북한인권증진을 위한 국제적 협력】 ① 국가는 북한인권증진을 위한 인적교류·정보교환 등과 관련하여 국제기구·국제단체 및 외국 정부 등과 협력하며, 북한인권증진에 대한 국제사회의 관심을 제고하기 위하여 노력하여야 한다.
② 제1항에 따른 북한인권증진을 위한 국제적 협력을 위하여 외교부에 북한인권대외직명대사(이하 "북한인권국제협력대사"라 한다)를 둘 수 있다.
③ 북한인권국제협력대사의 임무·자격 등에 필요한 사항은 대통령령으로 정한다.
제10조【북한인권재단의 설립】 ① 정부는 북한인권 실태를 조사하고 남북인권대화와 인도적 지원 등 북한인권증진과 관련된 연구와 정책개발 등을 수행하기 위하여 북한인권재단(이하 "재단"이라 한다)을 설립한다.
② 재단은 법인으로 하며 그 주된 사무소의 소재지에 설립등기를 함으로써 성립한다.
③ 재단은 다음 각 호의 사업을 수행하며, 각 호의 사업을 수행하는 별도의 담당기구를 둘 수 있다.
1. 남북인권대화 등 북한인권증진을 위한 다음 각 목의 사업
가. 북한인권 실태에 관한 조사·연구
나. 남북인권대화 등을 위한 정책대안의 개발 및 대정부 건의
다. 그 밖에 위원회가 심의하고 통일부장관이 지정하는 사업
라. 가목부터 다목까지의 사업의 수행에 필요한 시민사회단체에 대한 지원
2. 인도적 지원 등 북한인권증진을 위한 다음 각 목의 사업
가. 북한 내 인도적 지원 수요에 관한 조사·연구
나. 대북 인도적 지원을 위한 정책대안의 개발 및 대정부 건의
다. 그 밖에 위원회가 심의하고 통일부장관이 지정하는 사업
라. 가목부터 다목까지의 사업의 수행에 필요한 시민사회단체에 대한 지원
④ 그 밖에 재단의 설립에 필요한 사항은 대통령령으로 정한다.
제11조【재단의 운영】 ① 재단은 다음 각 호의 재원으로 운영한다.
1. 정부의 출연금
2. 그 밖의 수입금
② 재단은 「기부금품의 모집 및 사용에 관한 법률」 제5조제2항 각 호 외의 부분 본문에도 불구하고 자발적으로 기탁되는 금품을 사용목적에 부합하는 범위에서 통일부장관의 승인을 받아 접수할 수 있다.
③ 통일부장관은 재단을 지도·감독한다.
④ 통일부장관은 재단의 목적 달성을 위하여 필요한 때에는 관계 기관의 장에게 소속 공무원을 재단에 파견하도록 요청할 수 있다.
⑤ 재단에 관하여 이 법에서 규정한 것을 제외하고는 「민법」 중 재단법인에 관한 규정을 준용한다.
⑥ 그 밖에 재단의 운영과 지도·감독, 기탁금품 접수절차 등에 필요한 사항은 대통령령으로 정한다.
제12조【재단 임원의 구성】 ① 재단에는 이사장 1명을 포함한 12명 이내의 이사를 두며, 이사는 통일부장관이 추천한 인사 2명과 국회가 추천한 인사로 구성하되, 국회가 이사를 추천함에 있어서는 대통령이 소속되거나 소속되었던 정당의 교섭단체와 그 외 교섭단체가 2분의 1씩 동수로 추천하여 통일부장관이 임명한다.
② 이사장과 정관으로 정하는 상근이사를 제외한 임원은 비상근으로 한다.
③ 이사장은 이사 중에서 호선하고 이사장 및 이사의 임기는 3년으로 하되, 한 차례만 중임할 수 있다. 다만, 당연직 이사의 임기는 그 재임기간으로 한다.
④ 그 밖에 재단 임원의 구성 등에 필요한 사항은 대통령령으로 정한다.
제13조【북한인권기록센터】 ① 북한주민의 인권상황과 인권증진을 위한 정보를 수집·기록하기 위하여 통일부에 북한인권기록센터(이하 "기록센터"라 한다)를 둔다.
② 기록센터는 다음 각 호의 사항을 수행하고 각종 자료 및 정보의 수집·연구·보존·발간 등을 담당한다.
1. 북한주민의 인권 실태 조사·연구에 관한 사항
2. 국군포로, 납북자, 이산가족과 관련된 사항
3. 그 밖에 위원회가 심의하고 통일부장관이 필요하다고 인정하는 사항
③ 제2항 각 호에 따른 사업은 외부기관에 위탁할 수 있다. 이 경우 예산의 범위에서 필요한 경비를 지원할 수 있다.
④ 기록센터에는 센터장 1명을 두며, 센터장은 고위공무원단에 속하는 공무원 또는 북한인권과 관련하여 학식과 경험이 풍부한 민간전문가 중에서 통일부장관이 임명 또는 위촉한다.
⑤ 기록센터에서 수집·기록한 자료는 3개월마다 법무부에 이관하며, 북한인권기록 관련 자료를 보존·관리하기 위하여 법무부에 담당기구를 둔다.
⑥ 그 밖에 기록센터의 구성·운영 등에 필요한 사항은 대통령령으로 정한다.
제14조【관련 기관 등의 협조】 ① 통일부장관은 북한인권증진에 관한 업무와 관련하여 다른 행정기관과 공공단체, 관련 인사에 대하여 자료제출, 의견진술, 그 밖에 정책수행에 필요한 사항에 대한 협조를 요청할 수 있다.
② 제1항의 요청을 받은 행정기관 및 공공단체의 장, 관련 인사는 특별한 사유가 없으면 이에 따라야 한다.
③ 관계 중앙행정기관 또는 지방자치단체의 장은 이 법에 따른 업무와 관련된 내용을 포함하고 있는 법령 및 조례 등을 제정하거나 개정하려는 경우 미리 통일부장관에게 통지하여야 한다.
제15조【국회 보고】 ① 통일부장관은 기본계획과 집행계획의 보고 이외에도 매년 북한인권증진에 관하여 다음 각 호의 사항을 정기회 전까지 국회에 보고하여야 한다.

1. 북한주민 인권 실태
2. 북한인권증진 추진 결과 및 개선 상황
3. 국군포로 및 납북자의 송환, 이산가족의 상봉 등에 관한 계획의 수립·추진 상황
4. 제1호부터 제3호까지 규정된 업무와 관련하여 국가·지방자치단체 및 공공기관이 각각 수행한 사업 내역과 시행결과 및 평가
5. 그 밖에 북한인권증진에 관하여 필요하다고 통일부장관이 인정하는 사항

② 국회는 필요한 경우 제1항에 따른 정부의 보고에 대하여 시정 또는 개선을 권고할 수 있다.

제16조【벌칙 적용에서 공무원 의제】 재단의 임직원은 이 법에 따른 직무수행과 관련하여 「형법」 제127조와 제129조부터 제132조까지의 규정을 적용할 때에는 공무원으로 본다.

제17조【벌칙】 거짓이나 그 밖의 부정한 방법으로 이 법에 따른 지원금을 받은 자는 3년 이하의 징역 또는 3천만원 이하의 벌금에 처한다.

부 칙

제1조【시행일】 이 법은 공포 후 6개월이 경과한 날부터 시행한다.

제2조【북한인권재단 설립준비】 ① 통일부장관은 이 법 공포일부터 30일 이내에 7명 이내의 설립위원을 위촉하여 재단의 설립에 관한 사무를 처리하게 하여야 한다.

② 설립위원은 재단의 정관을 작성하여 통일부장관의 인가를 받아야 하며, 인가를 받은 때에는 지체 없이 연명(連名)으로 재단의 설립등기를 하여야 한다.

③ 설립위원은 재단의 설립등기 후 지체 없이 재단의 이사장에게 사무를 인계하여야 하며, 사무인계가 끝난 때에는 해촉된 것으로 본다.

④ 재단의 설립에 필요한 비용은 국가가 부담한다.

부 칙 (2024.1.16)

이 법은 공포 후 3개월이 경과한 날부터 시행한다.

국적법

(1997년 12월 13일 전개법률 제5431호)

개정
2001.12.19법 6523호 2004. 1.20법 7075호
2005. 5.24법 7499호
2007. 5.17법 8435호(가족관계등록)
2008. 3.14법 8892호 2010. 5. 4법10275호
2014. 3.18법12421호(출입국)
2016. 5.29법14183호(병역)
2016.12.20법14407호 2017.12.19법15249호
2018. 9.18법15752호
2019.12.31법16851호(대체역의편입및복무등에관한법)
2022. 9.15법18978호

제1조【목적】 이 법은 대한민국의 국민이 되는 요건을 정함을 목적으로 한다.(2008.3.14 본조개정)

제2조【출생에 의한 국적 취득】 ① 다음 각 호의 어느 하나에 해당하는 자는 출생과 동시에 대한민국 국적(國籍)을 취득한다.
1. 출생 당시에 부(父) 또는 모(母)가 대한민국의 국민인 자
2. 출생하기 전에 부가 사망한 경우에는 그 사망 당시에 부가 대한민국의 국민이었던 자
3. 부모가 모두 분명하지 아니한 경우나 국적이 없는 경우에는 대한민국에서 출생한 자

② 대한민국에서 발견된 기아(棄兒)는 대한민국에서 출생한 것으로 추정한다.
(2008.3.14 본조개정)

제3조【인지에 의한 국적 취득】 ① 대한민국의 국민이 아닌 자(이하 "외국인"이라 한다)로서 대한민국의 국민인 부 또는 모에 의하여 인지(認知)된 자가 다음 각 호의 요건을 모두 갖추면 법무부장관에게 신고함으로써 대한민국 국적을 취득할 수 있다.
1. 대한민국의 「민법」상 미성년일 것
2. 출생 당시에 부 또는 모가 대한민국의 국민이었을 것

② 제1항에 따라 신고한 자는 그 신고를 한 때에 대한민국 국적을 취득한다.

③ 제1항에 따른 신고 절차와 그 밖에 필요한 사항은 대통령령으로 정한다.
(2008.3.14 본조개정)

제4조【귀화에 의한 국적 취득】 ① 대한민국 국적을 취득한 사실이 없는 외국인은 법무부장관의 귀화허가(歸化許可)를 받아 대한민국 국적을 취득할 수 있다.

② 법무부장관은 귀화허가 신청을 받으면 제5조부터 제7조까지의 귀화 요건을 갖추었는지를 심사한 후 그 요건을 갖춘 사람에게만 귀화를 허가한다.(2017.12.19 본항개정)

③ 제1항에 따라 귀화허가를 받은 사람은 법무부장관 앞에서 국민선서를 하고 귀화증서를 수여받은 때에 대한민국 국적을 취득한다. 다만, 법무부장관은 연령, 신체적·정신적 장애 등으로 국민선서의 의미를 이해할 수 없거나 이해한 것을 표현할 수 없다고 인정되는 사람에게는 국민선서를 면제할 수 있다.(2017.12.19 본항개정)

④ 법무부장관은 제3항 본문에 따른 국민선서를 받고 귀화증서를 수여하는 업무와 같은 항 단서에 따른 국민선서의 면제 업무를 대통령령으로 정하는 바에 따라 지방출입국·외국인관서의 장에게 대행하게 할 수 있다.
(2017.12.19 본항신설)

⑤ 제1항부터 제4항까지에 따른 신청절차, 심사, 국민선서 및 귀화증서 수여와 그 대행 등에 관하여 필요한 사항은 대통령령으로 정한다.(2017.12.19 본항개정)
(2008.3.14 본조개정)

판례 국적은 국민의 자격을 결정짓는 것이고, 이를 취득한 사람은 국가의 주권자가 되는 동시에 국가의 속인적 통치권의 대상이 되므로, 귀화허가는 외국인에게 대한민국 국적을 부여함으로써 국민으로서의 법적 지위를 포괄적으로 설정하는 행위에 해당한다. 한편 국적법 등 관계 법령 어디에도 외국인에게 대한민국의 국적을 취득할 권리를 부여하였다고 볼 만한 규정이 없다. 이와 같은 귀화허가의 근거 규정의 형식과 문언, 귀화허가의 내용과 특성 등을 고려하여 보면, 법무부장관은 귀화신청인이 법률이 정하는 귀화요건을 갖추었다고 하더라도 귀화를 허가할 것인지 여부에 관하여 재량권을 가진다.(대판 2010.7.15, 2009두19069)

제5조【일반귀화 요건】 외국인이 귀화허가를 받기 위해서는 제6조나 제7조에 해당하는 경우 외에는 다음 각 호의 요건을 갖추어야 한다.(2017.12.19 본문개정)
1. 5년 이상 계속하여 대한민국에 주소가 있을 것
1의2. 대한민국에서 영주할 수 있는 체류자격을 가지고 있을 것(2017.12.19 본호신설)
2. 대한민국의 「민법」상 성년일 것
3. 법령을 준수하는 등 법무부령으로 정하는 품행 단정의 요건을 갖출 것(2017.12.19 본호개정)
4. 자신의 자산(資産)이나 기능(技能)에 의하거나 생계를 같이하는 가족에 의존하여 생계를 유지할 능력이 있을 것
5. 국어능력과 대한민국의 풍습에 대한 이해 등 대한민국 국민으로서의 기본 소양(素養)을 갖추고 있을 것
6. 귀화를 허가하는 것이 국가안전보장·질서유지 또는 공공복리를 해치지 아니한다고 법무부장관이 인정할 것(2017.12.19 본호신설)
(2008.3.14 본조개정)

판례 자동차번호판을 부정사용하다 적발되어 기소유예처분을 받고, 불법 체류를 하다가 불법 체류자를 합법화하는 과정에서 제재를 면제받은 등의 전력이 있는 외국인은 국적법 제5조에서 규정한 귀화 요건 중 '품행 단정'을 갖추지 못한 것으로 보아야 한다.
(대판 2018.12.13, 2016두31616)

제6조【간이귀화 요건】 ① 다음 각 호의 어느 하나에 해당하는 외국인으로서 대한민국에 3년 이상 계속하여 주소가 있는 사람은 제5조제1호 및 제1호의2의 요건을 갖추지 아니하여도 귀화허가를 받을 수 있다.
1. 부 또는 모가 대한민국의 국민이었던 사람
2. 대한민국에서 출생한 사람으로서 부 또는 모가 대한민국에서 출생한 사람
3. 대한민국 국민의 양자(養子)로서 입양 당시 대한민국의 「민법」상 성년이었던 사람

② 배우자가 대한민국의 국민인 외국인으로서 다음 각 호의 어느 하나에 해당하는 사람은 제5조제1호 및 제1호의2의 요건을 갖추지 아니하여도 귀화허가를 받을 수 있다.
1. 그 배우자와 혼인한 상태로 대한민국에 2년 이상 계속하여 주소가 있는 사람
2. 그 배우자와 혼인한 후 3년이 지나고 혼인한 상태로 대한민국에 1년 이상 계속하여 주소가 있는 사람
3. 제1호나 제2호의 기간을 채우지 못하였으나, 그 배우자와 혼인한 상태로 대한민국에 주소를 두고 있던 중 그 배우자의 사망이나 실종 또는 그 밖에 자신에게 책임이 없는 사유로 정상적인 혼인 생활을 할 수 없었던 사람으로서 제1호나 제2호의 잔여기간을 채웠고 법무부장관이 상당(相當)하다고 인정하는 사람
4. 제1호나 제2호의 요건을 충족하지 못하였으나, 그 배우자와의 혼인에 따라 출생한 미성년의 자(子)를 양육하고 있거나 양육하여야 할 사람으로서 제1호나 제2호의 기간을 채웠고 법무부장관이 상당하다고 인정하는 사람
(2017.12.19 본조개정)

제7조【특별귀화 요건】 ① 다음 각 호의 어느 하나에 해당하는 외국인으로서 대한민국에 주소가 있는 사람은 제5조제1호·제1호의2·제2호 또는 제4호의 요건을 갖추지 아니하여도 귀화허가를 받을 수 있다.
1. 부 또는 모가 대한민국의 국민인 사람. 다만, 양자로서 대한민국의 「민법」상 성년이 된 후에 입양된 사람은 제외한다.
2. 대한민국에 특별한 공로가 있는 사람
3. 과학·경제·문화·체육 등 특정 분야에서 매우 우수한 능력을 보유한 사람으로서 대한민국의 국익에 기여할 것으로 인정되는 사람

② 제1항제2호 및 제3호에 해당하는 사람을 정하는 기준 및 절차는 대통령령으로 정한다.
(2017.12.19 본조개정)

제8조【수반 취득】 ① 외국인의 자(子)로서 대한민국의 「민법」상 미성년인 사람은 부 또는 모가 귀화허가를 신청할 때 함께 국적 취득을 신청할 수 있다.

② 제1항에 따라 국적 취득을 신청한 사람은 부 또는 모가 대한민국 국적을 취득한 때에 함께 대한민국 국적을 취득한다.

③ 제1항에 따른 신청절차와 그 밖에 필요한 사항은 대통령령으로 정한다.
(2017.12.19 본조개정)

제9조【국적회복에 의한 국적 취득】 ① 대한민국의 국민이었던 외국인은 법무부장관의 국적회복허가(國籍回復許可)를 받아 대한민국 국적을 취득할 수 있다.

② 법무부장관은 국적회복허가 신청을 받으면 심사한 후 다음 각 호의 어느 하나에 해당하는 사람에게는 국적회복을 허가하지 아니한다.
1. 국가나 사회에 위해(危害)를 끼친 사실이 있는 사람
2. 품행이 단정하지 못한 사람
3. 병역을 기피할 목적으로 대한민국 국적을 상실하였거나 이탈하였던 사람
4. 국가안전보장·질서유지 또는 공공복리를 위하여 법무부장관이 국적회복을 허가하는 것이 적당하지 아니하다고 인정하는 사람
(2017.12.19 본항개정)

③ 제1항에 따라 국적회복허가를 받은 사람은 법무부장관 앞에서 국민선서를 하고 국적회복증서를 수여받은 때에 대한민국 국적을 취득한다. 다만, 법무부장관은 연령, 신체적·정신적 장애 등으로 국민선서의 의미를 이해할 수 없거나 이해한 것을 표현할 수 없다고 인정되는 사람에게는 국민선서를 면제할 수 있다.(2017.12.19 본항개정)

④ 법무부장관은 제3항 본문에 따른 국민선서를 받고 국적회복증서를 수여하는 업무와 같은 항 단서에 따른 국민선서의 면제 업무를 대통령령으로 정하는 바에 따라 재외공관의 장 또는 지방출입국·외국인관서의 장에게 대행하게 할 수 있다.(2017.12.19 본항신설)

⑤ 제1항부터 제4항까지에 따른 신청절차, 심사, 국민선서 및 국적회복증서 수여와 그 대행 등에 관하여 필요한 사항은 대통령령으로 정한다.(2017.12.19 본항개정)

⑥ 국적회복허가에 따른 수반(隨伴) 취득에 관하여는 제8조를 준용(準用)한다.
(2008.3.14 본조개정)

제10조【국적 취득자의 외국 국적 포기 의무】 ① 대한민국 국적을 취득한 외국인으로서 외국 국적을 가지고

있는 자는 대한민국 국적을 취득한 날부터 1년 내에 그 외국 국적을 포기하여야 한다.(2010.5.4 본항개정)
② 제1항에도 불구하고 다음 각 호의 어느 하나에 해당하는 자는 대한민국 국적을 취득한 날부터 1년 내에 외국 국적을 포기하거나 법무부장관이 정하는 바에 따라 대한민국에서 외국 국적을 행사하지 아니하겠다는 뜻을 법무부장관에게 서약하여야 한다.
1. 귀화허가를 받은 때에 제6조제2항제1호·제2호 또는 제7조제1항제2호·제3호의 어느 하나에 해당하는 사유가 있는 자
2. 제9조에 따라 국적회복허가를 받은 자로서 제7조제1항제2호 또는 제3호에 해당한다고 법무부장관이 인정하는 자
3. 대한민국의 「민법」상 성년이 되기 전에 외국인에게 입양된 후 외국 국적을 취득하고 외국에서 계속 거주하다가 제9조에 따라 국적회복허가를 받은 자
4. 외국에서 거주하다가 영주할 목적으로 만 65세 이후에 입국하여 제9조에 따라 국적회복허가를 받은 자
5. 본인의 뜻에도 불구하고 외국의 법률 및 제도로 인하여 제1항을 이행하기 어려운 자로서 대통령령으로 정하는 자
(2010.5.4 본항신설)
③ 제1항 또는 제2항을 이행하지 아니한 자는 그 기간이 지난 때에 대한민국 국적을 상실(喪失)한다.(2010.5.4 본항개정)

제11조【국적의 재취득】 ① 제10조제3항에 따라 대한민국 국적을 상실한 자가 그 후 1년 내에 그 외국 국적을 포기하면 법무부장관에게 신고함으로써 대한민국 국적을 재취득할 수 있다.(2010.5.4 본항개정)
② 제1항에 따라 신고한 자는 그 신고를 한 때에 대한민국 국적을 취득한다.
③ 제1항에 따른 신고 절차와 그 밖에 필요한 사항은 대통령령으로 정한다.
(2008.3.14 본조개정)

제11조의2【복수국적자의 법적 지위 등】 ① 출생이나 그 밖에 이 법에 따라 대한민국 국적과 외국 국적을 함께 가지게 된 사람으로서 대통령령으로 정하는 사람[이하 "복수국적자"(複數國籍者)라 한다]은 대한민국의 법령 적용에서 대한민국 국민으로만 처우한다.(2016.12.20 본항개정)
② 복수국적자가 관계 법령에 따라 외국 국적을 보유한 상태에서 직무를 수행할 수 없는 분야에 종사하려는 경우에는 외국 국적을 포기하여야 한다.
③ 중앙행정기관의 장이 복수국적자를 외국인과 동일하게 처우하는 내용으로 법령을 제정 또는 개정하려는 경우에는 미리 법무부장관과 협의하여야 한다.
(2010.5.4 본조신설)

제12조【복수국적자의 국적선택의무】 ① 만 20세가 되기 전에 복수국적자가 된 자는 만 22세가 되기 전까지, 만 20세가 된 후에 복수국적자가 된 자는 그 때부터 2년 내에 제13조와 제14조에 따라 하나의 국적을 선택하여야 한다. 다만, 제10조제2항에 따라 법무부장관에게 대한민국에서 외국 국적을 행사하지 아니하겠다는 뜻을 서약한 복수국적자는 제외한다.(2010.5.4 본항개정)
② 제1항 본문에도 불구하고 「병역법」 제8조에 따라 병역준비역에 편입된 자는 편입된 때부터 3개월 이내에 하나의 국적을 선택하거나 제3항 각 호의 어느 하나에 해당하는 때부터 2년 이내에 하나의 국적을 선택하여야 한다. 다만, 제13조에 따라 대한민국 국적을 선택하려는 경우에는 제3항 각 호의 어느 하나에 해당하기 전에도 할 수 있다.(2016.5.29 본문개정)
③ 직계존속(直系尊屬)이 외국에서 영주(永住)할 목적 없이 체류한 상태에서 출생한 자는 병역의무의 이행과 관련하여 다음 각 호의 어느 하나에 해당하는 경우에만 제14조에 따른 국적이탈신고를 할 수 있다.(2010.5.4 본문개정)
1. 현역·상근예비역·보충역 또는 대체역으로 복무를 마치거나 마친 것으로 보게 되는 경우(2019.12.31 본호개정)
2. 전시근로역에 편입된 경우(2016.5.29 본호개정)
3. 병역면제처분을 받은 경우
(2010.5.4 본조제목개정)
(2008.3.14 본조개정)

판례 국적법은 모든 복수국적자에게 국적이탈시 일률적으로 병역의무 해소를 요구하지 않고 '직계존속의 영주목적 없는 국외출생자'에게만 병역의무 해소를 요구하고 있다. 이는 장차 대한민국과의 유대관계가 형성되기 어렵다고 예상되는 사람에 대해서는 병역의무 해소 없는 국적이탈을 허용해 국적이탈의 자유에 대한 제한을 최소화하기 위함이다. 그러나 직계존속의 영주목적 없는 국외출생자에 대해서도 동일하게 병역의무 해소 없는 국적이탈을 허용한다면 그가 계속 가족과 함께 국내에서 생활하면서 국적이탈을 통해 병역의무를 회피하는 행동을 보이더라도 이를 방지할 방법을 찾기 어렵다. 병역의무는 모든 대한민국 남성에게 두루 부여되어 있는 의무이다. 해당 조항은 주로 국내에서만 생활하며 대한민국과 유대관계를 형성하였으나, 법률상 외국 국적을 가진 자에게 병역의무를 해소할 것을 요구하고 있다. 그에 비하여 이로 인하여 지켜지는 공익은 대한민국이 국가 공동체로서 존립하기 위해 공평한 병역분담에 대한 국민적 신뢰를 보호하여 국방역량이 훼손되지 않도록 하려는 매우 중요한 국익이다. 따라서 부모의 외국 유학 중 출생한 경우 등 외국에 영주할 목적 없이 체류한 직계존속으로부터 태어나 복수국적을 갖게 된 남성이 우리 국적을 이탈하려면 병역의무를 먼저 해소하도록 한 국적법 조항은 헌법에 어긋나지 않는다.(헌재결 2023.2.23, 2019헌바462)

제13조【대한민국 국적의 선택 절차】 ① 복수국적자로서 제12조제1항 본문에 규정된 기간 내에 대한민국 국적을 선택하려는 자는 외국 국적을 포기하거나 법무부장관이 정하는 바에 따라 대한민국에서 외국 국적을 행사하지 아니하겠다는 뜻을 서약하고 법무부장관에게 대한민국 국적을 선택한다는 뜻을 신고할 수 있다.
② 복수국적자로서 제12조제1항 본문에 규정된 기간 후에 대한민국 국적을 선택하려는 자는 외국 국적을 포기한 경우에만 법무부장관에게 대한민국 국적을 선택한다는 뜻을 신고할 수 있다. 다만, 제12조제3항제1호의 경우에 해당하는 자는 그 경우에 해당하는 때부터 2년 이내에는 제1항에서 정한 방식으로 대한민국 국적을 선택한다는 뜻을 신고할 수 있다.(2010.5.4 본항신설)
③ 제1항 및 제2항 단서에도 불구하고 출생 당시에 모가 자녀에게 외국 국적을 취득하게 할 목적으로 외국에서 체류 중이었던 사실이 인정되는 자는 외국 국적을 포기한 경우에만 대한민국 국적을 선택한다는 뜻을 신고할 수 있다.(2010.5.4 본항신설)
④ 제1항부터 제3항까지의 규정에 따른 신고의 수리(受理) 요건, 신고 절차, 그 밖에 필요한 사항은 대통령령으로 정한다.
(2010.5.4 본조개정)

제14조【대한민국 국적의 이탈 요건 및 절차】 ① 복수국적자로서 외국 국적을 선택하려는 자는 외국에 주소가 있는 경우에만 주소지 관할 재외공관의 장을 거쳐 법무부장관에게 대한민국 국적을 이탈한다는 뜻을 신고할 수 있다. 다만, 제12조제2항 본문 또는 같은 조 제3항에 해당하는 자는 그 기간 이내에 또는 해당 사유가 발생한 때부터만 신고할 수 있다.
② 제1항에 따라 국적 이탈의 신고를 한 자는 법무부장관이 신고를 수리한 때에 대한민국 국적을 상실한다.
③ 제1항에 따른 신고 및 수리의 요건, 절차와 그 밖에 필요한 사항은 대통령령으로 정한다.
(2010.5.4 본조개정)

제14조의2【대한민국 국적의 이탈에 관한 특례】 ① 제12조제2항 본문 및 제14조제1항 단서에도 불구하고 다음 각 호의 요건을 모두 충족하는 복수국적자는 「병역법」 제8조에 따라 병역준비역에 편입된 때부터 3개월 이내에 대한민국 국적을 이탈한다는 뜻을 신고하지 못한 경우 법무부장관에게 대한민국 국적의 이탈 허가를 신청할 수 있다.
1. 다음 각 목의 어느 하나에 해당하는 사람일 것
가. 외국에서 출생한 사람(직계존속이 외국에서 영주할 목적 없이 체류한 상태에서 출생한 사람은 제외한다)으로서 출생 이후 계속하여 외국에 주된 생활의 근거를 두고 있는 사람
나. 6세 미만의 아동일 때 외국으로 이주한 이후 계속하여 외국에 주된 생활의 근거를 두고 있는 사람
2. 제12조제2항 본문 및 제14조제1항 단서에 따라 병역준비역에 편입된 때부터 3개월 이내에 국적 이탈을 신고하지 못한 정당한 사유가 있을 것
② 법무부장관은 제1항에 따른 허가를 할 때 다음 각 호의 사항을 고려하여야 한다.
1. 복수국적자의 출생지 및 복수국적 취득경위
2. 복수국적자의 주소지 및 주된 거주지가 외국인지 여부
3. 대한민국 입국 횟수 및 체류 목적·기간
4. 대한민국 국민만이 누릴 수 있는 권리를 행사하였는지 여부
5. 복수국적으로 인하여 외국에서의 직업 선택에 상당한 제한이 있거나 이에 준하는 불이익이 있는지 여부
6. 병역의무 이행의 공평성과 조화되는지 여부
③ 제1항에 따른 허가 신청은 외국에 주소가 있는 복수국적자가 해당 주소지 관할 재외공관의 장을 거쳐 법무부장관에게 하여야 한다.
④ 제1항 및 제3항에 따라 국적의 이탈 허가를 신청한 사람은 법무부장관이 허가한 때에 대한민국 국적을 상실한다.
⑤ 제1항부터 제4항까지의 규정에 따른 신청자의 세부적인 자격기준, 허가 시의 구체적인 고려사항, 신청 및 허가 절차 등 필요한 사항은 대통령령으로 정한다.
(2022.9.15 본조신설)

제14조의3【복수국적자에 대한 국적선택명령】 ① 법무부장관은 복수국적자로서 제12조제1항 또는 제2항에서 정한 기간 내에 국적을 선택하지 아니한 자에게 1년 내에 하나의 국적을 선택할 것을 명하여야 한다.
② 법무부장관은 복수국적자로서 제10조제2항, 제13조제1항 또는 같은 조 제2항 단서에 따라 대한민국에서 외국 국적을 행사하지 아니하겠다는 뜻을 서약한 자가 그 뜻에 현저히 반하는 행위를 한 경우에는 6개월 내에 하나의 국적을 선택할 것을 명할 수 있다.
③ 제1항 또는 제2항에 따라 국적선택의 명령을 받은 자가 대한민국 국적을 선택하려면 외국 국적을 포기하여야 한다.
④ 제1항 또는 제2항에 따라 국적선택의 명령을 받고도 이를 따르지 아니한 자는 그 기간이 지난 때에 대한민국 국적을 상실한다.
⑤ 제1항 및 제2항에 따른 국적선택의 절차와 제2항에 따른 서약에 현저히 반하는 행위 유형은 대통령령으로 정한다.
(2010.5.4 본조신설)

제14조의4【대한민국 국적의 상실결정】 ① 법무부장관은 복수국적자가 다음 각 호의 어느 하나의 사유에 해당하여 대한민국의 국적을 보유함이 현저히 부적합하다고 인정하는 경우에는 청문을 거쳐 대한민국 국적의 상실을 결정할 수 있다. 다만, 출생에 의하여 대한민국 국적을 취득한 자는 제외한다.
1. 국가안보, 외교관계 및 국민경제 등에 있어서 대한민국의 국익에 반하는 행위를 하는 경우
2. 대한민국의 사회질서 유지에 상당한 지장을 초래하는 행위로서 대통령령으로 정하는 경우
② 제1항에 따른 결정을 받은 자는 그 결정을 받은 때에 대한민국 국적을 상실한다.
(2010.5.4 본조신설)

제14조의5【복수국적자에 관한 통보의무 등】 ① 공무원이 그 직무상 복수국적자를 발견하면 지체 없이 법무부장관에게 그 사실을 통보하여야 한다.
② 공무원이 그 직무상 복수국적자 여부를 확인할 필요가 있는 경우에는 당사자에게 질문을 하거나 필요한 자료의 제출을 요청할 수 있다.
③ 제1항에 따른 통보 절차는 대통령령으로 정한다.
(2010.5.4 본조신설)

제15조【외국 국적 취득에 따른 국적 상실】 ① 대한민국의 국민으로서 자진하여 외국 국적을 취득한 자는 그 외국 국적을 취득한 때에 대한민국 국적을 상실한다.
② 대한민국의 국민으로서 다음 각 호의 어느 하나에 해당하는 자는 그 외국 국적을 취득한 때부터 6개월 내에 법무부장관에게 대한민국 국적을 보유할 의사가 있다는 뜻을 신고하지 아니하면 그 외국 국적을 취득한 때로 소급(遡及)하여 대한민국 국적을 상실한 것으로 본다.
1. 외국인과의 혼인으로 그 배우자의 국적을 취득하게 된 자
2. 외국인에게 입양되어 그 양부 또는 양모의 국적을 취득하게 된 자
3. 외국인인 부 또는 모에게 인지되어 그 부 또는 모의 국적을 취득하게 된 자
4. 외국 국적을 취득하여 대한민국 국적을 상실하게 된 자의 배우자나 미성년의 자(子)로서 그 외국의 법률에 따라 함께 그 외국 국적을 취득하게 된 자
③ 외국 국적을 취득함으로써 대한민국 국적을 상실하게 된 자에 대하여 그 외국 국적의 취득일을 알 수 없으면 그가 사용하는 외국 여권의 최초 발급일에 그 외국 국적을 취득한 것으로 추정한다.
④ 제2항에 따른 신고 절차와 그 밖에 필요한 사항은 대통령령으로 정한다.
(2008.3.14 본조개정)

판례 국적법 제15조제1항은 국가와 그 구성원 간의 보호와 복종관계를 복수의 국가가 함께 가질 경우 출입국·체류관리의 문제, 국민으로서의 의무 면탈, 외교적 보호권의 중첩 등이 발생하는 것을 방지하기 위하여, 자진하여 외국 국적을 취득한 자로 하여금 대한민국 국적을 상실하도록 하는 것으로, 그 입법목적의 정당성과 수단의 적합성이 인정된다. 또한 국적법은 예외적으로 복수국적을 허용함과 동시에, 대한민국 국민이었던 외국인에 대해서는 국적회복허가라는 별도의 용이한 절차를 통해 국적을 회복시켜주는 조항들을 두고 있다. 이러한 점들을 종합해 볼 때, 국적법 제15조제1항이 침해의 최소성 원칙을 위반하였다고 볼 수 없다. 후천적 복수국적을 제한 없이 허용할 경우 발생할 수 있는 의무 면탈 등의 여러 가지 문제점을 방지하기 위한 공익이 침해되는 사익보다 훨씬 크므로, 국적법 제15조제1항이 법익의 균형성을 위반하였다고도 볼 수 없다.(헌재결 2014.6.26, 2011헌마502)

제16조【국적상실자의 처리】 ① 대한민국 국적을 상실한 자(제14조에 따른 국적이탈의 신고를 한 자는 제외한다)는 법무부장관에게 국적상실신고를 하여야 한다.
② 공무원이 그 직무상 대한민국 국적을 상실한 자를 발견하면 지체 없이 법무부장관에게 그 사실을 통보하여야 한다.
③ 법무부장관은 그 직무상 대한민국 국적을 상실한 자를 발견하거나 제1항이나 제2항에 따라 국적상실의 신고나 통보를 받으면 가족관계등록 관서와 주민등록 관서에 통보하여야 한다.
④ 제1항부터 제3항까지의 규정에 따른 신고 및 통보의 절차와 그 밖에 필요한 사항은 대통령령으로 정한다.
(2008.3.14 본조개정)

제17조【관보 고시】 ① 법무부장관은 대한민국 국적의 취득과 상실에 관한 사항이 발생하면 그 뜻을 관보에 고시(告示)하여야 한다.
② 제1항에 따라 관보에 고시할 사항은 대통령령으로 정한다.
(2008.3.14 본조개정)

제18조【국적상실자의 권리 변동】 ① 대한민국 국적을 상실한 자는 국적을 상실한 때부터 대한민국의 국민만이 누릴 수 있는 권리를 누릴 수 없다.
② 제1항에 해당하는 권리 중 대한민국의 국민이었을 때 취득한 것으로서 양도(讓渡)할 수 있는 것은 그 권리와 관련된 법령에서 따로 정한 바가 없으면 3년 내에 대한민국의 국민에게 양도하여야 한다.
(2008.3.14 본조개정)

제19조【법정대리인이 하는 신고 등】 이 법에 규정된 신청이나 신고와 관련하여 그 신청이나 신고를 하려는 자가 15세 미만이면 법정대리인이 대신하여 이를 행한다.
(2008.3.14 본조개정)

제20조【국적 판정】 ① 법무부장관은 대한민국 국적의 취득이나 보유 여부가 분명하지 아니한 자에 대하여 이를 심사한 후 판정할 수 있다.
② 제1항에 따른 심사 및 판정의 절차와 그 밖에 필요한 사항은 대통령령으로 정한다.
(2008.3.14 본조개정)
제21조【허가 등의 취소】 ① 법무부장관은 거짓이나 그 밖의 부정한 방법으로 귀화허가, 국적회복허가, 국적의 이탈 허가 또는 국적보유판정을 받은 자에 대하여 그 허가 또는 판정을 취소할 수 있다.(2022.9.15 본항개정)
② 제1항에 따른 취소의 기준·절차와 그 밖에 필요한 사항은 대통령령으로 정한다.
(2008.3.14 본조신설)
제22조【국적심의위원회】 ① 국적에 관한 다음 각 호의 사항을 심의하기 위하여 법무부장관 소속으로 국적심의위원회(이하 "위원회"라 한다)를 둔다.
1. 제7조제1항제3호에 해당하는 특별귀화 허가에 관한 사항
2. 제14조의2에 따른 대한민국 국적의 이탈 허가에 관한 사항
3. 제14조의4에 따른 대한민국 국적의 상실 결정에 관한 사항
4. 그 밖에 국적업무와 관련하여 법무부장관이 심의를 요청하는 사항
② 법무부장관은 제1항제1호부터 제3호까지의 허가 또는 결정 전에 위원회의 심의를 거쳐야 한다. 다만, 요건을 충족하지 못하는 것이 명백한 경우 등 대통령령으로 정하는 사항은 그러하지 아니하다.
③ 위원회는 제1항 각 호의 사항을 효과적으로 심의하기 위하여 필요하다고 인정하는 경우 관계 행정기관의 장에게 자료의 제출 또는 의견의 제시를 요청하거나 관계인을 출석시켜 의견을 들을 수 있다.
(2022.9.15 본조신설)
제23조【위원회의 구성 및 운영】 ① 위원회는 위원장 1명을 포함하여 30명 이내의 위원으로 구성한다.
② 위원장은 법무부차관으로 하고, 위원은 다음 각 호의 사람으로 한다.
1. 법무부 소속 고위공무원단에 속하는 공무원으로서 법무부장관이 지명하는 사람 1명
2. 대통령령으로 정하는 관계 행정기관의 국장급 또는 이에 상당하는 공무원 중에서 법무부장관이 지명하는 사람
3. 국적 업무와 관련하여 학식과 경험이 풍부한 사람으로서 법무부장관이 위촉하는 사람
③ 제2항제3호에 따른 위촉위원의 임기는 2년으로 하며, 한 번만 연임할 수 있다. 다만, 위원의 임기 중 결원이 생겨 새로 위촉하는 위원의 임기는 전임위원 임기의 남은 기간으로 한다.
④ 위원회의 회의는 제22조제1항의 안건별로 위원장이 지명하는 10명 이상 15명 이내의 위원이 참석하되, 제2항제3호에 따른 위촉위원이 과반수가 되도록 하여야 한다.
⑤ 위원회의 회의는 위원장 및 제4항에 따라 지명된 위원의 과반수의 출석으로 개의하고 출석위원 과반수의 찬성으로 의결한다.
⑥ 위원회의 사무를 처리하기 위하여 간사 1명을 두되, 간사는 위원장이 지명하는 일반직공무원으로 한다.
⑦ 위원회의 업무를 효율적으로 수행하기 위하여 위원회에 분야별로 분과위원회를 둘 수 있다.
⑧ 제1항부터 제7항까지의 규정에서 정하는 사항 외에 위원회의 구성 및 운영에 필요한 사항은 대통령령으로 정한다.
(2022.9.15 본조신설)
제24조【수수료】 ① 이 법에 따른 허가신청, 신고 및 증명서 등의 발급을 받으려는 사람은 법무부령으로 정하는 바에 따라 수수료를 납부하여야 한다.
② 제1항에 따른 수수료는 정당한 사유가 있는 경우 이를 감액하거나 면제할 수 있다.
③ 제1항에 따른 수수료의 금액 및 제2항에 따른 수수료의 감액·면제 기준 등에 필요한 사항은 법무부령으로 정한다.
(2018.9.18 본조신설)
제25조【관계 기관 등의 협조】 ① 법무부장관은 국적업무 수행에 필요하면 관계 기관의 장이나 관련 단체의 장에게 자료 제출, 사실 조사, 신원 조회, 의견 제출 등의 협조를 요청할 수 있다.
② 법무부장관은 국적업무를 수행하기 위하여 관계 기관의 장에게 다음 각 호의 정보 제공을 요청할 수 있다.
1. 범죄경력정보
2. 수사경력정보
3. 외국인의 범죄처분결과정보
4. 여권발급정보
5. 주민등록정보
6. 가족관계등록정보
7. 병적기록 등 병역관계정보
8. 납세증명서
③ 제1항 및 제2항에 따른 협조 요청 또는 정보 제공 요청을 받은 관계 기관의 장이나 관련 단체의 장은 정당한 사유가 없으면 요청에 따라야 한다.
(2017.12.19 본조신설)
제26조【권한의 위임】 이 법에 따른 법무부장관의 권한은 대통령령으로 정하는 바에 따라 그 일부를 지방출입국·외국인관서의 장에게 위임할 수 있다.(2014.3.18 본조개정)
제27조【벌칙 적용에서의 공무원 의제】 위원회의 위원 중 공무원이 아닌 사람은 「형법」 제127조 및 제129조부터 제132조까지의 규정을 적용할 때에는 공무원으로 본다.
(2022.9.15 본조신설)

부 칙

제1조【시행일】 이 법은 공포후 6월이 경과한 날부터 시행한다.
제2조【귀화허가신청등에 관한 경과조치】 이 법 시행전에 종전의 규정에 의하여 귀화허가·국적회복허가 및 국적이탈허가를 신청한 자에 대하여서는 종전의 규정을 적용한다.
제3조【국적의 회복 및 재취득에 관한 경과조치】 ① 제9조의 개정규정은 이 법 시행전에 대한민국의 국적을 상실하였거나 이탈하였던 자가 대한민국의 국적을 회복하는 절차에 관하여서도 이를 적용한다.
② 제11조의 개정규정은 제1항에 규정된 자중 대한민국의 국적을 취득한 후 6월내에 외국 국적을 포기하지 아니하여 대한민국의 국적을 상실하게 된 자에 대하여서도 이를 적용한다.
제4조【국적취득자의 외국 국적 포기의무에 관한 경과조치】 제10조의 개정규정은 이 법 시행전에 대한민국의 국적을 취득하고 그 때부터 이 법의 시행일까지 6월이 경과하지 아니한 자에 대하여서도 이를 적용한다.
제5조【이중국적자의 국적선택의무 및 절차에 관한 경과조치】 제12조 내지 제14조의 개정규정은 이 법 시행전에 대한민국의 국적과 외국 국적을 함께 가지게 된 자(이미 국적이탈허가를 받은 자를 제외한다)에 대하여서도 이를 적용한다. 다만, 이 법의 시행일 현재 만 20세 이상인 자는 이 법의 시행일을 제12조제1항에 규정된 국적선택기간의 기산일로 본다.
제6조【국적상실자의 처리 및 권리변동에 관한 경과조치】 제16조 및 제18조의 개정규정은 이 법 시행전에 대한민국의 국적을 상실한 자에 대하여서도 이를 적용한다.
제7조【부모양계혈통주의 채택에 따른 모계출생자에 대한 국적취득의 특례】 ① 1978년 6월 14일부터 1998년 6월 13일까지의 사이에 대한민국의 국민을 모로 하여 출생한 자로서 다음 각호의 1에 해당하는 자는 2004년 12월 31일까지 대통령령이 정하는 바에 의하여 법무부장관에게 신고함으로써 대한민국의 국적을 취득할 수 있다.
(2001.12.19 본문개정)
1. 모가 현재 대한민국의 국민인 자
2. 모가 사망한 때에는 그 사망 당시에 모가 대한민국의 국민이었던 자
② 제1항의 규정에 의한 신고는 국적을 취득하고자 하는 자가 15세 미만인 때에는 법정대리인이 대신하여 이를 행한다.(2001.12.19 본항개정)
③ 천재지변 기타 불가항력적 사유로 인하여 제1항에 규정된 기간내에 신고를 하지 못한 자는 그 사유가 소멸된 때부터 3월내에 법무부장관에게 신고함으로써 대한민국의 국적을 취득할 수 있다.
④ 제1항 또는 제3항의 규정에 의하여 신고한 자는 그 신고를 한 때에 대한민국의 국적을 취득한다.
제8조【다른 법률의 개정】 ※(해당 법령에 가제정리 하였음)

부 칙 (2010.5.4)

제1조【시행일】 이 법은 2011년 1월 1일부터 시행한다. 다만, 제12조제1항 본문, 같은 조 제2항 및 제13조의 개정규정과 부칙 제2조(제3항 중 제14조의2제2항부터 제5항까지에 관한 사항은 제외한다) 및 부칙 제4조제1항은 공포한 날부터 시행한다.
제2조【국적선택 불이행으로 대한민국 국적을 상실한 자 등에 대한 특례】 ① 종전의 제12조제2항에 따라 대한민국 국적을 상실하였던 자는 대한민국에 주소를 두고 있는 상태에서 이 법 공포일부터 2년 이내에 외국 국적을 포기하거나, 대한민국에서 외국 국적을 행사하지 아니하겠다는 뜻을 서약하고 법무부장관에게 신고를 함으로써 대한민국 국적을 재취득할 수 있다. 다만, 남자는 제12조제3항제1호에 해당하는 자에 한한다.
② 종전의 제13조에 따라 외국 국적을 포기하고 대한민국 국적을 선택하였던 자가 이 법 공포일부터 5년 이내에 그 외국 국적을 재취득한 때에는 제15조제1항에도 불구하고 그 외국 국적 취득일부터 6개월 이내에 대한민국에서 외국 국적을 행사하지 아니하겠다는 뜻을 법무부장관에게 서약하면 대한민국 국적을 상실하지 아니한다.
③ 제1항 및 제2항에 따른 복수국적자에 대하여는 제13조제3항 및 제14조의2제2항부터 제5항까지의 개정규정을 준용한다.
제3조【외국 국적의 포기에 관한 적용례】 제10조의 개정규정은 이 법 시행 전에 종전의 제10조제2항 단서에 해당하여 외국 국적을 포기하지 아니한 자에 대하여도 적용한다.
제4조【다른 법률의 개정】 ①~② ※(해당 법령에 가제정리 하였음)

부 칙 (2017.12.19)

제1조【시행일】 이 법은 공포 후 1년이 경과한 날부터 시행한다.
제2조【일반귀화 요건에 관한 적용례】 ① 제5조제1호의2의 개정규정은 이 법 시행 후 귀화허가를 신청하는 경우부터 적용한다.
② 제5조제3호 및 제6호의 개정규정은 이 법 시행 전에 귀화허가를 신청한 경우에도 적용한다.

부 칙 (2018.9.18)

이 법은 공포한 날부터 시행한다.

부 칙 (2019.12.31)

제1조【시행일】 이 법은 2020년 1월 1일부터 시행한다.
(이하 생략)

부 칙 (2022.9.15)

제1조【시행일】 이 법은 2022년 10월 1일부터 시행한다.
제2조【대한민국 국적의 이탈 특례에 관한 적용례】 ① 제14조의2의 개정규정은 이 법 시행 이후 대한민국 국적의 이탈 허가를 신청한 경우부터 적용한다.
② 제14조의2의 개정규정은 이 법 시행 당시 병역준비역에 편입된 때부터 3개월이 지난 복수국적자에 대하여도 적용한다.
제3조【국적심의위원회 설치에 따른 적용례 및 경과조치】 ① 제22조의 개정규정에 따른 국적심의위원회의 심의사항은 이 법 시행 이후 법무부장관이 신청을 접수하거나 국적 상실의 결정이 필요하다고 인정하려는 경우부터 적용한다.
② 제1항에도 불구하고 이 법 시행 당시 종전의 대통령령에 따른 국적심의위원회가 심의 중인 사항에 대하여 제22조의 개정규정에 따른 국적심의위원회가 계속하여 심의할 수 있다.
③ 종전의 대통령령에 따른 국적심의위원회의 민간 위원으로 위촉된 사람은 제23조제2항제3호의 개정규정에 따른 위촉위원으로 본다. 이 경우 위촉위원의 임기는 종전의 대통령령에 따라 위촉된 때부터 계산한다.

출입국관리법

(1992년 12월 8일 전개법률 제4522호)

개정
1993.12.10법 4592호
1994.12.22법 4796호(도농복합)
1996.12.12법 5176호
1997.12.13법 5434호
1999. 2. 5법 5755호
2001.12.29법 6540호
2002.12. 5법 6745호
2003.12.31법 7034호
2005. 3.24법 7406호
2005. 8. 4법 7655호(치료감호법)
2007.12.21법 8726호
2008.12.19법 9142호
2009.12.29법 9847호(감염병)
2010. 5.14법10282호
2011. 3.29법10465호(개인정보보호법)
2011. 4. 5법10545호
2011. 7.18법10863호
2012. 1.26법11224호
2012. 2.10법11298호(난민법)
2013. 3.23법11690호(정부조직)
2014. 1. 7법12195호
2014. 3.18법12421호
2014. 5.20법12600호(경찰직무)
2014.10.15법12782호
2014.12.30법12893호
2015. 1. 6법12960호(총포・도검・화약류등의안전관리에관한법)
2015. 7.24법13426호(제주자치법)
2015. 7.24법13440호(수상에서의수색・구조등에관한법)
2016. 3.29법14106호
2017. 3.14법14585호
2017.12.12법15159호
2018. 3.20법15492호
2019. 4.23법16344호
2020. 2. 4법16921호
2020. 3.24법17089호
2020. 6. 9법17365호
2020.10.20법17509호
2021. 3.16법17934호
2021. 7.13법18295호
2021. 8.17법18397호
2022. 2. 3법18798호
2022.12.13법19070호
2023. 6.13법19435호

제1장 총 칙
(2010.5.14 본장개정)

제1조【목적】 이 법은 대한민국에 입국하거나 대한민국에서 출국하는 모든 국민 및 외국인의 출입국관리를 통한 안전한 국경관리, 대한민국에 체류하는 외국인의 체류관리와 사회통합 등에 관한 사항을 규정함을 목적으로 한다.(2018.3.20 본조개정)

판례 출입국관리법상 '입국'의 의미 : 출입국관리법상 '입국'이라 함은 대한민국 밖의 지역으로부터 대한민국 안의 지역으로 들어오는 것을 말하고, 여기서 '대한민국 안의 지역'이라 함은 대한민국의 영해, 영공 안의 지역을 의미한다.(대판 2005.1.28, 2004도7401)

제2조【정의】 이 법에서 사용하는 용어의 뜻은 다음과 같다.
1. "국민"이란 대한민국의 국민을 말한다.
2. "외국인"이란 대한민국의 국적을 가지지 아니한 사람을 말한다.
3. "난민"이란 「난민법」 제2조제1호에 따른 난민을 말한다.(2012.2.10 본호개정)
4. "여권"이란 대한민국정부・외국정부 또는 권한 있는 국제기구에서 발급한 여권 또는 난민여행증명서나 그 밖에 여권을 갈음하는 증명서로서 대한민국정부가 유효하다고 인정하는 것을 말한다.
5. "선원신분증명서"란 대한민국정부나 외국정부가 발급한 문서로서 선원임을 증명하는 것을 말한다.
6. "출입국항"이란 출국하거나 입국할 수 있는 대한민국의 항구・공항과 그 밖의 장소로서 대통령령으로 정하는 곳을 말한다.
7. "재외공관의 장"이란 외국에 주재하는 대한민국의 대사(大使), 공사(公使), 총영사(總領事), 영사(領事) 또는 영사업무를 수행하는 기관의 장을 말한다.
8. "선박등"이란 대한민국과 대한민국 밖의 지역 사이에서 사람이나 물건을 수송하는 선박, 항공기, 기차, 자동차, 그 밖의 교통기관을 말한다.
9. "승무원"이란 선박등에서 그 업무를 수행하는 사람을 말한다.
10. "운수업자"란 선박등을 이용하여 사업을 운영하는 자와 그를 위하여 통상 그 사업에 속하는 거래를 대리하는 자를 말한다.
10의2. "지방출입국・외국인관서"란 출입국 및 외국인의 체류 관리업무를 수행하기 위하여 법령에 따라 각 지역별로 설치된 관서와 외국인보호소를 말한다.(2018.3.20 본호신설)
11. "보호"란 출입국관리공무원이 제46조제1항 각 호에 따른 강제퇴거 대상에 해당된다고 의심할 만한 상당한 이유가 있는 사람을 출국시키기 위하여 외국인보호실, 외국인보호소 또는 그 밖에 법무부장관이 지정하는 장소에 인치(引致)하고 수용하는 집행활동을 말한다.
12. "외국인보호실"이란 이 법에 따라 외국인을 보호할 목적으로 지방출입국・외국인관서에 설치한 장소를 말한다.(2014.3.18 본호개정)
13. "외국인보호소"란 지방출입국・외국인관서 중 이 법에 따라 외국인을 보호할 목적으로 설치한 시설로서 대통령령으로 정하는 곳을 말한다.(2014.3.18 본호개정)
14. "출입국사범"이란 제93조의2, 제93조의3, 제94조부터 제99조까지, 제99조의2, 제99조의3 및 제100조에 규정된 죄를 범하였다고 인정되는 자를 말한다.
15. "생체정보"란 이 법에 따른 업무에서 본인 일치 여부 확인 등에 활용되는 사람의 지문・얼굴・홍채 및 손바닥 정맥 등의 개인정보를 말한다.(2020.6.9 본호신설)
16. "출국대기실"이란 지방출입국・외국인관서의 장이 제76조제1항 각 호의 어느 하나에 해당하는 외국인의 인도적 처우 및 원활한 탑승수속과 보안구역내 안전확보를 위하여 그 외국인이 출국하기 전까지 대기하도록 출입국항에 설치한 시설을 말한다.(2021.8.17 본호신설)

판례 난민 인정의 요건인 박해를 받을 '충분한 근거 있는 공포'가 있다는 사실에 대한 증명책임자(=난민 신청자) 및 그 증명의 정도 : 난민의 특수한 사정을 고려하여 그 외국인에게 객관적인 증거에 의하여 주장사실 전체를 증명하도록 요구할 수는 없고, 진술에 일관성과 설득력이 있고 입국 경로, 입국 후 난민신청까지의 기간, 신청경위, 국적국의 상황, 주관적으로 느끼는 공포의 정도, 거주하던 지역의 정치・사회・문화적 환경, 그 지역의 통상인이 같은 상황에서 느끼는 공포의 정도 등에 비추어 전체적인 진술의 신빙성에 의하여 그 주장사실을 인정하는 것이 합리적인 경우에는 증명이 된 것이다.(대판 2008.7.24, 2007두3930)

제2장 국민의 출입국
(2010.5.14 본장개정)

제3조【국민의 출국】 ① 대한민국에서 대한민국 밖의 지역으로 출국(이하 "출국"이라 한다)하려는 국민은 유효한 여권을 가지고 출국하는 출입국항에서 출입국관리공무원의 출국심사를 받아야 한다. 다만, 부득이한 사유로 출입국항으로 출국할 수 없을 때에는 관할 지방출입국・외국인관서의 장의 허가를 받아 출입국항이 아닌 장소에서 출입국관리공무원의 출국심사를 받은 후 출국할 수 있다.(2014.3.18 단서개정)
② 제1항에 따른 출국심사는 대통령령으로 정하는 바에 따라 정보화기기에 의한 출국심사로 갈음할 수 있다.
③ 법무부장관은 출국심사에 필요한 경우에는 국민의 생체정보를 수집하거나 관계 행정기관이 보유하고 있는 국민의 생체정보의 제출을 요청할 수 있다.(2020.6.9 본항개정)
④ 제3항에 따라 협조를 요청받은 관계 행정기관은 정당한 이유 없이 그 요청을 거부해서는 아니 된다.(2016.3.29 본항신설)
⑤ 출입국관리공무원은 제3항에 따라 수집하거나 제출받은 생체정보를 출국심사에 활용할 수 있다.(2020.6.9 본항개정)
⑥ 법무부장관은 제3항에 따라 수집하거나 제출받은 생체정보를 「개인정보 보호법」에 따라 처리한다.(2020.6.9 본항개정)

제4조【출국의 금지】 ① 법무부장관은 다음 각 호의 어느 하나에 해당하는 국민에 대하여는 6개월 이내의 기간을 정하여 출국을 금지할 수 있다.(2011.7.18 본문개정)
1. 형사재판에 계속(係屬) 중인 사람
2. 징역형이나 금고형의 집행이 끝나지 아니한 사람
3. 대통령령으로 정하는 금액 이상의 벌금이나 추징금을 내지 아니한 사람
4. 대통령령으로 정하는 금액 이상의 국세・관세 또는 지방세를 정당한 사유 없이 그 납부기한까지 내지 아니한 사람
5. 「양육비 이행확보 및 지원에 관한 법률」 제21조의4제1항에 따른 양육비 채무자 중 양육비이행심의위원회의 심의・의결을 거친 사람(2021.7.13 본호신설)
6. 그 밖에 제1호부터 제5호까지의 규정에 준하는 사람으로서 대한민국의 이익이나 공공의 안전 또는 경제질서를 해칠 우려가 있어 그 출국이 적당하지 아니하다고 법무부령으로 정하는 사람(2021.7.13 본호개정)

② 법무부장관은 범죄 수사를 위하여 출국이 적당하지 아니하다고 인정되는 사람에 대하여는 1개월 이내의 기간을 정하여 출국을 금지할 수 있다. 다만, 다음 각 호에 해당하는 사람은 그 호에서 정한 기간으로 한다.
1. 소재를 알 수 없어 기소중지 또는 수사중지(피의자중지로 한정한다)된 사람 또는 도주 등 특별한 사유가 있어 수사진행이 어려운 사람 : 3개월 이내(2021.3.16 본호개정)
2. 기소중지 또는 수사중지(피의자중지로 한정한다)된 경우로서 체포영장 또는 구속영장이 발부된 사람 : 영장 유효기간 이내(2021.3.16 본호개정)
(2011.7.18 본항신설)

③ 중앙행정기관의 장 및 법무부장관이 정하는 관계 기관의 장은 소관 업무와 관련하여 제1항 또는 제2항 각 호의 어느 하나에 해당하는 사람이 있다고 인정할 때에는 법무부장관에게 출국금지를 요청할 수 있다.(2011.7.18 본항개정)
④ 출입국관리공무원은 출국심사를 할 때에 제1항 또는 제2항에 따라 출국이 금지된 사람을 출국시켜서는 아니 된다.(2011.7.18 본항개정)
⑤ 제1항부터 제4항까지에서 규정한 사항 외에 출국금지기간과 출국금지절차에 관하여 필요한 사항은 대통령령으로 정한다.(2011.7.18 본항개정)

제4조의2【출국금지기간의 연장】 ① 법무부장관은 출국금지기간을 초과하여 계속 출국을 금지할 필요가 있다고 인정하는 경우에는 그 기간을 연장할 수 있다.
② 제4조제3항에 따라 출국금지를 요청한 기관의 장은 출국금지기간을 초과하여 계속 출국을 금지할 필요가 있을 때에는 출국금지기간이 끝나기 3일 전까지 법무부장관에게 출국금지기간을 연장하여 줄 것을 요청하여야 한다.(2011.7.18 본항개정)
③ 제1항 및 제2항에서 규정한 사항 외에 출국금지기간의 연장절차에 관하여 필요한 사항은 대통령령으로 정한다.

제4조의3【출국금지의 해제】 ① 법무부장관은 출국금지 사유가 없어졌거나 출국을 금지할 필요가 없다고 인정할 때에는 즉시 출국금지를 해제하여야 한다.
② 제4조제3항에 따라 출국금지를 요청한 기관의 장은 출국금지 사유가 없어졌을 때에는 즉시 법무부장관에게 출국금지의 해제를 요청하여야 한다.(2011.7.18 본항개정)
③ 제1항 및 제2항에서 규정한 사항 외에 출국금지의 해제절차에 관하여 필요한 사항은 대통령령으로 정한다.

제4조의4【출국금지결정 등의 통지】 ① 법무부장관은 제4조제1항 또는 제2항에 따라 출국을 금지하거나 제4조의2제1항에 따라 출국금지기간을 연장하였을 때에는 즉시 당사자에게 그 사유와 기간 등을 밝혀 서면으로 통지하여야 한다.(2011.7.18 본항개정)
② 법무부장관은 제4조의3제1항에 따라 출국금지를 해제하였을 때에는 이를 즉시 당사자에게 통지하여야 한다.
③ 법무부장관은 제1항에도 불구하고 다음 각 호의 어느 하나에 해당하는 경우에는 제1항의 통지를 하지 아니할 수 있다.
1. 대한민국의 안전 또는 공공의 이익에 중대하고 명백한 위해(危害)를 끼칠 우려가 있다고 인정되는 경우(2014.12.30 본호개정)
2. 범죄수사에 중대하고 명백한 장애가 생길 우려가 있다고 인정되는 경우. 다만, 연장기간을 포함한 총 출국금지기간이 3개월을 넘는 때에는 당사자에게 통지하여야 한다.(2014.12.30 본문개정)
3. 출국이 금지된 사람이 있는 곳을 알 수 없는 경우

제4조의5【출국금지결정 등에 대한 이의신청】 ① 제4조제1항 또는 제2항에 따라 출국이 금지되거나 제4조의2제1항에 따라 출국금지기간이 연장된 사람은 출국금지결정이나 출국금지기간 연장의 통지를 받은 날 또는 그 사실을 안 날부터 10일 이내에 법무부장관에게 출국금지결정이나 출국금지기간 연장결정에 대한 이의를 신청할 수 있다.(2011.7.18 본항개정)
② 법무부장관은 제1항에 따른 이의신청을 받으면 그 날부터 15일 이내에 이의신청의 타당성 여부를 결정하여야 한다. 다만, 부득이한 사유가 있으면 15일의 범위에서 한 차례만 그 기간을 연장할 수 있다.
③ 법무부장관은 제1항에 따른 이의신청이 이유 있다고 판단하면 즉시 출국금지를 해제하거나 출국금지기간의 연장을 철회하여야 하고, 그 이의신청이 이유 없다고 판단하면 이를 기각하고 당사자에게 그 사유를 서면에 적어 통보하여야 한다.

제4조의6【긴급출국금지】 ① 수사기관은 범죄 피의자로서 사형・무기 또는 장기 3년 이상의 징역이나 금고에 해당하는 죄를 범하였다고 의심할 만한 상당한 이유가 있고, 다음 각 호의 어느 하나에 해당하는 사유가 있으며, 긴급한 필요가 있는 때에는 제4조제3항에도 불구하고 출국심사를 하는 출입국관리공무원에게 출국금지를 요청할 수 있다.
1. 피의자가 증거를 인멸할 염려가 있는 때
2. 피의자가 도망하거나 도망할 우려가 있는 때
② 제1항에 따른 요청을 받은 출입국관리공무원은 출국심사를 할 때에 출국금지가 요청된 사람을 출국시켜서는 아니 된다.
③ 수사기관은 제1항에 따라 긴급출국금지를 요청한 때로부터 6시간 이내에 법무부장관에게 긴급출국금지 승인을 요청하여야 한다. 이 경우 검사의 검토의견서 및 범죄사실의 요지, 긴급출국금지의 사유 등을 기재한 긴급출국금지보고서를 첨부하여야 한다.(2020.10.20 후단개정)
④ 법무부장관은 수사기관이 제3항에 따른 긴급출국금지 승인 요청을 하지 아니한 때에는 제1항의 수사기관 요청

에 따른 출국금지를 해제하여야 한다. 수사기관이 긴급출국금지 승인을 요청한 때로부터 12시간 이내에 법무부장관으로부터 긴급출국금지 승인을 받지 못한 경우에도 또한 같다.
⑤ 제4항에 따라 출국금지가 해제된 경우에 수사기관은 동일한 범죄사실에 관하여 다시 긴급출국금지 요청을 할 수 없다.
⑥ 그 밖에 긴급출국금지의 절차 및 긴급출국금지보고서 작성 등에 필요한 사항은 대통령령으로 정한다.
(2011.7.18 본조신설)

제5조【국민의 여권 등의 보관】 출입국관리공무원은 위조되거나 변조된 국민의 여권 또는 선원신분증명서를 발견하였을 때에는 회수하여 보관할 수 있다.(2014.12.30 본조개정)

제6조【국민의 입국】 ① 대한민국 밖의 지역에서 대한민국으로 입국(이하 "입국"이라 한다)하려는 국민은 유효한 여권을 가지고 입국하는 출입국항에서 출입국관리공무원의 입국심사를 받아야 한다. 다만, 부득이한 사유로 출입국항으로 입국할 수 없을 때에는 지방출입국·외국인관서의 장의 허가를 받아 출입국항이 아닌 장소에서 출입국관리공무원의 입국심사를 받은 후 입국할 수 있다.(2014.3.18 단서개정)
② 출입국관리공무원은 국민이 유효한 여권을 잃어버리거나 그 밖의 사유로 이를 가지지 아니하고 입국하려고 할 때에는 확인절차를 거쳐 입국하게 할 수 있다.
③ 제1항에 따른 입국심사는 대통령령으로 정하는 바에 따라 정보화기기에 의한 입국심사로 갈음할 수 있다.
④ 법무부장관은 입국심사에 필요한 경우에는 국민의 생체정보를 수집하거나 관계 행정기관이 보유하고 있는 국민의 생체정보의 제출을 요청할 수 있다.(2020.6.9 본항개정)
⑤ 제4항에 따라 협조를 요청받은 관계 행정기관은 정당한 이유 없이 그 요청을 거부해서는 아니 된다.(2016.3.29 본항신설)
⑥ 출입국관리공무원은 제4항에 따라 수집하거나 제출받은 생체정보를 입국심사에 활용할 수 있다.(2020.6.9 본항개정)
⑦ 법무부장관은 제4항에 따라 수집하거나 제출받은 생체정보를 「개인정보 보호법」에 따라 처리한다.(2020.6.9 본항개정)

제3장 외국인의 입국 및 상륙

(2010.5.14 본장개정)

제1절 외국인의 입국

제7조【외국인의 입국】 ① 외국인이 입국할 때에는 유효한 여권과 법무부장관이 발급한 사증(査證)을 가지고 있어야 한다.
② 다음 각 호의 어느 하나에 해당하는 외국인은 제1항에도 불구하고 사증 없이 입국할 수 있다.
1. 재입국허가를 받은 사람 또는 재입국허가가 면제된 사람으로서 그 허가 또는 면제받은 기간이 끝나기 전에 입국하는 사람
2. 대한민국과 사증면제협정을 체결한 국가의 국민으로서 그 협정에 따라 면제대상이 되는 사람
3. 국제친선, 관광 또는 대한민국의 이익 등을 위하여 입국하는 사람으로서 대통령령으로 정하는 바에 따라 따로 입국허가를 받은 사람
4. 난민여행증명서를 발급받고 출국한 후 그 유효기간이 끝나기 전에 입국하는 사람
③ 법무부장관은 공공질서의 유지나 국가이익에 필요하다고 인정하면 제2항제2호에 해당하는 사람에 대하여 사증면제협정의 적용을 일시 정지할 수 있다.
④ 대한민국과 수교(修交)하지 아니한 국가나 법무부장관이 외교부장관과 협의하여 지정한 국가의 국민은 제1항에도 불구하고 대통령령으로 정하는 바에 따라 재외공관의 장이나 지방출입국·외국인관서의 장이 발급한 외국인입국허가서를 가지고 입국할 수 있다.(2014.3.18 본항개정)

제7조의2【허위초청 등의 금지】 누구든지 외국인을 입국시키기 위한 다음 각 호의 어느 하나의 행위를 하여서는 아니 된다.
1. 거짓된 사실의 기재나 거짓된 신원보증 등 부정한 방법으로 외국인을 초청하거나 그러한 초청을 알선하는 행위
2. 거짓으로 사증 또는 사증발급인정서를 신청하거나 그러한 신청을 알선하는 행위

제7조의3【사전여행허가】 ① 법무부장관은 공공질서의 유지나 국가이익에 필요하다고 인정하면 다음 각 호의 어느 하나에 해당하는 외국인에 대하여 입국하기 전에 허가(이하 "사전여행허가"라 한다)를 받도록 할 수 있다.
1. 제7조제2항제2호 또는 제3호에 해당하는 외국인
2. 다른 법률에 따라 사증 없이 입국할 수 있는 외국인
② 사전여행허가를 받은 외국인은 입국할 때에 사전여행허가서를 가지고 있어야 한다.
③ 사전여행허가서 발급에 관한 기준 및 절차·방법은 법무부령으로 정한다.
(2020.2.4 본조신설)

제8조【사증】 ① 제7조에 따른 사증은 1회만 입국할 수 있는 단수사증(單數査證)과 2회 이상 입국할 수 있는 복수사증(複數査證)으로 구분한다.
② 법무부장관은 사증발급에 관한 권한을 대통령령으로 정하는 바에 따라 재외공관의 장에게 위임할 수 있다.
③ 사증발급에 관한 기준과 절차는 법무부령으로 정한다.

제9조【사증발급인정서】 ① 법무부장관은 제7조제1항에 따른 사증을 발급하기 전에 특히 필요하다고 인정할 때에는 입국하려는 외국인의 신청을 받아 사증발급인정서를 발급할 수 있다.
② 제1항에 따른 사증발급인정서 발급신청은 그 외국인을 초청하려는 자가 대리할 수 있다.
③ 제1항에 따른 사증발급인정서의 발급대상·발급기준 및 발급절차는 법무부령으로 정한다.

제10조【체류자격】 입국하려는 외국인은 다음 각 호의 어느 하나에 해당하는 체류자격을 가져야 한다.
1. 일반체류자격 : 이 법에 따라 대한민국에 체류할 수 있는 기간이 제한되는 체류자격
2. 영주자격 : 대한민국에 영주(永住)할 수 있는 체류자격
(2018.3.20 본조개정)

제10조의2【일반체류자격】 ① 제10조제1호에 따른 일반체류자격(이하 "일반체류자격"이라 한다)은 다음 각 호의 구분에 따른다.
1. 단기체류자격 : 관광, 방문 등의 목적으로 대한민국에 90일 이하의 기간(사증면제협정이나 상호주의에 따라 90일을 초과하는 경우에는 그 기간) 동안 머물 수 있는 체류자격
2. 장기체류자격 : 유학, 연수, 투자, 주재, 결혼 등의 목적으로 대한민국에 90일을 초과하여 법무부령으로 정하는 체류기간의 상한 범위에서 거주할 수 있는 체류자격
② 제1항에 따른 단기체류자격 및 장기체류자격의 종류, 체류자격에 해당하는 사람 또는 그 체류자격에 따른 활동범위는 체류목적, 취업활동 가능 여부 등을 고려하여 대통령령으로 정한다.
(2018.3.20 본조신설)

제10조의3【영주자격】 ① 제10조제2호에 따른 영주자격(이하 "영주자격"이라 한다)을 가진 외국인은 활동범위 및 체류기간의 제한을 받지 아니한다.
② 영주자격을 취득하려는 사람은 대통령령으로 정하는 영주의 자격에 부합한 사람으로서 다음 각 호의 요건을 모두 갖추어야 한다.
1. 대한민국의 법령을 준수하는 등 품행이 단정할 것
2. 본인 또는 생계를 같이하는 가족의 소득, 재산 등으로 생계를 유지할 능력이 있을 것
3. 한국어능력과 한국사회·문화에 대한 이해 등 대한민국에서 계속 살아가는 데 필요한 기본소양을 갖추고 있을 것
③ 법무부장관은 제2항제2호 및 제3호에도 불구하고 대한민국에 특별한 공로가 있는 사람, 과학·경영·교육·문화예술·체육 등 특정 분야에서 탁월한 능력이 있는 사람, 대한민국에 일정금액 이상을 투자한 사람 등 대통령령으로 정하는 사람에 대해서는 대통령령으로 정하는 바에 따라 제2항제2호 및 제3호의 요건의 전부 또는 일부를 완화하거나 면제할 수 있다.
④ 제2항 각 호에 따른 요건의 기준·범위 등에 필요한 사항은 법무부령으로 정한다.
(2018.3.20 본조신설)

제11조【입국의 금지 등】 ① 법무부장관은 다음 각 호의 어느 하나에 해당하는 외국인에 대하여는 입국을 금지할 수 있다.
1. 감염병환자, 마약류중독자, 그 밖에 공중위생상 위해를 끼칠 염려가 있다고 인정되는 사람
2. 「총포·도검·화약류 등의 안전관리에 관한 법률」에서 정하는 총포·도검·화약류 등을 위법하게 가지고 입국하려는 사람(2015.1.6 본호개정)
3. 대한민국의 이익이나 공공의 안전을 해치는 행동을 할 염려가 있다고 인정할 만한 상당한 이유가 있는 사람
4. 경제질서 또는 사회질서를 해치거나 선량한 풍속을 해치는 행동을 할 염려가 있다고 인정할 만한 상당한 이유가 있는 사람
5. 사리 분별력이 없고 국내에서 체류활동을 보조할 사람이 없는 정신장애인, 국내체류비용을 부담할 능력이 없는 사람, 그 밖에 구호(救護)가 필요한 사람
6. 강제퇴거명령을 받고 출국한 후 5년이 지나지 아니한 사람
7. 1910년 8월 29일부터 1945년 8월 15일까지 사이에 다음 각 목의 어느 하나에 해당하는 정부의 지시를 받거나 그 정부와 연계하여 인종, 민족, 종교, 국적, 정치적 견해 등을 이유로 사람을 학살·학대하는 일에 관여한 사람
가. 일본 정부
나. 일본 정부와 동맹 관계에 있던 정부
다. 일본 정부의 우월한 힘이 미치던 정부
8. 제1호부터 제7호까지의 규정에 준하는 사람으로서 법무부장관이 그 입국이 적당하지 아니하다고 인정하는 사람
② 법무부장관은 입국하려는 외국인의 본국(本國)이 제1항 각 호 외의 사유로 국민의 입국을 거부할 때에는 그와 동일한 사유로 그 외국인의 입국을 거부할 수 있다.

제12조【입국심사】 ① 외국인이 입국하려는 경우에는 입국하는 출입국항에서 대통령령으로 정하는 바에 따라 여권과 입국신고서를 출입국관리공무원에게 제출하여 입국심사를 받아야 한다.(2020.6.9 본항개정)
② 제1항에 관하여는 제6조제1항 단서 및 같은 조 제3항을 준용한다.
③ 출입국관리공무원은 입국심사를 할 때에 다음 각 호의 요건을 갖추었는지를 심사하여 입국을 허가한다.
1. 여권과 사증이 유효할 것. 다만, 사증은 이 법에서 요구하는 경우만을 말한다.
1의2. 제7조의3제2항에 따른 사전여행허가서가 유효할 것(2020.2.4 본호신설)
2. 입국목적이 체류자격에 맞을 것
3. 체류기간이 법무부령으로 정하는 바에 따라 정하여졌을 것
4. 제11조에 따른 입국의 금지 또는 거부의 대상이 아닐 것
④ 출입국관리공무원은 외국인이 제3항 각 호의 요건을 갖추었음을 증명하지 못하면 입국을 허가하지 아니할 수 있다.
⑤ 출입국관리공무원은 제7조제2항제2호 또는 제3호에 해당하는 사람에게 입국을 허가할 때에는 대통령령으로 정하는 바에 따라 체류자격을 부여하고 체류기간을 정하여야 한다.
⑥ 출입국관리공무원은 제1항이나 제2항에 따른 심사를 하기 위하여 선박등에 출입할 수 있다.

제12조의2【입국 시 생체정보의 제공 등】 ① 입국하려는 외국인은 제12조에 따라 입국심사를 받을 때 법무부령으로 정하는 방법으로 생체정보를 제공하고 본인임을 확인하는 절차에 응하여야 한다. 다만, 다음 각 호의 어느 하나에 해당하는 사람은 그러하지 아니하다.(2020.6.9 본문개정)
1. 17세 미만인 사람
2. 외국정부 또는 국제기구의 업무를 수행하기 위하여 입국하는 사람과 그 동반 가족
3. 외국과의 우호 및 문화교류 증진, 경제활동 촉진 또는 대한민국의 이익 등을 고려하여 생체정보의 제공을 면제하는 것이 필요하다고 대통령령으로 정하는 사람
(2020.6.9 본호개정)
② 출입국관리공무원은 외국인이 제1항 본문에 따라 생체정보를 제공하지 아니하는 경우에는 그의 입국을 허가하지 아니할 수 있다.(2020.6.9 본항개정)
③ 법무부장관은 입국심사에 필요한 경우에는 관계 행정기관이 보유하고 있는 외국인의 생체정보의 제출을 요청할 수 있다.(2020.6.9 본항개정)
④ 제3항에 따라 협조를 요청받은 관계 행정기관은 정당한 이유 없이 그 요청을 거부하여서는 아니 된다.
⑤ 출입국관리공무원은 제1항 또는 제3항에 따라 제공 또는 제출받은 생체정보를 입국심사에 활용할 수 있다.
(2020.6.9 본항개정)
⑥ 법무부장관은 제1항 또는 제3항에 따라 제공 또는 제출받은 생체정보를 「개인정보 보호법」에 따라 보유하고 관리한다.(2020.6.9 본항개정)
(2020.6.9 본조제목개정)
(2010.5.14 본조신설)

제12조의3【선박등의 제공금지】 ① 누구든지 외국인을 불법으로 입국 또는 출국하게 하거나 대한민국을 거쳐 다른 국가에 불법으로 입국하게 할 목적으로 다음 각 호의 행위를 하여서는 아니 된다.
1. 선박등이나 여권 또는 사증, 탑승권이나 그 밖에 출입국에 사용될 수 있는 서류 및 물품을 제공하는 행위
2. 제1호의 행위를 알선하는 행위
② 누구든지 불법으로 입국한 외국인에 대하여 다음 각 호의 행위를 하여서는 아니 된다.
1. 해당 외국인을 대한민국에서 은닉 또는 도피하게 하거나 그러한 목적으로 교통수단을 제공하는 행위
2. 제1호의 행위를 알선하는 행위

제12조의4【외국인의 여권 등의 보관】 ① 위조되거나 변조된 외국인의 여권·선원신분증명서에 관하여는 제5조를 준용한다.(2014.12.30 본항개정)
② 출입국관리공무원은 이 법을 위반하여 조사를 받고 있는 사람으로서 제46조에 따른 강제퇴거 대상자에 해당하는 출입국사범의 여권·선원신분증명서를 발견하면 회수하여 보관할 수 있다.

제13조【조건부 입국허가】 ① 지방출입국·외국인관서의 장은 다음 각 호의 어느 하나에 해당하는 외국인에 대하여는 대통령령으로 정하는 바에 따라 조건부 입국을 허가할 수 있다.(2014.3.18 본문개정)
1. 부득이한 사유로 제12조제3항제1호의 요건을 갖추지 못하였으나 일정 기간 내에 그 요건을 갖출 수 있다고 인정되는 사람
2. 제11조제1항 각 호의 어느 하나에 해당된다고 의심되거나 제12조제3항제2호의 요건을 갖추지 못하였다고 의심되어 특별히 심사할 필요가 있다고 인정되는 사람
3. 제1호 및 제2호에서 규정한 사람 외에 지방출입국·외국인관서의 장이 조건부 입국을 허가할 필요가 있다고 인정되는 사람(2014.3.18 본호개정)
② 지방출입국·외국인관서의 장은 제1항에 따른 조건부 입국을 허가할 때에는 조건부입국허가서를 발급하여야 한다. 이 경우 그 허가서에는 주거의 제한, 출석요구에 따를 의무 및 그 밖에 필요한 조건을 붙여야 하며, 필요하다고 인정할 때에는 1천만원 이하의 보증금을 예치(預置)하게 할 수 있다.(2014.3.18 전단개정)

③ 지방출입국·외국인관서의 장은 제1항에 따른 조건부 입국허가를 받은 외국인이 그 조건을 위반하였을 때에는 그 예치된 보증금의 전부 또는 일부를 국고(國庫)에 귀속시킬 수 있다.(2014.3.18 본항개정)
④ 제2항과 제3항에 따른 보증금의 예치 및 반환과 국고귀속 절차는 대통령령으로 정한다.

제2절 외국인의 상륙

제14조 【승무원의 상륙허가】 ① 출입국관리공무원은 다음 각 호의 어느 하나에 해당하는 외국인승무원에 대하여 선박등의 장 또는 운수업자나 본인이 신청하면 15일의 범위에서 승무원의 상륙을 허가할 수 있다. 다만, 제11조제1항 각 호의 어느 하나에 해당하는 외국인승무원에 대하여는 그러하지 아니하다.
1. 승선 중인 선박등이 대한민국의 출입국항에 정박하고 있는 동안 휴양 등의 목적으로 상륙하려는 외국인승무원
2. 대한민국의 출입국항에 입항할 예정이거나 정박 중인 선박등으로 옮겨 타려는 외국인승무원

② 출입국관리공무원은 제1항에 따른 신청을 받으면 다음 각 호의 서류를 확인하여야 한다. 다만, 외국과의 협정 등에서 선원신분증명서로 여권을 대신할 수 있도록 하는 경우에는 선원신분증명서의 확인으로 여권의 확인을 대신할 수 있다.
1. 제1항제1호에 해당하는 외국인승무원이 선원인 경우에는 여권 또는 선원신분증명서(2020.6.9 본호개정)
2. 제1항제2호에 해당하는 외국인승무원이 선원인 경우에는 여권 및 대통령령으로 정하는 서류. 다만, 제7조제2항제3호에 해당하는 사람인 경우에는 여권
3. 그 밖의 외국인승무원의 경우에는 여권

③ 출입국관리공무원은 제1항에 따른 허가를 할 때에는 승무원 상륙허가서를 발급하여야 한다. 이 경우 승무원 상륙허가서에는 상륙허가의 기간, 행동지역의 제한 등 필요한 조건을 붙일 수 있다.
④ 제3항 후단에도 불구하고 제1항제2호에 해당하는 승무원 상륙허가에 관하여는 제12조를 준용한다.
⑤ 지방출입국·외국인관서의 장은 승무원 상륙허가를 받은 외국인승무원에 대하여 필요하다고 인정하면 그 상륙허가의 기간을 연장할 수 있다.(2014.3.18 본항개정)
⑥ 제3항에 따라 발급받은 승무원 상륙허가서는 그 선박등이 최종 출항할 때까지 국내의 다른 출입국항에서도 계속 사용할 수 있다.
⑦ 외국인승무원의 지문 및 얼굴에 관한 정보의 제공 등에 관하여는 제12조의2를 준용한다. 다만, 승무원이 선원이고 상륙허가 절차상 지문 및 얼굴에 관한 정보를 제공하는 것이 곤란한 경우에는 그러하지 아니하다.

제14조의2 【관광상륙허가】 ① 출입국관리공무원은 관광을 목적으로 대한민국과 외국 해상을 국제적으로 순회(巡廻)하여 운항하는 여객운송선박 중 법무부령으로 정하는 선박에 승선한 외국인승객에 대하여 그 선박의 장 또는 운수업자가 상륙허가를 신청하면 3일의 범위에서 승객의 관광상륙을 허가할 수 있다. 다만, 제11조제1항 각 호의 어느 하나에 해당하는 외국인승객에 대하여는 그러하지 아니하다.
② 출입국관리공무원은 제1항에 따른 상륙허가 신청을 받으면 다음 각 호의 서류를 확인하여야 한다.
1. 외국인승객의 여권
2. 외국인승객의 명부
3. 그 밖에 법무부령으로 정하는 서류

③ 제1항에 따른 관광상륙허가의 허가서 및 상륙허가기간의 연장에 관하여는 제14조제3항 및 제5항을 준용한다. 이 경우 "승무원 상륙허가서"는 "관광상륙허가서"로, "승무원 상륙허가"는 "관광상륙허가"로, "외국인승무원"은 "외국인승객"으로 본다.
④ 제1항에 따른 관광상륙허가를 받으려는 외국인승객의 지문 및 얼굴에 관한 정보 제공 등에 관하여는 제12조의2를 준용한다. 다만, 외국인승객의 관광상륙허가 절차상 지문 및 얼굴에 관한 정보의 제공이 곤란한 경우에는 그러하지 아니하다.
⑤ 제1항부터 제4항까지에서 규정한 사항 외에 관광상륙허가의 기준과 절차에 관하여 필요한 사항은 대통령령으로 정한다.
(2012.1.26 본조신설)

제15조 【긴급상륙허가】 ① 출입국관리공무원은 선박등에 타고 있는 외국인(승무원을 포함한다)이 질병이나 그 밖의 사고로 긴급히 상륙할 필요가 있다고 인정되면 그 선박등의 장이나 운수업자의 신청을 받아 30일의 범위에서 긴급상륙을 허가할 수 있다.
② 제1항의 경우에는 제14조제3항 및 제5항을 준용한다. 이 경우 "승무원 상륙허가서"는 "긴급상륙허가서"로, "승무원 상륙허가"는 "긴급상륙허가"로 본다.
③ 선박등의 장이나 운수업자는 긴급상륙한 사람의 생활비·치료비·장례비와 그 밖에 상륙 중에 발생한 모든 비용을 부담하여야 한다.

제16조 【재난상륙허가】 ① 지방출입국·외국인관서의 장은 조난을 당한 선박등에 타고 있는 외국인(승무원을 포함한다)을 긴급히 구조할 필요가 있다고 인정하면 그 선박등의 장, 운수업자, 「수상에서의 수색·구조 등에 관한 법률」에 따른 구호업무 집행자 또는 그 외국인을 구조한 선박등의 장의 신청에 의하여 30일의 범위에서 재난상륙허가를 할 수 있다.(2015.7.24 본항개정)
② 제1항의 경우에는 제14조제3항 및 제5항을 준용한다. 이 경우 "승무원 상륙허가서"는 "재난상륙허가서"로, "승무원 상륙허가"는 "재난상륙허가"로 본다.
③ 재난상륙허가를 받은 사람의 상륙 중 생활비 등에 관하여는 제15조제3항을 준용한다. 이 경우 "긴급상륙"은 "재난상륙"으로 본다.

제16조의2 【난민 임시상륙허가】 ① 지방출입국·외국인관서의 장은 선박등에 타고 있는 외국인이 「난민법」 제2조제1호에 규정된 이유나 그 밖에 이에 준하는 이유로 그 생명·신체 또는 신체의 자유를 침해받을 공포가 있는 영역에서 도피하여 곧바로 대한민국에 비호(庇護)를 신청하는 경우 그 외국인을 상륙시킬 만한 상당한 이유가 있다고 인정되면 법무부장관의 승인을 받아 90일의 범위에서 난민 임시상륙허가를 할 수 있다. 이 경우 법무부장관은 외교부장관과 협의하여야 한다.(2014.3.18 전단개정)
② 제1항의 경우에는 제14조제3항 및 제5항을 준용한다. 이 경우 "승무원 상륙허가서"는 "난민 임시상륙허가서"로, "승무원 상륙허가"는 "난민 임시상륙허가"로 본다.
③ 제1항에 따라 비호를 신청한 외국인의 지문 및 얼굴에 관한 정보의 제공 등에 관하여는 제12조의2를 준용한다.

제4장 외국인의 체류와 출국
(2010.5.14 본장개정)

제1절 외국인의 체류

제17조 【외국인의 체류 및 활동범위】 ① 외국인은 그 체류자격과 체류기간의 범위에서 대한민국에 체류할 수 있다.
② 대한민국에 체류하는 외국인은 이 법 또는 다른 법률에서 정하는 경우를 제외하고는 정치활동을 하여서는 아니 된다.
③ 법무부장관은 대한민국에 체류하는 외국인이 정치활동을 하였을 때에는 그 외국인에게 서면으로 그 활동의 중지명령이나 그 밖에 필요한 명령을 할 수 있다.

제18조 【외국인 고용의 제한】 ① 외국인이 대한민국에서 취업하려면 대통령령으로 정하는 바에 따라 취업활동을 할 수 있는 체류자격을 받아야 한다.
② 제1항에 따른 체류자격을 가진 외국인은 지정된 근무처가 아닌 곳에서 근무하여서는 아니 된다.
③ 누구든지 제1항에 따른 체류자격을 가지지 아니한 사람을 고용하여서는 아니 된다.
④ 누구든지 제1항에 따른 체류자격을 가지지 아니한 사람의 고용을 알선하거나 권유하여서는 아니 된다.
⑤ 누구든지 제1항에 따른 체류자격을 가지지 아니한 사람의 고용을 알선할 목적으로 그를 자기 지배하에 두는 행위를 하여서는 아니 된다.

제19조 【외국인을 고용한 자 등의 신고의무】 ① 제18조제1항에 따라 취업활동을 할 수 있는 체류자격을 가지고 있는 외국인을 고용한 자는 다음 각 호의 어느 하나에 해당하는 사유가 발생하면 대통령령으로 정하는 바에 따라 15일 이내에 지방출입국·외국인관서의 장에게 신고하여야 한다.(2020.6.9 본문개정)
1. 외국인을 해고하거나 외국인이 퇴직 또는 사망한 경우
2. 고용된 외국인의 소재를 알 수 없게 된 경우
3. 고용계약의 중요한 내용을 변경한 경우

② 제19조의2에 따라 외국인에게 산업기술을 연수시키는 업체의 장에 대하여는 제1항을 준용한다.
③ 「외국인근로자의 고용 등에 관한 법률」의 적용을 받는 외국인을 고용한 자가 제1항에 따른 신고를 한 경우 그 신고사실이 같은 법 제17조제1항에 따른 신고사유에 해당하는 때에는 같은 항에 따른 신고를 한 것으로 본다.(2014.10.15 본항신설)
④ 제1항에 따라 신고를 받은 지방출입국·외국인관서의 장은 그 신고사실이 제3항에 해당하는 경우 지체 없이 외국인을 고용한 자의 소재지를 관할하는 「직업안정법」 제2조의2제1호에 따른 직업안정기관의 장에게 통보하여야 한다.(2014.10.15 본항신설)

제19조의2 【외국인의 기술연수활동】 ① 법무부장관은 외국에 직접투자한 산업체, 외국에 기술·산업설비를 수출하는 산업체 등 지정된 산업체의 모집에 따라 국내에서 기술연수활동을 하는 외국인(이하 "기술연수생"이라 한다)의 적정한 연수활동을 지원하기 위하여 필요한 조치를 하여야 한다.
② 제1항에 따른 산업체의 지정, 기술연수생의 모집·입국 등에 필요한 사항은 대통령령으로 정한다.
③ 기술연수생의 연수장소 이탈 여부, 연수 목적 외의 활동 여부, 그 밖에 허가조건의 위반 여부 등에 관한 조사 및 출국조치 등 기술연수생의 관리에 필요한 사항은 법무부장관이 따로 정한다.
(2012.1.26 본조개정)

제19조의3 (2010.5.14 삭제)

제19조의4 【외국인유학생의 관리 등】 ① 제10조에 따른 체류자격 중 유학이나 연수활동을 할 수 있는 체류자격을 가지고 있는 외국인(이하 "외국인유학생"이라 한다)이 재학 중이거나 연수 중인 학교(「고등교육법」 제2조 각 호에 따른 학교를 말한다. 이하 같다)의 장은 그 외국인유학생의 관리를 담당하는 직원을 지정하고 이를 지방출입국·외국인관서의 장에게 알려야 한다.(2018.3.20 본항개정)
② 제1항에 따른 학교의 장은 다음 각 호의 어느 하나에 해당하는 사유가 발생하면 대통령령으로 정하는 바에 따라 15일 이내에 지방출입국·외국인관서의 장에게 신고(정보통신망에 의한 신고를 포함한다)하여야 한다.(2020.6.9 본문개정)
1. 입학하거나 연수허가를 받은 외국인유학생이 매 학기 등록기한까지 등록을 하지 아니하거나 휴학을 한 경우
2. 제적·연수중단 또는 행방불명 등의 사유로 외국인유학생의 유학이나 연수가 끝난 경우

③ 외국인유학생의 관리에 필요한 사항은 대통령령으로 정한다.

제20조 【체류자격 외 활동】 대한민국에 체류하는 외국인이 그 체류자격에 해당하는 활동과 함께 다른 체류자격에 해당하는 활동을 하려면 대통령령으로 정하는 바에 따라 미리 법무부장관의 체류자격 외 활동허가를 받아야 한다.(2020.6.9 본조개정)

제21조 【근무처의 변경·추가】 ① 대한민국에 체류하는 외국인이 그 체류자격의 범위에서 그의 근무처를 변경하거나 추가하려면 대통령령으로 정하는 바에 따라 미리 법무부장관의 허가를 받아야 한다. 다만, 전문적인 지식·기술 또는 기능을 가진 사람으로서 대통령령으로 정하는 사람은 근무처를 변경하거나 추가한 날부터 15일 이내에 대통령령으로 정하는 바에 따라 법무부장관에게 신고하여야 한다.(2020.6.9 본항개정)
② 누구든지 제1항 본문에 따른 근무처의 변경허가·추가허가를 받지 아니한 외국인을 고용하거나 고용을 알선하여서는 아니 된다. 다만, 다른 법률에 따라 고용을 알선하는 경우에는 그러하지 아니하다.
③ 제1항 단서에 해당하는 사람에 대하여는 제18조제2항을 적용하지 아니한다.

제22조 【활동범위의 제한】 법무부장관은 공공의 안녕질서나 대한민국의 중요한 이익을 위하여 필요하다고 인정하면 대한민국에 체류하는 외국인에 대하여 거소(居所) 또는 활동의 범위를 제한하거나 그 밖에 필요한 준수사항을 정할 수 있다.

제23조 【체류자격 부여】 ① 다음 각 호의 어느 하나에 해당하는 외국인이 제10조에 따른 체류자격을 가지지 못하고 대한민국에 체류하게 되는 경우에는 다음 각 호의 구분에 따른 기간 이내에 대통령령으로 정하는 바에 따라 체류자격을 받아야 한다.
1. 대한민국에서 출생한 외국인 : 출생한 날부터 90일
2. 대한민국에서 체류 중 대한민국의 국적을 상실하거나 이탈하는 등 그 밖의 사유가 발생한 외국인 : 그 사유가 발생한 날부터 60일

② 제1항에 따른 체류자격 부여의 심사기준은 법무부령으로 정한다.
(2020.6.9 본조개정)

제24조 【체류자격 변경허가】 ① 대한민국에 체류하는 외국인이 그 체류자격과 다른 체류자격에 해당하는 활동을 하려면 대통령령으로 정하는 바에 따라 미리 법무부장관의 체류자격 변경허가를 받아야 한다.(2020.6.9 본항개정)
② 제31조제1항 각 호의 어느 하나에 해당하는 사람으로서 그 신분이 변경되어 체류자격을 변경하려는 사람은 신분이 변경된 날부터 30일 이내에 법무부장관의 체류자격 변경허가를 받아야 한다.
③ 제1항에 따른 체류자격 변경허가의 심사기준은 법무부령으로 정한다.(2020.6.9 본항신설)

판례 체류자격 변경허가는 신청인에게 당초의 체류자격과 다른 체류자격에 해당하는 활동을 할 수 있는 권한을 부여하는 일종의 설권적 처분의 성격을 가지므로, 허가권자는 신청인이 관계 법령에서 정한 요건을 충족하였더라도, 신청인의 적격성, 체류 목적, 공익상의 영향 등을 참작하여 허가 여부를 결정할 수 있는 재량을 가진다. 다만 재량을 행사할 때 판단의 기초가 된 사실인정에 중대한 오류가 있는 경우 또는 비례·평등의 원칙을 위반하거나 사회통념상 현저하게 타당성을 잃는 등의 사유가 있다면 이는 재량권의 일탈·남용으로서 위법하다.(대판 2016.7.14, 2015두48846)

제25조 【체류기간 연장허가】 ① 외국인이 체류기간을 초과하여 계속 체류하려면 대통령령으로 정하는 바에 따라 체류기간이 끝나기 전에 법무부장관의 체류기간 연장허가를 받아야 한다.
② 제1항에 따른 체류기간 연장허가의 심사기준은 법무부령으로 정한다.(2020.6.9 본항신설)

제25조의2 【결혼이민자 등에 대한 특칙】 ① 법무부장관은 다음 각 호의 어느 하나에 해당하는 외국인이 체류기간 연장허가를 신청하는 경우에는 해당 재판 등의 권리구제 절차가 종료할 때까지 체류기간 연장을 허가할 수 있다.
1. 「가정폭력범죄의 처벌 등에 관한 특례법」 제2조제1호의 가정폭력을 이유로 법원의 재판, 수사기관의 수사 또는 그 밖의 법률에 따른 권리구제 절차가 진행 중인 대한민국 국민의 배우자인 외국인
2. 「성폭력범죄의 처벌 등에 관한 특례법」 제2조제1항의 성폭력범죄를 이유로 법원의 재판, 수사기관의 수사 또는 그 밖의 법률에 따른 권리구제 절차가 진행 중인 외국인
3. 「아동학대범죄의 처벌 등에 관한 특례법」 제2조제4호의 아동학대범죄를 이유로 법원의 재판, 수사기관의 수

사 또는 그 밖의 법률에 따른 권리구제 절차가 진행 중인 외국인 아동 및 「아동복지법」 제3조제3호의 보호자(아동학대행위자는 제외한다)

4. 「인신매매등방지 및 피해자보호 등에 관한 법률」 제3조의 인신매매등피해자로서 법원의 재판, 수사기관의 수사 또는 그 밖의 법률에 따른 권리구제 절차가 진행 중인 외국인

② 법무부장관은 제1항에 따른 체류 연장기간 만료 이후에도 피해 회복 등을 위하여 필요하다고 인정하는 경우에는 체류기간 연장을 허가할 수 있다.

(2022.12.13 본조개정)

제25조의3~제25조의4 (2022.12.13 삭제)

제25조의5【국가비상사태 등에 있어서 체류기간 연장허가에 대한 특칙】 ① 법무부장관은 대한민국 또는 다른 국가의 전시, 사변, 전염병 확산, 천재지변 또는 이에 준하는 비상사태나 위기에 따른 국경의 폐쇄, 장기적인 항공기 운항 중단 등으로 인하여 외국인의 귀책사유 없이 출국이 제한된 경우에는 이 법 또는 다른 법률의 규정에도 불구하고 직권으로 또는 외국인의 신청에 따라 체류기간 연장을 허가할 수 있다.

② 제1항에 따른 체류기간 연장허가의 심사기준은 법무부령으로 정한다.

③ 법무부장관은 제1항에 따른 체류 연장기간 만료 이후에도 필요하다고 인정하는 경우 체류기간 연장을 허가할 수 있다.

(2022.2.3 본조신설)

제26조【허위서류 제출 등의 금지】 누구든지 제20조, 제21조, 제23조부터 제25조까지, 제25조의2, 제25조의3 및 제25조의4에 따른 허가 신청과 관련하여 다음 각 호의 어느 하나에 해당하는 행위를 해서는 아니 된다.

(2019.4.23 본문개정)

1. 위조·변조된 문서 등을 입증자료로 제출하거나 거짓 사실이 적힌 신청서 등을 제출하는 등 부정한 방법으로 신청하는 행위
2. 제1호의 행위를 알선·권유하는 행위

(2016.3.29 본조신설)

제27조【여권등의 휴대 및 제시】 ① 대한민국에 체류하는 외국인은 항상 여권·선원신분증명서·외국인입국허가서·외국인등록증·모바일외국인등록증 또는 상륙허가서(이하 "여권등"이라 한다)를 지니고 있어야 한다. 다만, 17세 미만인 외국인의 경우에는 그러하지 아니하다.

(2023.6.13 본문개정)

② 제1항 본문의 외국인은 출입국관리공무원이나 권한 있는 공무원이 그 직무수행과 관련하여 여권등의 제시를 요구하면 여권등을 제시하여야 한다.

제2절 외국인의 출국

제28조【출국심사】 ① 외국인이 출국할 때에는 유효한 여권을 가지고 출국하는 출입국항에서 출입국관리공무원의 출국심사를 받아야 한다.

② 제1항의 경우에 출입국항이 아닌 장소에서의 출국심사에 관하여는 제3조제1항 단서를 준용한다.

③ 제1항과 제2항의 경우에 위조되거나 변조된 외국인의 여권·선원신분증명서에 관하여는 제5조를 준용한다.

(2014.12.30 본항개정)

④ 제1항과 제2항의 경우에 선박등의 출입에 관하여는 제12조제6항을 준용한다.

⑤ 외국인의 출국심사에 관하여는 제3조제2항을 준용한다.

⑥ 출입국관리공무원은 제12조의2제1항 또는 제3항에 따라 제공 또는 제출받은 생체정보를 출국심사에 활용할 수 있다.(2020.6.9 본항개정)

제29조【외국인 출국의 정지】 ① 법무부장관은 제4조제1항 또는 제2항 각 호의 어느 하나에 해당하는 외국인에 대하여는 출국을 정지할 수 있다.

② 제1항의 경우에 제4조제3항부터 제5항까지와 제4조의2부터 제4조의5까지의 규정을 준용한다. 이 경우 "출국금지"는 "출국정지"로 본다.(2018.3.20 후단신설)

(2011.7.18 본조개정)

제29조의2【외국인 긴급출국정지】 ① 수사기관은 범죄 피의자인 외국인이 제4조의6제1항에 해당하는 경우에는 제29조제2항에도 불구하고 출국심사를 하는 출입국관리공무원에게 출국정지를 요청할 수 있다.

② 제1항에 따른 외국인의 출국정지에 관하여는 제4조의6제2항부터 제6항까지의 규정을 준용한다. 이 경우 "출국금지"는 "출국정지"로, "긴급출국금지"는 "긴급출국정지"로 본다.

(2018.3.20 본조신설)

제30조【재입국허가】 ① 법무부장관은 제31조에 따라 외국인등록을 하거나 그 등록이 면제된 외국인이 체류기간 내에 출국하였다가 재입국하려는 경우 그의 신청을 받아 재입국을 허가할 수 있다. 다만, 영주자격을 가진 사람과 재입국허가를 면제하여야 할 상당한 이유가 있는 사람으로서 법무부령으로 정하는 사람에 대하여는 재입국허가를 면제할 수 있다.(2018.3.20 단서개정)

② 제1항에 따른 재입국허가는 한 차례만 재입국할 수 있는 단수재입국허가와 2회 이상 재입국할 수 있는 복수재입국허가로 구분한다.

③ 외국인이 질병이나 그 밖의 부득이한 사유로 제1항에 따라 허가받은 기간 내에 재입국할 수 없는 경우에는 그 기간이 끝나기 전에 법무부장관의 재입국허가기간 연장허가를 받아야 한다.

④ 법무부장관은 재입국허가기간 연장허가에 관한 권한을 대통령령으로 정하는 바에 따라 재외공관의 장에게 위임할 수 있다.

⑤ 재입국허가 및 그 기간의 연장허가와 재입국허가의 면제에 관한 기준과 절차는 법무부령으로 정한다.

제5장 외국인의 등록 및 사회통합 프로그램

(2012.1.26 본장제목개정)

제1절 외국인의 등록

(2012.1.26 본절제목삽입)

제31조【외국인등록】 ① 외국인이 입국한 날부터 90일을 초과하여 대한민국에 체류하려면 대통령령으로 정하는 바에 따라 입국한 날부터 90일 이내에 그의 체류지를 관할하는 지방출입국·외국인관서의 장에게 외국인등록을 하여야 한다. 다만, 다음 각 호의 어느 하나에 해당하는 외국인의 경우에는 그러하지 아니하다.(2014.3.18 본문개정)

1. 주한외국공관(대사관과 영사관을 포함한다)과 국제기구의 직원 및 그의 가족
2. 대한민국정부와의 협정에 따라 외교관 또는 영사와 유사한 특권 및 면제를 누리는 사람과 그의 가족
3. 대한민국정부가 초청한 사람 등으로서 법무부령으로 정하는 사람

② 제1항에도 불구하고 같은 항 각 호의 어느 하나에 해당하는 외국인은 본인이 원하는 경우 체류기간 내에 외국인등록을 할 수 있다.(2016.3.29 본항신설)

③ 제23조에 따라 체류자격을 받는 사람으로서 그 날부터 90일을 초과하여 체류하게 되는 사람은 제1항 각 호 외의 부분 본문에도 불구하고 체류자격을 받는 때에 외국인등록을 하여야 한다.(2016.3.29 본항개정)

④ 제24조에 따라 체류자격 변경허가를 받는 사람으로서 입국한 날부터 90일을 초과하여 체류하게 되는 사람은 제1항 각 호 외의 부분 본문에도 불구하고 체류자격 변경허가를 받는 때에 외국인등록을 하여야 한다.(2016.3.29 본항개정)

⑤ 지방출입국·외국인관서의 장은 제1항부터 제4항까지의 규정에 따라 외국인등록을 한 사람에게는 대통령령으로 정하는 방법에 따라 개인별로 고유한 등록번호(이하 "외국인등록번호"라 한다)를 부여하여야 한다.

(2016.3.29 본항개정)

(2010.5.14 본조개정)

제32조【외국인등록사항】 제31조에 따른 외국인등록사항은 다음과 같다.

1. 성명, 성별, 생년월일 및 국적
2. 여권의 번호·발급일자 및 유효기간
3. 근무처와 직위 또는 담당업무
4. 본국의 주소와 국내 체류지
5. 체류자격과 체류기간
6. 제1호부터 제5호까지에서 규정한 사항 외에 법무부령으로 정하는 사항

(2010.5.14 본조개정)

제33조【외국인등록증의 발급 등】 ① 제31조에 따라 외국인등록을 받은 지방출입국·외국인관서의 장은 대통령령으로 정하는 바에 따라 그 외국인에게 외국인등록증을 발급하여야 한다. 다만, 그 외국인이 17세 미만인 경우에는 발급하지 아니할 수 있다.

② 제1항 단서에 따라 외국인등록증을 발급받지 아니한 외국인이 17세가 된 때에는 90일 이내에 체류지 관할 지방출입국·외국인관서의 장에게 외국인등록증 발급신청을 하여야 한다.

③ 영주자격을 가진 외국인에게 발급하는 외국인등록증(이하 "영주증"이라 한다)의 유효기간은 10년으로 한다.

(2018.3.20 본항신설)

④ 영주증을 발급받은 사람은 유효기간이 끝나기 전까지 영주증을 재발급받아야 한다.(2018.3.20 본항신설)

⑤ 제4항에 따른 영주증의 재발급 절차 등에 필요한 사항은 대통령령으로 정한다.(2018.3.20 본항신설)

⑥ 지방출입국·외국인관서의 장은 제1항에 따라 외국인등록증을 발급받은 외국인에게 외국인등록증과 동일한 효력을 가진 모바일외국인등록증(「이동통신단말장치 유통구조 개선에 관한 법률」 제2조제4호에 따른 이동통신단말장치에 암호화된 형태로 설치된 외국인등록증을 말한다. 이하 같다)을 발급할 수 있다.(2023.6.13 본항신설)

⑦ 법무부장관은 법무부령으로 정하는 바에 따라 모바일외국인등록증 발급 등을 위하여 정보시스템을 구축·운영할 수 있다.(2023.6.13 본항신설)

⑧ 제6항에 따른 모바일외국인등록증의 발급, 규격, 유효기간 및 효력 말소 등에 관한 사항은 법무부령으로 정한다.

(2023.6.13 본항신설)

(2018.3.20 본조제목개정)

(2014.3.18 본조개정)

제33조의2【영주증 재발급에 관한 특례 등】 ① 제33조에도 불구하고 이 법(법률 제15492호 출입국관리법 일부개정법률을 말한다. 이하 이 조에서 같다) 시행 당시 종전의 규정에 따라 영주자격을 가진 사람은 다음 각 호의 구분에 따른 기간 내에 체류지 관할 지방출입국·외국인관서의 장에게 영주증을 재발급받아야 한다.

1. 이 법 시행 당시 영주자격을 취득한 날부터 10년이 경과한 사람 : 이 법 시행일부터 2년 이내
2. 이 법 시행 당시 영주자격을 취득한 날부터 10년이 경과하지 아니한 사람 : 10년이 경과한 날부터 2년 이내

② 체류지 관할 지방출입국·외국인관서의 장은 제1항 각 호에 해당하는 사람에게 영주증 재발급 신청기한 등이 적힌 영주증 재발급 통지서를 지체 없이 송부하여야 한다. 다만, 소재불명 등으로 영주증 재발급 통지서를 송부하기 어려운 경우에는 관보에 공고하여야 한다.

③ 제33조제3항에도 불구하고 이 법 시행 당시 종전의 규정에 따라 영주자격을 가진 사람의 영주증은 제1항에 따라 영주증을 재발급받기 전까지 유효한 것으로 본다.

④ 제1항에 따른 영주증의 재발급 절차 등에 필요한 사항은 대통령령으로 정한다.

(2018.3.20 본조신설)

제33조의3【외국인등록증 등의 채무이행 확보수단 제공 등의 금지】 누구든지 다음 각 호의 어느 하나에 해당하는 행위를 하여서는 아니 된다.

1. 외국인의 여권이나 외국인등록증을 취업에 따른 계약 또는 채무이행의 확보수단으로 제공받거나 그 제공을 강요 또는 알선하는 행위(2016.3.29 본호개정)
2. 제31조제5항에 따른 외국인등록번호를 거짓으로 생성하여 자기 또는 다른 사람의 재물이나 재산상의 이익을 위하여 사용하거나 이를 알선하는 행위(2016.3.29 본호개정)
3. 외국인등록번호나 모바일외국인등록증을 거짓으로 만드는 프로그램을 다른 사람에게 전달하거나 유포 또는 이를 알선하는 행위(2023.6.13 본호개정)
4. 다른 사람의 외국인등록증이나 모바일외국인등록증을 부정하게 사용하거나 자기의 외국인등록증이나 모바일외국인등록증을 부정하게 사용한다는 사정을 알면서 다른 사람에게 제공하는 행위 또는 이를 각각 알선하는 행위(2023.6.13 본호개정)
5. 다른 사람의 외국인등록번호를 자기 또는 다른 사람의 재물이나 재산상의 이익을 위하여 부정하게 사용하거나 이를 알선하는 행위(2016.3.29 본호개정)

(2010.5.14 본조개정)

제34조【외국인등록표 등의 작성 및 관리】 ① 제31조에 따라 외국인등록을 받은 지방출입국·외국인관서의 장은 등록외국인기록표를 작성·비치하고, 외국인등록표를 작성하여 그 외국인이 체류하는 시(「제주특별자치도 설치 및 국제자유도시 조성을 위한 특별법」 제10조에 따른 행정시를 포함하며, 특별시와 광역시는 제외한다. 이하 같다)·군·구(자치구가 아닌 구를 포함한다. 이하 이 조, 제36조 및 제37조에서 같다) 및 읍·면·동의 장에게 보내야 한다.(2018.3.20 본항개정)

② 시·군·구 및 읍·면·동의 장은 제1항에 따라 외국인등록표를 받았을 때에는 그 등록사항을 외국인등록대장에 적어 관리하여야 한다.(2018.3.20 본항개정)

③ 등록외국인기록표, 외국인등록표 및 외국인등록대장의 작성과 관리에 필요한 사항은 대통령령으로 정한다.

(2010.5.14 본조개정)

제35조【외국인등록사항의 변경신고】 제31조에 따라 등록을 한 외국인은 다음 각 호의 어느 하나에 해당하는 사항이 변경되었을 때에는 대통령령으로 정하는 바에 따라 15일 이내에 체류지 관할 지방출입국·외국인관서의 장에게 외국인등록사항 변경신고를 하여야 한다.

(2020.6.9 본문개정)

1. 성명, 성별, 생년월일 및 국적
2. 여권의 번호, 발급일자 및 유효기간
3. 제1호 및 제2호에서 규정한 사항 외에 법무부령으로 정하는 사항

(2010.5.14 본조개정)

제36조【체류지 변경의 신고】 ① 제31조에 따라 등록을 한 외국인이 체류지를 변경하였을 때에는 대통령령으로 정하는 바에 따라 전입한 날부터 15일 이내에 새로운 체류지의 시·군·구 또는 읍·면·동의 장이나 그 체류지를 관할하는 지방출입국·외국인관서의 장에게 전입신고를 하여야 한다.(2020.6.9 본항개정)

② 외국인이 제1항에 따른 신고를 할 때에는 외국인등록증을 제출하여야 한다. 이 경우 시·군·구 또는 읍·면·동의 장이나 지방출입국·외국인관서의 장은 그 외국인등록증에 체류지 변경사항을 적은 후 돌려주어야 한다.

③ 제1항에 따라 전입신고를 받은 지방출입국·외국인관서의 장은 지체 없이 새로운 체류지의 시·군·구 또는 읍·면·동의 장에게 체류지 변경 사실을 통보하여야 한다.

④ 제1항에 따라 직접 전입신고를 받거나 제3항에 따라 지방출입국·외국인관서의 장으로부터 체류지 변경통보를 받은 시·군·구 또는 읍·면·동의 장은 지체 없이 종전 체류지의 시·군·구 또는 읍·면·동의 장에게 체류지 변경신고서 사본을 첨부하여 외국인등록표의 이송을 요청하여야 한다.

⑤ 제4항에 따라 외국인등록표 이송을 요청받은 종전 체류지의 시·군·구 또는 읍·면·동의 장은 이송을 요청받은 날부터 3일 이내에 새로운 체류지의 시·군·구 또는 읍·면·동의 장에게 외국인등록표를 이송하여야 한다.

⑥ 제5항에 따라 외국인등록표를 이송받은 시·군·구 또는 읍·면·동의 장은 신고인의 외국인등록표를 정리하고 제34조제2항에 따라 관리하여야 한다.
⑦ 제1항에 따라 전입신고를 받은 시·군·구 또는 읍·면·동의 장이나 지방출입국·외국인관서의 장은 대통령령으로 정하는 바에 따라 그 사실을 지체 없이 종전 체류지를 관할하는 지방출입국·외국인관서의 장에게 통보하여야 한다.
⑧ 제2항에도 불구하고 제33조제6항에 따라 모바일외국인등록증을 발급받은 자가 「민원 처리에 관한 법률」 제12조의2에 따라 전자민원창구를 이용하는 경우에는 체류지 변경사항을 모바일외국인등록증에 수록하는 것으로 제2항 후단에 따라 외국인등록증에 위 사항을 기재하는 것을 갈음할 수 있다.(2023.6.13 본항신설)
(2016.3.29 본조개정)

제37조【외국인등록증의 반납 등】 ① 제31조에 따라 등록을 한 외국인이 출국할 때에는 출입국관리공무원에게 외국인등록증을 반납하여야 한다. 다만, 다음 각 호의 어느 하나에 해당하는 경우에는 그러하지 아니하다.
1. 재입국허가를 받고 일시 출국하였다가 그 허가기간 내에 다시 입국하려는 경우
2. 복수사증 소지자나 재입국허가 면제대상 국가의 국민으로서 일시 출국하였다가 허가된 체류기간 내에 다시 입국하려는 경우
3. 난민여행증명서를 발급받고 일시 출국하였다가 그 유효기간 내에 다시 입국하려는 경우
② 제31조에 따라 등록을 한 외국인이 국민이 되거나 사망한 경우 또는 제31조제1항 각 호의 어느 하나에 해당하게 된 경우(같은 조 제2항에 따라 외국인등록을 한 경우는 제외한다)에는 대통령령으로 정하는 바에 따라 외국인등록증을 반납하여야 한다.(2016.3.29 본항개정)
③ 지방출입국·외국인관서의 장은 제1항이나 제2항에 따라 외국인등록증을 반납받으면 대통령령으로 정하는 바에 따라 그 사실을 지체 없이 체류지의 시·군·구 및 읍·면·동의 장에게 통보하여야 한다.(2018.3.20 본항개정)
④ 지방출입국·외국인관서의 장은 대한민국의 이익을 위하여 필요하다고 인정하면 제1항 각 호의 어느 하나에 해당하는 외국인의 외국인등록증을 일시 보관할 수 있다.(2014.3.18 본항개정)
⑤ 제4항의 경우 그 외국인이 허가된 기간 내에 다시 입국하였을 때에는 15일 이내에 지방출입국·외국인관서의 장으로부터 외국인등록증을 돌려받아야 하고, 그 허가받은 기간 내에 다시 입국하지 아니하였을 때에는 제1항에 따라 외국인등록증을 반납한 것으로 본다.(2020.6.9 본항개정)
(2010.5.14 본조개정)

제37조의2【외국인등록사항의 말소】 ① 지방출입국·외국인관서의 장은 제31조에 따라 등록을 한 외국인이 다음 각 호의 어느 하나에 해당하는 경우에는 제32조에 따른 외국인등록사항을 말소할 수 있다.
1. 제37조제1항 또는 제2항에 따라 외국인등록증을 반납한 경우
2. 출국 후 재입국허가기간(재입국허가를 면제받은 경우에는 면제받은 기간 또는 체류허가기간) 내에 입국하지 아니한 경우
3. 그 밖에 출입국관리공무원이 직무수행 중 제1호 또는 제2호에 준하는 말소 사유를 발견한 경우
② 제1항에 따른 외국인등록사항의 말소 절차에 관하여 필요한 사항은 대통령령으로 정한다.
(2016.3.29 본조신설)

제38조【생체정보의 제공 등】 ① 다음 각 호의 어느 하나에 해당하는 외국인은 법무부령으로 정하는 바에 따라 생체정보를 제공하여야 한다.(2020.6.9 본문개정)
1. 다음 각 목의 어느 하나에 해당하는 사람으로서 17세 이상인 사람
가. 제31조에 따라 외국인등록을 하여야 하는 사람(같은 조 제2항에 따라 외국인등록을 하려는 사람은 제외한다)
나. 「재외동포의 출입국과 법적 지위에 관한 법률」 제6조에 따라 국내거소신고를 하려는 사람
(2016.3.29 본호개정)
2. 이 법을 위반하여 조사를 받거나 그 밖에 다른 법률을 위반하여 수사를 받고 있는 사람
3. 신원이 확실하지 아니한 사람
4. 제1호부터 제3호까지에서 규정한 사람 외에 법무부장관이 대한민국의 안전이나 이익 또는 해당 외국인의 안전이나 이익을 위하여 특히 필요하다고 인정하는 사람
② 지방출입국·외국인관서의 장은 제1항에 따른 생체정보의 제공을 거부하는 외국인에게는 체류기간 연장허가 등 이 법에 따른 허가를 하지 아니할 수 있다.(2020.6.9 본항개정)
③ 법무부장관은 제1항에 따라 제공받은 생체정보를 「개인정보 보호법」에 따라 보유하고 관리한다.(2020.6.9 본항개정)
(2020.6.9 본조제목개정)
(2010.5.14 본조개정)

제38조의2【생체정보의 공동이용】 ① 법무부장관은 관계 기관이 선박등의 탑승권 발급, 출입국항의 보호구역 진입 및 선박 등의 탑승 등의 업무를 위하여 요청하는 경우에는 이 법에 따라 수집·처리한 생체정보를 제공할 수 있다.
② 제1항에 따라 생체정보를 제공받은 기관은 그 생체정보를 「개인정보 보호법」에 따라 처리하여야 한다.
(2020.6.9 본조신설)

제2절 사회통합 프로그램
(2012.1.26 본절신설)

제39조【사회통합 프로그램】 ① 법무부장관은 대한민국 국적, 영주자격 등을 취득하려는 외국인의 사회적응을 지원하기 위하여 교육, 정보 제공, 상담 등의 사회통합 프로그램(이하 "사회통합 프로그램"이라 한다)을 시행할 수 있다.(2018.3.20 본항개정)
② 법무부장관은 사회통합 프로그램을 효과적으로 시행하기 위하여 필요한 전문인력 및 시설 등을 갖춘 기관, 법인 또는 단체를 사회통합 프로그램 운영기관으로 지정할 수 있다.
③ 법무부장관은 대통령령으로 정하는 바에 따라 사회통합 프로그램의 시행에 필요한 전문인력을 양성할 수 있다.
④ 국가와 지방자치단체는 다음 각 호의 경비의 전부 또는 일부를 예산의 범위에서 지원할 수 있다.
1. 제2항에 따라 지정된 운영기관의 업무 수행에 필요한 경비
2. 제3항에 따른 전문인력 양성에 필요한 경비
⑤ 사회통합 프로그램의 내용 및 개발, 운영기관의 지정·관리 및 지정 취소, 그 밖에 사회통합 프로그램의 운영에 필요한 사항은 대통령령으로 정한다.

제40조【사회통합 프로그램 이수자에 대한 우대】 법무부장관은 사증 발급, 체류 관련 각종 허가 등을 할 때에 이 법 또는 관계 법령에서 정하는 바에 따라 사회통합 프로그램 이수자를 우대할 수 있다.

제41조【사회통합 자원봉사위원】 ① 법무부장관은 외국인의 사회통합을 지원하기 위하여 법무부령으로 정하는 바에 따라 지방출입국·외국인관서에 사회통합 자원봉사위원(이하 "사회통합위원"이라 한다)을 둘 수 있다.
② 사회통합위원은 다음 각 호의 직무를 수행한다.
1. 외국인 및 고용주 등의 법 준수를 위한 홍보활동
2. 외국인이 한국사회의 건전한 사회구성원으로 정착하기 위한 체류 지원
3. 영주자격 및 국적을 취득하려는 자에 대한 지원
4. 그 밖에 대한민국 국민과 국내 체류 외국인의 사회통합을 위하여 법무부장관이 정하는 사항
③ 사회통합위원은 명예직으로 하되 직무수행에 필요한 비용의 전부 또는 일부를 지급할 수 있다.
④ 사회통합위원의 위촉 및 해촉, 정원, 자치 조직, 비용의 지급, 그 밖에 필요한 사항은 법무부령으로 정한다.
(2014.12.30 본조신설)

제42조~제45조 (1999.2.5 삭제)

제6장 강제퇴거 등
(2010.5.14 본장개정)

제1절 강제퇴거의 대상자

제46조【강제퇴거의 대상자】 ① 지방출입국·외국인관서의 장은 이 장에 규정된 절차에 따라 다음 각 호의 어느 하나에 해당하는 외국인을 대한민국 밖으로 강제퇴거시킬 수 있다.(2014.3.18 본문개정)
1. 제7조를 위반한 사람
2. 제7조의2를 위반한 외국인 또는 같은 조에 규정된 허위초청 등의 행위로 입국한 외국인
3. 제11조제1항 각 호의 어느 하나에 해당하는 입국금지 사유가 입국 후에 발견되거나 발생한 사람
4. 제12조제1항·제2항 또는 제12조의3을 위반한 사람
5. 제13조제2항에 따라 지방출입국·외국인관서의 장이 붙인 허가조건을 위반한 사람(2014.3.18 본호개정)
6. 제14조제1항, 제14조의2제1항, 제15조제1항, 제16조제1항 또는 제16조의2제1항에 따른 허가를 받지 아니하고 상륙한 사람(2012.1.26 본호개정)
7. 제14조제3항(제14조의2제3항에 따라 준용되는 경우를 포함한다), 제15조제2항, 제16조제2항 또는 제16조의2제2항에 따라 지방출입국·외국인관서의 장 또는 출입국관리공무원이 붙인 허가조건을 위반한 사람(2014.3.18 본호개정)
8. 제17조제1항·제2항, 제18조, 제20조, 제23조, 제24조 또는 제25조를 위반한 사람
9. 제21조제1항 본문을 위반하여 허가를 받지 아니하고 근무처를 변경·추가하거나 같은 조 제2항을 위반하여 외국인을 고용·알선한 사람
10. 제22조에 따라 법무부장관이 정한 거소 또는 활동범위의 제한이나 그 밖의 준수사항을 위반한 사람
10의2. 제26조를 위반한 외국인(2016.3.29 본호신설)
11. 제28조제1항 및 제2항을 위반하여 출국하려고 한 사람
12. 제31조에 따른 외국인등록 의무를 위반한 사람
12의2. 제33조의3을 위반한 외국인(2018.3.20 본항개정)
13. 금고 이상의 형을 선고받고 석방된 사람
14. 제76조의4제1항 각 호의 어느 하나에 해당하는 사람(2021.8.17 본호신설)
15. 그 밖에 제1호부터 제10호까지, 제10호의2, 제11호, 제12호, 제12호의2, 제13호 또는 제14호에 준하는 사람으로서 법무부령으로 정하는 사람(2021.8.17 본호개정)
② 영주자격을 가진 사람은 제1항에도 불구하고 대한민국 밖으로 강제퇴거되지 아니한다. 다만, 다음 각 호의 어느 하나에 해당하는 사람은 그러하지 아니하다.
(2018.3.20 본문개정)
1. 「형법」 제2편제1장 내란의 죄 또는 제2장 외환의 죄를 범한 사람
2. 5년 이상의 징역 또는 금고의 형을 선고받고 석방된 사람 중 법무부령으로 정하는 사람
3. 제12조의3제1항 또는 제2항을 위반하거나 이를 교사(教唆) 또는 방조(幇助)한 사람

판례 동조에 의한 강제퇴거의 요건과 입증책임 : 출입국관리법 소정의 외국인으로서 대한민국 밖으로 강제퇴거를 시키기 위하여는 상대방이 대한민국의 국적을 가지지 아니한 외국인이라고 단정할 수 있어야 하고, 따라서 재외 국민이 다른 나라의 여권을 소지하고 대한민국에 입국하였다 하더라도 그가 당초에 대한민국의 국민이었던 점이 인정되는 이상 다른 나라의 여권을 소지한 사실 자체만으로는 그 나라의 국적을 취득하였다거나 대한민국의 국적을 상실한 것으로 추정·의제되는 것이 아니므로, 다른 특별한 사정이 없는 한 그와 같은 재외 국민을 외국인으로 볼 것은 아니고, 다른 나라의 여권을 소지하고 입국한 재외 국민이 그 나라의 국적을 취득하였다거나 대한민국의 국적을 상실한 외국인이라는 점에 대하여는 관할 외국인보호소장 등 처분청이 이를 입증하여야 한다.(대판 1996.11.12, 96누1221)

제46조의2【강제퇴거집행 등에 대한 특칙】 지방출입국·외국인관서의 장은 제25조의2제1항 각 호의 어느 하나에 해당하는 외국인이 같은 항에 따른 법원의 재판, 수사기관의 수사 또는 그 밖의 법률에 따른 권리구제 절차가 진행 중일 때에는 제62조에 따른 강제퇴거명령서의 집행을 유예하거나 제65조에 따라 보증금을 예치시키고 주거의 제한이나 그 밖에 필요한 조건을 붙여 보호를 일시해제할 수 있다.(2022.12.13 본조신설)

제2절 조 사

제47조【조사】 출입국관리공무원은 제46조제1항 각 호의 어느 하나에 해당된다고 의심되는 외국인(이하 "용의자"라 한다)에 대하여는 그 사실을 조사할 수 있다.

제48조【용의자에 대한 출석요구 및 신문】 ① 출입국관리공무원은 제47조에 따른 조사에 필요하면 용의자의 출석을 요구하여 신문(訊問)할 수 있다.
② 출입국관리공무원이 제1항에 따라 신문을 할 때에는 다른 출입국관리공무원을 참여하게 하여야 한다.
③ 제1항에 따른 신문을 할 때에는 용의자가 한 진술은 조서(調書)에 적어야 한다.
④ 출입국관리공무원은 제3항에 따른 조서를 용의자에게 읽어 주거나 열람하게 한 후 오기(誤記)가 있고 없음을 물어야 하고, 용의자가 그 내용에 대한 추가·삭제 또는 변경을 청구하면 그 진술을 조서에 적어야 한다.
⑤ 조서에는 용의자로 하여금 간인(間印)한 후 서명 또는 기명날인(記名捺印)하게 하고, 용의자가 서명 또는 기명날인할 수 없거나 이를 거부할 때에는 그 사실을 조서에 적어야 한다.
⑥ 국어가 통하지 아니하는 사람이나 청각장애인 또는 언어장애인의 진술은 통역인에게 통역하게 하여야 한다. 다만, 청각장애인이나 언어장애인에게는 문자로 묻거나 진술하게 할 수 있다.
⑦ 용의자의 진술 중 국어가 아닌 문자나 부호가 있으면 이를 번역하게 하여야 한다.

제49조【참고인에 대한 출석요구 및 진술】 ① 출입국관리공무원은 제47조에 따른 조사에 필요하면 참고인에게 출석을 요구하여 그의 진술을 들을 수 있다.
② 참고인의 진술에 관하여는 제48조제2항부터 제7항까지의 규정을 준용한다.

제50조【검사 및 서류 등의 제출요구】 출입국관리공무원은 제47조에 따른 조사에 필요하면 용의자의 동의를 받아 그의 주거 또는 물건을 검사하거나 서류 또는 물건을 제출하도록 요구할 수 있다.

제3절 심사결정을 위한 보호

제51조【보호】 ① 출입국관리공무원은 외국인이 제46조제1항 각 호의 어느 하나에 해당된다고 의심할 만한 상당한 이유가 있고 도주하거나 도주할 염려가 있으면 지방출입국·외국인관서의 장으로부터 보호명령서를 발급받아 그 외국인을 보호할 수 있다.(2014.3.18 본항개정)
② 제1항에 따른 보호명령서의 발급을 신청할 때에는 보호의 필요성을 인정할 수 있는 자료를 첨부하여 제출하여야 한다.
③ 출입국관리공무원은 외국인이 제46조제1항 각 호의 어느 하나에 해당된다고 의심할 만한 상당한 이유가 있고 도주하거나 도주할 염려가 있는 긴급한 경우에 지방출입국·외국인관서의 장으로부터 보호명령서를 발급받을 여유가 없을 때에는 그 사유를 알리고 긴급히 보호할 수 있다.(2014.3.18 본항개정)
④ 출입국관리공무원은 제3항에 따라 외국인을 긴급히 보호하면 즉시 긴급보호서를 작성하여 그 외국인에게 내보여야 한다.

⑤ 출입국관리공무원은 제3항에 따라 외국인을 보호한 경우에는 48시간 이내에 보호명령서를 발급받아 외국인에게 내보여야 하며, 보호명령서를 발급받지 못한 경우에는 즉시 보호를 해제하여야 한다.

제52조【보호기간 및 보호장소】 ① 제51조에 따라 보호된 외국인의 강제퇴거 대상자 여부를 심사·결정하기 위한 보호기간은 10일 이내로 한다. 다만, 부득이한 사유가 있으면 지방출입국·외국인관서의 장의 허가를 받아 10일을 초과하지 아니하는 범위에서 한 차례만 연장할 수 있다.(2014.3.18 단서개정)

② 보호할 수 있는 장소는 외국인보호실, 외국인보호소 또는 그 밖에 법무부장관이 지정하는 장소(이하 "보호시설"이라 한다)로 한다.

제53조【보호명령서의 집행】 출입국관리공무원이 보호명령서를 집행할 때에는 용의자에게 보호명령서를 내보여야 한다.

제54조【보호의 통지】 ① 출입국관리공무원은 용의자를 보호한 때에는 국내에 있는 그의 법정대리인·배우자·직계친족·형제자매·가족·변호인 또는 용의자가 지정하는 사람(이하 "법정대리인등"이라 한다)에게 3일 이내에 보호의 일시·장소 및 이유를 서면으로 통지하여야 한다. 다만, 법정대리인등이 없는 때에는 그 사유를 서면에 적고 통지하지 아니할 수 있다.

② 출입국관리공무원은 제1항에 따른 통지 외에 보호된 사람이 원하는 경우에는 긴급한 사정이나 그 밖의 부득이한 사유가 없으면 국내에 주재하는 그의 국적이나 시민권이 속하는 국가의 영사에게 보호의 일시·장소 및 이유를 통지하여야 한다.

제55조【보호에 대한 이의신청】 ① 보호명령서에 따라 보호된 사람이나 그의 법정대리인등은 지방출입국·외국인관서의 장을 거쳐 법무부장관에게 보호에 대한 이의신청을 할 수 있다.(2014.3.18 본항개정)

② 법무부장관은 제1항에 따른 이의신청을 받은 경우 지체 없이 관계 서류를 심사하여 그 신청이 이유 없다고 인정되면 결정으로 기각하고, 이유 있다고 인정되면 결정으로 보호된 사람의 보호해제를 명하여야 한다.

③ 법무부장관은 제2항에 따른 결정에 앞서 필요하면 관계인의 진술을 들을 수 있다.

제56조【외국인의 일시보호】 ① 출입국관리공무원은 다음 각 호의 어느 하나에 해당하는 외국인을 48시간을 초과하지 아니하는 범위에서 외국인보호실에 일시보호할 수 있다.

1. 제12조제4항에 따라 입국이 허가되지 아니한 사람
2. 제13조제1항에 따라 조건부 입국허가를 받은 사람으로서 도주하거나 도주할 염려가 있다고 인정할 만한 상당한 이유가 있는 사람
3. 제68조제1항에 따라 출국명령을 받은 사람으로서 도주하거나 도주할 염려가 있다고 인정할 만한 상당한 이유가 있는 사람

② 출입국관리공무원은 제1항에 따라 일시보호한 외국인을 출국교통편의 미확보, 질병, 그 밖의 부득이한 사유로 48시간 내에 송환할 수 없는 경우에는 지방출입국·외국인관서의 장의 허가를 받아 48시간을 초과하지 아니하는 범위에서 한 차례만 보호기간을 연장할 수 있다.
(2014.3.18 본항개정)

제56조의2【피보호자의 긴급이송 등】 ① 지방출입국·외국인관서의 장은 천재지변이나 화재, 그 밖의 사변으로 인하여 보호시설에서는 피난할 방법이 없다고 인정되면 보호시설에 보호되어 있는 사람(이하 "피보호자"라 한다)을 다른 장소로 이송할 수 있다.

② 지방출입국·외국인관서의 장은 제1항에 따른 이송이 불가능하다고 판단되면 외국인의 보호조치를 해제할 수 있다.
(2014.3.18 본조개정)

제56조의3【피보호자 인권의 존중 등】 ① 피보호자의 인권은 최대한 존중하여야 하며, 국적, 성별, 종교, 사회적 신분 등을 이유로 피보호자를 차별하여서는 아니 된다.

② 남성과 여성은 분리하여 보호하여야 한다. 다만, 어린이의 부양 등 특별한 사정이 있는 경우에는 그러하지 아니하다.(2016.3.29 본항개정)

③ 지방출입국·외국인관서의 장은 피보호자가 다음 각 호의 어느 하나에 해당하는 외국인인 경우에는 특별히 보호하여야 한다.

1. 환자
2. 임산부
3. 노약자
4. 19세 미만인 사람
5. 제1호부터 제4호까지에 준하는 사람으로서 지방출입국·외국인관서의 장이 특별히 보호할 필요가 있다고 인정하는 사람

(2014.12.30 본항신설)

④ 제3항에 따른 보호를 위한 특별한 조치 및 지원에 관한 구체적인 사항은 법무부령으로 정한다.(2016.3.29 본항개정)

제56조의4【강제력의 행사】 ① 출입국관리공무원은 피보호자가 다음 각 호의 어느 하나에 해당하면 그 피보호자에게 강제력을 행사할 수 있고, 다른 피보호자와 격리하여 보호할 수 있다. 이 경우 피보호자의 생명과 신체의 안전, 도주의 방지, 시설의 보안 및 질서유지를 위하여 필요한 최소한도에 그쳐야 한다.

1. 자살 또는 자해행위를 하려는 경우
2. 다른 사람에게 위해를 끼치거나 끼치려는 경우
3. 도주하거나 도주하려는 경우
4. 출입국관리공무원의 직무집행을 정당한 사유 없이 거부 또는 기피하거나 방해하는 경우
5. 제1호부터 제4호까지에서 규정한 경우 외에 보호시설 및 피보호자의 안전과 질서를 현저히 해치는 행위를 하거나 하려는 경우

② 제1항에 따라 강제력을 행사할 때에는 신체적인 유형력(有形力)을 행사하거나 경찰봉, 가스분사용총, 전자충격기 등 법무부장관이 지정하는 보안장비만을 사용할 수 있다.

③ 제1항에 따른 강제력을 행사하려면 사전에 해당 피보호자에게 경고하여야 한다. 다만, 긴급한 상황으로 사전에 경고할 만한 시간적 여유가 없을 때에는 그러하지 아니하다.

④ 출입국관리공무원은 제1항 각 호의 어느 하나에 해당하거나 보호시설의 질서유지 또는 강제퇴거를 위한 호송 등을 위하여 필요한 경우에는 다음 각 호의 보호장비를 사용할 수 있다.

1. 수갑
2. 포승
3. 머리보호장비
4. 제1호부터 제3호까지에서 규정한 사항 외에 보호시설의 질서유지 또는 강제퇴거를 위한 호송 등을 위하여 특별히 필요하다고 인정되는 보호장비로서 법무부령으로 정하는 것

⑤ 제4항에 따른 보호장비의 사용 요건 및 절차 등에 관하여 필요한 사항은 법무부령으로 정한다.

제56조의5【신체 등의 검사】 ① 출입국관리공무원은 보호시설의 안전과 질서유지를 위하여 필요하면 피보호자의 신체·의류 및 휴대품을 검사할 수 있다.

② 피보호자가 여성이면 제1항에 따른 검사는 여성 출입국관리공무원이 하여야 한다. 다만, 여성 출입국관리공무원이 없는 경우에는 지방출입국·외국인관서의 장이 지명하는 여성이 할 수 있다.(2014.3.18 단서개정)

제56조의6【면회등】 ① 피보호자는 다른 사람과 면회, 서신수수 및 전화통화(이하 "면회등"이라 한다)를 할 수 있다.

② 지방출입국·외국인관서의 장은 보호시설의 안전이나 질서, 피보호자의 안전·건강·위생을 위하여 부득이하다고 인정되는 경우에는 면회등을 제한할 수 있다.
(2014.3.18 본항개정)

③ 면회등의 절차 및 그 제한 등에 관한 구체적인 사항은 법무부령으로 정한다.

제56조의7【영상정보 처리기기 등을 통한 안전대책】 ① 지방출입국·외국인관서의 장은 피보호자의 자살·자해·도주·폭행·손괴나 그 밖에 다른 피보호자의 생명·신체를 해치거나 보호시설의 안전 또는 질서를 해치는 행위를 방지하기 위하여 필요한 범위에서 영상정보 처리기기 등 필요한 시설을 설치할 수 있다.(2014.3.18 본항개정)

② 제1항에 따라 설치된 영상정보 처리기기는 피보호자의 인권 등을 고려하여 필요한 최소한의 범위에서 설치·운영되어야 한다.

③ 영상정보 처리기기 등의 설치·운영 및 녹화기록물의 관리 등에 필요한 사항은 법무부령으로 정한다.

제56조의8【청원】 ① 피보호자는 보호시설에서의 처우에 대하여 불복하는 경우에는 법무부장관이나 지방출입국·외국인관서의 장에게 청원(請願)할 수 있다.
(2014.3.18 본항개정)

② 청원은 서면으로 작성하여 봉(封)한 후 제출하여야 한다. 다만, 지방출입국·외국인관서의 장에게 청원하는 경우에는 말로 할 수 있다.(2014.3.18 단서개정)

③ 피보호자는 청원을 하였다는 이유로 불리한 처우를 받지 아니한다.

④ 청원의 절차 등에 관하여 필요한 사항은 법무부령으로 정한다.
(2010.5.14 본조신설)

제56조의9【이의신청 절차 등의 게시】 지방출입국·외국인관서의 장은 제55조에 따른 보호에 대한 이의신청, 제56조의6에 따른 면회등 및 제56조의8에 따른 청원에 관한 절차를 보호시설 안의 잘 보이는 곳에 게시하여야 한다.(2014.3.18 본조개정)

제57조【피보호자의 급양 및 관리 등】 제56조의2부터 제56조의9까지에서 규정한 사항 외에 보호시설에서의 피보호자에 대한 급양(給養)이나 관리 및 처우, 보호시설의 경비(警備)에 관한 사항과 그 밖에 필요한 사항은 법무부령으로 정한다.

제4절 심사 및 이의신청

제58조【심사결정】 지방출입국·외국인관서의 장은 출입국관리공무원이 용의자에 대한 조사를 마치면 지체 없이 용의자가 제46조제1항 각 호의 어느 하나에 해당하는지를 심사하여 결정하여야 한다.(2014.3.18 본조개정)

제59조【심사 후의 절차】 ① 지방출입국·외국인관서의 장은 심사 결과 용의자가 제46조제1항 각 호의 어느 하나에 해당하지 아니한다고 인정하면 지체 없이 용의자에게 그 뜻을 알려야 하고, 용의자가 보호되어 있으면 즉시 보호를 해제하여야 한다.

② 지방출입국·외국인관서의 장은 심사 결과 용의자가 제46조제1항 각 호의 어느 하나에 해당한다고 인정되면 강제퇴거명령을 할 수 있다.

③ 지방출입국·외국인관서의 장은 제2항에 따라 강제퇴거명령을 하는 때에는 강제퇴거명령서를 용의자에게 발급하여야 한다.

④ 지방출입국·외국인관서의 장은 강제퇴거명령서를 발급하는 경우 법무부장관에게 이의신청을 할 수 있다는 사실을 용의자에게 알려야 한다.
(2014.3.18 본조개정)

제60조【이의신청】 ① 용의자는 강제퇴거명령에 대하여 이의신청을 하려면 강제퇴거명령서를 받은 날부터 7일 이내에 지방출입국·외국인관서의 장을 거쳐 법무부장관에게 이의신청서를 제출하여야 한다.

② 지방출입국·외국인관서의 장은 제1항에 따른 이의신청서를 접수하면 심사결정서와 조사기록을 첨부하여 법무부장관에게 제출하여야 한다.

③ 법무부장관은 제1항과 제2항에 따른 이의신청서 등을 접수하면 이의신청이 이유 있는지를 심사결정하여 그 결과를 지방출입국·외국인관서의 장에게 알려야 한다.

④ 지방출입국·외국인관서의 장은 법무부장관으로부터 이의신청이 이유 있다는 결정을 통지받으면 지체 없이 용의자에게 그 사실을 알리고, 용의자가 보호되어 있으면 즉시 그 보호를 해제하여야 한다.

⑤ 지방출입국·외국인관서의 장은 법무부장관으로부터 이의신청이 이유 없다는 결정을 통지받으면 지체 없이 용의자에게 그 사실을 알려야 한다.
(2014.3.18 본조개정)

제61조【체류허가의 특례】 ① 법무부장관은 제60조제3항에 따른 결정을 할 때 이의신청이 이유 없다고 인정되는 경우라도 용의자가 대한민국 국적을 가졌던 사실이 있거나 그 밖에 대한민국에 체류하여야 할 특별한 사정이 있다고 인정되면 그의 체류를 허가할 수 있다.

② 법무부장관은 제1항에 따른 허가를 할 때 체류기간 등 필요한 조건을 붙일 수 있다.

제5절 강제퇴거명령서의 집행

제62조【강제퇴거명령서의 집행】 ① 강제퇴거명령서는 출입국관리공무원이 집행한다.

② 지방출입국·외국인관서의 장은 사법경찰관리에게 강제퇴거명령서의 집행을 의뢰할 수 있다.(2014.3.18 본항개정)

③ 강제퇴거명령서를 집행할 때에는 그 명령을 받은 사람에게 강제퇴거명령서를 내보이고 지체 없이 그를 제64조에 따른 송환국으로 송환하여야 한다. 다만, 제76조제1항에 따라 선박등의 장이나 운수업자가 송환하게 되는 경우에는 출입국관리공무원은 그 선박등의 장이나 운수업자에게 그를 인도할 수 있다.(2017.12.12 단서개정)

④ 제3항에도 불구하고 강제퇴거명령을 받은 사람이 다음 각 호의 어느 하나에 해당하는 경우에는 송환하여서는 아니 된다. 다만, 「난민법」에 따른 난민신청자가 대한민국의 공공의 안전을 해쳤거나 해칠 우려가 있다고 인정되면 그러하지 아니하다.

1. 「난민법」에 따라 난민인정 신청을 하였으나 난민인정 여부가 결정되지 아니한 경우
2. 「난민법」 제21조에 따라 이의신청을 하였으나 이에 대한 심사가 끝나지 아니한 경우

(2012.2.10 본항개정)

제63조【강제퇴거명령을 받은 사람의 보호 및 보호해제】 ① 지방출입국·외국인관서의 장은 강제퇴거명령을 받은 사람을 여권 미소지 또는 교통편 미확보 등의 사유로 즉시 대한민국 밖으로 송환할 수 없으면 송환할 수 있을 때까지 그를 보호시설에 보호할 수 있다.(2014.3.18 본항개정)

② 지방출입국·외국인관서의 장은 제1항에 따라 보호할 때 그 기간이 3개월을 넘는 경우에는 3개월마다 미리 법무부장관의 승인을 받아야 한다.(2014.3.18 본항개정)

③ 지방출입국·외국인관서의 장은 제2항의 승인을 받지 못하면 지체 없이 보호를 해제하여야 한다.(2014.3.18 본항개정)

④ 지방출입국·외국인관서의 장은 강제퇴거명령을 받은 사람이 다른 국가로부터 입국이 거부되는 등의 사유로 송환될 수 없음이 명백하게 된 경우에는 그의 보호를 해제할 수 있다.(2014.3.18 본항개정)

⑤ 지방출입국·외국인관서의 장은 제3항 또는 제4항에 따라 보호를 해제하는 경우에는 주거의 제한이나 그 밖에 필요한 조건을 붙일 수 있다.(2014.3.18 본항개정)

⑥ 제1항에 따라 보호하는 경우에는 제53조부터 제55조까지, 제56조의2부터 제56조의9까지 및 제57조를 준용한다.

<2023.3.23 헌법재판소 헌법불합치결정으로 이 조 제1항은 2025.5.31을 시한으로 입법자가 개정할 때까지 계속 적용>

판례 동조 제1항 '보호명령'의 성질 : 동조항의 '보호명령'은 강제퇴거명령의 집행확보 이외의 다른 목적을 위하여 이를 발할 수 없다

는 목적상의 한계 및 일단 적법하게 보호명령이 발하여진 경우에도 송환에 필요한 준비와 절차를 신속히 마쳐 송환이 가능할 때까지 필요한 최소한의 기간 동안 잠정적으로만 보호할 수 있고 다른 목적을 위하여 보호기간을 연장할 수 없다는 시간적 한계를 가지는 '일시적 강제조치'에 해당한다.(대판 2001.10.26, 99다68829)

제64조【송환국】 ① 강제퇴거명령을 받은 사람은 국적이나 시민권을 가진 국가로 송환된다.
② 제1항에 따른 국가로 송환할 수 없는 경우에는 다음 각 호의 어느 하나에 해당하는 국가로 송환할 수 있다.
1. 대한민국에 입국하기 전에 거주한 국가
2. 출생지가 있는 국가
3. 대한민국에 입국하기 위하여 선박등에 탔던 항(港)이 속하는 국가
4. 제1호부터 제3호까지에서 규정한 국가 외에 본인이 송환되기를 희망하는 국가
③ (2012.2.10 삭제)

제6절 보호의 일시해제

제65조【보호의 일시해제】 ① 지방출입국·외국인관서의 장은 직권으로 또는 피보호자(그의 보증인 또는 법정대리인등을 포함한다)의 청구에 따라 피보호자의 정상(情狀), 해제요청사유, 자산, 그 밖의 사항을 고려하여 2천만원 이하의 보증금을 예치시키고 주거의 제한이나 그 밖에 필요한 조건을 붙여 보호를 일시해제할 수 있다.
② 제1항에 따른 보호의 일시해제 청구, 보증금의 예치 및 반환의 절차는 대통령령으로 정한다.
(2018.3.20 본조개정)

제66조【보호 일시해제의 취소】 ① 지방출입국·외국인관서의 장은 보호로부터 일시해제된 사람이 다음 각 호의 어느 하나에 해당하면 보호의 일시해제를 취소하고 다시 보호의 조치를 할 수 있다.(2014.3.18 본문개정)
1. 도주하거나 도주할 염려가 있다고 인정되는 경우
2. 정당한 사유 없이 출석명령에 따르지 아니한 경우
3. 제1호 및 제2호에서 규정한 사항 외에 일시해제에 붙인 조건을 위반한 경우
② 지방출입국·외국인관서의 장은 제1항에 따라 보호의 일시해제를 취소하는 경우 보호 일시해제 취소서를 발급하고 보증금의 전부 또는 일부를 국고에 귀속시킬 수 있다.
(2014.3.18 본항개정)
③ 제2항에 따른 보증금의 국고 귀속절차는 대통령령으로 정한다.

제66조의2【보호의 일시해제 절차 등의 게시】 지방출입국·외국인관서의 장은 제65조 및 제66조에 따른 보호의 일시해제 및 그 취소에 관한 절차를 보호시설 안의 잘 보이는 곳에 게시하여야 한다.(2018.3.20 본조신설)

제7절 출국권고 등

제67조【출국권고】 ① 지방출입국·외국인관서의 장은 대한민국에 체류하는 외국인이 다음 각 호의 어느 하나에 해당하면 그 외국인에게 자진하여 출국할 것을 권고할 수 있다.(2014.3.18 본문개정)
1. 제17조와 제20조를 위반한 사람으로서 그 위반 정도가 가벼운 경우
2. 제1호에서 규정한 경우 외에 이 법 또는 이 법에 따른 명령을 위반한 사람으로서 법무부장관이 그 출국을 권고할 필요가 있다고 인정하는 경우
② 지방출입국·외국인관서의 장은 제1항에 따라 출국권고를 할 때에는 출국권고서를 발급하여야 한다.
(2014.3.18 본항개정)
③ 제2항에 따른 출국권고서를 발급하는 경우 발급한 날부터 5일의 범위에서 출국기한을 정할 수 있다.

제68조【출국명령】 ① 지방출입국·외국인관서의 장은 다음 각 호의 어느 하나에 해당하는 외국인에게는 출국명령을 할 수 있다.(2014.3.18 본문개정)
1. 제46조제1항 각 호의 어느 하나에 해당한다고 인정되나 자기비용으로 자진하여 출국하려는 사람
2. 제67조에 따른 출국권고를 받고도 이행하지 아니한 사람
3. 제89조에 따라 각종 허가 등이 취소된 사람
3의2. 제89조의2제1항에 따라 영주자격이 취소된 사람. 다만, 제89조의2제2항에 따라 일반체류자격을 부여받은 사람은 제외한다.(2018.3.20 본호신설)
4. 제100조제1항부터 제3항까지의 규정에 따른 과태료 처분 후 출국조치하는 것이 타당하다고 인정되는 사람
5. 제102조제1항에 따른 통고처분(通告處分) 후 출국조치하는 것이 타당하다고 인정되는 사람
② 지방출입국·외국인관서의 장은 제1항에 따라 출국명령을 할 때에는 출국명령서를 발급하여야 한다.
(2014.3.18 본항개정)
③ 제2항에 따른 출국명령서를 발급할 때에는 법무부령으로 정하는 바에 따라 출국기한을 정하고 주거의 제한이나 그 밖에 필요한 조건을 붙일 수 있으며, 필요하다고 인정할 때에는 2천만원 이하의 이행보증금을 예치하게 할 수 있다.(2020.10.20 본항개정)
④ 지방출입국·외국인관서의 장은 출국명령을 받고도 지정한 기한까지 출국하지 아니하거나 제3항에 따라 붙인 조건을 위반한 사람에게는 지체 없이 강제퇴거명령서를 발급하여야 하며, 그 예치된 이행보증금의 전부 또는 일부를 국고에 귀속시킬 수 있다.(2020.10.20 본항개정)
⑤ 제3항과 제4항에 따른 이행보증금의 예치 및 반환과 국고 귀속절차는 대통령령으로 정한다.(2020.10.20 본항신설)

제7장 선박등의 검색
(2010.5.14 본장개정)

제69조【선박등의 검색 및 심사】 ① 선박등이 출입국항에 출·입항할 때에는 출입국관리공무원의 검색을 받아야 한다.
② 선박등의 장이나 운수업자는 선박등이 부득이하게 출입국항이 아닌 장소에 출·입항하여야 할 사유가 발생하면 제74조에 따른 출·입항 예정통보서에 그 사유를 소명하는 자료를 첨부하여 미리 지방출입국·외국인관서의 장에게 제출하고 제1항에 따른 검색을 받아야 한다. 다만, 항공기의 불시착, 선박의 조난 등 불의의 사고가 발생하면 지체 없이 그 사실을 지방출입국·외국인관서의 장에게 보고하여 검색을 받아야 한다.(2014.3.18 본항개정)
③ 출입국관리공무원은 제1항이나 제2항에 따라 검색을 할 때에는 다음 각 호의 사항을 심사하여야 한다.
1. 승무원과 승객의 출입국 적격 여부 또는 이선(離船) 여부
2. 법령을 위반하여 입국이나 출국을 하려는 사람이 선박등에 타고 있는지 여부
3. 제72조에 따른 승선허가를 받지 아니한 사람이 있는지 여부
④ 출입국관리공무원은 제1항부터 제3항까지의 규정에 따른 검색과 심사를 할 때에는 선박등의 장에게 항해일지나 그 밖에 필요한 서류의 제출 또는 열람을 요구할 수 있다.
⑤ 출입국관리공무원은 선박등에 승선 중인 승무원·승객, 그 밖의 출입자의 신원을 확인하기 위하여 이들에게 질문을 하거나 그 신분을 증명할 수 있는 서류 등을 제시할 것을 요구할 수 있다.
⑥ 지방출입국·외국인관서의 장은 선박등의 검색을 법무부령으로 정하는 바에 따라 서류심사로 갈음하게 할 수 있다.(2014.3.18 본항개정)
⑦ 선박등의 장은 출항검색이 끝난 후 3시간 이내에 출항할 수 없는 부득이한 사유가 생겼을 때에는 지방출입국·외국인관서의 장에게 그 사유를 보고하고 출항 직전에 다시 검색을 받아야 한다.(2014.3.18 본항개정)

제70조【내항 선박 등의 검색 등에 대한 준용 규정】 ① 대한민국 영역에서 사람이나 물건을 수송하는 선박, 항공기, 그 밖의 교통기관이 불의의 사고나 항해상의 문제 등 특별한 사정으로 외국에 기항(寄港)한 후 입항할 경우에는 선박 등의 검색 및 선박 등의 장이나 운수업자의 책임에 관하여 제7장과 제8장을 준용한다.
② 대한민국에 입국하거나 대한민국으로부터 출국하려는 사람의 환승을 위하여 국내공항 간을 운항하는 항공기에 대해서도 항공기의 검색 및 항공기의 장이나 운수업자의 책임에 관하여 제7장과 제8장을 준용한다. 다만, 제76조제1항에 따른 송환 의무는 출발지 공항까지로 한정하며, 그 이후 대한민국 밖으로의 송환 의무는 송환 대상 외국인이 환승하기 직전에 탔던 항공기의 장이나 운수업자에게 있다.(2017.12.12 단서개정)
(2016.3.29 본조개정)

제71조【출입국의 정지 등】 ① 지방출입국·외국인관서의 장은 제69조제3항에 따른 심사 결과 위법한 사실을 발견하였을 때에는 관계 승무원 또는 승객의 출국이나 입국을 정지시킬 수 있다.(2014.3.18 본항개정)
② 제1항에 따른 출입국의 정지는 위법한 사실의 조사에 필요한 기간에만 할 수 있다.
③ 제2항에 따른 조사를 마친 뒤에도 계속하여 출입국을 금지하거나 정지시킬 필요가 있을 때에는 제4조·제11조 또는 제29조에 따른 법무부장관의 결정을 받아야 한다.
④ 지방출입국·외국인관서의 장은 제1항, 제4조 또는 제29조에 따라 승객이나 승무원의 출국을 금지하거나 정지시키기 위하여 필요하다고 인정하면 선박등에 대하여 출항의 일시정지 또는 회항(回航)을 명하거나 선박등에 출입하는 것을 제한할 수 있다.(2014.3.18 본항개정)
⑤ 지방출입국·외국인관서의 장은 제4항에 따라 선박등에 대하여 출항의 일시정지 또는 회항을 명하거나 출입을 제한하는 경우에는 지체 없이 그 사실을 선박등의 장이나 운수업자에게 통보하여야 한다. 출항의 일시정지·회항명령 또는 출입제한을 해제한 경우에도 또한 같다.
(2014.3.18 전단개정)
⑥ 제4항에 따른 선박등의 출항의 일시정지 등은 직무수행에 필요한 최소한의 범위에서 하여야 한다.

제72조【승선허가】 ① 출입국항 또는 출입국항이 아닌 장소에 정박하는 선박등에 출입하려는 사람은 지방출입국·외국인관서의 장의 승선허가를 받아야 한다. 다만, 그 선박등의 승무원과 승객 또는 다른 법령에 따라 출입할 수 있는 사람은 그러하지 아니하다.(2014.3.18 본문개정)
② 출입국관리공무원 외의 사람이 출입국심사장에 출입하려는 경우에도 제1항과 같다.

제8장 선박등의 장 및 운수업자의 책임
(2010.5.14 본장개정)

제73조【운수업자 등의 일반적 의무 등】 선박등의 장이나 운수업자는 다음 각 호의 사항을 지켜야 한다.
1. 입국이나 상륙을 허가받지 아니한 사람의 입국·상륙 방지
2. 유효한 여권(선원의 경우에는 여권 또는 선원신분증명서를 말한다)과 필요한 사증을 지니지 아니한 사람의 탑승방지
3. 승선허가나 출국심사를 받지 아니한 사람의 탑승방지
4. 이 법에 따른 출국 또는 입국 요건을 갖추지 못하여 선박등에 탑승하기에 부적당하다고 출입국관리공무원이 통보한 사람의 탑승방지(2016.3.29 본호신설)
5. 제1호부터 제4호까지에 규정된 입국·상륙·탑승의 방지를 위하여 출입국관리공무원이 요청하는 감시원의 배치(2016.3.29 본호개정)
6. 이 법을 위반하여 출입국을 하려는 사람이 숨어 있는지를 확인하기 위한 선박등의 검색
7. 선박등의 검색과 출입국심사가 끝날 때까지 선박등에 무단출입하는 행위의 금지
8. 선박등의 검색과 출국심사가 끝난 후 출항하기 전까지 승무원이나 승객의 승선·하선 방지
9. 출입국관리공무원이 선박등의 검색과 출입국심사를 위한 직무수행에 특히 필요하다고 인정하여 명하는 사항

제73조의2【승객예약정보의 열람 및 제공 등】 ① 운수업자는 출입국관리공무원이 다음 각 호의 어느 하나에 해당하는 업무를 수행하기 위하여 예약정보의 확인을 요청하는 경우에는 지체 없이 예약정보시스템을 열람하게 하거나 표준화된 전자문서로 제출하여야 한다. 다만, 법무부령으로 정하는 부득이한 사유로 표준화된 전자문서로 제출할 수 없을 때에는 지체 없이 그 사유를 밝히고 서류로 제출할 수 있다.
1. 제7조제1항·제7조의2 또는 제12조의3제1항을 위반하였거나 위반하였다고 의심할 만한 상당한 이유가 있는 사람에 대한 조사
2. 제11조제1항 각 호의 어느 하나에 해당하거나 해당한다고 의심할 만한 상당한 이유가 있는 사람에 대한 조사
② 제1항에 따라 열람하거나 문서로 제출받을 수 있는 자료의 범위는 다음 각 호로 한정한다.
1. 성명, 국적, 주소 및 전화번호
2. 여권번호, 여권의 유효기간 및 발급국가
3. 예약 및 탑승수속 시점
4. 여행경로와 여행사
5. 동반 탑승자와 좌석번호
6. 수하물(手荷物)
7. 항공권의 구입대금 결제방법
8. 여행출발지와 최종목적지
9. 예약번호
③ 운수업자는 출입국관리공무원이 승객의 안전과 정확하고 신속한 출입국심사를 위하여 탑승권을 발급받으려는 승객에 대한 다음 각 호의 자료를 요청하는 경우에는 지체 없이 표준화된 전자문서로 제출하여야 한다. 다만, 법무부령으로 정하는 부득이한 사유로 표준화된 전자문서로 제출할 수 없을 때에는 지체 없이 그 사유를 밝히고 서류로 제출할 수 있다.(2016.3.29 본문개정)
1. 성명, 성별, 생년월일 및 국적
2. 여권번호와 예약번호
3. 출항편, 출항지 및 출항시간
4. 입항지와 입항시간
5. 환승 여부(2016.3.29 본호신설)
6. 생체정보(2020.6.9 본호신설)
④ 제1항과 제3항에 따라 자료를 열람하거나 문서로 제출하여 줄 것을 요청할 수 있는 출입국관리공무원은 지방출입국·외국인관서의 장이 지정하는 사람으로 한정한다.
(2014.3.18 본항개정)
⑤ 제4항에 따라 지정된 출입국관리공무원은 제출받은 자료를 검토한 결과 이 법에 따른 출국 또는 입국 요건을 갖추지 못하여 선박등에 탑승하기에 부적당한 사람이 발견된 경우에는 그 사람의 탑승을 방지하도록 선박등의 장이나 운수업자에게 통보할 수 있다.(2016.3.29 본항신설)
⑥ 제4항에 따라 지정된 출입국관리공무원은 직무상 알게 된 예약정보시스템의 자료를 누설하거나 권한 없이 처리하거나 다른 사람의 이용에 제공하는 등 부당한 목적을 위하여 사용하여서는 아니 된다.
⑦ 제1항과 제3항에 따른 자료의 열람과 제출 시기 등에 관한 구체적인 사항은 대통령령으로 정한다.
(2016.3.29 본조제목개정)
(2010.5.14 본조신설)

제74조【사전통보의 의무】 선박등이 출입국항에 출·입항하는 경우에 그 선박등의 장이나 운수업자는 지방출입국·외국인관서의 장에게 출·입항 예정일시와 그 밖에 필요한 사항을 적은 출·입항 예정통보서를 미리 제출하여야 한다. 다만, 항공기의 불시착이나 선박의 조난 등 불의의 사고가 발생한 경우에는 지체 없이 그 사실을 알려야 한다.(2014.3.18 본문개정)

제75조【보고의 의무】 ① 출입국항이나 출입국항이 아닌 장소에 출·입항하는 선박등의 장이나 운수업자는 대

통령령으로 정하는 사항을 적은 승무원명부와 승객명부를 첨부한 출·입항보고서를 지방출입국·외국인관서의 장에게 제출하여야 한다.(2014.3.18 본항개정)
② 제1항에 따른 출·입항보고서는 표준화된 전자문서로 제출하여야 한다. 다만, 법무부령으로 정하는 부득이한 사유로 표준화된 전자문서로 제출할 수 없을 때에는 지체 없이 그 사유를 밝히고 서류로 제출할 수 있다.
③ 제1항에 따른 출·입항보고서의 제출시기 등 그 절차에 관한 구체적인 사항은 대통령령으로 정한다.
④ 출입국항이나 출입국항이 아닌 장소에 입항하는 선박등의 장이나 운수업자는 여권(선원의 경우에는 여권 또는 선원신분증명서를 말한다)을 가지고 있지 아니한 사람이 그 선박등에 타고 있는 것을 알았을 때에는 지체 없이 지방출입국·외국인관서의 장에게 보고하고 그의 상륙을 방지하여야 한다.(2014.3.18 본항개정)
⑤ 출입국항이나 출입국항이 아닌 장소에서 출항하는 선박등의 장이나 운수업자는 다음 각 호의 사항을 지방출입국·외국인관서의 장에게 보고하여야 한다.(2014.3.18 본문개정)
1. 승무원 상륙허가를 받은 승무원 또는 관광상륙허가를 받은 승객이 선박등으로 돌아왔는지 여부
2. 정당한 출국절차를 마치지 아니하고 출국하려는 사람이 있는지 여부
(2012.1.26 본항개정)

제76조【송환의 의무】 ① 지방출입국·외국인관서의 장이 다음 각 호의 어느 하나에 해당하는 외국인(이하 "송환대상외국인"이라 한다)의 송환을 지시한 때에는 그 송환대상외국인이 탔던 선박등의 장이나 운수업자가 그의 비용(항공운임, 선박운임 등 수송비용을 말한다)과 책임으로 송환대상외국인을 지체 없이 대한민국 밖으로 송환하여야 한다.(2021.8.17 본문개정)
1.~2. (2021.8.17 삭제)
3. 제12조제4항에 따라 입국이 허가되지 아니한 사람(2021.8.17 본호개정)
4. 제14조에 따라 상륙한 승무원 또는 제14조의2에 따라 관광상륙한 승객으로서 그가 타고 있던 선박등이 출항할 때까지 선박등으로 돌아오지 아니한 사람(2012.1.26 본호개정)
5. 제46조제1항제6호 또는 제7호에 해당하는 사람으로서 강제퇴거명령을 받은 사람
② 지방출입국·외국인관서의 장이 제1항에 따라 송환을 지시할 때에는 선박등의 운항 계획, 승객예약 상황 등을 고려하여 송환기한을 지정할 수 있다. 다만, 선박등의 장이나 운수업자가 기한 내에 송환을 완료할 수 없는 불가피한 사유를 소명하는 경우에는 송환기한을 연기할 수 있다.(2021.8.17 본항개정)
③ 제1항에 따른 송환지시의 방법·절차 및 제2항에 따른 송환기한 지정과 그 연기에 관하여 필요한 사항은 법무부령으로 정한다.(2021.8.17 본항신설)

제8장의2 출국대기실 설치·운영 등
(2021.8.17 본장신설)

제76조의2【송환대기장소】 ① 송환대상외국인은 출국하기 전까지 출국대기실에서 대기하여야 한다. 다만, 지방출입국·외국인관서의 장은 대통령령으로 정하는 바에 따라 직권으로 또는 송환대상외국인(그의 법정대리인 등을 포함한다)의 신청에 따라 송환대상외국인의 상태, 신청사유, 그 밖의 사항을 고려하여 출입국항 내의 지정된 장소에서 조건을 붙여 대기하게 할 수 있다.
② 출국대기실의 운영 및 안전대책, 출국대기실 입실 외국인의 인권존중, 급양 및 관리에 관하여는 제56조의3, 제56조의5부터 제56조의7까지 및 제57조를 준용한다. 이 경우 "피보호자"는 "송환대상외국인"으로, "보호시설"은 "출국대기실"로 본다.
③ 제1항에도 불구하고 출국대기실이 설치되지 않은 출입국항(항구를 말한다)의 경우 그 출입국항을 관할하는 지방출입국·외국인관서의 장은 송환대상외국인이 타고 온 선박의 장이나 운수업자에게 법무부령으로 정하는 바에 따라 송환대상외국인의 관리를 요청할 수 있다. 이 경우 관리를 요청받은 선박의 장이나 운수업자는 송환대상외국인이 출국하기 전까지 선박 내에서 관리하여야 한다.
제76조의3【관리비용의 부담】 ① 국가는 송환대상외국인이 제76조의2제1항 또는 제3항의 송환대기장소에서 대기하는 경우 대통령령으로 정하는 바에 따라 송환대상외국인이 출국하기 전까지의 숙식비 등 관리비용을 부담한다.
② 제1항에도 불구하고 송환대상외국인이 탔던 선박등의 장 또는 운수업자가 다음 각 호의 어느 하나에 해당하는 경우에는 대통령령으로 정하는 바에 따라 숙식비 등 관리비용을 부담한다.
1. 제73조제1호, 제2호 또는 제4호를 위반한 경우
2. 정당한 이유 없이 제76조제1항 및 제2항에 따른 송환의 무를 이행하지 않은 경우
3. 제1호 및 제2호에서 규정한 경우 외에 선박등의 장 또는 운수업자의 귀책사유로 인하여 송환대상외국인이 된 경우
제76조의4【강제력의 행사】 ① 출입국관리공무원은 송환대상외국인이 다음 각 호의 어느 하나에 해당하는 경우 그 송환대상외국인에게 강제력을 행사할 수 있다. 이 경우 강제력의 행사는 송환대상외국인의 생명과 신체의 안전, 시설의 보안 및 질서유지를 위하여 필요한 최소한도에 그쳐야 한다.
1. 자살 또는 자해행위를 하려는 경우
2. 다른 사람에게 위해를 가하거나 가하려는 경우
3. 출입국관리공무원의 직무집행을 정당한 사유 없이 거부 또는 기피하거나 방해하는 경우
4. 제1호부터 제3호까지에서 규정한 경우 외에 시설 및 다른 사람의 안전과 질서를 현저히 해치는 행위를 하거나 하려는 경우
② 제1항에 따른 강제력의 행사에는 제56조의4제2항부터 제5항까지를 준용한다. 이 경우 "피보호자"는 "송환대상외국인"으로, "보호시설"은 "출국대기실"로 본다.

제8장의3 난민여행증명서 발급 등
(2012.2.10 본장제목개정)

제76조의5【난민여행증명서】 ① 법무부장관은 「난민법」에 따른 난민인정자가 출국하려고 할 때에는 그의 신청에 의하여 대통령령으로 정하는 바에 따라 난민여행증명서를 발급하여야 한다. 다만, 그의 출국이 대한민국의 안전을 해칠 우려가 있다고 인정될 때에는 그러하지 아니하다.(2012.2.10 본항개정)
② 제1항에 따른 난민여행증명서의 유효기간은 3년으로 한다.(2016.3.29 본항개정)
③ 제1항에 따라 난민여행증명서를 발급받은 사람은 그 증명서의 유효기간 만료일까지 횟수에 제한 없이 대한민국에서 출국하거나 대한민국으로 입국할 수 있다. 이 경우 입국할 때에는 제30조에 따른 재입국허가를 받지 아니하여도 된다.(2016.3.29 전단개정)
④ 법무부장관은 제3항의 경우 특히 필요하다고 인정되면 3개월 이상 1년 미만의 범위에서 입국할 수 있는 기간을 제한할 수 있다.
⑤ 법무부장관은 제1항에 따라 난민여행증명서를 발급받고 출국한 사람이 질병이나 그 밖의 부득이한 사유로 그 증명서의 유효기간 내에 재입국할 수 없는 경우에는 그의 신청을 받아 6개월을 초과하지 아니하는 범위에서 그 유효기간의 연장을 허가할 수 있다.
⑥ 법무부장관은 제5항에 따른 유효기간 연장허가에 관한 권한을 대통령령으로 정하는 바에 따라 재외공관의 장에게 위임할 수 있다.
(2010.5.14 본조개정)
제76조의6【난민인정증명서 등의 반납】 ① 「난민법」에 따른 난민인정자는 다음 각 호의 어느 하나에 해당하면 그가 지니고 있는 난민인정증명서나 난민여행증명서를 지체 없이 지방출입국·외국인관서의 장에게 반납하여야 한다.(2014.3.18 본문개정)
1. 제59조제3항, 제68조제4항 또는 제85조제1항에 따라 강제퇴거명령서를 발급받은 경우
2. 제60조제5항에 따라 강제퇴거명령에 대한 이의신청이 이유 없다는 통지를 받은 경우
3. 「난민법」에 따라 난민인정결정 취소나 철회의 통지를 받은 경우(2012.2.10 본호개정)
② 법무부장관은 제76조의5제1항에 따라 난민여행증명서를 발급받은 사람이 대한민국의 안전을 해치는 행위를 할 우려가 있다고 인정되면 그 외국인에게 14일 이내의 기간을 정하여 난민여행증명서의 반납을 명할 수 있다.
③ 제2항에 따라 난민여행증명서를 반납하였을 때에는 그 때에, 지정된 기한까지 반납하지 아니하였을 때에는 그 기한이 지난 때에 그 난민여행증명서는 각각 효력을 잃는다.
(2010.5.14 본조개정)
제76조의7【난민에 대한 체류허가의 특례】 법무부장관은 「난민법」에 따른 난민인정자가 제60조제1항에 따른 이의신청을 한 경우 제61조제1항에 규정된 사유에 해당되지 아니하고 이의신청이 이유 없다고 인정되는 경우에도 그의 체류를 허가할 수 있다. 이 경우 제61조제2항을 준용한다.(2012.2.10 본조개정)
제76조의8【난민여행증명서 발급 등 사무의 대행】 법무부장관은 난민여행증명서의 발급 및 재발급에 관한 사무의 일부를 대통령령으로 정하는 바에 따라 난민여행증명서 발급 신청인의 체류지 관할 지방출입국·외국인관서의 장에게 대행하게 할 수 있다.(2016.3.29 본조신설)
제76조의9~제76조의10 (2012.2.10 삭제)

제9장 보 칙
(2010.5.14 본장개정)

제77조【무기등의 휴대 및 사용】 ① 출입국관리공무원은 그 직무를 집행하기 위하여 필요하면 무기 등(「경찰관 직무집행법」 제10조 및 제10조의2부터 제10조의4까지의 규정에서 정한 장비, 장구, 분사기 및 무기를 말하며, 이하 "무기등"이라 한다)을 지닐 수 있다.
② 출입국관리공무원은 「경찰관 직무집행법」 제10조 및 제10조의2부터 제10조의4까지의 규정에 준하여 무기등을 사용할 수 있다.
(2014.5.20 본조개정)
제78조【관계 기관의 협조】 ① 출입국관리공무원은 다음 각 호의 조사에 필요하면 관계 기관이나 단체에 자료의 제출이나 사실의 조사 등에 대한 협조를 요청할 수 있다.
1. 제47조에 따른 조사
2. (2012.2.10 삭제)
3. 출입국사범에 대한 조사
② 법무부장관은 다음 각 호의 직무를 수행하기 위하여 관계 기관에 해당 각 호의 정보 제공을 요청할 수 있다.
1. 출입국심사(정보화기기를 이용하는 출입국심사에 관하여 외국과의 협정이 있는 경우에는 그 협정에 따른 직무수행을 포함한다) : 범죄경력정보·수사경력정보, 여권발급정보·주민등록정보, 가족관계등록 전산정보 또는 환승 승객에 대한 정보, 외국인 사망자 정보(2022.12.13 본호개정)
2. 사증 및 사증발급인정서 발급 심사 : 범죄경력정보·수사경력정보, 관세사범정보, 여권발급정보·주민등록정보, 사업자의 휴업·폐업 여부에 대한 정보, 납세증명서, 가족관계등록 전산정보 또는 국제결혼 중개업체의 현황 및 행정처분 정보, 외국인 사망자 정보(2022.12.13 본호개정)
3. 외국인체류 관련 각종 허가 심사 : 범죄경력정보·수사경력정보, 범칙금 납부정보·과태료 납부정보, 여권발급정보·주민등록정보, 외국인의 자동차등록정보, 사업자의 휴업·폐업 여부에 대한 정보, 납세증명서, 외국인의 조세체납정보, 외국인의 국민건강보험 및 노인장기요양보험 관련 체납정보, 외국인의 과태료 체납정보, 가족관계등록 전산정보 또는 국제결혼 중개업체의 현황 및 행정처분 정보, 숙박업소 현황, 관광숙박업소의 현황, 외국인관광 도시민박업소의 현황, 한옥체험업소의 현황, 외국인 사망자 정보, 대통령령으로 정하는 외국인의 소득금액 정보(2022.12.13 본호개정)
4. 출입국사범 조사 : 범죄경력정보·수사경력정보, 외국인의 범죄처분결과정보, 관세사범정보, 여권발급정보·주민등록정보, 외국인의 자동차등록정보, 납세증명서, 가족관계등록 전산정보 또는 국제결혼 중개업체의 현황 및 행정처분 정보, 숙박업소 현황, 관광숙박업소의 현황, 외국인관광 도시민박업소의 현황, 한옥체험업소의 현황, 외국인 사망자 정보(2022.12.13 본호개정)
5. 사실증명서 발급 : 여권발급정보·주민등록정보 또는 가족관계등록 전산정보
(2016.3.29 본항개정)
③ 제1항에 따른 협조 요청 또는 제2항에 따른 정보제공 요청을 받은 관계 기관이나 단체는 정당한 이유 없이 요청을 거부하여서는 아니 된다.(2016.3.29 본항개정)
④ 제1항에 따라 제출받은 자료 또는 제2항에 따라 제공받은 정보는 「개인정보 보호법」에 따라 보유하고 관리한다.
(2016.3.29 본항신설)
제79조【허가신청 등의 의무자】 다음 각 호의 어느 하나에 해당하는 사람이 17세 미만인 경우 본인이 그 허가 등의 신청을 하지 아니하면 그의 부모나 그 밖에 대통령령으로 정하는 사람이 그 신청을 하여야 한다.
1. 제20조에 따라 체류자격 외 활동허가를 받아야 할 사람
2. 제23조에 따라 체류자격을 받아야 할 사람
3. 제24조에 따라 체류자격 변경허가를 받아야 할 사람
4. 제25조에 따라 체류기간 연장허가를 받아야 할 사람
5. 제31조에 따라 외국인등록을 하여야 할 사람
6. 제35조에 따라 외국인등록사항 변경신고를 하여야 할 사람
7. 제36조에 따라 체류지 변경신고를 하여야 할 사람
제79조의2【각종 신청 등의 대행】 ① 외국인, 외국인을 고용한 자, 외국인에게 산업기술을 연수시키는 업체의 장 또는 외국인유학생이 재학 중이거나 연수 중인 학교의 장(이하 "외국인등"이라 한다)은 다음 각 호에 해당하는 업무를 외국인의 체류 관련 신청 등을 대행하는 자(이하 "대행기관"이라 한다)에게 대행하게 할 수 있다.
1. 제9조에 따른 사증발급인정서 발급신청
2. 제19조제1항(같은 조 제2항에 따라 준용하는 경우를 포함한다)에 따른 신고
3. 제19조의4제2항에 따른 신고
4. 제20조에 따른 활동허가의 신청
5. 제21조제1항 본문에 따른 근무처 변경·추가 허가의 신청
6. 제21조제1항 단서에 따른 근무처 변경·추가의 신고
7. 제23조제1항에 따른 체류자격 부여의 신청
8. 제24조에 따른 체류자격 변경허가의 신청
9. 제25조제1항에 따른 체류기간 연장허가의 신청
10. 그 밖에 외국인등의 출입국이나 체류와 관련된 신고·신청 또는 서류 수령 업무로서 법무부령으로 정하는 업무
② 대행기관이 되려는 자는 다음 각 호의 요건을 갖추어 법무부장관에게 등록하여야 한다.
1. 변호사 또는 행정사 자격
2. 대행업무에 필요한 교육이수
3. 법인인 경우에는 제1호 및 제2호의 요건을 충족하는 인력을 갖출 것
③ 대행기관은 제1항 각 호의 업무(이하 "대행업무"라 한다)를 하는 경우 법무부령으로 정하는 대행업무처리 표준절차를 준수하여야 한다.
④ 제2항에 따른 대행기관 등록요건의 세부사항이나 등

록절차 등 대행기관의 등록에 필요한 사항은 법무부령으로 정한다.
(2020.6.9 본조신설)

제79조의3【대행기관에 대한 등록취소 등】 ① 법무부장관은 대행기관이 다음 각 호의 어느 하나에 해당하는 경우에는 등록취소, 6개월 이내의 대행업무정지 또는 시정명령을 할 수 있다. 다만, 제1호 또는 제2호에 해당하는 경우에는 대행기관의 등록을 취소하여야 한다.
1. 거짓이나 그 밖의 부정한 방법으로 등록한 경우
2. 대행업무정지 기간 중 대행업무를 한 경우
3. 제79조의2제2항에 따른 등록요건에 미달하게 된 경우
4. 제79조의2제3항에 따른 대행업무처리 표준절차를 위반한 경우
5. 시정명령을 받고도 이행하지 아니한 경우
6. 외국인등에게 과장 또는 거짓된 정보를 제공하거나 과장 또는 거짓된 정보를 제공하여 업무 대행을 의뢰받은 경우
7. 위조·변조된 서류 또는 거짓된 사실이 기재된 서류를 작성하거나 제출하는 경우
8. 외국인등이 맡긴 서류를 분실·훼손하거나 외국인등의 출입국이나 체류와 관련된 신고·신청을 위하여 제출하여야 할 서류의 작성·제출을 게을리 하는 등 선량한 관리자의 주의의무를 다하지 아니하는 경우

② 제1항에 따른 행정처분의 세부기준은 법무부령으로 정한다.
③ 법무부장관은 제1항에 따라 대행기관 등록을 취소할 경우에는 청문을 실시하여야 한다.
(2020.6.9 본조신설)

제80조【사실조사】 ① 출입국관리공무원이나 권한 있는 공무원은 이 법에 따른 신고 또는 등록의 정확성을 유지하기 위하여 제19조·제31조·제35조 및 제36조에 따른 신고 또는 등록의 내용이 사실과 다르다고 의심할 만한 상당한 이유가 있으면 그 사실을 조사할 수 있다.
② 법무부장관은 다음 각 호에 따른 업무의 수행에 필요하다고 인정하면 출입국관리공무원에게 그 사실을 조사하게 할 수 있다.
1. 제9조에 따른 사증발급인정서의 발급
2. 제20조, 제21조, 제24조 및 제25조에 따른 허가나 제23조에 따른 체류자격 부여
3. (2012.2.10 삭제)

③ 제1항이나 제2항에 따른 조사를 하기 위하여 필요하면 제1항이나 제2항에 따른 신고·등록 또는 신청을 한 자나 그 밖의 관계인을 출석하게 하여 질문을 하거나 문서 및 그 밖의 자료를 제출할 것을 요구할 수 있다.

제81조【출입국관리공무원 등의 외국인 동향조사】 ① 출입국관리공무원과 대통령령으로 정하는 관계 기관 소속 공무원은 외국인이 이 법 또는 이 법에 따른 명령에 따라 적법하게 체류하고 있는지와 제46조제1항 각 호의 어느 하나에 해당되는지를 조사하기 위하여 다음 각 호의 어느 하나에 해당하는 자를 방문하여 질문하거나 그 밖에 필요한 자료를 제출할 것을 요구할 수 있다.
(2020.2.4 본문개정)
1. 외국인
2. 외국인을 고용한 자
3. 외국인의 소속 단체 또는 외국인이 근무하는 업소의 대표자
4. 외국인을 숙박시킨 자

② 출입국관리공무원은 허위초청 등에 의한 외국인의 불법입국을 방지하기 위하여 필요하면 외국인의 초청이나 국제결혼 등을 알선·중개하는 자 또는 그 업소를 방문하여 질문하거나 자료를 제출할 것을 요구할 수 있다.
③ 출입국관리공무원은 거동이나 주위의 사정을 합리적으로 판단하여 이 법을 위반하였다고 의심할 만한 상당한 이유가 있는 외국인에게 정지를 요청하고 질문할 수 있다.
④ 제1항이나 제2항에 따라 질문을 받거나 자료 제출을 요구받은 자는 정당한 이유 없이 거부하여서는 아니 된다.

판례 영장주의 원칙의 예외로서 출입국관리공무원 등에게 외국인 등을 방문하여 외국인동향조사 권한을 부여하고 있는 출입국관리법 규정의 입법 취지 및 그 규정 내용 등에 비추어 볼 때, 출입국관리공무원 등이 출입국관리법 제81조 제1항에 근거하여 제3자의 주거 또는 일반인의 자유로운 출입이 허용되지 아니한 사업장 등에 들어가 외국인을 상대로 조사하기 위해서는 그 주거권자 또는 관리자의 사전 동의가 있어야 한다.(대판 2009.3.12, 2008도7156)

제81조의2【출입국관리공무원의 주재】 법무부장관은 다음 각 호의 업무에 종사하게 하기 위하여 출입국관리공무원을 재외공관 등에 주재하게 할 수 있다.
1. 제7조제1항에 따른 사증 발급사무
2. 제7조제4항에 따른 외국인입국허가서 발급사무
3. 외국인의 입국과 관련된 필요한 정보수집 및 연락 업무

제81조의3【외국인의 정보제공 의무】 ① 제10조의2제1항제1호에 따른 단기체류자격을 가진 외국인(이하 "숙박외국인"이라 한다)은 「감염병의 예방 및 관리에 관한 법률」에 따른 위기경보의 발령 또는 「국민보호와 공공안전을 위한 테러방지법」에 따른 테러경보의 발령 등 법무부령으로 정하는 경우에 한정하여 다음 각 호의 어느 하나에 해당하는 자(이하 "숙박업자"라 한다)가 경영하는 숙박업소에서 머무는 경우 숙박업자에게 여권 등 법무부령으로 정하는 자료를 제공하여야 한다.
1. 「공중위생관리법」에 따라 숙박업으로 신고한 자
2. 「관광진흥법」에 따라 관광숙박업, 외국인관광 도시민박업 및 한옥체험업으로 등록한 자

② 숙박업자는 숙박외국인이 제공한 자료를 숙박한 때 또는 제1항에 따른 경보가 발령된 때부터 12시간 이내에 법무부령으로 정하는 정보통신망(이하 "정보통신망"이라 한다)을 통하여 법무부장관에게 제출하여야 한다. 다만, 통신 장애 등 부득이한 사유로 정보통신망으로 제출할 수 없을 때에는 법무부령으로 정하는 방법으로 제출할 수 있다.
③ 숙박업자는 제2항에 따른 업무를 수행하기 위하여 수집한 자료를 「개인정보 보호법」에 따라 보유하고 관리한다.
④ 법무부장관은 제2항에 따라 제출받은 숙박외국인의 자료를 「개인정보 보호법」에 따라 보유하고 관리한다.
⑤ 제2항에 따른 정보통신망의 설치·운영 및 자료 제출의 절차·방법에 관하여 필요한 사항은 법무부령으로 정한다.
(2020.6.9 본조신설)

제82조【증표의 휴대 및 제시】 출입국관리공무원이나 권한 있는 공무원은 다음 각 호의 어느 하나에 해당하는 직무를 집행할 때에는 그 권한을 표시하는 증표를 지니고 이를 관계인에게 내보여야 한다.
1. 제50조에 따른 주거 또는 물건의 검사 및 서류나 그 밖의 물건의 제출요구
2. 제69조(제70조제1항 및 제2항에서 준용하는 경우를 포함한다)에 따른 검색 및 심사(2016.3.29 본호개정)
3. 제80조와 제81조에 따른 질문이나 그 밖에 필요한 자료의 제출요구
4. 제1호부터 제3호까지의 규정에 준하는 직무수행

제83조【출입국사범의 신고】 누구든지 이 법을 위반하였다고 의심되는 사람을 발견하면 출입국관리공무원에게 신고할 수 있다.

제84조【통보의무】 ① 국가나 지방자치단체의 공무원이 그 직무를 수행할 때에 제46조제1항 각 호의 어느 하나에 해당하는 사람이나 이 법에 위반된다고 인정되는 사람을 발견하면 그 사실을 지체 없이 지방출입국·외국인관서의 장에게 알려야 한다. 다만, 공무원이 통보로 인하여 그 직무수행 본연의 목적을 달성할 수 없다고 인정되는 경우로서 대통령령으로 정하는 사유에 해당하는 때에는 그러하지 아니하다.(2014.3.18 본문개정)
② 교도소·소년교도소·구치소 및 그 지소·보호감호소·치료감호시설 또는 소년원의 장은 제1항에 따른 통보대상 외국인이 다음 각 호의 어느 하나에 해당하면 그 사실을 지체 없이 지방출입국·외국인관서의 장에게 알려야 한다.(2014.3.18 본문개정)
1. 형의 집행을 받고 형기의 만료, 형의 집행정지 또는 그 밖의 사유로 석방이 결정된 경우
2. 보호감호 또는 치료감호 처분을 받고 수용된 후 출소가 결정된 경우
3. 「소년법」에 따라 소년원에 수용된 후 퇴원이 결정된 경우

제85조【형사절차와의 관계】 ① 지방출입국·외국인관서의 장은 제46조제1항 각 호의 어느 하나에 해당하는 사람이 형의 집행을 받고 있는 중에도 강제퇴거의 절차를 밟을 수 있다.(2014.3.18 본항개정)
② 제1항의 경우 강제퇴거명령서가 발급되면 그 외국인에 대한 형의 집행이 끝난 후에 강제퇴거명령서를 집행한다. 다만, 그 외국인의 형 집행장소를 관할하는 지방검찰청 검사장(檢事長)의 허가를 받은 경우에는 형의 집행이 끝나기 전이라도 강제퇴거명령서를 집행할 수 있다.

제86조【신병의 인도】 ① 검사는 강제퇴거명령서가 발급된 구속피의자에게 불기소처분을 한 경우에는 석방과 동시에 출입국관리공무원에게 그를 인도하여야 한다.
② 교도소·소년교도소·구치소 및 그 지소·보호감호소·치료감호시설 또는 소년원의 장은 제84조제2항에 따라 지방출입국·외국인관서의 장에게 통보한 외국인에 대하여 강제퇴거명령서가 발급되면 석방·출소 또는 퇴원과 동시에 출입국관리공무원에게 그를 인도하여야 한다.
(2014.3.18 본항개정)

제87조【출입국관리 수수료】 ① 이 법에 따라 허가 등을 받는 사람은 법무부령으로 정하는 수수료를 내야 한다.
② 법무부장관은 국제관례 또는 상호주의원칙이나 그 밖에 법무부령으로 정하는 사유로 필요하다고 인정하면 제1항에 따른 수수료를 감면할 수 있고, 협정 등에 수수료에 관한 규정이 따로 있으면 그 규정에서 정하는 바에 따른다.

제88조【사실증명의 발급 및 열람】 ① 지방출입국·외국인관서의 장, 시·군·구(자치구가 아닌 구를 포함한다. 이하 이 조에서 같다) 및 읍·면·동 또는 재외공관의 장은 이 법의 절차에 따라 출국 또는 입국한 사실 유무에 대하여 법무부령으로 정하는 바에 따라 출입국에 관한 사실증명을 발급할 수 있다. 다만, 출국 또는 입국한 사실이 없는 사람에 대하여는 특히 필요하다고 인정되는 경우에만 이 법의 절차에 따른 출국 또는 입국 사실이 없다는 증명을 발급할 수 있다.
② 지방출입국·외국인관서의 장, 시·군·구 또는 읍·면·동의 장은 이 법의 절차에 따라 외국인등록을 한 외국인 및 그의 법정대리인 등 법무부령으로 정하는 사람에게 법무부령으로 정하는 바에 따라 외국인등록 사실증명을 발급하거나 열람하게 할 수 있다.
(2016.3.29 본조개정)

제88조의2【외국인등록증 등과 주민등록증 등의 관계】 ① 법령에 규정된 각종 절차와 거래관계 등에서 주민등록증이나 주민등록등본 또는 초본이 필요하면 외국인등록증(모바일외국인등록증을 포함한다)이나 외국인등록 사실증명으로 이를 갈음한다.(2023.6.13 본항개정)
② 이 법에 따른 외국인등록과 체류지 변경신고는 주민등록과 전입신고를 갈음한다.
③ 이 법 또는 다른 법률에서 실물 외국인등록증이나 외국인등록증에 기재된 성명, 사진, 외국인등록번호 등의 확인이 필요한 경우 모바일외국인등록증의 확인으로 이를 갈음할 수 있다.(2023.6.13 본항신설)

제88조의3【외국인체류확인서 열람·교부】 ① 특정 건물 또는 시설의 소재지를 체류지로 신고한 외국인의 성명과 체류지 변경 일자를 확인할 수 있는 서류(이하 "외국인체류확인서"라 한다)를 열람하거나 교부받으려는 자는 지방출입국·외국인관서의 장이나 읍·면·동의 장 또는 출장소장에게 신청할 수 있다.
② 제1항에 따른 외국인체류확인서 열람이나 교부를 신청할 수 있는 자는 다음 각 호의 어느 하나에 해당하는 자로 한다.
1. 특정 건물이나 시설의 소유자 본인이나 그 세대원, 임차인 본인이나 그 세대원, 매매계약자 또는 임대차계약자 본인
2. 특정 건물 또는 시설의 소유자, 임차인, 매매계약자 또는 임대차계약자 본인의 위임을 받은 자
3. 다음 각 목의 어느 하나에 해당하는 사유로 열람 또는 교부를 신청하려는 자
   가. 관계 법령에 따라 경매참가자가 경매에 참가하려는 경우
   나. 「신용정보의 이용 및 보호에 관한 법률」 제2조제5호라목에 따른 신용조사회사 또는 「감정평가 및 감정평가사에 관한 법률」 제2조제4호에 따른 감정평가법인등이 임차인의 실태 등을 확인하려는 경우
   다. 대통령령으로 정하는 금융회사 등이 담보주택의 근저당 설정을 하려는 경우
   라. 법원의 현황조사명령서에 따라 집행관이 현황조사를 하려는 경우

③ 외국인체류확인서의 기재사항, 열람·교부 신청절차, 수수료, 그 밖에 필요한 사항은 법무부령으로 정한다.
(2022.12.13 본조신설)

제88조의4【외국인등록증의 진위확인】 ① 법무부장관은 외국인등록증의 진위 여부에 대한 확인요청이 있는 경우 그 진위를 확인하여 줄 수 있다.
② 법무부장관은 외국인등록증 진위 여부 확인에 필요한 정보시스템을 구축·운영할 수 있다.
③ 외국인등록증의 진위확인 절차, 제2항에 따른 정보시스템의 구축·운영 등에 필요한 사항은 법무부령으로 정한다.
(2022.12.13 본조신설)

제89조【각종 허가 등의 취소·변경】 ① 법무부장관은 외국인이 다음 각 호의 어느 하나에 해당하면 제8조에 따른 사증발급, 제9조에 따른 사증발급인정서의 발급, 제12조제3항에 따른 입국허가, 제13조에 따른 조건부 입국허가, 제14조에 따른 승무원 상륙허가, 제14조의2에 따른 관광상륙허가 또는 제20조·제21조 및 제23조부터 제25조까지의 규정에 따른 체류허가 등을 취소하거나 변경할 수 있다.(2012.1.26 본문개정)
1. 신원보증인이 보증을 철회하거나 신원보증인이 없게 된 경우
2. 거짓이나 그 밖의 부정한 방법으로 허가 등을 받은 것이 밝혀진 경우
3. 허가조건을 위반한 경우
4. 사정 변경으로 허가상태를 더 이상 유지시킬 수 없는 중대한 사유가 발생한 경우
5. 제1호부터 제4호까지에서 규정한 경우 외에 이 법 또는 다른 법을 위반한 정도가 중대하거나 출입국관리공무원의 정당한 직무명령을 위반한 경우

② 법무부장관은 제1항에 따른 각종 허가 등의 취소나 변경에 필요하다고 인정하면 해당 외국인이나 제79조에 따른 신청인을 출석하게 하여 의견을 들을 수 있다.
③ 제2항의 경우에 법무부장관은 취소하거나 변경하려는 사유, 출석일시와 장소를 출석일 7일 전까지 해당 외국인이나 신청인에게 통지하여야 한다.

제89조의2【영주자격의 취소 특례】 ① 법무부장관은 영주자격을 가진 외국인에 대해서는 제89조제1항에도 불구하고 다음 각 호의 어느 하나에 해당하는 경우에 한정하여 영주자격을 취소할 수 있다. 다만, 제1호에 해당하는 경우에는 영주자격을 취소하여야 한다.
1. 거짓이나 그 밖의 부정한 방법으로 영주자격을 취득한 경우
2. 「형법」, 「성폭력범죄의 처벌 등에 관한 특례법」 등 법무부령으로 정하는 법률에 규정된 죄를 범하여 2년 이상의 징역 또는 금고의 형이 확정된 경우
3. 최근 5년 이내에 이 법 또는 다른 법률을 위반하여 징역 또는 금고의 형을 선고받고 확정된 형기의 합산기간이 3년 이상인 경우
4. 대한민국에 일정금액 이상 투자 상태를 유지할 것 등을 조건으로 영주자격을 취득한 사람 등 대통령령으로 정하는 사람이 해당 조건을 위반한 경우

5. 국가안보, 외교관계 및 국민경제 등에 있어서 대한민국의 국익에 반하는 행위를 한 경우
② 법무부장관은 제1항에 따라 영주자격을 취소하는 경우 대한민국에 계속 체류할 필요성이 인정되고 일반체류자격의 요건을 갖춘 경우 해당 외국인의 신청이 있는 때에는 일반체류자격을 부여할 수 있다.
③ 제1항에 따라 영주자격을 취소하는 경우에는 제89조제2항 및 제3항을 준용한다.
(2018.3.20 본조신설)
제90조【신원보증】 ① 법무부장관은 사증발급, 사증발급인정서발급, 입국허가, 조건부 입국허가, 각종 체류허가, 외국인의 보호 또는 출입국사범의 신병인도(身柄引渡) 등과 관련하여 필요하다고 인정하면 초청자나 그 밖의 관계인에게 그 외국인(이하 "피보증외국인"이라 한다)의 신원을 보증하게 할 수 있다.
② 법무부장관은 제1항에 따라 신원보증을 한 사람(이하 "신원보증인"이라 한다)에게 피보증외국인의 체류, 보호 및 출국에 드는 비용의 전부 또는 일부를 부담하게 할 수 있다.
③ 신원보증인이 제2항에 따른 보증책임을 이행하지 아니하여 국고에 부담이 되게 한 경우에는 법무부장관은 신원보증인에게 구상권(求償權)을 행사할 수 있다.
④ 신원보증인이 제2항에 따른 비용을 부담하지 아니할 염려가 있거나 그 보증만으로는 보증목적을 달성할 수 없다고 인정될 때에는 신원보증인에게 피보증외국인 1인당 300만원 이하의 보증금을 예치하게 할 수 있다.
⑤ 신원보증인의 자격, 보증기간, 그 밖에 신원보증에 필요한 사항은 법무부령으로 정한다.
제90조의2【불법취업외국인의 출국비용 부담책임】 ① 법무부장관은 취업활동을 할 수 있는 체류자격을 가지지 아니한 외국인을 고용한 자(이하 "불법고용주"라 한다)에게 그 외국인의 출국에 드는 비용의 전부 또는 일부를 부담하게 할 수 있다.
② 불법고용주가 제1항에 따른 비용 부담책임을 이행하지 아니하여 국고에 부담이 되게 한 경우에 법무부장관은 그 불법고용주에게 구상권을 행사할 수 있다.
제91조【문서 등의 송부】 ① 문서 등의 송부는 이 법에 특별한 규정이 있는 경우를 제외하고는 본인, 가족, 신원보증인, 소속 단체의 장의 순으로 직접 내주거나 우편으로 보내는 방법에 따른다.
② 지방출입국·외국인관서의 장은 제1항에 따른 문서 등의 송부가 불가능하다고 인정되면 송부할 문서 등을 보관하고, 그 사유를 청사(廳舍)의 게시판에 게시하여 공시송달(公示送達)한다.(2014.3.18 본항개정)
③ 제2항에 따른 공시송달은 게시한 날부터 14일이 지난 날에 그 효력이 생긴다.
제91조의2【사증발급 및 체류허가 신청문서의 전자화】 ① 법무부장관은 각종 발급 및 허가 업무를 효율적으로 처리하기 위하여 다음 각 호의 어느 하나에 해당하는 사항을 신청하려는 자가 제출한 문서 중 법무부령으로 정하는 문서를 「전자문서 및 전자거래 기본법」 제5조제2항에 따른 전자화문서로 변환하여 보관할 수 있다.
1. 제8조 및 제9조에 따른 사증 및 사증발급인정서 발급
2. 제20조에 따른 체류자격 외 활동허가
3. 제23조에 따른 체류자격 부여
4. 제24조에 따른 체류자격 변경허가
5. 제25조에 따른 체류기간 연장허가
6. 제31조에 따른 외국인등록
7. 그 밖에 법무부장관이 필요하다고 인정하는 사항
② 법무부장관은 제1항에 따른 전자화문서로 변환하는 업무(이하 이 조에서 "전자화업무"라 한다)를 법무부령으로 정하는 시설 및 인력을 갖춘 법인에 위탁하여 수행하게 할 수 있다. 다만, 외국에서 전자화업무를 위탁하는 경우에는 외교부장관과 협의하여야 한다.
③ 제2항에 따라 전자화업무를 위탁받은 법인(이하 "전자화기관"이라 한다)의 임직원 또는 임직원으로 재직하였던 자는 직무상 알게 된 비밀을 다른 사람에게 누설하거나 직무상 목적 외의 용도로 이용하여서는 아니 된다.
④ 법무부장관은 제1항에 따라 문서를 전자화문서로 변환하여 보관하는 때에는 법무부에서 사용하는 전산정보처리조직의 파일에 수록하여 보관한다. 이 경우 파일에 수록된 내용은 해당 문서에 적힌 내용과 같은 것으로 본다.
⑤ 법무부장관은 전자화기관이 제2항에 따른 법무부령으로 정하는 시설 및 인력기준을 충족하지 못하는 경우에는 시정조치를 요구할 수 있으며, 전자화기관이 시정조치 요구에 따르지 아니하는 경우에는 전자화업무의 위탁을 취소할 수 있다. 이 경우 미리 의견을 진술할 기회를 주어야 한다.
⑥ 제1항, 제2항 및 제5항에 따른 전자화업무의 수행방법, 위탁·지정 기간 및 절차, 관리·감독 등에 필요한 사항은 법무부령으로 정한다.
(2019.4.23 본조신설)
제92조【권한의 위임 및 업무의 위탁】 ① 법무부장관은 이 법에 따른 권한의 일부를 대통령령으로 정하는 바에 따라 지방출입국·외국인관서의 장에게 위임할 수 있다.
(2014.3.18 본항개정)
② 시장(특별시장과 광역시장은 제외한다)은 이 법에 따른 권한의 일부를 대통령령으로 정하는 바에 따라 구청장(자치구가 아닌 구의 구청장을 말한다)에게 위임할 수 있다.(2012.1.26 본항개정)
③ 이 법에 따른 법무부장관의 업무는 그 일부를 대통령령으로 정하는 바에 따라 관련 업무를 수행할 수 있는 인력이나 시설을 갖춘 법인이나 단체에 위탁할 수 있다.
(2020.6.9 본항신설)
(2020.6.9 본조제목개정)
제92조의2【선박등의 운항 허가에 관한 협의】 국토교통부장관 및 해양수산부장관은 출입국항에 여객을 운송하는 선박등의 운항을 허가할 때에는 출입국심사업무가 원활히 수행될 수 있도록 법무부장관과 미리 협의하여야 한다.(2016.3.29 본조신설)
제93조【남북한 왕래 등의 절차】 ① 군사분계선 이남지역(이하 "남한"이라 한다)이나 해외에 거주하는 국민이 군사분계선 이북지역(이하 "북한"이라 한다)을 거쳐 출입국하는 경우에는 남한에서 북한으로 가기 전 또는 북한에서 남한으로 온 후에 출입국심사를 한다.
② 외국인의 남북한 왕래절차에 관하여는 법무부장관이 따로 정하는 경우를 제외하고는 이 법의 출입국절차에 관한 규정을 준용한다.
③ 외국인이 북한을 거쳐 출입국하는 경우에는 이 법의 출입국절차에 관한 규정에 따른다.
④ 제1항부터 제3항까지의 규정의 시행에 필요한 사항은 대통령령으로 정한다.

제10장 벌 칙
(2010.5.14 본장개정)

제93조의2【벌칙】 ① 다음 각 호의 어느 하나에 해당하는 사람은 7년 이하의 징역에 처한다.(2014.1.7 본문개정)
1. 이 법에 따라 보호되거나 일시보호된 사람으로서 다음 각 목의 어느 하나에 해당하는 사람
가. 도주할 목적으로 보호시설 또는 기구를 손괴하거나 다른 사람을 폭행 또는 협박한 사람
나. 2명 이상이 합동하여 도주한 사람
2. 이 법에 따른 보호나 강제퇴거를 위한 호송 중에 있는 사람으로서 다른 사람을 폭행 또는 협박하거나 2명 이상이 합동하여 도주한 사람
3. 이 법에 따라 보호·일시보호된 사람이나 보호 또는 강제퇴거를 위한 호송 중에 있는 사람을 탈취하거나 도주하게 한 사람
② 다음 각 호의 어느 하나에 해당하는 사람으로서 영리를 목적으로 한 사람은 7년 이하의 징역 또는 7천만원 이하의 벌금에 처한다.(2020.3.24 본문개정)
1. 제12조제1항 또는 제2항에 따라 입국심사를 받아야 하는 외국인을 집단으로 불법입국하게 하거나 이를 알선한 사람
2. 제12조의3제1항을 위반하여 외국인을 집단으로 불법입국 또는 불법출국하게 하거나 대한민국을 거쳐 다른 국가로 불법입국하게 할 목적으로 선박등이나 여권·사증, 탑승권, 그 밖에 출입국에 사용될 수 있는 서류 및 물품을 제공하거나 알선한 사람(2012.1.26 본호개정)
3. 제12조의3제2항을 위반하여 불법으로 입국한 외국인을 집단으로 대한민국에서 은닉 또는 도피하게 하거나 은닉 또는 도피하게 할 목적으로 교통수단을 제공하거나 이를 알선한 사람
제93조의3【벌칙】 다음 각 호의 어느 하나에 해당하는 사람은 5년 이하의 징역 또는 5천만원 이하의 벌금에 처한다.
1. 제12조제1항 또는 제2항을 위반하여 입국심사를 받지 아니하고 입국한 사람
2. 제91조의2제3항을 위반하여 직무상 알게 된 비밀을 다른 사람에게 누설하거나 직무상 목적 외의 용도로 이용한 사람
3. 제93조의2제2항 각 호의 어느 하나에 해당하는 죄를 범한 사람(영리를 목적으로 한 사람은 제외한다)
(2020.3.24 본조개정)
제94조【벌칙】 다음 각 호의 어느 하나에 해당하는 사람은 3년 이하의 징역 또는 3천만원 이하의 벌금에 처한다.
(2020.3.24 본문개정)
1. 제3조제1항을 위반하여 출국심사를 받지 아니하고 출국한 사람
2. 제7조제1항 또는 제4항을 위반하여 입국한 사람
3. 제7조의2를 위반한 사람
4. 제12조의3을 위반한 사람으로서 제93조의2제2항 또는 제93조의3제1호·제3호에 해당하지 아니하는 사람
(2020.3.24 본호개정)
5. 제14조제1항에 따른 승무원 상륙허가 또는 제14조의2제1항에 따른 관광상륙허가를 받지 아니하고 상륙한 사람
(2012.1.26 본호개정)
6. 제14조제3항에 따른 승무원 상륙허가 또는 제14조의2제3항에 따른 관광상륙허가의 조건을 위반한 사람
(2012.1.26 본호개정)
7. 제17조제1항을 위반하여 체류자격이나 체류기간의 범위를 벗어나서 체류한 사람
8. 제18조제1항을 위반하여 취업활동을 할 수 있는 체류자격을 받지 아니하고 취업활동을 한 사람
9. 제18조제3항을 위반하여 취업활동을 할 수 있는 체류자격을 가지지 아니한 사람을 고용한 사람
10. 제18조제4항을 위반하여 취업활동을 할 수 있는 체류자격을 가지지 아니한 외국인의 고용을 업으로 알선·권유한 사람
11. 제18조제5항을 위반하여 체류자격을 가지지 아니한 외국인을 자기 지배하에 두는 행위를 한 사람
12. 제20조를 위반하여 체류자격 외 활동허가를 받지 아니하고 다른 체류자격에 해당하는 활동을 한 사람
13. 제21조제2항을 위반하여 근무처의 변경허가 또는 추가허가를 받지 아니한 외국인의 고용을 업으로 알선한 사람
14. 제22조에 따른 제한 등을 위반한 사람
15. 제23조를 위반하여 체류자격을 받지 아니하고 체류한 사람
16. 제24조를 위반하여 체류자격 변경허가를 받지 아니하고 다른 체류자격에 해당하는 활동을 한 사람
17. 제25조를 위반하여 체류기간 연장허가를 받지 아니하고 체류기간을 초과하여 계속 체류한 사람
17의2. 제26조를 위반한 사람(2016.3.29 본호신설)
18. 제28조제1항이나 제2항을 위반하여 출국심사를 받지 아니하고 출국한 사람
19. 제33조의3을 위반한 사람(2018.3.20 본호개정)
20. 제69조(제70조제1항 및 제2항에서 준용하는 경우를 포함한다)를 위반한 사람(2016.3.29 본호개정)
제95조【벌칙】 다음 각 호의 어느 하나에 해당하는 사람은 1년 이하의 징역 또는 1천만원 이하의 벌금에 처한다.
(2014.1.7 본문개정)
1. 제6조제1항을 위반하여 입국심사를 받지 아니하고 입국한 사람
2. 제13조제2항에 따른 조건부 입국허가의 조건을 위반한 사람
3. 제15조제1항에 따른 긴급상륙허가, 제16조제1항에 따른 재난상륙허가 또는 제16조의2제1항에 따른 난민 임시상륙허가를 받지 아니하고 상륙한 사람
4. 제15조제2항, 제16조제2항 또는 제16조의2제2항에 따른 허가조건을 위반한 사람
5. 제18조제2항을 위반하여 지정된 근무처가 아닌 곳에서 근무한 사람
6. 제21조제1항 본문을 위반하여 허가를 받지 아니하고 근무처를 변경하거나 추가한 사람 또는 제21조제2항을 위반하여 근무처의 변경허가 또는 추가허가를 받지 아니한 외국인을 고용한 사람
7. 제31조의 등록의무를 위반한 사람
8. 제51조제1항·제3항, 제56조 또는 제63조제1항에 따라 보호 또는 일시보호된 사람으로서 도주하거나 보호 또는 강제퇴거 등을 위한 호송 중에 도주한 사람(제93조의2제1항제1호 또는 제2호에 해당하는 사람은 제외한다)
9. 제63조제5항에 따른 주거의 제한이나 그 밖의 조건을 위반한 사람
10. (2012.2.10 삭제)
제96조【벌칙】 다음 각 호의 어느 하나에 해당하는 사람은 1천만원 이하의 벌금에 처한다.
1. 제71조제4항(제70조제1항 및 제2항에서 준용하는 경우를 포함한다)에 따른 출항의 일시정지 또는 회항 명령이나 선박등의 출입 제한을 위반한 사람
2. 정당한 사유 없이 제73조(제70조제1항 및 제2항에서 준용하는 경우를 포함한다)에 따른 준수사항을 지키지 아니하였거나 제73조의2제1항(제70조제1항 및 제2항에서 준용하는 경우를 포함한다) 또는 제3항(제70조제1항 및 제2항에서 준용하는 경우를 포함한다)을 위반하여 열람 또는 문서제출 요청에 따르지 아니한 사람
3. 정당한 사유 없이 제75조제1항(제70조제1항 및 제2항에서 준용하는 경우를 포함한다) 또는 제2항(제70조제1항 및 제2항에서 준용하는 경우를 포함한다)에 따른 보고서를 제출하지 아니하거나 거짓으로 제출한 사람
(2016.3.29 1호~3호개정)
제97조【벌칙】 다음 각 호의 어느 하나에 해당하는 사람은 500만원 이하의 벌금에 처한다.
1. 제18조제4항을 위반하여 취업활동을 할 수 있는 체류자격을 가지지 아니한 외국인의 고용을 알선·권유한 사람(업으로 하는 사람은 제외한다)
2. 제21조제2항을 위반하여 근무처의 변경허가 또는 추가허가를 받지 아니한 외국인의 고용을 알선한 사람(업으로 하는 사람은 제외한다)
3. 제72조(제70조제1항 및 제2항에서 준용하는 경우를 포함한다)를 위반하여 허가를 받지 아니하고 선박등이나 출입국심사장에 출입한 사람(2016.3.29 본호개정)
4. 제74조(제70조제1항 및 제2항에서 준용하는 경우를 포함한다)에 따른 제출 또는 통보 의무를 위반한 사람
(2016.3.29 본호개정)
5. 제75조제4항(제70조제1항 및 제2항에서 준용하는 경우를 포함한다) 및 제5항(제70조제1항 및 제2항에서 준용하는 경우를 포함한다)에 따른 보고 또는 방지 의무를 위반한 사람(2016.3.29 본호개정)
6. 제76조제1항(제70조제1항 및 제2항에서 준용하는 경

우를 포함한다)에 따른 송환의무를 위반한 사람 (2017.12.12 본호개정)
7. 제76조의6제1항을 위반하여 난민인정증명서 또는 난민여행증명서를 반납하지 아니하거나 같은 조 제2항에 따른 난민여행증명서 반납명령을 위반한 사람

제98조【벌칙】 다음 각 호의 어느 하나에 해당하는 사람은 100만원 이하의 벌금에 처한다.
1. 제27조에 따른 여권등의 휴대 또는 제시 의무를 위반한 사람
2. 제36조제1항에 따른 체류지 변경신고 의무를 위반한 사람

제99조【미수범 등】 ① 제93조의2, 제93조의3제1호·제3호, 제94조제1호부터 제5호까지 또는 제18호 및 제95조제1호의 죄를 범할 목적으로 예비하거나 또는 음모한 사람과 미수범은 각각 해당하는 본죄에 준하여 처벌한다. (2020.3.24 본항개정)
② 제1항에 따른 행위를 교사하거나 방조한 사람은 정범(正犯)에 준하여 처벌한다.

제99조의2【난민에 대한 형의 면제】 제93조의3제1호, 제94조제2호·제5호·제6호 및 제15호부터 제17호까지 또는 제95조제3호·제4호에 해당하는 사람이 그 위반행위를 한 후 지체 없이 지방출입국·외국인관서의 장에게 다음 각 호의 모두에 해당하는 사실을 직접 신고하는 경우에 그 사실이 증명되면 그 형을 면제한다.(2020.3.24 본문개정)
1. 「난민법」 제2조제1호에 규정된 이유로 그 생명·신체 또는 신체의 자유를 침해받을 공포가 있는 영역으로부터 직접 입국하거나 상륙한 난민이라는 사실(2012.2.10 본호개정)
2. 제1호의 공포로 인하여 해당 위반행위를 한 사실

제99조의3【양벌규정】 법인의 대표자나 법인 또는 개인의 대리인, 사용인, 그 밖의 종업원이 그 법인 또는 개인의 업무에 관하여 다음 각 호의 어느 하나에 해당하는 위반행위를 하면 그 행위자를 벌하는 외에 그 법인 또는 개인에게도 해당 조문의 벌금형을 과(科)한다. 다만, 법인 또는 개인이 그 위반행위를 방지하기 위하여 해당 업무에 관하여 상당한 주의와 감독을 게을리하지 아니한 경우에는 그러하지 아니하다.
1. 제94조제3호의 위반행위
2. 제94조제9호의 위반행위
2의2. 제94조제10호의 위반행위(2020.6.9 본호신설)
3. 제94조제19호의 위반행위 중 제33조의3제1호를 위반한 행위(2018.3.20 본호개정)
4. 제94조제20호의 위반행위
5. 제95조제6호의 위반행위 중 제21조제2항을 위반하여 근무처의 변경허가 또는 추가허가를 받지 아니한 외국인을 고용하는 행위(2020.6.9 본호개정)
6. 제96조제1호부터 제3호까지의 규정에 따른 위반행위
7. 제97조제4호부터 제6호까지의 규정에 따른 위반행위

제100조【과태료】 ① 다음 각 호의 어느 하나에 해당하는 자에게는 200만원 이하의 과태료를 부과한다.
1. 제19조의 신고의무를 위반한 자
2. 제19조의4제1항 또는 제2항 각 호의 어느 하나에 해당하는 규정을 위반한 사람
3. 제21조제1항 단서의 신고의무를 위반한 사람
4. 제33조제4항 또는 제33조의2제1항을 위반하여 영주증을 재발급받지 아니한 사람(2018.3.20 본호신설)
5. 과실로 인하여 제75조제1항(제70조제1항 및 제2항에서 준용하는 경우를 포함한다) 또는 제2항(제70조제1항 및 제2항에서 준용하는 경우를 포함한다)에 따른 출·입항보고를 하지 아니하거나 출·입항보고서의 국적, 성명, 성별, 생년월일, 여권번호에 관한 항목을 최근 1년 이내에 3회 이상 사실과 다르게 보고한 자(2016.3.29 본호개정)
② 다음 각 호의 어느 하나에 해당하는 자에게는 100만원 이하의 과태료를 부과한다.
1. 제35조나 제37조를 위반한 사람
2. 제79조를 위반한 사람
3. 제81조제4항에 따른 출입국관리공무원의 장부 또는 자료 제출 요구를 거부하거나 기피한 자
③ 다음 각 호의 어느 하나에 해당하는 자에게는 50만원 이하의 과태료를 부과한다.
1. 제33조제2항을 위반하여 외국인등록증 발급신청을 하지 아니한 사람
1의2. 제81조의3제1항을 위반하여 여권 등 자료를 제공하지 않은 숙박외국인(2020.6.9 본호신설)
1의3. 제81조의3제2항을 위반하여 숙박외국인의 자료를 제출하지 아니하거나 허위로 제출한 숙박업자 (2020.6.9 본호신설)
2. 이 법에 따른 각종 신청이나 신고에서 거짓 사실을 적거나 보고한 자(제94조제17호의2에 해당하는 사람은 제외한다)(2016.3.29 본호개정)
④ 제1항부터 제3항까지의 규정에 따른 과태료는 대통령령으로 정하는 바에 따라 지방출입국·외국인관서의 장이 부과·징수한다.(2014.3.18 본항개정)
⑤ 법무부장관은 출입국사범의 나이와 환경, 법 위반의 동기와 결과, 과태료 부담능력, 그 밖의 정상을 고려하여 이 법 위반에 따른 과태료를 면제할 수 있다.(2020.3.24 본항신설)

제11장 고발과 통고처분
(2010.5.14 본장개정)

제1절 고 발

제101조【고발】 ① 출입국사범에 관한 사건은 지방출입국·외국인관서의 장의 고발이 없으면 공소(公訴)를 제기할 수 없다.
② 출입국관리공무원 외의 수사기관이 제1항에 해당하는 사건을 입건(立件)하였을 때에는 지체 없이 관할 지방출입국·외국인관서의 장에게 인계하여야 한다. (2014.3.18 본조개정)

판례 출입국관리소장의 고발에 필요한 범죄사실의 표시 정도 : 출입국관리소장의 고발은 반드시 공소장 기재요건과 동일한 범죄의 일시 장소를 표시하여 사건의 동일성을 특정할 수 있을 정도로 범죄사실을 표시함을 필요로 하는 것은 아니고, 출입국관리법 소정의 어떠한 태양의 범죄인지를 판명할 수 있을 정도의 사실을 확정할 수 있을 정도로 표시하면 족하다.
(대판 2000.4.21, 99도3403)

제2절 통고처분

제102조【통고처분】 ① 지방출입국·외국인관서의 장은 출입국사범에 대한 조사 결과 범죄의 확증을 얻었을 때에는 그 이유를 명확하게 적어 서면으로 벌금에 상당하는 금액(이하 "범칙금"이라 한다)을 지정한 곳에 낼 것을 통고할 수 있다.(2014.3.18 본항개정)
② 지방출입국·외국인관서의 장은 제1항에 따른 통고처분을 받은 자가 범칙금(犯則金)을 임시납부하려는 경우에는 임시납부하게 할 수 있다.(2014.3.18 본항개정)
③ 지방출입국·외국인관서의 장은 조사 결과 범죄의 정상이 금고 이상의 형에 해당할 것으로 인정되면 즉시 고발하여야 한다.(2014.3.18 본항개정)
④ 출입국사범에 대한 조사에 관하여는 제47조부터 제50조까지의 규정을 준용한다. 이 경우 용의자신문조서는 「형사소송법」 제244조에 따른 피의자신문조서로 본다.

제102조의2【신용카드등에 의한 범칙금의 납부】 ① 범칙금은 대통령령으로 정하는 범칙금 납부대행기관을 통하여 신용카드, 직불카드 등(이하 "신용카드등"이라 한다)으로 낼 수 있다. 이 경우 "범칙금 납부대행기관"이란 정보통신망을 이용하여 신용카드등에 의한 결제를 수행하는 기관으로서 대통령령으로 정하는 바에 따라 범칙금 납부대행기관으로 지정받은 자를 말한다.
② 제1항에 따라 범칙금을 신용카드등으로 내는 경우에는 범칙금 납부대행기관의 승인일을 납부일로 본다.
③ 범칙금 납부대행기관은 납부자로부터 신용카드등에 의한 범칙금 납부대행 용역의 대가로 대통령령으로 정하는 바에 따라 납부대행 수수료를 받을 수 있다.
④ 범칙금 납부대행기관의 지정, 운영 및 납부대행 수수료 등에 관하여 필요한 사항은 대통령령으로 정한다. (2020.10.20 본조신설)

제103조【범칙금의 양정기준 등】 ① 범칙금의 양정기준(量定基準)은 법무부령으로 정한다.
② 법무부장관은 출입국사범의 나이와 환경, 법 위반의 동기와 결과, 범칙금 부담능력, 그 밖의 정상을 고려하여 제102조제1항에 따른 통고처분을 면제할 수 있다.

제104조【통고처분의 고지방법】 통고처분의 고지는 통고서 송달의 방법으로 한다.

제105조【통고처분의 불이행과 고발】 ① 출입국사범은 통고서를 송달받으면 15일 이내에 범칙금을 내야 한다. (2016.3.29 본항개정)
② 지방출입국·외국인관서의 장은 출입국사범이 제1항에 따른 기간에 범칙금을 내지 아니하면 고발하여야 한다. 다만, 고발하기 전에 범칙금을 낸 경우에는 그러하지 아니하다.(2014.3.18 본문개정)
③ 출입국사범에 대하여 강제퇴거명령서를 발급한 경우에는 제2항 본문에도 불구하고 고발하지 아니한다.

제106조【일사부재리】 출입국사범이 통고한 대로 범칙금을 내면 동일한 사건에 대하여 다시 처벌받지 아니한다.

부 칙 (2014.3.18)

제1조【시행일】 이 법은 공포 후 3개월이 경과한 날부터 시행한다.
제2조【다른 법률의 개정】 ①~⑦ ※(해당 법령에 가제정리 하였음)
제3조【다른 법령과의 관계】 이 법 시행 당시 다른 법령에서 종전의 「출입국관리법」에 따른 "출입국관리사무소나 그 출장소 또는 외국인보호소"를 인용하고 있는 경우에는 그 범위에서 이 법에 따른 "지방출입국·외국인관서"를 인용한 것으로 보며, "출입국관리사무소장, 사무소장, 출장소장 또는 외국인보호소장"을 인용하고 있는 경우에는 그 범위에서 이 법에 따른 "지방출입국·외국인관서의 장"을 인용한 것으로 본다.

부 칙 (2014.10.15)

제1조【시행일】 이 법은 공포 후 6개월이 경과한 날부터 시행한다.
제2조【신고에 관한 적용례】 이 법의 개정규정은 외국인을 고용한 자가 이 법 시행 후 최초로 제19조제1항에 따른 신고를 하는 경우부터 적용한다.

부 칙 (2014.12.30)

제1조【시행일】 이 법은 공포 후 3개월이 경과한 날부터 시행한다.
제2조【출국금지결정 등의 통지에 관한 적용례】 제4조의4의 개정규정은 이 법 시행 후 최초로 출국금지결정 등을 하는 것부터 적용한다.
제3조【성폭력피해자에 대한 적용례】 제25조의3의 개정규정은 이 법 시행 당시 법원의 재판, 수사기관의 수사, 그 밖의 다른 법률의 규정에 따른 권리구제 절차를 진행 중인 외국인에게도 적용한다.
제4조【출국금지결정 등의 통지에 관한 경과조치】 이 법 시행 당시 종전의 규정에 따라 출국금지결정 등의 통지를 하지 아니한 것은 제4조의4의 개정규정에도 불구하고 종전의 규정에 따른다.

부 칙 (2016.3.29)

제1조【시행일】 이 법은 공포 후 6개월이 경과한 날부터 시행한다.
제2조【강제퇴거에 관한 적용례】 제46조제1항제10호의2·제12호의2 및 제14호의 개정규정은 이 법 시행 후 제26조 또는 제33조의2를 위반하는 외국인부터 적용한다.
제3조【국내 거소신고자의 지문 및 얼굴 정보의 제공에 관한 특례】 제38조제1항제1호나목의 개정규정 시행 당시 「재외동포의 출입국과 법적 지위에 관한 법률」 제6조에 따라 국내거소신고가 되어 있는 외국국적동포는 법무부장관이 정하는 시기에 그의 거소를 관할하는 지방출입국·외국인관서의 장에게 지문 및 얼굴에 관한 정보를 제공하여야 한다. 다만, 종전의 제38조제1항에 따라 지문 및 얼굴에 관한 정보를 제공한 사람은 제외한다.
제4조【난민여행증명서의 유효기간 및 그 연장에 관한 경과조치】 이 법 시행 전에 발급받은 난민여행증명서의 유효기간 및 그 연장에 관하여는 제76조의5제2항의 개정규정에도 불구하고 종전의 규정에 따른다.
제5조【과태료에 관한 경과조치】 이 법 시행 전의 행위에 대하여 과태료를 적용할 때에는 제100조제3항제2호의 개정규정에도 불구하고 종전의 규정에 따른다.

부 칙 (2018.3.20)

제1조【시행일】 이 법은 공포 후 6개월이 경과한 날부터 시행한다.
제2조【체류자격에 관한 적용례】 제10조, 제10조의2 및 제10조의3의 개정규정은 이 법 시행 전에 체류자격을 신청하여 절차가 진행 중인 사람에 대하여도 적용한다.
제3조【영주증 유효기간에 관한 적용례】 제33조제3항의 개정규정은 이 법 시행 후 영주증을 발급 또는 재발급 받는 사람부터 적용한다.
제4조【영주자격의 취소에 관한 적용례】 제89조의2의 개정규정은 이 법 시행 당시 제89조에 따른 영주자격의 취소절차가 진행 중인 사람에 대하여도 적용한다.
제5조【체류자격에 관한 경과조치】 이 법 시행 당시 종전의 규정에 따라 체류자격을 취득한 사람은 이 법에 따라 체류자격을 취득한 것으로 본다.

부 칙 (2019.4.23)

제1조【시행일】 이 법은 공포한 날부터 시행한다. 다만, 제91조의2 및 제93조의3제1항의 개정규정은 공포 후 6개월이 경과한 날부터 시행한다.
제2조【적용례】 제25조의4의 개정규정은 이 법 시행 당시 법원의 재판, 수사기관의 수사, 그 밖의 다른 법률의 규정에 따른 권리구제 절차를 진행 중인 외국인 아동과 보호자에게도 적용한다.

부 칙 (2020.2.4)

이 법은 공포 후 6개월이 경과한 날부터 시행한다. 다만, 제81조제1항의 개정규정은 공포 후 3개월이 경과한 날부터 시행한다.

부 칙 (2020.3.24)

이 법은 공포 후 6개월이 경과한 날부터 시행한다.

부 칙 (2020.6.9)

제1조【시행일】 이 법은 공포 후 6개월이 경과한 날부터 시행한다.
제2조【체류자격 구비 기간에 관한 적용례】 제23조제1항제2호의 개정규정은 대한민국에서 체류 중 대한민국의 국적을 상실하거나 이탈하는 등 그 밖의 사유로 체류자격을 가지지 못하게 된 외국인으로서 이 법 시행 당시

그 체류자격을 가지지 못하게 된 사유가 발생한 날부터 60일이 경과하지 아니한 사람에 대해서도 적용한다.

제3조【외국인등록사항 변경신고 등 기한에 관한 적용례】 제35조, 제36조제1항 및 제37조제5항의 개정규정은 이 법 시행 당시 해당 개정규정에 따라 15일로 연장된 신고기한이나 회수기한이 경과하지 아니한 외국인에 대해서도 적용한다.

제4조【대행기관의 등록에 관한 경과조치】 이 법 시행 당시 외국인 등의 체류 관련 민원업무의 대행기관으로 지방출입국·외국인관서의 장에게 등록된 자는 제79조의2의 개정규정에 따라 등록된 대행기관으로 본다. 다만, 이 법 시행 이후 1년 이내에 제79조의2제2항 각 호에 따른 요건을 갖추어야 한다.

부 칙 (2020.10.20)

이 법은 공포 후 3개월이 경과한 날부터 시행한다. 다만, 제4조의6제3항 후단의 개정규정은 법률 제16924호 형사소송법 일부개정법률이 시행되는 날부터 시행한다.
<제4조의6제3항 후단의 개정규정은 2021.1.1 시행>

부 칙 (2021.3.16)

이 법은 공포한 날부터 시행한다.

부 칙 (2021.7.13)

제1조【시행일】 이 법은 2021년 7월 13일부터 시행한다.

제2조【출국금지에 관한 적용례】 제4조제1항의 개정규정은 이 법 시행 이후 「양육비 이행확보 및 지원에 관한 법률」 제21조의4제1항에 따른 양육비 채무자 중 양육비이행심의위원회의 심의·의결을 거친 사람부터 적용한다.

부 칙 (2021.8.17)

이 법은 공포 후 1년이 경과한 날부터 시행한다.

부 칙 (2022.2.3)

이 법은 공포 후 3개월이 경과한 날부터 시행한다.

부 칙 (2022.12.13)

제1조【시행일】 이 법은 공포 후 6개월이 경과한 날부터 시행한다. 다만, 제25조의2부터 제25조의4까지 및 제46조의2의 개정규정과 부칙 제2조 및 제3조제1항은 2023년 1월 1일부터 시행한다.

제2조【경과조치】 이 법 시행 당시 종전의 제25조의2부터 제25조의4까지의 규정에 따른 체류기간 연장 허가는 제25조의2의 개정규정에 따른 허가로 본다.

제3조【다른 법률의 개정】 ①~② ※(해당 법령에 가제정리 하였음)

부 칙 (2023.6.13)

이 법은 공포 후 6개월이 경과한 날부터 시행한다.

출입국관리법 시행령

(1993년 3월 30일
전개대통령령 제13872호)

개정
1994. 6.30영14301호 <중략>
2008. 2.29영20674호(직제)
2008. 3.21영20749호 2008. 7. 3영20892호
2008.10.20영21089호(행정기관정비일부개정령)
2009. 3.31영21377호 2009. 6.16영21534호
2009. 9. 9영21719호(항공법시)
2009.12.31영21942호
2010. 4.20영22127호(수산시)
2010. 5. 4영22151호(전자정부법시)
2010. 7.12영22269호(직제)
2010. 8.13영22338호 2010.11.15영22483호
2011.11. 1영23274호
2012. 1. 6영23488호(민감정보고유식별정보)
2012. 1.13영23506호
2012. 2. 3영23620호(선원시)
2012. 2.28영23631호 2012. 5.25영23818호
2012.10.15영24139호
2012.11.30영24213호(물류정책기본법시)
2013. 1.28영24340호(공공보건의료에관한법시)
2013. 3.23영24415호(직제)
2013. 5.31영24551호
2013. 6.21영24628호(난민법시)
2013.10.10영24788호 2014.10.28영25669호
2014.12.31영25954호(규제기한정비)
2015. 6.15영26311호
2015. 8. 3영26473호(선박의입항및출항등에관한법시)
2016. 1.22영26922호(제주자치법시)
2016. 7. 5영27303호 2016. 9.29영27520호
2016.12.30영27751호(규제기한설정)
2017. 3.29영27972호(공항시설법시)
2017. 7.26영28211호(직제)
2017. 8.16영28244호
2018. 5. 8영28870호(직제)
2018. 6.12영28952호 2018. 9.18영29163호
2019. 6.11영29818호 2019.12.24영30253호
2020. 2.18영30415호 2020. 8. 5영30910호
2020.12. 8영31224호
2020.12.29영31337호(사법경찰관수사종결)
2021. 1.19영31400호 2021. 6.22영31795호
2021.10.26영32092호
2022. 7.11영32790호(전자정부법시)
2022. 8.16영32871호 2022.12.27영33114호
2023. 1.10영33225호(수산시)
2023. 3. 7영33321호(규제기한정비)
2023. 5.30영33488호
2023. 7. 7영33621호(지방자치분권및지역균형발전에관한특별법시)
2023.12.12영33918호

제1장 국민의 출입국

(2011.11.1 본장개정)

제1조【출입국심사】 ① 대한민국의 국민이 「출입국관리법」(이하 "법"이라 한다) 제3조에 따른 출국심사 또는 법 제6조에 따른 입국심사를 받을 때에는 여권을 출입국관리공무원에게 제출하고 질문에 답하여야 한다. 다만, 출입국관리공무원은 다음 각 호의 어느 하나에 해당하는 경우에는 여권과 출입국신고서를 함께 제출하게 할 수 있다.(2016.9.29 단서신설)

1. 출국심사 또는 입국심사를 할 때 여권자동판독기 등 정보화기기를 이용하여 개인별 출입국기록을 확보할 수 없는 경우
2. 출입국항이 아닌 곳에서 출국심사 또는 입국심사를 하는 경우
3. 그 밖에 법무부령으로 정하는 경우

(2016.9.29 1호~3호신설)

② 출입국관리공무원은 제1항에 따른 출국심사 또는 입국심사를 할 때에는 출입국의 적격 여부와 그 밖에 필요한 사항을 확인하여야 한다.

③ 출입국관리공무원은 제1항 및 제2항에 따른 출국심사 또는 입국심사를 마친 때에는 여권에 출국심사인 또는 입국심사인을 찍어야 한다. 다만, 국민이 출국 또는 입국하는 데 지장이 없다고 판단하는 경우 등 법무부장관이 정하는 경우에는 출국심사인 또는 입국심사인의 날인을 생략할 수 있다.(2016.9.29 단서신설)

④ 출입국관리공무원은 선박등의 승무원인 국민이 출입국하는 경우에는 제1항 단서 및 제3항 본문에도 불구하고 승무원등록증 또는 선원신분증명서의 확인으로 출입국신고서의 제출과 출국심사인 또는 입국심사인의 날인을 갈음할 수 있다.(2019.6.11 단서삭제)

⑤ 선박등의 승무원인 국민이 최초로 출국하는 경우에는 승무원등록을 하여야 한다. 다만, 부정기적으로 운항하는 선박등의 승무원인 경우에는 그러하지 아니하다.

⑥ 병역의무자인 국민이 출국심사를 받을 때에는 「병역법」 제70조에 따른 국외여행허가(기간연장허가를 포함한다)를 받았다는 확인서를 제출하여야 한다. 다만, 출입국관리공무원은 병무청장으로부터 정보통신망 등을 통하여 병역의무자인 국민이 국외여행허가를 받았음을 통보받은 경우에는 확인서 제출을 생략하게 할 수 있다.

⑦ (2005.7.5 삭제)

⑧ 출입국관리공무원은 법 제6조제2항에 따라 유효한 여권을 가지고 있지 아니하고 입국하려는 국민에 대해서는 국민임을 증명할 수 있는 서류를 제출하게 하여 심사하고 그의 출국사실 등을 확인하여야 한다.

⑨ 출입국관리공무원은 제8항에 따른 심사 결과 국민임이 확인된 때에는 출입국신고서를 제출하게 하여야 한다.(2016.9.29 본항개정)

⑩ (2016.9.29 삭제)

제1조의2【정보화기기를 이용한 출입국심사】 ① 다음 각 호의 요건을 모두 갖춘 국민은 법 제3조제2항 및 제6조제3항에 따라 정보화기기에 의한 출입국심사를 받을 수 있다. 이 경우 주민등록증을 발급받은 사람으로서 정보화기기를 이용한 출입국심사에 지장이 없는 경우에는 제2호의 요건을 갖춘 것으로 본다.(2016.7.5 후단신설)

1. 유효한 여권을 가지고 있을 것(2019.6.11 본호개정)
2. 법무부령으로 정하는 바에 따라 스스로 지문과 얼굴에 관한 정보를 등록하였을 것
3. 법 제4조제1항·제2항에 따른 출국금지 또는 법 제4조의6제1항에 따른 긴급출국금지 대상이 아닌 사람으로서 다음 각 목의 어느 하나에 해당할 것
   가. 14세 이상으로 주민등록이 되어 있을 것
   나. 7세 이상 14세 미만의 사람으로서 주민등록이 되어 있고, 법정대리인의 동의를 받아 제2호의 지문과 얼굴에 관한 정보를 등록하였을 것
   (2016.7.5 가목~나목개정)
   (2013.5.31 본호개정)
4. 그 밖에 「여권법」에 따라 사용이 제한되거나 반납명령을 받은 여권을 가지고 있는 등 출입국관리공무원의 심사가 필요한 경우에 해당하지 아니할 것

② 제1항에 따라 출입국심사를 마친 사람에 대해서는 제1조제3항 본문에 따른 출국심사인이나 입국심사인의 날인을 생략한다.(2016.9.29 본항개정)

③ 제1항제2호에 따른 등록 절차와 방법 등에 관한 사항은 법무부령으로 정한다.

제1조의3【벌금 등의 미납에 따른 출국금지 기준】 ① 법 제4조제1항제3호에서 "대통령령으로 정하는 금액"이란 다음 각 호의 구분에 따른 금액을 말한다.(2019.6.11 본문개정)

1. 벌금 : 1천만원
2. 추징금 : 2천만원

② 법 제4조제1항제4호에서 "대통령령으로 정하는 금액"이란 다음 각 호의 구분에 따른 금액을 말한다.(2019.6.11 본문개정)

1. 국세 : 5천만원
2. 관세 : 5천만원
3. 지방세 : 3천만원

(2019.6.11 1호~3호신설)

제1조의4【출국금지기간】 법 제4조제1항 또는 제2항에 따른 출국금지기간을 계산할 때에는 그 기간이 일(日) 단위이면 첫날은 시간을 계산하지 않고 1일로 산정하고, 월(月) 단위이면 달력에 따라 계산한다. 이 경우 기간의 마지막 날이 공휴일 또는 토요일이더라도 그 기간에 산입(算入)한다.(2020.8.5 전단개정)

제2조【출국금지 절차】 ① 법무부장관은 법 제4조제1항 또는 제2항에 따라 출국을 금지하려는 경우에는 관계 기관의 장에게 의견을 묻거나 관련 자료를 제출하도록 요청할 수 있다.

② 중앙행정기관의 장 및 법무부장관이 정하는 관계 기관의 장은 법 제4조제3항에 따라 출국금지를 요청하는 경우에는 출국금지 요청 사유와 출국금지 예정기간 등을 적은 출국금지 요청서에 법무부령으로 정하는 서류를 첨부하여 법무부장관에게 보내야 한다. 다만, 시장·군수 또는 구청장(「제주특별자치도 설치 및 국제자유도시 조성을 위한 특별법」 제11조에 따른 행정시장을 포함하며, 구청장은 자치구의 구청장을 말한다. 이하 같다)의 소관 업무에 관한 출국금지 요청은 특별시장·광역시장 또는 도지사(특별자치도지사를 포함한다. 이하 같다)가 하되, 「지방자치법」 제198조제2항제1호에 따른 인구 100만 이상 대도시의 장은 직접 출국금지 요청을 한다.
(2023.12.12 단서개정)

③ 제2항 본문에 따른 출국금지 예정기간은 법 제4조제1

항 또는 제2항에 따른 출국금지기간을 초과할 수 없다.(2012.1.13 본조개정)
제2조의2【출국금지기간 연장 절차】 ① 법무부장관은 법 제4조의2제1항에 따라 출국금지기간을 연장하려면 법 제4조제1항 또는 제2항에 따른 출국금지기간 내에서 그 기간을 정하여 연장하여야 한다. 이 경우 법무부장관은 관계 기관의 장에게 의견을 묻거나 관련 자료를 제출하도록 요청할 수 있다.
② 제2조제2항에 따라 출국금지를 요청한 중앙행정기관의 장 및 법무부장관이 정하는 관계 기관의 장(이하 "출국금지 요청기관의 장"이라 한다)은 법 제4조의2제2항에 따라 출국금지기간 연장을 요청하는 경우에는 출국금지기간 연장요청 사유와 출국금지기간 연장예정기간 등을 적은 출국금지기간 연장요청서에 법무부령으로 정하는 서류를 첨부하여 법무부장관에게 보내야 한다.
③ 제2항에 따른 출국금지기간 연장예정기간은 법 제4조제1항 또는 제2항에 따른 출국금지기간을 초과할 수 없다.(2012.1.13 본조개정)
제2조의3【출국금지 등의 요청에 대한 심사·결정】 ① 법무부장관은 제2조제2항에 따라 출국금지 요청서를 받으면 그 날부터 다음 각 호의 기간 내에 출국금지 여부 및 출국금지기간을 심사하여 결정하여야 한다.
1. 긴급한 조치가 필요한 경우 : 1일 이내
2. 중앙행정기관의 장 및 법무부장관이 정하는 관계 기관의 장과의 협의가 필요하다고 인정되는 경우 : 10일 이내
3. 그 밖의 경우 : 3일 이내
② 법무부장관은 제2조의2제2항에 따라 출국금지기간 연장요청서를 받으면 그 날부터 3일 이내에 심사하여 결정하여야 한다.
③ 법무부장관은 출국금지 요청이나 출국금지기간 연장요청의 심사에 필요하다고 인정하면 출국금지 요청기관의 장에게 관련 자료를 제출하도록 요청할 수 있다.
④ 법무부장관은 제1항 및 제2항에 따른 심사 결과 출국금지나 출국금지기간 연장을 하지 아니하기로 결정하면 그 이유를 분명히 밝혀 출국금지 요청기관의 장에게 통보하여야 한다.
제3조【출국금지의 해제 절차】 ① 법무부장관은 법 제4조의3제1항에 따라 출국금지를 해제하려는 경우에는 출국금지 사유의 소멸 또는 출국금지의 필요 여부를 판단하기 위하여 관계 기관 또는 출국금지 요청기관의 장에게 의견을 묻거나 관련 자료를 제출하도록 요청할 수 있다. 다만, 출국금지 사유가 소멸되거나 출국금지를 할 필요가 없음이 명백한 경우에는 즉시 출국금지를 해제하여야 한다.
② 법무부장관은 제1항에 따라 출국금지를 해제하면 그 이유를 분명히 밝혀 지체 없이 출국금지 요청기관의 장에게 통보하여야 한다. 다만, 출국이 금지된 사람의 여권이 반납되었거나 몰취(沒取)된 것이 확인된 경우에는 통보하지 아니할 수 있다.
③ 출국금지 요청기관의 장은 법 제4조의3제2항에 따라 출국금지 해제를 요청하려면 출국금지 해제요청서를 작성하여 법무부장관에게 보내야 한다.
④ 법무부장관은 제3항에 따라 출국금지 해제요청서를 받으면 지체 없이 해제 여부를 심사하여 결정하여야 한다.
⑤ 법무부장관은 제4항에 따른 심사 결과 출국금지를 해제하지 아니하기로 결정하면 지체 없이 그 이유를 분명히 밝혀 출국금지 요청기관의 장에게 통보하여야 한다.
제3조의2【출국금지 요청대장의 작성 및 관리】 출국금지 요청기관의 장은 출국금지 요청, 출국금지기간 연장요청, 출국금지 해제요청 및 그 해제 등의 변동사항을 적은 출국금지 요청대장을 갖추어 두어야 한다.
제3조의3【출국금지결정 등 통지의 제외】 ① 출국금지 요청기관의 장은 법 제4조제3항에 따라 출국금지를 요청하거나 법 제4조의2제2항에 따라 출국금지기간 연장을 요청하는 경우 당사자가 법 제4조의4제3항 각 호에 해당된다고 인정하면 법무부장관에게 법 제4조의4제1항에 따른 통지를 하지 아니할 것을 요청할 수 있다.(2012.1.13 본항개정)
② 법무부장관은 출국금지나 출국금지기간 연장 요청에 관하여 심사·결정할 때에는 제1항에 따른 통지 제외에 관한 요청을 함께 심사·결정하여야 한다.
③ 제1항 및 제2항에서 규정한 사항 외에 출국금지결정 등의 통지 제외 방법 및 절차에 관하여 필요한 세부 사항은 법무부령으로 정한다.(2012.1.13 본항신설)
제3조의4【이의신청에 대한 심사·결정】 ① 법무부장관은 법 제4조의5제2항에 따른 이의신청에 대한 심사·결정에 필요하다고 인정하면 이의신청인이나 출국금지 요청기관의 장에게 필요한 서류를 제출하거나 의견을 진술할 것을 요구할 수 있다.
② 법무부장관은 법 제4조의5제2항에 따라 이의신청에 대하여 심사·결정을 하면 그 결과를 이의신청인과 출국금지 요청기관의 장에게 통보하여야 한다.
제4조 (2008.10.20 삭제)
제5조【출국금지자의 자료관리】 법무부장관은 법 제4조에 따라 출국을 금지하기로 결정한 사람과 법 제4조의6에 따라 긴급출국금지를 하거나 긴급출국금지 승인을 한 사람에 대해서는 지체 없이 정보화업무처리 절차에 따라 그 자료를 관리하여야 한다. 출국금지나 긴급출국금지를 해제한 때에도 또한 같다.(2012.1.13 본조개정)
제5조의2【긴급출국금지 절차】 ① 법 제4조의6제1항에 따른 출국금지(이하 "긴급출국금지"라 한다)를 요청하려는 수사기관의 장은 긴급출국금지 요청 사유와 출국금지 예정기간 등을 적은 긴급출국금지 요청서에 법무부령으로 정하는 서류를 첨부하여 출입국관리공무원에게 보내야 한다.
② 출입국관리공무원은 긴급출국금지 업무를 처리할 때 필요하면 긴급출국금지를 요청한 수사기관의 장에게 의견을 묻거나 관련 자료를 제출하도록 요청할 수 있다.
③ 법무부장관은 출입국관리공무원 중에서 긴급출국금지 업무를 전담하는 공무원을 지정할 수 있다.(2012.1.13 본조신설)
제5조의3【긴급출국금지 승인 절차】 ① 긴급출국금지를 요청한 수사기관의 장은 법 제4조의6제3항에 따라 긴급출국금지 승인을 요청할 때에는 긴급출국금지 승인 요청서에 검사의 검토의견서 및 긴급출국금지보고서 등 법무부령으로 정하는 서류를 첨부하여 법무부장관에게 보내야 한다.(2020.12.29 본항개정)
② 법무부장관은 제1항에 따라 긴급출국금지 승인 요청을 받으면 긴급출국금지 승인 여부와 출국금지기간을 심사하여 결정하여야 한다.
③ 법무부장관은 제2항에 따른 심사·결정을 할 때에 필요하면 승인을 요청한 수사기관의 장에게 의견을 묻거나 관련 자료를 제출하도록 요청할 수 있다.
④ 법무부장관은 긴급출국금지를 승인하지 아니하기로 결정한 때에는 그 이유를 분명히 밝혀 긴급출국금지 승인을 요청한 수사기관의 장에게 통보하여야 한다.
⑤ 법무부장관이 긴급출국금지를 승인한 경우에 출국금지기간의 연장 요청 및 심사·결정, 출국금지의 해제 절차, 출국금지결정 등 통지의 제외, 이의신청에 대한 심사·결정에 관하여는 제2조의2, 제2조의3제2항부터 제4항까지, 제3조, 제3조의3 및 제3조의4를 준용한다. 이 경우 출국금지기간은 긴급출국금지된 때부터 계산한다.(2012.1.13 본조신설)
제5조의4【긴급출국금지 요청대장의 작성 및 관리】 긴급출국금지를 요청한 수사기관의 장은 긴급출국금지 요청과 그 승인 또는 해제 요청, 기간 연장 또는 해제 등의 변동 사항을 적은 긴급출국금지 요청대장을 갖추어 두어야 한다.(2012.1.13 본조신설)
제6조【여권 등의 보관·통지】 ① 출입국관리공무원은 법 제5조에 따라 여권 또는 선원신분증명서를 보관할 때에는 여권 또는 선원신분증명서의 소지인에게 그 사유를 알리고, 그 사실을 발급기관의 장에게 알릴 수 있다.(2016.9.29 본항개정)
② 출입국·외국인청의 장(이하 "청장"이라 한다), 출입국·외국인사무소의 장(이하 "사무소장"이라 한다), 출입국·외국인청 출장소의 장 또는 출입국·외국인사무소 출장소의 장(이하 "출장소장"이라 한다)은 다음 각 호의 어느 하나에 해당할 때에는 법 제5조에 따라 보관 중인 여권 또는 선원신분증명서를 요청기관 또는 발급기관에게 보낼 수 있다.(2018.5.8 본문개정)
1. 수사기관의 장이 수사상 필요하여 송부를 요청한 경우
2. 발급기관의 장이 요청한 경우

제2장 외국인의 입국 및 상륙
(2011.11.1 본장개정)

제1절 외국인의 입국

제7조【사증발급】 ① 법 제7조제1항에 따라 사증(査證)을 발급받으려는 외국인은 사증발급 신청서에 법무부령으로 정하는 서류를 첨부하여 법무부장관에게 제출해야 한다.(2020.8.5 본항개정)
② 법무부장관은 외국인이 제1항에 따라 사증발급 신청을 하면 법무부령으로 정하는 바에 따라 사증을 발급한다. 이 경우 그 사증에는 법 제10조에 따른 체류자격과 체류기간 등 필요한 사항을 적어야 한다.(2020.8.5 본항개정)
③ 법무부장관은 제2항에 따라 사증을 발급하는 경우 전자통신매체를 이용할 수 있다.(2020.8.5 본항개정)
④ 법무부장관은 제2항에 따라 사증을 발급하는 경우 사증을 발급한 사실을 확인하는 서류를 그 외국인에게 발급할 수 있다. 이 경우 그 서류에는 법 제10조에 따른 체류자격과 체류기간 등 필요한 사항을 적어야 한다.(2020.8.5 본항신설)
⑤ 법무부장관은 사증 발급에 필요하다고 인정하는 때에는 사증을 발급받으려는 외국인에게 관계 중앙행정기관의 장으로부터 추천서를 발급받아 제출하게 하거나 관계 중앙행정기관의 장에게 의견을 물을 수 있다.
⑥ 제5항에 따른 추천서 발급기준은 관계 중앙행정기관의 장이 법무부장관과 협의하여 따로 정한다.(2020.8.5 본항개정)
⑦ 법무부장관은 취업활동을 할 수 있는 체류자격에 해당하는 사증을 발급하는 경우에는 국내 고용사정을 고려하여야 한다.
제7조의2【온라인에 의한 사증발급 신청 등】 ① 법무부장관은 법 제7조제1항에 따른 사증 또는 법 제9조제1항에 따른 사증발급인정서(이하 "사증등"이라 한다)의 온라인 발급 신청 등을 위하여 정보통신망을 설치·운영할 수 있다.
② 제1항에 따른 정보통신망을 통하여 사증등의 발급을 신청하려는 사람은 신청서와 법무부령으로 정하는 서류를 온라인으로 제출할 수 있다.
③ 제2항에 따라 정보통신망을 통하여 사증등의 발급을 신청하려는 사람은 미리 사용자 등록을 하여야 한다.
④ 법무부장관은 법무부령으로 정하는 외국인이 제2항에 따라 온라인으로 법 제7조제1항에 따른 사증의 발급을 신청한 경우에는 그 외국인에게 온라인으로 사증을 발급할 수 있다.(2012.10.15 본항신설)
⑤ 제4항에 따라 온라인으로 발급하는 사증(이하 "전자사증"이라 한다)의 발급신청과 수수료의 납부는 그 외국인을 초청하려는 자가 대리할 수 있다.(2012.10.15 본항신설)
⑥ 제1항의 정보통신망 설치·운영, 제2항의 온라인에 의한 사증등 발급 신청서의 서식 및 제4항의 전자사증 발급 등에 필요한 세부 사항은 법무부장관이 정한다.(2012.10.15 본항개정)
제7조의3【단체전자사증】 ① 법무부장관은 구성원의 수가 일정 인원 이상에 해당하는 등 법무부장관이 정하는 요건을 갖춘 단체여행객이 제7조의2제1항에 따른 정보통신망을 통하여 사증 발급을 신청하는 경우 전자사증을 발급할 수 있다.
② 단체여행객 유치 실적, 업체규모 등 법무부장관이 정하는 요건을 갖춘 법인·단체 등은 제1항에 따라 단체여행객에 대하여 발급하는 전자사증(이하 "단체전자사증"이라 한다) 신청업무를 대행할 수 있다.
③ 법무부장관은 제2항에 따라 단체전자사증 신청업무를 대행할 수 있는 법인·단체 및 그 업무범위 등을 인터넷 홈페이지 등을 통하여 공개하여야 한다.(2018.9.18 본조신설)
제8조【국제친선 등을 위한 입국허가】 ① 법 제7조제2항제3호에 따라 사증 없이 입국할 수 있는 외국인은 다음 각 호의 어느 하나에 해당하는 사람으로 한다.
1. 외국정부 또는 국제기구의 업무를 수행하는 사람으로서 부득이한 사유로 사증을 가지지 아니하고 입국하려는 사람
2. 법무부령으로 정하는 기간 내에 대한민국을 관광하거나 통과할 목적으로 입국하려는 사람
3. 그 밖에 법무부장관이 대한민국의 이익 등을 위하여 입국이 필요하다고 인정하는 사람
② 법 제7조제2항제3호에 따라 사증 없이 입국할 수 있는 외국인의 입국허가 절차는 법무부령으로 정한다.
③ 법 제7조제2항제3호에 따라 사증 없이 입국할 수 있는 외국인의 구체적인 범위는 법무부장관이 국가와 사회의 안전 또는 외국인의 체류질서를 고려하여 따로 정한다.
제9조【사증면제협정 적용의 일시 정지】 ① 법무부장관은 법 제7조제3항에 따라 사증면제협정의 적용을 일시 정지하려면 외교부장관과 미리 협의하여야 한다.
② 법무부장관은 제1항에 따라 사증면제협정의 적용을 일시 정지하기로 결정한 때에는 지체 없이 그 사실을 외교부장관을 거쳐 당사국에 통고하여야 한다.(2013.3.23 본조개정)
제10조【외국인입국허가서의 발급 등】 ① 법무부장관은 법 제7조제4항에 따라 외교부장관과 협의하여 국가를 지정하면 지체 없이 그 사실을 재외공관의 장, 청장·사무소장 및 출장소장에게 통보하여야 한다.(2018.5.8 본항개정)
② 법 제7조제4항에 따라 외국인입국허가서를 발급받으려는 사람은 사증발급 신청서에 법무부령으로 정하는 서류를 첨부하여 재외공관의 장, 청장·사무소장 또는 출장소장에게 제출하여야 한다.(2018.5.8 본항개정)
③ 재외공관의 장, 청장·사무소장 또는 출장소장은 제2항에 따른 외국인 입국허가 신청을 한 사람에게 법무부령으로 정하는 바에 따라 외국인입국허가서를 발급하여야 한다. 이 경우 그 외국인입국허가서에는 체류자격, 체류기간 및 근무처 등을 적어야 한다.(2018.5.8 전단개정)
④ 외국인입국허가서의 유효기간은 3개월로 하며, 1회 입국에만 효력을 가진다. 다만, 별표1의2 중 1. 외교(A-1)부터 3. 협정(A-3)까지의 체류자격에 해당하는 사람으로서 대한민국에 주재하기 위하여 입국하려는 사람에 대한 외국인입국허가서의 유효기간은 3년으로 하며, 2회 이상 입국할 수 있는 효력을 가진다.(2018.9.18 단서개정)
⑤ 출입국관리공무원은 제3항에 따라 외국인입국허가서를 발급받아 입국한 외국인이 출국할 때에는 외국인입국허가서를 회수하여야 한다. 다만, 제4항 단서에 해당하는 외국인입국허가서를 발급받아 입국한 외국인에 대해서는 최종적으로 출국할 때에 회수하여야 한다.
제11조【사증발급 권한의 위임】 ① 법무부장관은 법 제8조제2항에 따라 별표1의2 중 1. 외교(A-1)부터 3. 협정(A-3)까지의 체류자격에 해당하는 사람에 대한 사증발급 권한을 재외공관의 장에게 위임한다.
② 법무부장관은 법 제8조제2항에 따라 별표1 중 3. 일시취재(C-1)부터 5. 단기취업(C-4)까지, 별표1의2 중 4. 문화예술(D-1)부터 30. 기타(G-1)까지 또는 별표1의3 영주(F-5)의 체류자격에 해당하는 사람에 대한 사증발급 권한(전자사증 발급권한은 제외한다)을 법무부령으로 그 범위를 정하여 재외공관의 장에게 위임한다.(2018.9.18 본조개정)

제11조의2【사증발급 신청서류의 보존기간】 ① 재외공관의 장은 사증발급 심사를 위하여 신청인으로부터 접수한 사증발급 신청서류를 3년간 보존하여야 한다. 다만, 다음 각 호의 어느 하나에 해당하는 서류의 보존기간은 1년으로 한다.(2018.9.18 단서신설)
1. 법무부령으로 정하는 사증발급 신청서류
2. 사증발급인정서를 통한 사증발급 관련 신청서류
3. 그 밖에 법무부장관이 지정한 정보통신망에 저장된 사증발급 신청서류로서 법무부장관이 인정하는 서류
(2018.9.18 1호~3호신설)
② 제1항에 따른 서류의 보존기간은 그 서류의 처리가 완결된 날이 속하는 해의 다음 해 1월 1일부터 기산(起算)한다.
(2013.5.31 본조신설)

제12조【일반체류자격】 법 제10조의2제1항제1호에 따른 단기체류자격과 같은 항 제2호에 따른 장기체류자격의 종류, 체류자격에 해당하는 사람 또는 그 체류자격에 따른 활동범위는 각각 별표1 및 별표1의2와 같다.
(2018.9.18 본조개정)

제12조의2【영주자격 요건 등】 ① 법 제10조의3제2항 각 호 외의 부분에서 "대통령령으로 정하는 영주의 자격에 부합하는 사람"이란 별표1의3에 해당하는 사람을 말한다.
② 법 제10조의3제3항에서 "대한민국에 특별한 공로가 있는 사람, 과학·경영·교육·문화예술·체육 등 특정 분야에서 탁월한 능력이 있는 사람, 대한민국에 일정금액 이상 투자를 한 사람 등 대통령령으로 정하는 사람"이란 다음 각 호의 어느 하나에 해당하는 사람을 말한다.
1. 별표1의3 중 제3호, 제9호, 제10호 또는 제14호부터 제16호까지의 어느 하나에 해당하는 사람
2. 제1호 외에 법무부장관이 국가이익이나 인도주의(人道主義)에 비추어 법 제10조의3제2항제2호 및 제3호의 요건의 전부 또는 일부를 완화하거나 면제하여야 할 특별한 사정이 있다고 인정하는 사람
③ 법무부장관은 다음 각 호에서 정하는 바에 따라 법 제10조의3제2항제2호 또는 제3호의 요건을 완화하거나 면제할 수 있다. 이 경우 법무부장관은 그 완화 또는 면제의 기준을 정하여 고시한다.
1. 제2항제1호에 해당하는 사람 : 대한민국 사회에 기여한 정도 또는 기여가능성, 투자금액 등을 고려하여 법 제10조의3제2항제2호 또는 제3호의 요건을 완화 또는 면제
2. 제2항제2호에 해당하는 사람 : 대한민국 사회에 기여한 정도, 대한민국 사회와의 유대관계 및 인도적 사유 등을 고려하여 법 제10조의3제2항제2호 또는 제3호의 요건을 완화 또는 면제
(2018.9.18 본조신설)

제13조【입국금지자의 자료관리】 법무부장관은 법 제11조에 따라 입국을 금지하기로 결정한 사람에 대해서는 지체 없이 정보화업무처리 절차에 따라 그 자료를 관리하여야 한다. 입국금지를 해제한 때에도 또한 같다.

제14조【입국금지 요청 및 해제】 ① 중앙행정기관의 장 및 법무부장관이 정하는 관계 기관의 장은 소관 업무와 관련하여 법 제11조제1항의 입국금지 또는 같은 조 제2항의 입국거부 사유에 해당한다고 인정하는 외국인에 대해서는 법무부장관에게 입국금지 또는 입국거부를 요청할 수 있다. 다만, 시장·군수 또는 구청장의 소관 업무에 관한 입국금지의 요청은 특별시장·광역시장 또는 도지사가 한다.
② 제1항의 입국금지 또는 입국거부의 요청 절차에 관하여는 제2조제2항, 제2조의2제2항 및 제2조의3제3항·제4항을 준용한다. 다만, 입국금지 또는 입국거부의 예정기간에 관한 사항은 그러하지 아니하다.
③ 입국금지 또는 입국거부를 요청한 기관의 장은 그 사유가 소멸한 때에는 지체 없이 법무부장관에게 입국금지 또는 입국거부의 해제를 요청하여야 한다.

제15조【입국심사】 ① 외국인은 법 제12조제1항에 따른 입국심사를 받을 때에는 여권과 입국신고서를 출입국관리공무원에게 제출하고 질문에 답하여야 한다. 다만, 다음 각 호의 어느 하나에 해당하는 경우에는 입국신고서의 제출을 생략할 수 있다.
1. 법 제31조에 따른 외국인등록이 유효한 경우
2. 「재외동포의 출입국과 법적지위에 관한 법률」 제6조에 따른 국내거소신고가 유효한 경우
3. 그 밖에 법무부장관이 정하는 경우
(2016.9.29 본항개정)
② 출입국관리공무원은 제1항에 따른 입국심사를 할 때에는 입국의 적격 여부와 그 밖에 필요한 사항을 확인하여야 한다.(2016.9.29 본항신설)
③ 출입국관리공무원은 제1항 및 제2항에 따라 입국심사를 마친 때에는 제출받은 여권에 입국심사인을 찍거나 입국심사증을 발급하고, 입국심사인 및 입국심사증에는 허가된 체류자격과 체류기간을 적어야 한다. 다만, 체류자격과 체류기간의 확인이 가능한 경우 등 법무부장관이 정하는 경우에는 입국심사인의 날인 또는 입국심사증의 발급을 생략할 수 있다.(2023.12.12 본항개정)
④ 다음 각 호의 요건을 모두 갖춘 외국인은 법 제12조제2항에 따라 정보화기기에 의한 입국심사를 받을 수 있다. 이 경우 법 제38조제1항제1호에 따라 지문과 얼굴에 관한 정보를 제공한 외국인으로서 정보화기기를 이용한 입국심사에 지장이 없는 경우에는 제2호의 요건을 갖춘 것으로 본다.(2016.9.29 후단신설)
1. 다음 각 목의 어느 하나에 해당하는 사람일 것
(2022.12.27 본문개정)
가. 7세 이상으로서 다음의 어느 하나에 해당하는 사람
(2022.12.27 본문개정)
1) 법 제31조에 따른 외국인등록이 유효한 사람
2) 「재외동포의 출입국과 법적 지위에 관한 법률」 제6조에 따른 국내거소신고가 유효한 사람
(2016.9.29 본목개정)
나. 대한민국과 상호 간에 정보화기기를 이용한 출입국심사를 할 수 있도록 양해각서·협정 등을 체결하거나 그 밖의 방법으로 합의한 국가의 국민으로서 법무부장관이 정하는 17세 이상인 사람(2022.12.27 본목개정)
다. 그 밖에 법무부장관이 정보화기기에 의한 입국심사를 받을 필요가 있다고 인정하는 17세 이상인 사람
(2022.12.27 본목개정)
(2012.2.28 본호개정)
2. 법무부령으로 정하는 바에 따라 스스로 지문과 얼굴에 관한 정보를 등록하였을 것. 이 경우 14세 미만인 사람은 법정대리인의 동의를 받아 등록해야 한다.
(2022.12.27 후단신설)
3. 그 밖에 법무부장관이 정하여 고시하는 요건을 갖추고 있을 것
⑤ 제4항에 따라 입국심사를 마친 외국인에 대해서는 제1항 본문에 따른 입국신고서의 제출과 제3항에 따른 입국심사인의 날인 또는 입국심사증의 발급을 생략한다.
(2019.6.11 본항개정)
⑥ 출입국관리공무원은 법 제12조제4항 및 제12조의2제2항에 따라 외국인의 입국을 허가하지 아니하기로 결정한 경우 그 사안이 중요하다고 인정되면 지체 없이 법무부장관에게 보고하여야 한다.
⑦ 출입국관리공무원은 법 제7조제2항제2호에 해당하는 외국인의 입국을 허가할 때에는 여권에 제3항에 따른 입국심사인을 찍거나 입국심사증을 발급해야 한다. 이 경우 입국심사인 및 입국심사증에는 별표1 중 1. 사증면제(B-1) 체류자격과 체류기간을 적어야 하되, 외교·관용 사증면제협정 적용대상으로서 대한민국에 주재하려는 외국인의 입국을 허가할 때에는 별표1의2 중 1. 외교(A-1) 또는 2. 공무(A-2) 체류자격과 체류기간을 적어야 한다.
(2019.6.11 본항개정)
⑧ 출입국관리공무원은 입국심사를 받는 외국인이 가지고 있는 사증의 구분, 체류자격 및 체류기간 등이 잘못된 것이 명백한 경우에는 법무부령으로 정하는 바에 따라 해당 사증의 내용을 정정하여 입국을 허가할 수 있다.
1.~2. (2018.6.12 삭제)
(2018.6.12 본항개정)
⑨ 법 제12조의4제1항에 따른 위조 또는 변조된 여권·선원신분증명서의 보관과 그 통지절차에 관하여는 제6조제1항(발급기관의 장에 대한 통지는 제외한다) 및 제2항을 준용한다.(2016.9.29 본항개정)
⑩ 대한민국의 선박등에 고용된 외국인승무원의 입국절차에 관하여는 제1조제4항을 준용한다.

제15조의2【지문 및 얼굴에 관한 정보 제공 의무의 면제】 ① 법 제12조의2제1항제3호에서 "대통령령으로 정하는 사람"이란 다음 각 호의 어느 하나에 해당하는 사람을 말한다.
1. 다음 각 목의 어느 하나에 해당하는 외국인 중 중앙행정기관의 장의 요청에 따라 지문 및 얼굴에 관한 정보 제공 의무를 면제할 필요가 있다고 법무부장관이 인정한 사람
가. 전·현직 국가 원수, 장관 또는 그에 준하는 고위 공직자로서 국제 우호 증진을 위하여 입국하려는 사람
나. 교육·과학·문화·예술·체육 등의 분야에서 저명한 사람
다. 투자사절단 등 경제 활동 촉진을 위하여 입국이 필요하다고 인정되는 사람
2. 별표1의2 중 3. 협정(A-3) 체류자격에 해당하는 사람
(2018.9.18 본호개정)
3. 그 밖에 대한민국의 이익 등을 고려하여 지문 및 얼굴에 관한 정보 제공 의무를 면제할 필요가 있다고 법무부장관이 인정하는 사람
② 중앙행정기관의 장은 제1항제1호에 따라 외국인이 지문 및 얼굴에 관한 정보 제공 의무를 면제받을 수 있도록 요청하려면 외국인의 신원을 확인하고, 입국 24시간 전까지 요청 사유와 입국·출국 예정일 등을 법무부장관에게 제출하여야 한다.
③ 법무부장관은 제2항에 따른 요청을 받은 경우에는 해당 외국인의 지문 및 얼굴에 관한 정보 제공 의무를 면제할 것인지를 지체 없이 심사하여 결정하여야 한다.
④ 법무부장관은 제3항에 따른 심사 결과 해당 외국인의 지문 및 얼굴에 관한 정보 제공 의무를 면제하지 않기로 결정한 때에는 그 이유를 분명히 밝혀 요청한 기관의 장에게 알려야 한다.

제16조【조건부 입국허가】 ① 청장·사무소장 또는 출장소장은 법 제13조제1항에 따라 조건부 입국을 허가할 때에는 72시간의 범위에서 허가기간을 정할 수 있다.
(2018.5.8 본항개정)
② 청장·사무소장 또는 출장소장은 조건부 입국허가를 받은 외국인이 부득이한 사유로 그 허가기간 내에 조건을 갖추지 못하였거나 조건을 갖추지 못할 것으로 인정될 때에는 제1항의 허가기간을 초과하지 아니하는 범위에서 조건부 입국허가기간을 연장할 수 있다.(2018.5.8 본항개정)
③ 출입국관리공무원은 조건부 입국허가를 받은 외국인이 그 허가기간 내에 법 제12조제3항 각 호의 요건을 갖추었다고 인정되면 제15조제1항부터 제3항까지의 규정에 따라 입국심사를 하여야 한다. 이 경우 입국일은 조건부 입국허가일로 한다.(2016.9.29 본항개정)
④ 출입국관리공무원은 제3항에 따라 입국심사를 할 때에는 그 외국인의 조건부 입국허가서를 회수하여야 한다.
⑤ 출입국관리공무원은 조건부 입국허가를 받은 외국인이 제3항에 따른 입국심사를 받지 아니하고 출국할 때에는 조건부 입국허가서를 회수하여야 한다.

제17조【보증금의 예치 및 반환과 국고귀속 절차】 ① 청장·사무소장 또는 출장소장은 법 제13조제2항에 따라 외국인에게 보증금을 예치하게 할 때에는 그 외국인의 소지금·입국목적·체류비용과 그 밖의 사정을 고려하여 보증금액을 정하여야 한다.(2018.5.8 본항개정)
② 청장·사무소장 또는 출장소장은 제1항에 따라 보증금을 예치받은 때에는 법 제13조제2항에 따라 붙인 조건을 위반하는 경우 그 보증금을 국고에 귀속시킬 수 있다는 뜻을 그 외국인에게 알려야 하며, 보증금의 예치 및 납부 등에 관한 절차는 정부가 보관하는 보관금 취급에 관한 절차에 따른다.(2018.5.8 본항개정)
③ 제1항에 따라 예치된 보증금은 그 외국인이 제16조제3항에 따라 입국심사를 받은 때 또는 허가기간 내에 법 제12조제3항 각 호의 요건을 갖추지 못하여 출국할 때 돌려주어야 한다.
④ 청장·사무소장 또는 출장소장은 조건부 입국허가를 받은 사람이 도주하거나 정당한 사유 없이 2회 이상 출석요구에 따르지 아니한 때에는 보증금 전부를, 그 밖의 이유로 허가조건을 위반한 때에는 그 일부를 국고에 귀속시킬 수 있다.(2018.5.8 본항개정)
⑤ 청장·사무소장 또는 출장소장은 제4항에 따라 보증금을 국고에 귀속시키려면 국고귀속 결정 사유 및 국고귀속 금액 등을 적은 보증금 국고귀속 통지서를 그 외국인에게 발급하여야 한다.(2018.5.8 본항개정)

제2절 외국인의 상륙

제18조【승무원의 상륙허가】 ① 법 제14조제1항에 따라 외국인승무원의 상륙허가를 신청할 때에는 상륙허가 신청서를 출입국관리공무원에게 제출(「물류정책기본법」 제30조의2제1항에 따른 국가물류통합정보센터에 의한 제출을 포함한다)하여야 한다.(2012.11.30 본항개정)
② 법 제14조제2항제2호 본문에서 "대통령령으로 정하는 서류"란 승선예정 확인서 또는 외국인선원 입국예정사실이 적힌 전자문서를 말한다.
③ 다른 선박등에 옮겨 타거나 법 제14조제6항에 따라 국내의 다른 출입국항에 상륙하기 위하여 제1항의 상륙허가 신청을 하는 경우에는 그 이유를 소명하는 자료를 첨부하여야 한다.

제18조의2【승무원의 복수상륙허가】 ① 출입국관리공무원은 대한민국에 정기적으로 운항하거나 자주 출·입항하는 선박등의 외국인승무원에 대하여 법 제14조제1항에 따라 승무원 상륙을 허가할 때에는 유효기간 범위에서 승무원이 2회 이상 상륙할 수 있는 복수상륙허가를 할 수 있다.
② 출입국관리공무원은 제1항에 따른 허가를 할 때에는 유효기간이 1년이고 상륙허가기간이 15일 이내인 승무원 복수상륙허가서를 발급하여야 한다.
③ 제1항에 따른 승무원 복수상륙허가에 관한 구체적인 기준은 법무부장관이 따로 정한다.
④ 제1항의 경우에는 제18조제1항을 준용한다.

제18조의3【관광상륙허가의 기준】 ① 법 제14조의2제1항에 따라 관광을 목적으로 대한민국과 외국 해상을 국제적으로 순회(巡廻)하여 운항하는 여객운송선박의 외국인승객에 대하여 그 선박의 장 또는 운수업자가 관광상륙허가를 신청할 때에는 외국인승객이 제2항의 기준에 해당하는지를 검토한 후 신청하여야 한다.
② 출입국관리공무원은 관광상륙허가를 할 때에는 다음 각 호의 사항을 고려하여야 한다.
1. 본인의 유효한 여권을 소지하고 있는지 여부
2. 대한민국에 관광목적으로 하선(下船)하여 자신이 하선한 기항지에서 자신이 하선한 선박으로 돌아와 출국할 예정인지 여부
3. 다음 각 목의 어느 하나에 해당하는 사람으로서 법무부장관이 정하는 사람에 해당하는지 여부
가. 사증면제협정 등에 따라 대한민국에 사증 없이 입국할 수 있는 사람
나. 「제주특별자치도 설치 및 국제자유도시 조성을 위한 특별법」 제197조에 따라 제주특별자치도에 사증 없이 입국하여 제주특별자치도에 체류하려는 사람
(2016.1.22 본목개정)
다. 대한민국과 상호 단체여행객 유치에 관한 협정 등을 체결하거나 그 밖의 방법으로 합의한 국가의 국민
라. 가목부터 다목까지의 규정에 준하여 관광상륙허가를 할 필요가 있는 사람

4. 그 밖에 국제친선 및 관광산업 진흥 등 국익을 고려하여 법무부장관이 정하는 요건을 갖추었는지 여부
③ 출입국관리공무원은 다음 각 호의 어느 하나에 해당하는 경우에는 관광상륙허가를 하여서는 아니 된다.
1. 외국인승객이 법 제11조에 따른 입국의 금지 또는 거부 대상인 경우
2. 관광상륙허가를 신청한 선박의 장 또는 운수업자가 과거에 관광상륙허가를 받았던 외국인승객이 선박으로 돌아오지 아니한 비율이 법무부장관이 정하는 기준을 초과하는 등 외국인승객을 성실히 관리하지 아니하였다고 인정되는 경우
3. 그 밖에 대한민국의 안전을 위한 국경관리 및 체류관리 필요성 등을 고려하여 법무부장관이 관광상륙허가를 하지 아니할 필요가 있다고 인정하는 경우
④ 관광상륙허가는 외국인승객이 하선하였던 선박이 출항하는 즉시 효력을 상실한다. 상륙허가기간이 연장된 경우에도 또한 같다.
⑤ 법 제14조의2제3항에 따라 상륙허가기간을 연장하는 경우에 그 기준에 대해서는 제2항 및 제3항을 준용한다.
(2012.5.25 본조신설)
제18조의4 【관광상륙허가의 절차】 ① 선박의 장 또는 운수업자는 법 제14조의2제1항에 따라 관광상륙허가를 신청할 때에는 관광상륙허가 신청서와 법 제14조의2제2항 각 호의 서류를 출입국관리공무원에게 제출하여야 한다.
② 출입국관리공무원은 법 제14조의2제3항에 따라 관광상륙허가서를 발급하는 경우 외국인승객의 국내 여행일정의 동일성 등을 고려하여 단체 관광상륙허가서로 발급할 수 있다.
③ 제1항 및 제2항에서 규정한 사항 외에 관광상륙허가의 절차에 관하여 필요한 세부사항은 법무부장관이 정한다.
(2012.5.25 본조신설)
제19조 【긴급상륙허가】 법 제15조제1항에 따라 선박등에 타고 있는 외국인의 긴급상륙허가를 신청할 때에는 상륙허가 신청서에 그 이유를 소명하는 서류를 첨부하여 출입국관리공무원에게 제출하여야 한다.
제20조 【재난상륙허가】 법 제16조제1항에 따라 재난상륙허가를 신청할 때에는 상륙허가 신청서에 재난선박등의 명칭, 재난장소 및 일시와 그 사유 등을 적은 재난보고서를 첨부하여 청장·사무소장 또는 출장소장에게 제출하여야 한다.(2018.5.8 본조개정)
제20조의2 【난민 임시상륙허가】 ① 법 제16조의2제1항에 따라 난민 임시상륙허가를 신청할 때에는 난민 임시상륙허가 신청서에 그 이유를 소명하는 서류를 첨부하여 청장·사무소장 또는 출장소장에게 제출하여야 한다.
② 청장·사무소장 또는 출장소장은 제1항에 따라 신청서를 받으면 의견을 붙여 이를 법무부장관에게 보내야 한다.
③ 청장·사무소장 또는 출장소장은 법무부장관이 제1항에 따른 신청에 대하여 승인한 때에는 그 외국인에게 난민 임시상륙허가서를 발급하고, 법무부장관이 정한 시설 등에 그 거소를 지정하여야 한다.
(2018.5.8 본조개정)
제21조 【상륙허가기간의 연장】 ① 법 제14조제1항, 제14조의2제1항, 제15조제1항, 제16조제1항 또는 제16조의2제1항에 따른 상륙허가를 받은 사람이 그 허가기간 내에 출국할 수 없을 때에는 상륙허가 신청을 한 자가 그 연장사유를 적은 상륙허가기간 연장신청서를 청장·사무소장 또는 출장소장에게 제출하여야 한다.(2018.5.8 본항개정)
② 제1항에 따른 연장신청이 있는 경우 1회에 연장할 수 있는 기간은 법 제14조제1항, 제14조의2제1항, 제15조제1항, 제16조제1항 또는 제16조의2제1항에서 정한 허가기간을 초과할 수 없다.
(2012.5.25 본조개정)

제3장 외국인의 체류와 출국
(2011.11.1 본장개정)

제1절 외국인의 체류

제22조 【중지명령】 법무부장관은 법 제17조제3항에 따라 활동중지를 명하려는 경우에는 활동중지 명령서에 다음 각 호의 사항을 적어 직접 발급하거나 청장·사무소장 또는 출장소장을 거쳐 해당 외국인에게 발급하여야 한다.(2018.5.8 본문개정)
1. 그 활동을 즉시 중지할 것
2. 명령을 이행하지 아니할 때에는 강제퇴거 등의 조치를 할 것이라는 것
3. 그 밖에 필요한 것
제23조 【외국인의 취업과 체류자격】 ① 법 제18조제1항에 따른 취업활동을 할 수 있는 체류자격은 별표1 중 5. 단기취업(C-4), 별표1의2 중 14. 교수(E-1)부터 22. 선원취업(E-10)까지 및 29. 방문취업(H-2) 체류자격으로 한다. 이 경우 "취업활동"은 해당 체류자격의 범위에 속하는 활동으로 한다.(2018.9.18 전단개정)
② 다음 각 호의 어느 하나에 해당하는 사람은 제1항에도 불구하고 별표1 및 별표1의2의 체류자격 구분에 따른 취업활동의 제한을 받지 않는다.(2022.12.27 본문개정)
1. 별표1의2 중 24. 거주(F-2)의 가목부터 다목까지 및 자목부터 파목까지의 어느 하나에 해당하는 체류자격을 가지고 있는 사람(2022.12.27 본호개정)
2. 별표1의2 중 24. 거주(F-2)의 라목 또는 바목의 체류자격을 가지고 있는 사람으로서 그의 종전 체류자격에 해당되는 분야에서 활동을 계속하고 있는 사람
(2023.12.12 본호개정)
3. 별표1의2 중 27. 결혼이민(F-6)의 체류자격을 가지고 있는 사람
(2018.9.18 본항개정)
③ 별표1의2 중 26. 재외동포(F-4) 체류자격을 가지고 있는 사람은 제1항에도 불구하고 다음 각 호의 어느 하나에 해당하는 경우를 제외하고는 별표1 및 별표1의2의 체류자격 구분에 따른 활동의 제한을 받지 않는다.(2022.12.27 본문개정)
1. 단순노무행위를 하는 경우. 다만, 「지방자치분권 및 지역균형발전에 관한 특별법」 제2조제12호에 따른 인구감소지역에서 거주하거나 취업하려는 사람으로서 법무부장관이 인정하는 사람은 제외한다.(2023.7.7 단서개정)
2. 선량한 풍속이나 그 밖의 사회질서에 반하는 행위를 하는 경우
3. 그 밖에 공공의 이익이나 국내 취업질서 등을 유지하기 위하여 그 취업을 제한할 필요가 있다고 인정되는 경우
④ 제3항 각 호의 구체적인 범위는 법무부령으로 정한다.
(2019.6.11 본항신설)
⑤ 별표1의2 중 28. 관광취업(H-1) 체류자격을 가지고 있는 사람이 취업활동을 하는 경우에는 제1항에 따른 취업활동을 할 수 있는 체류자격에 해당하는 것으로 본다.
(2018.9.18 본항개정)
⑥ 법무부장관은 다음 각 호의 어느 하나에 해당하는 사람이 가사 도우미 등 국민의 생활과 밀접한 관련이 있는 분야로서 법무부장관이 정하여 고시하는 직종에 취업하려는 경우에는 국적, 성명 및 직종을 법무부장관이 정하는 정보통신망에 입력하도록 할 수 있다.
1. 제2항 각 호의 어느 하나에 해당하는 사람
2. 별표1의2 중 26. 재외동포(F-4) 또는 29. 방문취업(H-2)의 체류자격에 해당하는 사람
3. 별표1의3에 따른 영주(F-5)의 체류자격에 해당하는 사람
(2019.6.11 본항개정)
⑦ 다음 각 호의 사항에 대하여 「외국인근로자의 고용 등에 관한 법률」 제4조제2항에 따라 외국인력정책위원회 심의를 거칠 경우에는 법무부차관과 고용노동부차관은 그 심의 안건을 미리 협의하여 공동으로 상정하고, 심의·의결된 사항을 법무부장관과 고용노동부장관이 공동으로 고시한다.
1. 별표1의2 중 29. 방문취업(H-2) 체류자격의 가목 7)에 해당하는 사람에 대한 연간 허용인원
2. 별표1의2 중 29. 방문취업(H-2) 체류자격에 해당하는 사람에 대한 사업장별 고용인원의 상한
(2018.9.18 1호~2호개정)
⑧ 법무부장관은 다음 각 호의 사항을 결정하는 경우에는 이를 고시할 수 있다.
1. 별표1의2 중 29. 방문취업(H-2) 체류자격의 가목 7)에 해당하는 사람의 사증발급에 관한 중요 사항(2018.9.18 본호개정)
2. 제7항제1호에 따라 결정된 연간 허용인원의 국적별 세부 할당에 관한 사항(이 경우 거주국별 동포의 수, 경제적 수준 및 대한민국과의 외교관계 등을 고려한다)
3. 그 밖에 별표1의2 중 29. 방문취업(H-2) 체류자격에 해당하는 사람의 입국 및 체류활동 범위 등에 관한 중요사항(2018.9.18 본호개정)
제24조 【외국인을 고용한 자 등의 신고】 ① 외국인을 고용한 자 또는 외국인에게 산업기술을 연수시키는 업체의 장은 법 제19조제1항 및 제2항에 따라 다음 각 호의 구분에 따른 날부터 15일 이내에 청장·사무소장 또는 출장소장에게 신고해야 한다.
1. 법 제19조제1항제1호 중 외국인을 해고하거나 외국인이 퇴직한 경우 신고를 하는 경우 : 외국인을 해고하거나 외국인이 퇴직한 날
2. 법 제19조제1항제1호 중 외국인이 사망하여 신고를 하는 경우 : 외국인이 사망한 사실을 알게 된 날
3. 법 제19조제1항제2호에 따른 신고를 하는 경우 : 외국인의 소재를 알 수 없게 되었다는 사실을 알게 된 날
4. 법 제19조제1항제3호에 따라 신고를 하는 경우 : 고용계약의 중요내용을 변경한 날
(2020.12.8 본항신설)
② 외국인을 고용한 자 또는 외국인에게 산업기술을 연수시키는 업체의 장은 법 제19조에 따라 신고를 하려는 경우에는 고용·연수 외국인 변동사유 발생신고서를 청장·사무소장 또는 출장소장에게 제출하여야 한다.(2018.5.8 본항개정)
③ 법 제19조제1항제3호에 따른 고용계약의 중요한 내용을 변경한 경우는 다음 각 호의 어느 하나에 해당하는 경우로 한다.
1. 고용계약기간을 변경한 경우
2. 고용주나 대표자가 변경되거나 근무처 명칭이 변경된 경우 또는 근무처의 이전으로 그 소재지가 변경된 경우. 다만, 다음 각 목의 경우는 제외한다.
가. 국가기관이나 지방자치단체에서 외국인을 고용한 경우
나. 「초·중등교육법」 제2조 또는 「고등교육법」 제2조에 따른 학교 및 특별법에 따른 고등교육기관에서 외국인을 고용한 경우
다. 법인의 대표자가 변경된 경우
라. 법 제21조제1항에 따라 외국인이 근무처를 변경한 경우
3. 「파견근로자 보호 등에 관한 법률」 등 다른 법률에 따라 근로자를 파견한 경우(파견사업장이 변경된 경우를 포함한다)
제24조의2 【기술연수업체 등】 법 제19조의2에 따라 외국인이 기술연수활동을 할 수 있는 산업체는 다음 각 호와 같다.(2012.10.15 본문개정)
1. 「외국환거래법」 제3조제1항제18호에 따라 외국에 직접 투자한 산업체
2. 외국에 기술을 수출하는 산업체로서 법무부장관이 기술연수가 필요하다고 인정하는 산업체(2012.10.15 본호개정)
3. 「대외무역법」 제32조제1항에 따라 외국에 플랜트를 수출하는 산업체
(2012.10.15 본조제목개정)
제24조의3 (2007.6.1 삭제)
제24조의4 【기술연수생의 모집 및 관리】 ① 제24조의2 각 호의 산업체는 다음 각 호의 구분에 따라 외국인을 기술연수생으로 모집하여야 한다.(2012.10.15 본문개정)
1. 제24조의2제1호의 산업체 : 그 합작투자법인 또는 현지법인에서 생산직으로 종사하는 직원
2. 제24조의2제2호의 산업체 : 그 기술도입 또는 기술제휴 계약금액이 미화 10만달러 이상인 외국기업에서 생산직으로 종사하는 직원
3. 제24조의2제3호의 산업체 : 그 플랜트를 수입하는 외국기업에서 생산직으로 종사하는 직원
② (2007.6.1 삭제)
③ 제1항에 따른 산업체의 장은 다음 각 호의 어느 하나에 해당하는 외국인을 기술연수생으로 모집해서는 아니 된다.(2012.10.15 본문개정)
1. 대한민국에서 금고 이상의 형을 선고받은 사실이 있거나 외국에서 이에 준하는 형을 선고받은 사실이 있는 사람
2. 대한민국에서 출국명령 또는 강제퇴거명령을 받고 출국한 사람
3. 대한민국에서 6개월 이상 불법으로 체류한 사실이 있는 사람
4. 불법취업할 목적으로 입국할 염려가 있다고 인정되는 사람
5. 법 제11조제1항 각 호의 어느 하나에 해당하는 사람
④ 청장·사무소장 또는 출장소장은 관할 지방고용노동관서의 장의 요청이 있으면 기술연수생의 출입국기록을 제공할 수 있다.(2018.5.8 본항개정)
⑤ (2002.4.18 삭제)
⑥ (2007.6.1 삭제)
⑦ 제1항·제3항 및 제4항에서 규정한 사항 외에 기술연수생의 모집 및 관리에 필요한 사항은 법무부장관이 따로 정한다.(2012.10.15 본항개정)
(2012.10.15 본조제목개정)
(1998.4.1 본조신설)
제24조의5~제24조의7 (2007.6.1 삭제)
제24조의8 【외국인유학생의 관리 등】 ① 법 제19조의4 제1항의 학교의 장(이하 "학교장"이라 한다)은 같은 조 제2항에 따라 다음 각 호의 구분에 따른 날부터 15일 이내에 청장·사무소장 또는 출장소장에게 신고(정보통신망에 의한 신고를 포함한다)해야 한다.
1. 법 제19조의4제2항제1호 중 매 학기 등록기한까지 등록을 하지 않아 신고를 하는 경우 : 해당 등록기한의 다음 날
2. 법 제19조의4제2항제1호 중 휴학에 따라 신고를 하는 경우 : 휴학일
3. 법 제19조의4제2항제2호 중 학교장이 법 제19조의4제1항에 따른 외국인유학생(이하 "외국인유학생"이라 한다)을 제적하거나 외국인유학생의 유학 또는 연수를 중단시켜 신고를 하는 경우 : 외국인유학생을 제적하거나 유학 또는 연수를 중단시킨 날
4. 법 제19조의4제2항제2호 중 행방불명 등 학교장이 알지 못한 사유로 외국인유학생의 유학이나 연수가 중단되어 신고를 하는 경우 : 행방불명 등이 된 사실을 알게 된 날
(2020.12.8 본항신설)
② 학교장은 다음 각 호의 업무를 수행해야 한다.
(2020.12.8 본문개정)
1. 외국인유학생의 출결사항(出缺事項) 및 학점 이수(履修) 등 관리(2020.12.8 본호개정)
2. 외국인유학생 이탈 방지를 위하여 필요한 상담
3. 청장·사무소장·출장소장에 대한 제1호 및 제2호에 따른 관리 및 상담 현황 통보(정보통신망에 의한 통보를 포함한다)(2018.5.8 본호개정)
③ 제2항 각 호의 업무는 법 제19조의4제1항에 따라 지정된 담당 직원이 수행할 수 있다.(2020.12.8 본항개정)
④ 법무부장관은 제2항 각 호의 업무수행 절차에 관하여 필요한 세부 사항을 정할 수 있다.(2020.12.8 본항개정)

제25조【체류자격 외 활동허가】 ① 법 제20조에 따라 그 체류자격에 해당하는 활동과 함께 다른 체류자격에 해당하는 활동을 허가받으려는 외국인은 체류자격 외 활동허가 신청서에 법무부령으로 정하는 서류를 첨부하여 청장·사무소장 또는 출장소장에게 제출하여야 한다.
② 청장·사무소장 또는 출장소장은 제1항에 따라 신청서를 제출받은 때에는 의견을 붙여 지체 없이 법무부장관에게 보내야 한다.
③ 청장·사무소장 또는 출장소장은 법무부장관이 제1항에 따른 체류자격 외 활동허가 신청에 대하여 허가한 때에는 여권에 체류자격 외 활동허가인을 찍거나 체류자격 외 활동허가 스티커를 붙여야 한다. 다만, 여권이 없거나 그 밖에 필요하다고 인정할 때에는 체류자격 외 활동허가인을 찍는 것과 체류자격 외 활동허가 스티커를 붙이는 것을 갈음하여 체류자격 외 활동허가서를 발급할 수 있다.(2019.6.11 본문개정)
④ 청장·사무소장 또는 출장소장은 법무부장관이 제1항에 따른 체류자격 외 활동허가 신청에 대하여 허가를 하지 않은 때에는 법무부령으로 정하는 서식에 따라 신청인에게 체류자격 외 활동 불허가 사실을 알려주어야 한다.
(2019.6.11 본항신설)
(2018.5.8 본조개정)

제26조【근무처의 변경·추가 허가】 ① 법 제21조제1항 본문에 따라 근무처의 변경 또는 추가에 관한 허가를 받으려는 사람은 근무처 변경·추가 허가 신청서에 법무부령으로 정하는 서류를 첨부하여 청장·사무소장 또는 출장소장에게 제출하여야 한다.
② 청장·사무소장 또는 출장소장은 제1항에 따른 신청서를 제출받은 때에는 의견을 붙여 지체 없이 법무부장관에게 보내야 한다.
③ 청장·사무소장 또는 출장소장은 법무부장관이 제1항에 따른 근무처 변경허가 신청에 대하여 허가한 때에는 여권에 근무처 변경허가인을 찍고 변경된 근무처와 체류기간을 적거나 근무처 변경허가 스티커를 붙여야 한다.
④ 청장·사무소장 또는 출장소장은 법무부장관이 제1항에 따른 근무처 추가허가 신청에 대하여 허가한 때에는 여권에 근무처 추가허가인을 찍고 추가된 근무처와 유효기간을 적거나 근무처 추가허가 스티커를 붙여야 한다.
⑤ 청장·사무소장 또는 출장소장은 법무부장관이 제1항에 따른 근무처의 변경·추가 허가 신청에 대하여 허가를 하지 않은 때에는 법무부령으로 정하는 서식에 따라 신청인에게 근무처 변경·추가 불허가 사실을 알려주어야 한다.(2019.6.11 본항신설)
(2018.5.8 본조개정)

제26조의2【근무처의 변경·추가 신고】 ① 법 제21조제1항 단서에서 "대통령령으로 정하는 사람"이란 별표1의2 중 14. 교수(E-1)부터 20. 특정활동(E-7)까지의 체류자격 중 어느 하나의 체류자격을 가진 외국인으로서 법무부장관이 고시하는 요건을 갖춘 사람을 말한다.
(2018.9.18 본항개정)
② 법 제21조제1항 단서에 따라 근무처의 변경·추가 신고를 하려는 사람은 근무처 변경·추가 신고서에 법무부령으로 정하는 서류를 첨부하여 청장·사무소장 또는 출장소장에게 제출하여야 한다.(2018.5.8 본항개정)
③ 청장·사무소장 또는 출장소장은 제2항에 따라 제출받은 신고서와 첨부서류를 지체 없이 법무부장관에게 보내야 한다.(2018.5.8 본항개정)
④ 청장·사무소장 또는 출장소장은 법무부장관이 제2항에 따른 근무처 변경·추가 신고를 수리한 때에는 신고인의 여권에 근무처 변경·추가 신고인을 찍고, 변경되거나 추가된 근무처와 체류기간 또는 유효기간을 적거나 근무처 변경·추가 신고 스티커를 붙여야 한다.
(2018.5.8 본항개정)
⑤ 청장·사무소장 또는 출장소장은 법무부장관이 제2항에 따른 근무처의 변경·추가 신고를 수리하지 않은 때에는 법무부령으로 정하는 서식에 따라 신청인에게 근무처 변경·추가신고 불수리 사실을 알려주어야 한다.
(2019.6.11 본항신설)

제27조【활동범위의 제한】 법무부장관은 법 제22조에 따라 외국인의 거소 또는 활동범위를 제한하거나 준수사항을 정한 때에는 그 제한사항 또는 준수사항과 그 이유를 적은 활동범위 등 제한통지서를 해당 외국인에게 직접 발급하거나 청장·사무소장 또는 출장소장을 거쳐 해당 외국인에게 발급하여야 한다.(2018.5.8 본조개정)

제28조【통지방법의 예외】 ① 제22조에 따른 활동중지명령서나 제27조에 따른 활동범위 등 제한통지서를 발급할 때 본인이 없거나 그 밖에 본인에게 직접 발급할 수 없는 사유가 있을 때에는 동거인이나 그 외국인이 소속된 단체의 장에게 발급할 수 있다. 이 경우 본인에게 발급한 것으로 본다.
② 제22조 또는 제27조의 경우에 긴급하면 먼저 구두로 알릴 수 있다. 이 경우 구두로 알린 후 지체 없이 활동중지명령서 또는 활동범위 등 제한통지서를 발급하여야 한다.

제29조【체류자격 부여】 ① 법 제23조에 따라 체류자격을 받으려는 사람은 체류자격 부여 신청서에 법무부령으로 정하는 서류를 첨부하여 청장·사무소장 또는 출장소장에게 제출하여야 하고, 청장·사무소장 또는 출장소장은 지체 없이 법무부장관에게 보내야 한다.
② 법무부장관은 제1항의 신청에 따라 체류자격을 부여할 때에는 체류기간을 정하여 청장·사무소장 또는 출장소장에게 통보하여야 한다.
③ 청장·사무소장 또는 출장소장은 제2항에 따른 통보를 받은 때에는 신청인의 여권에 체류자격 부여인을 찍고 체류자격과 체류기간 등을 적거나 체류자격 부여 스티커를 붙여야 한다.
(2018.5.8 본조개정)

제30조【체류자격 변경허가】 ① 법 제24조제1항에 따라 체류자격 변경허가를 받으려는 사람은 체류자격 변경허가 신청서에 법무부령으로 정하는 서류를 첨부하여 청장·사무소장 또는 출장소장에게 제출하여야 한다.
② 청장·사무소장 또는 출장소장은 제1항에 따른 신청서를 제출받은 때에는 의견을 붙여 지체 없이 법무부장관에게 보내야 한다.
③ 청장·사무소장 또는 출장소장은 법무부장관이 제1항에 따른 신청에 대하여 허가한 때에는 여권에 체류자격 변경허가인을 찍고 체류자격, 체류기간 및 근무처 등을 적거나 체류자격 변경허가 스티커를 붙여야 한다. 다만, 외국인등록증을 발급 또는 재발급할 때에는 외국인등록증의 발급 또는 재발급으로 이를 갈음한다.
(2018.5.8 본조개정)

제31조【체류기간 연장허가】 ① 법 제25조에 따른 체류기간 연장허가를 받으려는 사람은 체류기간이 끝나기 전에 체류기간 연장허가 신청서에 법무부령으로 정하는 서류를 첨부하여 청장·사무소장 또는 출장소장에게 제출하여야 한다.
② 청장·사무소장 또는 출장소장은 제1항에 따른 신청서를 제출받은 때에는 의견을 붙여 지체 없이 법무부장관에게 보내야 한다.
③ 청장·사무소장 또는 출장소장은 법무부장관이 제1항에 따른 신청에 대하여 허가한 때에는 여권에 체류기간 연장허가인을 찍고 체류기간을 적거나 체류기간 연장허가 스티커를 붙여야 한다. 다만, 외국인등록을 마친 사람에 대하여 체류기간 연장을 허가한 때에는 외국인등록증에 허가기간을 적음으로써 이를 갈음한다.
(2018.5.8 본조개정)

제32조 (1997.6.28 삭제)

제33조【체류자격 부여 등을 하지 않을 때의 출국통지】 ① 법무부장관은 제29조부터 제31조까지에 따른 체류자격 부여, 체류자격 변경허가 또는 체류기간 연장허가를 하지 않을 때에는 법무부령으로 정하는 서식에 따라 신청인에게 그 사실을 알려주어야 한다. 이 경우 제30조의 체류자격 변경허가를 하지 아니할 때에는 이미 허가된 체류자격으로 체류하게 할 수 있다.
② 제1항 전단의 서식에는 그 발급일부터 14일을 초과하지 아니하는 범위에서 출국기한을 분명하게 밝혀야 한다. 다만, 법무부장관이 필요하다고 인정할 때에는 이미 허가된 체류기간의 만료일을 출국기한으로 할 수 있으며, 제1항 후단에 따라 이미 허가된 체류자격으로 체류하게 할 때에는 그 출국기한을 적지 아니할 수 있다.
(2023.12.12 본조개정)

제34조【체류자격 부여 등에 따른 출국예고】 법 제23조부터 제25조까지의 규정에 따라 법무부장관이 체류자격을 부여하거나 체류자격 변경 등의 허가를 하는 경우 그 이후의 체류기간 연장을 허가하지 아니하기로 결정한 때에는 청장·사무소장 또는 출장소장은 허가된 체류기간 내에 출국하여야 한다는 뜻을 여권에 적어야 한다.
(2018.5.8 본조개정)

제34조의2【체류자격 외 활동허가 신청 등에 관한 온라인 방문 예약】 다음 각 호에 따른 신청 또는 신고를 하려는 사람은 방문하는 출입국·외국인청, 출입국·외국인사무소, 출입국·외국인청 출장소 또는 출입국·외국인사무소 출장소의 명칭, 방문 일시, 신청·신고 업무 등을 미리 법무부장관이 정하는 정보통신망에 입력(이하 "온라인 방문 예약"이라 한다)해야 한다. 다만, 임산부 및 「장애인복지법」 제2조제1항에 따른 장애인 등 법무부장관이 정하는 외국인은 온라인 방문 예약을 하지 않을 수 있다.(2023.12.12 본문개정)
1. 법 제20조에 따른 체류자격 외 활동허가 신청
2. 법 제21조제1항 본문에 따른 근무처의 변경·추가 허가 신청 및 같은 항 단서에 따른 근무처의 변경·추가 신고
3. 법 제23조에 따른 체류자격 부여 신청
4. 법 제24조에 따른 체류자격 변경허가 신청
5. 법 제25조에 따른 체류기간 연장허가 신청
6. 법 제31조에 따른 외국인등록 신청
(2020.8.5 본조신설)

제2절 외국인의 출국

제35조【출국심사】 ① 법 제28조제1항에 따른 외국인 출국심사에 관하여는 제1조제1항부터 제3항까지의 규정에 따른 국민의 출국심사 절차를 준용한다.(2016.9.29 본항개정)
② 대한민국의 선박등에 고용된 외국인승무원이 출국하는 경우 그 출국절차에 관하여는 제1조제4항 및 제5항을 준용한다.
③ 법 제28조제3항에 따른 위조 또는 변조된 여권·선원신분증명서의 보관과 그 통지절차에 관하여는 제6조제1항(발급기관의 장에 대한 통지는 제외한다) 및 제2항을 준용한다.(2016.9.29 본항개정)
④ 제15조제4항 각 호의 요건을 모두 갖춘 외국인은 법 제28조제5항에 따라 준용되는 법 제3조제2항에 따라 정보화기기에 의한 출국심사를 받을 수 있다. 이 경우 법 제12조의2제1항 또는 법 제38조제1항제1호에 따라 지문과 얼굴에 관한 정보를 제공한 외국인으로서 정보화기기를 이용한 출국심사에 지장이 없는 경우에는 제15조제4항제2호의 요건을 갖춘 것으로 본다.(2016.9.29 본항개정)
⑤ 제4항에 따라 출국심사를 마친 외국인에 대해서는 출국심사인의 날인을 생략한다.(2016.9.29 본항신설)

제36조【외국인의 출국정지기간】 ① 법 제29조에 따른 출국정지기간은 다음 각 호와 같다.
1. 법 제4조제1항 각 호의 어느 하나에 해당하는 외국인 : 3개월 이내
2. 법 제4조제2항에 해당하는 외국인 : 1개월 이내. 다만, 다음 각 목에 해당하는 외국인은 그 목에서 정한 기간으로 한다.(2019.12.24 본문개정)
가. 도주 등 특별한 사유가 있어 수사진행이 어려운 외국인 : 3개월 이내(2019.12.24 본목개정)
나. 소재를 알 수 없어 기소중지 또는 수사중지(피의자중지로 한정한다)가 된 외국인 : 3개월 이내
(2020.12.29 본목개정)
다. 기소중지 또는 수사중지(피의자중지로 한정한다)가 된 경우로서 체포영장 또는 구속영장이 발부된 외국인 : 영장 유효기간 이내(2020.12.29 본목개정)
② 제1항제2호에 해당하는 사람 중 기소중지 또는 수사중지(피의자중지로 한정한다)된 사람의 소재가 발견된 경우에는 출국정지 예정기간을 발견된 날부터 10일 이내로 한다.(2020.12.29 본항개정)
③ 제1항에 따른 외국인의 출국정지기간의 계산에 관하여는 제1조의4를 준용한다. 이 경우 "출국금지기간"은 "출국정지기간"으로 본다.
(2012.1.13 본조개정)

제36조의2【외국인의 출국정지 절차 등】 외국인에 대한 출국정지 및 출국정지기간 연장 절차 등에 관하여는 제2조, 제2조의2, 제2조의3, 제3조, 제3조의2부터 제3조의4까지 및 제5조를 준용한다. 이 경우 "출국금지"는 "출국정지"로 보고, "법 제4조제1항 또는 제2항에 따른 출국금지기간"은 "제36조제1항 각 호에 따른 출국정지기간"으로 본다.(2012.1.13 후단개정)

제37조【출국정지가 해제된 외국인의 출국】 출국정지로 인하여 허가받은 체류기간까지 출국하지 못한 외국인은 출국정지 해제일부터 10일 이내에는 체류기간 연장 등 별도의 절차를 밟지 아니하고 출국할 수 있다.

제38조【재입국허가기간 연장허가 권한의 위임】 법 제30조제1항에 따라 재입국허가를 받은 사람(재입국허가가 면제된 사람을 포함한다)이 출국 후 선박등이 없거나 질병 또는 그 밖의 부득이한 사유로 그 허가기간 또는 면제기간 내에 재입국할 수 없는 경우에 받아야 하는 재입국허가기간 연장허가에 관한 법무부장관의 권한은 법 제30조제4항에 따라 재외공관의 장에게 위임한다.

제39조 (2003.9.1 삭제)

제4장 외국인의 등록 및 사회통합 프로그램
(2012.10.15 본장제목개정)

제1절 외국인의 등록
(2011.11.1 본절개정)

제40조【외국인등록 등】 ① 법 제31조에 따라 외국인등록을 하려는 사람은 외국인등록 신청서에 여권과 그 밖에 법무부령으로 정하는 서류를 첨부하여 체류지 관할 청장·사무소장 또는 출장소장에게 제출하여야 한다.
② 체류지 관할 청장·사무소장 또는 출장소장은 제1항에 따라 외국인등록을 마친 사람에게 외국인등록번호를 부여하고 등록외국인대장에 적어야 한다.
(2018.5.8 본조개정)

제40조의2 (2016.9.29 삭제)

제40조의3【외국인등록번호의 체계 등】 ① 제40조에 따라 부여하는 외국인등록번호는 생년월일·성별·등록기관 등을 표시하는 13자리 숫자로 한다.(2016.9.29 본항개정)
② 외국인등록번호는 1인 1번호로 하며, 이미 부여한 번호를 다른 사람에게 부여해서는 아니 된다.
③ 체류지 관할 청장·사무소장 또는 출장소장은 법 제31조에 따라 등록을 한 외국인(이하 "등록외국인"이라 한다)이 법 제35조제1호에 따른 사항 중 성별 또는 생년월일 변경을 이유로 외국인등록사항의 변경신고를 하였을 때에는 외국인등록번호를 새로 부여해야 한다.
(2022.12.27 본항신설)
④ 법 제31조에 따른 외국인등록을 하기 전에 「법인 아닌 사단·재단 및 외국인의 부동산등기용 등록번호 부여절차에 관한 규정」 제12조 단서에 따라 부동산등기용등록번호를 부여받은 사람이 외국인등록을 하는 경우에는 해당 부동산등기용등록번호를 외국인등록번호로 부여한다. 다만, 부동산등기용등록번호를 부여받은 이후 성별이나 생년월일이 변경된 경우에는 외국인등록번호를 새로 부여한다.(2022.12.27 본항신설)

⑤ 제1항부터 제4항까지에서 규정한 사항 외에 외국인등록번호의 체계와 부여절차에 필요한 사항은 법무부장관이 정한다.(2022.12.27 본항개정)

제41조【외국인등록증의 발급】 ① 등록외국인의 체류지 관할 청장·사무소장 또는 출장소장은 법 제33조에 따라 외국인등록증을 발급하는 때에는 그 사실을 외국인등록증 발급대장에 적어야 한다.(2022.12.27 본항개정)

② 체류지 관할 청장·사무소장 또는 출장소장은 법 제33조제1항 단서에 따라 외국인등록증을 발급하지 아니한 17세 미만의 외국인에 대해서는 여권에 외국인등록번호 스티커를 붙여야 한다.(2018.5.8 본항개정)

③ 법 제33조제2항에 따라 외국인등록증 발급을 신청하려면 외국인등록증 발급신청서에 여권과 사진 1장을 첨부하여 체류지 관할 청장·사무소장 또는 출장소장에게 제출하여야 한다.(2018.5.8 본항개정)

④ 외국인등록증의 재질 및 규격, 외국인등록증에 기재할 사항과 사용할 직인 등 필요한 사항은 법무부장관이 정한다.

제42조【외국인등록증의 재발급】 ① 체류지 관할 청장·사무소장 또는 출장소장은 외국인등록증을 발급받은 사람에게 다음 각 호의 어느 하나에 해당하는 사유가 있으면 외국인등록증을 재발급할 수 있다.(2018.5.8 본문개정)

1. 외국인등록증을 분실한 경우
2. 외국인등록증이 헐어서 못 쓰게 된 경우
3. 외국인등록증의 적는 난이 부족한 경우
4. 법 제24조에 따라 체류자격 변경허가를 받은 경우
5. 법 제35조제1호의 사항에 대한 외국인등록사항 변경신고를 받은 경우
6. 위조방지 등을 위하여 외국인등록증을 한꺼번에 갱신할 필요가 있는 경우

② 제1항에 따라 외국인등록증을 재발급받으려는 사람은 외국인등록증 재발급 신청서에 사진 1장을 첨부하여 체류지 관할 청장·사무소장 또는 출장소장에게 제출해야 한다. 이 경우 제1항제2호부터 제6호까지 규정된 사유로 외국인등록증의 재발급 신청을 할 때에는 그 신청서에 원래의 외국인등록증을 첨부해야 한다.(2020.2.18 전단개정)

③ 체류지 관할 청장·사무소장 또는 출장소장은 외국인등록증을 재발급할 때에는 그 사유를 외국인등록증 발급대장에 적고, 제2항 후단에 따라 받은 외국인등록증은 파기한다.(2018.5.8 본항개정)

제42조의2【영주증의 재발급】 ① 법 제33조제4항 또는 제33조의2제1항에 따라 영주자격을 가진 외국인에게 발급하는 외국인등록증(이하 "영주증"이라 한다)을 재발급받으려는 사람은 영주증 유효기간 또는 법 제33조의2제1항 각 호에 규정된 기간 만료일까지 법무부령으로 정하는 신청서에 여권, 체류지 입증서류, 원래의 영주증 및 사진 1장을 첨부하여 체류지 관할 청장·사무소장 또는 출장소장에게 제출하여야 한다.

② 체류지 관할 청장·사무소장 또는 출장소장은 제1항의 신청에 따라 영주증을 재발급할 때에는 그 사실을 영주증 발급대장에 적고, 재발급 신청 시 제출받은 원래의 영주증은 파기한다.
(2018.9.18 본조신설)

제43조【등록외국인기록표 등의 작성 및 관리】 ① 체류지 관할 청장·사무소장 또는 출장소장은 법 제34조제1항에 따른 등록외국인기록표를 개인별로 작성하여 갖추어 두어야 한다.(2018.5.8 본항개정)

② 체류지 관할 청장·사무소장 또는 출장소장은 등록외국인에 대하여 각종 허가 또는 통고처분을 하거나 신고 등을 받은 때에는 그 내용을 등록외국인기록표에 적어 관리하여야 한다.(2018.5.8 본항개정)

③ 시·군·구(자치구가 아닌 구를 포함한다. 이하 이 조 및 제44조부터 제46조까지에서 같다) 및 읍·면·동의 장은 법 제34조제2항에 따라 외국인등록대장을 갖추어 두어야 하며, 외국인이 최초로 외국인등록을 하거나 관할 구역으로 전입하여 외국인등록표를 받은 때에는 그 내용을 외국인등록대장에 적어 관리하고, 다른 관할 구역으로 체류지를 옮기거나 체류지 관할 청장·사무소장 또는 출장소장으로부터 외국인등록 말소통보를 받은 때에는 외국인등록대장의 해당 사항에 붉은 줄을 그어 삭제하고 그 사유와 연월일을 적어야 한다.(2018.9.18 본항개정)

④ 시·군·구 및 읍·면·동의 장은 외국인등록 말소통보를 받은 외국인의 외국인등록표를 말소된 날부터 1년간 보존하여야 한다.(2018.9.18 본항개정)

제44조【외국인등록사항 변경의 신고】 ① 법 제35조에 따른 외국인등록사항의 변경신고를 하려는 사람은 외국인등록사항 변경신고서에 외국인등록증과 여권을 첨부하여 체류지 관할 청장·사무소장 또는 출장소장에게 제출하여야 한다.(2018.5.8 본항개정)

② 체류지 관할 청장·사무소장 또는 출장소장은 제1항에 따른 변경신고를 받은 때에는 등록외국인기록표를 정리하여야 하며, 법 제35조제1호의 변경사항에 대해서는 외국인등록증을 재발급하고 외국인등록사항 변경 사실을 그 외국인이 체류하는 시·군·구 및 읍·면·동의 장에게 통보하여야 한다.(2018.9.18 본항개정)

③ 시·군·구 및 읍·면·동의 장은 제2항에 따라 외국인등록사항 변경 사실을 통보받으면 지체 없이 외국인등록표를 정리하여야 한다.(2018.9.18 본항개정)

제45조【체류지 변경의 신고】 ① 법 제36조제1항에 따라 전입신고를 하려는 등록외국인은 체류지 변경신고서에 법무부령으로 정하는 서류를 첨부하여 새로운 체류지의 시·군·구 또는 읍·면·동의 장이나 새로운 체류지 관할 청장·사무소장 또는 출장소장에게 제출하여야 한다. 이 경우 전입신고는 법무부장관이 정하는 정보통신망을 이용하여 할 수 있다.(2023.12.12 전단개정)

② 제1항에 따라 전입신고를 받은 시·군·구 또는 읍·면·동의 장이나 체류지 관할 청장·사무소장 또는 출장소장은 외국인등록증에 변경사항을 적은 후 체류지 변경신고 필인을 찍어 신고인에게 내주고, 법 제36조제7항에 따라 체류지 변경통보서를 종전 체류지 관할 청장·사무소장 또는 출장소장에게 보내야 한다.(2018.9.18 본항개정)

③ 제2항에 따라 변경사항을 통보받은 종전 체류지 관할 청장·사무소장 또는 출장소장은 새로운 체류지 관할 청장·사무소장 또는 출장소장에게 등록외국인기록표를 보내야 하며, 새로운 체류지 관할 청장·사무소장 또는 출장소장은 지체 없이 이를 정리하여야 한다.
(2018.5.8 본조개정)

제46조【외국인등록증의 반납 등】 ① 출입국관리공무원은 법 제37조제1항 및 제5항에 따라 외국인등록증을 반납받은 때에는 그 외국인의 출국사실을 지체 없이 체류지 관할 청장·사무소장 또는 출장소장에게 통보하여야 한다.(2018.5.8 본항개정)

② 등록외국인이 법 제37조제2항에 따라 외국인등록증을 반납하는 시기와 방법은 다음 각 호의 구분에 따른다.

1. 등록외국인이 국민이 된 경우에는 주민등록을 마친 날부터 30일 이내에 본인·배우자·부모 또는 제89조제1항에 규정된 사람이 외국인등록증을 체류지 관할 청장·사무소장 또는 출장소장에게 반납하여야 한다.
2. 등록외국인이 사망한 경우에는 그 배우자·부모, 제89조제1항에 규정된 사람이 그 사망을 안 날부터 30일 이내에 외국인등록증에 진단서 또는 검안서나 그 밖에 사망 사실을 증명하는 서류를 첨부하여 체류지 관할 청장·사무소장 또는 출장소장에게 반납하여야 한다.
3. 등록외국인이 법 제31조제1항 각 호의 어느 하나에 해당하게 된 경우에는 체류자격 변경허가를 받을 때에 외국인등록증을 체류지 관할 청장·사무소장 또는 출장소장에게 반납하여야 한다.

(2018.5.8 1호~3호개정)

③ 체류지 관할 청장·사무소장 또는 출장소장은 제1항 및 제2항에 따라 외국인의 출국사실을 통보받거나 외국인등록증을 반납받은 때에는 그 체류지의 시·군·구 및 읍·면·동의 장에게 외국인등록 말소통보를 하여야 한다.(2018.9.18 본항개정)

④ 제3항에 따른 통보를 받은 시·군·구 및 읍·면·동의 장은 지체 없이 외국인등록표를 정리하여야 한다.
(2018.9.18 본항개정)

⑤ 청장·사무소장 또는 출장소장은 법 제37조제4항에 따라 외국인등록증을 일시 보관하는 경우에는 보관물 대장에 그 사실을 적은 후 보관증을 발급하고, 이를 보관한 후 같은 조 제5항에 따른 반환요청이 있을 때에는 보관하고 있는 외국인등록증을 즉시 돌려주어야 한다.(2018.5.8 본항개정)

⑥ 제1항 및 제2항에 따라 외국인등록증을 반납받은 출입국관리공무원 및 청장·사무소장·출장소장은 제1항 및 제3항에 따른 절차를 마친 후 그 외국인등록증을 파기한다.(2018.5.8 본항개정)

제47조【외국인등록사항의 말소 절차 등】 ① 청장·사무소장 또는 출장소장은 법 제37조의2제2항에 따라 다음 각 호의 구분에 따른 시기에 외국인등록사항을 말소할 수 있다.(2018.5.8 본문개정)

1. 법 제37조제1항 본문에 따라 외국인등록증을 반납한 경우 : 외국인등록증을 반납받은 때
2. 등록외국인이 국민이 된 경우 : 등록외국인의 대한민국 국적 취득 사실을 확인한 때
3. 등록외국인이 사망한 경우 : 진단서 또는 검안서 등을 통하여 등록외국인의 사망 사실을 확인한 때
4. 법 제31조제1항 각 호의 어느 하나에 해당하게 된 경우 : 외교(A-1)·공무(A-2)·협정(A-3) 체류자격 등 해당 체류자격으로 체류자격 변경허가를 받은 사실을 확인한 때
5. 등록외국인이 출국 후 재입국허가기간(재입국허가를 면제받은 경우에는 면제받은 기간 또는 체류허가기간) 내에 입국하지 아니한 경우 : 재입국허가기간(면제받은 기간 또는 체류허가기간)이 지난 때
6. 그 밖에 등록외국인이 법무부령으로 정하는 말소 사유에 해당하는 경우 : 그 사유를 확인한 때

② 청장·사무소장 또는 출장소장은 외국인등록사항을 말소할 때에는 해당 등록외국인대장에 말소의 뜻을 표시하고 말소 사유와 연월일 및 담당 공무원의 성명을 적어야 한다.(2018.5.8 본항개정)

③ 청장·사무소장 또는 출장소장은 제2항에 따라 외국인등록사항을 말소하였을 때에는 등록외국인 말소대장을 작성하여 따로 관리하여야 한다.(2018.5.8 본항개정)

④ 청장·사무소장 또는 출장소장은 제2항에 따라 외국인등록사항이 말소된 외국인이 법 제31조에 따라 새로 외국인등록을 하는 경우에는 말소되기 전에 해당 외국인에게 부여하였던 외국인등록번호와 같은 외국인등록번호를 부여한다.(2018.5.8 본항개정)

⑤ 제1항부터 제4항까지에서 규정한 사항 외에 외국인등록사항의 말소 절차에 관하여 필요한 사항은 법무부장관이 정한다.
(2016.9.29 본조신설)

제2절 사회통합 프로그램
(2012.10.15 본절신설)

제48조【사회통합 프로그램의 내용 및 개발】 ① 법 제39조제1항에 따른 사회통합 프로그램(이하 "사회통합 프로그램"이라 한다)은 다음 각 호의 내용으로 구성한다.

1. 한국어 교육
2. 한국사회 이해 교육
3. 그 밖에 외국인의 사회적응 지원에 필요하다고 법무부장관이 인정하는 교육, 정보 제공, 상담 등

② 법무부장관은 사회통합 프로그램에 참여하는 사람(이하 "사회통합 프로그램 참여자"라 한다)에 대하여 다음 각 호의 평가를 실시할 수 있다.

1. 사전 평가
2. 학습성과 측정을 위한 단계별 평가
3. 이수 여부를 결정하는 종합평가

③ 법무부장관은 사회통합 프로그램의 표준화·체계화·효율화를 위하여 노력하여야 한다.

④ 법무부장관은 필요한 경우 관련 분야에 전문성을 가진 대학, 법인, 기관, 단체 등에 사회통합 프로그램의 개발·운영 또는 사회통합 프로그램 참여자에 대한 평가를 위탁할 수 있다.(2023.12.12 본항개정)

⑤ 법무부장관 또는 제4항에 따라 사회통합 프로그램 운영을 위탁받은 자는 법무부장관이 고시하는 금액의 범위에서 사회통합 프로그램 참여자로부터 교육에 소요되는 비용의 전부 또는 일부를 받을 수 있다.(2023.12.12 본항신설)

⑥ 제4항에 따라 사회통합 프로그램 참여자에 대한 평가를 위탁받은 자는 법무부장관이 고시하는 금액의 범위에서 사회통합 프로그램 참여자로부터 평가 수수료를 받을 수 있다.(2018.9.18 본항신설)

⑦ 제1항부터 제6항까지에서 규정한 사항 외에 사회통합 프로그램의 개발 및 운영에 필요한 사항은 법무부장관이 정한다.(2023.12.12 본항개정)

제49조【운영기관의 지정】 ① 법 제39조제2항에 따른 사회통합 프로그램 운영기관(이하 "운영기관"이라 한다)으로 지정받으려는 기관, 법인 또는 단체는 다음 각 호의 요건을 갖추고 법무부령으로 정하는 바에 따라 운영계획서 등을 첨부하여 법무부장관에게 신청하여야 한다.

1. 상시 활용이 가능한 사무실 및 교육장소의 확보
2. 법무부령으로 정하는 전문인력의 확보
3. 시설물 배상책임보험 및 화재보험 가입
4. 그 밖에 운영인력 확보 등 운영기관의 지정에 필요한 사항으로서 법무부장관이 정하여 고시하거나 인터넷 홈페이지에 게시하는 요건

② 법무부장관은 제1항에 따라 지정신청을 받은 때에는 다음 각 호의 사항을 고려하여 지정 여부를 결정하여야 한다.

1. 사회통합 프로그램 관련 업무 수행경력 및 전문성
2. 전문인력의 확보 및 교육시설·기자재 등의 구비 수준
3. 운영계획서의 충실성 및 실행가능성
4. 최근 3년 이내에 제50조제3항에 따라 지정 취소된 사실이 있는지 여부
5. 운영재원 조달 방법 및 능력
6. 그 밖에 사회통합 프로그램 참여자들의 접근성 및 이용의 편리성 등 법무부장관이 중요하다고 인정하는 사항

③ 법무부장관은 다음 각 호의 어느 하나에 해당하는 기관, 법인 또는 단체가 국가나 지방자치단체로부터 사회통합 프로그램을 운영할 수 있는 충분한 경비 지원을 받는 경우 제2항제5호의 요건을 판단할 때 가점을 부여할 수 있다.

1. 지방자치단체 및 그 소속기관
2. 「다문화가족지원법」 제12조에 따른 다문화가족지원센터
3. 「사회복지사업법」 제34조의5에 따른 사회복지관 중 같은 법 제34조의2에 따라 둘 이상의 사회복지시설을 통합하여 설치·운영하거나 둘 이상의 사회복지사업을 통합하여 수행하는 사회복지관
4. 「고등교육법」 제2조제1호부터 제6호까지의 규정에 따른 대학 및 그 소속기관
5. 그 밖에 법무부장관이 제1호부터 제4호까지에 준한다고 인정하는 기관, 법인 또는 단체

④ 운영기관의 지정기간은 3년 이내로 한다.(2020.8.5 본항개정)

⑤ 지정된 운영기관은 다음 각 호의 업무를 수행한다.

1. 사회통합 프로그램의 운영
2. 출입국·외국인정책 관련 정보 제공 및 홍보
3. 외국인 사회통합과 다문화 이해 증진
4. 그 밖에 외국인의 사회적응 지원을 위하여 필요한 업무

⑥ 제1항부터 제5항까지에서 규정한 사항 외에 운영기관의 지정에 필요한 사항은 법무부령으로 정한다.

제50조【운영기관의 관리 및 지정 취소】 ① 법무부장관은 운영기관의 사회통합 프로그램 운영 실태를 파악하기 위하여 필요한 경우 운영기관을 방문하여 조사하거나 운

영기관에 관련 자료의 제출 또는 보고를 요구할 수 있다.(2019.12.24 본항개정)
② 법무부장관은 법을 위반하거나 제1항에 따른 자료 제출 또는 보고 요구에 응하지 아니하는 운영기관에 대하여 경고하거나 시정을 요구할 수 있다.
③ 법무부장관은 운영기관이 다음 각 호의 어느 하나에 해당하는 경우 운영기관 지정을 취소할 수 있다.
1. 거짓이나 부정한 방법으로 운영기관으로 지정받은 경우
1의2. 거짓이나 부정한 방법으로 사회통합 프로그램을 운영한 경우(2019.6.11 본호신설)
2. 제49조제1항 각 호의 요건을 갖추지 못하게 된 경우
3. 법 제39조제4항에 따라 지원받은 경비를 부당하게 집행한 경우
4. 제2항에 따른 시정 요구에 정당한 이유 없이 불응한 경우
5. 제2항에 따른 경고나 시정 요구를 받은 사항을 반복하여 위반하는 경우
④ 법무부장관은 제3항에 따라 운영기관의 지정을 취소하려는 경우에는 청문을 해야 한다.(2019.6.11 본항신설)
⑤ 제2항에 따른 경고 및 시정 요구와 제3항에 따른 지정 취소의 처분기준 등 운영기관 관리 및 지정 취소에 관한 세부 사항은 법무부령으로 정한다.
제51조【전문인력의 양성 등】 ① 법무부장관은 법 제39조제3항에 따라 사회통합 프로그램 시행에 필요한 전문인력을 양성하기 위하여 다문화사회 전문가 등 전문인력 양성과정을 개설·운영한다.
② 법무부장관은 전문인력의 자질 향상을 위하여 필요한 경우 보수교육을 실시할 수 있다.
③ 법무부장관은 전문인력의 효율적인 양성을 위하여 「고등교육법」 제2조제1호부터 제6호까지의 규정에 따른 대학이나 사회통합 프로그램 관련 분야에 전문성을 갖춘 기관, 법인 또는 단체에 제1항의 전문인력 양성과정이나 제2항의 보수교육을 위탁할 수 있다.(2015.6.15 본항개정)
④ 제1항부터 제3항까지에서 규정한 사항 외에 전문인력의 양성에 필요한 사항은 법무부장관이 정한다.
제52조 (2013.5.31 삭제)
제53조~제56조 (1999.2.26 삭제)

제5장 강제퇴거등
(2011.11.1 본장개정)

제1절 조 사

제57조【인지보고】 출입국관리공무원은 법 제47조에 따른 조사에 착수할 때에는 용의사실 인지보고서를 작성하여 청장·사무소장·출장소장 또는 외국인보호소의 장(이하 "보호소장"이라 한다)에게 제출하여야 한다.(2018.5.8 본조개정)
제58조【출석요구】 ① 출입국관리공무원은 법 제48조제1항 또는 제49조제1항에 따라 용의자 또는 참고인의 출석을 요구할 때에는 출석요구의 취지, 출석일시 및 장소 등을 적은 출석요구서를 발급하고 그 발급사실을 출석요구서 발급대장에 적어야 한다.
② 출입국관리공무원은 긴급한 경우에는 제1항에 따른 출석요구를 구두로 할 수 있다.
제59조【신문조서】 ① 법 제48조제3항에 따른 용의자 신문조서에는 다음 각 호의 사항을 적어야 한다.
1. 국적·성명·성별·생년월일·주소 및 직업
2. 출입국 및 체류에 관한 사항
3. 용의사실의 내용
4. 그 밖에 범죄경력 등 필요한 사항
② 출입국관리공무원은 법 제48조제6항 또는 제7항에 따라 통역이나 번역을 하게 한 때에는 통역하거나 번역한 사람으로 하여금 조서에 간인(間印)한 후 서명 또는 기명날인하게 하여야 한다.
제60조【참고인 진술조서】 ① 법 제49조에 따른 참고인 진술조서의 통역 또는 번역에 관하여는 제59조제2항을 준용한다.
② 출입국관리공무원은 진술내용이 복잡하거나 참고인이 원하는 경우에는 서면으로 진술하게 할 수 있다.
제61조【검사 및 서류 등의 제출요구】 출입국관리공무원은 법 제47조에 따라 용의자를 조사할 때 용의자가 용의사실을 부인하거나 용의자가 제출한 서류만으로는 용의사실을 증명하기에 충분하지 아니하다고 인정되는 경우에는 그 용의자와 관련 있는 제3자의 주거 또는 물건을 검사하거나 서류 또는 물건을 제출하게 할 수 있다. 이 경우 미리 그 제3자의 동의를 받아야 한다.
제62조【제출물조서 등】 ① 출입국관리공무원은 법 제50조 및 이 영 제61조에 따라 서류 또는 물건을 제출받은 때에는 제출경위 등을 적은 제출물조서와 제출한 물건 등의 특징과 수량을 적은 제출물목록을 작성하여야 한다.
② 제1항에 따른 제출물조서 및 제출물목록의 작성은 제59조제1항에 따른 신문조서 또는 제60조에 따른 진술조서에 제출물에 관한 사항을 적는 것으로 갈음할 수 있다.

제2절 보 호

제63조【보호명령서】 ① 출입국관리공무원은 법 제51조제2항에 따라 보호명령서의 발급을 신청할 때에는 보호의 사유를 적은 보호명령서 발급신청서에 조사자료 등을 첨부하여 청장·사무소장·출장소장 또는 보호소장에게 제출하여야 한다.
② 출입국관리공무원은 청장·사무소장·출장소장 또는 보호소장이 제1항에 따른 신청에 대하여 보호명령결정을 한 때에는 청장·사무소장·출장소장 또는 보호소장으로부터 보호의 사유, 보호장소 및 보호기간 등을 적은 보호명령서를 발급받아 용의자에게 보여 주어야 한다.(2018.5.8 본항개정)
제64조【보호의 의뢰 등】 ① 출입국관리공무원은 법 제51조제1항에 따라 보호명령서가 발급된 외국인이나 법 제63조제1항에 따라 강제퇴거명령서가 발급된 외국인을 외국인보호실, 외국인보호소 또는 그 밖에 법무부장관이 지정하는 장소(이하 "보호시설"이라 한다)에 보호하려면 소속 청장·사무소장·출장소장 또는 보호소장으로부터 보호의뢰의 사유 및 근거를 적은 보호의뢰서를 발급받아 이를 보호의뢰를 받는 보호시설의 장에게 보내야 한다.(2018.5.8 본항개정)
② 출입국관리공무원은 제1항에 따라 보호의뢰한 외국인이 다음 각 호의 어느 하나에 해당하는 사유가 있으면 다른 보호시설로 보호장소를 변경할 수 있다.
1. 법에 따른 외국인에 대한 조사
2. 출국집행
3. 보호시설 내 안전 및 질서유지
4. 외국인에 대한 의료제공 등 필요한 처우
③ 출입국관리공무원은 제2항에 따라 보호장소를 변경하려면 소속 청장·사무소장·출장소장 또는 보호소장으로부터 보호장소의 변경사유 등을 적은 보호장소 변경의뢰서를 발급받아 그 외국인을 보호하고 있는 보호시설의 장과 변경되는 보호시설의 장에게 각각 보내야 한다.(2018.5.8 본항개정)
④ 출입국관리공무원은 법 제51조제4항에 따라 긴급보호서를 작성할 때에는 긴급보호의 사유, 보호장소 및 보호시간 등을 적어야 한다.
제65조【보호기간의 연장】 ① 출입국관리공무원은 법 제52조제1항 단서에 따라 보호기간을 연장하려면 청장·사무소장·출장소장 또는 보호소장으로부터 연장기간, 연장 사유 및 적용 법조문 등을 적은 보호기간 연장허가서를 발급받아야 한다.
② 출입국관리공무원은 제1항의 보호기간 연장허가서가 발급된 용의자가 보호시설에 보호되어 있는 때에는 청장·사무소장·출장소장 또는 보호소장으로부터 연장기간 및 연장 등을 적은 보호기간 연장허가서 부본(副本)을 발급받아 그 외국인을 보호하고 있는 보호시설의 장에게 보내야 한다.
③ 출입국관리공무원은 청장·사무소장·출장소장 또는 보호소장이 제1항에 따른 보호기간 연장을 허가하지 아니한 때에는 지체 없이 보호를 해제하여야 한다. 이 경우 용의자가 보호시설에 보호되어 있을 때에는 청장·사무소장·출장소장 또는 보호소장으로부터 보호해제 사유 등을 적은 보호해제 의뢰서를 발급받아 그 외국인을 보호하고 있는 보호시설의 장에게 보내야 한다.(2018.5.8 본조개정)
제66조【보호기간 중의 보호해제】 출입국관리공무원은 보호기간 만료 전이라도 보호할 필요가 없다고 인정할 때에는 청장·사무소장·출장소장 또는 보호소장의 허가를 받아 보호를 해제할 수 있다. 이 경우 용의자가 보호시설에 보호되어 있을 때에는 제65조제3항 후단을 준용한다.(2018.5.8 전단개정)
제67조【보호시설의 장의 의무】 보호시설의 장은 청장·사무소장·출장소장 또는 보호소장으로부터 외국인의 보호나 보호해제를 의뢰받은 때에는 지체 없이 그 외국인을 보호하거나 보호해제를 하여야 한다.(2018.5.8 본조개정)
제68조【보호의 통지】 법 제54조에 따른 보호의 통지는 보호의 사유·일시 및 장소와 이의신청을 할 수 있다는 뜻을 적은 보호통지서로 하여야 한다.
제69조【보호에 대한 이의신청】 ① 법 제55조제1항에 따라 이의신청을 하려는 사람은 이의신청서에 이의의 사유를 소명하는 자료를 첨부하여 청장·사무소장·출장소장 또는 보호소장에게 제출하여야 한다.
② 청장·사무소장·출장소장 또는 보호소장은 제1항에 따라 이의신청서를 제출받은 때에는 의견을 붙여 지체 없이 법무부장관에게 보내야 한다.(2018.5.8 본조개정)
제70조【이의신청에 대한 결정】 ① 법무부장관은 법 제55조제2항에 따라 이의신청에 대한 결정을 한 때에는 주문(主文)·이유 및 적용 법조문 등을 적은 이의신청에 대한 결정서를 작성하여 청장·사무소장·출장소장 또는 보호소장을 거쳐 신청인에게 보내야 한다.
② 청장·사무소장·출장소장 또는 보호소장은 제1항의 경우에 법무부장관의 보호해제 결정이 있으면 지체 없이 보호를 해제하여야 한다. 이 경우 용의자가 보호시설에 보호되어 있을 때에는 보호해제 의뢰서를 보호시설의 장에게 보내야 한다.(2018.5.8 본조개정)
제71조【외국인의 일시보호】 ① 출입국관리공무원은 법 제56조제1항에 따라 외국인을 일시보호할 때에는 청장·사무소장 또는 출장소장으로부터 일시보호명령서를 발급받아 그 외국인에게 보여 주어야 한다.(2018.5.8 본항개정)
② 제1항에 따른 일시보호명령서에는 일시보호의 사유, 보호장소 및 보호시간 등을 적어야 한다.
③ 출입국관리공무원은 법 제56조제2항에 따라 일시보호기간을 연장할 때에는 청장·사무소장 또는 출장소장으로부터 연장기간, 연장 사유 및 적용 법조문 등을 적은 일시보호기간 연장허가서를 발급받아 그 외국인에게 보여 주어야 한다.(2018.5.8 본항개정)

제3절 심사 및 이의신청

제72조【심사결정서】 청장·사무소장·출장소장 또는 보호소장은 법 제58조에 따라 심사결정을 한 때에는 주문·이유 및 적용 법조문 등을 분명히 밝힌 심사결정서를 작성하여야 한다.(2018.5.8 본조개정)
제73조【심사 후의 절차】 청장·사무소장·출장소장 또는 보호소장은 법 제59조제1항에 따라 보호를 해제하는 경우 용의자가 보호시설에 보호되어 있을 때에는 보호해제 사유 등을 적은 보호해제 의뢰서를 보호시설의 장에게 보내야 한다.(2018.5.8 본조개정)
제74조【강제퇴거명령서】 청장·사무소장·출장소장 또는 보호소장은 법 제59조제2항에 따라 강제퇴거명령을 결정한 때에는 명령의 취지 및 이유와 이의신청을 할 수 있다는 뜻을 적은 강제퇴거명령서를 발급하여 그 부본을 용의자에게 교부하여야 한다.(2018.5.8 본조개정)
제75조【이의신청 및 결정】 ① 청장·사무소장·출장소장 또는 보호소장은 법 제60조제1항에 따라 이의신청서를 받은 때에는 의견을 붙여 지체 없이 법무부장관에게 보내야 한다.
② 법무부장관은 법 제60조제3항에 따른 결정을 하는 때에는 주문·이유 및 적용 법조문 등을 분명히 밝힌 이의신청에 대한 결정서를 작성하여 청장·사무소장·출장소장 또는 보호소장을 거쳐 용의자에게 발급하여야 한다. 다만, 긴급한 경우에는 구두로 통지한 후 결정서를 발급할 수 있다.
③ 청장·사무소장·출장소장 또는 보호소장은 법 제60조제4항에 따라 보호를 해제하는 경우에 용의자가 보호시설에 보호되어 있을 때에는 보호해제 사유 등을 적은 보호해제 의뢰서를 보호시설의 장에게 보내야 한다.(2018.5.8 본조개정)
제76조【체류허가의 특례】 ① 법 제61조제1항에 따른 그 밖에 대한민국에 체류하여야 할 특별한 사정은 다음 각 호의 어느 하나에 해당하는 경우로 한다.
1. 용의자가 별표1의3 영주(F-5) 체류자격을 가지고 있는 경우(2018.9.18 본호개정)
2. 용의자가 대한민국정부로부터 훈장 또는 표창을 받은 사실이 있거나 대한민국에 특별한 공헌을 한 사실이 있는 경우
3. 그 밖에 국가이익이나 인도주의에 비추어 체류하여야 할 특별한 사정이 있다고 인정되는 경우(2018.9.18 본호개정)
② 법무부장관은 법 제61조제1항에 따라 체류허가를 한 때에는 체류자격, 체류기간과 그 밖에 필요한 준수사항을 적은 특별체류허가서를 발급하여 청장·사무소장·출장소장 또는 보호소장을 거쳐 그 용의자에게 교부하여야 한다.(2018.5.8 본항개정)
③ 법무부장관은 제2항에 따른 허가를 한 때에는 제75조제2항에 따른 결정서에 그 뜻을 적어야 한다.

제4절 강제퇴거명령서의 집행

제77조【강제퇴거명령서의 집행】 ① 출입국관리공무원은 법 제62조제1항에 따라 강제퇴거명령서를 집행할 때에는 해당 외국인의 보관금품 등의 반환 여부를 확인해야 한다.(2020.8.5 본항개정)
② 청장·사무소장·출장소장 또는 보호소장은 법 제62조제2항에 따라 사법경찰관리에게 강제퇴거명령서의 집행을 의뢰할 때에는 집행의뢰서를 발급하여 강제퇴거명령서와 함께 이를 교부하여야 한다. 다만, 긴급한 경우에는 강제퇴거명령서만을 교부하고 구두로 의뢰할 수 있다.(2018.5.8 본문개정)
③ 출입국관리공무원 또는 사법경찰관리는 법 제62조에 따라 강제퇴거명령서에 따른 송환을 마치거나 그 집행이 불가능하여 집행하지 못했을 때에는 강제퇴거명령서에 그 사유를 적어 지체 없이 청장·사무소장·출장소장 또는 보호소장에게 제출해야 한다. 다만, 법무부장관이 정하는 정보통신망을 통하여 그 사유를 확인할 수 있는 경우에는 제출하지 않을 수 있다.(2020.8.5 본항개정)
④ 출입국관리공무원은 법 제62조제3항 단서에 따라 선박등의 장 또는 운수업자에게 강제퇴거명령을 받은 사람을 인도할 때에는 그의 인적사항 및 강제퇴거 사유와 법 제76조제1항에 따른 송환의무가 있음을 적은 송환지시서를 발급하고, 그 의무를 이행할 것과 강제퇴거명령을 받은 사람을 인도받은 뜻을 적은 인수증을 받아야 한다.(2018.6.12 본항개정)
제78조【강제퇴거명령을 받은 사람의 보호 및 보호해제】 ① 청장·사무소장·출장소장 또는 보호소장은 법 제63조제1항에 따라 강제퇴거명령을 받은 사람을 송환할 수 있을 때까지 보호하려는 때에는 강제퇴거를 위한 보

호명령서를 발급하여 이를 강제퇴거명령을 받은 사람에게 보여 주어야 한다.
② 청장 · 사무소장 · 출장소장 또는 보호소장은 법 제63조제2항에 따라 법무부장관의 승인을 받으려면 보호기간 연장의 필요성을 소명하여야 한다.
③ 청장 · 사무소장 · 출장소장 또는 보호소장은 법 제63조제3항 또는 제4항에 따라 보호를 해제할 때에는 해제사유, 주거의 제한과 그 밖에 필요한 조건을 적은 보호해제 통보서를 강제퇴거명령을 받은 사람에게 발급하여야 한다. 이 경우 청장 · 사무소장 · 출장소장 또는 보호소장은 강제퇴거명령을 받은 사람이 보호시설에 보호되어 있을 때에는 보호해제 사유 등을 적은 보호해제 의뢰서를 보호시설의 장에게 보내야 한다.
④ 청장 · 사무소장 · 출장소장 또는 보호소장은 제3항에 따라 보호를 해제한 사람에 대해서는 주거의 제한, 그 밖의 조건 이행 여부 등 동향을 파악하여야 한다.
(2018.5.8 본조개정)

제5절 보호의 일시해제

제79조【보호의 일시해제】 ① 청장 · 사무소장 · 출장소장 또는 보호소장은 법 제65조제1항에 따라 직권으로 보호의 일시해제를 하는 경우에는 보호명령서 또는 강제퇴거명령서의 집행으로 보호시설에 보호되어 있는 사람(이하 "피보호자"라 한다), 피보호자의 보증인 또는 법 제54조제1항에 따른 법정대리인등(이하 "법정대리인등"이라 한다)에게 보증금 납부능력을 소명하는 자료 등 보호의 일시해제 심사에 필요한 자료를 요청할 수 있다.
(2022.8.16 본항개정)
② 법 제65조제1항에 따라 보호의 일시해제를 청구하려는 사람은 보호 일시해제 청구서에 청구의 사유 및 보증금 납부능력을 소명하는 자료를 첨부하여 청장 · 사무소장 · 출장소장 또는 보호소장에게 제출하여야 한다.
(2018.5.8 본항개정)
③ 청장 · 사무소장 · 출장소장 또는 보호소장은 직권으로 또는 제2항에 따른 청구를 받아 보호의 일시해제를 하는 경우 특별한 사정이 없으면 지체 없이 관계 서류를 심사하여 주문 · 이유 및 적용 법조문 등을 적은 보호 일시해제 결정서를 피보호자(그의 보증인 또는 법정대리인등을 포함한다)에게 발급하여야 한다.(2022.8.16 본항개정)
④ 제3항의 경우에 보호를 일시해제하기로 결정한 때에는 그 결정서에 보호해제기간, 보증금의 액수 · 납부일시 및 장소, 주거의 제한, 그 밖에 필요한 조건 외에 보증금을 내면 보호를 일시해제하며, 조건을 위반하면 보호의 일시해제를 취소하고 보증금을 국고에 귀속시킬 수 있다는 뜻을 적어야 한다.(2018.9.18 본항개정)
⑤ 청장 · 사무소장 · 출장소장 또는 보호소장은 보호를 일시해제하기로 결정한 경우에 용의자가 보호시설에 보호되어 있을 때에는 보호해제기간을 분명히 밝힌 보호해제 의뢰서를 보호시설의 장에게 보내야 한다.(2018.5.8 본항개정)
⑥ 법 제65조제2항에 따른 보증금 예치 절차에 관하여는 제17조제2항을 준용한다.
⑦ 제6항에 따라 예치된 보증금은 법 제66조제2항에 따른 국고 귀속의 경우를 제외하고는 그 외국인이 출국하거나 보호 일시해제를 취소하는 때에 보증금을 낸 사람에게 반환하여야 한다.(2018.9.18 본항개정)
제79조의2【보호 일시해제 심사기준】 ① 청장 · 사무소장 · 출장소장 또는 보호소장은 법 제65조제1항에 따라 직권으로 또는 청구에 따라 보호의 일시해제를 하는 경우에는 다음 각 호의 사항을 심사하여야 한다.(2018.9.18 본문개정)
1. 피보호자의 생명 · 신체에 중대한 위협이나 회복할 수 없는 재산상 손해가 발생할 우려가 있는지 여부
(2018.9.18 본호개정)
2. 국가안전보장 · 사회질서 · 공중보건 등의 국익을 해칠 우려가 있는지 여부
3. 피보호자의 범법사실 · 연령 · 품성, 조사과정 및 보호시설에서의 생활태도
4. 도주할 우려가 있는지 여부
5. 그 밖에 중대한 인도적 사유가 있는지 여부
② 제1항에 따른 보호 일시해제의 세부 기준과 방법에 관하여 필요한 사항은 법무부장관이 정한다.
(2012.1.13 본조신설)
제80조【보호 일시해제의 취소】 ① 청장 · 사무소장 · 출장소장 또는 보호소장은 법 제66조제2항에 따라 보호 일시해제 취소서를 발급할 때에는 그 취소서에 취소 사유, 보호할 장소 등을 적어 피보호자(그의 보증인 또는 법정대리인등을 포함한다)에게 교부하고, 지체 없이 그 용의자를 다시 보호하여야 한다.(2022.8.16 본항개정)
② 법 제66조제2항에 따른 보증금의 국고귀속 절차에 관하여는 제17조제4항 및 제5항을 준용한다.

제6절 출국권고등

제81조【출국권고】 법 제67조제1항제1호에 따른 그 위반정도가 가벼운 경우는 법 제17조 또는 제20조를 처음 위반한 사람으로서 그 위반기간이 10일 이내인 경우로 한다.
제81조의2【출국명령 이행보증금의 예치 및 반환과 국고 귀속절차】 ① 청장 · 사무소장 · 출장소장 또는 보호소장은 법 제68조제3항에 따라 다음 각 호의 사항을 고려하여 외국인에게 이행보증금을 예치하게 할 수 있다.
1. 법 제68조제1항 각 호에 해당하는 출국명령의 사유와 그 동기
2. 외국인의 법 위반 전력, 나이, 환경 및 자산
3. 도주할 우려
4. 그 밖의 인도적 사유
② 청장 · 사무소장 · 출장소장 또는 보호소장은 제1항에 따라 이행보증금을 예치받을 때에는 다음 각 호의 어느 하나에 해당하는 경우 그 이행보증금을 국고에 귀속시킬 수 있다는 뜻을 그 외국인에게 알려야 한다.
1. 법 제68조제3항에 따른 출국기한을 위반한 경우
2. 법 제68조제3항에 따른 주거의 제한이나 그 밖의 필요한 조건을 위반하는 경우
③ 제1항에 따른 이행보증금의 예치 및 납부 등에 관한 절차는 정부가 보관하는 보관금 취급에 관한 절차에 따른다.
④ 청장 · 사무소장 · 출장소장 또는 보호소장은 제1항에 따라 예치된 이행보증금을 다음 각 호의 구분에 따라 국고에 귀속시킬 수 있다. 이 경우 구체적인 귀속금액의 기준은 법무부장관이 정한다.
1. 제2항제1호의 경우 : 이행보증금 전부 또는 일부
2. 제2항제2호의 경우 : 이행보증금의 일부
⑤ 청장 · 사무소장 · 출장소장 또는 보호소장은 법 제68조제4항에 따라 이행보증금을 국고에 귀속하려면 국고귀속 통지서에 국고 귀속결정 사유 및 국고 귀속금액 등을 기재하여 그 외국인에게 발급해야 한다.
⑥ 청장 · 사무소장 · 출장소장 또는 보호소장은 법 제68조제4항에 따라 국고에 귀속하는 경우를 제외하고는 제1항에 따라 예치된 이행보증금을 그 외국인이 출국하는 때 반환해야 한다.
(2021.1.19 본조신설)

제6장 선박등의 검색
(2011.11.1 본장개정)

제82조【선박등의 검색 및 심사】 ① 출입국관리공무원이 선박등에 승선하여 법 제69조 및 제70조에 따른 검색 및 심사를 할 때에는 다음 각 호의 사항을 확인하여야 한다.
1. 여권 또는 선원신분증명서가 유효한지 여부
2. 승무원 또는 승객이 정당한 절차에 따라 승선하였는지 여부
3. 승선 중인 승무원 또는 승객과 법 제75조제1항에 따라 제출된 승무원명부 및 승객명부의 명단이 일치하는지 여부
4. 승무원 또는 승객 중에 출입국이 금지된 사람이 있는지 여부
5. 입항선박의 경우 검색 전에 승무원 또는 승객이 하선한 사실이 있는지 여부
6. 출항선박의 경우 검색 시까지 선박으로 돌아오지 아니한 승무원 또는 승객이 있는지 여부
7. 승무원 또는 승객 외에 승선허가를 받지 아니하고 선박등에 무단출입한 사람이 있는지 여부
8. 정당한 절차를 거치지 아니하고 출입국하려는 사람이 선박등에 숨어 있는지 여부
② 청장 · 사무소장 또는 출장소장은 제1항에 따른 출입국관리공무원의 승선검색으로 인하여 선박등의 출항이 지연될 우려가 있거나 그 밖에 필요하다고 인정할 때에는 선박등의 출항에 앞서 여권 또는 선원신분증명서 등 필요한 서류를 제출하게 하여 미리 승무원 및 승객의 자격을 심사하게 할 수 있다.(2018.5.8 본항개정)
제82조의2【검색 및 심사 선박등의 범위】 법 제69조에 따라 출입국관리공무원의 검색 및 심사를 받아야 할 선박등의 범위는 다음 각 호와 같다.
1. 국내항과 외국항 간을 운항하는 대한민국 또는 외국의 선박등
2. 국내항과 원양구역 간을 운항하는 대한민국 또는 외국 선박(외국인이 승선하지 아니한 선박은 제외한다)
(2018.6.12 본호개정)
3. 제1호 또는 제2호에 해당하는 선박등으로서 국내항에 기항한 후 국내항 간을 운항하는 선박등
제83조【출입국항 외의 장소에서의 검색 및 출입국심사】 ① 선박등의 장 또는 운수업자가 법 제69조제2항에 따라 청장 · 사무소장 또는 출장소장에게 출 · 입항예정통보서를 제출한 때에는 다음 각 호의 어느 하나에 해당하는 허가를 신청한 것으로 본다.(2018.5.8 본문개정)
1. 법 제3조제1항 단서 및 제6조제1항 단서에 따른 허가
2. 법 제12조제3항 및 제28조제2항에 따른 허가
② 청장 · 사무소장 또는 출장소장은 선박등의 주무관청이 해당 선박등의 출 · 입항을 허가한 때에는 특별한 사유가 없으면 법 제69조제2항에 따른 검색을 하여야 한다.
(2018.5.8 본항개정)
③ 출입국관리공무원이 법 제69조에 따른 검색 및 심사를 시작한 때에는 청장 · 사무소장 또는 출장소장이 제1항 각 호의 신청을 허가한 것으로 본다. 다만, 출입국관리공무원은 청장 · 사무소장 또는 출장소장이 제1항 각 호의 허가를 할 수 없는 특별한 사유가 있을 때에는 지체 없이 선박등의 장 또는 운수업자에게 그 뜻을 통보하여야 한다.
(2018.5.8 본항개정)
제84조【승선허가】 ① 법 제72조제1항에 따라 승선허가를 받으려는 사람은 승선허가 신청서에 승선사유를 소명하는 자료를 첨부하여 청장 · 사무소장 또는 출장소장에게 제출하여야 한다. 다만, 부득이한 사유가 있을 때에는 선박등의 장 또는 운수업자가 대리하여 신청서를 제출할 수 있다.(2018.5.8 본문개정)
② 선박등이 대한민국안의 출입국항 또는 출입국항 외의 장소 간을 항해하는 동안 그 선박등의 수리 · 청소 · 작업, 그 밖에 필요한 목적으로 그 선박등에 출입하려는 사람이 법 제72조제1항에 따른 승선허가를 받으려는 때에는 그 선박등의 장 또는 운수업자가 승선허가신청서에 승선사유를 소명하는 자료를 첨부하여 청장 · 사무소장 또는 출장소장에게 제출하여야 한다.(2018.5.8 본항개정)
③ 법 제72조제2항에 따른 출입국심사장은 출국 또는 입국심사를 위하여 출입국항에 설치된 장소로 한다.
④ 출입국항을 관할하는 청장 · 사무소장 또는 출장소장은 제3항에 따른 출입국심사장에서의 불법출입국을 방지하기 위하여 필요한 조치를 할 수 있다.(2018.5.8 본항개정)
⑤ 법 제72조제2항에 따라 출입국심사장 출입허가를 받으려는 사람은 출입국심사장 출입허가 신청서에 출입사유를 소명하는 자료를 첨부하여 청장 · 사무소장 또는 출장소장에게 제출하여야 한다.(2018.5.8 본항개정)

제7장 선박등의 장 및 운수업자의 책임

제85조【승객예약정보의 열람 및 제출시기 등】 ① 출입국관리공무원은 조사업무를 수행하는 데 필요한 경우에는 법 제73조의2제2항 및 제3항의 자료를 조사보고서 등에 적거나 정보화출력물을 첨부하는 방식으로 보존할 수 있다.
② 청장 · 사무소장 또는 출장소장은 법 제73조의2제4항에 따라 지정된 출입국관리공무원에게 개인식별 고유번호를 부여하여야 한다.(2018.5.8 본항개정)
③ 법 제73조의2제7항에 따라 운수업자가 출입국관리공무원에게 자료를 열람하게 하거나 제출하는 시기는 다음 각 호와 같다. 다만, 전자문서의 제출 이후 법 제73조의2제3항 각 호의 자료 중 변동이 있는 경우에는 출항 전까지로 한다.(2016.9.29 본문개정)
1. 법 제73조의2제1항 각 호의 조사를 위한 승객예약정보의 열람을 허용하는 경우 : 출입국관리공무원이 요청한 즉시
2. 제1호의 승객예약정보를 전자문서로 제출하는 경우 : 제출을 요청한 때부터 30분 이내
3. 법 제73조의2제3항에 따라 출입국관리공무원이 요청한 승객에 대한 자료를 전자문서로 제출하는 경우 : 해당 선박등의 출항 30분 전까지 다만, 전자문서의 제출 이후 법 제73조의2제3항 각 호의 자료 중 변동이 있는 경우에는 출항 전까지로 한다.(2016.9.29 단서신설)
제86조【출 · 입항 예정통보】 선박등의 장 또는 운수업자는 법 제74조에 따른 선박등의 출 · 입항 예정통보를 늦어도 해당 선박등의 출 · 입항 24시간 전에 하여야 한다. 다만, 정규편 선박등이 출 · 입항하는 경우이거나 그 밖에 특별한 사유가 있으면 그러하지 아니하다.
제87조【보고의 의무】 ① 선박등의 장 또는 운수업자는 법 제69조에 따른 검색을 받을 때에 법 제75조제1항에 따른 출 · 입항보고서를 제출하여야 한다. 다만, 법 제69조제6항에 따라 서류심사를 받을 때에는 그 때 제출한다.
② 법 제75조제1항의 출 · 입항보고서 중 출입국항에 출 · 입항하는 선박등의 장 또는 선박등에 관한 사업을 하는 운수업자가 제출하여야 하는 승무원명부와 승객명부에는 승무원 및 승객 각자에 대하여 다음 각 호의 사항을 적어야 한다.(2012.5.25 본문개정)
1. 국적
2. 여권에 적힌 성명
3. 생년월일
4. 성별
5. 여행문서의 종류 및 번호
6. 환승객인지 여부(승객만 해당한다)
7. 승객의 얼굴에 관한 정보(법 제14조의2에 따라 관광상륙허가를 신청하려는 경우만 해당한다)(2012.5.25 본호신설)
③ 법 제75조제1항의 출 · 입항보고서 중 출입국항에 출 · 입항하는 선박등의 장 또는 선박등에 관한 사업을 하는 운수업자가 제출하여야 하는 선박등에 관한 정보에는 다음 각 호의 사항을 적어야 한다.(2012.5.25 본문개정)
1. 선박등의 종류(2012.5.25 본호개정)
2. 등록기호 및 명칭
3. 국적
4. 출항지 및 출항시간
5. 경유지 및 경유시간
6. 입항지 및 입항시간
7. 승무원 · 승객 · 환승객의 수
④ 청장 · 사무소장 또는 출장소장은 법 제75조제1항 및 제2항에 따라 표준 전자문서로 제출된 출 · 입항보고서에 승무원명부 또는 승객명부 중 빠진 사람이 있는 등 보완할 사항이 있는 경우에는 지체 없이 선박등의 장 또는

운수업자에게 보완하여 제출하도록 할 수 있다.(2018.5.8 본항개정)
⑤ 법 제75조제1항에 따른 출·입항보고서의 제출시기는 다음 각 호의 구분에 따른다.
1. 입항의 경우 : 국내 입항 2시간 이전까지(법 제14조의2에 따라 관광상륙허가를 신청하려는 경우는 24시간 이전까지를 말한다). 다만, 출발국 출항 후 국내 입항까지의 시간이 2시간(관광상륙허가를 신청하려는 경우는 24시간을 말한다) 미만인 경우에는 출발국에서 출항 후 20분 이내까지 할 수 있다.(2012.10.15 본호개정)
2. 출항의 경우 : 출항 준비가 끝나는 즉시

제88조【송환의 의무】 ① 청장·사무소장 또는 출장소장은 선박등의 장 또는 운수업자에게 법 제76조제1항에 따른 송환대상외국인(이하 "송환대상외국인"이라 한다)을 송환할 것을 요구할 때에는 송환지시서를 발급하여야 한다. 다만, 긴급할 때에는 구두로 요구할 수 있으며, 이 경우에는 지체 없이 송환지시서를 발급하여야 한다.
(2022.8.16 본문개정)
② 선박등의 장 또는 운수업자는 제1항에 따른 송환을 마친 때에는 그 결과를 서면으로 청장·사무소장 또는 출장소장에게 보고하여야 한다.(2018.5.8 본항개정)
③ (2022.8.16 삭제)

제88조의2【출입국항 내에서의 송환대기장소 변경】
① 송환대상외국인(그의 법정대리인등을 포함한다. 이하 이 조 및 제88조의3에서 같다)은 법 제76조의2제1항 단서에 따라 출국대기실이 아닌 출입국항 내 다른 장소로 송환대기장소의 변경을 신청하려는 경우에는 대기 장소, 신청 사유 등이 기재된 신청서에 신청 사유를 소명하는 자료를 첨부하여 청장·사무소장 또는 출장소장에게 제출하여야 한다.
② 청장·사무소장 또는 출장소장은 직권 또는 제1항에 따른 신청에 따라 송환대상외국인을 출국대기실이 아닌 장소에서 대기하게 하려는 경우에는 법 제76조의2제1항 단서에 따라 출입국항 내에 송환대기장소를 지정하여야 한다.
③ 청장·사무소장 또는 출장소장은 제2항에 따라 송환대기장소를 지정할 때에는 다음 각 호의 사항이 기재된 송환대기장소 변경서를 송환대상외국인에게 교부하여야 한다.
1. 대기장소
2. 대기기간
3. 행동 범위, 숙식비 부담 등 송환대기장소 변경 조건
4. 그 밖에 송환대기장소 변경에 따른 주의사항
④ 청장·사무소장 또는 출장소장은 송환대상외국인이 제3항제3호에 따른 송환대기장소 변경 조건을 위반하는 등 더 이상 지정된 장소에서 머무르는 것이 적절하지 않다고 판단하는 경우에는 송환대기장소를 출국대기실로 다시 변경할 수 있다.
(2022.8.16 본조신설)

제88조의3【출입국항 사이의 송환대기장소의 변경】
① 청장·사무소장 또는 출장소장은 다음 각 호의 사유로 송환대상외국인이 지정된 송환기한 내에 출국할 수 없는 경우에는 송환대기장소를 송환이 가능한 다른 출입국항의 출국대기실로 변경할 수 있다.
1. 해당 출입국항에 출국할 선박등이 없는 경우
2. 그 밖에 출입국항 사이 송환대기장소의 변경이 필요한 부득이한 사유가 있는 경우
② 청장·사무소장 또는 출장소장이 제1항에 따라 송환대기장소를 변경하려는 때에는 그 송환대상외국인에게 변경되는 출입국항, 변경사유, 변경일시 등을 알려야 한다.
③ 청장·사무소장 또는 출장소장은 제1항에 따른 송환대기장소의 변경을 위하여 관할 출입국항의 관계기관의 장에게 출입 조치 등 필요한 사항을 요청할 수 있다. 이 경우 요청받은 기관의 장은 정당한 사유가 없으면 이에 따라야 한다.
(2022.8.16 본조신설)

제88조의4【송환대상외국인의 외출】 ① 청장·사무소장 또는 출장소장은 병원 진료, 여권 발급 등을 위하여 필요한 경우에는 송환대상외국인을 외출하게 할 수 있다. 이 경우 출입국관리공무원으로 하여금 그 송환대상외국인을 계호(戒護)하게 하여야 한다.
② 청장·사무소장 또는 출장소장은 제1항에 따라 송환대상외국인을 외출하게 하는 경우 관할 출입국항의 관계기관의 장에게 출입 조치 등 필요한 사항을 요청할 수 있다. 이 경우 요청받은 기관의 장은 정당한 사유가 없으면 이에 따라야 한다.
(2022.8.16 본조신설)

제88조의5【관리비용의 부담 및 납부 절차】 ① 국가는 법 제76조의3제1항에 따라 송환대상외국인이 출국하기 전까지 다음 각 호의 물품을 제공하는 데 드는 비용(이하 "관리비용"이라 한다)을 부담한다. 다만, 법 제76조의2제1항 단서에 따라 송환대상외국인의 신청으로 송환대기장소를 변경한 경우에는 부담하지 않는다.
1. 침구
2. 생활용품
3. 음식물
4. 그 밖에 송환대상외국인의 송환대기에 필요한 물품
② 제1항 각 호의 물품을 제공하는 방법 및 세부기준은 법무부장관이 정하여 고시한다.
③ 청장·사무소장 또는 출장소장은 법 제76조의3제2항에 따라 관리비용을 선박등의 장 또는 운수업자가 부담하게 하려는 경우에는 송환대상외국인이 출국대기실에서 퇴실하였을 때에 다음 각 호의 사항이 기재된 납부고지서를 발급하여야 한다. 다만, 관리 기간이 1개월을 초과하는 경우에는 1개월 단위로 발급할 수 있다.
1. 납부자 이름
2. 관리비용 청구사유
3. 납부금액 및 산출근거
4. 납부기한
5. 납부방법
6. 미납 시 조치 예정 사항
④ 제3항에 따른 관리비용의 범위 및 세부기준에 관하여는 제1항 각 호 외의 부분 본문, 같은 항 각 호 및 제2항을 준용한다.
⑤ 법무부장관은 제3항에 따른 납부고지서 발급 등을 위하여 필요한 정보통신망을 구축·운영할 수 있다.
(2022.8.16 본조신설)

제7장의2 난민여행증명서 발급 등
(2013.6.21 본장제목개정)

제88조의6【난민여행증명서의 발급】 ① 법 제76조의5제1항에 따라 난민여행증명서의 발급을 신청하려는 외국인은 난민여행증명서 발급신청서에 난민인정증명서, 외국인등록증(외국인등록증을 발급받은 경우만 해당한다) 및 사진 1장을 첨부하여 법무부장관에게 제출하여야 한다.(2023.12.12 본항개정)
② 법무부장관은 제1항에 따른 신청에 대하여 난민여행증명서를 발급할 때에는 그 사실을 난민여행증명서 발급대장에 적고 난민여행증명서를 신청인에게 교부하여야 한다.
(2016.9.29 본조개정)

제88조의7【난민여행증명서의 재발급】 ① 법무부장관은 난민여행증명서를 발급받은 사람에게 다음 각 호의 어느 하나에 해당하는 사유가 있으면 난민여행증명서를 재발급할 수 있다.
1. 난민여행증명서가 분실되거나 없어진 경우
2. 난민여행증명서가 훼손되어 못 쓰게 된 경우
3. 그 밖에 법무부장관이 재발급할 필요가 있다고 인정하는 경우
② 제1항에 따라 난민여행증명서를 재발급받으려는 사람은 난민여행증명서 재발급신청서에 그 사유를 소명하는 서류와 사진 1장을 첨부하여 법무부장관에게 제출해야 한다. 다만, 대한민국 밖에서 난민여행증명서를 재발급받으려는 사람은 재외공관의 장을 거쳐 법무부장관에게 제출해야 한다.(2020.8.5 본항개정)
③ 제1항제2호 또는 제3호의 사유로 재발급신청을 하는 경우에는 신청서에 원래의 난민여행증명서를 첨부하여야 한다.
④ 난민여행증명서의 재발급 및 교부 절차 등에 관하여는 제88조의6제2항을 준용한다. 다만, 신청인이 대한민국 밖에 있는 경우에는 재외공관의 장을 거쳐 신청인에게 교부하여야 한다.(2022.8.16 본항개정)
(2011.11.1 본조개정)

제88조의8【난민여행증명서의 유효기간 연장】 ① 법무부장관은 법 제76조의5제6항에 따라 난민여행증명서 유효기간 연장허가에 관한 권한을 재외공관의 장에게 위임한다.
② 법 제76조의5제5항에 따라 난민여행증명서 유효기간 연장허가를 신청하려는 외국인은 난민여행증명서 유효기간 연장허가 신청서에 그 사유를 소명하는 서류를 첨부하여 재외공관의 장에게 제출하여야 한다.
③ 재외공관의 장은 제2항에 따라 유효기간 연장허가 신청을 한 외국인에 대하여 유효기간의 연장을 허가할 때에는 난민여행증명서에 유효기간 연장허가기간 등을 적어야 한다.
④ 재외공관의 장은 제3항에 따라 난민여행증명서 유효기간 연장허가를 한 때에는 지체 없이 그 사실을 법무부장관에게 보고하여야 한다.
(2011.11.1 본조개정)

제88조의9【난민여행증명서의 반납】 법무부장관은 법 제76조의6제2항에 따라 난민여행증명서의 반납을 명하려면 난민여행증명서 반납명령서를 청장·사무소장 또는 출장소장을 거쳐 그 외국인에게 교부하여야 한다.
(2018.5.8 본조개정)

제88조의10【난민 등의 처우】 ① 법무부장관은 「난민법」 제2조제3호에 따라 인도적 체류 허가를 하기로 한 때에는 체류자격과 체류기간 등 필요한 사항을 정하여 청장·사무소장 또는 출장소장에게 통보하여야 한다.
② 청장·사무소장 또는 출장소장은 제1항에 따른 통보를 받았을 때에는 「난민법」 제2조제3호의 체류허가를 받은 외국인의 여권에 체류자격 부여인, 체류자격 변경허가인 또는 체류기간 연장허가인을 찍고 체류자격과 체류기간 등을 적거나 체류자격 부여, 체류자격 변경허가 또는 체류기간 연장허가 스티커를 붙여야 한다. 다만, 외국인등록을 마친 사람에게는 외국인등록증에 그 사실을 적는 것으로써 이를 갈음한다.
(2018.5.8 본조개정)

제88조의11【난민여행증명서의 발급 등 사무의 대행】
① 법무부장관은 법 제76조의8에 따라 다음 각 호의 사무를 체류지 관할 청장·사무소장 또는 출장소장에게 대행하게 한다.(2018.5.8 본문개정)
1. 제88조의6제1항 및 제88조의7제2항에 따른 난민여행증명서의 발급·재발급 신청의 접수(2022.8.16 본호개정)
2. 신청인의 신원 확인 등 심사
3. 난민여행증명서의 제작
4. 제88조의6제2항 및 제88조의7제4항에 따른 난민여행증명서의 발급·재발급 및 교부(2022.8.16 본호개정)
5. 법 제87조에 따른 수수료의 징수
6. 그 밖에 법무부장관이 난민여행증명서의 발급 및 재발급과 관련하여 대행하게 할 필요가 있다고 인정하는 사무
② 체류지 관할 청장·사무소장 또는 출장소장은 제1항에 따라 사무를 대행한 현황을 법무부장관에게 보고하여야 한다.(2018.5.8 본항개정)
③ 체류지 관할 청장·사무소장 또는 출장소장은 난민여행증명서 발급·재발급 신청을 한 외국인이 법 제76조의5제1항 단서에 해당하여 난민여행증명서를 발급하지 아니한 경우에는 그 사실을 법무부장관에게 보고하여야 한다.
(2018.5.8 본항개정)
(2016.9.29 본조개정)

제88조의12【소득금액 정보】 법 제78조제2항제3호에서 "대통령령으로 정하는 외국인의 소득금액 정보"란 소득금액증명(연말정산한 사업소득자용·근로소득자용 또는 종합소득세 신고자용을 말한다) 자료를 말한다.
(2020.12.8 본조신설)

제8장 보 칙
(2011.11.1 본장개정)

제89조【허가신청 등의 의무자】 ① 법 제79조 각 호 외의 부분에서 "그 밖에 대통령령으로 정하는 사람"이란 다음 각 호의 사람을 말한다.
1. 사실상의 부양자
2. 형제자매
3. 신원보증인
4. 그 밖의 동거인
② 부 또는 모가 법 제79조에 따른 신청 등을 할 수 없는 경우에는 제1항에 규정된 사람 순으로 신청 등의 의무자가 된다.

제90조【사실조사】 ① 권한 있는 공무원이 법 제80조제1항에 따라 사실조사를 한 결과 신고 또는 등록의 내용이 사실과 다른 것을 발견한 때에는 지체 없이 그 내용을 청장·사무소장 또는 출장소장에게 통보하여야 한다.
② 출입국관리공무원은 법 제80조제2항에 따른 사실조사를 위하여 필요한 경우에는 「전자정부법」 제36조제1항에 따른 행정정보 공동이용을 통하여 다음 각 호의 서류를 조사할 수 있다.
1. 법 제9조에 따른 사증발급인정서 발급 심사에 필요한 서류로서 법무부령으로 정하는 서류 중 신청인이 확인에 동의한 서류
2. 법 제20조, 제21조, 제24조 및 제25조에 따른 허가 심사 또는 법 제23조에 따른 체류자격 부여 심사에 필요한 서류로서 법무부령으로 정하는 서류 중 신청인이 확인에 동의한 서류
(2018.9.18 본항신설)
(2018.5.8 본조개정)

제91조【외국인 동향조사】 ① 출입국관리공무원은 법 제81조제1항 및 제2항에 따라 외국인 등의 동향을 조사한 때에는 그 기록을 유지하여야 한다.
② 출입국관리공무원은 제22조에 따른 활동중지 명령서 또는 제27조에 따른 활동범위 등 제한통지서를 받은 사람이 그 명령 또는 제한 내용을 준수하고 있는지를 계속 확인하여 그 기록을 유지하여야 한다.
③ 외국인 동향조사의 보고 및 기록 유지 등에 필요한 사항은 법무부령으로 정한다.

제91조의2【관계 기관 소속 공무원】 ① 법 제81조제1항 각 호 외의 부분에서 "대통령령으로 정하는 관계 기관 소속 공무원"이란 다음 각 호의 어느 하나에 해당하는 사람을 말한다.
1. 고용노동부 소속 공무원 중에서 고용노동부장관이 지정하는 사람
2. 중소벤처기업부 소속 공무원 중에서 중소벤처기업부장관이 지정하는 사람(2017.7.26 본호개정)
3. 경찰청 소속 경찰공무원 중에서 경찰청장이 지정하는 사람(2020.8.5 본호개정)
4. 해양경찰청 소속 경찰공무원 중에서 해양경찰청장이 지정하는 사람(2020.8.5 본호신설)
5. 국가정보원 소속 공무원 중에서 국가정보원장이 지정하는 사람(2020.8.5 본호신설)
6. 그 밖에 기술연수생의 보호·관리와 관련하여 법무부장관이 필요하다고 인정하는 관계 중앙행정기관 소속 공무원(2012.10.15 본호개정)
② 제1항 각 호의 공무원이 법 제81조제1항에 따라 외국인의 동향을 조사한 때에는 그 내용을 청장·사무소장 또는 출장소장에게 통보하여야 한다.(2018.5.8 본항개정)

제92조【출입국관리공무원의 제복 및 신분증】 ① 출입국관리공무원은 출입국관리에 관한 직무에 종사할 때에는

제복을 착용하여야 한다. 다만, 법무부장관의 허가가 있거나 그 밖에 특별한 사유가 있을 때에는 그러하지 아니하다.
② 출입국관리공무원은 「사법경찰관리의 직무를 수행할 자와 그 직무범위에 관한 법률」 제3조제5항에 따라 사법경찰관리 직무를 수행할 때에는 사법경찰관리의 신분증을 지녀야 한다.
③ 제1항에 따른 제복에 관하여 필요한 사항은 법무부령으로 정한다.

제92조의2【통보의무의 면제】 법 제84조제1항 단서에서 "대통령령으로 정하는 사유"란 다음 각 호의 어느 하나에 해당하는 사유를 말한다.
1. 「유아교육법」 제2조제2호에 따른 유치원 및 「초·중등교육법」 제2조에 따른 학교에서 외국인 학생의 학교생활과 관련하여 신상정보를 알게 된 경우(2022.12.27 본호개정)
2. 「공공보건의료에 관한 법률」 제2조제3호에 따른 공공보건의료기관에서 담당 공무원이 보건의료 활동과 관련하여 환자의 신상정보를 알게 된 경우(2013.1.28 본호개정)
3. 「아동복지법」 제15조제1항 각 호의 보호조치 또는 같은 법 제22조제3항 각 호의 업무를 수행하는 과정에서 해당 외국인의 신상정보를 알게 된 경우(2022.12.27 본호신설)
4. 「청소년복지 지원법」 제29조제1항에 따른 청소년상담복지센터에서 청소년에 대한 상담·긴급구조·자활·의료지원 등의 업무를 수행하는 과정에서 해당 외국인의 신상정보를 알게 된 경우(2022.12.27 본호신설)
5. 그 밖에 공무원이 범죄피해자 구조, 인권침해 구제 등 법무부령으로 정하는 업무를 수행하는 과정에서 해당 외국인의 피해구제가 우선적으로 필요하다고 인정하는 경우(2018.9.18 본호개정)
(2012.10.15 본조신설)

제93조【형사절차와의 관계】 ① 청장·사무소장·출장소장 또는 보호소장은 검사가 약식명령을 청구한 사람에 대하여 강제퇴거명령서 또는 출국명령서를 발급한 경우 그가 출국하여도 재판에 지장이 없다는 관할 지방검찰청 검사장의 의견이 있고, 벌금 상당액을 냈을 때에는 지방법원의 약식명령에 앞서 강제퇴거명령서를 집행할 수 있고, 출국명령서를 발급받은 사람을 출국하게 할 수 있다.
② 청장·사무소장·출장소장 또는 보호소장은 벌금이나 추징금을 다 내지 아니한 사람에 대하여 강제퇴거명령서 또는 출국명령서를 발급한 경우 그가 벌금이나 추징금을 낼 능력이 없다는 관할 지방검찰청 검사장의 의견이 있으면 이를 다 내지 아니하여도 강제퇴거명령서를 집행할 수 있고, 출국명령서를 발급받은 사람을 출국하게 할 수 있다.
(2018.5.8 본조개정)

제93조의2【금융회사 등의 범위】 법 제88조의3제2항 제3호다목에서 "대통령령으로 정하는 금융회사 등"이란 「주민등록법 시행령」 별표2 제3호 각 목의 금융회사 등을 말한다.(2023.5.30 본조신설)

제94조【각종 허가 등의 취소·변경】 ① 법무부장관은 법 제89조제1항에 따라 체류기간 연장허가 등을 취소 또는 변경한 때에는 해당 외국인에게 취소나 변경된 사실을 알려야 하고 그 뜻을 여권에 적을 수 있다.
(2019.6.11 본항개정)
② 출입국관리공무원은 법 제9조에 따른 사증발급인정서, 법 제13조에 따른 조건부 입국허가서, 법 제14조에 따른 승무원 상륙허가서, 법 제14조의2에 따른 관광상륙허가서 및 법 제20조에 따라 발급된 체류자격 외 활동허가서를 가진 외국인이 제1항에 따라 그 허가 등이 취소된 때에는 그 허가서 등을 회수하여야 한다.(2012.5.25 본항개정)

제94조의2【의견진술 절차】 ① 법 제89조제3항에 따른 통지는 서면으로 하여야 한다. 다만, 그 외국인 또는 신청인의 소재를 알 수 없는 등의 이유로 통지할 수 없는 경우에는 그러하지 아니하다.
② 제1항에 따라 통지를 받은 외국인 또는 신청인은 지정된 일시 및 장소에 출석하여 의견을 진술하거나 서면(전자문서를 포함한다)으로 법무부장관에게 의견을 제출할 수 있다. 이 경우 의견진술을 하지 아니하거나 지정된 날까지 서면(전자문서를 포함한다)으로 의견을 제출하지 아니한 때에는 의견이 없는 것으로 본다.
③ 제2항에 따라 외국인 또는 신청인이 출석하여 의견을 진술한 때에는 관계 공무원은 그 요지를 서면(전자문서를 포함한다)으로 작성하여 진술한 사람으로 하여금 이를 확인한 후 서명날인(전자서명을 포함한다)하게 하여야 한다.

제94조의3【전자민원창구】 ① 법무부장관은 「민원 처리에 관한 법률」 제12조의2제2항에 따른 전자민원창구를 설치하여 운영할 수 있다.(2022.7.11 본항개정)
② 전자민원창구의 설치·운영 및 민원업무의 처리 절차 등에 관하여 필요한 사항은 법무부장관이 따로 정하여 고시한다.

제94조의4【영주자격의 취소 특례】 법 제89조의2제1항 제4호에서 "대한민국에 일정금액 이상 투자 상태를 유지할 것 등을 조건으로 영주자격을 취득한 사람 등 대통령령으로 정하는 사람"이란 별표1의3 중 제16호에 해당하는 사람을 말한다.(2018.9.18 본조신설)

제95조【신원보증】 ① 법 제90조제4항에 따른 보증금 예치 절차에 관하여는 제17조제2항을 준용한다.
② 법 제90조제1항에 따른 신원보증인이 보증책임을 이행하지 아니한 때에는 같은 조 제4항에 따라 예치된 보증금을 같은 조 제2항에 따라 피보증외국인의 체류·보호 및 출국에 드는 비용으로 충당한다.
③ 법 제90조제4항에 따라 예치된 보증금은 신원보증인이 보증책임을 이행하거나 보증목적이 달성되었다고 인정될 때에는 신원보증인에게 반환하여야 한다.

제95조의2【구상권 행사 절차】 ① 법무부장관은 법 제90조제3항 또는 제90조의2제2항에 따라 구상권을 행사하려면 구상금액 산출근거 등을 명확히 밝혀 구상금을 낼 것을 서면으로 신원보증인이나 불법고용주에게 통지하여야 한다.
② 제1항에 따른 구상금 납부통지를 받은 신원보증인 또는 불법고용주는 그 통지를 받은 날부터 15일 이내에 구상금을 내야 한다.

제96조【권한의 위임】 ① 법무부장관은 법 제92조제1항에 따라 법 제7조제1항, 제7조의3제1항, 제9조, 제10조의3 제3항, 제11조, 제20조, 제21조, 제23조부터 제25조까지, 제25조의2, 제25조의5, 제30조제1항, 제39조, 제78조제2항, 제79조의2제2항, 제79조의3, 제81조의3제2항·제4항, 제89조, 제89조의2, 제90조, 제90조의2 및 제91조의2에 따른 그의 권한을 법무부령으로 정하는 바에 따라 청장·사무소장·출장소장 또는 보호소장에게 위임한다.(2022.12.27 본항개정)
② 시장(특별시장 및 광역시장은 제외한다)은 법 제92조 제2항에 따라 법 제34조제2항에 따른 그의 권한을 구청장(자치구의 구청장은 제외한다)에게 위임한다.
(2016.9.29 본조개정)

제96조의2【업무의 위탁】 ① 법무부장관은 법 제92조 제3항에 따라 다음 각 호의 업무를 해당 업무에 전문성이 있다고 인정하는 법인, 단체 또는 기관에 위탁할 수 있다.
1. 법 제7조제1항에 따른 사증발급 업무 중 다음 각 목의 업무
가. 사증발급 신청의 접수
나. 사증발급 신청 결과의 통지
다. 발급된 사증의 교부
라. 사증발급 관련 상담 및 정보 제공
2. 법 제87조제1항에 따른 수수료의 수납 업무
② 법무부장관은 제1항에 따라 업무를 위탁할 때에는 다음 각 호의 사항을 고려하여 업무를 위탁받을 법인, 단체 또는 기관을 선정한다.
1. 업무 수행을 위한 충분한 인력의 구비 여부
2. 재정 건전성
3. 위탁 업무 수행을 위한 시설과 장비의 구비 여부
4. 위탁 업무에 대한 전문성
③ 법무부장관은 제1항에 따라 업무를 위탁하는 경우에는 위탁받는 법인, 단체 또는 기관 및 위탁업무의 내용을 관보 또는 인터넷 홈페이지에 공고해야 한다.
④ 법무부장관은 제1항에 따른 업무의 위탁기간을 3년 이내로 정하되, 위탁기간 동안의 운영성과를 평가하여 3년 이내의 범위에서 한 차례 그 위탁기간을 연장할 수 있다.
⑤ 제1항부터 제4항까지에서 규정한 사항 외에 위탁대상 법인 등의 선정 기준 및 위탁기간 연장 등에 필요한 세부 사항은 법무부장관이 정하여 고시한다.
(2020.12.8 본조신설)

제97조【남북한 왕래 등의 출입국심사절차】 ① 법 제93조제1항에 따른 국민의 출입국심사에 관하여는 제1조를 준용한다. 이 경우 출입국관리공무원은 「남북교류협력에 관한 법률 시행령」 제22조제1항제1호·제4호 및 제5호의 사항을 확인하여야 한다.
② 법 제93조제2항·제3항에 따른 외국인의 심사에 관하여는 제15조 및 제35조를 준용한다.
③ 법무부장관은 제1항 및 제2항에 따른 출입국심사를 할 때에 대한민국의 안전 또는 공공질서를 해치거나 남북관계에 중대한 영향을 미칠 우려가 있다고 인정하면 통일부장관 등 관계 기관의 장과 협의하여야 한다.

제98조【출입국항】 ① 법 제2조제6호에 따라 출입국항을 다음과 같이 지정한다.
1. 「공항시설법」 제2조제3호에 따라 국토교통부장관이 지정한 국제공항(2017.3.29 본호개정)
2. 「남북교류협력에 관한 법률 시행령」 제2조제1항제1호부터 제3호까지와 제6호에 따른 출입장소
3. 「선박의 입항 및 출항 등에 관한 법률」 제2조제1호에 따른 무역항(2015.8.3 본호개정)
4. 오산군용비행장, 대구군용비행장, 광주군용비행장, 군산군용비행장 및 서울공항
② 도심공항터미널은 「공항시설법」 제2조제7호에 따라 이를 출입국항시설의 일부로 본다.(2017.3.29 본항개정)

제99조【임시납부금 등의 보관】 법 또는 이 영에 따른 임시납부금, 보관물 및 제출물 등의 보관 또는 반환 절차에 관하여는 법 또는 이 영에서 규정한 것을 제외하고는 법무부령으로 정한다.

제100조【서식의 제정】 법 또는 이 영에 따른 각종 신청서·신고서 등의 서식은 법무부령으로 정한다.

제101조【민감정보 및 고유식별정보의 처리】 법무부장관, 청장·사무소장·출장소장·보호소장, 시장·군수·구청장 또는 읍장·면장·동장(해당 권한이 위임·위탁된 경우에는 그 권한을 위임·위탁받은 자를 포함한다)은 법 또는 이 영에 따른 국민의 출입국심사, 외국인의 출입국심사와 상륙·체류 관련 허가, 체류관리 및 각종 신고, 외국인 등록·조사·보호, 강제퇴거, 선박등의 검색, 선박등의 장이나 운수업자의 보고, 난민 인정, 사실증명 발급, 남북왕래에 관한 사무 및 그 밖에 이에 준하는 사무를 수행하기 위하여 불가피한 경우 「개인정보 보호법」 제23조에 따른 사상·신념, 건강에 관한 정보, 같은 법 시행령 제18조 제1호 또는 제2호에 따른 유전정보 또는 범죄경력자료에 해당하는 정보, 같은 영 제19조제1호, 제2호 또는 제4호에 따른 주민등록번호, 여권번호 또는 외국인등록번호가 포함된 자료를 처리할 수 있다.(2018.5.8 본조개정)

제101조의2 (2023.3.7 삭제)

제9장 과태료

(2011.11.1 본장개정)

제102조【과태료의 부과기준】 ① 법 제100조제4항에 따른 과태료의 부과기준은 별표2와 같다.
② (2012.1.13 삭제)

제10장 고발과 통고처분

(2011.11.1 본장개정)

제1절 고 발

제103조【사건의 처분 결과 통보】 청장·사무소장·출장소장 또는 보호소장은 법 제101조제2항에 따라 인계받은 사건의 처분 결과를 인계기관의 장에게 서면으로 통보한다.(2018.5.8 본조개정)

제2절 통고처분

제104조【통고처분의 절차】 ① 청장·사무소장·출장소장 또는 보호소장은 법 제102조제1항에 따라 통고처분을 하는 때에는 제72조에 따른 심사결정서와 통고서를 작성하여야 한다.(2018.5.8 본항개정)
② 제1항에 따른 통고서에는 다음 각 호의 사항을 적고 청장·사무소장·출장소장 또는 보호소장이 서명날인하여야 한다.(2018.5.8 본문개정)
1. 통고처분을 받은 사람의 성명·성별·생년월일 및 주소
2. 범칙금액
3. 위반사실
4. 적용 법조문
5. 납부장소 및 납부기한(2016.9.29 본호개정)
6. 통고처분 연월일
③ 청장·사무소장·출장소장 또는 보호소장은 조사 결과 위반사실이 여권 또는 서류 등에 의하여 명백히 인정되고 처분에 다툼이 없는 출입국사범에 대해서는 제57조에 따른 용의사실 인지보고서, 제59조제1항에 따른 용의자신문조서, 제1항에 따른 심사결정서 및 통고서를 따로 작성하지 아니하고 출입국사범 심사결정 통고서를 작성하는 것으로 갈음할 수 있다.(2018.5.8 본항개정)

제105조【범칙금의 납부절차 등】 ① 법 제102조제1항에 따라 통고처분을 받은 사람은 그 범칙금을 법 제105조에 따른 납부기간 내에 청장·사무소장·출장소장 또는 보호소장이 지정하는 국고은행, 그 지점 또는 대리점이나 우체국(이하 "수납기관"이라 한다)에 내야 한다.(2018.5.8 본항개정)
② 제1항에 따라 범칙금을 받은 수납기관은 범칙금을 낸 사람에게 영수증서를 발급하여야 한다.
③ 수납기관은 제2항에 따른 영수증서를 발급한 때에는 지체 없이 그 통고서를 발행한 청장·사무소장·출장소장 또는 보호소장에게 영수확인 통지서를 보내야 한다.
(2018.5.8 본항개정)
④ 범칙금은 나누어 낼 수 없다.

제105조의2【범칙금 납부대행기관 등】 ① 법 제102조의2제1항 전단에서 "대통령령으로 정하는 범칙금 납부대행기관"이란 다음 각 호의 기관 중에서 같은 항 후단에 따라 법무부장관이 범칙금 납부대행기관으로 지정하는 기관을 말한다.
1. 「민법」 제32조에 따라 금융위원회의 허가를 받아 설립된 금융결제원
2. 그 밖에 시설, 업무수행능력, 자본금 규모 등을 고려하여 범칙금 납부대행업무를 수행하기에 적합하다고 법무부장관이 인정하는 기관
② 법무부장관은 법 제102조의2제1항 후단에 따라 범칙금 납부대행기관을 지정하는 경우에는 그 지정 사실을 관보에 고시해야 한다.
③ 범칙금 납부대행기관은 법 제102조의2제3항에 따라 해당 범칙금액[법 제103조제1항에 따른 범칙금의 양정기준(量定基準)에 따라 가중된 금액을 포함한다]의 1천분의 15를 초과하지 않는 범위에서 범칙금 납부자로부터 납부대행 수수료를 받을 수 있다.
④ 범칙금 납부대행기관은 제3항에 따른 납부대행 수수료에 대하여 법무부장관의 승인을 받아야 한다. 이 경우 법무부장관은 범칙금 납부대행기관의 운영경비 등을 종합적으로 고려하여 납부대행 수수료를 승인해야 한다.
(2021.1.19 본조신설)

제106조【통고서의 송달】 법 제104조에 따른 통고서는 법 제91조에 따른 방법으로 송달한다.

제107조【범칙금의 임시납부】 ① 법 제102조제2항에 따라 범칙금을 임시납부하려는 사람은 청장·사무소

장·출장소장 또는 보호소장에게 임시납부 신청서를 제출하고 해당 범칙금을 내야 한다.
② 청장·사무소장·출장소장 또는 보호소장은 제1항에 따라 임시납부된 범칙금을 받은 때에는 지체 없이 범칙금 임시보관대장에 적고 임시납부금 수령증을 그 납부자에게 발급하여야 한다.
③ 청장·사무소장·출장소장 또는 보호소장은 제2항에 따라 임시납부받은 범칙금을 수납기관에 내야 한다.
(2018.5.8 본조개정)

부 칙 (2011.11.1)

제1조【시행일】 이 영은 2011년 12월 15일부터 시행한다.
제2조【사증등의 발급 신청에 관한 경과조치】 ① 이 영 시행 전에 종전 별표1 제7호의 단기상용(C-2) 또는 제8호의 단기종합(C-3) 체류자격의 사증등의 발급을 신청하여 이 영 시행 전까지 사증등을 발급받지 않은 경우에는 별표1 제8호의 개정규정에 따른 단기방문(C-3) 체류자격의 사증등을 신청한 것으로 보아 사증등을 발급한다.
② 이 영 시행 전에 종전 별표1 제27호가목에 따른 국민의 배우자 또는 같은 호 나목에 따른 국민과 혼인관계(사실상의 혼인관계를 포함한다)에서 출생한 사람을 양육하고 있는 부 또는 모로서 법무부장관이 인정한 사람에 해당하는 거주(F-2) 체류자격[이하 "국민의 배우자 등 종전 거주(F-2) 체류자격"이라 한다]의 사증등의 발급을 신청하여 이 영 시행 전까지 사증등을 발급받지 않은 경우에는 별표1 제28호의4의 개정규정에 따른 결혼이민(F-6) 체류자격의 사증등을 신청한 것으로 보아 사증등을 발급한다.
제3조【체류자격에 관한 경과조치】 ① 이 영 시행 당시 종전 규정에 따라 단기상용(C-2) 또는 단기종합(C-3)의 체류자격을 가진 사람은 이 영에 따른 단기방문(C-3) 체류자격을 가진 것으로 본다.
② 이 영 시행 당시 종전 규정에 따라 국민의 배우자 등 종전 거주(F-2) 체류자격을 가진 사람은 이 영에 따른 결혼이민(F-6) 체류자격을 가진 것으로 보되, 이 영 시행 후 최초로 외국인등록 또는 체류 관련 각종 허가 등을 받을 때에 사무소장 또는 출장소장이 그의 외국인등록증이나 사증 등에 적힌 체류자격을 결혼이민(F-6) 체류자격으로 정정한다.
제4조【다른 법령의 개정】 ※(해당 법령에 가제정리 하였음)
제5조【다른 법령과의 관계】 이 영 시행 당시 다른 법령에서 종전의 「출입국관리법 시행령」의 규정을 인용하고 있는 경우 이 영 가운데 그에 해당하는 규정이 있으면 종전의 규정을 갈음하여 이 영의 해당 규정을 인용한 것으로 본다.

부 칙 (2014.10.28)

제1조【시행일】 이 영은 공포한 날부터 시행한다. 다만, 제1조의2의 개정규정은 2015년 1월 22일부터 시행한다.
제2조【체류자격 변경 등에 관한 적용례】 별표1의 개정규정은 이 영 시행 후 사증등의 발급 또는 체류자격 변경을 신청하는 사람부터 적용한다.
제3조【국내거소신고 및 국내거소신고증에 관한 경과조치】 2015년 1월 22일 전에 종전의 「재외동포의 출입국과 법적 지위에 관한 법률」(법률 제12593호 재외동포의 출입국과 법적 지위에 관한 법률 일부개정법률로 개정되기 전의 것을 말한다) 제6조에 따라 국내거소신고를 한 재외국민 중 법률 제12279호 주민등록법 일부개정법률 제10조의2에 따른 재외국민신고를 하지 아니한 사람으로서 법률 제12593호 재외동포의 출입국과 법적 지위에 관한 법률 일부개정법률 부칙 제2조에 따라 국내거소신고 및 국내거소신고증의 효력이 유지되는 사람에 대한 출입국심사에 관하여는 2016년 6월 30일까지 제1조의2의 개정규정에도 불구하고 종전의 규정에 따른다.

부 칙 (2018.9.18)

제1조【시행일】 이 영은 2018년 9월 21일부터 시행한다.
제2조【다른 법령의 개정】 ①~⑰ ※(해당 법령에 가제정리 하였음)
제3조【다른 법령과의 관계】 이 영 시행 당시 다른 법령에서 종전의 별표1의 체류자격을 인용하고 있는 경우 그 체류자격이 이 영 별표1부터 별표1의3까지의 개정규정에 따른 체류자격에 해당하면 종전의 별표1의 체류자격을 갈음하여 같은 개정규정의 해당 체류자격을 인용한 것으로 본다.

부 칙 (2019.6.11)
(2019.12.24)
(2020.2.18)

이 영은 공포한 날부터 시행한다.

부 칙 (2020.8.5)

제1조【시행일】 이 영은 2020년 8월 5일부터 시행한다.
제2조【사회통합 프로그램 운영기관의 지정기간에 관한 경과조치】 이 영 시행 전에 법 제39조제2항에 따라 사회통합 프로그램 운영기관으로 지정된 경우 그 지정기간은 제49조제4항의 개정규정에도 불구하고 종전의 규정에 따른다.

부 칙 (2020.12.8)

이 영은 2020년 12월 10일부터 시행한다.

부 칙 (2020.12.29)

제1조【시행일】 이 영은 2021년 1월 1일부터 시행한다.
제2조【일반적 적용례】 이 영은 이 영 시행 당시 사법경찰관이 수사 중인 사건에 대해서도 적용한다.

부 칙 (2021.1.19)

제1조【시행일】 이 영은 2021년 1월 21일부터 시행한다.
제2조【출국명령 이행보증금에 관한 적용례】 제81조의2의 개정규정은 이 영 시행 이후 법 제68조제2항에 따라 출국명령서를 발급하는 경우부터 적용한다.

부 칙 (2021.6.22)

이 영은 공포한 날부터 시행한다.

부 칙 (2021.10.26)

제1조【시행일】 이 영은 공포한 날부터 시행한다.
제2조【장기체류자격 등에 관한 적용례】 제23조제2항제1호 및 별표1의2제24호카목·타목의 개정규정은 이 영 시행 전에 대한민국에 특별한 기여를 했거나 공익의 증진에 이바지했던 사람과 그 배우자 및 자녀에 대해서도 적용한다.

부 칙 (2022.7.11)

제1조【시행일】 이 영은 2022년 7월 12일부터 시행한다.
(이하 생략)

부 칙 (2022.8.16)

제1조【시행일】 이 영은 2022년 8월 18일부터 시행한다.
제2조【송환대기장소 변경 등에 관한 적용례】 ① 제88조의2제4항, 제88조의3 및 제88조의4의 개정규정은 이 영 시행 전에 종전의 「출입국관리법」(법률 제18397호 출입국관리법 일부개정법률로 개정되기 전의 것을 말한다. 이하 이 조에서 같다) 제76조제2항 전단에 따라 송환대기장소를 제공받아 이 영 시행 당시 송환을 대기하고 있는 송환대상외국인에 대해서도 적용한다.
② 제88조의5제1항 및 제2항의 개정규정은 이 영 시행 전에 종전의 「출입국관리법」 제76조제2항 전단에 따라 송환대기장소를 제공받은 송환대상외국인이 이 영 시행 이후 송환을 대기하는 기간에 드는 관리비용의 부담에 대해서도 적용한다.

부 칙 (2022.12.27)

제1조【시행일】 이 영은 2023년 1월 1일부터 시행한다.
제2조【다른 법령의 개정】 ※(해당 법령에 가제정리 하였음)

부 칙 (2023.1.10)

제1조【시행일】 이 영은 2023년 1월 12일부터 시행한다.
(이하 생략)

부 칙 (2023.3.7)

이 영은 공포한 날부터 시행한다.

부 칙 (2023.5.30)

이 영은 2023년 6월 14일부터 시행한다.

부 칙 (2023.7.7)

제1조【시행일】 이 영은 2023년 7월 10일부터 시행한다.
(이하 생략)

부 칙 (2023.12.12)

이 영은 2023년 12월 14일부터 시행한다.

〔별표〕 ➡ 「法典 別冊」 參照

인신보호법

(2007년 12월 21일
법 률 제8724호)

개정
2010. 6.10법10364호
2011. 8. 4법11005호(의료법)
2017.10.31법14972호

제1조【목적】 이 법은 위법한 행정처분 또는 사인(私人)에 의한 시설에의 수용으로 인하여 부당하게 인신의 자유를 제한당하고 있는 개인의 구제절차를 마련함으로써 「헌법」이 보장하고 있는 국민의 기본권을 보호하는 것을 목적으로 한다.
제2조【정의】 ① 이 법에서 "피수용자"란 자유로운 의사에 반하여 국가, 지방자치단체, 공법인 또는 개인, 민간단체 등이 운영하는 의료시설·복지시설·수용시설·보호시설(이하 "수용시설"이라 한다)에 수용·보호 또는 감금되어 있는 자를 말한다. 다만, 형사절차에 따라 체포·구속된 자, 수형자 및 「출입국관리법」에 따라 보호된 자는 제외한다.
② 이 법에서 "수용자"란 수용시설의 장 또는 운영자를 말한다.
제3조【구제청구】 피수용자에 대한 수용이 위법하게 개시되거나 적법하게 수용된 후 그 사유가 소멸되었음에도 불구하고 계속 수용되어 있는 때에는 피수용자, 그 법정대리인, 후견인, 배우자, 직계혈족, 형제자매, 동거인, 고용주 또는 수용시설 종사자(이하 "구제청구자"라 한다)는 이 법으로 정하는 바에 따라 법원에 구제를 청구할 수 있다. 다만, 다른 법률에 구제절차가 있는 경우에는 상당한 기간 내에 그 법률에 따른 구제를 받을 수 없음이 명백하여야 한다.(2010.6.10 본문개정)
제3조의2【구제청구 고지 등】 ① 수용자는 피수용자에 대한 수용을 개시하기 전에 제3조에 따라 구제를 청구할 수 있음을 고지하여야 한다.
② 수용자 및 구제청구자(피수용자는 제외한다)는 피수용자가 제3조에 따라 구제청구를 하는 것을 방해하여서는 아니 된다.
(2010.6.10 본조신설)
제4조【관할】 구제청구를 심리하는 관할 법원은 당해 피수용자 또는 수용시설의 주소, 거소 또는 현재지를 관할하는 지방법원 또는 지원으로 한다.
제5조【청구의 방식】 제3조에 따른 구제청구는 다음 각 호에 열거한 사항을 기재한 서면으로 하여야 한다.
1. 구제청구자의 주소 및 성명
2. 수용자의 성명, 주소, 그 밖에 수용자를 특정할 수 있는 사항
3. 피수용자의 성명
4. 청구의 요지
5. 수용이 위법한 사유
6. 수용 장소
제6조【청구의 각하】 ① 법원은 다음 각 호의 어느 하나에 해당하는 때에는 결정으로 구제청구를 각하할 수 있다.
1. 구제청구자가 아닌 자가 구제청구를 한 때
2. 제5조의 요건을 충족하지 못한 때
3. 다른 법률의 구제절차에 따른 구제를 받을 수 있음이 명백한 때
4. 이 법 또는 다른 법률에 따른 구제청구가 기각된 후 다시 구제청구를 한 때
② 법원은 제1항 각 호에 해당하는 때에는 상당한 기간을 정하여 그 흠을 보정하도록 명할 수 있다.
제7조【관할이송】 법원은 직권 또는 구제청구자의 신청에 따라 청구사건의 심리에 적당하다고 판단되는 다른 법원에 사건을 이송할 수 있다.
제8조【청구사건의 심리】 ① 법원은 구제청구에 대하여 이를 각하하는 경우를 제외하고 지체 없이 수용의 적법 여부 및 수용을 계속할 필요성 등에 대하여 심리를 개시하여야 한다.
② 법원은 필요하다고 인정하는 때에는 정신건강의학과 의사·심리학자·사회복지학자, 그 밖의 관련 전문가 등에게 피수용자의 정신·심리상태에 대한 진단소견 및 피수용자의 수용 상태에 대한 의견을 조회할 수 있다.
(2011.8.4 본항개정)
제9조【수용의 임시해제 등】 ① 법원은 수용을 계속하는 경우 발생할 것으로 예상되는 신체의 위해 등을 예방하기 위하여 긴급한 필요가 있다고 인정하는 때에는 직권 또는 구제청구자의 청구에 의하여 피수용자의 수용을 임시로 해제할 것을 결정할 수 있다.
② 법원은 제1항의 결정을 하기 전에 피수용자로부터 언제든지 법원의 소환에 응하겠다는 서약을 받아야 하고, 필요한 경우 피수용자에 대하여 수용의 임시해제에 따른 조건을 붙일 수 있다.
③ 법원은 피수용자가 심문기일에 출석하지 아니하거나 제2항에 따른 조건을 준수하지 아니한 때에는 제1항의 결정을 취소할 수 있다. 이 경우 피수용자를 종전의 수용시설에 수용하는 것이 상당하지 아니하다고 인정하는 때에는 피수용자를 구인한 후 동종 또는 유사한 수용시설에 유치할 수 있다.

제10조【심문기일】 ① 법원은 구제청구를 각하한 경우를 제외하고 심문기일을 지정하여 구제청구자와 수용자를 소환하여야 한다.
② 법원은 필요하다고 인정한 때에는 피수용자 등 관계인을 제1항의 심문기일에 출석하게 할 수 있다.
③ 수용자는 심문기일 전까지 다음 각 호의 사항을 기재한 답변서를 제출하여야 하고, 법원의 소환이 있는 경우 피수용자를 심문기일에 출석시켜야 한다.
1. 피수용자의 성명, 주소 등 피수용자를 특정할 수 있는 사항
2. 피수용자를 수용한 일시 및 장소
3. 수용의 사유
4. 수용을 계속할 필요성, 예상되는 수용의 종료 시기
5. 그 밖에 수용과 관련된 사항

제11조【피수용자의 신병보호】 법원은 피수용자의 신병을 보호하기 위하여 필요하다고 인정하는 때에는 결정으로 피수용자를 현재의 수용시설에서 적당하다고 인정되는 동종 또는 유사한 다른 수용시설로 이송할 것을 수용자에게 명할 수 있다.

제12조【심리의 공개 및 국선변호인 선임】 ① 심리는 공개된 법정에서 이를 행한다. 다만, 피수용자의 보호를 위하여 필요하다고 인정되는 때에는 결정으로 이를 공개하지 아니할 수 있다.
② 피수용자와 구제청구자는 변호인을 선임할 수 있다. 구제청구자 등이 빈곤이나 그 밖의 사유로 변호인을 선임할 수 없는 경우 구제청구자 등의 명시적 의사에 반하지 아니하는 이상 법원은 직권으로 변호인을 선정하여야 한다. 다만, 구제청구가 명백하게 이유 없는 때에는 그러하지 아니하다.

제13조【결정】 ① 법원은 구제청구사건을 심리한 결과 그 청구가 이유가 있다고 인정되는 때에는 결정으로 피수용자의 수용을 즉시 해제할 것을 명하여야 한다.
② 법원은 구제청구가 이유 없다고 인정하는 때에는 이를 기각하여야 한다. 이 경우 제9조제3항 또는 제11조에 따라 피수용자를 보호하고 있는 자가 있는 때에는 피수용자의 신병을 수용자에게 인도할 것을 명하여야 한다.

제14조【비용부담】 법원은 구제청구사건의 재판에 소요된 비용의 전부 또는 일부를 구제청구자 또는 수용자에게 부담시킬 수 있다.

제15조【상소】 구제청구자와 수용자는 제13조의 결정에 대하여 불복하면 7일 이내에 즉시항고할 수 있다. 다만, 즉시항고는 집행정지의 효력이 없다.(2017.10.31 본조개정)

제16조【재수용의 금지】 이 법에 따라 수용이 해제된 자는 구제청구의 전제가 된 사유와 같은 사유로 다시 수용할 수 없다.

제17조【대법원규칙】 그 밖에 구제청구사건의 심리 및 재판에 관하여 필요한 사항은 대법원규칙으로 정한다.

제18조【벌칙】 ① 수용자가 제10조제3항에 따른 답변서를 거짓으로 작성하거나 제출을 거부한 때에는 1년 이하의 징역, 3년 이하의 자격정지 또는 1천만원 이하의 벌금에 처한다.
② 제3조의2제2항을 위반하여 피수용자의 구제청구를 방해한 자는 1년 이하의 징역 또는 1천만원 이하의 벌금에 처한다.(2010.6.10 본항신설)
(2010.6.10 본조제목개정)

제19조【심문기일에 출석하지 아니한 경우의 과태료 등】 ① 수용자가 정당한 사유 없이 심문기일에 출석하지 아니한 때에 법원은 결정으로 500만원 이하의 과태료를 부과할 수 있다.
② 법원은 수용자가 제1항에 따른 과태료 재판을 받고도 정당한 사유 없이 다시 출석하지 아니하는 때에는 결정으로 수용자를 7일 이내의 감치에 처한다.
③ 제1항에 따른 결정에 대하여는 「민사소송법」 제311조를 준용한다.

제20조【과태료】 ① 제3조의2제1항을 위반하여 구제를 청구할 수 있음을 고지하지 아니한 자에게는 500만원 이하의 과태료를 부과한다.
② 제1항에 따른 과태료는 법무부장관이 부과·징수한다.
(2010.6.10 본조신설)

부 칙 (2017.10.31)

제1조【시행일】 이 법은 공포한 날부터 시행한다.

제2조【즉시항고에 관한 특례】 이 법 시행 당시 제13조에 따른 결정을 받은 피수용자는 제15조의 개정규정에도 불구하고 이 법 시행 후 7일 이내에 즉시항고할 수 있다.

공증인법

(1961년 9월 23일
법 률 제723호)

개정
1962.11.21법 1181호
<중략>
1993. 3.10법 4544호(변호사)
1994. 3.24법 4745호
1998.12.28법 5590호
2000. 1.28법 6207호(변호사)
2002. 1.26법 6626호(민사소송법)
2002. 1.26법 6627호(민사집행법)
2005. 3.31법 7427호(민법)
2005. 3.31법 7428호(채무자회생파산)
2008.12.19법 9138호
2009. 2. 6법 9416호
2009. 5.28법 9750호
2012. 1.17법11154호
2012. 6. 1법11461호(전자문서및전자거래기본법)
2013. 5.28법11823호
2017.12.12법15150호

제1장 총 칙

(2009.2.6 본장개정)

제1조【목적】 이 법은 공증인(公證人)의 지위와 그 직무에 관한 사항을 규율하여 공증사무의 적절성과 공정성을 확보함을 목적으로 한다.

제1조의2【용어의 뜻】 이 법에서 사용하는 용어의 뜻은 다음과 같다.
1. "공증인"이란 제2조에서 정하는 공증(公證)에 관한 직무를 수행할 수 있도록 법무부장관으로부터 제11조에 따라 임명을 받은 사람(이하 "임명공증인"이라 한다)과 제15조의2에 따라 공증인가를 받은 자(이하 "인가공증인"이라 한다)를 말한다.
2. "전자문서"란 「전자문서 및 전자거래 기본법」 제2조제1호의 전자문서를 말한다.(2012.6.1 본호개정)
3. "전자화문서"란 종이문서나 그 밖에 전자적 형태로 작성되지 아니한 문서(이하 "전자화대상문서"라 한다)를 정보처리시스템이 처리할 수 있는 형태로 변환한 문서를 말한다.
4. "전자서명"이란 「전자서명법」 제2조제2호의 전자서명을 말한다.
5. "지정공증인"이란 공증인 중에서 전자문서 및 전자화문서(이하 "전자문서등"이라 한다)에 관한 공증사무를 취급할 수 있도록 법무부장관이 제66조의3에 따라 지정한 자를 말한다.
(2009.2.6 본조신설)

제2조【공증인의 직무】 공증인은 당사자나 그 밖의 관계인의 촉탁(囑託)에 따라 다음 각 호의 사무를 처리하는 것을 직무로 한다. 공증인은 위 직무에 관하여 공무원의 지위를 가지는 것으로 본다.
1. 법률행위나 그 밖에 사권(私權)에 관한 사실에 대한 공정증서(公正證書)의 작성
2. 사서증서(私署證書) 또는 전자문서등(공무원이 직무상 작성한 것은 제외한다)에 대한 인증
3. 이 법과 그 밖의 법령에서 공증인이 취급하도록 정한 사무

제3조【문서의 공증력의 요건】 공증인이 작성하는 문서(전자문서등을 포함한다)는 이 법이나 그 밖의 법률에서 정하는 요건을 갖추지 아니하면 공증의 효력을 가지지 아니한다.

제4조【촉탁 인수 의무】 ① 공증인은 정당한 이유 없이 제2조에 따른 촉탁(이하 "촉탁"이라 한다)을 거절하지 못한다.
② 공증인이 촉탁을 거절하는 경우에는 촉탁을 한 자(이하 "촉탁인"이라 한다)나 그 대리인에게 거절의 이유를 알려야 한다.

제5조【비밀누설 금지】 공증인은 법률에 특별한 규정이 있는 경우가 아니면 직무상 알게 된 비밀을 누설하지 못한다. 다만, 촉탁인의 동의를 받은 경우는 그러하지 아니하다.

제6조【겸직 금지】 임명공증인은 다른 공무(公務)를 겸하거나 상업을 경영할 수 없고, 상사회사나 영리를 목적으로 하는 사단법인의 대표자 또는 사용인이 될 수 없다. 다만, 상시 근무가 필요하지 아니하고 공증인의 직무수행을 방해하지 아니하는 업무로서 법무부장관의 허가를 받은 경우는 그러하지 아니하다.

제7조【수수료, 일당, 여비 등】 ① 공증인은 촉탁인으로부터 수수료, 일당 및 여비를 받는다.
② 공증인은 공증에 관하여 통지 또는 송달을 하여야 할 경우에는 촉탁인이나 그의 승계인, 그 밖의 통지 또는 송달의 신청인으로부터 그에 필요한 실비(實費)를 받는다.
③ 지정공증인은 제66조의8제2항의 청구에 따라 전자문서등을 보관하는 경우 촉탁인으로부터 보관료를 받는다.
④ 공증인은 제1항부터 제3항까지에서 규정한 것 외에는 그 밖에 어떠한 명목으로든 취급한 사건에 관하여 보수를 받지 못한다.
⑤ 제1항부터 제3항까지의 규정에 따른 수수료, 일당, 여비, 실비 및 보관료에 관한 사항은 법무부령으로 정한다.

제8조【공증사무의 대행】 법무부장관은 지방검찰청의 관할 구역에 공증인이 없거나 공증인이 그 직무를 수행할 수 없는 경우 또는 주민의 편의를 위하여 필요하다고 인정하는 경우에는 그 관할 구역의 검사나 등기소장에게 공증인의 직무를 수행하게 할 수 있다.

제9조【공증인의 직무에 관한 규정의 준용】 제8조에 따라 공증인의 사무를 취급하는 검사나 등기소장에 대하여는 이 법이나 그 밖의 법령 중 공증인의 직무에 관한 규정을 준용한다. 다만, 제7조제1항부터 제3항까지의 규정에 따른 수수료, 일당, 여비, 실비 및 보관료는 국고의 수입(收入)으로 한다.

제2장 공증인의 임명·인가 등

(2009.2.6 본장개정)

제10조【공증인의 소속과 정원】 ① 공증인은 지방검찰청 소속으로 한다.
② 각 지방검찰청 소속 공증인의 정원(定員)은 지방검찰청의 관할 구역마다 법무부장관이 정한다. 이 경우 지방검찰청 관할 구역의 면적, 인구 등을 고려하여 필요하다고 인정하면 관할 구역을 세분하여 정원을 정할 수 있다.

제11조【임명공증인의 임명】 ① 법무부장관은 임명공증인을 임명하고 그 소속 지방검찰청을 지정할 수 있다.
② 제1항에 따라 임명을 받으려는 사람은 법무부령으로 정하는 바에 따라 법무부장관에게 임명신청을 하여야 한다.

제12조【임명공증인의 자격】 임명공증인에 임명될 수 있는 사람은 통산하여 10년 이상 「법원조직법」 제42조제1항 각 호의 직에 재직했던 사람으로 한다.

제13조【임명공증인의 결격사유】 다음 각 호의 어느 하나에 해당하는 사람은 임명공증인이 될 수 없다.
1. 피성년후견인 또는 피한정후견인(2017.12.12 본호개정)
2. 파산선고를 받고 복권(復權)되지 아니한 사람
3. 금고 이상의 실형을 선고받고 그 집행이 끝나거나 집행을 받지 아니하기로 확정된 후 5년이 지나지 아니한 사람(2017.12.12 본호개정)
4. 금고 이상의 형의 집행유예를 선고받고 그 유예기간이 끝난 날부터 2년이 지나지 아니한 사람
5. 금고 이상의 형의 선고유예를 받고 그 유예기간 중에 있는 사람
6. 법원의 판결에 따라 자격이 상실되거나 정지된 사람
7. 탄핵이나 징계에 의하여 파면 또는 면직 처분을 받거나 「변호사법」에 따라 제명된 날부터 5년이 지나지 아니한 사람
8. 징계에 의하여 해임 처분을 받은 날부터 3년이 지나지 아니한 사람

제13조의2【임명공증인의 사무소】 임명공증인은 임명을 받으면 법무부령으로 정하는 공증사무소의 시설을 갖추어야 한다.(2009.2.6 본조신설)

제14조【임명공증인의 면직】 ① 법무부장관은 임명공증인이 다음 각 호의 어느 하나에 해당하면 면직시킬 수 있다.
1. 스스로 사임을 원하는 경우
2. 제13조의2에 따른 공증사무소의 시설을 갖추지 못하는 경우
3. 제18조에 따른 기간 내에 신원보증금이나 그 보충액을 내지 아니한 경우
4. 신체 또는 정신상의 장애로 인하여 직무를 수행할 수 없게 된 경우
② 제1항제4호의 경우에는 제85조에 따른 공증인징계위원회의 의결을 거쳐야 한다.
③ 지방검찰청검사장은 소속 임명공증인에게 제1항 각 호의 어느 하나에 해당하는 사유가 있으면 지체 없이 법무부장관에게 보고하여야 한다.
④ 법무부장관은 제1항제2호부터 제4호까지의 사유로 공증인을 면직하려면 청문을 거쳐야 한다.

제15조【임기와 당연퇴직】 ① 임명공증인의 임기는 5년으로 하되, 재임명할 수 있다.
② 법무부장관은 다음 각 호의 어느 하나에 해당한다고 인정되는 임명공증인은 재임명을 하지 아니한다.
1. 신체 또는 정신상의 장애로 인하여 직무를 수행할 수 없는 경우
2. 직무수행의 태도·방식·결과 등이 현저히 불량하여 공증인으로서의 적절한 직무수행이 곤란한 경우
③ 임명공증인의 정년은 75세로 한다.
④ 임명공증인은 그 정년이 되는 날이 1월에서 6월 사이에 있는 경우에는 6월 30일에, 7월에서 12월 사이에 있는 경우에는 12월 31일에 당연퇴직한다.
⑤ 임명공증인이 제13조 각 호의 결격사유 중 어느 하나에 해당하게 된 경우에는 당연퇴직한다.

제15조의2【공증인가】 ① 법무부장관은 다음 각 호의 요건을 모두 갖춘 자에 대하여 공증인가를 하고 그 소속 지방검찰청을 지정할 수 있다.

1. 「변호사법」에 따라 설립된 법무법인, 법무법인(유한) 또는 법무조합(이하 "법무법인등"이라 한다)일 것
2. 해당 법무법인등의 구성원 변호사 중 2명 이상이 제15조의4에 따른 공증담당변호사 자격이 있을 것
② 제1항의 인가를 받으려는 자는 법무부령으로 정하는 바에 따라 법무부장관에게 인가신청을 하여야 한다.
(2009.2.6 본조신설)
제15조의3【공증담당변호사의 지정 등】 ① 인가공증인은 구성원 변호사 중에서 2명 이상의 공증담당변호사를 지정하여 소속 지방검찰청을 거쳐 법무부장관에게 신고하여야 한다. 공증담당변호사의 지정에 변경이 있을 때에도 또한 같다.
② 인가공증인은 공증담당변호사가 1명만 남게 된 경우에는 3개월 이내에 보충하여야 한다.
(2009.2.6 본조신설)
제15조의4【공증담당변호사의 자격】 ① 공증담당변호사는 제12조의 자격을 갖추어야 한다.
② 다음 각 호의 어느 하나에 해당하는 사람은 공증담당변호사가 될 수 없다.
1. 제13조 각 호의 결격사유 중 어느 하나에 해당하는 사람
2. 「변호사법」 제90조제3호 또는 제102조제2항에 따라 정직 또는 업무정지 중인 사람
③ 공증담당변호사에 관하여는 제15조제3항부터 제5항까지의 규정을 준용한다.
④ 인가공증인은 공증담당변호사에게 제2항 각 호 및 제15조제2항 각 호의 어느 하나에 해당하는 사유가 있을 때에는 지체 없이, 제15조제3항의 사유가 있을 때에는 같은 조 제4항에서 정한 날까지 공증담당변호사의 지정을 철회하여야 한다.
(2009.2.6 본조신설)
제15조의5【공증담당변호사의 지위】 공증에 관한 법령을 적용할 때에는 그 성격에 반하지 아니하는 한 공증담당변호사를 공증인으로 본다.(2009.2.6 본조신설)
제15조의6【인가공증인의 사무소】 인가공증인은 인가를 받으면 법무부령으로 정하는 공증사무소의 시설을 갖추어야 한다.(2009.2.6 본조신설)
제15조의7【공증인가의 취소】 ① 법무부장관은 인가공증인이 다음 각 호의 어느 하나에 해당하면 공증인가를 취소할 수 있다.
1. 스스로 인가취소를 원하는 경우
2. 공증담당변호사가 전혀 없거나 제15조의3제2항의 기간 내에 보충하지 아니한 경우
3. 제15조의4를 위반하여 공증담당변호사를 지정하여 공증사무를 수행하게 한 경우
4. 제15조의6에 따른 공증사무소의 시설을 갖추지 못하는 경우
5. 제18조에 따른 기간 이내에 신원보증금이나 그 보충액을 내지 아니한 경우
② 법무부장관은 인가공증인이 해산하면 즉시 공증인가를 취소하여야 한다.
③ 지방검찰청검사장은 소속 인가공증인에게 제1항 각 호의 어느 하나에 해당하는 사유가 있으면 지체 없이 법무부장관에게 보고하여야 한다.
④ 법무부장관은 제1항제2호부터 제5호까지의 사유로 공증인가를 취소하려면 청문을 거쳐야 한다.
(2009.2.6 본조신설)
제15조의8【인가의 유효기간】 ① 공증인가의 유효기간은 5년으로 하되, 재인가할 수 있다.
② 제1항의 재인가에 관하여는 제15조제2항제2호를 준용한다.
(2009.2.6 본조신설)
제15조의9【변호사 업무와의 관계】 인가공증인은 해당 법무법인등 또는 공증인가합동법률사무소가 대리한 소송사건과 관련하여 다음 각 호와 같은 공증업무를 수행할 수 없다.
1. 법률행위나 그 밖에 사권에 관한 사실에 대한 공정증서의 작성
2. 어음·수표 또는 이에 부착된 보충지에 강제집행할 것을 기재한 증서의 작성
3. 법인의 등기 절차에 첨부되는 의사록의 인증
4. 「상법」 제292조 및 그 준용규정에 따른 정관의 인증
(2009.2.6 본조신설)
제15조의10【공증인의 직무교육】 ① 임명공증인은 임명일부터 3개월 이내에 법무부장관이 정하는 바에 따라 공증인 직무교육을 받아야 한다.
② 제15조의3제1항에 따라 법무부장관에게 신고된 공증담당변호사도 제1항과 같다.
(2009.2.6 본조신설)
제15조의11【위임규정】 공증인의 임명이나 인가의 절차 및 그 밖에 필요한 사항은 대통령령으로 정한다.
(2009.2.6 본조신설)

제3장 직무집행에 관한 통칙
(2009.2.6 본장개정)

제16조【직무집행구역】 공증인의 직무집행구역은 그 소속 지방검찰청의 관할 구역에 따른다. 다만, 서울특별시는 하나의 직무집행구역으로 한다.
제17조【사무소】 ① 공증인은 사무소를 설치하거나 이전하려면 법무부장관의 인가를 받아야 한다.
② 임명공증인의 합동사무소의 설치, 운영 및 그 밖에 필요한 사항은 대통령령으로 정한다.
③ 공증인은 그 사무소에서 직무를 수행하여야 한다. 다만, 사건의 성질상 사무소에서 직무를 수행할 수 없을 때와 법령에 다른 규정이 있을 때에는 예외로 한다.
제17조의2【인가공증인의 직무수행】 ① 인가공증인의 직무는 그 주사무소에서 공증담당변호사가 수행한다.
② 인가공증인의 직무에 관하여는 공증담당변호사가 각자 인가공증인을 대표한다.
(2009.2.6 본조신설)
제18조【신원보증금의 납부】 ① 공증인은 임명장 또는 인가증을 받은 날부터 15일 이내에 소속 지방검찰청에 신원보증금을 내야 한다.
② 신원보증금의 금액은 법무부령으로 정한다.
③ 제1항에 따라 낸 금액이 제2항에 따라 결정된 금액에 미달하여 보충할 것을 명령받은 경우에는 그 명령을 받은 날부터 30일 이내에 그 부족액을 보충하여야 한다.
④ 공증인은 신원보증금을 낼 때까지는 그 직무를 수행할 수 없다.
제19조【신원보증금의 환급】 ① 신원보증금을 환급(還給)하는 경우에는 그 신원보증금에 대한 권리를 가진 자에게 6개월 이내에 환급 신청을 할 것을 공고하여야 한다.
② 신원보증금은 제1항에서 정한 기간이 지나지 아니하면 환급하지 아니한다.
③ 신원보증금은 다른 공과금(公課金)이나 채권(債權)보다 우선하여 제1항의 공고 비용에 충당한다.
제20조【서명·직인의 신고】 ① 공증인은 그 직무를 수행하기 전에 그가 사용할 서명과 직인(職印)의 인영(印影)을 소속 지방검찰청검사장에게 신고하여야 한다.
② 공증인이 신고한 서명이나 직인을 변경하려면 미리 소속 지방검찰청검사장에게 신고하여야 한다.
③ 지방검찰청검사장은 제1항 및 제2항에 따라 서명과 직인의 인영을 신고받으면 지체 없이 법무부장관에게 보고하여야 한다.
④ 공증인은 하나의 직인을 사용하여야 한다.
제21조【공증인의 제척】 공증인은 다음 각 호의 어느 하나에 해당하면 그 직무를 수행할 수 없다.
1. 촉탁인, 그 대리인, 촉탁받은 사항에 관하여 이해관계가 있는 사람의 친족인 경우. 친족관계가 끝난 경우에도 또한 같다.
2. 촉탁인 또는 그 대리인의 법정대리인인 경우
3. 촉탁받은 사항에 관하여 이해관계가 있는 경우
4. 촉탁받은 사항에 관한 대리인이거나 보조인인 경우 또는 대리인이었거나 보조인이었던 경우
제22조【서명 시의 기재사항】 공증인이 직무상 서명할 때에는 그 직명(職名), 소속 및 사무소 소재지를 적어야 한다.
제23조【공증인의 보조자】 ① 공증인은 보조자를 두고 그 직무를 보조하게 할 수 있다.
② 제1항에 따라 보조자를 두려는 공증인은 대통령령으로 정하는 바에 따라 제77조의2에 따른 대한공증인협회에 신고하여야 한다. 보조자를 교체 또는 해고하거나 보조자가 사망한 경우에도 또한 같다.
제24조【서류 등의 반출 금지, 보존】 ① 다음 각 호의 서류 및 장부는 재난을 피하기 위하여 부득이한 경우와 법무부장관 또는 소속 지방검찰청검사장의 명령이나 허가를 받은 경우가 아니면 사무소 밖으로 반출(搬出)할 수 없다.
1. 공증인이 작성한 증서의 원본과 그 부속 서류
2. 제57조제4항에 따라 공증인이 보존하는 사서증서의 사본과 그 부속 서류
3. 제63조제3항에 따라 공증인이 보존하는 정관(제57조의2제7항 및 제66조의2제5항에 따라 준용되는 사서증서와 법인의사록을 포함한다)과 그 부속 서류
(2017.12.12 본호개정)
4. 제66조의8제1항 및 제2항에 따라 지정공증인이 보존하거나 보관하는 정보, 전자문서등과 그 부속 서류
5. 그 밖에 법령에 따라 공증인이 작성한 장부
② 제1항의 서류 등은 마이크로필름이나 그 밖의 전산정보처리조직에 의하여 보존할 수 있다.
③ 제1항의 서류 등을 그대로 보존하거나 제2항에 따라 보존하는 경우 그 보존 방법, 보존 장소, 보존 기간, 폐기, 및 그 밖에 필요한 사항은 법무부령으로 정한다.

제4장 증서의 작성
(2009.2.6 본장개정)

제25조【증서를 작성할 수 없는 경우】 공증인은 다음 각 호의 어느 하나에 관하여는 증서를 작성할 수 없다.
1. 법령을 위반한 사항
2. 무효인 법률행위
3. 무능력으로 인하여 취소할 수 있는 법률행위
제26조【사용 언어】 ① 공증인이 작성하는 증서에는 국어를 사용하여야 한다. 다만, 촉탁인의 요구가 있는 경우에는 외국어를 병기(倂記)할 수 있다.
② 제1항 단서의 경우 국어와 병기한 외국어의 내용이 서로 다른 경우에는 국어로 작성한 내용이 우선하는 것으로 한다.
제27조【촉탁인의 확인】 ① 공증인은 증서를 작성하기 위하여는 촉탁인의 성명과 얼굴을 알아야 한다.
② 공증인이 촉탁인의 성명이나 얼굴을 모르면 다음 각 호의 어느 하나에 해당하는 방법으로 촉탁인이 맞다는 것을 증명하게 하여야 한다. 다만, 촉탁인이 외국인인 경우에는 여권이나 대한민국에 주재하는 그 촉탁인의 본국 영사가 발행한 증명서로써 그 촉탁인임을 증명할 수 있다.
1. 주민등록증이나 그 밖에 권한 있는 행정기관이 발행한 사진이 첨부된 증명서를 제출하게 하는 방법
2. 공증인이 성명과 얼굴을 아는 증인 2명에게 그 촉탁인임이 확실하다는 것을 증명하게 하는 방법
3. 그 밖에 제1호 및 제2호의 방법에 준하는 확실한 방법
③ 급박한 사유로 공증인이 증서를 작성할 때에는 증서를 작성한 후 3일 이내에 증서의 작성에 관한 규정에 따라 제2항의 절차를 밟을 수 있다.
④ 제3항의 절차를 밟았을 경우에는 그 증서가 급박한 사유로 작성된 것이 아니라는 이유로 그 효력을 상실하지 아니한다.
제28조【통역인의 사용】 촉탁인이 국어를 해득(解得)하지 못하는 경우 또는 듣지 못하거나 말하지 못하는 등 말로 의사소통이 불가능한 사람으로서 문자도 해득하지 못하는 경우에 공증인이 증서를 작성하려면 통역인을 사용하여야 한다.
제29조【참여인의 참여】 ① 촉탁인이 시각장애인이거나 문자를 해득하지 못하는 경우에 공증인이 증서를 작성할 때에는 참여인을 참여하게 하여야 한다.
② 촉탁인이 참여인의 참여를 청구한 경우에는 제1항을 준용한다.
제30조【대리 촉탁】 대리인에 의하여 촉탁되었을 경우 그 대리인에게는 제27조부터 제29조까지의 규정을 준용한다.
제31조【대리권의 증명】 ① 대리인의 촉탁으로 공증인이 증서를 작성할 경우에는 대리권을 증명할 증서를 제출하게 하여야 한다.
② 제1항의 증서가 인증을 받지 아니한 사서증서일 경우에는 그 증서 외에 권한 있는 행정기관이 작성한 인감증명서 또는 서명에 관한 증명서를 제출하게 하여 증서가 진정한 것임을 증명하게 하여야 한다.
③ 증서의 작성에 관한 규정에 따라 대리 또는 그 방식의 결함을 추후 보완한 경우에는 그 증서는 결함이 있었다는 이유로 효력이 부정되지 아니한다.
제32조【허락·동의가 필요한 법률행위의 공증】 ① 제3자의 허락이나 동의가 필요한 법률행위에 관하여 공증인이 증서를 작성할 때에는 그 허락이나 동의가 있었음을 증명할 증서를 제출하게 하여야 한다.
② 제1항의 경우에는 제31조제2항 및 제3항을 준용한다.
제33조【통역인·참여인의 선정과 자격】 ① 통역인과 참여인은 촉탁인이나 그 대리인이 선정하여야 한다.
② 참여인은 통역인을 겸할 수 있다.
③ 다음 각 호의 어느 하나에 해당하는 사람은 참여인이 될 수 없다. 다만, 제29조제2항에 따라 촉탁인이 참여인의 참여를 청구한 경우에는 그러하지 아니하다.
1. 미성년자
1의2. 피성년후견인 또는 피한정후견인(2017.12.12 본호신설)
2. 시각장애인이거나 문자를 해득하지 못하는 사람
3. 서명할 수 없는 사람
4. 촉탁 사항에 관하여 이해관계가 있는 사람
5. 촉탁 사항에 관하여 대리인 또는 보조인이거나 대리인 또는 보조인이었던 사람
6. 공증인의 친족, 피고용인 또는 동거인
7. 공증인의 보조자
제34조【증서의 내용】 공증인은 증서를 작성할 때 그가 들은 진술, 목격한 사실, 그 밖에 실제로 경험한 사실과 그 경험한 방법을 적어야 한다.
제35조【기재사항】 공증인이 작성하는 증서에는 그 내용 외에 다음 각 호의 사항을 모두 적어야 한다.
1. 증서의 번호
2. 촉탁인의 주소·직업·성명 및 나이(법인인 경우에는 그 명칭 및 사무소 소재지)
3. 대리인에 의하여 촉탁되었을 경우에는 그 사유, 대리권을 증명할 증서를 제출하게 한 사실, 그 대리인의 주소·직업·성명 및 나이
4. 촉탁인이나 그 대리인의 성명과 얼굴을 아는 경우에는 그 사실
5. 제3자의 허락이나 동의가 있었음을 증명하는 증서를 제출하게 하였을 경우에는 그 사유와 제3자의 주소·직업·성명 및 나이(법인인 경우에는 그 명칭 및 사무소 소재지)
6. 제27조제2항에 따른 증명이 있을 경우에는 그 사유, 증인의 주소·직업·성명·나이 또는 그 확인의 방법
7. 제27조제3항의 경우에는 그 사유
8. 제31조제2항에 따른 증명이 있었을 경우에는 그 사유
9. 통역인이나 참여인을 참여하게 하였을 경우에는 그 사유와 통역인 또는 참여인의 주소·직업·성명 및 나이
10. 작성 연월일과 장소

제35조의2【부기】 ① 공증인은 공정증서에 적힌 양쪽 당사자 또는 그 대리인의 촉탁을 받아 채무의 전부 변제 사실이나 계약의 전부 해소 사실을 증서의 원본에 부기(附記)할 수 있다.
② 제1항에 따라 원본에 부기를 할 때에는 그 연월일을 명확하게 적고 촉탁인 또는 그 대리인과 공증인이 서명날인하여야 한다.
③ 제1항의 경우에는 제27조부터 제33조까지 및 제36조부터 제38조까지의 규정을 준용한다.
제36조【증서의 작성 방법】 ① 공증인이 증서를 작성할 때에는 보통의 쉬운 용어를 사용하고 글자 획을 명확하게 써야 한다.
② 글자가 연결되어야 할 자행(字行)에 빈 공간이 있을 때에는 직선 또는 사선을 그어 그 부분에 다른 글자가 없음을 표시하여야 한다.
제37조【글자의 수정 · 삽입 · 삭제】 ① 증서의 글자는 수정할 수 없다.
② 증서에 글자를 삽입할 때에는 삽입한 글자 수와 그 위치를 칸의 밖이나 끝부분 여백에 적고 공증인, 촉탁인 또는 그 대리인과 참여인이 이에 날인하여야 한다.
③ 증서의 글자를 삭제할 때에는 그 글자를 명확히 읽을 수 있도록 글자의 모양은 남겨 두고 삭제한 글자 수와 그 위치를 칸의 밖이나 끝부분 여백에 적고 공증인, 촉탁인 또는 그 대리인과 참여인이 이에 날인하여야 한다.
④ 제1항부터 제3항까지를 위반한 정정(訂正)은 효력이 없다.
제38조【증서의 작성 절차】 ① 공증인은 그가 작성한 증서를 모든 참석자에게 읽어 주거나 열람하게 하여 촉탁인 또는 그 대리인의 이의가 없음을 확인하고 그 취지를 증서에 적어야 한다.
② 통역인을 참여시켰을 경우에는 제1항의 절차 외에 통역인에게 증서의 취지를 통역하게 하고 그 취지를 증서에 적어야 한다.
③ 제1항과 제2항에 따라 각각의 취지를 적으면 공증인과 참석자는 각자 증서에 서명날인하여야 한다.
④ 참석자로서 서명할 수 없는 사람이 있으면 그 사유를 증서에 적고 공증인과 참여인이 날인하여야 한다.
⑤ 공증인은 증서가 여러 장으로 이루어지는 경우에는 각 장에 걸쳐 직인으로 간인(間印)하여야 한다.
제39조【서면의 인용】 ① 공증인이 작성하는 증서에 다른 서면을 인용하고 이를 그 증서에 첨부하는 경우에는 공증인은 그 증서와 첨부 서면에 걸쳐 직인으로 간인하여야 한다.
② 제1항의 첨부 서면에 관하여는 제36조부터 제38조까지의 규정을 준용한다.
③ 제1항과 제2항에 따른 첨부 서면은 공증인이 작성한 증서의 일부로 본다.
제40조【부속 서류의 연철】 ① 다음 각 호의 부속 서류는 공증인이 작성한 증서에 연철(連綴)하여야 한다. 다만, 촉탁인이 부속 서류 원본의 반환을 청구한 경우에는 원본 대신 그 등본을 연철할 수 있다.
1. 대리권을 증명하는 증서
2. 권한이 있는 행정기관이 발행한 증명서
3. 제3자의 허락 또는 동의를 증명하는 증서
4. 그 밖의 부속 서류
② 공증인은 증서와 그 부속 서류 간 및 부속 서류 상호 간에 걸쳐 직인으로 간인하여야 한다.
제41조【원본 멸실의 경우】 ① 증서의 원본이 멸실(滅失)된 경우 공증인은 이미 발급한 증서의 정본(正本) 또는 등본을 회수하여 소속 지방검찰청검사장의 인가를 받아 멸실된 증서를 대신하여 보존하여야 한다.
② 제1항의 증서에는 소속 지방검찰청검사장의 인가를 받아 멸실된 증서를 대신하여 보존한다는 취지와 인가 연월일을 적고 공증인이 서명날인하여야 한다.
제42조【인지의 첨부】 공증인은 「인지세법」에 따라 인지세 납부의 대상이 되는 공정증서를 작성한 경우에는 촉탁인에게 증서의 원본에 인지를 붙이도록 하여야 한다.
제43조【원본의 열람】 ① 촉탁인, 그 승계인 또는 증서의 취지에 관하여 법률상 이해관계가 있음을 증명한 자는 증서 원본의 열람을 청구할 수 있다.
② 제1항에 따라 공증인이 증서의 원본을 열람하게 하는 경우에는 제27조제1항 · 제2항 및 제30조를 준용한다.
(2012.1.17 본항개정)
③ 공증인이 촉탁인의 승계인에게 증서 원본을 열람하게 할 경우에는 승계인임을 증명하는 증서를 제출하게 하여야 한다.
④ 검사는 언제든지 증서 원본의 열람을 청구할 수 있다.
제43조의2【대리권의 증명】 ① 대리인의 촉탁으로 공증인이 증서의 원본을 열람하게 하는 경우에는 대리권을 증명할 증서를 제출하게 하여야 한다.
② 공증인은 제1항의 증서가 인증을 받지 아니한 사서증서일 경우에는 그 증서 외에 서명에 관한 증명서를 제출하게 하여 증서가 진정한 것임을 증명하게 하여야 한다.
(2012.1.17 본조신설)
제44조【증서원부】 공증인은 증서원부(證書原簿)를 작성하여 비치하여야 한다.
제45조【증서원부의 기입 사항】 ① 증서원부에는 증서를 작성할 때마다 진행 순서에 따라 다음 각 호의 사항을 모두 적어야 한다.
1. 증서의 번호와 종류
2. 촉탁인의 주소와 성명(법인인 경우에는 그 명칭과 사무소 소재지)
3. 작성 연월일
② 제1항은 증서를 작성한 사실을 적을 장부에 관하여 법령에 특별한 규정이 있으면 적용하지 아니한다.
제46조【증서 정본의 발급】 ① 촉탁인 또는 그 승계인은 증서 정본의 발급을 청구할 수 있다.
② 제1항에 따라 공증인이 증서 정본을 작성하는 경우에는 제27조제1항 · 제2항, 제30조, 제31조제1항 · 제2항 및 제43조제3항을 준용한다.
③ 촉탁인의 승계인이 증서 정본의 발급을 청구하는 경우에 제출할 증서에 관하여는 제31조제2항을 준용한다.
제47조【증서 정본의 기재사항】 ① 증서 정본에는 공증인이 다음 각 호의 사항을 모두 적고 서명날인하여야 한다.
1. 증서의 전문(全文)
2. 정본이라는 사실
3. 발급을 청구한 자의 성명
4. 작성 연월일과 장소
② 제1항에 따르지 아니하면 증서 정본으로서의 효력이 없다.
제48조【초록 정본】 ① 여러 개의 사건을 연달아 적은 증서나 여러 사람 각자에 대한 관계가 다른 증서에 관하여는 유용한 부분과 증서의 방식에 관한 부분만을 발췌하여 그 정본을 작성할 수 있다.
② 제1항의 정본에는 증서의 일부를 발췌하여 작성한 초록(抄錄) 정본이라는 사실을 적어야 한다.
제49조【정본 발급 사실의 기재】 공증인은 증서의 정본을 발급할 때에는 그 증서 원본의 끝 부분에 촉탁인이나 그 승계인 아무개에게 정본을 발급하였다는 사실과 그 발급 연월일을 적고 서명날인하여야 한다.
제50조【등본의 발급】 ① 촉탁인, 그 승계인 또는 증서의 취지에 관하여 법률상 이해관계가 있음을 증명한 자는 증서 또는 그 부속 서류의 등본 발급을 청구할 수 있다.
② 제1항에 따라 공증인이 증서의 등본을 작성하는 경우에는 제27조제1항 · 제2항, 제30조, 제43조제3항 및 제43조의2를 준용한다.(2012.1.17 본항개정)
제51조【등본의 기재사항】 증서의 등본에는 공증인이 다음 각 호의 사항을 모두 적고 서명날인하여야 한다.
1. 증서의 전문
2. 등본이라는 사실
3. 작성 연월일과 장소
제52조【초록 등본】 ① 증서의 등본은 증서의 일부에 관하여 작성할 수 있다.
② 제1항의 등본에는 증서의 일부를 발췌하여 작성한 초록 등본이라는 사실을 적어야 한다.
제53조【부속 서류의 등본】 증서의 부속 서류의 등본을 작성하는 경우에는 제51조 및 제52조를 준용한다.
제54조【청구자의 등본 작성】 ① 증서 또는 그 부속 서류의 등본을 청구하는 자는 이에 적어야 할 사항을 직접 적고 공증인에게 서명날인만을 청구할 수 있다.
② 공증인이 제1항의 등본에 서명날인하면 그 등본은 공증인 자신이 작성한 것과 동일한 효력이 있다.
제55조【정본 · 등본 작성 방법】 ① 증서의 정본 · 등본 또는 그 부속 서류의 등본이 여러 장으로 되어 있으면 공증인은 각 장에 걸쳐 직인으로 간인하여야 한다.
② 증서의 정본 · 등본 또는 그 부속 서류의 등본을 작성하는 경우에는 제36조 및 제37조를 준용한다.
제56조【유언서 · 거절증서 작성의 특칙】 ① 공증인이 유언서를 작성할 때에는 법무부장관 또는 소속 지방검찰청검사장의 허가를 받은 경우 제16조를 적용하지 아니한다.
② 공증인이 유언서를 작성할 때에는 제17조제3항 본문을 적용하지 아니하고, 공증인이 거절증서를 작성할 때에는 제27조부터 제31조까지의 규정을 적용하지 아니한다.
(2017.12.12 본조개정)
제56조의2【어음 · 수표의 공증 등】 ① 공증인은 어음 · 수표에 첨부하여 강제집행을 인낙(認諾)한다는 취지를 적은 공정증서를 작성할 수 있다.
② 제1항에 따른 증서는 어음 · 수표의 발행인과 수취인, 양도인과 양수인 또는 그 대리인의 촉탁이 있을 때에만 작성할 수 있다.
③ 공증인이 제1항에 따른 증서를 작성할 때에는 어음 · 수표의 원본을 붙여 증서의 정본을 작성하고, 그 어음 · 수표의 사본을 붙여 증서의 원본 및 등본을 작성한 후, 증서의 정본은 어음 · 수표상의 채권자에게 내주고, 그 등본은 어음 · 수표상의 채무자에게 내주며, 그 원본은 공증인이 보존한다.
④ 제1항에 따른 증서는 「민사집행법」 제56조에도 불구하고 그 어음 또는 수표에 공증된 발행인, 배서인(背書人) 및 공증된 환어음을 공증인수(公證引受)한 지급인에 대하여는 집행권원으로 본다.
⑤ 제4항에 따라 집행권원으로 보는 증서에 대한 집행문(執行文)은 공증된 어음 · 수표의 수취인이나 공증배서(公證背書)된 양수인에게만 부여한다.
⑥ 제1항의 경우에는 제25조부터 제35조까지, 제35조의2, 제36조부터 제38조까지, 제40조부터 제43조까지 및 제43조의2를 준용한다.(2012.1.17 본항개정)
제56조의3【건물 · 토지 · 특정동산의 인도 등에 관한 법률행위의 공증 등】 ① 공증인은 건물이나 토지 또는 대통령령으로 정하는 동산의 인도 또는 반환을 목적으로 하는 청구에 대하여 강제집행을 승낙하는 취지를 기재한 공정증서를 작성할 수 있다. 다만, 임차건물의 인도 또는 반환에 관한 공정증서는 임대인과 임차인 사이의 임대차 관계 종료를 원인으로 임차건물을 인도 또는 반환하기 전 6개월 이내에 작성되는 경우로서 그 증서에 임차인에 대한 금원 지급에 대하여도 강제집행을 승낙하는 취지의 합의내용이 포함되어 있는 경우에만 작성할 수 있다.
② 제1항에 따른 공정증서 작성을 촉탁할 때에는 어느 한 당사자가 다른 당사자를 대리하거나 어느 한 대리인이 당사자 쌍방을 대리하지 못한다.
③ 제1항에 따른 공정증서는 「민사집행법」 제56조에도 불구하고 강제집행의 집행권원으로 본다.
④ 제3항에 따라 집행권원으로 보는 증서에 대한 집행문은 그 증서를 보존하는 공증인이 그 공증인의 사무소가 있는 곳을 관할하는 지방법원 단독판사의 허가를 받아 부여한다. 이 경우 지방법원 단독판사는 허가 여부를 결정하기 위하여 필요하면 당사자 본인이나 그 대리인을 심문할 수 있다.
(2013.5.28 본조신설)
제56조의4【집행문 부여의 제한】 ① 공증인은 공정증서를 작성한 날부터 7일(제56조의3에 따른 공정증서 중 건물이나 토지의 인도 또는 반환에 관한 공정증서인 경우에는 1개월)이 지나지 아니하면 집행문을 부여할 수 없다.
(2013.5.28 본항개정)
② 공증인은 제35조의2제1항에 따른 부기가 있으면 집행문을 부여할 수 없다.
제56조의5【집행권원인 공정증서의 정본 등의 송달】
① 제56조의3 및 「민사집행법」 제56조제4호에 따른 집행권원인 증서의 정본 또는 등본이나 그 증서에 관한 같은 법 제39조제2항 · 제3항의 집행문 및 증명서 등본의 송달은 우편으로 하거나 대법원규칙으로 정하는 방법으로 한다. 다만, 제46조 또는 제50조에 따라 증서의 정본 또는 등본을 발급받은 자에 대하여는 그 증서의 정본 또는 등본이 송달된 것으로 본다.(2013.5.28 본문개정)
② 우편에 의한 송달은 신청을 받아 공증인이 수행한다.
③ 제2항에 따른 송달에 관하여는 「민사소송법」 제176조제2항, 제178조제1항, 제179조부터 제183조까지, 제186조 및 제193조를 준용한다.

제5장 사서증서의 인증

제57조【인증 방법】 ① 사서증서의 인증은 촉탁인으로 하여금 공증인 앞에서 사서증서에 서명 또는 날인하게 하거나 사서증서의 서명 또는 날인을 본인이나 그 대리인으로 하여금 확인하게 한 후 그 사실을 증서에 적는 방법으로 한다.
② 사서증서의 등본에 대한 인증은 사서증서와 대조하여 그와 일치함을 인정한 후 그 사실을 적는 방법으로 한다.
③ 사서증서에 글자의 삽입, 삭제, 수정, 난외(欄外) 기재 또는 그 밖에 정정된 부분이 있거나 파손되거나 그 밖에 겉보기에 현저히 의심할 만한 사유가 있을 경우에는 그 상황을 인증문에 적어야 한다.
④ 공증인은 제1항 및 제2항에 따라 인증을 부여한 증서의 사본과 그 부속 서류를 보존하여야 한다.
(2009.2.6 본조개정)
제57조의2【선서인증】 ① 공증인은 사서증서에 인증을 부여할 때 촉탁인이 공증인 앞에서 사서증서에 적힌 내용이 진실함을 선서하고 이에 서명 또는 날인하거나 사서증서의 서명 또는 날인을 확인한 경우에는 그 선서 사실을 증서에 적어야 한다.
② 공증인은 「민사소송법」 제322조 각 호의 어느 하나에 해당하는 사람에 대하여는 제1항의 선서를 시키지 못한다.
③ 제1항의 선서인증은 대리인에 의하여 촉탁할 수 없다.
④ 공증인은 선서에 앞서 촉탁인에게 선서의 취지를 밝히고, 증서에 적힌 내용이 거짓이라는 것을 알면서 선서하는 경우에는 과태료 처분을 받을 수 있다는 뜻을 알려 주어야 한다.(2013.5.28 본항신설)
⑤ 제1항에 따른 선서는 촉탁인이 자필로 "양심에 따라 이 증서에 적힌 내용이 진실함을 선서하며, 만일 위 내용이 거짓이라면 과태료 처분을 받기로 맹세합니다"라고 적은 선서서로 하여야 한다.(2013.5.28 본항개정)
⑥ 공증인은 촉탁인으로 하여금 선서서를 소리내어 읽고 기명날인 또는 서명하게 하며, 촉탁인이 선서서를 적을 수 없거나 읽지 못하는 경우나 기명날인 또는 서명하지 못하는 경우에는 제29조에 따른 참여인으로 하여금 이를 대신하게 한다.(2013.5.28 본항개정)
⑦ 제1항의 선서인증에 관하여는 제63조제1항 · 제3항 및 제65조제1항 · 제3항을 준용한다.
(2009.2.6 본조신설)
제58조【증서에의 기재】 인증을 부여하여야 할 증서에는 등부번호(登簿番號), 인증의 연월일 및 장소를 적고 공증인과 참여인이 서명날인한 후 증서와 인증부(認證簿)의 사이에 간인하여야 한다.(2009.2.6 본조개정)
제59조【사서증서에 대한 인증 부여 시의 준용】 사서증서에 인증을 부여하는 경우에는 제25조부터 제33조까지, 제36조, 제37조 및 제38조제5항을 준용한다.(2009.2.6 본조개정)
제60조【인증부】 공증인은 인증부를 작성하여 비치하여야 한다.(2009.2.6 본조개정)

제61조【인증부의 기재사항】 인증부에는 인증을 부여할 때마다 진행 순서에 따라 다음 각 호의 사항을 모두 적어야 한다.
1. 등부번호
2. 촉탁인의 주소와 성명(법인인 경우에는 그 명칭과 사무소 소재지)
3. 사서증서의 종류와 서명날인한 자
4. 인증의 방법
5. 참여인의 주소와 성명
6. 인증 연월일
(2009.2.6 본조개정)
제62조 (2009.2.6 삭제)
제63조【정관인증의 절차】 ① 「상법」 제292조와 그 준용 규정에 따라 정관의 인증을 촉탁하려면 정관(전자문서로 작성된 정관은 제외한다. 이하 같다) 두 통을 제출하여야 한다.
② 정관의 인증은 촉탁인 또는 그 대리인으로 하여금 공증인 앞에서 제출된 각 정관에 발기인이 서명 또는 기명날인하였음을 확인하게 한 후 그 사실을 적는 방법으로 한다.
③ 공증인은 제2항의 기재를 한 정관 중 한 통은 자신이 보존하고 다른 한 통은 촉탁인 또는 그 대리인에게 돌려주어야 한다.
④ 제2항의 경우에는 제57조제3항과 제58조부터 제61조까지의 규정을 준용한다.
(2009.2.6 본조개정)
제64조【부속 서류의 연철】 ① 다음 각 호의 부속 서류는 제63조제3항에 따라 공증인이 보존하는 정관에 연철하여야 한다.
1. 대리권을 증명하는 증서
2. 권한이 있는 행정기관이 발행한 증명서
3. 제3자의 허락 또는 동의를 증명하는 증서
4. 그 밖의 부속 서류
② 제1항의 경우에는 제40조제2항을 준용한다.
(2009.2.6 본조개정)
제65조【보존 정관 등이 멸실된 경우】 ① 제63조제3항에 따라 보존하는 정관이 멸실된 경우에는 공증인은 촉탁인에게 돌려준 정관으로 등본을 작성하거나 이미 발급한 정관의 등본을 회수하여 소속 지방검찰청검사장의 인가를 받아 멸실된 정관을 대신하여 보존하여야 한다.
② 제57조제4항에 따라 보존하는 증서 사본이 멸실된 경우에는 공증인은 촉탁인이 소지하는 증서에 따른 사본을 작성하여 소속 지방검찰청검사장의 인가를 받아 멸실된 증서 사본을 대신하여 보존하여야 한다.
③ 제1항 및 제2항의 경우에는 제41조제2항을 준용한다.
(2009.2.6 본조개정)
제66조【공증인 보존 정관 등에 대한 준용】 공증인이 보존하는 정관과 그 부속 서류에 관하여는 제43조, 제43조의2 및 제50조부터 제55조까지의 규정을 준용한다.
(2012.1.17 본조개정)
제66조의2【법인의사록의 인증】 ① 법인 등기를 할 때 그 신청서류에 첨부되는 법인 총회 등의 의사록은 공증인의 인증을 받아야 한다. 다만, 다음 각 호의 어느 하나에 해당하는 경우에는 그러하지 아니하다.(2017.12.12 단서개정)
1. 자본금 총액이 10억원 미만인 회사를 「상법」 제295조 제1항에 따라 발기설립하는 경우
2. 대통령령으로 정하는 공법인 또는 비영리법인인 경우
3. 대통령령으로 정하는 경미한 사항을 의결한 경우
(2017.12.12 1호~3호신설)
② 제1항 본문에 따른 인증은 공증인이 법인 총회 등의 결의의 절차 및 내용이 진실에 부합한다는 사실을 확인하고, 촉탁인이나 그 대리인으로 하여금 공증인 앞에서 의사록의 서명 또는 기명날인을 확인하게 한 후 그 사실을 적는 방법으로 한다.(2017.12.12 본항개정)
③ 제2항에 따른 사실의 확인은 다음 각 호의 어느 하나에 해당하는 방법으로 한다.
1. 공증인이 해당 법인의 의결장소에 참석하여 결의의 절차 및 내용을 검사한 후 그 검사 결과와 의사록의 내용이 부합하는지를 대조하는 방법
2. 공증인이 해당 의결을 한 자 중 그 의결에 필요한 정족수 이상의 자 또는 그 대리인으로부터 진술을 듣고 그 진술과 의사록의 내용이 부합하는지를 대조하는 방법
(2017.12.12 본항개정)
④ 공증인이 해당 법인의 의결장소에 참석하여 결의의 절차 및 내용을 검사할 때에는 법무부장관 또는 소속 지방검찰청검사장의 허가를 받은 경우 제16조를 적용하지 아니한다.(2017.12.12 본항신설)
⑤ 제1항에 따른 의사록을 인증하는 경우에는 제57조제3항, 제58조부터 제61조까지, 제63조제1항 · 제3항, 제64조, 제65조제1항 · 제3항 및 제66조를 준용한다.(2009.2.6 본항개정)
(2009.2.6 본조제목개정)

제5장의2 전자문서등에 대한 인증
(2009.2.6 본장신설)

제66조의3【지정공증인의 지정 등】 ① 법무부장관은 대통령령으로 정하는 시설을 갖춘 공증인을 지정공증인으로 지정하고 고시할 수 있다.
② 제1항의 지정을 받으려는 공증인은 법무부령으로 정하는 바에 따라 법무부장관에게 지정 신청을 하여야 한다.
③ 지정공증인이 취급하는 전자문서등에 대한 공증사무에 관하여는 제6장을 적용하지 아니한다.
④ 지정공증인의 자격 · 지정절차 등에 관하여 그 밖에 필요한 사항은 대통령령으로 정한다.
제66조의4【지정공증인의 지정 취소】 ① 법무부장관은 지정공증인이 다음 각 호의 어느 하나에 해당하면 지정공증인 지정을 취소할 수 있다.
1. 스스로 지정취소를 원하는 경우
2. 제66조의3제1항에 따른 시설을 갖추지 못하는 경우
② 지방검찰청검사장은 소속 지정공증인에게 제1항 각 호의 어느 하나에 해당하는 사유가 있으면 지체 없이 법무부장관에게 보고하여야 한다.
③ 법무부장관은 제1항제2호의 사유로 지정공증인의 지정을 취소하려면 청문을 거쳐야 한다.
제66조의5【전자문서의 인증】 ① 전자문서에 대한 인증은 다음 각 호의 어느 하나에 해당하는 방법으로 한다.
1. 촉탁인으로 하여금 대통령령으로 정하는 바에 따라 전자문서에 전자서명을 하게 한 후 그 사실을 적은 정보를 전자문서에 전자적 방식으로 첨부하는 방법(2013.5.28 본호개정)
2. 전자문서의 전자서명을 촉탁인이나 그 대리인으로 하여금 확인하게 한 후 그 사실을 적은 정보를 전자문서에 전자적 방식으로 첨부하는 방법
② 지정공증인은 전자문서를 인증할 때에 촉탁인이 그 앞(제66조의12에 따라 인터넷 화상장치를 이용하는 경우에는 인터넷 화상장치 앞을 포함한다)에서 전자문서의 내용이 진실함을 선서하고 이에 전자서명을 하거나 전자서명을 확인한 경우에는 그 선서사실을 적은 정보를 전자문서에 전자적 방식으로 첨부하여야 한다.(2017.12.12 본항개정)
③ 제1항에 따른 인증에 관하여는 제25조부터 제33조까지의 규정을 준용한다.
④ 제2항에 따른 선서인증에 관하여는 제25조부터 제29조까지, 제32조, 제33조, 제57조의2제2항부터 제4항까지 및 제6항을 준용한다.(2013.5.28 본항개정)
제66조의6【전자화문서의 인증】 ① 지정공증인은 전자화문서와 전자화 대상문서를 대조하여 서로 일치하는 경우에는 전자화문서에 대하여 제57조제2항의 인증을 부여할 수 있다.
② 전자화문서의 인증에 관하여는 제25조부터 제33조까지 및 제66조의12를 준용한다.(2017.12.12 본항개정)
제66조의7【지정공증인의 전자서명】 지정공증인은 제66조의5제1항 · 제2항 및 제66조의6제1항에 따라 전자문서등에 인증을 부여하는 경우에는 해당 전자문서등에 수록된 정보 및 이에 첨부한 정보에 대하여 전자서명을 하고, 이를 확인할 수 있는 정보를 해당 전자문서등에 전자적 방식으로 첨부하여야 한다.
제66조의8【인증한 전자문서등의 보존 등】 ① 제66조의5제1항 · 제2항 및 제66조의6제1항에 따라 전자문서등에 인증을 부여한 지정공증인은 인증한 전자문서등에 수록된 정보와의 동일성을 확인할 수 있는 정보를 보존하여야 한다.
② 촉탁인은 지정공증인에게 제66조의5제1항 · 제2항 및 제66조의6제1항에 따라 인증을 부여받은 전자문서등과 동일한 정보를 수록한 전자문서등의 보관을 청구할 수 있다.
제66조의9【인증정보의 제공 등】 ① 촉탁인, 그 승계인 또는 전자문서등의 내용, 그 진위 및 존재 여부 등에 관하여 법률상 이해관계가 있음을 증명한 자는 지정공증인에게 다음 각 호의 사항을 청구할 수 있다.
1. 자신이 보유하고 있는 전자문서등에 수록된 정보와 제66조의8제1항의 전자문서등에 수록된 정보가 동일하다는 증명
2. 제66조의8제2항에 따라 보관하는 전자문서등과 동일한 정보의 제공
② 제1항제2호에 따른 정보의 제공은 지정공증인이 보관하는 전자문서등의 내용을 증명하는 서면을 교부하는 방법으로 할 수 있다.
③ 지정공증인은 제1항에 따라 전자적 방식으로 증명 또는 정보제공을 하는 경우에는 제66조의7의 조치를 하여야 한다.
제66조의10【위임규정】 촉탁인 및 지정공증인이 사용하는 전자서명, 전자문서등의 형식, 전자문서등에 대한 인증의 절차와 그 밖에 필요한 사항은 법무부령으로 정한다.
제66조의11【기술의 개발 · 보급】 법무부장관은 지정공증인이 수행하는 전자문서등의 인증에 필요한 기술을 개발하고 보급하여야 한다.
제66조의12【인터넷 화상장치를 이용한 전자문서의 인증】 ① 제66조의5에 따른 전자문서의 인증은 지정공증인이 대통령령으로 정하는 바에 따라 동영상과 음성을 동시에 송수신하는 인터넷 화상장치를 이용하여 처리할 수 있다. 이 경우 지정공증인은 전자문서의 인증과 관련된 진행 상황 전부를 녹화하여야 한다.
② 제1항에 따라 지정공증인이 인터넷 화상장치를 이용하여 전자문서를 인증할 때에는 촉탁인이나 그 대리인에게 주민등록증이나 그 밖에 권한있는 기관이 발행한 사진이 첨부된 증명서를 전자적 방법으로 제출하게 하는 등 대통령령으로 정하는 바에 따라 본인확인 절차를 거쳐 촉탁인 또는 그 대리인이 맞다는 것을 증명하게 하여야 한다.
(2017.12.12 본조신설)

제6장 대리, 겸무 및 인계
(2009.2.6 본장개정)

제67조【공증직무 대리의 촉탁】 ① 공증인이 질병이나 그 밖의 부득이한 사유로 직무를 수행할 수 없으면 다른 공증인에게 대리를 촉탁할 수 있다.
② 공증인이 제1항에 따라 대리를 촉탁하였을 때에는 지체 없이 그 사유를 소속 지방검찰청검사장에게 신고하여야 한다. 대리를 해임하였을 때에도 또한 같다.
제68조【공증직무의 대리명령】 ① 제67조제1항의 경우에 공증인이 대리를 촉탁할 수 없을 때에는 소속 지방검찰청검사장은 그 관할 구역의 다른 공증인에게 대리를 명할 수 있다.
② 공증인이 그 직무를 수행할 수 있게 되었을 때에는 소속 지방검찰청검사장은 제1항의 명령을 철회하여야 한다.
제69조【대리공증인의 사무소】 ① 대리공증인이 제67조 및 제68조에 따라 그 직무를 수행하는 사무소는 피대리공증인(被代理公證人)의 사무소로 본다.
② 대리공증인이 직무상 서명할 때에는 피대리공증인의 성명, 소속, 사무소 소재지와 그의 대리공증인이라는 사실을 적어야 한다.
③ 대리공증인에 관하여는 제21조를 적용한다.
제70조【사무소 서류의 봉인】 공증인의 사망, 면직 또는 사임으로 인하여 필요하다고 인정할 때에는 소속 지방검찰청검사장은 그가 지정한 공무원에게 지체 없이 사무소의 서류를 봉인(封印)하게 하여야 한다.
제71조【겸무명령】 ① 공증인이 사망, 면직 또는 사임한 후 즉시 후임자가 임명되지 아니한 경우에는 소속 지방검찰청검사장은 그 관할 구역의 다른 공증인에게 겸무(兼務)를 명할 수 있다.
② 후임자가 그 직무를 수행할 수 있게 되었을 때에는 소속 지방검찰청검사장은 제1항의 명령을 철회하여야 한다.
제72조【서류의 접수】 ① 공증인이 면직 또는 사임한 경우에는 후임자나 겸무자는 전임자의 참여 아래 지체 없이 서류를 접수하여야 한다.
② 전임자가 사망이나 그 밖의 사유로 참여할 수 없는 경우에는 후임자 또는 겸무자는 소속 지방검찰청검사장이 지정하는 공무원의 참여 아래 서류를 인수하여야 한다.
③ 제70조에 따른 서류의 봉인 후에 임명된 후임자나 겸무자는 소속 지방검찰청검사장이 지정한 공무원의 참여 아래 봉인을 풀고 서류를 인수하여야 한다.
제73조【겸무자 서류 인도 시의 준용】 겸무자가 서류를 다시 다른 공증인에게 인도하는 경우에는 제72조를 준용한다.
제74조【겸무자 또는 후임자라는 사실의 기재】 ① 겸무자가 직무상 서명하는 경우에는 겸무자라는 사실을 적어야 한다.
② 전임자나 겸무자가 작성한 증서에 의하여 후임자가 정본이나 등본을 작성하고 이에 서명할 때에는 후임자라는 사실을 적어야 한다.
제75조【서류의 인계명령】 ① 공증인이 사망, 면직 또는 사임한 경우에 정원이 변경되었거나 그 밖의 사유로 후임자가 필요하지 아니하게 된 경우에는 법무부장관은 공증인이 소속한 지방검찰청 관할 구역의 다른 공증인에게 서류의 인계(引繼)를 명하여야 한다.
② 제1항에 따라 서류의 인계를 명령받은 공증인에 관하여는 제72조 및 제74조제2항을 준용한다.
제76조【공증인의 정직에 관한 준용】 ① 공증인의 정직(停職)에 관하여는 제70조, 제71조, 제72조제3항 및 제74조제1항을 준용한다.
② 제1항의 경우에 겸무자의 사무소는 정직자의 사무소로 본다.
제77조【검사 등의 공증인 직무 수행 시의 준용】 검사나 등기소장이 제8조에 따라 공증인의 직무를 수행하는 경우에는 제72조 및 제73조를 준용한다.

제6장의2 대한공증인협회
(2009.2.6 본장제목개정)

제77조의2【목적과 설립】 ① 적절하고 통일된 공증업무를 위한 지도 · 감독을 수행하고, 공증제도의 개선과 발전을 도모하며, 공증인의 품위를 향상시키기 위하여 대한공증인협회를 둔다.
② 대한공증인협회는 법인으로 한다.
③ 대한공증인협회는 다음 각 호의 사항을 포함하는 회칙을 정하여 법무부장관의 인가를 받아 설립한다. 회칙을 변경하려는 경우에도 또한 같다.
1. 명칭과 사무소의 소재지
2. 회원의 가입과 탈퇴에 관한 사항
3. 총회, 이사회, 그 밖의 기관의 구성 · 권한 및 회의에 관한 사항
4. 임원의 구성 · 수 · 임면 · 임기 및 직무에 관한 사항
(2017.12.12 본호개정)

5. 회원의 권리와 의무에 관한 사항
6. 회원의 지도와 감독에 관한 사항
7. 자산과 회계에 관한 사항
(2009.2.6 본조개정)

제77조의3【입회의무】 ① 공증인은 대한공증인협회의 회원으로 가입하여야 한다.
② 인가공증인은 공증담당변호사 중에서 대표자 1명을 선정하여 대한공증인협회 회원으로서의 권리를 행사하고 의무를 수행한다.
③ 인가공증인의 공증담당변호사는 대한공증인협회의 준회원이 된다.
(2009.2.6 본조신설)

제77조의4【임원】 ① 대한공증인협회에는 다음 각 호의 임원을 둔다.
1. 협회장
2. 부협회장
3. 상임이사
4. 이사
5. 감사
(2017.12.12 1호~5호개정)
② 임원은 총회에서 선임한다.
(2009.2.6 본조신설)

제77조의5【총회】 ① 대한공증인협회에 총회를 둔다.
② 총회는 회원으로 구성한다.(2017.12.12 본항개정)
③ 다음 각 호의 사항은 총회의 결의를 거쳐야 한다.
1. 회칙의 개정, 규칙의 제정과 개정
2. 임원의 선출과 해임(2017.12.12 본호개정)
3. 예산과 결산
4. 그 밖에 회칙에서 정하는 사항
(2009.2.6 본조신설)

제77조의6【이사회】 ① 대한공증인협회에 회칙의 규정에 따라 이사회를 둔다.
② 이사회는 대한공증인협회 업무에 관한 중요 사항을 결의한다.
(2017.12.12 본조개정)

제77조의7【자문과 건의】 대한공증인협회는 공공기관의 자문에 답하고, 공증사무와 관련된 개선사항을 공공기관에 건의할 수 있다.(2009.2.6 본조신설)

제77조의8【회원 연수 등】 ① 대한공증인협회는 공증인의 윤리의식을 함양하고 전문성과 직무수행 능력을 향상시키기 위하여 회원(준회원을 포함한다) 및 제23조제1항에 따른 보조자를 상대로 연수교육을 하여야 한다.
② 연수교육의 시간, 방식, 절차와 그 밖에 필요한 사항은 대한공증인협회가 정한다.
③ 대한공증인협회의 장은 매년 1월 말일까지 전년도에 실시한 연수교육 상황과 실적을 법무부장관에게 보고하여야 한다.
(2009.2.6 본조신설)

제77조의9【공증 서류의 통합보관】 ① 대한공증인협회는 법무부장관의 허가를 받아 공증인을 대신하여 제24조제1항 각 호에 따른 서류 등과 제66조의8제1항·제2항에 따른 정보, 전자문서등을 통합보관할 수 있는 시설을 설치·운영할 수 있다. 이 경우 그 시설 기준 및 허가 절차 등에 관하여는 법무부령으로 정한다.
② 제1항에 따라 대한공증인협회가 통합보관하는 서류등, 정보 및 전자문서등은 공증인이 보존하거나 보관하는 것으로 본다.
③ 법무부장관은 대한공증인협회가 제1항에 따른 시설을 갖추지 못하는 경우 그 허가를 취소할 수 있다. 이 경우 청문을 거쳐야 한다.
④ 제1항에 따른 통합보관의 절차, 비용 및 그 밖에 필요한 사항은 대한공증인협회가 정한다.
(2009.2.6 본조신설)

제77조의10【감독】 ① 대한공증인협회는 법무부장관의 감독을 받는다.
② 대한공증인협회는 총회의 결의내용을 지체 없이 법무부장관에게 보고하여야 한다.
③ 법무부장관은 제2항의 결의내용이 법령을 위반한다고 인정하면 취소할 수 있다.
(2009.2.6 본조신설)

제77조의11【위임규정】 대한공증인협회의 조직·운영 등에 관하여 그 밖에 필요한 사항은 대통령령으로 정한다.(2009.2.6 본조신설)

제7장 감독과 징계
(2009.2.6 본장개정)

제78조【감독기관】 ① 공증인은 법무부장관이 감독한다.
② 법무부장관은 공증인에 대한 감독권의 일부를 지방검찰청검사장에게 위임하거나 대한공증인협회에게 위탁할 수 있다.

제79조【감독권의 내용】 제78조제1항의 감독권은 다음 각 호의 사항을 포함한다.
1. 공증인의 부적절한 직무수행에 관하여 주의를 촉구하거나 적절하게 직무를 취급하도록 지시하는 것
2. 직무 내외를 불문하고 공증인의 지위에 적합하지 아니한 사항이 있는 경우에는 이에 관하여 경고하는 것. 이 경우 경고하기 전에 그 공증인에게 변명의 기회를 주어야 한다.

제80조【서류의 검열】 법무부장관은 소속 직원에게 공증인이 보존하거나 보관하는 서류 등을 검열하게 할 수 있다.

제81조【이의 신청】 ① 촉탁인이나 이해관계인은 공증인의 사무 취급에 관하여 소속 지방검찰청검사장에게 이의를 신청할 수 있다.
② 제1항의 이의에 대한 지방검찰청검사장의 처분에 관하여는 다시 법무부장관에게 이의를 신청할 수 있다.
③ 제1항 및 제2항에 따른 이의 신청 및 처리 절차 등에 관한 사항은 법무부령으로 정한다.

제82조【징계사유 및 보고】 ① 법무부장관은 공증인이 다음 각 호의 어느 하나에 해당하면 제85조에 따른 공증인징계위원회에 징계의결을 요구하여야 한다.
1. 이 법 및 이 법에 따른 명령을 위반한 경우
2. 감독권자의 직무상 명령 또는 그 밖의 직무상 의무를 위반하거나 품위를 손상하는 행위를 한 경우
3. 대한공증인협회의 회칙을 위반한 경우
② 지방검찰청검사장 및 대한공증인협회의 장은 공증인에게 징계사유가 있다고 인정되면 지체 없이 법무부장관에게 보고하여야 한다.
③ 제1항에 따른 징계의결 요구는 징계사유가 발생한 날부터 3년이 지나면 하지 못한다.

제83조【징계의 종류】 공증인에 대한 징계의 종류는 다음 각 호와 같다.
1. 해임(인가공증인의 경우에는 인가취소)
2. 1년 이하의 정직
3. 1천만원 이하의 과태료
4. 견책

제84조【징계기관】 공증인에 대한 징계는 제85조에 따른 공증인징계위원회의 의결에 따라 법무부장관이 한다.

제84조의2【인가공증인에 대한 징계】 인가공증인의 공증담당변호사에게 징계 사유가 있는 경우에는 해당 공증담당변호사 뿐만 아니라 인가공증인도 징계할 수 있다. 다만, 인가공증인이 그 위반행위를 방지하기 위하여 해당 업무에 관하여 상당한 주의와 감독을 게을리하지 아니한 경우에는 그러하지 아니하다.(2009.2.6 본조신설)

제85조【징계위원회】 ① 공증인에 대한 징계사건을 심의·의결하기 위하여 법무부에 공증인징계위원회(이하 "징계위원회"라 한다)를 둔다.
② 징계위원회는 위원장 1명과 위원 6명으로 구성하며, 위원이 부득이한 사유로 직무를 수행할 수 없을 때에는 그 직무를 대행하게 하기 위하여 예비위원 6명을 둔다.
③ 위원장은 법무부차관이 된다.
④ 위원 및 예비위원은 다음 각 호의 사람이 되며, 임기는 2년으로 한다.
1. 법무부의 실장·국장 또는 검사 중에서 법무부장관이 지명하는 3명
2. 공증인, 법학교수 및 학식과 경험이 풍부한 사람 중에서 법무부장관이 위촉하는 사람 각 1명
⑤ 위원장은 징계위원회의 업무를 총괄하고 회의를 소집하며 그 의장이 된다.
⑥ 위원장이 부득이한 사유로 직무를 수행할 수 없을 때에는 위원장이 지정하는 위원이 그 직무를 대행하고, 위원이 부득이한 사유로 직무를 수행할 수 없을 때에는 위원장이 지정하는 예비위원이 그 직무를 대행한다.
⑦ 법무부장관은 제4항제1호 또는 제2호에 따른 위원이 다음 각 호의 어느 하나에 해당하는 경우에는 해당 위원을 지명철회 또는 해촉(解囑)할 수 있다.
1. 심신장애로 인하여 직무를 수행할 수 없게 된 경우
2. 직무와 관련된 비위사실이 있는 경우
3. 직무 태만, 품위 손상, 그 밖의 사유로 인하여 위원의 직을 유지하는 것이 적합하지 아니하다고 인정되는 경우
(2017.12.12 본항신설)
⑧ 징계위원회의 위원 중 공무원이 아닌 사람은 「형법」 제129조부터 제132조까지의 규정을 적용할 때에는 공무원으로 본다.(2017.12.12 본항신설)

제85조의2【징계혐의자의 출석·진술권 등】 ① 위원장은 징계심의기일을 정하고 징계혐의자에게 출석을 명할 수 있다.
② 징계혐의자는 징계심의기일에 출석하여 말 또는 서면으로 자기에게 유리한 사실을 진술하거나 필요한 증거를 제출할 수 있다.
③ 징계위원회는 징계심의기일에 심의를 시작하고 징계혐의자에 대하여 징계사유가 되는 사실과 그 밖에 필요한 사실에 대하여 심문할 수 있다.
④ 징계혐의자는 변호사 또는 변호사에 준하는 학식과 경험이 있는 사람을 특별변호인으로 선임하여 징계사건에 대한 진술과 증거제출을 하게 할 수 있다.
⑤ 징계위원회는 직권으로 또는 징계혐의자나 특별변호인의 청구를 받아 감정을 명하거나 증인을 심문할 수 있으며 관계 행정기관이나 그 밖의 기관에 대하여 사실 조회 또는 서류의 제출을 요청할 수 있다.
⑥ 징계위원회는 징계혐의자가 위원장의 출석명령을 받고 징계심의기일에 출석하지 아니할 경우에는 서면으로 심의할 수 있다.
⑦ 위원장은 출석한 징계혐의자나 선임된 특별변호인에게 징계사건에 대한 최종 의견을 진술할 기회를 주어야 한다.
(2009.2.6 본조신설)

제85조의3【제척 사유】 위원장과 위원은 자기 또는 자기의 친족이나 친족이었던 사람에 대한 징계사건의 심의에 관여하지 못한다.(2009.2.6 본조신설)

제85조의4【징계의결】 징계위원회는 징계사건의 심의를 마치면 재적위원 과반수의 찬성으로 징계를 의결한다.
(2009.2.6 본조신설)

제85조의5【과태료의 집행】 ① 제83조제3호에 따른 과태료를 내지 아니할 때에는 검사의 명령으로 집행한다.
② 제1항의 집행에 관하여는 「비송사건절차법」 제249조를 준용한다.
③ 공증인이 낸 신원보증금은 제19조제3항의 경우 외에는 다른 공과금 및 채권보다 우선하여 과태료에 충당한다.
(2009.2.6 본조신설)

제85조의6【위임규정】 징계위원회의 운영이나 그 밖에 징계에 필요한 사항은 대통령령으로 정한다.
(2009.2.6 본조신설)

제85조의7【「형사소송법」 등의 준용】 서류의 송달, 기일의 지정이나 변경 및 증인·감정인의 선서와 급여에 관한 사항에 대하여는 「형사소송법」과 「형사소송비용 등에 관한 법률」을 준용한다.(2009.2.6 본조신설)

제86조【직무정지】 ① 공증인이 구속되거나 구류의 형을 받으면 석방될 때까지 그 직무가 정지된다.
② 법무부장관은 제84조에 따른 징계절차가 개시된 공증인에 대하여 징계결정의 결과 정직 또는 해임(인가공증인의 경우 인가취소)에 이르게 될 가능성이 매우 크고 그대로 두면 공정하고 적절한 공증사무의 수행이 곤란하다고 인정되면 징계절차가 끝날 때까지 공증인의 직무를 정지시킬 수 있다.
③ 징계위원회는 제2항에 따라 직무가 정지된 날부터 3개월 내에 해당 공증인에 대하여 징계에 관한 의결을 하여야 한다. 다만, 징계위원회의 결정으로 3개월의 범위에서 그 기간을 연장할 수 있다.
④ 공증인의 직무정지에 관하여는 공증인의 정직에 관한 규정을 준용한다.

제86조의2【직무정지의 해제】 법무부장관은 직무정지 기간 중인 공증인에 대하여 그 징계 절차의 진행 상황에 비추어 정직 또는 해임(인가공증인의 경우에는 인가취소)에 이르게 될 가능성이 크지 아니하고, 공정하고 적절한 공증사무 수행이 곤란하다고 인정할 사유가 없어졌다고 인정할 만한 상당한 이유가 있으면 직권으로 그 직무정지를 해제할 수 있다.(2009.2.6 본조신설)

제86조의3【직무정지 기간의 합산】 직무정지명령을 받은 공증인이 해당 징계사건에서 정직 처분을 받으면 직무정지 기간은 그 전부 또는 일부를 정직 기간에 포함한다.
(2009.2.6 본조신설)

제8장 벌 칙
(2009.2.6 본장제목삽입)

제86조의4【벌칙】 ① 공증사무에 관하여 다음 각 호의 어느 하나에 해당하는 행위를 한 자는 5년 이하의 징역 또는 3천만원 이하의 벌금에 처한다. 이 경우 벌금과 징역은 병과할 수 있다.
1. 사전에 금품·향응 또는 그 밖의 이익을 받거나 받기로 약속하고 당사자 또는 그 밖의 관계인을 특정한 공증인이나 제23조제1항에 따른 공증인의 보조자(이하 이 조에서 "공증보조자"라 한다)에게 소개·알선 또는 유인하는 행위
2. 당사자 또는 그 밖의 관계인을 특정한 공증인이나 공증보조자에게 소개·알선 또는 유인한 후 그 대가로 금품·향응 또는 그 밖의 이익을 받거나 요구하는 행위
② 공증인이나 공증보조자가 공증사무에 관하여 다음 각 호의 어느 하나에 해당하는 행위를 한 경우 5년 이하의 징역 또는 3천만원 이하의 벌금에 처한다. 이 경우 벌금과 징역은 병과할 수 있다.
1. 소개·알선 또는 유인의 대가로 금품·향응 또는 그 밖의 이익을 제공하거나 제공하기로 약속하는 행위
2. 제1항 각 호의 어느 하나에 해당하는 행위를 한 자로부터 공증사무를 알선받거나 이러한 자에게 자기의 명의를 이용하게 하는 행위
(2017.12.12 본조신설)

제87조【벌칙】 공증인이 아니면서 공증인의 표시 또는 기재를 하거나 이익을 얻을 목적으로 공증사무를 취급한다는 표시 또는 기재를 한 자는 3년 이하의 징역 또는 2천만원 이하의 벌금에 처한다. 이 경우 징역과 벌금은 병과(倂科)할 수 있다.(2009.2.6 본조개정)

제88조【벌칙】 임명공증인 또는 인가공증인의 공증담당변호사가 제66조의2제2항을 위반한 경우에는 500만원 이하의 벌금에 처한다.(2009.2.6 본조개정)

제89조【양벌규정】 인가공증인의 공증담당변호사가 그 인가공증인의 업무에 관하여 제88조의 위반행위를 하면 그 공증담당변호사를 벌하는 외에 그 인가공증인에게도 해당 조문의 벌금형을 과(科)한다. 다만, 인가공증인이 그 위반행위를 방지하기 위하여 해당 업무에 관하여 상당한 주의와 감독을 게을리하지 아니한 경우에는 그러하지 아니하다.(2009.2.6 본조신설)

제90조【과태료】 ① 제57조의2제1항 또는 제66조의5제2항에 따라 선서를 할 때 사서증서 또는 전자문서의 내용이 거짓이라는 것을 알면서 선서한 사람에게는 300만원

이하의 과태료를 부과한다.
② 제1항에 따른 과태료는 해당 공증인이 소속된 지방검찰청의 검사장이 부과·징수한다.
③ 제1항에도 불구하고 그 위반자가 자신 또는 제3자에 대한 재판에서 자신의 사서증서 또는 전자문서에 적힌 거짓 내용을 정정하는 진술을 한 경우에는 과태료를 감경하거나 면제한다.
(2013.5.28 본조신설)

부 칙 (2009.2.6)

제1조【시행일】 이 법은 공포 후 1년이 경과한 날부터 시행한다. 다만, 제66조의3부터 제66조의11까지의 개정규정은 공포 후 1년 6개월이 경과한 날부터 시행하고, 제15조제3항·제4항 및 제15조의4제3항·제4항의 개정규정 중 정년에 관한 부분은 공포 후 3년이 경과한 날부터 시행한다.
제2조【임명공증인에 대한 경과조치】 이 법 시행 당시 법무부장관으로부터 임명을 받아 공증사무를 수행하고 있는 공증인은 제12조의 개정규정에도 불구하고 이 법에 따른 임명을 받은 것으로 본다.
제3조【법무법인등 및 공증인가합동법률사무소에 대한 경과조치】 ① 이 법 시행 당시 법무부장관으로부터 종전의 제17조제1항에 따라 공증사무소 설치인가를 받아 공증사무를 수행하고 있는 법무법인등과 공증인가합동법률사무소(이하 "기존 공증사무소"라 한다)는 이 법에 따른 인가공증인으로 보고, 종전의 제20조제1항에 따라 서명과 직인의 인영을 신고하고 기존 공증사무소에서 공증인의 직무를 수행하고 있는 변호사는 제15조의4제1항의 개정규정에도 불구하고 이 법에 따른 공증담당변호사로 보아, 각각 인가공증인 및 공증담당변호사에 관한 이 법의 규정을 적용한다. 다만, 제15조의8제1항의 개정규정에 따른 인가기간은 이 법 시행일부터 기산한다.
② 기존 공증사무소는 이 법 시행일부터 3개월 이내에 제15조의3제1항의 개정규정에 따라 공증담당변호사의 신고를 마쳐야 한다.
제3조의2【정년에 관한 특례】 임명공증인 및 공증담당변호사의 정년은 제15조제3항 및 제15조의4제3항의 개정규정에도 불구하고 2017년 12월 31일까지는 80세로 한다. (2012.1.17 본조신설)
제4조【공증인의 직무교육에 관한 특례】 이 법 시행 당시 법무부장관으로부터 임명을 받아 공증사무를 수행하고 있는 공증인과 기존 공증사무소에서 공증인의 직무를 행하는 변호사로서 종전 제20조제1항에 따라 서명과 직인의 인영을 신고한 사람에 대하여는 제15조의10의 개정규정을 적용하지 아니한다.
제5조【공증인 보조자의 신고에 관한 특례】 이 법 시행 당시 종전의 규정에 따라 소속 지방검찰청검사장에게 신고된 공증인 보조자는 제23조의 개정규정에 따라 대한공증인협회에 신고된 것으로 본다.
제6조【대한공증인협회에 대한 경과조치】 ① 이 법 시행 당시 종전의 규정에 따라 설립된 공증협회는 이 법에 따른 대한공증인협회로 본다.
② 제1항의 공증협회는 이 법 시행일부터 6개월 이내에 이 법에 따른 회칙과 조직을 갖추어 법무부장관에게 보고하여야 한다.
제7조【다른 법령과의 관계】 이 법 시행 당시 다른 법령에서 종전의 「공증인법」 또는 그 규정을 인용한 경우 이 법 중 그에 해당하는 규정이 있는 경우에는 종전의 규정을 갈음하여 이 법 또는 이 법의 해당 규정을 인용한 것으로 본다.
제8조【다른 법률의 개정】 ①~② ※(해당 법령에 가제정리 하였음)

부 칙 (2013.5.28)

제1조【시행일】 이 법은 공포 후 6개월이 경과한 날부터 시행한다.
제2조【선서인증의 방식 및 과태료 부과에 관한 적용례】 제57조의2제4항부터 제6항까지 및 제90조의 개정규정은 이 법 시행 후 제57조의2의 개정규정에 따라 선서인증을 하는 경우부터 적용한다.

부 칙 (2017.12.12)

제1조【시행일】 이 법은 공포한 날부터 시행한다. 다만, 제66조의5제2항, 제66조의6제2항 및 제66조의12의 개정규정은 공포한 날부터 1년을 넘지 아니하는 범위에서 대통령령으로 정하는 날부터 시행한다.
제2조【금치산자 등에 대한 경과조치】 제13조제1호 및 제33조제3항제1호의2의 개정규정에 따른 피성년후견인 및 피한정후견인에는 법률 제10429호 민법 일부개정법률 부칙 제2조에 따라 금치산 또는 한정치산 선고의 효력이 유지되는 사람이 포함되는 것으로 본다.
제3조【대한공증인협회 회칙 변경에 관한 경과조치】 대한공증인협회는 이 법 시행 이후 2개월 이내에 제77조의2제3항제4호의 개정규정에 따라 대한공증인협회의 회칙을 변경하여 법무부장관의 인가를 받아야 한다.

공증인 수수료 규칙

(1969년 7월 21일 전개법무부령 제138호)

개정
1971. 2.12법무부령172호　1974. 8.26법무부령188호
1979. 6.15법무부령211호　1985. 8. 1법무부령275호
1986.12.24법무부령292호　1991.10. 7법무부령356호
1993. 2.24법무부령366호　1996.12.31법무부령435호
2006.12.14법무부령604호　2010. 2. 5법무부령693호

제1조【목적】 이 규칙은 공증인법 제7조제5항에 의하여 공증인의 수수료·일당, 여비 및 실비에 관한 사항을 규정함을 목적으로 한다.(2010.2.5 본조개정)
제2조【법률행위에 관한 증서 등의 작성에 대한 수수료】 법률행위에 관한 증서에 대한 수수료와 「공증인법」(이하 "법"이라 한다) 제56조의2에 의하여 어음 및 수표에 강제집행할 뜻을 기재하는 증서의 작성에 대한 수수료는 이 규칙에 다른 규정이 있는 경우를 제외하고는 다음의 구별에 따른다.

법률행위의 목적 또는 어음 및 수표의 가액	수 수 료
200만원까지	1만1천원
500만원까지	2만2천원
1천만원까지	3만3천원
1천500만원까지	4만4천원
1천500만원초과시	초과액의 2천분의 3을 더하되, 300만원을 초과하지 못함

(2010.2.5 본조개정)
제3조【법률행위에 관한 증서의 장수 등】 ① 법률행위에 관한 증서작성의 수수료는 증서의 장수가 4장을 초과할 때에는 그 초과하는 1장마다 500원을 더한다.
② 제1항의 장수는 1행 20자 24행을 1장으로 한다. 다만, 1장에 미달한 것은 이를 1장으로 본다.
(2010.2.5 본조개정)
제4조【가액결정의 표준시】 법률행위의 목적의 가액은 증서작성에 착수한 때의 가액에 의한다.
제5조【당사자 쌍방의 촉탁의 경우】 당사자 쌍방의 촉탁에 의하여 증서를 작성하는 경우에 있어서는 법률행위의 목적의 가액은 각 급부의 가액을 합산한 액에 의하되, 그 수수료는 당사자 쌍방이 분담한다.(1971.2.12 본조개정)
제6조【당사자 일방의 촉탁의 경우】 당사자 일방의 촉탁에 의하여 증서를 작성하는 경우에는 촉탁인이 급부할 가액을 법률행위의 목적의 가액으로 한다. 다만, 상대방의 급부가 금전을 목적으로 하는 것인 경우에는 그 액에 의한다.
제7조【주된 법률행위와 부수된 법률행위】 주된 법률행위와 함께 이에 부수된 법률행위에 관한 증서를 작성하는 경우에는 주된 법률행위에 의하여 수수료를 산정한다.
제8조【채권담보물의 가액 등】 채권의 담보에 관한 증서를 작성하는 경우에는 그 담보목적물의 가액과 채권액 중 적은 가액을 법률행위의 목적의 가액으로 한다.
(2010.2.5 본조개정)
제9조【지역권 설정의 가액】 지역권의 설정을 목적으로 하는 법률행위에 관한 증서를 작성하는 경우 지역권 설정으로 인한 요역지의 가격 증가액과 승역지의 가격 감소액 중 많은 가액을 법률행위의 목적의 가액으로 한다.
(2010.2.5 본조개정)
제10조【정기에 지급할 채권의 가액】 ① 정기에 지급할 채권의 가액은 전기간에 지급할 총액에 의한다. 다만, 그 가액은 동산의 임대차에 있어서는 1년, 부동산의 임대차 및 상공업의 수습을 목적으로 하지 아니한 고용계약에 있어서는 5년, 기타의 경우에 있어서는 10년분의 급부의 가액을 초과할 수 없다.
② 기간의 정함이 없는 정기에 지급할 채권의 가액은 제1항 단서에 규정한 기간 내에 지급할 총가액에 의한다.
(2010.2.5 본항개정)
③ 제1항 및 제2항의 경우에 있어서 상대방의 급부의 목적이 금전이 아닌 경우에는 그 가액은 정기에 지급할 채권의 가액과 동일한 것으로 본다.
제11조【당사자 일방의 가액의 산정불능의 경우】 당사자 일방의 급부의 가액을 산정할 수 없는 경우에는 그 급부는 상대방의 급부와 동일한 가액인 것으로 본다.
제12조【부대적 목적의 경우】 과실, 손해배상 및 비용이 법률행위에 부대되는 목적인 경우에는 그 가액은 이를 법률행위의 목적의 가액에 산입하지 아니한다.
(2010.2.5 본조개정)
제13조【목적가액의 산정불능의 경우】 법률행위의 목적의 가액을 산정할 수 없는 경우에는 그 가액은 2천만100원으로 본다. 다만, 그 최저가액이 2천만100원을 초과하거나 그 최고가액이 이에 미달한 것이 명백한 경우에는 그 최저가액 또는 최고가액으로써 법률행위의 목적의 가액으로 한다.(2006.12.14 본조개정)
제13조의2【집합건물의 소유와 관리에 관한 규약 등】 ① 「집합건물의 소유 및 관리에 관한 법률」(이하 "집합건물법"이라 한다) 제3조제3항, 제4조제2항, 제20조제4항, 제21조제2항의 규정에 의한 규약의 설정에 관한 증서작성의 수수료는 각각 다음의 구별에 따른다.

전유부분의 개수	수 수 료
10개까지의 부분 1개마다	4천400원
10개를 초과한 50개까지의 부분 1개마다	2천300원
50개를 초과한 100개까지의 부분 1개마다	1천700원
100개를 초과하는 부분 1개마다	1천100원

(2010.2.5 본항개정)
② 집합건물법 제51조제1항 및 제2항의 규정에 의한 규약의 설정에 관한 증서작성의 수수료는 각각 다음의 구별에 따른다.

단지내 건물의 동수	수 수 료
5동까지의 부분 1동마다	9천원
5동을 초과하는 부분 1동마다	4천원

(1996.12.31 본항개정)
③ 제1항 및 제2항에 규정하는 것을 제외한 집합건물법에 의하여 설정하는 규약에 관하여 증서를 작성하는 경우의 수수료는 제13조의 예에 의한다.
④ 제1항 내지 제3항에 기재된 규약의 변경에 관한 증서작성의 수수료는 그 설정에 관한 수수료와 같은 금액으로 한다. 다만, 규약의 설정에 관한 증서를 작성한 공증인이 그 규약의 변경에 관한 증서를 작성하는 경우 그 수수료는 규약의 설정에 관한 증서작성 수수료의 10분의 5의 금액(1만6천원 미만인 경우에는 1만6천원)으로 한다.
(2010.2.5 단서개정)
⑤ 제1항 내지 제3항에 기재한 규약의 폐지에 관한 증서작성의 수수료는 1만6천원으로 한다.(1996.12.31 본항개정)
(2010.2.5 본조제목개정)
(1991.10.7 본조개정)
제14조【승인증서 등의 작성】 다음 각 호의 사항에 관한 증서를 작성하는 경우의 수수료와 법 제35조의2의 부기수수료는 제2조의 구별에 의하여 각각 그 10분의 5로 한다.(2010.2.5 본문개정)
1. 승인허가 또는 동의
2. 당사자 쌍방이 이행하지 아니한 계약의 해제
(1986.12.24 본호개정)
3. 유언의 전부 또는 일부의 취소
4. 증서에 작성된 법률행위의 보충 또는 변경
(2010.2.5 본조제목개정)
제15조【사실에 관한 증서】 ① 법률행위가 아닌 사실에 관한 증서작성의 수수료는 이 규칙에 다른 규정이 있는 경우를 제외하고는 그 사실의 실험 및 증서의 작성에 소요된 1시간당 2만5천원으로 한다.
② 1시간을 초과하는 경우에는 그 초과된 1시간마다 제1항의 수수료에 5천원을 더한다. 다만, 1시간에 미달한 경우에는 이를 1시간으로 본다.
(2010.2.5 본조개정)
제16조【집회의 결의에 관한 증서】 제15조의 규정은 주주총회, 기타 집회의 결의에 관하여 증서를 작성하는 경우에 이를 준용한다.
제17조【관련된 사실에 관한 증서】 법률행위와 함께 이와 관련된 사실에 관하여 증서를 작성하는 경우의 수수료는 제15조의 예에 의한다. 다만, 그 액이 법률행위만에 관한 증서작성의 수수료의 액보다 적은 경우에는 그 중 많은 액에 의한다.(2010.2.5 단서개정)
제18조【여러 사실의 증서】 관련되지 아니한 여러 개의 사실에 관하여 증서를 작성하는 경우에는 그 수수료의 액은 각 사실에 관하여 이를 산정한다.(2010.2.5 본조개정)
제19조【위임장등】 ① 위임장, 수취서 또는 거절증서를 작성하는 경우에는 그 수수료는 1만원으로 한다.
(2010.2.5 본항개정)
② 제1항의 규정에 있어서 작성에 소요된 시간이 1시간을 초과하는 경우에는 초과하는 1시간마다 3천원을 더한다. 다만, 1시간에 미달한 경우에는 이를 1시간으로 본다.
(2010.2.5 단서개정)
③ 초청장을 작성하는 경우에는 그 수수료는 피초청인 5명까지 2만5천원으로 하고, 5명을 초과하는 경우에는 초과하는 1명마다 2천원을 더한다.(1996.12.31 본항신설)
제19조의2【주식회사의 설립경과 등 조사·보고】 상법 제298조제3항·제299조의2·제310조제3항 또는 제313조제2항의 규정에 의하여 주식회사의 설립에 관한 사항을 조사·보고하는 경우에는 그 수수료는 발행주식의 액면총액 5천만원까지는 100만원으로 하고, 5천만원을 초과하는 경우에는 그 초과액의 2천분의3을 더하되, 300만원을 초과하지 못한다.(2010.2.5 본조제목개정)
제20조【인증행위】 ① 인증의 수수료는 증서작성의 수수료의 10분의 5로 하되, 50만원을 초과하지 못한다.
② 법 제57조의2제1항의 인증의 경우에는 제1항의 수수료에 10분의 5를 더하되, 75만원을 초과하지 못한다.
(2010.2.5 본항신설)
③ 외국어로 적은 사서증서의 경우에는 제1항의 수수료의 2배로 하되, 100만원을 초과하지 못한다.(2010.2.5 본항신설)
④ 집합건물법 제39조에 규정된 의사록 및 같은 법 제41조에 규정된 서면에 의한 결의서의 인증수수료는 각각 1만2천원으로 한다.
(2010.2.5 본조개정)
제21조【상법상의 정관 등의 인증】 ① 상법의 규정에 의한 정관 인증의 수수료는 발행주식의 액면총액 5천만원까

지는 8만원으로 하고, 5천만원을 초과할 경우에는 그 초과액의 2천분의 1을 더하되 100만원을 초과하지 못한다.
② 법인의 등기절차에 첨부되는 의사록의 인증의 수수료는 3만원으로 한다.
(2010.2.5 본조제목개정)
제21조의2【위임장의 인증】 위임장 인증의 수수료는 3천원으로 한다.(2010.2.5 본조신설)
제22조【사서증서의 확정일자】 사서증서에 확정일자를 붙이는 경우에는 그 수수료는 1천원으로 한다.
(2010.2.5 단서삭제)
제23조【집행문 부여행위】 증서의 정본에 집행문을 붙이는 경우에는 그 수수료는 1만원으로 한다. 다만, 「민사집행법」 제57조에서 준용하는 같은 법 제30조제2항, 제31조제1항, 제35조제1항의 경우에는 1만원을 더한다.
(2010.2.5 단서개정)
제23조의2【우편에 의한 송달의 수수료】 ① 법 제7조제2항에 따른 통지 또는 송달에 필요한 실비는 「우편법」에 따른 우편요금으로 한다.
② 법 제56조의4에 따른 우편에 의한 송달의 수수료는 4천원으로 한다.
(2010.2.5 본조개정)
제24조【증서의 정본 등의 교부】 ① 증서의 정본 또는 등본이나 그 부속서류의 등본 및 정관 또는 그 부속서류의 등본의 교부에 관한 수수료는 1장에 500원으로 한다. 다만, 법 제54조제1항(법 제66조에서 준용하는 경우를 포함한다)의 경우에는 1장에 200원으로 한다.(2010.2.5 본항개정)
② 제3조제2항의 규정은 제1항의 경우에 이를 준용한다.
(2010.2.5 본조제목개정)
제25조【증서원본 등의 열람】 증서의 원본 및 그 부속서류 또는 정관 및 그 부속서류의 열람에 대한 수수료는 1회에 1천원으로 한다.(2010.2.5 본조제목개정)
제26조【수수료의 정함이 없는 사항】 수수료의 정함이 없는 사항에 대한 수수료는 그 사항에 가장 유사한 사항에 대한 수수료와 동일한 액으로 한다.
제27조【특수한 사정하에서의 직무집행】 공증인이 촉탁인의 청구에 따라 토요일, 공휴일 또는 야간에 직무를 집행하거나, 병상에서 직무를 집행한 경우의 수수료는 이 규칙에서 정한 수수료에 10분의 5를 더한 금액으로 한다.
(2010.2.5 본조개정)
제28조【공증업무중지 등의 경우】 공증인이 직무의 집행에 착수한 후 촉탁인의 청구에 의하여 이를 중지하거나, 촉탁인, 통역인 또는 참여인 등의 귀책사유로 인하여 이를 완결하지 못한 때에는 제15조의 예에 따라 수수료를 받는다. 다만, 수수료는 직무집행을 완결한 경우에 받을 수 있는 수수료액을 초과하지 못한다.(2010.2.5 본조개정)
제29조【일당, 여비 등】 공증인이 출장하여 직무를 행할 때에는 촉탁인은 수수료 외에 다음 각 호의 비용을 부담하여야 한다.(2010.2.5 본문개정)
1. 일당
  4시간 이내에는 5만원으로 하고, 4시간을 초과하는 경우에는 10만원으로 한다.
  (2010.2.5 본호개정)
2. 철도임 또는 선임
  1등 여객운임. 다만, 운임에 등급이 없는 경우에는 승차 또는 승선에 요하는 운임
3. 항공임 또는 자동차운임(2010.2.5 본문개정)
  실비액
4. 숙박비(2010.2.5 본문개정)
  실비액
(2010.2.5 본조제목개정)
(1971.2.12 본조개정)
제30조【수수료 등의 감액 불가】 공증인은 수수료, 일당, 여비 및 실비(이하 "수수료등"이라 한다)를 임의로 감액할 수 없다.(2010.2.5 본조개정)
제31조【촉탁인이 여러 사람인 경우】 동일한 사항에 관하여 여러 사람이 함께 촉탁하는 경우 수수료등은 각 촉탁인이 연대하여 지급하여야 한다.(2010.2.5 본조개정)
제32조【공증력 없는 문서작성의 수수료등】 공증인이 작성한 문서에 공증의 효력이 인정되지 아니하는 경우에는 공증인은 수수료등을 받을 수 없다. 다만, 공증인의 과실이 없는 경우에는 그러하지 아니하다.(2010.2.5 본조개정)
제33조【수수료등의 청구】 공증인은 촉탁받은 사항에 관하여 그 직무를 완결하지 아니하면 제28조에서 정한 경우를 제외하고는 수수료등의 지급을 청구할 수 없다.
(2010.2.5 본조개정)
제34조【수수료 등의 면제】 당사자 본인이 다음 각 호의 어느 하나에 해당하는 경우에는 수수료, 일당 및 여비의 지급을 면제한다.
1. 「국민기초생활 보장법」 제2조제2호에 따른 수급자
2. 「한부모가족지원법」 제5조에 따른 보호대상자
(2010.2.5 본조개정)
제35조【수수료등의 예납 등】 ① 공증인은 촉탁인으로 하여금 수수료등의 개략적 산정금액을 예납하게 할 수 있다.
② 제1항의 경우에 촉탁인은 예납에 갈음하여 수수료등의 개략적 산정금액을 공탁할 수 있다.
③ 공증인은 촉탁인이 제1항 및 제2항의 규정에 의하여 수수료등의 개략적 산정금액을 예납 또는 공탁하지 아니할 경우에는 그 촉탁을 거부할 수 있다.
(2010.2.5 본조개정)
제36조【계산서의 교부】 ① 공증인은 촉탁인이 수수료등을 지급한 때에는 계산서를 교부하여야 한다.
② 계산서에는 각 항목별로 이 규칙의 관계 규정을 인용하여 그 계산의 근거를 명백하게 적어야 한다.
(2010.2.5 본조개정)
제37조【수수료등의 미지급의 경우】 촉탁인이 수수료등을 지급하지 아니하는 경우에는 공증인은 촉탁받은 사항에 관한 증서의 정본·등본 및 집행문의 교부를 거절할 수 있다.(2010.2.5 본조개정)
제38조【특례】 법 제8조에 따라 검사 또는 등기소장이 공증사무를 대행하는 경우의 수수료, 일당 및 여비는 수입인지로 납부하게 할 수 있다.(2010.2.5 본조개정)

부 칙 (2010.2.5)

제1조【시행일】 이 규칙은 2010년 2월 7일부터 시행한다.
제2조【경과조치】 이 규칙 시행 전에 촉탁한 공증인의 직무에 관한 수수료등은 종전 규정에 따른다.

공증 서류의 보존에 관한 규칙

(1969년 7월 21일 전개법무부령 제140호)

개정
1984. 5. 9법무부령 260호
1992. 9.14법무부령 364호
1996. 8.29법무부령 431호
2004. 5.10법무부령 551호
2010. 2. 5법무부령 691호
2021. 2. 1법무부령1001호

제1조【목적】 이 규칙은 「공증인법」 제13조의2, 제15조의6, 제24조, 제75조 및 제77조의9제1항에 따른 공증사무소의 시설 기준, 서류의 보존 방법, 보존 장소, 보존 기간, 폐기, 서류인계의 기준, 서류 통합보관시설의 기준 및 허가 절차, 그 밖의 설비에 관하여 필요한 사항을 규정함을 목적으로 한다.(2010.2.5 본조개정)
제2조【정의】 이 규칙에서 서류란 「공증인법」(이하 "법"이라 한다) 제24조제1항 각 호에 따른 서류 등 및 같은 조 제2항에 따라 마이크로필름이나 그 밖의 전산정보처리조직(이하 "전산정보처리조직등"이라 한다)에 의하여 보존하는 서류 등을 말한다.(2010.2.5 본조개정)
제3조【서류의 보존 방법】 ① 증서의 원본, 사서증서의 인증서 사본, 정관 및 법인의사록은 표지를 붙이고 증서의 번호 또는 등부번호의 순서에 따라 각각 연철하여 두어야 한다.(2010.2.5 본항개정)
② 촉탁인 또는 그 대리인이 제출한 서류로서 증서의 원본에 연철할 수 없는 것은 표지를 붙이고 건명 및 접수일자와 증서의 번호 또는 등부번호를 기재하여 사건처리의 순서에 따라 연철하여 두어야 한다.
(2010.2.5 본조제목개정)
제3조의2【전산정보처리조직등에 의한 보존】 ① 법 제24조제2항에 따라 공증인이 전산정보처리조직등에 의하여 서류를 보존하는 경우에는 다음 각 호의 기준에 따라야 한다.
1. 전산정보처리조직등에 서류를 보존하기 위한 프로그램의 개발·변경 및 운영에 관한 기록을 보관하여야 하며, 보존의 경위 및 절차를 알 수 있도록 할 것
2. 법무부령으로 정하는 편철순서 등에 따라 보존할 것
3. 보존내용을 영상 또는 출력된 문서에 의하여 열람할 수 있도록 할 것
4. 전산정보처리조직등에 보존된 자료의 멸실·훼손·유출 등을 방지하기 위하여 필요한 조치를 강구할 것
② 제1항의 경우 법 제24조제1항에 따른 서류는 폐기하지 아니하고 이 규칙에 따라 보존하여야 한다. 다만, 법 제24조제2호 및 제4호에 따른 서류는 소속 지방검찰청검사장에게 신고하고 폐기할 수 있다.
(2010.2.5 본조신설)
제4조【서류의 보존 장소 등】 ① 법 제13조의2 및 제15조의6에 따라 공증인사무소에는 서류의 보존에 필요한 보관창고 및 견고한 서류함을 갖추어야 한다.(2010.2.5 본항개정)
② 서류는 제1항의 규정에 의한 보관창고 또는 견고한 서류함 안에 보존하여야 한다. 다만, 필요한 경우에는 법무부장관이 지정하는 은행 등의 장소에 보존할 수 있다.
③ 제1항의 규정에 의한 보관창고의 시설기준은 별표1과 같다.(2010.2.5 본항개정)
(2010.2.5 본조제목개정)
(2004.5.10 본조개정)
제4조의2【공증 서류 통합보관시설의 기준 및 허가 절차】 ① 법 제77조의2에 따른 대한공증인협회는 법 제77조의9제1항에 따라 공증 서류의 통합보관시설의 설치·운영 허가를 받으려는 경우에는 다음 각 호의 서류를 법무부장관에게 제출하여야 한다.
1. 통합보관시설 설치·운영계획서
2. 통합보관시설의 위치도
3. 통합보관시설의 구조도면
4. 통합보관시설의 현황
5. 통합보관시설을 설치·운영에 필요한 건물의 등기부등본 또는 임대차계약서 사본
② 법무부장관은 제1항에 따른 신청이 있는 경우 그 소속 공무원으로 하여금 현장조사 등 허가 여부 판단에 필요한 조사를 실시하게 할 수 있다.
③ 법 제77조의9제1항 후단에 따른 통합보관시설의 시설기준은 별표2와 같다.
(2010.2.5 본조신설)
제5조【서류의 보존 기간】 ① 공증인은 서류를 다음 각 호의 구분에 따른 기간동안 보존하여야 한다.
1. 증서원부 25년
2. 증서의 원본
  가. 채권에 관한 공정증서원본 10년
  나. 약속어음공정증서원본 10년
  다. 가목 및 나목 외의 재산권에 관한 공정증서 20년
3. 정관, 인증부 및 신탁표시부 20년
4. 확정일자부 15년
5. 사서증서의 인증서 사본 3년
6. 거절증서등본 및 송달관계서류 10년
7. 그 밖의 서류 3년
(2004.5.10 본항개정)
② 제1항의 서류의 보존 기간은 증서원부·인증부·신탁표지부·확정일자부 및 그 밖에 이에 준하는 장부에 대하여는 당해 장부에 최종의 기재를 한 다음해부터, 그 밖의 서류에 대하여는 그 서류를 작성한 다음해로부터 기산한다.(2010.2.5 본항개정)
③ 공증인은 보존기간이 만료된 후라도 특별한 사유가 있어 이를 보존하여야 할 필요가 있는 때에는 그 사유가 존속하는 동안 이를 보존하여야 한다.(2010.2.5 본항개정)
(2010.2.5 본조제목개정)
제6조【보존 기간이 만료된 서류의 폐기】 공증인은 보존 기간이 만료된 서류를 폐기하고자 하는 때에는 그 목록을 작성하여 소속 지방검찰청검사장에게 신고하여야 한다.(2010.2.5 본조개정)
제7조【서류 인계의 처리 기준】 ① 법 제75조에 따라 서류의 인계를 명하는 경우 법무부장관은 지리적 근접성, 공증인 임명 또는 인가의 시기, 사무소의 시설 현황, 공증업무 처리의 건수 등을 고려하여 인계받을 공증인을 선정하고, 필요한 경우 여럿의 공증인을 선정할 수 있다.
② 소속 지방검찰청 관할구역에 공증인이 있는 경우에는 사망, 면직 또는 사임한 공증인과 같은 특별자치도·시·군 또는 구(자치구로 한정한다. 이하 "같은 특별자치도·시·군 또는 구"라 한다)에 있는 공증인에게 서류를 인계한다. 다만, 같은 특별자치도·시·군 또는 구에 공증인이 없는 경우에는 소속 지방검찰청 관할구역의 다른 특별자치도·시·군 또는 구의 공증인에게 서류를 인계한다.
③ 제2항 단서의 경우 같은 특별자치도·시·군 또는 구에 공증인을 새로 임명하거나 인가한 경우에는 그 공증인에게 서류를 인계하고, 인계한 날부터 2년 내에 같은 특별자치도·시·군 또는 구에 공증인을 새로 임명하거나 인가한 경우에는 서류의 일부를 다시 인계할 수 있다.
④ 소속 지방검찰청 관할구역에 공증인이 없는 경우에는 해당 지방검찰청검사장이 서류를 인수한다.
⑤ 제4항의 경우 소속 지방검찰청 관할구역에 공증인을 새로 임명하거나 인가한 경우에는 그 공증인에게 서류를 인계하고, 인계한 날부터 2년 내에 같은 특별자치도·시·군 또는 구에 공증인을 새로 임명하거나 인가한 경우에는 인계한 서류의 일부를 다시 인계할 수 있다.
(2010.2.5 본조신설)

부 칙 (2021.2.1)

제1조【시행일】 이 규칙은 공포한 날부터 시행한다.
제2조【보관창고의 시설기준에 관한 경과조치】 이 규칙 시행 당시 별표1 제5호의 개정규정에 따른 시설기준을 충족하지 못한 보관창고는 이 규칙 시행일부터 3개월 이내에 별표1 제5호의 개정규정에 따른 시설기준을 충족해야 한다.

［별표］ ➡ 「法典 別册」 参조

사면법

(1948년 8월 30일
법 률 제2호)

개정
2007.12.21법 8721호　2011. 7.18법10862호
2012. 2.10법11301호
2016. 1. 6법13722호(군사법원)
2021. 9.24법18465호(군사법원)

제1조【목적】 이 법은 사면(赦免), 감형(減刑) 및 복권(復權)에 관한 사항을 규정한다.(2012.2.10 본조개정)

제2조【사면의 종류】 사면은 일반사면과 특별사면으로 구분한다.(2012.2.10 본조개정)

제3조【사면 등의 대상】 사면, 감형 및 복권의 대상은 다음 각 호와 같다.
1. 일반사면 : 죄를 범한 자
2. 특별사면 및 감형 : 형을 선고받은 자
3. 복권 : 형의 선고로 인하여 법령에 따른 자격이 상실되거나 정지된 자

(2012.2.10 본조개정)

제4조【사면규정의 준용】 행정법규 위반에 대한 범칙(犯則) 또는 과벌(科罰)의 면제와 징계법규에 따른 징계 또는 징벌의 면제에 관하여는 이 법의 사면에 관한 규정을 준용한다.(2012.2.10 본조개정)

제5조【사면 등의 효과】 ① 사면, 감형 및 복권의 효과는 다음 각 호와 같다.
1. 일반사면 : 형 선고의 효력이 상실되며, 형을 선고받지 아니한 자에 대하여는 공소권(公訴權)이 상실된다. 다만, 특별한 규정이 있을 때에는 예외로 한다.
2. 특별사면 : 형의 집행이 면제된다. 다만, 특별한 사정이 있을 때에는 이후 형 선고의 효력을 상실하게 할 수 있다.
3. 일반(一般)에 대한 감형 : 특별한 규정이 없는 경우에는 형을 변경한다.
4. 특정한 자에 대한 감형 : 형의 집행을 경감한다. 다만, 특별한 사정이 있을 때에는 형을 변경할 수 있다.
5. 복권 : 형 선고의 효력으로 인하여 상실되거나 정지된 자격을 회복한다.

② 형의 선고에 따른 기성(旣成)의 효과는 사면, 감형 및 복권으로 인하여 변경되지 아니한다.
(2012.2.10 본조개정)

판례 제1항제1호 소정의 '일반사면은 형의 언도의 효력이 상실된다'는 의미는 형법 제65조 소정의 '형의 선고는 효력을 잃는다'는 의미와 마찬가지로 단지 형의 선고의 법률적 효과가 없어진다는 것일 뿐 형의 선고가 있었다는 기왕의 사실 자체의 모든 효과까지 소멸한다는 뜻은 아니다.(대판 1995.12.22, 95도2446)

제6조【복권의 제한】 복권은 형의 집행이 끝나지 아니한 자 또는 집행이 면제되지 아니한 자에 대하여는 하지 아니한다.(2012.2.10 본조개정)

제7조【집행유예를 선고받은 자에 대한 사면 등】 형의 집행유예를 선고받은 자에 대하여는 형 선고의 효력을 상실하게 하는 특별사면 또는 형을 변경하는 감형을 하거나 그 유예기간을 단축할 수 있다.(2012.2.10 본조개정)

제8조【일반사면 등의 실시】 일반사면, 죄 또는 형의 종류를 정하여 하는 감형 및 일반에 대한 복권은 대통령령으로 한다. 이 경우 일반사면은 죄의 종류를 정하여 한다.
(2012.2.10 본조개정)

제9조【특별사면 등의 실시】 특별사면, 특정한 자에 대한 감형 및 복권은 대통령이 한다.(2012.2.10 본조개정)

제10조【특별사면 등의 상신】 ① 법무부장관은 대통령에게 특별사면, 특정한 자에 대한 감형 및 복권을 상신(上申)한다.

② 법무부장관은 제1항에 따라 특별사면, 특정한 자에 대한 감형 및 복권을 상신할 때에는 제10조의2에 따른 사면심사위원회의 심사를 거쳐야 한다.
(2007.12.21 본조개정)

제10조의2【사면심사위원회】 ① 제10조제1항에 따른 특별사면, 특정한 자에 대한 감형 및 복권 상신의 적정성을 심사하기 위하여 법무부장관 소속으로 사면심사위원회를 둔다.(2012.2.10 본항개정)

② 사면심사위원회는 위원장 1명을 포함한 9명의 위원으로 구성한다.(2012.2.10 본항개정)

③ 위원장은 법무부장관이 되고, 위원은 법무부장관이 임명하거나 위촉하되, 공무원이 아닌 위원을 4명 이상 위촉하여야 한다.(2012.2.10 본항개정)

④ 공무원이 아닌 위원의 임기는 2년으로 하며, 한 차례만 연임할 수 있다.(2012.2.10 본항개정)

⑤ 사면심사위원회의 심사과정 및 심사내용의 공개범위와 공개시기는 다음 각 호와 같다. 다만, 제2호 및 제3호의 내용 중 개인의 신상을 특정할 수 있는 부분은 삭제하고 공개하되, 국민의 알권리를 충족할 필요가 있는 등의 사유가 있는 경우에는 사면심사위원회가 달리 의결할 수 있다.
1. 위원의 명단과 경력사항은 임명 또는 위촉한 즉시
2. 심의서는 해당 특별사면 등을 행한 후부터 즉시
3. 회의록은 해당 특별사면 등을 행한 후 5년이 경과한 때부터

(2011.7.18 본항개정)

⑥ 위원은 사면심사위원회의 업무를 처리하면서 알게 된 비밀을 누설하여서는 아니 된다.(2012.2.10 본항개정)

⑦ 위원은 「형법」이나 그 밖의 법률에 따른 벌칙을 적용할 때에는 공무원으로 본다.(2012.2.10 본항개정)

⑧ 제1항부터 제7항까지에서 규정한 사항 외에 사면심사위원회에 관하여 필요한 사항은 법무부령으로 정한다.
(2012.2.10 본항개정)

제11조【특별사면 등 상신의 신청】 검찰총장은 직권으로 또는 형의 집행을 지휘한 검찰청 검사의 보고 또는 수형자가 수감되어 있는 교정시설의 장의 보고에 의하여 법무부장관에게 특별사면 또는 특정한 자에 대한 감형을 상신할 것을 신청할 수 있다.(2012.2.10 본조개정)

제12조【특별사면 등의 제청】 ① 형의 집행을 지휘한 검찰청의 검사와 수형자가 수감되어 있는 교정시설의 장이 특별사면 또는 특정한 자에 대한 감형을 제청하려는 경우에는 제14조에 따른 서류를 첨부하고 제청 사유를 기재한 보고서를 검찰총장에게 제출하여야 한다.

② 교정시설의 장이 제1항의 보고서를 제출하는 경우에는 형의 집행을 지휘한 검찰청의 검사를 거쳐야 한다.
(2012.2.10 본조개정)

제13조【검사의 의견 첨부】 검사가 제12조제2항의 서류를 접수하였을 때에는 제14조제3호에 따른 사항을 조사하여 그에 대한 의견을 첨부하여 검찰총장에게 송부하여야 한다.(2012.2.10 본조개정)

제14조【특별사면 등 상신 신청의 첨부서류】 특별사면 또는 특정한 자에 대한 감형의 상신을 신청하는 신청서에는 다음 각 호의 서류를 첨부하여야 한다.
1. 판결서의 등본 또는 초본
2. 형기(刑期) 계산서
3. 범죄의 정상(情狀), 사건 본인의 성행(性行), 수형 중의 태도, 장래의 생계, 그 밖에 참고가 될 사항에 관한 조사서류

(2012.2.10 본조개정)

제15조【복권 상신의 신청】 ① 검찰총장은 직권으로 또는 형의 집행을 지휘한 검찰청 검사의 보고 또는 사건 본인의 출원(出願)에 의하여 법무부장관에게 특정한 자에 대한 복권을 상신할 것을 신청할 수 있다.

② 제1항에 따른 상신의 신청은 형의 집행이 끝난 날 또는 집행이 면제된 날부터 3년이 지나지 아니하면 하지 못한다.
(2012.2.10 본조개정)

제16조【복권 상신 신청의 첨부서류】 복권의 상신을 신청하는 신청서에는 다음 각 호의 서류를 첨부하여야 한다.
1. 판결서의 등본 또는 초본
2. 형의 집행이 끝나거나 집행이 면제된 것을 증명하는 서류
3. 형의 집행이 끝난 후 또는 집행이 면제된 후의 사건 본인의 태도, 현재와 장래의 생계, 그 밖에 참고가 될 사항에 관한 조사서류
4. 사건 본인이 출원한 경우에는 그 출원서

(2012.2.10 본조개정)

제17조【특정한 자격에 대한 복권의 출원】 특정한 자격에 대한 복권을 출원하는 경우에는 회복하려는 자격의 종류를 분명히 밝혀야 한다.(2012.2.10 본조개정)

제18조【본인에 의한 복권의 출원】 복권을 사건 본인이 출원하는 경우에는 형의 집행을 지휘한 검찰청의 검사를 거쳐야 한다.(2012.2.10 본조개정)

제19조【검사의 의견 첨부】 검사가 제18조의 서류를 접수하였을 때에는 제16조제3호에 따른 사항을 조사하여 그에 대한 의견을 첨부하여 검찰총장에게 송부하여야 한다.
(2012.2.10 본조개정)

제20조【상신 신청의 기각】 ① 법무부장관은 특별사면, 특정한 자에 대한 감형 또는 복권 상신의 신청이 이유 없다고 인정할 때에는 그 사유를 검찰총장에게 통지한다.

② 검찰총장은 제1항에 따라 통지받은 사유를 관계 검찰청의 검사, 교정시설의 장 또는 사건 본인에게 통지하여야 한다.
(2012.2.10 본조개정)

제21조【사면장 등의 송부】 법무부장관은 대통령으로부터 특별사면, 특정한 자에 대한 감형 또는 복권의 명이 있을 때에는 검찰총장에게 사면장(赦免狀), 감형장 또는 복권장을 송부한다.(2012.2.10 본조개정)

제22조【사면장 등의 부여】 검찰총장은 사면장, 감형장 또는 복권장을 접수하였을 때에는 관계 검찰청의 검사를 거쳐 지체 없이 이를 사건 본인에게 내준다. 이 경우 사건 본인이 수감되어 있을 때에는 교정시설의 장을 거친다.
(2012.2.10 본조개정)

제23조【교정시설의 장 등에의 통지】 ① 검사는 집행정지 중 또는 가출소(假出所) 중에 있는 자에 대한 사면장, 감형장 또는 복권장을 접수하였을 때에는 그 사실을 사건 본인이 수감되어 있던 교정시설의 장과 감독 경찰관서에 통지하여야 한다.

② 검사는 집행유예 중에 있는 자가 특별사면 또는 감형되거나 복권된 경우에는 그 사실을 감독 경찰관서에 통지하여야 한다.
(2012.2.10 본조개정)

제24조【사면장 등 부여의 촉탁】 ① 사건 본인이 형의 집행을 지휘한 검찰청의 관할구역이 아닌 곳에 거주하는 경우에는 사면장, 감형장 또는 복권장의 부여를 그의 거주지를 관할하는 검찰청의 검사에게 촉탁(囑託)할 수 있다.

② 제1항의 경우에 제23조에 따른 통지는 촉탁받은 검찰청의 검사가 한다.
(2012.2.10 본조개정)

제25조【판결원본에의 부기 등】 ① 사면, 감형 또는 복권이 있을 때에는 형의 집행을 지휘한 검찰청의 검사는 판결원본에 그 사유를 덧붙여 적어야 한다.

② 특별사면, 특정한 자에 대한 감형 및 복권에 관한 서류는 소송기록에 철한다.
(2012.2.10 본조개정)

제26조【사면장 등 부여의 보고】 검사가 사면장, 감형장 또는 복권장을 사건 본인에게 내주었을 때에는 지체 없이 법무부장관에게 보고하여야 한다.
(2012.2.10 본조개정)

제27조【군사법원에서 형을 선고받은 자의 사면 등】 군사법원(「군사법원법」 제11조에 따라 군사법원에 재판권이 있는 사건을 심판하는 고등법원을 포함한다. 이하 이 조에서 같다)에서 형을 선고받은 자에 대하여는 이 법에 따른 법무부장관의 직무는 국방부장관이 수행하고, 검찰총장과 검사의 직무는 형을 선고한 군사법원에서 군검사의 직무를 수행한 군법무관이 수행한다.(2021.9.24 본조개정)

부 칙 (2021.9.24)

제1조【시행일】 이 법은 2022년 7월 1일부터 시행한다.
(이하 생략)

行政一般編

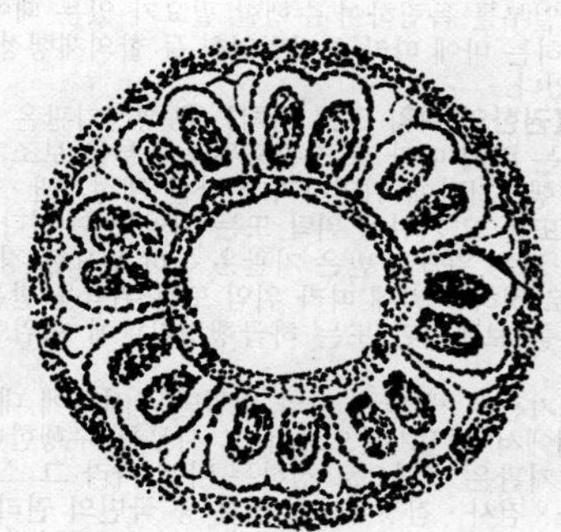

新羅 佛國寺 釋迦塔 金剛座(紋樣)

정부조직법

(2013년 3월 23일
전부개정법률 제11690호)

개정
2013.12.24법12114호 2014.11.19법12844호
2015.12.22법13593호
2017. 4.18법14804호(해양수산발전기본법)
2017. 7.26법14839호 2018. 6. 8법15624호
2020. 2. 4법16930호(개인정보보호법)
2020. 6. 9법17384호 2020. 8.11법17472호
2020.12.15법17646호(국가정보원법)
2020.12.29법17799호(독점)
2020.12.31법17814호 2021. 7. 8법18293호
2023. 3. 4법19228호 2023.12.26법19840호
2024. 1.26법20145호
2024년 1월 25일 제412회 국회 본회의 통과→「法典 別冊」 보유편 수록

제1장 총 칙

제1조【목적】 이 법은 국가행정사무의 체계적이고 능률적인 수행을 위하여 국가행정기관의 설치·조직과 직무범위의 대강을 정함을 목적으로 한다.

제2조【중앙행정기관의 설치와 조직 등】 ① 중앙행정기관의 설치와 직무범위는 법률로 정한다.
② 중앙행정기관은 이 법에 따라 설치된 부·처·청과 다음 각 호의 행정기관으로 하되, 중앙행정기관은 이 법 및 다음 각 호의 법률에 따르지 아니하고는 설치할 수 없다.
1. 「방송통신위원회의 설치 및 운영에 관한 법률」 제3조에 따른 방송통신위원회
2. 「독점규제 및 공정거래에 관한 법률」 제54조에 따른 공정거래위원회(2020.12.29 본호개정)
3. 「부패방지 및 국민권익위원회의 설치와 운영에 관한 법률」 제11조에 따른 국민권익위원회
4. 「금융위원회의 설치 등에 관한 법률」 제3조에 따른 금융위원회
5. 「개인정보 보호법」 제7조에 따른 개인정보 보호위원회(2020.8.11 본호신설)
6. 「원자력안전위원회의 설치 및 운영에 관한 법률」 제3조에 따른 원자력안전위원회
7. 「우주항공청의 설치 및 운영에 관한 특별법」 제6조에 따른 우주항공청(2024.1.26 본호신설)
8. 「신행정수도 후속대책을 위한 연기·공주지역 행정중심복합도시 건설을 위한 특별법」 제38조에 따른 행정중심복합도시건설청
9. 「새만금사업 추진 및 지원에 관한 특별법」 제34조에 따른 새만금개발청

(2020.6.9 본항개정)
③ 중앙행정기관의 보조기관은 이 법과 다른 법률에 특별한 규정이 있는 경우를 제외하고는 차관·차장·실장·국장 및 과장으로 한다. 다만, 실장·국장 및 과장의 명칭은 대통령령으로 정하는 바에 따라 본부장·단장·부장·팀장 등으로 달리 정할 수 있으며, 실장·국장 및 과장의 명칭을 달리 정한 보조기관은 이 법을 적용할 때 실장·국장 및 과장으로 본다.
④ 제3항에 따른 보조기관의 설치와 사무분장은 법률로 정한 것을 제외하고는 대통령령으로 정한다. 다만, 과의 설치와 사무분장은 총리령 또는 부령으로 정할 수 있다.
⑤ 행정각부에는 대통령령으로 정하는 특정 업무에 관하여 장관과 차관(제34조제3항 및 제38조제2항에 따라 행정안전부 및 산업통상자원부에 두는 본부장을 포함한다)을 직접 보좌하기 위하여 차관보를 둘 수 있으며, 중앙행정기관에는 그 기관의 장, 차관(제29조제2항·제34조제3항 및 제38조제2항에 따라 과학기술정보통신부·행정안전부 및 산업통상자원부에 두는 본부장을 포함한다)·차장·실장·국장 밑에 정책의 기획, 계획의 입안, 연구·조사, 심사·평가 및 홍보 등을 통하여 그를 보좌하는 보좌기관을 대통령령으로 정하는 바에 따라 둘 수 있다. 다만, 과에 상당하는 보좌기관은 총리령 또는 부령으로 정할 수 있다.(2023.3.4 본문개정)
⑥ 중앙행정기관의 보조기관 및 보좌기관은 이 법과 다른 법률에 특별한 규정이 있는 경우를 제외하고는 일반직공무원·특정직공무원(경찰공무원 및 교육공무원만 해당한다) 또는 별정직공무원으로 보(補)하되, 다음 각 호에 따른 중앙행정기관의 보조기관 및 보좌기관은 대통령령으로 정하는 바에 따라 다음 각 호의 구분에 따른 특정직공무원으로도 보할 수 있다. 다만, 별정직공무원으로 보하는 국장은 중앙행정기관마다 1명을 초과할 수 없다.
1. 외교부 및 재외동포청 : 외무공무원(2023.3.4 본호개정)
2. 법무부 : 검사
3. 국방부, 병무청 및 방위사업청 : 현역군인
4. 행정안전부의 안전·재난 업무 담당 : 소방공무원
5. 소방청 : 소방공무원

(2020.6.9 본항개정)
⑦ 제6항에 따라 중앙행정기관의 보조기관 또는 보좌기관을 보하는 경우 차관보·실장·국장 및 이에 상당하는 보좌기관은 고위공무원단에 속하는 공무원 또는 이에 상당하는 특정직공무원으로 보하고, 과장 및 이에 상당하는 보좌기관의 계급은 대통령령으로 정하는 바에 따른다.(2020.6.9 본항개정)
⑧ 제6항 및 제7항에 따라 일반직공무원 또는 특정직공무원으로 보하는 직위 중 그 소관업무의 성질상 전문성이 특히 필요하다고 인정되는 경우 중앙행정기관별로 100분의 20 범위에서 대통령령으로 정하는 직위는 근무기간을 정하여 임용하는 공무원으로도 보할 수 있다.(2013.12.24 본항개정)
⑨ 중앙행정기관이 아닌 행정기관의 보조기관 및 보좌기관과 행정기관의 파견직위(파견된 공무원으로 보하는 직위를 말한다)에 보하는 공무원의 경우 실장·국장 및 이에 상당하는 보좌기관은 고위공무원단에 속하는 공무원 또는 이에 상당하는 특정직공무원으로 보하고, 과장 및 이에 상당하는 보좌기관의 계급은 대통령령으로 정하는 바에 따른다.(2020.6.9 본항개정)
⑩ 중앙행정기관과 중앙행정기관이 아닌 행정기관의 차관보·보조기관 및 보좌기관에 대하여는 그 각각 적정한 직급 또는 직무등급을 배정하여야 한다.(2020.6.9 본항개정)

제3조【특별지방행정기관의 설치】 ① 중앙행정기관에는 소관사무를 수행하기 위하여 필요한 때에는 특히 법률로 정한 경우를 제외하고는 대통령령으로 정하는 바에 따라 지방행정기관을 둘 수 있다.
② 제1항의 지방행정기관은 업무의 관련성이나 지역적인 특수성에 따라 통합하여 수행함이 효율적이라고 인정되는 경우에는 대통령령으로 정하는 바에 따라 관련되는 다른 중앙행정기관의 소관사무를 통합하여 수행할 수 있다.

제4조【부속기관의 설치】 행정기관에는 그 소관사무의 범위에서 필요한 때에는 대통령령으로 정하는 바에 따라 시험연구기관·교육훈련기관·문화기관·의료기관·제조기관 및 자문기관 등을 둘 수 있다.

제5조【합의제행정기관의 설치】 행정기관에는 그 소관사무의 일부를 독립하여 수행할 필요가 있는 때에는 법률로 정하는 바에 따라 행정위원회 등 합의제행정기관을 둘 수 있다.

제6조【권한의 위임 또는 위탁】 ① 행정기관은 법령으로 정하는 바에 따라 그 소관사무의 일부를 보조기관 또는 하급행정기관에 위임하거나 다른 행정기관·지방자치단체 또는 그 기관에 위탁 또는 위임할 수 있다. 이 경우 위임 또는 위탁을 받은 기관은 특히 필요한 경우에는 법령으로 정하는 바에 따라 위임 또는 위탁을 받은 사무의 일부를 보조기관 또는 하급행정기관에 재위임할 수 있다.
② 보조기관은 제1항에 따라 위임받은 사항에 대하여는 그 범위에서 행정기관으로서 그 사무를 수행한다.
③ 행정기관은 법령으로 정하는 바에 따라 그 소관사무 중 조사·검사·검정·관리 업무 등 국민의 권리·의무와 직접 관계되지 아니하는 사무를 지방자치단체가 아닌 법인·단체 또는 그 기관이나 개인에게 위탁할 수 있다.

제7조【행정기관의 장의 직무권한】 ① 각 행정기관의 장은 소관사무를 통할하고 소속공무원을 지휘·감독한다.
② 차관(제29조제2항·제34조제3항 및 제38조제2항에 따라 과학기술정보통신부·행정안전부 및 산업통상자원부에 두는 본부장을 포함한다. 이하 이 조에서 같다) 또는 차장(국무조정실 차장을 포함한다. 이하 이 조에서 같다)은 그 기관의 장을 보좌하여 소관사무를 처리하고 소속공무원을 지휘·감독하며, 그 기관의 장이 사고로 직무를 수행할 수 없으면 그 직무를 대행한다. 다만, 차관 또는 차장이 2명 이상인 기관의 장이 사고로 직무를 수행할 수 없으면 대통령령으로 정하는 순서에 따라 그 직무를 대행한다.(2023.3.4 본문개정)
③ 각 행정기관의 보조기관은 그 기관의 장, 차관 또는 차장을 보좌하여 소관사무를 처리하고 소속공무원을 지휘·감독한다.
④ 제1항과 제2항의 경우에 소속청에 대하여는 중요정책수립에 관하여 그 청의 장을 직접 지휘할 수 있다.
⑤ 부·처의 장은 그 소관사무의 효율적 추진을 위하여 필요한 경우에는 국무총리에게 소관사무와 관련되는 다른 행정기관의 사무에 대한 조정을 요청할 수 있다.

제8조【공무원의 정원 등】 ① 각 행정기관에 배치할 공무원의 종류와 정원, 고위공무원단에 속하는 공무원으로 보하는 직위와 고위공무원단에 속하는 공무원의 정원, 공무원배치의 기준 및 절차 그 밖에 필요한 사항은 대통령령으로 정한다. 다만, 각 행정기관에 배치하는 정무직공무원(대통령비서실 및 국가안보실에 배치하는 정무직공무원은 제외한다)의 경우에는 법률로 정한다.
② 제1항의 경우 직무의 성질상 2개 이상의 행정기관의 정원을 통합하여 관리하는 것이 효율적이라고 인정되는 경우에는 그 정원을 통합하여 정할 수 있다.

제9조【예산조치와의 병행】 행정기관 또는 소속기관을 설치하거나 공무원의 정원을 증원할 때에는 반드시 예산상의 조치가 병행되어야 한다.

제10조【정부위원】 국무조정실의 실장 및 차장, 부·처·청의 처장·차관·청장·차장·실장·국장 및 차관보와 제29조제2항·제34조제3항 및 제38조제2항에 따라 과학기술정보통신부·행정안전부 및 산업통상자원부에 두는 본부장은 정부위원이 된다.(2023.3.4 본조개정)

제2장 대통령

제11조【대통령의 행정감독권】 ① 대통령은 정부의 수반으로서 법령에 따라 모든 중앙행정기관의 장을 지휘·감독한다.
② 대통령은 국무총리와 중앙행정기관의 장의 명령이나 처분이 위법 또는 부당하다고 인정하면 이를 중지 또는 취소할 수 있다.

제12조【국무회의】 ① 대통령은 국무회의 의장으로서 회의를 소집하고 이를 주재한다.
② 의장이 사고로 직무를 수행할 수 없는 경우에는 부의장인 국무총리가 그 직무를 대행하고, 의장과 부의장이 모두 사고로 직무를 수행할 수 없는 경우에는 기획재정부장관이 겸임하는 부총리, 교육부장관이 겸임하는 부총리 및 제26조제1항에 규정된 순서에 따라 국무위원이 그 직무를 대행한다.(2014.11.19 본항개정)
③ 국무위원은 정무직으로 하며 의장에게 의안을 제출하고 국무회의의 소집을 요구할 수 있다.
④ 국무회의의 운영에 관하여 필요한 사항은 대통령령으로 정한다.

제13조【국무회의의 출석권 및 의안제출】 ① 국무조정실장·인사혁신처장·법제처장·식품의약품안전처장 그 밖에 법률로 정하는 공무원은 필요한 경우 국무회의에 출석하여 발언할 수 있다.(2023.3.4 본항개정)
② 제1항에 규정된 공무원은 소관사무에 관하여 국무총리에게 의안의 제출을 건의할 수 있다.

제14조【대통령비서실】 ① 대통령의 직무를 보좌하기 위하여 대통령비서실을 둔다.
② 대통령비서실에 실장 1명을 두되, 실장은 정무직으로 한다.

제15조【국가안보실】 ① 국가안보에 관한 대통령의 직무를 보좌하기 위하여 국가안보실을 둔다.
② 국가안보실에 실장 1명을 두되, 실장은 정무직으로 한다.

제16조【대통령경호처】 ① 대통령 등의 경호를 담당하기 위하여 대통령경호처를 둔다.
② 대통령경호처에 처장 1명을 두되, 처장은 정무직으로 한다.
③ 대통령경호처의 조직·직무범위 그 밖에 필요한 사항은 따로 법률로 정한다.

(2017.7.26 본조개정)

제17조【국가정보원】 ① 국가안전보장에 관련되는 정보 및 보안에 관한 사무를 담당하기 위하여 대통령 소속으로 국가정보원을 둔다.(2020.12.15 본항개정)
② 국가정보원의 조직·직무범위 그 밖에 필요한 사항은 따로 법률로 정한다.

제3장 국무총리

제18조【국무총리의 행정감독권】 ① 국무총리는 대통령의 명을 받아 각 중앙행정기관의 장을 지휘·감독한다.
② 국무총리는 중앙행정기관의 장의 명령이나 처분이 위법 또는 부당하다고 인정될 경우에는 대통령의 승인을 받아 이를 중지 또는 취소할 수 있다.

제19조【부총리】 ① 국무총리가 특별히 위임하는 사무를 수행하기 위하여 부총리 2명을 둔다.(2014.11.19 본항개정)
② 부총리는 국무위원으로 보한다.
③ 부총리는 기획재정부장관과 교육부장관이 각각 겸임한다.(2014.11.19 본항개정)
④ 기획재정부장관은 경제정책에 관하여 국무총리의 명을 받아 관계 중앙행정기관을 총괄·조정한다.

(2014.11.19 본항신설)
⑤ 교육부장관은 교육·사회 및 문화 정책에 관하여 국무총리의 명을 받아 관계 중앙행정기관을 총괄·조정한다.(2014.11.19 본항신설)

제20조【국무조정실】 ① 각 중앙행정기관의 행정의 지휘·감독, 정책 조정 및 사회위험·갈등의 관리, 정부업무평가 및 규제개혁에 관하여 국무총리를 보좌하기 위하여 국무조정실을 둔다.
② 국무조정실에 실장 1명을 두되, 실장은 정무직으로 한다.
③ 국무조정실에 차장 2명을 두되, 차장은 정무직으로 한다.

제21조【국무총리비서실】 ① 국무총리의 직무를 보좌하기 위하여 국무총리비서실을 둔다.
② 국무총리비서실에 실장 1명을 두되, 실장은 정무직으로 한다.

제22조【국무총리의 직무대행】 국무총리가 사고로 직무를 수행할 수 없는 경우에는 기획재정부장관이 겸임하는 부총리, 교육부장관이 겸임하는 부총리의 순으로 직무를 대행하고, 국무총리와 부총리가 모두 사고로 직무를 수행할 수 없는 경우에는 대통령의 지명이 있으면 그 지명을 받은 국무위원이, 지명이 없는 경우에는 제26조제1항에 규정된 순서에 따른 국무위원이 그 직무를 대행한다.(2014.11.19 본조개정)

제22조의2 (2023.3.4 삭제)

제22조의3【인사혁신처】 ① 공무원의 인사·윤리·복무 및 연금에 관한 사무를 관장하기 위하여 국무총리 소속으로 인사혁신처를 둔다.
② 인사혁신처에 처장 1명과 차장 1명을 두되, 처장은 정무직으로 하고, 차장은 고위공무원단에 속하는 일반직공무원으로 보한다.

(2014.11.19 본조신설)

제23조【법제처】 ① 국무회의에 상정될 법령안·조약안과 총리령안 및 부령안의 심사와 그 밖에 법제에 관한 사무를 전문적으로 관장하기 위하여 국무총리 소속으로 법제처를 둔다.
② 법제처에 처장 1명과 차장 1명을 두되, 처장은 정무직으로 하고, 차장은 고위공무원단에 속하는 일반직공무원으로 보한다.(2013.12.24 본항개정)
제24조 (2017.7.26 삭제)
제25조【식품의약품안전처】 ① 식품 및 의약품의 안전에 관한 사무를 관장하기 위하여 국무총리 소속으로 식품의약품안전처를 둔다.
② 식품의약품안전처에 처장 1명과 차장 1명을 두되, 처장은 정무직으로 하고, 차장은 고위공무원단에 속하는 일반직공무원으로 보한다.(2013.12.24 본항개정)

제4장 행정각부

제26조【행정각부】 ① 대통령의 통할하에 다음의 행정각부를 둔다.
1. 기획재정부
2. 교육부
3. 과학기술정보통신부(2017.7.26 본호개정)
4. 외교부
5. 통일부
6. 법무부
7. 국방부
8. 행정안전부(2017.7.26 본호개정)
9. 국가보훈부(2023.3.4 본호신설)
10. 문화체육관광부
11. 농림축산식품부
12. 산업통상자원부
13. 보건복지부
14. 환경부
15. 고용노동부
16. 여성가족부
17. 국토교통부
18. 해양수산부
19. 중소벤처기업부(2017.7.26 본호신설)

② 행정각부에 장관 1명과 차관 1명을 두되, 장관은 국무위원으로 보하고, 차관은 정무직으로 한다. 다만, 기획재정부·과학기술정보통신부·외교부·문화체육관광부·산업통상자원부·보건복지부·국토교통부에는 차관 2명을 둔다.(2021.7.8 단서개정)
③ 장관은 소관사무에 관하여 지방행정의 장을 지휘·감독한다.
제27조【기획재정부】 ① 기획재정부장관은 중장기 국가발전전략수립, 경제·재정정책의 수립·총괄·조정, 예산·기금의 편성·집행·성과관리, 화폐·외환·국고·정부회계·내국세제·관세·국제금융, 공공기관 관리, 경제협력·국유재산·민간투자 및 국가채무에 관한 사무를 관장한다.
② 기획재정부에 차관보 1명을 둘 수 있다.
③ 내국세의 부과·감면 및 징수에 관한 사무를 관장하기 위하여 기획재정부장관 소속으로 국세청을 둔다.
④ 국세청에 청장 1명과 차장 1명을 두되, 청장은 정무직으로 하고, 차장은 고위공무원단에 속하는 일반직공무원으로 보한다.(2013.12.24 본항개정)
⑤ 관세의 부과·감면 및 징수와 수출입물품의 통관 및 밀수출입단속에 관한 사무를 관장하기 위하여 기획재정부장관 소속으로 관세청을 둔다.
⑥ 관세청에 청장 1명과 차장 1명을 두되, 청장은 정무직으로 하고, 차장은 고위공무원단에 속하는 일반직공무원으로 보한다.(2013.12.24 본항개정)
⑦ 정부가 행하는 물자(군수품을 제외한다)의 구매·공급 및 관리에 관한 사무와 정부의 주요시설공사계약에 관한 사무를 관장하기 위하여 기획재정부장관 소속으로 조달청을 둔다.
⑧ 조달청에 청장 1명과 차장 1명을 두되, 청장은 정무직으로 하고, 차장은 고위공무원단에 속하는 일반직공무원으로 보한다.(2013.12.24 본항개정)
⑨ 통계의 기준설정과 인구조사 및 각종 통계에 관한 사무를 관장하기 위하여 기획재정부장관 소속으로 통계청을 둔다.
⑩ 통계청에 청장 1명과 차장 1명을 두되, 청장은 정무직으로 하고, 차장은 고위공무원단에 속하는 일반직공무원으로 보한다.(2013.12.24 본항개정)
제28조【교육부】 ① 교육부장관은 인적자원개발정책, 영·유아 보육·교육, 학교교육·평생교육, 학술에 관한 사무를 관장한다.(2023.12.26 본항개정)
② 교육부에 차관보 1명을 둘 수 있다.
제29조【과학기술정보통신부】 ① 과학기술정보통신부장관은 과학기술정책의 수립·총괄·조정·평가, 과학기술의 연구개발·협력·진흥, 과학기술인력 양성, 원자력 연구·개발·생산·이용, 국가정보화 기획·정보보호·정보문화, 방송·통신의 융합·진흥 및 전파관리, 정보통신산업, 우편·우편환 및 우편대체에 관한 사무를 관장한다.
② 과학기술정보통신부에 과학기술혁신사무를 담당하는 본부장 1명을 두되, 본부장은 정무직으로 한다.(2017.7.26 본항신설)
(2017.7.26 본조개정)
제30조【외교부】 ① 외교부장관은 외교, 경제외교 및 국제경제협력외교, 국제관계 업무에 관한 조정, 조약 기타 국제협정, 재외국민의 보호·지원, 국제정세의 조사·분석에 관한 사무를 관장한다.(2023.3.4 본항개정)
② 외교부에 차관보 1명을 둘 수 있다.
③ 재외동포에 관한 사무를 관장하기 위하여 외교부장관 소속으로 재외동포청을 둔다.(2023.3.4 본항신설)
④ 재외동포청에 청장 1명과 차장 1명을 두되, 청장은 정무직으로 하고, 차장은 고위공무원단에 속하는 일반직공무원 또는 외무공무원으로 보한다.(2023.3.4 본항신설)
제31조【통일부】 통일부장관은 통일 및 남북대화·교류·협력에 관한 정책의 수립, 통일교육, 그 밖에 통일에 관한 사무를 관장한다.
제32조【법무부】 ① 법무부장관은 검찰·행형·인권옹호·출입국관리 그 밖에 법무에 관한 사무를 관장한다.
② 검사에 관한 사무를 관장하기 위하여 법무부장관 소속으로 검찰청을 둔다.
③ 검찰청의 조직·직무범위 그 밖에 필요한 사항은 따로 법률로 정한다.
제33조【국방부】 ① 국방부장관은 국방에 관련된 군정 및 군령과 그 밖에 군사에 관한 사무를 관장한다.
② 국방부에 차관보 1명을 둘 수 있다.
③ 징집·소집 그 밖에 병무행정에 관한 사무를 관장하기 위하여 국방부장관 소속으로 병무청을 둔다.
④ 병무청에 청장 1명과 차장 1명을 두되, 청장은 정무직으로 하고, 차장은 고위공무원단에 속하는 일반직공무원으로 보한다.(2013.12.24 본항개정)
⑤ 방위력 개선사업, 군수물자 조달 및 방위산업 육성에 관한 사무를 관장하기 위하여 국방부장관 소속으로 방위사업청을 둔다.
⑥ 방위사업청에 청장 1명과 차장 1명을 두되, 청장은 정무직으로 하고, 차장은 고위공무원단에 속하는 일반직공무원으로 보한다.(2013.12.24 본항개정)
제34조【행정안전부】 ① 행정안전부장관은 국무회의의 서무, 법령 및 조약의 공포, 정부조직과 정원, 상훈, 정부혁신, 행정능률, 전자정부, 정부청사의 관리, 지방자치제도, 지방자치단체의 사무지원·재정·세제, 낙후지역 등 지원, 지방자치단체간 분쟁조정, 선거·국민투표의 지원, 안전 및 재난에 관한 정책의 수립·총괄·조정, 비상대비, 민방위 및 방재에 관한 사무를 관장한다.(2020.2.4 본항개정)
② 국가의 행정사무로서 다른 중앙행정기관의 소관에 속하지 아니하는 사무는 행정안전부장관이 이를 처리한다.(2017.7.26 본항개정)
③ 행정안전부에 재난안전관리사무를 담당하는 본부장 1명을 두되, 본부장은 정무직으로 한다.(2017.7.26 본항신설)
④ 행정안전부에 차관보 1명을 둘 수 있다.(2017.7.26 본항개정)
⑤ 치안에 관한 사무를 관장하기 위하여 행정안전부장관 소속으로 경찰청을 둔다.(2017.7.26 본항개정)
⑥ 경찰청의 조직·직무범위 그 밖에 필요한 사항은 따로 법률로 정한다.
⑦ 소방에 관한 사무를 관장하기 위하여 행정안전부장관 소속으로 소방청을 둔다.(2017.7.26 본항신설)
⑧ 소방청에 청장 1명과 차장 1명을 두되, 청장 및 차장은 소방공무원으로 보한다.(2017.7.26 본항신설)
(2017.7.26 본조제목개정)
제35조【국가보훈부】 국가보훈부장관은 국가유공자 및 그 유족에 대한 보훈, 제대군인의 보상·보호, 보훈선양에 관한 사무를 관장한다.(2023.3.4 본조신설)
제36조【문화체육관광부】 ① 문화체육관광부장관은 문화·예술·영상·광고·출판·간행물·체육·관광, 국정에 대한 홍보 및 정부발표에 관한 사무를 관장한다.
② 문화체육관광부에 차관보 1명을 둘 수 있다.
③ 문화재에 관한 사무를 관장하기 위하여 문화체육관광부장관 소속으로 문화재청을 둔다.
④ 문화재청에 청장 1명과 차장 1명을 두되, 청장은 정무직으로 하고, 차장은 고위공무원단에 속하는 일반직공무원으로 보한다.(2013.12.24 본항개정)
제37조【농림축산식품부】 ① 농림축산식품부장관은 농산·축산, 식량·농지·수리, 식품산업진흥, 농촌개발 및 농산물 유통에 관한 사무를 관장한다.
② 농림축산식품부에 차관보 1명을 둘 수 있다.
③ 농촌진흥에 관한 사무를 관장하기 위하여 농림축산식품부장관 소속으로 농촌진흥청을 둔다.
④ 농촌진흥청에 청장 1명과 차장 1명을 두되, 청장은 정무직으로 하고, 차장은 고위공무원단에 속하는 일반직공무원으로 보한다.(2013.12.24 본항개정)
⑤ 산림에 관한 사무를 관장하기 위하여 농림축산식품부장관 소속으로 산림청을 둔다.
⑥ 산림청에 청장 1명과 차장 1명을 두되, 청장은 정무직으로 하고, 차장은 고위공무원단에 속하는 일반직공무원으로 보한다.(2013.12.24 본항개정)
제38조【산업통상자원부】 ① 산업통상자원부장관은 상업·무역·공업·통상, 통상교섭 및 통상교섭에 관한 총괄·조정, 외국인 투자, 중견기업, 산업기술 연구개발정책 및 에너지·지하자원에 관한 사무를 관장한다.(2017.7.26 본항개정)
② 산업통상자원부에 통상교섭사무를 담당하는 본부장 1명을 두되, 본부장은 정무직으로 한다.(2017.7.26 본항개정)
③ 산업통상자원부에 차관보 1명을 둘 수 있다.(2017.7.26 본항개정)
④ 특허·실용신안·디자인 및 상표에 관한 사무와 이에 대한 심사·심판사무를 관장하기 위하여 산업통상자원부장관 소속으로 특허청을 둔다.
⑤ 특허청에 청장 1명과 차장 1명을 두되, 청장은 정무직으로 하고, 차장은 고위공무원단에 속하는 일반직공무원으로 보한다.(2013.12.24 본항개정)
제39조【보건복지부】 ① 보건복지부장관은 생활보호·자활지원·사회보장·아동(영·유아 보육은 제외한다)·노인·장애인·보건위생·의정(醫政) 및 약정(藥政)에 관한 사무를 관장한다.(2023.12.26 본항개정)
② 방역·검역 등 감염병에 관한 사무 및 각종 질병에 관한 조사·시험·연구에 관한 사무를 관장하기 위하여 보건복지부장관 소속으로 질병관리청을 둔다.
③ 질병관리청에 청장 1명과 차장 1명을 두되, 청장은 정무직으로 하고, 차장은 고위공무원단에 속하는 일반직공무원으로 보한다.
(2020.8.11 본조개정)
제40조【환경부】 ① 환경부장관은 자연환경, 생활환경의 보전, 환경오염방지, 수자원의 보전·이용·개발 및 하천에 관한 사무를 관장한다.(2020.12.31 본항개정)
② 기상에 관한 사무를 관장하기 위하여 환경부장관 소속으로 기상청을 둔다.
③ 기상청에 청장 1명과 차장 1명을 두되, 청장은 정무직으로 하고, 차장은 고위공무원단에 속하는 일반직공무원으로 보한다.(2013.12.24 본항개정)
제41조【고용노동부】 고용노동부장관은 고용정책의 총괄, 고용보험, 직업능력개발훈련, 근로조건의 기준, 근로자의 복지후생, 노사관계의 조정, 산업안전보건, 산업재해보상보험과 그 밖에 고용과 노동에 관한 사무를 관장한다.
제42조【여성가족부】 여성가족부장관은 여성정책의 기획·종합, 여성의 권익증진 등 지위향상, 청소년 및 가족(다문화가족과 건강가정사업을 위한 아동업무를 포함한다)에 관한 사무를 관장한다.
제43조【국토교통부】 ① 국토교통부장관은 국토종합계획의 수립·조정, 국토의 보전·이용 및 개발, 도시·도로 및 주택의 건설, 해안 및 간척, 육운·철도 및 항공에 관한 사무를 관장한다.(2020.12.31 본항개정)
② 국토교통부에 차관보 1명을 둘 수 있다.
제44조【해양수산부】 ① 해양수산부장관은 해양정책, 수산, 어촌개발 및 수산물 유통, 해운·항만, 해양환경, 해양조사, 해양수산자원개발, 해양과학기술연구·개발 및 해양안전심판에 관한 사무를 관장한다.(2017.4.18 본항개정)
② 해양에서의 경찰 및 오염방제에 관한 사무를 관장하기 위하여 해양수산부장관 소속으로 해양경찰청을 둔다.(2017.7.26 본항신설)
③ 해양경찰청에 청장 1명과 차장 1명을 두되, 청장 및 차장은 경찰공무원으로 보한다.(2017.7.26 본항신설)
제45조【중소벤처기업부】 중소벤처기업부장관은 중소기업 정책의 기획·종합, 중소기업의 보호·육성, 창업·벤처기업의 지원, 대·중소기업 간 협력 및 소상공인에 대한 보호·지원에 관한 사무를 관장한다.(2017.7.26 본조신설)

부 칙

제1조【시행일】 ① 이 법은 공포한 날부터 시행한다.
② 부칙 제6조에 따라 개정되는 법률 중 이 법의 시행 전에 공포되었으나 시행일이 도래하지 아니한 법률을 개정한 부분은 각각 해당 법률의 시행일부터 시행하되, 같은 조 제477항에 따른 「약사법」 제47조제1항 및 제481항에 따른 「의료기기법」 제18조제1항의 개정규정은 이 법 시행 후 1년의 범위에서 해당 법률에 관한 대통령령으로 정하는 날부터 시행한다.
제2조【산업통상자원부의 보조기관 및 차관보·보좌기관 보임에 관한 특례】 제2조제7항에도 불구하고 산업통상자원부의 통상교섭 사무를 담당하는 보조기관 및 차관보·보좌기관은 이 법 시행일부터 2015년 3월 1일까지 대통령령으로 정하는 바에 따라 외무공무원으로 보할 수 있다.
제3조【조직폐지 및 신설에 따른 소관사무 및 공무원 등에 대한 경과조치】 ① 이 법 시행 당시 다음 표의 왼쪽란에 기재된 행정기관의 장의 사무는 같은 표의 오른쪽란에 기재된 행정기관의 장이 각각 승계한다.

국무총리실의 소관사무 중 이 법 제20조제1항에 규정된 사무	국무조정실
국무총리실의 소관사무 중 이 법 제21조제1항에 규정된 사무	국무총리비서실

특임장관의 소관사무	국무총리비서실
기획재정부장관의 소관사무 중 무역협정 국내대책에 관한 사무	산업통상자원부장관
교육과학기술부장관의 소관사무 중 이 법 제28조에 규정된 사무	미래창조과학부장관
교육과학기술부장관의 소관사무 중 이 법 제29조제1항에 규정된 사무	교육부장관
외교통상부장관의 소관사무 중 이 법 제30조제1항에 규정된 사무	외교부장관
외교통상부장관의 소관사무 중 이 법 제37조제1항에 규정된 사무	산업통상자원부장관
행정안전부장관의 소관사무 중 이 법 제28조에 규정된 사무	미래창조과학부장관
행정안전부장관의 소관사무 중 이 법 제34조제1항에 규정된 사무	안전행정부장관
문화체육관광부장관의 소관사무 중 디지털콘텐츠에 관한 사무	미래창조과학부장관
문화체육관광부장관의 소관사무 중 해양 레저스포츠에 관한 사무	해양수산부장관
농림수산식품부장관의 소관사무 중 이 법 제25조제1항에 규정된 사무	식품의약품안전처장
농림수산식품부장관의 소관사무 중 이 법 제36조제1항에 규정된 사무	농림축산식품부장관
농림수산식품부장관의 소관사무 중 이 법 제43조제1항에 규정된 사무	해양수산부장관
지식경제부장관의 소관사무 중 이 법 제28조에 규정된 사무	미래창조과학부장관
지식경제부장관의 소관사무 중 이 법 제37조제1항에 규정된 사무	산업통상자원부장관
지식경제부장관의 소관사무 중 이 법 제37조제3항에 규정된 사무	중소기업청장
보건복지부장관의 소관사무 중 이 법 제25조제1항에 규정된 사무	식품의약품안전처장
식품의약품안전청장의 소관사무 중 이 법 제25조제1항에 규정된 사무	식품의약품안전처장
국토해양부장관의 소관사무 중 이 법 제42조제1항에 규정된 사무	국토교통부장관
국토해양부장관의 소관사무 중 이 법 제43조제1항에 규정된 사무	해양수산부장관
방송통신위원회의 소관사무 중 이 법 제28조에 규정된 사무	미래창조과학부장관
국가과학기술위원회의 소관사무 중 이 법 제28조에 규정된 사무	미래창조과학부장관

② 이 법 시행 당시 다음 표의 왼쪽 란에 기재된 행정기관 소속 공무원(정무직은 제외한다)은 같은 표의 오른쪽 란에 기재된 행정기관 소속 공무원으로 보며, 이 법에 따라 폐지되는 행정기관 소속 공무원으로서 다음 표의 왼쪽 란에 기재되지 아니한 행정기관 소속 공무원(정무직은 제외한다)은 대통령령으로 정하는 행정기관 소속 공무원으로 본다.

대통령실	대통령령으로 정하는 바에 따라 대통령비서실 또는 국가안보실
경호처	대통령령으로 정하는 바에 따라 대통령경호실
국무총리실	대통령령으로 정하는 바에 따라 국무조정실 또는 국무총리비서실
특임장관실	대통령령으로 정하는 바에 따라 국무조정실 또는 국무총리비서실
기획재정부	대통령령으로 정하는 바에 따라 기획재정부 또는 산업통상자원부
교육과학기술부	대통령령으로 정하는 바에 따라 미래창조과학부 또는 교육부
외교통상부	대통령령으로 정하는 바에 따라 외교부 또는 산업통상자원부
행정안전부	대통령령으로 정하는 바에 따라 미래창조과학부 또는 안전행정부
문화체육관광부	대통령령으로 정하는 바에 따라 미래창조과학부·문화체육관광부 또는 해양수산부
농림수산식품부	대통령령으로 정하는 바에 따라 농림축산식품부·해양수산부 또는 식품의약품안전처
지식경제부	대통령령으로 정하는 바에 따라 미래창조과학부·산업통상자원부 또는 중소기업청
보건복지부	대통령령으로 정하는 바에 따라 보건복지부 또는 식품의약품안전처
국토해양부	대통령령으로 정하는 바에 따라 국토교통부 또는 해양수산부
식품의약품안전청	대통령령으로 정하는 바에 따라 식품의약품안전처
방송통신위원회	대통령령으로 정하는 바에 따라 미래창조과학부 또는 방송통신위원회
국가과학기술위원회	대통령령으로 정하는 바에 따라 미래창조과학부

③ 이 법 시행 당시 제1항의 표의 왼쪽 란에 기재된 사무와 관련된 총리령 또는 부령은 같은 표의 오른쪽 란에 기재된 기관이 소속된 국무총리가 발한 총리령 또는 오른쪽 란에 기재된 기관의 부령으로 본다.

제4조【종전의 법률에 따른 고시·처분 및 계속 중인 행위에 관한 경과조치】 이 법 시행 전에 부칙 제6조에서 개정되는 법률에 따라 행정기관이 행한 고시·행정처분 그 밖의 행정기관의 행위와 행정기관에 대한 신청·신고 그 밖의 행위는 각각 부칙 제6조에서 개정되는 법률에 따라 해당 사무를 승계하는 행정기관의 행위 또는 행정기관에 대한 행위로 본다.

제5조【인사청문에 관한 경과조치】 ① 이 법 시행 전에 「대통령직 인수에 관한 법률」 제5조에 따라 다음 표의 왼쪽 란의 해당 국무위원 후보자에 대하여 대통령당선인이 한 인사청문 요청은 같은 표의 오른쪽 란의 해당 국무위원 후보자에 대하여 한 인사청문 요청으로 본다.

국무위원 후보자 (기획재정부장관)	국무위원 후보자 (부총리 겸 기획재정부장관)
국무위원 후보자 (교육과학기술부장관)	국무위원 후보자 (교육부장관)
국무위원 후보자 (외교통상부장관)	국무위원 후보자 (외교부장관)
국무위원 후보자 (통일부장관)	국무위원 후보자 (통일부장관)
국무위원 후보자 (법무부장관)	국무위원 후보자 (법무부장관)
국무위원 후보자 (국방부장관)	국무위원 후보자 (국방부장관)
국무위원 후보자 (행정안전부장관)	국무위원 후보자 (안전행정부장관)
국무위원 후보자 (문화체육관광부장관)	국무위원 후보자 (문화체육관광부장관)
국무위원 후보자 (농림수산식품부장관)	국무위원 후보자 (농림축산식품부장관)
국무위원 후보자 (지식경제부장관)	국무위원 후보자 (산업통상자원부장관)
국무위원 후보자 (보건복지부장관)	국무위원 후보자 (보건복지부장관)
국무위원 후보자 (환경부장관)	국무위원 후보자 (환경부장관)
국무위원 후보자 (고용노동부장관)	국무위원 후보자 (고용노동부장관)
국무위원 후보자 (여성가족부장관)	국무위원 후보자 (여성가족부장관)
국무위원 후보자 (국토해양부장관)	국무위원 후보자 (국토교통부장관)

② 이 법 시행 전에 「대통령직 인수에 관한 법률」 제5조에 따른 대통령당선인의 인사청문 요청에 따라 제1항의 표의 왼쪽 란의 해당 국무위원 후보자에 대하여 인사청문을 실시한 경우 같은 표의 오른쪽 란의 해당 국무위원 후보자에 대하여 인사청문을 실시한 것으로 본다.

제6조【다른 법률의 개정】 ①~⑳ ※(해당 법령에 가제정리 하였음)

제7조【조직폐지 및 신설에 따른 다른 법령과의 관계】 이 법 시행 당시 다른 법령(이 법 시행 전에 공포되었으나 시행일이 도래하지 아니한 법령을 포함한다)에서 부칙 제3조제1항의 표의 왼쪽 란에 기재된 사무와 관련하여 소관 행정기관, 행정기관의 장 또는 그 소속 공무원, 행정기관의 총리령 또는 부령을 인용한 경우에는 같은 표의 오른쪽 란에 기재된 행정기관, 행정기관의 장 또는 그 소속 공무원, 행정기관의 총리령 또는 부령을 각각 인용한 것으로 본다.

부 칙 (2013.12.24)

제1조【시행일】 이 법은 공포한 날부터 시행한다.

제2조【처 및 청의 차장의 공무원 구분 변경에 관한 경과조치】 이 법 시행 당시 이 법에서 규정하고 있는 처 및 청의 별정직국가공무원으로 재직 중인 차장은 이 법 시행일에 일반직공무원으로 임용된 것으로 본다.

부 칙 (2014.11.19)

제1조【시행일】 이 법은 공포한 날부터 시행한다. 다만, 부칙 제6조에 따라 개정되는 법률 중 이 법 시행 전에 공포되었으나 시행일이 도래하지 아니한 법률을 개정한 부분은 각각 해당 법률의 시행일부터 시행한다.

제2조【조직폐지 및 신설에 따른 소관사무 및 공무원 등에 관한 경과조치】 ① 이 법 시행 당시 다음 표의 왼쪽 란에 기재된 행정기관의 장의 사무는 같은 표의 오른쪽 란에 기재된 행정기관의 장이 각각 승계한다.

안전행정부장관의 소관사무 중 이 법 제22조의2제1항에 규정된 사무	국민안전처장관
안전행정부장관의 소관사무 중 이 법 제22조의3제1항에 규정된 사무	인사혁신처장
안전행정부장관의 소관사무 중 이 법 제34조제1항에 규정된 사무	행정자치부장관
해양수산부장관의 소관사무 중 해상교통관제센터에 관한 사무	국민안전처장관
소방방재청장의 소관사무	국민안전처장관
해양경찰청장의 소관사무 중 이 법 제22조의2제1항에 규정된 사무	국민안전처장관
해양경찰청장의 소관사무 중 수사 및 정보에 관한 사무(해상에서 발생한 사건의 수사 및 정보에 관한 사무는 제외)	경찰청장

② 이 법 시행 당시 다음 표의 왼쪽 란에 기재된 행정기관 소속 공무원은 같은 표의 오른쪽 란에 기재된 행정기관 소속 공무원으로 보며, 이 법에 따라 폐지되는 행정기관 소속 공무원으로서 다음 표의 왼쪽 란에 기재되지 아니한 행정기관 소속 공무원은 대통령령으로 정하는 행정기관 소속 공무원으로 본다.

안전행정부	대통령령으로 정하는 바에 따라 행정자치부, 국민안전처 또는 인사혁신처
해양수산부	대통령령으로 정하는 바에 따라 해양수산부 또는 국민안전처
소방방재청	대통령령으로 정하는 바에 따라 국민안전처
해양경찰청	대통령령으로 정하는 바에 따라 국민안전처 또는 경찰청

③ 이 법 시행 당시 제1항의 표의 왼쪽 란에 기재된 사무와 관련된 부령은 같은 표의 오른쪽 란에 기재된 기관이 소속된 국무총리가 발한 총리령, 오른쪽 란에 기재된 기관 또는 그 기관이 소속된 기관의 부령으로 본다.

제3조【종전의 법률에 따른 고시·처분 및 계속 중인 행위에 관한 경과조치】 이 법 시행 전에 부칙 제6조에서 개정되는 법률에 따라 행정기관이 행한 고시·행정처분, 그 밖의 행정기관의 행위와 행정기관에 대한 신청·신고, 그 밖의 행위는 각각 부칙 제6조에서 개정되는 법률에 따라 해당 사무를 승계하는 행정기관의 행위 또는 행정기관에 대한 행위로 본다.

제4조【인사청문에 관한 경과조치】 이 법 시행 전에 인사청문 요청에 따라 아래 표의 왼쪽 란의 해당 국무위원 후보자에 대하여 인사청문을 실시한 경우 같은 표의 오른쪽 란의 해당 국무위원 후보자에 대하여 인사청문을 실시한 것으로 본다.

국무위원 후보자 (교육부장관)	국무위원 후보자 (부총리 겸 교육부장관)

제5조【2015년도 예산안 심의·의결에 관한 경과조치】 국회는 2015년도 예산안을 정부조직법 개정 이전 중앙행정기관을 기준으로 심의·의결하고, 정부는 확정된 예산을 개정된 정부조직법에 따라 관련 중앙행정기관에 각각 이체한다.

제6조【다른 법률의 개정】 ①~㉘ ※(해당 법령에 가제정리 하였음)

제7조【조직폐지 및 신설에 따른 다른 법령과의 관계】 이 법 시행 당시 다른 법령(이 법 시행 전에 공포되었으나 시행일이 도래하지 아니한 법령을 포함한다)에서 부칙 제2조제1항의 표의 왼쪽 란에 기재된 사무와 관련하여 소관 행정기관, 행정기관의 장 또는 그 소속 공무원, 행정기관의 부령을 인용한 경우에는 같은 표의 오른쪽 란에 기재된 행정기관, 행정기관의 장 또는 그 소속 공무원, 행정기관의 총리령 또는 부령을 각각 인용한 것으로 본다.

부 칙 (2017.7.26)

제1조【시행일】 ① 이 법은 공포한 날부터 시행한다. 다만, 부칙 제5조에 따라 개정되는 법률 중 이 법 시행 전에 공포되었으나 시행일이 도래하지 아니한 법률을 개정한 부분은 각각 해당 법률의 시행일부터 시행한다.

제2조【조직폐지 및 신설 등에 따른 소관사무 및 공무원 등에 관한 경과조치】 ① 이 법 시행 당시 다음 표의 왼쪽 란에 기재된 행정기관의 장의 사무는 같은 표의 오른쪽 란에 기재된 행정기관의 장이 각각 승계한다.

대통령경호실장의 소관사무	대통령경호처장
국민안전처장관의 소관사무 중 이 법 제34조제1항에 규정된 사무	행정안전부장관
국민안전처장관의 소관사무 중 이 법 제34조제7항에 규정된 사무	소방청장
국민안전처장관의 소관사무 중 이 법 제43조제2항에 규정된 사무	해양경찰청장
미래창조과학부장관의 소관사무	과학기술정보통신부장관
미래창조과학부장관의 소관사무 중 기술창업활성화 관련 창조경제 진흥에 관한 사무	중소벤처기업부장관
행정자치부장관의 소관사무	행정안전부장관
산업통상자원부장관의 소관사무 중 이 법 제44조에 규정된 사무 및 지역산업 지원에 관한 사무	중소벤처기업부장관
경찰청장의 소관사무 중 이 법 제43조제2항에 규정된 사무(법률 제12844호 정부조직법 일부개정법률 부칙 제2조제1항에 따라 경찰청장이 승계한 사무를 말한다)	해양경찰청장
중소기업청장의 소관사무 중 이 법 제37조제1항에 규정된 사무	산업통상자원부장관
중소기업청장의 소관사무 중 이 법 제44조에 규정된 사무	중소벤처기업부장관
금융위원회의 소관사무 중 기술보증기금 관리에 관한 사무	중소벤처기업부장관

② 이 법 시행 당시 다음 표의 왼쪽 란에 기재된 행정기관 소속 공무원은 같은 표의 오른쪽 란에 기재된 행정기관 소속 공무원으로 본다.

대통령경호실	대통령령으로 정하는 바에 따라 대통령경호처
국민안전처	대통령령으로 정하는 바에 따라 행정안전부·소방청 또는 해양경찰청
미래창조과학부	대통령령으로 정하는 바에 따라 과학기술정보통신부 또는 중소벤처기업부
행정자치부	대통령령으로 정하는 바에 따라 행정안전부
산업통상자원부	대통령령으로 정하는 바에 따라 산업통상자원부 또는 중소벤처기업부
경찰청	대통령령으로 정하는 바에 따라 경찰청 또는 해양경찰청
중소기업청	대통령령으로 정하는 바에 따라 산업통상자원부 또는 중소벤처기업부
금융위원회	대통령령으로 정하는 바에 따라 중소벤처기업부 또는 금융위원회

③ 이 법 시행 당시 제1항의 표의 왼쪽 란에 기재된 사무와 관련된 총리령 또는 부령은 같은 표의 오른쪽 란에 기재된 기관의 소관 사무에 관한 부령으로 본다.

제3조【종전의 법률에 따른 고시·처분 및 계속 중인 행위에 관한 경과조치】 이 법 시행 전에 부칙 제5조에서 개정되는 법률에 따라 행정기관이 행한 고시·행정처분, 그 밖의 행정기관의 행위와 행정기관에 대한 신청·신고, 그 밖의 행위는 각각 부칙 제5조에서 개정되는 법률에 따라 해당 사무를 승계하는 행정기관의 행위 또는 행정기관에 대한 행위로 본다.

제4조【인사청문에 관한 경과조치】 이 법 시행 전에 다음 표의 왼쪽 란의 해당 국무위원 후보자에 대하여 인사청문을 요청하거나 실시한 경우 같은 표의 오른쪽 란의 해당 국무위원 후보자에 대하여 인사청문을 요청하거나 실시한 것으로 본다.

국무위원 후보자 (미래창조과학부장관)	국무위원 후보자 (과학기술정보통신부장관)
국무위원 후보자 (행정자치부장관)	국무위원 후보자 (행정안전부장관)
국무위원 후보자 (산업통상자원부장관)	국무위원 후보자 (산업통상자원부장관)

제5조【다른 법률의 개정】 ①~㊽ ※(해당 법령에 가제정리 하였음)

제6조【조직폐지 및 신설 등에 따른 다른 법령과의 관계】 이 법 시행 당시 다른 법령(이 법 시행 전에 공포되었으나 시행일이 도래하지 아니한 법령을 포함한다)에서 부칙 제2조제1항의 표의 왼쪽 란에 기재된 사무와 관련하여 소관 행정기관, 행정기관의 장 또는 그 소속 공무원, 행정기관의 총리령 또는 부령을 인용한 경우에는 같은 표의 오른쪽 란에 기재된 행정기관, 행정기관의 장 또는 그 소속 공무원, 행정기관의 부령을 각각 인용한 것으로 본다.

부 칙 (2018.6.8)

제1조【시행일】 이 법은 공포한 날부터 시행한다. 다만, 부칙 제4조에 따라 개정되는 법률 중 이 법 시행 전에 공포되었으나 시행일이 도래하지 아니한 법률을 개정한 부분은 각각 해당 법률의 시행일부터 시행한다.

제2조【소관사무 및 공무원 등에 관한 경과조치】 ① 이 법 시행 당시 다음 표의 왼쪽 란에 기재된 행정기관의 장의 사무는 같은 표의 오른쪽 란에 기재된 행정기관의 장이 승계한다.

국토교통부장관의 소관사무 중 이 법 제39조제1항에 규정된 사무	환경부장관

② 이 법 시행 당시 국토교통부 소속 공무원 중 대통령령으로 정하는 공무원은 환경부 소속 공무원으로 본다.
③ 이 법 시행 당시 제1항의 표의 왼쪽 란에 기재된 사무와 관련된 부령은 같은 표의 오른쪽 란에 기재된 기관의 소관 사무에 관한 부령으로 본다.

제3조【종전의 법률에 따른 고시·처분 및 계속 중인 행위에 관한 경과조치】 이 법 시행 전에 부칙 제4조에서 개정되는 법률에 따라 행정기관이 한 고시·행정처분, 그 밖의 행정기관의 행위와 행정기관에 대한 신청·신고, 그 밖의 행위는 각각 부칙 제4조에서 개정되는 법률에 따라 해당 사무를 승계하는 행정기관의 행위 또는 행정기관에 대한 행위로 본다.

제4조【다른 법률의 개정】 ①~⑩ ※(해당 법령에 가제정리 하였음)

제5조【다른 법령과의 관계】 이 법 시행 당시 다른 법령(이 법 시행 전에 공포되었으나 시행일이 도래하지 아니한 법령을 포함한다)에서 부칙 제2조제1항의 표의 왼쪽 란에 기재된 사무와 관련하여 소관 행정기관, 행정기관의 장 또는 그 소속 공무원, 행정기관의 부령을 인용한 경우에는 같은 표의 오른쪽 란에 기재된 행정기관, 행정기관의 장 또는 그 소속 공무원, 행정기관의 부령을 각각 인용한 것으로 본다.

부 칙 (2020.6.9)

제1조【시행일】 이 법은 공포 후 6개월이 경과한 날부터 시행한다. 다만, 제2조제2항·제10항 및 부칙 제2조의 개정규정은 공포한 날부터 시행한다.

제2조【다른 법률의 개정】 ①~③ ※(해당 법령에 가제정리 하였음)

부 칙 (2020.8.11)

제1조【시행일】 이 법은 공포 후 1개월이 경과한 날부터 시행한다. 다만, 제2조제2항제5호의 개정규정은 공포한 날부터 시행하고, 부칙 제4조에 따라 개정되는 법률 중 이 법 시행 전에 공포되었으나 시행일이 도래하지 아니한 법률을 개정한 부분은 각각 해당 법률의 시행일부터 시행한다.

제2조【조직 신설에 따른 소관 사무 및 공무원에 대한 경과조치】 ① 이 법 시행 당시 보건복지부장관의 소관사무 중 제38조제2항의 개정규정에 규정된 사무는 질병관리청장이 승계한다.
② 이 법 시행 당시 보건복지부 소속 공무원 중 제38조제2항의 개정규정에 규정된 사무를 담당하던 공무원은 대통령령으로 정하는 바에 따라 질병관리청 소속 공무원으로 본다.

제3조【종전의 법률에 따른 고시·처분 등 및 계속 중인 행위 등에 대한 경과조치】 이 법 시행 전에 부칙 제4조에서 개정되는 법률에 따라 행정기관이 행한 고시·행정처분, 그 밖의 행위와 행정기관에 대한 신청·신고, 그 밖의 행위는 각각 부칙 제4조에서 개정되는 법률에 따라 해당 사무를 승계하는 행정기관의 행위 또는 행정기관에 대한 행위로 본다.

제4조【다른 법률의 개정】 ①~㉝ ※(해당 법령에 가제정리 하였음)

제5조【다른 법령과의 관계】 이 법 시행 당시 다른 법령(이 법 시행 전에 공포되었으나 시행일이 도래하지 아니한 법령을 포함한다)에서 질병관리청장이 승계하는 제38조제2항의 개정규정에 규정된 사무와 관련하여 "보건복지부" 또는 "질병관리본부"를 인용한 경우에는 "질병관리청"을, "보건복지부장관" 또는 "질병관리본부장"을 인용한 경우에는 "질병관리청장"을 각각 인용한 것으로 본다.

부 칙 (2020.12.15)

제1조【시행일】 이 법은 2024년 1월 1일부터 시행한다. (이하 생략)

부 칙 (2020.12.31)

제1조【시행일】 이 법은 공포 후 1년이 경과한 날부터 시행한다. 다만, 부칙 제4조에 따라 개정되는 법률 중 이 법 시행 전에 공포되었으나 시행일이 도래하지 아니한 법률을 개정한 부분은 각각 해당 법률의 시행일부터 시행한다.

제2조【소관사무 및 공무원 등에 관한 경과조치】 ① 이 법 시행 당시 다음 표의 왼쪽 란에 기재된 행정기관의 장의 사무는 같은 표의 오른쪽 란에 기재된 행정기관의 장이 승계한다.

국토교통부장관의 소관사무 중 이 법 제39조제1항에 규정된 사무	환경부장관

② 이 법 시행 당시 국토교통부 소속 공무원 중 대통령령으로 정하는 공무원은 환경부 소속 공무원으로 본다.
③ 이 법 시행 당시 제1항의 표의 왼쪽 란에 기재된 사무와 관련된 부령은 같은 표의 오른쪽 란에 기재된 기관의 소관 사무에 관한 부령으로 본다.

제3조【종전의 법률에 따른 고시·처분 및 계속 중인 행위에 관한 경과조치】 이 법 시행 전에 부칙 제4조에서 개정되는 법률에 따라 행정기관이 행한 고시·행정처분, 그 밖의 행정기관의 행위와 행정기관에 대한 신청·신고, 그 밖의 행위는 각각 부칙 제4조에서 개정되는 법률에 따라 해당 사무를 승계하는 행정기관의 행위 또는 행정기관에 대한 행위로 본다.

제4조【다른 법률의 개정】 ①~㉕ ※(해당 법령에 가제정리 하였음)

제5조【다른 법령과의 관계】 이 법 시행 당시 다른 법령(이 법 시행 전에 공포되었으나 시행일이 도래하지 아니한 법령을 포함한다)에서 부칙 제2조제1항의 표의 왼쪽 란에 기재된 사무와 관련하여 소관 행정기관, 행정기관의 장 또는 그 소속공무원, 행정기관의 부령을 인용한 경우에는 같은 표의 오른쪽 란에 기재된 행정기관, 행정기관의 장 또는 그 소속공무원, 행정기관의 부령을 각각 인용한 것으로 본다.

부 칙 (2021.7.8)

제1조【시행일】 이 법은 공포 후 1개월이 경과한 날부터 시행한다.

제2조【다른 법률의 개정】 ①~③ ※(해당 법령에 가제정리 하였음)

부 칙 (2023.3.4)

제1조【시행일】 이 법은 공포 후 3개월이 경과한 날부터 시행한다. 다만, 부칙 제7조에 따라 개정되는 법률 중 이 법 시행 전에 공포되었으나 시행일이 도래하지 아니한 법률을 개정한 부분은 각각 해당 법률의 시행일부터 시행한다.

제2조【다른 법률의 폐지】 재외동포재단법은 폐지한다.

제3조【다른 법률의 폐지에 따른 경과조치】 ① 「재외동포재단법」에 따른 재외동포재단(이하 이 조에서 "재단"이라 한다)은 이 법 시행과 동시에 「민법」 중 법인의 해산 및 청산에 관한 규정에도 불구하고 해산된 것으로 본다.
② 이 법 시행 당시 재단의 모든 권리·의무 및 재산은 재외동포청이 승계한다. 이 경우 재외동포청에 승계될 재산의 가액은 승계되는 날 전일의 장부가액으로 한다.
③ 이 법 시행 당시 재단이 행한 행위 또는 재단에 대한 행위는 그 업무의 범위에서 재외동포청의 행위 또는 재외동포청에 대한 행위로 본다.
④ 이 법 시행 전의 행위에 대한 벌칙 및 과태료의 적용은 종전의 「재외동포재단법」에 따른다.

제4조【조직폐지 및 신설 등에 따른 소관사무 및 공무원 등에 관한 경과조치】 ① 이 법 시행 당시 다음 표의 왼쪽 란에 기재된 행정기관의 장의 사무는 같은 표의 오른쪽 란에 기재된 행정기관의 장이 각각 승계한다.

국가보훈처장의 소관사무	국가보훈부장관
외교부장관의 소관사무 중 이 법 제30조제3항에 규정된 사무	재외동포청장

② 이 법 시행 당시 다음 표의 왼쪽 란에 기재된 행정기관 소속 공무원(정무직은 제외한다)은 같은 표의 오른쪽 란에 기재된 행정기관 소속 공무원으로 본다.

국가보훈처	대통령령으로 정하는 바에 따라 국가보훈부
외교부	대통령령으로 정하는 바에 따라 외교부 또는 재외동포청

③ 이 법 시행 당시 제1항의 표의 왼쪽 란에 기재된 사무와 관련된 총리령 또는 부령은 같은 표의 오른쪽 란에 기재된 기관의 소관 사무에 관한 부령으로 본다.

제5조【종전의 법률에 따른 고시·처분 및 계속 중인 행위에 관한 경과조치】 이 법 시행 전에 부칙 제7조에서 개정되는 법률에 따라 행정기관이 행한 고시·행정처분, 그 밖의 행정기관의 행위와 행정기관에 대한 신청·신고, 그 밖의 행위는 각각 부칙 제7조에서 개정되는 법률에 따라 해당 사무를 승계하는 행정기관의 행위 또는 행정기관에 대한 행위로 본다.

제6조【인사청문에 관한 특례】 이 법 시행 전에 대통령은 국무위원 후보자(국가보훈부장관)에 대하여 국회에 인사청문을 요청할 수 있다.

제7조【다른 법률의 개정】 ①~㊻ ※(해당 법령에 가제정리 하였음)

제8조【조직폐지 및 신설 등에 따른 다른 법령과의 관계】 이 법 시행 당시 다른 법령(이 법 시행 전에 공포되었으나 시행일이 도래하지 아니한 법령을 포함한다)에서 부칙 제4조제1항의 표 왼쪽 란에 기재된 사무와 관련하여 소관 행정기관, 행정기관의 장 또는 그 소속 공무원, 행정기관의 총리령 또는 부령을 인용한 경우에는 같은 표의 오른쪽 란에 기재된 행정기관, 행정기관의 장 또는 그 소속 공무원, 행정기관의 부령을 각각 인용한 것으로 본다.

부 칙 (2023.12.26)

제1조【시행일】 이 법은 공포 후 6개월이 경과한 날부터 시행한다. 다만, 부칙 제4조에 따라 개정되는 법률 중 이 법 시행 전에 공포되었으나 시행일이 도래하지 아니한 법률을 개정한 부분은 각각 해당 법률의 시행일부터 시행한다.

제2조【소관사무 및 공무원 등에 관한 경과조치】 ① 이 법 시행 당시 다음 표의 왼쪽 란에 기재된 행정기관의 장의 사무는 같은 표의 오른쪽 란에 기재된 행정기관의 장이 승계한다.

보건복지부장관의 소관사무 중 이 법 제28조제1항에 규정된 사무	교육부장관

② 이 법 시행 당시 보건복지부 소속 공무원 중 대통령령으로 정하는 공무원은 교육부 소속 공무원으로 본다.
③ 이 법 시행 당시 제1항의 표의 왼쪽 란에 기재된 사무와 관련된 부령은 같은 표의 오른쪽 란에 기재된 기관의 소관 사무에 관한 부령으로 본다.

제3조【종전의 법률에 따른 고시·처분 및 계속 중인 행위에 관한 경과조치】 이 법 시행 전에 부칙 제4조에서 개정되는 법률에 따라 행정기관이 행한 고시·행정처분, 그 밖의 행정기관의 행위와 행정기관에 대한 신청·신고, 그 밖의 행위는 각각 부칙 제4조에서 개정되는 법률에 따라 해당 사무를 승계하는 행정기관의 행위 또는 행정기관에 대한 행위로 본다.

제4조【다른 법률의 개정】 ①~⑦ ※(해당 법령에 가제정리 하였음)

제5조【다른 법령과의 관계】 이 법 시행 당시 다른 법령(이 법 시행 전에 공포되었으나 시행일이 도래하지 아니한 법령을 포함한다)에서 부칙 제2조제1항의 표의 왼쪽 란에 기재된 사무와 관련하여 소관 행정기관, 행정기관의 장 또는 그 소속 공무원, 행정기관의 부령을 인용한 경우에는 같은 표의 오른쪽 란에 기재된 행정기관, 행정기관의 장 또는 그 소속 공무원, 행정기관의 부령을 각각 인용한 것으로 본다.

부 칙 (2024.1.26)

이 법은 공포 후 4개월이 경과한 날부터 시행한다.

남북교류협력에 관한 법률

(약칭 : 남북교류협력법)

(1990년 8월 1일 법 률 제4239호)

개정
1990.12.27법 4268호(정부조직)
2007. 4.11법 8364호(검역법)
2008. 2.29법 8852호(정부조직)
2008.12.26법 9191호
2009. 5.28법 9745호
2009.12.29법 9846호(검역법)
2010. 4. 5법 10228호(무역보험법)
2010. 5.14법 10282호(출입국)
2014. 3.11법 12396호
2020. 3. 4법 17068호(검역법)
2020.12. 8법 17564호
<중략>
2009. 1.30법 9357호
2024. 1.16법 20000호

제1조【목적】 이 법은 군사분계선 이남지역과 그 이북지역 간의 상호 교류와 협력을 촉진하기 위하여 필요한 사항을 규정함으로써 한반도의 평화와 통일에 이바지하는 것을 목적으로 한다.(2009.1.30 본조개정)

제2조【정의】 이 법에서 사용하는 용어의 뜻은 다음과 같다.
1. "출입장소"란 군사분계선 이북지역(이하 "북한"이라 한다)으로 가거나 북한으로부터 들어올 수 있는 군사분계선 이남지역(이하 "남한"이라 한다)의 항구, 비행장, 그 밖의 장소로서 대통령령으로 정하는 곳을 말한다.
2. "교역"이란 남한과 북한 간의 물품, 대통령령으로 정하는 용역 및 전자적 형태의 무체물(이하 "물품등"이라 한다)의 반출·반입을 말한다.
3. "반출·반입"이란 매매, 교환, 임대차, 사용대차, 증여, 사용 등을 목적으로 하는 남한과 북한 간의 물품등의 이동(단순히 제3국을 거치는 물품등의 이동을 포함한다. 이하 같다)을 말한다.
4. "협력사업"이란 남한과 북한의 주민(법인·단체를 포함한다)이 공동으로 하는 환경, 경제, 통계, 학술, 과학기술, 정보통신, 문화, 체육, 관광, 보건의료, 방역, 교통, 농림축산, 해양수산 등에 관한 모든 활동을 말한다.
(2024.1.16 본호개정)
(2009.1.30 본조개정)

제3조【다른 법률과의 관계】 남한과 북한의 왕래·접촉·교역·협력사업 및 통신 역무(役務)의 제공 등 남한과 북한 간의 상호 교류와 협력(이하 "남북교류·협력"이라 한다)을 목적으로 하는 행위에 관하여는 이 법률의 목적 범위에서 다른 법률에 우선하여 이 법을 적용한다.
(2009.1.30 본조개정)

제4조【남북교류협력 추진협의회의 설치】 남북교류·협력에 관한 정책을 협의·조정하고, 중요 사항을 심의·의결하기 위하여 통일부에 남북교류협력 추진협의회(이하 "협의회"라 한다)를 둔다.(2009.1.30 본조개정)

제5조【협의회의 구성】 ① 협의회는 위원장 1명을 포함한 25명 이내의 위원으로 구성한다.(2020.12.8 본항개정)
② 위원장은 통일부장관이 되며, 협의회의 업무를 총괄한다.
③ 위원은 다음 각 호의 어느 하나에 해당하는 사람 중에서 국무총리가 임명하거나 위촉한다. 이 경우 위원 중 7명 이상은 제2호에 해당하는 사람으로 하되, 이 중 1명 이상은 「지방자치법」 제165조제1항제1호에 따라 설립된 협의체가 추천하는 사람으로 한다.(2020.12.8 후단개정)
1. 차관 또는 차관급 공무원
2. 남북교류·협력에 관한 전문지식과 경험을 갖춘 민간전문가
④ 위원장이 부득이한 사유로 직무를 수행할 수 없을 때에는 위원장이 미리 지정한 위원이 직무를 대행한다.
⑤ 제3항제1호에 해당하는 위원이 회의에 출석하지 못할 부득이한 사유가 있을 때에는 대통령령으로 정하는 바에 따라 그가 소속된 기관의 다른 공무원으로 하여금 회의에 대리출석하여 그의 권한을 대행하게 할 수 있다.
⑥ 협의회에는 위원장이 지명하는 간사 1명을 둔다.
(2009.1.30 본조개정)

제6조【협의회의 기능】 협의회는 다음 각 호의 사항을 심의·의결한다.
1. 남북교류·협력에 관한 정책의 협의·조정 및 기본원칙의 수립
2. 남북교류·협력에 관한 승인이나 그 취소 등에 관한 중요 사항의 협의·조정
3. 제14조에 따른 반출·반입 승인대상 물품등의 공고에 관한 사항
4. 협력사업에 대한 총괄·조정
5. 남북교류·협력 촉진을 위한 지원
6. 관계 부처 간의 협조가 필요한 남북교류·협력과 관련된 중요 사항
7. 그 밖에 위원장이 회의에 부치는 사항
(2009.1.30 본조개정)

제7조【협의회의 회의와 운영】 ① 협의회의 회의는 위원장이 소집한다.
② 협의회의 회의는 재적위원 과반수의 출석과 출석위원 과반수의 찬성으로 의결한다.
③ 그 밖에 협의회의 운영에 필요한 사항은 대통령령으로 정한다.
(2009.1.30 본조개정)

제8조【실무위원회】 ① 협의회에는 협의회에 상정할 의안(議案)을 준비하고, 협의회의 위임을 받은 사무를 처리할 실무위원회를 둔다.
② 실무위원회의 구성과 운영 등에 필요한 사항은 대통령령으로 정한다.
(2009.1.30 본조개정)

제9조【남북한 방문】 ① 남한의 주민이 북한을 방문하거나 북한의 주민이 남한을 방문하려면 대통령령으로 정하는 바에 따라 통일부장관의 방문승인을 받아야 하며, 통일부장관이 발급한 증명서(이하 "방문증명서"라 한다)를 소지하여야 한다.
② 방문증명서는 유효기간을 정하여 북한방문증명서와 남한방문증명서로 나누어 발급하며, 다음 각 호와 같이 구분한다.
1. 한 차례만 사용할 수 있는 방문증명서
2. 유효기간이 끝날 때까지 여러 차례 사용할 수 있는 방문증명서(이하 "복수방문증명서"라 한다)
③ 복수방문증명서의 유효기간은 5년 이내로 하며, 5년의 범위에서 연장할 수 있다.
④ 통일부장관은 방문승인을 하는 경우 대통령령으로 정하는 범위에서 북한 또는 남한에 머무를 수 있는 방문기간(이하 "방문기간"이라 한다)을 부여하여야 하고, 남북교류·협력의 원활한 추진을 위하여 대통령령으로 정하는 바에 따라 북한방문결과보고서 제출 등 조건을 붙일 수 있다.
⑤ 방문승인을 받은 사람은 방문기간 내에 한 차례에 한하여 북한 또는 남한을 방문할 수 있다.
⑥ 복수방문증명서를 발급받은 사람 중 외국을 거치지 아니하고 북한 또는 남한을 직접 방문하는 사람 등 대통령령으로 정하는 사람은 제5항에도 불구하고 방문기간 내에 횟수에 제한없이 북한 또는 남한을 방문할 수 있다. 다만, 방문기간 내에라도 방문 목적이나 경로를 달리하여 방문할 경우에는 통일부장관의 방문승인을 별도로 받아야 한다.
⑦ 통일부장관은 제1항 및 제6항 단서에 따라 방문승인을 받은 사람이 다음 각 호의 어느 하나에 해당하는 경우에는 그 승인을 취소할 수 있다. 다만, 제1호의 경우에는 그 승인을 취소하여야 한다.
1. 거짓이나 그 밖의 부정한 방법으로 방문승인을 받은 경우
2. 제4항에 따른 조건을 위반한 경우
3. 남북교류·협력을 해칠 명백한 우려가 있는 경우
4. 국가안전보장, 질서유지 또는 공공복리를 해칠 명백한 우려가 있는 경우
⑧ 다음 각 호의 어느 하나에 해당하는 사람(이하 "재외국민"이라 한다)이 외국에서 북한을 왕래할 때에는 통일부장관이나 재외공관(在外公館)의 장에게 신고하여야 한다. 다만, 외국을 거치지 아니하고 남한과 북한을 직접 왕래할 때에는 제1항에 따라 발급된 방문증명서를 소지하여야 한다.
1. 외국정부로부터 영주권을 취득하였거나 이에 준하는 장기체류허가를 받은 사람
2. 외국에 소재하는 외국법인 등에 취업하여 업무수행의 목적으로 북한을 방문하는 사람
⑨ 제8항에 따른 신고절차 등에 관하여 필요한 사항은 대통령령으로 정한다.
(2009.1.30 본조개정)

제9조의2【남북한 주민 접촉】 ① 남한의 주민이 북한의 주민과 회합·통신, 그 밖의 방법으로 접촉하려면 통일부장관에게 미리 신고하여야 한다. 다만, 대통령령으로 정하는 부득이한 사유에 해당하는 경우에는 접촉한 후에 신고할 수 있다.
② 방문증명서를 발급받은 사람이 그 방문 목적의 범위에서 당연히 인정되는 접촉을 하는 경우 등 대통령령으로 정하는 경우에 해당하면 제1항의 접촉신고를 한 것으로 본다.
③ 통일부장관은 제1항 본문에 따라 접촉에 관한 신고를 받은 때에는 남북교류·협력을 해칠 명백한 우려가 있거나 국가안전보장, 질서유지 또는 공공복리를 해칠 명백한 우려가 있는 경우에만 신고의 수리(受理)를 거부할 수 있다.
④ 제1항 본문에 따른 접촉신고를 받은 통일부장관은 남북교류·협력의 원활한 추진을 위하여 대통령령으로 정하는 바에 따라 북한주민접촉결과보고서 제출 등 조건을 붙이거나, 3년 이내의 유효기간을 정하여 수리할 수 있다. 다만, 대통령령으로 정하는 가족인 북한주민과의 접촉을 목적으로 하는 경우에는 5년 이내의 유효기간을 정할 수 있다.
⑤ 통일부장관은 필요하다고 인정할 경우 제4항에 따른 유효기간을 3년의 범위에서 연장할 수 있다.
⑥ 제1항에 따른 신고의 절차 등에 관하여 필요한 사항은 대통령령으로 정한다.
(2009.1.30 본조개정)

제10조【외국 거주 동포의 출입 보장】 외국 국적을 보유하지 아니하고 대한민국의 여권(旅券)을 소지하지 아니한 외국 거주 동포가 남한을 왕래하려면 「여권법」 제14조제1항에 따른 여행증명서를 소지하여야 한다.
(2009.1.30 본조개정)

제11조【남북한 방문에 대한 심사】 북한을 직접 방문하는 남한주민과 남한을 직접 방문하는 북한주민은 출입장소에서 대통령령으로 정하는 바에 따라 심사를 받아야 한다.(2009.1.30 본조개정)

제12조【남북한 거래의 원칙】 남한과 북한 간의 거래는 국가 간의 거래가 아닌 민족내부의 거래로 본다.
(2009.1.30 본조개정)

제13조【반출·반입의 승인】 ① 물품등을 반출하거나 반입하려는 자는 대통령령으로 정하는 바에 따라 그 물품등의 품목, 거래형태 및 대금결제 방법 등에 관하여 통일부장관의 승인을 받아야 한다. 승인을 받은 사항 중 대통령령으로 정하는 주요 내용을 변경할 때에도 또한 같다.
② 통일부장관은 제1항의 승인 또는 변경승인을 할 때에는 중요하다고 인정되는 사항은 미리 관계 행정기관의 장과 협의하여야 한다.
③ 통일부장관은 제1항에 따라 반출이나 반입을 승인하는 경우 남북교류·협력의 원활한 추진을 위하여 대통령령으로 정하는 바에 따라 반출·반입의 목적 등 조건을 붙이거나, 승인의 유효기간을 정할 수 있다.
④ 통일부장관은 제1항에 따라 반출이나 반입을 승인할 때에는 물품등의 품목, 거래형태 및 대금결제 방법 등에 관하여 일정한 범위를 정하여 포괄적으로 승인할 수 있다.
⑤ 통일부장관은 제1항에 따라 물품등의 반출이나 반입을 승인받은 자(이하 "교역당사자"라 한다)가 다음 각 호의 어느 하나에 해당하는 경우에는 그 승인을 취소할 수 있다. 다만, 제1호의 경우에는 그 승인을 취소하여야 한다.
1. 거짓이나 그 밖의 부정한 방법으로 반출이나 반입을 승인받은 경우
2. 제3항에 따른 조건을 위반한 경우
3. 제14조에 따라 공고된 사항을 위반한 경우
4. 제15조제1항에 따른 조정명령을 따르지 아니한 경우
5. 제15조제3항에 따른 보고를 하지 아니하거나 거짓으로 보고한 경우
6. 남북교류·협력을 해칠 명백한 우려가 있는 경우
7. 국가안전보장, 질서유지 또는 공공복리를 해칠 명백한 우려가 있는 경우
(2009.1.30 본조개정)

제14조【반출·반입 승인대상 물품등의 공고】 통일부장관은 물품등의 반출이나 반입에 관하여 협의회의 의결을 거쳐 다음 각 호의 사항을 미리 공고하여야 한다. 공고한 사항을 변경할 때에도 또한 같다.
1. 반출이나 반입에 관한 승인이 필요한 물품등 또는 금지 물품등의 구분
2. 반출이나 반입에 관한 승인이 필요한 물품등에 관한 제한 내용 및 승인 절차
(2009.1.30 본조개정)

제15조【교역에 관한 조정명령 등】 ① 통일부장관은 다음 각 호의 어느 하나에 해당하는 경우에는 교역당사자에게 반출하거나 반입하는 물품등의 가격·수량·품질, 그 밖의 거래조건 등에 관하여 필요한 조정(調整)을 명할 수 있다. 다만, 중요하다고 인정되는 사항은 미리 관계 행정기관의 장과 협의하여야 한다.
1. 조약이나 일반적으로 승인된 국제법규 또는 「남북관계 발전에 관한 법률」에 따라 체결·발효된 남북합의서의 이행을 위하여 필요한 경우
2. 국제 평화 및 안전유지를 위한 국제적 합의에 이바지할 필요가 있는 경우
3. 이 법 또는 관련 법령을 위반한 경우
4. 반출 또는 반입 시 공정한 경쟁을 해칠 우려가 있는 경우
5. 신용을 손상하는 행위를 방지하기 위하여 필요한 경우
② 통일부장관은 제1항에 따라 조정을 명하는 경우에는 그 목적달성에 필요한 정도를 넘지 아니하도록 하여야 한다.
③ 통일부장관은 교역당사자에게 물품등의 반출·반입 실적 등 대통령령으로 정하는 교역에 관한 사항을 보고하게 할 수 있다.
④ 제1항에 따른 조정명령의 절차와 제3항에 따른 보고의 절차 등에 관하여 필요한 사항은 대통령령으로 정한다.
(2009.1.30 본조개정)

제16조 (2009.1.30 삭제)

제17조【협력사업의 승인 등】 ① 협력사업을 하려는 자는 협력사업마다 다음 각 호의 요건을 모두 갖추어 통일부장관의 승인을 받아야 한다. 승인을 받은 협력사업의 내용을 변경할 때에도 또한 같다.
1. 협력사업의 내용이 실현 가능하고 구체적일 것
2. 협력사업으로 인하여 남한과 북한 간에 분쟁을 일으킬 사유가 없을 것
3. 이미 시행되고 있는 협력사업과 심각한 경쟁을 하게 될 가능성이 없을 것
4. 협력사업을 하려는 분야의 사업실적이 있거나 협력사업을 추진할 만한 자본·기술·경험 등을 갖추고 있을 것
5. 국가안전보장, 질서유지 또는 공공복리를 해칠 명백한 우려가 없을 것
② 통일부장관은 제1항의 협력사업의 승인을 하려면 미리 관계 행정기관의 장과 협의하여야 하며, 변경승인을

하려면 중요하다고 인정되는 경우에 한하여 미리 관계 행정기관의 장과 협의하여야 한다.
③ 통일부장관은 제1항에 따라 협력사업의 승인을 하는 경우 남북교류·협력의 원활한 추진을 위하여 대통령령으로 정하는 바에 따라 사업범위 등 조건을 붙이거나 승인의 유효기간을 정할 수 있다.
④ 통일부장관은 제1항에 따라 협력사업의 승인을 받은 자가 다음 각 호의 어느 하나에 해당하면 관계 행정기관의 장과 협의하여 6개월 이내의 기간을 정하여 협력사업의 정지를 명하거나 그 승인을 취소할 수 있다. 다만, 제1호 및 제5호의 경우에는 그 승인을 취소하여야 한다.
1. 거짓이나 그 밖의 부정한 방법으로 협력사업의 승인을 받은 경우
2. 제1항 각 호의 요건을 갖추지 못하게 된 경우
3. 제1항 각 호 외의 부분 후단에 따른 변경승인을 받지 아니하고 협력사업의 내용을 변경한 경우
4. 제3항에 따른 조건을 위반한 경우
5. 협력사업 정지기간 중에 협력사업을 한 경우
6. 제18조제1항에 따른 조정명령을 따르지 아니한 경우
7. 제18조제3항에 따른 보고를 하지 아니하거나 거짓으로 보고한 경우
8. 제25조의4제1항에 따른 조사를 정당한 사유 없이 거부·기피하거나 방해한 경우
9. 협력사업의 승인을 받고 최근 3년간 계속하여 협력사업의 실적이 없는 경우
10. 협력사업의 시행 중 남북교류·협력을 해칠 명백한 우려가 있는 행위를 한 경우
11. 국가안전보장, 질서유지 또는 공공복리를 해칠 명백한 우려가 있는 경우
⑤ 통일부장관은 제4항에 따라 협력사업의 정지를 명하거나 승인을 취소하려면 청문을 실시하여야 한다.
⑥ 제1항부터 제4항까지의 규정에 따른 승인, 협력사업 정지, 승인취소의 절차 등에 관하여 필요한 사항은 대통령령으로 정한다.
(2009.1.30 본조개정)

제17조의2【협력사업의 신고】 ① 소액투자 등 대통령령으로 정하는 협력사업을 하려는 자는 제17조제1항에도 불구하고 같은 항 제2호와 제5호의 요건을 갖추어 대통령령으로 정하는 바에 따라 통일부장관에게 신고하고 협력사업을 할 수 있다. 신고한 협력사업의 내용을 변경할 때에도 또한 같다.
② 제1항에 따른 신고를 받은 통일부장관은 남북교류·협력의 원활한 추진을 위하여 대통령령으로 정하는 바에 따라 사업범위 등 조건을 붙이거나 유효기간을 정하여 수리할 수 있다.
(2009.1.30 본조신설)

제18조【협력사업에 관한 조정명령 등】 ① 통일부장관은 다음 각 호의 어느 하나에 해당하는 경우에는 협력사업을 하는 자에게 협력사업의 내용·조건 또는 승인의 유효기간 등에 관하여 필요한 조정을 명할 수 있다. 다만, 중요하다고 인정되는 사항은 미리 관계 행정기관의 장과 협의하여야 한다.
1. 조약이나 일반적으로 승인된 국제법규 또는 「남북관계 발전에 관한 법률」에 따라 체결·발효된 남북합의서의 이행을 위하여 필요한 경우
2. 국제평화 및 안전유지를 위한 국제적 합의에 이바지할 필요가 있는 경우
3. 이 법 또는 관련 법령을 위반한 경우
4. 협력사업의 공정한 경쟁을 해칠 우려가 있는 경우
5. 신용을 손상하는 행위를 방지하기 위하여 필요한 경우
② 통일부장관은 제1항에 따라 조정을 명하는 경우에는 그 목적 달성에 필요한 정도를 넘지 아니하도록 하여야 한다.
③ 통일부장관은 협력사업을 하는 자에게 북한측 상대자와의 사업 약정 또는 계약의 체결 등 대통령령으로 정하는 협력사업의 시행 내용을 보고하게 할 수 있다.
④ 제1항에 따른 조정명령의 절차와 제3항에 따른 보고의 절차 등에 관하여 필요한 사항은 대통령령으로 정한다.
(2009.1.30 본조개정)

제19조【결제 업무의 취급기관】 ① 통일부장관은 남북교류·협력에 필요하다고 인정할 때에는 기획재정부장관과 협의하여 결제 업무를 취급할 기관을 지정할 수 있다.
② 제1항에 따른 결제 업무 취급기관이 하는 결제의 범위·방법 및 절차 등에 관하여 필요한 사항은 대통령령으로 정한다.
(2009.1.30 본조개정)

제20조【수송장비의 운행】 ① 남한과 북한 간에 선박·항공기·철도차량 또는 자동차 등(이하 "수송장비"라 한다)을 운행하려는 자는 통일부장관의 승인을 받아야 한다.
② 통일부장관은 제1항에 따라 수송장비의 운행을 승인하는 경우 남북교류·협력의 원활한 추진을 위하여 대통령령으로 정하는 바에 따라 운행노선 등 조건을 붙이거나, 5년 이내의 유효기간을 정할 수 있다.
③ 통일부장관은 제1항에 따라 운행 승인을 받은 자가 다음 각 호의 어느 하나에 해당하면 그 승인을 취소할 수 있다. 다만, 제1호의 경우에는 그 승인을 취소하여야 한다.
1. 거짓이나 그 밖의 부정한 방법으로 운행 승인을 받은 경우
2. 제2항에 따른 조건을 위반한 경우
3. 남북교류·협력을 해칠 명백한 우려가 있는 경우
4. 국가안전보장, 질서유지 또는 공공복리를 해칠 명백한 우려가 있는 경우
④ 제1항에 따른 승인의 기준 및 절차와 제2항에 따른 유효기간의 설정 등에 관하여 필요한 사항은 대통령령으로 정한다.
(2009.1.30 본조개정)

제21조【수송장비 등의 출입 관리】 수송장비와 그 승무원이 출입장소에 드나들 때에는 「출입국관리법」 제69조부터 제73조까지, 제73조의2 및 제74조부터 제76조까지의 규정을 준용한다.(2010.5.14 본조개정)

제22조【통신 역무의 제공】 ① 남북교류·협력을 촉진하기 위하여 우편 및 전기통신 역무를 제공할 수 있다.
② 남한과 북한 간에 제공되는 우편 및 전기통신 역무의 제공자, 종류, 요금, 취급 절차 등에 관하여 필요한 사항은 대통령령으로 정한다.
(2009.1.30 본조개정)

제23조【검역 등】 ① 북한에서 오는 수송장비와 화물 및 사람은 검역조사(檢疫調査)를 받아야 한다.
(2009.5.28 본항개정)
② 제1항에 따른 검역조사에는 「검역법」 제9조부터 제12조까지, 제12조의2제3항, 제12조의3, 제12조의4, 제12조의5, 제13조, 제15조부터 제25조까지, 제27조, 제28조, 제34조, 제35조 및 제39조부터 제41조까지의 규정을 준용한다. 다만, 통일부장관이 필요하다고 인정하는 경우에는 관계 행정기관의 장과 협의하여 검역조사 또는 그 절차의 일부를 생략할 수 있다.(2020.3.4 본문개정)
③ (2009.5.28 삭제)

제24조【남북교류·협력의 지원】 정부는 남북교류·협력을 증진시키기 위하여 필요하다고 인정하면 이 법에 따라 행하는 남북교류·협력을 위한 사업을 시행하는 자에게 보조금을 지급하거나 그 밖에 필요한 지원을 할 수 있다.(2009.1.30 본조개정)

제24조의2【지방자치단체 남북교류·협력의 지원】 ① 지방자치단체는 남북교류·협력을 위하여 협력사업을 추진할 수 있다.
② 지방자치단체의 남북교류·협력을 증진하고, 관련 정책을 협의·조정하기 위하여 통일부에 지방자치단체 남북교류협력 정책협의회를 둔다.
③ 제2항에 따른 정책협의회의 구성과 운영 등에 필요한 사항은 대통령령으로 정한다.
(2020.12.8 본조신설)

제25조【협조 요청】 ① 통일부장관은 남북교류·협력을 증진시키고 관련 정책을 수립하기 위하여 필요하다고 인정하면 관계 행정기관의 장에게 남북한 간에 이동하는 인원, 물품등 및 수송장비에 대한 통계자료 등 정보의 제공을 요청할 수 있다. 이 경우 관계 행정기관의 장은 이에 협조하여야 한다.
② 통일부장관은 남북교류·협력을 증진시키고 관련 정책을 수립하기 위하여 필요하다고 인정하면 관계 전문가와 남북교류·협력의 경험이 있는 자에게 의견의 진술 등 필요한 협조를 요청할 수 있다.
(2009.1.30 본조개정)

제25조의2【업무의 위탁】 ① 통일부장관은 대통령령으로 정하는 바에 따라 다음 각 호의 업무 중 일부를 제24조에 따른 지원을 받은 자 또는 관련 법인·단체에 위탁할 수 있다.
1. 정부와 북한 당국 간에 합의한 사업의 추진
2. 남북교류·협력의 촉진을 위하여 필요한 업무
3. 그 밖에 이 법에 따른 통일부장관의 업무
② 통일부장관은 제1항에 따라 업무를 위탁받은 관련 법인·단체가 해당 업무를 원활하게 수행할 수 있도록 필요한 지원을 할 수 있다.
(2009.1.30 본조신설)

제25조의3【남북교류·협력의 전자적 처리기반 구축】
① 통일부장관은 남북교류·협력을 증진시키고 관련 정책을 수립하기 위하여 남한과 북한을 이동하는 인원, 물품등, 수송장비 등의 통계유지와 정보의 수집·분석을 위한 전자적 관리체제를 개발·운영하여야 한다.
② 제1항에 따른 전자적 관리체제의 운영 등에 필요한 사항은 대통령령으로 정한다.
(2009.1.30 본조신설)

제25조의4【지도·감독 등】 ① 통일부장관은 남북교류·협력의 원활한 추진을 위하여 협력사업을 하는 자, 이 법에 따른 보조금을 받거나 그 밖에 필요한 지원을 받은 자에 대하여 지도·감독을 하며, 필요한 경우 사업 운영 상황에 대하여 조사를 할 수 있다.
② 통일부장관은 제1항의 조사를 위하여 관계 행정기관의 장에게 인원 지원이나 그 밖의 필요한 협조를 요청할 수 있다.
③ 통일부장관은 제1항에 따른 조사 결과 위법 또는 부당한 사실을 발견한 경우에는 그 시정을 명하거나 그 밖에 필요한 조치를 할 수 있다.
④ 제1항에 따른 조사의 대상, 방법 및 절차 등은 대통령령으로 정한다.(2009.5.28 본항개정)
(2009.1.30 본조신설)

제26조【다른 법률의 준용】 ① 교역에 관하여 이 법에 특별히 규정되지 아니한 사항에 대하여는 대통령령으로 정하는 바에 따라 「대외무역법」 등 무역에 관한 법률을 준용한다.
② 물품등의 반출이나 반입과 관련된 조세에 대하여는 대통령령으로 정하는 바에 따라 조세의 부과·징수·감면 및 환급 등에 관한 법률을 준용한다. 다만, 원산지가 북한인 물품등을 반입할 때에는 「관세법」에 따른 과세 규정과 다른 법률에 따른 수입부과금(輸入賦課金)에 관한 규정은 준용하지 아니한다.
③ 남한과 북한 간의 투자, 물품등의 반출이나 반입, 그 밖에 경제에 관한 협력사업과 이에 따르는 거래에 대하여는 대통령령으로 정하는 바에 따라 다음 각 호의 법률을 준용한다.
1. 「외국환거래법」
2. 「외국인투자 촉진법」
3. 「한국수출입은행법」
4. 「무역보험법」(2010.4.5 본호개정)
5. 「대외경제협력기금법」
6. 「법인세법」
7. 「소득세법」
8. 「조세특례제한법」
9. 「수출용원재료에 대한 관세 등 환급에 관한 특례법」
10. 그 밖에 대통령령으로 정하는 법률
④ 제1항부터 제3항까지의 규정에도 불구하고 관계 행정기관의 장은 협의회의 의결을 거쳐 그 특례를 정할 수 있다.
(2009.1.30 본조개정)

제26조의2【벌칙 적용 시의 공무원 의제】 협의회의 위원 중 공무원이 아닌 위원과 제25조의2제1항에 따라 위탁한 업무에 종사하는 법인이나 단체의 임직원은 그 직무와 관련하여 「형법」과 그 밖의 법률에 따른 벌칙을 적용할 때에는 공무원으로 본다.(2009.1.30 본조개정)

제27조【벌칙】 ① 다음 각 호의 어느 하나에 해당하는 자는 3년 이하의 징역 또는 3천만원 이하의 벌금에 처한다.(2014.3.11 본문개정)
1. 제9조제1항 및 제6항 단서에 따른 승인을 받지 아니하고 북한을 방문한 자
2. 거짓이나 그 밖의 부정한 방법으로 제9조제1항 및 제6항 단서에 따른 승인을 받은 자
3. 제13조제1항에 따른 승인을 받지 아니하고 물품등을 반출하거나 반입한 자
4. 제17조제1항에 따른 승인을 받지 아니하고 협력사업을 시행한 자
5. 제20조제1항에 따른 승인을 받지 아니하고 남한과 북한 간에 수송장비를 운행한 자
6. 거짓이나 그 밖의 부정한 방법으로 제13조제1항, 제17조제1항 또는 제20조제1항에 따른 승인을 받은 자
② 다음 각 호의 어느 하나에 해당하는 자는 1년 이하의 징역 또는 1천만원 이하의 벌금에 처한다.(2014.3.11 본문개정)
1. 제15조제1항에 따른 조정명령을 따르지 아니한 자
2. 제17조의2제1항에 따른 신고를 하지 아니하고 협력사업을 시행한 자
3. 거짓이나 그 밖의 부정한 방법으로 제17조의2제1항에 따른 신고를 한 자
4. 제18조제1항에 따른 조정명령을 따르지 아니한 자
③ 제1항 각 호의 미수범은 처벌한다.
(2009.1.30 본조개정)

제28조【양벌규정】 법인의 대표자나 법인 또는 개인의 대리인, 사용인, 그 밖의 종업원이 그 법인 또는 개인의 업무에 관하여 제27조의 위반행위를 하면 그 행위자를 벌하는 외에 그 법인 또는 개인에게도 해당 조문의 벌금형을 과(科)한다. 다만, 법인 또는 개인이 그 위반행위를 방지하기 위하여 해당 업무에 관하여 상당한 주의와 감독을 게을리하지 아니한 경우에는 그러하지 아니하다.
(2008.12.26 본조개정)

제28조의2【과태료】 ① 다음 각 호의 어느 하나에 해당하는 자에게는 300만원 이하의 과태료를 부과한다.
1. 제9조제8항에 따른 신고를 하지 아니하고 북한을 왕래하거나 거짓이나 그 밖의 부정한 방법으로 신고를 한 자
2. 제9조의2제1항에 따른 신고를 하지 아니하고 회합·통신, 그 밖의 방법으로 북한의 주민과 접촉하거나 거짓이나 그 밖의 부정한 방법으로 신고를 한 자
3. 제9조의2제4항 또는 제17조의2제2항에 따른 조건을 위반한 자
4. 제15조제3항에 따른 보고를 하지 아니하거나 거짓으로 보고한 자
5. 제18조제3항에 따른 보고를 하지 아니하거나 거짓으로 보고한 자
6. 제25조의4제1항에 따른 조사를 정당한 사유 없이 거부·기피·방해하거나 같은 조 제3항에 따른 시정명령을 따르지 아니한 자
② 제1항에 따른 과태료는 대통령령으로 정하는 바에 따라 통일부장관이 부과·징수한다.
(2009.1.30 본조개정)

行政

제29조【형의 감경 등】 제27조제1항 또는 제27조제2항제2호 및 제3호의 죄를 범한 자가 자수하면 그 형을 감경(減輕)하거나 면제할 수 있다.(2009.1.30 본조개정)
제30조【북한주민 의제】 이 법(제9조제1항과 제11조는 제외한다)을 적용할 때 북한의 노선에 따라 활동하는 국외단체의 구성원은 북한의 주민으로 본다.(2009.1.30 본조개정)

부 칙 (2009.1.30)

제1조【시행일】 이 법은 공포 후 6개월이 경과한 날부터 시행한다.
제2조【남북한 방문에 관한 경과조치】 이 법 시행 전에 방문증명서를 발급받거나 방문신고하여 수리를 받은 자는 제9조제1항의 개정규정에 따른 방문승인을 받은 것으로 본다.
제3조【과태료에 관한 경과조치】 제28조의2제1항의 개정규정 중 신설된 사항(제1호와 제2호 중 "거짓이나 그 밖의 부정한 방법으로 신고를 한 자", 제4호와 제5호 중 "거짓으로 보고한 자")은 이 법 시행 전의 행위에 대하여는 적용하지 아니한다.
제4조【다른 법률의 개정】 ①~② ※(해당 법령에 가제정리 하였음)

부 칙 (2014.3.11)

이 법은 공포 후 3개월이 경과한 날부터 시행한다.

부 칙 (2020.3.4)

제1조【시행일】 이 법은 공포 후 1년이 경과한 날부터 시행한다.(이하 생략)

부 칙 (2020.12.8)
(2024.1.16)

이 법은 공포 후 3개월이 경과한 날부터 시행한다.

남북협력기금법

(1990년 8월 1일
법 률 제4240호)

개정
1990.12.27법 4268호(정부조직)
1993.12.31법 4675호(국채법)
1996.12.12법 5170호(재정융자특별회계법)
1997.12.13법 5454호(정부부처명)
1999. 5.24법 5982호(정부조직)
1999.12.31법 6075호(국채법)
2002.12.30법 6836호(국고금관리법)
2006.12.30법 8135호(공공자금관리기금법)
2008. 2.29법 8852호(정부조직)
2009. 5.28법 9744호
2010. 3.26법10187호
2010. 5.17법10303호(은행법)
2023. 3.28법19278호
2024. 1. 9법19946호→2024년 7월 10일 시행
2024. 1.16법20001호

제1조【목적】 이 법은 「남북교류협력에 관한 법률」에 따른 남북 간의 상호교류와 협력을 지원하기 위하여 남북협력기금을 설치하고 남북협력기금의 운용과 관리에 필요한 사항을 정함을 목적으로 한다.(2009.5.28 본조개정)
제2조【정의】 이 법에서 사용하는 용어의 뜻은 다음과 같다.
1. "교역" 및 "협력사업"이란 「남북교류협력에 관한 법률」 제2조제2호 및 제4호에 규정된 교역 및 협력사업을 말한다.
2. "금융기관"이란 「은행법」과 그 밖의 법률에 따른 은행을 말한다.(2010.5.17 본호개정)
(2009.5.28 본조개정)
제3조【기금의 설치】 정부는 이 법의 목적 달성에 필요한 자금을 확보·공급하기 위하여 남북협력기금(이하 "기금"이라 한다)을 설치한다.(2009.5.28 본조개정)
제4조【기금의 재원】 기금은 다음 각 호의 재원으로 조성한다.
1. 정부의 출연금(2024.1.9 본호개정)
1의2. 정부 외의 자의 출연금 및 기부금(2024.1.9 본호신설)
2. 제5조에 따른 장기차입금
3. 「공공자금관리기금법」에 따른 공공자금관리기금으로부터의 예수금
4. 기금의 운용수익금
5. 그 밖에 대통령령으로 정하는 수입금
(2009.5.28 본조개정)
제4조의2【기부금의 접수】 통일부장관은 자발적으로 기탁되는 기부금을 통일부령으로 정하는 바에 따라 심의를 거쳐 제8조에 따른 기금의 용도에 부합하는 범위에서 접수할 수 있다.(2024.1.9 본조신설)
제5조【장기차입】 ① 통일부장관은 기금의 재원을 마련하기 위하여 필요하면 기금의 부담으로 다른 기금, 금융기관 등으로부터 자금을 장기차입할 수 있다.
② 통일부장관은 제1항에 따라 자금을 차입할 때에는 미리 기획재정부장관 및 관계 중앙행정기관의 장과 협의하여야 한다.
(2009.5.28 본조개정)
제6조 (1993.12.31 삭제)
제7조【기금의 운용·관리】 ① 기금은 통일부장관이 운용·관리한다.
② 통일부장관은 대통령령으로 정하는 바에 따라 기금의 운용·관리에 관한 사무를 금융기관에 위탁할 수 있다.
③ 통일부장관은 기금운용계획을 수립할 때 기금운용계획 중 경제 및 재정·금융정책과 관련되는 중요 사항은 미리 기획재정부장관 및 관계 중앙행정기관의 장과 협의하여야 한다.
④ 기금의 운용·관리에 관한 다음 각 호의 사항은 「남북교류협력에 관한 법률」 제4조에 따른 남북교류협력 추진협의회의 심의를 거쳐야 한다.
1. 기금의 운용·관리에 관한 기본정책
2. 기금운용계획
3. 결산보고 사항
4. 그 밖에 통일부장관이 필요하다고 인정하는 사항
(2009.5.28 본조개정)
제8조【기금의 용도】 기금은 다음 각 호의 어느 하나에 해당하는 용도에 사용한다.
1. 남북한 주민의 남북 간 왕래에 필요한 비용의 전부 또는 일부의 지원
2. 환경, 통계, 학술, 과학기술, 정보통신, 문화, 체육, 관광, 보건의료, 방역, 교통, 농림축산, 해양수산 분야 등의 협력사업에 필요한 자금의 전부 또는 일부의 지원
(2024.1.16 본호개정)
3. 교역 및 경제 분야 협력사업을 촉진하기 위한 보증 및 자금의 융자, 그 밖에 필요한 지원(2010.3.26 본호개정)
4. 교역 및 경제 분야 협력사업 추진 중 대통령령으로 정하는 경영 외적인 사유로 인하여 발생하는 손실을 보상하기 위한 보험(2010.3.26 본호신설)
5. 남북교류·협력을 촉진하기 위하여 환전 등 대금결제의 편의를 제공하거나 자금을 융자하는 금융기관에 대한 자금지원 및 손실보전(損失補塡)과 금융기관으로부터 대통령령으로 정하는 비지정통화(非指定通貨)의 인수
6. 그 밖에 민족의 신뢰와 민족공동체 회복에 이바지하는 남북교류·협력에 필요한 자금의 융자·지원 및 남북교류·협력을 증진하기 위한 사업의 지원
7. 차입금 및 「공공자금관리기금법」에 따른 공공자금관리기금으로부터의 예수금의 원리금 상환
8. 기금의 조성·운용 및 관리를 위한 경비의 지출
(2009.5.28 본조개정)
제9조【기금의 회계기관】 ① 통일부장관은 소속 공무원 중에서 기금의 수입과 지출에 관한 사무를 맡을 기금수입징수관, 기금재무관, 기금지출관 및 기금출납공무원을 임명한다.
② 제7조제2항에 따라 기금의 운용·관리에 관한 사무를 위탁한 경우 통일부장관은 사무를 위탁받은 은행의 이사 중에서 기금수입담당이사와 기금지출원인행위담당이사를, 그 직원 중에서 기금지출직원과 기금출납직원을 각각 임명할 수 있다. 이 경우 기금수입담당이사는 기금수입징수관의 직무를, 기금지출원인행위담당이사는 기금재무관의 직무를, 기금지출직원은 기금지출관의 직무를, 기금출납직원은 기금출납공무원의 직무를 각각 수행한다.
(2009.5.28 본조개정)
제10조【일시차입】 ① 통일부장관은 기금의 운용상 필요하면 기금의 부담으로 한국은행이나 그 밖의 금융기관으로부터 자금을 일시차입할 수 있다.
② 제1항에 따른 일시차입금은 차입한 회계연도에 상환하여야 한다.
(2009.5.28 본조개정)
제11조【보고 및 환수】 ① 기금을 사용하려는 자는 기금사용 계획을, 기금을 사용한 자는 기금사용 결과를 각각 대통령령으로 정하는 바에 따라 통일부장관에게 보고하여야 한다.
② 통일부장관은 기금을 사용하는 자가 해당 기금지출 목적 외의 용도에 사용하였을 때에는 지출된 기금의 전부를 환수할 수 있다.
③ 제2항에 따른 기금의 환수에 대하여는 국세 체납처분의 예에 따른다.
(2009.5.28 본조개정)
제12조【여유자금의 운용】 통일부장관은 기금에 여유자금이 있으면 다음 각 호의 방법으로 운용할 수 있다.
1. 국채·공채의 매입
2. 「공공자금관리기금법」에 따른 공공자금관리기금으로의 예탁
3. 금융기관에의 단기예치
4. 그 밖에 대통령령으로 정하는 방법
(2009.5.28 본조개정)
제12조의2【기부금의 적립】 통일부장관은 제4조의2에 따라 접수된 기부금을 기탁 목적이 달성될 수 있을 때까지 여유자금으로 적립할 수 있다.(2024.1.9 본조신설)
제13조【이익 및 결손의 처리】 ① 기금의 결산상 이익금이 생기면 전액 적립하여야 한다.
② 기금의 결산상 손실금이 생기면 제1항에 따른 적립금으로 보전하고, 그 적립금으로 부족하면 정부가 예산의 범위에서 보전할 수 있다.
(2009.5.28 본조개정)
제14조【감독 및 명령】 통일부장관은 제7조제2항에 따라 기금의 운용·관리에 관한 사무를 위탁한 경우에는 위탁사무를 감독하며, 이에 필요한 명령을 할 수 있다.
(2009.5.28 본조개정)

부 칙 (2010.3.26)

이 법은 공포 후 6개월이 경과한 날부터 시행한다.

부 칙 (2010.5.17)

제1조【시행일】 이 법은 공포 후 6개월이 경과한 날부터 시행한다.(이하 생략)

부 칙 (2023.3.28)

이 법은 공포 후 3개월이 경과한 날부터 시행한다.

부 칙 (2024.1.9)

이 법은 공포 후 6개월이 경과한 날부터 시행한다.

부 칙 (2024.1.16)

이 법은 공포 후 3개월이 경과한 날부터 시행한다.

국가정보원법

(2020년 12월 15일 전부개정법률 제17646호)

개정
2021.10.19법18519호

제1조【목적】 이 법은 국가정보원의 조직 및 직무범위와 국가안전보장 업무의 효율적인 수행을 위하여 필요한 사항을 규정함을 목적으로 한다.

제2조【지위】 국가정보원(이하 "국정원"이라 한다)은 대통령 소속으로 두며, 대통령의 지시와 감독을 받는다.

제3조【국정원의 운영 원칙】 ① 국정원은 운영에 있어 정치적 중립성을 유지하며, 국민의 자유와 권리를 보호하여야 한다.

② 국가정보원장(이하 "원장"이라 한다)·차장 및 기획조정실장과 그 밖의 직원은 이 법에서 정하는 정보의 수집 목적에 적합하게 정보를 수집하여야 하며, 수집된 정보를 직무 외의 용도로 사용하여서는 아니 된다.

제4조【직무】 ① 국정원은 다음 각 호의 직무를 수행한다.

1. 다음 각 목에 해당하는 정보의 수집·작성·배포
 가. 국외 및 북한에 관한 정보
 나. 방첩(산업경제정보 유출, 해외연계 경제질서 교란 및 방위산업침해에 대한 방첩을 포함한다), 대테러, 국제범죄조직에 관한 정보
 다. 「형법」 중 내란의 죄, 외환의 죄, 「군형법」 중 반란의 죄, 암호 부정사용의 죄, 「군사기밀 보호법」에 규정된 죄에 관한 정보
 라. 「국가보안법」에 규정된 죄와 관련되고 반국가단체와 연계되거나 연계가 의심되는 안보침해행위에 관한 정보
 마. 국제 및 국가배후 해킹조직 등 사이버안보 및 위성자산 등 안보 관련 우주 정보
2. 국가 기밀(국가의 안전에 대한 중대한 불이익을 피하기 위하여 한정된 인원만이 알 수 있도록 허용되고 다른 국가 또는 집단에 대하여 비밀로 할 사실·물건 또는 지식으로서 국가 기밀로 분류된 사항만을 말한다. 이하 같다)에 속하는 문서·자재·시설·지역 및 국가안전보장에 한정된 국가 기밀을 취급하는 인원에 대한 보안 업무. 다만, 각급 기관에 대한 보안감사는 제외한다.
3. 제1호 및 제2호의 직무수행에 관련된 조치로서 국가안보와 국익에 반하는 북한, 외국 및 외국인·외국단체·초국가행위자 또는 이와 연계된 내국인의 활동을 확인·견제·차단하고, 국민의 안전을 보호하기 위하여 취하는 대응조치
4. 다음 각 목의 기관 대상 사이버공격 및 위협에 대한 예방 및 대응
 가. 중앙행정기관(대통령 소속기관과 국무총리 소속기관을 포함한다) 및 그 소속기관과 국가인권위원회, 고위공직자범죄수사처 및 「행정기관 소속 위원회의 설치·운영에 관한 법률」에 따른 위원회
 나. 지방자치단체와 그 소속기관
 다. 그 밖에 대통령령으로 정하는 공공기관
5. 정보 및 보안 업무의 기획·조정
6. 그 밖에 다른 법률에 따라 국정원의 직무로 규정된 사항

② 원장은 제1항의 직무와 관련하여 직무수행의 원칙·범위·절차 등이 규정된 정보활동기본지침을 정하여 국회 정보위원회에 이를 보고하여야 한다. 정보활동기본지침을 개정할 때에도 또한 같다.(2021.10.19 후단개정)

③ 국회 정보위원회는 정보활동기본지침에 위법하거나 부당한 사항이 있다고 인정되면 재적위원 3분의 2 이상의 찬성으로 시정이나 보완을 요구할 수 있으며, 원장은 특별한 사유가 없으면 그 요구에 따라야 한다.(2021.10.19 본항신설)

④ 제1항제1호부터 제4호까지의 직무 수행을 위하여 필요한 사항과 같은 항 제5호에 따른 기획·조정의 범위와 대상 기관 및 절차 등에 관한 사항은 대통령령으로 정한다.

제5조【국가기관 등에 대한 협조 요청 등】 ① 원장은 직무 수행과 관련하여 필요한 경우 국가기관이나 그 밖의 관계 기관 또는 단체(이하 "국가기관 등"이라 한다)에 대하여 사실의 조회·확인, 자료의 제출 등 필요한 협조 또는 지원을 요청할 수 있다. 이 경우 요청을 받은 국가기관 등의 장은 정당한 사유가 없으면 그 요청에 따라야 한다.

② 직원은 제4조제1항제1호나목부터 마목까지 및 같은 조 같은 항 제2호의 직무수행을 위하여 필요한 경우 현장조사·문서열람·시료채취·자료제출 요구 및 진술요청 등의 방식으로 조사할 수 있다.

③ 국정원은 제4조제1항제1호나목부터 라목까지에 관한 직무수행과 관련하여 각급 수사기관과 정보 공조체계를 구축하고, 국정원과 각급 수사기관은 상호 협력하여야 한다.

④ 직원은 정보수집을 위하여 필요한 최소한의 범위 안에서 조사를 행하여야 하며, 다른 목적을 위하여 조사 권한을 남용하여서는 아니된다.

제6조【조직】 ① 국정원의 조직은 원장이 대통령의 승인을 받아 정한다.

② 제1항에도 불구하고 원장은 제4조에 따른 직무범위를 일탈하여 정치관여의 우려가 있는 정보 등을 수집·분석하기 위한 조직을 설치하여서는 아니 된다.

③ 국정원은 직무 수행상 특히 필요한 경우에는 대통령의 승인을 받아 특별시·광역시·특별자치시·도 또는 특별자치도에 지부(支部)를 둘 수 있다.

제7조【직원】 ① 국정원에 원장·차장 및 기획조정실장과 그 밖에 필요한 직원을 둔다. 다만, 그 직무 수행상 필요한 경우에는 차장을 2명 이상 둘 수 있다.

② 직원의 정원은 예산의 범위에서 대통령의 승인을 받아 원장이 정한다.

제8조【조직 등의 비공개】 국정원의 조직·소재지 및 정원은 국가안전보장을 위하여 필요한 경우에는 그 내용을 공개하지 아니할 수 있다.

제9조【원장·차장·기획조정실장】 ① 원장은 국회의 인사청문을 거쳐 대통령이 임명하며, 차장 및 기획조정실장은 원장의 제청으로 대통령이 임명한다.

② 원장은 정무직으로 하며, 국정원의 업무를 총괄하고 소속 직원을 지휘·감독한다.

③ 차장과 기획조정실장은 정무직으로 하고 원장을 보좌하며, 원장이 부득이한 사유로 직무를 수행할 수 없을 때에는 그 직무를 대행한다.

④ 원장·차장 및 기획조정실장 외의 직원 인사에 관한 사항은 따로 법률로 정한다.

제10조【겸직 금지】 원장·차장 및 기획조정실장은 다른 직(職)을 겸할 수 없다.

제11조【정치 관여 금지】 ① 원장·차장 및 기획조정실장과 그 밖의 직원은 정당이나 정치단체에 가입하거나 정치활동에 관여하는 행위를 하여서는 아니 된다.

② 제1항에서 정치활동에 관여하는 행위란 다음 각 호의 어느 하나에 해당하는 행위를 말한다.

1. 정당이나 정치단체의 결성 또는 가입을 지원하거나 방해하는 행위
2. 그 직위를 이용하여 특정 정당이나 특정 정치인에 대하여 지지 또는 반대 의견을 유포하거나, 그러한 여론을 조성할 목적으로 특정 정당이나 특정 정치인에 대하여 찬양하거나 비방하는 내용의 의견 또는 사실을 유포하는 행위
3. 특정 정당이나 특정 정치인, 특정 정치단체를 위하여 기부금 모집을 지원하거나 방해하는 행위 또는 기업의 자금, 국가·지방자치단체 및 「공공기관의 운영에 관한 법률」에 따른 공공기관의 자금을 이용하거나 지원하게 하는 행위
4. 특정 정당이나 특정인의 선거운동을 하거나 선거 관련 대책회의에 관여하는 행위
5. 특정 정당·정치단체나 특정 정치인을 위하여 집회를 주최·참석·지원하도록 다른 사람을 사주·유도·권유·회유 또는 협박하는 행위
6. 「정보통신망 이용촉진 및 정보보호 등에 관한 법률」에 따른 정보통신망을 이용한 제1호부터 제5호까지에 해당하는 행위
7. 소속 직원이나 다른 공무원에 대하여 제1호부터 제6호까지의 행위를 하도록 요구하거나 그 행위와 관련한 보상 또는 보복으로서 이익 또는 불이익을 주거나 이를 약속 또는 고지(告知)하는 행위

③ 직원은 원장, 차장·기획조정실장과 그 밖의 다른 직원으로부터 제2항에 해당하는 행위의 집행을 지시 받은 경우 내부 절차에 따라 이의를 제기할 수 있으며, 시정되지 않을 경우 그 직무의 집행을 거부할 수 있다.

④ 직원이 제3항의 규정에 따라 이의제기 절차를 거친 후에도 시정되지 않을 경우, 오로지 공익을 목적으로 제2항에 해당하는 행위의 집행을 지시 받은 사실을 수사기관에 신고하는 경우 「국가정보원직원법」 제17조의 규정은 적용하지 아니한다.

⑤ 직원이 제4항에 따라 수사기관에 신고하는 경우 원장은 해당 내용을 지체 없이 국회 정보위원회에 보고하여야 한다.

⑥ 누구든지 제4항의 신고자에게는 그 신고를 이유로 불이익조치(「공익신고자 보호법」 제2조제6호에 따른 불이익조치를 말한다)를 하여서는 아니 된다.

제12조【겸직 직원】 ① 원장은 현역 군인 또는 필요한 공무원의 파견근무를 관계 기관의 장에게 요청할 수 있다.

② 겸직 직원의 원(原) 소속 기관의 장은 겸직 직원의 모든 신분상의 권익과 보수를 보장하여야 하며, 겸직 직원을 전보(轉補) 발령하려면 미리 원장의 동의를 받아야 한다.

③ 겸직 직원은 겸직 기간 중 원 소속 기관의 장의 지시 또는 감독을 받지 아니한다.

④ 겸직 직원의 정원은 관계 기관의 장과 협의하여 대통령의 승인을 받아 원장이 정한다.

제13조【직권 남용의 금지】 원장·차장·기획조정실장 및 그 밖의 직원은 그 직권을 남용하여 법률에 따른 절차를 거치지 아니하고 사람을 체포 또는 감금하거나 다른 기관·단체 또는 사람으로 하여금 의무 없는 일을 하게 하거나 사람의 권리 행사를 방해하여서는 아니 된다.

제14조【불법 감청 및 불법위치추적 등의 금지】 원장·차장·기획조정실장 및 그 밖의 직원은 「통신비밀보호법」, 「위치정보의 보호 및 이용 등에 관한 법률」, 「형사소송법」 또는 「군사법원법」 등에서 정한 적법절차에 따르지 아니하고는 우편물의 검열, 전기통신의 감청 또는 공개되지 아니한 타인간의 대화를 녹음·청취하거나 위치정보 또는 통신사실확인자료를 수집하여서는 아니 된다.

제15조【국회에의 보고 등】 ① 원장은 국가 안전보장에 중대한 영향을 미치는 상황이 발생할 경우 지체 없이 대통령 및 국회 정보위원회에 보고하여야 한다.

② 원장은 국회 정보위원회가 재적위원 3분의 2 이상의 찬성으로 특정사안에 대하여 보고를 요구한 경우 해당 내용을 지체 없이 보고하여야 한다.

제16조【예산회계】 ① 국정원은 「국가재정법」 제40조에 따른 독립기관으로 한다.

② 국정원은 세입, 세출예산을 요구할 때에 「국가재정법」 제21조의 구분에 따라 총액으로 기획재정부장관에게 제출하며, 그 산출내역과 같은 법 제34조에 따른 예산안의 첨부서류는 제출하지 아니할 수 있다.

③ 국정원의 예산 중 미리 기획하거나 예견할 수 없는 비밀활동비는 총액으로 다른 기관의 예산에 계상할 수 있으며, 그 편성과 집행결산에 대하여는 국회 정보위원회에서 심사한다.

④ 국정원은 제2항 및 제3항에도 불구하고 국회 정보위원회에 국정원의 모든 예산(제3항에 따라 다른 기관에 계상된 예산을 포함한다)에 관하여 실질심사에 필요한 세부자료를 제출하여야 한다.

⑤ 국정원은 모든 예산을 집행함에 있어 지출의 사실을 증명할 수 있는 증빙서류를 첨부하여야 한다. 다만, 국가안전보장을 위해 기밀이 요구되는 경우에는 예외로 한다.

⑥ 원장은 국정원의 예산집행 현황을 분기별로 국회 정보위원회에 보고하여야 한다.

⑦ 국회 정보위원회는 국정원의 예산심사를 비공개로 하며, 국회 정보위원회의 위원은 국정원의 예산 내역을 공개하거나 누설하여서는 아니 된다.

제17조【국회에서의 증언 등】 ① 원장은 국회 예산결산 심사 및 안건 심사와 감사원의 감사가 있을 때에 성실하게 자료를 제출하고 답변하여야 한다. 다만, 국가의 안전보장에 중대한 영향을 미치는 국가 기밀 사항에 대하여는 그 사유를 밝히고 자료의 제출 또는 답변을 거부할 수 있다.

② 원장은 제1항에도 불구하고 국회 정보위원회에서 자료의 제출, 증언 또는 답변을 요구받은 경우와 「국회에서의 증언·감정 등에 관한 법률」에 따라 자료의 제출 또는 증언을 요구받은 경우에는 군사·외교·대북관계의 국가 기밀에 관한 사항으로서 그 발표로 인하여 국가 안위(安危)에 중대한 영향을 미치는 사항에 대하여는 그 사유를 밝히고 자료의 제출, 증언 또는 답변을 거부할 수 있다. 이 경우 국회 정보위원회 등은 그 의결로써 국무총리의 소명을 요구할 수 있으며, 소명을 요구받은 날부터 7일 이내에 국무총리의 소명이 없는 경우에는 자료의 제출, 증언 또는 답변을 거부할 수 없다.

③ 원장은 국가 기밀에 속하는 사항에 관한 자료와 증언 또는 답변에 대하여 이를 공개하지 아니할 것을 요청할 수 있다.

제18조【회계검사 및 직무감찰의 보고】 원장은 그 책임하에 소관 예산에 대한 회계검사와 직원의 직무 수행에 대한 감찰을 하고, 그 결과를 대통령과 국회 정보위원회에 보고하여야 한다.

제19조【직원에 대한 수사중지 요청】 ① 원장은 직원이 제4조에 규정된 직무 관련 범죄혐의로 인하여 다른 기관의 수사를 받음으로써 특수 활동 등 직무상 기밀 누설의 우려가 있는 경우에는 해당 수사기관의 장에게 그 사유를 소명하고 수사중지를 요청할 수 있다.

② 제1항에 따라 수사 중지 요청을 받은 기관의 장은 정당한 사유가 있으면 수사를 중지할 수 있다.

제20조【무기의 사용】 ① 원장은 직무를 수행하기 위하여 필요하다고 인정할 때에는 소속 직원에게 무기를 휴대하게 할 수 있다.

② 제1항의 무기 사용에 관하여는 「경찰관 직무집행법」 제10조의4를 준용한다.

제21조【정치 관여죄】 ① 제11조를 위반하여 정당이나 그 밖의 정치단체에 가입하거나 정치활동에 관여하는 행위를 한 사람은 7년 이하의 징역과 7년 이하의 자격정지에 처한다.

② 제1항에 규정된 죄의 미수범은 처벌한다.

제22조【직권남용죄】 ① 제13조를 위반하여 사람을 체포 또는 감금하거나 다른 기관·단체 또는 사람으로 하여금 의무 없는 일을 하게 하거나 사람의 권리 행사를 방해한 사람은 7년 이하의 징역과 7년 이하의 자격정지에 처한다.

② 제1항에 규정된 죄의 미수범은 처벌한다.

제23조【불법감청·위치추적 등의 죄】 ① 제14조를 위반하여 우편물의 검열·전기통신의 감청 또는 공개되지 아니한 다른 사람의 대화를 녹음·청취한 사람은 1년 이상 10년 이하의 징역과 7년 이하의 자격정지에 처한다.

② 제14조를 위반하여 위치정보 또는 통신사실확인자료를 수집한 사람은 5년 이하의 징역 또는 5천만원 이하의 벌금에 처한다.

③ 제1항 및 제2항에 규정된 죄의 미수범은 처벌한다.

行政

제24조【공소시효에 관한 특례】 제21조와 제23조제2항의 죄에 대한 공소시효의 기간은 「형사소송법」 제249조제1항에도 불구하고 10년으로 한다.

부 칙

제1조【시행일】 이 법은 2021년 1월 1일부터 시행한다. 다만, 제4조제1항제1호다목·라목, 제5조제2항(제4조제1항제1호다목 및 라목과 관련된 조사에 한정한다) 및 부칙 제5조제5항·제6항·제7항의 개정규정은 2024년 1월 1일부터 시행한다.

제2조【일반적 경과조치】 이 법 시행 당시 종전의 「국가정보원법」에 따른 행위로서 이 법에 그에 해당하는 규정이 있는 경우에는 이 법에 따라 한 것으로 본다.

제3조【수사권에 관한 경과조치】 2023년 12월 31일까지는 종전의 「국가정보원법」 제3조제1항제3호 및 제4호, 제11조제2항, 제16조, 제19조제2항을 계속 적용한다.

제4조【벌칙에 관한 경과조치】 이 법 시행 전에 종전의 「국가정보원법」 제9조 또는 제11조를 위반한 행위에 대하여 벌칙을 적용할 때는 종전의 규정에 따른다.

제5조【다른 법률의 개정】 ①~⑩ ※(해당 법령에 가제정리 하였음)

제6조【다른 법령과의 관계】 이 법 시행 당시 다른 법령에서 종전의 「국가정보원법」의 규정을 인용하고 있는 경우 이 법 가운데 그에 해당하는 규정이 있으면 종전의 규정을 갈음하여 이 법의 해당 규정을 인용한 것으로 본다.

行政

부 칙 (2021.10.19)

이 법은 공포한 날부터 시행한다.

특별감찰관법

(2014년 3월 18일
법 률 제12422호)

제1장 총 칙

제1조【목적】 이 법은 대통령의 친인척 등 대통령과 특수한 관계에 있는 사람의 비위행위에 대한 감찰을 담당하는 특별감찰관의 임명과 직무 등에 관하여 필요한 사항을 규정함을 목적으로 한다.

제2조【비위행위】 이 법에서 사용하는 "비위행위"란 다음 각 호의 어느 하나에 해당하는 행위를 말한다.
1. 실명(實名)이 아닌 명의로 계약을 하거나 알선·중개하는 등으로 개입하는 행위
2. 공기업이나 공직 유관 단체와 수의계약하거나 알선·중개하는 등으로 개입하는 행위
3. 인사 관련 등 부정한 청탁을 하는 행위
4. 부당하게 금품·향응을 주고 받는 행위
5. 공금을 횡령·유용하는 행위

제3조【지위】 ① 특별감찰관은 대통령 소속으로 하되, 직무에 관하여는 독립의 지위를 가진다.
② 특별감찰관은 감찰의 개시와 종료 즉시 그 결과를 대통령에게 보고한다.

제4조【정치적 중립】 특별감찰관은 직무를 수행함에 있어 정치적 중립을 지킨다.

제5조【감찰대상자】 이 법에 따른 특별감찰관의 감찰대상자는 다음 각 호에 해당하는 사람으로 한다.
1. 대통령의 배우자 및 4촌 이내 친족
2. 대통령비서실의 수석비서관 이상의 공무원

제6조【감찰개시】 ① 특별감찰관은 제5조에서 규정한 사람의 제2조의 비위행위를 조사하는 방법으로 감찰을 행한다.
② 특별감찰관은 제5조에서 규정한 사람의 비위행위에 관한 정보가 신빙성이 있고 구체적으로 특정되는 경우 감찰에 착수한다. 다만, 그 비위행위는 제5조에 규정한 신분관계가 발생한 이후의 것에 한정한다.
③ 제1항에 따른 감찰에 착수하는 경우 1개월 이내에 감찰을 종료하여야 한다. 다만, 감찰을 계속할 필요가 있는 경우 대통령의 허가를 받아 1개월 단위로 감찰기간을 연장할 수 있다.
④ 제1항에 따른 감찰을 하려는 경우 다음 각 호의 어느 하나에 해당하는 사항은 감찰할 수 없다.
1. 국무총리로부터 국가기밀에 속한다는 소명이 있는 사항
2. 국방부장관으로부터 군기밀이거나 작전상 지장이 있다는 소명이 있는 사항

제2장 임명과 신분보장

제7조【특별감찰관의 임명】 ① 국회는 15년 이상 「법원조직법」 제42조제1항제1호의 직에 있던 변호사 중에서 3명의 특별감찰관 후보자를 대통령에게 서면으로 추천한다.
② 대통령은 제1항에 따른 특별감찰관 후보자 추천서를 받은 때에는 추천서를 받은 날부터 3일 이내에 추천후보자 중에서 1명을 특별감찰관으로 지명하고, 국회의 인사청문을 거쳐 임명하여야 한다.

제8조【특별감찰관의 임기】 ① 특별감찰관의 임기는 3년으로 하고, 중임할 수 없다.
② 특별감찰관이 결원된 때에는 결원된 날부터 30일 이내에 후임자를 임명하여야 한다.

제9조【특별감찰관보와 감찰담당관】 특별감찰관은 그 직무수행에 필요한 범위에서 1명의 특별감찰관보와 10명 이내의 감찰담당관을 임명할 수 있다.

제10조【공무원 파견요청 등】 ① 특별감찰관은 그 직무수행을 위하여 필요한 때에는 감사원, 대검찰청, 경찰청, 국세청 등 관계 기관의 장에게 소속 공무원의 파견 근무와 이에 관련되는 지원을 요청할 수 있다. 다만, 파견공무원의 수는 20명 이내로 한다.
② 파견공무원의 파견 기간은 3년을 초과할 수 없고, 소속기관으로 복귀한 사람은 다시 파견할 수 없다.

제11조【특별감찰관의 직무권한】 ① 특별감찰관은 감찰사무를 통할하고 특별감찰관보를 지휘·감독한다.
② 특별감찰관보는 특별감찰관을 보좌하여 소관 사무를 처리하고 감찰담당관, 제10조에 따라 파견받은 공무원을 지휘·감독하며 특별감찰관이 사고로 직무를 수행할 수 없으면 대통령령으로 정하는 순서에 따라 그 직무를 대행한다.

제12조【보수와 대우 등】 ① 특별감찰관은 정무직공무원으로 하고, 특별감찰관보와 감찰담당관은 별정직공무원으로 한다.
② 특별감찰관의 정년은 65세로 한다.
③ 특별감찰관, 특별감찰관보와 감찰담당관(이하 "특별감찰관 등"이라 한다)의 보수와 대우에 대하여는 대통령령으로 정한다.

제13조【결격사유】 다음 각 호의 어느 하나에 해당하는 사람은 특별감찰관 등이 될 수 없다.
1. 대한민국 국민이 아닌 사람
2. 「국가공무원법」 제33조 각 호의 어느 하나에 해당하는 사람
3. 금고 이상의 형의 선고를 받은 사람
4. 탄핵결정에 의하여 파면된 후 5년을 경과하지 아니한 사람

제14조【해임 등】 ① 대통령은 다음 각 호의 어느 하나에 해당하는 경우를 제외하고는 특별감찰관을 해임할 수 없다.
1. 제13조 각 호에 따른 결격사유가 발견된 경우
2. 직무수행이 현저히 곤란한 신체적·정신적 질환이 있다고 인정되는 경우
② 대통령은 특별감찰관을 해임한 경우에는 지체 없이 이를 국회에 통보하고 제7조에서 정한 임명절차에 따라 후임 특별감찰관을 임명하여야 한다.
③ 특별감찰관은 특별감찰관보나 감찰담당관을 해임하거나 파견 받은 공무원에 대하여 소속 기관의 장에게 교체를 요청할 수 있다.

제15조【공직 등 임명 제한】 특별감찰관은 면직, 해임 또는 퇴직 후 그 특별감찰관을 임명한 대통령의 임기 중에는 제5조제2호에서 정하는 특정 공직자, 차관급 이상 공직자 및 「공직자윤리법」 제3조의2에 따른 공직유관단체의 임원에 임명될 수 없다.

제3장 권한과 의무

제16조【관계 기관의 협조】 특별감찰관은 감찰대상자의 비위행위 여부를 확인하기 위하여 필요한 경우 국가 또는 지방자치단체, 그 밖의 공공기관의 장에게 협조와 지원을 요청할 수 있고, 필요한 자료 등의 제출이나 사실 조회를 요구할 수 있다.

제17조【출석·답변 및 자료제출 요구】 특별감찰관은 감찰에 필요하면 감찰대상자에게 다음 각 호의 조치를 할 수 있다.
1. 출석·답변의 요구(「정보통신망 이용촉진 및 정보보호 등에 관한 법률」에 따른 정보통신망을 이용한 요구를 포함한다. 이하 같다)
2. 증명서, 소명서, 그 밖의 관계 문서 및 장부, 물품 등의 제출 요구

제18조【감찰대상자 이외의 자에 대한 협조요구】 ① 감찰대상자의 비위행위를 감찰하기 위하여 필요한 경우에는 제17조에 따라 감찰대상자 이외의 자에 대하여 자료의 제출이나 출석·답변을 요구할 수 있다.
② 제1항의 요구는 협조의 내용, 이유 및 출석장소, 시간 등을 명시하여 요구대상자에게 서면으로 통지함을 원칙으로 한다. 다만, 긴급한 경우에는 전화 등의 방법으로 통지할 수 있다.
③ 출석·답변한 자에 대하여는 관계 규정에 따라 여비 등을 지급하여야 한다.

제19조【고발 등】 특별감찰관은 감찰결과 감찰대상자의 행위가 다음 각 호에 해당하는 경우 다음 각 호와 같은 조치를 하여야 한다.
1. 범죄혐의가 명백하여 형사처벌이 필요하다고 인정한 때: 검찰총장에게 고발
2. 범죄행위에 해당한다고 믿을 만한 상당한 이유가 있고 도주 또는 증거인멸 등을 방지하거나 증거확보를 위하여 필요하다고 인정한 때: 검찰총장에게 수사의뢰

제20조【불기소처분에 대한 불복】 특별감찰관이 고발한 사건 중 처분이 이루어지지 아니하고 90일이 경과하거나 불기소처분이 이루어진 경우 「검찰청법」 제10조에 따라 항고를 제기할 수 있다.

제21조【국회 출석 및 의견진술】 ① 제20조에 따라 항고한 사건에 대하여 다시 불기소처분이 이루어져 법제사법위원회 의결로 특별감찰관의 출석을 요구하는 경우 특별감찰관은 법제사법위원회에 출석하여 의견을 진술하여야 한다.
② 제1항에 따른 절차는 비공개로 진행한다.

제22조【감찰 착수 사실 등 누설 금지】 특별감찰관 등과 파견공무원은 감찰 착수 및 종료 사실, 감찰 내용을 공표하거나 누설하여서는 아니 된다.

제23조【감찰권한의 남용금지】 ① 특별감찰관 등과 파견공무원은 법령에 위반되거나 강제처분에 의하지 아니하는 방법으로 이 법의 시행을 위하여 필요한 최소한의 범위에서 감찰을 행하여야 하며, 다른 목적 등을 위하여 감찰권을 남용하여서는 아니 된다.
② 특별감찰관 등과 파견공무원은 그 직권을 남용하여 법률에 따른 절차를 거치지 아니하고 다른 기관·단체 또는 사람으로 하여금 의무 없는 일을 하게 하거나 사람의 권리 행사를 방해하여서는 아니 된다.

제24조【위임】 그 밖에 이 법률에 규정되지 아니한 특별감찰관의 조직, 운영, 감찰방법 및 절차 등 이 법 시행에 필요한 사항은 대통령령으로 정한다.

제4장 벌 칙

제25조【벌칙】 ① 위계 또는 위력으로써 특별감찰관 등 또는 파견공무원의 직무수행을 방해한 사람은 5년 이하의 징역에 처한다.
② 제22조를 위반한 사람은 5년 이하의 징역 또는 5년 이하의 자격정지에 처한다.
③ 제23조를 위반하여 법령에 위반되거나 강제처분에 의하는 방법으로 감찰을 행하거나 다른 기관·단체 또는 사람으로 하여금 의무 없는 일을 하게 하거나 사람의 권리 행사를 방해한 사람은 5년 이하의 징역과 5년 이하의 자격정지에 처한다.

부 칙

제1조【시행일】 이 법은 공포 후 3개월이 경과한 날부터 시행한다.

제2조【다른 법률의 개정】 ①~② ※(해당 법령에 가제정리 하였음)

보안업무규정

(2015년 3월 11일 전부개정대통령령 제26140호)

개정
2017. 7.26영28211호(직제)
2018.12. 4영29321호(작전사령부령)
2020. 1.14영30352호
2020. 7.14영30833호(고위공직자범죄수사처설치에따른일부개정령)
2020. 8. 4영30895호(직제)
2020.12.31영31354호

제1장 총 칙

제1조【목적】 이 영은 「국가정보원법」 제4조에 따라 국가정보원의 직무 중 보안 업무 수행에 필요한 사항을 규정함을 목적으로 한다.(2020.12.31 본조개정)

제2조【정의】 이 영에서 사용하는 용어의 뜻은 다음과 같다.
1. "비밀"이란 「국가정보원법」(이하 "법"이라 한다) 제4조제1항제2호에 따른 국가 기밀(이하 "국가 기밀"이라 한다)로서 이 영에 따라 비밀로 분류된 것을 말한다. (2020.12.31 본호개정)
2. "각급기관"이란 「대한민국헌법」, 「정부조직법」 또는 그 밖의 법령에 따라 설치된 국가기관(군기관 및 교육기관을 포함한다)과 지방자치단체 및 「공공기록물 관리에 관한 법률 시행령」 제3조에 따른 공공기관을 말한다.
3. "중앙행정기관등"이란 「정부조직법」 제2조제2항에 따른 부·처·청(이에 준하는 위원회를 포함한다)과 대통령 소속·보좌·경호기관, 국무총리 보좌기관 및 고위공직자범죄수사처를 말한다.(2020.12.31 본호개정)
4. "암호자재"란 비밀의 보호 및 정보통신 보안을 위하여 암호기술이 적용된 장치나 수단으로서 Ⅰ급, Ⅱ급 및 Ⅲ급비밀 소통용 암호자재로 구분되는 장치나 수단을 말한다.(2020.1.14 본호개정)

제3조【보안책임】 다음 각 호의 어느 하나에 해당하는 사항을 관리하는 사람 및 관계 기관(각급기관과 제33조제3항에 따른 관리기관을 말한다. 이하 같다)의 장은 해당 분야에 대하여 보안책임을 진다.
1. 국가 기밀에 속하는 문서·자재·시설·지역
2. 국가안전보장에 한정된 국가 기밀을 취급하는 인원
(2020.12.31 본조개정)

제3조의2【보안 기본정책 수립 등】 국가정보원장은 보안 업무와 관련하여 다음 각 호의 업무를 수행한다. (2020.1.14 본문개정)
1. 보안 업무와 관련된 기본정책의 수립 및 제도의 개선
2. 보안 업무 수행 기법의 연구·보급 및 표준화
3. 전자적 방법에 의한 보안 업무 관련 기술개발 및 보급
4. 각급기관의 보안 업무가 제1호부터 제3호까지의 사항에 따라 적절하게 수행되는지 여부의 확인 및 그 결과의 분석·평가
(2020.1.14 1호~4호개정)
5. 제38조 각 호의 어느 하나에 해당하는 사고(이하 "보안사고"라 한다)의 예방 등을 위한 다음 각 목의 업무
가. 제35조제1항에 따른 보안측정
나. 제36조제1항에 따른 신원조사
다. 제38조에 따른 보안사고 조사
라. 그 밖에 대도청(對盜聽) 점검, 보안교육, 컨설팅 등 각급기관의 보안 업무 지원
(2020.12.31 본호개정)
6. (2020.12.31 삭제)
(2020.1.14 본조제목개정)

제3조의3【보안심사위원회】 ① 중앙행정기관등에 비밀의 공개 등 해당 기관의 보안 업무 수행에 관한 중요 사항을 심의하기 위하여 보안심사위원회를 둔다. (2020.12.31 본항개정)
② 제1항에 따른 보안심사위원회의 구성·운영 등에 필요한 세부사항은 국가정보원장이 정한다.

제2장 비밀보호
(2020.1.14 본장제목신설)

제4조【비밀의 구분】 비밀은 그 중요성과 가치의 정도에 따라 다음 각 호와 같이 구분한다.
1. Ⅰ급비밀 : 누설될 경우 대한민국과 외교관계가 단절되고 전쟁을 일으키며, 국가의 방위계획·정보활동 및 국가방위에 반드시 필요한 과학과 기술의 개발을 위태롭게 하는 등의 우려가 있는 비밀
2. Ⅱ급비밀 : 누설될 경우 국가안전보장에 막대한 지장을 끼칠 우려가 있는 비밀
3. Ⅲ급비밀 : 누설될 경우 국가안전보장에 해를 끼칠 우려가 있는 비밀

제5조【비밀의 보호와 관리 원칙】 각급기관의 장은 비밀의 작성·분류·취급·유통 및 이관 등의 모든 과정에서 비밀이 누설되거나 유출되지 아니하도록 보안대책을 수립하여 시행하여야 한다. 이 경우 비밀의 제목 등 해당 비밀의 내용을 유추할 수 있는 정보가 포함된 자료는 공개하지 않는다.(2020.1.14 본조개정)

제6조 → 제3조의2로 이동

제7조【암호자재 제작·공급 및 반납】 ① 국가정보원장은 암호자재를 제작하여 필요한 기관에 공급한다. 다만, 국가정보원장이 필요하다고 인정하는 암호자재의 경우 그 암호자재를 사용하는 기관은 국가정보원장이 인가하는 암호체계의 범위에서 암호자재를 제작할 수 있다. (2020.1.14 본항개정)
② 암호자재를 사용하는 기관의 장은 사용기간이 끝난 암호자재를 지체 없이 그 제작기관의 장에게 반납하여야 한다.
③ 국가정보원장은 암호자재 제작 등 암호자재와 관련된 기술을 확보하기 위하여 「과학기술분야 정부출연연구기관 등의 설립·운영 및 육성에 관한 법률」 제8조제1항에 따라 설립된 정부출연연구기관으로 하여금 관련 연구개발 및 기술지원을 수행하게 할 수 있다.(2020.1.14 본항신설)

제8조【비밀·암호자재의 취급】 비밀은 해당 등급의 비밀취급 인가를 받은 사람만 취급할 수 있으며, 암호자재는 해당 등급의 비밀 소통용 암호자재취급 인가를 받은 사람만 취급할 수 있다.(2020.1.14 본조개정)

제9조【비밀·암호자재취급 인가권자】 ① Ⅰ급비밀 취급 인가권자와 Ⅰ급 및 Ⅱ급비밀 소통용 암호자재 취급 인가권자는 다음 각 호와 같다.(2020.1.14 본문개정)
1. 대통령
2. 국무총리
3. 감사원장
4. 국가인권위원회 위원장
4의2. 고위공직자범죄수사처장(2020.7.14 본호신설)
5. 각 부·처의 장
6. 국무조정실장, 방송통신위원회 위원장, 공정거래위원회 위원장, 금융위원회 위원장, 국민권익위원회 위원장, 개인정보 보호위원회 위원장 및 원자력안전위원회 위원장(2020.8.4 본호개정)
7. 대통령 비서실장
8. 국가안보실장
9. 대통령경호처장(2017.7.26 본호개정)
10. 국가정보원장
11. 검찰총장
12. 합동참모의장, 각군 참모총장, 지상작전사령관 및 육군제2작전사령관(2018.12.4 본호개정)
13. 국방부장관이 지정하는 각군 부대장
② Ⅱ급 및 Ⅲ급비밀 취급 인가권자와 Ⅲ급비밀 소통용 암호자재 취급 인가권자는 다음 각 호와 같다.
1. 제1항 각 호의 사람
2. 중앙행정기관등인 청의 장(2020.12.31 본호개정)
3. 지방자치단체의 장
4. 특별시·광역시·도 및 특별자치시·특별자치도의 교육감
5. 제1호부터 제4호까지의 사람이 지정한 기관의 장
(2020.1.14 본조제목개정)

제10조【비밀·암호자재취급의 인가 및 인가해제】 ① 비밀취급 인가권자는 비밀을 취급하거나 비밀에 접근할 사람에게 해당 등급의 비밀취급을 인가하고, 필요한 경우에는 인가 등급을 변경한다.
② 비밀취급 인가는 인가 대상자의 직책에 따라 필요한 최소한의 인원으로 제한하여야 한다.
③ 비밀취급 인가를 받은 사람이 다음 각 호의 어느 하나에 해당하는 경우에는 그 인가를 해제해야 한다. (2020.12.31 본문개정)
1. 고의 또는 중대한 과실로 제38조 각 호의 어느 하나에 해당하는 사고(이하 "보안사고"라 한다)를 저질렀거나 이 영을 위반하여 보안업무에 지장을 주는 경우 (2020.1.14 본호개정)
2. 비밀취급이 불필요하게 되었을 경우
④ 암호자재취급 인가권자는 비밀취급 인가를 받은 사람 중에서 암호자재취급이 필요한 사람에게 해당 등급의 비밀 소통용 암호자재취급을 인가하고, 필요한 경우에는 인가 등급을 변경한다. 이 경우 암호자재취급 인가 등급은 비밀취급 인가 등급보다 높을 수 없다.(2020.1.14 본항신설)
⑤ 암호자재취급 인가를 받은 사람이 다음 각 호의 어느 하나에 해당하는 경우에는 그 인가를 해제해야 한다.
1. 비밀취급 인가가 해제되었을 경우
2. 암호자재와 관련하여 보안사고를 저질렀거나 이 영을 위반하여 보안 업무에 지장을 주는 경우
3. 암호자재의 취급이 불필요하게 되었을 경우
(2020.1.14 본항신설)
⑥ 비밀취급 및 암호자재취급의 인가와 인가 등급의 변경 및 인가 해제는 문서로 하여야 하며, 직원의 인사기록 사항에 그 사실을 포함하여야 한다.(2020.1.14 본항개정)
(2020.1.14 본조제목개정)

제11조【비밀의 분류】 ① 비밀취급 인가를 받은 사람은 인가받은 비밀 및 그 이하 등급 비밀의 분류권을 가진다.
② 같은 등급 이상의 비밀취급 인가를 받은 사람 중 직속 상급직위에 있는 사람은 그 하급직위에 있는 사람이 분류한 비밀등급을 조정할 수 있다.
③ 비밀을 생산하거나 관리하는 사람은 비밀의 작성을 완료하거나 비밀을 접수하는 즉시 그 비밀을 분류하거나 재분류할 책임이 있다.(2020.1.14 본항개정)

제12조【분류원칙】 ① 비밀은 적절히 보호할 수 있는 최저등급으로 분류하되, 과도하거나 과소하게 분류해서는 아니 된다.
② 비밀은 그 자체의 내용과 가치의 정도에 따라 분류하여야 하며, 다른 비밀과 관련하여 분류해서는 아니 된다.
③ 외국 정부나 국제기구로부터 접수한 비밀은 그 생산기관이 필요로 하는 정도로 보호할 수 있도록 분류하여야 한다.

제13조【분류지침】 각급기관의 장은 비밀 분류를 통일성 있고 적절하게 하기 위하여 세부 분류지침을 작성하여 시행하여야 한다. 이 경우 세부 분류지침은 공개하지 않는다.(2020.1.14 후단신설)

제14조【예고문】 제12조에 따라 분류된 비밀에는 「공공기록물 관리에 관한 법률」 제33조제1항에 따른 비밀보호기간 및 보존기간을 명시하기 위하여 예고문을 기재하여야 한다.

제15조【재분류 등】 ① 비밀을 효율적으로 보호하기 위하여 비밀등급 또는 예고문 변경 등의 재분류를 한다.
② 비밀의 재분류는 그 비밀의 예고문에 따르거나 생산자의 직권으로 한다. 다만, 다음 각 호의 어느 하나에 해당하는 경우에는 예고문의 비밀 보호기간 및 보존기간과 관계없이 비밀을 파기할 수 있다.
1. 전시·천재지변 등 긴급하고 부득이한 사정으로 비밀을 계속 보관할 수 없거나 안전하게 반출할 수 없는 경우
2. 국가정보원장의 요청이 있는 경우
3. 비밀 재분류를 통하여 예고문에 따른 파기 시기까지 계속 보관할 필요가 없게 된 경우로서 해당 비밀취급 인가권자의 사전 승인을 받은 경우
③ 외국 정부나 국제기구로부터 접수된 비밀 중 예고문이 없거나 기재된 예고문이 비밀 관리에 적당하지 아니하다고 인정되는 경우에는 접수한 기관의 장이 그 비밀을 최대한 보호할 수 있는 범위에서 재분류할 수 있다.

제16조【표시】 비밀은 그 취급자 또는 관리자에게 경고하고 비밀취급 인가를 받지 아니한 사람의 접근을 방지하기 위하여 분류(재분류를 포함한다. 이하 같다)와 동시에 등급에 따라 구분된 표시를 하여야 한다.

제17조【비밀의 접수·발송】 ① 비밀을 접수하거나 발송할 때에는 그 비밀을 최대한 보호할 수 있는 방법을 이용하여야 한다.
② 비밀은 암호화되지 아니한 상태로 정보통신 수단을 이용하여 접수하거나 발송해서는 아니 된다.(2020.1.14 본항개정)
③ 모든 비밀을 접수하거나 발송할 때에는 그 사실을 확인하기 위하여 접수증을 사용한다.

제18조【보관】 비밀은 도난·유출·화재 또는 파괴로부터 보호하고 비밀취급인가를 받지 아니한 사람의 접근을 방지할 수 있는 적절한 시설에 보관하여야 한다.

제19조【출장 중의 비밀 보관】 비밀을 휴대하고 출장 중인 사람은 비밀을 안전하게 보호하기 위하여 국내 경찰기관 또는 재외공관에 보관을 위탁할 수 있으며, 위탁받은 기관은 그 비밀을 보관하여야 한다.

제20조【보관책임자】 각급기관의 장은 소속 직원 중에서 이 영에 따른 비밀 보관 업무를 수행할 보관책임자를 임명하여야 한다.

제21조【비밀의 전자적 관리】 ① 각급기관의 장은 전자적 방법을 사용하여 비밀을 관리할 수 있으며, 이를 위하여 전자적 비밀관리시스템을 구축·운영할 수 있다. (2020.1.14 본항개정)
② 각급기관의 장은 제1항에 따라 비밀을 관리할 경우 국가정보원장이 안전성을 확인한 암호자재를 사용하여 비밀의 위조·변조·훼손 및 유출 등을 방지하기 위한 보안대책을 마련하여 시행하여야 한다.
③ 국가정보원장은 관리하는 비밀이 적은 각급기관이 공동으로 활용할 수 있도록 통합 비밀관리시스템을 구축·운영할 수 있다.(2020.1.14 본항신설)

제22조【비밀관리기록부】 ① 각급기관의 장은 비밀의 작성·분류·접수·발송 및 취급 등에 필요한 모든 관리 사항을 기록하기 위하여 비밀관리기록부를 작성하여 갖추어 두어야 한다. 다만, Ⅰ급비밀관리기록부는 따로 작성하여 갖추어 두어야 하며, 암호자재는 암호자재 관리기록부로 관리한다.
② 비밀관리기록부와 암호자재 관리기록부에는 모든 비밀과 암호자재에 대한 보안책임 및 보안관리 사항이 정확히 기록·보존되어야 한다.

제23조【비밀의 복제·복사 제한】 ① 비밀의 일부 또는 전부나 암호자재에 대해서는 모사(模寫)·타자(打字)·인쇄·조각·녹음·촬영·인화(印畵)·확대 등 그 원형을 재현(再現)하는 행위를 할 수 없다. 다만, 다음 각 호의 구분에 따른 비밀의 경우에는 그러하지 아니하다.
1. Ⅰ급비밀 : 그 생산자의 허가를 받은 경우
2. Ⅱ급비밀 및 Ⅲ급비밀 : 그 생산자가 특정한 제한을 하지 아니한 것으로서 해당 등급의 비밀취급 인가를 받은 사람이 공용(共用)으로 사용하는 경우
3. 전자적 방법으로 관리되는 비밀 : 해당 비밀을 보관하기 위한 용도인 경우
② 각급기관의 장은 보안 업무의 효율적인 수행을 위하여 필요하다고 인정되는 경우에는 해당 비밀의 보존기간 내에서 제1항 단서에 따라 그 사본을 제작하여 보관할 수 있다.
③ 제2항에 따라 비밀의 사본을 보관할 때에는 그 예고문이나 비밀등급을 변경해서는 아니 된다. 다만, 「공공기록

물 관리에 관한 법률 시행령」 제68조제6항에 따라 비밀을 재분류하는 경우에는 그러하지 아니하다.
④ 비밀을 복제하거나 복사한 경우에는 그 원본과 동일한 비밀등급과 예고문을 기재하고, 사본 번호를 매겨야 한다.
⑤ 제4항에 따른 예고문에 재분류 구분이 "파기"로 되어 있을 때에는 파기 시기를 원본의 보호기간보다 앞당길 수 있다.(2020.1.14 본항개정)

제24조【비밀의 열람】 ① 비밀은 해당 등급의 비밀취급 인가를 받은 사람 중 그 비밀과 업무상 직접 관계가 있는 사람만 열람할 수 있다.
② 비밀취급 인가를 받지 아니한 사람에게 비밀을 열람하거나 취급하게 할 때에는 국가정보원장이 정하는 바에 따라 소속 기관의 장(비밀이 군사와 관련된 사항인 경우에는 국방부장관)이 미리 열람자의 인적사항과 열람하려는 비밀의 내용 등을 확인하고 열람 시 비밀 보호에 필요한 자체 보안대책을 마련하는 등의 보안조치를 하여야 한다. 다만, Ⅰ급비밀의 보안조치에 관하여는 국가정보원장과 미리 협의하여야 한다.

제25조【비밀의 공개】 ① 중앙행정기관등의 장은 다음 각 호의 어느 하나에 해당하는 사유가 있을 때에는 그가 생산한 비밀을 제3조의3에 따른 보안심사위원회의 심의를 거쳐 공개할 수 있다. 다만, Ⅰ급비밀의 공개에 관하여는 국가정보원장과 미리 협의해야 한다.(2020.12.31 본문개정)
1. 국가안전보장을 위하여 국민에게 긴급히 알려야 할 필요가 있다고 판단될 때
2. 공개함으로써 국가안전보장 또는 국가이익에 현저한 도움이 된다고 판단될 때

② 공무원 또는 공무원이었던 사람은 법률에서 정하는 경우를 제외하고는 소속 기관의 장이나 소속되었던 기관의 장의 승인 없이 비밀을 공개해서는 아니 된다.

제26조 → 제3조의3으로 이동

제27조【비밀의 반출】 비밀은 보관하고 있는 시설 밖으로 반출해서는 아니 된다. 다만, 공무상 반출이 필요할 때에는 소속 기관의 장의 승인을 받아야 한다.

제28조【안전 반출 및 파기 계획】 관계 기관의 장은 비상시에 대비하여 비밀을 안전하게 반출하거나 파기할 수 있는 계획을 수립하고, 소속 직원에게 주지(周知)시켜야 한다.(2020.12.31 본조개정)

제29조【비밀문서의 통제】 각급기관의 장은 비밀문서의 접수·발송·복제·열람 및 반출 등의 통제에 필요한 규정을 따로 작성·운영할 수 있다.

제30조【비밀의 이관】 비밀은 일반문서보관소로 이관해서는 아니 된다. 다만, 「공공기록물 관리에 관한 법률」 제33조제2항 및 같은 법 시행령 제68조에 따라 기록물관리기관으로 이관하는 경우에는 그러하지 아니하다.

제31조【비밀 소유 현황 통보】 ① 각급기관의 장은 연 2회 비밀 소유 현황을 조사하여 국가정보원장에게 통보하여야 한다.
② 제1항에 따라 조사 및 통보된 비밀 소유 현황은 공개하지 않는다.(2020.1.14 본항신설)

제3장 국가보안시설 및 국가보호장비 보호
(2020.1.14 본장제목신설)

제32조【국가보안시설 및 국가보호장비 지정】 ① 국가정보원장은 파괴 또는 기능이 침해되거나 비밀이 누설될 경우 전략적·군사적으로 막대한 손해가 발생하거나 국가안전보장에 연쇄적 혼란을 일으킬 우려가 있는 시설 및 항공기·선박 등 중요 장비를 각각 국가보안시설 및 국가보호장비로 지정할 수 있다.
② 국가정보원장은 관계 중앙행정기관등 및 지방자치단체의 장과 협의하여 제1항에 따라 국가보안시설 및 국가보호장비를 지정하는 데 필요한 기준(이하 "지정기준"이라 한다)을 마련해야 한다.(2020.12.31 본항개정)
③ 전력시설 및 항공기 등 국가정보원장이 정하는 국가안전보장에 중요한 시설 또는 장비의 보안관리상태를 감독하는 기관의 장은 해당 시설 또는 장비가 지정기준에 부합한다고 판단할 경우 국가정보원장에게 해당 시설 또는 장비를 제1항에 따라 국가보안시설 또는 국가보호장비로 지정해줄 것을 요청해야 한다.
④ 국가정보원장은 제3항에 따른 지정 요청을 받은 경우 지정기준에 부합하는지를 심사하여 해당 시설 또는 장비의 국가보안시설 또는 국가보호장비 지정 여부를 결정하고, 그 결과를 요청 기관의 장에게 통보해야 한다.
⑤ 국가정보원장은 제1항부터 제4항까지의 규정에 따라 지정된 국가보안시설 또는 국가보호장비의 보안관리상태를 감독하는 기관(이하 "감독기관"이라 한다)의 장과 협의하여 지정기준을 수정·보완할 수 있다.
(2020.1.14 본조신설)

제33조【국가보안시설 및 국가보호장비 보호대책의 수립】 ① 국가정보원장은 국가보안시설 및 국가보호장비를 보호하기 위하여 국가보안시설 및 국가보호장비 보호대책(이하 "기본 보호대책"이라 한다)을 수립해야 한다.
② 감독기관의 장은 기본 보호대책에 따라 소관 분야의 국가보안시설 및 국가보호장비에 대한 보호대책(이하 "분야별 보호대책"이라 한다)을 수립·시행해야 한다.
③ 국가보안시설 또는 국가보호장비를 관리하는 기관(이하 "관리기관"이라 한다)의 장은 감독기관의 장이 수립한 분야별 보호대책에 따라 해당 시설 및 장비에 대한 세부 보호대책(이하 "세부 보호대책"이라 한다)을 수립·시행해야 한다.
④ 국가정보원장과 감독기관의 장은 관리기관의 장이 기본 보호대책 및 분야별 보호대책을 이행하고 있는지 확인하고, 필요한 조치를 요청할 수 있다.
⑤ 국가정보원장은 기본 보호대책의 수립을 위하여 관리기관의 장에게 필요한 자료의 제공을 요청할 수 있다.
⑥ 분야별 보호대책 및 세부 보호대책의 수립 및 시행에 필요한 세부사항은 국가정보원장이 정한다.
(2020.1.14 본조신설)

제34조【보호지역】 ① 각급기관의 장과 관리기관 등의 장은 국가안전보장에 관련되는 인원·문서·자재·시설의 보호를 위하여 필요한 장소에 일정한 범위의 보호지역을 설정할 수 있다.
② 제1항에 따라 설정된 보호지역은 그 중요도에 따라 제한지역, 제한구역 및 통제구역으로 나눈다.
③ 보호지역에 접근하거나 출입하려는 사람은 각급기관의 장 또는 관리기관 등의 장의 승인을 받아야 한다.
④ 보호지역을 관리하는 사람은 제3항에 따른 승인을 받지 않은 사람의 보호지역 접근이나 출입을 제한하거나 금지할 수 있다.
(2020.1.14 본조개정)

제35조【보안측정】 ① 국가정보원장은 보안사고를 예방하기 위하여 국가보안시설, 국가보호장비 및 보호지역에 대하여 보안측정을 한다.
② 제1항에 따른 보안측정은 국가정보원장이 직권으로 하거나 관계 기관의 장의 요청에 따라 한다.(2020.12.31 본항개정)
③ 국가정보원장은 보안측정을 위하여 관계 기관에 필요한 협조를 요구할 수 있다.
④ 보안측정의 절차 및 내용 등에 관하여 필요한 세부사항은 국가정보원장이 정한다.
(2020.1.14 본조개정)

제35조의2【보안측정 결과의 처리】 ① 국가정보원장은 보안측정 결과 및 개선대책을 해당 관계 기관의 장에게 통보한다.(2020.12.31 본항개정)
② 제1항에 따라 보안측정 결과 및 개선대책을 통보받은 관계기관의 장은 이를 성실히 이행해야 한다.(2020.12.31 본항개정)
③ 국가정보원장과 각급기관의 장은 관리기관의 장이 제1항에 따른 개선대책을 이행하고 있는지 확인하고, 필요한 조치를 요청할 수 있다.
(2020.1.14 본조개정)

제4장 신원조사
(2020.1.14 본장제목신설)

제36조【신원조사】 ① 제3조제2호에 해당하는 사람의 충성심·신뢰성 등을 확인하기 위하여 신원조사를 한다.
(2020.12.31 본항개정)
② (2020.12.31 삭제)
③ 관계 기관의 장은 다음 각 호에 해당하는 사람에 대하여 국가정보원장에게 신원조사를 요청해야 한다.
(2020.12.31 본문개정)
1. 공무원 임용 예정자(국가안전보장에 한정된 국가 기밀을 취급하는 직위에 임용될 예정인 사람으로 한정한다)
(2020.12.31 본호개정)
2. 비밀취급 인가 예정자
3. (2020.1.14 삭제)
4. 국가보안시설·보호장비를 관리하는 기관 등의 장(해당 국가보안시설 등의 관리 업무를 수행하는 소속 직원을 포함한다)
5. (2020.12.31 삭제)
6. 그 밖에 다른 법령에서 정하는 사람이나 각급기관의 장이 국가안전보장을 위하여 필요하다고 인정하는 사람(2020.12.31 본호개정)

제37조【신원조사 결과의 처리】 ① 국가정보원장은 신원조사 결과 국가안전보장에 해를 끼칠 정보가 있음이 확인된 사람에 대해서는 관계 기관의 장에게 그 사실을 통보하여야 한다.
② 제1항에 따라 통보를 받은 관계 기관의 장은 신원조사 결과에 따라 필요한 보안대책을 마련하여야 한다.
(2020.1.14 본조제목개정)

제5장 보안조사
(2020.1.14 본장제목신설)

제38조【보안사고 조사】 국가정보원장은 다음 각 호의 어느 하나에 해당하는 사고가 발생한 경우 사고원인 규명 및 재발 방지 대책마련을 위하여 보안사고 조사를 한다.
1. 비밀의 누설 또는 분실
2. 국가보안시설·국가보호장비의 파괴 또는 기능 침해
3. 제34조제3항에 따른 승인을 받지 않은 보호지역 접근 또는 출입
4. 그 밖에 제1호부터 제3호까지에 준하는 사고로서 국가정보원장이 정하는 사고
(2020.1.14 본조개정)

제38조의2【보안사고 조사 결과의 처리】 ① 국가정보원장은 제38조에 따른 보안사고 조사의 결과를 해당 기관의 장에게 통보한다.
② 제1항에 따라 보안사고 조사결과를 통보받은 기관의 장은 조사결과와 관련하여 필요한 조치를 하고, 조치결과를 국가정보원장에게 통보해야 한다.
(2020.1.14 본조신설)

제6장 중앙행정기관등의 보안감사
(2020.12.31 본장제목개정)

제39조【보안감사】 중앙행정기관등의 장은 이 영에서 정한 인원·문서·자재·시설·지역 및 장비 등의 보안관리상태와 그 적정 여부를 조사하기 위하여 보안감사를 한다.(2020.12.31 본조개정)

제40조【정보통신보안감사】 중앙행정기관등의 장은 정보통신수단에 의한 비밀의 누설방지와 정보통신시설의 보안상태를 조사하기 위하여 정보통신보안감사를 한다.
(2020.12.31 본조개정)

제41조【감사의 실시】 ① 제39조에 따른 보안감사와 제40조에 따른 정보통신보안감사는 정기감사와 수시감사로 구분하여 한다.
② 정기감사는 연 1회, 수시감사는 필요에 따라 수시로 한다.
③ 보안감사와 정보통신보안감사를 할 때에는 보안상의 취약점이나 개선 필요 사항의 발굴에 중점을 둔다.

제42조【보안감사 결과의 처리】 ① 중앙행정기관등의 장은 제39조에 따른 보안감사 및 제40조에 따른 정보통신보안감사의 결과를 국가정보원장에게 통보해야 한다.
② 중앙행정기관등의 장은 제39조에 따른 보안감사 및 제40조에 따른 정보통신보안감사의 결과와 관련하여 보안상의 취약점이나 개선 필요 사항을 확인한 경우에는 재발 방지 및 개선을 위하여 필요한 조치를 하고, 그 조치 결과를 국가정보원장에게 통보해야 한다.
(2020.12.31 본조개정)

제7장 보 칙
(2020.1.14 본장제목신설)

제43조【보안담당관】 각급기관의 장은 소속 직원 중에서 이 영에 따른 보안업무를 수행할 보안담당관을 임명하여야 한다.

제44조【계엄지역의 보안】 ① 계엄이 선포된 지역의 보안을 위하여 계엄사령관은 이 영에도 불구하고 특별한 보안조치를 할 수 있다.
② 계엄사령관이 제1항에 따라 특별한 보안조치를 하려는 경우 평상시 보안업무와의 연계성을 고려하여 필요하다고 인정할 때에는 미리 국가정보원장과 협의하여야 한다.

제45조【권한의 위탁】 ① 국가정보원장은 제36조에 따른 신원조사와 관련한 권한의 일부를 국방부장관과 경찰청장에게 위탁할 수 있다.(2020.12.31 단서삭제)
② 국가정보원장은 필요하다고 인정할 때에는 각급기관의 장에게 제35조에 따른 보안측정 및 제38조에 따른 보안사고 조사와 관련한 권한의 일부를 위탁할 수 있다. 다만, 국방부장관에 대한 위탁은 국방부 본부를 제외한 합동참모본부, 국방부 직할부대 및 직할기관, 각군, 「방위사업법」에 따른 방위산업체, 연구기관 및 그 밖의 군사보안대상의 보안측정 및 보안사고 조사로 한정한다.
③ 국가정보원장은 필요하다고 인정할 때에는 제2항에 따라 권한을 위탁받은 각급기관의 장에게 보안측정 및 보안사고 조사 결과의 통보를 요구할 수 있다.
④ 국가정보원장은 제21조제3항에 따른 통합 비밀관리시스템의 구축·운영을 관계 중앙행정기관등의 장에게 위탁할 수 있다.
(2020.12.31 본조개정)

제46조【고유식별정보의 처리】 ① 국가정보원장은 법 제5조제2항에 따라 보안 업무에 필요한 조사 업무를 수행하기 위하여 불가피한 경우 「개인정보 보호법 시행령」 제19조제1호 또는 제4호에 따른 주민등록번호 또는 외국인등록번호가 포함된 자료를 처리할 수 있다.(2020.12.31 본항신설)
② 관계 기관의 장은 다음 각 호의 사무를 수행하기 위하여 불가피한 경우 「개인정보 보호법 시행령」 제19조제1호 또는 제4호에 따른 주민등록번호 또는 외국인등록번호가 포함된 자료를 처리할 수 있다.(2020.12.31 본문개정)
1. 제34조제3항에 따른 보호지역 접근·출입 승인에 관한 사무
2. 제36조에 따른 신원조사에 관한 사무
(2020.1.14 1호～2호개정)

부 칙 (2020.1.14)

제1조【시행일】 이 영은 공포 후 1개월이 경과한 날부터 시행한다.

제2조【보안측정 결과의 처리에 관한 적용례】 제35조의2 제3항의 개정규정은 이 영 시행 이후 국가정보원장이 보안측정을 하는 경우부터 적용한다.
제3조【보안사고 조사 결과의 처리에 관한 적용례】 제38조의2제2항의 개정규정은 이 영 시행 이후 국가정보원장이 보안사고를 조사하는 경우부터 적용한다.
제4조【보안감사 결과의 처리에 관한 적용례】 제42조제2항의 개정규정은 이 영 시행 이후 중앙행정기관의 장이 보안감사 또는 정보통신보안감사를 하는 경우부터 적용한다.
제5조【국가보안시설 및 국가보호장비에 관한 경과조치】 이 영 시행 당시 국가보안시설 및 국가보호장비로 지정된 시설 및 장비는 각각 제32조의 개정규정에 따라 지정된 국가보안시설 및 국가보호장비로 본다.
제6조【보호지역에 관한 경과조치】 이 영 시행 당시 종전의 제32조에 따라 설정된 보호구역은 제34조의 개정규정에 따라 설정된 보호지역으로 본다.
제7조【다른 법령의 개정】 ①~② ※(해당 법령에 가제정리 하였음)

부 칙 (2020.7.14)

이 영은 2020년 7월 15일부터 시행한다.

부 칙 (2020.8.4)

제1조【시행일】 이 영은 2020년 8월 5일부터 시행한다. (이하 생략)

부 칙 (2020.12.31)

제1조【시행일】 이 영은 2021년 1월 1일부터 시행한다.
제2조【신원조사에 관한 경과조치】 이 영 시행 당시 신원조사가 진행 중인 경우에는 제36조 및 제45조제1항 단서의 개정규정에도 불구하고 종전의 규정에 따라 신원조사를 한다.

행정기본법

(2021년 3월 23일 법 률 제17979호)

개정
2022.12.27법19148호 2024. 1.16법20056호

제1장 총 칙

제1절 목적 및 정의 등

제1조【목적】 이 법은 행정의 원칙과 기본사항을 규정하여 행정의 민주성과 적법성을 확보하고 적정성과 효율성을 향상시킴으로써 국민의 권익 보호에 이바지함을 목적으로 한다.
제2조【정의】 이 법에서 사용하는 용어의 뜻은 다음과 같다.
1. "법령등"이란 다음 각 목의 것을 말한다.
 가. 법령 : 다음의 어느 하나에 해당하는 것
  1) 법률 및 대통령령·총리령·부령
  2) 국회규칙·대법원규칙·헌법재판소규칙·중앙선거관리위원회규칙 및 감사원규칙
  3) 1) 또는 2)의 위임을 받아 중앙행정기관(「정부조직법」 및 그 밖의 법률에 따라 설치된 중앙행정기관을 말한다. 이하 같다)의 장이 정한 훈령·예규 및 고시 등 행정규칙
 나. 자치법규 : 지방자치단체의 조례 및 규칙
2. "행정청"이란 다음 각 목의 자를 말한다.
 가. 행정에 관한 의사를 결정하여 표시하는 국가 또는 지방자치단체의 기관
 나. 그 밖에 법령등에 따라 행정에 관한 의사를 결정하여 표시하는 권한을 가지고 있거나 그 권한을 위임 또는 위탁받은 공공단체 또는 그 기관이나 사인(私人)
3. "당사자"란 처분의 상대방을 말한다.
4. "처분"이란 행정청이 구체적 사실에 관하여 행하는 법 집행으로서 공권력의 행사 또는 그 거부와 그 밖에 이에 준하는 행정작용을 말한다.
5. "제재처분"이란 법령등에 따른 의무를 위반하거나 이행하지 아니하였음을 이유로 당사자에게 의무를 부과하거나 권익을 제한하는 처분을 말한다. 다만, 제30조제1항 각 호에 따른 행정상 강제는 제외한다.

제3조【국가와 지방자치단체의 책무】 ① 국가와 지방자치단체는 국민의 삶의 질을 향상시키기 위하여 적법절차에 따라 공정하고 합리적인 행정을 수행할 책무를 진다.
② 국가와 지방자치단체는 행정의 능률과 실효성을 높이기 위하여 지속적으로 법령등과 제도를 정비·개선할 책무를 진다.
제4조【행정의 적극적 추진】 ① 행정은 공공의 이익을 위하여 적극적으로 추진되어야 한다.
② 국가와 지방자치단체는 소속 공무원이 공공의 이익을 위하여 적극적으로 직무를 수행할 수 있도록 제반 여건을 조성하고, 이와 관련된 시책 및 조치를 추진하여야 한다.
③ 제1항 및 제2항에 따른 행정의 적극적 추진 및 적극행정 활성화를 위한 시책의 구체적인 사항 등은 대통령령으로 정한다.
제5조【다른 법률과의 관계】 ① 행정에 관하여 다른 법률에 특별한 규정이 있는 경우를 제외하고는 이 법에서 정하는 바에 따른다.
② 행정에 관한 다른 법률을 제정하거나 개정하는 경우에는 이 법의 목적과 원칙, 기준 및 취지에 부합되도록 노력하여야 한다.

제2절 기간 및 나이의 계산
(2022.12.27 본절제목개정)

제6조【행정에 관한 기간의 계산】 ① 행정에 관한 기간의 계산에 관하여는 이 법 또는 다른 법령등에 특별한 규정이 있는 경우를 제외하고는 「민법」을 준용한다.
② 법령등 또는 처분에서 국민의 권익을 제한하거나 의무를 부과하는 경우 권익이 제한되거나 의무가 지속되는 기간의 계산은 다음 각 호의 기준에 따른다. 다만, 다음 각 호의 기준에 따르는 것이 국민에게 불리한 경우에는 그러하지 아니하다.
1. 기간을 일, 주, 월 또는 연으로 정한 경우에는 기간의 첫날을 산입한다.
2. 기간의 말일이 토요일 또는 공휴일인 경우에도 기간은 그 날로 만료한다.

제7조【법령등 시행일의 기간 계산】 법령등(훈령·예규·고시·지침 등을 포함한다. 이하 이 조에서 같다)의 시행일을 정하거나 계산할 때에는 다음 각 호의 기준에 따른다.
1. 법령등을 공포한 날부터 시행하는 경우에는 공포한 날을 시행일로 한다.
2. 법령등을 공포한 날부터 일정 기간이 경과한 날부터 시행하는 경우 법령등을 공포한 날을 첫날에 산입하지 아니한다.
3. 법령등을 공포한 날부터 일정 기간이 경과한 날부터 시행하는 경우 그 기간의 말일이 토요일 또는 공휴일인 때에는 그 말일로 기간이 만료한다.

제7조의2【행정에 관한 나이의 계산 및 표시】 행정에 관한 나이는 다른 법령등에 특별한 규정이 있는 경우를 제외하고는 출생일을 산입하여 만(滿) 나이로 계산하고, 연수(年數)로 표시한다. 다만, 1세에 이르지 아니한 경우에는 월수(月數)로 표시할 수 있다.(2022.12.27 본조신설)

제2장 행정의 법 원칙

제8조【법치행정의 원칙】 행정작용은 법률에 위반되어서는 아니 되며, 국민의 권리를 제한하거나 의무를 부과하는 경우와 그 밖에 국민생활에 중요한 영향을 미치는 경우에는 법률에 근거하여야 한다.
제9조【평등의 원칙】 행정청은 합리적 이유 없이 국민을 차별하여서는 아니 된다.
제10조【비례의 원칙】 행정작용은 다음 각 호의 원칙에 따라야 한다.
1. 행정목적을 달성하는 데 유효하고 적절할 것
2. 행정목적을 달성하는 데 필요한 최소한도에 그칠 것
3. 행정작용으로 인한 국민의 이익 침해가 그 행정작용이 의도하는 공익보다 크지 아니할 것

제11조【성실의무 및 권한남용금지의 원칙】 ① 행정청은 법령등에 따른 의무를 성실히 수행하여야 한다.
② 행정청은 행정권한을 남용하거나 그 권한의 범위를 넘어서는 아니 된다.
제12조【신뢰보호의 원칙】 ① 행정청은 공익 또는 제3자의 이익을 현저히 해칠 우려가 있는 경우를 제외하고는 행정에 대한 국민의 정당하고 합리적인 신뢰를 보호하여야 한다.
② 행정청은 권한 행사의 기회가 있음에도 불구하고 장기간 권한을 행사하지 아니하여 국민이 그 권한이 행사되지 아니할 것으로 믿을 만한 정당한 사유가 있는 경우에는 그 권한을 행사해서는 아니 된다. 다만, 공익 또는 제3자의 이익을 현저히 해칠 우려가 있는 경우는 예외로 한다.
제13조【부당결부금지의 원칙】 행정청은 행정작용을 할 때 상대방에게 해당 행정작용과 실질적인 관련이 없는 의무를 부과해서는 아니 된다.

제3장 행정작용

제1절 처 분

제14조【법 적용의 기준】 ① 새로운 법령등은 법령등에 특별한 규정이 있는 경우를 제외하고는 그 법령등의 효력 발생 전에 완성되거나 종결된 사실관계 또는 법률관계에 대해서는 적용되지 아니한다.
② 당사자의 신청에 따른 처분은 법령등에 특별한 규정이 있거나 처분 당시의 법령등을 적용하기 곤란한 특별한 사정이 있는 경우를 제외하고는 처분 당시의 법령등에 따른다.
③ 법령등을 위반한 행위의 성립과 이에 대한 제재처분은 법령등에 특별한 규정이 있는 경우를 제외하고는 법령등을 위반한 행위 당시의 법령등에 따른다. 다만, 법령등을 위반한 행위 후 법령등의 변경에 의하여 그 행위가 법령등을 위반한 행위에 해당하지 아니하거나 제재처분 기준이 가벼워진 경우로서 해당 법령등에 특별한 규정이 없는 경우에는 변경된 법령등을 적용한다.
제15조【처분의 효력】 처분은 권한이 있는 기관이 취소 또는 철회하거나 기간의 경과 등으로 소멸되기 전까지는 유효한 것으로 통용된다. 다만, 무효인 처분은 처음부터 그 효력이 발생하지 아니한다.
제16조【결격사유】 ① 자격이나 신분 등을 취득 또는 부여할 수 없거나 인가, 허가, 지정, 승인, 영업등록, 신고 수리 등(이하 "인허가"라 한다)을 필요로 하는 영업 또는 사업 등을 할 수 없는 사유(이하 이 조에서 "결격사유"라 한다)는 법률로 정한다.
② 결격사유를 규정할 때에는 다음 각 호의 기준에 따른다.
1. 규정의 필요성이 분명할 것
2. 필요한 항목만 최소한으로 규정할 것
3. 대상이 되는 자격, 신분, 영업 또는 사업 등과 실질적인 관련이 있을 것
4. 유사한 다른 제도와 균형을 이룰 것

제17조【부관】 ① 행정청은 처분에 재량이 있는 경우에는 부관(조건, 기한, 부담, 철회권의 유보 등을 말한다. 이하 이 조에서 같다)을 붙일 수 있다.
② 행정청은 처분에 재량이 없는 경우에는 법률에 근거가 있는 경우에 부관을 붙일 수 있다.
③ 행정청은 부관을 붙일 수 있는 처분이 다음 각 호의 어느 하나에 해당하는 경우에는 그 처분을 한 후에도 부관을 새로 붙이거나 종전의 부관을 변경할 수 있다.
1. 법률에 근거가 있는 경우
2. 당사자의 동의가 있는 경우
3. 사정이 변경되어 부관을 새로 붙이거나 종전의 부관을 변경하지 아니하면 해당 처분의 목적을 달성할 수 없다고 인정되는 경우

④ 부관은 다음 각 호의 요건에 적합하여야 한다.
1. 해당 처분의 목적에 위배되지 아니할 것

2. 해당 처분과 실질적인 관련이 있을 것
3. 해당 처분의 목적을 달성하기 위하여 필요한 최소한의 범위일 것

제18조【위법 또는 부당한 처분의 취소】 ① 행정청은 위법 또는 부당한 처분의 전부나 일부를 소급하여 취소할 수 있다. 다만, 당사자의 신뢰를 보호할 가치가 있는 등 정당한 사유가 있는 경우에는 장래를 향하여 취소할 수 있다.
② 행정청은 제1항에 따라 당사자에게 권리나 이익을 부여하는 처분을 취소하려는 경우에는 취소로 인하여 당사자가 입게 될 불이익을 취소로 달성되는 공익과 비교·형량(衡量)하여야 한다. 다만, 다음 각 호의 어느 하나에 해당하는 경우에는 그러하지 아니하다.
1. 거짓이나 그 밖의 부정한 방법으로 처분을 받은 경우
2. 당사자가 처분의 위법성을 알고 있었거나 중대한 과실로 알지 못한 경우

제19조【적법한 처분의 철회】 ① 행정청은 적법한 처분이 다음 각 호의 어느 하나에 해당하는 경우에는 그 처분의 전부 또는 일부를 장래를 향하여 철회할 수 있다.
1. 법률에서 정한 철회 사유에 해당하게 된 경우
2. 법령등의 변경이나 사정변경으로 처분을 더 이상 존속시킬 필요가 없게 된 경우
3. 중대한 공익을 위하여 필요한 경우
② 행정청은 제1항에 따라 처분을 철회하려는 경우에는 철회로 인하여 당사자가 입게 될 불이익을 철회로 달성되는 공익과 비교·형량하여야 한다.

제20조【자동적 처분】 행정청은 법률로 정하는 바에 따라 완전히 자동화된 시스템(인공지능 기술을 적용한 시스템을 포함한다)으로 처분을 할 수 있다. 다만, 처분에 재량이 있는 경우는 그러하지 아니하다.

제21조【재량행사의 기준】 행정청은 재량이 있는 처분을 할 때에는 관련 이익을 정당하게 형량하여야 하며, 그 재량권의 범위를 넘어서는 아니 된다.

제22조【제재처분의 기준】 ① 제재처분의 근거가 되는 법률에는 제재처분의 주체, 사유, 유형 및 상한을 명확하게 규정하여야 한다. 이 경우 제재처분의 유형 및 상한을 정할 때에는 해당 위반행위의 특수성 및 유사한 위반행위와의 형평성 등을 종합적으로 고려하여야 한다.
② 행정청은 재량이 있는 제재처분을 할 때에는 다음 각 호의 사항을 고려하여야 한다.
1. 위반행위의 동기, 목적 및 방법
2. 위반행위의 결과
3. 위반행위의 횟수
4. 그 밖에 제1호부터 제3호까지에 준하는 사항으로서 대통령령으로 정하는 사항

제23조【제재처분의 제척기간】 ① 행정청은 법령등의 위반행위가 종료된 날부터 5년이 지나면 해당 위반행위에 대하여 제재처분(인허가의 정지·취소·철회, 등록 말소, 영업소 폐쇄와 정지를 갈음하는 과징금 부과를 말한다. 이하 이 조에서 같다)을 할 수 없다.
② 다음 각 호의 어느 하나에 해당하는 경우에는 제1항을 적용하지 아니한다.
1. 거짓이나 그 밖의 부정한 방법으로 인허가를 받거나 신고를 한 경우
2. 당사자가 인허가나 신고의 위법성을 알고 있었거나 중대한 과실로 알지 못한 경우
3. 정당한 사유 없이 행정청의 조사·출입·검사를 기피·방해·거부하여 제척기간이 지난 경우
4. 제재처분을 하지 아니하면 국민의 안전·생명 또는 환경을 심각하게 해치거나 해칠 우려가 있는 경우
③ 행정청은 제1항에도 불구하고 행정심판의 재결이나 법원의 판결에 따라 제재처분이 취소·철회된 경우에는 재결이나 판결이 확정된 날부터 1년(합의제행정기관은 2년)이 지나기 전까지는 그 취지에 따른 새로운 제재처분을 할 수 있다.
④ 다른 법률에서 제1항 및 제3항의 기간보다 짧거나 긴 기간을 규정하고 있으면 그 법률에서 정하는 바에 따른다.

제2절 인허가의제

제24조【인허가의제의 기준】 ① 이 절에서 "인허가의제"란 하나의 인허가(이하 "주된 인허가"라 한다)를 받으면 법률로 정하는 바에 따라 그와 관련된 여러 인허가(이하 "관련 인허가"라 한다)를 받은 것으로 보는 것을 말한다.
② 인허가의제를 받으려면 주된 인허가를 신청할 때 관련 인허가에 필요한 서류를 함께 제출하여야 한다. 다만, 불가피한 사유로 함께 제출할 수 없는 경우에는 주된 인허가 행정청이 별도로 정하는 기한까지 제출할 수 있다.
③ 주된 인허가 행정청은 주된 인허가를 하기 전에 관련 인허가에 관하여 미리 관련 인허가 행정청과 협의하여야 한다.
④ 관련 인허가 행정청은 제3항에 따른 협의를 요청받으면 그 요청을 받은 날부터 20일 이내(제5항 단서에 따른 절차에 걸리는 기간은 제외한다)에 의견을 제출하여야 한다. 이 경우 전단에서 정한 기간(민원 처리 관련 법령에 따라 의견을 제출하여야 하는 기간을 연장한 경우에는 그 연장한 기간을 말한다) 내에 협의 여부에 관하여 의견을 제출하지 아니하면 협의가 된 것으로 본다.
⑤ 제3항에 따라 협의를 요청받은 관련 인허가 행정청은 해당 법령을 위반하여 협의에 응해서는 아니 된다. 다만, 관련 인허가에 필요한 심의, 의견 청취 등 절차에 관하여는 법률에 인허가의제 시에도 해당 절차를 거친다는 명시적인 규정이 있는 경우에만 이를 거친다.

제25조【인허가의제의 효과】 ① 제24조제3항·제4항에 따라 협의가 된 사항에 대해서는 주된 인허가를 받았을 때 관련 인허가를 받은 것으로 본다.
② 인허가의제의 효과는 주된 인허가의 해당 법률에 규정된 관련 인허가에 한정된다.

제26조【인허가의제의 사후관리 등】 ① 인허가의제의 경우 관련 인허가 행정청은 관련 인허가를 직접 한 것으로 보아 관계 법령에 따른 관리·감독 등 필요한 조치를 하여야 한다.
② 주된 인허가가 있은 후 이를 변경하는 경우에는 제24조·제25조 및 이 조 제1항을 준용한다.
③ 이 절에서 규정한 사항 외에 인허가의제의 방법, 그 밖에 필요한 세부 사항은 대통령령으로 정한다.

제3절 공법상 계약

제27조【공법상 계약의 체결】 ① 행정청은 법령등을 위반하지 아니하는 범위에서 행정목적을 달성하기 위하여 필요한 경우에는 공법상 법률관계에 관한 계약(이하 "공법상 계약"이라 한다)을 체결할 수 있다. 이 경우 계약의 목적 및 내용을 명확하게 적은 계약서를 작성하여야 한다.
② 행정청은 공법상 계약의 상대방을 선정하고 계약 내용을 정할 때 공법상 계약의 공공성과 제3자의 이해관계를 고려하여야 한다.

제4절 과징금

제28조【과징금의 기준】 ① 행정청은 법령등에 따른 의무를 위반한 자에 대하여 법률로 정하는 바에 따라 그 위반행위에 대한 제재로서 과징금을 부과할 수 있다.
② 과징금의 근거가 되는 법률에는 과징금에 관한 다음 각 호의 사항을 명확하게 규정하여야 한다.
1. 부과·징수 주체
2. 부과 사유
3. 상한액
4. 가산금을 징수하려는 경우 그 사항
5. 과징금 또는 가산금 체납 시 강제징수를 하려는 경우 그 사항

제29조【과징금의 납부기한 연기 및 분할 납부】 과징금은 한꺼번에 납부하는 것을 원칙으로 한다. 다만, 행정청은 과징금을 부과받은 자가 다음 각 호의 어느 하나에 해당하는 사유로 과징금 전액을 한꺼번에 내기 어렵다고 인정될 때에는 그 납부기한을 연기하거나 분할 납부하게 할 수 있으며, 이 경우 필요하다고 인정하면 담보를 제공하게 할 수 있다.
1. 재해 등으로 재산에 현저한 손실을 입은 경우
2. 사업 여건의 악화로 사업이 중대한 위기에 처한 경우
3. 과징금을 한꺼번에 내면 자금 사정에 현저한 어려움이 예상되는 경우
4. 그 밖에 제1호부터 제3호까지에 준하는 경우로서 대통령령으로 정하는 사유가 있는 경우

제5절 행정상 강제

제30조【행정상 강제】 ① 행정청은 행정목적을 달성하기 위하여 필요한 경우에는 법률로 정하는 바에 따라 필요한 최소한의 범위에서 다음 각 호의 어느 하나에 해당하는 조치를 할 수 있다.
1. 행정대집행 : 의무자가 행정상 의무(법령등에서 직접 부과하거나 행정청이 법령등에 따라 부과한 의무를 말한다. 이하 이 절에서 같다)로서 타인이 대신하여 행할 수 있는 의무를 이행하지 아니하는 경우 법률로 정하는 다른 수단으로는 그 이행을 확보하기 곤란하고 그 불이행을 방치하면 공익을 크게 해칠 것으로 인정될 때에 행정청이 의무자가 하여야 할 행위를 스스로 하거나 제3자에게 하게 하고 그 비용을 의무자로부터 징수하는 것
2. 이행강제금의 부과 : 의무자가 행정상 의무를 이행하지 아니하는 경우 행정청이 적절한 이행기간을 부여하고, 그 기한까지 행정상 의무를 이행하지 아니하면 금전급부의무를 부과하는 것
3. 직접강제 : 의무자가 행정상 의무를 이행하지 아니하는 경우 행정청이 의무자의 신체나 재산에 실력을 행사하여 그 행정상 의무의 이행이 있었던 것과 같은 상태를 실현하는 것
4. 강제징수 : 의무자가 행정상 의무 중 금전급부의무를 이행하지 아니하는 경우 행정청이 의무자의 재산에 실력을 행사하여 그 행정상 의무가 실현된 것과 같은 상태를 실현하는 것
5. 즉시강제 : 현재의 급박한 행정상의 장해를 제거하기 위한 경우로서 다음 각 목의 어느 하나에 해당하는 경우에 행정청이 곧바로 국민의 신체 또는 재산에 실력을 행사하여 행정목적을 달성하는 것
가. 행정청이 미리 행정상 의무 이행을 명할 시간적 여유가 없는 경우
나. 그 성질상 행정상 의무의 이행을 명하는 것만으로는 행정목적 달성이 곤란한 경우
② 행정상 강제 조치에 관하여 이 법에서 정한 사항 외에 필요한 사항은 따로 법률로 정한다.
③ 형사(刑事), 행형(行刑) 및 보안처분 관계 법령에 따라 행하는 사항이나 외국인의 출입국·난민인정·귀화·국적회복에 관한 사항에 관하여는 이 절을 적용하지 아니한다.

제31조【이행강제금의 부과】 ① 이행강제금 부과의 근거가 되는 법률에는 이행강제금에 관한 다음 각 호의 사항을 명확하게 규정하여야 한다. 다만, 제4호 또는 제5호를 규정할 경우 입법목적이나 입법취지를 훼손할 우려가 크다고 인정되는 경우로서 대통령령으로 정하는 경우는 제외한다.
1. 부과·징수 주체
2. 부과 요건
3. 부과 금액
4. 부과 금액 산정기준
5. 연간 부과 횟수나 횟수의 상한
② 행정청은 다음 각 호의 사항을 고려하여 이행강제금의 부과 금액을 가중하거나 감경할 수 있다.
1. 의무 불이행의 동기, 목적 및 결과
2. 의무 불이행의 정도 및 상습성
3. 그 밖에 행정목적을 달성하는 데 필요하다고 인정되는 사유
③ 행정청은 이행강제금을 부과하기 전에 미리 의무자에게 적절한 이행기간을 정하여 그 기한까지 행정상 의무를 이행하지 아니하면 이행강제금을 부과한다는 뜻을 문서로 계고(戒告)하여야 한다.
④ 행정청은 의무자가 제3항에 따른 계고에서 정한 기한까지 행정상 의무를 이행하지 아니한 경우 이행강제금의 부과 금액·사유·시기를 문서로 명확하게 적어 의무자에게 통지하여야 한다.
⑤ 행정청은 의무자가 행정상 의무를 이행할 때까지 이행강제금을 반복하여 부과할 수 있다. 다만, 의무자가 의무를 이행하면 새로운 이행강제금의 부과를 즉시 중지하되, 이미 부과한 이행강제금은 징수하여야 한다.
⑥ 행정청은 이행강제금을 부과받은 자가 납부기한까지 이행강제금을 내지 아니하면 국세강제징수의 예 또는 「지방행정제재·부과금의 징수 등에 관한 법률」에 따라 징수한다.

제32조【직접강제】 ① 직접강제는 행정대집행이나 이행강제금 부과의 방법으로는 행정상 의무 이행을 확보할 수 없거나 그 실현이 불가능한 경우에 실시하여야 한다.
② 직접강제를 실시하기 위하여 현장에 파견되는 집행책임자는 그가 집행책임자임을 표시하는 증표를 보여 주어야 한다.
③ 직접강제의 계고 및 통지에 관하여는 제31조제3항 및 제4항을 준용한다.

제33조【즉시강제】 ① 즉시강제는 다른 수단으로는 행정목적을 달성할 수 없는 경우에만 허용되며, 이 경우에도 최소한으로만 실시하여야 한다.
② 즉시강제를 실시하기 위하여 현장에 파견되는 집행책임자는 그가 집행책임자임을 표시하는 증표를 보여 주어야 하며, 즉시강제의 이유와 내용을 고지하여야 한다.
③ 제2항에도 불구하고 집행책임자는 즉시강제를 하려는 재산의 소유자 또는 점유자를 알 수 없거나 현장에서 그 소재를 즉시 확인하기 어려운 경우에는 즉시강제를 실시한 후 집행책임자의 이름 및 그 이유와 내용을 고지할 수 있다. 다만, 다음 각 호에 해당하는 경우에는 게시판이나 인터넷 홈페이지에 게시하는 등 적절한 방법에 의한 공고로써 고지를 갈음할 수 있다.
1. 즉시강제를 실시한 후에도 재산의 소유자 또는 점유자를 알 수 없는 경우
2. 재산의 소유자 또는 점유자가 국외에 거주하거나 행방을 알 수 없는 경우
3. 그 밖에 대통령령으로 정하는 불가피한 사유로 고지할 수 없는 경우
(2024.1.16 본항신설)

제6절 그 밖의 행정작용

제34조【수리 여부에 따른 신고의 효력】 법령등으로 정하는 바에 따라 행정청에 일정한 사항을 통지하여야 하는 신고로서 법률에 신고의 수리가 필요하다고 명시되어 있는 경우(행정기관의 내부 업무 처리 절차로서 수리를 규정한 경우는 제외한다)에는 행정청이 수리하여야 효력이 발생한다.

제35조【수수료 및 사용료】 ① 행정청은 특정인을 위한 행정서비스를 제공받는 자에게 법령으로 정하는 바에 따라 수수료를 받을 수 있다.
② 행정청은 공공시설 및 재산 등의 이용 또는 사용에 대하여 사전에 공개된 금액이나 기준에 따라 사용료를 받을 수 있다.
③ 제1항 및 제2항에도 불구하고 지방자치단체의 경우에는 「지방자치법」에 따른다.

제7절 처분에 대한 이의신청 및 재심사

제36조【처분에 대한 이의신청】 ① 행정청의 처분(「행정심판법」 제3조에 따라 같은 법에 따른 행정심판의 대상이 되는 처분을 말한다. 이하 이 조에서 같다)에 이의가 있는 당사자는 처분을 받은 날부터 30일 이내에 해당 행정청에 이의신청을 할 수 있다.
② 행정청은 제1항에 따른 이의신청을 받으면 그 신청을 받은 날부터 14일 이내에 그 이의신청에 대한 결과를 신청인에게 통지하여야 한다. 다만, 부득이한 사유로 14일 이내에 통지할 수 없는 경우에는 그 기간을 만료일 다음 날부터 기산하여 10일의 범위에서 한 차례 연장할 수 있으며, 연장 사유를 신청인에게 통지하여야 한다.
③ 제1항에 따라 이의신청을 한 경우에도 그 이의신청과 관계없이 「행정심판법」에 따른 행정심판 또는 「행정소송법」에 따른 행정소송을 제기할 수 있다.
④ 이의신청에 대한 결과를 통지받은 후 행정심판 또는 행정소송을 제기하려는 자는 그 결과를 통지받은 날(제2항에 따른 통지기간 내에 결과를 통지받지 못한 경우에는 같은 항에 따른 통지기간이 만료되는 날의 다음 날을 말한다)부터 90일 이내에 행정심판 또는 행정소송을 제기할 수 있다.
⑤ 다른 법률에서 이의신청과 이에 준하는 절차에 대하여 정하고 있는 경우에도 그 법률에서 규정하지 아니한 사항에 관하여는 이 조에서 정하는 바에 따른다.
⑥ 제1항부터 제5항까지에서 규정한 사항 외에 이의신청의 방법 및 절차 등에 관한 사항은 대통령령으로 정한다.
⑦ 다음 각 호의 어느 하나에 해당하는 사항에 관하여는 이 조를 적용하지 아니한다.
1. 공무원 인사 관계 법령에 따른 징계 등 처분에 관한 사항
2. 「국가인권위원회법」 제30조에 따른 진정에 대한 국가인권위원회의 결정
3. 「노동위원회법」 제2조의2에 따라 노동위원회의 의결을 거쳐 행하는 사항
4. 형사, 행형 및 보안처분 관계 법령에 따라 행하는 사항
5. 외국인의 출입국·난민인정·귀화·국적회복에 관한 사항
6. 과태료 부과 및 징수에 관한 사항

제37조【처분의 재심사】 ① 당사자는 처분(제재처분 및 행정상 강제는 제외한다. 이하 이 조에서 같다)이 행정심판, 행정소송 및 그 밖의 쟁송을 통하여 다툴 수 없게 된 경우(법원의 확정판결이 있는 경우는 제외한다)라도 다음 각 호의 어느 하나에 해당하는 경우에는 해당 처분을 한 행정청에 처분을 취소·철회하거나 변경하여 줄 것을 신청할 수 있다.
1. 처분의 근거가 된 사실관계 또는 법률관계가 추후에 당사자에게 유리하게 바뀐 경우
2. 당사자에게 유리한 결정을 가져다주었을 새로운 증거가 있는 경우
3. 「민사소송법」 제451조에 따른 재심사유에 준하는 사유가 발생한 경우 등 대통령령으로 정하는 경우
② 제1항에 따른 신청은 해당 처분의 절차, 행정심판, 행정소송 및 그 밖의 쟁송에서 당사자가 중대한 과실 없이 제1항 각 호의 사유를 주장하지 못한 경우에만 할 수 있다.
③ 제1항에 따른 신청은 당사자가 제1항 각 호의 사유를 안 날부터 60일 이내에 하여야 한다. 다만, 처분이 있은 날부터 5년이 지나면 신청할 수 없다.
④ 제1항에 따른 신청을 받은 행정청은 특별한 사정이 없으면 신청을 받은 날부터 90일(합의제행정기관은 180일) 이내에 처분의 재심사 결과(재심사 여부와 처분의 유지·취소·철회·변경 등에 대한 결정을 포함한다)를 신청인에게 통지하여야 한다. 다만, 부득이한 사유로 90일(합의제행정기관은 180일) 이내에 통지할 수 없는 경우에는 그 기간을 만료일 다음 날부터 기산하여 90일(합의제행정기관은 180일)의 범위에서 한 차례 연장할 수 있으며, 연장 사유를 신청인에게 통지하여야 한다.
⑤ 제4항에 따른 처분의 재심사 결과 중 처분을 유지하는 결과에 대해서는 행정심판, 행정소송 및 그 밖의 쟁송수단을 통하여 불복할 수 없다.
⑥ 행정청의 제18조에 따른 취소와 제19조에 따른 철회는 처분의 재심사에 의하여 영향을 받지 아니한다.
⑦ 제1항부터 제6항까지에서 규정한 사항 외에 처분의 재심사의 방법 및 절차 등에 관한 사항은 대통령령으로 정한다.
⑧ 다음 각 호의 어느 하나에 해당하는 사항에 관하여는 이 조를 적용하지 아니한다.
1. 공무원 인사 관계 법령에 따른 징계 등 처분에 관한 사항
2. 「노동위원회법」 제2조의2에 따라 노동위원회의 의결을 거쳐 행하는 사항
3. 형사, 행형 및 보안처분 관계 법령에 따라 행하는 사항
4. 외국인의 출입국·난민인정·귀화·국적회복에 관한 사항
5. 과태료 부과 및 징수에 관한 사항
6. 개별 법률에서 그 적용을 배제하고 있는 경우

제4장 행정의 입법활동 등

제38조【행정의 입법활동】 ① 국가나 지방자치단체가 법령등을 제정·개정·폐지하고자 하거나 그와 관련된 활동(법률안의 국회 제출과 조례안의 지방의회 제출을 포함하며, 이하 이 장에서 "행정의 입법활동"이라 한다)을 할 때에는 헌법과 상위 법령을 위반해서는 아니 되며, 헌법과 법령등에서 정한 절차를 준수하여야 한다.
② 행정의 입법활동은 다음 각 호의 기준에 따라야 한다.
1. 일반 국민 및 이해관계자로부터 의견을 수렴하고 관계 기관과 충분한 협의를 거쳐 책임 있게 추진되어야 한다.
2. 법령등의 내용과 규정은 다른 법령등과 조화를 이루어야 하고, 법령등 상호 간에 중복되거나 상충되지 아니하여야 한다.
3. 법령등은 일반 국민이 그 내용을 쉽고 명확하게 이해할 수 있도록 알기 쉽게 만들어져야 한다.
③ 정부는 매년 해당 연도에 추진할 법령안 입법계획(이하 "정부입법계획"이라 한다)을 수립하여야 한다.
④ 행정의 입법활동의 절차 및 정부입법계획의 수립에 관하여 필요한 사항은 정부의 법제업무에 관한 사항을 규율하는 대통령령으로 정한다.

제39조【행정법제의 개선】 ① 정부는 권한 있는 기관에 의하여 위헌으로 결정되어 법령이 헌법에 위반되거나 법률에 위반되는 것이 명백한 경우 등 대통령령으로 정하는 경우에는 해당 법령을 개선하여야 한다.
② 정부는 행정 분야의 법제도 개선 및 일관된 법 적용 기준 마련 등을 위하여 필요한 경우 대통령령으로 정하는 바에 따라 관계 기관 협의 및 관계 전문가 의견 수렴을 거쳐 개선조치를 할 수 있으며, 이를 위하여 현행 법령에 관한 분석을 실시할 수 있다.

제40조【법령해석】 ① 누구든지 법령등의 내용에 의문이 있으면 법령을 소관하는 중앙행정기관의 장(이하 "법령소관기관"이라 한다)과 자치법규를 소관하는 지방자치단체의 장에게 법령해석을 요청할 수 있다.
② 법령소관기관과 자치법규를 소관하는 지방자치단체의 장은 각각 소관 법령등을 헌법과 해당 법령등의 취지에 부합되게 해석·집행할 책임을 진다.
③ 법령소관기관이나 법령소관기관의 해석에 이의가 있는 자는 대통령령으로 정하는 바에 따라 법령해석업무를 전문으로 하는 기관에 법령해석을 요청할 수 있다.
④ 법령해석의 절차에 관하여 필요한 사항은 대통령령으로 정한다.

부 칙

제1조【시행일】 이 법은 공포한 날부터 시행한다. 다만, 제22조, 제29조, 제38조부터 제40조까지는 공포 후 6개월이 경과한 날부터 시행하고, 제23조부터 제26조까지, 제30조부터 제34조까지, 제36조 및 제37조는 공포 후 2년이 경과한 날부터 시행한다.
제2조【제재처분에 관한 법령등 변경에 관한 적용례】 제14조제3항 단서의 규정은 이 법 시행일 이후 제재처분에 관한 법령등이 변경된 경우부터 적용한다.
제3조【제재처분의 제척기간에 관한 적용례】 제23조는 부칙 제1조 단서에 따른 시행일 이후 발생하는 위반행위부터 적용한다.
제4조【공법상 계약에 관한 적용례】 제27조는 이 법 시행 이후 공법상 계약을 체결하는 경우부터 적용한다.
제5조【행정상 강제 조치에 관한 적용례】 ① 제31조는 부칙 제1조 단서에 따른 시행일 이후 이행강제금을 부과하는 경우부터 적용한다.
② 제32조 및 제33조는 부칙 제1조 단서에 따른 시행일 이후 직접강제나 즉시강제를 하는 경우부터 적용한다.
제6조【처분에 대한 이의신청에 관한 적용례】 제36조는 부칙 제1조 단서에 따른 시행일 이후에 하는 처분부터 적용한다.
제7조【처분의 재심사에 관한 적용례】 제37조는 부칙 제1조 단서에 따른 시행일 이후에 하는 처분부터 적용한다.

부 칙 (2022.12.27)

이 법은 공포 후 6개월이 경과한 날부터 시행한다.

부 칙 (2024.1.16)

이 법은 공포한 날부터 시행한다.

행정기본법 시행령

(2021년 9월 24일 대통령령 제32014호)

개정
2022. 5.24영32650호

제1장 총 칙

제1조【목적】 이 영은 「행정기본법」에서 위임된 사항과 그 시행에 필요한 사항을 규정함을 목적으로 한다.
제2조【행정의 적극적 추진】 「행정기본법」(이하 "법"이라 한다) 제4조에 따른 행정의 적극적 추진과 적극행정 활성화를 위한 시책의 구체적인 사항 등에 관하여는 「적극행정 운영규정」 및 「지방공무원 적극행정 운영규정」에서 정하는 바에 따른다.

제2장 행정작용

제3조【제재처분의 기준】 법 제22조제2항제4호에서 "대통령령으로 정하는 사항"이란 다음 각 호의 사항을 말한다.
1. 위반행위자의 귀책사유 유무와 그 정도
2. 위반행위자의 법 위반상태 시정·해소를 위한 노력 유무

제4조【인허가의제 관련 협의·조정】 ① 법 제24조제1항에 따른 주된 인허가(이하 "주된인허가"라 한다) 행정청은 같은 조 제3항에 따른 협의 과정에서 협의의 신속한 진행이나 이견 조정을 위하여 필요하다고 인정하는 경우에는 같은 조 제1항에 따른 관련 인허가(이하 "관련인허가"라 한다) 행정청과 협의·조정을 위한 회의를 개최할 수 있다.
② 제1항에 따른 협의·조정을 위한 회의의 구성·운영 등에 필요한 사항은 주된인허가 행정청이 관련인허가 행정청과 협의하여 정한다.(2022.5.24 본항신설)
제5조【인허가의제 행정청 상호 간의 통지】 ① 관련인허가 행정청은 법 제24조제5항 단서에 따라 관련인허가에 필요한 심의, 의견 청취 등의 절차(이하 이 조에서 "관련인허가절차"라 한다)를 거쳐야 하는 경우에는 다음 각 호의 사항을 구체적으로 밝혀 지체 없이 주된인허가 행정청에 통지해야 한다.
1. 관련인허가절차의 내용
2. 관련인허가절차에 걸리는 기간
3. 그 밖에 관련인허가절차의 이행에 필요한 사항
② 주된인허가 행정청은 법 제24조 및 제25조에 따라 주된인허가를 하거나 법 제26조제2항에 따라 주된인허가가 있은 후 이를 변경했을 때에는 지체 없이 관련인허가 행정청에 그 사실을 통지해야 한다.
③ 주된인허가 행정청 또는 관련인허가 행정청은 제1항 및 제2항에서 규정한 사항 외에 주된인허가 또는 관련인허가의 관리·감독에 영향을 미치는 중요 사항이 발생한 경우에는 상호 간에 그 사실을 통지해야 한다.
제6조【공법상 계약】 행정청은 법 제27조에 따라 공법상 법률관계에 관한 계약을 체결할 때 법령등에 따른 관계 행정청의 동의, 승인 또는 협의 등이 필요한 경우에는 이를 모두 거쳐야 한다.
제7조【과징금의 납부기한 연기 및 분할 납부】 ① 과징금 납부 의무자는 법 제29조 각 호 외의 부분 단서에 따라 과징금 납부기한을 연기하거나 과징금을 분할 납부하려는 경우에는 납부기한 10일 전까지 과징금 납부기한의 연기나 과징금의 분할 납부를 신청하는 문서에 같은 조 각 호의 사유를 증명하는 서류를 첨부하여 행정청에 신청해야 한다.
② 법 제29조제4호에서 "대통령령으로 정하는 사유"란 같은 조 제1호부터 제3호까지에 준하는 것으로서 과징금 납부기한의 연기나 과징금의 분할 납부가 필요하다고 행정청이 인정하는 사유를 말한다.
③ 행정청은 법 제29조 각 호 외의 부분 단서에 따라 과징금 납부기한이 연기되거나 과징금의 분할 납부가 허용된 과징금 납부 의무자가 다음 각 호의 어느 하나에 해당하는 경우에는 그 즉시 과징금을 한꺼번에 징수할 수 있다.
1. 분할 납부하기로 한 과징금을 그 납부기한까지 내지 않은 경우
2. 담보 제공 요구에 따르지 않거나 제공된 담보의 가치를 훼손하는 행위를 한 경우
3. 강제집행, 경매의 개시, 파산선고, 법인의 해산, 국세 또는 지방세 강제징수 등의 사유로 과징금의 전부 또는 나머지를 징수할 수 없다고 인정되는 경우
4. 법 제29조 각 호의 사유가 해소되어 과징금을 한꺼번에 납부할 수 있다고 인정되는 경우
5. 그 밖에 제1호부터 제4호까지에 준하는 사유가 있는 경우
④ 과징금 납부기한 연기의 기간, 분할 납부의 횟수·간격 등 세부 사항은 대통령령, 총리령, 부령 또는 훈령·예규·고시 등 행정규칙으로 정한다.(2022.5.24 본항신설)

行政

제8조 【이행강제금의 부과 등】 ① 법 제31조제1항 각 호 외의 부분 단서에서 "대통령령으로 정하는 경우"란 다음 각 호의 경우를 말한다.
1. 이행강제금 부과 금액이 합의제행정기관의 의결을 거쳐 결정되는 경우
2. 1일당 이행강제금 부과 금액의 상한 등 법 제31조제1항제5호에 준하는 이행강제금 부과 상한을 이행강제금 부과의 근거가 되는 법률에서 정하는 경우

② 법 제31조제3항에 따른 계고(戒告)에는 다음 각 호의 사항이 포함되어야 한다.
1. 의무자의 성명 및 주소(의무자가 법인이나 단체인 경우에는 그 명칭, 주사무소의 소재지와 그 대표자의 성명)
2. 이행하지 않은 행정상 의무의 내용과 법적 근거
3. 행정상 의무의 이행 기한
4. 행정상 의무를 이행하지 않을 경우 이행강제금을 부과한다는 뜻
5. 그 밖에 이의제기 방법 등 계고의 상대방에게 알릴 필요가 있다고 인정되는 사항

③ 제2항제3호의 이행 기한은 행정상 의무의 성질 및 내용 등을 고려하여 사회통념상 그 의무 이행에 필요한 기간이 충분히 확보될 수 있도록 정해야 한다.

제9조 【직접강제의 계고】 법 제32조제3항에 따라 준용되는 법 제31조제3항에 따른 계고에는 다음 각 호의 사항이 포함되어야 한다.
1. 의무자의 성명 및 주소(의무자가 법인이나 단체인 경우에는 그 명칭, 주사무소의 소재지와 그 대표자의 성명)
2. 이행하지 않은 행정상 의무의 내용과 법적 근거
3. 행정상 의무의 이행 기한
4. 행정상 의무를 이행하지 않을 경우 직접강제를 실시한다는 뜻
5. 그 밖에 이의제기 방법 등 계고의 상대방에게 알릴 필요가 있다고 인정되는 사항

제10조 【직접강제 또는 즉시강제 집행책임자의 증표】 법 제32조제2항 및 제33조제2항에 따른 증표에는 다음 각 호의 사항이 포함되어야 한다.
1. 집행책임자의 성명 및 소속
2. 직접강제 또는 즉시강제의 법적 근거
3. 그 밖에 해당 증표의 소지자가 직접강제 또는 즉시강제의 집행책임자임을 표시하기 위하여 필요한 사항

제11조 【이의신청의 방법 등】 ① 법 제36조제1항에 따라 이의신청을 하려는 자는 다음 각 호의 사항을 적은 문서를 해당 행정청에 제출해야 한다.
1. 신청인의 성명·생년월일·주소(신청인이 법인이나 단체인 경우에는 그 명칭, 주사무소의 소재지와 그 대표자의 성명)와 연락처
2. 이의신청 대상이 되는 처분의 내용과 처분을 받은 날
3. 이의신청 이유

② 행정청은 법 제36조제2항 단서에 따라 이의신청 결과의 통지 기간을 연장하려는 경우에는 연장 통지서에 연장 사유와 연장 기간 등을 구체적으로 적어야 한다.
③ 행정청은 법 제36조에 따른 이의신청에 대한 접수 및 처리 상황을 이의신청 처리대장에 기록하고 유지해야 한다.
④ 법제처장은 이의신청 제도의 개선을 위하여 필요한 경우에는 행정청에 이의신청 처리 상황 등 이의신청 제도의 운영 현황을 점검하는 데 필요한 자료의 제공을 요청할 수 있다.

제12조 【처분의 재심사 신청 사유】 법 제37조제1항제3호에서 "「민사소송법」 제451조에 따른 재심사유에 준하는 사유가 발생한 경우 등 대통령령으로 정하는 경우"란 다음 각 호의 어느 하나에 해당하는 경우를 말한다.
1. 처분 업무를 직접 또는 간접적으로 처리한 공무원이 그 처분에 관한 직무상 죄를 범한 경우
2. 처분의 근거가 된 문서나 그 밖의 자료가 위조되거나 변조된 것인 경우
3. 제3자의 거짓 진술이 처분의 근거가 된 경우
4. 처분에 영향을 미칠 중요한 사항에 관하여 판단이 누락된 경우

제13조 【처분의 재심사 신청 방법 등】 ① 법 제37조제1항에 따라 처분의 재심사를 신청하려는 자는 다음 각 호의 사항을 적은 문서에 처분의 재심사 신청 사유를 증명하는 서류를 첨부하여 해당 처분을 한 행정청에 제출해야 한다.
1. 신청인의 성명·생년월일·주소(신청인이 법인이나 단체인 경우에는 그 명칭, 주사무소의 소재지와 그 대표자의 성명)와 연락처
2. 재심사 대상이 되는 처분의 내용과 처분이 있은 날
3. 재심사 신청 사유

② 제1항에 따른 신청을 받은 행정청은 그 신청 내용에 보완이 필요하면 보완해야 할 내용을 명시하고 20일 이내에서 적절한 기간을 정하여 보완을 요청할 수 있다.
③ 제2항에 따른 보완 기간은 법 제37조제4항에 따른 재심사 결과 통지 기간에 포함하지 않는다.
④ 행정청은 법 제37조제4항 단서에 따라 처분의 재심사 결과의 통지 기간을 연장하려는 경우에는 연장 통지서에 연장 사유와 연장 기간 등을 구체적으로 적어야 한다.

제3장 행정의 입법활동 등

제14조 【국가행정법제위원회의 설치 등】 ① 법 제39조제2항에 따른 행정 분야의 법제도 개선과 법 적용 기준 마련 등에 관한 주요 사항의 자문을 위하여 법제처에 국가행정법제위원회(이하 "위원회"라 한다)를 둔다.
② 위원회는 다음 각 호의 사항에 관하여 법제처장의 자문에 응한다.
1. 법령등에 공통으로 적용되는 기준의 도입·개선에 관한 사항
2. 법령의 실태 조사 및 영향 분석에 관한 사항
3. 그 밖에 제1호 및 제2호에 준하는 사항으로서 위원회의 위원장(이하 "위원장"이라 한다)이 법제에 필요하다고 인정하는 사항

③ 법제처장은 제2항에 따라 자문한 사항에 대하여 법 제39조제2항에 따른 개선조치가 필요하다고 인정하는 경우에는 관계 기관과의 협의를 거쳐 소관 중앙행정기관의 장에게 개선조치를 권고할 수 있다.

제15조 【위원회의 구성】 ① 위원회는 위원장 2명을 포함하여 50명 이내의 위원으로 성별을 고려하여 구성한다.
② 위원장 1명은 법제처장이 되고, 다른 위원장 1명은 행정 분야의 법제도 등에 관한 전문지식과 경험이 풍부한 사람 중에서 국무총리가 위촉하는 사람(이하 "위촉위원장"이라 한다)이 된다. 이 경우 법제처장인 위원장은 필요한 경우 소속 직원으로 하여금 법제처장인 위원장의 직무를 대행하게 할 수 있다.
③ 위원회의 위원은 다음 각 호의 사람이 된다.
1. 정부위원 : 다음 각 목의 중앙행정기관의 고위공무원단에 속하는 일반직공무원(이에 상당하는 특정직·별정직공무원을 포함한다) 중에서 소속 기관의 장이 지명하는 사람
   가. 법무부
   나. 행정안전부
   다. 국무조정실
   라. 인사혁신처
   마. 법제처
   바. 위원회에 상정된 안건과 관련되어 법제처장인 위원장이 정하는 중앙행정기관
2. 위촉위원 : 행정 분야의 법제도 등에 관한 전문지식과 경험이 풍부한 사람으로서 국무총리가 위촉하는 사람

④ 위촉위원장 및 위촉위원의 임기는 2년으로 하며, 한 차례만 연임할 수 있다.
⑤ 위촉위원의 사임 등으로 새로 위촉된 위촉위원의 임기는 전임위원 임기의 남은 기간으로 한다.

제16조 【위원회의 운영 등】 ① 위원장은 각자 위원회를 대표하고, 위원회의 업무를 총괄한다.
② 위원장 모두가 부득이한 사유로 직무를 수행할 수 없을 때에는 법제처장인 위원장이 미리 지명한 위원이 위원장의 직무를 대행한다.
③ 위원회의 회의는 위원장이 필요하다고 인정할 때 공동으로 소집한다.
④ 위원장은 위원회의 안건과 관련하여 필요하다고 인정하는 경우에는 관계 공무원과 민간전문가 등을 위원회에 참석하게 하거나 관계 기관의 장에게 자료의 제공을 요청할 수 있다.
⑤ 위원회의 회의는 위원장 2명을 포함하여 재적위원 과반수의 출석으로 개의(開議)하고, 출석위원 과반수의 찬성으로 의결한다.
⑥ 위원회의 업무를 효율적으로 수행하기 위하여 위원회에 분과위원회를 둘 수 있다.
⑦ 이 영에서 규정한 사항 외에 위원회 및 제6항에 따른 분과위원회의 구성과 운영에 필요한 사항은 위원회의 의결을 거쳐 위원장이 정한다.

제17조 【입법영향분석의 실시】 ① 법제처장은 행정 분야의 법제도 개선을 위하여 필요한 경우에는 법 제39조제2항에 따라 현행 법령을 대상으로 입법의 효과성, 입법이 미치는 각종 영향 등에 관한 체계적인 분석(이하 "입법영향분석"이라 한다)을 실시할 수 있다.
② 입법영향분석의 세부적인 내용은 다음 각 호와 같다.
1. 법령의 규범적 적정성과 실효성 분석
2. 법령의 효과성 및 효율성 분석
3. 그 밖에 법령이 미치는 각종 영향에 관한 분석

③ 법제처장은 중앙행정기관의 장을 대상으로 입법영향분석을 실시할 현행 법령에 대한 수요를 조사할 수 있다.(2022.5.24 본항신설)
④ 법제처장은 입법영향분석을 위해 필요하다고 인정하는 경우에는 관계 중앙행정기관의 장에게 관련 자료의 제공을 요청할 수 있다. 이 경우 요청받은 기관의 장은 정당한 사유가 없으면 이에 따라야 한다.(2022.5.24 본항신설)
⑤ 법제처장은 입법영향분석 결과 해당 법령의 정비가 필요하다고 인정되는 경우에는 소관 중앙행정기관의 장과 협의하여 법령정비계획을 수립하거나 입법계획에 반영하도록 하는 등 필요한 조치를 할 수 있다.
⑥ 법제처장은 「정부출연연구기관 등의 설립·운영 및 육성에 관한 법률」 별표에 따른 정부출연연구기관으로서 입법영향분석에 전문성을 가진 기관으로 하여금 제1항, 제2항 및 제5항에 따른 업무를 수행하기 위하여 필요한 조사·연구를 수행하게 할 수 있다.(2022.5.24 본항개정)
⑦ 법제처장은 제6항에 따른 조사·연구를 수행하는 기관에 그 조사·연구 수행에 필요한 비용의 전부 또는 일부를 예산의 범위에서 지원할 수 있다.(2022.5.24 본항개정)

제18조 【행정의 입법활동 등】 이 영에서 규정한 사항 외에 법 제38조부터 제40조까지에서 규정한 행정의 입법활동의 절차, 정부입법계획의 수립, 행정 분야의 법제도 개선과 법령해석의 절차에 관한 사항은 「법제업무 운영규정」에서 정하는 바에 따른다.

제19조 【서식】 법 또는 이 영에 따른 신청서, 통지서, 처리대장, 그 밖의 서식은 법제처장이 정하여 고시할 수 있다.

부 칙

제1조 【시행일】 이 영은 공포한 날부터 시행한다. 다만, 제4조, 제5조 및 제8조부터 제13조까지의 규정은 2023년 3월 24일부터 시행한다.

제2조 【다른 법령의 개정】 ①~㊱ ※(해당 법령에 가제정리 하였음)

부 칙 (2022.5.24)

이 영은 공포한 날부터 시행한다. 다만, 제4조의 개정규정은 2023년 3월 24일부터 시행한다.

행정절차법

(1996년 12월 31일
법 률 제5241호)

개정
1999. 2. 5법 5809호(해양사고의조사및심판에관한법)
2002.12.30법 6839호 2006. 3.24법 7904호
2007. 5.17법 8451호
2008. 2.29법 8852호(정부조직)
2011.12. 2법 11109호 2012.10.22법 11498호
2013. 3.23법 11690호(정부조직)
2014. 1.28법 12347호
2014.11.19법 12844호(정부조직)
2014.12.30법 12923호
2017. 7.26법 14839호(정부조직)
2019.12.10법 16778호 2022. 1.11법 18748호

제1장 총 칙

(2012.10.22 본장개정)

제1절 목적, 정의 및 적용 범위 등

제1조【목적】 이 법은 행정절차에 관한 공통적인 사항을 규정하여 국민의 행정 참여를 도모함으로써 행정의 공정성·투명성 및 신뢰성을 확보하고 국민의 권익을 보호함을 목적으로 한다.

제2조【정의】 이 법에서 사용하는 용어의 뜻은 다음과 같다.
1. "행정청"이란 다음 각 목의 자를 말한다.
 가. 행정에 관한 의사를 결정하여 표시하는 국가 또는 지방자치단체의 기관
 나. 그 밖에 법령 또는 자치법규(이하 "법령등"이라 한다)에 따라 행정권한을 가지고 있거나 위임 또는 위탁받은 공공단체 또는 그 기관이나 사인(私人)
2. "처분"이란 행정청이 행하는 구체적 사실에 관한 법 집행으로서의 공권력의 행사 또는 그 거부와 그 밖에 이에 준하는 행정작용(行政作用)을 말한다.
3. "행정지도"란 행정기관이 그 소관 사무의 범위에서 일정한 행정목적을 실현하기 위하여 특정인에게 일정한 행위를 하거나 하지 아니하도록 지도, 권고, 조언 등을 하는 행정작용을 말한다.
4. "당사자등"이란 다음 각 목의 자를 말한다.
 가. 행정청의 처분에 대하여 직접 그 상대가 되는 당사자
 나. 행정청이 직권으로 또는 신청에 따라 행정절차에 참여하게 한 이해관계인
5. "청문"이란 행정청이 어떠한 처분을 하기 전에 당사자등의 의견을 직접 듣고 증거를 조사하는 절차를 말한다.
6. "공청회"란 행정청이 공개적인 토론을 통하여 어떠한 행정작용에 대하여 당사자등, 전문지식과 경험을 가진 사람, 그 밖의 일반인으로부터 의견을 널리 수렴하는 절차를 말한다.
7. "의견제출"이란 행정청이 어떠한 행정작용을 하기 전에 당사자등이 의견을 제시하는 절차로서 청문이나 공청회에 해당하지 아니하는 절차를 말한다.
8. "전자문서"란 컴퓨터 등 정보처리능력을 가진 장치에 의하여 전자적인 형태로 작성되어 송신·수신 또는 저장된 정보를 말한다.
9. "정보통신망"이란 전기통신설비를 활용하거나 전기통신설비와 컴퓨터 및 컴퓨터 이용기술을 활용하여 정보를 수집·가공·저장·검색·송신 또는 수신하는 정보통신체제를 말한다.

제3조【적용 범위】 ① 처분, 신고, 확약, 위반사실 등의 공표, 행정계획, 행정상 입법예고, 행정예고 및 행정지도의 절차(이하 "행정절차"라 한다)에 관하여 다른 법률에 특별한 규정이 있는 경우를 제외하고는 이 법에서 정하는 바에 따른다.(2022.1.11 본항개정)
② 이 법은 다음 각 호의 어느 하나에 해당하는 사항에 대하여는 적용하지 아니한다.
1. 국회 또는 지방의회의 의결을 거치거나 동의 또는 승인을 받아 행하는 사항
2. 법원 또는 군사법원의 재판에 의하거나 그 집행으로 행하는 사항
3. 헌법재판소의 심판을 거쳐 행하는 사항
4. 각급 선거관리위원회의 의결을 거쳐 행하는 사항
5. 감사원이 감사위원회의의 결정을 거쳐 행하는 사항
6. 형사(刑事), 행형(行刑) 및 보안처분 관계 법령에 따라 행하는 사항
7. 국가안전보장·국방·외교 또는 통일에 관한 사항 중 행정절차를 거칠 경우 국가의 중대한 이익을 현저히 해칠 우려가 있는 사항
8. 심사청구, 해양안전심판, 조세심판, 특허심판, 행정심판, 그 밖의 불복절차에 따른 사항
9. 「병역법」에 따른 징집·소집, 외국인의 출입국·난민인정·귀화, 공무원 인사 관계 법령에 따른 징계와 그 밖의 처분, 이해 조정을 목적으로 하는 법령에 따른 알선·조정·중재(仲裁)·재정(裁定) 또는 그 밖의 처분 등 해당 행정작용의 성질상 행정절차를 거치기 곤란하거나 거칠 필요가 없다고 인정되는 사항과 행정절차에 준하는 절차를 거친 사항으로서 대통령령으로 정하는 사항

제4조【신의성실 및 신뢰보호】 ① 행정청은 직무를 수행할 때 신의(信義)에 따라 성실히 하여야 한다.
② 행정청은 법령등의 해석 또는 행정청의 관행이 일반적으로 국민들에게 받아들여졌을 때에는 공익 또는 제3자의 정당한 이익을 현저히 해칠 우려가 있는 경우를 제외하고는 새로운 해석 또는 관행에 따라 소급하여 불리하게 처리하여서는 아니 된다.

[판례] 상급행정기관이 하급행정기관에 대하여 업무처리지침이나 법령의 해석적용에 관한 기준을 정하여 발하는 이른바 '행정규칙이나 내부지침'은 일반적으로 행정조직 내부에서만 효력을 가질 뿐 대외적인 구속력을 갖는 것은 아니므로 행정처분이 그에 위반하였다고 하여 그러한 사정만으로 곧바로 위법하게 되는 것은 아니다. 다만, 재량권 행사의 준칙인 행정규칙이 그 정한 바에 따라 되풀이 시행되어 행정관행이 이루어지게 되면 평등의 원칙이나 신뢰보호의 원칙에 따라 행정기관은 그 상대방에 대한 관계에서 그 규칙에 따라야 할 자기구속을 받게 되므로, 이러한 경우에는 특별한 사정이 없는 한 그를 위반하는 처분은 평등의 원칙이나 신뢰보호의 원칙에 위배되어 재량권을 일탈·남용한 위법한 처분이 된다.(대판 2009.12.24, 2009두7967)

[판례] 법률의 개정에 있어서 구 법률의 존속에 대한 당사자의 신뢰가 합리적이고도 정당하며, 법률의 개정으로 야기되는 당사자의 손해 내지 이익 침해가 극심하여 새로운 법률로 달성하고자 하는 공익적 목적이 그러한 신뢰의 파괴를 정당화할 수 없다면, 입법자는 경과규정을 두는 등 당사자의 신뢰를 보호할 적절한 조치를 하여야 하며, 이와 같은 적절한 조치 없이 새 법률을 그대로 시행하거나 적용하는 것은 허용될 수 없다 할 것인바, 이는 헌법의 기본원리인 법치주의 원리에서 도출되는 신뢰보호의 원칙에 위배되기 때문이다. 이러한 신뢰보호 원칙의 위배 여부를 판단하기 위하여는 한편으로는 침해받은 이익의 보호가치, 침해의 중한 정도, 신뢰가 손상된 정도, 신뢰침해의 방법 등과 다른 한편으로는 새 법률을 통해 실현하고자 하는 공익적 목적을 종합적으로 비교·형량하여야 한다.
(대판 2007.10.12, 2006두14476)

[판례] 일반 행정법률관계에서 관청의 행위에 대하여 신의칙이 적용되는 경우 : 신의성실의 원칙에 위배된다는 이유로 그 권리의 행사를 부정하기 위하여는 상대방에게 신의를 주었다거나 객관적으로 보아 상대방이 그러한 신의를 가짐이 정당한 상태에 이르러야 하고, 이와 같은 상대방의 신의에 반하여 권리를 행사하는 것이 정의 관념에 비추어 용인될 수 없는 정도의 상태에 이르러야 하고, 일반 행정법률관계에서 관청의 행위에 대하여 신의칙이 적용되기 위해서는 합법성의 원칙을 희생하여서라도 처분의 상대방의 신뢰를 보호함이 정의의 관념에 부합하는 것으로 인정되는 특별한 사정이 있을 경우에 한하여 예외적으로 적용된다.(대판 2004.7.22, 2002두11233)

[판례] 행정청의 행위에 대한 신뢰보호 원칙의 적용요건 : 일반적으로 행정상의 법률관계에 있어서 행정청의 행위에 대하여 신뢰보호의 원칙이 적용되기 위해서는, 첫째 행정청이 개인에 대하여 신뢰의 대상이 되는 공적인 견해표명을 하여야 하고, 둘째 행정청의 견해표명이 정당하다고 신뢰한 데에 대하여 그 개인에게 귀책사유가 없어야 하며, 셋째 그 개인이 그 견해표명을 신뢰하고 이에 상응하는 어떠한 행위를 하였어야 하고, 넷째 행정청이 그 견해표명에 반하는 처분을 함으로써 그 견해표명을 신뢰한 개인의 이익이 침해되는 결과가 초래되어야 하며, 마지막으로 위 견해표명에 따른 행정처분을 할 경우 이로 인하여 공익 또는 제3자의 정당한 이익을 현저히 해할 우려가 있는 경우가 아니어야 한다.(대판 2002.11.8, 2001두1512)

제5조【투명성】 ① 행정청이 행하는 행정작용은 그 내용이 구체적이고 명확하여야 한다.
② 행정작용의 근거가 되는 법령등의 내용이 명확하지 아니한 경우 상대방은 해당 행정청에 그 해석을 요청할 수 있으며, 해당 행정청은 특별한 사유가 없으면 그 요청에 따라야 한다.
③ 행정청은 상대방에게 행정작용과 관련된 정보를 충분히 제공하여야 한다.
(2019.12.10 본조개정)

제5조의2【행정업무 혁신】 ① 행정청은 모든 국민이 균등하고 질 높은 행정서비스를 누릴 수 있도록 노력하여야 한다.
② 행정청은 정보통신기술을 활용하여 행정절차를 적극적으로 혁신하도록 노력하여야 한다. 이 경우 행정청은 국민이 경제적·사회적·지역적 여건 등으로 인하여 불이익을 받지 아니하도록 하여야 한다.
③ 행정청은 행정청이 생성하거나 취득하여 관리하고 있는 데이터(정보처리능력을 갖춘 장치를 통하여 생성 또는 처리되어 기계에 의한 판독이 가능한 형태로 존재하는 정형 또는 비정형의 정보를 말한다)를 행정과정에 활용하도록 노력하여야 한다.
④ 행정청은 행정업무 혁신 추진에 필요한 행정적·재정적·기술적 지원방안을 마련하여야 한다.
(2022.1.11 본조신설)

제2절 행정청의 관할 및 협조

제6조【관할】 ① 행정청이 그 관할에 속하지 아니하는 사안을 접수하였거나 이송받은 경우에는 지체 없이 이를 관할 행정청에 이송하여야 하고 그 사실을 신청인에게 통지하여야 한다. 행정청이 접수하거나 이송받은 후 관할이 변경된 경우에도 또한 같다.
② 행정청의 관할이 분명하지 아니한 경우에는 해당 행정청을 공통으로 감독하는 상급 행정청이 그 관할을 결정하며, 공통으로 감독하는 상급 행정청이 없는 경우에는 각 상급 행정청이 협의하여 그 관할을 결정한다.

제7조【행정청 간의 협조 등】 ① 행정청은 행정의 원활한 수행을 위하여 서로 협조하여야 한다.
② 행정청은 업무의 효율성을 높이고 행정서비스에 대한 국민의 만족도를 높이기 위하여 필요한 경우 행정협업(다른 행정청과 공동의 목표를 설정하고 행정청 상호 간의 기능을 연계하거나 시설·장비 및 정보 등을 공동으로 활용하는 것을 말한다. 이하 같다)의 방식으로 적극적으로 협조하여야 한다.
③ 행정청은 행정협업을 활성화하기 위한 시책을 마련하고 그 추진에 필요한 행정적·재정적 지원방안을 마련하여야 한다.
④ 행정협업의 촉진 등에 필요한 사항은 대통령령으로 정한다.
(2022.1.11 본조개정)

제8조【행정응원】 ① 행정청은 다음 각 호의 어느 하나에 해당하는 경우에는 다른 행정청에 행정응원(行政應援)을 요청할 수 있다.
1. 법령등의 이유로 독자적인 직무 수행이 어려운 경우
2. 인원·장비의 부족 등 사실상의 이유로 독자적인 직무 수행이 어려운 경우
3. 다른 행정청에 소속되어 있는 전문기관의 협조가 필요한 경우
4. 다른 행정청이 관리하고 있는 문서(전자문서를 포함한다. 이하 같다)·통계 등 행정자료가 직무 수행을 위하여 필요한 경우
5. 다른 행정청의 응원을 받아 처리하는 것이 보다 능률적이고 경제적인 경우
② 제1항에 따라 행정응원을 요청받은 행정청은 다음 각 호의 어느 하나에 해당하는 경우에는 응원을 거부할 수 있다.
1. 다른 행정청이 보다 능률적이거나 경제적으로 응원할 수 있는 명백한 이유가 있는 경우
2. 행정응원으로 인하여 고유의 직무 수행이 현저히 지장받을 것으로 인정되는 명백한 이유가 있는 경우
③ 행정응원은 해당 직무를 직접 응원할 수 있는 행정청에 요청하여야 한다.
④ 행정응원을 요청받은 행정청은 응원을 거부하는 경우 그 사유를 응원을 요청한 행정청에 통지하여야 한다.
⑤ 행정응원을 위하여 파견된 직원은 응원을 요청한 행정청의 지휘·감독을 받는다. 다만, 해당 직원의 복무에 관하여 다른 법령등에 특별한 규정이 있는 경우에는 그에 따른다.
⑥ 행정응원에 드는 비용은 응원을 요청한 행정청이 부담하며, 그 부담금액 및 부담방법은 응원을 요청한 행정청과 응원을 하는 행정청이 협의하여 결정한다.

제3절 당사자등

제9조【당사자등의 자격】 다음 각 호의 어느 하나에 해당하는 자는 행정절차에서 당사자등이 될 수 있다.
1. 자연인
2. 법인, 법인이 아닌 사단 또는 재단(이하 "법인등"이라 한다)
3. 그 밖에 다른 법령등에 따라 권리·의무의 주체가 될 수 있는 자

제10조【지위의 승계】 ① 당사자등이 사망하였을 때의 상속인과 다른 법령등에 따라 당사자등의 권리 또는 이익을 승계한 자는 당사자등의 지위를 승계한다.
② 당사자등인 법인등이 합병하였을 때에는 합병 후 존속하는 법인등이나 합병 후 새로 설립된 법인등이 당사자등의 지위를 승계한다.
③ 제1항 및 제2항에 따라 당사자등의 지위를 승계한 자는 행정청에 그 사실을 통지하여야 한다.
④ 처분에 관한 권리 또는 이익을 사실상 양수한 자는 행정청의 승인을 받아 당사자등의 지위를 승계할 수 있다.
⑤ 제3항에 따른 통지가 있을 때까지 사망자 또는 합병 전의 법인등에 대하여 행정청이 한 통지는 제1항 또는 제2항에 따라 당사자등의 지위를 승계한 자에게도 효력이 있다.

제11조【대표자】 ① 다수의 당사자등이 공동으로 행정절차에 관한 행위를 할 때에는 대표자를 선정할 수 있다.
② 행정청은 제1항에 따라 당사자등이 대표자를 선정하지 아니하거나 대표자가 지나치게 많아 행정절차가 지연될 우려가 있는 경우에는 그 이유를 들어 상당한 기간 내에 3인 이내의 대표자를 선정할 것을 요청할 수 있다. 이 경우 당사자등이 그 요청에 따르지 아니하였을 때에는 행정청이 직접 대표자를 선정할 수 있다.

③ 당사자등은 대표자를 변경하거나 해임할 수 있다.
④ 대표자는 각자 그를 대표자로 선정한 당사자등을 위하여 행정절차에 관한 모든 행위를 할 수 있다. 다만, 행정절차를 끝맺는 행위에 대하여는 당사자등의 동의를 받아야 한다.
⑤ 대표자가 있는 경우에는 당사자등은 그 대표자를 통하여서만 행정절차에 관한 행위를 할 수 있다.
⑥ 다수의 대표자가 있는 경우 그중 1인에 대한 행정청의 행위는 모든 당사자등에게 효력이 있다. 다만, 행정청의 통지는 대표자 모두에게 하여야 그 효력이 있다.

제12조【대리인】 ① 당사자등은 다음 각 호의 어느 하나에 해당하는 자를 대리인으로 선임할 수 있다.
1. 당사자등의 배우자, 직계 존속·비속 또는 형제자매
2. 당사자등이 법인등인 경우 그 임원 또는 직원
3. 변호사
4. 행정청 또는 청문 주재자(청문의 경우만 해당한다)의 허가를 받은 자
5. 법령등에 따라 해당 사안에 대하여 대리인이 될 수 있는 자

② 대리인에 관하여는 제11조제3항·제4항 및 제6항을 준용한다.

제13조【대표자·대리인의 통지】 ① 당사자등이 대표자 또는 대리인을 선정하거나 선임하였을 때에는 지체 없이 그 사실을 행정청에 통지하여야 한다. 대표자 또는 대리인을 변경하거나 해임하였을 때에도 또한 같다.
② 제1항에도 불구하고 제12조제1항제4호에 따라 청문 주재자가 대리인의 선임을 허가한 경우에는 청문 주재자가 그 사실을 행정청에 통지하여야 한다.(2014.1.28 본항신설)

제4절 송달 및 기간·기한의 특례

제14조【송달】 ① 송달은 우편, 교부 또는 정보통신망 이용 등의 방법으로 하되, 송달받을 자(대표자 또는 대리인을 포함한다. 이하 같다)의 주소·거소(居所)·영업소·사무소 또는 전자우편주소(이하 "주소등"이라 한다)로 한다. 다만, 송달받을 자가 동의하는 경우에는 그를 만나는 장소에서 송달할 수 있다.
② 교부에 의한 송달은 수령확인서를 받고 문서를 교부함으로써 하며, 송달하는 장소에서 송달받을 자를 만나지 못한 경우에는 그 사무원·피용자(被傭者) 또는 동거인으로서 사리를 분별할 지능이 있는 사람(이하 이 조에서 "사무원등"이라 한다)에게 문서를 교부할 수 있다. 다만, 문서를 송달받을 자 또는 그 사무원등이 정당한 사유 없이 송달받기를 거부하는 때에는 그 사실을 수령확인서에 적고, 문서를 송달할 장소에 놓아둘 수 있다.(2014.1.28 본항개정)
③ 정보통신망을 이용한 송달은 송달받을 자가 동의하는 경우에만 한다. 이 경우 송달받을 자는 송달받을 전자우편주소 등을 지정하여야 한다.
④ 다음 각 호의 어느 하나에 해당하는 경우에는 송달받을 자가 알기 쉽도록 관보, 공보, 게시판, 일간신문 중 하나 이상에 공고하고 인터넷에도 공고하여야 한다.
1. 송달받을 자의 주소등을 통상적인 방법으로 확인할 수 없는 경우
2. 송달이 불가능한 경우

⑤ 제4항에 따른 공고를 할 때에는 민감정보 및 고유식별정보 등 송달받을 자의 개인정보를 「개인정보 보호법」에 따라 보호하여야 한다.(2022.1.11 본항신설)
⑥ 행정청은 송달하는 문서의 명칭, 송달받는 자의 성명 또는 명칭, 발송방법 및 발송 연월일을 확인할 수 있는 기록을 보존하여야 한다.

제15조【송달의 효력 발생】 ① 송달은 다른 법령등에 특별한 규정이 있는 경우를 제외하고는 해당 문서가 송달받을 자에게 도달됨으로써 그 효력이 발생한다.
② 제14조제3항에 따라 정보통신망을 이용하여 전자문서로 송달하는 경우에는 송달받을 자가 지정한 컴퓨터 등에 입력된 때에 도달된 것으로 본다.
③ 제14조제4항의 경우에는 다른 법령등에 특별한 규정이 있는 경우를 제외하고는 공고일부터 14일이 지난 때에 그 효력이 발생한다. 다만, 긴급히 시행하여야 할 특별한 사유가 있어 효력 발생 시기를 달리 정하여 공고한 경우에는 그에 따른다.

제16조【기간 및 기한의 특례】 ① 천재지변이나 그 밖에 당사자등에게 책임이 없는 사유로 기간 및 기한을 지킬 수 없는 경우에는 그 사유가 끝나는 날까지 기간의 진행이 정지된다.
② 외국에 거주하거나 체류하는 자에 대한 기간 및 기한은 행정청이 그 우편이나 통신에 걸리는 일수(日數)를 고려하여 정하여야 한다.

제2장 처 분

(2012.10.22 본장개정)

제1절 통 칙

제17조【처분의 신청】 ① 행정청에 처분을 구하는 신청은 문서로 하여야 한다. 다만, 다른 법령등에 특별한 규정이 있는 경우와 행정청이 미리 다른 방법을 정하여 공시한 경우에는 그러하지 아니하다.
② 제1항에 따라 처분을 신청할 때 전자문서로 하는 경우에는 행정청의 컴퓨터 등에 입력된 때에 신청한 것으로 본다.
③ 행정청은 신청에 필요한 구비서류, 접수기관, 처리기간, 그 밖에 필요한 사항을 게시(인터넷 등을 통한 게시를 포함한다)하거나 이에 대한 편람을 갖추어 두고 누구나 열람할 수 있도록 하여야 한다.
④ 행정청은 신청을 받았을 때에는 다른 법령등에 특별한 규정이 있는 경우를 제외하고는 그 접수를 보류 또는 거부하거나 부당하게 되돌려 보내서는 아니 되며, 신청을 접수한 경우에는 신청인에게 접수증을 주어야 한다. 다만, 대통령령으로 정하는 경우에는 접수증을 주지 아니할 수 있다.
⑤ 행정청은 신청에 구비서류의 미비 등 흠이 있는 경우에는 보완에 필요한 상당한 기간을 정하여 지체 없이 신청인에게 보완을 요구하여야 한다.
⑥ 행정청은 신청인이 제5항에 따른 기간 내에 보완을 하지 아니하였을 때에는 그 이유를 구체적으로 밝혀 접수된 신청을 되돌려 보낼 수 있다.
⑦ 행정청은 신청인의 편의를 위하여 다른 행정청에 신청을 접수하게 할 수 있다. 이 경우 행정청은 다른 행정청에 접수할 수 있는 신청의 종류를 미리 정하여 공시하여야 한다.
⑧ 신청인은 처분이 있기 전에는 그 신청의 내용을 보완·변경하거나 취하(取下)할 수 있다. 다만, 다른 법령등에 특별한 규정이 있거나 그 신청의 성질상 보완·변경하거나 취하할 수 없는 경우에는 그러하지 아니하다.

판례 동조 제4항의 신청인의 행정청에 대한 '신청'의 의사표시는 명시적이고 확정적인 것이어야 한다고 할 것이므로, 신청인이 신청에 앞서 행정청의 허가업무 담당자에게 신청서의 내용에 대한 검토를 요청한 것만으로는 다른 특별한 사정이 없는 한 명시적이고 확정적인 신청의 의사표시가 있었다고 하기 어렵다.(대판 2004.9.24, 2003두13236)

제18조【다수의 행정청이 관여하는 처분】 행정청은 다수의 행정청이 관여하는 처분을 구하는 신청을 접수한 경우에는 관계 행정청과의 신속한 협조를 통하여 그 처분이 지연되지 아니하도록 하여야 한다.

제19조【처리기간의 설정·공표】 ① 행정청은 신청인의 편의를 위하여 처분의 처리기간을 종류별로 미리 정하여 공표하여야 한다.
② 행정청은 부득이한 사유로 제1항에 따른 처리기간 내에 처분을 처리하기 곤란한 경우에는 해당 처분의 처리기간의 범위에서 한 번만 그 기간을 연장할 수 있다.
③ 행정청은 제2항에 따라 처리기간을 연장할 때에는 처리기간의 연장 사유와 처리 예정 기한을 지체 없이 신청인에게 통지하여야 한다.
④ 행정청이 정당한 처리기간 내에 처리하지 아니하였을 때에는 신청인은 해당 행정청 또는 그 감독 행정청에 신속한 처리를 요청할 수 있다.
⑤ 제1항에 따른 처리기간에 산입하지 아니하는 기간에 관하여는 대통령령으로 정한다.

제20조【처분기준의 설정·공표】 ① 행정청은 필요한 처분기준을 해당 처분의 성질에 비추어 되도록 구체적으로 정하여 공표하여야 한다. 처분기준을 변경하는 경우에도 또한 같다.
② 「행정기본법」 제24조에 따른 인허가의제의 경우 관련 인허가 행정청은 관련 인허가의 처분기준을 주된 인허가 행정청에 제출하여야 하고, 주된 인허가 행정청은 제출받은 관련 인허가의 처분기준을 통합하여 공표하여야 한다. 처분기준을 변경하는 경우에도 또한 같다.(2022.1.11 본항신설)
③ 제1항에 따른 처분기준을 공표하는 것이 해당 처분의 성질상 현저히 곤란하거나 공공의 안전 또는 복리를 현저히 해치는 것으로 인정될 만한 상당한 이유가 있는 경우에는 처분기준을 공표하지 아니할 수 있다.
④ 당사자등은 공표된 처분기준이 명확하지 아니한 경우 해당 행정청에 그 해석 또는 설명을 요청할 수 있다. 이 경우 해당 행정청은 특별한 사정이 없으면 그 요청에 따라야 한다.

제21조【처분의 사전 통지】 ① 행정청은 당사자에게 의무를 부과하거나 권익을 제한하는 처분을 하는 경우에는 미리 다음 각 호의 사항을 당사자등에게 통지하여야 한다.
1. 처분의 제목
2. 당사자의 성명 또는 명칭과 주소
3. 처분하려는 원인이 되는 사실과 처분의 내용 및 법적 근거
4. 제3호에 대하여 의견을 제출할 수 있다는 뜻과 의견을 제출하지 아니하는 경우의 처리방법
5. 의견제출기관의 명칭과 주소
6. 의견제출기한
7. 그 밖에 필요한 사항

② 행정청은 청문을 하려면 청문이 시작되는 날부터 10일 전까지 제1항 각 호의 사항을 당사자등에게 통지하여야 한다. 이 경우 제1항제4호부터 제6호까지의 사항은 청문 주재자의 소속·직위 및 성명, 청문의 일시 및 장소, 청문에 응하지 아니하는 경우의 처리방법 등 청문에 필요한 사항으로 갈음한다.
③ 제1항제6호에 따른 기한은 의견제출에 필요한 기간을 10일 이상으로 고려하여 정하여야 한다.(2019.12.10 본항개정)
④ 다음 각 호의 어느 하나에 해당하는 경우에는 제1항에 따른 통지를 하지 아니할 수 있다.
1. 공공의 안전 또는 복리를 위하여 긴급히 처분을 할 필요가 있는 경우
2. 법령등에서 요구된 자격이 없거나 없어지게 되면 반드시 일정한 처분을 하여야 하는 경우에 그 자격이 없거나 없어지게 된 사실이 법원의 재판 등에 의하여 객관적으로 증명된 경우
3. 해당 처분의 성질상 의견청취가 현저히 곤란하거나 명백히 불필요하다고 인정될 만한 상당한 이유가 있는 경우

⑤ 처분의 전제가 되는 사실이 법원의 재판 등에 의하여 객관적으로 증명된 경우 등 제4항에 따른 사전 통지를 하지 아니할 수 있는 구체적인 사항은 대통령령으로 정한다.(2014.1.28 본항신설)
⑥ 제4항에 따라 사전 통지를 하지 아니하는 경우 행정청은 처분을 할 때 당사자등에게 통지를 하지 아니한 사유를 알려야 한다. 다만, 신속한 처분이 필요한 경우에는 처분 후 그 사유를 알릴 수 있다.(2014.12.30 본항신설)
⑦ 제6항에 따라 당사자등에게 알리는 경우에는 제24조를 준용한다.(2014.12.30 본항신설)

판례 행정청이 침해적 행정처분을 하면서 당사자에게 행정절차법상의 사전통지를 하거나 의견제출의 기회를 주지 아니하였다면 사전통지를 하지 않거나 의견제출의 기회를 주지 아니하여도 되는 예외적인 경우에 해당하지 아니하는 한 그 처분은 위법하여 취소를 면할 수 없다.(대판 2007.9.21, 2006두20631)

판례 특별한 사정이 없는 한, 신청에 대한 거부처분이 동조 제1항 '처분의 사전통지대상'이 되는지 여부 : 신청에 따른 처분이 이루어지지 아니한 경우에는 아직 당사자에게 권익이 부과되지 아니하였으므로 특별한 사정이 없는 한 신청에 대한 거부처분이라고 하더라도 직접 당사자의 권익을 제한하는 것은 아니어서 신청에 대한 거부처분을 여기에서 말하는 '당사자의 권익을 제한하는 처분'에 해당한다고 할 수 없으므로 처분의 사전통지대상이 된다고 할 수 없다.
(대판 2003.11.28, 2003두674)

판례 '침해적 행정처분'시 청문을 실시하지 않을 수 있는 사유의 판단기준 : 행정절차법 제21조제4항제3호 중 "의견청취가 현저히 곤란하거나 명백히 불필요하다고 인정될 만한 상당한 이유가 있는지 여부"는 당해 행정처분의 성질에 비추어 판단하여야 하는 것이지, 청문통지서의 반송 여부, 청문통지의 방법 등에 의하여 판단할 것은 아니다. 그리고 행정처분의 상대방이 통지된 청문일시에 불출석하였다는 이유만으로 행정청이 관계 법령상 그 실시가 요구되는 청문을 실시하지 아니한 채 침해적 행정처분을 하는 것은 타당하지 않으므로 행정처분의 상대방에 대한 청문통지서가 반송되었다거나, 행정처분의 상대방이 청문일시에 불출석하였다는 이유로 청문을 실시하지 아니하고 한 침해적 행정처분은 위법하다.(대판 2001.4.13, 2000두3337)

제22조【의견청취】 ① 행정청이 처분을 할 때 다음 각 호의 어느 하나에 해당하는 경우에는 청문을 한다.
1. 다른 법령등에서 청문을 하도록 규정하고 있는 경우
2. 행정청이 필요하다고 인정하는 경우
3. 다음 각 목의 처분을 하는 경우(2022.1.11 본문개정)
가. 인허가 등의 취소
나. 신분·자격의 박탈
다. 법인이나 조합 등의 설립허가의 취소
(2014.1.28 본호신설)

② 행정청이 처분을 할 때 다음 각 호의 어느 하나에 해당하는 경우에는 공청회를 개최한다.
1. 다른 법령등에서 공청회를 개최하도록 규정하고 있는 경우
2. 해당 처분의 영향이 광범위하여 널리 의견을 수렴할 필요가 있다고 행정청이 인정하는 경우
3. 국민생활에 큰 영향을 미치는 처분으로서 대통령령으로 정하는 처분에 대하여 대통령령으로 정하는 수 이상의 당사자등이 공청회 개최를 요구하는 경우
(2019.12.10 본호신설)

③ 행정청이 당사자에게 의무를 부과하거나 권익을 제한하는 처분을 할 때 제1항 또는 제2항의 경우 외에는 당사자등에게 의견제출의 기회를 주어야 한다.
④ 제1항부터 제3항까지의 규정에도 불구하고 제21조제4항 각 호의 어느 하나에 해당하는 경우와 당사자가 의견진술의 기회를 포기한다는 뜻을 명백히 표시한 경우에는 의견청취를 하지 아니할 수 있다.
⑤ 행정청은 청문·공청회 또는 의견제출을 거쳤을 때에는 신속히 처분하여 해당 처분이 지연되지 아니하도록 하여야 한다.
⑥ 행정청은 처분 후 1년 이내에 당사자등이 요청하는 경우에는 청문·공청회 또는 의견제출을 위하여 제출받은 서류나 그 밖의 물건을 반환하여야 한다.

판례 건축법상의 공사중지명령에 대한 사전통지를 하고 의견제출의 기회를 준다면 많은 액수의 손실보상금을 기대하여 공사를 강행할 우려가 있다는 사정은 사전통지 및 의견제출절차의 예외사유에 해당하지 아니한다.(대판 2004.5.28, 2004두1254)

제23조【처분의 이유 제시】 ① 행정청은 처분을 할 때에는 다음 각 호의 어느 하나에 해당하는 경우를 제외하고는 당사자에게 그 근거와 이유를 제시하여야 한다.
1. 신청 내용을 모두 그대로 인정하는 처분인 경우
2. 단순·반복적인 처분 또는 경미한 처분으로서 당사자가 그 이유를 명백히 알 수 있는 경우
3. 긴급히 처분을 할 필요가 있는 경우

② 행정청은 제1항제2호 및 제3호의 경우에 처분 후 당사자가 요청하는 경우에는 그 근거와 이유를 제시하여야 한다.

제24조【처분의 방식】 ① 행정청이 처분을 할 때에는 다른 법령등에 특별한 규정이 있는 경우를 제외하고는 문서로 하여야 하며, 다음 각 호의 어느 하나에 해당하는 경우에는 전자문서로 할 수 있다.
1. 당사자등의 동의가 있는 경우
2. 당사자가 전자문서로 처분을 신청한 경우

(2022.1.11 본항개정)

② 제1항에도 불구하고 공공의 안전 또는 복리를 위하여 긴급히 처분을 할 필요가 있거나 사안이 경미한 경우에는 말, 전화, 휴대전화를 이용한 문자 전송, 팩스 또는 전자우편 등 문서가 아닌 방법으로 처분을 할 수 있다. 이 경우 당사자가 요청하면 지체 없이 처분에 관한 문서를 주어야 한다.(2022.1.11 본항신설)

③ 처분을 하는 문서에는 그 처분 행정청과 담당자의 소속·성명 및 연락처(전화번호, 팩스번호, 전자우편주소 등을 말한다)를 적어야 한다.

판례 행정청이 문서에 의하여 처분을 한 경우 처분서의 문언이 불분명하다는 등의 특별한 사정이 없는 한, 문언에 따라 어떤 처분을 하였는지를 확정하여야 하고, 처분서의 문언만으로도 행정청이 어떤 처분을 하였는지가 분명함에도 처분 경위나 처분 이후의 상대방의 태도 등 다른 사정을 고려하여 처분서의 문언과는 달리 다른 처분까지 포함되어 있는 것으로 확대해석하여서는 아니 된다.
(대판 2016.10.13, 2016두42449)

판례 처분내용의 명확성을 확보하고 처분의 존부에 관한 다툼을 방지하려는 동조 제1항 규정 취지를 감안하여 보면, 행정청이 문서에 의하여 처분을 한 경우 그 처분서의 문언이 불분명하다는 등의 특별한 사정이 없는 한, 그 문언에 따라 어떤 처분을 하였는지 여부를 확정하여야 할 것이고, 처분서의 문언만으로도 행정청이 어떤 처분을 하였는지가 분명함에도 불구하고 처분경위나 처분 이후의 상대방의 태도 등 다른 사정을 고려하여 처분서의 문언과는 달리 다른 처분까지 포함되어 있는 것으로 확대해석하여서는 아니 된다.
(대판 2005.7.28, 2003두469)

제25조【처분의 정정】 행정청은 처분에 오기(誤記), 오산(誤算) 또는 그 밖에 이에 준하는 명백한 잘못이 있을 때에는 직권으로 또는 신청에 따라 지체 없이 정정하고 그 사실을 당사자에게 통지하여야 한다.

제26조【고지】 행정청이 처분을 할 때에는 당사자에게 그 처분에 관하여 행정심판 및 행정소송을 제기할 수 있는지 여부, 그 밖에 불복을 할 수 있는지 여부, 청구절차 및 청구기간, 그 밖에 필요한 사항을 알려야 한다.

제2절 의견제출 및 청문

제27조【의견제출】 ① 당사자등은 처분 전에 그 처분의 관할 행정청에 서면이나 말로 또는 정보통신망을 이용하여 의견제출을 할 수 있다.

② 당사자등은 제1항에 따라 의견제출을 하는 경우 그 주장을 입증하기 위한 증거자료 등을 첨부할 수 있다.

③ 행정청은 당사자등이 말로 의견제출을 하였을 때에는 서면으로 그 진술의 요지와 진술자를 기록하여야 한다.

④ 당사자등이 정당한 이유 없이 의견제출기한까지 의견제출을 하지 아니한 경우에는 의견이 없는 것으로 본다.

제27조의2【제출 의견의 반영 등】 ① 행정청은 처분을 할 때에 당사자등이 제출한 의견이 상당한 이유가 있다고 인정하는 경우에는 이를 반영하여야 한다.

② 행정청은 당사자등이 제출한 의견을 반영하지 아니하고 처분을 한 경우 당사자등이 처분이 있음을 안 날부터 90일 이내에 그 이유의 설명을 요청하면 서면으로 그 이유를 알려야 한다. 다만, 당사자등이 동의하면 말, 정보통신망 또는 그 밖의 방법으로 알릴 수 있다.(2019.12.10 본항신설)
(2019.12.10 본조제목개정)

제28조【청문 주재자】 ① 행정청은 소속 직원 또는 대통령령으로 정하는 자격을 가진 사람 중에서 청문 주재자를 공정하게 선정하여야 한다.(2019.12.10 본항개정)

② 행정청은 다음 각 호의 어느 하나에 해당하는 처분을 하려는 경우에는 청문 주재자를 2명 이상으로 선정할 수 있다. 이 경우 선정된 청문 주재자 중 1명이 청문 주재자를 대표한다.
1. 다수 국민의 이해가 상충되는 처분
2. 다수 국민에게 불편이나 부담을 주는 처분
3. 그 밖에 전문적이고 공정한 청문을 위하여 행정청이 청문 주재자를 2명 이상으로 선정할 필요가 있다고 인정하는 처분

(2022.1.11 본항신설)

③ 행정청은 청문이 시작되는 날부터 7일 전까지 청문 주재자에게 청문과 관련한 필요한 자료를 미리 통지하여야 한다.(2014.1.28 본항신설)

④ 청문 주재자는 독립하여 공정하게 직무를 수행하며, 그 직무 수행을 이유로 본인의 의사에 반하여 신분상 어떠한 불이익도 받지 아니한다.

⑤ 제1항 또는 제2항에 따라 선정된 청문 주재자는 「형법」이나 그 밖의 다른 법률에 따른 벌칙을 적용할 때에는 공무원으로 본다.(2022.1.11 본항개정)

⑥ 제1항부터 제5항까지에서 규정한 사항 외에 청문 주재자의 선정 등에 필요한 사항은 대통령령으로 정한다.
(2022.1.11 본항신설)

제29조【청문 주재자의 제척·기피·회피】 ① 청문 주재자가 다음 각 호의 어느 하나에 해당하는 경우에는 청문을 주재할 수 없다.
1. 자신이 당사자등이거나 당사자등과 「민법」 제777조 각 호의 어느 하나에 해당하는 친족관계에 있거나 있었던 경우
2. 자신이 해당 처분과 관련하여 증언이나 감정(鑑定)을 한 경우
3. 자신이 해당 처분의 당사자등의 대리인으로 관여하거나 관여하였던 경우
4. 자신이 해당 처분업무를 직접 처리하거나 처리하였던 경우
5. 자신이 해당 처분업무를 처리하는 부서에 근무하는 경우. 이 경우 부서의 구체적인 범위는 대통령령으로 정한다.(2019.12.10 본호신설)

② 청문 주재자에게 공정한 청문 진행을 할 수 없는 사정이 있는 경우 당사자등은 행정청에 기피신청을 할 수 있다. 이 경우 행정청은 청문을 정지하고 그 신청이 이유가 있다고 인정할 때에는 해당 청문 주재자를 지체 없이 교체하여야 한다.

③ 청문 주재자는 제1항 또는 제2항의 사유에 해당하는 경우에는 행정청의 승인을 받아 스스로 청문의 주재를 회피할 수 있다.

제30조【청문의 공개】 청문은 당사자가 공개를 신청하거나 청문 주재자가 필요하다고 인정하는 경우 공개할 수 있다. 다만, 공익 또는 제3자의 정당한 이익을 현저히 해칠 우려가 있는 경우에는 공개하여서는 아니 된다.

제31조【청문의 진행】 ① 청문 주재자가 청문을 시작할 때에는 먼저 예정된 처분의 내용, 그 원인이 되는 사실 및 법적 근거 등을 설명하여야 한다.

② 당사자등은 의견을 진술하고 증거를 제출할 수 있으며, 참고인이나 감정인 등에게 질문할 수 있다.

③ 당사자등이 의견서를 제출한 경우에는 그 내용을 출석하여 진술한 것으로 본다.

④ 청문 주재자는 청문의 신속한 진행과 질서유지를 위하여 필요한 조치를 할 수 있다.

⑤ 청문을 계속할 경우에는 행정청은 당사자등에게 다음 청문의 일시 및 장소를 서면으로 통지하여야 하며, 당사자등이 동의하는 경우에는 전자문서로 통지할 수 있다. 다만, 청문에 출석한 당사자등에게는 그 청문일에 청문 주재자가 말로 통지할 수 있다.

제32조【청문의 병합·분리】 행정청은 직권으로 또는 당사자의 신청에 따라 여러 개의 사안을 병합하거나 분리하여 청문을 할 수 있다.

제33조【증거조사】 ① 청문 주재자는 직권으로 또는 당사자의 신청에 따라 필요한 조사를 할 수 있으며, 당사자등이 주장하지 아니한 사실에 대하여도 조사할 수 있다.

② 증거조사는 다음 각 호의 어느 하나에 해당하는 방법으로 한다.
1. 문서·장부·물건 등 증거자료의 수집
2. 참고인·감정인 등에 대한 질문
3. 검증 또는 감정·평가
4. 그 밖에 필요한 조사

③ 청문 주재자는 필요하다고 인정할 때에는 관계 행정청에 필요한 문서의 제출 또는 의견의 진술을 요구할 수 있다. 이 경우 관계 행정청은 직무 수행에 특별한 지장이 없으면 그 요구에 따라야 한다.

제34조【청문조서】 ① 청문 주재자는 다음 각 호의 사항이 적힌 청문조서(聽聞調書)를 작성하여야 한다.
1. 제목
2. 청문 주재자의 소속, 성명 등 인적사항
3. 당사자등의 주소, 성명 또는 명칭 및 출석 여부
4. 청문의 일시 및 장소
5. 당사자등의 진술의 요지 및 제출된 증거
6. 청문의 공개 여부 및 공개하거나 제30조 단서에 따라 공개하지 아니한 이유
7. 증거조사를 한 경우에는 그 요지 및 첨부된 증거
8. 그 밖에 필요한 사항

② 당사자등은 청문조서의 내용을 열람·확인할 수 있으며, 이의가 있을 때에는 그 정정을 요구할 수 있다.

제34조의2【청문 주재자의 의견서】 청문 주재자는 다음 각 호의 사항이 적힌 청문 주재자의 의견서를 작성하여야 한다.
1. 청문의 제목
2. 처분의 내용, 주요 사실 또는 증거
3. 종합의견
4. 그 밖에 필요한 사항

제35조【청문의 종결】 ① 청문 주재자는 해당 사안에 대하여 당사자등의 의견진술, 증거조사가 충분히 이루어졌다고 인정하는 경우에는 청문을 마칠 수 있다.

② 청문 주재자는 당사자등의 전부 또는 일부가 정당한 사유 없이 청문기일에 출석하지 아니하거나 제31조제3항에 따른 의견서를 제출하지 아니한 경우에는 이들에게 다시 의견진술 및 증거제출의 기회를 주지 아니하고 청문을 마칠 수 있다.

③ 청문 주재자는 당사자등의 전부 또는 일부가 정당한 사유로 청문기일에 출석하지 못하거나 제31조제3항에 따른 의견서를 제출하지 못한 경우에는 10일 이상의 기간을 정하여 이들에게 의견진술 및 증거제출을 요구하여야 하며, 해당 기간이 지났을 때에 청문을 마칠 수 있다.
(2019.12.10 본항개정)

④ 청문 주재자는 청문을 마쳤을 때에는 청문조서, 청문 주재자의 의견서, 그 밖의 관계 서류 등을 행정청에 지체 없이 제출하여야 한다.

제35조의2【청문결과의 반영】 행정청은 처분을 할 때에 제35조제4항에 따라 받은 청문조서, 청문 주재자의 의견서, 그 밖의 관계 서류 등을 충분히 검토하고 상당한 이유가 있다고 인정하는 경우에는 청문결과를 반영하여야 한다.

제36조【청문의 재개】 행정청은 청문을 마친 후 처분을 할 때까지 새로운 사정이 발견되어 청문을 재개(再開)할 필요가 있다고 인정할 때에는 제35조제4항에 따라 받은 청문조서 등을 되돌려 보내고 청문의 재개를 명할 수 있다. 이 경우 제31조제5항을 준용한다.

제37조【문서의 열람 및 비밀유지】 ① 당사자등은 의견제출의 경우에는 처분의 사전 통지가 있는 날부터 의견제출기한까지, 청문의 경우에는 청문의 통지가 있는 날부터 청문이 끝날 때까지 행정청에 해당 사안의 조사결과에 관한 문서와 그 밖에 해당 처분과 관련되는 문서의 열람 또는 복사를 요청할 수 있다. 이 경우 행정청은 다른 법령에 따라 공개가 제한되는 경우를 제외하고는 그 요청을 거부할 수 없다.(2022.1.11 전단개정)

② 행정청은 제1항의 열람 또는 복사의 요청에 따르는 경우 그 일시 및 장소를 지정할 수 있다.

③ 행정청은 제1항 후단에 따라 열람 또는 복사의 요청을 거부하는 경우에는 그 이유를 소명(疎明)하여야 한다.

④ 제1항에 따라 열람 또는 복사를 요청할 수 있는 문서의 범위는 대통령령으로 정한다.

⑤ 행정청은 제1항에 따른 복사에 드는 비용을 복사를 요청한 자에게 부담시킬 수 있다.

⑥ 누구든지 의견제출 또는 청문을 통하여 알게 된 사생활이나 경영상 또는 거래상의 비밀을 정당한 이유 없이 누설하거나 다른 목적으로 사용하여서는 아니 된다.
(2022.1.11 본항개정)

제3절 공청회

제38조【공청회 개최의 알림】 행정청은 공청회를 개최하려는 경우에는 공청회 개최 14일 전까지 다음 각 호의 사항을 당사자등에게 통지하고 관보, 공보, 인터넷 홈페이지 또는 일간신문 등에 공고하는 등의 방법으로 널리 알려야 한다. 다만, 공청회 개최를 알린 후 예정대로 개최하지 못하여 새로 일시 및 장소 등을 정한 경우에는 공청회 개최 7일 전까지 알려야 한다.(2019.12.10 단서신설)
1. 제목
2. 일시 및 장소
3. 주요 내용
4. 발표자에 관한 사항
5. 발표신청 방법 및 신청기한
6. 정보통신망을 통한 의견제출
7. 그 밖에 공청회 개최에 필요한 사항

제38조의2【온라인공청회】 ① 행정청은 제38조에 따른 공청회와 병행하여서만 정보통신망을 이용한 공청회(이하 "온라인공청회"라 한다)를 실시할 수 있다.

② 제1항에도 불구하고 다음 각 호의 어느 하나에 해당하는 경우에는 온라인공청회를 단독으로 개최할 수 있다.
1. 국민의 생명·신체·재산의 보호 등 국민의 안전 또는 권익보호 등의 이유로 제38조에 따른 공청회를 개최하기 어려운 경우
2. 제38조에 따른 공청회가 행정청이 책임질 수 없는 사유로 개최되지 못하거나 개최는 되었으나 정상적으로 진행되지 못하고 무산된 횟수가 3회 이상인 경우
3. 행정청이 널리 의견을 수렴하기 위하여 온라인공청회를 단독으로 개최할 필요가 있다고 인정하는 경우. 다만, 제22조제2항제1호 또는 제3호에 따라 공청회를 실시하는 경우는 제외한다.

(2022.1.11 본항신설)

③ 행정청은 온라인공청회를 실시하는 경우 의견제출 및 토론 참여가 가능하도록 적절한 전자적 처리능력을 갖춘 정보통신망을 구축·운영하여야 한다.

④ 온라인공청회를 실시하는 경우에는 누구든지 정보통신망을 이용하여 의견을 제출하거나 제출된 의견 등에 대한 토론에 참여할 수 있다.

⑤ 제1항부터 제4항까지에서 규정한 사항 외에 온라인공청회의 실시 방법 및 절차에 관하여 필요한 사항은 대통령령으로 정한다.
(2022.1.11 본조개정)

제38조의3【공청회의 주재자 및 발표자의 선정】 ① 행정청은 해당 공청회의 사안과 관련된 분야에 전문적 지식이 있거나 그 분야에 종사한 경험이 있는 사람으로서 대통령령으로 정하는 자격을 가진 사람 중에서 공청회의 주재자를 선정한다.(2019.12.10 본항개정)

② 공청회의 발표자는 발표를 신청한 사람 중에서 행정청이 선정한다. 다만, 발표를 신청한 사람이 없거나 공청회의 공정성을 확보하기 위하여 필요하다고 인정하는 경우에는 다음 각 호의 사람 중에서 지명하거나 위촉할 수 있다.

1. 해당 공청회의 사안과 관련된 당사자등
2. 해당 공청회의 사안과 관련된 분야에 전문적 지식이 있는 사람
3. 해당 공청회의 사안과 관련된 분야에 종사한 경험이 있는 사람

③ 행정청은 공청회의 주재자 및 발표자를 지명 또는 위촉하거나 선정할 때 공정성이 확보될 수 있도록 하여야 한다.
④ 공청회의 주재자, 발표자, 그 밖에 자료를 제출한 전문가 등에게는 예산의 범위에서 수당 및 여비와 그 밖에 필요한 경비를 지급할 수 있다.

제39조【공청회의 진행】 ① 공청회의 주재자는 공청회를 공정하게 진행하여야 하며, 공청회의 원활한 진행을 위하여 발표 내용을 제한할 수 있고, 질서유지를 위하여 발언 중지 및 퇴장 명령 등 행정안전부장관이 정하는 필요한 조치를 할 수 있다.(2017.7.26 본항개정)
② 발표자는 공청회의 내용과 직접 관련된 사항에 대하여만 발표하여야 한다.
③ 공청회의 주재자는 발표자의 발표가 끝난 후에는 발표자 상호간에 질의 및 답변을 할 수 있도록 하여야 하며, 방청인에게도 의견을 제시할 기회를 주어야 한다.

제39조의2【공청회 및 온라인공청회 결과의 반영】 행정청은 처분을 할 때에 공청회, 온라인공청회 및 정보통신망 등을 통하여 제시된 사실 및 의견이 상당한 이유가 있다고 인정하는 경우에는 이를 반영하여야 한다.
(2022.1.11 본조개정)

제39조의3【공청회의 재개최】 행정청은 공청회를 마친 후 처분을 할 때까지 새로운 사정이 발견되어 공청회를 다시 개최할 필요가 있다고 인정할 때에는 공청회를 다시 개최할 수 있다.(2019.12.10 본조신설)

제3장 신고, 확약 및 위반사실 등의 공표 등
(2022.1.11 본장제목개정)

제40조【신고】 ① 법령등에서 행정청에 일정한 사항을 통지함으로써 의무가 끝나는 신고를 규정하고 있는 경우 신고를 관장하는 행정청은 신고에 필요한 구비서류, 접수기관, 그 밖에 법령등에 따른 신고에 필요한 사항을 게시(인터넷 등을 통한 게시를 포함한다)하거나 이에 대한 편람을 갖추어 두고 누구나 열람할 수 있도록 하여야 한다.
② 제1항에 따른 신고가 다음 각 호의 요건을 갖춘 경우에는 신고서가 접수기관에 도달된 때에 신고 의무가 이행된 것으로 본다.
1. 신고서의 기재사항에 흠이 없을 것
2. 필요한 구비서류가 첨부되어 있을 것
3. 그 밖에 법령등에 규정된 형식상의 요건에 적합할 것

③ 행정청은 제2항 각 호의 요건을 갖추지 못한 신고서가 제출된 경우에는 지체 없이 상당한 기간을 정하여 신고인에게 보완을 요구하여야 한다.
④ 행정청은 신고인이 제3항에 따른 기간 내에 보완을 하지 아니하였을 때에는 그 이유를 구체적으로 밝혀 해당 신고서를 되돌려 보내야 한다.

제40조의2【확약】 ① 법령등에서 당사자가 신청할 수 있는 처분을 규정하고 있는 경우 행정청은 당사자의 신청에 따라 장래에 어떤 처분을 하거나 하지 아니할 것을 내용으로 하는 의사표시(이하 "확약"이라 한다)를 할 수 있다.
② 확약은 문서로 하여야 한다.
③ 행정청은 다른 행정청과의 협의 등의 절차를 거쳐야 하는 처분에 대하여 확약을 하려는 경우에는 확약을 하기 전에 그 절차를 거쳐야 한다.
④ 행정청은 다음 각 호의 어느 하나에 해당하는 경우에는 확약에 기속되지 아니한다.
1. 확약을 한 후에 확약의 내용을 이행할 수 없을 정도로 법령등이나 사정이 변경된 경우
2. 확약이 위법한 경우

⑤ 행정청은 확약이 제4항 각 호의 어느 하나에 해당하여 확약을 이행할 수 없는 경우에는 지체 없이 당사자에게 그 사실을 통지하여야 한다.
(2022.1.11 본조신설)

제40조의3【위반사실 등의 공표】 ① 행정청은 법령에 따른 의무를 위반한 자의 성명·법인명, 위반사실, 의무 위반을 이유로 한 처분사실 등(이하 "위반사실등"이라 한다)을 법률로 정하는 바에 따라 일반에게 공표할 수 있다.
② 행정청은 위반사실등의 공표를 하기 전에 사실과 다른 공표로 인하여 당사자의 명예·신용 등이 훼손되지 아니하도록 객관적이고 타당한 증거와 근거가 있는지를 확인하여야 한다.
③ 행정청은 위반사실등의 공표를 할 때에는 미리 당사자에게 그 사실을 통지하고 의견제출의 기회를 주어야 한다. 다만, 다음 각 호의 어느 하나에 해당하는 경우에는 그러하지 아니하다.
1. 공공의 안전 또는 복리를 위하여 긴급히 공표를 할 필요가 있는 경우
2. 해당 공표의 성질상 의견청취가 현저히 곤란하거나 명백히 불필요하다고 인정될 만한 타당한 이유가 있는 경우
3. 당사자가 의견진술의 기회를 포기한다는 뜻을 명백히 밝힌 경우

④ 제3항에 따라 의견제출의 기회를 받은 당사자는 공표 전에 관할 행정청에 서면이나 말 또는 정보통신망을 이용하여 의견을 제출할 수 있다.
⑤ 제4항에 따른 의견제출의 방법과 제출 의견의 반영 등에 관하여는 제27조 및 제27조의2를 준용한다. 이 경우 "처분"은 "위반사실등의 공표"로 본다.
⑥ 위반사실등의 공표는 관보, 공보 또는 인터넷 홈페이지 등을 통하여 한다.
⑦ 행정청은 위반사실등의 공표를 하기 전에 당사자가 공표와 관련된 의무의 이행, 원상회복, 손해배상 등의 조치를 마친 경우에는 위반사실등의 공표를 하지 아니할 수 있다.
⑧ 행정청은 공표된 내용이 사실과 다른 것으로 밝혀지거나 공표에 포함된 처분이 취소된 경우에는 그 내용을 정정하여, 정정한 내용을 지체 없이 해당 공표와 같은 방법으로 공표된 기간 이상 공표하여야 한다. 다만, 당사자가 원하지 아니하면 공표하지 아니할 수 있다.
(2022.1.11 본조신설)

제40조의4【행정계획】 행정청은 행정청이 수립하는 계획 중 국민의 권리·의무에 직접 영향을 미치는 계획을 수립하거나 변경·폐지할 때에는 관련된 여러 이익을 정당하게 형량하여야 한다.(2022.1.11 본조신설)

제4장 행정상 입법예고
(2012.10.22 본장개정)

제41조【행정상 입법예고】 ① 법령등을 제정·개정 또는 폐지(이하 "입법"이라 한다)하려는 경우에는 해당 입법안을 마련한 행정청은 이를 예고하여야 한다. 다만, 다음 각 호의 어느 하나에 해당하는 경우에는 예고를 하지 아니할 수 있다.
1. 신속한 국민의 권리 보호 또는 예측 곤란한 특별한 사정의 발생 등으로 입법이 긴급을 요하는 경우
2. 상위 법령등의 단순한 집행을 위한 경우
3. 입법내용이 국민의 권리·의무 또는 일상생활과 관련이 없는 경우
4. 단순한 표현·자구를 변경하는 경우 등 입법내용의 성질상 예고의 필요가 없거나 곤란하다고 판단되는 경우
5. 예고함이 공공의 안전 또는 복리를 현저히 해칠 우려가 있는 경우

② (2002.12.30 삭제)
③ 법제처장은 입법예고를 하지 아니한 법령안의 심사 요청을 받은 경우에 입법예고를 하는 것이 적당하다고 판단할 때에는 해당 행정청에 입법예고를 권고하거나 직접 예고할 수 있다.
④ 입법안을 마련한 행정청은 입법예고 후 예고내용에 국민생활과 직접 관련된 내용이 추가되는 등 대통령령으로 정하는 중요한 변경이 발생하는 경우에는 해당 부분에 대한 입법예고를 다시 하여야 한다. 다만, 제1항 각 호의 어느 하나에 해당하는 경우에는 예고를 하지 아니할 수 있다.(2012.10.22 본항신설)
⑤ 입법예고의 기준·절차 등에 관하여 필요한 사항은 대통령령으로 정한다.

제42조【예고방법】 ① 행정청은 입법안의 취지, 주요 내용 또는 전문(全文)을 다음 각 호의 구분에 따른 방법으로 공고하여야 하며, 추가로 인터넷, 신문 또는 방송 등을 통하여 공고할 수 있다.
1. 법령의 입법안을 입법예고하는 경우 : 관보 및 법제처장이 구축·제공하는 정보시스템을 통한 공고
2. 자치법규의 입법안을 입법예고하는 경우 : 공보를 통한 공고

(2019.12.10 본항개정)
② 행정청은 대통령령을 입법예고하는 경우 국회 소관 상임위원회에 이를 제출하여야 한다.
③ 행정청은 입법예고를 할 때에 입법안과 관련이 있다고 인정되는 중앙행정기관, 지방자치단체, 그 밖의 단체 등이 예고사항을 알 수 있도록 예고사항을 통지하거나 그 밖의 방법으로 알려야 한다.
④ 행정청은 제1항에 따라 예고된 입법안에 대하여 온라인공청회 등을 통하여 널리 의견을 수렴할 수 있다. 이 경우 제38조의2제3항부터 제5항까지의 규정을 준용한다.
(2022.1.11 본항개정)
⑤ 행정청은 예고된 입법안의 전문에 대한 열람 또는 복사를 요청받았을 때에는 특별한 사유가 없으면 그 요청에 따라야 한다.
⑥ 행정청은 제5항에 따른 복사에 드는 비용을 복사를 요청한 자에게 부담시킬 수 있다.

제43조【예고기간】 입법예고기간은 예고할 때 정하되, 특별한 사정이 없으면 40일(자치법규는 20일) 이상으로 한다.

제44조【의견제출 및 처리】 ① 누구든지 예고된 입법안에 대하여 의견을 제출할 수 있다.
② 행정청은 의견접수기관, 의견제출기간, 그 밖에 필요한 사항을 해당 입법안을 예고할 때 함께 공고하여야 한다.
③ 행정청은 해당 입법안에 대한 의견이 제출된 경우 특별한 사유가 없으면 이를 존중하여 처리하여야 한다.
④ 행정청은 의견을 제출한 자에게 그 제출된 의견의 처리결과를 통지하여야 한다.
⑤ 제출된 의견의 처리방법 및 처리결과의 통지에 관하여는 대통령령으로 정한다.

제45조【공청회】 ① 행정청은 입법안에 관하여 공청회를 개최할 수 있다.
② 공청회에 관하여는 제38조, 제38조의2, 제38조의3, 제39조 및 제39조의2를 준용한다.

제5장 행정예고
(2012.10.22 본장개정)

제46조【행정예고】 ① 행정청은 정책, 제도 및 계획(이하 "정책등"이라 한다)을 수립·시행하거나 변경하려는 경우에는 이를 예고하여야 한다. 다만, 다음 각 호의 어느 하나에 해당하는 경우에는 예고를 하지 아니할 수 있다.
1. 신속하게 국민의 권리를 보호하여야 하거나 예측이 어려운 특별한 사정이 발생하는 등 긴급한 사유로 예고가 현저히 곤란한 경우
2. 법령등의 단순한 집행을 위한 경우
3. 정책등의 내용이 국민의 권리·의무 또는 일상생활과 관련이 없는 경우
4. 정책등의 예고가 공공의 안전 또는 복리를 현저히 해칠 우려가 상당한 경우

(2019.12.10 본항개정)
② 제1항에도 불구하고 법령등의 입법을 포함하는 행정예고는 입법예고로 갈음할 수 있다.
③ 행정예고기간은 예고 내용의 성격 등을 고려하여 정하되, 20일 이상으로 한다.(2022.1.11 본항개정)
④ 제3항에도 불구하고 행정목적을 달성하기 위하여 긴급한 필요가 있는 경우에는 행정예고기간을 단축할 수 있다. 이 경우 단축된 행정예고기간은 10일 이상으로 한다.(2022.1.11 본항신설)

제46조의2【행정예고 통계 작성 및 공고】 행정청은 매년 자신이 행한 행정예고의 실시 현황과 그 결과에 관한 통계를 작성하고, 이를 관보·공보 또는 인터넷 등의 방법으로 널리 공고하여야 한다.(2014.1.28 본조신설)

제47조【예고방법 등】 ① 행정청은 정책등안(案)의 취지, 주요 내용 등을 관보·공보나 인터넷·신문·방송 등을 통하여 공고하여야 한다.
② 행정예고의 방법, 의견제출 및 처리, 공청회 및 온라인공청회에 관하여는 제38조, 제38조의2, 제38조의3, 제39조, 제39조의2, 제39조의3, 제42조(제1항·제2항 및 제4항은 제외한다), 제44조제1항부터 제3항까지 및 제45조제1항을 준용한다. 이 경우 "입법안"은 "정책등안"으로, "입법예고"는 "행정예고"로, "처분을 할 때"는 "정책등을 수립·시행하거나 변경할 때"로 본다.(2022.1.11 전단개정)
(2019.12.10 본조개정)

제6장 행정지도
(2012.10.22 본장개정)

제48조【행정지도의 원칙】 ① 행정지도는 그 목적 달성에 필요한 최소한도에 그쳐야 하며, 행정지도의 상대방의 의사에 반하여 부당하게 강요하여서는 아니 된다.
② 행정기관은 행정지도의 상대방이 행정지도에 따르지 아니하였다는 것을 이유로 불이익한 조치를 하여서는 아니 된다.

제49조【행정지도의 방식】 ① 행정지도를 하는 자는 그 상대방에게 그 행정지도의 취지 및 내용과 신분을 밝혀야 한다.
② 행정지도가 말로 이루어지는 경우에 상대방이 제1항의 사항을 적은 서면의 교부를 요구하면 그 행정지도를 하는 자는 직무 수행에 특별한 지장이 없으면 이를 교부하여야 한다.

제50조【의견제출】 행정지도의 상대방은 해당 행정지도의 방식·내용 등에 관하여 행정기관에 의견제출을 할 수 있다.

제51조【다수인을 대상으로 하는 행정지도】 행정기관이 같은 행정목적을 실현하기 위하여 많은 상대방에게 행정지도를 하려는 경우에는 특별한 사정이 없으면 행정지도에 공통적인 내용이 되는 사항을 공표하여야 한다.

제7장 국민참여의 확대
(2014.1.28 본장신설)

제52조【국민참여 활성화】 ① 행정청은 행정과정에서 국민의 의견을 적극적으로 청취하고 이를 반영하도록 노력하여야 한다.
② 행정청은 국민에게 다양한 참여방법과 협력의 기회를 제공하도록 노력하여야 하며, 구체적인 참여방법을 공표하여야 한다.
③ 행정청은 국민참여 수준을 향상시키기 위하여 노력하여야 하며 필요한 경우 국민참여 수준에 대한 자체진단을 실시하고, 그 결과를 행정안전부장관에게 제출하여야 한다.
④ 행정청은 제3항에 따라 자체진단을 실시한 경우 그 결과를 공개할 수 있다.
⑤ 행정청은 국민참여를 활성화하기 위하여 교육·홍보, 예산·인력 확보 등 필요한 조치를 할 수 있다.

⑥ 행정안전부장관은 국민참여 확대를 위하여 행정청에 교육·홍보, 포상, 예산·인력 확보 등을 지원할 수 있다. (2022.1.11 본조개정)

제52조의2【국민제안의 처리】 ① 행정청(국회사무총장·법원행정처장·헌법재판소사무처장 및 중앙선거관리위원회사무총장은 제외한다)은 정부시책이나 행정제도 및 그 운영의 개선에 관한 국민의 창의적인 의견이나 고안(이하 "국민제안"이라 한다)을 접수·처리하여야 한다.
② 제1항에 따른 국민제안의 운영 및 절차 등에 필요한 사항은 대통령령으로 정한다.
(2022.1.11 본조신설)

제52조의3【국민참여 창구】 행정청은 주요 정책 등에 관한 국민과 전문가의 의견을 듣거나 국민이 참여할 수 있는 온라인 또는 오프라인 창구를 설치·운영할 수 있다.(2022.1.11 본조신설)

제53조【온라인 정책토론】 ① 행정청은 국민에게 영향을 미치는 주요 정책 등에 대하여 국민의 다양하고 창의적인 의견을 널리 수렴하기 위하여 정보통신망을 이용한 정책토론(이하 이 조에서 "온라인 정책토론"이라 한다)을 실시할 수 있다.
② 행정청은 효율적인 온라인 정책토론을 위하여 과제별로 한시적인 토론 패널을 구성하여 해당 토론에 참여시킬 수 있다. 이 경우 패널의 구성에 있어서는 공정성 및 객관성이 확보될 수 있도록 노력하여야 한다.
③ 행정청은 온라인 정책토론이 공정하고 중립적으로 운영되도록 하기 위하여 필요한 조치를 할 수 있다.
④ 토론 패널의 구성, 운영방법, 그 밖에 온라인 정책토론의 운영을 위하여 필요한 사항은 대통령령으로 정한다.
(2022.1.11 본조개정)

제8장 보 칙

(2012.10.22 본장개정)

제54조【비용의 부담】 행정절차에 드는 비용은 행정청이 부담한다. 다만, 당사자등이 자기를 위하여 스스로 지출한 비용은 그러하지 아니하다.

제55조【참고인 등에 대한 비용 지급】 ① 행정청은 행정절차의 진행에 필요한 참고인이나 감정인 등에게 예산의 범위에서 여비와 일당을 지급할 수 있다.
② 제1항에 따른 비용의 지급기준 등에 관하여는 대통령령으로 정한다.

제56조【협조 요청 등】 행정안전부장관(제4장의 경우에는 법제처장을 말한다)은 이 법의 효율적인 운영을 위하여 노력하여야 하며, 필요한 경우에는 그 운영 상황과 실태를 확인할 수 있고, 관계 행정청에 관련 자료의 제출 등 협조를 요청할 수 있다.(2017.7.26 본조개정)

부 칙 (2011.12.2)

제1조【시행일】 이 법은 「대한민국과 미합중국 간의 자유무역협정 및 대한민국과 미합중국 간의 자유무역협정에 관한 서한교환」이 발효되는 날부터 시행한다. <2012.3.15 발효>

제2조【입법예고기간 확대에 따른 적용례】 제43조의 개정규정은 이 법 시행 후 최초로 입법예고를 하는 법령부터 적용한다.

부 칙 (2014.1.28)

제1조【시행일】 이 법은 공포 후 1개월이 경과한 날부터 시행한다. 다만, 제14조제2항, 제21조제5항 및 제53조제4항의 개정규정은 공포 후 6개월이 경과한 날부터 시행한다.

제2조【경과조치】 이 법 시행 당시 진행 중인 행정절차에 관하여는 종전의 규정에 따른다.

부 칙 (2014.12.30)

제1조【시행일】 이 법은 공포 후 3개월이 경과한 날부터 시행한다.

제2조【사유의 통지에 관한 적용례】 제21조제6항의 개정규정은 이 법 시행 후 최초로 행하는 처분부터 적용한다.

부 칙 (2019.12.10)

제1조【시행일】 이 법은 공포 후 6개월이 경과한 날부터 시행한다.

제2조【처분의 사전 통지에 관한 적용례】 제21조제3항의 개정규정은 이 법 시행 이후 처분의 사전 통지를 하는 경우부터 적용한다.

제3조【제출 의견의 반영 등에 관한 적용례】 제27조의2 제2항의 개정규정은 이 법 시행 이후 당사자등이 의견을 제출하는 경우부터 적용한다.

제4조【청문에 관한 적용례】 ① 제29조제1항제5호의 개정규정은 이 법 시행 이후 청문 주재자를 선정하는 경우부터 적용한다.
② 제35조제3항의 개정규정은 이 법 시행 이후 시작하는 청문부터 적용한다.

제5조【공청회 주재자의 선정에 관한 적용례】 제38조의3 제1항의 개정규정은 이 법 시행 이후 공청회 주재자를 선정하는 경우부터 적용한다.

제6조【행정예고에 관한 적용례】 제46조제1항의 개정규정은 이 법 시행 이후 정책등을 수립·시행하거나 변경하는 경우부터 적용한다.

부 칙 (2022.1.11)

제1조【시행일】 이 법은 공포 후 6개월이 경과한 날부터 시행한다. 다만, 제20조제2항부터 제4항까지의 개정규정은 2023년 3월 24일부터 시행한다.

제2조【청문에 관한 적용례】 제22조제1항제3호의 개정규정은 이 법 시행 이후 같은 호 각 목의 처분에 관하여 제21조에 따라 사전 통지를 하는 처분부터 적용한다.

제3조【온라인공청회에 관한 적용례】 제38조의2제2항 제2호의 개정규정은 이 법 시행 이후 공청회가 행정청이 책임질 수 없는 사유로 개최되지 못하거나 개최는 되었으나 정상적으로 진행되지 못하고 무산된 횟수가 3회 이상인 경우부터 적용한다.

제4조【확약에 관한 적용례】 제40조의2의 개정규정은 이 법 시행 이후 확약을 신청하는 경우부터 적용한다.

제5조【위반사실등의 공표에 관한 적용례】 제40조의3의 개정규정은 이 법 시행 이후 위반사실등의 공표를 하는 경우부터 적용한다.

제6조【행정예고에 관한 적용례】 제46조제3항 및 제4항의 개정규정은 이 법 시행 이후 행정예고를 하는 경우부터 적용한다.

제7조【다른 법률의 개정】 ※(해당 법령에 가제정리 하였음)

행정절차법 시행령

(1997년 12월 15일 대통령령 제15540호)

개정
1998. 2.24영15680호(공무원여비규정)
2002.12.30영17854호(공토법시)
2003. 6.23영18002호
2004.11.11영18586호
2005. 3. 8영18736호(사회기반시설에대한민간투자법시)
2005. 6.30영18903호(디자인보호시)
2007.11.13영20372호
2008. 2.29영20741호(직제)
2008.12.24영21179호
2011. 3. 2영22687호(향토예비군시)
2011.12.21영23383호(행정업무의효율적운영에관한규정)
2013. 3.23영24425호(직제)
2014. 7.28영25505호
2014.11.19영25751호(직제)
2016. 4.26영27103호(행정효율과협업촉진에관한규정)
2016.11.29영27619호(예비군법시)
2017. 4.18영27990호
2017. 7.26영28211호(직제)
2020. 6. 9영30761호
2020. 6.30영30807호(대체역의편입및복무등에관한법시)
2022. 7.11영32786호
2023. 6.27영33575호(행정업무의운영및혁신에관한규정)
2023. 8. 1영33649호(국민제안규정)

제1장 목적 및 적용범위

제1조【목적】 이 영은 행정절차법(이하 "법"이라 한다)에서 위임된 사항과 그 시행에 관하여 필요한 사항을 규정함을 목적으로 한다.

제2조【적용제외】 법 제3조제2항제9호에서 "대통령령으로 정하는 사항"이라 함은 다음 각 호의 어느 하나에 해당하는 사항을 말한다.(2007.11.13 본문개정)
1. 「병역법」, 「예비군법」, 「민방위기본법」, 「비상대비자원 관리법」, 「대체역의 편입 및 복무 등에 관한 법률」에 따른 징집·소집·동원·훈련에 관한 사항(2020.6.30 본호개정)
2. 외국인의 출입국·난민인정·귀화·국적회복에 관한 사항
3. 공무원 인사관계법령에 의한 징계 기타 처분에 관한 사항
4. 이해조정을 목적으로 법령에 의한 알선·조정·중재·재정 기타 처분에 관한 사항
5. 조세관계법령에 의한 조세의 부과·징수에 관한 사항
6. 「독점규제 및 공정거래에 관한 법률」, 「하도급거래 공정화에 관한 법률」, 「약관의 규제에 관한 법률」에 따라 공정거래위원회의 의결·결정을 거쳐 행하는 사항
7. 「국가배상법」, 「공익사업을 위한 토지 등의 취득 및 보상에 관한 법률」에 따른 재결·결정에 관한 사항 (2007.11.13 6호~7호개정)
8. 학교·연수원 등에서 교육·훈련의 목적을 달성하기 위하여 학생·연수생 등을 대상으로 행하는 사항
9. 사람의 학식·기능에 관한 시험·검정의 결과에 따라 행하는 사항
10. 「배타적 경제수역에서의 외국인어업 등에 대한 주권적 권리의 행사에 관한 법률」에 따라 행하는 사항
11. 「특허법」, 「실용신안법」, 「디자인보호법」, 「상표법」에 따른 사정·결정·심결, 그 밖의 처분에 관한 사항
(2007.11.13 10호~11호개정)

제2장 당사자등

제3조【이해관계인의 참여】 ① 행정절차에 참여하고자 하는 이해관계인은 행정청에게 참여대상인 절차와 참여이유를 기재한 문서(전자문서를 포함한다. 이하 같다)로 참여를 신청하여야 한다.(2003.6.23 본항개정)
② 행정청은 제1항의 규정에 의한 신청을 받은 때에는 지체없이 참여 여부를 결정하여 신청인에게 통지하여야 한다.

제4조【지위승계의 승인신청 및 통지】 ① 법 제10조제4항의 규정에 의하여 당사자등의 지위를 승계하고자 하는 자는 행정청에 문서로 지위승계의 승인을 신청하여야 한다.(2003.6.23 본항개정)
② 행정청은 제1항의 규정에 의한 신청을 받은 때에는 지체없이 승인여부를 결정하여 신청인에게 통지하여야 한다.

제5조【대표자에 의한 행정절차의 종료】 대표자는 법 제11조제4항 단서의 규정에 의하여 행정절차를 끝맺고자 하는 경우에 다른 당사자등의 동의를 입증하는 서류를 첨부하여 행정청에 문서로 통지하여야 한다.
(2003.6.23 본조개정)

제6조【대리인의 선임허가 등】 ① 법 제12조제1항제4호의 규정에 의하여 대리인의 선임허가를 받고자 하는 당사자등은 행정청 또는 청문주재자(청문의 경우에 한한다)에게 문서로 선임허가를 신청하여야 한다.
(2003.6.23 본항개정)
② 제5조의 규정은 대리인이 행정절차를 끝맺고자 하는 경우에 이를 준용한다.

제7조【대표자·대리인의 통지】 법 제13조의 규정에 의한 대표자 또는 대리인의 선정·선임·변경·해임통지는 문서로 하여야 한다.(2003.6.23 본조개정)

제3장 송 달

제8조 (2003.6.23 삭제)

제4장 처 분

제9조【접수증】 법 제17조제4항 단서에서 "대통령령이 정하는 경우"라 함은 다음 각호의 1에 해당하는 신청의 경우를 말한다.(2003.6.23 본문개정)
1. 구술·우편 또는 정보통신망에 의한 신청(2003.6.23 본호개정)
2. 처리기간이 "즉시"로 되어 있는 신청
3. 접수증에 갈음하는 문서를 주는 신청(2003.6.23 본호개정)

제10조【신청의 종결처리】 행정청은 신청인의 소재지가 분명하지 아니하여 법 제17조제5항의 규정에 의한 보완의 요구가 2회에 걸쳐 반송된 때에는 신청을 취하한 것으로 보아 이를 종결처리할 수 있다.(2003.6.23 본조개정)

제11조【처리기간에 산입하지 아니하는 기간】 법 제19조제5항의 규정에 의하여 처리기간에 산입하지 아니하는 기간은 다음 각호의 1에 해당하는 기간을 말한다.
1. 신청서의 보완에 소요되는 기간(보완을 위하여 신청서를 신청인에게 발송한 날과 보완되어 행정청에 도달한 날을 포함한다)
2. 접수·경유·협의 및 처리하는 기관이 각각 상당히 떨어져 있는 경우 문서의 이송에 소요되는 기간
(2003.6.23 본호개정)
3. 법 제11조제2항의 규정에 의하여 대표자를 선정하는데 소요되는 기간
4. 당해 처분과 관련하여 의견청취가 실시되는 경우 그에 소요되는 기간
5. 실험·검사·감정, 전문적인 기술검토 등 특별한 추가절차를 거치기 위하여 부득이하게 소요되는 기간
6. 행정안전부령이 정하는 선행사무의 완결을 조건으로 하는 경우 그에 소요되는 기간(2017.7.26 본호개정)

제12조【처분기준의 공표】 행정청은 법 제20조제1항 및 제2항에 따른 처분기준을 당사자등이 알기 쉽도록 편람을 만들어 비치하거나 게시판·관보·공보·일간신문 또는 소관 행정청의 인터넷 홈페이지 등에 공고해야 한다.(2022.7.11 본조개정)

제13조【처분의 사전 통지 생략사유】 법 제21조제4항 및 제5항에 따라 사전 통지를 하지 아니할 수 있는 경우는 다음 각 호의 어느 하나에 해당하는 경우로 한다.
1. 급박한 위해의 방지 및 제거 등 공공의 안전 또는 복리를 위하여 긴급한 처분이 필요한 경우
2. 법원의 재판 또는 준사법적 절차를 거치는 행정기관의 결정 등에 따라 처분의 전제가 되는 사실이 객관적으로 증명되어 처분에 따른 의견청취가 불필요하다고 인정되는 경우
3. 의견청취의 기회를 줌으로써 처분의 내용이 미리 알려져 현저히 공익을 해치는 행위를 유발할 우려가 예상되는 등 해당 처분의 성질상 의견청취가 현저하게 곤란한 경우
4. 법령 또는 자치법규(이하 "법령등"이라 한다)에서 준수하여야 할 기술적 기준이 명확하게 규정되고, 그 기준에 현저히 미치지 못하는 사실을 이유로 처분을 하려는 경우로서 그 사실이 실험, 계측, 그 밖에 객관적인 방법에 의하여 명확히 입증된 경우
5. 법령등에서 일정한 요건에 해당하는 자에 대하여 점용료·사용료 등 금전급부를 명하는 경우 법령등에서 규정하는 요건에 해당함이 명백하고, 행정청의 금액산정에 재량의 여지가 없거나 요율이 명확하게 정하여져 있는 경우 등 해당 처분의 성질상 의견청취가 명백히 불필요하다고 인정될 만한 상당한 이유가 있는 경우
(2014.7.28 본조신설)

제13조의2【청문실시 노력】 행정청이 법 제22조제1항제2호에 따라 처분에 대한 청문의 필요 여부를 결정할 때 당사자 등의 권익을 심히 침해하거나 이해관계에 중대한 영향을 미치는 처분인 경우에는 청문을 실시하도록 적극 노력해야 한다.(2022.7.11 본조개정)

제13조의3【공청회의 개최 요건 등】 ① 법 제22조제2항제3호에서 "대통령령으로 정하는 처분"이란 다음 각 호의 어느 하나에 해당하는 처분을 말한다. 다만, 행정청이 해당 처분과 관련하여 이미 공청회를 개최한 경우는 제외한다.
1. 국민 다수의 생명, 안전 및 건강에 큰 영향을 미치는 처분
2. 소음 및 악취 등 국민의 일상생활과 관계되는 환경에 큰 영향을 미치는 처분
② 제1항에 따른 처분에 대하여 당사자등은 그 처분 전(해당 처분에 대하여 행정청이 의견제출 기한을 정한 경우에는 그 기한까지를 말한다)에 행정청에 공청회의 개최를 요구할 수 있다.
③ 법 제22조제2항제3호에서 "대통령령으로 정하는 수"란 30명을 말한다.
(2020.6.9 본조신설)

제14조【의견진술의 포기】 당사자는 법 제22조제4항의 규정에 의하여 의견진술의 기회를 포기한 때에는 의견진술포기서 또는 이에 준하는 문서를 행정청에 제출하여야 한다.(2003.6.23 본조개정)

제14조의2【처분의 이유제시】 행정청은 법 제23조의 규정에 의하여 처분이 이유를 제시하는 경우에는 처분의 원인이 되는 사실과 근거가 되는 법령 또는 자치법규의 내용을 구체적으로 명시하여야 한다.(2008.12.24 본조개정)

제5장 청문 및 공청회

제15조【청문주재자】 ① 법 제28조제1항에서 "대통령령이 정하는 자격을 가진 자"라 함은 다음 각호의 1에 해당하는 자를 말한다.
1. 교수·변호사·공인회계사 등 관련분야의 전문직 종사자
2. 청문사안과 관련되는 분야에 근무한 경험이 있는 전직 공무원
3. 그 밖의 업무경험을 통하여 청문사안과 관련되는 분야에 전문지식이 있는 자
② 법 제28조의 규정에 의한 청문주재자에 대하여는 예산의 범위안에서 수당이나 여비 그 밖의 필요한 경비를 지급할 수 있다. 다만, 청문주재를 소관업무로 하는 공무원이 청문을 주재하는 경우에는 그러하지 아니하다.
(2003.6.23 본조개정)

제15조의2【2명 이상의 청문 주재자】 ① 행정청은 법 제28조제2항에 따라 2명 이상의 청문 주재자를 선정하는 경우 전체 청문 주재자의 2분의 1 이상을 제15조제1항 각 호의 어느 하나에 해당하는 사람으로 선정해야 한다.
② 행정청은 법 제28조제2항 각 호 외의 부분 후단에 따라 2명 이상의 청문 주재자 중에서 청문사안에 대한 중립성·전문성 등을 고려하여 청문 주재자를 대표하는 청문 주재자(이하 이 조에서 "대표주재자"라 한다) 1명을 선정해야 한다.
③ 대표주재자는 청문 주재자를 대표하여 법 제31조에 따라 청문을 진행하고, 법 제35조에 따라 청문을 종결한다.
④ 대표주재자는 청문 주재자의 의견을 반영하여 법 제34조에 따른 청문조서 및 법 제34조의2에 따른 청문 주재자의 의견서를 대표로 작성한다. 이 경우 청문 주재자 전원이 그 청문조서 및 청문 주재자의 의견서에 서명 또는 날인해야 한다.
⑤ 대표주재자는 제4항에 따라 청문 주재자의 의견서를 작성할 때 청문 주재자 사이에 의견이 일치하지 않는 경우에는 그 내용을 청문 주재자의 의견서에 모두 기록해야 한다.
(2022.7.11 본조신설)

제15조의3【청문 주재자의 제척·기피·회피】 법 제29조제1항제5호에 따른 부서는 해당 처분업무의 처리를 주관하는 과·담당관 또는 이에 준하는 조직 단위로 한다.
(2020.6.9 본조신설)

제16조【청문의 공개】 ① 당사자는 법 제30조의 규정에 의하여 청문의 공개를 신청하고자 하는 때에는 청문일전까지 청문주재자에게 공개신청서를 제출하여야 한다.
② 청문주재자는 제1항의 규정에 의하여 당사자가 제출한 공개신청서를 지체없이 검토하여 공개여부를 당사자등에게 알려야 한다.

제17조【의견서 제출】 법 제31조제3항의 규정에 의하여 청문에 출석하여 진술한 것으로 보는 의견서는 법 제35조제1항 및 제2항의 규정에 의하여 청문이 종결될 때까지(법 제35조제3항의 규정에 의하여 기간이 연장된 경우에는 그 기간이 종료될 때까지) 청문주재자에게 제출된 것에 한한다.

제18조【증거조사】 당사자등은 법 제33조제1항의 규정에 의하여 증거조사를 신청하고자 하는 때에는 청문주재자에게 증명할 사실과 증거조사의 방법을 구체적으로 명시한 문서를 제출하여야 한다.(2003.6.23 본조개정)

제19조【청문조서의 열람 등】 ① 청문주재자는 청문조서를 작성한 후 지체없이 청문조서의 열람·확인의 장소 및 기간을 정하여 당사자등에게 통지하여야 한다. 이 경우 열람·확인의 기간은 청문조서를 행정청에 제출하기 전까지의 기간의 범위내에서 정하여야 한다.
(2003.6.23 전단개정)
② 법 제34조제2항의 규정에 의한 정정요구는 문서 또는 구술로 할 수 있으며, 구술로 정정요구를 하는 경우 청문주재자는 정정요구의 내용을 기록하여야 한다.
(2003.6.23 본항신설)
③ 청문주재자는 당사자등이 청문조서의 정정요구를 한 경우 그 사실관계를 확인한 후 청문조서의 내용을 정정하여야 한다.

제20조【문서의 열람 등】 ① 당사자등은 법 제37조제1항의 규정에 의하여 열람 또는 복사를 요청하고자 하는 때에는 문서로 하여야 하며, 전자적 형태로 열람을 요청하는 경우 행정청은 당사자등의 요청에 응하는 것이 현저히 곤란한 경우가 아닌 한 전자적 형태로 열람할 수 있도록 하여야 한다. 다만, 청문일에 필요에 의하여 문서를 열람 또는 복사하고자 하는 경우에는 구술로 요청할 수 있다.(2003.6.23 본항개정)
② 행정청은 법 제37조제2항의 규정에 의하여 문서의 열람 또는 복사의 일시 및 장소를 지정한 때에는 요청자에게 그 사실을 통지하여야 한다.
③ 법 제37조제4항의 규정에 의하여 열람 또는 복사를 요청할 수 있는 문서는 「행정업무의 운영 및 혁신에 관한 규정」 제3조제1호의 공문서를 말한다.(2023.6.27 본항개정)
④ 법 제37조제5항에 따른 문서의 복사에 드는 비용에 관하여는 「공공기관의 정보공개에 관한 법률 시행령」 제17조제1항·제2항 및 제6항을 준용한다.(2022.7.11 본항개정)

제20조의2【온라인공청회의 개최 통지 등】 행정청은 법 제38조의2에 따라 정보통신망을 이용한 공청회(이하 "온라인공청회"라 한다)를 개최하려는 때에는 온라인공청회 개최 14일 전까지 다음 각 호의 사항을 당사자등에게 통지하고, 관보·공보·일간신문 또는 인터넷 홈페이지 등에 공고하는 등의 방법으로 널리 알려야 한다. 다만, 온라인공청회 개최를 알린 후 예정대로 개최하지 못하여 새로 일시 및 온라인공청회를 개최하는 인터넷 주소(이하 "온라인공청회주소"라 한다) 등을 정한 경우에는 온라인공청회 개최 7일 전까지 알릴 수 있다.(2022.7.11 본문개정)
1. 제목
2. 실시기간 및 온라인공청회주소(2022.7.11 본호개정)
3. 주요내용
4. 발표자에 관한 사항(2022.7.11 본호신설)
5. 발표신청 방법 및 신청기한(2022.7.11 본호신설)
6. 정보통신망을 활용한 의견제출(2022.7.11 본호신설)
7. 그 밖에 온라인공청회 개최와 관련하여 필요한 사항
(2022.7.11 본호개정)
(2022.7.11 본조제목개정)
(2007.11.13 본조신설)

제20조의3【온라인공청회 의제 등의 게시】 ① 온라인공청회를 개최하는 행정청은 온라인공청회를 실시하는 기간 동안 해당 온라인공청회주소에 제20조의2 각 호의 사항을 게시해야 한다.
② 행정청은 온라인공청회를 실시하는 기간 동안 서면으로 제출된 의견이 있는 경우에는 그 의견을 해당 온라인공청회주소에 게시할 수 있다.
(2022.7.11 본조개정)

제21조【공청회의 주재자 및 발표자의 선정】 ① 법 제38조의3제1항에서 "대통령령으로 정하는 자격을 가진 사람"이란 다음 각 호의 어느 하나에 해당하는 사람을 말한다.
1. 교수·변호사·공인회계사 등 관련 분야의 전문직 종사자
2. 공청회 사안과 관련되는 분야에 근무한 경험이 있는 전직 공무원
3. 그 밖의 업무경험을 통하여 공청회 사안과 관련되는 분야에 전문지식이 있는 사람
(2020.6.9 본항신설)
② 행정청은 법 제38조의3제2항에 따라 발표자를 선정한 경우 그 결과를 발표를 신청한 사람 모두에게 통지해야 한다.
(2020.6.9 본조개정)

제22조【공청회 및 온라인공청회 결과의 알림】 ① 행정청은 공청회에서 제출된 의견의 반영결과를 발표자와 의견제출자 등에게 통지하거나 인터넷 홈페이지에 게시하는 등의 방법으로 널리 알려야 한다.
② 행정청은 온라인공청회에서 제출된 의견의 반영결과를 해당 온라인공청회주소에 게시해야 한다.(2022.7.11 본항개정)
(2022.7.11 본조제목개정)

제22조의2【온라인공청회 운영 지원】 행정안전부장관은 온라인공청회의 효율적 운영을 위하여 통합 온라인공청회주소를 마련하여 행정청에 제공하는 등 필요한 지원을 할 수 있다.(2022.7.11 본조개정)

제6장 행정상 입법예고·행정예고 및 행정지도

제23조【행정상 입법예고】 행정상 입법예고에 관하여는 법제업무운영규정이 정하는 바에 따른다.

제24조 (2020.6.9 삭제)

제24조의2【관계기관의 의견청취】 ① 행정청이 법 제46조제1항 각 호 외의 부분 본문에 따라 행정예고를 하는 경우에는 이에 앞서 해당 정책·제도 및 계획의 내용을 관계기관의 장에게 송부하여 그 의견을 들어야 한다. 다만, 해당 정책·제도 및 계획의 내용이 의견을 듣기에 곤란한 특별한 사유가 있는 때에는 의견을 듣지 않고 행정예고를 할 수 있다.(2020.6.9 본항개정)
② 제1항의 규정에 의한 정책·제도 및 계획에 대한 의견회신기간은 10일 이상이 되도록 하여야 한다. 다만, 정책·제도 및 계획을 긴급하게 추진하여야 할 사유가 발생하는 등 특별한 사정이 있는 때에는 의견회신기간을 10일 미만으로 단축할 수 있다.
③ (2020.6.9 삭제)
(2004.11.11 본조신설)

제24조의3【예고내용 등】 행정청은 행정예고를 하는 경우 행정예고안의 주요내용, 진행절차, 담당자 및 홈페이지 주소 등을 명시하고, 홈페이지에는 예고내용의 구체적인 사항을 게재하여야 한다.(2004.11.11 본조신설)

제24조의4【행정예고에 따른 제출의견의 처리】 ① 행정청은 행정예고 결과 제출된 의견을 검토하여 정책·제도 및 계획에의 반영여부를 결정하고, 그 처리결과 및 처리이유 등을 지체없이 의견제출자에게 통지하거나 공표하여야 한다.
② 제1항의 규정에 의한 처리결과에 대하여는 특별한 사정이 없는 한 인터넷에 게시하는 등의 방법으로 널리 알려야 한다.
③ 행정예고된 내용이 국무회의의 심의사항인 경우 행정예고를 한 행정청의 장은 제출된 의견을 내용별로 분석하여 국무회의의 상정안에 첨부하여야 한다.
(2004.11.11 본조신설)
제24조의5【행정예고안의 복사비용】 행정예고된 내용의 복사에 드는 비용에 관하여는 「공공기관의 정보공개에 관한 법률 시행령」 제17조제1항부터 제6항까지를 준용한다.(2022.7.11 본조개정)
제25조【다수인을 대상으로 하는 행정지도】 행정기관이 법 제51조의 규정에 의하여 다수인을 대상으로 하는 행정지도의 내용을 공표할 때에는 공표사항에 당해 행정지도의 취지·주요내용·주관행정기관과 당해 행정지도에 관하여 의견을 제출할 수 있다는 뜻을 포함하여야 한다.

제7장 국민참여의 확대
(2017.4.18 본장제목개정)

제25조의2【국민참여 활성화를 위한 참여방법과 협력의 기회 제공】 ① 행정청은 법 제52조에 따라 다음 각 호의 참여방법과 협력의 기회 제공을 통하여 행정과정에 국민의 참여를 확대할 수 있도록 노력해야 한다.
(2022.7.11 본문개정)
1. 법 제22조에 따른 청문, 공청회, 의견제출과 그 밖의 토론회, 간담회, 설명회
2. 법 제53조에 따른 온라인 정책토론(2022.7.11 본호개정)
3. 「국민 제안 규정」 제2조제1호에 따른 국민제안
(2023.8.1 본호개정)
4. 온라인 투표, 설문조사 등 여론 조사
5. 정책의 이해관계인, 일반인, 전문가 등이 참여하는 민관 협의체(2022.7.11 본호신설)
6. 자원봉사활동 또는 사회공헌활동(2022.7.11 본호개정)
7. 그 밖에 국민이 참여할 수 있는 방법 및 협력의 기회 제공

② 행정청은 국민의 의사나 수요를 행정과정에 반영하기 위하여 다음 각 호의 기법을 활용할 수 있다.
1. 일반인, 전문가가 직접 참여하여 국민의 수요를 관찰·분석함으로써 공공정책 및 서비스를 개발·개선하는 공공서비스디자인 기법
2. 빅데이터(대용량의 정형 또는 비정형의 데이터세트를 말한다) 분석 기법
3. 일반인, 전문가 등이 직접 참여하여 충분한 심의, 토론 등의 과정을 거쳐 정책으로 발전시키는 정책숙의(政策熟議) 기법(2022.7.11 본호신설)
4. 그 밖에 국민의 의사나 수요를 확인하여 행정과정에 반영할 수 있는 기법

③ 행정청은 제1항에 따른 참여방법과 협력의 기회 제공 또는 제2항에 따른 기법의 활용을 위하여 국민과 전문가의 의견을 듣거나 정책에 대하여 제안, 토론, 투표 및 평가를 할 수 있는 온라인 또는 오프라인 국민참여 플랫폼을 설치·운영할 수 있으며, 행정과정에 국민참여가 활성화되도록 온라인 또는 오프라인 국민참여 플랫폼을 적극 활용해야 한다.(2020.6.9 본항개정)
④ 행정청이 법 제52조제2항에 따라 제1항 각 호의 참여방법을 공표하는 경우에는 참여의 자격, 기간, 창구 등 참여에 필요한 세부적인 사항을 함께 공표해야 한다.
(2022.7.11 본항신설)
⑤ 행정청이 제4항에 따라 공표하는 경우에는 인터넷 홈페이지 등 다양한 매체를 활용해야 한다.(2022.7.11 본항신설)
⑥ 행정청은 제1항에 따른 참여방법과 협력의 기회 제공을 통하여 국민의 의견이 제출되거나 제2항에 따른 기법의 활용을 통하여 국민의 의사 또는 수요가 확인된 경우 국민의 의견에 성실히 답변하고 국민의 의사나 수요를 행정과정에 반영할 수 있도록 노력해야 한다.(2020.6.9 본항개정)
⑦ 행정청은 제3항에 따른 국민참여 플랫폼의 운영에 필요한 사항을 정할 수 있다.(2020.6.9 본항신설)
⑧ 행정청은 제3항에 따른 국민참여 플랫폼의 활성화를 위하여 예산 및 인력을 확보하는 등 필요한 조치를 할 수 있다.(2020.6.9 본항신설)
(2022.7.11 본조제목개정)
(2017.4.18 본조신설)
제25조의3 (2022.7.11 삭제)
제26조【온라인 정책토론의 운영】 ① 행정청은 법 제53조제1항에 따른 온라인 정책토론(이하 "온라인 정책토론"이라 한다)을 실시하는 경우 토론 참여자 간의 이해를 돕고 합리적인 대안을 찾을 필요가 있다고 판단되는 경우에는 동일한 토론 과제에 대하여 반복하여 토론을 실시할 수 있다.(2022.7.11 본항개정)
② 행정청은 온라인 정책토론을 실시할 때에는 토론 개최계획, 토론 과제 및 토론 결과 등을 단계별로 정보통신망 등을 통하여 공개해야 한다.(2022.7.11 본항개정)
③ 온라인 정책토론에 참여하는 행정청과 그 밖의 참여자는 합리적인 토론을 위하여 필요한 자료를 공유하도록 노력해야 한다.(2022.7.11 본항개정)
④ 행정청은 법 제53조제2항에 따라 토론 패널을 구성할 때에는 공정성 및 객관성이 확보될 수 있도록 토론 과제와 관련된 이해관계자의 대표성, 전문성 및 주요 예상되는 입장 등을 고려하여야 한다.(2017.4.18 본항신설)
⑤ 행정청은 제4항에 따라 토론 패널을 구성한 경우에는 토론 참가 전에 토론 패널 명단을 정보통신망 등을 통하여 공개하여야 한다.(2017.4.18 본항신설)
⑥ 이 영에서 규정한 사항 외에 온라인 정책토론의 운영을 위하여 필요한 세부 사항은 행정안전부장관이 정한다.
(2022.7.11 본항개정)
(2022.7.11 본조제목개정)
제27조 (2017.4.18 삭제)

제8장 보 칙

제28조【참고인등에 대한 비용지급】 법 제55조의 규정에 의한 참고인·감정인 등에 대한 일당은 참고인·감정인 등이 공무원이 아닌 경우에만 지급하되, 국가공무원 6급 5호봉상당의 월봉급액을 일할계산한 금액으로 하고, 여비는 참고인·감정인 등이 공무원인 경우에는 공무원여비규정 별표1의 소정액으로 하며, 참고인·감정인 등이 공무원이 아닌 경우에는 공무원여비규정 별표1의 제4호 해당자 소정액으로 한다.(2014.7.28 본조개정)

부 칙 (2007.11.13)

제1조【시행일】 이 영은 2007년 11월 18일부터 시행한다.
제2조【전자공청회 개최 통지 등에 관한 적용례】 제20조의2·제20조의3 및 제22조의 개정규정은 이 영 시행 후 개최되는 공청회 또는 전자공청회부터 적용한다.

부 칙 (2014.7.28)

제1조【시행일】 이 영은 2014년 7월 29일부터 시행한다.
제2조【전자적 정책토론 운영 등에 관한 적용례】 제26조 및 제27조의 개정규정은 이 영 시행 후 개최되는 전자적 정책토론부터 적용한다.

부 칙 (2020.6.9)

이 영은 2020년 6월 11일부터 시행한다.

부 칙 (2020.6.30)

제1조【시행일】 이 영은 공포한 날부터 시행한다.(이하 생략)

부 칙 (2022.7.11)

제1조【시행일】 이 영은 2022년 7월 12일부터 시행한다. 다만, 제12조의 개정규정은 2023년 3월 24일부터 시행한다.
제2조【온라인공청회의 개최 통지 등에 관한 경과조치】 이 영 시행 전에 종전의 규정에 따라 전자공청회의 개최를 통지하거나 공고한 경우의 통지의 절차 등에 관하여는 제20조의2의 개정규정에도 불구하고 종전의 규정에 따른다.

부 칙 (2023.6.27)
(2023.8.1)

제1조【시행일】 이 영은 공포한 날부터 시행한다.(이하 생략)

행정심판법

(2010년 1월 25일
전부개정법률 제9968호)

개정
2012. 2.17법11328호　2014. 5.28법12718호
2016. 3.29법14146호　2017. 4.18법14832호
2017.10.31법15025호
2020. 6. 9법17354호(전자서명법)
2023. 3.21법19269호

제1장 총 칙

제1조【목적】 이 법은 행정심판 절차를 통하여 행정청의 위법 또는 부당한 처분(處分)이나 부작위(不作爲)로 침해된 국민의 권리 또는 이익을 구제하고, 아울러 행정의 적정한 운영을 꾀함을 목적으로 한다.
제2조【정의】 이 법에서 사용하는 용어의 뜻은 다음과 같다.
1. "처분"이란 행정청이 행하는 구체적 사실에 관한 법집행으로서의 공권력의 행사 또는 그 거부, 그 밖에 이에 준하는 행정작용을 말한다.
2. "부작위"란 행정청이 당사자의 신청에 대하여 상당한 기간 내에 일정한 처분을 하여야 할 법률상 의무가 있는데도 처분을 하지 아니하는 것을 말한다.
3. "재결(裁決)"이란 행정심판의 청구에 대하여 제6조에 따른 행정심판위원회가 행하는 판단을 말한다.
4. "행정청"이란 행정에 관한 의사를 결정하여 표시하는 국가 또는 지방자치단체의 기관, 그 밖에 법령 또는 자치법규에 따라 행정권한을 가지고 있거나 위탁을 받은 공공단체나 그 기관 또는 사인(私人)을 말한다.

제3조【행정심판의 대상】 ① 행정청의 처분 또는 부작위에 대하여는 다른 법률에 특별한 규정이 있는 경우 외에는 이 법에 따라 행정심판을 청구할 수 있다.
② 대통령의 처분 또는 부작위에 대하여는 다른 법률에서 행정심판을 청구할 수 있도록 정한 경우 외에는 행정심판을 청구할 수 없다.
제4조【특별행정심판 등】 ① 사안(事案)의 전문성과 특수성을 살리기 위하여 특히 필요한 경우 외에는 이 법에 따른 행정심판을 갈음하는 특별한 행정불복절차(이하 "특별행정심판"이라 한다)나 이 법에 따른 행정심판 절차에 대한 특례를 다른 법률로 정할 수 없다.
② 다른 법률에서 특별행정심판이나 이 법에 따른 행정심판 절차에 대한 특례를 정한 경우에도 그 법률에서 규정하지 아니한 사항에 관하여는 이 법에서 정하는 바에 따른다.
③ 관계 행정기관의 장이 특별행정심판 또는 이 법에 따른 행정심판 절차에 대한 특례를 신설하거나 변경하는 법령을 제정·개정할 때에는 미리 중앙행정심판위원회와 협의하여야 한다.
제5조【행정심판의 종류】 행정심판의 종류는 다음 각 호와 같다.
1. 취소심판 : 행정청의 위법 또는 부당한 처분을 취소하거나 변경하는 행정심판
2. 무효등확인심판 : 행정청의 처분의 효력 유무 또는 존재 여부를 확인하는 행정심판
3. 의무이행심판 : 당사자의 신청에 대한 행정청의 위법 또는 부당한 거부처분이나 부작위에 대하여 일정한 처분을 하도록 하는 행정심판

제2장 심판기관

제6조【행정심판위원회의 설치】 ① 다음 각 호의 행정청 또는 그 소속 행정청(행정기관의 계층구조와 관계없이 그 감독을 받거나 위탁을 받은 모든 행정청을 말하되, 위탁을 받은 행정청은 그 위탁받은 사무에 관하여는 위탁한 행정청의 소속 행정청으로 본다. 이하 같다)의 처분 또는 부작위에 대한 행정심판의 청구(이하 "심판청구"라 한다)에 대하여는 다음 각 호의 행정청에 두는 행정심판위원회에서 심리·재결한다.
1. 감사원, 국가정보원장, 그 밖에 대통령령으로 정하는 대통령 소속기관의 장
2. 국회사무총장·법원행정처장·헌법재판소사무처장 및 중앙선거관리위원회사무총장
3. 국가인권위원회, 그 밖에 지위·성격의 독립성과 특수성 등이 인정되어 대통령령으로 정하는 행정청
(2016.3.29 본호개정)

② 다음 각 호의 행정청의 처분 또는 부작위에 대한 심판청구에 대하여는 「부패방지 및 국민권익위원회의 설치와 운영에 관한 법률」에 따른 국민권익위원회(이하 "국민권익위원회"라 한다)에 두는 중앙행정심판위원회에서 심리·재결한다.
1. 제1항에 따른 행정청 외의 국가행정기관의 장 또는 그 소속 행정청
2. 특별시장·광역시장·특별자치시장·도지사·특별자치도지사(특별시·광역시·특별자치시·도 또는 특별자치도의 교육감을 포함한다. 이하 "시·도지사"라 한다) 또는 특별시·광역시·특별자치시·도·특별자치도(이하 "시·도"라 한다)의 의회(의장, 위원회의 위원장, 사무처장 등 의회 소속 모든 행정청을 포함한다)
(2012.2.17 본호개정)

3. 「지방자치법」에 따른 지방자치단체조합 등 관계 법률에 따라 국가·지방자치단체·공공법인 등이 공동으로 설립한 행정청. 다만, 제3항제3호에 해당하는 행정청은 제외한다.

③ 다음 각 호의 행정청의 처분 또는 부작위에 대한 심판청구에 대하여는 시·도지사 소속으로 두는 행정심판위원회에서 심리·재결한다.

1. 시·도 소속 행정청
2. 시·도의 관할구역에 있는 시·군·자치구의 장, 소속 행정청 또는 시·군·자치구의 의회(의장, 위원회의 위원장, 사무국장, 사무과장 등 의회 소속 모든 행정청을 포함한다)
3. 시·도의 관할구역에 있는 둘 이상의 지방자치단체(시·군·자치구를 말한다)·공공법인 등이 공동으로 설립한 행정청

④ 제2항제1호에도 불구하고 대통령령으로 정하는 국가행정기관 소속 특별지방행정기관의 장의 처분 또는 부작위에 대한 심판청구에 대하여는 해당 행정청의 직근 상급행정기관에 두는 행정심판위원회에서 심리·재결한다.

제7조【행정심판위원회의 구성】 ① 행정심판위원회(중앙행정심판위원회는 제외한다. 이하 이 조에서 같다)는 위원장 1명을 포함하여 50명 이내의 위원으로 구성한다.(2016.3.29 본항개정)

② 행정심판위원회의 위원장은 그 행정심판위원회가 소속된 행정청이 되며, 위원장이 없거나 부득이한 사유로 직무를 수행할 수 없거나 위원장이 필요하다고 인정하는 경우에는 다음 각 호의 순서에 따라 위원이 위원장의 직무를 대행한다.

1. 위원장이 사전에 지명한 위원
2. 제4항에 따라 지명된 공무원인 위원(2명 이상인 경우에는 직급 또는 고위공무원단에 속하는 공무원의 직무등급이 높은 위원 순서로, 직급 또는 직무등급도 같은 경우에는 위원 재직기간이 긴 위원 순서로, 재직기간도 같은 경우에는 연장자 순서로 한다)

③ 제2항에도 불구하고 제6조제3항에 따라 시·도지사 소속으로 두는 행정심판위원회의 경우에는 해당 지방자치단체의 조례로 정하는 바에 따라 공무원이 아닌 위원을 위원장으로 정할 수 있다. 이 경우 위원장은 비상임으로 한다.

④ 행정심판위원회의 위원은 해당 행정심판위원회가 소속된 행정청이 다음 각 호의 어느 하나에 해당하는 사람 중에서 성별을 고려하여 위촉하거나 그 소속 공무원 중에서 지명한다.(2016.3.29 본항개정)

1. 변호사 자격을 취득한 후 5년 이상의 실무 경험이 있는 사람
2. 「고등교육법」 제2조제1호부터 제6호까지의 규정에 따른 학교에서 조교수 이상으로 재직하거나 재직하였던 사람
3. 행정기관의 4급 이상 공무원이었거나 고위공무원단에 속하는 공무원이었던 사람
4. 박사학위를 취득한 후 해당 분야에서 5년 이상 근무한 경험이 있는 사람
5. 그 밖에 행정심판과 관련된 분야의 지식과 경험이 풍부한 사람

⑤ 행정심판위원회의 회의는 위원장과 위원장이 회의마다 지정하는 8명의 위원(그중 제4항에 따른 위촉위원은 6명 이상으로 하되, 제3항에 따라 위원장이 공무원이 아닌 경우에는 5명 이상으로 한다)으로 구성한다. 다만, 국회규칙, 대법원규칙, 헌법재판소규칙, 중앙선거관리위원회규칙 또는 대통령령(제6조제3항에 따라 시·도지사 소속으로 두는 행정심판위원회의 경우에는 해당 지방자치단체의 조례)으로 정하는 바에 따라 위원장과 위원장이 회의마다 지정하는 6명의 위원(그중 제4항에 따른 위촉위원은 5명 이상으로 하되, 제3항에 따라 공무원이 아닌 위원이 위원장인 경우에는 4명 이상으로 한다)으로 구성할 수 있다.

⑥ 행정심판위원회는 제5항에 따른 구성원 과반수의 출석과 출석위원 과반수의 찬성으로 의결한다.

⑦ 행정심판위원회의 조직과 운영, 그 밖에 필요한 사항은 국회규칙, 대법원규칙, 헌법재판소규칙, 중앙선거관리위원회규칙 또는 대통령령으로 정한다.

제8조【중앙행정심판위원회의 구성】 ① 중앙행정심판위원회는 위원장 1명을 포함하여 70명 이내의 위원으로 구성하되, 위원 중 상임위원은 4명 이내로 한다.(2016.3.29 본항개정)

② 중앙행정심판위원회의 위원장은 국민권익위원회의 부위원장 중 1명이 되며, 위원장이 없거나 부득이한 사유로 직무를 수행할 수 없거나 위원장이 필요하다고 인정하는 경우에는 상임위원(상임으로 재직한 기간이 긴 위원 순서로, 재직기간이 같은 경우에는 연장자 순서로 한다)이 위원장의 직무를 대행한다.

③ 중앙행정심판위원회의 상임위원은 일반직공무원으로서 「국가공무원법」 제26조의5에 따른 임기제공무원으로 임명하되, 3급 이상 공무원 또는 고위공무원단에 속하는 일반직공무원으로 3년 이상 근무한 사람이나 그 밖에 행정심판에 관한 지식과 경험이 풍부한 사람 중에서 중앙행정심판위원회 위원장의 제청으로 국무총리를 거쳐 대통령이 임명한다.(2014.5.28 본항개정)

④ 중앙행정심판위원회의 비상임위원은 제7조제4항 각 호의 어느 하나에 해당하는 사람 중에서 중앙행정심판위원회 위원장의 제청으로 국무총리가 성별을 고려하여 위촉한다.(2016.3.29 본항개정)

⑤ 중앙행정심판위원회의 회의(제6항에 따른 소위원회 회의는 제외한다)는 위원장, 상임위원 및 위원장이 회의마다 지정하는 비상임위원을 포함하여 총 9명으로 구성한다.

⑥ 중앙행정심판위원회는 심판청구사건(이하 "사건"이라 한다) 중 「도로교통법」에 따른 자동차운전면허 행정처분에 관한 사건(소위원회가 중앙행정심판위원회에서 심리·의결하도록 결정한 사건은 제외한다)을 심리·의결하게 하기 위하여 4명의 위원으로 구성하는 소위원회를 둘 수 있다.

⑦ 중앙행정심판위원회 및 소위원회는 각각 제5항 및 제6항에 따른 구성원 과반수의 출석과 출석위원 과반수의 찬성으로 의결한다.

⑧ 중앙행정심판위원회는 위원장이 지정하는 사건을 미리 검토하도록 필요한 경우에는 전문위원회를 둘 수 있다.

⑨ 중앙행정심판위원회, 소위원회 및 전문위원회의 조직과 운영 등에 필요한 사항은 대통령령으로 정한다.

제9조【위원의 임기 및 신분보장 등】 ① 제7조제4항에 따라 지명된 위원은 그 직에 재직하는 동안 재임한다.

② 제8조제3항에 따라 임명된 중앙행정심판위원회 상임위원의 임기는 3년으로 하며, 1차에 한하여 연임할 수 있다.

③ 제7조제4항 및 제8조제4항에 따라 위촉된 위원의 임기는 2년으로 하되, 2차에 한하여 연임할 수 있다. 다만, 제6조제1항제2호에 규정된 기관에 두는 행정심판위원회의 위촉위원의 경우에는 각각 국회규칙, 대법원규칙, 헌법재판소규칙 또는 중앙선거관리위원회규칙으로 정하는 바에 따른다.

④ 다음 각 호의 어느 하나에 해당하는 사람은 제6조에 따른 행정심판위원회(이하 "위원회"라 한다)의 위원이 될 수 없으며, 위원이 이에 해당하게 된 때에는 당연히 퇴직한다.

1. 대한민국 국민이 아닌 사람
2. 「국가공무원법」 제33조 각 호의 어느 하나에 해당하는 사람

⑤ 제7조제4항 및 제8조제4항에 따라 위촉된 위원은 금고(禁錮) 이상의 형을 선고받거나 부득이한 사유로 장기간 직무를 수행할 수 없게 되는 경우 외에는 임기 중 그의 의사와 다르게 해촉(解囑)되지 아니한다.

제10조【위원의 제척·기피·회피】 ① 위원회의 위원은 다음 각 호의 어느 하나에 해당하는 경우에는 그 사건의 심리·의결에서 제척(除斥)된다. 이 경우 제척결정은 위원회의 위원장(이하 "위원장"이라 한다)이 직권으로 또는 당사자의 신청에 의하여 한다.

1. 위원 또는 그 배우자나 배우자이었던 사람이 사건의 당사자이거나 사건에 관하여 공동 권리자 또는 의무자인 경우
2. 위원이 사건의 당사자와 친족이거나 친족이었던 경우
3. 위원이 사건에 관하여 증언이나 감정(鑑定)을 한 경우
4. 위원이 당사자의 대리인으로서 사건에 관여하거나 관여하였던 경우
5. 위원이 사건의 대상이 된 처분 또는 부작위에 관여한 경우

② 당사자는 위원에게 공정한 심리·의결을 기대하기 어려운 사정이 있으면 위원장에게 기피신청을 할 수 있다.

③ 위원에 대한 제척신청이나 기피신청은 그 사유를 소명(疏明)한 문서로 하여야 한다. 다만, 불가피한 경우에는 신청한 날부터 3일 이내에 신청 사유를 소명할 수 있는 자료를 제출하여야 한다.(2016.3.29 단서신설)

④ 제척신청이나 기피신청이 제3항을 위반하였을 때에는 위원장은 결정으로 이를 각하한다.(2016.3.29 본항신설)

⑤ 위원장은 제척신청이나 기피신청의 대상이 된 위원에게서 그에 대한 의견을 받을 수 있다.

⑥ 위원장은 제척신청이나 기피신청을 받으면 제척 또는 기피 여부에 대한 결정을 하고, 지체 없이 신청인에게 결정서 정본(正本)을 송달하여야 한다.

⑦ 위원회의 회의에 참석하는 위원이 제척사유 또는 기피사유에 해당되는 것을 알게 되었을 때에는 스스로 그 사건의 심리·의결에서 회피할 수 있다. 이 경우 회피하고자 하는 위원은 위원장에게 그 사유를 소명하여야 한다.

⑧ 사건의 심리·의결에 관한 사무에 관여하는 위원 아닌 직원에게도 제1항부터 제7항까지의 규정을 준용한다.(2016.3.29 본항개정)

제11조【벌칙 적용 시의 공무원 의제】 위원 중 공무원이 아닌 위원은 「형법」과 그 밖의 법률에 따른 벌칙을 적용할 때에는 공무원으로 본다.

제12조【위원회의 권한 승계】 ① 당사자의 심판청구 후 위원회가 법령의 개정·폐지 또는 제17조제5항에 따른 피청구인의 경정 결정에 따라 그 심판청구에 대하여 재결할 권한을 잃게 된 경우에는 해당 위원회는 심판청구서와 관계 서류, 그 밖의 자료를 새로 재결할 권한을 갖게 된 위원회에 보내야 한다.

② 제1항의 경우 송부를 받은 위원회는 지체 없이 그 사실을 다음 각 호의 자에게 알려야 한다.

1. 행정심판 청구인(이하 "청구인"이라 한다)
2. 행정심판 피청구인(이하 "피청구인"이라 한다)
3. 제20조 또는 제21조에 따라 심판참가를 하는 자(이하 "참가인"이라 한다)

제3장 당사자와 관계인

제13조【청구인 적격】 ① 취소심판은 처분의 취소 또는 변경을 구할 법률상 이익이 있는 자가 청구할 수 있다. 처분의 효과가 기간의 경과, 처분의 집행, 그 밖의 사유로 소멸된 뒤에도 그 처분의 취소로 회복되는 법률상 이익이 있는 자의 경우에도 또한 같다.

② 무효등확인심판은 처분의 효력 유무 또는 존재 여부의 확인을 구할 법률상 이익이 있는 자가 청구할 수 있다.

③ 의무이행심판은 처분을 신청한 자로서 행정청의 거부처분 또는 부작위에 대하여 일정한 처분을 구할 법률상 이익이 있는 자가 청구할 수 있다.

제14조【법인이 아닌 사단 또는 재단의 청구인 능력】 법인이 아닌 사단 또는 재단으로서 대표자나 관리인이 정하여져 있는 경우에는 그 사단이나 재단의 이름으로 심판청구를 할 수 있다.

제15조【선정대표자】 ① 여러 명의 청구인이 공동으로 심판청구를 할 때에는 청구인들 중에서 3명 이하의 선정대표자를 선정할 수 있다.

② 청구인들이 제1항에 따라 선정대표자를 선정하지 아니한 경우에 위원회는 필요하다고 인정하면 청구인들에게 선정대표자를 선정할 것을 권고할 수 있다.

③ 선정대표자는 다른 청구인들을 위하여 그 사건에 관한 모든 행위를 할 수 있다. 다만, 심판청구를 취하하려면 다른 청구인들의 동의를 받아야 하며, 이 경우 동의받은 사실을 서면으로 소명하여야 한다.

④ 선정대표자가 선정되면 다른 청구인들은 그 선정대표자를 통해서만 그 사건에 관한 행위를 할 수 있다.

⑤ 선정대표자를 선정한 청구인들은 필요하다고 인정하면 선정대표자를 해임하거나 변경할 수 있다. 이 경우 청구인들은 그 사실을 지체 없이 위원회에 서면으로 알려야 한다.

제16조【청구인의 지위 승계】 ① 청구인이 사망한 경우에는 상속인이나 그 밖에 법령에 따라 심판청구의 대상에 관계되는 권리나 이익을 승계한 자가 청구인의 지위를 승계한다.

② 법인인 청구인이 합병(合倂)에 따라 소멸하였을 때에는 합병 후 존속하는 법인이나 합병에 따라 설립된 법인이 청구인의 지위를 승계한다.

③ 제1항과 제2항에 따라 청구인의 지위를 승계한 자는 위원회에 서면으로 그 사유를 신고하여야 한다. 이 경우 신고서에는 사망 등에 의한 권리·이익의 승계 또는 합병 사실을 증명하는 서면을 함께 제출하여야 한다.

④ 제1항 또는 제2항의 경우에 제3항에 따른 신고가 있을 때까지 사망자나 합병 전의 법인에 대하여 한 통지 또는 그 밖의 행위가 청구인의 지위를 승계한 자에게 도달하면 지위를 승계한 자에 대한 통지 또는 그 밖의 행위로서의 효력이 있다.

⑤ 심판청구의 대상과 관계되는 권리나 이익을 양수한 자는 위원회의 허가를 받아 청구인의 지위를 승계할 수 있다.

⑥ 위원회는 제5항의 지위 승계 신청을 받으면 기간을 정하여 당사자와 참가인에게 의견을 제출하도록 할 수 있으며, 당사자와 참가인이 그 기간에 의견을 제출하지 아니하면 의견이 없는 것으로 본다.

⑦ 위원회는 제5항의 지위 승계 신청에 대하여 허가 여부를 결정하고, 지체 없이 신청인에게는 결정서 정본을, 당사자와 참가인에게는 결정서 등본을 송달하여야 한다.

⑧ 신청인은 위원회가 제5항의 지위 승계를 허가하지 아니하면 결정서 정본을 받은 날부터 7일 이내에 위원회에 이의신청을 할 수 있다.

제17조【피청구인의 적격 및 경정】 ① 행정심판은 처분을 한 행정청(의무이행심판의 경우에는 청구인의 신청을 받은 행정청)을 피청구인으로 하여 청구하여야 한다. 다만, 심판청구의 대상과 관계되는 권한이 다른 행정청에 승계된 경우에는 권한을 승계한 행정청을 피청구인으로 하여야 한다.

② 청구인이 피청구인을 잘못 지정한 경우에는 위원회는 직권으로 또는 당사자의 신청에 의하여 결정으로써 피청구인을 경정(更正)할 수 있다.

③ 위원회는 제2항에 따라 피청구인을 경정하는 결정을 하면 결정서 정본을 당사자(종전의 피청구인과 새로운 피청구인을 포함한다. 이하 제6항에서 같다)에게 송달하여야 한다.

④ 제2항에 따른 결정이 있으면 종전의 피청구인에 대한 심판청구는 취하되고 종전의 피청구인에 대한 행정심판이 청구된 때에 새로운 피청구인에 대한 행정심판이 청구된 것으로 본다.

⑤ 위원회는 행정심판이 청구된 후에 제1항 단서의 사유가 발생하면 직권으로 또는 당사자의 신청에 의하여 결정으로써 피청구인을 경정한다. 이 경우에는 제3항과 제4항을 준용한다.

⑥ 당사자는 제2항 또는 제5항에 따른 위원회의 결정에 대하여 결정서 정본을 받은 날부터 7일 이내에 위원회에 이의신청을 할 수 있다.

제18조【대리인의 선임】 ① 청구인은 법정대리인 외에 다음 각 호의 어느 하나에 해당하는 자를 대리인으로 선임할 수 있다.

1. 청구인의 배우자, 청구인 또는 배우자의 사촌 이내의 혈족
2. 청구인이 법인이거나 제14조에 따른 청구인 능력이 있는 법인이 아닌 사단 또는 재단인 경우 그 소속 임직원
3. 변호사
4. 다른 법률에 따라 심판청구를 대리할 수 있는 자
5. 그 밖에 위원회의 허가를 받은 자

② 피청구인은 그 소속 직원 또는 제1항제3호부터 제5호까지의 어느 하나에 해당하는 자를 대리인으로 선임할 수 있다.
③ 제1항과 제2항에 따른 대리인에 관하여는 제15조제3항 및 제5항을 준용한다.

제18조의2【국선대리인】 ① 청구인이 경제적 능력으로 인해 대리인을 선임할 수 없는 경우에는 위원회에 국선대리인을 선임하여 줄 것을 신청할 수 있다.
② 위원회는 제1항의 신청에 따른 국선대리인 선정 여부에 대한 결정을 하고, 지체 없이 청구인에게 그 결과를 통지하여야 한다. 이 경우 위원회는 심판청구가 명백히 부적법하거나 이유 없는 경우 또는 권리의 남용이라고 인정되는 경우에는 국선대리인을 선정하지 아니할 수 있다.
③ 국선대리인 신청절차, 국선대리인 지원 요건, 국선대리인의 자격・보수 등 국선대리인 운영에 필요한 사항은 국회규칙, 대법원규칙, 헌법재판소규칙, 중앙선거관리위원회규칙 또는 대통령령으로 정한다.
(2017.10.31 본조신설)

제19조【대표자 등의 자격】 ① 대표자・관리인・선정대표자 또는 대리인의 자격은 서면으로 소명하여야 한다.
② 청구인이나 피청구인은 대표자・관리인・선정대표자 또는 대리인이 그 자격을 잃으면 그 사실을 서면으로 위원회에 신고하여야 한다. 이 경우 소명 자료를 함께 제출하여야 한다.

제20조【심판참가】 ① 행정심판의 결과에 이해관계가 있는 제3자나 행정청은 해당 심판청구에 대한 제7조제6항 또는 제8조제7항에 따른 위원회나 소위원회의 의결이 있기 전까지 그 사건에 대하여 심판참가를 할 수 있다.
② 제1항에 따른 심판참가를 하려는 자는 참가의 취지와 이유를 적은 참가신청서를 위원회에 제출하여야 한다. 이 경우 당사자의 수만큼 참가신청서 부본을 함께 제출하여야 한다.
③ 위원회는 제2항에 따라 참가신청서를 받으면 참가신청서 부본을 당사자에게 송달하여야 한다.
④ 제3항의 경우 위원회는 기간을 정하여 당사자와 다른 참가인에게 제3자의 참가신청에 대한 의견을 제출하도록 할 수 있으며, 당사자와 다른 참가인이 그 기간에 의견을 제출하지 아니하면 의견이 없는 것으로 본다.
⑤ 위원회는 제2항에 따라 참가신청을 받으면 허가 여부를 결정하고, 지체 없이 신청인에게는 결정서 정본을, 당사자와 다른 참가인에게는 결정서 등본을 송달하여야 한다.
⑥ 신청인은 제5항에 따라 송달을 받은 날부터 7일 이내에 위원회에 이의신청을 할 수 있다.

제21조【심판참가의 요구】 ① 위원회는 필요하다고 인정하면 그 행정심판 결과에 이해관계가 있는 제3자나 행정청에 그 사건 심판에 참가할 것을 요구할 수 있다.
② 제1항의 요구를 받은 제3자나 행정청은 지체 없이 그 사건 심판에 참가할 것인지 여부를 위원회에 통지하여야 한다.

제22조【참가인의 지위】 ① 참가인은 행정심판 절차에서 당사자가 할 수 있는 심판절차상의 행위를 할 수 있다.
② 이 법에 따라 당사자가 위원회에 서류를 제출할 때에는 참가인의 수만큼 부본을 제출하여야 하고, 위원회가 당사자에게 통지를 하거나 서류를 송달할 때에는 참가인에게도 통지하거나 송달하여야 한다.
③ 참가인의 대리인 선임과 대표자 자격 및 서류 제출에 관하여는 제18조, 제19조 및 이 조 제2항을 준용한다.

제4장 행정심판 청구

제23조【심판청구서의 제출】 ① 행정심판을 청구하려는 자는 제28조에 따라 심판청구서를 작성하여 피청구인이나 위원회에 제출하여야 한다. 이 경우 피청구인의 수만큼 심판청구서 부본을 함께 제출하여야 한다.
② 행정청이 제58조에 따른 고지를 하지 아니하거나 잘못 고지하여 청구인이 심판청구서를 다른 행정기관에 제출한 경우에는 그 행정기관은 그 심판청구서를 지체 없이 정당한 권한이 있는 피청구인에게 보내야 한다.
③ 제2항에 따라 심판청구서를 보낸 행정기관은 지체 없이 그 사실을 청구인에게 알려야 한다.
④ 제27조에 따른 심판청구 기간을 계산할 때에는 제1항에 따른 피청구인이나 위원회 또는 제2항에 따른 행정기관에 심판청구서가 제출되었을 때에 행정심판이 청구된 것으로 본다.

제24조【피청구인의 심판청구서 등의 접수・처리】 ① 피청구인이 제23조제1항・제2항 또는 제26조제1항에 따라 심판청구서를 접수하거나 송부받으면 10일 이내에 심판청구서(제23조제1항・제2항의 경우만 해당된다)와 답변서를 위원회에 보내야 한다. 다만, 청구인이 심판청구를 취하한 경우에는 그러하지 아니하다.
② 제1항에도 불구하고 심판청구가 그 내용이 특정되지 아니하는 등 명백히 부적법하다고 판단되는 경우에 피청구인은 답변서를 위원회에 보내지 아니할 수 있다. 이 경우 심판청구서를 접수하거나 송부받은 날부터 10일 이내에 그 사유를 위원회에 문서로 통보하여야 한다.
(2023.3.21 본항신설)
③ 제2항에도 불구하고 위원장이 심판청구에 대하여 답변서 제출을 요구하면 피청구인은 위원장으로부터 답변서 제출을 요구받은 날부터 10일 이내에 위원회에 답변서를 제출하여야 한다.(2023.3.21 본항신설)
④ 피청구인은 처분의 상대방이 아닌 제3자가 심판청구를 한 경우에는 지체 없이 처분의 상대방에게 그 사실을 알려야 한다. 이 경우 심판청구서 사본을 함께 송달하여야 한다.
⑤ 피청구인이 제1항 본문에 따라 심판청구서를 보낼 때에는 심판청구서에 위원회가 표시되지 아니하였거나 잘못 표시된 경우에도 정당한 권한이 있는 위원회에 보내야 한다.
⑥ 피청구인은 제1항 본문 또는 제3항에 따라 답변서를 보낼 때에는 청구인의 수만큼 답변서 부본을 함께 보내되, 답변서에는 다음 각 호의 사항을 명확하게 적어야 한다.(2023.3.21 본문개정)
1. 처분이나 부작위의 근거와 이유
2. 심판청구의 취지와 이유에 대응하는 답변
3. 제4항에 해당하는 경우에는 처분의 상대방의 이름・주소・연락처와 제4항의 의무 이행 여부(2023.3.21 본호개정)

⑦ 제4항과 제5항의 경우에 피청구인은 송부 사실을 지체 없이 청구인에게 알려야 한다.(2023.3.21 본항개정)
⑧ 중앙행정심판위원회에서 심리・재결하는 사건인 경우 피청구인은 제1항 또는 제3항에 따라 위원회에 심판청구서 또는 답변서를 보낼 때에는 소관 중앙행정기관의 장에게도 그 심판청구・답변의 내용을 알려야 한다.
(2023.3.21 본항개정)

제25조【피청구인의 직권취소등】 ① 제23조제1항・제2항 또는 제26조제1항에 따라 심판청구서를 받은 피청구인은 그 심판청구가 이유 있다고 인정하면 심판청구의 취지에 따라 직권으로 처분을 취소・변경하거나 확인을 하거나 신청에 따른 처분(이하 이 조에서 "직권취소등"이라 한다)을 할 수 있다. 이 경우 서면으로 청구인에게 알려야 한다.
② 피청구인은 제1항에 따라 직권취소등을 하였을 때에는 청구인이 심판청구를 취하한 경우가 아니면 제24조제1항 본문에 따라 심판청구서・답변서를 보내거나 같은 조 제3항에 따라 답변서를 보낼 때 직권취소등의 사실을 증명하는 서류를 위원회에 함께 제출하여야 한다.
(2023.3.21 본항개정)

제26조【위원회의 심판청구서 등의 접수・처리】 ① 위원회는 제23조제1항에 따라 심판청구서를 받으면 지체 없이 피청구인에게 심판청구서 부본을 보내야 한다.
② 위원회는 제24조제1항 본문 또는 제3항에 따라 피청구인으로부터 답변서가 제출된 경우 답변서 부본을 청구인에게 송달하여야 한다.(2023.3.21 본항개정)

제27조【심판청구의 기간】 ① 행정심판은 처분이 있음을 알게 된 날부터 90일 이내에 청구하여야 한다.
② 청구인이 천재지변, 전쟁, 사변(事變), 그 밖의 불가항력으로 인하여 제1항에서 정한 기간에 심판청구를 할 수 없었을 때에는 그 사유가 소멸한 날부터 14일 이내에 행정심판을 청구할 수 있다. 다만, 국외에서 행정심판을 청구하는 경우에는 그 기간을 30일로 한다.
③ 행정심판은 처분이 있었던 날부터 180일이 지나면 청구하지 못한다. 다만, 정당한 사유가 있는 경우에는 그러하지 아니하다.
④ 제1항과 제2항의 기간은 불변기간(不變期間)으로 한다.
⑤ 행정청이 심판청구 기간을 제1항에 규정된 기간보다 긴 기간으로 잘못 알린 경우 그 잘못 알린 기간에 심판청구가 있으면 그 행정심판은 제1항에 규정된 기간에 청구된 것으로 본다.
⑥ 행정청이 심판청구 기간을 알리지 아니한 경우에는 제3항에 규정된 기간에 심판청구를 할 수 있다.
⑦ 제1항부터 제6항까지의 규정은 무효등확인심판청구와 부작위에 대한 의무이행심판청구에는 적용하지 아니한다.

제28조【심판청구의 방식】 ① 심판청구는 서면으로 하여야 한다.
② 처분에 대한 심판청구의 경우에는 심판청구서에 다음 각 호의 사항이 포함되어야 한다.
1. 청구인의 이름과 주소 또는 사무소(주소 또는 사무소 외의 장소에서 송달받기를 원하면 송달장소를 추가로 적어야 한다)
2. 피청구인과 위원회
3. 심판청구의 대상이 되는 처분의 내용
4. 처분이 있음을 알게 된 날
5. 심판청구의 취지와 이유
6. 피청구인의 행정심판 고지 유무와 그 내용

③ 부작위에 대한 심판청구의 경우에는 제2항제1호・제2호・제5호의 사항과 그 부작위의 전제가 되는 신청의 내용과 날짜를 적어야 한다.
④ 청구인이 법인이거나 제14조에 따른 청구인 능력이 있는 법인이 아닌 사단 또는 재단이거나 행정심판이 선정대표자나 대리인에 의하여 청구되는 것일 때에는 제2항 또는 제3항의 사항과 함께 그 대표자・관리인・선정대표자 또는 대리인의 이름과 주소를 적어야 한다.
⑤ 심판청구서에는 청구인・대표자・관리인・선정대표자 또는 대리인이 서명하거나 날인하여야 한다.

제29조【청구의 변경】 ① 청구인은 청구의 기초에 변경이 없는 범위에서 청구의 취지나 이유를 변경할 수 있다.
② 행정심판이 청구된 후에 피청구인이 새로운 처분을 하거나 심판청구의 대상인 처분을 변경한 경우에는 청구인은 새로운 처분이나 변경된 처분에 맞추어 청구의 취지나 이유를 변경할 수 있다.
③ 제1항 또는 제2항에 따른 청구의 변경은 서면으로 신청하여야 한다. 이 경우 피청구인과 참가인의 수만큼 청구변경신청서 부본을 함께 제출하여야 한다.
④ 위원회는 제3항에 따른 청구변경신청서 부본을 피청구인과 참가인에게 송달하여야 한다.
⑤ 제4항의 경우 위원회는 기간을 정하여 피청구인과 참가인에게 청구변경 신청에 대한 의견을 제출하도록 할 수 있으며, 피청구인과 참가인이 그 기간에 의견을 제출하지 아니하면 의견이 없는 것으로 본다.
⑥ 위원회는 제1항 또는 제2항의 청구변경 신청에 대하여 허가할 것인지 여부를 결정하고, 지체 없이 신청인에게는 결정서 정본을, 당사자 및 참가인에게는 결정서 등본을 송달하여야 한다.
⑦ 신청인은 제6항에 따라 송달을 받은 날부터 7일 이내에 위원회에 이의신청을 할 수 있다.
⑧ 청구의 변경결정이 있으면 처음 행정심판이 청구되었을 때부터 변경된 청구의 취지나 이유로 행정심판이 청구된 것으로 본다.

제30조【집행정지】 ① 심판청구는 처분의 효력이나 그 집행 또는 절차의 속행(續行)에 영향을 주지 아니한다.
② 위원회는 처분, 처분의 집행 또는 절차의 속행 때문에 중대한 손해가 생기는 것을 예방할 필요성이 긴급하다고 인정할 때에는 직권으로 또는 당사자의 신청에 의하여 처분의 효력, 처분의 집행 또는 절차의 속행의 전부 또는 일부의 정지(이하 "집행정지"라 한다)를 결정할 수 있다. 다만, 처분의 효력정지는 처분의 집행 또는 절차의 속행을 정지함으로써 그 목적을 달성할 수 있을 때에는 허용되지 아니한다.
③ 집행정지는 공공복리에 중대한 영향을 미칠 우려가 있을 때에는 허용되지 아니한다.
④ 위원회는 집행정지를 결정한 후에 집행정지가 공공복리에 중대한 영향을 미치거나 그 정지사유가 없어진 경우에는 직권으로 또는 당사자의 신청에 의하여 집행정지 결정을 취소할 수 있다.
⑤ 집행정지 신청은 심판청구와 동시에 또는 심판청구에 대한 제7조제6항 또는 제8조제7항에 따른 위원회나 소위원회의 의결이 있기 전까지, 집행정지 결정의 취소신청은 심판청구에 대한 제7조제6항 또는 제8조제7항에 따른 위원회나 소위원회의 의결이 있기 전까지 신청의 취지와 원인을 적은 서면을 위원회에 제출하여야 한다. 다만, 심판청구서를 피청구인에게 제출한 경우로서 심판청구와 동시에 집행정지 신청을 할 때에는 심판청구서 사본과 접수증명서를 함께 제출하여야 한다.
⑥ 제2항과 제4항에도 불구하고 위원회의 심리・결정을 기다릴 경우 중대한 손해가 생길 우려가 있다고 인정되면 위원장은 직권으로 위원회의 심리・결정을 갈음하는 결정을 할 수 있다. 이 경우 위원장은 지체 없이 위원회에 그 사실을 보고하고 추인(追認)을 받아야 하며, 위원회의 추인을 받지 못하면 위원장은 집행정지 또는 집행정지 취소에 관한 결정을 취소하여야 한다.
⑦ 위원회는 집행정지 또는 집행정지의 취소에 관하여 심리・결정하면 지체 없이 당사자에게 결정서 정본을 송달하여야 한다.

제31조【임시처분】 ① 위원회는 처분 또는 부작위가 위법・부당하다고 상당히 의심되는 경우로서 처분 또는 부작위 때문에 당사자가 받을 우려가 있는 중대한 불이익이나 당사자에게 생길 급박한 위험을 막기 위하여 임시지위를 정하여야 할 필요가 있는 경우에는 직권으로 또는 당사자의 신청에 의하여 임시처분을 결정할 수 있다.
② 제1항에 따른 임시처분에 관하여는 제30조제3항부터 제7항까지를 준용한다. 이 경우 같은 조 제6항 전단 중 "중대한 손해가 생길 우려"는 "중대한 불이익이나 급박한 위험이 생길 우려"로 본다.
③ 제1항에 따른 임시처분은 제30조제2항에 따른 집행정지로 목적을 달성할 수 있는 경우에는 허용되지 아니한다.

제5장 심 리

제32조【보정】 ① 위원회는 심판청구가 적법하지 아니하나 보정(補正)할 수 있다고 인정하면 기간을 정하여 청구인에게 보정할 것을 요구할 수 있다. 다만, 경미한 사항은 직권으로 보정할 수 있다.
② 청구인은 제1항의 요구를 받으면 서면으로 보정하여야 한다. 이 경우 다른 당사자의 수만큼 보정서 부본을 함께 제출하여야 한다.
③ 위원회는 제2항에 따라 제출된 보정서 부본을 지체 없이 다른 당사자에게 송달하여야 한다.
④ 제1항에 따른 보정을 한 경우에는 처음부터 적법하게 행정심판이 청구된 것으로 본다.

⑤ 제1항에 따른 보정기간은 제45조에 따른 재결 기간에 산입하지 아니한다.
⑥ 위원회는 청구인이 제1항에 따른 보정기간 내에 그 흠을 보정하지 아니한 경우에는 그 심판청구를 각하할 수 있다.(2023.3.21 본항신설)
제32조의2【보정할 수 없는 심판청구의 각하】 위원회는 심판청구서에 타인을 비방하거나 모욕하는 내용 등이 기재되어 청구 내용을 특정할 수 없고 그 흠을 보정할 수 없다고 인정되는 경우에는 제32조제1항에 따른 보정요구 없이 그 심판청구를 각하할 수 있다.(2023.3.21 본조신설)
제33조【주장의 보충】 ① 당사자는 심판청구서·보정서·답변서·참가신청서 등에서 주장한 사실을 보충하고 다른 당사자의 주장을 다시 반박하기 위하여 필요하면 위원회에 보충서면을 제출할 수 있다. 이 경우 다른 당사자의 수만큼 보충서면 부본을 함께 제출하여야 한다.
② 위원회는 필요하다고 인정하면 보충서면의 제출기한을 정할 수 있다.
③ 위원회는 제1항에 따라 보충서면을 받으면 지체 없이 다른 당사자에게 그 부본을 송달하여야 한다.
제34조【증거서류 등의 제출】 ① 당사자는 심판청구서·보정서·답변서·참가신청서·보충서면 등에 덧붙여 그 주장을 뒷받침하는 증거서류나 증거물을 제출할 수 있다.
② 제1항의 증거서류에는 다른 당사자의 수만큼 증거서류 부본을 함께 제출하여야 한다.
③ 위원회는 당사자가 제출한 증거서류의 부본을 지체 없이 다른 당사자에게 송달하여야 한다.
제35조【자료의 제출 요구 등】 ① 위원회는 사건 심리에 필요하면 관계 행정기관이 보관 중인 관련 문서, 장부, 그 밖에 필요한 자료를 제출할 것을 요구할 수 있다.
② 위원회는 필요하다고 인정하면 사건과 관련된 법령을 주관하는 행정기관이나 그 밖의 관계 행정기관의 장 또는 그 소속 공무원에게 위원회 회의에 참석하여 의견을 진술할 것을 요구하거나 의견서를 제출할 것을 요구할 수 있다.
③ 관계 행정기관의 장은 특별한 사정이 없으면 제1항과 제2항에 따른 위원회의 요구에 따라야 한다.
④ 중앙행정심판위원회에서 심리·재결하는 심판청구의 경우 소관 중앙행정기관의 장은 의견서를 제출하거나 위원회에 출석하여 의견을 진술할 수 있다.
제36조【증거조사】 ① 위원회는 사건을 심리하기 위하여 필요하면 직권으로 또는 당사자의 신청에 의하여 다음 각 호의 방법에 따라 증거조사를 할 수 있다.
1. 당사자나 관계인(관계 행정기관 소속 공무원을 포함한다. 이하 같다)을 위원회의 회의에 출석하게 하여 신문(訊問)하는 방법
2. 당사자나 관계인이 가지고 있는 문서·장부·물건 또는 그 밖의 증거자료의 제출을 요구하고 영치(領置)하는 방법
3. 특별한 학식과 경험을 가진 제3자에게 감정을 요구하는 방법
4. 당사자 또는 관계인의 주소·거소·사업장이나 그 밖의 필요한 장소에 출입하여 당사자 또는 관계인에게 질문하거나 서류·물건 등을 조사·검증하는 방법
② 위원회는 필요하면 위원회가 소속된 행정청의 직원이나 다른 행정기관에 촉탁하여 제1항의 증거조사를 하게 할 수 있다.
③ 제1항에 따른 증거조사를 수행하는 사람은 그 신분을 나타내는 증표를 지니고 이를 당사자나 관계인에게 내보여야 한다.
④ 제1항에 따른 당사자 등은 위원회의 조사나 요구 등에 성실하게 협조하여야 한다.
제37조【절차의 병합 또는 분리】 위원회는 필요하면 관련되는 심판청구를 병합하여 심리하거나 병합된 관련 청구를 분리하여 심리할 수 있다.
제38조【심리기일의 지정과 변경】 ① 심리기일은 위원회가 직권으로 지정한다.
② 심리기일의 변경은 직권으로 또는 당사자의 신청에 의하여 한다.
③ 위원회는 심리기일이 변경되면 지체 없이 그 사실과 사유를 당사자에게 알려야 한다.
④ 심리기일의 통지나 심리기일 변경의 통지는 서면으로 하거나 심판청구서에 적힌 전화, 휴대전화를 이용한 문자전송, 팩시밀리 또는 전자우편 등 간편한 통지 방법(이하 "간이통지방법"이라 한다)으로 할 수 있다.
제39조【직권심리】 위원회는 필요하면 당사자가 주장하지 아니한 사실에 대하여도 심리할 수 있다.
제40조【심리의 방식】 ① 행정심판의 심리는 구술심리나 서면심리로 한다. 다만, 당사자가 구술심리를 신청한 경우에는 서면심리만으로 결정할 수 있다고 인정되는 경우 외에는 구술심리를 하여야 한다.
② 위원회는 제1항 단서에 따라 구술심리 신청을 받으면 그 허가 여부를 결정하여 신청인에게 알려야 한다.
③ 제2항의 통지는 간이통지방법으로 할 수 있다.
제41조【발언 내용 등의 비공개】 위원회에서 위원이 발언한 내용이나 그 밖에 공개되면 위원회의 심리·재결의 공정성을 해칠 우려가 있는 사항으로서 대통령령으로 정하는 사항은 공개하지 아니한다.
제42조【심판청구 등의 취하】 ① 청구인은 심판청구에 대하여 제7조제6항 또는 제8조제7항에 따른 의결이 있을 때까지 서면으로 심판청구를 취하할 수 있다.
② 참가인은 심판청구에 대하여 제7조제6항 또는 제8조제7항에 따른 의결이 있을 때까지 서면으로 참가신청을 취하할 수 있다.
③ 제1항 또는 제2항에 따른 취하서에는 청구인이나 참가인이 서명하거나 날인하여야 한다.
④ 청구인 또는 참가인은 취하서를 피청구인 또는 위원회에 제출하여야 한다. 이 경우 제23조제2항부터 제4항까지의 규정을 준용한다.
⑤ 피청구인 또는 위원회는 계속 중인 사건에 대하여 제1항 또는 제2항에 따른 취하서를 받으면 지체 없이 다른 관계 기관, 청구인, 참가인에게 취하 사실을 알려야 한다.

제6장 재 결

제43조【재결의 구분】 ① 위원회는 심판청구가 적법하지 아니하면 그 심판청구를 각하(却下)한다.
② 위원회는 심판청구가 이유가 없다고 인정하면 그 심판청구를 기각(棄却)한다.
③ 위원회는 취소심판의 청구가 이유가 있다고 인정하면 처분을 취소 또는 다른 처분으로 변경하거나 처분을 다른 처분으로 변경할 것을 피청구인에게 명한다.
④ 위원회는 무효등확인심판의 청구가 이유가 있다고 인정하면 처분의 효력 유무 또는 처분의 존재 여부를 확인한다.
⑤ 위원회는 의무이행심판의 청구가 이유가 있다고 인정하면 지체 없이 신청에 따른 처분을 하거나 처분을 할 것을 피청구인에게 명한다.
제43조의2【조정】 ① 위원회는 당사자의 권리 및 권한의 범위에서 당사자의 동의를 받아 심판청구의 신속하고 공정한 해결을 위하여 조정을 할 수 있다. 다만, 그 조정이 공공복리에 적합하지 아니하거나 해당 처분의 성질에 반하는 경우에는 그러하지 아니하다.
② 위원회는 제1항의 조정을 함에 있어서 심판청구된 사건의 법적·사실적 상태와 당사자 및 이해관계자의 이익 등 모든 사정을 참작하고, 조정의 이유와 취지를 설명하여야 한다.
③ 조정은 당사자가 합의한 사항을 조정서에 기재한 후 당사자가 서명 또는 날인하고 위원회가 이를 확인함으로써 성립한다.
④ 제3항에 따른 조정에 대하여는 제48조부터 제50조까지, 제50조의2, 제51조의 규정을 준용한다.
(2017.10.31 본조신설)
제44조【사정재결】 ① 위원회는 심판청구가 이유가 있다고 인정하는 경우에도 이를 인용(認容)하는 것이 공공복리에 크게 위배된다고 인정하면 그 심판청구를 기각하는 재결을 할 수 있다. 이 경우 위원회는 재결의 주문(主文)에서 그 처분 또는 부작위가 위법하거나 부당하다는 것을 구체적으로 밝혀야 한다.
② 위원회는 제1항에 따른 재결을 할 때에는 청구인에 대하여 상당한 구제방법을 취하거나 상당한 구제방법을 취할 것을 피청구인에게 명할 수 있다.
③ 제1항과 제2항은 무효등확인심판에는 적용하지 아니한다.
제45조【재결 기간】 ① 재결은 제23조에 따라 피청구인 또는 위원회가 심판청구서를 받은 날부터 60일 이내에 하여야 한다. 다만, 부득이한 사정이 있는 경우에는 위원장이 직권으로 30일을 연장할 수 있다.
② 위원장은 제1항 단서에 따라 재결 기간을 연장할 경우에는 재결 기간이 끝나기 7일 전까지 당사자에게 알려야 한다.
제46조【재결의 방식】 ① 재결은 서면으로 한다.
② 제1항에 따른 재결서에는 다음 각 호의 사항이 포함되어야 한다.
1. 사건번호와 사건명
2. 당사자·대표자 또는 대리인의 이름과 주소
3. 주문
4. 청구의 취지
5. 이유
6. 재결한 날짜
③ 재결서에 적는 이유에는 주문 내용이 정당하다는 것을 인정할 수 있는 정도의 판단을 표시하여야 한다.
제47조【재결의 범위】 ① 위원회는 심판청구의 대상이 되는 처분 또는 부작위 외의 사항에 대하여는 재결하지 못한다.
② 위원회는 심판청구의 대상이 되는 처분보다 청구인에게 불리한 재결을 하지 못한다.
제48조【재결의 송달과 효력 발생】 ① 위원회는 지체 없이 당사자에게 재결서의 정본을 송달하여야 한다. 이 경우 중앙행정심판위원회는 재결 결과를 소관 중앙행정기관의 장에게도 알려야 한다.
② 재결은 청구인에게 제1항 전단에 따라 송달되었을 때에 그 효력이 생긴다.
③ 위원회는 재결서의 등본을 지체 없이 참가인에게 송달하여야 한다.
④ 처분의 상대방이 아닌 제3자가 심판청구를 한 경우 위원회는 재결서의 등본을 지체 없이 피청구인을 거쳐 처분의 상대방에게 송달하여야 한다.
제49조【재결의 기속력 등】 ① 심판청구를 인용하는 재결은 피청구인과 그 밖의 관계 행정청을 기속(羈束)한다.
② 재결에 의하여 취소되거나 무효 또는 부존재로 확인되는 처분이 당사자의 신청을 거부하는 것을 내용으로 하는 경우에는 그 처분을 한 행정청은 재결의 취지에 따라 다시 이전의 신청에 대한 처분을 하여야 한다.
(2017.4.18 본항신설)
③ 당사자의 신청을 거부하거나 부작위로 방치한 처분의 이행을 명하는 재결이 있으면 행정청은 지체 없이 이전의 신청에 대하여 재결의 취지에 따라 처분을 하여야 한다.
④ 신청에 따른 처분이 절차의 위법 또는 부당을 이유로 재결로써 취소된 경우에는 제2항을 준용한다.
⑤ 법령의 규정에 따라 공고하거나 고시한 처분이 재결로써 취소되거나 변경되면 처분을 한 행정청은 지체 없이 그 처분이 취소 또는 변경되었다는 것을 공고하거나 고시하여야 한다.
⑥ 법령의 규정에 따라 처분의 상대방 외의 이해관계인에게 통지된 처분이 재결로써 취소되거나 변경되면 처분을 한 행정청은 지체 없이 그 이해관계인에게 그 처분이 취소 또는 변경되었다는 것을 알려야 한다.
제50조【위원회의 직접 처분】 ① 위원회는 피청구인이 제49조제3항에도 불구하고 처분을 하지 아니하는 경우에는 당사자가 신청하면 기간을 정하여 서면으로 시정을 명하고 그 기간에 이행하지 아니하면 직접 처분을 할 수 있다. 다만, 그 처분의 성질이나 그 밖의 불가피한 사유로 위원회가 직접 처분을 할 수 없는 경우에는 그러하지 아니하다.(2017.4.18 본문개정)
② 위원회는 제1항 본문에 따라 직접 처분을 하였을 때에는 그 사실을 해당 행정청에 통보하여야 하며, 그 통보를 받은 행정청은 위원회가 한 처분을 자기가 한 처분으로 보아 관계 법령에 따라 관리, 감독 등 필요한 조치를 하여야 한다.
제50조의2【위원회의 간접강제】 ① 위원회는 피청구인이 제49조제2항(제49조제4항에서 준용하는 경우를 포함한다) 또는 제3항에 따른 처분을 하지 아니하면 청구인의 신청에 의하여 결정으로 상당한 기간을 정하고 피청구인이 그 기간 내에 이행하지 아니하는 경우에는 그 지연기간에 따라 일정한 배상을 하도록 명하거나 즉시 배상을 할 것을 명할 수 있다.
② 위원회는 사정의 변경이 있는 경우에는 당사자의 신청에 의하여 제1항에 따른 결정의 내용을 변경할 수 있다.
③ 위원회는 제1항 또는 제2항에 따른 결정을 하기 전에 신청 상대방의 의견을 들어야 한다.
④ 청구인은 제1항 또는 제2항에 따른 결정에 불복하는 경우 그 결정에 대하여 행정소송을 제기할 수 있다.
⑤ 제1항 또는 제2항에 따른 결정의 효력은 피청구인인 행정청이 소속된 국가·지방자치단체 또는 공공단체에 미치며, 결정서 정본은 제4항에 따른 소송제기와 관계없이 「민사집행법」에 따른 강제집행에 관하여는 집행권원과 같은 효력을 가진다. 이 경우 집행문은 위원장의 명에 따라 위원회가 소속된 행정청 소속 공무원이 부여한다.
⑥ 간접강제 결정에 기초한 강제집행에 관하여 이 법에 특별한 규정이 없는 사항에 대하여는 「민사집행법」의 규정을 준용한다. 다만, 「민사집행법」 제33조(집행문부여의 소), 제34조(집행문부여 등에 관한 이의신청), 제44조(청구에 관한 이의의 소) 및 제45조(집행문부여에 대한 이의의 소)에서 관할 법원은 피청구인의 소재지를 관할하는 행정법원으로 한다.
(2017.4.18 본조신설)
제51조【행정심판 재청구의 금지】 심판청구에 대한 재결이 있으면 그 재결 및 같은 처분 또는 부작위에 대하여 다시 행정심판을 청구할 수 없다.

제7장 전자정보처리조직을 통한 행정심판 절차의 수행

제52조【전자정보처리조직을 통한 심판청구 등】 ① 이 법에 따른 행정심판 절차를 밟는 자는 심판청구서와 그 밖의 서류를 전자문서화하고 이를 정보통신망을 이용하여 위원회에서 지정·운영하는 전자정보처리조직(행정심판 절차에 필요한 전자문서를 작성·제출·송달할 수 있도록 하는 하드웨어, 소프트웨어, 데이터베이스, 네트워크, 보안요소 등을 결합하여 구축한 정보처리능력을 갖춘 전자적 장치를 말한다. 이하 같다)을 통하여 제출할 수 있다.
② 제1항에 따라 제출된 전자문서는 이 법에 따라 제출된 것으로 보며, 부본을 제출할 의무는 면제된다.
③ 제1항에 따라 제출된 전자문서는 그 문서를 제출한 사람이 정보통신망을 통하여 전자정보처리조직에서 제공하는 접수번호를 확인하였을 때에 전자정보처리조직에 기록된 내용으로 접수된 것으로 본다.
④ 전자정보처리조직을 통하여 접수된 심판청구의 경우 제27조에 따른 심판청구 기간을 계산할 때에는 제3항에 따른 접수가 되었을 때 행정심판이 청구된 것으로 본다.
⑤ 전자정보처리조직의 지정내용, 전자정보처리조직을 이용한 심판청구서 등의 접수와 처리 등에 관하여 필요

한 사항은 국회규칙, 대법원규칙, 헌법재판소규칙, 중앙선거관리위원회규칙 또는 대통령령으로 정한다.

제53조【전자서명등】 ① 위원회는 전자정보처리조직을 통하여 행정심판 절차를 밟으려는 자에게 본인(本人)임을 확인할 수 있는 「전자서명법」 제2조제2호에 따른 전자서명(서명자의 실지명의를 확인할 수 있는 것을 말한다)이나 그 밖의 인증(이하 이 조에서 "전자서명등"이라 한다)을 요구할 수 있다.(2020.6.9 본항개정)

② 제1항에 따라 전자서명등을 한 자는 이 법에 따른 서명 또는 날인을 한 것으로 본다.

③ 전자서명등에 필요한 사항은 국회규칙, 대법원규칙, 헌법재판소규칙, 중앙선거관리위원회규칙 또는 대통령령으로 정한다.

제54조【전자정보처리조직을 이용한 송달 등】 ① 피청구인 또는 위원회는 제52조제1항에 따라 행정심판을 청구하거나 심판참가를 한 자에게 전자정보처리조직과 그와 연계된 정보통신망을 이용하여 재결서나 이 법에 따른 각종 서류를 송달할 수 있다. 다만, 청구인이나 참가인이 동의하지 아니하는 경우에는 그러하지 아니하다.

② 제1항 본문의 경우 위원회는 송달하여야 하는 재결서 등 서류를 전자정보처리조직에 입력하여 등재한 다음 그 등재 사실을 국회규칙, 대법원규칙, 헌법재판소규칙, 중앙선거관리위원회규칙 또는 대통령령으로 정하는 방법에 따라 전자우편 등으로 알려야 한다.

③ 제1항에 따른 전자정보처리조직을 이용한 서류 송달은 서면으로 한 것과 같은 효력을 가진다.

④ 제1항에 따른 서류의 송달은 청구인이 제2항에 따라 등재된 전자문서를 확인한 때에 전자정보처리조직에 기록된 내용으로 도달한 것으로 본다. 다만, 제2항에 따라 그 등재사실을 통지한 날부터 2주 이내(재결서 외의 서류는 7일 이내)에 확인하지 아니하였을 때에는 등재사실을 통지한 날부터 2주가 지난 날(재결서 외의 서류는 7일이 지난 날)에 도달한 것으로 본다.

⑤ 서면으로 심판청구 또는 심판참가를 한 자가 전자정보처리조직의 이용을 신청한 경우에는 제52조·제53조 및 이 조를 준용한다.

⑥ 위원회, 피청구인, 그 밖의 관계 행정기관 간의 서류의 송달 등에 관하여는 제52조·제53조 및 이 조를 준용한다.

⑦ 제1항 본문에 따른 송달의 방법이나 그 밖에 필요한 사항은 국회규칙, 대법원규칙, 헌법재판소규칙, 중앙선거관리위원회규칙 또는 대통령령으로 정한다.

제8장 보 칙

제55조【증거서류 등의 반환】 위원회는 재결을 한 후 증거서류 등의 반환 신청을 받으면 신청인이 제출한 문서·장부·물건이나 그 밖의 증거자료의 원본(原本)을 지체 없이 제출자에게 반환하여야 한다.

제56조【주소 등 송달장소 변경의 신고의무】 당사자, 대리인, 참가인 등은 주소나 사무소 또는 송달장소를 바꾸면 그 사실을 바로 위원회에 서면으로 또는 전자정보처리조직을 통하여 신고하여야 한다. 제54조제2항에 따른 전자우편주소 등을 바꾼 경우에도 또한 같다.

제57조【서류의 송달】 이 법에 따른 서류의 송달에 관하여는 「민사소송법」 중 송달에 관한 규정을 준용한다.

제58조【행정심판의 고지】 ① 행정청이 처분을 할 때에는 처분의 상대방에게 다음 각 호의 사항을 알려야 한다.
1. 해당 처분에 대하여 행정심판을 청구할 수 있는지
2. 행정심판을 청구하는 경우의 심판청구 절차 및 심판청구 기간

② 행정청은 이해관계인이 요구하면 다음 각 호의 사항을 지체 없이 알려 주어야 한다. 이 경우 서면으로 알려 줄 것을 요구받으면 서면으로 알려 주어야 한다.
1. 해당 처분이 행정심판의 대상이 되는 처분인지
2. 행정심판의 대상이 되는 경우 소관 위원회 및 심판청구 기간

제59조【불합리한 법령 등의 개선】 ① 중앙행정심판위원회는 심판청구를 심리·재결할 때에 처분 또는 부작위의 근거가 되는 명령 등(대통령령·총리령·부령·훈령·예규·고시·조례·규칙 등을 말한다. 이하 같다)이 법령에 근거가 없거나 상위 법령에 위배되거나 국민에게 과도한 부담을 주는 등 크게 불합리하면 관계 행정기관에 그 명령 등의 개정·폐지 등 적절한 시정조치를 요청할 수 있다. 이 경우 중앙행정심판위원회는 시정조치를 요청한 사실을 법제처장에게 통보하여야 한다.
(2016.3.29 후단신설)

② 제1항에 따른 요청을 받은 관계 행정기관은 정당한 사유가 없으면 이에 따라야 한다.

제60조【조사·지도 등】 ① 중앙행정심판위원회는 행정청에 대하여 다음 각 호의 사항 등을 조사하고, 필요한 지도를 할 수 있다.
1. 위원회 운영 실태
2. 재결 이행 상황
3. 행정심판의 운영 현황

② 행정청은 이 법에 따른 행정심판을 거쳐 「행정소송법」에 따른 항고소송이 제기된 사건에 대하여 그 내용이나 결과 등 대통령령으로 정하는 사항을 반기마다 그 다음 달 15일까지 해당 심판청구에 대한 재결을 한 중앙행정심판위원회 또는 제6조제3항에 따라 시·도지사 소속으로 두는 행정심판위원회에 알려야 한다.

③ 제6조제3항에 따라 시·도지사 소속으로 두는 행정심판위원회는 중앙행정심판위원회가 요청하면 제2항에 따라 수집한 자료를 제출하여야 한다.

제61조【권한의 위임】 이 법에 따른 위원회의 권한 중 일부를 국회규칙, 대법원규칙, 헌법재판소규칙, 중앙선거관리위원회규칙 또는 대통령령으로 정하는 바에 따라 위원장에게 위임할 수 있다.

부 칙

제1조【시행일】 이 법은 공포 후 6개월이 경과한 날부터 시행한다. 다만, 제60조제2항 및 제3항의 개정규정은 공포한 날부터 시행한다.

제2조【특별행정심판 신설 등의 사전협의에 관한 적용례】 제4조제3항의 개정규정은 이 법 시행 후 최초로 입법예고를 하는 법령안부터 적용한다.

제3조【위원회 위원의 자격에 관한 적용례】 제7조제4항 및 제8조제4항의 개정규정은 이 법 시행 후 최초로 위촉하는 위원부터 적용한다.

제4조【조사·지도 등에 관한 특례】 ① 행정청은 제60조제2항의 개정규정에 따라 최초로 관련 자료를 제출할 때에는 같은 항에도 불구하고 2009년도분의 관련 자료를 2010년 3월 31일까지 제출하여야 한다.

② 제60조제2항 및 제3항의 개정규정을 적용할 때 부칙 제1조 본문에 따른 이 법 시행일의 전날까지는 제60조제2항 및 제3항의 개정규정 중 "중앙행정심판위원회"를 각각 "국무총리행정심판위원회"로 본다.

제5조【위원회에 관한 경과조치】 이 법 시행 당시 종전의 규정에 따른 위원회는 이 법에 따른 위원회로 본다.

제6조【위원에 관한 경과조치】 이 법 시행 당시 종전의 규정에 따른 위원회 위원은 이 법에 따라 위원회 위원으로 임명 또는 위촉된 것으로 본다. 이 경우 위원의 임기는 잔여기간으로 한다.

제7조【계속 중인 사건에 관한 경과조치】 ① 이 법은 이 법 또는 다른 법률에 특별한 규정이 없으면 이 법 시행 전에 청구되어 계속 중인 사건에도 적용한다. 다만, 종전의 규정에 따라 이미 효력이 발생한 사항에는 영향을 미치지 아니한다.

② 제1항 본문에도 불구하고 이 법 시행 전에 종전의 제6조제6항 및 제6조의2제7항에 따른 위원회의 의결이 있었던 사건에 대하여는 종전의 위원회에서 재결한다.

③ 제1항 본문에도 불구하고 이 법 시행 전에 청구되어 계속 중인 사건에 대하여 피청구인은 위원회로부터 요청을 받은 경우에만 제24조제2항의 개정규정에 따른 의무를 이행한다.

제8조【다른 법률의 개정】 ①~⑩ ※(해당 법령에 가제정리 하였음)

제9조【다른 법령과의 관계】 ① 이 법 시행 당시 다른 법령에서 종전의 「행정심판법」의 규정을 인용하고 있는 경우 이 법 가운데 그에 해당하는 규정이 있으면 종전의 규정을 갈음하여 이 법의 해당 규정을 인용한 것으로 본다.

② 이 법 시행 당시 다른 법령에서 "국무총리행정심판위원회"를 인용하고 있는 경우에는 이 법에 따른 "중앙행정심판위원회"를 인용한 것으로 본다.

부 칙 (2017.4.18)

제1조【시행일】 이 법은 공포 후 6개월이 경과한 날부터 시행한다.

제2조【취소재결 등의 기속력 및 간접강제에 관한 적용례】 제49조제2항 및 제50조의2의 개정규정은 이 법 시행 이후 재결하는 경우부터 적용한다.

부 칙 (2017.10.31)

제1조【시행일】 이 법은 공포 후 6개월이 경과한 날부터 시행한다. 다만, 제18조의2의 개정규정은 공포 후 1년이 경과한 날부터 시행한다.

제2조【국선대리인 및 조정에 관한 적용례】 ① 제43조의2의 개정규정은 이 법 시행 이전에 청구된 사건이라도 적용할 수 있다.

② 제18조의2의 개정규정은 같은 개정규정 시행 이전에 청구된 사건이라도 적용할 수 있다.

부 칙 (2020.6.9)

제1조【시행일】 이 법은 공포 후 6개월이 경과한 날부터 시행한다.(이하 생략)

부 칙 (2023.3.21)

제1조【시행일】 이 법은 공포한 날부터 시행한다.

제2조【행정심판 청구 사건에 대한 적용례】 이 법은 이 법 시행 이후 청구되는 행정심판부터 적용한다.

행정심판법 시행령

(2010년 7월 26일
전부개정대통령령 제22311호)

개정
2013. 3.23영24418호(직제)
2015.12.30영26774호(주민등록번호수집최소화)
2016.10. 4영27538호
2017. 3.27영27960호(주민등록번호처리제한일부개정령)
2017. 7.26영28211호(직제)
2017.10.17영28392호
2018. 4.17영28808호
2018.10.30영29270호
2020. 7.14영30833호(고위공직자범죄수사처설치에따른일부개정령)
2020.12. 8영31222호(전자서명법시)

제1장 총 칙

제1조【목적】 이 영은 「행정심판법」에서 위임된 사항과 그 시행에 필요한 사항을 규정함을 목적으로 한다.

제2장 심판기관

제2조【행정심판위원회의 소관 등】 ① 「행정심판법」(이하 "법"이라 한다) 제6조제1항제1호에서 "대통령령으로 정하는 대통령 소속기관의 장"이란 대통령비서실장, 국가안보실장, 대통령경호처장 및 방송통신위원회를 말한다.

② 법 제6조제1항제3호에서 "대통령령으로 정하는 행정청"이란 고위공직자범죄수사처장을 말한다.(2020.7.14 본항신설)
(2017.7.26 본조개정)

제3조【중앙행정심판위원회에서 심리하지 아니하는 특별지방행정기관의 처분 등】 법 제6조제4항에서 "대통령령으로 정하는 국가행정기관 소속 특별지방행정기관"이란 법무부 및 대검찰청 소속 특별지방행정기관(직근 상급행정기관이나 소관 감독행정기관이 중앙행정기관인 경우는 제외한다)을 말한다.

제4조【위원장의 직무 등】 ① 법 제6조에 따른 행정심판위원회 및 중앙행정심판위원회(이하 "위원회"라 한다)의 위원장(이하 "위원장"이라 한다)은 위원회를 대표하고, 위원회의 업무를 총괄한다.

② 위원장은 위원회의 원활한 운영을 위하여 필요하다고 인정할 때에는 위원 중 특정 위원을 지정하여 미리 안건을 검토하여 위원회에 보고하게 할 수 있다.

③ 위원장은 위원회의 회의를 소집하고 그 의장이 된다.

제5조【일부 행정심판위원회의 회의 구성】 다음 각 호의 행정청에 두는 행정심판위원회의 회의는 법 제7조제5항 단서에 따라 위원장과 위원장이 회의마다 지정하는 6명의 위원으로 구성한다.
1. 대통령비서실장
2. 국가안보실장
(2013.3.23 1호~2호개정)
3. 대통령경호처장(2017.7.26 본호개정)
4. 방송통신위원회
5. 국가정보원장
6. 제3조에 따른 대검찰청 소속 특별지방행정기관의 장
(2013.3.23 4호~6호개정)

제6조【중앙행정심판위원회의 운영 등】 ① 법 제8조제5항에 따라 구성되는 중앙행정심판위원회의 회의에는 2명 이상의 상임위원이 포함되어야 한다.

② 제1항에서 규정한 사항 외에 중앙행정심판위원회의 운영에 필요한 세부적인 사항은 중앙행정심판위원회의 의결을 거쳐 위원장이 정한다.

제7조【소위원회】 ① 법 제8조제6항에 따른 소위원회의 위원장은 중앙행정심판위원회의 위원장이 상임위원 중에서 지정한다.

② 소위원회는 중앙행정심판위원회의 상임위원 2명(소위원회의 위원장 1명을 포함한다)과 중앙행정심판위원회의 위원장이 지정하는 2명의 비상임위원으로 구성한다.

제8조【전문위원회】 ① 법 제8조제8항에 따른 전문위원회는 중앙행정심판위원회의 위원장이 지정하는 행정심판의 청구(이하 "심판청구"라 한다) 사건을 미리 검토하여 그 결과를 중앙행정심판위원회에 보고한다.

② 전문위원회는 중앙행정심판위원회의 상임위원을 포함하여 중앙행정심판위원회의 위원장이 지정하는 5명 이내의 위원으로 구성한다.

③ 전문위원회의 위원장은 중앙행정심판위원회의 위원장이 지정하는 위원이 된다.

제9조【간사장과 간사】 ① 위원회의 사무 처리를 위하여 위원회에 간사장과 간사를 둔다.

② 간사장과 간사는 해당 위원회가 소속된 행정청이 소속 공무원 중에서 임명한다.

③ 간사장과 간사는 위원장의 명을 받아 다음 각 호의 업무를 수행한다.
1. 위원장의 위원회 운영 보좌
2. 위원이 요청하는 자료 협조
3. 위원회의 의사일정 수립 및 위원회 상정 안건의 종합관리
4. 증거조사
4의2. 제30조의2에 따른 조정절차의 운영 보좌
(2018.4.17 본호신설)

5. 재결서(裁決書)의 작성에 관한 사무처리
6. 위원회 회의록의 작성 및 보존
7. 제1호부터 제4호까지, 제4호의2, 제5호 및 제6호의 업무 외에 위원회의 운영에 필요한 사무의 처리(2018.4.17 본호개정)
④ 간사장은 위원회에 참석하여 발언할 수 있다.
제10조【위원회의 회의 통지】 위원장은 회의를 소집하려면 회의 개최 5일 전까지 회의의 일시, 장소 및 안건을 각 위원에게 서면으로 알려야 한다. 다만, 긴급한 사정이 있을 때에는 그러하지 아니하다.
제11조【수당 등의 지급】 위원회(소위원회 또는 전문위원회를 포함한다)의 회의에 출석하거나 안건을 검토한 위원에게는 예산의 범위에서 출석수당, 안건검토수당 및 여비를 지급한다. 다만, 공무원인 위원이 소관 업무와 직접 관련되어 출석하거나 안건을 검토한 경우에는 그러하지 아니하다.
제12조【제척 · 기피 신청의 처리 등】 ① (2016.10.4 삭제)
② 법 제10조제1항에 따른 제척신청 또는 같은 조 제2항에 따른 기피신청의 대상이 된 위원은 위원장이 요구하는 경우에는 지체 없이 그에 대한 의견서를 위원장에게 제출하여야 한다.
③ (2016.10.4 삭제)
④ 위원장은 제척 또는 기피의 신청이 이유 없다고 인정하는 경우에는 법 제10조제6항에 따라 결정으로 이를 기각한다.
⑤ 위원장은 제척 또는 기피의 신청이 이유 있다고 인정하는 경우에는 법 제10조제6항에 따라 결정으로 이를 인용(認容)하여야 한다.
⑥ 법 제10조제4항 및 제6항에 따른 결정에 대해서는 불복신청을 하지 못한다.
(2016.10.4 본조개정)
제13조【심판절차의 정지】 법 제10조제1항 및 제2항에 따른 제척 또는 기피의 신청이 있을 때에는 그에 대한 결정이 있을 때까지 해당 심판청구 사건에 대한 심판절차를 정지한다.

제3장 당사자와 관계인

제14조【행정심판 청구인의 지위 승계에 대한 이의신청의 처리】 ① 법 제16조제8항에 따른 이의신청은 그 사유를 소명하는 서면으로 하여야 한다.
② 위원회가 법 제16조제8항에 따라 이의신청을 받았을 때에는 지체 없이 위원회의 회의에 부쳐야 한다.
③ 위원회는 제2항에 따른 이의신청에 대한 결정을 한 후 그 결과를 신청인, 당사자 및 법 제20조 또는 제21조에 따라 심판참가를 하는 자(이하 "참가인"이라 한다)에게 각각 알려야 한다.
제15조【피청구인의 경정】 ① 당사자가 법 제17조제2항 및 제5항에 따라 행정심판 피청구인(이하 "피청구인"이라 한다)의 경정(更正)을 신청할 때에는 그 뜻을 적은 서면을 위원회에 제출하여야 한다.
② 위원회가 제1항에 따른 신청을 받았을 때에는 지체 없이 이를 심사하여 허가 여부를 결정하여야 한다.
③ 법 제17조제6항에 따른 이의신청의 처리에 관하여는 제14조를 준용한다.
제16조【대리인 선임의 허가】 ① 행정심판 청구인(이하 "청구인"이라 한다) 또는 피청구인이 법 제18조제1항 및 제2항에 따라 위원회의 허가를 받아 대리인을 선임하려면 다음 각 호의 사항을 적은 서면으로 위원회에 허가를 신청하여야 한다.
1. 대리인이 될 자의 인적사항
2. 대리인을 선임하려는 이유
3. 청구인 또는 피청구인과 대리인의 관계
② 위원회가 제1항의 신청을 받았을 때에는 지체 없이 이를 심사하여 허가 여부를 결정하고 그 결과를 신청인에게 알려야 한다.
제16조의2【국선대리인 선임 신청 요건 및 절차】 ① 법 제18조의2제1항에 따라 위원회에 국선대리인을 선임하여 줄 것을 신청할 수 있는 청구인은 다음 각 호의 어느 하나에 해당하는 사람으로 한다.
1. 「국민기초생활 보장법」 제2조제2호에 따른 수급자
2. 「한부모가족지원법」 제5조 및 제5조의2에 따른 지원대상자
3. 「기초연금법」 제2조제3호에 따른 기초연금 수급자
4. 「장애인연금법」 제2조제4호에 따른 수급자
5. 「북한이탈주민의 보호 및 정착지원에 관한 법률」 제2조제2호에 따른 보호대상자
6. 그 밖에 위원장이 경제적 능력으로 인하여 대리인을 선임할 수 없다고 인정하는 사람
② 제1항에 따라 국선대리인의 선임을 신청할 수 있는 청구인은 법 제38조제1항에 따른 심리기일 전까지 신청하여야 하며, 제1항 각 호의 어느 하나에 해당하는 사람이라는 사실을 소명하는 서류를 함께 제출하여야 한다.
(2018.10.30 본조신설)
제16조의3【국선대리인의 자격】 위원회는 법 제18조의2제2항에 따라 국선대리인 선정 결정을 하는 경우에는 다음 각 호의 어느 하나에 해당하는 사람 중에서 국선대리인을 선정하여야 한다.
1. 「변호사법」 제7조에 따라 등록한 변호사
2. 「공인노무사법」 제5조에 따라 등록한 공인노무사
(2018.10.30 본조신설)
제16조의4【국선대리인의 선정 취소 등】 ① 위원회는 다음 각 호의 어느 하나에 해당하는 경우에는 국선대리인의 선정을 취소할 수 있다. 다만, 제1호부터 제3호까지의 규정에 해당하는 경우에는 선정을 취소하여야 한다.
1. 청구인에게 법 제18조제1항제3호 또는 제4호에 따른 대리인이 선임된 경우
2. 국선대리인이 제16조의3 각 호에 해당하지 아니하게 된 경우
3. 국선대리인이 해당 사건과 이해관계가 있는 등 해당 심판청구를 대리하는 것이 적절하지 아니한 경우
4. 국선대리인이 그 업무를 성실하게 수행하지 아니하는 경우
5. 그 밖에 위원장이 국선대리인의 선정을 취소할 만한 상당한 이유가 있다고 인정하는 경우
② 국선대리인은 다음 각 호의 어느 하나에 해당하는 경우에는 위원회의 허가를 받아 사임할 수 있다.
1. 질병 또는 장기 여행으로 인하여 국선대리인의 직무를 수행하기 어려운 경우
2. 청구인, 그 밖의 관계인으로부터 부당한 대우나 요구를 받아 국선대리인으로서 공정한 업무를 수행하기 어려운 경우
3. 그 밖에 국선대리인으로서의 직무를 수행할 수 없다고 인정할 만한 상당한 사유가 있는 경우
③ 위원회는 제1항제2호부터 제5호까지의 규정에 따라 국선대리인의 선정이 취소되거나 제2항에 따라 국선대리인이 사임한 경우 다른 국선대리인을 선정할 수 있다.
(2018.10.30 본조신설)
제16조의5【국선대리인의 보수】 ① 위원회는 선정된 국선대리인이 대리하는 사건 1건당 50만원 이하의 금액을 예산의 범위에서 그 보수로 지급할 수 있다.
② 제1항에 따른 보수 지급의 세부기준은 국선대리인이 해당 사건에 관여한 정도, 관련 사건의 병합 여부 등을 고려하여 위원장이 정한다.
(2018.10.30 본조신설)
제16조의6【국선대리인 선정 예정자 명부 관리】 ① 위원장은 법 제18조의2에 따른 국선대리인 제도의 효율적인 운영을 위하여 필요한 경우 제16조의3 각 호의 어느 하나에 해당하는 사람 중에서 국선대리인 선정 예정자를 위촉하는 방법으로 국선대리인 선정 예정자 명부를 관리할 수 있다.
② 국선대리인 선정 예정자의 임기는 2년으로 하고, 한 차례만 연임할 수 있다.
③ 제1항 및 제2항에서 규정한 사항 외에 국선대리인 선정 예정자 위촉 및 명부 관리에 필요한 사항은 위원장이 정한다.
(2018.10.30 본조신설)
제17조【심판참가에 대한 이의신청의 처리】 법 제20조제6항에 따른 이의신청의 처리에 관하여는 제14조를 준용한다.
제18조【심판참가의 요구】 법 제21조제1항에 따른 위원회의 심판참가 요구는 서면으로 하여야 한다. 이 경우 위원회는 그 사실을 당사자와 다른 참가인에게 알려야 한다.

제4장 행정심판 청구

제19조【제3자의 심판청구의 통지】 법 제24조제2항에 따른 심판청구 사실의 통지는 다음 각 호의 사항을 적은 서면으로 하여야 한다.
1. 청구인의 이름, 주소 및 심판청구일
2. 심판청구의 대상이 되는 처분의 내용
3. 심판청구의 취지 및 이유
제20조【심판청구서의 첨부서류】 법 제28조제1항에 따른 심판청구서에는 법 제19조제1항에 따른 대표자 · 관리인 · 선정대표자 또는 대리인의 자격을 소명하는 서면과 법 제34조제1항에 따른 증거서류 또는 증거물을 첨부할 수 있다.
제21조【청구의 변경에 대한 이의신청의 처리】 법 제29조제7항에 따른 이의신청의 처리에 관하여는 제14조를 준용한다.
제22조【집행정지】 ① 법 제30조제5항에 따른 서면에는 신청의 이유를 소명하는 서류 또는 자료를 첨부할 수 있다.
② 당사자가 피청구인인 행정청에 집행정지신청서를 제출한 경우에는 피청구인인 행정청은 이를 지체 없이 위원회에 송부하여야 한다.
③ 집행정지의 신청에 대한 위원회의 심리 · 결정에 관하여는 심판청구에 대한 위원회의 심리 · 재결에 관한 절차를 준용한다.
제23조【임시처분】 법 제31조제1항에 따른 임시처분에 대한 위원회의 심리 · 결정에 관하여는 제22조를 준용한다.

제5장 심 리

제24조【심판청구의 보정】 ① 법 제32조제1항에 따른 보정(補正)의 요구는 다음 각 호의 사항을 적은 서면으로 하여야 한다.
1. 보정할 사항
2. 보정이 필요한 이유
3. 보정할 기간
4. 제1호부터 제3호까지에서 규정한 사항 외에 보정에 필요한 사항
② 위원회는 법 제32조제1항 단서에 따라 직권으로 보정하였을 때에는 보정한 사항, 보정한 이유 등을 당사자에게 알려야 한다.
제25조【증거조사】 ① 당사자가 법 제36조제1항에 따른 증거조사를 신청하려면 위원회에 증명할 사실과 증거방법을 구체적으로 밝힌 서면을 제출하여야 한다.
② 위원회가 법 제36조제1항에 따라 증거조사를 하는 경우에는 위원회에 출석한 참고인과 감정(鑑定)을 하는 자에게 예산의 범위에서 실비(實費)를 지급할 수 있다.
③ 위원회가 법 제36조제1항제4호에 따른 방법으로 증거조사를 하였을 때에는 증거조사조서를 작성하여야 한다.
④ 제3항의 증거조사조서에는 다음 각 호의 사항을 적고, 위원장이 기명날인하거나 서명하여야 한다.
1. 심판청구사건의 표시
2. 증거조사의 일시와 장소
3. 증거조사에 참여한 위원의 이름
4. 출석한 당사자 · 대표자 · 대리인 등의 이름
5. 증거조사의 방법 및 대상
6. 증거조사의 결과
⑤ 위원회가 법 제36조제2항에 따라 위원회가 소속된 행정청의 직원이나 다른 행정기관에 촉탁하여 증거조사를 하게 하는 경우에는 그 조사자로 하여금 증거조사조서를 작성하게 할 수 있다. 이 경우 제3항 및 제4항을 준용한다.
제26조【심리기일의 통지】 위원회는 심리기일 7일 전까지 당사자와 참가인에게 서면 또는 법 제38조제4항에 따른 간이통지방법으로 심리기일을 알려야 한다.
제27조【구술심리】 당사자가 법 제40조제1항 단서에 따라 구술심리를 신청하려면 심리기일 3일 전까지 위원회에 서면 또는 구술로 신청하여야 한다.
제28조【회의록의 작성】 위원회(소위원회를 포함한다. 이하 이 조에서 같다)는 위원회의 회의를 개최하였을 때에는 회의록을 작성하여야 하며, 회의록에는 회의에 출석한 당사자 등의 구술 내용 등을 적어야 한다.
제29조【비공개 정보】 법 제41조에서 "대통령령으로 정하는 사항"이란 다음 각 호의 어느 하나에 해당하는 사항을 말한다.
1. 위원회(소위원회와 전문위원회를 포함한다)의 회의에서 위원이 발언한 내용이 적힌 문서
2. 심리 중인 심판청구사건의 재결에 참여할 위원의 명단
3. 제1호 및 제2호에서 규정한 사항 외에 공개할 경우 위원회의 심리 · 재결의 공정성을 해칠 우려가 있다고 인정되는 사항으로서 총리령으로 정하는 사항
제30조【심판청구 등의 취하】 ① 법 제42조제1항 및 제2항에 따라 청구인 또는 참가인이 심판청구 또는 참가신청을 취하하는 경우에는 그 청구 또는 신청의 전부 또는 일부를 취하할 수 있다.
② 제1항에 따라 심판청구 또는 참가신청을 취하하는 경우에는 상대방의 동의 없이도 취하할 수 있다.
③ 제1항에 따른 심판청구 또는 참가신청의 취하가 있으면 그 취하된 부분에 대해서는 처음부터 심판청구 또는 참가신청이 없었던 것으로 본다.

제6장 재 결

제30조의2【조정절차 등】 ① 위원회는 법 제43조의2에 따라 조정을 하려는 경우에는 결정으로써 조정을 개시한다. 이 경우 위원회는 조정개시 결정을 당사자와 참가인에게 서면 또는 법 제38조제4항에 따른 간이통지방법으로 알려야 한다.
② 위원회는 제1항 전단에 따라 조정을 개시한 경우 조정을 위한 회의를 개최할 수 있다.
③ 위원장은 조정의 원활한 운영을 위하여 필요한 경우 위원 중 특정 위원을 지정하여 조정안을 작성하여 위원회에 보고하게 할 수 있다.
④ 위원회는 조정이 성립하지 아니한 경우에는 법 제38조제1항에 따라 심리기일을 지정한다.
(2018.4.17 본조신설)
제31조【재결의 경정】 ① 법 제46조에 따른 재결서에 오기(誤記), 계산착오 또는 그 밖에 이와 비슷한 잘못이 있는 것이 명백한 경우에는 위원장은 직권으로 또는 당사자의 신청에 의하여 경정 결정을 할 수 있다.
② 제1항에 따른 경정 결정의 원본은 재결서의 원본에 첨부하고, 경정 결정의 정본(正本) 및 등본은 법 제48조에 준하여 각각 당사자 및 참가인에게 송달한다.
제32조【처분취소 등의 공고 및 통지】 ① 처분을 한 행정청이 법 제49조제5항에 따라 처분이 취소 또는 변경되었다는 것을 공고하거나 고시하는 경우에는 다음 각 호의 사항을 분명하게 밝혀야 한다.(2017.10.17 본문개정)
1. 원처분(原處分)이 공고 또는 고시된 날짜와 내용
2. 취소 또는 변경된 경위와 내용
3. 공고 또는 고시의 날짜
② 처분을 한 행정청이 법 제49조제6항에 따라 처분의 상대방 외의 이해관계인에게 처분이 취소 또는 변경되었다는 것을 알리는 경우에는 제1항을 준용한다.
(2017.10.17 본항개정)

제33조【재결 불이행에 대한 위원회의 직접 처분 등】 위원회가 법 제50조제1항 본문에 따라 직접 처분을 할 경우에는 재결의 취지에 따라야 하며, 같은 항 단서에 따라 직접 처분할 수 없는 경우에는 지체 없이 당사자에게 그 사실 및 사유를 알려야 한다.

제33조의2【간접강제의 신청 및 결정】 ① 청구인이 법 제50조의2제1항에 따라 간접강제를 신청하거나 당사자가 같은 조 제2항에 따라 간접강제 결정내용의 변경을 신청할 때에는 신청의 취지와 이유를 적은 서면을 위원회에 제출하여야 한다. 이 경우 신청 상대방(이하 "피신청인"이라 한다)의 수만큼 부본을 함께 제출하여야 한다.
② 위원회는 제1항에 따라 간접강제 신청 또는 간접강제 결정내용의 변경신청에 관한 서면을 받으면 그 부본을 피신청인에게 송달하여야 한다.
③ 제2항의 경우 위원회는 피신청인에게 7일 이상 15일 이내의 기간을 정하여 간접강제 신청 또는 간접강제 결정내용의 변경신청에 대한 의견을 제출하도록 하여야 한다.
④ 위원회는 제1항의 간접강제 신청 또는 간접강제 결정내용의 변경신청에 관하여 심리·결정하면 지체 없이 당사자에게 결정서 정본을 송달하여야 한다.
(2017.10.17 본조신설)

제7장 전자정보처리조직을 통한 행정심판 절차의 수행

제34조【전자정보처리조직의 지정·운영】 법 제52조제1항에 따라 위원회에서 지정·운영하는 전자정보처리조직(이하 "전자정보처리조직"이라 한다)은 다음 각 호와 같이 구분한다.
1. 법 제6조제2항에 따른 중앙행정심판위원회 : 온라인행정심판시스템
2. 법 제6조제1항·제3항 및 제4항에 따른 행정심판위원회(전자정보처리조직을 갖춘 행정심판위원회만 해당한다) : 해당 행정심판위원회에서 지정하는 시스템

제35조【사용자등록】 ① 전자정보처리조직을 이용하려는 자는 위원회가 지정하는 방식으로 다음 각 호의 사항을 기재하여 사용자등록을 하여야 한다.
1. 사용자의 이름
2. 사용자의 생년월일(2015.12.30 본호개정)
3. 사용자의 주소
4. 사용자의 전화번호
5. 사용자의 아이디(전자정보처리조직의 사용자를 식별하기 위한 식별부호를 말한다. 이하 같다)
6. 사용자의 전자우편주소
② 전자정보처리조직을 이용한 행정심판 절차의 수행을 위하여 위원회가 필요하다고 인정하는 경우 피청구인은 위원회가 지정하는 방식으로 전자정보처리조직에 다음 각 호의 사항을 기재하여 등록하여야 한다.
1. 피청구인의 명칭
2. 피청구인의 주소
3. 피청구인의 아이디
4. 전자정보처리조직을 사용할 담당부서 및 담당자

제36조【다른 행정기관에 제출된 전자문서의 처리】 ① 청구인 또는 참가인이 피청구인 또는 위원회를 잘못 지정하여 전자문서를 제출한 경우 해당 행정기관은 전자정보처리조직을 통하여 이를 정당한 권한이 있는 피청구인에게 보내야 하며, 청구인 또는 참가인에게 그 사실을 알려야 한다.
② 제1항에 따라 전자정보처리조직을 통하여 정당한 권한이 있는 피청구인에게 보낼 수 없는 경우에 해당 행정기관은 이를 서면으로 출력하여 보내야 한다.

제37조【전자서명 등】 ① 전자정보처리조직을 통하여 행정심판 절차를 밟으려는 자는 「전자서명법」 제2조제2호에 따른 전자서명(서명자의 실지명의를 확인할 수 있는 것으로 한정한다)이나 다른 법령에 따라 본인임을 확인하기 위하여 인정되는 전자적 수단에 의한 서명을 하여야 한다.(2020.12.8 본항개정)
② 전자정보처리조직을 통하여 행정심판 절차를 밟으려는 대표자·관리인·선정대표자 또는 대리인은 법 제19조에 따른 서면을 전자적인 이미지형태로 변환하여 전자정보처리조직을 통하여 제출할 수 있다. 다만, 위원회가 필요하다고 인정하여 그 원본의 제출을 요청하면 이에 따라야 한다.

제38조【전자정보처리조직을 이용한 송달 등】 ① 법 제54조제1항 본문 및 제5항에 따라 전자정보처리조직과 그와 연계된 정보통신망을 통하여 서류를 송달받은 청구인 또는 참가인은 송달된 문서를 출력할 수 있다. 이 경우 출력한 문서 중 정본 전자파일에 의하여 출력된 재결서 또는 결정서를 정본으로 본다.
② 청구인 또는 참가인이 전자정보처리조직과 그와 연계된 정보통신망을 이용한 송달에 동의하지 않는 경우에는 전자정보처리조직을 통하여 그 뜻을 밝혀야 한다.
③ 피청구인 또는 위원회는 전자정보처리조직과 그와 연계된 정보통신망의 장애 등의 사유로 송달할 수 없거나, 청구인 또는 참가인이 본인의 책임이 없는 사유로 송달된 서류를 확인할 수 없는 경우에는 법 제57조에 따라 송달하여야 한다.

제39조【등재 사실의 통지】 법 제54조제2항에 따라 재결서 등 서류의 등재 사실을 알릴 때에는 청구인 또는 참가인이 전자정보처리조직에 기재한 전자우편주소나 휴대전화번호를 이용하는 등 간편한 통지방법으로 할 수 있다.

제40조【전자정보처리조직의 운영 등 지원】 중앙행정심판위원회는 다른 행정심판위원회 전자정보처리조직의 적정한 운영을 위하여 전자정보처리조직의 구축과 운영에 필요한 지도 및 지원을 할 수 있다.

제8장 보 칙

제41조【증거서류 등의 반환】 위원회는 법 제55조에 따라 증거서류 등의 원본을 제출자에게 반환하는 경우 필요하다고 인정할 때에는 그 사본을 작성하여 사건기록에 철할 수 있다.

제42조【행정소송 결과 등의 통지】 법 제60조제2항에서 "그 내용이나 결과 등 대통령령으로 정하는 사항"이란 다음 각 호의 사항을 말한다.
1. 행정소송이 제기된 사건 목록과 해당 사건의 처리 상황 및 결과
2. 행정소송 결과 원고의 승소판결이 확정된 경우 그 판결문 사본

제43조【권한의 위임】 위원회는 법 제61조에 따라 다음 각 호의 권한을 위원장에게 위임한다.
1. 법 제15조제2항에 따른 선정대표자 선정권고
2. 법 제16조제5항에 따른 지위 승계 허가
3. 법 제17조제2항 및 제5항에 따른 피청구인의 경정 결정
4. 법 제18조제1항제5호에 따른 대리인 선임허가
4의2. 법 제18조의2제2항에 따른 국선대리인의 선정 여부 결정 및 통지(2018.10.30 본호신설)
5. 법 제20조제5항에 따른 심판참가 허가 및 법 제21조제1항에 따른 심판참가 요구
6. 법 제29조제6항에 따른 청구의 취지 또는 이유의 변경 허가 여부 결정
7. 법 제32조제1항에 따른 보정 요구 및 직권보정
8. 법 제40조제2항에 따른 구술심리 신청의 허가 여부 결정
8의2. 제16조의4에 따른 국선대리인의 선정 취소, 사임 허가 및 재선정(2018.10.30 본호신설)
9. 제30조의2제1항 전단에 따른 조정개시 결정(2018.4.17 본호신설)

제44조【고유식별정보의 처리】 ① 위원회(제43조에 따라 위원회의 권한을 위임받은 위원장을 포함한다)는 다음 각 호의 사무를 수행하기 위하여 불가피한 경우 「개인정보 보호법 시행령」 제19조에 따른 주민등록번호, 여권번호, 운전면허의 면허번호 또는 외국인등록번호가 포함된 자료를 처리할 수 있다.(2018.10.30 본문개정)
1. 법 제16조에 따른 청구인의 지위 승계에 관한 사무
2. 법 제18조에 따른 대리인의 선임에 관한 사무
2의2. 법 제18조의2에 따른 국선대리인 선정에 관한 사무(2018.10.30 본호신설)
3. 법 제20조에 따른 심판참가에 관한 사무
4. 법 제26조에 따른 심판청구서 등의 접수·처리에 관한 사무
5. 법 제50조의2제5항 후단에 따른 집행문 부여에 관한 사무(2017.10.17 본호신설)
② 피청구인은 법 제24조에 따른 심판청구서 등의 접수·처리에 관한 사무를 수행하기 위하여 불가피한 경우 「개인정보 보호법 시행령」 제19조에 따른 주민등록번호, 여권번호, 운전면허의 면허번호 또는 외국인등록번호가 포함된 자료를 처리할 수 있다.
(2017.3.27 본조신설)

부 칙

제1조【시행일】 이 영은 공포한 날부터 시행한다.

제2조【다른 법령의 개정】 ①~② ※(해당 법령에 가제정리 하였음)

제3조【다른 법령과의 관계】 이 영 시행 당시 다른 법령에서 종전의 「행정심판법 시행령」의 규정을 인용하고 있는 경우 이 영에 그에 해당하는 규정이 있으면 종전의 규정을 갈음하여 이 영의 해당 규정을 인용한 것으로 본다.

부 칙(2020.7.14)

이 영은 2020년 7월 15일부터 시행한다.

부 칙(2020.12.8)

제1조【시행일】 이 영은 2020년 12월 10일부터 시행한다.(이하 생략)

행정대집행법

(1954年 3月 18日 法律 第314號)

改正
1984.12.15法 3755號(행정심판)
2010. 1.25法 9968號(행정심판)
2015. 5.18法13295號

第1條【目的】 行政義務의 履行確保에 關하여서는 따로 法律로써 定하는 것을 除外하고는 本法의 定하는 바에 依한다.

第2條【代執行과 그 費用徵收】 法律(法律의 委任에 依한 命令, 地方自治團體의 條例를 包含한다. 以下 같다)에 依하여 直接命令되었거나 또는 法律에 依據한 行政廳의 命令에 依한 行爲로서 他人이 代身하여 行할 수 있는 行爲를 義務者가 履行하지 아니하는 境遇 다른 手段으로써 그 履行을 確保하기 困難하고 또한 그 不履行을 放置함이 甚히 公益을 害할 것으로 認定될 때에는 當該 行政廳은 스스로 義務者가 하여야 할 行爲를 하거나 또는 第三者로 하여금 이를 하게 하여 그 費用을 義務者로부터 徵收할 수 있다.

판례 건물 건축시에 관계당국으로부터 아무런 제지나 경고를 받지 않았더라도, 무허가로 축조된 불법건축물을 그대로 방치한다면 불법건축물을 단속하는 당국의 권능을 무력화하여 건축행정의 원활한 수행을 위태롭게 하는 등 공익을 심히 해친다고 볼 것이므로 위와 같은 건물의 철거대집행통지처분은 적법하다.
(대판 1990.1.23, 88누11889)

第3條【代執行의 節次】 ① 前條의 規定에 依한 處分(以下 "代執行"이라 한다)을 하려함에 있어서는 相當한 履行期限을 定하여 그 期限까지 履行되지 아니할 때에는 代執行을 한다는 뜻을 미리 文書로써 戒告하여야 한다. 이 경우 행정청은 상당한 이행기한을 정함에 있어 의무의 성질·내용 등을 고려하여 사회통념상 해당 의무를 이행하는 데 필요한 기간이 확보되도록 하여야 한다.
(2015.5.18 후단신설)
② 義務者가 前項의 戒告를 받고 指定期限까지 그 義務를 履行하지 아니할 때에는 當該 行政廳은 代執行令狀으로써 代執行을 할 時期, 代執行을 시키기 爲하여 派遣하는 執行責任者의 姓名과 代執行에 要하는 費用의 槪算에 依한 見積額을 義務者에게 通知하여야 한다.
③ 非常時 또는 危險이 切迫한 境遇에 있어서 當該 行爲의 急速한 實施를 要하여 前2項에 規定한 手續을 取할 餘裕가 없을 때에는 그 手續을 거치지 아니하고 代執行을 할 수 있다.

第4條【대집행의 실행 등】 ① 행정청(제2조에 따라 대집행을 실행하는 제3자를 포함한다. 이하 이 조에서 같다)은 해가 뜨기 전이나 해가 진 후에는 대집행을 하여서는 아니 된다. 다만, 다음 각 호의 어느 하나에 해당하는 경우에는 그러하지 아니하다.
1. 의무자가 동의한 경우
2. 해가 지기 전에 대집행을 착수한 경우
3. 해가 뜬 후부터 해가 지기 전까지 대집행을 하는 경우에는 대집행의 목적 달성이 불가능한 경우
4. 그 밖에 비상시 또는 위험이 절박한 경우
(2015.5.18 본항신설)
② 행정청은 대집행을 할 때 대집행 과정에서의 안전 확보를 위하여 필요하다고 인정하는 경우 현장에 긴급 의료장비나 시설을 갖추는 등 필요한 조치를 하여야 한다.
(2015.5.18 본항신설)
③ 代執行을 하기 爲하여 現場에 派遣되는 執行責任者는 그가 執行責任者라는 것을 表示한 證票를 携帶하여 代執行時에 利害關係人에게 提示하여야 한다.
(2015.5.18 본조제목개정)

第5條【費用納付命令書】 代執行에 要한 費用의 徵收에 있어서는 實際에 要한 費用額과 그 納期日을 定하여 義務者에게 文書로써 그 納付를 命하여야 한다.

第6條【費用徵收】 ① 代執行에 要한 費用은 國稅徵收法의 例에 依하여 徵收할 수 있다.
② 代執行에 要한 費用에 對하여서는 行政廳은 事務費의 所屬에 따라 國稅에 다음가는 順位의 先取得權을 가진다.
③ 代執行에 要한 費用을 徵收하였을 때에는 그 徵收金은 事務費의 所屬에 따라 國庫 또는 地方自治團體의 收入으로 한다.

第7條【행정심판】 대집행에 대하여는 행정심판을 제기할 수 있다.(2010.1.25 본조개정)

第8條【出訴權利의 保障】 前條의 規定은 法院에 對한 出訴의 權利를 妨害하지 아니한다.

第9條【施行令】 本法 施行에 關하여 必要한 事項은 大統領令으로 定한다.

附 則(2015.5.18)

第1條【시행일】 이 법은 공포 후 6개월이 경과한 날부터 시행한다.

第2條【대집행 절차에 관한 적용례】 제3조의 개정규정은 이 법 시행 후 최초로 계고하는 분부터 적용한다.

第3條【대집행 실행 시간에 관한 적용례】 제4조제1항의 개정규정은 이 법 시행 후 의무자에게 최초로 대집행영장을 통지하는 분부터 적용한다.

第4條【대집행 시 안전 확보에 관한 적용례】 제4조제2항의 개정규정은 이 법 시행 후 최초로 실행하는 대집행부터 적용한다.

행정대집행법 시행령

(2012년 12월 27일 전부개정대통령령 제24256호)

개정
2015.11.18영26641호

제1조【목적】 이 영은 「행정대집행법」에서 위임된 사항과 그 시행에 필요한 사항을 규정함을 목적으로 한다.

제2조【계고서 등】 「행정대집행법」(이하 "법"이라 한다) 제3조에 따른 계고서(戒告書)는 별지 제1호서식, 대집행 영장은 별지 제2호서식에 따른다.

제3조【집행책임자의 증표】 법 제4조에 따른 집행책임자의 증표는 별지 제3호서식에 따른다.

제4조【비용납부명령서】 법 제5조에 따른 비용납부명령서는 별지 제4호서식에 따른다.

제5조【서류의 송달】 ① 행정대집행과 관련된 서류의 송달은 「행정절차법」에서 정하는 바에 따르되, 교부에 의한 송달을 원칙으로 한다. 다만, 교부에 의한 송달을 할 수 없을 때에는 등기우편 또는 정보통신망을 이용하여 송달할 수 있다.
② 제1항 본문에 따라 서류를 교부하였을 때에는 별지 제5호서식의 교부송달 확인서에 수령인이 서명 또는 날인하게 하여야 한다.
③ 제2항의 경우에 수령인이 서명 또는 날인을 거부하거나, 정당한 사유 없이 서류를 송달받기를 거부할 때에는 그 사실을 교부송달 확인서에 적고, 서류는 교부할 장소에 놓아둘 수 있다.
④ 제1항 및 제2항에 따른 송달이 불가능한 경우에는 「행정절차법」 제14조제4항에 따른다.

제6조【행정대집행 현황 보고】 행정대집행 관서(官署)의 장은 매월 대집행 현황을 다음 달 5일까지 별지 제6호서식에 따라 그 상급관청에 보고하여야 한다.

제7조【대집행 시의 준수사항】 행정대집행 시에 행정대집행 관서의 장은 대집행을 하는 것이 적합한지 신중하게 판단하고, 그 집행책임자는 대집행을 당하는 의무자의 재산상 손실과 비용부담을 줄이도록 노력하여야 하며, 의무자가 차지할 물건(物件)이 있을 때에는 지체 없이 인도(引渡)하여야 한다.

부 칙

이 영은 공포한 날부터 시행한다.

부 칙 (2015.11.18)

이 영은 2015년 11월 19일부터 시행한다.

〔별지서식〕 ➡ 「www.hyeonamsa.com」 참조

개인정보 보호법

(2011년 3월 29일 법 률 제10465호)

개정
2013. 3.23법11690호(정부조직)
2013. 8. 6법11990호
2014. 3.24법12504호
2014.11.19법12844호(정부조직)
2015. 7.24법13423호
2016. 3.29법14107호
2017. 4.18법14765호
2017. 7.26법14839호(정부조직)
2020. 2. 4법16930호
2023. 3.14법19234호→시행일 부칙 참조

제1장 총 칙

제1조【목적】 이 법은 개인정보의 처리 및 보호에 관한 사항을 정함으로써 개인의 자유와 권리를 보호하고, 나아가 개인의 존엄과 가치를 구현함을 목적으로 한다.
(2014.3.24 본조개정)

제2조【정의】 이 법에서 사용하는 용어의 뜻은 다음과 같다.
1. "개인정보"란 살아 있는 개인에 관한 정보로서 다음 각 목의 어느 하나에 해당하는 정보를 말한다.
  가. 성명, 주민등록번호 및 영상 등을 통하여 개인을 알아볼 수 있는 정보
  나. 해당 정보만으로는 특정 개인을 알아볼 수 없더라도 다른 정보와 쉽게 결합하여 알아볼 수 있는 정보. 이 경우 쉽게 결합할 수 있는지 여부는 다른 정보의 입수 가능성 등 개인을 알아보는 데 소요되는 시간, 비용, 기술 등을 합리적으로 고려하여야 한다.
  다. 가목 또는 나목을 제1호의2에 따라 가명처리함으로써 원래의 상태로 복원하기 위한 추가 정보의 사용·결합 없이는 특정 개인을 알아볼 수 없는 정보(이하 "가명정보"라 한다)
  (2020.2.4 본호개정)

1의2. "가명처리"란 개인정보의 일부를 삭제하거나 일부 또는 전부를 대체하는 등의 방법으로 추가 정보가 없이는 특정 개인을 알아볼 수 없도록 처리하는 것을 말한다.(2020.2.4 본호신설)
2. "처리"란 개인정보의 수집, 생성, 연계, 연동, 기록, 저장, 보유, 가공, 편집, 검색, 출력, 정정(訂正), 복구, 이용, 제공, 공개, 파기(破棄), 그 밖에 이와 유사한 행위를 말한다.(2014.3.24 본호개정)
3. "정보주체"란 처리되는 정보에 의하여 알아볼 수 있는 사람으로서 그 정보의 주체가 되는 사람을 말한다.
4. "개인정보파일"이란 개인정보를 쉽게 검색할 수 있도록 일정한 규칙에 따라 체계적으로 배열하거나 구성한 개인정보의 집합물(集合物)을 말한다.
5. "개인정보처리자"란 업무를 목적으로 개인정보파일을 운용하기 위하여 스스로 또는 다른 사람을 통하여 개인정보를 처리하는 공공기관, 법인, 단체 및 개인 등을 말한다.
6. "공공기관"이란 다음 각 목의 기관을 말한다.
  가. 국회, 법원, 헌법재판소, 중앙선거관리위원회의 행정사무를 처리하는 기관, 중앙행정기관(대통령 소속 기관과 국무총리 소속 기관을 포함한다) 및 그 소속 기관, 지방자치단체
  나. 그 밖의 국가기관 및 공공단체 중 대통령령으로 정하는 기관
7. "고정형 영상정보처리기기"란 일정한 공간에 설치되어 지속적 또는 주기적으로 사람 또는 사물의 영상 등을 촬영하거나 이를 유·무선망을 통하여 전송하는 장치로서 대통령령으로 정하는 장치를 말한다.(2023.3.14 본호개정)

7의2. "이동형 영상정보처리기기"란 사람이 신체에 착용 또는 휴대하거나 이동 가능한 물체에 부착 또는 거치(据置)하여 사람 또는 사물의 영상 등을 촬영하거나 이를 유·무선망을 통하여 전송하는 장치로서 대통령령으로 정하는 장치를 말한다.(2023.3.14 본호신설)
8. "과학적 연구"란 기술의 개발과 실증, 기초연구, 응용연구 및 민간 투자 연구 등 과학적 방법을 적용하는 연구를 말한다.(2020.2.4 본호신설)

제3조【개인정보 보호 원칙】 ① 개인정보처리자는 개인정보의 처리 목적을 명확하게 하여야 하고 그 목적에 필요한 범위에서 최소한의 개인정보만을 적법하고 정당하게 수집하여야 한다.
② 개인정보처리자는 개인정보의 처리 목적에 필요한 범위에서 적합하게 개인정보를 처리하여야 하며, 그 목적 외의 용도로 활용하여서는 아니 된다.
③ 개인정보처리자는 개인정보의 처리 목적에 필요한 범위에서 개인정보의 정확성, 완전성 및 최신성이 보장되도록 하여야 한다.
④ 개인정보처리자는 개인정보의 처리 방법 및 종류 등에 따라 정보주체의 권리가 침해받을 가능성과 그 위험 정도를 고려하여 개인정보를 안전하게 관리하여야 한다.
⑤ 개인정보처리자는 제30조에 따른 개인정보 처리방침 등 개인정보의 처리에 관한 사항을 공개하여야 하며, 열람청구권 등 정보주체의 권리를 보장하여야 한다.
(2023.3.14 본항개정)
⑥ 개인정보처리자는 정보주체의 사생활 침해를 최소화하는 방법으로 개인정보를 처리하여야 한다.
⑦ 개인정보처리자는 개인정보를 익명 또는 가명으로 처리하여도 개인정보 수집목적을 달성할 수 있는 경우 익명처리가 가능한 경우에는 익명에 의하여, 익명처리로 목적을 달성할 수 없는 경우에는 가명에 의하여 처리될 수 있도록 하여야 한다.(2020.2.4 본항개정)
⑧ 개인정보처리자는 이 법 및 관계 법령에서 규정하고 있는 책임과 의무를 준수하고 실천함으로써 정보주체의 신뢰를 얻기 위하여 노력하여야 한다.

제4조【정보주체의 권리】 정보주체는 자신의 개인정보 처리와 관련하여 다음 각 호의 권리를 가진다.
1. 개인정보의 처리에 관한 정보를 제공받을 권리
2. 개인정보의 처리에 관한 동의 여부, 동의 범위 등을 선택하고 결정할 권리
3. 개인정보의 처리 여부를 확인하고 개인정보에 대한 열람(사본의 발급을 포함한다. 이하 같다) 및 전송을 요구할 권리(2023.3.14 본호개정)
4. 개인정보의 처리 정지, 정정·삭제 및 파기를 요구할 권리
5. 개인정보의 처리로 인하여 발생한 피해를 신속하고 공정한 절차에 따라 구제받을 권리
6. 완전히 자동화된 개인정보 처리에 따른 결정을 거부하거나 그에 대한 설명 등을 요구할 권리(2023.3.14 본호신설)

제5조【국가 등의 책무】 ① 국가와 지방자치단체는 개인정보의 목적 외 수집, 오용·남용 및 무분별한 감시·추적 등에 따른 폐해를 방지하여 인간의 존엄과 개인의 사생활 보호를 도모하기 위한 시책을 강구하여야 한다.
② 국가와 지방자치단체는 제4조에 따른 정보주체의 권리를 보호하기 위하여 법령의 개선 등 필요한 시책을 마련하여야 한다.
③ 국가와 지방자치단체는 만 14세 미만 아동이 개인정보 처리가 미치는 영향과 정보주체의 권리 등을 명확하게 알 수 있도록 만 14세 미만 아동의 개인정보 보호에 필요한 시책을 마련하여야 한다.(2023.3.14 본항신설)
④ 국가와 지방자치단체는 개인정보의 처리에 관한 불합리한 사회적 관행을 개선하기 위하여 개인정보처리자의 자율적인 개인정보 보호활동을 존중하고 촉진·지원하여야 한다.
⑤ 국가와 지방자치단체는 개인정보의 처리에 관한 법령 또는 조례를 적용할 때에는 정보주체의 권리가 보장될 수 있도록 개인정보 보호 원칙에 맞게 적용하여야 한다.
(2023.3.14 본항개정)

제6조【다른 법률과의 관계】 ① 개인정보의 처리 및 보호에 관하여 다른 법률에 특별한 규정이 있는 경우를 제외하고는 이 법에서 정하는 바에 따른다.(2023.3.14 본항개정)
② 개인정보의 처리 및 보호에 관한 다른 법률을 제정하거나 개정하는 경우에는 이 법의 목적과 원칙에 맞도록 하여야 한다.(2023.3.14 본항신설)

제2장 개인정보 보호정책의 수립 등

제7조【개인정보 보호위원회】 ① 개인정보 보호에 관한 사무를 독립적으로 수행하기 위하여 국무총리 소속으로 개인정보 보호위원회(이하 "보호위원회"라 한다)를 둔다.
② 보호위원회는 「정부조직법」 제2조에 따른 중앙행정기관으로 본다. 다만, 다음 각 호의 사항에 대하여는 「정부조직법」 제18조를 적용하지 아니한다.
1. 제7조의8제3호 및 제4호의 사무
2. 제7조의9제1항의 심의·의결 사항 중 제1호에 해당하는 사항
③~⑨ (2020.2.4 삭제)
(2020.2.4 본조개정)

제7조의2【보호위원회의 구성 등】 ① 보호위원회는 상임위원 2명(위원장 1명, 부위원장 1명)을 포함한 9명의 위원으로 구성한다.
② 보호위원회의 위원은 개인정보 보호에 관한 경력과 전문지식이 풍부한 다음 각 호의 사람 중에서 위원장과 부위원장은 국무총리의 제청으로, 그 외 위원 중 2명은 위원장의 제청으로, 2명은 대통령이 소속되거나 소속되었던 정당의 교섭단체 추천으로, 3명은 그 외의 교섭단체 추천으로 대통령이 임명 또는 위촉한다.
1. 개인정보 보호 업무를 담당하는 3급 이상 공무원(고위공무원단에 속하는 공무원을 포함한다)의 직에 있거나 있었던 사람
2. 판사·검사·변호사의 직에 10년 이상 있거나 있었던 사람
3. 공공기관 또는 단체(개인정보처리자로 구성된 단체를 포함한다)에 3년 이상 임원으로 재직하였거나 이들 기관 또는 단체로부터 추천받은 사람으로서 개인정보 보호 업무를 3년 이상 담당하였던 사람
4. 개인정보 관련 분야에 전문지식이 있고 「고등교육법」 제2조제1호에 따른 학교에서 부교수 이상으로 5년 이상 재직하고 있거나 재직하였던 사람
③ 위원장과 부위원장은 정무직 공무원으로 임명한다.

④ 위원장, 부위원장, 제7조의13에 따른 사무처의 장은 「정부조직법」 제10조에도 불구하고 정부위원이 된다.
(2020.2.4 본조신설)

제7조의3【위원장】 ① 위원장은 보호위원회를 대표하고, 보호위원회의 회의를 주재하며, 소관 사무를 총괄한다.
② 위원장이 부득이한 사유로 직무를 수행할 수 없을 때에는 부위원장이 그 직무를 대행하고, 위원장·부위원장이 모두 부득이한 사유로 직무를 수행할 수 없을 때에는 위원회가 미리 정하는 위원이 위원장의 직무를 대행한다.
③ 위원장은 국회에 출석하여 보호위원회의 소관 사무에 관하여 의견을 진술할 수 있으며, 국회에서 요구하면 출석하여 보고하거나 답변하여야 한다.
④ 위원장은 국무회의에 출석하여 발언할 수 있으며, 그 소관 사무에 관하여 국무총리에게 의안 제출을 건의할 수 있다.
(2020.2.4 본조신설)

제7조의4【위원의 임기】 ① 위원의 임기는 3년으로 하되, 한 차례만 연임할 수 있다.
② 위원이 궐위된 때에는 지체 없이 새로운 위원을 임명 또는 위촉하여야 한다. 이 경우 후임으로 임명 또는 위촉된 위원의 임기는 새로이 개시된다.
(2020.2.4 본조신설)

제7조의5【위원의 신분보장】 ① 위원은 다음 각 호의 어느 하나에 해당하는 경우를 제외하고는 그 의사에 반하여 면직 또는 해촉되지 아니한다.
1. 장기간 심신장애로 인하여 직무를 수행할 수 없게 된 경우
2. 제7조의7의 결격사유에 해당하는 경우
3. 이 법 또는 그 밖의 다른 법률에 따른 직무상의 의무를 위반한 경우
② 위원은 법률과 양심에 따라 독립적으로 직무를 수행한다.
(2020.2.4 본조신설)

제7조의6【겸직금지 등】 ① 위원은 재직 중 다음 각 호의 직(職)을 겸하거나 직무와 관련된 영리업무에 종사하여서는 아니 된다.
1. 국회의원 또는 지방의회의원
2. 국가공무원 또는 지방공무원
3. 그 밖에 대통령령으로 정하는 직
② 제1항에 따른 영리업무에 관한 사항은 대통령령으로 정한다.
③ 위원은 정치활동에 관여할 수 없다.
(2020.2.4 본조신설)

제7조의7【결격사유】 ① 다음 각 호의 어느 하나에 해당하는 사람은 위원이 될 수 없다.
1. 대한민국 국민이 아닌 사람
2. 「국가공무원법」 제33조 각 호의 어느 하나에 해당하는 사람
3. 「정당법」 제22조에 따른 당원
② 위원이 제1항 각 호의 어느 하나에 해당하게 된 때에는 그 직에서 당연 퇴직한다. 다만, 「국가공무원법」 제33조제2호는 파산선고를 받은 사람으로서 「채무자 회생 및 파산에 관한 법률」에 따라 신청기한 내에 면책신청을 하지 아니하였거나 면책불허가 결정 또는 면책 취소가 확정된 경우만 해당하고, 같은 법 제33조제5호는 「형법」 제129조부터 제132조까지, 「성폭력범죄의 처벌 등에 관한 특례법」 제2조, 「아동·청소년의 성보호에 관한 법률」 제2조제2호 및 직무와 관련하여 「형법」 제355조 또는 제356조에 규정된 죄를 범한 사람으로서 금고 이상의 형의 선고유예를 받은 경우만 해당한다.
(2020.2.4 본조신설)

제7조의8【보호위원회의 소관 사무】 보호위원회는 다음 각 호의 소관 사무를 수행한다.
1. 개인정보의 보호와 관련된 법령의 개선에 관한 사항
2. 개인정보 보호와 관련된 정책·제도·계획 수립·집행에 관한 사항
3. 정보주체의 권리침해에 대한 조사 및 이에 따른 처분에 관한 사항
4. 개인정보의 처리와 관련한 고충처리·권리구제 및 개인정보에 관한 분쟁의 조정
5. 개인정보 보호를 위한 국제기구 및 외국의 개인정보 보호기구와의 교류·협력
6. 개인정보 보호에 관한 법령·정책·제도·실태 등의 조사·연구, 교육 및 홍보에 관한 사항
7. 개인정보 보호에 관한 기술개발의 지원·보급, 기술의 표준화 및 전문인력의 양성에 관한 사항(2023.3.14 본호개정)
8. 이 법 및 다른 법령에 따라 보호위원회의 사무로 규정된 사항
(2020.2.4 본조신설)

제7조의9【보호위원회의 심의·의결 사항 등】 ① 보호위원회는 다음 각 호의 사항을 심의·의결한다.
1. 제8조의2에 따른 개인정보 침해요인 평가에 관한 사항
2. 제9조에 따른 기본계획 및 제10조에 따른 시행계획에 관한 사항
3. 개인정보 보호와 관련된 정책, 제도 및 법령의 개선에 관한 사항
4. 개인정보의 처리에 관한 공공기관 간의 의견조정에 관한 사항
5. 개인정보 보호에 관한 법령의 해석·운용에 관한 사항
6. 제18조제2항제5호에 따른 개인정보의 이용·제공에 관한 사항
6의2. 제28조의9에 따른 개인정보의 국외 이전 중지 명령에 관한 사항(2023.3.14 본호신설)
7. 제33조제4항에 따른 영향평가 결과에 관한 사항
8. 제64조의2에 따른 과징금 부과에 관한 사항
(2023.3.14 7호~8호개정)
9. 제61조에 따른 의견제시 및 개선권고에 관한 사항
9의2. 제63조의2제2항에 따른 시정권고에 관한 사항
(2023.3.14 본호신설)
10. 제64조에 따른 시정조치 등에 관한 사항
11. 제65조에 따른 고발 및 징계권고에 관한 사항
12. 제66조에 따른 처리 결과의 공표 및 공표명령에 관한 사항(2023.3.14 본호개정)
13. 제75조에 따른 과태료 부과에 관한 사항
14. 소관 법령 및 보호위원회 규칙의 제정·개정 및 폐지에 관한 사항
15. 개인정보 보호와 관련하여 보호위원회의 위원장 또는 위원 2명 이상이 회의에 부치는 사항
16. 그 밖에 이 법 또는 다른 법령에 따라 보호위원회가 심의·의결하는 사항
② 보호위원회는 제1항 각 호의 사항을 심의·의결하기 위하여 필요한 경우 다음 각 호의 조치를 할 수 있다.
1. 관계 공무원, 개인정보 보호에 관한 전문 지식이 있는 사람이나 시민사회단체 및 관련 사업자로부터의 의견 청취
2. 관계 기관 등에 대한 자료제출이나 사실조회 요구
③ 제2항제2호에 따른 요구를 받은 관계 기관 등은 특별한 사정이 없으면 이에 따라야 한다.
④ 보호위원회는 제1항제3호의 사항을 심의·의결한 경우에는 관계 기관에 그 개선을 권고할 수 있다.
⑤ 보호위원회는 제4항에 따른 권고 내용의 이행 여부를 점검할 수 있다.
(2020.2.4 본조신설)

제7조의10【회의】 ① 보호위원회의 회의는 위원장이 필요하다고 인정하거나 재적위원 4분의 1 이상의 요구가 있는 경우에 위원장이 소집한다.
② 위원장 또는 2명 이상의 위원은 보호위원회에 의안을 제의할 수 있다.
③ 보호위원회의 회의는 재적위원 과반수의 출석으로 개의하고, 출석위원 과반수의 찬성으로 의결한다.
(2020.2.4 본조신설)

제7조의11【위원의 제척·기피·회피】 ① 위원은 다음 각 호의 어느 하나에 해당하는 경우에는 심의·의결에서 제척된다.
1. 위원 또는 그 배우자나 배우자였던 자가 해당 사안의 당사자가 되거나 그 사건에 관하여 공동의 권리자 또는 의무자의 관계에 있는 경우
2. 위원이 해당 사안의 당사자와 친족이거나 친족이었던 경우
3. 위원이 해당 사안에 관하여 증언, 감정, 법률자문을 한 경우
4. 위원이 해당 사안에 관하여 당사자의 대리인으로서 관여하거나 관여하였던 경우
5. 위원이나 위원이 속한 공공기관·법인 또는 단체 등이 조언 등 지원을 하고 있는 자와 이해관계가 있는 경우
② 위원에게 심의·의결의 공정을 기대하기 어려운 사정이 있는 경우 당사자는 기피 신청을 할 수 있고, 보호위원회는 의결로 이를 결정한다.
③ 위원이 제1항 또는 제2항의 사유가 있는 경우에는 해당 사안에 대하여 회피할 수 있다.
(2020.2.4 본조신설)

제7조의12【소위원회】 ① 보호위원회는 효율적인 업무 수행을 위하여 개인정보 침해 정도가 경미하거나 유사·반복되는 사항 등을 심의·의결할 소위원회를 둘 수 있다.
② 소위원회는 3명의 위원으로 구성한다.
③ 소위원회가 제1항에 따라 심의·의결한 것은 보호위원회가 심의·의결한 것으로 본다.
④ 소위원회의 회의는 구성위원 전원의 출석과 출석위원 전원의 찬성으로 의결한다.
(2020.2.4 본조신설)

제7조의13【사무처】 보호위원회의 사무를 처리하기 위하여 보호위원회에 사무처를 두며, 이 법에 규정된 것 외에 보호위원회의 조직에 관한 사항은 대통령령으로 정한다.(2020.2.4 본조신설)

제7조의14【운영 등】 이 법과 다른 법령에 규정된 것 외에 보호위원회의 운영 등에 필요한 사항은 보호위원회의 규칙으로 정한다.(2020.2.4 본조신설)

제8조 (2020.2.4 삭제)

제8조의2【개인정보 침해요인 평가】 ① 중앙행정기관의 장은 소관 법령의 제정 또는 개정을 통하여 개인정보 처리를 수반하는 정책이나 제도를 도입·변경하는 경우에는 보호위원회에 개인정보 침해요인 평가를 요청하여야 한다.
② 보호위원회가 제1항에 따른 요청을 받은 때에는 해당 법령의 개인정보 침해요인을 분석·검토하여 그 법령의 소관기관의 장에게 그 개선을 위하여 필요한 사항을 권고할 수 있다.
③ 제1항에 따른 개인정보 침해요인 평가의 절차와 방법에 관하여 필요한 사항은 대통령령으로 정한다.
(2015.7.24 본조신설)

제9조【기본계획】 ① 보호위원회는 개인정보의 보호와 정보주체의 권익 보장을 위하여 3년마다 개인정보 보호 기본계획(이하 "기본계획"이라 한다)을 관계 중앙행정기관의 장과 협의하여 수립한다.(2015.7.24 본항개정)
② 기본계획에는 다음 각 호의 사항이 포함되어야 한다.
1. 개인정보 보호의 기본목표와 추진방향
2. 개인정보 보호와 관련된 제도 및 법령의 개선
3. 개인정보 침해 방지를 위한 대책
4. 개인정보 보호 자율규제의 활성화
5. 개인정보 보호 교육·홍보의 활성화
6. 개인정보 보호를 위한 전문인력의 양성
7. 그 밖에 개인정보 보호를 위하여 필요한 사항
③ 국회, 법원, 헌법재판소, 중앙선거관리위원회는 해당 기관(그 소속 기관을 포함한다)의 개인정보 보호를 위한 기본계획을 수립·시행할 수 있다.

제10조【시행계획】 ① 중앙행정기관의 장은 기본계획에 따라 매년 개인정보 보호를 위한 시행계획을 작성하여 보호위원회에 제출하고, 보호위원회의 심의·의결을 거쳐 시행하여야 한다.
② 시행계획의 수립·시행에 필요한 사항은 대통령령으로 정한다.

제11조【자료제출 요구 등】 ① 보호위원회는 기본계획을 효율적으로 수립하기 위하여 개인정보처리자, 관계 중앙행정기관의 장, 지방자치단체의 장 및 관계 기관·단체 등에 개인정보처리자의 법규 준수 현황과 개인정보 관리 실태 등에 관한 자료의 제출이나 의견의 진술 등을 요구할 수 있다.(2015.7.24 본항개정)
② 보호위원회는 개인정보 보호 정책 추진, 성과평가 등을 위하여 필요한 경우 개인정보처리자, 관계 중앙행정기관의 장, 지방자치단체의 장 및 관계 기관·단체 등을 대상으로 개인정보관리 수준 및 실태파악 등을 위한 조사를 실시할 수 있다.(2020.2.4 본항개정)
③ 중앙행정기관의 장은 시행계획을 효율적으로 수립·추진하기 위하여 소관 분야의 개인정보처리자에게 제1항에 따른 자료제출 등을 요구할 수 있다.
④ 제1항부터 제3항까지에 따른 자료제출 등을 요구받은 자는 특별한 사정이 없으면 이에 따라야 한다.
(2015.7.24 본항개정)
⑤ 제1항부터 제3항까지에 따른 자료제출 등의 범위와 방법 등 필요한 사항은 대통령령으로 정한다.
(2015.7.24 본항개정)

제11조의2【개인정보 보호수준 평가】 ① 보호위원회는 공공기관 중 중앙행정기관 및 그 소속기관, 지방자치단체, 그 밖에 대통령령으로 정하는 기관을 대상으로 매년 개인정보 보호 정책·업무의 수행 및 이 법에 따른 의무의 준수 여부 등을 평가(이하 "개인정보 보호수준 평가"라 한다)하여야 한다.
② 보호위원회는 개인정보 보호수준 평가에 필요한 경우 해당 공공기관의 장에게 관련 자료를 제출하게 할 수 있다.
③ 보호위원회는 개인정보 보호수준 평가의 결과를 인터넷 홈페이지 등을 통하여 공개할 수 있다.
④ 보호위원회는 개인정보 보호수준 평가의 결과에 따라 우수기관 및 그 소속 직원에 대하여 포상할 수 있고, 개인정보 보호를 위하여 필요하다고 인정하면 해당 공공기관의 장에게 개선을 권고할 수 있다. 이 경우 권고를 받은 공공기관의 장은 이를 이행하기 위하여 성실하게 노력하여야 하며, 그 조치 결과를 보호위원회에 알려야 한다.
⑤ 그 밖에 개인정보 보호수준 평가의 기준·방법·절차 및 제2항에 따른 자료 제출의 범위 등에 필요한 사항은 대통령령으로 정한다.
(2023.3.14 본조신설)

제12조【개인정보 보호지침】 ① 보호위원회는 개인정보의 처리에 관한 기준, 개인정보 침해의 유형 및 예방조치 등에 관한 표준 개인정보 보호지침(이하 "표준지침"이라 한다)을 정하여 개인정보처리자에게 그 준수를 권장할 수 있다.(2020.2.4 본항개정)
② 중앙행정기관의 장은 표준지침에 따라 소관 분야의 개인정보 처리와 관련한 개인정보 보호지침을 정하여 개인정보처리자에게 그 준수를 권장할 수 있다.
③ 국회, 법원, 헌법재판소 및 중앙선거관리위원회는 해당 기관(그 소속 기관을 포함한다)의 개인정보 보호지침을 정하여 시행할 수 있다.

제13조【자율규제의 촉진 및 지원】 보호위원회는 개인정보처리자의 자율적인 개인정보 보호활동을 촉진하고 지원하기 위하여 다음 각 호의 필요한 시책을 마련하여야 한다.(2020.2.4 본문개정)
1. 개인정보 보호에 관한 교육·홍보
2. 개인정보 보호와 관련된 기관·단체의 육성 및 지원
3. 개인정보 보호 인증마크의 도입·시행 지원
4. 개인정보처리자의 자율적인 규약의 제정·시행 지원

5. 그 밖에 개인정보처리자의 자율적 개인정보 보호활동을 지원하기 위하여 필요한 사항

제13조의2【개인정보 보호의 날】 ① 개인정보의 보호 및 처리의 중요성을 국민에게 알리기 위하여 매년 9월 30일을 개인정보 보호의 날로 지정한다.
② 국가와 지방자치단체는 개인정보 보호의 날이 포함된 주간에 개인정보 보호 문화 확산을 위한 각종 행사를 실시할 수 있다.
(2023.3.14 본조신설)

제14조【국제협력】 ① 정부는 국제적 환경에서의 개인정보 보호 수준을 향상시키기 위하여 필요한 시책을 마련하여야 한다.
② 정부는 개인정보 국외 이전으로 인하여 정보주체의 권리가 침해되지 아니하도록 관련 시책을 마련하여야 한다.

제3장 개인정보의 처리

제1절 개인정보의 수집, 이용, 제공 등

제15조【개인정보의 수집·이용】 ① 개인정보처리자는 다음 각 호의 어느 하나에 해당하는 경우에는 개인정보를 수집할 수 있으며 그 수집 목적의 범위에서 이용할 수 있다.
1. 정보주체의 동의를 받은 경우
2. 법률에 특별한 규정이 있거나 법령상 의무를 준수하기 위하여 불가피한 경우
3. 공공기관이 법령 등에서 정하는 소관 업무의 수행을 위하여 불가피한 경우
4. 정보주체와 체결한 계약을 이행하거나 계약을 체결하는 과정에서 정보주체의 요청에 따른 조치를 이행하기 위하여 필요한 경우(2023.3.14 본호개정)
5. 명백히 정보주체 또는 제3자의 급박한 생명, 신체, 재산의 이익을 위하여 필요하다고 인정되는 경우(2023.3.14 본호개정)
6. 개인정보처리자의 정당한 이익을 달성하기 위하여 필요한 경우로서 명백하게 정보주체의 권리보다 우선하는 경우. 이 경우 개인정보처리자의 정당한 이익과 상당한 관련이 있고 합리적인 범위를 초과하지 아니하는 경우에 한한다.
7. 공중위생 등 공공의 안전과 안녕을 위하여 긴급히 필요한 경우(2023.3.14 본호신설)

② 개인정보처리자는 제1항제1호에 따른 동의를 받을 때에는 다음 각 호의 사항을 정보주체에게 알려야 한다. 다음 각 호의 어느 하나의 사항을 변경하는 경우에도 이를 알리고 동의를 받아야 한다.
1. 개인정보의 수집·이용 목적
2. 수집하려는 개인정보의 항목
3. 개인정보의 보유 및 이용 기간
4. 동의를 거부할 권리가 있다는 사실 및 동의 거부에 따른 불이익이 있는 경우에는 그 불이익의 내용

③ 개인정보처리자는 당초 수집 목적과 합리적으로 관련된 범위에서 정보주체에게 불이익이 발생하는지 여부, 암호화 등 안전성 확보에 필요한 조치를 하였는지 여부 등을 고려하여 대통령령으로 정하는 바에 따라 정보주체의 동의 없이 개인정보를 이용할 수 있다.(2020.2.4 본항신설)

판례 이미 공개된 개인정보를 정보주체의 동의가 있었다고 객관적으로 인정되는 범위 내에서 수집·이용·제공 등 처리를 할 때는 정보주체의 별도의 동의는 불필요하다고 보아야 하고, 별도의 동의를 받지 아니하였다고 하여 개인정보 보호법 제15조나 제17조를 위반한 것으로 볼 수 없다. 그리고 정보주체의 동의가 있었다고 인정되는 범위 내인지는 공개된 개인정보의 성격, 공개의 형태와 대상 범위, 그로부터 추단되는 정보주체의 공개 의도 내지 목적뿐만 아니라, 정보처리자의 정보제공 등 처리의 형태와 정보제공으로 공개의 대상 범위가 원래의 것과 달라졌는지, 정보제공이 정보주체의 원래의 공개 목적과 상당한 관련이 있는지 등을 검토하여 객관적으로 판단하여야 한다.
(대판 2016.8.17, 2014다235080)

제16조【개인정보의 수집 제한】 ① 개인정보처리자는 제15조제1항 각 호의 어느 하나에 해당하여 개인정보를 수집하는 경우에는 그 목적에 필요한 최소한의 개인정보를 수집하여야 한다. 이 경우 최소한의 개인정보 수집이라는 입증책임은 개인정보처리자가 부담한다.
② 개인정보처리자는 정보주체의 동의를 받아 개인정보를 수집하는 경우 필요한 최소한의 정보 외의 개인정보 수집에는 동의하지 아니할 수 있다는 사실을 구체적으로 알리고 개인정보를 수집하여야 한다.(2013.8.6 본항신설)
③ 개인정보처리자는 정보주체가 필요한 최소한의 정보 외의 개인정보 수집에 동의하지 아니한다는 이유로 정보주체에게 재화 또는 서비스의 제공을 거부하여서는 아니 된다.

제17조【개인정보의 제공】 ① 개인정보처리자는 다음 각 호의 어느 하나에 해당되는 경우에는 정보주체의 개인정보를 제3자에게 제공(공유를 포함한다. 이하 같다)할 수 있다.
1. 정보주체의 동의를 받은 경우
2. 제15조제1항제2호, 제3호 및 제5호부터 제7호까지에 따라 개인정보를 수집한 목적 범위에서 개인정보를 제공하는 경우(2023.3.14 본호개정)

② 개인정보처리자는 제1항제1호에 따른 동의를 받을 때에는 다음 각 호의 사항을 정보주체에게 알려야 한다. 다음 각 호의 어느 하나의 사항을 변경하는 경우에도 이를 알리고 동의를 받아야 한다.
1. 개인정보를 제공받는 자
2. 개인정보를 제공받는 자의 개인정보 이용 목적
3. 제공하는 개인정보의 항목
4. 개인정보를 제공받는 자의 개인정보 보유 및 이용 기간
5. 동의를 거부할 권리가 있다는 사실 및 동의 거부에 따른 불이익이 있는 경우에는 그 불이익의 내용

③ (2023.3.14 삭제)
④ 개인정보처리자는 당초 수집 목적과 합리적으로 관련된 범위에서 정보주체에게 불이익이 발생하는지 여부, 암호화 등 안전성 확보에 필요한 조치를 하였는지 여부 등을 고려하여 대통령령으로 정하는 바에 따라 정보주체의 동의 없이 개인정보를 제공할 수 있다.(2020.2.4 본항신설)

제18조【개인정보의 목적 외 이용·제공 제한】 ① 개인정보처리자는 개인정보를 제15조제1항에 따른 범위를 초과하여 이용하거나 제17조제1항 및 제28조의8제1항에 따른 범위를 초과하여 제3자에게 제공하여서는 아니 된다.(2023.3.14 본항개정)
② 제1항에도 불구하고 개인정보처리자는 다음 각 호의 어느 하나에 해당하는 경우에는 정보주체 또는 제3자의 이익을 부당하게 침해할 우려가 있을 때를 제외하고는 개인정보를 목적 외의 용도로 이용하거나 이를 제3자에게 제공할 수 있다. 다만, 제5호부터 제9호까지에 따른 경우는 공공기관의 경우로 한정한다.(2023.3.14 단서개정)
1. 정보주체로부터 별도의 동의를 받은 경우
2. 다른 법률에 특별한 규정이 있는 경우
3. 명백히 정보주체 또는 제3자의 급박한 생명, 신체, 재산의 이익을 위하여 필요하다고 인정되는 경우(2023.3.14 본호개정)
4. (2020.2.4 삭제)
5. 개인정보를 목적 외의 용도로 이용하거나 이를 제3자에게 제공하지 아니하면 다른 법률에서 정하는 소관 업무를 수행할 수 없는 경우로서 보호위원회의 심의·의결을 거친 경우
6. 조약, 그 밖의 국제협정의 이행을 위하여 외국정부 또는 국제기구에 제공하기 위하여 필요한 경우
7. 범죄의 수사와 공소의 제기 및 유지를 위하여 필요한 경우
8. 법원의 재판업무 수행을 위하여 필요한 경우
9. 형(刑) 및 감호, 보호처분의 집행을 위하여 필요한 경우
10. 공중위생 등 공공의 안전과 안녕을 위하여 긴급히 필요한 경우(2023.3.14 본호신설)

③ 개인정보처리자는 제2항제1호에 따른 동의를 받을 때에는 다음 각 호의 사항을 정보주체에게 알려야 한다. 다음 각 호의 어느 하나의 사항을 변경하는 경우에도 이를 알리고 동의를 받아야 한다.
1. 개인정보를 제공받는 자
2. 개인정보의 이용 목적(제공 시에는 제공받는 자의 이용 목적을 말한다)
3. 이용 또는 제공하는 개인정보의 항목
4. 개인정보의 보유 및 이용 기간(제공 시에는 제공받는 자의 보유 및 이용 기간을 말한다)
5. 동의를 거부할 권리가 있다는 사실 및 동의 거부에 따른 불이익이 있는 경우에는 그 불이익의 내용

④ 공공기관은 제2항제2호부터 제6호까지, 제8호부터 제10호까지에 따라 개인정보를 목적 외의 용도로 이용하거나 이를 제3자에게 제공하는 경우에는 그 이용 또는 제공의 법적 근거, 목적 및 범위 등에 관하여 필요한 사항을 보호위원회가 고시로 정하는 바에 따라 관보 또는 인터넷 홈페이지 등에 게재하여야 한다.(2023.3.14 본항개정)
⑤ 개인정보처리자는 제2항 각 호의 어느 하나의 경우에 해당하여 개인정보를 목적 외의 용도로 제3자에게 제공하는 경우에는 개인정보를 제공받는 자에게 이용 목적, 이용 방법, 그 밖에 필요한 사항에 대하여 제한을 하거나, 개인정보의 안전성 확보를 위하여 필요한 조치를 마련하도록 요청하여야 한다. 이 경우 요청을 받은 자는 개인정보의 안전성 확보를 위하여 필요한 조치를 하여야 한다.
(2013.8.6 본조제목개정)

제19조【개인정보를 제공받은 자의 이용·제공 제한】 개인정보처리자로부터 개인정보를 제공받은 자는 다음 각 호의 어느 하나에 해당하는 경우를 제외하고는 개인정보를 제공받은 목적 외의 용도로 이용하거나 이를 제3자에게 제공하여서는 아니 된다.
1. 정보주체로부터 별도의 동의를 받은 경우
2. 다른 법률에 특별한 규정이 있는 경우

제20조【정보주체 이외로부터 수집한 개인정보의 수집 출처 등 통지】 ① 개인정보처리자가 정보주체 이외로부터 수집한 개인정보를 처리하는 때에는 정보주체의 요구가 있으면 즉시 다음 각 호의 모든 사항을 정보주체에게 알려야 한다.
1. 개인정보의 수집 출처
2. 개인정보의 처리 목적
3. 제37조에 따른 개인정보 처리의 정지를 요구하거나 동의를 철회할 권리가 있다는 사실(2023.3.14 본호개정)

② 제1항에도 불구하고 처리하는 개인정보의 종류·규모, 종업원 수 및 매출액 규모 등을 고려하여 대통령령으로 정하는 기준에 해당하는 개인정보처리자가 제17조제1항제1호에 따라 정보주체 이외로부터 개인정보를 수집하여 처리하는 때에는 제1항 각 호의 모든 사항을 정보주체에게 알려야 한다. 다만, 개인정보처리자가 수집한 정보에 연락처 등 정보주체에게 알릴 수 있는 개인정보가 포함되지 아니한 경우에는 그러하지 아니하다.(2016.3.29 본항신설)
③ 제2항 본문에 따라 알리는 경우 정보주체에게 알리는 시기·방법 및 절차 등 필요한 사항은 대통령령으로 정한다.(2016.3.29 본항신설)
④ 제1항과 제2항 본문은 다음 각 호의 어느 하나에 해당하는 경우에는 적용하지 아니한다. 다만, 이 법에 따른 정보주체의 권리보다 명백히 우선하는 경우에 한한다.
(2016.3.29 본문개정)
1. 통지를 요구하는 대상이 되는 개인정보가 제32조제2항 각 호의 어느 하나에 해당하는 개인정보파일에 포함되어 있는 경우(2023.3.14 본호개정)
2. 통지로 인하여 다른 사람의 생명·신체를 해할 우려가 있거나 다른 사람의 재산과 그 밖의 이익을 부당하게 침해할 우려가 있는 경우(2023.3.14 본호개정)
(2023.3.14 본조제목개정)

제20조의2【개인정보 이용·제공 내역의 통지】 ① 대통령령으로 정하는 기준에 해당하는 개인정보처리자는 이 법에 따라 수집한 개인정보의 이용·제공 내역이나 이용·제공 내역을 확인할 수 있는 정보시스템에 접속하는 방법을 주기적으로 정보주체에게 통지하여야 한다. 다만, 연락처 등 정보주체에게 통지할 수 있는 개인정보를 수집·보유하지 아니한 경우에는 통지하지 아니할 수 있다.
② 제1항에 따른 통지의 대상이 되는 정보주체의 범위, 통지 대상 정보, 통지 주기 및 방법 등에 필요한 사항은 대통령령으로 정한다.
(2023.3.14 본조신설)

제21조【개인정보의 파기】 ① 개인정보처리자는 보유기간의 경과, 개인정보의 처리 목적 달성, 가명정보의 처리 기간 경과 등 그 개인정보가 불필요하게 되었을 때에는 지체 없이 그 개인정보를 파기하여야 한다. 다만, 다른 법령에 따라 보존하여야 하는 경우에는 그러하지 아니하다.(2023.3.14 본문개정)
② 개인정보처리자가 제1항에 따라 개인정보를 파기할 때에는 복구 또는 재생되지 아니하도록 조치하여야 한다.
③ 개인정보처리자가 제1항 단서에 따라 개인정보를 파기하지 아니하고 보존하여야 하는 경우에는 해당 개인정보 또는 개인정보파일을 다른 개인정보와 분리하여서 저장·관리하여야 한다.
④ 개인정보의 파기방법 및 절차 등에 필요한 사항은 대통령령으로 정한다.

제22조【동의를 받는 방법】 ① 개인정보처리자는 이 법에 따른 개인정보의 처리에 대하여 정보주체(제22조의2 제1항에 따른 법정대리인을 포함한다. 이하 이 조에서 같다)의 동의를 받을 때에는 각각의 동의 사항을 구분하여 정보주체가 이를 명확하게 인지할 수 있도록 알리고 동의를 받아야 한다. 이 경우 다음 각 호의 경우에는 동의 사항을 구분하여 각각 동의를 받아야 한다.
1. 제15조제1항제1호에 따라 동의를 받는 경우
2. 제17조제1항제1호에 따라 동의를 받는 경우
3. 제18조제2항제1호에 따라 동의를 받는 경우
4. 제19조제1호에 따라 동의를 받는 경우
5. 제23조제1항제1호에 따라 동의를 받는 경우
6. 제24조제1항제1호에 따라 동의를 받는 경우
7. 재화나 서비스를 홍보하거나 판매를 권유하기 위하여 개인정보의 처리에 대한 동의를 받으려는 경우
8. 그 밖에 정보주체를 보호하기 위하여 동의 사항을 구분하여 동의를 받아야 할 필요가 있는 경우로서 대통령령으로 정하는 경우
(2023.3.14 1호～8호신설)
(2023.3.14 본항개정)

② 개인정보처리자는 제1항의 동의를 서면(「전자문서 및 전자거래 기본법」 제2조제1호에 따른 전자문서를 포함한다)으로 받을 때에는 개인정보의 수집·이용 목적, 수집·이용하려는 개인정보의 항목 등 대통령령으로 정하는 중요한 내용을 보호위원회가 고시로 정하는 방법에 따라 명확히 표시하여 알아보기 쉽게 하여야 한다.
(2020.2.4 본항개정)
③ 개인정보처리자는 정보주체의 동의 없이 처리할 수 있는 개인정보에 대해서는 그 항목과 처리의 법적 근거를 정보주체의 동의를 받아 처리하는 개인정보와 구분하여 제30조제2항에 따라 공개하거나 전자우편 등 대통령령으로 정하는 방법에 따라 정보주체에게 알려야 한다. 이 경우 동의 없이 처리할 수 있는 개인정보라는 입증책임은 개인정보처리자가 부담한다.(2023.3.14 전단개정)
④ (2023.3.14 삭제)
⑤ 개인정보처리자는 정보주체가 선택적으로 동의할 수 있는 사항을 동의하지 아니하거나 제1항제3호 및 제7호에 따른 동의를 하지 아니한다는 이유로 정보주체에게 재화 또는 서비스의 제공을 거부하여서는 아니 된다.
(2023.3.14 본항개정)

⑥ (2023.3.14 삭제)
⑦ 제1항부터 제5항까지에서 규정한 사항 외에 정보주체의 동의를 받는 세부적인 방법에 관하여 필요한 사항은 개인정보의 수집매체 등을 고려하여 대통령령으로 정한다.(2023.3.14 본항개정)
제22조의2【아동의 개인정보 보호】 ① 개인정보처리자는 만 14세 미만 아동의 개인정보를 처리하기 위하여 이 법에 따른 동의를 받아야 할 때에는 그 법정대리인의 동의를 받아야 하며, 법정대리인이 동의하였는지를 확인하여야 한다.
② 제1항에도 불구하고 법정대리인의 동의를 받기 위하여 필요한 최소한의 정보로서 대통령령으로 정하는 정보는 법정대리인의 동의 없이 해당 아동으로부터 직접 수집할 수 있다.
③ 개인정보처리자는 만 14세 미만의 아동에게 개인정보 처리와 관련한 사항의 고지 등을 할 때에는 이해하기 쉬운 양식과 명확하고 알기 쉬운 언어를 사용하여야 한다.
④ 제1항부터 제3항까지에서 규정한 사항 외에 동의 및 동의 확인 방법 등에 필요한 사항은 대통령령으로 정한다.(2023.3.14 본조신설)

제2절 개인정보의 처리 제한

제23조【민감정보의 처리 제한】 ① 개인정보처리자는 사상·신념, 노동조합·정당의 가입·탈퇴, 정치적 견해, 건강, 성생활 등에 관한 정보, 그 밖에 정보주체의 사생활을 현저히 침해할 우려가 있는 개인정보로서 대통령령으로 정하는 정보(이하 "민감정보"라 한다)를 처리하여서는 아니 된다. 다만, 다음 각 호의 어느 하나에 해당하는 경우에는 그러하지 아니하다.
1. 정보주체에게 제15조제2항 각 호 또는 제17조제2항 각 호의 사항을 알리고 다른 개인정보의 처리에 대한 동의와 별도로 동의를 받은 경우
2. 법령에서 민감정보의 처리를 요구하거나 허용하는 경우
② 개인정보처리자가 제1항 각 호에 따라 민감정보를 처리하는 경우에는 그 민감정보가 분실·도난·유출·위조·변조 또는 훼손되지 아니하도록 제29조에 따른 안전성 확보에 필요한 조치를 하여야 한다.(2016.3.29 본항신설)
③ 개인정보처리자는 재화 또는 서비스를 제공하는 과정에서 공개되는 정보에 정보주체의 민감정보가 포함됨으로써 사생활 침해의 위험성이 있다고 판단하는 때에는 재화 또는 서비스의 제공 전에 민감정보의 공개 가능성 및 비공개를 선택하는 방법을 정보주체가 알아보기 쉽게 알려야 한다.(2023.3.14 본항신설)
제24조【고유식별정보의 처리 제한】 ① 개인정보처리자는 다음 각 호의 경우를 제외하고는 법령에 따라 개인을 고유하게 구별하기 위하여 부여된 식별정보로서 대통령령으로 정하는 정보(이하 "고유식별정보"라 한다)를 처리할 수 없다.
1. 정보주체에게 제15조제2항 각 호 또는 제17조제2항 각 호의 사항을 알리고 다른 개인정보의 처리에 대한 동의와 별도로 동의를 받은 경우
2. 법령에서 구체적으로 고유식별정보의 처리를 요구하거나 허용하는 경우
② (2013.8.6 삭제)
③ 개인정보처리자가 제1항 각 호에 따라 고유식별정보를 처리하는 경우에는 그 고유식별정보가 분실·도난·유출·위조·변조 또는 훼손되지 아니하도록 대통령령으로 정하는 바에 따라 암호화 등 안전성 확보에 필요한 조치를 하여야 한다.(2015.7.24 본항개정)
④ 보호위원회는 처리하는 개인정보의 종류·규모, 종업원 수 및 매출액 규모 등을 고려하여 대통령령으로 정하는 기준에 해당하는 개인정보처리자가 제3항에 따라 안전성 확보에 필요한 조치를 하였는지에 관하여 대통령령으로 정하는 바에 따라 정기적으로 조사하여야 한다.(2020.2.4 본항개정)
⑤ 보호위원회는 대통령령으로 정하는 전문기관으로 하여금 제4항에 따른 조사를 수행하게 할 수 있다.(2020.2.4 본항개정)
제24조의2【주민등록번호 처리의 제한】 ① 제24조제1항에도 불구하고 개인정보처리자는 다음 각 호의 어느 하나에 해당하는 경우를 제외하고는 주민등록번호를 처리할 수 없다.
1. 법률·대통령령·국회규칙·대법원규칙·헌법재판소규칙·중앙선거관리위원회규칙 및 감사원규칙에서 구체적으로 주민등록번호의 처리를 요구하거나 허용한 경우(2016.3.29 본호개정)
2. 정보주체 또는 제3자의 급박한 생명, 신체, 재산의 이익을 위하여 명백히 필요하다고 인정되는 경우
3. 제1호 및 제2호에 준하여 주민등록번호 처리가 불가피한 경우로서 보호위원회가 고시로 정하는 경우(2020.2.4 본호개정)
② 개인정보처리자는 제24조제3항에도 불구하고 주민등록번호가 분실·도난·유출·위조·변조 또는 훼손되지 아니하도록 암호화 조치를 통하여 안전하게 보관하여야 한다. 이 경우 암호화 적용 대상 및 대상별 적용 시기 등에 관하여 필요한 사항은 개인정보의 처리 규모와 유출 시 영향 등을 고려하여 대통령령으로 정한다.(2015.7.24 전단개정)
③ 개인정보처리자는 제1항 각 호에 따라 주민등록번호를 처리하는 경우에도 정보주체가 인터넷 홈페이지를 통하여 회원으로 가입하는 단계에서는 주민등록번호를 사용하지 아니하고도 회원으로 가입할 수 있는 방법을 제공하여야 한다.
④ 보호위원회는 개인정보처리자가 제3항에 따른 방법을 제공할 수 있도록 관계 법령의 정비, 계획의 수립, 필요한 시설 및 시스템의 구축 등 제반 조치를 마련·지원할 수 있다.(2020.2.4 본항개정)
(2013.8.6 본조신설)
제25조【고정형 영상정보처리기기의 설치·운영 제한】 ① 누구든지 다음 각 호의 경우를 제외하고는 공개된 장소에 고정형 영상정보처리기기를 설치·운영하여서는 아니 된다.(2023.3.14 본문개정)
1. 법령에서 구체적으로 허용하고 있는 경우
2. 범죄의 예방 및 수사를 위하여 필요한 경우
3. 시설의 안전 및 관리, 화재 예방을 위하여 정당한 권한을 가진 자가 설치·운영하는 경우(2023.3.14 본호개정)
4. 교통단속을 위하여 정당한 권한을 가진 자가 설치·운영하는 경우(2023.3.14 본호개정)
5. 교통정보의 수집·분석 및 제공을 위하여 정당한 권한을 가진 자가 설치·운영하는 경우(2023.3.14 본호개정)
6. 촬영된 영상정보를 저장하지 아니하는 경우로서 대통령령으로 정하는 경우(2023.3.14 본호신설)
② 누구든지 불특정 다수가 이용하는 목욕실, 화장실, 발한실(發汗室), 탈의실 등 개인의 사생활을 현저히 침해할 우려가 있는 장소의 내부를 볼 수 있도록 고정형 영상정보처리기기를 설치·운영하여서는 아니 된다. 다만, 교도소, 정신보건 시설 등 법령에 근거하여 사람을 구금하거나 보호하는 시설로서 대통령령으로 정하는 시설에 대하여는 그러하지 아니하다.(2023.3.14 본문개정)
③ 제1항 각 호에 따라 고정형 영상정보처리기기를 설치·운영하려는 공공기관의 장과 제2항 단서에 따라 영상정보처리기기를 설치·운영하려는 자는 공청회·설명회의 개최 등 대통령령으로 정하는 절차를 거쳐 관계 전문가 및 이해관계인의 의견을 수렴하여야 한다.(2023.3.14 본항개정)
④ 제1항 각 호에 따라 고정형 영상정보처리기기를 설치·운영하는 자(이하 "고정형영상정보처리기기운영자"라 한다)는 정보주체가 쉽게 인식할 수 있도록 다음 각 호의 사항이 포함된 안내판을 설치하는 등 필요한 조치를 하여야 한다. 다만, 「군사기지 및 군사시설 보호법」 제2조제2호에 따른 군사시설, 「통합방위법」 제2조제13호에 따른 국가중요시설, 그 밖에 대통령령으로 정하는 시설의 경우에는 그러하지 아니하다.(2023.3.14 본문개정)
1. 설치 목적 및 장소(2016.3.29 본호신설)
2. 촬영 범위 및 시간(2016.3.29 본호신설)
3. 관리책임자의 연락처(2023.3.14 본호개정)
4. 그 밖에 대통령령으로 정하는 사항(2016.3.29 본호신설)
⑤ 고정형영상정보처리기기운영자는 고정형 영상정보처리기기의 설치 목적과 다른 목적으로 고정형 영상정보처리기기를 임의로 조작하거나 다른 곳을 비춰서는 아니 되며, 녹음기능은 사용할 수 없다.(2023.3.14 본항개정)
⑥ 고정형영상정보처리기기운영자는 개인정보가 분실·도난·유출·위조·변조 또는 훼손되지 아니하도록 제29조에 따라 안전성 확보에 필요한 조치를 하여야 한다.(2023.3.14 본항개정)
⑦ 고정형영상정보처리기기운영자는 대통령령으로 정하는 바에 따라 고정형 영상정보처리기기 운영·관리 방침을 마련하여야 한다. 다만, 제30조에 따른 개인정보 처리방침을 정할 때 고정형 영상정보처리기기 운영·관리에 관한 사항을 포함시킨 경우에는 고정형 영상정보처리기기 운영·관리 방침을 마련하지 아니할 수 있다.(2023.3.14 본항개정)
⑧ 고정형영상정보처리기기운영자는 고정형 영상정보처리기기의 설치·운영에 관한 사무를 위탁할 수 있다. 다만, 공공기관이 고정형 영상정보처리기기 설치·운영에 관한 사무를 위탁하는 경우에는 대통령령으로 정하는 절차 및 요건에 따라야 한다.(2023.3.14 본항개정)
(2023.3.14 본조제목개정)
제25조의2【이동형 영상정보처리기기의 운영 제한】 ① 업무를 목적으로 이동형 영상정보처리기기를 운영하려는 자는 다음 각 호의 경우를 제외하고는 공개된 장소에서 이동형 영상정보처리기기로 사람 또는 그 사람과 관련된 사물의 영상(개인정보에 해당하는 경우로 한정한다. 이하 같다)을 촬영하여서는 아니 된다.
1. 제15조제1항 각 호의 어느 하나에 해당하는 경우
2. 촬영 사실을 명확히 표시하여 정보주체가 촬영 사실을 알 수 있도록 하였음에도 불구하고 촬영 거부 의사를 밝히지 아니한 경우. 이 경우 정보주체의 권리를 부당하게 침해할 우려가 없고 합리적인 범위를 초과하지 아니하는 경우로 한정한다.
3. 그 밖에 제1호 및 제2호에 준하는 경우로서 대통령령으로 정하는 경우
② 누구든지 불특정 다수가 이용하는 목욕실, 화장실, 발한실, 탈의실 등 개인의 사생활을 현저히 침해할 우려가 있는 장소의 내부를 볼 수 있는 곳에서 이동형 영상정보처리기기로 사람 또는 그 사람과 관련된 사물의 영상을 촬영하여서는 아니 된다. 다만, 인명의 구조·구급 등을 위하여 필요한 경우로서 대통령령으로 정하는 경우에는 그러하지 아니하다.
③ 제1항 각 호에 해당하여 이동형 영상정보처리기기로 사람 또는 그 사람과 관련된 사물의 영상을 촬영하는 경우에는 불빛, 소리, 안내판 등 대통령령으로 정하는 바에 따라 촬영 사실을 표시하고 알려야 한다.
④ 제1항부터 제3항까지에서 규정한 사항 외에 이동형 영상정보처리기기의 운영에 관하여는 제25조제6항부터 제8항까지의 규정을 준용한다.
(2023.3.14 본조신설)
제26조【업무위탁에 따른 개인정보의 처리 제한】 ① 개인정보처리자가 제3자에게 개인정보의 처리 업무를 위탁하는 경우에는 다음 각 호의 내용이 포함된 문서로 하여야 한다.(2023.3.14 본문개정)
1. 위탁업무 수행 목적 외 개인정보의 처리 금지에 관한 사항
2. 개인정보의 기술적·관리적 보호조치에 관한 사항
3. 그 밖에 개인정보의 안전한 관리를 위하여 대통령령으로 정한 사항
② 제1항에 따라 개인정보의 처리 업무를 위탁하는 개인정보처리자(이하 "위탁자"라 한다)는 위탁하는 업무의 내용과 개인정보 처리 업무를 위탁받아 처리하는 자(개인정보 처리 업무를 위탁받아 처리하는 자로부터 위탁받은 업무를 다시 위탁받은 제3자를 포함하며, 이하 "수탁자"라 한다)를 정보주체가 언제든지 쉽게 확인할 수 있도록 대통령령으로 정하는 방법에 따라 공개하여야 한다.(2023.3.14 본항개정)
③ 위탁자가 재화 또는 서비스를 홍보하거나 판매를 권유하는 업무를 위탁하는 경우에는 대통령령으로 정하는 방법에 따라 위탁하는 업무의 내용과 수탁자를 정보주체에게 알려야 한다. 위탁하는 업무의 내용이나 수탁자가 변경된 경우에도 또한 같다.
④ 위탁자는 업무 위탁으로 인하여 정보주체의 개인정보가 분실·도난·유출·위조·변조 또는 훼손되지 아니하도록 수탁자를 교육하고, 처리 현황 점검 등 대통령령으로 정하는 바에 따라 수탁자가 개인정보를 안전하게 처리하는지를 감독하여야 한다.(2015.7.24 본항개정)
⑤ 수탁자는 개인정보처리자로부터 위탁받은 해당 업무 범위를 초과하여 개인정보를 이용하거나 제3자에게 제공하여서는 아니 된다.
⑥ 수탁자는 위탁받은 개인정보의 처리 업무를 제3자에게 다시 위탁하려는 경우에는 위탁자의 동의를 받아야 한다.(2023.3.14 본항신설)
⑦ 수탁자가 위탁받은 업무와 관련하여 개인정보를 처리하는 과정에서 이 법을 위반하여 발생한 손해배상책임에 대하여는 수탁자를 개인정보처리자의 소속 직원으로 본다.
⑧ 수탁자에 관하여는 제15조부터 제18조까지, 제21조, 제22조, 제22조의2, 제23조, 제24조, 제24조의2, 제25조, 제25조의2, 제27조, 제28조, 제28조의2부터 제28조의5까지, 제28조의7부터 제28조의11까지, 제29조, 제30조, 제30조의2, 제31조, 제33조, 제34조, 제34조의2, 제35조, 제35조의2, 제36조, 제37조, 제37조의2, 제38조, 제59조, 제63조, 제63조의2 및 제64조의2를 준용한다. 이 경우 "개인정보처리자"는 "수탁자"로 본다.(2023.3.14 본항개정)
제27조【영업양도 등에 따른 개인정보의 이전 제한】 ① 개인정보처리자는 영업의 전부 또는 일부의 양도·합병 등으로 개인정보를 다른 사람에게 이전하는 경우에는 미리 다음 각 호의 사항을 대통령령으로 정하는 방법에 따라 해당 정보주체에게 알려야 한다.
1. 개인정보를 이전하려는 사실
2. 개인정보를 이전받는 자(이하 "영업양수자등"이라 한다)의 성명(법인의 경우에는 법인의 명칭을 말한다), 주소, 전화번호 및 그 밖의 연락처
3. 정보주체가 개인정보의 이전을 원하지 아니하는 경우 조치할 수 있는 방법 및 절차
② 영업양수자등은 개인정보를 이전받았을 때에는 지체 없이 그 사실을 대통령령으로 정하는 방법에 따라 정보주체에게 알려야 한다. 다만, 개인정보처리자가 제1항에 따라 그 이전 사실을 이미 알린 경우에는 그러하지 아니하다.
③ 영업양수자등은 영업의 양도·합병 등으로 개인정보를 이전받은 경우에는 이전 당시의 본래 목적으로만 개인정보를 이용하거나 제3자에게 제공할 수 있다. 이 경우 영업양수자등은 개인정보처리자로 본다.
제28조【개인정보취급자에 대한 감독】 ① 개인정보처리자는 개인정보를 처리함에 있어서 개인정보가 안전하게 관리될 수 있도록 임직원, 파견근로자, 시간제근로자 등 개인정보처리자의 지휘·감독을 받아 개인정보를 처리하는 자(이하 "개인정보취급자"라 한다)의 범위를 최소한으로 제한하고, 개인정보취급자에 대하여 적절한 관리·감독을 하여야 한다.(2023.3.14 본항개정)

② 개인정보처리자는 개인정보의 적정한 취급을 보장하기 위하여 개인정보취급자에게 정기적으로 필요한 교육을 실시하여야 한다.

제3절 가명정보의 처리에 관한 특례
(2020.2.4 본절신설)

제28조의2【가명정보의 처리 등】 ① 개인정보처리자는 통계작성, 과학적 연구, 공익적 기록보존 등을 위하여 정보주체의 동의 없이 가명정보를 처리할 수 있다.
② 개인정보처리자는 제1항에 따라 가명정보를 제3자에게 제공하는 경우에는 특정 개인을 알아보기 위하여 사용될 수 있는 정보를 포함해서는 아니 된다.

제28조의3【가명정보의 결합 제한】 ① 제28조의2에도 불구하고 통계작성, 과학적 연구, 공익적 기록보존 등을 위한 서로 다른 개인정보처리자 간의 가명정보의 결합은 보호위원회 또는 관계 중앙행정기관의 장이 지정하는 전문기관이 수행한다.
② 결합을 수행한 기관 외부로 결합된 정보를 반출하려는 개인정보처리자는 가명정보 또는 제58조의2에 해당하는 정보로 처리한 뒤 전문기관의 장의 승인을 받아야 한다.
③ 제1항에 따른 결합 절차와 방법, 전문기관의 지정과 지정 취소 기준·절차, 관리·감독, 제2항에 따른 반출 및 승인 기준·절차 등 필요한 사항은 대통령령으로 정한다.

제28조의4【가명정보에 대한 안전조치의무 등】 ① 개인정보처리자는 제28조의2 또는 제28조의3에 따라 가명정보를 처리하는 경우에는 원래의 상태로 복원하기 위한 추가 정보를 별도로 분리하여 보관·관리하는 등 해당 정보가 분실·도난·유출·위조·변조 또는 훼손되지 않도록 대통령령으로 정하는 바에 따라 안전성 확보에 필요한 기술적·관리적 및 물리적 조치를 하여야 한다.
② 개인정보처리자는 제28조의2 또는 제28조의3에 따라 가명정보를 처리하는 경우 처리목적 등을 고려하여 가명정보의 처리 기간을 별도로 정할 수 있다.(2023.3.14 본항신설)
③ 개인정보처리자는 제28조의2 또는 제28조의3에 따라 가명정보를 처리하고자 하는 경우에는 가명정보의 처리 목적, 제3자 제공 시 제공받는 자, 가명정보의 처리 기간(제2항에 따라 처리 기간을 별도로 정한 경우에 한한다) 등 가명정보의 처리 내용을 관리하기 위하여 대통령령으로 정하는 사항에 대한 관련 기록을 작성하여 보관하여야 하며, 가명정보를 파기한 경우에는 파기한 날부터 3년 이상 보관하여야 한다.
(2023.3.14 본조개정)

제28조의5【가명정보 처리 시 금지의무 등】 ① 제28조의2 또는 제28조의3에 따라 가명정보를 처리하는 자는 특정 개인을 알아보기 위한 목적으로 가명정보를 처리해서는 아니 된다.
② 개인정보처리자는 제28조의2 또는 제28조의3에 따라 가명정보를 처리하는 과정에서 특정 개인을 알아볼 수 있는 정보가 생성된 경우에는 즉시 해당 정보의 처리를 중지하고, 지체 없이 회수·파기하여야 한다.
(2023.3.14 본조개정)

제28조의6 (2023.3.14 삭제)

제28조의7【적용범위】 제28조의2 또는 제28조의3에 따라 처리된 가명정보는 제20조, 제20조의2, 제27조, 제34조제1항, 제35조, 제35조의2, 제36조 및 제37조를 적용하지 아니한다.(2023.3.14 본조개정)

제4절 개인정보의 국외 이전
(2023.3.14 본절신설)

제28조의8【개인정보의 국외 이전】 ① 개인정보처리자는 개인정보를 국외로 제공(조회되는 경우를 포함한다)·처리위탁·보관(이하 이 절에서 "이전"이라 한다)하여서는 아니 된다. 다만, 다음 각 호의 어느 하나에 해당하는 경우에는 개인정보를 국외로 이전할 수 있다.
1. 정보주체로부터 국외 이전에 관한 별도의 동의를 받은 경우
2. 법률, 대한민국을 당사자로 하는 조약 또는 그 밖의 국제협정에 개인정보의 국외 이전에 관한 특별한 규정이 있는 경우
3. 정보주체와의 계약의 체결 및 이행을 위하여 개인정보의 처리위탁·보관이 필요한 경우로서 다음 각 목의 어느 하나에 해당하는 경우
  가. 제2항 각 호의 사항을 제30조에 따른 개인정보 처리방침에 공개한 경우
  나. 전자우편 등 대통령령으로 정하는 방법에 따라 제2항 각 호의 사항을 정보주체에게 알린 경우
4. 개인정보를 이전받는 자가 제32조의2에 따른 개인정보 보호 인증 등 보호위원회가 정하여 고시하는 인증을 받은 경우로서 다음 각 목의 조치를 모두 한 경우
  가. 개인정보 보호에 필요한 안전조치 및 정보주체 권리보장에 필요한 조치
  나. 인증받은 사항을 개인정보가 이전되는 국가에서 이행하기 위하여 필요한 조치
5. 개인정보가 이전되는 국가 또는 국제기구의 개인정보 보호체계, 정보주체 권리보장 범위, 피해구제 절차 등이 이 법에 따른 개인정보 보호 수준과 실질적으로 동등한 수준을 갖추었다고 보호위원회가 인정하는 경우
② 개인정보처리자는 제1항제1호에 따른 동의를 받을 때에는 미리 다음 각 호의 사항을 정보주체에게 알려야 한다.
1. 이전되는 개인정보 항목
2. 개인정보가 이전되는 국가, 시기 및 방법
3. 개인정보를 이전받는 자의 성명(법인인 경우에는 그 명칭과 연락처를 말한다)
4. 개인정보를 이전받는 자의 개인정보 이용목적 및 보유·이용 기간
5. 개인정보의 이전을 거부하는 방법, 절차 및 거부의 효과
③ 개인정보처리자는 제2항 각 호의 어느 하나에 해당하는 사항을 변경하는 경우에는 정보주체에게 알리고 동의를 받아야 한다.
④ 개인정보처리자는 제1항 각 호 외의 부분 단서에 따라 개인정보를 국외로 이전하는 경우 국외 이전과 관련한 이 법의 다른 규정, 제17조부터 제19조까지의 규정 및 제5장의 규정을 준수하여야 하고, 대통령령으로 정하는 보호조치를 하여야 한다.
⑤ 개인정보처리자는 이 법을 위반하는 사항을 내용으로 하는 개인정보의 국외 이전에 관한 계약을 체결하여서는 아니 된다.
⑥ 제1항부터 제5항까지에서 규정한 사항 외에 개인정보 국외 이전의 기준 및 절차 등에 필요한 사항은 대통령령으로 정한다.

제28조의9【개인정보의 국외 이전 중지 명령】 ① 보호위원회는 개인정보의 국외 이전이 계속되고 있거나 추가적인 국외 이전이 예상되는 경우로서 다음 각 호의 어느 하나에 해당하는 경우에는 개인정보처리자에게 개인정보의 국외 이전을 중지할 것을 명할 수 있다.
1. 제28조의8제1항, 제4항 또는 제5항을 위반한 경우
2. 개인정보를 이전받는 자나 개인정보가 이전되는 국가 또는 국제기구가 이 법에 따른 개인정보 보호 수준에 비하여 개인정보를 적정하게 보호하지 아니하여 정보주체에게 피해가 발생하거나 발생할 우려가 현저한 경우
② 개인정보처리자는 제1항에 따른 국외 이전 중지 명령을 받은 경우에는 명령을 받은 날부터 7일 이내에 보호위원회에 이의를 제기할 수 있다.
③ 제1항에 따른 개인정보 국외 이전 중지 명령의 기준, 제2항에 따른 불복 절차 등에 필요한 사항은 대통령령으로 정한다.

제28조의10【상호주의】 제28조의8에도 불구하고 개인정보의 국외 이전을 제한하는 국가의 개인정보처리자에 대해서는 해당 국가의 수준에 상응하는 제한을 할 수 있다. 다만, 조약 또는 그 밖의 국제협정의 이행에 필요한 경우에는 그러하지 아니하다.

제28조의11【준용규정】 제28조의8제1항 각 호 외의 부분 단서에 따라 개인정보를 이전받은 자가 해당 개인정보를 제3국으로 이전하는 경우에 관하여는 제28조의8 및 제28조의9를 준용한다. 이 경우 "개인정보처리자"는 "개인정보를 이전받은 자"로, "개인정보를 이전받는 자"는 "제3국에서 개인정보를 이전받는 자"로 본다.

제4장 개인정보의 안전한 관리

제29조【안전조치의무】 개인정보처리자는 개인정보가 분실·도난·유출·위조·변조 또는 훼손되지 아니하도록 내부 관리계획 수립, 접속기록 보관 등 대통령령으로 정하는 바에 따라 안전성 확보에 필요한 기술적·관리적 및 물리적 조치를 하여야 한다.(2015.7.24 본조개정)

제30조【개인정보 처리방침의 수립 및 공개】 ① 개인정보처리자는 다음 각 호의 사항이 포함된 개인정보의 처리 방침(이하 "개인정보 처리방침"이라 한다)을 정하여야 한다. 이 경우 공공기관은 제32조에 따라 등록대상이 되는 개인정보파일에 대하여 개인정보 처리방침을 정한다.
1. 개인정보의 처리 목적
2. 개인정보의 처리 및 보유 기간
3. 개인정보의 제3자 제공에 관한 사항(해당되는 경우에만 정한다)
3의2. 개인정보의 파기절차 및 파기방법(제21조제1항 단서에 따라 개인정보를 보존하여야 하는 경우에는 그 보존근거와 보존하는 개인정보 항목을 포함한다)
(2020.2.4 본호신설)
3의3. 제23조제3항에 따른 민감정보의 공개 가능성 및 비공개를 선택하는 방법(해당되는 경우에만 정한다)
(2023.3.14 본호신설)
4. 개인정보처리의 위탁에 관한 사항(해당되는 경우에만 정한다)
4의2. 제28조의2 및 제28조의3에 따른 가명정보의 처리 등에 관한 사항(해당되는 경우에만 정한다)(2023.3.14 본호신설)
5. 정보주체와 법정대리인의 권리·의무 및 그 행사방법에 관한 사항(2016.3.29 본호개정)
6. 제31조에 따른 개인정보 보호책임자의 성명 또는 개인정보 보호업무 및 관련 고충사항을 처리하는 부서의 명칭과 전화번호 등 연락처(2016.3.29 본호신설)
7. 인터넷 접속정보파일 등 개인정보를 자동으로 수집하는 장치의 설치·운영 및 그 거부에 관한 사항(해당하는 경우에만 정한다)(2016.3.29 본호신설)
8. 그 밖에 개인정보의 처리에 관하여 대통령령으로 정한 사항
② 개인정보처리자가 개인정보 처리방침을 수립하거나 변경하는 경우에는 정보주체가 쉽게 확인할 수 있도록 대통령령으로 정하는 방법에 따라 공개하여야 한다.
③ 개인정보 처리방침의 내용과 개인정보처리자와 정보주체 간에 체결한 계약의 내용이 다른 경우에는 정보주체에게 유리한 것을 적용한다.
④ 보호위원회는 개인정보 처리방침의 작성지침을 정하여 개인정보처리자에게 그 준수를 권장할 수 있다.
(2020.2.4 본항개정)

제30조의2【개인정보 처리방침의 평가 및 개선권고】 ① 보호위원회는 개인정보 처리방침에 관하여 다음 각 호의 사항을 평가하고, 평가 결과 개선이 필요하다고 인정하는 경우에는 개인정보처리자에게 제61조제2항에 따라 개선을 권고할 수 있다.
1. 이 법에 따라 개인정보 처리방침에 포함하여야 할 사항을 적정하게 정하고 있는지 여부
2. 개인정보 처리방침을 알기 쉽게 작성하였는지 여부
3. 개인정보 처리방침을 정보주체가 쉽게 확인할 수 있는 방법으로 공개하고 있는지 여부
② 개인정보 처리방침의 평가 대상, 기준 및 절차 등에 필요한 사항은 대통령령으로 정한다.
(2023.3.14 본조신설)

제31조【개인정보 보호책임자의 지정 등】 ① 개인정보처리자는 개인정보의 처리에 관한 업무를 총괄해서 책임질 개인정보 보호책임자를 지정하여야 한다. 다만, 종업원 수, 매출액 등이 대통령령으로 정하는 기준에 해당하는 개인정보처리자의 경우에는 지정하지 아니할 수 있다.
(2023.3.14 단서신설)
② 제1항 단서에 따라 개인정보 보호책임자를 지정하지 아니하는 경우에는 개인정보처리자의 사업주 또는 대표자가 개인정보 보호책임자가 된다.(2023.3.14 본항신설)
③ 개인정보 보호책임자는 다음 각 호의 업무를 수행한다.
1. 개인정보 보호 계획의 수립 및 시행
2. 개인정보 처리 실태 및 관행의 정기적인 조사 및 개선
3. 개인정보 처리와 관련한 불만의 처리 및 피해 구제
4. 개인정보 유출 및 오용·남용 방지를 위한 내부통제시스템의 구축
5. 개인정보 보호 교육 계획의 수립 및 시행
6. 개인정보파일의 보호 및 관리·감독
7. 그 밖에 개인정보의 적절한 처리를 위하여 대통령령으로 정한 업무
④ 개인정보 보호책임자는 제3항 각 호의 업무를 수행함에 있어서 필요한 경우 개인정보의 처리 현황, 처리 체계 등에 대하여 수시로 조사하거나 관계 당사자로부터 보고를 받을 수 있다.(2023.3.14 본항개정)
⑤ 개인정보 보호책임자는 개인정보 보호와 관련하여 이 법 및 다른 관계 법령의 위반 사실을 알게 된 경우에는 즉시 개선조치를 하여야 하며, 필요하면 소속 기관 또는 단체의 장에게 개선조치를 보고하여야 한다.
⑥ 개인정보처리자는 개인정보 보호책임자가 제3항 각 호의 업무를 수행함에 있어서 정당한 이유 없이 불이익을 주거나 받게 하여서는 아니 되며, 개인정보 보호책임자가 업무를 독립적으로 수행할 수 있도록 보장하여야 한다.(2023.3.14 본항개정)
⑦ 개인정보처리자는 개인정보의 안전한 처리 및 보호, 정보의 교류, 그 밖에 대통령령으로 정하는 공동의 사업을 수행하기 위하여 제1항에 따른 개인정보 보호책임자를 구성원으로 하는 개인정보 보호책임자 협의회를 구성·운영할 수 있다.(2023.3.14 본항신설)
⑧ 보호위원회는 제7항에 따른 개인정보 보호책임자 협의회의 활동에 필요한 지원을 할 수 있다.(2023.3.14 본항신설)
⑨ 제1항에 따른 개인정보 보호책임자의 자격요건, 제3항에 따른 업무 및 제6항에 따른 독립성 보장 등에 필요한 사항은 매출액, 개인정보의 보유 규모 등을 고려하여 대통령령으로 정한다.(2023.3.14 본항개정)
(2023.3.14 본조제목개정)

제31조의2【국내대리인의 지정】 ① 국내에 주소 또는 영업소가 없는 개인정보처리자로서 매출액, 개인정보의 보유 규모 등을 고려하여 대통령령으로 정하는 자는 다음 각 호의 사항을 대리하는 자(이하 "국내대리인"이라 한다)를 지정하여야 한다. 이 경우 국내대리인의 지정은 문서로 하여야 한다.
1. 제31조제3항에 따른 개인정보 보호책임자의 업무
2. 제34조제1항 및 제3항에 따른 개인정보 유출 등의 통지 및 신고
3. 제63조제1항에 따른 물품·서류 등 자료의 제출
(2023.3.14 본항개정)

② 국내대리인은 국내에 주소 또는 영업소가 있어야 한다.(2023.3.14 본항개정)
③ 개인정보처리자는 제1항에 따라 국내대리인을 지정하는 경우에는 다음 각 호의 사항을 개인정보 처리방침에 포함하여야 한다.(2023.3.14 본문개정)
1. 국내대리인의 성명(법인의 경우에는 그 명칭 및 대표자의 성명을 말한다)
2. 국내대리인의 주소(법인의 경우에는 영업소의 소재지를 말한다), 전화번호 및 전자우편 주소(2023.3.14 본호개정)
④ 국내대리인이 제1항 각 호와 관련하여 이 법을 위반한 경우에는 개인정보처리자가 그 행위를 한 것으로 본다.(2023.3.14 본항개정)

제32조【개인정보파일의 등록 및 공개】 ① 공공기관의 장이 개인정보파일을 운용하는 경우에는 다음 각 호의 사항을 보호위원회에 등록하여야 한다. 등록한 사항이 변경된 경우에도 또한 같다.(2020.2.4 전단개정)
1. 개인정보파일의 명칭
2. 개인정보파일의 운영 근거 및 목적
3. 개인정보파일에 기록되는 개인정보의 항목
4. 개인정보의 처리방법
5. 개인정보의 보유기간
6. 개인정보를 통상적 또는 반복적으로 제공하는 경우에는 그 제공받는 자
7. 그 밖에 대통령령으로 정하는 사항
② 다음 각 호의 어느 하나에 해당하는 개인정보파일에 대하여는 제1항을 적용하지 아니한다.
1. 국가 안전, 외교상 비밀, 그 밖에 국가의 중대한 이익에 관한 사항을 기록한 개인정보파일
2. 범죄의 수사, 공소의 제기 및 유지, 형 및 감호의 집행, 교정처분, 보호처분, 보안관찰처분과 출입국관리에 관한 사항을 기록한 개인정보파일
3. 「조세범처벌법」에 따른 범칙행위 조사 및 「관세법」에 따른 범칙행위 조사에 관한 사항을 기록한 개인정보파일
4. 일회적으로 운영되는 파일 등 지속적으로 관리할 필요성이 낮다고 인정되어 대통령령으로 정하는 개인정보파일(2023.3.14 본호개정)
5. 다른 법령에 따라 비밀로 분류된 개인정보파일
③ 보호위원회는 필요하면 제1항에 따른 개인정보파일의 등록여부와 그 내용을 검토하여 해당 공공기관의 장에게 개선을 권고할 수 있다.(2023.3.14 본항개정)
④ 보호위원회는 정보주체의 권리 보장 등을 위하여 필요한 경우 제1항에 따른 개인정보파일의 등록 현황을 누구든지 쉽게 열람할 수 있도록 공개할 수 있다.
(2023.3.14 본항개정)
⑤ 제1항에 따른 등록과 제4항에 따른 공개의 방법, 범위 및 절차에 관하여 필요한 사항은 대통령령으로 정한다.
⑥ 국회, 법원, 헌법재판소, 중앙선거관리위원회(그 소속 기관을 포함한다)의 개인정보파일 등록 및 공개에 관하여는 국회규칙, 대법원규칙, 헌법재판소규칙 및 중앙선거관리위원회규칙으로 정한다.

제32조의2【개인정보 보호 인증】 ① 보호위원회는 개인정보처리자의 개인정보 처리 및 보호와 관련한 일련의 조치가 이 법에 부합하는지 등에 관하여 인증할 수 있다.
(2020.2.4 본항개정)
② 제1항에 따른 인증의 유효기간은 3년으로 한다.
③ 보호위원회는 다음 각 호의 어느 하나에 해당하는 경우에는 대통령령으로 정하는 바에 따라 제1항에 따른 인증을 취소할 수 있다. 다만, 제1호에 해당하는 경우에는 취소하여야 한다.(2020.2.4 본문개정)
1. 거짓이나 그 밖의 부정한 방법으로 개인정보 보호 인증을 받은 경우
2. 제4항에 따른 사후관리를 거부 또는 방해한 경우
3. 제8항에 따른 인증기준에 미달하게 된 경우
4. 개인정보 보호 관련 법령을 위반하고 그 위반사유가 중대한 경우
④ 보호위원회는 개인정보 보호 인증의 실효성 유지를 위하여 연 1회 이상 사후관리를 실시하여야 한다.
(2020.2.4 본항개정)
⑤ 보호위원회는 대통령령으로 정하는 전문기관으로 하여금 제1항에 따른 인증, 제3항에 따른 인증 취소, 제4항에 따른 사후관리 및 제7항에 따른 인증 심사원 관리 업무를 수행하게 할 수 있다.(2020.2.4 본항개정)
⑥ 제1항에 따른 인증을 받은 자는 대통령령으로 정하는 바에 따라 인증의 내용을 표시하거나 홍보할 수 있다.
⑦ 제1항에 따른 인증을 위하여 필요한 심사를 수행할 심사원의 자격 및 자격 취소 요건 등에 관하여는 전문성과 경력 및 그 밖에 필요한 사항을 고려하여 대통령령으로 정한다.
⑧ 그 밖에 개인정보 관리체계, 정보주체 권리보장, 안전성 확보조치가 이 법에 부합하는지 여부 등 제1항에 따른 인증의 기준·방법·절차 등 필요한 사항은 대통령령으로 정한다.
(2015.7.24 본조신설)

제33조【개인정보 영향평가】 ① 공공기관의 장은 대통령령으로 정하는 기준에 해당하는 개인정보파일의 운용으로 인하여 정보주체의 개인정보 침해가 우려되는 경우에는 그 위험요인의 분석과 개선 사항 도출을 위한 평가(이하 "영향평가"라 한다)를 하고 그 결과를 보호위원회에 제출하여야 한다.(2023.3.14 후단삭제)
② 보호위원회는 대통령령으로 정하는 인력·설비 및 그 밖에 필요한 요건을 갖춘 자를 영향평가를 수행하는 기관(이하 "평가기관"이라 한다)으로 지정할 수 있으며, 공공기관의 장은 영향평가를 평가기관에 의뢰하여야 한다.
(2023.3.14 본항신설)
③ 영향평가를 하는 경우에는 다음 각 호의 사항을 고려하여야 한다.
1. 처리하는 개인정보의 수
2. 개인정보의 제3자 제공 여부
3. 정보주체의 권리를 해할 가능성 및 그 위험 정도
4. 그 밖에 대통령령으로 정한 사항
④ 보호위원회는 제1항에 따라 제출받은 영향평가 결과에 대하여 의견을 제시할 수 있다.(2020.2.4 본항개정)
⑤ 공공기관의 장은 제1항에 따라 영향평가를 한 개인정보파일을 제32조제1항에 따라 등록할 때에는 영향평가 결과를 함께 첨부하여야 한다.
⑥ 보호위원회는 영향평가의 활성화를 위하여 관계 전문가의 육성, 영향평가 기준의 개발·보급 등 필요한 조치를 마련하여야 한다.(2020.2.4 본항개정)
⑦ 보호위원회는 제2항에 따라 지정된 평가기관이 다음 각 호의 어느 하나에 해당하는 경우에는 평가기관의 지정을 취소할 수 있다. 다만, 제1호 또는 제2호에 해당하는 경우에는 평가기관의 지정을 취소하여야 한다.
1. 거짓이나 그 밖의 부정한 방법으로 지정을 받은 경우
2. 지정된 평가기관 스스로 지정취소를 원하거나 폐업한 경우
3. 제2항에 따른 지정요건을 충족하지 못하게 된 경우
4. 고의 또는 중대한 과실로 영향평가업무를 부실하게 수행하여 그 업무를 적정하게 수행할 수 없다고 인정되는 경우
5. 그 밖에 대통령령으로 정하는 사유에 해당하는 경우
(2023.3.14 본항신설)
⑧ 보호위원회는 제7항에 따라 지정을 취소하는 경우에는 「행정절차법」에 따른 청문을 실시하여야 한다.
(2023.3.14 본항신설)
⑨ 제1항에 따른 영향평가의 기준·방법·절차 등에 관하여 필요한 사항은 대통령령으로 정한다.(2023.3.14 본항개정)
⑩ 국회, 법원, 헌법재판소, 중앙선거관리위원회(그 소속 기관을 포함한다)의 영향평가에 관한 사항은 국회규칙, 대법원규칙, 헌법재판소규칙 및 중앙선거관리위원회규칙으로 정하는 바에 따른다.
⑪ 공공기관 외의 개인정보처리자는 개인정보파일 운용으로 인하여 정보주체의 개인정보 침해가 우려되는 경우에는 영향평가를 하기 위하여 적극 노력하여야 한다.

제34조【개인정보 유출 등의 통지·신고】 ① 개인정보처리자는 개인정보가 분실·도난·유출(이하 이 조에서 "유출등"이라 한다)되었음을 알게 되었을 때에는 지체 없이 해당 정보주체에게 다음 각 호의 사항을 알려야 한다. 다만, 정보주체의 연락처를 알 수 없는 경우 등 정당한 사유가 있는 경우에는 대통령령으로 정하는 바에 따라 통지를 갈음하는 조치를 취할 수 있다.(2023.3.14 본문개정)
1. 유출등이 된 개인정보의 항목
2. 유출등이 된 시점과 그 경위
3. 유출등으로 인하여 발생할 수 있는 피해를 최소화하기 위하여 정보주체가 할 수 있는 방법 등에 관한 정보
(2023.3.14 1호~3호개정)
4. 개인정보처리자의 대응조치 및 피해 구제절차
5. 정보주체에게 피해가 발생한 경우 신고 등을 접수할 수 있는 담당부서 및 연락처
② 개인정보처리자는 개인정보가 유출등이 된 경우 그 피해를 최소화하기 위한 대책을 마련하고 필요한 조치를 하여야 한다.(2023.3.14 본항개정)
③ 개인정보처리자는 개인정보의 유출등이 있음을 알게 되었을 때에는 개인정보의 유형, 유출등의 경로 및 규모 등을 고려하여 대통령령으로 정하는 바에 따라 제1항 각 호의 사항을 지체 없이 보호위원회 또는 대통령령으로 정하는 전문기관에 신고하여야 한다. 이 경우 보호위원회 또는 대통령령으로 정하는 전문기관은 피해 확산방지, 피해 복구 등을 위한 기술을 지원할 수 있다.(2023.3.14 전단개정)
④ 제1항에 따른 유출등의 통지 및 제3항에 따른 유출등의 신고의 시기, 방법, 절차 등에 필요한 사항은 대통령령으로 정한다.(2023.3.14 본항개정)
(2023.3.14 본조제목개정)

제34조의2【노출된 개인정보의 삭제·차단】 ① 개인정보처리자는 고유식별정보, 계좌정보, 신용카드정보 등 개인정보가 정보통신망을 통하여 공중(公衆)에 노출되지 아니하도록 하여야 한다.
② 개인정보처리자는 공중에 노출된 개인정보에 대하여 보호위원회 또는 대통령령으로 지정한 전문기관의 요청이 있는 경우에는 해당 정보를 삭제하거나 차단하는 등 필요한 조치를 하여야 한다.
(2023.3.14 본조개정)

제5장 정보주체의 권리 보장

제35조【개인정보의 열람】 ① 정보주체는 개인정보처리자가 처리하는 자신의 개인정보에 대한 열람을 해당 개인정보처리자에게 요구할 수 있다.
② 제1항에도 불구하고 정보주체가 자신의 개인정보에 대한 열람을 공공기관에 요구하고자 할 때에는 공공기관에 직접 열람을 요구하거나 대통령령으로 정하는 바에 따라 보호위원회를 통하여 열람을 요구할 수 있다.
(2020.2.4 본항개정)
③ 개인정보처리자는 제1항 및 제2항에 따른 열람을 요구받았을 때에는 대통령령으로 정하는 기간 내에 정보주체가 해당 개인정보를 열람할 수 있도록 하여야 한다. 이 경우 해당 기간 내에 열람할 수 없는 정당한 사유가 있을 때에는 정보주체에게 그 사유를 알리고 열람을 연기할 수 있으며, 그 사유가 소멸하면 지체 없이 열람하게 하여야 한다.
④ 개인정보처리자는 다음 각 호의 어느 하나에 해당하는 경우에는 정보주체에게 그 사유를 알리고 열람을 제한하거나 거절할 수 있다.
1. 법률에 따라 열람이 금지되거나 제한되는 경우
2. 다른 사람의 생명·신체를 해할 우려가 있거나 다른 사람의 재산과 그 밖의 이익을 부당하게 침해할 우려가 있는 경우
3. 공공기관이 다음 각 목의 어느 하나에 해당하는 업무를 수행할 때 중대한 지장을 초래하는 경우
가. 조세의 부과·징수 또는 환급에 관한 업무
나. 「초·중등교육법」 및 「고등교육법」에 따른 각급 학교, 「평생교육법」에 따른 평생교육시설, 그 밖의 다른 법률에 따라 설치된 고등교육기관에서의 성적 평가 또는 입학자 선발에 관한 업무
다. 학력·기능 및 채용에 관한 시험, 자격 심사에 관한 업무
라. 보상금·급부금 산정 등에 대하여 진행 중인 평가 또는 판단에 관한 업무
마. 다른 법률에 따라 진행 중인 감사 및 조사에 관한 업무
⑤ 제1항부터 제4항까지의 규정에 따른 열람 요구, 열람 제한, 통지 등의 방법 및 절차에 관하여 필요한 사항은 대통령령으로 정한다.

제35조의2【개인정보의 전송 요구】 ① 정보주체는 개인정보 처리 능력 등을 고려하여 대통령령으로 정하는 기준에 해당하는 개인정보처리자에 대하여 다음 각 호의 요건을 모두 충족하는 개인정보를 자신에게로 전송할 것을 요구할 수 있다.
1. 정보주체가 전송을 요구하는 개인정보가 정보주체 본인에 관한 개인정보로서 다음 각 목의 어느 하나에 해당하는 정보일 것
가. 제15조제1항제1호, 제23조제1항제1호 또는 제24조제1항제1호에 따른 동의를 받아 처리되는 개인정보
나. 제15조제1항제4호에 따라 체결한 계약을 이행하거나 계약을 체결하는 과정에서 정보주체의 요청에 따른 조치를 이행하기 위하여 처리되는 개인정보
다. 제15조제1항제2호·제3호, 제23조제1항제2호 또는 제24조제1항제2호에 따라 처리되는 개인정보 중 정보주체의 이익이나 공익적 목적을 위하여 관계 중앙행정기관의 장의 요청에 따라 보호위원회가 심의·의결하여 전송 요구의 대상으로 지정한 개인정보
2. 전송을 요구하는 개인정보가 개인정보처리자가 수집한 개인정보를 기초로 분석·가공하여 별도로 생성한 정보가 아닐 것
3. 전송을 요구하는 개인정보가 컴퓨터 등 정보처리장치로 처리되는 개인정보일 것
② 정보주체는 매출액, 개인정보의 보유 규모, 개인정보 처리 능력, 산업별 특성 등을 고려하여 대통령령으로 정하는 기준에 해당하는 개인정보처리자에 대하여 제1항에 따른 전송 요구 대상인 개인정보를 기술적으로 허용되는 합리적인 범위에서 다음 각 호의 자에게 전송할 것을 요구할 수 있다.
1. 제35조의3제1항에 따른 개인정보관리 전문기관
2. 제29조에 따른 안전조치의무를 이행하고 대통령령으로 정하는 시설 및 기술 기준을 충족하는 자
③ 개인정보처리자는 제1항 및 제2항에 따른 전송 요구를 받은 경우에는 시간, 비용, 기술적으로 허용되는 합리적인 범위에서 해당 정보를 컴퓨터 등 정보처리장치로 처리 가능한 형태로 전송하여야 한다.
④ 제1항 및 제2항에 따른 전송 요구를 받은 개인정보처리자는 다음 각 호의 어느 하나에 해당하는 법률의 관련 규정에도 불구하고 정보주체에 관한 개인정보를 전송하여야 한다.
1. 「국세기본법」 제81조의13
2. 「지방세기본법」 제86조
3. 그 밖에 제1호 및 제2호와 유사한 규정으로서 대통령령으로 정하는 법률의 규정
⑤ 정보주체는 제1항 및 제2항에 따른 전송 요구를 철회할 수 있다.

⑥ 개인정보처리자는 정보주체의 본인 여부가 확인되지 아니하는 경우 등 대통령령으로 정하는 경우에는 제1항 및 제2항에 따른 전송 요구를 거절하거나 전송을 중단할 수 있다.
⑦ 정보주체는 제1항 및 제2항에 따른 전송 요구로 인하여 타인의 권리나 정당한 이익을 침해하여서는 아니 된다.
⑧ 제1항부터 제7항까지에서 규정한 사항 외에 전송 요구의 대상이 되는 정보의 범위, 전송 요구의 방법, 전송의 기한 및 방법, 전송 요구 철회의 방법, 전송 요구의 거절 및 전송 중단의 방법 등 필요한 사항은 대통령령으로 정한다.
(2023.3.14 본조신설 : 공포 후 1년이 경과한 날부터 공포 후 2년이 넘지 아니하는 범위에서 대통령령으로 정하는 날 시행)

제35조의3【개인정보관리 전문기관】 ① 다음 각 호의 업무를 수행하려는 자는 보호위원회 또는 관계 중앙행정기관의 장으로부터 개인정보관리 전문기관의 지정을 받아야 한다.
1. 제35조의2에 따른 개인정보의 전송 요구권 행사 지원
2. 정보주체의 권리행사를 지원하기 위한 개인정보 전송시스템의 구축 및 표준화
3. 정보주체의 권리행사를 지원하기 위한 개인정보의 관리·분석
4. 그 밖에 정보주체의 권리행사를 효과적으로 지원하기 위하여 대통령령으로 정하는 업무

② 제1항에 따른 개인정보관리 전문기관의 지정요건은 다음 각 호와 같다.
1. 개인정보를 전송·관리·분석할 수 있는 기술수준 및 전문성을 갖추었을 것
2. 개인정보를 안전하게 관리할 수 있는 안전성 확보조치 수준을 갖추었을 것
3. 개인정보관리 전문기관의 안정적인 운영에 필요한 재정능력을 갖추었을 것

③ 개인정보관리 전문기관은 다음 각 호의 어느 하나에 해당하는 행위를 하여서는 아니 된다.
1. 정보주체에게 개인정보의 전송 요구를 강요하거나 부당하게 유도하는 행위
2. 그 밖에 개인정보를 침해하거나 정보주체의 권리를 제한할 우려가 있는 행위로서 대통령령으로 정하는 행위

④ 보호위원회 및 관계 중앙행정기관의 장은 개인정보관리 전문기관이 다음 각 호의 어느 하나에 해당하는 경우에는 개인정보관리 전문기관의 지정을 취소할 수 있다. 다만, 제1호에 해당하는 경우에는 지정을 취소하여야 한다.
1. 거짓이나 부정한 방법으로 지정을 받은 경우
2. 제2항에 따른 지정요건을 갖추지 못하게 된 경우

⑤ 보호위원회 및 관계 중앙행정기관의 장은 제4항에 따라 지정을 취소하는 경우에는 「행정절차법」에 따른 청문을 실시하여야 한다.
⑥ 보호위원회 및 관계 중앙행정기관의 장은 개인정보관리 전문기관에 대하여 업무 수행에 필요한 지원을 할 수 있다.
⑦ 개인정보관리 전문기관은 정보주체의 요구에 따라 제1항 각 호의 업무를 수행하는 경우 정보주체로부터 그 업무 수행에 필요한 비용을 받을 수 있다.
⑧ 제1항에 따른 개인정보관리 전문기관의 지정 절차, 제2항에 따른 지정요건의 세부기준, 제4항에 따른 지정취소의 절차 등에 필요한 사항은 대통령령으로 정한다.
(2023.3.14 본조신설)

제35조의4【개인정보 전송 관리 및 지원】 ① 보호위원회는 제35조의2제1항 및 제2항에 따른 개인정보처리자 및 제35조의3제1항에 따른 개인정보관리 전문기관 현황, 활용내역 및 관리실태 등을 체계적으로 관리·감독하여야 한다.
② 보호위원회는 개인정보가 안전하고 효율적으로 전송될 수 있도록 다음 각 호의 사항을 포함한 개인정보 전송지원 플랫폼을 구축·운영할 수 있다.
1. 개인정보관리 전문기관 현황 및 전송 가능한 개인정보 항목 목록
2. 정보주체의 개인정보 전송 요구·철회 내역
3. 개인정보의 전송 이력 관리 등 지원 기능
4. 그 밖에 개인정보 전송을 위하여 필요한 사항

③ 보호위원회는 제2항에 따른 개인정보 전송지원 플랫폼의 효율적 운영을 위하여 개인정보관리 전문기관에서 구축·운영하고 있는 전송 시스템을 상호 연계하거나 통합할 수 있다. 이 경우 관계 중앙행정기관의 장 및 해당 개인정보관리 전문기관과 사전에 협의하여야 한다.
④ 제1항부터 제3항까지의 규정에 따른 관리·감독과 개인정보 전송지원 플랫폼의 구축 및 운영에 필요한 사항은 대통령령으로 정한다.
(2023.3.14 본조신설)

제36조【개인정보의 정정·삭제】 ① 제35조에 따라 자신의 개인정보를 열람한 정보주체는 개인정보처리자에게 그 개인정보의 정정 또는 삭제를 요구할 수 있다. 다만, 다른 법령에서 그 개인정보가 수집 대상으로 명시되어 있는 경우에는 그 삭제를 요구할 수 없다.
② 개인정보처리자는 제1항에 따른 정보주체의 요구를 받았을 때에는 개인정보의 정정 또는 삭제에 관하여 다른 법령에 특별한 절차가 규정되어 있는 경우를 제외하고는 지체 없이 그 개인정보를 조사하여 정보주체의 요구에 따라 정정·삭제 등 필요한 조치를 한 후 그 결과를 정보주체에게 알려야 한다.
③ 개인정보처리자가 제2항에 따라 개인정보를 삭제할 때에는 복구 또는 재생되지 아니하도록 조치하여야 한다.
④ 개인정보처리자는 정보주체의 요구가 제1항 단서에 해당될 때에는 지체 없이 그 내용을 정보주체에게 알려야 한다.
⑤ 개인정보처리자는 제2항에 따른 조사를 할 때 필요하면 해당 정보주체에게 정정·삭제 요구사항의 확인에 필요한 증거자료를 제출하게 할 수 있다.
⑥ 제1항·제2항 및 제4항에 따른 정정 또는 삭제 요구, 통지 방법 및 절차 등에 필요한 사항은 대통령령으로 정한다.

제37조【개인정보의 처리정지 등】 ① 정보주체는 개인정보처리자에 대하여 자신의 개인정보 처리의 정지를 요구하거나 개인정보 처리에 대한 동의를 철회할 수 있다. 이 경우 공공기관에 대해서는 제32조에 따라 등록 대상이 되는 개인정보파일 중 자신의 개인정보에 대한 처리의 정지를 요구하거나 개인정보 처리에 대한 동의를 철회할 수 있다.(2023.3.14 본항개정)
② 개인정보처리자는 제1항에 따른 처리정지 요구를 받았을 때에는 지체 없이 정보주체의 요구에 따라 개인정보 처리의 전부를 정지하거나 일부를 정지하여야 한다. 다만, 다음 각 호의 어느 하나에 해당하는 경우에는 정보주체의 처리정지 요구를 거절할 수 있다.(2023.3.14 본문개정)
1. 법률에 특별한 규정이 있거나 법령상 의무를 준수하기 위하여 불가피한 경우
2. 다른 사람의 생명·신체를 해할 우려가 있거나 다른 사람의 재산과 그 밖의 이익을 부당하게 침해할 우려가 있는 경우
3. 공공기관이 개인정보를 처리하지 아니하면 다른 법률에서 정하는 소관 업무를 수행할 수 없는 경우
4. 개인정보를 처리하지 아니하면 정보주체와 약정한 서비스를 제공하지 못하는 등 계약의 이행이 곤란한 경우로서 정보주체가 그 계약의 해지 의사를 명확하게 밝히지 아니한 경우

③ 개인정보처리자는 정보주체가 제1항에 따라 동의를 철회한 때에는 지체 없이 수집된 개인정보를 복구·재생할 수 없도록 파기하는 등 필요한 조치를 하여야 한다. 다만, 제2항 각 호의 어느 하나에 해당하는 경우에는 동의 철회에 따른 조치를 하지 아니할 수 있다.(2023.3.14 본항신설)
④ 개인정보처리자는 제2항 단서에 따라 처리정지 요구를 거절하거나 제3항 단서에 따라 동의 철회에 따른 조치를 하지 아니하였을 때에는 정보주체에게 지체 없이 그 사유를 알려야 한다.(2023.3.14 본항개정)
⑤ 개인정보처리자는 정보주체의 요구에 따라 처리가 정지된 개인정보에 대하여 지체 없이 해당 개인정보의 파기 등 필요한 조치를 하여야 한다.
⑥ 제1항부터 제5항까지의 규정에 따른 처리정지의 요구, 동의 철회, 처리정지의 거절, 통지 등의 방법 및 절차에 필요한 사항은 대통령령으로 정한다.(2023.3.14 본항개정)

제37조의2【자동화된 결정에 대한 정보주체의 권리 등】
① 정보주체는 완전히 자동화된 시스템(인공지능 기술을 적용한 시스템을 포함한다)으로 개인정보를 처리하여 이루어지는 결정(「행정기본법」 제20조에 따른 행정청의 자동적 처분은 제외하며, 이하 이 조에서 "자동화된 결정"이라 한다)이 자신의 권리 또는 의무에 중대한 영향을 미치는 경우에는 해당 개인정보처리자에 대하여 해당 결정을 거부할 수 있는 권리를 가진다. 다만, 자동화된 결정이 제15조제1항제1호·제2호 및 제4호에 따라 이루어지는 경우에는 그러하지 아니하다.
② 정보주체는 개인정보처리자가 자동화된 결정을 한 경우에는 그 결정에 대하여 설명 등을 요구할 수 있다.
③ 개인정보처리자는 제1항 또는 제2항에 따라 정보주체가 자동화된 결정을 거부하거나 이에 대한 설명 등을 요구한 경우에는 정당한 사유가 없는 한 자동화된 결정을 적용하지 아니하거나 인적 개입에 의한 재처리·설명 등 필요한 조치를 하여야 한다.
④ 개인정보처리자는 자동화된 결정의 기준과 절차, 개인정보가 처리되는 방식 등을 정보주체가 쉽게 확인할 수 있도록 공개하여야 한다.
⑤ 제1항부터 제4항까지에서 규정한 사항 외에 자동화된 결정의 거부·설명 등을 요구하는 절차 및 방법, 거부·설명 등의 요구에 따른 필요한 조치, 자동화된 결정의 기준·절차 및 개인정보가 처리되는 방식의 공개 등에 필요한 사항은 대통령령으로 정한다.
(2023.3.14 본조신설)

제38조【권리행사의 방법 및 절차】 ① 정보주체는 제35조에 따른 열람, 제35조의2에 따른 전송, 제36조에 따른 정정·삭제, 제37조에 따른 처리정지 및 동의 철회, 제37조의2에 따른 거부·설명 등의 요구(이하 "열람등요구"라 한다)를 문서 등 대통령령으로 정하는 방법·절차에 따라 대리인에게 하게 할 수 있다.(2023.3.14 본항개정)
② 만 14세 미만 아동의 법정대리인은 개인정보처리자에게 그 아동의 개인정보 열람등요구를 할 수 있다.
③ 개인정보처리자는 열람등요구를 하는 자에게 대통령령으로 정하는 바에 따라 수수료와 우송료(사본의 우송을 청구하는 경우에 한한다)를 청구할 수 있다. 다만, 제35조의2제2항에 따른 전송 요구의 경우에는 전송을 위해 추가로 필요한 설비 등을 함께 고려하여 수수료를 산정할 수 있다.(2023.3.14 단서신설)
④ 개인정보처리자는 정보주체가 열람등요구를 할 수 있는 구체적인 방법과 절차를 마련하고, 이를 정보주체가 알 수 있도록 공개하여야 한다. 이 경우 열람등요구의 방법과 절차는 해당 개인정보의 수집 방법과 절차보다 어렵지 아니하도록 하여야 한다.(2023.3.14 후단신설)
⑤ 개인정보처리자는 정보주체가 열람등요구에 대한 거절 등 조치에 대하여 불복이 있는 경우 이의를 제기할 수 있도록 필요한 절차를 마련하고 안내하여야 한다.

제39조【손해배상책임】 ① 정보주체는 개인정보처리자가 이 법을 위반한 행위로 손해를 입으면 개인정보처리자에게 손해배상을 청구할 수 있다. 이 경우 그 개인정보처리자는 고의 또는 과실이 없음을 입증하지 아니하면 책임을 면할 수 없다.
② (2015.7.24 삭제)
③ 개인정보처리자의 고의 또는 중대한 과실로 인하여 개인정보가 분실·도난·유출·위조·변조 또는 훼손된 경우로서 정보주체에게 손해가 발생한 때에는 법원은 그 손해액의 5배를 넘지 아니하는 범위에서 손해배상액을 정할 수 있다. 다만, 개인정보처리자가 고의 또는 중대한 과실이 없음을 증명한 경우에는 그러하지 아니하다.
(2023.3.14 본문개정)
④ 법원은 제3항의 배상액을 정할 때에는 다음 각 호의 사항을 고려하여야 한다.
1. 고의 또는 손해 발생의 우려를 인식한 정도
2. 위반행위로 인하여 입은 피해 규모
3. 위법행위로 인하여 개인정보처리자가 취득한 경제적 이익
4. 위반행위에 따른 벌금 및 과징금
5. 위반행위의 기간·횟수 등
6. 개인정보처리자의 재산상태
7. 개인정보처리자가 정보주체의 개인정보 분실·도난·유출 후 해당 개인정보를 회수하기 위하여 노력한 정도
8. 개인정보처리자가 정보주체의 피해구제를 위하여 노력한 정도

(2015.7.24 본항신설)

제39조의2【법정손해배상의 청구】 ① 제39조제1항에도 불구하고 정보주체는 개인정보처리자의 고의 또는 과실로 인하여 개인정보가 분실·도난·유출·위조·변조 또는 훼손된 경우에는 300만원 이하의 범위에서 상당한 금액을 손해액으로 하여 배상을 청구할 수 있다. 이 경우 해당 개인정보처리자는 고의 또는 과실이 없음을 입증하지 아니하면 책임을 면할 수 없다.
② 법원은 제1항에 따른 청구가 있는 경우에 변론 전체의 취지와 증거조사의 결과를 고려하여 제1항의 범위에서 상당한 손해액을 인정할 수 있다.
③ 제39조에 따라 손해배상을 청구한 정보주체는 사실심(事實審)의 변론이 종결되기 전까지 그 청구를 제1항에 따른 청구로 변경할 수 있다.
(2015.7.24 본조신설)

제6장 정보통신서비스 제공자 등의 개인정보 처리 등 특례

(2023.3.14 본장제목삭제)

제39조의3【자료의 제출】 ① 법원은 이 법을 위반한 행위로 인한 손해배상청구소송에서 당사자의 신청에 따라 상대방 당사자에게 해당 손해의 증명 또는 손해액의 산정에 필요한 자료의 제출을 명할 수 있다. 다만, 제출명령을 받은 자가 그 자료의 제출을 거부할 정당한 이유가 있으면 그러하지 아니하다.
② 법원은 제1항에 따른 제출명령을 받은 자가 그 자료의 제출을 거부할 정당한 이유가 있다고 주장하는 경우에는 그 주장의 당부(當否)를 판단하기 위하여 자료의 제시를 명할 수 있다. 이 경우 법원은 그 자료를 다른 사람이 보게 하여서는 아니 된다.
③ 제1항에 따라 제출되어야 할 자료가 「부정경쟁방지 및 영업비밀보호에 관한 법률」 제2조제2호에 따른 영업비밀(이하 "영업비밀"이라 한다)에 해당하나 손해의 증명 또는 손해액의 산정에 반드시 필요한 경우에는 제1항 단서에 따른 정당한 이유로 보지 아니한다. 이 경우 법원은 제출명령의 목적 내에서 열람할 수 있는 범위 또는 열람할 수 있는 사람을 지정하여야 한다.
④ 법원은 제1항에 따른 제출명령을 받은 자가 정당한 이유 없이 그 명령에 따르지 아니한 경우에는 자료의 기재에 대한 신청인의 주장을 진실한 것으로 인정할 수 있다.
⑤ 법원은 제4항에 해당하는 경우 신청인이 자료의 기재에 관하여 구체적으로 주장하기에 현저히 곤란한 사정이 있고 자료로 증명할 사실을 다른 증거로 증명하는 것을 기대하기도 어려운 경우에는 신청인이 자료의 기재로 증

명하려는 사실에 관한 주장을 진실한 것으로 인정할 수 있다.
(2023.3.14 본조개정)

제39조의4【비밀유지명령】 ① 법원은 이 법을 위반한 행위로 인한 손해배상청구소송에서 당사자의 신청에 따른 결정으로 다음 각 호의 자에게 그 당사자가 보유한 영업비밀을 해당 소송의 계속적인 수행 외의 목적으로 사용하거나 그 영업비밀에 관계된 이 항에 따른 명령을 받은 자 외의 자에게 공개하지 아니할 것을 명할 수 있다. 다만, 그 신청 시점까지 다음 각 호의 자가 준비서면의 열람이나 증거조사 외의 방법으로 그 영업비밀을 이미 취득하고 있는 경우에는 그러하지 아니하다.
1. 다른 당사자(법인인 경우에는 그 대표자를 말한다)
2. 당사자를 위하여 해당 소송을 대리하는 자
3. 그 밖에 해당 소송으로 영업비밀을 알게 된 자

② 제1항에 따른 명령(이하 "비밀유지명령"이라 한다)을 신청하는 자는 다음 각 호의 사유를 모두 소명하여야 한다.
1. 이미 제출하였거나 제출하여야 할 준비서면, 이미 조사하였거나 조사하여야 할 증거 또는 제39조의3제1항에 따라 제출하였거나 제출하여야 할 자료에 영업비밀이 포함되어 있다는 것
2. 제1호의 영업비밀이 해당 소송 수행 외의 목적으로 사용되거나 공개되면 당사자의 영업에 지장을 줄 우려가 있어 이를 방지하기 위하여 영업비밀의 사용 또는 공개를 제한할 필요가 있다는 것

③ 비밀유지명령의 신청은 다음 각 호의 사항을 적은 서면으로 하여야 한다.
1. 비밀유지명령을 받을 자
2. 비밀유지명령의 대상이 될 영업비밀을 특정하기에 충분한 사실
3. 제2항 각 호의 사유에 해당하는 사실

④ 법원은 비밀유지명령이 결정된 경우에는 그 결정서를 비밀유지명령을 받을 자에게 송달하여야 한다.
⑤ 비밀유지명령은 제4항의 결정서가 비밀유지명령을 받을 자에게 송달된 때부터 효력이 발생한다.
⑥ 비밀유지명령의 신청을 기각하거나 각하한 재판에 대해서는 즉시항고를 할 수 있다.
(2023.3.14 본조개정)

제39조의5【비밀유지명령의 취소】 ① 비밀유지명령을 신청한 자 또는 비밀유지명령을 받은 자는 제39조의4제2항 각 호의 사유에 부합하지 아니하는 사실이나 사정이 있는 경우 소송기록을 보관하고 있는 법원(소송기록을 보관하고 있는 법원이 없는 경우에는 비밀유지명령을 내린 법원을 말한다)에 비밀유지명령의 취소를 신청할 수 있다.
② 법원은 비밀유지명령의 취소신청에 대한 재판이 있는 경우에는 그 결정서를 그 신청을 한 자 및 상대방에게 송달하여야 한다.
③ 비밀유지명령의 취소신청에 대한 재판에 대해서는 즉시항고를 할 수 있다.
④ 비밀유지명령을 취소하는 재판은 확정되어야 효력이 발생한다.
⑤ 비밀유지명령을 취소하는 재판을 한 법원은 비밀유지명령의 취소신청을 한 자 또는 상대방 외에 해당 영업비밀에 관한 비밀유지명령을 받은 자가 있는 경우에는 그 자에게 즉시 비밀유지명령의 취소 재판을 한 사실을 알려야 한다.
(2023.3.14 본조개정)

제39조의6【소송기록 열람 등의 청구 통지 등】 ① 비밀유지명령이 내려진 소송(모든 비밀유지명령이 취소된 소송은 제외한다)에 관한 소송기록에 대하여 「민사소송법」 제163조제1항에 따라 열람 등의 신청인을 당사자로 제한하는 결정이 있었던 경우로서 당사자가 같은 항에서 규정하는 비밀 기재부분의 열람 등의 청구를 하였으나 그 청구 절차를 해당 소송에서 비밀유지명령을 받지 아니한 자가 밟은 경우에는 법원서기관, 법원사무관, 법원주사 또는 법원주사보(이하 이 조에서 "법원사무관등"이라 한다)는 같은 항의 신청을 한 당사자(그 열람 등의 청구를 한 자는 제외한다. 이하 제3항에서 같다)에게 그 청구 직후 그 열람 등의 청구가 있었다는 사실을 알려야 한다.
② 법원사무관등은 제1항의 청구가 있었던 날부터 2주일이 지날 때까지(그 청구 절차를 밟은 자에 대한 비밀유지명령 신청이 그 기간 내에 이루어진 경우에는 그 신청에 대한 재판이 확정되는 시점까지를 말한다) 그 청구 절차를 밟은 자에게 제1항의 비밀 기재부분의 열람 등을 하게 하여서는 아니 된다.
③ 제2항은 제1항의 열람 등의 청구를 한 자에게 제1항의 비밀 기재부분의 열람 등을 하게 하는 것에 대하여 「민사소송법」 제163조제1항의 신청을 한 당사자 모두가 동의하는 경우에는 적용되지 아니한다.
(2023.3.14 본조개정)

제39조의7【손해배상의 보장】 ① 개인정보처리자로서 매출액, 개인정보의 보유 규모 등을 고려하여 대통령령으로 정하는 기준에 해당하는 자는 제39조 및 제39조의2에 따른 손해배상책임의 이행을 위하여 보험 또는 공제에 가입하거나 준비금을 적립하는 등 필요한 조치를 하여야 한다.
② 제1항에도 불구하고 다음 각 호의 어느 하나에 해당하는 자는 제1항에 따른 조치를 하지 아니할 수 있다.
1. 대통령령으로 정하는 공공기관, 비영리법인 및 단체
2. 「소상공인기본법」 제2조제1항에 따른 소상공인으로서 대통령령으로 정하는 자에게 개인정보 처리를 위탁한 자
3. 다른 법률에 따라 제39조 및 제39조의2에 따른 손해배상책임의 이행을 보장하는 보험 또는 공제에 가입하거나 준비금을 적립한 개인정보처리자

③ 제1항 및 제2항에 따른 개인정보처리자의 손해배상책임 이행 기준 등에 필요한 사항은 대통령령으로 정한다.
(2023.3.14 본항신설)
(2023.3.14 본조개정)

제39조의8 (2023.3.14 삭제)
제39조의9 → 제39조의7로 이동
제39조의10 → 제34조의2로 이동
제39조의11 → 제31조의2로 이동
제39조의12～제39조의15 (2023.3.14 삭제)

제7장 개인정보 분쟁조정위원회

제40조【설치 및 구성】 ① 개인정보에 관한 분쟁의 조정(調停)을 위하여 개인정보 분쟁조정위원회(이하 "분쟁조정위원회"라 한다)를 둔다.
② 분쟁조정위원회는 위원장 1명을 포함한 30명 이내의 위원으로 구성하며, 위원은 당연직위원과 위촉위원으로 구성한다.(2023.3.14 본항개정)
③ 위촉위원은 다음 각 호의 어느 하나에 해당하는 사람 중에서 보호위원회 위원장이 위촉하고, 대통령령으로 정하는 국가기관 소속 공무원은 당연직위원이 된다.
(2015.7.24 본문개정)
1. 개인정보 보호업무를 관장하는 중앙행정기관의 고위공무원단에 속하는 공무원으로 재직하였던 사람 또는 이에 상당하는 공공부문 및 관련 단체의 직에 재직하고 있거나 재직하였던 사람으로서 개인정보 보호업무의 경험이 있는 사람(2015.7.24 본호개정)
2. 대학이나 공인된 연구기관에서 부교수 이상 또는 이에 상당하는 직에 재직하고 있거나 재직하였던 사람
3. 판사·검사 또는 변호사로 재직하고 있거나 재직하였던 사람
4. 개인정보 보호와 관련된 시민사회단체 또는 소비자단체로부터 추천을 받은 사람
5. 개인정보처리자로 구성된 사업자단체의 임원으로 재직하고 있거나 재직하였던 사람

④ 위원장은 위원 중에서 공무원이 아닌 사람으로 보호위원회 위원장이 위촉한다.(2015.7.24 본항개정)
⑤ 위원장과 위촉위원의 임기는 2년으로 하되, 1차에 한하여 연임할 수 있다.(2015.7.24 본항개정)
⑥ 분쟁조정위원회는 분쟁조정 업무를 효율적으로 수행하기 위하여 필요하면 대통령령으로 정하는 바에 따라 조정사건의 분야별로 5명 이내의 위원으로 구성되는 조정부를 둘 수 있다. 이 경우 조정부가 분쟁조정위원회에서 위임받아 의결한 사항은 분쟁조정위원회에서 의결한 것으로 본다.
⑦ 분쟁조정위원회 또는 조정부는 재적위원 과반수의 출석으로 개의하며 출석위원 과반수의 찬성으로 의결한다.
⑧ 보호위원회는 분쟁조정 접수, 사실 확인 등 분쟁조정에 필요한 사무를 처리할 수 있다.(2015.7.24 본항개정)
⑨ 이 법에서 정한 사항 외에 분쟁조정위원회 운영에 필요한 사항은 대통령령으로 정한다.

제41조【위원의 신분보장】 위원은 자격정지 이상의 형을 선고받거나 심신상의 장애로 직무를 수행할 수 없는 경우를 제외하고는 그의 의사에 반하여 면직되거나 해촉되지 아니한다.

제42조【위원의 제척·기피·회피】 ① 분쟁조정위원회의 위원은 다음 각 호의 어느 하나에 해당하는 경우에는 제43조제1항에 따라 분쟁조정위원회에 신청된 분쟁조정사건(이하 이 조에서 "사건"이라 한다)의 심의·의결에서 제척(除斥)된다.
1. 위원 또는 그 배우자나 배우자였던 자가 그 사건의 당사자가 되거나 그 사건에 관하여 공동의 권리자 또는 의무자의 관계에 있는 경우
2. 위원이 그 사건의 당사자와 친족이거나 친족이었던 경우
3. 위원이 그 사건에 관하여 증언, 감정, 법률자문을 한 경우
4. 위원이 그 사건에 관하여 당사자의 대리인으로서 관여하거나 관여하였던 경우

② 당사자는 위원에게 공정한 심의·의결을 기대하기 어려운 사정이 있으면 위원장에게 기피신청을 할 수 있다. 이 경우 위원장은 기피신청에 대하여 분쟁조정위원회의 의결을 거치지 아니하고 결정한다.
③ 위원이 제1항 또는 제2항의 사유에 해당하는 경우에는 스스로 그 사건의 심의·의결에서 회피할 수 있다.

제43조【조정의 신청 등】 ① 개인정보와 관련한 분쟁의 조정을 원하는 자는 분쟁조정위원회에 분쟁조정을 신청할 수 있다.
② 분쟁조정위원회는 당사자 일방으로부터 분쟁조정 신청을 받았을 때에는 그 신청내용을 상대방에게 알려야 한다.
③ 개인정보처리자가 제2항에 따른 분쟁조정의 통지를 받은 경우에는 특별한 사유가 없으면 분쟁조정에 응하여야 한다.(2023.3.14 본항개정)

제44조【처리기간】 ① 분쟁조정위원회는 제43조제1항에 따른 분쟁조정 신청을 받은 날부터 60일 이내에 이를 심사하여 조정안을 작성하여야 한다. 다만, 부득이한 사정이 있는 경우에는 분쟁조정위원회의 의결로 처리기간을 연장할 수 있다.
② 분쟁조정위원회는 제1항 단서에 따라 처리기간을 연장한 경우에는 기간연장의 사유와 그 밖의 기간연장에 관한 사항을 신청인에게 알려야 한다.

제45조【자료의 요청 및 사실조사 등】 ① 분쟁조정위원회는 제43조제1항에 따라 분쟁조정 신청을 받았을 때에는 해당 분쟁의 조정을 위하여 필요한 자료를 분쟁당사자에게 요청할 수 있다. 이 경우 분쟁당사자는 정당한 사유가 없으면 요청에 따라야 한다.
② 분쟁조정위원회는 분쟁의 조정을 위하여 사실 확인이 필요한 경우에는 분쟁조정위원회의 위원 또는 대통령령으로 정하는 사무기구의 소속 공무원으로 하여금 사건과 관련된 장소에 출입하여 관련 자료를 조사하거나 열람하게 할 수 있다. 이 경우 분쟁당사자는 해당 조사·열람을 거부할 정당한 사유가 있을 때에는 그 사유를 소명하고 조사·열람에 따르지 아니할 수 있다.(2023.3.14 본항신설)
③ 제2항에 따른 조사·열람을 하는 위원 또는 공무원은 그 권한을 표시하는 증표를 지니고 이를 관계인에게 내보여야 한다.(2023.3.14 본항신설)
④ 분쟁조정위원회는 분쟁의 조정을 위하여 필요하다고 인정하면 관계 기관 등에 자료 또는 의견의 제출 등 필요한 협조를 요청할 수 있다.(2023.3.14 본항신설)
⑤ 분쟁조정위원회는 필요하다고 인정하면 분쟁당사자나 참고인을 위원회에 출석하도록 하여 그 의견을 들을 수 있다.
(2023.3.14 본조제목개정)

제45조의2【진술의 원용 제한】 조정절차에서의 의견과 진술은 소송(해당 조정에 대한 준재심은 제외한다)에서 원용(援用)하지 못한다.(2023.3.14 본조신설)

제46조【조정 전 합의 권고】 분쟁조정위원회는 제43조제1항에 따라 분쟁조정 신청을 받았을 때에는 당사자에게 그 내용을 제시하고 조정 전 합의를 권고할 수 있다.

제47조【분쟁의 조정】 ① 분쟁조정위원회는 다음 각 호의 어느 하나의 사항을 포함하여 조정안을 작성할 수 있다.
1. 조사 대상 침해행위의 중지
2. 원상회복, 손해배상, 그 밖에 필요한 구제조치
3. 같거나 비슷한 침해의 재발을 방지하기 위하여 필요한 조치

② 분쟁조정위원회는 제1항에 따라 조정안을 작성하면 지체 없이 각 당사자에게 제시하여야 한다.
③ 제2항에 따라 조정안을 제시받은 당사자가 제시받은 날부터 15일 이내에 수락 여부를 알리지 아니하면 조정을 수락한 것으로 본다.(2023.3.14 본항개정)
④ 당사자가 조정내용을 수락한 경우(제3항에 따라 수락한 것으로 보는 경우를 포함한다) 분쟁조정위원회는 조정서를 작성하고, 분쟁조정위원회의 위원장과 각 당사자가 기명날인 또는 서명을 한 후 조정서 정본을 지체 없이 각 당사자 또는 그 대리인에게 송달하여야 한다. 다만, 제3항에 따라 수락한 것으로 보는 경우에는 각 당사자의 기명날인 및 서명을 생략할 수 있다.(2023.3.14 본항개정)
⑤ 제4항에 따른 조정의 내용은 재판상 화해와 동일한 효력을 갖는다.

제48조【조정의 거부 및 중지】 ① 분쟁조정위원회는 분쟁의 성질상 분쟁조정위원회에서 조정하는 것이 적합하지 아니하다고 인정하거나 부정한 목적으로 조정이 신청되었다고 인정하는 경우에는 그 조정을 거부할 수 있다. 이 경우 조정거부의 사유 등을 신청인에게 알려야 한다.
② 분쟁조정위원회는 신청된 조정사건에 대한 처리절차를 진행하던 중에 한 쪽 당사자가 소를 제기하면 그 조정의 처리를 중지하고 이를 당사자에게 알려야 한다.

제49조【집단분쟁조정】 ① 국가 및 지방자치단체, 개인정보 보호단체 및 기관, 정보주체, 개인정보처리자는 정보주체의 피해 또는 권리침해가 다수의 정보주체에게 같거나 비슷한 유형으로 발생하는 경우로서 대통령령으로 정하는 사건에 대하여는 분쟁조정위원회에 일괄적인 분쟁조정(이하 "집단분쟁조정"이라 한다)을 의뢰 또는 신청할 수 있다.
② 제1항에 따라 집단분쟁조정을 의뢰받거나 신청받은 분쟁조정위원회는 그 의결로써 제3항부터 제7항까지의 규정에 따른 집단분쟁조정의 절차를 개시할 수 있다. 이 경우 분쟁조정위원회는 대통령령으로 정하는 기간 동안 그 절차의 개시를 공고하여야 한다.
③ 분쟁조정위원회는 집단분쟁조정의 당사자가 아닌 정보주체 또는 개인정보처리자로부터 그 분쟁조정의 당사자에 추가로 포함될 수 있도록 하는 신청을 받을 수 있다.
④ 분쟁조정위원회는 그 의결로써 제1항 및 제3항에 따른 집단분쟁조정의 당사자 중에서 공동의 이익을 대표하기에 가장 적합한 1인 또는 수인을 대표당사자로 선임할 수 있다.
⑤ 분쟁조정위원회는 개인정보처리자가 분쟁조정위원회의 집단분쟁조정의 내용을 수락한 경우에는 집단분쟁조

정의 당사자가 아닌 자로서 피해를 입은 정보주체에 대한 보상계획서를 작성하여 분쟁조정위원회에 제출하도록 권고할 수 있다.
⑥ 제48조제2항에도 불구하고 분쟁조정위원회는 집단분쟁조정의 당사자인 다수의 정보주체 중 일부의 정보주체가 법원에 소를 제기한 경우에는 그 절차를 중지하지 아니하고, 소를 제기한 일부의 정보주체를 그 절차에서 제외한다.
⑦ 집단분쟁조정의 기간은 제2항에 따른 공고가 종료된 날의 다음 날부터 60일 이내로 한다. 다만, 부득이한 사정이 있는 경우에는 분쟁조정위원회의 의결로 처리기간을 연장할 수 있다.
⑧ 집단분쟁조정의 절차 등에 관하여 필요한 사항은 대통령령으로 정한다.
제50조【조정절차 등】 ① 제43조부터 제49조까지의 규정에서 정한 것 외에 분쟁의 조정방법, 조정절차 및 조정업무의 처리 등에 필요한 사항은 대통령령으로 정한다.
② 분쟁조정위원회의 운영 및 분쟁조정 절차에 관하여 이 법에서 규정하지 아니한 사항에 대하여는 「민사조정법」을 준용한다.
제50조의2【개선의견의 통보】 분쟁조정위원회는 소관 업무 수행과 관련하여 개인정보 보호 및 정보주체의 권리 보호를 위한 개선의견을 보호위원회 및 관계 중앙행정기관의 장에게 통보할 수 있다.(2023.3.14 본조신설)

제8장 개인정보 단체소송

제51조【단체소송의 대상 등】 다음 각 호의 어느 하나에 해당하는 단체는 개인정보처리자가 제49조에 따른 집단분쟁조정을 거부하거나 집단분쟁조정의 결과를 수락하지 아니한 경우에는 법원에 권리침해 행위의 금지·중지를 구하는 소송(이하 "단체소송"이라 한다)을 제기할 수 있다.
1. 「소비자기본법」 제29조에 따라 공정거래위원회에 등록한 소비자단체로서 다음 각 목의 요건을 모두 갖춘 단체
 가. 정관에 따라 상시적으로 정보주체의 권익증진을 주된 목적으로 하는 단체일 것
 나. 단체의 정회원수가 1천명 이상일 것
 다. 「소비자기본법」 제29조에 따른 등록 후 3년이 경과하였을 것
2. 「비영리민간단체 지원법」 제2조에 따른 비영리민간단체로서 다음 각 목의 요건을 모두 갖춘 단체
 가. 법률상 또는 사실상 동일한 침해를 입은 100명 이상의 정보주체로부터 단체소송의 제기를 요청받을 것
 나. 정관에 개인정보 보호를 단체의 목적으로 명시한 후 최근 3년 이상 이를 위한 활동실적이 있을 것
 다. 단체의 상시 구성원수가 5천명 이상일 것
 라. 중앙행정기관에 등록되어 있을 것
제52조【전속관할】 ① 단체소송의 소는 피고의 주된 사무소 또는 영업소가 있는 곳, 주된 사무소나 영업소가 없는 경우에는 주된 업무담당자의 주소가 있는 곳의 지방법원 본원 합의부의 관할에 전속한다.
② 제1항을 외국사업자에 적용하는 경우 대한민국에 있는 이들의 주된 사무소·영업소 또는 업무담당자의 주소에 따라 정한다.
제53조【소송대리인의 선임】 단체소송의 원고는 변호사를 소송대리인으로 선임하여야 한다.
제54조【소송허가신청】 ① 단체소송을 제기하는 단체는 소장과 함께 다음 각 호의 사항을 기재한 소송허가신청서를 법원에 제출하여야 한다.
1. 원고 및 그 소송대리인
2. 피고
3. 정보주체의 침해된 권리의 내용
② 제1항에 따른 소송허가신청서에는 다음 각 호의 자료를 첨부하여야 한다.
1. 소제기단체가 제51조 각 호의 어느 하나에 해당하는 요건을 갖추고 있음을 소명하는 자료
2. 개인정보처리자가 조정을 거부하였거나 조정결과를 수락하지 아니하였음을 증명하는 서류
제55조【소송허가요건 등】 ① 법원은 다음 각 호의 요건을 모두 갖춘 경우에 한하여 결정으로 단체소송을 허가한다.
1. 개인정보처리자가 분쟁조정위원회의 조정을 거부하거나 조정결과를 수락하지 아니하였을 것
2. 제54조에 따른 소송허가신청서의 기재사항에 흠결이 없을 것
② 단체소송을 허가하거나 불허가하는 결정에 대하여는 즉시항고할 수 있다.
제56조【확정판결의 효력】 원고의 청구를 기각하는 판결이 확정된 경우 이와 동일한 사안에 관하여는 제51조에 따른 다른 단체는 단체소송을 제기할 수 없다. 다만, 다음 각 호의 어느 하나에 해당하는 경우에는 그러하지 아니하다.
1. 판결이 확정된 후 그 사안과 관련하여 국가·지방자치단체 또는 국가·지방자치단체가 설립한 기관에 의하여 새로운 증거가 나타난 경우
2. 기각판결이 원고의 고의로 인한 것임이 밝혀진 경우

제57조【「민사소송법」의 적용 등】 ① 단체소송에 관하여 이 법에 특별한 규정이 없는 경우에는 「민사소송법」을 적용한다.
② 제55조에 따른 단체소송의 허가결정이 있는 경우에는 「민사집행법」 제4편에 따른 보전처분을 할 수 있다.
③ 단체소송의 절차에 관하여 필요한 사항은 대법원규칙으로 정한다.

제9장 보 칙

제58조【적용의 일부 제외】 ① 다음 각 호의 어느 하나에 해당하는 개인정보에 관하여는 제3장부터 제8장까지를 적용하지 아니한다.(2023.3.14 본문개정)
1. (2023.3.14 삭제)
2. 국가안전보장과 관련된 정보 분석을 목적으로 수집 또는 제공 요청되는 개인정보
3. (2023.3.14 삭제)
4. 언론, 종교단체, 정당이 각각 취재·보도, 선교, 선거 입후보자 추천 등 고유 목적을 달성하기 위하여 수집·이용하는 개인정보
② 제25조제1항 각 호에 따라 공개된 장소에 고정형 영상정보처리기기를 설치·운영하여 처리되는 개인정보에 대해서는 제15조, 제22조, 제22조의2, 제27조제1항·제2항, 제34조 및 제37조를 적용하지 아니한다.(2023.3.14 본항개정)
③ 개인정보처리자가 동창회, 동호회 등 친목 도모를 위한 단체를 운영하기 위하여 개인정보를 처리하는 경우에는 제15조, 제30조 및 제31조를 적용하지 아니한다.
④ 개인정보처리자는 제1항 각 호에 따라 개인정보를 처리하는 경우에도 그 목적을 위하여 필요한 범위에서 최소한의 기간에 최소한의 개인정보만을 처리하여야 하며, 개인정보의 안전한 관리를 위하여 필요한 기술적·관리적 및 물리적 보호조치, 개인정보의 처리에 관한 고충처리, 그 밖에 개인정보의 적절한 처리를 위하여 필요한 조치를 마련하여야 한다.
제58조의2【적용제외】 이 법은 시간·비용·기술 등을 합리적으로 고려할 때 다른 정보를 사용하여도 더 이상 개인을 알아볼 수 없는 정보에는 적용하지 아니한다.(2020.2.4 본조신설)
제59조【금지행위】 개인정보를 처리하거나 처리하였던 자는 다음 각 호의 어느 하나에 해당하는 행위를 하여서는 아니 된다.
1. 거짓이나 그 밖의 부정한 수단이나 방법으로 개인정보를 취득하거나 처리에 관한 동의를 받는 행위
2. 업무상 알게 된 개인정보를 누설하거나 권한 없이 다른 사람이 이용하도록 제공하는 행위
3. 정당한 권한 없이 또는 허용된 권한을 초과하여 다른 사람의 개인정보를 이용, 훼손, 멸실, 변경, 위조 또는 유출하는 행위(2023.3.14 본호개정)
[판례] 경찰관이 동료 경찰관들을 고소하면서 경찰 내부 전산시스템의 '직원조회' 메뉴에서 검색을 통해 알아낸 휴대전화번호를 고소장에 기재하여 수사기관에 제출하였다. 그러나 이것을 '개인정보를 처리하거나 처리하였던 자가 업무상 알게 된 개인정보를 누설하거나 권한 없이 다른 사람이 이용하도록 제공한 행위' 또는 '개인정보를 처리하거나 처리하였던 자가 정당한 권한 없이 또는 허용된 권한을 초과하여 다른 사람의 개인정보를 유출한 행위'에 해당한다고 볼 수는 없다. 또한 형사소송법에 따라 고소를 하는 경우 관련 법령상 당사자를 특정할 수 있는 정보를 기재해야 하므로 형사 절차에 따라 수사기관에 제출하는 것은 적법한 절차에 따른 것이고, 제출된 개인정보는 국가에서 엄격하게 관리돼 다른 제3자가 접근할 수도 없으므로 이를 개인정보의 누설이라고 볼 수도 없다.(대판 2023.6.15, 2021도9346)
제60조【비밀유지 등】 다음 각 호의 업무에 종사하거나 종사하였던 자는 직무상 알게 된 비밀을 다른 사람에게 누설하거나 직무상 목적 외의 용도로 이용하여서는 아니 된다. 다만, 다른 법률에 특별한 규정이 있는 경우에는 그러하지 아니하다.
1. 제7조의8 및 제7조의9에 따른 보호위원회의 업무(2020.2.4 본호개정)
2. 제28조의3에 따른 전문기관의 지정 업무 및 전문기관의 업무(2023.3.14 본호신설)
3. 제32조의2에 따른 개인정보 보호 인증 업무(2020.2.4 본호신설)
4. 제33조에 따른 영향평가 업무
5. 제35조의3에 따른 개인정보관리 전문기관의 지정 업무 및 개인정보관리 전문기관의 업무(2023.3.14 본호신설)
6. 제40조에 따른 분쟁조정위원회의 분쟁조정 업무
제61조【의견제시 및 개선권고】 ① 보호위원회는 개인정보 보호에 영향을 미치는 내용이 포함된 법령이나 조례에 대하여 필요하다고 인정하면 심의·의결을 거쳐 관계 기관에 의견을 제시할 수 있다.(2020.2.4 본항개정)
② 보호위원회는 개인정보 보호를 위하여 필요하다고 인정하면 개인정보처리자에게 개인정보 처리 실태의 개선을 권고할 수 있다. 이 경우 권고를 받은 개인정보처리자는 이를 이행하기 위하여 성실하게 노력하여야 하며, 그 조치 결과를 보호위원회에 알려야 한다.(2020.2.4 본항개정)
③ 관계 중앙행정기관의 장은 개인정보 보호를 위하여 필요하다고 인정하면 소관 법률에 따라 개인정보처리자에게 개인정보 처리 실태의 개선을 권고할 수 있다. 이 경우 권고를 받은 개인정보처리자는 이를 이행하기 위하여 성실하게 노력하여야 하며, 그 조치 결과를 관계 중앙행정기관의 장에게 알려야 한다.
④ 중앙행정기관, 지방자치단체, 국회, 법원, 헌법재판소, 중앙선거관리위원회는 그 소속 기관 및 소관 공공기관에 대하여 개인정보 보호에 관한 의견을 제시하거나 지도·점검을 할 수 있다.
제62조【침해 사실의 신고 등】 ① 개인정보처리자가 개인정보를 처리할 때 개인정보에 관한 권리 또는 이익을 침해받은 사람은 보호위원회에 그 침해 사실을 신고할 수 있다.(2020.2.4 본항개정)
② 보호위원회는 제1항에 따른 신고의 접수·처리 등에 관한 업무를 효율적으로 수행하기 위하여 대통령령으로 정하는 바에 따라 전문기관을 지정할 수 있다. 이 경우 전문기관은 개인정보침해 신고센터(이하 "신고센터"라 한다)를 설치·운영하여야 한다.(2020.2.4 전단개정)
③ 신고센터는 다음 각 호의 업무를 수행한다.
1. 개인정보 처리와 관련한 신고의 접수·상담
2. 사실의 조사·확인 및 관계자의 의견 청취
3. 제1호 및 제2호에 따른 업무에 딸린 업무
④ 보호위원회는 제3항제2호의 사실 조사·확인 등의 업무를 효율적으로 하기 위하여 필요하면 「국가공무원법」 제32조의4에 따라 소속 공무원을 제2항에 따른 전문기관에 파견할 수 있다.(2020.2.4 본항개정)
제63조【자료제출 요구 및 검사】 ① 보호위원회는 다음 각 호의 어느 하나에 해당하는 경우에는 개인정보처리자에게 관계 물품·서류 등 자료를 제출하게 할 수 있다.(2020.2.4 본문개정)
1. 이 법을 위반하는 사항을 발견하거나 혐의가 있음을 알게 된 경우
2. 이 법 위반에 대한 신고를 받거나 민원이 접수된 경우
3. 그 밖에 정보주체의 개인정보 보호를 위하여 필요한 경우로서 대통령령으로 정하는 경우
② 보호위원회는 개인정보처리자가 제1항에 따른 자료를 제출하지 아니하거나 이 법을 위반한 사실이 있다고 인정되면 소속 공무원으로 하여금 개인정보처리자 및 해당 법 위반사실과 관련한 관계인의 사무소나 사업장에 출입하여 업무 상황, 장부 또는 서류 등을 검사하게 할 수 있다. 이 경우 검사를 하는 공무원은 그 권한을 나타내는 증표를 지니고 이를 관계인에게 내보여야 한다.(2020.2.4 전단개정)
③ 보호위원회는 이 법 등 개인정보 보호와 관련된 법규의 위반행위로 인하여 중대한 개인정보 침해사고가 발생한 경우 신속하고 효과적인 대응을 위하여 다음 각 호의 어느 하나에 해당하는 관계 기관의 장에게 협조를 요청할 수 있다.
1. 중앙행정기관
2. 지방자치단체
3. 그 밖에 법령 또는 자치법규에 따라 행정권한을 가지고 있거나 위임 또는 위탁받은 공공기관
(2023.3.14 본항개정)
④ 제3항에 따라 협조를 요청받은 관계 기관의 장은 특별한 사정이 없으면 이에 따라야 한다.(2023.3.14 본항개정)
⑤ 제1항 및 제2항에 따른 자료제출 요구, 검사 절차 및 방법 등에 관하여 필요한 사항은 보호위원회가 정하여 고시할 수 있다.(2023.3.14 본항개정)
⑥ 보호위원회는 제1항 및 제2항에 따라 제출받거나 수집한 서류·자료 등을 이 법에 따른 경우를 제외하고는 제3자에게 제공하거나 일반에 공개해서는 아니 된다.(2023.3.14 본항개정)
⑦ 보호위원회는 정보통신망을 통하여 자료의 제출 등을 받은 경우나 수집한 자료 등을 전자화한 경우에는 개인정보·영업비밀 등이 유출되지 아니하도록 제도적·기술적 보완조치를 하여야 한다.(2023.3.14 본항개정)
제63조의2【사전 실태점검】 ① 보호위원회는 제63조제1항 각 호에 해당하지 아니하는 경우로서 개인정보 침해사고 발생의 위험성이 높고 개인정보 보호의 취약점을 사전에 점검할 필요성이 인정되는 개인정보처리자에 대하여 개인정보 보호실태를 점검할 수 있다.
② 보호위원회는 제1항에 따른 실태점검을 실시하여 이 법을 위반하는 사항을 발견한 경우 해당 개인정보처리자에 대하여 시정방안을 정하여 이에 따를 것을 권고할 수 있다.
③ 제2항에 따른 시정권고를 받은 개인정보처리자는 이를 통보받은 날부터 10일 이내에 해당 권고를 수락하는지 여부에 관하여 보호위원회에 통지하여야 하며, 그 이행 결과를 보호위원회가 고시로 정하는 바에 따라 보호위원회에 알려야 한다.
④ 제2항에 따른 시정권고를 받은 자가 해당 권고를 수락한 때에는 제64조제1항에 따른 시정조치 명령(중앙행정기관, 지방자치단체, 국회, 법원, 헌법재판소, 중앙선거관리위원회의 경우에는 제64조제3항에 따른 권고를 말한다)을 받은 것으로 본다.
⑤ 보호위원회는 제2항에 따른 시정권고를 받은 자가 해당 권고를 수락하지 아니하거나 이행하지 아니한 경우 제63조제2항에 따른 검사를 할 수 있다.
⑥ 보호위원회는 관계 중앙행정기관의 장과 합동으로 제1항에 따른 개인정보 보호실태를 점검할 수 있다.
(2023.3.14 본조신설)

제64조【시정조치 등】 ① 보호위원회는 이 법을 위반한 자(중앙행정기관, 지방자치단체, 국회, 법원, 헌법재판소, 중앙선거관리위원회는 제외한다)에 대하여 다음 각 호에 해당하는 조치를 명할 수 있다.(2023.3.14 본문개정)
1. 개인정보 침해행위의 중지
2. 개인정보 처리의 일시적인 정지
3. 그 밖에 개인정보의 보호 및 침해 방지를 위하여 필요한 조치
② 지방자치단체, 국회, 법원, 헌법재판소, 중앙선거관리위원회는 그 소속 기관 및 소관 공공기관이 이 법을 위반하였을 때에는 제1항 각 호에 해당하는 조치를 명할 수 있다.
③ 보호위원회는 중앙행정기관, 지방자치단체, 국회, 법원, 헌법재판소, 중앙선거관리위원회가 이 법을 위반하였을 때에는 해당 기관의 장에게 제1항 각 호에 해당하는 조치를 하도록 권고할 수 있다. 이 경우 권고를 받은 기관은 특별한 사유가 없으면 이를 존중하여야 한다.
제64조의2【과징금의 부과】 ① 보호위원회는 다음 각 호의 어느 하나에 해당하는 경우에는 해당 개인정보처리자에게 전체 매출액의 100분의 3을 초과하지 아니하는 범위에서 과징금을 부과할 수 있다. 다만, 매출액이 없거나 매출액의 산정이 곤란한 경우로서 대통령령으로 정하는 경우에는 20억원을 초과하지 아니하는 범위에서 과징금을 부과할 수 있다.
1. 제15조제1항, 제17조제1항, 제18조제1항·제2항(제26조제8항에 따라 준용되는 경우를 포함한다) 또는 제19조를 위반하여 개인정보를 처리한 경우
2. 제22조의2제1항(제26조제8항에 따라 준용되는 경우를 포함한다)을 위반하여 법정대리인의 동의를 받지 아니하고 만 14세 미만인 아동의 개인정보를 처리한 경우
3. 제23조제1항제1호(제26조제8항에 따라 준용되는 경우를 포함한다)를 위반하여 정보주체의 동의를 받지 아니하고 민감정보를 처리한 경우
4. 제24조제1항·제24조의2제1항(제26조제8항에 따라 준용되는 경우를 포함한다)을 위반하여 고유식별정보 또는 주민등록번호를 처리한 경우
5. 제26조제4항에 따른 관리·감독 또는 교육을 소홀히 하여 수탁자가 이 법의 규정을 위반한 경우
6. 제28조의5제1항(제26조제8항에 따라 준용되는 경우를 포함한다)을 위반하여 특정 개인을 알아보기 위한 목적으로 정보를 처리한 경우
7. 제28조의8제1항(제26조제8항 및 제28조의11에 따라 준용되는 경우를 포함한다)을 위반하여 개인정보를 국외로 이전한 경우
8. 제28조의9제1항(제26조제8항 및 제28조의11에 따라 준용되는 경우를 포함한다)을 위반하여 국외 이전 중지 명령을 따르지 아니한 경우
9. 개인정보처리자가 처리하는 개인정보가 분실·도난·유출·위조·변조·훼손된 경우. 다만, 개인정보가 분실·도난·유출·위조·변조·훼손되지 아니하도록 개인정보처리자가 제29조(제26조제8항에 따라 준용되는 경우를 포함한다)에 따른 안전성 확보에 필요한 조치를 다한 경우에는 그러하지 아니하다.
② 보호위원회는 제1항에 따른 과징금을 부과하려는 경우 전체 매출액에서 위반행위와 관련이 없는 매출액을 제외한 매출액을 기준으로 과징금을 산정한다.
③ 보호위원회는 제1항에 따른 과징금을 부과하려는 경우 개인정보처리자가 정당한 사유 없이 매출액 산정자료의 제출을 거부하거나 거짓의 자료를 제출한 경우에는 해당 개인정보처리자의 전체 매출액을 기준으로 산정하되 해당 개인정보처리자 및 비슷한 규모의 개인정보처리자의 개인정보 보유 규모, 재무제표 등 회계자료, 상품·용역의 가격 등 영업현황 자료에 근거하여 매출액을 추정할 수 있다.
④ 보호위원회는 제1항에 따른 과징금을 부과하는 경우에는 위반행위에 상응하는 비례성과 침해 예방에 대한 효과성이 확보될 수 있도록 다음 각 호의 사항을 고려하여야 한다.
1. 위반행위의 내용 및 정도
2. 위반행위의 기간 및 횟수
3. 위반행위로 인하여 취득한 이익의 규모
4. 암호화 등 안전성 확보 조치 이행 노력
5. 개인정보가 분실·도난·유출·위조·변조·훼손된 경우 위반행위와의 관련성 및 분실·도난·유출·위조·변조·훼손의 규모
6. 위반행위로 인한 피해의 회복 및 피해 확산 방지 조치의 이행 여부
7. 개인정보처리자의 업무 형태 및 규모
8. 개인정보처리자가 처리하는 개인정보의 유형과 정보주체에게 미치는 영향
9. 위반행위로 인한 정보주체의 피해 규모
10. 개인정보 보호 인증, 자율적인 보호 활동 등 개인정보 보호를 위한 노력
11. 보호위원회와의 협조 등 위반행위를 시정하기 위한 조치 여부
⑤ 보호위원회는 다음 각 호의 어느 하나에 해당하는 사유가 있는 경우에는 과징금을 부과하지 아니할 수 있다.
1. 지급불능·지급정지 또는 자본잠식 등의 사유로 객관적으로 과징금을 낼 능력이 없다고 인정되는 경우
2. 본인의 행위가 위법하지 아니한 것으로 잘못 인식할 만한 정당한 사유가 있는 경우
3. 위반행위의 내용·정도가 경미하거나 산정된 과징금이 소액인 경우
4. 그 밖에 정보주체에게 피해가 발생하지 아니하였거나 경미한 경우로서 대통령령으로 정하는 사유가 있는 경우
⑥ 제1항에 따른 과징금은 제2항부터 제5항까지를 고려하여 산정하되, 구체적인 산정기준과 산정절차는 대통령령으로 정한다.
⑦ 보호위원회는 제1항에 따른 과징금을 내야 할 자가 납부기한까지 이를 내지 아니하면 납부기한의 다음 날부터 내지 아니한 과징금의 연 100분의 6에 해당하는 가산금을 징수한다. 이 경우 가산금을 징수하는 기간은 60개월을 초과하지 못한다.
⑧ 보호위원회는 제1항에 따른 과징금을 내야 할 자가 납부기한까지 내지 아니한 경우에는 기간을 정하여 독촉하고, 독촉으로 지정한 기간 내에 과징금과 제7항에 따른 가산금을 내지 아니하면 국세강제징수의 예에 따라 징수한다.
⑨ 보호위원회는 법원의 판결 등의 사유로 제1항에 따라 부과된 과징금을 환급하는 경우에는 과징금을 낸 날부터 환급하는 날까지의 기간에 대하여 금융회사 등의 예금이자율 등을 고려하여 대통령령으로 정하는 이자율을 적용하여 계산한 환급가산금을 지급하여야 한다.
⑩ 보호위원회는 제9항에도 불구하고 법원의 판결에 따라 과징금 부과처분이 취소되어 그 판결이유에 따라 새로운 과징금을 부과하는 경우에는 당초 납부한 과징금에서 새로 부과하기로 결정한 과징금을 공제한 나머지 금액에 대해서만 환급가산금을 계산하여 지급한다.
(2023.3.14 본조신설)
제65조【고발 및 징계권고】 ① 보호위원회는 개인정보처리자에게 이 법 등 개인정보 보호와 관련된 법규의 위반에 따른 범죄혐의가 있다고 인정될 만한 상당한 이유가 있을 때에는 관할 수사기관에 그 내용을 고발할 수 있다.(2020.2.4 본항개정)
② 보호위원회는 이 법 등 개인정보 보호와 관련된 법규의 위반행위가 있다고 인정될 만한 상당한 이유가 있을 때에는 책임이 있는 자(대표자 및 책임있는 임원을 포함한다)를 징계할 것을 해당 개인정보처리자에게 권고할 수 있다. 이 경우 권고를 받은 사람은 이를 존중하여야 하며 그 결과를 보호위원회에 통보하여야 한다.
(2020.2.4 본항개정)
③ 관계 중앙행정기관의 장은 소관 법률에 따라 개인정보처리자에 대하여 제1항에 따른 고발을 하거나 소속 기관·단체 등의 장에게 제2항에 따른 징계권고를 할 수 있다. 이 경우 제2항에 따른 권고를 받은 사람은 이를 존중하여야 하며 그 결과를 관계 중앙행정기관의 장에게 통보하여야 한다.
제66조【결과의 공표】 ① 보호위원회는 제61조에 따른 개선권고, 제64조에 따른 시정조치 명령, 제64조의2에 따른 과징금의 부과, 제65조에 따른 고발 또는 징계권고 및 제75조에 따른 과태료 부과의 내용 및 결과에 대하여 공표할 수 있다.
② 보호위원회는 제61조에 따른 개선권고, 제64조에 따른 시정조치 명령, 제64조의2에 따른 과징금의 부과, 제65조에 따른 고발 또는 징계권고 및 제75조에 따른 과태료 부과처분 등을 한 경우에는 처분 등을 받은 자에게 해당 처분 등을 받았다는 사실을 공표할 것을 명할 수 있다.
③ 제1항 및 제2항에 따른 개선권고 사실 등의 공표 및 공표명령의 방법, 기준 및 절차 등은 대통령령으로 정한다.
(2023.3.14 본조개정)
제67조【연차보고】 ① 보호위원회는 관계 기관 등으로부터 필요한 자료를 제출받아 매년 개인정보 보호시책의 수립 및 시행에 관한 보고서를 작성하여 정기국회 개회 전까지 국회에 제출(정보통신망에 의한 제출을 포함한다)하여야 한다.
② 제1항에 따른 보고서에는 다음 각 호의 내용이 포함되어야 한다.
1. 정보주체의 권리침해 및 그 구제현황
2. 개인정보 처리에 관한 실태조사 및 개인정보 보호수준 평가 등의 결과(2023.3.14 본호개정)
3. 개인정보 보호시책의 추진현황 및 실적
4. 개인정보 관련 해외의 입법 및 정책 동향
5. 주민등록번호 처리와 관련된 법률·대통령령·국회규칙·대법원규칙·헌법재판소규칙·중앙선거관리위원회규칙 및 감사원규칙의 제정·개정 현황(2016.3.29 본호신설)
6. 그 밖에 개인정보 보호시책에 관하여 공개 또는 보고하여야 할 사항
제68조【권한의 위임·위탁】 ① 이 법에 따른 보호위원회 또는 관계 중앙행정기관의 장의 권한은 그 일부를 대통령령으로 정하는 바에 따라 특별시장, 광역시장, 도지사, 특별자치도지사 또는 대통령령으로 정하는 전문기관에 위임하거나 위탁할 수 있다.
② 제1항에 따라 보호위원회 또는 관계 중앙행정기관의 장의 권한을 위임 또는 위탁받은 기관은 위임 또는 위탁받은 업무의 처리 결과를 보호위원회 또는 관계 중앙행정기관의 장에게 통보하여야 한다.
③ 보호위원회는 제1항에 따른 전문기관에 권한의 일부를 위임하거나 위탁하는 경우 해당 전문기관의 업무 수행을 위하여 필요한 경비를 출연할 수 있다.
(2020.2.4 본조개정)
제69조【벌칙 적용 시의 공무원 의제】 ① 보호위원회의 위원 중 공무원이 아닌 위원 및 공무원이 아닌 직원은 「형법」이나 그 밖의 법률에 따른 벌칙을 적용할 때에는 공무원으로 본다.(2020.2.4 본항신설)
② 보호위원회 또는 관계 중앙행정기관의 장의 권한을 위탁한 업무에 종사하는 관계 기관의 임직원은 「형법」 제129조부터 제132조까지의 규정을 적용할 때에는 공무원으로 본다.(2020.2.4 본항신설)

제10장 벌 칙

제70조【벌칙】 다음 각 호의 어느 하나에 해당하는 자는 10년 이하의 징역 또는 1억원 이하의 벌금에 처한다.
(2015.7.24 본문개정)
1. 공공기관의 개인정보 처리업무를 방해할 목적으로 공공기관에서 처리하고 있는 개인정보를 변경하거나 말소하여 공공기관의 업무 수행의 중단·마비 등 심각한 지장을 초래한 자(2015.7.24 본호신설)
2. 거짓이나 그 밖의 부정한 수단이나 방법으로 다른 사람이 처리하고 있는 개인정보를 취득한 후 이를 영리 또는 부정한 목적으로 제3자에게 제공한 자와 이를 교사·알선한 자(2015.7.24 본호신설)
제71조【벌칙】 다음 각 호의 어느 하나에 해당하는 자는 5년 이하의 징역 또는 5천만원 이하의 벌금에 처한다.
1. 제17조제1항제2호에 해당하지 아니함에도 같은 항 제1호(제26조제8항에 따라 준용되는 경우를 포함한다)를 위반하여 정보주체의 동의를 받지 아니하고 개인정보를 제3자에게 제공한 자 및 그 사정을 알면서도 개인정보를 제공받은 자(2023.3.14 본호개정)
2. 제18조제1항·제2항, 제27조제3항 또는 제28조의2(제26조제8항에 따라 준용되는 경우를 포함한다), 제19조 또는 제26조제5항을 위반하여 개인정보를 이용하거나 제3자에게 제공한 자 및 그 사정을 알면서도 영리 또는 부정한 목적으로 개인정보를 제공받은 자(2023.3.14 본호개정)
3. 제22조의2제1항(제26조제8항에 따라 준용되는 경우를 포함한다)을 위반하여 법정대리인의 동의를 받지 아니하고 만 14세 미만인 아동의 개인정보를 처리한 자
(2023.3.14 본호신설)
4. 제23조제1항(제26조제8항에 따라 준용되는 경우를 포함한다)을 위반하여 민감정보를 처리한 자(2023.3.14 본호개정)
4의2. (2023.3.14 삭제)
4의3. → 제8호로 이동
4의4.~4의6. (2023.3.14 삭제)
5. 제24조제1항(제26조제8항에 따라 준용되는 경우를 포함한다)을 위반하여 고유식별정보를 처리한 자
(2023.3.14 본호개정)
6. 제28조의3제1항(제26조제8항에 따라 준용되는 경우를 포함한다)을 위반하여 보호위원회 또는 관계 중앙행정기관의 장으로부터 전문기관으로 지정받지 아니하고 가명정보를 결합한 자(2023.3.14 본호신설)
7. 제28조의3제2항(제26조제8항에 따라 준용되는 경우를 포함한다)을 위반하여 전문기관의 장의 승인을 받지 아니하고 결합을 수행한 기관 외부로 결합된 정보를 반출하거나 이를 제3자에게 제공한 자 및 그 사정을 알면서도 영리 또는 부정한 목적으로 결합된 정보를 제공받은 자(2023.3.14 본호신설)
8. 제28조의5제1항(제26조제8항에 따라 준용되는 경우를 포함한다)을 위반하여 특정 개인을 알아보기 위한 목적으로 가명정보를 처리한 자(2023.3.14 본호개정)
9. 제59조제2호를 위반하여 업무상 알게 된 개인정보를 누설하거나 권한 없이 다른 사람이 이용하도록 제공한 자 및 그 사정을 알면서도 영리 또는 부정한 목적으로 개인정보를 제공받은 자
10. 제59조제3호를 위반하여 다른 사람의 개인정보를 이용, 훼손, 멸실, 변경, 위조 또는 유출한 자(2023.3.14 본호개정)
제72조【벌칙】 다음 각 호의 어느 하나에 해당하는 자는 3년 이하의 징역 또는 3천만원 이하의 벌금에 처한다.
1. 제25조제5항(제26조제8항에 따라 준용되는 경우를 포함한다)을 위반하여 고정형 영상정보처리기기의 설치 목적과 다른 목적으로 고정형 영상정보처리기기를 임의로 조작하거나 다른 곳을 비추는 자 또는 녹음기능을 사용한 자(2023.3.14 본호개정)
2. 제59조제1호를 위반하여 거짓이나 그 밖의 부정한 수단이나 방법으로 개인정보를 취득하거나 개인정보 처리에 관한 동의를 받는 행위를 한 자 및 그 사정을 알면서도 영리 또는 부정한 목적으로 개인정보를 제공받은 자
3. 제60조를 위반하여 직무상 알게 된 비밀을 누설하거나 직무상 목적 외에 이용한 자

판례 경품 행사 등으로 수집한 고객 정보를 보험사 등에 팔아 막대한 수익을 챙겼다면 업체는 고객 개인정보 유출에 따른 배상 책임을 져야 한다. 비록 '개인정보는 보험상품 안내 등을 위한 마케팅

자료로 활용된다'는 문장이 기재되어 있기는 하나, 소비자들이 읽기 어렵게 써놓은 점을 보아 업체가 거짓이나 그 밖의 부정한 수단, 방법으로 개인정보 처리에 대한 동의를 받은 것으로 볼 수 있다. (대판 2017.4.7, 2016도13263)

제73조【벌칙】 ① 다음 각 호의 어느 하나에 해당하는 자는 2년 이하의 징역 또는 2천만원 이하의 벌금에 처한다.
1. 제36조제2항(제26조제8항에 따라 준용되는 경우를 포함한다)을 위반하여 정정·삭제 등 필요한 조치를 하지 아니하고 개인정보를 계속 이용하거나 이를 제3자에게 제공한 자
2. 제37조제2항(제26조제8항에 따라 준용되는 경우를 포함한다)을 위반하여 개인정보의 처리를 정지하지 아니하고 개인정보를 계속 이용하거나 제3자에게 제공한 자
3. 국내외에서 정당한 이유 없이 제39조의4에 따른 비밀유지명령을 위반한 자
4. 제63조제1항(제26조제8항에 따라 준용되는 경우를 포함한다)에 따른 자료제출 요구에 대하여 법 위반사항을 은폐 또는 축소할 목적으로 자료제출을 거부하거나 거짓의 자료를 제출한 자
5. 제63조제2항(제26조제8항에 따라 준용되는 경우를 포함한다)에 따른 출입·검사 시 자료의 은닉·폐기, 접근 거부 또는 위조·변조 등을 통하여 조사를 거부·방해 또는 기피한 자

② 제1항제3호의 죄는 비밀유지명령을 신청한 자의 고소가 없으면 공소를 제기할 수 없다.
(2023.3.14 본조개정)

제74조【양벌규정】 ① 법인의 대표자나 법인 또는 개인의 대리인, 사용인, 그 밖의 종업원이 그 법인 또는 개인의 업무에 관하여 제70조에 해당하는 위반행위를 하면 그 행위자를 벌하는 외에 그 법인 또는 개인을 7천만원 이하의 벌금에 처한다. 다만, 법인 또는 개인이 그 위반행위를 방지하기 위하여 해당 업무에 관하여 상당한 주의와 감독을 게을리하지 아니한 경우에는 그러하지 아니하다.
② 법인의 대표자나 법인 또는 개인의 대리인, 사용인, 그 밖의 종업원이 그 법인 또는 개인의 업무에 관하여 제71조부터 제73조까지의 어느 하나에 해당하는 위반행위를 하면 그 행위자를 벌하는 외에 그 법인 또는 개인에게도 해당 조문의 벌금형을 과(科)한다. 다만, 법인 또는 개인이 그 위반행위를 방지하기 위하여 해당 업무에 관하여 상당한 주의와 감독을 게을리하지 아니한 경우에는 그러하지 아니하다.

제74조의2【몰수·추징 등】 제70조부터 제73조까지의 어느 하나에 해당하는 죄를 지은 자가 해당 위반행위와 관련하여 취득한 금품이나 그 밖의 이익은 몰수할 수 있으며, 이를 몰수할 수 없을 때에는 그 가액을 추징할 수 있다. 이 경우 몰수 또는 추징은 다른 벌칙에 부가하여 과할 수 있다.(2015.7.24 본조신설)

제75조【과태료】 ① 다음 각 호의 어느 하나에 해당하는 자에게는 5천만원 이하의 과태료를 부과한다.
1. 제25조제2항(제26조제8항에 따라 준용되는 경우를 포함한다)을 위반하여 고정형 영상정보처리기기를 설치·운영한 자
2. 제25조의2제2항(제26조제8항에 따라 준용되는 경우를 포함한다)을 위반하여 이동형 영상정보처리기기로 사람 또는 그 사람과 관련된 사물의 영상을 촬영한 자

② 다음 각 호의 어느 하나에 해당하는 자에게는 3천만원 이하의 과태료를 부과한다.
1. 제16조제3항·제22조제5항(제26조제8항에 따라 준용되는 경우를 포함한다)을 위반하여 재화 또는 서비스의 제공을 거부한 자
2. 제20조제1항·제2항을 위반하여 정보주체에게 같은 조 제1항 각 호의 사실을 알리지 아니한 자
3. 제20조의2제1항을 위반하여 개인정보의 이용·제공 내역이나 이용·제공 내역을 확인할 수 있는 정보시스템에 접속하는 방법을 통지하지 아니한 자
4. 제21조제1항(제26조제8항에 따라 준용되는 경우를 포함한다)을 위반하여 개인정보의 파기 등 필요한 조치를 하지 아니한 자
5. 제23조제2항·제24조제3항·제25조제6항(제25조의2제4항에 따라 준용되는 경우를 포함한다)·제28조의4제1항·제29조(제26조제8항에 따라 준용되는 경우를 포함한다)를 위반하여 안전성 확보에 필요한 조치를 하지 아니한 자
6. 제23조제3항(제26조제8항에 따라 준용되는 경우를 포함한다)을 위반하여 민감정보의 공개 가능성 및 비공개를 선택하는 방법을 알리지 아니한 자
7. 제24조의2제1항(제26조제8항에 따라 준용되는 경우를 포함한다)을 위반하여 주민등록번호를 처리한 자
8. 제24조의2제2항(제26조제8항에 따라 준용되는 경우를 포함한다)을 위반하여 암호화 조치를 하지 아니한 자
9. 제24조의2제3항(제26조제8항에 따라 준용되는 경우를 포함한다)을 위반하여 정보주체가 주민등록번호를 사용하지 아니할 수 있는 방법을 제공하지 아니한 자
10. 제25조제1항(제26조제8항에 따라 준용되는 경우를 포함한다)을 위반하여 고정형 영상정보처리기기를 설치·운영한 자
11. 제25조의2제1항(제26조제8항에 따라 준용되는 경우를 포함한다)을 위반하여 사람 또는 그 사람과 관련된 사물의 영상을 촬영한 자
12. 제26조제3항을 위반하여 정보주체에게 알려야 할 사항을 알리지 아니한 자
13. 제28조의5제2항(제26조제8항에 따라 준용되는 경우를 포함한다)을 위반하여 개인을 알아볼 수 있는 정보가 생성되었음에도 이용을 중지하지 아니하거나 이를 회수·파기하지 아니한 자
14. 제28조의8제4항(제26조제8항 및 제28조의11에 따라 준용되는 경우를 포함한다)을 위반하여 보호조치를 하지 아니한 자
15. 제32조의2제6항을 위반하여 인증을 받지 아니하였음에도 거짓으로 인증의 내용을 표시하거나 홍보한 자
16. 제33조제1항을 위반하여 영향평가를 하지 아니하거나 그 결과를 보호위원회에 제출하지 아니한 자
17. 제34조제1항(제26조제8항에 따라 준용되는 경우를 포함한다)을 위반하여 정보주체에게 같은 항 각 호의 사실을 알리지 아니한 자
18. 제34조제3항(제26조제8항에 따라 준용되는 경우를 포함한다)을 위반하여 보호위원회 또는 대통령령으로 정하는 전문기관에 신고하지 아니한 자
19. 제35조제3항(제26조제8항에 따라 준용되는 경우를 포함한다)을 위반하여 열람을 제한하거나 거절한 자
20. 제35조의3제1항에 따른 지정을 받지 아니하고 같은 항 제2호의 업무를 수행한 자
21. 제35조의3제3항을 위반한 자
22. 제36조제2항(제26조제8항에 따라 준용되는 경우를 포함한다)을 위반하여 정정·삭제 등 필요한 조치를 하지 아니한 자
23. 제37조제3항 또는 제5항(제26조제8항에 따라 준용되는 경우를 포함한다)을 위반하여 파기 등 필요한 조치를 하지 아니한 자
24. 제37조의2제3항(제26조제8항에 따라 준용되는 경우를 포함한다)을 위반하여 정당한 사유 없이 정보주체의 요구에 따르지 아니한 자
25. 제63조제1항(제26조제8항에 따라 준용되는 경우를 포함한다)에 따른 관계 물품·서류 등 자료를 제출하지 아니하거나 거짓으로 제출한 자
26. 제63조제2항(제26조제8항에 따라 준용되는 경우를 포함한다)에 따른 출입·검사를 거부·방해 또는 기피한 자
27. 제64조제1항에 따른 시정조치 명령에 따르지 아니한 자

③ 다음 각 호의 어느 하나에 해당하는 자에게는 2천만원 이하의 과태료를 부과한다.
1. 제26조제6항을 위반하여 위탁자의 동의를 받지 아니하고 제3자에게 다시 위탁한 자
2. 제31조의2제1항을 위반하여 국내대리인을 지정하지 아니한 자

④ 다음 각 호의 어느 하나에 해당하는 자에게는 1천만원 이하의 과태료를 부과한다.
1. 제11조의2제2항을 위반하여 정당한 사유 없이 자료를 제출하지 아니하거나 거짓으로 제출한 자
2. 제21조제3항(제26조제8항에 따라 준용되는 경우를 포함한다)을 위반하여 개인정보를 분리하여 저장·관리하지 아니한 자
3. 제22조제1항부터 제3항까지(제26조제8항에 따라 준용되는 경우를 포함한다)를 위반하여 동의를 받은 자
4. 제26조제1항을 위반하여 업무 위탁 시 같은 항 각 호의 내용이 포함된 문서로 하지 아니한 자
5. 제26조제2항을 위반하여 위탁하는 업무의 내용과 수탁자를 공개하지 아니한 자
6. 제27조제1항·제2항(제26조제8항에 따라 준용되는 경우를 포함한다)을 위반하여 정보주체에게 개인정보의 이전 사실을 알리지 아니한 자
7. 제28조의4제3항(제26조제8항에 따라 준용되는 경우를 포함한다)을 위반하여 관련 기록을 작성하여 보관하지 아니한 자
8. 제30조제1항 또는 제2항(제26조제8항에 따라 준용되는 경우를 포함한다)을 위반하여 개인정보 처리방침을 정하지 아니하거나 이를 공개하지 아니한 자
9. 제31조제1항(제26조제8항에 따라 준용되는 경우를 포함한다)을 위반하여 개인정보 보호책임자를 지정하지 아니한 자
10. 제35조제3항·제4항, 제36조제2항·제4항 또는 제37조제4항(제26조제8항에 따라 준용되는 경우를 포함한다)을 위반하여 정보주체에게 알려야 할 사항을 알리지 아니한 자
11. 제45조제1항에 따른 자료를 정당한 사유 없이 제출하지 아니하거나 거짓으로 제출한 자
12. 제45조제2항에 따른 출입·조사·열람을 정당한 사유 없이 거부·방해 또는 기피한 자

⑤ 제1항부터 제4항까지에 따른 과태료는 대통령령으로 정하는 바에 따라 보호위원회가 부과·징수한다. 이 경우 보호위원회는 위반행위의 정도·동기·결과, 개인정보처리자의 규모 등을 고려하여 과태료를 감경하거나 면제할 수 있다.
(2023.3.14 본조개정)

제76조【과태료에 관한 규정 적용의 특례】 제75조의 과태료에 관한 규정을 적용할 때 제64조의2에 따라 과징금을 부과한 행위에 대하여는 과태료를 부과할 수 없다.
(2023.3.14 본조개정)

부 칙

제1조【시행일】 이 법은 공포 후 6개월이 경과한 날부터 시행한다. 다만, 제24조제2항 및 제75조제2항제5호는 공포 후 1년이 경과한 날부터 시행한다.

제2조【다른 법률의 폐지】 공공기관의 개인정보보호에 관한 법률은 폐지한다.

제3조【개인정보분쟁조정위원회에 관한 경과조치】 이 법 시행 당시 종전의 「정보통신망 이용촉진 및 정보보호 등에 관한 법률」에 따른 개인정보분쟁조정위원회의 행위나 개인정보분쟁조정위원회에 대한 행위는 그에 해당하는 이 법에 따른 개인정보 분쟁조정위원회의 행위나 개인정보 분쟁조정위원회에 대한 행위로 본다.

제4조【처리 중인 개인정보에 관한 경과조치】 이 법 시행 전에 다른 법령에 따라 적법하게 처리된 개인정보는 이 법에 따라 처리된 것으로 본다.

제5조【벌칙의 적용에 관한 경과조치】 ① 이 법 시행 전에 종전의 「공공기관의 개인정보보호에 관한 법률」을 위반한 행위에 대하여 벌칙을 적용할 때에는 종전의 「공공기관의 개인정보보호에 관한 법률」에 따른다.
② 이 법 시행 전에 종전의 「정보통신망 이용촉진 및 정보보호 등에 관한 법률」을 위반한 행위에 대하여 벌칙을 적용할 때에는 종전의 「정보통신망 이용촉진 및 정보보호 등에 관한 법률」에 따른다.

제6조【다른 법률의 개정】 ①~⑭ ※(해당 법령에 가제정리 하였음)

제7조【다른 법령과의 관계】 이 법 시행 당시 다른 법령에서 종전의 「공공기관의 개인정보보호에 관한 법률」 또는 그 규정을 인용하고 있는 경우 이 법 중 그에 해당하는 규정이 있을 때에는 종전의 규정을 갈음하여 이 법 또는 이 법의 해당 규정을 인용한 것으로 본다.

부 칙 (2013.8.6)

제1조【시행일】 이 법은 공포 후 1년이 경과한 날부터 시행한다.

제2조【주민등록번호 처리 제한에 관한 경과조치】 ① 이 법 시행 당시 주민등록번호를 처리하고 있는 개인정보처리자는 이 법 시행일부터 2년 이내에 보유하고 있는 주민등록번호를 파기하여야 한다. 다만, 제24조의2제1항 각 호의 개정규정의 어느 하나에 해당하는 경우는 제외한다.
② 제1항에 따른 기간 이내에 보유하고 있는 주민등록번호를 파기하지 아니한 경우에는 제24조의2제1항의 개정규정을 위반한 것으로 본다.

부 칙 (2015.7.24)

제1조【시행일】 이 법은 공포한 날부터 시행한다. 다만, 제8조제1항, 제8조의2, 제9조, 제11조제1항, 제32조의2, 제39조제3항·제4항, 제39조의2, 제40조, 제75조제2항제7호의2의 개정규정은 공포 후 1년이 경과한 날부터, 법률 제12504호 개인정보 보호법 일부개정법률 제24조의2제2항 전단 및 제75조제2항제4호의3의 개정규정은 2016년 1월 1일부터 각각 시행한다.

제2조【손해배상에 관한 적용례】 제39조제3항·제4항 및 제39조의2의 개정규정은 이 법 시행 후에 분실·도난·유출·위조·변조 또는 훼손된 개인정보에 관한 손해배상 청구분부터 적용한다.

제3조【개인정보 보호 인증에 관한 경과조치】 이 법 시행 전에 행정자치부장관으로부터 개인정보 보호 인증을 받은 자는 제32조의2의 개정규정에 따른 개인정보 보호 인증을 받은 것으로 본다.

제4조【개인정보 인증 심사원 자격에 관한 경과조치】 이 법 시행 전에 개인정보 보호 인증 심사원의 자격을 취득한 자는 이 법에 따른 개인정보 보호 인증 심사원의 자격을 취득한 것으로 본다.

제5조【개인정보 분쟁조정위원회 위원의 임기에 관한 경과조치】 이 법 시행 전에 행정자치부장관이 임명하거나 위촉한 분쟁조정위원회 위원은 제40조의 개정규정에 따른 보호위원회가 위촉한 분쟁조정위원회 위원으로 본다.

제6조【벌칙 등에 관한 경과조치】 이 법 시행 전의 위반행위에 대하여 벌칙 또는 과태료를 적용할 때에는 종전의 규정에 따른다.

부 칙 (2016.3.29)

제1조【시행일】 이 법은 공포 후 6개월이 경과한 날부터 시행한다. 다만, 제24조의2제1항제1호 및 제67조제2항제5호의 개정규정은 공포 후 1년이 경과한 날부터 시행한다.

제2조【정보주체 이외로부터 수집한 개인정보의 수집 출처 등 고지에 관한 적용례】 제20조제2항 및 제3항의 개정규정은 이 법 시행 후 최초로 정보주체 이외로부터 개인정보를 수집하는 경우부터 적용한다.

제3조【개인정보 처리방침에 관한 경과조치】 ① 이 법 시행 당시 종전의 규정에 따른 개인정보 처리방침은 제30조제1항의 개정규정에 따른 개인정보 처리방침으로 본다.
② 개인정보처리자는 이 법 시행 후 6개월 이내에 제1항에 따른 개인정보 처리방침을 제30조제1항의 개정취지에 맞도록 개정하여야 한다.

부 칙 (2017.4.18)

이 법은 공포 후 6개월이 경과한 날부터 시행한다.

부 칙 (2017.7.26)

제1조【시행일】 ① 이 법은 공포한 날부터 시행한다. 다만, 제22조제2항의 개정규정은 2017년 10월 19일부터 시행한다.(이하 생략)

부 칙 (2020.2.4)

제1조【시행일】 이 법은 공포 후 6개월이 경과한 날부터 시행한다.
제2조【위원 임기에 관한 경과조치】 이 법 시행 당시 종전의 규정에 따라 임명된 보호위원회의 위원의 임기는 이 법 시행 전날 만료된 것으로 본다.
제3조【기능조정에 따른 소관 사무 등에 관한 경과조치】 ① 이 법 시행 당시 「방송통신위원회의 설치 및 운영에 관한 법률」 제11조제1항의 방송통신위원회의 소관사무 중 개인정보 보호에 해당하는 사무는 보호위원회가 승계한다.
② 이 법 시행 당시 행정안전부장관의 소관 사무 중 제7조의8의 개정규정에 따른 사무는 보호위원회가 승계한다.
③ 이 법 시행 전에 행정안전부장관이 행한 고시·행정처분, 그 밖에 행정안전부장관의 행위와 행정안전부장관에 대한 신청·신고, 그 밖의 행위 중 그 소관이 행정안전부장관으로부터 보호위원회로 이관되는 사항에 관한 행위는 보호위원회의 행위 또는 보호위원회에 대한 행위로 본다.
④ 이 법 시행 전에 방송통신위원회가 행한 고시·행정처분 그 밖의 행위와 신고 등 방송통신위원회에 대한 행위 중 그 소관이 방송통신위원회에서 보호위원회로 이관되는 사항에 관한 행위는 이 법에 따른 보호위원회의 행위 또는 보호위원회에 대한 행위로 본다.
⑤ 이 법 시행 당시 행정안전부·방송통신위원회 소속 공무원 중 대통령령으로 정하는 공무원은 이 법에 따른 보호위원회 소속 공무원으로 본다.
제4조【보호위원회에 관한 경과조치】 ① 이 법 시행 당시 종전의 규정에 따른 보호위원회의 행위나 보호위원회에 대한 행위는 이 법에 따른 보호위원회의 행위나 보호위원회에 대한 행위로 본다.
제5조【개인정보보호 관리체계 인증기관 등에 관한 경과조치】 ① 이 법 시행 당시 「정보통신망 이용촉진 및 정보보호 등에 관한 법률」(이하 "「정보통신망법」"이라 한다) 제47조의3에 따라 인증기관 또는 심사기관으로 지정 받은 자는 이 법 제32조의2에 따라 전문기관으로 지정 받은 것으로 본다.
② 이 법 시행 당시 「정보통신망법」 제47조의3에 따라 개인정보보호 관리체계 인증을 받거나 인증심사원 자격을 부여받은 자는 이 법 제32조의2에 따라 개인정보보호 관리체계 인증을 받거나 인증심사원 자격을 부여받은 것으로 본다.
제6조【권한의 위임·위탁에 관한 경과조치】 이 법 시행 당시 종전의 규정에 따라 행정안전부장관의 권한 일부를 위임 또는 위탁받은 특별시장, 광역시장, 도지사, 특별자치도지사, 특별자치시장 또는 전문기관은 이 법에 따라 보호위원회의 권한 일부를 위임 또는 위탁 받은 것으로 본다.
제7조【벌칙 및 과태료에 관한 경과조치】 이 법 시행 전의 행위에 대한 벌칙 및 과태료의 적용은 종전의 규정에 의한다.
제8조【과징금 부과에 관한 경과조치】 이 법 시행 전에 종료된 행위에 대한 과징금의 부과는 종전의 규정에 따른다.
제9조【다른 법률의 개정】 ①~④ ※(해당 법령에 가제정리 하였음)
제10조【다른 법령과의 관계】 ① 이 법 시행 당시 다른 법령(이 법 시행 전에 공포되었으나 시행일이 도래하지 아니한 법령을 포함한다)에서 이 법에 따라 보호위원회가 승계하는 방송통신위원회 및 행정안전부의 사무와 관련하여 "방송통신위원회" 또는 "방송통신위원회 위원장"을 인용한 경우에는 그 법령에서 규정한 내용에 따라 "보호위원회" 또는 "보호위원회 위원장"을 인용한 것으로 "방송통신위원회 소속 공무원"을 인용한 경우에는 "보호위원회 소속 공무원"을 인용한 것으로 보며, "행정안전부" 또는 "행정안전부장관"을 인용한 경우에는 그 법령에서 규정한 내용에 따라 "보호위원회" 또는 "보호위원회 위원장"을 인용한 것으로 "행정안전부 소속 공무원"을 인용한 경우에는 "보호위원회 소속 공무원"을 인용한 것으로 본다.
② 이 법 시행 당시 다른 법령에서 종전의 「정보통신망법」 또는 그 규정을 인용하고 있는 경우 이 법에 그에 해당하는 규정이 있는 때에는 이 법 또는 이 법의 해당 규정을 인용한 것으로 본다.

부 칙 (2023.3.14)

제1조【시행일】 이 법은 공포 후 6개월이 경과한 날부터 시행한다. 다만, 다음 각 호의 개정규정은 각 호의 구분에 따른 날부터 시행한다.
1. 제11조의2, 제31조, 제35조의3, 제37조의2, 제39조의7, 제60조제5호, 제75조제2항제16호·제20호·제21호·제24호 및 같은 조 제4항제1호·제9호의 개정규정 : 공포 후 1년이 경과한 날
2. 제35조의2의 개정규정 : 공포 후 1년이 경과한 날부터 공포 후 2년이 넘지 아니하는 범위에서 대통령령으로 정하는 날

제2조【개인정보 유출 등의 통지·신고에 관한 적용례】 제34조의 개정규정은 이 법 시행 이후 개인정보가 분실·도난·유출되었음을 알게 된 경우부터 적용한다.
제3조【손해배상청구소송에서 자료의 제출 및 비밀유지명령 등에 관한 적용례】 제39조의3부터 제39조의6까지의 개정규정은 이 법 시행 이후 손해배상청구의 소를 제기하는 경우부터 적용한다.
제4조【분쟁조정에 관한 적용례】 제43조제3항, 제45조제2항부터 제4항까지, 제45조의2 및 제47조제3항·제4항의 개정규정은 이 법 시행 이후 분쟁조정 또는 집단분쟁조정이 신청되거나 의뢰되는 경우부터 적용한다.
제5조【적용의 일부 제외에 관한 적용례】 제58조의 개정규정은 이 법 시행 이후 개인정보를 처리하는 경우부터 적용한다.
제6조【결과의 공표에 관한 적용례】 제66조제2항의 개정규정은 이 법 시행 이후 제61조에 따른 개선권고, 제64조에 따른 시정조치 명령, 제64조의2에 따른 과징금의 부과, 제65조에 따른 고발 또는 징계권고 및 제75조에 따른 과태료 부과 처분의 대상이 되는 행위를 한 경우부터 적용한다.
제7조【연차보고에 관한 적용례】 제67조의 개정규정은 이 법 시행 이후 그 다음 연도에 작성하는 보고서부터 적용한다.
제8조【과징금 부과에 관한 경과조치 등】 ① 이 법 시행 전에 종료된 위반행위에 대한 과징금의 부과는 제64조의2의 개정규정에도 불구하고 종전의 제28조의6, 제34조의2 및 제39조의15에 따른다.
② 이 법 시행 당시 종료되지 아니한 위반행위에 대한 과징금의 부과는 제64조의2의 개정규정에 따른다.
제9조【개인정보파일의 등록에 관한 경과조치】 이 법 시행 당시 종전의 제58조제1항제1호에 따른 개인정보가 포함된 개인정보파일을 운용하고 있는 공공기관의 장은 이 법 시행일부터 60일 이내에 해당 개인정보파일을 제32조의 개정규정에 따라 보호위원회에 등록을 하여야 한다.
제10조【개인정보 영향평가에 관한 경과조치】 이 법 시행 당시 종전의 제58조제1항제1호에 따른 개인정보가 포함된 개인정보파일(제33조제1항에 따른 영향평가의 대상이 되는 개인정보파일에 한정한다)을 운용하고 있는 공공기관의 장은 이 법 시행일부터 2년 이내에 영향평가를 실시하고 그 결과를 보호위원회에 제출하여야 한다.
제11조【다른 법률의 개정】 ①~⑪ ※(해당 법령에 가제정리 하였음)

개인정보 보호법 시행령

(2011년 9월 29일
대통령령 제23169호)

개정
2013. 3.23영24425호(직제)
2014. 8. 6영25531호
2014.11.19영25751호(직제)
2014.12. 9영25840호(규제기한정비)
2015. 3.11영26140호(보안업무규정)
2015.12.22영26728호(정보보호산업의진흥에관한법시)
2015.12.30영26776호
2016. 7.22영27370호
2016. 9.29영27522호
2017. 5.29영28074호(정신건강증진및정신질환자복지서비스지원에관한법시)
2017. 6.27영28150호(주민등록시)
2017. 7.26영28211호(직제)
2017.10.17영28355호
2018.12.24영29421호(규제기한설정)
2020. 3. 3영30509호(규제기한해제)
2020. 7.14영30833호(고위공직자범죄수사처설치에따른일부개정령)
2020. 8. 4영30892호
2021. 2. 2영31429호(소상공인기본법시)
2022. 3. 8영32528호(규제기한해제)
2022. 7.19영32813호
2023. 9.12영33723호→시행일 부칙 참조

제1장 총 칙

제1조【목적】 이 영은 「개인정보 보호법」에서 위임된 사항과 그 시행에 필요한 사항을 규정함을 목적으로 한다.
제2조【공공기관의 범위】 「개인정보 보호법」(이하 "법"이라 한다) 제2조제6호나목에서 "대통령령으로 정하는 기관"이란 다음 각 호의 기관을 말한다.
1. 「국가인권위원회법」 제3조에 따른 국가인권위원회
1의2. 「고위공직자범죄수사처 설치 및 운영에 관한 법률」 제3조제1항에 따른 고위공직자범죄수사처(2020.7.14 본호신설)
2. 「공공기관의 운영에 관한 법률」 제4조에 따른 공공기관
3. 「지방공기업법」에 따른 지방공사와 지방공단
4. 특별법에 따라 설립된 특수법인
5. 「초·중등교육법」, 「고등교육법」, 그 밖의 다른 법률에 따라 설치된 각급 학교

제3조【영상정보처리기기의 범위】 ① 법 제2조제7호에서 "대통령령으로 정하는 장치"란 다음 각 호의 장치를 말한다.
1. 폐쇄회로 텔레비전 : 다음 각 목의 어느 하나에 해당하는 장치
가. 일정한 공간에 설치된 카메라를 통하여 지속적 또는 주기적으로 영상 등을 촬영하거나 촬영한 영상정보를 유무선 폐쇄회로 등의 전송로를 통하여 특정 장소에 전송하는 장치(2023.9.12 본목개정)
나. 가목에 따라 촬영되거나 전송된 영상정보를 녹화·기록할 수 있도록 하는 장치
2. 네트워크 카메라 : 일정한 공간에 설치된 기기를 통하여 지속적 또는 주기적으로 촬영한 영상정보를 그 기기를 설치·관리하는 자가 유무선 인터넷을 통하여 어느 곳에서나 수집·저장 등의 처리를 할 수 있도록 하는 장치(2023.9.12 본호개정)

② 법 제2조제7호의2에서 "대통령령으로 정하는 장치"란 다음 각 호의 장치를 말한다.
1. 착용형 장치 : 안경 또는 시계 등 사람의 신체 또는 의복에 착용하여 영상 등을 촬영하거나 촬영한 영상정보를 수집·저장 또는 전송하는 장치
2. 휴대형 장치 : 이동통신단말장치 또는 디지털 카메라 등 사람이 휴대하면서 영상 등을 촬영하거나 촬영한 영상정보를 수집·저장 또는 전송하는 장치
3. 부착·거치형 장치 : 차량이나 드론 등 이동 가능한 물체에 부착 또는 거치(据置)하여 영상 등을 촬영하거나 촬영한 영상정보를 수집·저장 또는 전송하는 장치

(2023.9.12 본항신설)

제2장 개인정보 보호위원회

제4조 (2020.8.4 삭제)
제4조의2【영리업무의 금지】 법 제7조제1항에 따른 개인정보 보호위원회(이하 "보호위원회"라 한다)의 위원은 법 제7조의6제1항에 따라 영리를 목적으로 다음 각 호의 어느 하나에 해당하는 업무에 종사해서는 안 된다.
1. 법 제7조의9제1항에 따라 보호위원회가 심의·의결하는 사항과 관련된 업무
2. 법 제40조제1항에 따른 개인정보 분쟁조정위원회(이하 "분쟁조정위원회"라 한다)가 조정하는 사항과 관련된 업무

(2020.8.4 본조신설)
제5조【전문위원회】 ① 보호위원회는 법 제7조의9제1항에 따른 심의·의결 사항에 대하여 사전에 전문적으로 검토하기 위하여 보호위원회에 다음 각 호의 분야별 전문위원회(이하 "전문위원회"라 한다)를 둔다.(2023.9.12 본문개정)
1. 개인정보의 국외 이전 분야
2. 그 밖에 보호위원회가 필요하다고 인정하는 분야

(2023.9.12 1호~2호신설)

② 제1항에 따라 전문위원회를 두는 경우 각 전문위원회는 위원장 1명을 포함한 20명 이내의 위원으로 성별을 고려하여 구성하되, 전문위원회 위원은 다음 각 호의 사람 중에서 보호위원회 위원장이 임명하거나 위촉하고, 전문위원회 위원장은 보호위원회 위원장이 전문위원회 위원 중에서 지명한다.(2023.9.12 본문개정)
1. 보호위원회 위원
2. 개인정보 보호 관련 업무를 담당하는 중앙행정기관의 관계 공무원
3. 개인정보 보호에 관한 전문지식과 경험이 풍부한 사람
4. 개인정보 보호와 관련된 단체 또는 사업자단체에 속하거나 그 단체의 추천을 받은 사람
③ 제1항 및 제2항에서 규정한 사항 외에 전문위원회의 구성 및 운영 등에 필요한 사항은 보호위원회의 의결을 거쳐 보호위원회 위원장이 정한다.(2023.9.12 본항신설)
제5조의2【개인정보 보호 정책협의회】 ① 개인정보 보호 정책의 일관성 있는 추진과 개인정보 보호 관련 사안에 대한 관계 중앙행정기관 간 협의를 위하여 보호위원회에 개인정보 보호 정책협의회(이하 "정책협의회"라 한다)를 둘 수 있다.
② 정책협의회는 다음 각 호의 사항을 협의한다.
1. 법 제9조에 따른 개인정보 보호 기본계획 및 법 제10조에 따른 시행계획 등 개인정보 보호와 관련된 주요 정책
2. 개인정보 보호와 관련된 주요 법령의 제·개정
3. 개인정보 보호와 관련된 주요 정책의 협력 및 의견조정
4. 개인정보 침해사고 예방 및 대응
5. 개인정보 보호 기술개발 및 전문인력의 양성
6. 그 밖에 개인정보 보호와 관련하여 관계 중앙행정기관 간 협의가 필요한 사항
③ 정책협의회는 관계 중앙행정기관의 고위공무원단에 속하는 공무원 또는 그에 상당하는 공무원으로서 개인정보 보호와 관련된 업무를 담당하는 사람 중 소속 기관의 장이 지명하는 사람으로 구성하되, 정책협의회의 의장(이하 이 조에서 "의장"이라 한다)은 보호위원회의 부위원장으로 한다.
④ 정책협의회는 업무를 수행하기 위하여 필요한 경우에는 실무협의회 또는 분야별 협의회를 둘 수 있다.
⑤ 실무협의회 및 분야별 협의회의 의장은 보호위원회 소속 공무원 중에서 의장이 임명한다.
⑥ 정책협의회, 실무협의회 및 분야별 협의회는 업무를 수행하기 위하여 필요한 경우에는 관계 기관·단체 및 전문가 등에게 출석, 자료 또는 의견의 제출 등 필요한 협조를 요청할 수 있다.
⑦ 제1항부터 제6항까지에서 규정한 사항 외에 정책협의회의 운영 등에 필요한 사항은 정책협의회의 의결을 거쳐 의장이 정한다.
(2020.8.4 본조신설)
제5조의3【시·도 개인정보 보호 관계 기관 협의회】 ① 개인정보 보호 정책의 효율적인 추진과 자율적인 개인정보 보호 강화를 위하여 특별시, 광역시, 특별자치시, 도, 특별자치도(이하 "시·도"라 한다)에 시·도 개인정보 보호 관계 기관 협의회(이하 "시·도협의회"라 한다)를 둘 수 있다.
② 시·도협의회는 다음 각 호의 사항을 협의한다.
1. 시·도 개인정보 보호 정책
2. 관계 기관·단체 등의 의견 수렴 및 전달
3. 개인정보 보호 우수사례 공유
4. 그 밖에 개인정보 보호와 관련하여 시·도협의회의 협의가 필요한 사항
③ 제1항 및 제2항에서 규정한 사항 외에 시·도협의회의 구성 및 운영 등에 필요한 사항은 시·도의 조례로 정한다.
(2020.8.4 본조신설)
제6조【의사의 공개】 보호위원회의 의사(議事)는 공개한다. 다만, 보호위원회 위원장이 필요하다고 인정하는 경우에는 공개하지 아니할 수 있다.
제7조【공무원 등의 파견】 보호위원회는 그 업무 수행을 위하여 필요하다고 인정하는 경우에는 공공기관에 그 소속 공무원 또는 임직원의 파견을 요청할 수 있다.
제8조 (2020.8.4 삭제)
제9조【출석수당 등】 보호위원회, 전문위원회 또는 정책협의회에 출석한 위원, 법 제7조의9제2항에 따라 보호위원회에 출석한 사람, 전문위원회에 출석한 사람 또는 정책협의회에 출석한 사람 및 전문위원회에 출석한 사람에게는 예산의 범위에서 수당·여비, 그 밖에 필요한 경비를 지급할 수 있다. 다만, 공무원이 그 소관 업무와 직접 관련되어 출석하는 경우에는 그렇지 않다.(2020.8.4 본조개정)
제9조의2【정책·제도·법령 개선 권고의 절차 등】 ① 보호위원회는 법 제7조의9제4항에 따라 관계 기관에 정책·제도 및 법령의 개선을 권고하는 경우에는 그 내용과 사유 등을 함께 통보해야 한다.
② 보호위원회는 법 제7조의9제5항에 따른 권고내용의 이행여부를 점검하기 위하여 관계 기관에 권고사항의 이행결과에 대한 자료 제출을 요청할 수 있다.
(2020.8.4 본조개정)
제9조의3【개인정보 침해요인 평가 절차 등】 ① 중앙행정기관의 장은 법 제8조의2제1항에 따라 개인정보 침해요인 평가(이하 "침해요인 평가"라 한다)를 요청하는 경우 다음 각 호의 사항을 포함하는 개인정보 침해요인 평가 요청서(전자문서를 포함한다)를 보호위원회에 제출하여야 한다.
1. 법령(법령안을 포함한다)을 통하여 도입되거나 변경되는 개인정보 처리를 수반하는 정책·제도의 목적과 주요 내용
2. 개인정보 처리를 수반하는 정책·제도의 도입·변경에 따른 제2항 각 호의 사항에 대한 개인정보 침해요인 자체 분석
3. 개인정보 처리를 수반하는 정책·제도의 도입·변경에 따른 개인정보 보호 대책
② 보호위원회는 제1항에 따른 요청서를 받은 경우에는 다음 각 호의 사항을 고려하여 침해요인 평가를 하고, 그 결과를 해당 중앙행정기관의 장에게 통보하여야 한다.
1. 개인정보 처리의 필요성
2. 개인정보 주체의 권리보장의 적정성
3. 개인정보 관리의 안전성
4. 그 밖에 침해요인 평가에 필요한 사항
③ 중앙행정기관의 장은 법 제8조의2제2항에 따른 권고를 받은 경우에는 그 내용을 해당 법령안에 반영하는 등 권고내용을 이행하도록 노력하여야 한다. 다만, 보호위원회의 권고대로 이행하기 곤란한 경우에는 그 사유를 보호위원회에 통보하여야 한다.
④ 보호위원회는 침해요인 평가를 하는 경우에는 침해요인 평가에 필요한 자료 등을 해당 중앙행정기관의 장에게 요청할 수 있다.
⑤ 보호위원회는 침해요인 평가의 세부기준 및 방법 등 침해요인 평가에 필요한 지침을 수립하여 중앙행정기관의 장에게 통보할 수 있다.
⑥ 보호위원회는 침해요인 평가를 실시하기 위하여 필요하면 관계 전문가에게 자문 등을 할 수 있다.
(2016.7.22 본조신설)
제10조 (2020.8.4 삭제)

제3장 기본계획 및 시행계획의 수립절차

제11조【기본계획의 수립절차 등】 ① 보호위원회는 3년마다 법 제9조에 따른 개인정보 보호 기본계획(이하 "기본계획"이라 한다)을 그 3년이 시작되는 해의 전년도 6월 30일까지 수립해야 한다.(2020.8.4 본항개정)
② 보호위원회는 제1항에 따라 기본계획을 작성하는 경우에는 관계 중앙행정기관의 장으로부터 개인정보 보호 관련 중장기 계획과 시책 등을 반영한 부문별 계획을 제출받아 기본계획에 반영할 수 있다. 이 경우 보호위원회는 기본계획의 목표, 추진방향 및 부문별 계획의 작성 지침 등에 관하여 관계 중앙행정기관의 장과 협의하여야 한다.
③ 보호위원회는 기본계획이 확정되면 지체 없이 관계 중앙행정기관의 장에게 통보하여야 한다.
(2016.7.22 본조개정)
제12조【시행계획의 수립절차 등】 ① 보호위원회는 매년 6월 30일까지 다음 해 시행계획의 작성방법 등에 관한 지침을 마련하여 관계 중앙행정기관의 장에게 통보해야 한다.
② 관계 중앙행정기관의 장은 제1항의 지침에 따라 기본계획 중 다음 해에 시행할 소관 분야의 시행계획을 작성하여 매년 9월 30일까지 보호위원회에 제출해야 한다.
③ 보호위원회는 제2항에 따라 제출된 시행계획을 그 해 12월 31일까지 심의·의결해야 한다.
(2020.8.4 본조개정)
제13조【자료제출 요구 등의 범위와 방법】 ① 보호위원회는 법 제11조제1항에 따라 개인정보처리자에게 다음 각 호의 사항에 관한 자료의 제출이나 의견의 진술 등을 요구할 수 있다.(2016.7.22 본문개정)
1. 해당 개인정보처리자가 처리하는 개인정보 및 개인정보파일의 관리와 고정형 영상정보처리기기 또는 이동형 영상정보처리기기의 설치·운영에 관한 사항
(2023.9.12 본호개정)
2. 법 제31조에 따른 개인정보 보호책임자의 지정 여부에 관한 사항
3. 개인정보의 안전성 확보를 위한 기술적·관리적·물리적 조치에 관한 사항
4. 정보주체의 열람, 개인정보의 정정·삭제·처리정지의 요구 및 조치 현황에 관한 사항
5. 그 밖에 법 및 이 영의 준수에 관한 사항 등 기본계획의 수립·추진을 위하여 필요한 사항
② 보호위원회는 제1항에 따라 자료의 제출이나 의견의 진술 등을 요구할 때에는 기본계획을 효율적으로 수립·추진하기 위하여 필요한 최소한의 범위로 한정하여 요구하여야 한다.(2016.7.22 본항개정)
③ 법 제11조제3항에 따라 중앙행정기관의 장이 소관 분야의 개인정보처리자에게 자료의 제출 등을 요구하는 경우에는 제1항과 제2항을 준용한다. 이 경우 "보호위원회"는 "중앙행정기관의 장"으로, "법 제11조제1항"은 "법 제11조제3항"으로 본다.(2016.7.22 본항개정)
제14조【자율규제의 촉진 및 지원】 보호위원회는 법 제13조제2호에 따라 개인정보처리자의 자율적인 개인정보 보호활동을 촉진하기 위하여 예산의 범위에서 개인정보 보호와 관련된 기관 또는 단체에 필요한 지원을 할 수 있다.(2020.8.4 본조개정)

제4장 개인정보의 처리

제14조의2【개인정보의 추가적인 이용·제공의 기준 등】 ① 개인정보처리자는 법 제15조제3항 또는 제17조제4항에 따라 정보주체의 동의 없이 개인정보를 이용 또는 제공(이하 "개인정보의 추가적인 이용 또는 제공"이라 한다)하려는 경우에는 다음 각 호의 사항을 고려해야 한다.
1. 당초 수집 목적과 관련성이 있는지 여부
2. 개인정보를 수집한 정황 또는 처리 관행에 비추어 볼 때 개인정보의 추가적인 이용 또는 제공에 대한 예측 가능성이 있는지 여부
3. 정보주체의 이익을 부당하게 침해하는지 여부
4. 가명처리 또는 암호화 등 안전성 확보에 필요한 조치를 하였는지 여부
② 개인정보처리자는 개인정보의 추가적인 이용 또는 제공이 지속적으로 발생하는 경우에는 제1항 각 호의 고려사항에 대한 판단 기준을 법 제30조제1항에 따른 개인정보 처리방침에 공개하고, 법 제31조제1항에 따른 개인정보 보호책임자가 해당 기준에 따라 개인정보의 추가적인 이용 또는 제공을 하고 있는지 여부를 점검해야 한다.
(2023.9.12 본항개정)
(2020.8.4 본조신설)
제15조【개인정보의 목적 외 이용 또는 제3자 제공의 관리】 공공기관은 법 제18조제2항에 따라 개인정보를 목적 외의 용도로 이용하거나 이를 제3자에게 제공하는 경우에는 다음 각 호의 사항을 보호위원회가 정하여 고시하는 개인정보의 목적 외 이용 및 제3자 제공 대장에 기록하고 관리해야 한다.(2020.8.4 본문개정)
1. 이용하거나 제공하는 개인정보 또는 개인정보파일의 명칭
2. 이용기관 또는 제공받는 기관의 명칭
3. 이용 목적 또는 제공받는 목적
4. 이용 또는 제공의 법적 근거
5. 이용하거나 제공하는 개인정보의 항목
6. 이용 또는 제공의 날짜, 주기 또는 기간
7. 이용하거나 제공하는 형태
8. 법 제18조제5항에 따라 제한을 하거나 필요한 조치를 마련할 것을 요청한 경우에는 그 내용
제15조의2【개인정보 수집 출처 등 통지 대상·방법·절차】 ① 법 제20조제2항 본문에서 "대통령령으로 정하는 기준에 해당하는 개인정보처리자"란 다음 각 호의 어느 하나에 해당하는 개인정보처리자를 말한다. 이 경우 다음 각 호에 규정된 정보주체의 수는 전년도 말 기준 직전 3개월 간 일일평균을 기준으로 산정한다.(2023.9.12 후단신설)
1. 5만명 이상의 정보주체에 관하여 법 제23조에 따른 민감정보(이하 "민감정보"라 한다) 또는 법 제24조제1항에 따른 고유식별정보(이하 "고유식별정보"라 한다)를 처리하는 자
2. 100만명 이상의 정보주체에 관하여 개인정보를 처리하는 자
② 제1항 각 호의 어느 하나에 해당하는 개인정보처리자는 법 제20조제1항 각 호의 사항을 다음 각 호의 어느 하나에 해당하는 방법으로 개인정보를 제공받은 날부터 3개월 이내에 정보주체에게 알려야 한다. 다만, 법 제17조제2항제1호부터 제4호까지의 사항에 대하여 같은 조 제1항제1호에 따라 정보주체의 동의를 받은 범위에서 연 2회 이상 주기적으로 개인정보를 제공받아 처리하는 경우에는 개인정보를 제공받은 날부터 3개월 이내에 정보주체에게 알리거나 그 동의를 받은 날부터 기산하여 연 1회 이상 정보주체에게 알려야 한다.(2023.9.12 본문개정)
1. 서면·전자우편·전화·문자전송 등 정보주체가 통지 내용을 쉽게 확인할 수 있는 방법
2. 재화 및 서비스를 제공하는 과정에서 정보주체가 쉽게 알 수 있도록 알림창을 통해 알리는 방법
(2023.9.12 1호~2호신설)
③ 개인정보처리자는 법 제20조제2항에 따른 개인정보의 수집 출처 등에 관한 사항을 알리는 것과 법 제20조의2제1항에 따른 이용·제공 내역의 통지를 함께 할 수 있다.
(2023.9.12 본항신설)
④ 제1항 각 호의 어느 하나에 해당하는 개인정보처리자는 제2항에 따라 알린 경우 다음 각 호의 사항을 법 제21조 또는 제37조제5항에 따라 해당 개인정보를 파기할 때까지 보관·관리하여야 한다.(2023.9.12 본문개정)
1. 정보주체에게 알린 사실
2. 알린 시기
3. 알린 방법
(2023.9.12 본조제목개정)
(2016.9.29 본조신설)
제15조의3【개인정보 이용·제공 내역의 통지】 ① 법 제20조의2제1항 본문에서 "대통령령으로 정하는 기준에 해당하는 개인정보처리자"란 다음 각 호의 어느 하나에 해당하는 개인정보처리자를 말한다. 이 경우 다음 각 호에 규정된 정보주체의 수는 전년도 말 기준 직전 3개월 간 일일평균을 기준으로 산정한다.
1. 5만명 이상의 정보주체에 관하여 민감정보 또는 고유식별정보를 처리하는 자

2. 100만명 이상의 정보주체에 관하여 개인정보를 처리하는 자
② 법 제20조의2제1항에 따른 통지의 대상이 되는 정보주체는 다음 각 호의 정보주체를 제외한 정보주체로 한다.
1. 통지에 대한 거부의사를 표시한 정보주체
2. 개인정보처리자가 업무수행을 위해 그에 소속된 임직원의 개인정보를 처리한 경우 해당 정보주체
3. 개인정보처리자가 업무수행을 위해 다른 공공기관, 법인, 단체의 임직원 또는 개인의 연락처 등의 개인정보를 처리한 경우 해당 정보주체
4. 법률에 특별한 규정이 있거나 법령 상 의무를 준수하기 위하여 이용·제공한 개인정보의 정보주체
5. 공공기관이 법령 등에서 정하는 소관 업무의 수행을 위하여 이용·제공한 개인정보의 정보주체
③ 법 제20조의2제1항에 따라 정보주체에게 통지해야 하는 정보는 다음 각 호와 같다.
1. 개인정보의 수집·이용 목적 및 수집한 개인정보의 항목
2. 개인정보를 제공받은 제3자와 그 제공 목적 및 제공한 개인정보의 항목. 다만, 「통신비밀보호법」 제13조, 제13조의2, 제13조의4 및 「전기통신사업법」 제83조제3항에 따라 제공한 정보는 제외한다.
④ 법 제20조의2제1항에 따른 통지는 다음 각 호의 어느 하나에 해당하는 방법으로 연 1회 이상 해야 한다.
1. 서면·전자우편·전화·문자전송 등 정보주체가 통지 내용을 쉽게 확인할 수 있는 방법
2. 재화 및 서비스를 제공하는 과정에서 정보주체가 쉽게 알 수 있도록 알림창을 통해 알리는 방법(법 제20조의2제1항에 따른 개인정보의 이용·제공 내역을 확인할 수 있는 정보시스템에 접속하는 방법을 통지하는 경우로 한정한다)
(2023.9.12 본조신설)

제16조【개인정보의 파기방법】 ① 개인정보처리자는 법 제21조에 따라 개인정보를 파기할 때에는 다음 각 호의 구분에 따른 방법으로 해야 한다.(2022.7.19 본문개정)
1. 전자적 파일 형태인 경우 : 복원이 불가능한 방법으로 영구 삭제. 다만, 기술적 특성으로 영구 삭제가 현저히 곤란한 경우에는 법 제58조의2에 해당하는 정보로 처리하여 복원이 불가능하도록 조치해야 한다.(2022.7.19 단서신설)
2. 제1호 외의 기록물, 인쇄물, 서면, 그 밖의 기록매체인 경우 : 파쇄 또는 소각
② 제1항에 따른 개인정보의 안전한 파기에 관한 세부 사항은 보호위원회가 정하여 고시한다.(2020.8.4 본항개정)

제17조【동의를 받는 방법】 ① 개인정보처리자는 법 제22조에 따라 개인정보의 처리에 대하여 정보주체의 동의를 받을 때에는 다음 각 호의 조건을 모두 충족해야 한다.
1. 정보주체가 자유로운 의사에 따라 동의 여부를 결정할 수 있을 것
2. 동의를 받으려는 내용이 구체적이고 명확할 것
3. 그 내용을 쉽게 읽고 이해할 수 있는 문구를 사용할 것
4. 동의 여부를 명확하게 표시할 수 있는 방법을 정보주체에게 제공할 것
(2023.9.12 본항신설 : 2024.9.15 시행)
② 개인정보처리자는 법 제22조에 따라 개인정보의 처리에 대하여 다음 각 호의 어느 하나에 해당하는 방법으로 정보주체의 동의를 받아야 한다.
1. 동의 내용이 적힌 서면을 정보주체에게 직접 발급하거나 우편 또는 팩스 등의 방법으로 전달하고, 정보주체가 서명하거나 날인한 동의서를 받는 방법
2. 전화를 통하여 동의 내용을 정보주체에게 알리고 동의의 의사표시를 확인하는 방법
3. 전화를 통하여 동의 내용을 정보주체에게 알리고 정보주체에게 인터넷주소 등을 통하여 동의 사항을 확인하도록 한 후 다시 전화를 통하여 그 동의 사항에 대한 동의의 의사표시를 확인하는 방법
4. 인터넷 홈페이지 등에 동의 내용을 게재하고 정보주체가 동의 여부를 표시하도록 하는 방법
5. 동의 내용이 적힌 전자우편을 발송하여 정보주체로부터 동의의 의사표시가 적힌 전자우편을 받는 방법
6. 그 밖에 제1호부터 제5호까지의 규정에 따른 방법에 준하는 방법으로 동의 내용을 알리고 동의의 의사표시를 확인하는 방법
③ 법 제22조제2항에서 "대통령령으로 정하는 중요한 내용"이란 다음 각 호의 사항을 말한다.
1. 개인정보의 수집·이용 목적 중 재화나 서비스의 홍보 또는 판매 권유 등을 위하여 해당 개인정보를 이용하여 정보주체에게 연락할 수 있다는 사실
2. 처리하려는 개인정보의 항목 중 다음 각 목의 사항
가. 민감정보(2023.9.12 본목개정)
나. 제19조제2호부터 제4호까지의 규정에 따른 여권번호, 운전면허의 면허번호 및 외국인등록번호
3. 개인정보의 보유 및 이용 기간(제공 시에는 제공받는 자의 보유 및 이용 기간을 말한다)
4. 개인정보를 제공받는 자 및 개인정보를 제공받는 자의 개인정보 이용 목적
(2017.10.17 본항신설)
④ 개인정보처리자는 정보주체로부터 법 제22조제1항 각 호에 따른 동의를 받으려는 때에는 정보주체가 동의 여부를 선택할 수 있다는 사실을 명확하게 알 수 있도록 표시해야 한다.(2023.9.12 본항개정)
⑤ 법 제22조제3항 전단에서 "대통령령으로 정하는 방법"이란 서면, 전자우편, 팩스, 전화, 문자전송 또는 이에 상당하는 방법(이하 "서면등의 방법"이라 한다)을 말한다.(2023.9.12 본항개정)
⑥ 중앙행정기관의 장은 제2항에 따른 동의방법 중 소관 분야의 개인정보처리자별 업무, 업종의 특성 및 정보주체의 수 등을 고려하여 적절한 동의방법에 관한 기준을 법 제12조제2항에 따른 개인정보 보호지침(이하 "개인정보 보호지침"이라 한다)으로 정하여 그 기준에 따라 동의를 받도록 개인정보처리자에게 권장할 수 있다.(2023.9.12 본항개정)

제17조의2【아동의 개인정보 보호】 ① 개인정보처리자는 법 제22조의2제1항에 따라 법정대리인이 동의했는지를 확인하는 경우에는 다음 각 호의 어느 하나에 해당하는 방법으로 해야 한다.
1. 동의 내용을 게재한 인터넷 사이트에 법정대리인이 동의 여부를 표시하도록 하고 개인정보처리자가 그 동의 표시를 확인했음을 법정대리인의 휴대전화 문자메시지로 알리는 방법
2. 동의 내용을 게재한 인터넷 사이트에 법정대리인이 동의 여부를 표시하도록 하고 법정대리인의 신용카드·직불카드 등의 카드정보를 제공받는 방법
3. 동의 내용을 게재한 인터넷 사이트에 법정대리인이 동의 여부를 표시하도록 하고 법정대리인의 휴대전화 본인인증 등을 통하여 본인 여부를 확인하는 방법
4. 동의 내용이 적힌 서면을 법정대리인에게 직접 발급하거나 우편 또는 팩스를 통하여 전달하고, 법정대리인이 동의 내용에 대하여 서명날인 후 제출하도록 하는 방법
5. 동의 내용이 적힌 전자우편을 발송하고 법정대리인으로부터 동의의 의사표시가 적힌 전자우편을 전송받는 방법
6. 전화를 통하여 동의 내용을 법정대리인에게 알리고 동의를 받거나 인터넷주소 등 동의 내용을 확인할 수 있는 방법을 안내하고 재차 전화 통화를 통하여 동의를 받는 방법
7. 그 밖에 제1호부터 제6호까지의 규정에 준하는 방법으로서 법정대리인에게 동의 내용을 알리고 동의의 의사표시를 확인하는 방법
② 법 제22조의2제2항에서 "대통령령으로 정하는 정보"란 법정대리인의 성명 및 연락처에 관한 정보를 말한다.
③ 개인정보처리자는 개인정보 수집 매체의 특성상 동의 내용을 전부 표시하기 어려운 경우에는 인터넷주소 또는 사업장 전화번호 등 동의 내용을 확인할 수 있는 방법을 법정대리인에게 안내할 수 있다.
(2023.9.12 본조신설)

제18조【민감정보의 범위】 법 제23조제1항 각 호 외의 부분 본문에서 "대통령령으로 정하는 정보"란 다음 각 호의 어느 하나에 해당하는 정보를 말한다. 다만, 공공기관이 법 제18조제2항제5호부터 제9호까지의 규정에 따라 다음 각 호의 어느 하나에 해당하는 정보를 처리하는 경우의 해당 정보는 제외한다.(2016.9.29 본문개정)
1. 유전자검사 등의 결과로 얻어진 유전정보
2. 「형의 실효 등에 관한 법률」 제2조제5호에 따른 범죄경력자료에 해당하는 정보
3. 개인의 신체적, 생리적, 행동적 특징에 관한 정보로서 특정 개인을 알아볼 목적으로 일정한 기술적 수단을 통해 생성한 정보(2020.8.4 본호신설)
4. 인종이나 민족에 관한 정보(2020.8.4 본호신설)

제19조【고유식별정보의 범위】 법 제24조제1항 각 호 외의 부분에서 "대통령령으로 정하는 정보"란 다음 각 호의 어느 하나에 해당하는 정보를 말한다. 다만, 공공기관이 법 제18조제2항제5호부터 제9호까지의 규정에 따라 다음 각 호의 어느 하나에 해당하는 정보를 처리하는 경우의 해당 정보는 제외한다.(2016.9.29 본문개정)
1. 「주민등록법」 제7조의2제1항에 따른 주민등록번호(2017.6.27 본호개정)
2. 「여권법」 제7조제1항제1호에 따른 여권번호
3. 「도로교통법」 제80조에 따른 운전면허의 면허번호
4. 「출입국관리법」 제31조제5항에 따른 외국인등록번호(2020.8.4 본호개정)

제20조 (2014.8.6 삭제)

제21조【고유식별정보의 안전성 확보 조치】 ① 법 제24조제3항에 따른 고유식별정보의 안전성 확보 조치에 관하여는 제30조를 준용한다. 이 경우 "법 제29조"는 "법 제24조제3항"으로, "개인정보"는 "고유식별정보"로 본다.(2023.9.12 전단개정)
② 법 제24조제4항에서 "대통령령으로 정하는 기준에 해당하는 개인정보처리자"란 다음 각 호의 어느 하나에 해당하는 개인정보처리자를 말한다.
1. 공공기관
2. 5만명 이상의 정보주체에 관하여 고유식별정보를 처리하는 자
③ 보호위원회는 제2항 각 호의 어느 하나에 해당하는 개인정보처리자에 대하여 법 제24조제4항에 따라 안전성 확보에 필요한 조치를 하였는지를 2년마다 1회 이상 조사해야 한다.(2020.8.4 본항개정)
④ 제3항에 따른 조사는 제2항 각 호의 어느 하나에 해당하는 개인정보처리자에게 온라인 또는 서면을 통하여 필요한 자료를 제출하게 하는 방법으로 한다.
⑤ 법 제24조제5항에서 "대통령령으로 정하는 전문기관"이란 다음 각 호의 기관을 말한다.
1. 「정보통신망 이용촉진 및 정보보호 등에 관한 법률」 제52조에 따른 한국인터넷진흥원(이하 "한국인터넷진흥원"이라 한다)
2. 법 제24조제4항에 따른 조사를 수행할 수 있는 기술적·재정적 능력과 설비를 보유한 것으로 인정되어 보호위원회가 정하여 고시하는 법인, 단체 또는 기관
(2016.9.29 본조개정)

제21조의2【주민등록번호 암호화 적용 대상 등】 ① 법 제24조의2제2항에 따라 암호화 조치를 하여야 하는 암호화 적용 대상은 주민등록번호를 전자적인 방법으로 보관하는 개인정보처리자로 한다.
② 제1항의 개인정보처리자에 대한 암호화 적용 시기는 다음 각 호와 같다.
1. 100만명 미만의 정보주체에 관한 주민등록번호를 보관하는 개인정보처리자 : 2017년 1월 1일
2. 100만명 이상의 정보주체에 관한 주민등록번호를 보관하는 개인정보처리자 : 2018년 1월 1일
③ 보호위원회는 기술적·경제적 타당성 등을 고려하여 제1항에 따른 암호화 조치의 세부적인 사항을 정하여 고시할 수 있다.(2020.8.4 본항개정)
(2015.12.30 본조신설)

제22조【고정형 영상정보처리기기 설치·운영 제한의 예외】 ① 법 제25조제1항제6호에서 "대통령령으로 정하는 경우"란 다음 각 호의 어느 하나에 해당하는 경우를 말한다.
1. 출입자 수, 성별, 연령대 등 통계값 또는 통계적 특성값 산출을 위해 촬영된 영상정보를 일시적으로 처리하는 경우
2. 그 밖에 제1호에 준하는 경우로서 보호위원회의 심의·의결을 거친 경우
(2023.9.12 본항신설)
② 법 제25조제2항 단서에서 "대통령령으로 정하는 시설"이란 다음 각 호의 시설을 말한다.
1. 「형의 집행 및 수용자의 처우에 관한 법률」 제2조제1호에 따른 교정시설(2020.8.4 본호개정)
2. 「정신건강증진 및 정신질환자 복지서비스 지원에 관한 법률」 제3조제5호부터 제7호까지의 규정에 따른 정신의료기관(수용시설을 갖추고 있는 것만 해당한다), 정신요양시설 및 정신재활시설(2017.5.29 본호개정)
③ 중앙행정기관의 장은 소관 분야의 개인정보처리자가 법 제25조제2항 단서에 따라 제2항 각 호의 시설에 고정형 영상정보처리기기를 설치·운영하는 경우 정보주체의 사생활 침해를 최소화하기 위하여 필요한 세부 사항을 개인정보 보호지침으로 정하여 그 준수를 권장할 수 있다.(2023.9.12 본항개정)
(2023.9.12 본조제목개정)

제23조【고정형 영상정보처리기기 설치 시 의견 수렴】 ① 법 제25조제1항 각 호에 따라 고정형 영상정보처리기기를 설치·운영하려는 공공기관의 장은 다음 각 호의 어느 하나에 해당하는 절차를 거쳐 관계 전문가 및 이해관계인의 의견을 수렴하여야 한다.(2023.9.12 본문개정)
1. 「행정절차법」에 따른 행정예고의 실시 또는 의견청취
2. 해당 고정형 영상정보처리기기의 설치로 직접 영향을 받는 지역 주민 등을 대상으로 하는 설명회·설문조사 또는 여론조사(2023.9.12 본호개정)
② 법 제25조제2항 단서에 따른 시설에 고정형 영상정보처리기기를 설치·운영하려는 자는 다음 각 호의 사람으로부터 의견을 수렴하여야 한다.(2023.9.12 본문개정)
1. 관계 전문가
2. 해당 시설에 종사하는 사람, 해당 시설에 구금되어 있거나 보호받고 있는 사람 또는 그 사람의 보호자 등 이해관계인
(2023.9.12 본조제목개정)

제24조【안내판의 설치 등】 ① 법 제25조제1항 각 호에 따라 고정형 영상정보처리기기를 설치·운영하는 자(이하 "고정형영상정보처리기기운영자"라 한다)는 고정형 영상정보처리기기가 설치·운영되고 있음을 정보주체가 쉽게 알아볼 수 있도록 같은 조 제4항 각 호의 사항이 포함된 안내판을 설치하여야 한다. 다만, 건물 안에 여러 개의 고정형 영상정보처리기기를 설치하는 경우에는 출입구 등 잘 보이는 곳에 해당 시설 또는 장소 전체가 고정형 영상정보처리기기 설치지역임을 표시하는 안내판을 설치할 수 있다.(2023.9.12 본문개정)
1.~3. (2016.9.29 삭제)
② 제1항에도 불구하고 고정형 영상정보처리기기운영자가 설치·운영하는 고정형 영상정보처리기기가 다음 각 호의 어느 하나에 해당하는 경우에는 안내판 설치를 갈음하여 고정형영상정보처리기기운영자의 인터넷 홈페이지에 법 제25조제4항 각 호의 사항을 게재할 수 있다.

1. 공공기관이 원거리 촬영, 과속·신호위반 단속 또는 교통흐름조사 등의 목적으로 고정형 영상정보처리기기를 설치하는 경우로서 개인정보 침해의 우려가 적은 경우
2. 산불감시용 고정형 영상정보처리기기를 설치하는 경우 등 장소적 특성으로 인하여 안내판을 설치하는 것이 불가능하거나 안내판을 설치하더라도 정보주체가 쉽게 알아볼 수 없는 경우

(2023.9.12 본항개정)

③ 제2항에 따라 인터넷 홈페이지에 법 제25조제4항 각 호의 사항을 게재할 수 없으면 고정형영상정보처리기기운영자는 다음 각 호의 어느 하나 이상의 방법으로 법 제25조제4항 각 호의 사항을 공개하여야 한다.

1. 고정형영상정보처리기기운영자의 사업장·영업소·사무소·점포 등(이하 "사업장등"이라 한다)의 보기 쉬운 장소에 게시하는 방법
2. 관보(고정형영상정보처리기기운영자가 공공기관인 경우만 해당한다)나 고정형영상정보처리기기운영자의 사업장등이 있는 시·도 이상의 지역을 주된 보급지역으로 하는 「신문 등의 진흥에 관한 법률」 제2조제1호가목·다목 또는 같은 조 제2호에 따른 일반일간신문·일반주간신문 또는 인터넷신문에 싣는 방법

(2023.9.12 본항개정)

④ 법 제25조제4항 각 호 외의 부분 단서에서 "대통령령으로 정하는 시설"이란 「보안업무규정」 제32조에 따른 국가보안시설을 말한다.(2016.9.29 본항개정)

제25조【고정형 영상정보처리기기 운영·관리 방침】 ① 고정형영상정보처리기기운영자는 법 제25조제7항에 따라 다음 각 호의 사항이 포함된 고정형 영상정보처리기기 운영·관리 방침을 마련해야 한다.(2023.9.12 본문개정)

1. 고정형 영상정보처리기기의 설치 근거 및 설치 목적
2. 고정형 영상정보처리기기의 설치 대수, 설치 위치 및 촬영 범위

(2023.9.12 1호~2호개정)

3. 관리책임자, 담당 부서 및 영상정보에 대한 접근 권한이 있는 사람
4. 영상정보의 촬영시간, 보관기간, 보관장소 및 처리방법
5. 고정형영상정보처리기기운영자의 영상정보 확인 방법 및 장소(2023.9.12 본호개정)
6. 정보주체의 영상정보 열람 등 요구에 대한 조치
7. 영상정보 보호를 위한 기술적·관리적 및 물리적 조치
8. 그 밖에 고정형 영상정보처리기기의 설치·운영 및 관리에 필요한 사항(2023.9.12 본호개정)

② 제1항에 따라 마련한 고정형 영상정보처리기기 운영·관리 방침의 공개에 관하여는 제31조제2항 및 제3항을 준용한다. 이 경우 "개인정보처리자"는 "고정형영상정보처리기기운영자"로, "법 제30조제2항"은 "법 제25조제7항"으로, "개인정보 처리방침"은 "고정형 영상정보처리기기 운영·관리 방침"으로 본다.(2023.9.12 본항개정)

(2023.9.12 본조제목개정)

제26조【공공기관의 고정형 영상정보처리기기 설치·운영 사무의 위탁】 ① 법 제25조제8항 단서에 따라 공공기관이 고정형 영상정보처리기기의 설치·운영에 관한 사무를 위탁하는 경우에는 다음 각 호의 내용이 포함된 문서로 하여야 한다.(2023.9.12 본문개정)

1. 위탁하는 사무의 목적 및 범위
2. 재위탁 제한에 관한 사항
3. 영상정보에 대한 접근 제한 등 안전성 확보 조치에 관한 사항
4. 영상정보의 관리 현황 점검에 관한 사항
5. 위탁받는 자가 준수하여야 할 의무를 위반한 경우의 손해배상 등 책임에 관한 사항

② 제1항에 따라 사무를 위탁한 경우에는 제24조제1항부터 제3항까지의 규정에 따른 안내판 등에 위탁받는 자의 명칭 및 연락처를 포함시켜야 한다.

(2023.9.12 본조제목개정)

제27조【이동형 영상정보처리기기 운영 제한의 예외】 법 제25조의2제2항 단서에서 "대통령령으로 정하는 경우"란 범죄, 화재, 재난 또는 이에 준하는 상황에서 인명의 구조·구급 등을 위하여 사람 또는 그 사람과 관련된 사물의 영상(개인정보에 해당하는 경우로 한정한다. 이하 같다)의 촬영이 필요한 경우를 말한다.(2023.9.12 본조신설)

제27조의2【이동형 영상정보처리기기 촬영 사실 표시 등】 법 제25조의2제1항 각 호에 해당하여 이동형 영상정보처리기기로 사람 또는 그 사람과 관련된 사물의 영상을 촬영하는 경우에는 불빛, 소리, 안내판, 안내서면, 안내방송 또는 그 밖에 이에 준하는 수단이나 방법으로 정보주체가 촬영 사실을 쉽게 알 수 있도록 표시하고 알려야 한다. 다만, 드론을 이용한 항공촬영 등 촬영 방법의 특성으로 인해 정보주체에게 촬영 사실을 알리기 어려운 경우에는 보호위원회가 구축하는 인터넷 사이트에 공지하는 방법으로 알릴 수 있다.(2023.9.12 본조신설)

제27조의3【영상정보처리기기 설치·운영 지침】 보호위원회는 법 및 이 영에서 규정한 사항 외에 고정형 영상정보처리기기의 설치·운영 및 이동형 영상정보처리기기의 운영에 관한 기준, 설치·운영 사무의 위탁 등에 관하여 법 제12조제1항에 따른 표준 개인정보 보호지침을 정하여 고정형영상정보처리기기운영자와 이동형 영상정보처리기기를 운영하는 자에게 그 준수를 권장할 수 있다.(2023.9.12 본조개정)

제28조【개인정보의 처리 업무 위탁 시 조치】 ① 법 제26조제1항제3호에서 "대통령령으로 정한 사항"이란 다음 각 호의 사항을 말한다.

1. 위탁업무의 목적 및 범위
2. 재위탁 제한에 관한 사항
3. 개인정보에 대한 접근 제한 등 안전성 확보 조치에 관한 사항
4. 위탁업무와 관련하여 보유하고 있는 개인정보의 관리 현황 점검 등 감독에 관한 사항
5. 법 제26조제2항에 따른 수탁자(이하 "수탁자"라 한다)가 준수하여야 할 의무를 위반한 경우의 손해배상 등 책임에 관한 사항

② 법 제26조제2항에서 "대통령령으로 정하는 방법"이란 개인정보 처리 업무를 위탁하는 개인정보처리자(이하 "위탁자"라 한다)가 위탁자의 인터넷 홈페이지에 위탁하는 업무의 내용과 수탁자를 지속적으로 게재하는 방법을 말한다.

③ 제2항에 따라 인터넷 홈페이지에 게재할 수 없는 경우에는 다음 각 호의 어느 하나 이상의 방법으로 위탁하는 업무의 내용과 수탁자를 공개하여야 한다.

1. 위탁자의 사업장등의 보기 쉬운 장소에 게시하는 방법
2. 관보(위탁자가 공공기관인 경우만 해당한다)나 위탁자의 사업장등이 있는 시·도 이상의 지역을 주된 보급지역으로 하는 「신문 등의 진흥에 관한 법률」 제2조제1호가목·다목 및 같은 조 제2호에 따른 일반일간신문, 일반주간신문 또는 인터넷신문에 싣는 방법
3. 같은 제목으로 연 2회 이상 발행하여 정보주체에게 배포하는 간행물·소식지·홍보지 또는 청구서 등에 지속적으로 싣는 방법
4. 재화나 서비스를 제공하기 위하여 위탁자와 정보주체가 작성한 계약서 등에 실어 정보주체에게 발급하는 방법(2023.9.12 본호개정)

④ 법 제26조제3항 전단에서 "대통령령으로 정하는 방법"이란 서면등의 방법을 말한다.(2023.9.12 본항개정)

⑤ 위탁자가 과실 없이 제4항에 따른 방법으로 위탁하는 업무의 내용과 수탁자를 정보주체에게 알릴 수 없는 경우에는 해당 사항을 인터넷 홈페이지에 30일 이상 게재하여야 한다. 다만, 인터넷 홈페이지를 운영하지 아니하는 위탁자의 경우에는 사업장등의 보기 쉬운 장소에 30일 이상 게시하여야 한다.

⑥ 위탁자는 수탁자가 개인정보 처리 업무를 수행하는 경우에 법 또는 이 영에 따라 개인정보처리자가 준수하여야 할 사항과 법 제26조제1항 각 호의 사항을 준수하는지를 같은 조 제4항에 따라 감독하여야 한다.

제29조【영업양도 등에 따른 개인정보 이전의 통지】 ① 법 제27조제1항 각 호 외의 부분과 같은 조 제2항 본문에서 "대통령령으로 정하는 방법"이란 서면등의 방법을 말한다.

② 법 제27조제1항에 따라 개인정보를 이전하려는 자(이하 이 항에서 "영업양도자등"이라 한다)가 과실 없이 제1항에 따른 방법으로 법 제27조제1항 각 호의 사항을 정보주체에게 알릴 수 없는 경우에는 해당 사항을 인터넷 홈페이지에 30일 이상 게재하여야 한다. 다만, 인터넷 홈페이지에 게재할 수 없는 정당한 사유가 있는 경우에는 다음 각 호의 어느 하나의 방법으로 법 제27조제1항 각 호의 사항을 정보주체에게 알릴 수 있다.(2020.8.4 단서개정)

1. 영업양도자등의 사업장등의 보기 쉬운 장소에 30일 이상 게시하는 방법(2020.8.4 본호신설)
2. 영업양도자등의 사업장등이 있는 시·도 이상의 지역을 주된 보급지역으로 하는 「신문 등의 진흥에 관한 법률」 제2조제1호가목·다목 또는 같은 조 제2호에 따른 일반일간신문·일반주간신문 또는 인터넷신문에 싣는 방법(2020.8.4 본호신설)

제4장의2 가명정보의 처리에 관한 특례
(2020.8.4 본장신설)

제29조의2【결합전문기관의 지정 및 지정 취소】 ① 법 제28조의3제1항에 따른 전문기관(이하 "결합전문기관"이라 한다)의 지정 기준은 다음 각 호와 같다.

1. 보호위원회가 정하여 고시하는 바에 따라 가명정보의 결합·반출 업무를 담당하는 조직을 구성하고, 개인정보 보호와 관련된 자격이나 경력을 갖춘 사람을 3명 이상 상시 고용할 것
2. 보호위원회가 정하여 고시하는 바에 따라 가명정보를 안전하게 결합하기 위하여 필요한 공간, 시설 및 장비를 구축하고 가명정보의 결합·반출 관련 정책 및 절차 등을 마련할 것
3. 보호위원회가 정하여 고시하는 기준에 따른 재정 능력을 갖출 것
4. 최근 3년 이내에 법 제66조에 따른 공표 내용에 포함된 적이 없을 것

② 법인, 단체 또는 기관이 법 제28조의3제1항에 따라 결합전문기관으로 지정을 받으려는 경우에는 보호위원회가 정하여 고시하는 결합전문기관 지정신청서에 다음 각 호의 서류(전자문서를 포함한다. 이하 같다)를 첨부하여 보호위원회 또는 관계 중앙행정기관의 장에게 제출해야 한다.

1. 정관 또는 규약
2. 제1항에 따른 지정 기준을 갖추었음을 증명할 수 있는 서류로서 보호위원회가 정하여 고시하는 서류

③ 보호위원회 또는 관계 중앙행정기관의 장은 제2항에 따라 지정신청서를 제출한 법인, 단체 또는 기관이 제1항에 따른 지정 기준에 적합한 경우에는 결합전문기관으로 지정할 수 있다.

④ 결합전문기관 지정의 유효기간은 지정을 받은 날부터 3년으로 하며, 보호위원회 또는 관계 중앙행정기관의 장은 결합전문기관이 유효기간의 연장을 신청하면 제1항에 따른 지정 기준에 적합한 경우에는 결합전문기관으로 재지정할 수 있다.

⑤ 보호위원회 또는 관계 중앙행정기관의 장은 결합전문기관이 다음 각 호의 어느 하나에 해당하는 경우에는 결합전문기관의 지정을 취소할 수 있다. 다만, 제1호 또는 제2호에 해당하는 경우에는 지정을 취소해야 한다.

1. 거짓이나 부정한 방법으로 결합전문기관으로 지정을 받은 경우
2. 결합전문기관 스스로 지정 취소를 요청하거나 폐업한 경우
3. 제1항에 따른 결합전문기관의 지정 기준을 충족하지 못하게 된 경우
4. 결합 및 반출 등과 관련된 정보의 유출 등 개인정보 침해사고가 발생한 경우
5. 그 밖에 법 또는 이 영에 따른 의무를 위반한 경우

⑥ 보호위원회 또는 관계 중앙행정기관의 장은 제5항에 따라 결합전문기관의 지정을 취소하려는 경우에는 청문을 해야 한다.

⑦ 보호위원회 또는 관계 중앙행정기관의 장은 결합전문기관을 지정, 재지정 또는 지정 취소한 경우에는 이를 관보에 공고하거나 보호위원회 또는 해당 관계 중앙행정기관의 홈페이지에 게시해야 한다. 이 경우 관계 중앙행정기관의 장이 결합전문기관을 지정, 재지정, 또는 지정 취소한 경우에는 보호위원회에 통보해야 한다.

⑧ 제1항부터 제7항까지에서 규정한 사항 외에 결합전문기관의 지정, 재지정 및 지정 취소 등에 필요한 사항은 보호위원회가 정하여 고시한다.

제29조의3【개인정보처리자 간 가명정보의 결합 및 반출 등】 ① 결합전문기관에 가명정보의 결합을 신청하려는 개인정보처리자(이하 "결합신청자"라 한다)는 보호위원회가 정하여 고시하는 결합신청서에 다음 각 호의 서류를 첨부하여 결합전문기관에 제출해야 한다.

1. 사업자등록증, 법인등기부등본 등 결합신청자 관련 서류
2. 결합 대상 가명정보에 관한 서류
3. 결합 목적을 증명할 수 있는 서류
4. 그 밖에 가명정보의 결합 및 반출에 필요하다고 보호위원회가 정하여 고시하는 서류

② 결합전문기관은 법 제28조의3제1항에 따라 가명정보를 결합하는 경우에는 특정 개인을 알아볼 수 없도록 해야 한다. 이 경우 보호위원회는 필요하면 한국인터넷진흥원 또는 보호위원회가 지정하여 고시하는 기관으로 하여금 특정 개인을 알아볼 수 없도록 하는 데에 필요한 업무를 지원하도록 할 수 있다.

③ 결합신청자는 법 제28조의3제2항에 따라 결합전문기관이 결합한 정보를 결합전문기관 외부로 반출하려는 경우에는 결합전문기관에 설치된 안전성 확보에 필요한 기술적·관리적·물리적 조치가 된 공간에서 제2항에 따라 결합된 정보를 가명정보 또는 법 제58조의2에 해당하는 정보로 처리한 뒤 결합전문기관의 승인을 받아야 한다.

④ 결합전문기관은 다음 각 호의 기준을 충족하는 경우에는 법 제28조의3제2항에 따른 반출을 승인해야 한다. 이 경우 결합전문기관은 결합된 정보의 반출을 승인하기 위하여 반출심사위원회를 구성해야 한다.

1. 결합 목적과 반출 정보가 관련성이 있을 것
2. 특정 개인을 알아볼 가능성이 없을 것
3. 반출 정보에 대한 안전조치 계획이 있을 것

⑤ 결합전문기관은 결합 및 반출 등에 필요한 비용을 결합신청자에게 청구할 수 있다.

⑥ 제1항부터 제5항까지에서 규정한 사항 외에 가명정보의 결합 절차와 방법, 반출 및 승인 등에 필요한 사항은 보호위원회가 정하여 고시한다.

제29조의4【결합전문기관의 관리·감독 등】 ① 보호위원회 또는 관계 중앙행정기관의 장은 결합전문기관을 지정한 경우에는 해당 결합전문기관의 업무 수행능력 및 기술·시설 유지 여부 등을 관리·감독해야 한다.

② 결합전문기관은 제1항에 따른 관리·감독을 위하여 다음 각 호의 서류를 매년 보호위원회 또는 관계 중앙행정기관의 장에게 제출해야 한다.

1. 가명정보의 결합·반출 실적보고서
2. 결합전문기관의 지정 기준을 유지하고 있음을 증명할 수 있는 서류
3. 가명정보의 안전성 확보에 필요한 조치를 하고 있음을 증명할 수 있는 서류로서 보호위원회가 정하여 고시하는 서류

③ 보호위원회는 다음 각 호의 사항을 관리·감독해야 한다.

1. 결합전문기관의 가명정보의 결합 및 반출 승인 과정에서의 법 위반 여부

2. 결합신청자의 가명정보 처리 실태
3. 그 밖에 가명정보의 안전한 처리를 위하여 필요한 사항으로서 보호위원회가 정하여 고시하는 사항

제29조의5【가명정보에 대한 안전성 확보 조치】 ① 개인정보처리자는 법 제28조의4제1항에 따라 가명정보 및 가명정보를 원래의 상태로 복원하기 위한 추가 정보(이하 이 조에서 "추가정보"라 한다)에 대하여 다음 각 호의 안전성 확보 조치를 해야 한다.
1. 제30조에 따른 안전성 확보 조치(2023.9.12 본호개정)
2. 가명정보와 추가정보의 분리 보관. 다만, 추가정보가 불필요한 경우에는 추가정보를 파기해야 한다.
3. 가명정보와 추가정보에 대한 접근 권한의 분리. 다만, 「소상공인기본법」 제2조에 따른 소상공인으로서 가명정보를 취급할 자를 추가로 둘 여력이 없는 경우 등 접근 권한의 분리가 어려운 정당한 사유가 있는 경우에는 업무 수행에 필요한 최소한의 접근 권한만 부여하고 접근 권한의 보유 현황을 기록으로 보관하는 등 접근 권한을 관리·통제해야 한다.(2021.2.2 단서개정)

② 법 제28조의4제3항에서 "대통령령으로 정하는 사항"이란 다음 각 호의 사항을 말한다.(2023.9.12 본문개정)
1. 가명정보 처리의 목적
2. 가명처리한 개인정보의 항목
3. 가명정보의 이용내역
4. 제3자 제공 시 제공받는 자
5. 가명정보의 처리 기간(법 제28조의4제2항에 따라 가명정보의 처리 기간을 별도로 정한 경우로 한정한다)
(2023.9.12 본호신설)
6. 그 밖에 가명정보의 처리 내용을 관리하기 위하여 보호위원회가 필요하다고 인정하여 고시하는 사항

제29조의6 (2023.9.12 삭제)

제4장의3 개인정보의 국외 이전
(2023.9.12 본장신설)

제29조의7【개인정보의 국외 처리위탁·보관 시 정보주체에게 알리는 방법】 법 제28조의8제1항제3호나목에서 "전자우편 등 대통령령으로 정하는 방법"이란 서면등의 방법을 말한다.

제29조의8【개인정보의 국외 이전 인증】 ① 보호위원회는 법 제28조의8제1항제4호 각 목 외의 부분에 따른 인증을 고시하려는 경우에는 다음 각 호의 순서에 따른 절차를 모두 거쳐야 한다.
1. 제34조의6에 따른 개인정보 보호 인증 전문기관의 평가
2. 제5조제1항제1호에 따른 개인정보의 국외 이전 분야 전문위원회(이하 "국외이전전문위원회"라 한다)의 평가
3. 정책협의회의 협의

② 보호위원회는 법 제28조의8제1항제4호 각 목 외의 부분에 따른 인증을 고시할 때에는 5년의 범위에서 유효기간을 정하여 고시할 수 있다.

③ 제1항 및 제2항에서 규정한 사항 외에 인증의 고시 절차 등에 관하여 필요한 사항은 보호위원회가 정하여 고시한다.

제29조의9【국가 등에 대한 개인정보 보호 수준 인정】 ① 보호위원회는 법 제28조의8제1항제5호에 따라 개인정보가 제공(조회되는 경우를 포함한다)·처리위탁·보관(이하 이 장에서 "이전"이라 한다)되는 국가 또는 국제기구(이하 "이전대상국등"이라 한다)의 개인정보 보호체계, 정보주체 권리보장 범위, 피해구제 절차 등이 법에 따른 개인정보 보호 수준과 실질적으로 동등한 수준을 갖추었다고 인정하려는 경우에는 다음 각 호의 사항을 종합적으로 고려해야 한다.
1. 이전대상국등의 법령, 규정 또는 규칙 등 개인정보 보호체계가 법 제3조에서 정하는 개인정보 보호 원칙에 부합하고, 법 제4조에서 정하는 정보주체의 권리를 충분히 보장하고 있는지 여부
2. 이전대상국등에 개인정보 보호체계를 보장하고 집행할 책임이 있는 독립적 감독기관이 존재하는지 여부
3. 이전대상국등의 공공기관(이와 유사한 사무를 수행하는 기관을 포함한다)이 법률에 따라 개인정보를 처리하는지 여부 및 이에 대한 피해구제 절차 등 정보주체에 대한 보호수단이 존재하고 실질적으로 보장되는지 여부
4. 이전대상국등에 정보주체가 쉽게 접근할 수 있는 피해구제 절차가 존재하는지 여부 및 피해구제 절차가 정보주체를 효과적으로 보호하고 있는지 여부
5. 이전대상국등의 감독기관이 보호위원회와 정보주체의 권리 보호에 관하여 원활한 상호 협력이 가능한지 여부
6. 그 밖에 이전대상국등의 개인정보 보호체계, 정보주체의 권리보장 범위, 피해구제 절차 등의 개인정보 보호 수준을 인정하기 위해 필요한 사항으로서 보호위원회가 정하여 고시하는 사항

② 보호위원회는 제1항에 따른 인정을 하려는 경우에는 다음 각 호의 절차를 거쳐야 한다.
1. 국외이전전문위원회의 평가
2. 정책협의회의 협의

③ 보호위원회는 제1항에 따른 인정을 할 때에는 정보주체의 권리 보호 등을 위하여 필요한 경우 이전대상국등으로 이전되는 개인정보의 범위, 이전받는 개인정보처리자의 범위, 인정 기간, 국외 이전의 조건 등을 이전대상국등별로 달리 정할 수 있다.

④ 보호위원회는 제1항에 따른 인정을 한 경우에는 인정 기간 동안 이전대상국등의 개인정보 보호수준이 법에 따른 수준과 실질적으로 동등한 수준을 유지하고 있는지 점검해야 한다.

⑤ 보호위원회는 제1항에 따른 인정을 받은 이전대상국등의 개인정보 보호체계, 정보주체의 권리보장 범위, 피해구제 절차 등의 수준이 변경된 경우에는 해당 이전대상국등의 의견을 듣고 해당 이전대상국등에 대한 인정을 취소하거나 그 내용을 변경할 수 있다.

⑥ 보호위원회가 제1항에 따른 인정을 하거나 제5항에 따라 인정을 취소하거나 그 내용을 변경하는 경우에는 그 사실을 관보에 고시하고 보호위원회 인터넷 홈페이지에 게재해야 한다.

⑦ 제1항부터 제6항까지에서 규정한 사항 외에 이전대상국등에 대한 인정에 필요한 사항은 보호위원회가 정하여 고시한다.

제29조의10【개인정보의 국외 이전 시 보호조치 등】 ① 개인정보처리자는 법 제28조의8제1항 각 호 외의 부분 단서에 따라 개인정보를 국외로 이전하는 경우에는 같은 조 제4항에 따라 다음 각 호의 보호조치를 해야 한다.
1. 제30조제1항에 따른 개인정보 보호를 위한 안전성 확보 조치
2. 개인정보 침해에 대한 고충처리 및 분쟁해결에 관한 조치
3. 그 밖에 정보주체의 개인정보 보호를 위하여 필요한 조치

② 개인정보처리자는 법 제28조의8제1항 각 호 외의 부분 단서에 따라 개인정보를 국외로 이전하는 경우에는 제1항 각 호의 사항에 관하여 이전받는 자와 미리 협의하고 이를 계약내용 등에 반영해야 한다.

제29조의11【국외 이전 중지 명령의 기준 등】 ① 보호위원회는 법 제28조의9제1항에 따라 개인정보의 국외 이전을 중지할 것을 명하려는 경우에는 다음 각 호의 사항을 종합적으로 고려해야 한다.
1. 국외로 이전되었거나 추가적인 국외 이전이 예상되는 개인정보의 유형 및 규모
2. 법 제28조의8제1항, 제4항 또는 제5항 위반의 중대성
3. 정보주체에게 발생하거나 발생할 우려가 있는 피해가 중대하거나 회복하기 어려운 피해인지 여부
4. 국외 이전의 중지를 명하는 것이 중지를 명하지 않는 것보다 명백히 정보주체에게 이익이 되는지 여부
5. 법 제64조제1항 각 호에 해당하는 조치를 통해 개인정보의 보호 및 침해 방지가 가능한지 여부
6. 개인정보를 이전받는 자나 개인정보가 이전되는 이전대상국등이 정보주체의 피해구제를 위한 실효적인 수단을 갖추고 있는지 여부
7. 개인정보를 이전받는 자나 개인정보가 이전되는 이전대상국등에서 중대한 개인정보 침해가 발생하는 등 개인정보를 적정하게 보호하기 어렵다고 인정할 만한 사유가 존재하는지 여부

② 보호위원회는 법 제28조의9제1항에 따라 개인정보의 국외 이전을 중지할 것을 명하려는 경우에는 국외이전전문위원회의 평가를 거쳐야 한다.

③ 보호위원회는 법 제28조의9제1항에 따라 개인정보의 국외 이전을 중지할 것을 명할 때에는 개인정보처리자에게 중지명령의 내용, 사유, 이의 제기 절차·방법 및 그 밖에 필요한 사항을 문서로 알려야 한다.

④ 제1항부터 제3항까지에서 규정한 사항 외에 개인정보의 국외 이전 중지 명령의 기준 등에 관하여 필요한 사항은 보호위원회가 정하여 고시한다.

제29조의12【국외 이전 중지 명령에 대한 이의 제기】 ① 법 제28조의9제2항에 따라 이의를 제기하려는 자는 같은 조 제1항에 따른 국외 이전 중지 명령을 받은 날부터 7일 이내에 보호위원회가 정하는 이의신청서에 이의 신청 사유를 증명할 수 있는 서류를 첨부하여 보호위원회에 제출해야 한다.

② 보호위원회는 제1항에 따라 이의신청서를 제출받은 날부터 30일 이내에 그 처리결과를 해당 개인정보처리자에게 문서로 알려야 한다.

③ 제1항 및 제2항에서 규정한 사항 외에 이의 제기의 절차 등에 관하여 필요한 사항은 보호위원회가 정하여 고시한다.

제5장 개인정보의 안전한 관리

제30조【개인정보의 안전성 확보 조치】 ① 개인정보처리자는 법 제29조에 따라 다음 각 호의 안전성 확보 조치를 해야 한다.
1. 개인정보의 안전한 처리를 위한 다음 각 목의 내용을 포함하는 내부 관리계획의 수립·시행 및 점검
 가. 법 제28조제1항에 따른 개인정보취급자(이하 "개인정보취급자"라 한다)에 대한 관리·감독 및 교육에 관한 사항
 나. 법 제31조에 따른 개인정보 보호책임자의 지정 등 개인정보 보호 조직의 구성·운영에 관한 사항
 다. 제2호부터 제8호까지의 규정에 따른 조치를 이행하기 위하여 필요한 세부 사항
2. 개인정보에 대한 접근 권한을 제한하기 위한 다음 각 목의 조치
 가. 데이터베이스시스템 등 개인정보를 처리할 수 있도록 체계적으로 구성한 시스템(이하 "개인정보처리시스템"이라 한다)에 대한 접근 권한의 부여·변경·말소 등에 관한 기준의 수립·시행
 나. 정당한 권한을 가진 자에 의한 접근인지를 확인하기 위해 필요한 인증수단 적용 기준의 설정 및 운영
 다. 그 밖에 개인정보에 대한 접근 권한을 제한하기 위하여 필요한 조치
3. 개인정보에 대한 접근을 통제하기 위한 다음 각 목의 조치
 가. 개인정보처리시스템에 대한 침입을 탐지하고 차단하기 위하여 필요한 조치
 나. 개인정보처리시스템에 접속하는 개인정보취급자의 컴퓨터 등으로서 보호위원회가 정하여 고시하는 기준에 해당하는 컴퓨터 등에 대한 인터넷망의 차단. 다만, 전년도 말 기준 직전 3개월 간 그 개인정보가 저장·관리되고 있는 「정보통신망 이용촉진 및 정보보호 등에 관한 법률」 제2조제1항제4호에 따른 이용자 수가 일일평균 100만명 이상인 개인정보처리자만 해당한다.
 다. 그 밖에 개인정보에 대한 접근을 통제하기 위하여 필요한 조치
4. 개인정보를 안전하게 저장·전송하는데 필요한 다음 각 목의 조치
 가. 비밀번호의 일방향 암호화 저장 등 인증정보의 암호화 저장 또는 이에 상응하는 조치
 나. 주민등록번호 등 보호위원회가 정하여 고시하는 정보의 암호화 저장 또는 이에 상응하는 조치
 다. 「정보통신망 이용촉진 및 정보보호 등에 관한 법률」 제2조제1항제1호에 따른 정보통신망을 통하여 정보주체의 개인정보 또는 인증정보를 송신·수신하는 경우 해당 정보의 암호화 또는 이에 상응하는 조치
 라. 그 밖에 암호화 또는 이에 상응하는 기술을 이용한 보안조치
5. 개인정보 침해사고 발생에 대응하기 위한 접속기록의 보관 및 위조·변조 방지를 위한 다음 각 목의 조치
 가. 개인정보처리시스템에 접속한 자의 접속일시, 처리내역 등 접속기록의 저장·점검 및 이의 확인·감독
 나. 개인정보처리시스템에 대한 접속기록의 안전한 보관
 다. 그 밖에 접속기록 보관 및 위조·변조 방지를 위하여 필요한 조치
6. 개인정보처리시스템 및 개인정보취급자가 개인정보 처리에 이용하는 정보기기에 대해 컴퓨터바이러스, 스파이웨어, 랜섬웨어 등 악성프로그램의 침투 여부를 항시 점검·치료할 수 있도록 하는 등의 기능이 포함된 프로그램의 설치·운영과 주기적 갱신·점검 조치
7. 개인정보의 안전한 보관을 위한 보관시설의 마련 또는 잠금장치의 설치 등 물리적 조치
8. 그 밖에 개인정보의 안전성 확보를 위하여 필요한 조치
(2023.9.12 본항개정)

② 보호위원회는 개인정보처리자가 제1항에 따른 안전성 확보 조치를 하도록 시스템을 구축하는 등 필요한 지원을 할 수 있다.(2020.8.4 본항개정)

③ 제1항에 따른 안전성 확보 조치에 관한 세부 기준은 보호위원회가 정하여 고시한다.(2020.8.4 본항개정)

제30조의2【공공시스템 운영기관 등의 개인정보 안전성 확보 조치 등】 ① 개인정보의 처리 규모, 접근 권한을 부여받은 개인정보취급자의 수 등 보호위원회가 고시하는 기준에 해당하는 개인정보처리시스템(이하 이 조에서 "공공시스템"이라 한다)을 운영하는 공공기관(이하 이 조에서 "공공시스템운영기관"이라 한다)은 법 제29조에 따라 이 영 제30조의 안전성 확보 조치 외에 다음 각 호의 조치를 추가로 해야 한다.
1. 제30조제1항제1호에 따른 내부 관리계획에 공공시스템별로 작성한 안전성 확보 조치를 포함할 것
2. 공공시스템에 접속하여 개인정보를 처리하는 기관(이하 이 조에서 "공공시스템이용기관"이라 한다)이 정당한 권한을 가진 개인정보취급자에게 접근 권한을 부여·변경·말소 등을 할 수 있도록 하는 등 접근 권한의 안전한 관리를 위해 필요한 조치
3. 개인정보에 대한 불법적인 접근 및 침해사고 방지를 위한 공공시스템 접속기록의 저장·분석·점검·관리 등의 조치

② 공공시스템운영기관 및 공공시스템이용기관은 정당한 권한 없이 또는 허용된 권한을 초과하여 개인정보에 접근한 사실이 확인되는 경우에는 지체 없이 정보주체에게 해당 사실과 피해 예방 등을 위해 필요한 사항을 통지해야 한다. 이 경우 다음 각 호의 어느 하나에 해당하는 경우에는 통지를 한 것으로 본다.
1. 법 제34조제1항에 따라 정보주체에게 개인정보의 분실·도난·유출에 대하여 통지한 경우
2. 다른 법령에 따라 정보주체에게 개인정보에 접근한 사실과 피해 예방 등을 위해 필요한 사항을 통지한 경우

③ 공공시스템운영기관(공공시스템을 개발하여 배포하는 공공기관이 따로 있는 경우에는 그 공공기관을 포함한다. 이하 이 조에서 같다)은 해당 공공시스템의 규모와 특성, 해당 공공시스템이용기관의 수 등을 고려하여

개인정보의 안전한 관리에 관련된 업무를 전담하는 부서를 지정하여 운영하거나 전담인력을 배치해야 한다.
④ 공공시스템운영기관은 공공시스템별로 해당 공공시스템을 총괄하여 관리하는 부서의 장을 관리책임자로 지정해야 한다. 다만, 해당 공공시스템을 총괄하여 관리하는 부서가 없을 때에는 업무 관련성 및 수행능력 등을 고려하여 해당 공공시스템운영기관의 관련 부서의 장 중에서 관리책임자를 지정해야 한다.
⑤ 공공시스템운영기관은 공공시스템의 안전성 확보 조치 이행상황 점검 및 개선에 관한 사항을 협의하기 위하여 다음 각 호의 기관으로 구성되는 공공시스템운영협의회를 공공시스템별로 설치·운영해야 한다. 다만, 하나의 공공기관이 2개 이상의 공공시스템을 운영하는 경우에는 공공시스템운영협의회를 통합하여 설치·운영할 수 있다.
1. 공공시스템운영기관
2. 공공시스템의 운영을 위탁하는 경우 해당 수탁자
3. 공공시스템운영기관이 필요하다고 인정하는 공공시스템이용기관
⑥ 보호위원회는 공공시스템운영기관이 개인정보의 안전성 확보 조치를 이행하는데 필요한 지원을 할 수 있다.
⑦ 제1항부터 제6항까지에서 규정한 사항 외에 공공시스템운영기관 등의 개인정보의 안전성 확보 조치에 필요한 사항은 보호위원회가 정하여 고시한다.
(2023.9.12 본조신설 : 2024.9.15 시행)

제31조【개인정보 처리방침의 내용 및 공개방법 등】 ① 법 제30조제1항제8호에서 "대통령령으로 정한 사항"이란 다음 각 호의 사항을 말한다.(2016.9.29 본문개정)
1. 처리하는 개인정보의 항목
2. (2020.8.4 삭제)
3. 제30조에 따른 개인정보의 안전성 확보 조치에 관한 사항(2023.9.12 본호개정)
② 개인정보처리자는 법 제30조제2항에 따라 수립하거나 변경한 개인정보 처리방침을 개인정보처리자의 인터넷 홈페이지에 지속적으로 게재하여야 한다.
③ 제2항에 따라 인터넷 홈페이지에 게재할 수 없는 경우에는 다음 각 호의 어느 하나 이상의 방법으로 수립하거나 변경한 개인정보 처리방침을 공개하여야 한다.
1. 개인정보처리자의 사업장등의 보기 쉬운 장소에 게시하는 방법
2. 관보(개인정보처리자가 공공기관인 경우만 해당한다)나 개인정보처리자의 사업장등이 있는 시·도 이상의 지역을 주된 보급지역으로 하는 「신문 등의 진흥에 관한 법률」 제2조제1호가목·다목 및 같은 조 제2호에 따른 일반일간신문, 일반주간신문 또는 인터넷신문에 싣는 방법
3. 같은 제목으로 연 2회 이상 발행하여 정보주체에게 배포하는 간행물·소식지·홍보지 또는 청구서 등에 지속적으로 싣는 방법
4. 재화나 서비스를 제공하기 위하여 개인정보처리자와 정보주체가 작성한 계약서 등에 실어 정보주체에게 발급하는 방법(2023.9.12 본호개정)

제31조의2【개인정보 처리방침의 평가 대상 및 절차】 ① 보호위원회는 법 제30조의2제1항에 따라 개인정보 처리방침을 평가하는 경우 다음 각 호의 사항을 종합적으로 고려하여 평가 대상을 선정한다.
1. 개인정보처리자의 유형 및 매출액 규모
2. 민감정보 및 고유식별정보 등 처리하는 개인정보의 유형 및 규모
3. 개인정보 처리의 법적 근거 및 방식
4. 법 위반행위 발생 여부
5. 아동·청소년 등 정보주체의 특성
② 보호위원회는 제1항에 따라 평가 대상 개인정보 처리방침을 선정한 경우에는 평가 개시 10일 전까지 해당 개인정보처리자에게 평가 내용·일정 및 절차 등이 포함된 평가계획을 통보해야 한다.
③ 보호위원회는 법 제30조의2에 따른 개인정보 처리방침의 평가에 필요한 경우에는 해당 개인정보처리자에게 의견을 제출하도록 요청할 수 있다.
④ 보호위원회는 법 제30조의2에 따라 개인정보 처리방침을 평가한 후 그 결과를 지체 없이 해당 개인정보처리자에게 통보해야 한다.
⑤ 제1항부터 제4항까지에서 규정한 사항 외에 개인정보 처리방침 평가를 위한 세부적인 대상 선정 기준과 절차는 보호위원회가 정하여 고시한다.
(2023.9.12 본조신설)

제32조【개인정보 보호책임자의 업무 및 지정요건 등】 ① 법 제31조제2항제7호에서 "대통령령으로 정한 업무"란 다음 각 호와 같다.
1. 법 제30조에 따른 개인정보 처리방침의 수립·변경 및 시행
2. 개인정보 보호 관련 자료의 관리
3. 처리 목적이 달성되거나 보유기간이 지난 개인정보의 파기
② 개인정보처리자는 법 제31조제1항에 따라 개인정보 보호책임자를 지정하려는 경우에는 다음 각 호의 구분에 따라 지정한다.
1. 공공기관 : 다음 각 목의 구분에 따른 기준에 해당하는 공무원 등
가. 국회, 법원, 헌법재판소, 중앙선거관리위원회의 행정사무를 처리하는 기관 및 중앙행정기관 : 고위공무원단에 속하는 공무원(이하 "고위공무원"이라 한다) 또는 그에 상당하는 공무원
나. 가목 외에 정무직공무원을 장(長)으로 하는 국가기관 : 3급 이상 공무원(고위공무원을 포함한다) 또는 그에 상당하는 공무원
다. 가목 및 나목 외에 고위공무원, 3급 공무원 또는 그에 상당하는 공무원 이상의 공무원을 장으로 하는 국가기관 : 4급 이상 공무원 또는 그에 상당하는 공무원
라. 가목부터 다목까지의 규정에 따른 국가기관 외의 국가기관(소속 기관을 포함한다) : 해당 기관의 개인정보 처리 관련 업무를 담당하는 부서의 장
마. 시·도 및 시·도 교육청 : 3급 이상 공무원 또는 그에 상당하는 공무원
바. 시·군 및 자치구 : 4급 공무원 또는 그에 상당하는 공무원
사. 제2조제5호에 따른 각급 학교 : 해당 학교의 행정사무를 총괄하는 사람
아. 가목부터 사목까지의 규정에 따른 기관 외의 공공기관 : 개인정보 처리 관련 업무를 담당하는 부서의 장. 다만, 개인정보 처리 관련 업무를 담당하는 부서의 장이 2명 이상인 경우에는 해당 공공기관의 장이 지명하는 부서의 장이 된다.
2. 공공기관 외의 개인정보처리자 : 다음 각 목의 어느 하나에 해당하는 사람
가. 사업주 또는 대표자
나. 임원(임원이 없는 경우에는 개인정보 처리 관련 업무를 담당하는 부서의 장)(2016.7.22 본목개정)
③ 제2항에도 불구하고 개인정보처리자가 「소상공인기본법」 제2조에 따른 소상공인에 해당하는 경우에는 별도의 지정 없이 그 사업주 또는 대표자를 개인정보 보호책임자로 지정한 것으로 본다. 다만, 개인정보처리자가 별도로 개인정보 보호책임자를 지정한 경우에는 그렇지 않다.(2021.2.2 본문개정)
④ 보호위원회는 개인정보 보호책임자가 법 제31조제2항의 업무를 원활히 수행할 수 있도록 개인정보 보호책임자에 대한 교육과정을 개설·운영하는 등 지원을 할 수 있다.(2020.8.4 본항개정)

제32조의2【국내대리인 지정 대상자의 범위】 ① 법 제31조의2제1항 각 호 외의 부분 전단에서 "대통령령으로 정하는 자"란 다음 각 호의 어느 하나에 해당하는 자를 말한다.
1. 전년도(법인인 경우에는 전 사업연도를 말한다) 전체 매출액이 1조원 이상인 자
2. 전년도 말 기준 직전 3개월 간 그 개인정보가 저장·관리되고 있는 국내 정보주체의 수가 일일평균 100만명 이상인 자
3. 법 제63조제1항에 따라 관계 물품·서류 등 자료의 제출을 요구받은 자로서 국내대리인을 지정할 필요가 있다고 보호위원회가 심의·의결한 자
② 제1항제1호에 따른 전체 매출액은 전년도 평균환율을 적용하여 원화로 환산한 금액을 기준으로 한다.
(2023.9.12 본조신설)

제33조【개인정보파일의 등록사항 등】 ① 법 제32조제1항제7호에서 "대통령령으로 정하는 사항"이란 다음 각 호의 사항을 말한다.
1. 개인정보파일을 운용하는 공공기관의 명칭
2. 개인정보파일로 보유하고 있는 개인정보의 정보주체 수
3. 해당 공공기관에서 개인정보 처리 관련 업무를 담당하는 부서
4. 제41조에 따른 개인정보의 열람 요구를 접수·처리하는 부서
5. 개인정보파일의 개인정보 중 법 제35조제4항에 따라 열람을 제한하거나 거절할 수 있는 개인정보의 범위 및 제한 또는 거절 사유
② 법 제32조제2항제4호에서 "대통령령으로 정하는 개인정보파일"이란 다음 각 호의 어느 하나에 해당하는 개인정보파일을 말한다.
1. 회의 참석 수당 지급, 자료·물품의 송부, 금전의 정산 등 단순 업무 수행을 위해 운영되는 개인정보파일로서 지속적 관리 필요성이 낮은 개인정보파일
2. 공중위생 등 공공의 안전과 안녕을 위하여 긴급히 필요한 경우로서 일시적으로 처리되는 개인정보파일
3. 그 밖에 일회적 업무 처리만을 위해 수집된 개인정보파일로서 저장되거나 기록되지 않는 개인정보파일
(2023.9.12 본항신설)
(2023.9.12 본조제목개정)

제34조【개인정보파일의 등록 및 공개 등】 ① 개인정보파일(법 제32조제2항 및 이 영 제33조제2항에 따른 개인정보파일은 제외한다. 이하 이 조에서 같다)을 운용하는 공공기관의 장은 그 운용을 시작한 날부터 60일 이내에 보호위원회가 정하여 고시하는 바에 따라 보호위원회에 법 제32조제1항 및 이 영 제33조제1항에 따른 등록사항(이하 "등록사항"이라 한다)의 등록을 신청하여야 한다. 등록 후 등록한 사항이 변경된 경우에도 또한 같다.
(2023.9.12 전단개정)
② 보호위원회는 법 제32조제4항에 따라 개인정보파일의 등록 현황을 공개하는 경우 이를 보호위원회가 구축하는 인터넷 사이트에 게재해야 한다.(2023.9.12 본항개정)
③ 보호위원회는 제1항에 따른 개인정보파일의 등록사항을 등록하거나 변경하는 업무를 전자적으로 처리할 수 있도록 시스템을 구축·운영할 수 있다.
(2020.8.4 본조개정)

제34조의2【개인정보 보호 인증의 기준·방법·절차 등】 ① 보호위원회는 제30조제1항 각 호의 사항을 고려하여 개인정보 보호의 관리적·기술적·물리적 보호대책의 수립 등을 포함한 법 제32조의2제1항에 따른 인증의 기준을 정하여 고시한다.(2023.9.12 본항개정)
② 법 제32조의2제1항 따라 개인정보 보호의 인증을 받으려는 자(이하 이 조 및 제34조의3에서 "신청인"이라 한다)는 다음 각 호의 사항이 포함된 개인정보 보호 인증신청서(전자문서로 된 신청서를 포함한다)를 제34조의6에 따른 개인정보 보호 인증 전문기관(이하 "인증기관"이라 한다)에 제출하여야 한다.
1. 인증 대상 개인정보 처리시스템의 목록
2. 개인정보 보호 관리체계를 수립·운영하는 방법과 절차
3. 개인정보 보호 관리체계 및 보호대책 구현과 관련되는 문서 목록
③ 인증기관은 제2항에 따른 인증신청서를 받은 경우에는 신청인과 인증의 범위 및 일정 등에 관하여 협의하여야 한다.
④ 법 제32조의2제1항에 따른 개인정보 보호 인증심사는 제34조의8에 따른 개인정보 보호 인증심사원이 서면심사 또는 현장심사의 방법으로 실시한다.
⑤ 인증기관은 제4항에 따른 인증심사의 결과를 심의하기 위하여 정보보호에 관한 학식과 경험이 풍부한 사람을 위원으로 하는 인증위원회를 설치·운영하여야 한다.
⑥ 제1항부터 제5항까지에서 규정한 사항 외에 인증신청, 인증심사, 인증위원회의 설치·운영 및 인증서의 발급 등 개인정보 보호 인증에 필요한 세부사항은 보호위원회가 정하여 고시한다.(2020.8.4 본항개정)
(2016.7.22 본조신설)

제34조의3【개인정보 보호 인증의 수수료】 ① 신청인은 인증기관에 개인정보 보호 인증 심사에 소요되는 수수료를 납부하여야 한다.
② 보호위원회는 개인정보 보호 인증 심사에 투입되는 인증 심사원의 수 및 인증심사에 필요한 일수 등을 고려하여 제1항에 따른 수수료 산정을 위한 구체적인 기준을 정하여 고시한다.(2020.8.4 본항개정)
(2016.7.22 본조신설)

제34조의4【인증취소】 ① 인증기관은 법 제32조의2제3항에 따라 개인정보 보호 인증을 취소하려는 경우에는 제34조의2제5항에 따른 인증위원회의 심의·의결을 거쳐야 한다.
② 보호위원회 또는 인증기관은 법 제32조의2제3항에 따라 인증을 취소한 경우에는 그 사실을 당사자에게 통보하고, 관보 또는 인증기관의 홈페이지에 공고하거나 게시해야 한다.(2020.8.4 본항개정)
(2016.7.22 본조신설)

제34조의5【인증의 사후관리】 ① 법 제32조의2제4항에 따른 사후관리 심사는 서면심사 또는 현장심사의 방법으로 실시한다.
② 인증기관은 제1항에 따른 사후관리를 실시한 결과 법 제32조의2제3항 각 호의 사유를 발견한 경우에는 제34조의2제5항에 따른 인증위원회의 심의를 거쳐 그 결과를 보호위원회에 제출해야 한다.(2020.8.4 본항개정)
(2016.7.22 본조신설)

제34조의6【개인정보 보호 인증 전문기관】 ① 법 제32조의2제5항에서 "대통령령으로 정하는 전문기관"이란 다음 각 호의 기관을 말한다.
1. 한국인터넷진흥원(2016.9.29 본호개정)
2. 다음 각 목의 요건을 모두 충족하는 법인, 단체 또는 기관 중에서 보호위원회가 지정·고시하는 법인, 단체 또는 기관(2020.8.4 본문개정)
가. 제34조의8에 따른 개인정보 보호 인증심사원 5명 이상을 보유할 것
나. 보호위원회가 실시하는 업무수행 요건·능력 심사에서 적합하다고 인정받을 것(2020.8.4 본목개정)
② 제1항제2호에 해당하는 법인, 단체 또는 기관의 지정과 그 지정의 취소에 필요한 세부기준 등은 보호위원회가 정하여 고시한다.(2020.8.4 본항개정)
(2016.7.22 본조신설)

제34조의7【인증의 표시 및 홍보】 법 제32조의2제6항에 따라 인증을 받은 자가 인증 받은 내용을 표시하거나 홍보하려는 경우에는 보호위원회가 정하여 고시하는 개인정보 보호 인증표시를 사용할 수 있다. 이 경우 인증의 범위와 유효기간을 함께 표시해야 한다.(2020.8.4 본조개정)

제34조의8【개인정보 보호 인증심사원의 자격 및 자격 취소 요건】 ① 인증기관은 법 제32조의2제7항에 따라 개인정보 보호에 관한 전문지식을 갖춘 사람으로서 인증심사에 필요한 전문 교육과정을 이수하고 시험에 합격한 사람에게 개인정보 보호 인증심사원(이하 "인증심사원"이라 한다)의 자격을 부여한다.

② 인증기관은 법 제32조의2제7항에 따라 인증심사원이 다음 각 호의 어느 하나에 해당하는 경우 그 자격을 취소할 수 있다. 다만, 제1호에 해당하는 경우에는 자격을 취소하여야 한다.
1. 거짓이나 부정한 방법으로 인증심사원 자격을 취득한 경우
2. 개인정보 보호 인증 심사와 관련하여 금전, 금품, 이익 등을 부당하게 수수한 경우
3. 개인정보 보호 인증 심사 과정에서 취득한 정보를 누설하거나 정당한 사유 없이 업무상 목적 외의 용도로 사용한 경우
③ 제1항 및 제2항에 따른 전문 교육과정의 이수, 인증심사원 자격의 부여 및 취소 등에 관한 세부 사항은 보호위원회가 정하여 고시한다.(2020.8.4 본항개정)
(2016.7.22 본조신설)
제35조【개인정보 영향평가의 대상】 법 제33조제1항에서 "대통령령으로 정하는 기준에 해당하는 개인정보파일"이란 개인정보를 전자적으로 처리할 수 있는 개인정보파일로서 다음 각 호의 어느 하나에 해당하는 개인정보파일을 말한다.
1. 구축·운용 또는 변경하려는 개인정보파일로서 5만명 이상의 정보주체에 관한 법 제23조에 따른 민감정보 또는 고유식별정보의 처리가 수반되는 개인정보파일(2016.9.29 본호개정)
2. 구축·운용하고 있는 개인정보파일을 해당 공공기관 내부 또는 외부에서 구축·운용하고 있는 다른 개인정보파일과 연계하려는 경우로서 연계 결과 50만명 이상의 정보주체에 관한 개인정보가 포함되는 개인정보파일
3. 구축·운용 또는 변경하려는 개인정보파일로서 100만명 이상의 정보주체에 관한 개인정보파일
4. 법 제33조제1항에 따른 개인정보 영향평가(이하 "영향평가"라 한다)를 받은 후에 개인정보 검색체계 등 개인정보파일의 운용체계를 변경하려는 경우 그 개인정보파일. 이 경우 영향평가 대상은 변경된 부분으로 한정한다.
제36조【평가기관의 지정 및 지정취소】 ① 보호위원회는 법 제33조제2항에 따라 다음 각 호의 요건을 모두 갖춘 법인을 개인정보 영향평가기관(이하 "평가기관"이라 한다)으로 지정할 수 있다.(2023.9.12 본문개정)
1. 최근 5년간 다음 각 목의 어느 하나에 해당하는 업무 수행의 대가로 받은 금액의 합계액이 2억원 이상인 법인
가. 영향평가 업무 또는 이와 유사한 업무
나. 「전자정부법」 제2조제13호에 따른 정보시스템(정보보호시스템을 포함한다)의 구축 업무 중 정보보호컨설팅 업무(전자적 침해행위에 대비하기 위한 정보시스템의 분석·평가와 이에 기초한 정보 보호 대책의 제시 업무를 말한다. 이하 같다)
다. 「전자정부법」 제2조제14호에 따른 정보시스템 감리 업무 중 정보보호컨설팅 업무
라. 「정보보호산업의 진흥에 관한 법률」 제2조제1항제2호에 따른 정보보호산업에 해당하는 업무 중 정보보호컨설팅 업무(2023.9.12 본목개정)
마. 「정보보호산업의 진흥에 관한 법률」 제23조제1항제1호 및 제2호에 따른 업무(2020.8.4 본목개정)
2. 개인정보 영향평가와 관련된 분야에서의 업무 경력 등 보호위원회가 정하여 고시하는 자격을 갖춘 전문인력을 10명 이상 상시 고용하고 있는 법인(2023.9.12 본호개정)
3. 다음 각 목의 사무실 및 설비를 갖춘 법인
가. 신원 확인 및 출입 통제를 위한 설비를 갖춘 사무실
나. 기록 및 자료의 안전한 관리를 위한 설비
② 평가기관으로 지정받으려는 자는 보호위원회가 정하여 고시하는 평가기관 지정신청서에 다음 각 호의 서류를 첨부하여 보호위원회에 제출해야 한다.(2020.8.4 본문개정)
1. 정관
2. 대표자의 성명(2017.10.17 본호개정)
3. 제1항제2호에 따른 전문인력의 자격을 증명할 수 있는 서류
4. 그 밖에 보호위원회가 정하여 고시하는 서류(2020.8.4 본호개정)
③ 제2항에 따라 평가기관 지정신청서를 제출받은 보호위원회는 「전자정부법」 제36조제1항에 따른 행정정보의 공동이용을 통하여 다음 각 호의 서류를 확인해야 한다. 다만, 신청인이 제2호의 확인에 동의하지 않는 경우에는 신청인에게 그 서류를 첨부하게 해야 한다.(2020.8.4 본문개정)
1. 법인 등기사항증명서
2. 「출입국관리법」 제88조제2항에 따른 외국인등록 사실증명(외국인인 경우만 해당한다)
④ 보호위원회는 제1항에 따라 평가기관을 지정한 경우에는 지체 없이 평가기관 지정서를 발급하고, 다음 각 호의 사항을 관보에 고시해야 한다. 고시된 사항이 변경된 경우에도 또한 같다.(2020.8.4 전단개정)
1. 평가기관의 명칭·주소 및 전화번호와 대표자의 성명
2. 지정 시 조건을 붙이는 경우 그 조건의 내용
⑤ 법 제33조제7항제5호에서 "대통령령으로 정하는 사유에 해당하는 경우"란 다음 각 호의 어느 하나에 해당하는 경우를 말한다.
1. 제6항에 따른 신고의무를 이행하지 않은 경우
2. 평가기관으로 지정된 날부터 2년 이상 계속하여 정당한 사유 없이 영향평가 실적이 없는 경우
3. 제38조제2항 각 호 외의 부분에 따른 영향평가서 등 영향평가 업무 수행 과정에서 알게 된 정보를 누설한 경우
4. 그 밖에 법 또는 이 영에 따른 의무를 위반한 경우(2023.9.12 본항개정)
⑥ 제1항에 따라 지정된 평가기관은 지정된 후 다음 각 호의 어느 하나에 해당하는 사유가 발생한 경우에는 보호위원회가 정하여 고시하는 바에 따라 그 사유가 발생한 날부터 14일 이내에 보호위원회에 신고해야 한다. 다만, 제3호에 해당하는 경우에는 그 사유가 발생한 날부터 60일 이내에 신고해야 한다.(2020.8.4 본문개정)
1. 제1항 각 호의 어느 하나에 해당하는 사항이 변경된 경우
2. 제4항제1호에 해당하는 사항이 변경된 경우
3. 평가기관을 양도·양수하거나 합병하는 등의 사유가 발생한 경우
⑦ (2023.9.12 삭제)
제37조【영향평가 시 고려사항】 법 제33조제3항제4호에서 "대통령령으로 정한 사항"이란 다음 각 호의 사항을 말한다.(2023.9.12 본문개정)
1. 민감정보 또는 고유식별정보의 처리 여부
2. 개인정보 보유기간
제38조【영향평가의 평가기준 등】 ① 법 제33조제9항에 따른 영향평가의 기준(이하 "평가기준"이라 한다)은 다음 각 호와 같다.(2023.9.12 본문개정)
1. 해당 개인정보파일에 포함되는 개인정보의 종류·성질, 정보주체의 수 및 그에 따른 개인정보 침해의 가능성(2016.7.22 본호개정)
2. 법 제23조제2항, 제24조제3항, 제24조의2제2항, 제25조제6항(제25조의2제4항에 따라 준용되는 경우를 포함한다) 및 제29조에 따른 안전성 확보 조치의 수준 및 이에 따른 개인정보 침해의 가능성(2023.9.12 본호개정)
3. 개인정보 침해의 위험요인별 조치 여부
4. 그 밖에 법 및 이 영에 따라 필요한 조치 또는 의무 위반 요소에 관한 사항
② 법 제33조제2항에 따라 영향평가를 의뢰받은 평가기관은 평가기준에 따라 개인정보파일의 운용으로 인한 개인정보 침해의 위험요인을 분석·평가한 후 다음 각 호의 사항이 포함된 평가 결과를 영향평가서로 작성하여 해당 공공기관의 장에게 보내야 하며, 공공기관의 장은 제35조 각 호에 해당하는 개인정보파일을 운용 또는 변경하기 전에 그 영향평가서를 보호위원회에 제출해야 한다.
1. 영향평가의 대상 및 범위
2. 평가 분야 및 항목
3. 평가기준에 따른 개인정보 침해의 위험요인에 대한 분석·평가
4. 제3호의 분석·평가 결과에 따라 조치한 내용 및 개선계획
5. 영향평가의 결과
6. 제1호부터 제5호까지의 사항에 대하여 요약한 내용(2023.9.12 본항개정)
③ 보호위원회 또는 공공기관의 장은 제2항제6호에 따른 영향평가서 요약 내용을 공개할 수 있다.(2023.9.12 본항신설)
④ 보호위원회는 법 및 이 영에서 정한 사항 외에 평가기관의 지정 및 영향평가의 절차 등에 관한 세부 기준을 정하여 고시할 수 있다.(2020.8.4 본항개정)
제39조【개인정보 유출 등의 통지】 ① 개인정보처리자는 개인정보가 분실·도난·유출(이하 이 조 및 제40조에서 "유출등"이라 한다)되었음을 알게 되었을 때에는 서면등의 방법으로 72시간 이내에 법 제34조제1항 각 호의 사항을 정보주체에게 알려야 한다. 다만, 다음 각 호의 어느 하나에 해당하는 경우에는 해당 사유가 해소된 후 지체 없이 정보주체에게 알릴 수 있다.
1. 유출등이 된 개인정보의 확산 및 추가 유출등을 방지하기 위하여 접속경로의 차단, 취약점 점검·보완, 유출등이 된 개인정보의 회수·삭제 등 긴급한 조치가 필요한 경우
2. 천재지변이나 그 밖에 부득이한 사유로 인하여 72시간 이내에 통지하기 곤란한 경우
② 제1항에도 불구하고 개인정보처리자는 같은 항에 따른 통지를 하려는 경우로서 법 제34조제1항제1호 또는 제2호의 사항에 관한 구체적인 내용을 확인하지 못한 경우에는 개인정보가 유출된 사실, 그때까지 확인된 내용 및 같은 항 제3호부터 제5호까지의 사항을 서면등의 방법으로 우선 통지해야 하며, 추가로 확인되는 내용에 대해서는 확인되는 즉시 통지해야 한다.
③ 제1항 및 제2항에도 불구하고 개인정보처리자는 정보주체의 연락처를 알 수 없는 경우 등 정당한 사유가 있는 경우에는 법 제34조제1항 각 호 외의 부분 단서에 따라 같은 항 각 호의 사항을 정보주체가 쉽게 알 수 있도록 자신의 인터넷 홈페이지에 30일 이상 게시하는 것으로 제1항 및 제2항의 통지를 갈음할 수 있다. 다만, 인터넷 홈페이지를 운영하지 아니하는 개인정보처리자의 경우에는 사업장등의 보기 쉬운 장소에 법 제34조제1항 각 호의 사항을 30일 이상 게시하는 것으로 제1항 및 제2항의 통지를 갈음할 수 있다.
(2023.9.12 본조개정)
제40조【개인정보 유출 등의 신고】 ① 개인정보처리자는 다음 각 호의 어느 하나에 해당하는 경우로서 개인정보가 유출등이 되었음을 알게 되었을 때에는 72시간 이내에 법 제34조제1항 각 호의 사항을 서면등의 방법으로 보호위원회 또는 같은 조 제3항 전단에 따른 전문기관에 신고해야 한다. 다만, 천재지변이나 그 밖에 부득이한 사유로 인하여 72시간 이내에 신고하기 곤란한 경우에는 해당 사유가 해소된 후 지체 없이 신고할 수 있으며, 개인정보 유출등의 경로가 확인되어 해당 개인정보를 회수·삭제하는 등의 조치를 통해 정보주체의 권익 침해 가능성이 현저히 낮아진 경우에는 신고하지 않을 수 있다.
1. 1천명 이상의 정보주체에 관한 개인정보가 유출등이 된 경우
2. 민감정보 또는 고유식별정보가 유출등이 된 경우
3. 개인정보처리시스템 또는 개인정보취급자가 개인정보 처리에 이용하는 정보기기에 대한 외부로부터의 불법적인 접근에 의해 개인정보가 유출등이 된 경우
② 제1항에도 불구하고 개인정보처리자는 제1항에 따른 신고를 하려는 경우로서 법 제34조제1항제1호 또는 제2호의 사항에 관한 구체적인 내용을 확인하지 못한 경우에는 개인정보가 유출등이 된 사실, 그때까지 확인된 내용 및 같은 항 제3호부터 제5호까지의 사항을 서면등의 방법으로 우선 신고해야 하며, 추가로 확인되는 내용에 대해서는 확인되는 즉시 신고해야 한다.
③ 법 제34조제3항 전단 및 후단에서 "대통령령으로 정하는 전문기관"이란 각각 한국인터넷진흥원을 말한다.
(2023.9.12 본조개정)
제40조의2【노출된 개인정보의 삭제·차단 요청 기관】 법 제34조의2제2항에서 "대통령령으로 지정한 전문기관"이란 한국인터넷진흥원을 말한다.(2023.9.12 본조개정)

제6장 정보주체의 권리 보장

제41조【개인정보의 열람절차 등】 ① 정보주체는 법 제35조제1항에 따라 자신의 개인정보에 대한 열람을 요구하려면 다음 각 호의 사항 중 열람하려는 사항을 개인정보처리자가 마련한 방법과 절차에 따라 요구하여야 한다.(2017.10.17 본문개정)
1. 개인정보의 항목 및 내용
2. 개인정보의 수집·이용의 목적
3. 개인정보 보유 및 이용 기간
4. 개인정보의 제3자 제공 현황
5. 개인정보 처리에 동의한 사실 및 내용
② 개인정보처리자는 제1항에 따른 열람 요구 방법과 절차를 마련하는 경우 해당 개인정보의 수집 방법과 절차에 비하여 어렵지 아니하도록 다음 각 호의 사항을 준수하여야 한다.
1. 서면, 전화, 전자우편, 인터넷 등 정보주체가 쉽게 활용할 수 있는 방법으로 제공할 것
2. 개인정보를 수집한 창구의 지속적 운영이 곤란한 경우 등 정당한 사유가 있는 경우를 제외하고는 최소한 개인정보를 수집한 창구 또는 방법과 동일하게 개인정보의 열람을 요구할 수 있도록 할 것
3. 인터넷 홈페이지를 운영하는 개인정보처리자는 홈페이지에 열람 요구 방법과 절차를 공개할 것
(2017.10.17 본항신설)
③ 정보주체가 법 제35조제2항에 따라 보호위원회를 통하여 자신의 개인정보에 대한 열람을 요구하려는 경우에는 보호위원회가 정하여 고시하는 바에 따라 제1항 각 호의 사항 중 열람하려는 사항을 표시한 개인정보 열람요구서를 보호위원회에 제출해야 한다. 이 경우 보호위원회는 지체 없이 그 개인정보 열람요구서를 해당 공공기관에 이송해야 한다.(2020.8.4 본항개정)
④ 법 제35조제3항 전단에서 "대통령령으로 정하는 기간"이란 10일을 말한다.
⑤ 개인정보처리자는 제1항 및 제3항에 따른 개인정보 열람 요구를 받은 날부터 10일 이내에 정보주체에게 해당 개인정보를 열람할 수 있도록 하는 경우와 제42조제1항에 따라 열람 요구 사항 중 일부를 열람하게 하는 경우에는 열람할 개인정보와 열람이 가능한 날짜·시간 및 장소 등(제42조제1항에 따라 열람 요구 사항 중 일부만을 열람하게 하는 경우에는 그 사유와 이의제기방법을 포함한다)을 보호위원회가 정하여 고시하는 열람통지서로 해당 정보주체에게 알려야 한다. 다만, 즉시 열람하게 하는 경우에는 열람통지서 발급을 생략할 수 있다.(2020.8.4 본문개정)
제42조【개인정보 열람의 제한·연기 및 거절】 ① 개인정보처리자는 제41조제1항에 따른 열람 요구 사항 중 일부가 법 제35조제4항 각 호의 어느 하나에 해당하는 경우에는 그 일부에 대하여 열람을 제한할 수 있으며, 열람이 제한되는 사항을 제외한 부분은 열람할 수 있도록 하여야 한다.
② 개인정보처리자가 법 제35조제3항 후단에 따라 정보주체의 열람을 연기하거나 같은 조 제4항에 따라 열람을

거절하려는 경우에는 열람 요구를 받은 날부터 10일 이내에 연기 또는 거절의 사유 및 이의제기방법을 보호위원회가 정하여 고시하는 열람의 연기·거절 통지서로 해당 정보주체에게 알려야 한다.(2020.8.4 본항개정)

제43조【개인정보의 정정·삭제 등】 ① 정보주체는 법 제36조제1항에 따라 개인정보처리자에게 그 개인정보의 정정 또는 삭제를 요구하려면 개인정보처리자가 마련한 방법과 절차에 따라 요구하여야 한다. 이 경우 개인정보처리자가 개인정보의 정정 또는 삭제 요구 방법과 절차를 마련할 때에는 제41조제2항을 준용하되, "열람"은 "정정 또는 삭제"로 본다.

② 다른 개인정보처리자로부터 개인정보를 제공받아 개인정보파일을 처리하는 개인정보처리자는 법 제36조제1항에 따른 개인정보의 정정 또는 삭제 요구를 받으면 그 요구에 따라 해당 개인정보를 정정·삭제하거나 그 개인정보 정정·삭제에 관한 요구 사항을 해당 개인정보를 제공한 기관의 장에게 지체 없이 알리고 그 처리 결과에 따라 필요한 조치를 하여야 한다.

③ 개인정보처리자는 제1항과 제2항에 따른 개인정보 정정·삭제 요구를 받은 날부터 10일 이내에 법 제36조제2항에 따라 해당 개인정보의 정정·삭제 등의 조치를 한 경우에는 그 조치를 한 사실을, 법 제36조제1항 단서에 해당하여 삭제 요구에 따르지 아니한 경우에는 그 사실 및 이유와 이의제기방법을 보호위원회가 정하여 고시하는 개인정보 정정·삭제 결과 통지서로 해당 정보주체에게 알려야 한다.(2020.8.4 본항개정)

(2017.10.17 본조개정)

제44조【개인정보의 처리정지 등】 ① 정보주체는 법 제37조제1항에 따라 개인정보처리자에게 자신의 개인정보 처리의 정지를 요구하려면 개인정보처리자가 마련한 방법과 절차에 따라 요구하여야 한다. 이 경우 개인정보처리자가 개인정보의 처리 정지 요구 방법과 절차를 마련할 때에는 제41조제2항을 준용하되, "열람"은 "처리 정지"로 본다.

② 개인정보처리자는 제1항에 따른 개인정보 처리정지 요구를 받은 날부터 10일 이내에 법 제37조제2항 본문에 따라 해당 개인정보의 처리정지 조치를 한 경우에는 그 조치를 한 사실을, 같은 항 단서에 해당하여 처리정지 요구에 따르지 않은 경우에는 그 사실 및 이유와 이의제기방법을 보호위원회가 정하여 고시하는 개인정보 처리정지 요구에 대한 결과 통지서로 해당 정보주체에게 알려야 한다.(2020.8.4 본항개정)

(2017.10.17 본조개정)

제45조【대리인의 범위 등】 ① 법 제38조에 따라 정보주체를 대리할 수 있는 자는 다음 각 호와 같다.

1. 정보주체의 법정대리인
2. 정보주체로부터 위임을 받은 자

② 제1항에 따른 대리인이 법 제38조에 따라 정보주체를 대리할 때에는 개인정보처리자에게 보호위원회가 정하여 고시하는 정보주체의 위임장을 제출하여야 한다.

(2020.8.4 본항개정)

제46조【정보주체 또는 대리인의 확인】 ① 개인정보처리자는 제41조제1항에 따른 열람, 제43조제1항에 따른 정정·삭제, 법 제37조제1항에 따른 처리정지 또는 동의 철회 등의 요구(이하 이 조, 제47조 및 제48조에서 "열람등요구"라 한다)를 받았을 때에는 열람등요구를 한 사람이 본인이거나 정당한 대리인인지를 확인하여야 한다.

(2023.9.12 본항개정)

② 공공기관인 개인정보처리자가 「전자정부법」 제36조제1항에 따른 행정정보의 공동이용을 통하여 제1항에 따른 확인을 할 수 있는 경우에는 행정정보의 공동이용을 통하여 확인하여야 한다. 다만, 해당 공공기관이 행정정보의 공동이용을 할 수 없거나 정보주체가 확인에 동의하지 아니하는 경우에는 그러하지 아니하다.

제47조【수수료 등의 금액 등】 ① 법 제38조제3항에 따른 수수료와 우송료의 금액은 열람등요구에 필요한 실비의 범위에서 해당 개인정보처리자가 정하는 바에 따른다. 다만, 개인정보처리자가 지방자치단체인 경우에는 그 지방자치단체의 조례로 정하는 바에 따른다.

② 개인정보처리자는 열람등요구를 하게 된 사유가 그 개인정보처리자에게 있는 경우에는 수수료와 우송료를 청구해서는 아니 된다.

③ 법 제38조제3항에 따른 수수료 또는 우송료는 다음 각 호의 구분에 따른 방법으로 낸다. 다만, 국회, 법원, 헌법재판소, 중앙선거관리위원회, 중앙행정기관 및 그 소속 기관(이하 이 조에서 "국가기관"이라 한다) 또는 지방자치단체인 개인정보처리자는 「전자금융거래법」 제2조제11호에 따른 전자지급수단 또는 「정보통신망 이용촉진 및 정보보호 등에 관한 법률」 제2조제1항제10호에 따른 통신과금서비스를 이용하여 수수료 또는 우송료를 내게 할 수 있다.(2023.9.12 단서개정)

1. 국가기관인 개인정보처리자에게 내는 경우 : 수입인지
2. 지방자치단체인 개인정보처리자에게 내는 경우 : 수입증지
3. 국가기관 및 지방자치단체 외의 개인정보처리자에게 내는 경우 : 해당 개인정보처리자가 정하는 방법

제48조【열람 요구 지원시스템의 구축 등】 ① 개인정보처리자는 열람등요구 및 그에 대한 통지를 갈음하여 해당 업무를 전자적으로 처리할 수 있도록 시스템을 구축·운영하거나 그 밖의 절차를 정하여 해당 업무를 처리할 수 있다.

② 보호위원회는 개인정보처리자 중 공공기관이 보유하고 있는 개인정보에 관한 열람등요구 및 그에 대한 통지에 관한 공공기관의 업무 수행을 효율적으로 지원하기 위하여 시스템을 구축·운영할 수 있다.(2020.8.4 본항개정)

제6장의2 정보통신서비스 제공자 등의 개인정보 처리 등 특례

(2023.9.12 본장제목삭제)

제48조의2~제48조의6 (2023.9.12 삭제)

제48조의7【손해배상책임의 이행을 위한 보험 등 가입 대상자의 범위 및 기준 등】 ① 다음 각 호의 요건을 모두 갖춘 정보통신서비스 제공자(「정보통신망 이용촉진 및 정보보호 등에 관한 법률」 제2조제1항제3호에 해당하는 자를 말한다. 이하 이 조에서 같다) 및 그로부터 이용자(같은 법 제2조제1항제4호에 해당하는 자를 말한다. 이하 이 조에서 같다)의 개인정보를 법 제17조제1항제1호에 따라 제공받은 자는 법 제39조의9제1항에 따라 보험 또는 공제에 가입하거나 준비금을 적립해야 한다.(2023.9.12 본문개정)

1. 전년도(법인의 경우에는 전 사업연도를 말한다)의 매출액이 5천만원 이상일 것
2. 전년도 말 기준 직전 3개월간 그 개인정보가 저장·관리되고 있는 이용자 수가 일일평균 1천명 이상일 것

② 가입 대상 개인정보처리자(제1항 각 호의 요건을 모두 갖춘 정보통신서비스 제공자 및 그로부터 이용자의 개인정보를 법 제17조제1항제1호에 따라 제공받는 자를 말한다. 이하 이 조에서 같다)가 보험 또는 공제에 가입하거나 준비금을 적립할 경우 최저가입금액(준비금을 적립하는 경우 최소적립금액을 말한다. 이하 이 조에서 같다)의 기준은 별표1의4와 같다. 다만, 가입 대상 개인정보처리자가 보험 또는 공제 가입과 준비금 적립을 병행하는 경우에는 보험 또는 공제 가입금액과 준비금 적립금액을 합산한 금액이 별표1의4에서 정한 최저가입금액의 기준 이상이어야 한다.(2023.9.12 본문개정)

③ 가입 대상 개인정보처리자가 다른 법률에 따라 법 제39조 및 제39조의2에 따른 손해배상책임의 이행을 보장하는 보험 또는 공제에 가입하거나 준비금을 적립한 경우에는 법 제39조의9제1항에 따른 보험 또는 공제에 가입하거나 준비금을 적립한 것으로 본다.

제48조의8~제48조의13 (2023.9.12 삭제)

제7장 개인정보 분쟁조정

제48조의14【당연직위원】 분쟁조정위원회의 당연직위원은 보호위원회의 고위공무원단에 속하는 일반직공무원으로서 개인정보 보호에 관한 업무를 담당하는 사람 중 보호위원회 위원장이 지명하는 사람으로 한다.

(2020.8.4 본조개정)

제49조【조정부의 구성 및 운영】 ① 법 제40조제6항에 따른 조정부(이하 "조정부"라 한다)는 분쟁조정위원회 위원장이 지명하는 5명 이내의 위원으로 구성하되, 그 중 1명은 변호사 자격이 있는 위원으로 한다.(2016.7.22 본항개정)

② 분쟁조정위원회 위원장은 조정부의 회의를 소집한다.

③ 분쟁조정위원회의 위원장은 조정부의 회의를 소집하려면 회의 날짜·시간·장소 및 안건을 정하여 회의 개최 7일 전까지 조정부의 각 위원에게 알려야 한다. 다만, 긴급한 사정이 있는 경우에는 그러하지 아니하다.

④ 조정부의 장은 조정부 위원 중에서 호선(互選)한다.

⑤ 제1항부터 제4항까지의 규정에서 정한 사항 외에 조정부의 구성 및 운영 등에 필요한 사항은 분쟁조정위원회의 의결을 거쳐 분쟁조정위원회의 위원장이 정한다.

제49조의2【분쟁조정 전문위원회】 ① 분쟁조정위원회는 개인정보에 관한 분쟁의 조정과 관련된 사항의 전문적인 검토를 위하여 분쟁조정위원회에 분야별 전문위원회(이하 "분쟁조정전문위원회"라 한다)를 둘 수 있다.

② 분쟁조정전문위원회는 위원장 1명을 포함한 10명 이내의 위원으로 구성한다.

③ 분쟁조정전문위원회 위원은 다음 각 호의 사람 중에서 분쟁조정위원회 위원장이 임명하거나 위촉하고, 분쟁조정전문위원회 위원장은 분쟁조정전문위원회 위원 중에서 분쟁조정위원회 위원장이 지명한다.

1. 분쟁조정위원회 위원
2. 개인정보 보호 관련 업무를 담당하는 중앙행정기관의 관계 공무원
3. 대학에서 개인정보 보호 분야의 조교수 이상으로 재직하고 있거나 재직하였던 사람
4. 공인된 연구기관에서 개인정보 보호 관련 분야의 5년 이상 연구경력이 있는 사람
5. 변호사 자격을 취득한 후 개인정보 보호 관련 분야에 1년 이상 경력이 있는 사람
6. 그 밖에 개인정보 보호 및 분쟁의 조정과 관련하여 전문지식과 경험이 풍부한 사람

④ 제1항부터 제3항까지에서 규정한 사항 외에 분쟁조정전문위원회의 구성 및 운영 등에 필요한 사항은 분쟁조정위원회의 의결을 거쳐 분쟁조정위원회 위원장이 정한다.

(2023.9.12 본조신설)

제50조【사무기구】 ① 법 제40조제8항에 따른 분쟁조정 접수 및 사실 확인 등 분쟁조정에 필요한 사무처리는 보호위원회의 사무기구가 수행한다.

② 사무기구는 분쟁조정 접수·진행 및 당사자 통지 등 분쟁조정에 필요한 사무를 전자적으로 처리하기 위하여 분쟁조정업무시스템을 구축하여 운영할 수 있다.

(2020.8.4 본항신설)

(2016.7.22 본조개정)

제51조【분쟁조정위원회 등의 운영】 ① 분쟁조정위원회 위원장은 분쟁조정위원회의 회의를 소집하며, 그 의장이 된다.

② 분쟁조정위원회 위원장이 분쟁조정위원회의 회의를 소집하려면 회의 날짜·시간·장소 및 안건을 정하여 회의 개최 7일 전까지 각 위원에게 알려야 한다. 다만, 긴급한 사정이 있는 경우에는 그러하지 아니하다.

③ 분쟁조정위원회 및 조정부의 회의는 공개하지 아니한다. 다만, 필요하다고 인정되는 경우에는 분쟁조정위원회의 의결로 당사자 또는 이해관계인에게 방청을 하게 할 수 있다.

제51조의2【조정 불응 의사의 통지】 개인정보처리자는 법 제43조제3항에 따른 특별한 사유가 있어 분쟁조정에 응하지 않으려는 경우에는 법 제43조제2항에 따른 분쟁조정의 통지를 받은 날부터 10일 이내에 그 사유를 명시하여 분쟁조정 불응 의사를 분쟁조정위원회에 알려야 한다.(2023.9.12 본조신설)

제51조의3【분쟁조정위원회의 사무기구 및 조사·열람 등】 ① 법 제45조제2항 전단에서 "대통령령으로 정하는 사무기구"란 제50조제1항에 따라 분쟁조정에 필요한 사무처리를 담당하는 보호위원회의 사무기구를 말한다.

② 분쟁조정위원회는 법 제45조제2항에 따라 조사·열람을 하려는 경우에는 그 7일 전까지 조사·열람 대상자에게 다음 각 호의 사항을 문서로 알려야 한다. 다만, 조사·열람 목적을 침해할 우려가 있는 경우에는 미리 알리지 않을 수 있다.

1. 조사·열람의 목적
2. 조사·열람의 기간과 장소
3. 조사·열람을 하는 사람의 직위와 성명
4. 조사·열람의 범위와 내용
5. 정당한 사유가 있는 경우 조사·열람을 거부할 수 있다는 사실
6. 정당한 사유 없이 조사·열람을 거부·방해 또는 기피할 경우 불이익의 내용
7. 그 밖에 분쟁조정을 위한 조사·열람에 필요한 사항

③ 분쟁조정위원회는 법 제45조제2항에 따라 조사·열람을 할 때에는 분쟁당사자 또는 분쟁당사자가 지명하는 자가 입회하거나 의견을 진술하도록 요청할 수 있다.

④ 분쟁조정위원회는 법 제45조제5항에 따라 의견을 들으려면 회의 일시 및 장소를 정하여 회의 개최 15일 전까지 분쟁당사자 또는 참고인에게 출석을 통지해야 한다.

(2023.9.12 본조신설)

제51조의4【조정안에 대한 거부 의사 통지 등】 ① 분쟁조정위원회는 법 제47조제2항에 따라 당사자에게 조정안을 제시할 때에는 같은 조 제3항에 따라 조정안을 제시받은 날부터 15일 이내에 수락 여부를 알리지 않으면 조정을 수락한 것으로 본다는 사실을 알려야 한다.

② 법 제47조제2항에 따라 조정안을 제시받은 당사자는 조정안을 거부하려는 경우에는 조정안을 제시받은 날부터 15일 이내에 인편, 등기우편 또는 전자우편의 방법으로 그 의사를 분쟁조정위원회에 알려야 한다.

(2023.9.12 본조신설)

제52조【집단분쟁조정의 신청 대상】 법 제49조제1항에서 "대통령령으로 정하는 사건"이란 다음 각 호의 요건을 모두 갖춘 사건을 말한다.

1. 피해 또는 권리침해를 입은 정보주체의 수가 다음 각 목의 정보주체를 제외하고 50명 이상일 것
   가. 개인정보처리자와 분쟁해결이나 피해보상에 관한 합의이 이루어진 정보주체
   나. 같은 사안으로 다른 법령에 따라 설치된 분쟁조정기구에서 분쟁조정 절차가 진행 중인 정보주체
   다. 해당 개인정보 침해로 인한 피해에 대하여 법원에 소(訴)를 제기한 정보주체
2. 사건의 중요한 쟁점이 사실상 또는 법률상 공통될 것

제53조【집단분쟁조정 절차의 개시】 ① 법 제49조제2항 후단에서 "대통령령으로 정하는 기간"이란 14일 이상의 기간을 말한다.

② 법 제49조제2항 후단에 따른 집단분쟁조정 절차의 개시 공고는 분쟁조정위원회의 인터넷 홈페이지 또는 「신문 등의 진흥에 관한 법률」에 따라 전국을 보급지역으로 하는 일반일간신문에 게재하는 방법으로 한다.

(2015.12.30 본항개정)

제54조【집단분쟁조정 절차에 대한 참가 신청】 ① 법 제49조에 따른 집단분쟁조정(이하 "집단분쟁조정"이라 한다)의 당사자가 아닌 정보주체 또는 개인정보처리자가

법 제49조제3항에 따라 추가로 집단분쟁조정의 당사자로 참가하려면 법 제49조제2항 후단의 공고기간에 문서로 참가 신청을 하여야 한다.
② 분쟁조정위원회는 제1항에 따라 집단분쟁조정 당사자 참가 신청을 받으면 제1항의 신청기간이 끝난 후 10일 이내에 참가 인정 여부를 문서로 알려야 한다.
제55조【집단분쟁조정 절차의 진행】 ① 집단분쟁조정 절차가 개시된 후 제52조제1호가목부터 다목까지의 어느 하나에 해당하게 된 정보주체는 당사자에서 제외된다.
② 분쟁조정위원회는 제52조 각 호의 요건을 모두 갖춘 사건에 대하여 집단분쟁조정 절차가 개시되고 나면 그 후 집단분쟁조정 당사자 중 일부가 같은 조 제1호가목부터 다목까지의 어느 하나에 해당하게 되어 같은 조 제1호의 요건을 갖추지 못하게 되더라도 집단분쟁조정 절차를 중지하지 아니한다.
제56조【수당과 여비】 분쟁조정위원회, 조정부 및 분쟁조정전문위원회의 회의에 출석한 위원 등에게는 예산의 범위에서 수당과 여비를 지급할 수 있다. 다만, 공무원인 위원이 그 소관 업무와 직접적으로 관련되어 출석하는 경우에는 그러하지 아니하다.(2023.9.12 본문개정)
제57조【분쟁조정 세칙】 법 및 이 영에서 규정한 사항 외에 분쟁의 조정절차 및 조정업무의 처리 등 분쟁조정위원회의 운영 및 집단분쟁조정을 위하여 필요한 사항은 분쟁조정위원회의 의결을 거쳐 분쟁조정위원회의 위원장이 정한다.(2023.9.12 본조개정)

제8장 보칙 및 벌칙

제58조【개선권고 및 징계권고】 ① 법 제61조제2항·제3항에 따른 개선권고 및 법 제65조제2항·제3항에 따른 징계권고는 권고 사항, 권고 사유 및 조치 결과 회신기간 등을 분명하게 밝힌 문서로 하여야 한다.
② 제1항에 따른 권고를 받은 자는 권고 내용에 따라 필요한 조치를 하고, 그 결과를 보호위원회 또는 관계 중앙행정기관의 장에게 문서로 통보해야 한다. 다만, 권고 내용대로 조치하기 곤란하다고 판단되는 특별한 사정이 있는 경우에는 그 사유를 통보해야 한다.(2020.8.4 본항개정)
제59조【침해 사실의 신고 등】 보호위원회는 법 제62조제2항에 따라 개인정보에 관한 권리 또는 이익 침해 사실 신고의 접수·처리 등에 관한 업무를 효율적으로 수행하기 위한 전문기관으로 한국인터넷진흥원을 지정한다.
(2020.8.4 본조개정)
제60조【자료제출 요구 및 검사】 ① 법 제63조제1항제3호에서 "대통령령으로 정하는 경우"란 개인정보 유출 등 정보주체의 개인정보에 관한 권리 또는 이익을 침해하는 사건·사고 등이 발생하였거나 발생할 가능성이 상당히 있는 경우를 말한다.
② 보호위원회는 법 제63조제1항 및 제2항에 따른 자료의 제출 요구 및 검사 등을 위하여 한국인터넷진흥원의 장에게 기술적인 사항을 자문하는 등 필요한 지원을 요청할 수 있다.(2020.8.4 본항개정)
③~⑦ (2023.9.12 삭제)
제60조의2【과징금의 산정기준 등】 ① 법 제64조의2제1항 각 호 외의 부분 본문에 따른 전체 매출액은 위반행위가 있었던 사업연도(이하 이 조에서 "해당사업연도"라 한다) 직전 3개 사업연도의 해당 개인정보처리자의 연평균 매출액으로 한다. 다만, 해당사업연도의 첫날 현재 사업을 개시한 지 3년이 되지 않은 경우에는 그 사업개시일부터 직전 사업연도 말일까지의 매출액을 연평균 매출액으로 환산한 금액으로 하며, 해당사업연도에 사업을 개시한 경우에는 사업개시일부터 위반행위일까지의 매출액을 연매출액으로 환산한 금액으로 한다.
② 법 제64조의2제1항 각 호 외의 부분 단서에서 "대통령령으로 정하는 경우"란 다음 각 호의 어느 하나에 해당하는 경우를 말한다.
1. 다음 각 목의 어느 하나에 해당하는 사유로 영업실적이 없는 경우
  가. 영업을 개시하지 않은 경우
  나. 영업을 중단한 경우
  다. 수익사업을 영위하지 않는 등 가목 및 나목에 준하는 경우
2. 재해 등으로 인하여 매출액 산정자료가 소멸되거나 훼손되는 등 객관적인 매출액의 산정이 곤란한 경우
③ 법 제64조의2제2항에 따른 위반행위와 관련이 없는 매출액은 제1항에 따른 전체 매출액 중 다음 각 호의 어느 하나에 해당하는 금액으로 한다.
1. 개인정보의 처리와 관련이 없는 재화 또는 서비스의 매출액
2. 제4항에 따라 제출받은 자료 등에 근거하여 보호위원회가 위반행위로 인하여 직접 또는 간접적으로 영향을 받는 재화 또는 서비스의 매출액이 아닌 것으로 인정하는 매출액
④ 보호위원회는 제1항부터 제3항까지의 규정에 따른 매출액 산정 등을 위하여 재무제표 등의 자료가 필요한 경우 20일 이내의 기간을 정하여 해당 개인정보처리자에게 관련 자료의 제출을 요청할 수 있다.
⑤ 법 제64조의2제5항제4호에서 "대통령령으로 정하는 사유가 있는 경우"란 해당 개인정보처리자가 위반행위를 시정하고 보호위원회가 정하여 고시하는 기준에 해당되는 경우를 말한다.
⑥ 법 제64조의2제6항에 따른 과징금의 산정기준과 산정절차는 별표1의5와 같다.
(2023.9.12 본조신설)
제60조의3【과징금의 부과 및 납부】 ① 보호위원회는 법 제64조의2에 따라 과징금을 부과하려는 경우에는 해당 위반행위를 조사·확인한 후 위반사실·부과금액·이의 제기 방법 및 이의 제기 기간 등을 서면으로 명시하여 과징금 부과대상자에게 통지해야 한다.
② 제1항에 따라 통지를 받은 자는 통지를 받은 날부터 30일 이내에 보호위원회가 지정하는 금융기관에 과징금을 납부해야 한다.
③ 제2항에 따라 과징금의 납부를 받은 금융기관은 과징금을 납부한 자에게 영수증을 발급해야 한다.
④ 금융기관이 제2항에 따라 과징금을 수납한 때에는 지체 없이 그 사실을 보호위원회에 통보해야 한다.
(2023.9.12 본조신설)
제60조의4【과징금의 납부기한 연기 및 분할 납부】 ① 보호위원회는 법 제64조의2제1항에 따른 과징금의 납부기한을 「행정기본법」 제29조 및 같은 법 시행령 제7조에 따라 연기하는 경우에는 원래 납부기한의 다음 날부터 2년을 초과할 수 없다.
② 보호위원회는 법 제64조의2제1항에 따른 과징금을 「행정기본법」 제29조 및 같은 법 시행령 제7조에 따라 분할 납부하게 하는 경우에는 각 분할된 납부기한 간의 간격은 6개월을 초과할 수 없으며, 분할 횟수는 6회를 초과할 수 없다.
③ 제1항 및 제2항에서 규정한 사항 외에 과징금 납부기한 연기 및 분할 납부 신청 등에 필요한 사항은 보호위원회가 정하여 고시한다.
(2023.9.12 본조신설)
제60조의5【환급가산금의 이자율】 법 제64조의2제9항에서 "대통령령으로 정하는 이자율"이란 「국세기본법 시행령」 제43조의3제2항 본문에 따른 이자율을 말한다.
(2023.9.12 본조신설)
제61조【결과의 공표】 ① 보호위원회는 법 제66조제1항에 따라 다음 각 호의 사항을 보호위원회 인터넷 홈페이지 등에 게재하여 공표할 수 있다.
1. 위반행위의 내용
2. 위반행위를 한 자
3. 개선권고, 시정조치 명령, 과징금의 부과, 고발, 징계권고, 과태료 부과의 내용 및 결과
② 보호위원회는 법 제66조제2항에 따라 개선권고, 시정조치 명령, 과징금의 부과, 고발, 징계권고 및 과태료 부과처분 등(이하 이 조에서 "처분등"이라 한다)을 받은 자에게 다음 각 호의 사항을 공표할 것을 명할 수 있다. 이 경우 공표의 내용·횟수, 매체와 지면의 크기 등을 정하여 명해야 하며, 처분등을 받은 자와 공표 문안 등에 관하여 협의할 수 있다.
1. 위반행위의 내용
2. 위반행위를 한 자
3. 처분등을 받았다는 사실
③ 보호위원회는 제1항에 따라 공표하려는 경우 또는 제2항에 따라 공표할 것을 명하려는 경우에는 위반행위의 내용 및 정도, 위반 기간 및 횟수, 위반행위로 인하여 발생한 피해의 범위 및 결과 등을 고려해야 한다.
④ 보호위원회는 공표 또는 공표명령에 대한 심의·의결 전에 처분등을 받은 자에게 소명자료를 제출하거나 의견을 진술할 수 있는 기회를 주어야 한다.
(2023.9.12 본조개정)
제62조【업무의 위탁】 ① (2015.12.30 삭제)
② 보호위원회는 법 제68조제1항에 따라 법 제24조의2제4항에 따른 대체가입수단 제공의 지원에 관한 업무를 다음 각 호의 기관에 위탁할 수 있다.(2022.7.19 본문개정)
1. 「전자정부법」 제72조제1항에 따른 한국지역정보개발원
2. 한국인터넷진흥원
(2015.12.30 1호~2호신설)
3. 대체가입수단의 개발·제공·관리 업무를 안전하게 수행할 수 있는 기술적·재정적 능력과 설비를 보유한 것으로 인정되어 보호위원회가 정하여 고시하는 법인·기관·단체(2020.8.4 본호개정)
③ 보호위원회는 법 제68조제1항에 따라 다음 각 호의 사항에 관한 업무를 제4항에 따른 기관에 위탁할 수 있다.
(2022.7.19 본문개정)
1. 법 제7조의8제5호에 따른 개인정보 보호를 위한 국제기구와 외국의 개인정보 보호기구와의 교류·협력
2. 법 제7조의8제6호에 따른 개인정보 보호에 관한 법령·정책·제도·실태 등의 조사·연구
3. 법 제7조의8제7호에 따른 개인정보 보호에 관한 기술개발의 지원·보급
(2022.7.19 1호~3호신설)
4. 법 제13조제1호에 따른 개인정보 보호에 관한 교육·홍보(2015.12.30 본호신설)
5. 법 제13조제2호에 따른 개인정보 보호와 관련된 기관·단체의 육성 및 지원(2022.7.19 본호신설)
6. 법 제33조제6항에 따른 관계 전문가의 육성 및 영향평가 기준의 개발(2023.9.12 본호개정)
7. 법 제35조제2항에 따른 열람 요구의 접수 및 처리
(2015.12.30 본호신설)
8. 법 제63조에 따른 자료제출 요구 및 검사 중 다음 각 목의 사항과 관련된 자료제출 요구 및 검사
  가. 법 제34조제3항 전단에 따른 신고에 대한 기술지원
  나. 법 제62조에 따라 개인정보침해 신고센터에 접수된 신고의 접수·처리 및 상담
(2023.9.12 본호개정)
9. 제36조제2항에 따른 평가기관 지정신청서의 접수 및 같은 조 제6항에 따른 신고 사항의 접수(2023.9.12 본호개정)
④ 보호위원회가 제3항 각 호의 사항에 관한 업무를 위탁할 수 있는 기관은 다음 각 호와 같다.
1. 한국인터넷진흥원
2. 개인정보 보호 분야에 전문성을 갖춘 것으로 인정되어 보호위원회가 정하여 고시하는 법인·기관 또는 단체
(2022.7.19 본항신설)
⑤ 보호위원회가 제2항부터 제4항까지의 규정에 따라 업무를 위탁하는 경우에는 위탁받는 기관과 위탁업무의 내용을 관보나 보호위원회의 인터넷 홈페이지에 공고해야 한다.(2022.7.19 본항개정)
(2022.7.19 본조제목개정)
제62조의2【민감정보 및 고유식별정보의 처리】 ① 보호위원회(제62조제3항에 따라 보호위원회의 권한을 위탁받은 자를 포함한다)는 다음 각 호의 사무를 수행하기 위하여 불가피한 경우 민감정보와 제19조에 따른 주민등록번호, 여권번호, 운전면허의 면허번호 또는 외국인등록번호가 포함된 자료를 처리할 수 있다.(2023.9.12 본문개정)
1. 법 제7조의9제1항제4호부터 제6호까지의 규정에 따른 사항의 심의·의결에 관한 사무
2. 법 제24조의2제4항에 따른 주민등록번호 대체 방법 제공을 위한 시스템 구축 등 제반조치 마련 및 지원에 관한 사무
3. (2023.9.12 삭제)
4. 법 제62조제3항에 따른 개인정보침해 신고센터의 업무에 관한 사무
5. 법 제63조제1항 및 제2항에 따른 자료의 제출 및 검사에 관한 사무(2023.9.12 본호개정)
6. 법 제63조의2에 따른 사전 실태점검에 관한 사무
(2023.9.12 본호신설)
7. 법 제64조의2에 따른 과징금의 부과 및 징수에 관한 사무(2023.9.12 본호신설)
② 분쟁조정위원회는 법 제45조, 제47조 및 제49조에 따른 개인정보 분쟁 조정에 관한 사무를 수행하기 위하여 불가피한 경우 민감정보와 제19조에 따른 주민등록번호, 여권번호, 운전면허의 면허번호 또는 외국인등록번호가 포함된 자료를 처리할 수 있다.(2023.9.12 본항개정)
(2020.8.4 본조개정)
제62조의3【규제의 재검토】 ① 보호위원회는 다음 각 호의 사항에 대하여 다음 각 호의 기준일을 기준으로 3년마다(매 3년이 되는 해의 기준일과 같은 날 전까지를 말한다) 그 타당성을 검토하여 개선 등의 조치를 해야 한다.
1. 제36조에 따른 평가기관의 지정대상, 지정취소 요건 및 변경신고 사유 : 2022년 1월 1일(2023.9.12 본호개정)
2. 제15조의3에 따른 개인정보 이용·제공내역을 통지해야 하는 자의 범위, 통지해야 하는 정보의 종류 및 통지주기와 방법 : 2023년 9월 15일(2023.9.12 본호개정)
3. 제48조의7에 따른 손해배상책임의 이행을 위한 보험 등 가입 대상자의 범위 및 기준 : 2020년 8월 5일
(2020.8.4 본항신설)
② 보호위원회는 다음 각 호의 사항에 대하여 다음 각 호의 기준일을 기준으로 2년마다(매 2년이 되는 해의 기준일과 같은 날 전까지를 말한다) 그 타당성을 검토하여 개선 등의 조치를 해야 한다.(2022.3.8 본문개정)
1. 제29조의3에 따른 개인정보처리자 간 가명정보의 결합 : 2022년 1월 1일(2022.3.8 본호신설)
2. 제31조에 따른 개인정보 처리방침의 내용 및 공개방법 등 : 2015년 1월 1일
2의2. (2022.3.8 삭제)
3.~5. (2018.12.24 삭제)
③ (2022.3.8 삭제)
(2014.12.9 본조개정)
제63조【과태료의 부과기준】 법 제75조에 따른 과태료의 부과기준은 별표2와 같다.(2023.9.12 본조개정)

부 칙

제1조【시행일】 이 영은 2011년 9월 30일부터 시행한다. 다만, 제20조 및 별표2 제2호자목은 2012년 3월 30일부터 시행한다.
제2조【다른 법령의 폐지】 공공기관의 개인정보보호에 관한 법률 시행령을 폐지한다.
제3조【기본계획 및 시행계획의 수립에 관한 경과조치】 ① 행정안전부장관은 제11조에도 불구하고 2012년부터 제2014년까지의 기간에 대한 기본계획을 2011년 12월 31일까지 보호위원회의 심의·의결을 거쳐 수립하여야 한다.

② 중앙행정기관의 장은 제12조에도 불구하고 2012년 및 2013년에 시행할 시행계획을 제1항의 기본계획에 따라 2012년 2월 28일까지 보호위원회에 제출하여 2012년 4월 30일까지 보호위원회의 심의·의결을 거쳐 수립하여야 한다.

제4조【개인정보처리자가 수집·보유하고 있는 개인정보의 암호화에 관한 경과조치】 이 영 시행 당시 개인정보를 수집·보유하고 있는 개인정보처리자는 전자매체에 저장하는 개인정보에 대하여 2012년 12월 31일까지 제30조제1항제3호에 따른 암호화 조치(제21조에 따라 준용되는 고유식별정보에 관한 암호화 조치를 포함한다)를 마쳐야 한다.

제5조【개인정보파일의 등록에 관한 경과조치】 이 영 시행 당시 개인정보파일을 운용하고 있는 공공기관(이 영 시행 전에 개인정보파일을 등록한 기관은 제외한다)의 장은 이 영 시행일부터 60일 이내에 제34조에 따라 행정안전부장관에게 등록을 신청하여야 한다.

제6조【개인정보 영향평가에 관한 경과조치】 이 영 시행 당시 제35조 각 호에 따른 개인정보파일을 운용하고 있거나, 운용할 목적으로 제35조 각 호에 따른 개인정보파일을 구축하고 있는 공공기관의 장은 이 영 시행일부터 5년 이내에 해당 개인정보파일에 대한 영향평가를 실시하고 그 결과를 행정안전부장관에게 제출하여야 한다.

제7조【다른 법령의 개정】 ①~⑥ ※(해당 법령에 가제정리 하였음)

제8조【다른 법령과의 관계】 이 영 시행 당시 다른 법령에서 종전의 「공공기관의 개인정보보호에 관한 법률 시행령」 또는 그 규정을 인용하고 있는 경우 이 영 가운데 그에 해당하는 규정이 있을 때에는 종전의 규정을 갈음하여 이 영 또는 이 영의 해당 규정을 인용한 것으로 본다.

부 칙 (2016.7.22)

제1조【시행일】 이 영은 2016년 7월 25일부터 시행한다.

제2조【기본계획 및 시행계획의 수립에 관한 경과조치】 ① 종전의 제11조에 따라 수립된 2015년부터 2017년까지의 기간에 대한 기본계획은 제11조의 개정규정에 따라 수립된 기본계획으로 본다.

② 종전의 제12조에 따라 수립된 2016년 및 2017년에 대한 시행계획은 각각 제12조의 개정규정에 따라 수립된 시행계획으로 본다.

부 칙 (2017.10.17)

제1조【시행일】 이 영은 2017년 10월 19일부터 시행한다.

제2조【개인정보 유출 신고 등에 관한 적용례】 제39조제1항 및 제40조제3항의 개정규정은 이 영 시행 이후 개인정보가 유출된 경우부터 적용한다.

제3조【개인정보의 열람 등 요구에 관한 경과조치】 이 영 시행 전에 개인정보의 열람, 정정·삭제, 처리정지를 요구한 자의 경우에는 제41조제1항, 제43조제1항 및 제44조제1항의 개정규정에도 불구하고 종전의 규정에 따른다.

부 칙 (2018.12.24)

이 영은 2019년 1월 1일부터 시행한다.

부 칙 (2020.3.3)

이 영은 공포한 날부터 시행한다.

부 칙 (2020.7.14)

이 영은 2020년 7월 15일부터 시행한다.

부 칙 (2020.8.4)

제1조【시행일】 이 영은 2020년 8월 5일부터 시행한다. 다만, 제5조의3의 개정규정은 공포 후 6개월이 경과한 날부터 시행한다.

제2조【일반적 경과조치】 이 영 시행 전에 「정보통신망 이용촉진 및 정보보호 등에 관한 법률 시행령」에 따라 정보통신서비스 제공자등이 행한 지정, 조치, 통지, 신고, 그 밖의 행위는 그에 해당하는 이 영의 규정에 따라 행한 것으로 본다.

제3조【민감정보 처리에 관한 경과조치】 이 영 시행 전에 이 영 또는 다른 법령에 따라 적법하게 처리된 개인정보로서 제18조제3호 및 제4호의 개정규정에 해당하는 정보는 이 영 또는 다른 법령에 따라 처리된 것으로 본다.

제4조【과징금의 산정기준에 관한 경과조치】 이 영 시행 전의 위반행위로 「정보통신망 이용촉진 및 정보보호 등에 관한 법률」에 따라 받은 행정처분은 별표1의5의 개정규정에 따른 위반행위의 횟수 산정에 포함한다.

제5조【과태료의 부과기준에 관한 경과조치】 이 영 시행 전의 위반행위로 「정보통신망 이용촉진 및 정보보호 등에 관한 법률」 또는 종전의 규정에 따라 받은 과태료 부과처분은 별표2의 개정규정에 따른 위반행위의 횟수 산정에 포함한다.

제6조【다른 법령의 개정】 ①~⑤ ※(해당 법령에 가제정리 하였음)

제7조【다른 법령과의 관계】 이 영 시행 당시 다른 법령에서 개인정보 보호와 관련하여 「정보통신망 이용촉진 및 정보보호 등에 관한 법률 시행령」 또는 그 규정을 인용하고 있는 경우 이 영 중 그에 해당하는 규정이 있는 경우에는 종전의 규정에 갈음하여 이 영 또는 이 영의 해당 규정을 인용한 것으로 본다.

부 칙 (2021.2.2)

제1조【시행일】 이 영은 2021년 2월 5일부터 시행한다. (이하 생략)

부 칙 (2022.3.8)

이 영은 공포한 날부터 시행한다.

부 칙 (2022.7.19)

제1조【시행일】 이 영은 공포 후 3개월이 경과한 날부터 시행한다. 다만, 제16조제1항 및 제62조의 개정규정은 공포한 날부터 시행한다.

제2조【과징금의 산정기준에 관한 적용례】 별표1, 별표1의3 및 별표1의5의 개정규정은 이 영 시행 전의 위반행위에 대해서도 적용한다.

부 칙 (2023.9.12)

제1조【시행일】 이 영은 2023년 9월 15일부터 시행한다. 다만, 다음 각 호의 개정규정은 해당 호에서 정하는 날부터 시행한다.

1. 제17조제1항 및 제30조의2의 개정규정 : 2024년 9월 15일
2. 제15조의2제1항 후단의 개정규정 : 2024년 1월 1일
3. 별표2 제2호가목·고목·보목·소목 및 초목의 개정규정 : 2024년 3월 15일

제2조【과태료 부과에 관한 경과조치】 이 영 시행 전에 종료된 종전의 별표2 제2호가목, 나목, 아목 및 초목에 따른 위반행위에 대한 과태료의 부과는 별표2의 개정규정에도 불구하고 종전의 규정에 따른다.

제3조【다른 법령의 개정】 ①~⑩ ※(해당 법령에 가제정리 하였음)

[별표] ➡ 「法典 別册」 참조

비영리민간단체 지원법

(약칭 : 비영리단체법)

(2000년 1월 12일
법 률 제6118호)

개정
2008. 2.29법 8852호(정부조직)
2013. 3.23법11690호(정부조직)
2013. 8.13법12046호 2014.10.15법12796호
2014.11.19법12844호(정부조직)
2015. 5.18법13290호 2016. 5.29법14188호
2017. 7.26법14839호(정부조직)
2020. 6. 9법17374호 2022. 4.26법18846호

제1조【목적】 이 법은 비영리민간단체의 자발적인 활동을 보장하고 건전한 민간단체로의 성장을 지원함으로써 비영리민간단체의 공익활동증진과 민주사회발전에 기여함을 목적으로 한다.

제2조【정의】 이 법에 있어서 "비영리민간단체"라 함은 영리가 아닌 공익활동을 수행하는 것을 주된 목적으로 하는 민간단체로서 다음 각호의 요건을 갖춘 단체를 말한다.

1. 사업의 직접 수혜자가 불특정 다수일 것
2. 구성원 상호간에 이익분배를 하지 아니할 것
3. 사실상 특정정당 또는 선출직 후보를 지지·지원 또는 반대할 것을 주된 목적으로 하거나, 특정 종교의 교리전파를 주된 목적으로 설립·운영되지 아니할 것
(2016.5.29 본호개정)
4. 상시 구성원수가 100인 이상일 것
5. 최근 1년 이상 공익활동실적이 있을 것
6. 법인이 아닌 단체일 경우에는 대표자 또는 관리인이 있을 것

제3조【기본방향】 국가 또는 지방자치단체는 비영리민간단체의 고유한 활동영역을 존중하여야 하며 창의성과 전문성을 발휘하여 공익활동에 참여할 수 있도록 적극 노력하여야 한다.

제4조【등록】 ① 이 법이 정한 지원을 받고자 하는 비영리민간단체는 그의 주된 공익활동을 주관하는 중앙행정기관의 장, 특별시장·광역시장·특별자치시장·도지사 또는 특별자치도지사(이하 "시·도지사"라 한다)나 「지방자치법」 제198조제2항제1호에 따른 인구 100만 이상 대도시(이하 "특례시"라 한다)의 장에게 등록을 신청하여야 하며, 등록신청을 받은 중앙행정기관의 장, 시·도지사나 특례시의 장은 그 등록을 수리하여야 한다.

② 중앙행정기관의 장, 시·도지사나 특례시의 장은 비영리민간단체가 제1항에 따라 등록된 경우에는 관보 또는 공보에 이를 게재함과 동시에 행정안전부장관에게 통지하여야 한다. 등록을 변경한 경우에도 또한 같다.
(2022.4.26 본조개정)

제4조의2【등록의 말소】 ① 중앙행정기관의 장, 시·도지사나 특례시의 장은 제4조에 따라 등록된 비영리민간단체가 제2조에 따른 비영리민간단체로서의 요건을 갖추지 못하게 된 때에는 그 등록을 말소할 수 있다.

② 제1항에 따라 등록을 말소한 중앙행정기관의 장, 시·도지사나 특례시의 장은 지체 없이 관보 또는 공보에 이를 게재하고 그 사실을 행정안전부장관에게 통지하여야 한다.

③ 중앙행정기관의 장, 시·도지사나 특례시의 장이 제1항에 따른 등록 말소를 하려는 경우에는 「행정절차법」에 따른 청문을 하여야 한다.
(2022.4.26 본조개정)

제5조【비영리민간단체에 대한 지원 등】 ① 비영리민간단체의 활동은 자율성이 보장되어야 한다.

② 행정안전부장관, 시·도지사나 특례시의 장은 공익활동에 참여하는 비영리민간단체에 대하여 필요한 행정지원 및 이 법이 정하는 재정지원을 할 수 있다.(2022.4.26 본항개정)

제6조【보조금의 지원】 ① 행정안전부장관, 시·도지사나 특례시의 장은 제4조제1항에 따라 등록된 비영리민간단체(이하 "등록비영리민간단체"라 한다)에 다른 법률에 따라 보조금을 교부하는 사업 외의 사업으로서 공익활동을 추진하기 위한 사업(이하 "공익사업"이라 한다)의 소요경비를 지원할 수 있다.

② 제1항에 따라 지원하는 소요경비의 범위는 사업비를 원칙으로 한다.

③ 제1항에 따라 지원하는 보조금에 관하여는 이 법에서 달리 정한 경우를 제외하고는 「보조금 관리에 관한 법률」을 준용한다.
(2022.4.26 본조개정)

제7조【지원사업의 선정등】 ① 행정안전부장관, 시·도지사나 특례시의 장은 매년 등록비영리민간단체가 참여할 수 있는 공익사업의 지원에 관한 사회적 수요를 파악하여 대통령령이 정하는 기준에 따라 제6조에 따른 지원을 할 수 있는 공익사업의 유형을 결정한다.

② 행정안전부장관, 시·도지사나 특례시의 장은 제1항에 따른 사업유형에 해당하는 공익사업 중에서 공익사업선정위원회가 결정하는 바에 따라 개별적인 지원사업 및 지원금액을 정한다. 이 경우 개별적인 지원사업의 선정은 공개경쟁방식을 원칙으로 한다.

③ 제2항의 공익사업선정위원회는 국회의장, 해당 특별시·광역시·특별자치시·도 또는 특별자치도 의회의장

이나 특례시의회의장이 추천한 사람 3명과 등록된 비영리민간단체에서 추천한 관계전문가들로 구성한다.
④ 행정안전부장관은 매년 제1항 및 제2항에 규정된 사항을 포함한 구체적 선정기준을 마련하여 1월 31일까지 공고하거나 등록비영리민간단체에게 통지하여야 한다.
⑤ 제2항의 공익사업선정위원회 위원의 자격, 구성 및 운영에 관하여 필요한 사항은 대통령령으로 정한다.
(2022.4.26 본조개정)
제8조【사업계획서 제출】 등록비영리민간단체가 공익사업을 추진하기 위하여 보조금을 교부받고자 할 때에는 사업의 목적과 내용, 소요경비, 기타 필요한 사항을 기재한 사업계획서를 해당 회계연도 2월말까지 행정안전부장관, 시·도지사나 특례시의 장에게 제출하여야 한다.
(2022.4.26 본조개정)
제9조【사업보고서 제출 등】 ① 등록비영리민간단체는 제8조의 사업계획서에 따라 사업을 완료한 때에는 다음 회계연도 1월 31일까지 사업보고서를 작성하여 행정안전부장관, 시·도지사나 특례시의 장에게 제출하여야 한다.
(2022.4.26 본항개정)
② 제1항에 따라 사업보고서를 제출받은 행정안전부장관, 시·도지사나 특례시의 장은 해당 사업에 대하여 평가를 실시하고, 인터넷 홈페이지 등을 이용하여 사업추진 실적, 사업성과, 사업비 지출내역 등 사업보고서의 주요 내용과 그 평가결과를 공개하여야 한다.(2022.4.26 본항개정)
③ 제2항에 따른 사업 평가, 사업보고서 및 평가결과의 공개 등에 필요한 사항은 행정안전부령으로 정한다.
(2017.7.26 본조개정)
제10조【조세감면】 등록비영리민간단체에 대하여 조세특례제한법 및 기타 조세에 관한 법령에 따라 조세를 감면할 수 있다.(2022.4.26 본조개정)
제11조【우편요금의 지원】 등록비영리민간단체의 공익활동에 필요한 우편물에 대하여는 우편요금의 일부를 감액할 수 있으며, 그 내용과 범위에 관한 사항은 대통령령으로 정한다.(2022.4.26 본조개정)
제12조【보조금의 환수등】 ① 행정안전부장관, 시·도지사나 특례시의 장은 사업계획서에 허위의 사실을 기재하거나 기타 부정한 방법으로 보조금을 교부받은 비영리민간단체에 대하여는 그가 받은 보조금을 환수한다. 교부받은 보조금을 사업계획서에 기재한 용도가 아닌 다른 용도에 사용한 때에도 또한 같다.
② 행정안전부장관, 시·도지사나 특례시의 장은 제1항에 따라 보조금을 환수할 때에 보조금을 반환할 비영리민간단체가 기한내에 이를 반환하지 아니한 경우에는 국세강제징수 또는 지방세체납처분의 예에 따라 이를 징수한다.
(2022.4.26 본조개정)
제12조의2【벌칙 적용에서 공무원 의제】 제7조제2항에 따른 공익사업선정위원회의 위원 중 공무원이 아닌 사람은 「형법」 제129조부터 제132조까지의 규정에 따른 벌칙을 적용할 때에는 공무원으로 본다.(2015.5.18 본조신설)
제13조【벌칙】 ① 사업계획서에 허위의 사실을 기재하거나 기타 부정한 방법으로 보조금을 교부받은 자는 5년 이하의 징역 또는 3천만원 이하의 벌금에 처한다.
② 교부받은 보조금을 사업계획서에 기재한 용도가 아닌 다른 용도로 사용한 자는 3년 이하의 징역 또는 2천만원 이하의 벌금에 처한다.
(2014.10.15 본조개정)

부 칙 (2013.8.13)

제1조【시행일】 이 법은 공포한 날부터 시행한다.
제2조【지원사업 선정기준 공고 및 사업계획서 제출에 관한 경과조치】 이 법 시행 전에 종전의 제7조제4항에 따라 비영리민간단체 지원사업에 관한 선정기준을 공고하였거나 등록 비영리민간단체에게 통지한 경우에는 제7조 및 제8조의 개정규정에도 불구하고 종전의 규정에 따른다.

부 칙 (2016.5.29)

제1조【시행일】 이 법은 공포 후 3개월이 경과한 날부터 시행한다.
제2조【등록의 말소에 관한 경과조치】 이 법 시행 전에 「비영리민간단체지원법시행령」 제4조에 따라 등록이 말소되거나 등록 말소의 절차가 개시되어 진행 중인 비영리민간단체는 제4조의2의 개정규정에 따라 등록이 말소되거나 등록 말소의 절차가 진행 중인 비영리민간단체로 본다.

부 칙 (2022.4.26)

제1조【시행일】 이 법은 공포 후 1년이 경과한 날부터 시행한다.
제2조【비영리민간단체 등록에 관한 적용례】 제4조의 개정규정은 이 법 시행 이후 비영리민간단체 등록을 신청하는 경우부터 적용한다.
제3조【다른 법률의 개정】 ①~② ※(해당 법령에 가제정리 하였음)

전자정부법

(2010년 2월 4일 전부개정법률 제10012호)

개정
2010. 5.17법10303호(은행법)
2011. 3.29법10465호(개인정보보호법)
2011. 4.12법10580호(부등)
2012. 6. 1법11461호(전자문서및전자거래기본법)
2013. 3.23법11688호(국가정보화기본법)
2013. 3.23법11690호(정부조직)
2013. 4. 5법11735호 2014. 1.28법12346호
2014. 5.20법12592호(상업등기법)
2014. 6. 3법12738호(공간정보구축관리)
2014.11.19법12844호(정부조직)
2015. 8.11법13459호(민원처리에관한법)
2016.12.27법14474호(지방세기본법)
2017. 7.26법14839호(정부조직)
2017.10.24법14914호
2020. 2. 4법16912호(부등)
2020. 6. 9법17344호(지능정보화기본법)
2020. 6. 9법17354호(전자서명법)
2020. 6. 9법17370호(데이터기반행정활성화에관한법)
2020.12.29법17799호(독점)
2021. 3.23법17962호 2021. 6. 8법18207호
2022. 1.11법18744호 2022.11.15법19030호

제1장 총 칙

제1조【목적】 이 법은 행정업무의 전자적 처리를 위한 기본원칙, 절차 및 추진방법 등을 규정함으로써 전자정부를 효율적으로 구현하고, 행정의 생산성, 투명성 및 민주성을 높여 국민의 삶의 질을 향상시키는 것을 목적으로 한다.
제2조【정의】 이 법에서 사용하는 용어의 뜻은 다음과 같다.
1. "전자정부"란 정보기술을 활용하여 행정기관 및 공공기관(이하 "행정기관등"이라 한다)의 업무를 전자화하여 행정기관등의 상호간의 행정업무 및 국민에 대한 행정업무를 효율적으로 수행하는 정부를 말한다.
2. "행정기관"이란 국회·법원·헌법재판소·중앙선거관리위원회의 행정사무를 처리하는 기관, 중앙행정기관(대통령 소속 기관과 국무총리 소속 기관을 포함한다. 이하 같다) 및 그 소속 기관, 지방자치단체를 말한다.
3. "공공기관"이란 다음 각 목의 기관을 말한다.
가. 「공공기관의 운영에 관한 법률」 제4조에 따른 법인·단체 또는 기관
나. 「지방공기업법」에 따른 지방공사 및 지방공단
다. 특별법에 따라 설립된 특수법인
라. 「초·중등교육법」, 「고등교육법」 및 그 밖의 다른 법률에 따라 설치된 각급 학교
마. 그 밖에 대통령령으로 정하는 법인·단체 또는 기관
4. "중앙사무관장기관"이란 국회 소속 기관에 대하여는 국회사무처, 법원 소속 기관에 대하여는 법원행정처, 헌법재판소 소속 기관에 대하여는 헌법재판소사무처, 중앙선거관리위원회 소속 기관에 대하여는 중앙선거관리위원회사무처, 중앙행정기관 및 그 소속 기관과 지방자치단체에 대하여는 행정안전부를 말한다.(2017.7.26 본호개정)
5. "전자정부서비스"란 행정기관등이 전자정부를 통하여 다른 행정기관등 및 국민, 기업 등에게 제공하는 행정서비스를 말한다.
6. "행정정보"란 행정기관등이 직무상 작성하거나 취득하여 관리하고 있는 자료로서 전자적 방식으로 처리되어 부호, 문자, 음성, 음향, 영상 등으로 표현된 것을 말한다.
7. "전자문서"란 컴퓨터 등 정보처리능력을 지닌 장치에 의하여 전자적인 형태로 작성되어 송수신되거나 저장되는 표준화된 정보를 말한다.
8. "전자화문서"란 종이문서와 그 밖에 전자적 형태로 작성되지 아니한 문서를 정보시스템이 처리할 수 있는 형태로 변환한 문서를 말한다.
9. "행정전자서명"이란 전자문서를 작성한 다음 각 목의 어느 하나에 해당하는 기관 또는 그 기관에서 직접 업무를 담당하는 사람의 신원과 전자문서의 변경 여부를 확인할 수 있는 정보로서 그 문서에 고유한 것을 말한다.
가. 행정기관
나. 행정기관의 보조기관 및 보좌기관
다. 행정기관과 전자문서를 유통하는 기관, 법인 및 단체
라. 제36조제2항의 기관, 법인 및 단체
10. "정보통신망"이란 「전기통신기본법」 제2조제2호에 따른 전기통신설비를 활용하거나 전기통신설비와 컴퓨터 및 컴퓨터 이용기술을 활용하여 정보를 수집·가공·저장·검색·송신 또는 수신하는 정보통신체제를 말한다.
11. "정보자원"이란 행정기관등이 보유하고 있는 행정정보, 전자적 수단에 의하여 행정정보의 수집·가공·검색을 하기 쉽게 구축한 정보시스템, 정보시스템의 구축에 적용되는 정보기술, 정보화예산 및 정보화인력 등을 말한다.
12. "정보기술아키텍처"란 일정한 기준과 절차에 따라 업무, 응용, 데이터, 기술, 보안 등 조직 전체의 구성요소들을 통합적으로 분석한 뒤 이들 간의 관계를 구조적으로 정리한 체제 및 이를 바탕으로 정보화 등을 통하여 구성요소들을 최적화하기 위한 방법을 말한다.
13. "정보시스템"이란 정보의 수집·가공·저장·검색·송신·수신 및 그 활용과 관련되는 기기와 소프트웨어의 조직화된 체계를 말한다.
14. "정보시스템 감리"란 감리발주자 및 피감리인의 이해관계로부터 독립된 자가 정보시스템의 효율성을 향상시키고 안전성을 확보하기 위하여 제3자의 관점에서 정보시스템의 구축 및 운영 등에 관한 사항을 종합적으로 점검하고 문제점을 개선하도록 하는 것을 말한다.
15. "감리원"(監理員)이란 정보시스템 감리의 업무(이하 "감리업무"라 한다)를 수행하기 위하여 제60조제1항에 따른 요건을 갖춘 사람을 말한다.(2014.1.28 본호개정)
제3조【행정기관등 및 공무원 등의 책무】 ① 행정기관등의 장은 전자정부 구현을 촉진하고 국민의 삶의 질을 향상시킬 수 있도록 이 법을 운영하고 관련 제도를 개선하여야 하며, 정보통신망의 연계 및 행정정보의 공동이용 등에 적극 협력하여야 한다.
② 공무원 및 공공기관의 소속 직원은 담당업무의 전자적 처리에 필요한 정보기술 활용능력을 갖추어야 하며, 담당업무를 전자적으로 처리할 때 해당 기관의 편익보다 국민의 편익을 우선적으로 고려하여야 한다.
제4조【전자정부의 원칙】 ① 행정기관등은 전자정부의 구현·운영 및 발전을 추진할 때 다음 각 호의 사항을 우선적으로 고려하고 이에 필요한 대책을 마련하여야 한다.
1. 대민서비스의 전자화 및 국민편익의 증진
2. 행정업무의 혁신 및 생산성·효율성의 향상
3. 정보시스템의 안전성·신뢰성의 확보
4. 개인정보 및 사생활의 보호
5. 행정정보의 공개 및 공동이용의 확대
6. 중복투자의 방지 및 상호운용성 증진
② 행정기관등은 전자정부의 구현·운영 및 발전을 추진할 때 정보기술아키텍처를 기반으로 하여야 한다.
③ 행정기관등은 상호간에 행정정보의 공동이용을 통하여 전자적으로 확인할 수 있는 사항을 민원인에게 제출하도록 요구하여서는 아니 된다.
④ 행정기관등이 보유·관리하는 개인정보는 법령에서 정하는 경우를 제외하고는 당사자의 의사에 반하여 사용되어서는 아니 된다.
제5조【전자정부기본계획의 수립】 ① 중앙사무관장기관의 장은 전자정부의 구현·운영 및 발전을 위하여 5년마다 제5조의2제1항에 따른 행정기관등의 기관별 계획을 종합하여 전자정부기본계획을 수립하여야 한다.
② 제1항에 따른 전자정부기본계획(이하 "전자정부기본계획"이라 한다)에는 다음 각 호의 사항이 포함되어야 한다.
1. 전자정부 구현의 기본방향 및 중장기 발전방향
2. 전자정부 구현을 위한 관련 법령·제도의 정비
3. 전자정부서비스의 제공 및 활용 촉진
4. 전자적 행정관리
5. 행정정보 공동이용의 확대 및 안전성 확보
6. 정보기술아키텍처의 도입 및 활용
7. 정보자원의 통합·공동이용 및 효율적 관리
8. 전자정부 표준화, 상호운용성 확보 및 공유서비스의 확대
9. 전자정부사업 및 지역정보화사업의 추진과 성과 관리
10. 전자정부 구현을 위한 업무 재설계
11. 전자정부의 국제협력
12. 그 밖에 정보화인력의 양성 등 전자정부의 구현·운영 및 발전에 필요한 사항
③ 관계 중앙행정기관의 장은 「지능정보화 기본법」 제7조에 따른 지능정보사회 실행계획을 수립·시행할 때에는 전자정부기본계획을 고려하여야 한다.(2020.6.9 본항개정)
④ 전자정부기본계획의 수립 절차 등에 관하여 필요한 사항은 국회규칙, 대법원규칙, 헌법재판소규칙, 중앙선거관리위원회규칙 및 대통령령으로 정한다.
(2014.1.28 본조개정)
제5조의2【기관별 계획의 수립 및 점검】 ① 행정기관등의 장은 5년마다 해당 기관의 전자정부의 구현·운영 및 발전을 위한 기본계획(이하 "기관별 계획"이라 한다)을 수립하여 중앙사무관장기관의 장에게 제출하여야 한다.
② 행정기관등의 장은 기관별 계획의 시행에 필요한 재원을 확보하도록 노력하여야 한다.
③ 중앙사무관장기관의 장은 행정기관등의 기관별 계획 추진현황 및 성과를 점검할 수 있다.
④ 기관별 계획의 작성 기준, 수립 절차 및 추진현황 점검 등에 관하여 필요한 사항은 국회규칙, 대법원규칙, 헌법재판소규칙, 중앙선거관리위원회규칙 및 대통령령으로 정한다.
(2014.1.28 본조신설)
제5조의3【전자정부의 날】 ① 전자정부의 우수성과 편리함을 국민에게 알리고 국제적 위상을 제고하는 등 지속적으로 전자정부의 발전을 촉진하기 위하여 매년 6월 24일을 전자정부의 날로 한다.
② 국가는 전자정부의 날의 취지에 적합한 행사를 실시할 수 있다.
(2017.10.24 본조신설)

제6조【다른 법률과의 관계】 행정기관등의 대민서비스 및 행정관리의 전자화, 행정정보의 공동이용 등 전자정부의 구현·운영 및 발전에 관하여 다른 법률에 특별한 규정이 있는 경우를 제외하고는 이 법에서 정하는 바에 따른다.

제2장 전자정부서비스의 제공 및 활용

제1절 전자정부서비스의 신청 및 제공
(2022.1.11 본절제목개정)

제7조【전자정부서비스의 신청 등】 ① 행정기관등의 장(행정권한을 위탁받은 자를 포함한다. 이하 이 절에서 같다)은 해당 기관에서 제공하는 전자정부서비스에 대하여 관계 법령(지방자치단체의 조례 및 규칙을 포함한다. 이하 같다)에서 문서·서면·서류 등의 종이문서로 신청, 신고 또는 제출 등(이하 "신청등"이라 한다)을 하도록 규정하고 있는 경우에도 전자문서로 신청등을 하게 할 수 있다.(2022.1.11 본항개정)
② 행정기관등의 장은 제공하는 전자정부서비스에 관하여 그 제공결과를 관계 법령에서 문서·서면·서류 등의 종이문서로 통지, 통보 또는 고지 등(이하 "통지등"이라 한다)을 하도록 규정하고 있는 경우에도 전자정부서비스 이용자가 원하거나 전자정부서비스를 전자문서로 신청등을 하였을 때에는 이를 전자문서로 통지등을 할 수 있다.(2022.1.11 본항개정)
③ 제1항 및 제2항에 따라 전자문서로 신청등 또는 통지등을 하는 경우 전자문서에 첨부되는 서류는 전자화문서로도 할 수 있다.
④ 제1항부터 제3항까지의 규정에 따라 전자문서로 신청등 또는 통지등을 한 경우에는 해당 법령에서 정한 절차에 따라 신청등 또는 통지등을 한 것으로 본다.
⑤ 행정기관등의 장이 제1항부터 제3항까지의 규정에 따라 제공하는 전자정부서비스에 관하여 전자문서 또는 전자화문서로 신청등을 하게 하거나 통지등을 하는 경우에는 인터넷을 통하여 미리 그 신청등 또는 통지등의 종류와 업무 처리절차를 국민에게 공표하여야 한다.
(2022.1.11 본항개정)
⑥ 전자화문서의 활용 및 진본성 확인 등을 위하여 필요한 사항은 국회규칙, 대법원규칙, 헌법재판소규칙, 중앙선거관리위원회규칙 및 대통령령으로 정한다.
(2022.1.11 본조제목개정)
제8조~제9조 (2022.1.11 삭제)
제9조의2【전자정부 포털을 통한 생활정보의 제공】 ① 행정안전부장관은 전자정부서비스 이용자에게 중앙행정기관과 그 소속 기관, 지방자치단체 및 공공기관(이하 "중앙행정기관등"이라 한다)이 보유한 본인의 건강검진일, 예방접종일, 운전면허갱신일 등 생활정보를 열람할 수 있는 전자정부서비스(이하 이 조에서 "생활정보 열람서비스"라 한다)를 제공할 수 있다. 이 경우 행정안전부장관은 다른 중앙행정기관등의 장과 협의하여 제20조에 따른 전자정부 포털과 다른 중앙행정기관등의 정보시스템을 연계할 수 있다.(2022.1.11 본항개정)
② 제1항에 따라 제공하는 생활정보 열람서비스의 종류는 행정안전부장관이 관계 중앙행정기관등의 장과 협의를 거쳐 결정·고시한다.
③ 행정안전부장관은 생활정보 열람서비스를 제공하기 위하여 다른 중앙행정기관등의 장에게 자료의 제공을 요청할 수 있다. 이 경우 자료의 제공을 요청받은 관계 중앙행정기관등의 장은 특별한 사유가 없으면 이에 따라야 한다.
④ 행정안전부장관은 전자정부서비스 이용자가 동의한 경우에만 생활정보 열람서비스를 제공할 수 있다.
(2022.1.11 본항개정)
(2022.1.11 본조제목개정)
(2017.7.26 본조개정)
제10조【전자정부서비스를 제공받는 자에 대한 본인 확인】 행정기관등의 장은 전자정부서비스를 제공할 때 해당 이용자 등의 신원을 확인할 필요가 있는 경우에는 「전자서명법」 제2조제2호에 따른 전자서명(서명자의 실지명의를 확인할 수 있는 것을 말한다. 이하 "전자서명"이라 한다)이나 국회규칙, 대법원규칙, 헌법재판소규칙, 중앙선거관리위원회규칙 및 대통령령으로 정하는 방법으로 그 신원을 확인할 수 있다.(2022.1.11 본조개정)
제11조【전자적 고지·통지】 ① 행정기관등의 장은 관계 법령에서 고지서·통지서 등의 종이문서로 통지등을 하도록 규정하고 있는 경우에도 본인이 원하면 이를 전자문서로 통지등을 할 수 있다.
② 제1항에 따른 전자문서로 통지등을 한 경우에는 해당 법령에서 정한 절차에 따라 통지등을 한 것으로 본다.
③ 행정기관등의 장은 제1항에 따라 통지등을 전자문서로 할 때에는 인터넷을 통하여 미리 그 통지등의 종류와 절차를 국민에게 공표하여야 한다.
④ 전자문서에 의한 통지등을 하는 데 필요한 사항은 국회규칙, 대법원규칙, 헌법재판소규칙, 중앙선거관리위원회규칙 및 대통령령으로 정한다.
제12조【행정정보의 전자적 제공】 ① 행정기관등의 장은 국민생활의 편의나 보건·위생 또는 생업과 관련된 행정정보 등으로서 국회규칙, 대법원규칙, 헌법재판소규칙, 중앙선거관리위원회규칙 및 대통령령으로 정하는 행정정보 등을 별도로 인터넷을 통하여 국민에게 제공하여야 한다.(2022.1.11 본항개정)
② 행정기관등의 장은 관보·신문·게시판 등에 싣는 사항을 별도로 인터넷을 통하여 국민에게 제공할 수 있다.
제12조의2【공공서비스 지정 및 목록 통보 등】 ① 중앙행정기관등의 장은 소관 법령(지방자치단체의 조례 및 규칙을 포함한다)에 따라 노인, 장애인, 보훈대상자 등 일정한 요건을 갖춘 사람에게 제공하는 재화, 서비스 등을 공공서비스(이하 "공공서비스"라 한다)로 지정하여 그 목록을 행정안전부장관에게 통보하여야 한다. 공공서비스의 목록이 변경되는 경우에도 또한 같다.(2017.7.26 전단개정)
② 공공서비스의 지정 기준 및 목록의 통보 등에 필요한 사항은 대통령령으로 정한다.
(2014.1.28 본조신설)
제12조의3【등록시스템의 구축·운영 등】 ① 행정안전부장관은 공공서비스 목록을 등록하고 관리·활용하기 위한 시스템(이하 "등록시스템"이라 한다)을 구축·운영할 수 있다. 이 경우 다른 중앙행정기관등의 정보시스템을 연계할 수 있으며 해당 기관과 협의하여야 한다.
(2017.7.26 전단개정)
② 행정안전부장관은 등록시스템의 구축·운영 등을 위하여 공공서비스 제공 대상자의 사전동의를 받아 다른 행정기관등이 보유한 주민등록·가족관계등록·국세·지방세·금융·부동산·국민연금·건강보험 등에 관한 자료의 제공을 요청할 수 있다.(2022.1.11 본항개정)
③ 제2항에 따른 사전동의에 관하여는 제42조제1항을 준용한다.
④ 제12조의4제1항에 따른 신청은 이 조 제2항의 자료 제공 요청에 대한 공공서비스 제공 대상자의 개별적인 동의가 있는 경우 같은 항에 따라 행정안전부장관이 해당 공공서비스 제공 대상자에게 받아야 하는 사전동의로 본다.(2022.1.11 본항개정)
⑤ 행정안전부장관은 등록시스템의 구축과 운영을 위하여 필요한 경우에는 시범사업을 추진할 수 있다.
(2017.7.26 본항개정)
⑥ 등록시스템의 구축 및 운영에 필요한 사항은 대통령령으로 정한다.
(2014.1.28 본조신설)
제12조의4【공공서비스 목록의 제공 등】 ① 지방자치단체의 장[특별자치시장, 특별자치도지사, 시장, 군수 및 구청장(자치구의 구청장을 말한다)을 말한다. 이하 이 조에서 같다]은 공공서비스 제공 대상자 등이 공공서비스 목록의 열람을 신청하면 등록시스템을 통하여 해당 신청자에게 필요한 공공서비스 목록을 제공할 수 있다.
(2022.1.11 본항개정)
② 지방자치단체의 장은 제1항에 따라 공공서비스 목록을 제공받은 자가 공공서비스의 제공을 신청할 때에는 해당 신청서를 해당 중앙행정기관등의 장에게 이송하여야 한다.(2022.1.11 본항개정)
③ 공공서비스 목록의 제공, 공공서비스의 신청 및 이송 등에 필요한 사항은 대통령령으로 정한다.
(2014.1.28 본조신설)
제13조【행정정보의 전자적 제공에 따른 비용 부담】 ① 행정기관등의 장은 인터넷을 통하여 제공하는 행정정보로 인하여 특별한 이익을 얻는 자가 있는 경우에는 그 자에게 수수료를 받을 수 있다.
② 제1항에 따른 수수료 징수 기준과 절차 등에 관하여 필요한 사항은 국회규칙, 대법원규칙, 헌법재판소규칙, 중앙선거관리위원회규칙 및 대통령령으로 정한다.
제14조【세금 등의 전자적 납부】 행정기관등의 장은 다른 법령에서 세금, 수수료, 과태료, 과징금, 범칙금, 벌금, 과료 등을 현금, 수입인지, 수입증지, 그 밖의 형태로 납부하도록 규정하고 있는 경우에도 정보통신망을 이용하여 전자화폐, 전자결제 등의 방법으로 납부하게 할 수 있다.
제15조【전자적 급부제공】 행정기관등의 장은 법령에 따라 국민에게 일정한 급부 등을 제공하는 경우 정보통신망을 통하여 제공할 수 있다.

제2절 전자정부서비스의 이용촉진
(2022.1.11 본절제목개정)

제16조【전자정부서비스 이용촉진을 위한 행정기관등의 책무】 ① 행정기관등의 장은 국민의 복지향상 및 편익증진, 국민생활의 안전보장, 창업 및 공장설립 등 기업활동의 촉진 등을 위한 전자정부서비스를 개발하여 제공하고 이를 지속적으로 보완·발전시키기 위한 대책을 마련하여야 한다.
② 행정기관등의 장은 전자정부서비스 이용자가 손쉽게 전자정부서비스에 접근하여 안전하고 편리하게 활용할 수 있도록 하여야 하며, 제공되는 전자정부서비스는 최신의 것이 되도록 하여야 한다.
③ 행정기관등의 장은 전자정부서비스를 개발·제공할 때 전자정부서비스 이용자의 요구사항 및 편익을 고려하여야 한다.
(2022.1.11 본조제목개정)
제17조【이용자의 참여 확대】 행정기관등의 장은 전자정부서비스를 제공할 때 이용자가 참여하여 토론, 건의, 정책제안 등 다양한 의사를 표현할 수 있는 기회를 보장하여야 하며, 이를 통한 건의 및 정책제안 등을 법령 및 제도의 정비, 전자정부서비스의 개선 등에 적극 반영하여야 한다.
제18조【유비쿼터스 기반의 전자정부서비스 도입·활용】 ① 행정기관등의 장은 첨단 정보통신기술을 활용하여 국민·기업 등이 언제 어디서나 활용할 수 있는 행정·교통·복지·환경·재난안전 등의 서비스(이하 "유비쿼터스 기반의 전자정부서비스"라 한다. 이하 이 조에서 같다)를 제공하여야 하며, 이에 필요한 시책을 마련하여야 한다.
② 행정안전부장관은 제1항의 유비쿼터스 기반의 전자정부서비스 도입과 이용을 촉진하기 위하여 필요한 경우 시범사업을 추진할 수 있다.(2017.7.26 본항개정)
③ 제1항 및 제2항의 유비쿼터스 기반의 전자정부서비스 도입·활용 및 시범사업 등에 관하여 필요한 사항은 국회규칙, 대법원규칙, 헌법재판소규칙, 중앙선거관리위원회규칙 및 대통령령으로 정한다.
제18조의2【지능형 전자정부서비스의 제공 등】 ① 행정기관등의 장은 인공지능 등의 기술을 활용하여 전자정부서비스를 제공할 수 있다.
② 행정안전부장관은 행정기관등의 장이 인공지능 등의 기술을 효율적으로 활용할 수 있도록 행정적·재정적·기술적 지원 등 필요한 지원을 할 수 있다.
③ 제1항 및 제2항에 따른 인공지능 등의 기술의 종류, 활용 및 지원에 필요한 사항은 국회규칙, 대법원규칙, 헌법재판소규칙, 중앙선거관리위원회규칙 및 대통령령으로 정한다.
(2021.6.8 본조신설)
제19조【전자정부서비스의 보편적 활용을 위한 대책】 행정기관등의 장은 국민이 경제적·지역적·신체적 또는 사회적 여건 등으로 인하여 전자정부서비스에 접근하거나 이를 활용하는 데 어려움이 발생하지 아니하도록 필요한 대책을 마련하여야 한다.
제20조【전자정부 포털의 운영】 ① 국가는 국민에게 전자정부서비스를 효율적으로 제공하기 위하여 인터넷 기반의 통합정보시스템(이하 "전자정부 포털"이라 한다)을 구축·관리하고 활용을 촉진하여야 한다.
② 전자정부 포털의 구축·관리 및 활용촉진에 필요한 사항은 대통령령으로 정한다.
제21조【전자정부서비스의 민간 참여 및 활용】 ① 행정기관등의 장은 전자정부서비스의 편의성과 효율성을 높이기 위하여 업무협약, 서비스 구매 등을 통하여 다음 각 호의 어느 하나에 해당하는 방법으로 개인 및 기업, 단체 등(이하 "민간등"이라 한다)의 서비스를 활용할 수 있다.
1. 민간등의 서비스와 결합하여 전자정부서비스를 개발·제공하는 방법(2021.6.8 본호신설)
2. 민간등의 서비스를 그대로 전자정부서비스로 제공하는 방법(2021.6.8 본호신설)
② 행정기관등의 장은 민간등이 전자정부서비스에서 제공하는 일부 기술이나 공공성이 큰 행정정보(「개인정보 보호법」 제2조제1호에 따른 개인정보는 제외한다) 등을 활용하여 새로운 서비스를 개발·제공할 수 있도록 필요한 지원을 할 수 있다.
③ 제1항 및 제2항에 따른 서비스의 활용 방법, 지원 기준과 절차 등에 필요한 사항은 국회규칙, 대법원규칙, 헌법재판소규칙, 중앙선거관리위원회규칙 및 대통령령으로 정한다.
(2021.6.8 본조개정)
제22조【전자정부서비스의 이용실태 조사·분석】 ① 행정기관등의 장은 해당 기관에서 제공하는 전자정부서비스에 대한 이용실태 등을 주기적으로 조사·분석하여 관리하고 개선 방안을 마련하여야 한다.
② 제1항에 따른 전자정부서비스 이용실태의 조사·분석 및 관리에 필요한 구체적인 사항은 국회규칙, 대법원규칙, 헌법재판소규칙, 중앙선거관리위원회규칙 및 대통령령으로 정한다.
제23조【전자정부서비스의 효율적 관리】 ① 중앙사무관장기관의 장은 행정기관등에서 제공하는 전자정부서비스가 서로 유사하거나 중복되는 경우 또는 운영가치가 낮은 경우에는 서비스의 통합 또는 폐기 등 개선 방안을 권고할 수 있다.(2013.3.23 본항개정)
② 행정기관등의 장은 제1항에 따라 통합 또는 폐기 등 개선 방안을 권고받으면 그 권고를 받은 날부터 30일 이내에 통합 또는 폐기 방안이나 그 밖의 개선 방안을 수립하여 중앙사무관장기관의 장에게 제출하여야 한다.
(2022.11.15 본항개정)
③ 중앙사무관장기관의 장은 제2항에 따라 제출된 개선 방안의 적정성을 검토한 후 행정기관등의 장에게 개선 방안의 변경 등에 관한 의견을 제시할 수 있다.
(2022.11.15 본항신설)

④ 행정기관등의 장은 특별한 사유가 없으면 제3항에 따른 중앙사무관장기관의 장의 의견을 따라야 한다.
(2022.11.15 본항신설)
⑤ 그 밖에 전자정부서비스의 통합 또는 폐기 등의 기준 및 절차에 관한 사항은 국회규칙, 대법원규칙, 헌법재판소규칙, 중앙선거관리위원회규칙 및 대통령령으로 정한다.
(2022.11.15 본항개정)
제24조【전자적 대민서비스 보안대책】 ① 행정안전부장관은 전자적 대민서비스와 관련된 보안대책을 국가정보원장과 사전 협의를 거쳐 마련하여야 한다.
(2017.7.26 본항개정)
② 중앙행정기관과 그 소속 기관 및 지방자치단체의 장은 제1항의 보안대책에 따라 해당 기관의 보안대책을 수립·시행하여야 한다.

제3장 전자적 행정관리

제25조【전자문서의 작성 등】 ① 행정기관등의 문서는 전자문서를 기본으로 하여 작성, 발송, 접수, 보관, 보존 및 활용되어야 한다. 다만, 업무의 성격상 또는 그 밖의 특별한 사정이 있는 경우에는 그러하지 아니하다.
② 행정기관등이 해당 기관에서 접수하거나 발송하는 문서의 서식은 전자문서에 적합하도록 해야 한다.
③ 행정기관등의 전자문서의 작성, 발송, 접수, 보관, 보존 및 활용과 전자문서 서식의 작성 방법 등에 관하여 필요한 사항은 국회규칙, 대법원규칙, 헌법재판소규칙, 중앙선거관리위원회규칙 및 대통령령으로 정한다.
제26조【전자문서 등의 성립 및 효력 등】 ① 행정기관등이 작성하는 전자문서는 그 문서에 대하여 결재(국회규칙, 대법원규칙, 헌법재판소규칙, 중앙선거관리위원회규칙 및 대통령령으로 정하는 전자적인 수단에 의한 결재를 말한다)를 받음으로써 성립한다.
② 행정기관등의 보조기관 또는 보좌기관이 위임전결하거나 대결(代決)한 전자문서는 그 보조기관 또는 보좌기관의 제29조에 따른 행정전자서명으로 발송할 수 있다.
③ 이 법에 따른 전자문서 및 전자화문서는 다른 법률에 특별한 규정이 있는 경우를 제외하고는 종이문서와 동일한 효력을 갖는다.
제27조【전자문서의 송신·수신】 ① 개인, 법인 또는 단체가 본인임을 확인할 필요가 있는 전자문서를 행정기관등에 송신하려는 경우에는 전자서명 또는 다른 법령에 따라 본인임을 확인하기 위하여 인정되는 전자적 수단을 이용하여 송신하여야 한다. 다만, 공공기관이 행정기관과 전자문서를 유통하는 경우에는 행정전자서명을 이용하여 송신·수신하여야 한다.(2020.6.9 본문개정)
② 발송시기 또는 도달시기를 분명히 할 필요가 있는 전자문서는 발송시기 또는 도달시기를 객관적으로 확인할 수 있도록 국회규칙, 대법원규칙, 헌법재판소규칙, 중앙선거관리위원회규칙 및 대통령령으로 정하는 전자적 방법을 이용하여 송신하거나 수신하여야 한다.
제28조【전자문서의 발송시기 및 도달시기】 ① 행정기관등에 송신한 전자문서는 그 전자문서의 송신시점이 정보시스템에 의하여 전자적으로 기록된 때에 송신자가 발송한 것으로 본다.
② 행정기관등이 송신한 전자문서는 수신자가 지정한 정보시스템 등에 입력된 때에 그 수신자에게 도달된 것으로 본다. 다만, 지정한 정보시스템 등이 없는 경우에는 수신자가 관리하는 정보시스템 등에 입력된 때에 그 수신자에게 도달된 것으로 본다.
③ 특정한 기한까지 도달되어야 할 문서 등을 송신자가 기한 전에 제27조제2항에 따른 전자적 방법을 이용하여 전자문서로 발송하였으나 수신자의 정보시스템 또는 관련 장치의 장애로 인하여 기한 내에 도달되지 아니한 경우에는 해당 송신자에 대하여만 수신자의 장애가 제거된 날의 다음 날에 기한이 도래한 것으로 본다.
④ 행정기관등에 도달된 전자문서가 판독할 수 없는 상태로 수신된 경우에는 해당 행정기관등은 이를 흠이 있는 문서로 보고 보완에 필요한 상당한 기간을 정하여 보완을 요구하여야 하며, 행정기관등이 발송한 전자문서가 판독할 수 없는 상태로 수신자에게 도달된 경우에는 이를 적법하게 도달된 문서로 보지 아니한다.
제29조【행정전자서명의 인증】 ① 행정기관이 작성하는 전자문서에는 행정전자서명을 사용한다. 다만, 행정기관은 「전자문서 및 전자거래 기본법」 제2조제5호에 따른 전자거래를 효율적으로 운영하기 위하여 전자서명을 사용할 수 있다.(2020.6.9 단서개정)
② 중앙사무관장기관의 장은 행정전자서명에 대한 인증업무를 수행한다.
③ 중앙사무관장기관의 장은 제2항의 인증업무를 수행할 때 행정안전부장관과 협의하여 행정전자서명에 대한 기술표준을 마련하여야 한다.(2020.6.9 본항개정)
④ 제2항에 따라 인증받은 행정전자서명이 있는 경우에는 그 행정전자서명을 전자문서에 표시된 행정기관 및 공공기관의 관인·공인 또는 해당 기관에서 직접 업무를 담당하는 사람의 서명이 있는 것으로 보며, 그 전자문서는 행정전자서명이 된 후에 그 내용이 변경되지 아니하였다고 추정한다.
⑤ 행정전자서명의 인증업무에 관하여 필요한 사항은 국회규칙, 대법원규칙, 헌법재판소규칙, 중앙선거관리위원회규칙 및 대통령령으로 정한다.
제30조【행정지식의 전자적 관리】 행정기관등의 장은 해당 기관의 업무와 관련된 행정정보, 개인의 경험, 해당 기관 안에서 생산·유통되는 업무지식 및 기술 중에서 정책결정 등의 주요 판단자료로서의 가치가 크다고 인정되는 사항은 정책결정에 활용될 수 있도록 전자적 시스템을 구축·운영할 수 있다.
제30조의2【전자적 시스템의 상호연계 및 통합】 ① 중앙행정기관등의 장은 행정 효율성 제고 및 대민 서비스의 통합적·효율적 제공을 위하여 소관 전자적 시스템과 다른 중앙행정기관등의 전자적 시스템을 상호연계하거나 통합할 수 있다.
② 전자적 시스템의 상호연계 및 통합 기준, 절차 및 방법 등에 관하여 필요한 사항은 대통령령으로 정한다.
(2014.1.28 본조신설)
제30조의3~제30조의4 (2020.6.9 삭제)
제31조【정보통신망을 통한 의견수렴】 ① 행정기관등의 장은 소관 법령의 제정·개정, 「행정절차법」 제46조제1항에 따른 행정예고를 하여야 하는 사항, 그 밖에 법령에서 공청회·여론조사 등을 하도록 한 사항에 관하여는 정보통신망을 통한 의견수렴 절차를 병행하여야 한다.
② 행정기관등의 장은 처분에 관하여 의견이 있는 당사자 및 이해관계인이 그 의견을 정보통신망을 통하여 제출할 수 있도록 하여야 한다.
③ 행정기관등의 장은 제1항 및 제2항에 따른 의견수렴 및 의견제출을 활성화하기 위하여 관계 법령의 정비 등 필요한 조치를 하여야 한다.
④ 행정기관등의 장은 국민을 대상으로 통계 조사, 민원사무처리에 대한 만족도 조사 등을 실시할 때에는 정보통신망을 활용하는 방안을 적극적으로 마련하여야 한다.
제32조【전자적 업무수행 등】 ① 행정기관등의 장은 행정업무를 수행할 때 정보통신망을 이용한 온라인 영상회의 방식을 활용할 수 있다. 이 경우 행정기관등의 장은 원격지(遠隔地) 간 업무수행을 할 때에는 온라인 영상회의를 우선적으로 활용하도록 노력하여야 한다.
(2014.1.28 본항개정)
② 중앙사무관장기관의 장은 제1항에 따른 온라인 영상회의의 도입 및 활용 등을 위하여 필요한 지원을 할 수 있다.(2014.1.28 본항신설)
③ 행정기관등의 장은 필요하면 소속 직원으로 하여금 특정한 근무장소를 정하지 아니하고 정보통신망을 이용한 온라인 원격근무를 하게 할 수 있다. 이 경우 행정기관등의 장은 정보통신망에 대한 불법적인 접근의 방지와 그 밖의 보호대책을 마련하여야 한다.
④ 행정기관등의 장은 정보통신망을 이용하여 소속 직원에 대한 온라인 원격교육훈련을 실시할 수 있다.
⑤ 제1항부터 제4항까지의 전자적 업무수행을 촉진하기 위하여 필요한 사항은 국회규칙, 대법원규칙, 헌법재판소규칙, 중앙선거관리위원회규칙 및 대통령령으로 정한다.
(2014.1.28 본항개정)
제33조【종이문서의 감축】 ① 행정기관등의 장은 행정업무 및 민원사무의 전자화, 행정정보의 공동이용 등을 통하여 종이문서의 작성·접수·유통 및 보관을 최소화하고 종이문서를 지속적으로 줄이기 위한 방안을 마련하여야 한다.
② 행정기관등의 장은 문서작성 및 보고과정에서 종이문서의 불필요한 출력을 최소화하도록 일하는 방식 등을 개선하여야 한다.
③ 행정기관등의 장은 종이문서를 줄이기 위하여 종이문서로 신청·신고 및 보고·제출 또는 통지·통보하도록 규정하고 있는 법령과 지침 등을 특별한 사유가 없으면 전자적인 방법으로도 할 수 있도록 개정하거나 보완하여야 한다.
④ 중앙사무관장기관의 장은 종이문서를 줄이기 위하여 필요한 경우 지침을 마련하여 시행하거나 종이문서의 사용실태 등을 조사할 수 있다.
제34조【업무담당자의 신원 및 접근권한】 행정기관등의 장은 전자적 민원처리 및 업무의 수행을 위하여 정보시스템 또는 행정정보를 이용하려는 업무담당자 등의 본인 여부 및 접근권한 등을 국회규칙, 대법원규칙, 헌법재판소규칙, 중앙선거관리위원회규칙 및 대통령령으로 정하는 방법으로 관리하고 확인하여야 한다.
제35조【금지행위】 누구든지 행정정보를 취급·이용할 때 다음 각 호의 행위를 하여서는 아니 된다.
1. 행정정보의 처리업무를 방해할 목적으로 행정정보를 위조·변경·훼손하거나 말소하는 행위
2. 행정정보 공동이용을 위한 정보시스템을 정당한 이유 없이 위조·변경·훼손하거나 이용하는 행위
3. 행정정보를 변경하거나 말소하는 방법이나 프로그램을 공개·유포하는 행위
4. 공개하여서는 아니 되는 행정정보를 정당한 이유 없이 누설하는 행위
5. 행정정보를 권한 없이 처리하거나 권한 범위를 넘어서 처리하는 행위
6. 행정정보를 권한 없이 다른 사람으로 하여금 이용하게 하는 행위
7. 제39조제2항에 따라 행정안전부장관의 공동이용 승인을 받은 기관이 승인받지 아니한 방식으로 행정정보를 공동이용하거나 승인받지 아니한 정보시스템 또는 저장장치에 행정정보의 내용을 저장하는 행위(2017.7.26 본호개정)
8. 거짓이나 그 밖의 부정한 방법으로 행정기관등으로부터 행정정보를 제공받거나 열람하는 행위

제4장 행정정보의 공동이용 등
(2021.6.8 본장제목개정)

제36조【행정정보의 효율적 관리 및 이용】 ① 행정기관등의 장은 수집·보유하고 있는 행정정보를 필요로 하는 다른 행정기관등과 공동으로 이용하여야 하며, 다른 행정기관등으로부터 신뢰할 수 있는 행정정보를 제공받을 수 있는 경우에는 같은 내용의 정보를 따로 수집하여서는 아니 된다.
② 행정정보를 수집·보유하고 있는 행정기관등(이하 "행정정보보유기관"이라 한다)의 장은 다른 행정기관등과 「은행법」 제8조제1항에 따라 은행업의 인가를 받은 은행 및 대통령령으로 정하는 법인·단체 또는 기관으로 하여금 행정정보보유기관의 행정정보를 공동으로 이용하게 할 수 있다.(2010.5.17 본항개정)
③ 행정안전부장관은 행정기관등의 행정정보 목록을 조사·작성한 내용을 정보시스템을 통하여 공표하고, 행정기관등이 공동이용을 필요로 하는 행정정보에 대한 수요조사를 할 수 있다.(2017.7.26 본항개정)
④ 중앙사무관장기관의 장은 행정정보의 생성·가공·이용·제공·보존·폐기 등 행정정보의 효율적 관리를 위하여 관련 법령 및 제도의 개선을 추진하여야 한다.
⑤ 행정안전부장관은 다른 중앙사무관장기관의 장과 협의하여 행정정보의 공동이용에 대한 기준과 절차 등에 관한 지침을 마련하여 고시할 수 있다.(2017.7.26 본항개정)
⑥ 제3항에 따른 행정정보 목록의 조사 방법 등에 필요한 사항은 대통령령으로 정한다.(2014.1.28 본항신설)
제37조【행정정보 공동이용센터】 ① 행정안전부장관은 행정정보의 원활한 공동이용을 위하여 행정안전부장관 소속으로 행정정보 공동이용센터(이하 "공동이용센터"라 한다)를 두고 대통령령으로 정하는 바에 따라 공동이용에 필요한 시책을 추진하게 할 수 있다.(2017.7.26 본항개정)
② 제36조제2항에 따라 행정정보를 공동으로 이용하는 기관은 정당한 사유가 없으면 공동이용센터를 통하여 행정정보를 공동이용하여야 한다.
제38조【공동이용 행정정보】 ① 제36조 및 제37조에 따라 공동이용센터를 통하여 공동으로 이용할 수 있는 행정정보는 다음 각 호와 같다.
1. 민원사항 등의 처리를 위하여 필요한 행정정보
2. 통계정보, 문헌정보, 정책정보 등 행정업무의 수행에 참고가 되는 행정정보
3. 행정기관등이 법령 등에서 정하는 소관 업무의 수행을 위하여 불가피하게 필요하다고 인정하는 행정정보
② 국가의 안전보장과 관련된 행정정보, 법령에 따라 비밀로 지정된 행정정보 또는 이에 준하는 행정정보는 공동이용 대상정보에서 제외할 수 있다.
③ 행정정보보유기관은 공동으로 이용되는 행정정보가 최신 정보가 되도록 하고 정확성을 유지하도록 관리하여야 한다.
④ 행정정보의 공동이용은 특정한 이용목적에 따라 필요한 범위에서 이루어져야 한다.
⑤ 제1항에 따른 행정정보의 범위에서 대상정보의 종류, 범위 및 유형 등은 대통령령으로 정한다.
제39조【행정정보 공동이용의 신청·승인】 ① 제37조제2항에 따라 공동이용센터를 통하여 행정정보를 이용하려는 기관은 대통령령으로 정하는 바에 따라 공동이용 대상 행정정보와 그 범위, 공동이용의 목적·방식, 행정정보보유기관 등을 특정하여 행정안전부장관에게 공동이용을 신청하여야 한다.(2017.7.26 본항개정)
② 행정안전부장관은 제1항에 따른 공동이용 신청을 받으면 대통령령으로 정하는 바에 따라 공동이용의 조건 등을 정하여 행정정보 공동이용을 승인할 수 있다. 다만, 다음 각 호의 어느 하나에 해당하는 경우에는 공동이용을 승인하여서는 아니 된다.(2017.7.26 본문개정)
1. 공동이용을 신청한 행정정보가 다른 법률 또는 다른 법률에서 위임한 명령(국회규칙, 대법원규칙, 헌법재판소규칙, 중앙선거관리위원회규칙, 감사원규칙, 대통령령, 총리령·부령 및 조례·규칙만 해당한다)에서 비밀 또는 비공개 사항으로 규정된 경우
2. 공동이용을 신청한 행정정보가 국가안전보장 또는 국방·통일·외교관계 등에 관한 사항으로서 공동이용할 경우에는 국가의 중대한 이익을 크게 해칠 우려가 있다고 인정되는 경우

3. 공동이용을 신청한 기관(이하 "신청기관"이라 한다)이 공동이용하려는 행정정보가 그 신청기관 고유의 업무수행에 필요하지 아니하다고 인정되는 경우
4. 그 밖에 이 법에 따른 공동이용의 목적이나 행정정보의 안전성과 신뢰성을 해칠 우려가 있다고 인정되는 경우로서 대통령령으로 정하는 경우

③ 행정안전부장관은 제2항에 따른 승인을 하기 전에 행정정보보유기관의 장의 동의를 받아야 하며, 이 경우 행정정보보유기관의 장은 특별한 사유가 없으면 행정정보의 공동이용에 협조하여야 한다.(2017.7.26 본항개정)

④ 행정안전부장관은 신청기관이 공동이용하려는 행정정보가 「개인정보 보호법」 제32조에 따른 개인정보파일인 경우에는 「개인정보 보호법」 제7조에 따른 개인정보보호위원회의 심의·의결을 거쳐 제2항에 따른 공동이용 승인을 하여야 한다. 다만, 다른 법률에 특별한 규정이 있는 경우에는 그러하지 아니하다.(2017.7.26 본문개정)

⑤ 행정안전부장관은 다음 각 호의 어느 하나에 해당하는 경우에는 제1항부터 제4항까지의 규정에 따른 절차를 간소화하거나 생략하여 공동이용의 승인을 할 수 있다.(2017.7.26 본문개정)

1. 이미 공동이용의 승인을 한 사무에 있어 법령의 제정·개정 등으로 인하여 단순히 그 명칭이나 소관 부서 등이 변경되는 경우
2. 「민원 처리에 관한 법률」 제36조제1항에 따른 민원처리기준표에 올라있는 민원의 처리를 위하여 행정정보 공동이용이 필요한 경우(2015.8.11 본호개정)

⑥ 행정안전부장관은 공동이용하려는 사무가 법령에서 정하는 바에 따라 여러 행정기관등이 공통적으로 처리하는 사무인 경우에는 개별 기관이 신청하지 아니하여도 그 사무를 처리하는 모든 기관에 대하여 공동이용을 승인할 수 있다.(2017.7.26 본항개정)

⑦ 제2항에 따른 승인을 받은 기관은 대통령령으로 정하는 바에 따라 다음 각 호의 어느 하나에 해당하는 사람을 지정하여 운영하여야 한다.

1. 그 기관의 공동이용에 관한 사항을 총괄관리할 권한이 있는 사람
2. 그 기관의 업무담당자에게 행정정보에 접근할 수 있는 권한을 부여할 권한이 있는 사람
3. 공동이용을 통하여 처리하는 소관 업무와 행정정보에 접근할 권한이 있는 사람

제40조【심사·승인·협의의 의제】 ① 신청기관이 다음 각 호의 조항의 본문에서 정한 행정정보에 대하여 제39조제2항에 따라 공동이용의 승인을 받은 경우 그 행정정보는 다음 각 호의 해당 조항의 단서에 따라 신청기관에 제공할 수 있는 것으로 본다.

1. 「국세기본법」 제81조의13제1항
2. 「관세법」 제116조제1항
3. 「지방세기본법」 제86조제1항(2016.12.27 본호개정)

② 신청기관이 제39조제2항에 따라 공동이용의 승인을 받은 경우에 다음 각 호의 어느 하나에 해당하는 사항이 포함되어 있으면 그 행정정보에 대하여 그에 해당하는 각 호의 심사, 승인, 협의 등을 받은 것으로 본다.

1. 「부동산등기법」 제109조의2제1항에 따른 등기정보자료의 이용·활용에 관한 심사·승인 및 협의(2020.2.4 본호개정)
2. 「가족관계의 등록 등에 관한 법률」 제13조제1항에 따른 등록전산정보자료의 이용·활용에 관한 심사·승인 및 협의
3. 「주민등록법」 제30조에 따른 주민등록전산정보자료의 이용·활용에 관한 심사 및 승인
4. 「공간정보의 구축 및 관리 등에 관한 법률」 제76조에 따른 지적전산자료의 이용·활용에 관한 심사 및 승인(2014.6.3 본호개정)
5. 「자동차관리법」 제69조제2항에 따른 전산자료의 이용에 관한 심의 및 승인
6. 「건축법」 제32조에 따른 전산자료의 이용에 관한 심사 및 승인
7. 「상업등기법」 제21조제2항에 따른 등기전산정보자료의 이용·활용에 관한 심사·승인 및 협의(2014.5.20 본호개정)

제41조【행정정보 공동이용 승인의 철회 및 정지】 ① 행정안전부장관은 제39조제2항에 따른 승인을 받아 행정정보를 공동으로 이용하는 기관(이하 "이용기관"이라 한다) 또는 그 소속 직원이 다음 각 호의 어느 하나에 해당하는 경우에는 해당 이용기관에 대한 공동이용의 승인을 철회할 수 있다.(2017.7.26 본문개정)

1. 제39조제2항에 따라 정한 공동이용의 조건을 위반한 경우
2. 공동이용을 신청한 후에 제39조제2항 각 호의 어느 하나에 해당하는 사유가 발생한 경우
3. 제35조에 따른 금지행위를 하거나 제74조에 따른 준수의무를 위반한 경우
4. 그 밖에 제1호부터 제3호까지의 경우에 준하여 행정정보의 공동이용을 금지하여야 할 불가피한 사유가 있는 경우로서 대통령령으로 정하는 경우

② 행정안전부장관은 제1항에도 불구하고 같은 항 각 호의 어느 하나에 해당하는 사유가 일시적으로 발생하였다고 인정되는 경우에는 그 발생 원인이 해소될 때까지 해당 이용기관의 공동이용을 일시 정지시킬 수 있다.(2017.7.26 본항개정)

③ 행정정보보유기관은 소관 행정정보를 공동으로 이용하는 이용기관이나 그 소속 직원이 제1항 각 호의 어느 하나에 해당하는 경우에는 해당 이용기관에 대한 공동이용의 승인을 철회하거나 해당 이용기관의 공동이용을 일시 정지시켜 줄 것을 행정안전부장관에게 요청할 수 있다.(2017.7.26 본항개정)

④ 행정안전부장관은 제1항이나 제2항에 따라 공동이용의 승인을 철회하거나 공동이용을 정지시킨 경우에는 그 구체적인 사유를 해당 이용기관과 행정정보보유기관에 알려야 한다.(2017.7.26 본항개정)

⑤ 행정정보 공동이용의 철회 또는 정지 등에 필요한 사항은 대통령령으로 정한다.

제42조【정보주체의 사전동의】 ① 이용기관이 공동이용센터를 통하여 개인정보가 포함된 행정정보를 공동이용할 때에는 「개인정보 보호법」 제2조제3호의 정보주체(이하 "정보주체"라 한다)가 다음 각 호의 사항을 알 수 있도록 정보주체의 사전동의를 받아야 한다. 이 경우 「개인정보 보호법」 제18조제2항제1호·제19조제1호·제23조제1호 및 제24조제1항제1호에 따른 동의를 받은 것으로 본다.(2014.1.28 후단개정)

1. 공동이용의 목적
2. 공동이용 대상 행정정보 및 이용범위
3. 공동이용 대상 이용기관의 명칭

② 제1항에도 불구하고 이용기관이 다음 각 호의 어느 하나에 해당하는 경우로서 정보주체의 사전동의를 받을 수 없거나 동의를 받는 것이 부적절하다고 인정되면 이용기관은 그 행정정보를 공동이용한 후 국회규칙, 대법원규칙, 헌법재판소규칙, 중앙선거관리위원회규칙 및 대통령령으로 정하는 바에 따라 제1항 각 호의 사항을 정보주체가 알 수 있도록 하여야 한다. 다만, 제3호에 해당하여 이용기관이 범죄수사를 위하여 행정정보를 공동이용한 경우에는 그 사건에 관하여 공소제기를 한 날 또는 입건을 하지 아니하거나 불송치결정·불기소처분〔수사중지(피의자중지로 한정한다) 또는 기소중지 결정은 제외한다〕을 한 날 이후에 알 수 있도록 하여야 한다.(2021.3.23 단서개정)

1. 정보주체의 생명 또는 신체를 보호하기 위하여 긴급하게 공동이용할 필요가 있는 경우
2. 법령에 따라 정보주체에게 의무를 부과하거나 권리·이익을 취소·철회하는 업무를 수행하기 위하여 공동이용이 불가피한 경우
3. 법령을 위반한 정보주체에 대한 조사 또는 처벌 등 제재와 관련된 업무를 수행하기 위하여 공동이용이 불가피한 경우
4. 그 밖에 법령에서 정하는 업무를 수행함에 있어서 정보주체의 사전동의를 받는 것이 그 업무 또는 정보의 성질에 비추어 현저히 부적합하다고 인정되는 경우로서 대통령령으로 정하는 경우

③ 행정안전부장관은 제2항에 따라 정보주체의 사전동의 없이 공동이용할 수 있는 업무와 행정정보의 구체적인 범위를 대통령령으로 정하는 바에 따라 공개하여야 한다.(2017.7.26 본항개정)

제43조【정보주체의 열람청구권】 ① 정보주체는 공동이용센터를 통하여 공동이용한 행정정보 중 본인에 관한 행정정보에 대하여 다음 각 호의 사항에 대한 열람을 행정안전부장관 또는 해당 이용기관의 장에게 신청할 수 있다.(2017.7.26 본문개정)

1. 이용기관
2. 공동이용의 목적
3. 공동이용한 행정정보의 종류
4. 공동이용한 시기
5. 해당 행정정보를 공동이용할 수 있는 법적 근거

② 행정안전부장관 및 이용기관의 장은 제1항에 따른 정보주체의 신청을 받았을 때에는 정당한 사유가 없으면 신청한 날부터 10일 이내에 그 정보주체에게 제1항 각 호의 사항을 통보하여야 한다. 이 경우 10일 이내에 통보할 수 없는 정당한 사유가 있을 때에는 그 사유가 소멸하였을 때에 지체 없이 통보하여야 한다.(2017.7.26 전단개정)

③ 제2항의 경우에 이용기관이 범죄수사를 위하여 행정정보를 공동이용한 경우에는 그 사건에 관하여 공소제기를 한 날 또는 입건을 하지 아니하거나 불송치결정·불기소처분〔수사중지(피의자중지로 한정한다) 또는 기소중지 결정은 제외한다〕을 한 날부터 30일 이내에 그 정보주체에게 통보하여야 한다.(2021.3.23 본항개정)

④ 정보주체는 이용기관이 제2항에 따른 통보를 하지 아니하면 이용기관이 공동이용한 행정정보 중 본인에 관한 제1항 각 호의 사항에 대한 열람을 행정안전부장관에게 직접 신청할 수 있다.(2017.7.26 본항개정)

⑤ 제1항부터 제4항까지의 규정에 따른 열람 절차 등에 관하여 필요한 사항은 대통령령으로 정한다.

⑥ 행정안전부장관은 대통령령으로 정하는 바에 따라 공동이용센터를 통하여 공동이용한 행정정보의 명칭, 공동이용 횟수 등의 기록을 유지·관리하고 공개하여야 한다.(2017.7.26 본항개정)

제43조의2【정보주체 본인에 관한 행정정보의 제공요구권】 ① 정보주체는 행정기관등이 정보처리능력을 지닌 장치에 의하여 판독이 가능한 형태로 본인에 관한 행정정보를 보유하고 있는 경우에는 해당 행정기관등의 장으로 하여금 본인에 관한 증명서류 또는 구비서류 등의 행정정보(법원의 재판사무·조정사무 및 그 밖에 이와 관련된 사무에 관한 정보는 제외한다. 이하 "본인정보"라 한다)를 본인이나 본인이 지정하는 자로서 본인정보를 이용하여 업무(「민원 처리에 관한 법률」 제10조의2에 따라 처리하는 민원은 제외한다)를 처리하려는 다음 각 호의 자(이하 "제3자"라 한다)에게 제공하도록 요구할 수 있다.

1. 행정기관등
2. 「은행법」 제8조제1항에 따라 은행업의 인가를 받은 은행
3. 그 밖에 대통령령으로 정하는 개인, 법인 또는 단체

② 정보주체가 제1항에 따라 본인정보를 제공하도록 요구할 때에는 해당 본인정보의 정확성 및 최신성이 유지될 수 있도록 정기적으로 같은 내역의 본인정보를 제공하여 줄 것을 행정기관등의 장에게 요구할 수 있고, 필요한 경우 해당 제공 요구를 철회할 수 있다.

③ 정보주체가 제1항에 따라 본인정보를 제공하도록 요구할 때에는 다음 각 호의 사항을 모두 특정하여야 한다.

1. 제공 요구를 받는 행정기관등의 장
2. 제공 요구하는 본인정보
3. 제공 요구에 따라 본인정보를 제공받는 자
4. 정기적인 제공을 요구하는지 여부 및 요구하는 경우 그 주기
5. 그 밖에 제1호부터 제4호까지의 규정에서 정한 사항과 유사한 사항으로서 대통령령으로 정하는 사항

④ 제1항에 따라 본인정보의 제공 요구를 받은 행정기관등의 장은 다음 각 호의 법률의 규정에도 불구하고 해당 본인정보를 정보주체 본인 또는 제3자에게 지체 없이 제공하여야 한다. 다만, 「개인정보 보호법」 제35조제4항에 따른 제한 또는 거절의 사유에 해당하는 경우에는 그러하지 아니하다.

1. 제39조
2. 「가족관계의 등록 등에 관한 법률」 제13조
3. 「건축법」 제32조
4. 「공간정보의 구축 및 관리 등에 관한 법률」 제76조
5. 「관세법」 제116조
6. 「국세기본법」 제81조의13
7. 「부동산등기법」 제109조의2
8. 「상업등기법」 제21조
9. 「자동차관리법」 제69조
10. 「주민등록법」 제30조
11. 「지방세기본법」 제86조
12. 그 밖에 제1호부터 제11호까지의 규정과 유사한 규정으로서 대통령령으로 정하는 법률의 규정

⑤ 행정안전부장관은 제1항에 따라 정보주체가 본인 또는 제3자에게 제공하도록 요구할 수 있는 본인정보의 종류를 해당 본인정보를 보유하고 있는 행정기관등의 장과 협의하여 대통령령으로 정하는 바에 따라 공개하여야 한다.

⑥ 행정기관등의 장이 제1항의 제공 요구에 따라 정보처리능력을 지닌 장치에 의하여 판독이 가능한 형태로 본인정보를 제공하는 경우에는 다른 법률에도 불구하고 수수료를 감면할 수 있다.

⑦ 정보주체가 제1항에 따라 본인정보의 제공을 요구하는 경우에는 행정기관등이 제공하는 다음 각 호의 어느 하나에 해당하는 방법으로 해당 본인정보가 본인에 관한 것임을 증명하여야 한다.

1. 제10조에 따른 민원인 등의 본인 확인 방법
2. 행정기관등이 보유하고 있는 지문 등의 생체정보를 이용하는 방법
3. 「주민등록법」 제35조제2호, 「도로교통법」 제137조제5항 또는 「여권법」 제23조의2제2항에 따라 신분증명서의 진위를 확인하는 방법
4. 그 밖에 대통령령으로 정하는 방법

⑧ 제1항부터 제7항까지에서 규정한 사항 외에 본인정보의 요구방법 및 수수료 등에 필요한 사항은 국회규칙, 대법원규칙, 헌법재판소규칙, 중앙선거관리위원회규칙 및 대통령령으로 정한다.
(2021.6.8 본조신설)

제44조【행정정보 공동이용에 따른 비용 청구】 ① 공동이용센터를 통하여 행정정보를 제공하는 기관은 해당 행정정보의 이용기관에 그 비용을 청구할 수 있다.

② 제1항에 따른 비용 청구의 대상·범위 등에 관하여 필요한 사항은 국회규칙, 대법원규칙, 헌법재판소규칙, 중앙선거관리위원회규칙 및 대통령령으로 정한다.

제44조의2【국가기준데이터의 지정 등】 ① 행정안전부장관은 다수의 행정기관등이 이용하는 행정정보로서 정

확성·통일성을 확보할 필요가 있는 행정정보를 국가기준데이터로 지정할 수 있다.
② 행정기관등의 장은 보유하고 있는 행정정보가 제1항에 따른 국가기준데이터로 지정하여 관리할 필요가 있다고 인정하는 경우에는 행정안전부장관에게 해당 행정정보를 국가기준데이터로 지정할 것을 신청할 수 있다.
③ 행정안전부장관은 제1항에 따라 국가기준데이터를 지정하는 경우에는 해당 국가기준데이터를 관리할 행정기관등(이하 "관리기관"이라 한다)을 정하고 이를 관리기관의 장 및 관계 행정기관등의 장에게 통보하여야 한다.
④ 제1항부터 제3항까지에서 규정한 사항 외에 국가기준데이터를 지정하기 위한 절차, 관리기관의 선정 절차 등에 필요한 사항은 대통령령으로 정한다.
(2021.6.8 본조신설)

제44조의3【국가기준데이터의 관리 등】 ① 행정안전부장관은 국가기준데이터를 효율적으로 관리하고 활용하기 위하여 다음 각 호의 사항을 포함하는 시책을 마련하여야 한다.
1. 국가기준데이터의 관리 및 활용을 위한 정책의 기본방향
2. 국가기준데이터의 항목 관리 및 공동활용에 관한 사항
3. 국가기준데이터의 표준화 및 품질관리에 관한 사항
4. 국가기준데이터의 기술적인 기반 구축에 관한 사항
5. 그 밖에 국가기준데이터의 효율적인 관리 및 활용을 위하여 행정안전부장관이 필요하다고 인정하는 사항

② 관리기관의 장은 국가기준데이터를 표준화하고, 정확성·일관성·최신성이 유지되도록 지속적으로 국가기준데이터의 품질을 관리하여야 한다.
③ 행정기관등의 장은 소관 업무를 수행하는 과정에서 필요한 행정정보가 제44조의2제1항에 따라 지정된 국가기준데이터인 경우에는 국가기준데이터를 우선적으로 활용하여야 한다.
④ 행정안전부장관은 국가기준데이터의 효율적 관리와 활용을 지원하기 위하여 국가기준데이터관리시스템을 구축·운영할 수 있다.
⑤ 그 밖에 국가기준데이터의 관리, 활용 절차, 국가기준데이터관리시스템의 운영 절차 등에 필요한 사항은 대통령령으로 정한다.
(2021.6.8 본조신설)

제5장 전자정부 운영기반의 강화

제1절 정보기술아키텍처의 도입 및 활용

제45조【정보기술아키텍처 기본계획의 수립 등】 ① 행정안전부장관은 관계 행정기관등의 장과 협의하여 정보기술아키텍처를 체계적으로 도입하고 확산시키기 위한 기본계획(이하 "기본계획"이라 한다)을 수립하여야 한다.
② 행정안전부장관은 기본계획에 따라 범정부 정보기술아키텍처를 수립하여야 한다.
③ 행정안전부장관은 정보기술아키텍처의 도입·운영 및 정보시스템의 구축·운영에 관한 지침을 정하여 고시하여야 하며, 행정기관등의 장은 이를 준수하여야 한다.
④ 행정안전부장관은 관계 중앙행정기관의 장과 협의하여 정보기술아키텍처와 예산, 성과 등 관련 제도를 연계·발전시킬 수 있는 방안을 마련하고, 행정기관등의 장은 특별한 사유가 없으면 이를 소관 업무에 반영하도록 노력하여야 한다.
(2017.7.26 본조개정)

제46조【기관별 정보기술아키텍처 도입·운영】 ① 대통령령으로 정하는 행정기관등(이하 "아키텍처도입 대상기관"이라 한다)의 장은 대통령령으로 정하는 바에 따라 정보기술아키텍처 도입계획을 수립하여 행정안전부장관에게 제출하여야 한다.(2017.7.26 본항개정)
② 아키텍처도입 대상기관의 장은 업무처리 및 정보화를 효율적으로 추진하기 위하여 제1항의 도입계획에 따라 정보기술아키텍처를 도입·운영하고 지속적으로 유지·발전시켜야 한다.

제47조【정보기술아키텍처의 도입·운영 촉진】 ① 행정안전부장관은 정보기술아키텍처의 도입·운영을 촉진하기 위하여 행정기관등이 공동으로 활용할 수 있는 정보기술아키텍처의 참조모형(정보기술아키텍처의 구성요소들을 표준화된 분류체계와 형식으로 정의함으로써 일관성·상호운용성 등을 확보하기 위한 모형을 말한다. 이하 같다)을 개발하여 보급할 수 있다.
② 행정안전부장관은 정보기술아키텍처를 도입·운영하려는 행정기관등에 대하여 대통령령으로 정하는 바에 따라 정보기술아키텍처의 도입·운영에 관한 기술의 제공 및 교육·훈련의 지원 등을 할 수 있다.
③ 행정안전부장관은 행정기관등에서 정보기술아키텍처 관련 정보를 공동으로 활용할 수 있도록 참조모형, 범정부 정보기술아키텍처, 각 기관의 정보기술아키텍처의 도입·운영 현황 등에 관한 정보를 관리·제공하기 위한 시스템을 구축·운영하여야 한다.
④ 행정안전부장관은 행정기관등의 정보시스템과 연계된 정보시스템을 구축하거나 운영하는 등 행정기관등과 밀접한 관련이 있는 민간부문에 대하여 정보기술아키텍처를 도입·운영하도록 권고할 수 있다.
(2017.7.26 본조개정)

제48조【정보통신기술에 적합한 업무 재설계】 ① 행정기관등의 장은 소관 업무에 정보통신기술을 도입할 때 기존의 조직구성, 인력배치 및 업무절차 등을 정보통신기술의 도입에 적합하도록 재설계하고 이를 시행하여야 한다.
② 제1항에 따른 업무 재설계의 범위가 둘 이상의 행정기관등의 업무와 연계되어 있는 경우에 해당 행정기관등의 장은 관계 행정기관등의 장에게 협조를 요청할 수 있으며, 이 경우 관계 행정기관등의 장은 특별한 사유가 없으면 이에 협조하여야 한다.
③ 행정기관등의 장은 제1항 및 제2항에 따른 업무 재설계에 따라 필요한 경우 소관 법령 및 제도를 정비하여야 하며, 다른 행정기관등의 소관 법령 및 제도에 대하여는 개선을 요청할 수 있다.

제2절 정보자원의 효율적 관리기반 조성

제49조【상호운용성 확보 등을 위한 기술평가】 ① 행정기관등의 장은 정보시스템의 특성 및 사업의 규모 등이 대통령령으로 정하는 기준에 해당하는 정보시스템 구축사업을 하려면 사업계획을 확정하기 전에 제45조제3항의 지침에 따라 다음 각 호의 사항에 관하여 기술평가를 하여야 한다.
1. 정보시스템의 상호운용성
2. 정보의 공동활용
3. 정보시스템의 효율성
4. 정보접근을 위한 기술적 편의성
5. 정보시스템 구축·운영 기술의 적합성

② 행정기관등의 장은 필요한 경우 사업계획을 수립하기 전에 대통령령으로 정하는 자격을 갖춘 기관으로 하여금 제1항에 따른 기술평가를 하도록 할 수 있다.

제50조【표준화】 중앙사무관장기관의 장은 국회규칙, 대법원규칙, 헌법재판소규칙, 중앙선거관리위원회규칙 및 대통령령으로 정하는 바에 따라 전자문서, 행정코드 및 행정기관등에서 공통적으로 사용되는 행정업무용 컴퓨터 등의 표준화를 위하여 필요한 조치를 할 수 있다.

제51조【공유서비스의 지정 및 활용】 ① 중앙사무관장기관의 장은 행정기관등이 보유한 정보자원 중 여러 행정기관등 또는 민간에서 활용할 수 있는 표준화된 정보자원(이하 "공유서비스"라 한다)을 관계 행정기관등의 장과 협의하여 지정, 변경 또는 취소할 수 있고, 그 중 우수한 정보자원을 발굴·선정하여 다른 행정기관등에 보급할 수 있다.
② 중앙사무관장기관의 장은 공유서비스의 효율적인 유통 및 활용을 촉진하기 위하여 공유서비스 관리시스템을 구축·운영할 수 있다.
③ 행정기관등의 장은 정보시스템을 구축할 때에는 제1항에 따라 지정된 공유서비스를 우선적으로 활용하여야 하고, 개발된 서비스 중 다른 행정기관등 또는 민간에서 활용할 수 있는 서비스는 제2항의 공유서비스 관리시스템에 등록하고 지속적으로 관리하여야 한다.
④ 우수한 정보자원을 개발하여 보급하는 기관은 보급받는 기관에 비용을 청구할 수 있다.
⑤ 중앙사무관장기관의 장은 공유서비스의 보급 및 확산을 위한 시책을 마련하여야 한다.
⑥ 제1항부터 제5항까지의 규정과 관련한 구체적인 사항은 국회규칙, 대법원규칙, 헌법재판소규칙, 중앙선거관리위원회규칙 및 대통령령으로 정한다.

제52조【정보통신망의 구축】 ① 중앙사무관장기관의 장은 행정안전부장관과 협의하여 행정기관등을 통합·연계하는 정보통신망의 구축·운영 방안을 마련하여야 한다.(2017.7.26 본항개정)
② 행정기관등의 장이 정보통신망을 구축·운영할 때에는 정보통신망의 효율적 운영 및 다양한 행정정보의 원활한 유통을 위하여 다른 행정기관등의 정보통신망과 연계될 수 있도록 설계·운영하여야 한다.
③ 행정안전부장관은 행정기관등이 정보통신망을 최소의 비용으로 이용할 수 있도록 필요한 정보통신서비스 이용제도를 수립하여 시행하여야 한다.(2017.7.26 본항개정)

제53조【정보화인력 개발계획의 수립 등】 ① 중앙사무관장기관의 장은 공무원의 정보화 역량 향상 및 정보자원의 효율적인 관리 등을 도모하기 위하여 정보화인력 개발계획 및 전문인력의 양성, 자격제도 등에 관한 시책을 수립·추진할 수 있다.
② 중앙행정기관 및 지방자치단체의 장은 제1항의 정보화인력 개발계획에 따라 자체 추진계획을 수립·시행하여야 한다.
③ 제1항 및 제2항에서 규정한 사항 외에 정보화인력의 개발 등에 필요한 사항은 국회규칙, 대법원규칙, 헌법재판소규칙, 중앙선거관리위원회규칙 및 대통령령으로 정한다.

제54조【정보자원 통합관리】 ① 행정기관등의 장은 해당 기관이 보유하고 있는 정보자원의 현황 및 통계자료(이하 "정보자원현황등"이라 한다)를 체계적으로 작성·관리하여야 한다.
② 행정안전부장관은 행정기관등의 정보자원에 대한 공동이용 및 효율적인 관리를 위하여 정보화 수요를 조사하고, 정보자원의 통합기준 및 원칙 등(이하 "정보자원 통합기준"이라 한다)을 수립하여 정보자원을 통합적으로 구축·관리할 수 있다.(2017.7.26 본항개정)
③ 행정안전부장관은 제2항에 따라 행정기관등의 정보자원을 통합적으로 구축·관리할 수 있는 전담기관(이하 "통합관리기관"이라 한다)을 지정할 수 있다.(2021.6.8 본항신설)
④ 통합관리기관의 장은 행정기관등의 정보자원의 구축·관리에 필요한 비용을 해당 행정기관등의 장으로 하여금 부담하게 할 수 있다.(2021.6.8 본항신설)
⑤ 제1항부터 제4항까지에서 규정한 사항 외에 정보자원의 통합관리 등에 필요한 사항은 대통령령으로 정한다.
(2021.6.8 본항개정)

제54조의2【클라우드컴퓨팅서비스의 이용】 ① 행정기관등의 장은 정보자원을 효율적으로 관리하기 위하여 「클라우드컴퓨팅 발전 및 이용자 보호에 관한 법률」 제2조제3호에 따른 클라우드컴퓨팅서비스(이하 "클라우드컴퓨팅서비스"라 한다)를 이용할 수 있다.
② 행정안전부장관은 행정기관등의 장이 클라우드컴퓨팅서비스를 안전하게 이용할 수 있도록 필요한 시책을 수립하고, 행정기관등의 장에게 행정적·재정적·기술적 지원 등 필요한 지원을 할 수 있다.
③ 행정안전부장관은 클라우드컴퓨팅서비스의 이용 기준 및 안전성 확보 등에 필요한 사항을 정하여 고시할 수 있다. 이 경우 보안에 관한 사항은 국가정보원장과 협의하여 정한다.
(2021.6.8 본조신설)

제55조【지역정보통합센터 설립·운영】 ① 지방자치단체는 정보자원을 효율적으로 관리하고 지역정보화를 통합적으로 추진하기 위하여 지역정보통합센터를 설립·운영할 수 있고, 필요한 경우 국가와 지방자치단체 또는 둘 이상의 지방자치단체가 공동으로 지역정보통합센터를 설립·운영할 수 있다.
② 국가는 제1항에 따른 지역정보통합센터 설립·운영을 위하여 필요한 행정적·재정적·기술적 지원 등 필요한 지원을 할 수 있다.
③ 지역정보통합센터를 설립하고자 하는 지방자치단체의 장은 제67조제1항에 따라 중복투자 방지 등을 위하여 행정안전부장관과 사전협의를 하여야 한다.
(2017.7.26 본항개정)
④ 제1항부터 제3항까지에서 규정한 사항 외에 지역정보통합센터의 설립과 운영 등에 필요한 사항은 대통령령으로 정한다.

제3절 정보시스템의 안정성·신뢰성 제고

제56조【정보통신망 등의 보안대책 수립·시행】 ① 국회, 법원, 헌법재판소, 중앙선거관리위원회 및 행정부는 전자정부의 구현에 필요한 정보통신망과 행정정보 등의 안전성 및 신뢰성 확보를 위한 보안대책을 마련하여야 한다.
② 행정기관의 장은 제1항의 보안대책에 따라 소관 정보통신망 및 행정정보 등의 보안대책을 수립·시행하여야 한다.
③ 행정기관의 장은 정보통신망을 이용하여 전자문서를 보관·유통할 때 위조·변조·훼손 또는 유출을 방지하기 위하여 국가정보원장이 안전성을 확인한 보안조치를 하여야 하고, 국가정보원장은 그 이행 여부를 확인할 수 있다.
④ 제3항을 적용할 때에는 국회, 법원, 헌법재판소, 중앙선거관리위원회의 행정사무를 처리하는 기관의 경우에는 해당 기관의 장이 필요하다고 인정하는 경우에만 적용한다. 다만, 필요하지 아니하다고 인정하는 경우에는 해당 기관의 장은 제3항에 준하는 보안조치를 마련하여야 한다.

제56조의2【정보시스템 장애 예방·대응 등】 ① 행정기관의 장은 해당 기관 및 그 소속 기관의 정보시스템을 안정적으로 운영·관리하기 위하여 정보시스템의 장애 예방 및 대응을 위한 방안을 마련하여야 한다.
② 제1항에 따른 정보시스템의 장애 예방 및 대응에 필요한 사항은 국회규칙, 대법원규칙, 헌법재판소규칙, 중앙선거관리위원회규칙 및 대통령령으로 정한다.
(2014.1.28 본조신설)

제56조의3【정보통신망의 사용 제한】 행정안전부장관은 국가비상사태, 대규모 재난 또는 사이버 공격 등으로 행정기관의 정보통신망의 정상적인 운영이 불가능하다고 인정하는 경우에는 해당 행정기관에 대하여 제52조제1항에 따라 통합·연계된 정보통신망의 사용을 일부 제한할 수 있다.(2021.6.8 본조신설)

제57조【행정기관등의 정보시스템 감리】 ① 행정기관등의 장은 정보시스템의 특성 및 사업 규모 등이 대통령령

으로 정하는 기준에 해당하는 정보시스템에 대하여 제58조제1항에 따른 감리법인으로 하여금 정보시스템 감리를 하게 하여야 한다. 다만, 제64조의2에 따라 전자정부사업 관리를 위탁한 경우로서 대통령령으로 정하는 전자정부사업에 대해서는 그러하지 아니하다.(2014.1.28 단서신설)
② 행정기관등의 장은 감리를 시행하는 사업에 대하여 그 소속 직원과 해당 정보시스템을 구축하는 사업자로 하여금 감리원의 원활한 업무수행에 필요한 사항을 지원하도록 하여야 하며, 정당한 사유 없이 감리원의 업무에 개입하거나 간섭하여서는 아니 된다.
③ 행정기관등의 장은 제1항에 따른 감리를 시행하는 사업에 대하여 해당 정보시스템을 구축하는 사업자로 하여금 감리결과를 반영하게 하여야 한다.
④ 제1항에도 불구하고 국가안전보장에 관한 정보 등 대통령령으로 정하는 정보를 취급하는 기관의 경우에는 그 기관의 장이 정하는 기관으로 하여금 정보시스템 감리를 하게 할 수 있다.
⑤ 행정안전부장관은 정보시스템 감리의 업무범위, 절차 및 준수사항 등 감리를 하기 위하여 필요한 기준(이하 "감리기준"이라 한다)을 정하여 고시하여야 한다. 다만, 정보시스템 보안에 관한 사항은 관계 기관의 장과 미리 협의하여야 한다.(2017.7.26 본문개정)
⑥ 제1항 및 제4항에 따라 감리를 하는 법인 또는 기관은 해당 정보시스템이 적절하게 개발·구축되고 있는지를 감리기준에 따라 점검하여야 한다.
⑦ 제6항에 따라 감리를 하는 법인 또는 기관의 업무범위 및 감리절차와 그 밖에 필요한 사항은 대통령령으로 정한다.
제58조【감리법인의 등록】 ① 정보시스템 감리를 하려는 자는 대통령령으로 정하는 기술능력, 재정능력, 그 밖에 정보시스템 감리에 필요한 사항을 갖추어 행정안전부장관에게 법인으로 등록하여야 한다.(2017.7.26 본항개정)
② 제1항에 따라 등록한 법인(이하 "감리법인"이라 한다)은 등록사항을 변경할 때에는 그 변경사항을 미리 행정안전부장관에게 신고하여야 한다. 다만, 등록기준의 범위 내의 자본금 변동 등 대통령령으로 정하는 경미한 사항의 변경은 그러하지 아니하다.(2017.7.26 본문개정)
③ 감리법인의 등록 및 등록사항의 변경 등에 필요한 사항은 대통령령으로 정한다.
제59조【감리법인의 준수사항】 ① 감리법인은 제60조제1항에 따른 감리원으로 하여금 감리업무를 수행하게 하여야 한다.
② 감리법인은 거짓으로 감리보고서를 작성하여서는 아니 되며, 신의에 따라 성실하게 정보시스템 감리를 하여야 한다.
③ 감리법인은 다른 자에게 자기의 명칭을 사용하여 정보시스템 감리를 하도록 하여서는 아니 된다.
제60조【감리원】 ① 감리원이 되려는 사람은 등급별 기술자격 등 대통령령으로 정하는 일정한 자격을 갖추어야 하며, 대통령령으로 정하는 바에 따라 감리업무 수행에 필요한 교육을 받아야 한다.
② 행정안전부장관은 제1항에 따른 요건을 충족하는 사람에게 대통령령으로 정하는 바에 따라 감리원증을 발급하고 관리하여야 한다.(2017.7.26 본항개정)
③ 감리원은 다른 사람에게 자기의 성명을 사용하여 감리업무를 수행하게 하거나 감리원증을 빌려 주어서는 아니 된다.
제61조【감리법인 등의 결격사유】 ① 임원 중 다음 각 호의 어느 하나에 해당하는 사람이 있는 법인은 제58조제1항에 따른 감리법인으로 등록할 수 없다.
1. 피성년후견인 또는 피한정후견인(2014.1.28 본호개정)
2. 제62조에 따라 등록이 취소된 감리법인의 임원으로서 등록이 취소된 날부터 2년이 지나지 아니한 사람(등록취소의 원인이 된 행위를 한 사람과 그 대표자를 말한다)
② 제1항제1호에 해당하는 사람은 제60조에 따른 감리원이 될 수 없다.
③ 감리법인 등의 결격사유 확인 등에 필요한 사항은 대통령령으로 정한다.
제62조【감리법인의 등록취소 등】 ① 행정안전부장관은 감리법인이 다음 각 호의 어느 하나에 해당할 때에는 등록을 취소하거나 1년 이내의 기간을 정하여 업무의 정지를 명할 수 있다. 다만, 제1호부터 제3호까지 또는 제10호에 해당하면 등록을 취소하여야 한다.(2017.7.26 본문개정)
1. 거짓이나 그 밖의 부정한 방법으로 등록을 한 경우
2. 최근 3년간 3회 이상의 업무정지처분을 받은 경우
3. 업무정지기간에 정보시스템 감리를 한 경우. 다만, 제63조에 따라 업무정지기간에 정보시스템 감리를 한 경우에는 그러하지 아니하다.
4. 제57조제6항을 위반하여 감리기준을 준수하지 아니하고 감리업무를 수행한 경우
5. 제58조제1항에 따른 등록기준에 미달하게 된 경우
6. 제58조제2항에 따른 변경사항을 신고하지 아니하거나 거짓으로 신고한 경우
7. 제59조제1항을 위반하여 감리원이 아닌 사람에게 감리업무를 수행하게 한 경우
8. 제59조제2항을 위반하여 거짓으로 감리보고서를 작성한 경우
9. 제59조제3항을 위반하여 다른 자에게 자기의 명칭을 사용하여 정보시스템 감리를 하게 한 경우
10. 임원이 제61조제1항에 따른 결격사유에 해당되는 경우. 다만, 결격사유에 해당되는 날부터 6개월 이내에 해당 임원을 바꾸어 임명하는 경우에는 그러하지 아니하다.
② 행정안전부장관은 제1항에 따라 등록을 취소하려면 청문을 하여야 한다.(2017.7.26 본항개정)
③ 제1항에 따른 처분의 기준 및 절차 등에 관하여 필요한 사항은 대통령령으로 정한다.
제63조【등록취소처분 등을 받은 감리법인의 업무계속 등】 ① 제62조제1항에 따라 등록취소처분이나 업무정지처분을 받은 감리법인은 그 처분 전에 체결한 계약에 따른 감리업무를 계속 수행할 수 있다. 이 경우 감리법인은 그 처분내용을 지체 없이 해당 감리발주자에게 알려야 한다.
② 정보시스템 감리발주자는 제1항에 따른 통지를 받거나 감리법인이 등록취소처분이나 업무정지처분을 받은 사실을 알았을 때에는 특별한 사유가 있는 경우를 제외하고는 그 사실을 안 날부터 30일 이내에만 그 계약을 해지할 수 있다.

제6장 전자정부 구현을 위한 시책 등의 추진

제64조【전자정부사업의 추진 및 지원】 ① 행정기관등의 장은 전자정부의 구현·운영 및 발전을 위한 사업(이하 "전자정부사업"이라 한다)을 적극적으로 추진하여야 한다.
② 행정안전부장관은 행정기관등의 장이 전자정부사업을 효율적으로 추진할 수 있도록 행정적·재정적·기술적 지원 등 필요한 지원을 할 수 있다.(2017.7.26 본항개정)
③ 제2항에 따라 지원되는 사업(이하 "전자정부지원사업"이라 한다)의 선정·관리 등 필요한 사항은 대통령령으로 정한다.
제64조의2【전자정부사업관리의 위탁】 ① 행정기관등의 장은 전자정부사업을 효율적으로 수행하기 위하여 다음 각 호의 어느 하나에 해당하는 사업에 대하여 관리·감독하는 업무(이하 "전자정부사업관리"라 한다)의 전부 또는 일부를 전문지식과 기술능력을 갖춘 자에게 위탁할 수 있으며, 대상이 되는 전자정부사업의 구체적인 범위 및 전자정부사업관리를 수탁할 수 있는 자의 자격요건은 대통령령으로 정한다.
1. 대국민 서비스 및 행정의 효율성에 미치는 영향이 큰 사업
2. 사업의 난이도가 높아 특별한 관리가 필요한 사업
3. 그 밖에 사업의 원활한 수행을 위하여 행정기관등의 장이 전자정부사업관리의 위탁이 필요하다고 인정하는 경우
② 행정기관등의 장은 제1항에 따라 전자정부사업관리를 위탁받아 수행하는 자(이하 "전자정부사업관리자"라 한다)를 선정할 때 사업관리를 수행할 인력, 업무수행 계획, 전자정부사업관리 수행실적 등을 고려하여 선정하여야 하며, 선정기준과 관련하여 세부적인 사항은 대통령령으로 정한다.
③ 전자정부사업관리자는 자기 또는 자기의 계열회사(「독점규제 및 공정거래에 관한 법률」 제2조제12호에 따른 계열회사를 말한다)가 해당 전자정부사업을 도급받도록 조언하여서는 아니 된다.(2020.12.29 본항개정)
④ 행정기관등의 장은 전자정부사업관리를 위탁한 경우 해당 전자정부사업과 위탁 용역 및 그 성과에 대한 자료를 행정안전부장관에게 제출하여야 한다.(2017.7.26 본항개정)
⑤ 행정안전부장관은 제1항에 따른 위탁의 대가 산정 기준과 제4항에 따른 자료제출 등 전자정부사업관리에 필요한 사항을 정하여 고시할 수 있다.(2017.7.26 본항개정)
(2013.4.5 본조신설)
제64조의3【전자정부사업관리자의 책무 등】 전자정부사업관리자가 전자정부사업관리업무를 수행할 때 계약을 위반하거나 고의나 과실로 발주자에게 손해를 발생시킨 경우에는 그 손해를 배상하여야 한다.(2013.4.5 본조신설)
제65조【지역정보화사업의 추진 및 지원】 ① 국가 및 지방자치단체는 지역의 경쟁력 강화 및 지역주민의 삶의 질 향상을 위하여 다음 각 호의 지역정보화사업을 추진할 수 있다.
1. 지역의 역사, 문화, 복지, 환경 등의 지역정보서비스 개발과 보급
2. 정보시스템 구축 및 지역의 정보화기반 조성
3. 정보화 낙후지역의 집중 지원
4. 정보시스템 및 정보서비스의 통합관리 등 정보자원의 효율적 관리
5. 그 밖에 지역정보화를 위하여 필요한 사항
② 지방자치단체가 제1항에 따른 지역정보화사업을 추진할 때 중복투자 방지 등을 위하여 필요한 경우에는 중앙행정기관 또는 다른 지방자치단체와 공동으로 추진할 수 있다.
③ 국가 및 지방자치단체는 지역의 공공 및 민간 정보시스템과의 통합적 연계를 통한 서비스의 효율적인 제공을 위하여 공통적으로 적용되는 운영기반을 구축·운영할 수 있다. 이 경우 정보통신망에 대한 불법적인 접근의 방지와 그 밖의 보호대책을 마련하여야 한다.
④ 국가는 제1항부터 제3항까지의 규정에 따른 지역정보화사업을 촉진하기 위하여 행정적·재정적·기술적 지원 등 필요한 지원을 대통령령으로 정하는 바에 따라 할 수 있다.
⑤ 제1항부터 제4항까지에서 규정한 사항 외에 지역정보화사업의 추진 및 지원에 관하여 필요한 사항은 대통령령으로 정한다.
제66조【시범사업의 추진】 ① 행정기관등의 장은 전자정부의 구현·운영 및 발전과 효율적인 지역정보화를 위하여 필요한 경우에는 시범사업을 추진할 수 있다.
② 시범사업의 시행에 필요한 사항은 국회규칙, 대법원규칙, 헌법재판소규칙, 중앙선거관리위원회규칙 및 대통령령으로 정한다.
제67조【사전협의】 ① 행정기관등의 장은 다른 행정기관등과의 상호연계 또는 공동이용과 관련한 전자정부사업 및 지역정보화사업을 추진할 때에는 중복투자 방지 등을 위하여 중앙사무관장기관의 장과 사전에 협의하여야 한다. 다만, 시장·군수·구청장(자치구의 구청장을 말한다)이 추진하는 전자정부사업 및 지역정보화사업에 대하여는 특별시장·광역시장 및 도지사와 협의하여야 한다.(2014.1.28 단서신설)
② 행정기관등의 장은 제1항에 따른 사전협의 결과를 해당 사업을 추진할 때 반영하여야 한다.
③ 사전협의의 대상사업, 방법 및 절차 등에 관하여 필요한 사항은 국회규칙, 대법원규칙, 헌법재판소규칙, 중앙선거관리위원회규칙 및 대통령령으로 정한다.
제68조【성과 분석 및 진단】 ① 중앙사무관장기관의 장은 여러 행정기관등과 관련된 전자정부사업 및 지역정보화사업 등 대통령령으로 정하는 주요 사업 및 행정정보 공동이용에 대하여 추진실적 및 사업의 성과를 종합적으로 분석·진단하여 그 결과를 국회에 제출하고, 이를 다음 해의 사업계획 등에 반영되도록 하여야 한다.
(2013.3.23 본항개정)
② 행정안전부장관은 매년 제46조제2항에 따른 정보기술아키텍처의 도입·운영실태와 그 추진성과를 분석·진단하여 그 결과를 기본계획에 반영하여야 한다.
(2017.7.26 본항개정)
③ 제1항 및 제2항의 성과 분석 및 진단에 필요한 사항은 국회규칙, 대법원규칙, 헌법재판소규칙, 중앙선거관리위원회규칙 및 대통령령으로 정한다.
제69조【자료제출 등 협조】 ① 중앙사무관장기관의 장은 이 법에서 정한 업무의 수행을 위하여 필요한 경우 관계 행정기관등의 장에게 실태조사를 위한 자료 등의 제출을 요청할 수 있다.
② 관계 행정기관등의 장은 제1항에 따른 제출 요청에 적극 협조하여야 한다.
③ 중앙사무관장기관의 장은 다른 행정기관등의 장이 요청하면 제1항에 따라 수집된 통계자료 등을 제공할 수 있다.
제70조【전자정부의 국제협력】 ① 중앙사무관장기관의 장은 전자정부에 관한 국제적 동향을 파악하고 국제협력을 통하여 전자정부의 국제경쟁력을 제고하여야 한다.
② 중앙사무관장기관의 장은 다음 각 호의 업무를 수행할 수 있다.
1. 전자정부와 관련한 국제기구 및 외국정부와의 협력
2. 전자정부 관련 국제평가지수의 관리
3. 그 밖에 전자정부 관련 국제협력에 관한 사항으로서 국회규칙, 대법원규칙, 헌법재판소규칙, 중앙선거관리위원회규칙 및 대통령령으로 정하는 사항
③ 전자정부의 국제협력과 관련하여 중앙사무관장기관의 장은 관계 행정기관등의 장에게 협조를 요청할 수 있으며, 관계 행정기관등의 장은 특별한 사유가 없으면 협조하여야 한다.
제71조【전문기관의 지정 등】 ① 중앙사무관장기관의 장은 각 중앙사무관장기관 소관에 관한 다음 각 호의 업무를 종합적이고 효율적으로 추진하기 위하여 전문기관을 지정하여 업무를 위탁할 수 있다.
1. 전자정부서비스의 개발·제공 및 이용촉진에 관한 업무
2. 행정정보 공동이용에 관한 업무
3. 정보기술아키텍처의 도입 및 활용에 관한 업무
4. 감리제도에 관한 연구 및 개선에 관한 업무
5. 제64조의2제1항에 따른 전자정부사업관리의 위탁 및 개선에 관한 연구(2013.4.5 본호신설)
6. 전자정부지원사업 및 지역정보화사업의 추진·지원에 관한 업무
7. 그 밖에 전자정부 구현·운영 및 발전을 위하여 국회규칙, 대법원규칙, 헌법재판소규칙, 중앙선거관리위원회규칙 및 대통령령으로 정하는 사항
② 중앙사무관장기관의 장은 제1항에 따른 업무 수행에 필요한 자금을 예산의 범위에서 전문기관에 출연하거나 지원할 수 있다.

③ 전문기관을 지정하기 위하여는 업무의 전문성 등을 고려하여야 하며, 전문기관의 지정 요건, 방법 및 절차 등에 필요한 사항은 국회규칙, 대법원규칙, 헌법재판소규칙, 중앙선거관리위원회규칙 및 대통령령으로 정한다.

제72조【한국지역정보개발원의 설립 등】 ① 둘 이상의 지방자치단체는 소관 정보화사업을 공동으로 추진하기 위하여 한국지역정보개발원(이하 "개발원"이라 한다)을 설립할 수 있다.

② 개발원은 법인으로 한다.

③ 개발원은 다음 각 호의 업무를 수행한다.

1. 전자지방정부 구현 및 지역정보화 촉진을 위하여 지방자치단체에서 추진하는 정보화사업의 지원
2. 지방자치단체의 정보화 추진과 관련하여 관계 중앙행정기관 또는 지방자치단체가 위탁하는 사무
3. 지방자치단체의 정보화 촉진을 위한 조사·연구 및 교육·훈련
4. 그 밖에 지역정보화 촉진을 위하여 대통령령으로 정하는 사업

④ 행정기관등의 장은 지역정보화사업을 효율적으로 추진하기 위하여 개발원에 소관 업무의 일부를 위탁할 수 있다.

⑤ 지방자치단체는 개발원의 설립, 시설 설치 및 운영 등에 필요한 경비에 충당하게 하기 위하여 개발원에 출연할 수 있고, 국가는 개발원의 원활한 업무 수행을 위하여 필요한 지원을 할 수 있다.

⑥ 개발원은 행정기관등으로 하여금 서비스 제공에 드는 비용의 전부 또는 일부를 부담하게 할 수 있다.

⑦ 개발원에 관하여 이 법에서 정하지 아니한 사항에 대하여는 「민법」 중 재단법인에 관한 규정을 준용한다.

⑧ 개발원의 지역정보화 추진 및 지원 등에 필요한 사항은 대통령령으로 정한다.

제73조【권한 등의 위임·위탁】 ① 이 법에 따른 중앙사무관장기관의 장의 권한은 국회규칙, 대법원규칙, 헌법재판소규칙, 중앙선거관리위원회규칙 및 대통령령으로 정하는 바에 따라 그 일부를 소속 기관의 장 또는 특별시장·광역시장·도지사 및 특별자치도지사에게 위임하거나 다른 행정기관등의 장에게 위탁할 수 있다.

② 중앙사무관장기관의 장은 이 법에 따른 업무의 일부를 국회규칙, 대법원규칙, 헌법재판소규칙, 중앙선거관리위원회규칙 및 대통령령으로 정하는 바에 따라 관계 법인 또는 단체에 위탁할 수 있다.

제74조【비밀누설 등의 금지】 다음 각 호의 어느 하나에 종사하고 있거나 종사하였던 사람은 정당한 사유 없이 직무상 알게 된 비밀을 다른 사람에게 누설하거나 도용하여서는 아니 된다.(2013.4.5 본문개정)

1. 행정정보를 공동이용하는 사무
2. 감리업무
3. 제64조의2제1항에 따라 위탁받은 전자정부사업관리 업무

(2013.4.5 1호~3호신설)

제75조【벌칙 적용 시의 공무원 의제】 다음 각 호의 사람 중 공무원이 아닌 사람은 「형법」 제129조부터 제132조까지의 규정을 적용할 때에는 공무원으로 본다.

1. 행정정보의 공동이용에 관한 사무에 종사하는 사람
2. 행정정보를 제공받는 기관의 종사자(행정정보 이용 관련자만 해당된다)
3. 감리업무에 종사하는 감리원
4. 제54조제3항에 따라 지정된 통합관리기관의 종사자(정보자원의 통합관리 관련자만 해당된다)(2021.6.8 본호신설)
5. 제64조의2제1항에 따라 위탁받은 전자정부사업관리 업무에 종사하는 사람(2013.4.5 본호신설)

제7장 벌 칙

제76조【벌칙】 ① 제35조제1호를 위반하여 행정정보를 위조·변경·훼손하거나 말소하는 행위를 한 사람은 10년 이하의 징역에 처한다.

② 다음 각 호의 어느 하나에 해당하는 자는 5년 이하의 징역 또는 5천만원 이하의 벌금에 처한다.

1. 제35조제2호를 위반하여 행정정보 공동이용을 위한 정보시스템을 정당한 이유 없이 위조·변경·훼손하거나 이용한 자
2. 제35조제3호를 위반하여 행정정보를 변경하거나 말소하는 방법 및 프로그램을 공개·유포하는 행위를 한 자

③ 다음 각 호의 어느 하나에 해당하는 자는 3년 이하의 징역 또는 3천만원 이하의 벌금에 처한다.

1. 제35조제4호를 위반하여 행정정보를 누설하는 행위를 한 자
2. 제35조제5호를 위반하여 행정정보를 권한 없이 처리하거나 권한 범위를 넘어서 처리하는 행위를 한 자
3. 제35조제6호를 위반하여 행정정보를 권한 없이 다른 사람으로 하여금 이용하게 하는 행위를 한 자
4. 제35조제7호를 위반하여 승인받지 아니한 방식으로 행정정보를 공동이용하거나 승인받지 아니한 정보시스템 또는 저장장치에 저장한 자
5. 제74조를 위반하여 직무상 알게 된 비밀을 누설하거나 도용한 자

④ 제35조제8호를 위반하여 거짓이나 그 밖의 부정한 방법으로 행정기관등으로부터 행정정보를 제공받거나 열람하는 행위를 한 자는 2년 이하의 징역 또는 700만원 이하의 벌금에 처한다.

⑤ 제58조제1항의 등록을 하지 아니한 자가 정보시스템 감리를 한 경우에는 2년 이하의 징역 또는 2천만원 이하의 벌금에 처한다.

⑥ 제60조제3항을 위반하여 다른 사람에게 자기의 성명을 사용하여 감리업무를 수행하게 하거나 감리원증을 빌려 준 사람 또는 다른 사람의 성명을 사용하여 감리업무를 수행하거나 감리원증을 빌린 사람은 1년 이하의 징역 또는 1천만원 이하의 벌금에 처한다.

제77조【양벌규정】 법인의 대표자나 법인 또는 개인의 대리인, 사용인, 그 밖의 종업원이 그 법인 또는 개인의 업무에 관하여 제76조제3항제5호 또는 같은 조 제5항·제6항의 위반행위를 하면 그 행위자를 벌하는 외에 그 법인 또는 개인에게도 해당 조문의 벌금형을 과(科)한다. 다만, 법인 또는 개인이 그 위반행위를 방지하기 위하여 해당 업무에 관하여 상당한 주의와 감독을 게을리하지 아니한 경우에는 그러하지 아니하다.

제78조【과태료】 ① 다음 각 호의 어느 하나에 해당하는 자에게는 3천만원 이하의 과태료를 부과한다.

1. 제42조제1항을 위반하여 정보주체의 사전동의를 받지 아니한 자
2. 제43조제2항 및 제3항을 위반하여 정당한 사유 없이 정보주체에게 같은 조 제1항 각 호의 사항을 통보하지 아니한 자

② 제1항에 따른 과태료는 행정안전부장관이 부과·징수한다.(2017.7.26 본항개정)

부 칙

제1조【시행일】 이 법은 공포 후 3개월이 경과한 날부터 시행한다. 다만, 부칙 제5조제5항은 2011년 1월 1일부터 시행한다.

제2조【다른 법률의 폐지】 정보시스템의 효율적 도입 및 운영 등에 관한 법률은 폐지한다.

제3조【행정정보 공동이용에 관한 경과조치】 ① 이 법 시행 당시 종전의 규정에 따라 공동이용센터를 통하여 공동이용하고 있는 행정정보는 이 법에서 정한 절차에 따라 승인을 받은 것으로 본다.

② 이 법 시행 당시 제39조제7항 각 호의 개정규정에 해당하는 사람은 이 법에서 정한 절차에 따라 지정을 받은 것으로 본다.

제4조【「정보시스템의 효율적 도입 및 운영 등에 관한 법률」 폐지에 따른 경과조치】 ① 이 법 시행 전에 종전의 「정보시스템의 효율적 도입 및 운영 등에 관한 법률(이하 이 조에서 "정보시스템법"이라 한다)」 제5조에 따라 정보기술아키텍처 도입기관으로 지정된 기관은 이 법에 따라 지정된 기관으로 본다.

② 이 법 시행 당시 종전의 정보시스템법 제11조에 따라 감리를 하고 있는 사업은 이 법에 따라 감리를 하고 있는 것으로 본다.

③ 이 법 시행 전에 종전의 정보시스템법 제12조에 따라 감리법인으로 등록한 감리법인은 이 법에 따라 등록한 것으로 본다.

④ 이 법 시행 전에 종전의 정보시스템법 제14조에 따라 감리원 교육을 받은 사람은 이 법에 따라 교육을 받은 것으로 본다.

⑤ 이 법 시행 전에 종전의 정보시스템법 제14조에 따라 감리원증을 발급받은 사람은 이 법에 따라 발급받은 것으로 본다.

⑥ 이 법 시행 전에 종전의 정보시스템법 제16조에 따라 정보시스템 감리에 관한 행정처분을 받은 경우에는 이 법에 따라 행정처분을 받은 것으로 본다.

⑦ 이 법 시행 전에 종전의 정보시스템법의 규정을 위반한 행위에 대하여 벌칙 및 행정처분 등을 적용할 때에는 종전의 정보시스템법의 규정에 따른다.

제5조【다른 법률의 개정】 ①~⑮ ※(해당 법령에 가제정리 하였음)

제6조【다른 법령과의 관계】 이 법 시행 당시 다른 법령에서 종전의 「전자정부법」이나 종전의 「정보시스템의 효율적 도입 및 운영 등에 관한 법률」 또는 그 규정을 인용하고 있는 경우 이 법 중 그에 해당하는 규정이 있을 때에는 종전의 규정을 갈음하여 이 법 또는 이 법의 해당 규정을 인용한 것으로 본다.

부 칙 (2014.1.28)

제1조【시행일】 이 법은 공포 후 6개월이 경과한 날부터 시행한다.

제2조【전자정부기본계획에 관한 적용례】 제5조의 개정규정에 따른 전자정부기본계획의 최초 계획은 이 법 시행 후 다음 연도에 수립한다.

제3조【기관별 계획에 관한 적용례】 제5조의2의 개정규정에 따른 기관별 계획의 최초 계획은 이 법 시행 후 다음 연도에 수립한다.

제4조【정보시스템 감리에 관한 적용례】 제57조제1항 단서의 개정규정은 이 법 시행 후 전자정부사업관리의 위탁을 위하여 입찰공고를 하는 전자정부사업부터 적용한다.

제5조【금치산자 등에 대한 경과조치】 제61조제1항제1호의 개정규정에 따른 피성년후견인 또는 피한정후견인에는 법률 제10429호 민법 일부개정법률 부칙 제2조에 따른 금치산 또는 한정치산 선고의 효력이 유지되는 사람을 포함하는 것으로 본다.

부 칙 (2020.2.4)
(2020.6.9 법17344호)
(2020.6.9 법17354호)
(2020.6.9 법17370호)

제1조【시행일】 이 법은 공포 후 6개월이 경과한 날부터 시행한다.(이하 생략)

부 칙 (2020.12.29)

제1조【시행일】 이 법은 공포 후 1년이 경과한 날부터 시행한다.(이하 생략)

부 칙 (2021.3.23)

제1조【시행일】 이 법은 공포한 날부터 시행한다.

제2조【행정정보 공동이용 내역 통보에 관한 적용례】 제42조제2항 및 제43조제3항의 개정규정은 2021년 1월 1일부터 이 법 시행일 전까지 사법경찰관이 불송치결정을 한 경우에도 적용한다.

부 칙 (2021.6.8)

이 법은 공포 후 6개월이 경과한 날부터 시행한다.

부 칙 (2022.1.11)

제1조【시행일】 이 법은 공포 후 6개월이 경과한 날부터 시행한다.

제2조【다른 법률의 개정】 ①~③ ※(해당 법령에 가제정리 하였음)

부 칙 (2022.11.15)

이 법은 공포 후 6개월이 경과한 날부터 시행한다.

국가공무원법

(1963년 4월 17일
법 률 제1325호)

개정
1963.12.16법 1521호 <중략>
2002. 1.19법 6622호 2002.12.18법 6788호
2003. 2. 4법 6855호(국회)
2004. 3.11법 7187호
2005. 1.27법 7380호(공무원의노동조합설립및운영등에관한법)
2005. 3.24법 7407호
2005. 7.28법 7614호(국회)
2005.12.29법 7796호
2006.12.20법 8069호(지방교육자치에관한법)
2007. 3.29법 8330호
2007. 5.11법 8423호(지방자치)
2008. 2.29법 8857호 2008. 3.28법 8996호
2008. 6.13법 9113호 2008.12.31법 9296호
2009. 2. 6법 9419호 2010. 3.22법 10148호
2010. 6. 8법 10342호
2011. 3.29법 10465호(개인정보보호법)
2011. 5.23법 10699호 2012. 3.21법 11392호
2012.10.22법 11489호 2012.12.11법 11530호
2013. 3.23법 11690호(정부조직)
2013. 8. 6법 11992호 2014. 1. 7법 12202호
2014. 1.14법 12234호 2014.10.15법 12792호
2014.11.19법 12844호(정부조직)
2015. 5.18법 13288호 2015.12.24법 13618호
2016. 5.29법 14183호(병역)
2017. 7.26법 14839호(정부조직)
2018. 3.20법 15522호(공무원재해보상법)
2018.10.16법 15857호 2020. 1.29법 16905호
2021. 1.12법 17893호(지방자치)
2021. 1.12법 17894호(피후견인결격정비)
2021. 6. 8법 18237호
2021. 7.20법 18308호(장애인고용촉진및직업재활법)
2022.12.27법 19147호
2023. 3. 4법 19228호(정부조직)
2023. 4.11법 19341호

제1장 총 칙
(2008.3.28 본장개정)

제1조【목적】 이 법은 각급 기관에서 근무하는 모든 국가공무원에게 적용할 인사행정의 근본 기준을 확립하여 그 공정을 기함과 아울러 국가공무원에게 국민 전체의 봉사자로서 행정의 민주적이며 능률적인 운영을 기하게 하는 것을 목적으로 한다.

제2조【공무원의 구분】 ① 국가공무원(이하 "공무원"이라 한다)은 경력직공무원과 특수경력직공무원으로 구분한다.
② "경력직공무원"이란 실적과 자격에 따라 임용되고 그 신분이 보장되며 평생 동안(근무기간을 정하여 임용하는 공무원의 경우에는 그 기간 동안을 말한다) 공무원으로 근무할 것이 예정되는 공무원을 말하며, 그 종류는 다음 각 호와 같다.(2012.12.11 본문개정)
1. 일반직공무원 : 기술·연구 또는 행정 일반에 대한 업무를 담당하는 공무원(2012.12.11 본호개정)
2. 특정직공무원 : 법관, 검사, 외무공무원, 경찰공무원, 소방공무원, 교육공무원, 군인, 군무원, 헌법재판소 헌법연구관, 국가정보원의 직원, 경호공무원과 특수 분야의 업무를 담당하는 공무원으로서 다른 법률에서 특정직공무원으로 지정하는 공무원(2020.1.29 본호개정)
3. (2012.12.11 삭제)
③ "특수경력직공무원"이란 경력직공무원 외의 공무원을 말하며, 그 종류는 다음 각 호와 같다.
1. 정무직공무원
  가. 선거로 취임하거나 임명할 때 국회의 동의가 필요한 공무원
  나. 고도의 정책결정 업무를 담당하거나 이러한 업무를 보조하는 공무원으로서 법률이나 대통령령(대통령비서실 및 국가안보실의 조직에 관한 대통령령만 해당한다)에서 정무직으로 지정하는 공무원(2013.3.23 본목개정)
2. 별정직공무원 : 비서관·비서 등 보좌업무 등을 수행하거나 특정한 업무 수행을 위하여 법령에서 별정직으로 지정하는 공무원(2012.12.11 본호개정)
3. (2012.12.11 삭제)
4. (2011.5.23 삭제)
④ 제3항에 따른 별정직공무원의 채용조건·임용절차·근무상한연령, 그 밖에 필요한 사항은 국회규칙, 대법원규칙, 헌법재판소규칙, 중앙선거관리위원회규칙 또는 대통령령(이하 "대통령령등"이라 한다)으로 정한다.
(2015.5.18 본항개정)

제2조의2【고위공무원단】 ① 국가의 고위공무원을 범정부적 차원에서 효율적으로 인사관리하여 정부의 경쟁력을 높이기 위하여 고위공무원단을 구성한다.
② 제1항의 "고위공무원단"이란 직무의 곤란성과 책임도가 높은 다음 각 호의 직위(이하 "고위공무원단 직위"라 한다)에 임용되어 재직 중이거나 파견·휴직 등으로 인사관리되고 있는 일반직공무원, 별정직공무원 및 특정직공무원(특정직공무원은 다른 법률에서 고위공무원단에 속하는 공무원으로 임용할 수 있도록 규정하고 있는 경우만 해당한다)의 군(群)을 말한다.(2012.12.11 본문개정)
1. 「정부조직법」 제2조에 따른 중앙행정기관의 실장·국장 및 이에 상당하는 보좌기관
2. 행정부 각급 기관(감사원은 제외한다)의 직위 중 제1호의 직위에 상당하는 직위
3. 「지방자치법」 제123조제2항·제125조제5항 및 「지방교육자치에 관한 법률」 제33조제2항에 따라 국가공무원으로 보하는 지방자치단체 및 지방교육행정기관의 직위 중 제1호의 직위에 상당하는 직위(2021.1.12 본호개정)
4. 그 밖에 다른 법령에서 고위공무원단에 속하는 공무원으로 임용할 수 있도록 정한 직위
③ 인사혁신처장은 고위공무원단에 속하는 공무원이 갖추어야 할 능력과 자질을 설정하고 이를 기준으로 고위공무원단 직위에 임용되려는 자를 평가하여 신규채용·승진임용 등 인사관리에 활용할 수 있다.(2014.11.19 본항개정)
④ 제2항에 따른 인사관리의 구체적인 범위, 제3항에 따른 능력과 자질의 내용, 평가 대상자의 범위, 평가 방법 및 평가 결과의 활용 등에 필요한 사항은 대통령령으로 정한다.

제3조【적용 범위】 ① 특수경력직공무원에 대하여는 이 법 또는 다른 법률에 특별한 규정이 없으면 제33조, 제43조제1항, 제44조, 제45조, 제45조의2, 제45조의3, 제46조부터 제50조까지, 제50조의2, 제51조부터 제59조까지, 제59조의2, 제60조부터 제67조까지, 제69조, 제84조 및 제84조의2에 한정하여 이 법을 적용한다.(2021.6.8 본항개정)
② 제1항에도 불구하고 제2조제3항제1호의 정무직공무원에 대하여는 제33조와 제69조를 적용하지 아니하고, 대통령령으로 정하는 특수경력직공무원에 대하여는 제65조와 제66조를 적용하지 아니한다.
③ 제26조의2와 제26조의3은 대통령령등으로 정하는 공무원에게만 적용한다.(2015.5.18 본항개정)
④ 제26조의5에 따라 근무기간을 정하여 임용하는 공무원에 대하여는 이 법 또는 다른 법률에 특별한 규정이 없으면 제28조의2, 제28조의3, 제32조의2, 제32조의4, 제40조, 제40조의2부터 제40조의4까지, 제41조, 제73조의4, 제74조 및 제74조의2를 적용하지 아니한다.
(2012.12.11 본조개정)

제4조【일반직공무원의 계급 구분 등】 ① 일반직공무원은 1급부터 9급까지의 계급으로 구분하며, 직군(職群)과 직렬(職列)별로 분류한다. 다만, 고위공무원단에 속하는 공무원은 그러하지 아니하다.(2012.12.11 본항개정)
② 다음 각 호의 공무원에 대하여는 대통령령등으로 정하는 바에 따라 제1항에 따른 계급 구분이나 직군 및 직렬의 분류를 적용하지 아니할 수 있다.(2015.5.18 본문개정)
1. 특수 업무 분야에 종사하는 공무원
2. 연구·지도·특수기술 직렬의 공무원
(2011.5.23 1호~2호신설)
3. 인사관리의 효율성과 기관성과를 높이기 위하여 제1항의 계급 구분이나 직군 및 직렬의 분류를 달리 적용하는 것이 특히 필요하다고 인정되는 기관에 속한 공무원
(2012.12.11 본호개정)
③ (2010.6.8 삭제)
④ 제1항 및 제2항에 따른 각 계급의 직무의 종류별 명칭은 대통령령등으로 정한다.(2015.5.18 본항개정)
(2012.12.11 본조제목개정)

제5조【정의】 이 법에서 사용하는 용어의 뜻은 다음과 같다.
1. "직위(職位)"란 1명의 공무원에게 부여할 수 있는 직무와 책임을 말한다.
2. "직급(職級)"이란 직무의 종류·곤란성과 책임도가 상당히 유사한 직위의 군을 말한다.
3. "정급(定級)"이란 직위를 직급 또는 직무등급에 배정하는 것을 말한다.
4. "강임(降任)"이란 같은 직렬 내에서 하위 직급에 임명하거나 하위 직급이 없어 다른 직렬의 하위 직급으로 임명하거나 고위공무원단에 속하는 일반직공무원(제4조제2항에 따라 같은 조 제1항의 계급 구분을 적용하지 아니하는 공무원은 제외한다)을 고위공무원단 직위가 아닌 하위 직위에 임명하는 것을 말한다.
5. "전직(轉職)"이란 직렬을 달리하는 임명을 말한다.
6. "전보(轉補)"란 같은 직급 내에서의 보직 변경 또는 고위공무원단 직위 간의 보직 변경(제4조제2항에 따라 같은 조 제1항의 계급 구분을 적용하지 아니하는 공무원은 고위공무원단 직위와 대통령령으로 정하는 직위 간의 보직 변경을 포함한다)을 말한다.
7. "직군(職群)"이란 직무의 성질이 유사한 직렬의 군을 말한다.
8. "직렬(職列)"이란 직무의 종류가 유사하고 그 책임과 곤란성의 정도가 서로 다른 직급의 군을 말한다.
9. "직류(職類)"란 같은 직렬 내에서 담당 분야가 같은 직무의 군을 말한다.
10. "직무등급"이란 직무의 곤란성과 책임도가 상당히 유사한 직위의 군을 말한다.

판례 공무원에 대한 전보인사가 법령이 정한 기준과 원칙에 위배되거나 인사권을 다소 부적절하게 행사한 것으로 볼 여지가 있다 하더라도 그러한 사유만으로 그 전보인사가 당연히 불법행위를 구성한다고 볼 수는 없고, 인사권자가 당해 공무원에 대한 보복감정 등 다른 의도를 가지고 인사재량권을 일탈·남용하여 객관적 정당성을 상실하였음이 명백한 경우 등 전보인사가 우리의 건전한 사회통념이나 사회상규상 도저히 용인될 수 없음이 분명한 경우에, 그 전보인사는 위법하게 상대방에게 정신적 고통을 가하는 것이 되어 당해 공무원에 대한 관계에서 불법행위를 구성한다. 그리고 이러한 법리는 구 부패방지법(2001.7.24. 법률 제6494호)에 따라 다른 공직자의 부패행위를 부패방지위원회에 신고한 공무원에 대하여 위 신고행위를 이유로 불이익한 전보인사가 행하여진 경우에도 마찬가지이다.(대판 2009.5.28, 2006다16215)

제2장 중앙인사관장기관
(2008.3.28 본장개정)

제6조【중앙인사관장기관】 ① 인사행정에 관한 기본 정책의 수립과 이 법의 시행·운영에 관한 사무는 다음 각 호의 구분에 따라 관장(管掌)한다.
1. 국회는 국회사무총장
2. 법원은 법원행정처장
3. 헌법재판소는 헌법재판소사무처장
4. 선거관리위원회는 중앙선거관리위원회사무총장
5. 행정부는 인사혁신처장(2014.11.19 본호개정)
② 중앙인사관장기관의 장(행정부의 경우에는 인사혁신처장을 말한다. 이하 같다)은 각 기관의 균형적인 인사 운영을 도모하고 인력의 효율적인 활용과 능력 개발을 위하여 법령으로 정하는 바에 따라 인사관리에 관한 총괄적인 사항을 관장한다.(2014.11.19 본항개정)
③ 중앙인사관장기관의 장은 다음 각 호의 어느 하나에 해당하는 경우에는 그 초과된 현원을 총괄하여 관리할 수 있다. 이 경우 결원이 있는 기관의 장은 중앙인사관장기관의 장과 협의하여 결원을 보충하여야 한다.
1. 조직의 개편 등으로 현원이 정원을 초과하는 경우
2. 행정기관별로 고위공무원단에 속하는 공무원의 현원이 정원을 초과하는 경우
④ 행정부 내 각급 기관은 공무원의 임용·인재개발·보수 등 인사 관계 법령(특정직공무원의 인사 관계 법령을 포함하되, 총리령·부령을 제외한다)의 제정 또는 개폐 시에는 인사혁신처장과 협의하여야 한다.(2015.12.24 본항개정)
⑤ 인사혁신처장은 행정부 내 각급 기관의 유연하고 원활한 적재·적소·적시 인사 운영을 지원하여야 한다.
(2023.4.11 본항신설)

제7조~제8조의2 (2008.2.29 삭제)

제8조의3【관계 기관 등에 대한 협조 요청】 ① 인사혁신처장은 소관 업무를 수행하기 위하여 필요하면 행정기관·공공단체, 그 밖의 관련 기관에 자료·정보의 제공이나 의견 제출 등의 협조를 요청할 수 있다.(2014.11.19 본항개정)
② 제1항에 따라 협조를 요청받은 기관은 특별한 사유가 없으면 이에 따라야 한다.

제8조의4 (2008.2.29 삭제)

제9조【소청심사위원회의 설치】 ① 행정기관 소속 공무원의 징계처분, 그 밖에 그 의사에 반하는 불리한 처분이나 부작위에 대한 소청을 심사·결정하게 하기 위하여 인사혁신처에 소청심사위원회를 둔다.(2014.11.19 본항개정)
② 국회, 법원, 헌법재판소 및 선거관리위원회 소속 공무원의 소청에 관한 사항을 심사·결정하게 하기 위하여 국회사무처, 법원행정처, 헌법재판소사무처 및 중앙선거관리위원회사무처에 각각 해당 소청심사위원회를 둔다.
③ 국회사무처, 법원행정처, 헌법재판소사무처 및 중앙선거관리위원회사무처에 설치된 소청심사위원회는 위원장 1명을 포함한 위원 5명 이상 7명 이하의 비상임위원으로 구성하고, 인사혁신처에 설치된 소청심사위원회는 위원장 1명을 포함한 5명 이상 7명 이하의 상임위원과 상임위원 수의 2분의 1 이상인 비상임위원으로 구성하되, 위원장은 정무직으로 보한다.(2015.5.18 본항개정)
④ 제1항에 따라 설치된 소청심사위원회는 다른 법률로 정하는 바에 따라 특정직공무원의 소청을 심사·결정할 수 있다.
⑤ 소청심사위원회의 조직에 관하여 필요한 사항은 대통령령등으로 정한다.(2015.5.18 본항개정)

제10조【소청심사위원회위원의 자격과 임명】 ① 소청심사위원회의 위원(위원장을 포함한다. 이하 같다)은 다음 각 호의 어느 하나에 해당하고 인사행정에 관한 식견이 풍부한 자 중에서 국회사무총장, 법원행정처장, 헌법재판소사무처장, 중앙선거관리위원회사무총장 또는 인사혁신처장의 제청으로 국회의장, 대법원장, 헌법재판소장, 중앙선거관리위원회위원장 또는 대통령이 임명한다. 이 경우 인사혁신처장이 위원을 임명제청하는 때에는 국무총리를 거쳐야 하고, 인사혁신처에 설치된 소청심사위

원회의 위원 중 비상임위원은 제1호 및 제2호의 어느 하나에 해당하는 자 중에서 임명하여야 한다.(2014.11.19 본문개정)
1. 법관·검사 또는 변호사의 직에 5년 이상 근무한 자
2. 대학에서 행정학·정치학 또는 법률학을 담당한 부교수 이상의 직에 5년 이상 근무한 자
3. 3급 이상 공무원 또는 고위공무원단에 속하는 공무원으로 3년 이상 근무한 자
② 소청심사위원회의 상임위원의 임기는 3년으로 하며, 한 번만 연임할 수 있다.
③ (1973.2.5 삭제)
④ 소청심사위원회의 상임위원은 다른 직무를 겸할 수 없다.
⑤ 소청심사위원회의 공무원이 아닌 위원은 「형법」이나 그 밖의 법률에 따른 벌칙을 적용할 때 공무원으로 본다.(2008.3.28 본항신설)

제10조의2【소청심사위원회위원의 결격사유】 ① 다음 각 호의 어느 하나에 해당하는 자는 소청심사위원회의 위원이 될 수 없다.
1. 제33조 각 호의 어느 하나에 해당하는 자
2. 「정당법」에 따른 정당의 당원
3. 「공직선거법」에 따라 실시하는 선거에 후보자로 등록한 자
② 소청심사위원회위원이 제1항 각 호의 어느 하나에 해당하게 된 때에는 당연히 퇴직한다.
(2008.3.28 본조신설)

제11조【소청심사위원회위원의 신분 보장】 소청심사위원회의 위원은 금고 이상의 형벌이나 장기의 심신 쇠약으로 직무를 수행할 수 없게 된 경우 외에는 본인의 의사에 반하여 면직되지 아니한다.

제12조【소청심사위원회의 심사】 ① 소청심사위원회는 이 법에 따른 소청을 접수하면 지체 없이 심사하여야 한다.
② 소청심사위원회는 제1항에 따른 심사를 할 때 필요하면 검증(檢證)·감정(鑑定), 그 밖의 사실조사를 하거나 증인을 소환하여 질문하거나 관계 서류를 제출하도록 명할 수 있다.
③ 소청심사위원회가 소청 사건을 심사하기 위하여 징계 요구 기관이나 관계 기관의 소속 공무원을 증인으로 소환하면 해당 기관의 장은 이에 따라야 한다.
④ 소청심사위원회는 필요하다고 인정하면 소속 직원에게 사실조사를 하게 하거나 특별한 학식·경험이 있는 자에게 검증이나 감정을 의뢰할 수 있다.
⑤ 소청심사위원회가 증인을 소환하여 질문할 때에는 대통령령등으로 정하는 바에 따라 일당과 여비를 지급하여야 한다.(2015.5.18 본항개정)

제13조【소청인의 진술권】 ① 소청심사위원회가 소청 사건을 심사할 때에는 대통령령등으로 정하는 바에 따라 소청인 또는 제76조제1항 후단에 따른 대리인에게 진술 기회를 주어야 한다.(2015.5.18 본항개정)
② 제1항에 따른 진술 기회를 주지 아니한 결정은 무효로 한다.

제14조【소청심사위원회의 결정】 ① 소청 사건의 결정은 재적 위원 3분의 2 이상의 출석과 출석 위원 과반수의 합의에 따르되, 의견이 나뉘어 출석 위원 과반수의 합의에 이르지 못하였을 때에는 과반수에 이를 때까지 소청인에게 가장 불리한 의견에 차례로 유리한 의견을 더하여 그 중 가장 유리한 의견을 합의된 의견으로 본다.(2021.6.8 본항개정)
② 제1항에도 불구하고 파면·해임·강등 또는 정직에 해당하는 징계처분을 취소 또는 변경하려는 경우와 효력 유무 또는 존재 여부에 대한 확인을 하려는 경우에는 재적 위원 3분의 2 이상의 출석과 출석 위원 3분의 2 이상의 합의가 있어야 한다. 이 경우 구체적인 결정의 내용은 출석 위원 과반수의 합의에 따르되, 의견이 나뉘어 출석 위원 과반수의 합의에 이르지 못하였을 때에는 과반수에 이를 때까지 소청인에게 가장 불리한 의견에 차례로 유리한 의견을 더하여 그 중 가장 유리한 의견을 합의된 의견으로 본다.(2021.6.8 본항신설)
③ 소청심사위원회의 위원은 그 위원회에 계류(繫留)된 소청 사건의 증인이 될 수 없으며, 다음 각 호의 사항에 관한 소청 사건의 심사·결정에서 제척된다.(2011.5.23 본문개정)
1. 위원 본인과 관계있는 사항
2. 위원 본인과 친족 관계에 있거나 친족 관계에 있었던 자와 관계있는 사항
④ 소청 사건의 당사자는 다음 각 호의 어느 하나에 해당하는 때에는 그 이유를 구체적으로 밝혀 그 위원에 대한 기피를 신청할 수 있고, 소청심사위원회는 해당 위원의 기피 여부를 결정하여야 한다. 이 경우 기피신청을 받은 위원은 그 기피 여부에 대한 결정에 참여할 수 없다.
1. 소청심사위원회의 위원에게 제3항에 따른 제척사유가 있는 경우(2021.6.8 본호개정)
2. 심사·결정의 공정을 기대하기 어려운 사정이 있는 경우(2011.5.23 본항신설)
⑤ 소청심사위원회 위원은 제4항에 따른 기피사유에 해당하는 때에는 스스로 그 사건의 심사·결정에서 회피할 수 있다.(2021.6.8 본항개정)
⑥ 소청심사위원회의 결정은 다음과 같이 구분한다.
1. 심사 청구가 이 법이나 다른 법률에 적합하지 아니한 것이면 그 청구를 각하(却下)한다.
2. 심사 청구가 이유 없다고 인정되면 그 청구를 기각(棄却)한다.
3. 처분의 취소 또는 변경을 구하는 심사 청구가 이유 있다고 인정되면 처분을 취소 또는 변경하거나 처분 행정청에 취소 또는 변경할 것을 명한다.
4. 처분의 효력 유무 또는 존재 여부에 대한 확인을 구하는 심사 청구가 이유 있다고 인정되면 처분의 효력 유무 또는 존재 여부를 확인한다.
5. 위법 또는 부당한 거부처분이나 부작위에 대하여 의무 이행을 구하는 심사 청구가 이유 있다고 인정되면 지체 없이 청구에 따른 처분을 하거나 이를 할 것을 명한다.
⑦ 소청심사위원회의 취소명령 또는 변경명령 결정은 그에 따른 징계나 그 밖의 처분이 있을 때까지는 종전에 행한 징계처분 또는 제78조의2에 따른 징계부가금(이하 "징계부가금"이라 한다) 부과처분에 영향을 미치지 아니한다.(2010.3.22 본항개정)
⑧ 소청심사위원회가 징계처분 또는 징계부가금 부과처분(이하 "징계처분등"이라 한다)을 받은 자의 청구에 따라 소청을 심사할 경우에는 원징계처분보다 무거운 징계 또는 원징계부가금 부과처분보다 무거운 징계부가금을 부과하는 결정을 하지 못한다.(2010.3.22 본항개정)
⑨ 소청심사위원회의 결정은 그 이유를 구체적으로 밝힌 결정서로 하여야 한다.
⑩ 소청의 제기·심리 및 결정, 그 밖에 소청 절차에 필요한 사항은 대통령령등으로 정한다.(2015.5.18 본항개정)

판례 의원면직처분에 대하여 소청심사청구를 한 결과 소청심사위원회가 의원면직처분의 전제가 된 사의표시에 절차상 하자가 있다는 이유로 의원면직처분을 취소하는 결정을 하였다고 하더라도, 그 효력은 의원면직처분을 취소하여 공무원으로서의 신분을 유지하게 하는 것에 그치고, 이때 당해 공무원이 국가공무원법 제78조 제1항 각 호에 정한 징계사유에 해당하는 이상 같은 항에 따라 징계권자로서는 반드시 징계절차를 열어 징계처분을 하여야 하므로, 이것은 소청심사위원회의 의원면직처분취소 결정과는 별개의 절차로서 불이익변경금지의 원칙이 적용되지 않는다.
(대판 2008.10.9, 2008두11853,11860)

제14조의2【임시위원의 임명】 ① 제14조제3항부터 제5항까지의 규정에 따른 소청심사위원회 위원의 제척·기피 또는 회피 등으로 심사·결정에 참여할 수 있는 위원 수가 3명 미만이 된 경우에는 3명이 될 때까지 국회사무총장, 법원행정처장, 헌법재판소사무처장, 중앙선거관리위원회사무총장 또는 인사혁신처장은 임시위원을 임명하여 해당 사건의 심사·결정에 참여하도록 하여야 한다.(2021.6.8 본항개정)
② 임시위원의 자격 등에 관하여는 제10조제1항 각 호 및 같은 조 제5항을, 결격사유에 관하여는 제10조의2를 준용한다.
(2011.5.23 본조신설)

제15조【결정의 효력】 제14조에 따른 소청심사위원회의 결정은 처분 행정청을 기속(羈束)한다.

제16조【행정소송과의 관계】 ① 제75조에 따른 처분, 그 밖에 본인의 의사에 반한 불리한 처분이나 부작위(不作爲)에 관한 행정소송은 소청심사위원회의 심사·결정을 거치지 아니하면 제기할 수 없다.
② 제1항에 따른 행정소송을 제기할 때에는 대통령의 처분 또는 부작위의 경우에는 소속 장관(대통령령으로 정하는 기관의 장을 포함한다. 이하 같다)을, 중앙선거관리위원회위원장의 처분 또는 부작위의 경우에는 중앙선거관리위원회사무총장을 각각 피고로 한다.

제17조【인사에 관한 감사】 ① 인사혁신처장은 대통령령으로 정하는 바에 따라 행정기관의 인사행정 운영의 적정 여부를 정기 또는 수시로 감사할 수 있으며, 필요하면 관계 서류를 제출하도록 요구할 수 있다.
(2014.11.19 본항개정)
② 국회·법원·헌법재판소 및 선거관리위원회 소속 공무원의 인사 사무에 대한 감사는 국회의장, 대법원장, 헌법재판소장 또는 중앙선거관리위원회위원장의 명을 받아 국회사무총장, 법원행정처장, 헌법재판소사무처장 및 중앙선거관리위원회사무총장이 각각 실시한다.
③ 제1항과 제2항에 따른 감사 결과 위법 또는 부당한 사실이 발견되면 지체 없이 관계 기관의 장에게 그 시정(是正)과 관계 공무원의 징계를 요구하여야 하며, 관계 기관의 장은 지체 없이 시정하고 관계 공무원을 징계처분하여야 한다.
④ 인사혁신처장은 제1항에 따른 감사 결과 다음 각 호의 어느 하나에 해당하는 사실이 확인된 경우에는 해당 기관의 기관명과 각 호의 사실을 대통령령으로 정하는 바에 따라 공표할 수 있다.
1. 주요 비위 발생의 원인이 행정기관의 장의 지시 또는 중대한 관리 감독 소홀에 기인한 경우
2. 제76조의2제1항에 따른 신고를 받고도 이를 묵인 또는 은폐하거나 필요한 조치를 하지 아니한 경우
3. 제76조의2제1항을 위반하여 불이익한 처분이나 대우를 한 경우
4. 감사 결과 중대한 위법 또는 현저히 부당한 사실이 발견되어 인사혁신처장이 공표가 필요하다고 인정하는 경우
(2018.10.16 본항신설)

제17조의2【위법·부당한 인사행정 신고】 ① 누구든지 위법 또는 부당한 인사행정 운영이 발생하였거나 발생할 우려가 있다고 인정되는 경우에는 중앙인사관장기관의 장에게 신고할 수 있다.
② 누구든지 제1항에 따른 신고를 하지 못하도록 방해하거나 신고를 취하하도록 강요해서는 아니 되며, 신고자에게 신고를 이유로 불이익조치를 해서는 아니 된다.
③ 제1항 및 제2항의 규정에 따른 신고의 절차·방법 및 신고의 처리 등에 필요한 사항은 대통령령등으로 정한다.
(2020.1.29 본조신설)

제17조의3【공익신고 등 신고자 등에 대한 보호】 ① 누구든지 공무원이 다음 각 호의 신고를 하지 못하도록 방해하거나 신고를 취소하도록 강요하여서는 아니 되며, 신고자에게 신고나 이와 관련한 진술, 그 밖에 자료 제출 등을 이유로 불이익조치를 하여서는 아니 된다.
1. 「공익신고자 보호법」 제2조제3호에 따른 공익신고등
2. 「공직자의 이해충돌 방지법」 제18조에 따른 위반행위의 신고
3. 「부정청탁 및 금품등 수수의 금지에 관한 법률」 제13조 또는 제13조의2에 따른 위반행위의 신고
4. 「부패방지 및 국민권익위원회의 설치와 운영에 관한 법률」 제55조 또는 제58조의2에 따른 부패행위의 신고
5. 그 밖에 다른 법령에서 정한 공공의 이익을 침해하는 위법행위에 대한 신고로서 신고자의 보호가 필요하다고 인정되는 신고
② 누구든지 제1항 각 호의 신고를 한 공무원의 인적사항이나 그가 신고자임을 미루어 알 수 있는 사실을 본인의 동의 없이 다른 사람에게 알리거나 공개하여서는 아니 된다.
(2023.4.11 본조신설)

제18조【통계 보고】 ① 국회사무총장, 법원행정처장, 헌법재판소사무처장, 중앙선거관리위원회사무총장 또는 인사혁신처장은 국회·법원·헌법재판소·선거관리위원회 또는 행정 각 기관의 인사에 관한 통계보고 제도를 정하여 실시하고 정기 또는 수시로 필요한 보고를 받을 수 있다.(2014.11.19 본항개정)
② 제1항의 인사에 관한 통계보고 제도에 관한 사항은 대통령령등으로 정한다.(2015.5.18 본항개정)

제19조【인사기록】 ① 국가기관의 장은 그 소속 공무원의 인사기록을 작성·유지·보관하여야 한다.
② 제1항의 인사기록에 관한 사항은 대통령령등으로 정한다.(2015.5.18 본항개정)

제19조의2【인사관리의 전자화】 ① 국회사무총장, 법원행정처장, 헌법재판소사무처장, 중앙선거관리위원회사무총장 및 인사혁신처장은 공무원의 인사관리를 과학화하기 위하여 공무원의 인사기록을 데이터베이스화하여 관리하고 인사 업무를 전자적으로 처리할 수 있는 시스템을 구축하여 운영할 수 있다.(2014.11.19 본항개정)
② 제1항에 따른 시스템의 구축·운영 등에 필요한 사항은 대통령령등으로 정한다.(2015.5.18 본항개정)

제19조의3【공직후보자 등의 관리】 ① 인사혁신처장은 정무직공무원(선거로 취임하는 공무원은 제외한다), 공무원 채용시험 위원, 위원회 위원 및 제28조의4에 따른 개방형 직위에 관한 일정한 자격을 갖춘 후보자 등 공직에서의 직무수행과 관련된 전문분야의 지식·기술·경험 등을 보유하고 있는 사람(이하 "공직후보자등"이라 한다)을 체계적으로 관리하기 위하여 공직후보자등에 관한 정보를 수집하여 관리할 수 있다.
② 인사혁신처장은 제1항에 따라 공직후보자등에 관한 정보를 수집·관리하는 경우 미리 서면이나 전자 매체로 본인의 동의를 받아야 하며, 본인이 요구하면 관리하는 정보를 폐기하여야 한다. 다만, 본인이 직접 제공한 기관 외의 다른 기관에 제공하는 것을 동의한 정보와 공공 기록물, 출판물, 인터넷 및 언론 보도 등으로 일반에게 공개되고 불특정 다수인이 구입하여 열람할 수 있는 정보는 그러하지 아니하다.
③ 인사혁신처장은 제2항에도 불구하고 공직후보자등의 관리를 위하여 필요하면 「개인정보 보호법」 제2조제6호에 따른 공공기관에 재직 중인 자이거나 재직하였던 자에 관한 인사 또는 성과평가 등에 관한 자료를 해당 공공기관에 요청할 수 있다.
④ 국가기관, 지방자치단체 및 대통령령으로 정하는 기관의 장(이하 "국가기관등의 장"이라 한다)은 인사상 목적 또는 공직에서의 직무수행과 관련된 전문분야의 지식·기술·경험 등의 활용을 위하여 필요한 경우에는 제1항에 따른 공직후보자등에 관한 정보를 인사혁신처장에게 요청하여 제공받거나 해당 정보를 직접 열람할 수 있다. 이 경우 인사혁신처장은 「개인정보 보호법」 등 관계 법령에 위배되지 아니하는 범위에서 해당 정보를 제공하거나 열람할 수 있도록 필요한 조치를 취하여야 한다.
⑤ 인사혁신처장은 공직후보자등에 관한 정보를 수집하는 경우 그 목적에 필요한 최소한의 범위에서 수집하여야 하며, 목적 외의 용도로 활용해서는 아니 된다.
⑥ 제4항에 따라 정보를 제공하거나 열람한 국가기관등의 장은 그 정보를 목적 외의 용도로 활용하여서는 아니 된다.

⑦ 제1항부터 제6항까지의 규정에 따른 수집 정보의 범위와 수집 절차, 직접 열람할 수 있는 정보의 범위 및 정보의 활용·보호 등에 필요한 사항은 대통령령으로 정한다.(2020.1.29 본항신설)
(2020.1.29 본조개정)

제19조의4 【인사업무의 전문성 확보】 ① 소속 장관은 각 기관의 직무 및 인력 특성을 반영한 전략적 인사운영을 위하여 인사업무 담당 조직의 전문성이 확보될 수 있는 방안을 마련하여야 한다.
② 소속 장관은 인사혁신처장이 정하는 바에 따라 인사담당 공무원의 보직기준 등 필요한 인사관리기준을 정하여 인사업무에 대한 전문성 및 자격을 갖춘 사람을 인사담당 공무원으로 임용하여야 한다.
(2015.12.24 본조신설)

제20조 【권한 위탁】 국회사무총장, 법원행정처장, 헌법재판소사무처장, 중앙선거관리위원회사무총장 또는 인사혁신처장은 이 법에 따른 권한의 일부를 대통령령등으로 정하는 바에 따라 다른 기관에 위탁할 수 있다.
(2015.5.18 본조개정)

제3장 직위분류제
(2008.3.28 본장개정)

제21조 【직위분류제의 확립】 직위분류제에 관하여는 이 법에 규정한 것 외에는 대통령령으로 정한다.

제22조 【직위분류제의 원칙】 직위분류를 할 때에는 모든 대상 직위를 직무의 종류와 곤란성 및 책임도에 따라 직군·직렬·직급 또는 직무등급별로 분류하되, 같은 직급이나 같은 직무등급에 속하는 직위에 대하여는 동일하거나 유사한 보수가 지급되도록 분류하여야 한다.

제22조의2 【직무분석】 ① 중앙인사관장기관의 장 또는 소속 장관은 합리적인 인사관리를 위하여 필요하면 직무분석을 실시할 수 있다. 다만, 행정부의 경우 인사혁신처장은 법률에 따라 새로 설치되는 기관의 직위에 대하여 직무분석을 실시하는 등 대통령령으로 정하는 경우에는 그 실시대상 직위 및 실시방법 등에 대하여 행정안전부장관과 협의하여야 한다.(2017.7.26 단서개정)
② 제1항에 따른 직무분석의 실시와 그 결과의 활용 등에 필요한 사항은 대통령령등으로 정한다.(2015.5.18 본항개정)

제23조 【직위의 정급】 ① 국회사무총장, 법원행정처장, 헌법재판소사무처장, 중앙선거관리위원회사무총장 또는 인사혁신처장은 법령(국회규칙, 대법원규칙, 헌법재판소규칙 및 중앙선거관리위원회규칙을 포함한다)으로 정하는 바에 따라 직위분류제의 적용을 받는 모든 직위를 어느 하나의 직급 또는 직무등급에 배정하여야 한다.
② 국회사무총장, 법원행정처장, 헌법재판소사무처장, 중앙선거관리위원회사무총장 또는 인사혁신처장은 법령(국회규칙, 대법원규칙, 헌법재판소규칙 및 중앙선거관리위원회규칙을 포함한다)으로 정하는 바에 따라 제1항에 따른 정급(定級)을 재심사하고, 필요하다고 인정하면 이를 개정하여야 한다.
③ 행정부의 경우 인사혁신처장은 제1항 및 제2항에 따라 정급을 실시하거나 재심사·개정하는 경우에는 대통령령으로 정하는 바에 따라 행정안전부장관과 협의하여야 한다.(2017.7.26 본항개정)
(2014.11.19 본조개정)

제24조 【직위분류제의 실시】 직위분류제는 대통령령으로 정하는 바에 따라 그 실시가 쉬운 기관, 직무의 종류 및 직위부터 단계적으로 실시할 수 있다.

제25조 (1973.2.5 삭제)

제4장 임용과 시험
(2008.3.28 본장제목개정)

제26조 【임용의 원칙】 공무원의 임용은 시험성적·근무성적, 그 밖의 능력의 실증에 따라 행한다. 다만, 국가기관의 장은 대통령령등으로 정하는 바에 따라 장애인·이공계전공자·저소득층 등에 대한 채용·승진·전보 등 인사관리상의 우대와 실질적인 양성 평등을 구현하기 위한 적극적인 정책을 실시할 수 있다.(2015.5.18 단서개정)

제26조의2 【근무시간의 단축 임용 등】 국가기관의 장은 업무의 특성이나 기관의 사정 등을 고려하여 소속 공무원을 대통령령등으로 정하는 바에 따라 통상적인 근무시간보다 짧게 근무하는 공무원으로 임용 또는 지정할 수 있다.(2023.4.11 본조개정)

제26조의3 【외국인과 복수국적자의 임용】 ① 국가기관의 장은 국가안보 및 보안·기밀에 관계되는 분야를 제외하고 대통령령등으로 정하는 바에 따라 외국인을 공무원으로 임용할 수 있다.(2015.5.18 본항개정)
② 국가기관의 장은 다음 각 호의 어느 하나에 해당하는 분야로서 대통령령등으로 정하는 분야에는 복수국적자(대한민국 국적과 외국 국적을 함께 가진 사람을 말한다. 이하 같다)의 임용을 제한할 수 있다.(2015.5.18 본문개정)
1. 국가의 존립과 헌법 기본질서의 유지를 위한 국가안보 분야
2. 내용이 누설되는 경우 국가의 이익을 해하게 되는 보안·기밀 분야
3. 외교, 국가 간 이해관계와 관련된 정책결정 및 집행 등 복수국적자의 임용이 부적합한 분야
(2011.5.23 본항신설)
(2011.5.23 본조제목개정)

제26조의4 【지역 인재의 추천 채용 및 수습근무】 ① 임용권자는 우수한 인재를 공직에 유치하기 위하여 학업 성적 등이 뛰어난 고등학교 이상 졸업자나 졸업 예정자를 추천·선발하여 3년의 범위에서 수습으로 근무하게 하고, 그 근무기간 동안 근무성적과 자질이 우수하다고 인정되는 자는 6급 이하의 공무원(제4조제2항에 따라 같은 조 제1항의 계급 구분이나 직군 및 직렬의 분류를 적용하지 아니하는 공무원 중 6급 이하에 상당하는 공무원을 포함한다. 이하 같다)으로 임용할 수 있다.
② 제33조 각 호의 어느 하나에 해당하는 사람은 제1항에 따른 수습근무를 할 수 없으며, 수습으로 근무 중인 사람이 제33조 각 호의 어느 하나에 해당하게 된 때에는 수습으로 근무할 수 있는 자격을 상실한다.(2015.5.18 본항신설)
③ 제1항에 따라 수습으로 근무하는 자를 공무원으로 임용할 때에는 행정 분야와 기술 분야별로 적정한 구성을 유지하고 지역별 균형을 이루도록 하여야 한다.
④ 제1항에 따라 수습으로 근무하는 자는 직무상 행위를 하거나 「형법」, 그 밖의 법률에 따른 벌칙을 적용할 때 공무원으로 본다.
⑤ 제1항에 따른 추천·선발 방법, 수습근무 기간, 임용 직급 등에 관한 사항은 대통령령으로 정한다.
(2015.5.18 본조개정)

제26조의5 【근무기간을 정하여 임용하는 공무원】 ① 임용권자는 전문지식·기술이 요구되거나 임용관리에 특수성이 요구되는 업무를 담당하게 하기 위하여 경력직공무원을 임용할 때에 일정기간을 정하여 근무하는 공무원(이하 "임기제공무원"이라 한다)을 임용할 수 있다.
② 임기제공무원의 임용요건, 임용절차, 근무상한연령 및 그 밖에 필요한 사항은 대통령령등으로 정한다.
(2015.5.18 본항개정)
(2012.12.11 본조신설)

제26조의6 【차별금지】 국가기관의 장은 소속 공무원을 임용할 때 합리적인 이유 없이 성별, 종교 또는 사회적 신분 등을 이유로 차별해서는 아니 된다.(2020.1.29 본조신설)

제27조 【결원 보충 방법】 국가기관의 결원은 신규채용·승진임용·강임·전직 또는 전보의 방법으로 보충한다.(2008.3.28 본조개정)

제28조 【신규채용】 ① 공무원은 공개경쟁 채용시험으로 채용한다.(2011.5.23 본항개정)
② 제1항에도 불구하고 다음 각 호의 어느 하나에 해당하는 경우에는 경력 등 응시요건을 정하여 같은 사유에 해당하는 다수인을 대상으로 경쟁의 방법으로 채용하는 시험(이하 "경력경쟁채용시험"이라 한다)으로 공무원을 채용할 수 있다. 다만, 제1호, 제3호, 제4호, 제5호, 제7호, 제11호의 어느 하나에 해당하는 경우 중 다수인을 대상으로 시험을 실시하는 것이 적당하지 아니하여 대통령령등으로 정하는 경우에는 다수인을 대상으로 하지 아니한 시험으로 공무원을 채용할 수 있다.(2015.5.18 단서개정)
1. 제70조제1항제3호의 사유로 퇴직하거나 제71조제1항제1호의 휴직 기간 만료로 퇴직한 경력직공무원을 퇴직한 날부터 3년(「공무원 재해보상법」에 따른 공무상 부상 또는 질병으로 인한 휴직의 경우에는 5년) 이내에 퇴직 시에 재직한 직급(고위공무원단에 속하는 공무원은 퇴직 시에 재직한 직위와 곤란성과 책임도가 유사한 직위를 말한다. 이하 이 호에서 같다)의 경력직공무원으로 재임용하는 경우 또는 경력직공무원으로 재직하던 중 특수경력직공무원이나 다른 종류의 경력직공무원이 되기 위하여 퇴직한 자를 퇴직 시에 재직한 직급의 경력직공무원으로 재임용하는 경우(2018.3.20 본호개정)
2. 공개경쟁 채용시험으로 임용하는 것이 부적당한 경우에 같은 종류의 직무에 관한 자격증 소지자를 임용하는 경우(2011.5.23 본호개정)
3. 임용예정 직급·직위와 같은 직급·직위(고위공무원단에 속하는 일반직공무원은 임용예정 직위와 곤란성·책임도가 유사한 직위를 말한다)에서의 근무경력 또는 임용예정 직급·직위에 상응하는 근무기간이나 연구 경력이 대통령령등으로 정하는 기간 이상인 사람을 임용하는 경우(2015.5.18 본호개정)
4. 임용 예정직에 관련된 특수 목적을 위하여 설립된 학교(대학원을 포함한다) 중 대통령령으로 정하는 학교의 졸업자로서 각급 기관에서 실무 수습을 마친 자를 임용하는 경우
5. 1급 공무원을 임용하거나 제23조에 따라 배정된 직무등급이 가장 높은 등급의 직위에 고위공무원단에 속하는 일반직공무원을 임용하는 경우(2010.3.22 본호개정)
6. 공개경쟁 채용시험으로 결원을 보충하기 곤란한 특수한 직무분야·환경 또는 섬, 외딴 곳 등 특수한 지역에 근무할 자를 임용하는 경우
7. 지방공무원을 그 직급·직위에 해당하는 국가공무원(고위공무원단에 속하는 일반직공무원으로 임용하는 경우에는 해당 직위와 곤란성과 책임도가 유사한 직위의 국가공무원을 말한다)으로 임용하는 경우
(2012.12.11 본호개정)
8. 외국어에 능통하고 국제적 소양과 전문 지식을 지닌 자를 임용하는 경우
9. 임용 예정직에 관련된 전문계·예능계 및 사학계(史學系)의 고등학교·전문대학 및 대학(대학원을 포함한다)의 학과 중 대통령령으로 정하는 학과의 졸업자로서 인사혁신처장이 정하는 바에 따라 해당 학교장의 추천을 받은 자를 연구 또는 기술 직렬의 공무원으로 임용하는 경우(2014.11.19 본호개정)
10. 대통령령등으로 정하는 임용 예정직에 관련된 과학기술 분야 또는 공개경쟁 채용시험으로 결원 보충이 곤란한 특수 전문분야의 연구나 근무경력이 있는 자를 임용하는 경우(2015.5.18 본호개정)
11. 제26조의4에 따라 수습근무를 마친 사람을 임용하는 경우(2022.12.27 본호개정)
12. 연고지나 그 밖에 지역적 특수성을 고려하여 일정한 지역에 거주하는 자를 그 지역에 소재하는 기관에 임용하는 경우
13. 「국적법」 제4조 및 제8조에 따라 대한민국 국적을 취득한 사람 또는 「북한이탈주민의 보호 및 정착지원에 관한 법률」 제2조제1호에 따른 북한이탈주민을 임용하는 경우(2012.10.22 본호신설)
③ (2011.5.23 삭제)
④ 경력경쟁채용시험 및 제2항 각 호 외의 부분 단서에 따른 시험(이하 이 조에서 "경력경쟁채용시험등"이라 한다)의 경우에는 제70조제1항제3호의 사유로 퇴직한 사람을 우선하여 채용할 수 있으며, 경력경쟁채용시험등으로 임용할 수 있는 공무원의 직급 또는 직위, 직급별 또는 직위별 응시 자격 및 시험 등에 필요한 사항은 대통령령등으로 정한다.(2015.5.18 본항개정)
⑤ 제2항제6호·제8호 또는 제12호에 따라 경력경쟁채용시험으로 채용된 자는 정원조정·직제개편 등 대통령령등으로 정하는 경우 외에는 5년간 전직이나 해당 기관 외의 기관으로 전보될 수 없으며, 5년 이내에 퇴직하면 그 근무경력은 제2항제3호의 경력경쟁채용시험 응시에 필요한 근무 또는 연구 실적에 넣어 계산하지 아니한다.
(2015.5.18 본항개정)
(2008.3.28 본조개정)

제28조의2 【전입】 국회, 법원, 헌법재판소, 선거관리위원회 및 행정부 상호 간에 다른 기관 소속 공무원을 전입하려는 때에는 시험을 거쳐 임용하여야 한다. 이 경우 임용 자격 요건 또는 승진소요최저연수·시험과목이 같을 때에는 대통령령등으로 정하는 바에 따라 그 시험의 일부나 전부를 면제할 수 있다.(2015.5.18 후단개정)

제28조의3 【전직】 공무원을 전직 임용하려는 때에는 전직시험을 거쳐야 한다. 다만, 대통령령등으로 정하는 전직의 경우에는 시험의 일부나 전부를 면제할 수 있다.
(2015.5.18 단서개정)

제28조의4 【개방형 직위】 ① 임용권자나 임용제청권자는 해당 기관의 직위 중 전문성이 특히 요구되거나 효율적인 정책 수립을 위하여 필요하다고 판단되어 공직 내부나 외부에서 적격자를 임용할 필요가 있는 직위에 대하여는 개방형 직위로 지정하여 운영할 수 있다. 이 경우 「정부조직법」 등 조직 관계 법령에 따라 1급부터 3급까지의 공무원 또는 이에 상당하는 공무원으로 보할 수 있는 직위(고위공무원단 직위를 포함하며, 실장·국장 밑에 두는 보조기관 또는 이에 상당하는 직위는 제외한다) 중 임기제공무원으로도 보할 수 있는 직위(대통령령으로 정하는 직위는 제외한다)는 개방형 직위로 지정된 것으로 본다.(2012.12.11 후단개정)
② 임용권자나 임용제청권자는 제1항에 따른 개방형 직위에 대하여는 직위별로 직무의 내용·특성 등을 고려하여 직무수행요건을 설정하고 그 요건을 갖춘 자를 임용하거나 임용제청하여야 한다.
③ (2008.12.31 삭제)
④ 개방형 직위의 운영 등에 필요한 사항은 대통령령등으로 정한다.(2015.5.18 본항개정)
(2008.3.28 본조개정)

제28조의5 【공모 직위】 ① 임용권자나 임용제청권자는 해당 기관의 직위 중 효율적인 정책 수립 또는 관리를 위하여 해당 기관 내부 또는 외부의 공무원 중에서 적격자를 임용할 필요가 있는 직위에 대하여는 공모 직위(公募 職位)로 지정하여 운영할 수 있다.
② 임용권자나 임용제청권자는 제1항에 따른 공모 직위에 대하여는 직위별로 직무의 내용·특성 등을 고려하여 직무수행요건을 설정하고 그 요건을 갖춘 자를 임용하거나 임용제청하여야 한다.
③ (2008.12.31 삭제)
④ 중앙인사관장기관의 장은 공모 직위를 운영할 때 각 기관간 인력의 이동과 배치가 적절한 균형을 유지할 수 있도록 관계 기관의 장과 협의하여 이를 조정할 수 있다.
⑤ 공모 직위의 운영 등에 필요한 사항은 대통령령등으로 정한다.(2015.5.18 본항개정)
(2008.3.28 본조개정)

제28조의6 【고위공무원단에 속하는 공무원으로의 임용 등】 ① 고위공무원단에 속하는 공무원의 채용과 고위공무원단 직위로의 승진임용, 고위공무원으로서 적격한지 여부 및 그 밖에 고위공무원 임용 제도와 관련하여 대통령령으로 정하는 사항을 심사하기 위하여 인사혁신처에 고위공무원임용심사위원회를 둔다.(2015.12.24 본항개정)

② 고위공무원임용심사위원회는 위원장을 포함하여 5명 이상 9명 이하의 위원으로 구성하며, 위원장은 인사혁신처장이 된다.(2015.12.24 본항개정)
③ 임용권자 또는 임용제청권자는 고위공무원단에 속하는 공무원의 채용 또는 고위공무원단 직위로 승진임용하고자 하는 경우 임용대상자를 선정하여 고위공무원임용심사위원회의 심사를 거쳐 임용 또는 임용제청하여야 한다. 다만, 고위공무원단에 속하는 공무원의 채용에 있어서는 임용절차 간소화, 직무의 특수성 등을 고려하여 경력직 고위공무원을 특수경력직 또는 다른 경력직 고위공무원으로 채용하는 경우 등 대통령령으로 정하는 경우에는 고위공무원임용심사위원회의 심사를 생략할 수 있다.
(2008.12.31 단서신설)
④ 고위공무원임용심사위원회의 위원 중 공무원이 아닌 위원은 「형법」이나 그 밖의 법률에 따른 벌칙을 적용할 때에는 공무원으로 본다.(2021.6.8 본항신설)
⑤ 제1항부터 제3항까지에 따른 고위공무원임용심사위원회의 구성 및 운영, 위원자격 등에 관하여 필요한 사항은 대통령령으로 정한다.
(2008.2.29 본조신설)
제29조【시보 임용】 ① 5급 공무원(제4조제2항에 따라 같은 조 제1항의 계급 구분이나 직군 및 직렬의 분류를 적용하지 아니하는 공무원 중 5급에 상당하는 공무원을 포함한다. 이하 같다)을 신규 채용하는 경우에는 1년, 6급 이하의 공무원을 신규 채용하는 경우에는 6개월간 각각 시보(試補)로 임용하고 그 기간의 근무성적·교육훈련성적과 공무원으로서의 자질을 고려하여 정규 공무원으로 임용한다. 다만, 대통령령등으로 정하는 경우에는 시보 임용을 면제하거나 그 기간을 단축할 수 있다.
(2015.5.18 본항개정)
② 휴직한 기간, 직위해제 기간 및 징계에 따른 정직이나 감봉 처분을 받은 기간은 제1항의 시보 임용 기간에 넣어 계산하지 아니한다.
③ 시보 임용 기간 중에 있는 공무원이 근무성적·교육훈련성적이 나쁘거나 이 법 또는 이 법에 따른 명령을 위반하여 공무원으로서의 자질이 부족하다고 판단되는 경우에는 제68조와 제70조에도 불구하고 면직시키거나 면직을 제청할 수 있다. 이 경우 구체적인 사유 및 절차 등에 필요한 사항은 대통령령등으로 정한다.(2015.5.18 본항개정)
(2008.3.28 본조개정)
제30조 (1981.4.20 삭제)
제31조【경쟁시험 합격자의 우선임용 및 결원 보충의 조정】 ① 임용권자나 임용제청권자는 결원을 보충할 때 공개경쟁 채용시험 합격자와 공개경쟁 승진시험 합격자를 우선하여 임용하거나 임용제청하여야 한다.
② 중앙인사관장기관의 장은 각급 기관의 5급 이상 공무원(제4조제2항에 따라 같은 조 제1항의 계급 구분을 적용하지 아니하는 공무원 중 5급 이상에 상당하는 공무원을 포함한다. 이하 같다)의 결원을 보충할 때 공개경쟁 채용시험 합격자, 공개경쟁 승진시험 합격자 및 일반 승진시험 합격자의 보충임용이 적절한 균형을 유지할 수 있도록 조정하고 규제하여야 한다.
(2008.3.28 본조개정)
제31조의2【국무위원 임명 전 인사청문 실시】 대통령이 국무위원을 임명하려면 미리 국회의 인사청문을 거쳐야 한다.(2008.3.28 본조개정)
제32조【임용권자】 ① 행정기관 소속 5급 이상 공무원 및 고위공무원단에 속하는 일반직공무원은 소속 장관의 제청으로 인사혁신처장과 협의를 거친 후에 국무총리를 거쳐 대통령이 임용하되, 고위공무원단에 속하는 일반직공무원의 경우 소속 장관은 해당 기관에 소속되지 아니한 공무원에 대하여도 임용제청할 수 있다. 이 경우 국세청장은 국회의 인사청문을 거쳐 대통령이 임명한다.
(2014.11.19 전단개정)
② 소속 장관은 소속 공무원에 대하여 제1항 외의 모든 임용권을 가진다.
③ 대통령은 대통령령으로 정하는 바에 따라 제1항에 따른 임용권의 일부를 소속 장관에게 위임할 수 있으며, 소속 장관은 대통령령으로 정하는 바에 따라 제2항에 따른 임용권의 일부와 대통령으로부터 위임받은 임용권의 일부를 그 보조기관 또는 소속 기관의 장에게 위임하거나 재위임할 수 있다.
④ 국회 소속 공무원은 국회의장이 임용하되, 국회규칙으로 정하는 바에 따라 그 임용권의 일부를 소속 기관의 장에게 위임할 수 있다.
⑤ 법원 소속 공무원은 대법원장이 임용하되, 대법원규칙으로 정하는 바에 따라 그 임용권의 일부를 소속 기관의 장에게 위임할 수 있다.
⑥ 헌법재판소 소속 공무원은 헌법재판소장이 임용하되, 헌법재판소규칙으로 정하는 바에 따라 그 임용권의 일부를 헌법재판소 사무처장에게 위임할 수 있다.
⑦ 선거관리위원회 소속 5급 이상 공무원은 중앙선거관리위원회의 의결을 거쳐 중앙선거관리위원회위원장이 임용하고, 6급 이하의 공무원은 중앙선거관리위원회사무총장이 임용한다. 이 경우 중앙선거관리위원회위원장은 중앙선거관리위원회규칙으로 정하는 바에 따라 중앙선거관리위원회 상임위원·사무총장 및 시·도선거관리위원회위원장에게, 중앙선거관리위원회사무총장은 시·도선거관리위원회위원장에게 그 임용권의 일부를 각각 위임할 수 있다.(2012.12.11 전단개정)
(2008.3.28 본조개정)
제32조의2【인사교류】 인사혁신처장은 행정기관 상호 간, 행정기관과 교육·연구기관 또는 공공기관 간에 인사교류가 필요하다고 인정하면 인사교류계획을 수립하고, 국무총리의 승인을 받아 이를 실시할 수 있다.
(2014.11.19 본조개정)
제32조의3【겸임】 직위와 직무 내용이 유사하고 담당 직무 수행에 지장이 없다고 인정하면 대통령령등으로 정하는 바에 따라 경력직공무원 상호 간에 겸임하게 하거나 경력직공무원과 대통령령으로 정하는 관련 교육·연구기관, 그 밖의 기관·단체의 임직원 간에 서로 겸임하게 할 수 있다.(2021.6.8 본조개정)
제32조의4【파견근무】 ① 국가기관의 장은 국가적 사업의 수행 또는 그 업무 수행과 관련된 행정 지원이나 연수, 그 밖에 능력 개발 등을 위하여 필요하면 소속 공무원을 다른 국가기관·공공단체·국내외의 교육기관·연구기관, 그 밖의 기관에 일정 기간 파견근무하게 할 수 있으며, 국가적 사업의 공동 수행 또는 전문성이 특히 요구되는 특수 업무의 효율적 수행 등을 위하여 필요하면 국가기관 외의 기관·단체의 임직원을 파견받아 근무하게 할 수 있다.(2023.4.11 본항개정)
② 파견권자는 파견 사유가 소멸하거나 파견 목적이 달성될 가망이 없으면 그 공무원을 지체 없이 원래의 소속 기관에 복귀시켜야 한다.
③ 제1항에 따라 국가기관 외의 기관·단체에서 파견된 임직원은 직무상 행위를 하거나 「형법」, 그 밖의 법률에 따른 벌칙을 적용할 때 공무원으로 본다.
④ 공무원을 파견근무하게 하거나 국가기관 외의 기관·단체의 임직원을 파견받아 근무하게 하는 경우 그 사유·기간·절차, 파견된 자의 인사교류를 위한 신규 채용, 파견된 자의 승진임용, 파견근무 중 복무, 그 밖에 필요한 사항은 대통령령등으로 정한다.(2015.5.18 본항개정)
(2008.3.28 본조개정)
제32조의5【보직관리의 원칙】 ① 임용권자나 임용제청권자는 법령으로 따로 정하는 경우 외에는 소속 공무원의 직급과 직류를 고려하여 그 직급에 상응하는 일정한 직위를 부여하여야 한다. 다만, 고위공무원단에 속하는 일반직공무원과 제4조제2항제1호에 따른 공무원 중 계급 구분 및 직군·직렬의 분류가 적용되지 아니하는 공무원에 대하여는 자격·경력 등을 고려하여 그에 상응하는 일정한 직위를 부여하여야 한다.(2012.12.11 단서개정)
② 소속 공무원을 보직할 때에는 그 공무원의 전공분야·훈련·근무경력·전문성·적성 등을 고려하여 적격한 직위에 임용하여야 한다. 이 경우 보직관리 기준에 필요한 사항은 대통령령등으로 정한다.(2015.5.18 후단개정)
제33조【결격사유】 다음 각 호의 어느 하나에 해당하는 자는 공무원으로 임용될 수 없다.
1. 피성년후견인(2021.1.12 본호개정)
2. 파산선고를 받고 복권되지 아니한 자
3. 금고 이상의 실형을 선고받고 그 집행이 끝나거나(집행이 끝난 것으로 보는 경우를 포함한다) 집행이 면제된 날부터 5년이 지나지 아니한 자(2023.4.11 본호개정)
4. 금고 이상의 형의 집행유예를 선고받고 그 유예기간이 끝난 날부터 2년이 지나지 아니한 자(2023.4.11 본호개정)
5. 금고 이상의 형의 선고유예를 받은 경우에 그 선고유예 기간 중에 있는 자
6. 법원의 판결 또는 다른 법률에 따라 자격이 상실되거나 정지된 자
6의2. 공무원으로 재직기간 중 직무와 관련하여 「형법」 제355조 및 제356조에 규정된 죄를 범한 자로서 300만원 이상의 벌금형을 선고받고 그 형이 확정된 후 2년이 지나지 아니한 자(2010.3.22 본호신설)
6의3. 다음 각 목의 어느 하나에 해당하는 죄를 범한 사람으로서 100만원 이상의 벌금형을 선고받고 그 형이 확정된 후 3년이 지나지 아니한 사람(2022.12.27 본문개정)
가. 「성폭력범죄의 처벌 등에 관한 특례법」 제2조에 따른 성폭력범죄
나. 「정보통신망 이용촉진 및 정보보호 등에 관한 법률」 제74조제1항제2호 및 제3호에 규정된 죄
다. 「스토킹범죄의 처벌 등에 관한 법률」 제2조제2호에 따른 스토킹범죄
(2022.12.27 가목~다목신설)
6의4. 미성년자에 대한 다음 각 목의 어느 하나에 해당하는 죄를 저질러 파면·해임되거나 형 또는 치료감호를 선고받아 그 형 또는 치료감호가 확정된 사람(집행유예를 선고받은 후 그 집행유예기간이 경과한 사람을 포함한다)
가. 「성폭력범죄의 처벌 등에 관한 특례법」 제2조에 따른 성폭력범죄
나. 「아동·청소년의 성보호에 관한 법률」 제2조제2호에 따른 아동·청소년대상 성범죄
<2022.11.24 헌법재판소 헌법불합치결정으로 이 목 중 아동복지법 제17조 제2호 가운데 '아동에게 성적 수치심을 주는 성희롱 등의 성적 학대행위로 형을 선고받아 그 형이 확정된 사람은 국가공무원법 제2조 제2항 제1호의 일반직공무원으로 임용될 수 없도록 한 것'에 관한 부분은 2024.5.31을 시한으로 입법자가 개정할 때까지 계속 적용>
<2023.6.29 헌법재판소 헌법불합치결정으로 이 목 중 구 아동·청소년의 성보호에 관한 법률(2014.1.21 법률 제12329호로 개정되고, 2020.6.2 법률 제17338호로 개정되기 전의 것) 제11조 제5항 가운데 '아동·청소년이용음란물임을 알면서 이를 소지한 죄로 형을 선고받아 그 형이 확정된 사람은 국가공무원법 제2조 제2항 제1호의 일반직공무원으로 임용될 수 없도록 한 것'에 관한 부분 및 지방공무원법(2018.10.16 법률 제15801호로 개정된 것) 제31조 제6호의4 나목 중 구 아동·청소년의 성보호에 관한 법률(2014.1.21 법률 제12329호로 개정되고, 2020.6.2 법률 제17338호로 개정되기 전의 것) 제11조 제5항 가운데 '아동·청소년이용음란물임을 알면서 이를 소지한 죄로 형을 선고받아 그 형이 확정된 사람은 지방공무원법 제2조 제2항 제1호의 일반직공무원으로 임용될 수 없도록 한 것'에 관한 부분은 2024.5.31을 시한으로 입법자가 개정할 때까지 계속 적용>
(2018.10.16 본호신설)
7. 징계로 파면처분을 받은 때부터 5년이 지나지 아니한 자
8. 징계로 해임처분을 받은 때부터 3년이 지나지 아니한 자
(2008.3.28 본조개정)
제33조의2【벌금형의 분리 선고】 「형법」 제38조에도 불구하고 제33조제6호의2 또는 제6호의3 각 목에 규정된 죄와 다른 죄의 경합범(競合犯)에 대하여 벌금형을 선고하는 경우에는 이를 분리 선고하여야 한다.(2022.12.27 본조개정)
제34조【시험 실시기관】 ① 행정기관 소속 공무원의 채용시험·승진시험, 그 밖의 시험은 인사혁신처장 또는 인사혁신처장이 지정하는 소속기관의 장이 실시한다. 다만, 인사혁신처장 또는 그 소속기관의 장이 단독으로 실시하기 곤란하면 관계 기관과 공동으로 실시할 수 있으며, 인사혁신처장은 대통령령으로 정하는 바에 따라 그 시험의 일부를 다른 행정기관의 장에게 위임하여 실시할 수 있다.(2015.12.24 본항개정)
② (2004.3.11 삭제)
③ 국회 및 법원 소속 공무원의 채용시험·승진시험, 그 밖의 시험은 국회사무처 또는 법원행정처에서 실시한다. 이 경우 국회사무총장 또는 법원행정처장은 국회규칙 또는 대법원규칙으로 정하는 바에 따라 그 시험의 일부를 소속 기관에 위임하여 실시할 수 있다.
④ 헌법재판소 소속 공무원의 채용시험·승진시험, 그 밖의 시험은 헌법재판소사무처에서 실시한다. 다만, 헌법재판소사무처장은 그 시험의 전부나 일부를 인사혁신처장 또는 법원행정처장에게 위탁하여 실시할 수 있다.
(2014.11.19 단서개정)
⑤ 선거관리위원회 소속 공무원의 채용시험·승진시험, 그 밖의 시험은 중앙선거관리위원회사무처에서 실시하되, 중앙선거관리위원회규칙으로 정하는 바에 따라 그 시험의 일부를 시·도선거관리위원회에 위임하여 실시할 수 있다. 다만, 중앙선거관리위원회사무총장은 시험의 전부나 일부를 인사혁신처장에게 위탁하여 실시하거나 인사혁신처장이 실시한 공개경쟁 채용시험에 합격한 자를 선거관리위원회에서 실시한 공개경쟁 채용시험에 합격한 자로 보아 임용할 수 있다.(2014.11.19 단서개정)
(2008.3.28 본조개정)
제35조【평등의 원칙】 공개경쟁에 따른 채용시험은 같은 자격을 가진 모든 국민에게 평등하게 공개하여야 하며 시험의 시기와 장소는 응시자의 편의를 고려하여 결정한다.(2008.3.28 본조개정)
제36조【응시 자격】 각종 시험에 있어서 담당할 직무 수행에 필요한 최소한도의 자격요건은 대통령령등으로 정한다.(2015.5.18 본조개정)
제36조의2【채용시험의 가점】 ① 다음 각 호의 어느 하나에 해당하는 사람이 공무원 채용시험에 응시하면 일정한 점수를 가산할 수 있다.
1. 「국가기술자격법」이나 그 밖의 법령에 따른 자격을 취득한 사람
2. 「의사상자 등 예우 및 지원에 관한 법률」 제2조제2호에 따른 의사자의 배우자 또는 자녀
3. 「의사상자 등 예우 및 지원에 관한 법률」 제2조제3호에 따른 의상자 및 그 배우자 또는 자녀
② 제1항에 따라 가산할 수 있는 구체적 대상, 가산 점수, 가산 방법 등에 필요한 사항은 대통령령등으로 정한다.
(2015.5.18 본조개정)
제37조【시험의 공고】 ① 공개경쟁 채용시험, 공개경쟁 승진시험 또는 경력경쟁채용시험을 실시할 때에는 임용예정 직급·직위, 응시 자격, 선발 예정 인원, 시험의 방법·시기·장소, 그 밖에 필요한 사항을 대통령령등으로 정하는 바에 따라 공고하여야 한다. 다만, 제28조제2항 단서에 따라 다수인을 대상으로 하지 아니한 시험의 경우에는 공고하지 아니할 수 있다.
② 원활한 결원 보충을 위하여 필요하면 근무예정 지역 또는 근무예정 기관을 미리 정하여 공개경쟁 채용시험을 실시할 수 있다. 이 경우 그 시험에 따라 채용된 공무원은

대통령령등으로 정하는 기간 동안 해당 근무 지역 또는 근무 기관에 근무하여야 한다.
(2015.5.18 본조개정)

제38조【채용후보자 명부】 ① 시험 실시기관의 장은 공개경쟁 채용시험에 합격한 사람을 대통령령등으로 정하는 바에 따라 채용후보자 명부에 등재하여야 한다.
(2015.5.18 본항개정)
② 제28조제1항에 따른 공무원 공개경쟁 채용시험에 합격한 사람의 채용후보자 명부의 유효기간은 2년의 범위에서 대통령령등으로 정한다. 다만, 시험 실시기관의 장은 필요에 따라 1년의 범위에서 그 기간을 연장할 수 있다.(2015.5.18 본문개정)
③ 다음 각 호의 기간은 제2항에 따른 기간에 넣어 계산하지 아니한다.
1. 공개경쟁 채용시험 합격자가 채용후보자 명부에 등재된 후 그 유효기간 내에 「병역법」에 따른 병역 복무를 위하여 군에 입대한 경우(대학생 군사훈련 과정 이수자를 포함한다)의 의무복무 기간
2. 대통령령등으로 정하는 사유로 임용되지 못한 기간
(2015.5.18 본호개정)
④ 제2항에 따라 시험 실시기관의 장이 채용후보자 명부의 유효기간을 연장하기로 결정하면 지체 없이 이를 공고하여야 한다.
(2008.3.28 본조개정)

제39조【채용후보자의 임용 절차】 ① 시험 실시기관의 장은 채용후보자 명부에 등재된 채용후보자를 대통령령등으로 정하는 바에 따라 임용권이나 임용제청권을 갖는 기관에 추천하여야 한다. 다만, 공개경쟁 채용시험 합격자의 우선임용을 위하여 필요하면 인사혁신처장이 채용후보자를 제32조제1항부터 제3항까지의 규정에도 불구하고 근무할 기관을 지정하여 임용하거나 임용제청할 수 있다.(2015.5.18 본문개정)
② 각 임용권자나 임용제청권자는 제1항에 따라 추천받은 채용후보자를 임용한 때에는 그 결과를 시험 실시기관의 장에게 지체 없이 알려야 한다.
③ 채용후보자가 다음 각 호의 어느 하나에 해당하면 채용후보자로서의 자격을 잃는다.
1. 제1항에 따라 추천받은 기관의 임용 또는 임용제청에 따르지 아니한 경우
2. 제50조에 따른 시보 공무원이 될 자에 대한 교육훈련에 따르지 아니한 경우
3. 훈련 성적이 나쁘거나 본인의 귀책사유로 교육훈련을 계속 받을 수 없게 되거나 채용후보자로서 품위를 크게 손상하는 행위를 하는 등 공무원으로서 직무를 수행하기 곤란하다고 판단되는 경우. 이 경우 구체적인 사유 및 절차 등에 필요한 사항은 대통령령등으로 정한다.
(2022.12.27 전단개정)
④ 임용권자는 채용후보자에 대하여 임용 전에 실무 수습을 실시할 수 있다. 이 경우 실무 수습 중인 채용후보자는 그 직무상 행위를 하거나 「형법」 또는 그 밖의 법률에 따른 벌칙을 적용할 때에는 공무원으로 본다.
(2012.10.22 본항신설)
(2008.3.28 본조개정)

제40조【승진】 ① 승진임용은 근무성적평정·경력평정, 그 밖에 능력의 실증에 따른다. 다만, 1급부터 3급까지의 공무원으로의 승진임용 및 고위공무원단 직위로의 승진임용의 경우에는 능력과 경력 등을 고려하여 임용하며, 5급 공무원으로의 승진임용의 경우에는 승진시험을 거치도록 하되, 필요하다고 인정하면 대통령령등으로 정하는 바에 따라 승진심사위원회의 심사를 거쳐 임용할 수 있다.
② 6급 이하 공무원으로의 승진임용의 경우 필요하다고 인정하면 대통령령등으로 정하는 바에 따라 승진시험을 병용(竝用)할 수 있다.
③ 승진에 필요한 계급별 최저 근무연수, 승진 제한, 그 밖에 승진에 필요한 사항은 대통령령등으로 정한다.
(2015.5.18 본조개정)

제40조의2【승진임용의 방법】 ① 1급 공무원으로의 승진은 바로 하급 공무원 중에서, 2급 및 3급 공무원으로의 승진은 같은 직군 내의 바로 하급 공무원 중에서 각각 임용하거나 임용제청하며, 고위공무원단 직위로의 승진임용은 대통령령으로 정하는 자격·경력 등을 갖춘 자 중에서 임용하거나 임용제청한다.
② 승진시험에 따른 승진은 승진시험 합격자 중에서 대통령령등으로 정하는 승진임용 순위에 따라 임용하거나 임용제청한다. 다만, 공개경쟁 승진시험에 합격하여 승진후보자 명부에 등재된 자의 임용방법에 관하여는 제39조제1항과 제2항을 준용한다.(2015.5.18 본문개정)
③ 제1항과 제2항 외의 승진은 같은 직렬의 바로 하급 공무원 중에서 임용하되, 임용하려는 결원의 수에 대하여 승진후보자 명부의 높은 순위에 있는 자부터 차례로 대통령령등으로 정하는 범위에서 임용하거나 임용제청하여야 한다.(2015.5.18 본항개정)
④ 각급 기관의 장은 대통령령등으로 정하는 바에 따라 근무성적·경력평정, 그 밖에 능력의 실증에 따른 순위에 따라 직급별로 승진후보자 명부를 작성한다.
(2015.5.18 본항개정)
⑤ 5급 공무원 공개경쟁 승진시험에 합격한 자의 승진후보자 명부는 국회사무총장, 법원행정처장, 헌법재판소사무처장, 중앙선거관리위원회사무총장 또는 인사혁신처장이 작성한다.(2014.11.19 본항개정)
(2008.3.28 본조개정)

제40조의3【승진 심사】 ① 제40조의2제1항·제3항 또는 제40조의4제1항제1호부터 제3호까지의 규정에 따라 임용하거나 임용제청을 할 때에는 미리 승진심사위원회의 심사를 거쳐야 한다.
② 제1항에 따른 승진 심사를 위하여 국회사무총장, 법원행정처장, 헌법재판소사무처장 또는 중앙선거관리위원회사무총장 소속으로 중앙승진심사위원회를 두고, 행정부 소속 공무원의 승진 심사는 제28조의6제3항에 따라 고위공무원임용심사위원회가 담당하며, 각 임용권자나 임용제청권자 단위별로 보통승진심사위원회를 둔다.
③ 승진심사위원회의 구성·권한 및 운영, 그 밖에 필요한 사항은 대통령령등으로 정한다.(2015.5.18 본항개정)
(2008.3.28 본조개정)

제40조의4【우수 공무원 등의 특별승진】 ① 공무원이 다음 각 호의 어느 하나에 해당하면 제40조 및 제40조의2에도 불구하고 특별승진임용하거나 일반 승진시험에 우선 응시하게 할 수 있다.
1. 청렴하고 투철한 봉사 정신으로 직무에 모든 힘을 다하여 공무 집행의 공정성을 유지하고 깨끗한 공직 사회를 구현하는 데에 다른 공무원의 귀감(龜鑑)이 되는 자
2. 직무수행 능력이 탁월하여 행정 발전에 큰 공헌을 한 자
3. 제53조에 따른 제안의 채택·시행으로 국가 예산을 절감하는 등 행정 운영 발전에 뚜렷한 실적이 있는 자
4. 재직 중 공적이 특히 뚜렷한 자가 제74조의2에 따라 명예퇴직 할 때
5. 재직 중 공적이 특히 뚜렷한 자가 공무로 사망한 때
② 특별승진의 요건, 그 밖에 필요한 사항은 대통령령등으로 정한다.(2015.5.18 본항개정)
(2008.3.28 본조개정)

제41조【승진시험 방법】 ① 승진시험은 일반 승진시험과 공개경쟁 승진시험으로 구분한다.
② 일반 승진시험은 승진후보자 명부의 높은 순위에 있는 자부터 차례로 임용하려는 결원 또는 결원과 예상 결원을 합한 총결원의 2배수 이상 5배수 이내 범위의 자에 대하여 실시하며, 시험성적 점수와 승진후보자 명부에 따른 평정 점수를 합산한 종합 성적에 따라 합격자를 결정한다. 다만, 유능한 공무원을 발탁하기 위하여 승진기회의 확대가 필요한 경우에는 대통령령으로 정하는 바에 따라 배수의 범위를 달리하여 시험을 실시할 수 있다.
(2011.5.23 단서신설)
③ 공개경쟁 승진시험은 5급 공무원 승진에 한정하되, 기관간 승진기회의 균형을 유지하고 유능한 공무원을 발탁하기 위하여 필요한 경우에 실시하며, 시험성적에 따라 합격자를 결정한다.
④ 제2항과 제3항에 따른 승진시험의 응시 대상자, 응시 방법, 합격자 결정 방법, 합격의 효력, 그 밖에 승진시험에 필요한 사항은 대통령령등으로 정한다.(2015.5.18 본항개정)
(2008.3.28 본조개정)

제42조【국가유공자 우선 임용】 ① 공무원을 임용할 때에 법령으로 정하는 바에 따라 국가유공자를 우선 임용하여야 한다.
② 제1항에 따른 우선 임용에 관한 사항은 국회사무총장, 법원행정처장, 헌법재판소사무처장, 중앙선거관리위원회사무총장 또는 인사혁신처장이 관장한다. 다만, 그 임용에 관한 법령의 제정·개폐 또는 중요 정책에 관하여는 국가보훈부장관과 협의한다.(2023.3.4 단서개정)
(2008.3.28 본조개정)

제43조【휴직·파견 등의 결원보충 등】 ① 공무원이 제71조제1항제1호·제3호·제5호·제6호, 제71조제2항 또는 제73조의2에 따라 6개월 이상 휴직하면 휴직일부터 그 휴직자의 직급·직위 또는 상당 계급(고위공무원단에 속하는 공무원은 해당 휴직자의 직위와 곤란성과 책임도가 유사한 직위를 말한다)에 해당하는 정원이 따로 있는 것으로 보고 결원을 보충할 수 있다. 다만, 휴직기간 중에 당초 휴직 사유와 같은 사유로 휴직기간을 연장하는 경우로서 휴직기간 연장을 명한 날부터 최종 휴직기간이 끝나는 날까지의 기간이 6개월 이상인 경우에는 휴직기간 연장을 명한 날부터 결원을 보충할 수 있다.
(2023.4.11 단서개정)
② 제1항에도 불구하고 다음 각 호의 어느 하나에 해당하는 경우 대통령령등으로 정하는 경우에 한정하여 그 휴가 또는 휴직의 시작일부터 결원을 보충할 수 있다.
1. 병가와 제71조제1항제1호에 따른 휴직을 연속하여 6개월 이상 사용하는 경우
2. 출산휴가와 제71조제2항제4호에 따른 휴직을 연속하여 6개월 이상 사용하는 경우
(2023.4.11 본항신설)
③ 공무원을 제32조의4에 따라 파견하는 경우에는 대통령령등으로 정하는 바에 따라 파견 기간 중 그 파견하는 직급(고위공무원단에 속하는 일반직공무원은 그 파견하는 직위와 곤란성과 책임도가 유사한 직위를 말한다. 이하 이 조에서 같다)에 해당하는 정원이 따로 있는 것으로 보고 결원을 보충할 수 있다. 다만, 남은 파견기간이 2개월 이하인 경우에는 그러하지 아니하다.(2015.5.18 본문개정)
④ 파면처분·해임처분·면직처분 또는 강등처분에 대하여 소청심사위원회나 법원에서 무효나 취소의 결정 또는 판결을 하면 그 파면처분·해임처분·면직처분 또는 강등처분에 따라 결원을 보충하였던 때부터 파면처분·해임처분·면직처분 또는 강등처분을 받은 사람의 처분 전 직급·직위에 해당하는 정원이 따로 있는 것으로 본다.(2012.12.11 본항개정)
⑤ 제73조의3제1항제3호·제4호 또는 제6호에 따라 직위해제를 한 경우로서 직위해제 기간이 6개월을 경과하면 직위해제된 사람의 직급·직위 또는 상당 계급(고위공무원단에 속하는 공무원은 해당 직위해제된 사람의 직위와 곤란성과 책임도가 유사한 직위를 말한다)에 해당하는 정원이 따로 있는 것으로 보고 결원을 보충할 수 있다. 다만, 제78조의4제3항에 따라 징계의결이 요구되어 제73조의3제1항제3호에 따른 직위해제 처분을 하는 경우에는 직위해제를 한 때부터 해당 정원이 따로 있는 것으로 보고 결원을 보충할 수 있다.(2021.6.8 본항개정)
⑥ 제1항부터 제4항까지 및 제5항 본문에 따른 정원은 다음 각 호의 어느 하나에 해당하는 사유가 발생한 이후 그 직급·직위에 최초로 결원이 발생한 때에 각각 소멸된 것으로 본다. 다만, 제1항에 따른 특수경력직공무원의 정원은 제1호의 사유가 발생한 때에 소멸된 것으로 본다.(2023.4.11 본문개정)
1. 휴직자의 복직
2. 파견된 자의 복귀
3. 파면·해임·면직된 사람의 복귀 또는 강등된 사람의 처분 전 직급 회복(2012.12.11 본호개정)
4. 직위해제된 사람에 대한 직위 부여(2021.6.8 본호신설)
(2008.3.28 본조개정)

제43조의2~제43조의3 (1978.12.5 삭제)

제44조【시험 또는 임용의 방해행위 금지】 누구든지 시험 또는 임용에 관하여 고의로 방해하거나 부당한 영향을 주는 행위를 하여서는 아니 된다.(2008.3.28 본조개정)

제45조【인사에 관한 부정행위 금지】 누구든지 채용시험·승진·임용, 그 밖에 인사기록에 관하여 거짓이나 부정하게 진술·기재·증명·채점 또는 보고하여서는 아니 된다.(2008.3.28 본조개정)

제45조의2【채용시험 등 부정행위자에 대한 조치】 ① 시험실시기관의 장은 채용시험·승진시험, 그 밖의 시험에서 다른 사람에게 대신하여 응시하게 하는 행위 등 대통령령으로 정하는 부정행위를 한 사람에 대하여 대통령령으로 정하는 바에 따라 해당 시험의 정지·무효 또는 합격 취소 처분을 할 수 있다. 이 경우 처분을 받은 사람에 대하여는 처분이 있은 날부터 5년의 범위에서 대통령령으로 정하는 기간 동안 채용시험·승진시험, 그 밖의 시험의 응시자격을 정지할 수 있다.
② 시험실시기관의 장은 제1항에 따른 처분(시험의 정지는 제외한다)을 하려는 때에는 미리 그 처분 내용과 사유를 당사자에게 통지하여 소명할 기회를 주어야 한다.
(2015.5.18 본조신설)

제45조의3【채용 비위 관련자의 합격 등 취소】 ① 시험실시기관의 장 또는 임용권자는 누구든지 공무원 채용과 관련하여 대통령령등으로 정하는 비위를 저질러 유죄판결이 확정된 경우에는 그 비위 행위로 인하여 채용시험에 합격하거나 임용된 사람에 대하여 대통령령등으로 정하는 바에 따라 합격 또는 임용을 취소할 수 있다. 이 경우 취소 처분을 하기 전에 미리 그 내용과 사유를 당사자에게 통지하고 소명할 기회를 주어야 한다.
② 제1항에 따른 취소 처분은 합격 또는 임용 당시로 소급하여 효력이 발생한다.
(2021.6.8 본조신설)

제5장 보 수
(2008.3.28 본장개정)

제46조【보수 결정의 원칙】 ① 공무원의 보수는 직무의 곤란성과 책임의 정도에 맞도록 계급별·직위별 또는 직무등급별로 정한다. 다만, 다음 각 호의 어느 하나에 해당하는 공무원의 보수는 따로 정할 수 있다.(2012.12.11 단서개정)
1. 직무의 곤란성과 책임도가 매우 특수하거나 결원을 보충하는 것이 곤란한 직무에 종사하는 공무원
2. 제4조제2항에 따라 같은 조 제1항의 계급 구분이나 직군 및 직렬의 분류를 적용하지 아니하는 공무원
3. 임기제공무원
(2012.12.11 1호~3호신설)
② 공무원의 보수는 일반의 표준 생계비, 물가 수준, 그 밖의 사정을 고려하여 정하되, 민간 부문의 임금 수준과 적절한 균형을 유지하도록 노력하여야 한다.
③ 경력직공무원 간의 보수 및 경력직공무원과 특수경력직공무원 간의 보수는 균형을 도모하여야 한다.
④ 공무원의 보수 중 봉급에 관하여는 법률로 정한 것 외에는 대통령령으로 정한다.
⑤ 이 법이나 그 밖의 법률에 따른 보수에 관한 규정에 따르지 아니하고는 어떠한 금전이나 유가물(有價物)도 공무원의 보수로 지급할 수 없다.

제47조【보수에 관한 규정】 ① 공무원의 보수에 관한 다음 각 호의 사항은 대통령령으로 정한다.
1. 봉급·호봉 및 승급에 관한 사항

2. 수당에 관한 사항
3. 보수 지급 방법, 보수의 계산, 그 밖에 보수 지급에 관한 사항

② 제1항에도 불구하고 특수 수당과 제51조제2항에 따른 상여금(賞與金)의 지급 또는 특별승급에 관한 사항은 대통령령등으로 정한다.(2015.5.18 본항개정)

③ 제1항에 따른 보수를 거짓이나 그 밖의 부정한 방법으로 수령한 경우에는 수령한 금액의 5배의 범위에서 가산하여 징수할 수 있다.(2021.6.8 본항개정)

④ 제3항에 따라 가산하여 징수할 수 있는 보수의 종류, 가산금액 등에 관한 사항은 대통령령으로 정한다.
(2012.12.11 본항개정)

제48조【실비 변상 등】 ① 공무원은 보수 외에 대통령령등으로 정하는 바에 따라 직무 수행에 필요한 실비(實費) 변상을 받을 수 있다.(2015.5.18 본항개정)

② 공무원이 소속 기관장의 허가를 받아 본래의 업무 수행에 지장이 없는 범위에서 담당 직무 외의 특수한 연구과제를 위탁받아 처리하면 그 보상을 지급받을 수 있다.

③ 제1항 및 제2항에 따른 실비 변상이나 보상을 거짓이나 그 밖의 부정한 방법으로 수령한 경우에는 수령한 금액의 5배의 범위에서 가산하여 징수할 수 있다.(2021.6.8 본항개정)

④ 제3항에 따라 가산하여 징수할 수 있는 실비 변상 및 보상의 종류, 가산금액 등에 관한 사항은 대통령령으로 정한다.(2012.12.11 본항신설)

제49조【국가기관 외의 기관 등에서 파견된 자의 보수】 제32조의4제1항에 따라 국가기관 외의 기관·단체에서 파견된 임직원의 보수는 파견한 기관이 지급하며, 파견받은 기관은 제48조를 준용하여 실비 변상 등을 할 수 있다. 다만, 특히 필요한 경우 파견받은 기관은 파견한 기관과 협의하여 보수를 지급할 수 있다.

제6장 능 률
(2008.3.28 본장개정)

제50조【인재개발】 ① 모든 공무원과 시보 공무원이 될 사람은 국민 전체에 대한 봉사자로서 갖추어야 할 공직가치를 확립하고, 담당 직무를 효과적으로 수행할 수 있는 미래지향적 역량과 전문성을 배양하기 위하여 법령으로 정하는 바에 따라 교육훈련을 받고 자기개발 학습을 하여야 한다.(2015.12.24 본항개정)

② 국회사무총장, 법원행정처장, 헌법재판소사무처장, 중앙선거관리위원회사무총장 또는 인사혁신처장은 각 기관의 협조를 받아 인재개발에 관한 종합적인 기획 및 조정을 한다.(2015.12.24 본항개정)

③ 각 기관의 장과 관리직위에 있는 공무원은 지속적인 인재개발을 통하여 소속 직원의 공직가치를 확립하고 미래지향적 역량과 전문성을 향상시킬 책임을 진다.
(2015.12.24 본항개정)

④ 교육훈련 실적은 인사관리에 반영하여야 한다.
(2015.12.24 본조제목개정)

제50조의2【적극행정의 장려】 ① 각 기관의 장은 소속 공무원의 적극행정(공무원이 불합리한 규제의 개선 등 공공의 이익을 위해 업무를 적극적으로 처리하는 행위를 말한다. 이하 이 조에서 같다)을 장려하기 위하여 대통령령등으로 정하는 바에 따라 인사상 우대 및 교육의 실시 등에 관한 계획을 수립·시행할 수 있다.

② 적극행정 추진에 관한 다음 각 호의 사항을 심의하기 위하여 각 기관에 적극행정위원회를 설치·운영할 수 있다.

1. 제1항에 따른 계획 수립에 관한 사항
2. 공무원이 불합리한 규제의 개선 등 공공의 이익을 위해 업무를 적극적으로 추진하기 위하여 해당 업무의 처리 기준, 절차, 방법 등에 관한 의견 제시를 요청한 사항
3. 그 밖에 적극행정 추진을 위하여 필요하다고 대통령령등으로 정하는 사항

③ 공무원이 적극행정을 추진한 결과에 대하여 해당 공무원의 행위에 고의 또는 중대한 과실이 없다고 인정되는 경우에는 대통령령등으로 정하는 바에 따라 이 법 또는 다른 공무원 인사 관계 법령에 따른 징계 또는 징계부가금 부과 의결을 하지 아니한다.

④ 인사혁신처장은 각 기관의 적극행정 문화 조성을 위하여 필요한 사업을 발굴하고 추진할 수 있다.

⑤ 적극행정위원회의 구성·운영 및 적극행정을 한 공무원에 대한 인사상 우대 등 적극행정을 장려하기 위하여 필요한 사항은 대통령령등으로 정한다.
(2021.6.8 본조신설)

제51조【근무성적의 평정】 ① 각 기관의 장은 정기 또는 수시로 소속 공무원의 근무성적을 객관적이고 엄정하게 평정하여 인사관리에 반영하여야 한다.

② 제1항에 따른 근무성적평정 결과 근무성적이 우수한 자에 대하여는 상여금을 지급하거나 특별승급시킬 수 있다.

③ 제1항의 근무성적평정에 관한 사항은 대통령령등으로 정한다.(2015.5.18 본항개정)

제52조【능률 증진을 위한 실시사항】 ① 중앙인사관장기관의 장은 공무원의 근무능률을 높이기 위하여 공무원의 보건·휴양·안전·후생, 그 밖에 필요한 사항에 대한 기준을 설정하여야 하며, 각 기관의 장은 이를 실시하여야 한다.(2015.5.18 본항개정)

② 중앙인사관장기관의 장은 장애인 공무원의 원활한 직무수행을 위하여 「장애인고용촉진 및 직업재활법」 제19조의2에 따른 근로지원인 서비스의 제공(중증장애인 공무원에 대한 것으로 한정한다) 또는 같은 법 제21조제1항제2호에 따른 작업 보조 공학기기 또는 장비 등의 제공 등에 필요한 지원을 할 수 있다.(2021.7.20 본항개정)

③ 중앙인사관장기관의 장은 제2항에 따른 지원업무를 효율적으로 추진하기 위하여 전문기관을 지정하여 수행하게 할 수 있고, 그 지원업무 수행에 필요한 경비의 전부 또는 일부를 출연하거나 보조할 수 있다.(2015.5.18 본항신설)

④ 제2항에 따른 지원의 세부내용 및 방법 등과 제3항에 따른 전문기관의 지정 기준, 지정 및 지정취소의 절차 등에 필요한 사항은 대통령령등으로 정한다.(2015.5.18 본항신설)

제53조【제안 제도】 ① 행정 운영의 능률화와 경제화를 위한 공무원의 창의적인 의견이나 고안(考案)을 계발하고 이를 채택하여 행정 운영의 개선에 반영하도록 하기 위하여 제안 제도를 둔다.

② 제안이 채택되고 시행되어 국가 예산을 절약하는 등 행정 운영 발전에 뚜렷한 실적이 있는 자에게는 상여금을 지급할 수 있으며 특별승진이나 특별승급을 시킬 수 있다.

③ 제2항에 따른 상여금이나 그 밖에 제안 제도의 운영에 필요한 사항은 대통령령으로 정한다.

제54조【상훈 제도】 ① 공무원으로서 직무에 힘을 다하거나 사회에 공헌한 공적이 뚜렷한 자에게는 훈장 또는 포장을 수여하거나 표창을 한다.

② 제1항에 따른 훈장·포장 및 표창에 관한 사항은 법률로 정한 것 외에는 대통령령으로 정한다. 다만, 표창에 관한 사항은 국회규칙, 대법원규칙, 헌법재판소규칙 또는 중앙선거관리위원회규칙으로도 정할 수 있다.

제7장 복 무
(2008.3.28 본장개정)

제55조【선서】 공무원은 취임할 때에 소속 기관장 앞에서 대통령령등으로 정하는 바에 따라 선서(宣誓)하여야 한다. 다만, 불가피한 사유가 있으면 취임 후에 선서하게 할 수 있다.(2015.5.18 본문개정)

제56조【성실 의무】 모든 공무원은 법령을 준수하며 성실히 직무를 수행하여야 한다.

제57조【복종의 의무】 공무원은 직무를 수행할 때 소속 상관의 직무상 명령에 복종하여야 한다.

제58조【직장 이탈 금지】 ① 공무원은 소속 상관의 허가 또는 정당한 사유가 없으면 직장을 이탈하지 못한다.

② 수사기관이 공무원을 구속하려면 그 소속 기관의 장에게 미리 통보하여야 한다. 다만, 현행범은 그러하지 아니하다.

제59조【친절·공정의 의무】 공무원은 국민 전체의 봉사자로서 친절하고 공정하게 직무를 수행하여야 한다.

제59조의2【종교중립의 의무】 ① 공무원은 종교에 따른 차별 없이 직무를 수행하여야 한다.

② 공무원은 소속 상관이 제1항에 위배되는 직무상 명령을 한 경우에는 이에 따르지 아니할 수 있다.
(2009.2.6 본조신설)

제60조【비밀 엄수의 의무】 공무원은 재직 중은 물론 퇴직 후에도 직무상 알게 된 비밀을 엄수(嚴守)하여야 한다.

제61조【청렴의 의무】 ① 공무원은 직무와 관련하여 직접적이든 간접적이든 사례·증여 또는 향응을 주거나 받을 수 없다.

② 공무원은 직무상의 관계가 있든 없든 그 소속 상관에게 증여하거나 소속 공무원으로부터 증여를 받아서는 아니 된다.

제62조【외국 정부의 영예 등을 받을 경우】 공무원이 외국 정부로부터 영예나 증여를 받을 경우에는 대통령의 허가를 받아야 한다.

제63조【품위 유지의 의무】 공무원은 직무의 내외를 불문하고 그 품위가 손상되는 행위를 하여서는 아니 된다.

판례 공무원의 1인 시위, 언론 기고 등의 행위가 국가공무원법 제63조의 품위유지의무를 위반한 것인지 여부에 관하여, 이 법에 규정된 품위유지의무란 공무원이 직무의 내외를 불문하고, 국민의 신뢰를 실추시킬 우려가 있는 행위를 하지 않아야 할 의무라고 해석할 수 있다. 공무원이 외부에 자신의 상사 등을 비판하는 의견을 발표하는 행위는 그것이 비록 행정조직의 개선과 발전에 도움이 되고, 궁극적으로 행정청의 권한행사의 적정화에 기여하는 면이 있다고 할지라도, 국민들로 하여금 공무원 본인은 물론 행정조직 전체의 공정성, 중립성, 신중성 등에 대하여 의문을 갖게 하여 행정에 대한 국민의 신뢰를 실추시킬 위험성이 더욱 크다고 할 것이므로, 공무원으로서의 체면이나 위신을 손상시키는 행위에 해당한다.(대판 2017.4.13, 2014두8469)

제64조【영리 업무 및 겸직 금지】 ① 공무원은 공무 외에 영리를 목적으로 하는 업무에 종사하지 못하며 소속 기관장의 허가 없이 다른 직무를 겸할 수 없다.

② 제1항에 따른 영리를 목적으로 하는 업무의 한계는 대통령령등으로 정한다.(2015.5.18 본항개정)

제65조【정치 운동의 금지】 ① 공무원은 정당이나 그 밖의 정치단체의 결성에 관여하거나 이에 가입할 수 없다.
<2020.4.23 헌법재판소 단순위헌결정으로 이 항 중 '국가공무원법 제2조 제2항 제2호의 교육공무원 가운데 초·중등교육법 제19조 제1항의 교원은 그 밖의 정치단체의 결성에 관여하거나 이에 가입할 수 없다.' 부분은 헌법에 위반>

② 공무원은 선거에서 특정 정당 또는 특정인을 지지 또는 반대하기 위한 다음의 행위를 하여서는 아니 된다.

1. 투표를 하거나 하지 아니하도록 권유 운동을 하는 것
2. 서명 운동을 기도(企圖)·주재(主宰)하거나 권유하는 것
3. 문서나 도서를 공공시설 등에 게시하거나 게시하게 하는 것
4. 기부금을 모집 또는 모집하게 하거나, 공공자금을 이용 또는 이용하게 하는 것
5. 타인에게 정당이나 그 밖의 정치단체에 가입하게 하거나 가입하지 아니하도록 권유 운동을 하는 것

③ 공무원은 다른 공무원에게 제1항과 제2항에 위배되는 행위를 하도록 요구하거나, 정치적 행위에 대한 보상 또는 보복으로서 이익 또는 불이익을 약속하여서는 아니 된다.

④ 제3항 외에 정치적 행위의 금지에 관한 한계는 대통령령등으로 정한다.(2015.5.18 본항개정)

제66조【집단 행위의 금지】 ① 공무원은 노동운동이나 그 밖에 공무 외의 일을 위한 집단 행위를 하여서는 아니 된다. 다만, 사실상 노무에 종사하는 공무원은 예외로 한다.

② 제1항 단서의 사실상 노무에 종사하는 공무원의 범위는 대통령령등으로 정한다.(2015.5.18 본항개정)

③ 제1항 단서에 규정된 공무원으로서 노동조합에 가입된 자가 조합 업무에 전임하려면 소속 장관의 허가를 받아야 한다.

④ 제3항에 따른 허가에는 필요한 조건을 붙일 수 있다.

판례 대한법률구조공단(이하 '공단'이라 한다)은 경제적으로 어렵거나 법을 몰라서 법의 보호를 충분히 받지 못하는 사람에게 법률구조를 할 목적으로 설립된 특수목적법인으로 그 임직원의 직무에는 공공성·공익성이 인정되고, 소속 변호사의 경우 특정직 공무원인 검사에 준하여 급여를 받기는 하나, 공단 임직원의 지위나 직무 성격을 헌법과 법률에서 보장하는 국가공무원과 같은 정도로 규정하고 있다고 보기 어렵고, 법률구조법 등에서 공단 임직원에게 국가공무원법 제66조제1항을 직접 적용한다고 규정하고 있지도 않으므로, 국가공무원법 제66조제1항에서 정하는 노동운동과 그 밖에 공무 외의 일을 위한 집단행위를 하지 않을 의무를 부담하지 않는다.(대판 2023.4.13, 2021다254799)

제67조【위임 규정】 공무원의 복무에 관하여 필요한 사항은 이 법에 규정한 것 외에는 대통령령등으로 정한다.
(2015.5.18 본조개정)

제8장 신분 보장
(2008.3.28 본장개정)

제68조【의사에 반한 신분 조치】 공무원은 형의 선고, 징계처분 또는 이 법에서 정하는 사유에 따르지 아니하고는 본인의 의사에 반하여 휴직·강임 또는 면직을 당하지 아니한다. 다만, 1급 공무원과 제23조에 따라 배정된 직무등급이 가장 높은 등급의 직위에 임용된 고위공무원단에 속하는 공무원은 그러하지 아니하다.(2010.3.22 본조개정)

제69조【당연퇴직】 공무원이 다음 각 호의 어느 하나에 해당할 때에는 당연히 퇴직한다.

1. 제33조 각 호의 어느 하나에 해당하는 경우. 다만, 제33조제2호는 파산선고를 받은 사람으로서 「채무자 회생 및 파산에 관한 법률」에 따라 신청기한 내에 면책신청을 하지 아니하였거나 면책불허가 결정 또는 면책 취소가 확정된 경우만 해당하고, 제33조제5호는 「형법」 제129조부터 제132조까지, 「성폭력범죄의 처벌 등에 관한 특례법」 제2조, 「정보통신망 이용촉진 및 정보보호 등에 관한 법률」 제74조제1항제2호·제3호, 「스토킹범죄의 처벌 등에 관한 법률」 제2조제2호, 「아동·청소년의 성보호에 관한 법률」 제2조제2호 및 직무와 관련하여 「형법」 제355조 또는 제356조에 규정된 죄를 범한 사람으로서 금고 이상의 형의 선고유예를 받은 경우만 해당한다.(2022.12.27 단서개정)
<2022.12.22 헌법재판소 위헌결정으로 이 호 중 제33조제1호에 관한 부분은 헌법에 위반>
2. 임기제공무원의 근무기간이 만료된 경우

(2012.12.11 본조개정)

제70조【직권 면직】 ① 임용권자는 공무원이 다음 각 호의 어느 하나에 해당하면 직권으로 면직시킬 수 있다.

1.~2. (1991.5.31 삭제)
3. 직제와 정원의 개폐 또는 예산의 감소 등에 따라 폐직(廢職) 또는 과원(過員)이 되었을 때
4. 휴직 기간이 끝나거나 휴직 사유가 소멸된 후에도 직무에 복귀하지 아니하거나 직무를 감당할 수 없을 때
5. 제73조의3제3항에 따른 대기 명령을 받은 자가 그 기간에 능력 또는 근무성적의 향상을 기대하기 어렵다고 인정된 때
6. 전직시험에서 세 번 이상 불합격한 자로서 직무수행 능력이 부족하다고 인정된 때
7. 병역판정검사·입영 또는 소집의 명령을 받고 정당한 사유 없이 이를 기피하거나 군복무를 위하여 휴직 중에

있는 자가 군복무 중 군무(軍務)를 이탈하였을 때
(2016.5.29 본호개정)
8. 해당 직급·직위에서 직무를 수행하는데 필요한 자격증의 효력이 없어지거나 면허가 취소되어 담당 직무를 수행할 수 없게 된 때(2012.12.11 본호개정)
9. 고위공무원단에 속하는 공무원이 제70조의2에 따른 적격심사 결과 부적격 결정을 받은 때
② 임용권자는 제1항제3호부터 제8호까지의 규정에 따라 면직시킬 경우에는 미리 관할 징계위원회의 의견을 들어야 한다. 다만, 제1항제5호에 따라 면직시킬 경우에는 징계위원회의 동의를 받아야 한다.
③ 임용권자나 임용제청권자는 제1항제3호에 따라 소속 공무원을 면직시킬 때에는 임용 형태, 업무 실적, 직무수행 능력, 징계처분 사실 등을 고려하여 면직 기준을 정하여야 한다.
④ 제3항에 따른 면직 기준을 정하거나 제1항제3호에 따라 면직 대상자를 결정할 때에는 임용권자 또는 임용제청권자(임용권자나 임용제청권자가 분명하지 아니하면 중앙인사관장기관의 장을 말한다)별로 심사위원회를 구성하여 그 심사위원회의 심의·의결을 거쳐야 한다.
⑤ 제4항에 따른 심사위원회의 위원장은 임용권자 또는 임용제청권자가 되며, 위원은 면직 대상자보다 상위 계급자 또는 고위공무원단에 속하는 일반직공무원 중에서 위원장이 지명하는 5명 이상 7명 이하로 구성하되, 면직 대상자의 상위 직급자 또는 고위공무원단에 속하는 일반직공무원을 우선하여 지명하여야 한다. 다만, 상위 계급자 또는 고위공무원단에 속하는 일반직공무원이 부족하면 4명 이내로 구성할 수 있다.(2015.5.18 본문개정)
⑥ 제1항제4호에 따른 직권 면직일은 휴직 기간이 끝난 날 또는 휴직 사유가 소멸한 날로 한다.

제70조의2【적격심사】 ① 고위공무원단에 속하는 일반직공무원은 다음 각 호의 어느 하나에 해당하면 고위공무원으로서 적격한지 여부에 대한 심사(이하 "적격심사"라 한다)를 받아야 한다.
1. (2014.1.7 삭제)
2. 근무성적평정에서 최하위 등급의 평정을 총 2년 이상 받은 때. 이 경우 고위공무원단에 속하는 일반직공무원으로 임용되기 전에 고위공무원단에 속하는 별정직공무원으로 재직한 경우에는 그 재직기간 중에 받은 최하위등급의 평정을 포함한다.(2012.12.11 후단개정)
3. 대통령령으로 정하는 정당한 사유 없이 직위를 부여받지 못한 기간이 총 1년에 이른 때(2014.1.7 본호개정)
4. 다음 각 목의 경우에 모두 해당할 때
  가. 근무성적평정에서 최하위 등급을 1년 이상 받은 사실이 있는 경우. 이 경우 고위공무원단에 속하는 일반직공무원으로 임용되기 전에 고위공무원단에 속하는 별정직공무원으로 재직한 경우에는 그 재직기간 중에 받은 최하위 등급을 포함한다.
  나. 대통령령으로 정하는 정당한 사유 없이 6개월 이상 직위를 부여받지 못한 사실이 있는 경우
5. 제3항 단서에 따른 조건부 적격자가 교육훈련을 이수하지 아니하거나 연구과제를 수행하지 아니한 때
(2014.1.7 4호~5호신설)
② 적격심사는 제1항 각 호의 어느 하나에 해당하게 된 때부터 6개월 이내에 실시하여야 한다.(2014.1.7 본항개정)
③ 적격심사는 근무성적, 능력 및 자질의 평정에 따르되, 고위공무원의 직무를 계속 수행하게 하는 것이 곤란하다고 판단되는 사람을 부적격자로 결정한다. 다만, 교육훈련 또는 연구과제 등을 통하여 근무성적 및 능력의 향상이 기대되는 사람은 조건부 적격자로 결정할 수 있다.
(2014.1.7 본항개정)
④ 제3항 단서에 따른 조건부 적격자의 교육훈련 이수 및 연구과제 수행에 관한 확인 방법·절차 등 필요한 사항은 대통령령으로 정한다.(2014.1.7 본항신설)
⑤ 제1항부터 제3항까지의 규정에 따른 적격심사는 제28조의6제1항에 따른 고위공무원임용심사위원회에서 실시한다.(2011.5.23 본항개정)
⑥ 소속 장관은 소속 공무원이 제1항 각 호의 어느 하나에 해당되면 지체 없이 인사혁신처장에게 적격심사를 요구하여야 한다.(2014.11.19 본항개정)

제71조【휴직】 ① 공무원이 다음 각 호의 어느 하나에 해당하면 임용권자는 본인의 의사에도 불구하고 휴직을 명하여야 한다.
1. 신체·정신상의 장애로 장기 요양이 필요할 때
2. (1978.12.5 삭제)
3. 「병역법」에 따른 병역 복무를 마치기 위하여 징집 또는 소집된 때
4. 천재지변이나 전시·사변, 그 밖의 사유로 생사(生死) 또는 소재(所在)가 불명확하게 된 때
5. 그 밖에 법률의 규정에 따른 의무를 수행하기 위하여 직무를 이탈하게 된 때
6. 「공무원의 노동조합 설립 및 운영 등에 관한 법률」 제7조에 따라 노동조합 전임자로 종사하게 된 때
② 임용권자는 공무원이 다음 각 호의 어느 하나에 해당하는 사유로 휴직을 원하면 휴직을 명할 수 있다. 다만, 제4호의 경우에는 대통령령으로 정하는 특별한 사정이 없으면 휴직을 명하여야 한다.
1. 국제기구, 외국 기관, 국내외의 대학·연구기관, 다른 국가기관 또는 대통령령으로 정하는 민간기업, 그 밖의 기관에 임시로 채용될 때
2. 국외 유학을 하게 된 때
3. 중앙인사관장기관의 장이 지정하는 연구기관이나 교육기관 등에서 연수하게 된 때
4. 만 8세 이하 또는 초등학교 2학년 이하의 자녀를 양육하기 위하여 필요하거나 여성공무원이 임신 또는 출산하게 된 때(2015.5.18 본호개정)
5. 조부모, 부모(배우자의 부모를 포함한다), 배우자, 자녀 또는 손자녀를 부양하거나 돌보기 위하여 필요한 경우. 다만, 조부모나 손자녀의 돌봄을 위하여 휴직할 수 있는 경우는 본인 외에 돌볼 사람이 없는 등 대통령령등으로 정하는 요건을 갖춘 경우로 한정한다.(2021.6.8 본호개정)
6. 외국에서 근무·유학 또는 연수하게 되는 배우자를 동반하게 된 때
7. 대통령령등으로 정하는 기간 동안 재직한 공무원이 직무 관련 연구과제 수행 또는 자기개발을 위하여 학습·연구 등을 하게 된 때(2015.12.24 본호신설)
③ 임기제공무원에 대하여는 제1항제1호·제3호 및 제2항제4호에 한정하여 제1항 및 제2항을 적용한다.
(2020.1.29 후단삭제)
④ 임용권자는 제2항제4호에 따른 휴직을 이유로 인사에 불리한 처우를 하여서는 아니 된다.
⑤ 제1항부터 제4항까지의 규정에 따른 휴직 제도 운영에 관하여 필요한 사항은 대통령령등으로 정한다.
(2015.5.18 본항개정)

제72조【휴직 기간】 휴직 기간은 다음과 같다.
1. 제71조제1항제1호에 따른 휴직기간은 1년 이내로 하되, 부득이한 경우 1년의 범위에서 연장할 수 있다. 다만, 다음 각 목의 어느 하나에 해당하는 공무상 질병 또는 부상으로 인한 휴직기간은 3년 이내로 하되, 의학적 소견 등을 고려하여 대통령령등으로 정하는 바에 따라 2년의 범위에서 연장할 수 있다.(2021.6.8 단서개정)
  가. 「공무원 재해보상법」 제22조제1항에 따른 요양급여 지급 대상 부상 또는 질병(2018.3.20 본목개정)
  나. 「산업재해보상보험법」 제40조에 따른 요양급여 결정 대상 질병 또는 부상(2015.5.18 본목신설)
2. 제71조제1항제3호와 제5호에 따른 휴직 기간은 그 복무 기간이 끝날 때까지로 한다.
3. 제71조제1항제4호에 따른 휴직 기간은 3개월 이내로 한다.
4. 제71조제2항제1호에 따른 휴직 기간은 그 채용 기간으로 한다. 다만, 민간기업이나 그 밖의 기관에 채용되면 3년 이내로 한다.
5. 제71조제2항제2호와 제6호에 따른 휴직 기간은 3년 이내로 하되, 부득이한 경우에는 2년의 범위에서 연장할 수 있다.
6. 제71조제2항제3호에 따른 휴직 기간은 2년 이내로 한다.
7. 제71조제2항제4호에 따른 휴직 기간은 자녀 1명에 대하여 3년 이내로 한다.(2015.5.18 본호개정)
8. 제71조제2항제5호에 따른 휴직 기간은 1년 이내로 하되, 재직 기간 중 총 3년을 넘을 수 없다.
9. 제71조제1항제6호에 따른 휴직 기간은 그 전임 기간으로 한다.
10. 제71조제2항제7호에 따른 휴직 기간은 1년 이내로 한다.(2015.12.24 본호신설)

제73조【휴직의 효력】 ① 휴직 중인 공무원은 신분은 보유하나 직무에 종사하지 못한다.
② 휴직 기간 중 그 사유가 없어지면 30일 이내에 임용권자 또는 임용제청권자에게 신고하여야 하며, 임용권자는 지체 없이 복직을 명하여야 한다.
③ 휴직 기간이 끝난 공무원이 30일 이내에 복귀 신고를 하면 당연히 복직된다.

제73조의2【특수경력직공무원의 휴직】 ① 정무직공무원에 대하여는 제71조제1항제3호, 같은 조 제2항제4호, 같은 조 제4항, 제72조제2호·제7호 및 제73조를 준용한다.
② 별정직공무원에 대하여는 제71조제1항제1호·제3호·제4호, 같은 조 제2항제4호·제5호, 같은 조 제4항, 제72조제1호부터 제3호까지, 같은 조 제7호·제8호 및 제73조를 준용한다.
③ (2012.12.11 삭제)
④ 특수경력직공무원의 휴직에 대하여 다른 법률에 특별한 규정이 있는 경우에는 그 규정에 따른다.

제73조의3【직위해제】 ① 임용권자는 다음 각 호의 어느 하나에 해당하는 자에게는 직위를 부여하지 아니할 수 있다.
1. (1973.2.5 삭제)
2. 직무수행 능력이 부족하거나 근무성적이 극히 나쁜 자
3. 파면·해임·강등 또는 정직에 해당하는 징계 의결이 요구 중인 자(2010.3.22 본호개정)
4. 형사 사건으로 기소된 자(약식명령이 청구된 자는 제외한다)
5. 고위공무원단에 속하는 일반직공무원으로서 제70조의2제1항제2호부터 제5호까지의 사유로 적격심사를 요구받은 자(2014.1.7 본호개정)
6. 금품비위, 성범죄 등 대통령령으로 정하는 비위행위로 인하여 감사원 및 검찰·경찰 등 수사기관에서 조사나 수사 중인 자로서 비위의 정도가 중대하고 이로 인하여 정상적인 업무수행을 기대하기 현저히 어려운 자
(2015.5.18 본호신설)
② 제1항에 따라 직위를 부여하지 아니한 경우에 그 사유가 소멸되면 임용권자는 지체 없이 직위를 부여하여야 한다.
③ 임용권자는 제1항제2호에 따라 직위해제된 자에게 3개월의 범위에서 대기를 명한다.
④ 임용권자 또는 임용제청권자는 제3항에 따라 대기 명령을 받은 자에게 능력 회복이나 근무성적의 향상을 위한 교육훈련 또는 특별한 연구과제의 부여 등 필요한 조치를 하여야 한다.
⑤ 공무원에 대하여 제1항제2호의 직위해제 사유와 같은 항 제3호·제4호 또는 제6호의 직위해제 사유가 경합(競合)할 때에는 같은 항 제3호·제4호 또는 제6호의 직위해제 처분을 하여야 한다.(2015.5.18 본항개정)

제73조의4【강임】 ① 임용권자는 직제 또는 정원의 변경이나 예산의 감소 등으로 직위가 폐직되거나 하위의 직위로 변경되어 과원이 된 경우 또는 본인이 동의한 경우에는 소속 공무원을 강임할 수 있다.(2010.3.22 본항개정)
② 제1항에 따라 강임된 공무원은 상위 직급 또는 고위공무원단 직위에 결원이 생기면 제40조·제40조의2·제40조의4 및 제41조에도 불구하고 우선 임용된다. 다만, 본인이 동의하여 강임된 공무원은 본인의 경력과 해당 기관의 인력 사정 등을 고려하여 우선 임용될 수 있다.

제74조【정년】 ① 공무원의 정년은 다른 법률에 특별한 규정이 있는 경우를 제외하고는 60세로 한다.(2008.6.13 본항개정)
② (2008.6.13 삭제)
③ (1998.2.24 삭제)
④ 공무원은 그 정년에 이른 날이 1월부터 6월 사이에 있으면 6월 30일에, 7월부터 12월 사이에 있으면 12월 31일에 각각 당연히 퇴직된다.

제74조의2【명예퇴직 등】 ① 공무원으로 20년 이상 근속(勤續)한 자가 정년 전에 스스로 퇴직(임기제공무원이 아닌 경력직공무원이 임기제공무원으로 임용되어 퇴직하는 경우로서 대통령령으로 정하는 경우를 포함한다)하면 예산의 범위에서 명예퇴직 수당을 지급할 수 있다.
(2012.12.11 본항개정)
② 직제와 정원의 개폐 또는 예산의 감소 등에 따라 폐직 또는 과원이 되었을 때에 20년 미만 근속한 자가 정년 전에 스스로 퇴직하면 예산의 범위에서 수당을 지급할 수 있다.
③ 제1항에 따라 명예퇴직수당을 지급받은 자가 다음 각 호의 어느 하나에 해당하는 경우에는 명예퇴직수당을 지급한 국가기관의 장이 그 명예퇴직 수당을 환수하여야 한다. 다만, 제2호에 해당하는 경우로서 국가공무원으로 재임용된 경우에는 재임용한 국가기관의 장이 환수하여야 한다.(2012.10.22 본문개정)
1. 재직 중의 사유로 금고 이상의 형을 받은 경우
1의2. 재직 중에 「형법」 제129조부터 제132조까지에 규정된 죄를 범하여 금고 이상의 형의 선고유예를 받은 경우
1의3. 재직 중에 직무와 관련하여 「형법」 제355조 또는 제356조에 규정된 죄를 범하여 300만원 이상의 벌금형을 선고받고 그 형이 확정되거나 금고 이상의 형의 선고유예를 받은 경우
(2012.10.22 1호의2~1호의3신설)
2. 경력직공무원, 그 밖에 대통령령등으로 정하는 공무원으로 재임용되는 경우(2015.5.18 본호개정)
3. 명예퇴직 수당을 초과하여 지급받거나 그 밖에 명예퇴직 수당의 지급 대상이 아닌 자가 지급받은 경우
④ 제3항에 따라 명예퇴직수당을 환수하여야 하는 국가기관의 장은 환수 대상자가 납부기한까지 환수금을 납부하지 아니하면 국세강제징수의 예에 따라 징수할 수 있다. 이 경우 체납액의 징수가 사실상 곤란하다고 판단되는 경우에는 징수 대상자의 주소지를 관할하는 세무서장에게 징수를 위탁한다.(2021.6.8 본항개정)
⑤ 제1항에 따른 명예퇴직 수당과 제2항에 따른 수당의 지급대상범위·지급액·지급절차와 제3항 및 제4항에 따른 명예퇴직 수당의 환수액·환수절차 등에 필요한 사항은 대통령령등으로 정한다.(2015.5.18 본항개정)

제74조의3【별정직공무원의 자진퇴직에 따른 수당】
① 다른 법률에 특별한 규정이 있는 경우 외에는 별정직공무원(비서관·비서는 제외한다)이 직제와 정원의 개폐 또는 예산의 감소 등으로 폐직 또는 과원이 되었을 때에 스스로 퇴직하면 예산의 범위에서 수당을 지급할 수 있다.(2011.5.23 본항개정)
② 제1항에 따른 수당의 지급대상범위·지급액·지급절차 등에 필요한 사항은 대통령령등으로 정한다.
(2015.5.18 본항개정)
(2011.5.23 본조제목개정)

제9장 권익의 보장
(2008.3.28 본장개정)

제75조【처분사유 설명서의 교부】 ① 공무원에 대하여 징계처분등을 할 때나 강임·휴직·직위해제 또는 면직처분을 할 때에는 그 처분권자 또는 처분제청권자는 처분사유를 적은 설명서를 교부(交付)하여야 한다. 다만, 본

인의 원(願)에 따른 강임·휴직 또는 면직처분은 그러하지 아니하다.(2010.3.22 본문개정)
② 처분권자는 피해자가 요청하는 경우 다음 각 호의 어느 하나에 해당하는 사유로 처분사유 설명서를 교부할 때에는 그 징계처분결과를 피해자에게 함께 통보하여야 한다.(2023.4.11 본문개정)
1. 「성폭력범죄의 처벌 등에 관한 특례법」 제2조에 따른 성폭력범죄
2. 「양성평등기본법」 제3조제2호에 따른 성희롱
3. 직장에서의 지위나 관계 등의 우위를 이용하여 업무상 적정범위를 넘어 다른 공무원 등에게 부당한 행위를 하거나 신체적·정신적 고통을 주는 등의 행위로서 대통령령등으로 정하는 행위
(2023.4.11 1호~3호신설)
제76조【심사청구와 후임자 보충 발령】 ① 제75조에 따른 처분사유 설명서를 받은 공무원이 그 처분에 불복할 때에는 그 설명서를 받은 날부터, 공무원이 제75조에서 정한 처분 외에 본인의 의사에 반한 불리한 처분을 받았을 때에는 그 처분이 있은 것을 안 날부터 각각 30일 이내에 소청심사위원회에 이에 대한 심사를 청구할 수 있다. 이 경우 변호사를 대리인으로 선임할 수 있다.
② 본인의 의사에 반하여 파면 또는 해임이나 제70조제1항제5호에 따른 면직처분을 하면 그 처분을 한 날부터 40일 이내에는 후임자의 보충발령을 하지 못한다. 다만, 인력 관리상 후임자를 보충하여야 할 불가피한 사유가 있고, 제3항에 따른 소청심사위원회의 임시결정이 없는 경우에는 국회사무총장, 법원행정처장, 헌법재판소사무처장, 중앙선거관리위원회사무총장 또는 인사혁신처장과 협의를 거쳐 후임자의 보충발령을 할 수 있다.
(2014.11.19 단서개정)
③ 소청심사위원회는 제1항에 따른 소청심사청구가 파면 또는 해임이나 제70조제1항제5호에 따른 면직처분으로 인한 경우에는 그 청구를 접수한 날부터 5일 이내에 해당 사건의 최종 결정이 있을 때까지 후임자의 보충발령을 유예하게 하는 임시결정을 할 수 있다.
④ 제3항에 따라 소청심사위원회가 임시결정을 한 경우에는 임시결정을 한 날부터 20일 이내에 최종 결정을 하여야 하며 각 임용권자는 그 최종 결정이 있을 때까지 후임자를 보충발령하지 못한다.
⑤ 소청심사위원회는 제3항에 따른 임시결정을 한 경우 외에는 소청심사청구를 접수한 날부터 60일 이내에 이에 대한 결정을 하여야 한다. 다만, 불가피하다고 인정되면 소청심사위원회의 의결로 30일을 연장할 수 있다.
⑥ 공무원은 제1항의 심사청구를 이유로 불이익한 처분이나 대우를 받지 아니한다.
제76조의2【고충 처리】 ① 공무원은 인사·조직·처우 등 각종 직무 조건과 그 밖에 신상 문제와 관련한 고충에 대하여 상담을 신청하거나 심사를 청구할 수 있으며, 누구나 기관 내 성폭력 범죄 또는 성희롱 발생 사실을 알게 된 경우 이를 신고할 수 있다. 이 경우 상담 신청이나 심사 청구 또는 신고를 이유로 불이익한 처분이나 대우를 받지 아니한다.(2018.10.16 본항개정)
② 중앙인사관장기관의 장, 임용권자 또는 임용제청권자는 제1항에 따른 상담을 신청받은 경우에는 소속 공무원을 지정하여 상담하게 하고, 심사를 청구받은 경우에는 제4항에 따른 관할 고충심사위원회에 부쳐 심사하도록 하여야 하며, 그 결과에 따라 고충의 해소 등 공정한 처리를 위하여 노력하여야 한다.(2018.10.16 본항개정)
③ 중앙인사관장기관의 장, 임용권자 또는 임용제청권자는 기관 내 성폭력 범죄 또는 성희롱 발생 사실의 신고를 받은 경우에는 지체 없이 사실 확인을 위한 조사를 하고 그에 따라 필요한 조치를 하여야 한다.(2018.10.16 본항신설)
④ 공무원의 고충을 심사하기 위하여 중앙인사관장기관에 중앙고충심사위원회를, 임용권자 또는 임용제청권자 단위로 보통고충심사위원회를 두되, 중앙고충심사위원회의 기능은 소청심사위원회에서 관장한다.
⑤ 중앙고충심사위원회는 보통고충심사위원회의 심사를 거친 재심청구와 5급 이상 공무원 및 고위공무원단에 속하는 일반직공무원의 고충을, 보통고충심사위원회는 소속 6급 이하의 공무원의 고충을 각각 심사한다. 다만, 6급 이하의 공무원의 고충이 성폭력 범죄 또는 성희롱 사실에 관한 고충 등 보통고충심사위원회에서 심사하는 것이 부적당하다고 대통령령등으로 정한 사안이거나 임용권자를 달리하는 둘 이상의 기관에 관련된 경우에는 중앙고충심사위원회에서, 원 소속 기관의 보통고충심사위원회에서 고충을 심사하는 것이 부적당하다고 인정될 경우에는 직근 상급기관의 보통고충심사위원회에서 각각 심사할 수 있다.(2018.10.16 단서개정)
⑥ 이 법의 적용을 받는 자와 다른 법률의 적용을 받는 자가 서로 관련되는 고충의 심사청구에 대하여는 이 법의 규정에 따라 설치된 고충심사위원회가 대통령령등으로 정하는 바에 따라 심사할 수 있다.(2015.5.18 본항개정)
⑦ 중앙인사관장기관의 장, 임용권자 또는 임용제청권자는 심사 결과 필요하다고 인정되면 처분청이나 관계 기관의 장에게 그 시정을 요청할 수 있으며, 요청받은 처분청이나 관계 기관의 장은 특별한 사유가 없으면 이를 이행하고, 그 처리 결과를 알려야 한다. 다만, 부득이한 사유로 이행하지 못하면 그 사유를 알려야 한다.
⑧ 고충상담 신청, 성폭력 범죄 또는 성희롱 발생 사실의 신고에 대한 처리절차, 고충심사위원회의 구성·권한·심사절차, 그 밖에 필요한 사항은 대통령령등으로 정한다.(2018.10.16 본항개정)
제76조의3【특수경력직공무원의 고충 처리】 다른 법률에 특별한 규정이 있는 경우 외에는 특수경력직공무원에 대하여도 대통령령등으로 정하는 바에 따라 제76조의2를 준용할 수 있다.(2015.5.18 본조개정)
제77조【사회보장】 ① 공무원이 질병·부상·장해·퇴직·사망 또는 재해를 입으면 본인이나 유족에게 법률로 정하는 바에 따라 적절한 급여를 지급한다.
(2023.4.11 본항개정)
② 제1항의 법률에는 다음 각 호의 사항을 규정하여야 한다.
1. 공무원이 상당한 기간 근무하여 퇴직하거나 사망한 경우에 본인이나 그 유족에게 연금 또는 일시금을 지급하는 사항
2. 공무로 인한 부상이나 질병으로 인하여 사망하거나 퇴직한 공무원 또는 그 유족에게 연금 또는 보상을 지급하는 사항
3. 공무상의 부상·질병으로 인하여 요양하는 동안 소득 능력에 장애를 받을 경우 공무원이 받는 손실 보상에 관한 사항
4. 공무로 인하지 아니한 사망·장해·부상·질병·출산, 그 밖의 사고에 대한 급여 지급 사항(2023.4.11 본호개정)
③ 정부는 제2항 외에 법률로 정하는 바에 따라 공무원의 복리와 이익의 적절하고 공정한 보호를 위하여 그 대책을 수립·실시하여야 한다.

제10장 징 계
(2008.3.28 본장개정)

제78조【징계 사유】 ① 공무원이 다음 각 호의 어느 하나에 해당하면 징계 의결을 요구하여야 하고 그 징계 의결의 결과에 따라 징계처분을 하여야 한다.
1. 이 법 및 이 법에 따른 명령을 위반한 경우
2. 직무상의 의무(다른 법령에서 공무원의 신분으로 인하여 부과된 의무를 포함한다)를 위반하거나 직무를 태만히 한 때
3. 직무의 내외를 불문하고 그 체면 또는 위신을 손상하는 행위를 한 때
② 공무원(특수경력직공무원 및 지방공무원을 포함한다)이었던 사람이 다시 공무원으로 임용된 경우에 재임용 전에 적용된 법령에 따른 징계 사유는 그 사유가 발생한 날부터 이 법에 따른 징계 사유가 발생한 것으로 본다.
(2021.6.8 본항개정)
③ (2021.6.8 삭제)
④ 제1항의 징계 의결 요구는 5급 이상 공무원 및 고위공무원단에 속하는 일반직공무원은 소속 장관이, 6급 이하의 공무원은 소속 기관의 장 또는 소속 상급기관의 장이 한다. 다만, 국무총리·인사혁신처장 및 대통령령등으로 정하는 각급 기관의 장은 다른 기관 소속 공무원이 징계 사유가 있다고 인정하면 관계 공무원에 대하여 관할 징계위원회에 직접 징계를 요구할 수 있다.(2015.5.18 단서개정)
⑤ 제1항의 징계 의결을 요구하는 경우 제50조의2제3항에 따른 징계 등의 면제 사유가 있는지를 사전에 검토하여야 한다.(2022.12.27 본항신설)
제78조의2【징계부가금】 ① 제78조에 따라 공무원의 징계 의결을 요구하는 경우 그 징계 사유가 다음 각 호의 어느 하나에 해당하는 경우에는 해당 징계 외에 다음 각 호의 행위로 취득하거나 제공한 금전 또는 재산상 이득(금전이 아닌 재산상 이득의 경우에는 금전으로 환산한 금액을 말한다)의 5배 내의 징계부가금 부과 의결을 징계위원회에 요구하여야 한다.
1. 금전, 물품, 부동산, 향응 또는 그 밖에 대통령령으로 정하는 재산상 이익을 취득하거나 제공한 경우
2. 다음 각 목에 해당하는 것을 횡령(橫領), 배임(背任), 절도, 사기 또는 유용(流用)한 경우
가. 「국가재정법」에 따른 예산 및 기금
나. 「지방재정법」에 따른 예산 및 「지방자치단체 기금관리기본법」에 따른 기금
다. 「국고금 관리법」 제2조제1호에 따른 국고금
라. 「보조금 관리에 관한 법률」 제2조제1호에 따른 보조금
마. 「국유재산법」 제2조제1호에 따른 국유재산 및 「물품관리법」 제2조제1항에 따른 물품
바. 「공유재산 및 물품 관리법」 제2조제1호 및 제2호에 따른 공유재산 및 물품
사. 그 밖에 가목부터 바목까지에 준하는 것으로서 대통령령으로 정하는 것
(2015.5.18 본항개정)
② 징계위원회는 징계부가금 부과 의결을 하기 전에 징계부가금 부과 대상자가 제1항 각 호의 어느 하나에 해당하는 사유로 다른 법률에 따라 형사처벌을 받거나 변상책임 등을 이행한 경우(몰수나 추징을 당한 경우를 포함한다) 또는 다른 법령에 따른 환수나 가산징수 절차에 따라 환수금이나 가산징수금을 납부한 경우에는 대통령령으로 정하는 바에 따라 조정된 범위에서 징계부가금 부과를 의결하여야 한다.(2015.5.18 본항개정)
③ 징계위원회는 징계부가금 부과 의결을 한 후에 징계부가금 부과 대상자가 형사처벌을 받거나 변상책임 등을 이행한 경우(몰수나 추징을 당한 경우를 포함한다) 또는 환수금이나 가산징수금을 납부한 경우에는 대통령령으로 정하는 바에 따라 이미 의결된 징계부가금의 감면 등의 조치를 하여야 한다.(2015.5.18 본항신설)
④ 제1항에 따라 징계부가금 부과처분을 받은 사람이 납부기간 내에 그 부가금을 납부하지 아니한 때에는 처분권자(대통령이 처분권자인 경우에는 처분 제청권자)는 국세강제징수의 예에 따라 징수할 수 있다. 이 경우 체납액의 징수가 사실상 곤란하다고 판단되는 경우에는 징수대상자의 주소지를 관할하는 세무서장에게 징수를 위탁한다.(2021.6.8 본항개정)
⑤ 처분권자(대통령이 처분권자인 경우에는 처분 제청권자)는 제4항 단서에 따라 관할 세무서장에게 징계부가금 징수를 의뢰한 후 체납일부터 5년이 지난 후에도 징수가 불가능하다고 인정될 때에는 관할 징계위원회에 징계부가금 감면의결을 요청할 수 있다.(2015.12.24 본항신설)
제78조의3【재징계의결 등의 요구】 ① 처분권자(대통령이 처분권자인 경우에는 처분 제청권자)는 다음 각 호에 해당하는 사유로 소청심사위원회 또는 법원에서 징계처분등의 무효 또는 취소(취소명령 포함)의 결정이나 판결을 받은 경우에는 다시 징계 의결 또는 징계부가금 부과 의결(이하 "징계의결등"이라 한다)을 요구하여야 한다. 다만, 제3호의 사유로 무효 또는 취소(취소명령 포함)의 결정이나 판결을 받은 감봉·견책처분에 대하여는 징계의결을 요구하지 아니할 수 있다.(2010.3.22 본문개정)
1. 법령의 적용, 증거 및 사실 조사에 명백한 흠이 있는 경우
2. 징계위원회의 구성 또는 징계의결등, 그 밖에 절차상의 흠이 있는 경우
3. 징계양정 및 징계부가금이 과다(過多)한 경우
(2010.3.22 2호~3호개정)
② 처분권자는 제1항에 따른 징계의결등을 요구하는 경우에는 소청심사위원회의 결정 또는 법원의 판결이 확정된 날부터 3개월 이내에 관할 징계위원회에 징계의결등을 요구하여야 하며, 관할 징계위원회에서는 다른 징계사건에 우선하여 징계의결등을 하여야 한다.(2010.3.22 본항개정)
(2010.3.22 본조제목개정)
(2008.12.31 본조신설)
제78조의4【퇴직을 희망하는 공무원의 징계사유 확인 및 퇴직 제한 등】 ① 임용권자 또는 임용제청권자는 공무원이 퇴직을 희망하는 경우에는 제78조제1항에 따른 징계사유가 있는지 및 제2항 각 호의 어느 하나에 해당하는지 여부를 감사원과 검찰·경찰 등 조사 및 수사기관(이하 이 조에서 "조사 및 수사기관"이라 한다)의 장에게 확인하여야 한다.(2020.1.29 본항개정)
② 제1항에 따른 확인 결과 퇴직을 희망하는 공무원이 파면, 해임, 강등 또는 정직에 해당하는 징계사유가 있거나 다음 각 호의 어느 하나에 해당하는 경우(제1호·제3호 및 제4호의 경우에는 해당 공무원이 파면·해임·강등 또는 정직의 징계에 해당한다고 판단되는 경우에 한정한다) 제78조제4항에 따른 소속 장관 등은 지체 없이 징계의결등을 요구하여야 하고, 퇴직을 허용하여서는 아니 된다.
1. 비위(非違)와 관련하여 형사사건으로 기소된 때
2. 징계위원회에 파면·해임·강등 또는 정직에 해당하는 징계 의결이 요구 중인 때
3. 조사 및 수사기관에서 비위와 관련하여 조사 또는 수사 중인 때
4. 각급 행정기관의 감사부서 등에서 비위와 관련하여 내부 감사 또는 조사 중인 때
(2020.1.29 본항개정)
③ 제2항에 따라 징계의결등을 요구한 경우 임용권자는 제73조의3제1항제3호에 따라 해당 공무원에게 직위를 부여하지 아니할 수 있다.(2020.1.29 본항신설)
④ 관할 징계위원회는 제2항에 따라 징계의결등이 요구된 경우 다른 징계사건에 우선하여 징계의결등을 하여야 한다.
⑤ 그 밖에 퇴직을 제한하는 절차 등 필요한 사항은 대통령령등으로 정한다.(2020.1.29 본항신설)
(2020.1.29 본조제목개정)
(2015.12.24 본조신설)
제79조【징계의 종류】 징계는 파면·해임·강등·정직·감봉·견책(譴責)으로 구분한다.(2020.1.29 본조개정)
제80조【징계의 효력】 ① 강등은 1계급 아래로 직급을 내리고(고위공무원단에 속하는 공무원은 3급으로 임용하고, 연구관 및 지도관은 연구사 및 지도사로 한다) 공무원신분은 보유하나 3개월간 직무에 종사하지 못하며 그 기간 중 보수는 전액을 감한다. 다만, 제4조제2항에 따라 계급을 구분하지 아니하는 공무원과 임기제공무원에 대해서는 강등을 적용하지 아니한다.(2015.12.24 본문개정)
② 제1항에도 불구하고 이 법의 적용을 받는 특정직공무원 중 외무공무원과 교육공무원의 강등의 효력은 다음 각 호와 같다.
1. 외무공무원의 강등은 「외무공무원법」 제20조의2에 따라 배정받은 직무등급을 1등급 아래로 내리고(14등급 외무공무원은 고위공무원단 직위로 임용하고, 고위공무원단에 속하는 외무공무원은 9등급으로 임용하며, 8등급부터 6등급까지의 외무공무원은 5등급으로 임용한

다) 공무원신분은 보유하나 3개월간 직무에 종사하지 못하며 그 기간 중 보수는 전액을 감한다.
2. 교육공무원의 강등은 「교육공무원법」 제2조제10항에 따라 동종의 직무 내에서 하위의 직위에 임명하고, 공무원신분은 보유하나 3개월간 직무에 종사하지 못하며 그 기간 중 보수는 전액을 감한다. 다만, 「고등교육법」 제14조에 해당하는 교원 및 조교에 대하여는 강등을 적용하지 아니한다.
(2015.12.24 1호~2호개정)
(2008.12.31 본항신설)
③ 정직은 1개월 이상 3개월 이하의 기간으로 하고, 정직처분을 받은 자는 그 기간 중 공무원의 신분은 보유하나 직무에 종사하지 못하며 보수는 전액을 감한다.
(2015.12.24 본항개정)
④ 감봉은 1개월 이상 3개월 이하의 기간 동안 보수의 3분의 1을 감한다.
⑤ 견책(譴責)은 전과(前過)에 대하여 훈계하고 회개하게 한다.
⑥ 강등(3개월간 직무에 종사하지 못하는 효력 및 그 기간 중 보수는 전액을 감하는 효력으로 한정한다), 정직 및 감봉의 징계처분은 휴직기간 중에는 그 집행을 정지한다.(2023.4.11 본항신설)
⑦ 공무원으로서 징계처분을 받은 자에 대하여는 그 처분을 받은 날 또는 그 집행이 끝난 날부터 대통령령등으로 정하는 기간 동안 승진임용 또는 승급할 수 없다. 다만, 징계처분을 받은 후 직무수행의 공적으로 포상 등을 받은 공무원에 대하여는 대통령령등으로 정하는 바에 따라 승진임용이나 승급을 제한하는 기간을 단축하거나 면제할 수 있다.(2015.5.18 본항개정)
⑧ 공무원(특수경력직공무원 및 지방공무원을 포함한다)이었던 사람이 다시 공무원이 된 경우에는 재임용 전에 적용된 법령에 따라 받은 징계처분은 그 처분일부터 이 법에 따른 징계처분을 받은 것으로 본다. 다만, 제79조에서 정한 징계의 종류 외의 징계처분의 효력에 관하여는 대통령령등으로 정한다.(2021.6.8 본문개정)

제81조【징계위원회의 설치】 ① 공무원의 징계처분등을 의결하게 하기 위하여 대통령령등으로 정하는 기관에 징계위원회를 둔다.(2015.5.18 본항개정)
② 징계위원회의 종류·구성·권한·심의절차 및 징계 대상자의 진술권에 필요한 사항은 대통령령등으로 정한다.(2015.5.18 본항개정)
③ 징계의결등에 관하여는 제13조제2항을 준용한다.
(2010.3.22 본항개정)

제82조【징계 등 절차】 ① 공무원의 징계처분등은 징계위원회의 의결을 거쳐 징계위원회가 설치된 소속 기관의 장이 하되, 국무총리 소속으로 설치된 징계위원회(국회·법원·헌법재판소·선거관리위원회에 있어서는 해당 중앙인사관장기관에 설치된 상급 징계위원회를 말한다. 이하 같다)에서 한 징계의결등에 대하여는 중앙행정기관의 장이 한다. 다만, 파면과 해임은 징계위원회의 의결을 거쳐 각 임용권자 또는 임용권을 위임한 상급 감독기관의 장이 한다.
② 징계의결등을 요구한 기관의 장은 징계위원회의 의결이 가볍다고 인정하면 그 처분을 하기 전에 다음 각 호의 구분에 따라 심사나 재심사를 청구할 수 있다. 이 경우 소속 공무원을 대리인으로 지정할 수 있다.
1. 국무총리 소속으로 설치된 징계위원회의 의결 : 해당 징계위원회에 재심사를 청구
2. 중앙행정기관에 설치된 징계위원회(중앙행정기관의 소속기관에 설치된 징계위원회는 제외한다)의 의결 : 국무총리 소속으로 설치된 징계위원회에 심사를 청구
3. 제1호 및 제2호 외의 징계위원회의 의결 : 직근 상급기관에 설치된 징계위원회에 심사를 청구
(2020.1.29 본항개정)
③ 징계위원회는 제2항에 따라 심사나 재심사가 청구된 경우에는 다른 징계 사건에 우선하여 심사나 재심사를 하여야 한다.(2020.1.29 본항신설)
(2010.3.22 본조개정)

제83조【감사원의 조사와의 관계 등】 ① 감사원에서 조사 중인 사건에 대하여는 제3항에 따른 조사개시 통보를 받은 날부터 징계 의결의 요구나 그 밖의 징계 절차를 진행하지 못한다.
② 검찰·경찰, 그 밖의 수사기관에서 수사 중인 사건에 대하여는 제3항에 따른 수사개시 통보를 받은 날부터 징계 의결의 요구나 그 밖의 징계 절차를 진행하지 아니할 수 있다.
③ 감사원과 검찰·경찰, 그 밖의 수사기관은 조사나 수사를 시작한 때와 이를 마친 때에는 10일 내에 소속 기관의 장에게 그 사실을 통보하여야 한다.

제83조의2【징계 및 징계부가금 부과 사유의 시효】 ① 징계의결등의 요구는 징계 등 사유가 발생한 날부터 다음 각 호의 구분에 따른 기간이 지나면 하지 못한다.
1. 징계 등 사유가 다음 각 목의 어느 하나에 해당하는 경우 : 10년
가. 「성매매알선 등 행위의 처벌에 관한 법률」 제4조에 따른 금지행위
나. 「성폭력범죄의 처벌 등에 관한 특례법」 제2조에 따른 성폭력범죄
다. 「아동·청소년의 성보호에 관한 법률」 제2조제2호에 따른 아동·청소년대상 성범죄
라. 「양성평등기본법」 제3조제2호에 따른 성희롱
2. 징계 등 사유가 제78조의2제1항 각 호의 어느 하나에 해당하는 경우 : 5년
3. 그 밖의 징계 등 사유에 해당하는 경우 : 3년
(2021.6.8 본항개정)
② 제83조제1항 및 제2항에 따라 징계 절차를 진행하지 못하여 제1항의 기간이 지나거나 그 남은 기간이 1개월 미만인 경우에는 제1항의 기간은 제83조제3항에 따른 조사나 수사의 종료 통보를 받은 날부터 1개월이 지난 날에 끝나는 것으로 본다.
③ 징계위원회의 구성·징계의결등, 그 밖에 절차상의 흠이나 징계양정 및 징계부가금의 과다(過多)를 이유로 소청심사위원회 또는 법원에서 징계처분등의 무효 또는 취소의 결정이나 판결을 한 경우에는 제1항의 기간이 지나거나 그 남은 기간이 3개월 미만인 경우에도 그 결정 또는 판결이 확정된 날부터 3개월 이내에는 다시 징계의결등을 요구할 수 있다.(2010.3.22 본항개정)
(2010.3.22 본조제목개정)

제83조의3【특수경력직공무원의 징계】 다른 법률에 특별한 규정이 있는 경우 외에는 특수경력직공무원에 대하여도 대통령령등으로 정하는 바에 따라 이 장을 준용할 수 있다.(2015.5.18 본조개정)

제11장 벌 칙

제84조【정치 운동죄】 ① 제65조를 위반한 자는 3년 이하의 징역과 3년 이하의 자격정지에 처한다.
② 제1항에 규정된 죄에 대한 공소시효의 기간은 「형사소송법」 제249조제1항에도 불구하고 10년으로 한다.
(2014.1.14 본조신설)

제84조의2【벌칙】 제44조·제45조 또는 제66조를 위반한 자는 다른 법률에 특별히 규정된 경우 외에는 1년 이하의 징역 또는 1천만원 이하의 벌금에 처한다.
(2014.10.15 본조개정)

제12장 보 칙

제85조 (2022.12.27 삭제)

제85조의2【수수료】 ① 제28조에 따라 공무원 신규 채용시험에 응시하려는 사람은 대통령령등으로 정하는 바에 따라 수수료를 내야 한다. 이 경우 수수료 금액은 실비의 범위에서 정하여야 한다.
② 수수료를 과오납한 경우 등 대통령령등으로 정하는 경우에는 제1항에 따라 납부한 수수료를 반환받을 수 있다.
③ 시험실시기관의 장은 제1항에도 불구하고 「국민기초생활 보장법」에 따른 수급자 등 대통령령등으로 정하는 사람에 대하여는 수수료를 감면할 수 있다.
(2015.5.18 본조신설)

부 칙 (2008.6.13)

① **【시행일】** 이 법은 2009년 1월 1일부터 시행한다.
② **【6급 이하 공무원 등의 정년연장에 따른 경과조치】** 6급 이하 일반직 공무원, 연구사, 지도사 및 기능직 공무원의 정년은 제74조제1항의 개정규정에도 불구하고 2009년부터 2010년까지는 58세로, 2011년부터 2012년까지는 59세로, 2013년부터 60세로 한다. 다만, 기능직 공무원 중 방호직렬, 등대직렬 및 경비관리직렬 공무원은 2009년부터 2012년까지는 59세로, 2013년부터 60세로 한다.

부 칙 (2011.5.23)

제1조【시행일】 이 법은 공포 후 3개월이 경과한 날부터 시행한다. 다만 제3조제1항, 제26조의3제2항, 제43조, 제71조제2항제4호, 제72조제7호 및 제73조의2의 개정규정은 공포한 날부터 시행하고, 제28조, 제37조제1항의 개정규정 및 부칙 제6조제3항부터 제5항까지의 규정은 2012년 1월 1일부터 시행하며, 제4조제1항의 개정규정은 공포 후 1년이 경과한 날부터 시행한다.

제2조【육아휴직자의 결원보충에 관한 적용례】 제43조제1항 단서의 개정규정은 부칙 제1조 단서에 따른 제43조제1항 단서의 개정규정 시행 당시 출산휴가 중인 사람에 대하여도 적용한다.

제3조【기능10급으로 재직 중인 공무원에 대한 경과조치】 부칙 제1조 단서에 따른 제4조제1항의 개정규정 시행 당시의 기능10급 공무원은 기능9급 공무원으로 부칙 제1조 단서에 따른 제4조제1항의 개정규정 시행일에 임용된 것으로 본다.

제4조【복수국적자의 임용분야 제한에 따른 경과조치】 부칙 제1조 단서에 따른 제26조의3제2항의 개정규정 시행 당시 제26조의3제2항의 개정규정에 따라 복수국적자가 임용될 수 없는 분야에 임용되어 재직 중인 복수국적자는 부칙 제1조의 단서에 따른 제26조의3제2항의 개정규정 시행 후 6개월 이내에 복수국적자를 임용할 수 있는 분야에 임용되거나 외국 국적을 포기하여야 한다.

제5조【진행 중인 시험에 관한 경과조치】 부칙 제1조의 단서에 따른 제28조 및 제37조제1항의 개정규정 시행 당시 진행 중인 시험에 대하여는 종전의 규정에 따른다.

제6조【다른 법률의 개정】 ①~⑤ ※(해당 법령에 가제정리 하였음)

제7조【다른 법령과의 관계】 이 법 시행 당시 다른 법령에서 종전의 「국가공무원법」의 규정을 인용한 경우 이 법 중 그에 해당하는 규정이 있는 때에는 종전의 규정을 갈음하여 이 법의 해당 규정을 인용한 것으로 본다.

부 칙 (2012.3.21)

제1조【시행일】 이 법은 공포 후 3개월이 경과한 날부터 시행한다.

제2조【징계시효 연장에 관한 경과조치】 이 법 시행 전에 징계사유가 발생한 사람에 대하여는 제83조의2제1항의 개정규정에도 불구하고 종전의 규정에 따른다.

부 칙 (2012.10.22)

제1조【시행일】 이 법은 공포 후 6개월이 경과한 날부터 시행한다.

제2조【명예퇴직 수당의 환수에 관한 적용례】 제74조의2제3항제1호의2 및 제1호의3의 개정규정에 따른 명예퇴직수당의 환수는 이 법 시행 후 명예퇴직 수당을 지급받는 사람부터 적용한다.

부 칙 (2012.12.11)

제1조【시행일】 이 법은 공포 후 1년이 경과한 날부터 시행한다. 다만, 제48조제3항 및 제4항의 개정규정은 공포 후 6개월이 경과한 날부터 시행한다.

제2조【실비 변상 등을 부정 수령한 사람에 대한 가산징수에 관한 적용례】 제48조제3항의 개정규정에 따른 가산징수는 같은 개정규정 시행 후 최초로 실비 변상 등을 거짓이나 그 밖의 부정한 방법으로 수령하는 사람부터 적용한다.

제3조【공무원의 구분 변경에 따른 경과조치】 ① 이 법 시행 당시 재직 중인 기능직공무원은 이 법 시행일에 일반직공무원으로 임용된 것으로 본다. 이 경우 임용되는 직군, 직렬, 계급 및 직급 등에 대한 사항은 국회규칙, 대법원규칙, 헌법재판소규칙, 중앙선거관리위원회규칙 또는 대통령령으로 정한다.
② 이 법 시행 당시 재직 중인 별정직공무원 중 이 법 시행 후 제2조제3항제2호의 개정규정에 해당하지 아니하게 되는 공무원은 이 법 시행일에 일반직공무원으로 임용된 것으로 본다. 이 경우 임용되는 직군, 직렬, 계급, 직급, 직위 및 근무형태, 인사관리 등에 관한 사항은 국회규칙, 대법원규칙, 헌법재판소규칙, 중앙선거관리위원회규칙 또는 대통령령으로 정한다.
③ 이 법 시행 당시 재직 중인 계약직공무원 중 비서관·비서 등 정무직공무원을 보조·보좌하기 위하여 채용된 공무원은 이 법 시행일에 별정직공무원으로 임용된 것으로 보고, 그 밖의 계약직공무원은 국회규칙, 대법원규칙, 헌법재판소규칙, 중앙선거관리위원회규칙 또는 대통령령으로 정하는 임용예정 직군, 직렬, 계급 및 직급 등 인사관련 규정에 따라 이 법 시행일에 일반직공무원 중 임기제공무원으로 임용된 것으로 본다. 이 경우 임기제공무원으로서의 근무기간은 계약직공무원으로 채용될 당시에 계약한 기간의 잔여기간으로 하고, 해당 기간 동안의 보수는 채용될 당시의 계약에 따른다.
④ 국회, 법원, 헌법재판소 및 각급 선거관리위원회 소속 공무원에 대하여는 이 법 시행을 위한 국회규칙, 대법원규칙, 헌법재판소규칙 및 중앙선거관리위원회규칙이 제정되거나 개정될 때까지는 대통령령을 준용한다.

제4조【진행 중인 시험에 관한 경과조치】 ① 이 법 시행 당시 진행 중인 기능직공무원 임용시험, 비서관·비서를 제외한 계약직공무원의 채용시험 및 부칙 제3조제2항 전단에 해당하는 별정직공무원의 임용시험에 합격한 사람은 각각 일반직공무원 임용시험에 합격한 사람으로 본다.
② 이 법 시행 전에 제1항에 따른 시험에 합격하였으나 이 법 시행 당시 아직 임용되지 아니한 사람은 일반직공무원 임용시험에 합격한 것으로 본다. 이 경우 임용되는 사항에 대하여는 부칙 제3조제1항 후단을 준용한다.

제5조【적격심사의 대상에 관한 경과조치】 제70조의2제1항제2호 후단의 개정규정에도 불구하고 고위공무원단에 속하는 일반직공무원으로 임용되기 전에 고위공무원단에 속하는 별정직공무원 또는 계약직공무원으로 재직한 사람이 재직기간 중에 받은 최하위등급의 평정은 제70조의2제1항제2호 전단에 따른 평정대상 기간이 경과할 때까지 같은 호 후단에 따른 평정으로 본다.

제6조【다른 법률의 개정】 ①~㉗ ※(해당 법령에 가제정리 하였음)

제7조【다른 법령과의 관계】 이 법 시행 당시 다른 법령에서 종전의 「국가공무원법」의 규정을 인용한 경우 이 법 중 그에 해당하는 규정이 있는 때에는 종전의 규정을 갈음하여 이 법의 해당 규정을 인용한 것으로 본다.

부　칙 (2013.8.6)

제1조【시행일】 이 법은 공포 후 6개월이 경과한 날부터 시행한다. 다만, 제33조제1호의 개정규정 및 부칙 제3조는 공포한 날부터 시행한다.
제2조【질병 등으로 인한 휴직기간에 관한 적용례】 제72조제1호 본문의 개정규정은 이 법 시행 당시 제71조제1항제1호에 따라 휴직 중인 공무원에 대해서도 적용한다.
제3조【금치산자 등에 대한 경과조치】 제33조제1호의 개정규정에도 불구하고 같은 개정규정 시행 당시 이미 금치산 또는 한정치산의 선고를 받고 법률 제10429호 민법 일부개정법률 부칙 제2조에 따라 금치산 또는 한정치산 선고의 효력이 유지되는 사람에 대해서는 종전의 규정에 따른다.
제4조【5급 공무원 공개경쟁 채용시험 합격자의 채용후보자 명부 유효기간 단축에 따른 경과조치】 제38조제2항 본문의 개정규정에도 불구하고 2015년 1월 1일 전에 시행되는 5급 공무원 공개경쟁 채용시험의 합격자에 대한 채용후보자 명부의 유효기간은 종전의 규정에 따라 5년으로 한다.

부　칙 (2014.1.7)

제1조【시행일】 이 법은 공포 후 3개월이 경과한 날부터 시행한다. 다만, 제80조제1항 단서의 개정규정은 공포한 날부터 시행한다.
제2조【벌금형의 분리 선고에 관한 적용례】 제33조의2의 개정규정은 이 법 시행 후 발생한 범죄행위로 형벌을 받는 사람부터 적용한다.
제3조【외무공무원 강등에 관한 적용례】 제80조제2항제1호의 개정규정은 이 법 시행 후 발생한 사유로 징계를 받는 사람부터 적용한다.
제4조【고위공무원 적격심사에 관한 특례】 ① 이 법 시행 당시 고위공무원단에 속하는 공무원은 제70조의2제1항제4호의 개정규정에도 불구하고 다음 각 호의 경우에 모두 해당할 때에는 적격심사를 받아야 한다.
1. 근무성적평정에서 최하위 등급을 1년 이상 받은 사실이 있는 경우. 이 경우 고위공무원단에 속하는 일반직공무원으로 임용되기 전에 고위공무원단에 속하는 별정직공무원 또는 계약직공무원으로 재직한 경우에는 그 재직기간 중에 받은 최하위 등급을 포함한다.
2. 대통령령으로 정하는 정당한 사유 없이 1년 6개월 이상 직위를 부여받지 못한 사실이 있는 경우
② 제1항에도 불구하고 이 법 시행 후에 새로 제70조의2제1항제4호가목 및 나목의 개정규정의 요건에 모두 해당할 때에는 적격심사를 받아야 한다.
제5조【고위공무원 적격심사에 관한 경과조치】 이 법 시행 당시 고위공무원단에 속하는 공무원은 제70조의2제1항제3호의 개정규정에도 불구하고 종전의 규정에 따른다.

부　칙 (2015.5.18)

제1조【시행일】 이 법은 공포 후 6개월이 경과한 날부터 시행한다. 다만, 제3조제1항, 제26조의4, 제28조제2항제11호, 제69조제1호, 제71조제2항제4호, 제72조제7호의 개정규정 및 부칙 제9조는 공포한 날부터 시행하고, 제52조제2항부터 제4항까지의 개정규정은 공포 후 4개월이 경과한 날부터 시행한다.
제2조【채용시험의 가점 부여에 관한 적용례】 제36조의2의 개정규정은 이 법 시행 후 최초로 공고된 채용시험부터 적용한다.
제3조【파산선고를 받은 사람의 당연퇴직에 관한 적용례】 제69조제1호 단서의 개정규정은 이 법 시행 후 최초로 파산선고를 받은 사람부터 적용한다.
제4조【공무상 질병휴직 및 육아휴직에 관한 적용례】
① 제72조제1호의 개정규정은 이 법 시행 당시 휴직 중인 사람에 대해서도 적용한다.
② 제72조제7호의 개정규정은 이 법 시행 전에 휴직하였거나 이 법 시행 당시 휴직 중인 사람에 대해서도 적용한다.
제5조【직위해제 대상에 관한 적용례】 제73조의3제1항제6호의 개정규정은 이 법 시행 후 발생한 비위행위에 대하여 감사원 및 검찰·경찰 등 수사기관에서 조사나 수사 중인 사람부터 적용한다.
제6조【징계부가금 대상 확대에 관한 적용례】 제78조의2제1항의 개정규정은 이 법 시행 후 징계 사유가 발생한 경우부터 적용한다.
제7조【시효에 관한 경과조치】 이 법 시행 전에 징계 및 징계부가금 부과 사유가 발생한 사람에 대하여는 제83조의2제1항의 개정규정에도 불구하고 종전의 규정에 따른다.
제8조【견습근무 중인 사람에 대한 경과조치】 부칙 제1조 단서에 따른 시행일 당시 종전의 제26조의4에 따라 견습근무 중인 사람은 제26조의4의 개정규정에 따라 수습근무 중인 사람으로 본다.
제9조【다른 법률의 개정】 ①~② ※(해당 법령에 가제정리 하였음)

부　칙 (2015.12.24)

제1조【시행일】 이 법은 공포한 날부터 시행한다. 다만, 제28조의6제1항, 제71조제2항제7호, 제72조제10호 및 제80조제1항부터 제3항까지의 개정규정은 공포 후 6개월이 경과한 날부터 시행하고, 제6조제4항 및 제50조의 개정규정은 2016년 1월 1일부터 시행한다.
제2조【결격사유 및 당연퇴직 등에 관한 적용례】 제33조, 제33조의2 및 제69조의 개정규정은 이 법 시행 후 발생한 범죄행위로 형벌을 받는 사람부터 적용한다.
제3조【직위해제된 사람의 결원보충에 관한 적용례】 제43조제4항의 개정규정은 이 법 시행 당시 직위해제 중인 사람에 대해서도 적용한다.
제4조【징계부가금 징수 의뢰에 관한 적용례】 제78조의2제4항의 개정규정은 이 법 시행 전에 징계부가금 부과 의결이 된 경우에 대해서도 적용한다.
제5조【징계의 효력에 관한 경과조치】 부칙 제1조 단서에 따른 시행일 전에 발생한 사유로 징계를 받는 사람에 대해서는 제80조제1항부터 제3항까지의 개정규정에도 불구하고 종전의 규정에 따른다.

부　칙 (2018.10.16)

제1조【시행일】 이 법은 공포 후 6개월이 경과한 날부터 시행한다.
제2조【결격사유 및 당연퇴직에 관한 적용례】 제33조제6호의3·제6호의4 및 제69조제1호의 개정규정은 이 법 시행 후 저지른 죄로 형 또는 치료감호를 받거나 파면·해임된 사람부터 적용한다.
제3조【징계처분결과 통보에 관한 적용례】 제75조제2항의 개정규정은 이 법 시행 후 성폭력 범죄 및 성희롱에 해당하는 사유로 징계처분을 하는 경우부터 적용한다.

부　칙 (2020.1.29)

제1조【시행일】 이 법은 공포 후 6개월이 경과한 날부터 시행한다. 다만, 제2조제2항, 제26조의6 및 제71조제3항의 개정규정은 공포한 날부터 시행한다.
제2조【퇴직의 제한에 관한 적용례】 제78조의4의 개정규정은 이 법 시행 후 최초로 퇴직을 신청한 공무원부터 적용한다.
제3조【징계위원회의 재심사 등 관할에 관한 적용례】
① 제82조제2항의 개정규정은 이 법 시행 당시 징계의결이 진행 중인 사건에 대해서도 적용한다.
② 제1항에도 불구하고 이 법 시행 당시 종전의 제82조제2항에 따른 징계위원회에 청구된 재심사 사건은 종전의 제82조제2항에 따른 징계위원회에서 심사한다.

부　칙 (2021.1.12 법17893호)

제1조【시행일】 이 법은 공포 후 1년이 경과한 날부터 시행한다.(이하 생략)

부　칙 (2021.1.12 법17894호)

이 법은 공포한 날부터 시행한다.(이하 생략)

부　칙 (2021.6.8)

제1조【시행일】 이 법은 공포 후 6개월이 경과한 날부터 시행한다. 다만, 제28조의6제4항·제5항, 제78조제2항·제3항, 제80조제7항·제8항의 개정규정은 공포한 날부터 시행한다.
제2조【직위해제에 따른 결원보충에 관한 적용례】 제43조제4항 및 제5항의 개정규정은 이 법 시행 당시 직위해제 중인 사람이 있는 경우에도 적용한다.
제3조【채용비위 관련자 합격취소에 관한 적용례】 제45조의3의 개정규정은 이 법 시행 이후 공무원 채용과 관련하여 비위를 저지른 경우부터 적용한다.
제4조【공무상 질병 또는 부상으로 인한 휴직 기간의 연장에 관한 적용례】 제72조제1호 단서의 개정규정은 이 법 시행 당시 종전의 규정에 따라 휴직하였거나 휴직 중인 사람에 대해서도 적용한다.
제5조【소청심사위원회의 결정에 관한 경과조치】 이 법 시행 전에 청구되어 계속 중인 소청사건에 대해서는 제14조제2항의 개정규정에도 불구하고 종전의 규정에 따른다.
제6조【보수 및 실비 변상 등 부정 수령자에 대한 가산징수에 관한 경과조치】 이 법 시행 전에 보수 및 실비 변상 등을 거짓이나 그 밖의 부정한 방법으로 수령한 경우 그 가산징수에 관하여는 제47조제3항 및 제48조제3항의 개정규정에도 불구하고 종전의 규정에 따른다.
제7조【징계시효 연장에 관한 경과조치】 이 법 시행 전에 징계 등 사유가 발생한 경우 그 징계시효에 관하여는 제83조의2제1항의 개정규정에도 불구하고 종전의 규정에 따른다.

부　칙 (2021.7.20)

제1조【시행일】 이 법은 공포 후 6개월이 경과한 날부터 시행한다.(이하 생략)

부　칙 (2022.12.27)

제1조【시행일】 이 법은 공포한 날부터 시행한다.
제2조【결격사유 및 당연퇴직에 관한 적용례】 제33조제6호의3 및 제69조제1호 단서의 개정규정은 이 법 시행 이후 발생한 범죄행위로 형벌을 받는 사람부터 적용한다.
제3조【장학지원 채용에 관한 경과조치】 이 법 시행 당시 종전의 규정에 따라 장학금 지급 대상이었던 사람에게는 제28조제2항제11호 및 제85조의 개정규정에도 불구하고 종전의 규정을 적용한다.

부　칙 (2023.3.4)

제1조【시행일】 이 법은 공포 후 3개월이 경과한 날부터 시행한다.(이하 생략)

부　칙 (2023.4.11)

제1조【시행일】 이 법은 공포 후 6개월이 경과한 날부터 시행한다. 다만, 제6조제5항, 제17조의3, 제26조의2, 제32조의4제1항, 제33조제3호·제4호, 제77조제1항 및 같은 조 제2항제4호의 개정규정은 공포한 날부터 시행한다.
제2조【휴직 등으로 인한 결원보충에 관한 적용례】 ① 제43조제1항 단서의 개정규정은 같은 개정규정 시행 이후 휴직을 연장하는 경우로서 휴직기간 연장을 명한 날부터 최종 휴직기간이 끝나는 날까지의 기간이 6개월 이상인 경우부터 적용한다.
② 제43조제2항제1호의 개정규정은 같은 개정규정 시행 이후 병가와 제71조제1항제1호에 따른 휴직을 연속하여 6개월 이상 사용하는 경우부터 적용한다.
③ 제43조제2항제2호의 개정규정은 같은 개정규정 시행 당시 출산휴가 또는 제71조제2항제4호에 따른 휴직 중인 사람에 대해서도 적용한다.
제3조【징계처분결과의 통보에 관한 적용례】 제75조제2항제3호의 개정규정은 같은 개정규정 시행 전에 발생한 사유로 같은 개정규정 시행 이후 징계처분을 하는 경우에도 적용한다.
제4조【징계의 집행정지에 관한 적용례】 제80조제6항의 개정규정은 같은 개정규정 시행 이후 징계 사유가 발생한 경우부터 적용한다.
제5조【다른 법률의 개정】 ※(해당 법령에 가제정리 하였음)

국가공무원법제3조제3항의공무원의범위에관한규정

(1970년 6월 15일 전개대통령령 제5037호)

개정
1972. 2.16영 6070호
1981. 6. 5영10337호
1991.12.26영13524호
1994.11.26영14417호(직제)
2002. 7.10영17663호(공무원임용)

제1조【목적】 이 영은 국가공무원법 제3조제3항의 규정에 의한 공무원의 범위를 정함을 목적으로 한다.
(2002.7.10 본조개정)
제2조【범위】 국가공무원법 제3조제3항의 규정에 의한 공무원의 범위를 다음과 같이 정한다.(2002.7.10 본문개정)
1. 대통령
2. 국무총리
3. 국무위원
4. 국회의원
5. 처의 장
6. 각 원·부·처의 차관
7. (1991.12.26 삭제)
8. 정무차관(1994.11.26 본호개정)
9. 제1호 내지 제3호·제5호 및 제6호에 규정된 공무원의 비서실장 및 비서관과 전직대통령의 비서관
(1991.12.26 본호개정)
10. 국회의장·국회부의장 및 국회의원의 비서실장·보좌관·비서관 및 비서와 교섭단체의 정책연구위원
(1991.12.26 본호개정)

부　칙 (2002.7.10)

① **【시행일】** 이 영은 공포한 날부터 시행한다.(이하 생략)

국가정보원직원법

(1980년 12월 31일 전개법률 제3314호)

개정
1986.12.31법 3918호 1990. 4. 7법 4236호
1993.12.27법 4651호
1997. 1.13법 5291호(국가유공자등예우)
1998. 4.10법 5536호 1999. 1.21법 5682호
2003.12.30법 7012호
2005. 3.31법 7428호(채무자회생파산)
2005. 5.26법 7522호 2009. 1.30법 9400호
2011. 9.15법11042호(보훈보상대상자지원에관한법)
2011.11.22법11103호 2014. 1. 7법12223호
2020. 6. 9법17466호(법률용어정비)
2021. 7.20법18320호 2021.10.19법18520호

제1장 총 칙
(2011.11.22 본장개정)

제1조 【목적】 이 법은 국가정보원직원의 책임 및 직무의 중요성과 신분 및 근무 조건의 특수성에 비추어 그 자격, 임용, 교육훈련, 복무, 보수 등에 관하여 「국가공무원법」에 대한 특례를 규정함을 목적으로 한다.

제2조 【계급 구분 등】 ① 국가정보원직원(이하 "직원"이라 한다)은 1급부터 9급까지의 특정직직원과 일반직직원으로 구분한다. 다만, 일반직직원은 「국가공무원법」 제2조제2항제1호에 따른 일반직공무원으로 본다.
(2014.1.7 본항개정)
② 특별한 전문지식과 경험이 필요한 분야에 근무하는 직원(이하 "전문관"이라 한다)에 대하여는 제1항에 따른 계급 구분을 적용하지 아니할 수 있다.
③ 제1항의 각 계급의 직무 종류별 명칭과 제2항의 전문관의 직무 분야, 대우 등에 관하여는 대통령령으로 정한다.

제3조 【임기제직원】 ① 국가정보원의 직무의 내용과 특수성 등을 고려하여 필요한 경우에는 임기제직원을 둘 수 있다.
② 임기제직원은 「국가공무원법」 제26조의5제1항에 따른 임기제공무원으로 본다. 다만, 임용 요건, 임용 절차, 근무상한연령 및 그 밖에 필요한 사항은 대통령령으로 정한다.
(2014.1.7 본조개정)

제4조 【적용 범위】 ① 국가정보원의 원장(이하 "원장"이라 한다)·차장 및 기획조정실장에 대하여는 이 법에 특별한 규정이 없으면 제5장(복무)을 제외하고는 이 법을 적용하지 아니한다.
② 국가정보원 외의 기관이나 단체에 소속된 사람으로서 국가정보원에 파견되어 근무하는 사람에 대하여는 이 법에 특별한 규정이 없으면 제13조, 제14조, 제5장(복무), 제23조 및 제9장(벌칙)을 제외하고는 이 법을 적용하지 아니한다.
③ 임기제직원에 대하여는 이 법에 특별한 규정이 없으면 제8조, 제13조, 제14조, 제5장(복무), 제20조, 제23조, 제7장(징계) 및 제9장(벌칙)을 제외하고는 이 법을 적용하지 아니한다.(2014.1.7 본항개정)

제5조 【정의】 이 법에서 사용하는 용어의 뜻은 다음과 같다.
1. "임용"이란 신규채용·승진임용·승급·전직·전보·파견·강임(降任)·휴직·정직·강등·복직·면직·해임 및 파면을 말한다.
2. "강임"이란 같은 직렬 내에서의 하위 계급에 임명하거나 하위 계급이 없어 다른 직렬의 하위 계급으로 임명하는 것을 말한다.
3. "전직"이란 직렬을 달리하는 임명을 말한다.
4. "전보"란 같은 계급 내에서의 보직 변경을 말한다.
5. "복직"이란 휴직·정직 중이거나 강등으로 직무에 종사하지 못한 직원을 직위에 복귀시키는 것을 말한다.

제2장 임용과 시험
(2011.11.22 본장개정)

제6조 【임용의 원칙】 ① 직원의 임용은 학력·자격·경력·나이를 기초로 하며, 시험성적·근무성적과 그 밖의 능력의 실증(實證)에 따라 한다.
② 제1항에 따른 임용의 구체적인 범위, 방법, 절차 등은 대통령령으로 정한다.

제7조 【임용권자】 ① 5급 이상 직원 및 전문관은 원장의 제청으로 대통령이 임용한다. 다만, 대통령은 원장에게 다음 각 호의 임용권을 제외한 5급 이상 직원 및 전문관의 임용권을 위임한다.
1. 1급 직원의 전보, 휴직, 정직 및 복직
2. 1급부터 3급까지 직원의 신규채용, 승진임용, 강임, 강등, 면직, 해임 및 파면
② 6급 이하 직원은 원장이 임용한다.(2014.1.7 본항개정)

제8조 【임용자격 및 결격사유】 ① 직원은 사상(思想)이 건전하고, 품행이 단정하며, 신체가 건강한 사람 중에서 임용한다.
② 다음 각 호의 어느 하나에 해당하는 사람은 직원으로 임용될 수 없다.
1. 대한민국 국적을 가지지 아니한 사람
2. 대한민국 국적과 외국 국적을 함께 가지고 있는 사람
3. 피성년후견인(2021.7.20 본호개정)
4. 파산선고를 받고 복권되지 아니한 사람
5. 자격정지 이상의 형을 선고받은 사람
6. 금고 이상의 형의 선고유예를 받고 그 선고유예기간 중에 있는 사람
7. 징계에 의하여 면직처분을 받은 사람

제8조의2 【신원조사】 ① 원장은 임용 대상자에 대하여 제8조제1항과 관련된 사항과 애국심, 성실성, 신뢰성, 보안성 등을 확인하기 위하여 신원조사를 한다.
② 제1항에 따른 신원조사의 구체적인 범위, 방법, 절차 등은 대통령령으로 정한다.

제9조 【신규채용】 직원은 공개경쟁 채용시험으로 신규채용한다. 다만, 직무에 관하여 특별한 학식·경험이나 기술 또는 연구 실적이 있는 사람을 신규채용하는 경우에는 경력경쟁채용시험 등으로 할 수 있다.(2014.1.7 단서개정)

제10조 【승진】 ① 직원의 승진은 바로 하위 계급에 있는 직원 중에서 근무성적 및 경력평정과 그 밖의 능력의 실증에 의하여 한다. 다만, 6급 직원을 5급 직원으로 승진임용하는 경우에는 대통령령이 정하는 바에 따라 승진시험을 병행할 수 있다.
② 승진에 필요한 계급별 최저 근무연수 등 그 밖에 필요한 사항은 대통령령으로 정한다.
(2014.1.7 본조개정)

제11조 【임용시험】 직원의 임용시험은 원장이 실시·관리한다.

제3장 보 수
(2011.11.22 본장개정)

제12조 【보수】 직원의 보수는 대통령령으로 정하는 바에 따른다.

제13조 【보상】 직원으로서 간첩체포 및 이에 준하는 국가안전보장업무의 수행과 관련하여 부상을 입고 퇴직한 사람과 그 가족 및 사망(부상으로 인하여 사망한 경우를 포함한다)한 사람의 유족은 대통령령으로 정하는 바에 따라 「국가유공자 등 예우 및 지원에 관한 법률」 또는 「보훈보상대상자 지원에 관한 법률」에 따른 보상 대상자로 한다.

제4장 교 육
(2011.11.22 본장개정)

제14조 【교육훈련】 ① 원장은 직원에 대하여 직무의 능률증진을 위한 교육훈련을 실시한다.
② 원장은 필요하다고 인정하는 경우에는 직원을 국내외의 교육기관 또는 연구기관에 위탁하여 교육훈련을 받게 할 수 있다.
③ 교육훈련성적은 인사관리에 반영한다.

제5장 복 무
(2011.11.22 본장개정)

제15조 【선서】 직원은 취임할 때에 원장 앞에서 다음의 선서를 하여야 한다.
"본인은 국가안전보장업무를 수행하는 공무원으로서 투철한 애국심과 사명감을 발휘하여 국가에 봉사할 것을 맹세하고, 법령 및 직무상의 명령을 준수·복종하며, 창의와 성실로써 맡은 바 책무를 다할 것을 엄숙히 선서합니다."

제16조 【직무이탈 금지】 직원은 소속 상관의 허가 또는 정당한 사유가 없으면 직무를 이탈하여서는 아니 된다.

제17조 【비밀의 엄수】 ① 직원은 재직 중은 물론 퇴직한 후에도 직무상 알게 된 비밀을 누설하여서는 아니 된다.
② 직원(퇴직한 사람을 포함한다. 이하 이 조에서 같다)이 법령에 따른 증인, 참고인, 감정인 또는 사건 당사자로서 직무상의 비밀에 관한 사항을 증언하거나 진술하려는 경우에는 미리 원장의 허가를 받아야 한다.
③ 직원을 증인, 참고인, 감정인으로 신청한 법률상 이해관계가 있는 사건 관계인은 해당 직원이 제2항에 따른 허가를 신청하지 아니하여 불이익을 받을 우려가 있을 때에는 법원의 허가를 받아 원장에게 증언 또는 진술의 허가를 신청할 수 있다.
④ 원장은 제2항 또는 제3항에 따라 허가 여부를 결정할 때 국가의 중대한 이익을 해치거나 군사, 외교, 대북관계 등 국가안위에 중대한 영향을 미치는 경우를 제외하고는 허가를 거부하지 못한다.
⑤ 직원이 국가정보원의 직무와 관련된 사항을 발간하거나 그 밖의 방법으로 공표하려는 경우에는 미리 원장의 허가를 받아야 한다. 이 경우 제4항을 준용한다.
⑥ 원장이 제2항 또는 제3항에 따른 증언 또는 진술을 허가한 경우 법원은 공무상 비밀 보호 등을 위한 비공개 증언 등 적절한 조치를 할 수 있다.

제18조 【영리업무 및 겸직 금지】 ① 직원은 직무 외의 영리를 목적으로 하는 업무에 종사하지 못하며, 원장의 허가 없이 다른 업무를 겸할 수 없다.
② 제1항에 따른 영리를 목적으로 하는 업무의 한계는 원장이 정한다.

제6장 신분보장
(2011.11.22 본장개정)

제19조 【의사에 반한 신분 조치】 직원은 형의 선고, 징계처분 또는 법률에서 정하는 사유에 해당하는 경우를 제외하고는 그 의사에 반하여 강임·휴직 또는 면직되지 아니한다. 다만, 1급 직원은 그러하지 아니한다.

제20조 【당연 퇴직】 직원이 제8조제2항 각 호(제6호는 제외한다)의 어느 하나에 해당할 때에는 당연히 퇴직한다.

제21조 【직권 면직】 ① 임명권자는 직원이 다음 각 호의 어느 하나에 해당할 때에는 직권으로 면직시킬 수 있다.
1. 신체상·정신상의 장애로 직무를 감당하지 못할 만한 지장이 있을 때
2. 직무수행 능력이 현저하게 부족하거나 근무태도가 극히 불량하여 직원으로 부적합하다고 인정될 때
3. 직제(職制) 또는 정원(定員)의 개정·폐지나 예산의 감소 등으로 직위가 없어지거나 정원이 초과될 때
4. 휴직기간이 끝난 후 또는 휴직 사유가 소멸된 후에도 정당한 사유 없이 직무에 복귀하지 아니하거나 직무를 감당할 수 없을 때
5. 제21조의2에 따른 적격심사 결과 부적격 판정을 받았을 때
② 제1항제2호에 따라 직원을 면직시킬 때에는 징계위원회의 동의를 받아야 한다.
③ 제1항제3호에 따라 직원을 면직시킬 때에는 임용형태, 업무실적, 직무수행 능력, 징계처분 사실 등을 고려하여 면직기준을 정하여야 한다.
④ 제3항의 면직기준을 정하거나 제1항제3호에 따라 면직 대상자를 결정할 때에는 심사위원회를 구성하여 그 심사위원회의 심의·의결을 거쳐야 한다.
⑤ 제4항에 따른 심사위원회의 위원장은 차장 또는 기획조정실장 중에서 원장이 지명하며, 위원은 면직 대상자보다 상위 직급자 중에서 원장이 지명하는 5명 이상 7명 이하의 위원으로 구성하되 상위 직급자가 부족한 경우에는 4명 이내로 구성할 수 있다.
⑥ 제1항제3호에 따라 면직된 직원은 결원이 생겼을 때에는 우선하여 재임용될 수 있다.

제21조의2 【적격심사】 ① 직원이 근무성적평정 결과 2회 연속 또는 10년 이내에 3회 이상 최하위 등급을 받은 경우에는 적격심사를 받아야 한다.
② 적격심사를 하기 위하여 국가정보원에 적격심사위원회를 둔다.
③ 적격심사위원회는 국가정보원의 2급 이상 직원 중 원장이 지명하는 5명 이상 7명 이하의 위원으로 구성하며, 위원장은 차장 또는 기획조정실장 중 원장이 지명하는 사람으로 한다.
④ 적격심사는 근무성적평정에 따르되, 직원의 직무를 계속 수행하는 것이 곤란하다고 판단되는 사람을 부적격자로 판정한다.
⑤ 적격심사위원회의 구성과 운영 및 심사·처리기준에 관하여 필요한 사항은 대통령령으로 정한다.

제22조 【정년】 ① 직원의 정년은 다음과 같다.
1. 연령 정년 : 60세
2. 특정직직원의 계급 정년
가. 2급 직원 : 5년
나. 3급 직원 : 7년
다. 4급 직원 : 12년
라. 5급 직원 : 18년
(2014.1.7 본항개정)
② 징계로 인하여 강등(6급으로 강등된 경우를 포함한다)된 직원의 계급 정년은 제1항제2호에도 불구하고 다음 각 호에 따른다.
1. 강등된 계급의 계급 정년은 강등되기 전 계급 중 가장 높은 계급의 계급 정년으로 한다. 다만, 1급 직원이 강등처분을 받은 경우에는 면직할 수 있다.
2. 계급 정년을 산정할 때에는 강등되기 전 계급의 근무연수와 강등된 이후의 근무연수를 합산한다.
③ 직원은 정년이 되는 날이 1월부터 6월 사이에 있는 경우에는 6월 30일에 당연히 퇴직되고, 7월부터 12월 사이에 있는 경우에는 12월 31일에 당연히 퇴직된다.

제22조의2 【퇴직직원 취업 등 지원】 ① 원장은 퇴직직원(퇴직 예정자를 포함한다)의 전문성을 활용하고 원활한 사회복귀를 지원하기 위하여 예산의 범위에서 진로상담·직업상담·취업알선 등의 취업지원, 창업상담·창업교육 등의 창업지원 및 경력개발 등과 관련한 지원을 할 수 있다.
② 제1항에 따른 지원에 관하여 필요한 사항은 대통령령으로 정한다.
(2021.10.19 본조신설)

제23조 【직원에 대한 수사 등】 ① 수사기관이 직원을 구속하려면 미리 원장에게 통보하여야 한다. 다만, 현행범인 경우에는 그러하지 아니하다.
② 수사기관이 현행범인 직원을 구속하였을 때에는 지체 없이 원장에게 그 사실을 통보하여야 한다.
③ 수사기관이 직원에 대하여 수사를 시작한 때와 수사를 마친 때에는 지체 없이 원장에게 그 사실과 결과를 통보하여야 한다.

제7장 징 계
(2011.11.22 본장개정)

제24조 【징계 사유】 직원이 다음 각 호의 어느 하나에 해당하는 경우에는 징계의결을 거쳐 징계처분을 할 수 있다.

1. 이 법 및 「국가공무원법」과 이 법 및 「국가공무원법」에 따른 명령을 위반한 경우
2. 직무상의 의무를 위반하거나 직무를 게을리한 경우
3. 직무 관련 여부와 상관없이 직원으로서 지녀야 할 품위나 위신을 손상하는 행위를 한 경우(2020.6.9 본호개정)

제25조【징계위원회의 설치】 ① 직원의 징계사건을 심사·의결하기 위하여 국가정보원에 징계위원회를 둔다.
② 징계위원회의 구성, 종류, 권한, 심사 절차, 그 밖에 필요한 사항은 대통령령으로 정한다.

제26조【징계 절차】 직원의 징계는 징계위원회의 의결을 거쳐 원장이 한다. 다만, 3급 이상 직원에 대한 강등·해임·파면은 징계위원회의 의결을 거쳐 원장의 제청으로 대통령이 한다.

제27조【징계 대상자의 진술권】 ① 징계위원회에 계속(係屬) 중인 직원은 구술심사를 요청하여 구술변론을 할 수 있다.
② 제1항의 경우 그 직원은 다른 직원 중에서 보좌인을 선정하여 변론하게 할 수 있다.
③ 징계 대상자에게 제1항 및 제2항에 따른 진술의 기회를 주지 아니한 징계의결은 그 징계 대상자가 외국에 있는 경우를 제외하고는 무효로 한다.

제28조【징계 절차의 정지】 징계에 회부하여야 할 사건이 형사사건으로 수사 중인 경우에는 그 사건에 대하여 제23조제3항에 따른 수사 시작의 통보를 받은 날부터 징계의결 요구나 그 밖의 징계 절차를 진행하지 아니할 수 있다.

제29조【징계 사유의 시효】 ① 징계의결 요구는 징계 사유가 발생한 날부터 다음 각 호의 구분에 따른 기간이 지나면 할 수 없다.(2021.10.19 본문개정)
1. 징계 사유가 다음 각 목의 어느 하나에 해당하는 경우 : 10년
 가. 「성매매알선 등 행위의 처벌에 관한 법률」 제4조에 따른 금지행위
 나. 「성폭력범죄의 처벌 등에 관한 특례법」 제2조에 따른 성폭력범죄
 다. 「아동·청소년의 성보호에 관한 법률」 제2조제2호에 따른 아동·청소년대상 성범죄
 라. 「양성평등기본법」 제3조제2호에 따른 성희롱
2. 징계 사유가 다음 각 목의 어느 하나에 해당하는 경우 : 5년
 가. 비밀누설, 정치 관여 또는 직권남용
 나. 「국가공무원법」 제78조의2제1항 각 호의 어느 하나에 해당하는 경우
3. 그 밖의 징계 사유에 해당하는 경우 : 3년
(2021.10.19 1호~3호신설)
② 제28조에 따라 징계 절차를 밟지 못하여 제1항의 기간이 지나거나 남은 기간이 1개월 미만인 경우 제1항의 기간은 제23조제3항에 따른 수사 종료의 통보를 받은 날부터 1개월이 지난 날에 만료되는 것으로 본다.
③ 징계위원회의 구성, 징계의결의 결함, 그 밖의 절차상의 결함이나 징계 정도의 과다(過多)를 이유로 소청심사위원회나 법원에서 징계처분의 무효 또는 취소 결정이나 판결을 한 경우에는 제1항에도 불구하고 그 결정 또는 판결이 확정된 날부터 3개월 이내에는 다시 징계의결을 요구할 수 있다.

제8장 보 칙

제30조【「국가공무원법」의 준용】 직원에 대하여는 이 법에 특별한 규정이 있는 경우를 제외하고는 「국가공무원법」에 따른 일반직공무원에 관한 규정을 준용한다. 다만, 「국가공무원법」 제17조·제18조 및 제73조의3은 그러하지 아니하다.(2011.11.22 본조개정)

제31조 (2005.5.26 삭제)

제9장 벌 칙

(2011.11.22 본장개정)

제32조【벌칙】 제17조를 위반한 사람은 10년 이하의 징역 또는 1천만원 이하의 벌금에 처한다.

부 칙 (2003.12.30)

① **【시행일】** 이 법은 2004년 1월 1일부터 시행한다.
② **【1급 직원의 신분보장 폐지에 관한 경과조치】** 이 법 시행 당시 종전의 제20조제2항의 규정에 의한 당연퇴직일이 2004년 3월 31일 이전인 자는 그 해당일에, 2004년 4월 1일 이후인 자는 2004년 3월 31일에 당연퇴직한다.
③ **【계급정년에 관한 경과조치】** 이 법 시행 당시 재직 중인 2급 내지 4급 직원중 종전의 제22조제1항제2호의 규정에 의한 정년퇴직일이 2004년 6월 30일인 자는 2004년 6월 30일에, 2004년 12월 31일인 자, 2005년 6월 30일인 자, 2005년 12월 31일인 자 및 2006년 6월 30일인 자는 각각 2004년 12월 31일에 당연퇴직된다.
④ **【명예퇴직 수당에 관한 경과조치】** 이 법 시행 당시 2급 내지 4급 직원으로서 부칙 제3항의 규정에 의하여 2004년 12월 31일에 당연퇴직하는 자와 제22조제1항제2호의 개정규정에 의하여 2005년 1월 1일 이후에 계급정년에 도달하는 자가 2004년 6월 30일 이전에 자진하여 퇴직하거나 명예퇴직하는 경우 국가공무원법 제74조의2의 규정에 의한 명예퇴직수당의 지급대상 및 지급액에 관하여는 제22조제1항제2호의 개정규정에 불구하고 종전의 계급정년을 적용한다.

부 칙 (2009.1.30)

① **【시행일】** 이 법은 공포한 날부터 시행한다.
② **【6급 이하 직원의 정년연장에 따른 경과조치】** 6급 이하 직원의 정년은 제22조제1항의 개정에도 불구하고 2009년부터 2011년까지는 58세로, 2012년부터 2014년까지는 59세로, 2015년부터 60세로 한다.
③ **【징계사유의 시효에 관한 경과조치】** 이 법 시행 전에 징계사유가 발생한 자에 대하여는 제29조제1항의 개정규정에도 불구하고 종전의 규정에 따른다.

부 칙 (2011.11.22)

제1조【시행일】 이 법은 공포한 날부터 시행한다. 다만, 부칙 제3조는 2012년 7월 1일부터 시행한다.

제2조【징계처분을 받고 재직 중인 자에 대한 적용례】 제22조의 개정규정은 2009년 4월 1일 이후 강등처분을 받고 재직 중인 자에 대하여도 적용한다.

제3조【다른 법률의 개정】 ※(해당 법령에 가제정리 하였음)

부 칙 (2014.1.7)

제1조【시행일】 이 법은 공포한 날부터 시행한다.

제2조【기능직직원 및 계약직직원의 일반직직원으로 변경에 따른 경과조치】 ① 이 법 시행 당시 재직 중인 기능직직원 중 기능 3급·4급·5급·6급은 일반직 6급으로, 기능 7급은 일반직 7급으로, 기능 8급은 일반직 8급으로, 기능 9급은 일반직 9급으로 각각 이 법 시행일에 임용된 것으로 본다. 이 경우 임용되는 직군, 직렬 및 직급과 관련된 사항은 대통령령으로 정한다.
② 이 법 시행 당시 재직 중인 계약직직원은 이 법 시행일에 임기제직원으로 임용된 것으로 본다. 이 경우 임기제직원으로서의 근무기간은 계약직직원으로 채용될 당시에 계약한 기간의 잔여기간으로 하고, 해당 기간 동안의 보수는 채용될 당시의 계약에 따른다.

제3조【금치산자 등에 관한 경과조치】 제8조제2항제3호의 개정규정에 따른 피성년후견인 및 피한정후견인에는 법률 제10429호 민법 일부개정법률 부칙 제2조에 따라 금치산 또는 한정치산 선고의 효력이 유지되는 자를 포함하는 것으로 본다.

제4조【진행 중인 시험에 관한 경과조치】 ① 이 법 시행 당시 진행 중인 기능직직원 임용시험, 계약직직원 채용시험은 각각 일반직직원 임용시험, 임기제직원 임용시험으로 본다.
② 이 법 시행 전에 부칙 제4조제1항에 따른 시험에 합격하였으나 이 법 시행 당시 아직 임용되지 아니한 사람은 위 각 임용시험에 합격한 것으로 본다. 이 경우 임용되는 사항에 대하여는 일반직직원에 대하여는 부칙 제2조제1항 후단을, 임기제직원에 대하여는 부칙 제2조제2항 후단을 각각 준용한다.

제5조【기능직직원에서 일반직직원으로 임용된 직원의 정년에 관한 경과조치】 ① 국가정보원직원법 시행령에서 정한 정년이 57세인 기능직직원이 일반직직원으로 임용된 경우에는 법 제22조제1항제1호의 개정규정에도 불구하고 그 정년을 종전 규정에 따라 2014년부터 2015년까지 연령정년에 도달한 직원은 58세로, 2016년부터 2018년까지 연령정년에 도달한 직원은 59세로, 2019년부터 연령정년에 도달한 직원은 60세로 한다.
② 국가정보원직원법 시행령에서 정한 정년이 55세인 기능직직원이 일반직직원으로 임용된 경우에는 법 제22조제1항제1호의 개정규정에도 불구하고 그 정년을 종전 규정에 따라 2014년부터 연령정년에 도달한 직원은 56세로, 2015년부터 2016년까지 연령정년에 도달한 직원은 57세로, 2017년부터 2018년까지 연령정년에 도달한 직원은 58세로, 2019년부터 2020년까지 연령정년에 도달한 직원은 59세로, 2021년부터 연령정년에 도달한 직원은 60세로 한다.

부 칙 (2020.6.9)
(2021.7.20)

이 법은 공포한 날부터 시행한다.

부 칙 (2021.10.19)

제1조【시행일】 이 법은 공포 후 6개월이 경과한 날부터 시행한다.

제2조【징계 시효 연장에 관한 경과조치】 이 법 시행 전에 징계 사유가 발생한 경우 그 징계 시효에 관하여는 제29조제1항의 개정규정에도 불구하고 종전의 규정에 따른다.

외무공무원법

(2000년 12월 29일
전개법률 제6306호)

개정
2004. 3.11법 7187호(국가공무원)
2005.11. 8법 7690호 2007. 5.11법 8417호
2008. 2.29법 8852호(정부조직)
2008. 2.29법 8857호(국가공무원)
2011. 4. 4법10525호 2011. 7.25법10920호
2012.12.11법11530호(국가공무원)
2013. 3.23법11690호(정부조직)
2014. 1. 7법12182호
2014.11.19법12844호(정부조직)
2017. 7.26법14839호(정부조직)
2017.12.30법15334호 2019. 1.15법16220호
2020. 5.26법17306호
2023. 3. 4법19228호(정부조직)
2024. 1. 9법19943호

제1조【목적】 이 법은 외무공무원의 직무 및 책임의 중요성과 신분 및 근무조건의 특수성에 비추어 그 자격, 임용, 교육훈련, 복무, 보수 및 신분보장 등에 관하여 「국가공무원법」에 대한 특례를 규정함을 목적으로 한다.
(2011.4.4 본조개정)

제2조【외무공무원의 직렬 구분】 ① 외무공무원 중 대통령령으로 정하는 참사관급 이상의 직위는 직렬을 구분하지 아니하며, 그 외의 직위는 직무의 종류에 따라 직렬을 다음 각 호와 같이 구분한다.
1. 외교통상직렬
2. 외무영사직렬
3. 외교정보기술직렬
② 제1항 각 호에 따른 각 직렬별 주요 직무의 종류는 다음 각 호와 같다.
1. 외교통상직렬 : 외교·통상 업무
2. 외무영사직렬 : 영사 업무
3. 외교정보기술직렬 : 외교정보 관리 및 통신 업무
③ 제2항에 따른 각 직렬별 주요 직무의 종류 외의 직무에 관하여 필요한 사항은 대통령령으로 정한다.
(2011.4.4 본조개정)

제2조의2【고위공무원단에 속하는 외무공무원】 ① 외교부와 그 소속기관, 재외동포청의 대통령령으로 정하는 공사급 이상 직위(이하 "고위공무원단 직위"라 한다)에 임용되어 재직 중이거나 파견·휴직 등으로 인사관리되고 있는 외무공무원은 「국가공무원법」 제2조의2제2항의 고위공무원단에 속한다. 다만, 그 직무의 중요도 및 특수성 등으로 인하여 대통령령으로 정하는 일부 직위는 고위공무원단 직위에 속하지 아니한다.(2024.1.9 본문개정)
② 외교부장관은 고위공무원단 직위에 임용될 공무원이 갖추어야 할 능력과 자질을 설정·평가하여 신규채용, 고위공무원단 직위로의 최초 보직 등의 인사관리에 활용할 수 있다.(2013.3.23 본항개정)
③ 외교부장관은 고위공무원단 직위로의 최초 보직을 위하여는 대통령령으로 정하는 자격·경력 등을 갖춘 대상자를 선정하여 제13조의2제1항에 따른 자격심사 및 「국가공무원법」 제28조의6제3항에 따른 심사를 거쳐 임용을 제청하여야 한다.(2013.3.23 본항개정)
④ 제1항에 따른 인사관리의 구체적인 범위, 제2항에 따른 능력과 자질의 내용, 평가대상자의 범위, 평가방법 및 평가결과의 활용에 관하여 필요한 사항은 외무공무원의 특수성을 고려하여 대통령령으로 정한다.
⑤ 이 법에서 규정한 사항 외에 외무공무원에 대하여 「국가공무원법」 중 고위공무원단에 관한 규정을 적용할 때에는 "고위공무원단 직위로의 승진임용"은 "고위공무원단 직위로의 최초 보직"으로 본다.
(2011.4.4 본조개정)

제3조【임용권자】 ① 외교부장관은 외교부 및 그 소속기관, 재외동포청 외무공무원의 신규채용·보직·전직·겸임·파견·휴직·직위해제·정직·강등·복직·면직·해임 및 파면(이하 "임용"이라 한다)을 한다. 다만, 다음 각 호의 어느 하나에 해당하는 경우에는 외교부장관의 제청으로 대통령이 임용 등을 한다.(2023.3.4 본문개정)
1. 외교부 및 그 소속기관, 재외동포청의 대통령령으로 정하는 참사관급 직위 이상 외무공무원의 신규채용·파면·면직 및 해임(2024.1.9 본호개정)
2. 특명전권대사와 대통령령으로 정하는 외교부 및 그 소속기관(재외공관은 제외한다), 재외동포청의 실장급 이상 직위에의 보직(그 직무로부터 면하게 하는 행위를 포함한다), 그 직위에 재직 중인 사람의 휴직·직위해제·정직·강등 및 이에 따른 복직(2024.1.9 본호개정)
3. 특임공관장의 임용
4. 고위공무원단 직위로의 최초 보직
② 제1항 본문 및 단서에 따라 외교부장관이 외무공무원을 임용하거나 임용제청하는 경우 재외동포청 소속의 대통령령으로 정하는 참사관급 직위 이상의 외무공무원에 대해서는 재외동포청장의 추천을 받아 임용 또는 임용제청한다.(2024.1.9 본항신설)
③ 외교부장관은 그 임용권의 일부를 대통령령으로 정하는 바에 따라 그 소속기관의 장, 재외동포청장에게 위임할 수 있다.(2023.3.4 본항개정)
(2011.4.4 본조개정)

제4조【특임공관장】 ① 외교업무 수행에 필요한 경우 특별히 재외공관의 장으로 보하기 위하여 외교관으로서의 자질과 능력을 갖춘 사람을 특임공관장으로 임용할 수 있다.
② 특임공관장으로 임용된 사람에 대하여는 외무공무원에 관한 규정을 준용한다. 다만, 제10조부터 제13조까지, 제13조의2부터 제13조의4까지, 제14조부터 제16조까지, 제23조, 제24조, 제26조제2항 · 제4항 · 제7항, 제27조 및 「국가공무원법」 제28조의6제3항은 적용하지 아니한다.
③ 특임공관장은 임용과 동시에 재외공관의 장으로 발령한다.
④ 특임공관장은 재외공관의 장의 직위에서 면한 후 60일이 되는 날에 퇴직한다.
(2011.4.4 본조개정)

제5조【외무공무원의 임무】 외무공무원은 대외적으로 국가의 이익을 보호 · 신장하고, 외국과의 우호 · 경제 · 문화 관계를 증진하며, 재외국민을 보호 · 육성하는 것을 그 임무로 한다.(2011.4.4 본조개정)

제6조【외무공무원의 대외직명】 재외공관에 보직되거나 대외활동 또는 특정한 업무를 수행하는 외무공무원이 사용할 대외직명은 특명전권대사, 대사, 공사, 공사참사관, 참사관, 1등서기관, 2등서기관, 3등서기관, 총영사, 부총영사, 영사, 부영사 등으로 하며(특정한 업무를 수행하는 외무공무원은 대외직명으로 특명전권대사를 사용할 수 없다), 특명전권대사를 제외한 대외직명은 대통령령으로 정하는 바에 따라 외교부장관이 부여한다.
(2013.3.23 본조개정)

제7조【외무인사위원회의 설치】 ① 외무공무원의 인사에 관한 중요사항을 심의하기 위하여 외교부에 외무인사위원회를 둔다.(2013.3.23 본항개정)
② 외무인사위원회는 제1외무인사위원회 및 제2외무인사위원회로 구성하며, 각각의 외무인사위원회는 7명 이상의 위원으로 구성한다.(2011.7.25 본항개정)
③ 외무인사위원회의 구성 및 운영 등에 필요한 사항은 대통령령으로 정한다.
(2011.4.4 본조개정)

제8조【외무인사위원회의 기능】 ① 제1외무인사위원회는 대통령령으로 정하는 바에 따라 다음 각 호의 사항을 심의하고, 외교부장관에게 건의하거나 추천한다.
(2013.3.23 본문개정)
1. 외무공무원의 인사행정에 관한 방침 · 기준 및 기본계획
2. 외무공무원의 인사 관련 법령의 제정 · 개정 또는 폐지에 관한 사항
3. 외무공무원의 채용 · 전직 · 보직 및 상훈
4. 그 밖에 외교부장관이 외무인사위원회의 회의에 부치는 사항(2013.3.23 본호개정)

② 제2외무인사위원회는 대통령령으로 정하는 참사관급 미만의 직위의 외무공무원의 인사에 관한 사항 중 제1외무인사위원회가 위임한 사항을 심의하고, 외교부장관에게 건의하거나 추천한다.(2013.3.23 본항개정)
③ 외교부장관은 특별한 사유가 없으면 외무인사위원회의 의견을 존중하여야 한다.(2013.3.23 본항개정)
(2011.4.4 본조개정)

제9조【임용자격 및 결격사유】 ① 외무공무원은 국가관과 사명감이 투철하고 그 직무 수행에 필요한 자질과 적성을 갖춘 사람 중에서 임용한다.
② 다음 각 호의 어느 하나에 해당하는 사람은 외무공무원으로 임용될 수 없다.
1. 「국가공무원법」 제33조 각 호의 어느 하나에 해당하는 사람
2. 대한민국 국적을 가지지 아니한 사람

(2011.4.4 본조개정)

제9조의2【근무기간을 정하여 임용하는 외무공무원】
① 임용권자는 전문지식 · 기술이 요구되거나 임용관리에 특수성이 요구되는 업무를 담당하게 하기 위하여 일정기간을 정하여 근무하는 외무공무원(이하 "임기제 외무공무원"이라 한다)을 임용할 수 있다.
② 임기제 외무공무원에 대해서는 제12조 및 제27조를 적용하지 아니한다.
③ 임기제 외무공무원의 임용요건, 임용절차, 근무상한연령 및 그 밖에 필요한 사항은 대통령령으로 정한다.
(2014.1.7 본조신설)

제10조【신규채용】 ① 외무공무원은 공개경쟁 채용시험으로 신규채용한다. 다만, 대통령령으로 정하는 직무등급의 외무공무원은 공개경쟁 시험에 의하여 선발된 사람(이하 "외교관후보자"라 한다)으로서 「국립외교원법」 제6조제1항에 따른 정규과정을 마치고 교육내용에 대한 성취도, 공직수행 자세 및 가치관 등을 종합적으로 평가한 정규과정 종합교육성적이 외교부장관이 정하는 기준 이상인 사람을 채용한다.(2017.12.30 단서개정)
② 외교관후보자 수는 제1항 단서에 따라 채용할 인원수로 하며, 외교부장관이 인사혁신처장과 협의하여 정한다.
(2017.12.30 본항개정)
③ 제1항에도 불구하고 다음 각 호의 어느 하나에 해당하는 경우에는 경력 등 응시요건을 정하여 같은 사유에 해당하는 다수인을 대상으로 경쟁의 방법으로 채용하는 시험(이하 "경력경쟁채용시험"이라 한다)으로 외무공무원을 채용할 수 있다. 다만, 다수인을 대상으로 시험을 실시하는 것이 적당하지 아니하여 대통령령으로 정하는 경우에는 다수인을 대상으로 하지 아니한 시험으로 외무공무원을 채용할 수 있다.(2014.1.7 본문개정)
1. 퇴직한 외무공무원을 퇴직한 날부터 3년 이내에 외무공무원으로 재임용(대통령령으로 정하는 참사관급 미만의 직위에서 퇴직한 외무공무원의 경우 퇴직 시 직렬의 외무공무원으로 재임용)하는 경우
2. 임용예정 직위에 상응하는 근무 또는 연구 실적이 3년 이상인 사람(고위공무원단에 속하는 일반직공무원은 제외한다)을 채용하는 경우
3. 임용예정 직위의 직무와 관련된 자격증 소지자 또는 특수외국어에 능통한 사람을 채용하는 경우

④ 외무공무원을 신규채용할 때 능력 · 학력 · 경력 및 연령 등의 응시자격, 제1항 단서에 따른 외교관후보자의 선발 및 외무공무원의 채용기준, 제3항에 따라 경력경쟁채용시험으로 채용할 수 있는 직렬 · 직위 등에 관하여 필요한 사항은 대통령령으로 정한다.(2014.1.7 본항개정)
⑤ 제1항 본문에 따른 외무공무원의 공개경쟁 채용시험과 제1항 단서에 따른 외교관후보자의 선발시험은 외교부장관의 요구에 따라 인사혁신처장이 실시한다.
(2014.11.19 본항개정)
⑥ 외교부장관은 대통령령으로 정하는 바에 따라 제3항에 따른 경력경쟁채용시험의 전부 또는 일부를 인사혁신처장에게 위탁하여 실시할 수 있고, 제3항제2호에 따라 경력경쟁채용시험으로 채용하는 경우에는 대통령령으로 정하는 바에 따라 채용시험의 전부 또는 일부를 면제할 수 있다.(2014.11.19 본항개정)
(2011.7.25 본조개정)

제11조【시보 임용 및 채용후보자 명부】 ① 외무공무원(제3조제1항제1호에 따른 직위 이상의 직위에 보직되는 사람의 경우는 제외한다. 이하 이 조에서 같다)을 신규채용하는 경우 외교통상직렬 외무공무원(이하 "외교통상직공무원"이라 한다)은 1년, 외무영사직렬 외무공무원(이하 "영사직공무원"이라 한다)과 외교정보기술직렬 외무공무원(이하 "외교정보기술직공무원"이라 한다)은 6개월 동안 시보로 임용하고, 그 기간 중 근무성적이 양호하면 정규공무원으로 임용한다. 다만, 대통령령으로 정하는 경우에는 시보 임용을 면제하거나 그 기간을 단축할 수 있다.(2011.7.25 단서신설)
② 휴직한 기간, 직위해제 기간 및 징계에 따른 정직이나 감봉 처분을 받은 기간은 제1항의 시보 임용 기간에 넣어 계산하지 아니한다.(2011.7.25 본항개정)
③ 시보 임용 기간에 있는 외무공무원이 근무성적이나 교육훈련 성적이 나쁜 경우에는 제23조와 「국가공무원법」 제70조에도 불구하고 면직시키거나 면직을 제청할 수 있다.(2011.7.25 본항신설)
④ 외교통상직공무원의 채용후보자 명부의 유효기간은 5년으로 하고, 영사직공무원 및 외교정보기술직공무원의 채용후보자 명부의 유효기간은 각각 3년으로 한다.
(2011.4.4 본조개정)

제12조【전직】 ① 외교통상직공무원, 영사직공무원 및 외교정보기술직공무원은 대통령령으로 정하는 바에 따라 전직할 수 있다.
② 제1항에 따른 전직은 시험을 거쳐야 하며, 응시자격이나 그 밖에 필요한 사항은 대통령령으로 정한다.
(2011.4.4 본조개정)

제13조【보직관리의 원칙】 ① 외무공무원의 직위는 인사평정 결과, 관련 분야 근무경력 및 외국어능력 등을 종합적으로 고려하여 부여한다.
② 외무공무원의 직위 부여는 대통령령으로 정하는 직위를 제외하고는 외교부와 그 소속기관, 재외동포청의 외무공무원을 대상으로 하는 직위공모의 방식(이하 "직위공모제"라 한다)으로 한다.(2024.1.9 본항개정)
③ 직위공모제를 시행할 때 제7조에 따른 외무인사위원회는 대통령령으로 정하는 바에 따라 보직후보자를 외교부장관에게 추천하며, 외교부장관은 추천된 보직후보자 중에서 최적임자를 선정하여 해당 직위를 부여한다. 다만, 응모자 또는 추천된 사람이 없는 직위에는 외교부장관이 적임자로 판단하는 사람을 보할 수 있다.
(2013.3.23 본항개정)
④ 제2항 및 제3항에서 규정한 사항 외에 직위공모제의 운영에 관한 기준 및 절차 등에 관하여 필요한 사항은 대통령령으로 정한다.
(2011.4.4 본조개정)

제13조의2【외무공무원 자격심사】 ① 외교부 및 그 소속기관, 재외동포청의 대통령령으로 정하는 참사관급 이상의 직위 및 고위공무원단 직위에 최초로 임용될 사람은 임용되기 전에 자격심사를 받아야 하며, 자격심사 결과 부적격 결정을 받은 사람은 그 직위에 임용될 수 없다.
(2024.1.9 본항개정)
② 제1항에 따른 자격심사를 위하여 외교부에 7명 이상 15명 이하의 위원으로 구성된 외무공무원 자격심사위원회를 둔다.(2013.3.23 본항개정)
③ 외무공무원 자격심사위원회는 심사대상자의 교섭능력, 업무수행능력, 지도력 등을 종합적으로 고려하여 적격 여부를 심사한다.
④ 제1항에 따른 자격심사의 응시횟수는 5회의 범위에서 제한할 수 있다.(2011.7.25 본항신설)
⑤ 제4항에 따라 자격심사의 응시가 제한된 자는 10년의 범위에서 일정한 기간이 지난 후에 다시 자격심사에 응시할 수 있다.(2011.7.25 본항신설)
⑥ 제1항부터 제5항까지의 규정에 따른 자격심사의 요소 · 시기 및 심사방법, 외무공무원 자격심사위원회의 구성 및 운영, 자격심사의 응시횟수 제한, 재응시 제한 기간 등에 필요한 사항은 대통령령으로 정한다.(2011.7.25 본항개정)
(2011.4.4 본조개정)

제13조의3【개방형 직위】 ① 외교부장관 또는 재외동포청장은 각각 외교부와 그 소속기관의 직위(재외공관의 장의 직위는 제외한다) 또는 재외동포청의 직위 중 전문성이 특히 요구되거나 외교 업무의 효율적 수행을 위하여 필요하다고 판단되어 공직 내부 또는 외부에서 적격자를 임용할 필요가 있는 직위는 개방형 직위로 지정하여 운영할 수 있다. 다만, 「정부조직법」 등 조직 관계 법령에 따라 고위공무원단 직위 중 「국가공무원법」 제26조의5에 따른 임기제공무원으로도 보할 수 있는 직위는 개방형 직위로 본다.(2024.1.9 본문개정)
② 개방형 직위의 운영 등에 필요한 사항은 대통령령으로 정한다.

제13조의4【인사교류】 ① 외교부장관은 「국가공무원법」 제32조의2에도 불구하고 외교업무의 수요, 외교정책의 효율적 수립 및 집행의 필요성 등을 고려하여 외교부와 그 소속기관의 고위공무원단 직위(재외공관의 장은 제외한다)에 대하여 다른 중앙행정기관과 인사교류를 실시한다.(2024.1.9 본항개정)
② 인사교류의 범위와 절차 등 인사교류의 운영에 필요한 사항은 대통령령으로 정한다.
(2011.4.4 본조개정)

제14조【재외공관 근무】 ① 외무공무원은 대통령령으로 정하는 기준에 따라 재외공관에 근무한다.
② 외교부장관은 재외공관의 업무 수행에 필요한 경우에는 외교통상직공무원 또는 외교정보기술직공무원에게 영사 업무를 담당하게 하거나 영사직공무원에게 외교정보 관리 및 통신 업무를 담당하게 할 수 있다.
(2013.3.23 본항개정)
(2011.4.4 본조개정)

제15조【국제기구 등 파견근무】 ① 외무공무원은 대통령령으로 정하는 바에 따라 국제기구, 외국기관이나 외교부 관계 기관 · 법인 또는 단체에 파견근무할 수 있다.
② 외무공무원은 제1항에 따른 파견근무를 이유로 인사상 불리한 대우를 받지 아니한다.
(2020.5.26 본조개정)

제16조【교육훈련】 ① 외무공무원은 국가관 및 사명감의 함양과 담당 직무에 필요한 지식 및 능력의 발전을 위하여 교육훈련을 받아야 한다.
② 외교부장관은 모든 외무공무원에게 균등한 교육훈련의 기회를 주고, 각 직위에 상응하는 교육훈련에 관한 종합적인 계획을 수립 · 시행하여야 하며, 외무공무원의 기능별 · 지역별 전문화를 촉진하기 위하여 국내외에서 필요한 교육을 실시하여야 한다.(2013.3.23 본항개정)
③ 외교부장관 및 재외동포청장은 교육훈련 결과를 인사관리에 반영하여야 한다.(2024.1.9 본항개정)
(2011.4.4 본조개정)

제17조【인사평정】 ① 외무공무원의 인사평정은 정기 또는 수시로 하되 객관적이고 엄정한 기준과 절차에 따라 실시한다.
② (2011.7.25 삭제)
③ 인사평정의 결과는 보직 · 적격심사 등 모든 인사관리에 반영되어야 한다.
④ 인사평정의 방식 · 절차 등에 관하여 필요한 사항은 대통령령으로 정한다.
⑤ 제1항, 제3항 및 제4항에도 불구하고 고위공무원단에 속하는 외무공무원에 대한 근무성적평정의 방법은 대통령령으로 정하는 바에 따른다.(2011.7.25 본항개정)
(2011.4.4 본조개정)

제18조【선서】 외무공무원은 재외공관 또는 국외파견 근무의 명을 받았을 때에는 외교부장관 앞에서 다음의 선서를 한다.
"본인은 대한민국 외무공무원으로서 조국에 충성을 다하여 재외공관(국외파견) 근무 중 헌법과 법령 그리고 정부의 훈령을 성실히 준수하고, 국제법과 국제관례에 따라 국제 친선과 협력을 촉진하여 대한민국의 국위를 선양하며, 국가이익을 보호 · 신장함으로써 본인에게 부여된 사명과 책임을 완수할 것을 엄숙히 선서합니다."
(2013.3.23 전단개정)

제19조【복무】 ① 외무공무원은 재외근무 시 특히 다음 각 호의 사항을 준수하여야 한다.
1. 외교기밀의 엄수
2. 품위유지
3. 국제법의 준수 및 특권 · 면제의 남용 금지

② 외무공무원의 재외근무 시 복무에 필요한 사항은 대통령령으로 정한다.
③ 외무공무원은 외국의 영주권을 보유하거나 취득하여서는 아니 되며, 배우자나 자녀가 외국의 국적을 취득한 경우에는 외교부장관에게 신고하여야 한다.(2013.3.23 본항개정)
(2011.4.4 본조개정)

제20조【보수】 외무공무원의 보수는 담당 직무의 비중·책임도 및 난이도, 업무수행능력, 업무 실적, 그 밖에 근무여건 등을 고려하여 대통령령으로 정한다.
(2011.4.4 본조개정)

제20조의2【직위의 정급】 ① 외교부장관은 행정안전부장관 및 인사혁신처장과 협의하여 외교부와 그 소속기관, 재외동포청의 직위분류제를 적용받는 모든 직위를 어느 하나의 직무등급에 배정하여야 한다.(2024.1.9 본항개정)
② 제1항에 따른 직무등급의 배정에 필요한 사항은 대통령령으로 정한다.
(2011.4.4 본조개정)

제21조【실비 변상 등】 ① 외무공무원은 보수 외에 대통령령으로 정하는 바에 따라 직무수행 및 재외근무에 필요한 실비(實費)를 변상받을 수 있다.
② 재외근무를 하는 외무공무원과 그 동반가족은 외교부장관이 정하는 바에 따라 의료비 등 필요한 지원을 받을 수 있다.(2013.3.23 본항개정)
(2011.7.25 본조제목개정)
(2011.4.4 본조개정)

제22조【재해보상】 외무공무원이 재외근무 중 천재지변, 전쟁, 사변, 내란, 폭동, 납치, 그 밖에 예기하지 못한 돌발사태로 인하여 그 공무원이나 가족이 사망·실종되거나 신체상·정신상 또는 재산상 뚜렷한 피해를 입은 경우와 근무지의 특수한 기후·풍토, 그 밖의 생활조건으로 인하여 발생한 질병으로 사망하거나 장애인이 된 경우에는 대통령령으로 정하는 바에 따라 그 공무원이나 가족은 재해보상금을 받을 수 있다.(2011.4.4 본조개정)

제23조【의사와 다른 신분조치】 외무공무원은 형의 선고, 징계처분 또는 이 법에서 정하는 사유에 의하지 아니하고는 그 의사와 다른 면직 또는 휴직을 당하지 아니한다. 다만, 재외공관의 장이 아닌 자로서 제20조의2에 따라 배정된 직무등급이 가장 높은 등급의 직위에 임용된 고위공무원단에 속하는 외무공무원과 제2조의2제1항 단서의 대통령령으로 정하는 직위 중 가장 높은 등급의 직위에 재직하는 외무공무원은 그러하지 아니하다.(2019.1.15 단서신설)

제24조【외무공무원 적격심사】 ① 외무공무원(제13조의2에 따라 고위공무원단 직위에 임용되기 위한 외무공무원 자격심사 결과 적격 결정을 받은 사람은 제외한다)은 재직 중 다음 각 호의 어느 하나의 경우에 해당하면 외무공무원으로서 적격한지 여부를 심사(이하 "외무공무원 적격심사"라 한다)받아야 한다. 이 경우 외무공무원 적격심사는 그 사유가 발생한 날부터 6개월 이내에 실시하여야 하며, 그 구체적 심사시기 및 심사대상기간은 대통령령으로 정한다.
1. 인사평정에서 최하위 등급을 총 3회 받은 경우
2. 대통령령으로 정하는 정당한 사유 없이 직위를 부여받지 못한 기간이 총 3년에 이른 경우
3. 대통령령으로 정하는 기간 내 획득한 외국어 어학검정 점수 중 최고 점수가 대통령령으로 정한 수준에 미달하는 경우
4. 대통령령으로 정하는 바에 따라 외교부장관의 소환을 2회 받은 경우(2013.3.23 본호개정)
(2011.7.25 본항개정)
② (2011.7.25 삭제)
③ 외무공무원 적격심사를 위하여 외교부에 외무공무원 적격심사위원회를 둔다.(2013.3.23 본항개정)
④ 외무공무원 적격심사위원회는 대통령령으로 정하는 공사급 이상의 외무공무원, 외교부장관이 위촉하는 외부인사(외부인사 중 1명 이상은 인사혁신처장이 추천하는 사람으로 한다) 등 7명 이상 15명 이하의 위원으로 구성하고, 위원장은 외교부차관으로 한다.(2014.11.19 본항개정)
⑤ 외무공무원 적격심사위원회는 대통령령으로 정하는 바에 따라 제1항제1호부터 제4호까지의 경우에 해당하는 사람으로서 외무공무원의 직무를 계속 수행하게 하는 것이 곤란하다고 판단되는 사람을 부적격자로 결정한다.
(2011.7.25 본항개정)
⑥ 임용권자는 제5항에 따라 부적격자로 결정된 사람에게 직위를 부여하지 아니할 수 있다. 이 경우 임용권자는 직위해제된 사람에게 3개월의 범위에서 대기를 명하고, 능력회복이나 근무성적의 향상을 위한 교육훈련 또는 특별한 연구과제의 부여 등 필요한 조치를 하여야 한다.
(2011.7.25 본항개정)
⑦ 임용권자는 제6항에 따라 대기명령을 받은 사람이 그 기간에 능력 또는 근무성적의 향상을 기대하기 어렵다고 인정될 때에는 외무공무원 징계위원회의 동의를 받아 직권으로 면직시킬 수 있다.(2011.7.25 본항개정)
⑧ 외무공무원 적격심사위원회의 구성 및 운영에 필요한 사항은 대통령령으로 정한다.
(2011.4.4 본조개정)

제25조【공관장 자격심사】 ① 재외공관의 장에 임용될 사람은 임용되기 전에 자격심사(이하 "공관장 자격심사"라 한다)를 받아야 하며, 공관장 자격심사 결과 부적격 결정을 받은 사람은 재외공관의 장으로 임용될 수 없다.
② 공관장 자격심사를 위하여 외교부에 공관장 자격심사위원회를 둔다.(2013.3.23 본항개정)
③ 공관장 자격심사위원회는 7명 이상 15명 이하의 위원으로 구성한다.
④ 공관장 자격심사위원회의 구성 및 운영과 공관장 자격심사의 심사 기준·시기 및 절차 등에 관하여 필요한 사항은 대통령령으로 정한다.
(2011.4.4 본조개정)

제26조【당연 퇴직 등】 ① 외무공무원이 다음 각 호의 어느 하나에 해당할 때에는 당연히 퇴직한다.
1. 제9조제2항제2호에 해당하게 된 경우(2024.1.9 본호개정)
2. 「국가공무원법」 제69조제1호에 해당하는 경우
(2024.1.9 본호신설)
3. 임기제 외무공무원의 근무기간이 만료된 경우
(2014.1.7 본항개정)
② 외무공무원이 재외공관의 장으로서 합산하여 10년간 재직한 경우에는 당연히 퇴직한다. 이 경우 대통령령으로 정하는 특수지역 재외공관의 장으로 재직한 기간은 재외공관의 장으로 재직한 기간에서 제외한다.(2020.5.26 후단개정)
③ (2007.5.11 삭제)
④ 제2조의2제1항 단서의 대통령령으로 정하는 직위에 재직한 외무공무원이 보직을 받지 못한 경우(대통령령으로 정하는 바에 따라 임용절차가 진행 중인 경우와 휴직 중인 경우는 제외한다)에는 그 근무하는 직위에서 면하는 날에 당연히 퇴직한다. 다만, 재외공관의 직위에 보직되어 근무하는 사람의 경우에는 그 직위에서 면하는 날부터 60일이 되는 날에 당연히 퇴직한다.(2019.1.15 단서개정)
⑤~⑥ (2007.5.11 삭제)
⑦ 제27조제3항에 따라 정년을 초과하여 근무할 수 있는 직위(이하 "정년초과근무가능직위"라 한다)에 보직되어 정년을 초과하여 근무하는 사람이 계속하여 다른 정년초과근무가능직위에 보직되지 못하는 경우에는 그 근무하는 직위에서 면하는 날에 당연히 퇴직한다. 다만, 재외공관의 직위에 보직되어 근무하는 사람의 경우에는 그 직위에서 면하는 날부터 60일이 되는 날에 당연히 퇴직한다.(2011.4.4 본항개정)
(2011.4.4 본조제목개정)

제26조의2【고위공무원단에 속하는 외무공무원에 대한 직권면직】 ① 임용권자는 고위공무원단에 속하는 외무공무원이 보직을 받지 못한 기간(대통령령으로 정하는 바에 따라 임용절차가 진행 중인 경우와 휴직 중인 경우 그 해당 기간은 제외한다)이 계속하여 1년 6개월이 되는 때에는 직권으로 면직시킨다.
② 임용권자는 제1항에 따라 면직시킬 때에는 제7조에 따른 외무인사위원회의 심의를 거쳐야 한다.
③ 제2항에 따른 외무인사위원회의 심의절차와 심의기준 등에 관한 사항은 대통령령으로 정한다.
(2011.7.25 본조신설)

제26조의3【고위공무원단 적격심사】 ① 고위공무원단에 속하는 외무공무원은 「국가공무원법」 제70조의2에 따른 적격심사를 받아야 한다.
② 제1항에 따른 적격심사는 외교부장관 또는 재외동포청장의 요구에 의하여 「국가공무원법」 제28조의6제1항에 따른 고위공무원임용심사위원회에서 한다.(2024.1.9 본항개정)
(2011.4.4 본조개정)

제27조【정년】 ① 외무공무원의 정년은 60세로 한다.
② 제1항에 따른 정년에 이른 외무공무원은 정년에 이른 날이 1월부터 6월 사이에 있으면 6월 30일에 퇴직하고, 7월부터 12월 사이에 있으면 12월 31일에 퇴직한다.
③ 제1항에도 불구하고 외교부 및 그 소속기관의 직위 중 대통령령으로 정하는 직위에 재직 중인 사람(재외공관의 장으로 내정되어 임용절차가 진행 중인 사람을 포함한다)은 정년을 초과하여 근무하게 할 수 있다. 다만, 이 경우에도 64세를 초과할 수 없다.(2024.1.9 본문개정)
(2011.4.4 본조개정)

제28조【징계】 ① 외교부장관 또는 재외동포청장은 소속 외무공무원이 다음 각 호의 어느 하나에 해당하는 경우에는 징계의결을 요구할 수 있다.(2024.1.9 본문개정)
1. 이 법 및 「국가공무원법」과 이 법 및 「국가공무원법」에 따른 명령을 위반한 경우
2. 직무상의 의무를 위반하거나 직무를 게을리한 경우
3. 직무의 내외를 불문하고 외무공무원으로서의 품위나 위신을 손상시키는 행위를 한 경우
② 대통령령으로 정하는 공사급 이상의 직위에 재직 중이거나 재직하였던 외무공무원에 대한 징계의 의결은 「국가공무원법」에 따라 국무총리 소속으로 설치된 징계위원회에서 한다.
③ 제2항에서 규정된 직위에 있지 아니한 외무공무원에 대한 징계의 의결을 위하여 외교부에 대통령령으로 정하는 바에 따라 외무공무원 징계위원회를 둔다.(2013.3.23 본항개정)
④ 외무공무원 징계위원회의 종류, 구성, 권한, 심의절차, 그 밖에 필요한 사항은 대통령령으로 정한다.
(2011.4.4 본조개정)

제29조【징계의 절차 등】 외무공무원의 징계는 외무공무원 징계위원회의 의결을 거쳐 제3조에 따른 임용권자가 한다.(2011.4.4 본조개정)

제30조【「국가공무원법」의 적용 등】 외무공무원에 대하여 이 법에 특별한 규정이 있는 경우를 제외하고는 「국가공무원법」 및 「공무원교육훈련법」을 적용한다. 다만, 「국가공무원법」 제28조의5는 그러하지 아니하다.
(2007.5.11 단서신설)

제31조【재외공관에 두는 다른 공무원】 재외공관에 근무하는 다른 국가공무원 및 지방공무원에 관하여는 이 법 또는 다른 법률에 특별한 규정이 있는 경우를 제외하고는 제5조·제6조·제9조·제18조·제19조·제21조 및 제22조를 준용하되, 그 파견절차, 교육, 근무규정, 그 밖에 필요한 사항은 대통령령으로 정한다.(2011.7.25 본조개정)

제32조【재외공관 행정직원】 ① 재외공관의 업무수행상 필요한 경우에는 재외공관에 행정직원을 둘 수 있다.
② 재외공관에 두는 행정직원의 직종, 채용방법, 보수, 근무조건, 그 밖에 필요한 사항은 외교부장관이 정한다.
(2013.3.23 본항개정)
(2011.7.25 본조개정)

부 칙

제1조【시행일】 이 법은 2001년 7월 1일부터 시행한다.

제2조【외교통상부소속 행정직공무원의 전직시험에 관한 경과조치】 법률 제5991호 외무공무원법중개정법률 시행당시 외교통상부의 통상교섭본부소속 6급 이하 행정직공무원에 대하여는 외무행정직공무원으로 전직하고자 하거나 5급 행정직으로 승진임용된 날부터 1년 이내에 외교통상직공무원으로 전직하고자 하는 경우에는 제12조의 개정규정에 불구하고 각각 전직시험을 면제한다.

제3조【외무공무원의 임용에 관한 경과조치】 ① 이 법 시행당시 외교통상부와 그 소속기관에 재직중인 특1급 내지 5급의 외교통상직공무원, 특임공관장, 3급 내지 7급의 외무행정직공무원 및 3급 내지 8급의 외교정보관리직공무원은 이 법에 의한 외교통상직공무원, 특임공관장, 외무행정직공무원 또는 외교정보관리직공무원으로 각각 임용된 것으로 본다.
② 이 법 시행당시 종전의 규정에 의한 임용절차가 진행중인 경우 이미 진행된 임용절차는 이 법에 의하여 임용절차가 진행된 것으로 본다.

제4조【외무공무원의 보수에 관한 경과조치】 외무공무원에 대한 보수는 제20조의 규정에 의한 대통령령이 제정될 때까지 종전의 규정에 의한 계급에 준하여 이를 지급한다.

제5조【외무공무원적격심사의 실시시기에 관한 적용례】 제24조의 규정에 의한 외무공무원적격심사는 이 법 시행일부터 3년이 경과한 날이 속하는 해부터 실시한다.

제6조【공관장적격심사에 관한 적용례】 제25조의 규정에 의한 공관장적격심사는 이 법 시행후 재외공관의 장에 초임으로 보직되는 자부터 실시한다.

제7조【대명기간의 산정에 관한 경과조치】 이 법 시행당시 재외공관의 장으로 재직한 외무공무원으로서 종전의 규정에 의하여 보직을 받지 아니하고 계속 재직하고 있는 기간은 이를 제26조제3항의 규정에 의한 대명기간으로 본다.

제8조【종전의 외교통상직 특1급 및 특2급 공무원의 정년에 관한 경과조치】 ① 이 법 시행당시 재직중인 외무공무원중 외교통상직 특1급 공무원으로서 제27조제1항의 규정에 의한 정년을 초과한 자는 동조동항의 규정에 불구하고 이 법 시행일부터 2년이 경과하는 날에 정년에 달한 것으로 본다. 다만, 그 정년은 64세를 초과할 수 없다.
② 이 법 시행당시 재직중인 외무공무원중 외교통상직 특1급 공무원으로서 제27조제1항의 규정에 의한 정년을 초과하지 아니한 자는 동조동항의 규정에 불구하고 그 정년을 62세로 본다.
③ 이 법 시행당시 재직중인 외무공무원중 외교통상직 특2급 공무원으로서 제27조제1항의 규정에 의한 정년을 초과한 자는 동조동항의 규정에 불구하고 이 법 시행일부터 1년이 경과하는 날에 정년에 달한 것으로 본다. 다만, 그 정년은 62세를 초과할 수 없다.
④ 이 법 시행당시 재직중인 외무공무원중 외교통상직 특2급 공무원으로서 제27조제1항의 규정에 의한 정년을 초과하지 아니한 자는 동조동항의 규정에 불구하고 그 정년을 61세로 본다.

제9조【종전의 2급 이하 외무공무원의 정년에 관한 특례】 ① 이 법 시행 당시 재직중인 외무공무원중 다음 각 호의 1에 해당하는 자의 경우에는 제27조제1항의 규정에 불구하고 종전의 규정에 의한 정년에 달하는 날부터 1년이 경과하는 날에 정년에 달한 것으로 본다.
1. 2급 외교통상직공무원으로서 이 법 시행일부터 1년 이내에 종전의 규정에 의한 정년에 달하는 자
2. 2급 외교통상직공무원으로서 이 법 시행일부터 종전의 규정에 의한 정년까지의 잔여기간이 종전의 규정에 의한 상위직급으로의 승진최저근무연수의 잔여기간에 미달하는 자
3. 3급 외교통상직공무원으로서 이 법 시행일부터 3년 이내에 종전의 규정에 의한 정년에 달하는 자
4. 4급 외무행정직·외교정보관리직공무원으로서 이 법 시행일부터 1년 이내에 종전의 규정에 의한 정년에 달하는 자

5. 4급 외무행정직·외교정보관리직공무원으로서 이 법 시행일부터 종전의 규정에 의한 정년까지의 잔여기간이 종전의 규정에 의한 상위직급으로의 승진최저근무연수의 잔여기간에 미달하는 자
6. 5급 외무행정직·외교정보관리직공무원으로서 이 법 시행일부터 5년 이내에 종전의 규정에 의한 정년에 달하는 자

② 이 법 시행당시 재직중인 외무공무원중 다음 각호의 1에 해당하는 자의 경우에는 제27조제1항의 규정에 불구하고 종전의 규정에 의한 정년에 달하는 날부터 1년 6월이 경과하는 날에 정년에 달한 것으로 본다.
1. 6급 외무행정직·외교정보관리직공무원으로서 이 법 시행일부터 1년 이내에 종전의 규정에 의한 정년에 달하는 자
2. 6급 외무행정직·외교정보관리직공무원으로서 이 법 시행일부터 종전의 규정에 의한 정년까지의 잔여기간이 종전의 규정에 의한 상위직급으로의 승진최저근무연수의 잔여기간에 미달하는 자
3. 7급 외무행정직·외교정보관리직공무원으로서 이 법 시행일부터 4년 이내에 종전의 규정에 의한 정년에 달하는 자

③ 이 법 시행당시 재직중인 외무공무원중 다음 각호의 1에 해당하는 자의 경우에는 제27조제1항의 규정에 불구하고 종전의 규정에 의한 정년에 달하는 날부터 2년 6월이 경과하는 날에 정년에 달한 것으로 본다.
1. 4급 외교통상직공무원으로서 이 법 시행일부터 1년 이내에 종전의 규정에 의한 정년에 달하는 자
2. 4급 외교통상직공무원으로서 이 법 시행일부터 종전의 규정에 의한 정년까지의 잔여기간이 종전의 규정에 의한 상위직급으로의 승진최저근무연수의 잔여기간에 미달하는 자
3. 5급 외교통상직공무원으로서 이 법 시행일부터 5년 이내에 종전의 규정에 의한 정년에 달하는 자

제10조【징계에 관한 경과조치】 이 법 시행당시 징계절차가 진행 중인 경우에는 제28조 및 제29조의 개정규정에 불구하고 종전의 규정에 의한다.
제11조【다른 법률의 개정】 ①~③ ※(해당 법령에 가제정리 하였음)
제12조【다른 법률의 개정에 따른 경과조치】 부칙 제11조제3항의 규정에 의하여 공직자윤리법 제3조제1항제4호 및 제10조제1항제4호의 개정에 따른 대통령령이 개정될 때까지는 각각 종전의 해당 규정을 준용한다.

부　칙 (2005.11.8)

제1조【시행일】 이 법은 2006년 1월 1일부터 시행한다.
제2조【외무공무원의 직렬의 변경에 따른 경과조치】 ① 이 법 시행 당시 외교통상직공무원·외무행정직공무원 및 외교정보관리직공무원은 이 법에 의하여 각각 외교통상직렬 외무공무원·외무영사직렬 외무공무원 및 외교정보기술직렬 외무공무원으로 임용된 것으로 본다.
② 이 법 시행 당시 종전의 규정에 의한 임용절차가 진행중인 경우 이미 진행된 임용절차는 이 법에 의하여 그 임용절차가 진행된 것으로 본다.
제3조【외무공무원의 전직에 관한 경과조치】 ① 이 법 시행 당시 외교통상직공무원이 이 법 시행일부터 5년 이내에 영사직공무원으로 전직하는 경우에는 제12조의 개정규정에 불구하고 전직시험을 면제할 수 있다.
② 이 법 시행 당시 외교정보관리직공무원이 이 법 시행일부터 5년 이내에 영사직공무원으로 전직하는 경우에는 제12조의 개정규정에 불구하고 전직시험의 전부 또는 일부를 면제할 수 있다.
제4조【대명기간에 관한 경과조치】 이 법 시행 당시 제4조제1항제1호의 규정에 의한 직위 이상의 직위에 재직한 외무공무원으로서 종전의 규정에 의하여 보직을 받지 아니하고 계속 재직하고 있는 기간은 이를 제26조제3항 내지 제5항의 개정규정에 의한 대명기간으로 본다.
제5조【당연퇴직에 관한 경과조치】 ① 이 법 시행 전에 제26조제4항의 개정규정에 의한 대통령령이 정하는 직위에 재직한 외무공무원이 이 법 시행일부터 6월 이내에 그 직을 면하는 경우에는 다른 보직을 받지 아니하는 한 그 직을 면하는 날부터 6월이 되는 때에 퇴직한다.
② 이 법 시행 전에 제26조제4항의 개정규정에 의한 대통령령이 정하는 직위에 재직한 외무공무원이 이 법 시행 당시 보직을 받지 아니하고 재직하고 있는 경우에는 종전의 규정에 의한 대명기간을 합산한 대명기간이 계속하여 1년이 되는 때에 퇴직한다.
제6조【다른 법률의 개정】 ※(해당 법령에 가제정리 하였음)

부　칙 (2007.5.11)

제1조【시행일】 이 법은 공포 후 6개월이 경과한 날부터 시행한다.
제2조【당연퇴직에 관한 적용례】 제26조제4항의 개정규정은 이 법 시행 당시 제2조의2제1항 단서의 개정규정의 대통령령이 정하는 직위에 재직 중인 자부터 적용한다.
제3조【고위공무원단에 속하는 외무공무원에 대한 경과조치】 ① 이 법 시행 당시 제2조의2제1항 본문의 개정규정에 따른 직위에 임용되어 재직 중이거나 파견·휴직 등으로 인사관리되고 있는 외무공무원은 이 법 시행일부터 이 법에 따른 고위공무원단에 속하는 것으로 본다.
② 이 법 시행 당시 종전의 규정에 따른 임용절차가 진행중인 경우 이미 진행된 임용절차는 이 법에 따라 임용절차가 진행된 것으로 본다.
제4조【적격심사에 관한 경과조치】 부칙 제3조제1항에 해당하는 자에 대하여 「국가공무원법」 제70조의2제1항제1호 본문을 적용함에 있어서는 이 법 시행일을 임용된 날로 본다.
제5조【다른 법률의 개정】 ※(해당 법령에 가제정리 하였음)

부　칙 (2011.7.25)

제1조【시행일】 이 법은 공포 후 3개월이 경과한 날부터 시행한다. 다만, 제26조제4항 및 제26조의2의 개정규정은 공포 후 6개월이 경과한 날부터 시행하고, 제24조제1항제3호의 개정규정은 공포 후 2년이 경과한 날부터 시행한다.
제2조【외무공무원 적격심사에 관한 적용례】 제24조제1항의 개정규정은 이 법 시행 후 최초로 제24조제1항 각 호의 어느 하나의 경우에 해당하는 사람부터 적용한다.
제3조【외무공무원의 공개경쟁 채용시험에 관한 경과조치】 제10조제1항의 개정규정에도 불구하고 2013년 12월 31일까지 제10조제1항 단서의 방식으로 채용하는 직무등급의 외무공무원에 대하여는 종전의 규정에 따라 공개경쟁 채용시험을 통하여 채용한다.
제4조【직권면직 등에 관한 경과조치】 부칙 제1조 단서에 따른 제26조의2의 개정규정 시행 당시 보직을 받지 못한 상태에 있는 고위공무원단에 속하는 외무공무원에 대하여 해당 조항을 적용하는 경우에는 보직을 받지 못한 기간을 해당 조항의 시행일부터 기산한다.

부　칙 (2014.1.7)

제1조【시행일】 이 법은 공포한 날부터 시행한다.
제2조【적용례】 제10조의 개정규정은 이 법 시행 후 최초로 공고하는 채용시험부터 적용한다.
제3조【외교부 및 그 소속 기관에 재직 중인 별정직공무원 등에 대한 특례】 ① 이 법 시행 당시 외교부 및 그 소속 기관에 재직 중인 별정직공무원은 대통령령으로 정하는 임용예정 직군, 직렬, 계급 및 직급 등 인사 관계 규정에 따라 이 법 시행일에 외무공무원으로 임용된 것으로 본다.
② 이 법 시행 당시 외교부 및 그 소속 기관에 재직 중인 일반직공무원 중 임기제공무원(비상안전담당관 및 국립외교원에 재직 중인 교수요원은 제외한다)은 이 법 시행일에 임기제 외무공무원으로 임용된 것으로 본다. 이 경우 임기제 외무공무원으로서의 근무기간은 계약직공무원으로 채용될 당시에 계약한 기간의 남은 기간으로 하고, 해당 기간 동안의 보수는 채용될 당시의 계약에 따른다.

부　칙 (2017.12.30)

제1조【시행일】 이 법은 공포한 날부터 시행한다.
제2조【정규과정을 마치지 아니한 외교관후보자에 대한 적용례】 이 법 시행 전에 선발된 외교관후보자로서 「국립외교원법」 제6조제1항에 따른 정규과정을 마치지 아니한 사람에 대하여는 종전의 규정에도 불구하고 제10조제1항 단서 및 같은 조 제2항의 개정규정에 따라 외교부장관이 정하는 정규과정 종합교육성적 기준을 충족하면 외무공무원으로 채용한다.

부　칙 (2019.1.15)

이 법은 공포한 날부터 시행한다.

부　칙 (2020.5.26)

제1조【시행일】 이 법은 공포 후 6개월이 경과한 날부터 시행한다.
제2조【당연퇴직에 관한 적용례】 제26조제1항제1호의 개정규정에 따라 「국가공무원법」 제69조제1호를 적용할 때에는 이 법 시행 이후 파산선고를 받은 사람부터 적용한다.

부　칙 (2023.3.4)

제1조【시행일】 이 법은 공포 후 3개월이 경과한 날부터 시행한다.(이하 생략)

부　칙 (2024.1.9)

이 법은 공포 후 3개월이 경과한 날부터 시행한다.

외무공무원임용령

(2001년 6월 30일 전개대통령령 제17269호)

개정
2003. 8. 6영18080호　2004. 1.27영18244호
2004. 6.11영18416호(공무원임용)
2005. 2.25영18715호(공무원임용)
2005. 6.23영18865호　2005.12.28영19195호
2007.11.12영20368호
2008. 2.29영20673호(직제)
2008. 2.29영20711호(고위공무원단인사규정)
2008.11. 4영21101호
2008.12.31영21241호(직제)
2009. 3.18영21351호(공무원징계령)
2009. 4. 6영21409호(개방형직위및공모직위의운영등에관한규정)
2011.10.25영23251호
2012. 2.28영23629호(국립외교원법시)
2012.11.27영24199호
2013. 3.23영24424호(직제)
2013.11.20영24852호(공무원임용)
2013.12.11영24913호
2014.11.19영25751호(직제)
2014.12.30영25903호　2015.11.26영26662호
2016. 1.12영26886호(직제)
2016. 2. 3영26944호(공무원인재개발법시)
2017. 7.26영28211호(직제)
2018. 9.18영29180호(공무원재해보상법시)
2019. 3.12영29608호
2019. 6.25영29930호(공무원의명예퇴직에따른특별승진관리를강화하기위한영)
2020. 6.30영30807호(대체역의편입및복무등에관한법시)
2020.12.29영31337호(사법경찰관수사종결)
2021. 1. 5영31380호(법령용어정비)
2021.11.11영32112호
2023. 4. 5영33376호(직제)
2023. 7.11영33622호
2023.10.10영33798호(공무원임용)

제1조【목적】 이 영은 외무공무원의 임용 및 교육훈련 등 「외무공무원법」의 시행에 필요한 사항을 규정하고, 「공무원임용령」 등 그 밖의 인사관계법령에 대한 특례를 정함을 목적으로 한다.(2007.11.12 본조개정)
제2조【정의】 이 영에서 사용하는 용어의 뜻은 다음과 같다.
1. "임용"이란 신규채용·보직·전직·겸임·파견·휴직·직위해제·정직·강등·복직·면직·해임 및 파면을 말한다.(2011.10.25 본호개정)
2. "고위외교역량"이란 고위공무원단에 속하는 외무공무원(이하 "고위외무공무원"이라 한다)으로서 직무를 성공적으로 수행하기 위하여 요구되는 관계구축, 외교교섭 및 위기상황관리와 관련된 능력·자질과 「고위공무원단 인사규정」 제2조제1호에 상당하는 역량으로서 외교부장관이 정하는 것을 말한다.(2013.3.23 본호개정)
3. "참사관급 외교역량"이란 참사관급 직위(제3조제2항제2호다목, 제3조제2항제3호나목·다목 및 제3조제3항제4호·제5호의 직위를 말한다. 이하 같다)의 직무를 성공적으로 수행하기 위하여 요구되는 관계구축, 외교교섭, 위기상황관리 및 중간관리자로서의 역할과 관련된 능력과 자질로서 외교부장관이 정하는 것을 말한다.
(2023.7.11 본호개정)
4. "고위외무공무원후보자"란 고위공무원단 직위에 임용될 수 있는 자격을 갖춘 외무공무원을 말한다.
(2007.11.12 본조개정)
제3조【직위의 범위】 ① 이 영에서 "실장급 이상 직위"란 「외교부와 그 소속기관 직제」(이하 "외교부직제"라 한다) 및 「재외동포청 직제」(이하 "재외동포청직제"라 한다)에 따른 직위 중 다음 각 호의 직위를 말한다.
1. 외교부직제에 따른 직위 중 다음 각 목의 직위
　가. 한반도평화교섭본부장
　나. 차관보, 대변인, 공공외교대사, 기획조정실장, 의전장, 다자외교조정관, 경제외교조정관, 기후변화대사 및 국립외교원의 외교안보연구소장
2. 재외동포청직제에 따른 직위 중 차장
(2023.7.11 본항개정)
② 이 영에서 외교부, 국립외교원 및 재외동포청에 두는 직위 중 "참사관급 이상 직위"란 다음 각 호의 직위를 말한다.
1. 제1항 각 호의 직위
2. 외교부직제에 따른 직위 중 다음 각 목의 직위
　가. 국장, 국제안보대사, 원자력·비확산외교기획관, 북핵외교기획단장, 평화외교기획단장 및 국립외교원의 교수부장
　나. 부대변인, 감사관, 장관정책보좌관, 조정기획관, 인사기획관, 정보관리기획관, 의전기획관, 외교전략기획관, 심의관, 국립외교원의 경력교수, 국립외교원의 기획부장 및 외교안보연구소의 연구부장
　다. 담당관, 과장, 협력관 및 이에 상당하는 직위
3. 재외동포청직제에 따른 직위 중 다음 각 목의 직위
　가. 기획조정관, 재외동포정책국장 및 교류협력국장
　나. 대변인, 재외동포서비스지원센터장, 담당관 및 과장
　다. 그 밖에 직무등급 7등급에 상당하는 직위
(2023.7.11 본항개정)
③ 이 영에서 외교부직제에 따라 재외공관에 두는 직위 중 "참사관급 이상 직위"라 함은 다음 각 호의 직위를 말한다.(2013.3.23 본문개정)

1. 재외공관의 장
2. 차석대사 및 공사
3. 공사급 직위로 지정하는 공사참사관 및 부총영사
4. 제3호를 제외한 공사참사관 및 부총영사
(2007.11.12 3호~4호개정)
5. 참사관 및 외교부장관이 참사관급으로 지정하는 영사
(2013.3.23 본호개정)
④ 「외무공무원법」(이하 "법"이라 한다) 제2조제1항 각 호 외의 부분에서 "대통령령으로 정하는 참사관급 이상의 직위"와 법 제3조제1항제1호에서 "대통령령으로 정하는 참사관급 직위 이상"이란 제2항 및 제3항 각 호의 직위를 말하며, 법 제2조의2제1항 본문에서 "대통령령으로 정하는 공사급 이상 직위"란 제2항제1호, 제2항제2호가목·나목, 제2항제3호가목 및 제3항제1호부터 제3호까지의 직위(제5항의 직위는 제외한다)를 말하고, 법 제3조제1항제2호에서 "대통령령으로 정하는 외교부 및 그 소속기관(재외공관은 제외한다)의 실장급 이상 직위"란 제1항 각 호의 직위를 말한다.(2023.7.11 본항개정)
⑤ 법 제2조의2제1항 단서의 "대통령령으로 정하는 일부 직위"란 외교부직제 제59조제1항 각 호에 따른 직위 및 재외동포청직제 제13조제1항 각 호에 따른 직위 중 이 영 제32조의2제2항에 따라 9등급(제3조제3항제3호에 상당하는 직위에 한정한다)에서 14등급까지로 정한 직위를 말한다.(2023.7.11 본항개정)
(2005.12.28 본조개정)

제3조의2【외무공무원의 직렬별 주요 직무 외의 직무】 외교부장관은 외교업무 수행상 필요하다고 인정하는 경우에는 법 제2조제2항의 규정에 의한 각 직렬별 주요 직무 외에 외무공무원으로 하여금 재외동포보호업무, 영사업무 및 관리업무 등을 담당하게 할 수 있다.
(2013.3.23 본조개정)

제3조의3【고위외무공무원 인사관리대상의 범위】 법 제2조의2제4항에 따라 파견·휴직 등으로 인사관리되는 외무공무원은 고위공무원단 직위에 임용되어 그 직위에 근무하던 자로서 다음 각 호의 어느 하나에 해당하는 자를 말한다.
1. 재외공관의 장으로의 보직이 예정되어 후속 절차가 진행 중인 자로서 보직 없이 근무 중인 자
2. 제24조의4제6항에 따라 보직 없이 근무 중인 자
3. 「재외공무원복무규정」 제13조에 따라 본부로 소환되어 보직 없이 근무 중인 자
4. 「고위공무원단 인사규정」 제4조제1호부터 제9호(제7호는 제외한다)까지에 해당되는 자
(2007.11.12 본조신설)

제3조의4【고위외무공무원으로의 임용방법】 고위외무공무원으로의 임용은 법 제3조제1항제4호에 따른 고위공무원단 직위로의 최초 보직 및 법 제10조제3항제1호 또는 제2호의 어느 하나에 해당하는 사람을 같은 항 본문에 따른 다수인을 대상으로 경쟁의 방법으로 채용하는 시험(이하 "경력경쟁채용시험"이라 한다)이나 같은 항 단서에 따른 다수인을 대상으로 하지 아니하는 시험(이하 "비다수인대상채용시험"이라 한다)을 통하여 채용하는 방법을 따른다.(2014.12.30 본조개정)

제4조【재직경력의 산정기준】 이 영에서 "재직경력"이라 함은 휴직기간·직위해제기간 및 정직기간을 제외한 실제로 직무에 종사한 기간을 말하며, 외교부장관이 정하는 환산율을 적용하여 산정한다. 다만, 다음 각 호의 어느 하나에 해당하는 경우에는 외교부장관이 정하는 환산율을 적용하여 그 휴직기간 또는 직위해제기간(제3호의 경우에는 그 휴직기간의 100분의 50에 해당하는 기간 중에서 1년을 초과하지 않는 기간)을 재직경력에 산입한다.
(2023.7.11 단서개정)
1. 「국가공무원법」 제71조제1항제1호의 규정에 의하여 「공무원 재해보상법」에 의한 공무상 질병 또는 부상으로 휴직한 경우(2018.9.18 본호개정)
2. 「국가공무원법」 제71조제1항제3호·제5호 또는 동조 제2항제1호의 규정에 의하여 휴직한 경우(2005.6.23 본호개정)
3. 「국가공무원법」 제71조제2항제2호의 규정에 의하여 휴직한 경우(2005.6.23 본호개정)
4. 「국가공무원법」 제71조제2항제4호의 규정에 의하여 휴직한 경우(2005.6.23 본호개정)
5. 「국가공무원법」 제73조의3제1항제3호의 규정에 의하여 직위해제처분을 받은 자의 경우에는 그 처분의 사유가 된 징계처분이 소청심사위원회의 결정이나 법원의 판결에 의하여 무효 또는 취소로 확정된 경우(징계의결 요구에 대하여 관할징계위원회가 징계하지 아니하기로 의결한 경우를 포함한다)(2005.2.25 본호개정)
6. 「국가공무원법」 제73조의3제1항제4호의 규정에 의하여 직위해제처분을 받은 자의 경우에는 그 처분의 사유가 된 형사사건이 법원의 판결에 의하여 무죄로 확정된 경우(2005.2.25 본호개정)

제5조【임용권의 위임】 ① 외교부장관은 법 제3조제2항의 규정에 의하여 국립외교원 및 외교안보연구소 소속 연구원의 임용에 관한 권한을 국립외교원장에게 위임한다.
② 외교부장관은 법 제3조제2항에 따라 재외동포청 소속 참사관급 미만 직위의 외무공무원 임용에 관한 권한(신규채용, 면직, 해임, 파면에 관한 권한은 제외한다)을 재외동포청장에게 위임한다.(2023.7.11 본항신설)
(2013.11.20 본조개정)

제6조【대외직명】 ① 법 제6조의 규정에 의한 대외직명은 별표2의 기준에 의하여 외교부장관이 정하는 바에 따라 부여한다. 다만, 법 제13조제2항의 규정에 의한 직위공모제에 의하여 재외공관에 보직되는 외무공무원에 대하여는 보직된 직위의 명칭을 대외직명으로 부여한다.
② 외교부장관은 제1항의 규정에 불구하고 외무공무원의 대외활동 수행상 특별히 필요하다고 인정하는 때에는 법 제7조에 따른 제1외무인사위원회(이하 "제1인사위원회"라 한다)의 심의를 거쳐 다른 대외직명을 부여할 수 있다.
(2013.3.23 본조개정)

제7조【인사위원회의 구성】 ① 법 제7조제3항에 따라 제1인사위원회의 위원장은 외교부차관으로 하고, 위원은 제3조제1항제1호의 실장급 이상의 직위에 재직 중인 사람 중 외교부장관이 지명하는 7명 이상의 외무공무원으로 한다.(2023.7.11 본항개정)
② 법 제7조제3항에 따라 제2외무인사위원회(이하 "제2인사위원회"라 한다)의 위원장은 기획조정실장으로 하고, 위원은 제3조제2항제2호가목 및 나목의 직위에 재직 중인 사람 중 외교부장관이 지명하는 7명 이상의 외무공무원으로 한다.(2023.7.11 본항개정)
③ 외교부장관은 필요하다고 인정하는 경우에는 제1인사위원회 및 제2인사위원회(이하 "각 인사위원회"라 한다)에 관계 부처 공무원 또는 학식과 경험이 풍부한 사람 중 2명 이내의 위원을 추가로 지명할 수 있다.
(2013.3.23 본조개정)

제7조의2【위원의 회피】 각 인사위원회 위원은 심의 안건이 본인, 본인의 친족 또는 본인과 친족관계에 있었던 사람에 관한 사항일 경우 회피할 수 있다.(2011.10.25 본조신설)

제8조【인사위원회 위원장의 직무 등】 ① 각 인사위원회의 위원장은 그 인사위원회를 대표하고, 그 업무를 총괄한다.(2011.10.25 본항개정)
② 위원장이 부득이한 사유로 직무를 수행할 수 없을 때에는 외교부장관이 지명하는 위원이 그 직무를 대행한다.
(2013.3.23 본항개정)

제9조【인사위원회의 회의】 ① 각 인사위원회의 위원장은 그 인사위원회의 회의를 소집하고 그 의장이 된다.
(2011.10.25 본항개정)
② 회의는 위원장을 포함한 재적위원 과반수의 찬성으로 의결한다.

제10조【인사위원회의 간사】 ① 각 인사위원회에 간사 1명을 두되, 간사는 외교부 소속 외무공무원 중에서 해당 인사위원회 위원장이 지명한다.(2013.3.23 본항개정)
② 간사는 위원장의 명을 받아 인사위원회의 서무를 처리한다.

제11조【인사위원회의 심의사항 등】 ① 법 제8조제2항에서 "대통령령으로 정하는 참사관급 미만의 직위"란 제3조제2항 각 호 및 제3항 각 호의 직위에 해당하지 아니하는 직위를 말한다.
② 이 영에서 규정한 사항 외에 각 인사위원회의 운영에 필요한 사항은 해당 인사위원회의 의결을 거쳐 위원장이 정한다.
(2011.10.25 본조개정)

제11조의2【임기제 외무공무원의 종류】 법 제9조의2에 따른 임기제 외무공무원(이하 "임기제 외무공무원"이라 한다)의 종류는 다음 각 호와 같다.
1. 일반임기제 외무공무원 : 직제 등 법령에 규정된 외무공무원의 정원에 해당하는 직위에 임용되는 임기제 외무공무원
2. 전문임기제 외무공무원 : 특정 분야에 대한 전문적 지식이나 기술 등이 요구되는 업무를 수행하기 위하여 임용되는 임기제 외무공무원
(2015.11.26 본조신설)

제11조의3【임기제 외무공무원의 임용절차 등】 ① 외교부장관은 정원(일반임기제 외무공무원을 임용하는 경우만 해당한다) 및 예산의 범위에서 임기제 외무공무원을 임용할 수 있다.
② 외교부장관은 제1항에 따라 임기제 외무공무원을 임용한 경우에는 그 사실을 지체 없이 인사혁신처장에게 통보하여야 한다.
③ 외교부장관은 전문임기제 외무공무원을 임용하려는 경우에는 다음 각 호의 사항을 미리 정하여야 한다. 이 경우 제1호부터 제3호까지의 사항에 관하여는 행정안전부장관과 협의하여야 한다.(2017.7.26 후단개정)
1. 사업의 필요성
2. 임용예정 직위의 업무 내용
3. 임용 인원·등급 및 기간
4. 임용자격
5. 공고 계획
6. 임용조건
(2015.11.26 본조신설)

제11조의4【임기제 외무공무원의 근무기간】 ① 임기제 외무공무원의 근무기간은 5년의 범위에서 해당 사업을 수행하는 데 필요한 기간으로 한다.
② 외교부장관 및 재외동포청장은 전문임기제 외무공무원을 임용하게 된 사업이 다음 각 호의 어느 하나에 해당하여 전문임기제 외무공무원의 근무기간을 연장할 필요가 있다고 인정할 경우에는 총 근무기간이 5년을 넘지 아니하는 범위에서 「공무원임용시험령」 제47조제2항에 따른 공고 절차를 거치지 아니하고 근무기간을 연장할 수 있다. 이 경우 행정안전부장관과의 협의에 관하여는 제11조의3제3항을 준용한다.(2023.7.11 전단개정)
1. 해당 사업이 계속되는 경우
2. 부득이한 사유로 근무기간 내에 사업이 종료되지 아니한 경우
③ 외교부장관 및 재외동포청장은 일반임기제 외무공무원으로 임용된 공무원의 근무실적이 우수하거나 계속하여 근무하게 하여야 할 특별한 사유가 있는 경우에는 총 근무기간이 5년을 넘지 아니하는 범위에서 「공무원임용시험령」 제47조제2항에 따른 공고 절차를 거치지 아니하고 근무기간을 연장할 수 있다.(2023.7.11 본항개정)
④ 제2항 및 제3항에도 불구하고 총 근무기간이 5년에 이른 임기제 외무공무원의 성과가 탁월한 경우에는 「공무원임용시험령」 제47조제2항에 따른 공고 절차를 거치지 않고 총 근무기간 5년 외에 추가로 5년의 범위에서 일정한 기간 단위로 근무기간을 연장할 수 있다. 이 경우 전문임기제 외무공무원의 근무기간 연장에 관하여는 행정안전부장관과의 협의에 관하여는 제11조의3제3항을 준용한다.(2019.3.12 본항신설)
(2015.11.26 본조신설)

제11조의5【임기제 외무공무원으로 전보·승진임용된 경력직공무원의 근무상한연령】 ① 임기제 외무공무원이 아닌 경력직공무원이 임기가 있는 직위로 전보 또는 승진임용되어 임기제 외무공무원이 된 경우에는 근무상한 연령을 60세로 한다.
② 제1항에 해당하는 외무공무원은 그 근무상한연령에 이른 날이 1월에서 6월 사이에 있으면 6월 30일에, 7월에서 12월 사이에 있으면 12월 31일에 각각 당연히 퇴직한다.
(2015.11.26 본조신설)

제12조【채용등급 및 응시자격 등】 ① 법 제10조제1항 단서에서 "대통령령으로 정하는 직무등급"이란 5등급을 말한다.
② 법 제10조제3항제1호에서 "대통령령으로 정하는 참사관급 미만의 직위"란 제3조제2항 각 호 및 제3항 각 호의 직위에 해당하지 아니하는 직위를 말한다.
③ 법 제10조제4항에 따라 외무공무원의 신규채용을 위한 공개경쟁 채용시험 및 외교관후보자 선발을 위한 공개경쟁 시험(이하 "외교관후보자 선발시험"이라 한다)의 응시연령은 18세 이상으로 한다.(2023.7.11 본항개정)
④~⑤ (2019.3.12 삭제)
(2011.10.25 본조개정)

제12조의2【국립외교원 수료생 등의 임용】 ① 외교부장관은 외교관후보자로서 「국립외교원법」 제6조제1항에 따른 정규과정을 마친 사람(이하 "국립외교원 수료생"이라 한다) 가운데 교육내용에 대한 성취도, 공직수행 자세 및 가치관, 외교업무 수행 역량 등을 종합적으로 평가한 정규과정 종합교육성적이 법 제10조제1항 단서에 따라 외교부장관이 정하는 기준 이상인 사람을 외무공무원으로 임용한다.(2019.3.12 본항개정)
② 제1항에 따라 국립외교원 수료생을 외무공무원으로 임용할 때 외교부의 현원(現員)이 정원을 초과하는 경우에는 정원과 현원이 일치할 때까지 그 인원에 해당하는 정원이 외교부에 따로 있는 것으로 본다.
③ 외교부장관은 「공무원임용령」 제13조제1항에 따라 추천된 외무공무원 3등급 채용후보자 중 최종합격일부터 1년이 지난 사람은 임용의 유예, 교육훈련 등 불가피한 사유를 제외하고는 지체 없이 임용해야 한다. 이 경우 외교부의 현원이 정원을 초과할 때에는 정원과 현원이 일치할 때까지 그 인원에 해당하는 정원이 외교부에 따로 있는 것으로 본다.(2019.3.12 본항신설)
(2019.3.12 본조제목개정)
(2013.3.23 본조개정)

제12조의3【국립외교원 수료생의 임용희망원 제출】 ① 국립외교원 수료생 가운데 제12조의2에 따라 외무공무원으로 임용되기를 희망하는 사람은 외교부장관이 정하는 바에 따라 임용희망원을 제출하여야 한다.
(2013.3.23 본항개정)
② 제1항에 따른 임용희망원을 제출하지 아니하면 임용될 의사가 없는 것으로 본다.
(2012.11.27 본조신설)

제12조의4【국립외교원 수료생에 대한 채용후보자 명부 작성】 ① 외교부장관은 국립외교원 수료생 중 제12조의3제1항에 따른 임용희망원을 제출한 사람을 외교통상직공무원 채용후보자 명부(이하 "채용후보자 명부"라 한다)에 등재하여야 한다.(2013.3.23 본항개정)
② 채용후보자 명부는 채용예정 인원의 범위에서 작성한다.(2019.3.12 본항개정)
③ 채용후보자 명부는 국립외교원 종합교육성적순에 따라 작성한다.
④ 채용후보자 명부에는 외교관후보자 선발시험 성적 및 전공분야와 그 밖에 필요한 사항을 함께 적을 수 있다.
(2012.11.27 본조신설)

제12조의5【임용의 유예】 ① 외교부장관은 제12조의4에 따른 채용후보자 명부에 올라 있는 채용후보자가 다음 각 호의 어느 하나에 해당하는 경우에는 그 채용후보자의 신청을 받아 채용후보자 명부의 유효기간의 범위에

서 기간을 정하여 임용을 유예할 수 있다. 다만, 유예기간 중이라도 그 사유가 소멸한 경우에는 임용할 수 있다.
1. 「병역법」에 따른 병역복무를 위하여 징집 또는 소집되는 경우(2020.6.30 본호개정)
2. 학업을 계속하는 경우
3. 6개월 이상의 장기요양이 필요한 질병이 있는 경우
4. 임신하거나 출산한 경우
5. 그 밖에 임용의 유예가 부득이하다고 인정되는 경우
② 제1항에 따른 임용의 유예를 원하는 사람은 해당 사유를 증명할 수 있는 자료를 첨부하여 외교부장관이 정하는 기간 내에 신청하여야 한다. 이 경우 원하는 유예기간을 분명하게 적어야 한다.
(2015.11.26 본조신설)

제13조【경력경쟁채용 등의 요건 등】 ① 경력경쟁채용시험을 통한 채용을 하려는 경우에는 다음 각 호의 어느 하나에 해당해야 한다.(2021.1.5 본문개정)
1. 법 제10조제3항제1호에 따라 다음 각 목의 어느 하나에 해당하는 사람(퇴직 시 임기제 외무공무원이었던 사람은 제외한다)을 재임용하는 경우(2015.11.26 본문개정)
가. 신체·정신상의 이상이나 직위가 없어지거나 정원이 줄어 퇴직한 외무공무원(2021.1.5 본목개정)
나. 일반직국가공무원, 다른 특정직국가공무원, 특수경력직국가공무원, 일반직지방공무원, 특정직지방공무원 또는 특수경력직지방공무원(이하 "일반직국가공무원등"이라 한다)이 되기 위하여 퇴직한 외무공무원(2011.10.25 본목개정)
다. 외교부령이 정하는 기관 및 단체 등에서 외교부의 업무와 직접 관련있는 업무에 종사하기 위하여 퇴직한 외무공무원(2013.3.23 본목개정)
2. 법 제10조제3항제2호에 따라 임용예정직위에 상응하는 근무 또는 연구실적이 3년 이상인 사람을 외무공무원으로 채용하는 경우. 다만, 고위공무원단에 속하는 일반직공무원을 외무공무원으로 채용하는 경우에는 근무 또는 연구실적 기준을 적용하지 않는다.(2019.3.12 본호개정)
3. 법 제10조제3항제3호에 따라 자격증소지자를 채용하는 경우로서 변호사 등 외교부령으로 정하는 자격이 있는 사람을 외교통상직렬 외무공무원(이하 "외교통상직공무원"이라 한다) 또는 외무영사직렬 외무공무원(이하 "영사직공무원"이라 한다)으로 채용하거나 외교부령으로 정하는 정보통신업무에 관한 자격증소지자를 외교정보기술직렬 외무공무원(이하 "외교정보기술직공무원"이라 한다)으로 채용하는 경우
4. 법 제10조제3항제3호에 따라 특수외국어 능통자를 채용하는 경우로서 영어 외의 외국어에 능통한 사람을 외교통상직공무원 또는 영사직공무원으로 채용하는 경우
(2015.11.26 3호~4호개정)
② 법 제10조제3항 각 호 외의 부분 단서에서 "다수인을 대상으로 시험을 실시하는 것이 적당하지 아니하여 대통령령으로 정하는 경우"란 제1항제1호 또는 제2호에 해당하는 경우를 말한다.(2015.11.26 본항신설)
③ 경력경쟁채용시험 또는 비다수인대상채용시험(이하 "경력경쟁채용시험등"이라 한다)을 통하여 채용된 사람에 대한 최초 직위부여의 기준은 외교부령으로 정하되, 제1항제3호 및 제4호의 경우에는 참사관급 미만의 직위에 임용하여야 한다.(2015.11.26 본항개정)
④ 제1항제2호부터 제4호까지의 규정에 따라 경력경쟁채용시험등을 통한 채용(이하 "경력경쟁채용등"이라 한다)을 하려는 경우에는 외교부장관이 정하는 바에 따라 외국어 어학검정취득을 경력경쟁채용시험등의 응시자격 요건으로 설정할 수 있다.(2015.11.26 본항개정)
(2015.11.26 본조제목개정)

제13조의2【퇴직한 경력직 외무공무원의 예외적 채용】 ① 고위외무공무원이나 직무등급 14등급의 외무공무원으로 퇴직하여 특수경력직공무원이나 다른 종류의 경력직공무원(임기제공무원은 제외한다)이 된 사람이 법 제10조제3항제1호에 따라 외무공무원으로 재임용된 후 즉시 퇴직하기를 희망하는 경우 외교부장관은 해당 공무원이 외무공무원으로 재직 중에 특별한 공적이 있다고 인정되는 경우에 한정하여 퇴직과 동시에 외무공무원으로 퇴직한 당시의 직급 또는 직무등급의 외무공무원으로 채용할 수 있다.
② 제1항에 따른 채용을 할 때에는 「고위공무원단 인사규정」 제16조의3제2항 및 제3항을 준용한다.
(2023.7.11 본조신설)

제14조【경력경쟁채용등의 방법】 ① 제13조에 따른 경력경쟁채용등의 방법은 다음 각 호와 같다.(2014.12.30 본문개정)
1. 제13조제1항제1호의 경우 : 서류심사 및 면접시험. 다만, 제13조제1항제1호나목의 경우에는 일반직국가공무원등으로부터 퇴직한 후 30일 이내에 임용하는 때에는 이를 면제한다.
2. 제13조제1항제2호의 경우 : 서류심사·필기시험 및 면접시험. 다만, 법 제10조제6항에 따라, 경력경쟁채용시험의 방법으로 임용하는 경우에는 필기시험을 면제할 수 있고, 일반직공무원 중 행정직렬 및 전산직렬 공무원을 외교부장관이 정하는 직무내용이 유사한 외무공무원으로 임용하는 경우(고위공무원단에 속하는 일반직공무원을 고위외무공무원으로 임용하는 경우를 포함한다)에는 서류심사·필기시험 및 면접시험을 면제한다.(2014.12.30 단서개정)
3. 제13조제1항제3호 및 제4호의 경우 : 서류심사·필기시험 및 면접시험. 다만, 제13조제1항제3호의 경우에는 필기시험을 면제하거나 실기시험을 병행할 수 있다.(2021.1.5 본호개정)
② 제13조제1항제2호부터 제4호까지의 규정에 따른 경력경쟁채용시험에 따라 임용하는 경우에는 외교역량평가를 병행할 수 있다. 이 경우 그 구체적인 실시방법 등에 관하여는 외교부장관이 정한다.(2021.1.5 전단개정)
(2014.12.30 본조제목개정)

제14조의2【경력경쟁채용시험의 위탁】 외교부장관은 법 제10조제6항에 따라 법 제10조제3항 각 호의 경력경쟁채용시험 중 5등급 이상 외무공무원(고위공무원단에 속하는 외무공무원은 제외한다)의 경력경쟁채용시험을 인사혁신처장에게 위탁한다.(2014.12.30 본조개정)

제14조의3 (2013.12.11 삭제)

제14조의4【시보임용의 면제 및 기간 단축】 법 제11조제1항 단서에 따라 다음 각 호의 경우에는 시보임용을 면제하거나 그 기간을 단축한다.
1. 제13조제1항제1호 각 목에 따라 퇴직한 외무공무원을 재임용하는 경우
2. 제13조제1항제2호에 따라 일반직공무원을 외무공무원으로 채용하는 경우
3. 시보로 임용될 사람이 제30조에 따른 교육훈련을 받은 경우
4. 「국립외교원법」 제6조제1항에 따른 외교관후보자를 교육하기 위한 정규과정을 수료한 경우(2012.11.27 본호신설)
5. 법 제9조의2에 따라 임기제 외무공무원으로 임용된 경우(2014.12.30 본호신설)
(2011.10.25 본조신설)

제15조【전직요건 및 직위부여】 ① 법 제12조제1항의 규정에 의한 외교통상직·영사직 및 외교정보기술직공무원 상호간의 전직요건은 다음 각 호와 같다.
(2005.12.28 본문개정)
1. 외무공무원으로 6월 이상 재직할 것
2. 외교부장관이 정하는 기준에 해당하는 외국어능력을 갖출 것(2013.3.23 본호개정)
② (2005.12.28 삭제)
③ 제1항의 규정에 의하여 전직한 자에 대하여 부여하는 최초의 직위는 전직하기 직전의 직위에 상당하는 직위로 하되, 그 구체적인 기준은 외교부령으로 정한다.
(2013.3.23 본항개정)

제16조 (2005.12.28 삭제)

제17조【직위공모제의 시행절차】 ① 외교부장관은 법 제13조의 규정에 의한 직위공모제를 시행하는 때에는 다음 각 호의 순서에 따른 절차를 거쳐 적임자로 판단되는 자를 임용 또는 임용제청하여야 한다.(2013.3.23 본문개정)
1. 공석직위(공석예상직위를 포함한다. 이하 이 조에서 같다)에 대한 회람
2. 공석직위에 대한 지원신청(참사관급 및 공사급 이상의 직위에 대한 지원신청의 경우에는 법 제13조의2의 규정에 의한 자격심사를 통과한 자에 한한다)의 접수
(2005.12.28 본호개정)
3. (2005.12.28 삭제)
4. 보직후보자명부의 작성
5. 인사위원회의 보직후보자 추천
② 제1항제1호 및 제2호의 규정에 의한 회람 및 지원신청 접수 등에 관하여 필요한 사항은 외교부령으로 정한다.
(2013.3.23 본항개정)

제18조【자격심사】 ① 법 제13조의2제1항에서 "대통령령으로 정하는 참사관급 이상의 직위"란 제3조제2항제2호다목, 제3조제2항제3호나목·다목 및 제3조제3항제4호·제5호의 직위를 말한다.(2023.7.11 본항개정)
② 외교부장관은 법 제13조의2제1항에 따라 참사관급 이상 직위와 고위공무원단 직위에 최초로 임용될 자에 대한 자격심사(이하 각각 "참사관급 자격심사" 및 "고위외무공무원 자격심사"라 한다)를 하는 경우에는 재직경력 및 외국어능력 평정을 기준으로 하여 심사 대상자를 선정한 후에, 다음 각 호의 심사요소를 종합적으로 평가하여 그 적격여부를 결정하여야 한다. 다만, 제2호부터 제5호까지의 심사요소는 참사관급 자격심사에 한정한다.
(2013.3.23 본문개정)
1. 법 제2조의2제2항에 따른 평가(이하 "고위외교역량평가"라 한다) 통과 여부
2. 참사관급 직위에 최초 임용될 자를 대상으로 실시하는 외교역량평가(이하 "참사관급 외교역량평가"라 한다) 통과 여부
3. 법 제16조에 따른 교육훈련결과
4. 법 제17조에 따른 인사평정결과
5. 법 제28조에 따른 징계 여부(2007.11.12 본호신설)
(2007.11.12 본항개정)
③ 제2항에 따른 심사요소별 심사기준 그 밖에 자격심사의 구체적 운영 등에 관하여 필요한 사항은 외교부령으로 정한다.(2013.3.23 본항개정)
④ 법 제13조의2제2항의 규정에 의한 외무공무원자격심사위원회의 위원장은 외교부차관으로 한다.(2013.3.23 본항개정)
⑤ 제4항에 따른 외무공무원자격심사위원회의 구성, 위원장의 직무, 회의 및 간사에 관하여는 제7조, 제7조의2, 제8조부터 제10조까지의 제1인사위원회 관련 규정을 준용한다.(2011.10.25 본항개정)
⑥ 법 제13조의2제6항에 따라 참사관급 자격심사에서 부적격 결정을 3회 받거나 고위외무공무원 자격심사에서 부적격 결정을 3회 받은 사람은 최종 부적격 결정을 통고받은 날부터 2년이 지난 후에 자격심사에 재응시할 수 있다.(2015.11.26 본항개정)
⑦ 제6항에 따라 자격심사에 재응시하는 경우에는 새로이 응시 횟수 및 재응시 제한 기간을 계산한다.
(2011.10.25 본항신설)

제18조의2【고위외무공무원후보자】 제18조의3에 따른 교육과정을 이수하고 고위외교역량평가를 통과한 자로서 다음 각 호의 어느 하나에 해당하는 자는 고위외무공무원후보자가 된다.
1. 참사관급 직위에 재직 중인 자
2. 참사관급 미만의 직위에 재직 중인 다음 각 목의 어느 하나에 해당하는 자로서, 제18조에 따른 참사관급 직위 임용을 위한 자격심사를 통과한 자
가. 재직경력이 10년 이상인 외교통상직공무원
(2008.11.4 본목개정)
나. 재직경력이 20년 이상인 영사직공무원 또는 외교정보기술직공무원(2008.11.4 본목개정)
3. 고위공무원단 직위 또는 그에 상당하는 직위의 외무공무원으로 재직한 자
(2007.11.12 본조신설)

제18조의3【고위외무공무원후보자 교육】 ① 외교부장관은 제18조의2제1호 또는 제2호에 해당하는 외무공무원을 대상으로 고위외교역량을 함양하기 위한 교육과정(이하 "고위외무공무원후보자교육과정"이라 한다)을 운영하여야 한다.(2013.3.23 본항개정)
② 고위외무공무원후보자교육과정의 교육대상자 선발, 교육과정 운영 및 이수기준 등에 필요한 사항은 외교부장관이 정하되, 교육과정의 변경에 관한 사항은 인사혁신처장과 협의하여 정한다.(2014.11.19 본항개정)
③ 외교부장관은 고위공무원단 직위 또는 그에 상당하는 직위에 재직하였던 자를 다시 고위공무원단 직위로 임용하는 경우에는 고위외무공무원후보자교육과정을 면제할 수 있다.(2013.3.23 본항개정)
④ 「고위공무원단 인사규정」 제8조에 따른 교육과정을 이수한 자는 고위외무공무원후보자교육과정을 이수한 것으로 본다.
(2007.11.12 본조신설)

제18조의4【고위외교역량평가의 실시】 ① 고위외교역량평가는 고위외무공무원으로 신규채용(고위공무원단에 속하는 별정직 또는 임기제공무원으로 임용되는 경우는 포함한다)되려는 자 또는 고위공무원단 직위로 최초 보직되려는 자를 대상으로 신규채용 또는 최초 보직 전에 실시하여야 한다. 다만, 다음 각 호의 어느 하나에 해당하는 경우에는 고위외교역량평가를 실시하지 아니할 수 있다.(2013.11.20 본문개정)
1. 고위공무원단 직위 또는 그에 상당하는 직위(제2호의 직위는 제외한다)에 재직하였던 자를 임용하는 경우
2. 장관정책보좌관 및 이에 상당하는 고위공무원단 직위에 별정직공무원으로 임용하는 경우
3. 그 밖에 고위공무원으로서 역량을 이미 갖추고 있다고 볼 만한 특별한 사유가 있어 외교부장관이 인사혁신처장과 협의하는 경우(2014.11.19 본호개정)
② 제1항제2호에 따라 고위외교역량평가를 받지 아니하고 고위공무원으로 임용된 자를 고위외교역량평가를 실시하여야 하는 고위공무원단 직위로 임용하려는 때에는 고위외교역량평가를 실시하여야 한다.
③ 고위외교역량평가는 제18조의5에 따라 임명 또는 위촉된 4명 이상의 평가위원이 실제 직무상황과 유사한 모의 상황에서 평가대상자의 과제 수행 방법을 통하여 나타난 행동특성을 중복 관찰하여 그 외교역량을 평가하는 방법에 의한다. 다만, 「고위공무원단 인사규정」 제9조에 따른 역량평가를 통과한 자는 외교부장관이 인사혁신처장과 협의하여 정하는 별도의 방법으로 고위외교역량평가를 실시한다.(2014.11.19 단서개정)
④ 고위외교역량평가는 역량항목별로 5점 만점으로 평가하되, 평가점수 범위에 따라 매우우수·우수·보통·미흡 또는 매우미흡 중 하나의 등급으로 나누며, 고위외교역량평가의 통과기준은 평가대상자의 평균점수가 "보통" 이상(평균점수 2.5점 이상을 말한다)인 경우로 한다.
⑤ 고위외교역량평가를 통과하지 못한 자는 부족한 역량을 보완한 후 재평가를 받을 수 있다.
⑥ 외교부장관은 고위외교역량 중에서 「고위공무원단 인사규정」 제2조제1호에 상당하는 역량을 변경하려는 때에는 인사혁신처장과 협의하여 정한다.(2014.11.19 본항개정)
⑦ 고위외교역량평가의 재평가 실시, 그 밖에 고위외교역량평가의 실시에 필요한 사항은 외교부장관이 정한다.
(2013.3.23 본항개정)
(2007.11.12 본조신설)

제18조의5【고위외교역량평가위원】 ① 외교부장관은 평가대상자에 대한 고위외교역량평가, 그 밖에 고위외교역량평가에 필요한 사항을 담당하게 하기 위하여 고위외무공무원, 전직 공관장 또는 인사행정이나 외교역량평가 등에 관

한 학식과 경험이 풍부한 자 중에서 고위외교역량평가위원을 임명 또는 위촉할 수 있다.(2013.3.23 본항개정)
② 고위외교역량평가위원으로 임명 또는 위촉된 자는 외교부장관이 정하는 고위외교역량평가에 관한 준수사항을 성실히 이행하여야 한다.(2013.3.23 본항개정)
③ 외교부장관은 고위외교역량평가위원이 제2항을 위반하여 고위외교역량평가의 신뢰도를 매우 저하시키는 행위를 함으로써 「국가공무원법」 제44조 및 제45조를 위반하였다고 인정되는 경우에는 형사고발하거나 그 명단을 해당 고위외교역량평가위원이 소속하고 있는 기관의 장에게 통보하여야 한다. 이 경우 해당 기관의 장에게 해당 고위외교역량평가위원에 대한 징계 등 적절한 조치를 취할 것을 요청할 수 있다.(2013.3.23 전단개정)
④ 고위외교역량평가위원에 대하여는 예산의 범위에서 수당을 지급할 수 있다.
(2007.11.12 본조신설)

제18조의6【참사관급 외교역량평가의 실시】 ① 참사관급 외교역량평가는 다음 각 호의 자에 대하여 실시할 수 있다.
1. 제32조의2제2항에 따른 직무등급이 5등급 또는 6등급의 직위에 재직 중인 자
2. 재직경력이 10년 이상인 영사직공무원 또는 외교정보기술직공무원(2008.11.4 본호개정)
② 참사관급 외교역량평가의 실시방법 등에 대하여서는 제18조의4제2항부터 제5항까지 및 제18조의5를 준용한다.
③ 제2항에 규정된 사항 외에 참사관급 외교역량평가의 실시에 필요한 사항은 외교부장관이 정한다.(2013.3.23 본항개정)
(2007.11.12 본조신설)

제19조【보직후보자명부의 작성】 ① 외교부장관은 제18조의 규정에 의한 자격심사를 통과한 지원자를 대상으로 유관분야 근무경력·외국어능력 등을 기준으로 해당 직위별 보직후보자명부를 작성한다.
② 제1항의 규정에 의한 보직후보자명부의 작성시기 및 방법 등에 관하여 필요한 사항은 외교부령으로 정한다.(2013.3.23 본조개정)

제20조【보직후보자의 추천】 인사위원회는 제17조제1항제5호의 규정에 의한 보직후보자를 추천함에 있어서는 보직후보자명부상 후보자들의 근무경력·근무성과 및 상벌 등을 고려하여 2인의 범위 안에서 외교부장관에게 추천하되, 직무의 특성상 필요하다고 인정하는 때에는 3인까지 추천할 수 있다.(2013.3.23 본조개정)

제21조【유관분야 근무경력의 산정】 ① 외교부장관은 제19조제1항에 따른 유관분야 근무경력의 산정을 위하여 외교부와 그 소속기관, 재외동포청의 업무를 정무, 경제통상, 영사 및 관리분야로 구분하여야 한다.(2023.7.11 본항개정)
② 제1항의 규정에 의한 유관분야 근무경력의 산정은 직위공모에 지원한 자가 제1항의 규정에 의한 각 업무분야에 근무한 경력으로 한다.(2005.12.28 본항개정)
③ 외교부장관은 제4조 각 호에 따른 휴직·직위해제 또는 경력경쟁채용등·전직 등의 사유가 있는 경우에는 외교부장관이 정하는 기준에 따라 인사위원회의 심의를 거쳐 유관분야 근무경력을 부여할 수 있다.(2014.12.30 본항개정)
④ 제1항 및 제2항의 규정에 의한 업무분야의 구분 그 밖에 유관분야 근무경력의 산정에 관하여 필요한 사항은 외교부령으로 정한다.(2013.3.23 본항개정)
(2005.12.28 본조제목개정)

제22조【외국어능력의 평정】 ① 제18조제2항, 제19조제1항, 제24조의2제5항, 제24조의3제3항 및 제36조의 규정에 의한 외국어능력의 평정은 국립외교원에서 주관하는 외국어능력검정결과에 따르되, 필요한 경우 다른 외국어능력검정 결과를 활용할 수 있다.(2012.2.28 본항개정)
② 외국어능력의 평정의 시기, 방법, 다른 외국어능력검정 결과의 활용 등에 관하여 필요한 사항은 외교부령으로 정한다.(2013.3.23 본항개정)

제23조【교육훈련결과】 제18조제2항제3호에 따른 교육훈련결과는 다음 각 호의 교육 또는 교육훈련의 결과에 의한다.(2008.11.4 본문개정)
1. 제30조제1항의 규정에 의한 교육
2. 「공무원 인재개발법」의 규정에 의한 각급 공무원교육훈련기관에서 이수한 교육훈련(제1호의 규정에 의한 교육에 상응하는 것에 한한다)(2016.2.3 본호개정)
(2005.12.28 본조개정)

제24조【직위공모제를 적용하지 아니하는 직위】 법 제13조제2항에 따른 직위공모제를 적용하지 아니하는 직위는 다음 각 호와 같다.(2023.7.11 본문개정)
1. 재외공관의 장 및 실장급 이상 직위
2. 참사관급 이상 직위중 직위공모제를 적용하기에 적합하지 아니한 직위로서 외교부령이 정하는 직위
(2013.3.23 본호개정)
3. 참사관급 이상 직위에 해당하지 아니하는 직위
(2005.12.28 본호개정)
4. 법 제13조의3제1항에 따라 외교부장관이 지정한 개방형직위(2013.3.23 본호개정)
5. 법 제13조의4제1항에 따라 다른 중앙행정기관과 인사교류를 실시하는 직위(2007.11.12 본호신설)
6. 재외동포청직제에 따른 직위(2023.7.11 본호신설)

제24조의2【개방형직위의 운영】 ① 외교부장관은 외교업무 수요를 고려하여 외교부와 그 소속기관의 고위공무원단 직위(재외공관의 장의 직위는 제외한다) 총수의 100분의 20의 범위에서 개방형직위를 지정하되, 외교부와 소속기관 간 균형을 유지하도록 하여야 한다.(2013.3.23 본항개정)
② 외교부장관은 제3조제2항제2호다목의 직위 총수의 100분의 20의 범위에서 개방형직위를 지정할 수 있다.(2023.7.11 본항개정)
③ 개방형직위 선발시험은 서류전형과 면접시험으로 한다.
④ 외교부장관이 정한 개방형직위 선발시험 중 면접시험은 대면(對面)에 의한 방법을 원칙으로 하되, 재외공관등에서 근무하는 공무원이 개방형직위에 응모하는 경우 등 불가피한 사유가 있는 경우에는 정보통신매체 등 실시간으로 면접이 가능한 방법을 통하여 실시할 수 있다.
(2013.3.23 본항개정)
⑤ 외교부장관은 제1항 또는 제2항에 따른 개방형직위에 대하여 직위별로 직무의 내용·특성 등을 고려하여 외국어능력 등의 직무수행요건을 설정하고 그 요건을 갖춘 자 중에서 제18조의4 또는 제18조의6에 따른 외교역량평가를 통과한 자를 임용 또는 임용제청하여야 한다.
(2013.3.23 본항개정)
⑥ 개방형직위에 임용되는 자는 임기제공무원으로 임용하되, 개방형직위 임용 당시 경력직공무원인 자는 개방형직위에 보직·전보·승진·전직(전보·승진·전직은 외교부직제상 고위공무원단에 속하는 일반직공무원으로도 보할 수 있는 직위에 임용되는 경우에 한정한다) 또는 경력경쟁채용등(법 제10조제3항제2호에 따라 고위공무원단에 속하는 일반직공무원을 고위외무공무원으로 임용하는 경우에 한정한다)의 방법에 따라 경력직공무원으로 임용될 수 있다.(2014.12.30 본항개정)
(2007.11.12 본조신설)

제24조의3【인사교류계획 수립 등】 ① 외교부장관은 법 제13조의4에 따른 인사교류를 실시하기 위하여 인사교류계획을 수립한다.
② 외교부장관은 경력직공무원으로 보할 수 있는 고위공무원단 직위(재외공관의 장 및 주재관 직위는 제외한다) 총수의 100분의 30의 범위에서 교류대상직위를 지정할 수 있다.
③ 외교부장관은 제2항에 따른 교류대상직위에 대하여는 직위별로 직무의 내용·특성 등을 고려하여 외국어 능력 등의 직무수행요건을 설정하고 그 요건을 갖춘 자를 임용하여야 한다.
④ 외교부장관은 교류대상직위를 지정 또는 변경하거나 직위별 직무수행요건을 설정 또는 변경하려는 경우에는 인사혁신처장과 협의하여 정한다.(2014.11.19 본항개정)
(2013.3.23 본조개정)

제24조의4【교류대상직위 임용절차와 보직관리 등】 ① 외교부장관은 제24조의3제1항의 인사교류계획에 따라 인사위원회의 심의를 거쳐 고위외무공무원을 다른 중앙행정기관의 장에 추천하여야 한다.(2013.3.23 본항개정)
② 외교부장관은 교류대상직위에 공무원을 임용하려는 때에 다른 중앙행정기관의 장으로부터 고위공무원단에 속하는 일반직공무원을 추천받는다. 다만, 추천받은 고위공무원단에 속하는 일반직공무원 중 적격자가 없다고 판단한 경우에는 그 중앙행정기관의 장에 재추천을 요구할 수 있다.(2013.3.23 본문개정)
③ 교류대상직위에 다른 중앙행정기관의 고위공무원단에 속하는 일반직공무원을 임용하는 경우에는 제13조제1항제2호에 따른 경력경쟁채용등의 방법에 따르되, 제18조의4제3항 단서에 따른 고위외교역량평가, 인사위원회의 심의 및 인사혁신처장과의 협의를 거쳐야 한다.
(2014.12.30 본항개정)
④ 제2항에 따라 교류대상직위에 임용되는 고위외무공무원의 임용기간은 1년(재외공관의 교류대상직위는 2년)으로 하되, 교류대상직위에 임용된 자를 계속하여 근무하게 하여야 할 사유가 있는 경우에는 1년의 범위에서 임용기간을 연장할 수 있다.
⑤ 교류대상직위에 임용된 공무원은 임용기간 내에 원소속기관(교류대상직위로 임용 당시의 기관을 말한다. 이하 같다)으로 복귀할 수 없다. 다만, 다음 각 호의 어느 하나에 해당하는 경우에는 그러하지 아니하다.
1. 휴직의 경우
2. 징계 또는 직위해제처분을 받는 경우
3. 그 밖에 그 직위의 직무를 수행할 수 없는 특별한 사유가 있어 외교부장관과 원소속기관의 장이 인사혁신처장과 협의하는 경우(2014.11.19 본호개정)
⑥ 외교부장관은 다른 중앙행정기관의 교류대상직위에 임용된 공무원의 임용기간이 만료되는 때에는 해당 공무원을 고위외무공무원으로 보할 수 있는 직위에 임용하여야 하되, 임용하려는 때에 임용을 위한 결원이 없는 경우에는 최초로 결원이 발생할 때까지 정원이 따로 있는 것으로 보고 고위외무공무원으로 경력경쟁채용등을 할 수 있다. 제5항 각 호 외의 부분 단서에 따라 외교부로 복귀하는 공무원의 경우에도 또한 같다.(2014.12.30 전단개정)
⑦ 그 밖에 인사교류 운영에 관한 구체적인 사항은 외교부장관이 정한다.(2013.3.23 본항개정)
(2007.11.12 본조신설)

제25조【재외공관의 장 및 실장급 이상 직위에의 임용】 외교부장관은 재외공관의 장 및 실장급 이상 직위에 공무원을 임용 또는 임용제청하는 경우에는 외교부령이 정하는 임용기준을 충족시키는 자를 대상으로 인사평정결과·유관분야 근무경력·근무성과 및 외국어능력 등을 종합적으로 고려하여야 한다.(2013.3.23 본조개정)

제26조【보직기간 등】 ① 외무공무원은 당해 직위에 임용된 날부터 1년 이내에 다른 직위로 보직되지 아니한다. 다만, 제21조제1항의 규정에 의한 각 분야별 직위에 직위공모제에 의하여 임용된 외무공무원은 당해 직위에 임용된 날부터 1년 6개월 이내에, 고위공무원단 직위에 재직하고 있는 공무원은 1년 이내에 다른 직위로 보직되지 아니한다.(2007.11.12 단서개정)
② 제1항의 규정에 불구하고, 다음 각호의 경우에는 제1항의 규정에 의한 보직제한기간내에 다른 직위로 보직될 수 있다.(2008.11.4 단서삭제)
1. 기구의 개편 또는 직제 및 정원의 변경으로 인하여 해당 공무원이 다른 직위로 보직되는 경우
2. 휴직·전직·징계처분(직위해제를 포함한다) 등의 사유로 공석직위가 발생하여 그 충원이 불가피한 경우
3. 징계처분을 받은 공무원을 다른 직위로 보직할 필요가 있는 경우
4. 공개경쟁채용시험에 합격한 자로서 시보임용중에 있는 자의 훈련을 위하여 필요한 경우
5. 실·국 또는 이에 상당하는 보조기관·보좌기관이나 소속기관 내에서 직무가 유사한 직위로 보직하는 경우
6. 해당 직무등급 또는 차하위 직무등급의 직위에서 재직한 기간 중 임용예정직위에 상응한 1년 이상의 근무경력 또는 연구실적이 있는 자를 해당 직위에 보직하는 경우
(2007.11.12 5호~6호개정)
7. 형사사건에 관련되어 수사기관에서 조사를 받고 있는 경우(2007.11.12 본호신설)
8. 그 밖에 외교부장관이 인사위원회의 심의를 거쳐 특히 필요하다고 인정하는 경우(2013.3.23 본호개정)
③ 법 제10조제3항에 따라 경력경쟁채용시험을 통해 공무원으로 최초 채용된 외무공무원은 최초로 직위에 임용된 날부터 3년이 지나야 전보할 수 있다. 다만, 최초 임용직위에서 2년 이상 근무한 경우에는 그 직위가 속한 실·국 또는 이에 상당하는 보조기관·보좌기관이나 소속기관 내에서 직무가 유사한 다른 직위로 3년 이내라도 전보할 수 있다.(2019.3.12 본항신설)
④ 외교부장관은 다음 각 호의 어느 하나에 해당하는 자에 대하여는 인사위원회의 심의를 거쳐 재외공관에서 국내로의 귀임발령일(신규채용자의 경우에는 임용일)부터 5년 이상의 기간을 정하여 국내에서 근무하도록 할 수 있다.(2013.3.23 본문개정)
1. 특정 업무를 전문적으로 수행할 필요성이 있다고 인정되는 자
2. 그 밖에 불가피한 사유가 있다고 인정되는 자
⑤ 고위외무공무원을 보직하는 경우, 최근 1년간 근무성적평정에서 최상위등급의 평정을 받은 자에 대하여는 본인의 동의 없이 재직 중인 직위보다 직무의 곤란성과 책임도가 낮은 직위로 보직할 수 없다. 다만, 해당 공무원에게 귀책사유가 있거나 소속 기관의 인사관리상 불가피한 사정이 발생하여 외교부장관이 인사혁신처장과 협의한 경우에는 그러하지 아니하다.(2014.11.19 본항개정)

제26조의2【보직관리의 기준】 외교부장관은 다음 각 호의 어느 하나에 해당하는 경우를 제외하고는 소속 고위외무공무원을 하나의 고위공무원단 직위에 임용하여야 한다.(2013.3.23 본문개정)
1. 재외공관의 장으로의 보직이 예정되어 후속 절차가 진행 중인 자를 보직 없이 근무하게 하는 경우
2. 제24조의4제5항에 따라 보직 없이 근무하게 하는 경우
3. 「재외공무원복무규정」 제13조에 따라 본부로 소환되어 보직 없이 근무하게 하는 경우
4. 「고위공무원단 인사규정」 제18조제1호부터 제3호까지의 사유 및 그에 상당하는 사유로 보직 없이 근무하게 하는 경우
5. 「고위공무원단 인사규정」 제18조제5호부터 제8호까지의 사유 및 그에 상당하는 사유로 보직 없이 근무하게 하는 경우
(2007.11.12 본조신설)

제26조의3【직위를 부여받지 못한 기간의 계산】 ① 제26조의2제1호부터 제4호까지의 사유로 직위를 부여받지 못한 기간은 「국가공무원법」 제70조의2제1항제3호의 기간에 산입하지 아니한다.
② 제26조의2제1호부터 제4호까지의 사유로 보직 없이 근무 중인 고위외무공무원이 고위공무원단 직위 중 개방형직위에 결원이 발생하였음에도 불구하고 정당한 사유 없이 응모하지 아니한 경우에는 제1항에 불구하고 해당 직위의 공모기간 종료일 다음 날부터 「국가공무원법」 제70조의2제1항제3호의 기간에 산입한다.
③ 제26조의2제3호의 사유로 보직 없이 근무 중인 고위외무공무원이 중징계의결이 요구된 때에는 제1항에도 불구하고 중징계의결이 요구된 날부터 소급하여 「국가공무원법」 제70조의2제1항제3호의 기간에 산입한다. 다만, 중징계 처분이 내려지지 아니하기로 확정된 때에는 그 확정된 날부터 소급하여 그 기간을 산입기간에서 제외한다.
④ 제26조의2제5호의 사유로 직위를 부여받지 못한 기간은 그 직위를 부여받지 못한 날부터 「국가공무원법」 제70조의2제1항제3호의 기간에 산입한다. 다만, 「고위공무원

단 인사규정」 제18조제7호의 사유에 해당하는 경우로서 해당 형사사건이 수사 또는 법원의 판결에 따라 무죄로 확정된 때에는 그 확정된 날부터 소급하여 그 기간을 산입기간에서 제외한다.
⑤ 제13조에 따라 경력경쟁채용시험등을 통하여 채용된 고위외무공무원에게 종전 고위공무원단 직위에 재직할 당시 제4항 본문에 따라 직위를 부여받지 못한 기간이 있는 경우에는 이를 합산한다.(2014.12.30 본항개정)
(2007.11.12 본조신설)

제26조의4【고위외무공무원의 참사관급 직위로의 보직】 ① 외교부장관은 외교부직제, 재외동포청직제 또는 정원의 변경이나 예산의 감소 등으로 인하여 직위가 없어지거나 제32조의2제3항에 따라 직무등급이 조정되어 정원이 초과된 경우 또는 본인이 동의한 경우에는 고위외무공무원을 참사관급 직위에 보할 수 있다.(2023.7.11 본항개정)
② 제1항에 따라 참사관급 직위에 보직된 자(본인의 동의에 따라 보직된 자는 제외한다)를 고위공무원단 직위로 다시 보직하려는 때에는 해당자가 2명 이상인 경우의 우선임용순위는 제1항에 따른 참사관급 직위로의 보직일자 순으로 하되, 해당 보직일자가 같은 경우에는 종전 고위공무원단 직위로 최초 보직된 일자의 순에 따른다.
③ 본인의 동의에 따라 제1항에 따른 참사관급 직위에 보직된 자를 고위공무원단 직위로 우선임용하는 경우에는 본인의 경력과 해당 기관의 인력사정을 고려하여 다른 공무원과 균형을 유지하도록 하여야 한다. 이 경우 해당자가 2명 이상인 경우의 임용에 관하여는 제2항을 준용한다.
(2007.11.12 본조신설)

제27조【재외공관 보직】 ① 외교부장관은 외무공무원을 재외공관의 직위에 보직할 때에는 해당 지역의 특수성과 그 지역의 생활 및 근무환경 등을 고려할 수 있다.
② 외교부장관은 외무공무원을 재외공관의 직위에 보직할 때에는 긴급을 요하거나 그 밖에 특별한 사유가 없는 한 부임일 2개월 전까지 발령하여야 한다.
③ 외교부장관은 외무공무원이 징계처분 중인 경우 등 재외공관에 근무하기 부적당하다고 인정되는 경우에는 그 공무원에 대하여 재외공관에의 보직을 제한할 수 있다. 이 경우 보직 제한에 대한 세부기준 등은 외교부장관이 정한다.
(2013.3.23 본조개정)

제28조【재외공관 근무기준】 ① 법 제14조제1항의 규정에 의한 외무공무원의 재외공관 근무기간은 계속하여 10년을 초과할 수 없다. 다만, 다음 각호의 1에 해당하는 경우로서 인사위원회의 심의를 거쳐 외교부장관이 필요하다고 인정하는 때에는 그러하지 아니하다.
(2013.3.23 단서개정)
1. 특정 외교업무의 수행을 위하여 필요한 경우
2. 전문인력의 양성을 위하여 필요한 경우
3. 그 밖에 인력수급 등의 사유로 불가피한 경우
② 생활 및 근무환경이 불리한 재외공관으로서 인사위원회의 심의를 거쳐 외교부장관이 지정하는 재외공관에서 근무하는 외무공무원(재외공관의 장을 제외한다)은 당해 재외공관에서 계속하여 2년을 초과하여 근무할 수 없다. 다만, 다음 각호의 1에 해당하는 경우로서 외교부장관이 필요하다고 인정하는 때에는 그러하지 아니하다.
(2013.3.23 본문개정)
1. 특정 외교업무의 수행을 위하여 필요한 경우
2. 전문인력의 양성을 위하여 필요한 경우
3. 그 밖에 외교부장관이 인사위원회의 심의를 거쳐 필요하다고 인정하는 경우(2013.3.23 본호개정)
③ 그 밖에 외무공무원의 재외공관 근무기준에 관하여 필요한 세부적인 사항은 외교부장관이 정한다.
(2013.3.23 본항개정)
④ 외교부장관은 외무공무원의 재외공관 근무를 위하여 재외동포청에 근무하는 외무공무원의 근무기간을 재외동포청장과 협의하여 정할 수 있다.(2023.7.11 본항신설)

제29조【국제기구 또는 외국기관에의 파견근무】 ① 법 제15조제1항의 규정에 의하여 국제기구 또는 외국기관에 파견근무할 수 있는 자는 재직경력 3년 이상의 외무공무원으로 한다.
② 국제기구 또는 외국기관에의 파견근무기간은 5년 이내로 한다. 다만, 외교부장관이 특히 필요하다고 인정하는 때에는 3년의 범위내에서 그 기간을 연장할 수 있다.
(2013.3.23 단서개정)

제30조【교육훈련】 ① 외무공무원은 법 제16조의 규정에 의하여 담당직무에 필요한 학식 및 능력개발을 위하여 각 직위에 상응하는 기본교육 및 보수교육을 받아야 한다.
② 제1항의 규정에 의한 교육과정은 외교부장관이 정한다.(2013.3.23 본항개정)

제31조【인사평정】 ① 법 제17조에 따른 인사평정의 평가요소는 근무실적·직무수행능력 및 직무수행태도 등으로 구성하며, 외교부장관 및 재외동포청장이 정하는 바에 따라 부서 단위의 운영 및 성과 평가 결과를 평가항목으로 구성할 수 있다. 이 경우 근무실적은 직위별 또는 직무별 성과책임(직위별 또는 직무별로 기대되는 성과를 달성할 책임을 말한다) 및 이에 기초하여 정하는 연도별 업무목표의 달성수준을 기준으로 평가한다.(2023.7.11 전단개정)
② 외무공무원이 인사평정대상기간 중 휴직·직위해제 등의 사유로 실제 근무기간이 2개월 미만인 경우에는 인사평정을 하지 아니한다.(2014.12.30 본항개정)
③ 인사평정을 하지 아니한 평정 단위연도에 대하여 인사평정이 필요한 경우에는 그 평정 단위연도의 전후에 실시한 인사평정(그 평정 단위연도의 전 또는 후에도 인사평정을 하지 아니한 경우에는 외교부장관 및 재외동포청장이 정하는 방법으로 산정한 인사평정을 말한다)의 평균을 그 평정 단위연도의 인사평정으로 하되, 인사평정을 하지 아니한 평정 단위연도 전에 2회 이상의 인사평정을 받은 사람의 경우에는 직무에 복귀한 후 첫 번째 인사평정을 하기 전까지 최근 2회의 인사평정의 평균을 그 평정 단위연도의 인사평정으로 본다.(2023.7.11 본항개정)
④ 외무공무원이 인사평정대상기간 중 1개월 이상 국가기관, 지방자치단체 또는 외교부장관이 정하는 기관에 파견되어 근무한 경우에는 그 파견받은 기관의 장의 의견을 반영하여 인사평정을 하여야 한다.(2014.12.30 본항신설)
⑤ 외무공무원이 신규채용된 경우에는 2개월이 경과한 후의 최초의 정기평정일에 인사평정을 하여야 한다.
(2007.11.12 본항개정)
⑥ 외무공무원이 다른 직렬의 외무공무원으로 전직한 경우에는 원직렬에서 받은 인사평정을 당해 공무원에 대한 인사평정으로 본다.
⑦ 외무공무원과 직무내용이 동일하거나 유사한 외교부 및 그 소속기관의 별정직 및 임기제공무원의 인사평정에 대하여는 외무공무원의 인사평정에 관한 규정을 준용한다.(2013.11.20 본항개정)
⑧ 인사평정의 시기·방법 그 밖의 필요한 사항은 외교부령으로 정한다.(2013.3.23 본항개정)
⑨ 평정자 및 평정대상공무원 중 정당한 사유 없이 정해진 기간 내에 평정에 참여하지 않은 경우는 외교부장관 및 재외동포청장이 정한 방식에 따라 평가에서 감점할 수 있다.(2023.7.11 본항개정)

제31조의2【고위외무공무원에 대한 근무성적평정】 법 제17조제5항에 따른 고위외무공무원에 대한 근무성적평정은 「고위공무원단 인사규정」 제20조에 따른다.
(2007.11.12 본조신설)

제32조【인사평정조정위원회】 ① 제31조에 따른 인사평정의 결과를 심의·조정하기 위하여 외교부 및 재외동포청에 각각 인사평정조정위원회를 둔다.(2023.7.11 본항개정)
② 제1항에 따른 외교부 인사평정조정위원회의 위원장은 외교부차관이 되고, 위원은 제3조제1항제1호 및 제3조제2항제2호가목의 직위에 재직 중인 사람 중 외교부장관이 지명하는 6명 이내의 외무공무원으로 한다.(2023.7.11 본항개정)
③ 제1항에 따른 재외동포청 인사평정조정위원회의 구성은 재외동포청장이 정한다.(2023.7.11 본항신설)
④ 그 밖에 인사평정조정위원회의 운영에 관하여 필요한 사항은 외교부령으로 정한다.(2013.3.23 본항개정)

제32조의2【직무등급의 배정 및 개정】 ① 외교부장관은 법 제20조의2에 따라 외교부와 그 소속기관, 재외동포청의 직위에 대한 직무등급을 배정함에 있어 직무분석 실시결과를 기초로 하여 직무의 곤란성 및 책임도의 차이에 따라 그 직무등급을 배정하여야 한다.(2023.7.11 본항개정)
② 외교부와 그 소속기관, 재외동포청의 직위분류제의 적용을 받는 직위에 대한 직무등급은 1등급부터 14등급까지로 하되, 고위공무원단 직위는 가등급과 나등급으로 구분한다.(2023.7.11 본항개정)
③ 외교부장관은 직무내용 또는 외교통상 환경의 현저한 변화 등으로 인하여 직무등급을 재심사하여야 할 상당한 사유가 발생한 경우에는 이를 재심사하고, 그 결과 이미 배정된 직무등급이 적정하지 아니하다고 판단하는 경우에는 이를 개정하여야 한다.
④ 외교부직제 및 재외동포청직제 등의 개정으로 직무등급을 배정하거나 개정하려는 경우에는 외교부직제 및 재외동포청직제 등의 시행일 이전에 직무등급을 배정하거나 개정할 수 있다.(2023.7.11 본항개정)
⑤ 외교부장관은 제1항 또는 제3항에 따라 직무등급을 배정하거나 개정하려는 경우에는 행정안전부장관 및 인사혁신처장과 협의하여 정한다.(2017.7.26 본항개정)
⑥ 외교부장관은 고위공무원단 직위의 순증에 따라 직무등급을 새로이 배정하거나 기존의 직무등급을 상위의 직무등급으로 개정하여 예산이 추가로 소요되는 경우에는 기획재정부장관과 협의하여야 한다.
⑦ 외교부장관은 제32조의2에 따라 재외공관 직위에 대하여 그 직무등급을 정하되, 직무분석의 내용 및 결과는 비공개로 관리한다.
⑧ 그 밖에 직무등급의 배정 등에 관한 구체적인 사항은 외교부장관이 정한다.
(2013.3.23 본조개정)

제33조【외무공무원적격심사의 사유 및 시기 등】 ① 법 제24조제1항제2호에서 "대통령령으로 정하는 정당한 사유 없이 직위를 부여받지 못한 기간"이란 다음 각 호의 기간을 말한다.
1. 「국가공무원법」 제73조의3제1항제2호부터 제4호까지의 규정에 따른 직위해제 기간
2. 「국가공무원법」 제80조에 따른 강등, 정직의 징계처분에 따른 정직 기간
3. 형사사건 피의자에 대하여 외교부장관이 해당 직위 등에서 근무하는 것이 곤란하다고 인정하여 직위를 부여하지 않은 기간(2013.3.23 본호개정)
4. 「재외공무원 복무규정」 제13조제1항 및 제6항에 따라 소환 결정을 받은 경우 귀임 인사발령일부터 새로운 직위를 부여받는 날의 전일까지의 기간
5. 「공무원임용령」 제57조의5제1항에 따라 휴직 중 영리업무 금지의무에 위반해 복직된 경우 그 휴직기간
6. 「개방형 직위 및 공모 직위의 운영 등에 관한 규정」 제11조제1항제3호 및 제20조제1항제3호에 따라 징계처분 또는 직위해제처분의 종료 후 보직 없이 근무하거나, 「개방형 직위 및 공모 직위의 운영 등에 관한 규정」 제11조제1항제4호 및 제20조제1항제4호에 따라 해당 개방형 및 공모 직위에서 이임된 후 보직 없이 근무하게 하는 경우 그 보직 없이 근무한 기간
② 법 제24조제1항제3호에서 "대통령령으로 정하는 기간"이란 심사일 직전 10년 동안을 말하고, "대통령령으로 정한 수준"이란 별표3에 따른 외국어 어학검정기준을 말한다.
③ 법 제24조제1항제4호에 따라 「재외공무원 복무규정」 제13조제1항 및 제6항에 따른 외교부장관의 소환 결정을 총 2회 받은 경우에는 적격심사에 회부한다.(2013.3.23 본항개정)
④ 법 제24조제1항 각 호 외의 부분 후단에 따라 적격심사의 구체적 심사시기는 심사대상이 된 사람(이하 "심사대상자"라 한다)이 서면, 이메일 또는 전화 등의 방식으로 제1항 각 호의 사유가 발생한 사실을 통보받은 날부터 2개월 이내로 한다. 다만, 부득이한 사유가 있는 경우 2개월의 범위에서 그 심사시기를 연기할 수 있다.
⑤ 법 제24조제1항 각 호 외의 부분 후단에 따른 적격심사의 구체적 심사대상기간은 신규채용일부터 법 제24조제1항 각 호의 사유가 발생한 날까지로 한다. 이 경우 적격심사에 회부된 사람이 적격 결정을 받은 때에는 해당 심사 회부의 원인이 되었던 법 제24조제1항 각 호의 사유는 심사종료일에 소멸한 것으로 본다.(2023.7.11 본항개정)
⑥ 법 제24조제1항제3호의 사유에 따라 적격심사에 회부된 사람이 적격 결정을 받은 경우에는 심사 종료 후 2년이 되는 날까지 해당 심사대상자에게 새로운 외국어 어학검정 점수 유예기간을 부여할 수 있다. 다만, 법 제24조제1항제3호의 사유로 2회 이상 적격심사에 회부된 사람이 적격 결정을 받은 경우에는 그 유예기간을 심사 종료 후 1년이 되는 날까지만 부여할 수 있다.(2023.7.11 본항개정)
(2011.10.25 본조개정)

제33조의2【직위를 부여받지 못한 기간의 계산】 ① 제33조제1항제1호부터 제4호까지의 규정에서 정한 이유에 따라 직위를 부여받지 못한 사람이 다음 각 호의 어느 하나에 해당하는 경우에는 그 기간은 같은 항의 "대통령령으로 정하는 정당한 사유 없이 직위를 부여받지 못한 기간"의 계산에서 제외한다.(2020.12.29 본문개정)
1. 「국가공무원법」 제73조의3제1항에 따른 직위해제 처분 또는 그 원인이 된 징계처분이 소청심사위원회의 결정이나 법원의 판결에 따라 무효 또는 취소로 확정(징계의결 요구에 대하여 관할 징계위원회가 징계하지 아니하기로 의결한 경우를 포함한다)되거나 형사사건이 법원의 판결에 따라 무죄로 확정된 경우
2. 「국가공무원법」 제80조에 따른 강등, 정직의 징계처분이 소청심사위원회의 결정이나 법원의 판결에 따라 무효 또는 취소로 확정된 경우
3. 제33조제1항제3호의 형사사건 피의자가 수사기관에서 불송치 또는 불기소(불송치 또는 불기소를 받은 이후 해당 사건이 다시 수사 및 기소되어 법원의 판결에 따라 유죄가 확정된 경우는 제외한다)를 받거나 법원의 판결에 따라 무죄로 확정된 경우(2020.12.29 본호개정)
4. 제33조제1항제4호에 따른 소환 결정에 대한 재심의 결과 소환 결정이 취소된 경우
② 외교부장관은 무보직기간의 산정 및 제외에 따른 사유를 명시하여 인사발령을 하여야 한다.(2013.3.23 본항개정)
(2011.10.25 본조신설)

제34조【외무공무원적격심사위원회의 구성 등】 ① 법 제24조제3항에 따른 외무공무원 적격심사위원회(이하 "외무공무원적격심사위원회"라 한다)는 위원장을 포함하여 15명 이내의 위원으로 구성한다.(2023.7.11 본항개정)
② 외무공무원적격심사위원회의 위원은 외교부장관이 지명하는 다음 각 호의 자가 된다.(2023.7.11 본문개정)
1. 제3조제1항제1호 및 제3조제2항제2호가목의 직위에 재직중인 7명 이상의 외무공무원(2023.7.11 본호개정)
2. (2023.7.11 삭제)
3. 인사혁신처장이 추천하는 고위공무원단에 속하는 공무원 1명(2014.11.19 본호개정)
③ 외무공무원적격심사위원회 위원장의 직무, 회의, 간사 및 운영세칙 등에 관하여는 제8조부터 제10조까지의 제1인사위원회 관련 규정을 준용한다.(2011.10.25 본항개정)

제35조【외무공무원적격심사위원회의 심사방식 등】
① 외무공무원적격심사위원회는 심사대상자에게 충분한

진술을 할 수 있는 기회를 주어야 하며, 필요하다고 인정하는 때에는 심사대상자를 위원회에 출석시켜 그 진술을 청취할 수 있다.(2023.7.11 본항개정)
② 외무공무원적격심사위원회는 재적위원 과반수의 출석으로 개의(開議)하고, 출석위원 과반수의 찬성으로 심사대상자에 대한 적격 여부를 결정한다.
③ 외무공무원적격심사위원회는 필요하다고 인정하는 때에는 임용권자에게 심사대상자의 능력회복 및 근무성적 향상을 위한 조치를 권고할 수 있다.(2023.7.11 본항신설)
④ 외무공무원적격심사위원회는 법 제24조제5항에 따라 부적격자로 결정된 사람에 대하여 능력회복이나 근무성적의 향상을 위한 조치가 있은 후에 능력 또는 근무성적의 향상을 기대할 수 있는지를 평가하고 적격 여부를 재결정할 수 있다.(2023.7.11 본항신설)
(2011.10.25 본조개정)
제36조【공관장 자격심사】 ① 법 제25조제1항에 따른 공관장 자격심사의 대상자는 다음 각 호의 구분에 따른 사람으로 한다.
1. 제1차 공관장 자격심사 : 초임 재외공관의 장의 후보로 예상되는 사람
2. 제2차 공관장 자격심사 : 초임 재외공관의 장으로 임용되었던 사람으로서 다시 재외공관의 장의 후보로 예상되는 사람
② 법 제25조제2항에 따른 공관장 자격심사위원회(이하 "공관장자격심사위원회"라 한다)는 심사대상자의 외국어능력·업무추진실적·도덕성·교섭능력·지도력 등을 종합적으로 고려하여 적격 여부를 결정해야 한다.
③ 공관장자격심사위원회는 제2항에 따라 적격 여부를 결정할 때 제1항에 따른 심사대상자의 인사평정 결과에 다음 각 호 중 어느 하나에 해당하는 사실이 있는 경우에는 부적격 결정을 해야 한다.
1. 최근 10년간 3회 이상 최하위등급을 받은 사실
2. 중징계 처분을 받은 사실
(2023.7.11 본항개정)
④ 제2항에도 불구하고 공관장자격심사위원회는 법 제4조제1항에 따른 특임공관장에 대해서는 외국어능력·도덕성·교섭능력·지도력 등을 종합적으로 고려하여 적격 여부를 결정해야 한다.
(2021.11.11 본조개정)
제37조【공관장자격심사위원회의 구성 및 운영】 ① 공관장자격심사위원회는 위원장 1명을 포함하여 9명의 위원으로 구성한다.
② 공관장자격심사위원회의 위원장은 외교부차관 중에서 외교부장관이 지명하는 사람으로 한다.
③ 공관장자격심사위원회의 위원은 다음 각 호의 사람으로서 외교부장관이 지명하는 사람으로 한다.
1. 재외공관의 장을 역임하고 제3조제2항제1호, 제3조제2항제2호가목·나목 및 제3조제2항제3호가목에서 정한 직위에 재직 중인 외무공무원 5명(2023.7.11 본호개정)
2. 관계부처 공무원 3명
④ 공관장자격심사위원회는 재적위원 7명 이상의 출석으로 개의하고, 출석위원 3분의 2 이상의 찬성으로 심사대상자에 대한 적격 여부를 결정한다.
⑤ 공관장자격심사위원회의 회의는 반기마다 개최하고, 공관장자격심사위원회의 위원장이 필요하다고 인정하는 경우 수시로 개최할 수 있다.
⑥ 공관장자격심사위원회의 위원장 직무, 회의 및 간사에 관하여는 제8조, 제9조제1항 및 제10조를 준용한다.
⑦ 제1항부터 제6항까지에서 규정한 사항 외에 공관장자격심사위원회의 운영에 필요한 사항은 외교부장관이 정한다.
(2021.11.11 본조개정)
제38조【특수지역의 범위】 법 제26조제2항 후단에서 "대통령령으로 정하는 특수지역"이란 다음 각 호의 어느 하나에 해당하는 지역으로서 외교부장관이 지정하는 지역을 말한다.(2013.3.23 본문개정)
1. 교전상태 또는 이에 준하는 비상사태에 의하여 생명의 안전이 위협받고 있는 지역
2. 질병 그 밖의 특수한 조건으로 인하여 근무여건이 다른 지역에 비하여 현저하게 불리한 지역
3. (2011.10.25 삭제)
제39조 (2007.11.12 삭제)
제39조의2【당연퇴직 등】 ① (2007.11.12 삭제)
② 법 제26조제4항 본문 및 제26조의2제1항에 따른 보직은 다음 각 호의 경우를 포함한다.(2011.10.25 본문개정)
1. 외교부직제에 따른 직위(재외공관에 두는 직위를 포함한다) 또는 재외동포청직제에 따른 직위에 보직된 경우(2023.7.11 본호개정)
2. 「정부대표 및 특별사절의 임명과 권한에 관한 법률」의 규정에 의하여 정부대표·특별사절 또는 그 수행원으로 임명된 경우
3. 다른 국가기관, 국가기관 외의 기관·단체, 공공단체, 국내외의 교육·연구기관, 국제기구 또는 외국기관 등에 파견되어 근무하는 경우
4. 외교부장관의 동의를 얻어 「고등교육법」 제2조제1호의 규정에 의한 대학(대학원을 포함한다) 및 이에 상응하는 외국 대학의 외교경력교수로 임용되는 경우(2013.3.23 본호개정)
③ 법 제26조제4항 본문 및 제26조의2제1항에서 "임용절차가 진행 중인 경우"란 다음 각 호의 경우를 말한다.(2011.10.25 본문개정)
1. 보직·파견 또는 전출이 예정되어 후속 절차가 진행중인 경우
2. 법 제28조 및 법 제29조의 규정에 의한 징계절차가 진행 중인 경우
3. (2011.10.25 삭제)
④ 법 제26조제4항 본문 및 제26조의2제1항에서 "휴직중인 경우"란 「국가공무원법」 제71조제1항 각 호 및 제2항 각 호의 이유로 휴직 중인 경우를 말한다.
(2011.10.25 본항신설)
(2005.12.28 본조신설)
제40조【고위공무원단에 속하는 외무공무원에 대한 직권면직】 ① 법 제26조의2제3항에 따라 제1인사위원회는 직권면직 사유가 발생한 날부터 1개월 이내 대상자의 인사평정 결과, 보직경력 및 외국어능력 등을 종합적으로 심의하여 그 직권면직 여부를 결정한다.
② 제1항에 따른 심의 결과 직권면직하지 않기로 결정된 자에게는 지체 없이 새로운 직위를 부여하여야 한다.
(2011.10.25 본조신설)
제41조【정년초과근무가능직위 등】 ① 법 제27조제3항의 규정에 의하여 외무공무원이 정년을 초과하여 근무할 수 있는 직위는 별표5와 같다.(2005.12.28 본항개정)
② 제1항의 규정에 의한 직위에 정년을 초과하여 근무하는 외무공무원의 수는 40인 이내로 한다.
③ 법 제26조제7항 단서에 따라 재외공관의 정년을 초과하여 근무할 수 있는 직위에 보직되어 근무하는 사람을 그 직위에서 면하는 경우에는 그 날부터 60일이 되는 날까지 그 정원이 따로 있는 것으로 보고 결원을 보충할 수 있다.(2019.3.12 본항신설)
제42조【국무총리소속하의 징계위원회 등】 법 제28조제2항 중 "대통령령으로 정하는 공사급 이상의 직위"란 제3조제2항제1호, 제3조제2항제2호가목·나목, 제3조제2항제3호가목 및 제3조제3항제1호부터 제3호까지의 직위를 말하며, 법 제28조제2항에 따른 국무총리소속하의 징계위원회는 「공무원 징계령」 제2조제2항에 따른 중앙징계위원회를 말한다.(2023.7.11 본조개정)
제43조【외무공무원징계위원회의 구성】 ① 법 제28조제3항에 따른 외무공무원 징계위원회(이하 "외무공무원징계위원회"라 한다)는 외교부차관을 위원장으로 하고, 위원장을 포함하여 5인 이상 7인 이내의 위원으로 구성한다.(2023.7.11 본항개정)
② 제1항에 따른 외무공무원징계위원회의 위원은 외교부장관이 지명하는 실장급 이상 직위에 재직 중인 3명 이내의 외무공무원과 다음 각 호의 사람 중에서 외교부장관이 위촉하는 3명 이상의 사람으로 한다. 이 경우 위촉위원의 수는 위원장을 포함한 위원 수의 2분의 1 이상이어야 한다.(2019.3.12 본문개정)
1. 공사급 이상 직위에 재직하고 퇴직한 외무공무원으로서 20년 이상 근속한 사람(퇴직일부터 3년이 경과한 사람으로 한정한다)(2023.7.11 본호개정)
2. 판사·검사·변호사로서 10년 이상 근무한 사람(2019.3.12 본호개정)
3. 대학에서 법학·행정학·국제정치학을 전공하는 부교수 이상의 직위에 재직중인 자
제44조【징계의결요구서사본 등】 ①「공무원 징계령」 제7조제7항의 규정에 의하여 징계의결요구서사본을 송부하거나 동령 제19조제2항의 규정에 의하여 징계처분사유설명서 및 징계의결서사본을 교부하고자 하는 자는 당해 징계의결요구서사본·징계처분사유설명서 및 징계의결서사본(이하 이 조에서 "징계의결요구서사본등"이라 한다)에 보안을 요하는 사항이 포함되어 있는 경우에는 그 주요 내용만을 송부 또는 교부할 수 있다.(2009.3.18 본항개정)
② 제1항의 규정에 의하여 징계의결요구서사본등의 주요 내용을 송부 또는 교부받은 자는 징계의결요구서사본등의 열람을 요청할 수 있으며, 그 열람을 요청받은 징계의결요구서사본등의 송부 또는 교부자는 이에 응하여야 한다.
제45조【파견으로 인한 결원보충】 ①「국가공무원법」 제43조제3항의 규정에 의하여 외무공무원의 정원이 따로 있는 것으로 보는 경우는 다음 각호와 같다.(2023.10.10 본문개정)
1. 법 제15조의 규정에 의하여 국제기구 또는 외국기관에 1년 이상 파견근무하는 경우
2. 「국가공무원법」 제32조의4제1항의 규정에 의하여 다른 국가기관·공공단체·정부투자기관 그 밖의 필요한 기관에 1년 이상 파견근무하는 경우(2005.6.23 본호개정)
3. 법 제16조 또는 「공무원 인재개발법」 제13조의 규정에 의하여 6개월 이상 교육훈련을 받는 경우(2016.2.3 본호개정)
② 외교부장관은 제1항에 따라 외무공무원의 정원이 따로 있는 것으로 보고 결원을 보충하려는 때에는 「공무원임용령」 제42조를 따른다.(2013.3.23 본항개정)
(2007.11.12 본조제목개정)
제45조의2【정년퇴직예정자 퇴직준비교육】 ① 정년잔여기간이 1년 이내에 있는 자가 퇴직 후의 사회적응능력 배양을 위하여 연수하게 된 경우에는 「국가공무원법」 제43조제3항의 규정에 의하여 정원이 따로 있는 것으로 보고 결원을 보충할 수 있다.(2023.10.10 본항개정)
② 제1항에 따라 연수 중인 사람이 법 제26조제1항 및 제4항에 따른 퇴직사유에 해당되는 경우에는 정년퇴직일에 불구하고 법 제26조제1항 및 제4항에 따른 퇴직일에 당연히 퇴직한다.(2023.7.11 본항개정)
(2023.7.11 본조제목개정)
제45조의3【특임공관장 당연퇴직에 따른 특례】 법 제4조제4항에 따라 특임공관장으로 임용되었던 자가 재외공관의 장의 직위에서 면한 경우에는 퇴직하는 날까지 그 정원이 따로 있는 것으로 보고 결원을 보충할 수 있다.
(2007.11.12 본조신설)
제45조의4【특별임용】 ① 외교부장관은 참사관급 직위에 재직 중인 외무공무원이 다음 각 호의 어느 하나에 해당하는 경우에는 고위공무원단 직위로의 최초 보직을 실시할 수 있다. 이 경우 제18조 및 「국가공무원법」 제28조의6제3항은 적용하지 아니한다.(2013.3.23 전단개정)
1. 「국가공무원법」 제74조의2에 따라 명예퇴직하는 자로서 재직 중 특별한 공적이 있다고 인정되는 외무공무원
2. 공무로 인하여 사망한 자로서 재직 중 특별한 공적이 있다고 인정되는 외무공무원
② 제1항제1호에 따라 특별임용할 때에는 해당 외무공무원이 재직기간 중 중징계 처분 또는 다음 각 호의 어느 하나에 해당하는 사유로 경징계 처분을 받은 사실이 없어야 하며, 특별한 공적이 있는지에 대해 심사를 거쳐야 한다. 이 경우 심사의 방법 및 절차 등에 관한 사항은 외교부장관이 정한다.
1. 「국가공무원법」 제78조의2제1항 각 호의 징계 사유
2. 「성폭력범죄의 처벌 등에 관한 특례법」 제2조에 따른 성폭력범죄
3. 「성매매알선 등 행위의 처벌에 관한 법률」 제2조제1항 제1호에 따른 성매매
4. 「양성평등기본법」 제3조제2호에 따른 성희롱
5. 「도로교통법」 제44조제1항에 따른 음주운전 또는 같은 조 제2항에 따른 음주측정에 대한 불응
(2019.6.25 본항신설)
③ 제1항제1호에 따라 특별임용된 사람이 「국가공무원법」 제74조의2제3항제1호·제1호의2 또는 제1호의3에 해당하여 명예퇴직수당을 환수하는 경우에는 특별임용을 취소해야 한다. 이 경우 특별임용이 취소된 사람은 그 특별임용 전의 직무등급으로 퇴직한 것으로 본다.(2019.6.25 본항신설)
(2007.11.12 본조신설)
제46조【다른 법령의 적용】 외무공무원의 임용 및 훈련 등에 관하여 이 영에 규정되지 아니한 사항에 대하여 「공무원임용령」, 「공무원임용시험령」, 「공무원 인재개발법 시행령」, 「고위공무원단 인사규정」, 「개방형 직위 및 공모 직위의 운영 등에 관한 규정」 및 「공무원 징계령」의 규정을 적용함에 있어서 일반직공무원의 직급 또는 직무등급과 이에 상응하는 외무공무원의 직무등급 대비 등에 관하여 필요한 사항은 외교부령으로 정한다.(2016.2.3 본조개정)

부　칙 (2007.11.12)

제1조【시행일】 이 영은 공포한 날부터 시행한다.
제2조【인사평정에 관한 적용례】 제31조제3항 및 제4항의 개정규정은 이 영 시행 이후에 그 평정대상기간이 개시되는 분부터 적용한다.
제3조【고위외무공무원후보자교육과정 및 고위외교역량평가에 관한 경과조치】 ① 이 영 시행 전에 대통령령 제19195호 외무공무원임용령 일부개정령 제18조제2항의 개정규정에 따른 공사급 이상 직위에 최초로 임용될 자에 대한 역량평가를 통과하거나 면제받은 자에 대하여는 이 영의 개정규정에 따른 고위외무공무원후보자교육과정 및 고위외교역량평가를 이수하고 통과한 것으로 본다.
② 이 영 시행 당시 다음 각 호의 어느 하나에 해당하는 외무공무원(9등급 직위에 재직 중인 경우에 한정한다)이 고위외무공무원으로서 역량을 갖추었다고 볼 만한 특별한 사유가 있는 경우로서 외교통상부장관이 행정안전부장관과의 협의를 거친 때에는 고위외무공무원후보자교육과정 및 고위외교역량평가를 면제할 수 있다.
(2008.2.29 본문개정)
1. 다른 국가기관, 국가기관 외의 기관·단체, 공공단체, 국내외의 교육·연구기관, 국제기구 또는 외국기관 등에 파견되어 근무 중인 자
2. 제1호의 직위에서 근무를 마치고 복귀하여 휴직 중이거나 보직 없이 근무 중인 자
3. 고위공무원단 직위 또는 그에 상당하는 직위에 직무대리 또는 근무지원 등의 형태로 근무 중인 자
4. 그 밖에 제1호부터 제3호까지에 해당하는 자와 유사하다고 외교통상부장관이 인정하는 자
③ 외교통상부장관은 이 영 시행일부터 2008년 12월 31일까지 불가피한 사유로 고위외무공무원후보자교육과정을 이수한 자가 없거나 고위공무원단 직위의 결원보다 고위외무공무원후보자교육과정 이수 인원이 적은 경우 및 고위외무공무원후보자 중 결원 직위의 직무수행요건을 충족하는 적격자가 없다고 판단되는 경우에는 행정안전부장관과의 협의를 거쳐 제18조의2의 개정규정 각 호의 어느 하나에 해당하는 자로서 고위외무공무원후보자교육

과정을 이수하지 아니한 자에 대하여 고위외교역량평가를 실시할 수 있으며, 이를 통과한 자는 고위외무공무원후보자로 본다.(2008.2.29 본항개정)
④ 이 영 시행 전에 대통령령 제19195호 외무공무원임용령 일부개정령 제18조제2항의 개정규정에 따른 참사관급 직위에 최초로 임용될 자에 대한 역량평가를 통과하거나 참사관급 자격심사를 면제받은 자에 대하여는 제18조 및 제18조의6의 개정규정에 따른 참사관급 자격심사 또는 참사관급 외교역량평가를 통과한 것으로 본다.
제4조【재외공관 근무자에 대한 경과조치】 ① 외교통상부장관은 이 영 시행 당시 재외공관의 참사관급 이상 직위에 재직 중인 자에 대하여 2008년 12월 31일 이전에 고위공무원단 직위에 임용하는 경우에는 인사위원회의 심의를 거쳐 고위외무공무원후보자교육과정 및 고위외교역량평가를 면제할 수 있고, 2010년 12월 31일 이전에 고위공무원단 직위에 임용하는 경우에는 고위외무공무원후보자교육과정을 면제할 수 있다.
② 외교통상부장관은 재외공관의 참사관급 직위에 재직 중인 자에 대하여는 2009년 1월 1일부터 제18조의4제1항의 개정규정에 따른 고위외교역량평가를 받기 위하여 필요한 여러가지 경비를 지원할 수 있다.
③ 이 영 시행 당시 5등급 또는 6등급에 해당하는 재외공관 직위에 근무하고 있는 자에 대하여는 제18조의6의 개정규정에도 불구하고 참사관급 외교역량평가 없이 참사관급 직위에 임용할 수 있다. 이 경우 해당 외무공무원은 국내로 귀임한 후 1년 이내에 이 영에 따른 참사관급 외교역량평가를 통과하여야 하며, 참사관급 외교역량평가를 통과하지 못할 경우에는 참사관급 직위로의 임용을 취소하여야 한다.
제5조【퇴직자에 관한 경과조치】 이 영 시행 전에 고위공무원단 직위에 상당하는 직위에 공무원으로 재직하였다가 퇴직한 자를 제13조제1호와 제2호에 따라 특별채용하는 경우에는 고위공무원단 직위에 재직한 것으로 본다.
제6조【다른 법령의 개정】 ①~② ※(해당 법령에 가제정리 하였음)

부　칙 (2011.10.25)

제1조【시행일】 이 영은 2011년 10월 26일부터 시행한다. 다만, 제39조의2제2항부터 제4항까지 및 제40조의 개정규정은 2012년 1월 26일부터 시행하고, 제33조제2항 및 같은 조 제6항 후단의 개정규정은 2013년 7월 26일부터 시행한다.
제2조【적격심사대상기간에 대한 특례】 제33조제5항 본문의 개정규정에도 불구하고 이 영 당시 재직 중인 외무공무원에 대한 구체적 심사대상기간은 이 영 시행일부터 법 제24조제1항 각 호의 사유가 발생한 날까지로 한다.
제3조【다른 법령의 개정】 ※(해당 법령에 가제정리 하였음)

부　칙 (2013.12.11)

제1조【시행일】 이 영은 2013년 12월 12일부터 시행한다.
제2조【재직 중인 공무원의 특별채용에 대한 특례】 제14조제1항제2호의 개정규정에도 불구하고 이 영 시행 당시 외교부 및 그 소속기관에 재직 중인 계약직공무원으로서 법률 제11530호 국가공무원법 일부개정법률 부칙 제3조제3항에 따라 일반직공무원 중 임기제공무원으로 임용된 것으로 보는 사람을 임기제 외무공무원으로 특별채용하는 경우에는 특별채용시험을 면제할 수 있다. 이 경우 임기제 외무공무원으로서의 근무기간은 계약직공무원으로 채용될 당시에 계약한 기간의 잔여기간으로 하고, 해당 기간 동안의 보수는 채용될 당시의 계약에 따른다.

부　칙 (2014.12.30)

제1조【시행일】 이 영은 공포한 날부터 시행한다. 다만, 제31조제3항의 개정규정은 2015년 1월 31일부터 시행한다.
제2조【파견받은 기관의 장의 의견 반영에 관한 적용례】 제31조제4항의 개정규정은 2015년도의 평가요소에 대하여 인사평정을 하는 경우부터 적용한다.

부　칙 (2015.11.26)

제1조【시행일】 이 영은 공포한 날부터 시행한다.
제2조【임기제 외무공무원 종류 구분에 관한 경과조치】 이 영 시행 당시 외교부 및 그 소속 기관에 재직 중인 임기제 외무공무원은 제11조의2제1호의 개정규정에 따른 일반임기제 외무공무원으로 임용된 것으로 본다.
제3조【임기제 외무공무원의 근무기간 산정에 관한 경과조치】 법률 제12182호 외무공무원법 일부개정법률 부칙 제3조제2항에 따라 임기제 외무공무원으로 임용된 것으로 보는 공무원에 대하여 제11조의4의 개정규정에 따른 총 근무기간을 산정하는 경우 계약직공무원으로 신규로 채용된 날을 임기제 외무공무원으로 최초로 임용된 날로 본다.

부　칙 (2018.9.18)

제1조【시행일】 이 영은 2018년 9월 21일부터 시행한다.(이하 생략)

부　칙 (2019.3.12)

제1조【시행일】 이 영은 공포한 날부터 시행한다. 다만, 제43조제2항의 개정규정은 2019년 5월 1일부터 시행하고, 제12조제4항·제5항, 제12조의4제2항 및 별표2의2의 개정규정은 2021년 1월 1일부터 시행한다.
제2조【필수보직 기간에 관한 적용례】 제26조제3항의 개정규정은 이 영 시행 이후 경력경쟁채용시험을 통해 공무원으로 최초 채용된 외무공무원부터 적용한다.

부　칙 (2019.6.25)

제1조【시행일】 이 영은 2019년 7월 1일부터 시행한다.
제2조【특별승진임용의 제한에 관한 적용례 등】 ① 징계로 인한 특별승진임용, 명예진급(군인에 한정한다) 또는 특별임용(참사관급 외무공무원에 한정한다) 제한에 관한 이 영의 개정규정은 이 영 시행 전에 징계 처분을 받은 사실이 있는 사람에 대해서도 적용한다.
② 이 영 시행 전에 「국가인권위원회법」 제2조제3호라목에 따른 성희롱을 사유로 경징계 처분을 받은 사실이 있는 사람은 이 영의 개정규정에 따라 「양성평등기본법」 제3조제2호에 따른 성희롱을 사유로 경징계 처분을 받은 사실이 있는 것으로 본다.
제3조【특별승진임용 취소에 관한 적용례】 명예퇴직수당의 환수로 인한 특별승진임용, 명예진급(군인에 한정한다) 또는 특별임용(참사관급 외무공무원에 한정한다) 취소에 관한 이 영의 개정규정은 이 영 시행 이후 특별승진임용되는 사람부터 적용한다.

부　칙 (2020.6.30)

제1조【시행일】 이 영은 공포한 날부터 시행한다.(이하 생략)

부　칙 (2020.12.29)

제1조【시행일】 이 영은 2021년 1월 1일부터 시행한다.
제2조【일반적 적용례】 이 영은 이 영 시행 당시 사법경찰관이 수사 중인 사건에 대해서도 적용한다.

부　칙 (2021.1.5)

이 영은 공포한 날부터 시행한다.(이하 생략)

부　칙 (2021.11.11)

이 영은 공포한 날부터 시행한다.

부　칙 (2023.4.5)

제1조【시행일】 이 영은 2023년 6월 5일부터 시행한다.(이하 생략)

부　칙 (2023.7.11)

제1조【시행일】 이 영은 공포한 날부터 시행한다. 다만 제4조 및 제12조제3항의 개정규정은 2024년 1월 1일부터 시행한다.
제2조【외국어 어학검정 점수 유예기간에 관한 적용례】 제33조제6항 단서의 개정규정은 이 영 시행 이후 2회 이상 법 제24조제1항제3호의 사유에 따라 적격심사에 회부되어 적격 결정(이 영 시행 전에 적격 결정을 받은 경우를 횟수 산정에 포함한다)을 받은 사람에게 유예기간을 부여하는 경우부터 적용한다.
제3조【외무공무원 징계위원회 구성에 관한 적용례】 제43조제2항의 개정규정은 이 영 시행 이후 외무공무원 징계위원회의 위원을 위촉하는 경우부터 적용한다.
제4조【다른 법령의 개정】 ①~② ※(해당 법령에 가제정리 하였음)

부　칙 (2023.10.10)

제1조【시행일】 이 영은 2023년 10월 12일부터 시행한다.(이하 생략)

〔별표〕 ➡「法典 別册」참조

인사 감사 규정

(1970년 6월 15일 전개대통령령 제5041호)

개정
1999. 5.24영16365호(공무원임용)
2008. 2.29영20741호(직제)
2011. 4.19영22905호
2011.12.28영23398호
2013. 3.23영24425호(직제)
2014.11.19영25751호(직제)
2015. 7.13영26402호
2017.12.29영28573호
2019. 4.16영29695호
2020. 7.14영30854호

제1조【목적】 이 영은 「국가공무원법」 제17조 및 제17조의2에 따른 각 행정기관에 대한 인사 감사(監査)의 실시와 위법·부당한 인사행정의 신고 등에 필요한 사항을 규정함을 목적으로 한다.(2020.7.14 본조개정)
제2조【정의】 이 영에서 "감사"란 각 행정기관의 인사행정 운영이 적절한지를 파악하여 위법 또는 부당한 사항을 시정하거나 지도하는 것을 말한다.(2011.12.28 본조개정)
제3조【적용 범위】 각 행정기관에 대한 감사는 다른 법령에서 규정한 것을 제외하고는 이 영에 따른다.
(2011.12.28 본조개정)
제4조【감사의 종류】 ① 감사는 정기감사와 수시감사로 구분한다.
② 정기감사는 인사행정 전반을 대상으로 하여 연 1회 실시한다. 다만, 인사혁신처장은 감사 인력 및 감사대상 행정기관의 여건 등을 고려하여 부득이한 경우에는 실시주기를 달리 정할 수 있다.(2020.7.14 단서신설)
③ 수시감사는 인사혁신처장이 필요하다고 인정할 경우에 인사행정에 관한 특정 사항을 대상으로 하여 실시한다.(2014.11.19 본항개정)
(2011.12.28 본조개정)
제5조【감사관】 감사관은 인사혁신처장이 소속 공무원중에서 지명하는 사람이 된다.(2014.11.19 본조개정)
제6조【감사의 범위】 감사는 다음 각 호의 사항에 관하여 시행한다.
1. 임용
2. 시험
3. 근무성적평정
4. 경력평정
5. 승진후보자 명부 작성
6. 보수(報酬)
7. 징계
8. 신분 보장
9. 복무(服務)
10. 교육훈련
11. 그 밖에 인사행정의 실태파악과 정책 수립에 필요한 사항
(2011.12.28 본조개정)
제7조【감사의 실시】 ① 정기감사를 하려면 10일 전에 감사받을 기관의 장에게 그 사실을 통보하여야 한다.
② 감사를 할 때에는 감사받는 기관의 평상 근무 상태에서 하여야 하며, 그 기관의 기능을 제한하거나 활동을 저해하는 일이 없도록 유의하여야 한다.
③ 감사관은 필요할 때에는 관계관을 출석하게 하여 설명하게 하거나 관계 서류 제시를 요구할 수 있다.
④ 감사관은 감사받는 기관의 경미한 위반사항에 대해서는 즉시 시정하게 하거나 지도할 수 있다.
(2011.12.28 본조개정)
제8조【확인서 제출】 감사를 받은 기관은 감사 결과 지적된 사항에 대하여 기관장이나 그 기관의 인사 담당 공무원이 서명날인한 확인서를 감사관에게 제출하여야 한다.(2011.12.28 본조개정)
제9조【감사 강평】 감사관은 감사받은 기관에 대하여 감사 결과에 관한 강평(講評)을 하여야 한다.
(2011.12.28 본조개정)
제10조【감사 결과의 처리 및 통보】 ① 인사혁신처장은 감사를 실시한 경우에는 그 종료일부터 60일 이내에 감사받은 기관의 장에게 감사 결과를 통보해야 한다. 다만, 부득이한 사정이 있는 경우에는 30일의 범위에서 그 기간을 연장할 수 있다.
② 인사혁신처장은 감사 결과 위법 또는 부당한 사실이 발견되면 「국가공무원법」(이하 "법"이라 한다) 제17조제3항에 따라 감사받은 기관의 장에게 시정(是正)을 요구하거나 관계 공무원의 징계를 요구해야 한다. 이 경우 인사혁신처장은 제3항에 따른 관련 사실의 통보 여부를 참작해야 한다.
③ 인사혁신처장은 제2항 전단에 따른 위법 또는 부당한 사실이 중대하고, 그 원인이 행정기관의 장(행정기관의 장이 아닌 정무직공무원을 포함한다. 이하 이 항에서 같다)의 지시 등에 있다고 인정되는 경우에는 해당 행정기관의 장의 임명권자 및 임명제청권자에게 관련 사실을 통보할 수 있다.
(2020.7.14 본조개정)

제11조【의견 제출】 감사받은 기관의 장 또는 그 소속 공무원은 인사 사무 개선에 관한 의견을 감사관을 통하여 제출할 수 있다.(2011.12.28 본조개정)

제12조 (2020.7.14 삭제)

제13조【이의 신청】 ① 감사받은 기관의 장은 제10조제2항에 따른 인사혁신처장의 시정 요구나 관계 공무원 징계 요구에 이의가 있을 때에는 요구받은 날부터 30일 이내에 인사혁신처장에게 이의 신청을 할 수 있다.

② 인사혁신처장은 제1항에 따른 이의 신청을 받은 날부터 30일 이내에 이의 신청에 대하여 결정하고 그 결과를 감사받은 기관의 장에게 통보하여야 한다. 다만, 이의 신청에 대한 결과를 30일 이내에 통보할 수 없는 부득이한 사유가 있는 경우에는 30일의 범위에서 그 기간을 연장할 수 있다.

(2014.11.19 본조개정)

제14조【감사결과의 공개】 ① 행정기관의 인사행정 운영에 관한 감사결과는 원칙적으로 공개한다. 다만, 「공공기관의 정보공개에 관한 법률」 제9조제1항 각 호의 어느 하나에 해당하는 정보는 공개하지 아니할 수 있다.

② 감사결과의 공개시기 및 공개방법 등 공개에 관한 세부사항은 인사혁신처장이 정한다.

(2015.7.13 본조신설)

제15조【감사결과 공표의 방법】 인사혁신처장은 법 제17조제4항에 따라 기관명과 같은 항 각 호의 사실을 공표하는 경우 인사혁신처 인터넷 홈페이지에 3개월 이상 게시하는 방법으로 할 수 있다.(2020.7.14 본조개정)

제16조【위법·부당한 인사행정의 신고 방법 등】 ① 법 제17조의2제1항에 따라 위법 또는 부당한 인사행정 운영에 대해 신고하려는 사람은 다음 각 호의 사항을 서면(전자문서를 포함한다. 이하 같다)으로 인사혁신처장에게 제출해야 한다.

1. 신고자의 이름, 생년월일, 주소 및 연락처
2. 위법·부당한 인사행정과 관련된 기관 및 공무원
3. 신고의 경위 및 이유
4. 신고 내용을 입증할 수 있는 증거가 있는 경우 그 증거자료

② 인사혁신처장은 제1항에 따라 신고된 내용을 특정하기 위해 필요한 경우에는 10일 이내의 기한을 정하여 신고 내용의 보완을 요구할 수 있다.

③ 제1항에 따른 신고를 한 사람은 제17조제1항에 따른 결정이 있기 전까지는 신고를 취하할 수 있으며, 인사혁신처장은 신고가 취하된 경우에도 위법·부당한 인사행정이 있는 것으로 판단되면 해당 사항에 대한 감사를 실시할 수 있다.

(2020.7.14 본조신설)

제17조【위법·부당한 인사행정 신고에 대한 처리】 ① 인사혁신처장은 제16조제1항에 따른 신고를 받은 날(같은 조 제2항에 따라 보완을 요구한 경우에는 보완 기한이 끝난 날을 말한다)부터 30일 이내에 신고를 종결처리하거나 감사를 실시하는 결정을 해야 한다. 이 경우 다음 각 호의 어느 하나에 해당하는 경우에만 해당 신고를 종결처리할 수 있다.

1. 신고 내용이 명백히 거짓인 경우
2. 신고자가 제16조제2항에 따른 보완요구를 받고도 기한 내에 보완하지 않거나 보완 후에도 신고 내용이 특정되지 않는 경우
3. 신고자가 신고에 대한 처리 결과를 통보받은 후 새로운 사실의 발견 등 정당한 사유 없이 같은 내용으로 다시 신고한 경우
4. 다른 법령 등에 따라 조사·감사·수사·재판 등이 진행 중에 있어 감사의 실시가 부적절하다고 판단되는 경우
5. 신고 내용이 단순 민원이나 건의사항, 법령해석 등의 요구인 경우
6. 그 밖에 신고 내용이 인사 감사의 대상으로 부적합하거나 다른 기관에서 처리하는 것이 적절하다고 판단되는 경우

② 인사혁신처장은 제1항에 따라 신고를 종결처리한 경우에는 종결 사실과 그 이유를 신고자에게 통보해야 한다. 이 경우 제1항제6호에 해당하는 신고에 대해서는 신고자의 동의를 받아 관련 기관으로 이송할 수 있다.

③ 인사혁신처장은 제1항에 따라 감사의 실시를 결정한 경우 신고자에게 즉시 그 사실을 통보해야 하며, 감사가 완료된 날부터 10일 이내에 신고자에게 감사 결과를 서면으로 통보해야 한다.

(2020.7.14 본조신설)

제18조【인사상 불이익조치의 신고】 법 제17조의2제1항에 따른 신고를 이유로 다음 각 호의 어느 하나에 해당하는 인사상 불이익 조치를 받은 신고자는 그 사실을 제16조제1항에 따라 인사혁신처장에게 신고할 수 있다.

1. 법에 따른 징계 의결 요구 및 징계처분, 주의·경고
2. 본인의 의사에 반하는 전보 조치, 직무 미부여 또는 부서 내 보직 변경
3. 승진임용 심사에서의 불이익 조치
4. 성과평가 및 성과연봉·성과상여금 지급 등에서의 불이익 조치
5. 교육훈련 기회의 제한
6. 그 밖에 신고자의 의사에 반하는 인사상 불이익 조치

(2020.7.14 본조신설)

제19조【비밀 유지 등】 감사 사무 또는 법 제17조의2에 따른 신고 관련 사무에 종사한 사람은 그 사무 수행 중에 알게 된 비밀을 누설하거나 신고자의 동의 없이 인적사항을 공개해서는 안 된다.(2020.7.14 본조신설)

부 칙 (2015.7.13)

제1조【시행일】 이 영은 공포 후 3개월이 경과한 날부터 시행한다.

제2조【행정기관의 인사행정 운영에 관한 감사결과 공개에 관한 적용례】 제14조의 개정규정은 이 영 시행 이후 개시한 감사부터 적용한다.

부 칙 (2017.12.29)

제1조【시행일】 이 영은 공포한 날부터 시행한다.

제2조【인사 감사 결과 통보에 관한 적용례】 제10조제3항의 개정규정은 이 영 시행 이후 개시하는 감사부터 적용한다.

부 칙 (2019.4.16)

이 영은 2019년 4월 17일부터 시행한다.

부 칙 (2020.7.14)

제1조【시행일】 이 영은 2020년 7월 30일부터 시행한다.

제2조【감사 결과 통보에 관한 적용례】 제10조제1항의 개정규정은 이 영 시행 이후 개시하는 감사부터 적용한다.

공직자윤리법

(1981년 12월 31일 법 률 제3520호)

개정

1987.12. 4법 3993호(군사법원)

<중략>

2007. 5.17법 8435호(가족관계등록)
2007. 8. 3법 8635호(자본시장금융투자업)
2008. 2.29법 8852호(정부조직)
2008. 2.29법 8863호(금융위원회의설치등에관한법)
2008. 2.29법 8872호(대통령등의경호에관한법)
2009. 1.30법 9356호(고등교육)
2009. 2. 3법 9402호
2009. 4. 1법 9617호(신용정보의이용및보호에관한법)
2010. 3.22법 10148호(국가공무원)
2011. 3.29법 10465호(개인정보보호법)
2011. 7.29법 10982호
2011.12.31법 11141호(국민보험)
2012.12.11법 11530호(국가공무원)
2013. 3.23법 11690호(정부조직)
2013. 5.28법 11845호(자본시장금융투자업)
2013. 6. 7법 11873호(부가세)
2014.11.19법 12844호(정부조직)
2014.12.30법 12946호
2015.12.29법 13695호
2016. 1. 6법 13722호(군사법원)
2016. 1.19법 13796호(부동산가격공시에관한법)
2017. 3.21법 14609호(군인사법)
2017. 7.26법 14839호(정부조직)
2019. 8.27법 16568호(양식산업발전법)
2019.12. 3법 16671호
2019.12.10법 16768호(소방공무원법)
2020.12.15법 17646호(국가정보원법)
2020.12.22법 17689호(국가자치경찰)
2020.12.22법 17754호
2021. 4. 1법 17989호
2022. 1. 4법 18682호(비상대비에관한법)
2022.11.15법 19064호
2023. 6.13법 19470호
2023. 7.18법 19563호(가상자산이용자보호등에관한법)→2024년 7월 19일 시행
2023.12.26법 19854호

제1장 총 칙

(2009.2.3 본장개정)

제1조【목적】 이 법은 공직자 및 공직후보자의 재산등록, 등록재산 공개 및 재산형성과정 소명과 공직을 이용한 재산취득의 규제, 공직자의 선물신고 및 주식백지신탁, 퇴직공직자의 취업제한 및 행위제한 등을 규정함으로써 공직자의 부정한 재산 증식을 방지하고, 공무집행의 공정성을 확보하는 등 공익과 사익의 이해충돌을 방지하여 국민에 대한 봉사자로서 가져야 할 공직자의 윤리를 확립함을 목적으로 한다.(2011.7.29 본조개정)

제2조【생활보장 등】 국가는 공직자가 공직에 헌신할 수 있도록 공직자의 생활을 보장하고, 공직윤리의 확립에 노력하여야 한다.

제2조의2【이해충돌 방지 의무】 ① 국가 또는 지방자치단체는 공직자가 수행하는 직무가 공직자의 재산상 이해와 관련되어 공정한 직무수행이 어려운 상황이 일어나지 아니하도록 노력하여야 한다.

② 공직자는 자신이 수행하는 직무가 자신의 재산상 이해와 관련되어 공정한 직무수행이 어려운 상황이 일어나지 아니하도록 직무수행의 적정성을 확보하여 공익을 우선으로 성실하게 직무를 수행하여야 한다.

③ 공직자는 공직을 이용하여 사적 이익을 추구하거나 개인이나 기관·단체에 부정한 특혜를 주어서는 아니 되며, 재직 중 취득한 정보를 부당하게 사적으로 이용하거나 타인으로 하여금 부당하게 사용하게 하여서는 아니 된다.(2011.7.29 본항신설)

④ 퇴직공직자는 재직 중인 공직자의 공정한 직무수행을 해치는 상황이 일어나지 아니하도록 노력하여야 한다.(2011.7.29 본항신설)

제2장 재산등록 및 공개

(2009.2.3 본장개정)

제3조【등록의무자】 ① 다음 각 호의 어느 하나에 해당하는 공직자(이하 "등록의무자"라 한다)는 이 법에서 정하는 바에 따라 재산을 등록하여야 한다.

1. 대통령·국무총리·국무위원·국회의원 등 국가의 정무직공무원
2. 지방자치단체의 장, 지방의회의원 등 지방자치단체의 정무직공무원
3. 4급 이상의 일반직 국가공무원(고위공무원단에 속하는 일반직공무원을 포함한다) 및 지방공무원과 이에 상당하는 보수를 받는 별정직공무원(고위공무원단에 속하는 별정직공무원을 포함한다)
4. 대통령령으로 정하는 외무공무원과 4급 이상의 국가정보원 직원 및 대통령경호처 경호공무원(2017.7.26 본호개정)
5. 법관 및 검사
6. 헌법재판소 헌법연구관
7. 대령 이상의 장교 및 이에 상당하는 군무원
8. 교육공무원 중 총장·부총장·대학원장·학장(대학교의 학장을 포함한다) 및 전문대학의 장과 대학에 준하는 각종 학교의 장, 특별시·광역시·특별자치시·도·특별자치도의 교육감 및 교육장(2015.12.29 본호개정)
9. 총경(자치총경을 포함한다) 이상의 경찰공무원과 소방정 이상의 소방공무원(2019.12.10 본호개정)

10. 제3호부터 제7호까지 및 제9호의 공무원으로 임명할 수 있는 직위 또는 이에 상당하는 직위에 임용된 「국가공무원법」 제26조의5 및 「지방공무원법」 제25조의5에 따른 임기제공무원(2012.12.11 본호개정)
11. 「공공기관의 운영에 관한 법률」에 따른 공기업(이하 "공기업"이라 한다)의 장·부기관장·상임이사 및 상임감사, 한국은행의 총재·부총재·감사 및 금융통화위원회의 추천직 위원, 금융감독원의 원장·부원장·부원장보 및 감사, 농업협동조합중앙회·수산업협동조합중앙회의 회장 및 상임감사(2011.7.29 본호개정)
12. 제3조의2에 따른 공직유관단체(이하 "공직유관단체"라 한다)의 임원
12의2. 「한국토지주택공사법」에 따른 한국토지주택공사 등 부동산 관련 업무나 정보를 취급하는 대통령령으로 정하는 공직유관단체의 직원. 다만, 청소원, 건물 관리원 및 직업운동선수 등 부동산 관련 정보를 취득할 가능성이 없다고 인정되는 직원으로서 대통령령으로 정하는 직원은 제외한다.(2023.12.26 본호개정)
13. 그 밖에 국회규칙, 대법원규칙, 헌법재판소규칙, 중앙선거관리위원회규칙 및 대통령령으로 정하는 특정 분야의 공무원과 공직유관단체의 직원(2014.12.30 본호개정)
② (1993.6.11 삭제)

제3조의2【공직유관단체】 ① 제9조제2항제8호에 따른 정부 공직자윤리위원회는 정부 또는 지방자치단체의 재정지원 규모, 임원선임 방법 등을 고려하여 다음 각 호에 해당하는 기관·단체를 공직유관단체로 지정할 수 있다.
1. 한국은행
2. 공기업
3. 정부의 출자·출연·보조를 받는 기관·단체(재출자·재출연을 포함한다), 그 밖에 정부 업무를 위탁받아 수행하거나 대행하는 기관·단체
4. 「지방공기업법」에 따른 지방공사·지방공단 및 지방자치단체의 출자·출연·보조를 받는 기관·단체(재출자·재출연을 포함한다), 그 밖에 지방자치단체의 업무를 위탁받아 수행하거나 대행하는 기관·단체
(2014.12.30 3호~4호개정)
5. 임원 선임 시 중앙행정기관의 장 또는 지방자치단체의 장의 승인·동의·추천·제청 등이 필요한 기관·단체나 중앙행정기관의 장 또는 지방자치단체의 장이 임원을 선임·임명·위촉하는 기관·단체
② 제1항에 따른 공직유관단체의 지정기준 및 절차, 그 밖에 필요한 사항은 대통령령으로 정한다.
(2009.2.3 본조신설)

제4조【등록대상재산】 ① 등록의무자가 등록할 재산은 다음 각 호의 어느 하나에 해당하는 사람의 재산(소유 명의와 관계없이 사실상 소유하는 재산, 비영리법인에 출연한 재산과 외국에 있는 재산을 포함한다. 이하 같다)으로 한다.
1. 본인
2. 배우자(사실상의 혼인관계에 있는 사람을 포함한다. 이하 같다)
3. 본인의 직계존속·직계비속. 다만, 혼인한 직계비속인 여성과 외증조부모, 외조부모, 외손자녀 및 외증손자녀는 제외한다.(2011.7.29 단서개정)
② 등록의무자가 등록할 재산은 다음 각 호와 같다.
1. 부동산에 관한 소유권·지상권 및 전세권
2. 광업권·어업권·양식업권, 그 밖에 부동산에 관한 규정이 준용되는 권리(2019.8.27 본호개정)
3. 다음 각 목의 동산·증권·채권·채무 및 지식재산권(知識財産權)
가. 소유자별 합계액 1천만원 이상의 현금(수표를 포함한다)
나. 소유자별 합계액 1천만원 이상의 예금
다. 소유자별 합계액 1천만원 이상의 주식·국채·공채·회사채 등 증권
라. 소유자별 합계액 1천만원 이상의 채권
마. 소유자별 합계액 1천만원 이상의 채무
바. 소유자별 합계액 500만원 이상의 금 및 백금(금제품 및 백금제품을 포함한다)
사. 품목당 500만원 이상의 보석류
아. 품목당 500만원 이상의 골동품 및 예술품
자. 권당 500만원 이상의 회원권
차. 소유자별 연간 1천만원 이상의 소득이 있는 지식재산권
카. 자동차·건설기계·선박 및 항공기
4. 합명회사·합자회사 및 유한회사의 출자지분
5. 주식매수선택권
6. 「가상자산 이용자 보호 등에 관한 법률」 제2조제1호에 따른 가상자산(이하 "가상자산"이라 한다)(2023.7.18 본호개정)
③ 제1항에 따라 등록할 재산의 종류별 가액(價額)의 산정방법 또는 표시방법은 다음과 같다.
1. 토지는 「부동산 가격공시에 관한 법률」에 따른 개별공시지가(해당 토지의 개별공시지가가 없는 경우에는 같은 법 제8조에 따라 공시지가를 기준으로 산정한 금액을 말한다) 또는 실거래가격
2. 주택은 「부동산 가격공시에 관한 법률」 제16조, 제17조 및 제18조에 따른 공시가격 또는 실거래가격
3. 상가·빌딩·오피스텔, 그 밖의 부동산은 대지를 「부동산 가격공시에 관한 법률」에 따른 개별공시지가(해당 토지의 개별공시지가가 없는 경우에는 같은 법 제8조에 따라 공시지가를 기준으로 산정한 금액을 말한다)로 산정한 가액과 건물을 국가 또는 지방자치단체가 고시하는 공정가액 중 최고가액(취득가액이 있는 경우에는 취득가액을 함께 쓴다)으로 산정한 가액의 합계액 또는 실거래가격
(2016.1.19 1호~3호개정)
4. 부동산에 관한 규정이 준용되는 권리는 실거래가격이나 전문가 등의 평가액 그리고 종류·수량·내용 등 명세
5. 현금·예금·채권 및 채무는 해당 금액
6. 국채·공채·회사채 등 유가증권은 액면가
7. 주식 중 「자본시장과 금융투자업에 관한 법률」에 따라 거래소허가를 받은 거래소에 상장된 주권과 「자본시장과 금융투자업에 관한 법률」 제166조에 따라 장외거래되는 주식 중 증권시장과 유사한 방법으로 거래되는 주식은 재산등록 기준일의 최종거래가격(거래가 재산등록 기준일 전에 마감된 경우에는 마감일의 최종거래가격. 다만, 「자본시장과 금융투자업에 관한 법률」 제166조에 따라 장외거래되는 주식 중 증권시장과 유사한 방법으로 거래되는 주식의 경우에는 대통령령으로 정하는 거래가격을 말한다), 그 외의 주식은 해당 법인의 자산 및 수익을 고려하여 대통령령으로 정하는 평가방법에 따라 산정한 금액 또는 실거래가격(2019.12.3 단서개정)
8. 합명회사·합자회사 및 유한회사의 출자지분은 출자가액과 지분비율 및 최근 사업연도의 회사 연간매출액
9. 금 및 백금(금제품 및 백금제품을 포함한다)은 실거래가격이나 신고일 현재의 시장가격 그리고 종류·함량과 중량
10. 보석류는 실거래가격이나 전문가 등의 평가액 그리고 종류·크기·색상 등 명세
11. 골동품 및 예술품은 실거래가격이나 작가·크기를 고려한 전문가 등의 평가액 그리고 종류·크기·작가 및 제작연대 등 작품의 명세
12. 회원권은 취득가액. 다만, 골프회원권은 「소득세법」에 따른 기준시가 또는 실거래가격
13. 자동차·건설기계·선박 및 항공기는 실거래가격이나 감가상각 등을 고려한 전문가 등의 평가액 그리고 종류·제작연도·제작회사·등록번호 등 명세
14. 주식매수선택권은 받을 주식의 종류 및 수량, 행사가격·행사기간 등 행사조건, 받을 주식의 현재시가 등 명세
15. 가상자산은 해당 자산의 거래규모 및 거래방식 등을 고려하여 대통령령으로 정하는 평가방법에 따라 산정한 금액(2023.6.13 본호신설)
④ 제3항에서 규정한 것 외에 등록할 재산의 가액 산정방법과 표시방법, 그 밖에 등록에 필요한 사항은 대통령령으로 정한다.
⑤ 제2항에 따른 재산에 대하여 소유자별로 재산의 취득일자·취득경위·소득원 등을 기재하거나 소명자료를 첨부할 수 있다. 다만, 제10조제1항 각 호에 따른 공개대상자는 부동산, 제3항제7호에 따른 그 외의 주식 및 그 밖에 대통령령으로 정하는 재산에 대하여, 제3조제1항 각 호에 따른 공직자 중 부동산 관련 업무나 정보를 취급하는 대통령령으로 정하는 사람은 제4조제2항제1호에 따른 부동산에 대하여 소유자별로 재산의 취득일자·취득경위·소득원 등을 기재하여야 한다.(2021.4.1 단서개정)
⑥ 제1항에 따른 등록대상재산 중 다음 각 호의 어느 하나에 해당하는 재산은 다른 등록대상재산과 구분하여 표시하여야 한다.(2014.12.30 본문개정)
1. 비영리법인에 출연한 재산. 이 경우 그 법인에서의 등록의무자의 직위를 밝혀야 한다.
2. 「정치자금법」 제3조제1호에 따른 정치자금의 수입 및 지출을 위한 예금계좌의 예금
(2014.12.30 1호~2호신설)
⑦ 등록의무자가 제2항에 따른 재산 중 주식을 등록하기 위하여 필요한 경우 주식을 발행한 자에게 자산총액 및 그 밖에 대통령령으로 정하는 정보를 요청할 수 있다. 이 경우 주식을 발행한 자는 그 요청에 따라야 한다.
(2019.12.3 본항신설)

제5조【재산의 등록기관과 등록시기 등】 ① 공직자는 등록의무자가 된 날부터 2개월이 되는 날이 속하는 달의 말일까지 등록의무자가 된 날 현재의 재산을 다음 각 호의 구분에 따른 기관(이하 "등록기관"이라 한다)에 등록하여야 한다. 다만, 등록의무자가 된 날부터 2개월이 되는 날이 속하는 달의 말일까지 등록의무를 면제받은 경우에는 그러하지 아니하며, 전보(轉補)·강임(降任)·강등(降等) 또는 퇴직 등으로 인하여 등록의무를 면제받은 사람이 3년(퇴직한 경우에는 1년) 이내에 다시 등록의무자가 된 경우에는 전보·강임·강등 또는 퇴직 등을 한 날 이후 또는 제11조제1항에 따른 재산변동사항 신고 이후의 변동사항을 신고함으로써 등록을 갈음할 수 있다.
(2015.12.29 본문개정)
1. 국회의원과 그 밖의 국회 소속 공무원 : 국회사무처
2. 법관과 그 밖의 법원 소속 공무원 : 법원행정처
3. 헌법재판소장, 헌법재판소재판관 및 헌법재판소 소속 공무원 : 헌법재판소사무처
4. 중앙선거관리위원회 및 각급 선거관리위원회 소속 공무원 : 중앙선거관리위원회사무처
5. 정부의 부·처·청(대통령령으로 정하는 위원회 등의 행정기관을 포함한다. 이하 같다) 소속 공무원 : 그 부·처·청
6. 감사원 소속 공무원 : 감사원사무처
7. 국가정보원 소속 공무원 : 국가정보원
8. 지방자치단체 소속 공무원 : 그 지방자치단체
9. 지방의회의원과 지방의회 소속 공무원 : 그 지방의회
10. 특별시·광역시·특별자치시·도·특별자치도교육청 소속 공무원 : 그 특별시·광역시·특별자치시·도·특별자치도교육청(2011.7.29 본호개정)
11. (2015.12.29 삭제)
12. 공직유관단체의 임직원 : 그 공직유관단체를 감독하는 부·처·청. 다만, 특별시·광역시·특별자치시·도·특별자치도 및 시·군·구(자치구를 말한다. 이하 같다) 또는 특별시·광역시·특별자치시·도·특별자치도교육청의 감독을 받는 공직유관단체의 임직원은 해당 지방자치단체 또는 교육청에 등록한다.
(2020.12.22 단서개정)
13. 그 밖의 등록의무자, 제5호부터 제7호까지 및 제12호 본문에도 불구하고 정부의 부·처·청 소속 공무원과 감사원·국가정보원 소속 공무원 및 공직유관단체의 임원으로서 제10조제1항에 따라 재산등록사항을 공개하는 공직자 : 인사혁신처(2014.11.19 본호개정)
② 제1항 단서의 경우에 등록기관이 종전의 등록기관과 다를 때에는 종전의 등록기관의 장은 전보 등으로 인하여 등록의무를 면제받은 사람이 다시 등록의무자가 된 날부터 1개월 이내에 그 사람의 재산등록에 관한 서류를 새로운 등록기관의 장에게 이관(移管)하여야 한다. 등록의무자가 전보 등으로 인하여 등록의무를 면제받지 아니하고 등록기관이 변경된 경우에도 또한 같다.
③ 제1항제5호에 따른 등록기관 중 재산을 등록하여야 할 등록의무자의 수가 많아 등록업무를 수행하기가 곤란한 등록기관에 대하여는 대통령령으로 정하는 바에 따라 그 소속 기관 중 일부를 등록기관으로 할 수 있다.

제6조【변동사항 신고】 ① 등록의무자는 매년 1월 1일부터 12월 31일까지의 재산 변동사항을 다음 해 2월 말일까지 등록기관에 신고하여야 한다. 다만, 최초의 등록 후 또는 제5조제1항 단서에 따른 신고 후 최초의 변동사항 신고의 경우에는 등록의무자가 된 날부터 그 해 12월 31일까지의 재산 변동사항을 등록기관에 신고하여야 한다.
② 퇴직한 등록의무자는 퇴직일부터 2개월이 되는 날이 속하는 달의 말일까지 그 해 1월 1일(1월 1일 이후에 등록의무자가 된 경우에는 등록의무자가 된 날)부터 퇴직일까지의 재산 변동사항을 퇴직 당시의 등록기관에 신고하여야 한다. 다만, 퇴직일부터 2개월이 되는 날이 속하는 달의 말일까지 다시 등록의무자가 된 경우에는 제1항에 따른 변동사항 신고만으로 신고를 갈음할 수 있다.
(2015.12.29 본항개정)
③ 10월부터 12월까지 중에 등록의무자가 되어 제1항에 따라 재산 변동사항을 신고하여야 하는 경우에는 등록의무자가 된 날부터 그 해 12월 31일까지의 재산 변동사항은 다음 해의 변동사항 또는 제2항에 따른 퇴직자 변동사항에 포함하여 신고할 수 있으며, 등록의무자가 1월 또는 2월 중에 퇴직한 경우에는 제1항에 따른 변동사항은 제2항에 따른 퇴직자 변동사항에 포함하여 신고할 수 있다.
(2019.12.3 본항개정)
④ 제2항은 제3조제1항제11호부터 제13호까지의 등록의무자 중 소속 기관·단체가 공직유관단체에서 제외되어 등록의무를 면제받은 경우에도 준용한다.
⑤~⑦ (2015.12.29 삭제)
⑧ 제1항과 제2항에 따른 신고를 하는 경우에는 매매계약서·영수증 등(사본을 포함한다) 재산의 증감원인(增減原因) 등을 소명할 수 있는 자료를 첨부하거나 그 사유를 구체적으로 밝혀야 한다.
⑨ (2015.12.29 삭제)

제6조의2【주식 및 가상자산 거래내역의 신고】 ① 제10조제1항 각 호의 공개대상자에 해당하는 등록의무자는 제6조 또는 제11조제1항에 따른 재산 변동사항 신고 시에 제4조제1항 각 호의 어느 하나에 해당하는 사람의 주식 및 가상자산의 취득 또는 양도에 관한 거래 내용을 등록기관에 신고하여야 한다.(2023.6.13 본항개정)
② 제1항에 따른 거래내역 신고 시 신고대상 거래의 범위, 신고의 방법 등에 관하여 필요한 사항은 대통령령으로 정한다.(2023.6.13 본항개정)
③ 제1항에 따른 거래의 신고내용은 공개하지 아니 한다.
(2023.6.13 본항개정)
④ 제1항에 따른 신고와 신고사항의 심사 및 관리에 관하여는 제8조, 제8조의2, 제12조부터 제14조까지 및 제14조의3을 준용한다.
(2023.6.13 본조제목개정)

제6조의3【변동사항 신고의 유예 등】 ① 등록기관의 장은 등록의무자가 다음 각 호의 어느 하나에 해당하여 변동사항 신고의 유예신청을 하는 경우에는 3년의 범위에서 제6조제1항 또는 제11조제1항에 따른 변동사항 신고를 유예할 수 있다.
1. 법령의 규정에 따라 외국에 파견근무하게 된 경우
2. 법령의 규정에 따라 휴직하게 된 경우
3. 재외공관 또는 해외 주재 사무소에서 근무하게 된 경우
4. 그 밖에 대통령령으로 정하는 사유에 해당하는 경우

② 등록기관의 장은 등록의무자가 다음 각 호의 어느 하나에 해당하는 경우에는 제9조제1항에 따른 공직자윤리위원회(이하 "공직자윤리위원회"라 한다)의 의결로 제6조 또는 제11조에 따른 변동사항 신고를 유예하거나 면제할 수 있다. 이 경우 등록기관의 장은 그 명단 및 사유 등을 관리하여야 한다.(2015.12.29 전단개정)
1. 구금 등으로 신고가 곤란하다고 인정된 경우
2. 실종 등으로 행방이 불분명한 경우
3. 제1호 및 제2호에 상당하는 사유로 사실상 신고가 곤란하다고 인정된 경우
③ 제1항 또는 제2항에 따라 변동사항 신고를 유예받은 등록의무자는 그 유예사유가 소멸된 날부터 2개월이 되는 날이 속하는 달의 말일까지 최종 재산등록 또는 변동사항 신고 이후의 재산 변동사항을 신고하여야 한다.
(2015.12.29 본항개정)

제6조의4【변동사항 신고의 범위와 내용】 제6조제1항 및 제2항에 따라 신고하여야 할 재산상의 변동사항의 범위와 내용은 다음과 같다.
1. 제4조제2항제1호 및 제2호에 해당하는 재산과 제4조제3항제12호 중 골프회원권의 매매·증여 또는 공시가격 고시 등으로 인한 변동사항. 다만, 매매 등의 거래를 한 경우 실거래가를 신고하고 증여와 같이 실거래가격을 알 수 없거나 해당 연도에 거래를 하지 아니한 경우에는 공시가격 변동액을 신고하되, 공시가격 변동액이 이미 신고된 실거래가보다 낮은 경우에는 신고하지 아니한다.
2. 제4조제2항제3호 및 제6호에 해당하는 재산의 품목·수량·금액 등 증감한 변동사항. 다만, 제4조제2항제3호사목 및 아목의 재산은 제6조제1항 및 제2항의 등록대상기간 동안 거래가 없는 경우 금액의 변동이 있더라도 변동액을 신고하지 아니한다.(2023.6.13 본문개정)
3. 제4조제1항 및 제6항에 따른 비영리법인에 출연한 재산은 출연재산의 구체적인 내용, 비영리법인의 명칭, 주된 사무소의 소재지, 대표자, 목적사업, 그 밖에 비영리법인의 세부적인 사항과 그 법인에서의 등록의무자의 직위의 변동사항

제6조의5【금융거래정보·부동산정보 등의 제공 및 활용 등】 ① 공직자윤리위원회는 제5조제1항, 제6조제1항·제2항, 제10조제2항 및 제11조제1항에 따른 등록 또는 신고(이하 이 조에서 "재산등록·신고"라 한다)를 위하여 필요한 경우에는 「금융실명거래 및 비밀보장에 관한 법률」 제4조, 「신용정보의 이용 및 보호에 관한 법률」 제33조 및 「개인정보 보호법」 제18조에도 불구하고 명의인의 동의를 받아 등록의무자가 요청하면 「정보통신망 이용촉진 및 정보보호 등에 관한 법률」 제2조제1항제1호에 따른 정보통신망(이하 "정보통신망"이라 한다)을 이용하여 금융기관(「금융실명거래 및 비밀보장에 관한 법률」 제2조제1호에 따른 금융회사등, 「신용정보의 이용 및 보호에 관한 법률」 제15조에 따른 신용정보회사등, 「가상자산 이용자 보호 등에 관한 법률」 제2조제2호에 따른 가상자산사업자 및 그 밖에 대통령령으로 정하는 자를 말한다. 이하 같다)의 장에게 금융거래(가상자산거래를 포함한다. 이하 같다) 중 잔액에 관한 자료(신용정보 중 대출 잔액에 관한 자료를 포함한다. 이하 이 조에서 같다) 제출을 요구할 수 있으며, 해당 금융기관의 장은 정보통신망을 이용하여 20일 이내에 자료를 제출하여야 한다. 이 경우 해당 금융기관의 장은 「금융실명거래 및 비밀보장에 관한 법률」 제4조의2 및 「신용정보의 이용 및 보호에 관한 법률」 제35조에도 불구하고 명의인이 동의할 때에는 금융거래 중 잔액에 관한 자료를 제공한 사실을 명의인에게 통보하지 아니할 수 있다.(2023.7.18 전단개정)
② 공직자윤리위원회는 등록의무자로부터 재산등록·신고를 위하여 명의인의 동의를 받아 부동산 보유·등기, 과세정보(지적, 건축, 주택에 관한 자료를 포함한다. 이하 같다), 자동차 등록, 회원권(골프회원권, 콘도미니엄회원권 등 대통령령으로 정하는 것을 말한다. 이하 이 조에서 같다) 보유에 관한 자료의 제공을 요청받으면 「개인정보 보호법」 제18조에도 불구하고 정보통신망을 이용하여 중앙행정기관, 지방자치단체, 공직유관단체, 그 밖의 공공기관의 장에게 관련 자료의 제출을 요구할 수 있다. 이 경우 요청을 받은 기관의 장은 20일 이내에 정보통신망을 이용하여 그 요청에 따라야 한다.(2023.12.26 전단개정)
③ 공직자윤리위원회는 재산등록·신고 기간 만료일 15일 전까지 제1항 전단에 따른 금융거래 중 잔액에 관한 자료와 제2항에 따른 부동산 보유·등기, 과세정보, 자동차 등록, 회원권 보유에 관한 자료를 등록의무자에게 제공하여야 한다.(2023.12.26 본항개정)
④ 공직자윤리위원회는 제1항에 따른 금융거래 중 잔액에 관한 자료와 제2항에 따른 부동산 보유·등기, 과세정보, 자동차 등록, 회원권 보유에 관한 자료를 「금융실명거래 및 비밀보장에 관한 법률」 제4조, 「신용정보의 이용 및 보호에 관한 법률」 제33조 및 「개인정보 보호법」 제18조에도 불구하고 등록사항의 심사에 활용할 수 있다.
(2023.12.26 본항개정)
⑤ 제9조제2항 각 호(제8호는 제외한다)의 공직자윤리위원회는 제1항 및 제2항에 따른 자료제출 요구를 제9조제2항제8호에 따른 정부 공직자윤리위원회에 위탁할 수 있으며, 정부 공직자윤리위원회는 위탁받은 명의인에 대한 자료를 관계 기관의 장에게 요구할 수 있다.
⑥ 제1항 및 제2항에 따른 자료제출 요청 및 동의 등에 필요한 사항은 국회규칙, 대법원규칙, 헌법재판소규칙, 중앙선거관리위원회규칙 또는 대통령령으로 정한다.
(2023.12.26 본조제목개정)
(2015.12.29 본조신설)

제7조【등록기간의 연장】 등록기관의 장은 등록의무자(제6조제2항의 퇴직공직자를 포함한다. 이하 제8조·제10조·제12조·제13조 및 제24조에서 같다)가 부득이한 사유로 재산등록(신고를 포함한다. 이하 같다)의 기간 연장을 신청한 경우에 그 사유가 타당하다고 인정할 때에는 재산의 전부 또는 일부에 대한 등록기간을 연장할 수 있다. 이 경우 등록의무자는 연장된 기간 내에 등록을 하여야 한다.

제8조【등록사항의 심사】 ① 공직자윤리위원회는 등록된 사항을 심사하여야 한다.
② 공직자윤리위원회는 등록의무자가 등록재산의 일부를 과실로 빠트리거나 가액합산 등을 잘못 기재한 부분이 있다고 인정될 때에는 등록의무자에게 기간을 정하여 재산등록서류의 보완을 명할 수 있다.
③ 공직자윤리위원회는 제1항에 따른 심사를 위하여 필요하면 등록의무자에게 자료의 제출요구 또는 서면질의를 하거나 사실 확인을 위한 조사를 할 수 있다. 이 경우 공직자윤리위원회는 등록의무자에게 해명 및 소명자료를 제출할 기회를 주어야 한다.
④ 공직자윤리위원회는 국가기관, 지방자치단체, 공직유관단체, 그 밖의 공공기관의 장에게 제1항에 따른 심사를 위하여 필요한 보고나 자료 제출 등을 요구할 수 있으며, 이 경우 그 기관·단체의 장은 다른 법률에도 불구하고 보고나 자료 제출 등을 거부할 수 없다.
⑤ 공직자윤리위원회는 제1항에 따른 심사를 위하여 금융거래의 내용(신용정보를 포함한다. 이하 같다)에 관한 확인이 필요하다고 인정될 때에는 「금융실명거래 및 비밀보장에 관한 법률」 제4조 및 「신용정보의 이용 및 보호에 관한 법률」 제33조에도 불구하고 국회규칙, 대법원규칙, 헌법재판소규칙, 중앙선거관리위원회규칙 또는 대통령령으로 정하는 기준에 따라 인적사항을 기재한 문서 또는 정보통신망에 의하여 금융기관의 장에게 금융거래의 내용에 관한 자료 제출을 요구할 수 있으며 그 금융기관에 종사하는 사람은 이를 거부하지 못한다.(2009.4.1 본항개정)
⑥ 공직자윤리위원회는 등록의무자와 그 배우자, 등록의무자의 직계존속·직계비속, 그 밖의 재산등록사항 관계인에게 출석을 요구하고 진술을 받을 수 있다.
⑦ 공직자윤리위원회는 제1항에 따른 심사 결과 다음 각 호의 어느 하나에 해당하는 등록의무자에 대하여는 그 증명서류를 첨부하고 기간을 정하여 법무부장관(군인 또는 군무원의 경우에는 국방부장관)에게 조사를 의뢰하여야 한다.(2019.12.3 본문개정)
1. 거짓으로 등록하였다고 의심되는 등록의무자
2. 다음 각 목의 어느 하나에 해당하는 행위를 통하여 재물 또는 재산상 이익을 취득한 상당한 혐의가 있다고 의심되는 등록의무자
가. 직무상 알게 된 비밀 또는 소속 기관의 미공개정보(재물 또는 재산상 이익의 취득 여부의 판단에 중대한 영향을 미칠 수 있는 정보로서 불특정 다수인이 알 수 있도록 공개되기 전의 것을 말한다. 이하 같다)의 이용(2023.12.26 본목개정)
나. 직무와 관련한 뇌물의 수수(收受)
다. 지위를 이용하여 다른 공직자의 직무에 속한 사항의 알선
(2019.12.3 1호~2호신설)
⑧ 법무부장관 또는 국방부장관은 제7항에 따라 조사의뢰를 받으면 지체 없이 검사(檢事) 또는 군검사에게 조사를 하게 하고 그 조사 결과를 공직자윤리위원회에 통보하여야 한다.(2016.1.6 본항개정)
⑨ 제8항에 따른 검사나 군검사의 조사에 관하여는 형사소송에 관한 법령(「군사법원법」을 포함한다) 중 수사에 관한 규정을 준용한다. 다만, 인신구속에 관한 규정은 그러하지 아니하다.(2016.1.6 본문개정)
⑩ 공직자윤리위원회는 제5조제1항에 따른 등록사항 또는 제6조에 따른 변동신고사항을 제10조제1항에 따라 공개한 후 3개월 이내에 재산공개대상 공직자 전원에 대한 심사를 완료하여야 한다. 다만, 공직자윤리위원회는 필요하다고 인정되면 그 의결로써 심사기간을 3개월의 범위에서 연장할 수 있다.
⑪ 공직자윤리위원회는 필요한 경우 재산공개대상자가 아닌 등록의무자의 등록사항에 대한 심사를 등록기관의 장이나 그 밖의 관계기관의 장에게 위임할 수 있으며, 위임을 받은 기관의 장은 심사결과를 관할 공직자윤리위원회에 보고하여야 한다.
⑫ 제11항에 따라 위임하는 경우에는 제2항부터 제9항까지의 규정을 준용한다. 이 경우 제5항에 따른 금융거래의 내용에 관한 자료 제출을 요구하거나 제7항에 따른 조사의뢰를 하려면 관할 공직자윤리위원회의 승인을 받아야 한다.
⑬ 공직자윤리위원회는 재산등록사항을 심사할 때 필요한 경우 제4조에 따라 등록한 재산의 소유자별 취득일자, 취득경위 및 소득원 등(이하 이 조에서 "재산형성과정"이라 한다)을 소명하게 할 수 있다. 이때 재산형성과정의 소명을 요구받은 사람은 소명내용에 대한 재산등록 기준일부터 과거 5년간의 증빙자료를 제출하여야 한다.
(2019.12.3 본항개정)
⑭ 제13항에 따라 재산형성과정의 소명을 요구받은 사람은 정당한 사유가 없으면 소명 및 자료 제출을 거부할 수 없다.
⑮ 제13항 및 제14항에 따른 재산형성과정의 소명 및 자료 제출에 필요한 사항은 대통령령으로 정한다.
⑯ 공직자윤리위원회는 제4항 및 제5항에 따른 자료제출 요구를 제9조제2항제8호에 따른 정부 공직자윤리위원회에 위탁할 수 있으며, 정부 공직자윤리위원회는 위탁받은 명의인에 대한 자료를 관계 기관의 장에게 요구할 수 있다. 이 경우 「금융실명거래 및 비밀보장에 관한 법률」 제4조의2 및 「신용정보의 이용 및 보호에 관한 법률」 제35조에 따른 비용은 해당 사무를 위탁한 공직자윤리위원회가 부담한다.(2015.12.29 본항신설)

제8조의2【심사결과의 처리】 ① 공직자윤리위원회는 제8조에 따른 등록사항의 심사(제9조의2에 따른 재심사를 포함한다) 결과 다음 각 호의 어느 하나에 해당하면 제2항에 따른 필요한 조치를 하여야 한다.
1. 등록대상재산을 거짓으로 기재한 경우
2. 등록대상재산을 중대한 과실로 빠트리거나 잘못 기재하는 경우
3. 허위의 자료를 제출하거나 거짓으로 소명하는 등 불성실하게 재산등록을 하거나 심사에 응한 경우
4. 직무상 알게 된 비밀 또는 소속 기관의 미공개정보를 이용하여 재물 또는 재산상 이익을 취득한 사실이 인정된 경우(2023.12.26 본호개정)
(2019.12.3 본항개정)
② 제1항의 필요한 조치는 다음 각 호의 어느 하나에 해당하는 조치로 한다.
1. 경고 및 시정조치
2. 제30조에 따른 과태료 부과
3. 일간신문 광고란을 통한 허위등록사실의 공표
4. 해임 또는 징계의결 요구
(2019.12.3 본항신설)
③ 제1항의 중대한 과실이 있는지를 인정하려면 등록된 재산과 등록에서 빠진 재산의 규모·종류 및 가액과 빠트리거나 잘못 기재한 경위 등을 종합적으로 고려하여야 한다.
④ 공직자윤리위원회는 제2항 각 호의 조치 중 제3호의 조치는 다른 조치에 부수하여 함께 할 수 있다.(2019.12.3 본항개정)
⑤ 공직자윤리위원회는 제2항에 따른 조치를 하였을 때에는 등록기관의 장이나 그 밖의 관계 기관의 장에게 통보하여야 한다.(2019.12.3 본항개정)
⑥ 공직자윤리위원회는 제2항에 따른 조치를 하는 경우에 제4조제1항 각 호의 어느 하나에 해당하는 사람이 다른 법령을 위반하여 부정한 방법으로 재물 또는 재산상 이익을 취득한 혐의가 있다고 인정되면 이를 법무부장관(군인 또는 군무원의 경우에는 국방부장관을 말한다)에게 통보할 수 있다. 다만, 조세 관련 법령의 경우에는 국세는 국세청장 또는 관세청장에게, 지방세는 해당 지방자치단체의 장에게 각각 통보할 수 있다.(2019.12.3 본문개정)

제9조【공직자윤리위원회】 ① 다음 각 호의 사항을 심사·결정하기 위하여 국회·대법원·헌법재판소·중앙선거관리위원회·정부·지방자치단체 및 특별시·광역시·특별자치시·도·특별자치도교육청에 각각 공직자윤리위원회를 둔다.(2011.7.29 본문개정)
1. 재산등록사항의 심사와 그 결과의 처리
2. 제8조제12항 후단에 따른 승인
3. 제18조에 따른 취업제한 여부의 확인 및 취업승인과 제18조의2제3항에 따른 업무취급의 승인(2011.7.29 본호개정)
4. 그 밖에 이 법 또는 다른 법령에 따라 공직자윤리위원회의 권한으로 정한 사항
② 각 공직자윤리위원회의 관할 사항은 다음과 같다.
1. 국회 공직자윤리위원회 : 국회의원, 국회 소속 공무원과 그 퇴직공직자에 관한 사항
2. 대법원 공직자윤리위원회 : 법관, 법원 소속 공무원과 그 퇴직공직자에 관한 사항
3. 헌법재판소 공직자윤리위원회 : 헌법재판소재판관, 헌법재판소 소속 공무원과 그 퇴직공직자에 관한 사항
4. 중앙선거관리위원회 공직자윤리위원회 : 중앙선거관리위원회 및 각급 선거관리위원회 소속 공무원과 그 퇴직공직자에 관한 사항
5. 특별시·광역시·특별자치시·도·특별자치도 공직자윤리위원회 : 특별시·광역시·특별자치시·도·특별자치시·도 소속 4급 이하 공무원, 관할 공직유관단체의 임직원, 특별시·광역시·특별자치시·도·특별자치도의회 소속 4급 이하 공무원, 시·군·구의회의원, 시·군·구의 4급 공무원과 그 퇴직자에 관한 사항
(2011.7.29 본호개정)
6. 시·군·구 공직자윤리위원회 : 시·군·구 소속 5급 이하 공무원, 관할 공직유관단체의 임직원, 시·군·구의회 소속 5급 이하 공무원과 그 퇴직공직자에 관한 사항
7. 특별시·광역시·특별자치시·도·특별자치도교육청공직자윤리위원회 : 특별시·광역시·특별자치시·도·특별자치도교육청 소속 4급 이하 공무원과 그 퇴직공직자에 관한 사항(2015.12.29 본호개정)
8. 정부 공직자윤리위원회 : 제1호부터 제7호까지의 공직자 외의 공직자와 그 퇴직공직자에 관한 사항

③ 공직자윤리위원회는 위원장과 부위원장 각 1명을 포함한 13명의 위원으로 구성하되, 위원장을 포함한 9명의 위원은 판사·검사·변호사, 교육자, 학식과 덕망이 있는 사람 또는 시민단체(「비영리민간단체 지원법」 제2조에 따른 비영리민간단체를 말한다. 이하 같다)에서 추천한 사람 중에서 선임하여야 한다. 다만, 시·군·구 공직자윤리위원회는 위원장과 부위원장 각 1명을 포함한 7명의 위원으로 구성하되, 위원장을 포함한 5명의 위원은 판사·검사·변호사, 교육자, 학식과 덕망이 있는 사람 또는 시민단체에서 추천한 사람 중에서 선임하여야 한다.(2020.12.22 본항개정)

④ 공직자윤리위원회위원의 자격, 임기, 선임 및 심사절차, 그 밖에 필요한 사항은 다음 각 호의 구분에 따라 정한다.(2019.12.3 본문개정)

1. 국회 공직자윤리위원회 : 국회규칙
2. 대법원 공직자윤리위원회 : 대법원규칙
3. 헌법재판소 공직자윤리위원회 : 헌법재판소규칙
4. 중앙선거관리위원회 공직자윤리위원회 : 중앙선거관리위원회규칙
5. 정부 공직자윤리위원회 : 대통령령
6. 특별시·광역시·특별자치시·도·특별자치도 공직자윤리위원회 및 시·군·구 공직자윤리위원회와 특별시·광역시·특별자치시·도·특별자치도교육청 공직자윤리위원회 : 해당 지방자치단체의 조례

(2011.7.29 본호개정)

⑤ 공직자윤리위원회의 업무를 효율적으로 지원하기 위하여 위원회에 분과위원회와 전문위원을 둘 수 있다.(2011.7.29 본항신설)

⑥ 공직자윤리위원회는 이 법과 제4항 각 호에 규정된 규칙, 대통령령 또는 조례의 범위에서 그 운영에 관한 규정을 제정할 수 있다.

제9조의2 【공직자윤리위원회 직권 재심사】 공직자윤리위원회는 제9조제1항제1호 또는 제3호에 따른 결정사항이 다음 각 호의 어느 하나에 해당하는 경우로서 재적위원 과반수가 재심사할 공익상의 필요가 크다고 인정하는 경우에는 최초 결정이 있은 날부터 3년 이내, 직권 재심사 사유가 있음을 안 날부터 6개월 이내에 직권으로 재심사할 수 있다. 이 경우 공직자윤리위원회의 회의는 재적위원 3분의 2 이상의 찬성으로 의결한다.

1. 결정의 기초가 된 증거자료가 위조·변조 또는 고의로 누락된 사실이 밝혀진 경우
2. 심사과정에서 조사가 이루어지지 아니한 중요한 증거가 새로 발견된 경우
3. 심사과정의 심의·의결 절차 등에 관한 위법이 발견되었을 경우

(2015.12.29 본조신설)

제10조 【등록재산의 공개】 ① 공직자윤리위원회는 관할 등록의무자 중 다음 각 호의 어느 하나에 해당하는 공직자 본인과 배우자 및 본인의 직계존속·직계비속의 재산에 관한 등록사항과 제6조에 따른 변동사항 신고내용을 등록기간 또는 신고기간 만료 후 1개월 이내에 관보(공보를 포함한다) 및 인사혁신처장이 지정하는 정보통신망을 통하여 공개하여야 한다.(2023.12.26 본문개정)

1. 대통령, 국무총리, 국무위원, 국회의원, 국가정보원의 원장 및 차장 등 국가의 정무직공무원
2. 지방자치단체의 장, 지방의회의원 등 지방자치단체의 정무직공무원
3. 일반직 1급 국가공무원(「국가공무원법」 제23조에 따라 배정된 직무등급이 가장 높은 등급의 직위에 임용된 고위공무원단에 속하는 일반직공무원을 포함한다) 및 지방공무원과 이에 상응하는 보수를 받는 별정직공무원(고위공무원단에 속하는 별정직공무원을 포함한다)(2010.3.22 본호개정)
4. 대통령령으로 정하는 외무공무원(2020.12.15 본호개정)
5. 고등법원 부장판사급 이상의 법관과 대검찰청 검사급 이상의 검사
6. 중장 이상의 장성급(將星級) 장교(2017.3.21 본호개정)
7. 교육공무원 중 총장·부총장·학장(대학교의 학장은 제외한다) 및 전문대학의 장과 대학에 준하는 각종 학교의 장, 특별시·광역시·특별자치시·도·특별자치도의 교육감(2015.12.29 본호개정)
8. 치안감 이상의 경찰공무원 및 특별시·광역시·특별자치시·도·특별자치도의 시·도경찰청장(2020.12.22 본호개정)

8의2. 소방정감 이상의 소방공무원(2011.7.29 본호신설)

9. 지방 국세청장 및 3급 공무원 또는 고위공무원단에 속하는 공무원인 세관장
10. 제3호부터 제6호까지, 제8호 및 제9호의 공무원으로 임명할 수 있는 직위 또는 이에 상당하는 직위에 임용된 「국가공무원법」 제26조의5 및 「지방공무원법」 제25조의5에 따른 임기제공무원. 다만, 제4호·제5호·제8호 및 제9호 중 직위가 지정된 경우에는 그 직위에 임용된 「국가공무원법」 제26조의5 및 「지방공무원법」 제25조의5에 따른 임기제공무원만 해당된다.(2012.12.11 본호개정)
11. 공기업의 장·부기관장 및 상임감사, 한국은행의 총재·부총재·감사 및 금융통화위원회의 추천직 위원, 금융감독원의 원장·부원장·부원장보 및 감사, 농업협동조합중앙회·수산업협동조합중앙회의 회장 및 상임감사(2011.7.29 본호개정)
12. 그 밖에 대통령령으로 정하는 정부의 공무원 및 공직유관단체의 임원
13. 제1호부터 제12호까지의 직(職)에서 퇴직한 사람(제6조제2항의 경우에만 공개한다)

② 등록의무자가 재산등록 후 승진·전보 등으로 인하여 제1항에 따른 공개대상자가 된 경우에는 공개대상자가 된 날부터 2개월이 되는 날이 속하는 달의 말일까지 공개대상자가 된 날 현재의 재산을 제5조제1항 본문에 따라 다시 등록기관에 등록하여야 하며, 공직자윤리위원회는 제1항에 따라 이를 공개하여야 한다. 다만, 공개대상자가 공개대상이 아닌 직위로 전보되었다가 3년 이내에 다시 공개대상자가 된 경우에는 최종 공개 이후에 변동된 사항만을 공개한다.(2015.12.29 본문개정)

③ 제1항과 제2항에 해당하는 경우가 아니면 누구든지 공직자윤리위원회 또는 등록기관의 장의 허가를 받지 아니하고는 등록의무자의 재산에 관한 등록사항을 열람·복사하거나 이를 하게 하여서는 아니 된다. 다만, 등록의무자가 본인의 등록사항에 대하여 열람·복사하는 경우에는 그러하지 아니하다.(2011.7.29 단서신설)

④ 공직자윤리위원회 또는 등록기관의 장은 다음 각 호의 어느 하나에 해당하는 경우가 아니면 제3항에 따른 허가를 할 수 없다.

1. 등록의무자 또는 등록의무자였던 사람에 대한 범죄수사 또는 비위(非違) 조사나 이에 관련된 재판상 필요가 있는 경우
2. 국회의원이 「국회법」 제128조제1항, 「국정감사 및 조사에 관한 법률」 제10조제1항, 「국회에서의 증언·감정 등에 관한 법률」 제4조에 따라 국정감사·조사 등의 자료를 요구하는 경우 또는 의정활동으로서 특정 공직자가 구체적 비위사건에 관련되었는지를 규명하기 위하여 필요한 경우. 이 경우 재산등록사항의 전체 세부목록을 외부에 공개할 수 없다.
3. 국가기관·지방자치단체 또는 공직유관단체의 장이 소속 공직자의 비위사건 관련 여부를 판단할 필요가 있는 경우
4. 등록의무자이었던 사람이 본인의 등록사항에 대하여 열람 또는 복사를 요구하는 경우(2011.7.29 본호개정)

제10조의2 【공직선거후보자 등의 재산공개】 ① 대통령, 국회의원, 지방자치단체의 장, 지방의회 의원 선거의 후보자가 되려는 사람이 후보자등록을 할 때에는 전년도 12월 31일 현재의 제4조에 따른 등록대상재산에 관한 신고서를 관할 선거관리위원회에 제출하고, 관할 선거관리위원회는 후보자 등록 공고 시에 후보자의 재산신고사항을 공개하여야 한다.

② 대법원장·헌법재판소장·국무총리·감사원장·대법관·국회사무총장 등 임명에 국회의 동의가 필요한 공직자의 임명동의안 또는 헌법재판소재판관·중앙선거관리위원회위원 등 국회에서 선출하는 공직자의 선출안을 제출할 때에는 그 공직후보자에 대하여 제4조에 따른 등록대상재산에 관한 신고서를 국회에 제출하고, 국회의장은 지체 없이 그 공직후보자의 재산신고사항을 공개하여야 한다. 다만, 그 공직후보자가 전년도 12월 31일 현재 또는 그 이후의 등록대상재산에 관하여 해당 임명동의안 또는 선출안 제출 전까지 제10조제1항에 따라 등록대상재산을 공개한 경우에는 그러하지 아니하되, 등록대상재산을 공개하였음을 확인할 수 있는 서류를 국회에 제출하여야 한다.

③ 중앙선거관리위원회 공직자윤리위원회와 국회 공직자윤리위원회는 제1항 또는 제2항의 재산신고사항을 심사하여 심사결과를 공개할 수 있다.

④ 제3항의 심사에는 제8조제2항부터 제6항까지·제13항 및 제14항을 준용한다.

⑤ 제1항 및 제2항의 신고서 서식, 공개방법, 그 밖에 필요한 사항은 국회규칙 또는 중앙선거관리위원회규칙으로 정한다.

제11조 【전보된 사람 등의 재산신고】 ① 등록의무자가 공무원 또는 공직유관단체 임직원의 신분을 보유하면서(퇴직일부터 2개월이 되는 날이 속하는 달의 말일까지 다시 공무원 또는 공직유관단체 임직원이 되는 경우를 포함한다) 전보 등으로 인하여 등록의무를 면제받았을 때에는 전보 등이 된 날부터 2개월이 되는 날이 속하는 달의 말일까지 그 해 1월 1일(1월 1일 이후에 등록의무자가 된 경우에는 등록의무자가 된 날) 이후 전보 등이 된 날까지의 재산변동사항을 종전의 등록기관에 신고하여야 한다.

② 제1항에 따른 신고와 그 신고사항의 관리에 관하여는 제6조, 제6조의2부터 제6조의5까지, 제7조, 제8조, 제8조의2, 제10조, 제12조부터 제14조까지 및 제14조의3을 준용한다.

(2019.12.3 본조개정)

제12조 【성실등록의무 등】 ① 등록의무자는 제4조에서 규정하는 등록대상재산과 그 가액, 취득일자, 취득경위, 소득원 등을 재산등록 서류에 거짓으로 기재하여서는 아니 된다.

② 등록의무자는 공직자윤리위원회 등의 등록사항에 대한 심사에 성실하게 응하여야 한다.

③ 제4조제1항제2호 또는 제3호의 사람은 등록의무자의 재산등록이나 공직자윤리위원회 등의 등록사항의 심사에 성실하게 응하여야 한다.

④ 제3항에도 불구하고 제4조제1항제3호의 사람 중 피부양자가 아닌 사람은 관할 공직자윤리위원회의 허가를 받아 자신의 재산신고사항의 고지를 거부할 수 있으며 3년마다 재심사를 받아야 한다. 이 경우 등록의무자는 고지거부 사유를 밝혀 허가를 신청하여야 한다.

⑤ 제4항에 따른 고지거부에 관한 허가신청 및 심사에 필요한 사항은 대통령령으로 정한다.

제13조 【재산등록사항의 목적 외 이용금지 등】 등록의무자는 허위등록이나 그 밖에 이 법에서 정한 사유 외에 등록된 사항을 이유로 불리한 처우나 처분을 받지 아니하며, 누구든지 재산등록사항을 이 법에서 정한 목적 외의 용도로 이용하여서는 아니 된다.

제14조 【비밀엄수】 재산등록업무에 종사하거나 종사하였던 사람 또는 직무상 재산등록사항을 알게 된 사람은 다른 사람에게 이를 누설하여서는 아니 된다.

제14조의2 【직무상 비밀 등을 이용한 재물취득의 금지】 등록의무자는 직무상 알게 된 비밀 또는 소속 기관의 미공개정보를 이용하여 재물이나 재산상 이익을 취득하거나 제3자로 하여금 취득하게 하여서는 아니 된다.(2023.12.26 본조개정)

제14조의3 【금융거래자료의 제공·누설 등 금지】 제8조제5항에 따라 금융거래의 내용에 관한 자료를 제공받은 사람은 그 자료를 타인에게 제공 또는 누설하거나 그 목적 외의 용도로 이용하여서는 아니 된다.

제2장의2 주식의 매각 또는 신탁 등

(2021.4.1 본장제목개정)

제14조의4 【주식의 매각 또는 신탁】 ① 등록의무자 중 제10조제1항에 따른 공개대상자와 기획재정부 및 금융위원회 소속 공무원 중 대통령령으로 정하는 사람(이하 "공개대상자등"이라 한다)은 본인 및 그 이해관계자(제4조제1항제2호 또는 제3호에 해당하는 사람을 말하되, 제4조제1항제3호의 사람 중 제12조제4항에 따라 재산등록사항의 고지를 거부한 사람은 제외한다. 이하 같다) 모두가 보유한 주식의 총 가액이 1천만원 이상 5천만원 이하의 범위에서 대통령령으로 정하는 금액을 초과할 때에는 초과하게 된 날(공개대상자등이 된 날 또는 제6조의3제1항·제2항에 따른 유예사유가 소멸된 날 현재 주식의 총가액이 1천만원 이상 5천만원 이하의 범위에서 대통령령으로 정하는 금액을 초과할 때에는 공개대상자등이 된 날 또는 유예사유가 소멸된 날을, 제14조의5제6항에 따라 주식백지신탁 심사위원회에 직무관련성 유무에 관한 심사를 청구할 때에는 직무관련성이 있다는 결정을 통지받은 날을, 제14조의12에 따른 직권 재심사 결과 직무관련성이 있다는 결정을 통지받은 경우에는 그 통지를 받은 날을 말한다)부터 2개월 이내에 다음 각 호의 어느 하나에 해당하는 행위를 직접 하거나 이해관계자로 하여금 하도록 하고 그 행위를 한 사실을 등록기관에 신고하여야 한다. 다만, 제14조의5제7항 또는 제14조의12에 따라 주식백지신탁 심사위원회로부터 직무관련성이 없다는 결정을 통지받은 경우에는 그러하지 아니하다.(2020.12.22 본문개정)

1. 해당 주식의 매각
2. 다음 각 목의 요건을 갖춘 신탁 또는 투자신탁(이하 "주식백지신탁"이라 한다)에 관한 계약의 체결
   가. 수탁기관은 신탁계약이 체결된 날부터 60일 이내에 처음 신탁된 주식을 처분할 것. 다만, 60일 이내에 주식을 처분하기 어려운 사정이 있는 경우로서 수탁기관이 공직자윤리위원회의 승인을 받은 때에는 주식의 처분시한을 연장할 수 있으며, 이 경우 1회의 연장기간은 30일 이내로 하여야 한다.
   나. 공개대상자등 또는 그 이해관계자는 신탁재산의 관리·운용·처분에 관여하지 아니할 것
   다. 공개대상자등 또는 그 이해관계자는 신탁재산의 관리·운용·처분에 관한 정보의 제공을 요구하지 아니하며, 수탁기관은 정보를 제공하지 아니할 것. 다만, 수탁기관은 신탁계약을 체결할 때에 대통령령으로 정하는 범위에서 미리 신탁재산의 기본적인 운용방법을 제시할 수 있다.
   라. 제14조의10제2항 각 호의 어느 하나에 해당하는 사유가 발생하는 경우에는 신탁자가 신탁계약을 해지할 수 있을 것
   마. 수탁기관이 선량한 관리자의 주의의무로써 신탁업무를 수행한 경우에는 이로 인한 일체의 손해에 대하여 책임을 지지 아니할 것
   바. 수탁기관은 신탁업무를 수행하는 기관으로서 「자본시장과 금융투자업에 관한 법률」에 따른 신탁업자 또는 집합투자업자일 것. 다만, 공개대상자등 또는 그 이해관계자가 최근 3년 이내에 임직원으로 재직한 회사는 제외한다.

② (2019.12.3 삭제)

③ 공개대상자등은 주식백지신탁계약의 체결 또는 해지로 인한 재산변동사항을 제6조 및 제11조에 따른 신고에 포함하여 함께 신고하여야 한다.

④ 제1항에 따라 주식백지신탁계약의 체결을 신고한 경우에는 그 신탁계약을 해지할 때까지 그 신탁재산은 제6조 및 제6조의2제1항에 따른 신고대상에서 제외한다.

⑤ 제1항에 따라 주식을 매각하거나 백지신탁을 한 사실의 신고방법은 대통령령으로 정한다.(2015.12.29 본항개정)

⑥ 제1항에 따른 신고와 신고사항의 심사 및 관리에 관하여는 제6조의2제3항, 제7조, 제8조, 제8조의2, 제12조부터 제14조까지 및 제14조의3을 준용한다.
(2009.2.3 본조개정)

제14조의5【주식백지신탁 심사위원회의 직무관련성 심사 등】 ① 공개대상자등 및 그 이해관계인이 보유하고 있는 주식의 직무관련성을 심사·결정하기 위하여 인사혁신처에 주식백지신탁 심사위원회를 둔다.(2014.11.19 본항개정)
② 주식백지신탁 심사위원회는 위원장 1명을 포함한 9명의 위원으로 구성한다.
③ 주식백지신탁 심사위원회의 위원장 및 위원은 대통령이 임명하거나 위촉한다. 이 경우 위원 중 3명은 국회가, 3명은 대법원장이 추천하는 자를 각각 임명하거나 위촉한다.
④ 주식백지신탁 심사위원회의 위원은 다음 각 호의 어느 하나에 해당하는 자격을 갖추어야 한다.
1. 대학이나 공인된 연구기관에서 부교수 이상의 직이나 이에 상당하는 직에 5년 이상 근무하였을 것
2. 판사, 검사 또는 변호사로 5년 이상 근무하였을 것
3. 금융 관련 분야에 5년 이상 근무하였을 것
4. 3급 이상 공무원 또는 고위공무원단에 속하는 공무원으로 3년 이상 근무하였을 것
(2019.12.3 본항개정)
⑤ 위원장 및 위원의 임기는 2년으로 하되, 1차례만 연임할 수 있다. 다만, 임기가 만료된 위원은 그 후임자가 임명되거나 위촉될 때까지 해당 직무를 수행한다.
(2019.12.3 단서신설)
⑥ 공개대상자등은 본인 및 그 이해관계자가 보유한 주식이 직무관련성이 없다는 이유로 제14조의4제1항에 따른 주식 매각의무 또는 주식백지신탁 의무를 면제받으려는 경우 또는 전보 등의 사유로 직위가 변경되어 직무관련성 심사를 받으려는 경우에는 본인 및 그 이해관계자 모두가 보유한 주식의 총 가액이 1천만원 이상 5천만원 이하의 범위에서 대통령령으로 정하는 금액을 초과하게 된 날(공개대상자등이 된 날, 제6조의3제1항·제2항에 따른 신고유예 사유가 소멸된 날 또는 공개대상자등의 직위가 변경된 날 현재 주식의 총가액이 1천만원 이상 5천만원 이하의 범위에서 대통령령으로 정하는 금액을 초과할 때에는 공개대상자등이 된 날, 신고유예 사유가 소멸된 날 또는 공개대상자등의 직위가 변경된 날을 말한다)부터 2개월 이내에 대통령령으로 정하는 바에 따라 등록기관의 장을 거쳐 주식백지신탁 심사위원회에 보유주식의 직무관련성 유무에 관한 심사를 청구하여야 한다.
(2020.12.22 본항개정)
⑦ 주식백지신탁 심사위원회는 제6항에 따른 심사청구일부터 1개월 이내에 해당 주식의 직무관련성 유무를 심사·결정하고 그 결과를 청구인과 등록기관의 장에게 통지하여야 한다. 다만, 주식백지신탁 심사위원회는 필요하다고 인정될 때에는 그 의결로써 심사기간을 1개월의 범위에서 연장할 수 있다.(2020.12.22 본문개정)
⑧ 주식의 직무관련성은 주식 관련 정보에 관한 직접적·간접적인 접근 가능성과 영향력 행사 가능성을 기준으로 판단하여야 한다.
⑨ 주식백지신탁 심사위원회는 주식의 직무관련성 유무를 심사하기 위하여 필요하면 공개대상자등에게 자료 제출을 요구하거나 서면질의를 할 수 있다.
⑩ 주식백지신탁 심사위원회는 주식의 직무관련성 유무를 심사하기 위하여 필요하면 관련 기관·단체 및 업체에 자료 제출을 요구할 수 있으며, 해당 기관·단체 및 업체는 정당한 사유가 없으면 요구에 응하여야 한다.
⑪ 주식백지신탁 심사위원회 또는 등록기관의 장은 공개대상자등이 제6항에 따른 심사청구 또는 제14조의4제1항 각 호의 행위를 기한 내에 하지 못하거나 제9항에 따른 요구 또는 질의에 거짓으로 자료를 제출하거나 정당한 사유 없이 자료 제출을 거부하는 경우에는 관할 공직자윤리위원회에 통보하여야 하며, 통보를 받은 공직자윤리위원회는 해당 공개대상자등에 대하여 다음 각 호의 어느 하나의 조치를 하여야 한다.
1. 경고 및 시정조치
2. 제30조에 따른 과태료 부과
3. 해임 또는 징계의결 요구
(2020.12.22 본항신설)
⑫ 누구든지 주식백지신탁 심사위원회 또는 등록기관의 장의 허가를 받지 아니하고는 직무관련성 심사청구·결정에 관련된 자료를 열람·복사하거나 이를 하게 하여서는 아니 된다.(2020.12.22 본항신설)
⑬ 제12항에 따른 허가에 관하여는 제10조제4항을 준용한다. 이 경우 "공직자윤리위원회"는 "주식백지신탁 심사위원회"로, "제3항에 따른 허가"는 "제12항에 따른 허가"로, "등록의무자"는 "공개대상자등"으로 본다.
(2020.12.22 본항신설)
⑭ 주식백지신탁 심사위원회의 심사절차 및 운영 등에 필요한 사항은 대통령령으로 정한다.
(2020.12.22 본조제목개정)
(2009.2.3 본조개정)

제14조의6【주식취득의 제한】 ① 제14조의4제1항에 따라 주식백지신탁계약이 체결된 경우에는 그 신탁계약이 해지될 때까지는 공개대상자등과 이해관계자 중 어느 누구도 새로 주식을 취득하여서는 아니 된다. 다만, 이해관계자가 「상법」에 따른 주식회사의 발기인으로서 주식을 인수하는 경우에는 그러하지 아니하다.(2019.12.3 단서신설)
② 공개대상자등은 본인 또는 이해관계자가 제1항에 따라 주식취득이 제한되는 기간에 같은 항 단서에 해당하는 경우 또는 상속이나 그 밖에 대통령령으로 정하는 사유로 주식을 취득하게 된 경우에는 취득한 날(상속의 경우에는 상속 개시를 알게 된 날을 말한다)부터 2개월 이내에 그 주식을 직접 매각 또는 백지신탁을 하거나 이해관계자로 하여금 그 주식을 매각 또는 백지신탁을 하도록 하고 그 사실을 등록기관에 신고하여야 한다. 다만, 주식백지신탁 심사위원회로부터 직무관련성이 없다는 결정을 통지받은 경우에는 그러하지 아니하다.
(2020.12.22 본문개정)
③ 제2항에 따른 주식백지신탁 및 직무관련성 심사에 관하여는 제14조의4제3항부터 제6항까지 및 제14조의5를 준용한다.
(2009.2.3 본조개정)

제14조의7【신탁재산에 관한 정보제공금지 등】 ① 제14조의4제1항 또는 제14조의6제2항에 따라 주식백지신탁계약이 체결된 경우 공개대상자등 및 그 이해관계자는 「자본시장과 금융투자업에 관한 법률」 제91조 및 제113조에도 불구하고 신탁업자·집합투자업자·투자회사·투자매매업자 또는 투자 중개업자에 대하여 신탁재산의 관리·운용·처분에 관한 내용의 공개 등 정보의 제공을 요구할 수 없으며, 신탁업자·집합투자업자·투자회사·투자매매업자 또는 투자중개업자는 공개대상자등 또는 그 이해관계자의 정보 제공 요구에 응하여서는 아니 된다. 다만, 신탁업자·집합투자업자·투자회사·투자매매업자 또는 투자중개업자는 신탁재산을 처분한 후 그로 인하여 양도소득세 등 납세의무가 발생하는 경우 공개대상자등 및 그 이해관계자가 이를 자진 납부할 수 있도록 납세의무 이행에 필요한 정보를 해당 공개대상자 등 또는 이해관계자에게 통지할 수 있다.
② 제14조의4제1항 또는 제14조의6제2항에 따라 주식백지신탁계약이 체결된 경우 공개대상자등 또는 그 이해관계자는 신탁재산의 관리·운용·처분에 관여하여서는 아니 된다.
(2009.2.3 본조개정)

제14조의8【신탁상황의 보고 등】 ① 주식백지신탁의 수탁기관은 매년 1월 1일(주식백지신탁계약이 체결된 해의 경우에는 계약체결일)부터 12월 31일까지 신탁재산을 관리·운용·처분한 내용을 다음 해 1월 중에 관할 공직자윤리위원회에 보고하여야 한다. 이 경우 12월 중에 주식백지신탁계약이 체결되었으면 다음 해의 관리·운용·처분에 관한 내용과 함께 보고할 수 있다.
② 주식백지신탁의 수탁기관은 다음 각 호의 어느 하나에 해당하는 경우에는 이 사실을 관할 공직자윤리위원회에 통보하여야 하며, 공직자윤리위원회는 이를 신탁자에게 통지하여야 한다.(2015.12.29 본문개정)
1. 처음 신탁된 주식의 처분이 완료된 경우
2. 신탁재산의 가액이 1천만원 이상 5천만원 이하의 범위에서 대통령령으로 정하는 금액 이하가 된 경우
(2015.12.29 1호~2호신설)
③ 제2항에 따른 수탁기관의 통보시기 및 방법은 대통령령으로 정한다.
(2009.2.3 본조개정)

제14조의9【수탁기관에 대한 감독】 공직자윤리위원회는 수탁기관의 임직원이 이 법 또는 이 법에 따른 명령이나 처분을 위반하면 그 임직원에게 시정명령 또는 징계처분 등 적절한 조치를 취하도록 금융감독원장에게 요청할 수 있다.(2009.2.3 본조개정)

제14조의10【주식의 매각요구 및 신탁의 해지】 ① 주식백지신탁의 신탁자는 관할 공직자윤리위원회의 허가를 받아 수탁기관에 신탁재산을 모두 매각할 것을 서면으로 요구할 수 있다.
② 주식백지신탁의 신탁자는 다음 각 호의 어느 하나에 해당하는 사유가 발생하면 수탁기관에 주식백지신탁계약의 해지를 청구할 수 있다. 다만, 제2호의 경우에는 반드시 주식백지신탁계약의 해지를 청구하여야 한다.
1. 제14조의8제2항제2호에 따른 사항을 통지받은 경우
(2015.12.29 본호개정)
2. 제1항에 따른 매각요구를 받아 수탁기관이 신탁재산을 모두 매각한 경우
3. 퇴직·전보 등의 사유로 해당 공개대상자등이 공개대상자등에서 제외된 경우
4. 주식백지신탁 신탁자의 직위가 전보 등의 사유로 변경된 경우로서 제14조의5제7항에 따라 주식백지신탁 심사위원회로부터 변경된 직위와 백지신탁 관리·운용 중인 주식간에 직무관련성이 없다는 결정을 통지받은 경우(2015.12.29 본호신설)
5. 이해관계자로서 주식백지신탁의 신탁자가 되었으나 사후에 재산등록사항의 고지를 거부하거나 혼인 등의 이유로 그 이해관계자의 요건을 갖추지 못한 경우
(2019.12.3 본호신설)
③ 주식백지신탁의 수탁기관은 제2항에 따라 주식백지신탁계약이 해지되면 해지된 날부터 1개월 이내에 해지사유 및 그 해 1월 1일(주식백지신탁이 설정된 해에 해지된 경우에는 주식백지신탁이 설정된 날)부터 해지된 날까지 신탁재산을 관리·운용·처분한 내용을 관할 공직자윤리위원회에 보고하여야 한다. 이 경우 주식백지신탁계약이 1월 중에 해지되었으면 전년도의 관리·운용·처분에 관한 내용과 함께 보고할 수 있다.
(2009.2.3 본조개정)

제14조의11【이해충돌 직무에 대한 관여 금지】 ① 공개대상자등은 다음 각 호의 기간 동안 공개대상자등 또는 그 이해관계자가 백지신탁한 주식이나 보유하고 있는 주식과 관련하여 해당 주식을 발행한 기업의 경영 또는 재산상 권리에 영향을 미칠 수 있는 직무에 결재, 지시, 의견표명 등의 방법을 통하여 관여해서는 아니 된다.
1. 제14조의4제1항제2호 또는 제14조의6제2항에 따라 주식백지신탁에 관한 계약을 체결한 경우 : 주식백지신탁계약을 체결한 날부터 처음 신탁된 주식의 처분이 완료될 때까지(2020.12.22 본호개정)
2. 제14조의5제6항(제14조의6제3항에 따라 준용되는 경우를 포함한다)에 따라 주식백지신탁 심사위원회에 직무관련성 심사를 청구한 경우 : 직무관련성 심사를 청구한 날부터 주식백지신탁 심사위원회로부터 직무관련성 없음 결정을 통보받은 날까지(2020.12.22 본호신설)
3. 제14조의13제1항에 따라 직위변경을 신청한 경우 : 직위변경을 신청한 날부터 변경된 직위에서 직무관련성 심사를 받아 주식백지신탁 심사위원회로부터 직무관련성 없음 결정을 통보받은 날까지
4. 제14조의4제1항 또는 제14조의6제2항에 따라 주식의 매각 또는 백지신탁 의무가 발생한 날부터 2개월이 경과한 후 다음 각 목의 어느 하나에 해당하는 행위를 한 경우 : 2개월이 경과한 날부터 다음 각 목의 구분에 따른 날까지
가. 제14조의4제1항제1호 또는 제14조의6제2항에 따른 주식의 매각 : 매각한 날
나. 제14조의4제1항제2호 또는 제14조의6제2항에 따른 주식백지신탁 계약 체결 : 처음 신탁된 주식의 처분이 완료된 날
다. 제14조의5제6항(제14조의6제3항에 따라 준용되는 경우를 포함한다)에 따른 직무관련성 심사 청구 : 주식백지신탁 심사위원회로부터 직무관련성 없음 결정을 통보받은 날
라. 제14조의13제1항에 따른 직위 변경 신청 : 변경된 직위에서 직무관련성 심사를 받아 주식백지신탁 심사위원회로부터 직무관련성 없음 결정을 통보받은 날
(2020.12.22 본호신설)
② 공개대상자등은 제1항에 따라 직무를 회피하기 위하여 필요한 경우에는 해당 직무를 다른 사람으로 하여금 처리하게 하는 등의 조치를 하여야 한다.
③ 제1항에도 불구하고 공개대상자등은 법령에서 해당 직무를 직접 수행하도록 규정하고 있는 경우 등 직무회피가 불가능한 경우에는 백지신탁한 주식 또는 보유하고 있는 주식과 관련한 직무에 관여할 수 있다.
④ 제3항에 따라 공개대상자등이 백지신탁한 주식 또는 보유하고 있는 주식과 관련한 직무에 관여한 경우에는 매 분기 동안 해당 주식과 관련한 직무에 직접적 또는 간접적으로 관여한 내역을 매 분기 말일부터 10일 이내에 관할 공직자윤리위원회에 신고하여야 하며, 관할 공직자윤리위원회는 그 신고사항을 관보 또는 공보에 게재하여야 한다.
(2015.12.29 본조신설)

제14조의12【주식백지신탁 심사위원회 직권 재심사】 제14조의5에 따른 주식백지신탁 심사위원회는 제14조의5 제7항에 따른 결정사항이 다음 각 호의 어느 하나에 해당하는 경우로서 재적위원 과반수가 재심사할 공익상의 필요가 크다고 인정하는 경우에는 최초 결정이 있은 날부터 3년 이내, 직권 재심사 사유가 있음을 안 날부터 6개월 이내에 직권으로 재심사할 수 있다. 이 경우 주식백지신탁 심사위원회의 회의는 재적위원 3분의 2 이상의 찬성으로 의결한다.
1. 결정의 기초가 된 증거자료가 위조·변조 또는 고의로 누락된 사실이 밝혀진 경우
2. 심사과정에서 조사가 이루어지지 아니한 중요한 증거가 새로 발견된 경우
3. 심사과정의 심의·의결 절차 등에 관한 위법이 발견되었을 경우
(2015.12.29 본조신설)

제14조의13【주식과 직무관련성 없는 직위로의 변경 신청 등】 ① 제14조의4제1항에 따라 주식 매각의무 또는 주식백지신탁 의무가 발생한 공개대상자등은 그 의무가 발생한 날부터 2개월 이내에 공개대상자등 또는 그 이해관계자가 보유하고 있는 주식과 관련성이 있는 직무사항을 명시하여 소속 기관의 장 등에게 직위 변경을 신청할 수 있고, 신청을 받은 소속 기관의 장 등은 신청일부터 2개월 이내에 해당 직무사항과 무관한 직위로 변경할 수 있다.(2020.12.22 본항개정)
② 제1항에 따라 직위가 변경된 공개대상자등이 제14조의5제6항에 따른 직무관련성 유무에 관한 심사를 청구하여 같은 조 제7항에 따라 직무관련성이 없다는 결정을 통지받은 경우에는 제14조의4제1항에도 불구하고 주식의 매각 또는 주식백지신탁에 관한 계약을 체결하지 아니할 수 있다.
③ 제1항에 따른 신청일부터 2개월 이내에 직위 변경이 완료되지 아니한 경우에는 제14조의4제1항 본문에 따른

의무 이행기간은 직위 변경 신청일부터 2개월이 경과한 날부터 기산한다.(2023.12.26 본항개정)
④ 공직자윤리위원회는 공개대상자등 또는 그 이해관계자가 처음 백지신탁한 주식이 6개월 이상 처분되지 아니하는 경우에는 해당 공개대상자등에게 제1항에 따른 직위 변경 신청을 하도록 권고할 수 있다.(2020.12.22 본항신설)
(2020.12.22 본조제목개정)
(2015.12.29 본조신설)

제14조의14【주식의 매각 또는 신탁 사실의 공개】 ① 제14조의4제1항 또는 제14조의6제2항에 따라 주식 매각 또는 주식백지신탁 계약의 체결 사실을 신고받은 등록기관의 장은 해당 사실을 공개하여야 한다.
② 제14조의8제2항제1호에 따라 처음 신탁된 주식의 처분이 완료된 사실을 통보받은 관할 공직자윤리위원회는 해당 사실을 공개하여야 한다.
③ 제1항 및 제2항에 따른 공개 방법 등에 필요한 사항은 국회규칙, 대법원규칙, 헌법재판소규칙, 중앙선거관리위원회규칙 또는 대통령령으로 정한다.
(2015.12.29 본조신설)

제14조의15【기관별 주식취득의 제한】 ① 국가기관의 장(국회는 국회사무총장, 법원은 법원행정처장, 헌법재판소는 헌법재판소사무처장, 중앙선거관리위원회는 중앙선거관리위원회사무총장을 말한다. 이하 같다) 및 지방자치단체의 장은 기업 등에 대한 정보를 획득하거나 영향력을 행사하는 등 공익과 사익의 이해충돌이 발생할 우려가 있는 업무를 수행한다고 인정되는 부서의 제3조제1항 각 호에 따른 공무원이 관련 분야의 주식을 새로 취득하는 것을 제한할 수 있다.
② 각 기관의 장은 제1항에 따라 소속 공무원의 주식 취득을 제한하려는 경우에는 그 제한방안을 관할 공직자윤리위원회에 보고하여야 한다.
③ 공직자윤리위원회는 제2항에 따른 제한방안에 대하여 개선을 권고할 수 있으며, 각 기관의 장은 특별한 사유가 없는 경우에는 이를 제한방안에 반영하고 그 결과를 공직자윤리위원회에 보고하여야 한다.
④ 제1항에 따른 업무의 범위 등에 관하여 필요한 사항은 국회규칙, 대법원규칙, 헌법재판소규칙, 중앙선거관리위원회규칙, 대통령령 또는 지방자치단체의 조례로 정한다.
(2019.12.3 본조신설)

제14조의16【기관별 부동산취득의 제한】 ① 국가기관의 장, 지방자치단체의 장 및 공직유관단체의 장은 부동산에 대한 정보를 획득하거나 이와 관련된 업무를 수행한다고 인정되는 부서의 제3조제1항 각 호에 따른 공직자 본인 및 그 이해관계자가 관련 업무 분야 및 관할의 부동산을 새로 취득하는 것을 제한할 수 있다. 다만, 상속이나 그 밖에 대통령령으로 정하는 사유로 불가피하게 부동산을 취득하여야 하는 경우에는 반드시 국가기관의 장, 지방자치단체의 장 또는 공직유관단체의 장에게 신고하여야 한다.
② 각 기관의 장은 제1항에 따라 소속 공직자의 부동산 취득을 제한하려는 경우에는 그 제한방안을 관할 공직자윤리위원회에 보고하여야 한다.
③ 공직자윤리위원회는 제2항에 따른 제한방안에 대하여 개선을 권고할 수 있으며, 각 기관의 장은 특별한 사유가 없는 경우에는 이를 제한방안에 반영하고 그 결과를 공직자윤리위원회에 보고하여야 한다.
④ 제1항에 따른 업무의 범위 및 관할 등에 관하여 필요한 사항은 국회규칙, 대법원규칙, 헌법재판소규칙, 중앙선거관리위원회규칙, 대통령령 또는 지방자치단체의 조례로 정한다.
(2021.4.1 본조신설)

제14조의17【기관별 가상자산 보유의 제한】 ① 국가기관의 장 및 지방자치단체의 장은 가상자산에 대한 정보를 획득하거나 영향력을 행사하는 업무를 수행한다고 인정되는 부서 또는 직위의 제3조제1항 각 호에 따른 공직자 본인 및 그 이해관계자가 가상자산을 보유하는 것을 제한할 수 있다.
② 각 기관의 장은 제1항에 따라 소속 공직자의 가상자산 보유를 제한하려는 경우에는 그 제한방안을 관할 공직자윤리위원회에 보고하여야 한다.
③ 공직자윤리위원회는 제2항에 따른 제한방안에 대하여 개선을 권고할 수 있으며, 각 기관의 장은 특별한 사유가 없는 경우에는 이를 제한방안에 반영하고 그 결과를 공직자윤리위원회에 보고하여야 한다.
④ 제1항에 따른 업무의 범위 등에 관하여 필요한 사항은 국회규칙, 대법원규칙, 헌법재판소규칙, 중앙선거관리위원회규칙, 대통령령 또는 지방자치단체의 조례로 정한다.
(2023.6.13 본조신설)

제3장 선물신고
(2009.2.3 본장개정)

제15조【외국 정부 등으로부터 받은 선물의 신고】 ① 공무원(지방의회의원을 포함한다. 이하 제22조에서 같다) 또는 공직유관단체의 임직원은 외국으로부터 선물(대가 없이 제공되는 물품 및 그 밖에 이에 준하는 것을 말하되, 현금은 제외한다. 이하 같다)을 받거나 그 직무와 관련하여 외국인(외국단체를 포함한다. 이하 같다)에게 선물을 받으면 지체 없이 소속 기관·단체의 장에게 신고하고 그 선물을 인도하여야 한다. 이들의 가족이 외국으로부터 선물을 받거나 그 공무원이나 공직유관단체 임직원의 직무와 관련하여 외국인에게 선물을 받은 경우에도 또한 같다.(2019.12.3 전단개정)
② 제1항에 따라 신고할 선물의 가액은 대통령령으로 정한다.

제16조【선물의 귀속 등】 ① 제15조제1항에 따라 신고된 선물은 신고 즉시 국가 또는 지방자치단체에 귀속된다.
② 신고된 선물의 관리·유지 등에 관한 사항은 대통령령 또는 조례로 정한다.
(2019.12.3 본조개정)

제4장 퇴직공직자의 취업제한 및 행위제한 등
(2011.7.29 본장제목개정)

제17조【퇴직공직자의 취업제한】 ① 제3조제1항제1호부터 제12호까지의 어느 하나에 해당하는 공직자와 부당한 영향력 행사 가능성 및 공정한 직무수행을 저해할 가능성 등을 고려하여 국회규칙, 대법원규칙, 헌법재판소규칙, 중앙선거관리위원회규칙 또는 대통령령으로 정하는 공무원과 공직유관단체의 직원(이하 이 장에서 "취업심사대상자"라 한다)은 퇴직일부터 3년간 다음 각 호의 어느 하나에 해당하는 기관(이하 "취업심사대상기관"이라 한다)에 취업할 수 없다. 다만, 관할 공직자윤리위원회로부터 취업심사대상자가 퇴직 전 5년 동안 소속하였던 부서 또는 기관의 업무와 취업심사대상기관 간에 밀접한 관련성이 없다는 확인을 받거나 취업승인을 받은 때에는 취업할 수 있다.(2019.12.3 본문개정)
1. 자본금과 연간 외형거래액(「부가가치세법」 제29조에 따른 공급가액을 말한다. 이하 같다)이 일정 규모 이상인 영리를 목적으로 하는 사기업체(2013.6.7 본호개정)
2. 제1호에 따른 사기업체의 공동이익과 상호협력 등을 위하여 설립된 법인·단체
3. 연간 외형거래액이 일정 규모 이상인 「변호사법」 제40조에 따른 법무법인, 같은 법 제58조의2에 따른 법무법인(유한), 같은 법 제58조의18에 따른 법무조합, 같은 법 제89조의6제3항에 따른 법률사무소(이하 "법무법인등"이라 한다)
4. 연간 외형거래액이 일정 규모 이상인 「공인회계사법」 제23조제1항에 따른 회계법인
5. 연간 외형거래액이 일정 규모 이상인 「세무사법」 제16조의3제1항에 따른 세무법인
6. 연간 외형거래액이 일정 규모 이상인 「외국법자문사법」 제2조제4호에 따른 외국법자문법률사무소 및 같은 조 제9호에 따른 합작법무법인(2019.12.3 본호개정)
7. 「공공기관의 운영에 관한 법률」 제5조제3항제1호가목에 따른 시장형 공기업(2014.12.30 본호신설)
8. 안전 감독 업무, 인·허가 규제 업무 또는 조달 업무 등 대통령령으로 정하는 업무를 수행하는 공직유관단체(2014.12.30 본호신설)
9. 「초·중등교육법」 제2조 각 호 및 「고등교육법」 제2조 각 호에 따른 학교를 설립·경영하는 학교법인과 학교법인이 설립·경영하는 사립학교. 다만, 취업심사대상자가 대통령령으로 정하는 교원으로 취업하는 경우 해당 학교법인 또는 학교는 제외한다.(2019.12.3 본문개정)
10. 「의료법」 제3조의3에 따른 종합병원과 종합병원을 개설한 다음 각 목의 어느 하나에 해당하는 법인
가. 「의료법」 제33조제2항제3호에 따른 의료법인
나. 「의료법」 제33조제2항제4호에 따른 비영리법인
11. 기본재산이 일정 규모 이상인 다음 각 목의 어느 하나에 해당하는 법인
가. 「사회복지사업법」 제2조제3호에 따른 사회복지법인
나. 「사회복지사업법」 제2조제4호에 따른 사회복지시설을 운영하는 가목 외의 비영리법인
(2014.12.30 10호~11호신설)
12. 다음 각 목의 어느 하나에 해당하는 사기업체 또는 법인·단체로서 대통령령으로 정하는 기준에 해당하는 사기업체 또는 법인·단체
가. 방위산업분야의 사기업체 또는 법인·단체
나. 식품 등 국민안전에 관련된 인증·검사 등의 업무를 수행하는 사기업체 또는 법인·단체
(2019.12.3 본호신설)
② 제1항 단서의 밀접한 관련성의 범위는 취업심사대상자가 퇴직 전 5년 동안 소속하였던 부서의 업무가 다음 각 호의 어느 하나에 해당하는 업무인 경우를 말한다.(2019.12.3 본문개정)
1. 직접 또는 간접으로 보조금·장려금·조성금 등을 배정·지급하는 등 재정보조를 제공하는 업무
2. 인가·허가·면허·특허·승인 등에 직접 관계되는 업무
3. 생산방식·규격·경리 등에 대한 검사·감사에 직접 관계되는 업무
4. 조세의 조사·부과·징수에 직접 관계되는 업무
5. 공사, 용역 또는 물품구입의 계약·검사·검수에 직접 관계되는 업무(2014.12.30 본호개정)
6. 법령에 근거하여 직접 감독하는 업무
7. 취업심사대상기관이 당사자이거나 직접적인 이해관계를 가지는 사건의 수사 및 심리·심판과 관계되는 업무(2019.12.3 본호개정)
8. 그 밖에 국회규칙, 대법원규칙, 헌법재판소규칙, 중앙선거관리위원회규칙 또는 대통령령으로 정하는 업무
③ 제2항에도 불구하고 다음 각 호의 어느 하나에 해당하는 취업심사대상자(이하 "기관업무기준 취업심사대상자"라 한다)에 대하여는 퇴직 전 5년간 소속하였던 기관의 업무가 제2항 각 호의 어느 하나에 해당하는 경우에 밀접한 관련성이 있는 것으로 본다.
1. 제10조제1항 각 호에 따른 공개대상자
2. 고위공무원단에 속하는 공무원 중 제1호에 따른 공개대상자 외의 공무원
3. 2급 이상의 공무원
4. 공직유관단체의 임원
5. 그 밖에 국회규칙, 대법원규칙, 헌법재판소규칙, 중앙선거관리위원회규칙 또는 대통령령으로 정하는 특정분야의 공무원과 공직유관단체의 직원
(2014.12.30 본항신설)
④ 제1항에 따른 취업 여부를 판단하는 경우에 「상법」에 따른 사외이사나 고문 또는 자문위원 등 직위나 직책 여부 또는 계약의 형식에 관계 없이 취업심사대상기관의 업무를 처리하거나 취업심사대상기관에 조언·자문하는 등의 지원을 하고 주기적으로 또는 기간을 정하여 그 대가로서 임금·봉급 등을 받는 경우에는 이를 취업한 것으로 본다.(2019.12.3 본항개정)
⑤ 취업심사대상자가 퇴직 전 5년 동안 처리하였거나 의사결정과정에 참여한 제2항 각 호의 업무와 관련하여 다음 각 호의 어느 하나에 해당하는 경우 그 취업심사대상자가 소속하였던 부서의 업무는 해당 법무법인등, 회계법인, 세무법인, 외국법자문법률사무소 또는 합작법무법인의 업무와 제1항 단서에 따른 밀접한 관련성이 있는 것으로 본다.
1. 법무법인등이 사건을 수임(「변호사법」 제31조제4항 각 호에 해당하는 수임을 포함한다)한 경우
2. 회계법인이 「공인회계사법」 제2조 각 호에 따라 업무를 수행한 경우
3. 세무법인이 「세무사법」 제2조 각 호에 따라 업무를 수행한 경우
4. 외국법자문법률사무소가 「외국법자문사법」 제24조 각 호에 따라 업무를 수행한 경우
5. 합작법무법인이 「외국법자문사법」 제35조의19에 따라 업무를 수행한 경우
(2019.12.3 본항개정)
⑥ 공직자윤리위원회는 제2항 및 제3항의 밀접한 관련성 여부를 판단하는 경우에 퇴직공직자의 자유 및 권리 등 사익과 퇴직공직자의 부당한 영향력 행사 방지를 통한 공익 간의 균형을 유지하여야 하며, 제3항 및 제5항에 따라 업무 관련성이 있는 것으로 보는 퇴직공직자에 대하여 제1항 각 호 외의 부분 단서에 따라 취업 승인 여부를 심사·결정하는 경우에 해당 업무 처리 등의 건수, 업무의 빈도 및 비중 등을 고려하여 해당 취업심사대상자의 권리가 불합리하게 제한되지 아니하도록 하여야 한다.
(2014.12.30 본항개정)
⑦ 제1항부터 제3항까지의 규정에도 불구하고 제10조제1항 각 호에 따른 공개대상자가 아닌 취업심사대상자 중 「변호사법」 제4조에 따른 변호사는 법무법인등과 합작법무법인에, 「공인회계사법」 제3조에 따른 공인회계사는 회계법인에, 「세무사법」 제3조에 따른 세무사는 세무법인에 각각 취업할 수 있다.(2019.12.3 본항개정)
⑧ 제1항의 경우 부서 또는 기관의 범위, 취업심사대상기관의 규모 및 범위 등에 관하여는 국회규칙, 대법원규칙, 헌법재판소규칙, 중앙선거관리위원회규칙 또는 대통령령으로 정한다.(2019.12.3 본항개정)
⑨ 제1항부터 제3항까지의 규정에도 불구하고 취업심사대상자가 다음 각 호의 업무를 수행하기 위하여 취업하는 경우 제1항 단서에 따른 밀접한 관련성이 없는 것으로 본다.
1. 「비상대비에 관한 법률」에 따른 비상대비업무
(2022.1.4 본호개정)
2. 「예비군법」에 따른 예비군부대의 지휘관 업무
3. 그 밖에 단순 집행적 업무로서 업무 관련성이 없다고 관할 공직자윤리위원회가 고시하는 업무
(2019.12.3 본항신설)
(2014.12.30 본조제목개정)
(2011.7.29 본조개정)

제18조【취업제한 여부의 확인 및 취업승인】 ① 취업심사대상자가 제17조제1항 단서에 따라 퇴직 전 5년 동안 소속하였던 부서 또는 기관의 업무와 취업심사대상기관 간에 밀접한 관련성이 없다는 확인을 받아 취업심사대상기관에 취업을 하려는 경우에는 국회규칙, 대법원규칙, 헌법재판소규칙, 중앙선거관리위원회규칙 또는 대통령령으로 정하는 바에 따라 퇴직 당시 소속되었던 기관의 장을 거쳐 관할 공직자윤리위원회에 제17조제2항 및 제3항에 따라 취업이 제한되는지를 확인하여 줄 것을 요청하여야 한다.(2019.12.3 본항개정)
② 취업심사대상자가 제17조제1항 단서에 따라 취업승인을 받으려는 경우에는 국회규칙, 대법원규칙, 헌법재판소규칙, 중앙선거관리위원회규칙 또는 대통령령으로 정하는 바에 따라 퇴직 당시 소속되었던 기관의 장을 거쳐 관할 공직자윤리위원회에 취업승인을 신청하여야 한다.
③ 제1항에 따라 취업제한 여부의 확인을 요청받거나 제2항에 따라 취업승인의 신청을 받은 관할 공직자윤리위원회는 국회규칙, 대법원규칙, 헌법재판소규칙, 중앙선거관

리위원회규칙 또는 대통령령으로 정하는 바에 따라 심사 결과를 통지하여야 한다.
(2011.7.29 본조개정)

제18조의2【퇴직공직자의 업무취급 제한】 ① 모든 공무원 또는 공직유관단체 임직원은 다른 법률에 특별한 규정이 있는 경우를 제외하고는 재직 중에 직접 처리한 제17조제2항 각 호의 업무를 퇴직 후에 취급할 수 없다.
② 기관업무기준 취업심사대상자는 다른 법률에 특별한 규정이 있는 경우를 제외하고는 퇴직 전 2년부터 퇴직할 때까지 근무한 기관이 취업한 취업심사대상기관에 대하여 처리하는 제17조제2항 각 호의 업무를 퇴직한 날부터 2년 동안 취급할 수 없다.(2019.12.3 본항개정)
③ 제1항 및 제2항에도 불구하고 국가안보상의 이유나 공공의 이익을 위한 목적 등 해당 업무를 취급하는 것이 필요하고 그 취급이 해당 업무의 공정한 처리에 영향을 미치지 아니한다고 인정되는 경우로서 관할 공직자윤리위원회의 승인을 받은 경우에는 해당 업무를 취급할 수 있다.
④ 제2항에 따른 기관의 범위와 제3항의 승인절차 등 필요한 사항은 국회규칙, 대법원규칙, 헌법재판소규칙, 중앙선거관리위원회규칙 또는 대통령령으로 정한다.
(2011.7.29 본조신설)

제18조의3【업무취급 제한 퇴직공직자의 업무내역서 제출】 ① 제18조의2제2항에 따라 퇴직 후 일정한 업무취급을 제한받는 기관업무기준 취업심사대상자는 퇴직 후 2년간 업무활동내역 등이 포함된 업무내역서를 매년 작성하여 소속 취업심사대상기관의 장의 확인을 거쳐 관할 공직자윤리위원회에 제출하여야 한다.(2019.12.3 본항개정)
② 관할 공직자윤리위원회는 제1항에 따라 제출받은 업무내역서를 검토하여 제18조의2제2항 및 제3항의 위반 여부를 확인하여야 한다.
③ 제1항에 따른 업무내역서에는 퇴직공직자가 관여한 사건·사무 등 업무활동내역 등을 기재하여야 하며, 업무내역서에 포함되는 내용과 제출절차 등에 필요한 사항은 국회규칙, 대법원규칙, 헌법재판소규칙, 중앙선거관리위원회규칙 또는 대통령령으로 정한다.
(2011.7.29 본조신설)

제18조의4【퇴직공직자 등에 대한 행위제한】 ① 퇴직한 모든 공무원과 공직유관단체의 임직원(이하 "퇴직공직자"라 한다)은 본인 또는 제3자의 이익을 위하여 퇴직 전 소속 기관의 공무원과 임직원(이하 "재직자"라 한다)에게 법령을 위반하게 하거나 지위 또는 권한을 남용하게 하는 등 공정한 직무수행을 저해하는 부정한 청탁 또는 알선을 해서는 아니 된다.
② 재직자는 퇴직공직자로부터 직무와 관련한 청탁 또는 알선을 받은 경우 이를 소속 기관의 장에게 신고하여야 한다.
③ 누구든지 퇴직공직자가 재직자에게 청탁 또는 알선을 한 사실을 알게 된 경우 해당 기관의 장에게 신고할 수 있다.
④ 소속 기관의 장은 제2항 또는 제3항에 따라 신고된 사항에 대하여 제1항에 따른 부정한 청탁 또는 알선인지 여부를 판단하여야 하며, 수사의 필요성이 있다고 인정하는 경우 수사기관에 통보하여야 한다. 이 경우 소속 기관의 장은 신고된 사항과 수사기관에 통보한 사실을 관할 공직자윤리위원회에 통보하여야 한다.
⑤ 누구든지 제2항 및 제3항에 따른 신고자의 인적사항이나 신고자임을 미루어 알 수 있는 사실을 다른 사람에게 알려주거나 공개 또는 보도해서는 아니 된다. 다만, 해당 신고자가 동의한 경우에는 그러하지 아니하다.
⑥ 누구든지 신고자에게 신고를 이유로 불이익조치(「공익신고자 보호법」 제2조제6호에 따른 불이익조치를 말한다. 이하 같다)를 해서는 아니 되며, 신고를 이유로 불이익조치를 받은 신고자는 신고를 받은 소속 기관의 장에게 원상회복이나 그 밖에 필요한 조치(이하 "보호조치"라 한다)를 신청할 수 있다. 다만, 거짓으로 신고한 경우는 그러하지 아니하다.
⑦ 보호조치의 신청을 받은 소속 기관의 장은 신고자가 신고를 이유로 불이익조치를 받았는지를 조사하고, 조사 결과 신고자가 신고를 이유로 불이익조치를 받았다고 인정될 때에는 보호조치를 취하여야 한다.
⑧ 소속 기관의 장은 신고자의 신고가 공직윤리의 확립에 기여했다고 인정하는 경우에는 신고자에게 「상훈법」 등의 규정에 따라 포상을 추천·수여하거나, 예산의 범위에서 포상금을 지급할 수 있다.
⑨ 제1항부터 제8항까지의 규정에 따른 신고와 신청의 절차 및 방법 등에 관하여 필요한 사항은 국회규칙, 대법원규칙, 헌법재판소규칙, 중앙선거관리위원회규칙 또는 대통령령으로 정한다.
(2019.12.3 본조개정)

제18조의5【재직자 등의 취업청탁 등 제한】 ① 재직 중인 취업심사대상자는 퇴직 전 5년 동안 처리한 업무 중 제17조제2항 각 호에서 정하는 업무와 관련한 취업심사대상기관을 상대로 하여 재직 중 본인의 취업을 위한 청탁행위를 하여서는 아니 된다.
② 국가기관, 지방자치단체 또는 공직유관단체의 장은 해당 기관의 취업심사대상자를 퇴직 전 5년 동안 처리한 제17조제2항 각 호에 따른 업무와 관련된 취업심사대상기관으로의 취업을 알선하는 행위를 하여서는 아니 된다.
(2019.12.3 본조개정)

제19조【취업자의 해임 요구 등】 ① 관할 공직자윤리위원회는 다음 각 호의 어느 하나에 해당하는 경우에는 국가기관의 장 또는 지방자치단체의 장에게 해당인에 대한 취업해제조치를 하도록 요청하여야 하며, 요청을 받은 국가기관의 장 또는 지방자치단체의 장은 해당인이 취업하고 있는 취업심사대상기관의 장에게 해당인의 해임을 요구하여야 한다.(2020.12.22 본문개정)
1. 제17조제1항을 위반하여 취업승인을 받지 아니하고 밀접한 관련성이 있는 취업심사대상기관에 취업한 경우
2. 제17조제1항 단서에 따라 취업승인을 받고 취업한 사람이 제18조의2제1항을 위반(같은 조 제3항에 따른 업무취급의 승인을 받은 경우는 제외한다)하거나 제18조의4제1항을 위반한 경우
(2020.12.22 1호~2호신설)
② 제1항에 따라 해임 요구를 받은 취업심사대상기관의 장은 지체 없이 이에 응하여야 한다. 이 경우 취업심사대상기관의 장은 그 결과를 국가기관의 장 또는 지방자치단체의 장에게 통보하고, 국가기관의 장 또는 지방자치단체의 장은 관할 공직자윤리위원회에 통보하여야 한다.
(2019.12.3 본항개정)
③ 제1항에 따른 해임 요구에 대하여 「행정소송법」 제3조에 따른 행정소송을 제기한 경우에는 그 소송이 제기된 때부터 법원의 판결이 확정될 때까지 제17조제1항에 따른 해당인의 취업제한 기간의 진행이 정지된다. 다만, 해당 소송을 통하여 해임 요구 처분이 취소되거나 해임 요구 처분의 효력이 없는 것으로 확인된 경우에는 그러하지 아니하다.(2011.7.29 본항신설)

제19조의2【취업 및 업무취급제한 위반 여부 확인방법 등】 ① 국가기관, 지방자치단체 또는 공직유관단체의 장은 취업심사대상자가 퇴직한 경우에는 그 퇴직 후 3년 동안 관련 취업심사대상기관에의 취업 여부를 직접 확인하거나 국세청, 「국민건강보험법」 제13조에 따른 국민건강보험공단, 「국민연금법」 제24조에 따른 국민연금공단 및 「산업재해보상보호법」 제10조에 따른 근로복지공단에 자료(국세청의 경우 「소득세법」 제21조에 따른 기타소득에 관한 자료로 한정한다)를 요청하거나 조회하는 등의 방법으로 확인하여야 하며, 매년 1회 이상 그 점검 결과를 관할 공직자윤리위원회에 보고하여야 한다.
(2019.12.3 본항개정)
② 관할 공직자윤리위원회는 퇴직공직자가 제18조의2제1항에 따른 업무취급제한 사항을 위반하였다고 의심할 만한 상당한 사유가 있는 경우에는 이를 확인하기 위하여 해당 공직자가 퇴직 당시 소속하였던 기관의 장 또는 「국민건강보험법」 제13조에 따른 국민건강보험공단, 「국민연금법」 제24조에 따른 국민연금공단 및 「산업재해보상보호법」 제10조에 따른 근로복지공단에 관련 자료를 요청할 수 있다.(2015.12.29 본항신설)
③ 관할 공직자윤리위원회는 취업제한, 업무취급의 제한 및 행위제한 등과 관련하여 관련 취업심사대상기관의 장에게 해당 자료 제출을 요구할 수 있으며, 취업심사대상기관의 장은 정당한 사유가 없으면 자료를 제공하여야 한다.
(2019.12.3 본항개정)
④ 관할 공직자윤리위원회는 제18조의2제1항에 따른 업무취급 제한 사항을 위반하였다고 의심할 만한 상당한 사유가 있는 경우에는 국회규칙, 대법원규칙, 헌법재판소규칙, 중앙선거관리위원회규칙 또는 대통령령으로 정하는 바에 따라 퇴직공직자가 취업한 기관·단체(취업심사대상기관은 제외한다)의 장에게 퇴직공직자의 담당업무 등에 대한 자료제출을 요구할 수 있다. 이 경우 해당 기관·단체의 장은 정당한 사유가 없으면 자료를 제공하여야 한다.(2019.12.3 본항신설)
⑤ 인사혁신처장은 제1항에 따른 자료의 요청을 효율적으로 수행하기 위하여 다른 중앙행정기관, 지방자치단체 또는 공직유관단체의 장을 대신하여 필요한 자료를 일괄하여 요청할 수 있다. 다만, 국세청에 자료를 요청할 경우에는 인사혁신처장이 일괄하여 요청하여야 한다.
(2019.12.3 본항신설)
(2015.12.29 본조제목개정)

제19조의3【취업제한 여부의 확인, 취업승인, 업무취급 승인 및 업무내역서 심사 기록의 작성·관리 및 결과의 공개】 ① 관할 공직자윤리위원회는 다음 각 호의 어느 하나에 해당하는 심사를 하는 경우 각각의 심사사항에 대한 결정의 근거가 되는 사유를 회의록에 기록·관리하여야 하며, 심사를 완료한 때에는 그 심사 결과를 관할 공직자윤리위원회가 지정하는 인터넷 사이트에 공개하여야 한다.(2019.12.3 본문개정)
1. 제18조에 따른 취업제한 여부의 확인 및 취업승인 심사
2. 제18조의2제3항에 따른 업무취급승인 심사
3. 제18조의3제2항에 따른 업무내역서 심사
② 제1항에 따라 심사 결과를 공개하는 경우 각각의 심사사항에 대한 구체적인 사유를 포함하여야 한다.
(2019.12.3 본항신설)
③ 제1항 및 제2항에 따른 심사 기록의 작성·관리와 심사결과의 공개 항목 및 범위 등에 관하여 필요한 사항은 국회규칙, 대법원규칙, 헌법재판소규칙, 중앙선거관리위원회규칙 또는 대통령령으로 정한다.(2019.12.3 본항개정)
(2019.12.3 본조제목개정)
(2014.12.30 본조신설)

제19조의4【기관업무기준 취업심사대상자에 대한 취업이력공시】 ① 공직자윤리위원회는 기관업무기준 취업심사대상자의 퇴직일부터 10년 동안 취업심사대상기관에 취업한 현황을 매년 조사하여 그 취업이력을 공직자윤리위원회가 지정하는 인터넷 사이트에 다음 해 6월 30일까지 공시(公示)하여야 한다.(2019.12.3 본항개정)
② 기관업무기준 취업심사대상자는 퇴직일부터 10년 동안 취업심사대상기관에 취업한 경우에는 취업일부터 1개월 이내에 그 취업 사실을 퇴직 전 소속 기관의 장에게 신고하여야 한다. 이 경우 신고를 받은 퇴직 전 소속 기관의 장은 그 신고 사실을 지체 없이 관할 공직자윤리위원회에 통보하여야 한다.(2019.12.3 전단개정)
③ 제1항에 따른 취업 현황 조사 및 공시의 내용·절차와 제2항에 따른 신고의 내용·절차 등에 관하여 필요한 사항은 국회규칙, 대법원규칙, 헌법재판소규칙, 중앙선거관리위원회규칙 또는 대통령령으로 정한다.
(2014.12.30 본조신설)

제5장 보 칙
(2009.2.3 본장개정)

제20조【기획·총괄기관】 인사혁신처장은 이 법에 따른 재산등록 및 공개, 주식의 매각 또는 신탁, 선물신고, 퇴직공직자의 취업제한 및 행위제한 등에 관한 기획·총괄업무를 관장한다.(2014.12.30 본조개정)

제20조의2【국회 등에 대한 보고】 ① 공직자윤리위원회는 매년 정기국회 개회 전까지 또는 해당 지방의회 2차 정례회 개최 전까지 전년도의 재산등록, 주식의 매각 또는 신탁, 선물신고, 퇴직공직자의 취업제한에 관한 실태(제17조제1항 단서에 따른 취업승인을 하거나 제18조제3항에 따른 심사 결과 취업할 수 있다고 통지하는 때에는 그 결과를 포함한다)와 감독, 그 밖에 공직자윤리위원회의 활동에 관한 연차보고서를 제출하여야 한다.
(2020.12.22 본항개정)
② 제1항의 연차보고서 작성에 필요한 사항은 대통령령으로 정한다.

제20조의3【벌칙 적용에서 공무원 의제】 공직자윤리위원회와 제14조의5에 따른 주식백지신탁 심사위원회의 위원장 및 위원으로서 공무원이 아닌 사람은 「형법」 제129조부터 제132조까지의 규정을 적용할 때에는 공무원으로 본다.(2015.12.29 본조신설)

제21조【위임규정】 이 법 시행에 필요한 사항은 국회규칙, 대법원규칙, 헌법재판소규칙, 중앙선거관리위원회규칙, 대통령령 또는 지방자치단체의 조례로 정한다.

제6장 징계 및 벌칙
(2009.2.3 본장개정)

제22조【징계 등】 공직자윤리위원회는 공무원 또는 공직유관단체의 임직원이 다음 각 호의 어느 하나에 해당하면 이를 사유로 해임 또는 징계의결을 요구할 수 있다.
1. 제5조제1항을 위반하여 재산등록을 하지 아니한 경우
2. 제5조제1항, 제6조제1항·제2항, 제6조의3, 제7조, 제10조제2항 또는 제11조제1항에 따른 재산등록, 변동사항 신고 등을 정당한 이유 없이 대통령령으로 정하는 기간 내에 마치지 아니한 경우(2019.12.3 본호신설)
3. 제6조제1항(10월부터 12월까지 중 등록의무자가 되어 같은 항에 따른 재산 변동사항을 신고하는 경우의 변동사항 신고에 관한 같은 조 제3항을 포함한다)·제8항, 제6조의2 및 제11조제1항을 위반하여 변동사항 신고 또는 거래내역 신고를 하지 아니하거나 소명자료의 첨부 등을 하지 아니한 경우(2023.6.13 본호개정)
4. 제8조제13항에 따른 공직자윤리위원회의 소명 요구에 대하여 거짓으로 소명하거나 거짓 자료를 제출한 경우
5. 제8조제14항을 위반하여 정당한 사유 없이 소명 또는 자료 제출을 하지 아니한 경우
6. 제10조제3항(제11조제2항에서 준용하는 경우를 포함한다)을 위반하여 허가 없이 등록사항을 열람·복사하거나 이를 하게 한 경우
7. 제12조제1항(제6조의2제4항 및 제11조제2항에서 준용하는 경우를 포함한다)을 위반하여 허위등록 등 불성실하게 재산등록을 한 경우
8. 제12조제2항(제6조의2제4항 및 제11조제2항에서 준용하는 경우를 포함한다)을 위반하여 공직자윤리위원회 등의 등록사항 심사에 응하지 아니한 경우
9. 제13조(제6조의2제4항 및 제11조제2항에서 준용하는 경우를 포함한다)를 위반하여 재산등록사항을 이 법에서 정한 목적 외의 용도로 이용한 경우
10. 제14조(제6조의2제4항, 제11조제2항 및 제14조의4제6항에서 준용하는 경우를 포함한다)를 위반하여 재산등록사항을 다른 사람에게 누설한 경우
11. 제14조의4제1항을 위반하여 신고를 하지 아니한 경우
12. 제14조의4제1항 각 호의 행위 또는 제14조의5제6항에 따른 주식의 직무관련성 심사청구를 기한 내에 하지 못하는 경우(2020.12.22 본호신설)
13. 제14조의5제9항에 따른 요구 또는 질의에 거짓으로 자료를 제출하거나 정당한 사유 없이 자료 제출을 거부하는 경우(2020.12.22 본호신설)

14. 제14조의6을 위반하여 주식을 취득하거나 신고를 하지 아니한 경우
15. 제14조의7제1항 본문을 위반하여 신탁재산의 관리·운용·처분에 관한 정보의 제공을 요구한 경우
16. 제14조의7제2항을 위반하여 신탁재산의 관리·운용·처분에 관여한 경우
17. 제14조의10제2항을 위반하여 주식백지신탁계약을 해지한 경우
18. 백지신탁한 주식 또는 보유하고 있는 주식과 관련한 직무를 회피할 수 있음에도 불구하고 제14조의11제1항을 위반하여 해당 주식과 관련한 직무에 관여하였거나 제14조의11제4항을 위반하여 신고를 하지 아니한 경우(2015.12.29 본호신설)
19. 제15조를 위반하여 외국에서 받은 선물 또는 외국인에게 받은 선물을 신고 또는 인도하지 아니한 경우
20. 제18조의4제2항을 위반하여 청탁 또는 알선을 받은 사실을 소속 기관의 장에게 신고하지 아니한 경우(같은 조 제4항에 따라 부정한 청탁 또는 알선으로 인정된 경우로 한정한다)(2019.12.3 본호개정)
21. 제18조의5제1항을 위반하여 취업을 위한 청탁행위를 한 경우(2011.7.29 본호신설)

제23조【시정 권고】 관할 공직자윤리위원회는 국가기관, 지방자치단체 또는 공직유관단체의 장이 제18조의5제2항을 위반하여 해당 기관의 취업심사대상자를 제17조제2항 각 호의 업무와 관련된 취업심사대상기관으로 취업을 알선하는 경우에는 시정을 권고할 수 있다. 이 경우 시정 권고를 받은 국가기관, 지방자치단체 또는 공직유관단체의 장은 특별한 사유가 없으면 그 시정 권고에 따라야 한다.(2019.12.3 전단개정)

제24조【재산등록 거부의 죄】 ① 등록의무자가 정당한 사유 없이 재산등록을 거부하면 1년 이하의 징역 또는 1천만원 이하의 벌금에 처한다.
② 제10조의2제1항 및 제2항에 따른 공직선거후보자 등이 정당한 사유 없이 등록대상재산에 관한 신고서를 제출하지 아니하면 6개월 이하의 징역 또는 500만원 이하의 벌금에 처한다.

제24조의2【주식백지신탁 거부의 죄】 공개대상자 등이 정당한 사유 없이 제14조의4제1항 또는 제14조의6제2항을 위반하여 자신이 보유하는 주식을 매각 또는 백지신탁하지 아니하면 1년 이하의 징역 또는 1천만원 이하의 벌금에 처한다.

제25조【거짓 자료 제출 등의 죄】 공직자윤리위원회(제8조제11항에 따라 공직자윤리위원회로부터 재산등록사항에 관한 권한을 위임받은 등록기관의 장 등을 포함한다. 이하 제26조에서 같다) 또는 주식백지신탁 심사위원회로부터 제8조제4항 및 제5항(제6조의2제4항, 제11조제2항 및 제14조의4제6항에서 준용하는 경우를 포함한다) 또는 제14조의5제10항에 따른 보고나 자료 제출 등을 요구받은 각 기관·단체·업체의 장이 거짓 보고나 거짓 자료를 제출하거나 정당한 사유 없이 보고 또는 자료 제출을 거부하면 1년 이하의 징역 또는 1천만원 이하의 벌금에 처한다.

제26조【출석거부의 죄】 공직자윤리위원회로부터 제8조제6항(제6조의2제4항, 제11조제2항 및 제14조의4제6항에서 준용하는 경우를 포함한다)에 따른 출석요구를 받은 사람이 정당한 사유 없이 출석요구에 응하지 아니하면 6개월 이하의 징역 또는 500만원 이하의 벌금에 처한다.

제27조【무허가 열람·복사의 죄】 제10조제3항(제11조제2항에서 준용하는 경우를 포함한다)을 위반하여 허가 없이 재산등록사항을 열람·복사하거나 이를 하게 한 경우에는 1년 이하의 징역 또는 1천만원 이하의 벌금에 처한다.

제28조【비밀누설의 죄】 ① 제14조(제6조의2제4항, 제11조제2항 및 제14조의4제6항에서 준용하는 경우를 포함한다)를 위반하여 재산등록업무에 종사하거나 종사하였던 사람 또는 직무상 재산등록사항을 알게 된 사람이 공개된 재산등록사항 외의 재산등록사항을 정당한 사유 없이 누설하면 1년 이하의 징역 또는 1천만원 이하의 벌금에 처한다.
② 제14조의3(제6조의2제4항, 제11조제2항 및 제14조의4제6항에서 준용하는 경우를 포함한다)을 위반하여 금융거래의 내용에 관한 자료를 제공받은 사람이 그 자료를 타인에게 제공 또는 누설하거나 그 목적 외의 용도로 이용하면 3년 이하의 징역 또는 2천만원 이하의 벌금에 처한다.
③ 제2항의 징역형과 벌금형은 함께 부과할 수 있다.

제28조의2【주식백지신탁 관여금지 위반의 죄】 ① 공개대상자등 또는 그 이해관계자가 제14조의7제1항 본문을 위반하여 신탁재산의 관리·운용·처분에 관한 정보제공을 요구하거나, 신탁업자·집합투자업자·투자회사·투자매매업자 또는 투자중개업자의 임직원이 정보제공 요구에 응하면 각각 1년 이하의 징역 또는 1천만원 이하의 벌금에 처한다.
② 공개대상자등 또는 그 이해관계자가 제14조의7제2항을 위반하여 신탁재산의 관리·운용·처분에 관여하면 1년 이하의 징역 또는 1천만원 이하의 벌금에 처한다.

제29조【취업제한, 업무취급 제한 및 행위제한 위반의 죄】 다음 각 호의 어느 하나에 해당하는 자는 2년 이하의 징역 또는 2천만원 이하의 벌금에 처한다.(2014.12.30 본문개정)
1. 제17조제1항을 위반하여 취업승인을 받지 않고 밀접한 업무관련성이 있는 취업심사대상기관에 취업한 사람(2019.12.3 본호개정)
2. 제18조의2제1항을 위반하여 재직 중 본인이 직접 처리한 업무를 퇴직 후 취급한 사람
3. 제18조의4제1항을 위반하여 퇴직 전 소속 기관의 임직원을 상대로 부정한 청탁 또는 알선 행위를 한 사람(2011.7.29 본조개정)

제30조【과태료】 ① 제18조의2제2항을 위반하여 퇴직 전 2년부터 퇴직한 때까지 근무한 기관의 업무를 취급한 사람에게는 5천만원 이하의 과태료를 부과한다.(2015.12.29 본항개정)
② 다음 각 호의 어느 하나에 해당하는 사람에게는 2천만원 이하의 과태료를 부과한다.
1. 공직자윤리위원회가 "제8조의2제2항제2호(제6조의2제4항, 제11조제2항 및 제14조의4제6항에서 준용하는 경우를 포함한다) 및 제14조의5제11항제2호에 따라 과태료 부과 대상으로 결정한 사람(2020.12.22 본호개정)
2. 제8조제13항에 따른 공직자윤리위원회의 소명 요구에 거짓으로 소명하거나 거짓 자료를 제출한 사람
3. 제8조제14항을 위반하여 정당한 사유 없이 소명 또는 자료 제출을 하지 아니한 사람
3의2. 백지신탁한 주식 또는 보유하고 있는 주식과 관련한 직무를 회피할 수 있음에도 불구하고 제14조의11제1항을 위반하여 해당 주식과 관련한 직무에 관여하였거나 제14조의11제4항을 위반하여 신고를 하지 아니한 사람(2020.12.22 본호신설)
4. 제19조의2제3항에 따른 자료 제출요구를 정당한 사유 없이 거부하거나 거짓 자료를 제출한 취업심사대상기관의 장(2019.12.3 본호개정)
③ 다음 각 호의 어느 하나에 해당하는 사람에게는 1천만원 이하의 과태료를 부과한다.
1. 제5조제1항, 제6조제1항·제2항, 제6조의3, 제7조, 제10조제2항 또는 제11조제1항에 따른 재산등록, 변동사항 신고 등을 정당한 이유 없이 대통령령으로 정하는 기간 내에 마치지 아니한 사람(2019.12.3 본호신설)
2. 제12조제1항(제6조의2제4항 및 제11조제2항에서 준용하는 경우를 포함한다)을 위반하여 허위등록 등 불성실하게 재산등록을 한 사람(2019.12.3 본호신설)
3. 제12조제2항(제6조의2제4항 및 제11조제2항에서 준용하는 경우를 포함한다)을 위반하여 공직자윤리위원회 등의 등록사항 심사에 응하지 아니한 사람(2019.12.3 본호신설)
4. 제14조의6을 위반하여 주식을 취득하거나 신고를 하지 아니한 사람(2019.12.3 본호신설)
5. 제14조의10제2항을 위반하여 주식백지신탁계약을 해지한 사람(2019.12.3 본호신설)
6. (2020.12.22 삭제)
7. 제15조를 위반하여 외국에서 받은 선물 또는 외국인에게 받은 선물을 신고 또는 인도하지 아니한 사람(2019.12.3 본호신설)
8. 제18조제1항을 위반하여 취업제한 여부의 확인을 요청하지 아니하고 취업심사대상기관에 취업한 사람(2019.12.3 본호개정)
9. 제18조의3제1항을 위반하여 업무내역서를 제출하지 아니하거나 거짓으로 제출한 사람
10. 제19조제2항에 따른 해임 요구를 거부한 취업심사대상기관의 장(2019.12.3 본호개정)
11. 제19조의4제2항 전단을 위반하여 취업심사대상기관에 취업한 사실을 취업일부터 1개월 이내에 퇴직 전 소속 기관의 장에게 신고하지 아니한 사람(2019.12.3 본호개정)
④ 제3항에도 불구하고 같은 항 제1호부터 제5호까지에 해당하는 경우 제22조에 따라 해임 또는 징계의 의결이 있은 후에는 과태료를 부과하지 아니하며, 과태료가 부과된 후에는 해임 또는 징계의 의결을 하지 아니한다.(2019.12.3 본항신설)
⑤ 관할 공직자윤리위원회는 제1항부터 제3항까지의 과태료 부과 대상자에 대하여는 그 위반사실을 「비송사건절차법」에 따른 과태료 재판 관할 법원에 통보하여야 한다.(2011.7.29 본조개정)

부 칙 (2011.7.29)

제1조【시행일】 이 법은 공포 후 3개월이 경과한 날부터 시행한다. 다만, 제3조제1항제8호, 제5조제1항제10호부터 제12호까지, 제9조제1항 각 호 외의 부분, 같은 조 제2항제5호·제7호, 같은 조 제4항제6호 및 제10조제1항제7호·제8호의 개정규정은 2012년 7월 1일부터 시행한다.

제2조【최초 재산등록의무자에 대한 적용례】 제5조제1항의 개정규정은 이 법 시행 후 최초로 등록의무자가 된 사람부터 적용한다.

제3조【취업제한에 관한 적용례】 ① 제17조제1항제3호부터 제6호까지, 같은 조 제2항제7호 및 같은 조 제4항의 개정규정은 이 법 시행 후 최초로 퇴직하는 공무원과 공직유관단체 임직원부터 적용한다.
② 취업제한 여부 확인 요청에 관한 제18조의 개정규정은 이 법 시행 후 최초로 취업이 제한되는 사기업체등에 취업하고자 하는 공무원과 공직유관단체의 임직원부터 적용한다.

제4조【퇴직공직자의 업무취급 제한 등에 관한 적용례】 ① 제18조의2제1항 및 제3항(같은 조 제1항에 관한 부분에 한정한다)의 개정규정은 이 법 시행 전 퇴직한 공무원 또는 공직유관단체 임직원에 대하여는 이 법 시행 후 최초로 취급하는 업무부터 적용한다.
② 제18조의2제2항 및 제3항(같은 조 제2항에 관한 부분에 한정한다)과 제18조의3의 개정규정은 이 법 시행 후 최초로 퇴직하는 공무원과 공직유관단체 임직원부터 적용한다.

부 칙 (2014.12.30)

제1조【시행일】 이 법은 공포 후 3개월이 경과한 날부터 시행한다. 다만, 다음 각 호의 개정규정은 공포한 날부터 시행한다.
1. 제3조제1항제13호
2. 제17조제2항제5호
3. 제17조제4항("사기업체등" 외의 개정부분으로 한정한다)
4. 제17조제5항
5. 제20조

제2조【퇴직공직자의 취업제한 등에 관한 적용례】 제17조제1항·제3항·제6항·제7항, 제18조제1항, 제18조의2제2항, 제18조의3제1항, 제19조의2제1항, 제19조의4, 제29조 각 호 외의 부분 및 제30조제3항제4호의 개정규정은 이 법 시행 후 최초로 퇴직하는 취업심사대상자부터 적용한다.

제3조【다른 법률의 개정】 ※(해당 법령에 가제정리 하였음)

부 칙 (2015.12.29)

제1조【시행일】 이 법은 공포 후 6개월이 경과한 날부터 시행한다. 다만, 제3조제1항제8호, 제5조제1항제11호, 제9조제2항제7호, 제9조의2, 제10조제1항제7호, 제14조의12, 제15조제1항, 제19조의2, 제20조의3, 제30조제1항 및 같은 조 제2항제4호의 개정규정은 공포한 날부터 시행한다.

제2조【공직자윤리위원회 및 주식백지신탁 심사위원회의 직권 재심사에 관한 적용례】 제9조의2 및 제14조의12의 개정규정은 공직자윤리위원회 및 주식백지신탁 심사위원회가 이 법 시행 후에 제9조제1항제1호·제3호 또는 제14조의5제7항에 따라 결정한 사항부터 적용한다.

제3조【이해충돌 직무에 대한 관여 금지에 관한 적용례】 제14조의11의 개정규정은 이 법 시행 전에 주식백지신탁에 관한 계약을 체결한 경우로서 이 법 시행 당시 신탁된 주식의 처분이 완료되지 아니한 경우에 대해서도 적용한다.

제4조【주식을 보유한 공개대상자등의 직위 변경에 관한 적용례】 제14조의13의 개정규정은 이 법 시행 후에 제14조의4제1항에 따라 주식 매각의무 또는 주식백지신탁 의무가 발생하는 공개대상자등부터 적용한다.

제5조【재산등록 등의 시기 변경에 관한 경과조치】 이 법 시행 전에 등록 또는 신고 의무가 발생한 사람의 등록 또는 신고 기간에 관하여는 제5조제1항 각 호 외의 부분, 제6조제2항, 제6조의3제3항, 제10조제2항 및 제11조제1항의 개정규정에도 불구하고 종전의 규정에 따른다.

제6조【재산 변동사항 신고의 유예 대상자 변경에 관한 경과조치】 이 법 시행 전에 등록의무자가 된 사람의 재산 변동사항 신고 유예에 관하여는 제6조제3항 및 제22조제2호의 개정규정에도 불구하고 종전의 규정에 따른다.

부 칙 (2019.12.3)

제1조【시행일】 이 법은 공포 후 6개월이 경과한 날부터 시행한다. 다만, 제6조제3항, 제15조제1항 및 제19조의4제1항(취업제한기관의 개정 부분은 제외한다)의 개정규정은 공포한 날부터 시행한다.

제2조【재산등록대상 주식의 가액 산정방법에 관한 적용례】 제4조제3항제7호의 개정규정은 이 법 시행 이후 재산등록을 하거나 재산 변동사항을 신고하는 경우부터 적용한다.

제3조【재산등록의 시기 변경에 관한 적용례】 제6조제3항의 개정규정은 이 법 시행 이후 재산 변동사항을 신고하는 경우부터 적용한다.

제4조【재산등록사항의 심사에 관한 적용례】 제8조제13항의 개정규정은 이 법 시행 이후 재산등록이나 변동사항 신고 등을 하는 경우로서 새롭게 발생한 재산 변동사항에 한정하여 적용한다.

제5조【공직자윤리위원회 위원 등의 요건에 관한 적용례】 제9조제3항 및 제14조의5제4항의 개정규정은 이 법 시행 이후 공직자윤리위원회 위원으로 선임되거나 주식백지신탁 심사위원회 위원으로 임명 또는 위촉되는 경우부터 적용한다.

제6조【퇴직공직자의 취업제한에 관한 적용례】 제17조제1항 및 제5항의 개정규정은 이 법 시행 이후 퇴직하는 취업심사대상자부터 적용한다.

제7조【퇴직공직자 등에 대한 행위제한에 관한 적용례】 제18조의4의 개정규정은 이 법 시행 이후 퇴직공직자가 재직자에게 청탁 또는 알선을 하는 경우부터 적용한다.

제8조【재산등록 등의 지연에 관한 적용례】 제22조제2호의 개정규정은 이 법 시행 이후 재산등록이나 변동사항 신고 등을 하는 경우부터 적용한다.
제9조【다른 법률의 개정】 ①~② ※(해당 법령에 가제정리 하였음)

부 칙 (2020.12.15)
(2020.12.22 법17689호)

제1조【시행일】 이 법은 2021년 1월 1일부터 시행한다.(이하 생략)

부 칙 (2020.12.22 법17754호)

제1조【시행일】 이 법은 공포 후 6개월이 경과한 날부터 시행한다.
제2조【이해충돌 직무에 대한 관여 금지에 관한 적용례】 제14조의11제1항의 개정규정은 이 법 시행 이후 주식 매각 또는 주식백지신탁 의무가 발생하는 경우부터 적용한다.
제3조【직무관련성 없는 직위로의 변경 권고에 관한 적용례】 제14조의13제4항의 개정규정은 이 법 시행 이후 주식 매각 또는 주식백지신탁 의무가 발생하는 경우부터 적용한다.
제4조【취업자의 해임 요구 등에 관한 적용례】 제19조제1항제2호의 개정규정은 이 법 시행 이후 취업승인을 받는 경우부터 적용한다.
제5조【직무관련성 심사청구의 지연 등에 관한 적용례】 제22조제12호 및 제13호의 개정규정은 이 법 시행 이후 해임 또는 징계 사유가 발생하는 경우부터 적용한다.
제6조【주식의 매각 또는 신탁 등 의무 이행 기한 변경에 관한 경과조치】 이 법 시행 전에 주식의 매각 또는 주식백지신탁 의무가 발생한 사람의 주식 매각·신탁 또는 직무관련성 심사청구 및 직위변경 신청기한에 관하여는 제14조의4제1항 각 호 외의 부분 본문, 제14조의5제6항(직무관련성 유무 심사청구 기한 변경에 관한 사항으로 한정한다), 제14조의6제2항 본문 및 제14조의13제1항의 개정규정에도 불구하고 종전의 규정에 따른다.

부 칙 (2021.4.1)

이 법은 공포 후 6개월이 경과한 날부터 시행한다.

부 칙 (2022.1.4)

제1조【시행일】 이 법은 공포 후 6개월이 경과한 날부터 시행한다.(이하 생략)

부 칙 (2022.11.15)

이 법은 공포한 날부터 시행한다.

부 칙 (2023.6.13)

제1조【시행일】 이 법은 공포 후 6개월이 경과한 날부터 시행한다.
제2조【등록대상 가상자산에 관한 적용례】 제4조제2항제6호의 개정규정은 이 법 시행 이후 재산등록 의무나 변동사항 신고 의무가 발생한 경우부터 적용한다.
제3조【가상자산 거래내역 신고에 관한 적용례】 제6조의2의 개정규정은 2023년 1월 1일 이후에 행하여진 가상자산거래부터 적용한다.

부 칙 (2023.7.18)

제1조【시행일】 이 법은 공포 후 1년이 경과한 날부터 시행한다.(이하 생략)

부 칙 (2023.12.26)

제1조【시행일】 이 법은 공포 후 6개월이 경과한 날부터 시행한다. 다만, 제10조제1항의 개정규정은 2024년 1월 1일부터 시행한다.
제2조【법무부장관 등에 대한 조사 의뢰에 관한 적용례】 제8조제7항제2호가목의 개정규정은 이 법 시행 이후 소속 기관의 미공개정보를 이용한 경우로서 그 행위를 통하여 재물 또는 재산상 이익을 취득한 상당한 혐의가 있다고 의심되는 경우부터 적용한다.
제3조【소속 기관의 미공개정보를 이용한 재물이나 재산상 이익의 취득등에 관한 적용례】 제8조의2제1항제4호 및 제14조의2의 개정규정은 이 법 시행 이후 소속 기관의 미공개정보를 이용하는 경우부터 적용한다.
제4조【직위 변경이 완료되지 아니한 경우의 의무 이행기간에 관한 적용례】 제14조의13제3항의 개정규정은 이 법 시행 당시 종전의 규정에 따라 기산한 의무 이행기간이 지나지 아니한 경우에 대해서도 적용한다.

공직자윤리법 시행령

(1993년 7월 12일
전개대통령령 제13927호)

개정
1994.12.23영14441호(직제)
<중략>
2009. 2. 3영21289호
2009. 5.13영21487호(직제)
2009.11.23영21841호
2011. 3.29영22766호
2011.10.28영23271호
2012. 2.29영23645호(지방교육행정기관의행정기구와정원기준등에관한규정)
2013. 3.23영24425호(직제)
2013.11.20영24852호(공무원임용)
2014. 1. 7영25066호
2014. 6.11영25375호(지방교육자치에관한법시)
2014. 6.25영25398호
2014.11.19영25751호(직제)
2014.11.28영25781호(지방재정시)
2015. 3.30영26179호
2015.11.30영26683호(기준중위소득도입및맞춤형급여체계개편에따른일부개정령)
2016. 6.28영27293호
2016.11.29영27621호(지방회계법시)
2017. 1.10영27787호(전문직공무원인사규정)
2017. 1.31영27824호
2017. 7.26영28211호(직제)
2017. 9. 5영28266호(군인사법시)
2017.12.19영28475호(군무원시)
2018. 7. 2영29013호
2018. 7.24영29063호(직제)
2019. 6.25영29931호
2020. 3.10영30515호(소방공무원의국가직전환관련제도정비를위한일부개정령)
2020. 6. 2영30753호
2020. 7.14영30833호(고위공직자범죄수사처설치에따른일부개정령)
2020. 8. 4영30895호(직제)
2020. 9.10영31012호(국가철도공단법시)
2020.12.31영31349호(자치경찰조직운영)
2021. 6.22영31822호
2021. 9.24영32012호
2023. 4.25영33433호
2023.11.28영33896호

제1조【목적】 이 영은 「공직자윤리법」(이하 "법"이라 한다)에서 위임된 사항과 그 시행에 필요한 사항을 규정함을 목적으로 한다.(2009.2.3 본조개정)
제2조 (2009.2.3 삭제)
제2조의2【이해충돌 가능 직무의 회피 등】 공직자는 자신이 수행하는 직무가 자신의 재산상 이해와 관련되어 공정한 직무수행이 어려운 경우에는 그 직무를 회피하거나 직근 상급자 또는 감사담당 부서의 장과 상담한 후 그 직무를 수행하여야 한다.(2016.6.28 본조신설)
제3조【등록의무자】 ① 법 제3조제1항제4호에서 "대통령령으로 정하는 외무공무원"이란 고위공무원단에 속하는 외무공무원 및 「공무원보수규정」 제51조에 따른 직무등급이 6등급 이상인 직위의 외무공무원을 말한다.
② 법 제3조제1항제7호에서 "이에 상당하는 군무원"이란 2급 이상 또는 이에 상당하는 일반군무원을 말한다.(2017.12.19 본항개정)
③ 법 제3조제1항제12호에서 "임원"이란 이사·감사(그 명칭에 상관없이 이와 같은 직무를 담당하는 사람을 포함한다) 이상의 상근임원을 말한다.
④ 법 제3조제1항제12호의2에서 "「한국토지주택공사법」에 따른 한국토지주택공사 등 부동산 관련 업무나 정보를 취급하는 대통령령으로 정하는 공직유관단체"란 다음 각 호의 기관·단체를 말한다.
1. 「한국토지주택공사법」에 따른 한국토지주택공사
2. 「새만금사업 추진 및 지원에 관한 특별법」 제36조의2에 따른 새만금개발공사
3. 「지방공기업법」 제2조제1항제7호 또는 제8호의 사업을 경영하는 지방공사 또는 지방공단으로서 인사혁신처장이 지정하여 고시하는 기관
(2021.9.24 본항신설)
⑤ 법 제3조제1항제13호에서 "대통령령으로 정하는 특정분야의 공무원과 공직유관단체의 직원"이란 다음 각 호의 사람을 말한다.
1. 「연구직 및 지도직공무원의 임용 등에 관한 규정」 별표 2의 제1호가목부터 다목까지와 제2호가목·나목 및 제3호가목의 연구직공무원, 별표2의2의 제1호가목·나목과 제2호가목·나목 및 제3호가목의 지도직공무원으로서 4급 이상 또는 고위공무원단에 속하는 일반직공무원에 상당하는 연구관·지도관
1의2. 4급 이상의 일반직공무원에 상당하는 전문경력관 및 지방전문경력관(2014.1.7 본호신설)
1의3. 「전문직공무원 인사규정」 제3조에 따른 수석전문관(2017.1.10 본호신설)
2. 4급 이상 또는 고위공무원단에 속하는 일반직공무원에 상당하는 직위에 임명된 장학관·교육연구관
3. 대학(대학에 준하는 각종학교를 포함한다)의 처장·실장
4. 감사원 소속 공무원 중 5급 이하 7급 이상의 일반직공무원(이에 상당하는 전문경력관을 포함한다)과 이에 상당하는 별정직공무원(2013.11.20 본호개정)
5. 「국민권익위원회와 그 소속기관 직제」 제9조에 따른 부패방지국 및 같은 영 제9조의2에 따른 심사보호국 소속 5급 이하 7급 이상의 일반직공무원(이에 상당하는 전문경력관을 포함한다)과 이에 상당하는 별정직공무원(2018.7.24 본호개정)
6. 경찰공무원 중 경정, 경감, 경위, 경사와 자치경찰공무원 중 자치경정, 자치경감, 자치경위, 자치경사(2020.12.31 본호개정)
7. 소방공무원 중 소방령, 소방경, 소방위 및 소방장. 다만, 소방위, 소방장 중 화재진압·구조·구급 등의 현장 업무 또는 상황관리 업무를 전담하는 공무원으로서 관할 공직자윤리위원회의 승인(부서 단위로 승인하는 경우를 포함한다)을 받은 사람은 제외한다.(2020.6.2 단서신설)
8. 국세청 및 관세청 소속 공무원 중 5급 이하 7급 이상의 일반직공무원(이에 상당하는 전문경력관을 포함한다)과 이에 상당하는 별정직공무원(2013.11.20 본호개정)
9. 법무부, 검찰청 및 고위공직자범죄수사처 소속 공무원 중 5급 이하 7급 이상의 검찰직공무원 및 마약수사직공무원(2020.7.14 본호개정)
9의2. 국방부(육군, 해군, 공군, 합동참모본부, 국방부 소속기관·직할부대·직할기관을 포함한다)와 방위사업청(소속기관을 포함한다)에서 군사시설, 국방 관련 계약 및 검수, 방위력 개선, 군사법원 및 군검찰, 수사(「군사법원법」 제44조제2호에 따른 수사 및 「군사기밀 보호법」에 따른 범죄에 대한 수사는 제외한다) 및 감찰 업무를 담당하는 부서에 근무하는 5급 일반직공무원(이에 상당하는 전문경력관을 포함한다), 이에 상당하는 별정직공무원, 중령인 군인과 「군무원인사법」에 따른 3급 군무원(2013.11.20 본호개정)
9의3. 공정거래위원회 소속 공무원 중 기업에 대한 조사·심사, 시정조치 또는 과징금 부과 등 사건 관련 업무를 담당하는 부서에 근무하는 5급 이하 7급 이상의 일반직공무원(이에 상당하는 전문경력관을 포함한다)과 이에 상당하는 별정직공무원(2020.6.2 본호신설)
9의4. 식품의약품안전처 소속 공무원 중 위해사범 수사업무를 담당하는 부서에 근무하는 5급 이하 7급 이상의 일반직공무원(이에 상당하는 전문경력관을 포함한다)과 이에 상당하는 별정직공무원(2014.1.7 본호신설)
10. 중앙행정기관(소속기관을 포함한다. 이하 이 조에서 같다) 소속 공무원이나 지방자치단체 소속 공무원(읍·면·동 소속 공무원은 제외한다. 이하 같다) 중 감사 업무를 주된 기능으로 하는 부서(중앙행정기관의 경우에는 「정부조직법」상 최소단위 보조기관과 그에 상응하는 직급으로 임명하는 직위를 말하고, 지방자치단체의 경우에는 조례나 규칙상 최소단위 보조기관과 그에 상응하는 직급으로 임명하는 직위를 말한다. 이하 이 조에서 같다)에 근무하는 5급 이하 7급 이상의 일반직공무원(이에 상당하는 전문경력관 및 지방전문경력관을 포함한다), 이에 상당하는 특정직공무원 및 별정직공무원과 그 상급 감독자. 다만, 중앙행정기관 또는 지방자치단체에 감사 업무를 주된 기능으로 하는 부서가 없는 경우에는 감사 업무를 담당하는 5급 이하 7급 이상의 일반직공무원(이에 상당하는 전문경력관 및 지방전문경력관을 포함한다), 이에 상당하는 특정직공무원 및 별정직공무원과 그 상급 감독자를 말한다.(2013.11.20 본호개정)
10의2. 중앙행정기관 및 지방자치단체 소속 공무원 중 회계 업무를 담당하는 부서에서 근무하는 「회계관계직원 등의 책임에 관한 법률」 제2조제1호가목에 해당하는 공무원, 같은 조 제2호가목에 따른 징수관, 재무관 및 지출원, 「지방회계법」 제44조제3항에 따른 수입대체경비 출납원, 수입금 출납원, 세입세출외현금출납원, 그 분임자(分任者) 및 보조자로서 5급 이하 7급 이상의 일반직공무원(이에 상당하는 전문경력관 및 지방전문경력관을 포함한다), 이에 상당하는 특정직공무원 및 별정직공무원과 그 상급 감독자. 다만, 다음 각 목의 어느 하나에 해당하는 공무원은 제외한다.(2016.11.29 본문개정)
가. 육군, 해군, 공군, 합동참모본부 및 국방부 직할부대·직할기관 소속 공무원. 다만, 국방 관련 계약 및 검수 업무를 담당하는 부서에 근무하는 5급 일반직공무원(이에 상당하는 전문경력관을 포함한다), 이에 상당하는 별정직공무원, 군인 및 군무원은 제외한다.
나. 「우정사업본부 직제」 제27조에 따른 우체국, 우편집중국 및 물류센터 소속 공무원
다. 「유아교육법」 및 「초·중등교육법」에 따른 각급 학교 소속 공무원
(2014.1.7 본호신설)
11. 중앙행정기관 소속 공무원이나 지방자치단체 소속공무원 중 건축·토목·환경·식품위생 분야의 대민 관련 인·허가, 승인, 검사·감독, 지도단속 업무(이하 "대민업무"라 한다)를 담당하는 부서에 근무하는 5급 이하 7급 이상의 일반직공무원(이에 상당하는 전문경력관 및 지방전문경력관을 포함한다), 이에 상당하는 특정직공무원 및 별정직공무원과 그 상급 감독자. 다만, 대민업무를 직접 수행하지 아니하고 시설물 관리, 건설기계 운용, 자동차 운전 및 선박 항행(航行) 또는 이와 유사한 업무만을 수행하는 공무원으로서 관할 공직자윤리위원회의 승인을 받은 사람은 제외한다.(2017.1.31 본호개정)
11의2. 중앙행정기관 소속 공무원이나 지방자치단체 소속 공무원 중 부동산과 관련된 다음 각 목의 업무를 담당하거나 해당 업무 관련 정보를 취급하는 부서(이하 "부동산유관부서"라 한다)에 근무하는 5급 이하 일반직공무원(이에 상당하는 전문경력관 및 지방전문경력관을 포함한다), 이에 상당하는 특정직공무원 및 별정직

공무원과 그 상급 감독자. 다만, 다음 각 목의 업무를 직접 수행하지 않고 시설물 관리, 건설기계 운용, 자동차 운전, 선박 항행(航行)이나 이와 유사한 업무만을 수행하는 공무원으로서 관할 공직자윤리위원회의 승인을 받은 공무원은 제외한다.
가. 「공익사업을 위한 토지 등의 취득 및 보상에 관한 법률」 제4조에 따른 공익사업의 수행이나 이와 관련된 계획의 수립
나. 「토지이용규제 기본법」 제8조에 따른 지역·지구등의 지정(변경 및 해제를 포함한다)
다. 「주택법」 제58조에 따른 분양가상한제 적용 지역의 지정·해제, 같은 법 제63조에 따른 투기과열지구의 지정·해제 또는 같은 법 제63조의2에 따른 조정대상지역의 지정·해제
라. 「부동산 거래신고 등에 관한 법률」 제10조에 따른 토지거래허가구역의 지정·해제 및 축소
마. 「환경영향평가법」에 따른 환경영향평가, 「도시교통정비 촉진법」에 따른 교통영향평가 등 법령에 따라 의무적으로 거쳐야 하는 영향평가
바. 「국가재정법」 제38조에 따른 예비타당성조사
사. 그 밖에 부동산 관련 개발·규제·연구 또는 조사 등의 업무
(2021.9.24 본호신설)
12. 지방자치단체 소속 공무원 중 조세의 부과·징수·조사 및 심사에 관계되는 업무를 담당하는 부서에 근무하는 5급 이하 7급 이상의 일반직공무원(이에 상당하는 지방전문경력관을 포함한다), 이에 상당하는 별정직공무원 및 그 상급 감독자(2013.11.20 본호개정)
13. 제1호, 제2호, 제4호부터 제9호까지, 제9호의2부터 제9호의4까지, 제10호, 제10호의2, 제11호, 제11호의2 및 제12호의 공무원으로 임명할 수 있는 직급 및 직위 또는 이에 상당하는 직급 및 직위에 임용된 임기제공무원(2021.9.24 본호개정)
14. 「한국은행법」에 따른 한국은행 및 「예금자보호법」 제3조에 따른 예금보험공사의 2급 이상 직원(2011.10.28 본호개정)
15. 「금융위원회의 설치 등에 관한 법률」에 따른 금융감독원의 4급 이상 직원(2011.10.28 본호신설)
16. 국방부 또는 방위사업청의 감독을 받는 공직유관단체의 직원 중 국방부장관이 임명하는 직원. 다만, 「국방과학연구소법」에 따른 국방과학연구소 및 「방위사업법」 제32조에 따른 국방기술품질원의 경우에는 수석급 이상 직원으로 한다.(2020.6.2 단서신설)
17. 산업통상자원부장관이 지정하는 원자력 발전 관련 공직유관단체의 2급 이상 직원(2014.1.7 본호신설)
18. 「무역보험법」 제37조에 따른 한국무역보험공사의 2급 이상 직원(2016.6.28 본호신설)
19. 「국가철도공단법」에 따른 국가철도공단의 2급 이상 직원(2020.9.10 본호개정)
20. 공직유관단체(제3조제4항 각 호의 공직유관단체는 제외한다)의 직원 중 부동산유관부서에 근무하는 직원과 그 상급 감독자(임원은 제외한다)(2021.9.24 본호신설)
⑥ 인사혁신처장은 부동산유관부서가 있는 공직유관단체를 매년 12월 31일까지 지정하여 관보에 고시해야 한다.(2021.9.24 본항신설)
⑦ 제5항제9호의2부터 제9호의4까지, 제10호의2, 제11호, 제11호의2 및 제20호에 따른 해당 부서는 해당 등록기관의 장(법 제5조제3항에 따른 등록기관의 장은 제외한다)이 정한다.(2021.9.24 본항개정)
(2009.2.3 본조개정)

제3조의2【공직유관단체의 범위 등】 ① 법 제3조의2제1항에 따라 공직유관단체로 지정할 수 있는 기관·단체의 범위는 다음 각 호와 같다.
1. 법 제3조의2제1항제1호·제2호 및 제5호에 따른 기관·단체
2. 법 제3조의2제1항제4호에 따른 지방공사 및 지방공단
3. 정부나 지방자치단체로부터 연간 10억원 이상 출자·출연·보조를 받는 기관·단체
4. 정부나 지방자치단체의 업무를 위탁받아 수행하거나 대행하는 기관·단체 중 예산 규모가 100억원 이상인 기관·단체(2015.3.30 본호개정)
5. 정부나 지방자치단체로부터 출자·출연을 받은 기관·단체가 단독 또는 공동으로 재출자·재출연한 금액이 자본금의 전액이 되는 기관·단체(2009.11.23 본호신설)
6. 「공공기관의 운영에 관한 법률」 제4조에 따른 공공기관 중 제3호부터 제5호까지의 규정에 해당하지 아니하는 공공기관(2011.10.28 본호신설)
② 인사혁신처장은 제1항에 따라 지정된 공직유관단체(이하 "공직유관단체"라 한다)를 매 반기 말까지 관보에 고시하여야 한다.(2014.11.19 본항개정)
③ 공직유관단체가 법률 또는 정관이 변경되거나 그 밖의 사유로 제1항에 따른 공직유관단체의 범위에 해당하지 아니하게 된 경우에는 그 사유가 발생한 때 공직유관단체에서 제외된 것으로 본다.(2009.11.23 본항개정)
④ 정부나 지방자치단체는 관할 기관·단체가 제1항에 따른 공직유관단체의 범위에 해당하는 사유가 발생하였을 때에는 정부 공직자윤리위원회에 지체 없이 통보하여야 한다.(2009.11.23 본항신설)
(2009.2.3 본조신설)

제4조【등록대상재산의 표시방법 등】 ① 법 제4조제2항제3호차목에 따라 등록할 지식재산권(知識財産權)은 종류, 내용, 존속기간, 그 밖에 권리의 명세와 지식재산권으로 인한 연간 소득금액 및 소득원인행위를 기재하여 표시한다.
② 법 제4조제2항제6호에 따라 등록할 「특정 금융거래정보의 보고 및 이용 등에 관한 법률」 제2조제3호에 따른 가상자산(이하 "가상자산"이라 한다)은 가상자산의 종류와 수량을 기재하여 표시한다.(2023.11.28 본항신설)
③ 법 제4조제1항 및 제6항에 따라 등록할 비영리법인에 출연한 재산은 출연재산의 명세, 비영리법인의 명칭, 주된 사무소의 소재지, 대표자, 목적사업, 그 밖에 비영리법인의 명세와 그 법인에서 등록의무자의 직위를 기재하여 표시한다.
④ 법 제4조제3항제1호부터 제4호까지 및 제9호부터 제13호까지의 규정에서 "실거래가격"이란 매매 등에 의한 경우에는 실제 매입액 또는 매도액을 말하며, 수용 등의 원인에 의한 경우에는 보상액을 말한다.
⑤ 법 제4조제3항제7호에서 "대통령령으로 정하는 거래가격"이란 재산등록 기준일의 기준가(거래량가중평균가를 말한다. 이하 같다)를 말한다. 다만, 거래가 재산등록기준일 전에 마감된 경우에는 그 마감일의 기준가로 한다.(2020.6.2 본항개정)
⑥ 법 제4조제5항 단서에서 "대통령령으로 정하는 재산"이란 다음 각 호의 재산을 말한다.
1. 사인(私人) 간의 채권 및 채무
2. 합명회사·합자회사 및 유한회사의 출자지분
3. 주식매수선택권
4. 가상자산(2023.11.28 본호신설)
(2020.6.2 본항개정)
⑦ 법 제4조제5항 단서에서 "대통령령으로 정하는 사람"이란 다음 각 호의 사람을 말한다.
1. 제3조제4항 각 호의 공직유관단체의 임직원
2. 중앙행정기관 또는 지방자치단체 소속 공무원 중 부동산유관부서에 근무하는 공무원(제3조제5항제11호의2 각 목 외의 부분 단서에 해당하는 공무원은 제외한다)과 그 상급 감독자
3. 공직유관단체(제3조제4항 각 호의 공직유관단체는 제외한다)의 직원 중 부동산유관부서에 근무하는 직원과 그 상급 감독자
(2021.9.24 본항신설)
(2009.2.3 본조개정)

제4조의2【등록대상재산의 가액산정방법 등】 ① 재산등록의무자는 법 제5조제1항 또는 제10조제2항에 따라 재산을 등록하려는 경우 법 제4조제2항제1호·제2호 및 제3호자목(골프회원권만 해당한다)의 재산 가액은 재산등록기준일의 평가액(법 제4조제3항제1호부터 제4호까지 및 제12호 단서의 가액산정방법 중 실거래가격을 제외한 가액산정방법을 말한다)과 실거래가격 중 높은 금액으로 산정한다. 다만, 평가액과 실거래가격 중 어느 하나를 알 수 없거나 사실상 확인이 불가능한 경우에는 다른 하나의 가격으로 산정한다.
② 법 제4조제2항제3호바목부터 아목까지 및 카목의 재산 가액은 재산등록기준일의 평가액(법 제4조제3항제9호부터 제11호까지 및 제13호의 가액산정방법 중 실거래가격을 제외한 가액산정방법을 말한다)에 따라 산정한다. 다만, 평가액이 없거나 사실상 확인이 불가능한 경우에는 실거래가격으로 산정한다.
③ 법 제4조제3항제7호에 따른 그 외의 주식의 가액은 다음 각 호의 방법에 따라 산정한다.
1. 등록의무자나 이해관계자(법 제4조제1항제2호 또는 제3호에 해당하는 사람을 말하되, 같은 항 제3호의 사람 중 법 제12조제4항에 따라 재산신고사항의 고지거부를 허가받은 사람은 제외한다. 이하 같다)가 재산등록 기준일 이전 6개월 이내의 기간 중에 해당 주식을 매매(둘 이상의 매매가 있는 경우에는 가장 최근의 매매를 말한다. 이하 이 호에서 같다)한 경우로서 다음 각 목의 요건을 모두 갖춘 경우에는 그 실거래가격(매매로 인해 납부 의무가 발생한 국세 신고자료로 입증할 수 있는 실거래가격을 말한다). 다만, 그 실거래가격이 액면가보다 낮은 경우에는 액면가로 한다.
가. 매매한 주식의 액면가 합계액이 3억원 이상이거나 매매한 주식의 총수가 해당 법인의 발행주식 총수의 100분의 1 이상인 경우
나. 등록의무자나 이해관계자 상호 간이 아닌 제3자와 매매한 경우
2. 제1호에 따른 실거래가격을 산정할 수 없는 경우에는 다음 각 목에 따라 산정한 금액 중 가장 높은 금액. 다만, 가목 또는 나목에 따른 금액을 산정하기 곤란한 경우에는 다목에 따른 금액으로 한다.
가. 1주당 당기순이익가치(1주당 최근 3개 사업연도의 당기순이익의 가중평균액 ÷ 총리령으로 정하는 이자율) × 3/5 + 1주당 순자산가치(순자산가액을 발행주식 총수로 나눈 금액을 말한다. 이하 같다) × 2/5
나. 1주당 순자산가치 × 4/5
다. 1주당 액면가
3. 제2호에도 불구하고 해당 주식이 다음 각 목의 어느 하나에 해당하는 주식인 경우에는 해당 주식의 1주당 순자산가치. 다만, 해당 주식의 순자산가치를 산정하기 곤란한 경우에는 액면가로 한다.
가. 재산 등록기간 이내에 해당 주식을 발행한 법인의 청산절차가 진행 중이거나 사업자의 사망 등에 따라 사업을 계속하기 곤란하다고 인정되는 법인의 주식
나. 사업개시 전의 법인, 사업개시 후 4년 미만의 법인 또는 휴업·폐업 중인 법인의 주식
(2020.6.2 본항신설)
④ 제3항제2호 각 목에 따라 금액을 산정할 때 필요한 사항은 총리령으로 정한다.(2020.6.2 본항신설)
⑤ 법 제4조제3항제15호에 따른 가상자산의 가액은 다음 각 호의 방법에 따라 산정한다.
1. 「상속세 및 증여세법 시행령」 제60조제2항제1호에 따라 국세청장이 고시하는 가상자산사업자의 사업장에서 거래되는 가상자산 : 해당 가상자산사업자가 공시하는 재산등록 기준일의 일평균가액의 평균액
2. 그 밖의 가상자산 : 제1호에 해당하는 가상자산사업자 외의 가상자산사업자 및 이에 준하는 사업자의 사업장에서 공시하는 재산등록 기준일의 최종 시세가액. 다만, 최종 시세가액을 알 수 없거나 사실상 확인이 불가능한 경우에는 실거래액 등 합리적이라고 인정되는 가액을 말한다.
(2023.11.28 본항신설)
⑥ 법 제4조제7항 전단에서 "대통령령으로 정하는 정보"란 다음 각 호의 정보를 말한다.
1. 법인명, 법인등록번호, 대표자 성명 및 사업개시일 등 해당 법인의 일반 정보
2. 부채총액, 최근 3개 사업연도 당기순이익, 발행주식의 총수 및 액면가 등 해당 법인의 재무 정보
3. 그 밖에 제3항 각 호의 규정을 적용하기 위해 필요한 정보
(2020.6.2 본항신설)
(2020.6.2 본조제목개정)
(2018.7.2 본조개정)

제4조의3【등록기관】 ① 법 제5조제1항제5호에서 "대통령령으로 정하는 위원회 등의 행정기관"이란 다음 각 호의 행정기관을 말한다.
1. 대통령비서실
2. 국가안보실
(2013.3.23 1호~2호개정)
3. 대통령경호처(2017.7.26 본호개정)
4. 국무조정실
5. 국무총리비서실
6. 국가인권위원회
(2013.3.23 4호~6호개정)
6의2. 고위공직자범죄수사처(2020.7.14 본호신설)
7. 방송통신위원회
8. 원자력안전위원회
9. 공정거래위원회
10. 금융위원회
11. 국민권익위원회
(2013.3.23 7호~11호개정)
12. 개인정보 보호위원회(2020.8.4 본호신설)
② 법 제5조제3항에 따른 등록기관은 다음 각 호와 같다.
1. 환경부장관이 정하는 지방환경관서 소속 공무원은 소속 지방환경관서
2. 국토교통부장관이 정하는 소속기관 소속 공무원은 그 소속기관(2013.3.23 본호개정)
2의2. (2017.7.26 삭제)
3. 국세청장이 정하는 지방국세청 소속 공무원은 소속 지방국세청
4. 경찰청장이 정하는 시·도경찰청 소속 공무원은 소속 시·도경찰청(2020.12.31 본호개정)
5. 해양경찰청장이 정하는 지방해양경찰청 소속 공무원은 소속 지방해양경찰청(2017.7.26 본호신설)
(2009.2.3 본조개정)

제4조의4【재산의 등록 및 변동사항 신고의 수정】 등록기관의 장은 법 제5조 및 제6조에 따른 재산의 등록 및 변동사항 신고 내용 중 가액의 잘못된 기재 등 관할 공직자윤리위원회가 경미하다고 인정하는 사항에 대하여 등록의무자로부터 요청이 있을 때에는 등록마감일 또는 신고마감일부터 10일 이내에 등록 및 변동사항 신고 내용을 수정하게 할 수 있다.(2009.11.23 본조신설)

제5조 → 제5조의5로 이동

제5조의2【주식 및 가상자산 거래내역 신고의 범위 및 방법】 ① 법 제6조의2제1항에 따라 거래내용을 신고하여야 할 주식 및 가상자산은 다음 각 호와 같다.(2023.11.28 본문개정)
1. 「자본시장과 금융투자업에 관한 법률」 제373조에 따른 한국거래소에 상장된 주식
2. 「자본시장과 금융투자업에 관한 법률」 제166조에 따라 장외거래되는 주식 중 유가증권시장과 유사한 방법으로 거래되는 주식
3. 가상자산(2023.11.28 본호신설)
② 신고대상 주식 및 가상자산 거래의 범위는 제1항에 따른 주식 및 가상자산에 대한 신고 대상기간 중의 모든 주식 및 가상자산 거래로 한다.(2023.11.28 본항개정)
③ 주식 및 가상자산 거래내역의 신고는 변동사항신고서에 금융기관(법 제6조의5제1항 전단에 따른 금융기관을 말한다. 이하 같다)이 발급하는 계좌번호, 거래일, 종목,

수량, 실거래액 등이 기재된 거래내역서를 첨부하는 방법으로 한다. 다만, 거래내역서 발급이 사실상 불가능한 경우에는 출처를 기재한 증빙자료를 첨부하여 거래내역을 신고해야 한다.(2023.11.28 본항개정)
(2023.11.28 본조제목개정)
(2009.2.3 본조개정)

제5조의3【변동사항신고의 유예허가】 ① 법 제6조의3 제1항제4호에서 "대통령령으로 정하는 사유"란 「국가공무원법」 제71조제2항제4호에 따른 휴직(이하 "육아휴직"이라 한다)과 출산휴가를 연속하여 사용하게 된 경우를 말한다.(2018.7.2 본항신설)
② 등록의무자가 제1항에 따라 육아휴직과 출산휴가를 연속하여 사용하는 경우 육아휴직에 따른 변동사항신고의 유예허가는 출산휴가 기간에도 유효한 것으로 본다. 다만, 출산휴가를 먼저 사용하는 경우에는 출산휴가일부터 변동사항신고의 유예를 신청할 수 있으며, 해당 변동사항신고의 유예허가는 육아휴직 기간에도 유효한 것으로 본다.(2018.7.2 본항신설)
③ 등록기관의 장은 등록의무자가 법 제6조의3제1항에 따라 변동사항신고의 유예를 신청하였을 때에는 변동사항신고의 유예 여부를 지체 없이 그 등록의무자에게 통보하여야 한다.
④ 등록의무자는 법 제6조의3제1항 각 호의 유예사유가 3년을 초과할 경우에는 법 제6조의3제3항에 따른 변동사항신고를 한 후 등록기관의 장에게 다시 3년의 범위에서 해당 기간동안 변동사항신고의 유예를 신청할 수 있다.
(2009.2.3 본조개정)

제5조의4【동산의 금액 등 변동신고 내용】 법 제6조의4 제2호에 따라 신고하여야 할 법 제4조제2항제3호바목부터 아목까지 및 카목의 재산은 매매 등의 거래가 있는 경우에는 실거래가격을 신고하되, 증여 등으로 인하여 실거래가격을 알 수 없거나 그 해 거래가 없는 경우에는 전문가 등의 평가가액을 신고한다.(2009.2.3 본조개정)

제5조의5【금융거래 및 부동산정보 제공동의서의 제출 등】 ① 법 제6조의5제1항 및 제2항에 따라 재산등록의무자와 이해관계자가 공직자윤리위원회를 통하여 금융자료(가상자산에 관한 자료를 포함한다)와 부동산자료를 제공받으려는 경우에 재산등록의무자는 다음 각 호에 따른 기간 이내에 금융거래 및 부동산정보 제공동의서(이하 "동의서"라 한다)를 등록기관을 거쳐 공직자윤리위원회에 제출해야 한다.(2023.11.28 본문개정)
1. 법 제5조제1항, 제6조제2항, 제10조제2항 및 제11조제1항에 따른 등록 또는 신고 : 등록의무 또는 신고의무가 발생한 날이 속하는 달의 다음 달 15일까지. 다만, 등록의무 또는 신고의무가 매월 1일에 발생한 경우 그 달의 15일까지로 한다.(2017.1.31 단서신설)
2. 법 제6조제1항에 따른 신고 : 법 제6조제1항 본문에 따른 변동신고기간(이하 "정기변동신고기간"이라 한다) 개시일 1개월 전까지(2016.6.28 본호신설)
② 재산등록의무자나 이해관계자는 제1항에 따른 동의를 철회하려면 동의철회서를 관할 공직자윤리위원회에 제출하여야 한다.
③ 이해관계자가 미성년자·피한정후견인·피성년후견인이거나, 심신장애나 그 밖의 불가피한 사유로 제1항의 동의서 또는 제2항의 동의철회서를 직접 작성하여 제출하기 어려운 경우에는 이해관계자의 대리인이 그 동의서 또는 동의철회서를 작성하여 제출할 수 있다.(2018.7.2 본항개정)
④ 공직자윤리위원회는 금융기관이 회원사, 가맹사 등으로 되어 있는 중앙회, 연합회, 협회 등(이하 "협회등"이라 한다)이 재산 및 신용에 관한 정보통신망(「정보통신망 이용촉진 및 정보보호 등에 관한 법률」 제2조제1항제1호에 따른 정보통신망을 말한다. 이하 같다)을 관리하고 있는 경우에는 그 협회등의 정보통신망을 이용하여 해당 금융기관의 장에게 금융조회를 요청할 수 있다.(2011.10.28 본항개정)
(2009.2.3 본조개정)

제6조【등록의무자 변동사항 통보】 국가기관 및 공직유관단체의 장은 소속 공무원 또는 임직원이 신규채용, 승진, 전보, 전직 또는 퇴직 등의 사유로 등록의무자가 되거나 등록의무를 면하게 되었을 때에는 해당 인사발령과 동시에 그 발령사항을 법 제5조제1항·제3항 및 제6조제2항에 따른 해당 등록기관에 지체 없이 통보하여야 한다.
(2009.2.3 본조개정)

제7조【재산등록기간의 연장허가】 ① 등록기관(법 제5조제1항제5호부터 제7호까지, 제12호 본문 및 같은 조 제3항에 따른 등록기관을 말한다. 이하 같다)의 장은 등록의무자가 법 제7조에 따라 재산등록기간의 연장을 신청하였을 때에는 재산등록기간의 연장 여부를 지체 없이 그 등록의무자에게 통보하여야 한다. 이 경우 재산등록기간의 연장은 법 제10조제1항 및 제2항에 따라 재산공개자에 대해서는 20일을 넘지 못하며, 그 밖의 등록의무자에 대해서는 30일을 넘지 못한다.
② 병가·국외체류를 사유로 재산등록기간을 연장하는 경우 제1항 후단에 따른 연장기간은 그 사유가 끝난 날부터 기산한다.
(2009.2.3 본조개정)

제8조【재산등록현황 보고】 등록기관의 장은 매 분기 10일 이내에 지난 분기까지의 재산등록현황을 정부 공직자윤리위원회에 보고하여야 한다. 다만, 제4조의3에 따른 등록기관의 재산등록현황은 법 제5조제1항제5호에 따른 등록기관의 장이 종합·보고하여야 한다.(2009.11.23 본조개정)

제9조【재산등록서류 등의 이송】 위원회가 등록된 사항을 공개 또는 심사하기 위하여 등록기관의 장에게 필요한 재산등록서류 등의 이송을 요구한 때에는 등록기관의 장은 접수·보관 중인 재산등록서류 등을 지체없이 이송하여야 한다.(2007.6.21 본조개정)

제10조【재산등록서류의 보완 및 자료의 제출 등】 ① 법 제8조제2항 또는 제8조의2제1항에 따라 재산등록서류의 보완명령을 받은 등록의무자는 특별한 사유가 없으면 그 명령을 받은 날부터 20일 이내에 보완신고서를 제출하여야 한다.
② 법 제8조제3항에 따라 위원회로부터 자료의 제출요구 또는 서면질의를 받은 등록의무자는 특별한 사유가 없으면 그 요구 또는 질의를 받은 날부터 20일 이내에 자료 또는 답변서를 제출하여야 한다.
③ 법 제8조제4항 및 제5항에 따라 관할 공직자윤리위원회로부터 보고 또는 자료 제출 등의 요구를 받은 국가기관, 지방자치단체, 공직유관단체나 그 밖의 공공기관 또는 금융기관의 장은 특별한 사유가 없으면 그 요구를 받은 날부터 20일 이내에 보고하거나 자료 등을 제출하여야 한다.
(2009.2.3 본조개정)

제10조의2【금융거래자료의 제출 등】 ① 공직자윤리위원회는 법 제8조제5항에 따라 금융기관의 장에게 금융거래 내용에 관한 자료의 제출을 요구할 때에는 심사 목적에 필요한 최소한의 범위에서 다음 각 호의 어느 하나에 해당하는 경우에만 요구할 수 있다.
1. 등록재산의 내용으로 보아 금융재산을 성실하게 등록하지 아니한 것으로 인정되는 경우
2. 등록의무자가 재산상의 문제로 사회적 물의를 일으킨 경우
3. 특별한 사유 없이 재산이 너무 크게 증감한 경우
4. 그 밖에 재산등록사항을 빠트린 의혹이 있는 경우
② 제1항에 따른 금융거래 내용에 관한 자료 제출 요구에 관하여는 제5조의5제4항을 준용한다.(2016.6.28 본항개정)
(2009.2.3 본조개정)

제11조【등록의무자·관계인 등의 출석요구】 ① 위원회가 법 제8조제6항에 따라 출석을 요구할 때에는 출석요구서로 하여야 한다.
② 제1항의 출석요구서를 받은 등록의무자, 그 배우자, 그 직계존속·직계비속, 그 밖의 재산등록사항의 관계인은 지정된 출석일시에 위원회에 출석하여야 한다.
③ 위원회는 제1항에 따라 출석요구를 2회 이상 받은 사람이 출석요구서의 수령을 거부하거나 정당한 사유 없이 출석하지 아니하였을 때에는 관할 수사기관에 고발할 수 있다.(2021.6.22 본항개정)
(2009.2.3 본조개정)

제12조【진술청취 등】 ① 위원회는 법 제8조제6항에 따라 출석한 등록의무자 등에게 재산등록에 관한 사항을 질문할 수 있다. 이 경우 출석한 등록의무자 등에게 충분히 진술할 수 있는 기회를 주어야 한다.
② 제1항의 등록의무자 등은 참고인을 신청할 수 있다. 이 경우 위원회는 그 채택 여부를 결정하여야 한다.
(2009.2.3 본조개정)

제13조【수임기관의 등록사항 심사 결과 보고】 ① 법 제8조제11항에 따라 등록사항의 심사를 위임받은 기관의 장은 심사가 끝난 후 1개월 이내에 그 심사 결과를 위원회에 보고하여야 한다. 이 경우 보고에 관하여는 제8조 단서를 준용한다.
② 제1항의 심사 결과 보고에는 다음 사항이 포함되어야 한다.
1. 수임기관의 재산등록현황
2. 심사 개요
3. 심사 결과(조치의견을 포함한다)
4. 그 밖에 제36조에 따른 연차보고서 작성에 필요한 사항
(2009.2.3 본조개정)

제14조【수임기관에 대한 감독 및 감사】 ① 위원회는 법 제8조제11항에 따라 등록사항의 심사를 위임받은 기관의 수임사무 처리에 대하여 감독하거나 감사할 수 있다.
② 환경부장관, 국토교통부장관, 국세청장, 경찰청장 또는 해양경찰청장은 제4조의3제2항에 따라 소속기관을 등록기관으로 정하였을 때에는 그 기관의 수임사무 처리에 대하여 감독하거나 감사할 수 있다.(2017.7.26 본항개정)
(2009.2.3 본조개정)

제14조의2【재산형성과정 소명 요구 등】 ① 공직자윤리위원회는 다음 각 호의 어느 하나에 해당하는 경우 등록의무자에게 법 제8조제13항에 따라 재산형성과정의 소명을 요구할 수 있다.(2020.6.2 본문개정)
1. 직무와 관련하여 부정하게 재산증식을 하였다고 의심할 만한 상당한 사유가 있는 경우
2. 법 제8조의2제6항에 따른 다른 법령을 위반하여 부정하게 재물이나 재산상 이익을 얻었다는 혐의를 입증하기 위한 경우(2020.6.2 본호개정)
3. 재산상의 문제로 사회적 물의를 일으킨 경우
4. 보수 수준 등을 고려할 때 특별한 사유 없이 재산의 뚜렷한 증감이 있는 경우(2020.6.2 본호개정)
5. 제1호부터 제4호까지의 규정에 상당하는 사유로 공직자윤리위원회가 소명 요구를 의결한 경우
② 재산형성과정의 소명을 요구받은 사람은 특별한 사유가 없으면 요구받은 날부터 20일 이내에 소명서 및 증빙자료를 공직자윤리위원회에 제출하여야 한다.
③ 재산형성과정의 소명을 요구받은 사람은 분실·멸실 및 훼손 등의 사유로 증빙자료를 제출할 수 없는 경우에는 공직자윤리위원회에 그 사실을 소명하고, 거래 시기, 거래 상대방 및 거래 목적 등을 주요 내용으로 하는 증빙자료를 대체할 수 있는 소명서(이하 "증빙자료대체소명서"라 한다)를 공직자윤리위원회에 제출하여야 한다.
④ 공직자윤리위원회는 증빙자료대체소명서의 내용에 대한 사실관계를 검증하는 과정에서 추가 소명 또는 증빙자료 제출을 요구할 수 있다.
(2009.2.3 본조개정)

제15조【징계의결요구 등에 대한 처리 결과 통보】 법 제8조의2제2항제4호, 제14조의5제11항제3호 또는 제22조에 따라 해임 또는 징계의결의 요구를 받은 해당 공무원 또는 임직원의 소속기관 및 공직유관단체의 장은 그 처리 결과를 위원회에 통보해야 한다.(2021.6.22 본조개정)

제15조의2【공직자윤리위원회의 관할】 법 제9조제2항제5호부터 제8호까지의 규정에 따른 특별시·광역시·특별자치시·도·특별자치도 공직자윤리위원회, 시·군·구 공직자윤리위원회, 특별시·광역시·특별자치시·도·특별자치도교육청 공직자윤리위원회 및 정부 공직자윤리위원회의 구체적인 관할은 별표1의2와 같다.
(2011.10.28 본조개정)

제16조【정부 공직자윤리위원회의 구성 등】 ① 정부 공직자윤리위원회(이하 이 조, 제17조, 제17조의2, 제18조, 제19조, 제19조의2, 제19조의3, 제20조부터 제22조까지, 제22조의2 및 제27조의15에서 "정부윤리위원회"라 한다)의 위원장을 포함한 9명의 위원은 법 제9조제3항 본문에 해당하는 사람 중에서 대통령이 위촉한다.(2023.11.28 본항개정)
② 정부윤리위원회의 부위원장은 인사혁신처장이 된다.(2014.11.19 본항개정)
③ 제1항과 제2항에 따른 위원 외에 3명의 위원은 정부 소속 공무원 중에서 대통령이 임명한다.
(2011.10.28 본조개정)

제17조【정부윤리위원회의 위원장 및 위원의 임기】 ① 정부윤리위원회의 위원장과 위원의 임기는 2년으로 하되, 한 차례만 연임할 수 있다.
② 정부 소속 공무원 중에서 임명된 정부윤리위원회 위원의 임기는 제1항에도 불구하고 임명 당시의 직위에 재직 중인 기간으로 한다.
(2011.10.28 본조개정)

제17조의2【정부윤리위원회 위원의 결격사유】 ① 「국가공무원법」 제33조 각 호의 어느 하나에 해당하는 사람은 정부윤리위원회의 위원이 될 수 없다.
② 정부윤리위원회의 위원이 제1항에 해당하게 된 경우에는 위원직에서 당연히 해임 또는 해촉(解囑)된다.
(2023.4.25 본조신설)

제18조【정부윤리위원회의 위원장과 부위원장의 직무】
① 정부윤리위원회의 위원장은 정부윤리위원회를 대표하고, 정부윤리위원회의 직무를 총괄한다.
② 정부윤리위원회의 위원장이 부득이한 사유로 직무를 수행할 수 없을 때에는 정부윤리위원회의 부위원장이 그 직무를 대행한다.
(2011.10.28 본조개정)

제19조【정부윤리위원회의 회의 등】 ① 정부윤리위원회의 위원장은 정부윤리위원회의 회의를 소집하며, 그 의장이 된다.(2011.10.28 본항개정)
② 정부윤리위원회의 회의는 재적위원 과반수의 출석으로 개의(開議)하고, 출석위원 과반수의 찬성으로 의결한다. 다만, 다음 각 호의 사항은 출석위원 3분의 2 이상의 찬성으로 의결한다.(2011.10.28 본문개정)
1. 법 제8조제7항에 따른 조사의뢰 및 같은 조 제12항에 따른 조사의뢰 승인
2. 법 제8조의2제2항에 따른 조치 또는 같은 조 제6항에 따른 관계 행정기관의 장에 대한 통보(2020.6.2 본호개정)
3. 법 제14조의5제11항에 따른 조치(2021.6.22 본호신설)
4. 법 제22조에 따른 해임 또는 징계의결 요구
5. 법 제24조, 제24조의2, 제25조부터 제28조까지, 제28조의2 및 제29조에 해당되는 사람에 대한 고발
③ (2016.6.28 삭제)
④ 제19조의2에 따라 정부윤리위원회의 심사·의결에서 제척(除斥)되거나 회피(回避)하는 위원은 제2항의 재적위원 수 계산에서 제외한다.(2016.6.28 본항개정)
⑤ 정부윤리위원회의 회의는 공개하지 아니한다.
(2011.10.28 본항개정)
(2011.10.28 본조제목개정)
(2009.2.3 본조개정)

제19조의2【정부윤리위원회 위원의 제척 및 회피】 ① 정부윤리위원회 위원은 다음 각 호의 어느 하나에 해당하는 경우에는 해당 안건의 심사·의결에서 제척된다.
1. 위원이나 그 배우자 또는 배우자였던 사람이 해당 안건의 당사자이거나 그 안건의 당사자와 공동권리자 또는 공동의무자인 경우

2. 위원이 해당 안건의 당사자와 친족이거나 친족이었던 경우
3. 위원이 해당 안건에 대하여 증언, 진술, 자문, 연구, 용역 또는 감정을 한 경우
4. 위원이나 위원이 속한 법인이 해당 안건의 당사자의 대리인이거나 대리인이었던 경우
5. 위원이 해당 안건의 당사자의 직근 상급자 또는 하급자이거나 직근 상급자 또는 하급자였던 경우

② 정부윤리위원회 위원은 제1항 각 호에 따른 제척 사유에 해당하거나 본인에게 심사의 공정성을 기대하기 어려운 사정이 있다고 판단되는 경우에는 스스로 해당 안건의 심사에서 회피하여야 한다.
(2016.6.28 본조신설)

제19조의3【정부윤리위원회 위원의 해임 및 해촉】 대통령은 정부윤리위원회 위원이 다음 각 호의 어느 하나에 해당하는 경우에는 해당 위원을 해임 또는 해촉할 수 있다.(2023.4.25 본문개정)
1. 심신장애로 인하여 직무를 수행할 수 없게 된 경우
2. 직무와 관련된 비위사실이 있는 경우
3. 직무를 소홀히 하거나, 그 품위를 손상하는 행위 또는 그 밖의 사유로 인하여 위원으로 적합하지 아니하다고 인정되는 경우
4. 제19조의2제1항 각 호의 어느 하나에 해당하는 데에도 불구하고 회피하지 아니한 경우
5. 위원 스스로 직무를 수행하는 것이 곤란하다고 의사를 밝히는 경우

(2016.6.28 본조신설)

제20조【정부윤리위원회의 간사 등】 ① 정부윤리위원회의 사무를 처리하고 사실조사 등을 하기 위하여 정부윤리위원회에 간사 약간 명과 사무직원을 둔다.
(2011.10.28 본항개정)
② 간사는 인사혁신처 소속 직원 중에서 인사혁신처장이 임명한다.(2014.11.19 본항개정)
(2011.10.28 본조제목개정)

제21조【수당 등】 정부윤리위원회의 위원장, 위원에게 예산의 범위에서 수당, 여비와 그 밖에 필요한 경비를 지급할 수 있다.(2011.10.28 본조개정)

제22조【정부윤리위원회의 운영규정】 다음 각 호의 사항은 정부윤리위원회의 의결을 거쳐 정부윤리위원회의 규정으로 정한다.
1. 법 제9조제1항에 따른 심사(법 제9조의2에 따른 재심사를 포함한다)·결정을 하기 위하여 필요한 기준에 관한 사항(2016.6.28 본호개정)
2. 법 및 이 영에서 규정한 사항 외에 정부윤리위원회, 법 제9조제5항에 따라 정부윤리위원회에 두는 분과위원회(이하 "분과위원회"라 한다) 및 전문위원의 운영에 관한 사항

(2011.10.28 본조개정)

제22조의2【분과위원회】 ① 분과위원회는 3개 이내로 설치할 수 있고, 각 분과위원회는 5명 이내의 위원으로 구성한다.
② 분과위원회의 위원은 다음 각 호의 사람 중에서 정부윤리위원회의 위원장이 임명하거나 위촉하고, 분과위원회 위원장은 정부윤리위원회 위원장이 정부윤리위원회 위원 중에서 지명한다.
1. 정부윤리위원회 위원
2. 법 및 이 영에 따른 공직윤리 관련 업무를 담당하는 공무원
3. 그 밖에 공직윤리에 관한 전문지식과 경험이 풍부한 사람

③ 분과위원회는 다음 각 호의 기능을 수행한다.
1. 정부윤리위원회에 상정될 안건의 사전 검토·조정
2. 정부윤리위원회에 상정될 안건의 전문적인 조사·연구
3. 그 밖에 정부윤리위원회가 분과위원회의 심의를 거치도록 한 사항

④ 분과위원회의 회의는 재적위원 과반수의 출석으로 개의하고, 출석위원 과반수의 찬성으로 의결한다.
⑤ 정부윤리위원회는 분과위원회의 위원에게 예산의 범위에서 수당, 여비와 그 밖에 필요한 경비를 지급할 수 있다.
(2011.10.28 본조신설)

제23조【담당 직원의 지정】 등록기관의 장은 소속 직원 중에서 재산등록, 선물신고, 퇴직공직자의 취업제한, 업무취급 제한 및 행위제한 등에 관한 업무를 담당할 직원을 지정하여 위원회에 통보하여야 한다.(2011.10.28 본조개정)

제24조【재산공개대상자】 ① (2011.10.28 삭제)
② 법 제10조제1항제4호에서 "대통령령으로 정하는 외무공무원"이란 「공무원보수규정」 제51조에 따른 직무등급이 12등급 이상 14등급 이하의 직위의 외무공무원 또는 고위공무원단에 속하는 외무공무원 중 가등급의 직위에 보직된 사람을 말한다.
③ 법 제10조제1항제12호에 따라 등록재산을 공개하는 정부의 공무원은 다음 각 호와 같다.
1. 고위공직자범죄수사처장 및 고위공직자범죄수사처 차장(2020.7.14 본호신설)
2. 대통령경호처 차장(2021.6.22 본호신설)
3. 「국가공무원법」 제23조에 따라 배정된 직무등급이 가장 높은 등급의 직위에 임용된 고위공무원단에 속하는 일반직 및 별정직공무원에 상당하는 직위에 보직된 연구관·지도관 및 장학관·교육연구관(2020.7.14 본호개정)
4. 제3호의 공무원으로 임명할 수 있는 직위에 채용된 임기제공무원(2021.6.22 본호개정)

④ 법 제10조제1항제12호에 따라 등록재산을 공개하는 공직유관단체의 임원은 다음 각 호와 같다.
1. 제3조의2제1항에 해당하는 기관·단체 중 정부 및 지방자치단체의 출자·출연·보조액 또는 재출자·재출연액이 200억원 이상인 기관·단체의 장(2009.11.23 본호개정)
2. 중앙행정기관의 장이나 지방자치단체의 장이 임원을 승인·선임하는 공직유관단체 중 정부 및 지방자치단체의 출자·출연·보조액이 100억원 이상인 기관·단체의 장
3. 중앙행정기관의 장이나 지방자치단체의 장이 임원을 승인·선임하는 공직유관단체 중 대통령이 임면(任免)하는 기관·단체의 장

⑤ 인사혁신처장은 제4항에 따라 등록재산을 공개하는 공직유관단체의 임원을 매 반기 말까지 관보에 고시하여야 한다.(2014.11.19 본항개정)
(2009.2.3 본조개정)

제25조【재산의 공개목록 제출】 법 제10조제1항 및 제2항에 따른 공개대상자는 등록재산의 공개목록을 작성하여 법 제5조 및 제6조에 따른 재산등록 또는 변동사항 신고 시 등록기관에 제출하여야 한다.(2009.2.3 본조개정)

제26조【등록사항의 열람·복사 허가】 법 제10조제3항에 따른 열람·복사의 허가권자는 다음과 같다.
1. 법 제10조제4항제1호부터 제3호까지의 규정에 해당하는 열람·복사 허가는 위원회[법 제8조제11항에 따라 심사권이 등록기관의 장에게 위임된 경우에는 해당 등록기관의 장(법 제10조제4항제3호에 해당하는 경우로 한정한다)]
2. 법 제10조제4항제4호에 해당하는 열람·복사 허가는 등록기관의 장(제9조에 따라 위원회에 재산등록서류가 이송된 경우에는 위원회)

(2009.2.3 본조개정)

제27조【재산등록사항 고지거부 허가신청 등】 ① 등록의무자는 법 제4조제1항제3호에 따른 본인의 직계존속·직계비속(이하 "직계존속·직계비속"이라 한다) 중 피부양자가 아닌 사람이 법 제12조제4항에 따라 고지거부 허가를 받으려는 경우에는 다음 각 호의 구분에 따른 해당 기간 내에 등록기관을 거쳐 관할 공직자윤리위원회에 고지거부 허가를 신청해야 한다.(2020.6.2 본문개정)
1. 법 제5조제1항에 따라 재산을 등록하여야 하는 경우 : 등록의무자가 된 날부터 1개월 이내
2. 법 제6조제1항에 따라 재산 변동사항을 신고하여야 하는 경우 : 그 신고기간의 개시일부터 1개월 이내

(2016.6.28 1호~2호개정)

2의2. 법 제6조제2항에 따라 재산 변동사항을 신고하여야 하는 경우 : 퇴직일부터 1개월 이내(2016.6.28 본호신설)
3. 법 제6조의3제3항에 따라 재산 변동사항을 신고하여야 하는 경우 : 변동사항 신고 유예사유가 소멸된 날부터 1개월 이내(2016.6.28 본호개정)
4. 법 제7조에 따라 재산등록기간이 연장된 경우 : 그 연장기간의 기산일부터 15일(재산공개자의 경우는 10일) 이내(2015.3.30 본호신설)
5. 법 제10조제2항에 따라 재산을 등록하여야 하는 경우 : 공개대상자가 된 날부터 1개월 이내(2016.6.28 본호개정)
6. 법 제11조제1항에 따라 재산 변동사항을 신고해야 하는 경우 : 전보 등이 된 날부터 1개월 이내(2020.6.2 본호개정)

② 관할 공직자윤리위원회는 제1항의 신청을 받은 날부터 10일 이내에 허가 여부를 결정·통보하되, 필요한 경우에는 10일의 범위에서 결정·통보기간을 연장할 수 있다.(2009.11.23 본항개정)
③ 관할 공직자윤리위원회는 고지거부에 관한 심사를 위하여 필요한 경우에는 등록의무자에게 관련 자료를 문서나 정보통신망 등의 전자매체를 이용하여 제출하도록 할 수 있다.
④ 법 제5조제1항 및 제10조제2항에 따른 재산등록의무자의 직계존속·직계비속이 관할 공직자윤리위원회로부터 제2항의 고지거부 불허가결정을 받은 경우에는 그 불허가결정을 받은 날 등록기관의 장이 법 제7조에 따라 그 등록의무자의 재산등록기간을 연장한 것으로 본다. 이 경우 연장기간은 30일(공개대상자는 20일)로 하되, 관할 공직자윤리위원회의 통보를 받은 날부터 기산한다.
⑤ 제2항에 따라 고지거부 허가를 받은 사람은 그 허가를 받은 날부터 3년마다 그 3년째 정기변동신고기간에 고지거부 허가에 대한 재심사신청서를 관할 공직자윤리위원회에 제출하여야 한다.
⑥ 제5항의 재심사신청서를 받은 관할 공직자윤리위원회는 그 해 11월 30일까지 고지거부 허가 여부를 결정·통보하여야 한다.
(2009.2.3 본조개정)

제27조의2【재산등록 고지거부 허가요건】 ① 법 제12조제4항 전단에서 "피부양자"란 소득이 없거나 저소득으로 인하여 독립적인 생계를 유지하지 못하고 등록의무자의 부양을 받는 직계존속·직계비속을 말한다.
② 공직자윤리위원회는 제1항에 따른 독립적인 생계유지 여부를 판단할 때 다음 각 호의 사항을 종합적으로 고려하여야 한다.
1. 직계존속의 경우 : 나이, 취업 등 직업 유무, 보유재산의 정도 및 취업·사업 또는 재산을 통하여 발생하는 정기적인 소득의 정도 등
2. 직계비속의 경우 : 나이, 주민등록표상 별도의 세대 구성 여부, 취업 등 직업 유무, 취업 등의 기간 및 취업·사업을 통하여 발생하는 정기적인 소득의 정도 등

③ 공직자윤리위원회는 제2항 각 호에 따른 정기적인 소득의 정도를 판단할 때 「국민기초생활 보장법」 제2조제11호에 따른 기준 중위소득, 가족 수, 거주지역, 물가수준, 그 밖에 필요한 사항을 고려하여야 한다.(2015.11.30 본항개정)
(2009.2.3 본조개정)

제27조의3【기획재정부와 금융위원회 소속 공무원의 범위】 법 제14조의4제1항 각 호 외의 부분 본문에서 "대통령령으로 정하는 사람"이란 기획재정부의 금융정책·은행·증권·보험 등 금융에 관한 사무를 관장하는 국(본부·단·부·팀을 포함한다) 소속 고위공무원단에 속하는 공무원 및 4급 이상 공무원(이에 상당하는 공무원을 포함한다)과 금융위원회 소속 고위공무원단에 속하는 공무원 및 4급 이상 공무원(이에 상당하는 공무원을 포함한다)을 말한다.(2009.2.3 본조개정)

제27조의4【주식백지신탁대상 주식의 하한가액】 법 제14조의4제1항 각 호 외의 부분 본문 및 제14조의5제6항에서 "대통령령으로 정하는 금액"과 법률 제7493호 공직자윤리법중개정법률 부칙 제2항에서 "대통령령이 정하는 금액"이란 각각 3천만원을 말한다.(2009.2.3 본조개정)

제27조의5【신탁재산의 운용방법】 법 제14조의4제1항제2호다목 단서에서 "대통령령으로 정하는 범위"란 「자본시장과 금융투자업에 관한 법률」에서 정하는 범위(위탁자가 주식의 종목을 특정하는 방식으로 운용하는 것은 제외한다)를 말한다.(2009.2.3 본조개정)

제27조의6【주식백지신탁 심사위원회의 운영 등】 ① 법 제14조의5에 따른 주식백지신탁 심사위원회(이하 "심사위원회"라 한다)의 위원장은 심사위원회를 대표하고, 심사위원회의 회의를 소집하여 그 의장이 되는 등 심사위원회의 직무를 총괄한다.
② 심사위원회에 부위원장 1명을 두되, 부위원장은 위원 중에서 호선(互選)하며 위원장이 부득이한 사유로 직무를 수행할 수 없을 때에는 부위원장이 그 직무를 대행한다.
③ 심사위원회의 회의는 재적위원 과반수의 출석으로 개의하고, 출석위원 과반수의 찬성으로 의결한다.
④ 제1항부터 제3항까지에서 규정한 사항 외에 심사위원회의 운영에 관하여는 제19조제4항·제5항, 제19조의2, 제19조의3 및 제20조부터 제22조까지의 규정을 각각 준용한다.(2016.6.28 본항개정)
(2009.2.3 본조개정)

제27조의7【직무관련성 심사청구】 ① 법 제14조의5제6항에 따라 심사를 청구하려는 공개대상자등은 등록기관의 장을 거쳐 심사위원회에 총리령으로 정하는 바에 따라 심사청구서를 제출하여야 한다.
② 등록기관의 장은 제1항에 따른 공개대상자등이 법 제14조의5제6항에 따른 심사청구 기한 내에 심사를 청구할 수 있도록 미리 안내하여야 한다.
(2021.6.22 본조신설)

제27조의8【직무관련성의 판단기준】 ① 법 제14조의5제8항에 따른 주식의 직무관련성을 판단할 때에는 법 제14조의4제1항에 따른 공개대상자등이 본인이나 그 이해관계자가 보유한 주식을 발행한 기업의 경영 또는 재산상 권리에 관한 상당한 정보를 입수하거나 영향을 미칠 수 있는 직무로서 다음 각 호의 어느 하나에 해당하는 직무에 종사하거나 그 직무를 지휘·감독하는지를 고려하여야 한다.
1. 관련 업종에 관한 정책 또는 법령의 입안·집행 등에 관련되는 직무
2. 각종 수사·조사·감사 및 검사에 관련되는 직무
3. 인가·허가·면허 및 특허 등에 관련되는 직무
4. 조세의 조사·부과 및 징수에 관련되는 직무
5. 법령상 지도·감독에 관련되는 직무
6. 예산의 편성·심의·집행 또는 공사와 물품의 계약에 관련되는 직무
7. 법령상 사건의 심리 또는 심판 등에 관련되는 직무
8. 그 밖에 심사위원회가 직무관련성이 있는 것으로 인정하는 직무

② 심사위원회는 일정한 유형이나 종목의 주식을 정하여 직무관련성이 없는 것으로 고시할 수 있다.
(2009.2.3 본조개정)

제27조의9【주식취득 사유】 법 제14조의6제2항 본문에서 "대통령령으로 정하는 사유"란 다음 각 호의 사유를 말한다.
1. 증여(유증을 포함한다), 담보권 행사 또는 대물변제의 수령 등으로 주식을 취득하는 경우
2. 전환사채, 신주인수권부사채 또는 교환사채의 권리행사로 주식을 취득하는 경우
3. 우리사주 조합원이 우리사주 조합을 통하여 주식을 취득하는 경우
4. 주식매수선택권의 행사로 주식을 취득하는 경우
5. 법 제14조의4제1항에 따른 공개대상자등이 되기 전에 유가증권 옵션거래의 권리를 행사하여 주식을 취득하는 경우

6. 제1호부터 제4호까지의 규정에 따라 취득한 주식에 대한 신주인수권을 행사하여 주식을 취득하는 경우
(2009.2.3 본조개정)

제27조의10【신탁재산의 통보 등】 ① 법 제14조의8제2항제1호에 따라 주식백지신탁의 수탁기관은 처음 신탁된 주식의 처분이 완료된 경우에는 그 날부터 1주일 이내에 관할 공직자윤리위원회에 그 사실을 통보하여야 한다.
(2016.6.28 본항신설)
② 법 제14조의8제2항제2호에 따라 주식백지신탁의 수탁기관은 매 분기 말일(말일이 공휴일이거나 수탁기관의 휴무일인 경우에는 그 전날을 말한다)을 기준으로 신탁재산을 평가하여 신탁재산의 총가액이 3천만원 이하로 하락하였을 때에는 매 분기 말일 경과 후 1개월 이내에 관할 공직자윤리위원회에 그 사실을 통보하여야 한다. 다만, 매 년도 마지막 분기의 경우에는 법 제14조의8제1항에 따른 신탁상황의 보고와 함께 통보할 수 있다.
(2016.6.28 본조개정)

제27조의11【이해충돌 직무의 범위】 법 제14조의11제1항 각 호 외의 부분에 따른 해당 주식을 발행한 기업의 경영 또는 재산상 권리에 영향을 미칠 수 있는 직무는 제27조의8제1항 각 호의 직무와 그 직무를 지휘·감독하는 직무를 말한다.(2016.6.28 본조신설)

제27조의12【백지신탁계약 체결사실 등의 신고 및 공개의 방법】 ① 법 제14조의4제1항 또는 제14조의6제2항에 따라 주식매각 또는 주식백지신탁계약 체결사실을 신고하려는 사람은 신고서에 증빙자료를 첨부하여 등록기관에 제출하여야 한다.
② 법 제14조의4제1항 또는 제14조의6제2항에 따라 주식매각 또는 주식백지신탁계약 체결사실 신고를 받은 등록기관의 장은 법 제14조의14제1항 따라 신고를 받은 날부터 1개월 이내에 그 내용을 관보나 공보에 게재하여 공개하여야 한다. 다만, 제27조의3에 따른 기획재정부 및 금융위원회 소속 공무원의 경우에는 신고를 받은 기획재정부장관 및 금융위원회가 소속 공무원이 신고한 주식매각 또는 주식백지신탁계약 체결사실을 지체 없이 인사혁신처장에게 통보하여야 하고, 인사혁신처장은 통보를 받은 날부터 1개월 이내에 그 내용을 관보나 공보에 게재하여 공개하여야 한다.(2016.6.28 본문개정)
③ 법 제14조의14제2항에 따라 처음 신탁된 주식의 처분이 완료된 사실을 통보받은 관할 공직자윤리위원회는 통보를 받은 날부터 1개월 이내에 그 사실을 관보나 공보에 게재하여 공개하여야 한다.(2016.6.28 본항신설)
(2016.6.28 본조제목개정)
(2009.2.3 본조개정)

제27조의13【기관별 주식취득의 제한】 ① 법 제14조의15제1항에 따른 기업 등에 대한 정보를 획득하거나 영향력을 행사하는 등 공익과 사익의 이해충돌이 발생할 우려가 있는 업무는 제27조의8제1항 각 호의 직무와 그 직무를 지휘·감독하는 직무로 한다.
② 법 제14조의15제2항에 따른 제한방안에는 다음 각 호의 사항이 포함되어야 한다.
1. 주식 취득이 제한되는 부서 및 제한되는 주식의 범위
2. 제한되는 주식의 취득 여부 확인 방안
3. 제한되는 주식을 취득한 공무원에 대한 직위 변경, 징계 등 조치방안
(2020.6.2 본조신설)

제27조의14【기관별 부동산취득의 제한】 ① 법 제14조의16제1항에 따라 취득을 제한할 수 있는 부동산은 제3조제5항제11호의2 각 목의 업무(그 업무를 지휘·감독하는 업무를 포함한다) 분야 및 관할의 부동산으로 한다.
② 법 제14조의16제1항 단서에서 "대통령령으로 정하는 사유로 불가피하게 부동산을 취득하여야 하는 경우"란 다음 각 호의 경우를 말한다.
1. 증여(유증을 포함한다)로 부동산을 취득하는 경우
2. 담보권 행사나 대물변제의 수령 등으로 부동산을 취득하는 경우
3. 근무·취학 또는 결혼 등 일상생활을 영위하는 데 반드시 필요한 부동산을 취득하는 경우로서 업무 관련 정보를 사적 이익을 위하여 부당하게 이용한 것이 아니라고 인정되는 경우
③ 법 제14조의16제1항 단서에 따른 신고는 부동산을 취득한 날(상속의 경우에는 상속 개시를 알게 된 날로 한다)부터 1개월 이내에 해야 한다.
④ 법 제14조의16제2항에 따른 제한방안에는 다음 각 호의 사항이 포함되어야 한다.
1. 부동산 취득이 제한되는 부서 및 취득이 제한되는 부동산의 범위
2. 취득이 제한되는 부동산의 취득 여부 확인 방안
3. 법 제14조의16제1항 단서에 따른 신고 방법
4. 취득이 제한되는 부동산을 취득한 공직자에 대한 직위 변경, 징계 등 조치방안
⑤ 행정부 소속 국가기관의 장 또는 공직유관단체의 장은 법 제14조의16제2항에 따른 제한방안의 운영 결과를 매년 관할 공직자윤리위원회에 보고해야 한다.
(2023.11.28 본항개정)
(2021.9.24 본조신설)

제27조의15【기관별 가상자산보유의 제한】 ① 법 제14조의17제1항에 따른 가상자산에 대한 정보를 획득하거나 영향력을 행사하는 업무의 범위는 다음 각 호의 업무와 그 업무를 지휘·감독하는 업무로 한다.
1. 가상자산에 관한 정책 또는 법령의 입안·집행 등에 관련되는 업무
2. 가상자산에 관한 수사·조사·감사 및 검사에 관련되는 업무
3. 가상자산에 관한 신고·인가·허가·면허 및 특허 등에 관련되는 업무
4. 가상자산에 관한 조세의 조사·부과 및 징수에 관련되는 업무
5. 가상자산에 관한 법령상 지도·감독에 관련되는 업무
6. 가상자산에 관한 예산의 편성·심의·집행 또는 공사와 물품의 계약에 관련되는 업무
7. 가상자산에 관한 법령상 사건의 심리 또는 심판 등에 관련되는 업무
8. 그 밖에 소속기관의 장이 가상자산에 대한 정보를 획득하거나 영향력을 행사하는 업무라고 인정하는 업무
② 법 제14조의17제2항에 따른 제한방안에는 다음 각 호의 사항이 포함되어야 한다.
1. 가상자산의 보유가 제한되는 부서 또는 직위
2. 가상자산의 보유 여부 확인 방안
3. 가상자산을 보유한 공직자에 대한 직위 변경, 징계 등 조치방안
③ 행정부 소속 국가기관의 장은 법 제14조의17제2항에 따른 제한방안의 운영 결과를 매년 정부윤리위원회에 보고해야 한다.
(2023.11.28 본조신설)

제28조【선물의 가액】 ① 법 제15조제1항에 따라 신고하여야 할 선물은 그 선물 수령 당시 증정한 국가 또는 외국인이 속한 국가의 시가로 미국화폐 100달러 이상이거나 국내 시가로 10만원 이상인 선물로 한다.
② 법 제15조제1항 전단에 따른 소속 기관·단체의 장은 시장가격을 확인하기 어려운 선물의 가액을 산정하기 위하여 평가단(이하 "선물평가단"이라 한다)을 구성·운영할 수 있다.(2016.6.28 본항신설)
③ 선물평가단의 구성·운영 등에 필요한 사항은 인사혁신처장이 정한다.(2016.6.28 본항신설)
(2009.2.3 본조개정)

제29조【선물의 관리·유지】 ① 법 제15조제1항에 따라 선물 신고를 받은 소속기관 또는 공직유관단체의 장은 분기별로 총리령으로 정하는 바에 따라 선물신고 관리상황을 법 제5조제1항에 따른 등록기관의 장에게 통보하여야 하고, 해당 선물은 다음 각 호의 구분에 따른 기간에 등록기관의 장에게 이관하여야 한다. 다만, 정부의 등록기관 및 부·처·청이 감독하는 공직유관단체의 장은 인사혁신처장(군인과 군무원은 국방부장관)에게 이관하여야 한다.(2016.6.28 본문개정)
1. 상반기에 신고된 선물의 경우 : 해당 연도 7월 1일부터 7월 31일까지(2016.6.28 본호신설)
2. 하반기에 신고된 선물의 경우 : 다음 연도 1월 1일부터 1월 31일까지(2016.6.28 본호신설)
② 제1항에 따라 이관받은 기관의 장은 그 선물을 관리·유지하되, 그 중 문화적·예술적 가치가 있어 영구보존할 필요가 있는 선물은 관할 영구기록물관리기관(「공공기록물 관리에 관한 법률」 제3조제5호에 따른 영구기록물관리기관을 말한다)의 장에게 이관하고, 다른 기관에서 관리·유지하는 것이 더욱 효율적이라고 인정되는 선물은 그 기관의 장에게 이관해야 한다.(2020.6.2 본항개정)
(2009.2.3 본조개정)

제30조【선물의 처분】 ① 제29조에 따라 선물을 이관받은 기관의 장은 그 중 국유재산으로 계속 관리·유지할 필요가 없다고 인정되는 선물은 외교부장관과의 협의를 거쳐 조달청장에게 이관하여 처분하게 할 수 있다.
(2013.3.23 본항개정)
② 조달청장은 선물을 처분할 때 그 선물의 수령을 신고한 사람이 그 선물의 매수를 원하는 경우에는 그 사람에게 조달청장이 전문기관에 의뢰하여 감정한 가액으로 우선하여 매도하여야 한다.
(2009.2.3 본조개정)

제31조【취업심사대상자의 범위】 ① 법 제17조제1항 각 호 외의 부분 본문에서 "대통령령으로 정하는 공무원과 공직유관단체의 직원"이란 다음 각 호의 어느 하나에 해당하는 사람을 말한다.
1. 「연구직 및 지도직공무원의 임용 등에 관한 규정」 별표 2의 제1호가목부터 다목까지와 제2호가목·나목 및 제3호가목의 연구직공무원, 별표2의2의 제1호가목·나목과 제2호가목·나목 및 제3호가목의 지도직공무원으로서 4급 이상 또는 고위공무원단에 속하는 일반직공무원에 상당하는 연구관·지도관
2. 4급 이상의 일반직공무원에 상당하는 전문경력관 및 지방전문경력관
3. 「전문직공무원 인사규정」 제3조에 따른 수석전문관
4. 4급 이상 또는 고위공무원단에 속하는 일반직공무원에 상당하는 직위에 임명된 장학관·교육연구관
5. 대학(대학에 준하는 각종학교를 포함한다)의 처장·실장
6. 감사원 소속 공무원 중 5급 이하 7급 이상의 일반직공무원(이에 상당하는 전문경력관을 포함한다)과 이에 상당하는 별정직공무원
7. 「국민권익위원회와 그 소속기관 직제」 제9조에 따른 부패방지국 및 같은 영 제9조의2에 따른 심사보호국 소속 5급 이하 7급 이상의 일반직공무원(이에 상당하는 전문경력관을 포함한다)과 이에 상당하는 별정직공무원
8. 국가경찰공무원 중 경정, 경감, 경위, 경사와 자치경찰공무원 중 자치경정, 자치경감, 자치경위, 자치경사
9. 소방공무원 중 소방령, 소방경, 소방위 및 소방장
10. 국세청 및 관세청 소속 공무원 중 5급 이하 7급 이상의 일반직공무원(이에 상당하는 전문경력관을 포함한다)과 이에 상당하는 별정직공무원
11. 법무부, 검찰청 및 고위공직자범죄수사처 소속 공무원 중 5급 이하 7급 이상의 검찰직공무원 및 마약수사직공무원(2020.7.14 본호개정)
12. 국방부(육군, 해군, 공군, 합동참모본부, 국방부 소속기관·직할부대·직할기관을 포함한다) 및 방위사업청(소속기관을 포함한다)에서 군사시설, 국방 관련 계약 및 검수, 방위력 개선, 군사법원 및 군검찰, 수사(「군사법원법」 제44조제2호에 따른 수사 및 「군사기밀 보호법」에 따른 범죄에 대한 수사는 제외한다) 및 감찰 업무를 담당하는 부서에 근무하는 5급 일반직공무원(이에 상당하는 전문경력관을 포함한다), 이에 상당하는 별정직공무원, 중령인 군인과 「군무원인사법」에 따른 3급 군무원
13. 공정거래위원회 소속 공무원 중 5급 이하 7급 이상의 일반직공무원(이에 상당하는 전문경력관을 포함한다)과 이에 상당하는 별정직공무원
14. 중앙행정기관(소속기관을 포함한다. 이하 이 조에서 같다) 소속 공무원이나 지방자치단체 소속 공무원 중 감사 업무를 주된 기능으로 하는 부서(중앙행정기관의 경우에는 「정부조직법」상 최소단위 보조기관과 그에 상응하는 직급으로 임명하는 직위를 말하고, 지방자치단체의 경우에는 조례나 규칙상 최소단위 보조기관과 그에 상응하는 직급으로 임명하는 직위를 말한다. 이하 이 조에서 같다)에 근무하는 5급 이하 7급 이상의 일반직공무원(이에 상당하는 전문경력관 및 지방전문경력관을 포함한다), 이에 상당하는 특정직공무원 및 별정직공무원과 그 상급 감독자. 다만, 중앙행정기관 또는 지방자치단체에 감사 업무를 주된 기능으로 하는 부서가 없는 경우에는 감사 업무를 담당하는 5급 이하 7급 이상의 일반직공무원(이에 상당하는 전문경력관 및 지방전문경력관을 포함한다), 이에 상당하는 특정직공무원 및 별정직공무원과 그 상급 감독자를 말한다.
15. 중앙행정기관 및 지방자치단체 소속 공무원 중 회계업무를 담당하는 부서에서 근무하는 「회계관계직원 등의 책임에 관한 법률」 제2조제1호가목에 해당하는 공무원, 같은 조 제2호가목에 따른 징수관, 재무관 및 지출원, 「지방회계법」 제44조제3항에 따른 수입대체경비 출납원, 수입금 출납원, 세입세출외현금출납원, 그 분임자 및 보조자로서 5급 이하 7급 이상의 일반직공무원(이에 상당하는 전문경력관 및 지방전문경력관을 포함한다), 이에 상당하는 특정직공무원 및 별정직공무원과 그 상급 감독자. 다만, 다음 각 목의 어느 하나에 해당하는 공무원은 제외한다.
가. 육군, 해군, 공군, 합동참모본부 및 국방부 직할부대·직할기관 소속 공무원. 다만, 국방 관련 계약 및 검수 업무를 담당하는 부서에 근무하는 5급 일반직공무원(이에 상당하는 전문경력관을 포함한다), 이에 상당하는 별정직공무원, 군인 및 군무원은 제외한다.
나. 「우정사업본부 직제」 제27조에 따른 우체국, 우편집중국 및 물류센터 소속 공무원
다. 「유아교육법」 및 「초·중등교육법」에 따른 각급 학교 소속 공무원
16. 중앙행정기관 소속 공무원이나 지방자치단체 소속공무원 중 대민업무를 담당하는 부서에 근무하는 5급 이하 7급 이상의 일반직공무원(이에 상당하는 전문경력관 및 지방전문경력관을 포함한다), 이에 상당하는 특정직공무원 및 별정직공무원과 그 상급 감독자. 다만, 대민업무를 직접 수행하지 않고 시설물 관리, 건설기계 운용, 자동차 운전 및 선박 항행 또는 이와 유사한 업무만을 수행하는 공무원으로서 관할 공직자윤리위원회의 승인을 받은 사람은 제외한다.
17. 식품의약품안전처 소속 공무원 중 위해사범 수사업무를 담당하는 부서에 근무하는 5급 이하 7급 이상의 일반직공무원(이에 상당하는 전문경력관을 포함한다)과 이에 상당하는 별정직공무원
18. 지방자치단체 소속 공무원 중 조세의 부과·징수·조사 및 심사에 관계되는 업무를 담당하는 부서에 근무하는 5급 이하 7급 이상의 일반직공무원(이에 상당하는 지방전문경력관을 포함한다), 이에 상당하는 별정직공무원 및 그 상급 감독자
19. 제1호, 제4호 및 제6호부터 제18호까지의 공무원으로 임명할 수 있는 직급 및 직위 또는 이에 상당하는 직급 및 직위에 임용된 임기제공무원
20. 「한국은행법」에 따른 한국은행 및 「예금자보호법」 제3조에 따른 예금보험공사의 2급 이상 직원
21. 「금융위원회의 설치 등에 관한 법률」에 따른 금융감독원의 4급 이상 직원
22. 국방부 또는 방위사업청의 감독을 받는 공직유관단체의 직원 중 국방부장관이 임명하는 직원. 다만, 「국방과

학연구소법」에 따른 국방과학연구소 및 「방위사업법」 제32조에 따른 국방기술품질원의 경우에는 수석급 이상 직원으로 한다.
23. 산업통상자원부장관이 지정하는 원자력 발전 관련 공직유관단체의 2급 이상 직원
24. 「무역보험법」 제37조에 따른 한국무역보험공사의 2급 이상 직원
25. 「국가철도공단법」에 따른 국가철도공단의 2급 이상 직원(2020.9.10 본호개정)
26. 「한국토지주택공사법」에 따른 한국토지주택공사의 2급 이상 직원(2021.9.24 본호신설)
② 제1항에도 불구하고 「통계법」 제22조에 따라 통계청장이 고시하는 직업에 관한 표준분류의 대분류에 따른 서비스 종사자, 농림·어업 숙련 종사자, 기능원 및 관련 기능 종사자, 장치·기계 조작 및 조립 종사자 또는 단순노무 종사자로 취업하는 사람으로서 다음 각 호의 어느 하나에 해당하는 사람은 법 제17조제1항 각 호 외의 부분 본문에 따른 취업심사대상자(이하 "취업심사대상자"라 한다)에서 제외한다.
1. 제1항제6호, 제7호, 제10호, 제11호 및 제13호부터 제19호까지의 규정에 해당하는 6급 및 7급 일반직공무원(이에 상당하는 전문경력관, 지방전문경력관 및 임기제공무원을 포함한다)과 이에 상당하는 특정직공무원 및 별정직공무원
2. 제1항제8호에 해당하는 경감 이하 경사 이상의 국가경찰공무원과 자치경감 이하 자치경사 이상의 자치경찰공무원
3. 제1항제9호에 해당하는 소방경 이하 소방장 이상의 소방공무원
③ 제1항제12호 및 제15호부터 제17호까지의 규정에 따른 해당 부서는 해당 등록기관의 장(법 제5조제3항에 따른 등록기관의 장은 제외한다)이 정한다.
(2020.6.2 본조신설)

제32조 【취업심사대상기관과의 업무관련성의 범위】 ① 법 제17조제1항 각 호 외의 부분 단서에 따른 소속하였던 부서 또는 기관의 업무는 다음 각 호의 구분에 따른 업무로 한다. 이 경우 파견근무자는 파견된 기관·단체에서 소속하였던 부서 또는 기관의 업무를 기준으로 정한다.(2020.6.2 전단개정)
1. 소속하였던 부서의 업무
가. 과(이에 상당하는 부서를 포함한다. 이하 같다)의 장 및 소속 직원의 경우 : 해당 과의 업무
나. 과의 장보다 상위 직위에 있는 사람의 경우 : 직제·정관·규정 또는 직무 상 지휘·감독하는 부서의 업무
2. 소속하였던 기관의 업무
가. 중앙행정기관, 지방자치단체 또는 공직유관단체(이하 "중앙행정기관등"이라 한다)의 본부·본청에 소속하였던 경우 : 중앙행정기관등의 각 업무. 이 경우 다음에 해당하는 기관이 있는 경우에는 그 기관의 업무를 포함한다.
1) 중앙행정기관의 장의 명을 받아 사무를 관장하도록 하는 소속기관(소속기관, 직속기관, 지사무소 등 명칭을 불문하고 중앙행정기관등의 장의 관장사무 지원 또는 소관사무 분장을 위하여 두거나 특정 업무를 효율적으로 수행하기 위하여 필요한 경우 등에 두는 기관을 말한다. 이하 이 호에서 같다)
2) 「책임운영기관의 설치·운영에 관한 법률」에 따른 책임운영기관
3) 지방자치단체 소속기관
4) 공직유관단체 소속기관
나. 중앙행정기관등의 본부·본청의 소속기관에 소속하였던 경우 : 그 소속기관의 업무. 다만, 가목 1)부터 4)까지의 기관에 소속하였던 사람의 경우에는 해당 소속기관과 그 하급기관의 업무를 말한다.
② 법 제17조제2항제8호에서 "대통령령으로 정하는 업무"란 업무처리방법에 따라 같은 조 제1항 각 호 외의 부분 본문에 따른 기관(이하 "취업심사대상기관"이라 한다)의 재산상의 권리에 직접적으로 상당한 영향을 미칠 수 있다고 인정되는 업무를 말한다.(2020.6.2 본항개정)
③ 법 제17조제3항제5호에서 "대통령령으로 정하는 특정 분야의 공무원과 공직유관단체의 직원"이란 다음 각 호의 어느 하나에 해당하는 사람을 말한다.
1. 2급 이상의 일반직공무원에 상당하는 별정직공무원
2. 고위공무원단 및 2급 이상의 일반직공무원·별정직공무원에 상당하는 직위에 보직된 연구관·지도관·장학관 및 교육연구관
3. 제2호의 공무원으로 임명할 수 있는 직위에 임용된 임기제공무원
4. 고등검찰청 부장검사, 지방검찰청 차장검사 및 차장검사를 두는 지청의 지청장 직위의 검사
5. 소장 이상의 장성급(將星級) 장교(2017.9.5 본호개정)
6. 치안감 이상의 경찰공무원
7. 소방감 이상의 소방공무원
8. 제31조제1항제20호·제21호·제23호 또는 제26호에 해당하는 직원 중 1급 이상의 직원 또는 이에 상당하는 직원(2021.9.24 본호개정)
(2015.3.30 본항신설)
(2020.6.2 본조제목개정)
(2015.3.30 본조개정)

제33조 【취업심사대상기관의 규모 및 범위】 ① 취업심사대상기관의 규모는 다음 각 호와 같다.(2020.6.2 본문개정)
1. 자본금이 10억원 이상이고 연간 외형거래액(부가가치세가 면세되는 경우에는 그 면세되는 수입금액을 포함한다. 이하 같다)이 100억원 이상인 영리를 목적으로 하는 사기업체(2014.6.25 본호개정)
1의2. 자본금이 1억원 이상이고 연간 외형거래액이 1,000억원 이상인 영리를 목적으로 하는 사기업체
(2023.4.25 본호신설)
2. 연간 외형거래액이 100억원 이상인 다음 각 목의 취업심사대상기관(2020.6.2 본문개정)
가. 법 제17조제1항제3호에 따른 법무법인등
나. 법 제17조제1항제4호에 따른 회계법인
다. 법 제17조제1항제6호에 따른 외국법자문법률사무소 및 합작법무법인(2020.6.2 본목개정)
3. 연간 외형거래액이 50억원 이상인 법 제17조제1항제5호에 따른 세무법인
4. 법 제17조제1항제11호 각 목의 어느 하나에 해당하는 법인으로서 기본재산이 100억원 이상인 법인
(2015.3.30 본호신설)
(2011.10.28 본항개정)
② 법 제17조제1항제2호에 따른 법인·단체(이하 "협회"라 한다)의 범위는 같은 항 제1호에 따라 취업이 제한되는 사기업체가 가입하고 있는 협회(해당 협회가 가입한 협회를 포함한다. 이하 제6항 및 제7항에서 같다)로 한다.
(2020.6.2 본항개정)
③ 법 제17조제1항제8호에서 "안전 감독 업무, 인·허가 규제 업무 또는 조달 업무 등 대통령령으로 정하는 업무"란 다음 각 호의 구분에 따른 업무를 말한다.
1. 안전 감독 업무 : 국민의 생명 또는 신체와 관련된 위험을 예방·감소시키는 안전 관리·지도·단속 업무
2. 인·허가 규제 업무 : 법령에서 정한 인가·허가·면허·특허·승인 등의 업무(그와 관련한 조사·검사·평가 등의 업무 및 정부 또는 지방자치단체로부터 위탁받아 수행하거나 대행하는 업무를 포함한다)
3. 조달 업무 : 법령에서 정한 조달 업무(그와 관련한 품질검사·품질관리 등의 업무 및 정부 또는 지방자치단체로부터 위탁받아 수행하거나 대행하는 업무를 포함한다)
(2015.3.30 본항신설)
④ 법 제17조제1항제9호 단서에서 "대통령령으로 정하는 교원"이란 「고등교육법」 제14조제2항에 따른 교수·부교수·조교수·강사 및 같은 법 제17조에 따른 겸임교원·명예교수 등을 말한다. 다만, 총장·부총장·학장·교무처장·학생처장 등의 직위에 있는 교원은 제외한다.
(2015.3.30 본항신설)
⑤ 법 제17조제1항제12호 각 목 외의 부분에서 "대통령령으로 정하는 기준에 해당하는 사기업체 또는 법인·단체"란 다음 각 호와 같다.
1. 다음 각 목의 어느 하나에 해당하는 방위산업분야의 사기업체 또는 법인·단체
가. 「방위사업법」 제35조에 따라 지정된 방산업체
나. 「방위사업법」 제57조의2에 따라 등록한 군수품무역대리업체 중 최근 3년 이내에 같은 법 제57조의4에 따라 중개수수료를 신고한 업체
2. 「식품안전기본법」 제2조제2호 각 목에 해당하는 식품 등 및 「식품·의약품 등의 안전기술 진흥법」 제2조제1호에 따른 식품·의약품 등과 관련하여 법령에 근거하여 인증·검사·시험·평가·지정 등의 업무를 수행하는 사기업체 또는 법인·단체
(2020.6.2 본항신설)
⑥ 인사혁신처장은 취업심사대상기관을 확정하여 매년 12월 31일(협회의 경우에는 6월 30일을 말한다)까지 관보에 고시해야 한다. 다만, 다음 각 호의 어느 하나에 해당하는 기관·단체는 인사혁신처장이 새로 고시를 하기 전까지는 취업심사대상기관으로 고시된 것으로 본다.
1. 취업심사대상기관으로 고시된 기관을 양수한 기관·단체
2. 취업심사대상기관으로 고시된 기관을 합병한 후 존속하는 기관·단체
3. 취업심사대상기관으로 고시된 기관을 합병하여 설립되는 기관·단체
4. 취업심사대상기관으로 고시된 법 제17조제1항제1호에 따른 사기업체가 가입하고 있는 협회
(2020.6.2 본항개정)
⑦ 다음 각 호에 해당하는 중앙행정기관의 장, 특별시장·광역시장·특별자치시장·도지사·특별자치도지사(이하 "시·도지사"라 한다) 또는 특별시·광역시·특별자치시·도·특별자치도의 교육감(이하 "시·도교육감"이라 한다)은 제6항에 따른 취업심사대상기관의 확정을 위한 자료로서 전년도의 각 취업심사대상기관의 과세기간 또는 사업연도 종료일을 기준으로 하여 다음 각 호의 구분에 따른 취업심사대상기관의 명세서를 전산파일로 작성하여 매년 10월 31일(협회의 경우에는 매년 2월 말일을 말한다)까지 인사혁신처장에게 통보해야 한다.
1. 국세청장 : 법 제17조제1항제1호 및 제3호부터 제6호까지에 해당하는 기관
2. 조달청장 : 법 제17조제1항제8호에 해당하는 조달 업무를 수행하는 공직유관단체
3. 교육부장관 : 법 제17조제1항제9호에 따른 학교법인과 사립학교
4. 보건복지부장관, 여성가족부장관 및 시·도지사 : 법 제17조제1항제10호 및 제11호에 따른 종합병원 및 법인
5. 산업통상자원부장관 및 방위사업청장 : 법 제17조제1항제12호가목에 해당하는 사기업체 또는 법인·단체
6. 중앙행정기관의 장, 시·도지사 또는 시·도교육감 : 각 기관이 주무관청인 협회 및 법 제17조제1항제12호나목에 해당하는 사기업체 또는 법인·단체
(2020.6.2 본항개정)
(2020.6.2 본조제목개정)

제33조의2 【취업제한 여부의 확인 요청】 취업심사대상자가 법 제18조제1항에 따라 취업제한 여부의 확인을 요청하려는 경우에는 퇴직 당시 소속되었던 기관의 장(퇴직 당시 소속되었던 기관이 폐지된 경우에는 그 업무를 승계한 기관의 장을 말하며, 이하 "소속기관장"이라 한다)에게 취업개시 30일 전까지 총리령으로 정하는 바에 따라 취업제한여부확인요청서를 제출해야 한다.
(2020.6.2 본조개정)

제33조의3 【취업제한 여부의 확인】 ① 제33조의2에 따라 취업제한여부확인요청서를 받은 소속기관장은 확인요청 사항에 대한 의견서를 첨부하여 취업제한여부확인요청서를 받은 날부터 5일 이내에 소속 중앙행정기관 또는 지방자치단체의 장에게 취업제한여부확인요청서를 이송하고, 소속 중앙행정기관 또는 지방자치단체의 장은 다음 각 호의 사항을 조사·확인한 후 그 의견서를 첨부하여 이송받은 날부터 5일 이내에 관할 공직자윤리위원회에 취업제한여부확인요청서를 이송해야 한다. 다만, 소속기관장이 중앙행정기관 또는 지방자치단체의 장인 경우에는 취업심사대상자로부터 취업제한여부확인요청서를 받은 날부터 5일 이내에 공직자윤리위원회에 이송해야 한다.
1. 취업하려는 곳이 취업심사대상기관에 해당하는지 여부
2. 취업제한 여부의 확인을 요청한 사람이 퇴직 전 5년 이내에 소속하였던 부서 또는 기관의 업무와 취업심사대상기관 간에 법 제17조제1항 각 호 외의 부분 단서에 따른 밀접한 관련성이 있는지 여부
3. (2018.7.2 삭제)
② 관할 공직자윤리위원회는 제1항에 따라 이송받은 취업제한여부확인요청서(제33조의4제3항에 따른 취업제한여부확인요청서를 포함한다)를 검토하여 법 제17조제1항 각 호 외의 부분 단서에 따른 밀접한 관련성이 있는지 여부를 확인을 요청한 사람, 소속기관장 및 소속 중앙행정기관 또는 지방자치단체의 장에게 각각 통지해야 한다. 이 경우 밀접한 관련성이 있어 취업이 제한된다고 통지할 때에는 취업이 제한되는 사유와 관할 공직자윤리위원회의 승인을 받은 경우에는 취업이 가능하다는 취지를 통지해야 한다.
(2020.6.2 본조개정)

제33조의4 【우선 취업】 ① 제33조의2에 따라 취업제한 여부의 확인을 요청한 취업심사대상자는 다음 각 호의 어느 하나에 해당하는 경우에는 소속기관장을 거쳐 관할 공직자윤리위원회에 우선 취업을 신청할 수 있다.
(2011.10.28 본문개정)
1. 소속 중앙행정기관 또는 지방자치단체의 장이 취업 개시 20일 전까지 관할 공직자윤리위원회에 취업제한여부확인요청서를 이송하지 않는 경우(2011.10.28 본호개정)
2. 취업개시 일정이 앞당겨진 경우
3. 제1호 및 제2호 외의 사유로 우선 취업이 필요한 경우
② 제1항에 따라 우선 취업의 신청을 받은 관할 공직자윤리위원회는 취업개시 일자의 변경이 곤란한 경우 등 불가피한 사유가 있다고 판단되는 경우에는 취업제한 여부를 확인하기 전에 우선 취업하게 할 수 있다. 이 경우 우선 취업 여부를 결정한 관할 공직자윤리위원회는 지체 없이 우선 취업을 신청한 사람, 소속 중앙행정기관 또는 지방자치단체의 장에게 그 사실을 통지하여야 한다.
③ 소속 중앙행정기관 또는 지방자치단체의 장은 제1항에 따라 취업심사대상자가 우선 취업을 신청한 경우에도 관할 공직자윤리위원회에 그 취업심사대상자의 취업제한여부확인요청서를 이송하여야 한다.(2011.10.28 본항개정)
(2011.3.29 본조신설)

제34조 【취업승인】 ① 법 제18조제2항에 따라 취업승인을 신청하려는 퇴직공직자는 소속기관장에게 취업개시 30일 전까지 총리령으로 정하는 바에 따라 취업승인신청서를 제출하여야 한다.(2014.11.19 본항개정)
② 제1항에 따라 취업승인신청서를 받은 소속기관장은 취업승인 신청에 대한 의견서를 첨부하여 취업승인신청서를 받은 날부터 5일 이내에 소속 중앙행정기관 또는 지방자치단체의 장에게 그 취업승인신청서를 이송하고, 소속 중앙행정기관 또는 지방자치단체의 장은 제33조의3 제1항 각 호의 사항에 대하여 검토한 후 그 의견서(제3항 각 호의 어느 하나에 해당하는 경우 그 사유를 포함한다)를 제1항의 취업승인신청서에 첨부하여 이송받은 날부터 5일 이내에 관할 공직자윤리위원회에 이송하여야 한다. 다만, 소속기관장이 중앙행정기관 또는 지방자치단체의 장인 경우에는 취업심사대상자로부터 승인신청서를 받은 날부터 5일 이내에 관할 공직자윤리위원회에 이송하여야 한다.(2011.10.28 본항개정)
③ 관할 공직자윤리위원회는 제1항에 따른 취업승인 신청에 대하여 법 제17조제1항 단서에 따라 취업승인을 할 때에는 제2항에 따른 의견서, 취업승인신청인의 퇴직 전 근

무현황, 취업 후 영향력 행사 가능성 등을 고려하여 다음 각 호의 어느 하나에 해당하는 특별한 사유가 인정되는 경우에는 취업을 승인할 수 있다.(2011.10.28 본문개정)
1. 국가안보상의 이유나 국가의 대외경쟁력 강화와 공공의 이익을 위하여 취업이 필요한 경우
2. 직제와 정원의 개정·폐지, 예산의 감소 등에 따라 직위가 없어지거나 정원이 초과되어 본인의 의사와 관계없이 면직된 경우
3. 국가나 지방자치단체가 출자하거나 재출자하는 취업심사대상기관의 경영개선을 위하여 필요한 경우
(2020.6.2 본호개정)
4. 「국가기술자격법」에 따른 기술 분야의 자격증소지자(「자격기본법」에 따라 국가가 공인한 민간자격증소지자를 포함한다)로서 해당 산업분야의 발전과 과학기술 진흥에 특히 기여할 수 있다고 판단되는 경우
5. 법원의 결정 또는 법령의 규정에 따라 해당 취업심사대상기관의 관리인이나 임직원으로 선임되는 경우
(2020.6.2 본호개정)
6. 채용계약에 따라 일정기간 전문지식·기술이 요구되는 직위에 채용되었다가 퇴직 후 임용 전에 종사하였던 분야에 재취업하는 경우
7. 제32조제1항제1호가목에 따른 과의 소속 직원의 경우 본인이 직접 담당하였던 업무와 취업하려는 취업심사대상기관 간에 밀접한 관련성이 없고, 취업 후 영향력 행사 가능성이 적은 경우(2020.6.2 본호개정)
8. 법 제17조제3항 또는 제5항에 따라 업무 관련성이 있는 것으로 보는 퇴직공직자로서 퇴직 전 5년 동안 소속하였던 기관에서 처리한 업무의 성격·비중 및 처리 빈도와 취업하려는 기관에서 담당할 업무의 성격을 고려할 때 취업 후 영향력 행사 가능성이 적은 경우
9. 취업심사대상자가 취업하려는 분야에 대한 전문지식·자격증·근무경력 또는 연구성과 등을 통하여 그 전문성이 증명되는 경우로서 취업 후 영향력 행사 가능성이 적은 경우
(2015.3.30 8호~9호신설)
④ 제3항에도 불구하고 관할 공직자윤리위원회는 다음 각 호의 어느 하나에 해당하는 경우에는 특별한 사유가 없으면 승인을 하여야 한다.
1. 제3항제2호에 해당하는 경우
2. 제3항제6호에 해당하는 경우로서 그 채용계약 시 소속기관장이 전문성·특수성을 갖춘 인력의 원활한 채용을 위하여 관할 공직자윤리위원회와 사전 협의한 후 채용한 경우
3. 전문직공무원으로 7년 이상 근무한 취업심사대상자의 퇴직 전에 관할 공직자윤리위원회가 소속기관장과 협의하여 제3항제9호에 따른 전문성이 있는 것으로 미리 인정한 경우로서 취업 후 영향력 행사 가능성이 적은 경우(2017.1.31 본호신설)
(2011.10.28 본항신설)
(2009.2.3 본조개정)

제35조【취업 확인 등】 ① (2011.10.28 삭제)
② 소속기관장, 중앙행정기관의 장, 지방자치단체의 장 또는 관할 공직자윤리위원회는 다음 각 호의 어느 하나에 해당하는 확인 또는 승인을 위하여 필요한 경우에는 국세청장, 「국민건강보험법」 제13조에 따른 국민건강보험공단, 「산업재해보상보험법」 제10조에 따른 근로복지공단 또는 그 밖의 관계 기관·단체의 장에게 해당 자료의 제공을 요청할 수 있으며, 요청받은 기관·단체의 장은 다른 법령에 특별한 규정이 있는 경우를 제외하고는 지체 없이 자료를 제공하여야 한다.(2015.3.30 본문개정)
1. 법 제19조의2제1항에 따른 취업 여부 확인
2. 제33조의3 및 제34조제2항·제3항에 따른 취업제한 여부의 확인 또는 취업승인
3. 제35조의2에 따른 업무취급 승인
4. 제35조의3에 따른 업무내역서 확인
(2011.10.28 1호~4호신설)

제35조의2【업무취급 승인 절차 등】 ① 퇴직공직자는 법 제18조의2제3항에 따라 관할 공직자윤리위원회에 업무취급 승인을 받으려는 경우에는 소속기관장과 소속 중앙행정기관 또는 지방자치단체의 장을 거쳐 총리령으로 정하는 바에 따라 업무취급승인신청서를 관할 공직자윤리위원회에 제출하여야 한다.(2014.11.19 본항개정)
② 제1항에 따라 업무취급승인신청서를 받은 소속기관장은 승인 신청사항에 대한 의견서를 첨부하여 소속 중앙행정기관 또는 지방자치단체의 장에게 업무취급승인신청서를 이송하고, 소속 중앙행정기관 또는 지방자치단체의 장은 다음 각 호의 사항을 조사·확인한 후 그 의견서를 첨부하여 관할 공직자윤리위원회에 업무취급승인신청서를 이송하여야 한다. 다만, 소속기관장이 중앙행정기관 또는 지방자치단체의 장인 경우에는 관할 공직자윤리위원회에 이송하여야 한다.
1. 업무취급 승인을 신청한 자가 법 제17조제3항에 따른 기관업무기준 취업심사대상자(이하 "기관업무기준 취업심사대상자"라 한다)인지 여부(2015.3.30 본호개정)
2. 승인을 신청한 업무가 법 제18조의2제1항 또는 제2항에 따라 취급이 금지되는 법 제17조제2항 각 호의 업무에 해당하는지 여부
3. 국가안보상의 이유나 공공의 이익을 위한 목적 등 해당 업무를 취급하는 것이 필요하고 그 취급이 해당 업무의 공정한 처리에 영향을 미치지 아니한다고 인정되는지 여부
③ 관할 공직자윤리위원회는 제1항에 따라 이송받은 업무취급승인신청서를 검토하여 승인여부를 업무취급 승인을 신청한 사람, 소속기관장 및 소속 중앙행정기관 또는 지방자치단체의 장에게 각각 통지하여야 한다. 이 경우 공직자윤리위원회는 업무취급을 승인하지 아니한다고 통지할 때에는 취급을 승인하지 아니하는 사유를 함께 통지하여야 한다.
(2011.10.28 본조신설)

제35조의3【업무내역서 제출 등】 ① 업무취급을 제한받은 퇴직공직자는 법 제18조의3제1항에 따라 퇴직 후 2년간 1년마다 업무내역서를 작성하여 취업한 취업심사대상기관의 장의 확인을 받은 후 퇴직한 날부터 매 1년이 지난 후 1개월 이내에 소속기관장에게 제출해야 한다.
(2020.6.2 본항개정)
② 제1항에 따른 업무내역서에는 취업한 취업심사대상기관에서의 월별 활동내역과 퇴직 전 2년부터 퇴직할 때까지 근무한 기관과 관련하여 취급한 업무내역을 구체적으로 적어야 한다. 이 경우 제35조의2에 따라 관할 공직자윤리위원회에서 업무취급 승인을 받아 취급한 업무가 있는 경우에는 그 승인을 받아 취급한 업무 내역을 포함해야 한다.(2020.6.2 본항개정)
③ 제1항에 따라 업무내역서를 받은 소속기관장은 업무활동내역에 대한 의견서를 첨부하여 소속 중앙행정기관 또는 지방자치단체의 장에게 이를 이송하고, 소속 중앙행정기관 또는 지방자치단체의 장은 업무활동내역에 법 제18조의2제2항에 따라 취급할 수 없는 업무가 포함되어 있는지를 확인한 후 그 의견서를 첨부하여 관할 공직자윤리위원회에 업무내역서를 이송하여야 한다. 다만, 소속기관장이 중앙행정기관 또는 지방자치단체의 장인 경우에는 관할 공직자윤리위원회에 이송하여야 한다.
④ 관할 공직자윤리위원회는 제2항에 따라 퇴직공직자가 취급한 업무의 확인을 위하여 필요한 경우 그 퇴직공직자에게 보수액 및 그 밖의 필요한 자료를 요청할 수 있다.
⑤ 제출된 업무내역서는 공개하지 아니한다.
(2011.10.28 본조신설)

제35조의4【청탁·알선에 대한 신고】 ① 법 제18조의4제2항 및 제3항에 따른 신고는 신고자, 청탁·알선을 한 퇴직공직자 및 청탁·알선을 받은 재직자의 인적사항, 청탁·알선을 한 일시 및 장소, 청탁·알선 내용 등을 적은 문서로써 하여야 한다. 이 경우 소속 기관의 장은 정보통신망 등을 통하여 신고하게 할 수 있다.(2020.6.2 전단개정)
② 제1항에 따른 신고를 받은 소속 기관의 장은 신고내용을 특정하기 위하여 다음 각 호의 사항을 확인할 수 있다.
1. 신고자의 인적사항
2. 신고의 경위, 취지 및 이유
3. 신고내용이 법 제18조의4제2항 및 제3항에 따른 청탁·알선에 해당하는지의 여부(2020.6.2 본호개정)
4. 신고내용을 입증할 수 있는 참고인 또는 증거자료의 유무
③ 소속 기관의 장은 제2항에 따른 확인 결과 신고내용이 명백하게 허위인 경우에는 이를 수사기관에 통보하지 아니하고 종결할 수 있다.
④ 소속 기관의 장은 법 제18조의4제4항에 따라 신고된 사항이 부정한 청탁·알선인지 여부를 판단할 때에는 다음 각 호의 사항을 고려해야 한다.
1. 법령을 위반하여 업무를 처리하도록 했는지
2. 지위·권한을 벗어나거나 권한에 속하지 않은 사항을 행사하도록 했는지
3. 직무상 비밀을 요구하거나 위법한 사항을 묵인하게 했는지
4. 공정한 경쟁을 저해하거나 정상적인 관행에서 벗어나 업무를 처리하도록 했는지
5. 제1호부터 제4호까지의 행위를 알선했는지
(2020.6.2 본항신설)
⑤ 법 제18조의4제2항에 따른 신고자는 해당 청탁·알선으로 직무수행의 적정성을 확보하기 곤란하다고 판단되는 경우 소속 기관의 장에게 다음 각 호의 조치를 요청할 수 있다.
1. 직무 참여의 일시중지
2. 직무 대리자의 지정
3. 직무 공동수행자의 지정
4. 그 밖에 직위 변경 등 직무수행의 적정성을 확보하기 위한 조치
(2020.6.2 본항신설)
⑥ 법 제18조의4제2항·제3항에 따른 신고를 받거나 제5항에 따른 조치를 요청받은 소속 기관의 장은 공정한 직무수행을 저해할 우려가 있다고 판단되는 경우에는 청탁·알선을 받은 재직자에게 같은 항 각 호의 조치를 취할 수 있다.(2020.6.2 본항신설)
(2020.6.2 본조제목개정)
(2011.10.28 본조신설)

제35조의5【업무취급 제한 위반 여부 확인을 위한 자료제출 요구】 공직자윤리위원회는 법 제19조의2제4항 전단에 따라 퇴직공직자가 취업한 기관·단체(취업심사대상기관은 제외한다)의 장에게 업무취급 제한 위반 여부 확인에 필요한 최소한의 범위에서 다음 각 호의 어느 하나에 해당하는 자료의 제출을 문서로 요구할 수 있다.
1. 퇴직공직자의 담당업무
2. 퇴직공직자가 퇴직 전 소속했던 기관과의 업무처리 내역
3. 그 밖에 퇴직공직자의 업무취급 제한 위반여부를 확인할 수 있는 자료
(2020.6.2 본조신설)

제35조의6【취업제한 여부의 확인, 취업승인, 업무취급승인 및 업무내역서 심사 결과의 공개 항목】 법 제19조의3제1항에 따라 공직자윤리위원회가 공개해야 하는 항목은 다음 각 호와 같다.(2020.6.2 본문개정)
1. 퇴직 당시 소속기관명 및 직위 또는 직급, 퇴직 시기
2. 취업제한 여부의 확인, 취업승인, 업무취급승인 또는 업무내역서 심사 결과와 각각의 심사사항에 대한 결정의 근거가 되는 사유(2020.6.2 본호개정)
3. 취업예정기관 또는 취업한 기관명 및 직위 또는 직급, 취업예정일 또는 취업일
4. 그 밖에 해당 심사와 관련하여 공직자윤리위원회가 결정한 사항
(2015.3.30 본조신설)

제35조의7【취업이력공시 등】 ① 관할 공직자윤리위원회는 법 제19조의4제1항에 따라 기관업무기준 취업심사대상자가 취업심사대상기관에 취업한 현황을 12월 31일을 기준으로 매년 조사해야 한다. 이 경우 공직자윤리위원회는 기관업무기준 취업심사대상자가 퇴직할 당시 소속되었던 기관의 장, 국세청장, 「국민건강보험법」 제13조에 따른 국민건강보험공단, 「국민연금법」 제24조에 따른 국민연금공단 또는 「산업재해보상보험법」 제10조에 따른 근로복지공단에 필요한 자료의 제출 등을 요청할 수 있다.
(2020.6.2 전단개정)
② 법 제19조의4제1항에 따른 취업이력공시에는 다음 각 호의 사항이 포함되어야 한다.
1. 기관업무기준 취업심사대상자의 성명, 퇴직일, 퇴직 당시 소속기관명 및 직위 또는 직급
2. 기관업무기준 취업심사대상자가 취업한 취업심사대상기관명, 취업일 및 직위 또는 직급(2020.6.2 본호개정)
③ 법 제19조의4제2항에 따른 기관업무기준 취업심사대상자의 취업 사실 신고는 제2항 각 호의 사항을 포함하여 서면으로 한다. 이 경우 공직자윤리위원회는 기관업무기준 취업심사대상자가 전자우편, 팩스 또는 정보통신망 등을 이용하여 신고하게 할 수 있다.
(2015.3.30 본조신설)

제36조【연차보고서 작성 등】 ① 법 제20조의2에 따른 연차보고서에는 다음 각 호의 사항이 포함되어야 한다.
1. 전년도의 재산등록, 주식의 매각 또는 신탁, 선물신고, 퇴직공직자의 취업제한, 업무취급 제한 및 행위제한 등에 관한 현황과 운영실태(2021.6.22 본호개정)
2. 전년도의 재산등록사항 심사와 그 결과의 처리 내용 및 감독
3. 전년도의 재산등록사항 공개에 관한 사항
4. 그 밖에 공직자윤리위원회의 활동에 관한 사항
② 법 제5조제1항에 따른 등록기관의 장과 법 제8조제11항에 따라 등록사항에 대한 심사를 위임받은 기관의 장은 매년 3월 31일까지 제1항의 연차보고서 작성에 필요한 전년도의 재산등록, 주식의 매각 또는 신탁, 선물신고, 퇴직공직자의 취업제한, 업무취급 제한 및 행위제한 등에 관한 운영실태와 활동사항 등을 관할 공직자윤리위원회에 제출해야 한다. 이 경우 제출에 관하여는 제8조 단서를 준용한다.(2021.6.22 전단개정)
(2009.2.3 본조개정)

제36조의2【공직윤리업무의 전산화】 ① 공직자윤리위원회, 등록기관의 장, 법 제8조제11항에 따라 등록사항의 심사를 위임받은 기관의 장 또는 심사위원회는 다음 각 호의 어느 하나에 해당하는 경우에는 그 자료 등을 정보통신망 등을 통하여 제출하게 하거나 전자기록 매체에 수록하여 제출하게 할 수 있다.(2023.4.25 본문개정)
1. 등록의무자가 재산등록 또는 변동사항신고를 하거나 자료 등을 제출하는 경우
2. 재산등록의무자와 이해관계자가 법 제6조의5제1항 및 제2항에 따른 동의서를 제출하는 경우(2016.6.28 본호개정)
3. 법 제8조제4항·제5항 및 제12항에 따라 국가기관, 지방자치단체, 공직유관단체, 그 밖의 공공기관 또는 금융기관의 장이 보고하거나 자료 등을 제출하는 경우
4. 법 제14조의4제1항에 따라 공개대상자등이 주식의 매각 또는 주식백지신탁에 관한 계약을 체결한 사실을 신고하는 경우
5. 법 제14조의5제6항에 따라 보유 주식의 직무관련성 유무에 관한 심사를 청구하는 경우
6. 법 제14조의5제9항 및 제10항에 따라 공개대상자등, 관련 기관·단체 및 업체에서 자료를 제출하는 경우
(2014.1.7 4호~6호신설)
7. 법 제14조의16제1항 단서에 따라 부동산 취득에 관한 사항을 신고하는 경우(2021.9.24 본호신설)
② 소속기관 또는 공직유관단체의 장, 중앙행정기관의 장, 지방자치단체의 장 또는 관할 공직자윤리위원회는 관계 기관·단체의 장이 제35조제2항에 따라 자료 등을 제출하는 경우에는 그 자료 등을 정보통신망 등을 통하여 제출하게 하거나 전자기록 매체에 수록하여 제출하게 할 수 있다.(2023.4.25 본항개정)

③ 소속기관 또는 공직유관단체의 장은 공직자가 법 제15조제1항에 따라 선물 신고에 관한 자료를 제출하는 경우에는 정보통신망 등을 통하여 제출하게 하거나 전자기록 매체에 수록하여 제출하게 할 수 있다.(2023.4.25 본항신설)
④ 공직자윤리위원회는 법 제6조의5제1항 및 제2항에 따른 재산등록의무자나 이해관계자의 동의서를 금융기관의 장 등에게 제출하는 경우에는 정보통신망 등을 통하여 제출하거나 전자기록 매체에 수록하여 제출할 수 있다.(2023.4.25 본항개정)
⑤ 소속기관장은 퇴직공직자가 다음 각 호의 자료를 제출하려는 경우 정보통신망 등을 통하여 제출하게 하거나 전자기록 매체에 수록하여 제출하게 할 수 있다.
1. 제33조의2에 따른 취업제한여부확인요청서, 제33조의4에 따른 우선취업신청서, 제34조제1항에 따른 취업승인신청서
2. 제35조의2제1항에 따른 업무취급승인신청서
3. 제35조의3제1항에 따른 업무내역서
(2011.10.28 본항신설)
(2009.2.3 본조개정)
제36조의3【재산등록 및 심사 관련 자료의 보존】 공직자윤리위원회, 등록기관의 장 또는 법 제8조제11항에 따라 등록사항의 심사를 위임받은 기관의 장은 법 제5조, 제6조, 제8조, 제10조 및 제11조에 따른 공직자 재산등록, 변동사항 신고 또는 등록사항의 심사와 관련하여 법 제3조제1항에 따른 등록의무자가 제출한 자료는 그 등록의무자가 퇴직한 날부터 10년까지 보존한다.(2011.10.28 본조신설)
제36조의4【고유식별정보의 처리】 공직자윤리위원회, 등록기관의 장 또는 법 제8조제11항에 따라 등록사항의 심사를 위임받은 기관의 장은 다음 각 호의 어느 하나에 해당하는 사무를 수행하기 위하여 불가피한 경우 「개인정보 보호법 시행령」 제19조제1호 또는 제4호에 따른 주민등록번호 또는 외국인등록번호가 포함된 자료를 처리할 수 있다.(2015.3.30 본문개정)
1. 법 제5조, 제6조, 제10조 및 제11조에 따른 재산등록 및 변동사항 신고 등
2. 법 제8조에 따른 재산등록사항의 심사 등
3. 법 제19조의2에 따른 취업 여부 확인 등
4. 법 제19조의4제1항에 따른 취업 현황 조사에 관한 사무
(2023.4.25 본호신설)
(2011.10.28 본조신설)
제36조의5【공직윤리제도운영의 진단 및 지원】 인사혁신처장은 법 제20조에 따라 각 기관의 공직윤리제도 운영 현황을 점검·진단하고, 그 결과에 대해 개선 권고를 하거나 상담·자문 등 필요한 지원을 할 수 있다.
(2023.4.25 본조신설)
제37조【비밀사항의 기재방법】 제8조·제13조·제25조 및 제36조에 따른 보고 내용 또는 작성내용 중 관계 법령에 따라 비밀로 분류되는 사항은 상세한 내용이 드러나지 아니하는 방법으로 기재할 수 있다.(2009.2.3 본조개정)
제37조의2【규제의 재검토】 인사혁신처장은 제31조에 따른 취업심사대상자의 범위에 대하여 2022년 1월 1일을 기준으로 5년마다(매 5년이 되는 해의 기준일과 같은 날 전까지를 말한다) 그 타당성을 검토하여 개선하는 등의 조치를 해야 한다.(2021.9.24 본조신설)
제38조【시행규칙】 이 영의 시행에 관하여 필요한 사항은 총리령으로 정한다.(2014.11.19 본조개정)

부 칙 (2011.10.28)

제1조【시행일】 이 영은 2011년 10월 30일부터 시행한다. 다만, 제15조의2 및 별표1의2의 개정규정 중 특별자치시에 관한 부분은 2012년 7월 1일부터 시행한다.
제2조【등록기관에 관한 적용례】 제4조의3의 개정규정은 이 영 시행 후 등록사유가 발생한 사람의 재산을 등록하는 경우부터 적용한다.
제3조【재산등록사항 고지거부 허가신청에 관한 적용례】 제27조제1항의 개정규정은 이 영 시행 후 재산 등록 또는 변동신고의 사유가 발생한 등록의무자의 직계존속·직계비속이 고지거부 허가를 받으려는 경우부터 적용한다.
제4조【취업제한 확인 요청, 우선 취업 신청 및 취업승인절차에 관한 적용례】 제33조의2, 제33조의3, 제33조의4 및 제34조의 개정규정은 이 영 시행 후 같은 규정에 따라 취업제한 여부의 확인 요청, 우선 취업의 신청 또는 취업 승인을 신청하는 경우부터 적용한다.
제5조【재산등록 및 심사 관련 자료의 보존에 관한 적용례】 제36조의3의 개정규정은 이 영 시행 당시 퇴직한 공직자에 대한 자료의 보존에 대해서도 적용한다.
제6조【최초로 등록의무자가 되는 사람의 재산등록에 관한 경과조치】 제3조제4항에 따라 최초로 등록의무자가 되는 사람은 이 영 시행일부터 2개월 이내에 이 영 시행 당시의 등록재산을 등록하여야 한다.
제7조【사기업체등의 고시에 관한 경과조치】 ① 이 영 시행 이후 제33조제1항의 개정규정에 따라 공직자의 취업이 제한되는 사기업체등은 같은 조 제3항의 개정규정에도 불구하고 행정안전부장관이 2011년 10월 30일까지 관보에 고시한다.
② 제1항에 따른 고시 중 제33조제1항제1호의 사기업체에 관한 부분은 2012년 1월 1일부터 2012년 12월 31일까지 적용하고, 그 외의 사기업체등에 관한 부분은 2011년 10월 30일부터 2012년 12월 31일까지 적용한다.

부 칙 (2014.1.7)

이 영은 공포한 날부터 시행한다. 다만, 제3조제4항(제1호의2는 제외한다) 및 제5항의 개정규정은 2014년 7월 1일부터 시행한다.

부 칙 (2014.6.25)

제1조【시행일】 이 영은 공포한 날부터 시행한다.
제2조【취업이 제한되는 사기업체등의 규모 및 범위에 관한 적용례】 제33조제1항 및 제2항의 개정규정은 이 영 시행 후 취업하려는 사람부터 적용한다.
제3조【사기업체등의 고시에 관한 특례】 ① 이 영 시행 후 제33조제1항의 개정규정에 따라 취업이 제한되는 사기업체등은 같은 조 제3항에도 불구하고 이 영 시행일에 관보에 고시한다.
② 제1항에 따른 고시는 이 영 시행일부터 2014년 12월 31일까지 적용한다.
제4조【취업심사대상자의 협회 취업에 따른 관할 공직자윤리위원회 보고에 관한 경과조치】 이 영 시행 전에 종전의 제33조제2항 각 호의 어느 하나에 해당하는 협회에 취업심사대상자가 취업한 경우 그 협회에 취업한 취업심사대상자가 소속하였던 중앙행정기관, 지방자치단체 또는 공직유관단체의 장의 보고는 제33조제5항의 개정규정에도 불구하고 종전의 규정에 따른다.

부 칙 (2015.3.30)

제1조【시행일】 이 영은 2015년 3월 31일부터 시행한다.
제2조【재산등록사항 고지거부 허가신청 기간에 관한 적용례】 제27조제1항제4호의 개정규정은 이 영 시행 이후 법 제7조에 따라 재산등록기간이 연장된 경우부터 적용한다.
제3조【퇴직공직자의 취업제한에서 제외되는 교원에 관한 경과조치】 제33조제4항의 개정규정 중 "「고등교육법」 제14조제2항에 따른 교수·부교수·조교수·강사 및 같은 법 제17조에 따른 겸임교원·명예교수 등"은 2015년 12월 31일까지 "「고등교육법」 제14조제2항에 따른 교수·부교수·조교수 및 같은 법 제17조에 따른 겸임교원·명예교수·시간강사 등"으로 본다.

부 칙 (2016.6.28)

제1조【시행일】 이 영은 2016년 6월 30일부터 시행한다. 다만, 제3조제4항제18호 및 제19호의 개정규정은 2016년 10월 1일부터 시행한다.
제2조【금융거래 및 부동산정보 제공동의서의 제출 등에 관한 적용례】 제5조의5제1항제1호의 개정규정은 이 영 시행 이후 등록 또는 신고 의무가 발생하여 금융거래 및 부동산정보 제공동의서를 제출하는 경우부터 적용한다.
제3조【고지거부 허가 신청 등에 관한 경과조치】 이 영 시행 전에 발생한 등록 또는 신고 의무에 대한 고지거부 허가 신청에 관하여는 제27조제1항 각 호의 개정규정에도 불구하고 종전의 규정에 따른다.
제4조【선물 이관에 관한 경과조치】 이 영 시행 전에 신고를 받은 선물의 이관에 관하여는 제29조제1항 본문, 같은 항 제1호 및 제2호의 개정규정에도 불구하고 종전의 규정에 따른다.

부 칙 (2017.1.31)

이 영은 공포한 날부터 시행한다. 다만, 제34조제4항제3호의 개정규정은 2017년 3월 1일부터 시행한다.

부 칙 (2018.7.2)

제1조【시행일】 이 영은 공포한 날부터 시행한다.
제2조【취업제한기관인 협회에 관한 적용례】 제33조의3제1항의 개정규정은 제33조제2항·제5항 및 제6항의 개정규정에 따라 취업제한기관인 협회를 확정하여 관보에 고시한 이후 퇴직공직자가 취업제한여부확인요청서 또는 취업승인신청서를 제출하는 경우부터 적용한다.

부 칙 (2019.6.25)

이 영은 공포한 날부터 시행한다.

부 칙 (2020.3.10)

이 영은 2020년 4월 1일부터 시행한다.(이하 생략)

부 칙 (2020.6.2)

제1조【시행일】 이 영은 2020년 6월 4일부터 시행한다. 다만, 제3조제4항제9호의3, 같은 항 제16호 단서, 제31조제1항제13호 및 같은 항 제22호 단서의 개정규정은 2020년 7월 5일부터 시행하고, 부칙 제4조제1항은 2020년 7월 1일부터 시행한다.
제2조【퇴직공직자의 취업제한에 관한 적용례】 제31조제1항제13호 및 같은 항 제22호 단서의 개정규정은 부칙 제1조 단서에 따른 시행일 이후 퇴직하는 취업심사대상자부터 적용한다.
제3조【취업심사대상기관 고시에 관한 특례】 ① 제33조제5항의 개정규정에 따라 취업이 제한되는 사기업체 또는 법인·단체는 같은 조 제6항의 개정규정에도 불구하고 이 영 시행일에 관보에 고시한다.
② 제1항에 따른 고시는 이 영 시행일부터 2020년 12월 31일까지 적용한다.
제4조【다른 법령의 개정】 ①~② ※(해당 법령에 가제정리 하였음)

부 칙 (2020.7.14)

이 영은 2020년 7월 15일부터 시행한다.

부 칙 (2020.8.4)

제1조【시행일】 이 영은 2020년 8월 5일부터 시행한다.(이하 생략)

부 칙 (2020.9.10)

제1조【시행일】 이 영은 2020년 9월 10일부터 시행한다.(이하 생략)

부 칙 (2020.12.31)

제1조【시행일】 이 영은 2021년 1월 1일부터 시행한다.(이하 생략)

부 칙 (2021.6.22)

이 영은 2021년 6월 23일부터 시행한다.

부 칙 (2021.9.24)

제1조【시행일】 이 영은 2021년 10월 2일부터 시행한다.
제2조【부동산유관부서가 있는 공직유관단체의 고시에 관한 특례】 ① 인사혁신처장은 제3조제6항의 개정규정에도 불구하고 같은 조 제5항제20호의 개정규정에 따라 소속 직원 등에게 재산등록의무가 부과되는 부동산유관부서가 있는 공직유관단체를 이 영 시행일에 관보에 고시해야 한다.
② 제1항에 따른 고시는 이 영 시행일부터 2022년 12월 31일까지 적용한다.
제3조【부동산 형성과정 기재에 관한 적용례】 제4조제7항의 개정규정은 이 영 시행 이후 재산등록의무가 발생하여 법 제5조에 따른 재산등록을 하거나 법 제6조에 따른 변동사항 신고를 하는 경우부터 적용한다.
제4조【퇴직공직자의 취업제한에 관한 적용례】 제31조제1항제26호 및 제32조제3항제8호의 개정규정은 이 영 시행일 이후 퇴직하는 취업심사대상자부터 적용한다.
제5조【다른 법령의 개정】 ※(해당 법령에 가제정리 하였음)

부 칙 (2023.4.25)

제1조【시행일】 이 영은 공포한 날부터 시행한다.
제2조【정부 공직자윤리위원회 위원의 결격사유에 관한 적용례】 ① 제17조의2제1항의 개정규정은 이 영 시행 이후 정부 공직자윤리위원회 위원을 위촉하는 경우(연임하는 경우를 포함한다)부터 적용한다.
② 이 영 시행 당시 정부 공직자윤리위원회 위원으로 재임 중인 위원으로서 그 임기 동안에는 이 영 시행 이후 발생하는 사유로 인하여 위원의 결격사유에 해당하게 되는 경우부터 제17조의2의 개정규정을 적용한다.
제3조【취업심사대상기관인 사기업체에 관한 적용례】 제33조제1항제1호의2의 개정규정은 이 영 시행 이후 같은 조 제6항에 따라 인사혁신처장이 취업심사대상기관을 고시한 이후 취업하려는 사람부터 적용한다.

부 칙 (2023.11.28)

이 영은 2023년 12월 14일부터 시행한다.

[별표] ➡ 「法典 別冊」 참조

공직자의 이해충돌 방지법

(약칭 : 이해충돌방지법)

(2021년 5월 18일
법 률 제18191호)

제1장 총 칙

제1조【목적】 이 법은 공직자의 직무수행과 관련한 사적 이익추구를 금지함으로써 공직자의 직무수행 중 발생할 수 있는 이해충돌을 방지하여 공정한 직무수행을 보장하고 공공기관에 대한 국민의 신뢰를 확보하는 것을 목적으로 한다.

제2조【정의】 이 법에서 사용하는 용어의 뜻은 다음과 같다.

1. "공공기관"이란 다음 각 목의 어느 하나에 해당하는 기관·단체를 말한다.
   가. 국회, 법원, 헌법재판소, 선거관리위원회, 감사원, 고위공직자범죄수사처, 국가인권위원회, 중앙행정기관(대통령 소속 기관과 국무총리 소속 기관을 포함한다)과 그 소속 기관
   나. 「지방자치법」에 따른 지방자치단체의 집행기관 및 지방의회
   다. 「지방교육자치에 관한 법률」에 따른 교육행정기관
   라. 「공직자윤리법」 제3조의2에 따른 공직유관단체
   마. 「공공기관의 운영에 관한 법률」 제4조에 따른 공공기관
   바. 「초·중등교육법」, 「고등교육법」 또는 그 밖의 다른 법령에 따라 설치된 각급 국립·공립 학교
2. "공직자"란 다음 각 목의 어느 하나에 해당하는 사람을 말한다.
   가. 「국가공무원법」 또는 「지방공무원법」에 따른 공무원과 그 밖에 다른 법률에 따라 그 자격·임용·교육훈련·복무·보수·신분보장 등에 있어서 공무원으로 인정된 사람
   나. 제1호라목 또는 마목에 해당하는 공공기관의 장과 그 임직원
   다. 제1호바목에 해당하는 각급 국립·공립 학교의 장과 교직원
3. "고위공직자"란 다음 각 목의 어느 하나에 해당하는 공직자를 말한다.
   가. 대통령, 국무총리, 국무위원, 국회의원, 국가정보원의 원장 및 차장 등 국가의 정무직공무원
   나. 지방자치단체의 장, 지방의회의원 등 지방자치단체의 정무직공무원
   다. 일반직 1급 국가공무원(「국가공무원법」 제23조에 따라 배정된 직무등급이 가장 높은 등급의 직위에 임용된 고위공무원단에 속하는 일반직공무원을 포함한다) 및 지방공무원과 이에 상응하는 보수를 받는 별정직공무원(고위공무원단에 속하는 별정직공무원을 포함한다)
   라. 대통령령으로 정하는 외무공무원
   마. 고등법원 부장판사급 이상의 법관과 대검찰청 검사급 이상의 검사
   바. 중장 이상의 장성급(將星級) 장교
   사. 교육공무원 중 총장·부총장·학장(대학교의 학장은 제외한다) 및 전문대학의 장과 대학에 준하는 각종 학교의 장, 특별시·광역시·특별자치시·도·특별자치도의 교육감
   아. 치안감 이상의 경찰공무원 및 특별시·광역시·특별자치시·도·특별자치도의 시·도경찰청장
   자. 소방정감 이상의 소방공무원
   차. 지방국세청장 및 3급 공무원 또는 고위공무원단에 속하는 공무원인 세관장
   카. 다목부터 바목까지, 아목 및 차목의 공무원으로 임명할 수 있는 직위 또는 이에 상당하는 직위에 임용된 「국가공무원법」 제26조의5 및 「지방공무원법」 제25조의5에 따른 임기제공무원. 다만, 라목·마목·아목 및 차목 중 직위가 지정된 경우에는 그 직위에 임용된 「국가공무원법」 제26조의5 및 「지방공무원법」 제25조의5에 따른 임기제공무원만 해당한다.
   타. 공기업의 장·부기관장 및 상임감사, 한국은행의 총재·부총재·감사 및 금융통화위원회의 추천직 위원, 금융감독원의 원장·부원장·부원장보 및 감사, 농업협동조합중앙회·수산업협동조합중앙회의 회장 및 상임감사
   파. 그 밖에 대통령령으로 정하는 정부의 공무원 및 공직유관단체의 임원
4. "이해충돌"이란 공직자가 직무를 수행할 때에 자신의 사적 이해관계가 관련되어 공정하고 청렴한 직무수행이 저해되거나 저해될 우려가 있는 상황을 말한다.
5. "직무관련자"란 공직자가 법령(조례·규칙을 포함한다. 이하 같다)·기준(제1호라목부터 바목까지의 공공기관의 규정·사규 및 기준 등을 포함한다. 이하 같다)에 따라 수행하는 직무와 관련되는 자로서 다음 각 목의 어느 하나에 해당하는 개인·법인·단체 및 공직자를 말한다.
   가. 공직자의 직무수행과 관련하여 일정한 행위나 조치를 요구하는 개인이나 법인 또는 단체
   나. 공직자의 직무수행과 관련하여 이익 또는 불이익을 직접적으로 받는 개인이나 법인 또는 단체
   다. 공직자가 소속된 공공기관과 계약을 체결하거나 체결하려는 것이 명백한 개인이나 법인 또는 단체
   라. 공직자의 직무수행과 관련하여 이익 또는 불이익을 직접적으로 받는 다른 공직자. 다만, 공공기관이 이익 또는 불이익을 직접적으로 받는 경우에는 그 공공기관에 소속되어 해당 이익 또는 불이익과 관련된 업무를 담당하는 공직자를 말한다.
6. "사적이해관계자"란 다음 각 목의 어느 하나에 해당하는 자를 말한다.
   가. 공직자 자신 또는 그 가족(「민법」 제779조에 따른 가족을 말한다. 이하 같다)
   나. 공직자 자신 또는 그 가족이 임원·대표자·관리자 또는 사외이사로 재직하고 있는 법인 또는 단체
   다. 공직자 자신이나 그 가족이 대리하거나 고문·자문 등을 제공하는 개인이나 법인 또는 단체
   라. 공직자로 채용·임용되기 전 2년 이내에 공직자 자신이 재직하였던 법인 또는 단체
   마. 공직자로 채용·임용되기 전 2년 이내에 공직자 자신이 대리하거나 고문·자문 등을 제공하였던 개인이나 법인 또는 단체
   바. 공직자 자신 또는 그 가족이 대통령령으로 정하는 일정 비율 이상의 주식·지분 또는 자본금 등을 소유하고 있는 법인 또는 단체
   사. 최근 2년 이내에 퇴직한 공직자로서 퇴직일 전 2년 이내에 제5조제1항 각 호의 어느 하나에 해당하는 직무를 수행하는 공직자와 국회규칙, 대법원규칙, 헌법재판소규칙, 중앙선거관리위원회규칙 또는 대통령령으로 정하는 범위의 부서에서 같이 근무하였던 사람
   아. 그 밖에 공직자의 사적 이해관계와 관련되는 자로서 국회규칙, 대법원규칙, 헌법재판소규칙, 중앙선거관리위원회규칙 또는 대통령령으로 정하는 자
7. "소속기관장"이란 공직자가 소속된 공공기관의 장을 말한다.

제3조【국가 등의 책무】 ① 국가는 공직자가 공정하고 청렴하게 직무를 수행할 수 있는 근무 여건을 조성하기 위하여 노력하여야 한다.
② 공공기관은 공직자가 사적 이해관계로 인하여 공정하고 청렴한 직무수행에 지장을 주지 아니하도록 이해충돌을 효과적으로 확인·관리하기 위한 조치를 하여야 한다.
③ 공공기관은 공직자가 위반행위 신고 등 이 법에 따른 조치를 함으로써 불이익을 당하지 아니하도록 적절한 보호조치를 하여야 한다.

제4조【공직자의 의무】 ① 공직자는 사적 이해관계에 영향을 받지 아니하고 직무를 공정하고 청렴하게 수행하여야 한다.
② 공직자는 직무수행과 관련하여 공평무사하게 처신하고 직무관련자를 우대하거나 차별하여서는 아니 된다.
③ 공직자는 사적 이해관계로 인하여 공정하고 청렴한 직무수행이 곤란하다고 판단하는 경우에는 직무수행을 회피하는 등 이해충돌을 방지하여야 한다.

제2장 공직자의 이해충돌 방지 및 관리

제5조【사적이해관계자의 신고 및 회피·기피 신청】 ① 다음 각 호의 어느 하나에 해당하는 직무를 수행하는 공직자는 직무관련자(직무관련자의 대리인을 포함한다. 이하 이 조에서 같다)가 사적이해관계자임을 안 경우 안 날부터 14일 이내에 소속기관장에게 그 사실을 서면(전자문서를 포함한다. 이하 같다)으로 신고하고 회피를 신청하여야 한다.

1. 인가·허가·면허·특허·승인·검사·검정·시험·인증·확인, 지정·등록, 등재·인정·증명, 신고·심사, 보호·감호, 보상 또는 이에 준하는 직무
2. 행정지도·단속·감사·조사·감독에 관계되는 직무
3. 병역판정검사, 징집·소집·동원에 관계되는 직무
4. 개인·법인·단체의 영업 등에 관한 작위 또는 부작위의 의무부과 처분에 관계되는 직무
5. 조세·부담금·과태료·과징금·이행강제금 등의 조사·부과·징수 또는 취소·철회·시정명령 등 제재적 처분에 관계되는 직무
6. 보조금·장려금·출연금·출자금·교부금·기금의 배정·지급·처분·관리에 관계되는 직무
7. 공사·용역 또는 물품 등의 조달·구매의 계약·검사·검수에 관계되는 직무
8. 사건의 수사·재판·심판·결정·조정·중재·화해 또는 이에 준하는 직무
9. 공공기관의 재화 또는 용역의 매각·교환·사용·수익·점유에 관계되는 직무
10. 공직자의 채용·승진·전보·상벌·평가에 관계되는 직무
11. 공공기관이 실시하는 행정감사에 관계되는 직무
12. 각급 국립·공립 학교의 입학·성적·수행평가에 관계되는 직무
13. 공공기관이 주관하는 각종 수상, 포상, 우수기관 선정, 우수자 선발에 관계되는 직무
14. 공공기관이 실시하는 각종 평가·판정에 관계되는 직무
15. 국회의원 또는 지방의회의원의 소관 위원회 활동과 관련된 청문, 의안·청원 심사, 국정감사, 지방자치단체의 행정사무감사, 국정조사, 지방자치단체의 행정사무조사와 관계되는 직무
16. 그 밖에 국회규칙, 대법원규칙, 헌법재판소규칙, 중앙선거관리위원회규칙 또는 대통령령으로 정하는 직무

② 직무관련자 또는 공직자의 직무수행과 관련하여 직접적인 이해관계가 있는 자는 해당 공직자에게 제1항에 따른 신고 및 회피 의무가 있거나 그 밖에 공정한 직무수행을 저해할 우려가 있는 사적 이해관계가 있다고 판단하는 경우에는 그 공직자의 소속기관장에게 기피를 신청할 수 있다.
③ 다음 각 호의 어느 하나에 해당하는 경우에는 제1항 및 제2항을 적용하지 아니한다.

1. 제1항 각 호에 해당하는 직무와 관련하여 불특정다수를 대상으로 하는 법률이나 대통령령의 제정·개정 또는 폐지를 수반하는 경우
2. 특정한 사실 또는 법률관계에 관한 확인·증명을 신청하는 민원에 따라 해당 서류를 발급하는 경우

④ 제1항 각 호에 해당하는 직무와 관련된 다른 법령·기준에 제척·기피·회피 등 이해충돌 방지를 위한 절차가 마련되어 있어 공직자가 그 절차에 따른 경우, 제1항에 따른 신고·회피 의무를 다한 것으로 본다.
⑤ 제1항 및 제2항에 따른 신고 및 회피·기피의 절차와 방법, 신고·회피·기피의 기록·관리 등에 필요한 사항은 국회규칙, 대법원규칙, 헌법재판소규칙, 중앙선거관리위원회규칙 또는 대통령령으로 정한다.

제6조【공공기관 직무 관련 부동산 보유·매수 신고】 ① 부동산을 직접적으로 취급하는 대통령령으로 정하는 공공기관의 공직자는 다음 각 호의 어느 하나에 해당하는 사람이 소속 공공기관의 업무와 관련된 부동산을 보유하고 있거나 매수하는 경우 소속기관장에게 그 사실을 서면으로 신고하여야 한다.

1. 공직자 자신, 배우자
2. 공직자와 생계를 같이하는 직계존속·비속(배우자의 직계존속·비속으로 생계를 같이하는 경우를 포함한다)

② 제1항에 따른 공공기관 외의 공공기관의 공직자는 소속 공공기관이 택지개발, 지구 지정 등 대통령령으로 정하는 부동산 개발 업무를 하는 경우 제1항 각 호의 어느 하나에 해당하는 사람이 그 부동산을 보유하고 있거나 매수하는 경우 소속기관장에게 그 사실을 서면으로 신고하여야 한다.
③ 제1항 및 제2항에 따른 신고는 부동산을 보유한 사실을 알게 된 날부터 14일 이내, 매수 후 등기를 완료한 날부터 14일 이내에 하여야 한다.
④ 제1항 및 제2항에 따른 신고 내용·절차 및 방법 등에 필요한 사항은 대통령령으로 정한다.

제7조【사적이해관계자의 신고 등에 대한 조치】 ① 제5조제1항에 따른 신고·회피신청이나 같은 조 제2항에 따른 기피신청 또는 제6조에 따른 부동산 보유·매수 신고를 받은 소속기관장은 해당 공직자의 직무수행에 지장이 있다고 인정하는 경우에는 다음 각 호의 어느 하나에 해당하는 조치를 하여야 한다.

1. 직무수행의 일시 중지 명령
2. 직무 대리자 또는 직무 공동수행자의 지정
3. 직무 재배정
4. 전보

② 소속기관장은 제1항에도 불구하고 다음 각 호의 어느 하나에 해당하는 경우에는 해당 공직자가 계속 그 직무를 수행하도록 할 수 있다. 이 경우 제25조에 따른 이해충돌방지담당관 또는 다른 공직자로 하여금 공정한 직무수행 여부를 확인·점검하게 하여야 한다.

1. 직무를 수행하는 공직자를 대체하기가 지극히 어려운 경우
2. 국가의 안전보장 및 경제발전 등 공익 증진을 위하여 직무수행의 필요성이 더 큰 경우

③ 소속기관장은 제1항 또는 제2항에 따른 조치를 하였을 때에는 그 처리 결과를 해당 공직자와 기피를 신청한 자에게 통보하여야 한다.
④ 제6조제1항 및 제2항에 따른 부동산 보유 또는 매수 신고를 받은 소속기관장은 해당 부동산 보유·매수가 이 법 또는 다른 법률에 위반되는 것으로 의심될 경우 지체 없이 수사기관·감사원·감독기관 또는 국민권익위원회에 신고하거나 고발하여야 한다.
⑤ 제1항부터 제4항까지의 규정에 따른 조치·확인·점검·통보, 신고·고발의 기록·관리 및 절차와 방법 등에 필요한 사항은 국회규칙, 대법원규칙, 헌법재판소규칙, 중앙선거관리위원회규칙 또는 대통령령으로 정한다.

제8조【고위공직자의 민간 부문 업무활동 내역 제출 및 공개】 ① 고위공직자는 그 직위에 임용되거나 임기를 개시하기 전 3년 이내에 민간 부문에서 업무활동을 한 경우, 그 활동 내역을 그 직위에 임용되거나 임기를 개시한 날부터 30일 이내에 소속기관장에게 제출하여야 한다.
② 제1항에 따른 업무활동 내역에는 다음 각 호의 사항이 포함되어야 한다.

1. 재직하였던 법인·단체 등과 그 업무 내용
2. 대리, 고문·자문 등을 한 경우 그 업무 내용
3. 관리·운영하였던 사업 또는 영리행위의 내용
③ 소속기관장은 제1항에 따라 제출된 업무활동 내역을 보관·관리하여야 한다.
④ 소속기관장은 다른 법령에서 정보공개가 금지되지 아니하는 범위에서 제2항의 업무활동 내역을 공개할 수 있다.
⑤ 제1항부터 제4항까지에서 규정한 사항 외에 업무활동 내역 제출, 보관·관리 및 공개에 필요한 사항은 대통령령으로 정한다.

제9조【직무관련자와의 거래 신고】 ① 공직자는 자신, 배우자 또는 직계존속·비속(배우자의 직계존속·비속으로 생계를 같이하는 경우를 포함한다. 이하 이 조에서 같다) 또는 특수관계사업자(자신, 배우자 또는 직계존속·비속이 대통령령으로 정하는 일정 비율 이상의 주식·지분 등을 소유하고 있는 법인 또는 단체를 말한다. 이하 같다)가 공직자 자신의 직무관련자(「민법」 제777조에 따른 친족인 경우는 제외한다)와 다음 각 호의 어느 하나에 해당하는 행위를 한다는 것을 사전에 안 경우에는 안 날부터 14일 이내에 소속기관장에게 그 사실을 서면으로 신고하여야 한다.
1. 금전을 빌리거나 빌려주는 행위 및 유가증권을 거래하는 행위. 다만, 「금융실명거래 및 비밀보장에 관한 법률」에 따른 금융회사등, 「대부업 등의 등록 및 금융이용자 보호에 관한 법률」에 따른 대부업자등이나 그 밖의 금융회사로부터 통상적인 조건으로 금전을 빌리는 행위 및 유가증권을 거래하는 행위는 제외한다.
2. 토지 또는 건축물 등 부동산을 거래하는 행위. 다만, 공개모집에 의하여 이루어지는 분양이나 공매·경매·입찰을 통한 재산상 거래 행위는 제외한다.
3. 제1호 및 제2호의 거래 행위 외의 물품·용역·공사 등의 계약을 체결하는 행위. 다만, 공매·경매·입찰을 통한 계약 체결 행위 또는 거래관행상 불특정다수를 대상으로 반복적으로 행하여지는 계약 체결 행위는 제외한다.
② 공직자는 제1항 각 호에 따른 행위가 있었음을 사후에 알게 된 경우에도 안 날부터 14일 이내에 소속기관장에게 그 사실을 서면으로 신고하여야 한다.
③ 소속기관장은 제1항 또는 제2항에 따라 공직자가 신고한 행위가 직무의 공정한 수행을 저해할 수 있다고 판단되는 경우에는 해당 공직자에게 제7조제1항 각 호 또는 같은 조 제2항의 조치를 할 수 있다.
④ 제1항부터 제3항까지에서 규정한 사항 외에 거래 신고의 기록·관리 등에 필요한 사항은 대통령령으로 정한다.

제10조【직무 관련 외부활동의 제한】 공직자는 다음 각 호의 행위를 하여서는 아니 된다. 다만, 「국가공무원법」 등 다른 법령·기준에 따라 허용되는 경우는 그러하지 아니하다.
1. 직무관련자에게 사적으로 노무 또는 조언·자문 등을 제공하고 대가를 받는 행위
2. 소속 공공기관의 소관 직무와 관련된 지식이나 정보를 타인에게 제공하고 대가를 받는 행위. 다만, 「부정청탁 및 금품등 수수의 금지에 관한 법률」 제10조에 따른 외부강의등의 대가로서 사례금 수수가 허용되는 경우와 소속기관장이 허가한 경우는 제외한다.
3. 공직자가 소속된 공공기관이 당사자이거나 직접적인 이해관계를 가지는 사안에서 자신이 소속된 공공기관의 상대방을 대리하거나 그 상대방에게 조언·자문 또는 정보를 제공하는 행위
4. 외국의 기관·법인·단체 등을 대리하는 행위. 다만, 소속기관장이 허가한 경우는 제외한다.
5. 직무와 관련된 다른 직위에 취임하는 행위. 다만, 소속기관장이 허가한 경우는 제외한다.

제11조【가족 채용 제한】 ① 공공기관(공공기관으로부터 출연금·보조금 등을 받거나 법령에 따라 업무를 위탁받는 산하 공공기관과 「상법」 제342조의2에 따른 자회사를 포함한다)은 다음 각 호의 어느 하나에 해당하는 공직자의 가족을 채용할 수 없다.
1. 소속 고위공직자
2. 채용업무를 담당하는 공직자
3. 해당 산하 공공기관의 감독기관인 공공기관 소속 고위공직자
4. 해당 자회사의 모회사인 공공기관 소속 고위공직자
② 다음 각 호의 어느 하나에 해당하는 경우에는 제1항을 적용하지 아니한다.
1. 「국가공무원법」 등 다른 법령(제2조제1호라목 또는 마목에 해당하는 공공기관의 인사 관련 규정을 포함한다. 이하 이 조에서 같다)에서 정하는 공개경쟁채용시험 또는 경력 등 응시요건을 정하여 같은 사유에 해당하는 다수인을 대상으로 하는 채용시험에 합격한 경우
2. 「국가공무원법」 등 다른 법령에 따라 다수인을 대상으로 시험을 실시하는 것이 적당하지 아니하여 다수인을 대상으로 하지 아니한 시험으로 공무원을 채용하는 경우로서 다음 각 목의 어느 하나에 해당하는 경우
가. 공무원으로 재직하였다가 퇴직한 사람을 퇴직 시에 재직한 직급(고위공무원단에 속하는 공무원은 퇴직 시에 재직한 직위와 곤란성과 책임도가 유사한 직위를 말한다. 이하 이 호에서 같다)으로 재임용하는 경우
나. 임용예정 직급·직위와 같은 직급·직위에서의 근무경력이 해당 법령에서 정하는 기간 이상인 사람을 임용하는 경우
다. 국가공무원을 그 직급·직위에 해당하는 지방공무원으로 임용하거나, 지방공무원을 그 직급·직위에 해당하는 국가공무원으로 임용하는 경우
라. 자격 요건 충족 여부만이 요구되거나 자격 요건에 해당하는 다른 대상자가 없어 다수인을 대상으로 할 수 없는 경우
③ 제1항 각 호의 어느 하나에 해당하는 공직자는 제1항을 위반하여 자신의 가족이 채용되도록 지시·유도 또는 묵인을 하여서는 아니 된다.
④ 제1항 및 제3항에도 불구하고 다른 법률에서 이 법의 적용을 받는 공공기관이 제1항 각 호의 어느 하나에 해당하는 공직자의 가족을 채용할 수 있도록 허용하고 있는 경우에는 그 법률의 규정에 따른다.

제12조【수의계약 체결 제한】 ① 공공기관(공공기관으로부터 출연금·보조금 등을 받거나 법령에 따라 업무를 위탁받는 산하 공공기관과 「상법」 제342조의2에 따른 자회사를 포함한다)은 다음 각 호의 어느 하나에 해당하는 자와 물품·용역·공사 등의 수의계약(이하 "수의계약"이라 한다)을 체결할 수 없다. 다만, 해당 물품의 생산자가 1명뿐인 경우 등 대통령령으로 정하는 불가피한 사유가 있는 경우에는 그러하지 아니하다.
1. 소속 고위공직자
2. 해당 계약업무를 법령상·사실상 담당하는 소속 공직자
3. 해당 산하 공공기관의 감독기관 소속 고위공직자
4. 해당 자회사의 모회사인 공공기관 소속 고위공직자
5. 해당 공공기관이 「국회법」 제37조에 따른 상임위원회의 소관인 경우 해당 상임위원회 위원으로서 직무를 담당하는 국회의원
6. 「지방자치법」 제41조에 따라 해당 지방자치단체 등 공공기관을 감사 또는 조사하는 지방의회의원
7. 제1호부터 제6호까지의 어느 하나에 해당하는 공직자의 배우자 또는 직계존속·비속(배우자의 직계존속·비속으로 생계를 같이하는 경우를 포함한다. 이하 이 조에서 같다)
8. 제1호부터 제7호까지의 어느 하나에 해당하는 사람이 대표자인 법인 또는 단체
9. 제1호부터 제7호까지의 어느 하나에 해당하는 사람과 관계된 특수관계사업자
② 제1항제1호부터 제6호까지의 어느 하나에 해당하는 공직자는 제1항을 위반하여 같은 항 각 호의 어느 하나에 해당하는 자와 수의계약을 체결하도록 지시·유도 또는 묵인을 하여서는 아니 된다.

제13조【공공기관 물품 등의 사적 사용·수익 금지】 공직자는 공공기관이 소유하거나 임차한 물품·차량·선박·항공기·건물·토지·시설 등을 사적인 용도로 사용·수익하거나 제3자로 하여금 사용·수익하게 하여서는 아니 된다. 다만, 다른 법령·기준 또는 사회상규에 따라 허용되는 경우에는 그러하지 아니하다.

제14조【직무상 비밀 등 이용 금지】 ① 공직자(공직자가 아니게 된 날부터 3년이 경과하지 아니한 사람을 포함하되, 다른 법률에서 이와 달리 규정하고 있는 경우에는 그 법률에서 규정한 바에 따른다. 이하 이 조, 제27조제1항, 같은 조 제2항제1호 및 같은 조 제3항제1호에서 같다)는 직무수행 중 알게 된 비밀 또는 소속 공공기관의 미공개정보(재물 또는 재산상 이익의 취득 여부의 판단에 중대한 영향을 미칠 수 있는 정보로서 불특정 다수인이 알 수 있도록 공개되기 전의 것을 말한다. 이하 같다)를 이용하여 재물 또는 재산상의 이익을 취득하거나 제3자로 하여금 재물 또는 재산상의 이익을 취득하게 하여서는 아니 된다.
② 공직자로부터 직무상 비밀 또는 소속 공공기관의 미공개정보임을 알면서도 제공받거나 부정한 방법으로 취득한 자는 이를 이용하여 재물 또는 재산상의 이익을 취득하여서는 아니 된다.
③ 공직자는 직무수행 중 알게 된 비밀 또는 소속 공공기관의 미공개정보를 사적 이익을 위하여 이용하거나 제3자로 하여금 이용하게 하여서는 아니 된다.

제15조【퇴직자 사적 접촉 신고】 ① 공직자는 직무관련자인 소속 기관의 퇴직자(공직자가 아니게 된 날부터 2년이 지나지 아니한 사람만 해당한다)와 사적 접촉(골프, 여행, 사행성 오락을 같이 하는 행위를 말한다)을 하는 경우 소속기관장에게 신고하여야 한다. 다만, 사회상규에 따라 허용되는 경우에는 그러하지 아니하다.
② 제1항에 따른 신고 내용 및 신고 방법, 기록 관리 등 필요한 사항은 국회규칙, 대법원규칙, 헌법재판소규칙, 중앙선거관리위원회규칙 또는 대통령령으로 정한다.

제16조【공무수행사인의 공무수행과 관련된 행위제한 등】 ① 다음 각 호의 어느 하나에 해당하는 자(이하 "공무수행사인"이라 한다)의 공무수행에 관하여는 제5조, 제7조, 제14조, 제21조(제5조 및 제14조에 관한 사항에 한정한다. 이하 이 조에서 같다), 제22조제1항·제3항 및 제25조제1항을 준용한다.
1. 「행정기관 소속 위원회의 설치·운영에 관한 법률」 또는 다른 법령에 따라 설치된 각종 위원회의 위원 중 공직자가 아닌 위원
2. 법령에 따라 공공기관의 권한을 위임·위탁받은 개인이나 법인 또는 단체(법인 또는 단체에 소속되어 위임·위탁받은 권한에 관계되는 업무를 수행하는 임직원을 포함한다)
3. 공무를 수행하기 위하여 민간부문에서 공공기관에 파견 나온 사람
4. 법령에 따라 공무상 심의·평가 등을 하는 개인이나 법인 또는 단체(법인 또는 단체에 소속되어 심의·평가 등을 하는 임직원을 포함한다)
② 제1항에 따라 공무수행사인에 대하여 제5조, 제7조, 제14조, 제21조, 제22조제1항·제3항 및 제25조제1항을 준용하는 경우 "공직자"는 "공무수행사인"으로, "소속기관장"은 다음 각 호의 구분에 따른 자로 본다.
1. 제1항제1호에 따른 위원회의 위원 : 그 위원회가 설치된 공공기관의 장
2. 제1항제2호에 따른 개인이나 법인 또는 단체 : 감독기관 또는 권한을 위임하거나 위탁한 공공기관의 장
3. 제1항제3호에 따른 사람 : 파견을 받은 공공기관의 장
4. 제1항제4호에 따른 개인이나 법인 또는 단체 : 해당 공무를 제공받는 공공기관의 장

제3장 이해충돌 방지에 관한 업무의 총괄 등

제17조【공직자의 이해충돌 방지에 관한 업무의 총괄】 국민권익위원회는 이 법에 따른 다음 각 호의 사항에 관한 업무를 관장한다.
1. 공직자의 이해충돌 방지에 관한 제도개선 및 교육·홍보 계획의 수립 및 시행
2. 이 법에 따른 신고 등의 안내·상담·접수·처리 등
3. 제18조제1항에 따른 신고를 한 자(이하 "신고자"라 한다) 등에 대한 보호 및 보상
4. 제1호부터 제3호까지의 업무 수행에 필요한 실태조사 및 자료의 수집·관리·분석 등

제18조【위반행위의 신고 등】 ① 누구든지 이 법의 위반행위가 발생하였거나 발생하고 있다는 사실을 알게 된 경우에는 다음 각 호의 어느 하나에 해당하는 기관에 신고할 수 있다.
1. 이 법의 위반행위가 발생한 공공기관 또는 그 감독기관
2. 감사원 또는 수사기관
3. 국민권익위원회
② 신고자가 다음 각 호의 어느 하나에 해당하는 경우에는 이 법에 따른 보호 및 보상을 받지 못한다.
1. 신고의 내용이 거짓이라는 사실을 알았거나 알 수 있었음에도 불구하고 신고한 경우
2. 신고와 관련하여 금품이나 근로관계상의 특혜를 요구한 경우
3. 그 밖에 부정한 목적으로 신고한 경우
③ 제1항에 따라 신고를 하려는 자는 자신의 인적사항과 신고의 취지·이유·내용을 적고 서명한 문서와 함께 신고 대상 및 증거 등을 제출하여야 한다.

제19조【위반행위 신고의 처리】 ① 제18조제1항제1호 또는 제2호의 기관(이하 "조사기관"이라 한다)은 같은 조 제1항에 따라 신고를 받거나 이 조 제2항에 따라 국민권익위원회로부터 신고를 이첩받은 경우에는 그 내용에 관하여 필요한 조사·감사 또는 수사를 하여야 한다.
② 국민권익위원회가 제18조제1항에 따른 신고를 받은 경우에는 그 내용에 관하여 신고자를 상대로 사실관계를 확인한 후 대통령령으로 정하는 바에 따라 조사기관에 이첩하고, 그 사실을 신고자에게 통보하여야 한다.
③ 국민권익위원회는 제2항에 따라 신고자를 상대로 사실관계를 확인한 후에도 불구하고 제2항에 따른 이첩 여부를 결정할 수 없는 경우에는 그 결정에 필요한 범위에서 피신고자의 의사에 반하지 아니하는 때에 한정하여 피신고자에게 의견 또는 자료 제출 기회를 부여할 수 있다.
④ 조사기관은 제1항에 따른 조사·감사 또는 수사를 마친 날부터 10일 이내에 그 결과를 신고자와 국민권익위원회에 통보(국민권익위원회로부터 이첩받은 경우만 해당한다)하고, 조사·감사 또는 수사 결과에 따라 공소 제기, 과태료 부과 대상 위반행위의 통보, 징계처분 등 필요한 조치를 하여야 한다.
⑤ 국민권익위원회는 제4항에 따라 조사기관으로부터 조사·감사 또는 수사 결과를 통보받은 경우에는 지체 없이 신고자에게 조사·감사 또는 수사 결과를 통보하여야 한다.
⑥ 제4항 또는 제5항에 따라 조사·감사 또는 수사 결과를 통보받은 신고자는 대통령령으로 정하는 바에 따라 조사기관에 이의신청을 할 수 있으며, 제5항에 따라 조사·감사 또는 수사 결과를 통보받은 신고자는 국민권익위원회에도 이의신청을 할 수 있다.
⑦ 국민권익위원회는 조사기관의 조사·감사 또는 수사 결과가 충분하지 아니하다고 인정되는 경우에는 조사·감사 또는 수사 결과를 통보받은 날부터 30일 이내에 새로운 증거자료의 제출 등 합리적인 이유를 들어 조사기관에 재조사를 요구할 수 있다.
⑧ 제7항에 따른 재조사를 요구받은 조사기관은 재조사를 종료한 날부터 7일 이내에 그 결과를 국민권익위원회에 통보하여야 한다. 이 경우 국민권익위원회는 통보를 받은 즉시 신고자에게 재조사 결과의 요지를 통보하여야 한다.

제20조【신고자 등의 보호·보상】 ① 누구든지 다음 각 호의 어느 하나에 해당하는 신고 등(이하 "신고등"이라 한다)을 하지 못하도록 방해하거나 신고등을 한 자(이하 "신고자등"이라 한다)에게 이를 취소하도록 강요하여서는 아니 된다.
1. 제18조제1항에 따른 신고
2. 제1호에 따른 신고에 관한 조사·감사·수사·소송 또는 보호조치에 관한 조사·소송 등에서 진술·증언 및 자료제공 등의 방법으로 돕는 행위

② 누구든지 신고자등에게 신고등을 이유로 불이익조치(「공익신고자 보호법」 제2조제6호에 따른 불이익조치를 말한다. 이하 같다)를 하여서는 아니 된다.
③ 이 법의 위반행위를 한 자가 위반사실을 자진하여 신고하거나 신고자등이 신고등을 함으로 인하여 자신이 한 이 법의 위반행위가 발견된 경우에는 그 위반행위에 대한 형사처벌, 과태료 부과, 징계처분, 그 밖의 행정처분 등을 감경하거나 면제할 수 있다.
④ 제1항부터 제3항까지에서 규정한 사항 외에 신고자등의 보호 등에 관하여는 「공익신고자 보호법」 제11조부터 제13조까지, 제14조제2항부터 제8항까지, 제16조부터 제20조까지, 제20조의2, 제21조, 제21조의2 및 제22조부터 제25조까지의 규정을 준용한다. 이 경우 "공익신고자등" 및 "공익신고자"는 각각 "신고자등" 및 "신고자"로, "공익신고등" 및 "공익신고"는 각각 "신고등" 및 "신고"로, "공익침해행위"는 "이 법의 위반행위"로 본다.
⑤ 국민권익위원회는 제18조제1항에 따른 신고로 인하여 공공기관에 재산상 이익을 가져오거나 손실을 방지한 경우 또는 공익을 증진시킨 경우에는 그 신고자에게 포상금을 지급할 수 있다.
⑥ 국민권익위원회는 제18조제1항에 따른 신고로 인하여 공공기관에 직접적인 수입의 회복·증대 또는 비용의 절감을 가져온 경우에는 그 신고자의 신청에 의하여 보상금을 지급하여야 한다.
⑦ 신고자등과 그 친족(「민법」 제777조에 따른 친족을 말한다) 또는 동거인은 신고등과 관련하여 다음 각 호의 어느 하나에 해당하는 피해를 입었거나 비용을 지출한 경우 국민권익위원회에 구조금의 지급을 신청할 수 있다.
1. 육체적·정신적 치료 등에 든 비용
2. 전직·파견근무 등에 따른 이사비용
3. 원상회복 관련 쟁송절차에 든 비용
4. 불이익조치 기간의 임금 손실액
5. 그 밖에 중대한 경제적 손해(「공익신고자 보호법」 제2조제6호아목 및 자목에 따른 손해는 제외한다)

⑧ 제5항 및 제6항에서 규정한 사항 외에 포상금·보상금의 신청 및 지급 등에 관하여는 「부패방지 및 국민권익위원회의 설치와 운영에 관한 법률」 제68조제1항·제2항·제4항·제5항, 제69조, 제70조, 제70조의2 및 제71조를 준용한다. 이 경우 제68조제1항 본문 중 "위원회 또는 공공기관에 부패행위 신고"는 "제18조제1항에 따른 신고"로, 같은 항 단서 중 "부패행위 신고"는 "제18조제1항에 따른 신고"로, 제70조의2제1항 전단 중 "제2조제1호가목 중 「정부조직법」에 따른 각급 행정기관, 같은 호 다목에 따른 기관"은 "제2조제1호가목에 해당하는 공공기관"으로 본다.
⑨ 제7항에 따른 구조금의 지급 등에 관하여는 「공익신고자 보호법」 제27조제2항부터 제5항까지의 규정을 준용한다. 이 경우 "공익신고자등"은 "신고자등"으로 본다.

제21조【위법한 직무처리에 대한 조치】 소속기관장은 공직자가 제5조제1항, 제6조, 제8조제1항·제2항, 제9조제1항·제2항, 제10조, 제11조제3항, 제12조제2항, 제13조, 제14조 또는 제15조를 위반한 사실을 발견한 경우에는 해당 공직자에게 위반사실을 즉시 시정할 것을 명하고 계속 불이행할 경우 해당 공직자의 직무를 중지하거나 취소하는 등 필요한 조치를 하여야 한다.

제22조【부당이득의 환수 등】 ① 소속기관장은 공직자가 제5조의 신고 및 회피 의무 또는 제6조의 신고 의무를 위반하여 수행한 직무가 위법한 것으로 확정된 경우에는 그 직무를 통하여 공직자 또는 제3자가 얻은 재산상 이익을 환수하여야 한다.
② 소속기관장은 공직자가 제13조의 공공기관 물품 등의 사적 사용·수익 금지 의무를 위반한 경우에는 공직자 또는 제3자가 얻은 재산상 이익을 환수하여야 한다.
③ 제1항 또는 제2항에도 불구하고 다른 법률에서 공직자 또는 제3자가 얻은 부당이득의 몰수, 환수 등에 대하여 규정하고 있는 경우에는 그 법률에 따른다.

제23조【비밀누설 금지】 다음 각 호의 어느 하나에 해당하는 업무를 수행하거나 수행하였던 공직자는 재직 중은 물론 퇴직 후에도 그 업무처리 과정에서 알게 된 비밀을 누설하여서는 아니 된다. 다만, 제2호의 업무로서 제8조제4항에 따라 공개하는 경우에는 그러하지 아니하다.
1. 제5조부터 제7조까지의 규정에 따른 사적이해관계자의 신고 및 회피·기피 신청 또는 부동산 보유·매수 신고의 처리에 관한 업무
2. 제8조에 따른 고위공직자의 업무활동 내역 보관·관리에 관한 업무
3. 제9조에 따른 직무관련자와의 거래 신고 및 조치에 관한 업무
4. 제15조에 따른 퇴직자 사적 접촉 신고 및 조치에 관한 업무

제24조【교육 및 홍보 등】 ① 공공기관의 장은 공직자에게 이해충돌 방지에 관한 내용을 매년 1회 이상 정기적으로 교육하여야 한다.
② 공공기관의 장은 이 법에서 금지하고 있는 사항을 적극적으로 알리는 등 국민들이 이 법을 준수하도록 유도하여야 한다.
③ 공공기관의 장은 제1항 및 제2항에 따른 교육 및 홍보 등을 하기 위하여 필요하면 국민권익위원회에 지원을 요청할 수 있다. 이 경우 국민권익위원회는 적극 협력하여야 한다.

제25조【이해충돌방지담당관의 지정】 ① 공공기관의 장은 소속 공직자 중에서 다음 각 호의 업무를 담당하는 이해충돌방지담당관을 지정하여야 한다.
1. 공직자의 이해충돌 방지에 관한 내용의 교육·상담
2. 사적이해관계자의 신고 및 회피·기피 신청, 부동산 보유·매수 신고 또는 직무관련자와의 거래에 관한 신고의 접수 및 관리
3. 사적이해관계자의 신고 및 회피·기피 신청 또는 부동산 보유·매수 신고에도 불구하고 그 직무를 계속 수행하게 된 공직자의 공정한 직무수행 여부의 확인·점검
4. 고위공직자의 업무활동 내역 관리 및 공개
5. 퇴직자 사적 접촉 신고의 접수 및 관리
6. 이 법에 따른 위반행위 신고·신청의 접수, 처리 및 내용의 조사
7. 이 법에 따른 소속기관장의 위반행위를 발견한 경우 법원 또는 수사기관에 그 사실의 통보

② 이 법에 따라 소속기관장에게 신고·신청·제출하여야 하는 사람이 소속기관장 자신인 경우에는 해당 신고·신청·제출을 이해충돌방지담당관에게 하여야 한다.

제4장 징계 및 벌칙

제26조【징계】 공공기관의 장은 소속 공직자가 이 법 또는 이 법에 따른 명령을 위반한 경우에는 징계처분을 하여야 한다.

제27조【벌칙】 ① 제14조제1항을 위반하여 직무수행 중 알게 된 비밀 또는 소속 공공기관의 미공개정보를 이용하여 재물 또는 재산상의 이익을 취득하거나 제3자로 하여금 재물 또는 재산상의 이익을 취득하게 한 공직자(제16조에 따라 준용되는 공무수행사인을 포함한다. 이하 이 조 및 제28조제2항제1호에서 같다)는 7년 이하의 징역 또는 7천만원 이하의 벌금에 처한다.
② 다음 각 호의 어느 하나에 해당하는 자는 5년 이하의 징역 또는 5천만원 이하의 벌금에 처한다.
1. 제14조제2항을 위반하여 공직자로부터 직무상 비밀 또는 소속 공공기관의 미공개정보임을 알면서도 제공받거나 부정한 방법으로 취득하고 이를 이용하여 재물 또는 재산상의 이익을 취득한 자
2. 제20조제4항에 따라 준용되는 「공익신고자 보호법」 제12조제1항을 위반하여 신고자등의 인적사항이나 신고자등임을 미루어 알 수 있는 사실을 다른 사람에게 알려주거나 공개 또는 보도한 자

③ 다음 각 호의 어느 하나에 해당하는 자는 3년 이하의 징역 또는 3천만원 이하의 벌금에 처한다.
1. 제14조제3항을 위반하여 직무수행 중 알게 된 비밀 또는 소속 공공기관의 미공개정보를 사적 이익을 위하여 이용하거나 제3자로 하여금 이용하도록 한 공직자
2. 제20조제2항을 위반하여 신고자등에게 「공익신고자 보호법」 제2조제6호가목에 해당하는 불이익조치를 한 자
3. 제20조제4항에 따라 준용되는 「공익신고자 보호법」 제21조제2항에 따라 확정되거나 행정소송을 제기하여 확정된 보호조치결정을 이행하지 아니한 자
4. 제23조를 위반하여 그 업무처리 과정에서 알게 된 비밀을 누설한 사람

④ 다음 각 호의 어느 하나에 해당하는 자는 2년 이하의 징역 또는 2천만원 이하의 벌금에 처한다.
1. 제20조제1항을 위반하여 신고등을 방해하거나 신고등을 취소하도록 강요한 자
2. 제20조제2항을 위반하여 신고자등에게 「공익신고자 보호법」 제2조제6호나목부터 사목까지의 어느 하나에 해당하는 불이익조치를 한 자

⑤ 제1항 및 제2항제1호의 경우 징역과 벌금은 병과(倂科)할 수 있다.
⑥ 제1항 및 제2항제1호의 죄를 범한 자(제1항의 경우 그 정을 아는 제3자를 포함한다)가 제1항 및 제2항제1호의 죄로 인하여 취득한 재물 또는 재산상의 이익은 몰수한다. 다만, 이를 몰수할 수 없을 때에는 그 가액을 추징한다.

제28조【과태료】 ① 다음 각 호의 어느 하나에 해당하는 자에게는 3천만원 이하의 과태료를 부과한다.
1. 제11조제3항을 위반하여 자신의 가족이 채용되도록 지시·유도 또는 묵인을 한 공직자
2. 제12조제2항을 위반하여 같은 조 제1항 각 호의 어느 하나에 해당하는 자와 수의계약을 체결하도록 지시·유도 또는 묵인을 한 공직자
3. 제20조제4항에 따라 준용되는 「공익신고자 보호법」 제19조제2항 및 제3항(같은 법 제22조제3항에 따라 준용되는 경우를 포함한다)을 위반하여 자료 제출, 출석, 진술 또는 진술서 제출을 거부한 자

② 다음 각 호의 어느 하나에 해당하는 자에게는 2천만원 이하의 과태료를 부과한다.
1. 제5조제1항을 위반하여 사적이해관계자를 신고하지 아니한 공직자
2. 제6조제1항 또는 제2항을 위반하여 부동산 보유·매수를 신고하지 아니한 공직자
3. 제9조제1항 또는 제2항을 위반하여 거래를 신고하지 아니한 공직자
4. 제10조를 위반하여 직무 관련 외부활동을 한 공직자
5. 제13조를 위반하여 공공기관의 물품 등을 사적인 용도로 사용·수익하거나 제3자로 하여금 사용·수익하게 한 공직자
6. 제20조제4항에 따라 준용되는 「공익신고자 보호법」 제20조의2의 특별보호조치결정을 이행하지 아니한 자

③ 다음 각 호의 어느 하나에 해당하는 자에게는 1천만원 이하의 과태료를 부과한다.
1. 제8조제1항을 위반하여 업무활동 내역을 제출하지 아니한 고위공직자
2. 제15조제1항을 위반하여 직무관련자인 소속 기관의 퇴직자와의 사적 접촉을 신고하지 아니한 공직자

④ 소속기관장은 제1항부터 제3항까지의 과태료 부과 대상자에 대하여서는 그 위반사실을 「비송사건절차법」에 따른 과태료재판 관할법원에 통보하여야 한다.

부 칙

제1조【시행일】 이 법은 공포 후 1년이 경과한 날부터 시행한다.

제2조【고위공직자의 민간 부문 업무활동 내역 제출에 관한 적용례】 제8조제1항은 이 법 시행 이후 임용되거나 임기를 개시하는 고위공직자부터 적용한다.

제3조【직무관련자와의 거래 신고에 관한 적용례】 제9조제2항은 이 법 시행 이후 같은 조 제1항 각 호의 행위가 발생하는 경우부터 적용한다.

제4조【직무 관련 외부활동의 제한에 관한 적용례】 ① 제10조제1호 및 제2호는 이 법 시행 이후 노무 또는 조언·자문 등을 제공하는 행위와 지식 또는 정보를 제공하는 행위부터 적용한다.
② 제10조제3호 및 제4호는 이 법 시행 이후 대리하거나 조언·자문 또는 정보를 제공하는 행위부터 적용한다.
③ 제10조제5호는 이 법 시행 이후 다른 직위에 취임하는 경우부터 적용한다.

제5조【가족 채용 제한에 관한 적용례】 제11조는 이 법 시행 이후 공고하는 채용부터 적용한다.

제6조【수의계약 체결 제한에 관한 적용례】 제12조는 이 법 시행 이후 수의계약을 체결하는 경우부터 적용한다.

제7조【다른 법률의 개정】 ①~③ ※(해당 법령에 가제정리 하였음)

제8조【다른 법률의 개정에 따른 경과조치】 부칙 제7조에 따라 개정되는 「부패방지 및 국민권익위원회의 설치와 운영에 관한 법률」 제86조의 개정규정에도 불구하고 이 법 시행 전의 행위에 대한 벌칙 적용은 종전의 「부패방지 및 국민권익위원회의 설치와 운영에 관한 법률」 제86조에 따른다.

부패방지 및 국민권익위원회의 설치와 운영에 관한 법률

(약칭 : 부패방지권익위법)

(2008년 2월 29일
법　률 제8878호)

개정
2009. 1. 7법 9342호
2009. 2. 3법 9402호(공직자윤리)
2010. 1.25법 9968호(행정심판)
2012. 2.17법11327호
2013. 3.23법11690호(정부조직)
2014. 5.28법12717호
2014.11.19법12844호(정부조직)
2016. 3.29법14145호
2017. 3.21법14609호(군인사법)
2017. 4.18법14831호　2017.10.31법15024호
2018. 4.17법15617호　2019. 4.16법16324호
2019.12.10법16827호
2020. 6. 9법17384호(정부조직)
2020.12.22법17689호(국가자치경찰)
2020.12.29법17806호
2021. 1.12법17893호(지방자치)
2021. 5.18법18191호(공직자의이해충돌방지법)
2021. 8.17법18438호　2022. 1. 4법18715호
2022. 4.26법18846호(비영리민간단체지원법)
2023. 3.21법19268호
2024년 1월 25일 제412회 국회 본회의 통과→「法典 別册」 보유편 수록

제1장 총 칙

제1조【목적】 이 법은 국민권익위원회를 설치하여 고충민원의 처리와 이에 관련된 불합리한 행정제도를 개선하고, 부패의 발생을 예방하며 부패행위를 효율적으로 규제함으로써 국민의 기본적 권익을 보호하고 행정의 적정성을 확보하며 청렴한 공직 및 사회풍토의 확립에 이바지함을 그 목적으로 한다.

제2조【정의】 이 법에서 사용하는 용어의 뜻은 다음과 같다.
1. "공공기관"이란 다음 각 목의 어느 하나에 해당하는 기관·단체를 말한다. 다만, 마목의 경우에는 제5장을 적용하는 경우에 한정하여 공공기관으로 본다.
(2017.4.18 단서신설)
가. 「정부조직법」에 따른 각급 행정기관과 「지방자치법」에 따른 지방자치단체의 집행기관 및 지방의회
나. 「지방교육자치에 관한 법률」에 따른 교육행정기관
(2019.4.16 본목개정)
다. 「국회법」에 따른 국회, 「법원조직법」에 따른 각급 법원, 「헌법재판소법」에 따른 헌법재판소, 「선거관리위원회법」에 따른 각급 선거관리위원회, 「감사원법」에 따른 감사원, 「고위공직자범죄수사처 설치 및 운영에 관한 법률」에 따른 고위공직자범죄수사처(이하 "수사처"라 한다)(2020.12.29 본목개정)
라. 「공직자윤리법」 제3조의2에 따른 공직유관단체(이하 "공직유관단체"라 한다)(2019.4.16 본목개정)
마. 「초·중등교육법」, 「고등교육법」, 「유아교육법」, 그 밖의 다른 법령에 따라 설치된 각급 사립학교 및 「사립학교법」에 따른 학교법인으로서 국가나 지방자치단체로부터 출연금 또는 보조금을 받는 기관
(2017.4.18 본목신설)
2. "행정기관등"이란 중앙행정기관, 지방자치단체, 「공공기관의 운영에 관한 법률」 제4조에 따른 기관 및 법령에 따라 행정기관의 권한을 가지고 있거나 그 권한을 위임·위탁받은 법인·단체 또는 그 기관이나 개인을 말한다.
3. "공직자"란 다음 각 목의 어느 하나에 해당하는 자를 말한다. 다만, 다목의 경우에는 제5장을 적용하는 경우에 한정하여 공직자로 본다.(2017.4.18 단서신설)
가. 「국가공무원법」 및 「지방공무원법」에 따른 공무원과 그 밖의 다른 법률에 따라 그 자격·임용·교육훈련·복무·보수·신분보장 등에 있어서 공무원으로 인정된 자
나. 공직유관단체의 장 및 그 직원(2019.4.16 본목개정)
다. 제1호마목에 따른 각급 사립학교의 장과 교직원 및 학교법인의 임직원(2017.4.18 본목신설)
4. "부패행위"란 다음 각 목의 어느 하나에 해당하는 행위를 말한다.
가. 공직자가 직무와 관련하여 그 지위 또는 권한을 남용하거나 법령을 위반하여 자기 또는 제3자의 이익을 도모하는 행위
나. 공공기관의 예산사용, 공공기관 재산의 취득·관리·처분 또는 공공기관을 당사자로 하는 계약의 체결 및 그 이행에 있어서 법령에 위반하여 공공기관에 대하여 재산상 손해를 가하는 행위
다. 가목과 나목에 따른 행위나 그 은폐를 강요, 권고, 제의, 유인하는 행위
5. "고충민원"이란 행정기관등의 위법·부당하거나 소극적인 처분(사실행위 및 부작위를 포함한다) 및 불합리한 행정제도로 인하여 국민의 권리를 침해하거나 국민에게 불편 또는 부담을 주는 사항에 관한 민원(현역장병 및 군 관련 의무복무자의 고충민원을 포함한다)을 말한다.
6. "신청인"이란 이 법에 따른 국민권익위원회 또는 시민고충처리위원회에 대하여 고충민원을 신청한 개인·법인 또는 단체를 말한다.
7. "불이익조치"란 다음 각 목의 어느 하나에 해당하는 조치를 말한다.
가. 파면, 해임, 해고, 그 밖에 신분상실에 해당하는 불이익조치
나. 징계, 정직, 감봉, 강등, 승진 제한, 그 밖에 부당한 인사조치
다. 전보, 전근, 직무 미부여, 직무 재배치, 그 밖에 본인의 의사에 반하는 인사조치
라. 성과평가 또는 동료평가 등의 차별과 그에 따른 임금 또는 상여금 등의 차별 지급
마. 교육 또는 훈련 등 자기계발 기회의 취소, 예산 또는 인력 등 가용자원의 제한 또는 제거, 보안정보 또는 비밀정보 사용의 정지 또는 취급 자격의 취소, 그 밖에 근무조건 등에 부정적 영향을 미치는 차별 또는 조치
바. 주의 대상자 명단 작성 또는 그 명단의 공개, 집단 따돌림, 폭행 또는 폭언, 그 밖에 정신적·신체적 손상을 가져오는 행위
사. 직무에 대한 부당한 감사(監査) 또는 조사나 그 결과의 공개
아. 인가·허가 등의 취소, 그 밖에 행정적 불이익을 주는 행위
자. 물품계약 또는 용역계약의 해지(解止), 그 밖에 경제적 불이익을 주는 조치
(2019.4.16 본호신설)
8. "시민사회단체"란 「비영리민간단체 지원법」 제4조에 따라 중앙행정기관의 장, 시·도지사나 특례시의 장에게 등록을 한 비영리민간단체를 말한다.(2022.4.26 본호개정)
9. "시민고충처리위원회"란 지방자치단체 및 그 소속 기관(법령에 따라 지방자치단체나 그 소속 기관의 권한을 위임 또는 위탁받은 법인·단체 또는 그 기관이나 개인을 포함한다. 이하 같다)에 대한 고충민원의 처리와 이에 관련된 제도개선을 위하여 제32조에 따라 설치되는 기관을 말한다.

제3조【공공기관의 책무】 ① 공공기관은 건전한 사회윤리를 확립하기 위하여 부패방지에 노력할 책무를 진다.
② 공공기관은 부패를 방지하기 위하여 법령상, 제도상 또는 행정상의 모순이 있거나 그 밖에 개선할 사항이 있다고 인정할 때에는 즉시 이를 개선 또는 시정하여야 한다.
③ 공공기관은 교육·홍보 등 적절한 방법으로 소속 직원과 국민의 부패척결에 대한 의식을 고취하기 위하여 적극 노력하여야 한다.
④ 공공기관은 부패방지를 위한 국제적 교류와 협력에 적극 노력하여야 한다.

제4조【정당의 책무】 ① 「정당법」에 따라 등록된 정당과 소속 당원은 깨끗하고 투명한 정치문화를 만들기 위하여 노력하여야 한다.
② 정당 및 소속 당원은 올바른 선거문화를 정착하게 하고 정당운영 및 정치자금의 모집과 사용을 투명하게 하여야 한다.

제5조【기업의 의무】 기업은 건전한 거래질서와 기업윤리를 확립하고 일체의 부패를 방지하기 위하여 필요한 조치를 강구하여야 한다.

제6조【국민의 의무】 모든 국민은 공공기관의 부패방지시책에 적극 협력하여야 한다.

제7조【공직자의 청렴의무】 공직자는 법령을 준수하고 친절하고 공정하게 집무하여야 하며 일체의 부패행위와 품위를 손상하는 행위를 하여서는 아니 된다.

제7조의2 (2021.5.18 삭제)

제8조【공직자 행동강령】 ① 제7조에 따라 공직자가 준수하여야 할 행동강령은 대통령령·국회규칙·대법원규칙·헌법재판소규칙·중앙선거관리위원회규칙 또는 공직유관단체의 내부규정으로 정한다.
② 제1항에 따른 공직자 행동강령은 다음 각 호의 사항을 규정한다.
1. 직무관련자로부터의 향응·금품 등을 받는 행위의 금지·제한에 관한 사항
2. 직위를 이용한 인사관여·이권개입·알선·청탁행위의 금지·제한에 관한 사항
3. 공정한 인사 등 건전한 공직풍토 조성을 위하여 공직자가 지켜야 할 사항
4. 그 밖에 부패의 방지와 공직자의 직무의 청렴성 및 품위유지 등을 위하여 필요한 사항
③ 공직자가 제1항에 따른 공직자 행동강령을 위반한 때에는 징계처분을 할 수 있다.
④ 제3항에 따른 징계의 종류, 절차 및 효력 등은 당해 공직자가 소속된 기관 또는 단체의 징계관련 사항을 규정한 법령 또는 내부규정이 정하는 바에 따른다.

제9조【공직자의 생활보장】 국가 및 지방자치단체는 공직자가 공직에 헌신할 수 있도록 공직자의 생활보장을 위하여 노력하여야 하고 그 보수와 처우의 향상에 필요한 조치를 취하여야 한다.

제10조【권익구제기관 등에의 협조 요청】 국민권익위원회 또는 시민고충처리위원회는 업무의 수행에 필요하다고 인정하는 경우에는 법률에 따라 국민의 권익을 구제하거나 사회정의와 공익증진을 위한 법령·제도의 개선을 목적으로 하는 국가인권위원회 등 행정기관 또는 법인·단체에 협조를 요청할 수 있다.

제2장 국민권익위원회

제11조【국민권익위원회의 설치】 ① 고충민원의 처리와 이에 관련된 불합리한 행정제도를 개선하고, 부패의 발생을 예방하며 부패행위를 효율적으로 규제하도록 하기 위하여 국무총리 소속으로 국민권익위원회(이하 "위원회"라 한다)를 둔다.
② 위원회는 「정부조직법」 제2조에 따른 중앙행정기관으로서 그 권한에 속하는 사무를 독립적으로 수행한다.
(2020.6.9 본항신설)

제12조【기능】 위원회는 다음 각 호의 업무를 수행한다.
1. 국민의 권리보호·권익구제 및 부패방지를 위한 정책의 수립 및 시행
2. 고충민원의 조사와 처리 및 이와 관련된 시정권고 또는 의견표명
3. 고충민원을 유발하는 관련 행정제도 및 그 제도의 운영에 개선이 필요하다고 판단되는 경우 이에 대한 권고 또는 의견표명
4. 위원회가 처리한 고충민원의 결과 및 행정제도의 개선에 관한 실태조사와 평가
5. 공공기관의 부패방지를 위한 시책 및 제도개선 사항의 수립·권고와 이를 위한 공공기관에 대한 실태조사
6. 공공기관의 부패방지시책 추진상황에 대한 실태조사·평가
7. 부패방지 및 권익구제 교육·홍보 계획의 수립·시행
8. 비영리 민간단체의 부패방지활동 지원 등 위원회의 활동과 관련된 개인·법인 또는 단체와의 협력 및 지원
9. 위원회의 활동과 관련된 국제협력
10. 부패행위 신고 안내·상담 및 접수 등
11. 신고자의 보호 및 보상
12. 법령 등에 대한 부패유발요인 검토
13. 부패방지 및 권익구제와 관련된 자료의 수집·관리 및 분석
14. 공직자 행동강령의 시행·운영 및 그 위반행위에 대한 신고의 접수·처리 및 신고자의 보호
15. 민원사항에 관한 안내·상담 및 민원사항 처리실태 확인·지도
16. 온라인 국민참여포털의 통합 운영과 정부민원안내콜센터의 설치·운영
17. 시민고충처리위원회의 활동과 관련한 협력·지원 및 교육
18. 다수인 관련 갈등 사항에 대한 중재·조정 및 기업애로 해소를 위한 기업고충민원의 조사·처리
19. 「행정심판법」에 따른 중앙행정심판위원회의 운영에 관한 사항(2010.1.25 본호개정)
20. 다른 법령에 따라 위원회의 소관으로 규정된 사항
21. 그 밖에 국민권익 향상을 위하여 국무총리가 위원회에 부의하는 사항

제13조【위원회의 구성】 ① 위원회는 위원장 1명을 포함한 15명의 위원(부위원장 3명과 상임위원 3명을 포함한다)으로 구성한다. 이 경우 부위원장은 각각 고충민원, 부패방지 업무 및 중앙행정심판위원회의 운영업무로 분장하여 위원장을 보좌한다. 다만, 중앙행정심판위원회의 구성에 관한 사항은 「행정심판법」에서 정하는 바에 따른다.(2010.1.25 본항개정)
② 위원장, 부위원장과 위원은 고충민원과 부패방지에 관한 업무를 공정하고 독립적으로 수행할 수 있다고 인정되는 자로서 다음 각 호의 어느 하나에 해당하는 자 중에서 임명 또는 위촉한다.
1. 대학이나 공인된 연구기관에서 부교수 이상 또는 이에 상당하는 직에 8년 이상 있거나 있었던 자
2. 판사·검사 또는 변호사의 직에 10년 이상 있거나 있었던 자
3. 3급 이상 공무원 또는 고위공무원단에 속하는 공무원의 직에 있거나 있었던 자
4. 건축사·세무사·공인회계사·기술사·변리사의 자격을 소지하고 해당 직종에서 10년 이상 있거나 있었던 자
5. 제33조제1항에 따라 시민고충처리위원회 위원으로 위촉되어 그 직에 4년 이상 있었던 자
6. 그 밖에 사회적 신망이 높고 행정에 관한 식견과 경험이 있는 자로서 시민사회단체로부터 추천을 받은 자
③ 위원장 및 부위원장은 국무총리의 제청으로 대통령이 임명하고, 상임위원은 위원장의 제청으로 대통령이 임명하며, 상임이 아닌 위원은 대통령이 임명 또는 위촉한다. 이 경우 상임이 아닌 위원 중 3명은 국회가, 3명은 대법원장이 각각 추천하는 자를 임명 또는 위촉한다.
(2012.2.17 후단개정)
④ 위원장과 부위원장은 각각 정무직으로 보하고, 상임위원은 고위공무원단에 속하는 일반직공무원으로서 「국가공무원법」 제26조의5에 따른 임기제공무원으로 보한다.
(2014.5.28 본항개정)
⑤ 위원이 궐위된 때에는 지체 없이 새로운 위원을 임명 또는 위촉하여야 한다. 이 경우 후임으로 임명 또는 위촉된 위원의 임기는 새로이 개시된다.

제14조【위원장】 ① 위원장은 위원회를 대표한다.
② 위원장이 부득이한 사유로 직무를 수행할 수 없는 때에는 위원장이 지명한 부위원장이 그 직무를 대행한다.

제15조【위원의 결격사유】 ① 다음 각 호의 어느 하나에 해당하는 자는 위원이 될 수 없다.
1. 대한민국 국민이 아닌 자
2. 「국가공무원법」 제33조 각 호의 어느 하나에 해당하는 자
3. 정당의 당원
4. 「공직선거법」에 따라 실시하는 선거에 후보자로 등록한 자
② 위원이 제1항 각 호의 어느 하나에 해당하게 된 때에는 당연히 퇴직된다.
제16조【직무상 독립과 신분보장】 ① 위원회는 그 권한에 속하는 업무를 독립적으로 수행한다.
② 위원장과 위원의 임기는 각각 3년으로 하되 1차에 한하여 연임할 수 있다.
③ 위원은 다음 각 호의 어느 하나에 해당하는 경우를 제외하고는 그 의사에 반하여 면직 또는 해촉되지 아니한다.
1. 제15조제1항 각 호의 어느 하나에 해당하는 때
2. 심신상의 장애로 직무수행이 현저히 곤란하게 된 때
3. 제17조에 따른 겸직금지의무에 위반한 경우
④ 제3항제2호의 경우에는 전체 위원 3분의 2 이상의 찬성에 의한 의결을 거쳐 위원장의 제청으로 대통령 또는 국무총리가 면직 또는 해촉한다.
제17조【위원의 겸직금지 등】 위원은 재직 중 다음 각 호의 직을 겸할 수 없다.
1. 국회의원 또는 지방의회의원
2. 행정기관등과 대통령령으로 정하는 특별한 이해관계가 있는 개인이나 법인 또는 단체의 임·직원
제18조【위원의 제척·기피·회피】 ① 위원은 다음 각 호의 어느 하나에 해당하는 경우에는 위원회, 제20조에 따른 소위원회 및 제21조에 따른 분과위원회의 심의·의결에서 제척된다.(2019.4.16 본문개정)
1. 위원 또는 그 배우자나 배우자였던 자가 당해 사안에 관하여 당사자이거나 공동권리자 또는 공동의무자인 경우
2. 위원이 당해 사안의 당사자와 친족 관계에 있거나 있었던 경우(2019.4.16 본호개정)
3. 위원이 당해 사안에 관하여 증언, 감정, 법률자문 또는 손해사정을 한 경우
4. 위원이 되기 전에 당해 사안에 대하여 감사, 수사 또는 조사에 관여한 사항
5. 위원이 당해 사안에 관하여 당사자의 대리인으로 관여하거나 관여하였던 경우(2019.4.16 본호개정)
② 위원회, 제20조에 따른 소위원회 및 제21조에 따른 분과위원회의 심의·의결의 이해당사자는 위원에게 공정을 기대하기 어려운 특별한 사정이 있는 경우에는 기피신청을 할 수 있다.(2019.4.16 본항개정)
③ 위원 본인이 제1항 또는 제2항의 사유에 해당하는 경우에는 스스로 그 사안의 심의·의결을 회피할 수 있다.
④ 위원회, 제20조에 따른 소위원회 및 제21조에 따른 분과위원회의 심의·의결에 관한 사무에 관여하는 위원회의 소속 공무원(제25조에 따른 파견 공무원 및 직원을 포함한다) 및 제22조에 따른 전문위원에 관하여는 제1항부터 제3항까지의 규정을 준용한다.(2019.4.16 본항신설)
제19조【위원회의 의결】 ① 위원회는 재적위원 과반수의 출석으로 개의하고 출석위원 과반수의 찬성으로 의결한다. 다만, 제20조제1항제4호의 사항은 재적위원 과반수의 찬성으로 의결한다.
② 제18조에 따라 심의·의결에 관여하지 못한 위원은 제19조제1항에 따른 재적위원수의 계산에 있어서 이를 제외한다.
③ 그 밖에 위원회의 업무 및 운영에 관하여 필요한 사항은 대통령령으로 정한다.
제20조【소위원회】 ① 위원회는 고충민원의 처리와 관련하여 다음 각 호의 어느 하나에 해당되지 아니하는 사항을 심의·의결하게 하기 위하여 3인의 위원으로 구성하는 위원회(이하 "소위원회"라 한다)를 둘 수 있다.
1. 제46조에 따른 시정을 권고하는 사항 중 다수인의 이해와 관련된 사안 등 대통령령으로 정하는 사항
2. 제47조에 따른 제도개선을 권고하는 사항
3. 제51조제1항에 따른 감사의뢰의 결정에 관한 사항(2022.1.4 본호개정)
4. 위원회의 종전 의결례를 변경할 필요가 있는 사항
5. 소위원회가 위원회에서 직접 처리하도록 의결한 사항
6. 그 밖에 위원회에서 처리하는 것이 필요하다고 위원장이 인정하는 사항
② 소위원회의 회의는 구성위원 전원의 출석과 출석위원 전원의 찬성으로 의결한다.
③ 그 밖에 소위원회의 업무 및 운영에 관하여 필요한 사항은 대통령령으로 정한다.
제21조【분과위원회】 위원회의 업무를 효율적으로 수행하기 위하여 위원회에 분야별로 분과위원회를 둘 수 있다.
제22조【전문위원】 ① 위원장은 위원회의 업무를 효율적으로 지원하고 전문적인 조사 및 연구업무를 수행하기 위하여 필요하다고 인정할 때에는 위원회에 학계, 사회단체 그 밖에 관련분야의 전문가를 전문위원으로 둘 수 있다.
② 제1항에 따른 전문위원은 위원장이 임명 또는 위촉한다.
제23조【사무처의 설치】 ① 위원회의 사무를 처리하기 위하여 위원회에 사무처를 둔다.
② 사무처에 사무처장 1명을 두되, 사무처장은 위원장이 지명한 부위원장이 겸직하고, 위원장의 지휘를 받아 위원회의 소관 사무를 관장하며 소속 직원을 지휘·감독한다.
③ 이 법에 규정된 사항 외에 사무처의 조직 및 운영에 관하여 필요한 사항은 대통령령으로 정한다.
제24조【자문기구】 ① 위원회는 그 업무수행에 필요한 사항의 자문을 위하여 자문기구를 둘 수 있다.
② 제1항에 따른 자문기구의 조직과 운영에 관하여 필요한 사항은 대통령령으로 정한다.
제25조【공무원 등의 파견】 ① 위원회는 그 업무수행을 위하여 필요하다고 인정하는 경우에는 국가기관·지방자치단체·「공공기관의 운영에 관한 법률」 제4조에 따른 기관 또는 관련 법인이나 단체에 대하여 그 소속 공무원 또는 직원의 파견을 요청할 수 있다.
② 제1항에 따라 위원회에 공무원이나 직원을 파견한 국가기관·지방자치단체·「공공기관의 운영에 관한 법률」 제4조에 따른 기관 또는 관련 법인이나 단체의 장은 위원회에 파견된 자에 대하여 인사·처우 등에 있어서 우대 조치를 강구하여야 한다.
제26조【운영상황의 보고 및 공표 등】 ① 위원회는 매년 고충민원과 관련하여 위원회의 운영상황을 대통령과 국회에 보고하고 이를 공표하여야 한다.
② 위원회는 제1항에 따른 보고 외에 필요하다고 인정하는 경우에는 대통령과 국회에 특별보고를 할 수 있다.
제27조【제도개선의 권고】 ① 위원회는 필요하다고 인정하는 경우 공공기관의 장에게 부패방지를 위한 제도의 개선을 권고할 수 있다.
② 제1항에 따라 제도개선의 권고를 받은 공공기관의 장은 이를 제도개선에 반영하여 그 조치결과를 위원회에 통보하여야 하며, 위원회는 이에 대한 이행실태를 확인·점검할 수 있다.
③ 제1항에 따라 제도개선의 권고를 받은 공공기관의 장은 위원회의 권고대로 조치하기가 곤란하다고 인정되는 경우에는 위원회에 재심의를 요청하여야 하며, 이 경우 위원회는 이를 재심의 하여야 한다.
제27조의2【공공기관 부패에 관한 조사·평가】 ① 위원회는 공공기관의 부패를 계량적으로 측정할 수 있는 공정하고 객관적인 평가지표를 개발하여야 한다.
② 위원회는 제1항에 따른 평가지표를 활용하여 공공기관의 부패에 관하여 조사·평가하고 그 결과를 공표할 수 있다.
③ 위원회는 제2항에 따른 조사·평가결과를 바탕으로 공공기관에 대하여 부패방지를 위한 컨설팅 등 필요한 지원을 할 수 있다.
(2016.3.29 본조신설)
제27조의3【조사·평가결과의 공개】 ① 제27조의2에 따라 위원회의 조사·평가를 받은 공공기관의 장은 그 조사·평가결과를 인터넷 홈페이지에 공개하여야 한다.
② 제1항에 따른 조사·평가결과 공개에 필요한 사항은 대통령령으로 정한다.
(2016.3.29 본조신설)
제28조【법령 등에 대한 부패유발요인 검토】 ① 위원회는 다음 각 호에 따른 법령 등의 부패유발요인을 분석·검토하여 그 법령 등의 소관 기관의 장에게 그 개선을 위하여 필요한 사항을 권고할 수 있다.(2019.4.16 본문개정)
1. 법률·대통령령·총리령 및 부령
2. 법령의 위임에 따른 훈령·예규·고시 및 공고 등 행정규칙
3. 지방자치단체의 조례·규칙
4. 「공공기관의 운영에 관한 법률」 제4조에 따라 지정된 공공기관 및 「지방공기업법」 제49조·제76조에 따라 설립된 지방공사·지방공단의 내부규정
(2019.4.16 1호~4호신설)
② 제1항에 따른 부패유발요인 검토의 절차와 방법에 관하여 필요한 항은 대통령령으로 정한다.
제29조【의견청취 등】 ① 위원회는 제12조제5호부터 제14호에 따른 기능을 수행함에 있어서 필요한 경우 다음 각 호의 조치를 할 수 있다.
1. 공공기관에 대한 설명 또는 자료·서류 등의 제출요구 및 실태조사
2. 이해관계인·참고인 또는 관계 공직자의 출석 및 의견진술 요구
② 위원회는 다음 각 호의 어느 하나에 해당하는 사항에 대하여는 제1항에 따른 조치를 하여서는 아니 된다.
1. 국가기밀에 관한 사항
2. 수사·재판 및 형집행(보안처분·보안관찰처분·보호처분·보호관찰처분·보호감호처분·치료감호처분·사회봉사명령을 포함한다)의 당부에 관한 사항 또는 감사원의 감사가 착수된 사항
3. 행정심판·소송, 헌법재판소의 심판, 헌법소원이나 감사원의 심사청구 그 밖의 다른 법률에 따른 불복구제절차가 진행 중인 사항
4. 법령에 따라 화해·알선·조정·중재 등 당사자간의 이해조정을 목적으로 행하는 절차가 진행 중인 사항
5. 판결·결정·재결·화해·조정·중재 등에 따라 확정된 사항 또는 「감사원법」에 따른 감사위원회의에서 의결된 사항
③ 제1항 각 호의 조치는 제12조 각 호에 따른 위원회의 기능을 수행하기 위하여 필요한 범위에 그쳐야 하며 공공기관의 업무수행에 지장이 없도록 유의하여야 한다.
④ 공공기관의 장은 제1항에 따른 자료의 제출이나 실태조사 등에 성실하게 응하고 이에 협조하여야 하며, 이에 불응하는 경우에는 그 이유를 소명하여야 한다.
⑤ 공공기관의 장은 제도의 개선 등과 관련하여 소속 직원 또는 관계 전문가로 하여금 위원회에 출석하여 그 의견을 진술하게 하거나 필요한 자료를 제출할 수 있다.
제30조【비밀누설의 금지】 위원회의 위원, 전문위원 또는 직원이나 그 직에 있었던 자 및 위원회에 파견되거나 위원회의 위촉에 의하여 위원회의 업무를 수행하거나 수행하였던 자는 업무처리 중 알게 된 비밀을 누설하여서는 아니 된다.
제31조 (2019.4.16 삭제)

제3장 시민고충처리위원회

제32조【시민고충처리위원회의 설치】 ① 지방자치단체 및 그 소속 기관에 관한 고충민원의 처리와 행정제도의 개선 등을 위하여 각 지방자치단체에 시민고충처리위원회를 둘 수 있다.
② 시민고충처리위원회는 다음 각 호의 업무를 수행한다.
1. 지방자치단체 및 그 소속 기관에 관한 고충민원의 조사와 처리
2. 고충민원과 관련된 시정권고 또는 의견표명
3. 고충민원의 처리과정에서 관련 행정제도 및 그 제도의 운영에 개선이 필요하다고 판단되는 경우 이에 대한 권고 또는 의견표명
4. 시민고충처리위원회가 처리한 고충민원의 결과 및 행정제도의 개선에 관한 실태조사와 평가
5. 민원사항에 관한 안내, 상담 및 민원처리 지원
6. 시민고충처리위원회의 활동과 관련한 교육 및 홍보
7. 시민고충처리위원회의 활동과 관련된 국제기구 또는 외국의 권익구제기관 등과의 교류 및 협력
8. 시민고충처리위원회의 활동과 관련된 개인·법인 또는 단체와의 협력 및 지원
9. 그 밖에 다른 법령에 따라 시민고충처리위원회에 위탁된 사항
제33조【시민고충처리위원회 위원의 자격요건 등】 ① 시민고충처리위원회 위원은 고충민원 처리업무를 공정하고 독립적으로 수행할 수 있다고 인정되는 자로서 다음 각 호의 어느 하나에 해당하는 자 중에서 지방자치단체의 장이 지방의회의 동의를 거쳐 위촉한다.
1. 대학이나 공인된 연구기관에서 부교수 이상 또는 이에 상당하는 직에 있거나 있었던 자
2. 판사·검사 또는 변호사의 직에 있거나 있었던 자
3. 4급 이상 공무원의 직에 있거나 있었던 자
4. 건축사·세무사·공인회계사·기술사·변리사의 자격을 소지하고 해당 직종에서 5년 이상 있거나 있었던 자
5. 사회적 신망이 높고 행정에 관한 식견과 경험이 있는 자로서 시민사회단체로부터 추천을 받은 자
② 시민고충처리위원회 위원의 임기는 4년으로 하되, 연임할 수 없다.
③ 지방자치단체의 장은 시민고충처리위원회 위원의 임기가 만료되거나 임기 중 결원된 경우에는 임기만료 또는 결원된 날부터 30일 이내에 후임자를 위촉하여야 한다.
④ 결원된 시민고충처리위원회 위원의 후임으로 위촉된 시민고충처리위원회 위원의 임기는 새로이 개시된다.
제34조【활동비 지원】 시민고충처리위원회가 설치된 지방자치단체의 장은 시민고충처리위원회가 제32조제2항의 업무를 처리하는데 필요한 경비를 지원하여야 한다.
제35조【위원회에 관한 규정의 준용】 제15조, 제16조제3항, 제17조, 제18조, 제25조 및 제83조의2제1항은 시민고충처리위원회에 관하여 이를 준용한다.(2019.4.16 본항개정)
제36조【사무기구】 ① 지방자치단체의 장은 시민고충처리위원회의 사무를 지원하기 위하여 사무기구를 둔다.
② 사무기구에는 사무기구의 장과 그 밖의 필요한 직원을 둔다.
제37조【운영상황의 보고 및 공표 등】 ① 시민고충처리위원회는 매년 그 시민고충처리위원회의 운영상황을 지방자치단체의 장과 지방의회에 보고하고 이를 공표하여야 한다.
② 시민고충처리위원회는 제1항에 따른 보고 외에 필요하다고 인정하는 경우에는 지방자치단체의 장과 지방의회에 특별보고를 할 수 있다.
제38조【시민고충처리위원회의 조직 및 운영에 관한 사항】 이 법에 규정된 사항 외에 시민고충처리위원회의 조직 및 운영에 관하여 필요한 사항은 해당 지방자치단체의 조례로 정한다.

제4장 고충민원의 처리

제39조【고충민원의 신청 및 접수】 ① 누구든지(국내에 거주하는 외국인을 포함한다) 위원회 또는 시민고충처리위원회(이하 이 장에서 "권익위원회"라 한다)에 고충민원을 신청할 수 있다. 이 경우 하나의 권익위원회에 대하

여 고충민원을 제기한 신청인은 다른 권익위원회에 대하여도 고충민원을 신청할 수 있다.
② 권익위원회에 고충민원을 신청하고자 하는 자는 다음 각 호의 사항을 기재하여 문서(전자문서를 포함한다. 이하 같다)로 이를 신청하여야 한다. 다만, 문서에 의할 수 없는 특별한 사정이 있는 경우에는 구술로 신청할 수 있다.
1. 신청인의 이름과 주소(법인 또는 단체의 경우에는 그 명칭 및 주된 사무소의 소재지와 대표자의 이름)
2. 신청의 취지·이유와 고충민원신청의 원인이 된 사실 내용
3. 그 밖에 관계 행정기관의 명칭 등 대통령령으로 정하는 사항
③ 신청인은 법정대리인 외에 다음 각 호의 어느 하나에 해당하는 자를 대리인으로 선임할 수 있다. 이 경우 대리인의 자격은 서면으로 소명하여야 한다.
1. 신청인의 배우자, 직계 존·비속 또는 형제자매
2. 신청인인 법인의 임원 또는 직원
3. 변호사
4. 다른 법률의 규정에 따라 고충민원신청의 대리를 할 수 있는 자
5. 제1호부터 제4호까지의 규정 외의 자로서 권익위원회의 허가를 받은 자
④ 권익위원회는 고충민원의 신청이 있는 경우에는 다른 법령에 특별한 규정이 있는 경우를 제외하고는 그 접수를 보류하거나 거부할 수 없으며, 접수된 고충민원서류를 부당하게 되돌려 보내서는 아니 된다. 다만, 권익위원회가 고충민원서류를 보류·거부 또는 반려하는 경우에는 지체 없이 그 사유를 신청인에게 통보하여야 한다.
제40조【동일한 고충민원의 상호 통보】 신청인이 제39조제1항 후단에 따라 동일한 고충민원을 둘 이상의 권익위원회에 각각 신청한 경우 각 권익위원회는 지체 없이 그 사실을 상호 통보하여야 한다. 이 경우 각 권익위원회는 상호 협력하여 고충민원을 처리하거나 제43조에 따라 이송하여야 한다.(2019.4.16 본조개정)
제41조【고충민원의 조사】 ① 권익위원회는 고충민원을 접수한 경우에는 지체 없이 그 내용에 관하여 필요한 조사를 하여야 한다. 다만, 다음 각 호의 어느 하나에 해당하는 경우에는 조사를 하지 아니할 수 있다.
1. 제43조제1항 각 호의 어느 하나에 해당하는 사항
2. 고충민원의 내용이 거짓이거나 정당한 사유가 없다고 인정되는 사항
3. 그 밖에 고충민원에 해당하지 아니하는 경우 등 권익위원회가 조사하는 것이 적절하지 아니하다고 인정하는 사항
② 권익위원회는 조사를 개시한 후에도 제1항 각 호에 해당하는 사유 등 조사를 계속할 필요가 없다고 인정하는 경우에는 이를 중지 또는 중단할 수 있다.
③ 권익위원회는 접수된 민원에 관하여 조사를 하지 아니하거나 조사를 중지 또는 중단한 경우에는 지체 없이 그 사유를 신청인에게 통보하여야 한다.
제42조【조사의 방법】 ① 권익위원회는 제41조에 따라 조사를 함에 있어서 필요하다고 인정하는 경우에는 다음 각 호의 조치를 할 수 있다.
1. 관계 행정기관등에 대한 설명요구 또는 관련 자료·서류 등의 제출요구
2. 관계 행정기관등의 직원·신청인·이해관계인이나 참고인의 출석 및 의견진술 등의 요구
3. 조사사항과 관계있다고 인정되는 장소·시설 등에 대한 실지조사
4. 감정의 의뢰
② 권익위원회의 직원이 제1항에 따라 실지조사를 하거나 진술을 듣는 경우에는 그 권한을 표시하는 증표를 지니고 이를 관계인에게 내보여야 한다.
③ 관계 행정기관등의 장은 제1항에 따른 권익위원회의 요구나 조사에 성실하게 응하고 이에 협조하여야 한다.
제43조【고충민원의 이송 등】 ① 권익위원회는 접수된 고충민원이 다음 각 호의 어느 하나에 해당하는 경우에는 그 고충민원을 관계 행정기관등에 이송할 수 있다. 다만, 관계 행정기관등에 이송하는 것이 적절하지 아니하다고 인정하는 경우에는 그 고충민원을 각하할 수 있다.
(2019.4.16 본문개정)
1. 고도의 정치적 판단을 요하거나 국가기밀 또는 공무상 비밀에 관한 사항
2. 국회·법원·헌법재판소·선거관리위원회·감사원·지방의회에 관한 사항
3. 수사 및 형집행에 관한 사항으로서 그 관장기관에서 처리하는 것이 적당하다고 판단되는 사항 또는 감사원의 감사가 착수된 사항
4. 행정심판, 행정소송, 헌법재판소의 심판이나 감사원의 심사청구 그 밖에 다른 법률에 따른 불복구제절차가 진행 중인 사항
5. 법령에 따라 화해·알선·조정·중재 등 당사자간의 이해조정을 목적으로 행하는 절차가 진행 중인 사항
6. 판결·결정·재결·화해·조정·중재 등에 따라 확정된 권리관계에 관한 사항 또는 감사원이 처분을 요구한 사항
7. 사인간의 권리관계 또는 개인의 사생활에 관한 사항
8. 행정기관등의 직원에 관한 인사행정상의 행위에 관한 사항
9. 그 밖에 관계 행정기관등에서 직접 처리하는 것이 타당하다고 판단되는 사항(2019.4.16 본호신설)
② 권익위원회는 제1항에 따라 고충민원을 이송 또는 각하한 경우에는 지체 없이 그 사유를 명시하여 신청인에게 통보하여야 한다. 이 경우 필요하다고 인정하는 때에는 신청인에게 권리의 구제에 필요한 절차와 조치에 관하여 안내할 수 있다.(2019.4.16 전단개정)
③ 행정기관등의 장은 권익위원회의 조사가 착수된 고충민원이 제1항제1호부터 제8호까지의 어느 하나에 해당하는 사항임을 알게 된 경우에는 지체 없이 그 사실을 권익위원회에 통보하여야 한다.(2019.4.16 본항개정)
④ 제1항제9호에 해당하는 고충민원을 이송받은 행정기관등의 장은 권익위원회가 요청하는 경우에는 권익위원회에 그 고충민원의 처리 결과를 통보하여야 한다.
(2019.4.16 본항신설)
⑤ 권익위원회는 관계 행정기관등의 장이 권익위원회에서 처리하는 것이 타당하다고 인정하여 이송한 고충민원을 직접 처리할 수 있다. 이 경우 고충민원이 이송된 때 권익위원회에 접수된 것으로 본다.(2019.4.16 본항신설)
(2019.4.16 본조제목개정)
제44조【합의의 권고】 권익위원회는 조사 중이거나 조사가 끝난 고충민원에 대한 공정한 해결을 위하여 필요한 조치를 당사자에게 제시하고 합의를 권고할 수 있다.
제45조【조정】 ① 권익위원회는 다수인이 관련되거나 사회적 파급효과가 크다고 인정되는 고충민원의 신속하고 공정한 해결을 위하여 필요하다고 인정하는 경우에는 당사자의 신청 또는 직권에 의하여 조정을 할 수 있다.
② 조정은 당사자가 합의한 사항을 조정서에 기재한 후 당사자가 기명날인하거나 서명하고 권익위원회가 이를 확인함으로써 성립한다.(2018.4.17 본항개정)
③ 제2항에 따른 조정은 「민법」상의 화해와 같은 효력이 있다.
제46조【시정의 권고 및 의견의 표명】 ① 권익위원회는 고충민원에 대한 조사결과 처분 등이 위법·부당하다고 인정할 만한 상당한 이유가 있는 경우에는 관계 행정기관등의 장에게 적절한 시정을 권고할 수 있다.
② 권익위원회는 고충민원에 대한 조사결과 신청인의 주장이 상당한 이유가 있다고 인정되는 사안에 대하여는 관계 행정기관등의 장에게 의견을 표명할 수 있다.
제47조【제도개선의 권고 및 의견의 표명】 권익위원회는 고충민원을 조사·처리하는 과정에서 법령 그 밖의 제도나 정책 등의 개선이 필요하다고 인정되는 경우에는 관계 행정기관등의 장에게 이에 대한 합리적인 개선을 권고하거나 의견을 표명할 수 있다.
제48조【의견제출 기회의 부여】 ① 권익위원회는 제46조 또는 제47조에 따라 관계 행정기관등의 장에게 권고 또는 의견표명을 하기 전에 그 행정기관등과 신청인 또는 이해관계인에게 미리 의견을 제출할 기회를 주어야 한다.(2019.4.16 본항개정)
② 관계 행정기관등의 직원·신청인 또는 이해관계인은 권익위원회가 개최하는 회의에 출석하여 의견을 진술하거나 필요한 자료를 제출할 수 있다.
제49조【결정의 통지】 권익위원회는 고충민원의 결정내용을 지체 없이 신청인 및 관계 행정기관등의 장에게 통지하여야 한다.
제50조【처리결과의 통보 등】 ① 제46조 또는 제47조에 따른 권고 또는 의견을 받은 관계 행정기관등의 장은 이를 존중하여야 하며, 그 권고 또는 의견을 받은 날부터 30일 이내에 그 처리결과를 권익위원회에 통보하여야 한다.
② 제1항에 따른 권고를 받은 관계 행정기관등의 장이 그 권고내용을 이행하지 아니하는 경우에는 그 이유를 권익위원회에 문서로 통보하여야 한다.
③ 권익위원회는 제1항 또는 제2항에 따른 통보를 받은 경우에는 신청인에게 그 내용을 지체 없이 통보하여야 한다.
제51조【감사의 의뢰】 ① 고충민원의 조사·처리과정에서 관계 행정기관등의 직원이 고의 또는 중대한 과실로 위법·부당하게 업무를 처리한 사실을 발견한 경우 위원회는 감사원 또는 관계 행정기관등의 감독기관(감독기관이 없는 경우에는 해당 행정기관등을 말한다. 이하 같다)에, 시민고충처리위원회는 해당 지방자치단체에 감사를 의뢰할 수 있다.(2022.1.4 본항개정)
② 감사원, 관계 행정기관등의 감독기관 또는 지방자치단체는 제1항에 따라 감사를 의뢰받은 경우 그 처리결과를 감사를 의뢰한 위원회 또는 시민고충처리위원회에 통보하여야 한다.(2022.1.4 본항신설)
제52조【권고 등 이행실태의 확인·점검】 권익위원회는 제46조 및 제47조에 따른 권고 또는 의견의 이행실태를 확인·점검할 수 있다.
제53조【공표】 권익위원회는 다음 각 호의 사항을 공표할 수 있다. 다만, 다른 법률의 규정에 따라 공표가 제한되거나 개인의 사생활의 비밀이 침해될 우려가 있는 경우에는 그러하지 아니하다.
1. 제46조 및 제47조에 따른 권고 또는 의견표명의 내용
2. 제50조제1항에 따른 처리결과
3. 제50조제2항에 따른 권고내용의 불이행사유
제54조【권익위원회 상호간의 관계】 ① 위원회 또는 각 시민고충처리위원회는 상호 독립하여 업무를 수행하고, 상호 협의 또는 지원을 요청받은 경우 정당한 사유가 없는 한 이에 협조하여야 한다.
② 위원회는 시민고충처리위원회의 활동을 적극 지원하여야 한다.

제5장 부패행위 등의 신고 및 신고자 등 보호

제55조【부패행위의 신고】 누구든지 부패행위를 알게 된 때에는 이를 위원회에 신고할 수 있다.
제56조【공직자의 부패행위 신고의무】 공직자는 그 직무를 행함에 있어 다른 공직자가 부패행위를 한 사실을 알게 되었거나 부패행위를 강요 또는 제의받은 경우에는 지체 없이 이를 수사기관·감사원 또는 위원회에 신고하여야 한다.
제57조【신고자의 성실의무】 제55조 및 제56조에 따른 부패행위 신고(이하 이 장에서 "신고"라 한다)를 한 자(이하 이 장에서 "신고자"라 한다)가 신고의 내용이 허위라는 사실을 알았거나 알 수 있었음에도 불구하고 신고한 경우에는 이 법의 보호를 받지 못한다.(2019.4.16 본조개정)
제57조의2【정부 및 지방자치단체의 책무】 중앙행정기관의 장 및 지방자치단체의 장은 신고자 보호 및 불이익 방지를 위하여 노력하여야 한다.(2019.4.16 본조신설)
제58조【신고의 방법】 신고를 하려는 자는 본인의 인적사항과 신고취지 및 이유를 기재한 기명의 문서로써 하여야 하며, 신고대상과 부패행위의 증거 등을 함께 제시하여야 한다.(2019.4.16 본조개정)
제58조의2【비실명 대리신고】 ① 제58조에도 불구하고 신고자는 자신의 인적사항을 밝히지 아니하고 변호사를 선임하여 신고를 대리하게 할 수 있다. 이 경우 제58조에 따른 신고자의 인적사항 및 기명의 문서는 변호사의 인적사항 및 변호사 이름의 문서로 갈음한다.
② 제1항에 따른 신고는 위원회에 하여야 하며, 신고자 또는 신고자를 대리하는 변호사는 그 취지를 밝히고 신고자의 인적사항, 신고자임을 입증할 수 있는 자료 및 위임장을 위원회에 함께 제출하여야 한다.
③ 위원회는 제2항에 따라 제출된 자료를 봉인하여 보관하여야 하며, 신고자 본인의 동의 없이 이를 열람하여서는 아니 된다.
(2022.1.4 본조신설)
제59조【신고내용의 확인 및 이첩 등】 ① 위원회는 접수된 신고사항에 대하여 신고자를 상대로 다음 각 호의 사항을 확인할 수 있다.
1. 신고자의 인적사항, 신고의 경위 및 취지 등 신고내용의 특정에 필요한 사항
2. 신고내용이 제29조제2항 각 호의 어느 하나에 해당하는지의 여부에 관한 사항
② 위원회는 제1항의 사항에 대한 진위여부를 확인하는데 필요한 범위에서 신고자에게 필요한 자료의 제출을 요구할 수 있다.
③ 위원회는 접수된 신고사항에 대하여 감사·수사 또는 조사가 필요한 경우 이를 감사원, 수사기관 또는 해당 공공기관의 감독기관(감독기관이 없는 경우에는 해당 공공기관을 말한다. 이하 "조사기관"이라 한다)에 이첩하여야 한다. 다만, 신고가 다음 각 호의 어느 하나에 해당하는 경우에는 이를 조사기관에 이첩하지 아니하고 종결할 수 있다.(2019.4.16 본문개정)
1. 신고의 내용이 명백히 거짓인 경우
2. 신고자의 인적사항을 알 수 없는 경우
3. 신고자가 신고서나 증명자료 등에 대한 보완 요청을 2회 이상 받고도 위원회가 정하는 보완요청기간 내에 보완하지 아니한 경우
4. 신고에 대한 처리 결과를 통지받은 사항에 대하여 정당한 사유 없이 다시 신고한 경우
5. 신고의 내용이 언론매체 등을 통하여 공개된 내용에 해당하고 공개된 내용 외에 새로운 증거가 없는 경우
6. 다른 법령에 따라 해당 부패행위에 대한 감사·수사 또는 조사가 시작되었거나 이미 끝난 경우
7. 그 밖에 부패행위에 대한 감사·수사 또는 조사가 필요하지 아니한 경우로서 대통령령으로 정하는 경우
(2019.4.16 1호~7호신설)
④ 위원회는 접수된 신고사항이 제3항에 따른 이첩 또는 종결처리의 대상인지 명백하지 아니한 경우로서 조사기관에서 처리하는 것이 타당하다고 인정하는 경우에는 이를 조사기관에 송부할 수 있다.(2022.1.4 본항신설)
⑤ 위원회는 신고자를 상대로 제1항에 따라 사실관계를 확인하였음에도 불구하고 제3항에 따른 이첩 여부를 결정할 수 없는 경우에는 그 결정에 필요한 범위에서 피신고자의 의사에 반하지 아니하는 때에 한정하여 피신고자에게 의견 또는 자료 제출 기회를 부여할 수 있다.
(2021.8.17 본항신설)
⑥ 위원회에 신고가 접수된 당해 부패행위의 혐의대상자가 다음 각 호에 해당하는 고위공직자로서 부패혐의의 내용이 형사처벌을 위한 수사 및 공소제기의 필요성이 있는 경우에는 위원회의 명의로 검찰, 수사처, 경찰 등 관할 수사기관에 고발을 하여야 한다.(2020.12.29 본문개정)
1. 차관급 이상의 공직자
2. 특별시장, 광역시장, 특별자치시장, 도지사 및 특별자치도지사(2019.4.16 본호개정)

3. 경무관급 이상의 경찰공무원
4. 법관 및 검사
5. 장성급(將星級) 장교(2017.3.21 본호개정)
6. 국회의원

⑦ 관할 수사기관은 제6항에 따른 고발에 대한 수사결과를 위원회에 통보하여야 한다. 위원회가 고발한 사건이 이미 수사 중이거나 수사 중인 사건과 관련된 사건인 경우에도 또한 같다.(2022.1.4 전단개정)

⑧ 위원회는 접수된 신고사항을 그 접수일부터 60일 이내에 처리하여야 한다. 이 경우 제1항제1호에 따른 사항을 확인하기 위한 보완 등이 필요하다고 인정되는 경우에는 그 기간을 30일 이내에서 연장할 수 있다.(2019.4.16 후단개정)

⑨ 위원회는 국가기밀이 포함된 신고사항에 대해서는 대통령령으로 정하는 바에 따라 처리한다.(2019.4.16 본항신설)

(2022.1.4 본조제목개정)

제60조【조사결과의 처리】 ① 조사기관은 신고를 이첩 또는 송부받은 날부터 60일 이내에 감사·수사 또는 조사를 종결하여야 한다. 다만, 정당한 사유가 있는 경우에는 그 기간을 연장할 수 있으며, 위원회에 그 연장사유 및 연장기간을 통보하여야 한다.(2022.1.4 본문개정)

② 제59조제3항 또는 제4항에 따라 신고를 이첩 또는 송부받은 조사기관(조사기관이 이첩받은 신고사항에 대하여 다른 조사기관에 이첩·재이첩, 감사요구, 송치, 수사의뢰 또는 고발을 한 경우에는 이를 받은 조사기관을 포함한다. 이하 이 조에서 같다)은 감사·수사 또는 조사결과를 감사·수사 또는 조사 종료 후 10일 이내에 위원회에 통보하여야 한다.(2022.1.4 본항개정)

③ 위원회는 제2항에 따라 감사·수사 또는 조사결과를 통보받은 경우 즉시 신고자에게 그 요지를 통지하여야 하고, 필요한 경우 조사기관에 대하여 통보내용에 대한 설명을 요구할 수 있다.(2022.1.4 본항개정)

④ 신고자는 제3항에 따른 통지를 받은 경우 위원회에 감사·수사 또는 조사결과에 대한 이의를 신청할 수 있다.(2022.1.4 본항신설)

⑤ 위원회는 제59조제3항에 따라 신고를 이첩받은 조사기관의 감사·수사 또는 조사가 충분하지 아니하다고 인정되는 경우에는 감사·수사 또는 조사결과를 통보받은 날부터 30일 이내에 새로운 증거자료의 제출 등 합리적인 이유를 들어 조사기관에 대하여 재조사를 요구할 수 있다.(2022.1.4 본항개정)

⑥ 재조사를 요구받은 조사기관은 재조사를 종료한 날부터 7일 이내에 그 결과를 위원회에 통보하여야 한다. 이 경우 위원회는 통보를 받은 즉시 신고자에게 재조사 결과의 요지를 통지하여야 한다.

제61조【재정신청】 ① 위원회는 제59조제6항에 따른 혐의대상자의 부패혐의가 「형법」 제129조부터 제133조까지와 제355조부터 제357조까지(다른 법률에 따라 가중처벌되는 경우를 포함한다)에 해당되어 관할 수사기관에 고발한 경우, 그 고발한 사건과 동일한 사건이 이미 수사 중에 있거나 수사 중인 사건과 관련된 경우에 그 사건 또는 그 사건과 관련된 사건에 대하여 검사로부터 공소를 제기하지 아니한다는 통보를 받았을 때에는 그 검사 소속의 고등검찰청에 대응하는 고등법원에 그 당부에 관한 재정을 신청할 수 있다.(2022.1.4 본항개정)

② 제1항에 따른 재정신청에 관하여는 「형사소송법」 제260조제2항부터 제4항까지, 제261조, 제262조, 제262조의4, 제264조 및 제264조의2를 적용한다.

③ 제1항을 적용할 때 같은 항에 따른 검사의 통보가 없는 경우에는 다음 각 호에서 정한 날에 그 통보가 있는 것으로 본다.
1. 검사가 해당 범죄의 공소시효 만료일 10일 전까지 공소를 제기하지 아니한 때에는 그 날
2. 위원회가 제59조제6항에 따라 고발한 날부터 3개월이 경과한 날까지 검사가 공소를 제기하지 아니한 때에는 그 3개월이 경과한 날

(2022.1.4 본항개정)

제61조의2【이의신청】 제59조제6항에 따라 위원회가 관할 수사기관에 고발한 경우, 위원회가 사법경찰관으로부터 해당 사건을 검사에게 송치하지 아니한다는 통지를 받았을 때에는 위원회는 「형사소송법」 제245조의7에 따라 해당 사법경찰관의 소속 관서의 장에게 이의를 신청할 수 있다.(2022.1.4 본조개정)

제62조【불이익조치 등의 금지】 ① 누구든지 신고자에게 신고나 이와 관련한 진술, 자료 제출 등(이하 "신고등"이라 한다)을 한 이유로 불이익조치를 하여서는 아니 된다.

② 누구든지 신고등을 하지 못하도록 방해하거나 신고자에게 신고등을 취소하도록 강요해서는 아니 된다.

(2019.4.16 본조개정)

제62조의2【신분보장 등의 조치 신청 등】 ① 신고자는 신고등을 이유로 불이익조치를 받았거나 받을 것으로 예상되는 경우에는 대통령령으로 정하는 바에 따라 위원회에 해당 불이익조치에 대한 원상회복이나 그 밖에 필요한 조치(이하 "신분보장등조치"라 한다)를 신청할 수 있다.

② 신분보장등조치는 불이익조치가 있었던 날(불이익조치가 계속된 경우에는 그 종료일)부터 1년 이내에 신청하여야 한다. 다만, 신고자가 천재지변, 전쟁, 사변, 그 밖에 불가항력의 사유로 1년 이내에 신분보장등조치를 신청할 수 없었을 때에는 그 사유가 소멸한 날부터 14일(국외에서의 신분보장등조치 신청은 30일) 이내에 신청할 수 있다.

③ 위원회는 신분보장등조치의 신청이 다음 각 호의 어느 하나에 해당하는 경우에는 결정으로 신청을 각하하고, 신분보장등조치를 신청한 사람(이하 "신분보장신청인"이라 한다)과 그가 소속된 기관·단체·기업 등의 장 또는 관계 기관·단체·기업 등의 장(이하 "소속기관장등"이라 한다)에게 각각 서면으로 통보하여야 한다. 다만, 통보로 인하여 신분보장신청인이 불이익조치 등을 받을 우려가 있는 경우 소속기관장등에게는 통보하지 아니할 수 있다.(2022.1.4 본문개정)
1. 제2항에 따른 신청기간이 지나 신청한 경우
2. 신고자 또는 「행정절차법」 제12조제1항에 따른 대리인이 아닌 사람이 신청한 경우
3. 각하결정, 제62조의3제1항에 따른 신분보장등조치를 취하도록 요구하는 결정, 같은 조 제2항에 따른 신분보장등조치의 권고 또는 같은 조 제3항에 따른 신분보장등조치 신청을 기각하는 결정을 받은 동일한 불이익조치에 대하여 다시 신청한 경우
4. 다른 법령에 따른 구제절차에 의하여 이미 구제를 받은 경우
5. 제59조제3항 각 호의 어느 하나에 해당하여 신분보장등조치 신청의 요건을 갖추지 못하는 경우로서 신분보장등조치가 필요하지 아니하다고 인정되는 경우

④ 위원회는 제1항에 따른 신청(제3항에 따라 각하결정된 경우는 제외한다)에 대하여 조사를 하여야 한다. 이 경우 다음 각 호의 어느 하나에 해당하는 자에게 출석을 요구하여 진술을 청취하거나 진술서·자료의 제출, 사실·정보의 조회를 요구할 수 있으며, 위원회로부터 이러한 요구를 받은 자는 성실히 따라야 한다.
1. 신분보장신청인
2. 불이익조치를 한 자
3. 참고인
4. 관계 기관·단체·기업 등

⑤ 위원회는 조사과정에서 소속기관장등에게 충분한 소명(疏明)기회를 주어야 한다.

(2019.4.16 본조신설)

제62조의3【신분보장 등의 조치 결정 등】 ① 위원회는 조사 결과 신분보장신청인이 신고등을 이유로 불이익조치(제2조제7호아목 및 자목에 해당하는 불이익조치는 제외한다)를 받았거나 받을 것으로 예상되는 경우에는 소속기관장등에게 30일 이내의 기간을 정하여 다음 각 호의 신분보장 등 조치를 취하도록 요구하는 결정(이하 "신분보장등조치결정"이라 한다)을 하여야 하며, 소속기관장등은 정당한 사유가 없으면 이에 따라야 한다.
1. 원상회복 조치
2. 차별 지급되거나 체불(滯拂)된 보수 등(이자를 포함한다)의 지급. 이 경우 보수 등의 지급기준 및 산정방법 등은 대통령령으로 정한다.
3. 불이익조치에 대한 취소 또는 금지
4. 전보, 그 밖에 필요한 조치

② 위원회는 조사 결과 신분보장신청인이 신고등을 이유로 제2조제7호아목 또는 자목에 해당하는 불이익조치를 받았거나 받을 것으로 예상되는 경우에는 소속기관장등에게 30일 이내의 기간을 정하여 인가·허가 또는 계약의 효력 유지 등 필요한 신분보장등조치를 할 것을 권고(이하 "신분보장등조치권고"라 한다)할 수 있다.

③ 위원회는 조사 결과 신분보장신청인이 신고등을 이유로 불이익조치를 받지 않았거나 받을 것으로 예상되지 아니하는 경우에는 신분보장등조치 신청을 기각하는 결정(이하 "기각결정"이라 한다)을 하여야 한다.

④ 위원회는 신분보장등조치결정을 하는 경우에는 신고등을 이유로 불이익조치를 한 자의 징계권자에게 그에 대한 징계를 요구할 수 있다.

⑤ 공직자인 신분보장신청인이 위원회에 전직, 전출·전입 및 파견근무 등의 인사에 관한 조치를 요청하는 경우 위원회는 타당하다고 인정하면 인사혁신처장 등 인사조치 요청과 관계된 기관의 장에게 필요한 조치를 요구할 수 있다. 이 경우 인사혁신처장 등 관계 기관의 장은 위원회로부터 받은 요구를 우선적으로 고려하여야 하며, 그 결과를 위원회에 통보하여야 한다.

⑥ 신분보장등조치결정, 신분보장등조치권고 또는 기각결정을 하는 경우에는 신분보장신청인과 소속기관장등에게 각각 서면으로 통보하여야 한다.

(2019.4.16 본조신설)

제62조의4【행정소송의 제기 등】 ① 소속기관장등은 신분보장등조치결정에 대하여 「행정소송법」에 따른 행정소송을 제기하는 경우에는 같은 법 제20조제1항에도 불구하고 신분보장등조치결정을 통보받은 날부터 30일 이내에 제기하여야 한다.

② 소속기관장등은 신분보장등조치결정에 대해서는 「행정심판법」에 따른 행정심판을 청구할 수 없다.

(2019.4.16 본조신설)

제62조의5【불이익조치 절차의 일시정지】 ① 위원장은 다음 각 호의 어느 하나에 해당하는 사유가 있고, 이를 방치할 경우 회복하기 어려운 피해가 발생할 우려가 있으며, 신분보장등조치 신청에 대한 위원회의 결정을 기다릴 시간적인 여유가 없다고 인정되면 신분보장신청인의 신청에 따라 또는 직권으로 45일 이내의 기간을 정하여 소속기관장등에게 불이익조치 절차의 잠정적인 중지 조치를 요구할 수 있다.
1. 신고로 인하여 신분보장신청인에 대한 불이익조치 절차가 예정되어 있거나 이미 진행 중인 경우
2. 신고로 인하여 신분보장신청인에 대한 불이익조치가 행하여졌고 추가적인 불이익조치 절차가 예정되어 있거나 이미 진행 중인 경우

② 제1항에 따른 요구를 받은 소속기관장등은 정당한 사유가 없으면 이에 따라야 한다.

(2019.4.16 본조신설)

제62조의6【이행강제금】 ① 위원회는 신분보장등조치결정을 받은 후 그 정해진 기한까지 신분보장등조치를 하지 아니한 자에게 3천만원 이하의 이행강제금을 부과한다. 다만, 국가 또는 지방자치단체는 제외한다.

② 제1항에 따른 이행강제금의 부과절차 등에 관하여는 「공익신고자 보호법」 제21조의2제2항부터 제6항까지의 규정을 준용한다. 이 경우 "보호조치결정"은 "신분보장등조치결정"으로, "보호조치"는 "신분보장등조치"로, "불이익조치를 한 자"는 "소속기관장등"으로 본다.

③ 제1항에 따른 이행강제금의 부과기준, 징수절차 등에 필요한 사항은 대통령령으로 정한다.

(2019.4.16 본조신설)

제63조【불이익 추정】 신고자가 신고한 뒤 제62조의2 제1항에 따라 위원회에 신분보장등조치를 신청하거나 법원에 원상회복 등에 관한 소를 제기하는 경우 해당 신고와 관련하여 불이익을 당한 것으로 추정한다.(2019.4.16 본조개정)

제63조의2【화해의 권고 등】 ① 위원회는 신분보장등조치 신청을 받은 경우에는 신분보장등조치결정, 신분보장등조치권고 또는 기각결정을 하기 전까지 직권으로 또는 관계 당사자의 신청에 따라 신분보장등조치 등에 대하여 화해를 권고하거나 화해안을 제시할 수 있다. 이 경우 화해 권고나 화해안에 공무원의 징계에 관한 사항을 포함하거나 이 법의 목적을 위반하는 조건을 붙여서는 아니 된다.

② 제1항에 따른 화해안의 작성, 화해조서의 작성 및 효력 등에 관하여는 「공익신고자 보호법」 제24조제2항부터 제4항까지의 규정을 준용한다.

(2019.4.16 본조신설)

제64조【신고자의 비밀보장】 ① 누구든지 이 법에 따른 신고자라는 사정을 알면서 그의 인적사항이나 그가 신고자임을 미루어 알 수 있는 사실을 다른 사람에게 알려주거나 공개 또는 보도하여서는 아니 된다. 다만, 이 법에 따른 신고자가 동의한 때에는 그러하지 아니하다.

② 위원회는 제1항을 위반하여 신고자의 인적사항이나 신고자임을 미루어 알 수 있는 사실이 공개 또는 보도되었을 때에는 그 경위를 확인할 수 있다.

③ 위원회는 제2항에 따른 경위를 확인하는 데 필요하다고 인정하면 관계 기관에 관련 자료의 제출이나 의견의 진술 등을 요청할 수 있다. 이 경우 자료의 제출이나 의견의 진술을 요청받은 해당 기관은 특별한 사유가 없으면 그 요청에 협조하여야 한다.

④ 위원회는 제1항을 위반하여 신고자의 인적사항이나 신고자임을 미루어 알 수 있는 사실을 다른 사람에게 알려주거나 공개 또는 보도한 사람의 징계권자에게 그 사람에 대한 징계 등 필요한 조치를 요구할 수 있다.

(2017.10.31 본조개정)

제64조의2【신변보호조치】 ① 신고자는 신고를 한 이유로 자신과 친족 또는 동거인의 신변에 불안이 있는 경우에는 위원회에 신변보호조치를 요구할 수 있다. 이 경우 위원회는 필요하다고 인정한 때에는 경찰청장, 관할 시·도경찰청장, 관할 경찰서장에게 신변보호조치를 요구할 수 있다.(2020.12.22 후단개정)

② 제1항에 따른 신변보호조치를 요구받은 경찰청장, 관할 시·도경찰청장, 관할 경찰서장은 대통령령으로 정하는 바에 따라 즉시 신변보호조치를 하여야 한다.

(2020.12.22 본항개정)

③ 신고자가 신고를 이유로 피해를 입거나 입을 우려가 있다고 인정할 만한 상당한 이유가 있는 경우 해당 신고와 관련한 조사 및 형사절차에서 「특정범죄신고자 등 보호법」 제7조(인적 사항의 기재 생략) 및 제9조(신원관리카드의 열람)부터 제12조(소송진행의 협의 등)까지의 규정을 준용한다.

(2017.10.31 본조신설)

제65조【협조자 보호】 신고와 관련하여 신고자 외에 진술·증언 그 밖에 자료제출 등의 방법으로 신고내용의 감사·수사 또는 조사에 조력한 자의 신분보장 및 신변보호 등에 관하여는 제62조, 제62조의2부터 제62조의6까지, 제63조, 제63조의2, 제64조, 제64조의2, 제66조 및 제66조의2를 준용한다.(2019.4.16 본조개정)

제66조【책임의 감면 등】 ① 신고등과 관련하여 신고자의 범죄행위가 발견된 경우 그 신고자에 대하여 형을 감경하거나 면제할 수 있다.

② 공공기관의 장은 신고등과 관련하여 발견된 위법행위 등을 이유로 관계 법령 등에 따라 신고자에게 징계나 불리한 행정처분을 하는 경우 그 징계나 불리한 행정처분을 감경 또는 면제할 수 있다.(2022.1.4 본항개정)

③ 신고등과 관련하여 발견된 위법행위 등을 이유로 신고자에게 징계를 하거나 불리한 행정처분을 하는 경우 위원회는 신고자의 징계권자나 행정처분권자에게 그 징계나 행정처분의 감경 또는 면제를 요구할 수 있다. 이 경우 요구를 받은 자는 정당한 사유가 있는 경우 외에는 그 요구에 따라야 한다.(2022.1.4 본항신설)
④ 신고등의 내용에 직무상 비밀이 포함된 경우에도 다른 법령, 단체협약 또는 취업규칙 등의 관련 규정에 불구하고 직무상 비밀준수의무를 위반하지 아니한 것으로 본다.
⑤ 위원회는 제1항에 따른 신고자의 범죄행위에 관한 형사재판 또는 신고등으로 인한 징계나 불리한 행정처분과 관련된 소송에 대하여 법원의 요청이 있거나 필요하다고 인정할 때에는 법원의 담당 재판부에 의견을 제출할 수 있다.(2022.1.4 본항신설)
(2019.4.16 본조개정)
제66조의2【협조의 요청】 위원회는 신고에 대한 조사·처리 또는 신분보장등조치에 필요한 경우 관계 행정기관, 상담소 또는 의료기관, 그 밖의 관련 단체 등에 대하여 협조를 요청할 수 있다. 이 경우 요청을 받은 공공기관은 정당한 사유가 없으면 이에 따라야 하며, 그 밖의 단체 등은 최대한 협조하여야 한다.(2019.4.16 본조신설)
제67조【준용규정】 제57조, 제58조, 제58조의2, 제62조, 제62조의2부터 제62조의6까지, 제63조, 제63조의2, 제64조, 제64조의2, 제65조, 제66조 및 제66조의2는 다음 각 호의 경우에 준용한다. 다만, 제58조의2는 제3호의 경우에만 준용하되, 위원회에 신고한 경우에 한정한다.
(2022.1.4 본문개정)
1. 피신고자가 소속된 공공기관에 부패행위를 신고한 경우
2. 피신고자의 소속기관·단체 또는 기업 등을 지도·감독하는 공공기관에 부패행위를 신고한 경우
3. 공직자 행동강령을 위반하는 행위를 신고한 경우
4. 부패행위 또는 공직자 행동강령 위반행위에 대하여 국회 또는 법원에서 증언하거나 수사기관에 고소·고발한 경우(2019.4.16 본호신설)
제68조【포상 및 보상 등】 ① 위원회는 위원회 또는 공공기관에 부패행위 신고를 하여 현저히 공공기관에 재산상 이익을 가져오거나 손실을 방지한 경우 또는 공익의 증진을 가져온 경우에는 신고를 한 자에 대하여 「상훈법」 등의 규정에 따라 포상을 추천할 수 있으며, 대통령령으로 정하는 바에 따라 포상금을 지급할 수 있다. 다만, 공공기관에 부패행위 신고를 한 경우에는 해당 공공기관이 포상 추천 또는 포상금 지급을 요청한 경우만 해당한다.
② 신고자는 신고로 인하여 직접적인 공공기관 수입의 회복이나 증대 또는 비용의 절감을 가져오거나 그에 관한 법률관계가 확정된 때에는 위원회에 보상금의 지급을 신청할 수 있다.
③ 신고자 및 제65조에 따른 협조자, 그 친족 또는 동거인은 신고등과 관련하여 다음 각 호의 어느 하나에 해당하는 피해를 입었거나 비용을 지출한 경우 위원회에 구조금의 지급을 신청할 수 있다.
1. 육체적·정신적 치료 등에 소요된 비용
2. 전직·파견근무 등으로 소요된 이사비용
3. 부패행위 신고 등을 이유로 한 쟁송절차에 소요된 비용(2022.1.4 본호개정)
4. 불이익조치 기간의 임금 손실액
5. 그 밖에 중대한 경제적 손해(제2조제7호아목 및 자목에 따른 손해는 제외한다)
(2019.4.16 본항신설)
④ 위원회는 제2항에 따른 보상금의 지급신청을 받은 때에는 제69조에 따른 보상심의위원회의 심의·의결을 거쳐 대통령령으로 정하는 바에 따라 보상금을 지급하여야 한다. 다만, 공직자가 자기 직무 또는 공직자였던 자가 재직 중 자기 직무와 관련하여 신고한 사항에 대하여는 보상금을 감액하거나 지급하지 아니할 수 있다.
(2023.3.21 단서개정)
⑤ 위원회는 제3항에 따른 구조금의 지급신청을 받은 때에는 제69조에 따른 보상심의위원회의 심의·의결을 거쳐 대통령령으로 정하는 바에 따라 구조금을 지급하여야 한다. 다만, 위원회 위원장이 긴급하다고 인정하는 경우 위원장은 보상심의위원회의 심의·의결 이전에 대통령령으로 정하는 바에 따라 구조금의 전부 또는 일부를 우선 지급할 수 있다.(2022.1.4 본항신설)
⑥ 제2항에 따른 보상금의 지급신청은 공공기관 수입의 회복이나 증대 또는 비용의 절감에 관한 법률관계가 확정되었음을 안 날부터 3년 이내에 하여야 한다. 다만, 그 법률관계가 확정된 날부터 5년이 지나면 보상금 지급신청을 할 수 없다.
⑦ 제3항에 따른 구조금 지급과 관련된 조사 등에 관하여는 「공익신고자 보호법」 제27조제3항부터 제5항까지의 규정을 준용한다. 이 경우 "공익신고자등"은 "신고자 및 협조자"로 본다.(2019.4.16 본항신설)
(2019.4.16 본조개정)
제69조【보상심의위원회】 ① 위원회는 제68조에 따른 포상금·보상금·구조금의 지급에 관한 사항을 심의·의결하기 위하여 보상심의위원회를 둔다.(2019.4.16 본항개정)
② 보상심의위원회는 다음 각 호의 사항을 심의·의결한다.
1. 포상금·보상금·구조금의 지급요건에 관한 사항
2. 포상금·보상금·구조금의 지급액에 관한 사항
3. 그 밖에 포상금·보상금·구조금의 지급에 관한 사항
(2019.4.16 1호~3호개정)
③ 보상심의위원회는 위원장 1명을 포함하여 7명의 위원으로 구성한다.(2019.4.16 본항신설)
④ 보상심의위원회 위원장은 위원회 위원 중에서 위원회의 의결을 거쳐 위원회 위원장이 임명하며, 그 밖의 보상심의위원회 위원은 다음 각 호의 사람이 된다. 다만, 대한민국 국민이 아니거나 「국가공무원법」 제33조 각 호의 어느 하나에 해당하는 사람은 보상심의위원회 위원이 될 수 없다.
1. 위원회 소속으로 국장급 직위에 있는 공무원 중 위원회 위원장이 지명하는 사람 1명
2. 부패방지 및 보상에 관한 학식 또는 경험이 있는 법률·회계·감정평가, 그 밖의 관련 분야 전문가 및 「비영리민간단체 지원법」 제2조에 따른 비영리민간단체로부터 추천을 받은 사람으로서 위원회의 의결을 거쳐 위원회 위원장이 위촉하는 사람 5명
(2019.4.16 본항신설)
⑤ 제4항제2호에 따른 위원의 임기는 2년으로 하되, 한 차례만 연임할 수 있다.(2019.4.16 본항신설)
⑥ 제1항부터 제5항까지에서 규정한 사항 외에 보상심의위원회의 구성 및 운영에 필요한 사항은 대통령령으로 정한다.(2019.4.16 본항개정)
제70조【보상금의 지급결정 등】 ① 위원회는 제68조에 따른 보상금의 지급신청이 있는 때에는 특별한 사유가 없는 한 신청일부터 90일 이내에 그 지급여부 및 지급금액을 결정하여야 한다.
② 위원회는 제1항에 따른 보상금 지급결정이 있은 때에는 즉시 이를 신청인에게 통지하여야 한다.
제70조의2【보상금 등의 상환 및 환수】 ① 위원회는 제68조제4항에 따라 보상금을 지급한 경우 해당 공공기관(제2조제1호가목 중 「정부조직법」에 따른 각급 행정기관, 같은 호 다목에 따른 기관은 제외한다)에 대하여 3개월 이내의 기한을 정하여 보상금에 상당하는 금액을 위원회에 상환할 것을 요구할 수 있다. 이 경우 상환을 요구받은 공공기관은 해당 금액을 위원회에 상환하여야 한다.
② 위원회는 다음 각 호의 어느 하나에 해당하는 사실이 발견된 경우에는 그 보상금, 포상금 또는 구조금(이하 "보상금등"이라 한다)을 지급받은 사람에게 반환할 금액을 통지하여야 하며, 이를 지급받은 사람은 해당 금액을 납부하여야 한다.
1. 거짓이나 그 밖의 부정한 방법으로 보상금등을 지급받은 경우
2. 제68조제5항 단서에 따라 구조금을 지급받았으나 보상심의위원회가 구조금을 지급하지 아니하기로 심의·의결한 경우(2022.1.4 본호신설)
3. 제68조제5항 단서에 따라 지급받은 구조금이 보상심의위원회가 심의·의결한 지급금액을 초과하는 경우
(2022.1.4 본호신설)
4. 제71조제2항부터 제5항까지의 규정을 위반하여 보상금등이 지급된 경우
5. 그 밖에 보상금등이 잘못 지급된 경우
(2022.1.4 본항개정)
③ 위원회는 제1항 또는 제2항에 따라 상환 또는 반환하여야 할 자가 정당한 사유 없이 그 납부기한까지 해당 금액을 납부하지 아니하는 경우 국세 체납처분의 예에 따라 징수할 수 있다.
(2022.1.4 본조제목개정)
(2019.4.16 본조신설)
제71조【보상금등의 중복 지급 금지 등】 ① 이 법에 따라 보상금등을 지급받을 사람은 다른 법령에 따라 보상금등을 청구하는 것이 금지되지 아니한다.
② 위원회는 제68조제1항 또는 제2항에 따라 포상금 또는 보상금을 지급받을 사람이 동일한 원인으로 이 법에 따른 포상금·보상금을 받았거나 다른 법령에 따른 포상금·보상금 등을 받은 경우 그 포상금·보상금 등의 액수가 이 법에 따라 지급받을 포상금·보상금의 액수와 같거나 이를 초과할 때에는 포상금·보상금을 지급하지 아니하며, 그 포상금·보상금 등의 액수가 이 법에 따라 지급받을 포상금·보상금의 액수보다 적을 때에는 그 금액을 공제하고 포상금·보상금의 액수를 정하여야 한다.
③ 위원회는 제68조제3항에 따라 구조금을 지급받을 사람이 동일한 원인으로 이 법에 따른 구조금을 받았거나 다른 법령에 따른 구조금을 받은 경우 그 구조금의 액수가 이 법에 따라 지급받을 구조금의 액수와 같거나 이를 초과할 때에는 구조금을 지급하지 아니하며, 그 구조금의 액수가 이 법에 따라 지급받을 구조금의 액수보다 적을 때에는 그 금액을 공제하고 구조금의 액수를 정하여야 한다.
④ 다른 법령에 따라 포상금·보상금 등을 지급할 기관은 포상금·보상금 등을 지급받을 사람이 동일한 원인으로 이 법에 따른 포상금·보상금을 받은 경우 그 포상금·보상금의 액수가 다른 법령에 따라 지급받을 포상금·보상금 등의 액수와 같거나 이를 초과할 때에는 다른 법령에 따른 포상금·보상금 등을 지급하지 아니하며, 그 포상금·보상금의 액수가 다른 법령에 따라 지급받을 포상금·보상금 등의 액수보다 적을 때에는 그 금액을 공제하고 포상금·보상금 등의 액수를 정하여야 한다.
(2022.1.4 본항신설)
⑤ 다른 법령에 따라 구조금을 지급할 기관은 구조금을 지급받을 사람이 동일한 원인으로 이 법에 따른 구조금을 받은 경우 그 구조금의 액수가 다른 법령에 따라 지급받을 구조금의 액수와 같거나 이를 초과할 때에는 다른 법령에 따른 구조금을 지급하지 아니하며, 그 구조금의 액수가 다른 법령에 따라 지급받을 구조금의 액수보다 적을 때에는 그 금액을 공제하고 구조금의 액수를 정하여야 한다.(2022.1.4 본항신설)
(2022.1.4 본조개정)

제6장 국민감사청구

제72조【감사청구권】 ① 18세 이상의 국민은 공공기관의 사무처리가 법령위반 또는 부패행위로 인하여 공익을 현저히 해하는 경우 대통령령으로 정하는 일정한 수 이상의 국민의 연서로 감사원에 감사를 청구할 수 있다. 다만, 국회·법원·헌법재판소·선거관리위원회 또는 감사원의 사무에 대하여는 국회의장·대법원장·헌법재판소장·중앙선거관리위원회 위원장 또는 감사원장(이하 "당해 기관의 장"이라 한다)에게 감사를 청구하여야 한다.(2022.1.4 본문개정)
② 제1항에도 불구하고 다음 각호의 어느 하나에 해당하는 사항은 감사청구의 대상에서 제외한다.
1. 국가의 기밀 및 안전보장에 관한 사항
2. 수사·재판 및 형집행(보안처분·보안관찰처분·보호처분·보호관찰처분·보호감호처분·치료감호처분·사회봉사명령을 포함한다)에 관한 사항
3. 사적인 권리관계 또는 개인의 사생활에 관한 사항
4. 다른 기관에서 감사하였거나 감사중인 사항. 다만, 다른 기관에서 감사한 사항이라도 새로운 사항이 발견되거나 중요사항이 감사에서 누락된 경우에는 그러하지 아니하다.
5. 그 밖에 감사를 실시하는 것이 적절하지 아니한 정당한 사유가 있는 경우로서 대통령령이 정하는 사항
③ 제1항에도 불구하고 지방자치단체와 그 장의 권한에 속하는 사무의 처리에 대한 감사청구는 「지방자치법」 제21조에 따른다.(2021.1.12 본항개정)
제73조【감사청구의 방법】 감사청구를 하고자 하는 자는 대통령령으로 정하는 바에 따라 청구인의 인적사항과 감사청구의 취지 및 이유를 기재한 기명의 문서로 하여야 한다.
제74조【감사실시의 결정】 ① 제72조제1항 본문에 따라 감사청구된 사항에 대하여는 감사원규칙으로 정하는 국민감사청구심사위원회에서 감사실시 여부를 결정하여야 한다.
② 제72조제1항 단서에 따라 당해 기관의 장이 감사청구를 접수한 때에는 그 접수한 날부터 30일 이내에 국회규칙·대법원규칙·헌법재판소규칙·중앙선거관리위원회규칙 또는 감사원규칙으로 정하는 바에 따라 감사실시 여부를 결정하여야 한다.
③ 감사원 또는 당해 기관의 장은 감사청구가 이유 없다고 인정하는 때에는 이를 기각하고, 기각을 결정한 날부터 10일 이내에 그 사실을 감사청구인에게 통보하여야 한다.
제75조【감사청구에 의한 감사】 ① 감사원 또는 당해 기관의 장은 감사를 실시하기로 결정한 날부터 60일 이내에 감사를 종결하여야 한다. 다만, 정당한 사유가 있는 경우에는 그 기간을 연장할 수 있다.
② 감사원 또는 당해 기관의 장은 감사가 종결된 날부터 10일 이내에 그 결과를 감사청구인에게 통보하여야 한다.
제76조【운영】 이 법에서 정한 사항 외에 국민감사청구에 관하여 필요한 사항은 국회규칙·대법원규칙·헌법재판소규칙·중앙선거관리위원회규칙 또는 감사원규칙으로 정하는 바에 따른다.

제7장 보 칙

제77조【제도개선에 대한 제안 등】 ① 위원회는 고충민원 및 부패방지 업무의 처리과정에서 불합리한 제도를 발견하거나 그 밖에 개선이 필요하다고 인정되는 사항이 있는 경우에는 대통령 또는 국회에 그에 대한 의견을 제출할 수 있다.
② 위원회 또는 시민고충처리위원회는 고충민원 및 부패방지 업무의 처리과정에서 관련 법률 또는 조례가 현저히 불합리하다고 인정하는 경우에는 그 법률 또는 조례의 개정 또는 폐지 등에 관한 의견을 국회 또는 지방의회에 제출할 수 있다.
(2019.12.10 본조개정)
제78조【고충민원사무의 정보보호】 위원회 또는 시민고충처리위원회와 관계 행정기관등은 고충민원과 관련된 정보의 유출로 인하여 신청인과 이해관계인의 이익이 침해되지 아니하도록 노력하여야 한다.
제79조【고충민원 신청사항의 게시 등】 ① 위원회 또는 시민고충처리위원회와 관계 행정기관등의 장은 고충민

원의 신청에 필요한 사항을 게시하거나 편람을 비치하는 등 가능한 모든 편의를 제공하여야 한다.

② 위원회 또는 시민고충처리위원회는 고충민원업무를 처리함에 있어서 자체적으로 할 수 있는 자료의 확인 또는 관계 행정기관등과의 협조 등에 관하여 필요한 절차를 담당직원이 직접 행하도록 하는 등 신청인의 편의를 위하여 노력하여야 한다.

제80조【관계 행정기관등과의 협조】 ① 위원회 또는 시민고충처리위원회는 그 업무를 수행하기 위하여 필요하다고 인정하는 경우 관계 행정기관등에 협조를 요청할 수 있다.

② 위원회 또는 시민고충처리위원회의 협조를 요청받은 관계 행정기관등은 정당한 사유가 없는 한 이에 성실히 응하여야 한다.

제81조【교육과 홍보 등】 ① 위원회 또는 시민고충처리위원회는 모든 사람이 자신의 권리를 인지하고 권리의 침해가 발생한 경우 이를 구제받을 수 있도록 하기 위하여 필요한 교육과 홍보를 할 수 있다.

② 위원회 또는 시민고충처리위원회는 학교에서 고충민원의 처리와 권리구제 및 부패방지에 관한 내용이 교육될 수 있도록 지원하기 위하여 교육부장관과 협의할 수 있다.(2013.3.23 본항개정)

③ 위원회 또는 시민고충처리위원회는 공무원의 교육훈련과정에 고충민원 제도 및 부패방지에 관한 내용이 포함될 수 있도록 관계 행정기관등의 장과 협의할 수 있다.

제81조의2【공직자 부패방지교육】 ① 공공기관의 장은 부패방지교육을 실시하고 그 결과를 위원회에 제출하여야 한다.

② 위원회는 제1항에 따른 부패방지교육 실시 여부에 대한 점검을 실시하여야 한다.

③ 위원회는 제2항에 따른 점검 결과 교육이 부실하다고 인정되는 기관·단체에 대하여 대통령령으로 정하는 바에 따라 관리자 특별교육 등 필요한 조치를 취하여야 한다.(2022.1.4 본항신설)

④ 위원회는 제2항에 따른 점검결과를 다음 각 호의 평가에 반영하도록 해당 기관·단체의 장에게 요구할 수 있다.

1. 「정부업무평가 기본법」 제14조제1항 및 제18조제1항에 따른 중앙행정기관 및 지방자치단체의 자체평가와 같은 법 제21조제1항에 따른 지방자치단체 합동평가
2. 「공공기관의 운영에 관한 법률」 제48조제1항에 따른 공기업·준정부기관의 경영실적 평가
3. 「지방공기업법」 제78조제1항에 따른 지방공기업의 경영평가
4. 「초·중등교육법」 제9조제2항에 따른 시·도교육청평가

⑤ 제1항에 따른 교육의 내용·방법, 결과 제출 및 제2항에 따른 점검 등에 필요한 사항은 대통령령으로 정한다.

(2016.3.29 본조신설)

제81조의3【국민권익 향상에 관한 포상】 위원회는 대통령령으로 정하는 바에 따라 국민의 권익 보호·향상에 공적이 있는 개인 또는 단체를 포상할 수 있다.

(2019.4.16 본조신설)

제82조【비위면직자 등의 취업제한】 ① 비위면직자 등은 다음 각 호의 어느 하나에 해당하는 사람을 말한다.

(2022.1.4 본문개정)

1. 공직자가 재직 중 직무와 관련된 부패행위로 당연퇴직, 파면 또는 해임된 자
2. 공직자였던 사람으로서 재직 중 직무와 관련된 부패행위로 벌금 300만원 이상의 형의 선고를 받은 사람(해당 형의 집행유예 선고를 받고 그 유예기간이 경과된 사람을 포함한다)(2022.1.4 본호개정)

② 제1항에 따른 비위면직자 등(이하 "비위면직자등"이라 한다)은 제3항 각 호의 구분에 따른 날부터 5년 동안 다음 각 호의 취업제한기관에 취업할 수 없다.(2022.1.4 본문개정)

1. 공공기관(「유아교육법」, 「초·중등교육법」, 「고등교육법」 및 그 밖의 다른 법령에 따라 설치된 국·공립학교를 포함한다)(2022.1.4 본호개정)
2. 대통령령으로 정하는 부패행위 관련 기관
3. 퇴직 전 5년간 소속하였던 부서 또는 기관의 업무와 밀접한 관련이 있는 영리사기업체 등(다음 각 목의 법인 등을 포함한다)

가. 「변호사법」 제40조에 따른 법무법인, 같은 법 제58조의2에 따른 법무법인(유한), 같은 법 제58조의18에 따른 법무조합 및 같은 법 제89조의6제3항에 따른 법률사무소

나. 「공인회계사법」 제23조제1항에 따른 회계법인

다. 「세무사법」 제16조의3제1항에 따른 세무법인

라. 「외국법자문사법」 제2조제4호에 따른 외국법자문법률사무소

마.~바. (2022.1.4 삭제)

사. 「유아교육법」, 「초·중등교육법」, 「고등교육법」, 그 밖의 다른 법령에 따라 설치된 각급 사립학교 및 「사립학교법」에 따른 학교법인으로서 공공기관에 해당하지 아니하는 기관(2022.1.4 본목개정)

아. 「의료법」 제3조의3에 따른 종합병원과 종합병원을 개설한 같은 법 제33조제2항제3호에 따른 의료법인 및 같은 항 제4호에 따른 비영리법인

자. 「사회복지사업법」 제2조제3호에 따른 사회복지법인 및 같은 조 제4호에 따른 사회복지시설을 운영하는 비영리법인

4. 제3호에 따른 영리사기업체 등의 공동이익과 상호협력 등을 위하여 설립된 법인·단체(이하 "협회"라 한다)(2022.1.4 본호개정)

(2016.3.29 본항신설)

③ 제2항의 취업제한기간은 다음 각 호의 구분에 따른 날부터 기산한다.

1. 당연퇴직, 파면 또는 해임된 경우 : 퇴직일
2. 300만원 이상 벌금형의 선고(해당 형의 집행유예 선고를 포함한다)를 받은 경우 : 그에 대한 판결이 확정된 날
3. 자격정지 또는 자격상실 형의 선고를 받은 경우 : 그에 대한 판결이 확정된 날
4. 금고형 또는 징역형의 선고를 받은 경우 : 그에 대한 집행이 종료(집행이 종료된 것으로 보는 경우를 포함한다)된 날 또는 사면, 형 집행의 면제 등으로 집행을 받지 아니하기로 확정된 날 중 빠른 날
5. 금고형 또는 징역형의 집행유예 선고를 받은 경우 : 그에 대한 판결이 확정된 날
6. 사형의 선고를 받은 경우 : 사면 등으로 집행을 받지 아니하기로 확정된 날

(2022.1.4 본항신설)

④ 제2항에 따른 취업 여부를 판단하는 경우 「상법」에 따른 사외이사나 고문 또는 자문위원 등 직위나 직책 여부 또는 계약의 형식에 관계없이 취업제한기관의 업무를 처리하거나 조언·자문하는 등의 지원을 하고 주기적으로 또는 기간을 정하여 그 대가로서 임금·봉급 등을 받는 경우에는 이를 취업한 것으로 본다.(2016.3.29 본항신설)

⑤ 「공직자윤리법」 제17조제2항, 제3항, 제5항 및 제8항은 제2항제3호에 따른 퇴직 전 소속 부서 또는 기관의 업무와 영리사기업체 등 사이의 밀접한 관련성의 범위에 관하여 이를 준용한다.

⑥ 공공기관의 장은 비위면직자등에게 제2항에 따라 취업제한기관에 취업할 수 없다는 사실을 지체 없이 안내하여야 한다.(2022.1.4 본항신설)

(2016.3.29 본조개정)

제82조의2【자료 제출 요구】 위원회는 제82조에 따른 취업제한의 위반 여부를 확인하기 위하여 「형의 실효 등에 관한 법률」 제2조제5호가목에 따른 범죄경력자료 등 대통령령으로 정하는 자료의 제출을 요구할 수 있다. 이 경우 요구를 받은 해당 공공기관의 장은 정당한 사유가 없으면 이에 따라야 한다.(2016.3.29 본조신설)

제83조【취업자의 해임요구】 ① 위원회는 제82조제2항에 위반하여 공공기관에 취업한 자가 있는 경우 당해 공공기관의 장에게 그의 해임을 요구하여야 하며, 해임요구를 받은 공공기관의 장은 정당한 사유가 없는 한 이에 응하여야 한다.

② 위원회는 제82조제2항에 위반하여 대통령령으로 정하는 부패행위 관련 기관, 영리사기업체 등 또는 협회에 취업한 자가 있는 경우 관계공공기관의 장에게 그 취업자에 대한 취업해제조치의 강구를 요구하여야 하며, 요구를 받은 관계공공기관의 장은 그 취업자가 취업하고 있는 부패행위 관련 기관, 영리사기업체 등 또는 협회의 장에게 그의 해임을 요구하여야 한다. 이 경우 해임요구를 받은 부패행위 관련 기관, 영리사기업체 등 또는 협회의 장은 정당한 사유가 없는 한 지체 없이 이에 응하여야 한다.

(2016.3.29 본조개정)

제83조의2【벌칙 적용에서 공무원 의제】 ① 위원회의 위원 중 공무원이 아닌 위원, 제22조에 따른 전문위원 및 제25조에 따른 파견 직원은 위원회의 업무와 관련하여 「형법」이나 그 밖의 법률에 따른 벌칙을 적용할 때에는 공무원으로 본다.

② 제69조에 따른 보상심의위원회의 위원 중 공무원이 아닌 사람은 보상심의위원회의 업무와 관련하여 「형법」 제129조부터 제132조까지의 규정을 적용할 때에는 공무원으로 본다.

(2019.4.16 본조신설)

제84조【국회 등의 특례】 국회·법원·헌법재판소·중앙선거관리위원회·감사원 또는 고위공직자범죄수사처는 당해 기관의 부패방지를 위하여 자체적으로 제12조제5호부터 제8호까지의 업무를 성실히 추진하여야 한다.

(2020.12.29 본조개정)

제85조【다른 법률과의 관계 등】 ① 이 법에서 정한 사항 외에 행정심판에 관하여는 「행정심판법」에 따른다.

② 이 법에서 정한 사항 외에 이 법 시행에 관하여 필요한 사항은 대통령령·국회규칙·대법원규칙·헌법재판소규칙·중앙선거관리위원회규칙 또는 감사원규칙으로 정한다.

제8장 벌 칙

제86조 (2021.5.18 삭제)

제87조【업무상 비밀누설죄】 제30조에 위반하여 부패방지 업무처리 중 알게 된 비밀을 누설한 자는 5년 이하의 징역 또는 5천만원 이하의 벌금에 처한다.(2017.10.31 본조개정)

제88조【인적사항 공개 등 금지 위반의 죄】 제64조제1항(제65조 및 제67조에서 준용하는 경우를 포함한다)을 위반한 자는 5년 이하의 징역 또는 5천만원 이하의 벌금에 처한다.(2019.12.10 본조개정)

제89조【비위면직자등의 취업제한 위반의 죄】 비위면직자등이 제82조제2항 및 제3항을 위반하여 취업제한기관에 취업한 때에는 2년 이하의 징역 또는 2천만원 이하의 벌금에 처한다.(2022.1.4 본조개정)

제90조【불이익조치 및 신분보장등조치결정 불이행의 죄】 ① 다음 각 호의 어느 하나에 해당하는 자는 3년 이하의 징역 또는 3천만원 이하의 벌금에 처한다.

1. 제62조제1항(제65조 및 제67조에서 준용하는 경우를 포함한다)을 위반하여 제2조제7호가목에 해당하는 불이익조치를 한 자
2. 제62조의3제1항(제65조 및 제67조에서 준용하는 경우를 포함한다)에 따른 신분보장등조치결정을 이행하지 아니한 자

② 다음 각 호의 어느 하나에 해당하는 자는 2년 이하의 징역 또는 2천만원 이하의 벌금에 처한다.

1. 제62조제1항(제65조 및 제67조에서 준용하는 경우를 포함한다)을 위반하여 제2조제7호나목부터 사목까지의 어느 하나에 해당하는 불이익조치를 한 자
2. 제62조제2항을 위반하여 신고등을 방해하거나 신고등을 취소하도록 강요한 자

③ 제62조의5(제65조 및 제67조에서 준용하는 경우를 포함한다)에 따른 잠정적인 중지 조치 요구를 정당한 사유 없이 이행하지 아니한 자는 1년 이하의 징역 또는 1천만원 이하의 벌금에 처한다.(2019.12.10 본항개정)

(2019.4.16 본조개정)

제91조【과태료】 ① 제62조의2제4항(제65조 및 제67조에서 준용하는 경우를 포함한다)을 위반하여 출석, 진술서·자료의 제출, 사실·정보의 조회 요구에 따르지 아니한 자에게는 3천만원 이하의 과태료를 부과한다.

(2019.4.16 본항개정)

② 정당한 사유 없이 제83조제1항 및 제2항에 따른 요구를 거부한 취업제한기관의 장에게는 1천만원 이하의 과태료를 부과한다.(2019.4.16 본항신설)

③ 다음 각 호의 어느 하나에 해당하는 자에게는 500만원 이하의 과태료를 부과한다.

1. 정당한 사유 없이 제42조에 따른 업무수행을 방해·거부 또는 기피하거나 고의로 지연시킨 자
2. 정당한 사유 없이 제82조의2에 따른 자료 제출 요구를 거부한 공공기관의 장

(2016.3.29 본항개정)

④ 제1항부터 제3항까지의 규정에 따른 과태료는 대통령령으로 정하는 바에 따라 위원회가 부과·징수한다.

(2019.4.16 본항개정)

⑤~⑧ (2009.1.7 삭제)

부 칙

제1조【시행일】 이 법은 공포한 날부터 시행한다.

제2조【다른 법률의 폐지】 다음 각 호의 법률은 이를 폐지한다.

1. 「부패방지법」
2. 「국민고충처리위원회의 설치 및 운영에 관한 법률」

제3조【위원회 조직의 폐지 및 신설에 따른 소관사무 및 공무원등에 대한 경과조치】 ① 이 법 시행 당시 국민고충처리위원회, 국가청렴위원회의 각 소관사무는 국민권익위원회가 각각 승계한다.

② 이 법 시행 당시 국민고충처리위원회, 국가청렴위원회의 각 위원장과 정무직 상임위원을 제외한 위원은 이 법에 따라 국민권익위원회의 위원으로 임명 또는 위촉된 것으로 본다. 이 경우 위원의 임기는 잔여기간으로 한다.

③ 이 법 시행 당시 국민고충처리위원회, 국가청렴위원회의 각 소속공무원은 국민권익위원회의 소속공무원으로 본다.

제4조【사무이관에 따른 경과조치】 ① 이 법 시행 당시 종전의 「국민고충처리위원회의 설치 및 운영에 관한 법률」 및 「부패방지법」에 따라 행한 국민고충처리위원회 및 국가청렴위원회의 행위와 위 기관에 대한 행위는 국민권익위원회의 행위 또는 국민권익위원회에 대한 행위로 본다.

② 이 법 시행 당시 종전의 「부패방지법」에 따라 청구된 국민감사청구와 감사원·국회·법원·헌법재판소 또는 중앙선거관리위원회에서 이루어진 국민감사청구에 관한 사무는 이 법에 따라 행한 것으로 본다.

제5조【파견공무원 등에 대한 경과조치】 이 법 시행 당시 국민고충처리위원회 및 국가청렴위원회에 파견된 공무원 또는 관련기관·단체의 직원은 이 법에 따라 국민권익위원회에 파견된 공무원 또는 직원으로 본다.

제6조【다른 법령과의 관계】 ① 이 법 시행 당시 다른 법령에서 국민권익위원회가 승계하는 국가청렴위원회, 국민고충처리위원회의 소관사무와 관련하여 "국가청렴위원회", "국민고충처리위원회" 또는 "국가청렴위원회위원장", "국민고충처리위원회위원장"을 인용한 경우에는 "국민권익위원회" 또는 "국민권익위원회위원장"을 인용한 것으로 본다.

② 이 법 시행 당시 다른 법령에서 「국민고충처리위원회의 설치 및 운영에 관한 법률」과 「부패방지법」을 인용한 경우 이 법의 해당조항을 인용한 것으로 본다.

부　칙 (2014.5.28)

제1조【시행일】 이 법은 공포한 날부터 시행한다.
제2조【공무원의 구분 변경에 따른 경과조치】 이 법 시행 당시 종전의 규정에 따라 국민권익위원회의 상임위원으로 재직 중인 별정직공무원은 이 법 시행일에 「국가공무원법」 제26조의5에 따른 임기제공무원으로 임용된 것으로 본다. 이 경우 그 임기는 상임위원으로 임명될 당시 임기의 남은 기간으로 한다.

부　칙 (2016.3.29)

제1조【시행일】 이 법은 공포 후 6개월이 경과한 날부터 시행한다.
제2조【비위면직자 등의 취업제한 등에 관한 적용례】 제82조제1항제2호의 개정규정은 이 법 시행 후 최초로 퇴직하는 공직자부터 적용한다.
제3조【비위면직자 등의 취업제한 관련 경과조치】 제82조제2항부터 제4항까지의 개정규정에도 불구하고, 이 법 시행 전에 직무와 관련된 부패행위로 당연퇴직, 파면 또는 해임된 공직자의 취업제한은 종전의 규정에 따른다.

부　칙 (2018.4.17)

이 법은 공포한 날부터 시행한다.

부　칙 (2019.4.16)

제1조【시행일】 이 법은 공포 후 6개월이 경과한 날부터 시행한다.
제2조【위원회 소속 공무원의 제척·기피·회피에 대한 적용례】 제18조제4항의 개정규정은 이 법 시행 후 최초로 제18조제1항부터 제3항까지에 따른 제척·기피·회피 사유가 발생한 경우부터 적용한다.
제3조【신분보장등조치에 관한 적용례】 제62조의2 및 제62조의3의 개정규정(제65조 및 제67조에서 각각 준용하는 경우를 포함한다)은 이 법 시행 이후 부패행위 신고를 하는 경우부터 적용한다.
제4조【행정소송의 제기 등에 관한 적용례】 제62조의4의 개정규정(제65조 및 제67조에서 준용하는 경우를 포함한다)은 이 법 시행 이후 위원회로부터 신분보장등조치결정을 통보받는 경우부터 적용한다.
제5조【이행강제금에 관한 적용례】 제62조의6의 개정규정(제65조 및 제67조에서 준용하는 경우를 포함한다)은 이 법 시행 이후 신고자에게 불이익조치를 한 자부터 적용한다.
제6조【화해의 권고 등에 관한 적용례】 제63조의2의 개정규정(제65조 및 제67조에서 준용하는 경우를 포함한다)은 이 법 시행 이후 위원회에 신분보장등조치를 신청하는 경우부터 적용한다.
제7조【책임의 감면 등에 관한 적용례】 제66조의 개정규정(제65조 및 제67조에서 준용하는 경우를 포함한다)은 이 법 시행 이후 부패행위 신고를 하는 경우부터 적용한다.
제8조【포상, 포상금, 보상금 및 구조금에 관한 적용례】 제68조 및 제70조의2(보상금의 반환에 관한 사항은 제외한다)의 개정규정은 이 법 시행 이후 부패행위 신고를 하는 경우부터 적용한다.
제9조【보상심의위원회 위원의 결격사유에 대한 경과조치】 이 법 시행 당시 보상심의위원회의 위원인 사람에 대하여는 제69조제4항 단서의 개정규정에도 불구하고 해당 위원의 임기가 만료될 때까지 종전의 규정에 따른다.
제10조【과태료에 관한 경과조치】 이 법 시행 전의 행위에 대하여 과태료를 적용할 때에는 종전의 규정에 따른다.
제11조【다른 법률의 개정】 ※(해당 법령에 가제정리 하였음)

부　칙 (2019.12.10)

이 법은 공포 후 6개월이 경과한 날부터 시행한다. 다만, 제77조제1항 및 제2항의 개정규정은 공포한 날부터 시행한다.

부　칙 (2020.6.9)

제1조【시행일】 이 법은 공포한 날부터 시행한다.(이하 생략)

부　칙 (2020.12.22)

제1조【시행일】 이 법은 2021년 1월 1일부터 시행한다.(이하 생략)

부　칙 (2020.12.29)

이 법은 공포한 날부터 시행한다. 다만, 제61조의2의 개정규정은 2021년 1월 1일부터 시행한다.

부　칙 (2021.1.12)
(2021.5.18)

제1조【시행일】 이 법은 공포 후 1년이 경과한 날부터 시행한다.(이하 생략)

부　칙 (2021.8.17)

이 법은 공포 후 6개월이 경과한 날부터 시행한다.

부　칙 (2022.1.4)

제1조【시행일】 이 법은 공포 후 6개월이 경과한 날부터 시행한다. 다만, 제62조의2제3항의 개정규정은 공포한 날부터 시행한다.
제2조【조사기관의 처리에 관한 적용례】 제60조제1항 및 제2항의 개정규정은 이 법 시행 이후 조사기관이 위원회로부터 송부받는 신고부터 적용한다.
제3조【구조금 지급신청에 관한 적용례】 제68조제3항제3호의 개정규정은 이 법 시행 전에 쟁송절차에 소요된 비용을 지출한 경우에도 적용한다.
제4조【포상금의 환수에 관한 적용례】 제70조의2제2항제1호, 제4호 및 제5호의 개정규정은 이 법 시행 이후에 하는 부패행위의 신고로 인하여 지급한 포상금을 환수하는 경우부터 적용한다.
제5조【포상금의 중복 지급 금지 등에 관한 적용례】 제71조의 개정규정은 이 법 시행 이후에 하는 부패행위의 신고로 인하여 포상금을 지급하는 경우부터 적용한다.
제6조【감사청구에 관한 적용례】 제72조제1항의 개정규정은 이 법 시행 이후 국민의 연서로 감사를 청구하는 경우부터 적용한다.
제7조【비위면직자등의 취업제한에 관한 경과조치】 이 법 시행 전에 비위면직자등이 된 사람은 제82조제2항제1호 및 같은 조 제3항제2호·제3호의 개정규정에도 불구하고 종전의 규정에 따른다.

부　칙 (2022.4.26)

제1조【시행일】 이 법은 공포 후 1년이 경과한 날부터 시행한다.(이하 생략)

부　칙 (2023.3.21)

제1조【시행일】 이 법은 공포 후 3개월이 경과한 날부터 시행한다.
제2조【보상금 지급에 관한 적용례】 제68조제4항의 개정규정은 공직자였던 자가 이 법 시행 이후 재직 중 자기 직무와 관련한 사항을 신고한 경우부터 적용한다.

부정청탁 및 금품등 수수의 금지에 관한 법률(약칭 : 청탁금지법)

(2015년 3월 27일
법　률 제13278호)

개정
2016. 5.29법14183호(병역)
2019. 4.16법16324호(부패방지및국민권익위원회의설치와운영에관한법)
2019.11.26법16658호　2021. 1. 5법17882호
2021. 4.20법18132호(공익신고자보호법)
2021.12. 7법18576호　2021.12.16법18581호

제1장　총　칙

제1조【목적】 이 법은 공직자 등에 대한 부정청탁 및 공직자 등의 금품 등의 수수(收受)를 금지함으로써 공직자 등의 공정한 직무수행을 보장하고 공공기관에 대한 국민의 신뢰를 확보하는 것을 목적으로 한다.
제2조【정의】 이 법에서 사용하는 용어의 뜻은 다음과 같다.
1. "공공기관"이란 다음 각 목의 어느 하나에 해당하는 기관·단체를 말한다.
  가. 국회, 법원, 헌법재판소, 선거관리위원회, 감사원, 국가인권위원회, 고위공직자범죄수사처, 중앙행정기관(대통령 소속 기관과 국무총리 소속 기관을 포함한다)과 그 소속 기관 및 지방자치단체(2021.1.5 본목개정)
  나. 「공직자윤리법」 제3조의2에 따른 공직유관단체
  다. 「공공기관의 운영에 관한 법률」 제4조에 따른 기관
  라. 「초·중등교육법」, 「고등교육법」, 「유아교육법」 및 그 밖의 다른 법령에 따라 설치된 각급 학교 및 「사립학교법」에 따른 학교법인
  마. 「언론중재 및 피해구제 등에 관한 법률」 제2조제12호에 따른 언론사
2. "공직자등"이란 다음 각 목의 어느 하나에 해당하는 공직자 또는 공적 업무 종사자를 말한다.
  가. 「국가공무원법」 또는 「지방공무원법」에 따른 공무원과 그 밖에 다른 법률에 따라 그 자격·임용·교육훈련·복무·보수·신분보장 등에 있어서 공무원으로 인정된 사람
  나. 제1호나목 및 다목에 따른 공직유관단체 및 기관의 장과 그 임직원
  다. 제1호라목에 따른 각급 학교의 장과 교직원 및 학교법인의 임직원
  라. 제1호마목에 따른 언론사의 대표자와 그 임직원
3. "금품등"이란 다음 각 목의 어느 하나에 해당하는 것을 말한다.
  가. 금전, 유가증권, 부동산, 물품, 숙박권, 회원권, 입장권, 할인권, 초대권, 관람권, 부동산 등의 사용권 등 일체의 재산적 이익
  나. 음식물·주류·골프 등의 접대·향응 또는 교통·숙박 등의 편의 제공
  다. 채무 면제, 취업 제공, 이권(利權) 부여 등 그 밖의 유형·무형의 경제적 이익
4. "소속기관장"이란 공직자등이 소속된 공공기관의 장을 말한다.

판례 교육과 언론이 국가나 사회 전체에 미치는 영향력이 크고, 이들 분야의 부패는 그 파급효가 커서 피해가 광범위하고 장기적인 반면 원상회복은 불가능하거나 매우 어렵다는 점에서, 사립학교 관계자와 언론인에게는 공직자에 맞먹는 청렴성 및 업무의 불가매수성이 요청된다. 부패와 비리 문제가 계속 발생하고 있는 교육과 언론 부문의 현실, 사립학교 관계자 및 언론인이 사회 전체에 미치는 영향, 부정청탁 관행을 없애고자 하는 청탁금지법의 목적, 교육 및 언론의 공공성과 이를 근거로 한 국가와 사회의 각종 지원 등 여러 사정을 종합하여 보면, 사립학교 관계자 및 언론인을 '공직자등'에 포함시켜 이들에게 부정청탁하는 것을 금지하고, 이들이 정당한 이유 없이 금품등을 수수하는 것도 금지한 입법자의 선택은 수긍할 수 있다. 따라서 언론인과 사립학교 관계자에 대해 부정청탁 및 금품수수를 금지 하는 등의 청탁금지법 조항은 헌법에 위배되지 않는다.
(헌재결 2016.7.28, 2015헌마236)

제3조【국가 등의 책무】 ① 국가는 공직자가 공정하고 청렴하게 직무를 수행할 수 있는 근무 여건을 조성하기 위하여 노력하여야 한다.
② 공공기관은 공직자등의 공정하고 청렴한 직무수행을 보장하기 위하여 부정청탁 및 금품등의 수수를 용인(容認)하지 아니하는 공직문화 형성에 노력하여야 한다.
③ 공공기관은 공직자등이 위반행위 신고 등 이 법에 따른 조치를 함으로써 불이익을 당하지 아니하도록 적절한 보호조치를 하여야 한다.
제4조【공직자등의 의무】 ① 공직자등은 사적 이해관계에 영향을 받지 아니하고 직무를 공정하고 청렴하게 수행하여야 한다.
② 공직자등은 직무수행과 관련하여 공평무사하게 처신하고 직무관련자를 우대하거나 차별해서는 아니 된다.

제2장　부정청탁의 금지 등

제5조【부정청탁의 금지】 ① 누구든지 직접 또는 제3자를 통하여 직무를 수행하는 공직자등에게 다음 각 호의 어느 하나에 해당하는 부정청탁을 해서는 아니 된다.
1. 인가·허가·면허·특허·승인·검사·검정·시험·

인증·확인 등 법령(조례·규칙을 포함한다. 이하 같다)에서 일정한 요건을 정하여 놓고 직무관련자로부터 신청을 받아 처리하는 직무에 대하여 법령을 위반하여 처리하도록 하는 행위
2. 인가 또는 허가의 취소, 조세, 부담금, 과태료, 과징금, 이행강제금, 범칙금, 징계 등 각종 행정처분 또는 형벌부과에 관하여 법령을 위반하여 감경·면제하도록 하는 행위
3. 모집·선발·채용·승진·전보 등 공직자등의 인사에 관하여 법령을 위반하여 개입하거나 영향을 미치도록 하는 행위(2021.12.7 본호개정)
4. 법령을 위반하여 각종 심의·의결·조정 위원회의 위원, 공공기관이 주관하는 시험·선발 위원 등 공공기관의 의사결정에 관여하는 직위에 선정 또는 탈락되도록 하는 행위
5. 공공기관이 주관하는 각종 수상, 포상, 우수기관 선정 또는 우수자·장학생 선발에 관하여 법령을 위반하여 특정 개인·단체·법인이 선정 또는 탈락되도록 하는 행위(2021.12.7 본호개정)
6. 입찰·경매·개발·시험·특허·군사·과세 등에 관한 직무상 비밀을 법령을 위반하여 누설하도록 하는 행위
7. 계약 관련 법령을 위반하여 특정 개인·단체·법인이 계약의 당사자로 선정 또는 탈락되도록 하는 행위
8. 보조금·장려금·출연금·출자금·교부금·기금 등의 업무에 관하여 법령을 위반하여 특정 개인·단체·법인에 배정·지원하거나 투자·예치·대여·출연·출자하도록 개입하거나 영향을 미치도록 하는 행위
9. 공공기관이 생산·공급·관리하는 재화 및 용역을 특정 개인·단체·법인에게 법령에서 정하는 가격 또는 정상적인 거래관행에서 벗어나 매각·교환·사용·수익·점유하도록 하는 행위
10. 각급 학교의 입학·성적·수행평가·논문심사·학위수여 등의 업무에 관하여 법령을 위반하여 처리·조작하도록 하는 행위(2021.12.7 본호개정)
11. 병역판정검사, 부대 배속, 보직 부여 등 병역 관련 업무에 관하여 법령을 위반하여 처리하도록 하는 행위(2016.5.29 본호개정)
12. 공공기관이 실시하는 각종 평가·판정·인정 업무에 관하여 법령을 위반하여 평가, 판정 또는 인정하게 하거나 결과를 조작하도록 하는 행위(2021.12.7 본호개정)
13. 법령을 위반하여 행정지도·단속·감사·조사 대상에서 특정 개인·단체·법인이 선정·배제되도록 하거나 행정지도·단속·감사·조사의 결과를 조작하거나 또는 그 위법사항을 묵인하게 하는 행위
14. 사건의 수사·재판·심판·결정·조정·중재·화해, 형의 집행, 수용자의 지도·처우·계호 또는 이에 준하는 업무를 법령을 위반하여 처리하도록 하는 행위(2021.12.7 본호개정)
15. 제1호부터 제14호까지의 부정청탁의 대상이 되는 업무에 관하여 공직자등이 법령에 따라 부여받은 지위·권한을 벗어나 행사하거나 권한에 속하지 아니한 사항을 행사하도록 하는 행위
② 제1항에도 불구하고 다음 각 호의 어느 하나에 해당하는 경우에는 이 법을 적용하지 아니한다.
1. 「청원법」, 「민원사무 처리에 관한 법률」, 「행정절차법」, 「국회법」 및 그 밖의 다른 법령·기준(제2조제1호나목부터 마목까지의 공공기관의 규정·사규·기준을 포함한다. 이하 같다)에서 정하는 절차·방법에 따라 권리침해의 구제·해결을 요구하거나 그와 관련된 법령·기준의 제정·개정·폐지를 제안·건의하는 등 특정한 행위를 요구하는 행위
2. 공개적으로 공직자등에게 특정한 행위를 요구하는 행위
3. 선출직 공직자, 정당, 시민단체 등이 공익적인 목적으로 제3자의 고충민원을 전달하거나 법령·기준의 제정·개정·폐지 또는 정책·사업·제도 및 그 운영 등의 개선에 관하여 제안·건의하는 행위
4. 공공기관에 직무를 법정기한 안에 처리하여 줄 것을 신청·요구하거나 그 진행상황·조치결과 등에 대하여 확인·문의 등을 하는 행위
5. 직무 또는 법률관계에 관한 확인·증명 등을 신청·요구하는 행위
6. 질의 또는 상담형식을 통하여 직무에 관한 법령·제도·절차 등에 대하여 설명이나 해석을 요구하는 행위
7. 그 밖에 사회상규(社會常規)에 위배되지 아니하는 것으로 인정되는 행위

제6조【부정청탁에 따른 직무수행 금지】 부정청탁을 받은 공직자등은 그에 따라 직무를 수행해서는 아니 된다.

제7조【부정청탁의 신고 및 처리】 ① 공직자등은 부정청탁을 받았을 때에는 부정청탁을 한 자에게 부정청탁임을 알리고 이를 거절하는 의사를 명확히 표시하여야 한다.
② 공직자등은 제1항에 따른 조치를 하였음에도 불구하고 동일한 부정청탁을 다시 받은 경우에는 이를 소속기관장에게 서면(전자문서를 포함한다. 이하 같다)으로 신고하여야 한다.
③ 제2항에 따른 신고를 받은 소속기관장은 신고의 경위·취지·내용·증거자료 등을 조사하여 신고 내용이 부정청탁에 해당하는지를 신속하게 확인하여야 한다.
④ 소속기관장은 부정청탁이 있었던 사실을 알게 된 경우 또는 제2항 및 제3항의 부정청탁에 관한 신고·확인 과정에서 해당 직무의 수행에 지장이 있다고 인정하는 경우에는 부정청탁을 받은 공직자등에 대하여 다음 각 호의 조치를 할 수 있다.
1. 직무 참여 일시중지
2. 직무 대리자의 지정
3. 전보
4. 그 밖에 국회규칙, 대법원규칙, 헌법재판소규칙, 중앙선거관리위원회규칙 또는 대통령령으로 정하는 조치
⑤ 소속기관장은 공직자등이 다음 각 호의 어느 하나에 해당하는 경우에는 제4항에도 불구하고 그 공직자등에게 직무를 수행하게 할 수 있다. 이 경우 제20조에 따른 소속기관의 담당관 또는 다른 공직자등으로 하여금 그 공직자등의 공정한 직무수행 여부를 주기적으로 확인·점검하도록 하여야 한다.
1. 직무를 수행하는 공직자등을 대체하기 지극히 어려운 경우
2. 공직자등의 직무수행에 미치는 영향이 크지 아니한 경우
3. 국가의 안전보장 및 경제발전 등 공익증진을 이유로 직무수행의 필요성이 더 큰 경우
⑥ 공직자등은 제2항에 따른 신고를 감독기관·감사원·수사기관 또는 국민권익위원회에도 할 수 있다.
⑦ 소속기관장은 다른 법령에 위반되지 아니하는 범위에서 부정청탁의 내용 및 조치사항을 해당 공공기관의 인터넷 홈페이지 등에 공개할 수 있다.
⑧ 제1항부터 제7항까지에서 규정한 사항 외에 부정청탁의 신고·확인·처리 및 기록·관리·공개 등에 필요한 사항은 대통령령으로 정한다.

제3장 금품등의 수수 금지 등

제8조【금품등의 수수 금지】 ① 공직자등은 직무 관련 여부 및 기부·후원·증여 등 그 명목에 관계없이 동일인으로부터 1회에 100만원 또는 매 회계연도에 300만원을 초과하는 금품등을 받거나 요구 또는 약속해서는 아니 된다.
② 공직자등은 직무와 관련하여 대가성 여부를 불문하고 제1항에서 정한 금액 이하의 금품등을 받거나 요구 또는 약속해서는 아니 된다.
③ 제10조의 외부강의등에 관한 사례금 또는 다음 각 호의 어느 하나에 해당하는 금품등의 경우에는 제1항 또는 제2항에서 수수를 금지하는 금품등에 해당하지 아니한다.
1. 공공기관이 소속 공직자등이나 파견 공직자등에게 지급하거나 상급 공직자등이 위로·격려·포상 등의 목적으로 하급 공직자등에게 제공하는 금품등
2. 원활한 직무수행 또는 사교·의례 또는 부조의 목적으로 제공되는 음식물·경조사비·선물 등으로서 대통령령으로 정하는 가액 범위 안의 금품등. 다만, 선물 중 「농수산물 품질관리법」 제2조제1항제1호에 따른 농수산물 및 같은 항 제13호에 따른 농수산가공품(농수산물을 원료 또는 재료의 50퍼센트를 넘게 사용하여 가공한 제품만 해당한다)은 대통령령으로 정하는 설날·추석을 포함한 기간에 한정하여 그 가액범위를 두배로 한다.(2021.12.16 본호개정)
3. 사적 거래(증여는 제외한다)로 인한 채무의 이행 등 정당한 권원(權原)에 의하여 제공되는 금품등
4. 공직자등의 친족(「민법」 제777조에 따른 친족을 말한다)이 제공하는 금품등
5. 공직자등과 관련된 직원상조회·동호인회·동창회·향우회·친목회·종교단체·사회단체 등이 정하는 기준에 따라 구성원에게 제공하는 금품등 및 그 소속 구성원 등 공직자등과 특별히 장기적·지속적인 친분관계를 맺고 있는 자가 질병·재난 등으로 어려운 처지에 있는 공직자등에게 제공하는 금품등
6. 공직자등의 직무와 관련된 공식적인 행사에서 주최자가 참석자에게 통상적인 범위에서 일률적으로 제공하는 교통, 숙박, 음식물 등의 금품등
7. 불특정 다수인에게 배포하기 위한 기념품 또는 홍보용품 등이나 경연·추첨을 통하여 받는 보상 또는 상품 등
8. 그 밖에 다른 법령·기준 또는 사회상규에 따라 허용되는 금품등
④ 공직자등의 배우자는 공직자등의 직무와 관련하여 제1항 또는 제2항에 따라 공직자등이 받는 것이 금지되는 금품등(이하 "수수 금지 금품등"이라 한다)을 받거나 요구하거나 제공받기로 약속해서는 아니 된다.
⑤ 누구든지 공직자등에게 또는 그 공직자등의 배우자에게 수수 금지 금품등을 제공하거나 그 제공의 약속 또는 의사표시를 해서는 아니 된다.

제9조【수수 금지 금품등의 신고 및 처리】 ① 공직자등은 다음 각 호의 어느 하나에 해당하는 경우에는 소속기관장에게 지체 없이 서면으로 신고하여야 한다.
1. 공직자등 자신이 수수 금지 금품등을 받거나 그 제공의 약속 또는 의사표시를 받은 경우
2. 공직자등이 자신의 배우자가 수수 금지 금품등을 받거나 그 제공의 약속 또는 의사표시를 받은 사실을 안 경우
② 공직자등은 자신이 수수 금지 금품등을 받거나 그 제공의 약속이나 의사표시를 받은 경우 또는 자신의 배우자가 수수 금지 금품등을 받거나 그 제공의 약속이나 의사표시를 받은 사실을 알게 된 경우에는 이를 제공자에게 지체 없이 반환하거나 반환하도록 하거나 그 거부의 의사를 밝히거나 밝히도록 하여야 한다. 다만, 받은 금품등이 다음 각 호의 어느 하나에 해당하는 경우에는 소속기관장에게 인도하거나 인도하도록 하여야 한다.
1. 멸실·부패·변질 등의 우려가 있는 경우
2. 해당 금품등의 제공자를 알 수 없는 경우
3. 그 밖에 제공자에게 반환하기 어려운 사정이 있는 경우
③ 소속기관장은 제1항에 따라 신고를 받거나 제2항 단서에 따라 금품등을 인도받은 경우 수수 금지 금품등에 해당한다고 인정하는 때에는 반환 또는 인도하게 하거나 거부의 의사를 표시하도록 하여야 하며, 수사의 필요성이 있다고 인정하는 때에는 그 내용을 지체 없이 수사기관에 통보하여야 한다.
④ 소속기관장은 공직자등 또는 그 배우자가 수수 금지 금품등을 받거나 그 제공의 약속 또는 의사표시를 받은 사실을 알게 된 경우 수사의 필요성이 있다고 인정하는 때에는 그 내용을 지체 없이 수사기관에 통보하여야 한다.
⑤ 소속기관장은 소속 공직자등 또는 그 배우자가 수수 금지 금품등을 받거나 그 제공의 약속 또는 의사표시를 받은 사실을 알게 된 경우 또는 제1항부터 제4항까지의 규정에 따른 금품등의 신고, 금품등의 반환·인도 또는 수사기관에 대한 통보의 과정에서 직무의 수행에 지장이 있다고 인정하는 경우에는 해당 공직자등에게 제7조제4항 각 호 및 같은 조 제5항의 조치를 할 수 있다.
⑥ 공직자등은 제1항 또는 같은 조 제2항 단서에 따른 신고나 인도를 감독기관·감사원·수사기관 또는 국민권익위원회에도 할 수 있다.
⑦ 소속기관장은 공직자등으로부터 제1항제2호에 따른 신고를 받은 경우 그 공직자등의 배우자가 반환을 거부하는 금품등이 수수 금지 금품등에 해당한다고 인정하는 때에는 그 공직자등의 배우자로 하여금 그 금품등을 제공자에게 반환하도록 요구하여야 한다.
⑧ 제1항부터 제7항까지에서 규정한 사항 외에 수수 금지 금품등의 신고 및 처리 등에 필요한 사항은 대통령령으로 정한다.

제10조【외부강의등의 사례금 수수 제한】 ① 공직자등은 자신의 직무와 관련되거나 그 지위·직책 등에서 유래되는 사실상의 영향력을 통하여 요청받은 교육·홍보·토론회·세미나·공청회 또는 그 밖의 회의 등에서 한 강의·강연·기고 등(이하 "외부강의등"이라 한다)의 대가로서 대통령령으로 정하는 금액을 초과하는 사례금을 받아서는 아니 된다.
② 공직자등은 사례금을 받는 외부강의등을 할 때에는 대통령령으로 정하는 바에 따라 외부강의등의 요청 명세 등을 소속기관장에게 그 외부강의등을 마친 날부터 10일 이내에 서면으로 신고하여야 한다. 다만, 외부강의등을 요청한 자가 국가나 지방자치단체인 경우에는 그러하지 아니하다.(2019.11.26 본문개정)
③ (2019.11.26 삭제)
④ 소속기관장은 제2항에 따라 공직자등이 신고한 외부강의등이 공정한 직무수행을 저해할 수 있다고 판단하는 경우에는 그 공직자등의 외부강의등을 제한할 수 있다. (2019.11.26 본항개정)
⑤ 공직자등은 제1항에 따른 금액을 초과하는 사례금을 받은 경우에는 대통령령으로 정하는 바에 따라 소속기관장에게 신고하고, 제공자에게 그 초과금액을 지체 없이 반환하여야 한다.

제11조【공무수행사인의 공무 수행과 관련된 행위제한 등】 ① 다음 각 호의 어느 하나에 해당하는 자(이하 "공무수행사인"이라 한다)의 공무 수행에 관하여는 제5조부터 제9조까지를 준용한다.
1. 「행정기관 소속 위원회의 설치·운영에 관한 법률」 또는 다른 법령에 따라 설치된 각종 위원회의 위원 중 공직자가 아닌 위원
2. 법령에 따라 공공기관의 권한을 위임·위탁받은 법인·단체 또는 그 기관이나 개인
3. 공무를 수행하기 위하여 민간부문에서 공공기관에 파견 나온 사람
4. 법령에 따라 공무상 심의·평가 등을 하는 개인 또는 법인·단체
② 제1항에 따라 공무수행사인에 대하여 제5조부터 제9조까지를 준용하는 경우 "공직자등"은 "공무수행사인"으로 보고, "소속기관장"은 "다음 각 호의 구분에 따른 자"로 본다.
1. 제1항제1호에 따른 위원회의 위원 : 그 위원회가 설치된 공공기관의 장
2. 제1항제2호에 따른 법인·단체 또는 그 기관이나 개인 : 감독기관 또는 권한을 위임하거나 위탁한 공공기관의 장
3. 제1항제3호에 따른 사람 : 파견을 받은 공공기관의 장
4. 제1항제4호에 따른 개인 또는 법인·단체 : 해당 공무를 제공받는 공공기관의 장

제4장 부정청탁 등 방지에 관한 업무의 총괄 등

제12조【공직자등의 부정청탁 등 방지에 관한 업무의 총괄】 국민권익위원회는 이 법에 따른 다음 각 호의 사항에 관한 업무를 관장한다.

1. 부정청탁의 금지 및 금품등의 수수 금지·제한 등에 관한 제도개선 및 교육·홍보계획의 수립 및 시행
2. 부정청탁 등에 관한 유형, 판단기준 및 그 예방 조치 등에 관한 기준의 작성 및 보급
3. 부정청탁 등에 대한 신고 등의 안내·상담·접수·처리 등
4. 신고자 등에 대한 보호 및 보상
5. 제1호부터 제4호까지의 업무 수행에 필요한 실태조사 및 자료의 수집·관리·분석 등

제13조【위반행위의 신고 등】 ① 누구든지 이 법의 위반행위가 발생하였거나 발생하고 있다는 사실을 알게 된 경우에는 다음 각 호의 어느 하나에 해당하는 기관에 신고할 수 있다.
1. 이 법의 위반행위가 발생한 공공기관 또는 그 감독기관
2. 감사원 또는 수사기관
3. 국민권익위원회

② 제1항에 따른 신고를 한 자가 다음 각 호의 어느 하나에 해당하는 경우에는 이 법에 따른 보호 및 보상을 받지 못한다.
1. 신고의 내용이 거짓이라는 사실을 알았거나 알 수 있었음에도 신고한 경우
2. 신고와 관련하여 금품등이나 근무관계상의 특혜를 요구한 경우
3. 그 밖에 부정한 목적으로 신고한 경우

③ 제1항에 따라 신고를 하려는 자는 자신의 인적사항과 신고의 취지·이유·내용을 적고 서명한 문서와 함께 신고 대상 및 증거 등을 제출하여야 한다.

제13조의2【비실명 대리신고】 ① 제13조제3항에도 불구하고 같은 조 제1항에 따라 신고를 하려는 자는 자신의 인적사항을 밝히지 아니하고 변호사를 선임하여 신고를 대리하게 할 수 있다. 이 경우 제13조제3항에 따른 신고자의 인적사항 및 신고자가 서명한 문서는 변호사의 인적사항 및 변호사가 서명한 문서로 갈음한다.

② 제1항에 따른 신고는 국민권익위원회에 하여야 하며, 신고자 또는 신고를 대리하는 변호사는 그 취지를 밝히고 신고자의 인적사항, 신고자임을 입증할 수 있는 자료 및 위임장을 국민권익위원회에 함께 제출하여야 한다.

③ 국민권익위원회는 제2항에 따라 제출된 자료를 봉인하여 보관하여야 하며, 신고자 본인의 동의 없이 이를 열람하여서는 아니 된다.

(2021.12.7 본조신설)

제14조【신고의 처리】 ① 제13조제1항제1호 또는 제2호의 기관(이하 "조사기관"이라 한다)은 같은 조 제1항에 따라 신고를 받거나 제2항에 따라 국민권익위원회로부터 신고를 이첩받은 경우에는 그 내용에 관하여 필요한 조사·감사 또는 수사를 하여야 한다.

② 국민권익위원회가 제13조제1항에 따른 신고를 받은 경우에는 그 내용에 관하여 신고자를 상대로 사실관계를 확인한 후 대통령령으로 정하는 바에 따라 조사기관에 이첩하고, 그 사실을 신고자에게 통보하여야 한다.

③ 조사기관은 제1항에 따라 조사·감사 또는 수사를 마친 날부터 10일 이내에 그 결과를 신고자와 국민권익위원회에 통보(국민권익위원회로부터 이첩받은 경우만 해당한다)하고, 조사·감사 또는 수사 결과에 따라 공소 제기, 과태료 부과 대상 위반행위의 통보, 징계 처분 등 필요한 조치를 하여야 한다.

④ 국민권익위원회는 제3항에 따라 조사기관으로부터 조사·감사 또는 수사 결과를 통보받은 경우에는 지체 없이 신고자에게 조사·감사 또는 수사 결과를 알려야 한다.

⑤ 제3항 또는 제4항에 따라 조사·감사 또는 수사 결과를 통보받은 신고자는 조사기관에 이의신청을 할 수 있으며, 제4항에 따라 조사·감사 또는 수사 결과를 통지받은 신고자는 국민권익위원회에도 이의신청을 할 수 있다.

⑥ 국민권익위원회는 조사기관의 조사·감사 또는 수사 결과가 충분하지 아니하다고 인정되는 경우에는 조사·감사 또는 수사 결과를 통보받은 날부터 30일 이내에 새로운 증거자료의 제출 등 합리적인 이유를 들어 조사기관에 재조사를 요구할 수 있다.

⑦ 제6항에 따른 재조사를 요구받은 조사기관은 재조사를 종료한 날부터 7일 이내에 그 결과를 국민권익위원회에 통보하여야 한다. 이 경우 국민권익위원회는 통보를 받은 즉시 신고자에게 재조사 결과의 요지를 알려야 한다.

제15조【신고자등의 보호·보상】 ① 누구든지 다음 각 호의 어느 하나에 해당하는 신고 등(이하 "신고등"이라 한다)을 하지 못하도록 방해하거나 신고등을 한 자(이하 "신고자등"이라 한다)에게 이를 취소하도록 강요해서는 아니 된다.
1. 제7조제2항 및 제6항에 따른 신고
2. 제9조제1항, 같은 조 제2항 단서 및 같은 조 제6항에 따른 신고 및 인도
3. 제13조제1항에 따른 신고
4. 제1호부터 제3호까지에 따른 신고를 한 자 외에 협조를 한 자가 신고에 관한 조사·감사·수사·소송 또는 보호조치에 관한 조사·소송 등에서 진술·증언 및 자료제공 등의 방법으로 조력하는 행위

② 누구든지 신고자등에게 신고등을 이유로 불이익조치(「공익신고자 보호법」 제2조제6호에 따른 불이익조치를 말한다. 이하 같다)를 해서는 아니 된다.

③ 이 법에 따른 위반행위를 한 자가 위반사실을 자진하여 신고하거나 신고자등이 신고등을 함으로 인하여 자신이 한 이 법 위반행위가 발견된 경우에는 그 위반행위에 대한 형사처벌, 과태료 부과, 징계처분, 그 밖의 행정처분 등을 감경하거나 면제할 수 있다.

④ 제1항부터 제3항까지에서 규정한 사항 외에 신고자등의 보호 등에 관하여는 「공익신고자 보호법」 제11조부터 제13조까지, 제14조제4항부터 제6항까지, 제16조부터 제20조까지, 제20조의2, 제21조 및 제22조부터 제25조까지의 규정을 준용한다. 이 경우 "공익신고자등"은 "신고자등"으로, "공익신고등"은 "신고등"으로, "공익신고자"는 "신고자"로, "공익침해행위"는 "이 법의 위반행위"로 본다.
(2021.12.7 본항개정)

⑤ 국민권익위원회는 제13조제1항에 따른 신고로 인하여 공공기관에 재산상 이익을 가져오거나 손실을 방지한 경우 또는 공익의 증진을 가져온 경우에는 그 신고자에게 포상금을 지급할 수 있다.

⑥ 국민권익위원회는 제13조제1항에 따른 신고로 인하여 공공기관에 직접적인 수입의 회복·증대 또는 비용의 절감을 가져온 경우에는 그 신고자의 신청에 의하여 보상금을 지급하여야 한다.

⑦ 국민권익위원회는 제13조제1항에 따라 신고를 한 자, 그 친족이나 동거인 또는 그 신고와 관련하여 진술·증언 및 자료제공 등의 방법으로 신고에 관한 감사·수사 또는 조사 등에 조력한 자가 신고 등과 관련하여 다음 각 호의 어느 하나에 해당하는 피해를 입었거나 비용을 지출한 경우에는 신청에 따라 구조금을 지급할 수 있다.
1. 육체적·정신적 치료 등에 소요된 비용
2. 전직·파견근무 등으로 소요된 이사비용
3. 제13조제1항에 따른 신고 등을 이유로 한 쟁송절차에 소요된 비용
4. 불이익조치 기간의 임금 손실액
5. 그 밖의 중대한 경제적 손해(인가·허가 등의 취소 등 행정적 불이익을 주는 행위 또는 물품·용역 계약의 해지 등 경제적 불이익을 주는 조치에 따른 손해는 제외한다)

(2021.12.7 본항신설)

⑧ 제5항부터 제7항까지의 규정에 따른 포상금·보상금·구조금의 신청 및 지급 등에 관하여는 「부패방지 및 국민권익위원회의 설치와 운영에 관한 법률」 제68조부터 제70조까지, 제70조의2 및 제71조를 준용한다. 이 경우 "신고자"는 "제13조제1항에 따라 신고를 한 자"로, "신고"는 "제13조제1항에 따른 신고"로 본다.(2021.12.7 전단개정)

제15조의2【이행강제금】 ① 국민권익위원회는 제15조제4항에 따라 준용되는 「공익신고자 보호법」 제20조제1항에 따른 보호조치결정을 받은 후 그 정해진 기한까지 보호조치를 취하지 아니한 자에게는 3천만원 이하의 이행강제금을 부과한다. 다만, 국가 또는 지방자치단체는 제외한다.

② 제1항에 따른 이행강제금의 부과 기준, 절차 및 징수 등에 필요한 사항은 「공익신고자 보호법」 제21조의2제2항부터 제7항까지의 규정을 준용한다.

(2021.12.7 본조신설)

제16조【위법한 직무처리에 대한 조치】 공공기관의 장은 공직자등이 직무수행 중에 또는 직무수행 후에 제5조, 제6조 및 제8조를 위반한 사실을 발견한 경우에는 해당 직무를 중지하거나 취소하는 등 필요한 조치를 하여야 한다.

제17조【부당이득의 환수】 공공기관의 장은 제5조, 제6조, 제8조를 위반하여 수행한 공직자등의 직무가 위법한 것으로 확정된 경우에는 그 직무의 상대방에게 이미 지출·교부된 금액 또는 물건이나 그 밖에 재산상 이익을 환수하여야 한다.

제18조【비밀누설 금지】 다음 각 호의 어느 하나에 해당하는 업무를 수행하거나 수행하였던 공직자등은 그 업무처리 과정에서 알게 된 비밀을 누설해서는 아니 된다. 다만, 제7조제7항에 따라 공개하는 경우에는 그러하지 아니하다.
1. 제7조에 따른 부정청탁의 신고 및 조치에 관한 업무
2. 제9조에 따른 수수 금지 금품등의 신고 및 처리에 관한 업무

제19조【교육과 홍보 등】 ① 공공기관의 장은 공직자등에게 부정청탁 금지 및 금품등의 수수 금지에 관한 내용을 정기적으로 교육하여야 하며, 이를 준수할 것을 약속하는 서약서를 받아야 한다.

② 공공기관의 장은 이 법에서 금지하고 있는 사항을 적극적으로 알리는 등 국민들이 이 법을 준수하도록 유도하여야 한다.

③ 공공기관의 장은 제1항 및 제2항에 따른 교육 및 홍보 등의 실시를 위하여 필요하면 국민권익위원회에 지원을 요청할 수 있다. 이 경우 국민권익위원회는 적극 협력하여야 한다.

제20조【부정청탁 금지 등을 담당하는 담당관의 지정】 공공기관의 장은 소속 공직자등 중에서 다음 각 호의 부정청탁 금지 등을 담당하는 담당관을 지정하여야 한다.
1. 부정청탁 금지 및 금품등의 수수 금지에 관한 내용의 교육·상담
2. 이 법에 따른 신고·신청의 접수, 처리 및 내용의 조사
3. 이 법에 따른 소속기관장의 위반행위를 발견한 경우 법원 또는 수사기관에 그 사실의 통보

제5장 징계 및 벌칙

제21조【징계】 공공기관의 장 등은 공직자등이 이 법 또는 이 법에 따른 명령을 위반한 경우에는 징계처분을 하여야 한다.

제22조【벌칙】 ① 다음 각 호의 어느 하나에 해당하는 자는 3년 이하의 징역 또는 3천만원 이하의 벌금에 처한다.
1. 제8조제1항을 위반한 공직자등(제11조에 따라 준용되는 공무수행사인을 포함한다). 다만, 제9조제1항·제2항 또는 제6항에 따라 신고하거나 그 수수 금지 금품등을 반환 또는 인도하거나 거부의 의사를 표시한 공직자등은 제외한다.
2. 자신의 배우자가 제8조제4항을 위반하여 같은 조 제1항에 따른 수수 금지 금품등을 받거나 요구하거나 제공받기로 약속한 사실을 알고도 제9조제1항제2호 또는 같은 조 제6항에 따라 신고하지 아니한 공직자등(제11조에 따라 준용되는 공무수행사인을 포함한다). 다만, 공직자등 또는 배우자가 제9조제2항에 따라 수수 금지 금품등을 반환 또는 인도하거나 거부의 의사를 표시한 경우는 제외한다.
3. 제8조제5항을 위반하여 같은 조 제1항에 따른 수수 금지 금품등을 공직자등(제11조에 따라 준용되는 공무수행사인을 포함한다) 또는 그 배우자에게 제공하거나 그 제공의 약속 또는 의사표시를 한 자
4. 제15조제4항에 따라 준용되는 「공익신고자 보호법」 제12조제1항을 위반하여 신고자등의 인적사항이나 신고자등임을 미루어 알 수 있는 사실을 다른 사람에게 알려주거나 공개 또는 보도한 자
5. 제18조를 위반하여 그 업무처리 과정에서 알게 된 비밀을 누설한 공직자등

② 다음 각 호의 어느 하나에 해당하는 자는 2년 이하의 징역 또는 2천만원 이하의 벌금에 처한다.
1. 제6조를 위반하여 부정청탁을 받고 그에 따라 직무를 수행한 공직자등(제11조에 따라 준용되는 공무수행사인을 포함한다)
2. 제15조제2항을 위반하여 신고자등에게 「공익신고자 보호법」 제2조제6호가목에 해당하는 불이익조치를 한 자
3. 제15조제4항에 따라 준용되는 「공익신고자 보호법」 제21조제2항에 따라 확정되거나 행정소송을 제기하여 확정된 보호조치결정을 이행하지 아니한 자

③ 다음 각 호의 어느 하나에 해당하는 자는 1년 이하의 징역 또는 1천만원 이하의 벌금에 처한다.
1. 제15조제1항을 위반하여 신고등을 방해하거나 신고등을 취소하도록 강요한 자
2. 제15조제2항을 위반하여 신고자등에게 「공익신고자 보호법」 제2조제6호나목부터 사목까지의 어느 하나에 해당하는 불이익조치를 한 자

④ 제1항제1호부터 제3호까지의 규정에 따른 금품등은 몰수한다. 다만, 그 금품등의 전부 또는 일부를 몰수하는 것이 불가능한 경우에는 그 가액을 추징한다.

제23조【과태료 부과】 ① 다음 각 호의 어느 하나에 해당하는 자에게는 3천만원 이하의 과태료를 부과한다.
1. 제5조제1항을 위반하여 제3자를 위하여 다른 공직자등(제11조에 따라 준용되는 공무수행사인을 포함한다)에게 부정청탁을 한 공직자등(제11조에 따라 준용되는 공무수행사인을 포함한다). 다만, 「형법」 등 다른 법률에 따라 형사처벌을 받은 경우에는 과태료를 부과하지 아니하며, 과태료를 부과한 후 형사처벌을 받은 경우에는 그 과태료 부과를 취소한다.
2. 제15조제4항에 따라 준용되는 「공익신고자 보호법」 제19조제2항 및 제3항(같은 법 제22조제3항에 따라 준용되는 경우를 포함한다)을 위반하여 자료 제출, 출석, 진술서의 제출을 거부한 자

② 다음 각 호의 어느 하나에 해당하는 자에게는 2천만원 이하의 과태료를 부과한다.
1. 제5조제1항을 위반하여 제3자를 위하여 공직자등(제11조에 따라 준용되는 공무수행사인을 포함한다)에게 부정청탁을 한 자(제1항제1호에 해당하는 자는 제외한다). 다만, 「형법」 등 다른 법률에 따라 형사처벌을 받은 경우에는 과태료를 부과하지 아니하며, 과태료를 부과한 후 형사처벌을 받은 경우에는 그 과태료 부과를 취소한다.
2. 제15조제4항에 따라 준용되는 「공익신고자 보호법」 제20조의2를 위반하여 특별보호조치결정을 이행하지 아니한 자

(2021.12.7 본항개정)

③ 제5조제1항을 위반하여 제3자를 통하여 공직자등(제11조에 따라 준용되는 공무수행사인을 포함한다)에게 부정청탁을 한 자(제1항제1호 및 제2항에 해당하는 자는 제외한다)에게는 1천만원 이하의 과태료를 부과한다. 다만, 「형법」 등 다른 법률에 따라 형사처벌을 받은 경우에는 과태료를 부과하지 아니하며, 과태료를 부과한 후 형사처벌을 받은 경우에는 그 과태료 부과를 취소한다.

④ 제10조제5항에 따른 신고 및 반환 조치를 하지 아니한 공직자등에게는 500만원 이하의 과태료를 부과한다.

⑤ 다음 각 호의 어느 하나에 해당하는 자에게는 그 위반행위와 관련된 금품등 가액의 2배 이상 5배 이하에 상당하는 금액의 과태료를 부과한다. 다만, 제22조제1항제1호부

터 제3호까지의 규정이나 「형법」 등 다른 법률에 따라 형사처벌(몰수나 추징을 당한 경우를 포함한다)을 받은 경우에는 과태료를 부과하지 아니하며, 과태료를 부과한 후 형사처벌을 받은 경우에는 그 과태료 부과를 취소한다.
1. 제8조제2항을 위반한 공직자등(제11조에 따라 준용되는 공무수행사인을 포함한다). 다만, 제9조제1항 · 제2항 또는 제6항에 따라 신고하거나 그 수수 금지 금품등을 반환 또는 인도하거나 거부의 의사를 표시한 공직자등은 제외한다.
2. 자신의 배우자가 제8조제4항을 위반하여 같은 조 제2항에 따른 수수 금지 금품등을 받거나 요구하거나 제공받기로 약속한 사실을 알고도 제9조제1항제2호 또는 같은 조 제6항에 따라 신고하지 아니한 공직자등(제11조에 따라 준용되는 공무수행사인을 포함한다). 다만, 공직자등 또는 배우자가 제9조제2항에 따라 수수 금지 금품등을 반환 또는 인도하거나 거부의 의사를 표시한 경우는 제외한다.
3. 제8조제5항을 위반하여 같은 조 제2항에 따른 수수 금지 금품등을 공직자등(제11조에 따라 준용되는 공무수행사인을 포함한다) 또는 그 배우자에게 제공하거나 그 제공의 약속 또는 의사표시를 한 자

⑥ 제1항부터 제5항까지의 규정에도 불구하고 「국가공무원법」, 「지방공무원법」 등 다른 법률에 따라 징계부가금 부과의 의결이 있은 후에는 과태료를 부과하지 아니하며, 과태료가 부과된 후에는 징계부가금 부과의 의결을 하지 아니한다.

⑦ 소속기관장은 제1항부터 제5항까지의 과태료 부과 대상자에 대해서는 그 위반 사실을 「비송사건절차법」에 따른 과태료 재판 관할법원에 통보하여야 한다.

제24조【양벌규정】 법인 또는 단체의 대표자나 법인 · 단체 또는 개인의 대리인, 사용인, 그 밖의 종업원이 그 법인 · 단체 또는 개인의 업무에 관하여 제22조제1항제3호〔금품등의 제공자가 공직자등(제11조에 따라 제8조가 준용되는 공무수행사인을 포함한다)인 경우는 제외한다〕, 제23조제2항, 제23조제3항 또는 제23조제5항제3호〔금품등의 제공자가 공직자등(제11조에 따라 제8조가 준용되는 공무수행사인을 포함한다)인 경우는 제외한다〕의 위반행위를 하면 그 행위자를 벌하는 외에 그 법인 · 단체 또는 개인에게도 해당 조문의 벌금 또는 과태료를 과한다. 다만, 법인 · 단체 또는 개인이 그 위반행위를 방지하기 위하여 해당 업무에 관하여 상당한 주의와 감독을 게을리하지 아니한 경우에는 그러하지 아니하다.

부 칙

제1조【시행일】 이 법은 공포 후 1년 6개월이 경과한 날부터 시행한다.

제2조【수수 금지 금품등의 신고에 관한 적용례】 제9조제1항은 이 법 시행 후 같은 항 각 호의 행위가 발생한 경우부터 적용한다.

제3조【외부강의등의 사례금 수수 제한에 관한 적용례】 제10조제1항은 이 법 시행 후 하는 외부강의등부터 적용한다.

부 칙 (2021.1.5)

이 법은 공포한 날부터 시행한다.

부 칙 (2021.4.20)

제1조【시행일】 이 법은 공포 후 6개월이 경과한 날부터 시행한다.(이하 생략)

부 칙 (2021.12.7)

제1조【시행일】 이 법은 공포 후 6개월이 경과한 날부터 시행한다.

제2조【구조금 지급에 관한 적용례】 제15조제7항 및 제8항의 개정규정은 이 법 시행 전에 신고 등과 관련하여 피해를 입었거나 비용을 지출한 경우에도 적용한다.

제3조【이행강제금에 관한 적용례】 제15조의2의 개정규정은 이 법 시행 이후 제15조제4항에 따라 준용되는 「공익신고자 보호법」 제20조제1항에 따른 보호조치결정을 받은 자부터 적용한다.

부 칙 (2021.12.16)

이 법은 공포한 날부터 시행한다.

부정청탁 및 금품등 수수의 금지에 관한 법률 시행령

(2016년 9월 8일 대통령령 제27490호)

개정
2018. 1.17영28590호
2018.12.24영29421호(규제기한설정)
2020. 5.26영30720호 2020. 9.10영31015호
2021. 1.19영31410호 2022. 1. 5영32324호
2022. 6. 7영32689호 2023. 8.30영33689호

제1장 총 칙

제1조【목적】 이 영은 「부정청탁 및 금품등 수수의 금지에 관한 법률」에서 위임된 사항과 그 시행에 필요한 사항을 규정함을 목적으로 한다.

제2조【윤리강령】 ① 다음 각 호의 어느 하나에 해당하는 공공기관은 「부정청탁 및 금품등 수수의 금지에 관한 법률」(이하 "법"이라 한다) 제3조제2항에 따른 공직문화 형성을 위하여 소속 공직자등이 준수하여야 할 윤리강령(이하 "윤리강령"이라 한다)을 정할 수 있다.
1. 법 제2조제1호라목에 따른 「초 · 중등교육법」, 「고등교육법」, 「유아교육법」 및 그 밖의 다른 법령에 따라 설치된 각급 학교 및 「사립학교법」에 따른 학교법인
2. 법 제2조제1호마목에 따른 「언론중재 및 피해구제 등에 관한 법률」 제2조제12호에 따른 언론사

② 윤리강령에는 다음 각 호의 사항이 포함되어야 한다.
1. 직위를 이용한 인사 관여, 이권 개입, 알선, 청탁행위 등의 금지 · 제한에 관한 사항
2. 금품등 수수 행위의 금지 · 제한에 관한 사항
3. 강의 · 강연 · 기고 등의 신고 및 제한에 관한 사항
4. 그 밖에 공직자등의 청렴과 품위유지 등을 위하여 필요한 사항

③ 제1항 각 호에 따른 공공기관의 장은 윤리강령을 제정하거나 개정하는 경우에는 해당 공공기관의 인터넷 홈페이지에 공개할 수 있다.

④ 국민권익위원회는 제1항 각 호에 따른 공공기관이 윤리강령을 효과적으로 제정하거나 개정할 수 있도록 지원할 수 있다.

제2장 부정청탁의 금지 등

제3조【부정청탁의 신고 방법 등】 공직자등은 법 제7조제2항에 따라 부정청탁을 받은 사실을 신고하려는 경우에는 다음 각 호의 사항을 적은 서면(전자문서를 포함한다. 이하 같다)을 소속기관장에게 제출하여야 한다.
1. 신고자의 인적사항
 가. 성명, 주민등록번호, 주소, 소속 부서 및 연락처
 나. 그 밖에 신고자를 확인할 수 있는 인적사항
2. 부정청탁을 한 자의 인적사항
 가. 개인인 경우 : 성명, 연락처, 직업 등 부정청탁을 한 자를 확인할 수 있는 인적사항
 나. 법인 또는 단체의 대표자인 경우 : 가목의 사항 및 법인 또는 단체의 명칭 · 소재지
 다. 법인 · 단체 또는 개인의 대리인, 사용인, 그 밖의 종업원인 경우 : 가목의 사항, 법인 · 단체 또는 개인의 명칭 · 소재지 및 대표자의 성명
3. 신고의 경위 및 이유
4. 부정청탁의 일시, 장소 및 내용
5. 부정청탁의 내용을 입증할 수 있는 증거자료(증거자료를 확보한 경우만 해당한다)

제4조【소속기관장의 부정청탁의 신고에 대한 확인 등】 ① 법 제7조제2항에 따라 신고를 받은 소속기관장은 다음 각 호의 사항을 확인할 수 있다.
1. 제3조 각 호의 사항 등 신고 내용을 특정하는 데 필요한 사항
2. 신고 내용을 입증할 수 있는 참고인, 증거자료 등의 확보 여부
3. 다른 기관에 동일한 내용으로 신고를 하였는지 여부

② 소속기관장은 법 제7조제2항에 따른 신고가 이 조 제1항제1호에 따른 신고 내용을 특정하는 데 필요한 사항을 갖추지 못한 경우에는 적정한 기간을 정하여 신고자로 하여금 그 사항을 보완하게 할 수 있다.

제5조【소속기관장의 부정청탁 신고의 처리 등】 법 제7조제2항에 따라 신고를 받은 소속기관장은 신고의 내용에 관하여 필요한 조사를 하고, 다음 각 호의 구분에 따라 조사 결과에 대한 조치를 하여야 한다.
1. 범죄의 혐의가 있거나 수사의 필요성이 있다고 인정되는 경우 : 수사기관에 통보
2. 과태료 부과 대상인 경우 : 과태료 관할 법원에 통보
3. 징계 대상인 경우 : 징계절차의 진행

제6조【소속기관장의 조사 결과의 통보 방법 등】 ① 소속기관장은 법 제7조제2항에 따라 신고를 받은 경우에는 조사를 마친 날부터 10일 이내에 조사의 결과를 신고자에게 서면으로 통보하여야 한다.

② 소속기관장이 제1항에 따라 통보하는 조사 결과에는 다음 각 호의 사항이 포함되어야 한다.
1. 신고사항의 처리결과 및 처리이유
2. 신고사항과 관련하여 신고자가 알아야 할 필요가 있는 사항

제7조【소속기관장의 부정청탁을 받은 공직자등에 대한 조치】 ① 소속기관장은 법 제7조제4항제1호, 제2호 또는 제4호의 조치를 통해서도 그 목적을 달성할 수 없는 경우에 한정하여 법 제7조제4항제3호의 조치를 할 수 있다.

② 법 제7조제4항제4호에서 "대통령령으로 정하는 조치"란 다음 각 호의 어느 하나에 해당하는 조치를 말한다.
1. 직무 공동수행자의 지정
2. 사무분장의 변경

제8조【감독기관 등의 부정청탁의 신고 및 확인 등】 ① 공직자등이 법 제7조제6항에 따라 감독기관, 감사원 또는 수사기관에 부정청탁을 받은 사실을 신고하려는 경우 제출하여야 하는 서면의 기재 사항에 관하여는 제3조를 준용한다.

② 법 제7조제6항에 따라 부정청탁의 신고를 받은 감독기관, 감사원, 또는 수사기관이 하는 부정청탁의 신고에 관한 확인 및 신고 내용의 보완에 관하여는 제4조를 준용한다.

제9조【감독기관 등의 부정청탁 신고의 조치 등】 법 제7조제6항에 따라 신고를 받은 감독기관, 감사원 또는 수사기관은 신고의 내용에 관하여 필요한 조사 · 감사 또는 수사(이하 "조사등"이라 한다)를 하고, 다음 각 호의 구분에 따라 조사등 결과에 대한 조치를 하여야 한다.
1. 감독기관 또는 감사원의 조치
 가. 범죄의 혐의가 있거나 수사의 필요성이 있다고 인정되는 경우 : 수사기관에 통보
 나. 과태료 부과대상이거나 징계의 필요성이 있는 경우 : 소속기관에 통보
2. 수사기관의 조치
 가. 범죄의 혐의가 있거나 수사의 필요성이 있다고 인정되는 경우 : 수사절차의 진행
 나. 과태료 부과 대상이거나 징계의 필요성이 있는 경우 : 소속기관에 통보

제10조【감독기관 등의 조사등 결과의 통보 방법 등】 법 제7조제6항에 따라 신고를 받은 감독기관, 감사원 또는 수사기관의 조사등 결과의 신고자에 대한 통보 기간 및 방법 등에 관하여는 제6조를 준용한다.

제11조【국민권익위원회의 부정청탁의 신고 및 확인 등】 ① 공직자등이 법 제7조제6항에 따라 국민권익위원회에 부정청탁을 받은 사실을 신고하려는 경우 제출하여야 하는 서면의 기재 사항에 관하여는 제3조를 준용한다.

② 법 제7조제6항에 따라 부정청탁의 신고를 받은 국민권익위원회가 하는 부정청탁의 신고에 관한 확인 및 신고 내용의 보완에 관하여는 제4조를 준용한다.

제12조【국민권익위원회의 부정청탁 신고의 처리 등】 ① 법 제7조제6항에 따라 신고를 받은 국민권익위원회는 신고를 받은 날(신고 내용의 보완이 필요한 경우에는 제4조제2항에 따라 보완된 날을 말한다)부터 60일 이내에 제4조제1항 각 호의 사항을 확인한 후 다음 각 호의 구분에 따른 기관에 이첩하여야 한다.
1. 범죄의 혐의가 있거나 수사의 필요성이 있다고 인정되는 경우 : 수사기관
2. 「감사원법」에 따른 감사가 필요하다고 인정되는 경우 : 감사원
3. 제1호 또는 제2호 외의 경우 : 소속기관 또는 감독기관

② 국민권익위원회는 신고내용이 여러 기관과 관련되는 경우에는 소속기관, 감독기관, 감사원 또는 수사기관 중에서 주관 기관을 지정하여 이첩할 수 있다. 이 경우 주관 기관은 상호 협조를 통하여 신고사항이 일괄 처리되도록 하여야 한다.

③ 국민권익위원회는 법 제7조제6항에 따라 접수받은 신고가 다음 각 호의 사항에 모두 해당하는 경우에는 소속기관장, 감독기관, 감사원 또는 수사기관에 송부할 수 있다.
1. 제1항에 따른 이첩 대상인지가 명백하지 아니한 경우
2. 제14조제1항에 따른 종결처리의 대상인지가 명백하지 아니한 경우

④ 국민권익위원회는 제1항부터 제3항까지의 규정에 따라 이첩하거나 송부하는 경우에는 제4조제1항 각 호의 확인 사항을 첨부하여 이첩하거나 송부하고, 이첩 또는 송부 사실을 신고자에게 통보하여야 한다.

제13조【이첩 · 송부의 처리 등】 ① 소속기관장, 감독기관, 감사원 또는 수사기관은 제12조제1항부터 제3항까지의 규정에 따라 부정청탁의 신고를 이첩 또는 송부받은 날부터 60일 이내에 필요한 조사등을 마쳐야 한다. 다만, 정당한 사유가 있는 경우에는 그 기간을 연장할 수 있으며, 국민권익위원회에 그 연장사유 및 연장기간을 통보해야 한다.(2020.5.26 본항개정)

② 제1항에 따른 소속기관장의 조사 결과에 대한 조치에 관하여는 제5조를 준용하고, 감독기관, 감사원 또는 수사기관의 조사등 결과에 대한 조치에 관하여는 제9조를 준용한다.

③ 소속기관장, 감독기관, 감사원 또는 수사기관은 부정청탁의 신고를 이첩 또는 송부받은 경우 조사등을 마친 날부터 10일 이내에 조사등의 결과를 신고자 및 국민권익위원회에 서면으로 통보하여야 한다.

④ 소속기관장, 감독기관, 감사원 또는 수사기관이 제3항에 따라 통보하는 조사등 결과에는 다음 각 호의 사항이 포함되어야 한다.

1. 신고사항의 처리결과 및 처리이유
2. 신고사항과 관련하여 신고자 및 국민권익위원회가 알아야 할 필요가 있는 사항

제14조【종결처리 등】 ① 소속기관장, 감독기관, 감사원, 수사기관 또는 국민권익위원회는 제5조, 제9조, 제12조 및 제13조에도 불구하고 다음 각 호의 어느 하나에 해당하는 경우에는 접수받은 신고 또는 이첩·송부받은 신고를 종결할 수 있다. 이 경우 종결 사실과 그 사유를 신고자에게 통보하여야 한다.
1. 신고 내용이 명백히 거짓인 경우
2. 신고자가 제4조제2항에 따른 보완요구를 받고도 보완기한 내에 보완하지 아니한 경우
3. 신고에 대한 처리결과를 통보받은 사항에 대하여 정당한 사유없이 다시 신고한 경우로서 새로운 증거가 없는 경우
4. 신고 내용이 언론매체 등을 통하여 공개된 내용에 해당하고 조사등 중에 있거나 이미 끝난 경우로서 새로운 증거가 없는 경우
5. 동일한 내용의 신고가 접수되어 먼저 접수된 신고에 관하여 조사등 중에 있거나 이미 끝난 경우로서 새로운 증거가 없는 경우
6. 그 밖에 법 위반행위를 확인할 수 없는 등 조사등이 필요하지 아니하다고 인정되어 종결하는 것이 합리적이라고 인정되는 경우

② 제1항에 따라 통보를 받은 신고자는 새로운 증거자료의 제출 등 합리적인 이유를 들어 다시 신고를 할 수 있다.

제15조【부정청탁의 내용 및 조치사항의 공개】 ① 소속기관장은 다음 각 호의 경우를 고려하여 법 제7조제7항에 따라 부정청탁의 내용 및 조치사항을 공개할 수 있다.
1. 법 제5조제1항을 위반하여 과태료가 부과된 경우
2. 법 제6조를 위반하여 유죄판결 또는 기소유예처분이 확정된 경우
3. 그 밖에 소속기관장이 부정청탁 예방을 위하여 공개할 필요가 있다고 인정하는 경우

② 소속기관장은 법 제7조제7항에 따라 공개하는 부정청탁의 내용 및 조치사항에 다음 각 호의 내용 등을 포함시킬 수 있다.
1. 부정청탁의 일시·목적·유형 및 세부내용
2. 법 제7조제4항 각 호, 제16조 및 제21조에 따른 소속기관장의 조치 및 징계처분
3. 벌칙 또는 과태료 부과 등 제재 내용

제16조【위반행위의 기록·관리】 ① 소속기관장은 법 제7조제8항에 따라 소속 공직자등과 관련하여 제3조, 제4조제1항, 제5조, 제7조 및 제13조제1항에 따른 신고 내용, 확인 사항 및 처리내역 등을 기록하고 관리하여야 한다. 이 경우 해당 기록의 보존기간에 관하여는 「공공기록물 관리에 관한 법률 시행령」 제26조를 준용한다.

② 소속기관장은 제1항의 기록을 전자매체 또는 마이크로필름 등 전자적 처리가 가능한 방법으로 관리하여야 한다.

제3장 금품등의 수수 금지 등

제17조【사교·의례 등 목적으로 제공되는 음식물·경조사비 등의 가액 범위 등】 ① 법 제8조제3항제2호 본문에서 "대통령령으로 정하는 가액 범위"란 별표1에 따른 금액을 말한다.

② 법 제8조제3항제2호 단서에서 "대통령령으로 정하는 설날·추석을 포함한 기간"이란 설날·추석 전 24일부터 설날·추석 후 5일까지(그 기간 중에 우편 등을 통해 발송하여 그 기간 후에 수수한 경우에는 그 수수한 날까지)를 말한다.(2022.1.5 본항신설)

(2022.1.5 본조개정)

제18조【수수 금지 금품등의 신고 방법 등】 공직자등은 법 제9조제1항에 따라 수수 금지 금품등을 신고하려는 경우에는 다음 각 호의 사항을 적은 서면을 소속기관장에게 제출하여야 한다.
1. 신고자의 인적사항
   가. 성명, 주민등록번호, 주소, 소속 부서 및 연락처
   나. 그 밖에 신고자를 확인할 수 있는 인적사항
2. 수수 금지 금품등을 제공하거나 그 제공의 약속 또는 의사표시를 한 자의 인적사항
   가. 개인인 경우 : 성명, 연락처, 직업 등 수수 금지 금품등을 제공하거나 그 제공의 약속 또는 의사표시를 한 자를 확인할 수 있는 인적사항
   나. 법인 또는 단체의 대표자인 경우 : 가목의 사항 및 법인 또는 단체의 명칭·소재지
   다. 법인·단체 또는 개인의 대리인, 사용인, 그 밖의 종업원인 경우 : 가목의 사항, 법인·단체 또는 개인의 명칭·소재지 및 대표자의 성명
3. 신고의 경위 및 이유
4. 금품등의 종류 및 가액
5. 금품등의 반환 여부
6. 신고 내용을 입증할 수 있는 증거자료(증거자료를 확보한 경우만 해당한다)

제19조【소속기관장의 수수 금지 금품등의 신고에 대한 조치 등】 ① 법 제9조제1항에 따라 신고를 받은 소속기관장의 수수 금지 금품등의 신고에 관한 확인 및 신고 내용의 보완에 관하여는 제4조를 준용한다.

② 소속기관장은 법 제9조제1항에 따라 신고를 받은 경우에는 수수 금지 금품등의 신고 내용에 관하여 필요한 조사를 하여야 한다. 이 경우 조사 결과에 대한 조치에 관하여는 제5조를 준용한다.

③ 법 제9조제1항에 따라 신고를 받은 소속기관장의 조사결과에 대한 통보 기간 및 방법 등에 관하여는 제6조를 준용한다.

④ 소속기관장은 소속 공직자등의 수수 금지 금품등의 신고 내용과 확인 사항 및 처리내역을 기록하고 관리하여야 한다. 이 경우 기록·관리 및 보존에 관하여는 제16조를 준용한다.

제20조【감독기관 등의 수수 금지 금품등의 신고에 대한 조치 등】 ① 공직자등이 법 제9조제6항에 따라 감독기관, 감사원 또는 수사기관에 수수 금지 금품등을 신고하려는 경우 제출하여야 하는 서면의 기재 사항에 관하여는 제18조를 준용한다.

② 감독기관, 감사원 또는 수사기관이 법 제9조제6항에 따라 수수 금지 금품등을 신고 받은 경우 신고에 관한 확인 및 신고 내용의 보완에 관하여는 제4조를 준용한다.

③ 감독기관, 감사원 또는 수사기관은 법 제9조제6항에 따라 신고를 받은 경우에는 수수 금지 금품등의 신고의 내용에 관하여 필요한 조사등을 하여야 한다. 이 경우 조사등 결과에 대한 조치에 관하여는 제9조를 준용한다.

④ 법 제9조제6항에 따라 신고를 받은 감독기관, 감사원 또는 수사기관의 조사등 결과의 신고자에 대한 통보 기간 및 방법에 관하여는 제6조를 준용한다.

제21조【국민권익위원회의 수수 금지 금품등의 신고에 대한 조치 등】 ① 공직자등이 법 제9조제6항에 따라 국민권익위원회에 수수 금지 금품등을 신고하려는 경우 제출하여야 하는 서면의 기재 사항에 관하여는 제18조를 준용한다.

② 국민권익위원회가 법 제9조제6항에 따라 수수 금지 금품등을 신고 받은 경우 신고에 관한 확인 및 신고 내용의 보완에 관하여는 제4조를 준용한다.

③ 국민권익위원회가 법 제9조제6항에 따라 신고를 받은 경우 신고의 이첩 또는 송부 방법 및 이첩 또는 송부의 처리 결과에 대한 통보에 관하여는 제12조를 준용한다.

제22조【이첩·송부의 처리 등】 소속기관장, 감독기관, 감사원 또는 수사기관이 제21조제3항에 따라 준용되는 제12조제1항부터 제3항까지의 규정에 따라 수수 금지 금품등의 신고를 이첩 또는 송부받은 경우 이첩 또는 송부에 관한 조치 및 통보 방법에 관하여는 제13조를 준용한다.

제23조【종결처리 등】 소속기관장, 감독기관, 감사원, 수사기관 또는 국민권익위원회가 신고를 종결할 수 있는 경우에 관하여는 제14조를 준용한다.

제24조【인도받은 금품등의 처리】 ① 소속기관장, 감독기관, 감사원, 수사기관 또는 국민권익위원회는 법 제9조제2항 단서 또는 같은 조 제6항에 따라 금품등을 인도받은 경우에는 즉시 사진으로 촬영하거나 영상으로 녹화하여야 한다.

② 법 제9조제6항에 따라 금품등을 인도받은 국민권익위원회는 제21조제3항에 따라 준용되는 제12조제1항부터 제3항까지의 규정에 따라 신고를 이첩 또는 송부하는 경우에는 인도받은 금품등과 제1항에 따라 촬영하거나 영상으로 녹화한 기록물을 첨부하여 이첩 또는 송부하여야 한다. 이 경우 이첩 또는 송부한 사실을 금품등을 인도한 자에게 통보하여야 한다.

③ 법 제9조제2항 단서, 같은 조 제6항 또는 이 조 제2항에 따라 금품등을 인도, 이첩 또는 송부받은 소속기관장, 감독기관, 감사원 또는 수사기관은 조사등을 한 결과, 인도·이첩 또는 송부받은 금품등이 수수 금지 금품등이 아닌 경우에는 다른 법령에 특별한 규정이 있는 경우를 제외하고 금품등을 인도한 자에게 반환한다.

④ 소속기관장, 감독기관, 감사원, 수사기관 또는 국민권익위원회는 인도받은 금품등이 멸실·부패·변질 등으로 인하여 제2항 또는 제3항에 따라 처리하기 어렵다고 판단되는 경우에는 금품등을 인도한 자의 동의를 받아 폐기처분한다.

제25조【수수가 제한되는 외부강의등의 사례금 상한액】 법 제10조제1항에서 "대통령령으로 정하는 금액"이란 별표2에 따른 금액을 말한다.

제26조【외부강의등의 신고】 ① 법 제10조제2항 본문에 따라 같은 조 제1항에 따른 외부강의등(이하 "외부강의등"이라 한다)을 신고하려는 공직자등은 다음 각 호의 사항을 적은 서면을 소속기관장에게 제출하여야 한다.
1. 신고자의 성명, 소속, 직급 및 연락처
2. 외부강의등의 일시, 강의시간 및 장소(2018.1.17 본호개정)
3. 외부강의등의 주제
4. 사례금 총액 및 상세 명세(2020.5.26 본호개정)
5. 외부강의등의 요청자(요청기관), 담당자 및 연락처(2018.1.17 본호개정)

② 제1항에 따른 신고를 할 때 상세 명세 또는 사례금 총액 등을 미리 알 수 없는 경우에는 해당 사항을 제외한 사항을 신고한 후 해당 사항을 안 날부터 5일 이내에 보완하여야 한다.(2018.1.17 본항개정)

제27조【초과사례금의 신고방법 등】 ① 공직자등은 법 제10조제1항에 따른 금액을 초과하는 사례금(이하 "초과사례금"이라 한다)을 받은 경우에는 법 제10조제5항에 따라 초과사례금을 받은 사실을 안 날부터 2일 이내에 다음 각 호의 사항을 적은 서면으로 소속기관장에게 신고하여야 한다.
1. 제26조제1항에 따른 신고사항
2. 초과사례금의 액수 및 초과사례금의 반환 여부

② 제1항에 따른 신고를 받은 소속기관장은 초과사례금을 반환하지 아니한 공직자등에 대하여 신고사항을 확인한 후 7일 이내에 반환하여야 할 초과사례금의 액수를 산정하여 해당 공직자등에게 통지하여야 한다.

③ 제2항에 따라 통지를 받은 공직자등은 지체 없이 초과사례금(신고자가 초과사례금의 일부를 반환한 경우에는 그 차액으로 한정한다)을 제공자에게 반환하고 그 사실을 소속기관장에게 알려야 한다.

제28조【반환·인도 비용의 청구】 공직자등은 자신이나 자신의 배우자가 법 제9조제2항 또는 제6항에 따라 금품등을 반환 또는 인도하거나 법 제10조제5항에 따라 초과사례금을 반환한 경우에는 소속기관장에게 증명자료를 첨부하여 반환하는 데 든 비용을 청구할 수 있다.

제4장 부정청탁 등 방지에 관한 업무의 총괄 등

제29조【법 위반행위의 신고】 누구든지 법 제13조제1항에 따라 법의 위반행위가 발생하였거나 발생하고 있다는 사실을 신고하려는 경우 다음 각 호의 사항을 적은 서면을 법 위반행위가 발생한 공공기관, 감독기관, 감사원, 수사기관(이하 "조사기관"이라 한다) 또는 국민권익위원회에 제출하여야 한다.
1. 신고자의 인적사항
   가. 성명, 주민등록번호, 주소, 직업 및 연락처
   나. 그 밖에 신고자를 확인할 수 있는 인적사항
2. 법 위반행위자의 인적사항
   가. 개인인 경우 : 성명, 연락처, 직업 등 법 위반행위자를 확인할 수 있는 인적사항
   나. 법인 또는 단체의 대표자인 경우 : 가목의 사항 및 법인 또는 단체의 명칭·소재지
   다. 법인·단체 또는 개인의 대리인, 사용인, 그 밖의 종업원인 경우 : 가목의 사항, 법인·단체 또는 개인의 명칭·소재지 및 대표자의 성명
3. 신고의 경위 및 이유
4. 법 위반행위가 발생한 일시, 장소 및 내용
5. 법 위반행위 내용을 입증할 수 있는 증거자료(증거자료를 확보한 경우만 해당한다)

제30조【조사기관의 법 위반행위의 신고에 대한 확인 등】 ① 법 제13조제1항에 따라 신고를 받은 조사기관은 다음 각 호의 사항을 확인할 수 있다.
1. 제29조 각 호의 사항 등 신고 내용을 특정하는 데 필요한 사항
2. 신고 내용을 입증할 수 있는 참고인, 증거자료 등의 확보 여부
3. 다른 기관에 동일한 내용으로 신고를 하였는지 여부
4. 신고자가 신고처리과정에서 그 신분을 밝히거나 암시하는 것(이하 "신분공개"라 한다)에 동의하는지 여부

② 조사기관은 제1항제4호에 따라 신분공개에 동의하는지 여부를 확인하는 경우에는 신고의 처리 절차 및 신분공개 절차에 관하여 신고자에게 설명하여야 한다.

③ 조사기관은 법 제13조제1항에 따른 신고가 이 조 제1항제1호에 따른 신고 내용을 특정하는 데 필요한 사항을 갖추지 못한 경우에는 적정한 기간을 정하여 신고자로 하여금 그 사항을 보완하게 할 수 있다.

제31조【조사기관의 법 위반행위의 신고에 대한 조치 등】 조사기관이 법 제13조제1항에 따라 신고를 받은 경우 법 위반행위의 신고에 대한 조사등 결과에 대한 조치사항, 통보 기간 및 방법 등에 관하여는 제5조, 제6조 및 제9조를 준용한다.

제32조【국민권익위원회의 법 위반행위의 신고에 대한 확인】 법 제13조제1항에 따라 신고를 받은 국민권익위원회의 신고에 관한 확인 사항, 신고자에 대한 설명 및 신고 내용의 보완에 관하여는 제30조를 준용한다.

제33조【국민권익위원회의 법 위반행위의 신고의 처리 등】 ① 법 제13조제1항에 따라 신고를 받은 국민권익위원회는 신고를 받은 날(신고 내용의 보완이 필요한 경우에는 제30조제3항에 따라 보완된 날을 말한다)부터 60일 이내에 제30조제1항 각 호의 사항을 확인한 후 다음 각 호의 구분에 따른 기관에 이첩하여야 한다.
1. 범죄의 혐의가 있거나 수사의 필요성이 있다고 인정되는 경우 : 수사기관
2. 「감사원법」에 따른 감사가 필요하다고 인정되는 경우 : 감사원
3. 제1호 또는 제2호 외의 경우 : 소속기관 또는 감독기관

② 국민권익위원회는 신고내용이 여러 기관과 관련되는 경우에는 소속기관, 감독기관, 감사원 또는 수사기관 중에서 주관 기관을 지정하여 이첩할 수 있다. 이 경우 주관 기관은 상호 협조를 통하여 신고사항이 일괄 처리되도록 하여야 한다.

③ 국민권익위원회는 법 제13조제1항에 따라 접수받은 신고가 다음 각 호의 사항에 모두 해당하는 경우에는 소속기관장, 감독기관, 감사원 또는 수사기관에 송부할 수 있다.
1. 제1항에 따른 이첩 대상인지가 명백하지 아니한 경우
2. 제14조제1항에 따른 종결처리의 대상인지가 명백하지 아니한 경우

④ 국민권익위원회는 제1항부터 제3항까지의 규정에 따라 법 위반행위 신고를 이첩하거나 송부하는 경우에는 제30조제1항 각 호의 확인 사항을 첨부하여 이첩하거나 송부해야 한다. 다만, 다음 각 호의 경우에는 해당 호에서 정한 사항은 첨부하지 않는다.
1. 신고자가 신분공개에 동의하지 않은 경우 : 제29조제1호의 신고자 인적사항
2. 법 제13조의2제1항에 따라 신고자가 자신의 인적사항을 밝히지 않고 변호사를 선임하여 신고를 대리하게 하는 경우 : 같은 조 제3항에 따라 봉인하여 보관하는 자료
(2022.6.7 본항개정)
⑤ 국민권익위원회는 제4항에 따라 법 위반행위 신고를 이첩하거나 송부하는 경우에는 그 이첩 또는 송부 사실을 신고자에게 통보해야 한다.(2022.6.7 본항신설)
⑥ 국민권익위원회는 제34조제2항에 따라 조사기관으로부터 조사등 결과를 통보받은 경우 지체 없이 신분공개에 동의하지 아니한 신고자에게 조사등 결과를 서면으로 통보하여야 한다.
제34조【조사기관의 이첩·송부의 처리】 ① 조사기관은 제33조제1항부터 제3항까지의 규정에 따라 법 위반행위 신고를 이첩 또는 송부받은 날부터 60일 이내에 필요한 조사등을 마치고, 다음 각 호의 구분에 따라 조사등 결과에 대한 조치를 하여야 한다. 다만, 60일 이내에 조사등을 마칠 수 없는 정당한 사유가 있는 경우에는 그 기간을 연장할 수 있으며, 국민권익위원회에 그 연장사유 및 연장기간을 통보해야 한다.(2020.5.26 본문개정)
1. 소속기관장의 조치
  가. 범죄의 혐의가 있거나 수사의 필요성이 있다고 인정되는 경우 : 수사기관에 통보
  나. 과태료 부과 대상인 경우 : 과태료 관할 법원에 통보
  다. 징계 대상인 경우 : 징계절차의 진행
2. 감독기관 또는 감사원의 조치
  가. 범죄의 혐의가 있거나 수사의 필요성이 있다고 인정되는 경우 : 수사기관에 통보
  나. 과태료 부과대상이거나 징계의 필요성이 있는 경우 : 소속기관에 통보
3. 수사기관의 조치
  가. 범죄의 혐의가 있거나 수사의 필요성이 있다고 인정되는 경우 : 수사절차의 진행
  나. 과태료 부과 대상이거나 징계의 필요성이 있는 경우 : 소속기관에 통보
② 조사기관은 법 위반행위 신고를 이첩 또는 송부받은 경우 조사등을 마친 날부터 10일 이내에 조사등의 결과를 신고자(신고자가 신분공개에 동의하지 아니하여 신고자의 인적사항을 제외하고 신고를 이첩 또는 송부받은 경우는 제외한다) 및 국민권익위원회에 서면으로 통보하여야 한다.
③ 조사기관이 제2항에 따라 통보하는 조사등 결과에는 다음 각 호의 사항이 포함되어야 한다.
1. 신고사항의 처리결과 및 처리이유
2. 신고사항과 관련하여 신고자 및 국민권익위원회가 알아야 할 필요가 있는 사항
제35조【종결처리 등】 소속기관장, 감독기관, 감사원, 수사기관 또는 국민권익위원회가 신고를 종결할 수 있는 경우에 관하여는 제14조를 준용한다.
제36조【법 위반행위의 신고처리 결과에 대한 이의신청】 ① 신고자는 법 제14조제5항에 따라 이의신청을 하려는 경우에는 같은 조 제3항 또는 제4항에 따라 조사등에 대한 결과를 통보받은 날부터 7일 이내에 이의신청의 경위와 이유를 적은 신청서에 필요한 자료를 첨부하여 서면으로 신청할 수 있다.
② 법 제14조제5항에 따라 이의신청을 받은 조사기관 또는 국민권익위원회는 이의신청을 받은 날부터 30일 이내에 이의신청에 대한 결정을 통지하여야 한다.
③ 제2항에 따른 이의신청에 대한 결정의 통지와 법 제14조제7항에 따른 재조사 결과의 통지에 대해서는 다시 이의신청을 할 수 없다.
제37조【수사 개시·종료의 통보】 수사기관은 법 위반행위에 따른 신고 등에 따라 범죄 혐의가 있다고 인식하여 수사를 시작한 때와 이를 마친 때에는 10일 이내에 그 사실을 해당 공직자등이 소속한 공공기관에 통보하여야 한다.
제38조【신분보호 조치 등】 조사기관은 신고자가 신분공개에 동의하지 아니하고 신고한 경우 조사등의 과정에서 신고자의 신분이 공개되지 아니하도록 필요한 조치를 하여야 한다.
제39조【청렴자문위원회의 구성·운영】 ① 공공기관의 장은 다음 각 호의 사항에 관한 검토를 위하여 청렴자문위원회를 둘 수 있다.
1. 법 제7조제7항에 따른 부정청탁의 공개에 관한 사항
2. 법 제7조, 제9조 및 제14조에 따른 부정청탁 및 수수 금지 금품등의 신고의 처리 및 조치 등에 관한 사항
3. 제40조에 따른 포상금 지급 대상자 추천에 관한 사항
4. 그 밖에 법 시행을 위하여 공공기관의 장이 필요하다고 인정하는 사항
② 제1항에 따른 청렴자문위원회의 구성·운영에 필요한 세부적인 사항은 해당 공공기관의 장이 정한다.
제40조【포상금 지급 대상자 추천 등】 ① 조사기관은 법 위반행위 신고자 중에서 법 제15조제5항에 따른 포상금 지급 대상에 해당하는 자가 있는 경우에는 국민권익위원회에 대상자를 추천할 수 있다.
② 제1항에 따라 추천을 하는 조사기관은 국민권익위원회가 포상금 지급사유를 확인할 수 있도록 관련 자료를 함께 제출하여야 한다.
③ 국민권익위원회는 제1항에 따라 추천을 받은 경우 포상금 지급을 위하여 조사기관, 이해관계자 및 참고인 등을 상대로 포상금 지급사유를 확인할 수 있다.
④ 국민권익위원회는 제1항에 따라 추천을 받은 경우 외에도 필요한 경우에는 포상금 지급 대상자를 선정하여 포상금을 지급할 수 있다.
제41조【정보시스템의 구축·운영 등】 ① 국민권익위원회는 법 제12조에 따른 업무의 효율적인 운영을 위하여 정보시스템을 구축·운영할 수 있다.
② 국민권익위원회는 공공기관의 장으로 하여금 법 제12조에 따른 업무 수행에 필요한 자료를 제1항에 따른 정보시스템에 입력을 하도록 요청할 수 있다.
제42조【교육 등】 ① 공공기관의 장은 법 제19조제1항에 따라 매년 부정청탁 금지 및 금품등 수수의 금지에 관한 교육계획을 수립하여야 한다.
② 제1항에 따른 교육계획에는 교육의 대상·내용·방법 등이 포함되어야 한다.
③ 공공기관의 장은 법 제19조제1항에 따라 공직자등에게 연 1회 이상 교육을 실시하여야 하고, 부정청탁 금지 및 금품등 수수의 금지에 관한 법령을 준수할 것을 약속하는 서약서를 신규채용을 할 때 받아야 한다.(2018.1.17 본항개정)
④ 국민권익위원회는 법 제19조제3항에 따른 지원을 위하여 전문강사 양성, 표준교재 및 강의안 개발·보급, 청렴연수원 집합교육 운영 등 지원 방안을 수립·시행할 수 있다.
제43조【징계기준】 공공기관의 장은 법 제21조에 따른 징계를 위하여 위반행위의 유형, 비위 정도, 과실의 경중 등을 고려하여 세부적인 기준을 마련하여야 한다.
제44조【고유식별정보 등의 처리】 공공기관의 장은 다음 각 호의 사무를 수행하기 위하여 불가피한 경우 「개인정보 보호법」 제23조에 따른 민감정보, 같은 법 시행령 제19조제1호, 제2호 및 제4호에 따른 주민등록번호, 여권번호 및 외국인등록번호가 포함된 자료를 처리할 수 있다.
1. 법 제7조 및 제9조에 따른 부정청탁 및 수수 금지 금품등의 신고·처리 등에 관한 사무
2. 법 제10조에 따른 외부강의등의 신고·처리 등에 관한 사무
3. 법 제13조, 제13조의2 및 제14조에 따른 법 위반행위의 신고·처리 등에 관한 사무(2022.6.7 본호개정)
4. 법 제15조에 따른 신고자등의 보호·보상에 관한 사무
5. 법 제17조에 따른 부당이득의 환수에 관한 사무
제45조【과태료 부과 대상자에 대한 위반 사실 통지】 소속기관장이 법 제23조제7항에 따라 과태료 부과 대상자의 위반 사실을 과태료 재판 관할법원에 통보하는 경우에는 지체 없이 그 사실을 과태료 부과 대상자에게 통지해야 한다. 이 경우 과태료 부과 대상자가 다른 공공기관에 소속된 공직자등인 경우에는 그 소속기관장에게 함께 통지해야 한다.(2020.5.26 본조신설)

부 칙

이 영은 2016년 9월 28일부터 시행한다.

부 칙 (2018.1.17)

제1조【시행일】 이 영은 공포한 날부터 시행한다.
제2조【경조사비 등의 가액 범위에 관한 적용례】 별표1의 개정규정은 이 영 시행 이후 경조사비 등을 받거나 요구 또는 약속하는 경우부터 적용한다.
제3조【외부강의등 사례금 상한액에 관한 적용례】 별표2의 개정규정은 이 영 시행 이후 외부강의등을 하는 경우부터 적용한다.

부 칙 (2018.12.24)

이 영은 2019년 1월 1일부터 시행한다.

부 칙 (2020.5.26)

제1조【시행일】 이 영은 2020년 5월 27일부터 시행한다.
제2조【소속기관장 등의 이첩·송부의 처리에 관한 적용례】 제13조제1항의 개정규정은 이 영 시행 이후에 이첩 또는 송부받는 신고부터 적용한다.
제3조【조사기관의 이첩·송부의 처리에 관한 적용례】 제34조제1항의 개정규정은 이 영 시행 이후에 이첩 또는 송부받는 신고부터 적용한다.

부 칙 (2020.9.10)

제1조【시행일】 이 영은 2020년 9월 10일부터 시행한다.
제2조【농수산물 등 선물의 가액 범위에 관한 특례】 이 영 시행일부터 2020년 10월 4일까지 농수산물 및 농수산가공품 선물을 수수(해당 기간 중에 우편 등을 통하여 발송한 경우로서 2020년 10월 4일 이후에 수수하는 것을 포함한다)하는 경우에 그 선물의 가액 범위에 관하여는 별표1에도 불구하고 별표1의2를 적용한다.

부 칙 (2021.1.19)

제1조【시행일】 이 영은 2021년 1월 19일부터 시행한다.
제2조【농수산물 등 선물의 가액 범위에 관한 특례】 이 영 시행일부터 2021년 2월 14일까지 농수산물 및 농수산가공품 선물을 수수(해당 기간 중에 우편 등을 통하여 발송한 경우로서 2021년 2월 14일 이후에 수수하는 것을 포함한다)하는 경우에 그 선물의 가액 범위에 관하여는 별표1에도 불구하고 별표1의3을 적용한다.

부 칙 (2022.1.5)

이 영은 공포한 날부터 시행한다.

부 칙 (2022.6.7)

이 영은 2022년 6월 8일부터 시행한다.

부 칙 (2023.8.30)

제1조【시행일】 이 영은 공포한 날부터 시행한다.
제2조【선물의 가액 범위에 관한 경과조치】 이 영 시행 전에 선물을 받거나 요구 또는 약속한 경우에 그 선물의 가액 범위에 관하여는 별표1의 개정규정에도 불구하고 종전의 규정에 따른다.

〔별표〕 ➡ 「法典 別冊」 참조

공공재정 부정청구 금지 및 부정이익 환수 등에 관한 법률(약칭 : 공공재정환수법)

(2019년 4월 16일 법 률 제16323호)

개정
2020. 3.24법17091호(지방행정제재·부과금의징수등에관한법)
2020.12.22법17689호(국가자치경찰)
2021. 1. 5법17881호
2021.12. 7법18575호
2023. 3.21법19266호

제1장 총 칙

제1조【목적】 이 법은 공공재정에 대한 부정청구 등을 금지하고 부정청구 등으로 얻은 이익의 환수·관리 체계를 확립함으로써 공공재정 운용의 건전성과 투명성을 제고함을 목적으로 한다.
제2조【정의】 이 법에서 사용하는 용어의 뜻은 다음과 같다.
1. "공공기관"이란 다음 각 목의 어느 하나에 해당하는 기관·법인·단체를 말한다.
  가. 국회, 법원, 헌법재판소, 선거관리위원회, 감사원, 국가인권위원회, 고위공직자범죄수사처, 중앙행정기관(대통령 소속 기관과 국무총리 소속 기관을 포함한다)과 그 소속 기관 및 지방자치단체(2021.1.5 본목개정)
  나. 「공직자윤리법」 제3조의2에 따른 공직유관단체
  다. 「공공기관의 운영에 관한 법률」 제4조에 따른 기관
  라. 「초·중등교육법」, 「고등교육법」, 「유아교육법」 및 그 밖의 다른 법률에 따라 설치된 각급 국립·공립 학교
2. "행정청"이란 다음 각 목의 자를 말한다.
  가. 행정에 관한 의사를 결정하여 표시하는 국가 또는 지방자치단체의 기관
  나. 그 밖에 법령 또는 자치법규에 따라 행정권한을 가지고 있거나 위탁받은 공공단체 또는 그 기관이나 사인(私人)
3. "금품등"이란 다음 각 목의 어느 하나에 해당하는 것을 말한다.
  가. 금전
  나. 채권(債券)
  다. 물품
  라. 상품권, 이용권(利用券), 그 밖에 이에 준하는 증표
4. "공공재정"이란 공공기관이 조성·취득하거나 관리·처분·사용하는 금품등을 말한다.
5. "공공재정지급금"이란 법령 또는 자치법규에 따라 공공재정에서 제공되는 보조금·보상금·출연금이나 그 밖에 상당한 반대급부를 받지 아니하고 제공되는 금품등으로서 대통령령으로 정하는 것을 말한다.
6. "부정청구등"이란 다음 각 목의 어느 하나에 해당하는 행위로 공공재정에 손해를 입히거나 이익을 얻는 일체의 행위를 말한다.
  가. 거짓이나 그 밖의 부정한 방법으로 공공재정지급금을 청구할 자격이 없는데도 공공재정지급금을 청구하는 행위

나. 거짓이나 그 밖의 부정한 방법으로 받아야 할 공공재정지급금보다 과다하게 공공재정지급금을 청구하는 행위
다. 법령·자치법규나 기준(제1호나목부터 라목까지의 기관·법인·단체의 기준·규정·사규를 포함한다)에서 정한 절차에 따르지 아니하고 정해진 목적이나 용도와 달리 공공재정지급금을 사용하는 행위
라. 그 밖에 공공재정지급금이 잘못 지급된 경우
7. "부정이익"이란 부정청구등으로 공공재정에서 얻거나 사용한 금품등(정당한 권리나 자격이 인정되는 금품등에 해당하는 부분은 제외한다)을 말한다.
8. "부정수익자"란 부정이익을 얻은 자(제1호가목의 기관·법인은 제외한다)를 말한다.

제3조【공공기관의 책무】 공공기관은 부정청구등의 예방과 확산 방지를 위하여 노력하여야 한다.

제4조【적용 범위】 이 법은 다음 각 호의 어느 하나에 해당하는 경우에는 적용하지 아니한다.
1. 「국세기본법」, 「지방세기본법」 및 「관세법」 등에 따른 조세(租稅)를 부과·징수하는 경우
2. 「부담금관리 기본법」에 따른 부담금을 부과·징수하는 경우
3. 벌금·과료, 몰수·추징 및 과태료를 부과·징수하는 경우
4. 「국가를 당사자로 하는 계약에 관한 법률」 및 「지방자치단체를 당사자로 하는 계약에 관한 법률」의 적용을 받는 사항과 그에 준하는 계약관계에 해당하는 사항

제5조【다른 법률과의 관계】 ① 제7조의 공공재정지급금의 지급 중단에 관하여 다른 법률에 중단, 정지 또는 중지 규정이 있는 경우에는 그 법률에서 정하는 바에 따른다.
② 제8조의 환수에 관하여 다른 법률에 환수, 징수, 회수, 반납명령, 반환명령, 반환요구 등 그 명칭에도 불구하고 그 성질상 제8조의 환수로 볼 수 있는 규정이 있는 경우에는 그 법률에서 정하는 바에 따른다. 이 경우 다른 법률에 따라 환수, 징수, 회수, 반납명령, 반환명령, 반환요구 등을 한 경우에는 제8조에 따라 환수한 것으로 본다.
③ 제9조의 제재부가금에 관하여 다른 법률에 제2항에 해당하는 환수에 추가하여 환수의 원인이 되는 행위를 제재하기 위하여 금전을 부과하도록 하는 규정이 있는 경우에는 그 법률에서 정하는 바에 따른다. 이 경우 다른 법률에 따라 제2항에 해당하는 환수에 추가하여 환수의 원인이 되는 행위를 제재하기 위하여 금전을 부과한 경우에는 제9조에 따라 제재부가금을 부과한 것으로 본다.
④ 제12조의 가산금 및 체납처분에 관하여 다른 법률에 규정이 있는 경우에는 그 법률에서 정하는 바에 따른다.
⑤ 제13조의 조사의 실시에 관하여 다른 법률에서 부정청구등에 대한 조사를 할 수 있도록 하는 규정이 있는 경우에는 그 법률에서 정하는 바에 따른다.
⑥ 제15조의 이의신청에 관하여 다른 법률에 제1항에 해당하는 공공재정지급금의 지급 중단, 제2항에 해당하는 환수, 제3항에 해당하는 제재부가금 및 제4항에 해당하는 가산금·체납처분에 관하여 이의신청이나 그 밖의 불복절차(「행정심판법」에 따른 행정심판 및 같은 법 제4조에 따른 특별행정심판은 제외한다)에 관한 규정이 있는 경우에는 그 법률에서 정하는 바에 따른다.
⑦ 제16조의 명단 공표에 관하여 다른 법률에 규정이 있는 경우에는 그 법률에서 정하는 바에 따른다.
⑧ 제23조제1항의 포상금에 관하여 다른 법률에 규정이 있는 경우에는 그 법률에서 정하는 바에 따른다.

제2장 부정이익 등의 환수 및 제재부가금의 부과·징수 등

제6조【부정청구등 금지】 누구든지 부정청구등을 하여서는 아니 된다.

제7조【공공재정지급금의 지급 중단】 행정청은 부정청구등이 발생하였다고 인정될 만한 상당한 근거가 있는 경우에는 공공재정지급금의 전부 또는 일부의 지급을 중단할 수 있다.

제8조【부정이익등의 환수】 ① 행정청은 부정청구등이 있는 경우에는 부정이익과 대통령령으로 정하는 이자(이하 "부정이익등"이라 한다)를 환수하여야 한다.
② 행정청은 부정이익등을 환수하는 경우에는 공공재정지급 결정의 전부 또는 일부를 취소하여야 한다.
③ 행정청은 부정수익자에게 부정청구등에 따른 범죄혐의가 있다고 인정될 만한 상당한 이유가 있을 때에는 수사기관에 그 내용을 통보하여야 한다.
④ 제1항부터 제3항까지에서 규정한 사항 외에 부정이익등의 환수를 위한 가액 산정 기준, 환수 절차에 관한 사항은 대통령령으로 정한다.

제9조【제재부가금의 부과·징수】 ① 행정청은 제2조제6호가목부터 다목까지의 어느 하나에 해당하는 부정청구등이 있는 경우에는 제8조에 따른 환수에 추가하여 부정이익 가액의 5배 이내에서 대통령령으로 정하는 바에 따라 제재부가금을 부과·징수하여야 한다. 다만, 행정청은 부정청구등이 사소한 부주의나 오류 등 과실로 인한 것으로 인정되는 경우 등 대통령령으로 정하는 사유가 있는 경우에는 산정된 제재부가금을 줄이거나 부과하지 아니할 수 있다.
② 제재부가금 부과를 위한 가액 산정 기준, 제재부가금의 부과·납부·징수 절차에 관한 사항은 대통령령으로 정한다.

제10조【제재부가금의 감면 등】 ① 행정청은 제8조에 따른 환수를 하기 위하여 「행정절차법」 제21조제1항에 따라 사전 통지를 하기 전(같은 법 제21조제4항에 따라 사전통지를 하지 아니하는 경우에는 제8조에 따라 환수처분을 하기 전을 말한다)에 부정수익자가 자진하여 신고하고, 부정청구등으로 인한 부정이익등을 모두 반환한 경우에는 제9조에 따른 제재부가금을 부과하지 아니한다.
② 행정청은 제9조에 따른 제재부가금을 부과하기 전에 부정수익자가 해당 부정청구등과 관련하여 다른 법률에 따라 벌금·과료, 몰수·추징, 과징금 또는 과태료를 부과받은 경우에는 제재부가금을 줄이거나 부과하지 아니한다.
③ 행정청은 제9조에 따른 제재부가금을 부과한 후에 부정수익자가 해당 부정청구등과 관련하여 다른 법률에 따라 벌금·과료, 몰수·추징, 과징금 또는 과태료를 부과받은 경우에는 제재부가금을 감면하여야 한다.
④ 제재부가금 부과 및 감면의 기준, 절차 등에 관한 사항은 대통령령으로 정한다.

제11조【제재부가금의 적용 배제】 ① 다음 각 호의 어느 하나에 해당하는 경우에는 이 법에 따른 제재부가금을 부과하지 아니할 수 있다.
1. 제8조에 따른 환수 금액에서 이자를 제외한 금액(수회에 걸쳐 부정이익을 얻은 경우에는 그 누적된 금액을 말한다)이 100만원을 초과하지 아니하는 경우
2. 「국민기초생활 보장법」에 따른 급여, 「장애인복지법」에 따른 장애수당, 「장애인연금법」에 따른 장애인연금, 「기초연금법」에 따른 기초연금, 「한부모가족지원법」에 따른 복지 급여, 「독립유공자예우에 관한 법률」·「국가유공자 등 예우 및 지원에 관한 법률」·「보훈보상대상자 지원에 관한 법률」·「참전유공자 예우 및 단체설립에 관한 법률」·「고엽제후유의증 등 환자지원 및 단체설립에 관한 법률」에 따른 보훈급여금 또는 그에 준하는 경우
3. 제재부가금 부과·징수에 드는 비용이 부과·징수하려는 제재부가금보다 큰 경우 등 제재부가금을 부과할 실익이 크지 아니하다고 인정되는 경우
② 제재부가금의 적용 배제의 기준은 부정이익등의 금액, 부정이익등을 얻은 횟수 및 기간 등을 고려하여 대통령령으로 정한다.

제12조【가산금 및 체납처분】 ① 행정청은 제8조에 따른 환수처분을 받거나 제9조에 따른 제재부가금을 부과받은 자가 정해진 기한까지 부정이익등을 모두 반환하거나 제재부가금을 완납하지 아니하면 그 기한 다음 날부터 부정이익등을 모두 반환하거나 제재부가금을 완납한 날의 전날까지의 기간에 대하여 체납된 금액에 대통령령으로 정하는 이자율에 따라 계산한 금액을 가산금으로 징수한다. 이 경우 가산금을 징수하는 기간은 60개월을 초과하지 못한다.
② 행정청은 제8조에 따른 환수처분 또는 제9조에 따른 제재부가금 부과처분을 받은 자가 정해진 기한까지 부정이익등을 반환하거나 제재부가금을 납부하지 아니하면 기한을 정하여 독촉을 하고, 그 기한까지 부정이익등을 반환하거나 제재부가금 또는 가산금을 납부하지 아니하면 국세체납 처분의 예에 따라 징수하거나 「지방행정제재·부과금의 징수 등에 관한 법률」에 따라 징수할 수 있다.(2020.3.24 본항개정)

제13조【조사의 실시 등】 ① 행정청은 제8조에 따라 부정이익등을 환수하거나 제9조에 따라 제재부가금을 부과·징수하기 위하여 필요하다고 인정되는 경우에는 부정수익자 또는 부정청구등과 관련된 자(부정수익자에 해당하는 기관이나 법인 또는 단체의 실질적인 운영자나 대표자로 볼 수 있는 자 등 대통령령으로 정하는 자를 말한다. 이하 같다)에게 출석, 진술 및 자료의 제출을 요구할 수 있다. 이 경우 출석 등의 요구를 받은 자는 정당한 사유가 없으면 그 요구에 따라야 한다.
② 행정청은 제1항에 따른 출석, 진술 및 자료의 제출을 하지 아니하거나 부정청구등이 발생하였다고 인정될 만한 상당한 근거가 있는 경우에는 소속 공무원으로 하여금 부정수익자 또는 부정청구등과 관련된 자의 사무소·사업장에 출입하여 장부 또는 서류·시설·장비 등을 조사하게 할 수 있다.
③ 제1항에 따른 출석, 진술, 자료제출의 요구 및 제2항에 따른 출입 등의 방법·절차에 관하여는 「행정조사기본법」에서 정하는 바에 따른다.

제14조【재산 관계 공부의 열람 등】 행정청은 제8조에 따라 부정이익등을 환수하거나 제9조에 따라 제재부가금을 부과·징수하기 위하여 필요한 경우에는 등기소나 그 밖의 관계 행정기관의 장에게 무료로 재산 관계 공부(公簿) 등의 열람·복사나 그 등본 또는 초본의 발급을 청구할 수 있다.

제15조【이의신청】 ① 행정청의 제7조에 따른 공공재정지급금의 지급 중단, 제8조에 따른 부정이익등 환수처분, 제9조에 따른 제재부가금 부과처분, 제12조에 따른 가산금·체납처분에 불복하는 자는 그 처분을 고지받은 날부터 30일 이내에 그 사유를 밝혀 문서로 행정청에 이의를 신청할 수 있다.
② 행정청은 제1항에 따른 이의신청에 대하여 30일 이내에 결정하여야 한다. 다만, 부득이한 사정으로 그 기간 안에 결정을 할 수 없는 경우에는 10일 이내에서 그 기간을 연장할 수 있다.

제16조【명단 공표】 ① 행정청은 직전 연도부터 과거 3년간 다음 각 호의 요건에 모두 해당하는 부정수익자(이하 "고액부정청구등행위자"라 한다)의 명단을 공표하여야 한다. 다만, 고액부정청구등행위자의 사망으로 명단 공표의 실효성이 없는 경우 등 대통령령으로 정하는 사유가 있는 경우에는 그러하지 아니하다.
1. 해당 행정청으로부터 제재부가금 부과처분(이의신청이나 그 밖의 불복절차가 진행 중인 처분은 제외한다)을 받은 횟수가 2회 이상
2. 제1호에 따른 제재부가금 부과처분의 대상이 되는 부정이익 가액이 합계 3천만원 이상
② 행정청은 제15조에 따른 이의신청이나 그 밖의 불복절차가 진행 중인 제재부가금 부과처분에 대해서는 불복절차가 끝난 후 고액부정청구등행위자에 해당하는 자의 명단을 추가로 공표하여야 한다.
③ 제1항 및 제2항에 따른 고액부정청구등행위자 명단의 공표 여부를 심의하기 위하여 각 행정청에 고액부정청구등행위자명단공표심의위원회(이하 이 조에서 "심의위원회"라 한다)를 둔다.
④ 행정청은 명단 공표를 하기 전에 심의위원회의 심의를 거친 공표 대상자에게 명단 공표 대상자임을 통지하고 소명 기회를 주어야 한다.
⑤ 제1항부터 제4항까지에서 규정한 사항 외에 고액부정청구등행위자의 명단 공표의 시기·방법·절차, 소명의 기간·방법·절차와 심의위원회의 구성 및 운영에 필요한 사항은 대통령령으로 정한다.

제3장 부정청구등 신고 및 신고자 보호·보상 등

제17조【부정청구등의 신고】 누구든지 부정청구등이 발생하였거나 발생할 우려가 있다고 판단하는 경우에는 다음 각 호의 어느 하나에 해당하는 기관에 신고할 수 있다.
1. 신고 내용의 소관 공공기관 또는 그 감독기관
2. 감사원 또는 수사기관
3. 국민권익위원회(이하 "위원회"라 한다)

제18조【신고자 등의 보호】 누구든지 다음 각 호의 어느 하나에 해당하는 신고 등(이하 "신고등"이라 한다)을 하지 못하도록 방해하거나 신고등을 한 사람(이하 "신고자등"이라 한다)에게 그 행위를 취소하도록 강요해서는 아니 된다.
1. 제10조제1항에 따른 신고
2. 제17조에 따른 신고
3. 신고 사항에 관한 조사·감사·수사 또는 소송에서 진술·증언 및 자료제공 등의 방법으로 돕는 행위
4. 신고한 사람에 대한 제19조제2항 및 제3항에 따른 조치에 관한 조사·소송 등에서 진술·증언 및 자료제공 등의 방법으로 돕는 행위

제19조【신분보장 등】 ① 누구든지 신고등을 이유로 소속 기관·단체·법인 등으로부터 징계조치 등 어떠한 신분상 불이익이나 근무조건상의 차별을 받지 아니한다.
② 누구든지 신고등을 한 이유로 신분상 불이익이나 근무조건상의 차별을 당하였거나 당할 것으로 예상되는 때에는 위원회에 해당 불이익처분의 원상회복, 전직(轉職), 징계의 보류 등 신분보장 조치와 그 밖에 필요한 조치를 요구할 수 있다.
③ 누구든지 신고등으로 인하여 인가·허가 등의 취소, 계약의 해지 등 경제적·행정적 불이익을 당하였을 때에는 위원회에 원상회복 또는 시정을 위하여 인가·허가, 계약 등의 잠정적인 효력유지 등 필요한 조치를 요구할 수 있다.
④ 위원회는 제2항 또는 제3항에 따른 요구가 있는 경우에는 조사에 착수하여야 한다.
⑤ 위원회는 제2항 또는 제3항에 따라 요구를 한 자나 참고인 또는 관계 기관 등에 대하여 다음 각 호의 방법으로 제4항에 따른 조사를 할 수 있다.
1. 출석 요구 및 진술 또는 진술서 제출 요구
2. 조사사항과 관련이 있다고 인정되는 자료 등의 제출 요구
3. 조사사항과 관련이 있다고 인정되는 사실 또는 정보에 대한 조회
⑥ 제5항 각 호의 요구를 받거나 조회를 요청받은 자는 그 요구 또는 요청에 성실히 따라야 한다.
⑦ 위원회는 조사 결과 제2항 또는 제3항에 따른 요구의 내용이 타당하다고 인정할 때에는 그 요구를 한 자의 소속 기관의 장, 관계 기관의 장 또는 소속 단체·법인 등의 장에게 적절한 조치를 요구할 수 있다. 이 경우 위원회로부터 조치의 요구를 받은 소속 기관의 장, 관계 기관의 장 또는 소속 단체·법인 등의 장은 정당한 사유가 없으면 그 요구에 따라야 한다.
⑧ 공직자(「부패방지 및 국민권익위원회의 설치와 운영에 관한 법률」 제2조제3호의 공직자를 말한다. 이하 같다)인 신고자등이 위원회에 전직, 전출·전입, 파견근무 등 인사에 관한 조치를 요구한 경우 위원회는 요구 내용이 타당하다고 인정할 때에는 인사혁신처장 또는 관계 기관의 장에게 필요한 조치를 요구할 수 있다. 이 경우 위원회로부터 요구를 받은 인사혁신처장 또는 관계 기관의 장은 해당 사항을 우선적으로 고려하여야 하며, 그 결과를 위원회에 통보하여야 한다.

⑨ 위원회는 신고등을 한 이유로 신고자등에게 신분상 불이익을 주거나 근무조건상 차별을 한 자에 대하여 징계권자에게 징계를 요구할 수 있다.

제20조【신고자등의 비밀보장】 ① 누구든지 신고자등이라는 사정을 알면서 그의 인적사항이나 그가 신고자등임을 미루어 알 수 있는 사실을 다른 사람에게 알려주거나 공개 또는 보도해서는 아니 된다. 다만, 신고자등이 동의한 때에는 그러하지 아니하다.

② 위원회는 제1항을 위반하여 신고자등의 인적사항이나 신고자등임을 미루어 알 수 있는 사실이 공개 또는 보도되었을 때에는 그 경위를 확인할 수 있다.

③ 위원회는 제2항에 따른 경위를 확인하는 데 필요하다고 인정하면 관계 기관에 관련 자료의 제출이나 의견의 진술 등을 요청할 수 있다. 이 경우 자료의 제출이나 의견의 진술을 요청받은 해당 기관은 특별한 사유가 없으면 그 요청에 따라야 한다.

④ 위원회는 제1항을 위반하여 신고자등의 인적사항이나 신고자등임을 미루어 알 수 있는 사실을 다른 사람에게 알려주거나 공개 또는 보도한 사람의 징계권자에게 그 사람에 대한 징계 등 필요한 조치를 요구할 수 있다.

제21조【신변보호조치】 ① 신고자등은 신고등을 한 이유로 자신과 친족 또는 동거인의 신변에 불안이 있는 경우에는 위원회에 신변보호조치를 요구할 수 있다. 이 경우 위원회는 필요하다고 인정할 때에는 경찰청장, 관할 시·도경찰청장, 관할 경찰서장에게 신변보호조치를 요구할 수 있다.(2020.12.22 후단개정)

② 위원회는 제1항에 따른 신변보호조치를 요구하기 위하여 필요한 경우(「부패방지 및 국민권익위원회의 설치와 운영에 관한 법률」 제29조제2항 각 호의 어느 하나에 해당하는 경우는 제외한다)에는 다음 각 호의 조치를 할 수 있다.

1. 공공기관에 대한 설명 또는 자료·서류 등의 제출 요구 및 실태조사
2. 신변보호조치를 요구한 자, 참고인 또는 관계 공직자의 출석 및 의견진술 요구

③ 제1항에 따른 신변보호조치를 요구받은 경찰청장, 관할 시·도경찰청장, 관할 경찰서장은 대통령령으로 정하는 바에 따라 즉시 신변보호조치를 하여야 한다.
(2020.12.22 본항개정)

④ 신고자등이 신고등을 한 이유로 피해를 입거나 입을 우려가 있다고 인정할 만한 상당한 이유가 있는 경우 해당 신고등과 관련한 조사 및 형사절차에서 「특정범죄신고자 등 보호법」 제7조 및 제9조부터 제12조까지의 규정을 준용한다.

제22조【책임의 감면 등】 ① 이 법에 따른 신고등과 관련하여 그와 관련된 자신의 범죄가 발견된 경우에는 그 신고자등에 대하여 형을 감경하거나 면제할 수 있다.

② 이 법에 따른 신고등과 관련하여 발견된 위법행위 등을 이유로 신고자등에게 징계를 하거나 불리한 행정처분을 하는 경우 위원회는 신고자등의 징계권자나 행정처분권자에게 그 징계나 행정처분의 감경 또는 면제를 요구할 수 있다. 이 경우 요구를 받은 자는 정당한 사유가 없으면 그 요구에 따라야 한다.

③ 위원회는 제2항에 따른 징계나 행정처분의 감경 또는 면제를 요구하는 데 필요하다고 인정하면 징계권자나 행정처분권자 또는 해당 신고자등이 신고등을 한 기관에 관련 자료의 제출이나 의견의 진술 등을 요구할 수 있다. 이 경우 자료의 제출이나 의견의 진술을 요구받은 해당 기관은 정당한 사유가 없으면 그 요구에 따라야 한다.

④ 이 법에 따라 신고등을 한 경우에는 다른 법령, 단체협약 또는 취업규칙 등의 관련 규정에도 불구하고 직무상 비밀준수 의무를 위반하지 아니한 것으로 본다.

제23조【신고자 포상 및 보상】 ① 위원회는 제17조에 따른 신고로 공공기관에 현저한 재산상 이익을 얻게 하거나 손실을 방지한 경우 또는 공익을 증진한 경우에는 신고를 한 사람에게 「부패방지 및 국민권익위원회의 설치와 운영에 관한 법률」 제69조에 따른 보상심의위원회(이하 "보상심의위원회"라 한다)의 심의·의결을 거쳐 포상금을 지급하거나 「상훈법」 등의 규정에 따라 포상을 추천할 수 있다.

② 제17조에 따라 신고한 사람은 해당 신고로 인하여 다음 각 호의 어느 하나에 해당하는 조치를 통하여 공공기관의 직접적인 수입의 회복·증대 또는 비용의 절감에 기여한 경우에는 위원회에 보상금(補償金)의 지급을 신청할 수 있다. 이 경우 보상금은 신고한 사람이 신고를 한 이유로 불이익처분을 당하였을 때 해당 불이익처분에 대한 원상회복 등에 든 비용을 포함한다.

1. 제8조에 따른 부정이익등의 환수
2. 제9조에 따른 제재부가금 부과

③ 위원회는 제2항에 따른 보상금의 지급신청을 받은 경우에는 보상심의위원회의 심의·의결을 거쳐 보상금을 지급하여야 한다. 다만, 공직자가 자기 직무 또는 공직자였던 자가 재직 중 자기 직무와 관련하여 신고한 사항에 대하여는 보상금을 감액하거나 지급하지 아니할 수 있다.
(2023.3.21 단서개정)

④ 위원회는 제1항에 따른 포상금 지급 또는 제2항에 따른 보상금 지급을 위하여 필요한 경우(「부패방지 및 국민권익위원회의 설치와 운영에 관한 법률」 제29조제2항 각 호의 어느 하나에 해당하는 경우는 제외한다)에는 다음 각 호의 조치를 할 수 있다.

1. 공공기관에 대한 설명 또는 자료·서류 등의 제출 요구 및 실태조사
2. 제1항에 따른 포상금의 지급 대상자, 제2항에 따른 보상금의 지급을 신청한 자, 부정수익자, 부정청구등과 관련된 자, 참고인 또는 관계 공직자의 출석 및 의견진술 요구

⑤ 제1항에 따른 포상금 및 제3항에 따른 보상금의 지급기준·대상 및 절차 등에 관한 사항은 대통령령으로 정한다.

제24조【준용규정】 ① 제17조부터 제23조까지에서 규정한 사항 외에 부정청구등에 대한 신고의 접수·처리, 신고자등의 보호, 포상 및 보상 등에 관하여는 「부패방지 및 국민권익위원회의 설치와 운영에 관한 법률」 제56조, 제57조, 제58조부터 제61조까지, 제63조, 제68조제4항, 제70조 및 제71조를 준용한다.

② 제1항에 따라 준용하는 경우 "부패행위"는 "부정청구등"으로, 「부패방지 및 국민권익위원회의 설치와 운영에 관한 법률」 제59조 및 제60조의 "위원회"는 "제17조에 따른 신고를 접수한 기관"으로 본다.

제4장 보 칙

제24조의2【공소제기 등의 통보】 지방검찰청 또는 지방검찰청 지청의 장은 다음 각 호의 어느 하나에 해당하는 사건에 대하여 공소를 제기하거나 기소유예 결정을 한 경우로서 해당 사건에 부정청구등이 있다고 인정되는 경우에는 그 사실을 공소제기 또는 기소유예 결정을 한 날부터 10일 이내에 제8조제1항에 따라 부정이익등을 환수하여야 할 행정청에 통보하여야 한다. 이 경우 통보 내용은 부정이익등의 환수에 필요한 부분으로 한정한다.

1. 수사기관이 부정청구등에 따른 범죄혐의가 있다고 인지한 사건
2. 제17조에 따라 수사기관에 신고된 사건

(2021.12.7 본조신설)

제25조【제재부가금 부과 등 기록·관리】 행정청은 부정수익자의 부정청구등에 대하여 제7조에 따른 공공재정지급금의 지급 중단, 제8조에 따른 부정이익등 환수, 제9조에 따른 제재부가금 부과, 제12조에 따른 가산금·체납처분 및 제16조에 따른 명단 공표를 한 경우에는 대통령령으로 정하는 바에 따라 그 사실을 기록·관리하여야 한다.

제26조【이행실태의 점검 등】 ① 위원회는 공공기관의 장에게 제7조에 따른 공공재정지급금의 지급 중단, 제8조에 따른 부정이익등 환수, 제9조에 따른 제재부가금 부과, 제12조에 따른 가산금·체납처분 및 제16조에 따른 명단 공표에 관한 이행실태 자료 등의 제출을 요청할 수 있다. 이 경우 요청을 받은 해당 공공기관의 장은 특별한 사유가 없으면 그 요청에 따라야 한다.

② 위원회는 제1항에 따라 제출된 자료의 점검 결과 필요하다고 인정하는 경우에는 심의를 거쳐 공공기관이나 그 감독기관의 장에게 제7조에 따른 공공재정지급금의 지급 중단, 제8조에 따른 부정이익등 환수, 제9조에 따른 제재부가금 부과, 제12조에 따른 가산금·체납처분 및 제16조에 따른 명단 공표의 이행이나 제도 개선을 권고할 수 있다.

③ 제2항에 따라 제도 개선을 권고받은 공공기관이나 그 감독기관의 장은 권고 사항에 대한 조치 결과를 위원회에 통보하여야 한다.

④ 제2항에 따라 제도 개선을 권고받은 공공기관이나 그 감독기관의 장은 위원회의 권고대로 조치하기가 곤란한 경우에는 위원회에 재심의를 요청하여야 한다. 이 경우 위원회는 재심의를 하여야 한다.

제27조【국회 등의 특례】 국회·법원·헌법재판소·중앙선거관리위원회·감사원·고위공직자범죄수사처는 부정청구등의 방지를 위하여 자체적으로 제25조 및 제26조의 업무를 성실히 추진하여야 한다.(2021.1.5 본조개정)

제5장 벌 칙

제28조【인적사항 공개 등 금지 위반의 죄】 제20조제1항을 위반한 자는 3년 이하의 징역 또는 3천만원 이하의 벌금에 처한다.

제29조【신고 방해 등의 죄】 제18조를 위반하여 신고등을 방해하거나 신고등을 취소하도록 강요한 자는 1년 이하의 징역 또는 1천만원 이하의 벌금에 처한다.

제30조【조치 요구에 대한 불이행의 죄】 제19조제1항에 따른 신분상 불이익을 주거나 근무조건상의 차별을 한 자가 같은 조 제7항에 따른 조치 요구를 이행하지 아니하였을 때에는 1년 이하의 징역 또는 1천만원 이하의 벌금에 처한다.

제31조【과태료】 ① 다음 각 호의 어느 하나에 해당하는 자에게는 1천만원 이하의 과태료를 부과한다.

1. 정당한 사유 없이 제13조제1항에 따른 행정청의 요구에 따르지 아니한 자
2. 제19조제1항에 따른 신분상 불이익을 주거나 근무조건상의 차별을 한 자
3. 제19조제6항을 위반하여 같은 조 제5항에 따른 요구 또는 조회에 따르지 아니한 자
4. 정당한 사유 없이 제19조제7항에 따른 위원회의 조치요구를 이행하지 아니한 자(제19조제1항에 따른 신분상 불이익을 주거나 근무조건상의 차별을 한 자는 제외한다)

② 제1항제1호의 과태료는 대통령령으로 정하는 바에 따라 제13조제1항에 따른 요구를 한 행정청이 부과·징수한다.

③ 제1항제2호부터 제4호까지의 과태료는 대통령령으로 정하는 바에 따라 위원회가 부과·징수한다.

부 칙

제1조【시행일】 이 법은 2020년 1월 1일부터 시행한다.

제2조【부정청구등에 관한 적용례】 이 법 중 부정청구등에 관한 규정은 이 법 시행 이후 최초로 지급된 공공재정지급금에 대한 부정청구등부터 적용한다.

부 칙 (2020.3.24)

제1조【시행일】 이 법은 공포한 날부터 시행한다.(이하 생략)

부 칙 (2020.12.22)

제1조【시행일】 이 법은 2021년 1월 1일부터 시행한다.(이하 생략)

부 칙 (2021.1.5)

이 법은 공포한 날부터 시행한다.

부 칙 (2021.12.7)

제1조【시행일】 이 법은 공포한 날부터 시행한다.

제2조【공소제기 등의 통보에 관한 적용례】 제24조의2의 개정규정은 이 법 시행 이후 공소를 제기하거나 기소유예 결정을 하는 사건부터 적용한다.

부 칙 (2023.3.21)

제1조【시행일】 이 법은 공포 후 3개월이 경과한 날부터 시행한다.

제2조【보상금 지급에 관한 적용례】 제23조제3항의 개정규정은 공직자였던 자가 이 법 시행 이후 재직 중 자기 직무와 관련한 사항을 신고한 경우부터 적용한다.

공무원 행동강령

(2003년 2월 18일 대통령령 제17906호)

개정
2005. 7.26영18965호(직제)
2005.12. 9영19165호
2006. 6.12영19513호(고위공무원단인사규정)
2008. 2.29영20737호(부패방지및국민권익위원회의설치와운영에관한법시)
2008.11. 5영21107호
2008.12.31영21238호
2010.11. 2영22471호(지방의회의원행동강령)
2016. 2.12영26980호(민원처리에관한법시)
2016. 9.27영27518호
2018. 1.16영28587호
2018.12.24영29430호
2020. 4. 7영30607호
2021.11.30영32172호(지방공무원임용령)
2022. 6. 2영32661호

제1장 총 칙

(2008.12.31 본장개정)

제1조【목적】 이 영은 「부패방지 및 국민권익위원회의 설치와 운영에 관한 법률」 제8조에 따라 공무원이 준수하여야 할 행동기준을 규정하는 것을 목적으로 한다.

제2조【정의】 이 영에서 사용하는 용어의 뜻은 다음과 같다.

1. "직무관련자"란 공무원의 소관 업무와 관련되는 자로서 다음 각 목의 어느 하나에 해당하는 개인[공무원이 사인(私人)의 지위에 있는 경우에는 개인으로 본다] 또는 법인·단체를 말한다.(2018.1.16 본문개정)
   가. 다음의 어느 하나에 해당하는 민원을 신청하는 중이거나 신청하려는 것이 명백한 개인 또는 법인·단체
   (2018.1.16 본문개정)
      1) 「민원 처리에 관한 법률」 제2조제1호가목1)에 따른 법정민원(장부·대장 등에 등록·등재를 신청 또는 신고하거나 특정한 사실 또는 법률관계에 관한 확인 또는 증명을 신청하는 민원은 제외한다)
      2) 「민원 처리에 관한 법률」 제2조제1호가목2)에 따른 질의민원
      3) 「민원 처리에 관한 법률」 제2조제1호나목에 따른 고충민원
   (2016.9.27 본목개정)
   나. 인가·허가 등의 취소, 영업정지, 과징금 또는 과태료의 부과 등으로 이익 또는 불이익을 직접적으로 받는 개인 또는 법인·단체
   다. 수사, 감사(監査), 감독, 검사, 단속, 행정지도 등의 대상인 개인 또는 법인·단체

라. 재결(裁決), 결정, 검정(檢定), 감정(鑑定), 시험, 사정(査定), 조정, 중재 등으로 직접적인 이익 또는 불이익을 받는 개인 또는 법인·단체
마. 징집, 소집, 동원 등의 대상인 개인 또는 법인·단체
바. 국가 또는 지방자치단체와 계약을 체결하거나 체결하려는 것이 명백한 개인 또는 법인·단체
사. 정책·사업 등의 결정 또는 집행으로 이익 또는 불이익을 직접적으로 받는 개인 또는 법인·단체
(2018.1.16 나목~사목개정)
아. 그 밖에 중앙행정기관의 장(대통령 소속 기관 및 국무총리 소속 기관의 장을 포함한다), 지방자치단체의 장, 지방의회의 장 및 교육감(이하 "중앙행정기관의 장등"이라 한다)이 부패 방지를 위하여 정하는 업무와 관련된 개인 또는 법인·단체(2021.11.30 본목개정)

2. "직무관련공무원"이란 공무원의 직무수행과 관련하여 이익 또는 불이익을 직접적으로 받는 다른 공무원(기관이 이익 또는 불이익을 받는 경우에는 그 기관의 관련 업무를 담당하는 공무원을 말한다) 중 다음 각 목의 어느 하나에 해당하는 공무원을 말한다.
가. 공무원의 소관 업무와 관련하여 직무상 명령을 받는 하급자
나. 인사·예산·감사·상훈 또는 평가 등의 직무를 수행하는 공무원의 소속 기관 공무원 또는 이와 관련되는 다른 기관의 담당 공무원 및 관련 공무원
다. 사무를 위임·위탁하는 경우 그 사무를 위임·위탁하는 공무원 및 사무를 위임·위탁받는 공무원
라. 그 밖에 중앙행정기관의 장등이 정하는 공무원

3. "금품등"이란 다음 각 목의 어느 하나에 해당하는 것을 말한다.
가. 금전, 유가증권, 부동산, 물품, 숙박권, 회원권, 입장권, 할인권, 초대권, 관람권, 부동산 등의 사용권 등 일체의 재산적 이익
나. 음식물·주류·골프 등의 접대·향응 또는 교통·숙박 등의 편의 제공
다. 채무 면제, 취업 제공, 이권(利權) 부여 등 그 밖의 유형·무형의 경제적 이익
(2016.9.27 본호개정)

4. (2016.9.27 삭제)

제3조【적용 범위】 이 영은 국가공무원(국회, 법원, 헌법재판소 및 선거관리위원회 소속의 국가공무원은 제외한다)과 지방공무원(지방의회의원은 제외한다)에게 적용한다.(2016.9.27 본조개정)

제2장 공정한 직무수행

제4조【공정한 직무수행을 해치는 지시에 대한 처리】
① 공무원은 상급자가 자기 또는 타인의 부당한 이익을 위하여 공정한 직무수행을 현저하게 해치는 지시를 하였을 때에는 그 사유를 그 상급자에게 소명하고 지시에 따르지 아니하거나 제23조에 따라 지정된 공무원 행동강령에 관한 업무를 담당하는 공무원(이하 "행동강령책임관"이라 한다)과 상담할 수 있다.
② 제1항에 따라 지시를 이행하지 아니하였는데도 같은 지시가 반복될 때에는 즉시 행동강령책임관과 상담하여야 한다.
③ 제1항이나 제2항에 따라 상담 요청을 받은 행동강령책임관은 지시 내용을 확인하여 지시를 취소하거나 변경할 필요가 있다고 인정되면 소속 기관의 장에게 보고하여야 한다. 다만, 지시 내용을 확인하는 과정에서 부당한 지시를 한 상급자가 스스로 그 지시를 취소하거나 변경하였을 때에는 소속 기관의 장에게 보고하지 아니할 수 있다.
④ 제3항에 따른 보고를 받은 소속 기관의 장은 필요하다고 인정되면 지시를 취소·변경하는 등 적절한 조치를 하여야 한다. 이 경우 공정한 직무수행을 해치는 지시를 제1항에 따라 이행하지 아니하였는데도 같은 지시를 반복한 상급자에게는 징계 등 필요한 조치를 할 수 있다.
(2008.12.31 본조개정)

제5조~제5조의6 (2022.6.2 삭제)

제6조【특혜의 배제】 공무원은 직무를 수행할 때 지연·혈연·학연·종교 등을 이유로 특정인에게 특혜를 주거나 특정인을 차별하여서는 아니 된다.(2008.11.5 본조개정)

제7조【예산의 목적 외 사용 금지】 공무원은 여비, 업무추진비 등 공무 활동을 위한 예산을 목적 외의 용도로 사용하여 소속 기관에 재산상 손해를 입혀서는 아니 된다.(2008.12.31 본조개정)

제8조【정치인 등의 부당한 요구에 대한 처리】 ① 공무원은 정치인이나 정당 등으로부터 부당한 직무수행을 강요받거나 청탁을 받은 경우에는 소속 기관의 장에게 보고하거나 행동강령책임관과 상담한 후 처리하여야 한다.
② 제1항에 따라 보고를 받은 소속 기관의 장이나 상담을 한 행동강령책임관은 그 공무원이 공정한 직무수행을 할 수 있도록 적절한 조치를 하여야 한다.
(2008.12.31 본조개정)

제9조【인사 청탁 등의 금지】 ① 공무원은 자신의 임용·승진·전보 등 인사에 부당한 영향을 미치기 위하여 타인으로 하여금 인사업무 담당자에게 청탁을 하도록 해서는 아니 된다.
② 공무원은 직위를 이용하여 다른 공무원의 임용·승진·전보 등 인사에 부당하게 개입해서는 아니 된다.
(2008.12.31 본조개정)

제3장 부당이득의 수수 금지 등
(2008.12.31 본장개정)

제10조【이권 개입 등의 금지】 공무원은 자신의 직위를 직접 이용하여 부당한 이익을 얻거나 타인이 부당한 이익을 얻도록 해서는 아니 된다.

제10조의2【직위의 사적 이용 금지】 공무원은 직무의 범위를 벗어나 사적 이익을 위하여 소속 기관의 명칭이나 직위를 공표·게시하는 등의 방법으로 이용하거나 이용하게 해서는 아니 된다.(2008.12.31 본조신설)

제11조【알선·청탁 등의 금지】 ① 공무원은 자기 또는 타인의 부당한 이익을 위하여 다른 공직자(「부패방지 및 국민권익위원회의 설치와 운영에 관한 법률」 제2조제3호가목 및 나목에 따른 공직자를 말한다. 이하 같다)의 공정한 직무수행을 해치는 알선·청탁 등을 해서는 아니 된다.
② 공무원은 직무수행과 관련하여 자기 또는 타인의 부당한 이익을 위하여 직무관련자를 다른 직무관련자나 공직자에게 소개해서는 아니 된다.
③ 공무원은 자기 또는 타인의 부당한 이익을 위하여 자신의 직무권한을 행사하거나 지위·직책 등에서 유래되는 사실상 영향력을 행사하여 공직자가 아닌 자에게 다음 각 호의 어느 하나에 해당하는 알선·청탁 등을 해서는 아니 된다.
1. 특정 개인·법인·단체에 투자·예치·대여·출연·출자·기부·후원·협찬 등을 하도록 개입하거나 영향을 미치도록 하는 행위
2. 채용·승진·전보 등 인사업무나 징계업무에 관하여 개입하거나 영향을 미치도록 하는 행위
3. 입찰·경매·연구개발·시험·특허 등에 관한 업무상 비밀을 누설하도록 하는 행위
4. 계약 당사자 선정, 계약 체결 여부 등에 관하여 개입하거나 영향을 미치도록 하는 행위
5. 특정 개인·법인·단체에 재화 또는 용역을 정상적인 관행에서 벗어나 매각·교환·사용·수익·점유·제공 등을 하도록 하는 행위
6. 각급 학교의 입학·성적·수행평가 등의 업무에 관하여 개입하거나 영향을 미치도록 하는 행위
7. 각종 수상, 포상, 우수기관 선정, 우수자 선정, 장학생 선발 등에 관하여 개입하거나 영향을 미치도록 하는 행위
8. 감사·조사 대상에서 특정 개인·법인·단체가 선정·배제되도록 하거나 감사·조사 결과를 조작하거나 또는 그 위반사항을 묵인하도록 하는 행위
9. 그 밖에 중앙행정기관의 장등이 공직자가 아닌 자의 공정한 업무 수행을 저해하는 알선·청탁 등에 해당한다고 판단하여 정하는 행위
(2018.1.16 본항신설)
(2018.1.16 본조개정)

제12조【직무 관련 정보를 이용한 거래 등의 제한】 ① 공무원은 직무수행 중 알게 된 정보를 이용하여 유가증권, 부동산 등과 관련된 재산상 거래 또는 투자를 하거나 타인에게 그러한 정보를 제공하여 재산상 거래 또는 투자를 돕는 행위를 해서는 아니 된다.
② 중앙행정기관의 장등은 제1항에 따라 소관 분야별로 직무관련 정보를 이용한 거래 등의 제한에 관한 세부 기준을 정하여야 한다.

제13조 (2022.6.2 삭제)

제13조의2【사적 노무 요구 금지】 공무원은 자신의 직무권한을 행사하거나 지위·직책 등에서 유래되는 사실상 영향력을 행사하여 직무관련자 또는 직무관련공무원으로부터 사적 노무를 제공받거나 요구 또는 약속해서는 아니 된다. 다만, 다른 법령 또는 사회상규에 따라 허용되는 경우에는 그러하지 아니하다.(2018.1.16 본조신설)

제13조의3【직무권한 등을 행사한 부당 행위의 금지】 공무원은 자신의 직무권한을 행사하거나 지위·직책 등에서 유래되는 사실상 영향력을 행사하여 다음 각 호의 어느 하나에 해당하는 부당한 행위를 해서는 안 된다.
1. 인가·허가 등을 담당하는 공무원이 그 신청인에게 불이익을 주거나 제3자에게 이익 또는 불이익을 주기 위하여 부당하게 그 신청의 접수를 지연하거나 거부하는 행위
2. 직무관련공무원에게 직무와 관련이 없거나 직무의 범위를 벗어나 부당한 지시·요구를 하는 행위
3. 공무원 자신이 소속된 기관이 체결하는 물품·용역·공사 등 계약에 관하여 직무관련자에게 자신이 소속된 기관의 의무 또는 부담의 이행을 부당하게 전가(轉嫁)하거나 자신이 소속된 기관이 집행해야 할 업무를 부당하게 지연하는 행위(2022.6.2 본호개정)
4. 다음 각 목의 어느 하나에 해당하는 기관 또는 단체에 공무원 자신이 소속된 기관의 업무를 부당하게 전가하거나 그 업무에 관한 비용·인력을 부담하도록 부당하게 전가하는 행위
가. 공무원 자신이 소속된 기관의 소속기관
나. 「공공기관의 운영에 관한 법률」 제4조제1항에 따른 공공기관 중 공무원 자신이 소속된 기관이 관계 법령에 따라 업무를 관장하는 공공기관
다. 「공직자윤리법」 제3조의2제1항에 따른 공직유관단체 중 공무원 자신이 소속된 기관이 관계 법령에 따라 업무를 관장하는 공직유관단체
(2022.6.2 본호개정)
5. 그 밖에 직무관련자, 직무관련공무원, 제4호 각 목의 기관 또는 단체의 권리·권한을 부당하게 제한하거나 의무가 없는 일을 부당하게 요구하는 행위(2022.6.2 본호개정)
(2018.12.24 본조신설)

제14조【금품등의 수수 금지】 ① 공무원은 직무 관련 여부 및 기부·후원·증여 등 그 명목에 관계없이 동일인으로부터 1회에 100만원 또는 매 회계연도에 300만원을 초과하는 금품등을 받거나 요구 또는 약속해서는 아니 된다.
② 공무원은 직무와 관련하여 대가성 여부를 불문하고 제1항에서 정한 금액 이하의 금품등을 받거나 요구 또는 약속해서는 아니 된다.
③ 제15조의 외부강의등에 관한 사례금 또는 다음 각 호의 어느 하나에 해당하는 금품등은 제1항 또는 제2항에서 수수(收受)를 금지하는 금품등에 해당하지 아니한다.
1. 중앙행정기관의 장등이 소속 공무원이나 파견 공무원에게 지급하거나 상급자가 위로·격려·포상 등의 목적으로 하급자에게 제공하는 금품등
2. 원활한 직무수행 또는 사교·의례 또는 부조의 목적으로 제공되는 음식물·경조사비·선물 등으로서 중앙행정기관의 장등이 정하는 가액 범위 안의 금품등
3. 사적 거래(증여는 제외한다)로 인한 채무의 이행 등 정당한 권원(權原)에 의하여 제공되는 금품등
4. 공무원의 친족(「민법」 제777조에 따른 친족을 말한다)이 제공하는 금품등
5. 공무원과 관련된 직원상조회·동호인회·동창회·향우회·친목회·종교단체·사회단체 등이 정하는 기준에 따라 구성원에게 제공하는 금품등 및 그 소속 구성원 등 공무원과 특별히 장기적·지속적인 친분관계를 맺고 있는 자가 질병·재난 등으로 어려운 처지에 있는 공무원에게 제공하는 금품등
6. 공무원의 직무와 관련된 공식적인 행사에서 주최자가 참석자에게 통상적인 범위에서 일률적으로 제공하는 교통, 숙박, 음식물 등의 금품등
7. 불특정 다수인에게 배포하기 위한 기념품 또는 홍보용품 등이나 경연·추첨을 통하여 받는 보상 또는 상품 등
8. 그 밖에 사회상규(社會常規)에 따라 허용되는 금품등
④ 공무원은 제3항제5호에도 불구하고 같은 호에 따라 특별히 장기적·지속적인 친분관계를 맺고 있는 자가 직무관련자 또는 직무관련공무원으로서 금품등을 제공한 경우에는 그 수수 사실을 소속 기관의 장에게 신고하여야 한다.
⑤ 공무원은 자신의 배우자나 직계 존속·비속이 자신의 직무와 관련하여 제1항 또는 제2항에 따라 공무원이 받는 것이 금지되는 금품등(이하 "수수 금지 금품등"이라 한다)을 받거나 요구하거나 제공받기로 약속하지 아니하도록 하여야 한다.
⑥ 공무원은 다른 공무원에게 또는 그 공무원의 배우자나 직계 존속·비속에게 수수 금지 금품등을 제공하거나 그 제공의 약속 또는 의사표시를 해서는 아니 된다.
(2016.9.27 본조개정)

제14조의2【감독기관의 부당한 요구 금지】 ① 감독·감사·조사·평가를 하는 기관(이하 이 조에서 "감독기관"이라 한다)에 소속된 공무원은 자신이 소속된 기관의 출장·행사·연수 등과 관련하여 감독·감사·조사·평가를 받는 기관(이하 이 조에서 "피감기관"이라 한다)에 다음 각 호의 어느 하나에 해당하는 부당한 요구를 해서는 안 된다.
1. 법령에 근거가 없거나 예산의 목적·용도에 부합하지 않는 금품등의 제공 요구
2. 감독기관 소속 공무원에 대하여 정상적인 관행을 벗어난 예우·의전의 요구
② 제1항에 따른 부당한 요구를 받은 피감기관 소속 공직자는 그 이행을 거부해야 하며, 거부했음에도 불구하고 감독기관 소속 공무원으로부터 같은 요구를 다시 받은 때에는 그 사실을 피감기관의 행동강령책임관(피감기관이 「공직자윤리법」 제3조의2제1항에 따른 공직유관단체인 경우에는 행동강령에 관한 업무를 담당하는 직원을 말한다. 이하 이 조에서 같다)에게 알려야 한다. 이 경우 행동강령책임관은 그 요구가 제1항 각 호의 어느 하나에 해당하는 경우에는 지체 없이 피감기관의 장에게 보고해야 한다.
③ 제2항 후단에 따른 보고를 받은 피감기관의 장은 제1항 각 호의 어느 하나에 해당하는 경우에는 그 사실을 해당 감독기관의 장에게 알려야 하며, 그 사실을 통지받은 감독기관의 장은 해당 요구를 한 소속 공무원에 대하여 징계 등 필요한 조치를 해야 한다.
(2018.12.24 본조신설)

제4장 건전한 공직풍토의 조성
(2008.12.31 본장개정)

제15조【외부강의등의 사례금 수수 제한】 ① 공무원은 자신의 직무와 관련되거나 그 지위·직책 등에서 유래되는 사실상의 영향력을 통하여 요청받은 교육·홍보·토론회·세미나·공청회 또는 그 밖의 회의 등에서 한 강의·강연·기고 등(이하 "외부강의등"이라 한다)의 대가로서 중앙행정기관의 장등이 정하는 금액을 초과하는 사례금을 받아서는 아니 된다.
② 공무원은 사례금을 받는 외부강의등을 할 때에는 외부강의등의 요청 명세 등을 소속 기관의 장에게 그 외부강의등을 마친 날부터 10일 이내에 서면(전자문서를 포함한다. 이하 같다)으로 신고해야 한다. 다만, 외부강의등

을 요청한 자가 국가나 지방자치단체인 경우에는 그러하지 아니하다.(2022.6.2 본문개정)
③ (2020.4.7 삭제)
④ 소속 기관의 장은 제2항에 따라 공무원이 신고한 외부강의등이 공정한 직무수행을 저해할 수 있다고 판단하는 경우에는 그 공무원의 외부강의등을 제한할 수 있다.
(2020.4.7 본항개정)
⑤ 공무원은 제1항에 따른 금액을 초과하는 사례금을 받은 경우에는 소속 기관의 장에게 신고하고, 제공자에게 그 초과금액을 지체 없이 반환하여야 한다.
⑥ 공무원은 제5항에 따라 초과금액을 반환한 경우에는 증명자료를 첨부하여 그 반환 비용을 소속 기관의 장에게 청구할 수 있다.
⑦ 중앙행정기관의 장등은 공무원이 과도한 외부강의등으로 인하여 업무에 지장을 초래하지 아니하도록 대가를 받고 수행하는 외부강의등의 횟수 상한을 정할 수 있다.
⑧ 공무원은 제7항에 따른 횟수 상한을 초과하여 대가를 받고 외부강의등을 하려는 경우에는 미리 소속 기관의 장의 승인을 받아야 한다.
(2016.9.27 본조개정)
제16조 (2022.6.2 삭제)
제17조【경조사의 통지 제한】 공무원은 직무관련자나 직무관련공무원에게 경조사를 알려서는 아니 된다. 다만, 다음 각 호의 어느 하나에 해당하는 경우에는 경조사를 알릴 수 있다.
1. 친족(「민법」 제767조에 따른 친족을 말한다)에게 알리는 경우(2018.1.16 본호개정)
2. 현재 근무하고 있거나 과거에 근무하였던 기관의 소속 직원에게 알리는 경우
3. 신문, 방송 또는 제2호에 따른 직원에게만 열람이 허용되는 내부통신망 등을 통하여 알리는 경우
4. 공무원 자신이 소속된 종교단체·친목단체 등의 회원에게 알리는 경우
(2016.9.27 본조개정)

제5장 위반 시의 조치
(2008.12.31 본장개정)

제18조【위반 여부에 대한 상담】 공무원은 알선·청탁, 금품등의 수수, 외부강의등의 사례금 수수, 경조사의 통지 등에 대하여 이 영을 위반하는 지가 분명하지 아니할 때에는 행동강령책임관과 상담한 후 처리하여야 한다.
(2016.9.27 본조개정)
제19조【위반행위의 신고 및 확인】 ① 누구든지 공무원이 이 영을 위반한 사실을 알게 되었을 때에는 그 공무원이 소속된 기관의 장, 그 기관의 행동강령책임관 또는 국민권익위원회에 신고할 수 있다.
② 제1항에 따라 신고하는 자는 본인과 위반자의 인적사항과 위반 내용을 구체적으로 제시해야 한다.
③ 제1항에 따라 위반행위를 신고받은 소속 기관의 장과 행동강령책임관은 신고인과 신고내용에 대하여 비밀을 보장하여야 하며, 신고인이 신고에 따른 불이익을 받지 아니하도록 하여야 한다.
④ 행동강령책임관은 제1항에 따라 신고된 위반행위를 확인한 후 해당 공무원으로부터 받은 소명자료를 첨부하여 소속 기관의 장에게 보고하여야 한다.
제20조【징계 등】 제19조제4항에 따른 보고를 받은 소속 기관의 장은 해당 공무원을 징계하는 등 필요한 조치를 할 수 있다.
제21조【수수 금지 금품등의 신고 및 처리】 ① 공무원은 다음 각 호의 어느 하나에 해당하는 경우에는 소속기관의 장에게 지체 없이 서면으로 신고하여야 한다.
1. 공무원 자신이 수수 금지 금품등을 받거나 그 제공의 약속 또는 의사표시를 받은 경우
2. 공무원이 자신의 배우자나 직계 존속·비속이 수수 금지 금품등을 받거나 그 제공의 약속 또는 의사표시를 받은 사실을 알게 된 경우
② 공무원은 제1항 각 호의 어느 하나에 해당하는 경우에는 금품등을 제공한 자(이하 이 조에서 "제공자"라 한다) 또는 제공의 약속이나 의사표시를 한 자에게 그 제공받은 금품등을 지체 없이 반환하거나 반환하도록 하거나 그 거부의 의사를 밝히거나 밝히도록 하여야 한다.
③ 공무원은 제2항에 따라 금품등을 반환한 경우에는 증명자료를 첨부하여 그 반환 비용을 소속 기관의 장에게 청구할 수 있다.
④ 공무원은 제2항에 따라 반환하거나 반환하도록 하여야 하는 금품등이 다음 각 호의 어느 하나에 해당하는 경우에는 소속 기관의 장에게 인도하거나 인도하도록 하여야 한다.
1. 멸실·부패·변질 등의 우려가 있는 경우
2. 제공자나 제공자의 주소를 알 수 없는 경우
3. 그 밖에 제공자에게 반환하기 어려운 사정이 있는 경우
(2016.9.27 본조개정)

제6장 보 칙
(2008.12.31 본장개정)

제22조【교육】 ① 중앙행정기관의 장등은 소속 공무원에 대하여 이 영의 준수를 위한 교육계획을 수립·시행하여야 하며, 매년 1회 이상 교육을 하여야 한다.
② 중앙행정기관의 장등은 공무원을 신규임용할 때 이 영의 교육을 하여야 한다.
제23조【행동강령책임관의 지정】 ① 중앙행정기관의 장등은 그 기관과 그 소속 기관 중 기관장이 4급 이상 공무원(고위공무원단에 속하는 일반직공무원을 포함한다)이거나 이에 상당하는 공무원인 기관에 대하여 행동강령책임관을 지정하여야 한다. 다만, 소속 기관의 규모·성격 및 지리적 특성을 고려하여 그 기관에 행동강령책임관을 지정하는 것이 적합하지 아니한 경우에는 그러하지 아니하다.
② 행동강령책임관은 소속 기관의 공무원에 대한 공무원 행동강령의 교육·상담, 이 영의 준수 여부에 대한 점검 및 위반행위의 신고접수, 조사처리, 그 밖에 소속 기관의 행동강령 운영에 필요한 업무를 담당한다.(2016.9.27 본항개정)
③ 행동강령책임관은 이 영과 관련하여 상담한 내용에 대하여 비밀을 누설해서는 아니 된다.
④ 제1항에 따라 행동강령책임관이 지정되지 아니한 기관에 대해서는 그 상급기관 소속 행동강령책임관이 그 기관의 공무원 행동강령에 관한 업무를 수행한다.
제24조【기관별 행동강령의 운영 등】 ① 중앙행정기관의 장등은 이 영의 시행에 필요한 범위에서 해당 기관의 특성에 적합한 세부적인 기관별 공무원 행동강령을 제정하여야 한다.(2010.11.2 후단삭제)
② 중앙행정기관의 장등은 제1항에 따른 기관별 공무원 행동강령을 제정하거나 개정할 때에는 국민권익위원회에 알려야 한다.
③ 국민권익위원회는 제2항에 따라 통보받은 기관별 공무원 행동강령이 부당하거나 형평성에 어긋나는 경우에는 그 기관에 시정을 권고할 수 있다.
④ 국민권익위원회는 제1항에 따른 기관별 공무원 행동강령의 운영에 관한 사항을 권고할 수 있다.

부 칙 (2008.12.31)

제1조【시행일】 이 영은 2009년 2월 1일부터 시행한다.
제2조【적용례】 이 영 시행 당시 종전의 제15조제1항 단서에 따라 허가를 받은 외부강의·회의등의 경우에도 이 영 시행일 이후에 하는 것부터는 제15조의 개정규정에 따라 신고하여야 한다.

부 칙 (2016.9.27)

제1조【시행일】 이 영은 2016년 9월 28일부터 시행한다.
제2조【외부강의등의 사례금 수수 제한에 관한 적용례】 제15조의 개정규정은 이 영 시행 이후에 하는 외부강의등부터 적용한다.

부 칙 (2018.1.16)

제1조【시행일】 이 영은 공포 후 3개월이 경과한 날부터 시행한다.
제2조【고위공직자의 민간 분야 업무활동 내역 제출에 관한 적용례】 제5조의2의 개정규정은 이 영 시행 이후 임용되거나 임기를 개시하는 고위공직자부터 적용한다.
제3조【가족 채용 제한에 관한 적용례】 제5조의4의 개정규정은 이 영 시행 이후 해당 공무원이 소속된 기관, 그 기관의 소속기관이나 산하기관이 공무원 또는 직원등의 채용 절차를 개시하는 경우부터 적용한다.
제4조【수의계약 체결 제한에 관한 적용례】 제5조의5의 개정규정은 이 영 시행 이후 해당 공무원이 소속된 기관, 그 기관의 소속기관이나 산하기관이 수의계약 절차를 개시하는 경우부터 적용한다.
제5조【직무관련자 거래 신고에 관한 적용례】 제16조의 개정규정은 이 영 시행 이후 거래 등의 행위를 하는 경우부터 적용한다.

부 칙 (2020.4.7)

제1조【시행일】 이 영은 2020년 5월 27일부터 시행한다.
제2조【외부강의등의 사례금 수수 제한에 관한 적용례】 제15조의 개정규정은 이 영 시행 이후에 하는 외부강의등부터 적용한다.

부 칙 (2021.11.30)

제1조【시행일】 이 영은 2022년 1월 13일부터 시행한다.(이하 생략)

부 칙 (2022.6.2)

제1조【시행일】 이 영은 공포한 날부터 시행한다.
제2조【위반행위에 대한 징계 등 조치에 관한 경과조치】 이 영 시행 전에 종전의 제5조, 제5조의2부터 제5조의6까지, 제13조 및 제16조를 위반한 행위에 대해서는 종전의 규정에 따라 제20조에 따른 조치를 할 수 있다.

공익신고자 보호법

(2011년 3월 29일
법 률 제10472호)

개정
2014. 1.14법12265호　2015. 7.24법13443호
2017. 4.18법14830호
2017.10.31법15022호(주식회사등의외부감사에관한법)
2017.10.31법15023호　2018. 4.17법15616호
2020. 5.19법17300호　2021. 4.20법18132호
2021. 6.15법18284호(댐건설·관리및주변지역지원등에관한법)
2021. 8.17법18425호(국민평생직업능력개발법)
2021.11.30법18522호(소방시설설치및관리에관한법)
2021.11.30법18525호(농수산물의원산지표시등에관한법)
2022. 1. 4법18682호(비상대비에관한법)
2022.10.18법19002호(오존층보호등을위한특정물질의관리에관한법)
2022.12.31법19208호(순환경제사회전환촉진법)
2023. 3.21법19267호
2023. 7.25법19572호(해사안전기본법)
2023. 7.25법19573호(해상교통안전법)
2023. 8. 8법19590호(문화유산)
2024. 1. 2법19910호(해양이용영향평가법)→2025년 1월 3일 시행이므로 「法典 別册」 보유편 수록
2024. 1.16법20054호(개인금융채권의관리및개인금융채무자의보호에관한법)→2024년 10월 17일 시행이므로 「法典 別册」 보유편 수록
2024. 2. 6법20243호→2024년 2월 6일 및 2024년 8월 7일 시행

제1장 총 칙

제1조【목적】 이 법은 공익을 침해하는 행위를 신고한 사람 등을 보호하고 지원함으로써 국민생활의 안정과 투명하고 깨끗한 사회풍토의 확립에 이바지함을 목적으로 한다.
제2조【정의】 이 법에서 사용하는 용어의 정의는 다음과 같다.
1. "공익침해행위"란 국민의 건강과 안전, 환경, 소비자의 이익, 공정한 경쟁 및 이에 준하는 공공의 이익을 침해하는 행위로서 다음 각 목의 어느 하나에 해당하는 행위를 말한다.(2017.10.31 본문개정)
가. 별표에 규정된 법률의 벌칙에 해당하는 행위
나. 별표에 규정된 법률에 따라 인허가의 취소처분, 정지처분 등 대통령령으로 정하는 행정처분의 대상이 되는 행위
2. "공익신고"란 제6조 각 호의 어느 하나에 해당하는 자에게 공익침해행위가 발생하였거나 발생할 우려가 있다는 사실을 신고·진정·제보·고소·고발하거나 공익침해행위에 대한 수사의 단서를 제공하는 것을 말한다. 다만, 다음 각 목의 어느 하나에 해당하는 경우는 공익신고로 보지 아니한다.
가. 공익신고 내용이 거짓이라는 사실을 알았거나 알 수 있었음에도 불구하고 공익신고를 한 경우
나. 공익신고와 관련하여 금품이나 근로관계상의 특혜를 요구하거나 그 밖에 부정한 목적으로 공익신고를 한 경우
3. "공익신고등"이란 공익신고와 공익신고에 대한 조사·수사·소송 및 공익신고자 보호조치에 관련된 조사·소송 등에서 진술·증언하거나 자료를 제공하는 것을 말한다.
4. "공익신고자"란 공익신고를 한 사람을 말한다.
5. "공익신고자등"이란 공익신고자와 공익신고에 대한 조사·수사·소송 및 공익신고자 보호조치에 관련된 조사·소송 등에서 진술·증언하거나 자료를 제공한 사람을 말한다.
6. "불이익조치"란 다음 각 목의 어느 하나에 해당하는 조치를 말한다.
가. 파면, 해임, 해고, 그 밖에 신분상실에 해당하는 신분상의 불이익조치
나. 징계, 정직, 감봉, 강등, 승진 제한, 그 밖에 부당한 인사조치
다. 전보, 전근, 직무 미부여, 직무 재배치, 그 밖에 본인의 의사에 반하는 인사조치
라. 성과평가 또는 동료평가 등에서의 차별과 그에 따른 임금 또는 상여금 등의 차별 지급
마. 교육 또는 훈련 등 자기계발 기회의 취소, 예산 또는 인력 등 가용자원의 제한 또는 제거, 보안정보 또는 비밀정보 사용의 정지 또는 취급 자격의 취소, 그 밖에 근무조건 등에 부정적 영향을 미치는 차별 또는 조치
바. 주의 대상자 명단 작성 또는 그 명단의 공개, 집단 따돌림, 폭행 또는 폭언, 그 밖에 정신적·신체적 손상을 가져오는 행위
사. 직무에 대한 부당한 감사(監査) 또는 조사나 그 결과의 공개
아. 인허가 등의 취소, 그 밖에 행정적 불이익을 주는 행위
자. 물품계약 또는 용역계약의 해지(解止), 그 밖에 경제적 불이익을 주는 조치
7. "내부 공익신고자"란 다음 각 목의 어느 하나에 해당하는 공익신고자를 말한다.
가. 피신고자인 공공기관(「부패방지 및 국민권익위원회의 설치와 운영에 관한 법률」 제2조제1호에 따른 공공기관을 말한다. 이하 같다), 기업, 법인, 단체 등에 소속되어 근무하거나 근무하였던 자(2023.3.21 본목개정)
나. 피신고자인 공공기관, 기업, 법인, 단체 등과 공사·용역계약 또는 그 밖의 계약에 따라 업무를 수행하거나 수행하였던 자

다. 그 밖에 대통령령으로 정하는 자
(2015.7.24 본호신설)
제3조【국가 등의 책무】 ① 국가 또는 지방자치단체는 공익침해행위의 예방과 확산 방지 및 공익신고자등의 보호·지원을 위하여 노력하여야 한다.(2017.10.31 본항개정)
② 기업은 직장 내 공익신고자등이 보호받을 수 있는 여건을 조성하도록 노력하여야 한다.(2015.7.24 본항신설)
③ 국가 또는 지방자치단체는 기업의 공익침해행위 예방활동 등이 활성화될 수 있도록 지원하거나 협력할 수 있다.(2015.7.24 본항신설)
제4조【국민권익위원회의 정책수립】 ① 공익신고자등을 보호하고 지원하기 위하여 국민권익위원회(이하 "위원회"라 한다)는 다음 각 호에 대한 정책을 수립하여야 한다.
1. 공익신고의 접수 및 처리 등에 관한 사항
2. 공익신고자등의 비밀보장 및 신변보호 등에 관한 사항
3. 공익신고자등에 대한 불이익조치 금지 및 보호조치 등에 관한 사항
4. 공익신고자등에 대한 보상금·구조금 지급에 관한 사항
5. 공익신고자 보호제도에 관한 교육 및 홍보 등에 관한 사항
② 위원회는 제1항에 따른 정책을 효율적으로 수립하기 위하여 필요한 경우에는 제6조 각 호의 기관에 대하여 공익신고 처리 및 보호조치 현황 등에 관한 실태조사를 할 수 있다.(2015.7.24 본항신설)
③ 제2항에 따른 실태조사의 방법·절차 등에 필요한 사항은 대통령령으로 정한다.(2015.7.24 본항신설)
제5조【다른 법률과의 관계】 공익신고자등의 보호와 관련하여 이 법과 다른 법률의 적용이 경합하는 경우에는 이 법을 우선 적용하되, 다른 법률을 적용하는 것이 공익신고자등에게 유리한 경우에는 그 법을 적용한다.

제2장 공익신고

제6조【공익신고】 누구든지 공익침해행위가 발생하였거나 발생할 우려가 있다고 인정하는 경우에는 다음 각 호의 어느 하나에 해당하는 자에게 공익신고를 할 수 있다.
1. 공익침해행위를 하는 사람이나 기관·단체·기업 등의 대표자 또는 사용자
2. 공익침해행위에 대한 지도·감독·규제 또는 조사 등의 권한을 가진 행정기관이나 감독기관(이하 "조사기관"이라 한다)
3. 수사기관
4. 위원회
5. 그 밖에 공익신고를 하는 것이 공익침해행위의 발생이나 그로 인한 피해의 확대방지에 필요하다고 인정되어 대통령령으로 정하는 자
제7조【공직자의 공익신고 의무】 「부패방지 및 국민권익위원회의 설치와 운영에 관한 법률」 제2조제3호에 따른 공직자(이하 "공직자"라 한다)는 그 직무를 하면서 공익침해행위를 알게 된 때에는 이를 조사기관, 수사기관 또는 위원회에 신고하여야 한다.
제8조【공익신고의 방법】 ① 공익신고를 하려는 사람은 다음 각 호의 사항을 적은 문서(전자문서를 포함한다. 이하 "신고서"라 한다)와 함께 공익침해행위의 증거 등을 첨부하여 제6조 각 호의 어느 하나에 해당하는 자에게 제출하여야 한다.
1. 공익신고자의 이름, 주민등록번호, 주소 및 연락처 등 인적사항
2. 공익침해행위를 하는 자
3. 공익침해행위 내용
4. 공익신고의 취지와 이유
② 제1항에도 불구하고 신고서를 제출할 수 없는 특별한 사정이 있는 경우에는 구술(口述)로 신고할 수 있다. 이 경우 증거 등을 제출하여야 한다.
③ 제2항의 구술신고를 받은 자는 신고서에 공익신고자가 말한 사항을 적은 후 공익신고자에게 읽어 들려주고 공익신고자가 서명하거나 도장을 찍도록 하여야 한다.
제8조의2【비실명 대리신고】 ① 제8조제1항에도 불구하고 공익신고자는 자신의 인적사항을 밝히지 아니하고 변호사로 하여금 공익신고를 대리하도록 할 수 있다. 이 경우 제8조제1항제1호에 따른 공익신고자의 인적사항은 변호사의 인적사항으로 갈음한다.
② 제1항에 따른 공익신고는 위원회에 하여야 하며, 공익신고자 또는 공익신고를 대리하는 변호사는 그 취지를 밝히고 공익신고자의 인적사항, 공익신고자임을 입증할 수 있는 자료 및 위임장을 위원회에 함께 제출하여야 한다.
③ 위원회는 제2항에 따라 제출된 자료를 봉인하여 보관하여야 하며, 공익신고자 본인의 동의 없이 이를 열람해서는 아니 된다.
(2018.4.17 본조신설)
제8조의3【내부 공익신고자에 대한 지원】 ① 위원회는 내부 공익신고자가 변호사로부터 다음 각 호의 조력을 받은 경우에는 예산의 범위에서 그에 소요되는 비용의 일부 또는 전부를 해당 변호사에게 지급할 수 있다.
1. 내부 공익신고자가 제8조의2제1항 전단에 따라 변호사로 하여금 공익신고를 대리하도록 한 경우
2. 내부 공익신고자가 해당 공익신고에 대한 조사·수사·쟁송절차 및 보호조치·보상금 등의 신청과 관련하여 변호사의 조력을 받은 경우
3. 그 밖에 내부 공익신고자가 공익신고와 관련하여 변호사의 법률상담을 받은 경우
② 제1항에 따라 비용을 지급받은 변호사는 동일한 원인으로 내부 공익신고자로부터 중복하여 비용을 지급받아서는 아니 된다.
③ 위원회는 다음 각 호의 어느 하나에 해당하는 경우에는 제1항에 따라 지급한 비용을 대통령령으로 정하는 바에 따라 환수하여야 한다. 이 경우 제1호 및 제2호의 사유로 환수하는 때에는 지급한 비용에 대통령령으로 정하는 이자를 붙여 환수하여야 한다.
1. 거짓이나 그 밖의 부정한 방법으로 비용을 지급받은 경우
2. 제2항을 위반하여 비용을 중복하여 지급받은 경우
3. 착오 등의 사유로 비용이 잘못 지급된 경우
④ 위원회는 제3항에 따라 비용을 반환하여야 할 변호사가 납부기한까지 그 금액을 납부하지 아니한 경우에는 국세강제징수의 예에 따라 징수할 수 있다.
(2024.2.6 본조신설)
제9조【위원회의 공익신고 처리】 ① 위원회가 공익신고를 받은 때에는 공익신고자의 인적사항, 공익신고의 경위 및 취지 등 신고내용의 특정에 필요한 사항 등을 확인할 수 있으며, 공익신고자가 신고내용의 특정에 필요한 사항 등을 갖추지 못한 경우에는 상당한 기간을 정하여 공익신고자에게 보완을 요구할 수 있다.(2021.4.20 본항개정)
② 위원회는 제1항의 사항에 대한 진위여부를 확인하는 데 필요한 범위에서 공익신고자에게 필요한 자료의 제출을 요구할 수 있다.
③ 위원회는 제2항에 따른 사실 확인을 마친 후에는 지체 없이 대통령령으로 정하는 바에 따라 조사기관이나 수사기관(이하 이 조, 제10조 및 제11조에서 "조사기관등"이라 한다)에 이첩 또는 송부하고, 그 사실을 공익신고자에게 통지하여야 한다.(2021.4.20 본항개정)
④ 위원회는 제3항에도 불구하고 공익신고가 제10조제2항 각 호의 어느 하나에 해당하는 경우에는 종결 처리할 수 있다. 이 경우 위원회는 지체 없이 그 사실을 공익신고자에게 통지하여야 한다.(2021.4.20 본항신설)
⑤ 제3항에 따라 공익신고를 이첩 또는 송부받은 조사기관등은 조사·수사 종료 후 조사결과 또는 수사결과를 위원회에 통보하여야 한다.(2021.4.20 본항개정)
⑥ 위원회는 제5항에 따라 조사결과 또는 수사결과를 통보받은 경우 그 요지를 공익신고자에게 통지하여야 하고, 공익침해행위의 확산 및 재발 방지를 위하여 필요하다고 인정하면 제10조제4항에 따라 해당 조사기관이 조사결과에 따라 취한 필요한 조치 외에 관계 법령에 따른 다음 각 호의 조치에 관한 의견을 제시할 수 있다.(2021.4.20 본문개정)
1. 제품의 제조·판매중지, 회수 또는 폐기 등
2. 영업정지, 자격정지 등
3. 그 밖에 해당 공익침해행위 제거 및 예방 등을 위하여 필요한 조치
(2015.7.24 본항신설)
⑦ 제6항의 통지를 받은 공익신고자는 대통령령으로 정하는 바에 따라 위원회에 조사결과 또는 수사결과에 대한 이의신청을 할 수 있다.(2021.4.20 본항개정)
⑧ 위원회는 조사기관등의 조사·수사가 충분하지 아니하였다고 인정하거나 제7항에 따른 이의신청에 이유가 있다고 인정하는 경우 조사기관등에 재조사·재수사를 요구할 수 있다.(2021.4.20 본항개정)
⑨ 재조사·재수사를 요구받은 조사기관등은 재조사·재수사 종료 후 그 결과를 위원회에 통보하여야 한다. 이 경우 위원회는 공익신고자에게 재조사·재수사 결과의 요지를 통지하여야 한다.(2021.4.20 본항개정)
(2021.4.20 본조제목개정)
제9조의2【보호·지원 안내】 ① 제6조제2호부터 제4호까지에 해당하는 자와 공익침해행위와 관련된 법률에 따라 설치된 공사·공단 등의 공공단체는 다음 각 호의 사항에 관한 안내 방안을 마련하여 시행하여야 한다.
(2024.2.6 본문개정)
1. 제12조에 따른 비밀보장에 관한 사항
2. 제13조에 따른 신변보호조치 요구에 관한 사항
3. 제16조에 따른 인사조치 요구에 관한 사항
4. 제17조에 따른 보호조치 신청에 관한 사항
5. 제22조에 따른 불이익조치 금지 신청에 관한 사항
6. 제26조에 따른 보상금 지급 신청에 관한 사항
7. 제26조의2에 따른 포상금 지급에 관한 사항
8. 제27조에 따른 구조금 지급 신청에 관한 사항
② 제1항에 따른 안내 대상, 방법 및 그 밖에 필요한 사항은 대통령령으로 정한다.
(2017.4.18 본조신설)
제10조【조사기관등의 공익신고 처리】 ① 조사기관등이 제6조에 따라 공익신고를 받거나 제9조제3항에 따라 위원회로부터 공익신고를 이첩 또는 송부받은 때에는 그 내용에 관하여 필요한 조사 또는 수사를 하여야 한다.
(2021.4.20 본항개정)
② 조사기관등은 공익신고가 다음 각 호의 어느 하나에 해당하는 경우에는 조사 또는 수사를 하지 아니하거나 중단하고 끝낼 수 있다.(2021.4.20 본문개정)
1. 공익신고의 내용이 명백히 거짓인 경우
2. 공익신고자의 인적사항을 알 수 없는 경우
3. 공익신고자가 신고서나 증명자료 등에 대한 보완 요구를 2회 이상 받고도 보완 기간에 보완하지 아니한 경우
4. 공익신고에 대한 처리 결과를 통지받은 사항에 대하여 정당한 사유 없이 다시 신고한 경우
5. 공익신고의 내용이 언론매체 등을 통하여 공개된 내용에 해당하고 공개된 내용 외에 새로운 증거가 없는 경우
6. 다른 법령에 따라 해당 공익침해행위에 대한 조사가 시작되었거나 이미 끝난 경우
7. 그 밖에 공익침해행위에 대한 조사가 필요하지 아니하다고 대통령령으로 정하는 경우
③ 조사기관등은 제2항에 따라 조사 또는 수사를 하지 아니하기로 하거나 조사 또는 수사를 중단하고 끝낸 때에는 지체 없이 그 사실을 공익신고자에게 통지하여야 한다.(2021.4.20 본항개정)
④ 조사기관등은 공익신고에 대한 조사 또는 수사를 끝냈을 때에는 조사 또는 수사 결과에 따라 필요한 조치를 취하고 그 결과를 공익신고자에게 통지하여야 한다.
(2021.4.20 본항개정)
⑤ 제6조에 따라 공익신고를 접수한 기관의 종사자 등은 공익신고에 대한 조사 또는 수사 결과 공익침해행위가 발견되기 전에는 피신고자의 인적사항 등을 포함한 신고 내용을 공개하여서는 아니 된다.(2021.4.20 본항개정)
⑥ 조사기관등이 그 관할에 속하지 아니하는 공익신고를 접수하였거나 이송, 이첩 또는 송부받은 때에는 지체 없이 관할 조사기관등에 이송하여야 하고 그 사실을 공익신고자에게 통지하여야 한다.(2021.4.20 본항개정)
(2021.4.20 본조제목개정)
제10조의2【공익신고 통합정보시스템 구축·운영】 ① 위원회는 공익신고의 접수·처리 현황 등을 관리하는 통합정보시스템(이하 "통합정보시스템"이라 한다)을 구축·운영할 수 있다.
② 위원회는 통합정보시스템의 구축·운영을 위하여 필요한 경우에는 제6조 각 호의 기관에게 공익신고의 접수 및 처리 등에 관한 자료·정보의 제공을 요청하고 제공받은 목적의 범위에서 그 자료·정보를 보유·이용할 수 있다. 이 경우 자료·정보의 제공을 요청받은 자는 특별한 사유가 없으면 이에 협조하여야 한다.
③ 위원회는 제2항에 따라 보유·이용하는 자료·정보의 보호를 위하여 필요한 조치를 하여야 한다.
(2015.7.24 본조신설)

제3장 공익신고자등의 보호

제11조【인적사항의 기재 생략 등】 ① 공익신고자등이나 그 친족 또는 동거인이 공익신고등을 이유로 피해를 입거나 입을 우려가 있다고 인정할 만한 상당한 이유가 있는 경우에 조사 및 형사절차에서 「특정범죄신고자 등 보호법」 제7조, 제9조부터 제12조까지의 규정을 준용한다.
② 공익신고자등이나 그 법정대리인은 조사기관등에 제1항에 따른 조치를 하도록 신청할 수 있다. 이 경우 조사기관등은 특별한 사유가 없으면 이에 따라야 한다.
(2021.4.20 본항개정)
제12조【공익신고자등의 비밀보장 의무】 ① 누구든지 공익신고자등이라는 사정을 알면서 그의 인적사항이나 그가 공익신고자등임을 미루어 알 수 있는 사실을 다른 사람에게 알려주거나 공개 또는 보도하여서는 아니 된다. 다만, 공익신고자등이 동의한 때에는 그러하지 아니하다.
② 위원회는 제1항을 위반하여 공익신고자등의 인적사항이나 공익신고자등임을 미루어 알 수 있는 사실이 공개 또는 보도되었을 때에는 그 경위를 확인할 수 있다.
(2015.7.24 본항신설)
③ 위원회는 제2항에 따른 경위를 확인하는 데 필요하다고 인정하면 해당 공익신고자등이 공익신고등을 한 기관에 관련 자료의 제출이나 의견의 진술 등을 요청할 수 있다. 이 경우 자료의 제출이나 의견의 진술을 요청받은 해당 기관은 특별한 사유가 없으면 그 요청에 협조하여야 한다.(2015.7.24 본항신설)
④ 위원회는 제1항을 위반하여 공익신고자등의 인적사항이나 공익신고자등임을 미루어 알 수 있는 사실을 다른 사람에게 알려주거나 공개 또는 보도한 사람의 징계권자에게 그 사람에 대한 징계 등 필요한 조치를 요구할 수 있다. 이 경우 요구를 받은 징계권자는 정당한 사유가 없으면 그 요구에 따라야 한다.(2024.2.6 후단신설)
제13조【신변보호조치】 ① 공익신고자등과 그 친족 또는 동거인은 공익신고등을 이유로 생명·신체에 중대한 위해를 입었거나 입을 우려가 명백한 경우에는 위원회에 신변보호에 필요한 조치(이하 "신변보호조치"라 한다)를 요구할 수 있다. 이 경우 위원회는 필요하다고 인정되면 경찰관서의 장에게 신변보호조치를 하도록 요청할 수 있다.
② 제1항에 따른 신변보호조치를 요청받은 경찰관서의 장은 대통령령으로 정하는 바에 따라 즉시 신변보호조치를 하여야 한다.
제14조【책임의 감면 등】 ① 공익신고등과 관련하여 공익신고자등의 범죄행위가 발견된 경우에는 그 형을 감경하거나 면제할 수 있다.
② 공익신고자등의 징계권자나 행정처분권자는 공익신고등과 관련하여 발견된 위법행위 등을 이유로 관계 법령 등에 따라 공익신고자등에게 징계나 불리한 행정처분을 하는 경우 그 징계나 불리한 행정처분을 감경 또는 면제할 수 있다.(2021.4.20 본항신설)

③ 공익신고등과 관련하여 발견된 위법행위 등을 이유로 공익신고자등에게 징계를 하거나 불리한 행정처분을 하는 경우 위원회는 공익신고자등의 징계권자나 행정처분권자에게 그 징계나 행정처분의 감경 또는 면제를 요구할 수 있다. 이 경우 요구를 받은 자는 정당한 사유가 있는 경우 외에는 그 요구에 따라야 한다.(2015.7.24 전단개정)
④ 공익신고등의 내용에 직무상 비밀이 포함된 경우에도 공익신고자등은 다른 법령, 단체협약, 취업규칙 등에 따른 직무상 비밀준수 의무를 위반하지 아니한 것으로 본다.
⑤ 피신고자는 공익신고등으로 인하여 손해를 입은 경우에도 공익신고자등에게 그 손해배상을 청구할 수 없다. 다만, 제2조제2호가목 및 나목에 해당하는 경우에는 손해배상을 청구할 수 있다.
⑥ 단체협약, 고용계약 또는 공급계약 등에 공익신고등을 금지하거나 제한하는 규정을 둔 경우 그 규정은 무효로 한다.
⑦ 위원회는 제3항에 따른 징계나 행정처분의 감경 또는 면제를 요구하는 데 필요하다고 인정하면 징계권자나 행정처분권자 또는 해당 공익신고자등이 공익신고등을 한 기관에 관련 자료의 제출이나 의견의 진술 등을 요청할 수 있다. 이 경우 자료의 제출이나 의견의 진술을 요청받은 해당 기관은 특별한 사유가 없으면 그 요청에 협조하여야 한다.(2021.4.20 전단개정)
⑧ 위원회는 제1항에 따른 공익신고자등의 범죄행위에 관한 형사재판, 제2항 및 제3항에 따른 공익신고자등에 대한 징계 등이나 불리한 행정처분과 관련된 소송 또는 제5항 단서에 따른 민사재판과 관련하여 법원의 요청이 있거나 필요하다고 인정할 때에는 법원의 담당재판부에 의견을 제출할 수 있다.(2021.4.20 본항신설)

제15조【불이익조치 등의 금지】 ① 누구든지 공익신고자등에게 공익신고등을 이유로 불이익조치를 하여서는 아니 된다.
② 누구든지 공익신고등을 하지 못하도록 방해하거나 공익신고자등에게 공익신고등을 취소하도록 강요하여서는 아니 된다.

제16조【인사조치의 우선적 고려】 공익신고자등의 사용자 또는 인사권자는 공익신고자등이 전직 또는 전출·전입, 파견근무 등 인사에 관한 조치를 요구하는 경우 그 요구내용이 타당하다고 인정할 때에는 이를 우선적으로 고려하여야 한다.

제17조【보호조치 신청】 ① 공익신고자등은 공익신고등을 이유로 불이익조치를 받은 때(공익침해행위에 대한 증거자료의 수집 등 공익신고를 준비하다가 불이익조치를 받은 후 공익신고를 한 경우를 포함한다)에는 위원회에 원상회복이나 그 밖에 필요한 조치(이하 "보호조치"라 한다)를 신청할 수 있다.
② 보호조치는 불이익조치가 있었던 날(불이익조치가 계속된 경우에는 그 종료일)부터 1년 이내에 신청하여야 한다. 다만, 공익신고자등이 천재지변, 전쟁, 사변, 그 밖에 불가항력의 사유로 1년 이내에 보호조치를 신청할 수 없었을 때에는 그 사유가 소멸한 날부터 14일(국외에서의 보호조치 요구는 30일) 이내에 신청할 수 있다.
(2017.10.31 본항개정)
③ 다른 법령에 공익신고등을 이유로 받은 불이익조치에 대한 행정적 구제(救濟)절차가 있는 경우 공익신고자등은 그 절차에 따라 구제를 청구할 수 있다. 다만, 제1항에 따라 공익신고자등이 보호조치를 신청한 경우에는 그러하지 아니하다.
④ 보호조치의 신청 방법 및 절차에 필요한 사항은 대통령령으로 정한다.

제18조【보호조치 신청의 각하】 ① 위원회는 보호조치의 신청이 다음 각 호의 어느 하나에 해당하는 경우에는 결정으로 신청을 각하(却下)할 수 있다.
1. 공익신고자등 또는 「행정절차법」 제12조제1항에 따른 대리인이 아닌 사람이 신청한 경우
2. 공익신고가 제10조제2항 각 호의 어느 하나에 해당하는 경우
3. 제17조제2항에 따른 신청기간이 지나 신청한 경우
4. 각하결정, 제20조제1항에 따른 보호조치결정 또는 기각결정을 받은 동일한 불이익조치에 대하여 다시 신청한 경우
5. 제20조제2항에 따라 위원회가 보호조치를 권고한 사항에 대하여 다시 신청한 경우
6. 다른 법령에 따른 구제절차를 신청한 경우
7. 다른 법령에 따른 구제절차에 의하여 이미 구제받은 경우
② 위원회는 제1항에 따라 보호조치 신청을 각하하는 경우 보호조치를 신청한 사람(이하 이 조부터 제20조까지 및 제21조에서 "신청인"이라 한다)과 불이익조치를 한 자에게 모두 서면으로 통지하여야 한다. 다만, 통지로 인하여 신청인이 불이익조치 등을 받을 우려가 있는 경우 불이익조치를 한 자에게는 통지하지 아니할 수 있다.
(2021.4.20 본항신설)

제19조【보호조치 신청에 대한 조사】 ① 위원회는 보호조치를 신청받은 때에는 바로 공익신고자등이 공익신고등을 이유로 불이익조치를 받았는지에 대한 조사를 시작하여야 한다. 이 경우 위원회는 공익신고자등이 보호조치를 신청한 사실을 조사기관에 통보할 수 있다.
② 위원회는 보호조치의 신청에 대한 조사에 필요하다고 인정하면 다음 각 호의 어느 하나에 해당하는 자에게 관련 자료의 제출을 요구할 수 있다.
1. 신청인(2021.4.20 본호개정)
2. 불이익조치를 한 자
3. 참고인
4. 관계 기관·단체 또는 기업
③ 위원회는 제2항제1호부터 제3호까지의 자에게 출석을 요구하여 진술을 청취하거나 진술서의 제출을 요구할 수 있다.
④ 위원회는 조사 과정에서 관계 당사자에게 충분한 소명(疏明) 기회를 주어야 한다.
⑤ 위원회는 제1항 후단에 따라 공익신고자등이 보호조치를 신청한 사실을 조사기관에 통보하면서 공익침해행위 조사와 관련된 자료의 제출 등의 협조를 요청할 수 있다. 이 경우 조사기관은 정당한 사유가 없으면 이에 협조하여야 한다.(2017.10.31 본항개정)

제20조【보호조치결정 등】 ① 위원회는 조사 결과 신청인이 공익신고등을 이유로 불이익조치(제2조제6호아목 및 자목에 해당하는 불이익조치는 제외한다)를 받았다고 인정될 때에는 불이익조치를 한 자에게 30일 이내의 기간을 정하여 다음 각 호의 보호조치를 취하도록 요구하는 결정(이하 "보호조치결정"이라 한다)을 하여야 하며, 신청인이 공익신고등을 이유로 불이익조치를 받았다고 인정되지 아니하는 경우에는 보호조치 요구를 기각하는 결정(이하 "기각결정"이라 한다)을 하여야 한다.
1. 원상회복 조치
2. 차별 지급되거나 체불(滯拂)된 보수 등(이자를 포함한다)의 지급
3. 그 밖에 불이익조치에 대한 취소 또는 금지
② 위원회는 조사 결과 신청인이 공익신고등을 이유로 제2조제6호아목 또는 자목에 해당하는 불이익조치를 받았다고 인정될 때에는 불이익조치를 한 자에게 30일 이내의 기간을 정하여 인허가 또는 계약 등의 효력 유지 등 필요한 보호조치를 취할 것을 권고(이하 "권고"라 한다)할 수 있다.
③ 제1항에 따른 보호조치결정과 기각결정 및 제2항에 따른 권고는 서면으로 하여야 하며, 신청인과 불이익조치를 한 자에게 모두 통지하여야 한다.(2021.4.20 본항개정)
④ 위원회는 보호조치결정을 하는 경우에는 공익신고등을 이유로 불이익조치를 한 자의 징계권자에게 그에 대한 징계를 요구할 수 있다. 이 경우 요구를 받은 징계권자는 정당한 사유가 없으면 그 요구에 따라야 한다.
(2024.2.6 후단신설)
⑤ 위원회는 대통령령으로 정하는 바에 따라 보호조치결정 이후 2년 동안 불이익조치를 한 자의 보호조치 이행 여부 및 추가적인 불이익조치의 발생 여부를 주기적으로 점검하여야 한다.(2017.10.31 본항신설)
⑥ 제1항제2호에 따른 차별 지급되거나 체불된 보수 등의 지급 기준 및 산정방법 등에 관하여 필요한 사항은 대통령령으로 정한다.

제20조의2【특별보호조치】 ① 내부 공익신고자가 신고 당시 공익침해행위가 발생하였다고 믿을 합리적인 이유를 가지고 있는 경우 위원회는 보호조치결정을 할 수 있다.
② 제1항에 따른 특별보호조치결정에 대하여는 제20조, 제21조, 제21조의2를 준용한다.
(2015.7.24 본조신설)

제21조【보호조치결정 등의 확정】 ① 신청인과 불이익조치를 한 자는 보호조치결정, 기각결정 또는 각하결정에 대하여 그 결정서를 받은 날부터 30일 이내에 「행정소송법」에서 정하는 바에 따라 행정소송을 제기할 수 있다.
② 제1항에 따른 기간까지 행정소송을 제기하지 아니하면 보호조치결정, 기각결정 또는 각하결정은 확정된다.
③ 보호조치결정, 기각결정 또는 각하결정에 대하여는 「행정심판법」에 따른 행정심판을 청구할 수 없다.
④ 보호조치결정, 기각결정 또는 각하결정은 제1항에 따른 행정소송의 제기에 의하여 그 효력이 정지되지 아니한다.(2015.7.24 본항신설)

제21조의2【이행강제금】 ① 위원회는 제20조제1항에 따른 보호조치결정을 받은 후 그 정해진 기한까지 보호조치를 취하지 아니한 자에게는 3천만원 이하의 이행강제금을 부과한다. 다만, 국가 또는 지방자치단체는 제외한다.
(2018.4.17 본문개정)
② 위원회는 제1항에 따른 이행강제금을 부과하기 30일 전까지 이행강제금을 부과·징수한다는 뜻을 미리 문서로 알려 주어야 한다.
③ 위원회는 제1항에 따른 이행강제금을 부과할 때에는 이행강제금의 금액, 부과 사유, 납부기한, 수납기관, 이의제기 방법 및 이의제기 기관 등을 명시한 문서로 하여야 한다.
④ 위원회는 보호조치결정을 한 날을 기준으로 매년 2회의 범위에서 보호조치가 이루어질 때까지 반복하여 제1항에 따른 이행강제금을 부과·징수할 수 있다.
(2018.4.17 후단삭제)
⑤ 위원회는 불이익조치를 한 자가 보호조치를 하면 새로운 이행강제금을 부과하지 아니하되, 이미 부과된 이행강제금은 징수하여야 한다.
⑥ 위원회는 이행강제금 납부의무자가 납부기한까지 이행강제금을 내지 아니하면 기간을 정하여 독촉을 하고 지정된 기간에 제1항에 따른 이행강제금을 내지 아니하면 국세 체납처분의 예에 따라 징수할 수 있다.
⑦ 제1항에 따른 이행강제금의 부과기준, 징수절차 등에 필요한 사항은 대통령령으로 정한다.
(2015.7.24 본조신설)

제22조【불이익조치 금지 신청】 ① 공익신고자등은 공익신고등을 이유로 불이익조치를 받을 우려가 명백한 경우(공익침해행위에 대한 증거자료의 수집 등 공익신고의 준비 행위를 포함한다)에는 위원회에 불이익조치 금지를 신청할 수 있다.
② 위원회는 불이익조치 금지 신청을 받은 때에는 바로 공익신고자등이 받을 우려가 있는 불이익조치가 공익신고등을 이유로 한 불이익조치에 해당하는지에 대한 조사를 시작하여야 한다.
③ 불이익조치 금지 신청에 관하여는 제18조, 제19조 및 제20조제1항부터 제3항까지의 규정을 준용한다.
④ 위원회는 조사 결과 공익신고자등이 공익신고등을 이유로 불이익조치를 받을 우려가 있다고 인정될 때에는 불이익조치를 하려는 자에게 불이익조치를 하지 말 것을 권고하여야 한다.

제23조【불이익조치 추정】 다음 각 호의 사유가 있는 경우 공익신고자등이 해당 공익신고등을 이유로 불이익조치를 받은 것으로 추정한다.
1. 공익신고자등을 알아내려고 하거나 공익신고등을 하지 못하도록 방해하거나 공익신고등의 취소를 강요한 경우
2. 공익신고등이 있은 후 2년 이내에 공익신고자등에 대하여 불이익조치를 한 경우
3. 제22조제4항에 따른 불이익조치 금지 권고를 받고도 불이익조치를 한 경우
4. 공익신고자등이 이 법에 따라 공익신고등을 한 후 제17조제1항에 따라 위원회에 보호조치를 신청하거나 법원에 원상회복 등에 관한 소를 제기하는 경우(2017.10.31 본호신설)

제24조【화해의 권고 등】 ① 위원회는 보호조치의 신청을 받은 경우에는 보호조치결정, 기각결정 또는 권고를 하기 전까지 직권으로 또는 관계 당사자의 신청에 따라 보호조치와 손해배상 등에 대하여 화해를 권고하거나 화해안을 제시할 수 있다. 이 경우 화해안에는 이 법의 목적을 위반하는 조건이 들어 있어서는 아니 된다.
② 위원회는 화해안을 작성함에 있어 관계 당사자의 의견을 충분히 들어야 한다.
③ 관계 당사자가 위원회의 화해안을 수락한 경우에는 화해조서를 작성하여 관계 당사자와 화해에 관여한 위원회 위원 전원이 서명하거나 도장을 찍도록 하여야 한다.
④ 제3항에 따라 화해조서가 작성된 경우에는 관계 당사자 간에 화해조서와 동일한 내용의 합의가 성립된 것으로 보며, 화해조서는 「민사소송법」에 따른 재판상 화해와 같은 효력을 갖는다.

제25조【협조 등의 요청】 ① 제6조에 따라 공익신고를 접수한 기관이나 위원회는 신고내용에 대한 조사·처리 또는 보호조치에 필요한 경우 관계 행정기관, 상담소 또는 의료기관, 그 밖의 관련 단체 등에 대하여 협조와 원조를 요청할 수 있다.
② 제1항의 요청을 받은 관계 행정기관, 상담소 또는 의료기관, 그 밖의 관련 단체 등은 정당한 사유가 없는 한 이에 응하여야 한다.

제25조의2【정치 운동 등 신고의 특례】 ① 「국가공무원법」 및 「지방공무원법」에 따른 공무원(「국가정보원직원법」 제2조에 따른 국가정보원직원을 제외한다. 이하 이 조에서 "국가공무원등"이라 한다)은 다음 각 호의 어느 하나에 해당하는 행위를 지시 받은 경우 대통령령으로 정하는 절차에 따라 이의를 제기할 수 있으며, 시정되지 않을 경우 그 직무의 집행을 거부할 수 있다.
1. 「국가공무원법」 제65조에 따른 정치 운동
2. 「지방공무원법」 제57조에 따른 정치 운동
3. 「군형법」 제94조제1항에 따른 정치 관여
② 국가공무원등이 제1항에 따른 이의제기 절차를 거친 후 시정되지 않을 경우, 오로지 공익을 목적으로 제1항 각 호에 해당하는 행위를 지시 받은 사실을 수사기관에 신고하는 경우에는 「형법」 제127조 및 「군형법」 제80조를 적용하지 아니한다.
③ 누구든지 제2항의 신고자에게 그 신고를 이유로 불이익조치를 하여서는 아니 된다.
(2014.1.14 본조신설)

제4장 보상금, 포상금 및 구조금
(2015.7.24 본장제목개정)

제26조【보상금】 ① 내부 공익신고자는 공익신고로 인하여 다음 각 호의 어느 하나에 해당하는 부과 등을 통하여 공공기관에 직접적인 수입의 회복 또는 증대를 가져오거나 그에 관한 법률관계가 확정된 때에는 위원회에 보상금의 지급을 신청할 수 있다.(2023.3.21 본문개정)
1. 벌칙 또는 통고처분
2. 몰수 또는 추징금의 부과
3. 과태료 또는 이행강제금의 부과
4. 과징금(인허가 등의 취소·정지 처분 등을 갈음하는 과징금 제도가 있는 경우에 인허가 등의 취소·정지 처분 등을 포함한다)의 부과
5. 그 밖에 대통령령으로 정하는 처분이나 판결
② 위원회는 제1항에 따른 보상금의 지급신청을 받은 때에는 「부패방지 및 국민권익위원회의 설치와 운영에 관한 법률」 제69조에 따른 보상심의위원회(이하 "보상심의위원회"라 한다)의 심의·의결을 거쳐 제26조의2에서 정

하는 바에 따라 보상금을 지급하여야 한다. 다만, 공익침해행위를 관계 행정기관 등에 신고할 의무를 가진 자 또는 공직자가 자기 직무 또는 공직자였던 자가 재직 중 자기 직무와 관련하여 공익신고를 한 사항에 대하여는 보상금을 감액하거나 지급하지 아니할 수 있다.
(2024.2.6 본문개정)
③ 제1항에 따른 보상금의 지급신청은 공공기관의 수입의 회복이나 증대에 관한 법률관계가 확정되었음을 안 날부터 3년 이내, 그 법률관계가 확정된 날부터 5년 이내에 하여야 한다. 다만, 정당한 사유가 있는 경우에는 그러하지 아니하다.(2023.3.21 본항개정)
④ 위원회는 제1항에 따른 보상금의 지급신청이 있는 때에는 특별한 사유가 없는 한 신청일부터 90일 이내에 그 지급 여부 및 지급금액을 결정하여야 한다.
⑤ 위원회는 보상금 지급과 관련하여 조사가 필요하다고 인정되는 때에는 보상금 지급 신청인, 참고인 또는 관계 기관 등에 출석, 진술 및 자료의 제출 등을 요구할 수 있다. 보상금 지급 신청인, 참고인 또는 관계 기관 등은 위원회로부터 출석, 진술 및 자료제출 등을 요구받은 경우 정당한 사유가 없는 한 이에 따라야 한다.
⑥ 위원회는 제4항에 따른 보상금 지급결정이 있은 때에는 즉시 이를 보상금 지급 신청인과 해당 공공기관(「부패방지 및 국민권익위원회의 설치와 운영에 관한 법률」 제2조제1호가목 중 「정부조직법」에 따른 각급 행정기관 및 같은 호 다목에 따른 기관은 제외한다. 이하 이 항 및 제29조에서 같다)에 통지하여야 한다.(2023.3.21 본항개정)
⑦ 제1항에 따른 보상금의 구체적인 지급방법 및 절차 등에 관한 사항은 대통령령으로 정한다.(2024.2.6 본항신설)

제26조의2 【보상금의 산정기준】 제26조에 따른 보상금의 산정기준은 같은 조 제1항 각 호의 어느 하나에 해당하는 부과 등을 통하여 공공기관에 직접적인 수입의 회복 또는 증대를 가져오거나 그에 관한 법률관계가 확정된 금액의 100분의 30을 넘지 아니하는 범위(보상금의 지급한도액은 정하지 아니한다)에서 대통령령으로 정한다. 다만, 보상금의 지급 결정 당시 공공기관에 직접적인 수입의 회복 또는 증대를 가져오는 법률관계가 확정된 후 수입의 회복 또는 증대가 개시되지 아니하였거나 수입의 회복 또는 증대 금액이 이 조 본문에 따라 산정된 보상금의 100분의 50 미만인 경우에는 우선적으로 15억원의 범위에서 보상금을 지급하고, 나머지 금액은 공공기관의 수입 회복 또는 증대 금액이 이미 지급된 보상금을 초과하는 경우에 지급하도록 결정할 수 있다.(2024.2.6 본조신설)

제26조의3 【포상금 등】 ① 위원회는 공익신고등으로 인하여 다음 각 호의 어느 하나에 해당되는 사유로 현저히 공공기관에 재산상 이익을 가져오거나 손실을 방지한 경우 또는 공익의 증진을 가져온 경우에는 포상금을 지급하거나 「상훈법」 등의 규정에 따라 포상을 추천할 수 있다.(2023.3.21 본문개정)
1. 공익침해행위를 한 자에 대하여 기소유예, 형의 선고유예·집행유예 또는 형의 선고 등이 있는 경우
2. 시정명령 등 특정한 행위나 금지를 명하는 행정처분이 있는 경우
3. 공익침해행위 예방을 위한 관계 법령의 제정 또는 개정 등 제도개선에 기여한 경우
4. 그 밖에 대통령령으로 정하는 사유
② 제1항에 따른 포상금 지급기준, 지급대상, 절차 등에 관한 사항은 대통령령으로 정한다.
(2017.10.31 본조제목개정)
(2015.7.24 본조신설)

제27조 【구조금】 ① 공익신고자등과 그 친족 또는 동거인은 공익신고등으로 인하여 다음 각 호의 어느 하나에 해당하는 피해를 받았거나 비용을 지출한 경우 위원회에 구조금의 지급을 신청할 수 있다.
1. 육체적·정신적 치료 등에 소요된 비용
2. 전직·파견근무 등으로 소요된 이사비용
3. 공익신고등을 이유로 한 쟁송절차에 소요된 비용
(2021.4.20 본호개정)
4. 불이익조치 기간의 임금 손실액
5. 그 밖에 중대한 경제적 손해(제2조제6호아목 및 자목은 제외한다)
② 위원회는 제1항에 따른 구조금의 지급신청을 받은 때에는 보상심의위원회의 심의·의결을 거쳐 대통령령으로 정하는 바에 따라 구조금을 지급할 수 있다. 다만, 위원회 위원장이 긴급하다고 인정하는 경우 위원장은 보상심의위원회의 심의·의결 이전에 대통령령으로 정하는 바에 따라 구조금의 전부 또는 일부를 우선 지급할 수 있다.(2023.3.21 단서개정)
③ 위원회는 구조금 지급과 관련하여 구조금 지급신청인과 이해관계인을 조사하거나 행정기관 또는 관련 단체에 필요한 사항을 조회할 수 있다. 이 경우 행정기관 또는 관련 단체는 특별한 사유가 없는 한 이에 따라야 한다.
④ 공익신고자등과 그 친족 또는 동거인이 제1항 각 호의 피해 또는 비용 지출을 원인으로 하여 손해배상을 받았으면 그 금액의 범위에서 구조금을 지급하지 아니한다.
⑤ 위원회가 구조금을 지급한 때에는 그 지급한 금액의 범위에서 해당 구조금을 지급받은 사람이 제1항 각 호의 피해 또는 비용 지출을 원인으로 가지는 손해배상청구권을 대위한다.

제27조의2 【자료요청 등】 ① 위원회는 제27조제5항에 따른 손해배상청구권 대위에 관한 업무와 관련하여 같은 조 제1항 각 호의 피해 또는 비용 지출의 원인을 제공한 자(이하 "피해원인제공자"라 한다)의 손해배상금 지급능력을 조사하기 위하여 필요한 경우에는 대통령령으로 정하는 바에 따라 관계 기관의 장에게 다음 각 호의 자료를 제공하여 줄 것을 요청하거나 위원회가 관계 전산망을 이용하여 해당 자료를 확인할 수 있도록 하여 줄 것을 요청할 수 있다.
1. 피해원인제공자의 재산에 대한 건물등기사항증명서 및 토지등기사항증명서
2. 피해원인제공자의 주민등록 초본
3. 피해원인제공자 명의의 부동산 및 자동차·건설기계·선박·항공기·요트 등 재산 자료(등록원부를 포함한다)
4. 피해원인제공자 명의의 콘도 회원권 등 시설물 이용권에 관한 자료
5. 피해원인제공자의 재산에 대한 지방세 과세증명에 관한 정보, 건축물대장, 토지대장 및 임야대장
② 제1항에 따른 요청을 받은 관계 기관의 장은 정당한 사유가 있는 경우를 제외하고는 그 요청에 따라야 한다.
③ 제1항에 따라 제공받거나 수집한 자료를 활용하여 업무를 수행하거나 수행하였던 사람은 그 자료나 해당 업무를 수행하면서 취득한 정보를 이 법에서 정한 목적 외의 다른 용도로 사용하거나 다른 자에게 제공 또는 누설해서는 아니 된다.
④ 제1항에 따라 제공되는 자료에 대해서는 수수료 및 사용료 등을 면제한다.
(2024.2.6 본조신설)

제28조 【보상금 등의 중복 지급 금지 등】 ① 이 법에 따라 보상금, 포상금 또는 구조금(이하 이 항 및 제29조에서 "보상금등"이라 한다)을 지급받을 사람은 다른 법령에 따라 보상금등을 청구할 수 있다.
② 위원회는 이 법에 따라 보상금 또는 포상금을 지급받을 사람이 동일한 원인으로 이 법에 따른 보상금·포상금을 받았거나 다른 법령에 따른 보상금·포상금 등을 받은 경우 그 보상금·포상금 등의 액수가 이 법에 따라 지급받을 보상금·포상금의 액수와 같거나 이를 초과할 때에는 보상금·포상금을 지급하지 아니하며, 그 보상금·포상금 등의 액수가 이 법에 따라 지급받을 보상금·포상금의 액수보다 적을 때에는 그 금액을 공제하고 보상금·포상금의 액수를 정하여야 한다.
③ 위원회는 이 법에 따라 구조금을 지급받을 사람이 동일한 원인으로 이 법에 따른 구조금을 받았거나 다른 법령에 따른 구조금을 받은 경우 그 구조금의 액수가 이 법에 따라 지급받을 구조금의 액수와 같거나 이를 초과할 때에는 구조금을 지급하지 아니하며, 그 구조금의 액수가 이 법에 따라 지급받을 구조금의 액수보다 적을 때에는 그 금액을 공제하고 구조금의 액수를 정하여야 한다.
④ 다른 법령에 따라 보상금·포상금 등을 지급할 기관은 보상금·포상금 등을 지급받을 사람이 동일한 원인으로 이 법에 따른 보상금·포상금을 받은 경우 그 보상금·포상금의 액수가 다른 법령에 따라 지급받을 보상금·포상금 등의 액수와 같거나 이를 초과할 때에는 다른 법령에 따른 보상금·포상금 등을 지급하지 아니하며, 그 보상금·포상금의 액수가 다른 법령에 따라 지급받을 보상금·포상금 등의 액수보다 적을 때에는 그 금액을 공제하고 보상금·포상금 등의 액수를 정하여야 한다.
⑤ 다른 법령에 따라 구조금을 지급할 기관은 구조금을 지급받을 사람이 동일한 원인으로 이 법에 따른 구조금을 받은 경우 그 구조금의 액수가 다른 법령에 따라 지급받을 구조금의 액수와 같거나 이를 초과할 때에는 다른 법령에 따른 구조금을 지급하지 아니하며, 그 구조금의 액수가 다른 법령에 따라 지급받을 구조금의 액수보다 적을 때에는 그 금액을 공제하고 구조금의 액수를 정하여야 한다.
(2021.4.20 본조개정)

제29조 【보상금등의 환수 등】 ① 위원회 또는 다른 법령에 따라 보상금등을 지급한 기관은 다음 각 호의 어느 하나에 해당하는 경우 보상금등을 지급받은 사람에게 반환할 금액 및 기한을 통지하여야 하고 그 보상금등을 지급받은 사람은 그 정해진 기한까지 이를 납부하여야 한다.(2021.4.20 본문개정)
1. 거짓이나 그 밖의 부정한 방법으로 보상금등을 지급받은 경우(2021.4.20 본호개정)
2. 구조금 신청인이 제27조제2항 단서에 따라 구조금을 지급받았으나 보상심의위원회가 구조금을 지급하지 아니하기로 심의·의결한 경우(2017.10.31 본호신설)
3. 구조금 신청인이 제27조제2항 단서에 따라 지급받은 구조금이 보상심의위원회가 심의·의결한 지급금액을 초과하는 경우(2017.10.31 본호신설)
4. 제28조제2항부터 제5항까지의 규정을 위반하여 보상금등이 지급된 경우(2021.4.20 본호개정)
5. 그 밖에 착오 등의 사유로 보상금등이 잘못 지급된 경우(2021.4.20 본호개정)
② 위원회로부터 제26조제6항에 따라 보상금 지급결정을 통지받은 공공기관은 그 통지를 받은 날부터 3개월 이내에 위원회가 보상금 지급 신청인에게 지급한 보상금에 상당하는 금액을 위원회에 상환하여야 한다.(2023.3.21 본항개정)
③ 위원회는 제1항에 따라 보상금등을 반환하여야 할 사람과 제2항에 따라 보상금을 상환하여야 할 공공기관이 납부기한 또는 상환기간까지 그 금액을 납부하거나 상환하지 아니한 때에는 국세 또는 지방세 체납처분의 예에 따라 징수할 수 있다.(2023.3.21 본항개정)
(2021.4.20 본조제목개정)

제29조의2 【손해배상책임】 ① 공익신고등을 이유로 불이익조치를 하여 공익신고자등에게 손해를 입힌 자는 공익신고자등에게 발생한 손해에 대하여 3배 이하의 범위에서 배상책임을 진다. 다만, 불이익조치를 한 자가 고의 또는 과실이 없음을 입증한 경우에는 그러하지 아니하다.
② 법원은 제1항의 배상액을 정할 때에는 다음 각 호의 사항을 고려하여야 한다.
1. 고의 또는 손해 발생의 우려를 인식한 정도
2. 불이익조치로 인하여 공익신고자등이 입은 피해 규모
3. 불이익조치로 인하여 불이익조치를 한 자가 취득한 경제적 이익
4. 불이익조치를 한 자가 해당 불이익조치로 인하여 받은 형사처벌의 정도
5. 불이익조치의 유형·기간·횟수 등
6. 불이익조치를 한 자의 재산상태
7. 불이익조치를 한 자가 공익신고자등의 피해구제를 위하여 노력한 정도
(2017.10.31 본조신설)

제5장 벌 칙

제30조 【벌칙】 ① 다음 각 호의 어느 하나에 해당하는 자는 5년 이하의 징역 또는 5천만원 이하의 벌금에 처한다.(2017.10.31 본문개정)
1. 제10조제5항을 위반하여 피신고자의 인적사항 등을 포함한 신고내용을 공개한 자
2. 제12조제1항을 위반하여 공익신고자등의 인적사항이나 공익신고자등임을 미루어 알 수 있는 사실을 다른 사람에게 알려주거나 공개 또는 보도한 자
② 다음 각 호의 어느 하나에 해당하는 자는 3년 이하의 징역 또는 3천만원 이하의 벌금에 처한다.(2017.10.31 본문개정)
1. 제15조제1항을 위반하여 공익신고자등에게 제2조제6호가목에 해당하는 불이익조치를 한 자
2. 제21조제2항에 따라 확정되거나 행정소송을 제기하여 확정된 보호조치결정을 이행하지 아니한 자
③ 다음 각 호의 어느 하나에 해당하는 자는 2년 이하의 징역 또는 2천만원 이하의 벌금에 처한다.(2017.10.31 본문개정)
1. 제15조제1항을 위반하여 공익신고자등에게 제2조제6호나목부터 사목까지 중 어느 하나에 해당하는 불이익조치를 한 자
2. 제15조제2항을 위반하여 공익신고등을 방해하거나 공익신고등을 취소하도록 강요한 자
3. 제27조의2제3항을 위반하여 자료 또는 정보를 사용·제공 또는 누설한 자(2024.2.6 본호신설)

제30조의2 【양벌규정】 법인의 대표자나 법인 또는 개인의 대리인, 사용인, 그 밖의 종업원이 그 법인 또는 개인의 업무에 관하여 제30조의 위반행위를 하면 그 행위자를 벌하는 외에 그 법인 또는 개인에게도 해당 조문의 벌금형을 과(科)한다. 다만, 법인 또는 개인이 그 위반행위를 방지하기 위하여 해당 업무에 관하여 상당한 주의와 감독을 게을리하지 아니한 경우에는 그러하지 아니하다.
(2015.7.24 본조신설)

제31조 【과태료】 ① 제19조제2항 및 제3항(제22조제3항에서 준용하는 경우를 포함한다)을 위반하여 자료제출, 출석, 진술서의 제출을 거부한 자에게는 3천만원 이하의 과태료를 부과한다.
② 제20조의2의 특별보호조치결정을 이행하지 아니한 자에게는 2천만원 이하의 과태료를 부과한다.(2015.7.24 본항신설)
③ 제1항 및 제2항에 따른 과태료는 대통령령으로 정하는 바에 따라 위원회가 부과·징수한다.(2015.7.24 본항개정)

부 칙 (2018.4.17)

제1조 【시행일】 이 법은 공포 후 6개월이 경과한 날부터 시행한다.
제2조 【이행강제금에 관한 적용례】 제21조의2의 개정규정은 이 법 시행 후 최초로 위원회가 보호조치결정을 한 경우부터 적용한다.

부 칙 (2021.4.20)

제1조 【시행일】 이 법은 공포 후 6개월이 경과한 날부터 시행한다. 다만, 제14조(제2항은 제외한다)의 개정규정은 공포 후 3개월이 경과한 날부터 시행하고, 제18조, 제19조제2항제1호, 제20조제3항 및 별표 제421호, 제468호부터 제471호까지의 개정규정은 공포한 날부터 시행한다.
제2조 【조사기관등의 공익신고 처리에 관한 적용례】 제10조의 개정규정은 이 법 시행 전에 조사기관이나 수사기관이 접수하였거나 이송, 이첩 또는 송부받아 조사 또는 수사 중인 공익신고에 대해서도 적용한다.
제3조 【징계 등의 감면에 관한 적용례】 제14조제2항의 개정규정은 이 법 시행 이후 징계나 행정처분을 하는 경우부터 적용한다.

제4조【보호조치 신청의 각하 통지에 관한 적용례】 제18조제2항의 개정규정은 같은 개정규정 시행 이후 보호조치 신청을 각하하는 경우부터 적용한다.
제5조【보상금 지급신청 기간에 관한 적용례】 제26조제3항의 개정규정은 같은 개정규정 시행 이후에 하는 공익신고로 인하여 보상금의 지급을 신청하는 경우부터 적용한다.
제6조【포상금의 중복 지급 금지 등에 관한 적용례】 제26조의2제1항 및 제28조의 개정규정은 이 법 시행 이후에 하는 공익신고등으로 인하여 포상금을 지급하는 경우부터 적용한다.
제7조【구조금 지급신청에 관한 적용례】 제27조제1항제3호의 개정규정은 이 법 시행 전에 쟁송절차에 소요된 비용을 지출한 경우에도 적용한다.
제8조【포상금의 환수 등에 관한 적용례】 제29조의 개정규정은 이 법 시행 이후에 하는 공익신고등으로 인하여 지급한 포상금을 환수하는 경우부터 적용한다.
제9조【다른 법률의 개정】 ※(해당 법령에 가제정리 하였음)

부 칙 (2021.8.17)

제1조【시행일】 이 법은 공포 후 6개월이 경과한 날부터 시행한다.(이하 생략)

부 칙 (2021.11.30 법18522호)

제1조【시행일】 이 법은 공포 후 1년이 경과한 날부터 시행한다.(이하 생략)

부 칙 (2021.11.30 법18525호)

제1조【시행일】 이 법은 2022년 1월 1일부터 시행한다.(이하 생략)

부 칙 (2022.1.4)
(2022.10.18)

제1조【시행일】 이 법은 공포 후 6개월이 경과한 날부터 시행한다.(이하 생략)

부 칙 (2022.12.31)

제1조【시행일】 이 법은 공포 후 1년이 경과한 날부터 시행한다.(이하 생략)

부 칙 (2023.3.21)

제1조【시행일】 이 법은 공포 후 6개월이 경과한 날부터 시행한다. 다만, 제26조제2항의 개정규정은 공포 후 3개월이 경과한 날부터 시행한다.
제2조【보상금의 지급 등에 관한 적용례】 ① 제26조(같은 조 제2항의 개정규정은 제외한다) 및 제26조의2의 개정규정은 이 법 시행 이후에 하는 공익신고부터 적용한다.
② 제26조제2항의 개정규정은 공직자였던 자가 같은 개정규정 시행 이후 재직 중 자기 직무와 관련한 사항을 공익신고한 경우부터 적용한다.

부 칙 (2023.7.25 법19572호)
(2023.7.25 법19573호)

제1조【시행일】 이 법은 공포 후 6개월이 경과한 날부터 시행한다.(이하 생략)

부 칙 (2023.8.8)

제1조【시행일】 이 법은 2024년 5월 17일부터 시행한다.(이하 생략)

부 칙 (2024.2.6)

제1조【시행일】 이 법은 공포 후 6개월이 경과한 날부터 시행한다. 다만, 별표 제472호 및 제473호의 개정규정은 공포한 날부터 시행한다.
제2조【징계 등 조치 요구에 관한 적용례】 제12조제4항 및 제20조제4항의 개정규정은 이 법 시행 이후 징계권자가 위원회로부터 징계 등 조치를 요구받은 경우부터 적용한다.
제3조【보상금의 지급 및 산정기준에 관한 적용례】 제26조제2항 및 제26조의2의 개정규정은 이 법 시행 이후에 하는 공익신고부터 적용한다.
제4조【손해배상청구권 대위를 위한 자료 제공 요청 등에 관한 적용례】 제27조의2의 개정규정은 이 법 시행 전에 지급한 구조금으로 인하여 손해배상청구권을 대위하는 경우에도 적용한다.

〔별표〕 ➡「法典 別冊」 参조

소방공무원법

(2019년 12월 10일
전부개정법률 제16768호)

개정
2020.12.29법17766호　　2023. 8.16법19628호

제1조【목적】 이 법은 소방공무원의 책임 및 직무의 중요성과 신분 및 근무조건의 특수성에 비추어 그 임용, 교육훈련, 복무, 신분보장 등에 관하여 「국가공무원법」에 대한 특례를 규정하는 것을 목적으로 한다.
제2조【정의】 이 법에서 사용하는 용어의 뜻은 다음과 같다.
1. "임용"이란 신규채용·승진·전보·파견·강임·휴직·직위해제·정직·강등·복직·면직·해임 및 파면을 말한다.
2. "전보"란 소방공무원의 같은 계급 및 자격 내에서의 근무기관이나 부서를 달리하는 임용을 말한다.
3. "강임"이란 동종의 직무 내에서 하위의 직위에 임명하는 것을 말한다.
4. "복직"이란 휴직·직위해제 또는 정직(강등에 따른 정직을 포함한다) 중에 있는 소방공무원을 직위에 복귀시키는 것을 말한다.
제3조【계급 구분】 소방공무원의 계급은 다음과 같이 구분한다.
소방총감(消防總監)
소방정감(消防正監)
소방감(消防監)
소방준감(消防准監)
소방정(消防正)
소방령(消防領)
소방경(消防警)
소방위(消防尉)
소방장(消防長)
소방교(消防校)
소방사(消防士)
제4조【소방공무원인사위원회의 설치】 ① 소방공무원의 인사(人事)에 관한 중요사항에 대하여 소방청장의 자문에 응하게 하기 위하여 소방청에 소방공무원인사위원회(이하 "인사위원회"라 한다)를 둔다. 다만, 제6조제3항 및 제4항에 따라 특별시장·광역시장·특별자치시장·도지사·특별자치도지사(이하 "시·도지사"라 한다)가 임용권을 행사하는 경우에는 특별시·광역시·특별자치시·도·특별자치도(이하 "시·도"라 한다)에 인사위원회를 둔다.
② 인사위원회의 구성 및 운영에 필요한 사항은 대통령령으로 정한다.
제5조【인사위원회의 기능】 인사위원회는 다음 각 호의 사항을 심의한다.
1. 소방공무원의 인사행정에 관한 방침과 기준 및 기본계획에 관한 사항
2. 소방공무원의 인사에 관한 법령의 제정·개정 또는 폐지에 관한 사항
3. 그 밖에 소방청장과 시·도지사가 해당 인사위원회의 회의에 부치는 사항
제6조【임용권자】 ① 소방령 이상의 소방공무원은 소방청장의 제청으로 국무총리를 거쳐 대통령이 임용한다. 다만, 소방총감은 대통령이 임명하고, 소방령 이상 소방준감 이하의 소방공무원에 대한 전보, 휴직, 직위해제, 강등, 정직 및 복직은 소방청장이 한다.
② 소방경 이하의 소방공무원은 소방청장이 임용한다.
③ 대통령은 제1항에 따른 임용권의 일부를 대통령령으로 정하는 바에 따라 소방청장 또는 시·도지사에게 위임할 수 있다.
④ 소방청장은 제1항 단서 후단 및 제2항에 따른 임용권의 일부를 대통령령으로 정하는 바에 따라 시·도지사 및 소방청 소속기관의 장에게 위임할 수 있다.
⑤ 시·도지사는 제3항 및 제4항에 따라 위임받은 임용권의 일부를 대통령령으로 정하는 바에 따라 그 소속기관의 장에게 다시 위임할 수 있다.
⑥ 임용권자(임용권을 위임받은 사람을 포함한다. 이하 같다)는 대통령령으로 정하는 바에 따라 소속 소방공무원의 인사기록을 작성·보관하여야 한다.
제7조【신규채용】 ① 소방공무원의 신규채용은 공개경쟁시험으로 한다. 다만, 소방공무원의 신규채용은 대통령령으로 정하는 자격을 갖추고 공개경쟁시험으로 선발된 사람(이하 "소방간부후보생"이라 한다)으로서 정하여진 교육훈련을 마친 사람 중에서 한다.
② 다음 각 호의 어느 하나에 해당하는 경우에는 경력 등 응시요건을 정하여 같은 사유에 해당하는 다수인을 대상으로 경쟁의 방법으로 채용하는 시험(이하 "경력경쟁채용시험"이라 한다)으로 소방공무원을 채용할 수 있다. 다만, 다수인을 대상으로 시험을 실시하는 것이 적당하지 아니하여 대통령령으로 정하는 경우에는 다수인을 대상으로 하지 아니한 시험으로 소방공무원을 채용할 수 있다.
1. 「국가공무원법」 제70조제1항제3호에 따라 직위가 없어지거나 과원이 되어 퇴직한 소방공무원이나 같은 법 제71조제1항제1호에 따라 신체·정신상의 장애로 장기 요양이 필요하여 휴직하였다가 휴직기간이 만료되어 퇴직한 소방공무원을 퇴직한 날부터 3년(「공무원 재해보상법」에 따른 공무상 부상 또는 질병으로 인한 휴직의 경우에는 5년) 이내에 퇴직 시에 재직하였던 계급 또는 그에 상응하는 계급의 소방공무원으로 재임용하는 경우
2. 공개경쟁시험으로 임용하는 것이 부적당한 경우에 임용예정 직무에 관련된 자격증 소지자를 임용하는 경우
3. 임용예정직에 상응하는 근무실적 또는 연구실적이 있거나 소방에 관한 전문기술교육을 받은 사람을 임용하는 경우
4. 「국가공무원법」 또는 「지방공무원법」에 따른 5급 공무원의 공개경쟁채용시험이나 「사법시험법」(법률 제9747호로 폐지되기 전의 것을 말한다)에 따른 사법시험 또는 「변호사시험법」에 따른 변호사시험에 합격한 사람을 소방령 이하의 소방공무원으로 임용하는 경우
5. (2020.12.29 삭제)
6. 외국어에 능통한 사람을 임용하는 경우
7. 경찰공무원을 그 계급에 상응하는 소방공무원으로 임용하는 경우
8. 소방 업무에 경험이 있는 의용소방대원을 소방사 계급의 소방공무원으로 임용하는 경우
③ 제1항 단서에 따른 소방간부후보생의 교육훈련, 제2항 각 호 외의 부분 본문 및 단서에 따른 채용시험(이하 "경력경쟁채용시험등"이라 한다)을 통하여 채용할 수 있는 소방공무원의 계급, 임용예정직에 관련된 자격증의 구분, 근무실적 또는 연구실적, 의용소방대원을 소방공무원으로 임용할 수 있는 지역과 그 승진 및 전보 등에 관하여 필요한 사항은 대통령령으로 정한다.
제8조【시험 또는 임용 방해 행위의 금지】 누구든지 소방공무원의 시험 또는 임용에 관하여 고의로 방해하거나 부당한 영향을 미치는 행위를 하여서는 아니 된다.
제9조【소방공무원의 인사교류】 ① 소방청장은 소방공무원의 능력을 발전시키고 소방사무의 연계성을 높이기 위하여 소방청과 시·도 간 및 시·도 상호 간에 인사교류가 필요하다고 인정하면 인사교류계획을 수립하여 이를 실시할 수 있다.
② 제1항에 따른 인사교류의 대상, 절차, 그 밖에 인사교류에 필요한 사항은 대통령령으로 정한다.
제10조【시보임용】 ① 소방공무원을 신규채용할 때에는 소방장 이하는 6개월간 시보로 임용하고, 소방위 이상은 1년간 시보로 임용하며, 그 기간이 만료된 다음 날에 정규 소방공무원으로 임용한다. 다만, 대통령령으로 정하는 경우에는 시보임용을 면제하거나 그 기간을 단축할 수 있다.
② 휴직기간, 직위해제기간 및 징계에 의한 정직처분 또는 감봉처분을 받은 기간은 제1항의 시보임용 기간에 포함하지 아니한다.
③ 소방공무원으로 임용되기 전에 그 임용과 관련하여 소방공무원 교육훈련기관에서 교육훈련을 받은 기간은 제1항의 시보임용 기간에 포함한다.
④ 시보임용 기간 중에 있는 소방공무원이 근무성적 또는 교육훈련성적이 불량할 때에는 「국가공무원법」 제68조 또는 제70조에도 불구하고 면직시키거나 면직을 제청할 수 있다.
제11조【시험실시기관】 소방공무원의 신규채용시험 및 승진시험과 소방간부후보생 선발시험은 소방청장이 실시한다. 다만, 소방청장이 필요하다고 인정할 때에는 대통령령으로 정하는 바에 따라 그 권한의 일부를 시·도지사 또는 소방청 소속기관의 장에게 위임할 수 있다.
제12조【임용시험의 응시 자격 및 방법】 소방공무원의 신규채용시험 및 승진시험과 소방간부후보생 선발시험의 응시 자격, 시험방법, 그 밖에 시험 실시에 필요한 사항은 대통령령으로 정한다.
제13조【임용후보자명부】 ① 제11조에 따른 시험실시기관의 장은 시험 합격자의 명단을 임용권자에게 보내야 한다.
② 임용권자는 신규채용시험에 합격한 사람(소방간부후보생 선발시험에 합격하여 정하여진 교육훈련을 마친 사람을 포함한다)과 승진시험에 합격한 사람을 대통령령으로 정하는 바에 따라 성적순으로 각각 신규채용후보자명부 또는 시험승진후보자명부에 등재하여야 한다.
③ 제2항에 따른 명부의 유효기간은 2년의 범위에서 대통령령으로 정한다. 다만, 임용권자는 필요에 따라 1년의 범위에서 그 기간을 연장할 수 있다.
④ 제2항에 따른 명부의 작성 및 운영에 필요한 사항은 대통령령으로 정한다.
제14조【승진】 ① 소방공무원은 바로 아래 하위계급에 있는 소방공무원 중에서 근무성적, 경력평정, 그 밖의 능력을 실증(實證)하여 승진임용한다.
② 소방준감 이하 계급으로의 승진은 승진심사에 의하여 한다. 다만, 소방령 이하 계급으로의 승진은 대통령령으로 정하는 비율에 따라 승진심사와 승진시험을 병행할 수 있다.
③ 소방정 이하 계급의 소방공무원에 대해서는 대통령령으로 정하는 바에 따라 계급별로 승진심사대상자명부를 작성하여야 한다.
④ 소방준감 이하 계급으로의 승진은 제16조제3항에 따른 심사승진후보자명부의 순위에 따른다. 다만, 소방령 이하 계급으로의 승진 중 시험에 의한 승진은 제13조제2항에 따른 시험승진후보자명부 순위에 따른다.

⑤ 소방공무원의 승진에 필요한 계급별 최저근무연수, 승진의 제한, 그 밖에 승진에 필요한 사항은 대통령령으로 정한다.

제14조의2【순직한 승진후보자의 승진】 제14조에 따른 심사승진후보자명부 또는 시험승진후보자명부에 등재된 사람이 승진임용 전에 순직한 경우 그 사망일 전날을 승진일로 하여 승진 예정 계급으로 승진한 것으로 본다. (2023.8.16 본조신설)

제15조【근속승진】 ① 제14조제2항에도 불구하고 해당 계급에서 다음 각 호의 기간 동안 재직한 사람은 소방교, 소방장, 소방위, 소방경으로 근속승진임용을 할 수 있다. 다만, 인사교류 경력이 있거나 주요 업무의 추진 실적이 우수한 공무원 등 소방행정 발전에 기여한 공이 크다고 인정되는 경우에는 대통령령으로 정하는 바에 따라 그 기간을 단축할 수 있다.(2020.12.29 단서신설)

1. 소방사를 소방교로 근속승진임용하려는 경우 : 해당 계급에서 4년 이상 근속자
2. 소방교를 소방장으로 근속승진임용하려는 경우 : 해당 계급에서 5년 이상 근속자
3. 소방장을 소방위로 근속승진임용하려는 경우 : 해당 계급에서 6년 6개월 이상 근속자
4. 소방위를 소방경으로 근속승진임용하려는 경우 : 해당 계급에서 8년 이상 근속자(2020.12.29 본호개정)

② 제1항에 따라 근속승진한 소방공무원이 근무하는 기간에는 그에 해당하는 계급의 정원이 따로 있는 것으로 보고, 종전 계급의 정원은 감축된 것으로 본다.

③ 제1항의 따른 근속승진임용의 기준, 절차 등에 관하여 필요한 사항은 대통령령으로 정한다.

제16조【승진심사위원회】 ① 제14조제2항에 따른 승진심사를 하기 위하여 소방청에 중앙승진심사위원회를 두고, 소방청 및 대통령령으로 정하는 소속기관에 보통승진심사위원회를 둔다. 다만, 제6조제3항 및 제4항에 따라 시·도지사가 임용권을 행사하는 경우에는 시·도에 보통승진심사위원회를 둔다.

② 제1항에 따라 설치된 승진심사위원회(이하 "승진심사위원회"라 한다)는 제14조제3항에 따라 작성된 계급별 승진심사대상자명부의 선순위자(先順位者) 순으로 승진임용하려는 결원의 5배수의 범위에서 승진후보자를 심사·선발한다.

③ 제2항에 따라 승진후보자로 선발된 사람에 대해서는 승진심사위원회가 설치된 소속기관의 장이 각 계급별로 심사승진후보자명부를 작성한다.

④ 승진심사위원회의 구성·관할 및 운영에 필요한 사항은 대통령령으로 정한다.

제17조【특별유공자 등의 특별승진】 소방공무원으로서 순직한 사람과 「국가공무원법」 제40조의4제1항제1호부터 제4호까지의 어느 하나에 해당되는 사람에 대해서는 제14조에도 불구하고 대통령령으로 정하는 바에 따라 1계급 특별승진시킬 수 있다. 다만, 소방위 이하의 소방공무원으로서 모든 소방공무원의 귀감이 되는 공을 세우고 순직한 사람에 대해서는 2계급 특별승진시킬 수 있다.

제18조【보훈】 소방공무원으로서 교육훈련 또는 직무수행 중 사망한 사람(공무상의 질병으로 사망한 사람을 포함한다) 및 상이(공무상의 질병을 포함한다)를 입고 퇴직한 사람과 그 유족 또는 가족은 「국가유공자 등 예우 및 지원에 관한 법률」 또는 「보훈보상대상자 지원에 관한 법률」에 따른 예우 또는 지원을 받는다.

제19조【특별위로금】 ① 소방공무원이 공무상 질병 또는 부상으로 인하여 치료 등의 요양을 하는 경우에는 특별위로금을 지급할 수 있다.

② 제1항에 따른 특별위로금의 지급 기준 및 방법 등은 대통령령으로 정한다.

제20조【교육훈련】 ① 소방청장은 모든 소방공무원에게 균등한 교육훈련의 기회가 주어지도록 교육훈련에 관한 종합적인 기획 및 조정을 하여야 하며, 소방공무원의 교육훈련을 위한 소방학교를 설치·운영하여야 한다.

② 시·도지사는 소속 소방공무원의 교육훈련을 위한 교육훈련기관을 설치·운영할 수 있다.

③ 소방청장 또는 시·도지사는 교육훈련을 위하여 필요할 때에는 대통령령으로 정하는 바에 따라 소방공무원을 국내외의 교육기관에 위탁하거나 「지방공무원 교육훈련법」 제8조에 따른 교육훈련기관에서 교육훈련을 받게 할 수 있다.

④ 제1항과 제2항에 따른 소방공무원의 교육훈련에 관한 기획·조정, 교육훈련기관의 설치·운영에 필요한 사항과 제3항에 따라 교육훈련을 받은 소방공무원의 복무에 관한 사항은 대통령령으로 정한다.

제21조【거짓 보고 등의 금지】 ① 소방공무원은 직무에 관한 보고나 통보를 거짓으로 하여서는 아니 된다.

② 소방공무원은 직무를 게을리하거나 유기(遺棄)해서는 아니 된다.

제22조【지휘권 남용 등의 금지】 화재 진압 또는 구조·구급 활동을 할 때 소방공무원을 지휘·감독하는 사람은 정당한 이유 없이 그 직무수행을 거부 또는 유기하거나 소방공무원을 지정된 근무지에서 진출·후퇴 또는 이탈하게 하여서는 아니 된다.

제23조【복제】 ① 소방공무원은 제복을 착용하여야 한다.

② 소방공무원의 복제(服制)에 관한 사항은 행정안전부령으로 정한다.

제24조【복무규정】 소방공무원의 복무에 관하여는 이 법이나 「국가공무원법」에 규정된 것을 제외하고는 대통령령으로 정한다.

제25조【정년】 ① 소방공무원의 정년은 다음과 같다.

1. 연령정년 : 60세
2. 계급정년
   소방감 : 4년
   소방준감 : 6년
   소방정 : 11년
   소방령 : 14년

② 제1항제2호의 계급정년을 산정(算定)할 때에는 근속 여부와 관계없이 소방공무원 또는 경찰공무원으로서 그 계급에 상응하는 계급으로 근무한 연수(年數)를 포함한다.

③ 징계로 인하여 강등(소방경으로 강등된 경우를 포함한다)된 소방공무원의 계급정년은 제1항제2호에도 불구하고 다음 각 호에 따른다.

1. 강등된 계급의 계급정년은 강등되기 전 계급 중 가장 높은 계급의 계급정년으로 한다.
2. 계급정년을 산정할 때에는 강등되기 전 계급의 근무연수와 강등 이후의 근무연수를 합산한다.

④ 소방청장은 전시, 사변, 그 밖에 이에 준하는 비상사태에서는 2년의 범위에서 제1항제2호에 따른 계급정년을 연장할 수 있다. 이 경우 소방령 이상의 소방공무원에 대해서는 행정안전부장관의 제청으로 국무총리를 거쳐 대통령의 승인을 받아야 한다.

⑤ 소방공무원은 그 정년이 되는 날이 1월에서 6월 사이에 있는 경우에는 6월 30일에 당연히 퇴직하고, 7월에서 12월 사이에 있는 경우에는 12월 31일에 당연히 퇴직한다.

제26조【심사청구】 「국가공무원법」 제75조에 따라 처분사유 설명서를 받은 소방공무원이 그 처분에 불복할 때에는 그 설명서를 받은 날부터 30일 이내에, 같은 조에서 정한 처분 외에 본인의 의사에 반한 불리한 처분을 받은 소방공무원은 그 처분이 있음을 안 날부터 30일 이내에 같은 법에 따라 설치된 소청심사위원회에 이에 대한 심사를 청구할 수 있다. 이 경우 변호사를 대리인으로 선임할 수 있다.

제27조【고충심사위원회】 ① 소방공무원의 인사상담 및 고충을 심사하기 위하여 소방청, 시·도 및 대통령령으로 정하는 소방기관에 소방공무원 고충심사위원회를 둔다.

② 소방공무원 고충심사위원회의 심사를 거친 소방공무원의 재심청구와 소방령 이상의 소방공무원의 인사상담 및 고충은 「국가공무원법」에 따라 설치된 중앙고충심사위원회에서 심사한다.

③ 소방공무원 고충심사위원회의 구성, 심사 절차 및 운영에 필요한 사항은 대통령령으로 정한다.

제28조【징계위원회】 ① 소방준감 이상의 소방공무원에 대한 징계의결은 「국가공무원법」에 따라 국무총리 소속으로 설치된 징계위원회에서 한다.

② 소방정 이하의 소방공무원에 대한 징계의결을 하기 위하여 소방청 및 대통령령으로 정하는 소방기관에 소방공무원 징계위원회를 둔다.

③ 제1항 및 제2항에도 불구하고 제6조제3항 및 같은 조 제4항에 따라 시·도지사가 임용권을 행사하는 소방공무원에 대한 징계의결을 하기 위하여 시·도 및 대통령령으로 정하는 소방기관에 징계위원회를 둔다.

④ 소방공무원 징계위원회의 구성·관할·운영, 징계의결의 요구 절차, 징계 대상자의 진술권, 그 밖에 필요한 사항은 대통령령으로 정한다.

제29조【징계 절차】 ① 소방공무원의 징계는 관할 징계위원회의 의결을 거쳐 그 징계위원회가 설치된 기관의 장이 하되, 「국가공무원법」에 따라 국무총리 소속으로 설치된 징계위원회에서 의결한 징계는 소방청장이 한다. 다만, 파면과 해임은 관할 징계위원회의 의결을 거쳐 그 소방공무원의 임용권자(임용권을 위임받은 사람은 제외한다)가 한다.

② 제1항에도 불구하고 제6조제3항 및 같은 조 제4항에 따라 시·도지사가 임용권을 행사하는 소방공무원의 징계는 관할 징계위원회의 의결을 거쳐 임용권자가 한다. 다만, 시·도 소속 소방기관에 설치된 소방공무원 징계위원회에서 의결한 정직·감봉 및 견책은 그 징계위원회가 설치된 기관의 장이 한다.

③ 소방공무원의 징계의결을 요구한 기관의 장은 관할 징계위원회의 의결이 경(輕)하다고 인정할 때에는 그 처분을 하기 전에 직근(直近) 상급기관에 설치된 징계위원회(다음 각 호의 어느 하나에 해당하는 징계위원회의 의결에 대해서는 그 구분에 따른 징계위원회를 말한다)에 심사 또는 재심사를 청구할 수 있다. 이 경우 소속 공무원을 대리인으로 지정할 수 있다.

1. 「국가공무원법」에 따라 국무총리 소속으로 설치된 징계위원회의 의결 : 국무총리 소속으로 설치된 징계위원회
2. 소방청 및 그 소속기관에 설치된 소방공무원 징계위원회의 의결 : 소방청에 설치된 소방공무원 징계위원회
3. 시·도에 설치된 소방공무원 징계위원회의 의결 : 소방청에 설치된 소방공무원 징계위원회
4. 시·도 소속 소방기관에 설치된 소방공무원 징계위원회의 의결 : 시·도에 설치된 소방공무원 징계위원회

제30조【행정소송의 피고】 징계처분, 휴직처분, 면직처분, 그 밖에 의사에 반하는 불리한 처분에 대한 행정소송의 경우에는 소방청장을 피고로 한다. 다만, 제6조제3항 및 제4항에 따라 시·도지사가 임용권을 행사하는 경우에는 관할 시·도지사를 피고로 한다.

제31조【소방간부후보생의 보수 등】 교육 중인 소방간부후보생에게는 대통령령으로 정하는 바에 따라 보수와 그 밖의 실비(實費)를 지급한다.

제32조【소방청장의 지휘·감독】 소방청장은 소방공무원의 인사행정이 이 법과 「국가공무원법」에 따라 운영되도록 지휘·감독한다.

제33조【「국가공무원법」과의 관계】 ① 「국가공무원법」을 소방공무원에게 적용할 때에는 다음 각 호에 따른다.

1. 「국가공무원법」 제32조의4제1항 중 "국가기관의 장"은 "임용권자 또는 임용제청권자"로 본다.
2. 「국가공무원법」 제32조의5제1항 및 제43조 중 "직급"은 "계급"으로 본다.
3. 「국가공무원법」 제68조, 제78조제1항제1호 및 같은 조 제2항, 제80조제7항 및 제8항 중 "이 법"은 "이 법 및 「국가공무원법」"으로 본다.
4. 「국가공무원법」 제71조제2항제3호 중 "중앙인사관장기관의 장"은 "소방청장"으로 본다.
5. 「국가공무원법」 제73조의4제2항 중 "제40조·제40조의2 및 제41조"는 "이 법 제14조 및 제16조"로, "직급"은 "계급"으로 본다.

② 제1항제3호에도 불구하고 소방공무원 중 소방총감과 소방정감에 대해서는 「국가공무원법」 제68조 본문을 적용하지 아니한다.

제34조【벌칙】 다음 각 호의 어느 하나에 해당하는 자는 5년 이하의 징역 또는 금고에 처한다.

1. 화재 진압 업무에 동원된 소방공무원으로서 제21조제1항을 위반하여 거짓 보고나 통보를 하거나 같은 조 제2항을 위반하여 직무를 게을리하거나 유기한 자
2. 화재 진압 업무에 동원된 소방공무원으로서 「국가공무원법」 제57조를 위반하여 상관의 직무상 명령에 불복하거나 같은 법 제58조제1항을 위반하여 직장을 이탈한 자
3. 화재 진압 또는 구조·구급 활동을 할 때 소방공무원을 지휘·감독하는 자로서 제22조를 위반하여 정당한 이유 없이 그 직무수행을 거부 또는 유기하거나 소방공무원을 지정된 근무지에서 진출·후퇴 또는 이탈하게 한 자

부 칙

제1조【시행일】 이 법은 2020년 4월 1일부터 시행한다.

제2조【지방소방공무원에 대한 경과조치】 ① 이 법 시행 당시 지방소방공무원으로 재직 중인 자는 이 법에 따른 소방공무원으로 임용된 것으로 본다. 이 경우 "지방소방정감"은 "소방정감"으로, "지방소방감"은 "소방감"으로, "지방소방준감"은 "소방준감"으로, "지방소방정"은 "소방정"으로, "지방소방령"은 "소방령"으로, "지방소방경"은 "소방경"으로, "지방소방위"는 "소방위"로, "지방소방장"은 "소방장"으로, "지방소방교"는 "소방교"로, "지방소방사"는 "소방사"로 각각 임용된 것으로 본다.

② 이 법 시행 당시 지방소방공무원으로 재직 중인 자의 경력은 이 법에 따른 소방공무원의 경력으로 본다.

제3조【지방소방공무원의 신규채용·선발시험에 관한 경과조치】 ① 이 법 시행 당시 지방소방공무원의 신규채용·선발시험 공고는 이 법에 따라 실시한 소방공무원 신규채용·선발시험 공고로 보고, 신규채용·선발시험 공고에 있는 시험 절차 및 방법은 이 법에 따라 실시하는 소방공무원 신규채용·선발시험 절차 및 방법으로 보며, 지방소방공무원의 신규채용·선발시험 응시원서를 접수한 자는 이 법에 따라 소방공무원의 신규채용·선발시험 응시원서를 접수한 것으로 본다. 이 경우 지방소방공무원 신규채용·선발시험 실시기관의 장은 이 법 시행 후 30일 이내에 신규채용·선발시험 관련 서류 전부를 이 법에 따른 소방공무원 신규채용·선발시험 실시기관의 장에게 인계하여야 한다.

② 이 법 시행 당시 지방소방공무원 신규채용·선발시험에 합격한 자는 소방공무원 신규채용·선발시험에 합격한 것으로 보고, 지방소방공무원 임용후보자명부는 이 법에 따른 소방공무원 임용후보자명부로 본다. 이 경우 지방소방공무원 임용권자는 이 법 시행 후 30일 이내에 임용후보자명부 등 임용 관련 서류 전부를 이 법에 따른 소방공무원 임용권자에게 인계하여야 한다.

③ 이 법 시행 당시 「지방공무원법」 제62조제1항제1호에 따라 직위가 없어지거나 과원이 되어 퇴직한 소방공무원이나 「지방공무원법」 제63조제1항제1호에 따라 신체·정신상의 장애로 장기 요양이 필요하여 휴직하였다가 휴직기간이 만료되어 퇴직한 소방공무원은 각각 「국가공무원법」 제70조제1항제3호 또는 「국가공무원법」 제71조제1항제1호에 따라 퇴직한 소방공무원으로 본다.

제4조【지방소방공무원의 승진후보자명부에 관한 경과조치】 이 법 시행 당시 지방소방공무원의 승진후보자명부는 이 법에 따른 소방공무원의 승진후보자명부로 본다. 이 경우 지방소방공무원 임용권자는 이 법 시행 후 30일 이내에 승진후보자명부 등 승진 관련 서류 전부를 이 법에 따른 소방공무원 임용권자에게 인계하여야 한다.

제5조【지방소방공무원의 교육훈련에 관한 경과조치】 이 법 시행 당시 지방소방공무원으로 교육훈련을 받고 있는 자는 이 법에 따른 소방공무원으로 교육훈련을 받고 있는 것으로 본다. 이 경우 교육훈련기관의 장은 교육훈련이 끝난 후 30일 이내에 교육훈련 결과를 이 법에 따른 소방공무원 임용권자에게 인계하여야 한다.

제6조【소청심사 등에 관한 경과조치】 ① 이 법 시행 당시 「지방공무원법」 제67조제1항에 따른 처분사유 설명서를 받거나, 같은 항에서 정한 처분 외에 그 의사에 반하는 불리한 처분을 받은 소방공무원이 제26조의 개정규정에서 정한 기간에 해당하여 해당 처분에 대한 불복심사를 청구하는 경우에는 「국가공무원법」 제75조에 따라 처분사유 설명서를 받거나, 같은 조에서 정한 처분 외에 그 의사에 반하는 불리한 처분을 받은 경우로 보아 이 법에 따라 불복심사를 청구하여야 한다.

② 이 법 시행 당시 지방소방공무원소청심사위원회에 계류 중인 사건은 「국가공무원법」에 따른 소청심사위원회에 계류 중인 것으로 본다. 이 경우 지방소방공무원소청심사위원회는 이 법 시행 후 30일 이내에 해당 소청심사 사건과 관련된 서류를 「국가공무원법」에 따른 소청심사위원회에 인계하여야 한다.

제7조【지방소방공무원의 고충심사위원회에 계류 중인 사건에 관한 경과조치】 이 법 시행 당시 시·도 인사위원회에 계류 중인 사건은 「국가공무원법」에 따른 중앙고충심사위원회에 계류 중인 것으로 본다. 이 경우 시·도 인사위원회는 이 법 시행 후 30일 이내에 해당 사건과 관련된 서류를 「국가공무원법」에 따른 중앙고충심사위원회에 인계하여야 한다.

제8조【징계위원회에 계류 중인 사건에 관한 경과조치】 이 법 시행 당시 지방소방공무원의 소방공무원 징계위원회에 계류 중인 사건은 이 법에 따른 소방공무원 징계위원회에 계류 중인 사건으로 본다. 이 경우 지방소방공무원의 소방공무원 징계위원회는 이 법 시행 후 30일 이내에 해당 징계 사건과 관련된 서류를 이 법에 따른 소방공무원 징계위원회에 인계하여야 한다.

제9조【징계처분에 관한 경과조치】 이 법 시행 당시 해당 지방소방공무원에 대한 징계위원회의 징계의결이 종료되었으나, 그 처분이 행하여지지 않은 사건에 대한 징계처분은 이 법에도 불구하고 종전의 규정에 따른 자가 행한다.

제10조【행정소송의 피고에 대한 경과조치】 ① 이 법 시행 당시 지방소방공무원이 징계처분이나 휴직처분, 면직처분, 그 밖에 의사에 반하는 불리한 처분을 사유로 제기한 행정소송으로서 계류 중인 사건에 대한 피고는 이 법에도 불구하고 종전의 규정에 따른 피고로 한다.

② 제1항에 따른 처분에 대해 해당 법원에서 취소 등의 판결을 한 경우 그 판결을 이행하기 위한 처분은 이 법에 따른 해당 처분권자가 행한다.

제11조【파견·휴직·직위해제 또는 정직 중인 지방소방공무원에 관한 경과조치】 이 법 시행 당시 파견·휴직·직위해제 또는 정직 중인 지방소방공무원은 이 법에 따른 처분권자에 의하여 소방공무원의 신분에서 파견·휴직·직위해제 또는 정직된 것으로 본다.

제12조【다른 법률의 개정】 ①~⑤ ※(해당 법령에 가제정리 하였음)

부 칙 (2020.12.29)

제1조【시행일】 이 법은 2021년 1월 1일부터 시행한다.

제2조【장학지원 채용에 관한 경과조치】 이 법 시행 당시 종전의 규정에 따라 장학금 지급 대상이었던 사람에게는 제7조제2항제5호의 개정규정에도 불구하고 종전의 규정에 따른다.

부 칙 (2023.8.16)

제1조【시행일】 이 법은 공포한 날부터 시행한다.

제2조【순직한 승진후보자의 승진에 관한 적용례】 제14조의2의 개정규정은 이 법 시행 이후 순직한 사람부터 적용한다.

소방공무원임용령

(1983년 8월 4일 전개대통령령 제11189호)

개정
1986. 4.26영11887호
<중략>
2005. 3.31영18763호
2006. 5.30영19493호(도로교통시)
2006. 6.23영19549호
2006. 6.30영19586호(지방소방기관설치에관한규정)
2006.12.21영19760호
2007.10. 4영20306호(지방자치시)
2008.12.31영21214호(직제)
2009. 3.31영21382호(소방공무원징계령)
2009. 7. 7영21626호(규제일몰제적용)
2010. 1.18영21994호
2010.12.27영22545호
2011. 1.10영22617호(공무원보수)
2011. 1.28영22647호(직제)
2012. 2. 3영23611호
2012. 5. 1영23759호(수험생편의제공일부개정령)
2012. 8.22영24051호(소방공무원보건안전및복지기본법시)
2012. 9.28영24125호
2013. 3.23영24417호(직제)
2013. 9.17영24760호(직제)
2013.10.30영24815호
2013.11.20영24852호(공무원임용)
2013.12.16영25000호(공무원임용)
2013.12.30영25050호(행정규제재검토에따른일부개정령)
2014.11.19영25753호(직제)
2014.12. 9영25839호
2015. 5. 6영26231호
2016. 2. 3영26944호(공무원인재개발법시)
2016. 4. 5영27089호
2017. 3.29영27971호(항공안전법시)
2017. 7.26영28216호(직제)
2018. 5.31영28929호
2018. 9.18영29180호(공무원재해보상법시)
2019. 1.15영29487호
2019.11. 5영30202호
2020. 3.10영30515호(소방공무원의국가직전환관련제도정비를위한일부개정령)
2020. 6.30영30807호(대체역의편입및복무등에관한법시)
2021. 1. 5영31380호(법령용어정비)
2021. 3. 2영31516호(규제기한해제)
2021. 4.27영31652호(소방공무원교육훈련규정)
2021.10.14영32043호(지방소방기관설치에관한규정)
2021.12.16영32223호(지방자치시)
2022. 4. 5영32565호
2022.11.29영33005호(화재의예방및안전관리에관한법시)
2023. 3.28영33360호(소방공무원교육훈련규정)
2023. 4. 7영33378호
2023. 4.11영33382호(직제)
2023. 5. 9영33452호
2023.10.10영33801호

제1장 총 칙

제1조【적용범위】 소방공무원의 임용은 다른 법령에 특별한 규정이 있는 경우를 제외하고는 이 영이 정하는 바에 의한다.(2020.3.10 본조개정)

제2조【정의】 이 영에서 사용되는 용어의 정의는 다음과 같다.
1. "임용"이라 함은 신규채용·승진·전보·파견·강임·휴직·직위해제·정직·강등·복직·면직·해임 및 파면을 말한다.(2009.3.31 본호개정)
2. "복직"이라 함은 휴직·직위해제 또는 정직(강등에 따른 정직을 포함한다) 중에 있는 소방공무원을 직위에 복귀시키는 것을 말한다.(2009.3.31 본호개정)
3. "소방기관"이라 함은 소방청, 특별시·광역시·특별자치시·도·특별자치도(이하 "시·도"라 한다)와 중앙소방학교·중앙119구조본부·국립소방연구원·지방소방학교·서울종합방재센터·소방서·119특수대응단 및 소방체험관을 말한다.(2021.10.14 본호개정)
4. "필수보직기간"이란 소방공무원이 다른 직위로 전보되기 전까지 현 직위에서 근무하여야 하는 최소기간을 말한다.(2016.4.5 본호신설)

제3조【임용권의 위임】 ① 대통령은 「소방공무원법」(이하 "법"이라 한다) 제6조제3항에 따라 소방청과 그 소속기관의 소방정 및 소방령에 대한 임용권과 소방정인 지방소방학교장에 대한 임용권을 소방청장에게 위임하고, 시·도 소속 소방령 이상의 소방공무원(소방본부장 및 지방소방학교장은 제외한다)에 대한 임용권을 특별시장·광역시장·특별자치시장·도지사·특별자치도지사(이하 "시·도지사"라 한다)에게 위임한다.(2020.3.10 본항개정)

② 소방청장은 법 제6조제4항에 따라 중앙소방학교 소속 소방공무원 중 소방령에 대한 전보·휴직·직위해제·정직 및 복직에 관한 권한과 소방경이하의 소방공무원에 대한 임용권을 중앙소방학교장에게 위임한다.(2020.3.10 본항개정)

③ 소방청장은 법 제6조제4항에 따라 중앙119구조본부 소속 소방공무원 중 소방령에 대한 전보·휴직·직위해제·정직 및 복직에 관한 권한과 소방경 이하의 소방공무원에 대한 임용권을 중앙119구조본부장에게 위임한다.(2020.3.10 본항개정)

④ 중앙119구조본부장은 119특수구조대 소속 소방경 이하의 소방공무원에 대한 해당 119특수구조대 안에서의 전보권을 해당 119특수구조대장에게 다시 위임한다.(2019.1.15 본항신설)

⑤ 소방청장은 법 제6조제4항에 따라 다음 각 호의 권한을 시·도지사에게 위임한다.
1. 시·도 소속 소방령 이상 소방준감 이하의 소방공무원(소방본부장 및 지방소방학교장은 제외한다)에 대한 전보, 휴직, 직위해제, 강등, 정직 및 복직에 관한 권한
2. 소방정인 지방소방학교장에 대한 휴직, 직위해제, 정직 및 복직에 관한 권한
3. 시·도 소속 소방경 이하의 소방공무원에 대한 임용권(2020.3.10 본항신설)

⑥ 시·도지사는 법 제6조제5항에 따라 그 관할구역안의 지방소방학교·서울종합방재센터·소방서·119특수대응단·소방체험관 소속 소방경 이하(서울소방학교·경기소방학교 및 서울종합방재센터의 경우에는 소방령 이하)의 소방공무원에 대한 해당 기관안에서의 전보권과 소방령 이하의 소방공무원에 대한 휴직·직위해제·정직 및 복직에 관한 권한을 지방소방학교장·서울종합방재센터장·소방서장·119특수대응단장 또는 소방체험관장에게 위임한다.(2021.10.14 본항개정)

⑦ 제2항 및 제3항에 따라 임용권을 위임받은 중앙소방학교장 및 중앙119구조본부장은 소속 소방공무원을 승진시키려면 미리 소방청장에게 보고하여야 한다.(2018.5.31 본항신설)

⑧ 소방청장은 소방공무원의 정원의 조정 또는 소방기관 상호간의 인사교류등 인사행정 운영상 필요한 때에는 제2항, 제3항 및 제5항제2호에도 불구하고 그 임용권을 직접 행사할 수 있다.(2020.3.10 본항개정)

제3조의2【임명장】 ① 임용권자(제3조에 따라 임용권을 위임받은 사람을 포함한다. 이하 같다)는 소방공무원으로 신규채용되거나 승진되는 소방공무원에게 임명장을 수여한다. 이 경우 소속 소방기관의 장이 대리 수여할 수 있다.

② 임명장에는 임용권자의 직인을 날인한다. 이 경우 대통령이 임용하는 공무원의 임명장에는 국새(國璽)를 함께 날인한다.

③ 제2항 전단에도 불구하고 제3조제1항에 따라 대통령이 소방청장 또는 시·도지사에게 임용권을 위임한 소방령 이상의 소방공무원의 임명장에는 임용권자의 직인을 갈음하여 대통령의 직인과 국새를 날인한다.(2020.3.10 본조신설)

제4조【임용시기】 ① 소방공무원은 임용장 또는 임용통지서에 기재된 일자에 임용된 것으로 보며 임용일자를 소급해서는 아니 된다.(2018.5.31 본항개정)

② 사망으로 인한 면직은 사망한 다음 날에 면직된 것으로 본다.(2018.5.31 본항신설)

③ 임용일자는 그 임용장 또는 임용통지서가 피임용자에게 송달되는 기간 및 사무인계에 필요한 기간을 참작하여 정하여야 한다.

제5조【임용시기의 특례】 소방공무원의 임용은 제4조제1항에도 불구하고 다음 각 호의 어느 하나에 해당하는 경우에는 다음 각 호의 구분에 따른 일자에 임용한다.
1. 법 제17조에 따라 순직한 사람을 다음 각 목의 어느 하나에 해당하는 날을 임용일자로 하여 특별승진임용하는 경우(2020.3.10 본문개정)
   가. 재직 중 사망한 경우 : 사망일의 전날
   나. 퇴직 후 사망한 경우 : 퇴직일의 전날
2. 「국가공무원법」 제70조제1항제4호에 따라 직권으로 면직시키는 경우 : 휴직기간의 만료일 또는 휴직사유의 소멸일(2020.3.10 본호개정)
3. 시보임용예정자가 제24조제1항에 따른 소방공무원의 직무수행과 관련한 실무수습 중 사망한 경우 : 사망일의 전날

(2018.5.31 본조개정)

제5조의2【인사원칙의 사전공개】 임용권자 또는 임용제청권자는 소속 소방공무원에 대한 인사원칙 및 기준을 미리 정하여 공지하여야 하고, 정기인사 및 이에 준하는 대규모 인사를 실시할 때에는 1개월 이전에 해당 인사의 세부기준 등을 미리 소속 소방공무원에게 공지하여야 함을 원칙으로 한다.(2010.12.27 본조신설)

제6조【결원의 적기보충】 임용권자 또는 임용제청권자는 해당 기관에 결원이 있는 경우에는 지체없이 결원보충에 필요한 조치를 하여야 한다.(2020.3.10 본조개정)

제7조【통계보고】 소방청장은 소방공무원의 인사에 관한 통계보고의 제도를 정하여 시·도지사, 중앙소방학교장, 중앙119구조본부장 및 국립소방연구원장으로부터 정기 또는 수시로 필요한 보고를 받을 수 있다.(2019.11.5 본조개정)

제7조의2【소방공무원 인사협의회】 ① 소방청장은 소방공무원의 임용, 인사교류, 교육훈련 등 인사에 관한 중요사항을 시·도와 협의하기 위하여 소방공무원 인사협의회를 구성·운영할 수 있다.

② 소방공무원 인사협의회의 구성 및 운영, 그 밖에 필요한 사항은 소방청장이 정한다.

(2020.3.10 본조신설)

제2장 소방공무원인사위원회

제8조【소방공무원인사위원회의 구성】 ① 법 제4조에 따른 소방공무원인사위원회(이하 "인사위원회"라 한다)는 위원장을 포함한 5명 이상 7명 이하의 위원으로 구성한다.

② 소방청에 설치된 인사위원회의 위원장은 소방청 차장이, 시·도에 설치된 인사위원회의 위원장은 소방본부장

이 되고, 위원은 인사위원회가 설치된 기관의 장이 소속 소방정 이상의 소방공무원 중에서 임명한다.(2023.10.10 본항개정)
(2020.3.10 본조개정)
제9조【위원장의 직무】 ① 위원장은 인사위원회의 사무를 총괄하며, 인사위원회를 대표한다.(2021.1.5 본항개정)
② 위원장이 부득이한 사유로 직무를 수행할 수 없는 때에는 위원 중에서 최상위의 직위 또는 선임의 공무원이 그 직무를 대행한다.
(1999.5.10 본조개정)
제10조【회의】 ① 위원장은 인사위원회의 회의를 소집하고 그 의장이 된다.
② 회의는 재적위원 3분의 2 이상의 출석과 출석위원 과반수의 찬성으로 의결한다.
제11조【간사】 ① 인사위원회에 간사 약간인을 둔다.
② 간사는 인사위원회가 설치된 기관의 장이 소속공무원 중에서 임명한다.
③ 간사는 위원장의 명을 받아 인사위원회의 사무를 처리한다.
제12조【심의사항의 보고】 위원장은 인사위원회에서 심의된 사항을 지체없이 당해 인사위원회가 설치된 기관의 장에게 보고하여야 한다.
제13조【운영세칙】 이 영에 규정된 것외에 인사위원회의 운영에 관하여 필요한 사항은 인사위원회의 의결을 거쳐 위원장이 이를 정한다.

제3장 신규채용

제14조【경력경쟁채용등에서 임용직위 제한】 법 제7조제2항 각 호 외의 부분 본문 및 단서에 따른 채용시험(이하 "경력경쟁채용시험등"이라 한다)을 통하여 채용(이하 "경력경쟁채용등"이라 한다)된 소방공무원을 처음 임용하는 경우에는 그 시험실시 당시의 임용예정 직위 외의 직위에 임용할 수 없다.(2020.3.10 본조개정)
제15조【경력경쟁채용등의 요건 등】 ① 종전의 재직기관에서 감봉 이상의 징계처분을 받은 사람은 경력경쟁채용등을 할 수 없다. 다만, 「공무원 인사기록·통계 및 인사사무 처리 규정」 제9조제1항 및 그 밖의 인사 관계 법령에 따라 징계처분의 기록이 말소된 사람(해당 법령에 따라 징계처분 기록의 말소 사유에 해당하는 사람을 포함한다)은 그러하지 아니하다.(2016.4.5 단서신설)
② 법 제7조제2항제1호에 따른 경력경쟁채용등은 전 재직기관에 전력(前歷)을 조회하여 그 퇴직사유가 확인된 경우로 한정한다.(2020.3.10 본항개정)
③ 법 제7조제2항제2호에 따른 경력경쟁채용등을 할 수 있는 사람은 행정안전부령으로 정하는 임용예정분야별 자격증 소지자 및 경력기준에 해당하는 사람이어야 한다.(2023.5.9 본항개정)
④ 법 제7조제2항제3호에 따른 근무실적 또는 연구실적이 있는 사람의 경력경쟁채용등은 다음 각 호의 어느 하나에 해당하는 사람으로 한정한다.(2020.3.10 본문개정)
1. 국가기관·지방자치단체·공공기관 그 밖의 이에 준하는 기관의 임용예정직위에 관련있는 직무분야의 근무 또는 연구경력이 3년(소방공무원 외의 공무원으로서 다음 각 목에 해당하는 사람을 해당 부문·분야의 소방공무원으로 경력경쟁채용등을 하는 경우에는 2년) 이상으로서 해당 임용예정계급에 상응하는 근무 또는 연구경력이 1년 이상인 사람(2019.1.15 본문개정)
  가. 소방기관에서 별표1에 따른 특수기술부문에 근무한 경력이 있는 사람(2019.1.15 본목신설)
  나. 국가기관에서 구조업무와 관련있는 직무분야에 근무한 경력이 있는 사람(2019.1.15 본목신설)
2. 퇴직한 소방공무원으로서 임용예정계급에 상응하는 근무경력이 1년 이상인 사람
3. 의무소방원으로 임용되어 정해진 복무를 마친 사람(2021.1.5 본호개정)
(2014.12.9 본항개정)
⑤ 법 제7조제2항제3호에 따른 소방에 관한 전문기술교육을 받은 사람의 경력경쟁채용등은 「초·중등교육법」 및 「고등교육법」에 따라 설치된 고등학교·전문대학 또는 대학(대학원을 포함한다)에서 행정안전부령으로 정하는 임용예정분야별 교육과정을 이수한 사람과 법령에 따라 이와 동등 이상의 학력이 있다고 인정되는 사람이어야 한다.(2020.3.10 본항개정)
⑥ (2022.4.5 삭제)
⑦ 법 제7조제2항제6호에 따른 외국어에 능통한 사람의 경력경쟁채용등은 소방위 이하 소방공무원으로 채용하는 경우로 한정하며, 그 외국어 능력은 해당 외국어를 모국어로 사용하는 국가의 국민이 고등학교교육 또는 이에 준하는 학교교육을 마치고 작문이나 회화를 할 수 있는 수준이어야 한다.(2020.3.10 본항개정)
⑧ 법 제7조제2항제7호에 따른 경력경쟁채용등은 경위 이하의 경찰공무원으로서 최근 5년 이내에 화재감식 또는 범죄수사업무에 종사한 경력이 2년 이상인 사람이어야 한다.(2020.3.10 본항개정)
⑨ 법 제7조제2항제8호에 따른 경력경쟁채용등은 다음 각 호의 어느 하나에 해당하는 지역에서 이미 5년 이상 의용소방대원으로 계속하여 근무하고 있는 사람을 그 지역에 소방서·119지역대 또는 119안전센터가 처음으로 설치된 날로부터 1년 이내에 그 지역의 소방공무원으로 임용하는 경우로 한정한다. 이 경우 경력경쟁채용등을 할 수 있는 인원은 처음으로 설치되는 소방서·119지역대 또는 119안전센터의 공무원의 정원 중 소방사 정원의 3분의 1 이내로 한다.(2020.3.10 본문개정)
1. 소방서를 처음으로 설치하는 시·군지역
2. 소방서가 설치되어 있지 아니한 시·군지역에 119지역대 또는 119안전센터를 처음으로 설치하는 경우 그 관할에 속하는 시지역 또는 읍·면지역(2006.6.30 본호개정)
(1986.4.26 본항신설)
⑩ 제3항부터 제6항까지, 제8항 및 제9항에 따른 임용예정계급별 자격증의 구분, 근무 또는 연구실적, 소방에 관련된 교육과정, 그 밖의 기준에 관한 사항은 행정안전부령으로 정한다.(2017.7.26 본항개정)
(2014.12.9 본조제목개정)
제16조【채용후보자의 등록】 ① 법 제7조에 따른 공개경쟁채용시험 또는 경력경쟁채용시험등에 합격한 사람과 같은 조 제1항 단서에 따른 소방간부후보생(이하 "소방간부후보생"이라 한다)으로서 제24조제1항에 따른 교육훈련을 마친 사람은 행정안전부령으로 정하는 바에 따라 임용권자 또는 임용제청권자에게 채용후보자등록을 하여야 한다.(2020.3.10 본항개정)
② 제1항의 채용후보자등록을 하지 아니한 사람은 소방공무원으로 임용될 의사가 없는 것으로 본다.
(2014.12.9 본조개정)
제17조【채용후보자명부의 작성】 ① 법 제13조제2항에 따른 채용후보자명부는 임용예정계급별로 작성하되, 채용후보자의 서류를 심사하여 임용적격자만을 등재한다.
(2020.3.10 본항개정)
② 임용권자 또는 임용제청권자는 제1항의 규정에 의한 채용후보자명부에의 등재여부를 본인에게 알려야 한다.
제18조【채용후보자명부의 유효기간】 ① 법 제13조제2항에 따른 채용후보자명부의 유효기간은 2년으로 하되, 임용권자는 필요에 따라 1년의 범위에서 그 기간을 연장할 수 있다.(2020.3.10 본항개정)
② 임용권자는 제1항의 규정에 의하여 채용후보자명부의 유효기간을 연장한 때에는 이를 즉시 본인에게 알려야 한다.
제19조【신규채용방법】 ① 임용권자는 채용후보자명부의 등재순위에 따라 임용하여야 한다. 다만, 채용후보자가 소방공무원으로 임용되기 전에 임용과 관련하여 소방공무원 교육훈련기관에서 교육훈련을 받은 경우에는 그 교육훈련성적 순위에 따라 임용하여야 한다.
② 제1항에도 불구하고 임용권자는 다음 각 호의 어느 하나에 해당하는 경우에는 그 순위에 관계없이 임용할 수 있다.
1. 임용예정기관에 근무하고 있는 소방공무원 외의 공무원을 소방공무원으로 임용하는 경우
2. 6개월 이상 소방공무원으로 근무한 경력이 있거나 임용예정직위에 관련된 특별한 자격이 있는 사람을 임용하는 경우
3. 도서·벽지·군사분계선 인접지역 등 특수지역 근무 희망자를 그 지역에 배치하기 위하여 임용하는 경우
4. 채용후보자의 피부양가족이 거주하고 있는 지역에 근무할 채용후보자를 임용하는 경우
5. 제5조제3호에 따라 소방공무원의 직무수행과 관련한 실무수습 중 사망한 시보임용예정자를 소급하여 임용하는 경우(2018.5.31 본호신설)
(2015.5.6 본항신설)
③ 임용권자는 제17조제1항에 따라 채용후보자명부에 등재된 사람 중 제18조에 따른 채용후보자명부의 유효기간이 만료될 때까지 임용되지 아니한 사람(제20조에 따라 그때까지 임용 또는 임용제청이 유예된 사람은 제외한다)에 대하여는 해당 기관에 그 직급에 해당하는 정원이 따로 있는 것으로 보고 임용할 수 있다. 이 경우 따로 있는 것으로 보는 정원은 그 신규임용후보자가 임용된 후 해당 직급에 이에 상응하는 결원이 발생한 때에 소멸한 것으로 본다.
(2015.5.6 본조개정)
제20조【임용의 유예】 ① 임용권자 또는 임용제청권자는 채용후보자가 다음 각호의 1에 해당하는 경우에는 채용후보자명부의 유효기간의 범위안에서 기간을 정하여 임용 또는 임용제청을 유예할 수 있다. 다만, 유예기간중이라도 그 사유가 소멸하는 경우에는 임용 또는 임용제청을 하여야 한다.
1. 학업의 계속
2. 6월 이상의 장기요양을 요하는 질병이 있는 경우
3. 「병역법」에 따른 병역의무복무를 위하여 징집 또는 소집되는 경우(2020.6.30 본호개정)
4. 임신하거나 출산한 경우(2010.12.27 본호신설)
5. 그 밖에 임용 또는 임용제청의 유예가 부득이하다고 인정되는 경우(2010.12.27 본호개정)
② 제1항의 규정에 의한 임용 또는 임용제청의 유예를 받고자 하는 자는 그 사유를 증명할 수 있는 자료를 첨부하여 임용권자 또는 임용제청권자가 정하는 기간내에 유예신청을 하여야 한다. 이 경우 유예를 원하는 기간을 명시하여야 한다.
제21조【채용후보자의 자격상실】 채용후보자가 다음 각 호의 어느 하나에 해당하는 경우에는 채용후보자의 자격을 상실한다. 다만, 제5호에 해당하는 경우에는 제22조의2에 따른 임용심사위원회의 의결을 거쳐야 한다.
(2023.4.7 단서신설)
1. 채용후보자가 임용 또는 임용제청에 응하지 않은 경우
2. 채용후보자로서 받아야 할 교육훈련에 응하지 않은 경우
3. 채용후보자로서 받은 교육훈련과정의 졸업요건을 갖추지 못한 경우(2023.4.7 본호개정)
4. 채용후보자로서 교육훈련을 받는 중 질병, 병역 복무 또는 그 밖에 교육훈련을 계속할 수 없는 불가피한 사정 외의 사유로 퇴교처분을 받은 경우(2023.4.7 본호개정)
5. 채용후보자로서 품위를 크게 손상하는 행위를 함으로써 소방공무원으로서의 직무를 수행하기 곤란하다고 인정되는 경우
6. 법 또는 법에 따른 명령을 위반하여 「소방공무원 징계령」 제1조의2제1호에 따른 중징계(이하 "중징계"라 한다) 사유에 해당하는 비위를 저지른 경우
7. 법 또는 법에 따른 명령을 위반하여 「소방공무원 징계령」 제1조의2제2호에 따른 경징계(이하 "경징계"라 한다) 사유에 해당하는 비위를 2회 이상 저지른 경우
(2023.4.7 5호~7호신설)
(2019.11.5 본조개정)
제22조【시보임용소방공무원】 ① 임용권자 또는 임용제청권자는 시보임용기간 중의 소방공무원(이하 "시보임용소방공무원"이라 한다)에 대하여 근무상황을 항상 지도·감독하여야 한다.
② 임용권자 또는 임용제청권자는 시보임용소방공무원이 다음 각 호의 어느 하나에 해당하여 정규소방공무원으로 임용하는 것이 부적당하다고 인정되는 경우에는 제22조의2에 따른 임용심사위원회의 의결을 거쳐 면직시키거나 면직을 제청할 수 있다.
1. 제24조제1항에 따른 교육훈련과정의 졸업요건을 갖추지 못한 경우
2. 제24조제1항에 따른 교육훈련을 받는 중 질병, 병역 복무 또는 그 밖에 교육훈련을 계속할 수 없는 불가피한 사정 외의 사유로 퇴교처분을 받은 경우
3. 근무성적 또는 교육훈련 성적이 매우 불량하여 성실한 근무수행을 기대하기 어렵다고 인정되는 경우
4. 소방공무원으로서 품위를 크게 손상하는 행위를 함으로써 소방공무원으로서의 직무를 수행하기 곤란하다고 인정되는 경우(2023.4.7 본호신설)
5. 법 또는 법에 따른 명령을 위반하여 중징계 사유에 해당하는 비위를 저지른 경우(2023.4.7 본호신설)
6. 법 또는 법에 따른 명령을 위반하여 경징계 사유에 해당하는 비위를 2회 이상 저지른 경우(2023.4.7 본호신설)
(2023.4.7 본항개정)
(2015.5.6 본조개정)
제22조의2【임용심사위원회】 ① 다음 각 호의 어느 하나에 해당하는 경우 그 적부(適否)를 심사하게 하기 위하여 임용권자 또는 임용제청권자 소속으로 임용심사위원회를 둔다.
1. 제21조제5호의 사유로 채용후보자 자격상실 여부를 결정하려는 경우
2. 시보임용소방공무원을 정규소방공무원으로 임용 또는 임용 제청하려는 경우
3. 시보임용소방공무원을 면직 또는 면직 제청하려는 경우
② 제1항에 따른 임용심사위원회의 구성 및 운영에 필요한 사항은 행정안전부령으로 정한다.
(2023.4.7 본조신설)
제23조【시보임용의 면제 및 기간단축】 ① 제24조에 따라 시보임용예정자가 받은 교육훈련기간은 이를 시보로 임용되어 근무한 것으로 보아 시보임용 기간을 단축할 수 있다.(2020.3.10 본항개정)
② 다음 각호의 1에 해당하는 경우에는 시보임용을 면제한다.
1. 소방공무원으로서 소방공무원승진임용규정에서 정하는 상위계급에의 승진에 필요한 자격요건을 갖춘 자가 승진예정계급에 해당하는 계급의 공개경쟁채용시험에 합격하여 임용되는 경우
2. 정규의 소방공무원이었던 자가 퇴직당시의 계급 또는 그 하위의 계급으로 임용되는 경우
제24조【시보임용소방공무원등에 대한 교육훈련】 ① 임용권자 또는 임용제청권자는 시보임용소방공무원 또는 시보임용예정자에 대하여 소방학교 또는 각급 공무원교육원 기타 소방기관에 위탁하여 일정한 기간 직무수행에 필요한 교육훈련(실무수습을 포함한다)을 시킬 수 있다.
② 임용권자 또는 임용제청권자는 시보임용예정자가 제1항에 따른 교육훈련과정의 졸업요건을 갖추지 못한 경우에는 시보임용을 하지 않을 수 있다.(2023.4.7 본항개정)
③ 제1항의 규정에 의하여 교육을 받는 시보임용예정자에 대하여는 예산의 범위안에서 임용예정계급의 1호봉에 해당하는 보수의 80퍼센트에 상당하는 금액 등을 지급할 수 있다.(2011.1.10 본항개정)

제4장 보직관리

제25조【보직관리의 원칙】 ① 임용권자 또는 임용제청권자는 법령에서 따로 정하거나 다음 각 호의 경우를 제외하고는 소속소방공무원을 하나의 직위에 임용해야 한다.(2022.4.5 본문개정)
1. 「국가공무원법」 제43조에 따라 별도정원이 인정되는 휴직자의 복직, 파견된 사람의 복귀 또는 파면·해임·면직된 사람의 복귀 시에 해당 기관에 그에 해당하는 계급의 결원이 없어서 그 계급의 정원에 최초로 결원이 생길 때까지 해당 계급에 해당하는 소방공무원을 보직 없이 근무하게 하는 경우. 이 경우 해당 기관이란 해당 공무원에 대한 임용권자 또는 임용제청권자를 장으로 하는 기관과 그 소속기관을 말한다.(2020.3.10 전단개정)
2. 제30조제1항제6호에 따른 1년 이상의 해외 파견근무를 위하여 특히 필요하다고 인정하여 2주 이내의 기간 동안 소속 소방공무원을 보직 없이 근무하게 하는 경우
3. 제31조에 따라 결원보충이 승인된 파견자 중 다음 각 목의 훈련을 위한 파견준비를 위하여 특히 필요하다고 인정하여 2주 이내의 기간 동안 소속 소방공무원을 보직 없이 근무하게 하는 경우(2022.4.5 본문개정)
가. 「공무원 인재개발법」 제13조에 따른 6개월 이상의 위탁교육훈련(2022.4.5 본목개정)
나. 「국제과학기술협력 규정」에 따른 1년 이상의 장기 국외훈련
(2015.5.6 본호신설)
4. 직제의 신설·개편·폐지 시 2개월 이내의 기간 동안 소속소방공무원을 기관의 신설준비등을 위하여 보직 없이 근무하게 하는 경우(2021.1.5 본호개정)
② 임용권자 또는 임용제청권자는 소속 소방공무원을 보직할 때 해당 소방공무원의 전공분야·교육훈련·근무경력 및 적성 등을 고려하여 능력을 적절히 발전시킬 수 있도록 하여야 한다.
③ 상위계급의 직위에 하위계급자를 보직하는 경우는 해당 기관에 상위계급의 결원이 있고, 「소방공무원 승진임용 규정」에 따른 승진임용후보자가 없는 경우로 한정한다.
④ 특수한 자격증을 소지한 사람은 특별한 사정이 없으면 그 자격증과 관련되는 직위에 보직하여야 한다.
⑤ 임용권자 또는 임용제청권자는 소방공무원을 보직하는 경우에는 특별한 사정이 없으면 배우자 또는 직계존속이 거주하는 지역을 고려하여 보직해야 한다.
(2019.11.5 본항개정)
⑥ 임용권자 또는 임용제청권자는 이 영이 정하는 보직관리기준 외에 소방공무원의 보직에 관하여 필요한 세부기준(전보의 기준을 포함한다)을 정하여 실시하여야 한다.
(2015.5.6 본조개정)

제26조【초임 소방공무원의 보직】 ① 소방간부후보생을 소방위로 임용할 때에는 최하급 소방기관에 보직하여야 한다.
② 신규채용을 통해 소방사로 임용된 사람은 최하급 소방기관에 보직해야 한다. 다만, 행정안전부령으로 정하는 자격증소지자를 해당 자격 관련부서에 보직하는 경우에는 그렇지 않다.
(2020.3.10 본조개정)

제27조【위탁교육훈련이수자의 보직】 법 제20조제3항에 따라 위탁교육훈련을 받은 소방공무원의 최초보직은 소방공무원교육훈련기관의 교수요원으로 하여야 한다. 다만, 교수요원으로 보직할 수 없거나 곤란한 경우에는 그 교육훈련 내용과 관련되는 직위에 보직하여야 한다.
(2023.3.28 본조개정)

제27조의2【전문직위의 운영 등】 ① 소방청장은 전문성이 특히 요구되는 직위를 「공무원임용령」 제43조의3에 따른 전문직위(이하 "전문직위"라 한다)로 지정하여 관리할 수 있다.
② 전문직위에 임용된 소방공무원은 3년의 범위에서 소방청장이 정하는 기간이 지나야 다른 직위로 전보할 수 있다. 다만, 직무수행에 필요한 능력·기술 및 경력 등의 직무수행요건이 같은 직위 간 전보 등 소방청장이 정하는 경우에는 기간에 관계없이 전보할 수 있다.
③ 제1항 및 제2항에서 규정한 사항 외에 전문직위의 지정, 전문직위 전문관의 선발 및 관리 등 전문직위의 운영에 필요한 사항은 소방청장이 정한다.
(2022.4.5 본조신설)

제28조【필수보직기간 및 전보의 제한】 ① 소방공무원의 필수보직기간(휴직기간, 직위해제처분기간, 강등 및 정직 처분으로 인하여 직무에 종사하지 않은 기간은 포함하지 않는다. 이하 이 조에서 같다)은 1년으로 한다. 다만, 다음 각 호의 경우에는 그렇지 않다.(2023.4.7 본문개정)
1. 직제상의 최저단위 보조기관내에서의 전보의 경우
(2003.1.20 본호개정)
2. 기구의 개편, 직제 또는 정원의 변경으로 인한 전보의 경우
3. 임용권자를 달리하는 기관간의 전보의 경우(2023.4.7 본호개정)
4. 당해 소방공무원의 승진 또는 강임의 경우
4의2. 소방공무원을 전문직위로 전보하는 경우
(2022.4.5 본호신설)
5. 임용예정직위에 관련된 2월 이상의 특수훈련경력이 있는 자 또는 임용예정직위에 상응한 6월 이상의 근무경력 또는 연구실적이 있는 자를 당해 직위에 보직하는 경우
6. 징계처분을 받은 경우
7. 형사사건에 관련되어 수사기관에서 조사를 받고 있는 경우
8. 공개경쟁채용시험에 합격하고 시보임용 중인 경우
(2016.4.5 본호개정)
9. 소방령 이하의 소방공무원을 그 배우자 또는 직계존속이 거주하는 시·도 지역의 소방기관으로 전보하는 경우
10. 임신 중인 소방공무원 또는 출산 후 1년이 지나지 않은 소방공무원의 모성보호, 육아 등을 위해 필요한 경우
(2019.1.15 9호~10호신설)
11. 그 밖에 소방기관의 장이 보직관리를 위하여 전보할 필요가 있다고 특별히 인정하는 경우(2016.4.5 본호신설)
② 중앙소방학교 및 지방소방학교 교수요원의 필수보직기간은 2년으로 한다. 다만, 기구의 개편, 직제·정원의 변경 또는 교육과정의 개편 또는 폐지가 있거나 교수요원으로서 부적당하다고 인정될 때에는 그렇지 않다.
(2023.3.28 본항개정)
③ 법 제7조제2항제1호부터 제4호까지의 규정, 제6호 및 제7호에 따라 경력경쟁채용시험등을 통하여 채용된 소방공무원은 최초로 그 직위에 임용된 날부터 다음 각 호의 구분에 따른 필수보직기간이 지나야 다른 직위 또는 임용권자를 달리하는 기관에 전보될 수 있다. 다만, 제1항제1호·제2호·제4호(승진 또는 강임된 소방공무원을 그 직급에 맞는 직위로 전보하는 경우로 한정한다)·제6호 및 제7호의 경우에는 그렇지 않다.
1. 법 제7조제2항제1호 및 제4호 : 2년
2. 법 제7조제2항제2호·제3호·제6호 및 제7호 : 5년
(2023.4.7 본항개정)
④ 법 제7조제2항제8호에 따라 경력경쟁채용시험등을 통하여 채용된 소방공무원은 최초로 그 직위에 임용된 날부터 5년의 필수보직기간이 지나야 최초 임용기관 외의 다른 기관으로 전보될 수 있다. 다만, 기구의 개편, 직제 또는 정원의 변경으로 인하여 직위가 없어지거나 정원이 초과되어 전보할 경우에는 그렇지 않다.(2023.4.7 본문개정)
⑤ 임용권자는 승진시험 요구 중에 있는 소속소방공무원을 승진대상자명부 작성단위를 달리하는 기관에 전보할 수 없다.
⑥ 다음 각 호의 어느 하나에 해당하는 임용일은 제1항에 따른 필수보직기간을 계산할 때 해당 직위에 임용된 날로 보지 아니한다.(2016.4.5 본문개정)
1. 직제상의 최저단위 보조기관내에서의 전보일
(2013.10.30 본호개정)
1의2. 승진임용일, 강등일 또는 강임일(2013.10.30 본호신설)
2. 시보공무원의 정규공무원으로의 임용일
3. 기구의 개편, 직제 또는 정원의 변경으로 소속·직위 또는 직급의 명칭만 변경하여 재발령되는 경우 그 임용일. 다만, 담당 직무가 변경되지 아니한 경우만 해당한다.(2013.10.30 본호개정)
(1986.4.26 본항신설)
(2016.4.5 본조제목개정)

제29조【소방공무원의 인사교류 등】 ① 소방청장은 법 제9조제1항에 따라 다음 각 호에 해당하는 경우 시·도 상호 간 소방공무원의 인사교류계획을 수립하여 실시할 수 있다.
1. 시·도 간 인력의 균형있는 배치와 소방행정의 균형있는 발전을 위하여 시·도 소속 소방령 이상의 소방공무원을 교류하는 경우
2. 시·도 간의 협조체제 증진 및 소방공무원의 능력발전을 위하여 시·도 간 교류하는 경우
3. 시·도 소속 소방경 이하의 소방공무원의 연고지배치를 위하여 필요한 경우
② 제1항에 따른 인사교류의 인원(같은 항 제3호에 따라 실시하는 인원을 제외한다)은 필요한 최소한으로 하되, 소방청장은 시·도 간 교류인원을 정할 때에는 미리 해당 시·도지사의 의견을 들어야 한다.
③ 소방청장은 인사교류계획을 수립함에 있어서 시·도지사로부터 교류대상자의 추천이 있거나 해당 시·도로 전입요청이 있는 경우에는 이를 최대한 반영하여야 하며, 해당 시·도지사의 동의 없이는 인사교류대상자의 직위를 미리 지정하여서는 아니된다.
④ 소방청장은 법 제9조제1항에 따라 인력의 균형있는 배치와 효율적인 활용, 소방공무원의 종합적 능력발전 기회 부여 및 소방사무의 연계성을 높이기 위하여 소방청과 시·도 간 소방공무원 인사교류계획을 수립하여 실시할 수 있다.(2020.3.10 본항신설)
⑤ 소방청과 시·도 간 및 시·도 상호 간에 인사교류를 하는 경우에는 인사교류 대상자 본인의 동의나 신청이 있어야 한다. 다만, 소방청과 그 소속기관 소속 소방공무원으로서 시·도 소속 소방공무원으로의 임용예정계급이 인사교류 당시의 계급보다 상위계급인 경우에는 동의를 받지 않을 수 있다.(2020.3.10 본항신설)
⑥ 소방청장은 소방인력 관리를 위해 필요한 경우에는 소방청과 시·도 간 및 시·도 상호 간의 인사교류를 제한할 수 있다.(2020.3.10 본항신설)
⑦ 제1항부터 제6항까지에서 규정한 사항 외에 인사교류에 필요한 사항은 소방청장이 정한다.(2020.3.10 본항신설)
(2020.3.10 본조개정)

제30조【파견근무】 ① 임용권자 또는 임용제청권자는 다음 각 호의 어느 하나에 해당하는 경우에는 「국가공무원법」 제32조의4에 따라 소방공무원을 파견할 수 있다.
(2020.3.10 본문개정)
1. 다른 국가기관 또는 지방자치단체나 그 외의 기관·단체에서 국가적 사업을 수행하기 위하여 특히 필요한 경우(2015.5.6 본호개정)
2. 다른 기관의 업무폭주로 인한 행정지원의 경우
3. 관련 기관간의 긴밀한 협조가 필요한 특수업무를 공동수행하기 위하여 필요한 경우(2015.5.6 본호개정)
4. 「공무원 인재개발법」 또는 법 제20조제3항(이 영 제3조제1항 및 같은 조 제5항제1호·제3호에 따라 시·도지사가 임용권을 행사하는 소방공무원에 한정한다)에 따른 교육훈련을 위하여 필요한 경우(2020.3.10 본호개정)
5. 「공무원 인재개발법」에 따른 공무원교육훈련기관의 교수요원으로 선발되거나 그 밖에 교육훈련 관련 업무수행을 위하여 필요한 경우(2020.3.10 본호개정)
6. 국제기구, 외국의 정부 또는 연구기관에서의 업무수행 및 능력개발을 위하여 필요한 경우(2010.12.27 본호개정)
7. 국내의 연구기관, 민간기관 및 단체에서의 업무수행·능력개발이나 국가정책 수립과 관련된 자료수집 등을 위하여 필요한 경우(2010.12.27 본호개정)
② 제1항에 따른 파견기간은 다음 각 호와 같다.
1. 제1항제1호부터 제3호까지 및 제7호에 따른 파견기간은 2년 이내로 하되, 필요한 경우에는 총 파견기간이 5년을 초과하지 않는 범위에서 파견기간을 연장할 수 있다.(2023.10.10 본호개정)
2. 제1항제5호에 따른 파견기간은 1년 이내로 하되, 필요한 경우에는 총 파견기간이 2년을 초과하지 않는 범위에서 파견기간을 연장할 수 있다.(2023.10.10 본호개정)
3. 제1항제4호 및 제6호에 따른 파견기간은 그 교육훈련·업무수행 및 능력개발을 위하여 필요한 기간으로 한다.(2023.10.10 본호개정)
(2015.5.6 본항개정)
③ 제1항제1호부터 제3호까지 및 제5호에 따라 소속 소방공무원을 파견하려면 파견받을 기관의 장이 임용권자 또는 임용제청권자에게 미리 요청하여야 한다.(2015.5.6 본항개정)
④ 제1항에 따라 소속 소방공무원(제3조제1항 및 같은 조 제5항제1호·제3호에 따라 시·도지사가 임용권을 행사하는 소방공무원은 제외한다)을 파견하는 경우로서 다음 각 호의 어느 하나에 해당하는 경우에는 임용권자 또는 임용제청권자가 인사혁신처장과 협의하여야 한다. 다만, 인사혁신처장이 「행정기관의 조직과 정원에 관한 통칙」 제24조의2에 따라 별도정원의 직급·규모 등에 대하여 행정안전부장관과 협의된 파견기간의 범위에서 소방경 이하 소방공무원의 파견기간을 연장하거나 소방경 이하 소방공무원의 파견기간이 끝난 후 그 자리를 교체하는 경우에는 인사혁신처장과의 협의를 생략할 수 있다.
(2020.3.10 본문개정)
1. 제1항제1호부터 제3호까지 및 제6호·제7호에 따라 소속 소방공무원을 파견하는 경우
2. 제1호에 따른 파견기간을 연장하는 경우
3. 제1호에 따른 파견 중 파견기간이 끝나기 전에 파견자를 복귀시키는 경우로서 인사혁신처장이 정하는 사유에 해당하는 경우
(2015.5.6 본항신설)
⑤ 제4항 본문에도 불구하고 파견기간이 1년 미만인 경우에는 인사혁신처장의 협의를 거치지 아니하고 소방청장의 승인을 받아 파견할 수 있다.(2017.7.26 본항개정)

제30조의2【육아휴직】 「국가공무원법」 제71조제2항제4호에 따른 휴직(이하 "육아휴직"이라 한다) 명령은 그 소방공무원이 원하는 경우 이를 분할하여 할 수 있다.
(2023.10.10 본조개정)

제30조의3【시간선택제근무】 ① 임용권자 또는 임용제청권자는 소방공무원이 원할 때에는 「국가공무원법」 제26조의2에 따라 통상적인 근무시간보다 짧은 시간을 근무하는 소방공무원(이하 "시간선택제전환소방공무원"이라 한다)으로 지정할 수 있다. 다만, 상시근무체제를 유지하기 위한 교대제 근무자는 제외한다.
② 제1항에 따른 시간선택제전환소방공무원의 근무시간은 「국가공무원 복무규정」 제9조에도 불구하고 1주당 15시간 이상 35시간 이하의 범위에서 임용권자 또는 임용제청권자가 정한다.
③ 임용권자 또는 임용제청권자는 제1항에 따라 시간선택제전환소방공무원을 지정한 경우에는 그 공무원의 남은 근무시간의 범위에서 「공무원임용령」에 따른 시간선택제임기제공무원을 채용할 수 있다.
④ 제2항 및 제3항에서 규정한 사항 외에 시간선택제전환소방공무원의 지정에 필요한 사항은 행정안전부령으로 정한다.
(2020.3.10 본조개정)

제30조의4【출산휴가자 또는 육아휴직자 등의 업무를 대행하는 소방공무원】 ① 임용권자 또는 임용제청권자는 소방공무원이 다음 각 호의 어느 하나에 해당하는 경우에는 그 공무원의 업무를 해당 임용권자 또는 임용제청권자에게 소속된 다른 소방공무원에게 대행하도록 명할 수 있다. 다만, 해당 소방공무원의 휴직으로 인하여 「국가공무원법」 제43조제1항 및 제2항에 따라 결원을 보충하거나, 시간선택제근무로 인하여 제30조의3제3항에 따라 시간선택제임기제공무원을 채용하는 경우에는 그렇지 않다.
1. 「국가공무원법」 제71조제1항 및 제2항에 따른 휴직을 하는 경우
2. 「소방공무원 복무규정」 제10조에 따라 준용되는 「국가공무원 복무규정」 제18조제1항 또는 제2항에 따른 병가를 가는 경우
3. 「소방공무원 복무규정」 제10조에 따라 준용되는 「국가공무원 복무규정」 제20조제2항에 따른 출산휴가 또는 같은 조 제10항에 따른 유산휴가·사산휴가를 가는 경우(「소방공무원 복무규정」 제11조에 따라 시·도 소속 소방공무원이 해당 시·도 조례에 따라 출산휴가 또는 유산휴가·사산휴가를 가는 경우를 포함한다)
4. 시간선택제전환소방공무원으로 지정된 경우. 이 경우 시간선택제전환소방공무원의 근무시간 외의 업무로 한정한다.

② 제1항에 따라 병가, 출산휴가 또는 유산휴가·사산휴가 또는 육아휴직 중인 소방공무원의 업무를 대행하는 소방공무원 및 시간선택제전환소방공무원의 근무시간 외의 업무를 대행하는 소방공무원에게는 예산의 범위에서 「공무원수당 등에 관한 규정」으로 정하는 바에 따라 수당을 지급할 수 있다.
(2023.10.10 본조개정)

제30조의5【직제상 파견】 ① 제30조제1항제1호부터 제3호까지의 규정에 따른 파견 중 파견 소방공무원의 정원이 파견받는 기관의 조직과 정원에 관한 법령에 규정되어 있는 경우(이하 "직제상 파견"이라 한다)에는 같은 조 제4항 각 호 외의 부분 본문 및 같은 항 각 호에도 불구하고 인사혁신처장과 협의 없이 소속 소방공무원을 파견하거나 파견기간을 연장할 수 있으며, 파견기간 종료 전에 파견자를 복귀시킬 수 있다.
② 제30조제2항제1호에도 불구하고 직제상 파견의 파견기간은 2년을 초과할 수 있고, 총 파견기간은 5년을 초과하여 연장할 수 있다.
③ 제1항에 따라 파견하거나 파견기간을 연장한 경우 또는 파견기간 종료 전에 파견자를 복귀시킨 경우에는 그 사실을 인사혁신처장에게 통보해야 한다.
(2023.10.10 본조신설)

제31조【별도정원의 범위】 ① 「국가공무원법」 제43조제3항에 따라 정원이 따로 있는 것으로 보는 경우는 다음 각 호와 같다.(2023.10.10 본문개정)
1. 제30조제1항(제4호는 제외한다)에 따른 1년 이상의 파견(2020.3.10 본호개정)
2. 제30조제1항제4호에 따른 소방청과 그 소속기관 소속 소방공무원, 소방본부장 및 지방소방학교장에 대한 6개월 이상의 파견(2020.3.10 본호신설)
3. (2010.12.27 삭제)
4. 정년잔여기간이 1년 이내에 있는 자의 퇴직후의 사회적응능력배양을 위한 연수(계급정년해당자는 본인의 신청이 있는 경우에 한한다)(1991.2.28 본호신설)

② 제1항제1호 및 제2호에 해당하여 결원을 보충하는 경우에 소방청장은 미리 행정안전부장관과 협의하여야 하며, 시·도지사는 행정안전부장관의 승인을 받아야 한다. 다만, 제3조제1항 및 같은 조 제5항제1호·제3호에 따라 시·도지사가 임용권을 행사하는 소방령 이하의 소방공무원을 보충하는 경우에는 승인을 받지 않고 보충할 수 있다.(2020.3.10 본항개정)
③ 제3조제1항 및 같은 조 제5항제1호·제3호에 따라 시·도지사가 임용권을 행사하는 소방공무원을 대상으로 법 제20조제3항에 따라 국내외 위탁교육을 실시할 때 다음 각 호의 어느 하나에 해당하는 경우에는 그 훈련기간 동안 그 인원에 해당하는 정원이 해당 기관에 따로 있는 것으로 본다.
1. 시·도지사가 「소방공무원 교육훈련규정」 제37조에 따라 훈련기간이 6개월 이상인 국외 위탁교육훈련계획을 수립·시행함에 따라 결원 보충이 필요한 경우
2. 소방청장이 「소방공무원 교육훈련규정」 제37조에 따라 수립하는 훈련기간이 6개월 이상인 교육훈련계획에 따라 교육훈련대상자의 직급 및 인원이 기관별로 결정된 경우
3. 시·도지사가 「소방공무원 교육훈련규정」 제37조에 따라 소속 소방경 이하의 소방공무원을 대상으로 훈련기간이 6개월 이상인 국내 위탁교육훈련계획을 수립·시행함에 따라 결원 보충이 필요한 경우
(2023.3.28 1호~3호개정)
(2020.3.10 본항신설)

④ 다음 각 호의 어느 하나에 해당하는 경우에는 「국가공무원법」 제43조제2항에 따라 정원이 따로 있는 것으로 보고 결원을 보충할 수 있다.
1. 병가와 연속되는 「국가공무원법」 제71조제1항제1호에 따른 휴직(이하 "질병휴직"이라 한다)을 명하는 경우로서 질병휴직을 명한 이후의 병가기간과 질병휴직기간을 합하여 6개월 이상인 경우
2. 출산휴가와 연속되는 육아휴직을 명하는 경우로서 육아휴직을 명한 이후의 출산휴가기간과 육아휴직기간을 합하여 6개월 이상인 경우
3. 육아휴직과 연속되는 출산휴가를 승인하는 경우로서 출산휴가를 승인한 이후의 육아휴직기간(출산휴가를 승인하면서 이와 연속된 육아휴직을 명하는 경우에는 해당 육아휴직기간을 포함한다)과 출산휴가기간을 합하여 6개월 이상인 경우
(2023.10.10 본항개정)

제32조 (2020.3.10 삭제)

제5장 채용시험

제33조【시험실시의 원칙】 소방공무원의 채용시험은 계급별로 실시한다. 다만, 결원보충을 원활히 하기 위하여 필요하다고 인정할 때에는 직무분야별·성별·근무예정지역 또는 근무예정기관별로 구분하여 실시할 수 있다.

제34조【시험실시권】 ① 소방청장은 법 제11조 단서에 따라 시·도 소속 소방경 이하 소방공무원을 신규채용하는 경우 신규채용시험의 실시권을 시·도지사에게 위임할 수 있다.
② (2022.4.5 삭제)
③ 시·도지사는 제1항에 따라 시·도 소속 소방경 이하 소방공무원의 신규채용시험을 실시하는 경우 시험의 문제출제를 소방청장에게 의뢰할 수 있다. 이 경우 시험 문제출제를 위한 비용 부담 등에 필요한 사항은 시·도지사와 소방청장이 협의하여 정한다.(2022.4.5 본항개정)
(2020.3.10 본조개정)

제35조【공개경쟁채용시험의 공고】 ① 법 제11조 본문에 따른 시험실시기관 또는 같은 조 단서 및 제34조에 따라 시험실시권의 위임을 받은 자(이하 "시험실시권자"라 한다)는 소방공무원공개경쟁채용시험을 실시하고자 할 때에는 임용예정계급, 응시자격, 선발예정인원, 시험의 방법·시기·장소·시험과목 및 배점에 관한 사항을 시험실시 20일전까지 공고하여야 한다. 다만, 시험 일정 등 미리 공고할 필요가 있는 사항은 시험 실시 90일 전까지 공고하여야 한다.(2020.3.10 본문개정)
② 제1항의 규정에 의한 공고내용을 변경하고자 할 때에는 시험실시 7일전까지 그 변경내용을 공고하여야 한다.

제36조【시험의 방법】 ① 소방공무원의 채용시험은 다음 각 호의 방법에 따른다.(2022.4.5 본문개정)
1. 필기시험
   교양부문과 전문부문으로 구분하되, 교양부문은 일반교양 정도를, 전문부문은 직무수행에 필요한 지식과 그 응용능력을 검정하는 것으로 한다.
2. 체력시험
   직무수행에 필요한 민첩성·근력·지구력 등 체력을 검정하는 것으로 한다.
3. 신체검사
   직무수행에 필요한 신체조건 및 건강상태를 검정하는 것으로 한다. 이 경우 신체검사는 시험실시권자가 지정하는 기관에서 발급하는 신체검사서로 대체한다.
   (2022.4.5 본호개정)
4. 종합적성검사
   직무수행에 필요한 적성과 자질을 종합적으로 검정하는 것으로 한다.
   (2023.5.9 본호신설)
5. 면접시험
   직무수행에 필요한 능력, 발전성 및 적격성을 검정하는 것으로 한다.
   (2023.5.9 본호개정)
6. 실기시험
   직무수행에 필요한 지식 및 기술을 실기 등의 방법에 따라 검정하는 것으로 한다.
7. 서류전형
   직무수행에 관련되는 자격 및 경력 등을 서면으로 심사하는 것으로 한다.
(2010.12.27 본항개정)

② 법 제7조제1항에 따라 교육훈련을 마친 소방간부후보생에 대한 소방위로의 신규채용은 그 교육훈련과정에서 이수한 과목을 검정하는 것으로 한다.(2020.3.10 본항개정)
③ 제2항에 따른 검정의 방법·합격자의 결정 등에 관하여 필요한 사항은 소방청장의 승인을 얻어 중앙소방학교의 장이 정한다.(2020.3.10 본항개정)

제37조【시험의 구분등】 ① 소방공무원의 공개경쟁채용시험은 다음 각 호의 단계에 따라 순차적으로 실시한다. 다만, 시험실시권자는 업무내용의 특수성이나 그 밖의 사유로 필요하다고 인정될 때에는 그 순서를 변경하여 실시할 수 있으며, 소방사의 경우에는 제2차시험을 실시하지 않는다.(2023.5.9 본문개정)
1. 제1차시험 : 선택형 필기시험. 다만, 기입형을 가미할 수 있다.
2. 제2차시험 : 논문형 필기시험. 다만, 과목별로 기입형을 가미할 수 있다.
3. 제3차시험 : 체력시험
4. 제4차시험 : 신체검사
(2010.12.27 1호~4호개정)
5. 제5차시험 : 종합적성검사(2023.5.9 본호신설)
6. 제6차시험 : 면접시험. 다만, 실기시험을 병행할 수 있다.(2023.5.9 본호개정)

② 시험실시권자가 필요하다고 인정할 때에는 제1차시험과 제2차시험을 동시에 실시할 수 있다.(2010.12.27 본항개정)
③ 제1항에 따른 시험에 응시하는 사람은 전(前) 단계의 시험에 합격하지 않으면 다음 단계의 시험에 응시할 수 없다. 다만, 시험실시권자가 필요하다고 인정하는 경우에는 전 단계의 시험의 합격 결정 전에 다음 단계의 시험을 실시할 수 있으며, 전 단계의 시험에 합격하지 않은 사람의 다음 단계의 시험은 무효로 한다.(2019.1.15 본항개정)
④ 제2항의 규정에 의하여 제1차시험과 제2차시험을 동시에 실시하는 경우 제1차시험성적이 제46조의 규정에 의한 합격기준 점수에 미달된 때에는 제2차시험은 이를 무효로 한다.(2010.12.27 본항개정)

제38조【소방간부후보생 선발시험】 법 제7조제1항 단서에 따른 소방간부후보생 선발시험에 관하여는 제35조, 제36조제1항 및 제37조(제1항제2호는 제외한다)를 준용한다.(2020.3.10 본조개정)

제39조【경력경쟁채용시험등】 ① 법 제7조제2항에 따른 경력경쟁채용시험등은 신체검사와 다음 각 호의 구분에 따른 방법에 따른다. 다만, 소방준감 이상의 소방공무원을 경력경쟁채용등으로 채용하려는 경우에는 서류전형의 방법으로 해야 하며, 제2호의 방법으로 소방경 이하의 소방공무원을 경력경쟁채용등으로 채용하려는 경우로서 시험실시권자가 업무 내용의 특수성 등을 고려하여 필요하다고 인정하는 경우에는 체력시험을 실시하지 않을 수 있다.(2023.4.7 단서개정)
1. 법 제7조제2항제1호 및 제4호에 따른 경력경쟁채용시험등의 경우에는 서류전형·종합적성검사와 면접시험. 다만, 시험실시권자가 필요하다고 인정하는 경우에는 체력시험을 병행할 수 있다.(2023.5.9 본문개정)
2. 법 제7조제2항제2호·제3호 및 제6호부터 제8호까지의 규정에 따른 경력경쟁채용시험등의 경우에는 서류전형·체력시험·종합적성검사·면접시험과 필기시험 또는 실기시험. 다만, 업무의 특수성 등을 고려하여 필요하다고 인정되는 경우에는 필기시험과 실기시험을 모두 병행하여 실시할 수 있다.(2023.5.9 본문개정)
3. (2023.4.7 삭제)

② 제1항에 따른 신체검사는 시험실시권자가 지정하는 기관에서 발급하는 신체검사서에 따른다. 다만, 사업용 또는 운송용 조종사의 경우에는 「항공안전법」 제40조에 따른 항공신체검사증명에 따른다.(2017.3.29 본항개정)
③ 제1항제2호에 따른 필기시험은 선택형으로 하되, 기입형 또는 논문형을 추가할 수 있다.(2015.5.6 본항개정)
(2014.12.9 본조제목개정)

제40조【경력경쟁채용시험등의 요구】 ① 임용권자와 시험실시권자가 다른 경우에, 임용권자는 소방공무원을 경력경쟁채용등을 하려는 경우에는 임용예정직위의 내용·임용예정자의 학력·경력·연구실적과 그 밖에 필요한 사항을 첨부하여 시험실시권자에게 시험을 요구하여야 한다.
② 제1항에 따른 요구를 받은 시험실시권자는 경력경쟁채용시험등을 통한 채용이 타당하다고 인정될 때에는 시험을 실시하여야 한다.
(2014.12.9 본조개정)

제41조 (2010.12.27 삭제)

제42조【채용시험의 가점】 ① 소방사 공개경쟁채용시험이나 소방간부후보생선발시험에 다음 각 호의 사람이 응시하는 경우에는 그 사람이 취득한 점수에 행정안전부령으로 정하는 가점비율에 따른 점수를 제2항 각 호의 방법에 따라 가산한다.
1. 소방업무 관련 분야 자격증 또는 면허증을 취득한 사람
2. 사무관리 분야 자격증을 취득한 사람
3. 한국어능력검정시험에서 일정 기준점수 또는 등급 이상을 취득한 사람
4. 외국어능력검정시험에서 일정 기준점수 또는 등급 이상을 취득한 사람

② 제1항에 따른 점수의 가산은 다음 각 호의 방법에 따른다.
1. 시험 단계별 득점을 각각 100점으로 환산한 후 제46조제5항제1호 각 목에 따른 비율을 적용하여 합산한 점수의 5퍼센트 이내에서 가산한다.(2023.5.9 본호개정)
2. 제1항 각 호에 따른 동일한 분야에서 가점 인정대상이 두 개 이상인 경우에는 각 분야별로 본인에게 유리한 것 하나만을 가산한다.
(2022.4.5 본조개정)

제43조【응시연령 및 신체조건 등】 ① 소방공무원의 채용시험에 응시할 수 있는 자의 연령은 별표2와 같다.(1999.5.10 본항개정)
② 소방간부후보생 선발시험에 응시할 수 있는 사람의 나이는 21세 이상 40세 이하로 한다.(2012.9.28 본항개정)
③ 소방공무원의 채용시험 및 소방간부후보생선발시험에 응시할 수 있는 신체조건 및 건강상태와 체력시험의 평가기준 및 방법은 행정안전부령으로 정한다.(2017.7.26 본항개정)
④ 소방간부후보생 선발시험 또는 소방사 공개경쟁채용시험에 응시하고자 하는 자는 「도로교통법」 제80조제2항

제1호에 따른 제1종 운전면허 중 대형면허 또는 보통면허를 받은 자이어야 한다.(2020.3.10 본항개정)
⑤ 임용권자는 소방장 이하 소방공무원의 경력경쟁채용시험등에 응시하려는 사람에 대해서도 제4항에 따른 응시자격을 갖추도록 할 수 있다.(2020.3.10 본항개정)
⑥ 제15조제4항에 따라 소방공무원 외의 공무원으로서 소방기관에서 소방업무를 담당한 경력이 있는 자를 소방공무원으로 임용하는 경우에는 제1항을 적용하지 아니한다.(2020.3.10 본항개정)
(2003.1.20 본조제목개정)
제44조【필기시험】 소방공무원공개경쟁채용시험의 필기시험과목은 별표3과 같고, 소방간부후보생선발시험의 필기시험과목은 별표4와 같으며, 소방공무원경력경쟁채용시험등의 필기시험과목은 별표5와 같다. 다만, 별표3, 별표4 및 별표5의 시험과목 중 다음 각 호의 시험과목은 해당 호에서 정하는 시험으로 대체한다.
1. 필수과목 중 영어 과목 : 별표6에서 정한 영어능력검정시험(2022.4.5 본호신설)
2. 필수과목 중 한국사 과목 : 별표9에서 정한 한국사능력검정시험(2022.4.5 본호신설)
(2022.4.5 본조개정)
제45조【출제수준】 소방공무원 채용시험의 출제수준은 소방위 이상 및 소방간부후보생선발시험에 있어서는 소방행정의 기획 및 관리에 필요한 능력·지식을 검정할 수 있는 정도로 하고, 소방장 및 소방교에 있어서는 소방업무수행에 필요한 전문적 능력·지식을 검정할 수 있는 정도로 하며, 소방사에 있어서는 소방업무수행에 필요한 기본적인 능력·지식을 검정할 수 있는 정도로 한다.
(2020.3.10 본조개정)
제46조【시험의 합격결정】 ① 소방공무원의 공개경쟁채용시험 및 소방간부후보생 선발시험의 합격자 결정은 다음 각 호의 방법에 따른다.
1. 필기시험 : 각 과목 40퍼센트 이상을 득점하고, 전 과목 총점의 60퍼센트 이상을 득점한 사람 중에서 선발예정인원의 3배수 범위에서 고득점자순으로 결정
2. 체력시험 : 전 종목 총점의 50퍼센트 이상을 득점한 사람
3. 신체검사 : 제43조제3항에 따른 신체조건 및 건강상태에 적합한 사람
(2022.4.5 1호~3호개정)
② 경력경쟁채용시험등의 필기시험 또는 실기시험의 경우에는 매 과목 40퍼센트 이상, 전 과목 총점의 60퍼센트 이상의 득점자 중에서 선발예정인원의 3배수의 범위에서 시험성적을 고려하여 점수가 높은 사람부터 차례로 합격자를 결정하고, 체력시험과 신체검사의 합격자 결정에 관하여는 제1항제2호 및 제3호를 준용한다.(2014.12.9 본항개정)
③ 종합적성검사의 결과는 면접시험에 반영한다.
(2023.5.9 본항신설)
④ 면접시험의 합격자 결정은 다음 각 호의 평정요소에 대한 시험위원의 점수를 합산하여 총점의 50퍼센트 이상을 득점한 사람으로 한다. 다만, 시험위원의 과반수가 어느 하나의 평정요소에 대하여 40퍼센트 미만의 점수를 평정한 경우 불합격으로 한다.
1. 문제해결 능력
2. 의사소통 능력
3. 소방공무원으로서의 공직관
4. 협업 능력
5. 침착성 및 책임감
(2023.5.9 1호~5호개정)
⑤ 최종합격자의 결정은 면접시험의 합격자 중에서 다음 각 호의 방법에 따라 산정한 성적의 순위에 따른다.
1. 제37조제1항의 공개경쟁채용시험 및 제38조의 소방간부후보생 선발시험 : 다음 각 목의 시험 단계별 성적을 해당 목에서 정하는 비율을 적용하여 합산한 점수에 제42조에 따른 가점을 반영한 성적
   가. 필기시험 성적(제1차시험과 제2차시험을 구분하여 실시할 때에는 이를 합산한 성적을 말한다. 이하 같다) : 50퍼센트
   나. 체력시험 성적 : 25퍼센트
   다. 면접시험 성적(실기시험을 병행할 때에는 이를 포함한 점수를 말한다) : 25퍼센트
   (2022.4.5 본호개정)
2. 제39조의 경력경쟁채용시험등 : 다음 각 목의 구분에 따라 산정한 성적(2022.4.5 본문개정)
   가. 면접시험만을 실시하는 경우 : 면접시험성적 100퍼센트
   나. 필기시험과 면접시험을 실시하는 경우 : 필기시험 성적 75퍼센트 및 면접시험성적 25퍼센트의 비율로 합산한 성적(2019.1.15 본목신설)
   다. 체력시험과 면접시험을 실시하는 경우 : 체력시험 성적 25퍼센트 및 면접시험 성적 75퍼센트의 비율로 합산한 성적(2022.4.5 본목개정)
   라. 실기시험과 면접시험을 실시하는 경우 : 실기시험 성적 75퍼센트 및 면접시험성적 25퍼센트의 비율로 합산한 성적(2019.1.15 본목신설)
   마. 필기시험·체력시험 및 면접시험을 실시하는 경우 : 필기시험 성적 50퍼센트, 체력시험 성적 25퍼센트 및 면접시험 성적 25퍼센트의 비율로 합산한 성적
   바. 체력시험·실기시험 및 면접시험을 실시하는 경우 : 체력시험 성적 25퍼센트, 실기시험 성적 50퍼센트 및 면접시험 성적 25퍼센트의 비율로 합산한 성적
   사. 필기시험·체력시험·실기시험 및 면접시험을 실시하는 경우 : 필기시험 성적 30퍼센트, 체력시험 성적 15퍼센트, 실기시험 성적 30퍼센트 및 면접시험 성적 25퍼센트의 비율로 합산한 성적
   (2022.4.5 마목~사목개정)
⑥ 임용권자는 공개경쟁채용시험·경력경쟁채용시험등 및 소방간부후보생 선발시험의 경우 최종합격자가 임용을 포기하는 등의 사정으로 결원을 보충할 필요가 있을 때에는 최종합격자 발표일부터 6개월 이내에 제5항에 따라 추가 합격자를 결정할 수 있다.(2023.5.9 본항개정)
⑦ 임용권자는 공개경쟁채용시험·경력경쟁채용시험등 및 소방간부후보생 선발시험의 최종합격자가 제51조에 따른 부정행위로 인해 합격이 취소되어 결원을 보충할 필요가 있다고 인정하는 경우 최종합격자의 다음 순위자를 특정할 수 있으면 제6항에도 불구하고 최종합격자 발표일부터 3년 이내에 다음 순위자를 추가 합격자로 결정할 수 있다.(2023.5.9 본항개정)
(2010.12.27 본조개정)
제46조의2 (2019.11.5 삭제)
제47조【동점자의 합격결정】 공개경쟁채용시험·경력경쟁채용시험등 및 소방간부후보생선발시험의 합격자를 결정할 때 선발예정인원을 초과하여 동점자가 있는 경우에는 그 선발예정인원에 불구하고 모두 합격자로 한다. 이 경우 동점자의 결정은 총득점을 기준으로 하되, 소수점 이하 둘째자리까지 계산한다.(2014.12.9 본조개정)
제48조【시험합격자명단의 송부 등】 ① 시험실시권자가 법 제13조제1항에 따라 시험합격자명단을 임용권자에게 송부함에 있어서, 2 이상의 임용권자의 요구에 의하여 동시에 시험을 실시한 경우(근무예정지역별로 시험을 실시한 경우를 제외한다)에는 미리 생활연고지·근무희망지 및 시험성적 등을 고려하여 합격자를 배정하고 각 임용권자에게 그 명단을 송부하여야 한다.(2020.3.10 본항개정)
② 시험실시권자는 시험에 합격한 자에 대하여 시험합격의 통지를 하여야 한다.
제49조【응시수수료】 ① 소방공무원의 채용시험 및 소방간부후보생선발시험의 응시자는 다음의 구분에 의한 응시수수료를 납부하여야 한다.
1. 소방령 이상 소방공무원의 채용시험 : 일반직 5급 이상 국가공무원의 채용시험 응시수수료
2. 소방경, 소방위 및 소방장 채용시험 : 일반직 6·7급 국가공무원의 채용시험 응시수수료
3. 소방교 이하 소방공무원의 채용시험 : 일반직 8·9급 국가공무원의 채용시험 응시수수료
(2020.3.10 1호~3호개정)
4. 소방간부후보생선발시험 : 일반직 6·7급 국가공무원의 채용시험 응시수수료(1994.8.25 본호신설)
② 제1항에 따른 응시수수료의 납부 방법은 다음 각 호의 구분에 따른다. 다만, 인터넷으로 응시원서를 제출하는 경우에는 정보통신망을 이용한 전자화폐·전자결제 등의 방법으로 내야 한다.(2022.4.5 본문개정)
1. 소방청장이 실시하는 시험에 응시하는 경우 : 수입인지
2. 시·도지사가 실시하는 시험에 응시하는 경우 : 해당 지방자치단체의 수입증지
(2022.4.5 1호~2호신설)
③ 제1항에 따른 응시수수료는 다음 각 호의 어느 하나에 해당하는 경우에는 해당 금액을 반환해야 한다.(2023.5.9 본문개정)
1. 응시수수료를 과오납한 경우에는 과오납한 금액
2. 시험실시권자의 귀책사유로 시험에 응시하지 못한 경우에는 납부한 응시수수료의 전액
3. 시험실시일 3일 전까지 응시의사를 철회하는 경우에는 납부한 응시수수료의 전액(2023.5.9 본호개정)
(2013.10.30 본항개정)
④ 시험실시권자는 제1항에도 불구하고 응시원서 접수 당시 「국민기초생활 보장법」에 따른 수급자 또는 차상위계층에 속하는 사람이거나 「한부모가족지원법」에 따른 지원대상자인 사람에 대해서는 소방청장이 정하는 바에 따라 응시수수료를 면제할 수 있다.(2023.5.9 본항개정)
⑤ 시험실시권자는 제4항에 따라 응시수수료를 면제하려는 경우에는 「전자정부법」 제36조제1항에 따른 행정정보의 공동이용(이하 "행정정보의 공동이용"이라 한다)을 통하여 면제대상인지를 확인해야 한다. 다만, 응시자가 확인에 동의하지 않거나 행정정보의 공동이용을 통하여 서류를 확인할 수 없는 경우에는 시험실시권자가 정하는 기간 내에 응시수수료 면제대상자임을 증명할 수 있는 자료를 제출하도록 해야 한다.(2023.5.9 본항신설)
제50조【시험위원의 임명 등】 ① 시험실시권자는 소방공무원의 채용시험 및 소방간부후보생선발시험의 출제·채점·면접시험·실기시험·서류전형 기타 시험의 실시에 관하여 필요한 사항을 담당하게 하기 위하여 다음 각호의 1에 해당하는 자를 시험위원으로 임명 또는 위촉할 수 있다.
1. 당해 직무분야의 전문적인 학식 또는 능력이 있는 자
2. 임용예정직무에 관한 실무에 정통한 자
② 제1항의 규정에 의하여 시험위원으로 임명 또는 위촉된 자는 시험실시권자가 요구하는 시험문제 작성상의 유의사항 및 서약서 등에 의한 준수사항을 성실히 이행하여야 한다.
③ 시험실시권자는 제2항의 규정을 위반함으로써 시험의 신뢰도를 크게 떨어뜨리는 행위를 한 시험위원이 있을 때에는 그 명단을 다른 시험실시권자에게 통보하고 당해 시험위원이 소속하고 있는 기관의 장에게 당해인에 대한 징계 등 적절한 조치를 할 것을 요청하여야 한다.
④ 시험실시권자는 제3항의 규정에 의한 통보를 받은 자에 대하여는 그로부터 5년간 당해인을 소방공무원채용시험 및 소방간부후보생선발시험의 시험위원으로 임명 또는 위촉하여서는 아니된다.
⑤ 제1항의 규정에 의하여 시험위원으로 임명 또는 위촉된 자에 대하여는 예산의 범위안에서 수당을 지급할 수 있다.
제51조【부정행위자에 대한 조치】 ① 소방공무원의 채용시험 또는 소방간부후보생 선발시험에서 다음 각 호의 어느 하나에 해당하는 행위를 한 사람에 대해서는 그 시험을 정지 또는 무효로 하거나 합격을 취소하고, 그 처분이 있은 날부터 5년간 이 영에 따른 시험의 응시자격을 정지한다.
1. 다른 수험생의 답안지를 보거나 본인의 답안지를 보여주는 행위
2. 대리 시험을 의뢰하거나 대리로 시험에 응시하는 행위
3. 통신기기, 그 밖의 신호 등을 이용하여 해당 시험 내용에 관하여 다른 사람과 의사소통하는 행위
4. 부정한 자료를 가지고 있거나 이용하는 행위
5. 병역, 가점 또는 영어능력검정시험 성적에 관한 사항 등 시험에 관한 증명서류에 거짓 사실을 적거나 그 서류를 위조·변조하여 시험결과에 부당한 영향을 주는 행위
6. 체력시험에 영향을 미칠 목적으로 인사혁신처장이 정하여 고시하는 금지약물을 복용하거나 금지방법을 사용하는 행위
7. 그 밖에 부정한 수단으로 본인 또는 다른 사람의 시험결과에 영향을 미치는 행위
(2015.5.6 본항개정)
② 소방공무원의 채용시험 또는 소방간부후보생 선발시험에서 다음 각 호의 어느 하나에 해당하는 행위를 한 사람에 대해서는 그 시험을 정지하거나 무효로 한다.
1. 시험 시작 전에 시험문제를 열람하는 행위
2. 시험 시작 전 또는 종료 후에 답안을 작성하는 행위
3. 허용되지 아니한 통신기기 또는 전자계산기기를 가지고 있는 행위
4. 그 밖에 시험의 공정한 관리에 영향을 미치는 행위로서 시험실시권자가 시험의 정지 또는 무효 처리기준으로 정하여 공고한 행위
(2015.5.6 본항신설)
③ 다른 법령에 의한 국가공무원 또는 지방공무원의 임용시험에서 부정행위를 하여 당해 시험에의 응시자격이 정지 중에 있는 자는 그 기간중 이 영에 의한 시험에 응시할 수 없다.
④ 시험실시권자는 제1항에 따른 처분을 할 때에는 그 이유를 붙여 처분을 받는 사람에게 알리고, 그 명단을 관보에 게재해야 한다.(2022.4.5 본항개정)
⑤ 부정행위를 한 응시자가 공무원일 경우에는 시험실시권자는 관할 징계위원회에 징계의결을 요구하거나 그 공무원이 소속하고 있는 기관의 장에게 이를 요구하여야 한다.
⑥ 시험실시권자는 인사혁신처장이 정하는 바에 따라 제1항제6호에 해당하는지 여부를 확인할 수 있다.
(2015.5.6 본항신설)
제52조【시험실시결과보고】 시험실시권자는 시험을 실시한 때에는 그 시험의 실시내용 및 결과를 소방청장에게 보고하여야 한다.(2017.7.26 본조개정)
제53조【합격증명서 등의 발급】 ① 시험실시권자는 채용시험 합격자에 대하여 본인의 신청에 따라 합격증명서 등을 발급한다.
② 합격증명서 등을 발급받으려는 사람은 1통에 200원의 수수료를 수입인지 또는 수입증지로 내야 한다. 다만, 인터넷으로 합격증명서 등의 발급을 신청하는 경우에는 정보통신망을 이용한 전자화폐·전자결제 등의 방법으로 내야 하며, 합격증명서 등을 전자문서로 발급받는 경우에는 무료로 한다.(2013.10.30 본항개정)
(2013.10.30 본조제목개정)

제6장 신분보장

제54조【강임의 범위】 소방공무원을 강임할 때에는 바로 하위계급에 임용하여야 한다.
제55조【강임자의 우선승진 임용방법】 동일계급에 강임된 자가 2인 이상인 경우의 우선승진 임용순위는 강임일자순으로 하되, 강임일자가 같은 경우에는 강임되기 전의 계급에 임용된 일자의 순에 의한다.
제56조~제58조 (1999.5.10 삭제)
제59조【보훈】 ① 법 제18조에 따른 예우 또는 지원을 받으려는 사람은 「국가유공자 등 예우 및 지원에 관한 법률」 제6조 또는 「보훈보상대상자 지원에 관한 법률」 제4조에 따라 등록신청을 하여야 한다.(2020.3.10 본항개정)
② 소방청장은 제1항에 따른 등록신청과 관련하여 「국가유공자 등 예우 및 지원에 관한 법률 시행령」 제9조제2항

또는 「보훈보상대상자 지원에 관한 법률 시행령」 제6조제2항에 따라 국가보훈부장관으로부터 국가유공자 또는 보훈보상대상자 요건과 관련된 사실의 확인에 대한 요청을 받으면 그 요건과 관련된 사실을 확인하여 지체 없이 국가보훈부장관에게 통보하여야 한다.(2023.4.11 본항개정)

제60조【특별위로금】 ① 법 제19조에 따른 특별위로금(이하 이 조에서 "위로금"이라 한다)은 다음 각 호의 어느 하나에 해당하는 활동이나 교육·훈련으로 인하여 질병에 걸리거나 부상을 입어 「공무원 재해보상법」 제9조에 따라 요양급여의 지급대상자로 결정된 소방공무원에게 지급한다.(2020.3.10 본문개정)

1. 「소방기본법」 제16조제1항에 따른 소방활동
2. 「소방기본법」 제16조의2에 따른 소방지원활동
3. 「소방기본법」 제16조의3에 따른 생활안전활동 (2019.1.15 본호신설)
4. 「소방기본법」 제17조제1항에 따른 소방교육·훈련

② 위로금은 제1항에 따른 공무상요양으로 소방공무원이 요양하면서 출근하지 아니한 기간에 대하여 지급하되, 36개월을 넘지 아니하는 범위에서 지급한다.

③ 위로금은 「공무원수당 등에 관한 규정」 제15조제3항에 따른 기준호봉을 기준으로 산정하되, 구체적인 산정방법은 별표8에 따른다.(2020.3.10 본항개정)

④ 위로금을 지급받으려는 소방공무원 또는 그 유족은 행정안전부령으로 정하는 특별위로금 지급신청서에 공무상요양 승인결정서 사본 등 행정안전부령으로 정하는 서류를 첨부하여 다음 각 호의 어느 하나에 해당하는 날부터 6개월 이내에 소방기관의 장에게 신청하여야 한다.(2019.1.15 본문개정)

1. 업무에 복귀한 날(2019.1.15 본호신설)
2. 요양 중 사망하거나 퇴직한 경우는 각각 사망일 또는 퇴직일(2019.1.15 본호신설)
3. 「공무원 재해보상법」에 따른 요양급여의 결정에 대한 불복절차가 인용 결정으로 최종 확정된 경우에는 확정된 날(2019.1.15 본호신설)

(2014.12.9 본조신설)

제61조 (2012.8.22 삭제)

제7장 보 칙

(2015.5.6 본장개정)

제62조【민감정보 및 고유식별정보의 처리】 시험실시권자는 제5장에 따른 채용시험에 관한 사무를 수행하기 위하여 불가피한 경우에는 「개인정보 보호법」 제23조에 따른 건강에 관한 정보 또는 같은 법 시행령 제19조제1호에 따른 주민등록번호가 포함된 자료를 처리할 수 있다.

제63조【규제의 재검토】 소방청장은 제43조제2항에 따른 소방간부후보생 선발시험의 응시연령에 대하여 2014년 1월 1일을 기준으로 3년마다(매 3년이 되는 해의 1월 1일 전까지를 말한다) 그 타당성을 검토하여 개선 등의 조치를 해야 한다.(2021.3.2 본조개정)

부 칙 (2015.5.6)

제1조【시행일】 이 영은 공포한 날부터 시행한다. 다만, 다음 각 호의 개정규정은 해당 각 호의 구분에 따른 날부터 시행한다.

1. 제19조, 제46조제4항 및 별표5의 개정규정 : 2016년 1월 1일
2. 별표4 및 별표6의 개정규정 : 2016년 6월 30일

제2조【신규채용방법에 관한 경과조치】 2016년 1월 1일 전에 신규채용시험에 합격한 채용후보자의 임용에 관하여는 제19조의 개정규정에도 불구하고 종전의 규정에 따른다.

제3조【진행 중인 시험에 관한 경과조치】 이 영 시행 전에 공고된 시험에 대해서는 종전의 규정에 따른다.

부 칙 (2016.4.5)

제1조【시행일】 이 영은 공포한 날부터 시행한다. 다만, 별표2의 개정규정은 2017년 1월 1일부터 시행한다.

제2조【공개경쟁채용의 응시연령 변경에 관한 적용례】 별표2의 개정규정은 2016년 12월 31일 이전에 공고되어 2017년 1월 1일 이후에 실시되는 시험에 대해서도 적용한다.

제3조【진행 중인 경력경쟁채용등에 관한 경과조치】 이 영 시행 당시 진행 중인 경력경쟁채용등에 대해서는 제15조제1항 단서의 개정규정에도 불구하고 종전의 규정에 따른다.

제4조【전보제한에 관한 경과조치】 제28조제1항 각 호 외의 부분 본문 및 같은 조 제3항 본문의 개정규정에도 불구하고 이 영 시행 전에 보직된 직위에서 전보가 제한되는 기간은 종전의 규정에 따른다.

부 칙 (2018.5.31)

제1조【시행일】 이 영은 공포한 날부터 시행한다.

제2조【임용일자 소급금지의 예외에 관한 적용례】 ① 제5조제1호의 개정규정은 이 영 시행 전 순직한 사람을 특별승진임용하는 경우에도 적용한다.

② 제5조제3호의 개정규정은 2018년 3월 1일 이후 제24조제1항에 따른 소방공무원의 직무수행과 관련한 실무수습 중 사망한 시보임용예정자부터 적용한다.

제3조【신규채용방법의 예외에 관한 적용례】 제19조제2항제5호의 개정규정은 2018년 3월 1일 이후 제24조제1항에 따른 소방공무원의 직무수행과 관련한 실무수습 중 사망한 시보임용예정자부터 적용한다.

제4조【응시수수료 반환 기준 변경에 관한 적용례】 제49조제3항제3호의 개정규정은 이 영 시행 이후 공고되는 소방공무원의 채용시험 또는 소방간부후보생 선발시험부터 적용한다.

부 칙 (2019.1.15)

제1조【시행일】 이 영은 공포한 날부터 시행한다.

제2조【부정행위로 인한 최종합격자의 합격 취소 시 추가 합격자 결정에 관한 적용례】 제46조제6항의 개정규정은 2016년 1월 1일 이후 최종합격자가 발표된 공개경쟁채용시험·경력경쟁채용시험등 및 소방간부후보생 선발시험부터 적용한다.

제3조【특별위로금에 관한 적용례】 제60조제1항제3호의 개정규정은 이 영 시행 당시 「소방기본법」 제16조의3에 따른 생활안전활동으로 인해 질병에 걸리거나 부상을 입어 요양 중인 소방공무원부터 적용한다.

부 칙 (2019.11.5)

제1조【시행일】 이 영은 공포한 날부터 시행한다. 다만, 제46조의2, 별표3 및 별표7의 개정규정은 2022년 1월 1일부터 시행한다.

제2조【진행 중인 시험에 관한 경과조치】 부칙 제1조 단서에 따른 시행일 당시 진행 중인 시험에 대해서는 제46조의2, 별표3 및 별표7의 개정규정에도 불구하고 종전의 규정에 따른다.

부 칙 (2020.3.10)

이 영은 2020년 4월 1일부터 시행한다. 다만, 제17조 중 대통령령 제30202호 소방공무원임용령 일부개정령 별표3 제2호 제목의 개정규정은 2022년 1월 1일부터 시행한다.

부 칙 (2021.1.5)

이 영은 공포한 날부터 시행한다.(이하 생략)

부 칙 (2021.3.2)

이 영은 공포한 날부터 시행한다.

부 칙 (2021.4.27)

제1조【시행일】 이 영은 공포한 날부터 시행한다.(이하 생략)

부 칙 (2021.10.14)

제1조【시행일】 이 영은 공포 후 6개월이 경과한 날부터 시행한다.(이하 생략)

부 칙 (2021.12.16)

제1조【시행일】 이 영은 2022년 1월 13일부터 시행한다.(이하 생략)

부 칙 (2022.4.5)

제1조【시행일】 이 영은 공포한 날부터 시행한다. 다만, 다음 각 호의 개정규정은 해당 호에서 정하는 날부터 시행한다.

1. 제42조, 제44조, 제46조제4항제1호·제2호, 별표5, 별표6 및 별표9의 개정규정 : 2023년 1월 1일
2. 별표2의 소방경, 소방위의 경력경쟁채용시험등란, 같은 표의 소방장, 소방교의 경력경쟁채용시험등란 및 같은 표 비고의 개정규정 : 2024년 1월 1일

제2조【신체검사 방법에 관한 적용례】 제36조제1항의 개정규정은 이 영 시행 이후 공고되는 채용시험부터 적용한다.

제3조【채용시험의 응시연령에 관한 적용례】 별표2의 소방사의 경력경쟁채용시험등란의 개정규정은 이 영 시행 이후 공고되는 채용시험부터 적용한다.

제4조【보직관리에 관한 경과조치】 이 영 시행 전에 결원보충이 승인된 파견자의 보직관리 원칙에 관하여는 제25조제1항제3호의 개정규정에도 불구하고 종전의 규정에 따른다.

부 칙 (2022.11.29)

제1조【시행일】 이 영은 2022년 12월 1일부터 시행한다.(이하 생략)

부 칙 (2023.3.28)

제1조【시행일】 이 영은 2023년 3월 31일부터 시행한다.(이하 생략)

부 칙 (2023.4.7)

제1조【시행일】 이 영은 공포한 날부터 시행한다.

제2조【채용후보자의 자격상실에 관한 적용례】 ① 제21조제3호부터 제7호까지의 개정규정은 이 영 시행 이후 채용후보자의 자격상실 사유가 발생하는 경우부터 적용한다.

② 이 영 시행 전의 경징계 사유에 해당하는 비위행위는 제21조제7호의 개정규정에 따른 비위행위의 횟수 산정에 포함하지 않는다.

제3조【시보임용소방공무원의 면직 절차에 관한 적용례】 제22조제2항 각 호 외의 부분의 개정규정은 이 영 시행 이후 시보임용소방공무원을 면직시키거나 면직을 제청하는 경우부터 적용한다.

제4조【시보임용소방공무원의 면직 또는 면직 제청에 관한 적용례】 ① 제22조제2항제1호부터 제6호까지의 개정규정은 이 영 시행 이후 시보임용소방공무원의 면직 사유가 발생하는 경우부터 적용한다.

② 이 영 시행 전의 경징계 사유에 해당하는 비위행위는 제22조제2항제6호의 개정규정에 따른 비위행위의 횟수 산정에 포함하지 않는다.

제5조【승진 또는 강임된 소방공무원의 전보제한에 관한 경과조치】 이 영 시행 전에 승진 또는 강임된 소방공무원의 전보제한에 관하여는 제28조제3항 각 호 외의 부분 단서의 개정규정에도 불구하고 종전의 규정에 따른다.

제6조【경력경쟁채용시험등을 통하여 채용된 소방공무원의 전보제한에 관한 경과조치】 이 영 시행 전에 법 제7조제2항제2호·제3호·제6호 및 제7호에 따라 경력경쟁채용시험등을 통하여 채용된 소방공무원의 전보에 관하여는 제28조제3항제2호의 개정규정에도 불구하고 종전의 제28조제3항에 따른다.

부 칙 (2023.4.11)

제1조【시행일】 이 영은 2023년 6월 5일부터 시행한다.(이하 생략)

부 칙 (2023.5.9)

제1조【시행일】 이 영은 공포한 날부터 시행한다.

제2조【종합적성검사 및 면접시험에 관한 적용례】 제36조제1항, 제37조제1항, 제39조제1항 및 제46조의 개정규정은 이 영 시행 당시 진행 중인 소방공무원의 채용시험에 대해서도 적용한다.

제3조【응시수수료 면제에 관한 적용례】 제49조의 개정규정은 이 영 시행 이후 공고되는 소방공무원의 채용시험 및 소방간부후보생 선발시험부터 적용한다.

제4조【경력경쟁채용시험등의 필기시험과목에 관한 적용례】 별표5의 개정규정(소방장·소방교 계급에 대한 필수과목 중 구급·화학·정보통신 분야의 필기시험과목으로 한정한다)은 이 영 시행 이후 공고되는 경력경쟁채용시험등부터 적용한다.

부 칙 (2023.10.10)

제1조【시행일】 이 영은 2023년 10월 12일부터 시행한다.

제2조【파견기간 등에 관한 적용례】 ① 제30조제2항의 개정규정은 이 영 시행 당시 파견 중인 소방공무원에 대해서도 적용한다.

② 제30조의5의 개정규정은 이 영 시행 당시 직제상 파견 중인 소방공무원에 대해서도 적용한다.

〔별표〕 ➡ 「法典 別冊」 참조

소방공무원 징계령

(1978년 4월 24일 대통령령 제8969호)

개정
1983. 8. 4영11192호
1988.12.19영12555호(본적삭제일부개정령)
1991. 2.28영13320호
1991.12.31영13534호(소방공무원임용령)
1992.10. 1영13733호
1995.10.19영14791호(직제)
2003. 1.20영17890호
2004. 5.24영18390호(직제)
2005. 3.31영18765호
2006. 6.12영19513호(고위공무원단인사규정)
2009. 3.31영21382호
2011. 1.28영22647호(직제)
2013. 9.17영24760호(직제)
2014. 4.15영25305호
2014.11.19영25753호(직제)
2015. 7.24영26451호
2015.12.22영26756호(법령서식개선)
2017. 6. 2영28100호
2017. 7.26영28216호(직제)
2019. 3.12영29612호 2019. 8. 6영30021호
2020. 3.10영30515호(소방공무원의국가직전환관련제도정비를위한일부개정령)
2020. 7.28영30883호
2021. 1. 5영31380호(법령용어정비)
2021.10.14영32043호(지방소방기관설치에관한규정)
2022. 3.15영32535호 2023. 6.13영33535호
2023.10.10영33804호

제1조【목적】 이 영은 「소방공무원법」 제28조 및 제29조에 따른 소방공무원의 징계와 「국가공무원법」 제78조의2에 따른 징계부가금 부과에 필요한 사항을 규정함을 목적으로 한다.(2020.3.10 본조개정)

제1조의2【정의】 이 영에서 사용하는 용어의 정의는 다음과 같다.
1. "중징계"란 파면, 해임, 강등 또는 정직을 말한다.(2009.3.31 본호개정)
2. "경징계"라 함은 감봉 또는 견책을 말한다.
(1991.2.28 본조신설)

제2조【징계위원회의 관할】 ① 소방청에 설치된 소방공무원 징계위원회는 다음 각 호의 징계 또는 「국가공무원법」 제78조의2에 따른 징계부가금(이하 "징계부가금"이라 한다) 사건을 심의·의결한다.
1. 소방청 소속 소방정 이하의 소방공무원에 대한 징계 또는 징계부가금(이하 "징계등"이라 한다) 사건
2. 소방청 소속기관의 소방공무원에 대한 다음 각 목의 구분에 따른 징계등 사건
가. 국립소방연구원 소속 소방공무원에 대한 다음의 어느 하나에 해당하는 징계등 사건
1) 소방정에 대한 징계등 사건
2) 소방령 이하 소방공무원에 대한 중징계 또는 중징계 관련 징계부가금(이하 "중징계등"이라 한다) 요구사건
나. 소방청 소속기관(국립소방연구원은 제외한다) 소속 소방공무원에 대한 다음의 어느 하나에 해당하는 징계등 사건
1) 소방정 또는 소방령에 대한 징계등 사건
2) 소방경 이하 소방공무원에 대한 중징계등 요구사건
3. 소방정인 지방소방학교장에 대한 징계등 사건
② 「소방공무원법」 제28조제2항에서 "대통령령으로 정하는 소방기관"이란 중앙소방학교, 중앙119구조본부 및 국립소방연구원을 말하며, 각 소방기관별 징계위원회는 다음 각 호의 구분에 따른 징계등 사건을 심의·의결한다. 다만, 제1항제2호가목2) 및 같은 호 나목2)에 따라 소방청에 설치된 소방공무원 징계위원회의 관할로 된 경우에는 그렇지 않다.
1. 중앙소방학교 및 중앙119구조본부에 설치된 징계위원회 : 소속 소방경 이하의 소방공무원에 대한 징계등 사건
2. 국립소방연구원에 설치된 징계위원회 : 소속 소방령 이하의 소방공무원에 대한 징계등 사건
③ 특별시·광역시·특별자치시·도 및 특별자치도(이하 "시·도"라 한다)에 설치된 징계위원회는 「소방공무원임용령」 제3조제1항 및 같은 조 제5항제1호·제3호에 따라 특별시장·광역시장·특별자치시장·도지사 및 특별자치도지사(이하 "시·도지사"라 한다)가 임용권을 행사하는 소방공무원에 대한 징계등 사건(제4항의 징계위원회에서 심의·의결하는 사건은 제외한다)을 심의·의결한다.
④ 「소방공무원법」 제28조제3항에서 "대통령령으로 정하는 소방기관"이란 지방소방학교, 서울종합방재센터, 소방서, 119특수대응단 및 소방체험관을 말하며, 각 소방기관별 징계위원회는 소속 소방위 이하의 소방공무원에 대한 징계등 사건(중징계등 요구사건은 제외한다)을 심의·의결한다.
(2023.10.10 본조개정)

제3조【관련 사건의 관할】 ① 임용권자(「소방공무원임용령」 제3조에 따라 임용권을 위임받은 사람을 포함한다. 이하 같다)가 동일한 2명 이상의 소방공무원이 관련된 징계등 사건으로서 관할 징계위원회가 서로 다른 경우에는 제2조에도 불구하고 다음에 따라 관할한다.(2023.10.10 본문개정)
1. 그 중의 1인이 상급소방기관에 소속된 경우에는 그 상급소방기관에 설치된 징계위원회(2003.1.20 본호개정)
2. 각자가 대등한 소방기관에 소속된 경우에는 그 소방기관의 상급소방기관에 설치된 징계위원회
② 제1항에 따라 관할 징계위원회를 정할 수 없을 때에는 소방서 간의 경우에는 시·도지사가, 시·도 간의 경우에는 소방청장이 정하는 징계위원회에서 관할한다.
(2023.10.10 본항개정)
(2014.4.15 본조제목개정)

제4조【징계위원회의 구성】 ① 징계위원회는 다음 각 호의 구분에 따라 공무원위원과 민간위원으로 구성한다. 이 경우 민간위원의 수는 위원장을 제외한 위원 수의 2분의 1 이상이어야 한다.
1. 제2조제1항에 따른 징계위원회 : 위원장 1명을 포함하여 17명 이상 33명 이하의 위원
2. 제2조제2항부터 제4항까지의 규정에 따른 징계위원회 : 위원장 1명을 포함하여 9명 이상 15명 이하의 위원
(2022.3.15 1호~2호개정)
(2015.7.24 본항개정)
② 징계위원회의 위원장은 해당 징계위원회가 설치된 기관의 장의 차순위 계급자(동일계급의 경우에는 직위를 설치하는 법령에 규정된 직위의 순위를 기준으로 정한다)가 된다. 다만, 제2조제3항에 따른 징계위원회가 설치된 기관의 장은 해당 징계위원회의 위원장을 소방정 이상의 소방공무원 중에서 임명할 수 있다.(2023.6.13 단서개정)
③ 징계위원회의 공무원위원은 다음 각 호의 어느 하나에 해당하는 공무원 중에서 해당 징계위원회가 설치된 기관의 장이 임명하되, 특별한 사유가 없으면 최상위 계급자부터 차례로 임명하여야 한다. 다만, 해당 기관에 공무원위원이 될 공무원의 수가 제1항에 따른 위원 수에 미달되는 경우에는 다른 소방기관의 소방공무원 중에서 그 소방기관의 장의 추천을 받아 임명할 수 있다.
(2015.7.24 본문개정)
1. 징계등 심의 대상자보다 상위계급의 소방위이상의 소방공무원(2020.3.10 본호개정)
2. 징계등 심의 대상자의 계급보다 상위의 계급에 상당하는 소속 6급 이상의 일반직 국가공무원(고위공무원단에 속하는 일반직공무원을 포함한다) 또는 일반직 지방공무원(2015.7.24 본호신설)
④ 징계위원회가 설치된 소방기관의 장은 다음 각 호의 구분에 따라 해당 호 각 목의 사람 중에서 민간위원을 위촉한다. 이 경우 특정 성별의 위원이 민간위원 수의 10분의 6을 초과하지 않도록 해야 한다.(2022.3.15 본문개정)
1. 소방청 및 시·도에 설치된 징계위원회의 경우에는 다음 각 목에 해당하는 사람(2017.7.26 본문개정)
가. 법관·검사 또는 변호사로 10년 이상 근무한 사람
나. 「고등교육법」 제2조에 따른 학교(이하 "대학"이라 한다)에서 법률학·행정학 또는 소방 관련 학문을 담당하는 부교수 이상으로 재직 중인 사람(2023.6.13 본목개정)
다. 소방공무원으로 소방정 또는 법률 제16768호 소방공무원법 전부개정법률 제3조의 개정규정에 따라 폐지되기 전의 지방소방정 이상의 직위에서 근무하고 퇴직한 사람으로서 퇴직일부터 3년이 경과한 사람
(2023.10.10 본목개정)
라. 민간부문에서 인사·감사 업무를 담당하는 임원급 또는 이에 상응하는 직위에 근무한 경력이 있는 사람
(2023.6.13 본목신설)
2. 중앙소방학교·중앙119구조본부·국립소방연구원·지방소방학교·서울종합방재센터·소방서·119특수대응단 및 소방체험관에 설치된 징계위원회의 경우에는 다음 각 목에 해당하는 사람(2021.10.14 본문개정)
가. 법관·검사 또는 변호사로 5년 이상 근무한 사람
나. 대학에서 법률학·행정학 또는 소방 관련 학문을 담당하는 조교수 이상으로 재직 중인 사람(2023.6.13 본목개정)
다. 소방공무원으로 20년 이상 근속하고 퇴직한 사람으로서 퇴직일부터 3년이 경과한 사람(2023.10.10 본목개정)
라. 민간부문에서 인사·감사 업무를 담당하는 임원급 또는 이에 상응하는 직위에 근무한 경력이 있는 사람
(2023.6.13 본목신설)
(2009.3.31 본항신설)
⑤ 제4항에 따라 위촉되는 민간위원의 임기는 3년으로 하며, 한 차례만 연임할 수 있다.(2014.4.15 본항신설)
⑥ 징계위원회의 회의는 위원장과 위원장이 회의마다 지정하는 4명 이상 6명 이하의 위원으로 구성한다. 이 경우 제4항에 따른 민간위원이 위원장을 포함한 위원 수의 2분의 1 이상 포함되어야 하며, 제4항제1호 각 목 또는 같은 항 제2호 각 목의 사람 중 동일한 자격요건에 해당하는 민간위원만 지정해서는 안 된다.(2023.10.10 후단개정)
⑦ 징계 사유가 다음 각 호의 어느 하나에 해당하는 징계사건이 속한 징계위원회의 회의를 구성하는 경우에는 피해자와 같은 성별의 위원이 위원장을 제외한 위원 수의 3분의 1 이상 포함되어야 한다.
가. 「성폭력범죄의 처벌 등에 관한 특례법」에 따른 성폭력범죄
나. 「양성평등기본법」에 따른 성희롱
(2022.3.15 본항신설)

제5조 (2009.3.31 삭제)

제6조【징계위원회의 간사】 ① 징계위원회에 간사 몇 명을 둔다.
② 간사는 소속 공무원 중에서 해당 소방기관의 장이 임명한다.
③ 간사는 위원장의 명을 받아 징계등 사건에 관한 기록과 그 밖의 서류의 작성과 보관에 관한 사무에 종사한다.
(2014.4.15 본조개정)

제7조【위원장의 권한 및 직무대행】 ① 위원장은 징계위원회의 사무를 총괄하며, 위원회를 대표한다.(2021.1.5 본항개정)
② 징계위원회의 회의는 위원장이 소집한다.
③ 위원장은 표결권을 가진다.
④ 위원장이 부득이한 사유로 직무를 수행할 수 없는 때에는 출석한 위원의 최상위 계급 또는 선임의 소방공무원이 그 직무를 대행한다.(2009.3.31 본항신설)
(2009.3.31 본조제목개정)

제8조【회의의 비공개】 징계위원회의 심의·의결의 공정성을 보장하기 위하여 다음 각 호의 사항은 공개하지 않는다.
1. 징계위원회의 회의
2. 징계위원회의 회의에 참여할 또는 참여한 위원의 명단
3. 징계위원회의 회의에서 위원이 발언한 내용이 적힌 문서(전자적으로 기록된 문서를 포함한다)
4. 그 밖에 공개할 경우 징계위원회의 심의·의결의 공정성을 해칠 우려가 있다고 인정되는 사항
(2023.10.10 본조개정)

제9조【징계의결등의 요구】 ① 소방공무원의 징계의결 또는 징계부가금 부과 의결(이하 "징계의결등"이라 한다) 요구권자는 다음 각 호와 같다.(2023.10.10 본문개정)
1. 소방준감 이상의 소방공무원은 소방청장. 다만, 「소방공무원임용령」 제3조제1항 및 같은 조 제5항제1호에 따라 시·도지사가 임용권을 행사하는 소방준감 이상의 소방공무원은 시·도지사를 말한다.(2023.10.10 단서개정)
2. 소방정 이하의 소방공무원은 해당 소방공무원의 징계등을 관할하는 징계위원회가 설치된 기관의 장
(2020.3.10 본호개정)
② 소방기관의 장은 그 소속 소방공무원에 대한 징계등 사건이 상급기관에 설치된 징계위원회의 관할에 속할 때에는 그 상급기관의 장에게 징계의결등의 요구를 신청해야 한다. 이 경우 신청을 받은 기관의 장은 지체 없이 관할 징계위원회에 징계의결등을 요구해야 한다.
(2023.10.10 본항개정)
③ 제1항 및 제2항에 따른 징계의결등을 요구하거나 신청할 때에는 징계등 사유에 대한 충분한 조사를 한 후에 그 증명에 필요한 다음 각 호의 관계 자료를 관할 징계위원회에 제출하여야 하고, 중징계 또는 경징계로 구분하여 요구하거나 신청하여야 한다. 다만, 「감사원법」 제32조제1항 및 제10항에 따라 감사원장이 「국가공무원법」 제79조에서 정하는 징계의 종류를 구체적으로 지정하여 징계요구를 한 경우에는 그러하지 아니하다.(2023.10.10 본문개정)
1. 공무원 인사기록카드 사본(2003.1.20 본호신설)
2. 별지 제1호서식의 소방공무원 징계의결등 요구(신청)서(2023.10.10 본호개정)
2의2. 다음 각 목의 사항에 대해 소방청장이 정하는 확인서
가. 비위행위 유형
나. 징계등 혐의자의 공적(功績) 등에 관한 사항
다. 그 밖에 소방청장이 징계의결등 요구를 위해 필요하다고 인정하는 사항
(2023.10.10 본호개정)
3. 혐의내용을 입증할 수 있는 공문서 등 관계증거자료
4. 혐의내용에 대한 조사기록 또는 수사기록
5. 관련자에 대한 조치사항 및 그에 대한 증거자료
6. 관계법규·지시문서 등의 발췌문
(2003.1.20 3호~6호신설)
7. 징계등 사유가 다음 각 목의 어느 하나에 해당하는 경우에는 정신건강의학과의사, 심리학자, 사회복지학자 또는 그 밖의 관련 전문가가 작성한 별지 제2호서식의 전문가 의견서
가. 「성폭력범죄의 처벌 등에 관한 특례법」 제2조에 따른 성폭력범죄
나. 「양성평등기본법」 제3조제2호에 따른 성희롱
(2023.10.10 본호신설)
④ 징계의결등 요구권자는 징계의결등 요구와 동시에 별지 제1호서식의 소방공무원 징계의결등 요구(신청)서 사본을 징계등 혐의자에게 보내야 한다. 다만, 징계등 혐의자가 그 수령을 거부하는 경우에는 그렇지 않다.
(2023.10.10 본항개정)
⑤ 징계의결등 요구권자는 징계등 혐의자가 소방공무원 징계의결등 요구(신청)서 사본의 수령을 거부하는 경우에는 관할징계위원회에 그 사실을 증명하는 서류를 첨부하여 문서로 통보하여야 한다.(2023.10.10 본항개정)
(2023.10.10 본조제목개정)

제10조【징계등 사건의 통지】 ① 소방기관의 장은 그 소속이 아닌 소방공무원에게 징계등 사유가 있다고 인정될 때에는 해당 소방기관의 장에게 그 사실을 증명할 만한 충분한 사유를 명확히 밝혀 통지하여야 한다.
(2014.4.15 본항개정)

② 소방기관의 장이 아닌 다른 행정기관의 장이 제1항에 따른 징계의결등 요구권을 갖지 않는 소방공무원에 대하여 징계등 사유가 있다고 인정하는 경우에는 그 행정기관의 장은 징계의결등 요구권을 갖는 소방기관의 장에게 그 징계등 사유를 증명할 수 있는 자료로서 다음 각 호의 어느 하나에 해당하는 관계 자료를 첨부하여 이를 통지하여야 한다.(2023.10.10 본문개정)

1. 감사원에서 조사한 사건의 경우에는 공무원 징계처분 또는 징계부가금 부과처분(이하 "징계처분등"이라 한다) 요구서, 혐의자·관련자에 대한 문답서 및 확인서 등 조사기록(2023.10.10 본호개정)
2. 수사기관에서 수사한 사건의 경우에는 공무원범죄처분결과통보서, 공소장, 혐의자·관련자·관련증인에 대한 신문조서 및 진술서 등 수사기록
3. 그 밖의 다른 기관의 경우에는 징계등 혐의사실 통보서 및 혐의사실을 입증할 수 있는 관계자료(2014.4.15 본호개정)

(2003.1.20 본항신설)

③ 제1항 및 제2항에 따라 징계등 사유를 통지받은 소방기관의 장은 타당한 이유가 없으면 통지를 받은 날부터 30일 이내에 관할 징계위원회에 징계의결등을 요구하거나 신청해야 한다. 다만, 「감사원법」 제32조제1항에 따른 징계 요구 중 파면요구를 받은 경우에는 10일 이내에 관할 징계위원회에 요구하거나 신청하여야 한다.

(2023.10.10 본문개정)

④ 제1항 및 제2항에 따라 징계등 사유를 통지받은 소방기관의 장은 해당 사건의 처리 결과를 징계등 사유를 통지한 소방기관의 장 또는 다른 행정기관의 장에게 회답하여야 한다.(2014.4.15 본항개정)

(2014.4.15 본조제목개정)

제10조의2 【징계등 절차 진행 여부의 결정】 ① 소방기관의 장은 「국가공무원법」 제83조제3항에 따라 수사개시 통보를 받으면 지체 없이 징계의결등의 요구나 그 밖에 징계등 절차의 진행 여부를 결정해야 한다. 이 경우 같은 조 제2항에 따라 그 절차를 진행하지 않기로 결정한 경우에는 이를 징계등 혐의자에게 통보해야 한다.

② 제1항 후단에 따른 통보는 별지 제2호의2서식에 따른다.

(2023.10.10 본조신설)

제11조 【징계의결등의 기한】 ① 징계의결등 요구를 받은 징계위원회는 그 요구서를 받은 날부터 30일 이내에 징계의결등을 해야 한다. 다만, 부득이한 사유가 있을 때에는 해당 징계위원회의 의결로 30일의 범위에서 그 기한을 연기할 수 있다.

② 징계의결등이 요구된 사건에 대한 징계등 절차의 진행이 「국가공무원법」 제83조에 따라 중지되었을 때에는 그 중지된 기간은 제1항의 징계의결등 기한에서 제외한다.

(2023.10.10 본조개정)

제12조 【징계등 혐의자의 출석】 ① 징계위원회가 징계등 혐의자의 출석을 요구할 때에는 별지 제3호서식의 출석 통지서로 하되, 징계위원회 개최일 3일 전까지 그 징계등 혐의자에게 도달되도록 하여야 한다. 이 경우 제2항에 따라 출석 통지서를 징계등 혐의자의 소속 기관의 장에게 보내어 전달하게 한 경우를 제외하고는 출석 통지서 사본을 징계등 혐의자의 소속 기관의 장에게 보내야 하며, 소속 기관의 장은 징계등 혐의자를 출석시켜야 한다.

② 징계위원회는 징계등 혐의자의 주소를 알 수 없거나 그 밖의 사유로 제1항에 따른 출석 통지서를 징계등 혐의자에게 직접 보내는 것이 곤란하다고 인정될 때에는 제1항의 출석 통지서를 징계등 혐의자의 소속 기관의 장에게 보내어 전달하게 할 수 있다. 이 경우 출석 통지서를 받은 소방기관의 장은 지체 없이 징계등 혐의자에게 전달한 후 전달 상황을 관할 징계위원회에 통지하여야 한다.

③ 징계위원회는 징계등 혐의자가 그 징계위원회에 출석하여 진술하기를 원하지 아니할 때에는 출석 진술 포기서를 제출하게 하여 이를 기록에 첨부하고, 서면심사로 징계의결등을 할 수 있다.

④ 징계위원회는 출석 통지를 하였음에도 불구하고 징계등 혐의자가 정당한 사유 없이 출석하지 아니하였을 때에는 그 사유를 기록에 분명히 적고, 서면심사로 징계의 결등을 할 수 있다.

⑤ 징계위원회는 징계등 혐의자가 국외 체류, 형사사건으로 인한 구속, 여행 또는 그 밖의 사유로 징계의결등 요구(신청)서 접수일부터 50일 이내에 출석할 수 없는 경우에는 서면으로 진술하게 하여 징계의결등을 할 수 있다. 이 경우 서면으로 진술하지 아니할 때에는 그 진술 없이 징계의결등을 할 수 있다.

⑥ 징계등 혐의자가 있는 곳이 분명하지 않을 때에는 관보(시·도의 경우에는 공보)를 통해 출석통지를 한다. 이 경우 관보 또는 공보에 게재한 날부터 10일이 지나면 그 통지서가 송달된 것으로 본다.

⑦ 징계등 혐의자가 출석 통지서의 수령을 거부한 경우에는 징계위원회에 출석하여 진술할 권리를 포기한 것으로 본다. 다만, 징계등 혐의자는 출석 통지서를 거부한 경우에도 해당 징계위원회에 출석하여 진술할 수 있다.

⑧ 징계등 혐의자의 소속 기관의 장은 제2항 전단에 따라 출석 통지서를 전달할 때 징계등 혐의자가 출석 통지서의 수령을 거부하면 제2항 후단에 따라 출석 통지서 전달 상황을 통지할 때 수령을 거부한 사실을 증명하는 서류를 첨부하여야 한다.

(2023.10.10 본조개정)

제13조 【심문과 진술권】 ① 징계위원회는 제12조제1항에 따라 출석한 징계등 혐의자에게 징계등 사유에 해당하는 사실에 관한 심문을 하고 심사를 위하여 필요하다고 인정될 때에는 관계인의 출석을 요구하여 심문할 수 있다.(2023.10.10 본항개정)

② 징계위원회는 징계등 혐의자에게 진술할 수 있는 기회를 충분히 주어야 하며, 징계등 혐의자는 별지 제3호의2서식의 의견서 또는 구술로 자기에게 이익이 되는 사실을 진술하거나 증거를 제출할 수 있다.(2023.10.10 본항개정)

③ 징계등 혐의자는 증인의 심문을 신청할 수 있다. 이 경우 징계위원회는 의결로써 그 채택 여부를 결정하여야 한다.(2023.10.10 전단개정)

④ 징계의결등을 요구한 자 또는 징계의결등의 요구를 신청한 자는 징계위원회에 출석하여 의견을 진술하거나 서면으로 의견을 제출할 수 있다. 다만, 중징계등 요구사건의 경우에는 특별한 사유가 없는 한 징계위원회에 출석하여 의견을 진술해야 한다.(2023.10.10 본항개정)

⑤ 징계위원회는 필요하다고 인정할 때에는 소속직원으로 하여금 사실조사를 하게 하거나 특별한 학식·경험이 있는 자에게 검정 또는 감정을 의뢰할 수 있다.

⑥ 징계의결등을 요구한 자는 「감사원법」 제32조제1항 및 제10항에 따라 감사원이 파면, 해임, 강등 또는 정직 중 어느 하나의 징계처분을 요구한 사건에 대해서는 징계위원회 개최 일시·장소 등을 감사원에 통보해야 한다.

(2023.10.10 본항개정)

⑦ 감사원은 제6항에 따른 통보를 받은 경우 소속 공무원의 징계위원회 출석을 관할 징계위원회에 요청할 수 있으며, 관할 징계위원회는 출석 허용 여부를 결정해야 한다.(2019.3.12 본항신설)

제13조의2 【피해자의 진술권】 징계위원회는 중징계등 요구사건의 피해자가 신청하는 경우에는 그 피해자에게 징계위원회에 출석하여 해당 사건에 대해 의견을 진술할 기회를 주어야 한다. 다만, 다음 각 호의 어느 하나에 해당하는 경우에는 그렇지 않다.(2023.10.10 본문개정)

1. 피해자가 이미 해당 사건에 관하여 징계의결등의 요구 과정에서 충분히 의견을 진술하여 다시 진술할 필요가 없다고 인정되는 경우(2023.10.10 본호개정)
2. 피해자의 진술로 징계위원회 절차가 현저하게 지연될 우려가 있는 경우

(2019.8.6 본조신설)

제13조의3 【우선심사】 ① 징계의결등 요구권자는 신속한 징계절차 진행이 필요하다고 판단되는 징계등 사건에 대하여 관할 징계위원회에 우선심사(다른 징계등 사건에 우선하여 심사하는 것을 말한다. 이하 같다)를 신청할 수 있다.(2023.10.10 본항개정)

② 징계의결등 요구권자는 정년(계급정년을 포함한다)이나 근무기간 만료 등으로 징계등 혐의자의 퇴직 예정일이 2개월 이내에 있는 징계등 사건에 대해서는 관할 징계위원회에 우선심사를 신청해야 한다.(2023.10.10 본항개정)

③ 징계등 혐의자는 혐의사실을 모두 인정하는 경우 관할 징계위원회에 우선심사를 신청할 수 있다.(2023.10.10 본항개정)

④ 제1항부터 제3항까지의 규정에 따라 우선심사를 신청하려는 자는 소방청장이 정하는 우선심사 신청서를 관할 징계위원회에 제출해야 한다.

⑤ 제4항에 따른 우선심사 신청서를 접수한 징계위원회는 특별한 사유가 없으면 해당 징계등 사건을 우선심사해야 한다.

(2023.6.13 본조신설)

제14조 【징계위원회의 의결】 ① 징계위원회는 위원 과반수(과반수가 3명 미만인 경우에는 3명 이상)의 출석으로 개의(開議)하고 출석위원 과반수의 찬성으로 의결하되, 의견이 나뉘어 출석위원 과반수의 찬성을 얻지 못한 경우에는 출석위원 과반수가 될 때까지 징계등 혐의자에게 가장 불리한 의견을 제시한 위원의 수를 그 다음으로 불리한 의견을 제시한 위원의 수에 차례로 더하여 그 의견을 합의된 의견으로 본다.(2023.10.10 본항개정)

② 제1항의 의결은 별지 제4호서식의 징계등 의결서(이하 "의결서"라 한다)로 하며, 의결서의 이유란에는 다음 각 호의 사항을 구체적으로 적어야 한다.(2023.10.10 본문개정)

1. 징계등의 원인이 된 사실
2. 증거의 판단
3. 관계 법령
4. 징계등 면제 사유 해당 여부
5. 징계부가금 조정(감면) 사유(2022.3.15 본호신설)

(2019.8.6 본항개정)

③ 징계위원회는 제1항에도 불구하고 제11조제1항 단서에 따른 징계의결등의 기한 연기에 관한 사항에 대해서는 서면으로 의결할 수 있다.(2023.10.10 본항개정)

④ 제3항에 따른 서면 의결의 절차·방법 등에 관한 사항은 소방청장이 정한다.(2020.7.28 본항신설)

제14조의2 【원격영상회의 방식의 활용】 ① 징계위원회는 위원과 징계등 혐의자, 징계의결등을 요구한 자, 증인, 피해자 등 회의에 출석하는 사람(이하 이 항에서 "출석자"라 한다)이 동영상과 음성이 동시에 송수신되는 장치가 갖추어진 서로 다른 장소에 출석하여 진행하는 원격영상회의 방식으로 심의·의결할 수 있다. 이 경우 징계위원회의 위원 및 출석자가 같은 회의장에 출석한 것으로 본다.

(2023.10.10 전단개정)

② 징계위원회는 제1항에 따라 원격영상회의 방식으로 심의·의결하는 경우 징계등 혐의자 및 피해자 등의 신상정보, 회의 내용·결과 등이 유출되지 않도록 보안에 필요한 조치를 해야 한다.(2023.10.10 본항개정)

③ 제1항 및 제2항에서 규정한 사항 외에 원격영상회의의 운영에 필요한 사항은 소방청장이 정한다.

(2020.7.28 본조신설)

제15조 【제척·기피 및 회피】 ① 징계위원회의 위원이 다음 각 호의 어느 하나에 해당하는 경우에는 해당 징계등 사건의 심의·의결에서 제척(除斥)된다.

1. 징계등 혐의자와 친족 관계에 있거나 있었던 경우
2. 징계등 혐의자의 직근 상급자이거나 징계 사유가 발생한 기간 동안 직근 상급자였던 경우
3. 해당 징계등 사건의 사유와 관계가 있는 경우

(2023.10.10 본항개정)

② 징계등 혐의자는 위원 중에서 불공정한 의결을 할 우려가 있다고 의심할만한 타당한 이유가 있을 때에는 그 사실을 서면으로 소명(疎明)하고 해당 위원의 기피를 신청할 수 있다.(2023.10.10 본항개정)

③ 징계위원회는 제2항의 기피신청이 있는 때에는 재적위원 과반수의 출석과 출석위원 과반수의 찬성으로 기피 여부를 의결하여야 한다. 이 경우 기피신청을 받은 위원은 그 의결에 참여하지 못한다.

④ 징계위원회의 위원은 제1항에 따른 제척 사유에 해당하면 스스로 해당 징계등 사건의 심의·의결을 회피하여야 하며, 제2항에 따른 기피 사유에 해당하면 회피할 수 있다.(2017.6.2 본항신설)

⑤ 징계위원회는 제1항, 제3항 또는 제4항에 따른 위원의 제척·기피 또는 회피로 인하여 제14조제1항에 따른 심의·의결에 출석할 수 있는 위원 수가 과반수(과반수가 3명 미만인 경우에는 3명 이상)에 미달하는 경우에는 위원 과반수(과반수가 3명 미만인 경우에는 3명 이상)를 충족하는 때까지 해당 징계위원회가 설치된 기관의 장에게 해당 혐의자에 관한 안건에 한정하여 심의·의결에 참여할 임시위원의 임명 또는 위촉을 요청하여야 한다. 이 경우 해당 기관의 장은 지체 없이 임시위원을 임명 또는 위촉해야 한다.(2023.10.10 전단개정)

⑥ 제5항에 따라 임시위원을 임명 또는 위촉할 수 없는 부득이한 사유가 있을 때에는 그 징계의결등의 요구는 철회된 것으로 보고 그 상급기관의 장에게 징계의결등의 요구를 신청하여야 한다.(2023.10.10 본항개정)

(2017.6.2 본조개정)

제16조 【징계등의 정도】 ① 징계등의 정도에 관한 기준은 소방청장이 정한다.(2017.7.26 본항개정)

② 징계위원회는 징계등 사건을 의결할 때에는 징계등 혐의자의 혐의 당시 계급, 징계등 요구의 내용, 비위행위가 공직 내외에 미치는 영향, 평소 행실, 공적, 뉘우치는 정도 또는 그 밖의 사정을 고려해야 한다.(2023.10.10 본항개정)

제17조 【징계의결등의 통지】 징계위원회는 징계의결등을 했을 때에는 지체 없이 징계의결등을 요구한 자에게 의결서 정본(正本)을 보내어 통지하여야 한다.(2023.10.10 본조개정)

제18조 【징계처분등】 ① 징계처분등의 처분권자는 징계의결등의 통지를 받은 날(제2항의 경우에는 그 요청을 받은 날)부터 15일 이내에 별지 제5호서식의 징계처분등 사유설명서에 의결서 사본을 첨부하여 징계처분등의 대상자에게 교부(소방청장 및 그 소속기관의 소방령 이상 소방공무원, 소방본부장 및 지방소방학교장에 대한 파면, 해임 또는 강등의 경우에는 임용제청권자가 교부)해야 한다.

② 징계의결등을 요구한 자는 징계위원회로부터 파면, 해임 또는 강등의 의결을 통지 받았을 때에는 그 처분권자가 상급기관인 경우에는 지체 없이 의결서 정본을 보내어 그 처분권자에게 파면, 해임 또는 강등 처분을 요청해야 한다.

③ 「국가공무원법」 제75조제2항제3호에 따른 대통령령으로 정하는 행위는 다음 각 호와 같다.

1. 「공무원 행동강령」 제13조의3 각 호의 어느 하나에 해당하는 부당한 행위(피해자가 개인인 경우로 한정한다)
2. 다음 각 목의 사람에 대하여 직장에서의 지위나 관계 등의 우위를 이용하여 업무상 적정범위를 넘어 신체적·정신적 고통을 주거나 근무환경을 악화시키는 행위
   가. 다른 공무원
   나. 다음의 어느 하나에 해당하는 기관·단체의 직원
      1) 징계처분등의 대상자가 소속된 기관(해당 기관의 소속기관을 포함한다)
      2) 「공공기관의 운영에 관한 법률」 제4조제1항에 따른 공공기관 중 1)의 기관이 관계 법령에 따라 업무를 관장하는 공공기관
      3) 「공직자윤리법」 제3조의2제1항에 따른 공직유관단체 중 1)의 기관이 관계 법령에 따라 업무를 관장하는 공직유관단체
   다. 「공무원 행동강령」 제2조제1호에 따른 직무관련자(직무관련자가 법인 또는 단체인 경우에는 그 법인 또는 단체의 소속 직원을 말한다)

(2023.10.10 본항신설)

④ 처분권자는 징계처분의 사유가 「국가공무원법」 제75조제2항 각 호의 어느 하나에 해당하는 경우에는 그 피해자에게 징계처분결과의 통보를 요청할 수 있다는 사실을 안내할 수 있다.(2023.10.10 본항신설)

⑤ 「국가공무원법」 제75조제2항에 따른 피해자의 요청으로 처분권자가 피해자에게 징계처분결과를 통보하는 경우에는 별지 제5호의2서식에 따른다.(2023.10.10 본항신설)
⑥ 제5항에 따라 징계처분결과를 통보받은 피해자는 그 통보 내용을 공개해서는 안 된다.(2023.10.10 본항신설)
⑦ 제3항부터 제6항까지에서 규정한 사항 외에 징계처분결과의 통보에 관한 사항은 소방청장이 정한다.
(2023.10.10 본항신설)
(2023.10.10 본조개정)
제19조【보고 및 통지】 임용권자와 징계처분등 처분권자가 다를 경우 징계처분등 처분권자가 강등, 정직, 감봉 또는 견책의 징계처분등을 했을 때에는 지체 없이 그 결과에 의결서 사본을 첨부하여 임용권자와 그 소방공무원이 소속한 소방기관의 장에게 통지하여야 한다.(2023.10.10 본조개정)
제19조의2【직권면직에 대한 동의】 소방공무원에 대한 「국가공무원법」 제70조제2항에 따른 직권면직에 관한 징계위원회의 동의절차에 관하여는 이 영에 따른 징계등 절차를 준용한다.(2014.4.15 본조개정)
제19조의3【심사 또는 재심사 청구】 징계의결등을 요구한 기관의 장은 「소방공무원법」 제29조제3항에 따라 심사 또는 재심사를 청구하려면 징계의결등을 통지받은 날부터 15일 이내에 다음 각 호의 사항을 적은 징계의결등 심사(재심사) 청구서에 의결서 사본 및 사건 관계 기록을 첨부하여 관할 징계위원회에 제출해야 한다.
(2023.10.10 본문개정)
1. 심사 또는 재심사청구 취지
2. 심사 또는 재심사청구의 이유 및 그 입증방법
3. (2014.4.15 삭제)
4. 제16조제2항에 따른 고려 사항(2020.7.28 본호개정)
(2014.4.15 본조제목개정)
(1983.8.4 본조신설)
제20조【비밀누설금지】 징계위원회의 회의에 참여한 자는 직무상 알게 된 비밀을 누설하여서는 아니된다.
(2015.7.24 본조개정)
제20조의2【회의 참석자의 준수사항】 ① 징계위원회의 회의에 참석하는 사람은 다음 각 호의 어느 하나에 해당하는 물품을 소지할 수 없다.
1. 녹음기, 카메라, 휴대전화 등 녹음·녹화·촬영이 가능한 기기
2. 흉기 등 위험한 물건
3. 그 밖에 징계등 사건의 심의와 관계없는 물건
② 징계위원회의 회의에 참석하는 사람은 다음 각 호의 어느 하나에 해당하는 행위를 해서는 안 된다.
1. 녹음, 녹화, 촬영 또는 중계방송
2. 회의실 내의 질서를 해치는 행위
3. 다른 사람의 생명·신체·재산 등에 위해를 가하는 행위
(2020.7.28 본조신설)
제21조【징계등 처리대장】 징계위원회는 징계등 사건의 접수·처리상황을 관리하기 위하여 별지 제6호서식의 징계등 처리대장을 갖추어 두어야 한다.(2023.10.10 본조개정)

부 칙 (2009.3.31)

제1조【시행일】 이 영은 2009년 4월 1일부터 시행한다.
제2조【징계위원회의 관할 변경에 따른 경과조치】 이 영 시행 당시 징계의결이 요구되었거나 징계의결요구가 신청된 징계사건에 관하여는 제2조제4항의 개정규정에도 불구하고 종전의 규정에 따른다.
제3조【다른 법령의 개정】 ※(해당 법령에 가제정리 하였음)

부 칙 (2014.4.15)

제1조【시행일】 이 영은 공포한 날부터 시행한다. 다만, 제4조제1항 후단의 개정규정은 공포 후 3개월이 경과한 날부터 시행한다.
제2조【종전 위촉위원의 임기 등에 관한 경과조치】 종전의 제4조제4항에 따라 위촉된 위원은 이 영 시행일에 최초로 위촉된 것으로 보아 제4조제5항의 개정규정을 적용한다.

부 칙 (2017.6.2)

제1조【시행일】 이 영은 공포한 날부터 시행한다.
제2조【징계위원회의 관할에 관한 경과조치】 이 영 시행 전에 제9조제1항에 따른 징계등 의결 요구권자가 징계위원회에 징계등 의결을 요구하였거나 제9조제2항에 따라 그 상급기관의 장에게 징계등 의결의 요구를 신청한 경우에는 제2조제4항제1호 및 제2호의 개정규정에도 불구하고 종전의 규정에 따른다.

부 칙 (2019.3.12)
(2019.8.6)

이 영은 공포한 날부터 시행한다.

부 칙 (2020.3.10)

이 영은 2020년 4월 1일부터 시행한다.

부 칙 (2020.7.28)

제1조【시행일】 이 영은 공포한 날부터 시행한다.
제2조【징계등 의결을 요구한 자 등의 징계위원회 출석에 관한 적용례】 제13조제4항 단서의 개정규정은 이 영 시행 이후 징계등 의결이 요구된 사건부터 적용한다.
제3조【징계위원회의 징계등 사건 의결 시 고려 사항에 관한 경과조치】 이 영 시행 전에 징계등 사유가 발생한 경우에는 제16조제2항의 개정규정에도 불구하고 종전의 규정에 따른다.

부 칙 (2021.1.5)

이 영은 공포한 날부터 시행한다.(이하 생략)

부 칙 (2021.10.14)

제1조【시행일】 이 영은 공포 후 6개월이 경과한 날부터 시행한다.(이하 생략)

부 칙 (2022.3.15)

제1조【시행일】 이 영은 2022년 4월 15일부터 시행한다. 다만, 대통령령 제32043호 소방공무원 징계령 일부개정령 제4조제1항·제2항·제4항·제6항·제7항의 개정규정은 공포한 날부터 시행한다.
제2조【징계위원회의 구성에 관한 경과조치】 이 영 시행 당시 종전의 규정에 따라 구성된 징계위원회는 제4조제4항 후단의 개정규정에 따른 기준에 적합하게 구성된 것으로 본다. 다만, 이 영 시행 이후 위원을 위촉하는 경우(연임하는 경우는 제외한다)에는 같은 개정규정에 따른 기준을 충족할 때까지 특정 성별의 위원을 위촉해야 한다.
제3조【성폭력범죄 등 사건이 속한 징계위원회 회의의 구성에 관한 적용례】 제4조제7항의 개정규정은 이 영 시행 이후 징계등 의결이 요구되는 사건부터 적용한다. 다만, 이 영 시행 이후 징계등 의결이 요구되는 사건의 심의를 위하여 징계위원회 회의를 구성할 당시 위원의 성비 구성이 제4조제7항의 개정규정에 따른 회의 구성 기준을 충족하는 것이 불가능한 징계위원회의 경우에는 그 기준을 충족하게 된 때부터 제4조제7항의 개정규정을 적용한다.

부 칙 (2023.6.13)

이 영은 공포한 날부터 시행한다.

부 칙 (2023.10.10)

제1조【시행일】 이 영은 2023년 10월 12일부터 시행한다. 다만, 제2조의 개정규정은 2024년 1월 1일부터 시행한다.
제2조【징계위원회의 회의 구성에 관한 적용례 등】 ① 제4조제6항의 개정규정은 이 영 시행 이후 징계의결등이 요구된 사건부터 적용한다.
② 제1항에도 불구하고 제4조제6항의 개정규정에 따른 회의 구성 기준을 충족하는 것이 불가능한 징계위원회에 관하여는 그 기준을 충족할 수 있을 때까지는 종전의 예에 따른다.
제3조【성 관련 비위의 징계의결등 요구 시 전문가 의견서 제출에 관한 적용례】 제9조제3항제7호의 개정규정은 이 영 시행 이후 징계의결등이 요구되는 경우부터 적용한다.
제4조【징계위원회 위원의 제척에 관한 적용례】 제15조제1항의 개정규정은 이 영 시행 이후 소집되는 징계위원회의 회의부터 적용한다.
제5조【징계처분결과 통보 안내에 관한 적용례】 제18조제4항의 개정규정은 이 영 시행 이후 징계처분을 하는 경우부터 적용한다.
제6조【징계위원회의 관할 변경에 관한 경과조치】 부칙 제1조 단서에 따른 시행일 당시 징계의결등이 요구되었거나 징계의결등의 요구가 신청된 징계등 사건에 대해서는 제2조의 개정규정에도 불구하고 종전의 규정에 따른다.
제7조【징계위원회의 민간위원 위촉에 관한 경과조치】 이 영 시행 당시 종전의 규정에 따라 위촉된 징계위원회의 민간위원에 대해서는 그 임기가 종료될 때까지는 제4조제4항제1호다목 및 같은 항 제2호다목의 개정규정에도 불구하고 종전의 규정에 따른다.

[별지서식] ➡ 「www.hyeonamsa.com」 참조

공무원임용령

(1969년 4월 11일
대통령령 제3877호)

개정
1970.12.31영 5449호
<중략>
2009. 2. 3영21289호(공직자윤리시)
2009. 3.12영21344호(공무원인사기록·통계및인사사무처리규정)
2009. 3.31영21386호
2009. 9. 8영21717호
2010. 6.15영22202호
2010. 9.10영22373호(계약직공무원규정)
2011. 1.10영22617호(공무원보수규정)
2011. 3. 7영22691호
2011. 4. 4영22834호
2011. 7. 4영23014호
2011. 9. 6영23118호
2011. 9.29영23174호(개인정보보호위원회규정)
2012. 1.26영23555호
2012. 2.29영23644호(대학교원자격기준등에관한규정)
2012. 3.30영23691호
2012. 9.28영24124호
2013. 2.20영24380호
2013. 3.23영24425호(직제)
2013. 4.22영24503호
2013.11.20영24852호
2013.12.16영25000호
2014. 1.10영25075호(국가안전보장회의운영등에관한규정)
2014. 2. 5영25137호
2014. 6.30영25415호
2014.11.19영25751호(직제)
2015. 7.13영26397호(책임운영기관의설치·운영에관한법시)
2015. 9.25영26566호
2015.11.18영26653호
2016. 2. 3영26944호(공무원인재개발법시)
2016. 6.24영27256호
2017. 1.10영27787호(전문직공무원인사규정)
2017. 1.31영27822호
2017. 7.26영28211호(직제)
2017. 7.26영28220호(정책보좌관의설치및운영에관한규정)
2017.12.29영28572호
2018. 7. 3영29031호
2018. 9.18영29180호(공무원재해보상법시)
2019. 6.18영29868호
2019. 6.25영29930호(공무원의명예퇴직에따른특별승진관리를강화하기위한영)
2019.11. 5영30191호
2020. 2.25영30493호
2020. 3.10영30515호(소방공무원의국가직전환관련제도정비를위한일부개정령)
2020. 6.30영30807호(대체역의편입및복무등에관한법시)
2020. 7.14영30833호(고위공직자범죄수사처설치에따른일부개정령)
2020. 9.22영31042호
2020.12.29영31337호(사법경찰관수사종결)
2021. 1. 5영31380호(법령용어정비)
2021.11.30영32162호
2021.12.28영32274호(독점시)
2022. 5. 9영32627호(국가교육위원회설치및운영에관한법시)
2022.12.27영33151호
2023. 8.30영33692호
2023.10.10영33798호
2023.12.26영34053호

제1장 총 칙

제1조【적용 범위】 ① 행정부 소속 국가공무원(이하 "공무원"이라 한다) 중 경력직공무원의 임용에 관하여는 다른 법령에 특별한 규정이 없으면 이 영에서 정하는 바에 따른다. 다만, 「국가공무원법」 제26조의5에 따른 임기제공무원(이하 "임기제공무원"이라 한다)에 대해서는 이 영에 특별한 규정이 있는 경우를 제외하고는 제11조, 제12조, 제12조의2, 제13조, 제13조의2, 제14조, 제15조, 제22조, 제22조의2, 제22조의3, 제29조부터 제34조까지, 제34조의2, 제34조의3, 제35조, 제35조의2부터 제35조의4까지, 제36조, 제40조, 제41조, 제41조의2, 제41조의3, 제42조, 제42조의2, 제43조의2, 제43조의3, 제44조, 제45조, 제45조의2, 제46조부터 제48조까지, 제49조의2, 제49조의3, 제50조, 제51조, 제53조부터 제57조까지, 제57조의6, 제58조 및 제59조를 적용하지 않는다.
② 공무원 중 특수경력직공무원의 임용에 관하여는 제4조·제6조·제7조·제9조·제10조의4 및 제57조의4에 한정하여 이 영을 적용한다. 다만, 제10조의4 및 제57조의4는 정무직공무원에 대해서는 적용하지 않는다.
(2023.12.26 본조개정)
제2조【정의】 이 영에서 사용하는 용어의 뜻은 다음과 같다.
1. "임용"이란 신규채용, 승진임용, 전직(轉職), 전보, 겸임, 파견, 강임(降任), 휴직, 직위해제, 정직, 강등, 복직, 면직, 해임 및 파면을 말한다.
2. "복직"이란 휴직, 직위해제, 정직 중이거나 강등으로 직무에 종사하지 못한 공무원을 직위에 복귀시키는 것을 말한다.
3. 「국가공무원법」(이하 "법"이라 한다) 제16조제2항에서 규정한 "소속 장관"은 다음과 같다.
가. 중앙행정기관인 부·처·청의 장과 대통령비서실장(국가안보실 및 국가안전보장회의사무처를 포함한다), 대통령경호처장, 감사원장, 국가인권위원회위원

장, 고위공직자범죄수사처장, 방송통신위원회위원장, 원자력안전위원회위원장, 국무조정실장(국무총리비서실을 포함한다), 공정거래위원회위원장, 금융위원회위원장, 국민권익위원회위원장, 개인정보 보호위원회 위원장, 민주평화통일자문회의사무처장 및 국가교육위원회위원장(2022.5.9 본목개정)

나. 특별시·광역시·특별자치시·도·특별자치도(이하 "시·도"라 한다) 및 자치단체인 구(이하 "자치구"라 한다)·시·군에 근무하는 공무원에 대한 소속 장관은 행정안전부장관으로, 시·도의 교육청과 그 소속 기관에 근무하는 공무원에 대한 소속 장관은 교육부장관으로 한다.(2017.7.26 본목개정)

다. 시·도 및 자치구·시·군에서 농촌진흥사업에 종사하는 연구직 및 지도직공무원의 소속 장관은 농촌진흥청장으로 한다.

라. 시·도에 근무하는 소방공무원에 대한 소속 장관은 소방청장으로 한다.(2020.3.10 본목신설)

마. 가목부터 라목까지에 규정된 기관에 소속되지 아니하는 기관의 소속 장관은 법률에서 따로 규정된 것을 제외하고는 다음의 구분에 따른 자가 된다. 이 경우 다음의 구분에 따른 자가 공무원을 임용하는 경우 해당 기관의 장과 미리 협의하여야 한다.(2020.3.10 전단개정)

1) 해당 기관의 업무와 관련된다고 인정하여 인사혁신처장이 가목 중에서 지정하는 기관의 장
(2014.11.19 개정)

2) 인사혁신처장이 1)에 따라 지정하지 아니한 경우에는 인사혁신처장(2014.11.19 개정)

4. (2018.7.3 삭제)

5. 법 제4조제2항, 제28조제2항제9호 또는 이 영에서 "연구직렬"이란 「연구직 및 지도직공무원의 임용 등에 관한 규정」(이하 "연구직및지도직규정"이라 한다) 별표1 제1호의 각 직렬을 말하며, "과학기술직렬"이란 이 영 별표1의 과학기술직군의 각 직렬과 연구직및지도직규정 별표1 제2호의 각 직렬을 말한다.(2023.8.30 본호개정)

6. "민간근무휴직"이란 공무원이 민간 부문의 업무수행방법, 경영기법 등을 습득하고, 민간 부문에서는 공무원의 전문지식과 경험을 활용함으로써 민·관 간 이해 증진 및 상호 발전을 도모할 수 있도록 공무원이 제50조에 따른 민간기업 등에 임시로 근무하기 위하여 휴직하는 것을 말한다.

7. "필수보직기간"이란 공무원이 다른 직위로 전보되기 전까지 현 직위에서 근무하여야 하는 최소기간을 말한다.(2015.9.25 본호신설)

(2009.9.8 본조개정)

제3조【공무원의 직급 구분 등】 ① 법 제4조제1항에 따라 계급을 구분하는 일반직공무원의 직군·직렬·직류 및 직급의 명칭은 별표1과 같다.

② 법 제4조제2항제1호부터 제3호까지의 규정에 따라 제1항에 따른 계급 구분이나 직군 및 직렬의 분류를 적용하지 아니할 수 있는 일반직공무원의 직군·직렬·직류·직급 및 직위의 명칭과 임용 등에 관하여는 이 영에서 정하는 것을 제외하고는 따로 대통령령으로 정한다.

(2017.1.10 본항개정)

③ (2013.11.20 삭제)

④ 법 제4조제2항제3호에 따라 제1항에 따른 계급 구분을 적용하지 아니하는 일반직공무원 중 우정직공무원의 계급은 우정1급부터 우정9급까지로 구분하고, 우정직군 공무원(이하 "우정직공무원"이라 한다)의 직렬·직류 및 직급의 명칭은 별표2와 같다.(2017.1.10 본항개정)

⑤ 우정1급 및 우정2급은 일반직 5급에, 우정3급·우정4급·우정5급 및 우정6급은 일반직 6급에, 우정7급은 일반직 7급에, 우정8급은 일반직 8급에, 우정9급은 일반직 9급에 각각 상당한다. 이 경우 이 영에서 특별한 규정이 있는 경우를 제외하고 계급을 인용하고 있는 경우에는 상당하는 계급의 우정직공무원을 포함하는 것으로 본다.

(2013.11.20 본항신설)

(2009.9.8 본조개정)

제3조의2【임기제공무원의 종류】 임기제공무원의 종류는 다음 각 호와 같다.

1. 일반임기제공무원 : 직제 등 법령에 규정된 경력직공무원의 정원에 해당하는 직위에 임용되는 임기제공무원(2015.7.13 본호개정)

2. 전문임기제공무원 : 특정 분야에 대한 전문적 지식이나 기술 등이 요구되는 업무를 수행하기 위하여 임용되는 임기제공무원

3. 시간선택제임기제공무원 : 법 제26조의2에 따라 통상적인 근무시간보다 짧은 시간(주당 15시간 이상 35시간 이하의 범위에서 임용권자 또는 임용제청권자가 정한 시간을 말한다. 이하 이 조에서 같다)을 근무하는 공무원으로 임용되는 일반임기제공무원(이하 "시간선택제일반임기제공무원"이라 한다) 또는 전문임기제공무원(이하 "시간선택제전문임기제공무원"이라 한다)

(2013.12.16 본호개정)

4. 한시임기제공무원 : 다음 각 목의 어느 하나에 해당하는 공무원의 업무를 대행하기 위하여 1년 6개월 이내의 기간 동안 임용되는 공무원으로서 법 제26조의2에 따라 통상적인 근무시간보다 짧은 시간을 근무하는 임기제공무원

가. 법 제71조제1항 또는 제2항에 따라 휴직하는 공무원

나. 「국가공무원 복무규정」 제18조제1항 또는 제2항에 따라 30일 이상의 병가를 실시하는 공무원

다. 「국가공무원 복무규정」 제20조제2항 또는 제10항에 따라 30일 이상의 특별휴가를 실시하는 공무원

라. 제57조의3제1항에 따라 통상적인 근무시간보다 짧은 시간을 근무하는 공무원으로 지정된 공무원(이하 "시간선택제전환공무원"이라 한다)(2017.12.29 후단삭제)

(2015.11.18 본호개정)

(2013.11.20 본조신설)

제3조의3【시간선택제채용공무원의 임용】 ① 임용권자 또는 임용제청권자는 법 제26조의2에 따라 통상적인 근무시간보다 짧은 시간을 근무하는 일반직공무원(임기제공무원은 제외한다)을 신규채용할 수 있다.

② 제1항에 따라 채용된 공무원(이하 "시간선택제채용공무원"이라 한다)의 주당 근무시간은 「국가공무원 복무규정」 제9조에도 불구하고 15시간 이상 35시간 이하의 범위에서 임용권자 또는 임용제청권자가 정한다. 이 경우 근무시간을 정하는 방법 및 절차 등은 인사혁신처장이 정한다.(2019.6.18 본항개정)

③ 시간선택제채용공무원을 통상적인 근무시간 동안 근무하는 공무원으로 임용하는 경우에는 어떠한 우선권도 인정하지 아니한다.

(2013.12.16 본조신설)

제4조【외국인과 복수국적자의 임용】 ① 임용권자 또는 임용제청권자는 법 제26조의3제1항에 따라 외국인을 「전문경력관 규정」 제2조에 따른 전문경력관(이하 "전문경력관"이라 한다), 임기제공무원 또는 특수경력직공무원으로 채용할 수 있다.(2013.11.20 본항개정)

② 임용권자 또는 임용제청권자는 법령으로 정한 각 기관의 소관 업무 중 다음 각 호의 업무 분야에는 법 제26조의3제2항에 따라 복수국적자의 임용을 제한할 수 있다.

1. 국가안보와 관련되는 정보·보안·기밀 및 범죄수사에 관한 분야

2. 대통령 및 국무총리 등 국가 중요 인사의 국정수행 보좌 및 경호에 관한 분야

3. 외교관계·통상교섭 및 국제협정에 관한 분야

4. 남북간 대화·교류·협력 및 통일에 관한 분야

5. 검찰·교정 및 출입국관리에 관한 분야

6. 군정 및 군령, 무기체계 획득, 방위력 개선 및 그 밖의 군사에 관한 분야

7. 국민의 생명·신체·재산 보호, 기업의 영업비밀 및 신기술 보호, 주요 경제·재정 정책 및 예산 운영에 관한 분야

8. 그 밖에 보안 시설·지역 출입, 비밀문서·자재 취급 등 업무의 성질상 국가의 안보 및 이익에 중대한 영향을 미칠 수 있는 분야로서 복수국적자가 수행하기에 부적합하다고 인정하여 소속 장관이 정하는 분야

(2011.9.6 본조개정)

제4조의2 (2004.6.11 삭제)

제5조【임용권의 위임】 ① 법 제32조제3항에 따라 대통령은 소속 장관에게 3급부터 5급까지의 공무원(이에 상당하는 전문임기제공무원 및 시간선택제전문임기제공무원을 포함한다)에 대한 임용권을 위임한다.(2013.12.16 본항개정)

② 소속 장관은 고위공무원단에 속하는 공무원(이하 "고위공무원"이라 한다) 이상을 장으로 하는 소속 기관의 장(대학의 장, 시·도의 교육감, 검찰총장, 고등검찰청 및 지방검찰청 검사장을 포함한다)에게 그 소속 기관의 4급 및 5급 공무원(이에 상당하는 전문임기제공무원 및 시간선택제전문임기제공무원을 포함한다)의 전보권과 6급 이하 공무원(이에 상당하는 전문임기제공무원, 시간선택제전문임기제공무원 및 한시임기제공무원을 포함한다)의 임용권을 위임할 수 있다.(2020.2.25 본항개정)

③ (2006.6.12 삭제)

④ 소속 장관과 제2항에 따라 임용권을 위임받은 사람은 위임자의 승인을 받아 4급 이상 공무원 또는 고위공무원을 장으로 하는 소속 기관의 장에게 그 소속 기관의 6급 이하 공무원(이에 상당하는 전문임기제공무원, 시간선택제전문임기제공무원 및 한시임기제공무원을 포함한다)의 임용권을, 5급 공무원을 장으로 하는 소속 기관의 장(대학교의 학장을 포함한다)에게 그 소속 기관의 6급 및 7급 공무원(이에 상당하는 전문임기제공무원, 시간선택제전문임기제공무원 및 한시임기제공무원을 포함한다)의 전보권과 8급 이하 공무원(이에 상당하는 전문임기제공무원, 시간선택제전문임기제공무원 및 한시임기제공무원을 포함한다)의 임용권을 위임할 수 있다.

(2013.12.16 본항개정)

⑤ 제2항 및 제4항에도 불구하고 소속 장관은 각 기관의 장(해당 기관이 복수의 구성원으로 이루어진 합의제 기관인 경우로서 그 합의제 기관을 대표하는 사람이 공무원이 아닌 경우에는 그 기관의 사무에 대한 총괄·감독 권한을 가진 공무원을 말한다. 이하 같다)에게 그 기관의 고위공무원단에 속하지 아니하는 임기제공무원의 임용권을 위임할 수 있다.(2013.11.20 본항신설)

⑥ 소속 장관은 연구직및지도직규정 제3조에 따른 연구관·지도관을 장으로 하는 소속 기관의 장에게 제2항부터 제4항까지의 규정에 따른 그 소속 공무원의 임용권을 위임할 수 있다.(2009.9.8 본항개정)

⑦ 현업기관(現業機關)을 갖는 소속 장관은 고위공무원으로 보하는 보조기관에게 그 보조기관의 업무상 지휘·감독을 받는 현업기관의 5급 이하 공무원(이에 상당하는 전문임기제공무원, 시간선택제전문임기제공무원 및 한시임기제공무원을 포함한다)에 대한 전보권을 위임할 수 있다.(2013.12.16 본항개정)

⑧ 소속 장관은 고위공무원으로 보하는 보조기관(이에 상당하는 보좌기관 및 한시조직을 포함한다)에게 그 보조기관에 소속된 4급 및 5급 이하 공무원(이에 상당하는 전문임기제공무원, 시간선택제전문임기제공무원 및 한시임기제공무원을 포함한다)의 전보권을 위임할 수 있다.(2013.12.16 본항개정)

⑨ 정원을 조정하거나 소속 장관 상호간, 소속 기관 상호간, 보조기관 상호간, 보조기관과 소속 기관 상호간의 인사교류를 하거나 해당 기관의 직제상 소수직렬로서 소속 장관이 정하는 직렬에 해당하는 공무원의 승진임용을 하는 경우에는 제1항부터 제8항까지의 규정에도 불구하고 대통령, 소속 장관 또는 소속 상급기관의 장이 임용권을 행사할 수 있다.(2013.11.20 본항개정)

제5조의2【인사원칙의 사전공개】 임용권자나 임용제청권자는 소속 공무원에 대한 인사운영의 원칙 및 기준을 미리 정하여 공지하여야 하고, 정기인사 및 이에 준하는 대규모 인사를 실시할 때에는 1개월 이전에 해당 인사의 세부 기준 등을 미리 소속 공무원에게 공지하여야 함을 원칙으로 한다.(2009.9.8 본조개정)

제6조【임용 시기】 ① 공무원은 임용장이나 임용통지서에 적힌 날짜에 임용된 것으로 보며, 임용일자를 소급해서는 아니 된다.(2018.7.3 본항개정)

② 사망으로 인한 면직은 사망한 다음 날에 면직된 것으로 본다.(2018.7.3 본항신설)

③ 임용할 때에는 임용일자까지 그 임용장 또는 임용통지서가 임용될 사람에게 도달할 수 있도록 발령하여야 한다.

(2009.9.8 본조개정)

제7조【임용 시기의 특례】 제6조제1항에도 불구하고 다음 각 호의 어느 하나에 해당하는 경우에는 다음 각 호의 구분에 따른 일자에 임용된 것으로 본다.

1. 법 제40조의4제1항제5호에 따라 다음 각 목의 어느 하나에 해당하는 날을 임용일자로 하여 특별승진임용하는 경우

가. 재직 중 사망한 경우 : 사망일의 전날

나. 퇴직 후 사망한 경우 : 퇴직일의 전날

2. 법 제70조제1항제4호에 따라 직권으로 면직시키는 경우 : 휴직기간의 만료일 또는 휴직사유의 소멸일

3. 시보임용이 될 사람이 제24조제1항에 따른 공무원의 직무수행과 관련된 실무수습 중 사망한 경우 : 사망일의 전날

(2018.7.3 본조개정)

제7조의2【인사운영의 진단 및 지원】 인사혁신처장은 법 제6조제2항에 따라 공무원 인력의 효율적인 활용 등을 위하여 각 기관의 공무원 임용 등 인사운영에 관하여 점검·진단하고, 그 결과에 대해 개선 권고를 하거나 컨설팅 등 필요한 지원을 할 수 있다.(2019.11.5 본조신설)

제8조【소속 공무원 인력관리계획의 수립 등】 ① 소속 장관은 조직목표의 달성에 필요한 효율적인 인적자원 관리를 위하여 소속 공무원의 채용·승진·배치 및 경력개발 등이 포함된 인력관리계획을 수립하여야 한다.

② 인사혁신처장은 각 기관의 균형적인 인사 운영과 효율적인 인력 활용을 위하여 필요한 때에는 제1항에 따른 인력관리계획의 일부 또는 전부를 제출받아 이를 지원·조정 및 평가할 수 있다.(2014.11.19 본항개정)

③ 제1항 및 제2항에서 규정한 사항 외에 인력관리계획의 수립절차·방법 및 내용과 그 밖에 인력관리계획의 운영 등에 필요한 사항은 인사혁신처장이 정한다.

(2014.11.19 본항개정)

(2009.9.8 본조개정)

제8조의2【균형인사기본계획의 수립 등】 ① 인사혁신처장은 법 제26조 단서에 따른 정책(이하 "균형인사정책"이라 한다)을 실시하기 위하여 균형인사기본계획(이하 "기본계획"이라 한다)을 5년마다 수립하여야 한다.

② 기본계획에는 다음 각 호의 사항이 포함되어야 한다.

1. 균형인사정책의 중장기 기본목표와 추진방향

2. 균형인사정책의 추진과제와 추진방법

3. 그 밖에 균형인사정책의 추진을 위하여 필요한 사항

③ 소속 장관은 기본계획에 따라 연도별 시행계획을 수립하여 인사혁신처장에게 제출하고 이를 시행하여야 한다.

④ 인사혁신처장은 제3항에 따라 제출된 시행계획을 점검하고 필요한 경우 개선권고를 할 수 있다.

⑤ 인사혁신처장은 제3항에 따른 시행계획의 시행 실적을 평가하고 그 결과를 공표할 수 있다.

⑥ 인사혁신처장은 기본계획을 수립하기 위하여 필요하면 관계 중앙행정기관의 장, 지방자치단체의 장(교육감을 포함한다), 공공기관의 장이나 지방의회의 의장에게 관련 자료의 제출 등 협조를 요청할 수 있으며, 협조 요청을 받은 자는 특별한 사유가 없으면 이에 따라야 한다.

(2021.11.30 본항개정)

⑦ 제1항부터 제6항까지에서 규정한 사항 외에 기본계획 및 시행계획의 수립절차·방법 및 운영 등에 필요한 사항은 인사혁신처장이 정한다.

(2017.12.29 본조신설)

제9조【결원의 적기 보충】 임용권자나 임용제청권자는 해당 기관에 결원이 생기면 지체 없이 결원 보충에 필요한 조치를 하여야 한다.(2009.9.8 본조개정)

제10조【공개경쟁 시험 합격자의 우선 임용】 공개경쟁 채용시험 또는 공개경쟁 승진시험 합격자를 임용할 때에는 인사혁신처장이나 그 합격자를 추천받은 각 기관의 장은 공개경쟁의 방법으로 합격한 사람을 다른 결원 보충방법에 우선하여 임용하여야 한다.(2014.11.19 본조개정)

제10조의2【교육훈련 성적의 인사관리 반영】 법 제50조제4항에 따라 공무원의 교육훈련 성적은 「공무원 인재개발법 시행령」에서 정하는 바에 따라 승진임용, 전보 등 인사관리에 반영하여야 한다.(2016.2.3 본조개정)

제10조의3【역량평가의 실시 및 활용】 ① 소속 장관은 소속 공무원이 직무를 성공적으로 수행하기 위하여 필요한 능력과 자질(이하 "역량"이라 한다)을 설정하고 이를 기준으로 소속 공무원을 평가(이하 "역량평가"라 한다)하여 승진임용·보직관리 등 인사관리에 활용할 수 있다. 다만, 제2조제3호가목에 따른 기관의 과장 및 이에 상당하는 보조·보좌기관(3급 또는 4급에 해당하는 직위를 말하며, 이하 "과장급 직위"라 한다)은 역량평가를 통과한 사람으로 임용하여야 한다.

② 제1항 단서에 따른 역량평가는 과장급 직위로 새롭게 신규채용되거나 전보 또는 승진임용되는 사람을 대상으로 신규채용, 전보 또는 승진임용 전에 실시해야 한다. 다만, 다음 각 호의 어느 하나에 해당하는 경우에는 역량평가를 실시하지 않을 수 있다.(2023.12.26 본문개정)

1. 비서관, 「정책보좌관의 설치 및 운영에 관한 규정」에 따른 정책보좌관, 「비상대비에 관한 법률」에 따른 비상대비업무 관련 직위, 대통령경호처의 경호업무 관련 직위 및 이에 상응하는 직위에 임기제공무원 또는 별정직공무원으로 임용하는 경우(2023.12.26 본호개정)
2. 과장급 직위 또는 그에 상응하는 직위(제1호의 직위는 제외한다)에 국가공무원으로 재직하였던 사람을 임용하는 경우
3. 법 제2조제2항제2호에 따른 특정직공무원으로 임용하는 경우
4. 그 밖에 과장급 직위의 공무원으로서의 역량을 이미 갖추고 있다고 볼 만한 사유가 있는 등 인사혁신처장이 특별히 정하는 경우(2014.11.19 본호개정)

③ 제2항제1호에 따라 역량평가를 받지 아니하고 과장급 직위에 임용된 사람을 역량평가를 실시하여야 하는 과장급 직위로 임용하려는 때에는 역량평가를 실시하여야 한다.

④ 소속 장관이 역량평가를 실시하는 경우 소속 공무원에게 요구되는 평가대상 역량 항목에 인사혁신처장이 정하는 역량 항목 중 3개 이상을 포함하여야 한다. 다만, 인사혁신처장과 미리 협의한 경우에는 그러하지 아니하다.(2014.11.19 본항개정)

⑤ 역량평가는 역량 항목별로 5점 만점으로 평가하되, 평가점수 범위에 따라 매우우수·우수·보통·미흡 또는 매우미흡 중 하나의 등급으로 나누며, 역량평가의 통과기준은 다음 각 호의 어느 하나에 해당하는 경우로 한다.

1. 평가대상자의 평균점수가 "보통" 이상(평균점수 2.5점 이상을 말한다)인 경우
2. 평가대상자의 평균점수가 2.3점 이상이고 평가대상 역량 항목의 3분의 1 이상에서 3점 이상의 점수를 받은 경우

⑥ 역량평가를 통과하지 못한 사람은 부족한 역량을 보완한 후 재평가를 받을 수 있다. 이 경우 연속하여 2회 이상 통과하지 못한 경우에는 1년의 범위에서 인사혁신처장이 정하는 기간이 지난 후 재평가를 받을 수 있다.(2014.11.19 후단개정)

⑦ 인사혁신처장은 역량의 설정, 역량평가 기법의 개발, 역량평가자 및 역량평가대상자에 대한 교육훈련 등 필요한 사항을 지원할 수 있으며, 범정부적 역량평가의 효율적 운영을 위하여 소속 장관이 신청하는 경우에는 해당 기관의 역량평가체계에 대한 인증을 실시할 수 있다.(2014.11.19 본항개정)

⑧ 소속 장관은 필요한 경우 제1항에 따른 역량평가의 실시를 인사혁신처장에게 위탁할 수 있다.(2014.11.19 본항개정)

⑨ 제1항부터 제8항까지에서 규정한 사항 외에 역량평가의 실시, 지원 및 역량평가체계의 인증 등에 필요한 사항은 인사혁신처장이 정한다.(2014.11.19 본항개정)
(2014.6.30 본조개정)

제10조의4【임용심사위원회】 ① 임용권자(제1호의 경우로서 제13조제1항에 따른 임용 추천 전인 경우에는 시험 실시기관의 장을 말한다. 이하 이 조에서 같다) 또는 임용제청권자는 제1호·제2호 및 제4호부터 제6호까지의 사항을 의결하고, 제3호의 사항에 관한 자문에 응하기 위하여 필요한 경우에는 임용심사위원회(이하 "임용심사위원회"라 한다)를 구성·운영한다.

1. 제14조제2항에 따른 채용후보자의 직무 수행 곤란 여부의 인정에 관한 사항
2. 제23조제2항에 따른 시보임용 기간 중에 있는 공무원에 대한 정규 공무원으로의 임용 또는 임용 제청이나 면직 또는 면직 제청에 관한 사항
3. 제57조의7제2항에 따른 법 제71조제1항제1호의 휴직(이하 "질병휴직"이라 한다)의 필요성 등에 관한 사항
4. 제57조의7제3항에 따른 법 제72조제1호 각 목 외의 부분 단서의 공무상 질병 또는 부상으로 인한 휴직(이하 "공무상질병휴직"이라 한다)의 연장에 관한 사항
5. 「별정직공무원 인사규정」 제9조제1항에 따른 별정직공무원의 직권 면직에 관한 사항
6. 그 밖에 인사운영과 관련된 사항으로서 인사혁신처장이 임용심사위원회의 의결이 필요하다고 정하는 사항

② 임용심사위원회는 위원장 1명을 포함하여 5명 이상 8명 이내의 위원으로 구성한다. 다만, 제1항제3호의 사항에 관한 자문에 응하거나 같은 항 제4호부터 제6호까지의 규정 중 어느 하나에 해당하는 사항을 의결하는 경우에는 3명 이상 8명 이내의 위원으로 구성할 수 있다.

③ 임용심사위원회의 위원장은 임용권자 또는 임용제청권자가 제4항에 따른 위원 중에서 지명한 사람이 된다.

④ 임용심사위원회의 위원은 심사 대상자의 계급(채용후보자의 경우에는 임용예정 계급을 말한다)보다 상위 계급의 공무원(상위 계급에 상당하는 공무원 및 고위공무원단에 속하는 공무원을 포함하며, 이하 이 항에서 같다) 중에서 임용권자 또는 임용제청권자가 지명한다. 이 경우 심사 대상자의 계급보다 상위 계급의 공무원이 부족한 때에는 같은 계급의 공무원(같은 계급에 상당하는 공무원 및 고위공무원단에 속하는 공무원을 포함한다)을 위원으로 지명할 수 있다.

⑤ 임용심사위원회의 회의는 재적위원 과반수의 찬성으로 의결한다.

⑥ 제1항부터 제5항까지에서 규정한 사항 외에 임용심사위원회의 구성·운영에 필요한 사항은 인사혁신처장이 정한다.
(2023.12.26 본조신설)

제2장 신규채용

제1절 공개경쟁채용

제11조【공개경쟁 채용시험 합격자의 등록】 ① 공개경쟁 채용시험 합격자(이하 "채용후보자"라 한다)는 시험 실시기관의 장이 정하는 바에 따라 채용후보자 등록을 하여야 한다.

② 제1항의 등록을 하지 아니하면 임용될 의사가 없는 것으로 본다.
(2009.9.8 본조개정)

제12조【채용후보자 명부 작성】 채용후보자 명부는 직급별로 시험성적순에 따라 작성하되, 훈련성적 및 전공분야와 그 밖에 필요한 사항을 적어야 한다.(2009.9.8 본조개정)

제12조의2【채용후보자 명부의 유효기간】 ① 법 제38조제2항에 따라 공무원 공개경쟁 채용시험에 합격한 사람의 채용후보자 명부의 유효기간은 2년으로 한다.

② 법 제38조제3항제2호에서 "대통령령등으로 정하는 사유로 임용되지 못한 기간"이란 「병역법」에 따른 병역의무 이행을 위하여 징집 또는 소집되어 복무 중에 있는 사람이 공개경쟁 채용시험에 합격하여 채용후보자 명부에 등재된 경우 그 등재일부터 의무복무 만료일까지의 기간을 말한다.(2021.11.30 본항신설)
(2014.2.5 본조개정)

제13조【임용 추천 방법 등】 ① 시험 실시기관의 장은 각 기관의 결원 수 및 예상 결원 수를 고려하여 채용후보자 명부에 올라 있는 채용후보자를 시험성적, 훈련성적, 전공분야, 경력 및 적성 등을 고려하여 임용권을 갖는 기관에 추천하여야 한다. 다만, 임용권자가 다음 각 호의 어느 하나에 해당하는 사람을 채용후보자로 추천해 줄 것을 요구할 때에는 특별추천할 수 있다.

1. 임용예정 기관에 근무하고 있거나 6개월 이상의 근무경력이 있는 사람 또는 임용예정 직위에 관련된 특별한 자격이 있는 사람
2. 임용예정 지역이 특수지역인 경우 이에 적합한 사람
3. 임용예정 기관의 장이 학력, 경력 및 특수자격요건을 정한 경우 이에 해당하는 사람

② 인사혁신처장은 법 제39조제1항 단서에 따라 소속 장관의 의견을 들어 채용후보자를 각 기관의 결원 범위에서 시험성적, 훈련성적, 전공분야 및 적성 등을 고려하여 근무할 기관을 지정하여 바로 임용할 수 있다.(2014.11.19 본항개정)

③ 임용권자는 추천된 7급 및 9급 공무원 채용후보자 중 최종합격일부터 1년이 지난 사람은 임용의 유예, 교육훈련 등 불가피한 사유를 제외하고는 지체 없이 임용하여야 한다. 이 경우 현원(現員)이 정원을 초과할 때에는 정원과 현원이 일치할 때까지 그 인원에 해당하는 정원이 해당 기관에 따로 있는 것으로 본다.
(2009.9.8 본조개정)

제13조의2【임용추천의 유예 또는 임용의 유예】 ① 시험 실시기관의 장 또는 임용권자는 채용후보자 명부에 올라 있는 채용후보자가 다음 각 호의 어느 하나에 해당하는 경우에는 채용후보자 명부의 유효기간의 범위에서 기간을 정하여 시험 실시기관의 장은 임용추천을, 임용권자는 임용을 유예할 수 있다. 다만, 유예기간 중이라도 그 사유가 소멸한 경우에는 임용추천 또는 임용을 할 수 있다.

1. 「병역법」에 따른 병역복무를 위하여 징집 또는 소집되는 경우(2020.6.30 본호개정)
2. 학업을 계속하는 경우
3. 6개월 이상의 장기요양이 필요한 질병이 있는 경우
4. 임신하거나 출산한 경우
5. 그 밖에 임용추천의 유예 또는 임용의 유예가 부득이하다고 인정되는 경우

② 제1항에 따른 임용추천의 유예 또는 임용의 유예를 원하는 사람은 해당 사유를 증명할 수 있는 자료를 첨부하여 시험 실시기관의 장 또는 임용권자가 정하는 기간 내에 신청하여야 한다. 이 경우 원하는 유예기간을 분명하게 적어야 한다.
(2009.9.8 본조개정)

제14조【채용후보자의 자격상실】 ① 채용후보자가 다음 각 호의 어느 하나에 해당하는 경우에는 법 제39조제3항에 따라 채용후보자로서의 자격을 상실한다.
(2015.11.18 본문개정)

1. 채용후보자가 제13조에 따라 추천받은 기관의 임용에 응하지 아니한 경우
2. 채용후보자로서 받아야 하는 교육훈련에 응하지 아니한 경우
3. 채용후보자로서 받은 교육훈련 성적이 수료 점수에 미달하는 경우(2015.11.18 본호개정)
4. 채용후보자 교육훈련 중 질병, 병역 복무 또는 그 밖에 교육훈련을 계속할 수 없는 불가피한 사정 외의 사유로 퇴학처분을 받은 경우(2015.11.18 본호신설)
5. 채용후보자로서 품위를 크게 손상하는 행위를 함으로써 공무원으로서 직무를 수행하기 곤란하다고 인정되는 경우(2015.11.18 본호신설)
6. 법 또는 법에 따른 명령을 위반하여 중징계(파면, 해임, 강등 또는 정직을 말한다) 사유에 해당하는 비위(非違)를 저지른 경우(2017.12.29 본호신설)
7. 법 또는 법에 따른 명령을 위반하여 경징계(감봉 또는 견책을 말한다) 사유에 해당하는 비위를 2회 이상 저지른 경우(2017.12.29 본호신설)

② 임용권자(제13조제1항에 따른 임용 추천 전인 경우에는 시험 실시기관의 장을 말한다. 이하 이 항에서 같다) 또는 임용제청권자는 제1항제5호에 따라 채용후보자가 직무를 수행하기 곤란하다고 인정하려는 경우에는 임용심사위원회의 의결을 거쳐야 한다.(2023.12.26 본항개정)

제15조【채용후보자의 전직】 시험 실시기관의 장은 필요하다고 인정할 때에는 채용후보자를 본인의 동의를 받아 미리 전직시험을 거쳐 다른 직렬(해당 기관에서 채용시험 실시권을 가지는 직렬로 한정한다)에 추천할 수 있다. 이 경우 공개경쟁 채용시험에서 응시한 과목에 대한 시험은 면제하며, 제30조제4호 또는 제5호에 해당하는 경우에는 전직시험을 면제할 수 있다.(2009.9.8 본조개정)

제15조의2 (1981.6.10 삭제)

제2절 경력경쟁채용등
(2012.1.26 본절제목개정)

제16조【경력경쟁채용등의 요건】 ① 법 제28조제2항 각 호 외의 부분 본문 및 단서에 따른 채용시험(이하 "경력경쟁채용시험등"이라 한다)을 통한 채용(이하 "경력경쟁채용등"이라 한다)을 하려는 경우에는 다음 각 호의 어느 하나에 해당해야 한다. 다만, 인사혁신처장은 업무의 특수성 등을 고려하여 특별히 인정하는 경우에는 「공무원임용시험령」 제20조의3에 따라 중증장애인만 응시하게 하는 경력경쟁채용시험등의 응시요건 및 일반임기제공무원(시간선택제일반임기제공무원을 포함한다. 이하 같다)의 응시요건을 달리 정할 수 있다.(2021.1.5 본문개정)

1. 법 제28조제2항제1호에 따라 퇴직한 공무원(퇴직 시 임기제공무원이었던 사람은 제외한다)을 재임용하려는 경우에는 전 재직기관에 전력(前歷)을 조회하여 그 퇴직 사유가 확인된 경우로 한정하며, 같은 호에 따라 특수경력직공무원 또는 다른 종류의 경력직공무원이 되기 위하여 퇴직한 사람(퇴직 시 임기제공무원이었던 사람은 제외한다)을 퇴직 시에 재직한 직급의 공무원으로 재임용하려는 경우에는 각각 퇴직한지 30일이 지나지 아니한 경우로 한정한다. 이 경우 전력 조회에 관하여는 「공무원 인사기록·통계 및 인사사무 처리 규정」에서 정하는 바에 따른다.(2013.11.20 전단개정)
2. 법 제28조제2항제2호에 따라 같은 종류의 직무에 관한 자격증 소지자를 경력경쟁채용등을 하려는 경우에는 「공무원임용시험령」에서 정하는 임용예정 직급별 자격증 소지자 및 경력기준에 해당하는 사람이어야 한다.
3. 법 제28조제2항제3호에 따라 경력경쟁채용등을 하려는 경우에는 임용예정 직급과 같은 직급에서 2년 이상 근무한 경력이 있거나 임용 예정직과 관련있는 직무분야에서 해당 직급에 해당하는 근무경력 또는 연구경력이 3년 이상인 사람으로서 「공무원임용시험령」에서 정하는 임용예정 계급 상당 경력기준에 해당하는 사람이어야 한다.
(2012.1.26 2호~3호개정)
4. 법 제28조제2항제4호에 따른 학교는 법령에 따라 공무원의 양성을 목적으로 하거나 전문적인 특수분야의 인재 양성을 목적으로 설립된 각종 교육기관을 말한다. 이 경우 각종 교육기관의 종류와 임용예정 직급은 인사혁신처장이 정한다.(2014.11.19 후단개정)
5. 법 제28조제2항제6호에 따라 인사혁신처장이 정하는 위생, 사역(使役), 감식, 방호(防護), 경비 등 특수한 직무분야 또는 정신병원, 한센병원 등 특수한 환경이나 섬, 외딴 곳 등 특수한 지역에 근무할 사람을 경력경쟁

채용등을 하려는 경우의 임용예정 계급은 일반직 8급 이하로 한다.(2014.11.19 본호개정)
6. 법 제28조제2항제7호에 따라 지방공무원을 그 직급·직위에 해당하는 국가공무원으로 임용하는 경우 지방공무원은 임기제공무원이 아닌 사람이어야 한다.(2013.11.20 본호개정)
7. 법 제37조제2항에 따라 근무예정 지역 또는 근무예정 기관을 미리 정하여 실시한 5급 공개경쟁 채용시험에 합격하여 지방공무원으로 임용된 사람을 법 제28조제2항제7호에 따라 그 직급에 해당하는 국가공무원으로 경력경쟁채용등을 하려는 경우에는 최초로 지방공무원으로 임용된 날부터 3년(휴직기간, 직위해제처분기간, 강등 및 정직 처분으로 인하여 직무에 종사하지 않은 기간은 포함하지 않는다)이 지난 사람이어야 한다. 다만, 해당 지방자치단체의 직제와 정원의 개정·폐지 등으로 직위가 없어지거나 정원이 초과되었을 때에는 그렇지 않다.(2021.1.5 본호개정)
8. 법 제28조제2항제8호에 따라 경력경쟁채용등을 하려는 경우의 임용예정 계급은 일반직 4급 이하로 한다.(2012.1.26 본호개정)
9. 법 제28조제2항제9호에 따른 경력경쟁채용등은 「초·중등교육법」 또는 「고등교육법」에 따라 설치된 고등학교와 전문대학·대학(대학원을 포함한다)에서 농업·공업·광업·수산·해양·보건위생·가사실업·도시계획 계통의 학문 또는 이와 밀접한 관련성이 있는 물리·화학·생물 계통의 학문, 음악·미술 계통의 학문, 역사·고고인류학 계통의 학문 또는 이와 밀접한 관련성이 있는 민속학 계통의 학문을 전공하고 졸업한 사람(이와 동등한 수준 이상의 학력을 가진 사람을 포함한다)이어야 한다. 이 경우 선발기준, 추천절차 및 임용예정 직급은 인사혁신처장이 정한다.(2014.11.19 후단개정)
10. 법 제28조제2항제10호에 따라 임용 예정직에 관련된 과학기술 분야 또는 통계·전자계산·대외통상·환경·교통·도시공학 분야, 그 밖에 소속 장관이 공개경쟁 채용시험의 방법으로 결원 보충이 곤란하다고 인정하여 정하는 특수 전문 업무 분야의 근무경력 또는 연구경력이 있는 사람을 경력경쟁채용등을 하려는 경우에는 박사 및 석사 학위 소지자로서 별표4에 규정된 임용예정 계급별 소요경력연수를 경과한 사람이어야 한다.(2017.1.10 본호개정)
11. 법 제28조제2항제11호에 따라 재학 중 장학금을 받고 졸업하는 사람을 경력경쟁채용등을 하려는 경우에는 본인에게 책임이 있는 사유로 장학금의 지급이 중단되지 아니한 사람이어야 한다. 이 경우 임용예정 직급은 인사혁신처장이 정한다.(2014.11.19 후단개정)
12. 법 제28조제2항제12호에 따라 일정한 지역에 거주하는 사람을 그 지역에 소재하는 기관에 경력경쟁채용등을 하려는 경우에는 해당 기관이 관할하거나 소재하는 시(구가 설치된 시는 제외한다)·군 지역에서 채용시험일을 기준으로 그 이전에 본인이 5년 이상 거주하고 있거나 거주한 사람이어야 한다. 이 경우 임용예정 계급은 일반직 8급 이하로 하며, 임용예정 기관은 4급 이하 일반직공무원을 장으로 하는 각급 기관 중에서 소속 장관이 정한다.(2016.6.24 전단개정)
13. 법 제28조제2항제13호에 따라 「국적법」 제4조 및 제8조에 따른 귀화허가를 받아 대한민국 국적을 취득한 사람 또는 「북한이탈주민의 보호 및 정착지원에 관한 법률」 제2조제1호에 따른 북한이탈주민(이하 "북한이탈주민"이라 한다)을 임용할 때에는 국적을 취득하거나 가족관계 등록 창설 후 3년 이상 경과한 사람이어야 한다. 이 경우 제2호, 제3호 및 제10호의 요건을 갖춘 사람으로 채용을 제한할 수 있고, 인사혁신처장이 정하는 특수한 직무분야나 환경 또는 특수한 지역에 근무하는 것(이하 "특수 근무"라 한다)으로 채용 범위를 제한할 수 있다.(2014.11.19 본호개정)

② 제1항제3호에 해당하는 경우에도 시험 공고일(법 제28조제2항 각 호 외의 부분 단서에 따른 다수인을 대상으로 하지 않는 시험의 경우에는 시험계획 통보일) 현재 퇴직 후 3년(중증장애인공무원을 채용하는 경우는 5년, 시간선택제채용공무원·한시임기제공무원 및 2명 이상의 미성년 자녀가 있는 사람을 채용하는 경우는 10년)이 경과되지 않은 사람이어야 한다.(2023.12.26 본항개정)

③ 경력직 국가공무원 또는 지방공무원이었던 사람에 대한 제1항제3호의 경력 산정은 다음 각 호의 기준에 따른다.
1. 임용예정 직급의 바로 하위 직급 또는 이에 상당하는 직급에서 승진소요최저연수를 초과하여 근무한 경우 그 초과근무 기간의 2분의 1을 1년의 범위에서 임용예정 직급에 해당하는 근무 실적으로 합산하여 산정한다.
2. 시간선택제채용공무원 또는 시간선택제임기제공무원이었던 사람의 경력은 근무시간에 비례하여 산정한다.(2013.12.16 본항개정)

④ 임용권자 또는 임용제청권자는 법 제28조제2항제7호에 따라 지방공무원을 국가공무원으로 임용하거나 임용제청하려는 경우에는 소속 지방자치단체의 장(교육감을 포함한다)이나 지방의회의 의장의 동의를 받아야 한다.(2021.11.30 본항개정)

⑤ 시험 실시기관의 장은 제1항제13호에 따른 경력경쟁채용시험등에 응시하는 북한이탈주민에 대하여 인사혁신처장이 정하는 바에 따라 북한에서의 근무 경력, 채용분야와 관련된 자격 등에 대하여 통일부장관의 확인을 받아야 한다.(2014.11.19 본항개정)

⑥ 제1항에도 불구하고 전문임기제공무원(시간선택제전문임기제공무원을 포함한다. 이하 같다)과 한시임기제공무원은 법 제28조제2항제2호·제3호 또는 제10호에 해당하는 경우에 채용할 수 있으며, 응시요건은 별표4의2와 같다. 다만, 소속 장관은 별표4의2의 응시요건을 적용하는 것이 곤란하다고 인정되는 경우에는 인사혁신처장과 협의하여 응시요건을 달리 정할 수 있다.(2014.11.19 단서개정)

⑦ 제1항 및 제6항에도 불구하고 전문직공무원으로 정년퇴직한 사람을 일반임기제공무원 또는 전문임기제공무원으로 채용하는 경우에는 법 제28조제2항제3호에 해당하여야 하며, 다음 각 호의 구분에 따른 응시요건을 충족하여야 한다.
1. 일반임기제공무원으로 채용하는 경우 : 임용예정 직급과 같은 직급 또는 그에 상당하는 직급에서 2년 이상 근무한 경력이 있는 사람일 것
2. 전문임기제공무원으로 채용하는 경우 : 별표4의2에 따른 응시요건. 다만, 소속 장관은 별표4의2의 응시요건을 적용하는 것이 곤란하다고 인정되는 경우에는 인사혁신처장과 협의하여 응시요건을 달리 정할 수 있다.(2017.1.31 본항신설)

(2012.1.26 본조제목개정)

제17조 (1978.12.30 삭제)

제18조【경력경쟁채용시험등 합격자의 임용】 ① 경력경쟁채용시험등으로 공무원을 임용할 때에는 다음 각 호의 경우를 제외하고는 그 시험을 실시할 때의 임용 예정 직위 외의 직위에 임용할 수 없다.
1. 직무가 동일한 임용 예정 직위의 군(群)을 정하여 실시하는 시험으로 선발된 5급 이하의 공무원(이에 상당하는 공무원을 포함한다)을 그 시험 실시 당시에 정한 임용예정 직위의 군에 속하는 어느 하나의 직위에 임용하는 경우
2. 「공무원임용시험령」 제3조제1항제4호 및 제5호에 따라 인사혁신처장이 실시하는 5급 및 7급 공무원 경력경쟁채용시험등 중 다음 각 목의 어느 하나에 해당하는 경우
   가. 직무분야(직무의 종류가 상당히 유사한 직위의 군을 말한다. 이하 이 항에서 같다)를 정하여 실시하는 경력경쟁채용시험등으로 선발된 공무원을 시험실시 당시에 정한 직무분야에 속하는 직위에 임용하는 경우
   나. 직렬·직류를 정하여 실시하는 경력경쟁채용시험등으로 선발된 공무원을 시험실시 당시에 정한 직렬·직류에 속하는 직위에 임용하는 경우

(2022.12.27 본항개정)

② 「공무원임용시험령」 제3조제1항제4호·제5호, 제20조의3 및 제26조제3항에 따라 인사혁신처장(제20조의3의 경우에는 시험실시기관의 장을 말한다)이 실시하는 경력경쟁채용시험등의 합격자를 임용할 때 현원이 정원을 초과하는 경우에는 정원과 현원이 일치할 때까지 그 인원에 해당하는 정원이 해당 기관에 따로 있는 것으로 본다.(2020.2.25 본항개정)

제19조 (1971.12.11 삭제)

제20조 (1973.4.9 삭제)

제21조【경력경쟁채용시험등 합격의 유효기간】 ① 경력경쟁채용시험등 합격의 효력은 1년으로 한다. 다만, 법 제28조제2항 각 호 외의 부분 단서에 따른 다수인을 대상으로 하지 아니한 시험 합격의 효력은 6개월로 한다.

② 제1항에도 불구하고 「공무원임용시험령」 제3조제1항제4호·제5호 및 제26조제3항에 따른 경력경쟁채용시험등 합격의 효력은 2년으로 하되, 「병역법」에 따른 병역복무를 위하여 징집 또는 소집된 경우의 의무복무 기간은 포함하지 아니한다.(2020.6.30 본항개정)

③ 제2항에 따라 그 합격의 효력이 2년인 경력경쟁채용시험등 합격자에 대해서는 제11조, 제12조, 제13조제1항 및 제14조를 준용한다.

(2012.1.26 본조개정)

제22조【지방공무원의 경력경쟁채용등】 ① 지방공무원을 국가공무원으로 임용할 때에는 지방공무원으로 임용할 당시 또는 지방공무원으로 재직 시 인사혁신처장이 실시한 임용예정 직렬에 해당한 시험에 합격하여 지방공무원으로 임용된 사람에 대해서는 경력경쟁채용시험등을 면제한다.(2014.11.19 본항개정)

② 최초에 국가공무원으로 임용되어 지방공무원으로 교류임용된 사람이 국가공무원으로 재직 시의 직렬로 다시 임용될 때에는 경력경쟁채용시험등을 면제한다.(2012.1.26 본항개정)

③ 다음 각 호의 어느 하나의 경우에는 경력경쟁채용시험등을 면제한다.(2012.1.26 본문개정)
1. 일반직 지방공무원을 지방자치단체의 해당 직급에 해당하는 국가공무원으로 임용하는 경우
2. 시·도 또는 자치구·시·군에 근무하는 일반직 지방공무원(시보 공무원은 제외한다. 이하 이 항에서 같다)을 행정안전부 및 그 소속 기관에 해당 직급에 해당하는 국가공무원으로 임용하는 경우(2017.7.26 본호개정)
3. 시·도의 교육청과 그 소속 기관에 근무하는 일반직 지방공무원을 교육부 및 그 소속 기관과 그 밖에 교육부 장관이 그 소속 공무원에 대한 임용권 또는 임용제청권을 가지는 기관에 해당 직급에 해당하는 국가공무원으로 임용하는 경우(2013.3.23 본호개정)

(2012.1.26 본조제목개정)

제22조의2【외무공무원의 경력경쟁채용등】 외무공무원을 인사혁신처장이 정한 직무 내용이 유사한 일반직공무원으로 임용할 때에는 경력경쟁채용시험등을 면제한다.(2020.9.22 본조개정)

제22조의3【지역 인재의 추천 채용】 ① 법 제26조의4제1항에 따라 수습으로 근무하는 사람(이하 "수습직원"이라 한다)은 다음 각 호 구분에 따른 방법으로 선발한다.(2015.9.25 본문개정)
1. 학사학위과정이 개설된 「고등교육법」 제2조 각 호의 학교와 그 밖의 다른 법률에 따라 설치된 학교 중 인사혁신처장이 정하는 학교의 졸업자(졸업일이 인사혁신처장이 정하는 기간 이내에 있는 사람만 해당한다) 또는 졸업예정자를 대상으로 해당 학교의 장의 추천을 거쳐 인사혁신처장이 임용예정 계급을 일반직 7급 공무원으로 하여 선발(2021.11.30 본호개정)
2. 「초·중등교육법」 제2조에 따라 설치된 고등학교, 전문학사 학위과정이 개설된 「고등교육법」 제2조 각 호의 학교와 그 밖의 다른 법률에 따라 설치된 학교 중 인사혁신처장이 정하는 학교의 졸업자(졸업일이 인사혁신처장이 정하는 기간 이내에 있는 사람만 해당한다) 또는 졸업예정자를 대상으로 해당 학교의 장의 추천을 거쳐 인사혁신처장이 임용예정 계급을 일반직 9급 공무원으로 하여 선발(2021.11.30 본호개정)
3. (2013.11.20 삭제)

② 임용예정 계급이 7급인 수습직원의 수습기간은 견습근무(직무수행에 필요한 교육훈련을 포함한다. 이하 같다)가 시작된 날부터 1년으로 하고, 임용예정 계급이 일반직 9급인 견습직원의 수습기간은 수습근무가 시작된 날부터 6개월로 한다. 다만, 소속 장관은 수습직원의 근무태도가 성실하지 않은 등 특별한 사유가 있는 경우에는 6개월의 범위에서 해당 수습직원의 수습기간을 연장할 수 있다.(2021.11.30 단서개정)

③ 인사혁신처장은 제1항에 따라 수습직원으로 선발된 사람을 각급 공무원교육원, 일반교육기관 또는 그 밖의 행정기관에 위탁하여 일정한 기간 직무수행에 필요한 교육훈련(실무수습을 포함한다)을 받게 할 수 있다.(2015.9.25 본항개정)

④ 인사혁신처장은 수습직원의 학업성적, 전공분야, 경력 및 적성 등과 각 기관의 결원 수와 예상 결원 수를 고려하여 수습으로 근무할 기관을 지정하여야 한다.(2015.9.25 본항개정)

⑤ 소속 장관은 수습직원의 근무상황을 지도·감독하여야 하며, 견습직원의 근무성적 또는 교육훈련 성적이 불량한 경우에는 인사혁신처장과의 협의를 거쳐 견습기간이 끝나기 전에 수습근무를 그만두게 할 수 있다.(2015.9.25 본항개정)

⑥ 소속 장관은 수습직원의 근무성적, 교육훈련 성적 및 자질평가 결과를 고려하여 수습기간이 끝나기 1개월 전까지 임용예정 계급 공무원으로의 임용 여부를 인사혁신처장과 협의하여야 한다.(2015.9.25 본항개정)

⑦ 소속 장관이 수습직원을 임용예정 계급 공무원으로 임용할 때에는 「공무원임용시험령」 제29조제1항에도 불구하고 경력경쟁채용시험등을 면제한다.(2015.9.25 본항개정)

⑧ 소속 장관이 수습직원을 임용함으로써 현원이 정원을 초과할 때에는 정원과 현원이 일치할 때까지 그 인원에 해당하는 정원이 해당 기관에 따로 있는 것으로 본다.(2015.9.25 본항개정)

⑨ 수습직원에게는 수습기간 동안 예산의 범위에서 임용예정 직급의 1호봉에 해당하는 보수에 상당하는 금액을 지급할 수 있다.(2015.9.25 본항개정)

⑩ 인사혁신처장은 여성과 남성이 평등하게 수습근무의 기회를 가질 수 있도록 필요한 시책을 마련하여 추진할 수 있다.(2015.9.25 본항개정)

⑪ 인사혁신처장, 소속 장관 또는 교육훈련기관의 장은 이 영에 따른 지역 인재의 추천·선발, 교육훈련 및 인사관리를 위하여 불가피한 경우에는 「개인정보 보호법」 제23조에 따른 건강에 관한 정보 또는 같은 법 시행령 제19조제1호에 따른 주민등록번호가 포함된 자료를 처리할 수 있다.(2014.11.19 본항개정)

⑫ 제1항부터 제11항까지에서 규정한 사항 외에 수습직원의 추천·선발, 인사관리, 보수 지급 및 임용방법 등에 필요한 사항은 인사혁신처장이 정한다.(2015.9.25 본항개정)

(2013.11.20 본조제목개정)

제22조의4【임기제공무원의 임용 절차 등】 ① 임용권자 또는 임용제청권자는 정원(일반임기제공무원을 임용하는 경우만 해당한다) 및 예산의 범위에서 임기제공무원을 임용할 수 있다. 이 경우 소속 장관이 아닌 기관의 장이 일반임기제공무원 및 한시임기제공무원을 임용한 경우에는 그 사실을 소속 장관에게 통보하여야 하며, 전문임기제공무원을 임용하려는 경우에는 소속 장관의 승인을 받아야 한다.

② 소속 장관은 제1항에 따라 임기제공무원을 임용하거나, 일반임기제공무원 및 한시임기제공무원의 임용 사실을 통보받은 경우와 전문임기제공무원의 임용을 승인한 경우에는 그 사실을 지체 없이 인사혁신처장에게 통보하여야 한다.(2014.11.19 본항개정)

③ 소속 장관은 전문임기제공무원을 임용하거나, 전문임기제공무원의 임용을 승인하려는 경우에는 다음 각 호의 사항을 미리 정하여야 한다. 이 경우 제1호부터 제3호까지의 사항에 관하여는 행정안전부장관과 협의하여야 한다.(2017.7.26 후단개정)
1. 사업의 필요성
2. 임용예정 직위의 업무 내용
3. 임용 인원·등급 및 기간
4. 임용자격
5. 공고 계획
6. 임용조건
④ 법 제32조의2에 따른 인사교류계획에 따라 대학의 교원, 연구기관의 연구원 또는 공공기관의 임직원을 임기제공무원으로 임용하는 경우에는 「공무원임용시험령」 제3조에 따른 사전 협의, 같은 영 제29조에 따른 경력경쟁채용시험등, 같은 영 제47조에 따른 공고 및 같은 영 제49조의2에 따른 점검 등을 생략할 수 있다.(2013.12.16 본항개정)
⑤ 「비상대비에 관한 법률」 제12조의2제1항제2호에 따라 중앙행정기관 및 소속 지방행정기관, 대통령 소속 기관 및 국무총리 소속 기관에 두는 비상대비업무담당자와 인사혁신처장이 정하는 업무 분야의 담당자(이하 "비상대비업무담당자등"이라 한다)는 일반임기제공무원 또는 전문경력관으로 임용한다. 이 경우 임용계급 또는 상당계급, 임용 절차, 자격요건 등은 인사혁신처장이 따로 정한다.(2023.12.26 전단개정)
⑥ 전문경력관은 다음 각 호의 어느 하나에 해당할 경우에만 일반임기제공무원으로 임용할 수 있다.
1. 법 제43조제1항부터 제3항까지에 따른 결원보충의 경우(2023.10.10 본호개정)
2. 강의 및 연구 관련 직위에 채용하는 경우
⑦ 임용권자 또는 임용제청권자는 임기제공무원의 임용을 위해 필요한 경우에는 「공직후보자 등에 관한 정보의 수집 및 관리에 관한 규정」 제6조의2제1항제1호에 따라 인사혁신처장으로부터 해당 직위의 적격자를 추천받을 수 있다.(2023.8.30 본항신설)
(2013.11.20 본조신설)
제22조의5 【임기제공무원의 근무기간】 ① 임기제공무원의 근무기간은 5년의 범위에서 해당 사업을 수행하는 데 필요한 기간으로 한다. 다만, 한시임기제공무원의 근무기간은 1년 6개월의 범위에서 업무를 대행하는 데 필요한 기간으로 한다.(2015.11.18 단서개정)
② 임용권자 또는 임용제청권자는 전문임기제공무원을 임용하여야 된 해당 사업이 계속되거나, 부득이한 사유로 근무기간 내에 사업이 종료되지 아니하여 근무기간을 연장할 필요가 있다고 인정할 경우에는 총 근무기간이 5년을 넘지 아니하는 범위에서 「공무원임용시험령」 제47조제2항에 따른 공고 절차를 거치지 아니하고 근무기간을 연장할 수 있다. 이 경우 소속 장관의 승인과 행정안전부장관과의 협의에 관하여는 제22조의4제1항 후단 및 같은 조 제3항을 준용한다.(2017.7.26 후단개정)
③ 임용권자 또는 임용제청권자는 일반임기제공무원으로 임용된 공무원의 근무실적이 우수하거나 계속하여 근무하게 하여야 할 특별한 사유가 있는 경우에는 총 근무기간이 5년을 넘지 아니하는 범위에서 「공무원임용시험령」 제47조제2항에 따른 공고 절차를 거치지 아니하고 근무기간을 연장할 수 있다. 이 경우 소속 장관이 아닌 기관의 장이 근무기간을 연장한 경우 소속 장관으로의 통보에 관하여는 제22조의4제1항 후단을 준용한다.
④ 임용권자 또는 임용제청권자는 한시임기제공무원으로 임용된 공무원의 근무실적이 우수하거나 계속하여 근무하게 하여야 할 특별한 사유가 있는 경우에는 총 근무기간이 1년 6개월을 넘지 아니하는 범위에서 근무기간을 연장할 수 있다. 이 경우 소속 장관이 아닌 기관의 장이 근무기간을 연장한 경우 소속 장관으로의 통보에 관하여는 제22조의4제1항 후단을 준용한다.(2015.11.18 전단개정)
⑤ 제1항 및 제3항에도 불구하고 제22조의4제5항에 따라 임기제공무원으로 임용하는 비상대비업무담당자등의 근무기간은 인사혁신처장이 정하는 기간으로 한다.
(2014.11.19 본항개정)
⑥ 제2항 및 제3항에도 불구하고 총 근무기간이 5년에 이른 임기제공무원(한시임기제공무원 및 제16조제7항에 따라 채용된 임기제공무원은 제외한다)의 성과가 탁월한 경우에는 「공무원임용시험령」 제47조제2항에 따른 공고 절차를 거치지 아니하고 총 근무기간 5년을 초과하여 5년의 범위에서 일정한 기간 단위로 근무기간을 연장할 수 있다. 이 경우 임기제공무원의 소속 장관이 아닌 기관의 장이 근무기간을 연장한 경우 소속 장관에 대한 통보나 소속 장관의 사전 승인에 관하여는 제22조의4제1항 후단을 준용하고, 전문임기제공무원의 근무기간 연장에 따른 행정안전부장관과의 협의에 관하여는 같은 조 제3항을 준용한다.(2017.7.26 후단개정)
(2013.11.20 본조신설)
제22조의6 【임기제공무원으로 전보·승진임용된 경력직공무원의 근무상한연령】 ① 임기제공무원이 아닌 경력직공무원이 임기가 있는 직위로 전보 또는 승진임용되어 임기제공무원이 된 경우에는 근무상한연령을 60세로 한다.(2015.9.25 본항개정)
② 제1항에 해당하는 공무원은 그 근무상한연령에 이른 날이 1월에서 6월 사이에 있으면 6월 30일에, 7월에서 12월 사이에 있으면 12월 31일에 각각 당연히 퇴직한다.
(2015.9.25 본조제목개정)
(2013.11.20 본조신설)

제3절 시보임용

제23조 【시보임용】 ① 임용권자는 시보임용 기간 중에 있는 공무원의 근무상황을 항상 지도·감독하여야 한다.
② 임용권자 또는 임용제청권자는 법 제29조에 따라 시보임용 기간 중에 있는 공무원을 정규 공무원으로 임용 또는 임용 제청하거나 면직 또는 면직 제청하려는 경우에는 임용심사위원회의 의결을 거쳐야 한다.
③ 제2항에 따라 임용심사위원회가 시보 임용 기간 중에 있는 공무원을 정규 공무원으로 임용 또는 임용 제청하기 위한 의결을 하려는 경우에는 해당 위원회에서 해당 공무원의 근무성적, 교육훈련성적, 근무태도, 공직관 등에 대한 평가를 실시해야 한다.
④ 임용권자 또는 임용제청권자는 시보 임용 기간 중에 있는 공무원이 다음 각 호의 어느 하나에 해당하여 정규 공무원으로 임용하기 부적당하다고 인정되는 경우에는 법 제29조제3항에 따라 해당 공무원을 면직시키거나 면직 제청할 수 있다.
1. 제24조제1항 전단에 따라 받은 교육훈련 성적이 수료기준에 미달한 경우
2. 제24조제1항 전단에 따른 교육훈련 중 질병, 병역 복무 또는 그 밖에 교육훈련을 계속할 수 없는 불가피한 사정 외의 사유로 퇴학처분을 받은 경우
3. 근무성적 또는 교육훈련 성적이 매우 불량하여 성실한 근무수행을 기대하기 어렵다고 인정되는 경우
4. 공무원으로서 품위를 크게 손상하는 행위를 함으로써 공무원으로서의 자질이 부족하다고 판단되는 경우
5. 법 또는 법에 따른 명령을 위반하여 중징계(파면, 해임, 강등 또는 정직을 말한다) 사유에 해당하는 비위를 저지른 경우
6. 법 또는 법에 따른 명령을 위반하여 경징계(감봉 또는 견책을 말한다) 사유에 해당하는 비위를 2회 이상 저지른 경우
(2023.12.26 본조개정)
제24조 【시보 공무원 또는 시보 공무원이 될 사람의 훈련】 ① 임용권자나 법 제39조에 규정된 채용후보자 추천권자는 시보 공무원 또는 시보 공무원이 될 사람을 각급 공무원교육원, 일반교육기관 또는 그 밖의 행정기관에 위탁하여 일정한 기간 직무수행에 필요한 교육훈련(실무수습을 포함한다)을 받게 할 수 있다. 이 경우 시보 공무원이 될 사람에게는 훈련을 받는 기간 동안 예산의 범위에서 임용예정 직급의 1호봉에 해당하는 봉급에 상당하는 금액(교육훈련기간은 그 금액의 80퍼센트) 등을 지급할 수 있다.(2017.12.29 후단개정)
② 임용권자나 인사혁신처장은 시보 공무원의 훈련 및 실무수습에 관한 계획을 수립하여 실시하여야 한다.
(2014.11.19 본항개정)
제25조 【시보임용의 면제 및 기간 단축】 ① 제24조에 따라 시보 공무원이 될 사람이 받은 교육훈련 기간이 있는 경우에는 그 기간에 따라 시보임용을 면제하거나 시보임용 기간을 단축할 수 있다.(2016.6.24 본항개정)
② 다음 각 호의 경우에는 시보임용을 면제한다.
1. 제31조의 승진소요최저연수를 초과하여 재직하고 제32조의 승진임용 제한 사유에 해당하지 아니하는 사람으로서 승진예정 계급에 해당하는 채용시험에 합격하여 임용된 경우
2. 정규의 일반직 국가공무원 또는 일반직 지방공무원이었던 사람(임기제공무원으로만 근무했던 사람은 법 제29조제1항에 따른 계급별 시보임용 기간 이상 근무한 경우로 한정한다)이 퇴직 당시의 계급(인사혁신처장이 정하는 임용계급에 상당하는 계급을 포함한다. 이하 이 호에서 같다)이나 그 이하의 계급으로 임용된 경우
(2018.7.3 본호개정)
3. 수습직원이 법 제26조의4제1항에 따라 6급(우정직공무원의 경우에는 우정3급을 말한다) 이하의 공무원으로 임용된 경우(2015.9.25 본호개정)
4. 임기제공무원으로 임용된 경우(2013.11.20 본호신설)
(2009.9.8 본조개정)

제3장 전 직

제26조~제28조의2 (1981.6.10 삭제)
제29조 【전직의 요건】 ① 임용권자는 다음 각 호의 어느 하나에 해당하는 경우에는 전직시험을 거쳐 소속 공무원을 전직시킬 수 있다.
1. 전직 예정직 관련 직무에 6개월 이상 근무한 경력 또는 교육훈련 경력이 있는 사람, 담당 직무와 관련된 전문적인 학교교육을 받은 사람 및 국가에서 인정하는 자격증을 가진 사람을 현재의 계급과 같거나 상당하는 계급의 직위에 전직시키려는 경우(2013.11.20 본호개정)
2. 직제나 정원의 개정·폐지로 인하여 해당 직의 인원을 조정할 필요가 있는 경우(2021.1.5 본호개정)
3. 해당 직렬의 최상위 직급에 재직하고 있거나 그 기관에 같은 직렬의 상위 직급의 직위가 없는 직위에 근무하고 있는 사람을 승진임용하는 경우
4. 전에 재직한 직렬(제15조에 따라 전직된 사람의 경우에는 채용예정 직렬을 포함한다)로 전직하는 경우
② 제1항에 따라 전직임용을 할 때 「공무원임용시험령」에서 정하는 특수직급의 경우에는 해당 직급에 해당하는 자격증을 소지한 사람이어야 한다.
③ 다음 각 호의 경력경쟁채용시험등을 통해 채용된 공무원은 최초로 임용된 날부터 다음 각 호의 구분에 따른 기간(휴직기간, 직위해제처분기간, 강등 및 정직 처분으로 인하여 직무에 종사하지 않은 기간은 포함하지 않는다) 동안 전직될 수 없다. 다만, 직제 또는 정원이 변경되는 경우에는 그렇지 않다.(2019.11.5 본문개정)
1. 법 제28조제2항제2호부터 제4호까지 및 제9호부터 제11호까지의 규정에 따라 경력경쟁채용시험등을 통하여 채용된 공무원 : 4년. 다만, 4급 이하 행정직렬의 공무원으로 전직되는 때에는 6년으로 한다.(2015.11.18 본호개정)
2. 법 제28조제2항제6호·제8호 및 제12호에 따라 경력경쟁채용시험등을 통하여 채용된 공무원 : 5년
(2013.4.22 본호개정)
3. 법 제28조제2항제13호에 따른 경력경쟁채용시험등을 통하여 채용된 공무원 중 제16조제1항제2호, 제3호 및 제10호의 요건을 갖추어 해당 사유로 채용된 공무원 : 4년. 다만, 4급 이하 행정직렬의 공무원으로 전직되는 때에는 6년으로 한다.(2015.11.18 본호개정)
4. 법 제28조제2항제13호에 따른 경력경쟁채용시험등을 통하여 채용된 공무원 중 제16조제1항제13호 후단에 따라 특수 근무를 예정하여 채용된 공무원 : 5년
(2013.4.22 본호신설)
(2009.9.8 본조개정)
제30조 【전직시험의 면제】 다음 각 호의 어느 하나에 해당하는 경우에는 전직시험 없이 전직시킬 수 있다.
1. 전에 재직한 직렬(공무원의 신분이 중단되지 아니한 사람이어야 하며, 제15조에 따라 전직된 사람의 경우에는 채용예정 직렬을 포함한다)로 전직시키는 경우. 다만, 6급 이하 공무원이 5급 이상의 공무원·연구관 또는 지도관으로 임용된 후 전직하는 경우는 제외한다.
2. (2013.11.20 삭제)
3. 제29조제1항제2호에 따른 전직 중 같은 직군에서 직무내용의 변경 없이 직급 명칭만 변경되는 경우
4. 인사혁신처장이 정하는 자격증 소지자를 그 자격증에 상응하는 직급으로 전직시키는 경우(2014.11.19 본호개정)
5. 별표1 중 행정직렬과 감사직렬 공무원 상호간 및 인사혁신처장이 정한 직무 내용이 유사한 연구직렬 공무원이 과학기술직렬 공무원으로 전직하는 경우(2023.8.30 본호개정)
(2009.9.8 본조개정)

제4장 승진임용

제31조 【승진소요최저연수】 ① 공무원이 승진하려면 다음 각 호의 구분에 따른 기간 동안 해당 계급에 재직해야 한다.(2023.12.26 본문개정)
1. 일반직공무원(우정직공무원은 제외한다)
가. 4급 및 5급 : 3년 이상
나. 6급 : 2년 이상
다. 7급, 8급 및 9급 : 1년 이상
(2023.12.26 가목~다목개정)
2. 우정직공무원
가. 우정2급 : 3년 이상
나. 우정3급, 우정4급, 우정5급 및 우정6급 : 1년 6개월 이상
다. 우정7급, 우정8급 및 우정9급 : 1년 이상
(2023.12.26 가목~다목개정)
(2013.11.20 본항개정)
② 제1항의 기간에는 휴직기간, 직위해제 기간, 징계처분 기간 및 제32조에 따른 승진임용의 제한기간을 포함하지 않는다. 다만, 다음 각 호에 따른 기간은 제1항의 기간에 포함한다.(2020.12.29 본문개정)
1. 법 제71조에 따른 휴직 중 다음 각 목의 기간
가. 질병휴직 중 법 제72조제1호 각 목의 어느 하나에 해당하는 공무상 질병 또는 부상으로 인한 휴직과 법 제71조제1항제3호·제5호·제6호 또는 같은 조 제2항제1호에 따른 휴직은 그 휴직기간(2023.12.26 본목개정)
나. 법 제71조제2항제2호에 따른 휴직은 그 휴직기간의 50퍼센트에 해당하는 기간. 다만, 제1항의 기간에 포함되는 기간은 1년을 초과할 수 없다.(2014.2.5 단서신설)
다. 법 제71조제2항제4호에 따른 휴직(이하 "육아휴직"이라 한다)은 그 휴직기간. 다만, 자녀 1명에 대한 총 휴직기간이 1년을 넘는 경우에는 최초의 1년으로 하되, 다음의 어느 하나에 해당하는 경우에는 그 휴직기간 전부로 한다.(2023.10.10 본문개정)
1) 첫째 자녀에 대하여 부모가 모두 휴직을 하는 경우로서 각 휴직기간이 인사혁신처장이 정하는 기간 이상인 경우(2018.7.3 신설)

2) 둘째 자녀 이후에 대하여 휴직을 하는 경우 (2018.7.3 신설)
2. 법 제73조의3제1항에 따른 직위해제처분기간 중 다음 각 목의 기간
가. 법 제73조의3제1항제3호에 따라 직위해제처분을 받은 사람이 다음의 어느 하나에 해당하는 경우 그 직위해제처분기간
1) 해당 공무원에 대한 징계의결 요구에 대하여 관할 징계위원회가 징계하지 아니하기로 의결한 경우 (2016.6.24 개정)
2) 직위해제처분 또는 직위해제처분의 사유가 된 징계의결 요구에 의한 징계처분이 소청심사위원회의 결정이나 법원의 판결에 의하여 무효 또는 취소로 확정된 경우
나. 법 제73조의3제1항제4호에 따라 직위해제처분을 받은 사람이 그 처분의 사유가 된 형사사건에 대하여 법원의 판결에 따라 무죄로 확정된 경우 그 직위해제처분기간(2016.6.24 본목개정)
다. 법 제73조의3제1항제6호에 따라 직위해제처분을 받은 사람이 1) 및 2)에 모두 해당하는 경우 같은 호에 따른 직위해제처분기간(2020.12.29 본문개정)
1) 법 제73조의3제1항제6호에 따라 직위해제처분을 받은 사람에 대한 징계의결 요구 또는 징계처분이 다음의 어느 하나에 해당하는 경우
가) 소속 장관 등이 법 제78조제4항에 따른 징계의결 요구를 하지 아니하기로 한 경우
나) 해당 공무원에 대한 징계의결 요구에 대하여 관할 징계위원회가 징계하지 아니하기로 의결한 경우
다) 조사 또는 수사 결과에 의한 징계처분이 소청심사위원회의 결정이나 법원의 판결에 의하여 무효 또는 취소로 확정된 경우
2) 법 제73조의3제1항제6호에 따른 직위해제처분의 원인이 된 비위행위에 대한 조사 또는 수사 결과가 다음의 어느 하나에 해당하는 경우
가) 형사사건에 해당하지 아니하는 경우
나) 사법경찰관이 불송치를 하거나 검사가 불기소를 한 경우. 다만, 「형사소송법」 제247조에 따라 공소를 제기하지 않는 경우와 불송치 또는 불기소를 했으나 해당 사건이 다시 수사 및 기소되어 법원의 판결에 따라 유죄가 확정된 경우는 제외한다. (2020.12.29 개정)
다) 형사사건으로 기소되거나 약식명령이 청구된 사람이 법원의 판결에 따라 무죄로 확정된 경우
(2016.6.24 본목개정)
라. (2016.6.24 삭제)
(2015.11.18 본호개정)
2의2. 징계처분 요구일 또는 징계의결 요구일부터 징계처분일 전일까지의 기간. 다만, 직위해제 기간과 겹치는 기간은 제외한다.(2011.3.7 본호신설)
3. 시보임용 기간
③ 다음 각 호의 어느 하나에 해당하는 경우 제1항의 기간에는 제5항, 제6항 및 제8항부터 제11항까지의 규정에도 불구하고 종전의 신분에서의 휴직기간, 직위해제 기간, 징계처분 기간 및 승진임용의 제한기간을 포함하지 않는다. 다만, 종전의 신분에서의 제1항 제2호 각 호에 따른 기간에 준하는 기간은 인사혁신처장이 정하는 바에 따라 제1항의 기간에 포함한다.
1. 이 영에 따른 공무원과는 다른 법률의 적용을 받는 공무원이 퇴직 후 이 영에 따른 공무원으로 임용된 경우
2. 이 영에 따른 공무원이 퇴직 후 다시 이 영에 따른 공무원으로 임용된 경우
(2022.12.27 본항신설)
④ 강등되거나 강임되었던 사람이 원 계급으로 승진된 경우에는 강등 또는 강임 전의 기간은 재직연수에 합산한다.
⑤ 퇴직하였던 국가 또는 지방공무원이 퇴직 당시의 계급 이하의 계급으로 임용된 경우에는 퇴직 전의 재직기간 중 재임용 당시의 계급 이상의 계급으로 재직한 기간은 재임용 당시 계급의 재직연수에 합산하되, 재임용일부터 10년 이내의 재직기간으로 한정한다. 이 경우 고위공무원이었던 사람이 퇴직 후 4급 이하 공무원으로 임용된 경우에는 고위공무원으로 재직한 기간은 재임용 당시 계급의 재직연수에 합산한다.
⑥ 법 제28조제2항제1호에 따라 일반직공무원인 사람이 특수경력직 또는 다른 종류의 경력직공무원이 되기 위하여 퇴직한 사람을 퇴직 시에 재직한 직급의 일반직공무원으로 재임용한 경우에 인사혁신처장이 정한 특수한 업무에 종사한 특수경력직 또는 다른 종류의 경력직공무원으로 근무한 재임용 전 경력은 제1항의 기간에 포함한다. 이 경우 재임용된 계급보다 상위 계급 상당으로 근무한 특수경력직 또는 다른 종류의 경력직공무원의 경력은 재임용된 계급의 재직기간에만 포함한다.(2014.11.19 전단개정)
⑦ 연구직 및 지도직공무원이 다른 일반직공무원으로 임용된 경우 연구직 및 지도직공무원으로 근무한 기간은 다음 각 호의 구분에 따라 해당 계급의 승진소요최저연수에 포함할 수 있다.
1. 연구관·지도관
가. 4급 이상 공무원으로 임용되는 경우 : 연구관·지도관으로 근무한 기간의 범위에서 담당 직무의 내용·곤란성 및 책임도 등에 따라 임용된 직급에 상당하다고 인사혁신처장이 인정하는 기간(2014.11.19 본목개정)
나. 5급 공무원으로 임용되는 경우 : 연구관·지도관으로 근무한 기간
2. 연구사·지도사
가. 6급 공무원으로 임용되는 경우 : 연구사·지도사로 근무한 기간의 범위에서 담당 직무의 내용·곤란성 및 책임도 등에 따라 임용된 직급에 상당하다고 인사혁신처장이 인정하는 기간(2014.11.19 본목개정)
나. 7급 이하 공무원으로 임용되는 경우 : 연구사, 지도사로 근무한 기간
⑧ 외무공무원이 일반직공무원으로 경력경쟁채용시험등을 통해 채용된 경우 외무공무원으로 근무한 기간은 「외무공무원임용령」 제46조에 따른 상응 계급에 따라 제1항의 기간에 포함할 수 있다. 이 경우 고위공무원으로 재직한 외무공무원의 근무기간은 경력경쟁채용시험등을 통해 채용된 계급의 재직연수에 합산한다.(2012.1.26 본항개정)
⑨ 전문경력관, 임기제공무원, 특정직공무원 및 별정직공무원이 퇴직 후 일반직공무원으로 임용된 경우에는 인사혁신처장이 정하는 바에 따라 해당 계급 상당 이상의 전문경력관, 임기제공무원, 특정직공무원 및 별정직공무원으로 재직한 기간을 제1항에 따른 기간에 포함할 수 있다.(2014.11.19 본항개정)
⑩ 「법원조직법」 제72조에 따른 사법연수원의 연수생으로 수습한 기간은 제1항에 따른 4급 이하 일반직공무원으로의 승진소요연수에 포함한다.
⑪ 시간선택제채용공무원과 제57조의3에 따른 시간선택제전환공무원의 근무기간은 근무시간에 비례하여 제1항의 기간에 포함한다. 다만, 제57조의3에 따른 시간선택제전환공무원이 해당 계급에서 근무한 기간은 1년의 범위에서 제1항의 기간에 전부 포함하되, 육아휴직을 대신하여 시간선택제전환공무원으로 지정되어 근무한 기간은 둘째 자녀부터 3년의 범위에서 전부 포함한다.(2023.10.10 단서개정)
⑫ 강등 또는 강임된 사람이 강등 또는 강임된 계급 이상의 계급으로 재직한 기간은 강등 또는 강임된 계급의 재직연수로 합산한다.
⑬ 전문직공무원이 전문직공무원이 아닌 일반직공무원으로 임용된 경우 전문직공무원으로 근무한 기간은 다음 각 호의 구분에 따라 해당 계급의 승진소요최저연수에 포함할 수 있다.
1. 3급 또는 4급 공무원으로 임용되는 경우 : 수석전문관으로 근무한 기간의 범위에서 담당 직무의 내용·곤란성 및 책임도 등에 따라 임용된 직급에 상당하다고 인사혁신처장이 인정하는 기간
2. 5급 공무원으로 임용되는 경우 : 전문관으로 근무한 기간
(2017.1.10 본항신설)
⑭ 법 제28조제2항제7호에 따라 국가공무원으로 임용된 경우에는 이 조 제5항에도 불구하고 재직연수에 합산하는 재직기간의 범위를 한정하지 않는다.(2022.12.27 본항신설)
⑮ 국가공무원으로 임용되기 위하여 「지방공무원법」 제65조의4제1항에 따라 강임되었던 지방공무원이 법 제28조제2항제7호에 따라 국가공무원으로 임용된 후 원 계급으로 승진된 경우에는 지방공무원으로 재직한 강임 전의 기간을 재직연수에 합산한다.(2022.12.27 본항신설)
(2009.9.8 본조개정)
제32조【승진임용의 제한】 ① 공무원이 다음 각 호의 어느 하나에 해당하는 경우에는 승진임용될 수 없다.
1. 징계처분 요구 또는 징계의결 요구, 징계처분, 직위해제, 휴직(질병휴직 중 「공무원 재해보상법」에 따른 공무상 질병 또는 부상으로 인한 휴직자를 제35조의2제1항제4호 또는 제5호에 따라 특별승진임용하는 경우는 제외한다) 또는 시보임용 기간 중에 있는 경우 (2023.10.10 본호개정)
2. 징계처분의 집행이 끝난 날부터 다음 각 목의 기간[법 제78조의2제1항 각 호의 어느 하나에 해당하는 사유로 인한 징계처분과 소극행정, 음주운전(음주측정에 응하지 않은 경우를 포함한다), 성폭력, 성희롱 및 성매매에 따른 징계처분의 경우에는 각각 6개월을 더한 기간]이 지나지 않은 경우(2019.11.5 본문개정)
가. 강등·정직 : 18개월
나. 감봉 : 12개월
다. 견책 : 6개월
② 징계에 관하여 이 영에 따른 공무원과는 다른 법률의 적용을 받는 공무원이 이 영에 따른 공무원이 된 경우 종전의 신분에서 강등처분을 받은 경우에는 그 처분 종료일부터 18개월 동안 승진임용될 수 없고, 근신·군기교육이나 그 밖에 이와 유사한 징계처분을 받은 경우에는 그 처분 종료일부터 6개월 동안 승진임용될 수 없다. (2020.9.22 본항개정)
③ 제1항 또는 제2항에 따라 승진임용 제한기간 중에 있는 사람이 다시 징계처분을 받은 경우의 승진임용 제한기간은 전 처분에 대한 제한기간이 끝난 날부터 계산하고, 징계처분으로 승진임용 제한기간 중에 있는 사람이 휴직하거나 직위해제처분을 받는 경우 징계처분에 따른 남은 승진임용 제한기간은 복직일부터 계산한다. (2020.9.22 본항개정)
④ 공무원이 징계처분을 받은 후 해당 계급에서 훈장, 포장, 모범공무원포상, 국무총리 이상의 표창을 받거나 제안의 채택 시행으로 포상을 받는 경우에는 최근에 받은 가장 무거운 징계처분에 대해서만 제1항제2호 및 제2항에서 규정한 승진임용 제한기간의 2분의 1을 단축할 수 있다. (2009.9.8 본조개정)
제32조의2 (1981.6.10 삭제)
제33조【4급 공무원과 6급 이하 공무원으로의 승진임용】 ① 5급 공무원과 7급 이하 공무원(우정직공무원의 경우에는 우정4급 이하 공무원을 말한다. 이하 이 조에서 같다)을 승진임용하려는 경우에는 해당 기관의 승진후보자 명부의 높은 순위에 있는 사람부터 차례로 임용하려는 결원 수에 대하여 별표5의 범위에 해당하는 사람을 심사 대상으로 하여 법 제40조의3제2항에 따른 보통승진심사위원회(이하 "보통승진심사위원회"라 한다)의 승진심사를 거쳐 임용해야 한다.(2020.9.22 본항개정)
② 소속 장관은 제1항에 따라 7급 이하 공무원을 승진임용하려는 경우에는 필기시험 또는 실기시험을 실시할 수 있다.
③ (2012.1.26 삭제)
(2020.9.22 본조제목개정)
(2013.11.20 본조개정)
제33조의2【다자녀 양육 공무원에 대한 승진 우대】 소속 장관은 8급 이하 공무원을 승진임용하려는 경우 인사혁신처장이 정하는 바에 따라 다자녀를 양육하는 공무원을 우대하기 위하여 필요한 조치를 할 수 있다. (2023.12.26 본조신설)
제34조【5급 공무원으로의 승진임용】 ① 6급 공무원을 5급 공무원으로 승진임용하려는 경우(우정직공무원의 경우에는 우정3급 공무원을 우정2급 공무원으로 승진임용하려는 경우를 말한다)에는 승진시험 또는 보통승진심사위원회의 심사를 거쳐 임용하여야 한다.(2013.11.20 본항개정)
② 소속 장관은 제1항에 따른 6급(우정직공무원의 경우에는 우정3급을 말한다) 공무원의 승진임용 방법을 임용권자 단위별·승진임용예정 직급별로 다음 각 호의 어느 하나의 방법 중에서 선택하여 지정하거나 그 방법을 변경할 수 있다. 이 경우 변경된 승진임용 방법은 그 변경일 1년 이후부터 적용하되, 제3호에 따라 승진시험 및 승진심사위원회 심사를 병행하는 경우에는 그 실시 비율이 적절한 균형을 유지하도록 하여야 한다.(2022.12.27 후단개정)
1. 승진시험에 의하여 승진임용하는 방법
2. 보통승진심사위원회의 심사에 의하여 승진임용하는 방법
3. 승진임용 심사대상 중 일부는 승진시험에 의하여, 일부는 보통승진심사위원회의 심사에 의하여 승진임용하는 방법
③ 제1항에 따라 보통승진심사위원회의 심사(제2항제3호에 따라 승진시험과 보통승진심사위원회 심사를 병행하는 경우를 포함한다)를 거치려는 경우에는 보통승진심사위원회 개최일 전 3일 현재 5급 공무원으로의 승진후보자 명부의 높은 순위에 있는 사람부터 차례로 결원과 예상 결원을 합한 총결원에 대하여 별표5의 범위에 해당하는 사람을 심사 대상으로 한다.(2020.9.22 본항개정)
④ 소속 장관은 제3항에 따른 총결원(제35조의2제1항제1호부터 제3호까지의 규정에 따른 특별승진임용 인원을 포함한다)은 제8조에 따른 인력관리계획에 따라 정하되, 해당 기관의 5급 이상 일반직공무원의 공개경쟁 채용예정 인원 및 경력경쟁채용등 예정 인원 등과 적정한 균형을 유지하도록 하여야 한다.(2012.1.26 본항개정)
⑤ 제3항에 따른 총결원에 대한 보통승진심사위원회의 심사는 기관별 또는 직급별로 실시한다.(2011.3.7 본항개정)
⑥ 임용권자는 일반승진시험 합격자에 대해서는 승진시험 요구 시의 승진후보자 명부상의 성적 50퍼센트, 제2차 시험 성적 20퍼센트 및 승진임용예정 직급에 상응하는 기본교육훈련 과정의 훈련성적 30퍼센트의 비율로 합산한 점수가 높은 사람부터 차례로, 보통승진심사위원회의 심사 결과 승진 대상자로 결정된 사람에 대해서는 승진심사 시의 승진후보자 명부상의 성적 70퍼센트 및 승진임용예정 직급에 상응하는 기본교육훈련 과정의 훈련성적 30퍼센트의 비율로 합산한 점수가 높은 사람부터 차례로 승진임용 순위 명부를 작성한다. 이 경우 승진임용 순위 명부의 평정점이 같은 경우에는 승진후보자 명부의 순위에 따라 선순위자를 결정한다.
⑦ 제6항에 따른 승진임용 순위 명부는 일반승진시험의 횟수별 또는 보통승진심사위원회의 심사별로 작성하고, 임용권자는 해당 승진후보자 명부 작성 단위기관에 결원이 생겼을 때에는 다음 각 호의 어느 하나에 해당하는 경우를 제외하고는 횟수별 또는 심사별로 작성된 승진임용 순위 명부의 순위에 따라 임용하여야 한다. 다만, 제32조에 따른 승진제한 사유가 있는 사람에 대해서는 그 제한 사유가 소멸된 후에 임용하여야 한다.(2011.3.7 본문개정)
1. 승진임용 순위 명부에 따른 승진임용 대상자가 파견 중인 경우(2011.3.7 본호신설)
2. 승진임용 순위 명부의 순위에 따라 임용할 경우 해당 직위의 직무수행에 현저한 지장이 있다고 인정되는 경우(2022.12.27 본호개정)
⑧ 인사혁신처장은 법 제31조에 따라 공개경쟁시험 합격자 또는 「공무원임용시험령」 제26조제3항에 따른 경력경

쟁채용시험등 합격자의 임용을 위하여 필요하면 임용권자에게 제7항에 따른 임용을 유예하도록 요청할 수 있으며 임용권자는 이에 따라야 한다.(2014.11.19 본항개정)
⑨ 공개경쟁 승진시험으로 승진임용할 때에는 제11조, 제12조, 제13조제1항 및 제14조를 준용한다.
⑩ 제35조의2제1항제1호부터 제3호까지의 사유로 특별승진 대상자로 결정된 사람에 대해서는 제6항에도 불구하고 임용권자가 업무실적, 직무수행능력, 역량평가 결과, 공적사항, 기본교육훈련 과정의 훈련성적 등을 고려하여 별도의 승진임용 순위 명부를 작성할 수 있다.
(2017.12.29 본항신설)
(2009.9.8 본조개정)

제34조의2【승진시험 합격 등의 효력】 ① 승진시험의 합격 및 제34조의3에 따른 보통승진심사위원회의 승진 대상자 결정의 효력은 승진임용 시까지로 한다. 다만, 승진임용되기 전에 퇴직한 경우에는 그렇지 않다.
② 일반승진시험에 합격된 사람 및 제34조의3에 따른 보통승진심사위원회의 심사 결과 승진 대상자로 결정된 사람이 승진임용되기 전에 승진후보자 명부 작성 단위가 다른 기관에 전보(제45조제3항제1호에 따른 전보는 제외한다)된 경우에는 제1항에도 불구하고 일반승진시험의 합격 및 보통승진심사위원회의 승진 대상자 결정의 효력을 상실한다.(2020.9.22 본항개정)
(2019.11.5 본조개정)

제34조의3【보통승진심사위원회】 ① 4급 이하 공무원(5급 공무원으로 승진임용될 때 승진시험을 거치는 6급 공무원은 제외한다)을 승진임용하려는 경우에는 보통승진심사위원회의 승진 심사를 거쳐야 하며, 임용권자 또는 임용제청권자는 특별한 사유가 없으면 심사 결과에 따라야 한다.(2013.11.20 본항개정)
② 보통승진심사위원회는 위원장을 포함한 3명 이상의 위원으로 구성하되, 임용권자 또는 임용제청권자가 부득이하다고 인정하는 경우에는 2명 이상의 위원으로 구성할 수 있다.
③ 보통승진심사위원회의 위원장은 보통승진심사위원회가 설치된 기관의 장 또는 해당 기관의 장이 지명한 소속 공무원(정무직·별정직공무원을 포함한다. 이하 이 항에서 같다)이 되고, 위원은 승진임용예정 직급에 해당하는 계급의 상위 계급자(상위 계급에 상당하는 공무원을 포함한다. 이하 이 항에서 같다) 중에서 해당 기관의 장이 지명한 소속 공무원이 되며, 상위 계급자가 부족한 경우에는 승진임용예정 직급의 계급과 같은 계급자 중에서 지명할 수 있다. 다만, 고위공무원단 직위로 승진임용하는 경우 위원은 고위공무원 중에서 해당 기관의 장이 지명한 사람이 된다.(2013.11.20 본문개정)
④ 승진심사의 기준, 운영절차 등 보통승진심사위원회의 운영에 필요한 사항은 인사혁신처장이 정한다. 이 경우 승진심사의 기준에 대해서는 해당 기관의 업무 특성을 반영하여 소속 장관이 추가로 정할 수 있다.(2022.12.27 본항개정)
(2009.9.8 본조개정)

제35조【3급 공무원으로의 승진임용】 4급 공무원을 승진임용하려는 경우에는 소속 장관이 해당 기관의 승진후보자 중에서 근무성적, 능력, 경력, 전공분야, 인품 및 적성 등을 고려하여 제34조의3에 따른 보통승진심사위원회의 승진 심사를 거쳐 결원의 범위에서 해당하는 인원을 선정하여 임용하여야 한다.(2009.9.8 본조개정)

제35조의2【특별승진임용】 ① 법 제40조의4에 따라 특별승진임용(일반승진시험에의 우선 응시를 포함한다. 이하 이 조에서 같다)하려는 경우에는 다음 각 호의 어느 하나에 해당하는 공무원 중에서 승진임용하여야 한다.
1. 법 제40조의4제1항제1호에 따른 경우 : 인사혁신처장이 정하는 포상을 받은 4급 이하 공무원(2014.11.19 본호개정)
2. 법 제40조의4제1항제2호에 따른 경우 : 다음 각 목의 어느 하나에 해당하는 4급 이하 공무원
  가. 직무수행 능력이 탁월하고 적극적인 업무수행으로 행정 발전에 지대한 공헌실적이 있다고 소속 장관이 인정하는 공무원
  나. 인사혁신처장이 정하는 포상을 받은 공무원
(2019.11.5 본호개정)
3. 법 제40조의4제1항제3호에 따른 경우 : 창안등급(創案等級) 동상 이상의 상을 받은 5급 이하 공무원
4. 법 제40조의4제1항제4호에 따른 경우 : 명예퇴직하는 사람으로서 재직 중 특별한 공적이 있다고 인정되는 3급 이하 공무원
(2013.11.20 3호~4호개정)
5. 법 제40조의4제1항제5호에 따른 경우 : 소속 장관이 재직 중 특별한 공적이 있다고 인정하는 공무원
② 제1항에 따라 특별승진임용할 때에는 해당 공무원이 제32조에 따른 승진임용의 제한을 받지 않는 사람으로서 다음 각 호의 구분에 따른 요건을 갖추어야 한다.
1. 제1항제1호 및 제3호의 경우 : 승진소요최저연수에 도달한 공무원일 것. 다만, 제1항제1호의 경우에는 승진소요최저연수를 6개월 단축할 수 있다.
2. 제1항제4호의 경우 : 재직기간 중 중징계 처분 또는 다음 각 목의 어느 하나에 해당하는 사유로 경징계 처분을 받은 사실이 없으며, 명예퇴직일 전날까지 해당 계급에서 1년 이상 재직한 공무원일 것
  가. 「국가공무원법」 제78조의2제1항 각 호의 징계 사유
  나. 「성폭력범죄의 처벌 등에 관한 특례법」 제2조에 따른 성폭력범죄
  다. 「성매매알선 등 행위의 처벌에 관한 법률」 제2조제1항제1호에 따른 성매매
  라. 「양성평등기본법」 제3조제2호에 따른 성희롱
  마. 「도로교통법」 제44조제1항에 따른 음주운전 또는 같은 조 제2항에 따른 음주측정에 대한 불응
(2019.6.25 본항개정)
③ 제1항제1호부터 제3호까지의 규정에 따라 특별승진임용을 할 때에는 5급 및 7급 이하 공무원(우정직공무원의 경우에는 우정4급 이하 공무원을 말한다)에 대해서는 승진후보자 명부의 순위에도 불구하고 승진 심사를 거쳐 바로 상위 직급으로 승진임용할 수 있으며, 6급(우정직공무원의 경우에는 우정3급을 말한다) 공무원에 대해서는 승진후보자 명부의 순위에도 불구하고 승진 심사를 하거나 「공무원임용시험령」에서 정하는 바에 따라 일반승진시험에 우선 응시하게 할 수 있다.(2013.11.20 본항개정)
④ 제1항제4호 및 제5호에 따라 특별승진임용을 할 때에는 제33조·제34조·제34조의3 및 제35조에도 불구하고 승진임용할 수 있다. 이 경우 고위공무원단 직위로 특별승진임용할 때에는 「고위공무원단 인사규정」 제16조에도 불구하고 승진임용할 수 있다.
⑤ 제1항제2호나목에 해당하는 경우로서 인사혁신처장이 정하는 국무총리 표창 이상의 포상을 받은 4급 이하 공무원을 특별승진임용할 때에는 계급별 또는 직급별 정원을 초과하여 임용할 수 있으며, 정원과 현원이 일치할 때까지 그 인원에 해당하는 정원이 해당 기관에 따로 있는 것으로 본다. 이 경우 특별승진임용의 절차 및 운영 등에 필요한 사항은 인사혁신처장이 정한다.
(2019.11.5 본항신설)
⑥ 제1항제4호에 따라 특별승진임용할 때에는 특별한 공적이 있는지에 대해 제34조의3에 따른 보통승진심사위원회의 심사를 거쳐야 한다. 이 경우 심사의 방법 및 절차 등에 관한 사항은 인사혁신처장이 정한다.(2023.12.26 전단개정)
⑦ 제1항제4호에 따라 특별승진임용된 사람이 법 제74조의2제3항제1호·제1호의2 또는 제1호의3에 해당하여 명예퇴직수당을 환수하는 경우에는 특별승진임용을 취소해야 한다. 이 경우 특별승진임용이 취소된 사람은 그 특별승진임용 전의 직급으로 퇴직한 것으로 본다.
(2019.6.25 본항신설)
(2009.9.8 본조개정)

제35조의3【대우공무원 및 필수 실무관의 선발·지정 등】 ① 임용권자 또는 임용제청권자는 소속 일반직공무원 중 해당 계급에서 승진소요최저연수 이상 근무하고 승진임용의 제한 사유가 없으며 근무 실적이 우수한 사람을 바로 상위 직급의 대우공무원(이하 "대우공무원"이라 한다)으로 선발할 수 있다.(2013.11.20 본항개정)
② 소속 장관은 6급(우정직공무원의 경우에는 우정3급을 말한다) 공무원인 대우공무원 중 해당 직급에서 계속하여 업무에 정려(精勵)하기를 희망하고 실무수행 능력이 우수하여 기관 운영에 특히 필요하다고 인정하는 사람을 필수 실무관으로 지정할 수 있다.(2013.11.20 본항개정)
③ 제1항 및 제2항에 따른 대우공무원 및 필수 실무관의 선발·지정에 필요한 사항은 인사혁신처장이 정한다.
(2014.11.19 본항개정)
④ 제1항 및 제2항에 따른 대우공무원 및 필수 실무관에게는 「공무원수당 등에 관한 규정」에서 정하는 바에 따라 수당을 지급할 수 있다.
(2009.9.8 본조개정)

제35조의4【근속승진 임용】 ① 「행정기관의 조직과 정원에 관한 통칙」 제26조제2항에 따라 공무원의 정원을 통합·운영하는 경우의 승진임용대상자는 제31조에 따른 승진소요최저연수를 경과해야 하고, 승진후보자명부에 올라 있어야 하며, 승진소요최저연수를 포함하여 다음 각 호의 구분에 따른 기간(이하 "근속승진기간"이라 한다) 동안 해당 계급에 재직하여야 한다.(2019.6.18 본문개정)
1. 7급 : 11년 이상
2. 8급 : 7년 이상
3. 9급 : 5년 6개월 이상
(2017.1.31 1호~3호개정)
② 퇴직하였던 국가공무원 또는 지방공무원이 퇴직 당시 계급 이하의 계급으로 임용된 경우에는 제31조제5항 전단에도 불구하고 승진후보자 명부 작성일부터 10년 전의 재직기간도 근속승진기간에 합산한다.(2013.11.20 본문개정)
1.~6. (2013.11.20 삭제)
③ 제1항에도 불구하고 다음 각 호의 어느 하나에 해당하는 공무원은 해당 각 호의 구분에 따른 기간을 근속승진기간에서 단축할 수 있다. 다만, 제2호에 따라 근속승진기간을 단축하는 공무원의 인원수는 인사혁신처장이 제한할 수 있다.(2014.11.19 단서개정)
1. 제48조제1항제1호에 따른 인사교류 경력이 있는 공무원 : 인사교류 기간의 2분의 1에 해당하는 기간
2. 국정과제 등 주요 업무의 추진실적이 우수한 공무원 또는 적극행정 수행 태도가 돋보인 공무원 : 1년
(2019.11.5 본호개정)
(2014.2.5 본항개정)
④ 제1항 및 제2항에 따른 6급(우정직공무원의 경우에는 우정6급을 말한다. 이하 이 조에서 같다) 공무원으로의 근속승진 후보자는 승진후보자 명부에 올라 있고, 근속승진 임용에 필요한 요건을 갖춘 7급 공무원으로 한다.
(2013.11.20 본항개정)
⑤ 임용권자는 제1항 및 제2항에 따른 6급 공무원으로의 근속승진 임용을 위한 심사를 할 때에는 연도별로 합산하여 해당 기관의 근속승진 후보자의 100분의 40에 해당하는 인원 수(소수점 이하가 있는 경우에는 1명을 가산한다)를 초과하여 근속승진 임용할 수 없다.(2023.12.26 본항개정)
⑥ 제5항에 따른 6급 공무원으로의 근속승진 임용을 위한 심사는 「공무원 성과평가 등에 관한 규정」 제29조에 따른 승진후보자 명부 작성일을 고려하여 연 1회 또는 연 2회 실시할 수 있다. 이 경우 임용권자는 인사의 원활한 운용을 위하여 필요하다고 인정되는 경우에는 7급 공무원의 재직기간별로 승진후보자 명부를 구분하여 근속승진 임용을 위한 심사를 할 수 있다.(2023.12.26 전단개정)
⑦ 제1항과 제2항의 근속승진요건에 해당하는 경우에는 근속승진기간에 도달하기 5일 전부터 승진 심사를 할 수 있다.
⑧ 시간선택제채용공무원의 경우 근무기간을 근무시간에 비례하여 근속승진기간에 포함하는 기간은 승진소요최저연수에 2년을 더한 기간까지로 하고, 그 후에는 근무시간과 상관없이 근무기간을 전부 근속승진기간에 포함한다.(2019.6.18 본항신설)
⑨ 제1항 및 제4항에도 불구하고 법 제73조의4제1항에 따라 강임된 공무원은 승진후보자명부에 올라 있지 않더라도 근속승진 임용을 할 수 있다.(2019.6.18 본항신설)
⑩ 제1항부터 제9항까지에서 규정한 사항 외에 근속승진 방법 및 인사운영에 관한 사항은 인사혁신처장이 정한다.(2019.6.18 본항개정)
(2013.11.20 본조제목개정)
(2009.9.8 본조개정)

제36조【6급 이하 교정직렬 공무원의 승진임용】 제33조, 제34조 및 제35조의2에도 불구하고 법 제40조에 따른 6급 이하 교정직렬 공무원의 승진임용 및 법 제40조의4제1항제2호에 따른 6급 이하 교정직렬 공무원의 특별승진임용에 관하여는 따로 대통령령으로 정한다.
(2012.1.26 본조신설)

제36조의2~제36조의5 (2005.12.26 삭제)

제37조~제37조의4 (2004.6.11 삭제)

제38조 (1998.12.31 삭제)

제39조 → 제35조의2로 이동

제39조의2 (1981.6.10 삭제)

제5장 겸임 및 파견

제40조【겸임】 ① 임용권자 또는 임용제청권자는 다음 각 호의 어느 하나에 해당하는 경우에는 법 제32조의3에 따라 겸임하게 할 수 있다.
1. 임용예정 직위에 관련되는 전문인력의 확보가 필요한 경우
2. 각급 교육훈련기관의 교수요원을 임용하는 경우
(2010.6.15 본호개정)
3. 관련 기관 간 긴밀한 협조가 필요한 특수업무를 공동으로 수행하기 위하여 필요한 경우(2015.9.25 본호신설)
4. 그 밖에 다른 법령에서 겸임하도록 하는 경우
(2021.11.30 본호개정)
② 제1항에 따른 겸임(제1항제4호에 따른 겸임은 제외한다)은 본직의 직무수행에 지장이 없는 범위에서 다음 각 호의 어느 하나에 해당하는 경우에만 할 수 있다. 다만, 제3호에 따라 경력직공무원으로 겸임하는 경우에는 임기제공무원으로 임용하여야 하며, 제4호에 따라 경력직공무원으로 겸임하는 경우는 제1항제3호에 해당하는 경우로 한정한다.
1. 고등학교 이상의 각급 학교의 교육공무원과 직무 내용이 유사한 다른 경력직공무원 간
2. 연구직렬 공무원과 직무 내용이 유사한 다른 경력직공무원 간
3. 경력직공무원과 직무 내용이 유사한 「고등교육법」 제14조제1항 및 제2항에 따른 교원(제1호의 교육공무원은 제외한다), 「공공기관의 운영에 관한 법률」 제4조제1항 각 호에서 정한 기관의 임직원 간
4. 경력직공무원과 직무 내용이 관련이 있는 다른 경력직공무원 간
(2021.11.30 본항개정)
③ 제2항에 따른 겸임기간은 2년 이내로 하며, 특히 필요한 경우 2년의 범위에서 연장할 수 있다.(2010.6.15 본항개정)
④ 제2항에 따른 겸임에 있어서는 겸임기관의 장이 본직기관의 장의 동의를 받아 임용 또는 임용제청하여야 한다. 이 경우 본직기관의 장은 제1항제3호에 따른 겸임에 대해서는 특별한 사유가 없으면 동의하여야 한다.
(2015.9.25 후단신설)
(2009.9.8 본조개정)

제41조【파견근무】 ① 각 행정기관의 장은 다음 각 호의 어느 하나에 해당하는 경우에는 법 제32조의4에 따라 소속 공무원을 파견할 수 있다.

1. 국가기관 외의 기관·단체에서 국가적 사업을 수행하기 위하여 특히 필요한 경우
2. 다른 기관의 업무 폭주로 인한 행정지원의 경우
3. 사무의 소관이 명백하지 아니하거나 관련 기관 간의 긴밀한 협조가 필요한 특수업무를 공동수행하기 위하여 필요한 경우
4. 「공무원 인재개발법」에 따른 소속 공무원의 교육훈련을 위하여 필요한 경우(2016.2.3 본호개정)
5. 「공무원 인재개발법」에 따른 공무원교육훈련기관의 교수요원으로 선발되거나 그 밖에 교육훈련 관련 업무수행을 위하여 필요한 경우(2016.2.3 본호개정)
6. 국제기구, 외국의 정부 또는 연구기관에서 업무수행 및 능력개발을 위하여 필요한 경우
7. 국내의 연구기관, 민간기관 및 단체에서의 관련 업무수행·능력개발이나 국가정책수립과 관련된 자료수집 등을 위하여 필요한 경우
(2009.9.8 본항개정)
② 제1항의 파견기간은 다음 각 호와 같다.
1. 제1항제1호부터 제3호까지 및 제7호에 따른 파견기간은 2년 이내로 하되, 필요한 경우에는 총 파견기간이 5년을 초과하지 않는 범위에서 파견기간을 연장할 수 있다.(2011.3.7 본호개정)
2. 제1항제5호에 따른 파견기간은 1년 이내로 하되, 필요한 경우에는 총 파견기간이 2년을 초과하지 않는 범위에서 파견기간을 연장할 수 있다.
3. 제1항제4호 및 제6호에 따른 파견기간은 그 교육훈련·업무수행 및 능력개발을 위하여 필요한 기간으로 한다.
(2009.9.8 본항개정)
③ 제1항제1호부터 제3호까지 및 제5호에 따라 소속 공무원을 파견하려면 파견받을 기관의 장이 미리 요청하여야 하며, 다음 각 호의 어느 하나에 해당하는 경우에는 인사혁신처장과 협의하여야 한다. 다만, 제1항제1호에 따라 파견을 요청하는 경우에는 파견받을 기관의 장이 주무부장관(중앙행정기관의 장인 청장을 포함한다)과 협의를 거쳐야 하고, 제9항에 따라 협의된 파견기간의 범위에서 6급 이하 공무원의 파견기간을 연장하거나 6급 이하 공무원의 파견기간이 끝난 후 그 파견자를 교체하는 경우에는 인사혁신처장과의 협의를 생략할 수 있다.
(2014.11.19 본문개정)
1. 제1항제1호부터 제3호까지 및 제6호·제7호에 따라 소속 공무원을 파견하는 경우
2. 제1호에 따른 파견기간을 연장하려는 경우
(2010.6.15 1호~2호신설)
3. 제1호에 따른 파견 중 파견기간 종료 전에 파견자를 복귀시키는 경우로서 인사혁신처장이 정하는 사유에 해당하는 경우(2014.11.19 본호개정)
④ 제3항에도 불구하고 다음 각 호의 어느 하나에 해당하는 경우에는 소속 장관의 승인을 받아 파견할 수 있다.
1. 소속 장관을 같이 하는 기관의 상급기관에서 하급기관으로 파견하는 경우
2. 소속 장관을 같이 하는 동급기관 상호간에 파견하는 경우
3. 파견기간이 1년 미만인 경우
(2010.6.15 본항신설)
⑤ 파견의 발령은 해당 공무원의 전보권 또는 전보제청권을 갖고 있는 기관의 장이 한다. 다만, 제1항제4호에 따른 파견의 발령 중 기관의 장에 대한 파견과 제42조에 따라 별도 정원이 인정되는 파견을 제외한 파견의 발령은 소속 기관의 장이 한다.(2009.9.8 본항개정)
⑥ 제24조제2항에 따른 실무수습을 위하여 필요한 경우에는 인사혁신처장은 제1항부터 제5항까지의 규정에도 불구하고 소속 시보 공무원을 각급 행정기관에 파견하여 근무하게 할 수 있다.(2014.11.19 본항개정)
⑦ 소속 장관은 다음 각 호의 어느 하나에 해당하는 경우에는 그 사실을 인사혁신처장에게 통보하여야 한다. 다만, 파견기간이 1년 미만인 경우에는 그러하지 아니하다.
1. 제3항 단서 및 제4항에 따라 인사혁신처장과 협의 없이 파견하는 경우
2. 파견 중 파견기간 종료 전에 파견자를 복귀시키는 경우로서 인사혁신처장이 정하는 사유에 해당하는 경우
(2014.11.19 본항개정)
⑧ 제1항제1호 및 제7호의 사유로 파견된 공무원은 보수 외에 파견된 기관으로부터 인사혁신처장이 정하는 기준을 초과하여 수당·경비 그 밖의 금전을 지급받아서는 아니된다.(2014.11.19 본항개정)
⑨ 인사혁신처장은 제3항에 따라 파견의 협의를 하는 경우에는 「행정기관의 조직과 정원에 관한 통칙」 제24조의2에 따라 별도정원의 직급·규모 등에 대하여 행정안전부장관과 미리 협의하여야 한다.(2017.7.26 본항개정)

제41조의2【민간전문가의 파견근무】 ① 소속 장관은 법 제32조의4제1항에 따라 국가기관 외의 기관·단체(이하 이 조에서 "민간기관"이라 한다)의 임직원을 파견받아 근무하게 하는 경우에 미리 파견되는 사람이 소속된 민간기관의 장과 협의하여야 한다.
② 파견되는 사람이 수행할 업무와 직접 이해관계가 있는 민간기관의 임직원은 국가기관에 파견될 수 없다.
③ 법 제32조의4제1항에 따라 파견되는 민간기관의 임직원의 파견기간은 2년 이내로 하되, 필요한 경우 1년(국가안보 관련 목적으로 파견되는 경우에는 3년)의 범위에서 연장할 수 있다.(2020.9.22 본항개정)
④ 소속 장관은 법 제32조의4제1항에 따라 민간기관의 임직원을 파견받아 근무하게 하거나 이 조 제3항에 따라 파견기간을 연장할 때에는 인사혁신처장이 정하는 바에 따라 인사혁신처장에게 그 사실을 통보하여야 한다.
(2015.11.18 본항개정)
⑤ 민간기관의 임직원을 파견받은 기관(이하 이 조에서 "파견받은 기관"이라 한다)의 장은 다음 각 호의 어느 하나에 해당하는 경우에는 파견된 사람을 원 소속 기관에 복귀시킬 수 있다. 이 경우 파견된 사람이 소속된 민간기관의 장에게 그 사유를 통보하여야 한다.(2012.9.28 전단개정)
1. 파견 사유가 소멸한 경우
2. 파견 목적이 달성될 가망이 없는 경우
3. 파견된 사람이 파견 목적에 현저히 위배되는 행위를 한 경우
⑥ 국가기관에 파견된 민간기관의 임직원은 복무에 관하여 파견받은 기관의 장의 지휘·감독을 받는다.
⑦ (2022.12.27 삭제)
⑧ 인사혁신처장은 필요한 경우 파견받은 기관에 대하여 활용실태를 점검할 수 있다.(2014.11.19 본항개정)
⑨ 인사혁신처장은 파견받은 기관의 장이 파견자 운영, 민간기관 임직원의 원 소속기관 복귀여부 판단 및 파견자에 대한 복무 지휘·감독 등에 제8항에 따른 점검 결과를 활용할 필요가 있다고 인정하는 경우에는 이를 파견받은 기관의 장에게 통보할 수 있다.(2014.11.19 본항개정)
⑩ 제9항에 따라 점검 결과를 통보받은 파견받은 기관의 장은 해당 점검 결과의 활용 또는 조치 내용 등을 인사혁신처장에게 통보하여야 한다.(2014.11.19 본항개정)
(2009.9.8 본조개정)

제41조의3【직제상 파견】 ① 제41조제1항제1호부터 제3호까지의 규정에 따른 파견 중 파견 공무원의 정원이 파견받는 기관의 조직과 정원을 규정하는 법령에 규정되어 있는 경우(이하 이 조에서 "직제상 파견"이라 한다)에는 같은 조 제3항 본문 및 같은 항 각 호에도 불구하고 인사혁신처장과 협의 없이 소속 공무원을 파견하거나 파견기간을 연장할 수 있으며, 파견기간 종료 전에 파견자를 복귀시킬 수 있다.
② 제41조제2항제1호에도 불구하고 직제상 파견의 파견기간은 2년을 초과할 수 있고, 총 파견기간은 5년을 초과하여 연장할 수 있다.
③ 제1항에 따라 파견하거나 파견기간을 연장한 경우 또는 파견기간 종료 전에 파견자를 복귀시킨 경우에는 그 사실을 인사혁신처장에게 통보해야 한다.
(2022.12.27 본조신설)

제42조【파견 등으로 인한 결원 보충】 ① 파견기간이 1년(제41조제1항제4호에 따른 파견의 경우에는 6개월) 이상인 경우에는 법 제43조제3항에 따라 그 파견하는 직급이나 고위공무원단 직위에 해당하는 정원이 따로 있는 것으로 보고 결원을 보충할 수 있다. 이 경우 소속 장관은 미리 인사혁신처장과 협의하여야 하며, 인사혁신처장은 「행정기관의 조직과 정원에 관한 통칙」 제24조의2에 따라 행정안전부장관과 협의한 별도정원의 범위에서 협의해야 한다.
② 정년이 될 때까지 남은 기간이 1년 이내인 공무원이 퇴직 후의 사회적응능력을 배양하기 위하여 연수하게 된 경우에는 법 제43조제3항에 따라 정원이 따로 있는 것으로 보고 결원을 보충할 수 있다. 이 경우 연수를 위한 파견의 절차 등에 관한 사항은 인사혁신처장이 정한다.
③ 다음 각 호의 어느 하나에 해당하는 경우에는 법 제43조제2항에 따라 정원이 따로 있는 것으로 보고 결원을 보충할 수 있다.
1. 병가와 연속되는 질병휴직을 명하는 경우로서 질병휴직을 명한 이후의 병가기간과 질병휴직기간을 합하여 6개월 이상인 경우
2. 출산휴가와 연속되는 육아휴직을 명하는 경우로서 육아휴직을 명한 이후의 출산휴가기간과 육아휴직기간을 합하여 6개월 이상인 경우
3. 육아휴직과 연속되는 출산휴가를 승인하는 경우로서 출산휴가를 승인한 이후의 육아휴직기간(출산휴가를 승인하면서 이와 연속되는 육아휴직을 명하는 경우에는 해당 육아휴직기간을 포함한다)과 출산휴가기간을 합하여 6개월 이상인 경우
④ 전문경력관 및 임기제공무원의 휴직 또는 파견(전문경력관만 해당하되, 제2항에 따른 연수를 위한 파견은 제외한다)에 따른 결원은 임기제공무원으로 보충해야 한다. 이 경우 임기제공무원의 근무기간은 해당 휴직자 또는 파견자의 휴직기간(제3항에 따른 결원보충의 경우에는 질병휴직을 명한 이후의 병가기간 또는 육아휴직을 명한 이후의 출산휴가기간을 포함한다) 또는 파견기간으로 한다.(2023.12.26 전단개정)
(2023.10.10 본조개정)

제42조의2【파견된 공무원의 승진임용 등】 법 제43조제3항에 따라 파견된 공무원을 승진임용하거나 인사교류 등을 위하여 신규채용하는 경우에는 다음 각 호의 어느 하나에 해당해야 한다. 다만, 제4호의 경우에는 인사혁신처장과 협의해야 한다.(2023.10.10 본문개정)
1. 각급 기관의 조직과 정원을 규정하는 법률이나 대통령령에서 정한 정원 또는 「행정기관의 조직과 정원에 관한 통칙」 제24조의2에 따라 행정안전부장관과 협의하여 정한 별도정원의 범위에서 파견된 공무원을 승진임용하는 경우. 이 경우 원 소속기관 직제상 초과현원이 없어야 한다.(2017.7.26 전단개정)
2. 지방공무원을 중앙과 지방과의 상호 인사교류에 따라 파견직위에 국가공무원으로 신규채용하는 경우
3. (2013.12.16 삭제)
4. 일반직공무원으로 퇴직한 사람을 퇴직한 날부터 3년 이내에 파견직위에 보하기 위하여 채용하는 경우. 이 경우 원 소속기관 직제상 초과현원이 없어야 한다.
(2013.12.16 본호신설)
(2009.9.8 본조개정)

제6장 보직관리 및 인사교류

제43조【보직관리의 기준】 ① 임용권자 또는 임용제청권자는 법령에서 따로 정한 경우와 다음 각 호의 어느 하나에 해당하는 경우를 제외하고는 소속 공무원을 하나의 직급이나 직위에 임용해야 한다.(2020.9.22 본문개정)
1. 법 제43조제1항부터 제4항까지의 규정에 따라 정원이 따로 있는 것으로 보고 결원이 보충되는 휴직자의 복직, 파견된 사람의 복귀 또는 파면·해임·면직된 사람의 복귀 시 해당 기관에 그에 해당하는 직급·직위(고위공무원의 경우에는 고위공무원단 직위를 말한다)의 결원이 없어서 그 직급·직위(고위공무원의 경우에는 고위공무원단 직위를 말한다)의 정원에 최초로 결원이 발생할 때까지 해당 직급·직위에 해당하는 공무원 또는 고위공무원을 보직 없이 근무하게 하는 경우(해당 기관은 해당 공무원에 대한 신규채용권을 가지는 임용권자 또는 임용제청권자를 장으로 하는 기관과 그 소속 기관을 말한다)(2023.10.10 본호개정)
2. 제42조에 따라 결원보충이 승인된 파견자 중 「공무원 인재개발법」 제13조에 따른 6개월 이상의 위탁교육훈련 또는 「국제과학기술협력 규정」에 따른 1년 이상의 장기 국외훈련을 위한 파견근무 준비를 위하여 특히 필요하다고 인정하여 2주 이내의 기간 동안 소속 공무원을 보직 없이 근무하게 하는 경우(2020.9.22 본호개정)
3. 다음 각 목의 어느 하나에 해당하는 소속 공무원의 업무 인수인계를 위하여 특히 필요하다고 인정하여 2주 이내의 기간 동안 해당 공무원을 보직 없이 근무하게 하는 경우
가. 법 제71조제2항제1호에 따라 1년 이상 국제기구·외국기관에 임시 채용되어 휴직하는 공무원
나. 제41조제1항제6호에 따라 1년 이상 해외에 파견되는 공무원
다. 「재외공관주재관 임용령」에 따라 1년 이상 주재관으로 임용되는 공무원
(2020.9.22 본호개정)
4. 직제의 신설·개정·폐지 시 2개월 이내의 기간 동안 소속 공무원을 기관의 신설 준비 등을 위하여 보직 없이 근무하게 하는 경우(2021.1.5 본호개정)
② 임용권자 또는 임용제청권자는 소속 공무원을 보직할 때 다음 각 호에서 정한 직위의 직무요건과 소속 공무원의 인적요건을 고려하여 적재적소(適材適所)에 임용하여야 하며, 「직무분석규정」에 따른 직무분석, 이 영 제10조의3에 따른 역량평가 또는 「공무원 성과평가 등에 관한 규정」 제28조에 따른 다면평가를 실시한 경우 그 결과를 활용할 수 있다.(2019.11.5 본문개정)
1. 직위의 직무요건
가. 직위의 주요 업무활동
나. 직위의 성과책임
다. 직무수행의 난이도
라. 직무수행요건
2. 공무원의 인적요건
가. 직렬 및 직류
나. 윤리의식 및 청렴도
다. 보유 역량의 수준
라. 경력, 전공분야 및 훈련실적
마. 그 밖의 특기사항
(2011.3.7 본항개정)
③ 임용권자 또는 임용제청권자는 직무의 곤란성과 책임도에 따라 직위를 등급화하고 소속 공무원의 경력과 실적 등에 따라 능력을 적절히 발전시킬 수 있도록 보직하여야 한다.
④ 국내외 위탁교육훈련을 받았거나 6개월 이상의 교육훈련을 받은 공무원은 특별한 사정이 없으면 그 교육훈련 내용과 관련되는 직위에 보직하여야 한다.
⑤ 특수한 자격증이 있는 공무원은 특별한 사정이 없으면 그 자격증과 관련되는 직위에 보직하여야 한다.
⑥ 임용권자 또는 임용제청권자는 보직관리 시 성별, 장애 유무 등을 이유로 소속 공무원을 차별해서는 아니 된다.(2018.7.3 본항신설)
⑦ 임용권자 또는 임용제청권자는 인사운영상 특별한 사정이 없으면 공무원의 배우자 또는 직계존속이 거주하는 지역 및 다자녀 양육 여건을 고려하여 보직해야 한다.
(2023.12.26 본항개정)

⑧ 소속 장관은 법 제32조의5와 이 영에서 정하는 바에 따라 소속 공무원에 대한 보직관리 기준을 정하여 시행하여야 한다.
(2009.9.8 본조개정)

제43조의2【분야별 보직관리】 ① 소속 장관은 3급 또는 4급의 복수직급 직위에 보직된 3급 공무원 이하 공무원이 전보 등 인사관리를 통하여 전문 업무 분야별로 양성·관리될 수 있도록 노력하여야 한다.(2017.1.10 본문개정)
1.~3. (2012.9.28 삭제)
② (2012.9.28 삭제)
③ 제1항에 따른 전문 업무 분야의 구분기준 및 보직관리 방법 등 분야별 보직관리를 위하여 필요한 사항은 인사혁신처장이 정한다.(2017.1.10 본항개정)

제43조의3【직위유형별 보직관리 및 전문직위의 지정 등】 ① 소속 장관은 해당 기관의 직위를 업무 성격 및 해당 직위에서의 장기 근무 필요성 등을 고려하여 유형별로 구분하고, 이를 보직관리에 반영하여 행정의 전문성이 향상되도록 노력하여야 한다.
② 소속 장관은 해당 기관의 직위 중 전문성이 특히 요구되는 직위를 전문직위로 지정하여 관리할 수 있고, 제3항에 따른 직무수행요건이나 업무분야가 동일한 전문직위의 군(群)을 전문직위군으로 지정하여 관리할 수 있다.
③ 소속 장관은 제2항에 따라 지정된 전문직위(이하 "전문직위"라 한다) 중 인사혁신처장이 정하는 전문직위에 대해서는 직무수행요건을 설정하고, 직무수행요건을 갖춘 사람을 전문직위 전문관으로 선발하여 임용하여야 한다.(2017.1.10 본항개정)
④ 전문직위에 임용된 공무원은 4년의 범위에서 인사혁신처장이 정하는 기간이 지나야 다른 직위에 전보할 수 있고, 제2항에 따라 지정된 전문직위군(이하 "전문직위군"이라 한다)에서는 8년의 범위에서 인사혁신처장이 정하는 기간 동안 해당 전문직위군 외의 직위로 전보할 수 있다. 다만, 직무수행요건이 같은 직위 간 전보 등 인사혁신처장이 정하는 경우에는 기간에 관계없이 전보할 수 있다.(2015.9.25 본항개정)
⑤ 전문직위 또는 전문직위군에서의 근무경력에 대해서는 「공무원 성과평가 등에 관한 규정」 제27조에 따른 가점을 줄 수 있으며, 전문직위 중 수당 지급이 필요한 직위에 대해서는 예산의 범위에서 「공무원수당 등에 관한 규정」에서 정하는 바에 따라 수당을 지급한다.
⑥ 제1항부터 제5항까지에서 규정한 사항 외에 직위유형의 구분 기준, 전문직위·전문직위군의 지정, 전문직위 전문관의 선발 등 직위유형별 보직관리 및 전문직위·전문직위군의 운영에 필요한 사항은 인사혁신처장이 정한다.(2017.1.10 본항개정)
(2014.2.5 본조개정)

제43조의4 (1999.5.24 삭제)

제44조【재직공무원의 전보】 임용권자 또는 임용제청권자는 소속 공무원의 전보를 실시할 때에는 해당 공무원이 맡은 직무에 대하여 전문성과 능률을 높이고, 창의적이며 안정적인 직무수행이 가능하도록 하여야 한다.
(2015.9.25 본조개정)

제45조【필수보직기간의 준수 등】 ① 임용권자 또는 임용제청권자는 소속 공무원을 해당 직위에 임용된 날부터 필수보직기간(휴직기간, 직위해제처분기간, 강등 및 정직 처분으로 인하여 직무에 종사하지 않은 기간은 포함하지 않는다. 이하 이 조에서 같다)이 지나야 다른 직위에 전보(소속 장관이 다른 기관으로 전보하는 경우는 제외한다. 이하 이 조에서 같다)할 수 있다. 이 경우 필수보직기간은 3년으로 하되, 「정부조직법」 제2조제3항 본문에 따라 실장·국장 밑에 두는 보조기관 또는 이에 상당하는 보좌기관인 직위에 보직된 3급 또는 4급 공무원, 연구관 및 지도관과 고위공무원단 직위에 재직 중인 공무원의 필수보직기간은 2년으로 한다.(2020.9.22 본항개정)
② 제1항 후단에도 불구하고 소속 장관은 다음 각 호의 어느 하나에 해당하는 경우에 필수보직기간을 별도로 정하여 운영할 수 있다. 이 경우 필수보직기간은 다음 각 호의 구분과 같다.
1. 소속 공무원을 중앙행정기관의 실 또는 이에 상당하는 보조기관·보좌기관·소속기관 내에서 직무가 유사한 직위로 전보하는 경우 : 2년 이상(2023.12.26 본호개정)
1의2. 소속 공무원을 중앙행정기관의 국 또는 이에 상당하는 보조기관·보좌기관·소속기관 내에서 직무가 유사한 직위로 전보하는 경우 : 1년 이상(2023.12.26 본호신설)
2. 해당 기관의 업무 전반에 대한 종합적인 기획·조정 또는 지원 업무를 수행하던 소속 공무원을 전보하는 경우 : 2년 이상(2020.9.22 본호신설)
3. 소속 공무원을 다른 기관 또는 다른 지역의 직무가 유사한 직위로 전보(소속 장관이 같은 기관 내 전보에 한정한다)하는 경우 : 1년 이상(2023.12.26 후단삭제)
4. 그 밖에 제1호부터 제3호까지의 규정에 상당하는 경우 : 인사혁신처장과 협의하여 정하는 기간(2020.9.22 본호개정)
(2017.12.29 본항개정)
③ 임용권자 또는 임용제청권자는 제1항 후단 및 제2항에도 불구하고 다음 각 호의 어느 하나에 해당하는 경우에는 소속 공무원을 다른 직위에 전보할 수 있다.
1. 기구의 개편, 직제 또는 정원의 변경으로 해당 공무원을 전보하는 경우
2. 승진임용, 강임, 개방형 직위 등에의 임용 등 인사혁신처장이 정하는 인사 조치에 따라 해당 공무원을 전보하는 경우
3. 교정·보호·검찰·마약수사·출입국관리·철도경찰직렬 공무원이 공공의 안전 관련 업무를 수행하거나, 임업직렬 공무원이 산림보호업무를 수행하기 위하여 특히 필요하다고 인정되는 경우
4. 공무원이 징계처분을 받거나 형사사건으로 수사를 받는 등의 사유로 현재 직위의 직무를 수행하기 부적절한 경우로서 인사혁신처장이 정하는 경우
5. 가족과의 거주, 육아, 모성보호 등을 위해 전보가 필요한 경우로서 인사혁신처장이 정하는 경우
6. 기관장이 주요 국정과제나 긴급한 현안업무 수행 또는 임용예정 직위에 관한 전문역량 확보 등을 위해 전보가 특히 필요하다고 인정하는 경우
(2020.9.22 본항개정)
④ (2020.9.22 삭제)
⑤ 다음 각 호의 어느 하나에 해당하는 임용일은 제1항 후단 및 제2항에 따른 필수보직기간을 계산할 때 해당 직위에 임용된 날로 보지 아니한다.(2015.9.25 본문개정)
1. (2015.9.25 삭제)
2. 승진임용일, 강등일 또는 강임일
3. 시보 공무원의 정규 공무원으로의 임용일
4. 기구의 개편, 직제 또는 정원의 변경으로 소속·직위 또는 직급 명칭만 변경하여 재발령되는 경우 그 임용일. 다만, 담당 직무가 변경되지 아니한 경우만 해당한다.
⑥ 임용권자 또는 임용제청권자는 다음 각 호의 경력경쟁채용시험등을 통해 채용된 공무원을 최초로 직위에 임용된 날부터 다음 각 호의 구분에 따른 필수보직기간이 지나야 전보할 수 있다. 다만, 제2항제1호(제18조제1항제2호나목에 따라 임용된 경우로 한정한다) 및 제3항제1호부터 제5호까지의 규정(제2호는 승진 또는 강임된 공무원을 그 직급에 맞는 직위로 전보하는 경우로 한정한다)에 해당하는 경우에는 다음 각 호의 구분에 따른 필수보직기간이 지나지 않아도 전보할 수 있다.(2022.12.27 단서개정)
1. 법 제28조제2항제6호·제8호 또는 제12호에 따라 경력경쟁채용시험등을 통해 채용된 공무원 : 5년
2. 법 제28조제2항제2호·제3호·제9호 및 제10호에 따라 경력경쟁채용시험등을 통하여 채용된 공무원 : 4년. 다만, 인사혁신처장과 미리 협의하여 「공무원임용시험령」 제20조의3에 따라 채용된 중증장애인인 공무원을 건강 등의 사유로 소속 장관이 같은 기관 내에서 전보하는 경우에는 2년으로 한다.(2020.9.22 본문개정)
2의2. (2020.9.22 삭제)
3. 법 제28조제2항제13호에 따른 경력경쟁채용시험등을 통하여 채용된 공무원 중 제16조제1항제2호, 제3호 및 제10호의 요건을 갖추어 해당 사유로 채용된 공무원 : 4년(2020.9.22 본호개정)
4. 법 제28조제2항제13호에 따른 경력경쟁채용시험등을 통하여 채용된 공무원 중 제16조제1항제13호 후단에 따라 특수 근무를 예정하여 채용된 공무원 : 5년
(2013.4.22 본호신설)
(2012.1.26 본항개정)
⑦ 임용권자 또는 임용제청권자는 경력경쟁채용시험등을 통해 채용된 공무원을 직무가 동일하거나 유사성이 높은 직위로 전보하는 경우 제6항 본문에도 불구하고 필수보직기간을 2년으로 할 수 있다. 다만, 다음 각 호의 어느 하나에 해당하는 경우에는 그렇지 않다.
1. 직무수행을 대체할 수 있는 자격을 갖춘 자를 찾기 어려운 특수한 직무를 수행하기 위해 선발된 경우
2. 특정 기관 또는 지역에서의 장기 근무를 위하여 선발된 경우
3. 주요 국정과제나 긴급한 현안업무의 수행 또는 임용예정 직위에 관한 전문역량의 확보 등을 위해 장기근무가 특히 필요하다고 인정하는 경우
(2022.12.27 본항신설)
⑧ 임용권자 또는 임용제청권자는 제3항 또는 제6항 각 호 외의 부분 단서에 따라 공무원을 필수보직기간이 지나기 전에 전보하려는 경우 그 사유가 제3항제6호에 해당할 때에는 소속 장관의 사전 승인을 받아야 한다. 다만, 소속 장관은 고위공무원으로 보하는 보조기관(이에 상당하는 보좌기관 및 한시조직을 포함한다)의 장 또는 고위공무원 이상을 장으로 하는 소속 기관의 장에게 그 보조기관 또는 소속 기관에 소속된 공무원에 대한 사전 승인 권한을 위임할 수 있으며, 단순반복 업무, 민원·규제·지원 업무 등을 수행하는 직위 중 소속 장관이 사전 승인 적용의 예외로 정하는 직위의 경우에는 사전 승인없이 전보할 수 있다.
(2023.12.26 단서개정)
⑨ 법 제37조제2항에 따라 근무예정 지역 또는 근무예정 기관을 미리 정하여 실시한 공개경쟁 채용시험에 합격한 사람은 해당 지역 또는 해당 기관에 임용된 날부터 5년의 필수보직기간이 지나야 다른 지역 또는 다른 기관(제5조제2항에 따라 임용권을 위임받은 고위공무원 이상을 장으로 하는 소속 기관의 장이 다른 기관을 말한다)에 전보될 수 있다. 다만, 기구의 개편, 직제 또는 정원의 변경으로 인하여 전보할 때에는 그렇지 않다.(2020.9.22 본문개정)
⑩ 임용권자는 일반승진시험 요구 중에 있는 소속 공무원을 승진후보자 명부 작성단위가 다른 기관에 전보할 수 없다.
⑪ 제43조의2제1항에 따라 분야별 보직관리를 하는 경우 공개경쟁 채용시험에 합격하여 시보임용 중인 사람 및 소속 장관이 다른 기관에서 전직되거나 전입된 사람에 대해서는 그 최초의 직위에 임용된 날부터 3년간 제1항 후단 및 제2항에 따른 필수보직기간을 적용하지 않는다.
(2020.9.22 본항개정)
⑫ 임용권자 또는 임용제청권자는 필수보직기간 이상 같은 직위에 계속하여 근무한 공무원에 대하여 인사상 우대할 수 있다.(2015.9.25 본항신설)
⑬ 인사혁신처장은 필수보직기간의 준수율 제고를 위하여 필요한 경우에는 각 기관별로 관련 계획을 수립하게 하고, 해당 계획을 제출받아 이를 조정·평가하며, 각 기관이 해당 계획을 준수하도록 필요한 조치를 취할 수 있다.(2015.11.18 본항신설)
(2015.9.25 본조제목개정)
(2009.9.8 본조개정)

제45조의2【소속 장관이 다른 기관으로의 전보】 ① 임용권자 또는 임용제청권자가 소속 공무원을 소속 장관이 다른 기관으로 전보(이하 이 조에서 "전출"이라 한다)하거나 소속 장관이 다른 기관의 공무원을 임용제청 또는 전입시키려고 할 때에는 해당 기관의 장의 동의를 받아야 한다. 다만, 다음 각 호의 어느 하나에 해당하는 경우에는 그렇지 않다.
1. 법 제32조제1항 전단에 따라 소속 장관이 다른 고위공무원단에 속하는 공무원을 임용제청하는 경우
2. 법 제32조의2에 따른 인사교류계획에 따라 전입 또는 전출하는 경우
② 「공무원임용시험령」 제21조에 따라 실시한 5급 공개경쟁 채용시험에 합격한 공무원은 다음 각 호의 어느 하나에 해당하는 경우를 제외하고는 최초 임용일부터 3년의 전출제한기간(시보임용 기간, 휴직기간, 직위해제처분기간, 강등 및 정직 처분으로 직무에 종사하지 않은 기간은 포함하지 않는다. 이하 이 조에서 같다)이 지나야 전출될 수 있다.
1. 기구의 개편, 직제 또는 정원의 변경으로 해당 공무원을 전출하는 경우
2. 신설·통합되는 중앙행정기관의 인력관리상 필요에 따라 전출하는 경우(2022.12.27 본호개정)
③ 법 제28조제2항제2호, 제3호, 제6호부터 제10호까지, 제12호 및 제13호에 따라 경력경쟁채용시험등을 통하여 채용된 공무원은 최초 임용일부터 5년(법 제28조제2항제7호에 따라 채용된 공무원은 3년)의 전출제한기간이 지나야 전출될 수 있다. 다만, 기구의 개편, 직제 또는 정원의 변경으로 전출할 때에는 그렇지 않다.
④ 법 제37조제2항에 따라 근무예정 지역 또는 근무예정 기관을 미리 정하여 실시한 공개경쟁 채용시험에 합격한 사람은 해당 지역 또는 해당 기관에 임용된 날부터 5년의 전출제한기간이 지나야 전출될 수 있다. 다만, 기구의 개편, 직제 또는 정원의 변경으로 전출할 때에는 그렇지 않다.
⑤ 임용권자는 일반승진시험 요구 중에 있는 소속 공무원을 승진후보자 명부 작성단위가 다른 기관에 전출할 수 없다.
(2020.9.22 본조개정)

제45조의3【임기제공무원의 예외적 전보】 임용권자 또는 임용제청권자는 다음 각 호의 어느 하나에 해당하는 경우에는 임기제공무원을 해당 직위에서 다른 직위에 전보할 수 있다. 이 경우 제1호에 해당할 때에는 임기제공무원의 근무기간, 연봉등급 등에 관하여는 종전의 임용요건에 따라 임용된 것으로 본다.
1. 기구의 개편, 직제 또는 정원의 개정 또는 폐지 등의 경우로서 다음 각 목의 어느 하나에 해당하는 경우
가. 정원이 다른 기관 등으로 이체(移替)되어 해당 임기제공무원을 직급 및 직무분야의 변경 없이 근무기간 동안 계속 임용하는 경우
나. 소속 장관이 같은 기관 내에서 임기제공무원을 인사혁신처장이 정하는 바에 따라 직급과 직무분야가 같거나 유사한 다른 임기제공무원의 직위에 계속 임용하는 경우(2014.11.19 본목개정)
2. 임기제공무원이 아닌 경력직공무원을 임기제공무원으로 임용한 후 임기제공무원이 아닌 경력직공무원 직위로 재전보하는 경우
(2015.9.25 본조제목개정)
(2013.11.20 본조신설)

제46조【시보 공무원의 정규근무 기관에의 전보】 인사혁신처장은 소속 시보 공무원이 실무수습을 마쳤을 때에는 제13조제1항 및 제2항을 준용하여 정규로 근무할 기관에 전보하여야 하며, 전보로 인하여 현원이 정원을 초과하는 경우에는 정원과 현원이 일치할 때까지 그 인원에 해당하는 정원이 해당 기관에 따로 있는 것으로 본다.
(2014.11.19 본조개정)

제47조【특수지근무 공무원의 인사교류】 ① 소속 장관은 인사교류 계획을 수립하여 「공무원수당 등에 관한 규정」 제12조제1항에 따른 공무원 중 5급 이하 공무원(해양수산직렬 해양교통시설직류의 공무원은 제외한다)이 해

당 섬·외딴 곳에 2년 이상 계속 근무하였으면 섬·외딴 곳 외의 지역에 있는 다른 기관으로 전보해야 한다. 이 경우 소속 장관이 정하는 범위에서 본인이 희망하는 기관으로 전보하는 것을 원칙으로 한다.(2023.8.30 전단개정)
② 소속 장관은 제1항의 경우에 본인이 다른 기관으로의 전보를 희망하지 아니하거나 그 밖의 특별한 사유가 있을 때에는 전보대상에서 제외할 수 있으며, 해당 기관의 특수성을 고려하여 전보대상이 될 공무원의 근무기간을 3년을 초과하지 아니하는 범위에서 따로 정할 수 있다.
(2009.9.8 본조개정)
제48조【행정기관 상호간의 인사교류】 ① 인사혁신처장은 법 제32조의2에 따라 다음 각 호에 해당하는 경우에는 행정기관 상호간의 인사교류계획(이하 "인사교류계획"이라 한다)을 수립하여 실시할 수 있다. 이 경우 인사혁신처장은 제2항 후단에 따른 직렬별 인사교류계획을 인사교류계획에 반영하여야 한다.(2014.11.19 본문개정)
1. 인력의 균형 있는 배치와 효율적인 활용, 행정기관 상호간의 협조체제 증진, 국가정책 수립과 집행의 연계성 확보 및 공무원의 종합적 능력발전 기회 부여 등을 위하여 필요한 경우
2. 맞벌이, 육아, 부모 봉양 또는 가족 간호 등 공무원의 고충 해소를 위한 경우
② 제1항제1호에 따른 인사교류는 경제·기술·사회·문화 및 일반행정 등 행정 분야별, 중앙행정기관과 지방행정기관 간의 조직 계층별 또는 업무의 성격이 유사한 전문 직무별로 실시한다. 이 경우 인사혁신처장은 조직과 정원을 규정하고 있는 법령에 규정된 정원이 적은 직렬의 공무원의 인사교류를 활성화하기 위하여 관련 기관 간 협의를 거쳐 다른 중앙행정기관 또는 그 소속 기관을 인사교류 주관기관으로 지정하고, 직렬별 인사교류계획을 수립·실시하게 할 수 있다.(2014.11.19 후단개정)
③ 제1항제1호에 따른 인사교류대상 직위에 임용되어 근무하는 공무원에 대해서는「공무원 성과평가 등에 관한 규정」에서 정하는 바에 따라 인사상 우대할 수 있으며, 예산의 범위에서「공무원수당 등에 관한 규정」에서 정하는 바에 따라 수당을 지급할 수 있다.(2014.2.5 본항신설)
④ 제1항제1호에 따라 인사교류대상 직위에 임용되어 근무하는 공무원이 인사교류 기간이 만료된 후 원 소속 기관으로의 복귀를 원하는 경우 원 소속 기관의 장은 해당 공무원을 원 소속 기관에 임용하여야 한다.(2019.11.5 본항신설)
⑤ 제4항에 따른 임용으로 인하여 원 소속 기관의 현원이 정원을 초과하는 경우에는 정원과 현원이 일치할 때까지 그 인원에 해당하는 정원이 해당 기관에 따로 있는 것으로 본다.(2019.11.5 본항신설)
⑥ 제1항부터 제5항까지에서 규정한 사항 외에 인사교류에 필요한 사항은 인사혁신처장이 정한다.(2019.11.5 본항개정)
(2012.1.26 본조개정)
제49조 (2009.3.31 삭제)
제49조의2【기구개편 및 정원조정에 따른 초과 현원의 전보 등】 ① 법 제6조제3항 및「행정기관의 조직과 정원에 관한 통칙」제26조의2에 따라 초과 현원을 재배치할 때에는 결원 여부에 관계없이 기관 간 전보를 할 수 있다.
② 제1항에 따라 기관 간 전보를 할 때에는 제45조의2제1항에도 불구하고 소속 장관은 전입·전출 동의절차를 생략할 수 있다.(2020.9.22 본항개정)
③ 기구개편에 따라 기관이 통폐합되거나 소관 업무의 일부가 소속 장관이 다른 기관으로 이관되는 경우에는 원 소속 기관의 장은 파견·휴직, 그 밖의 사유로 직제상 정원에 포함되지 아니하는 현원에 대하여 그 공무원의 경력, 파견 목적, 훈련 내용 등을 고려하여 중앙인사관장기관과의 협의를 거쳐 기구개편 전에 이체받는 기관을 정할 수 있다. 이 경우 해당 공무원은 해당 기구개편에 관한 법령의 시행일에 이체받는 기관의 소속 공무원으로 본다.
④ 인사혁신처장은 기구개편 및 정원조정에 따라 발생한 초과 현원을 재배치(동일 기관 내에서의 재배치를 포함한다)하기 위하여 필요한 경우에는 이 영 및「공무원임용시험령」등의 규정에도 불구하고 전직시험 또는 경력경쟁채용시험등을 면제할 수 있다.(2014.11.19 본항개정)
⑤ 제4항에 따라 전직하여 재배치된 공무원에 대한 경력을 평정할 때에는 전직 전의 직급과 바로 하위 직급의 경력을 전직 후의 직급과 바로 하위 직급의 경력으로 본다.
(2009.9.8 본조개정)
제49조의3【소속 장관이 다른 기관으로 전보된 공무원의 복귀 등】 ① 국가적 사업의 수행 등을 위하여 소속 장관이 다른 기관으로 전보된 공무원이 원 소속 기관으로의 복귀를 원하는 경우 전보권자 또는 전보제청권자는 원 소속 기관의 장 및 인사혁신처장과의 협의를 거쳐 해당 공무원을 원 소속 기관으로 전보하거나 전보제청할 수 있다.(2014.11.19 본항개정)
② 제1항에 따른 전보로 인하여 원 소속 기관의 현원이 정원을 초과하는 경우에는 정원과 현원이 일치할 때까지 그 인원에 해당하는 정원이 해당 기관에 따로 있는 것으로 본다.
(2011.7.4 본조신설)

제7장 휴직 및 시간선택제 근무
(2013.12.16 본장제목개정)

제50조【민간기업 등의 범위】 ① 법 제71조제2항제1호에서 "대통령령으로 정하는 민간기업, 그 밖의 기관"이라 함은 다음 각 호의 법인 등을 말한다.
1.「상법」에 따라 설립된 합명회사, 합자회사, 유한회사, 주식회사 등 영리목적으로 설립된 법인(「상법」제614조에 따른 외국회사를 포함한다)으로서 국내에 소재하는 법인
2.「상법」외의 법률에 따라 설립된 법인·단체·협회 등으로서 국내에 소재하는 기관(2012.1.26 단서삭제)
② 제1항에도 불구하고 다음 각 호의 어느 하나에 해당하는 경우에는 제1항에 따른 민간기업 등의 범위에서 제외한다.
1.「공직자윤리법」제3조의2에 따른 공직유관단체
2.「독점규제 및 공정거래에 관한 법률」제31조에 따른 상호출자제한기업집단등에 속하는 회사 중 인사혁신처장이 정하는 상호출자제한기업집단등에 속하는 회사(2021.12.28 본호개정)
3.「금융지주회사법」제2조제1항제1호에 따른 금융지주회사 및 금융지주회사의 자회사등(같은 법 제4조제1항 제2호에 따른 자회사등을 말한다)
4.「변호사법」제40조에 따른 법무법인, 같은 법 제58조의2에 따른 법무법인(유한), 같은 법 제58조의18에 따른 법무조합 및 같은 법 제89조의6제3항에 따른 법률사무소
5.「공인회계사법」제23조제1항에 따른 회계법인
6.「세무사법」제16조의3제1항에 따른 세무법인
7.「외국법자문사법」제2조제4호에 따른 외국법자문법률사무소
8. 제1호부터 제7호까지의 규정에 준하는 법인·단체·협회 등으로서 인사혁신처장이 정하는 법인·단체·협회 등(2014.11.19 본호개정)
(2012.1.26 본항신설)
(2009.9.8 본조개정)
제51조【휴직의 절차 등】 ① 인사혁신처장은 민간근무휴직을 실시할 필요가 있다고 인정할 때에는 다음 각 호의 사항을 포함한 민간근무휴직 운영계획을 수립하여 관보·인터넷 또는 일간신문 등을 통하여 공고하여야 한다.(2014.11.19 본문개정)
1. 제50조에 따른 민간기업, 그 밖의 기관(이하 "민간기업등"이라 한다)의 범위, 자격요건과 신청방법
2. 휴직대상 공무원의 인원, 자격요건과 추천방법
3. 민간근무휴직의 기준과 절차
4. 그 밖에 민간근무휴직의 운영에 필요한 사항
② 제1항의 민간근무휴직 운영계획에서 정하는 자격기준을 갖춘 민간기업등의 장이 공무원을 임시로 채용하려는 경우에는 채용에 필요한 사항을 첨부하여 인사혁신처장에게 신청하여야 한다.(2014.11.19 본항개정)
③ 제2항의 신청을 받은 인사혁신처장은 그 내용을 각 소속 장관에게 통보하여야 한다.(2014.11.19 본항개정)
④ 제3항의 통보를 받은 소속 장관은 민간근무휴직의 목적을 고려하여 그 자격요건 및 기준 등에 적합한 공무원을 인사혁신처장이 정하는 선발절차를 거쳐 인사혁신처장에게 추천하여야 한다.(2014.11.19 본항개정)
⑤ 인사혁신처장은 민간근무휴직을 신청한 민간기업등과 소속 장관이 추천한 공무원에 대하여 휴직대상 여부를 심사·선정하고 그 결과를 민간기업등과 소속 장관에게 통보하여야 한다.(2014.11.19 본항개정)
⑥ 인사혁신처장은 제5항의 심사를 위하여 필요한 경우에는 이해관계인의 의견을 듣거나 자료 또는 서류 등의 제출을 요구할 수 있다.(2023.12.26 본항개정)
⑦ 제5항에 따라 휴직대상으로 선정된 공무원(이하 "휴직예정공무원"이라 한다)은 민간기업등과 보수 및 근로조건 등에 관하여 채용계약을 체결하여야 한다. 이 경우 보수는 인사혁신처장이 정한 기준을 초과하여 정할 수 없다.(2014.11.19 후단개정)
⑧ 민간근무휴직의 운영절차 및 대상 공무원의 선정 등에 관하여 이 영에서 규정한 것 외에 필요한 세부사항은 인사혁신처장이 정하여 고시한다.(2014.11.19 본항개정)
(2009.9.8 본조개정)
제52조 (2008.6.27 삭제)
제53조【휴직의 제한】 ① 공무원은 휴직예정일 전 5년 동안 소속하였던 부서의 업무와 밀접한 관련이 있는 민간기업등에 근무하기 위하여 휴직할 수 없다.
② 제1항의 경우 휴직예정일 전 5년 동안 소속하였던 부서의 업무와의 밀접한 관련성의 유무에 관하여는「공직자윤리법」제17조제2항을 준용한다. 이 경우 "취업심사대상자"는 "휴직예정공무원"으로, "퇴직 전"은 "휴직예정일 전"으로 본다.
③ 민간기업등이 제55조제2항 또는 제3항을 위반한 경우에는 해당 위반사실이 발생한 때부터 휴직대상 민간기업등에서 제외한다.(2015.9.25 본항개정)
(2012.1.26 본조개정)
제54조【휴직공무원 등의 준수사항】 ① 휴직예정공무원은 휴직일 전에 인사혁신처장이 정하는 바에 따라 공직자윤리서약서를 작성하여 소속 장관에게 제출하여야 한다.(2014.11.19 본항개정)
② 제51조제6항에 따라 휴직하고 민간기업등에 채용된 공무원(이하 "휴직공무원"이라 한다)은「국가공무원법」및「국가공무원 복무규정」등 법령상 의무를 준수하며, 해당 민간기업등과의 채용계약에서 정한 의무 및 민간기업등이 정한 복무규율과 그 밖의 근무명령 등을 성실히 준수하여야 한다.
③ 휴직공무원은 민간기업등에서 업무를 수행할 때 공무원의 지위를 이용한 부당한 영향력의 행사, 국가의 이익과 상반되는 이익의 취득, 공직자로서 품위를 손상하는 행위 등을 해서는 아니 된다.
④ 휴직공무원은 본인 또는 휴직하여 근무하고 있는 민간기업 등의 이익을 위하여 휴직 전 소속 기관의 공무원에게 법령을 위반하게 하거나 지위 또는 권한을 남용하게 하는 등 공정한 직무수행을 저해하는 부정한 청탁 또는 알선을 하여서는 아니 된다.(2012.1.26 본항신설)
⑤ 휴직공무원은 민간기업등의 이사, 감사, 업무를 집행하는 무한책임사원, 지배인, 발기인 및 이에 준하는 임원이 될 수 없으며, 해당 민간기업등으로부터 주식매수선택권 등의 특별한 혜택을 받아서는 아니 된다.(2012.1.26 본항개정)
⑥ 복직한 공무원은 민간기업등에서 익힌 전문성과 현장경험을 업무에 활용할 수 있도록 휴직기간과 같은 기간 이상 복무하여야 한다. 다만, 복직한 공무원이 의무복무기간을 준수할 수 없는 특별한 사유가 있는 경우로서 소속기관장을 통하여 미리 인사혁신처장과 협의한 때에는 그러하지 아니하다.(2015.9.25 본항신설)
⑦ 제6항 본문의 의무복무기간에는「국가공무원법」제71조제1항제1호·제3호·제6호 및 같은 조 제2항에 따른 휴직기간과 같은 법 제73조의3에 따른 직위해제기간은 넣어 계산하지 아니한다. 다만, 공무상 질병 또는 부상으로 인한 휴직기간은 넣어 계산한다.(2015.11.18 단서개정)
(2009.9.8 본조개정)
제55조【민간기업등의 준수사항】 ① 민간기업등의 장은 채용계약에서 정한 적정한 보수의 지급 및 근로조건의 유지, 건강보험·산업재해보상보험의 가입, 그 밖의 복리후생의 제공 등을 성실히 이행하여야 한다.
② 민간기업등의 장은 휴직공무원에 대하여 보수·지위와 그 밖의 처우 등에서 다른 직원보다 특별한 우대를 해서는 아니 된다.
③ 민간기업등의 장은 휴직공무원의 소속 기관과 밀접한 이해관계가 있는 인가·허가 등의 업무를 해당 공무원에게 부여해서는 아니 된다.
(2009.9.8 본조개정)
제56조【소속 장관의 준수사항 등】 ① 소속 장관은 휴직공무원에 대하여 민간기업등에서의 근무실태를 점검하고, 필요한 경우에는 자체감사를 실시하는 등 민간근무휴직제도가 적정하게 운영될 수 있도록 노력하여야 한다.
(2015.9.25 본항개정)
② 소속 장관은 복직한 공무원에 대하여 휴직을 이유로 보직관리·승진 등 인사운영에서 불리한 처우를 해서는 아니 되며, 민간기업등에서 익힌 전문성과 현장경험을 활용하여 휴직기간에 상응하는 기간 이상 복무하도록 관리하여야 한다.(2012.1.26 본항개정)
③ 소속 장관은 복직한 공무원을 복직 후 2년 이내에 휴직하였던 민간기업등과 밀접한 관련이 있는 부서에 배치해서는 아니 된다. 이 경우 밀접한 관련성의 유무에 관하여는「공직자윤리법」제17조제2항을 준용한다.
(2012.1.26 후단개정)
④ 소속 장관은 민간기업등에서의 경험과 지식을 공유하기 위하여 복직한 공무원에게 민간기업등에서의 근무활동에 대한 결과보고서를 제출하게 하여야 한다.
(2009.9.8 본조개정)
제57조【복직의 요청 및 명령 등】 ① 민간기업등의 장은 휴직공무원의 근무태만, 채용계약 위반, 복무규율 위반 등으로 인하여 휴직공무원을 계속하여 채용할 수 없는 경우에는 소속 장관에게 해당 공무원의 복직을 요청할 수 있다.
② 소속 장관은 민간기업등의 장으로부터 제1항에 따라 휴직공무원의 복직을 요청받거나 다음 각 호의 어느 하나에 해당하는 경우에는 해당 공무원에 대하여 복직을 명할 수 있다.
1. 휴직공무원이 제54조제2항부터 제5항까지의 규정을 위반한 경우(2012.1.26 본호개정)
2. 민간기업등의 장이 제55조를 위반한 경우
3. 휴직공무원이 질병, 채용계약 위반 등으로 계속 근무할 수 없거나, 법 제78조에 따라 징계의결이 요구되거나 그 밖에 형사사건으로 기소(약식명령이 청구된 경우는 제외한다)된 경우
③ 인사혁신처장은 휴직공무원의 근무실태 등 민간근무휴직제도의 운영에 관한 사항을 점검·평가할 수 있다.
(2014.11.19 본항개정)
④ 인사혁신처장은 제2항 각 호의 사유가 발생한 경우에는 소속 장관에게 휴직공무원의 복직 등 필요한 조치를 요청할 수 있으며, 제2항제1호의 사유가 발생한 경우에는 소속 장관에게 징계 의결을 요구하도록 요청할 수 있다.
(2014.11.19 본항개정)
⑤ 인사혁신처장은 휴직공무원이 제54조제2항부터 제5항까지의 규정을 위반하거나 소속 장관이 제56조의 준수사항을 위반한 경우 5년의 범위에서 해당 기관 소속 공무

원의 민간기업등에의 채용을 사유로 하는 휴직을 제한할 수 있다.(2014.11.19 본항개정)
(2009.9.8 본조개정)

제57조의2【육아휴직】 ① 육아휴직 명령은 그 공무원이 원할 때에는 이를 분할하여 할 수 있다.(2023.10.10 본항개정)
② 법 제71조제2항 각 호 외의 부분 단서에서 "대통령령으로 정하는 특별한 사정"이란 이 영에 따른 공무원과는 다른 법률의 적용을 받는 공무원이 이 영에 따른 공무원이 된 경우 종전의 신분에서 사용한 육아휴직 기간과 법 제71조제2항제4호에 따라 사용하는 육아휴직 기간을 합한 기간이 자녀 1명에 대하여 3년 이상인 경우를 말한다.
(2015.11.18 본항개정)

제57조의3【시간선택제 근무의 전환 등】 ① 임용권자 또는 임용제청권자는 통상적인 근무시간을 근무하는 공무원이 시간선택제 근무로 전환을 신청하는 경우 법 제26조의2에 따라 통상적인 근무시간보다 짧은 시간을 근무하는 공무원으로 지정할 수 있다.(2022.12.27 본항개정)
② 시간선택제전환공무원의 근무시간은 「국가공무원 복무규정」 제9조에도 불구하고 주당 15시간 이상 35시간 이하의 범위에서 소속 장관이 정한다.(2017.12.29 본항개정)
③ (2017.12.29 삭제)
④ 제1항 및 제2항에서 규정한 사항 외에 시간선택제전환공무원의 지정 등에 관하여 필요한 사항은 인사혁신처장이 정한다.(2017.12.29 본항개정)

제57조의4【휴직자 등의 업무를 대행하는 공무원】 ① 임용권자 또는 임용제청권자는 공무원이 다음 각 호의 어느 하나에 해당하는 경우에는 그 공무원의 업무를 대행하기 위하여 시간선택제임기제공무원 및 한시임기제공무원을 채용할 수 있다. 다만, 해당 공무원의 휴직으로 법 제43조제1항 및 제2항에 따라 결원을 보충하거나 소속 공무원에게 휴직을 하거나 휴가를 가는 공무원 또는 시간선택제전환공무원의 업무를 대행하도록 명한 경우에는 그렇지 않다.(2023.10.10 단서개정)
1. 법 제71조제1항 및 제2항에 따른 휴직을 하는 경우
2. 「국가공무원 복무규정」 제18조제1항·제2항에 따른 병가 또는 같은 규정 제20조제2항·제10항에 따른 특별휴가를 가는 경우
3. 시간선택제전환공무원으로 지정된 경우. 이 경우 그 업무를 대행하기 위하여 채용하는 시간선택제임기제공무원의 근무시간은 시간선택제전환공무원의 남은 근무시간 범위로 한정한다.
(2017.12.29 1호~3호신설)
② 임용권자 또는 임용제청권자는 소속 공무원에게 「재난 및 안전관리 기본법」 제3조제1호에 따른 재난이나 「자연재해대책법」 제2조제1호에 따른 재해에 대응하기 위하여 출장 또는 파견 중인 공무원의 업무를 대행하도록 명할 수 있다.(2023.12.26 본항개정)
③ 임용권자 또는 임용제청권자는 다음 각 호의 어느 하나에 해당하는 공무원에게는 예산의 범위에서 「공무원수당 등에 관한 규정」에서 정하는 바에 따라 수당을 지급할 수 있다.
1. 제1항에 따라 병가, 출산휴가, 유산휴가, 사산휴가, 육아휴직 또는 공무상질병휴직 중인 공무원의 업무를 대행하는 공무원
2. 시간선택제전환공무원의 근무시간 외의 업무를 대행하는 공무원
3. 제2항에 따라 출장 또는 파견 중인 공무원의 업무를 대행하는 공무원
(2023.12.26 본항신설)
(2017.12.29 본조제목개정)

제57조의5【휴직자 복무관리 등】 ① 임용권자 또는 임용제청권자는 법 제71조에 따라 휴직 중인 공무원이 휴직기간 중 휴직사유와 달리 「국가공무원 복무규정」 제25조에 따른 영리업무 금지의무에 위반하는 등 휴직의 목적 달성에 현저히 위배되는 행위를 하는 경우에 복직을 명할 수 있다.
② 제1항에 따라 복직명령을 받거나 복직 후 제1항에 따른 복직 명령 사유가 적발된 경우에는 제31조제2항제1호에도 불구하고 그 휴직기간은 제31조제1항의 기간에 포함하지 아니한다.(2013.2.20 본항개정)
③ 법 제71조제1항제1호 및 같은 조 제2항에 따라 휴직 중인 공무원은 인사혁신처장이 정하는 바에 따라 임용권자 또는 임용제청권자에게 복무상황에 대한 보고를 하여야 한다.(2014.11.19 본항개정)
④ 제1항부터 제3항까지에서 규정한 사항 외에 휴직자의 복무관리에 필요한 사항은 인사혁신처장이 정한다.
(2014.11.19 본항개정)
(2010.6.15 본조신설)

제57조의6【고용휴직위원회 등】 ① 인사혁신처장은 법 제71조제2항제1호에 따른 휴직 대상 기관 및 직위의 선정, 대상자의 선발, 그 밖에 같은 호에 따른 휴직의 운영에 필요한 사항을 심의하기 위하여 인사혁신처장이 정하는 바에 따라 고용휴직위원회를 구성·운영할 수 있다.
② 소속 장관은 법 제71조제2항제1호에 따라 소속 공무원이 국제기구, 외국기관, 국내외의 대학·연구기관 또는 다른 국가기관에 임시로 채용되어 휴직(민간기업등에의 채용 및 인사혁신처장이 예산의 범위에서 지원하는 국제기구에의 채용을 사유로 하는 휴직은 제외한다)을 명하려는 경우에는 미리 인사혁신처장과 협의해야 한다.
(2023.12.26 본조개정)

제57조의7【질병휴직】 ① 질병휴직을 명하려는 경우에는 「공무원 재해보상법」 제24조에 따른 요양기관에서 발행한 진단서나 그 밖에 휴직사유를 증명할 수 있는 자료를 해당 공무원에게 요구하여 제출받아 휴직 여부를 결정해야 한다.(2023.10.10 본항개정)
② 임용권자 또는 임용제청권자는 제1항에 따라 휴직 여부를 결정하려는 경우에는 임용심사위원회에 휴직의 필요성 등에 대해 자문할 수 있다. 이 경우 제10조의4제3항 및 제4항에도 불구하고 임용심사위원회의 위원으로 관계 전문가 1명 이상이 포함되어야 한다.(2023.12.26 본항개정)
③ 임용권자 또는 임용제청권자는 공무상질병휴직을 명한 공무원에게 당초 휴직 사유와 같은 사유로 그 휴직기간 연장을 명하려는 경우로서 총휴직기간이 3년을 초과하는 경우에는 임용심사위원회의 의결을 거쳐야 한다. 이 경우 제10조의4제3항 및 제4항에도 불구하고 임용심사위원회의 위원으로 관계 전문가 1명 이상이 포함되어야 한다.
(2023.12.26 본항개정)
④ 공무상질병휴직을 명할 수 있는 경우는 「공무원 재해보상법 시행령」 제28조에 따른 공무상 요양 승인이나 같은 영 제32조에 따른 재요양 승인(이하 "공무상요양·재요양승인"이라 한다)을 받은 경우와 「산업재해보상보험법」 제40조에 따른 요양급여 결정이나 같은 법 제51조에 따른 재요양 결정(이하 "요양급여·재요양결정"이라 한다)을 받은 경우로 한정한다.(2021.11.30 본항개정)
⑤ 공무상요양·재요양승인이나 요양급여·재요양결정을 받은 기간(연장된 요양기간을 포함한다)이 끝난 후에는 그 사유와 같은 사유로 공무상질병휴직을 새로 명하거나 그 휴직기간의 연장을 명할 수 없다.(2021.11.30 본항신설)
⑥ 법 제72조제1호 각 목 외의 부분 본문에 따른 질병휴직 중에 있는 공무원이나 그 휴직기간이 끝난 공무원이 공무상질병휴직 요건에 해당하게 된 경우에는 당초의 질병휴직을 취소하고 그 발령일로 소급하여 공무상질병휴직을 명하거나 당초의 질병휴직 명령을 공무상질병휴직 명령으로 변경할 수 있다.
⑦ 제1항부터 제6항까지에서 규정한 사항 외에 질병휴직 제도의 운영에 필요한 사항은 인사혁신처장이 정한다.
(2021.11.30 본조개정)

제57조의8【가사돌봄휴직】 법 제71조제2항제5호 단서에서 "대통령령으로 정하는 요건을 갖춘 경우"란 다음 각 호의 어느 하나에 해당하는 경우를 말한다.
1. 조부모를 돌보는 경우 : 본인 외에는 조부모의 직계비속이 없는 경우. 다만, 다른 직계비속이 있으나 질병, 고령(高齡), 장애 또는 미성년 등의 사유로 본인이 돌볼 수밖에 없는 경우를 포함한다.(2021.11.30 본호개정)
2. 손자녀를 돌보는 경우 : 본인 외에는 손자녀의 직계존속 및 형제자매가 없는 경우. 다만, 다른 직계존속 또는 형제자매가 있으나 질병, 고령, 장애 또는 미성년 등의 사유로 본인이 돌볼 수밖에 없는 경우를 포함한다.
(2021.11.30 본호개정)
(2021.11.30 본조제목개정)
(2014.2.5 본조신설)

제57조의9【국제기구 고용휴직자의 복무의무】 ① 법 제71조제2항제1호에 따라 국제기구에 임시로 채용되어 휴직한 경우로서 인사혁신처 소관으로 편성된 국제부담금 예산의 지원을 받은 공무원은 휴직기간과 같은 기간 이상 복무하여야 한다. 다만, 공무원이 의무복무기간을 준수할 수 없는 특별한 사유가 있는 경우로서 소속기관을 통하여 미리 인사혁신처장과 협의한 경우나 해당 국제기구에 정식으로 채용된 경우에는 그러하지 아니하다.
② 제1항 본문의 의무복무기간에는 법 제71조제1항제1호·제3호·제6호 및 같은 조 제2항에 따른 휴직기간과 같은 법 제73조의3에 따른 직위해제 기간은 넣어 계산하지 아니한다. 다만, 공무상 질병 또는 부상으로 인한 휴직기간은 넣어 계산한다.
(2015.11.18 본조신설)

제57조의10【자기개발휴직】 ① 법 제71조제2항제7호에서 "대통령령 등으로 정한 기간"이란 5년 이상을 말한다.
② 법 제71조제2항제7호에 따른 휴직(이하 "자기개발휴직"이라 한다) 후 복직한 공무원은 복직 후 10년 이상 근무하여야 다시 자기개발휴직을 할 수 있다.
③ 제1항 및 제2항에 따른 기간에는 휴직기간·직위해제처분기간 및 강등·정직처분으로 인하여 직무에 종사하지 아니한 기간은 넣어 계산하지 아니한다.
④ 제1항부터 제3항까지에서 규정한 사항 외에 자기개발휴직의 운영에 필요한 사항은 인사혁신처장이 정한다.
(2016.6.24 본조신설)

제8장 신분보장

제58조【강임의 범위】 공무원을 강임할 때에는 바로 하위계급의 직위에 임용하여야 한다.(1982.12.31 본조신설)

제59조【강임자의 우선승진임용 방법】 ① 같은 직급에 강임된 사람(본인이 동의하여 강임된 사람은 제외한다)이 2명 이상인 경우의 우선임용 순위는 강임일 순서에 따르며, 강임일이 같은 경우에는 강임되기 전의 직급의 임용일 순서에 따른다.
② 법 제73조의4제2항 단서에 따라 본인이 동의하여 강임된 공무원을 우선승진임용할 때에는 본인의 경력과 해당 기관의 인력사정을 고려하여 다른 승진예정 공무원과 적절한 균형을 유지하도록 하여야 한다. 이 경우 같은 직급에 강임된 사람이 2명 이상인 경우에 우선승진임용 순위는 강임일 순서에 따르며, 강임일이 같은 경우에는 강임되기 전의 직급의 임용일 순서에 따른다.
(2009.9.8 본조개정)

제60조【직위해제 대상 비위행위】 법 제73조의3제1항제6호에서 "금품비위, 성범죄 등 대통령령으로 정하는 비위행위"란 다음 각 호의 행위를 말한다.
1. 법 제78조의2제1항 각 호의 행위
2. 「성폭력범죄의 처벌 등에 관한 특례법」 제2조에 따른 성폭력범죄
3. 「성매매알선 등 행위의 처벌에 관한 법률」 제4조에 따른 금지행위
4. 공무원으로서의 품위를 크게 손상하여 그 직위를 유지하는 것이 부적절하다고 판단되는 행위
(2015.11.18 본조신설)

제9장 보 칙

제61조 (2008.2.29 삭제)

부 칙 (2009.9.8)

제1조【시행일】 이 영은 공포한 날부터 시행한다. 다만, 제16조제1항제7호의 개정규정은 2010년 1월 1일부터 시행한다.

제2조【사무직렬 기능직공무원의 정원조정에 따른 일반직 경력경쟁채용에 관한 특례】 ① 이 영 시행 당시 중앙행정기관(「행정기관의 조직과 정원에 관한 통칙」 제2조제1호에 따른 중앙행정기관을 말한다. 이하 이 조에서 같다)에 재직 중인 사무직렬 기능직공무원(사무직렬 기능직공무원인 지방공무원으로 근무하던 중 법 제28조제2항제7호에 따라 사무직렬 기능직공무원인 국가공무원으로 신규채용된 사람으로서 그 사람이 계속 지방공무원으로 근무하였을 경우 대통령령 제23093호 지방공무원 임용령 일부개정령 부칙 제4조제1항에 따른 경력경쟁임용시험에 응시할 수 있었던 사람 등 소속 장관이 인사 운영상 불가피하다고 인정하여 안전행정부장관과 협의를 거친 사람을 포함한다)은 법 제28조제2항 각 호 외의 부분 본문에 따른 채용시험(이하 "경력경쟁채용시험"이라 한다)을 통하여 해당 기관의 직제 개정으로 감축하는 사무직렬 기능직공무원의 정원에 상응하여 증원하는 일반직공무원 등으로 채용할 수 있다.(2013.3.23 본항개정)
② 제1항에 따른 직제의 개정으로 증원되는 일반직공무원 직위에는 해당 중앙행정기관 일반직공무원의 초과 현원에 관계없이 해당 중앙행정기관의 사무직렬 기능직공무원 중에서 경력경쟁채용시험을 통한 채용(이하 "경력경쟁채용"이라 한다)을 하여야 한다.
③ 제1항에 따른 경력경쟁채용시험 합격자 수가 제1항에 따른 직제 개정으로 증원된 일반직공무원 직위의 수에 미달하여 기능직공무원의 초과 현원이 발생하는 경우에는 사무직렬 기능직공무원의 현원이 정원과 일치될 때까지 그 초과 현원에 상응하는 정원이 해당 중앙행정기관에 따로 있는 것으로 본다.
④ 제1항에 따른 경력경쟁채용시험을 실시하는 경우 일반직 임용예정 직급에 상당하는 사무직렬 기능직공무원으로 해당 중앙행정기관에서 6개월 이상 근무한 사람은 제16조제1항제6호 및 별표3의 경력경쟁채용 요건을 갖춘 것으로 본다.
⑤ 중앙행정기관의 장은 해당 기관의 업무 등을 고려하여 필요한 경우 「공무원임용시험령」 제7조제1항에도 불구하고 제1항에 따른 경력경쟁채용시험의 필기시험과목 중 제1차시험과목에 한정하여 변경할 수 있다.
⑥ (2012.1.26 삭제)
⑦ 중앙행정기관의 장은 「공무원임용시험령」 제30조제1항제1호에도 불구하고 제1차시험 및 제2차시험은 각각 각 과목 만점의 40퍼센트 이상, 전 과목 총점의 60퍼센트 이상 득점한 사람을 합격자로 결정한다. 다만, 「공무원임용시험령」 제29조제5항에 따라 제1차시험과 제2차시험을 병합하여 실시하는 경우에는 각 과목 만점의 40퍼센트 이상, 전 과목 총점의 60퍼센트 이상 득점한 사람을 합격자로 한다.
⑧ 제7항에 따라 필기시험에 합격한 사람에 대해서는 이후 시행되는 필기시험을 면제한다.(2012.1.26 본항신설)
⑨ 중앙행정기관의 장은 제1항에 따른 경력경쟁채용시험을 실시하는 경우 「공무원임용시험령」 제3조제2항과 제3항에도 불구하고 경력경쟁채용시험 실시권을 소속 기관의 장 또는 그 소속 기관의 상급 기관의 장에게 위임할 수 없고, 다른 시험 실시기관의 장 또는 민간기관과 공동으로 실시할 수 없으며, 안전행정부장관을 제외한 다른 기관에 위탁할 수 없다.(2013.3.23 본항개정)
⑩ 제1항에 따라 일반직공무원으로 경력경쟁채용된 공무원에 대해서는 제45조제3항제2호에 따른 전보제한을 적용하지 아니할 수 있다.
(2012.1.26 본조개정)

제3조【기능직공무원 직렬 및 직급명칭 개정에 따른 경과조치】 ① 이 영 시행 당시 종전의 별표2에 따른 다음 표의 왼쪽 란에 기재된 직군, 직렬, 계급 및 직급에 재직하고 있는 공무원은 별표2의 개정규정에 따른 같은 표의 오른쪽 란에 기재된 직군, 직렬, 계급 및 직급의 공무원으로 임용된 것으로 본다. 이 경우 왼쪽 란의 보건위생직군 위생직렬의 기능6급 이하 공무원 중 조리업무에 종사하면서 조리사 자격증을 소지한 공무원은 본인이 희망하는 경우에 오른쪽 란에 기재된 보건위생직군의 조리직렬의 기능6급 이하 공무원으로 임용된 것으로 본다.

정보통신현업직군 정보통신현업직렬 기능6급 정보통신원	정보통신현업직군 정보통신현업직렬 기능6급 정보통신장
정보통신현업직군 정보통신현업직렬 기능7급 정보통신원	정보통신현업직군 정보통신현업직렬 기능7급 정보통신장
전신직군 통신직렬 기능7급 통신원	전신직군 통신직렬 기능7급 통신장
전신직군 전화수리직렬 기능6급 전화수리장	전신직군 통신직렬 기능6급 통신장
전신직군 전화수리직렬 기능7급 전화수리장	전신직군 통신직렬 기능7급 통신장
전신직군 전화수리직렬 기능8급 전화수리장 및 전화수리원	전신직군 통신직렬 기능8급 통신원
전신직군 전화수리직렬 기능9급 전화수리원	전신직군 통신직렬 기능9급 통신원
전신직군 전화수리직렬 기능10급 전화수리원	전신직군 통신직렬 기능10급 통신원
전신직군 교환직렬 기능6급 교환원	전신직군 전화상담직렬 기능6급 전화상담장
전신직군 교환직렬 기능7급 교환원	전신직군 전화상담직렬 기능7급 전화상담장
전신직군 교환직렬 기능8급 교환원	전신직군 전화상담직렬 기능8급 전화상담원
전신직군 교환직렬 기능9급 교환원	전신직군 전화상담직렬 기능9급 전화상담원
전신직군 교환직렬 기능10급 교환원	전신직군 전화상담직렬 기능10급 전화상담원
기계직군 난방직렬 기능6급 난방원	기계직군 열관리직렬 기능6급 열관리장
기계직군 난방직렬 기능7급 난방원	기계직군 열관리직렬 기능7급 열관리장
기계직군 난방직렬 기능8급 난방원	기계직군 열관리직렬 기능8급 열관리원
기계직군 난방직렬 기능9급 난방원	기계직군 열관리직렬 기능9급 열관리원
기계직군 난방직렬 기능10급 난방원	기계직군 열관리직렬 기능10급 열관리원
기계직군 운전직렬 기능6급 운전원	기계직군 운전직렬 기능6급 운전장
기계직군 운전직렬 기능7급 운전원	기계직군 운전직렬 기능7급 운전장
화공직군 화공직렬 기능6급 화공원	화공직군 화공직렬 기능6급 화공장
화공직군 화공직렬 기능7급 화공원	화공직군 화공직렬 기능7급 화공장
선박직군 선박직렬 기능6급 선장	선박직군 선박항해직렬 기능6급 선박항해장
선박직군 선박직렬 기능7급 선장	선박직군 선박항해직렬 기능7급 선박항해장
선박직군 선박직렬 기능8급 선장 및 선원	선박직군 선박항해직렬 기능8급 선박항해원
선박직군 선박직렬 기능9급 선원	선박직군 선박항해직렬 기능9급 선박항해원
선박직군 선박직렬 기능10급 선원	선박직군 선박항해직렬 기능10급 선박항해원
선박직군 선박기관직렬 기능6급 기관장	선박직군 선박기관직렬 기능6급 선박기관장
선박직군 선박기관직렬 기능7급 기관장	선박직군 선박기관직렬 기능7급 선박기관장
선박직군 선박기관직렬 기능8급 기관장 및 기관원	선박직군 선박기관직렬 기능8급 선박기관원
선박직군 선박기관직렬 기능9급 기관원	선박직군 선박기관직렬 기능9급 선박기관원
선박직군 선박기관직렬 기능10급 기관원	선박직군 선박기관직렬 기능10급 선박기관원
선박직군 등대직렬 기능6급 등대장	선박직군 등대관리직렬 기능6급 등대관리장
선박직군 등대직렬 기능7급 등대장 및 등대원	선박직군 등대관리직렬 기능7급 등대관리장
선박직군 등대직렬 기능8급 등대장 및 등대원	선박직군 등대관리직렬 기능8급 등대관리원
선박직군 등대직렬 기능8급 표지원	선박직군 등대관리직렬 기능8급 표지관리원
선박직군 등대직렬 기능9급 등대원	선박직군 등대관리직렬 기능9급 등대관리원
선박직군 등대직렬 기능9급 표지원	선박직군 등대관리직렬 기능9급 표지관리원
선박직군 등대직렬 기능10급 등대원	선박직군 등대관리직렬 기능10급 등대관리원
농림직군 농림직렬 기능6급 농림원	농림직군 농림직렬 기능6급 농림장
농림직군 농림직렬 기능7급 농림원	농림직군 농림직렬 기능7급 농림장
농림직군 산림보호직렬 기능6급 산림보호원	농림직군 산림보호직렬 기능6급 산림보호장
농림직군 산림보호직렬 기능7급 산림보호원	농림직군 산림보호직렬 기능7급 산림보호장
보건위생직군 보건직렬 기능6급 보건원	보건위생직군 보건직렬 기능6급 보건장
보건위생직군 보건직렬 기능7급 보건원	보건위생직군 보건직렬 기능7급 보건장
보건위생직군 간호조무직렬 기능6급 간호조무원	보건위생직군 간호조무직렬 기능6급 간호조무장
보건위생직군 간호조무직렬 기능7급 간호조무원	보건위생직군 간호조무직렬 기능7급 간호조무장
보건위생직군 위생직렬 기능6급 위생원	보건위생직군 위생직렬 기능6급 위생장 또는 보건위생직군 조리직렬 기능6급 조리장
보건위생직군 위생직렬 기능7급 위생원	보건위생직군 위생직렬 기능7급 위생장 또는 보건위생직군 조리직렬 기능7급 조리장
보건위생직군 위생직렬 기능8급 위생원	보건위생직군 위생직렬 기능8급 위생원 또는 보건위생직군 조리직렬 기능8급 조리실무원
보건위생직군 위생직렬 기능9급 위생원	보건위생직군 위생직렬 기능9급 위생원 또는 보건위생직군 조리직렬 기능9급 조리실무원
보건위생직군 위생직렬 기능10급 위생원	보건위생직군 위생직렬 기능10급 위생원 또는 보건위생직군 조리직렬 기능10급 조리실무원
사무직군 사무직렬 기능6급 사무원	사무직군 사무직렬 기능6급 사무실무장
사무직군 사무직렬 기능7급 사무원	사무직군 사무직렬 기능7급 사무실무장
사무직군 사무직렬 기능8급 사무원	사무직군 사무직렬 기능8급 사무실무원
사무직군 사무직렬 기능9급 사무원	사무직군 사무직렬 기능9급 사무실무원
사무직군 사무직렬 기능10급 사무원	사무직군 사무직렬 기능10급 사무실무원
방호직군 방호직렬 기능6급 방호원	방호직군 방호직렬 기능6급 방호장
방호직군 방호직렬 기능7급 방호원	방호직군 방호직렬 기능7급 방호장

② 이 영 시행 당시 각급 기관의 조직과 정원을 규정하는 법령에서 정하고 있는 기능직공무원 중 제1항의 표의 왼쪽 란에 기재된 직급별 정원은 같은 표의 오른쪽 란에 기재된 직급별 정원으로 본다.
③ 이 영 시행 당시 종전의 규정에 따라 작성된 각 직렬별 기능7급 이하 공무원의 승진후보자명부 중 제1항의 표의 왼쪽 란에 기재된 직렬별 직급의 승진후보자명부는 같은 표의 오른쪽 란에 기재된 직렬별 직급의 승진후보자명부로 본다. 다만, 이 영 시행 당시 종전의 규정에 따라 작성된 전화수리직렬의 기능7급 이하 공무원의 승진후보자명부는 이 영 시행 후 최초로 해당 직급의 승진후보자명부가 작성될 때까지 효력을 가진다.
④ 이 영 시행 당시 종전의 규정에 따라 제1항의 표의 왼쪽 란에 기재된 공무원의 해당 직급으로 채용 및 임용절차가 진행 중인 경우에는 이 영 시행일에 같은 표의 오른 쪽 란에 기재된 공무원의 직급으로 채용 및 임용절차가 진행 중인 것으로 본다. 다만, 이 영 시행 당시 종전의 규정에 따라 위생직렬 기능직공무원으로 채용 및 임용절차가 진행 중이고 조리사 자격증을 소지한 사람으로서 채용예정분야가 조리업무인 경우 이 영 시행일에 별표2의 개정규정에 따른 조리직렬의 해당 직급으로 채용 및 임용절차가 진행 중인 것으로 본다.
⑤ 이 영 시행 당시 다른 법령에서 제1항의 표의 왼쪽 란에 기재된 공무원의 직급을 인용하는 경우에는 같은 표의 오른 쪽 란에 기재된 공무원의 직급을 각각 인용한 것으로 본다.
제4조【다른 법령의 개정】 ①~⑩ ※(해당 법령에 가제정리 하였음)

부 칙 (2010.6.15)

제1조【시행일】 이 영은 공포한 날부터 시행한다.
제2조【시간제근무공무원의 승진소요연수 인정에 관한 적용례】 제31조제11항의 개정규정은 이 영 시행 당시 시간제근무공무원으로 근무 중인 공무원에 대해서도 적용한다.
제3조【공무상 질병 또는 부상으로 인한 휴직자의 특별승진임용에 관한 적용례】 제32조제1항제1호의 개정규정은 이 영 시행 당시 공무상 질병 또는 부상으로 휴직하고 있는 공무원에 대해서도 적용한다.
제4조【파견기간 종료 전 복귀에 대한 협의·통보에 관한 적용례】 제41조의 개정규정은 이 영 시행 당시 파견 중인 공무원에 대해서도 적용한다.
제5조【민간근무휴직 제한에 관한 적용례】 제53조제1항 및 제2항의 개정규정은 이 영 시행 후 공무원이 민간기업등에 근무하기 위하여 최초로 휴직하는 경우부터 적용한다.
제6조【휴직자의 복무관리에 관한 적용례】 제57조의5의 개정규정은 이 영 시행 당시 휴직 중인 공무원에 대해서도 적용한다.
제7조【다른 법령의 개정】 ※(해당 법령에 가제정리 하였음)

부 칙 (2011.3.7)

제1조【시행일】 이 영은 공포한 날부터 시행한다.
제2조【시보 공무원의 면직 절차에 관한 적용례】 제23조제2항부터 제5항까지의 개정규정은 이 영 시행 후 최초로 시보 공무원을 면직시키거나 면직을 제청하는 경우부터 적용한다.
제3조【승진소요최저연수 산입에 관한 적용례】 ① 제31조제2항제1호다목의 개정규정 및 부칙 제5조제1항은 이 영 시행 전에 임신·출산 또는 자녀양육을 위하여 휴직한 공무원의 휴직기간에 대해서도 적용한다.
② 제31조제2항제2호의2의 개정규정은 이 영 시행 당시의 계급에서 이 영 시행 전에 관계 행정기관의 장이 징계처분을 요구하였거나 징계의결 요구권자가 징계의결을 요구한 경우에 대해서도 적용한다.
제4조【총 파견기간 연장에 관한 적용례】 제41조제2항제1호의 개정규정은 이 영 시행 당시 파견 중인 공무원에 대해서도 적용한다.
제5조【다른 법령의 개정】 ①~③ ※(해당 법령에 가제정리 하였음)

부 칙 (2011.7.4)

제1조【시행일】 이 영은 공포한 날부터 시행한다. 다만, 제3조제3항, 제31조제1항, 제35조의4제1항·제2항, 별표2 및 부칙 제4조의 개정규정(이하 "기능10급 관련 개정규정"이라 한다)은 2012년 5월 24일부터 시행한다.
제2조【기능10급 공무원으로 재직 중인 공무원에 대한 기능9급 공무원으로의 승진임용에 관한 특례】 ① 임용권자는 이 영 공포 당시 기능10급 공무원으로 재직 중인 공무원을 제31조, 제32조, 제33조, 제34조의3에도 불구하고 다음 각 호의 구분에 따라 기능9급 공무원으로 각각 승진임용하여야 한다.
1. 이 영 공포일 현재 기능10급 임용일부터 4년 이상 경과한 공무원 : 이 영 공포일부터 10일 이내
2. 이 영 공포일 현재 기능10급 임용일부터 2년 이상 4년 미만 경과한 공무원 : 2011년 12월 31일
3. 이 영 공포일 현재 기능10급 임용일부터 2년 미만 경과한 공무원 : 2012년 5월 23일
② 기능10급 관련 개정규정 시행 당시 임용권자가 제1항 각 호에 따라 기능10급 공무원으로 재직 중인 공무원을 기능9급 공무원으로 승진임용한 경우에는 해당 기관의 조직과 정원을 규정하는 법령에서 정하고 있는 기능직공무원의 정원 중 제1항에 따라 기능10급 공무원에서 기능9급 공무원으로 승진임용한 공무원의 수에 해당하는 기능9급 공무원의 정원이 증가하고, 같은 공무원의 수에 해당하는 기능10급 공무원의 정원이 감소한 것으로 본다.
제3조【기능10급 폐지에 따른 기능직공무원 채용시험에 관한 특례】 ① 기능10급 관련 개정규정 시행 당시 진행 중인 기능10급 공무원의 채용시험 합격자는 기능9급 공무원의 채용시험 합격자로 본다.
② 기능10급 관련 개정규정 시행 전에 기능10급 공무원의 채용시험에 합격하였으나 기능10급 관련 개정규정 시행 당시 아직 임용되지 않은 사람은 기능9급 공무원의 채용시험에 합격한 것으로 본다.
제4조【다른 법령의 개정】 ①~④ ※(해당 법령에 가제정리 하였음)

부 칙 (2012.1.26)

제1조【시행일】 이 영은 공포한 날부터 시행한다. 다만, 별표1의 개정규정은 2012년 7월 1일부터 시행한다.
제2조【교정직렬내 직류통합에 따른 경과조치】 ① 부칙 제1조 단서에 따른 시행일 당시 별표1 중 교회직류 및 분류직류의 5급 이하 공무원은 교정직류의 해당 직급으로 임용된 것으로 본다.
② 부칙 제1조 단서에 따른 시행일 당시 종전의 규정에 따라 교회직류 및 분류직류 일반직공무원으로 채용 및 임용절차가 진행 중인 경우에는 부칙 제1조 단서에 따른 시행일에 별표1의 개정규정에 따른 교정직류 일반직공무원으로 채용 및 임용절차가 진행 중인 것으로 본다.
③ 이 영 시행에 따라 직류가 통합된 교정직렬 공무원의 승진후보자명부 작성 등 인사관리사항은 「공무원 성과평가 등에 관한 규정」 제29조에도 불구하고 법무부장관이 별도로 정하여 운영할 수 있다.
④ 부칙 제1조 단서에 따른 시행일 당시 다른 법령에서 교회직류 또는 분류직류 일반직공무원을 인용한 경우에는 별표1의 개정규정에 따른 교정직류 일반직공무원을 인용한 것으로 본다.

부 칙 (2012.3.30)

제1조【시행일】 이 영은 공포한 날부터 시행한다. 다만, 제22조의3제1항제3호의 개정규정은 공포 후 1년이 경과한 날부터 시행한다.
제2조【진행 중인 승진임용에 관한 경과조치】 제31조의 개정규정에도 불구하고 이 영 시행 당시 진행 중인 승진임용의 경우 종전의 규정에 따라 작성된 승진후보자명부는 유효한 것으로 본다.
제3조【다른 법령의 개정】 ※(해당 법령에 가제정리 하였음)

부 칙 (2012.9.28)

제1조【시행일】 이 영은 공포한 날부터 시행한다. 다만, 제35조의4의 개정규정은 2013년 1월 1일부터 시행한다.
제2조【민간전문가 파견심의위원회의 심의에 관한 경과조치】 이 영 시행 당시 제41조의2제1항에 따른 협의가 완료된 경우에는 제41조의2제7항의 개정규정에도 불구하고 종전의 규정을 따른다.

부 칙 (2013.2.20)

제1조【시행일】 이 영은 공포한 날부터 시행한다.
제2조【파견수당 지급에 관한 적용례】 제41조제8항의 개정규정은 이 영 시행 후에 파견되거나 파견기간이 연장되는 사람부터 적용한다.
제3조【휴직자 복무관리 등에 관한 적용례】 ① 제57조의5제2항의 개정규정은 「국가공무원법」 제71조에 따라 휴직 중인 공무원으로서 이 영 시행 후 휴직의 목적 달성에 현저히 위배되는 행위를 한 공무원에 대해서도 적용한다.
② 제57조의5제3항 및 제4항의 개정규정은 이 영 시행 후에 휴직하거나 휴직기간을 연장하는 사람부터 적용한다.
제4조【진행 중인 경력경쟁채용시험에 대한 경과조치】 이 영 시행 당시 진행 중인 경력경쟁채용시험에 대해서는 제16조제2항의 개정규정에도 불구하고 종전의 규정에 따른다.
제5조【직렬 신설에 따른 경과조치】 이 영 시행 당시 재직 중인 일반직공무원으로서, 신설되는 방재안전직렬 관련 직무분야에서 2년 이상 근무한 사람은 방재안전직렬의 해당직급으로 전직시험 없이 임용할 수 있다.
제6조【다른 법령의 개정】 ※(해당 법령에 가제정리 하였음)

부 칙 (2013.11.20)

제1조【시행일】 이 영은 2013년 12월 12일부터 시행한다.
제2조【다른 법령의 폐지】 「계약직공무원규정」은 폐지한다.
제3조【겸임에 관한 적용례】 제40조제2항 각 호 외의 부분 단서의 개정규정은 이 영 시행 후 같은 항 제3호에 따라 일반직공무원으로 겸임하는 사람부터 적용한다.
제4조【견습근무에 합격한 사람 등에 관한 경과조치】 이 영 시행 당시 종전의 제22조의3제1항제3호에 따라 견습직원 선발시험에 합격하였거나 견습근무가 진행 중인 사람은 제22조의3제1항제2호의 개정규정 따라 일반직 9급 견습직원 선발시험에 합격하였거나 일반직 9급 견습근무가 진행 중인 사람으로 본다.
제5조【임기제공무원의 근무기간 산정에 관한 경과조치】 법률 제11530호 국가공무원법 일부개정법률 부칙 제3조제3항에 따라 임기제공무원으로 임용된 것으로 보는 공무원에 대하여 제22조의5의 개정규정에 따른 총 근무기간을 산정하는 경우 계약직공무원으로 신규로 채용된 날을 임기제공무원으로 최초로 임용된 날로 본다.
제6조【종전 기능직공무원 및 계약직공무원의 경력인정 등에 관한 경과조치】 ① 이 영 시행 전의 기능직공무원 또는 계약직공무원이 이 영 시행 후에 일반직공무원으로 신규채용되는 경우에는 기능직공무원 또는 계약직공무원으로서의 재직 경력 인정에 관하여는 종전의 제16조, 제31조 및 제35조의4에 따른다. 이 경우 부칙 제7조제1항 및 제2항의 표의 왼쪽 란에 기재된 직급에서 재직한 경력은 오른쪽 란에 기재된 직급에서 재직한 경력과 같은 것으로 본다.
② 이 영 시행 전에 일반직공무원이 기능직공무원 또는 계약직공무원으로 재직하여 종전의 제31조 및 제35조의4 등에 따라 산입된 경력은 이 영 시행 후에도 유효한 것으로 본다.
③ 이 영 시행 당시 재직 중인 기능직공무원이 일반직공무원으로 임용된 경우 이 영 시행 전에 받은 징계처분 등은 이 영 시행 후에도 유효한 것으로 보아 제31조에 따른 승진소요최저연수 및 제32조에 따른 승진임용 제한기간을 산정한다.
제7조【기능직 및 계약직 폐지에 따른 공무원 구분 변경에 관한 경과조치】 ① 이 영 시행 당시 종전의 별표2에 따른 다음 표의 왼쪽 란에 기재된 직군, 직렬, 계급 및 직급에 재직하고 있는 공무원은 별표1의 개정규정에 따른 다음 표의 오른쪽 란에 기재된 직군, 직렬, 계급 및 직급의 공무원으로 임용된 것으로 본다.

토건직군 토목직렬 기능5급 토목기장	관리운영직군 토목운영직렬 6급 토목운영주사
토건직군 토목직렬 기능6급 토목장	관리운영직군 토목운영직렬 6급 토목운영주사
토건직군 토목직렬 기능7급 토목장	관리운영직군 토목운영직렬 7급 토목운영주사보
토건직군 토목직렬 기능8급 토목원	관리운영직군 토목운영직렬 8급 토목운영서기
토건직군 토목직렬 기능9급 토목원	관리운영직군 토목운영직렬 9급 토목운영서기보
토건직군 건축직렬 기능5급 건축기장	관리운영직군 건축운영직렬 6급 건축운영주사
토건직군 건축직렬 기능6급 건축장	관리운영직군 건축운영직렬 6급 건축운영주사
토건직군 건축직렬 기능7급 건축장	관리운영직군 건축운영직렬 7급 건축운영주사보
토건직군 건축직렬 기능8급 건축원	관리운영직군 건축운영직렬 8급 건축운영서기
토건직군 건축직렬 기능9급 건축원	관리운영직군 건축운영직렬 9급 건축운영서기보
전신직군 통신직렬 기능5급 통신기장	관리운영직군 통신운영직렬 6급 통신운영주사
전신직군 통신직렬 기능6급 통신장	관리운영직군 통신운영직렬 6급 통신운영주사
전신직군 통신직렬 기능7급 통신장	관리운영직군 통신운영직렬 7급 통신운영주사보
전신직군 통신직렬 기능8급 통신원	관리운영직군 통신운영직렬 8급 통신운영서기
전신직군 통신직렬 기능9급 통신원	관리운영직군 통신운영직렬 9급 통신운영서기보
전신직군 전화상담직렬 기능5급 전화상담기장	관리운영직군 전화상담운영직렬 6급 전화상담운영주사
전신직군 전화상담직렬 기능6급 전화상담장	관리운영직군 전화상담운영직렬 6급 전화상담운영주사
전신직군 전화상담직렬 기능7급 전화상담장	관리운영직군 전화상담운영직렬 7급 전화상담운영주사보
전신직군 전화상담직렬 기능8급 전화상담원	관리운영직군 전화상담운영직렬 8급 전화상담운영서기
전신직군 전화상담직렬 기능9급 전화상담원	관리운영직군 전화상담운영직렬 9급 전화상담운영서기보
전신직군 전기직렬 기능5급 전기기장	관리운영직군 전기운영직렬 6급 전기운영주사
전신직군 전기직렬 기능6급 전기장	관리운영직군 전기운영직렬 6급 전기운영주사
전신직군 전기직렬 기능7급 전기장	관리운영직군 전기운영직렬 7급 전기운영주사보
전신직군 전기직렬 기능8급 전기원	관리운영직군 전기운영직렬 8급 전기운영서기
전신직군 전기직렬 기능9급 전기원	관리운영직군 전기운영직렬 9급 전기운영서기보
기계직군 기계직렬 기능5급 기계기장	관리운영직군 기계운영직렬 6급 기계운영주사
기계직군 기계직렬 기능6급 기계장	관리운영직군 기계운영직렬 6급 기계운영주사
기계직군 기계직렬 기능7급 기계장	관리운영직군 기계운영직렬 7급 기계운영주사보
기계직군 기계직렬 기능8급 기계원	관리운영직군 기계운영직렬 8급 기계운영서기
기계직군 기계직렬 기능9급 기계원	관리운영직군 기계운영직렬 9급 기계운영서기보
기계직군 열관리직렬 기능5급 열관리기장	관리운영직군 열관리운영직렬 6급 열관리운영주사
기계직군 열관리직렬 기능6급 열관리장	관리운영직군 열관리운영직렬 6급 열관리운영주사
기계직군 열관리직렬 기능7급 열관리장	관리운영직군 열관리운영직렬 7급 열관리운영주사보
기계직군 열관리직렬 기능8급 열관리원	관리운영직군 열관리운영직렬 8급 열관리운영서기
기계직군 열관리직렬 기능9급 열관리원	관리운영직군 열관리운영직렬 9급 열관리운영서기보
기계직군 운전직렬 기능5급 운전기장	기술직군 운전직렬 6급 운전주사
기계직군 운전직렬 기능6급 운전장	기술직군 운전직렬 6급 운전주사
기계직군 운전직렬 기능7급 운전장	기술직군 운전직렬 7급 운전주사보
기계직군 운전직렬 기능8급 운전원	기술직군 운전직렬 8급 운전서기
기계직군 운전직렬 기능9급 운전원	기술직군 운전직렬 9급 운전서기보
화공직군 화공직렬 기능5급 화공기장	관리운영직군 화공운영직렬 6급 화공운영주사
화공직군 화공직렬 기능6급 화공장	관리운영직군 화공운영직렬 6급 화공운영주사
화공직군 화공직렬 기능7급 화공장	관리운영직군 화공운영직렬 7급 화공운영주사보
화공직군 화공직렬 기능8급 화공원	관리운영직군 화공운영직렬 8급 화공운영서기
화공직군 화공직렬 기능9급 화공원	관리운영직군 화공운영직렬 9급 화공운영서기보
선박직군 선박항해직렬 기능5급 선박항해기장	관리운영직군 선박항해운영직렬 6급 선박항해운영주사
선박직군 선박항해직렬 기능6급 선박항해장	관리운영직군 선박항해운영직렬 6급 선박항해운영주사
선박직군 선박항해직렬 기능7급 선박항해장	관리운영직군 선박항해운영직렬 7급 선박항해운영주사보
선박직군 선박항해직렬 기능8급 선박항해원	관리운영직군 선박항해운영직렬 8급 선박항해운영서기
선박직군 선박항해직렬 기능9급 선박항해원	관리운영직군 선박항해운영직렬 9급 선박항해운영서기보
선박직군 선박기관직렬 기능5급 선박기관기장	관리운영직군 선박기관운영직렬 6급 선박기관운영주사
선박직군 선박기관직렬 기능6급 선박기관장	관리운영직군 선박기관운영직렬 6급 선박기관운영주사
선박직군 선박기관직렬 기능7급 선박기관장	관리운영직군 선박기관운영직렬 7급 선박기관운영주사보
선박직군 선박기관직렬 기능8급 선박기관원	관리운영직군 선박기관운영직렬 8급 선박기관운영서기
선박직군 선박기관직렬 기능9급 선박기관원	관리운영직군 선박기관운영직렬 9급 선박기관운영서기보
선박직군 등대관리직렬 기능5급 등대관리기장	기술직군 등대관리직렬 6급 등대관리주사
선박직군 등대관리직렬 기능6급 등대관리장	기술직군 등대관리직렬 6급 등대관리주사
선박직군 등대관리직렬 기능7급 등대관리장	기술직군 등대관리직렬 7급 등대관리주사보
선박직군 등대관리직렬 기능8급 등대관리원 및 표지관리원	기술직군 등대관리직렬 8급 등대관리서기
선박직군 등대관리직렬 기능9급 등대관리원 및 표지관리원	기술직군 등대관리직렬 9급 등대관리서기보
농림직군 농림직렬 기능5급 농림기장	관리운영직군 농림운영직렬 6급 농림운영주사
농림직군 농림직렬 기능6급 농림장	관리운영직군 농림운영직렬 6급 농림운영주사
농림직군 농림직렬 기능7급 농림장	관리운영직군 농림운영직렬 7급 농림운영주사보
농림직군 농림직렬 기능8급 농림원	관리운영직군 농림운영직렬 8급 농림운영서기
농림직군 농림직렬 기능9급 농림원	관리운영직군 농림운영직렬 9급 농림운영서기보
농림직군 산림보호직렬 기능5급 산림보호기장	관리운영직군 산림보호운영직렬 6급 산림보호운영주사
농림직군 산림보호직렬 기능6급 산림보호장	관리운영직군 산림보호운영직렬 6급 산림보호운영주사
농림직군 산림보호직렬 기능7급 산림보호장	관리운영직군 산림보호운영직렬 7급 산림보호운영주사보
농림직군 산림보호직렬 기능8급 산림보호원	관리운영직군 산림보호운영직렬 8급 산림보호운영서기
농림직군 산림보호직렬 기능9급 산림보호원	관리운영직군 산림보호운영직렬 9급 산림보호운영서기보
보건위생직군 보건직렬 기능5급 보건기장	관리운영직군 보건운영직렬 6급 보건운영주사
보건위생직군 보건직렬 기능6급 보건장	관리운영직군 보건운영직렬 6급 보건운영주사
보건위생직군 보건직렬 기능7급 보건장	관리운영직군 보건운영직렬 7급 보건운영주사보
보건위생직군 보건직렬 기능8급 보건원	관리운영직군 보건운영직렬 8급 보건운영서기
보건위생직군 보건직렬 기능9급 보건원	관리운영직군 보건운영직렬 9급 보건운영서기보
보건위생직군 간호조무직렬 기능5급 간호조무기장	기술직군 간호조무직렬 6급 간호조무주사
보건위생직군 간호조무직렬 기능6급 간호조무장	기술직군 간호조무직렬 6급 간호조무주사
보건위생직군 간호조무직렬 기능7급 간호조무장	기술직군 간호조무직렬 7급 간호조무주사보
보건위생직군 간호조무직렬 기능8급 간호조무원	기술직군 간호조무직렬 8급 간호조무서기
보건위생직군 간호조무직렬 기능9급 간호조무원	기술직군 간호조무직렬 9급 간호조무서기보
보건위생직군 위생직렬 기능5급 위생기장	기술직군 위생직렬 6급 위생주사
보건위생직군 위생직렬 기능6급 위생장	기술직군 위생직렬 6급 위생주사
보건위생직군 위생직렬 기능7급 위생장	기술직군 위생직렬 7급 위생주사보
보건위생직군 위생직렬 기능8급 위생원	기술직군 위생직렬 8급 위생서기
보건위생직군 위생직렬 기능9급 위생원	기술직군 위생직렬 9급 위생서기보
보건위생직군 조리직렬 기능5급 조리기장	기술직군 조리직렬 6급 조리주사
보건위생직군 조리직렬 기능6급 조리장	기술직군 조리직렬 6급 조리주사
보건위생직군 조리직렬 기능7급 조리장	기술직군 조리직렬 7급 조리주사보

보건위생직군 조리직렬 기능8급 조리실무원	기술직군 조리직렬 8급 조리서기
보건위생직군 조리직렬 기능9급 조리실무원	기술직군 조리직렬 9급 조리서기보
사무직군 사무직렬 기능6급 사무실무장	관리운영직군 사무운영직렬 6급 사무운영주사
사무직군 사무직렬 기능7급 사무실무장	관리운영직군 사무운영직렬 7급 사무운영주사보
사무직군 사무직렬 기능8급 사무실무원	관리운영직군 사무운영직렬 8급 사무운영서기
사무직군 사무직렬 기능9급 사무실무원	관리운영직군 사무운영직렬 9급 사무운영서기보
방호직군 방호직렬 기능5급 방호기장	행정직군 방호직렬 6급 방호주사
방호직군 방호직렬 기능6급 방호장	행정직군 방호직렬 6급 방호주사
방호직군 방호직렬 기능7급 방호장	행정직군 방호직렬 7급 방호주사보
방호직군 방호직렬 기능8급 방호원	행정직군 방호직렬 8급 방호서기
방호직군 방호직렬 기능9급 방호원	행정직군 방호직렬 9급 방호서기보

② 이 영 시행 당시 우정사업본부와 그 소속 기관에 재직 중인 공무원으로서 종전의 별표2에 따른 다음 표의 왼쪽 란에 기재된 직군, 직렬, 계급 및 직급에 재직 중인 공무원은 별표2의 개정규정에 따른 다음 표의 오른쪽 란에 기재된 직군, 직렬, 계급 및 직급의 공무원으로 임용된 것으로 본다.

정보통신현업직군 정보통신현업직렬 기능1급 정보통신기장	우정직군 우정직렬 우정3급 우정주사
정보통신현업직군 정보통신현업직렬 기능2급 정보통신기장	우정직군 우정직렬 우정3급 우정주사
정보통신현업직군 정보통신현업직렬 기능3급 정보통신기장	우정직군 우정직렬 우정3급 우정주사
정보통신현업직군 정보통신현업직렬 기능4급 정보통신기장	우정직군 우정직렬 우정4급 우정주사
정보통신현업직군 정보통신현업직렬 기능5급 정보통신기장	우정직군 우정직렬 우정5급 우정주사
정보통신현업직군 정보통신현업직렬 기능6급 정보통신장	우정직군 우정직렬 우정6급 우정주사
정보통신현업직군 정보통신현업직렬 기능7급 정보통신장	우정직군 우정직렬 우정7급 우정주사보
정보통신현업직군 정보통신현업직렬 기능8급 정보통신원	우정직군 우정직렬 우정8급 우정서기
정보통신현업직군 정보통신현업직렬 기능9급 정보통신원	우정직군 우정직렬 우정9급 우정서기보

③ 이 영 시행 당시 우정사업본부와 그 소속 기관을 제외한 중앙행정기관에 재직 중인 정보통신현업직렬 기능직공무원은 해당 정원을 감축하고 직제 개정으로 증원된 직렬(소속 장관이 담당업무 및 인력운영사정 등을 고려하여 인정하는 행정직군 방호직렬, 기술직군의 간호조무직렬·운전직렬·등대관리직렬·위생직렬·조리직렬 및 관리운영직군의 직렬에 한정한다. 이하 이 항에서 "신설직렬등"이라 한다)의 공무원으로 임용된 것으로 본다. 다만, 정보통신현업직렬 기능직공무원에 대하여 직제에 감축할 정원이 없는 경우에는 「행정기관의 조직과 정원에 관한 통칙」 제24조제2항에도 불구하고 소속 장관이 인정하는 신설직렬등의 증원 없이도 해당 직렬의 공무원으로 임용할 수 있으며, 증원 없이 임용된 해당 직렬 일반직공무원의 현원과 정원이 일치될 때까지는 그 초과 현원에 상응하는 정원이 해당 중앙행정기관에 따로 있는 것으로 본다.
④ 이 영 시행 당시 재직 중인 계약직공무원은 다음 각 호의 구분에 따라 임기제공무원으로 임용된 것으로 본다.
1. 「계약직공무원규정」 제2조제2항에 따른 일반계약직공무원 : 이 영 시행 당시 임용된 직위에 해당하는 직급·직위 또는 직무등급의 일반임기제공무원
2. 「계약직공무원규정」 제2조제3항에 따른 전문계약직공무원 : 전문임기제공무원
3. 「계약직공무원규정」 제2조제4항에 따른 시간제일반계약직공무원 : 이 영 시행 당시 임용된 직위에 해당하는 직급 또는 직무등급의 시간제일반임기제공무원
4. 「계약직공무원규정」 제2조제4항에 따른 시간제전문계약직공무원 : 시간제전문임기제공무원
5. 「계약직공무원규정」 제2조제5항에 따른 한시계약직공무원 : 한시임기제공무원

⑤ 제4항에도 불구하고 정책보좌관과 비서관·비서 등 정무직공무원을 보조·보좌하기 위하여 채용된 계약직공무원은 별정직공무원으로 임용된 것으로 본다.
제8조【다른 법령의 개정】 ①~㊿ ※(해당 법령에 가제정리 하였음)
제9조【다른 법령과의 관계】 ① 이 영 시행 당시 행정기관의 조직과 정원을 규정하는 법령에서 정하고 있는 기능직공무원 정원 중 부칙 제7조제1항 및 제2항의 표의 왼쪽 란에 기재된 직급에 해당하는 정원은 같은 표의 오른쪽 란에 기재된 직급에 해당하는 정원으로 본다.
② 이 영 시행 당시 다른 법령에서 부칙 제7조제1항 및 제2항의 표의 왼쪽 란에 기재된 공무원의 직급을 인용하는 경우에는 같은 표의 오른쪽 란에 기재된 공무원의 직급을 각각 인용한 것으로 본다.

부　칙 (2013.12.16)

제1조【시행일】 이 영은 공포한 날부터 시행한다. 다만, 제35조의4제3항의 개정규정은 2014년 1월 1일부터 시행한다.
제2조【견습기간 연장에 관한 적용례】 제22조의3제2항 단서의 개정규정은 이 영 시행 당시 견습근무 중인 견습직원에 대해서도 적용한다.
제3조【승진임용 제한기간 가산에 관한 적용례】 제32조제1항제2호의 개정규정은 이 영 시행 후 성폭력, 성희롱 및 성매매 행위를 하여 징계처분을 받은 사람부터 적용한다.
제4조【근속승진기간 단축에 관한 적용례】 제35조의4제3항의 개정규정은 같은 개정규정 시행 당시 인사교류 중인 공무원에 대해서도 적용한다.
제5조【시간제임기제공무원의 명칭변경에 관한 경과조치】 이 영 시행 당시 재직 중인 종전의 제3조의2제3호에 따른 시간제일반임기제공무원은 이 영 시행일에 해당 직급 또는 직위의 시간선택제일반임기제공무원으로, 종전의 제3조의2제3호에 따른 시간제전문임기제공무원은 해당 직위의 시간선택제전문임기제공무원으로 임용된 것으로 각각 본다.
제6조【시간제근무공무원의 근무시간 등에 관한 경과조치】 제57조의3의 개정규정에도 불구하고 이 영 시행 전에 시간제근무공무원으로 지정되어 재직 중인 공무원의 근무시간 등에 대해서는 종전의 규정에 따른다.
제7조【철도경찰직렬의 명칭변경에 관한 경과조치】 ① 이 영 시행 당시 종전의 별표1 중 행정직군 철도공안직렬의 5급 이하 공무원은 이 영 시행일에 별표1의 개정규정에 따른 행정직군 철도경찰직렬의 해당 직급의 공무원으로 임용된 것으로 본다.
② 이 영 시행 당시 행정직군 철도공안직렬 일반직공무원의 채용 및 임용절차가 진행 중인 경우에는 별표1의 개정규정에 따른 행정직군 철도경찰직렬 일반직공무원의 채용 및 임용절차가 진행 중인 것으로 본다.
③ 이 영 시행 당시 다른 법령에서 행정직군 철도공안직렬 일반직공무원을 인용한 경우에는 별표1의 개정규정에 따른 행정직군 철도경찰직렬 일반직공무원을 인용한 것으로 본다.
제8조【다른 법령의 개정】 ①~⑩ ※(해당 법령에 가제정리 하였음)

부　칙 (2014.2.5)

제1조【시행일】 이 영은 2014년 2월 7일부터 시행한다. 다만, 제43조의3의 개정규정은 2015년 1월 1일부터 시행한다.
제2조【직위유형 구분 등의 시범실시】 인사혁신처장은 부칙 제1조 단서에도 불구하고 필요하다고 인정하는 경우에는 2015년 1월 1일 전에 시범실시기관을 정하여 직위의 유형구분 및 전문직위군의 지정 등을 시행하도록 할 수 있다.(2014.11.19 본조개정)
제3조【승진소요최저연수 인정에 관한 적용례】 제31조제2항제1호나목 단서의 개정규정은 이 영 시행 후 휴직하는 공무원에 대한 승진소요최저연수 산정부터 적용한다.
제4조【육아휴직에 관한 적용례】 제57조의2제2항의 개정규정은 이 영 시행 후 휴직하는 공무원부터 적용한다.
제5조【전문관의 전보제한에 관한 경과조치】 2015년 1월 1일 당시 종전의 제43조의3제2항에 따라 전문관으로 임용된 공무원의 전보제한에 관하여는 제43조의3의 개정규정에도 불구하고 종전의 규정에 따른다.

부　칙 (2014.6.30)

제1조【시행일】 이 영은 공포한 날부터 시행한다. 다만, 제10조의3의 개정규정은 2015년 1월 1일부터 시행한다.
제2조【역량평가에 관한 경과조치】 이 영 시행 당시 종전의 제10조의3제1항에 따라 소속 장관이 실시한 역량평가(인사혁신처장에게 위탁한 경우를 포함한다)를 통과한 사람은 제10조의3제1항의 개정규정에 따른 역량평가를 통과한 것으로 본다.(2014.11.19 본조개정)

부　칙 (2015.9.25)

제1조【시행일】 이 영은 공포한 날부터 시행한다. 다만, 제22조의3제1항제1호의 개정규정은 2017년 1월 1일부터 시행한다.
제2조【임기제공무원으로 승진임용된 경력직공무원의 근무상한연령에 관한 적용례】 제22조의6제1항의 개정규정은 임기제공무원이 아닌 경력직공무원이 이 영 시행 전에 임기가 있는 직위로 승진임용되어 임기제공무원이 된 경우에 대해서도 적용한다.
제3조【경력경쟁채용시험등을 통하여 채용된 중증장애인인 공무원의 예외적 전보에 관한 적용례】 제45조제6항제2호 단서의 개정규정은 이 영 시행 전에 경력경쟁채용시험등을 통하여 채용된 중증장애인인 공무원에 대해서도 적용한다.
제4조【전보제한에 관한 경과조치】 ① 제45조제1항 및 제2항의 개정규정에도 불구하고 이 영 시행 전에 보직된 직위에서 전보가 제한되는 기간은 종전의 규정에 따른다.
② 제45조제6항 각 호 외의 본문, 같은 항 제2호 본문 및 같은 항 제3호의 개정규정에도 불구하고 이 영 시행 전에 경력경쟁채용시험등을 통하여 임용된 공무원의 전보에 관하여는 종전의 규정에 따른다.
③ 제45조제8항의 개정규정에도 불구하고 근무예정 지역 또는 근무예정 기관을 미리 정하여 실시한 공개경쟁 채용시험을 통하여 이 영 시행 전에 임용된 공무원의 전보에 관하여는 종전의 규정에 따른다.
④ 제45조의2의 개정규정에도 불구하고 이 영 시행 전에 직류별 구분모집으로 임용된 공무원의 전보에 관하여는 종전의 규정에 따른다.
제5조【휴직대상 민간기업등의 제외에 관한 경과조치】 제53조제3항의 개정규정에도 불구하고 이 영 시행 전에 제55조제2항 및 제3항을 위반한 민간기업등의 경우에는 종전의 규정에 따른다.
제6조【다른 법령의 개정】 ①~② ※(해당 법령에 가제정리 하였음)

부　칙 (2015.11.18)

제1조【시행일】 이 영은 2015년 11월 19일부터 시행한다.
제2조【채용후보자의 자격상실에 관한 적용례】 제14조제1항제5호의 개정규정은 이 영 시행 이후에 품위 손상 행위를 하는 경우부터 적용한다.
제3조【경력경쟁채용시험등 합격자의 임용에 관한 적용례】 제18조제2항의 개정규정은 이 영 시행 전에 경력경쟁채용시험등에 합격한 사람에 대해서도 적용한다.
제4조【시보 공무원의 정규 공무원 임용에 관한 적용례】 제23조제2항 및 제6항의 개정규정은 이 영 시행 이후에 법 제29조제1항에 따라 시보로 임용되는 공무원부터 적용한다.
제5조【시보 공무원의 면직 또는 면직 제청에 관한 적용례】 제23조제7항제4호 및 제5호의 개정규정은 이 영 시행 이후에 징계 사유가 발생하는 경우부터 적용한다.
제6조【승진임용의 제한에 관한 적용례】 제32조제1항제2호의 개정규정은 이 영 시행 이후에 징계 사유가 발생하는 경우부터 적용한다.
제7조【국제기구 고용휴직자의 복무의무에 관한 적용례】 제57조의9의 개정규정은 이 영 시행 이후에 휴직하는 공무원(이 영 시행 당시 국제기구 고용휴직자로서 이 영 시행 이후에 휴직기간을 연장하는 공무원은 제외한다)부터 적용한다.
제8조【전직제한에 관한 경과조치】 제29조제3항의 개정규정에도 불구하고 이 영 시행 전에 경력경쟁채용시험등을 통하여 임용된 공무원의 전직에 대해서는 종전의 규정에 따른다.

부　칙 (2016.6.24)

제1조【시행일】 이 영은 2016년 6월 25일부터 시행한다. 다만, 제16조제1항제12호 전단의 개정규정은 공포 후 1년이 경과한 날부터 시행한다.
제2조【일정한 지역 거주자 경력경쟁채용에 관한 경과조치】 부칙 제1조 단서에 따른 시행일 전에 공고한 시험에 대해서는 제16조제1항제12호 전단의 개정규정에도 불구하고 종전의 규정에 따른다.
제3조【승진소요최저연수 산입에 관한 경과조치】 이 영 시행 전에 발생한 사유로 직위해제처분을 받은 사람에 대해서는 제31조제2항제2호다목 및 라목의 개정규정에도 불구하고 종전의 규정에 따른다.

부　칙 (2017.1.31)

제1조【시행일】 이 영은 공포한 날부터 시행한다.
제2조【승진소요최저연수 산입에 관한 적용례】 제31조제2항제1호다목 단서 및 부칙 제3조의 개정규정은 이 영 시행 전에 임신·출산 또는 자녀 양육을 위하여 휴직한 공무원의 휴직기간에 대해서도 적용한다.
제3조【다른 법령의 개정】 ※(해당 법령에 가제정리 하였음)

부　칙 (2017.12.29)

제1조【시행일】 이 영은 공포한 날부터 시행한다. 다만, 제25조제2항제2호의 개정규정은 2018년 1월 15일부터 시행한다.
제2조【균형인사기본계획의 수립에 관한 특례】 인사혁신처장은 제8조의2제1항의 개정규정에도 불구하고 이 영 시행일부터 6개월 이내에 균형인사기본계획을 수립하여야 한다.
제3조【시보임용의 면제에 관한 특례】 부칙 제1조 단서에 따른 시행일 당시 법 제29조제1항에 따라 시보임용 중에 있는 공무원 중 제25조제2항제2호의 개정규정에 따라 시보임용을 면제하는 경우에 해당하는 공무원은 제23

조제2항에도 불구하고 부칙 제1조 단서에 따른 시행일에 정규 공무원으로 임용된 것으로 본다.
제4조【채용후보자의 자격상실에 관한 적용례】 제14조제1항제6호 및 제7호의 개정규정은 이 영 시행 이후 사유가 발생하는 경우부터 적용한다.
제5조【시보공무원의 면직 또는 면직 제청에 관한 적용례】 제23조제7항제4호의 개정규정은 이 영 시행 이후 사유가 발생하는 경우부터 적용한다.
제6조【승진소요최저연수 산입에 관한 적용례】 제31조제11항 단서의 개정규정은 이 영 시행 전에 제57조의3에 따른 시간선택제전환공무원으로 근무한 기간에 대해서도 적용한다.
제7조【승진임용의 제한에 관한 적용례】 제32조제1항제2호의 개정규정은 이 영 시행 이후 징계 사유가 발생하는 경우부터 적용한다.
제8조【특별승진 대상자의 승진임용 순위 명부에 관한 적용례】 제34조제10항의 개정규정은 이 영 시행 이후 특별승진 대상자로 결정되는 경우부터 적용한다.

부 칙 (2018.7.3)

제1조【시행일】 이 영은 공포한 날부터 시행한다.
제2조【승진소요최저연수 산입에 관한 적용례】 제31조제2항제1호다목의 개정규정은 이 영 시행 전 임신 또는 출산하거나 자녀를 양육하기 위하여 휴직한 공무원의 휴직기간에 대해서도 적용한다.

부 칙 (2019.6.18)

제1조【시행일】 이 영은 공포한 날부터 시행한다.
제2조【시간선택제채용공무원의 근속승진기간 산정에 관한 적용례】 제35조의4제8항의 개정규정은 이 영 시행 전에 시간선택제채용공무원으로 근무한 기간에 대해서도 적용한다.
제3조【전문임기제공무원의 자격기준에 관한 적용례】 별표4의2의 개정규정은 이 영 시행 이후 공고하는 시험부터 적용한다.

부 칙 (2019.6.25)

제1조【시행일】 이 영은 2019년 7월 1일부터 시행한다.
제2조【특별승진임용의 제한에 관한 적용례 등】 ① 징계로 인한 특별승진임용, 명예진급(군인에 한정한다) 또는 특별임용(참사관급 외무공무원에 한정한다) 제한에 관한 이 영의 개정규정은 이 영 시행 전에 징계 처분을 받은 사실이 있는 사람에 대해서도 적용한다.
② 이 영 시행 전에 「국가인권위원회법」 제2조제3호라목에 따른 성희롱을 사유로 경징계 처분을 받은 사실이 있는 사람은 이 영의 개정규정에 따라 「양성평등기본법」 제3조제2호에 따른 성희롱을 사유로 경징계 처분을 받은 사실이 있는 것으로 본다.
제3조【특별승진임용 취소에 관한 적용례】 명예퇴직수당의 환수로 인한 특별승진임용, 명예진급(군인에 한정한다) 또는 특별임용(참사관급 외무공무원에 한정한다) 취소에 관한 이 영의 개정규정은 이 영 시행 이후 특별승진임용되는 사람부터 적용한다.

부 칙 (2019.11.5)

제1조【시행일】 이 영은 공포한 날부터 시행한다. 다만, 제16조제1항제7호 본문의 개정규정은 2022년 1월 1일부터 시행한다.
제2조【승진임용 제한기간 가산에 관한 적용례】 제32조제1항제2호 각 목 외의 부분의 개정규정은 이 영 시행 이후 징계 사유에 해당하는 위반행위를 하는 경우부터 적용한다.
제3조【특별승진임용 요건 등에 관한 적용례】 제35조의2제1항제2호나목 및 같은 조 제5항의 개정규정은 이 영 시행 이후 포상을 받는 공무원부터 적용한다.
제4조【경력경쟁채용등의 요건 강화에 관한 경과조치】 부칙 제1조 단서에 따른 시행일 전에 지방공무원으로 임용된 사람에 대해서는 제16조제1항제7호 본문의 개정규정(강등 처분으로 인하여 직무에 종사하지 않은 기간에 관한 개정부분은 제외한다)에도 불구하고 종전의 규정에 따른다.

부 칙 (2020.2.25)

제1조【시행일】 이 영은 공포한 날부터 시행한다. 다만, 제2조제3호가목, 제5조제2항 및 부칙 제2조의 개정규정은 2020년 8월 5일부터 시행한다.
제2조【다른 법령의 개정】 ※(해당 법령에 가제정리 하였음)

부 칙 (2020.3.10)

이 영은 2020년 4월 1일부터 시행한다.(이하 생략)

부 칙 (2020.6.30)

제1조【시행일】 이 영은 공포한 날부터 시행한다.(이하 생략)

부 칙 (2020.7.14)

이 영은 2020년 7월 15일부터 시행한다.

부 칙 (2020.9.22)

제1조【시행일】 이 영은 공포한 날부터 시행한다. 다만, 제34조의2제2항, 제45조제1항, 같은 조 제2항제2호부터 제4호까지, 같은 조 제3항·제4항·제6항, 같은 조 제7항 본문(사전 승인 사유와 관련된 개정사항으로 한정한다), 같은 조 제8항 본문, 같은 조 제10항, 제45조의2의 개정규정 및 부칙 제7조는 2021년 1월 1일부터 시행한다.
제2조【민간전문가의 파견기간에 관한 적용례】 제41조의2제3항의 개정규정은 이 영 시행 당시 파견 중인 사람에 대해서도 적용한다.
제3조【승진임용 제한기간의 계산에 관한 경과조치】 이 영 시행 전에 징계처분을 받은 경우에는 제32조제3항의 개정규정에도 불구하고 종전의 규정에 따른다.
제4조【보직관리에 관한 경과조치】 이 영 시행 전에 결원보충이 승인된 경우에는 제43조제1항제2호의 개정규정에도 불구하고 종전의 규정에 따른다.
제5조【교육부·행정안전부 소속 공무원의 전출 제한에 관한 경과조치】 부칙 제1조 단서에 따른 시행일 전에 법 제28조제2항제7호에 따라 교육부·행정안전부 소속 공무원으로 경력경쟁채용시험등을 통하여 채용된 사람에 대해서는 제45조의2제3항의 개정규정에도 불구하고 종전의 규정에 따른다.
제6조【직렬 및 직류 개편에 따른 일반직공무원 구분 변경에 관한 경과조치】 ① 이 영 시행 당시 종전의 별표1에 따른 다음 표의 왼쪽 란에 기재된 직류의 5급 이하 일반직공무원은 각각 별표1의 개정규정에 따른 다음 표의 오른쪽 란에 기재된 직류의 해당 직급 일반직공무원으로 임용된 것으로 본다.

행정직군 행정직렬 운수직류	행정직군 행정직렬 일반행정직류
행정직군 방호직렬 경비직류	행정직군 방호직렬 방호직류
기술직군 공업직렬 야금직류	기술직군 공업직렬 금속직류
기술직군 농업직렬 잠업직류	기술직군 농업직렬 일반농업직류
기술직군 농업직렬 농화학직류	기술직군 농업직렬 일반농업직류
기술직군 해양수산직렬 수산제조직류	기술직군 해양수산직렬 일반수산직류
기술직군 해양수산직렬 수산증식직류	기술직군 해양수산직렬 일반수산직류
기술직군 해양수산직렬 수산물검사직류	기술직군 해양수산직렬 일반수산직류
기술직군 등대관리직렬 등대관리직류	기술직군 해양수산직렬 표지운영직류
기술진군 약무직렬 약제직류	기술직군 약무직렬 약무직류
기술직군 전산직렬 정보관리직류	기술직군 전산직렬 데이터직류

② 이 영 시행 당시 제1항 표의 왼쪽 란에 기재된 직류의 일반직공무원의 채용 및 임용 절차가 진행 중인 경우에는 각각 같은 표의 오른쪽 란에 기재된 직류의 일반직공무원으로 채용 및 임용절차가 진행 중인 것으로 본다.
③ 이 영 시행 당시 다른 법령에서 제1항 표의 왼쪽 란에 기재된 직류의 5급 이하 일반직공무원의 직급을 인용하는 경우에는 각각 같은 표의 오른쪽 란에 기재된 직류의 일반직공무원의 해당 직급을 인용하는 것으로 본다.
제7조【다른 법령의 개정】 ※(해당 법령에 가제정리 하였음)

부 칙 (2020.12.29)

제1조【시행일】 이 영은 2021년 1월 1일부터 시행한다.
제2조【일반적 적용례】 이 영은 이 영 시행 당시 사법경찰관이 수사 중인 사건에 대해서도 적용한다.

부 칙 (2021.1.5)

이 영은 공포한 날부터 시행한다.(이하 생략)

부 칙 (2021.11.30)

제1조【시행일】 이 영은 2021년 12월 9일부터 시행한다. 다만, 제12조의2 및 제22조의3제1항 및 제2항의 개정규정은 공포한 날부터 시행하고, 제8조의2제6항 및 제16조제4항의 개정규정은 2022년 1월 13일부터 시행한다.
제2조【공무상질병휴직에 관한 경과조치】 이 영 시행일 당시 공무상질병휴직 중인 공무원이 그 시행일 이후에도 해당 휴직사유와 같은 사유로 질병 또는 부상이 계속되는 경우에는 제57조의7제5항의 개정규정에도 불구하고 종전의 제57조의7제2항 단서에 따라 승인 또는 결정받은 공무상 요양기간이나 요양급여 지급이 끝난 후에도 공무상질병휴직을 새로 명하거나 그 휴직기간을 연장할 수 있다.

부 칙 (2021.12.28)

제1조【시행일】 이 영은 2021년 12월 30일부터 시행한다.(이하 생략)

부 칙 (2022.5.9)

제1조【시행일】 이 영은 2022년 7월 21일부터 시행한다.(이하 생략)

부 칙 (2022.12.27)

제1조【시행일】 이 영은 공포한 날부터 시행한다.
제2조【승진소요최저연수 산입에 관한 적용례】 ① 제31조제3항의 개정규정은 이 영 시행 이후 이 영에 따른 공무원으로 임용되는 경우부터 적용한다.
② 제31조제14항의 개정규정은 이 영 시행 전에 법 제28조제2항제7호에 따라 임용된 국가공무원이 지방공무원으로 근무한 기간에 대해서도 적용한다.
③ 제31조제15항의 개정규정은 이 영 시행 전에 법 제28조제2항제7호에 따라 임용된 국가공무원이 지방공무원으로 재직한 강임 전의 기간에 대해서도 적용한다. 다만, 이 영 시행 당시 원 계급보다 상위 계급으로 승진한 경우에는 적용하지 않는다.
제3조【전문임기제공무원 및 한시임기제공무원의 자격기준에 관한 적용례】 별표4의2의 개정규정은 이 영 시행 이후 공고하는 시험부터 적용한다.

부 칙 (2023.8.30)

제1조【시행일】 이 영은 공포한 날부터 시행한다.
제2조【직군 명칭 변경에 따른 경과조치】 ① 이 영 시행 당시 종전의 별표1 중 기술직군의 일반직공무원은 이 영 시행일에 과학기술직군의 해당 직급의 일반직공무원으로 임용된 것으로 본다.
② 이 영 시행 당시 각급 기관의 조직과 정원을 규정하는 법령 등에서 정하고 있는 기술직군 일반직공무원의 직급별 정원은 별표1의 개정규정에 따른 과학기술직군 일반직공무원의 직급별 정원으로 본다.
③ 이 영 시행 당시 종전의 규정에 따른 기술직군 일반직공무원의 채용 및 임용절차가 진행 중인 경우에는 별표1의 개정규정에 따른 과학기술직군 일반직공무원의 채용 및 임용절차가 진행 중인 것으로 본다.
④ 이 영 시행 당시 다른 법령에서 기술직군 일반직공무원을 인용한 경우에는 별표1의 개정규정에 따른 과학기술직군 일반직공무원을 인용한 것으로 본다.
제3조【해양수산직렬 내 직류통합에 따른 경과조치】 ① 이 영 시행 당시 별표1 중 표지운영직류의 5급 이하 공무원은 이 영 시행일에 해양교통시설직류의 해당 직급으로 임용된 것으로 본다.
② 이 영 시행 당시 각급 기관의 조직과 정원을 규정하는 법령 등에서 정하고 있는 표지운영직류 일반직공무원의 직급별 정원은 별표1의 개정규정에 따른 해양교통시설직류 일반직공무원의 직급별 정원으로 본다.
③ 이 영 시행 당시 종전의 규정에 따른 표지운영직류 일반직공무원의 채용 및 임용절차가 진행 중인 경우에는 별표1의 개정규정에 따른 해양교통시설직류 일반직공무원의 채용 및 임용절차가 진행 중인 것으로 본다.
④ 이 영 시행 당시 종전의 규정에 따라 작성된 표지운영직류 공무원의 승진후보자 명부는 이 영 시행 이후 최초로 해양교통시설직류의 해당 직급의 승진후보자 명부가 작성될 때까지 효력을 가진다.
⑤ 이 영 시행 당시 다른 법령에서 표지운영직류 일반직공무원을 인용한 경우에는 별표1의 개정규정에 따른 해양교통시설직류 일반직공무원을 인용한 것으로 본다.
제4조【다른 법령의 개정】 ①~⑪ ※(해당 법령에 가제정리 하였음)
제5조【다른 법령의 개정에 따른 경과조치】 ① 이 영 시행 당시 종전의 「연구직 및 지도직공무원의 임용 등에 관한 규정」 별표1 중 기술직군의 연구직공무원 및 기술직군의 지도직공무원은 이 영 시행일에 과학기술직군의 해당 직급의 연구직공무원 및 과학기술직군의 해당 직급의 지도직공무원으로 임용된 것으로 본다.
② 이 영 시행 당시 각급 기관의 조직과 정원을 규정하는 법령 등에서 정하고 있는 기술직군 연구직공무원 및 기술직군 지도직공무원의 직급별 정원은 부칙 제4조제7항에 따라 개정되는 「연구직 및 지도직공무원의 임용 등에 관한 규정」 별표1의 개정규정에 따른 과학기술직군 연구직공무원 및 과학기술직군 지도직공무원의 직급별 정원으로 본다.
③ 이 영 시행 당시 종전의 규정에 따른 기술직군 연구직공무원 및 기술직군 지도직공무원의 채용 및 임용절차가

진행 중인 경우에는 부칙 제4조제7항에 따라 개정되는 「연구직 및 지도직공무원의 임용 등에 관한 규정」 별표1의 개정규정에 따른 과학기술직군 연구직공무원 및 과학기술직군 지도직공무원의 채용 및 임용절차가 진행 중인 것으로 본다.
④ 이 영 시행 당시 다른 법령에서 기술직군 연구직공무원 및 기술직군 지도직공무원을 인용한 경우에는 부칙 제4조제7항에 따라 개정되는 「연구직 및 지도직공무원의 임용 등에 관한 규정」 별표1의 개정규정에 따른 과학기술직군 연구직공무원 및 과학기술직군 지도직공무원을 인용한 것으로 본다.

부 칙 (2023.10.10)

제1조【시행일】 이 영은 2023년 10월 12일부터 시행한다.
제2조【다른 법령의 개정】 ①~③ ※(해당 법령에 가제정리 하였음)

부 칙 (2023.12.26)

제1조【시행일】 이 영은 2024년 1월 1일부터 시행한다. 다만, 제31조제1항의 개정규정은 2024년 1월 31일부터 시행한다.
제2조【채용후보자의 직무 수행 곤란 여부 인정에 관한 경과조치】 ① 이 영 시행 전에 종전의 제14조제2항 전단에 따라 심사위원회의 의결을 거친 사항은 제10조의4제1항제1호 및 제14조제2항의 개정규정에 따라 임용심사위원회의 의결을 거친 것으로 본다.
② 이 영 시행 당시 종전의 제14조제2항에 따라 심사위원회의 의결을 위한 절차가 진행 중인 경우에는 제10조의4제1항제1호 및 제14조제2항의 개정규정에도 불구하고 종전의 규정에 따른다.
제3조【경력경쟁채용등의 요건에 관한 경과조치】 이 영 시행 당시 진행 중인 경력경쟁채용시험등에 대해서는 제16조제2항 및 별표4의2의 개정규정에도 불구하고 종전의 규정에 따른다.
제4조【시보임용 기간 중에 있는 공무원의 임용·면직에 관한 경과조치】 ① 이 영 시행 전에 종전의 제23조제2항에 따라 심사위원회의 의결을 거친 사항은 제10조의4제1항제2호 및 제23조제2항의 개정규정에 따라 임용심사위원회의 의결을 거친 것으로 본다.
② 이 영 시행 당시 종전의 제23조제2항에 따라 심사위원회의 의결을 위한 절차가 진행 중인 경우에는 제10조의4제1항제2호 및 제23조제2항의 개정규정에도 불구하고 종전의 규정에 따른다.
제5조【진행 중인 승진임용에 관한 경과조치】 ① 부칙 제1조 단서에 따른 시행일 전에 승진시험 또는 보통승진심사위원회의 심사를 거친 경우에는 제31조제1항의 개정규정에도 불구하고 종전의 규정에 따른다.
② 부칙 제1조 단서에 따른 시행일 당시 승진시험 또는 보통승진심사위원회의 심사가 진행 중인 경우에는 제31조제1항의 개정규정에도 불구하고 종전의 규정에 따른다.
제6조【질병휴직 여부의 결정에 관한 경과조치】 ① 이 영 시행 전에 종전의 제57조의7제2항에 따라 질병휴직위원회의 자문을 거친 사항은 제10조의4제1항제3호 및 제57조의7제2항의 개정규정에 따라 임용심사위원회의 자문을 거친 것으로 본다.
② 이 영 시행 당시 종전의 제57조의7제2항에 따라 질병휴직위원회의 자문을 위한 절차가 진행 중인 경우에는 제10조의4제1항제3호 및 제57조의7제2항의 개정규정에도 불구하고 종전의 규정에 따른다.
제7조【공무상질병휴직의 연장 명령에 관한 경과조치】
① 이 영 시행 전에 종전의 제57조의7제3항에 따라 질병휴직위원회의 자문을 거친 사항은 제10조의4제1항제4호 및 제57조의7제3항의 개정규정에 따라 임용심사위원회의 의결을 거친 것으로 본다.
② 이 영 시행 당시 종전의 제57조의7제3항에 따라 질병휴직위원회의 자문을 위한 절차가 진행 중인 경우에는 제10조의4제1항제4호 및 제57조의7제3항의 개정규정에도 불구하고 종전의 규정에 따른다.

〔별표〕 ➡ 「法典 別册」 참조

〔별지서식〕 (2009.3.31 삭제)

공무원임용시험령(약칭 : 공무원시험령)

(2004년 6월 11일 전개대통령령 제18424호)

개정
2004.12.30영18617호
2005. 2.25영18716호(연구직및지도직공무원의임용등에관한규정)
2005. 5.26영18842호(공무원임용)
2005. 6.30영18932호(철도사업법시)
2005.12.30영19252호
2006. 4.27영19459호(제대군인지원에관한법시)
2006. 6.12영19513호(고위공무원단인사규정)
2006.12.29영19808호 2007. 5.16영20060호
2007.12.28영20492호 2008. 2.22영20650호
2008. 2.29영20741호(직제)
2008. 6.27영20888호(공무원임용)
2008.10.20영21086호 2009. 2. 6영21310호
2009. 9.10영21721호 2010. 2.12영22029호
2011. 4. 4영22835호
2011. 7. 4영23014호(공무원임용)
2011.11. 1영23277호
2012. 2.29영23644호(대학교원자격기준등에관한규정)
2012. 5. 1영23759호(수험생편의제공일부개정령)
2012. 6.29영23899호 2012.11.27영24200호
2013. 2.20영24380호(공무원임용)
2013. 3.23영24425호(직제)
2013. 4.22영24504호 2013.12. 4영24896호
2013.12.16영25000호(공무원임용)
2014.10. 8영25648호
2014.11.19영25751호(직제)
2014.12. 9영25840호(규제기한정비)
2015. 5. 6영26233호
2015. 9.25영26566호(공무원임용)
2015.11.18영26654호 2015.12.30영26820호
2017. 1.10영27787호(전문직공무원인사규정)
2017. 1.31영27823호 2018. 5. 8영28878호
2018. 7. 3영29029호(영어능력검정시험제도변경에따른일부개정령)
2018.12.18영29374호 2019.11. 5영30200호
2020. 9.22영31046호
2021. 1. 5영31380호(법령용어정비)
2021. 4. 6영31614호(5·18민주유공자예우및단체설립에관한법시)
2021.11.30영32163호
2022.11.15영32998호→시행일 부칙 참조
2023. 4.11영33382호(직제)
2023. 8. 1영33657호→시행일 부칙 참조
2023. 8.30영33692호(공무원임용)
2023.12. 5영33910호→시행일 부칙 참조

제1장 총 칙
(2009.2.6 본장개정)

제1조【적용 범위 등】 ① 일반직 국가공무원과 외무공무원(이하 "공무원"이라 한다)의 임용시험은 다른 법령에 특별한 규정이 없으면 이 영에서 정하는 바에 따른다. 다만, 임기제공무원에 대해서는 제20조, 제20조의2부터 제20조의5까지, 제21조부터 제23조까지, 제23조의2, 제23조의3, 제23조의4, 제24조, 제25조 및 제36조부터 제46조까지의 규정을 적용하지 아니한다.(2018.12.18 단서개정)
② 이 영을 전문임기제공무원(시간선택제전문임기제공무원을 포함한다) 및 한시임기제공무원에게 적용할 때에는 계급은 그에 상응하는 전문임기제공무원(시간선택제전문임기제공무원을 포함한다) 및 한시임기제공무원의 직위를 포함하는 것으로 본다.(2013.12.16 본항개정)
③ 이 영을 우정직공무원에게 적용할 때에는 우정1급 및 우정2급은 일반직 5급으로, 우정3급·우정4급·우정5급 및 우정6급은 일반직 6급으로, 우정7급은 일반직 7급으로, 우정8급은 일반직 8급으로, 우정9급은 일반직 9급으로 본다.
④ 이 영을 전문직공무원에게 적용할 때에는 수석전문관은 일반직 3급 또는 4급으로, 전문관은 일반직 5급으로 본다.(2017.1.10 본항신설)
(2013.12.4 본조개정)
제2조【시험실시의 원칙】 ① 공무원 임용시험은 직급별로 실시하되, 특수한 직렬에 대해서는 직류별로 분리하여 실시할 수 있다. 다만, 시험실시기관의 장은 결원 보충을 원활히 하기 위하여 필요하다고 인정할 때에는 공무원 임용시험을 근무예정지역별·근무예정기관별·거주지별로 분리하여 실시할 수 있고, 장애인(「장애인고용촉진 및 직업재활법」에 따른 장애인을 말한다. 이하 같다) 또는 저소득층에 속하는 사람(「국민기초생활 보장법」에 따른 수급자 또는 「한부모가족지원법」에 따른 지원대상자에 해당하는 기간이 계속하여 2년 이상인 사람을 말한다. 이하 같다)의 공무원 임용을 촉진하기 위하여 필요하다고 인정할 때에는 선발예정인원의 일부분은 장애인 또는 저소득층에 속하는 사람만 응시할 수 있도록 분리하여 실시할 수 있으며, 제7조에 규정된 시험과목이 같은 경우에는 직렬·직류를 통합하여 시험을 실시할 수 있다.
(2020.9.22 단서개정)
② 제1항에 따른 저소득층에 속하는 사람의 기간 계산에 관한 구체적인 사항은 인사혁신처장이 정한다.
(2014.11.19 본항개정)
제3조【시험실시기관 등】 ① 다음 각 호의 어느 하나에 해당하는 시험은 인사혁신처장이 실시하고, 그 밖의 시험은 「공무원임용령」 제2조제3호에 따른 소속 장관(이하 "소속 장관"이라 한다)이 「공무원임용령」 제8조에 따라 수립한 인력관리계획에 따라 실시한다. 다만, 소속 장관이 「국가공무원법」(이하 "법"이라 한다) 제28조제2항 각 호 외의 부분 본문 및 단서에 따른 채용시험(이하 "경력경쟁채용시험등"이라 한다)을 실시하는 경우에는 그 필요성, 시험방법 등에 관하여 인사혁신처장이 정하는 바에 따라 법 제6조제1항에 따른 중앙인사관장기관의 장과 협의를 거쳐야 한다.(2014.11.19 본문개정)
1. 5급 이상 공무원의 공개경쟁채용시험 및 5급 공무원에의 승진시험
2. 교정·보호·검찰·마약수사·출입국관리·행정·세무·관세·사회복지·감사·공업(일반기계·전기·화공 직류를 말한다)·농업(일반농업 직류를 말한다)·시설(도시계획·일반토목·건축·교통시설·도시교통설계 직류를 말한다)·전산 직렬의 6급 이하 공개경쟁채용시험(2013.2.20 본호개정)
3. 외무공무원의 공개경쟁 채용시험 및 「외무공무원법」 제10조제1항 단서에 따른 공개경쟁 시험(이하 "외교관후보자 선발시험"이라 한다)(2012.11.27 본호개정)
4. 5급 공무원(임기제공무원은 제외한다)의 경력경쟁채용시험등(2013.12.4 본호개정)
5. 인사혁신처장이 필요하다고 인정하는 7급 공무원(임기제공무원은 제외한다)의 경력경쟁채용시험등
(2015.5.6 본호신설)
② 소속 장관은 제1항에 따른 시험실시권을 「공무원임용령」 제5조에 따라 임용권이 위임된 소속기관의 장 또는 그 소속기관의 상급 기관의 장에게 위임할 수 있다.
③ 시험실시기관의 장(제2항에 따라 위임받은 시험실시기관의 장을 포함한다)은 필요하다고 인정하는 경우에는 임용시험의 일부 또는 전부를 다른 시험실시기관의 장 또는 민간기관과 공동으로 실시하거나 이에 위탁하여 실시할 수 있다. 이 경우 임용후보자의 등록 및 임용 추천과 시험의 공동·위탁 실시에 필요한 사항은 관계기관이 협의하여 정한다.(2012.6.29 전단개정)
④ 제1항제4호에도 불구하고 소속 장관은 긴급하게 결원을 보충할 필요가 있거나 특수한 분야 또는 특정 직위의 인력을 선발할 필요가 있는 경우 등에는 인사혁신처장과 협의를 거쳐 5급 공무원의 경력경쟁채용시험등을 직접 실시할 수 있다.(2014.11.19 본항개정)
제4조【시험실시기관의 장의 직무 등】 ① 시험실시기관의 장은 시험의 공고 및 시행, 합격자의 결정 및 통지, 임용후보자 명부의 작성, 그 밖에 시험실시에 필요한 사항을 관장한다.
② 시험실시기관의 장은 시험을 원활하게 실시하기 위하여 다른 시험실시기관의 장 및 해당 시험과 관련 있는 행정기관의 장에게 시험장의 준비, 시험관리관의 파견 등 시험의 실시에 필요한 협조를 요청할 수 있고, 관계기관에 질서유지에 필요한 협조를 요청할 수 있다.
③ 시험실시기관의 장은 시험의 합격을 결정할 때 필요한 경우 관계 자료를 출신학교의 장 등으로부터 수집하여 활용하여야 한다.
④ 시험실시기관의 장은 장애인이 시험에 응시한 경우 장애의 종류 및 정도에 따라 필요한 편의를 제공할 수 있다.
⑤ 시험실시기관의 장은 제1항에 따른 시험실시 사항의 효율적이고 공정한 관리를 위하여 필요하다고 인정하는 경우 민간전문가 및 관계 공무원 등으로 구성되는 자문위원회를 두어 시험의 시행, 합격자 결정 등 시험실시에 관한 사항을 심의하게 할 수 있다.(2012.11.27 본항신설)
⑥ 시험실시기관의 장은 제5조제2항 및 제4항에 따른 시험의 종류 및 시험의 점수(등급) 등을 해당 응시자의 요청에 따라 다음 각 호의 어느 하나에 해당하는 기관에 제공할 수 있다.
1. 공무원 시험을 실시하는 다른 기관
2. 「공공기관의 운영에 관한 법률」에 따른 공공기관
3. 「지방공기업법」에 따른 지방공사 및 지방공단
4. 그 밖에 인사혁신처장이 필요하다고 인정하는 기관
(2023.8.1 본항신설)
제5조【시험의 방법】 ① 시험은 필기시험·면접시험·실기시험·서류전형 등을 거쳐 최종합격을 결정한다.
② 필기시험은 일반교양 정도와 해당 직무 수행에 필요한 지식 및 그 응용능력을 검정(檢定)한다.
③ 면접시험은 공무원으로서의 자세 및 태도, 해당 직무 수행에 필요한 능력 및 적격성 등을 검정하며, 다음 각 호의 모든 평정요소를 각각 상, 중, 하로 평정한다. 다만, 시험실시기관의 장이 필요하다고 인정하는 경우 평정요소를 추가하여 상, 중, 하로 평정할 수 있다.
1. 소통·공감 : 국민 등과 소통하고 공감하는 능력
2. 헌신·열정 : 국가에 대한 헌신과 직무에 대한 열정적인 태도
3. 창의·혁신 : 창의성과 혁신을 이끄는 능력
4. 윤리·책임 : 공무원으로서의 윤리의식과 책임성
(2023.8.1 본항개정)
④ 실기시험은 해당 직무 수행에 필요한 지식·기술 또는 체력을 실험·실습 또는 실기의 방법으로 검정한다.
⑤ 서류전형은 해당 직무 수행에 관련되는 응시자의 자격·경력 등이 정해진 기준에 적합한지 등을 서면으로 심사하여 적격 또는 부적격을 판단한다.
제6조【시험의 단계】 ① 시험을 제1차·제2차 및 제3차 시험으로 구분하여 실시하는 임용시험에서는 제1차시험에 합격하지 아니하면 제2차시험에 응시할 수 없고, 제2차시험에 합격하지 아니하면 제3차시험에 응시할 수 없다. 다만, 업무 내용이 특수한 직급의 시험은 시험실시기관의 장이 시험실시 단계의 순서를 변경하여 실시할 수

있으며, 이 경우 전 단계의 시험에 합격하지 아니하면 다음 단계의 시험에 응시할 수 없다.
② 경력경쟁채용시험등, 전직시험(轉職試驗) 및 5급 일반승진시험을 제1항에 따라 단계별로 실시할 경우, 시험실시기관의 장이 필요하다고 인정할 때에는 제1항에도 불구하고 전 단계 시험의 합격 결정 전에 다음 단계의 시험을 실시할 수 있다.(2011.11.1 본항개정)
제7조【시험과목】 ① 각종 시험의 시험과목은 별표1 및 별표2와 같다. 다만, 별표1 및 별표2의 시험과목 중 다음 각 호에서 정한 시험과목은 해당 호에서 정하는 시험으로 대체한다.
1. 다음 각 목의 시험의 제1차시험 중 영어 과목 : 별표3에서 정한 영어능력검정시험
가. 5급 공개경쟁채용시험
나. 외교관후보자 선발시험
다. 7급 공개경쟁채용시험(이에 상당하는 외무공무원 공개경쟁채용시험을 포함한다)
(2018.12.18 본호개정)
2. 다음 각 목의 시험의 제1차시험 중 외국어 선택과목 : 별표3의2에서 정한 외국어에 한정하여 별표3의2에서 정한 외국어능력검정시험
가. 일반외교 분야 외교관후보자 선발시험의 제1차시험
나. 7급 공개경쟁채용시험에 상당하는 외무영사 직렬 외무공무원 공개경쟁채용시험의 제2차시험
(2021.11.30 가목~나목신설)
(2021.11.30 본호개정)
3. 제1호 각 목의 시험의 제1차시험 중 한국사 과목 : 별표4에서 정한 한국사능력검정시험(2018.12.18 본호개정)
(2012.11.27 본항개정)
② 별표1에 규정되지 아니한 직군 · 직렬 및 직류의 시험과목은 담당 직무의 내용에 따라 소속 장관이 정한다. 이 경우 시험과목은 담당 직무와 관련된 시험과목을 포함하여 2 과목 이상으로 하여야 한다.(2013.12.4 전단개정)
③ 법 제28조제2항제6호 · 제8호 및 제12호에 따라 경력경쟁채용시험등을 통한 채용을 할 때에는 제1항에도 불구하고 제1차시험과목은 한국사로 하고, 제2차시험과목은 다음 각 호의 구분에 따른 시험과목을 시험요구기관의 장이 시험실시기관의 장과 협의하여 지정한다.
1. 법 제28조제2항제6호 및 제12호에 따른 채용의 경우 : 별표1의 임용예정직급별 경력경쟁채용시험등의 제2차 시험과목 중 1개 과목
2. 법 제28조제2항제8호에 따른 채용의 경우 : 외국어 과목 중 1개 과목 및 별표1의 임용예정직급별 경력경쟁채용시험등의 제2차시험과목 중 1개 과목
(2011.11.1 본항개정)
제8조【시험과목의 변경 등】 ① 시험요구기관의 장(공개경쟁채용시험의 경우에는 시험실시기관의 장을, 제26조제3항에 따라 인사혁신처장이 직접 실시하는 시험의 경우에는 인사혁신처장을 말한다. 이하 이 장에서 같다)은 법 제28조제2항 각 호 외의 부분 본문에 따른 경력경쟁채용시험(이하 "경력경쟁채용시험"이라 한다)을 실시하는 경우에는 제7조제1항 및 제3항에도 불구하고 시험과목을 달리 정할 수 있다.(2023.12.5 본항개정)
② 시험요구기관의 장은 직무의 특수성 또는 직무와 시험과목과의 관련성을 고려하여 제7조제1항 및 제3항의 시험과목에 따라 시험을 실시하는 것이 부적당하다고 인정하는 경우에는 시험과목을 변경 · 축소 또는 확대할 수 있다.(2023.12.5 본항신설)
③ 제1항 및 제2항에도 불구하고 다음 각 호의 어느 하나에 해당하는 시험과목은 달리 정하거나 변경 · 축소 또는 확대할 수 없다.
1. 전직시험의 시험과목
2. 법 제28조제2항 각 호 외의 부분 단서에 따른 다수인을 대상으로 하지 아니한 시험(이하 "비다수인대상채용시험"이라 한다)의 별표1 및 별표2에서 정한 임용예정직급별 시험과목 중 필수과목
(2023.12.5 본항신설)
④ 제7조제1항 및 제3항에도 불구하고 제3조제1항제4호에 따른 5등급 외무공무원의 채용시험(「외무공무원법」 제10조제3항 각 호 외의 부분 본문 및 단서에 따른 시험을 말하며, 이하 "외무공무원의 경력경쟁채용시험등"이라 한다)과 제3조제1항제5호에 따른 7급 공무원의 경력경쟁채용시험등의 필기시험은 제1차시험 및 제2차시험을 병합하여 실시할 수 있다. 이 경우 그 시험의 시험과목은 별표1의 5급 이상 공무원의 공개경쟁채용시험 제1차시험과목인 언어논리영역, 자료해석영역 및 상황판단영역으로 할 수 있다.(2015.5.6 전단개정)
⑤ 인사혁신처장은 5급 일반승진시험을 실시하는 경우 제7조제1항에도 불구하고 시험과목을 축소할 수 있다.
(2014.11.19 본항개정)
⑥ 제1항에 따라 달리 정하거나 제2항에 따라 변경 · 축소 또는 확대된 시험과목과 제4항에 따른 시험과목은 제47조에 따라 공고하거나 응시자에게 알려야 한다.
(2023.12.5 본항개정)
제9조【시험과목의 지정 등】 ① 시험요구기관의 장은 직무의 특수성 또는 직무와 시험과목과의 관련성을 고려하여 제7조제1항의 시험과목에서 선택을 하여야 하는 과목 중 특정한 과목을 지정하여 시험을 실시할 필요가 있다고 인정할 때에는 시험실시기관의 장과 협의하여 그 과목을 지정할 수 있다.
② 시험요구기관의 장은 필요하다고 인정하는 경우에는 시험실시기관의 장과 협의하여 제7조제1항 · 제3항 및 제8조제1항의 시험과목의 출제 범위를 제한할 수 있다.
③ 일반승진시험의 경우 시험요구기관의 장은 제1항 및 제2항에 따라 시험과목을 지정하거나 시험과목의 출제 범위를 제한하려면 시험요구일 1년 전에 협의하여야 한다.
제10조【실기시험의 병행 등】 ① 시험요구기관의 장은 필요하다고 인정하는 경우에는 제22조 · 제24조 · 제29조 · 제37조 · 제39조 및 제43조에도 불구하고 제7조 및 제8조에 따른 시험과목의 시험을 실시할 때 시험실시기관의 장과 협의하여 실기시험을 함께 실시하거나, 실기시험과목을 별개의 시험과목으로 추가할 수 있다. 이 경우 시험요구기관의 장은 실기시험이 함께 실시되는 시험과목의 만점 또는 별개의 시험과목으로 추가된 실기시험과목의 만점을 다른 시험과목과 다르게 정할 수 있다.
② 제1항에 따라 실기시험을 실시하는 경우에 그 시험의 구체적인 실시방법과 합격자 결정방법, 그 밖에 시험실시에 필요한 사항은 시험요구기관의 장이 정한다.
(2015.5.6 본항신설)
(2021.1.5 본조제목개정)
제11조【시험과목의 만점】 ① 시험실시기관의 장은 필요하다고 인정하는 경우 별표1 및 별표2에 따른 일부 시험과목의 만점을 다른 시험과목의 만점과 다르게 정할 수 있다. 이 경우 시험실시기관의 장은 그 내용을 관보에 공고하여야 하며, 공고된 내용은 공고일 1년 이후부터 적용한다.
② 제1항에도 불구하고 별표1의 5급 공개경쟁채용시험의 제2차시험 중 각 필수과목의 만점은 같게 정하며, 선택과목의 만점은 필수과목 만점의 50퍼센트로 한다. 다만, 인사조직 직류의 필수과목 중 인사 · 조직론의 만점은 다른 필수과목 만점의 50퍼센트로 한다.(2015.12.30 단서신설)
② 제1항에도 불구하고 별표1의 5급 공개경쟁채용시험의 제2차시험 중 각 필수과목의 만점은 같게 정한다.
(2022.11.15 본항개정 : 2025.1.1 시행)
제12조【출제수준】 임용시험의 출제수준은 다음 각 호의 구분에 따른 사항을 검정할 수 있는 정도로 한다. 다만, 특수한 직급의 시험은 그 출제수준을 인사혁신처장이 따로 정할 수 있다.(2014.11.19 단서개정)
1. 5급 이상 시험 : 정책의 기획 및 관리에 필요한 능력 · 지식
2. 6급 및 7급 시험 : 전문행정업무의 수행에 필요한 능력 · 지식
3. 8급 이하 시험 : 행정업무의 수행에 필요한 기본적 능력 · 지식
4. (2013.12.4 삭제)
제13조【시험위원의 임명】 ① 시험실시기관의 장은 시험 출제 및 채점, 면접시험 · 실기시험 · 서류전형, 그 밖에 시험 시행에 필요한 사항을 담당하는 시험위원으로 다음 각 호의 어느 하나에 해당하는 사람을 임명하거나 위촉할 수 있다. 이 경우 필기시험의 과목별 출제 · 채점위원 및 면접시험 · 서류전형의 시험위원은 2명 이상(5급 이상 공무원 채용시험의 면접시험 위원은 3명 이상으로 한다)으로 하되, 인사혁신처장이 정하는 바에 따라 시험위원의 2분의 1 이상을 다른 행정기관 소속 공무원 또는 민간인으로 하여야 한다.(2014.11.19 후단개정)
1. 해당 직무 분야에 관한 전문적인 학식 또는 능력을 가진 사람
2. 시험 출제에 관하여 전문적인 지식을 가진 사람
3. 임용예정직무에 관한 실무에 정통한 사람
② 제1항에 따라 시험위원으로 임명되거나 위촉된 사람은 시험실시기관의 장이 요구하는 시험문제 작성상의 유의사항 및 서약서 등의 준수사항을 성실히 이행하여야 한다.
③ 시험실시기관의 장은 제2항을 위반하여 시험의 신뢰도를 크게 떨어뜨리는 행위를 한 시험위원이 있을 때에는 그 명단을 모든 중앙행정기관의 장과 그 시험위원이 소속하고 있는 기관의 장에게 통보하여야 한다. 이 경우 시험실시기관의 장은 해당 시험위원이 소속하고 있는 기관의 장에게 그 시험위원에 대한 징계 등 적절한 조치를 할 것을 요청하여야 한다.
④ 시험실시기관의 장은 제3항에 따라 통보를 받았을 때에는 그 통보를 받은 날부터 5년간 해당 시험위원을 이 영에 따른 시험이나 그 밖의 국가공무원 임용시험의 시험위원으로 임명하거나 위촉할 수 없다.
제14조【신체검사】 ① 공무원을 채용(법 제26조의4제1항에 따른 수습으로 근무할 사람의 선발을 포함한다. 이하 이 항에서 같다)할 때에는 「공무원 채용신체검사 규정」 제3조의2에 따른 신체검사를 하여야 하며, 임용권자는 신체검사합격기준에 미달하는 사람을 공무원으로 채용할 수 없다. 다만, 퇴직한 국가공무원 또는 지방공무원을 퇴직한 날부터 6개월 이내에 신체검사합격기준이 동일한 국가공무원으로 채용하는 경우와 법 제26조의4제1항에 따라 수습으로 근무하는 사람을 공무원으로 임용하는 경우에는 신체검사를 하지 아니할 수 있다.(2015.9.25 본항개정)
② 임용권자 또는 임용제청권자는 필요에 따라 「공무원 채용신체검사 규정」 제4조에 따른 불합격판정기준이 다른 공무원을 전직시키는 경우에는 제1항에 준하여 신체검사를 할 수 있다.
③ 제1항 본문에도 불구하고 다음 각 호의 경우에는 국민건강보험공단이 「국민건강보험법」 제52조제2항제1호에 따른 일반건강검진 결과를 활용하여 신체검사를 대체할 목적으로 발급한 서류를 제출받는 것으로 신체검사를 갈음할 수 있다.
1. 공개경쟁채용시험으로 임용권자 또는 임용제청권자가 직무의 특수성 등을 고려하여 정하는 직렬 · 직류의 공무원을 채용하는 경우
2. 경력경쟁채용시험등으로 임용권자 또는 임용제청권자가 직무의 특수성 등을 고려하여 정하는 직위에 공무원을 채용하는 경우
(2023.12.5 본항신설)

제2장 응시자격
(2009.2.6 본장개정)

제15조【응시 결격사유 등】 ① 법 또는 다른 법령에 따라 공무원으로 임용될 수 없는 사람은 임용시험에 응시할 수 없다.
② 제1항의 응시 결격사유 해당 여부는 해당 시험의 최종시험 시행예정일(이하 "최종시험예정일"이라 한다) 현재를 기준으로 판단한다. 다만, 비다수인대상채용시험으로서 시험요구기관의 장과 시험실시기관의 장이 다른 경우는 시험요구일 현재를 기준으로 판단한다.(2011.11.1 본항개정)
제16조【응시연령】 ① 공무원의 채용시험에 응시하려는 사람은 최종시험예정일이 속한 연도에 18세 이상이어야 한다. 다만, 교정 · 보호 직렬 공무원의 채용시험에 응시하려는 사람은 최종시험예정일이 속한 연도에 20세 이상이어야 한다.(2022.11.15 본항개정)
② 시험실시기관의 장은 결원을 신속하게 보충하여야 하거나 그 밖의 특별한 사정으로 제1항에 따른 응시연령을 적용하는 것이 곤란하거나 부적당하다고 인정되는 경우에는 인사혁신처장의 승인을 받아 6급 이하 공무원의 채용시험에 대해서만 응시연령을 따로 정할 수 있다.
(2014.11.19 본항개정)
제17조【학력 제한 금지】 공무원 임용시험은 이 영 및 다른 법령에 특별한 규정이 있는 경우를 제외하고는 학력에 따른 제한을 두지 아니한다.
제18조【응시에 필요한 자격증】 ① 별표5에 규정된 직급의 채용시험과 전직시험에 응시하는 사람은 같은 표에 규정된 자격증을 소지하여야 한다.
② 제1항에 따른 자격증 소지 여부에 관하여는 제15조제2항을 준용한다. 이 경우 "응시 결격사유 해당 여부"는 "자격증 소지 여부"로 본다.(2011.11.1 후단개정)
제19조【응시자격 등의 예외】 ① 시험실시기관의 장은 제18조를 적용하는 경우 결원을 보충할 수 없다고 인정할 때에는 인사혁신처장의 승인을 받아 제18조를 적용하지 아니할 수 있다.(2014.11.19 본항개정)
② 시험실시기관의 장은 공개경쟁채용시험의 경우 연고지 임용, 그 밖에 지역적 특수성을 고려하여 필요하다고 인정할 때에는 일정한 지역에서 일정한 기간 동안 거주한 사람으로 응시자격을 제한하여 시험을 실시할 수 있다.
③ 시험실시기관의 장은 경력경쟁채용시험의 경우 임용예정직위의 직무 수행상 특히 필요하다고 인정되는 경우에만 연령 · 학력 및 거주 요건 등 응시자격을 제한하여 시험을 실시할 수 있다.(2011.11.1 본항개정)

제3장 채용시험

제20조【여성 또는 남성의 선발예정인원 초과합격】 ① 시험실시기관의 장은 여성과 남성의 평등한 공무원 임용기회를 확대하기 위하여 필요하다고 인정하는 경우에는 제23조 · 제23조의3 · 제23조의4 · 제25조 · 제30조 및 제40조에도 불구하고 한시적으로 여성 또는 남성이 시험실시 단계별로 선발예정인원의 일정 비율 이상이 될 수 있도록 선발예정인원을 초과하여 여성 또는 남성을 합격시킬 수 있다.(2018.12.18 본항개정)
② 제1항에 따라 여성 또는 남성을 합격시키는 경우에 그 실시대상 시험의 종류, 채용목표 비율, 합격자 결정방법, 그 밖에 시험 시행에 필요한 사항은 시험실시기관의 장이 정한다.
(2009.2.6 본조개정)
제20조의2【지방인재의 선발예정인원 초과합격】 ① 시험실시기관의 장은 지방인재의 공무원 임용기회를 확대하기 위하여 필요하다고 인정하는 경우에는 제23조, 제23조의3, 제23조의4 및 제25조에도 불구하고 제7조제1항제1호 각 목의 시험에서 한시적으로 지방인재가 선발예정인원의 일정 비율 이상이 될 수 있도록 선발예정인원을 초과하여 지방인재를 합격시킬 수 있다.(2018.12.18 본항개정)
② 제1항에서 "지방인재"란 서울특별시를 제외한 지역에 있는 대학의 졸업(예정)자 또는 서울특별시를 제외한 지역에 있는 학교를 최종적으로 졸업 · 중퇴하거나 재학 · 휴학 중인 사람을 말한다.

③ 제1항에 따라 지방인재를 합격시키는 경우 그 적용대상, 채용목표 비율, 합격자 결정방법, 그 밖에 시험 시행에 필요한 사항은 시험실시기관의 장이 정한다.
(2013.2.20 본조개정)

제20조의3【중증장애인의 채용기회 확대】 ① 경력경쟁채용시험등을 실시하는 시험실시기관의 장은 중증장애인(「장애인고용촉진 및 직업재활법」에 따른 중증장애인을 말한다. 이하 이 조에서 같다)의 공무원 임용기회를 확대하기 위하여 필요하면 중증장애인만 해당 경력경쟁채용시험등에 응시하게 할 수 있다.(2011.11.1 본항개정)

② 제1항에 따라 경력경쟁채용시험등을 실시할 경우 그 실시대상 직무의 종류, 각 직무의 종류별로 응시할 수 있는 장애의 종류, 그 밖에 시험실시에 필요한 사항은 시험실시기관의 장이 정한다.(2011.11.1 본항개정)

③ 인사혁신처장은 중증장애인의 공무원 임용기회를 확대하기 위하여 중증장애인이 담당하기에 적합한 직무의 종류를 발굴하여 시험실시기관의 장에게 제공하는 등 필요한 시책을 마련하여 시행하여야 한다.(2014.11.19 본항개정)

제20조의4【저소득층에 속하는 사람의 채용시험 등】 ① 시험실시기관의 장은 9급 공개경쟁채용시험 및 9급 경력경쟁채용시험등을 실시하는 경우에 인사혁신처장이 정하는 바에 따라 저소득층에 속하는 사람이 다음 각 호의 구분에 따라 채용될 수 있도록 시험을 실시하여야 한다.(2014.11.19 본문개정)

1. 9급 공개경쟁채용시험 : 선발예정인원의 100분의 2 이상
2. 9급 경력경쟁채용시험등 : 선발예정인원의 100분의 1 이상

(2014.10.8 본항개정)

② 시험실시기관의 장은 제2조제1항 단서에 따라 저소득층에 속하는 사람만 응시할 수 있도록 9급 공개경쟁채용시험을 분리하여 실시한 결과 장애인 및 저소득층 대상 분리시험 외의 시험의 합격자가 받은 점수 이상을 받은 저소득층에 속하는 사람에 대해서는 제25조에도 불구하고 시험실시 단계별로 선발예정인원을 초과하여 합격시킬 수 있다.(2012.6.29 본항개정)

③ 제2항에 따라 저소득층에 속하는 사람을 합격시키는 경우에 그 대상, 합격자 결정방법, 그 밖에 시험 실시에 필요한 사항은 시험실시기관의 장이 정한다.(2011.11.1 본항신설)

④ (2013.12.4 삭제)

(2011.11.1 본조제목개정)

제20조의5【장애인의 선발예정인원 초과합격】 ① 시험실시기관의 장은 제2조제1항 단서에 따라 장애인만 응시할 수 있도록 6급 이하 공무원의 공개경쟁채용시험과 4등급 이하 외무공무원의 공개경쟁채용시험(이하 "6급 이하공개경쟁채용시험등"이라 한다)을 분리하여 실시한 결과 장애인 및 저소득층 대상 분리시험 외의 시험의 합격자가 받은 점수 이상을 받은 사람에 대해서는 제25조에도 불구하고 시험실시 단계별로 선발예정인원을 초과하여 합격시킬 수 있다.(2012.6.29 본항개정)

② 제1항에 따라 장애인을 합격시키는 경우에 그 대상, 합격자 결정방법, 그 밖에 시험 실시에 필요한 사항은 시험실시기관의 장이 정한다.

(2011.11.1 본조신설)

제21조【5급 공개경쟁채용시험으로 시험을 실시할 직렬】 5급 공개경쟁채용시험의 방법으로 시험을 실시할 직렬은 별표6과 같다.(2014.10.8 본조개정)

제22조【5급 공개경쟁채용시험의 방법】 ① 5급 공개경쟁채용시험은 제1차·제2차 및 제3차시험으로 구분하여 실시한다.(2014.10.8 본항개정)

② 5급 공개경쟁채용시험의 제1차시험은 선택형으로 실시하는 것을 원칙으로 하되, 기입형을 포함할 수 있다.
(2014.10.8 본항개정)

③ 5급 공개경쟁채용시험의 제2차시험은 논문형으로 실시하는 것을 원칙으로 하되, 과목별로 주관식 단답형을 포함할 수 있다.(2014.10.8 본항개정)

④ 5급 공개경쟁채용시험의 제3차시험은 면접시험 또는 실기시험으로 실시한다. 다만, 직무의 특수성으로 인하여 시험실시기관의 장이 필요하다고 인정할 때에는 면접시험과 실기시험을 모두 실시할 수 있으며, 이 경우 실기시험의 합격자 결정방법은 시험실시기관의 장 또는 소속장관이 정한다.(2014.10.8 본문개정)

⑤ 실기시험과 면접시험을 모두 실시하는 경우에는 실기시험 합격자를 대상으로 면접시험을 실시한다.

⑥ 제3차시험에 불합격한 사람에 대해서는 다음 회의 시험에 한정하여 제1차시험을 면제한다. 다만, 면제받으려는 해당 시험의 응시원서를 제출한 경우에 한정한다.
(2014.10.8 본항신설)

(2014.10.8 본조제목개정)

(2009.2.6 본조개정)

제23조【5급 공개경쟁채용시험의 합격 결정】 ① 5급 공개경쟁채용시험의 제1차시험에서는 다음 각 호의 순서에 따른 요건에 모두 해당하는 사람 중에서 선발예정인원의 10배수의 범위에서 시험성적 및 제2차시험 응시자 수 등을 고려하여 제3호의 점수가 높은 사람부터 차례로 합격자를 결정한다. 이 경우 제22조제6항에 따라 제1차시험이 면제되는 사람의 수는 선발예정인원의 10배수의 범위에 포함하지 않는다.

1. 별표3에서 정한 영어능력검정시험 및 별표4에서 정한 한국사능력검정시험에서 각각 기준점수 및 기준등급 이상을 취득할 것
2. 헌법과목 만점의 60퍼센트 이상 득점할 것
3. 영어과목, 한국사과목 및 헌법과목을 제외한 나머지 과목에서 각 과목 만점의 40퍼센트 이상, 전 과목 총점의 60퍼센트 이상 득점할 것

(2018.12.18 본항개정)

② 5급 공개경쟁채용시험의 제2차시험에서는 각 과목의 만점의 40퍼센트 이상 득점한 사람 중에서 전 과목 총득점이 높은 사람부터 차례로 선발예정인원의 150퍼센트의 범위(선발예정인원이 3명 이하인 경우에는 선발예정인원에 2명을 합한 인원의 범위로 한다. 이하 같다)에서 시험성적 및 제3차시험 응시자 수 등을 고려하여 합격자를 결정한다. 다만, 제22조제4항 단서에 따라 제3차시험에서 실기시험과 면접시험을 모두 실시하는 경우에는 선발예정인원의 2배수의 범위에서 합격자를 결정할 수 있다.
(2014.10.8 본문개정)

③ 5급 공개경쟁채용시험의 제3차시험 중 면접시험의 평정결과는 다음 각 호의 등급으로 구분한다.(2014.10.8 본문개정)

1. 위원의 과반수가 제5조제3항의 평정요소 모두를 "상"으로 평정한 경우 : "우수"
2. 위원의 과반수가 제5조제3항의 평정요소 중 2개 항목 이상을 "하"로 평정하였거나 위원의 과반수가 어느 하나의 동일한 평정요소를 "하"로 평정한 경우 : "미흡"

(2023.8.1 1호~2호개정)

3. 제1호 및 제2호 외의 경우 : "보통"

(2013.4.22 본항개정)

④ 시험실시기관의 장은 제3항에 따른 등급, 응시자 수와 선발예정인원 및 면접방법 등을 고려하여 인사혁신처장이 정하는 기준에 따라 면접시험의 객관성과 공정성을 확보하기 위하여 필요하다고 인정되는 경우에는 "우수" 또는 "미흡" 등급을 받은 응시자에 대해서 면접시험을 추가로 실시할 수 있다. 이 경우 제3항에도 불구하고 최초 면접시험과 같은 등급을 받은 응시자는 그 등급으로 최종 면접시험의 등급을 받은 것으로 보고, 다른 등급을 받은 응시자는 "보통" 등급을 받은 것으로 본다.
(2014.11.19 전단개정)

⑤ 5급 공개경쟁채용시험의 최종합격자는 제3항 및 제4항에 따른 면접시험의 등급과 제2차시험 성적에 따라 다음 각 호의 방법으로 결정한다.(2014.10.8 본문개정)

1. "우수" 등급을 받은 응시자는 합격으로 한다. 다만, "우수" 등급을 받은 응시자의 수가 선발예정인원을 초과하는 경우에는 제2차시험 성적이 높은 사람부터 차례로 선발예정인원에 달할 때까지 합격으로 한다.
2. "보통" 등급을 받은 응시자는 제2차시험 성적이 높은 사람부터 차례로 "우수" 등급을 받은 응시자 수를 포함하여 선발예정인원에 달할 때까지 합격으로 한다.
3. "미흡" 등급을 받은 응시자는 불합격으로 한다.

(2013.4.22 본항신설)

⑥ 제2항에도 불구하고 5급 공개경쟁채용시험의 제2차시험의 합격을 결정할 때 제2차시험 합격자가 제3차시험 응시를 포기하는 등의 사정으로 제3차시험 응시자 수가 선발예정인원에 미달될 것으로 예상되는 경우에는 각 과목 만점의 40퍼센트 이상 득점한 사람 중에서 전 과목 총득점이 높은 사람부터 차례로 당초의 제2차시험 합격인원 범위에서 추가로 합격자를 결정할 수 있다.
(2014.10.8 본항개정)

⑦ 시험실시기관의 장은 최종합격자가 임용되는 것을 포기하는 등의 사정으로 결원을 보충할 필요가 있을 때에는 합격자 발표일부터 6개월 이내에 불합격 기준에 해당하지 아니하는 사람 중에서 제2차시험 성적이 높은 사람 순서로 추가합격자를 결정할 수 있다.(2017.1.31 본항개정)

(2014.10.8 본조제목개정)

제23조의2【외교관후보자 선발시험의 방법】 ① 외교관후보자 선발시험은 외교통상 업무 수요 등에 따라 다음 각 호의 분야로 구분하여 실시할 수 있다. 이 경우 제2호는 관련 지역 및 언어의 조합별로, 제3호는 관련 전문 분야별로 선발예정인원을 구분하여 외교관후보자 선발시험을 실시할 수 있다.

1. 일반외교 분야 : 외교통상 일반에 대한 업무 수요에 대응하기 위하여 선발하는 분야
2. 지역외교 분야 : 특정 지역의 외교통상 업무 수요에 대응하기 위하여 선발하는 분야
3. 외교 전문 분야 : 국제통상 업무나 국제법 등 별도의 전문성을 필요로 하는 업무 수요에 대응하기 위하여 선발하는 분야

② 외교관후보자 선발시험은 제1차·제2차 및 제3차시험으로 구분하여 실시한다. 이 경우 각 시험의 단계별 실시내용에 관하여는 다음 각 호의 구분에 따른다.(2018.12.18 후단개정)

1. 일반외교 분야 : 제22조제2항부터 제6항까지의 규정을 준용한다.(2018.12.18 본호신설)
2. 지역외교 분야 및 외교 전문 분야 : 다음 각 목의 구분에 따른다.
   가. 제1차시험 : 선택형 필기시험
   나. 제2차시험 : 서류전형. 이 경우 제5조제5항에도 불구하고 시험실시기관의 장이 정한 임용예정직무에 적합한 기준에 따라 서류전형 합격자를 결정할 수 있다.
   다. 제3차시험 : 면접시험. 다만, 시험실시기관의 장은 해당 분야에 대한 지식 등 전문성을 검증하기 위하여 면접을 두 단계로 나누어 실시할 수 있다.

(2018.12.18 본호신설)

<2020.12.31까지 유효>

③ 「국립외교원법」 제6조제1항에 따른 정규과정을 마친 사람 중 미임용된 사람에 대해서는 미임용 후 최초로 실시되는 시험에 한정하여 제2항에 따른 시험 중 제1차시험을 면제한다. 다만, 면제받으려는 해당 시험의 응시원서를 제출한 경우에 한정한다.(2014.10.8 본항신설)

④ 외교관후보자 선발시험 중 지역외교 분야의 경우 응시자가 「외무공무원임용령」 별표2의2에 따른 외교관후보자 선발시험의 경력요건을 갖춘 경우에는 외국어 선택과목을 대체하는 외국어능력검정시험의 기준점수를 별표3의2에 따라 구분하여 적용한다.

⑤ 외교관후보자 선발시험의 제1차시험 선택과목 중 별표3의2에 정하지 아니한 외국어에 대해서는 회화·문장구성능력 등의 외국어 활용능력을 시험실시기관의 장이 제3차시험 전에 실시하는 어학검증시험에서 평가할 수 있다.(2015.12.30 본항개정)

(2012.11.27 본조신설)

제23조의3【일반외교 분야 외교관후보자 선발시험의 합격 결정】 ① 일반외교 분야 외교관후보자 선발시험의 제1차시험에서는 다음 각 호의 순서에 따른 요건에 모두 해당하는 사람 중에서 선발예정인원의 10배수의 범위에서 시험성적 및 제2차시험 응시자 수 등을 고려하여 제3호의 점수가 높은 사람부터 차례로 합격자를 결정한다. 이 경우 제23조의2제2항제1호 및 같은 조 제3항에 따라 제1차시험이 면제되는 사람의 수는 선발예정인원의 10배수의 범위에 포함하지 않는다.

1. 별표3에서 정한 영어능력검정시험, 별표3의2에서 정한 외국어능력검정시험 및 별표4에서 정한 한국사능력검정시험에서 각각 기준점수 및 기준등급 이상을 취득할 것
2. 헌법과목 만점의 60퍼센트 이상 득점할 것
3. 영어과목, 외국어 선택과목, 한국사과목 및 헌법과목을 제외한 나머지 과목에서 각 과목 만점의 40퍼센트 이상, 전 과목 총점의 60퍼센트 이상 득점할 것

(2018.12.18 본항개정)

② 일반외교 분야 외교관후보자 선발시험의 제2차시험에서는 각 과목의 만점의 40퍼센트 이상 득점한 사람 중에서 전 과목 총득점이 높은 사람부터 차례로 선발예정인원의 1.5배수의 범위에서 시험성적 및 제3차시험 응시자 수 등을 고려하여 합격자를 결정한다. 다만, 제23조의2제5항에 따라 외국어 활용능력을 어학검증시험에서 평가하는 경우에는 선발예정인원의 5배수의 범위에서 시험성적 및 제3차시험 응시자 수 등을 고려하여 합격자를 결정할 수 있다.(2018.12.18 본문개정)

③ 일반외교 분야 외교관후보자 선발시험의 제3차시험 중 면접시험의 평정결과는 다음 각 호의 등급으로 구분한다.(2018.12.18 본문개정)

1. 위원의 과반수가 제5조제3항의 평정요소 모두를 "상"으로 평정한 경우 : "우수"
2. 위원의 과반수가 제5조제3항의 평정요소 중 2개 항목 이상을 "하"로 평정하였거나 위원의 과반수가 어느 하나의 동일한 평정요소를 "하"로 평정한 경우 : "미흡"

(2023.8.1 1호~2호개정)

3. 제1호 및 제2호 외의 경우 : "보통"

(2013.4.22 본항개정)

④ 시험실시기관의 장은 제3항에 따른 등급, 응시자 수와 선발예정인원 및 면접방법 등을 고려하여 인사혁신처장이 정하는 기준에 따라 면접시험의 객관성과 공정성을 확보하기 위하여 필요하다고 인정되는 경우에는 "우수" 또는 "미흡" 등급을 받은 응시자에 대해서 면접시험을 추가로 실시할 수 있다. 이 경우 제3항에도 불구하고 최초 면접시험과 같은 등급을 받은 응시자는 그 등급으로 최종 면접시험의 등급을 받은 것으로 보고, 다른 등급을 받은 응시자는 "보통" 등급을 받은 것으로 본다.
(2014.11.19 전단개정)

⑤ 일반외교 분야 외교관후보자 선발시험의 최종합격자는 제3항 및 제4항에 따른 면접시험의 등급과 제2차시험 성적에 따라 다음 각 호의 방법으로 결정한다. 다만, 제23조의2제5항에 따라 외국어 활용능력을 어학검증시험에서 평가한 경우에는 별표6의2에서 정한 어학검증시험 기준점수 이상을 취득한 사람 중에서 결정한다.(2018.12.18 본문개정)

1. "우수" 등급을 받은 응시자는 합격으로 한다. 다만, "우수" 등급을 받은 응시자의 수가 선발예정인원을 초과하는 경우에는 제2차시험 성적이 높은 사람부터 차례로 선발예정인원에 달할 때까지 합격으로 한다.
2. "보통" 등급을 받은 응시자는 제2차시험 성적이 높은 사람부터 차례로 "우수" 등급을 받은 응시자 수를 포함하여 선발예정인원에 달할 때까지 합격으로 한다.
3. "미흡" 등급을 받은 응시자는 불합격으로 한다.

(2013.4.22 본항신설)

⑥ 제2항에도 불구하고 일반외교 분야 외교관후보자 선발시험의 제2차시험의 합격을 결정할 때 제2차시험 합격

자가 제3차시험 응시를 포기하는 등의 사정으로 제3차시험 응시자 수가 선발예정인원에 미달될 것으로 예상되는 경우에는 각 과목 만점의 40퍼센트 이상 득점한 사람 중에서 전 과목 총득점이 높은 사람부터 차례로 처음의 제2차시험 합격예정인원 범위에서 추가로 합격자를 결정할 수 있다.(2018.12.18 본항개정)
⑦ 시험실시기관의 장은 최종합격자가 「국립외교원법」 제6조제1항에 따른 교육과정에 입교하는 것을 포기하는 등의 사정으로 결원을 보충할 필요가 있을 때에는 합격자 발표일부터 6개월 이내에 불합격 기준에 해당하지 아니하는 사람 중에서 제2차시험 성적이 높은 사람 순서로 추가합격자를 결정할 수 있다.(2017.1.31 본항개정)
(2018.12.18 본조제목개정)

제23조의4【지역외교 분야 및 외교 전문 분야 외교관후보자 선발시험의 합격 결정】 ① 지역외교 분야 및 외교 전문 분야 외교관후보자 선발시험의 제1차시험에서는 다음 각 호의 순서에 따른 요건에 모두 해당하는 사람 중에서 제23조의2제1항 각 호 외의 부분 후단에 따른 관련 지역 및 언어의 조합별 또는 관련 전문 분야별 선발예정인원의 10배수의 범위에서 시험성적 및 제2차시험 응시자 수 등을 고려하여 제3호의 점수가 높은 사람부터 차례로 합격자를 결정한다. 이 경우 제23조의2제3항에 따라 제1차시험이 면제되는 사람의 수는 선발예정인원의 10배수의 범위에 포함하지 않는다.
1. 별표3에서 정한 영어능력검정시험, 별표3의2에서 정한 외국어능력검정시험(제23조의2제5항에 따라 외국어 활용능력을 어학검증시험에서 평가하는 경우는 제외한다) 및 별표4에서 정한 한국사능력검정시험에서 각각 기준점수 및 기준등급 이상을 취득할 것
2. 헌법과목 만점의 60퍼센트 이상 득점할 것
3. 영어과목, 외국어 선택과목, 한국사과목 및 헌법과목을 제외한 나머지 과목에서 각 과목 만점의 40퍼센트 이상 득점할 것
② 지역외교 분야 및 외교 전문 분야 외교관후보자 선발시험의 제2차시험에서는 제1차시험 합격자를 대상으로 자격, 경력, 자기소개서 및 직무계획서 등을 심사하여 직무에 적합한 사람을 합격자로 결정한다.
③ 지역외교 분야 및 외교 전문 분야 외교관후보자 선발시험의 제3차시험에서는 위원의 과반수가 제5조제3항의 평정요소 중 2개 항목 이상을 "하"로 평정했거나, 위원의 과반수가 어느 하나의 같은 평정요소를 "하"로 평정했을 때에는 불합격으로 한다.(2023.8.1 본항개정)
④ 시험실시기관의 장은 제3항에 따라 불합격으로 처리된 사람을 제외한 사람 중에서 평정성적이 우수한 사람부터 차례로 최종합격자를 결정한다. 다만, 제5조제3항에 따른 평정방법과 달리 평정요소마다 점수를 부여할 수 있도록 사전에 제47조제1항에 따른 공고를 한 경우에는 이에 따른 평정성적이 우수한 사람부터 차례로 최종합격자를 결정한다.
⑤ 제4항에도 불구하고 제23조의2제2항제2호다목 단서에 따라 두 단계로 나누어 면접을 실시한 경우에는 제3항과 제4항에 따라 합격자를 결정하되, 첫 번째 단계 면접에서 선발예정인원의 3배수 범위에서 합격자를 결정하고, 그 합격자를 대상으로 두 번째 단계 면접을 실시하여 최종합격자를 결정할 수 있다.
⑥ 시험실시기관의 장은 최종합격자가 「국립외교원법」 제6조제1항에 따른 교육과정에 입교하는 것을 포기하는 등의 사정으로 결원을 보충할 필요가 있을 때에는 합격자 발표일부터 6개월 이내에 제3항에 따라 불합격으로 처리되지 않은 사람 중에서 제3차시험 성적이 높은 사람 순서로 추가 합격자를 결정할 수 있다. 다만, 제23조의2제2항제2호다목 단서에 따라 두 단계로 나누어 면접을 실시한 경우에는 두 번째 단계 면접의 성적이 높은 사람 순서로 추가 합격자를 결정할 수 있다.
(2018.12.18 본조신설)
<2020.12.31까지 유효>

제24조【6급이하공개경쟁채용시험등의 방법】 ① 6급이하공개경쟁채용시험등은 제1차·제2차 및 제3차시험으로 구분하여 실시한다. 다만, 시험실시기관의 장이 필요하다고 인정할 때에는 제1차시험과 제2차시험을 병합하여 실시할 수 있다.(2011.11.1 본문개정)
② 제1항 단서에 따라 6급이하공개경쟁채용시험등의 제1차시험과 제2차시험을 병합하여 실시하는 경우의 시험방법은 선택형으로 하는 것을 원칙으로 한다.
③ (2013.12.4 삭제)
④ 제1항의 시험에는 제22조제2항부터 제6항까지의 규정을 준용한다. 다만, 제1항 본문 중의 제2차시험은 시험실시기관의 장이 필요하다고 인정할 때에는 선택형과 기입형만으로 실시할 수 있다.(2018.12.18 본문개정)
⑤ 제4항에도 불구하고 제1항 단서에 따라 제1차시험과 제2차시험을 병합하여 실시하는 경우에는 제22조제6항을 준용하지 않는다.(2018.12.18 본항신설)
(2013.12.4 본조제목개정)
(2009.2.6 본조개정)

제25조【6급이하공개경쟁채용시험등의 합격 결정】 ① 6급이하공개경쟁채용시험등의 제1차시험에서는 각 과목 만점의 40퍼센트 이상 득점한 사람 중에서 선발예정인원의 5배수의 범위에서 시험성적을 고려하여 점수가 높은 사람부터 차례로 합격자를 결정한다. 다만, 7급 공개경쟁채용시험(이에 상당하는 외무공무원 공개경쟁채용시험을 포함한다)의 제1차시험에서는 별표3에서 정한 영어능력검정시험과 별표4에서 정한 한국사능력검정시험에서 각각 기준점수 및 기준등급 이상 취득한 사람으로서 영어과목과 한국사과목을 제외한 나머지 과목에서 각 과목 만점의 40퍼센트 이상 득점한 사람 중에서 선발예정인원의 10배수의 범위에서 시험성적을 고려하여 점수가 높은 사람부터 차례로 합격자를 결정한다.(2018.12.18 단서개정)
② 6급이하공개경쟁채용시험등의 제2차시험(제24조제1항 단서에 따라 제1차시험과 제2차시험을 병합하여 실시하는 경우를 포함한다)의 합격자는 다음 각 호의 구분에 따라 선발예정인원의 1.5배수(제24조제2항에 따라 제3차시험에서 실기시험과 면접시험을 모두 실시하는 경우 선발예정인원의 2배수)의 범위에서 시험성적과 제3차시험 응시자 수 등을 고려하여 결정한다.
1. 7급 공개경쟁채용시험과 이에 상당하는 외교정보기술직렬 외무공무원 공개경쟁채용시험
가. 제1차시험과 제2차시험을 병합하여 실시하는 경우 : 별표3에서 정한 영어능력검정시험과 별표4에서 정한 한국사능력검정시험에서 각각 기준점수 및 기준등급 이상 취득한 사람으로서 영어과목과 한국사과목을 제외한 나머지 과목에서 각 과목 만점의 40퍼센트 이상 득점한 사람 중에서 그 나머지 과목의 총득점이 높은 사람부터 차례로 결정
나. 제1차시험과 제2차시험을 병합하여 실시하지 않는 경우 : 각 과목 만점의 40퍼센트 이상 득점한 사람 중에서 총득점이 높은 사람부터 차례로 결정
2. 7급 공개경쟁채용시험에 상당하는 외무영사 직렬 외무공무원 공개경쟁채용시험
가. 제1차시험과 제2차시험을 병합하여 실시하는 경우 : 별표3에서 정한 영어능력검정시험, 별표3의2에서 정한 외국어능력검정시험 및 별표4에서 정한 한국사능력검정시험에서 각각 기준점수 및 기준등급 이상을 취득한 사람으로서 영어과목, 한국사과목 및 외국어 선택과목을 제외한 나머지 과목에서 각 과목 만점의 40퍼센트 이상 득점한 사람 중에서 그 나머지 과목의 총득점이 높은 사람부터 차례로 결정
나. 제1차시험과 제2차시험을 병합하여 실시하지 않는 경우 : 별표3의2에서 정한 외국어능력검정시험에서 기준점수 이상을 취득한 사람으로서 외국어 선택과목을 제외한 나머지 과목에서 각 과목 만점의 40퍼센트 이상 득점한 사람 중에서 그 나머지 과목의 총득점이 높은 사람부터 차례로 결정
3. 제1호 및 제2호 외의 시험 : 각 과목 만점의 40퍼센트 이상 득점한 사람 중에서 총득점이 높은 사람부터 차례로 결정
(2021.11.30 본항개정)
③ 6급이하공개경쟁채용시험등의 제3차시험에서 면접시험의 평정결과는 다음 각 호의 등급으로 구분한다.
1. 위원의 과반수가 제5조제3항의 평정요소 모두를 "상"으로 평정한 경우 : "우수"
2. 위원의 과반수가 제5조제3항의 평정요소 중 2개 항목 이상을 "하"로 평정하였거나 위원의 과반수가 어느 하나의 동일한 평정요소를 "하"로 평정한 경우 : "미흡"
(2023.8.1 1호~2호개정)
3. 제1호 및 제2호 외의 경우 : "보통"
(2013.12.4 본항개정)
④ 시험실시기관의 장은 제3항에 따른 등급, 응시자 수와 선발예정인원 및 면접방법 등을 고려하여 인사혁신처장이 정하는 기준에 따라 면접시험의 객관성과 공정성을 확보하기 위하여 필요하다고 인정되는 경우에는 "우수" 또는 "미흡" 등급을 받은 응시자에 대해서 면접시험을 추가로 실시할 수 있다. 이 경우 제3항에도 불구하고 최초 면접시험과 같은 등급을 받은 응시자는 그 등급으로 최종 면접시험의 등급을 받은 것으로 보고, 다른 등급을 받은 응시자는 "보통" 등급을 받은 것으로 본다.
(2014.11.19 전단개정)
⑤ 6급이하공개경쟁채용시험등의 최종합격자는 제3항 및 제4항에 따른 면접시험의 등급과 제2차시험 성적에 따라 다음 각 호의 방법으로 결정한다.
1. "우수" 등급을 받은 응시자는 합격으로 한다. 다만 "우수" 등급을 받은 응시자의 수가 선발예정인원을 초과하는 경우에는 제2차시험 성적이 높은 사람부터 차례로 선발예정인원에 달할 때까지 합격으로 한다.
2. "보통" 등급을 받은 응시자는 제2차시험 성적이 높은 사람부터 차례로 "우수" 등급을 받은 응시자 수를 포함하여 선발예정인원에 달할 때까지 합격으로 한다.
3. "미흡" 등급을 받은 응시자는 불합격으로 한다.
(2013.12.4 본항개정)
⑥ 제2항에도 불구하고 6급이하공개경쟁채용시험등의 제2차시험의 합격을 결정할 때 제2차시험 합격자가 제3차시험 응시를 포기하는 등의 사정으로 제3차시험 응시자 수가 선발예정인원에 미달될 것으로 예상되는 경우에는 당초의 제2차시험 합격인원 범위에서 제2항 각 호의 구분에 따라 추가로 합격자를 결정할 수 있다.(2021.11.30 본항개정)
⑦ 제2항에도 불구하고 6급이하공개경쟁채용시험등의 제3차시험 응시자 수가 선발예정인원에 미달하는 경우에는 미달된 인원의 1.5배수의 범위(미달 인원이 3명 이하인 경우에는 미달 인원에 2명을 합한 인원의 범위로 한다)에서 제2항 각 호의 구분에 따라 추가로 제2차시험 합격자를 결정하여 별도의 제3차시험을 실시할 수 있다.
(2021.11.30 본문개정)
1.~2. (2021.11.30 삭제)
⑧ 제2항 본문 및 제7항에도 불구하고 동점자를 모두 합격자로 결정하여 제2차시험 합격자 수가 선발예정인원 또는 미달된 인원의 1.5배수의 범위를 초과하는 경우에는 1.5배수의 범위를 초과하여 합격자를 결정할 수 있다.
(2013.12.4 본항신설)
⑨ 시험실시기관의 장은 최종합격자가 임용되는 것을 포기하는 등의 사정으로 결원을 보충할 필요가 있을 때에는 합격자 발표일부터 6개월 이내에 불합격 기준에 해당하지 아니하는 사람 중에서 제2항 각 호의 구분에 따라 추가합격자를 결정할 수 있다.(2021.11.30 본문개정)
1.~2. (2021.11.30 삭제)

⑨ 시험실시기관의 장은 최종합격자가 임용되는 것을 포기하는 등의 사정으로 결원을 보충할 필요가 있을 때에는 합격자 발표일부터 6개월 이내에 불합격 기준에 해당하지 아니하는 사람 중에서 제2항 각 호의 구분에 따라 추가합격자를 결정할 수 있다. 이 경우 제1차시험과 제2차시험을 병합하여 실시한 9급 공개경쟁채용시험의 경우에는 각 과목 만점의 40퍼센트 이상 득점한 사람 중에서 총득점이 높은 사람부터 차례로 추가합격자를 결정하되, 총득점이 동일한 경우에는 제2차시험 성적이 높은 사람부터 차례로 추가합격자를 결정할 수 있다.(2023.12.5 후단신설 : 2025.1.1 시행)
⑩ 시험실시기관의 장은 제9항에 따라 추가합격자를 결정했음에도 결원을 보충할 필요가 있을 때에는 선발예정인원에 미달된 인원(제9항에 따라 결정된 추가합격자는 제외한다)의 1.5배수의 범위(미달 인원이 3명 이하인 경우에는 미달 인원에 2명을 합한 인원의 범위로 한다)에서 제2항 각 호의 구분에 따라 추가로 제2차시험 합격자를 결정하여 별도의 제3차시험을 실시하는 방법으로 추가합격자를 결정할 수 있다. 이 경우 제5항제3호에도 불구하고 당초의 제3차시험의 면접시험에서 "미흡" 등급을 받은 응시자는 이 항 전단에 따라 추가로 결정된 제2차시험 합격자로 본다.(2023.12.5 본항신설 : 2025.1.1 시행)

(2013.12.4 본조제목개정)

제26조【경력경쟁채용시험등의 요구 절차】 ① 임용권자 또는 임용제청권자가 경력경쟁채용시험등으로 공무원을 채용하려면 임용예정직급, 경력경쟁채용시험등을 통한 채용(이하 "경력경쟁채용등"이라 한다)이 필요한 사유, 그 밖에 필요한 사항을 첨부하여 시험실시기관의 장에게 경력경쟁채용시험등을 요구하여야 한다.
② 시험실시기관의 장은 제1항의 요구를 받은 경우 경력경쟁채용시험등으로 공무원을 임용하는 것이 타당하다고 인정할 때에는 해당 시험을 실시한다.
③ 법 제28조제2항제11호에 따른 경력경쟁채용시험등과 그 밖에 인사혁신처장이 필요하다고 인정하는 경우의 경력경쟁채용시험등은 제1항 및 제3조제1항에도 불구하고 인사혁신처장이 직접 실시할 수 있다.(2014.11.19 본항개정)
(2011.11.1 본조개정)

제27조【경력경쟁채용시험등의 응시자격 등】 ① 「공무원임용령」 제16조제1항제2호에 따른 경력경쟁채용시험등에 응시할 수 있는 사람은 별표7 및 별표8에 규정된 임용예정직급별 자격증 중 임용예정직무에 관한 자격증을 가진 사람으로 한다. 다만, 소속 장관이 필요하다고 인정하는 경우에는 다음 각 호의 어느 하나에 해당하는 자격증을 가진 사람을 응시하게 할 수 있다.(2011.11.1 본문개정)
1. 「국가기술자격법」 또는 그 밖의 법령에 따른 국가자격증으로서 별표7 및 별표8에 임용예정직급별 자격증으로 규정되지 아니한 자격증
2. 「자격기본법」 제19조에 따른 민간자격증으로서 별표7 및 별표8에 규정된 임용예정직급별 자격증과 동등하다고 소속 장관이 인정하는 자격증(2009.9.10 본호개정)
3. 외국에서 취득한 자격증 중 법령에 따라 국가자격증으로 인정되는 자격증으로서 별표7 및 별표8에 규정된 임용예정직급별 자격증과 동등하다고 소속 장관이 인정하는 자격증
② 소속 장관은 제1항에도 불구하고 임용예정직무의 특수성이나 그 밖의 특별한 사정으로 제1항에 따른 기준을 적용하는 것이 곤란한 경우에는 인사혁신처장과 협의하여 별표7 및 별표8에 규정된 임용예정직급별 자격증을 달리 정하거나 경력기준을 단축할 수 있으며, 임용예정직무와 관련되는 다음 각 호의 어느 하나에 해당하는 자격증을 가진 사람을 응시하게 할 수 있다.(2023.8.1 본문개정)
1. 「자격기본법」 제19조에 따라 국가의 공인을 받지 아니한 민간자격증(2009.9.10 본호개정)
2. 외국에서 취득한 자격증 중 법령에 따라 국가자격증으로 인정되지 아니한 자격증
③ 「공무원임용령」 제16조제1항제3호에 따른 경력경쟁채용시험등의 응시자격은 임용예정 직렬의 업무 내용과 같거나 유사한 분야에서 별표9의 구분에 따른 임용예정

계급상당경력이 3년 이상인 경우로 한다. 다만, 일반직공무원 상당계급의 봉급을 받는 별정직공무원의 임용예정계급은 봉급기준에 따르고, 별표9에 규정되지 아니한 직무 분야 근무경력자의 임용예정직급은 그 직무의 내용, 곤란성 및 책임도 등을 고려하여 소속 장관이 정한다. (2011.11.1 본문개정)
④ 경력경쟁채용시험등의 응시자격 요건으로서 필요한 경력의 계산은 최종시험예정일(비다수인대상채용시험으로서 시험요구기관의 장과 시험실시기관의 장이 다른 경우는 시험요구일) 현재를 기준으로 한다. 이 경우 필요한 경력을 계산할 때에는 임용예정직급 관련 직무 분야에서 비정규직으로 근무한 기간의 전부 또는 일부를 인사혁신처장이 정하는 바에 따라 그 경력에 포함할 수 있다. (2014.11.19 후단개정)
(2011.11.1 본조제목개정)
(2009.2.6 본조개정)

제28조【비다수인대상채용시험 응시자격의 제한】 동일 요건에 따른 동일 직급의 비다수인대상채용시험의 응시자격은 3회로 제한하며, 비다수인대상채용시험의 제1차시험 또는 제2차시험(5급 이상 공무원 및 5등급 이상 외무공무원의 경우에는 제1차시험만 해당된다)에서 1과목 이상이 만점의 40퍼센트 미만을 득점하여 불합격된 경우에는 제1차시험 응시일부터 6개월 이내에는 동일 요건에 따른 동일직급의 비다수인대상채용시험에 다시 응시할 수 없다.(2011.11.1 본조개정)

제29조【경력경쟁채용시험등의 방법】 ① 경력경쟁채용시험등은 다음 각 호의 어느 하나에 해당하는 경우를 제외하고는 필기시험을 실시하되, 면접시험·실기시험 또는 서류전형 중 1개 이상의 시험을 추가로 실시한다. 다만, 법 제28조제2항제1호에 해당하는 특수경력직공무원이나 다른 종류의 경력직공무원이 되기 위하여 퇴직한 일반직공무원을 퇴직 시에 재직한 직급의 일반직공무원으로 재임용하는 경우에는 시험을 면제한다.(2018.5.8 본문개정)
1. 법 제28조제2항제1호·제2호·제4호 및 제10호에 해당하는 사람(법 제28조제2항제4호의 경우에는 공무원 양성을 목적으로 하는 교육기관으로서 인사혁신처장이 지정하는 교육기관의 졸업자 또는 수료자만 해당한다)에 대해서는 서류전형을 실시하되, 면접시험 또는 실기시험 중 1개 이상의 시험을 추가로 실시한다. (2023.12.5 본호개정)
1의2. 법 제28조제2항제2호·제3호·제8호 또는 제10호에 해당하는 사람을 한시임기제공무원 또는 시간선택제임기제공무원으로 채용하는 경우에는 인사혁신처장이 정하는 바에 따라 서류전형과 면접시험을 실시한다. (2015.5.6 본호개정)
2. 법 제28조제2항제3호에 해당하는 사람 중 퇴직한 공무원을 3년 이내에 퇴직 전에 재직한 직급으로 재임용하는 경우와 사법시험에 합격한 사람이 행정직군 공무원으로 임용되는 경우에는 서류전형과 면접시험을 실시한다.
3. 법 제28조제2항제5호에 해당하는 사람에 대해서는 서류전형을 실시한다.
4. 법 제28조제2항제7호에 해당하는 사람에 대해서는 필기시험, 면접시험, 실기시험 또는 서류전형 중 1개 이상의 시험을 실시한다.(2023.12.5 본호신설)
5. 법 제28조제2항제13호에 해당하는 사람 중 법 제28조제2항제2호·제3호·제10호의 요건을 갖춘 사람으로 응시를 제한하는 경우에는 서류전형을 실시하되, 면접시험 또는 실기시험 중 1개 이상의 시험을 추가로 실시한다.(2018.5.8 본호개정)
② 제1항 각 호 외의 부분 본문에도 불구하고 다음 각 호의 어느 하나에 해당하는 경우에는 필기시험을 면제할 수 있다. 다만, 제1호에 해당하여 필기시험을 면제하는 경우에는 서류전형과 면접시험을 실시한다.
1. 법 제28조제2항제3호에 해당하는 사람을 경력경쟁채용시험으로 임용하는 경우
2. 개방형 직위에 임용 중인 사람을 경력경쟁채용등을 하는 경우
3. 인사혁신처장이 실시하는 인사교류계획(제10항에 따른 인사교류계획은 제외한다)에 따라 경력경쟁채용등을 하는 경우(2023.12.5 본호개정)
(2018.5.8 본항신설)
③ 제1항 각 호 외의 부분 본문에도 불구하고 법 제28조제2항제6호에 따라 인사혁신처장이 정하는 특수 분야의 경력경쟁채용시험등을 실시하려는 경우에는 다음 각 호의 어느 하나에 해당하는 방법에 따른다.
1. 필기시험을 실시하되, 면접시험·실기시험 또는 서류전형 중 1개 이상의 시험을 추가로 실시
2. 면접시험을 실시하되, 실기시험 또는 서류전형 중 1개 이상의 시험을 추가로 실시
(2018.5.8 본항신설)
④ 시험실시기관의 장은 법 제28조제2항 각 호 외의 부분 단서에 따라 같은 항 제1호·제3호·제4호·제5호·제7호 및 제11호에 해당하는 경우(법 제28조제2항제7호의 경우에는 법 제32조의2에 따라 인사혁신처장이 실시하는 인사교류계획에 따른 경우 또는 인사혁신처장과 미리 협의한 경우만 해당한다) 비다수인대상채용시험으로 채용할 수 있다.(2023.12.5 본항개정)
⑤ 시험실시기관의 장은 제1항 각 호의 어느 하나에 해당하는 경우로서 경력경쟁채용시험으로 실시하는 경우에는 제1항 각 호에도 불구하고 필기시험을 추가할 수 있다. (2011.11.1 본항신설)
⑥ 경력경쟁채용시험의 경우 서류전형의 응시인원이 선발예정인원의 3배수 이상인 경우에는 제5조제5항에도 불구하고 시험실시기관의 장이 정한 임용예정직무에 적합한 기준에 따라 서류전형 합격자를 결정할 수 있다. 이 경우 서류전형 합격자 수는 선발예정인원의 3배수 이상이어야 한다.(2014.10.8 전단개정)
⑦ 제1항의 시험방법은 5급 이상 공무원 및 5등급 이상 외무공무원의 시험에서는 제22조를 준용하고, 6급 이하 공무원과 4등급 이하 외무공무원의 시험에서는 제24조를 준용한다. 다만, 경력경쟁채용시험으로 실시하는 5급 이상 공무원 및 5등급 이상 외무공무원의 시험도 제1차시험과 제2차시험을 병합하여 선택형으로 실시할 수 있다. (2013.12.4 본문개정)
⑧ 일반직공무원과 외무공무원 상호간의 경력경쟁채용시험등 또는 외무공무원의 경력경쟁채용시험등에서는 제7조제1항 및 제2항에 따른 시험과목 중 서로 중복되는 시험과목의 시험을 면제한다. 다만, 시험방법이 다르거나 선택을 하여야 하는 과목 간에는 그러하지 아니하다. (2014.10.8 본문개정)
⑨ 직제 및 정원의 변경으로 인하여 특정 직위에 임명하는 공무원의 종류가 변경되거나 복수직으로 되어 해당 직위에 보직되어 있는 사람을 변경된 종류의 공무원이나 복수직으로 추가된 종류의 공무원으로 경력경쟁채용등을 하는 경우 담당 직무가 변경되지 아니하고 시험실시기관의 장이 필요하다고 인정할 때에는 제1차시험을 면제할 수 있다.(2011.11.1 본항개정)
⑩ 인사혁신처장이 실시하는 국가공무원과 지방공무원 상호간의 인사교류계획에 따라 지방공무원을 법 제28조제2항제7호에 따라 국가공무원으로 경력경쟁채용등을 하는 경우에는 시험을 면제한다.(2023.12.5 본항개정)
(2011.11.1 본조제목개정)
(2009.2.6 본조개정)

제30조【경력경쟁채용시험등의 합격 결정】 ① 경력경쟁채용시험등의 합격 결정은 다음 각 호에 따른다. (2011.11.1 본문개정)
1. 경력경쟁채용시험의 경우 제1차시험은 각 과목 만점의 40퍼센트 이상, 전 과목 총점의 60퍼센트 이상 득점한 사람 중에서 선발예정인원의 5배수의 범위에서 시험성적을 고려하여 점수가 높은 사람부터 차례로 합격자를 결정하고, 제2차시험은 각 과목 만점의 40퍼센트 이상, 전 과목 총점의 60퍼센트 이상 득점한 사람 중에서 점수가 높은 사람부터 차례로 선발예정인원의 150퍼센트의 범위에서 시험성적과 제3차시험 응시자 수 등을 고려하여 합격자를 결정한다. 다만, 제29조제7항에 따라 제1차시험과 제2차시험을 병합하여 실시하는 경우에는 각 과목 만점의 40퍼센트 이상, 전 과목 총점의 60퍼센트 이상 득점한 사람 중에서 점수가 높은 사람부터 차례로 선발예정인원의 150퍼센트의 범위에서 시험성적과 제3차시험 응시자 수 등을 고려하여 합격자를 결정한다. (2018.5.8 단서개정)
2. 제1호에도 불구하고 경력경쟁채용시험의 제2차시험(제1차시험과 제2차시험을 병합하여 실시하는 경우에는 그 병합하여 실시하는 시험을 말한다)에 관하여는 제23조제6항을 준용한다.(2013.4.22 본호개정)
3. 비다수인대상채용시험의 경우 제1차시험 및 제2차시험은 각각 각 과목 만점의 40퍼센트 이상, 전 과목 총점의 60퍼센트 이상 득점한 사람을 합격자로 한다. 다만, 제29조제7항에 따라 제1차시험과 제2차시험을 병합하여 실시하는 경우에는 각 과목 만점의 40퍼센트 이상, 전 과목 총점의 60퍼센트 이상 득점한 사람을 합격자로 한다.(2018.5.8 단서개정)
4. 제1호 및 제3호에도 불구하고 제3조제1항제4호에 따른 5급 공무원의 경력경쟁채용시험등 및 5등급 외무공무원의 경력경쟁채용시험등과 제3조제1항제5호에 따른 7급 공무원의 경력경쟁채용시험등의 필기시험의 경우에는 각 과목 만점의 40퍼센트 이상 득점한 사람 중에서 점수가 높은 사람부터 차례로 선발예정인원의 10배수의 범위에서 합격자를 결정한다. 다만, 다양한 경력을 가진 사람의 임용기회를 확대하기 위하여 필요하다고 인정하는 경우에는 인사혁신처장이 정하는 바에 따라 시험성적 외에 응시요건 등을 종합적으로 고려하여 추가로 합격자를 결정할 수 있다.(2015.5.6 본문개정)
② 경력경쟁채용시험등의 제3차시험 중 면접시험의 경우에는 위원의 과반수가 제5조제3항의 평정요소 중 2개 항목 이상을 "하"로 평정하였거나, 위원의 과반수가 어느 하나의 동일한 평정요소를 "하"로 평정하였을 때에는 불합격으로 한다. 다만, 경력경쟁채용시험의 면접시험의 경우에는 시험실시기관의 장이 불합격기준에 해당하지 아니하는 사람 중에서 평정성적이 우수한 사람부터 차례로 합격자를 결정하거나, 제47조제2항에 따른 공고를 하고 제5조제3항에서 정한 평정방법과 달리 평정요소마다 점수를 부여하여 평정성적이 우수한 사람부터 차례로 합격자를 결정할 수 있다.(2023.8.1 본문개정)
③ 제2항에도 불구하고 경력경쟁채용시험등의 면접시험 및 최종합격자 결정에서 시험실시기관의 장이 필요하다고 인정할 때에는 제23조제3항부터 제5항까지의 규정을 준용하여 합격자를 결정할 수 있다. 이 경우 "5급 공개경쟁채용시험"은 "경력경쟁채용시험등"으로 본다. (2014.10.8 후단개정)
④ 경력경쟁채용시험의 경우 최종합격자가 임용되는 것을 포기하거나 임용된 후 퇴직하는 등의 사정으로 결원을 보충할 필요가 있을 때에는 인사혁신처장이 정하는 바에 따라 합격자발표일부터 6개월 이내에 추가합격자를 결정할 수 있다.(2020.9.22 본항개정)
(2011.11.1 본조제목개정)

제31조【자격증 소지자 등에 대한 우대】 ① (2015.5.6 삭제)
② 「국가기술자격법」이나 그 밖의 법령에 따른 자격증 중에서 별표12에서 정한 자격증 소지자가 6급 이하 공무원 채용시험(경력경쟁채용시험등의 경우에는 필기시험을 실시하는 경우만 해당되며, 별표5에서 정한 직류와 법 제28조제2항제2호에 따른 경력경쟁채용시험등의 경우는 제외한다)에 응시하는 경우에는 필기시험의 각 과목별 득점에 그 시험과목 만점의 5퍼센트 이내를 최고점으로 별표11의 비율에 따른 점수를 가산한다. 가산점 인정대상 자격증이 두 개 이상인 경우에는 본인에게 유리한 것 하나만을 가산한다.(2013.12.4 전단개정)
③ (2015.5.6 삭제)
④ 제2항에 따른 점수의 가산은 각 과목 만점의 40퍼센트 이상 득점자에게만 적용하며, 제7조제1항에 따라 같은 항 각 호의 시험으로 대체한 과목은 가산대상 과목에서 제외한다.(2017.1.31 본항개정)
⑤ 제2항에 따른 점수의 가산은 제7조제1항 각 호 외의 부분 본문 및 제8조제4항 후단에 따라 실시되는 언어논리영역, 자료해석영역 및 상황판단영역을 시험과목으로 하는 필기시험에는 적용하지 아니한다.(2023.12.5 본항개정)
⑥ 시험실시기관의 장은 경력경쟁채용시험등의 필기시험 또는 서류전형 등 점수로 환산(換算)할 수 있는 시험에서 한국사능력검정시험(국사편찬위원회가 주관하여 시행하는 시험을 말한다)의 일정 기준점수(등급) 이상을 취득한 경우에는 그 시험 또는 시험과목 만점의 5퍼센트 범위에서 가산할 수 있다. 이 경우 필기시험이 과목별로 실시될 경우에는 각 과목별로 가산한다.(2015.5.6 본항신설)
⑦ 제6항에 따른 기준점수(등급) 및 가산비율 등은 시험실시기관의 장이 정한다.(2015.5.6 본항신설)
(2018.12.18 본조제목개정)

제31조의2【의사상자 등에 대한 우대】 ① 다음 각 호의 어느 하나에 해당하는 사람이 6급 이하 공무원 채용시험에 응시하는 경우에는 법 제36조의2제1항제2호 또는 제3호에 따라 응시자의 각 과목별 득점(제7조제1항에 따라 같은 항 각 호의 시험으로 대체한 과목은 제외한다)에 다음 각 호의 구분에 따라 점수를 가산한다. 다만, 응시자에게 만점의 40퍼센트 미만을 득점한 과목이 있거나, 점수로 환산할 수 없는 시험인 경우에는 그러하지 아니하다.(2017.1.31 본문개정)
1. 각 과목별 만점의 5퍼센트를 가산하는 대상자
가. 법 제36조의2제1항제2호에 해당하는 사람
나. 법 제36조의2제1항제3호에 해당하는 사람 중 「의사상자 등 예우 및 지원에 관한 법률」 제13조에 따라 취업보호의 대상이 되는 의상자
2. 각 과목별 만점의 3퍼센트를 가산하는 대상자 : 제1호 나목에 해당하는 사람의 배우자 또는 자녀
② 제1항에 따른 가점 대상자가 다음 각 호의 어느 하나에 따라 취업지원의 대상이 되는 경우에는 응시자가 선택한 하나의 가점만을 부여한다.
1. 「국가유공자 등 예우 및 지원에 관한 법률」 제29조
2. 「독립유공자예우에 관한 법률」 제16조제2항
3. 「보훈보상대상자 지원에 관한 법률」 제33조
4. 「고엽제후유의증 등 환자지원 및 단체설립에 관한 법률」 제7조의9(2018.5.8 본호개정)
5. 「5·18민주유공자예우 및 단체설립에 관한 법률」 제20조(2021.4.6 본호개정)
6. 「특수임무유공자 예우 및 단체설립에 관한 법률」 제19조
③ 제1항에 따라 가점을 받아 채용시험에 합격하는 사람은 그 채용시험 선발예정인원의 10퍼센트(가점에 따른 선발인원을 산정하는 경우 소수점 이하는 버린다)를 초과할 수 없다. 다만, 응시자의 수가 선발예정인원과 같거나 그보다 적은 경우에는 그러하지 아니하다.
④ 제1항에 따라 점수를 가산하는 경우에 합격자 결정방법 및 그 밖에 시험 실시에 필요한 사항은 시험실시기관의 장이 정한다.
(2018.12.18 본조제목개정)
(2015.11.18 본조신설)

제32조【채용시험의 득점 계산 등】 ① 제23조·제23조의3·제23조의4·제25조 및 제30조에 따른 득점의 계산은 소수점 이하 둘째자리까지 한다.(2019.11.5 본항개정)
② 공개경쟁채용시험, 경력경쟁채용시험 및 외교관후보자 선발시험의 합격 결정에서 선발예정인원을 초과하여 동점자가 있을 때에는 그 동점자를 모두 합격자로 한다. 이 경우 동점자의 계산은 소수점 이하 둘째자리까지 한다. (2012.11.27 전단개정)
③ 제30조제2항 단서에 따른 면접시험의 합격 결정에서 선발예정인원을 초과하여 동순위자가 있을 경우에는 선

발예정인원에 달할 때까지 동순위자를 대상으로 다시 면접시험을 실시하여 합격자를 결정한다.
④~⑤ (2019.11.5 삭제)
(2009.2.6 본조개정)
제33조【전역예정자의 응시기간 계산방법】「제대군인지원에 관한 법률」 제16조제2항에 따른 전역예정일 전 6개월의 기간 계산은 응시하려는 채용시험의 최종시험예정일부터 기산한다.(2009.2.6 본조개정)
제34조【응시자의 제출서류】 ① 채용시험 및 외교관후보자 선발시험에 응시하려는 사람은 시험실시기관의 장이 정하는 응시원서 1통을 제출(정보통신망에 의한 제출을 포함한다)하여야 한다.(2012.11.27 본항개정)
② 시험실시기관의 장은 필요하다고 인정하는 경우에는 제2차시험에 합격한 사람에 대하여 「전자정부법」 제36조제1항에 따른 행정정보의 공동이용(이하 "행정정보의 공동이용"이라 한다)을 통하여 다음 각 호의 서류를 확인하여야 한다. 다만, 제2차시험에 합격한 사람이 확인에 동의하지 아니하거나 행정정보의 공동이용을 통하여 서류를 확인할 수 없는 경우에는 시험실시기관의 장이 정하는 기간 내에 이를 제출하도록 하여야 한다.(2015.5.6 본문개정)
1. 「공무원 채용신체검사 규정」에 따른 신체검사서(경력경쟁채용시험등 중 시험실시기관의 장이 필요하다고 인정하는 경우만 해당된다)(2011.11.1 본호개정)
2. 병역사항이 포함된 주민등록표 초본(시험실시기관의 장이 필요하다고 인정하는 경우만 해당된다)
3. 학교생활기록 관계 서류(시험실시기관의 장이 필요하다고 인정하는 경우만 해당된다)
4. 자격증 사본(제18조에 따른 응시의 요건이 되는 자격증만 해당된다)
5. 「국민기초생활 보장법」에 따른 수급자 증명서
6. 「장애인복지법」에 따른 장애인 증명서
7. 「한부모가족지원법」에 따른 한부모가족증명서
(2017.1.31 5호~7호신설)
③ 시험실시기관의 장은 응시자가 시험성적의 가산특전을 신청한 경우에는 행정정보의 공동이용을 통하여 다음 각 호의 서류를 확인하여야 한다. 다만, 시험성적의 가산특전을 신청한 응시자가 확인에 동의하지 아니하거나 행정정보의 공동이용을 통하여 서류를 확인할 수 없는 경우에는 시험실시기관의 장이 정하는 기간 내에 이를 제출하도록 하여야 한다.(2015.5.6 본문개정)
1. 국가보훈부장관이 발급하는 취업지원 대상자 증명서(2023.4.11 본호개정)
2. 「국가기술자격법」에 따른 기술자격증 사본(필기시험 시행 전에 취득한 것만 해당된다)
3. 「의사상자 등 예우 및 지원에 관한 법률」에 따른 의사상자 증명서(2017.1.31 본호신설)
④ 제7조제1항에 따라 시험과목을 대체하려는 응시자는 대체하려는 시험의 종류 및 시험의 점수(등급) 등을 시험실시기관의 장이 정하는 방법에 따라 제출(정보통신망에 의한 제출을 포함한다)하여야 한다.(2015.5.6 본항개정)
⑤ 시험실시기관의 장은 이 영에 따른 시험 및 채용 사무의 수행을 위하여 불가피한 경우 「개인정보 보호법」 제23조에 따른 건강에 관한 정보나 같은 법 시행령 제19조제1호 또는 제4호에 따른 주민등록번호 또는 외국인등록번호가 포함된 자료를 처리할 수 있다.(2015.5.6 본항신설)
⑥ 시험실시기관의 장은 제4항에 따라 제출받은 시험의 종류 및 시험의 점수(등급) 등을 해당 응시자의 요청에 따라 다음 각 호의 어느 하나에 해당하는 기관에 제공할 수 있다.(2023.8.1 본문개정)
1. 공무원 시험을 실시하는 다른 기관
2. 「공공기관의 운영에 관한 법률」에 따른 공공기관
3. 「지방공기업법」에 따른 지방공사 및 지방공단
4. 그 밖에 인사혁신처장이 필요하다고 인정하는 기관
(2023.8.1 1호~4호신설)
(2009.2.6 본조개정)
제35조【응시수수료】 ① 공무원채용시험 및 외교관후보자 선발시험의 응시자는 다음 각 호의 구분에 따른 응시수수료를 수입인지로 내야 한다. 다만, 인터넷으로 응시원서를 제출하는 경우에는 정보통신망을 이용한 전자화폐·전자결제 등의 방법으로 내야 한다.(2012.11.27 본문개정)
1. 5급 이상 공무원채용시험 : 1만원
1의2. 외교관후보자 선발시험 : 1만원(2012.11.27 본호신설)
2. 6·7급 공무원채용시험 : 7천원
3. 8·9급 공무원채용시험 : 5천원(2013.12.4 본호개정)
② 제1항에 따른 응시수수료는 다음 각 호의 어느 하나에 해당하는 경우에는 해당 금액을 반환하여야 한다.
1. 응시수수료를 과오납한 경우에는 과오납한 금액
2. 시험실시기관의 귀책사유로 시험에 응시하지 못한 경우에는 납부한 응시수수료의 전액
3. 응시원서 접수기간 중에 또는 마감일 다음 날부터 3일 이내에 응시의사를 철회한 경우에는 납부한 응시수수료의 전액(2014.10.8 본호개정)
4. 시험기일 전에 응시의사를 철회한 경우(제3호에 해당하는 경우는 제외한다)로서 시험실시기관의 장이 필요하다고 인정하는 경우에는 시험실시기관의 장이 정하는 금액. 이 경우 시험실시기관의 장은 그 금액을 제47조에 따라 해당 시험을 공고할 때 함께 공고해야 한다.(2022.11.15 본호신설)
(2012.6.29 본항개정)
③ 시험실시기관의 장은 제1항에도 불구하고 응시원서 접수 당시 다음 각 호의 어느 하나에 해당하는 사람에 대해서는 인사혁신처장이 정하는 바에 따라 응시수수료를 면제할 수 있다.(2023.8.1 본문개정)
1. 「국민기초생활 보장법」에 따른 수급자 또는 차상위계층
2. 「한부모가족지원법」에 따른 지원대상자
3. 「장애인연금법」에 따른 수급자
(2023.8.1 1호~3호신설)
4. 2명 이상의 미성년 자녀가 있는 사람(2023.12.5 본호신설)
④ 시험실시기관의 장은 제3항에 따라 응시수수료를 면제하려는 경우에는 행정정보의 공동이용을 통하여 면제 대상인지를 확인하여야 한다. 다만, 응시자가 확인에 동의하지 아니하거나 행정정보의 공동이용을 통하여 서류를 확인할 수 없는 경우에는 시험실시기관의 장이 정하는 기간 내에 이를 제출하도록 하여야 한다.(2017.1.31 본항신설)
(2009.2.6 본조개정)
제36조【국회 등 소속 공무원의 전입】 국회, 법원, 헌법재판소 또는 선거관리위원회 소속 공무원을 전입시키려는 경우에는 법 제28조제2항제3호의 경력경쟁채용시험 등의 방법에 따른다. 다만, 해당 직급에 대한 임용 자격요건, 승진소요최저연수 및 공개경쟁채용 시험과목이 같은 경우에는 그 과목에 대한 필기시험을 면제한다.(2011.11.1 본문개정)

제4장 전직시험 및 승진시험
(2009.2.6 본장개정)

제37조【전직시험의 방법】 ① 5급 이상 공무원 및 5등급 이상 외무공무원의 전직시험은 제1차시험과 제2차시험을 구분하여 선택형(기입형을 포함할 수 있다)으로 실시하되, 시험실시기관의 장이 필요하다고 인정하면 면접시험이나 실기시험을 실시할 수 있다. 이 경우 시험실시기관의 장이 필요하다고 인정하면 제1차시험을 면제할 수 있다.
② 6급 이하 공무원 및 6등급 이하 외무공무원의 전직시험은 제1차시험과 제2차시험을 병합하여 선택형으로 실시하되, 시험실시기관의 장이 필요하다고 인정하면 실기시험을 실시할 수 있다.
③ 제1항에도 불구하고 별표1 및 별표2 중 교정·보호·검찰·마약수사·출입국관리·철도경찰·행정·세무·관세·사회복지·통계·감사·사서 직렬의 5급 이상 공무원과 외교통상 및 외무영사 직렬의 5등급 이상 외무공무원의 제2차시험은 논문형으로 실시하되, 주관식 단답형을 포함할 수 있다.(2013.12.16 본항개정)
④ (2013.12.4 삭제)
⑤ 사법시험에 합격한 사람이 행정직군 공무원으로 임용되는 경우의 전직시험은 면접시험과 서류전형의 방법으로 실시한다.
⑥ 일반직공무원 상호간 및 외무공무원 상호간의 전직시험에서 제7조제1항 및 제2항에 따른 시험과목 중 서로 중복되는 시험과목은 그 시험을 면제한다. 다만, 시험방법이 다르거나 선택을 하여야 하는 과목 간에는 그러하지 아니하다.(2013.12.4 본문개정)
제38조【전직시험의 합격 결정】 ① 전직시험의 제1차시험 및 제2차시험은 각각 각 과목 만점의 40퍼센트 이상, 전 과목 총점의 60퍼센트 이상 득점한 사람을 합격자로 한다. 다만, 제37조제2항에 따라 제1차시험과 제2차시험을 병합하여 실시하는 경우에는 각 과목 만점의 40퍼센트 이상, 전 과목 총점의 60퍼센트 이상 득점한 사람을 합격자로 한다.
② 제37조제1항 및 제5항에 따라 면접시험을 실시하는 경우에 관하여는 제30조제2항 본문 또는 같은 조 제3항을 준용한다. 이 경우 "경력경쟁채용시험등"은 "전직시험"으로 본다.(2013.4.22 본항개정)
제39조【5급 공개경쟁승진시험의 방법】 ① 5급 공개경쟁승진시험은 제1차·제2차 및 제3차시험으로 구분하여 실시한다.
② 제1항에 따른 시험에 관하여는 제22조제2항부터 제5항까지의 규정을 준용한다.
③ 5급 공개경쟁승진시험의 제1차시험에 합격한 사람은 다음 회의 시험에서만 제1차시험을 면제한다. 다만, 제1차시험을 면제받으려는 해당 시험의 응시자격을 갖춘 경우로 한정한다.
제40조【5급 공개경쟁승진시험의 합격 결정】 ① 5급 공개경쟁승진시험의 제1차시험에서는 각 과목 만점의 40퍼센트 이상, 전 과목 총점 60퍼센트 이상 득점한 사람 중에서 선발예정인원의 5배수의 범위에서 시험성적을 고려하여 점수가 높은 사람부터 차례로 합격자를 결정하며, 제2차시험에서는 각 과목 만점의 40퍼센트 이상 득점한 사람 중에서 전 과목 총득점이 높은 사람부터 차례로 선발예정인원, 시험성적, 충원 사정 등을 고려하여 합격자를 결정한다.
② 5급 공개경쟁승진시험의 제3차시험 및 최종합격자 결정에 관하여는 제30조제2항 본문 또는 같은 조 제3항을 준용한다. 이 경우 "경력경쟁채용시험등"은 "5급 공개경쟁승진시험"으로 본다.(2013.4.22 본항개정)
제41조【5급 공개경쟁승진시험의 대상】 5급 공개경쟁승진시험은 인사혁신처장이 기관 간 승진기회의 균형을 도모하거나 유능한 공무원을 발탁하기 위하여 필요하다고 인정하는 경우 「공무원임용령」 제31조에 따른 승진소요최저연수가 지난 사람으로서 승진임용이 제한되거나 응시자격이 정지 중에 있지 아니한 6급 공무원을 대상으로 하여 실시한다. 이 경우 응시대상 해당 여부는 최종시험예정일 현재를 기준으로 한다.(2014.11.19 전단개정)
제42조【5급 일반승진시험의 요구】 ① 임용제청권자가 5급 일반승진시험을 요구할 때에는 그 기관의 시험요구일 현재 5급으로의 승진후보자 명부에서 승진임용이 제한되거나 응시자격이 정지 중에 있는 사람을 제외한 순위가 높은 사람부터 차례로 결원과 예상결원을 합한 총결원의 2배수 이상 5배수 이하에 해당되는 인원에 대하여 인사혁신처장이 정한 기한 내에 시험의 실시를 요구하여야 한다.(2014.11.19 본항개정)
② 제1항에 따른 총결원은 「공무원임용령」 제8조에 따라 수립한 기관별 인력관리계획에 따라 소속 장관이 정하되, 해당 기관의 5급 이상 일반직공무원의 공개경쟁채용예정인원 및 경력경쟁채용등예정 인원 등과 적정한 균형을 유지하도록 하여야 한다.(2011.11.1 본항개정)
③ 법 제40조의4제1항 및 「공무원임용령」 제35조의2제1항제1호부터 제3호까지의 규정에 따른 5급 일반승진시험의 요구는 대상자별로 4회까지만 할 수 있다. 이 경우 제1항에 따른 2배수 이상 5배수 이하의 응시 배수에도 불구하고 시험을 요구할 수 있으며, 「공무원임용령」 제35조의2 제1항제1호 및 제2호의 사유로 일반승진시험을 요구할 때에는 해당자만을 대상으로 하여 시험의 실시를 요구할 수 있다.
④ 총결원에 대하여 일반승진시험을 실시하는 경우에는 기관별 또는 직렬별로 연 1회 실시한다. 다만, 합격자 수가 총결원에 미달되거나 그 밖에 특별한 사유가 인정되는 경우에는 추가시험을 실시할 수 있다.
제43조【5급 일반승진시험의 방법】 ① 5급 일반승진시험은 제1차시험과 제2차시험을 구분하여 실시하되, 선택형(기입형을 포함할 수 있다) 또는 논문형(주관식 단답형을 포함할 수 있다. 이하 제2항에서 같다)으로 실시할 수 있다. 다만, 인사혁신처장이 필요하다고 인정할 때에는 제1차시험과 제2차시험을 병합하여 실시할 수 있으며, 면접시험이나 실기시험을 실시할 수 있다.(2014.11.19 단서개정)
② 소속 장관은 인사혁신처장에게 5급 일반승진시험의 제2차시험을 논문형으로 실시하도록 요구할 수 있다. 이 경우 시험요구일 1년 전에 요구하여야 한다.
(2014.11.19 전단개정)
③ 제1차시험에 합격한 사람에 대해서는 본인이 응시요건을 갖추어 응시하는 다음 회 시험에서만 제1차시험을 면제한다.
④ 사법시험에 합격한 사람이 행정직군 공무원으로 임용되는 경우의 일반승진시험은 면접시험과 서류전형으로 실시한다.
⑤ 법 제28조제2항제2호 및 제10호와 이 영 제29조제1항에 따라 5급 공무원의 경력경쟁채용시험등 및 5등급 외무공무원의 경력경쟁채용시험등에서 필기시험이 면제되는 박사학위 및 자격증(또는 면허증) 소지자가 그 박사학위 및 자격증(또는 면허증)에 해당하는 직렬의 5급으로의 일반승진시험에 응시하는 경우에는 면접시험과 서류전형의 방법으로 시험을 실시할 수 있다.(2014.10.8 본항개정)
제44조【5급 일반승진시험의 합격 결정】 ① 5급 일반승진시험의 제1차시험에서는 각 과목 만점의 40퍼센트 이상, 전 과목 총점의 60퍼센트 이상 득점한 사람을 모두 합격자로 결정하고, 제2차시험(제43조제1항 단서에 따라 제1차시험과 제2차시험을 병합하여 실시하는 경우를 포함한다)에서는 각 과목 만점의 40퍼센트 이상 득점한 사람 중에서 시험성적 70퍼센트와 승진후보자 명부상의 평정점수의 30퍼센트의 비율로 합산한 성적이 높은 사람부터 차례로 합격요구인원에 달하기까지 합격자를 결정한다.(2012.6.29 본항개정)
② 제43조제1항·제4항 및 제5항에 따른 면접시험 및 최종합격자 결정에 관하여는 제30조제2항 본문 또는 같은 조 제3항을 준용한다. 이 경우 "경력경쟁채용시험등"은 "5급 일반승진시험"으로 본다.(2013.4.22 본항개정)
제45조【일반승진시험 응시자격의 정지】 5급 일반승진시험에서 다음 각 호의 어느 하나에 해당하는 사유가 있는 경우에는 해당 연도에 실시하는 추가시험에 응시할 수 있는 자격이 정지된다.
1. 제1차시험에서 1과목 이상의 점수가 만점의 40퍼센트 미만에 해당하여 불합격된 경우
2. 질병이나 그 밖에 법령에 따른 의무 수행 등 정당한 사유 없이 시험에 응시하지 아니한 경우
제46조【전직시험 및 승진시험의 득점 계산 등】 ① 제38조, 제40조 및 제44조에 따른 득점은 소수점 이하 둘째 자리까지 계산한다.
② 공개경쟁승진시험 및 일반승진시험의 합격 결정에서 선발예정인원을 초과하여 동점자가 있을 때에는 그 동점

자를 모두 합격자로 한다. 이 경우 동점자의 계산은 소수점 이하 둘째자리(일반승진시험의 경우에는 셋째자리)까지 한다.

제5장 보 칙

제47조【시험의 공고】 ① 시험실시기관의 장은 공개경쟁채용시험, 공개경쟁승진시험 또는 외교관후보자 선발시험을 실시하려면 다음 각 호의 사항을 모든 응시자가 알 수 있도록 시험기일 20일 전까지 일간신문, 방송 또는 인터넷, 그 밖의 효과적인 방법으로 공고하여야 한다. 다만, 공개경쟁채용시험 및 외교관후보자 선발시험의 시험일정 등 미리 공고할 필요가 있는 사항은 시험기일 90일 전까지 공고하여야 하며, 불가피한 사유로 공고 내용을 변경할 경우에는 시험기일 7일 전까지 그 변경내용을 공고하여야 한다.(2012.11.27 본문개정)

1. 법 제37조에 규정된 사항
2. 시험과목 및 배점비율
3. 합격자발표의 시기 및 방법
4. 응시원서의 교부 장소 및 접수 장소와 그 기한
5. 합격자에 대한 각종 특전 및 수혜에 관한 사항
6. 그 밖에 시험실시에 필요한 사항

② 시험실시기관의 장은 경력경쟁채용시험을 실시하려면 응시원서 접수 마감일 10일 전까지 제1항 각 호의 사항을 모든 응시자격자가 알 수 있도록 시험실시기관의 인터넷 홈페이지 등에 공고하여야 한다. 다만, 불가피한 사유로 공고 내용을 변경할 경우에는 시험기일 7일 전까지 그 변경내용을 공고하여야 한다.(2022.11.15 본문개정)

③ 시험실시기관의 장은 제2항에 따른 공고의 결과 응시인원이 선발예정인원과 같거나 선발예정인원보다 적은 경우(응시자가 없는 경우를 포함한다)에는 시험기일을 다시 정하여 제2항 본문에 따른 경력경쟁채용시험의 공고를 다시 할 수 있다.(2011.11.1 본항개정)

④ 시험실시기관의 장은 임기제공무원 선발 시 다음 각 호의 어느 하나에 해당하는 경우에는 제1항 및 제2항에도 불구하고 시험의 공고를 하지 아니할 수 있다.
(2014.10.8 본문개정)

1. 전문임기제공무원을 채용할 때 채용시험 비용이 지나치게 많이 들거나 그 밖에 이에 준하는 특별한 사유가 있는 경우
2. 외국인 및 「북한이탈주민의 보호 및 정착지원에 관한 법률」 제2조제1호에 따른 북한이탈주민을 임기제공무원으로 채용하는 경우로서 불가피한 사유가 있는 경우
3. 휴직자의 결원을 보충하거나 단기간 사업을 수행하여야 하는 등의 사유로 임기제공무원을 6개월의 범위에서 채용하는 경우
4. 한시임기제공무원을 채용하는 경우

(2013.12.4 본항신설)

⑤ 시험실시기관의 장은 제1항 및 제2항에도 불구하고 재난의 발생 등으로 긴급한 인력 충원이 필요한 경우에는 인사혁신처장이 정하는 바에 따라 공고일의 기한을 달리 정할 수 있다.(2022.11.15 본항개정)
(2009.2.6 본조개정)

제48조【시험의 연기·변경】 시험실시기관의 장은 천재지변이나 그 밖의 부득이한 사유로 공고된 기일에 시험을 실시하기 곤란하다고 판단하는 경우에는 인사혁신처장이 정하는 바에 따라 시험의 전부 또는 일부를 연기하거나 변경하여 실시할 수 있다.(2014.11.19 본조개정)

제49조【시험의 감사】 ① 인사혁신처장은 각 기관의 시험실시에 관하여 감사를 하고 시험실시사항이 법령에 위반되었거나 그 운용이 극히 부당하다고 인정되는 경우에는 그 소속 장관에게 시정조치를 요구할 수 있다.

② 제1항에 따라 시정조치를 요구받은 기관의 장은 상당한 이유가 없으면 지체 없이 이에 필요한 조치를 하고 그 결과를 인사혁신처장에게 통보하여야 한다.
(2014.11.19 본조개정)

제49조의2【경력경쟁채용시험등의 점검】 ① 소속 장관은 법 제28조제2항에 따른 경력경쟁채용시험등을 실시하는 경우 최종합격자 발표 전에 인사혁신처장이 정하는 바에 따라 채용과정이 적절하게 이루어졌는지 점검해야 한다.(2020.9.22 본항개정)

② (2020.9.22 삭제)

제50조【시험위원 등에 대한 수당 지급】 시험위원, 시험관리관 및 시험편집요원에게는 예산의 범위에서 수당을 지급한다.(2009.2.6 본조개정)

제51조【부정행위자 등에 대한 조치】 ① 임용시험에서 다음 각 호의 어느 하나에 해당하는 행위를 한 사람에 대해서는 그 시험을 정지 또는 무효로 하거나 합격을 취소하고, 그 처분이 있은 날부터 5년간 이 영에 따른 시험이나 그 밖에 국가공무원 임용을 위한 시험의 응시자격을 정지한다.

1. 다른 수험생의 답안지를 보거나 본인의 답안지를 보여주는 행위
2. 대리 시험을 의뢰하거나 대리로 시험에 응시하는 행위
3. 통신기기, 그 밖의 신호 등을 이용하여 해당 시험 내용에 관하여 다른 사람과 의사소통하는 행위
4. 부정한 자료를 가지고 있거나 이용하는 행위
5. 병역, 가점, 영어능력검정시험 및 한국사능력검정시험 성적에 관한 사항 등 시험에 관한 증명서류에 거짓 사실을 적거나 그 서류를 위조·변조하여 시험결과에 부당한 영향을 주는 행위(2010.2.12 본호개정)
6. 제5조제4항에 따른 체력을 실기의 방법으로 검정하는 실기시험에 영향을 미칠 목적으로 인사혁신처장이 정하여 고시하는 금지약물을 복용하거나 금지방법을 사용하는 행위(2014.11.19 본호개정)
7. 그 밖에 부정한 수단으로 본인 또는 다른 사람의 시험 결과에 영향을 미치는 행위

② 임용시험에서 다음 각 호의 어느 하나에 해당하는 행위를 한 사람에 대해서는 그 시험을 정지하거나 무효로 한다.

1. 시험 시작 전에 시험문제를 열람하는 행위
2. 시험 시작 전 또는 종료 후에 답안을 작성하는 행위
3. 허용되지 아니한 통신기기 또는 전자계산기기를 가지고 있는 행위
4. 그 밖에 시험의 공정한 관리에 영향을 미치는 행위로서 시험실시기관의 장이 시험의 정지 또는 무효 처리기준으로 정하여 공고한 행위

③ 국가공무원 또는 지방공무원의 임용시험에서 부정한 행위를 하여 응시자격이 정지된 사람은 그 정지기간에는 이 영에 따른 시험에 응시할 수 없다.

④ 시험실시기관의 장은 제1항에 따른 처분을 할 때에는 그 이유를 붙여 처분을 받는 사람에게 알리고, 그 명단을 관보에 게재하여야 한다. 이 경우 시험실시기관의 장은 처분 결과를 인사혁신처장에게 통보하여야 한다.
(2018.5.8 본항개정)

⑤ 부정행위를 한 사람이 공무원인 경우 시험실시기관의 장은 관할 징계위원회에 징계의결을 요구하거나 그 공무원의 소속기관의 장에게 징계를 요구하여야 한다.

⑥ 시험실시기관의 장은 인사혁신처장이 정하는 바에 따라 제1항제6호에 해당하는지 여부를 확인할 수 있다.
(2014.11.19 본항개정)
(2009.2.6 본조개정)

판례 경찰 조사를 받은 사실을 숨긴 채 대통령비서실 공무원 채용시험에 합격한 지원자에게 합격 취소와 함께 5년간 공무원 응시 자격 정지 처분을 내리는 것은 정당하다. A는 대통령비서실 전문임기제공무원 경력경쟁 채용시험을 보고 최종 합격 통지를 받았다. 그러나 당시 형사재판을 받고 있었는데도 불구하고 2차 면접시험 당시 임용대상자 사전 질문서를 작성할 때 "형사사건 또는 직무 관련 비위 등으로 경찰청, 검찰청 또는 감사원 등으로부터 수사나 조사를 받은 적이 있습니까?"라는 질문에 '아니오'로 표기해 제출하였다가 합격이 취소되었다. 임용대상자 사전 질문서는 응시자들이 2차 면접시험 과정에서 공통 질문내용에 대해 답변을 표기해 제출한 것으로, 공무원임용시험령 제51조제1항제5호의 '시험에 관한 증명서류'에는 해당하지 않지만, 응시자들에 대한 평가와 관련해 제출하도록 한 서류로서 모집공고에 따라 사실대로 기재해야 할 제출서류에 해당한다.
(대판 2022.6.30, 2020두55473)

제51조의2【채용 비위 관련자의 합격 등 취소】 ① 법 제45조의3제1항 전단에서 "대통령령등으로 정하는 비위"란 법령을 위반하여 채용시험에 개입하거나 채용시험에 부당한 영향을 주는 행위 등 채용시험의 공정성을 해치는 행위를 말한다.

② 시험실시기관의 장이나 임용권자가 법 제45조의3제1항 전단에 따라 합격 또는 임용을 취소하려는 경우에는 제51조의3제1항에 따른 채용비위심의위원회의 심의를 거쳐야 한다.

③ 시험실시기관의 장이나 임용권자는 법 제45조의3제1항 후단에 따라 제51조의3제1항에 따른 채용비위심의위원회의 회의를 개최하기 10일 전까지 다음 각 호의 사항을 당사자에게 통지해야 한다.

1. 합격 또는 임용 취소의 내용과 사유
2. 소명 기한
3. 소명 방법
4. 소명하지 않는 경우의 처리 방법
5. 그 밖에 소명에 필요한 사항

④ 시험실시기관의 장이나 임용권자는 제3항에 따른 통지를 받은 당사자가 같은 항 제2호의 기한까지 정당한 사유 없이 소명하지 않는 경우에는 추가로 소명기회를 주지 않을 수 있다.
(2021.11.30 본조신설)

제51조의3【채용비위심의위원회의 설치 등】 ① 법 제45조의3제1항 전단에 따른 합격 또는 임용 취소 여부를 심의하기 위하여 시험실시기관의 장이나 임용권자 소속으로 채용비위심의위원회(이하 이 조에서 "심의위원회"라 한다)를 둔다.

② 심의위원회는 위원장 1명을 포함하여 5명 이상 8명 이내의 위원으로 구성한다.

③ 심의위원회의 위원장은 시험실시기관의 장이나 임용권자로 하거나 시험실시기관의 장이나 임용권자가 지명하는 소속 공무원으로 한다.

④ 심의위원회의 위원은 다음 각 호의 사람으로 한다.

1. 합격 또는 임용 취소 당사자의 임용계급 또는 임용예정계급보다 상위계급의 공무원(고위공무원단에 속하는 공무원을 포함한다) 중에서 시험실시기관의 장이나 임용권자가 지명하는 사람
2. 인사·법률·노동 분야의 학식과 경험이 풍부한 사람 중에서 시험실시기관의 장이나 임용권자가 위촉하는 사람

⑤ 심의위원회의 회의는 재적위원 과반수의 찬성으로 의결한다.

⑥ 심의위원회는 심의를 위하여 필요한 경우에는 관계인의 출석, 의견의 제시 또는 증거물의 제출을 요구할 수 있다.

⑦ 제1항부터 제6항까지에서 규정한 사항 외에 심의위원회의 구성 및 운영 등에 필요한 사항은 인사혁신처장이 정한다.
(2021.11.30 본조신설)

제52조【합격증명서 등의 발급】 ① 시험실시기관의 장은 임용시험 합격자가 합격증명서 등의 발급을 신청하면 합격증명서 등을 발급한다.

② 합격증명서 등을 발급받으려는 사람은 1통에 200원의 수수료를 수입인지로 내야 한다. 다만, 인터넷으로 합격증명서 등의 발급을 신청하는 경우에는 정보통신망을 이용한 전자화폐·전자결제 등의 방법으로 내야 하며, 합격증명서 등을 전자문서로 발급받는 경우에는 무료로 한다.
(2011.4.4 단서개정)
(2009.2.6 본조개정)

제53조 (2018.12.18 삭제)

부 칙 (2006.12.29)

① **【시행일】** 이 영은 2007년 1월 1일부터 시행한다. 다만, 제23조제2항의 개정규정은 2008년 1월 1일부터 시행한다.

② **【직렬·직류 개편에 따른 제1차 시험 면제에 관한 적용례】** 2003년 12월 31일 이전에 실시된 기술고등고시 또는 2004년 12월 31일 이전에 실시된 행정고등고시의 제1차시험에 합격한 자중 종전의 규정(대통령령 제17496호 공무원임용시험령중개정령으로 개정되기 전의 것을 말한다) 제12조의2제5항 및 제6항의 규정에 따라 다음 회의 제1차시험을 면제함에 있어서 당초 1차 시험에 응시한 직렬 또는 직류가 이 영에 따라 변경된 경우에는 변경된 직렬 또는 직류의 제1차시험에 합격한 것으로 본다.

③ **【보호직렬의 시험과목에 관한 특례】** 2007년도에 시행하는 보호직렬 시험의 경우에는 종전 규정에 따른 소년보호직렬과 보호관찰직렬의 시험과목으로 실시할 수 있다.

부 칙 (2007.12.28)

제1조【시행일】 이 영은 공포한 날부터 시행한다. 다만, 제5조·제22조제4항 단서 및 제37조제2항의 개정규정은 2009년 1월 1일부터 시행한다.

제2조【적용례】 제4조제4항, 제5조제4항, 제20조의3, 제22조제4항 단서 및 제37조제2항의 개정규정은 각각 해당 조의 시행일 이후에 최초로 시험의 공고를 하는 시험부터 적용한다.

부 칙 (2008.2.22)

제1조【시행일】 이 영은 공포한 날부터 시행한다.

제2조【진행 중인 시험에 관한 적용례】 ① 이 영 시행 당시 진행 중인 시험에 대하여는 종전의 규정을 적용한다. 다만, 시험실시기관의 장은 시험의 진행단계, 채용인원, 시험응시자의 수, 그 밖의 사정을 감안하여 이 영 시행 당시 진행 중인 시험에 대하여도 별표4의 개정규정을 적용할 수 있다.

② 시험실시기관의 장은 제1항 단서에 따라 진행 중인 시험에 대하여 별표4의 개정규정을 적용하려는 때에는 제47조에 따라 시험의 공고를 다시 하여야 한다.

부 칙 (2009.2.6)

제1조【시행일】 이 영은 공포한 날부터 시행한다.

제2조【적용례】 ① 이 영 시행 당시 진행 중인 시험에 대해서는 종전의 규정을 적용한다.

② 제1항에도 불구하고 시험실시기관의 장은 시험의 진행 단계, 선발예정인원, 그 밖의 사정을 고려하여 이 영 시행 당시 진행 중인 시험에 대해서도 변경 공고를 거쳐 개정규정을 적용할 수 있다. 이 경우 시험실시기관의 장은 해당 시험 응시자의 신뢰이익이 부당하게 침해되지 아니하도록 하여야 한다.

부 칙 (2009.9.10)

제1조【시행일】 이 영은 공포한 날부터 시행한다. 다만, 별표1의 개정규정 중 시설 직렬의 디자인 직류 시험과목에 관한 부분과 통신 직렬의 직렬명에 관한 부분은 2010년 2월 17일부터 시행하고, 제31조제1항, 별표1의 개정규정 중 검찰사무 직렬 및 마약수사 직렬의 8급 및 9급 공채 제2차 시험과목에 관한 부분, 별표2 및 별표10의 개정규정은 2011년 1월 1일부터 시행한다.(2010.2.12 단서개정)

제2조【경과조치】 이 영 시행 당시 진행 중인 시험에 대해서는 종전의 규정에 따른다.

부 칙 (2010.2.12)

제1조【시행일】 이 영은 공포한 날부터 시행한다. 다만, 제7조제1항, 제23조제1항, 제51조제1항제5호, 별표1(5급

이상 공채 제1차 필수 시험과목에 관한 부분에 한정한다), 별표2 및 별표4의 개정규정은 2012년 1월 1일부터 시행한다.
제2조【경과조치】이 영 시행 당시 진행 중인 시험에 대해서는 종전의 규정에 따른다.

부 칙 (2011.11.1)

제1조【시행일】이 영은 2012년 1월 1일부터 시행한다. 다만, 제5조, 제34조제4항, 별표1의 개정규정 중 행정 직렬 회계 직류의 시험과목에 관한 부분, 별표7의 개정규정 중 대한민국명장에 관한 부분, 별표8 제2호가목의 개정규정 중 행정 직렬 회계 직류의 자격증에 관한 부분 및 별표12의 개정규정은 공포한 날부터 시행하고, 감사 직렬 감사 직류의 8급 및 9급 경채·전직·승진 제2차 시험과목에 관한 부분은 2013년 1월 1일부터 시행하며, 별표1의 개정규정 중 전산 직렬 전산개발 직류의 시험과목에 관한 부분은 2014년 1월 1일부터 시행한다.(2012.6.29 단서개정)
제2조【경과조치】이 영 시행 당시 진행 중인 시험에 대해서는 종전의 규정에 따른다.
제3조【다른 법령의 개정】①~⑫ ※(해당 법령에 가제정리 하였음)

부 칙 (2012.5.1)

제1조【시행일】이 영은 공포한 날부터 시행한다.(이하 생략)
제2조【시험의 공고에 관한 적용례】이 영 가운데 시험등의 공고기한을 개정하는 사항은 2013년 1월 1일 이후에 시행하는 시험부터 적용한다.

부 칙 (2012.6.29)

제1조【시행일】이 영은 2012년 7월 1일부터 시행한다. 다만, 제32조, 별표1(교정 직렬에 관한 부분 및 대통령령 제23277호 공무원임용시험령 일부개정령 중 별표1의 개정규정을 개정하는 부분은 제외한다) 및 별표13의 개정규정은 2013년 1월 1일부터 시행한다.
제2조【응시수수료 반환에 관한 적용례】제35조제2항의 개정규정은 이 영 시행 후 시행하는 공무원채용시험에 응시하기 위하여 납부한 응시수수료부터 적용한다.
제3조【교정 직렬 시험과목 조정에 따른 경과조치】별표1의 개정규정에도 불구하고 2012년 12월 31일까지 실시하는 교정 직렬 교정 직류 시험의 시험과목은 종전의 별표1에 따른 교정 직렬 교정 직류의 시험과목으로 한다.
제4조【진행 중인 시험에 대한 경과조치】이 영 시행 당시 진행 중인 시험에 대해서는 종전의 규정에 따른다.

부 칙 (2012.11.27)

제1조【시행일】이 영은 공포한 날부터 시행한다.
제2조【6급이하공개경쟁채용시험등의 제2차시험 합격결정에 관한 적용례】제25조제6항 및 제7항의 개정규정은 이 영 시행 후 시행하는 6급이하공개경쟁채용시험등부터 적용한다.

부 칙 (2013.4.22)

제1조【시행일】이 영은 2014년 1월 1일부터 시행한다. 다만, 제29조제1항제5호, 별표1, 별표8 및 별표12의 개정규정은 2013년 4월 23일부터 시행한다.
제2조【적용례】제5조제3항, 제23조제3항부터 제7항까지, 제23조의3제3항부터 제7항까지, 제25조제3항부터 제9항까지, 제30조제1항부터 제4항까지, 제38조제2항, 제40조제2항, 제44조제2항의 개정규정은 2014년 1월 1일 이후 시험의 공고를 하는 시험부터 적용한다.(2013.12.4 본조개정)

부 칙 (2013.12.4)

제1조【시행일】이 영은 2013년 12월 12일부터 시행한다.
제2조【특수경력직공무원이 되기 위하여 퇴직한 종전 기능직공무원에 관한 경과조치】이 영 시행 전에 기능직공무원으로 재직하던 중 특수경력직공무원이 되기 위하여 퇴직한 사람을 법 제28조제2항제1호에 따라 종전 기능직공무원의 직급에 상응하는 일반직공무원으로 채용하는 경우에는 제29조제1항의 개정규정에도 불구하고 시험을 면제한다.
제3조【진행 중인 시험의 방법 및 절차 등에 관한 경과조치】이 영 시행 당시 진행 중인 시험의 방법 및 절차 등 대해서는 종전의 규정에 따른다.

부 칙 (2014.10.8)

제1조【시행일】이 영은 공포한 날부터 시행한다. 다만, 제20조의2제1항(7급 공개경쟁채용시험에 관한 사항에 한정한다), 제20조의4제1항, 제22조제6항, 제23조제1항 후단, 제23조의2제2항부터 제5항까지 및 제23조의3제1항·제2항 단서의 개정규정은 2015년 1월 1일부터 시행하고, 별표1 및 별표3의2의 개정규정은 2016년 1월 1일부터 시행한다.
제2조【제1차시험 면제에 관한 적용례】① 제22조제6항 및 제23조제1항 후단의 개정규정은 이 영 시행 이후 공고된 5급 공개경쟁채용시험의 제3차시험에 불합격한 사람부터 적용한다.
② 제23조의2제2항·제3항 및 제23조의3제1항의 개정규정은 이 영 시행 이후 공고된 외교관후보자 선발시험의 제3차시험에 불합격한 사람 및 이 영 시행 이후 공고된 외교관후보자 선발시험을 통하여 선발된 사람으로서 「국립외교원법」 제6조제1항에 따른 정규과정을 마친 사람 중 미임용된 사람부터 적용한다.
제3조【진행 중인 시험에 관한 경과조치】이 영 시행 당시 진행 중인 시험에 대해서는 종전의 규정에 따른다.

부 칙 (2015.5.6)

제1조【시행일】이 영은 공포한 날부터 시행한다. 다만, 다음 각 호의 개정규정은 해당 각 호의 구분에 따른 날부터 시행한다.
1. 별표3 비고 제1호 전단, 별표3의2 비고 제1호 전단 및 별표4 비고의 개정규정 : 공포 후 6개월이 경과한 날
2. 별표1의 개정규정 중 검찰직 5급 이상의 경력경쟁채용시험등·전직 및 일반승진시험의 시험과목 변경에 관한 개정규정 : 2016년 1월 1일
3. 제7조제1항, 제23조제1항, 제23조의3제1항, 제25조제1항·제2항·제6항·제7항·제9항, 제31조제1항·제3항·제4항, 별표1(5급 공개경쟁채용시험 제1차시험의 헌법과목에 관한 사항에 한정한다), 별표2, 별표3(비고 부분은 제외한다), 별표5(전산 직렬 정보보호 직류에 관한 사항은 제외한다) 및 별표10의 개정규정 : 2017년 1월 1일

제2조【영어과목 및 외국어 선택과목을 대체하는 검정시험 인정기간 조정에 관한 적용례】별표3 비고 제1호 전단 및 별표3의2 비고 제1호 전단의 개정규정은 이 영 공포 후 1개월이 경과한 날 이후에 토익, 토플 등 영어 및 외국어능력검정시험의 해당 시행사에서 정한 시험 성적의 유효기간이 만료되는 시험으로서 별표3 비고 제1호 후단 및 별표3의2 비고 제1호 후단의 개정규정에 따라 시험실시기관의 장이 고시한 소명방법에 따라 시험 점수의 진위 여부를 확인받은 사람부터 적용한다.
제3조【시험과목 변경에 따른 5급 공개경쟁채용시험 및 외교관후보자 선발시험의 제1차시험 면제에 관한 특례】① 부칙 제1조제3호에 따른 시행일 전에 실시된 5급 공개경쟁채용시험의 제3차시험에 불합격한 사람 중 제22조제6항에 따라 다음 회의 제1차시험 면제요건에 해당하는 사람에 대해서는 제23조제1항 및 별표1(헌법과목 신설에 관한 사항에 한정한다)의 개정규정에도 불구하고 다음 회의 제1차시험을 면제한다.
② 부칙 제1조제3호에 따른 시행일 전에 실시된 외교관후보자 선발시험의 제3차시험에 불합격한 사람 중 제23조의2제2항에 따라 다음 회의 제1차시험 면제요건에 해당하는 사람에 대해서는 제23조의3제1항 및 별표2의 개정규정에도 불구하고 다음 회의 제1차시험을 면제한다.
③ 부칙 제1조제3호에 따른 시행일 전에 실시된 외교관후보자 선발시험을 통하여 선발된 사람으로서 「국립외교원법」 제6조제1항에 따른 정규과정을 마친 사람 중 미임용된 사람으로서 제23조의2제3항에 따라 다음 회의 제1차시험 면제요건에 해당하는 사람에 대해서는 제23조의3제1항 및 별표2의 개정규정에도 불구하고 다음 회의 제1차시험을 면제한다.
제4조【통신·정보처리 및 사무관리 분야 자격증 가산점 폐지에 관한 경과조치】제31조제5항의 개정규정 중 "제2항"은 2016년 12월 31일까지는 "제1항 및 제2항"으로 본다.
제5조【5급 일반승진시험 시험과목 변경에 따른 제1차시험 면제에 관한 경과조치】별표1(검찰직 5급 일반승진시험 시험과목 변경에 관한 사항에 한정한다)의 개정규정에도 불구하고 2015년도에 실시된 검찰직 5급 일반승진시험의 제1차시험에 합격한 사람 중 제43조제3항에 해당하는 사람에 대해서는 다음 회의 제1차시험을 면제한다.
제6조【진행 중인 시험에 관한 경과조치】이 영 시행 당시 진행 중인 시험에 대해서는 종전의 규정에 따른다.

부 칙 (2015.12.30)

제1조【시행일】이 영은 공포한 날부터 시행한다. 다만, 별표1의 개정규정(5급 이상 공채의 제1차시험의 헌법과목에 관한 부분에 한정한다)은 2017년 1월 1일부터 시행한다.
제2조【진행 중인 시험에 관한 경과조치】이 영 시행 당시 진행 중인 시험에 대해서는 종전의 규정에 따른다.

부 칙 (2017.1.31)

제1조【시행일】이 영은 공포한 날부터 시행한다.
제2조【추가합격자 결정기간에 관한 적용례】제23조제7항, 제23조의3제7항, 제25조제9항 및 제30조제4항의 개정규정은 이 영 시행 전에 공고된 시험으로서 이 영 시행 이후에 최종합격자를 결정하는 시험에 대해서도 적용한다.
제3조【의사상자 등에 대한 채용시험의 특전에 관한 적용례】제31조의2제1항의 개정규정은 이 영 시행 이후 공고하는 시험부터 적용한다.
제4조【진행 중인 시험에 관한 경과조치】이 영 시행 당시 최종합격자를 발표하지 아니한 진행 중인 시험에 대해서는 제34조제2항제5호부터 제7호까지, 같은 조 제3항 제3호 및 제35조제4항의 개정규정에도 불구하고, 종전의 규정에 따른다.

부 칙 (2018.5.8)

제1조【시행일】이 영은 공포한 날부터 시행한다.
제2조【진행 중인 시험에 관한 경과조치】이 영 시행 당시 진행 중인 시험에 대해서는 제29조 및 제51조제4항의 개정규정에도 불구하고 종전의 규정에 따른다.

부 칙 (2018.12.18)

제1조【시행일】이 영은 2019년 1월 1일부터 시행한다. 다만, 제7조제1항, 제24조, 제25조, 제31조제5항, 별표1, 별표2(제2호의 외무영사 직렬 외무영사 직류 및 외교정보기술 직렬 외교정보기술 직류의 4등급 이하의 공채의 제1차의 필수란의 개정부분으로 한정한다) 및 별표4의 개정규정은 2021년 1월 1일부터 시행한다.
제2조【유효기간】제23조의2제2항제2호 및 제23조의4의 개정규정은 2020년 12월 31일까지 효력을 가진다.
제3조【지역외교 분야 및 외교 전문 분야 외교관후보자 선발시험 제3차시험 불합격자에 관한 경과조치】이 영 시행 전에 실시된 지역외교 분야 및 외교 전문 분야 외교관후보자 선발시험의 제3차시험 불합격자에 대해서는 제23조의2제2항제2호의 개정규정에도 불구하고 그 다음 회의 시험에 한정하여 제1차시험을 면제한다. 다만, 제1차시험을 면제받으려면 해당 시험의 응시원서를 제출해야 한다.

부 칙 (2019.11.5)

제1조【시행일】이 영은 공포한 날부터 시행한다. 다만, 제32조제1항·제4항·제5항, 별표1 및 별표13의 개정규정은 2022년 1월 1일부터 시행한다.
제2조【진행 중인 시험에 관한 경과조치】부칙 제1조 단서에 따른 시행일 당시 진행 중인 시험에 대해서는 제32조제1항·제4항·제5항, 별표1 및 별표13의 개정규정에도 불구하고 종전의 규정에 따른다.

부 칙 (2020.9.22)

제1조【시행일】이 영은 공포한 날부터 시행한다. 다만, 대통령령 제29374호 공무원임용시험령 일부개정령 별표4의 개정규정은 2021년 1월 1일부터 시행한다.
제2조【과목 대체 검정시험의 인정기간에 관한 적용례】별표3, 별표3의2 및 별표4의 개정규정은 이 영 시행 전에 공고된 시험으로서 이 영 시행 이후에 최종합격자를 결정하는 시험에 대해서도 적용한다.
제3조【신설되는 직류의 6급 및 7급 공채 제1차 시험과목에 관한 특례】별표1의 해양수산 직렬 표지운영 직류 및 전산 직렬 데이터 직류의 6급 및 7급의 공채의 제1차 필수란의 개정규정 중 "언어논리영역, 자료해석영역, 상황판단영역"은 2020년 12월 31일까지는 각각 "국어(한문 포함)"로 본다.
제4조【추가합격자 결정에 관한 경과조치】이 영 시행 전에 최종합격자를 발표한 경우에는 제30조제4항의 개정규정에도 불구하고 종전의 규정에 따른다.
제5조【진행 중인 시험에 관한 경과조치】이 영 시행 당시 진행 중인 시험에 대해서는 제47조제5항, 제49조의2제1항·제2항, 별표1, 별표5, 별표8, 별표11 및 별표12의 개정규정에도 불구하고 종전의 규정에 따른다.

부 칙 (2021.1.5)

이 영은 공포한 날부터 시행한다.(이하 생략)

부 칙 (2021.4.6)

제1조【시행일】이 영은 2021년 4월 6일부터 시행한다.(이하 생략)

부 칙 (2021.11.30)

제1조【시행일】이 영은 공포한 날부터 시행한다. 다만, 제7조제1항제2호, 제25조제2항(7급 상당 외무영사 직렬 외무공무원 공개경쟁채용시험의 외국어 선택과목을 외국어능력검정시험으로 대체하는 부분만 해당한다), 별표1 및 별표3의2 비고 제1호의 개정규정은 2024년 1월 1일부터 시행하고, 제51조의2 및 제51조의3의 개정규정은 2021년 12월 9일부터 시행한다.

제2조【진행 중인 시험에 관한 경과조치】 이 영 시행 당시 진행 중인 시험에 대해서는 제35조제3항, 별표8 및 별표12의 개정규정에도 불구하고 종전의 규정에 따른다.

부　칙 (2022.11.15)

제1조【시행일】 이 영은 공포한 날부터 시행한다. 다만, 다음 각 호의 개정규정은 해당 각 호의 구분에 따른 날부터 시행한다.

1. 별표4 및 별표5(해양수산 직렬, 항공 직렬, 시설 직렬 및 조리 직렬에 관한 사항에 한정한다)의 개정규정 : 2023년 1월 1일
2. 제16조제1항, 별표5(전산 직렬에 관한 사항에 한정한다) 및 별표12의 개정규정 : 2024년 1월 1일
3. 제11조제2항, 별표1 및 별표2의 개정규정 : 2025년 1월 1일

제2조【진행 중인 시험에 관한 경과조치】 ① 이 영 시행 당시 진행 중인 시험에 대해서는 제35조제2항제4호 및 제47조제2항·제5항의 개정규정에도 불구하고 종전의 규정에 따른다.

② 부칙 제1조제1호에 따른 시행일 당시 진행 중인 시험에 대해서는 별표5(해양수산 직렬, 항공 직렬, 시설 직렬 및 조리 직렬에 관한 사항에 한정한다)의 개정규정에도 불구하고 종전의 규정에 따른다.

③ 부칙 제1조제2호에 따른 시행일 당시 진행 중인 시험에 대해서는 제16조제1항, 별표5(전산 직렬에 관한 사항에 한정한다) 및 별표12의 개정규정에도 불구하고 종전의 규정에 따른다.

부　칙 (2023.4.11)

제1조【시행일】 이 영은 2023년 6월 5일부터 시행한다. (이하 생략)

부　칙 (2023.8.1)

제1조【시행일】 이 영은 공포한 날부터 시행한다. 다만, 다음 각 호의 개정규정은 해당 호에서 정하는 날부터 시행한다.

1. 제5조제3항, 제23조제3항, 제23조의3제3항, 제23조의4제3항, 제25조제3항, 제30조제2항 및 제35조제3항의 개정규정 : 2024년 1월 1일
2. 별표12의 개정규정 : 2025년 1월 1일

제2조【진행 중인 시험에 관한 경과조치】 ① 이 영 시행 당시 진행 중인 시험에 대해서는 제4조제6항, 제27조제2항, 제34조제6항, 별표7 및 별표8의 개정규정에도 불구하고 종전의 규정에 따른다.

② 부칙 제1조제1호에 따른 시행일 당시 진행 중인 시험에 대해서는 제5조제3항 및 제35조제3항의 개정규정에도 불구하고 종전의 규정에 따른다.

③ 부칙 제1조제2호에 따른 시행일 당시 진행 중인 시험에 대해서는 별표12의 개정규정에도 불구하고 종전의 규정에 따른다.

부　칙 (2023.8.30)

제1조【시행일】 이 영은 공포한 날부터 시행한다.(이하 생략)

부　칙 (2023.12.5)

제1조【시행일】 이 영은 공포한 날부터 시행한다. 다만, 다음 각 호의 개정규정은 해당 호에서 정하는 날부터 시행한다.

1. 대통령령 제33657호 공무원임용시험령 일부개정령 제35조제3항의 개정규정 : 2024년 1월 1일
2. 제25조제9항 후단·제10항의 개정규정 및 대통령령 제32998호 공무원임용시험령 일부개정령 별표1 제2호의 개정규정 : 2025년 1월 1일

제2조【진행 중인 시험에 관한 경과조치】 ① 이 영 시행 당시 진행 중인 시험에 대해서는 제8조, 제14조제3항 및 제29조의 개정규정에도 불구하고 종전의 규정에 따른다.

② 부칙 제1조제2호에 따른 시행일 당시 진행 중인 시험에 대해서는 제25조제9항 후단 및 같은 조 제10항의 개정규정에도 불구하고 종전의 규정에 따른다.

제3조【다른 법령의 개정】 ※(해당 법령에 가제정리 하였음)

〔별표〕 ➡「www.hyeonamsa.com」 참조

〔별지서식〕 (2005.12.30 삭제)

별정직공무원 인사규정

(1963년 5월 29일
각　령 제1318호)

개정

1964. 3.11영 1712호	1970. 7.15영 5200호
1980. 7. 8영 9952호	1981. 6.24영10376호
1982.12.31영10991호	1989. 3.27영12661호
1991. 7. 1영13413호(서울특별시행정특례에관한법시)	
1997.12.31영15601호	1998.12.31영15956호
2003. 4. 7영17958호(정책보좌관의설치및운영에관한규정)	
2004. 6.11영18419호	2005. 2.25영18717호
2005. 5.26영18843호	2006. 6.12영19517호
2006.12.21영19775호	
2007. 2.12영19885호(공무원인사기록및인사사무처리규정)	
2007. 5.16영20062호	2008. 2.29영20712호
2008. 6.27영20888호(공무원임용)	
2009. 5.21영21497호	2011. 5.23영22929호
2011. 7. 4영23011호	
2011.11. 1영23277호(공무원임용시)	
2012. 1.26영23552호	
2012. 2.29영23644호(대학교원자격기준등에관한규정)	
2013. 3.23영24425호(직제)	
2013.12.11영24915호	
2013.12.16영25000호(공무원임용)	
2014.11.19영25751호(직제)	
2017. 7.26영28220호(정책보좌관의설치및운영에관한규정)	
2020. 6.23영30803호	2022.12.27영33153호
2023.12.26영34058호	

제1조【목적】 이 영은 「국가공무원법」 제2조제4항에 따라 행정부 소속 별정직공무원의 채용조건, 임용절차 및 근무상한연령 등에 관하여 필요한 사항을 규정함을 목적으로 한다.(2013.12.11 본조신설)

제1조의2【적용범위】 행정부 소속 별정직공무원의 임용, 복무 및 능률 등에 관하여는 다른 법령에 특별한 규정이 있는 경우를 제외하고는 이 영에서 정하는 바에 따른다.(2009.5.21 본조개정)

제2조【3급 이하에 상당하는 보수를 받는 별정직공무원의 임용권자】 일반직국가공무원(이하 "일반직"이라 한다) 3급, 4급 또는 5급 상당의 보수를 받는 별정직공무원은 「공무원임용령」 제2조제3호에 따른 소속 장관(이하 "소속 장관"이라 한다)이, 6급 이하에 상당하는 보수를 받는 별정직공무원은 각 기관의 장(해당 기관이 복수의 구성원으로 이루어진 합의제 기관인 경우로서 그 합의제 기관을 대표하는 사람이 공무원이 아닌 경우에는 그 기관의 사무에 대한 총괄·감독권한을 가진 공무원을 말한다. 이하 같다)이 임용한다.(2012.1.26 본조개정)

제3조【임용자격】 ① (2005.2.25 삭제)

② 임용권자 또는 임용제청권자는 고위공무원단에 속하는 별정직공무원 및 일반직 3급 이하에 상당하는 보수를 받은 별정직공무원을 임용할 때에는 해당 직위에 상응하는 자격이 있는 사람을 임용하거나 임용제청하여야 한다.(2013.12.11 본항개정)

③ 제2항의 임용자격기준에 관하여는 직무분야별, 상당 직위별 및 상당 계급별로 인사혁신처장이 정한다.(2014.11.19 본항개정)

제3조의2【외국인의 별정직공무원 임용】 임용권자나 임용제청권자는 「국가공무원법」 제26조의3에 따라 외국인을 별정직공무원으로 임용할 수 있다.(2011.5.23 본조개정)

제3조의3【3급 이하에 상당하는 보수를 받는 별정직공무원의 시험실시기관 등】 ① 일반직 3급, 4급 또는 5급 상당의 보수를 받는 별정직공무원의 채용시험은 소속 장관이 실시하고, 6급 이하에 상당하는 보수를 받는 별정직공무원의 채용시험은 각 기관의 장이 실시한다.

② 제1항에 따라 채용시험을 실시하는 소속 장관 또는 각 기관의 장은 필요하다고 인정하는 경우에는 채용시험의 일부 또는 전부를 다른 기관의 장 또는 민간기관과 공동으로 실시하거나 다른 기관의 장 또는 민간기관에 위탁하여 실시할 수 있다. 이 경우 시험의 공동·위탁 실시에 필요한 사항은 관계 기관이 협의하여 정한다.(2011.5.23 본조신설)

제3조의4【채용 절차】 ① 채용시험을 실시하는 소속 장관 또는 각 기관의 장(제3조의3제2항에 따라 채용시험의 실시를 위탁받은 기관의 장 또는 민간기관을 포함하며, 이하 이 조 및 제3조의5에서 "시험실시기관의 장"이라 한다)은 일반직 3급 이하에 상당하는 보수를 받는 별정직공무원을 채용하려는 경우에는 일간신문·관보 또는 정보통신망, 그 밖의 효과적인 방법으로 공고해야 한다. 다만, 다음 각 호의 어느 하나에 해당하는 경우에는 공고하지 않을 수 있다.(2020.6.23 본문개정)

1. 비서관, 비서, 「정책보좌관의 설치 및 운영에 관한 규정」에 따른 정책보좌관(이하 "정책보좌관"이라 한다) 및 그 밖에 이에 준하는 직위에 채용하는 경우(2020.6.23 본호개정)
2. 기구의 개편, 직제 또는 정원의 변경 등으로 별정직공무원의 정원이 다른 기관 등으로 이체(移替)되어 해당 별정직공무원을 상당 계급 및 직무분야의 변경 없이 계속 임용하는 경우(2012.1.26 본호개정)
3. 소속 장관 또는 각 기관의 장이 그 기관 내에서 별정직공무원을 직무분야가 같거나 유사한 다른 별정직공무원의 직위에 계속 임용하는 경우(2022.12.27 본호개정)
4. 채용시험에 따른 비용이 지나치게 많이 드는 경우
5. 외국인이나 「북한이탈주민의 보호 및 정착지원에 관한 법률」 제2조제1호에 따른 북한이탈주민을 채용하는 경우로서 불가피한 사유가 있는 경우(2013.12.11 본호개정)

② 시험실시기관의 장은 일반직 3급 이하에 상당하는 보수를 받는 별정직공무원을 채용할 때에는 자격을 서면으로 심사하고, 해당 직무수행에 필요한 지식·능력 및 적격성 등을 필기시험, 실기시험 또는 면접시험(필기시험 또는 실기시험은 시험실시기관의 장이 필요하다고 인정하는 경우에만 실시한다)을 통하여 검정(檢定)하여야 한다.(2012.1.26 후단삭제)

③ 제1항제1호부터 제3호까지의 규정에 해당하는 경우에는 제2항의 채용 절차를 생략할 수 있다.(2020.6.23 본항개정)

④ 제1항제3호의 직무분야가 같거나 유사한 직위의 판단기준 및 방법은 인사혁신처장이 정한다.(2022.12.27 본항신설)

⑤ 별정직공무원의 채용시험에 관하여는 「공무원임용시험령」 제4조부터 제6조까지, 제13조부터 제15조까지, 제27조제4항, 제29조제6항, 제30조제2항부터 제4항까지, 제32조부터 제35조까지, 제47조부터 제49조까지 및 제50조부터 제52조까지의 규정을 준용한다.(2022.12.27 본항개정)

(2011.5.23 본조신설)

제3조의5【채용시험의 사전 협의 및 관리 등】 ① 제3조의3제1항에 따른 소속 장관 또는 각 기관의 장은 별정직공무원의 채용시험(제3조의4제3항에 따라 채용 절차를 생략하는 경우는 제외한다)을 실시하려는 경우 그 필요성, 시험 방법 등에 관하여 사전에 인사혁신처장과 협의하여야 한다.

② 시험실시기관의 장은 별정직공무원의 채용시험을 실시하는 경우에는 최종합격자 발표 전에 자체 위원회를 구성하여 채용과정이 적절하였는지 점검하여야 하며, 최종합격자 발표 후 지체 없이 시험 결과 및 자체점검 결과를 소속 장관에게 통보하여야 한다. 이 경우 소속 장관은 통보받은 시험 결과 및 자체점검 결과를 인사혁신처장에게 통보하여야 한다.

③ 제1항에 따른 사전 협의 및 제2항에 따른 위원회의 구성·운영, 채용과정의 점검 및 시험 결과의 통보 등에 관한 구체적인 사항은 인사혁신처장이 정한다.

(2014.11.19 본조개정)

제3조의6 (2013.12.11 삭제)

제4조【임용 절차】 별정직공무원을 임용하는 경우 임용제청서와 임면장의 서식, 그 밖의 임용 절차는 일반직의 임용 절차에 따른다.(2011.5.23 본조개정)

제5조 (2013.12.11 삭제)

제6조【근무상한연령】 ① 별정직공무원의 근무상한연령은 60세로 한다. 다만, 「대통령 등의 경호에 관한 법률」 제6조에 따른 별정직공무원에 대해서는 임용권자나 임용제청권자가 근무상한연령을 따로 정할 수 있다.

(2013.12.11 단서개정)

② 제1항에도 불구하고 다음 각 호의 어느 하나에 해당하는 별정직공무원에 대해서는 근무상한연령을 두지 않는다.

1. 비서, 비서관(「전직대통령 예우에 관한 법률」 제6조제1항에 따른 비서관을 포함한다), 정책보좌관 및 그 밖에 이에 준하는 직위(2022.12.27 본호개정)
2. 근무기간이 정해져 있는 등의 사유로 임용권자나 임용제청권자가 근무상한연령을 두지 않는 것으로 정한 별정직공무원(2022.12.27 본호개정)

(2020.6.23 본항개정)

③ 별정직공무원은 그 근무상한연령에 이른 날이 1월에서 6월 사이에 있으면 6월 30일에, 7월에서 12월 사이에 있으면 12월 31일에 각각 당연히 퇴직한다.

(2011.5.23 본조개정)

제6조의2 (2006.12.21 삭제)

제7조 (2013.12.11 삭제)

제7조의2【근무성적의 평정】 ① 각 기관의 장은 정기적으로 또는 수시로 소속 별정직공무원의 근무성적을 객관적이고 엄정하게 평정하여야 하며, 그 결과를 보수·임용 등 각종 인사관리에 반영할 수 있다.

② 일반직 3급 및 4급 상당의 보수를 받는 별정직공무원의 근무성적 평정에 관하여는 「공무원 성과평가 등에 관한 규정」 제5조제1항 및 제2장제1절·제3절을 준용하고, 일반직 5급 이하에 상당하는 보수를 받는 별정직공무원의 근무성적 평정에 관하여는 「공무원 성과평가 등에 관한 규정」 제5조제2항·제3항 및 제2장제2절·제3절을 준용한다.

③ 각 기관의 장은 해당 기관의 직무 특성 등을 고려하여 제1항 및 제2항에서 규정한 사항 외에 별정직공무원의 근무성적 평정에 필요한 사항을 따로 정할 수 있다.

(2011.5.23 본조개정)

제7조의3【휴직에 따른 인사관리】 ① 별정직공무원이 「국가공무원법」 제73조의2제2항(「국가공무원법」 제71조제1항제4호에 따른 휴직에 관한 부분은 제외한다)에 따라 6개월 이상(출산휴가와 연계하여 「국가공무원법」 제71조제2항제4호에 따른 휴직을 한 경우에는 3개월 이상)

휴직한 경우에 같은 법 제43조제1항에 따라 해당 휴직자의 결원을 보충하기 위하여 임용하는 별정직공무원의 임용기간은 해당 휴직자의 휴직기간(출산휴가와 연계하여 육아휴직을 한 경우에는 휴가기간을 포함한다)으로 한다.
(2011.7.4 본항개정)
② 「국가공무원법」 제71조제2항제4호의 사유로 인한 휴직명령은 해당 별정직공무원이 원할 경우 분할하여 할 수 있다.
(2011.7.4 본조제목개정)
(2011.5.23 본조개정)
제7조의4【시간선택제 근무의 전환 등】 ① 임용권자나 임용제청권자는 별정직공무원이 원하는 경우에는 「국가공무원법」 제26조의2에 따라 통상적인 근무시간보다 짧게 근무하는 공무원(이하 "시간선택제전환공무원"이라 한다)으로 지정할 수 있다.
② 제1항에 따라 지정된 시간선택제전환공무원의 근무시간은 「국가공무원 복무규정」 제9조에도 불구하고 1주당 15시간 이상 35시간 이하의 범위에서 소속 장관이 정한다.
③ 임용권자나 임용제청권자는 제1항에 따라 시간선택제전환공무원을 지정한 경우에는 그 공무원의 남은 근무시간의 범위에서 「공무원임용령」에 따라 시간선택제임기제공무원을 임용할 수 있다.
④ 제1항부터 제3항까지에서 정한 사항 외에 시간선택제전환공무원의 지정에 필요한 사항은 인사혁신처장이 정한다.
(2020.6.23 본조개정)
제8조【일반직으로의 채용】 별정직공무원을 일반직으로 임용하는 경우에는 어떠한 우선권도 인정하지 아니한다.(2011.11.1 본조제목개정)
제9조【면직 절차】 ① 별정직공무원을 직권으로 면직하려는 경우에는 「공무원임용령」 제10조의4제1항에 따른 임용심사위원회(이하 "임용심사위원회"라 한다)의 의결을 거쳐야 한다.
② 제1항에 따라 임용심사위원회를 구성하는 경우에는 「공무원임용령」 제10조의4제3항에도 불구하고 임용권자 또는 임용제청권자가 위원장이 될 수 있다.
③ 제1항에 따라 임용심사위원회를 구성하는 경우에는 「공무원임용령」 제10조의4제4항에도 불구하고 외부전문가를 위원으로 위촉할 수 있다.
④ 임용심사위원회는 회의 개최 10일 전까지 면직 대상자에게 면직 사유 및 의견 진술에 관한 사항을 통지해야 하며, 면직 대상자는 임용심사위원회에 출석하거나 서면으로 의견을 진술할 수 있다.
⑤ 제1항부터 제4항까지에서 규정한 사항 외에 별정직공무원 면직 절차에 관하여 필요한 사항은 인사혁신처장이 정한다.
(2023.12.26 본조개정)
제9조의2【징계 등】 ① 별정직공무원에게 「국가공무원법」 제78조제1항 각 호 또는 제78조의2제1항에 따른 징계 또는 징계부가금 사유가 있으면 직권으로 면직하거나 징계처분 또는 징계부가금 부과처분(이하 "징계처분등"이라 한다)을 할 수 있다.
② 별정직공무원의 징계처분등과 퇴직 제한에 관하여는 「국가공무원법」 제78조, 제78조의2부터 제78조의4까지(제78조의4제3항은 제외한다), 제79조부터 제83조까지(제79조 중 강등에 관한 사항과 제80조제1항은 제외한다) 및 제83조의2를 준용한다. 이 경우 「국가공무원법」 제78조의3 및 제83조의2제3항의 "소청심사위원회"는 "행정심판위원회"로, "결정"은 "재결"로 본다.
③ 별정직공무원의 징계처분등과 퇴직 제한에 필요한 세부 사항은 「공무원 징계령」에서 정하는 바에 따른다.
(2020.6.23 본조신설)
제10조【처분사유 설명서의 교부】 임용권자 또는 임용제청권자는 다음 각 호의 어느 하나에 해당하는 처분을 하는 경우에는 그 처분사유를 적은 설명서를 해당 별정직공무원에게 교부해야 한다.(2020.6.23 본문개정)
1. 「국가공무원법」 제73조의2제2항 및 제4항에 따라 휴직을 명하는 경우(본인의 희망에 따른 휴직의 경우는 제외한다)
2. 별정직공무원을 직권으로 면직하려는 경우(2020.6.23 본호개정)
(2013.12.11 본조신설)

부 칙 (2009.5.21)

제1조【시행일】 이 영은 공포한 날부터 시행한다.
제2조【특례】 6급 이하 상당의 보수를 받는 별정직공무원의 근무상한연령은 제6조제1항의 개정규정에도 불구하고 2009년부터 2010년까지는 58세로, 2011년부터 2012년까지는 59세로, 2013년부터 60세로 한다.

부 칙 (2011.5.23)

제1조【시행일】 이 영은 공포한 날부터 시행한다.
제2조【경과조치】 이 영 시행 당시 진행 중인 채용시험에 대해서는 종전의 규정에 따른다.

부 칙 (2013.12.11)

제1조【시행일】 이 영은 2013년 12월 12일부터 시행한다.
제2조【공무원 구분 변경에 관한 경과조치】 법률 제11530호 국가공무원법 일부개정법률 부칙 제3조제3항에 따라 계약직공무원 중 별정직공무원으로 임용된 것으로 보는 공무원은 해당 계약직공무원의 정원을 감축하고 직제 개정으로 증원된 정원에 해당하는 별정직공무원으로 임용된 것으로 본다. 이 경우 별정직공무원으로서의 근무기간은 계약직공무원으로 채용될 당시에 계약한 기간의 잔여기간으로 한다.
제3조【근무상한연령에 관한 경과조치】 이 영 시행 당시 재직 중인 별정직공무원 중 「고등교육법」 제16조에 따른 자격으로 임용된 별정직공무원에 대한 근무상한연령에 관하여는 제6조제1항 단서의 개정규정에도 불구하고 종전의 규정에 따른다.
제4조【별정직공무원으로 겸임하고 있는 사람에 관한 경과조치】 이 영 시행 당시 종전의 제7조에 따라 별정직공무원으로 겸임하고 있는 사람에 대해서는 제7조의 개정규정에도 불구하고 겸임 기간이 끝날 때까지 종전의 규정에 따른다.

부 칙 (2020.6.23)

제1조【시행일】 이 영은 공포한 날부터 시행한다. 다만, 제9조, 제9조의2 및 제10조제2호의 개정규정은 2020년 7월 30일부터 시행한다.
제2조【다른 법령의 개정】 ①~② ※(해당 법령에 가제정리 하였음)

부 칙 (2022.12.27)

제1조【시행일】 이 영은 공포한 날부터 시행한다.
제2조【진행 중인 시험에 관한 경과조치】 이 영 시행 당시 진행 중인 채용시험에 대해서는 제3조의4제1항 · 제5항 및 제6조제2항의 개정규정에도 불구하고 종전의 규정에 따른다.
제3조【재직 중인 별정직공무원의 근무상한연령에 관한 경과조치】 이 영 시행 당시 재직 중인 별정직공무원의 근무상한연령은 제6조제2항의 개정규정에도 불구하고 종전의 규정에 따른다.

부 칙 (2023.12.26)

제1조【시행일】 이 영은 2024년 1월 1일부터 시행한다.
제2조【별정직공무원 면직 절차에 관한 경과조치】 ① 이 영 시행 전에 종전의 제9조에 따라 별정직공무원의 직권 면직에 관하여 면직심사위원회의 의견을 들은 경우에는 「공무원임용령」 제10조의4제5항 및 이 영 제9조의 개정규정에 따라 임용심사위원회의 의결을 거친 것으로 본다.
② 이 영 시행 당시 종전의 제9조에 따라 별정직공무원의 직권 면직에 관하여 면직심사위원회의 의견을 듣기 위한 절차가 진행 중인 경우에는 「공무원임용령」 제10조의4제5항 및 이 영 제9조의 개정규정에도 불구하고 종전의 규정에 따른다.

[별표] (2006.12.21 삭제)

공무원 재해보상법

(2018년 3월 20일)
(법 률 제15522호)

개정
2020.12.22법17753호 2021. 3.23법17977호
2022. 1.11법18755호(수산)
2022. 6.10법18963호 2022.11.15법19063호
2023. 3. 4법19228호(정부조직)
2024. 2. 6법20231호(화학물질관리법)→2025년 8월 7일 시행이므로 「法典 別冊」 보유편 수록

제1장 총 칙

제1조【목적】 이 법은 공무원의 공무로 인한 부상 · 질병 · 장해 · 사망에 대하여 적합한 보상을 하고, 공무상 재해를 입은 공무원의 재활 및 직무복귀를 지원하며, 재해예방을 위한 사업을 시행함으로써 공무원이 직무에 전념할 수 있는 여건을 조성하고, 공무원 및 그 유족의 복지 향상에 이바지함을 목적으로 한다.
제2조【주관】 이 법에 따른 공무원 재해보상제도의 운영에 관한 사항은 인사혁신처장이 주관한다.
제3조【정의】 ① 이 법에서 사용하는 용어의 뜻은 다음과 같다.
1. "공무원"이란 공무에 종사하는 다음 각 목의 어느 하나에 해당하는 사람을 말한다.
  가. 「국가공무원법」, 「지방공무원법」, 그 밖의 법률에 따른 공무원. 다만, 군인과 선거에 의하여 취임하는 공무원은 제외한다.
  나. 그 밖에 국가기관이나 지방자치단체에 근무하는 직원 중 대통령령으로 정하는 사람
2. "공무수행사망자"란 제1호 외의 사람으로서 사망 당시(부상 또는 질병으로 사망한 경우에는 그 부상 또는 질병 발생 당시를 말한다) 다음 각 목의 요건 모두에 해당하는 것으로 제6조에 따른 공무원재해보상심의회 심의를 거쳐 인사혁신처장이 인정하는 사람을 말한다. 다만, 군인과 선거에 의하여 취임하는 공무원은 제외한다.
  가. 국가 또는 지방자치단체의 사무를 수행할 것
  나. 국가 또는 지방자치단체가 업무상 관리 · 감독 권한을 직접 또는 간접적으로 가지고 있을 것
  다. 국가 또는 지방자치단체가 법령 또는 계약 등에 따라 보수 또는 수당 등을 직접 지급하거나 대통령령으로 정하는 바에 따라 간접적으로 지급하고 있을 것
  라. 「산업재해보상보험법」 또는 그 밖의 법령(이하 "「산업재해보상보험법」등"이라 한다)에 따른 재해보상 적용자일 것
3. "순직공무원"이란 다음 각 목의 어느 하나에 해당하는 공무원을 말한다.
  가. 재직 중 공무로 사망한 공무원
  나. 재직 중 공무상 부상 또는 질병으로 사망한 공무원
  다. 퇴직 후 나목에 따른 부상 또는 질병으로 사망한 공무원
4. "위험직무순직공무원"이란 생명과 신체에 대한 고도의 위험을 무릅쓰고 직무를 수행하다가 재해(災害)를 입고 그 재해가 직접적인 원인이 되어 사망한 공무원을 말한다.
5. "유족"이란 공무원이거나 공무원이었던 사람이 사망할 당시 그가 부양하고 있던 다음 각 목의 어느 하나에 해당하는 사람을 말한다.
  가. 배우자(재직 당시 혼인관계에 있던 사람으로 한정하며, 사실상 혼인관계에 있던 사람을 포함한다. 이하 같다)
  나. 자녀(퇴직일 이후에 출생하거나 입양한 자녀는 제외하되, 퇴직 당시의 태아는 재직 중 출생한 자녀로 본다. 이하 같다)
  다. 부모(퇴직일 이후에 입양된 경우의 부모는 제외한다. 이하 같다)
  라. 손자녀(孫子女, 퇴직일 이후에 출생하거나 입양한 손자녀는 제외하되, 퇴직 당시의 태아는 재직 중 출생한 손자녀로 본다. 이하 같다)
  마. 조부모(퇴직일 이후에 입양된 경우의 조부모는 제외한다. 이하 같다)
6. "치유"란 다음 각 목의 어느 하나에 해당하는 경우를 말한다.
  가. 부상 또는 질병이 완치된 상태에 이르게 된 경우
  나. 치료의 효과를 더 이상 기대할 수 없고 그 증상이 고정된 상태에 이르게 된 경우
7. "장해"란 부상 또는 질병이 치유되었으나 정신적 또는 신체적 장애로 인하여 근로능력이 상실되거나 감소된 상태를 말한다.
8. "퇴직"이란 면직(免職), 사직(辭職), 그 밖에 사망 외의 사유로 인한 모든 해직(解職)을 말한다. 다만, 공무원의 신분이 소멸된 날 또는 그 다음 날에 다시 공무원의 신분을 취득하고 「공무원연금법」에 따른 퇴직급여 및 퇴직수당을 받지 아니한 경우는 제외한다.
② 제1항제5호에 따른 자녀와 손자녀는 다음 각 호의 어느 하나에 해당하는 사람으로 한정한다. 이 경우 손자녀는 그의 아버지가 없거나 아버지가 대통령령으로 정하는 정도의 장해 상태에 있는 경우로 한정한다.
1. 19세 미만인 사람

2. 19세 이상인 사람으로서 대통령령으로 정하는 정도의 장해 상태에 있는 사람

③ 공무원이거나 공무원이었던 사람의 사망 당시의 태아는 이 법에 따른 급여를 지급할 때에는 이미 출생한 것으로 본다.

제4조【공무상 재해의 인정기준】 ① 공무원이 다음 각 호의 어느 하나에 해당하는 부상을 당하거나 질병에 걸리는 경우와 그 부상 또는 질병으로 장해를 입거나 사망한 경우에는 공무상 재해로 본다. 다만, 공무와 재해 사이에 상당한 인과관계가 없는 경우에는 공무상 재해로 보지 아니한다.

1. 공무상 부상 : 다음 각 목의 어느 하나에 해당하는 사고(이하 "공무상 사고"라 한다)로 인한 부상
  가. 공무수행 또는 그에 따르는 행위를 하던 중 발생한 사고
  나. 통상적인 경로와 방법으로 출퇴근하던 중 발생한 사고
  다. 그 밖에 공무수행과 관련하여 발생한 사고
2. 공무상 질병 : 다음 각 목의 어느 하나에 해당하는 질병
  가. 공무수행 과정에서 물리적·화학적·생물학적 요인에 의하여 발생한 질병
  나. 공무수행과정에서 신체적·정신적 부담을 주는 업무가 원인이 되어 발생한 질병
  다. 직장 내 괴롭힘(공무원이 직장에서의 지위나 관계 등의 우위를 이용하여 업무상 적정범위를 넘어 다른 공무원에게 신체적·정신적 고통을 주거나 근무환경을 악화시키는 행위를 말한다), 민원인 등의 폭언 등으로 인한 업무상 정신적 스트레스가 원인이 되어 발생한 질병(2022.11.15 본목신설)
  라. 공무상 부상이 원인이 되어 발생한 질병
  마. 그 밖에 공무수행과 관련하여 발생한 질병

② 공무원의 자해행위가 원인이 되어 부상·질병·장해를 입거나 사망한 경우 공무상 재해로 보지 아니한다. 다만, 그 자해행위가 공무와 관련한 사유로 정상적인 인식능력 등이 뚜렷하게 저하된 상태에서 한 행위로서 대통령령으로 정하는 사유가 있으면 공무상 재해로 본다.

③ 공무상 재해로 요양 중인 공무원에게 그 공무상 재해로 인한 부상이나 질병이 추가로 발견되어 요양이 필요한 경우 그 추가로 발견된 부상이나 질병은 공무상 재해로 본다.

④ 공무상 부상이나 질병의 치료과정에서 그 부상 또는 질병이 주된 원인이 되어 합병증이 유발된 경우 그 합병증은 공무상 질병으로 본다. 다만, 합병증이 기초 질환이나 체질적 원인에 의하여 자연적으로 유발되었거나 악화된 경우에는 공무상 질병으로 보지 아니한다.

⑤ 공무상 질병에 대한 결정을 하는 경우에는 공무원이거나 공무원이었던 사람의 업무 특성, 성별, 나이, 체질, 평소의 건강상태, 기존의 질병 유무, 병가, 휴직, 퇴직 등을 고려하여야 한다.

⑥ 공무상 재해의 구체적인 인정기준은 대통령령으로 정한다.

제4조의2【공무상 재해의 인정 특례】 유해하거나 위험한 환경에서 공무를 수행하는 공무원이 공무수행과정에서 상당기간 유해·위험요인에 노출되어 질병에 걸리는 경우와 그 질병으로 장해를 입거나 사망한 경우에는 공무상 재해로 추정한다. 이 경우 질병의 종류는 대통령령으로 정하고, 구체적인 질병명, 공무원의 직종, 유해하거나 위험한 환경에서 재직한 기간 및 그 밖에 필요한 사항은 인사혁신처장이 정한다.(2022.6.10 본조신설)

제5조【위험직무순직공무원의 요건에 해당하는 재해】 위험직무순직공무원의 요건에 해당하는 재해는 다음 각 호의 어느 하나에 해당하는 재해를 말한다.

1. 경찰공무원이 다음 각 목의 직무를 수행하다가 입은 재해
  가. 범인 또는 피의자의 체포
  나. 「경찰관 직무집행법」 제2조제3호에 따른 경비, 주요 인사(人士) 경호 및 대간첩·대테러 작전 수행
  다. 「경찰관 직무집행법」 제2조제5호에 따른 교통 단속과 교통 위해(危害)의 방지
  라. 긴급신고 처리를 위한 현장 출동, 범죄예방·인명구조·재산보호 등을 위한 순찰 활동, 해양오염 확산 방지
2. 소방공무원이 다음 각 목의 직무를 수행하다가 입은 재해
  가. 재난·재해 현장에서의 화재진압, 인명구조·구급작업 또는 이를 위한 지원활동(그 업무수행을 위한 긴급한 출동·복귀 및 부수활동을 포함한다)
  나. 위험 제거를 위한 생활안전활동
3. 대통령경호처 직원이 「대통령 등의 경호에 관한 법률」에 따른 경호 업무를 수행하다가 입은 재해
4. 국가정보원 직원이 다음 각 목의 직무를 수행하다가 입은 재해
  가. 「국가정보원법」 제3조제1항제3호·제4호에 따른 직무
  나. 간첩 체포 및 방첩 활동
  다. 분쟁지역 등에서 대테러 및 국제범죄조직 등 보안정보 수집
5. 교도관이 「형의 집행 및 수용자의 처우에 관한 법률」에 따른 계호(戒護) 업무를 수행하다가 입은 재해
6. 산림항공기 조종사 및 그와 동승(同乘)한 근무자가 현장에서 산불예방·진화작업, 산림병해충 예찰·방제작업, 인명구조, 재난·재해 현장에서의 구난행위(그 업무수행을 위한 긴급한 출동·복귀 및 부수활동을 포함한다)를 하다가 입은 재해
7. 「수산업법」 제69조에 따른 어업감독 공무원이 어업지도선 및 단속정에 승선하여 불법어업 지도·단속(그 업무수행을 위한 긴급한 출동·복귀 및 부수활동을 포함한다)을 하다가 입은 재해(2022.1.11 본호개정)
8. 「형사소송법」 제197조 및 제245조의9에 따른 사법경찰관리나 「사법경찰관리의 직무를 수행할 자와 그 직무범위에 관한 법률」 제3조부터 제5조까지의 규정에 따른 사법경찰관리가 범죄의 수사·단속 또는 범인이나 피의자를 체포하다가 입은 재해(2021.3.23 본호개정)
9. 공무원이 다음 각 목의 활동 중 입은 재해
  가. 「재난 및 안전관리 기본법」에 따라 재난·재해 현장에 투입되어 수행한 인명구조·진화·수해방지 또는 구난(그 업무 수행을 위한 긴급한 출동·복귀 및 부수활동을 포함한다)
  나. 「감염병의 예방 및 관리에 관한 법률」에 따른 감염병환자의 치료 또는 감염병의 확산 방지
  다. 「산림보호법」에 따른 산불 진화
  라. 국외에서 천재지변·전쟁·교전·폭동·납치·테러·감염병, 그 밖의 위난상황 발생 시 대한민국 국민의 보호 또는 사고 수습
  마. 「화학물질관리법」 제2조제6호에 따른 사고대비물질 또는 같은 조 제7호에 따른 유해화학물질의 취급
10. 공무원이 제1호부터 제9호까지의 공무수행과 관련하여 보복성 범죄·테러 등으로 입은 재해 또는 실기·실습 훈련 중 입은 재해
11. 그 밖에 제6조에 따른 공무원재해보상심의회가 제1호부터 제10호까지의 재해에 준한다고 인정하는 위험한 직무를 수행하다가 입은 재해

제6조【공무원재해보상심의회】 ① 다음 각 호의 사항을 심의하기 위하여 인사혁신처에 공무원재해보상심의회(이하 "심의회"라 한다)를 둔다.

1. 공무원 재해보상제도에 관한 사항
2. 공무수행사망자의 인정에 관한 사항
3. 다음 각 목의 급여 결정에 관한 사항
  가. 제22조에 따른 요양급여
  나. 제28조에 따른 장해연금 또는 장해일시금
  다. 제36조에 따른 순직유족연금 및 제37조에 따른 순직유족보상금
  라. 제38조에 따른 위험직무순직유족연금 및 제39조에 따른 위험직무순직유족보상금
4. 제21조제1항 단서에 따른 제3자에 대한 손해배상청구에 관한 사항
5. 제23조에 따른 재요양에 관한 사항
6. 다른 법령에서 심의회의 심의를 거치도록 한 사항
7. 그 밖에 공무원 재해보상제도의 운영과 관련하여 대통령령으로 정하는 사항

② 제1항에도 불구하고 제4조제1항제1호에 따른 공무상 부상이 공무상 사고로 인하여 발생한 것이 명백한 경우에는 심의회의 심의에서 제외한다.(2022.6.10 본항신설)

제7조【심의회의 구성 등】 ① 심의회는 위원장 1명을 포함한 100명 이내의 위원으로 구성한다.

② 심의회의 위원장은 위원 중에서 인사혁신처장이 임명 또는 위촉한다.

③ 심의회의 당연직 위원은 기획재정부, 행정안전부, 국가보훈부, 고용노동부 및 인사혁신처 소속 4급 이상 공무원 또는 이에 상당하는 공무원으로서 재해보상·연금·복지 또는 복무 관련 업무를 담당하는 공무원 중에서 해당 기관의 장이 지명하는 사람으로 하고, 당연직이 아닌 위원은 다음 각 호의 사람 중에서 인사혁신처장이 임명 또는 위촉한다.(2023.3.4 본문개정)

1. 「공무원연금법」에 따른 공무원연금공단(이하 "공단"이라 한다) 소속 임직원 중 해당 기관의 장이 추천하는 사람
2. 재해보상·연금·복지·복무 등 인사행정 또는 사회보장 관련 업무에 종사하고 있거나 종사하였던 사람 중에서 4급 이상 공무원 또는 이에 상당하는 공무원으로 재직하고 있거나 재직하였던 사람
3. 판사, 검사 또는 변호사로 재직하고 있거나 재직하였던 사람
4. 「의료법」 제2조에 따른 의료인
5. 그 밖에 재해보상·연금·복지·복무 등 인사행정 및 사회보장 분야에 관한 학식과 경험이 풍부한 사람

④ 위원의 임기는 3년으로 하며, 대통령령으로 정하는 바에 따라 연임할 수 있다. 다만, 당연직 위원 및 제3항제1호의 위원은 그 직(職)에 있는 동안 재임(在任)한다.

⑤ 심의회의 회의는 위원장과 위원장이 회의 시마다 지정하는 위원을 포함하여 11명 이상 15명 이하로 구성한다.

⑥ 심의회는 심의를 위하여 필요한 경우 다음 각 호의 조치를 할 수 있다.

1. 급여 청구인 또는 그 청구인이 지정하는 사람, 관계 공무원 및 그 밖의 이해관계인 등에 대한 출석 요구 및 의견 청취
2. 관계 공무원 또는 그 밖에 급여에 관련된 사람·기관 등에 대한 자료 제출 요구

⑦ 제1항부터 제6항까지에서 규정한 사항 외에 심의회의 구성 및 운영에 필요한 사항은 대통령령으로 정한다.

제2장 급 여

제1절 통 칙

제8조【급여】 이 법에 따른 급여는 다음 각 호와 같다.

1. 요양급여
2. 재활급여
  가. 재활운동비
  나. 심리상담비
3. 장해급여
  가. 장해연금
  나. 장해일시금
4. 간병급여
5. 재해유족급여
  가. 장해유족연금
  나. 순직유족급여
    1) 순직유족연금
    2) 순직유족보상금
  다. 위험직무순직유족급여
    1) 위험직무순직유족연금
    2) 위험직무순직유족보상금
6. 부조급여
  가. 재난부조금
  나. 사망조위금

제9조【급여의 청구 및 결정】 ① 제8조에 따른 급여를 받으려는 사람은 인사혁신처장에게 급여를 청구하여야 한다.

② 다음 각 호의 급여를 청구할 때(제1호의 요양급여는 동일한 부상 또는 질병에 대해서는 처음 급여를 청구하는 경우로 한정한다)에는 해당 공무원이 소속되어 있거나 소속되었던 기관장(「공무원연금법」 제3조제1항제6호에 따른 기관장을 말한다. 이하 같다)의 확인을 받아 청구하여야 한다. 다만, 대통령령으로 정하는 급여는 인사혁신처장이 급여를 받을 권리를 가진 사람의 청구를 받은 후에 그 청구인을 대신하여 직접 기관장의 확인을 받을 수 있다.

1. 제8조제1호에 따른 요양급여
2. 제8조제3호에 따른 장해급여
3. 제8조제5호나목에 따른 순직유족급여
4. 제8조제5호다목에 따른 위험직무순직유족급여

③ 인사혁신처장은 제1항에 따른 급여의 청구를 받으면 급여의 요건을 확인한 후 급여를 결정하고 지급한다. 이 경우 제2항 각 호의 급여를 결정할 때에는 제6조제2항에 해당하는 경우를 제외하고는 심의회의 심의를 거쳐야 한다.(2022.6.10 후단개정)

④ 제1항부터 제3항까지의 규정에도 불구하고 지방자치단체 공무원의 재난부조금 및 사망조위금은 해당 지방자치단체의 장에게 청구하고, 지방자치단체의 장의 결정으로 지방자치단체가 지급한다.

⑤ 제1항부터 제4항까지에서 규정한 사항 외에 급여의 청구, 결정 및 지급의 방법·절차, 그 밖에 필요한 사항은 대통령령으로 정한다.

제10조【급여액 산정의 기초】 ① 다음 각 호의 급여의 산정은 해당 공무원에 대한 급여의 사유가 발생한 날이 속하는 달의 「공무원연금법」 제3조제1항제4호에 따른 기준소득월액(이하 "기준소득월액"이라 한다)을 기초로 한다.

1. 제8조제3호에 따른 장해급여
2. 제8조제5호가목에 따른 장해유족연금
3. 제8조제5호나목1)에 따른 순직유족연금
4. 제8조제5호다목1)에 따른 위험직무순직유족연금
5. 제8조제6호나목 및 제43조제2항에 따른 사망조위금

② 제1항에도 불구하고 같은 항 제3호부터 제5호까지의 급여의 경우에는 해당 공무원의 기준소득월액이 급여의 사유가 발생한 날이 속하는 달의 「공무원연금법」 제30조제3항에 따른 공무원 전체의 기준소득월액 평균액(이하 "공무원 전체의 기준소득월액 평균액"이라 한다)의 160퍼센트(이하 "최고 보상기준 금액"이라 한다)를 초과하거나, 50퍼센트(이하 "최저 보상기준 금액"이라 한다) 미만이면 그 최고 보상기준 금액이나 최저 보상기준 금액을 각각 해당 공무원의 기준소득월액으로 한다.

③ 다음 각 호의 급여의 산정은 공무원 전체의 기준소득월액 평균액을 기초로 한다.

1. 제8조제5호나목2)에 따른 순직유족보상금
2. 제8조제5호다목2)에 따른 위험직무순직유족보상금
3. 제8조제6호가목에 따른 재난부조금
4. 제8조제6호나목 및 제43조제1항에 따른 사망조위금

제11조【유족의 우선순위 등】 ① 급여를 받을 유족의 순위는 「민법」에 따라 상속받는 순위에 따른다.

② 유족 중에 같은 순위자가 2명 이상 있을 때에는 급여를 똑같이 나누어 지급하되, 지급방법은 대통령령으로 정한다.

제12조【급여의 수급자에 대한 특례】 ① 공무원이거나 공무원이었던 사람이 사망한 경우에 급여를 받을 유족이 없을 때에는 대통령령으로 정하는 한도의 금액을 유족이 아닌 직계존비속에게 지급하고, 직계존비속도 없을 때에는 그 공무원이거나 공무원이었던 사람을 위하여 사용할 수 있다.

② 제1항에 따른 유족이 아닌 직계존비속이 2명 이상 있을 때에 그 급여의 지급에 관하여는 제11조를 준용한다.

제13조【연금의 지급기간 및 지급시기】 ① 연금인 급여는 그 급여의 사유(제30조에 따른 장해연금 등급의 개정 사유를 포함한다)가 발생한 날이 속하는 달의 다음 달부터 그 사유가 소멸된 날이 속하는 달까지의 급여분을 지급한다.

② 연금인 급여의 지급을 정지할 사유가 발생하였을 때에는 그 사유가 발생한 날이 속하는 달의 다음 달부터 그 사유가 소멸된 날이 속하는 달까지의 급여분 지급을 정지한다. 다만, 정지사유가 발생한 날과 그 사유가 소멸한 날이 같은 달에 속하는 경우에는 지급을 정지하지 아니한다.

③ 연금인 급여는 매월 대통령령으로 정하는 바에 따라 지급한다.

제14조【연금액의 조정】 ① 연금인 급여는 「통계법」 제3조에 따라 통계청장이 매년 고시하는 전전년도와 대비한 전년도 전국소비자물가변동률에 해당하는 금액을 매년 늘리거나 줄인다.

② 제1항에 따라 조정된 금액은 해당 연도 1월부터 12월까지 적용한다.

제15조【연금 지급의 특례】 ① 연금인 급여를 받을 권리가 있는 사람이 외국으로 이민을 갈 때에는 본인이 원하는 바에 따라 출국하는 달의 다음 달부터 지급하는 연금인 급여를 갈음하여 일시금을 받을 수 있다. 이 경우 일시금은 출국하는 달의 다음 달을 기준으로 한 4년분의 연금에 상당하는 금액으로 한다.

② 연금인 급여를 받을 권리가 있는 사람이 국적을 상실한 경우에는 본인이 원하는 바에 따라 국적을 상실한 달의 다음 달부터 지급하는 연금인 급여를 갈음하여 일시금을 받을 수 있다. 이 경우 일시금은 국적을 상실한 달의 다음 달을 기준으로 한 4년분의 연금에 상당하는 금액으로 한다.

제16조【급여의 환수 등】 ① 인사혁신처장 또는 지방자치단체의 장은 급여를 받은 사람이 다음 각 호의 어느 하나에 해당하는 경우에는 그 급여액(지급받은 급여액과 지급하여야 할 급여액과의 차액이 발생한 경우에는 그 차액을 말한다. 이하 이 조에서 같다)을 환수하여야 한다. 이 경우 제1호에 해당하면 급여액에 대통령령으로 정하는 이자 및 환수비용을 가산하여 징수하고, 제2호 또는 제3호의 경우로서 환수금을 내야 할 사람이 기한까지 내지 아니하면 대통령령으로 정하는 이자를 가산하여야 한다.

1. 거짓이나 그 밖의 부정한 방법으로 급여를 받은 경우
2. 급여를 받은 후 그 급여의 사유가 소급하여 소멸된 경우
3. 그 밖에 급여가 잘못 지급된 경우

② 인사혁신처장 또는 지방자치단체의 장은 제1항에 따라 급여를 환수할 때에 환수금을 내야 할 사람이 기한까지 내지 아니하면 「국세징수법」 또는 「지방세징수법」에 따른 체납처분의 예에 따라 징수할 수 있다.

③ 인사혁신처장 또는 지방자치단체의 장은 제1항에 따라 급여를 환수할 때에는 다음 각 호의 어느 하나에 해당하는 사유가 있으면 결손처분할 수 있다. 다만, 제1호와 제3호의 경우에 결손처분을 한 후 압류할 수 있는 재산을 발견한 경우에는 지체 없이 결손처분을 취소하고 체납처분의 예에 따라 징수하여야 한다.

1. 체납처분이 종결되고 체납액에 충당된 배분금액이 체납액보다 적은 경우
2. 해당 권리에 대한 소멸시효가 완성된 경우
3. 대통령령으로 정하는 바에 따라 징수할 가능성이 없다고 인정되는 경우

제17조【미납금의 공제지급】 ① 공무원이거나 공무원이었던 사람이 다음 각 호에 해당하는 채무가 있을 때에는 장해급여, 장해유족연금, 순직유족급여 및 위험직무순직유족급여에서 빼고 지급할 수 있다. 다만, 연금인 급여에 대해서는 매월 지급되는 연금액의 2분의 1을 초과하여 빼지 아니한다.

1. 제16조에 따른 환수금의 원리금
2. 제32조에 따른 장해연금의 지급정지금액의 정산과 관련된 차액

② 공무원이거나 공무원이었던 사람이 「공무원연금법」 제54조제1항에 따른 퇴직유족연금(이하 "퇴직유족연금"이라 한다), 같은 조 제4항에 따른 퇴직유족연금일시금(이하 "퇴직유족연금일시금"이라 한다), 같은 법 제58조에 따른 퇴직유족일시금(이하 "퇴직유족일시금"이라 한다)과 관련하여 다음 각 호에 해당하는 채무가 있을 때에는 순직유족급여 및 위험직무순직유족급여에서 빼고 지급할 수 있다. 다만, 연금인 급여에 대해서는 매월 지급되는 연금액의 2분의 1을 초과하여 빼지 아니한다.

1. 「공무원연금법」 제26조제2항 · 제3항에 따른 반납하여야 할 퇴직급여액과 이자의 원리금
2. 「공무원연금법」 제37조에 따른 환수금의 원리금
3. 「공무원연금법」 제50조제3항에 따른 지급정지금액의 정산과 관련된 차액
4. 「공무원연금법」 제67조제1항 · 제3항 및 법률 제3586호 공무원연금법개정법률 부칙 제7조제2항 · 제3항에 따른 기여금을 내지 아니한 경우의 미납기여금
5. 「공무원연금법」 제75조에 따른 대여학자금을 갚지 아니한 경우의 미상환(未償還) 원리금
6. 「공무원연금법」 제77조제2항제5호에 따른 대부금을 갚지 아니한 경우의 미상환 원리금

제18조【권리의 보호】 ① 급여를 받을 권리는 양도, 압류하거나 담보로 제공할 수 없다. 다만, 연금인 급여를 받을 권리는 대통령령으로 정하는 금융회사에 담보로 제공할 수 있고, 「국세징수법」, 「지방세징수법」, 그 밖의 법률에 따른 체납처분의 대상으로 할 수 있다.

② 수급권자에게 지급된 급여 중 「민사집행법」 제195조 제3호에서 정하는 금액 이하는 압류할 수 없다.

제19조【급여 상호 간의 조정】 ① 위험직무순직유족연금 지급 결정을 받은 사람에 대해서는 순직유족연금을 지급하지 아니하며, 위험직무순직유족보상금 지급 결정을 받은 사람에 대해서는 순직유족보상금을 지급하지 아니한다. 이 경우 이미 순직유족연금 또는 순직유족보상금을 지급하였을 때에는 위험직무순직유족연금 또는 위험직무순직유족보상금에서 그 지급액만큼을 빼고 지급한다.

② 장해유족연금 수급권자가 순직유족연금 수급권 또는 위험직무순직유족연금 수급권을 함께 갖게 된 경우에는 그 중 하나를 선택하여 받을 수 있다. 이 경우 순직유족연금 또는 위험직무순직유족연금을 선택한 사람에게 이미 장해유족연금을 지급하였을 때에는 순직유족급여 또는 위험직무순직유족급여에서 그 지급액만큼을 빼고 지급한다.

제20조【다른 법령에 따른 급여와의 조정】 ① 순직유족연금의 수급권자는 다음 각 호의 어느 하나에 해당하는 급여의 수급권을 갖게 된 경우 순직유족연금과 해당 급여 중 하나를 선택하여 받을 수 있다.

1. 퇴직유족연금
2. 퇴직유족연금일시금
3. 퇴직유족일시금

② 위험직무순직유족연금의 수급권자는 제1항 각 호의 어느 하나에 해당하는 수급권을 갖게 된 경우 위험직무순직유족연금과 해당 급여 중 하나를 선택하여 받을 수 있다.

③ 순직유족연금 수급권자에게 퇴직유족연금, 퇴직유족연금일시금 또는 퇴직유족일시금을 이미 지급하였을 때에는 순직유족급여에서 그 지급액만큼을 빼고 지급한다.

④ 위험직무순직유족연금 수급권자에게 퇴직유족연금, 퇴직유족연금일시금 또는 퇴직유족일시금을 이미 지급하였을 때에는 위험직무순직유족급여에서 그 지급액만큼을 빼고 지급한다.

⑤ 다른 법령에 따라 국가나 지방자치단체의 부담으로 이 법에 따른 급여와 같은 종류의 급여를 받는 사람에게는 그 급여에 해당하는 금액을 이 법에 따른 급여에서 빼고 지급한다. 다만, 순직유족급여 · 위험직무순직유족급여 수급자(장해유족연금, 퇴직유족연금, 퇴직유족연금일시금 또는 퇴직유족일시금을 선택한 사람을 포함한다)에게 「국가유공자 등 예우 및 지원에 관한 법률」 및 「보훈보상대상자 지원에 관한 법률」에 따른 보상금을 함께 지급하는 경우에는 이를 빼지 아니한다.

⑥ 「공무원연금법」, 「군인연금법」, 「사립학교교직원 연금법」 또는 「별정우체국법」에 따른 퇴직연금 · 조기퇴직연금 또는 퇴역연금의 수급자가 이 법에 따른 순직유족연금 또는 장해유족연금을 함께 받게 된 경우에는 해당 유족연금액의 2분의 1을 빼고 지급한다.

⑦ 제28조에 따른 장해급여 수급권과 「공무원연금법」 제59조에 따른 비공무상 장해급여 수급권이 함께 발생한 경우에는 그 중 하나를 선택하여 받을 수 있다.

제21조【제3자에 대한 손해배상청구권】 ① 이 법에 따른 급여의 사유가 제3자의 행위로 인하여 발생한 경우에는 인사혁신처장이나 지방자치단체의 장은 그 급여의 사유에 대하여 이미 지급한 급여액(장해연금을 받는 경우에는 장해일시금을 받는 것으로 보아 산정한 금액을 말한다)의 범위에서 수급권자가 제3자에 대하여 가지는 손해배상청구권을 취득한다. 다만, 제3자가 다음 각 호의 어느 하나에 해당하는 경우에는 심의회의 심의를 거쳐 손해배상청구권의 전부 또는 일부를 행사하지 아니할 수 있다.

1. 해당 공무원 또는 공무원이었던 사람의 배우자
2. 해당 공무원 또는 공무원이었던 사람의 직계존비속
3. 공무수행 중인 공무원

② 제1항의 경우에 수급권자가 그 제3자로부터 같은 사유로 이미 손해배상을 받았을 때에는 그 배상액의 범위에서 급여를 지급하지 아니한다.

제2절 요양급여

제22조【요양급여】 ① 공무원이 공무상 부상 또는 질병으로 인하여 다음 각 호의 요양을 하는 경우(제23조제2항에 따라 재요양의 청구로 인하여 요양을 하는 경우를 포함한다)에는 심의회의 심의를 거쳐 요양급여를 지급한다.

1. 진단
2. 약제(藥劑), 치료재(治療材) 및 보철구(補綴具) 지급
3. 처치 · 수술이나 그 밖의 치료
4. 병원이나 요양소에 수용되어 하는 요양
5. 간호
6. 이송
7. 재활치료

② 제1항의 요양급여는 동일한 부상 또는 질병에 대하여 실제요양기간이 3년을 넘지 아니하는 범위에서 그 요양에 필요한 금액으로 한다. 다만, 실제요양기간이 3년을 넘은 후에도 계속 치료가 필요하다는 의학적 소견이 있는 경우에는 대통령령으로 정하는 바에 따라 1년 이하의 기간 단위로 요양기간을 연장할 수 있다.

제23조【재요양】 ① 요양급여를 받은 사람이 치유된 후 요양의 대상이 되었던 부상 또는 질병이 재발하거나 치유 당시보다 상태가 악화되어 이를 치유하기 위한 적극적인 치료가 필요하다는 의학적 소견이 있는 경우에는 재요양을 청구할 수 있다.

② 제1항에 따라 재요양을 청구한 사람은 심의회의 심의를 거쳐 다시 제22조제1항 각 호에 따른 요양을 할 수 있다.

③ 제1항 및 제2항에서 규정한 사항 외에 재요양의 요건과 절차 등 필요한 사항은 대통령령으로 정한다.

제24조【요양기관】 제22조에 따른 요양은 「국민건강보험법」 제42조제1항에 따른 요양기관(이하 "요양기관"이라 한다)에서 받아야 한다.

제25조【요양급여의 산정】 요양급여는 다음 각 호에 따라 산정하는 금액으로 한다.

1. 「국민건강보험법」 제45조에 따라 산정하는 요양급여비용
2. 「국민건강보험법」 제45조에 따라 산정한 요양급여비용을 초과하거나 같은 조에 따른 요양 외의 요양에 드는 비용으로서 「산업재해보상보험법」 제40조에 따라 산정하는 요양급여의 비용
3. 제1호와 제2호에 따라 산정한 요양급여비용을 초과하거나 그 범위 외의 요양에 드는 비용으로서 대통령령으로 정하는 요양급여비용

제3절 재활급여

제26조【재활운동비】 ① 재활운동비는 다음 각 호의 어느 하나에 해당하는 사람으로서 대통령령으로 정하는 장해가 남을 것이라는 의학적 소견이 있는 공무원이 재활운동을 한 경우에 지급한다.

1. 공무상 요양 중인 공무원
2. 공무상 요양을 마친 공무원으로서 요양을 마친 후 3개월 이내인 공무원

② 제1항에 따른 재활운동비는 인사혁신처장이 고시하는 금액의 범위에서 실제 드는 비용으로 한다.

③ 제1항에 따른 재활운동비의 지급요건 및 지급절차 등에 필요한 사항은 대통령령으로 정한다.

제27조【심리상담비】 ① 심리상담비는 공무상 요양 중인 공무원이 공무상 재해로 인한 심리적 치료를 위하여 심리상담을 한 경우 지급한다.

② 제1항에 따른 심리상담비는 인사혁신처장이 고시하는 금액의 범위에서 실제 드는 비용으로 한다.

③ 제1항에 따른 심리상담비의 지급요건 및 지급절차 등에 필요한 사항은 대통령령으로 정한다.

제4절 장해급여

제28조【장해연금 또는 장해일시금】 공무원이 다음 각 호의 어느 하나에 해당하는 경우에는 심의회의 심의를 거쳐 대통령령으로 정하는 장해의 정도에 따른 등급을 기준으로 장해연금 또는 장해일시금을 지급한다.

1. 공무상 부상 또는 질병으로 인하여 장해 상태로 되어 퇴직하였을 경우
2. 퇴직 후에 퇴직 전의 공무상 부상 또는 질병으로 인하여 장해 상태로 된 경우

제29조【장해연금 또는 장해일시금의 금액】 ① 장해연금의 금액은 기준소득월액에 다음 각 호의 등급에 따른 비율을 곱한 금액으로 한다.

1. 제1급 : 52퍼센트
2. 제2급 : 48.75퍼센트
3. 제3급 : 45.5퍼센트
4. 제4급 : 42.25퍼센트
5. 제5급 : 39퍼센트
6. 제6급 : 35.75퍼센트
7. 제7급 : 32.5퍼센트
8. 제8급 : 29.25퍼센트
9. 제9급 : 26퍼센트
10. 제10급 : 22.75퍼센트
11. 제11급 : 19.5퍼센트
12. 제12급 : 16.25퍼센트
13. 제13급 : 13퍼센트
14. 제14급 : 9.75퍼센트

② 장해연금 대신 장해일시금을 받으려는 경우에는 5년분의 장해연금에 상당하는 금액을 지급한다.

제30조【장해연금 등급의 개정 등】 ① 장해연금을 받을 권리가 있는 사람의 장해의 정도가 악화되거나 호전된 경우에 본인이 청구하거나 인사혁신처장이 이를 인정하였을 때에는 그 달라진 장해의 정도에 따라 대통령령으로 정하는 바에 따라 그 장해연금의 등급을 다시 정한다.

② 장해연금을 받을 권리가 있는 사람이 대통령령으로 정하는 정도의 장해 상태에 해당되지 아니하게 되면 그 권리는 소멸한다.

제31조【둘 이상의 장해가 있는 경우의 처리】 공무원이거나 공무원이었던 사람에게 동시에 둘 이상의 장해가

있을 때에는 대통령령으로 정하는 바에 따라 그 장해를 병합처리한다.

제32조【장해연금의 지급정지】 ① 장해연금의 지급정지에 관하여는 「공무원연금법」 제50조를 준용한다.
② 제1항에 따라 장해연금의 지급이 정지된 사람이 다시 퇴직한 경우에는 재퇴직 당시 대통령령으로 정하는 정도의 장해 상태에 있는 경우에만 재퇴직 당시의 기준소득월액을 기초로 하여 장해연금의 금액을 다시 정한다.
③ 제2항에 따라 장해연금의 금액을 다시 정할 경우에는 제1항에 따라 장해연금의 지급이 정지되기 전의 금액과 제2항에 따라 다시 정한 금액 중 큰 금액으로 한다. 다만, 제30조에 따라 장해연금의 등급이 개정된 경우에는 개정된 등급을 적용한 금액으로 한다.
④ 장해연금의 수급자가 요양급여를 받는 경우에는 요양이 시작된 날이 속하는 달의 다음 달부터 요양이 종료된 날이 속하는 달까지 장해연금의 지급을 정지한다.

제33조【행방불명자에 대한 장해급여 등】 ① 장해급여를 받을 권리가 있는 사람이 1년 이상 행방불명된 경우에는 그의 상속인(유족의 범위에 해당하여야 한다. 이하 이 조에서 같다)이 될 사람의 청구에 의하여 그 장해급여를 그 상속인에게 지급할 수 있다.
② 제1항에 따라 상속인이 행방불명자의 장해연금을 청구한 경우에는 그 행방불명자가 이 법에 따라 장해연금을 받을 권리가 있는 때부터의 해당 장해연금을 지급하고, 장해연금을 받을 권리가 있는 때부터 3년이 지나도 행방불명된 사람의 소재가 확인되지 아니하면 그 다음 달부터 해당 장해연금액의 60퍼센트를 지급한다.
③ 제2항에 따른 급여를 지급한 후 행방불명되었던 사람이 사망한 사실이 확인된 경우에는 사망한 사실이 확인된 날이 속하는 달의 다음 달부터 그 상속인에게 장해유족연금을 지급한다. 다만, 행방불명되었던 사람의 사망한 날이 제1항에 따른 급여를 지급한 날부터 3년 이내인 경우에는 사망한 날이 속하는 달의 다음 달부터 그 3년이 되는 날이 속하는 달까지 상속인이 받을 수 있는 장해유족연금과 실제 받은 급여의 차액에 대통령령으로 정하는 이자를 가산한 금액을 인사혁신처장에게 내야 한다.
④ 행방불명되었던 사람이 생존한 사실이 확인된 경우에는 그 생존한 사실이 확인된 날이 속하는 달의 다음 달부터 그 행방불명되었던 사람에게 장해연금을 지급하여야 한다. 이 경우 제2항에 따라 장해연금액의 60퍼센트를 상속인에게 지급한 경우에는 그 지급한 기간의 급여액과 지급하여야 할 급여액의 차액에 대통령령으로 정하는 이자를 가산한 금액을 지급하여야 한다.
⑤ 제1항에 따른 상속인이 2명 이상인 경우 상속인의 순위 및 장해급여의 지급에 관하여는 제11조를 준용하고, 제2항에 따라 급여를 받는 상속인의 수급권 상실 및 이전에 관하여는 제40조를 준용한다.

제5절 간병급여

제34조【간병급여】 ① 간병급여는 공무상 요양을 마친 사람 중 치유 후 의학적으로 상시로 또는 수시로 간병이 필요하여 실제로 간병을 받는 사람에게 지급한다.
② 제1항에 따른 간병급여의 지급요건 및 지급절차 등은 대통령령으로 정한다.

제6절 재해유족급여

제35조【장해유족연금】 ① 장해연금을 받을 권리가 있는 사람이 사망한 경우에는 공무원이었던 사람의 유족에게 장해유족연금을 지급한다.
② 장해유족연금은 공무원이었던 사람이 받을 수 있는 장해연금액의 60퍼센트로 한다.

제36조【순직유족연금】 ① 순직공무원의 유족에게 심의회의 심의를 거쳐 순직유족연금을 지급한다.
② 순직유족연금은 다음 각 호의 금액을 더한 금액으로 한다.
1. 해당 공무원의 사망 당시(퇴직 후 사망한 경우에는 퇴직 당시를 말한다. 이하 이 절에서 같다) 기준소득월액의 38퍼센트에 해당하는 금액
2. 순직공무원의 유족 1명당 해당 공무원의 사망 당시 기준소득월액의 5퍼센트에 해당하는 금액. 다만, 해당 금액의 합은 해당 공무원의 사망 당시 기준소득월액의 20퍼센트를 초과할 수 없다.

제37조【순직유족보상금】 ① 순직공무원의 유족에게 심의회의 심의를 거쳐 순직유족보상금을 지급한다.
② 순직유족보상금은 공무원 전체의 기준소득월액 평균액의 24배로 한다.

제38조【위험직무순직유족연금】 ① 위험직무순직공무원의 유족에게 심의회의 심의를 거쳐 위험직무순직유족연금을 지급한다.
② 위험직무순직유족연금은 다음 각 호의 금액을 더한 금액으로 한다.
1. 해당 공무원의 사망 당시 기준소득월액의 43퍼센트에 해당하는 금액
2. 위험직무순직공무원의 유족 1명당 해당 공무원의 사망 당시 기준소득월액의 5퍼센트에 해당하는 금액. 다만, 해당 금액의 합은 해당 공무원의 사망 당시 기준소득월액의 20퍼센트를 초과할 수 없다.

제39조【위험직무순직유족보상금】 ① 위험직무순직공무원의 유족에게 심의회의 심의를 거쳐 위험직무순직유족보상금을 지급한다.
② 위험직무순직유족보상금은 공무원 전체의 기준소득월액 평균액의 45배로 한다.
③ 제2항에도 불구하고 제5조제1호나목에 따라 대간첩작전 수행 중 입은 재해로 인하여 사망한 위험직무순직공무원의 유족에게 지급하는 위험직무순직유족보상금은 공무원 전체의 기준소득월액 평균액의 60배로 한다.

제40조【장해유족연금 등의 수급권 상실 및 이전】 ① 장해유족연금, 순직유족연금 또는 위험직무순직유족연금을 받을 권리가 있는 사람이 다음 각 호의 어느 하나에 해당할 때에는 그 권리를 상실한다.
1. 사망하였을 때
2. 재혼하였을 때(사실상 혼인관계에 있는 경우를 포함한다)
3. 사망한 공무원이었던 사람과의 친족관계가 종료되었을 때
4. 대통령령으로 정하는 정도의 장해 상태에 있지 아니한 자녀 또는 손자녀가 19세가 되었을 때
5. 대통령령으로 정하는 정도의 장해 상태로 장해유족연금, 순직유족연금 또는 위험직무순직유족연금을 받고 있던 사람의 장해 상태가 해소되었을 때
② 장해유족연금, 순직유족연금 또는 위험직무순직유족연금을 받을 권리가 있는 사람이 그 권리를 상실한 경우에 같은 순위자가 있을 때에는 그 같은 순위자에게 그 권리가 이전되고, 같은 순위자가 없을 때에는 다음 순위자에게 그 권리가 이전된다.

제41조【행방불명자에게 지급할 장해유족연금 등】 장해유족연금, 순직유족연금 또는 위험직무순직유족연금을 받을 권리가 있는 사람이 1년 이상 행방불명된 경우에는 같은 순위자의 청구에 의하여 그 행방불명된 기간에 해당하는 연금을 같은 순위자에게 지급할 수 있고, 같은 순위자가 없을 때에는 다음 순위자의 청구에 의하여 그 행방불명된 기간에 해당하는 연금을 다음 순위자에게 지급할 수 있다.

제7절 부조급여

제42조【재난부조금】 ① 공무원이 수재(水災)나 화재, 그 밖의 재난으로 재산에 손해를 입었을 때에는 공무원 전체의 기준소득월액 평균액의 4배의 범위에서 재난부조금을 지급한다.
② 제1항에 따른 재난으로 인한 피해의 범위 및 재난으로 인한 피해 정도별 부조금액 등은 대통령령으로 정한다.

제43조【사망조위금】 ① 공무원의 배우자나 부모(배우자의 부모를 포함한다) 또는 자녀가 사망한 경우에는 그 공무원에게 사망조위금을 지급한다. 이 경우 사망조위금 지급대상이 되는 공무원이 2명 이상일 때에는 대통령령으로 정하는 1명의 공무원에게 지급하되, 부양하던 공무원이 따로 있으면 그 공무원에게 지급한다.
② 공무원이 사망한 경우에는 그 배우자에게 사망조위금을 지급하되, 배우자가 없는 경우에는 대통령령으로 정하는 바에 따라 장례를 치르고 제사를 모시는 사람에게 지급한다.
③ 제1항에 따른 사망조위금은 공무원 전체의 기준소득월액 평균액의 65퍼센트로 하고, 제2항에 따른 사망조위금은 해당 공무원의 기준소득월액의 2배로 한다.

제8절 급여의 제한

제44조【고의 또는 중과실 등에 의한 급여의 제한】 ① 이 법에 따른 급여를 받을 수 있는 사람이 고의로 부상·질병·장해·사망 또는 재난을 발생하게 한 경우(제4조제2항 단서의 경우는 제외한다)에는 해당 급여를 지급하지 아니한다.
② 재해유족급여를 받을 수 있는 사람이 공무원이거나 공무원이었던 사람 또는 재해유족급여를 받고 있는 사람을 고의로 사망하게 한 경우에는 그에 대한 재해유족급여를 지급하지 아니한다. 공무원이거나 공무원이었던 사람의 사망 전에 그의 사망으로 인하여 재해유족급여를 받을 수 있는 사람이 해당 같은 순위자 또는 앞선 순위자를 고의로 사망하게 한 경우에도 또한 같다.
③ 이 법에 따른 급여를 받을 수 있는 사람이 다음 각 호의 어느 하나에 해당하면 대통령령으로 정하는 바에 따라 해당 급여의 전부 또는 일부를 지급하지 아니할 수 있다. 다만, 제2호에 해당하는 경우 요양급여·재활급여 및 간병급여는 전액을 지급한다.
1. 고의로 부상·질병·장해의 정도를 악화되게 하거나, 회복을 방해한 경우
2. 중대한 과실에 의하여 또는 정당한 사유 없이 요양에 관한 지시에 따르지 아니하여 부상·질병·장해를 발생하게 하거나, 그 부상·질병·장해의 정도를 악화되게 하거나, 회복을 방해하거나 사망한 경우
④ 재해유족급여를 받을 수 있는 사람 중 공무원이거나 공무원이었던 사람에 대하여 양육책임이 있었던 사람이 이를 이행하지 아니하였던 경우에는 심의회의 심의를 거쳐 양육책임을 이행하지 아니한 기간, 정도 등을 고려하여 대통령령으로 정하는 바에 따라 해당 급여의 전부 또는 일부를 지급하지 아니할 수 있다.(2020.12.22 본항신설)

제45조【진단 불응 시의 급여 제한】 인사혁신처장은 이 법에 따른 급여의 지급을 위하여 진단을 받아야 할 경우에 공무원이거나 공무원이었던 사람이 정당한 사유 없이 진단을 받지 아니할 때에는 대통령령으로 정하는 바에 따라 해당 급여의 일부를 지급하지 아니할 수 있다.

제3장 재해예방 및 재활·직무복귀 지원

제46조【재해예방】 ① 국가 및 지방자치단체는 소속 공무원이 안심하고 직무에 전념함으로써 국민 전체의 봉사자로서 역할을 성실히 수행할 수 있는 여건을 조성하기 위하여 공무상 재해의 예방(이하 이 조에서 "재해예방"이라 한다)을 위한 다음 각 호의 시책을 수립·추진할 수 있다.
1. 재해예방을 위한 교육 및 홍보
2. 재해예방을 위한 관리 기준의 마련
3. 재해예방을 위한 근무환경 개선
4. 그 밖에 재해예방을 위하여 필요한 사항
② 인사혁신처장은 재해예방 관련 시책을 종합적·체계적으로 지원하기 위하여 다음 각 호의 사업을 실시할 수 있다.
1. 재해예방 교육 프로그램의 개발·보급
2. 공무상 재해에 관한 실태조사 및 재해예방에 관한 연구
3. 재해예방을 위한 시설·장비의 안전 점검 및 컨설팅
4. 재해예방을 위한 건강진단 및 상담
5. 재해예방 관련 홍보 및 국내외 교류·협력
6. 그 밖에 재해예방을 위하여 대통령령으로 정하는 사항

제47조【재활 및 직무복귀 지원 등】 ① 국가 및 지방자치단체는 공무상 재해를 입은 소속 공무원의 재활 및 직무복귀를 촉진하고, 그 유족을 지원하기 위하여 필요한 노력을 하여야 한다.
② 인사혁신처장은 공무상 재해를 입은 공무원의 재활 및 직무복귀를 촉진하고, 그 유족을 지원하기 위하여 다음 각 호의 사업을 실시할 수 있다.
1. 재활 및 직무복귀 관련 프로그램의 개발·보급
2. 재활 및 직무복귀 지원 기준의 마련
3. 재활 및 직무복귀 관련 정보의 수집·제공 및 조사·연구
4. 공무상 재해를 입은 공무원의 유족을 위한 심리상담
5. 그 밖에 대통령령으로 정하는 사항

제4장 비용부담

제48조【비용부담의 원칙】 ① 국가 및 지방자치단체는 이 법에 따른 급여에 드는 비용을 부담한다.
② 국가 및 지방자치단체는 회계연도마다 예산의 범위에서 이 법에 따른 재해예방사업 및 재활·직무복귀 지원사업에 드는 비용을 지원할 수 있다.

제49조【재해보상부담금】 ① 국가 및 지방자치단체가 제48조제1항에 따라 부담하는 비용(지방자치단체 공무원의 재난부조금 및 사망조위금의 지급에 드는 비용은 제외한다. 이하 "재해보상부담금"이라 한다)은 재해발생률, 부담하는 비용의 범위 등을 고려하여 대통령령으로 정하는 바에 따라 산정한 금액으로 한다.
② 국가 및 지방자치단체가 부담하는 재해보상부담금은 공단에 내야 한다. 이 경우 재해보상부담금의 납입절차, 정산 및 징수 등에 관하여는 「공무원연금법」 제71조제2항부터 제7항까지를 준용하되, "연금부담금등"은 "재해보상부담금"으로 본다.
③ 재해보상부담금으로 이 법에 따른 급여(지방자치단체 공무원에게 지급되는 재난부조금과 사망조위금은 제외한다)에 드는 비용의 지출을 충당할 수 없을 때에는 「공무원연금법」에 따른 공무원연금기금에서 일시 차입할 수 있다. 이 경우 일시 차입금은 대통령령으로 정하는 바에 따라 이자를 가산하여 다음다음 회계연도 말까지 상환하여야 한다.

제50조【공무원연금액의 이체】 인사혁신처장은 순직공무원 또는 위험직무순직공무원의 유족이 제20조제1항 또는 제2항에 따라 순직유족연금 또는 위험직무순직유족연금을 선택하여 퇴직유족연금, 퇴직유족연금일시금 또는 퇴직유족일시금을 지급하지 아니한 경우 그 지급하지 아니한 금액은 다음다음 회계연도의 재해보상부담금 재원으로 이체하여야 한다. 이 경우 순직공무원 또는 위험직무순직공무원의 유족이 순직유족연금 또는 위험직무순직유족연금을 받는 경우로서 퇴직유족연금을 받을 권리가 있을 때에는 퇴직유족연금은 그에 상응하는 퇴직유족연금일시금을 받은 것으로 보아 이체할 금액을 산정한다.

제5장 심사의 청구

제51조【심사의 청구】 ① 급여에 관한 결정, 그 밖에 이 법에 따른 급여 등에 관하여 이의가 있는 사람은 대통령령으로 정하는 바에 따라 제52조에 따른 공무원재해보상연금위원회에 심사를 청구할 수 있다.
② 제1항의 심사 청구는 그 결정 등이 있었던 날부터 180일, 그 사실을 안 날부터 90일 이내에 하여야 한다. 다만,

그 기간 내에 정당한 사유가 있어 심사 청구를 할 수 없었던 것을 증명한 경우는 예외로 한다.
③ 제1항과 제2항에서 규정한 사항 외에 심사 청구에 필요한 사항은 대통령령으로 정한다.
④ 급여에 관한 결정, 그 밖에 이 법에 따른 급여 등에 관하여는 「행정심판법」에 따른 행정심판을 청구할 수 없다.
제52조【공무원재해보상연금위원회】 ① 다음 각 호의 사항을 심사하기 위하여 국무총리 소속으로 공무원재해보상연금위원회(이하 "위원회"라 한다)를 둔다.
1. 제51조에 따른 심사 청구에 관한 사항
2. 다른 법률에서 위원회의 심사 사항으로 정한 사항
② 위원회는 심사 관련 법령 및 제도의 개선이 필요하다고 인정하는 경우에는 인사혁신처장에게 의견을 제출하거나 개선 권고를 할 수 있다.
③ 위원회는 위원회의 업무 수행을 위하여 필요한 경우 관계 행정기관, 지방자치단체 및 공공기관에 소속 공무원 및 임직원의 파견을 요청할 수 있다.
④ 위원회의 업무를 지원·처리하기 위하여 위원회에 사무기구를 둔다.
⑤ 위원회는 심사 업무의 전문성을 강화하고, 심사와 관련된 조사·연구 등의 업무를 수행하기 위하여 필요한 전문 인력을 둘 수 있다.
⑥ 제4항 및 제5항에 따른 사무기구의 조직 및 운영, 전문인력의 자격 등에 필요한 사항은 대통령령으로 정한다.
제53조【위원회의 구성 등】 ① 위원회는 위원장 1명을 포함한 50명 이내의 위원으로 구성하고, 위원 중 1명은 상임으로 한다.
② 위원회의 위원장 및 상임위원은 제3항 각 호의 어느 하나에 해당하는 사람 중에서 인사혁신처장의 제청에 따라 대통령이 임명 또는 위촉한다. 이 경우 상임위원은 제52조제4항에 따른 사무기구의 장을 겸임한다.
③ 위원회의 당연직 위원은 기획재정부, 행정안전부, 국가보훈부, 고용노동부 및 인사혁신처의 고위공무원단에 속하거나 이에 상당하는 공무원으로서 재해보상·연금·복지 또는 복무 관련 업무를 담당하는 공무원 중에서 해당 기관의 장이 지명하는 사람으로 하고, 당연직 위원이 아닌 위원은 다음 각 호의 어느 하나에 해당하는 사람 중에서 대통령이 임명 또는 위촉한다.(2023.3.4 본문개정)
1. 재해보상·연금·복지·복무 등의 인사행정 또는 사회보장 관련 업무에 종사하거나 종사한 경험이 있는 사람 중에서 고위공무원단에 속하는 공무원 또는 이에 상당하는 공무원으로 재직하고 있거나 재직하였던 사람
2. 판사, 검사 또는 변호사로 재직하고 있거나 재직하였던 사람
3. 「의료법」 제2조에 따른 의료인
4. 그 밖에 재해보상·연금·복지·복무 등 인사행정 또는 사회보장 관련 업무에 관한 학식과 경험이 풍부한 사람
④ 위원장과 위원의 임기는 3년으로 하되, 대통령령으로 정하는 바에 따라 연임할 수 있다. 다만, 당연직 위원은 그 직에 있는 동안 재임한다.
⑤ 위원회의 회의는 위원장, 상임위원 및 위원장이 회의 시마다 지정하는 위원을 포함하여 11명 이상 15명 이하로 구성한다.
⑥ 위원회는 심사를 위하여 필요한 경우 다음 각 호의 조치를 할 수 있다.
1. 심사 청구인 또는 그 청구인이 지정하는 사람, 관계 공무원 및 그 밖의 이해관계인 등에 대한 출석 요구 및 의견 청취
2. 관계 공무원 또는 그 밖에 급여에 관련된 사람·기관 등에 대한 자료 제출 요구
⑦ 제1항부터 제6항까지에서 규정한 사항 외에 위원회의 조직 및 운영에 필요한 사항은 대통령령으로 정한다.

제6장 보 칙

제54조【시효】 ① 이 법에 따른 급여를 받을 권리는 그 급여의 사유가 발생한 날부터 요양급여·재활급여·간병급여·부조급여는 3년간, 그 밖의 급여는 5년간 행사하지 아니하면 시효로 인하여 소멸한다.
② 이 법에 따른 환수금 및 그 밖의 징수금을 환수하거나 징수할 인사혁신처장 및 지방자치단체의 장의 권리는 환수 및 징수 사유가 발생한 날부터 5년간 행사하지 아니하면 시효로 인하여 소멸한다.
③ 이 법에 따른 환수금 및 그 밖의 징수금의 납입 고지 및 독촉과 급여의 지급 또는 과납금 등의 반환 청구는 소멸시효 중단의 효력을 가진다.
④ 제3항에 따라 중단된 소멸시효는 납입의 고지 또는 독촉에 따른 납입기간이 지난 때부터 새로 진행한다.
⑤ 이 법에 따른 급여의 결정에 대하여 소를 제기하여 승소한 경우에 그에 관련되는 급여를 받을 권리는 그 판결이 확정된 날부터 요양급여·재활급여·간병급여·부조급여는 3년간, 그 밖의 급여는 5년간 행사하지 아니하면 시효로 인하여 소멸한다.
제55조【효력발생기간】 이 법에 따른 급여 또는 심사 청구, 신고 등에 관한 기간을 계산할 때에 그 서류가 우편 발송된 경우 우송에 걸린 일수는 그 기간에 산입(算入)하지 아니한다.
제56조【기관장의 확인】 ① 기관장은 이 법에 따른 급여사유의 발생에 필요한 이력사항과 그 밖에 공무원이거나 공무원이었던 사람의 신분에 관한 사항을 확인하여야 한다.
② 기관장은 제1항에 따른 확인사무를 집행하기 위하여 필요하면 공무원이거나 공무원이었던 사람, 그 밖의 관계인에게 자료의 제출 또는 의견 진술을 요구할 수 있다.
제57조【조사·보고 등】 ① 인사혁신처장(제61조에 따라 업무를 위탁받은 자를 포함한다. 이하 이 조 및 제58조에서 같다)은 이 법에 따른 급여와 그 밖에 재해보상제도를 적정하게 운영하기 위하여 필요하다고 인정할 때에는 급여를 받을 권리가 있는 사람, 기관장, 요양기관의 장 및 그 밖의 관계자에게 다음 각 호의 사항을 요구할 수 있다.
1. 필요한 보고·통보
2. 장부, 서류, 그 밖의 물건 제시·제출
3. 일정한 장소에의 출석과 의견 진술 또는 설명
② 인사혁신처장은 이 법에 따른 급여를 적정하게 운영하기 위하여 필요하다고 인정할 때에는 소속 공무원(제61조에 따라 업무를 위탁한 경우 수탁자의 직원을 포함한다. 이하 이 조에서 같다)으로 하여금 관련 장소에 출입하여 장부, 서류 또는 그 밖의 물건을 조사하거나 관계인에게 필요한 질문을 하게 할 수 있다.
③ 제2항에 따라 출입·조사·질문을 할 때에는 해당 공무원은 그 권한을 표시하는 증표를 관계인에게 보여 주어야 한다.
④ 제1항의 경우에 급여를 받을 권리가 있는 사람이 정당한 사유 없이 요구에 응하지 아니할 때에는 응할 때까지 급여의 지급을 중지할 수 있다.
제58조【자료제공의 요청】 ① 인사혁신처장은 국가기관, 지방자치단체, 요양기관, 「사립학교교직원 연금법」에 따른 사립학교교직원연금공단(이하 이 조에서 "사립학교교직원연금공단"이라 한다), 「국민연금법」에 따른 국민연금공단(이하 이 조에서 "국민연금공단"이라 한다) 및 그 밖에 대통령령으로 정하는 기관·법인·단체의 장에게 급여의 결정·지급 및 제3자에 대한 손해배상청구권의 행사 등 공무원 재해보상 업무와 관련하여 필요한 자료로서 주민등록·가족관계등록·국세·지방세·토지·건물·건강보험·장애인등록 및 그 밖에 대통령령으로 정하는 자료를 요청할 수 있다. 이 경우 자료 제공을 요청받은 국가기관, 지방자치단체, 요양기관, 사립학교교직원연금공단, 국민연금공단 또는 기관·법인·단체의 장은 특별한 사유가 없으면 요청에 따라야 한다.
② 제1항에 따라 인사혁신처장이 제공받는 자료에 대해서는 사용료·수수료 등을 면제한다.
제59조【보훈 등 예우】 ① 순직공무원과 그 유족에 대해서는 다음 각 호에 따른 예우를 할 수 있다.
1. 「국가유공자 등 예우 및 지원에 관한 법률」 제4조제1항제14호에 따른 순직공무원과 그 유족에 대한 예우
2. 「보훈보상대상자 지원에 관한 법률」 제2조제1항제3호에 따른 재해사망공무원과 그 유족에 대한 예우
② 위험직무순직공무원과 그 유족에 대해서는 다음 각 호에 따른 예우를 할 수 있다.
1. 「국가유공자 등 예우 및 지원에 관한 법률」 제4조제1항제5호에 따른 순직군경과 그 유족에 대한 예우
2. 「국가유공자 등 예우 및 지원에 관한 법률」 제4조제1항제14호에 따른 순직공무원과 그 유족에 대한 예우
3. 「보훈보상대상자 지원에 관한 법률」 제2조제1항제1호에 따른 재해사망군경과 그 유족에 대한 예우
4. 「보훈보상대상자 지원에 관한 법률」 제2조제1항제3호에 따른 재해사망공무원과 그 유족에 대한 예우
③ 제2항에도 불구하고 다른 법률에서 다음 각 호의 어느 하나에 해당하는 예우를 받도록 규정되어 있는 사람에 대해서는 그 법률에 따른다.
1. 「국가유공자 등 예우 및 지원에 관한 법률」 제4조제1항제3호에 따른 전몰군경 및 그 유족에 대한 예우
2. 「국가유공자 등 예우 및 지원에 관한 법률」 제4조제1항제5호에 따른 순직군경 및 그 유족에 대한 예우
3. 「보훈보상대상자 지원에 관한 법률」 제2조제1항제1호에 따른 재해사망군경과 그 유족에 대한 예우
④ 제1항 및 제2항에 따라 예우를 받을 사람의 등록 및 결정은 「국가유공자 등 예우 및 지원에 관한 법률」 또는 「보훈보상대상자 지원에 관한 법률」에서 정하는 바에 따른다.
⑤ 국가 또는 지방자치단체는 대통령령으로 정하는 바에 따라 순직공무원·위험직무순직공무원에 대한 예우와 그 유족을 위한 지원을 할 수 있다. 이 경우 그 예우 및 지원에 드는 비용은 국가 또는 지방자치단체가 부담한다.
제60조【공무수행사망자에 대한 특례】 ① 공무수행사망자는 순직공무원 또는 위험직무순직공무원의 인정과 이에 따른 급여(사망조위금은 제외한다) 및 예우 등(이하 "순직유족급여 또는 위험직무순직유족급여에 관한 규정"이라 한다)을 적용할 때에는 제3조제1항제1호에도 불구하고 이 법에 따른 공무원으로 본다.
② 공무수행사망자에 대해서는 「산업재해보상보험법」 등의 규정과 이 법의 순직유족급여 또는 위험직무순직유족급여에 관한 규정을 각각 적용한다. 다만, 이 법의 순직유족급여 또는 위험직무순직유족급여에 관한 규정은 「산업재해보상보험법」 등에 따른 재해보상이 되는 사망이라고 인정받은 경우에 한정하여 적용한다.
③ 공무수행사망자의 인정과 공무수행사망자로서 순직공무원 또는 위험직무순직공무원의 인정을 받으려면 「산업재해보상보험법」 등에 따른 재해보상이 되는 사망의 인정 관련 서류 등을 첨부하여 사망 당시(부상 또는 질병으로 사망한 경우에는 그 부상 또는 질병 발생 당시를 말한다. 이하 이 항에서 같다) 소속 기관장(소속 기관장이 없는 경우는 해당 사망자가 사망 당시 공무를 수행하였던 국가기관 또는 지방자치단체의 장을 말한다)의 확인을 받아 인사혁신처장에게 순직유족급여 또는 위험직무순직유족급여를 청구하여야 한다.
④ 공무수행사망자로서 순직공무원으로 인정된 경우에는 제2항에도 불구하고 순직유족급여는 지급하지 아니한다.
⑤ 공무수행사망자로서 위험직무순직공무원으로 인정된 경우에는 제2항에도 불구하고 위험직무순직유족연금은 지급하지 아니한다. 다만, 제20조제5항 본문에도 불구하고 위험직무순직유족보상금은 「산업재해보상보험법」 등에 따른 보상이나 배상을 지급하는 경우에도 이를 빼지 아니하고 지급한다.
⑥ 제3항에 따른 순직유족급여 또는 위험직무순직유족급여의 경우에는 제54조제1항에도 불구하고 「산업재해보상보험법」 등에 따른 재해보상이 되는 사망을 사유로 유족급여 등을 청구한 날부터 그 급여의 지급 결정(행정심판, 행정소송 그 밖의 불복절차에 따라 지급 결정된 경우를 포함한다)이 있는 날까지는 시효가 진행되지 아니한다.
⑦ 제1항부터 제6항까지에서 규정한 사항 외에 공무수행사망자의 인정 등에 필요한 사항은 대통령령으로 정한다.
제61조【업무의 위탁】 ① 인사혁신처장은 이 법에 따른 업무 중 다음 각 호의 사항은 공단에 위탁한다.
1. 급여 및 심사의 청구에 따른 접수
2. 재활급여, 간병급여, 장해유족연금 또는 부조급여(지방자치단체 소속 공무원이 아닌 경우만 해당한다)에 대한 결정
3. 급여의 지급
4. 제16조에 따른 급여의 환수 및 결손처분·체납처분
5. 제21조제1항에 따른 제3자에 대한 손해배상청구권의 행사
6. 제22조제2항에 따른 요양기간의 연장
7. 제25조에 따른 요양급여의 산정
8. 제40조에 따른 장해유족연금 등의 수급권 상실 및 이전에 관한 사항
9. 제49조에 따른 재해보상부담금의 산정·정산 및 징수 관리 등에 관한 사항
10. 그 밖에 대통령령으로 정하는 사항
② 제1항제4호에 따라 공단이 체납처분을 하는 경우에는 인사혁신처장의 승인을 받아야 한다. 이 경우 공단의 임직원은 공무원으로 본다.
③ 인사혁신처장은 제46조제2항에 따른 재해예방사업과 제47조제2항에 따른 재활 및 직무복귀 지원 사업의 전부 또는 일부를 공단에 위탁할 수 있다.
④ 인사혁신처장은 제1항 또는 제3항에 따라 그 업무를 위탁할 때에는 예산의 범위에서 필요한 비용을 보조할 수 있다.
⑤ 인사혁신처장은 제1항 또는 제3항에 따라 공단에 위탁한 업무와 관련하여 공단으로부터 보고를 받거나 업무처리 사항을 검사하는 등 감독상 필요한 조치를 할 수 있다.
⑥ 공단은 제1항 또는 제3항에 따라 위탁받은 업무의 일부를 인사혁신처장의 승인을 받아 체신관서, 지방자치단체, 금융회사 또는 「공공기관의 운영에 관한 법률」 제4조에 따른 공공기관, 그 밖의 자에게 재위탁할 수 있다. 이 경우 재위탁업무의 범위, 재위탁대상자, 재위탁비용지급 등 필요한 사항은 대통령령으로 정한다.
제62조【벌칙 적용에서 공무원 의제】 다음 각 호의 어느 하나에 해당하는 사람 중 공무원이 아닌 사람은 그 업무에 관하여 「형법」 제129조부터 제132조까지의 규정을 적용할 때에는 공무원으로 본다.
1. 심의회의 위원
2. 위원회의 위원
3. 제61조에 따라 인사혁신처장이 위탁한 업무(제61조제6항에 따라 재위탁한 업무를 포함한다)에 종사하는 기관 등의 임직원

제7장 벌 칙

제63조【과태료】 ① 공단의 임직원이 제61조제5항에 따른 조치를 위반하는 행위를 하거나 검사를 거부·방해 또는 기피하면 100만원 이하의 과태료를 부과한다.
② 다음 각 호의 어느 하나에 해당하는 자에게는 30만원 이하의 과태료를 부과한다.
1. 제57조제1항 각 호에 따른 조치를 하지 아니하거나 거짓으로 해당 조치를 한 자
2. 제57조제2항에 따른 출입·조사·질문을 거부·방해 또는 기피한 자
③ 제1항과 제2항에 따른 과태료는 인사혁신처장이 부과·징수한다.

부 칙

제1조【시행일】 이 법은 공포 후 6개월이 경과한 날부터 시행한다. 다만, 제5조(위험직무순직공무원의 요건에 관한 내용만 해당한다), 제10조제2항(순직유족연금 및 위험직무순직유족연금의 급여액을 산정하는 경우만 해당한다), 제36조제2항, 제37조제2항, 제38조제2항, 제39조제2항·제3항 및 부칙 제10조는 공포한 날부터 시행한다.

제2조【급여액 산정의 기초에 관한 적용례】 ① 부칙 제13조에도 불구하고 제10조제2항 중 최저 보상기준 금액에 관한 규정은 부칙 제1조 단서에 따른 시행일 전에 사망하여 순직유족연금 또는 위험직무순직유족연금의 급여 사유가 발생한 사람[종전의 「공무원연금법」(법률 제15523호로 전부개정되기 전의 것을 말한다. 이하 같다) 제56조제1항제3호 및 제4항에 따라 순직유족연금 또는 위험직무순직유족연금을 지급받고 있는 사람을 포함한다]에게도 적용한다.
② 제1항에 따른 급여액은 부칙 제1조 단서에 따른 시행일 이후 도래하는 급여 지급일부터 적용한다.

제3조【다른 법령에 따른 급여와의 조정에 관한 적용례】 제20조제6항 중 「별정우체국법」에 따른 퇴직연금·조기퇴직연금의 수급자에 관한 규정은 이 법 시행 후 이 법에 따른 순직유족연금 또는 장해유족연금의 급여사유가 발생하여 함께 받게 된 경우부터 적용한다.

제4조【재활급여 지급에 관한 적용례】 ① 부칙 제13조에도 불구하고 제26조 및 제27조는 이 법 시행 전에 종전의 「공무원연금법」 제35조에 따라 공무상 요양 결정을 받은 사람에게도 적용한다.
② 제1항에 따른 급여액은 이 법 시행 후 재활운동을 하거나 심리상담을 받는 경우부터 적용한다.

제5조【간병급여 지급에 관한 적용례】 ① 부칙 제13조에도 불구하고 제34조는 이 법 시행 전에 종전의 「공무원연금법」 제35조에 따라 공무상 요양 결정을 받은 사람에게도 적용한다.
② 제1항에 따른 급여액은 이 법 시행 후 간병을 받는 경우부터 적용한다.

제6조【순직유족연금의 지급액에 관한 적용례】 ① 부칙 제13조에도 불구하고 제36조제2항은 부칙 제1조 단서에 따른 시행일 전에 순직유족연금의 급여 사유가 발생한 사람(종전의 「공무원연금법」 제56조제1항제3호에 따라 순직유족연금을 지급받고 있는 사람을 포함한다)에게도 적용한다.
② 제1항에 따른 급여액은 부칙 제1조 단서에 따른 시행일 이후 도래하는 급여 지급일부터 적용한다.

제7조【위험직무순직유족연금의 지급액에 관한 적용례】
① 부칙 제13조에도 불구하고 제38조제2항은 부칙 제1조 단서에 따른 시행일 전에 위험직무순직유족연금의 급여 사유가 발생한 사람(종전의 「공무원연금법」 제56조제4항에 따라 위험직무순직유족연금을 지급받고 있는 사람을 포함한다)에게도 적용한다.
② 제1항에 따른 급여액은 부칙 제1조 단서에 따른 시행일 이후 도래하는 급여 지급일부터 적용한다.

제8조【보훈 등 예우에 관한 적용례】 제59조(공무수행사망자의 경우는 제외한다)에 따른 보훈 등 예우에 관해서는 이 법 시행 후 사망한 사람부터 적용한다.

제9조【공무수행사망자에 대한 특례에 관한 적용례】 제3조제1항제2호, 제59조(공무수행사망자의 경우에 한정한다. 이하 이 조에서 같다) 제1항부터 제4항까지 및 제60조는 2017년 6월 30일 이후 직무를 수행하다 발생한 재해로 사망한 사람부터 적용하고, 제59조제5항은 이 법 시행 후 사망한 사람부터 적용한다.

제10조【위험직무순직공무원의 급여사유의 확인 등에 관한 특례】 부칙 제1조 단서에 따른 시행일부터 부칙 제1조 본문에 따른 시행일 전까지는 종전의 「공무원연금법」 제3조제1항제2호, 제56조, 제57조 및 제61조에도 불구하고 위험직무순직공무원의 요건, 순직유족급여와 위험직무순직유족급여의 지급액 산정에 관하여는 제5조, 제10조제2항 및 제36조부터 제39조까지의 규정을 적용한다. 이 경우 그 밖의 사항은 종전의 「공무원연금법」을 적용한다.

제11조【연금액 조정에 관한 특례】 이 법 시행일부터 2020년 12월 31일까지는 제14조를 적용하지 아니한다.

제12조【공무원에 관한 경과조치】 이 법 시행 전의 종전의 「공무원연금법」 제3조제1항제1호가목 및 나목에 따른 공무원은 이 법 제3조제1항제1호에 따른 공무원으로 본다.

제13조【급여사유발생에 관한 경과조치】 ① 이 법 시행 전에 급여의 사유가 발생한 사람에 대한 급여에 관하여는 종전의 「공무원연금법」에 따른다.
② 제1항에도 불구하고 법률 제13387호 공무원연금법 일부개정법률 제56조제1항제3호 및 제61조제1항의 개정규정은 같은 법 시행일인 2016년 1월 1일 이후 사망한 사람부터 적용한다.
③ 제1항에도 불구하고 법률 제3586호 공무원연금법개정법률 시행일인 1983년 1월 1일 전에 급여의 사유가 발생한 사람에 대한 급여에 관하여는 같은 법으로 개정되기 전의 규정에 따른다.
④ 제1항에도 불구하고 법률 제3735호 공무원연금법중개정법률 시행일인 1985년 1월 1일 전에 급여의 사유가 발생한 사람에 대한 급여에 관하여는 같은 법으로 개정되기 전의 규정에 따른다.
⑤ 제1항에도 불구하고 법률 제3964호 공무원연금법개정법률 시행일인 1988년 1월 1일 전에 급여의 사유가 발생한 사람에 대한 급여에 관하여는 같은 법으로 개정되기 전의 규정에 따른다. 다만, 같은 법 제57조제1항에 따른 유족연금은 그러하지 아니하다.
⑥ 제1항에도 불구하고 법률 제4033호 공무원연금법개정법률 시행일인 1988년 12월 29일 전에 급여의 사유가 발생한 사람에 대한 급여에 관하여는 같은 법으로 개정되기 전의 규정에 따른다.
⑦ 제1항에도 불구하고 법률 제4334호 공무원연금법개정법률 시행일인 1991년 10월 1일 전에 급여의 사유가 발생한 사람에 대한 급여에 관하여는 같은 법으로 개정되기 전의 규정에 따른다.
⑧ 제1항에도 불구하고 법률 제5117호 공무원연금법개정법률 시행일인 1996년 1월 1일[같은 법 제47조(같은 법 제55조제1항에서 준용하고 있는 경우를 포함한다)의 개정규정은 2000년 1월 1일을 말한다] 전에 급여 사유가 발생한 사람에 대한 급여에 관하여는 같은 법으로 개정되기 전의 규정에 따른다.
⑨ 제1항에도 불구하고 법률 제6328호 공무원연금법개정법률 시행일인 2001년 1월 1일(같은 법 제26조제1항, 제38조, 제63조, 제69조제8항 및 제69조의3의 개정규정은 2002년 1월 1일을 말한다) 전에 급여 사유가 발생한 사람에 대한 급여에 관하여는 같은 법으로 개정되기 전의 규정에 따른다.
⑩ 제1항에도 불구하고 법률 제7543호 공무원연금법 일부개정법률 시행일인 2005년 7월 1일 전에 급여 사유가 발생한 사람에 대한 급여에 관하여는 같은 법으로 개정되기 전의 규정에 따른다. 다만, 같은 법 제47조(같은 법 제55조제1항에서 준용하는 경우를 포함한다)의 개정규정은 같은 규정의 시행일인 2005년 7월 1일 전에 급여 사유가 발생한 사람에 대해서도 이를 적용한다.
⑪ 제1항에도 불구하고 법률 제9905호 공무원연금법 일부개정법률 시행일인 2010년 1월 1일 전에 급여 사유가 발생한 사람에 대한 급여에 관하여는 같은 법으로 개정되기 전의 규정에 따른다. 다만, 같은 법 제47조제2항(같은 법 제55조제1항에서 준용하는 경우를 포함한다)의 개정규정은 같은 법 시행일인 2010년 1월 1일 전에 급여의 사유가 발생한 사람에 대해서도 적용한다.
⑫ 제1항에도 불구하고 법률 제13387호 공무원연금법 일부개정법률 시행일인 2016년 1월 1일 전에 급여 사유가 발생한 사람에 대한 급여에 관하여는 같은 법으로 개정되기 전의 규정에 따른다. 다만, 같은 법 제47조(같은 법 제55조제1항에서 준용하고 있는 경우를 포함한다)의 개정규정 및 같은 법 부칙 제5조는 2016년 1월 1일 전에 급여 사유가 발생한 사람에 대해서도 적용한다.

제14조【처분 등에 관한 일반적 경과조치】 ① 공무상 재해에 관한 급여(부조급여를 포함한다)와 관련하여 이 법 시행 당시 종전의 「공무원연금법」에 따라 인사혁신처장, 지방자치단체의 장, 공무원연금공단, 기관장, 공무원연금급여심의회, 위험직무순직보상심사위원회 및 공무원연금급여 재심위원회(이하 "인사혁신처장 등"이라 한다)에 한 행위와 인사혁신처장 등이 한 행위(법률 제3735호 공무원연금법개정법률 시행일인 1985년 1월 1일 전에 종전의 공무원연금급여심사위원회가 행한 행위나 같은 위원회에 대한 행위를 포함한다)는 이 법에 따라 인사혁신처장, 지방자치단체의 장, 공무원연금공단, 기관장, 공무원재해보상심의회 및 공무원재해보상연금위원회에 한 행위 또는 인사혁신처장, 지방자치단체의 장, 공무원연금공단, 기관장, 공무원재해보상심의회 및 공무원재해보상연금위원회가 한 행위로 본다.
② 「행정소송법」 제13조제1항 단서에도 불구하고 종전의 「공무원연금법」에 따라 공무원연금공단이 한 처분 등에 대한 행정소송은 공무원연금공단을 피고로 한다.

제15조【급여 및 급여수급자에 관한 경과조치】 이 법 시행 전에 다음 표의 왼쪽 란에 기재된 급여 및 해당 급여의 수급자는 각각 같은 표의 오른쪽 란에 기재된 급여 및 해당 급여의 수급자로 본다.

종전의 「공무원연금법」 제34조제1호에 따른 공무상요양비	제8조제1호에 따른 요양급여
종전의 「공무원연금법」 제34조제3호에 따른 재해부조금	제8조제6호가목에 따른 재난부조금
종전의 「공무원연금법」 제34조제4호에 따른 사망조위금	제8조제6호나목에 따른 사망조위금
종전의 「공무원연금법」 제42조제2호에 따른 장해급여	제8조제3호에 따른 장해급여
종전의 「공무원연금법」 제42조제2호가목 및 제51조제1호에 따른 장해연금	제8조제3호가목에 따른 장해연금
종전의 「공무원연금법」 제42조제2호나목 및 제51조제1호에 따른 장해보상금	제8조제3호나목에 따른 장해일시금
종전의 「공무원연금법」 제42조제3호에 따른 유족급여(같은 호 나목부터 마목까지의 급여를 제외한다)	제8조제5호에 따른 재해유족급여
종전의 「공무원연금법」 제42조제3호가목 및 제56조제1항제2호에 따른 유족연금	제8조제5호가목에 따른 장해유족연금
종전의 「공무원연금법」 제42조제3호가목 및 제56조제1항제3호에 따른 유족연금	제8조제5호나목1)에 따른 순직유족연금
종전의 「공무원연금법」 제42조제3호바목에 따른 순직유족보상금	제8조제5호나목2)에 따른 순직유족보상금
종전의 「공무원연금법」 제42조제3호사목에 따른 위험직무순직유족연금	제8조제5호다목1)에 따른 위험직무순직유족연금
종전의 「공무원연금법」 제42조제3호아목에 따른 위험직무순직유족보상금	제8조제5호다목2)에 따른 위험직무순직유족보상금

제16조【위험직무순직공무원의 요건에 관한 경과조치】 부칙 제1조 단서에 따른 시행일 전의 위험직무순직공무원의 요건에 관하여는 제5조에도 불구하고 종전의 「공무원연금법」 제3조제1항제2호에 따른다. 이 경우 법률 제10984호 공무원연금법 일부개정법률 제3조제1항제2호타목의 개정규정은 같은 개정규정 시행일인 2011년 8월 4일 이후 최초로 직무를 수행하다가 입은 위해로 인하여 사망한 순직공무원(법률 제13927호 공무원연금법 일부개정법률 시행일인 2016년 7월 28일 당시 같은 법으로 개정되기 전의 규정에 따른 순직공무원을 말한다)부터 적용한다.

제17조【급여의 수급자에 대한 특례에 관한 경과조치】 이 법 시행 전의 급여의 수급자에 대해서는 제12조에도 불구하고 종전의 「공무원연금법」 제30조에 따른다. 이 경우 법률 제10984호 공무원연금법 일부개정법률 제30조의 개정규정은 같은 법 시행일인 2011년 11월 5일 이후 공무원이거나 공무원이었던 사람이 사망한 경우에 해당 개정규정의 요건을 충족하는 사람부터 적용한다.

제18조【급여의 환수에 관한 경과조치】 이 법 시행 전에 급여의 환수 사유가 발생한 경우의 환수 요건, 환수 절차, 환수금 및 이자의 가산, 결손처분, 체납처분 등에 관하여는 제16조에도 불구하고 종전의 「공무원연금법」 제31조에 따른다.

제19조【유족연금, 유족연금부가금 및 유족연금특별부가금에 관한 경과조치】 이 법 시행 전의 유족연금, 유족연금부가금 및 유족연금특별부가금(종전의 「공무원연금법」 제56조제1항제2호 및 제3호에 따른 유족연금 및 그에 따른 유족연금부가금·유족연금특별부가금을 말한다)에 관하여는 제35조부터 제41조까지의 규정에도 불구하고 종전의 「공무원연금법」 제56조, 제57조(제57조제1항제3호는 제외한다), 제58조, 제59조, 제60조제1항에 따른다. 이 경우 법률 제10984호 공무원연금법 일부개정법률 제56조제1항 및 제57조제1항(제57조제1항제3호는 제외한다)의 개정규정은 같은 법 시행일인 2011년 11월 5일 이후 사망한 경우에 해당 개정규정의 요건을 충족하는 사람부터 적용하고, 법률 제13387호 공무원연금법 일부개정법률 제56조제1항부터 제3항까지 및 제60조제1항의 개정규정은 같은 법 시행일인 2016년 1월 1일 당시 재직 중인 공무원부터 적용한다.

제20조【요양 및 재요양에 관한 경과조치】 ① 이 법 시행 전의 요양 및 재요양에 관하여는 제22조부터 제25조까지의 규정에도 불구하고 종전의 「공무원연금법」 제35조, 제36조, 제36조의2, 제37조부터 제40조까지의 규정에 따른다.
② 제1항의 경우 법률 제10984호 공무원연금법 일부개정법률 제35조제2항, 제36조 및 제36조의2의 개정규정은 같은 법 시행일인 2011년 11월 5일 당시 같은 법으로 개정되기 전의 규정에 따라 공무상요양비를 받고 있는 사람 또는 받을 수 있는 사람과 공무상요양일시금을 받은 사람으로서 해당 공무상 질병 또는 부상에 대하여 요양 또는 재요양이 필요한 사람에게도 적용한다. 이 경우 공무상요양일시금을 받은 사람에 대해서는 해당하는 기간 동안 같은 법 제35조제2항 단서의 개정규정에 따라 요양기간을 연장하여 그 요양기간 동안 공무상요양비를 받은 것으로 본다.

제21조【시효에 관한 경과조치】 ① 이 법 시행 전에 종전의 「공무원연금법」 제26조제4항에 따라 위험직무순직유족급여를 청구한 경우에는 제54조제1항에도 불구하고 종전의 「공무원연금법」 제81조제1항 단서의 규정을 적용한다.
② 이 법 시행 전에 제8조에 따른 급여에 관하여 종전의 「공무원연금법」에 따라 급여가 결정된 경우에는 제54조제5항에도 불구하고 종전의 「공무원연금법」 제81조제6항을 적용한다.

제22조【유족의 범위에 관한 경과조치】 1995년 12월 31일 이전에 퇴직하여 법률 제5117호 공무원연금법개정법률 시행일인 1996년 1월 1일(같은 법 제47조의 개정규정은 2000년 1월 1일을 말한다) 전에 혼인 또는 출생하거나 입양관계가 성립된 배우자·자녀(1995년 12월 31일 현재의 태아를 포함한다)·부모·손자녀(1995년 12월 31일 현재의 태아를 포함한다) 및 조부모에 대해서는 제3조제1항제5호 및 같은 법 제3조제1항제2호의 개정규정에도 불구하고 같은 법으로 개정되기 전의 규정에 따른다.

제23조【재해보상급여의 지급에 관한 경과조치】 법률 제6328호 공무원연금법개정법률 제26조제1항 단서의 개정규정에 불구하고 2001년 12월 31일 이전에 지방자치단체에서 급여사유가 발생한 공무상 질병·부상·폐질 또는 사망에 대한 급여에 대해서는 지방자치단체가 이를 지

급하고, 2002년 이후에도 계속하여 지급하여야 하는 급여에 대해서는 2002년 1월 1일부터 공단이 이를 지급한다.

제24조【장해연금 또는 장해보상금에 관한 경과조치】 법률 제6328호 공무원연금법개정법률 시행일인 2001년 1월 1일 당시 퇴직한 공무원이 폐질상태로 된 경우에도 같은 법 제51조제1항의 개정규정을 적용한다.

제25조【「위험직무 관련 순직공무원의 보상에 관한 법률」의 폐지에 따른 경과조치】 ① 법률 제9905호 공무원연금법 일부개정법률(이하 이 조에서 "같은 법"이라 한다) 시행일인 2010년 1월 1일 당시 「위험직무 관련 순직공무원의 보상에 관한 법률」에 따른 순직유족급여 및 그 수급자는 같은 법에 따른 순직유족급여 및 그 수급자로 본다.
② 같은 법에 따른 순직유족급여의 대상이 되는 순직공무원의 범위는 법률 제7907호 「위험직무 관련 순직공무원의 보상에 관한 법률」 부칙 제2항의 적용례에 따른다.

제26조【유족연금 지급에 관한 경과조치】 법률 제9905호 공무원연금법 일부개정법률 부칙 제11조의 삭제에도 불구하고 법률 제13387호 공무원연금법 일부개정법률(이하 이 조에서 "같은 법"이라 한다) 시행일인 2016년 1월 1일 전에 유족연금을 받고 있던 사람에 대해서는 같은 법으로 개정되기 전의 규정에 따른다.

제27조【순직공무원 등의 용어변경에 따른 경과조치】
① 법률 제13927호 공무원연금법 일부개정법률 시행일인 2016년 7월 28일 당시 같은 법으로 개정되기 전의 규정에 따른 순직공무원과 순직유족급여 및 그 수급자는 같은 법에 따른 위험직무순직공무원과 위험직무순직유족급여 및 그 수급자로 본다.
② 법률 제13927호 공무원연금법 일부개정법률 시행일인 2016년 7월 28일 당시 같은 법으로 개정되기 전의 규정에 따라 유족보상금의 지급대상으로 인정된 사망자는 같은 법에 따른 순직공무원으로 본다.
③ 법률 제13927호 공무원연금법 일부개정법률 시행일인 2016년 7월 28일 당시 같은 법으로 개정되기 전의 규정에 따른 유족보상금과 그 수급자는 같은 법에 따른 순직유족보상금과 그 수급자로 본다.

제28조【법 시행을 위한 준비행위】 인사혁신처장은 이 법 시행을 위하여 필요하다고 인정하는 경우에는 이 법 시행 전에 제7조에 따른 공무원재해보상심의회 위원 선임, 제52조 및 제53조에 따른 공무원재해보상연금위원회 위원 선임, 사무기구 설치 및 전문인력 채용 등 필요한 조치를 할 수 있다.

제29조【다른 법률의 개정】 ①~⑰ ※(해당 법령에 가제정리 하였음)

제30조【다른 법령과의 관계】 이 법 시행 당시 다른 법령에서 종전의 「공무원연금법」 또는 그 규정을 인용하고 있는 경우 이 법에 그에 해당하는 규정이 있는 때에는 종전의 규정을 갈음하여 이 법 또는 이 법의 해당 규정을 인용한 것으로 본다.

부 칙 (2020.12.22)

제1조【시행일】 이 법은 공포 후 6개월이 경과한 날부터 시행한다.

제2조【급여의 제한에 관한 적용례】 ① 제44조제4항의 개정규정은 이 법 시행 전에 재해유족급여 사유가 발생한 사람(법률 제15522호 「공무원 재해보상법」 시행 전에 급여 사유가 발생하여 같은 법 부칙 제13조의 적용을 받는 사람을 포함한다)에 대하여도 적용한다.
② 제1항에 따른 급여의 제한은 이 법 시행 후 최초로 도래하는 급여분부터 적용한다.

부 칙 (2021.3.23)

제1조【시행일】 이 법은 공포한 날부터 시행한다.

제2조【위험직무순직공무원의 요건에 해당하는 재해에 관한 적용례】 제5조제8호의 개정규정은 2021년 1월 1일 이후부터 이 법 시행 전에 발생한 재해에 대해서도 적용한다.

부 칙 (2022.1.11)

제1조【시행일】 이 법은 공포 후 1년이 경과한 날부터 시행한다.(이하 생략)

부 칙 (2022.6.10)

제1조【시행일】 이 법은 공포 후 1년이 경과한 날부터 시행한다.

제2조【공무상 재해의 인정 특례 및 공무원재해보상심의회에 관한 적용례】 제4조의2 및 제6조의 개정규정은 이 법 시행 전에 급여사유가 발생한 경우에도 적용한다.

부 칙 (2022.11.15)

이 법은 공포한 날부터 시행한다.

부 칙 (2023.3.4)

제1조【시행일】 이 법은 공포 후 3개월이 경과한 날부터 시행한다.(이하 생략)

국가공무원 복무규정

(1970년 6월 15일 전개대통령령 제5043호)

개정
1972. 5. 4영 6161호 <중략>
1989. 3. 7영12640호
1993. 2.24영13860호(한국방송통신대학교설치령)
1994. 5.16영14262호
1994.12.23영14438호(직제)
1995.12.14영14825호 1996.12.31영15244호
1999.12. 7영16610호 2001.10.31영17399호
2002. 4.18영17582호 2004. 6.24영18438호
2004.11. 3영18580호(한국철도공사법시)
2005. 6.30영18892호
2006. 6.12영19513호(고위공무원단인사규정)
2006.11. 1영19722호
2007. 5.16영20059호(공무원임용)
2008. 2.29영20741호(직제)
2008. 9.18영21021호 2009.11.30영21861호
2009.12.30영21920호(국립중앙의료원의설립및운영에관한법시)
2010. 5. 4영22151호(전자정부법시)
2010. 7.15영22274호
2010.12.29영22564호(감염병시)
2011. 3. 7영22691호(공무원임용)
2011. 7. 4영23010호
2011. 7. 4영23015호(고용직공무원규정폐지령)
2012. 8.31영24077호(국민보험시)
2013. 3.23영24425호(직제)
2013. 5.31영24554호 2013.12.11영24927호
2013.12.16영25000호(공무원임용)
2014. 6.30영25417호
2014.11.19영25751호(직제)
2015. 3.11영26140호(보안업무규정)
2015.10. 6영26581호
2016. 2. 3영26944호(공무원인재개발법시)
2016.11.22영27608호
2016.11.29영27620호(병역시)
2017. 1.31영27822호(공무원임용)
2017. 3.20영27948호
2017. 7.26영28211호(직제)
2018. 7. 2영29012호
2018. 9.18영29180호(공무원재해보상법시)
2018. 9.18영29181호(공무원연금시)
2018.12.18영29375호
2019.12.24영30256호(산업안전시)
2019.12.31영30310호 2020.10.20영31118호
2021. 6. 1영31709호(한국방송통신대학교설립및운영에관한법시)
2021.11.30영32172호(지방공무원임용)
2021.12.31영32310호 2023. 7.18영33638호
2023.12. 5영33905호

제1장 총 칙
(2011.7.4 본장개정)

제1조【목적】 이 영은 「국가공무원법」 제55조부터 제59조까지, 제59조의2 및 제60조부터 제67조까지의 규정에 따른 국가공무원의 복무에 관한 사항을 규정함을 목적으로 한다.

제2조【선서】 ① 국가공무원(이하 "공무원"이라 한다)은 「국가공무원법」(이하 "법"이라 한다) 제55조에 따라 취임할 때에 소속 기관의 장 앞에서 선서를 하여야 한다.
② 제1항의 선서는 별표1의 선서문에 따른다.
③ 선서의 방법, 절차 및 그 밖에 필요한 사항은 총리령으로 정한다.(2014.11.19 본항개정)

제2조의2【책임 완수】 공무원은 국민 전체의 봉사자로서 직무를 민주적이고 능률적으로 수행하기 위하여 창의와 성실로써 맡은 바 책임을 완수하여야 한다.

제3조【근무기강의 확립】 ① 공무원은 법령과 직무상 명령을 준수하여 근무기강을 확립하고 질서를 존중하여야 한다.
② 공무원(「국가공무원법 제3조제3항의 공무원의 범위에 관한 규정」에 따른 공무원은 제외한다)은 집단·연명(連名)으로 또는 단체의 명의를 사용하여 국가의 정책을 반대하거나 국가정책의 수립·집행을 방해해서는 아니 된다.

제4조【친절·공정한 업무 처리】 ① 공무원은 공사(公私)를 분별하고 인권을 존중하며 친절하고 신속·정확하게 업무를 처리하여야 한다.
② 공무원은 직무를 수행할 때 종교 등에 따른 차별 없이 공정하게 업무를 처리하여야 한다.

제4조의2【비밀 엄수】 공무원이거나 공무원이었던 사람은 직무상 알게 된 다음 각 호의 사항을 타인에게 누설하거나 부당한 목적을 위하여 사용해서는 아니 된다. 다만, 법령에 따라 공개하는 경우는 제외한다.
1. 법령에 따라 비밀로 지정된 사항
2. 정책 수립이나 사업 집행에 관련된 사항으로서 외부에 공개될 경우 정책 수립이나 사업 집행에 지장을 주거나 특정인에게 부당한 이익을 줄 수 있는 사항
3. 개인의 신상이나 재산에 관한 사항으로서 외부에 공개될 경우 특정인의 권리나 이익을 침해할 수 있는 사항
4. 그 밖에 국민의 권익 보호 또는 행정목적 달성을 위하여 비밀로 보호할 필요가 있는 사항

제5조【당직 및 비상근무】 ① 휴일 또는 근무시간 외의 화재·도난 또는 그 밖의 사고의 경계와 문서 처리 및 업무 연락을 하기 위한 일직·숙직·방호원(防護員) 또는 그 밖의 당직근무자는 모든 사고를 방지하여야 하며, 사고가 발생하였을 때에는 신속하게 필요한 조치를 하여야 한다.
② 행정기관의 장은 전시·사변, 천재지변 또는 그 밖에 이에 준하는 비상사태가 발생한 경우 또는 이에 대비하기 위한 훈련을 하는 경우에는 이에 따른 근무상 필요한 조치를 하여야 한다.
③ 당직 및 비상근무에 관하여 필요한 사항은 총리령으로 정한다.(2014.11.19 본항개정)

제6조【출장공무원】 ① 상사의 명을 받아 출장하는 공무원(이하 "출장공무원"이라 한다)은 해당 공무 수행을 위하여 전력을 다하여야 하며, 사적인 일을 위하여 시간을 소비해서는 아니 된다.
② 출장공무원은 지정된 출장기간 내에 그 업무를 완수해야 하며, 출장기간을 변경할 사유가 발생하면 지체 없이 전화, 팩스 또는 그 밖의 방법으로 소속 기관의 장에게 보고하고 그 지시를 받아야 한다. 다만, 신속히 업무를 수행해야 하는 긴급한 사정이 있는 경우에는 사후에 보고할 수 있다.(2019.12.31 본항개정)
③ 출장공무원은 그 출장 용무를 마치고 사무실로 돌아왔을 때에는 지체 없이 소속 기관의 장에게 결과 보고서를 제출하여야 한다. 다만, 경미한 사항에 대한 결과 보고는 말로 할 수 있다.
④ 소속 장관은 대한민국 재외공관에 근무하는 공무원에게 30일의 범위에서 귀국출장을 명할 수 있다. 다만, 특별한 사유가 있을 때에는 국무총리의 사전 승인을 받아 그 출장기간을 연장할 수 있다.
⑤ 소속 기관의 장은 임신 중인 공무원과 태아의 건강을 보호하기 위하여 해당 공무원의 장거리 또는 장기간 출장을 제한할 수 있다.(2017.3.20 본항신설)

제6조의2【겸임근무】 ① 법 제32조의3에 따라 겸임근무하는 사람은 복무에 관하여 본직기관의 장의 지휘·감독을 받는다. 다만, 겸임 업무와 관련한 복무에 관하여는 겸임기관의 장의 지휘·감독을 받는다.
② 겸임근무하는 사람이 겸임 업무와 관련하여 징계 사유에 해당하게 되었을 때에는 그 겸임기관의 장은 그 겸임근무자의 본직기관의 장에게 그 사실을 통보하여야 한다.

제7조【파견근무】 ① 법 제32조의4에 따라 다른 기관에서 파견근무하는 사람은 복무에 관하여 파견받은 기관의 장의 지휘·감독을 받는다.
② 다른 기관에서 파견근무하는 사람이 그 파견 기간 중에 징계 사유에 해당하게 되었을 때에는 파견받은 기관의 장은 그 파견근무자의 소속 기관의 장에게 그 사실을 통보하여야 한다.

제8조【해직된 공무원의 근무】 소속 기관의 장은 사무인계 또는 남은 업무 처리를 위하여 필요한 경우에 해직된 공무원을 15일을 한도로 계속 근무하게 할 수 있다.

제8조의2【복장 및 복제 등】 ① 공무원은 근무 중 그 품위를 유지할 수 있는 단정한 복장을 하여야 한다.
② 공무원은 직무를 수행할 때 제3조에 따른 근무기강을 해치는 정치적 주장을 표시하거나 상징하는 복장 또는 관련 물품을 착용해서는 아니 된다.
③ 특수한 직무에 종사하는 공무원의 제복 착용에 필요한 사항은 법률에 특별한 규정이 있는 경우를 제외하고는 해당 중앙행정기관의 장이 정한다.
④ 공무원 신분증의 발급과 휴대 등에 필요한 사항은 총리령으로 정한다.(2014.11.19 본항개정)

제8조의3【복무 실태의 확인·점검】 ① 중앙행정기관의 장은 소속 공무원의 근무기강을 확립하기 위해 노력해야 하며, 다음 각 호의 조치를 해야 한다.
1. 소속 공무원에 대한 연 1회 이상의 근무시간, 출퇴근, 제10조제2항에 따른 유연근무, 당직, 휴가, 출장 등 복무 실태 점검(2021.12.31 본호개정)
2. 제1호에 따른 점검 결과에 대한 감사기구(「공공감사에 관한 법률」 제2조제5호에 따른 자체감사기구를 말한다)의 후속조치
3. 제1호에 따른 점검 결과 3회 이상 위반행위가 적발된 소속 공무원에 대한 징계의결 요구. 이 경우 전단에 따른 위반행위는 「국가공무원법」 제83조의2제1항에 따른 기간 내에 있는 것이어야 한다.
4. 소속 공무원의 근무기강 확립을 위한 교육 실시
5. 그 밖에 중앙행정기관의 장이 근무기강의 확립을 위해 필요하다고 인정하는 조치
(2019.12.31 본항신설)
② 인사혁신처장은 각급 행정기관에 대하여 그 소속 공무원의 근무시간, 출퇴근, 제10조제2항에 따른 유연근무, 당직, 휴가, 출장 등 복무 실태를 확인하기 위하여 필요한 자료의 제출을 요구할 수 있다. 다만, 긴급하다고 인정되는 경우에는 인사혁신처 소속 공무원으로 하여금 각급 행정기관의 복무 실태를 확인·점검하도록 할 수 있다.
(2021.12.31 본문개정)
③ 인사혁신처장은 제2항에 따른 확인·점검 결과를 해당 행정기관에 통보하고, 시정 또는 보완이 필요하다고 인정되는 경우에는 그 시정 또는 보완 등 필요한 조치를 요구할 수 있다.(2019.12.31 본항개정)
④ 제1항부터 제3항까지의 규정에 따른 복무 실태의 확인·점검 등에 관하여 필요한 사항은 인사혁신처장이 정한다.(2019.12.31 본항신설)
(2014.11.19 본조개정)

제2장 근무시간
(2011.7.4 본장개정)

제9조【근무시간 등】 ① 공무원의 1주간 근무시간은 점심시간을 제외하고 40시간으로 하며, 토요일은 휴무(休務)함을 원칙으로 한다.
② 공무원의 1일 근무시간은 오전 9시부터 오후 6시까지로 하며, 점심시간은 낮 12시부터 오후 1시까지로 한다. 다만, 행정기관의 장은 직무의 성질, 지역 또는 기관의 특수성을 고려하여 필요하다고 인정할 때에는 1시간의 범위에서 점심시간을 달리 정하여 운영할 수 있다.
③ 1주 40시간 근무에 관하여 필요한 사항은 인사혁신처장이 정한다.(2014.11.19 본항개정)
④「전자정부법」제32조제3항에 따라 온라인 원격근무를 실시하는 행정기관의 장은 소속 공무원 중 원격근무자의 근무에 관하여 필요한 사항을 소속 중앙행정기관의 장의 승인을 받아 따로 정할 수 있다.(2018.7.2 본항개정)
제10조【근무시간 등의 변경】 ① 중앙행정기관의 장은 직무의 성질, 지역 또는 기관의 특수성에 따라 필요하다고 인정할 때에는 해당 중앙행정기관 또는 그 소속 기관(이하 이 조에서 "소속 행정기관"이라 한다)의 공무원에 대하여 제9조제1항 및 제2항에 따른 통상의 근무시간 또는 근무일을 변경하여 근무하게 할 수 있다. 이 경우 중앙행정기관의 장은 변경하려는 내용과 이유를 미리 인사혁신처장에게 통보하여야 한다.(2014.11.19 후단개정)
② 공무원은 소속 행정기관의 장에게 제9조제1항 및 제2항에 따른 통상의 근무시간·근무일을 변경하는 근무 또는 제9조제4항에 따른 온라인 원격근무(이하 "유연근무"라 한다)를 신청할 수 있다.
③ 공무원이 유연근무를 신청한 경우 소속 행정기관의 장은 공무 수행에 특별한 지장이 없으면 이를 승인하여야 하며, 유연근무를 이유로 그 공무원의 보수·승진 및 근무성적평정 등에서 부당한 불이익을 주어서는 아니 된다.(2015.10.6 본항개정)
④ 유연근무 실시의 범위, 유형, 실시 절차와 그 밖에 필요한 사항은 인사혁신처장이 정한다.(2014.11.19 본항개정)
제11조【시간외근무 및 공휴일 등 근무】 ① 행정기관의 장은 민원 편의 등 공무 수행을 위하여 필요하다고 인정할 때에는 제9조 및 제10조에도 불구하고 근무시간 외의 근무(이하 "시간외근무"라 한다)를 명하거나 토요일 또는 공휴일 근무를 명할 수 있다.(2020.10.20 본항개정)
② 행정기관의 장은 제1항에 따라 근무를 한 공무원에 대하여 그 다음 정상근무일을 휴무하게 할 수 있다. 다만, 해당 행정기관의 업무 사정이나 그 밖의 부득이한 사유가 있는 경우에는 다른 정상근무일을 지정하여 휴무하게 할 수 있다.(2020.10.20 본문개정)
③ 제1항에도 불구하고 행정기관의 장은 임신 중인 공무원 또는 출산 후 1년이 지나지 않은 공무원에게 오후 9시부터 오전 8시까지의 시간과 토요일 및 공휴일에 근무를 명할 수 없다. 다만, 다음 각 호의 어느 하나에 해당하는 경우에는 그렇지 않다.(2021.12.31 본문개정)
1. 임신 중인 공무원이 신청하는 경우
2. 출산 후 1년이 지나지 않은 공무원의 동의가 있는 경우 (2021.12.31 본호개정)

(2017.3.20 본항신설)
④ 제1항에 따라 근무를 한 공무원은「공무원수당 등에 관한 규정」제15조에 따른 시간외근무수당의 지급 범위에서 시간외근무수당을 지급받는 대신에 해당 근무시간을 연가로 전환할 수 있다.(2018.7.2 본항신설)
⑤ 제2항 및 제4항에서 규정한 사항 외에 휴무 부여 기준, 시간외근무 시간의 연가 전환 절차 등에 관하여 필요한 사항은 인사혁신처장이 정한다.(2020.10.20 본항개정)
제12조【현업 공무원 등의 근무시간과 근무일】 다음 각 호의 기관에 소속된 공무원의 근무시간과 근무일은 그 기관의 장이 소속 중앙행정기관의 장의 승인을 받아 따로 정할 수 있다.
1. 현업기관
2. 제1호 외에 직무 성질상 상시근무 체제를 유지할 필요가 있거나 토요일 또는 공휴일에도 정상근무를 할 필요가 있는 기관
3.「책임운영기관의 설치·운영에 관한 법률」에 따라 설치된 책임운영기관

제2장의2 공무국외출장 등
(2016.11.22 본장신설)

제13조【적용범위】 ① 이 장은 다음 각 호의 어느 하나에 해당하는 파견, 출장 또는 부임(이하 "공무국외출장등"이라 한다)의 경우에 적용한다.
1. 행정부 소속 공무원이 공무의 수행이나 그 밖에 그 직무와 관련하여 국외에 파견되거나 출장·부임하는 경우
2. 제1호에 해당하는 사람 외의 사람이 행정부의 예산으로 공무의 수행을 위하여 국외에 파견되거나 출장하는 경우. 이 경우 국외에 파견되거나 출장하는 사람은 해당 공무 수행을 주관하는 기관의 소속 공무원으로 본다.
② 제1항에도 불구하고 다음 각 호의 어느 하나에 해당하는 경우에는 제13조의8만 적용한다.
1.「정부대표 및 특별사절의 임명과 권한에 관한 법률」에 따라 국외에 파견되는 경우
2.「국제과학기술협력 규정」에 따라 국외에 파견되는 경우
3. 행정부의 인사발령에 따라 재외공관 또는 국외사무소에 부임하는 경우
4. 군사원조계획에 따라 파견되거나 긴급을 요하는 군사작전상의 목적으로 국외에 출장하는 경우
5.「공무원 인재개발법」 또는「군위탁생규정」에 따른 교육훈련을 위하여 국외에 파견되는 경우
6.「재외국민의 교육지원 등에 관한 법률」에 따라 국외에 파견되는 경우
7.「공무원임용령」에 따라 국외에 파견되는 경우
8. 외교부의 고유 업무 처리를 위하여 국외에 파견되거나 출장하는 경우
9. 국가정보원의 직무수행을 위하여 국외에 파견되거나 출장하는 경우
③ 제1항 및 제2항에도 불구하고 인사혁신처장이 정하는 차관급 상당 이상의 공무원(이하 "고위공직자"라 한다) 및 고위공직자의 수행원·동행인이 국외에 출장하는 경우에는 제13조의2제2항·제3항, 제13조의4제1항 및 제13조의6제3항만 적용한다.
제13조의2【허가권자】 ① 공무국외출장등은 공무국외출장등을 하게 되는 사람(이하 "공무국외출장자 등"이라 한다)의 소속 장관(「공무원임용령」제2조제3호에 따른 소속 장관을 말한다. 다만, 파견 중인 공무원의 경우에는 파견받은 기관의 장을 말한다. 이하 이 조에서 같다)이 허가한다.
② 고위공직자의 국외 출장은 소속 장관이 출국예정 10일(토요일 및 공휴일은 제외한다) 전에 미리 출장 일정, 인적 구성 및 여비내역(이하 "출장일정등"이라 한다)을 구체적으로 밝혀 외교부장관에게 국외 출장의 허가를 요청하고, 외교부장관의 제청으로 국무총리가 허가한다. 다만, 대통령 소속 기관의 장의 국외 출장은 대통령이 허가하고, 차관급 상당의 공무원[국무총리 직속 및 소속의 공무원과 외청장(外廳長)은 제외한다]의 국외 출장은 소속장관이 허가한다.
③ 제2항에 따른 절차를 거칠 시간적 여유가 없는 긴급한 경우에는 소속 장관이 출장일정등을 외교부장관에게 구두로 통보한 후 대통령 또는 국무총리의 허가를 직접 받을 수 있다. 이 경우 소속 장관은 허가를 받은 후 출장일정등을 외교부장관에게 서면으로 통보하여야 한다.
제13조의3【심사위원회의 설치】 ① 소속 장관은 다음 각 호의 어느 하나에 해당하는 공무국외출장등의 타당성을 심사하기 위해 소속 공무원 및 민간전문가로 구성되는 심사위원회를 설치·운영해야 한다.(2019.12.31 본문개정)
1. 공무국외출장등에 소요되는 경비의 전부 또는 일부를 공무국외출장자등의 소속기관이 아닌 기관·단체(외국의 정부기관 및 국제기구는 제외한다) 또는 개인이 부담하는 공무국외출장등
2. 각종 시찰, 견학, 참관 또는 자료수집 등을 주된 목적으로 하는 공무국외출장등과 그 연간운영계획
3. 소속 공무원에 대한 포상 또는 격려 등을 위한 공무국외출장등과 그 연간운영계획
4. 해당 기관이 주관하는 10명 이상의 단체 공무국외출장등
5. 그 밖에 소속 장관이 심사위원회의 심사를 거칠 필요가 있다고 인정하는 공무국외출장등

② 제1항의 심사위원회의 구성·운영 등에 필요한 사항 및 심사위원회의 심사기준은 인사혁신처장이 정하는 기준에 따라 소속 장관이 정한다.(2019.12.31 본항개정)
제13조의4【정세 설명】 ① 외교부장관은 공무국외출장등의 목적과 특히 관련되는 외교상의 문제를 포함한 방문국의 국내정세 등 참고사항을 출국 전에 공무국외출장자등에게 설명하여야 한다. 이 경우 외교부장관은 공무국외출장등의 목적 및 방문국을 고려하여 설명 대상자의 범위를 조정할 수 있다.
② 소속 장관은 공무국외출장자등에게 제1항에 따른 정세 설명을 듣도록 하여야 한다.
③ 외교부장관은 제1항에 따른 설명의 실시 결과를 월별로 작성하여 그 다음 달 15일까지 대통령에게 보고하여야 한다.
제13조의5【보고】 ① 공무국외출장자등은 목적지에 도착하면 즉시 그 지역을 관할하는 재외공관장에게 도착신고를 하여야 하며, 재외공관장으로부터 주의사항 및 참고사항을 들어야 한다.
② 공무국외출장자등은 국외에서 업무수행 중 특수한 사정이 발생하였거나 지정된 기일 내에 목적을 수행하지 못할 경우에는 즉시 재외공관장을 거쳐 소속 장관에게 보고하고, 그 지시를 받아야 한다.
③ 재외공관장은 공무국외출장자등의 언행이 국위(國威)를 손상하거나 대한민국 국민으로서 품위를 훼손한다고 인정되는 경우에는 즉시 외교부장관에게 보고하여야 하며, 외교부장관은 이를 소속 장관에게 통보하여야 한다.
제13조의6【보고서 제출 및 등록】 ① 공무국외출장등을 마치고 귀국한 공무국외출장자등은 30일 이내에 인사혁신처장이 정하는 사항이 포함된 공무국외출장등의 결과보고서를 소속 장관에게 제출하여야 한다.
② 소속 장관은 제1항에 따라 제출받은 공무국외출장등의 결과보고서를 제출받은 날부터 15일 이내 인사혁신처가 구축한 정보유통망에 등록하여야 한다. 다만, 국가기밀의 보호, 보안유지 등을 위하여 필요한 경우로서 소속장관이 그 사유를 구체적으로 밝혀 인사혁신처장에게 통보한 경우에는 그러하지 아니하다.(2017.3.20 본문개정)
③ 공무국외출장자등은 출장 결과 중 외교 업무와 관련된 사항이 있는 경우에는 귀국 후 14일 이내에 해당 사항을 서면으로 외교부장관에게 통보하거나 보고하여야 한다.
④ 인사혁신처장 및 그 밖의 소속 장관은 공무국외출장등으로 수집된 정보의 공동활용을 위하여 지방자치단체의 장, 지방의회의 의장과「공공기관의 운영에 관한 법률」제4조에 따른 공공기관의 장에게 그 소속 직원의 공무국외출장등의 결과보고서를 제2항 본문에 따른 정보유통망에 등록하도록 협조를 요청할 수 있다.(2021.11.30 본항개정)
⑤ 제2항 본문 및 제4항에서 규정한 사항 외에 공무국외출장등의 결과보고서의 공동활용을 위한 정보유통망의 구축 및 운영에 필요한 사항은 인사혁신처장이 정한다.
제13조의7【허가권의 위임】 소속 장관은 제13조의2에 따른 공무국외출장등에 관한 허가권을 바로 아래 하급행정기관의 장에게 위임할 수 있다.
제13조의8【사후관리 등】 ① 소속 장관은 공무국외출장등을 마치고 귀국한 공무원에 대하여 그가 습득한 지식 또는 기술을 관련 직무 분야에서 충분히 활용할 수 있게 하여야 한다.
② 소속 장관은 소속 공무원 중에서 제13조의6에 따른 공무국외출장등의 결과보고서의 제출, 등록 및 그 밖에 공무국외출장등의 사후관리에 관한 업무를 담당할 사람을 지정하여야 한다.
③ 국무총리는 필요한 경우 인사혁신처장으로 하여금 공무국외출장등의 허가 업무에 관하여 지도·감독하게 할 수 있다.

제3장 휴 가
(2011.7.4 본장개정)

제14조【휴가의 종류】 공무원의 휴가는 연가(年暇), 병가, 공가(公暇) 및 특별휴가로 구분한다.
제15조【연가 일수】 ① 공무원의 재직기간별 연가 일수는 다음과 같다. 다만, 법 제28조제2항제2호·제3호 및 제10호에 따라 임용된 경력직공무원 및 특수경력직공무원의 재직기간이 5년 미만이면서 인사혁신처장이 정하는 공무원 경력 외의 유사경력이 있는 경우에는 5년 미만의 재직기간별 연가 일수에 각각 3일을 더한다.

재직기간	연가 일수
1개월 이상 1년 미만	11
1년 이상 2년 미만	12
2년 이상 3년 미만	14
3년 이상 4년 미만	15
4년 이상 5년 미만	17
5년 이상 6년 미만	20
6년 이상	21

(2023.7.18 단서개정)
② 제1항에서 "재직기간"이란「공무원연금법」제25조제1항부터 제3항까지의 규정에 따르되, 연월일수(年月日數)로 계산한 재직기간을 말하며, 휴직기간, 정직기간, 직위해제기간 및 강등 처분에 따라 직무에 종사하지 못하는 기간은 산입(算入)하지 아니한다. 다만, 다음 각 호의 휴직기간은 재직기간에 산입한다.(2018.9.18 본문개정)
1. 법 제71조제2항제4호의 사유에 따른 휴직으로「공무원임용령」제31조제2항제1호다목에 따른 휴직기간 (2018.7.2 본호개정)
2. 법령에 따른 의무 수행으로 인한 휴직
3.「공무원 재해보상법」에 따른 공무상 질병 또는 부상으로 인한 휴직(2018.9.18 본호개정)

③ 연도 중 결근·휴직(법 제71조제1항제1호에 따른 휴직 중 공무상 질병 또는 부상으로 인한 휴직은 제외한다)·정직·강등·직위해제된 사실 및 인사혁신처장이 정하는 사실상 직무에 종사하지 않은 기간이 없는 공무원으로서 다음 각 호의 어느 하나에 해당하는 공무원에 대해서는 다음 해에만 제1항의 재직기간별 연가 일수에 각각 1일을 더한다.(2019.12.31 본문개정)
1. 병가(제18조제2항에 따른 병가는 제외한다)를 받지 않은 공무원(2019.12.31 본호개정)
2. 제16조제5항에 따른 연가보상비를 받지 못한 연가 일수가 남아 있는 공무원

제15조의2 (1981.6.24 삭제)
제16조【연가계획 및 승인】 ① 행정기관의 장은 소속 공무원이 자유롭게 연가를 사용하여 심신을 새롭게 하고 공·사(公·私) 생활의 만족도를 높여 직무 생산성을 높일 수 있도록 특정한 계절에 치우치지 아니하게 연가계획을 수립하여 실시하여야 한다.
② (2015.10.6 삭제)
③ 연가는 오전 또는 오후의 반일(半日) 단위로 승인할 수 있으며, 반일 연가 2회는 연가 1일로 계산한다.
④ 행정기관의 장은 연가 신청을 받았을 때에는 공무 수행에 특별한 지장이 없으면 승인하여야 한다.
⑤ 공무상 연가를 승인할 수 없거나 해당 공무원이 연가를 활용하지 아니한 경우에는 예산의 범위에서 연가 일수(제11조제4항에 따라 전환된 연가는 제외하되, 인사혁

신처장이 정하는 사유에 해당하는 경우에는 포함한다. 이하 이 항에서 같다)에 해당하는 연가보상비를 지급하는 것으로 연가를 갈음할 수 있다. 이 경우 연가보상비를 지급할 수 있는 연가대상 일수는 20일을 초과할 수 없다.(2018.7.2 전단개정)

⑥ 행정기관의 장은 소속 공무원에게 제15조제1항에 따른 연가 일수가 없거나 재직기간별 연가 일수를 초과하는 휴가 사유가 발생한 경우에는 제15조제1항에 따른 재직기간 구분 중 그 다음 재직기간의 연가 일수를 다음 표에 따라 미리 사용하게 할 수 있다.

재직기간	미리 사용하게 할 수 있는 최대 연가
1년 미만	5
1년 이상 2년 미만	6
2년 이상 3년 미만	7
3년 이상 4년 미만	8
4년 이상	10

(2018.7.2 본항개정)
(2015.10.6 본조개정)

제16조의2【연가 사용의 권장】 ① 행정기관의 장은 소속 공무원의 연가 사용을 촉진하기 위하여 매년 3월 31일까지 소속 공무원이 그 해에 최소한으로 사용해야 할 10일 이상의 권장 연가 일수와 미사용 권장 연가 일수에 대한 연가보상비 지급 여부 등을 정하여 공지해야 하며, 연가 사용 촉진에 특히 필요하다고 인정하면 권장 연가 일수 중 미사용 연가 일수에 대해서는 제16조제5항에 따른 연가보상비를 지급하지 않을 수 있다.(2019.12.31 본항개정)

② 행정기관의 장은 연가 사용 촉진이 특히 필요하다고 인정하는 경우에는 권장 연가 일수(연가보상비를 지급하지 않는 경우로 한정한다)를 제외한 연가 일수의 전부 또는 일부에 대하여 다음 각 호의 조치를 할 수 있다.

1. 매년 6월 1일부터 7월 31일까지의 기간 중에 행정기관의 장이 소속 공무원별로 사용해야 할 연가 일수를 알려주고, 소속 공무원이 그 사용 시기를 정하여 10일 이내에 행정기관의 장에게 통보하도록 촉구
2. 소속 공무원이 제1호에 따른 촉구에도 불구하고 행정기관의 장에게 연가의 사용 시기를 통보하지 않으면 행정기관의 장은 그 해 10월 31일까지 제1호에 따라 알려준 연가 중 사용하지 않은 연가의 사용 시기를 정하여 소속 공무원에게 통보

(2019.12.31 본항개정)

③ 행정기관의 장은 제2항 각 호에 따른 조치를 하였음에도 불구하고 소속 공무원이 해당 연가를 사용하지 아니한 경우에는 그에 해당하는 연가보상비를 지급하지 아니할 수 있다.(2018.7.2 본항신설)

④ 제12조제1호 또는 제2호에 따른 기관의 장은 제2항에도 불구하고 해당 기관에 소속된 공무원으로서 근무시간과 근무일이 따로 정해진 공무원의 권장 연가 일수(연가보상비를 지급하지 않는 경우로 한정한다)를 제외한 연가 일수의 전부 또는 일부에 대하여 제2항에 따른 조치와 다른 조치를 할 수 있으며, 필요하다고 인정하는 경우 그 권한을 하급행정기관의 장에게 위임할 수 있다.
(2018.12.18 본항신설)

제16조의3【연가의 저축】 ① 공무원은 연가보상비를 지급받을 수 있는 연가 일수 및 제11조제4항에 따라 전환된 연가 일수 중 사용하지 않고 남은 연가 일수를 그 해의 마지막 날을 기준으로 이월·저축하여 사용할 수 있다.
(2023.7.18 본항개정)

② 제1항에 따라 이월·저축한 연가(이하 "저축연가"라 한다) 일수는 이월·저축한 다음 연도부터 10년 이내에 사용하지 않으면 소멸된다.

③ 저축연가와 제2항에 따라 소멸된 저축연가에 대해서는 인사혁신처장이 정하는 사유를 제외하고는 제16조제5항에 따른 연가보상비를 지급하지 않는다.

④ 제1항부터 제3항까지에서 규정한 사항 외에 연가의 이월·저축 방법, 저축연가의 사용 절차, 저축연가에 대한 연가보상비 지급 등에 필요한 사항은 인사혁신처장이 정한다.
(2021.12.31 본조개정)

제16조의4【10일 이상 연속된 연가 사용의 보장】 ① 행정기관의 장은 소속 공무원이 제15조제1항에 따른 연가 일수 또는 제16조의3제1항에 따른 저축연가 일수를 활용하여 충분한 휴식, 가족화합 또는 자기계발 등을 위하여 3개월 이전에 10일 이상 연속된 연가 일수 사용을 신청한 경우에는 공무 수행에 특별한 지장이 없으면 이를 승인하여야 한다. 이 경우 행정기관의 장은 연가 사용에 따른 업무대행자 지정, 인력 보충 등 원활한 업무 수행과 자유로운 연가 사용 보장에 필요한 조치를 하여야 한다.

② 제1항에서 규정한 사항 외에 10일 이상 연속된 연가 사용의 신청 절차 등에 관하여 필요한 사항은 인사혁신처장이 정한다.
(2015.10.6 본조신설)

제17조【연가 일수에서의 공제】 ① 결근 일수, 정직 일수, 직위해제 일수 및 강등 처분에 따라 직무에 종사하지 못하는 일수는 연가 일수에서 뺀다. 다만, 「공무원임용령」 제31조제2항제2호에 따른 기간 중 직무에 종사하지 못하는 일수는 연가 일수에서 빼지 아니한다.(2018.7.2 단서신설)

② 연도 중 임용되거나 휴직 또는 퇴직하는 등의 사유로 인사혁신처장이 정하는 사실상 직무에 종사하지 아니한 기간이 있는 경우의 연가 일수는 다음의 계산식에 따라 산정한다. 이 경우 해당 연도 중 사실상 직무에 종사한 기간은 개월 수로 환산하여 계산하되, 15일 이상은 1개월로 계산하고, 15일 미만은 산입하지 아니하며, 계산식에 따라 산출된 소수점 이하의 일수는 반올림한다.

$$\frac{\text{해당 연도 중 사실상 직무에 종사한 기간(개월)}}{\text{12(개월)}} \times \text{해당 연도의 연가 일수}$$

(2018.7.2 본항개정)

③ 제2항에 따른 사실상 직무에 종사하지 아니한 기간이 있는 공무원이 같은 항의 계산식에 따른 연가 일수(제16조의3에 따른 저축연가 일수를 포함한다)를 초과하여 사용한 연가 일수(인사혁신처장이 정하는 경우에는 제16조제6항에 따라 미리 사용한 연가 일수를 포함한다)는 결근으로 본다.(2018.7.2 본항신설)

④ 질병이나 부상 외의 사유로 인한 지각·조퇴 및 외출은 누계 8시간을 연가 1일로 계산한다.

⑤ 제18조제1항에 따른 병가 중 연간 6일을 초과하는 병가 일수는 연가 일수에서 뺀다. 다만, 의사의 진단서가 첨부된 병가 일수는 연가 일수에서 빼지 아니한다.

제18조【병가】 ① 행정기관의 장은 소속 공무원이 다음 각 호의 어느 하나에 해당할 경우에는 연 60일의 범위에서 병가를 승인할 수 있다. 이 경우 질병이나 부상으로 인한 지각·조퇴 및 외출은 누계 8시간을 병가 1일로 계산하고, 제17조제5항에 따라 연가 일수에서 빼는 병가는 병가 일수에 산입하지 아니한다.(2018.7.2 후단개정)

1. 질병 또는 부상으로 인하여 직무를 수행할 수 없을 때
2. 감염병에 걸려 그 공무원의 출근이 다른 공무원의 건강에 영향을 미칠 우려가 있을 때

② 행정기관의 장은 소속 공무원이 공무상 질병 또는 부상으로 직무를 수행할 수 없거나 요양이 필요할 경우에는 연 180일의 범위에서 병가를 승인할 수 있다.
(2015.10.6 본항개정)

③ 병가 일수가 연간 6일을 초과하는 경우에는 의사의 진단서를 첨부하여야 한다.(2018.7.2 본항개정)

제19조【공가】 행정기관의 장은 소속 공무원(제11조의 경우 「공무원의 노동조합 설립 및 운영 등에 관한 법률 시행령」 제3조의3제2항에 따른 근무시간 면제자는 제외한다)이 다음 각 호의 어느 하나에 해당하는 경우에는 이에 직접 필요한 기간 또는 시간을 공가로 승인해야 한다.(2023.12.5 본문개정)

1. 「병역법」이나 그 밖의 다른 법령에 따른 병역판정검사·소집·검열점호 등에 응하거나 동원 또는 훈련에 참가할 때(2016.11.29 본호개정)
2. 공무와 관련하여 국회, 법원, 검찰, 경찰 또는 그 밖의 국가기관에 소환되었을 때(2020.10.20 본호개정)
3. 법률에 따라 투표에 참가할 때
4. 승진시험·전직시험에 응시할 때
5. 원격지(遠隔地)로 전보(轉補) 발령을 받고 부임할 때
6. 「산업안전보건법」 제129조부터 제131조까지의 규정에 따른 건강진단, 「국민건강보험법」 제52조에 따른 건강검진 또는 「결핵예방법」 제11조제1항에 따른 결핵검진 등을 받을 때(2019.12.24 본호개정)
7. 「혈액관리법」에 따라 헌혈에 참가할 때
8. 「공무원 인재개발법 시행령」 제32조제5호에 따른 외국어능력에 관한 시험에 응시할 때(2016.2.3 본호개정)
9. 올림픽, 전국체전 등 국가적인 행사에 참가할 때
10. 천재지변, 교통 차단 또는 그 밖의 사유로 출근이 불가능할 때
11. 「공무원의 노동조합 설립 및 운영 등에 관한 법률」 제9조에 따른 교섭위원으로 선임(選任)되어 단체교섭 및 단체협약 체결에 참석하거나 같은 법 제17조 및 「노동조합 및 노동관계조정법」 제17조에 따른 대의원회(「공무원의 노동조합 설립 및 운영 등에 관한 법률」에 따라 설립된 공무원 노동조합의 대의원회를 말하며, 연 1회로 한정한다)에 참석할 때(2018.7.2 본호개정)
12. 공무국외출장등을 위하여 「검역법」 제5조제1항에 따른 검역관리지역 또는 중점검역관리지역으로 가기 전에 같은 법에 따른 검역감염병의 예방접종을 할 때
(2021.12.31 본호개정)
13. 「감염병의 예방 및 관리에 관한 법률」에 따른 제1급감염병에 대하여 같은 법 제24조 또는 제25조에 따라 필수예방접종 또는 임시예방접종을 받거나 같은 법 제42조제2항제3호에 따라 감염 여부 검사를 받을 때
(2021.12.31 본호신설)

제20조【특별휴가】 ① 행정기관의 장은 소속 공무원이 결혼하거나 그 밖의 경조사가 있는 경우에는 해당 공무원의 신청에 따라 별표2의 기준에 따른 경조사휴가를 주어야 한다.(2017.3.20 본항개정)

② 행정기관의 장은 임신 중인 공무원에게 출산 전과 출산 후를 통하여 90일(한 번에 둘 이상의 자녀를 임신한 경우에는 120일)의 출산휴가를 승인하되, 출산 후의 휴가기간이 45일(한 번에 둘 이상의 자녀를 임신한 경우에는 60일) 이상이 되도록 해야 한다. 다만, 행정기관의 장은 임신 중인 공무원이 다음 각 호의 어느 하나에 해당하는 사유로 출산휴가를 신청하는 경우에는 출산 전 어느 때라도 최장 44일(한 번에 둘 이상의 자녀를 임신한 경우에는 59일)의 범위에서 출산휴가를 나누어 사용할 수 있도록 해야 한다.(2021.12.31 본문개정)

1. 임신 중인 공무원이 유산(「모자보건법」 제14조제1항에 따라 허용되는 경우 외의 인공임신중절에 의한 유산은 제외한다. 이하 제3호를 제외하고 같다)·사산의 경험이 있는 경우
2. 임신 중인 공무원이 출산휴가를 신청할 당시 연령이 40세 이상인 경우(2023.7.18 본호개정)
3. 임신 중인 공무원이 유산·사산 또는 조산(早産)의 위험이 있다는 의료기관의 진단서를 제출한 경우
(2021.12.31 본호개정)

(2014.6.30 본항개정)

③ 여성공무원은 생리기간 중 휴식을 위하여 매월 1일의 여성보건휴가를 받을 수 있다. 이 경우 여성보건휴가는 무급으로 한다.(2019.12.31 본항개정)

④ 임신 중인 여성공무원은 1일 2시간의 범위에서 휴식이나 병원 진료 등을 위한 모성보호시간을 받을 수 있다. 이 경우 모성보호시간의 사용 기준 및 절차 등에 관하여 필요한 사항은 인사혁신처장이 정한다.(2018.7.2 본항개정)

⑤ 5세 이하의 자녀가 있는 공무원은 자녀를 돌보기 위하여 24개월의 범위에서 1일 최대 2시간의 육아시간을 받을 수 있다. 이 경우 육아시간의 사용 기준 및 절차 등에 관하여 필요한 사항은 인사혁신처장이 정한다.(2018.7.2 본항개정)

⑥ 한국방송통신대학교에 재학 중인 공무원은 「한국방송통신대학교 설립 및 운영에 관한 법률」 제9조제1항에 따른 출석수업에 참석하기 위하여 제15조의 연가 일수를 초과하는 출석수업 기간에 대한 수업휴가를 받을 수 있다.(2021.6.1 본항개정)

⑦~⑧ (2005.6.30 삭제)

⑨ 「재난 및 안전관리 기본법」 제3조제1호에 따른 재난으로 피해[배우자, 부모(배우자의 부모를 포함한다) 또는 자녀가 입은 피해를 포함한다. 이하 이 항에서 같다]를 입은 공무원과 재난 발생 지역에서 자원봉사활동을 하려는 공무원은 5일(같은 법 제14조제1항에 따른 대규모 재난으로 피해를 입은 공무원으로서 장기간 피해 수습이 필요하다고 소속 행정기관의 장이 인정하는 경우에는 10일) 이내의 재해구호휴가를 받을 수 있다.(2020.10.20 본항개정)

⑩ 행정기관의 장은 소속 여성공무원이 유산하거나 사산한 경우 해당 공무원이 신청하면 다음 각 호의 구분에 따른 유산휴가 또는 사산휴가를 주어야 한다.(2019.12.31 본문개정)

1. 임신기간이 15주 이내인 경우 : 유산하거나 사산한 날부터 10일까지(2019.12.31 본호개정)
2. 임신기간이 16주 이상 21주 이내인 경우 : 유산하거나 사산한 날부터 30일까지
3. 임신기간이 22주 이상 27주 이내인 경우 : 유산하거나 사산한 날부터 60일까지
4. 임신기간이 28주 이상인 경우 : 유산하거나 사산한 날부터 90일까지

⑪ 행정기관의 장은 소속 남성공무원의 배우자가 유산하거나 사산한 경우 해당 공무원이 신청하면 제10항 각 호의 구분에 따른 기간 중 3일의 유산휴가 또는 사산휴가를 주어야 한다.(2019.12.31 본항신설)

⑫ 인공수정 또는 체외수정 등 난임치료 시술을 받는 공무원은 다음 각 호의 구분에 따라 난임치료시술휴가를 받을 수 있다.(2021.12.31 본문개정)

1. 여성공무원 : 다음 각 목의 어느 하나에 해당하는 경우 해당 목에서 정한 기간
   가. 인공수정 등 시술을 받는 경우 : 총 2일(시술 당일에 1일과 시술일 전날, 시술일 후 2일 이내이거나 시술 관련 진료일 중에 1일)
   나. 동결 보존된 배아를 이식하는 체외수정 시술을 받는 경우 : 총 3일(시술 당일에 1일과 시술일 전날, 시술일 후 2일 이내이거나 시술 관련 진료일 중에 2일)
   다. 난자 채취를 하여 체외수정 시술을 받는 경우 : 총 4일(난자 채취일에 1일, 시술 당일에 1일과 시술일 전날, 난자 채취일 전날, 시술일 후 2일 이내, 난자 채취일 후 2일 이내이거나 시술 관련 진료일 중에 2일)
2. 남성공무원 : 정자 채취일에 1일

(2021.12.31 1호~2호신설)

⑬ 행정기관의 장은 소속 공무원이 국가 또는 해당 기관의 주요 업무를 성공적으로 수행하여 탁월한 성과와 공로가 인정되는 경우에는 10일 이내의 포상휴가를 줄 수 있다. 이 경우 탁월한 성과와 공로에 대한 판단의 기준은 인사혁신처장이 정한다.(2015.10.6 본항신설)

⑭ 공무원은 다음 각 호의 어느 하나에 해당하는 경우 연간 10일의 범위에서 가족돌봄휴가를 받을 수 있다.

1. 「영유아보육법」에 따른 어린이집, 「유아교육법」에 따른 유치원 및 「초·중등교육법」 제2조 각 호의 학교(이하 이 항에서 "어린이집등"이라 한다)의 휴업·휴원·휴교, 그 밖에 이에 준하는 사유로 자녀 또는 손자녀를 돌봐야 하는 경우
2. 자녀 또는 손자녀가 다니는 어린이집등의 공식 행사 또는 교사와의 상담에 참여하는 경우
3. 미성년자 또는 「장애인복지법」 제2조제2항에 따른 장애인(이하 이 조에서 "장애인"이라 한다)인 자녀·손자녀의 병원 진료(「국민건강보험법」 제52조에 따른 건강검진 또는 「감염병의 예방 및 관리에 관한 법률」 제24조 및 제25조에 따른 예방접종을 포함한다)에 동행하는 경우

4. 질병, 사고, 노령 등의 사유로 조부모, 외조부모, 부모(배우자의 부모를 포함한다), 배우자, 자녀 또는 손자녀를 돌봐야 하는 경우
(2020.10.20 본항개정)
⑮ 제14항에 따른 가족돌봄휴가는 무급으로 하되, 자녀(같은 항 제4호의 경우에는 미성년자 또는 장애인인 자녀로 한정한다)를 돌보기 위한 가족돌봄휴가는 연간 2일(자녀가 2명 이상이거나 장애인인 경우 또는 해당 공무원이 「한부모가족지원법」 제4조제1호의 모 또는 부에 해당하는 경우에는 3일)까지 유급으로 한다.(2020.10.20 본항신설)
⑯ 여성공무원은 임신기간 중 검진을 위해 10일의 범위에서 임신검진휴가를 받을 수 있다.(2019.12.31 본항신설)
⑰ 행정기관의 장은 소속 공무원이 다음 각 호의 요건을 모두 충족하는 경우 4일의 범위에서 심리상담, 진료 및 휴식을 위한 심리안정휴가를 줄 수 있다. 이 경우 사건·사고 등 심리안정휴가의 세부 인정 기준, 심리안정휴가의 부여 방법 및 사용 절차에 관하여 필요한 사항은 인사혁신처장이 정한다.
1. 「공무원 재해보상법」 제5조 각 호의 어느 하나에 해당하는 직무를 수행하는 과정에서 인명피해가 있는 사건·사고를 경험했을 것
2. 제1호에 따른 인명피해가 있는 사건·사고의 경험으로 인해 심리적 안정과 정신적 회복이 필요하다고 인정될 것
(2023.7.18 본항신설)
제21조 (1972.5.4 삭제)
제22조【휴가기간 중의 토요일 또는 공휴일】 휴가기간 중의 토요일 또는 공휴일은 그 휴가 일수에 산입하지 않는다. 다만, 다음 각 호의 어느 하나에 해당하는 경우에는 그 휴가 일수에 토요일 또는 공휴일을 산입한다.
(2021.12.31 본문개정)
1. 같은 연도 내 제18조제1항에 따른 병가 일수를 합한 기간이 30일 이상인 경우
2. 같은 연도 내 제18조제2항에 따른 병가 일수를 합한 기간이 30일 이상인 경우
3. 동일한 사유로 인한 공가 일수를 합한 기간이 30일 이상인 경우
4. 동일한 사유로 인한 특별휴가 일수를 합한 기간이 30일 이상인 경우
(2021.12.31 1호～4호신설)
제23조【공무 외의 국외여행】 공무원은 휴가기간의 범위에서 공무 외의 목적으로 국외여행을 할 수 있다. 다만, 차관급 상당 이상 공무원의 공무 외 국외여행은 인사혁신처장이 외교부장관과 협의하여 따로 정하는 바에 따른다.(2014.11.19 단서개정)
제24조【휴가기간의 초과】 이 영에서 정한 휴가 일수를 초과한 휴가는 결근으로 본다.
제24조의2【교원의 휴가에 관한 특례】 「교육공무원법」 제2조제1항제1호에 따른 교원의 휴가에 관하여는 교육부장관이 학사 일정 등을 고려하여 따로 정할 수 있다.
(2013.3.23 본조개정)
제24조의3【시간선택제공무원 등의 휴가에 관한 특례】 「공무원임용령」 제3조의2제3호에 따른 시간선택제임기제공무원, 같은 조 제4호에 따른 한시임기제공무원, 같은 영 제3조의3제1항에 따라 채용된 시간선택제채용공무원 및 같은 영 제57조의3제1항 본문에 따른 시간선택제전환공무원(이하 "시간선택제공무원등"이라 한다)의 휴가는 제11조제2항, 제15조제1항, 제16조의2제1항, 제17조제4항, 제18조제1항·제2항, 제20조제4항·제5항 및 제22조에도 불구하고 별표3에 따른다.(2019.12.31 본조개정)

제4장 영리 업무 및 겸직
(2011.7.4 본장개정)

제25조【영리 업무의 금지】 공무원은 다음 각 호의 어느 하나에 해당하는 업무에 종사함으로써 공무원의 직무 능률을 떨어뜨리거나, 공무에 대하여 부당한 영향을 끼치거나, 국가의 이익과 상반되는 이익을 취득하거나, 정부에 불명예스러운 영향을 끼칠 우려가 있는 경우에는 그 업무에 종사할 수 없다.
1. 공무원이 상업, 공업, 금융업 또는 그 밖의 영리적인 업무를 스스로 경영하여 영리를 추구함이 뚜렷한 업무
2. 공무원이 상업, 공업, 금융업 또는 그 밖에 영리를 목적으로 하는 사기업체(私企業體)의 이사·감사 업무를 집행하는 무한책임사원·지배인·발기인 또는 그 밖의 임원이 되는 것
3. 공무원 본인의 직무와 관련 있는 타인의 기업에 대한 투자
4. 그 밖에 계속적으로 재산상 이득을 목적으로 하는 업무
제26조【겸직 허가】 ① 공무원이 제25조의 영리 업무에 해당하지 아니하는 다른 직무를 겸하려는 경우에는 소속 기관의 장의 사전 허가를 받아야 한다.
② 제1항의 허가는 담당 직무 수행에 지장이 없는 경우에만 한다.
③ 제1항에서 "소속 기관의 장"이란 고위공무원단에 속하는 공무원 이상의 공무원에 대해서는 임용제청권자, 3급 이하 공무원 및 우정직공무원에 대해서는 임용권자를 말한다.(2013.12.11 본항개정)

제5장 정치 운동 및 노동 운동 등
(2023.12.5 본장제목개정)

제27조【정치적 행위】 ① 법 제65조의 정치적 행위는 다음 각 호의 어느 하나에 해당하는 정치적 목적을 가진 것을 말한다.
1. 정당의 조직, 조직의 확장, 그 밖에 그 목적 달성을 위한 것
2. 특정 정당 또는 정치단체를 지지하거나 반대하는 것
3. 법률에 따른 공직선거에서 특정 후보자를 당선하게 하거나 낙선하게 하기 위한 것
② 제1항에 규정된 정치적 행위의 한계는 제1항에 따른 정치적 목적을 가지고 다음 각 호의 어느 하나에 해당하는 행위를 하는 것을 말한다.
1. 시위운동을 기획·조직·지휘하거나 이에 참가하거나 원조하는 행위
2. 정당이나 그 밖의 정치단체의 기관지인 신문과 간행물을 발행·편집·배부하거나 이와 같은 행위를 원조하거나 방해하는 행위
3. 특정 정당 또는 정치단체를 지지 또는 반대하거나 공직선거에서 특정 후보자를 지지 또는 반대하는 의견을 집회나 그 밖에 여럿이 모인 장소에서 발표하거나 문서·도서·신문 또는 그 밖의 간행물에 싣는 행위
4. 정당이나 그 밖의 정치단체의 표지로 사용되는 기(旗)·완장·복식 등을 제작·배부·착용하거나 착용을 권유 또는 방해하는 행위
5. 그 밖에 어떠한 명목으로든 금전이나 물질로 특정 정당 또는 정치단체를 지지하거나 반대하는 행위
(2011.7.4 본조개정)
제28조【사실상 노무에 종사하는 공무원】 법 제66조에 따른 사실상 노무에 종사하는 공무원은 과학기술정보통신부 소속 현업기관의 작업 현장에서 노무에 종사하는 우정직공무원(우정직공무원의 정원을 대체하여 임용된 일반임기제공무원 및 시간선택제일반임기제공무원을 포함한다)으로서 다음 각 호의 어느 하나에 해당하지 아니하는 공무원으로 한다.(2017.7.26 본문개정)
1. 서무·인사 및 기밀 업무에 종사하는 공무원
2. 경리 및 물품출납 사무에 종사하는 공무원
3. 노무자 감독 사무에 종사하는 공무원
4. 「보안업무규정」에 따른 국가보안시설의 경비 업무에 종사하는 공무원(2015.3.11 본호개정)
5. 승용자동차 및 구급차의 운전에 종사하는 공무원
(2011.7.4 본조개정)
제29조【근무시간 면제 시간의 사용】 ① 「공무원의 노동조합 설립 및 운영 등에 관한 법률 시행령」 제3조의3제2항에 따른 근무시간 면제자는 같은 영 제3조의4에 따라 근무시간의 전부 또는 일부에 대하여 면제 시간을 사용할 수 있다.
② 「교원의 노동조합 설립 및 운영 등에 관한 법률 시행령」 제2조의3제2항에 따른 근무시간 면제자는 같은 영 제2조의4에 따라 근무시간의 전부 또는 일부에 대하여 면제 시간을 사용할 수 있다.
(2023.12.5 본조신설)

부 칙 (2005.6.30)

① **【시행일】** 이 영은 2005년 7월 1일부터 시행한다. 다만, 제16조제6항, 제20조제3항 및 제6항 내지 제8항과 별표2의 개정규정은 2006년 1월 1일부터, 제26조의 개정규정은 공포한 날부터 각각 시행한다.
② **【주 40시간 근무제 실시에 관한 교원의 특례】** 교원의 근무시간·근무일·연가·특별휴가 등에 관하여는 주 5일 수업제가 실시될 때까지는 주 40시간 근무제에 관한 제9조, 제11조, 제13조제1항, 제16조제6항, 제20조제3항·제6항 내지 제8항, 제22조 및 별표2의 개정규정에 불구하고 종전의 규정을 적용한다.
③ **【장기재직휴가에 관한 경과조치】** 제20조제7항의 개정규정에 불구하고 행정기관의 장은 2005년 12월 31일을 기준으로 20년 이상 재직한 공무원으로서 장기재직휴가를 사용하지 아니한 자에 대하여는 2006년 6월 30일까지 재직기간 중에 10일간의 장기재직휴가를 허가하여야 한다. 이 경우 재직기간의 산정은 제15조제2항의 규정에 의한다.

부 칙 (2010.7.15)

제1조【시행일】 이 영은 공포한 날부터 시행한다. 다만, 제15조제1항의 개정규정은 공포 후 3개월이 경과한 날부터 시행한다.
제2조【재직기간 계산에 관한 적용례】 제15조제2항의 개정규정은 이 영 시행 당시 이미 강등 처분을 받아 직무에 종사하지 못하고 있는 공무원에 대해서도 적용한다.
제3조【연가일수 공제에 관한 적용례】 제17조제1항의 개정규정은 이 영 시행 당시 이미 강등처분을 받아 직무에 종사하지 못하고 있는 공무원에 대해서도 적용한다.
제4조【유산 또는 사산휴가에 관한 적용례】 제20조제10항제1호 및 제2호의 개정규정은 이 영 시행 후 최초로 유산 또는 사산한 경우부터 적용한다.
제5조【토요일 또는 공휴일의 산입에 관한 적용례】 제22조의 개정규정은 이 영 시행 후 최초로 경조사휴가를 가는 공무원부터 적용한다.
제6조【경조사휴가 일수에 관한 적용례】 별표2의 개정규정은 이 영 시행 후 최초로 경조사휴가를 가는 공무원부터 적용한다.
제7조【연가일수 가산에 관한 경과조치】 이 영 시행 당시 이미 강등 처분을 받아 직무에 종사하지 못하는 기간이 종료된 공무원에 대해서는 제15조제3항의 개정규정에도 불구하고 종전의 규정에 따른다.
제8조【다른 법령의 개정】 ※(해당 법령에 가제정리 하였음)

부 칙 (2013.12.11)

제1조【시행일】 이 영은 2013년 12월 12일부터 시행한다. 다만, 제15조제1항 단서의 개정규정(법 제28조제2항제2호·제3호 및 제10호에 따라 임용된 경력직공무원에 관한 사항으로 한정한다)은 2014년 1월 1일부터 시행한다.
제2조【종전 특수경력직공무원의 연가가산에 관한 특례】 법률 제11530호 국가공무원법 일부개정법률 부칙 제3조제2항 및 제3항에 따라 이 영 시행일에 일반직공무원으로 임용된 것으로 보는 종전 별정직공무원과 종전 계약직공무원 중 재직기간이 2년 미만이고 안전행정부장관이 정하는 민간경력이 있는 사람의 연가일수는 2년 미만의 재직기간별 연가일수에 2일을 더한다.

부 칙 (2014.6.30)

제1조【시행일】 이 영은 2014년 7월 1일부터 시행한다.
제2조【출산휴가에 관한 적용례】 ① 제20조제2항 각 호 외의 부분 본문의 개정규정은 이 영 시행 후 출산하는 공무원부터 적용한다.
② 제20조제2항 각 호 외의 부분 단서의 개정규정은 이 영 시행 후 출산휴가 분할사용을 신청한 공무원부터 적용한다.

부 칙 (2015.10.6)

제1조【시행일】 이 영은 공포한 날부터 시행한다.
제2조【연가 사용의 권장에 관한 특례】 제16조의2의 개정규정에도 불구하고 연가 사용 촉진에 특히 필요하다고 인정하는 행정기관의 장은 소속 공무원(제12조제1호 또는 제2호의 기관에 소속된 공무원으로서 그 근무시간과 근무일이 따로 정하여진 공무원은 제외한다)이 2015년도에 최소한으로 사용하여야 할 권장 연가 일수를 10월 31일까지 정하여 공지할 수 있다.

부 칙 (2016.11.22)

제1조【시행일】 이 영은 공포한 날부터 시행한다.
제2조【다른 법령의 폐지】 공무국외여행규정은 폐지한다.
제3조【일반적 경과조치】 이 영 시행 전에 종전의 「공무국외여행규정」(부칙 제2조에 따라 폐지되기 전의 것을 말한다. 이하 "종전의 「공무국외여행규정」"이라 한다)에 따라 행하여진 처분·절차 그 밖의 행위는 그에 해당하는 이 영에 따라 행하여진 것으로 본다.
제4조【허가 등에 관한 경과조치】 ① 이 영 시행 당시 종전의 「공무국외여행규정」 제3조에 따라 허가를 받은 공무국외출장등은 제13조의2의 개정규정에 따라 허가받은 것으로 본다.
② 이 영 시행 당시 종전의 「공무국외여행규정」 제4조에 따른 심사위원회는 제13조의3의 개정규정에 따른 심사위원회로 본다.
③ 이 영 시행 당시 종전의 「공무국외여행규정」 제4조에 따른 심사위원회로부터 타당성을 심사받은 공무국외출장등은 제13조의3의 개정규정에 따라 심사받은 것으로 본다.
제5조【연가 미리 사용에 관한 경과조치】 이 영 시행 전에 연가의 승인을 받은 경우로서 이 영 시행 당시 해당 연가를 사용 중인 공무원에 대해서는 제16조제6항의 개정규정에도 불구하고 종전의 규정에 따른다.
제6조【다른 법령과의 관계】 이 영 시행 당시 다른 법령에서 종전의 「공무국외여행규정」 또는 그 규정을 인용한 경우에는 이 영 중 그에 해당하는 규정이 있는 때에는 종전의 「공무국외여행규정」 또는 그 규정을 갈음하여 이 영 또는 이 영의 해당 규정을 인용한 것으로 본다.

부 칙 (2017.3.20)

제1조【시행일】 이 영은 공포한 날부터 시행한다.
제2조【공무국외출장등의 결과보고서 등록에 관한 적용례】 제13조의6제2항 본문의 개정규정은 이 영 시행 이후 공무국외출장등을 하는 경우부터 적용한다.

부 칙 (2018.7.2)

제1조【시행일】 이 영은 공포한 날부터 시행한다.

제2조【시간외근무시간의 연가 전환에 관한 적용례】 제11조제4항의 개정규정은 2018년 7월 1일 이후에 시간외근무를 한 경우부터 적용한다.
제3조【이월·저축한 연가의 사용에 관한 적용례】 제16조의3제1항 및 제2항의 개정규정은 이 영 시행 전에 이월·저축한 연가에 대해서도 적용한다.
제4조【연가 일수에서의 공제에 관한 적용례】 ① 제17조제1항의 개정규정은 이 영 시행 이후 직위해제처분을 받는 경우부터 적용한다.
② 제17조제2항의 개정규정은 이 영 시행 전에 사실상 직무에 종사하지 아니한 기간에 대해서도 적용한다.
제5조【병가에 관한 적용례】 제18조제3항의 개정규정은 이 영 시행 이후 병가 일수가 연간 6일을 초과하는 경우부터 적용한다. 다만, 이 영 시행 전에 병가 일수가 연간 6일을 이미 초과한 경우에는 이 영 시행 이후 추가로 병가를 사용하는 부분에 대해서만 적용한다.
제6조【공가에 관한 적용례】 제19조제6호 또는 제11호의 개정규정은 이 영 시행 이후 결핵검진등을 받거나 대의원회에 참석하는 경우부터 적용한다.
제7조【육아시간 사용에 관한 적용례】 제20조제5항 및 별표3 제4호나목의 개정규정은 이 영 시행 전에 사용한 육아시간에 대해서도 인사혁신처장이 정하는 바에 따라 적용한다.
제8조【경조사 휴가에 관한 적용례】 별표2의 개정규정은 이 영 시행 이후 경조사가 있는 경우부터 적용한다.
제9조【초과하여 사용한 연가 일수에 관한 경과조치】 이 영 시행 당시 제17조제2항의 개정규정에 따른 연가일수를 초과하여 사용하였거나 사용 중인 공무원에 대해서는 제17조제3항의 개정규정에도 불구하고 종전의 예에 따른다.

부 칙 (2018.12.18)

이 영은 공포한 날부터 시행한다.

부 칙 (2019.12.31)

제1조【시행일】 이 영은 2020년 1월 1일부터 시행한다. 다만, 제20조제3항·제10항·제11항 및 제15항의 개정규정은 공포한 날부터 시행한다.
제2조【유산휴가 또는 사산휴가 사용에 관한 적용례】
① 제20조제10항의 개정규정은 부칙 제1조 단서에 따른 시행일 당시 유산휴가 또는 사산휴가를 사용 중인 여성공무원에 대해서도 적용한다.
② 제20조제11항의 개정규정은 부칙 제1조 단서에 따른 시행일 당시 그 배우자가 제20조제10항 각 호의 개정규정의 구분에 따른 기간 중에 있는 남성공무원에 대해서도 적용한다.
제3조【임신검진휴가 사용에 관한 특례】 부칙 제1조 단서에 따른 시행일 전에 종전의 제20조제3항 본문에 따라 임신검진 목적으로 여성보건휴가를 사용한 공무원에 대해서는 제20조제15항의 개정규정에 따른 임신검진휴가를 부여할 때 그 사용 일수를 공제하고 부여한다.

부 칙 (2020.10.20)

제1조【시행일】 이 영은 공포한 날부터 시행한다.
제2조【시간외근무에 대한 휴무 부여에 관한 적용례】 제11조제2항·제5항 및 별표3 제5호의 개정규정은 이 영 시행 이후 시간외근무를 하는 공무원부터 적용한다.
제3조【재해구호휴가 사용에 관한 적용례】 제20조제9항의 개정규정은 이 영 시행 당시 종전의 규정에 따라 재해구호휴가를 사용 중인 공무원에 대해서도 적용한다. 이 경우 종전의 규정에 따라 사용한 휴가 일수는 제20조제9항의 개정규정에 따라 받을 수 있는 재해구호휴가 일수에서 뺀다.
제4조【가족돌봄휴가 사용에 관한 경과조치】 이 영 시행 당시 종전의 규정에 따라 자녀돌봄휴가를 사용했거나 사용 중인 경우에는 제20조제14항 및 제15항의 개정규정에 따라 가족돌봄휴가를 사용했거나 사용 중인 것으로 본다.

부 칙 (2021.6.1)

제1조【시행일】 이 영은 2021년 7월 13일부터 시행한다.(이하 생략)

부 칙 (2021.11.30)

제1조【시행일】 이 영은 2022년 1월 13일부터 시행한다.(이하 생략)

부 칙 (2021.12.31)

제1조【시행일】 이 영은 2022년 1월 1일부터 시행한다.
제2조【난임치료시술휴가에 관한 적용례】 제20조제12항의 개정규정은 이 영 시행 전에 난임치료 시술(난자 채취를 포함한다)을 받은 경우에도 적용한다.

부 칙 (2023.7.18)

제1조【시행일】 이 영은 공포한 날부터 시행한다. 다만, 제15조제1항의 개정규정은 공포 후 3개월이 경과한 날부터 시행한다.
제2조【경력직공무원 등의 연가일수 산정에 관한 적용례】 제15조제1항의 개정규정은 부칙 제1조 단서에 따른 시행일 전에 법 제28조제2항제2호·제3호 및 제10호에 따라 임용된 경력직공무원 및 특수경력직공무원의 2023년도 연가일수에 대해서도 적용한다.
제3조【심리안정휴가에 관한 적용례】 제20조제17항의 개정규정은 이 영 시행 이후 소속 공무원이 인명피해가 있는 사건·사고를 경험하는 경우부터 적용한다.
제4조【배우자 출산에 따른 경조사 휴가에 관한 적용례】 별표2의 개정규정은 이 영 시행 이후 소속 공무원의 배우자가 출산하는 경우부터 적용한다.

부 칙 (2023.12.5)

이 영은 2023년 12월 11일부터 시행한다.

〔별표〕➡「法典 別冊」참조

공무원 징계령

(1970년 6월 15일 전개대통령령 제5046호)

개정
1971.12.31영 5944호
1973. 4.27영 6652호
1976. 5. 7영 8108호
1980.12.18영10101호
1981. 6. 9영10339호
1984.12.31영11604호(연구직공무원의계급구분과임용등에관한규정)
1985.12.31영11837호(연구·지도및의료직공무원의임용등에관한규정)
1987.12.31영12363호
1991. 7. 1영13413호(서울특별시행정특례에관한법시)
1998. 1.16영15609호
2000. 4.18영16784호(계약직공무원규정)
2002. 7.13영17669호(계약직공무원규정)
2006. 9.22영19683호
2007. 2.12영19885호(공무원인사기록및인사사무처리규정)
2007.12.28영20470호
2008. 2.29영20741호(직제)
2008.10.20영21087호(행정기관정비)
2009. 3.18영21351호
2010. 6.15영22199호
2010. 9.10영22373호(계약직공무원규정)
2011. 1.24영22633호
2012. 5.23영23807호(개인정보보호일부개정령)
2012. 9. 5영24080호
2013. 3.23영24425호(직제)
2013. 5.31영24556호
2013.12.11영24925호
2013.12.16영25000호(공무원임용)
2014.11.19영25751호(직제)
2015. 8. 3영26478호
2015. 9.25영26568호(법령서식개선)
2015.11.18영26656호
2016.11.22영27607호(공무원인사기록·통계및인사사무처리규정)
2017. 1.10영27787호(전문직공무원인사규정)
2018. 5.15영28890호
2019. 4.16영29697호
2019. 8. 6영30017호
2020. 7.28영30878호
2021.11.30영32164호
2023. 1. 3영33204호
2023.10.10영33803호
2023.12.12영33962호(디지털인사관리규정)

제1조【목적】 이 영은 「국가공무원법」 제10장에 따라 공무원의 징계와 징계부가금 부과에 필요한 사항을 규정함을 목적으로 한다.(2013.12.11 본조신설)
제1조의2【적용 범위】 행정부 소속의 경력직국가공무원 및 「국가공무원법」(이하 "법"이라 한다) 제10장이 준용되는 별정직국가공무원(이하 "공무원"이라 한다)에 대한 징계 및 징계부가금은 다른 법령에 특별한 규정이 있는 경우를 제외하고는 이 영에서 정하는 바에 따른다.(2013.12.11 본조개정)
제1조의3【정의】 이 영에서 사용하는 용어의 뜻은 다음과 같다.
1. "중징계"란 파면, 해임, 강등 또는 정직을 말한다.
2. "경징계"란 감봉 또는 견책을 말한다.
(2009.3.18 본조개정)
제2조【징계위원회의 종류 및 관할】 ① 징계위원회는 중앙징계위원회와 보통징계위원회로 구분한다.
② 중앙징계위원회는 다음 각 호의 징계 또는 법 제78조의2에 따른 징계부가금(이하 "징계부가금"이라 한다) 사건을 심의·의결한다.(2013.12.11 본문개정)
1. 고위공무원단에 속하는 공무원의 징계 또는 징계부가금(이하 "징계등"이라 한다) 사건(2013.12.11 본호개정)
1의2. 다음 각 목의 어느 하나에 해당하는 공무원(이하 "5급이상공무원등"이라 한다)의 징계등 사건
가. 5급 이상 공무원
나. 전문경력관 가군
다. 연구관 및 지도관
라. 우정2급 이상 공무원
마. 나급 이상 전문임기제공무원(시간선택제전문임기제공무원을 포함한다)(2013.12.16 본목개정)
바. 5급 이상 일반직공무원의 보수에 상당하는 보수를 받는 별정직공무원
사. 수석전문관 및 전문관(2017.1.10 본목신설)
(2013.12.11 본호신설)
2. 다른 법령에 따라 중앙징계위원회에서 징계의결 또는 징계부가금 부과 의결(이하 "징계의결등"이라 한다)을 하는 특정직공무원의 징계등 사건
3. 대통령이나 국무총리의 명령에 따른 감사 결과 국무총리가 징계의결등을 요구한 다음 각 목의 어느 하나에 해당하는 공무원(이하 "6급이하공무원등"이라 한다)의 징계등 사건(2013.12.11 본문개정)
가. 6급 이하 공무원
나. 전문경력관 나군 및 다군
다. 연구사 및 지도사
라. 우정3급 이하 공무원
(2013.12.11 가목~라목신설)
마. 다급 이하 전문임기제공무원(시간선택제전문임기제공무원을 포함한다)(2013.12.16 본목개정)
바. 한시임기제공무원(2013.12.11 본목신설)
사. 6급 이하 일반직공무원의 보수에 상당하는 보수를 받는 별정직공무원(2013.12.11 본목신설)
4. 중앙행정기관 소속의 6급이하공무원등에 대한 중징계 또는 중징계 관련 징계부가금(이하 "중징계등"이라 한다) 요구사건(2013.12.11 본호개정)
(2010.6.15 본항개정)
③ 보통징계위원회는 6급이하공무원등의 징계등 사건(제2항제3호의 징계등 사건은 제외한다)을 심의·의결한다.
(2013.12.11 본항개정)
④ 6급이하공무원등에 대한 중징계등 요구사건은 중앙행정기관에 설치된 징계위원회에서 심의·의결한다. 다만, 제2항제3호·제4호에 따라 중앙징계위원회의 관할로 된 경우에는 그러하지 아니하다.(2015.8.3 본문개정)
⑤ 2명 이상이 관련된 징계등 사건으로서 관련자의 관할 징계위원회가 서로 다른 경우에는 제2항부터 제4항까지의 규정에도 불구하고 관련자의 관할 징계위원회 중 최고 상급기관에 설치된 보통징계위원회(관련자가 중앙징계위원회의 관할로 된 경우에는 중앙징계위원회)에서 심의·의결하고, 관할 징계위원회가 서로 대등한 경우에는 그 바로 위 상급기관(바로 위 상급기관이 서로 다른 경우에는 2단계 위의 상급기관)에 설치된 보통징계위원회에서 심의·의결한다. 다만, 관할 징계위원회에서 관련자에 대한 징계등을 분리하여 심의·의결하는 것이 타당하다고 인정하는 경우에는 징계위원회의 의결에 따라 관련자에 대한 징계등 사건을 제2항부터 제4항까지의 규정에 따른 관할 징계위원회로 이송할 수 있다.(2010.6.15 본항개정)
(2009.3.18 본조개정)
제3조【징계위원회의 설치】 ① 중앙징계위원회는 국무총리 소속으로 둔다.
② 보통징계위원회는 중앙행정기관에 둔다. 다만, 중앙행정기관의 장이 필요하다고 인정할 때에는 그 소속기관에도 설치할 수 있다.(2015.8.3 본항개정)
③ 제2항 단서에 따라 소속기관에 보통징계위원회를 설치하는 경우 해당 중앙행정기관의 장은 그 운영 등에 필요한 사항을 미리 정하여야 한다.(2018.5.15 본항신설)
④ 보통징계위원회는 징계등 대상자보다 상위계급의 공무원(고위공무원단에 속하는 공무원을 포함한다)이 징계위원회의 위원이 될 수 있도록 관할권을 조정할 수 있다. 이 경우에 관할에서 제외된 징계등 대상자는 그 징계위원회가 설치된 바로 위의 감독기관의 징계위원회에서 관할한다.(2010.6.15 본항개정)
(2009.3.18 본조개정)
제4조【중앙징계위원회의 구성 등】 ① 중앙징계위원회는 위원장 1명을 포함하여 17명 이상 33명 이하의 공무원위원과 민간위원으로 구성한다. 이 경우 민간위원의 수는 위원장을 제외한 위원 수의 2분의 1 이상이어야 한다.
(2014.11.19 전단개정)
② 공무원위원은 다음 각 호의 직위 중 국무총리가 정하는 직위에 근무하는 사람으로 한다.
1. 고위공무원단 직위 중 「직무분석규정」 제8조제2항에 따른 직무등급 중 가등급에 해당하는 직위
2. 제1호에 상당하는 특정직공무원으로 보하는 직위
(2015.8.3 본항개정)
③ 국무총리는 다음 각 호의 어느 하나에 해당하는 사람 중에서 민간위원을 위촉한다. 이 경우 특정 성(性)이 민간위원 수의 10분의 6을 초과하지 않도록 해야 한다.
(2021.11.30 후단신설)
1. 법관, 검사 또는 변호사로 10년 이상 근무한 사람
2. 대학에서 법학 또는 행정학을 담당하는 부교수 이상으로 재직 중인 사람
3. 공무원으로서 중앙징계위원회의 위원으로 임명될 수 있는 직위에 근무하고 퇴직한 사람
4. 민간부문에서 인사·감사 업무를 담당하는 임원급 또는 이에 상응하는 직위에 근무한 경력이 있는 사람
(2015.8.3 본호신설)
④ 중앙징계위원회의 위원장은 인사혁신처장이 된다.
(2014.11.19 본항개정)
⑤ 중앙징계위원회의 회의는 위원장과 위원장이 회의마다 지정하는 8명의 위원으로 구성한다. 이 경우 제3항에 따른 민간위원이 5명 이상 포함되어야 하며, 제3항 각 호

의 사람 중 동일한 자격요건에 해당하는 민간위원만 지정해서는 안 된다.(2023.1.3 후단개정)
⑥ 제5항 전단의 경우 법 제82조제2항제1호에 따라 재심사를 청구한 사건이 속한 중앙징계위원회의 회의는 위원장을 제외한 위원의 과반수가 당초 심의·의결에 참여하지 않은 위원으로 구성되어야 한다.(2023.1.3 본항신설)
⑦ 징계 사유가 다음 각 호의 어느 하나에 해당하는 징계 사건이 속한 중앙징계위원회의 회의를 구성하는 경우에는 피해자와 같은 성별의 위원이 위원장을 제외한 위원 수의 3분의 1 이상 포함되어야 한다.
1. 「성폭력범죄의 처벌 등에 관한 특례법」 제2조에 따른 성폭력범죄
2. 「양성평등기본법」 제3조제2호에 따른 성희롱
(2020.7.28 본항신설)
(2013.5.31 본조개정)

제5조 【보통징계위원회의 구성】 ① 보통징계위원회는 위원장 1명을 포함하여 9명 이상 15명 이하의 공무원위원과 민간위원으로 구성한다. 이 경우 민간위원의 수는 위원장을 제외한 위원 수의 2분의 1 이상이어야 한다.
② 보통징계위원회의 위원장은 해당 위원회 설치기관의 장의 다음 순위인 사람(직급을 기준으로 정하되, 같은 직급의 경우에는 직위를 설치하는 법령에 규정된 직위의 순위를 기준으로 정한다)이 된다. 다만, 중앙행정기관에 설치된 보통징계위원회의 위원장은 징계 운영의 효율성 등을 고려하여 고위공무원단 직위 또는 이에 상당하는 특정직공무원으로 보하는 직위에 있는 사람 중에서 중앙행정기관의 장이 임명할 수 있다.
③ 보통징계위원회의 공무원위원은 징계등 대상자보다 상위계급(고위공무원단에 속하는 공무원을 포함한다)의 소속 공무원 중에서 해당 기관의 장이 임명하되, 특별한 사유가 없으면 최상위인 사람부터 차례로 임명하여야 한다.
④ 보통징계위원회가 설치된 행정기관의 장은 다음 각 호의 어느 하나에 해당하는 사람 중에서 민간위원을 위촉한다. 이 경우 특정 성(性)이 민간위원 수의 10분의 6을 초과하지 않도록 해야 한다.(2021.11.30 본문개정)
1. 법관, 검사 또는 변호사로 5년 이상 근무한 사람
2. 대학에서 법학 또는 행정학을 담당하는 조교수 이상으로 재직 중인 사람
3. 공무원으로 20년 이상 근속하고 퇴직한 사람[퇴직 전 5년부터 퇴직할 때까지 소속되었던 적이 있는 중앙행정기관(그 소속기관에 소속되었던 경우를 포함한다) 또는 소속기관(소속 중앙행정기관 또는 소속 중앙행정기관의 다른 소속기관에 소속되었던 경우를 포함한다)의 경우에는 퇴직일부터 3년이 경과한 사람을 말한다]
(2018.5.15 본호개정)
4. 민간부문에서 인사·감사 업무를 담당하는 임원급 또는 이에 상응하는 직위에 근무한 경력이 있는 사람
⑤ 보통징계위원회의 회의는 위원장과 위원장이 회의마다 지정하는 6명의 위원으로 구성한다. 이 경우 제4항에 따른 민간위원이 4명 이상 포함되어야 하며, 제4항 각 호의 사람 중 동일한 자격요건에 해당하는 민간위원만 지정해서는 안 된다.(2023.1.3 후단개정)
⑥ 징계 사유가 다음 각 호의 어느 하나에 해당하는 징계 사건이 속한 보통징계위원회의 회의를 구성하는 경우에는 피해자와 같은 성별의 위원이 위원장을 제외한 위원 수의 3분의 1 이상 포함되어야 한다.
1. 「성폭력범죄의 처벌 등에 관한 특례법」 제2조에 따른 성폭력범죄
2. 「양성평등기본법」 제3조제2호에 따른 성희롱
(2020.7.28 본항신설)
(2015.11.18 본조개정)

제5조의2 【위원의 임기】 제4조제3항 및 제5조제4항에 따라 위촉되는 위원의 임기는 3년으로 하며, 한 차례만 연임할 수 있다.(2015.11.18 본조개정)

제5조의3 【위원의 해촉】 국무총리(제4조제3항에 따라 위촉된 위원에 대한 경우만 해당한다) 또는 보통징계위원회가 설치된 행정기관의 장(제5조제4항에 따라 위촉된 위원에 대한 경우만 해당한다)은 징계위원회의 위원이 다음 각 호의 어느 하나에 해당하는 경우에는 해당 위원을 해촉(解囑)할 수 있다. 다만, 제4호에 해당하는 경우에는 해촉하여야 한다.
1. 심신장애로 인하여 직무를 수행할 수 없게 된 경우
2. 직무와 관련된 비위사실이 있는 경우
3. 직무태만, 품위손상이나 그 밖의 사유로 인하여 위원으로 적합하지 아니하다고 인정되는 경우
4. 제15조제1항에 해당하는 데에도 불구하고 회피하지 아니한 경우
5. 위원 스스로 직무를 수행하는 것이 곤란하다고 의사를 밝히는 경우
(2015.11.18 본조신설)

제6조 【각급 징계위원회의 사무직원】 ① 각급 징계위원회에 간사 몇 명을 둔다.
② 중앙징계위원회의 간사는 5급 이상 공무원(고위공무원단에 속하는 공무원을 포함한다) 중에서 인사혁신처장이 임명한다.(2014.11.19 본항개정)
③ 보통징계위원회의 간사는 소속 일반직공무원(외교부 및 그 소속 기관의 경우에는 외무공무원) 중에서 해당 기관의 장이 임명한다.(2013.3.23 본항개정)
④ 간사는 위원장의 명을 받아 징계등에 관한 기록이나 그 밖의 서류의 작성 및 보관에 관한 사무에 종사한다.(2010.6.15 본항개정)
(2009.3.18 본조개정)

제7조 【징계의결등의 요구】 ① 법 제78조제1항·제4항 및 제78조의2제1항에 따라 5급이상공무원등(고위공무원단에 속하는 공무원을 포함한다)에 대해서는 소속 장관이, 6급이하공무원등에 대해서는 해당 공무원의 소속 기관의 장 또는 소속 상급기관의 장이 관할 징계위원회에 징계의결등을 요구하여야 한다. 다만, 겸임공무원에 대해서는 본직기관(本職機關)의 장이 징계의결등을 요구하여야 한다.(2013.12.11 본문개정)
② 행정기관의 장은 제1항에 따른 징계의결등 요구권을 갖지 아니하는 공무원에 대해서 징계등 사유가 있다고 인정할 때에는 징계의결등 요구권을 갖는 행정기관의 장에게 그 징계등 사유를 증명할 수 있는 다음 각 호의 어느 하나에 해당하는 관계 자료를 첨부하여 통보하여야 한다.(2010.6.15 본문개정)
1. 감사원에서 조사한 사건의 경우에는 공무원 징계처분 또는 징계부가금 부과처분 요구서, 혐의자·관련자에 대한 문답서 및 확인서 등 조사기록(2010.6.15 본호개정)
2. 수사기관에서 수사한 사건의 경우에는 공무원 범죄처분 결과통보서, 공소장, 혐의자·관련자·관련증인에 대한 신문조서 및 진술서 등 수사기록
3. 그 밖에 다른 기관의 경우에는 징계등 혐의 사실통보서 및 혐의 사실을 증명할 수 있는 관계 자료
(2010.6.15 본호개정)
③ 제2항에 따라 징계등 사유를 통보받은 행정기관의 장은 타당한 이유가 없으면 1개월 이내에 관할 징계위원회에 징계의결등을 요구하여야 한다.(2010.6.15 본항개정)
④ 제3항에 따라 징계의결등을 요구한 기관의 장은 제2항에 따라 징계등 사유를 통보한 행정기관의 장에게 해당 사건의 처리 결과를 통보하여야 한다.(2010.6.15 본항개정)
⑤ 보통징계위원회가 설치된 행정기관의 장(중앙행정기관의 장은 제외한다)은 징계등 사건의 내용이 중대하거나 그 기관에 설치된 징계위원회에서는 공정한 의결을 못할 우려가 있다고 인정할 때에는 바로 위 상급행정기관에 설치된 보통징계위원회에 징계의결등을 요구할 수 있다.(2010.6.15 본항개정)
⑥ 제1항·제3항 및 제5항에 따라 징계의결등을 요구할 때에는 징계등 사유에 대한 충분한 조사를 한 후에 그 증명에 필요한 다음 각 호의 관계 자료를 첨부하여 관할 징계위원회에 제출하여야 하고, 중징계 또는 경징계로 구분하여 요구하여야 한다. 다만, 「감사원법」 제32조제1항 및 제10항에 따라 감사원장이 「국가공무원법」 제79조에서 정한 징계의 종류를 구체적으로 지정하여 징계요구를 한 경우에는 그러하지 아니하다.(2010.6.15 본문개정)
1. 별지 제1호 서식의 공무원 징계의결등 요구서
(2010.6.15 본호개정)
2. 공무원 인사 및 성과 기록 출력물
3. 다음 각 목의 사항에 대해 총리령으로 정하는 확인서
가. 비위행위 유형
나. 징계등 혐의자의 공적(功績) 등에 관한 사항
다. 그 밖에 인사혁신처장이 징계의결등 요구를 위해 필요하다고 인정하는 사항
(2023.1.3 본호개정)
4. 혐의 내용을 증명할 수 있는 공문서 등 관계 증거자료
5. 혐의 내용에 대한 조사기록 또는 수사기록
6. 관련자에 대한 조치사항 및 그에 대한 증거자료
7. 관계 법규, 지시문서 등의 발췌문
8. 징계등 사유가 다음 각 목의 어느 하나에 해당하는 경우에는 정신건강의학과의사, 심리학자, 사회복지학자 또는 그 밖의 관련 전문가가 작성한 별지 제1호의3서식의 전문가 의견서
가. 「성폭력범죄의 처벌 등에 관한 특례법」 제2조에 따른 성폭력범죄
나. 「양성평등기본법」 제3조제2호에 따른 성희롱
(2019.4.16 본목개정)
(2015.11.18 본호신설)
⑦ 징계의결등 요구권자는 징계의결등을 요구하면서 동시에 제6항의 공무원 징계의결 요구서 사본을 징계등 혐의자에게 송부하여야 한다. 다만, 징계등 혐의자가 그 수령을 거부하는 경우에는 그러하지 아니하다.
(2010.6.15 본항개정)
⑧ 징계의결등 요구권자는 징계등 혐의자가 공무원 징계의결등 요구서 사본의 수령을 거부하는 경우에는 관할 징계위원회에 그 사실을 증명하는 서류를 첨부하여 문서로 통보하여야 한다.(2010.6.15 본항개정)
(2010.6.15 본조제목개정)
(2009.3.18 본조개정)

제8조 【국무총리의 징계의결등 요구】 ① 대통령이나 국무총리의 명령에 따른 감사 결과 징계등 사유가 있다고 인정되는 공무원에 대해서는 제7조제1항부터 제3항까지의 규정에도 불구하고 국무총리가 직접 관할 징계위원회에 징계의결등을 요구할 수 있다.
② 국무총리는 제1항에 따라 징계의결등을 요구하였으면 소속 중앙행정기관의 장에게 그 사실을 통보하여야 한다.
③ 국무총리는 제1항에 따라 직접 징계의결등을 요구하는 것이 적당하지 아니하다고 인정되면 소속 중앙행정기관의 장에게 그 징계등 사유를 통보한다.
④ 제3항에 따라 징계등 사유를 통보받은 행정기관의 장은 지체 없이 관할 징계위원회에 징계의결등을 요구하여야 하고 해당 사건의 처리 결과를 국무총리에게 보고하여야 한다.
(2010.6.15 본조개정)

제8조의2 【징계등 절차 진행 여부의 결정】 ① 행정기관의 장은 법 제83조제3항에 따라 수사개시 통보를 받으면 지체 없이 징계의결등의 요구나 그 밖에 징계등 절차의 진행 여부를 결정해야 한다. 이 경우 같은 조 제2항에 따라 그 절차를 진행하지 않기로 결정한 경우에는 이를 징계등 혐의자에게 통보해야 한다.
② 제1항 후단에 따른 통보는 별지 제1호의4서식에 따른다.
(2023.10.10 본조개정)

제9조 【징계의결등의 기한】 ① 징계위원회는 징계의결등 요구서를 접수한 날부터 30일(중앙징계위원회의 경우는 60일) 이내에 징계의결등을 해야 한다. 다만, 부득이한 사유가 있을 때에는 해당 징계위원회의 의결로 30일(중앙징계위원회의 경우는 60일)의 범위에서 그 기한을 연기할 수 있다.(2020.7.28 본항개정)
② 징계의결등이 요구된 사건에 대한 징계등 절차의 진행이 법 제83조에 따라 중지된 경우 그 중지된 기간은 제1항의 징계의결등의 기한에 포함하지 아니한다.
(2010.6.15 본조개정)

제10조 【징계등 혐의자의 출석】 ① 징계위원회가 징계등 혐의자의 출석을 명할 때에는 별지 제2호 서식에 따른 출석통지서로 하되, 징계위원회 개최일 3일 전에 징계등 혐의자에게 도달되도록 하여야 한다. 이 경우 제2항에 따라 출석통지서를 징계등 혐의자의 소속 기관의 장에게 송부하여 전달하게 한 경우를 제외하고는 출석통지서 사본을 징계등 혐의자의 소속 기관의 장에게 송부하여야 하며, 소속 기관의 장은 징계등 혐의자를 출석시켜야 한다.
② 징계위원회는 징계등 혐의자의 주소를 알 수 없거나 그 밖의 사유로 제1항에 따른 출석통지서를 징계등 혐의자에게 직접 송부하는 것이 곤란하다고 인정될 때에는 제1항의 출석통지서를 징계등 혐의자의 소속 기관의 장에게 송부하여 전달하게 할 수 있다. 이 경우 출석통지서를 받은 기관의 장은 지체 없이 징계등 혐의자에게 전달한 후 전달 상황을 관할 징계위원회에 통지하여야 한다.
③ 징계위원회는 징계등 혐의자가 그 징계위원회에 출석하여 진술하기를 원하지 않을 때에는 출석 진술 포기서를 제출하게 하여 기록에 첨부하고 서면심사만으로 징계의결등을 할 수 있다.(2023.10.10 본항개정)
④ 징계등 혐의자가 정당한 사유서를 제출하지 아니하면 출석을 원하지 아니하는 것으로 보아 그 사실을 기록에 남기고 서면심사에 따라 징계의결등을 할 수 있다.
⑤ 징계등 혐의자가 해외 체류, 형사사건으로 인한 구속, 여행, 그 밖의 사유로 징계의결등 요구서 접수일부터 50일 이내에 출석할 수 없을 때에는 서면으로 진술하게 하여 징계의결등을 할 수 있다. 이 경우에 서면으로 진술하지 아니할 때에는 그 진술 없이 징계의결등을 할 수 있다.
⑥ 징계등 혐의자가 있는 곳이 분명하지 아니할 때에는 관보를 통해 출석통지를 한다. 이 경우에는 관보에 게재한 날부터 10일이 지나면 그 출석통지서가 송달된 것으로 본다.
⑦ 징계등 혐의자가 출석통지서의 수령을 거부한 경우에는 징계위원회에 출석하여 진술할 권리를 포기한 것으로 본다. 다만, 징계등 혐의자는 출석통지서의 수령을 거부한 경우에도 해당 징계위원회에 출석하여 진술할 수 있다.
(2023.10.10 본문개정)
⑧ 징계등 혐의자 소속 기관의 장이 제2항 전단에 따라 출석통지서를 전달할 때 징계등 혐의자가 출석통지서의 수령을 거부하면 제2항 후단에 따라 출석통지서 전달 상황을 통지할 때 수령을 거부한 사실을 증명하는 서류를 첨부하여야 한다.
(2010.6.15 본조개정)

제11조 【심문과 진술권】 ① 징계위원회는 제10조제1항에 따라 출석한 징계등 혐의자에게 혐의 내용에 관한 심문을 하고 필요하다고 인정할 때에는 관계인의 출석을 요구하여 심문할 수 있다.
② 징계위원회는 징계등 혐의자에게 충분한 진술을 할 수 있는 기회를 주어야 하며, 징계등 혐의자는 별지 제2호의2서식의 의견서 또는 구술로 자기에게 이익이 되는 사실을 진술하거나 증거를 제출할 수 있다.(2019.8.6 본항개정)
③ 징계등 혐의자는 증인의 심문을 신청할 수 있다. 이 경우에 위원회는 증인 채택 여부를 결정하여야 한다.
④ 징계의결등 요구자 및 신청자는 징계위원회에 출석하여 의견을 진술하거나 서면으로 의견을 진술할 수 있다. 다만, 중징계등 요구사건의 경우에는 특별한 사유가 없는 한 징계위원회에 출석하여 의견을 진술해야 한다.
(2020.7.28 본항개정)
⑤ 징계의결등 요구자 및 신청자는 「감사원법」 제32조제1항 및 제10항에 따라 감사원이 파면, 해임, 강등 또는 정직 중 어느 하나의 징계처분을 요구한 사건에 대해서는 징계위원회 개최 일시·장소 등을 감사원에 통보하여야 한다.(2018.5.15 본항신설)
⑥ 감사원은 제5항에 따른 통보를 받은 경우 소속 공무원

의 해당 징계위원회 출석을 관할 징계위원회에 요청할 수 있으며, 관할 징계위원회는 출석 허용 여부를 결정하여야 한다.(2018.5.15 본항신설)
(2010.6.15 본조개정)
제11조의2【피해자의 진술권】 징계위원회는 중징계등 요구사건의 피해자가 신청하는 경우에는 그 피해자에게 징계위원회에 출석하여 해당 사건에 대해 의견을 진술할 기회를 주어야 한다. 다만, 다음 각 호의 어느 하나에 해당하는 경우에는 그렇지 않다.
1. 피해자가 이미 해당 사건에 관하여 징계의결등 요구과정에서 충분히 의견을 진술하여 다시 진술할 필요가 없다고 인정되는 경우
2. 피해자의 진술로 인하여 징계위원회 절차가 현저하게 지연될 우려가 있는 경우
(2019.4.16 본조신설)
제11조의3【우선심사】 ① 징계의결등 요구권자는 신속한 징계절차 진행이 필요하다고 판단되는 징계등 사건에 대하여 관할 징계위원회에 우선심사(다른 징계등 사건에 우선하여 심사하는 것을 말한다. 이하 같다)를 신청할 수 있다.
② 징계의결등 요구권자는 정년(계급정년을 포함한다)이나 근무기간 만료 등으로 징계등 혐의자의 퇴직 예정일이 2개월 이내에 있는 징계등 사건에 대해서는 관할 징계위원회에 우선심사를 신청해야 한다.(2021.11.30 본항신설)
③ 징계등 혐의자는 혐의사실을 모두 인정하는 경우 관할 징계위원회에 우선심사를 신청할 수 있다.(2021.11.30 본항신설)
④ 제1항부터 제3항까지의 규정에 따라 우선심사를 신청하려는 자는 총리령으로 정하는 우선심사 신청서를 관할 징계위원회에 제출해야 한다.
⑤ 제4항에 따른 우선심사 신청서를 접수한 징계위원회는 특별한 사유가 없으면 해당 징계등 사건을 우선심사해야 한다.
(2021.11.30 본조개정)
제12조【징계위원회의 의결】 ① 징계위원회는 위원 5명 이상의 출석과 출석위원 과반수의 찬성으로 의결하되, 의견이 나뉘어 출석위원 과반수의 찬성을 얻지 못한 경우에는 출석위원 과반수가 될 때까지 징계등 혐의자에게 가장 불리한 의견에 차례로 유리한 의견을 더하여 가장 유리한 의견을 합의된 의견으로 본다.(2010.6.15 본항개정)
② 제1항의 의결은 별지 제3호 서식의 징계등 의결서로 하며 서식의 이유란에는 징계등의 원인이 된 사실, 증거의 판단, 관계 법령 및 징계등 면제 사유 해당 여부를 구체적으로 밝혀야 한다.(2019.8.6 본항개정)
③ 위원회는 필요하다고 인정할 때에는 소속 직원으로 하여금 사실조사를 하게 하거나 특별한 학식과 경험이 있는 사람에게 검정이나 감정을 의뢰할 수 있다.
④ 징계위원회는 제3항에 따라 소속 직원으로 하여금 사실조사를 하게 하기 위하여 필요하다고 인정할 때에는 징계등 혐의자에게 출석을 명하거나 징계의결등 요구권자에게 관련 자료의 제출을 요구할 수 있다.(2023.1.3 본항개정)
⑤ 제4항에 따라 징계등 혐의자를 출석하게 하는 경우에는 제10조제1항·제2항 및 제8항을 준용한다.(2010.6.15 본항개정)
⑥ 징계위원회는 제1항에도 불구하고 다음 각 호의 어느 하나에 해당하는 사항에 대해서는 서면으로 의결할 수 있다.
1. 제2조제5항 단서에 따른 징계등 사건의 관할 이송에 관한 사항
2. 제9조제1항 단서에 따른 징계의결등의 기한 연기에 관한 사항
(2020.7.28 본항신설)
⑦ 제6항에 따른 서면 의결의 절차·방법 등에 관한 사항은 인사혁신처장이 정한다.(2020.7.28 본항신설)
(2009.3.18 본조개정)
제12조의2【원격영상회의 방식의 활용】 ① 징계위원회는 위원과 징계등 혐의자, 징계의결등 요구자, 증인, 피해자 등 법 및 이 영에 따라 회의에 출석하는 사람(이하 이 항에서 "출석자"라 한다)이 동영상과 음성이 동시에 송수신되는 장치가 갖추어진 서로 다른 장소에 출석하여 진행하는 원격영상회의의 방식으로 심의·의결할 수 있다. 이 경우 징계위원회의 위원 및 출석자가 같은 회의장에 출석한 것으로 본다.
② 징계위원회는 제1항에 따라 원격영상회의의 방식으로 심의·의결하는 경우 징계등 혐의자 및 피해자 등의 신상정보, 회의 내용·결과 등이 유출되지 않도록 보안에 필요한 조치를 해야 한다.
③ 제1항 및 제2항에서 규정한 사항 외에 원격영상회의의 운영에 필요한 사항은 인사혁신처장이 정한다.
(2020.7.28 본조신설)
제13조【위원장의 직무】 ① 징계위원회의 위원장은 위원회를 대표하며 위원회의 사무를 총괄한다.
② 위원장은 징계위원회의 회의를 소집하고 그 의장이 된다.
③ 의장은 표결권을 가진다.
(2009.3.18 본조개정)
제14조【위원장의 직무 대행】 위원장이 부득이한 사유로 직무를 수행할 수 없을 때에는 위원장이 미리 지정한 위원, 먼저 임명받은 위원의 순서로 그 직무를 대행한다.(2014.11.19 본조개정)
제15조【제척 및 기피】 ① 징계위원회의 위원이 다음 각 호의 어느 하나에 해당하는 경우에는 해당 징계등 사건의 심의·의결에서 제척(除斥)된다.
1. 징계등 혐의자와 친족 관계에 있거나 있었던 경우
2. 징계등 혐의자의 직근 상급자이거나 징계 사유가 발생한 기간 동안 직근 상급자였던 경우
3. 해당 징계등 사건의 사유와 관계가 있는 경우
(2023.1.3 본항개정)
② 징계등 혐의자는 위원장이나 위원 중에서 불공정한 의결을 할 우려가 있다고 인정할 만한 상당한 사유가 있을 때에는 그 사실을 서면으로 밝히고 기피를 신청할 수 있다.
③ 징계위원회의 위원장 또는 위원은 제1항에 해당하면 스스로 해당 징계등 사건의 심의·의결을 회피하여야 하며, 제2항에 해당하면 회피할 수 있다.(2015.11.18 본항개정)
④ 제2항의 기피신청이 있을 때에는 재적위원 과반수의 출석과 출석위원 과반수의 찬성으로 기피 여부를 의결한다. 이 경우에 기피신청을 받은 사람은 그 의결에 참여하지 못한다.
⑤ 보통징계위원회에서 제1항부터 제3항까지의 사유로 위원장을 포함한 위원 5명 이상이 출석할 수 없게 되었을 때에는 위원 5명 이상이 출석할 수 있도록 그 위원회 설치기관의 장에게 임시위원의 임명을 요청하여야 한다. 이 경우에 임시위원을 임명할 수 없으면 그 징계의결등의 요구는 철회된 것으로 보고 상급행정기관의 장에게 그 징계의결등을 신청하여야 한다.
(2010.6.15 본조개정)
제16조【감사원에 대한 통고】 징계위원회가 설치된 기관의 장은 징계위원회에서 징계등 사건을 심의·의결한 결과 해당 공무원이 공무로 보관 중인 금품 또는 물품을 잃어버리거나 훼손하였다고 인정할 때에는 소속 장관이나 감독기관의 장을 거쳐 그 사실을 감사원에 통고하여야 한다.(2010.6.15 본조개정)
제17조【징계등의 정도 결정】 징계위원회가 징계등 사건을 의결할 때에는 징계등 혐의자의 혐의 당시 직급, 징계등 요구의 내용, 비위행위가 공직 내외에 미치는 영향, 평소 행실, 공적(功績), 뉘우치는 정도 또는 그 밖의 정상을 참작해야 한다.(2020.7.28 본조개정)
제17조의2【징계부가금】 ① 법 제78조의2제1항제1호에서 "대통령령으로 정하는 재산상 이익"이란 다음 각 호의 어느 하나에 해당하는 것을 말한다.
1. 유가증권, 숙박권, 회원권, 입장권, 할인권, 초대권, 관람권, 부동산 등의 사용권 등 일체의 재산상 이익
2. 골프 등의 접대 또는 교통·숙박 등의 편의 제공
3. 채무면제, 취업제공, 이권(利權)부여 등 유형·무형의 경제적 이익
(2015.11.18 본항신설)
② 징계위원회가 법 제78조의2제1항에 따라 징계부가금 부과 의결을 요구받은 때에는 같은 항 각 호의 어느 하나에 해당하는 행위로 취득하거나 제공한 금전 또는 재산상 이득(금전이 아닌 재산상 이득의 경우에는 금전으로 환산한 금액을 말하며, 이하 "금품비위금액등"이라 한다)의 5배 내에서 징계부가금의 부과 의결을 할 수 있다.(2015.11.18 본항개정)
③ 징계위원회에서 징계부가금 부과 의결을 하기 전에 징계등 혐의자가 법 제78조의2제1항 각 호의 어느 하나에 해당하는 행위로 다른 법률에 따라 형사처벌을 받거나 변상책임 등을 이행(몰수나 추징을 당한 경우를 포함한다) 또는 다른 법령에 따른 환수나 가산징수 절차에 따라 환수금이나 가산징수금을 납부한 경우로서 같은 조 제2항에 따라 징계위원회가 징계부가금을 조정하여 의결할 때에는 벌금, 변상금, 몰수, 추징금, 환수금 또는 가산징수금에 해당하는 금액과 징계부가금의 합계액이 금품비위금액등의 5배를 초과해서는 아니 된다.(2015.11.18 본항개정)
④ 징계의결등의 요구권자는 다음 각 호의 어느 하나에 해당하는 사유가 발생한 날부터 30일 내에 징계위원회에 징계부가금 감면 의결을 요구하여야 하며, 동시에 별지 제3호의2서식의 징계부가금 감면 의결 요구서 사본을 징계등 혐의자에게 송부하여야 한다. 다만, 징계등 혐의자가 그 수령을 거부하는 경우에는 그러하지 아니하다.
1. 징계부가금 부과 의결을 받은 자가 법원의 판결(몰수·추징에 대한 판결을 포함한다)이 확정되거나 변상책임 등을 이행한 날 또는 환수금이나 가산징수금을 납부한 날부터 60일 내에 징계의결등의 요구권자에게 징계부가금 감면 의결을 신청한 경우
2. 징계의결등의 요구권자가 징계부가금 부과 의결을 받은 자에 대한 법원의 판결(몰수·추징에 대한 판결을 포함한다)이 확정되거나 변상책임 등이 이행된 것 또는 환수금이나 가산징수금 등이 납부된 것을 안 경우
(2015.11.18 1호~2호개정)
⑤ 제4항에 따라 징계부가금 감면 의결이 요구된 경우 법 제78조의2제3항에 따라 징계위원회는 벌금, 변상금, 몰수, 추징금, 환수금 또는 가산징수금에 해당하는 금액과 징계부가금의 합계액이 금품비위금액등의 5배를 초과하지 않는 범위에서 감면 의결하여야 한다. 이 경우 징계부가금 감면 의결의 기한에 관하여는 제9조제1항을 준용한다.(2015.11.18 전단개정)
⑥ 징계등 혐의자 또는 징계부가금 부과 의결을 받은 자가 벌금 외의 형(벌금형이 병과되는 경우를 포함한다)을 선고받아 제3항 또는 제5항을 적용하기 곤란한 경우에는 징계위원회는 형의 종류, 형량 및 실형, 집행유예 또는 선고유예 여부 등을 종합적으로 고려하여 징계부가금을 조정하여 의결하거나 감면 의결하여야 한다.
(2015.11.18 본항개정)
(2010.6.15 본조신설)
제17조의3【징계기준 등】 ① 징계기준, 징계부가금 부과기준, 징계의 감경기준 등(이하 "징계기준등"이라 한다)은 총리령으로 정한다.
② 중앙행정기관의 장은 제1항에 따른 징계기준등의 범위에서 징계양정에 관한 사항을 정할 수 있다. 이 경우 중앙행정기관의 장은 인사혁신처장과 미리 협의하여야 한다.
(2018.5.15 본조신설)
제18조【의결 통보】 징계위원회가 징계의결등(징계부가금 감면 의결을 포함한다. 이하 같다)을 하였을 때에는 지체 없이 징계등 의결서 또는 별지 제3호의3서식의 징계부가금 감면 의결서의 정본(正本)을 첨부하여 징계의결등의 요구자에게 통보하여야 한다. 다만, 5급이상공무원등(고위공무원단에 속하는 공무원을 포함한다)의 파면 또는 해임 의결을 한 경우를 제외하고는 징계의결등의 요구자와 징계처분, 징계부가금 부과처분 또는 징계부가금 감면처분(이하 "징계처분등"이라 한다)의 처분권자가 다를 때에는 징계처분등의 처분권자에게도 징계의결등의 결과를 통보하여야 한다.(2013.12.11 단서개정)
제18조의2【징계의결등의 경정】 제18조에 따른 징계의결등에 계산상 또는 기재상의 잘못이나 그 밖에 이와 비슷한 잘못이 있는 것이 명백할 때에는 위원장은 직권 또는 징계의결등 요구권자나 징계등 혐의자의 신청에 따라 경정결정을 할 수 있다.(2015.8.3 본조신설)
제19조【징계처분등】 ① 징계처분등의 처분권자는 징계등 의결서 또는 징계부가금 감면 의결서를 받은 날부터 15일 이내에 징계처분등을 하여야 한다.(2012.9.5 본항개정)
② 징계처분등의 처분권자는 제1항에 따라 징계처분등을 할 때에는 별지 제4호 서식에 따른 징계처분등의 사유설명서에 징계등 의결서 또는 징계부가금 감면 의결서 사본을 첨부하여 징계처분등의 대상자에게 교부하여야 한다. 다만, 5급이상공무원등(고위공무원단에 속하는 공무원을 포함한다)을 파면하거나 해임한 경우에는 임용제청권자가 징계처분등의 사유설명서를 교부한다.
(2013.12.11 단서개정)
③ 법 제75조제2항제3호에 따른 대통령령으로 정하는 행위는 다음 각 호와 같다.
1. 「공무원 행동강령」 제13조의3 각 호의 어느 하나에 해당하는 부당한 행위(피해자가 개인인 경우로 한정한다)
2. 다음 각 목의 사람에 대하여 직장에서의 지위나 관계 등의 우위를 이용하여 업무상 적정범위를 넘어 신체적·정신적 고통을 주거나 근무환경을 악화시키는 행위
가. 다른 공무원
나. 다음의 어느 하나에 해당하는 기관·단체의 직원
1) 징계처분등의 대상자가 소속된 기관(해당 기관의 소속기관을 포함한다)
2) 「공공기관의 운영에 관한 법률」 제4조제1항에 따른 공공기관 중 1)의 기관이 관계 법령에 따라 업무를 관장하는 공공기관
3) 「공직자윤리법」 제3조의2제1항에 따른 공직유관단체 중 1)의 기관이 관계 법령에 따라 업무를 관장하는 공직유관단체
다. 「공무원 행동강령」 제2조제1호에 따른 직무관련자(직무관련자가 법인 또는 단체인 경우에는 그 법인 또는 단체의 소속 직원을 말한다)
(2023.10.10 본항개정)
④ 처분권자는 징계처분의 사유가 법 제75조제2항 각 호의 어느 하나에 해당하는 경우에는 그 피해자에게 징계처분결과의 통보를 요청할 수 있다는 사실을 안내해야 한다. 다만, 피해자가 있는 곳을 알 수 없는 등 인사혁신처장이 정하는 사유가 있는 경우에는 그렇지 않다.
(2023.10.10 본항신설)
⑤ 제3항에 따른 피해자의 요청으로 처분권자가 피해자에게 징계처분결과를 통보하는 경우에는 별지 제4호의2서식에 따른다.(2019.8.6. 본항개정)
⑥ 제5항에 따라 징계처분결과를 통보받은 피해자는 그 통보 내용을 공개해서는 안 된다.(2023.10.10 본항개정)
⑦ 제3항부터 제6항까지에서 규정한 사항 외에 징계처분결과의 통보에 관한 사항은 인사혁신처장이 정한다.
(2023.10.10 본항개정)
(2012.9.5 본조제목개정)
제19조의2【징계부가금 납부고지서의 교부 등】 ① 제18조에 따라 의결 통보를 받은 징계처분등의 처분권자가 제19조제2항에 따라 징계처분등의 대상자에게 징계처분등의 사유설명서를 교부할 때에는 징계부가금 금액을 분명하게 적은 납부고지서 또는 감면된 징계부가금 금액을 분명하게 적은 감면 납부고지서를 함께 교부하여야 한다.
② 징계처분등의 처분권자는 징계처분등의 대상자가 제1항의 납부고지서를 교부받은 날부터 60일 이내에 징계부가금이나 감면된 징계부가금을 납부하지 않으면 법 제78

조의2제4항 전단에 따라 국세강제징수의 예에 따라 징수할 수 있다.(2021.11.30 본항개정)
③ 징계처분등의 처분권자는 법 제78조의2제4항 후단에 따라 체납액의 징수를 위탁하려는 경우에는 징수대상자의 성명 및 주소, 징수금액 등을 적은 징수의뢰서에 체납액의 징수가 사실상 곤란하다는 사실을 입증할 수 있는 서류를 첨부하여 관할 세무서장에게 통보해야 한다.
(2021.11.30 본항신설)
④ 징계처분등의 대상자가 징계부가금을 납부한 후에 제1항의 감면 납부고지서를 받은 경우에는 징계처분등의 처분권자는 그 차액을 징계처분등의 대상자에게 환급하여야 한다.
⑤ 징계처분등의 대상자가 징계부가금을 납부하기 전에 제1항의 감면 납부고지서를 받은 경우에는 징계처분 등의 대상자는 감면된 징계부가금을 납부하여야 한다.
(2010.6.15 본조신설)

제20조【회의의 비공개】 징계위원회의 심의·의결의 공정성을 보장하기 위하여 다음 각 호의 사항은 공개하지 아니한다.
1. 징계위원회의 회의
2. 징계위원회의 회의에 참여할 또는 참여한 위원의 명단
3. 징계위원회의 회의에서 위원이 발언한 내용이 적힌 문서(전자적으로 기록된 문서를 포함한다)
4. 그 밖에 공개할 경우 징계위원회의 심의·의결의 공정성을 해칠 우려가 있다고 인정되는 사항
(2013.5.31 본조개정)

제21조【비밀누설 금지】 징계위원회의 회의에 참여한 사람은 직무상 알게 된 비밀을 누설해서는 아니 된다.
(2009.3.18 본조개정)

제22조【회의 참석자의 준수사항】 ① 징계위원회의 회의에 참석하는 사람은 다음 각 호의 어느 하나에 해당하는 물품을 소지할 수 없다.
1. 녹음기, 카메라, 휴대전화 등 녹음·녹화·촬영이 가능한 기기
2. 흉기 등 위험한 물건
3. 그 밖에 징계등 사건의 심의와 관계없는 물건
② 징계위원회의 회의에 참석하는 사람은 다음 각 호의 어느 하나에 해당하는 행위를 해서는 안 된다.
1. 녹음, 녹화, 촬영 또는 중계방송
2. 회의실 내의 질서를 해치는 행위
3. 다른 사람의 생명·신체·재산 등에 위해를 가하는 행위
(2020.7.28 본조신설)

제23조【직권 면직에 대한 동의 등】 ① 법 제70조제2항에 따라 임용권자가 직권 면직에 대한 징계위원회의 의견을 들어야 하는 경우에는 이 영에 따른 경징계 요구사건의 징계 관할에 따라, 징계위원회의 동의를 받아야 하는 경우에는 이 영에 따른 중징계 요구사건의 징계 관할에 따라, 관할 징계위원회에 별지 제4호의3서식의 직권 면직 의견·동의 요구서로 그 의견 또는 동의를 요구하여야 한다.(2019.4.16 본항개정)
② 징계위원회는 다른 징계등 사건(법 제78조의3제2항 및 제78조의4제2항에 따라 징계의결등이 요구된 사건은 제외한다)에 우선하여 직권 면직에 관하여 제시할 의견이나 동의 여부에 대하여 의결해야 한다.(2020.7.28 본항개정)
③ 징계위원회가 직권 면직에 관하여 제시할 의견이나 동의 여부에 대하여 의결하였을 때에는 지체 없이 별지 제4호의4서식의 직권 면직 의견·동의 의결서를 첨부하여 임용권자에게 통보하여야 한다.(2019.4.16 본항개정)
④ 제1항부터 제3항까지에서 규정한 사항 외에 직권 면직 대상자의 출석, 심문과 진술권, 사실조사, 원격영상회의, 위원의 제척 및 기피, 회의 참석자의 준수사항 등에 관하여는 제10조, 제11조제1항부터 제3항까지, 같은 조 제4항 본문, 제12조제4항·제5항, 제12조의2, 제15조 및 제22조를 준용한다. 이 경우 "징계등 혐의자"는 "직권 면직 대상자"로, "징계의결등"은 "직권 면직에 대한 의견 또는 동의 의결"로, "징계의결등 요구서"는 "직권 면직 의견·동의 요구서"로, "혐의 내용"은 "직권 면직"으로, "징계등 사건"은 "직권 면직 사건"으로 본다.(2020.7.28 전단개정)

제23조의2【퇴직을 희망하는 공무원의 징계사유 확인 등】 ① 임용권자 또는 임용제청권자는 공무원이 퇴직을 희망하는 경우에는 지체 없이 서면으로 감사원과 검찰·경찰 등 조사 및 수사기관의 장에게 해당 공무원이 법 제78조제1항 각 호에 따른 징계사유가 있는지 및 법 제78조의4제2항 각 호의 어느 하나에 해당하는지 여부에 대한 확인을 요청해야 한다.
② 제1항에 따라 확인 요청을 받은 기관의 장은 요청받은 날부터 10일 이내에 임용권자 또는 임용제청권자에게 확인 결과를 서면으로 통보해야 한다.
③ 제1항 및 제2항에서 규정한 사항 외에 퇴직 제한 절차 등에 필요한 사항은 인사혁신처장이 정한다.
(2020.7.28 본조신설)

제24조【심사 또는 재심사 청구】 징계의결등을 요구한 기관의 장은 법 제82조제2항에 따라 심사 또는 재심사를 청구하려면 징계의결등을 통보받은 날부터 15일 이내에 다음 각 호의 사항을 적은 징계의결등 심사(재심사)청구서에 사건 관계 기록을 첨부하여 관할 징계위원회에 제출하여야 한다.(2010.6.15 본문개정)
1. 심사 또는 재심사 청구의 취지
2. 심사 또는 재심사 청구의 이유 및 증명 방법
3. 징계등 의결서 사본 또는 징계부가금 감면 의결서 사본(2010.6.15 본호개정)
4. 제17조에 따른 여러 정상
(2009.3.18 본조개정)

제25조【징계등 처리 대장】 ① 각급 징계위원회는 징계등 사건의 접수·처리 상황을 관리하기 위하여 별지 제5호 서식의 징계등 처리 대장을 갖춰 두어야 한다.
② 제1항에도 불구하고 각급 징계위원회는 징계등 처리 대장을 「디지털인사관리규정」 제2조제4호에 따른 전자인사관리시스템으로 작성·유지·보관할 수 있다.
(2023.12.12 본항개정)
(2010.6.15 본조개정)

제25조의2 (2013.5.31 삭제)

제26조 (2009.3.18 삭제)

부 칙 (2008.10.20)

제1조【시행일】 이 영은 2008년 11월 1일부터 시행한다.
(이하 생략)

제2조【「공무원징계령」 개정에 따른 경과조치】 ① 이 영 시행 당시 개정 전의 「공무원징계령」에 따른 제1중앙징계위원회 및 제2중앙징계위원회는 이 영에 따른 중앙징계위원회로 본다.
② 이 영 시행 당시 개정 전의 「공무원징계령」에 따라 제1중앙징계위원회 및 제2중앙징계위원회에 접수된 징계의결요구서는 이 영에 따라 중앙징계위원회에 접수된 것으로 본다.
③ 이 영 시행 당시 개정 전의 「공무원징계령」에 따른 제1중앙징계위원회 및 제2중앙징계위원회의 의결은 이 영에 따른 중앙징계위원회의 의결로 본다.
④ 이 영 시행 당시 개정 전의 「공무원징계령」에 따른 제2중앙징계위원회 위원은 이 영에 따라 중앙징계위원회 위원으로 임명 또는 위촉된 것으로 본다.

제3조~제4조 (생략)

부 칙 (2010.6.15)

제1조【시행일】 이 영은 공포한 날부터 시행한다.

제2조【징계부가금 감면에 관한 적용례】 제17조의2, 제18조, 제19조 및 제19조의2의 개정규정은 법률 제10148호 국가공무원법 일부개정법률의 시행일(2010년 3월 22일) 이후 최초로 징계사유가 발생한 경우부터 적용한다.

부 칙 (2011.1.24)

제1조【시행일】 이 영은 공포한 날부터 시행한다.

제2조【징계등 절차 진행 여부의 결정 사실 통보에 관한 적용례】 제8조의2의 개정규정은 이 영 시행 후 최초로 수사 개시 통보를 받은 공무원부터 적용한다.

제3조【종전 위촉위원의 임기에 관한 경과조치】 이 영 시행 전에 종전의 제4조제3항 및 제5조제3항에 따라 위촉된 위원은 이 영 시행일에 위촉된 것으로 보아 제5조의2의 개정규정에 따라 임기를 계산한다.

부 칙 (2013.5.31)

제1조【시행일】 이 영은 공포한 날부터 시행한다. 다만, 제4조 및 제5조제3항의 개정규정은 2014년 1월 1일부터 시행한다.

제2조【종전 위촉위원의 임기에 관한 경과조치】 이 영 시행 전에 종전의 제4조제3항 및 제5조제3항에 따라 위촉된 위원의 임기는 제5조의2의 개정규정에 따른 기간으로 하며, 임기의 기산일은 위촉된 날을 기준으로 한다.

제3조【다른 법령의 개정】 ※(해당 법령에 가제정리 하였음)

부 칙 (2013.12.11)

제1조【시행일】 이 영은 2013년 12월 12일부터 시행한다.

제2조【징계 관할 등에 관한 경과조치】 이 영 시행 당시 징계의결 등이 요구된 징계 등 사건에 관하여는 제2조, 제7조제1항, 제18조, 제19조제2항 및 제22조의 개정규정에도 불구하고 종전의 규정에 따른다.

부 칙 (2015.8.3)

제1조【시행일】 이 영은 2016년 1월 1일부터 시행한다. 다만, 제4조제3항, 제5조제3항 및 제11조의2의 개정규정은 공포한 날부터 시행한다.

제2조【우선심사에 관한 적용례】 제11조의2의 개정규정은 부칙 제1조 단서에 따른 시행일 이후 제7조에 따라 징계의결등이 요구된 경우부터 적용한다.

제3조【징계위원회 관할 및 설치에 관한 경과조치】 ① 이 영 시행 당시 종전의 제2조제4항 및 제3조제2항에 따른 징계위원회에 접수된 징계의결등 요구서는 제2조제4항 및 제3조제2항의 개정규정에 따른 징계위원회에 접수된 것으로 본다.
② 이 영 시행 전에 종전의 제2조제4항 및 제3조제2항에 따른 징계위원회가 한 의결은 제2조제4항 및 제3조제2항의 개정규정에 따른 징계위원회가 의결한 것으로 본다.

부 칙 (2015.9.25)

제1조【시행일】 이 영은 공포한 날부터 시행한다.

제2조【서식 개정에 관한 경과조치】 이 영 시행 당시 종전의 규정에 따른 서식은 이 영 시행 이후 3개월 간 이 영에 따른 서식과 함께 사용할 수 있다.

부 칙 (2015.11.18)

제1조【시행일】 이 영은 2015년 11월 19일부터 시행한다. 다만, 제5조의2, 제5조의3, 제25조 및 대통령령 제26568호 공무원 징계령 일부개정령 제5조의 개정규정은 2016년 1월 1일부터 시행한다.

제2조【성 관련 비위의 징계의결등 요구시 전문가 의견서 제출에 관한 적용례】 제7조제6항제8호의 개정규정은 이 영 시행 이후에 징계의결등이 요구되는 경우부터 적용한다.

부 칙 (2018.5.15)

제1조【시행일】 이 영은 공포한 날부터 시행한다.

제2조【보통징계위원회의 민간위원 위촉에 관한 적용례】 제5조제4항제3호의 개정규정은 이 영 시행 이후 보통징계위원회의 민간위원으로 위촉하는 경우부터 적용한다.

제3조【감사원에 대한 징계위원회 일시 등의 통보에 관한 적용례】 제11조제5항 및 제6항의 개정규정은 이 영 시행 이후 감사원이 파면, 해임, 강등 또는 정직 중 어느 하나의 징계처분을 요구하는 경우부터 적용한다.

부 칙 (2019.4.16)

제1조【시행일】 이 영은 2019년 4월 17일부터 시행한다.

제2조【피해자 의견진술권 보장에 관한 적용례】 제11조의2의 개정규정은 이 영 시행 이후 징계의결등이 요구된 사건부터 적용한다.

제3조【서식에 관한 적용례】 별지 제4호의2서식의 개정규정은 이 영 시행 이후 징계처분을 하는 경우부터 적용한다.

부 칙 (2019.8.6)

이 영은 공포한 날부터 시행한다.

부 칙 (2020.7.28)

제1조【시행일】 이 영은 공포한 날부터 시행한다. 다만, 제4조제5항 및 제23조의2의 개정규정은 2020년 7월 30일부터 시행한다.

제2조【재심사 사건이 속한 회의의 구성에 관한 적용례】 제4조제5항의 개정규정은 이 영 시행 이후 재심사 청구된 사건부터 적용한다.

제3조【성폭력범죄 등 사건이 속한 회의의 구성에 관한 적용례 등】 ① 제4조제6항 및 제5조제6항의 개정규정은 이 영 시행 이후 징계의결등이 요구된 사건부터 적용한다.
② 제1항에도 불구하고 위원의 성비 구성이 제5조제6항의 개정규정에 따른 회의 구성 기준을 충족하는 것이 불가능한 보통징계위원회에 관하여는 그 기준을 충족할 수 있을 때까지는 종전의 예에 따른다.

제4조【징계의결등 요구자 등의 징계위원회 출석에 관한 적용례】 제11조제4항 단서의 개정규정은 이 영 시행 이후 징계의결등이 요구된 사건부터 적용한다.

제5조【징계위원회의 징계등 사건 의결 시 참작사항에 관한 경과조치】 이 영 시행 전에 징계등 사유가 발생한 경우에는 제17조의 개정규정에도 불구하고 종전의 규정에 따른다.

부 칙 (2021.11.30)

제1조【시행일】 이 영은 공포한 날부터 시행한다. 다만, 제19조의2제2항부터 제5항까지의 개정규정은 2021년 12월 9일부터 시행한다.

제2조【징계위원회의 구성에 관한 경과조치】 이 영 시행 당시 종전의 규정에 따라 구성된 징계위원회는 제4조제3항 후단 및 제5조제4항 각 호 외의 부분의 개정규정에 따른 기준에 적합하게 구성된 것으로 본다. 다만, 이 영 시행 후 위원을 위촉하는 경우(연임하는 경우는 제외한다)에는 해당 개정규정에 따른 기준을 충족할 때까지 특정 성의 위원을 위촉해야 한다.

부 칙 (2023.1.3)

제1조【시행일】 이 영은 공포한 날부터 시행한다.

제2조【징계위원회의 회의 구성에 관한 적용례 등】 ① 제4조제5항 및 제5조제5항의 개정규정은 이 영 시행 이후 징계의결등이 요구된 사건부터 적용한다.

② 제1항에도 불구하고 제5조제5항의 개정규정에 따른 회의 구성 기준을 충족하는 것이 불가능한 보통징계위원회에 관하여는 그 기준을 충족할 수 있을 때까지는 종전의 예에 따른다.
제3조【징계위원회 위원의 제척에 관한 적용례】 제15조제1항의 개정규정은 이 영 시행 이후 소집되는 징계위원회의 회의부터 적용한다.

부 칙 (2023.10.10)

제1조【시행일】 이 영은 2023년 10월 12일부터 시행한다.
제2조【징계등 절차 진행 여부의 결정 사실 통보에 관한 경과조치】 이 영 시행 전에 수사개시 통보를 받은 경우에 관하여는 제8조의2의 개정규정에도 불구하고 종전의 규정에 따른다.
제3조【다른 법령의 개정】 ※(해당 법령에 가제정리 하였음)

부 칙 (2023.12.12)

제1조【시행일】 이 영은 2024년 1월 1일부터 시행한다. (이하 생략)

[별지서식] ➡ 「www.hyeonamsa.com」 참조

공무원 징계령 시행규칙

(1981년 7월 14일
총리령 제251호)

개정

1983.11. 8총리령	281호	1986. 7.24총리령	314호
1987.12.31총리령	336호	1994. 6.20총리령	456호
2005. 5.16행정자치부령	282호		
2007. 9.19행정자치부령	394호		
2008. 3. 4행정안전부령	1호(직제시규)		
2009. 3.30행정안전부령	73호	2010. 8. 2행정안전부령	151호
2011. 7.18행정안전부령	226호	2011.11. 1행정안전부령	253호
2013. 3.23안전행정부령	1호(직제시규)		
2013.12.31안전행정부령	46호	2014. 9. 2안전행정부령	91호
2014.11.19총리령	1106호(직제시규)		
2015. 8.19총리령	1189호	2015.12.29총리령	1220호
2016. 8.31총리령	1317호	2017. 1.10총리령	1356호
2018. 5.30총리령	1467호	2019. 4.30총리령	1533호
2019. 6.25총리령	1549호		
2020. 6. 4총리령	1620호(공직자윤리법시규)		
2020. 7.28총리령	1632호	2020.12.31총리령	1663호
2021. 8.27총리령	1726호	2021.12.30총리령	1777호
2023. 1. 3총리령	1852호	2023.10.12총리령	1913호

제1조【목적】 이 규칙은 「공무원 징계령」에서 위임된 사항과 그 시행에 필요한 사항을 규정함을 목적으로 한다.(2009.3.30 본조개정)
제1조의2~제1조의3 (2009.3.30 삭제)
제2조【징계 또는 징계부가금의 기준】 ① 징계위원회는 징계 또는 「국가공무원법」 제78조의2에 따른 징계부가금(이하 "징계부가금"이라 한다) 혐의자의 비위(非違)의 유형, 비위의 정도 및 과실의 경중과 혐의 당시 직급, 비위행위가 공직 내외에 미치는 영향, 수사 중 공무원 신분을 감추거나 속인 정황, 평소 행실, 공적(功績), 뉘우치는 정도, 규제개혁 및 국정과제 등 관련 업무 처리의 적극성 또는 그 밖의 정상 등을 고려하여 별표1의 징계기준, 별표1의2의 초과근무수당 및 여비 부당수령 징계기준, 별표1의3의 청렴의 의무 위반 징계기준, 별표1의4의 성 관련 비위 징계기준, 별표1의5의 음주운전 징계기준 및 별표1의6의 징계부가금 부과기준에 따라 징계 또는 징계부가금(이하 "징계등"이라 한다) 사건을 의결해야 한다.(2021.8.27 본항개정)
② 징계위원회가 징계등 사건을 의결할 때에는 비위와 부조리를 척결함으로써 공무집행의 공정성 유지와 깨끗한 공직사회의 구현 및 기강 확립에 주력하고, 그 의결 대상이 다음 각 호의 어느 하나에 해당하는 경우에는 그 비위행위자는 물론 각 호에 규정된 사람에 대해서도 엄중히 책임을 물어야 한다.
1. 의결 대상이 직무와 관련한 금품수수 비위 사건인 경우 : 해당 비위와 관련된 감독자 및 그 비위행위의 제안·주선자
2. 부작위 또는 직무태만으로 국민의 권익을 침해하거나 국가 재정상의 손실을 발생하게 한 비위 사건인 경우 : 해당 비위와 관련된 감독자
(2016.8.31 본항개정)
③ (2018.5.30 삭제)
(2010.8.2 본조제목개정)
제3조【비위행위자와 감독자에 대한 문책기준】 ① 같은 사건에 관련된 행위자와 감독자에 대해서는 업무의 성질 및 업무와의 관련 정도 등을 참작하여 별표2의 비위행위자와 감독자에 대한 문책기준에 따라 징계의결등을 하여야 한다.(2010.8.2 본항개정)
② 제1항에도 불구하고 별표2에 따른 문책 정도의 순위 1에 해당하지 아니하는 사람이 다음 각 호의 어느 하나에 해당하는 경우에는 징계의결등을 하지 아니할 수 있다.
(2010.8.2 본문개정)
1. 해당 비위를 발견하여 보고하였거나 이를 적법·타당하게 조치한 징계등 사건
2. 비위의 정도가 약하고 경과실인 징계등 사건
(2010.8.2 1호~2호개정)
3. 철저하게 감독하였다는 사실이 증명되는 감독자의 징계사건
(2009.3.30 본항개정)
제3조의2【적극행정 등에 대한 징계면제】 ① 제2조에도 불구하고 징계위원회는 고의 또는 중과실에 의하지 않은 비위로서 다음 각 호의 어느 하나에 해당되는 경우에는 징계의결 또는 징계부가금 부과 의결(이하 "징계의결등"이라 한다)을 하지 아니한다.
1. 불합리한 규제의 개선 등 공공의 이익을 위한 정책, 국가적으로 이익이 되고 국민생활에 편익을 주는 정책 또는 소관 법령의 입법목적을 달성하기 위하여 필수적인 정책 등을 수립·집행하거나, 정책목표의 달성을 위하여 업무처리 절차·방식을 창의적으로 개선하는 등 성실하고 능동적으로 업무를 처리하는 과정에서 발생한 것으로 인정되는 경우(2019.6.25 본호개정)
2. 국가의 이익이나 국민생활에 큰 피해가 예견되어 이를 방지하기 위하여 정책을 적극적으로 수립·집행하는 과정에서 발생한 것으로서 정책을 수립·집행할 당시의 여건 또는 그 밖의 사회통념에 비추어 적법하게 처리될 것이라고 기대하기가 극히 곤란했던 것으로 인정되는 경우
② 징계위원회는 징계등 혐의자가 다음 각 호의 사항에 모두 해당되는 경우에는 해당 비위가 고의 또는 중과실에 의하지 않은 것으로 추정한다.
1. 징계등 혐의자와 비위 관련 직무 사이에 사적인 이해관계가 없을 것
2. 대상 업무를 처리하면서 중대한 절차상의 하자가 없었을 것(2019.6.25 본호개정)
3.~4. (2019.6.25 삭제)
③ 제1항에도 불구하고 징계등 혐의자가 감사원이나 「공공감사에 관한 법률」 제2조제5호에 따른 자체감사기구(이하 "자체감사기구"라 한다)로부터 사전에 받은 의견대로 업무를 처리한 경우에는 징계의결등을 하지 않는다. 다만, 대상 업무와 징계등 혐의자 사이에 사적인 이해관계가 있거나 감사원이나 자체감사기구가 의견을 제시하는데 필요한 정보를 충분히 제공하지 않은 경우에는 그렇지 않다.(2019.6.25 본항신설)
④ 제1항에도 불구하고 징계등 혐의자가 「적극행정 운영규정」 제13조에 따라 같은 영 제11조에 따른 적극행정위원회(이하 "적극행정위원회"라 한다)가 제시한 의견대로 업무를 처리한 경우에는 징계의결등을 하지 않는다. 다만, 대상 업무와 징계등 혐의자 사이에 사적인 이해관계가 있거나 적극행정위원회가 심의하는데 필요한 정보를 충분히 제공하지 않은 경우에는 그렇지 않다.(2021.12.30 본항신설)
⑤ 징계위원회는 제4조제2항에 따른 감경 제외 대상이 아닌 비위 중 직무와 관련이 없는 사고로 인한 비위로서 사회통념에 비추어 공무원의 품위를 손상하지 아니하였다고 인정되는 경우에는 징계의결등을 하지 않을 수 있다.
(2018.5.30 본조신설)
제4조【징계의 감경】 ① 징계위원회는 징계의결이 요구된 사람에게 다음 각 호의 어느 하나에 해당하는 공적이 있는 경우에는 별표3의 징계의 감경기준에 따라 징계를 감경할 수 있다. 다만, 그 공무원이 징계처분이나 이 규칙에 따른 경고를 받은 사실이 있는 경우에는 그 징계처분이나 경고처분 전의 공적은 감경 대상 공적에서 제외한다.
(2017.1.10 단서개정)
1. 「상훈법」에 따른 훈장 또는 포장을 받은 공적
2. 「정부표창규정」에 따라 국무총리 이상의 표창(공적에 대한 표창만 해당한다. 이하 이 호에서 같다)을 받은 공적. 다만, 비위행위 당시 「공무원 징계령」 제2조제2항제3호 각 목에 따른 공무원은 중앙행정기관장인 청장(차관급 상당 기관장을 포함한다) 이상의 표창을 받은 공적(2018.5.30 본호개정)
3. 「모범공무원규정」에 따라 모범공무원으로 선발된 공적
② 제1항에도 불구하고 징계사유가 다음 각 호의 어느 하나에 해당하는 경우에는 해당 징계를 감경할 수 없다.
1. 「국가공무원법」 제78조의2제1항 각 호의 어느 하나에 해당하는 비위(2020.7.28 본호개정)
1의2. 「국가공무원법」 제78조의2제1항 각 호의 어느 하나에 해당하는 비위를 신고하지 않거나 고발하지 않은 행위(2020.7.28 본호신설)
2. 「성폭력범죄의 처벌 등에 관한 특례법」 제2조에 따른 성폭력범죄
3. 「성매매알선 등 행위의 처벌에 관한 법률」 제2조제1항제1호에 따른 성매매
4. 「양성평등기본법」 제3조제2호에 따른 성희롱
(2019.4.30 본호개정)
5. 「도로교통법」 제44조제1항에 따른 음주운전 또는 같은 조 제2항에 따른 음주측정에 대한 불응
6. 「공직자윤리법」 제8조의2제2항 또는 제22조에 따른 등록의무자에 대한 재산등록 및 주식의 매각·신탁과 관련한 의무 위반(2020.6.4 본호개정)
7. 「적극행정 운영규정」 제2조제2호에 따른 소극행정(이하 이 조에서 "소극행정"이라 한다)(2020.7.28 본호개정)
7의2. 부작위 또는 직무태만(소극행정은 제외한다)
(2020.7.28 본호신설)
8. 「공무원 행동강령」 제13조의3에 따른 부당한 행위
(2019.4.30 본호신설)
9. 성 관련 비위 또는 「공무원 행동강령」 제13조의3에 따른 부당한 행위를 은폐하거나 필요한 조치를 하지 않은 경우(2019.4.30 본호신설)
10. 공무원 채용과 관련하여 청탁이나 강요 등 부당한 행위를 하거나 채용 업무와 관련하여 비위행위를 한 경우
(2019.6.25 본호신설)
11. 「부정청탁 및 금품등 수수의 금지에 관한 법률」 제5조에 따른 부정청탁(2020.7.28 본호신설)
12. 「부정청탁 및 금품등 수수의 금지에 관한 법률」 제6조에 따른 부정청탁에 따른 직무수행(2020.7.28 본호신설)
13. 직무상 비밀 또는 미공개정보를 이용한 부당행위
(2021.8.27 본호신설)
14. 우월적 지위 등을 이용하여 다른 공무원 등에게 신체적·정신적 고통을 주는 등의 부당행위(2021.12.30 본호신설)
(2017.1.10 본항신설)
③ 징계위원회는 징계의결이 요구된 사람의 비위가 성실하고 능동적인 업무처리 과정에서 과실로 인하여 생긴 것으로 인정되거나, 제2항에 따른 감경 제외 대상이 아닌 비위 중 직무와 관련이 없는 사고로 인한 비위라고 인정될 때에는 그 정상을 참작하여 별표3의 감경기준에 따라 징계를 감경할 수 있다.(2017.1.10 본항개정)
(2009.3.30 본조개정)
제5조【징계의 가중】 ① 징계위원회는 서로 관련 없는 둘 이상의 비위가 경합될 경우에는 그 중 책임이 무거운 비위에 해당하는 징계보다 1단계 위의 징계로 의결할 수 있다.
② 징계위원회는 징계처분을 받은 사람에 대하여 「공무원임용령」 제32조에 따른 승진임용 제한기간 중에 발생한 비위로 다시 징계의결이 요구된 경우에는 그 비위에 해당하는 징계보다 2단계 위의 징계로 의결할 수 있고, 승진임용 제한기간이 끝난 후부터 1년 이내에 발생한 비위로 징계의결이 요구된 경우에는 1단계 위의 징계로 의결할 수 있다. 다만, 「국가공무원법」 제80조제6항에 따라 징계처분의 집행이 정지되더라도 승진임용 제한기간은 정지되지 않고 진행되는 것으로 보아 계산한다.(2023.10.12 단서신설)
(2009.3.30 본조개정)
제6조【의결서의 작성 요령】 ① 징계위원회가 제4조와 제5조에 따라 징계를 감경하거나 가중하여 의결하였을 때에는 「공무원징계령」 제12조제2항에 따른 징계등 의결서(이하 이 조에서 "징계등 의결서"라 한다)의 이유란에 그 사실을 구체적으로 밝혀야 한다.
② 징계위원회가 제1항에 따라 견책에 해당하는 비위를 불문(不問)으로 감경하여 의결하였거나 불문으로 의결하였으나 경고할 필요가 있다고 인정하는 경우에는 징계등 의결서의 의결주문란에 "불문으로 의결한다. 다만, 경고할 것을 권고한다"라고 적는다.(2018.5.30 본항개정)
(2010.8.2 본조개정)
제7조【징계의결등 요구권자의 의견 기재 요령】 ① 징계의결등 요구권자가 「공무원 징계령」 제7조제6항 각 호외의 부분 본문에 따라 공무원 징계의결등 요구서(「공무원 징계령」 제7조제6항제1호의 공무원 징계의결등 요구서를 말한다. 이하 같다)에 징계의결등 요구권자의 의견을 적을 때에는 요구하는 징계의 종류를 중징계 또는 경징계로 구분하여 적고, 징계부가금의 배수(倍數)를 적어야 하며, 같은 항 각 호 외의 부분 단서의 경우에는 구체적인 징계의 종류를 적어야 한다.
② 제1항의 경우에 징계의결등 요구권자는 징계위원회가 징계등 사건을 의결할 때에 참고할 수 있도록 공무원 징계의결등 요구서에 별표2에 따른 업무의 성질에 따른 업무 관련도, 징계 등 혐의자의 혐의 당시 직급, 비위행위가 공직 내외에 미치는 영향, 수사 중 공무원 신분을 감추거나 속인 정황, 평소 행실, 뉘우치는 정도, 규제개혁 및 국정과제 등 관련 업무 처리의 적극성 또는 그 밖의 정상을 구체적으로 밝히고 관계 증거자료를 첨부해야 한다.
(2020.7.28 본항개정)
③ 징계의결등 요구권자는 제4조제3항에 따른 징계 감경사유에 해당된다고 인정하는 경우에는 이를 증명하는 관련 자료를 첨부하여 징계의 감경의결을 요청할 수 있다.
(2018.5.30 본항개정)
(2010.8.2 본조개정)
제7조의2【확인서】 「공무원 징계령」 제7조제6항제3호에 따른 확인서는 별지 제1호서식과 같다.(2023.1.3 본조신설)
제8조【우선심사 신청서】 「공무원 징계령」 제11조의3 제2항에 따른 우선심사 신청서는 별지 제2호서식과 같다.
(2023.1.3 본조개정)
제9조【위임 규정】 이 규칙 시행에 필요한 사항은 인사혁신처장이 정한다.(2014.11.19 본조개정)

부 칙 (2015.8.19)

제1조【시행일】 이 규칙은 공포한 날부터 시행한다.
제2조【징계 또는 징계부가금의 기준과 징계의 감경에 관한 적용례】 제2조제3항제3호 및 제4조제2항의 개정규정은 이 규칙 시행 이후 징계사유가 발생한 공무원부터 적용한다.
제3조【징계기준 변경에 따른 경과조치】 별표1 및 별표1의2의 개정규정에도 불구하고 이 규칙 시행 전에 징계사유가 발생한 공무원에 대하여는 종전의 규정을 적용한다.

부 칙 (2015.12.29)

제1조【시행일】 이 규칙은 공포한 날부터 시행한다.
제2조【징계기준 등 변경에 따른 경과조치】 별표1, 별표1의2 및 별표1의4의 개정규정에도 불구하고 이 규칙 시행 전에 징계사유가 발생한 공무원에 대해서는 종전의 규정을 적용한다.

부 칙 (2016.8.31)

제1조【시행일】 이 규칙은 공포한 날부터 시행한다.
제2조【징계기준 변경에 관한 경과조치】 별표1의 개정규정에도 불구하고 이 규칙 시행 전에 징계사유가 발생한 공무원에 대해서는 종전의 규정에 따른다.

부 칙 (2017.1.10)

제1조【시행일】 이 규칙은 공포한 날부터 시행한다.
제2조【징계기준 등 변경에 따른 경과조치】 별표1의 개정규정에도 불구하고 이 규칙 시행 전에 징계사유가 발생한 공무원에 대해서는 종전의 규정에 따른다.

부 칙 (2018.5.30)

제1조【시행일】 이 규칙은 공포한 날부터 시행한다.
제2조【적극행정 등 징계면제에 관한 적용례】 제3조의2의 개정규정은 이 규칙 시행 후 최초로 개최되는 징계위원회부터 적용한다.
제3조【징계의결 및 징계기준 변경에 관한 적용례】 제6조제2항 및 별표1의 개정규정은 이 규칙 시행 이후 징계사유가 발생한 경우부터 적용한다.

부 칙 (2019.4.30)

제1조【시행일】 이 규칙은 공포한 날부터 시행한다.
제2조【징계 감경의 제외 사유 및 징계기준에 관한 적용례】 제4조제2항제8호·제9호 및 별표1 제1호자목 및 차목의 개정규정은 이 규칙 시행 이후 징계 사유가 발생한 경우부터 적용한다.

부 칙 (2019.6.25)

제1조【시행일】 이 규칙은 공포한 날부터 시행한다.
제2조【징계면제 요건에 관한 적용례】 제3조의2의 개정규정은 이 규칙 시행 전에 징계의결등이 요구된 경우로서 이 규칙 시행 이후 면제 요건을 갖추었는지를 판단하는 경우에 대해서도 적용한다.
제3조【징계를 감경할 수 없는 사유에 관한 적용례】 제4조제2항제10호의 개정규정은 이 규칙 시행 이후 징계 사유가 발생한 경우부터 적용한다.
제4조【징계기준 및 징계부가금 부과 기준에 관한 적용례】 별표1의3 및 별표1의4의 개정규정은 이 규칙 시행 이후 징계 사유가 발생한 경우부터 적용한다.
제5조【비위행위자의 문책기준에 관한 적용례】 별표2의 개정규정은 이 규칙 시행 전에 징계의결등이 요구된 경우로서 이 규칙 시행 이후 문책 여부를 판단하는 경우에 대해서도 적용한다.

부 칙 (2020.7.28)

제1조【시행일】 이 규칙은 공포한 날부터 시행한다.
제2조【징계를 감경할 수 없는 사유에 관한 적용례】 제4조제2항제1호의2·제11호 및 제12호의 개정규정은 이 규칙 시행 이후 징계 사유가 발생한 경우부터 적용한다.

부 칙 (2020.12.31)

제1조【시행일】 이 규칙은 공포한 날부터 시행한다.
제2조【초과근무수당 및 여비 부당수령 징계기준에 관한 적용례】 제2조제1항, 별표1 및 별표1의2의 개정규정은 이 규칙 시행 이후 징계 사유가 발생한 공무원부터 적용한다.

부 칙 (2021.8.27)

제1조【시행일】 이 규칙은 공포한 날부터 시행한다.
제2조【징계기준에 관한 경과조치】 제2조제1항, 별표1 및 별표1의4의 개정규정에도 불구하고 이 규칙 시행 전에 징계 사유가 발생한 공무원에 대해서는 종전의 규정에 따른다.
제3조【징계를 감경할 수 없는 사유에 관한 적용례】 제4조제2항제13호의 개정규정은 이 규칙 시행 이후 징계 사유가 발생한 경우부터 적용한다.

부 칙 (2021.12.30)

제1조【시행일】 이 규칙은 공포한 날부터 시행한다.
제2조【징계를 감경할 수 없는 사유에 관한 적용례】 제4조제2항제14호의 개정규정은 이 규칙 시행 이후 징계 사유가 발생한 경우부터 적용한다.
제3조【징계기준에 관한 경과조치】 별표1 및 별표1의5의 개정규정에도 불구하고 이 규칙 시행 전에 징계 사유가 발생한 공무원에 대해서는 종전의 규정에 따른다.

부 칙 (2023.1.3)

이 규칙은 공포한 날부터 시행한다.

부 칙 (2023.10.12)

제1조【시행일】 이 규칙은 2023년 10월 12일부터 시행한다.
제2조【징계기준에 관한 경과조치】 대통령령 제33733호 공무원수당 등에 관한 규정 일부개정령의 시행일인 2023년 9월 19일 이후부터 이 규칙 시행일 전까지의 기간 중 종전의 별표1 제1호아목을 적용하여 의결한 사건은 별표1 제1호아목의 개정규정을 적용하여 의결한 것으로 본다.

〔별표〕 ➡「法典 別册」 참조

〔별지서식〕 ➡「www.hyeonamsa.com」 참조

소청절차규정

(1969년 12월 6일 전개대통령령 제4420호)

개정
1970.12.18영 5409호 1972. 5.16영 6175호
1972.12.16영 6401호 1973. 2.17영 6510호
1973. 3.30영 6614호 1978.10.27영 9191호
1989.12.30영12892호
1998. 2.24영15680호(공무원여비규정)
2000.11. 9영16997호 2004. 6.11영18426호
2007. 9. 6영20249호
2008.12.31영21214호(직제)
2013. 3.23영24425호(직제)
2014.11.19영25751호(직제)
2020. 5. 4영30664호
2021. 1. 5영31380호(법령용어정비)
2021. 3.16영31538호 2023. 6. 7영33522호

제1조【목적】 이 영은 행정기관 소속공무원의 소청에 관한 절차를 규정함을 목적으로 한다.
제2조【소청심사청구】 ① 공무원이 징계처분·강임·휴직·직위해제·면직처분 그 밖에 그 의사에 반하는 불리한 처분 또는 부작위에 대하여 소청심사위원회(이하 "위원회"라 한다)에 심사를 청구할 때에는 다음 각호의 사항을 기재한 소청심사청구서(이하 "청구서"라 한다)를 위원회에 제출하여야 한다.(2007.9.6 본문개정)
1. 주소·성명·주민등록번호 및 전화번호(2000.11.9 본호개정)
2. 소속기관명 또는 전 소속기관명과 직위 또는 전 직위
3. 피소청인(대통령의 처분 또는 부작위에 대하여는 제청권자)(2000.11.9 본호개정)
4. 소청의 취지
5. 소청의 이유 및 입증방법
6. 처분사유설명서 또는 인사발령통지서의 수령지연으로 인하여 처분사유설명서에 기재된 일자로부터 소청제기기간을 초과하여 소청심사를 청구하는 경우에는 그 수령지연사실의 입증자료(1973.3.30 본호개정)

② 위원회는 제1항에 따른 소청심사청구가 위원회의 관할에 속하지 아니하는 경우에는 지체 없이 이를 관할 위원회에 이송하고 그 사실을 소청심사를 청구한 자(이하 "소청인"이라 한다)에게 통지하여야 한다.(2007.9.6 본항신설)
③ (1989.12.30 삭제)
제3조【청구기간의 진행정지】 ① 소청인에게 책임이 없는 사유로 소청심사의 청구를 할 수 없는 기간은 「국가공무원법」(이하 "법"이라 한다) 제76조제1항의 소청제기기간(이하 "소청제기기간"이라 한다)에 산입하지 아니한다.(2007.9.6 본항개정)
② 제1항의 규정에 의한 책임없는 사유의 여부는 위원회가 결정한다.(1978.10.27 본항개정)
제4조【소청대리인의 지정·선임 등】 ① 제2조제1항에 의한 소청심사의 청구가 있을 때에는 그 사건의 피소청인은 관계공무원 또는 변호사를 대리인으로 지정 또는 선임하여 소청에 응하게 할 수 있다.
② 변호사가 법 제76조제1항의 규정에 의하여 소청인의 대리인으로 선임되거나 공무원 또는 변호사가 제1항의 규정에 의하여 피소청인의 대리인으로 지정 또는 선임된 때에는 그 위임장 또는 지정서를 위원회에 제출하여야 한다.(2007.9.6 본항개정)
(2000.11.9 본조개정)
제4조의2【피소청인의 답변서 제출】 ① 위원회가 법 제12조제2항에 따라 피소청인에게 소청심사청구에 대한 답변서의 제출을 요구한 경우에는 피소청인은 지정된 기일 안에 답변서와 소청인의 수에 따른 부본(副本)을 제출해야 한다.
② 위원회는 제1항에 따라 제출된 답변서의 내용이 충분하지 않거나 입증자료가 필요한 경우에는 피소청인에게 답변 내용의 보충 또는 입증자료의 제출을 요구할 수 있다.
③ 피소청인은 답변서 및 입증자료를 제출할 때 사건관계인 등의 개인정보가 공개되지 않도록 조치해야 한다.(2020.5.4 본항신설)
④ 위원회는 제1항 및 제2항에 따라 제출된 답변서 부본, 추가 제출된 답변 내용 및 입증자료를 지체 없이 소청인에게 송달해야 한다.
(2020.5.4 본조개정)
제5조【임시결정 통보】 위원회가 소청사건에 대하여 법 제76조제3항에 따른 임시결정을 한 경우에는 지체없이 그 임명권자에게 이를 통보해야 한다. 이 경우 긴급한 경우에는 서면에 의한 통보에 앞서 전화·팩스·전자우편 등에 의하여 통보해야 한다.(2021.1.5 본조개정)
제6조【보정요구등】 ① 위원회는 청구서에 흠결이 있다고 인정할 때에는 청구서를 접수한 날부터 7일이내에 상당한 기간을 정하여 보정을 요구하여야 한다. 다만, 그 흠결이 경미한 때에는 직권으로 보정할 수 있다.
(2000.11.9 본항개정)
② 제1항의 규정에 의한 보정기간내에 보정하지 아니할 때에는 소청심사의 청구를 취하한 것으로 본다.
(1989.12.30 본항신설)
③ 소청인의 소재가 분명하지 아니한 경우에는 제1항의 보정요구는 관보에 게재하고 게재한 날부터 10일이 경과

하는 날에 그 보정요구는 소청인에게 도달된 것으로 본다.(2000.11.9 본항개정)
④ 위원회가 각 기관에 대하여 심사자료의 제출을 요구하였을 때에는 각 기관은 지정된 기간내에 이를 제출하여야 한다.
⑤ 제1항의 규정에 의하여 보정을 요구한 소청사건에 대한 처리기간은 그 보정이 완료된 날부터 기산한다.
(2000.11.9 본항개정)
(2000.11.9 본조제목개정)
제7조【소청의 취하】 소청인은 위원회의 결정이 있을 때까지는 청구의 일부 또는 전부를 취하할 수 있다.
제7조의2【각하】 ① 소청제기기간의 경과와 소청 관할 위반 등 소청의 제기가 부적법한 때에는 위원회는 특별한 사정이 있는 경우를 제외하고는 당사자를 출석시키지 아니하고 각하결정을 할 수 있다.(2007.9.6 본항개정)
② 위원회는 제1항에 따라 당사자를 출석시키지 아니하고 각하결정을 하는 때에는 소청인에게 서면에 의한 진술 기회를 주어야 한다.(2007.9.6 본항신설)
제8조【기일지정통지】 ① 위원회가 소청사건을 심사할 때에는 소청인과 피소청인 또는 그 대리인(이하 "소청당사자"라 한다)에게 심사일시·장소를 통지하여 출석할 수 있도록 해야 한다. 이 경우 통지를 받은 자가 정당한 사유로 출석할 수 없거나 심사를 연기할 필요가 있는 경우에는 서면으로 심사의 연기를 요청할 수 있고, 위원회는 심사기일을 다시 정할 수 있다.(2020.5.4 본항개정)
② 제1항의 통지를 받고 출석하는 자가 공무원인 경우에는 그 소속기관의 장은 공가를 허가하여야 한다.
(1978.10.27 본항개정)
③ (2000.11.9 삭제)
④ 소청당사자중 소재가 분명하지 아니한 자에 대한 제1항의 통지는 관보에 게재하고 게재한 날부터 10일이 경과하는 날에 그 통지는 당해 소청당사자에게 도달된 것으로 본다.(2000.11.9 본항개정)
제9조【위원의 기피·회피】 ① 소청당사자는 위원회의 위원에게 법 제14조제3항의 규정에 의한 제척사유 또는 심사·결정의 공정을 기대하기 어려운 사정이 있는 경우에는 그 이유를 명시하여 그 위원의 기피를 신청할 수 있으며, 위원은 회피할 수 있다.(2023.6.7 본항개정)
② 위원회는 제1항의 기피신청에 대하여 결정을 하여야 한다. 이 경우 기피신청을 받은 위원은 그 의결에 참여하지 못한다.(2000.11.9 후단신설)
제10조【진술권】 ① 위원회는 출석한 소청당사자의 진술을 청취하여야 하며, 필요하다고 인정할 때에는 구술로 심문할 수 있다.
② 제8조제1항의 통지를 받고 출석하지 아니한 소청당사자는 서면에 의하여 그 의견을 진술할 수 있다.
③ 소청인이 형사사건으로 구속되거나 기타 사유로 인하여 위원회에 출석할 수 없을 경우에 제8조제1항의 규정에 의하여 지정한 기일 또는 위원회가 특히 서면에 의한 진술을 위하여 지정한 기일안에 서면에 의한 진술도 하지 아니한 때에는 위원회는 진술없이 결정할 수 있다.
(1972.12.16 본항신설)
제10조의2【피해자의 진술권】 위원회는 「성폭력범죄의 처벌 등에 관한 특례법」 제2조에 따른 성폭력범죄 또는 「양성평등기본법」 제3조제2호에 따른 성희롱에 해당하는 비위와 관련된 소청사건의 피해자가 신청하는 경우에는 그 피해자에게 위원회에 출석하거나 서면을 통하여 해당 사건에 대해 의견을 진술할 기회를 주어야 한다. 다만, 다음 각 호의 어느 하나에 해당하는 경우에는 그렇지 않다.
1. 피해자가 이미 해당 비위에 관한 징계처분 등의 과정에서 충분히 의견을 진술하여 다시 진술할 필요가 없다고 인정되는 경우
2. 피해자의 진술로 인하여 위원회 절차가 현저하게 지연될 우려가 있는 경우
(2023.6.7 본조신설)
제11조【증거제출권】 ① 소청당사자는 증인의 소환·질문 또는 증거물 기타 심사자료의 제출명령을 신청하거나, 증거물 기타 심사자료를 제출할 수 있다.(2007.9.6 본항개정)
② 위원회는 제1항의 신청에 대한 채택여부를 결정하여야 한다.(1978.10.27 본항개정)
③ 소청당사자가 신청한 증인의 여비는 신청인의 부담으로 한다.
④ 위원회가 채택한 증인이 공무원인 경우에는 그 소속기관의 장은 그 증인에게 공가를 허가하여야 한다.
(1972.12.16 본항신설)
⑤ 위원회는 소청사건이 결정된 후 신청이 있는 때에는 제1항의 규정에 의하여 제출된 증거물 기타 심사자료를 제출자에게 반환할 수 있다.(2000.11.9 본항신설)
제12조【조서작성】 위원회는 소청사건의 심사절차에 대한 조서를 작성하여야 한다.
제13조【처분의 취소 등】 ① 피소청인은 위원회에 계속중인 사건의 처분을 취소 또는 변경하거나 부작위에 대한 처분을 한 때에는 위원회와 소청인에게 그 사실을 통지하여야 한다.(2000.11.9 본항개정)
② 위원회는 제1항의 경우에 그 사건의 심사여부를 결정하여야 한다.(1978.10.27 본항개정)
(2000.11.9 본조제목개정)
제14조【심사의 범위】 위원회는 징계 또는 소청의 원인이 된 사실 이외의 사실에 대하여 심사하지 못한다.
제14조의2【위원회 결정의 연기】 위원회는 심사 결과 징계처분 등의 원인이 된 사실관계의 명확한 판단을 위해 특별히 필요하다고 인정되는 경우에는 의결을 거쳐 결정을 연기할 수 있다. 이 경우 그 사실을 소청당사자에게 지체 없이 통지해야 한다.(2020.5.4 본조신설)
제14조의3【원격영상회의 방식의 활용】 ① 위원회는 위원과 소청당사자, 증인, 그 밖의 사건관계인 등 회의에 출석하는 사람(이하 이 항에서 "출석자"라 한다)이 동영상과 음성이 동시에 송수신되는 장치가 갖추어진 서로 다른 장소에 출석하여 진행하는 원격영상회의 방식으로 심사·의결할 수 있다. 이 경우 위원회의 위원 및 출석자는 같은 회의장에 출석한 것으로 본다.
② 위원회는 제1항에 따라 원격영상회의 방식으로 심사를 진행하는 경우 소청인 및 증인 등 사건관계인의 신상정보, 회의 내용·결과 등이 유출되지 않도록 보안에 필요한 조치를 해야 한다.
(2021.3.16 본조신설)
제15조【결정서의 작성】 위원회가 소청심사청구에 대하여 결정을 할 때에는 다음 각호의 사항을 기재한 소청심사결정서를 작성하고 위원장과 출석한 위원이 이에 서명날인하여야 한다.
1. 소청당사자의 표시
2. 결정주문
3. 결정이유의 개요
4. 증거의 판단
제16조【결정서의 송부】 ① 소청심사결정서는 그 정본을 작성하여 지체없이 소청당사자에게 송부하여야 한다.
(2004.6.11 본항개정)
② 제1항의 규정에 의하여 소청심사결정서를 송부함에 있어 그 결정서가 위원회의 과실없이 소청인에게 송달되지 아니한 경우에는 소청인의 주소·성명과 결정주문을 관보에 게재하고, 게재한 날부터 2주일이 경과하는 날에 결정서는 당해 소청인에게 도달된 것으로 본다.
(2000.11.9 본항개정)
제17조【감사원 요구에 의한 재심】 ① 감사원법 제32조제6항의 규정에 의한 재심요구는 그 이유를 명시한 재심요구서에 의하여야 한다.(2004.6.11 본항개정)
② 위원회는 제1항에 따른 재심요구서를 접수하면 즉시 그 부본을 첨부하여 소청인에게 송부하고 답변 자료의 제출을 요구해야 한다.(2020.5.4 본항개정)
③ 재심사건의 심사는 필요하다고 인정하는 경우를 제외하고는 당사자의 출석없이 결정할 수 있다.
④ 위원회가 재심사건을 심사·결정하였을 때에는 재심결정서를 작성하여 그 정본을 지체없이 소청당사자 및 감사원장에게 송부하여야 한다. 이 경우 감사원장에게는 인사혁신처를 경유하여 송부하여야 한다.(2014.11.19 후단개정)
⑤ 제1항의 재심요구서에 재심이유가 명시되어 있지 아니하거나, 기타 흠결이 있을 경우에는 재심요구서를 접수한 날부터 7일 이내에 상당한 기간을 정하여 보정을 요구하여야 하며, 이 경우에 처리기간은 그 보정이 완료된 날부터 기산한다.(2000.11.9 본항개정)
⑥ 재심요구에 대한 결정은 특별한 사정이 있는 경우를 제외하고는 재심이 요구된 날부터 30일 이내에 하여야 한다.(2000.11.9 본항신설)
(2004.6.11 본조제목개정)
제18조【행정소송 결과의 통보】 소청인이 법 제16조의 규정에 의하여 행정소송을 제기한 경우에는 당해 소청사건의 피소청인은 소송을 제기한 사실 및 그 결과를 위원회에 통보하여야 한다.(2000.11.9 본조신설)
제19조~제20조 (1973.3.30 삭제)
제21조【실비변상】 법 제12조제5항의 규정에 의한 증인의 일당은 증인이 공무원이 아닌 경우에만 지급하되, 국가공무원 6급 5호봉상당의 월봉급액을 일할계산한 금액으로 하고, 여비는 증인이 공무원인 경우에는 공무원여비규정 "별표1"의 소정액으로 하며, 증인이 공무원이 아닌 경우에는 공무원여비규정 "별표1"의 제4호 해당자 소정액으로 한다.(1998.2.24 본조개정)
제22조【민감정보 및 고유식별정보의 처리】 위원회는 다음 각 호의 사무를 수행하기 위해 불가피한 경우 「개인정보 보호법」 제23조에 따른 노동조합의 가입·탈퇴, 건강에 관한 정보 또는 같은 법 시행령 제18조제2호에 따른 범죄경력자료에 해당하는 정보나 같은 영 제19조제1호에 따른 주민등록번호가 포함된 자료를 처리할 수 있다.
1. 법 제12조에 따른 소청 심사에 관한 사무
2. 제2조에 따른 청구서의 접수·처리에 관한 사무
3. 제4조에 따른 소청대리인의 지정·선임에 관한 사무
(2020.5.4 본조신설)

부　칙 (2007.9.6)

제1조【시행일】 이 영은 공포한 날부터 시행한다.
제2조【서면 진술에 관한 적용례】 제7조의2제2항의 개정규정은 이 영 시행 후 최초로 각하 결정하는 소청 사건부터 적용한다.

부　칙 (2020.5.4)

이 영은 공포한 날부터 시행한다.

부　칙 (2021.1.5)

이 영은 공포한 날부터 시행한다.(이하 생략)

부　칙 (2021.3.16)

이 영은 공포한 날부터 시행한다.

부　칙 (2023.6.7)

제1조【시행일】 이 영은 공포한 날부터 시행한다.
제2조【피해자의 진술권에 관한 적용례】 제10조의2의 개정규정은 이 영 시행 이후 청구되는 소청사건부터 적용한다.

공무원고충처리규정

(1981년 6월 10일 대통령령 제10344호)

개정
1983. 5.19영11131호
1984.12.31영11604호(연구·지도및의료직공무원의임용등에관한규정)
1985.12.31영11837호(연구·지도및의료직공무원의임용등에관한규정)
1991. 2. 1영13282호(직제)
1996. 8. 8영15135호(직제)
2001. 1.29영17115호(직제)
2006. 6.12영19513호(고위공무원단인사규정)
2007. 9. 6영20250호
2007. 9.20영20284호(경찰공무원교육훈련규정)
2008.12.31영21214호(직제)
2009.11.23영21842호(직제)
2013. 3.23영24425호(직제)
2013.11.20영24852호(공무원임용)
2014.11.19영25751호(직제)
2017. 1.10영27787호(전문직공무원인사규정)
2017. 7.26영28211호(직제)
2018. 3.30영28760호(직제)
2018. 5.15영28891호
2019. 4.16영29696호
2020. 3.10영30515호(소방공무원의국가직전환관련제도정비를위한일부개정령)
2020.12.31영31351호(경찰공무원임용령)
2021. 1. 5영31380호(법령용어정비)
2021.10.14영32043호(지방소방기관설치에관한규정)
2022. 1.25영32371호

제1조【목적】 이 영은 「국가공무원법」 제76조의2 및 제76조의3, 「경찰공무원법」 제31조, 「소방공무원법」 제27조 및 「교육공무원법」 제49조에 따라 공무원의 고충상담 및 고충심사 등의 처리 절차와 그 밖에 고충 해소를 위해 필요한 사항을 규정함을 목적으로 한다.(2020.12.31 본조개정)
제2조【고충처리대상】 ① 공무원은 누구나 인사·조직·처우 등 직무 조건과 관련된 신상 문제와 「성폭력범죄의 처벌 등에 관한 특례법」 제2조에 따른 성폭력범죄(이하 "성폭력범죄"라 한다)·「양성평등기본법」 제3조제2호에 따른 성희롱(이하 "성희롱"이라 한다) 및 「공무원 행동강령」 제13조의3에 따른 부당한 행위 등으로 인한 신상 문제와 관련된 고충의 처리를 요구할 수 있다.
② 인사혁신처장, 임용권자 또는 임용제청권자는 공무원의 고충을 예방하고 고충이 발생한 경우 신속하고 공정하게 처리하기 위해 노력해야 한다.
(2019.4.16 본조개정)
제2조의2【고충처리 절차】 ① 고충처리는 고충상담, 고충심사 및 성폭력범죄·성희롱 신고 처리로 구분한다.
② 임용권자 또는 임용제청권자(이하 "임용권자등"이라 한다)와 인사혁신처장은 고충상담이나 성폭력범죄·성희롱 신고 처리 과정에서 고충심사가 필요하다고 판단될 때에는 다음 각 호의 구분에 따른 동의를 받아 고충심사 절차를 시작할 수 있다.
1. 고충상담 : 고충을 제기한 사람(이하 "청구인"이라 한다)의 동의
2. 성폭력범죄·성희롱 신고 : 피해자의 동의
③ 임용권자등은 상·하급자나 동료, 그 밖에 업무 관련자 등의 부적절한 언행, 신체적 접촉 또는 위법·부당한 지시 등으로 인한 고충에 대하여 심사가 청구된 경우로서 고충의 신속한 조사 및 피해 방지 등을 위해 필요한 경우에는 고충심사 절차가 시작되기 전이라도 다음 각 호의 조치를 할 수 있고, 인사혁신처장은 임용권자등에게 다음 각 호의 조치의 이행 및 그 결과의 통지를 요청할 수 있다.
1. 피해 사실에 대한 조사
2. 가해자 등 책임자에 대한 조치
3. 피해자에 대한 보호·지원
4. 추가 피해 방지를 위한 조치
(2019.4.16 본조신설)

제3조【일반공무원 보통고충심사위원회】 ①「국가공무원법」 제76조의2제4항에 따른 보통고충심사위원회(이하 "보통고충심사위원회"라 한다)는 6급이하 공무원·연구사·지도사 또는 이에 상당하는 일반직공무원의 신규채용에 관한 임용권자(신규채용권을 위임받은 자를 포함한다) 단위로 설치한다.(2022.1.25 본항개정)
② 보통고충심사위원회는 위원장 1명을 포함하여 7명 이상 15명 이하의 공무원위원과 민간위원으로 구성한다. 이 경우 민간위원의 수는 위원장을 제외한 위원 수의 2분의 1 이상이어야 한다.(2018.5.15 본항개정)
③ 보통고충심사위원회의 위원장은 설치기관 소속 공무원 중에서 인사 또는 감사 업무를 담당하는 과장 또는 이에 상당하는 직위를 가진 사람이 된다.(2018.5.15 본항신설)
④ 보통고충심사위원회의 공무원위원은 고충심사청구인(이하 "청구인"이라 한다)보다 상위 계급 또는 이에 상당하는 소속 공무원(지방공무원을 포함한다) 중에서 설치기관의 장이 임명한다.(2018.5.15 본항신설)
⑤ 보통고충심사위원회의 민간위원은 다음 각 호의 사람 중에서 설치기관의 장이 위촉한다.(2022.1.25 본문개정)
1. 공무원으로 20년 이상 근무하고 퇴직한 사람
2. 대학에서 법학·행정학·심리학 또는 정신건강의학을 담당하는 사람으로서 조교수 이상으로 재직 중인 사람
3. 변호사 또는 공인노무사로 5년 이상 근무한 사람
4. 「의료법」에 따른 의료인(2022.1.25 본호신설)
(2018.5.15 본항신설)
⑥ 보통고충심사위원회 민간위원의 임기는 2년으로 하며, 한 번만 연임할 수 있다.(2022.1.25 본항신설)
⑦ 보통고충심사위원회의 회의는 위원장과 위원장이 회의마다 지정하는 5명 이상 7명 이하의 위원으로 성별을 고려하여 구성한다. 이 경우 민간위원이 3분의 1 이상 포함되어야 한다.(2018.5.15 본항신설)
⑧ 보통고충심사위원회 설치기관의 장은 위원회의 민간위원이 다음 각 호의 어느 하나에 해당하는 경우에는 해당 위원을 해촉(解囑)할 수 있다.
1. 심신장애로 직무를 수행할 수 없게 된 경우
2. 직무와 관련된 비위사실이 있는 경우
3. 직무태만, 품위손상이나 그 밖의 사유로 위원으로 적합하지 않다고 인정되는 경우
4. 위원 스스로 직무를 수행하는 것이 곤란하다고 의사를 밝히는 경우
(2022.1.25 본항신설)

제3조의2【경찰공무원 고충심사위원회】 ①「경찰공무원법」 제31조제1항에서 "대통령령이 정하는 경찰기관"이라 함은 경찰대학·경찰인재개발원·중앙경찰학교·경찰수사연수원·경찰서·경찰기동대·경비함정 기타 경감이상의 경찰공무원을 장으로 하는 기관중 행정안전부장관 또는 해양수산부장관이 지정하는 경찰기관을 말한다.(2020.12.31 본항개정)
②「경찰공무원법」 제31조제1항에 따른 경찰공무원 고충심사위원회(이하 "경찰공무원고충심사위원회"라 한다)는 위원장 1명을 포함하여 7명 이상 15명 이내의 공무원위원과 민간위원으로 구성한다. 이 경우 민간위원의 수는 위원장을 제외한 위원 수의 2분의 1 이상이어야 한다.(2022.1.25 전단개정)
③ 경찰공무원고충심사위원회의 위원장은 설치기관 소속 공무원 중에서 인사 또는 감사 업무를 담당하는 과장 또는 이에 상당하는 직위를 가진 사람이 된다.(2022.1.25 본항개정)
④ 경찰공무원고충심사위원회의 공무원위원은 청구인보다 상위 계급 또는 이에 상당하는 소속 공무원 중에서 설치기관의 장이 임명한다.(2022.1.25 본항개정)
⑤ 경찰공무원고충심사위원회의 민간위원은 다음 각 호의 사람 중에서 설치기관의 장이 위촉한다.(2022.1.25 본문개정)
1. 경찰공무원으로 20년 이상 근무하고 퇴직한 사람
2. 대학에서 법학·행정학·심리학·정신건강의학 또는 경찰학을 담당하는 사람으로서 조교수 이상으로 재직 중인 사람
3. 변호사 또는 공인노무사로 5년 이상 근무한 사람
4. 「의료법」에 따른 의료인(2022.1.25 본호신설)
(2018.5.15 본항신설)
⑥ 경찰공무원고충심사위원회 민간위원의 임기는 2년으로 하며, 한 번만 연임할 수 있다.(2022.1.25 본항신설)
⑦ 경찰공무원고충심사위원회의 회의는 위원장과 위원장이 회의마다 지정하는 5명 이상 7명 이내의 위원으로 성별을 고려하여 구성한다. 이 경우 민간위원이 3분의 1 이상 포함되어야 한다.(2022.1.25 전단개정)
⑧ 경찰공무원고충심사위원회 설치기관의 장은 위원회의 민간위원이 제3조제8항 각 호의 어느 하나에 해당하는 경우에는 해당 위원을 해촉할 수 있다.(2022.1.25 본항신설)
(2018.5.15 본조제목개정)

제3조의3【소방공무원 고충심사위원회】 ①「소방공무원법」 제27조제1항에서 "대통령령으로 정하는 소방기관"이란 중앙소방학교·중앙119구조본부·국립소방연구원·지방소방학교·서울종합방재센터·소방서·119특수대응단 및 소방체험관을 말한다.(2021.10.14 본항개정)
②「소방공무원법」 제27조제1항에 따른 소방공무원 고충심사위원회(이하 "소방공무원고충심사위원회"라 한다)는 위원장 1명을 포함하여 7명 이상 15명 이내의 공무원위원과 민간위원으로 구성한다. 이 경우 민간위원의 수는 위원장을 제외한 위원 수의 2분의 1 이상이어야 한다.(2022.1.25 전단개정)
③ 소방공무원고충심사위원회의 위원장은 설치기관 소속 공무원 중에서 인사 또는 감사 업무를 담당하는 과장 또는 이에 상당하는 직위를 가진 사람이 된다.(2022.1.25 본항개정)
④ 소방공무원고충심사위원회의 공무원위원은 청구인보다 상위 계급 또는 이에 상당하는 소속 공무원(지방공무원을 포함한다) 중에서 설치기관의 장이 임명한다.(2022.1.25 본항개정)
⑤ 소방공무원고충심사위원회의 민간위원은 다음 각 호의 사람 중에서 설치기관의 장이 위촉한다.(2022.1.25 본문개정)
1. 소방공무원으로 20년 이상 근무하고 퇴직한 사람
2. 대학에서 법학·행정학·심리학·정신건강의학 또는 소방학을 담당하는 사람으로서 조교수 이상으로 재직 중인 사람
3. 변호사 또는 공인노무사로 5년 이상 근무한 사람
4. 「의료법」에 따른 의료인(2022.1.25 본호신설)
(2018.5.15 본항신설)
⑥ 소방공무원고충심사위원회 민간위원의 임기는 2년으로 하며, 한 번만 연임할 수 있다.(2022.1.25 본항신설)
⑦ 소방공무원고충심사위원회의 회의는 위원장과 위원장이 회의마다 지정하는 5명 이상 7명 이내의 위원으로 성별을 고려하여 구성한다. 이 경우 민간위원이 3분의 1 이상 포함되어야 한다.(2022.1.25 전단개정)
⑧ 소방공무원고충심사위원회 설치기관의 장은 위원회의 민간위원이 제3조제8항 각 호의 어느 하나에 해당하는 경우에는 해당 위원을 해촉할 수 있다.(2022.1.25 본항신설)
(2018.5.15 본조제목개정)

제3조의4【교육공무원 보통고충심사위원회】 ①「교육공무원법」 제49조제3항에 따른 교육공무원 보통고충심사위원회(이하 "교육공무원보통고충심사위원회"라 한다)는 위원장 1명을 포함하여 7명 이상 15명 이내의 공무원위원과 민간위원으로 구성한다. 이 경우 민간위원의 수는 위원장을 제외한 위원 수의 2분의 1 이상이어야 한다.(2022.1.25 전단개정)
② 교육공무원보통고충심사위원회의 위원장은 설치기관 소속 공무원 중에서 인사 또는 감사 업무를 담당하는 과장 또는 이에 상당하는 직위를 가진 사람이 된다.(2022.1.25 본항개정)
③ 교육공무원보통고충심사위원회의 공무원위원은 청구인보다 상위 계급 또는 이에 상당하는 소속 공무원(지방공무원을 포함한다) 중에서 설치기관의 장이 임명한다.(2022.1.25 본항개정)
④ 교육공무원보통고충심사위원회의 민간위원은 다음 각 호의 사람 중에서 설치기관의 장이 위촉한다.(2022.1.25 본문개정)
1. 교원 또는 교육행정기관 소속 공무원으로 20년 이상 근무하고 퇴직한 사람
2. 대학에서 법학·행정학·심리학·정신건강의학 또는 교육학을 담당하는 사람으로서 조교수 이상으로 재직 중인 사람(대학에 두는 보통고충심사위원회의 경우 해당 대학 소속인 사람은 제외한다)
3. 변호사 또는 공인노무사로 5년 이상 근무한 사람
4. 「의료법」에 따른 의료인(2022.1.25 본호신설)
⑤ 교육공무원보통고충심사위원회 민간위원의 임기는 2년으로 하며, 한 번만 연임할 수 있다.(2022.1.25 본항신설)
⑥ 교육공무원보통고충심사위원회의 회의는 위원장과 위원장이 회의마다 지정하는 5명 이상 7명 이내의 위원으로 성별을 고려하여 구성한다. 이 경우 민간위원이 3분의 1 이상 포함되어야 한다.(2022.1.25 전단개정)
⑦ 교육공무원보통고충심사위원회 설치기관의 장은 위원회의 민간위원이 제3조제8항 각 호의 어느 하나에 해당하는 경우에는 해당 위원을 해촉할 수 있다.(2022.1.25 본항신설)
(2018.5.15 본조개정)

제3조의5【고충심사위원회의 간사】 ①「국가공무원법」 제76조의2제4항에 따른 중앙고충심사위원회, 「교육공무원법」 제49조제3항에 따른 교육공무원 중앙고충심사위원회, 보통고충심사위원회, 경찰공무원고충심사위원회, 소방공무원고충심사위원회 또는 교육공무원보통고충심사위원회(이하 "고충심사위원회"라 한다)에 간사 몇 명을 두며, 간사는 소속 공무원(지방공무원을 포함한다) 중에서 설치기관의 장이 임명한다.(2022.1.25 본항개정)
② 간사는 위원장의 명을 받아 다음 각 호의 사항을 처리한다.
1. 고충심사 의안의 작성 및 처리
2. 회의 진행에 필요한 준비
3. 회의록 작성과 보관
4. 그 밖에 고충심사위원회 운영에 필요한 사항
(2018.5.15 본조개정)

제3조의6【고충심사위원회의 관할】 ①「국가공무원법」 제76조의2제4항에 따른 중앙고충심사위원회(이하 "중앙고충심사위원회"라 한다)는 보통고충심사위원회의 심사를 거친 재심청구와 5급 이상 공무원(고위공무원단에 속하는 일반직공무원을 포함한다)·연구관·지도관·전문직공무원 또는 이에 상당하는 일반직공무원의, 보통고충심사위원회는 소속 6급 이하 공무원·연구사·지도사 또는 이에 상당하는 일반직공무원의 고충을 각각 심사한다.(2022.1.25 본항개정)
② 상하직위자가 관련된 고충심사의 청구에 대하여는 그 중 최상위직에 있는 자를 관할하는 고충심사위원회가 이를 심사·결정한다.
③ 고충심사의 청구가 있는 경우 당해 기관의 사정으로 청구인보다 상위직에 있는 자로 고충심사위원회를 구성하기 어려운 때에는 바로 상위의 감독기관에 설치된 고충심사위원회가 이를 심사·결정한다.
④「국가공무원법」의 적용을 받는 자와 다른 법률의 적용을 받는 자가 서로 관련되는 고충심사의 청구에 대하여는 중앙고충심사위원회가 이를 심사·결정할 수 있다.(2007.9.6 본항개정)
⑤「국가공무원법」 제76조의2제5항 단서에 따라 6급 이하의 공무원의 고충으로서 보통고충심사위원회에서 심사하는 것이 부적당하여 중앙고충심사위원회에서 심사할 수 있는 사안은 다음 각 호의 어느 하나에 해당하는 사안을 말한다.
1. 성폭력범죄 또는 성희롱 사실에 관한 고충
2. 「공무원 행동강령」 제13조의3에 따른 부당한 행위로 인한 고충
3. 그 밖에 성별·종교·연령 등을 이유로 하는 불합리한 차별로 인한 고충
(2019.4.16 본항신설)
(1983.5.19 본조신설)

제3조의7【고충심사위원회 구성의 특례】 ① 보통고충심사위원회, 경찰공무원고충심사위원회 또는 소방공무원고충심사위원회 설치기관의 장은 제3조제2항, 제3조의2제2항 및 제3조의3제2항에도 불구하고, 소속 직원의 수, 조직 규모 및 관할 범위 등을 고려하여 필요한 경우 인사혁신처장과의 협의를 거쳐 위원장 1명을 포함하여 5명 이상 7명 이내의 공무원위원과 민간위원으로 위원회를 구성할 수 있다.
② 제1항에 따라 보통고충심사위원회, 경찰공무원고충심사위원회 또는 소방공무원고충심사위원회를 구성한 경우 위원회의 회의는 제3조제7항, 제3조의2제7항 및 제3조의3제7항에도 불구하고 위원장과 위원장이 회의마다 지정하는 3명 이상 5명 이내의 위원으로 성별을 고려하여 구성할 수 있다.
(2022.1.25 본조개정)

제4조【고충심사청구】 ① 공무원이 고충심사를 청구할 때에는 설치기관의 장에게 다음 각호의 사항을 기재한 고충심사청구서(이하 "청구서"라 한다)를 제출하여야 하며, 재심을 청구하는 경우에는 당해 고충심사위원회의 고충심사결정서(이하 "결정서"라 한다)사본을 첨부하여야 한다.(2019.4.16 본문개정)
1. 주소·성명 및 생년월일
2. 소속기관명 및 직급 또는 직위(2006.6.12 본호개정)
3. 고충심사청구의 취지 및 이유
② 고충심사의 청구를 받은 설치기관의 장은 이를 지체 없이 소속 고충심사위원회 회의에 부쳐 심사하게 해야 한다.(2021.1.5 본항개정)

제5조【보완요구】 고충심사위원회는 청구서에 흠이 있다고 인정할 때에는 청구서를 접수한 날로부터 7일이내에 상당한 기간을 정하여 청구인에게 이의 보완을 요구할 수 있으며, 청구인은 동기간내에 이를 보완하여야 한다.

제6조【회피 및 기피】 ① 고충심사위원회의 위원중 청구인의 친족이거나 청구사유와 밀접한 관계가 있는 자는 그 고충심사를 회피할 수 있다.
② 고충심사위원회의 위원에게 고충심사의 공정을 기대하기 어려운 사정이 있을 때에는 청구인은 그 위원의 기피를 신청할 수 있으며, 고충심사위원회는 의결로 그 위원의 기피여부를 결정하여야 한다.

제7조【고충심사절차】 ① 고충심사위원회가 청구서를 접수한 때에는 30일이내에 고충심사에 대한 결정을 해야 한다. 다만, 부득이하다고 인정되는 경우에는 고충심사위원회의 의결로 30일의 범위에서 그 기한을 연기할 수 있다.(2022.1.25 본항개정)
② 고충심사위원회가 청구서를 접수한 때에는 지체 없이 처분청이나 관계 기관의 장에게 청구서 부본(副本)을 송부해야 한다.(2022.1.25 본항신설)
③ 제2항에 따른 청구서 부본을 송부받은 처분청이나 관계 기관의 장은 청구서 부본을 송부받은 날부터 14일 이내에 고충심사청구에 대한 답변서와 청구인 수만큼의 부본을 제출해야 한다.(2022.1.25 본항신설)
④ 고충심사위원회는 제3항에 따라 제출된 답변서의 내용이 충분하지 않거나 입증자료가 필요한 경우에는 처분청이나 관계 기관의 장에게 답변 내용의 보충이나 입증자료의 제출을 요구할 수 있다.(2022.1.25 본항신설)
⑤ 처분청이나 관계 기관의 장은 제3항 및 제4항에 따라 답변서 및 입증자료를 제출할 때 관계인 등의 개인정보가 공개되지 않도록 조치해야 한다.(2022.1.25 본항신설)

⑥ 고충심사위원회는 제3항 및 제4항에 따라 제출된 답변서 부본, 추가 제출된 답변 내용 및 입증자료를 지체 없이 청구인에게 송달해야 한다.(2022.1.25 본항신설)
⑦ 고충심사위원회는 고충심사에 필요하다고 인정하는 경우에는 다음 각 호의 방법에 따라 사실조사를 할 수 있다.
1. 청구인, 설치기관의 장, 청구인이 소속된 기관의 장 또는 그 대리인 및 관계인을 출석하게 하여 진술하게 하는 방법
2. 관계 기관에 심사 자료의 제출을 요구하는 방법
3. 전문 분야에 관한 학식과 경험이 있는 사람에게 검정·감정 또는 자문을 의뢰하는 방법
4. 그 밖에 소속 공무원이 사실조사를 하는 방법
⑧ 고충심사위원회는 제7항 및 제8조제2항에 따라 청구인 또는 관계인의 진술을 청취하거나 구두로 문답하는 경우에는 그 청취서 또는 문답서를 작성해야 한다.
(2022.1.25 본항개정)
(2018.5.15 본조개정)
제8조【심사일의 통지 등】 ① 고충심사위원회는 심사일 5일 전까지 청구인 및 처분청에 심사일시 및 장소를 알려야 한다.
② 고충심사위원회는 제1항에 따른 통지를 하는 경우 청구인 및 처분청에 심사에 출석하여 의견을 진술하거나 서면으로 의견을 제출할 기회를 주어야 한다.
③ 고충심사위원회는 제1항에 따른 통지를 받은 청구인 및 처분청이 심사일에 특별한 이유 없이 출석하지 아니한 때에는 진술 없이 심사·결정할 수 있다. 다만, 서면으로 진술할 때에는 결정서에 서면진술의 요지를 기재하여야 한다.
(2018.5.15 본조개정)
제9조【증거제출권】 고충심사당사자는 참고인의 소환·질문 또는 증거물 기타 심사자료의 제출요구를 신청하거나 증거물 기타 심사자료를 제출할 수 있다.(2007.9.6 본조개정)
제10조【고충심사위원회의 결정】 ① 보통고충심사위원회, 경찰공무원고충심사위원회, 소방공무원고충심사위원회 및 교육공무원보통고충심사위원회(이하 "보통고충심사위원회등"이라 한다)의 결정은 제3조제7항 전단, 제3조의2제7항 전단, 제3조의3제7항 전단 또는 제3조의4제6항 전단에 따른 위원 5명 이상의 출석과 출석위원 과반수의 합의에 따른다.(2022.1.25 본항개정)
② 중앙고충심사위원회의 결정은 위원(「국가공무원법」 제9조제3항에 따라 인사혁신처에 설치된 소청심사위원회의 상임위원과 비상임위원을 말한다) 3분의 2 이상의 출석과 출석 위원 과반수의 합의에 따른다.(2019.4.16 본항신설)
③ 고충심사위원회의 결정은 다음 각 호와 같이 구분한다.
1. 고충심사청구가 상당한 이유가 있다고 인정되는 경우 : 처분청이나 관계 기관의 장에게 시정을 요청하는 결정
2. 시정을 요청할 정도에 이르지 아니하나, 제도나 정책 등의 개선이 필요하다고 인정되는 경우 : 처분청이나 관계 기관의 장에게 이에 대한 합리적인 개선을 권고하거나 의견을 표명하는 결정
3. 고충심사청구가 이유 없다고 인정되는 경우 : 청구를 기각(棄却)하는 결정
4. 고충심사청구가 다음 각 목의 어느 하나에 해당하는 경우 : 청구를 각하(却下)하는 결정
가. 고충심사청구가 적법하지 아니한 경우
나. 사안이 종료된 경우, 같은 사안에 관하여 이미 소청 또는 고충심사 결정이 이루어진 경우 등 명백히 고충심사의 실익이 없는 경우
④ 제3조의7제2항에 따라 보통고충심사위원회, 경찰공무원고충심사위원회 또는 소방공무원고충심사위원회 회의의 구성 위원의 수를 조정한 경우 위원회의 결정은 제1항에도 불구하고 위원 전원의 출석과 출석위원 과반수의 합의에 따른다.(2022.1.25 본항개정)
⑤ 제1항 및 제4항에도 불구하고 제7조제1항 단서에 따른 고충심사 결정 기한의 연기에 관한 사항은 서면으로 의결할 수 있다.(2022.1.25 본항신설)
(2018.5.15 본조개정)
제11조【결정서작성 및 송부】 ① 고충심사위원회가 고충심사청구에 대하여 결정을 한 때에는 결정서를 작성하고, 위원장과 출석한 위원이 서명·날인하여야 한다.
② 결정서가 작성된 경우에는 지체없이 이를 설치기관의 장에게 송부하여야 한다.
제12조【고충심사의 결과 처리】 ① 제11조제2항에 따라 결정서를 송부받은 설치기관의 장은 청구인, 처분청 또는 관계 기관의 장에게 심사결과를 통보하여야 한다.
② 제1항에 따른 심사결과 중 제10조제3항제1호에 따른 시정을 요청받은 처분청 또는 관계 기관의 장은 특별한 사유가 없으면 이를 이행하고, 시정 요청을 받은 날부터 30일 이내에 그 처리 결과를 설치기관의 장에게 알려야 한다. 다만, 특별한 사유로 이행할 수 없는 경우 그 사유를 설치기관의 장에게 문서로 통보하여야 한다.
(2019.4.16 본문개정)
③ 제1항에 따른 심사결과 중 제10조제3항제2호에 따른 개선 권고를 받은 처분청 또는 관계 기관의 장은 이를 이행하도록 노력해야 한다.(2019.4.16 본항신설)
④ 인사혁신처장 또는 설치기관의 장은 제2항 및 제3항에 따른 이행 결과를 정기적으로 조사하여 인터넷 홈페이지에 공개할 수 있다. 다만, 설치기관의 장은 공개 내용에 다른 기관의 이행 결과가 포함되는 경우에는 해당 기관의 사전 동의를 받아야 한다.(2019.4.16 본항신설)
(2018.5.15 본조개정)
제13조【재심 청구기간】 보통고충심사위원회등의 고충심사 결정에 불복하여 중앙고충심사위원회 또는 「교육공무원법」 제49조제3항에 따른 교육공무원 중앙고충심사위원회에 재심을 청구하는 경우에는 그 심사결과를 통보받은 날부터 30일 이내에 청구서를 제출해야 한다.
(2022.1.25 본조개정)
제13조의2【특수경력직공무원의 고충처리】 별정직공무원은 이 영의 규정에 의하여 고충심사를 청구할 수 있다. 이 경우 고충심사위원회의 관할과 고충의 처리에 있어서는 그에 상응하는 계급 또는 직위의 경력직공무원의 예에 의한다.(2013.11.20 본조개정)
제14조【고충상담의 처리】 ① 고충상담의 처리를 위해 임용권자등은 다음 각 호의 조치를 해야 한다.
1. 4급 이상 또는 이에 상당하는 공무원을 장으로 하는 기관별 고충처리 전담부서의 설치 및 고충상담원 지정
2. 고충상담 창구 마련
3. 상담 신청인의 인적사항 누출을 방지하기 위한 조치
4. 상담처리대장 마련 등 상담 내용을 기록하고 관리하기 위한 조치
5. 연 1회 이상 고충실태 조사 및 현황 보고
② 인사혁신처장은 고충상담의 처리를 위해 제1항제2호부터 제4호까지의 조치를 해야 한다.
③ 제1항 및 제2항에서 규정한 사항 외에 고충상담의 처리를 위해 필요한 사항은 인사혁신처장이 정한다.
(2019.4.16 본조신설)
제15조【성폭력범죄·성희롱 신고 및 조사】 ① 「국가공무원법」 제76조의2제1항에 따라 누구나 기관 내 성폭력범죄 또는 성희롱 발생 사실을 알게 된 경우 이를 인사혁신처장 및 임용권자등에게 신고할 수 있다.
② 인사혁신처장은 제1항에 따른 신고를 받은 경우 지체 없이 신고 내용을 확인하고 해당 임용권자등이 「성희롱·성폭력 근절을 위한 공무원 인사관리규정」 제4조에 따른 조사를 실시했는지 여부를 확인하여 조사를 실시하지 않은 경우에는 조사 실시 및 그 결과 제출을 요구할 수 있다.
③ 인사혁신처장은 제2항에 따라 조사 실시 요구를 했음에도 임용권자등이 조사를 실시하지 않거나 조사가 미흡하다고 판단될 경우에는 다음 각 호의 방법으로 제1항에 따른 신고에 대하여 직접 조사해야 한다.
1. 성폭력범죄·성희롱과 관련하여 피해자나 피해를 입었다고 주장하는 사람(이하 "피해자등"이라 한다), 성폭력범죄·성희롱과 관련하여 가해행위를 했다고 신고된 사람(이하 "피신고자"라 한다) 또는 관계인에 대한 출석 요구, 진술 청취 또는 진술서 제출 요구
2. 피해자등, 피신고자, 관계인 또는 관계기관 등에 대하여 조사 사항과 관련이 있다고 인정되는 자료의 제출 요구
3. 전문가의 자문
④ 제2항 및 제3항에 따른 조사를 위해 출석 또는 자료의 제출을 요구받은 사람이나 관계기관은 정당한 사유가 없는 한 이에 따라야 한다.
⑤ 인사혁신처장은 제2항 및 제3항에 따른 조사 실시 확인 과정 또는 조사 과정에서 피해자등이 성적 불쾌감 등을 느끼지 않도록 하고, 사건 내용이나 인적사항의 누설 등으로 인한 피해가 발생하지 않도록 해야 한다.
⑥ 인사혁신처장은 조사 기간 동안 피해자등이 요청하는 경우로서 피해자등을 보호하기 위해 필요하다고 인정하는 경우 그 피해자등이나 피신고자에 대하여 다음 각 호의 조치를 하도록 임용권자등에게 요청할 수 있다.
1. 근무 장소의 변경
2. 휴가 사용 권고
3. 그 밖에 인사혁신처장이 필요하다고 판단하는 적절한 조치
⑦ 인사혁신처장은 신고의 원인이 된 사실이 범죄행위에 해당한다고 믿을만한 상당한 이유가 있는 경우 검찰 또는 수사기관에 수사를 의뢰할 수 있다.
⑧ 인사혁신처장은 조사결과 공직 내 성폭력범죄·성희롱 발생 사실이 확인된 경우에는 임용권자등에게 「성희롱·성폭력 근절을 위한 공무원 인사관리규정」 제5조 및 제6조에 따른 조치를 요청할 수 있다.
⑨ 임용권자등이 제1항에 따른 신고를 받은 경우에는 「성희롱·성폭력 근절을 위한 공무원 인사관리규정」 제4조에 따른 사실 확인을 위한 조사를 해야 하고, 같은 영 제5조 및 제6조에 따른 조치를 할 수 있다.
(2019.4.16 본조신설)
제16조【비밀유지 의무 등】 ① 인사혁신처장 및 임용권자등은 청구인이 제출한 자료 및 인적사항이 포함된 자료를 본인의 동의 없이 공개해서는 안 된다.
② 이 영에 따라 고충상담 및 성폭력범죄·성희롱 신고 조사를 진행하거나 고충심사에 관여한 사람은 직무상 알게 된 비밀을 누설해서는 안 된다.
(2019.4.16 본조신설)
제17조【고충처리 지원】 인사혁신처장은 임용권자등의 고충처리 실태 및 재발방지 활동을 조사·점검하고 고충처리에 필요한 지원을 할 수 있다.(2019.4.16 본조신설)
제18조【준용규정】 이 영에 규정되지 아니한 사항으로서 고충심사위원회의 심사에 필요한 사항에 대하여는 소청절차규정을 준용한다.

부 칙 (2018.5.15)

제1조【시행일】 이 영은 공포한 날부터 시행한다. 다만, 제3조, 제3조의2부터 제3조의4까지 및 제10조제1항의 개정규정은 공포 후 3개월이 경과한 날부터 시행한다.
제2조【심사절차에 관한 적용례】 제7조, 제8조, 제10조 및 제12조의 개정규정은 이 영 시행 이후(제10조제1항의 개정규정은 부칙 제1조 단서에 따른 시행일 이후를 말한다) 심사 청구된 고충사건부터 적용한다.

부 칙 (2019.4.16)

이 영은 2019년 4월 17일부터 시행한다.

부 칙 (2020.3.10)

이 영은 2020년 4월 1일부터 시행한다.(이하 생략)

부 칙 (2020.12.31)

제1조【시행일】 이 영은 2021년 1월 1일부터 시행한다.(이하 생략)

부 칙 (2021.1.5)

이 영은 공포한 날부터 시행한다.(이하 생략)

부 칙 (2021.10.14)

제1조【시행일】 이 영은 공포 후 6개월이 경과한 날부터 시행한다.(이하 생략)

부 칙 (2022.1.25)

이 영은 공포한 날부터 시행한다.

공무원연금법

(2018년 3월 20일 전부개정법률 제15523호)

개정
2018. 4.17법15554호(사립학교교직원연금법)
2019.12.10법16760호(군인연금법)
2019.12.31법16851호(대체역의편입및복무등에관한법)
2020.12.22법17752호 2023. 6.30법19513호

제1장 총 칙

제1조【목적】 이 법은 공무원의 퇴직, 장해 또는 사망에 대하여 적절한 급여를 지급하고 후생복지를 지원함으로써 공무원 또는 그 유족의 생활안정과 복지 향상에 이바지함을 목적으로 한다.

제2조【주관】 이 법에 따른 공무원연금제도의 운영에 관한 사항은 인사혁신처장이 주관한다.

제3조【정의】 ① 이 법에서 사용하는 용어의 뜻은 다음과 같다.
1. "공무원"이란 공무에 종사하는 다음 각 목의 어느 하나에 해당하는 사람을 말한다.
가. 「국가공무원법」, 「지방공무원법」, 그 밖의 법률에 따른 공무원. 다만, 군인과 선거에 의하여 취임하는 공무원은 제외한다.
나. 그 밖에 국가기관이나 지방자치단체에 근무하는 직원 중 대통령령으로 정하는 사람
2. "유족"이란 공무원이거나 공무원이었던 사람이 사망할 당시 그가 부양하고 있던 다음 각 목의 어느 하나에 해당하는 사람을 말한다.
가. 배우자(재직 당시 혼인관계에 있던 사람으로 한정하며, 사실상 혼인관계에 있던 사람을 포함한다. 이하 같다)
나. 자녀(퇴직일 이후에 출생하거나 입양한 자녀는 제외하되, 퇴직 당시의 태아는 재직 중 출생한 자녀로 본다. 이하 같다)
다. 부모(퇴직일 이후에 입양된 경우의 부모는 제외한다. 이하 같다)
라. 손자녀(孫子女, 퇴직일 이후에 출생하거나 입양한 손자녀는 제외하되, 퇴직 당시의 태아는 재직 중 출생한 손자녀로 본다. 이하 같다)
마. 조부모(퇴직일 이후에 입양된 경우의 조부모는 제외한다. 이하 같다)
3. "퇴직"이란 면직(免職), 사직(辭職), 그 밖에 사망 외의 사유로 인한 모든 해직(解職)을 말한다. 다만, 공무원의 신분이 소멸된 날 또는 그 다음 날에 다시 신분을 취득하고 이 법에 따른 퇴직급여 및 퇴직수당을 받지 아니한 경우는 예외로 한다.
4. "기준소득월액"이란 기여금 및 급여 산정의 기준이 되는 것으로서 일정 기간 재직하고 얻은 소득에서 비과세소득을 제외한 금액의 연지급합계액을 12개월로 평균한 금액을 말한다. 이 경우 소득 및 비과세소득의 범위, 기준소득월액의 결정방법 및 적용기간 등에 관한 사항은 대통령령으로 정한다.
5. "평균기준소득월액"이란 재직기간 중 매년 기준소득월액을 공무원보수인상률 등을 고려하여 대통령령으로 정하는 바에 따라 급여의 사유가 발생한 날(퇴직으로 급여의 사유가 발생하거나 퇴직 후에 급여의 사유가 발생한 경우에는 퇴직한 날의 전날을 말한다. 이하 같다)의 현재가치로 환산한 후 합한 금액을 재직기간으로 나눈 금액을 말한다. 다만, 제43조제1항·제2항에 따른 퇴직연금·조기퇴직연금 및 제54조제1항에 따른 퇴직유족연금(공무원이었던 사람이 퇴직연금 또는 조기퇴직연금을 받다가 사망하여 그 유족이 퇴직유족연금을 받게 되는 경우는 제외한다) 산정의 기초가 되는 평균기준소득월액은 급여의 사유가 발생한 당시의 평균기준소득월액을 공무원보수인상률 등을 고려하여 대통령령으로 정하는 바에 따라 연금 지급이 시작되는 시점의 현재가치로 환산한 금액으로 한다.
6. "기관장"이란 보수에 관한 예산을 집행하는 기관의 장으로서 대통령령으로 정하는 사람을 말한다.
7. "기여금징수의무자"란 예산지출 업무에 종사하는 사람으로서 대통령령으로 정하는 사람을 말한다.
8. "기여금"이란 급여에 드는 비용으로 공무원이 부담하는 금액을 말한다.
9. "부담금"이란 급여에 드는 비용으로 국가나 지방자치단체가 부담하는 금액을 말한다.

② 제1항제2호나목 및 라목에 따른 자녀와 손자녀는 다음 각 호의 어느 하나에 해당하는 사람으로 한정한다. 이 경우 손자녀는 그의 아버지가 없거나 아버지가 대통령령으로 정하는 정도의 장해(「공무원 재해보상법」 제3조제1항제7호에 따른 장해를 말한다. 이하 같다) 상태에 있는 경우로 한정한다.
1. 19세 미만인 사람
2. 19세 이상인 사람으로서 대통령령으로 정하는 정도의 장해 상태에 있는 사람

③ 공무원이거나 공무원이었던 사람의 사망 당시의 태아는 이 법에 따른 급여를 지급할 때에는 이미 출생한 것으로 본다.

제2장 공무원연금공단

제4조【공무원연금공단의 설립】 인사혁신처장의 권한 및 업무를 위탁받아 이 법의 목적을 달성하기 위한 사업을 효율적으로 추진하기 위하여 공무원연금공단(이하 "공단"이라 한다)을 설립한다.

제5조【법인격】 공단은 법인으로 한다.

제6조【정관】 ① 공단의 정관에는 다음 각 호의 사항이 포함되어야 한다.
1. 목적
2. 명칭
3. 주된 사무소와 지부에 관한 사항
4. 임직원에 관한 사항
5. 이사회에 관한 사항
6. 업무와 그 집행에 관한 사항
7. 자산과 회계에 관한 사항
8. 정관 변경에 관한 사항
9. 규약이나 규정의 제정·개정 및 폐지에 관한 사항
10. 공고의 방법에 관한 사항

② 공단이 정관을 정하거나 변경하려면 인사혁신처장의 인가를 받아야 한다.

제7조【설립등기】 공단은 그 주된 사무소의 소재지에서 설립등기를 함으로써 성립한다.

제8조【임원】 ① 공단의 임원으로서 이사장 1명, 상임이사 3명, 비상임이사 5명 이내 및 감사 1명을 둔다.
② 이사장의 임기는 3년으로 하고, 상임이사·비상임이사 및 감사의 임기는 2년으로 하되, 1년 단위로 연임될 수 있다.
③ 이사장은 인사혁신처장의 제청에 의하여 대통령이 임면(任免)하고, 상임이사와 비상임이사는 이사장의 제청에 의하여 인사혁신처장이 임면한다. 이 경우 비상임이사는 공무원이거나 공무원이었던 사람이 포함되어야 한다.
④ 감사는 기획재정부장관의 제청으로 대통령이 임면한다.
⑤ 제3항과 제4항에 따른 임원(비상임이사는 제외한다)은 「공공기관의 운영에 관한 법률」 제29조에 따른 임원추천위원회가 복수로 추천한 사람 중에서 임명한다.
⑥ 제3항에 따른 비상임이사는 「공공기관의 운영에 관한 법률」 제29조에 따른 임원추천위원회가 복수로 추천하여 같은 법 제8조에 따른 공공기관운영위원회의 심의·의결을 거친 사람 중에서 임명한다.

제9조【임원의 직무】 ① 이사장은 공단을 대표하고, 공단의 업무를 총괄한다.
② 상임이사는 정관에서 정하는 바에 따라 공단의 업무를 맡고, 이사장이 부득이한 사유로 업무를 수행할 수 없을 때에는 정관에서 정하는 순위에 따라 그 직무를 대행한다.
③ 감사는 공단의 업무와 회계를 감사한다.

제10조【대리인의 선임】 이사장은 정관에서 정하는 바에 따라 직원 중에서 공단의 업무에 관한 모든 재판상 또는 재판 외의 행위를 할 수 있는 권한을 가진 대리인을 선임할 수 있다.

제11조【임원의 결격사유】 다음 각 호의 어느 하나에 해당하는 사람은 공단의 임원이 될 수 없다.
1. 대한민국 국민이 아닌 사람
2. 「국가공무원법」 제33조 각 호의 결격사유 중 어느 하나에 해당하는 사람

제12조【임원의 해임 등】 ① 임원이 제11조 각 호의 어느 하나에 해당하거나 임명 당시 그에 해당하였던 사람으로 밝혀지면 그 임원은 당연히 퇴직한다.
② 임면권자는 다음 각 호의 어느 하나에 해당하는 임원을 해임할 수 있다.
1. 신체적 또는 정신적 장애로 직무수행이 매우 곤란하게 되거나 불가능하게 된 경우
2. 고의 또는 중대한 과실로 공단에 손실을 입힌 경우
3. 직무상의 의무를 위반한 경우

제13조【임직원의 겸직 제한】 ① 공단의 이사장·상임이사·감사 및 직원은 영리를 목적으로 하는 업무에 종사할 수 없다.
② 이사장·상임이사는 인사혁신처장의 허가 없이는 다른 직무를 겸할 수 없고, 감사는 기획재정부장관의 허가 없이는 다른 직무를 겸할 수 없으며, 직원은 이사장의 허가 없이 다른 직무를 겸할 수 없다.

제14조【이사회】 ① 공단의 중요사항을 심의·의결하기 위하여 공단에 이사회를 둔다.
② 이사회는 이사장·상임이사 및 비상임이사로 구성한다.
③ 이사회의 회의는 이사장이나 재적이사 3분의 1 이상의 요구로 소집하고, 이사장이 그 회의를 주재한다.
④ 이사회는 재적이사 과반수의 찬성으로 의결한다.
⑤ 감사는 이사회에 출석하여 발언할 수 있다.

제15조【직원의 임면】 공단의 직원은 정관에서 정하는 바에 따라 이사장이 임면한다.

제16조【벌칙 적용에서 공무원 의제】 공단의 임직원은 「형법」 제129조부터 제132조까지의 규정을 적용할 때에는 공무원으로 본다.

제17조【공단의 사업】 공단은 다음 각 호의 사업을 한다.
1. 제28조에 따른 급여의 지급
2. 기여금, 부담금, 그 밖의 비용 징수
3. 제76조에 따른 공무원연금기금을 불리기 위한 사업
4. 공무원 후생복지사업
5. 주택의 건설·공급·임대 또는 택지의 취득
6. 이 법 또는 다른 법령에 따라 인사혁신처장 등 중앙행정기관의 장, 지방자치단체의 장 등으로부터 위탁받은 업무

제18조【주택건설사업 등에 관한 특례】 공단은 「주택법」, 「택지개발촉진법」, 「민간임대주택에 관한 특별법」 또는 「공공주택 특별법」에서 정하는 바에 따라 공무원을 위하여 주택을 건설·공급·임대하거나 택지를 취득할 수 있다. 이 경우 공단은 국가나 지방자치단체로 본다.

제19조【공단에 대한 감독】 ① 공단은 대통령령으로 정하는 바에 따라 매 회계연도의 사업운영계획과 예산에 관하여 인사혁신처장의 승인을 받아야 한다.
② 공단은 매 회계연도 종료 후 2개월 이내에 사업실적과 결산을 인사혁신처장에게 보고하여야 한다.
③ 인사혁신처장은 공단에 대하여 그 사업에 관한 보고를 명하거나, 사업 또는 재산상황을 검사하며, 정관의 변경을 명하는 등 감독상 필요한 조치를 할 수 있다.

제20조【공단의 회계】 ① 공단의 회계연도는 정부의 회계연도에 따른다.
② 공단은 인사혁신처장의 승인을 받아 회계규정을 정하여야 한다.
③ 공단은 제17조에 따른 사업을 효율적으로 수행하기 위하여 필요한 경우에는 회계규정에서 정하는 특정 분야 사업의 수입·지출을 구분하여 회계 처리할 수 있다.

제21조【공단의 수입과 지출】 ① 공단의 수입과 지출은 다음 각 호의 구분에 따른 각 목의 금액으로 한다.
1. 수입
가. 기여금
나. 부담금
다. 제71조제1항 단서에 따른 보전금
라. 공무원연금기금으로부터의 전입금 및 이입충당금(移入充當金)
마. 국가나 지방자치단체로부터의 보조금·차입금 및 그 밖의 수입금
바. 이 법 또는 다른 법령에 따라 국가나 지방자치단체 등으로부터 위탁받은 업무를 위한 수입금
2. 지출
가. 이 법에 따른 급여금·적립금·반환금
나. 차입금의 상환금과 그 이자
다. 이 법 또는 다른 법령에 따라 국가나 지방자치단체 등으로부터 위탁받은 업무를 위한 지출금
라. 그 밖에 공단 운영을 위한 경비

② 제1항제1호라목에 따른 공무원연금기금으로부터의 전입금은 전년도 기금운용수익금에 상당하는 금액의 범위에서 인사혁신처장이 정한다.

제22조【잉여금의 처리】 공단은 매 회계연도 말에 결산상 잉여금이 있으면 손실금을 보전(補塡)하고, 나머지를 공무원연금기금의 수입으로 하여야 한다. 다만, 제20조제3항에 따라 수입·지출을 구분하여 회계 처리하는 경우에 그 계정의 잉여금은 그러하지 아니하다.

제23조【공단업무의 위탁】 ① 공단은 정관에서 정하는 바에 따라 그 업무의 일부를 체신관서, 지방자치단체, 금융기관 또는 「공공기관의 운영에 관한 법률」 제4조에 따른 공공기관, 그 밖의 자에게 위탁할 수 있다.
② 제1항에 따라 공단이 위탁할 수 있는 업무의 범위는 대통령령으로 정한다.

제24조【「민법」의 준용】 공단에 관하여 이 법에서 정한 것 외에는 「민법」 중 재단법인에 관한 규정을 준용한다.

제3장 재직기간

제25조【재직기간의 계산】 ① 공무원의 재직기간은 공무원으로 임명된 날이 속하는 달부터 퇴직한 날의 전날 또는 사망한 날이 속하는 달까지의 연월수(年月數)로 계산한다.
② 퇴직한 공무원·군인 또는 사립학교교직원(이 법, 「군인연금법」 또는 「사립학교교직원 연금법」을 적용받지 아

니하였던 사람은 제외한다)이 공무원으로 임용된 경우에는 본인이 원하는 바에 따라 종전의 해당 연금법에 따른 재직기간 또는 복무기간을 제1항의 재직기간에 합산할 수 있다.
③ 공무원으로 임용되기 전의 다음 각 호의 복무기간은 본인이 원하는 바에 따라 제1항의 재직기간에 산입(算入)할 수 있다.
1. 「병역법」에 따른 현역병 또는 지원하지 아니하고 임용된 부사관으로 복무한 기간(방위소집·상근예비역소집·보충역소집 또는 대체역소집에 의하여 복무한 기간 중 대통령령으로 정하는 복무기간을 포함한다) (2019.12.31 본호개정)
2. 1979년 1월 1일부터 1992년 5월 31일까지의 기간 중 다음 각 목에 해당하는 법률에 따라 공중보건의사로 복무한 기간
가. 종전의 「국민보건의료를위한특별조치법」(1980년 12월 31일 법률 제3335호로 폐지되기 전의 것을 말한다)
나. 종전의 「농어촌보건의료를위한특별조치법」(1991년 12월 14일 법률 제4430호로 전부개정되기 전의 것을 말한다)
다. 종전의 「농어촌등보건의료를위한특별조치법」(1993년 12월 31일 법률 제4685호로 일부개정되기 전의 것을 말한다)
④ 제2항과 제3항에 따른 재직기간 또는 복무기간과 법률 제3586호 공무원연금법개정법률 부칙 제7조제2항에 따른 재직기간은 제28조제4호에 따른 퇴직수당을 지급할 때에는 제1항의 재직기간에 합산하거나 산입하지 아니한다.
⑤ 제28조제4호에 따른 퇴직수당 지급을 위하여 재직기간을 계산할 때에는 다음 각 호의 사유로 인한 휴직을 제외한 휴직기간, 직위해제기간, 정직기간 및 강등에 따라 직무에 종사하지 못한 기간은 그 기간의 2분의 1을 각각 뺀다.
1. 공무상 부상 또는 질병으로 인한 휴직
2. 「병역법」에 따른 병역복무를 마치기 위한 휴직
3. 국제기구, 외국기관, 재외교육기관(「재외국민의 교육지원 등에 관한 법률」 제2조제2호의 재외교육기관을 말한다), 국내외의 대학·연구기관, 다른 국가기관 또는 민간기업, 그 밖의 기관에 임시 채용됨에 따른 휴직
4. 「국가공무원법」 제71조제1항제6호, 「지방공무원법」 제63조제1항제4호 또는 「교육공무원법」 제44조제1항제11호에 따른 휴직
5. 자녀의 양육 또는 여성공무원의 임신이나 출산으로 인한 휴직
6. 그 밖의 법률에 따른 의무를 수행하기 위한 휴직

제26조【재직기간의 합산방법】 ① 제25조제2항에 따라 재직기간 또는 복무기간을 합산받으려는 사람은 재직기간 합산신청서를 공단에 제출하여야 한다.
② 제1항에 따라 재직기간 합산신청을 하여 합산을 인정받은 사람은 퇴직 당시에 받은 퇴직급여액[제65조(「사립학교교직원 연금법」 제42조에서 준용하는 경우를 포함한다) 또는 「군인연금법」 제38조에 따라 급여액에 제한을 받았을 때에는 그 제한이 없는 경우에 받았어야 할 급여액으로 한다]에 대통령령으로 정하는 이자를 가산하여 공단에 반납하여야 한다. 다만, 재직기간 합산을 인정받은 사람이 퇴직연금·조기퇴직연금 또는 퇴역연금의 수급자인 경우에는 연금인 급여는 반납하지 아니한다. (2019.12.10 본문개정)
③ 제2항에 따라 반납하여야 할 퇴직급여액과 이자(이하 "반납금"이라 한다)는 대통령령으로 정하는 바에 따라 분할하여 내도록 할 수 있다. 이 경우 대통령령으로 정하는 이자를 가산한다.
④ 공단은 재직기간 합산을 인정받은 사람이 합산이 인정된 재직기간의 전부 또는 일부의 합산 제외를 신청하거나 반납금을 6개월 이상 체납한 경우 합산 제외를 신청한 기간 또는 합산 승인된 재직기간에서 이미 낸 반납금에 상당하는 재직기간을 공제한 기간을 합산에서 제외할 수 있다.

제27조【임용 전 복무기간의 산입방법】 제25조제3항에 따라 복무기간을 산입받으려는 사람은 복무기간 산입신청서를 공단에 제출하여야 한다.

제4장 급 여

제1절 통 칙

제28조【급여】 공무원의 퇴직·사망 및 비공무상 장해에 대하여 다음 각 호에 따른 급여를 지급한다.
1. 퇴직급여
가. 퇴직연금
나. 퇴직연금일시금
다. 퇴직연금공제일시금
라. 퇴직일시금
2. 퇴직유족급여
가. 퇴직유족연금
나. 퇴직유족연금부가금
다. 퇴직유족연금특별부가금
라. 퇴직유족연금일시금
마. 퇴직유족일시금
3. 비공무상 장해급여
가. 비공무상 장해연금
나. 비공무상 장해일시금
4. 퇴직수당

제29조【급여사유의 확인 및 급여의 결정】 ① 각종 급여는 그 급여를 받을 권리를 가진 사람의 신청에 따라 인사혁신처장의 결정으로 공단이 지급한다. 다만, 제59조에 따른 장해연금 또는 장해일시금, 제63조제3항 및 제4항에 따른 급여제한사유 해당 여부 등 대통령령으로 정하는 사항은 「공무원 재해보상법」 제6조에 따른 공무원재해보상심의회의 심의를 거쳐야 한다. (2020.12.22 단서개정)
② 제1항에 따른 급여의 결정에 관한 인사혁신처장의 권한은 대통령령으로 정하는 바에 따라 공단에 위탁할 수 있다.

제30조【급여액 산정의 기초】 ① 이 법에 따른 급여(제43조제1항·제2항에 따른 퇴직연금·조기퇴직연금 및 제54조제1항에 따른 퇴직유족연금은 제외한다)의 산정은 급여의 사유가 발생한 날이 속하는 달의 기준소득월액을 기초로 한다.
② 제43조제1항·제2항에 따른 퇴직연금·조기퇴직연금 및 제54조제1항에 따른 퇴직유족연금의 산정은 다음 각 호의 금액을 기초로 한다.
1. 다음 각 목에 따라 산정한 금액을 합산하여 3으로 나눈 금액을 공무원보수인상률 등을 고려하여 대통령령으로 정하는 바에 따라 연금 지급이 시작되는 시점의 현재가치로 환산한 금액
가. 퇴직 3년 전 연도의 공무원 전체의 기준소득월액 평균액을 퇴직 3년 전 연도와 대비한 퇴직 전년도의 전국소비자물가변동률에 따라 환산한 금액
나. 퇴직 2년 전 연도의 공무원 전체의 기준소득월액 평균액을 퇴직 2년 전 연도와 대비한 퇴직 전년도의 전국소비자물가변동률에 따라 환산한 금액
다. 퇴직 전년도의 공무원 전체의 기준소득월액 평균액
2. 평균기준소득월액. 이 경우 기준소득월액은 공무원 전체의 기준소득월액 평균액의 160퍼센트를 초과할 수 없다.
③ 공무원 전체의 기준소득월액 평균액의 산정기준 및 산정방법은 대통령령으로 정한다.

제31조【유족의 우선순위】 급여를 받을 유족의 순위는 「민법」에 따라 상속받는 순위에 따른다.

제32조【같은 순위자의 경합】 유족 중에 같은 순위자가 2명 이상 있을 때에는 급여를 똑같이 나누어 지급하되, 지급방법은 대통령령으로 정한다.

제33조【급여의 수급자에 대한 특례】 ① 공무원이거나 공무원이었던 사람이 사망한 경우에 급여를 받을 유족이 없을 때에는 대통령령으로 정하는 한도의 금액을 유족이 아닌 직계존비속에게 지급하고 직계존비속도 없을 때에는 그 공무원이거나 공무원이었던 사람을 위하여 사용할 수 있다.
② 제1항에 따른 유족이 아닌 직계존비속이 2명 이상일 경우에 그 급여의 지급에 관하여는 제31조와 제32조를 준용한다.

제34조【연금의 지급기간 및 지급시기】 ① 연금인 급여는 그 급여의 사유(제60조에 따른 비공무상 장해연금 등급의 개정사유를 포함한다)가 발생한 날이 속하는 달의 다음 달부터 그 사유가 소멸된 날이 속하는 달까지의 급여분을 지급한다. 다만, 제43조제1항제1호부터 제4호까지 및 같은 조 제2항에 해당되는 경우에는 해당 퇴직연금 지급이 시작되는 시점이 되는 날이 속하는 달(제25조제1항에 따라 재직기간에 포함되는 경우는 제외한다)부터 그 사유가 소멸된 날이 속하는 달까지의 급여분을 지급한다.
② 연금인 급여의 지급을 정지할 사유가 발생한 경우에는 그 사유가 발생한 날이 속하는 달의 다음 달부터 그 사유가 소멸된 날이 속하는 달까지의 급여분 지급을 정지한다. 다만, 정지사유가 발생한 날과 그 사유가 소멸한 날이 같은 달에 속하는 경우에는 지급을 정지하지 아니한다.
③ 연금인 급여는 매월 대통령령으로 정하는 바에 따라 지급한다.

제35조【연금액의 조정】 ① 연금인 급여는 「통계법」 제3조에 따라 통계청장이 매년 고시하는 전전년도와 대비한 전년도 전국소비자물가변동률에 해당하는 금액을 매년 늘리거나 줄인다.
② 제1항에 따라 조정된 금액은 해당 연도 1월부터 12월까지 적용한다.

제36조【연금 지급의 특례】 ① 연금인 급여를 받을 권리가 있는 사람이 외국으로 이민을 갈 때에는 본인이 원하는 바에 따라 출국하는 달의 다음 달부터 지급하는 연금인 급여를 갈음하여 일시금을 받을 수 있다. 이 경우 일시금은 출국하는 달의 다음 달을 기준으로 한 4년분의 연금에 상당하는 금액으로 한다.
② 연금인 급여를 받을 권리가 있는 사람이 국적을 상실한 경우에는 본인이 원하는 바에 따라 국적을 상실한 달의 다음 달부터 지급하는 연금인 급여를 갈음하여 일시금을 받을 수 있다. 이 경우 일시금은 국적을 상실한 달의 다음 달을 기준으로 한 4년분의 연금에 상당하는 금액으로 한다.

제37조【급여의 환수】 ① 공단은 급여를 받은 사람이 다음 각 호의 어느 하나에 해당하는 경우에는 그 급여액(지급받은 급여액과 지급하여야 할 급여액과의 차액이 발생한 경우에는 그 차액을 말한다. 이하 이 조에서 같다)을 환수하여야 한다. 이 경우 제1호에 해당하면 급여액에 대통령령으로 정하는 이자 및 환수비용을 가산하여 징수하고, 제2호 또는 제3호의 경우로서 환수금을 내야 할 사람이 기한까지 내지 아니하면 대통령령으로 정하는 이자를 가산하여야 한다.
1. 거짓이나 그 밖의 부정한 방법으로 급여를 받은 경우
2. 급여를 받은 후 그 급여의 사유가 소급하여 소멸된 경우
3. 그 밖에 급여가 잘못 지급된 경우
② 공단은 제1항에 따른 급여를 환수할 때에 환수금을 내야 할 사람이 기한까지 내지 아니하면 인사혁신처장의 승인을 받아 「국세징수법」에 따른 체납처분의 예에 따라 징수할 수 있다.
③ 공단은 제1항에 따라 급여를 환수할 때에는 다음 각 호의 어느 하나에 해당하는 사유가 있으면 결손처분할 수 있다. 다만, 제1호와 제3호의 경우에 결손처분을 한 후 압류할 수 있는 재산을 발견한 경우에는 지체 없이 결손처분을 취소하고 체납처분의 예에 따라 징수하여야 한다.
1. 체납처분이 종결되고 체납액에 충당된 배분금액이 체납액보다 적은 경우
2. 해당 권리에 대한 소멸시효가 완성된 경우
3. 대통령령으로 정하는 바에 따라 징수할 가능성이 없다고 인정되는 경우
④ 제2항과 제3항 단서에 따라 체납처분을 하는 공단의 임직원은 공무원으로 본다.

제38조【미납금의 공제지급】 공무원이거나 공무원이었던 사람이 다음 각 호의 어느 하나에 해당하는 채무가 있을 때에는 이 법에 따른 급여에서 빼고 지급할 수 있다. 다만, 연금인 급여에 대해서는 매월 지급되는 연금의 2분의 1을 초과하여 빼지 아니한다.
1. 반납금의 원리금
2. 제37조에 따른 환수금의 원리금
3. 제50조제3항에 따른 지급정지금액의 정산과 관련된 차액
4. 제67조제1항·제3항 및 법률 제3586호 공무원연금법개정법률 부칙 제7조제2항·제3항에 따른 기여금을 내지 아니한 경우의 미납기여금
5. 제75조에 따른 대여학자금을 갚지 아니한 경우의 미상환(未償還) 원리금
6. 제77조제2항제5호에 따른 대부금을 갚지 아니한 경우의 미상환 원리금

제39조【권리의 보호】 ① 급여를 받을 권리는 양도, 압류하거나 담보로 제공할 수 없다. 다만, 연금인 급여를 받을 권리는 대통령령으로 정하는 금융회사에 담보로 제공할 수 있고, 「국세징수법」, 「지방세징수법」, 그 밖의 법률에 따른 체납처분의 대상으로 할 수 있다.
② 수급권자에게 지급된 급여 중 「민사집행법」 제195조 제3호에서 정하는 금액 이하는 압류할 수 없다.

제40조【급여 상호 간의 조정】 ① 퇴직연금 또는 조기퇴직연금의 수급자가 본인의 퇴직연금 또는 조기퇴직연금 외에 퇴직유족연금을 함께 받게 된 경우에는 퇴직유족연금액의 2분의 1을 빼고 지급한다.
② 퇴직연금 또는 퇴역연금의 수급자가 제26조에 따라 재직기간을 합산받은 후 다시 퇴직하거나 사망한 경우에는 퇴직연금(퇴직연금공제일시금을 포함한다), 조기퇴직연금(퇴직연금공제일시금을 포함한다) 또는 퇴직유족연금(퇴직유족연금부가금을 포함한다)만을 받을 수 있으며, 이를 갈음하여 퇴직연금일시금 또는 퇴직유족연금일시금을 받을 수 없다.
③ 조기퇴직연금의 수급자가 제26조에 따라 재직기간을 합산받은 후 다시 퇴직하거나 사망한 경우에는 조기퇴직연금(퇴직연금공제일시금을 포함한다) 또는 퇴직유족연금(퇴직유족연금부가금을 포함한다)만을 받을 수 있으며, 이를 갈음하여 퇴직연금일시금 또는 퇴직유족연금일시금을 받을 수 없다. 이 경우 조기퇴직연금액은 재직기간을 합산하여 계산한 퇴직연금액에 재임용 전의 지급률을 적용한 금액으로 한다.
④ 제43조에 따른 퇴직연금과 제59조에 따른 비공무상 장해급여는 함께 지급하지 아니한다.

제41조【다른 법령 등에 따른 급여와의 조정】 ① 다른 법령에 따라 국가나 지방자치단체의 부담으로 이 법에 따른 급여와 같은 종류의 급여를 받는 사람에게는 그 급여에 상당하는 금액을 이 법에 따른 급여에서 빼고 지급한다.
② 「군인연금법」, 「사립학교교직원 연금법」 또는 「별정우체국법」에 따른 퇴역연금·퇴직연금 또는 조기퇴직연금의 수급자가 이 법에 따른 퇴직유족연금을 함께 받게 된 경우에는 퇴직유족연금액의 2분의 1을 빼고 지급한다.
③ 제59조에 따른 비공무상 장해급여와 「공무원 재해보상법」 제28조에 따른 장해급여 수급권이 함께 발생한 경우에는 그 중 하나를 선택하여 받을 수 있다.

④ 퇴직연금 또는 조기퇴직연금을 받을 권리가 있는 공무원이 사망한 경우 해당 유족이 「공무원 재해보상법」 제36조에 따른 순직유족연금(이하 "순직유족연금"이라 한다) 또는 같은 법 제38조에 따른 위험직무순직유족연금(이하 "위험직무순직유족연금"이라 한다) 수급권을 갖게 되었을 때에는 제54조제1항에 따른 퇴직유족연금과 순직유족연금 또는 위험직무순직유족연금 중 하나를 선택하여 받을 수 있다.
⑤ 제4항에도 불구하고 10년 이상 재직한 공무원이 재직 중 사망한 후 그 유족이 제54조제4항에 따른 퇴직유족연금일시금을 선택한 경우, 해당 유족이 순직유족연금 또는 위험직무순직유족연금 수급권을 갖게 되었을 때에는 퇴직유족연금일시금과 순직유족연금 또는 위험직무순직유족연금 중 하나를 선택하여 받을 수 있다.
⑥ 10년 미만 재직한 공무원이 재직 중 사망한 경우 해당 유족이 순직유족연금 또는 위험직무순직유족연금 수급권을 갖게 되었을 때에는 제58조제1항에 따른 퇴직유족일시금과 순직유족연금 또는 위험직무순직유족연금 중 하나를 선택하여 받을 수 있다.

제42조【제3자에 대한 손해배상청구권】 ① 이 법에 따른 급여의 사유가 제3자의 행위로 인하여 발생한 경우에는 공단은 그 급여의 사유에 대하여 이미 지급한 급여액(비공무상 장해연금을 받는 경우에는 5년 분의 장해연금액에 상당하는 금액을 말한다)의 범위에서 수급권자가 제3자에 대하여 가지는 손해배상청구권을 취득한다. 다만, 제3자가 다음 각 호의 어느 하나에 해당하는 경우에는 「공무원 재해보상법」 제6조에 따른 공무원재해보상심의회의 심의를 거쳐 손해배상청구권의 전부 또는 일부를 행사하지 아니할 수 있다.
1. 해당 공무원 또는 공무원이었던 사람의 배우자
2. 해당 공무원 또는 공무원이었던 사람의 직계존비속
3. 공무수행 중인 공무원
② 제1항의 경우에 수급권자가 그 제3자로부터 같은 사유로 이미 손해배상을 받았을 때에는 그 배상액의 범위에서 급여를 지급하지 아니한다.

제2절 퇴직급여

제43조【퇴직연금 또는 퇴직연금일시금 등】 ① 공무원이 10년 이상 재직하고 퇴직한 경우에는 다음 각 호의 어느 하나에 해당하는 때부터 사망할 때까지 퇴직연금을 지급한다.
1. 65세가 되는 때
2. 법률 또는 국회규칙, 대법원규칙, 헌법재판소규칙, 중앙선거관리위원회규칙 및 대통령령(이하 "공무원임용관계법령등"이라 한다)에서 정년 또는 근무상한연령(공무원임용관계법령등에서 근무상한연령을 정하지 아니한 공무원의 근무상한연령은 공무원임용관계법령등에서 정한 그 공무원과 유사한 직위의 공무원의 근무상한연령 등을 고려하여 대통령령으로 정하는 연령을 말한다)을 60세 미만으로 정한 경우에는 그 정년 또는 근무상한 연령이 되었을 때부터 5년이 경과한 때
3. 공무원임용관계법령등에서 정한 계급정년이 되어 퇴직한 때부터 5년이 경과한 때
4. 직제와 정원의 개정과 폐지 또는 예산의 감소 등으로 인하여 직위가 없어지거나 정원을 초과하는 인원이 생겨 퇴직한 때부터 5년이 경과한 때
5. 대통령령으로 정하는 장해 상태가 된 때
② 제1항에도 불구하고 10년 이상 재직하고 퇴직한 공무원이 제1항제1호부터 제4호까지에서 정한 퇴직연금 지급이 시작되는 시점 이전에 퇴직연금을 지급받기를 원하는 경우에는 제1항제1호부터 제4호까지에서 정한 퇴직연금 지급이 시작되는 시점에 못 미치는 햇수〔이하 "미달연수"(未達年數)라 한다〕에 따라 다음 각 호의 구분에 따른 금액을 조기퇴직연금으로 하여 그가 사망할 때까지 지급할 수 있다.
1. 미달연수 1년 이내 : 퇴직연금 상당액의 95퍼센트
2. 미달연수 1년 초과 2년 이내 : 퇴직연금 상당액의 90퍼센트
3. 미달연수 2년 초과 3년 이내 : 퇴직연금 상당액의 85퍼센트
4. 미달연수 3년 초과 4년 이내 : 퇴직연금 상당액의 80퍼센트
5. 미달연수 4년 초과 5년 이내 : 퇴직연금 상당액의 75퍼센트
③ 제1항 또는 제2항에 따라 퇴직연금 또는 조기퇴직연금을 받을 권리가 있는 사람이 원하는 경우에는 퇴직연금 또는 조기퇴직연금을 갈음하여 퇴직연금일시금을 지급하거나, 10년(퇴직연금·조기퇴직연금 또는 퇴직연금의 수급자가 제26조에 따라 재직기간을 합산받은 경우에는 그 합산받은 재직기간)을 초과하는 재직기간 중 본인이 원하는 기간에 대해서는 그 기간에 해당하는 퇴직연금 또는 조기퇴직연금을 갈음하여 퇴직연금공제일시금을 지급할 수 있다.
④ 제1항에 따른 퇴직연금의 금액은 재직기간 1년당(1년 미만인 경우 1개월은 12분의 1년으로 계산한다. 이하 같다) 평균기준소득월액의 1.7퍼센트로 한다. 다만, 재직기간은 36년을 초과할 수 없다.
⑤ 제3항에 따른 퇴직연금일시금은 다음의 계산식에 따라 산출한다. 이 경우 재직연수에서 1년 미만의 기간은 1개월을 12분의 1년으로 계산하고, 36년이 넘는 기간은 36년으로 계산한다.

$$\text{퇴직한 날의 전날이 속하는 달의 기준소득월액} \times \text{재직연수} \times \left[\frac{975}{1,000} + \frac{65}{10,000}(\text{재직연수}-5)\right]$$

⑥ 제3항에 따른 퇴직연금공제일시금은 다음의 계산식에 따라 산출한다. 이 경우 공제재직연수는 퇴직하는 공무원이 퇴직연금공제일시금 계산에 산입할 것을 원하는 재직연수로 하며, 1년 미만의 기간은 1개월을 12분의 1년으로 계산한다.

$$\text{퇴직한 날의 전날이 속하는 달의 기준소득월액} \times \text{공제재직연수} \times \left(\frac{975}{1,000} + \frac{65}{10,000} \times \text{공제재직연수}\right)$$

⑦ 제5항에 따라 산정한 금액이 이미 낸 기여금에 「민법」 제379조에 따른 이자를 가산한 금액보다 적을 경우에는 제5항에 따라 산정한 금액을 갈음하여 기여금에 「민법」 제379조에 따른 이자를 가산한 금액을 지급한다.
⑧ 제1항제4호에 따른 퇴직의 확인은 대통령령으로 정하는 바에 따라 인사혁신처장이 한다.

제44조【퇴직연금의 수급권 상실】 제43조제1항제5호에 따라 퇴직연금을 받던 사람의 장해 상태가 대통령령으로 정하는 장해 상태에 해당되지 아니하게 되면 그 다음 달부터 그 사유로 인한 퇴직연금은 지급하지 아니한다.

제45조【분할연금 수급권자 등】 ① 혼인기간(배우자가 공무원으로서 재직한 기간 중의 혼인기간으로서 별거, 가출 등의 사유로 인하여 실질적인 혼인관계가 존재하지 않았던 기간을 제외한 기간을 말한다. 이하 같다)이 5년 이상인 사람이 다음 각 호의 요건을 모두 갖추면 그 때부터 그가 생존하는 동안 배우자였던 사람의 퇴직연금 또는 조기퇴직연금을 분할한 일정한 금액의 연금(이하 "분할연금"이라 한다)을 받을 수 있다.
1. 배우자와 이혼하였을 것
2. 배우자였던 사람이 퇴직연금 또는 조기퇴직연금 수급권자일 것
3. 65세가 되었을 것
② 분할연금액은 배우자였던 사람의 퇴직연금액 또는 조기퇴직연금액 중 혼인기간에 해당하는 연금액을 균등하게 나눈 금액으로 한다.
③ 분할연금은 제1항 각 호의 요건을 모두 갖추게 된 때부터 3년 이내에 청구하여야 한다.
④ 제1항부터 제3항까지의 규정에 따른 분할연금의 청구, 혼인기간의 인정기준 및 방법 등에 필요한 사항은 대통령령으로 정한다.

제46조【분할연금 지급의 특례】 제45조제2항에도 불구하고 「민법」 제839조의2 또는 제843조에 따라 연금분할이 별도로 결정된 경우에는 그에 따른다.

판례 이 조에서 이혼 등으로 인하여 연금분할이 별도로 결정된 경우라 함은 '분할연금 지급요건을 충족한 상태에서 분할비율을 달리 정하거나 분할연금을 지급받지 않기로 하는 등 재산분할 합의 또는 법원 판결이 있는 경우 그 합의나 판결에 따른다'는 것에 불과하며, 분할연금 수급 가능 연령(60~65세)에 도달하기 이전에 연금 지급을 요구할 수 있다는 것을 의미하지는 않는다.
(대판 2019.11.15, 2018두35155)

제47조【분할연금과 퇴직연금 등과의 관계】 ① 제45조제1항에 따른 분할연금 수급권은 그 수급권을 취득한 후에 배우자였던 사람에게 생긴 사유로 퇴직연금 또는 조기퇴직연금의 수급권이 소멸·정지되어도 영향을 받지 아니한다. 다만, 형벌 등에 따른 사유로 배우자였던 사람의 퇴직연금액 또는 조기퇴직연금액이 감액되거나 지급이 정지된 경우에는 제65조를 준용한다.
② 수급권자에게 둘 이상의 분할연금 수급권이 생기면 둘 이상의 분할연금액을 합하여 지급한다.
③ 분할연금 수급권자는 제54조에 따른 퇴직유족연금을 지급할 때 퇴직연금 또는 조기퇴직연금 수급권자로 보지 아니한다.
④ 분할연금 수급권자에게 퇴직연금 또는 조기퇴직연금 수급권이 발생한 경우에는 분할연금액과 퇴직연금액 또는 조기퇴직연금액을 합하여 지급한다.
⑤ 분할연금 수급권이 소멸된 경우에는 그 사유가 발생한 날이 속하는 달의 다음 달부터 배우자였던 사람에게 분할되기 전의 금액을 지급한다.
⑥ 분할연금 수급권자와 그 배우자였던 사람이 모두 퇴직연금 또는 조기퇴직연금 수급권자인 경우에는 당사자들의 합의에 따라 각각의 분할연금을 지급하지 아니할 수 있다.

제48조【분할연금 청구의 특례 등】 ① 제45조제3항에도 불구하고 제45조제1항제3호의 연령에 도달하기 전에 이혼하는 경우에는 이혼의 효력이 발생하는 때부터 분할연금을 미리 청구할 수 있다.
② 제1항에 따라 분할연금을 미리 청구(이하 "분할연금 선청구"라 한다)한 때에는 제45조제3항에 따른 청구를 한 것으로 본다. 다만, 분할연금 선청구를 하고 제3항에 따른 선청구의 취소를 하지 아니한 경우만 해당한다.
③ 분할연금 선청구는 이혼의 효력이 발생하는 때부터 3년 이내에 하여야 하며, 제45조제1항제3호의 연령에 도달하기 전에 분할연금 선청구를 취소할 수 있다. 이 경우 분할연금 선청구 및 선청구의 취소는 각각 1회로 한정한다.
④ 분할연금을 선청구한 경우에도 제45조제1항 각 호의 요건을 모두 갖추게 된 때에 분할연금을 지급한다.
⑤ 제1항부터 제3항까지의 규정에 따른 분할연금 선청구와 그 취소의 방법 및 절차 등에 필요한 사항은 대통령령으로 정한다.

제49조【퇴직연금일시금 등의 분할】 ① 다음 각 호의 어느 하나에 해당하는 공무원의 배우자였던 사람(혼인기간이 5년 이상이고, 배우자였던 공무원의 퇴직급여청구 전에 이혼한 경우에 한정한다)에게는 청구에 따라 해당 호에 따른 급여를 분할하여 지급한다. 이 경우 이미 분할연금 선청구를 한 경우에는 해당 호의 급여에 대한 선청구로 본다.
1. 제43조제3항에 따라 퇴직연금 대신 퇴직연금일시금을 청구하는 공무원
2. 제43조제3항에 따라 퇴직연금 대신 퇴직연금공제일시금을 청구하는 공무원
3. 제51조에 따른 퇴직일시금을 청구하는 공무원
② 제1항에 따른 퇴직연금일시금·퇴직연금공제일시금·퇴직일시금의 분할 청구는 퇴직연금일시금·퇴직연금공제일시금·퇴직일시금(이하 이 조에서 "퇴직연금일시금등"이라 한다)의 청구일부터 3년 이내에 하여야 한다.
③ 제1항에 따라 분할되는 금액과 청구방법은 제45조제2항·제4항, 제46조, 제47조제1항 단서, 같은 조 제2항·제4항·제6항 및 제48조제1항·제2항·제4항을 준용한다. 이 경우 "분할연금"은 "분할연금일시금", "분할연금공제일시금" 또는 "분할일시금"으로 본다.

제50조【퇴직연금 또는 조기퇴직연금의 지급정지】 ① 퇴직연금 또는 조기퇴직연금의 수급자가 다음 각 호의 어느 하나에 해당하는 경우에는 그 재직기간 중 해당 연금 전부의 지급을 정지한다. 다만, 제2호에 해당하는 지방의회의원의 경우로서 「소득세법」 제20조제2항에 따른 근로소득금액의 월평균금액(이하 "근로소득월액"이라 한다)이 본인의 퇴직연금액 또는 조기퇴직연금액 미만인 경우에는 그 근로소득월액만큼 해당 연금 일부의 지급을 정지하고, 제3호부터 제5호까지의 어느 하나에 해당하는 경우로서 근로소득월액이 전년도 공무원 전체의 기준소득월액 평균액의 160퍼센트 미만인 경우에는 제3항에 따라 해당 연금 일부의 지급을 정지한다.(2023.6.30 단서개정)
1. 이 법이나 「군인연금법」 또는 「사립학교교직원 연금법」을 적용받는 공무원·군인 또는 사립학교교직원으로 임용된 경우
2. 선거에 의한 선출직 공무원에 취임한 경우
3. 「공공기관의 운영에 관한 법률」 제4조에 따른 공공기관 중 국가가 전액 출자·출연한 기관에 임직원으로 채용된 경우
4. 「지방공기업법」 제2조에 따른 지방직영기업·지방공사 및 지방공단 중 지방자치단체가 전액 출자·출연한 기관에 임직원으로 채용된 경우
5. 「지방자치단체 출자·출연 기관의 운영에 관한 법률」 제2조제1항에 따른 기관 중 지방자치단체가 전액 출자·출연한 기관에 임직원으로 채용된 경우
② 제1항제3호부터 제5호까지에 해당하는 기관의 지정 및 고시 등에 관한 사항은 대통령령으로 정한다.
③ 퇴직연금 또는 조기퇴직연금 수급자가 연금 외의 「소득세법」 제19조제2항에 따른 사업소득금액 또는 같은 법 제20조제2항에 따른 근로소득금액이 있고, 각 소득금액 또는 이를 합산한 소득금액의 월평균금액(이하 "소득월액"이라 한다)이 전년도 평균연금월액(퇴직연금액과 퇴직유족연금액을 합한 금액을 해당 수급자 수로 나눈 금액을 말한다)을 초과한 경우에는 퇴직연금 또는 조기퇴직연금에서 다음 각 호의 구분에 따른 금액의 지급을 정지한다. 이 경우 지급정지액은 퇴직연금 또는 조기퇴직연금의 2분의 1을 초과할 수 없다.
1. 전년도 평균연금월액을 초과한 소득월액(이하 "초과소득월액"이라 한다)이 50만원 미만인 경우 : 50만원 미만 초과소득월액의 30퍼센트
2. 초과소득월액이 50만원 이상 100만원 미만인 경우 : 15만원 + 50만원 초과소득월액의 40퍼센트
3. 초과소득월액이 100만원 이상 150만원 미만인 경우 : 35만원 + 100만원 초과소득월액의 50퍼센트
4. 초과소득월액이 150만원 이상 200만원 미만인 경우 : 60만원 + 150만원 초과소득월액의 60퍼센트
5. 초과소득월액이 200만원 이상인 경우 : 90만원 + 200만원 초과소득월액의 70퍼센트
④ 제3항에 따른 소득월액 및 평균연금월액의 산정과 지급정지 방법 등에 필요한 사항은 대통령령으로 정한다.

제51조【퇴직일시금】 ① 공무원이 10년 미만 재직하고 퇴직한 경우에는 퇴직일시금을 지급한다.
② 제1항의 퇴직일시금은 제43조제5항에 따라 산정되는 금액으로 한다.
③ 제2항에 따라 산정한 금액이 이미 낸 기여금에 「민법」 제379조에 따른 이자를 가산한 금액보다 적을 경우에는 제2항에도 불구하고 제2항에 따라 산정한 금액을 갈음하여 기여금에 「민법」 제379조에 따른 이자를 가산한 금액을 지급한다.

제52조【행방불명자에 대한 퇴직급여】① 퇴직급여를 받을 권리가 있는 사람이 1년 이상 행방불명인 경우에는 그의 상속인(유족의 범위에 해당하여야 한다. 이하 이 조에서 같다)이 될 사람의 청구에 의하여 그 퇴직급여를 그 상속인에게 지급할 수 있다.
② 제1항에 따라 상속인이 행방불명자의 연금을 청구한 경우에는 그 행방불명자가 이 법에 따라 퇴직연금 또는 조기퇴직연금을 받을 권리가 있는 때부터의 해당 연금을 지급하고, 연금을 받을 권리가 있는 때부터 3년이 지나도 행방불명된 사람의 소재가 확인되지 아니하면 그 다음 달부터 해당 연금액의 60퍼센트를 지급한다.
③ 제2항에 따른 급여를 지급한 후 행방불명되었던 사람이 사망한 사실이 확인된 경우에는 사망한 사실이 확인된 날이 속하는 달의 다음 달부터 그 상속인에게 퇴직유족연금을 지급한다. 다만, 행방불명되었던 사람이 사망한 날이 제1항에 따른 급여를 지급한 날부터 3년 이내인 경우에는 사망한 날이 속하는 달의 다음 달부터 그 3년이 되는 날이 속하는 달까지 상속인이 받을 수 있는 퇴직유족연금과 실제 받은 급여의 차액에 대통령령으로 정하는 이자를 가산한 금액을 공단에 내야 한다.
④ 행방불명되었던 사람이 생존한 사실이 확인된 경우에는 그 생존한 사실이 확인된 날이 속하는 달의 다음 달부터 그 행방불명되었던 사람에게 퇴직연금 또는 조기퇴직연금을 지급하여야 한다. 이 경우 제2항에 따라 퇴직연금 또는 조기퇴직연금의 60퍼센트를 상속인에게 지급한 경우에는 그 지급한 기간의 급여액과 지급하여야 할 급여액의 차액에 대통령령으로 정하는 이자를 가산한 금액을 지급하여야 한다.
⑤ 제1항에 따른 상속인이 2명 이상인 경우 상속인의 순위 및 퇴직급여의 지급에 관하여는 제31조와 제32조를 준용하고, 제2항에 따라 급여를 받는 상속인의 수급권 상실 및 이전에 관하여는 제57조를 준용한다.

제53조【공사화 관련 퇴직급여의 연계】① 국가나 지방자치단체의 특정업무가 공사(公社) 또는 이와 유사한 기관·단체(이하 "공사"라 한다)로 이관됨에 따라 그 업무(관련 업무를 포함한다)에 종사하던 공무원이 퇴직하고 공사의 임직원이 되는 경우에는 그 공사의 퇴직급여를 계산할 때에는 그 임직원의 제25조에 따른 종전의 공무원 재직기간을 그 공사의 재직기간으로 합산하고, 그 임직원이 공사에서 퇴직하거나 사망한 때에 공단은 이 법에 따른 종전의 공무원으로서의 퇴직급여인 퇴직연금일시금 또는 퇴직일시금을 그 공사에 이체한다.
② 제1항에 따라 공사에 이체할 퇴직연금일시금 또는 퇴직일시금의 산정은 공무원 퇴직 당시의 퇴직급여 산정에 관한 규정에 따르되, 그 산정의 기초가 되는 기준소득월액은 공사에서 퇴직하거나 사망한 당시의 해당 공무원의 기준소득월액으로 한다.

제3절 퇴직유족급여

제54조【퇴직유족연금 및 퇴직유족연금부가금 등】① 공무원이거나 공무원이었던 사람으로서 퇴직연금 또는 조기퇴직연금을 받을 권리가 있는 사람이 사망한 경우 퇴직유족연금을 지급한다.
② 10년 이상 재직한 공무원이 재직 중 사망하면 퇴직유족연금(제41조제4항에 따라 퇴직유족연금을 대신하여 순직유족연금을 선택한 경우를 포함한다. 이하 제3항에서 같다) 외에 퇴직유족연금부가금을 따로 지급한다.
③ 공무원이었던 사람이 퇴직 후 퇴직연금의 지급이 시작되기 전에 사망하거나 퇴직연금 또는 조기퇴직연금의 수급자가 연금 지급이 시작되는 달부터 3년 이내에 사망하면 퇴직유족연금 외에 퇴직유족연금특별부가금을 따로 지급한다.
④ 10년 이상 재직한 공무원이 재직 중 사망한 경우 유족이 원할 때에는 퇴직유족연금과 퇴직유족연금부가금을 갈음하여 퇴직유족연금일시금을 지급한다.

제55조【퇴직유족연금 및 퇴직유족연금부가금 등의 금액】① 퇴직유족연금은 공무원이거나 공무원이었던 사람이 받을 수 있는 퇴직연금액 또는 조기퇴직연금액의 60퍼센트로 한다. 다만, 퇴직연금 또는 조기퇴직연금을 받을 권리가 있는 사람이 해당 퇴직연금 지급이 시작되는 시점이 되기 전에 사망한 경우(미달연수 5년을 초과하여 사망한 경우에는 미달연수 4년 초과 5년 이내에 사망한 것으로 본다)에는 사망 당시의 조기퇴직연금 상당액의 60퍼센트로 한다.
② 퇴직유족연금부가금은 사망 당시의 퇴직연금일시금에 해당하는 금액의 25퍼센트로 한다.
③ 퇴직유족연금특별부가금은 퇴직 당시의 퇴직연금일시금(퇴직연금공제일시금을 선택한 경우에는 연금을 선택한 기간에 해당하는 퇴직연금일시금을 말한다)에 해당하는 금액의 4분의 1에 다음 비율을 곱한 금액으로 한다.
〔36 − (제34조제1항에 따라 사망 시까지 퇴직연금 또는 조기퇴직연금을 받을 수 있는 개월 수)〕 × 1/36
④ 퇴직유족연금일시금의 금액에 관하여는 제43조제5항 및 제7항을 준용한다.

제56조【행방불명자에게 지급할 퇴직유족연금】퇴직유족연금을 받을 권리가 있는 사람이 1년 이상 행방불명인 경우에는 같은 순위자의 청구에 의하여 행방불명된 기간에 해당하는 연금을 같은 순위자에게 지급할 수 있고, 같은 순위자가 없을 때에는 다음 순위자의 청구에 의하여 행방불명된 기간에 해당하는 연금을 다음 순위자에게 지급할 수 있다.

제57조【퇴직유족연금의 수급권 상실 및 이전】① 퇴직유족연금을 받을 권리가 있는 사람이 다음 각 호의 어느 하나에 해당할 때에는 그 권리를 상실한다.
1. 사망한 때
2. 재혼한 때(사실상 혼인관계에 있는 경우를 포함한다)
3. 사망한 공무원이었던 사람과의 친족관계가 종료된 때
4. 대통령령으로 정하는 정도의 장해 상태에 있지 아니한 자녀 또는 손자녀가 19세가 되었을 때
5. 대통령령으로 정하는 정도의 장해 상태로 퇴직유족연금을 받고 있던 사람의 장해 상태가 해소되었을 때
② 퇴직유족연금을 받을 권리가 있는 사람이 그 권리를 상실한 경우에 같은 순위자가 있을 때에는 그 같은 순위자에게 그 권리가 이전되고, 같은 순위자가 없을 때에는 다음 순위자에게 그 권리가 이전된다.

제58조【퇴직유족일시금】① 공무원이 10년 미만 재직하고 사망한 경우에는 그 유족에게 퇴직유족일시금을 지급한다.
② 제1항에 따른 퇴직유족일시금에 관하여는 제51조제2항 및 제3항을 준용한다.

제4절 비공무상 장해급여

제59조【비공무상 장해연금 또는 장해일시금】① 공무원이 공무 외의 사유로 생긴 질병 또는 부상으로 인하여 장해상태가 되어 퇴직하였을 때 또는 퇴직 후에 그 질병 또는 부상으로 인하여 장해상태로 되었을 때에는 다음 각 호의 장해등급에 따라 비공무상 장해연금 또는 장해일시금을 지급한다.
1. 제1급~제7급 : 비공무상 장해연금
2. 제8급 이하 : 비공무상 장해일시금
② 제1항제1호의 등급에 해당하는 비공무상 장해연금의 금액은 기준소득월액에 다음 각 호의 등급에 따른 비율을 곱한 금액으로 한다.
1. 제1급~제2급 : 26퍼센트
2. 제3급~제4급 : 22.75퍼센트
3. 제5급~제7급 : 19.5퍼센트
③ 제1항제2호의 등급에 해당하는 비공무상 장해일시금의 금액은 기준소득월액의 2.25배로 한다.
④ 제1항 각 호에 따른 장해등급의 구분은 대통령령으로 정한다.

제60조【비공무상 장해연금 등급의 개정 등】제59조에 따른 비공무상 장해연금의 등급 개정, 비공무상 장해연금의 권리 소멸 및 둘 이상의 장해가 있는 경우의 처리에 관하여는 「공무원 재해보상법」 제30조 및 제31조를 각각 준용한다. 이 경우 "장해연금"은 "비공무상 장해연금"으로 본다.

제61조【비공무상 장해연금의 지급정지】① 비공무상 장해연금의 지급정지에 관하여는 제50조를 준용한다.
② 제1항에 따라 비공무상 장해연금의 지급이 정지된 사람이 다시 퇴직한 경우에는 재퇴직 당시 대통령령으로 정하는 정도의 장해 상태에 있는 경우에만 재퇴직 당시의 기준소득월액을 기초로 하여 비공무상 장해연금의 금액을 다시 정한다.
③ 제2항에 따라 비공무상 장해연금의 금액을 다시 정할 경우에는 제1항에 따라 비공무상 장해연금의 지급이 정지되기 전의 금액과 제2항에 따라 다시 정한 금액 중 큰 금액으로 한다. 다만, 「공무원 재해보상법」 제30조에 따라 장해연금의 등급이 개정된 경우에는 개정된 등급을 적용한 금액으로 한다.

제5절 퇴직수당

제62조【퇴직수당】① 공무원이 1년 이상 재직하고 퇴직하거나 사망한 경우에는 퇴직수당을 지급한다.
② 제1항의 퇴직수당은 다음의 계산식에 따라 산출한다.

재직기간 × 기준소득월액 × 대통령령으로 정하는 비율

③ 퇴직수당의 지급에 관하여는 제52조제1항 및 제5항을 준용한다.

제6절 급여의 제한

제63조【고의 또는 중과실 등에 의한 급여의 제한】① 이 법에 따른 급여를 받을 수 있는 사람이 고의로 질병·부상·장해를 발생하게 한 경우에는 해당 급여를 지급하지 아니한다.
② 퇴직유족급여를 받을 수 있는 사람이 공무원, 공무원이었던 사람 또는 퇴직유족급여를 받고 있는 사람을 고의로 사망하게 한 경우에는 그에 대한 퇴직유족급여를 지급하지 아니한다. 공무원이거나 공무원이었던 사람이 사망하기 전에 그의 사망으로 인하여 퇴직유족급여를 받을 수 있는 사람이 해당 같은 순위자 또는 앞선 순위자를 고의로 사망하게 한 경우에도 또한 같다.
③ 이 법에 따른 급여를 받을 수 있는 사람이 다음 각 호의 어느 하나에 해당하면 대통령령으로 정하는 바에 따라 해당 급여의 전부 또는 일부를 지급하지 아니할 수 있다.
1. 고의로 질병·부상·장해의 정도를 악화되게 하거나 회복을 방해한 경우
2. 중대한 과실에 의하여 또는 정당한 사유 없이 요양에 관한 지시에 따르지 아니하여 질병·부상·장해를 발생하게 하거나 그 질병·부상·장해의 정도를 악화되게 하거나 회복을 방해한 경우
④ 퇴직유족급여를 받을 수 있는 사람 중 공무원이거나 공무원이었던 사람에 대하여 양육책임이 있었던 사람이 이를 이행하지 아니하였던 경우에는 「공무원 재해보상법」 제6조에 따른 공무원재해보상심의회의 심의를 거쳐 양육책임을 이행하지 아니한 기간, 정도 등을 고려하여 대통령령으로 정하는 바에 따라 해당 급여의 전부 또는 일부를 지급하지 아니할 수 있다.(2020.12.22 본항신설)

제64조【진단 불응 시의 급여 제한】이 법에 따른 급여의 지급을 위하여 진단을 받아야 할 경우에 정당한 사유 없이 진단을 받지 아니할 때에는 대통령령으로 정하는 바에 따라 해당 급여의 일부를 지급하지 아니할 수 있다.

제65조【형벌 등에 따른 급여의 제한】① 공무원이거나 공무원이었던 사람이 다음 각 호의 어느 하나에 해당하는 경우에는 대통령령으로 정하는 바에 따라 퇴직급여 및 퇴직수당의 일부를 줄여 지급한다. 이 경우 퇴직급여액은 이미 낸 기여금의 총액에 「민법」 제379조에 따른 이자를 가산한 금액 이하로 줄일 수 없다.
1. 재직 중의 사유(직무와 관련이 없는 과실로 인한 경우 및 소속 상관의 정당한 직무상의 명령에 따르다가 과실로 인한 경우는 제외한다. 이하 제3항에서 같다)로 금고 이상의 형이 확정된 경우
2. 탄핵 또는 징계에 의하여 파면된 경우
3. 금품 및 향응 수수, 공금의 횡령·유용으로 징계에 의하여 해임된 경우
② 제1항 각 호의 어느 하나의 경우에 해당되어 퇴직급여 및 퇴직수당의 일부를 줄여 지급한 후 그 급여의 감액사유가 소급하여 소멸되었을 때에는 그 감액된 금액에 대통령령으로 정하는 이자를 가산하여 지급한다.
③ 재직 중의 사유로 금고 이상의 형에 처할 범죄행위로 인하여 수사가 진행 중이거나 형사재판이 계속 중일 때에는 퇴직급여(연금인 급여를 제외한다) 및 퇴직수당의 일부를 대통령령으로 정하는 바에 따라 지급 정지할 수 있다. 이 경우 급여의 제한사유에 해당하지 아니하게 되었을 때에는 그 지급 정지하였던 금액에 대통령령으로 정하는 이자를 가산하여 지급한다.
④ 재직 중의 사유로 「형법」 제2편제1장(내란의 죄), 제2장(외환의 죄), 「군형법」 제2편제1장(반란의 죄), 제2장(이적의 죄), 「국가보안법」(제10조는 제외한다)에 규정된 죄를 지어 금고 이상의 형이 확정된 경우에는 이미 낸 기여금의 총액에 「민법」 제379조에 따른 이자를 가산한 금액을 반환하되 급여는 지급하지 아니한다.

제5장 비용부담

제66조【비용부담의 원칙】① 제28조에 따른 급여 중 퇴직급여, 퇴직유족급여 및 비공무상 장해급여에 드는 비용은 공무원과 국가 또는 지방자치단체가 부담한다. 이 경우 퇴직급여 및 퇴직유족급여에 드는 비용은 적어도 5년마다 다시 계산하여 재정적 균형이 유지되도록 하여야 한다.
② 제28조에 따른 급여 중 퇴직수당 지급에 드는 비용은 국가나 지방자치단체가 부담한다.
③ 공단 운영에 드는 비용은 국가가 보조할 수 있다.

제67조【기여금】① 기여금은 공무원으로 임명된 날이 속하는 달부터 퇴직한 날의 전날 또는 사망한 날이 속하는 달까지 월별로 내야 한다. 다만, 기여금 납부기간이 36년을 초과한 사람은 기여금을 내지 아니한다.
② 제1항에 따른 기여금은 기준소득월액의 9퍼센트로 한다. 이 경우 기준소득월액은 공무원 전체의 기준소득월액 평균액의 160퍼센트를 초과할 수 없다.
③ 제25조제3항에 따라 복무기간이 공무원의 재직기간에 산입되는 사람은 공단이 산입을 승인한 날이 속하는 달의 다음 달부터 그 산입기간의 기여금과 같은 금액의 소급기여금을 내야 한다. 이 경우 해당 공무원이 소급기여금의 납부 중 퇴직하거나 사망한 경우에는 퇴직 또는 사망 당시의 기준소득월액을 기준으로 남은 소급기여금을 계산하여 이를 해당 퇴직급여 또는 퇴직유족급여에서 뺀다.
④ 제3항 전단의 경우 해당 공무원이 소급기여금을 일시에 납부하려는 경우에는 납부하려는 달의 해당 월분의 기여금액을 기준으로 남은 소급기여금을 계산하여 일시에 납부할 수 있다.

제68조【기여금의 징수】기여금은 기여금징수의무자가 매월 보수에서 징수하여 보수지급일부터 3일 이내에 공단에 내야 한다.

제69조【전출한 경우의 기여금 징수】공무원이 다른 기관으로 전출한 경우 그 전출한 날이 속하는 달의 기여금은 전 소속기관의 기여금징수의무자가 징수한다.

제70조【과납 또는 미납된 기여금의 처리】① 더 내거나 덜 낸 기여금은 다음 번 기여금을 징수할 때에 가감할 수 있다.

② 제1항에 따라 가감하여야 할 기여금의 산정기준은 대통령령으로 정한다.

제71조【연금부담금 및 보전금】 ① 국가나 지방자치단체가 제66조제1항에 따라 부담하는 부담금(이하 "연금부담금"이라 한다)의 금액은 매 회계연도 대통령령으로 정하는 보수예산의 9퍼센트로 한다. 다만, 국가나 지방자치단체는 제28조에 따른 급여 중 퇴직급여 및 퇴직유족급여에 드는 비용을 기여금, 연금부담금으로 충당할 수 없는 경우에는 그 부족한 금액(이하 "보전금"이라 한다)을 대통령령으로 정하는 바에 따라 부담하여야 한다.
② 국가나 지방자치단체는 제1항에 따른 연금부담금 및 보전금(이하 이 조에서 "연금부담금등"이라 한다)을 연 4기로 나누어 매기분을 1월 31일, 4월 30일, 7월 31일, 10월 31일까지 공단에 내야 한다.
③ 제2항의 경우에 연금부담금등의 산정은 매기 첫날을 기준으로 한다. 다만, 보수예산이 증감된 경우에는 다음 기의 연금부담금등을 산정할 때에 정산하여야 한다.
④ 지방자치단체의 연금부담금등은 국가가 지방자치단체에 교부하는 교부세나 그 밖의 교부금 중에서 공단이 직접 징수할 수 있다.
⑤ 공단은 제4항에 따라 연금부담금등을 징수할 경우에는 미리 개괄적으로 계산하여 징수할 수 있다. 이 경우에는 다음 기말에 정산하여야 한다.
⑥ 연금부담금등을 더 내거나 덜 냈을 때에는 다음 기의 연금부담금등을 낼 때에 가감한다.
⑦ 제6항에 따른 연금부담금등의 과납 또는 미납분을 다음 기의 연금부담금등을 낼 때에 정산하지 아니한 경우(해당 회계연도 내에 전액을 공단에 납입하지 아니한 경우를 포함한다)에는 그 금액을 원금으로 하고 대통령령으로 정하는 바에 따라 이자를 가산한 금액으로 정산하여야 한다.
⑧ 인사혁신처장은 공무원연금재정을 원활하게 운영하기 위하여 필요하다고 인정할 경우 제79조에 따른 공무원연금운영위원회의 심의를 거쳐 제21조제1항제1호라목에 따른 공무원연금기금으로부터의 전입금을 보전금에 충당할 수 있다.

제72조【책임준비금의 적립】 국가와 지방자치단체는 공무원연금재정의 안정을 위하여 예산의 범위에서 책임준비금을 공무원연금기금에 적립하여야 한다.

제73조【퇴직수당부담금】 ① 국가나 지방자치단체가 제66조제2항에 따라 부담하는 퇴직수당의 지급에 드는 비용(이하 "퇴직수당부담금"이라 한다)은 대통령령으로 정하는 바에 따라 산정한 금액으로 한다.
② 국가나 지방자치단체는 퇴직수당부담금을 공단에 내야 하며, 이 경우 퇴직수당부담금의 징수 등에 관하여는 제71조제2항부터 제7항까지의 규정을 준용한다. 다만, 해당 회계연도 말까지 국가나 지방자치단체가 낸 금액이 실제 든 비용보다 적거나 많은 경우에는 대통령령으로 정하는 바에 따라 다음 해 1월 31일까지 정산하여야 하며, 다음 해 1월 31일까지 정산하지 아니한 경우에는 대통령령으로 정하는 바에 따라 이자를 가산한 금액으로 정산하여야 한다.

제74조【연금액의 이체】「군인연금법」 또는 「사립학교교직원 연금법」에 따른 퇴역연금·퇴직연금 또는 조기퇴직연금의 수급자가 공무원으로 임용되어 제25조제2항에 따라 재직기간 합산을 받은 후 퇴직하거나 사망한 경우에는 국방부장관 또는 「사립학교교직원 연금법」에 따른 사립학교교직원연금공단(이하 "사립학교교직원연금공단"이라 한다)은 그 퇴직한 사람 또는 유족(제33조에 따라 급여를 받을 수 있는 사람을 포함한다)이 「군인연금법」 또는 「사립학교교직원 연금법」에 따라 받을 수 있는 퇴역연금·퇴직연금·조기퇴직연금 또는 유족연금(제33조에 따라 받을 수 있는 금액과 퇴직유족연금부가금 및 퇴직유족연금특별부가금을 포함한다)에 상당하는 금액을 공단에 이체하여야 한다. 이 경우 이체금액의 산정방법 및 이체기한 등은 대통령령으로 정한다.

제75조【대여학자금의 부담】 ① 제17조제4호에 따라 공단이 수행하는 공무원 후생복지사업 중 공무원 본인과 그 자녀에게 학자금을 대여하는 데에 드는 대여금과 운영에 드는 경비(이하 "대여학자금등"이라 한다)는 대통령령으로 정하는 바에 따라 국가나 지방자치단체가 부담(이하 "대여학자금부담금"이라 한다)한다.
② 국가나 지방자치단체는 제1항에 따른 대여학자금부담금을 연 2기로 나누어 1월 31일 및 7월 31일까지 공단에 내야 한다. 이 경우 더 내거나 덜 낸 대여학자금부담금의 정산 등에 관하여는 제71조제6항 및 제7항을 준용한다.
③ 공단은 국가나 지방자치단체에서 낸 대여학자금부담금으로 대여학자금등을 충당할 수 없을 경우 공무원연금기금에서 그 부족분을 일시차입할 수 있다. 이 경우 국가나 지방자치단체는 대통령령으로 정하는 바에 따라 공단이 일시차입한 금액에 대한 이자를 다음 회계연도 말까지 공단에 내야 한다.

제6장 공무원연금기금

제76조【공무원연금기금의 설치 및 조성】 ① 이 법에 따른 급여에 충당하기 위한 책임준비금으로 공무원연금기금(이하 "기금"이라 한다)을 둔다.
② 기금은 회계연도마다 공단의 예산에 계상(計上)된 적립금 및 결산상 잉여금과 기금운용수익금으로 조성한다.

제77조【기금의 관리·운용】 ① 기금은 공단이 관리·운용한다.
② 기금은 다음 각 호의 어느 하나에 해당하는 방법으로 운용한다.
1. 기금 증식과 공무원의 후생복지를 위한 재산 취득
2. 금융회사에 예입
3. 재정자금에 예탁
4. 국가, 지방자치단체 또는 금융회사가 직접 발행하거나 채무이행을 보증하는 유가증권의 매입
5. 공무원 또는 공무원연금을 받을 권리가 있는 사람에 대한 대부
6. 그 밖에 대통령령으로 정하는 기금 증식사업 또는 공무원 후생복지사업
③ 공단은 기금의 운용에 관한 중요사항에 대해서는 미리 인사혁신처장의 승인을 받아야 한다.

제78조【기금의 출연과 출자】 ① 공단은 제79조에 따른 공무원연금운영위원회의 심의를 거쳐 공무원 후생복지사업을 위하여 기금을 출연(出捐)할 수 있다.
② 공단은 제77조제2항제6호에 따른 공무원 후생복지사업 중 다음 각 호의 사업을 실시하기 위하여 제79조에 따른 공무원연금운영위원회의 심의를 거쳐 기금을 출자(出資)할 수 있다.
1. 「체육시설의 설치·이용에 관한 법률」 제2조제2호에 따른 체육시설업
2. 「관광진흥법」 제3조제1항제2호에 따른 관광숙박업 및 같은 항 제6호에 따른 유원시설업
3. 「장사 등에 관한 법률」 제2조제15호에 따른 장사시설의 설치·운영

제79조【공무원연금운영위원회】 ① 공무원연금에 관한 다음 사항을 심의하기 위하여 인사혁신처에 공무원연금운영위원회(이하 "운영위원회"라 한다)를 둔다.
1. 공무원 연금 제도에 관한 사항
2. 공무원 연금 재정 계산에 관한 사항
3. 기금운용계획 및 결산에 관한 사항
4. 기금에 의한 공무원 후생복지사업에 관한 사항
5. 기금의 출연과 출자에 관한 사항
6. 그 밖에 인사혁신처장이 공무원연금 운영에 필요하다고 인정하는 사항
② 운영위원회는 위원장을 포함하여 15명 이상 20명 이하의 위원으로 구성한다.
③ 운영위원회의 위원장은 인사혁신처장이 된다.
④ 운영위원회의 위원은 인사혁신처장이 다음 각 호의 사람 중에서 지명하거나 위촉한다.
1. 공무원연금복지 또는 재해보상업무와 관련한 중앙행정기관의 공무원
2. 공무원단체 소속 공무원
3. 퇴직연금수급자
4. 「비영리민간단체 지원법」 제2조에 따른 비영리민간단체에 소속된 사람
5. 공무원 연금에 관한 식견과 경험이 풍부한 사람
⑤ 운영위원회의 공무원이 아닌 위원은 「형법」 제129조부터 제132조까지의 규정을 적용할 때에는 공무원으로 본다.
⑥ 운영위원회의 조직과 운영에 필요한 사항은 대통령령으로 정한다.

제80조【기금의 차입 및 이입충당】 ① 공단은 매 회계연도의 급여에 필요한 자금이 부족한 경우에는 기금에서 일시차입할 수 있다.
② 제1항에 따른 일시차입금은 해당 회계연도 내에 상환하여야 한다.
③ 공단은 매 회계연도의 급여 지출이 수입을 초과할 경우에는 기금에서 이입하여 충당할 수 있다.

제81조【기금 운용의 공시】 인사혁신처장은 매 회계연도의 기금 결산을 대통령령으로 정하는 바에 따라 공시하여야 한다.

제82조【기금의 이율】 기금 운용에 관한 이율은 대통령령으로 정한다.

제7장 공무원 후생복지 등

제83조【공무원 후생복지】 ① 인사혁신처장은 공무원의 삶의 질 향상 및 사기진작을 위하여 공무원 후생복지에 관하여 필요한 시책을 수립·시행할 수 있다.
② 제1항에 따른 시책의 수립·시행을 위하여 필요한 사항은 대통령령으로 정한다.

제84조【퇴직공무원 사회기여활동 지원】 ① 인사혁신처장은 퇴직공무원이 경험과 전문성을 활용하여 사회에 기여할 수 있도록 관련 시책을 마련할 수 있다.
② 제1항의 시책과 관련된 주요사항을 심의하기 위하여 인사혁신처에 퇴직공무원 사회기여 활성화 위원회를 둘 수 있으며 위원회의 구성과 운영에 관한 사항은 대통령령으로 정한다.
③ 인사혁신처장은 제1항의 시책 마련 및 추진과 관련하여 필요한 경우 관계 부처 또는 기관 등에 대통령령으로 정하는 자료를 요청할 수 있다. 이 경우 관계 부처 등은 특별한 사유가 없으면 요청에 따라야 한다.
④ 제1항부터 제3항까지에서 정한 사항 외에 퇴직공무원의 사회기여활동을 위하여 필요한 사항은 대통령령으로 정한다.

제85조【퇴직공무원 후생복지】 인사혁신처장은 퇴직공무원의 후생복지를 위하여 퇴직공무원 상조회의 설치·운영, 퇴직공무원의 현금자산 운용 등 대통령령으로 정하는 사업에 대하여 필요한 대책을 마련하여야 한다.

제86조【사업의 위탁】 인사혁신처장은 제83조부터 제85조까지의 사항을 효율적으로 추진하기 위하여 필요한 경우 사업의 전부 또는 일부를 공단에 위탁할 수 있다. 이 경우 사업의 경비에 대하여 예산의 범위에서 필요한 비용의 일부를 지원할 수 있다.

제8장 심사의 청구

제87조【심사의 청구】 ① 급여에 관한 결정, 기여금의 징수, 그 밖에 이 법에 따른 급여에 관하여 이의가 있는 사람은 대통령령으로 정하는 바에 따라 「공무원 재해보상법」 제52조에 따른 공무원재해보상연금위원회에 심사를 청구할 수 있다.
② 제1항의 심사 청구는 급여에 관한 결정 등이 있었던 날부터 180일, 그 사실을 안 날부터 90일 이내에 하여야 한다. 다만, 정당한 사유가 있어 그 기간에 심사 청구를 할 수 없었던 것을 증명한 경우는 예외로 한다.
③ 급여에 관한 결정, 기여금의 징수, 그 밖에 이 법에 따른 급여에 관하여는 「행정심판법」에 따른 행정심판을 청구할 수 없다.

제9장 보 칙

제88조【시효】 ① 이 법에 따른 급여를 받을 권리는 급여의 사유가 발생한 날부터 5년간 행사하지 아니하면 시효로 인하여 소멸한다.
② 잘못 납부한 기여금을 반환받을 권리는 퇴직급여 또는 퇴직유족급여의 지급 결정일부터 5년간 행사하지 아니하면 시효로 인하여 소멸한다.
③ 이 법에 따른 기여금, 환수금 및 그 밖의 징수금 등을 징수하거나 환수할 공단의 권리는 징수 및 환수 사유가 발생한 날부터 5년간 행사하지 아니하면 시효로 인하여 소멸한다.
④ 이 법에 따른 기여금, 환수금 및 그 밖의 징수금 등의 납입 고지 및 독촉과 급여의 지급 또는 과납금 등의 반환청구는 소멸시효 중단의 효력을 가진다.
⑤ 제4항에 따라 중단된 소멸시효는 납입의 고지 또는 독촉에 따른 납입기간이 지난 때부터 새로 진행한다.

제89조【효력발생기간】 이 법에 따른 급여 또는 심사 청구, 신고 등에 관한 기간을 계산할 때에 그 서류가 우편 발송된 경우 우송에 걸린 일수는 그 기간에 산입하지 아니한다.

제90조【기관장의 확인】 ① 기관장은 이 법에 따른 급여 사유의 발생, 기여금 납부, 재직기간 계산에 필요한 이력사항과 그 밖에 공무원이거나 공무원이었던 사람의 신분에 관한 사항을 확인하여야 한다.
② 기관장은 제1항에 따른 확인사무를 집행하기 위하여 필요하면 공무원이거나 공무원이었던 사람, 그 밖의 관계인에게 자료의 제출 또는 의견 진술을 요구할 수 있다.

제91조【기여금징수의무자의 책임】 기여금징수의무자는 그 직무를 수행하면서 고의 또는 중대한 과실로 기여금을 징수하지 아니하여 공단에 손해를 끼쳤을 때에는 그 손해를 배상하여야 한다.

제92조【인사혁신처장의 권한】 ① 인사혁신처장은 이 법에 따른 급여와 그 밖에 연금제도를 적정하게 운영하기 위하여 필요하다고 인정할 때에는 연금취급기관의 장 및 요양기관의 장, 그 밖의 관계자에게 다음 각 호의 사항을 요구할 수 있다.
1. 필요한 보고
2. 장부, 서류, 그 밖의 물건의 제시
3. 일정한 장소에의 출석과 의견의 진술 또는 설명
② 인사혁신처장은 이 법에 따른 급여를 적정하게 운영하기 위하여 필요하다고 인정할 때에는 소속 공무원 또는 공단으로 하여금 관련 장소에 출입하여 장부, 서류 또는 그 밖의 물건을 검사하게 할 수 있다.
③ 제2항에 따라 해당 공무원 또는 공단의 직원이 검사를 할 때에는 그 권한을 표시하는 증표를 관계인에게 보여 주어야 한다.

제93조【공단의 권한 등】 ① 공단은 이 법에 따른 급여를 적정하게 운영하기 위하여 급여를 받을 권리가 있는 사람, 연금취급기관의 장 및 요양기관의 장, 그 밖에 급여에 관련된 자에게 필요한 사항을 통보하게 하거나 관계 서류를 제출하게 할 수 있다.
② 공단은 이 법에 따른 급여와 관련하여 필요한 경우 소속 직원으로 하여금 관련 장소에 출입하여 서류 등을 조사하거나 관계인에게 필요한 질문을 할 수 있다. 이 경우 출입·조사·질문을 하는 공단 직원은 그 권한을 표시하는 증표를 지니고 관계인에게 보여 주어야 한다.
③ 공단은 국가기관, 지방자치단체, 사립학교교직원연금공단, 「국민연금법」에 따른 국민연금공단(이하 "국민연금공단"이라 한다), 그 밖에 대통령령으로 정하는 기관·법인·단체의 장에게 제50조에 따른 소득 등의 조사, 급여의 결정 및 지급, 급여의 환수, 학자금 대여 등 공무원연

금사업과 관련하여 필요한 자료로서 주민등록·가족관계등록·국세·지방세·토지·건물·건강보험·장애인등록 및 그 밖에 대통령령으로 정하는 자료를 요청할 수 있다. 이 경우 국가기관, 지방자치단체, 사립학교교직원연금공단, 국민연금공단 또는 기관·법인·단체의 장은 특별한 사유가 없으면 요청에 따라야 한다.
④ 제3항에 따라 공단이 제공받는 자료에 대해서는 사용료·수수료 등을 면제한다.
⑤ 제1항의 경우에 급여를 받을 권리가 있는 사람이 정당한 사유 없이 공단의 요청에 응하지 아니할 때에는 응할 때까지 급여 지급을 중지할 수 있다.
제94조【비용부담의 특례】 전쟁 또는 사변으로 인하여 발생하는 급여에 드는 비용은 해당 연도의 기여금·부담금 및 기금운용수익금을 초과하는 금액만 국가가 부담한다.

제10장 벌 칙

제95조【과태료】 ① 공단의 임직원이 제19조제3항에 따른 조치를 위반하는 행위를 하거나 검사를 거부·방해 또는 기피하면 500만원 이하의 과태료를 부과한다. (2020.12.22 본항개정)
② 다음 각 호의 어느 하나에 해당하는 자에게는 300만원 이하의 과태료를 부과한다.(2020.12.22 본문개정)
1. 제92조제1항 각 호에 따른 조치를 하지 아니하거나 거짓으로 해당 조치를 한 자
2. 제92조제2항에 따른 검사를 거부·방해 또는 기피한 자
③ 제1항과 제2항에 따른 과태료는 인사혁신처장이 부과·징수한다.

부 칙

제1조【시행일】 이 법은 공포 후 6개월이 경과한 날부터 시행한다.
제2조【급여의 수급자에 관한 특례에 관한 적용례】 제33조의 개정규정은 법률 제10984호 공무원연금법 일부개정법률 제30조의 시행일인 2011년 11월 5일 이후 공무원이거나 공무원이었던 사람이 사망한 경우에 해당 개정규정의 요건을 충족하는 사람부터 적용한다.
제3조【다른 법령 등에 따른 급여와의 조정에 관한 적용례】 제41조제3항부터 제6항까지의 개정규정은 이 법 시행 후 급여의 사유가 발생하는 사람부터 적용한다.
제4조【분할연금 지급 및 선청구 등에 관한 적용례】 ① 제45조부터 제48조까지의 개정규정(제45조제1항·제4항의 개정규정에 따른 혼인기간 인정기준은 제외한다)은 2016년 1월 1일 이후에 이혼한 사람부터 적용한다. 이 경우 분할연금액 지급 대상 혼인기간에는 2016년 1월 1일 전에 배우자 또는 배우자였던 사람이 공무원으로서 재직한 기간 중의 혼인기간을 포함한다.
② 제45조제1항제1호 및 제2호의 개정규정의 요건에 해당한 사람으로서 다음 각 호에서 정한 연도별로 정한 연령에 도달한 경우에는 제45조제1항제3호의 개정규정에도 불구하고 분할연금을 받을 수 있다.
1. 2016년부터 2021년까지 : 60세
2. 2022년부터 2023년까지 : 61세
3. 2024년부터 2026년까지 : 62세
4. 2027년부터 2029년까지 : 63세
5. 2030년부터 2032년까지 : 64세
③ 제49조의 개정규정은 2016년 1월 1일 이후부터 이 법 시행일 전까지 이혼한 사람이 이 법 시행 후 퇴직연금일시금·퇴직연금공제일시금·퇴직일시금의 분할 지급 및 선청구를 하는 경우에도 적용한다. 이 경우 분할대상 혼인기간에는 이 법 시행 전에 배우자 또는 배우자였던 사람이 공무원으로서 재직한 기간 중의 혼인기간을 포함한다.
제5조【혼인기간 인정기준 변경에 따른 적용례】 제45조제1항 및 제4항의 개정규정에 따른 혼인기간 인정기준은 이 법 시행 후 최초로 분할연금 지급사유가 발생한 경우부터 적용한다.
제6조【급여제한사유 소멸에 따른 급여 및 이자 지급에 관한 특례】 제65조제2항의 개정규정은 이 법 시행 전에 급여의 제한 사유가 소급하여 소멸한 사람에게도 적용한다. 이 경우 제88조의 개정규정에도 불구하고 이 법 시행 후 5년이 지나면 제65조제2항의 개정규정에 따른 금액의 지급을 청구할 수 없다.
제7조【퇴직일 또는 퇴직일의 다음 날에 다시 임용된 공무원에 관한 특례】 1996년 1월 1일 전에 퇴직일 또는 퇴직일의 다음 날에 다시 임용된 사람으로서 재임용 전 재직기간에 해당하는 퇴직급여 및 퇴직수당을 수령한 사람이 1996년 6월 30일까지 종전의 퇴직급여 및 퇴직수당을 반납한 때(1996년 6월 30일까지 반납의 의사를 표시하고 종전의 제24조제3항을 준용하여 분할납부하는 경우를 포함한다)에는 제3조제1항제3호의 개정규정에도 불구하고 계속 재직한 것으로 본다.
제8조【기준소득월액 적용에 관한 특례】 2010년 1월 1일 이후 재직기간에 대한 법률 제9905호 공무원연금법 일부개정법률 제3조제1항제5호의 개정규정에 따른 급여액 산정을 위한 기준소득월액은 같은 법 제3조제1항제5호의 개정규정에도 불구하고 기준소득월액에 재직기간별로 대통령령으로 정하는 비율을 곱한 금액으로 한다. 다만, 2010년 1월 1일 이후에 같은 법 제23조제2항에 따라 합산한 기간 중 2010년 1월 1일 전의 재직기간 및 복무기간이 포함되어 재직기간의 변동이 있는 경우에는 그 변동된 재직기간을 기준으로 기준소득월액을 다시 산정한다.
제9조【재직기간의 합산에 관한 특례】 법률 제9905호 공무원연금법 일부개정법률 부칙 제4조제1항에 따라 합산을 인정받은 경우에는 제25조의 개정규정에도 불구하고 재직기간 20년에 해당하는 퇴직연금 또는 조기퇴직연금과 20년을 초과하는 재직기간에 대한 퇴직연금공제일시금만을 지급한다.
제10조【연금액 조정에 관한 특례】 이 법 시행일부터 2020년 12월 31일까지는 제35조의 개정규정을 적용하지 아니한다. 이 경우 「국민연금과 직역연금의 연계에 관한 법률」에 따른 연계퇴직연금에 대해서도 또한 같다.
제11조【2009년 12월 31일 이전 임용자의 퇴직연금 지급에 관한 특례】 ① 2016년 1월 1일 당시 재직 중인 공무원으로서 1996년 1월 1일부터 2009년 12월 31일 사이에 임용된 공무원(2010년 1월 1일 이후에 임용된 공무원으로서 1996년 1월 1일부터 2009년 12월 31일 이전의 공무원·군인 및 사립학교교직원 경력을 합산 받은 사람을 포함한다. 이하 제2항에서 같다)이 2016년 1월 1일 이후 퇴직하는 경우의 퇴직연금은 제43조제1항제1호의 개정규정 및 법률 제9905호 공무원연금법 일부개정법률 부칙 제7조제3항에도 불구하고 다음 각 호의 퇴직연도(퇴직한 날의 전날이 속하는 연도 또는 사망한 날이 속하는 연도를 말한다. 이하 제2항에서 같다)별로 정한 해당 연령에 도달한 때부터 지급한다.
1. 2016년부터 2021년까지 : 60세
2. 2022년부터 2023년까지 : 61세
3. 2024년부터 2026년까지 : 62세
4. 2027년부터 2029년까지 : 63세
5. 2030년부터 2032년까지 : 64세
6. 2033년부터 : 65세
② 제1항에도 불구하고 1996년 1월 1일부터 2009년 12월 31일 사이에 임용된 공무원이 제43조제1항제2호부터 제4호까지의 개정규정(이하 이 항에서 "퇴직사유"라 한다)에 따라 퇴직하는 경우의 퇴직연금은 다음 각 호의 퇴직연도별로 정한 해당 연령에 도달한 때부터 지급한다. 다만, 제1항에 따른 연령에 먼저 도달한 때에는 해당 연령에 도달한 때부터 퇴직연금을 지급한다.
1. 2016년부터 2021년까지 : 퇴직사유가 발생한 때
2. 2022년부터 2023년까지 : 퇴직사유가 발생한 날부터 1년이 경과한 때
3. 2024년부터 2026년까지 : 퇴직사유가 발생한 날부터 2년이 경과한 때
4. 2027년부터 2029년까지 : 퇴직사유가 발생한 날부터 3년이 경과한 때
5. 2030년부터 2032년까지 : 퇴직사유가 발생한 날부터 4년이 경과한 때
6. 2033년부터 : 퇴직사유가 발생한 날부터 5년이 경과한 때
③ 공무원이 10년 이상 재직하고 퇴직한 때에는 제43조제2항의 개정규정, 법률 제6328호 공무원연금법중개정법률 부칙 제10조제4항 및 법률 제9905호 공무원연금법 일부개정법률 부칙 제7조제3항에도 불구하고 본인이 원하는 바에 따라 제1항 및 제2항 각 호에서 정한 해당 연령에 미달하는 연수를 적용하여 조기퇴직연금을 지급할 수 있다.
④ 제1항에도 불구하고 법률 제6328호 공무원연금법중개정법률 시행 당시 재직 중인 공무원(1995년 12월 31일 이전에 임용되었거나, 1996년 1월 1일 이후에 임용된 공무원으로서 1995년 12월 31일 이전의 공무원·군인 및 사립학교교직원 경력을 합산받은 사람을 말한다)에 대해서는 법률 제6328호 공무원연금법중개정법률 부칙 제10조제1항부터 제5항까지의 규정을 우선 적용한다.
제12조【2010년 1월 1일 이후 임용자의 퇴직연금 지급에 관한 특례】 2010년 1월 1일 이후 임용된 공무원에 대해서는 제43조의 개정규정 및 법률 제9905호 공무원연금법 일부개정법률 제46조의 개정규정에도 불구하고 이 법 부칙 제11조제1항부터 제3항까지를 준용한다.
제13조【연금액 산정에 관한 특례】 ① 2016년부터 2034년까지 퇴직연금의 금액은 제43조제4항의 개정규정에도 불구하고 평균기준소득월액에 다음 각 호의 해당 연도의 비율을 곱한 금액으로 한다.
1. 2016년 : 1.878퍼센트
2. 2017년 : 1.856퍼센트
3. 2018년 : 1.834퍼센트
4. 2019년 : 1.812퍼센트
5. 2020년 : 1.79퍼센트
6. 2021년 : 1.78퍼센트
7. 2022년 : 1.77퍼센트
8. 2023년 : 1.76퍼센트
9. 2024년 : 1.75퍼센트
10. 2025년 : 1.74퍼센트
11. 2026년 : 1.736퍼센트
12. 2027년 : 1.732퍼센트
13. 2028년 : 1.728퍼센트
14. 2029년 : 1.724퍼센트
15. 2030년 : 1.72퍼센트
16. 2031년 : 1.716퍼센트
17. 2032년 : 1.712퍼센트
18. 2033년 : 1.708퍼센트
19. 2034년 : 1.704퍼센트
② 2016년 1월 1일 이후의 재직기간에 대한 연금액을 산정하는 경우에는 재직기간 매 1년당 평균기준소득월액에 곱하는 수치 중 100분의 1에 대해서는 제1항 및 제43조제4항의 개정규정에도 불구하고 평균기준소득월액에 다음의 비율을 곱한 금액을 기초로 한다. 다만, 30년을 초과하는 재직기간에 대해서는 그러하지 아니하다.

퇴직 전 3년 간 전체공무원 기준소득월액 평균액(법률 제13387호 공무원연금법 일부개정법률 제27조제2항제1호의 금액) 대비 평균기준소득월액 비율 구간	적용 비율(%)
0.3 미만	300
0.3 이상 0.4 미만	216.67
0.4 이상 0.5 미만	175
0.5 이상 0.6 미만	150
0.6 이상 0.7 미만	133.33
0.7 이상 0.8 미만	121.43
0.8 이상 0.9 미만	112.5
0.9 이상 1.0 미만	105.56
1.0 이상 1.1 미만	100
1.1 이상 1.2 미만	95.45
1.2 이상 1.3 미만	91.67
1.3 이상 1.4 미만	88.46
1.4 이상 1.5 미만	85.71
1.5 이상 1.6 미만	83.33
1.6 이상	81.25

③ 제1항 각 호의 연도 중에 종전의 제23조제3항 및 이 법 제25조제3항의 개정규정에 따라 임용 전 복무기간을 재직기간에 산입하는 경우 그 복무기간에 대한 퇴직연금의 금액은 평균기준소득월액에 복무기간이 산입된 연도에 해당하는 비율을 곱한 금액으로 한다.
④ 2016년 1월 1일 이후의 재직기간에 대한 급여액을 산정할 때 제43조제4항의 개정규정 및 이 조 제1항·제2항에 따라 산정한 퇴직연금의 금액이 법률 제13387호로 개정되기 전의 제46조제4항(이하 이 항에서 "종전의 규정"이라 한다)에 따라 산정한 금액보다 많은 경우에는 제43조제4항의 개정규정 및 이 조 제1항·제2항에도 불구하고 종전의 규정에 따른다.
제14조【급여 및 급여수급자에 관한 경과조치】 이 법 시행 당시 다음 표의 왼쪽 란에 기재된 급여 및 해당 급여의 수급자는 각각 같은 표의 오른쪽 란에 기재된 급여 및 해당 급여의 수급자로 본다.

종전의 제42조제1호에 따른 퇴직급여	제28조제1호의 개정규정에 따른 퇴직급여
종전의 제42조제1호가목에 따른 퇴직연금	제28조제1호가목의 개정규정에 따른 퇴직연금
종전의 제42조제1호나목에 따른 퇴직연금일시금	제28조제1호나목의 개정규정에 따른 퇴직연금일시금
종전의 제42조제1호다목에 따른 퇴직연금공제일시금	제28조제1호다목의 개정규정에 따른 퇴직연금공제일시금
종전의 제42조제1호라목에 따른 퇴직일시금	제28조제1호라목의 개정규정에 따른 퇴직일시금
종전의 제42조제3호에 따른 유족급여(같은 호 바목부터 아목까지의 급여를 제외한다)	제28조제2호의 개정규정에 따른 퇴직유족급여
종전의 제42조제3호가목 및 제56조제1항제1호에 따른 유족연금	제28조제2호가목의 개정규정에 따른 퇴직유족연금
종전의 제42조제3호나목에 따른 유족연금부가금	제28조제2호나목의 개정규정에 따른 퇴직유족연금부가금
종전의 제42조제3호다목에 따른 유족연금특별부가금	제28조제2호다목의 개정규정에 따른 퇴직유족연금특별부가금
종전의 제42조제3호라목에 따른 유족연금일시금	제28조제2호라목의 개정규정에 따른 퇴직유족연금일시금
종전의 제42조제3호마목에 따른 유족일시금	제28조제2호마목의 개정규정에 따른 퇴직유족일시금
종전의 제42조제2호 중 제51조제2호에 따른 장해급여	제28조제3호의 개정규정에 따른 비공무상 장해급여
종전의 제42조제2호가목 중 제51조제2호에 따른 장해연금	제28조제3호가목의 개정규정에 따른 비공무상 장해연금
종전의 제42조제2호나목 중 제51조제2호에 따른 장해보상금	제28조제3호나목의 개정규정에 따른 비공무상 장해일시금
종전의 제42조제4호에 따른 퇴직수당	제28조제4호의 개정규정에 따른 퇴직수당

제15조【급여사유발생에 관한 경과조치】 ① 이 법 시행 전에 급여의 사유가 발생한 사람에 대한 급여에 관하여는 종전의 규정에 따른다.
② 제1항에도 불구하고 법률 제3586호 공무원연금법개정법률 시행일인 1983년 1월 1일 전에 급여의 사유가 발생한 사람에 대한 급여에 관하여는 같은 법으로 개정되기 전의 규정에 따른다.
③ 제1항에도 불구하고 법률 제3735호 공무원연금법중개정법률 시행일인 1985년 1월 1일 전에 급여의 사유가 발생한 사람에 대한 급여에 관하여는 같은 법으로 개정되기 전의 규정에 따른다.

④ 제1항에도 불구하고 법률 제3964호 공무원연금법중개정법률 시행일인 1988년 1월 1일 전에 급여의 사유가 발생한 사람에 대한 급여에 관하여는 같은 법으로 개정되기 전의 규정에 따른다. 다만, 같은 법 제57조제1항에 따른 유족연금은 같은 법의 규정을 적용한다.
⑤ 제1항에도 불구하고 법률 제4033호 공무원연금법중개정법률 시행일인 1988년 12월 29일 전에 급여의 사유가 발생한 사람에 대한 급여에 관하여는 같은 법으로 개정되기 전의 규정에 따른다.
⑥ 제5항에도 불구하고 법률 제4033호 공무원연금법중개정법률 시행 전의 연금수급권자가 같은 법 시행 후에 지급받는 연금에 대해서는 같은 법 제47조제1호의 개정규정에 따른다. 다만, 법률 제4033호 공무원연금법중개정법률 시행 전부터 종전의 「사립학교교원연금법」(법률 제4035호로 개정되기 전의 것을 말한다. 이하 이 항에서 같다) 제3조에 따른 학교기관에 재직하고 있는 연금수급권자가 종전의 「사립학교교원연금법」 제32조제1항에 따른 재직기간의 합산을 하지 아니한 경우에는 종전의 「사립학교교원연금법」에 따른다.
⑦ 제1항에도 불구하고 법률 제4334호 공무원연금법중개정법률 시행일인 1991년 10월 1일 전에 급여의 사유가 발생한 사람에 대한 급여에 관하여는 같은 법으로 개정되기 전의 규정에 따른다.
⑧ 제1항에도 불구하고 법률 제5117호 공무원연금법중개정법률 시행일인 1996년 1월 1일〔같은 법 제47조(제55조제1항에서 준용하고 있는 경우를 포함한다)의 개정규정은 2000년 1월 1일을 말한다〕 전에 급여의 사유가 발생한 사람에 대한 급여에 관하여는 같은 법으로 개정되기 전의 규정에 따른다.
⑨ 제1항에도 불구하고 법률 제6328호 공무원연금법중개정법률 시행일인 2001년 1월 1일〔같은 법 제26조제1항·제38조·제63조·제69조제8항 및 제69조의3의 개정규정은 2002년 1월 1일, 같은 법 제47조(같은 법 제55조제1항에서 준용하는 경우를 포함한다)의 개정규정은 2005년 7월 1일을 말한다〕 전에 급여의 사유가 발생한 사람에 대한 급여에 관하여는 같은 법으로 개정되기 전의 규정에 따른다.
⑩ 제1항에도 불구하고 법률 제7543호 공무원연금법 일부개정법률 시행일인 2005년 7월 1일 전에 급여의 사유가 발생한 사람에 대한 급여에 관하여는 같은 법으로 개정되기 전의 규정에 따른다. 다만, 같은 법 제47조(같은 법 제55조제1항에서 준용하는 경우를 포함한다)의 개정규정은 같은 규정의 시행일인 2005년 7월 1일 전에 급여의 사유가 발생한 사람에 대해서도 이를 적용한다.
⑪ 제1항에도 불구하고 법률 제9905호 공무원연금법 일부개정법률 시행일인 2010년 1월 1일 전에 지급사유가 발생한 급여의 지급은 같은 법으로 개정되기 전의 규정에 따른다. 다만, 같은 법 제47조제2항의 개정규정은 같은 법 시행일인 2010년 1월 1일 전에 급여의 사유가 발생한 사람에 대해서도 적용한다.
⑫ 제1항에도 불구하고 법률 제9905호 공무원연금법 일부개정법률 시행일인 2010년 1월 1일 전의 재직기간(같은 법 시행일 이후에 같은 법 제23조제2항에 따라 합산한 기간 중 같은 법 시행일인 2010년 1월 1일 전의 재직기간 및 복무기간을 포함한다. 이하 제14항에서 "종전기간"이라 한다)에 해당하는 급여의 지급은 같은 법으로 개정되기 전의 규정에 따른다.
⑬ 법률 제9905호 공무원연금법 일부개정법률 제3조제1항제6호의 개정규정에 따른 평균기준소득월액은 같은 법 시행일 이후의 재직기간을 기초로 산정한다.
⑭ 제12항에 따른 종전기간에 대한 급여액은 다음 각 호의 방법에 따라 산정한다.
1. 급여산정의 기초가 되는 보수월액 또는 평균보수월액은 법률 제9905호 공무원연금법 일부개정법률 시행일 전날이 속하는 달의 보수월액 또는 같은 법 시행일 전날이 속하는 달을 기준으로 산정한 평균보수월액을 대통령령으로 정하는 바에 따라 급여사유가 발생한 날이 속하는 시점의 현재가치로 환산한 금액을 말한다. 다만, 같은 법으로 개정되기 전의 제46조제1항 및 제2항에 따른 퇴직연금·조기퇴직연금 및 같은 법으로 개정되기 전의 제56조제1항제1호에 따른 유족연금(공무원이었던 자가 퇴직연금 또는 조기퇴직연금을 받다가 사망하여 그 유족이 유족연금을 받게 되는 경우는 제외한다) 산정의 기초가 되는 평균보수월액은 같은 법 제3조제1항제6호 단서의 개정규정에 따라 환산한 금액을 말한다.
2. 종전기간이 20년 이하인 경우 종전기간에 대한 연금액은 재직기간 매 1년에 대하여 제1호에 따른 평균보수월액의 1천분의 25를 곱한 금액으로 한다.
3. 종전기간이 20년을 초과하는 경우 종전기간에 대한 연금액은 제1호에 따른 평균보수월액의 1천분의 500에 상당하는 금액에, 20년을 초과하는 재직기간 매 1년에 대하여 제1호에 따른 평균보수월액의 1천분의 20에 상당하는 금액을 가산한 금액으로 한다. 이 경우 종전기간에 대한 퇴직연금의 금액은 제1호에 따른 평균보수월액의 1천분의 760을 초과하지 못한다.
⑮ 제1항에도 불구하고 법률 제13387호 공무원연금법 일부개정법률 시행일인 2016년 1월 1일 전에 지급사유가 발생한 급여의 지급은 같은 법으로 개정되기 전의 규정에 따른다. 다만, 같은 법 제47조의 개정규정 및 같은 법 부칙 제5조는 2016년 1월 1일 전에 급여의 사유가 발생한 사람에 대해서도 적용한다.
⑯ 제1항에도 불구하고 법률 제13387호 공무원연금법 일부개정법률 시행일인 2016년 1월 1일 전의 재직기간(같은 법 시행일인 2016년 1월 1일 이후에 같은 법 제23조제2항에 따라 합산한 기간에는 같은 법 시행일인 2016년 1월 1일 전의 재직기간을 포함한다)에 해당하는 급여의 지급은 같은 법으로 개정되기 전의 규정에 따른다.

제16조【처분 등에 관한 일반적 경과조치】 이 법 시행 전에 종전의 인사혁신처장, 공단 및 공무원연금급여 재심위원회(이하 이 조에서 "인사혁신처장 등"이라 한다)가 행한 행위나 인사혁신처장 등에 대한 행위(법률 제3735호 공무원연금법중개정법률 시행일인 1985년 1월 1일 전에 종전의 공무원연금급여심사위원회가 행한 행위나 같은 위원회에 대한 행위를 포함한다)는 이 법에 따라 인사혁신처장, 공단 및 「공무원 재해보상법」 제52조에 따른 공무원재해보상연금위원회가 행한 행위나 인사혁신처장, 공단 및 「공무원 재해보상법」 제52조에 따른 공무원재해보상연금위원회에 대한 행위로 본다.

제17조【유족의 범위에 관한 경과조치】 1995년 12월 31일 이전에 퇴직하여 법률 제5117호 공무원연금법중개정법률 시행일인 1996년 1월 1일(같은 법 제47조의 개정규정은 2000년 1월 1일을 말한다) 전에 혼인 또는 출생하거나 입양관계가 성립된 배우자·자녀(1995년 12월 31일 현재의 태아를 포함한다)·부모·손자녀(1995년 12월 31일 현재의 태아를 포함한다) 및 조부모에 대해서는 제3조제1항제2호의 개정규정에도 불구하고 같은 법으로 개정되기 전의 규정에 따른다.

제18조【벌칙 적용에서 공무원 의제에 관한 경과조치 등】 2010년 1월 1일 전의 공단 임직원의 행위에 대하여 벌칙을 적용할 때에는 제16조의 개정규정에도 불구하고 종전의 「공무원연금법」(법률 제9905호로 개정되기 전의 것을 말한다)에 따른다.

제19조【퇴직수당 산정을 위한 재직기간 계산에 관한 경과조치】 ① 제25조의 개정규정은 이 법 시행 후 최초로 퇴직수당을 산정하여 지급하는 경우부터 적용한다.
② 제1항에도 불구하고 법률 제4334호 공무원연금법중개정법률 시행일인 1991년 10월 1일 당시 재직 중인 사람에 대한 퇴직수당 지급에 있어서는 종전의 「공무원연금법」(법률 제4334호로 개정되기 전의 것을 말한다) 제23조제4항 및 제5항을 적용하지 아니한다. 다만, 1991년 10월 1일 이후의 휴직기간〔종전의 「공무원연금법」(법률 제4334호로 개정되기 전의 것을 말한다) 제23조제5항 각 호의 사유로 인한 휴직기간은 제외한다〕·직위해제기간 및 정직기간은 그 기간의 2분의 1을 각각 감한다.
③ 제1항에도 불구하고 법률 제8245호 공무원연금법 일부개정법률 제23조제5항제3호의3의 개정규정은 같은 법 시행일인 2007년 1월 19일 이후 최초로 신청하는 휴직부터 적용한다.
④ 제1항에도 불구하고 법률 제9905호 공무원연금법 일부개정법률 제23조제5항제4호 및 같은 조 제6항의 개정규정은 같은 법 시행일인 2010년 1월 1일 이후 최초로 퇴직수당을 산정하여 지급하는 경우부터 적용한다.
⑤ 제1항에도 불구하고 법률 제10984호 공무원연금법 일부개정법률 제23조제5항제3호의 개정규정은 같은 개정규정의 시행일인 2011년 8월 4일 이후 최초로 퇴직수당을 산정하여 지급하는 경우부터 적용한다.

제20조【재직기간 합산 시 반납금에 관한 경과조치】 법률 제4334호 공무원연금법중개정법률 시행일인 1991년 10월 1일 당시 재직 중인 사람이 재직기간의 합산을 받고 반납금을 납부하는 경우에는 제26조제2항부터 제4항까지의 개정규정에도 불구하고 같은 법으로 개정되기 전의 규정에 따른 퇴직급여가산금을 포함하여 납부하여야 한다.

제21조【급여액 산정에 관한 경과조치】 2001년 1월 1일부터 2009년 12월 31일까지의 기간에 대하여 제43조제1항·제2항의 개정규정에 따른 퇴직연금·조기퇴직연금 및 제54조제1항의 개정규정에 따른 퇴직유족연금을 산정하는 경우 2000년 12월 31일 이전에 승진, 강임이나 강등, 전직, 보직변경 또는 재임용(퇴직한 공무원·군인 또는 사립학교교직원이 공무원으로 임용되어 같은 법 제25조제2항의 개정규정에 따른 재직기간 또는 복무기간의 합산을 받은 경우를 말한다. 이하 이 조에서 같다)된 후 1년 이내에 퇴직 또는 사망한 경우에는 제30조의 개정규정에도 불구하고 승진, 강임이나 강등, 전직, 보직변경 또는 재임용되기 전의 보수월액과 퇴직 또는 사망한 당시의 보수월액을 평균한 금액을 급여액 산정의 기초로 한다.

제22조【급여의 환수에 관한 경과조치】 이 법 시행 전에 급여의 환수 사유가 발생한 경우의 환수 금액 및 요건에 관하여는 제37조제1항의 개정규정에도 불구하고 종전의 제31조에 따른다.

제23조【연금수급요건에 관한 경과조치 등】 ① 2016년 1월 1일 전에 퇴직한 공무원에 대한 연금수급요건에 관하여는 제43조제1항부터 제3항까지, 제51조, 제54조 및 제58조의 개정규정에도 불구하고 종전의 「공무원연금법」(법률 제13387호로 개정되기 전의 것을 말한다) 제46조제1항부터 제3항까지, 제48조제1항, 제56조제1항부터 제3항까지 및 제60조제1항에 따른다.
② 제43조제1항부터 제3항까지, 제51조제1항, 제54조제1항·제2항 및 제58조제1항의 개정규정은 2016년 1월 1일 당시 재직 중인 공무원부터 적용한다.

제24조【재직기간 상한 연장에 관한 경과조치】 2016년 1월 1일 당시 재직 중인 공무원(법률 제13387호 공무원연금법 일부개정법률 시행 후에 같은 법 시행 전의 재직기간을 종전의 제23조제2항에 따라 합산한 사람을 포함한다)의 퇴직급여 산정 시 재직기간과 기여금 납부기간은 제43조제4항·제5항 및 제67조제1항의 개정규정에도 불구하고 다음 각 호의 연수를 초과할 수 없다.
1. 2016년 1월 1일 전의 재직기간이 21년 이상인 경우 : 33년
2. 2016년 1월 1일 전의 재직기간이 17년 이상 21년 미만인 경우 : 34년
3. 2016년 1월 1일 전의 재직기간이 15년 이상 17년 미만인 경우 : 35년
4. 2016년 1월 1일 전의 재직기간이 15년 미만인 경우 : 36년

제25조【유족연금 지급에 관한 경과조치】 이 법 시행 전에 유족연금을 받고 있는 사람에 대해서는 제52조제2항·제4항 및 제55조제1항의 개정규정에도 불구하고 종전의 제49조제2항·제4항 및 제57조제1항제1호·제2호에 따른다. 다만, 법률 제13387호 공무원연금법 일부개정법률 시행 전에 유족연금을 받고 있는 사람에 대해서는 법률 제9905호 공무원연금법 일부개정법률 부칙 제11조를 적용한다.

제26조【유족연금, 유족연금부가금 및 유족연금특별부가금에 관한 경과조치】 이 법 시행 전의 유족연금, 유족연금부가금 및 유족연금특별부가금〔종전의 제56조제1항제1호에 따른 유족연금 및 그에 따른 유족연금부가금·유족연금특별부가금을 말한다〕에 관하여는 제54조부터 제58조까지의 개정규정에도 불구하고 종전의 제56조 및 제57조에 따른다. 이 경우 법률 제10984호 공무원연금법 일부개정법률 제56조제1항 및 제57조제1항의 개정규정은 같은 법 시행일인 2011년 11월 5일 후 사망한 경우에 해당 개정규정의 요건을 충족하는 사람부터 적용한다.

제27조【비공무상 장해연금 지급에 관한 경과조치】 이 법 시행 전에 공무 외의 사유로 인한 장해연금의 지급에 관하여는 제59조부터 제61조까지의 개정규정에도 불구하고 종전의 제51조부터 제55조까지 및 법률 제13387호 공무원연금법 일부개정법률 부칙 제3조에 따른다.

제28조【기여금과 부담금에 관한 경과조치 등】 ① 이 법 시행 전의 공무원의 기여금과 연금부담금의 금액은 제67조 및 제71조의 개정규정에도 불구하고 종전의 제66조제2항 및 제69조제1항에 따른다.
② 제1항과 법률 제9905호 공무원연금법 일부개정법률 제66조제2항 및 같은 법 제69조제1항의 개정규정에도 불구하고 공무원의 기여금과 연금부담금의 금액은 해당 연도별로 기준소득월액 및 보수예산에 다음 각 호의 비율을 곱한 금액으로 한다.
1. 2010년 : 6.3퍼센트
2. 2011년 : 6.7퍼센트
③ 제1항 및 2항에도 불구하고 공무원의 기여금과 연금부담금의 금액은 해당 연도별로 기준소득월액 및 보수예산에 다음 각 호의 비율을 곱한 금액으로 한다.
1. 2016년 : 8퍼센트
2. 2017년 : 8.25퍼센트
3. 2018년 : 8.5퍼센트
4. 2019년 : 8.75퍼센트

제29조【재직기간의 소급통산 등】 ① 이 법 시행 당시 재직 중인 공무원으로서 제3조제1항의 개정규정에 따라 이 법을 적용받게 된 사람은 이 법 시행 전의 근무기간(「국가공무원법」, 「지방공무원법」 등에 따라 통상적인 근무시간보다 짧게 근무한 기간을 말한다. 이하 이 조에서 같다)을 제25조제1항의 개정규정에 따른 재직기간에 산입할 수 있다. 이 경우 산입기간에 대하여 공단이 산입을 승인한 날이 속하는 달의 다음 달부터 해당 월분의 기여금과 같은 금액의 소급기여금을 내야 한다.
② 제1항에 따라 이 법 시행 전의 근무기간을 산입하는 사람 중 희망하는 경우에는 이 법 시행 전의 근무기간에 해당하는 「근로자퇴직급여보장법」상 재직기간을 제28조제4호의 개정규정에 따른 퇴직수당을 지급할 때의 재직기간에 합산할 수 있다. 이 경우 이 법 시행 전의 근무기간에 해당하는 「근로자퇴직급여보장법」상 퇴직급여는 지급하지 아니한다.

제30조【소급재직기간에 관한 경과조치】 ① 법률 제3586호 공무원연금법개정법률 시행일인 1983년 1월 1일 전에 같은 법으로 개정되기 전의 규정에 따라 재직기간의 합산 또는 통산을 받은 사람은 제25조 및 제26조의 개정규정에도 불구하고 같은 법에 따라 이를 받은 것으로 본다.
② 1948년 8월 15일부터 1959년 12월 31일 사이에 공무원(「군인연금법」 제2조에 따른 군인을 포함한다)으로 재직한 기간과 1975년 1월 1일(지방잡급직원은 1976년 1월 1일)부터 1980년 6월 30일 사이에 잡급직원으로 재직한 기간 및 1973년 11월 29일부터 1980년 6월 30일 사이에 전문직원으로 재직한 기간이 있는 공무원은 제25조 및 제26조의 개정규정에도 불구하고 공단의 승인을 받아 해당 기간을 재직기간에 산입할 수 있다. 이 경우 산입되는 군복

무기간의 계산에 관하여는 법률 제3587호 군인연금법중개정법률 제16조를 준용한다.
③ 제1항에 따른 재직기간 소급통산 승인을 받은 사람은 그 기간에 대하여 매월 해당 월분의 기여금과 같은 금액의 소급기여금을 납부하여야 한다. 이 경우 해당 공무원이 소급기여금의 납부 도중 퇴직 또는 사망한 때에는 퇴직 또는 사망 당시의 보수월액을 기준으로 잔여소급기여금을 계산하여 이를 해당 퇴직급여 또는 퇴직유족급여에서 공제한다.

제31조【평균보수월액 적용에 관한 경과조치】 법률 제6328호 공무원연금법중개정법률 제3조제1항제5호의 개정규정에 따른 평균보수월액은 제3조제1항제5호의 개정규정에도 불구하고 같은 법 시행일인 2001년 1월 1일 이후의 재직기간 및 2001년 1월 1일 이후에 같은 법 제23조제2항에 따라 합산된 재직기간 또는 복무기간을 기초로 산정한다.

제32조【임용 전 군복무기간의 재직기간 산입에 관한 경과조치】 2000년 12월 31일 현재 재직 중인 사람의 임용전 군복무기간의 재직기간 산입에 관하여는 제25조의 개정규정에도 불구하고 종전의 「공무원연금법」(법률 제6328호로 개정되기 전의 것을 말한다) 제23조제3항에 따른다.

제33조【방송통신위원회 직원에 대한 「공무원연금법」 적용 특례에 관한 경과조치】 법률 제8867호 방송통신위원회의 설치 및 운영에 관한 법률 부칙 제6조제4항 전단에도 불구하고 2010년 1월 1일 이후의 재직기간에 대한 연금액의 산정은 법률 제9905호 공무원연금법 일부개정법률 부칙 제15조에 따른다.

제34조【종래 보수월액 적용에 관한 경과조치】 법률 제9905호 공무원연금법 일부개정법률 시행 전에 같은 법으로 개정되기 전의 제66조제4항에 따라 종래 보수월액 적용 사유가 발생한 사람이 같은 법 시행일 이후에 종래 보수월액 적용신청을 하는 경우에는 같은 법으로 개정되기 전의 규정에 따라 같은 법 시행일이 속하는 달의 전월까지 감액되기 전의 보수월액에 따른 기여금을 납부하게 할 수 있다.

제35조【대여장학금의 명칭 변경 등에 따른 경과조치】
① 법률 제9905호 공무원연금법 일부개정법률 시행일인 2010년 1월 1일 전에 지급한 대여장학금은 같은 법에 따른 대여학자금으로 본다.
② 이 법 시행 전에 종전의 법률에 따라 지급한 대여학자금은 이 법에 따른 대여학자금으로 본다.

제36조【다른 법률의 개정】 ①~⑥ ※(해당 법령에 가제정리 하였음)

제37조【다른 법령과의 관계】 이 법 시행 당시 다른 법령에서 종전의 「공무원연금법」 또는 그 규정을 인용하고 있는 경우 이 법에 그에 해당하는 규정이 있는 때에는 종전의 규정을 갈음하여 이 법 또는 이 법의 해당 규정을 인용한 것으로 본다.

부 칙 (2020.12.22)

제1조【시행일】 이 법은 공포 후 6개월이 경과한 날부터 시행한다. 다만, 제95조제1항 및 제2항의 개정규정은 공포한 날부터 시행한다.

제2조【급여의 지급 제한에 관한 적용례】 ① 제63조제4항의 개정규정은 이 법 시행 전에 퇴직유족급여 사유가 발생한 사람에 대하여도 적용한다.
② 제1항에 따른 급여의 제한은 이 법 시행 후 최초로 도래하는 급여분부터 적용한다.

부 칙 (2023.6.30)

이 법은 공포한 날부터 시행한다.

공무원연금법 시행령

(2018년 9월 18일 전부개정대통령령 제29181호)

개정
2020. 6. 9영30760호(군인재해보상법시)
2020. 6.30영30807호(대체역의편입및복무등에관한법시)
2020. 7.14영30833호(고위공직자범죄수사처설치에따른일부개정령)
2020.12.29영31337호(사법경찰관수사종결)
2020.12.31영31349호(자치경찰조직운영)
2021. 1. 5영31380호(법령용어정비)
2021. 3.16영31537호 2021. 6.22영31821호
2022. 3. 8영32529호(공무원재해보상법시)

제1장 총 칙

제1조【목적】 이 영은 「공무원연금법」에서 위임된 사항과 그 시행에 필요한 사항을 규정함을 목적으로 한다.

제2조【정규 공무원 외의 직원】 「공무원연금법」(이하 "법"이라 한다) 제3조제1항제1호나목에서 "대통령령으로 정하는 사람"이란 다음 각 호의 어느 하나에 해당하는 사람을 말한다.
1. 「청원경찰법」에 따라 국가 또는 지방자치단체에 근무하는 청원경찰
2. 「청원산림보호직원 배치에 관한 법률」에 따라 국가 또는 지방자치단체에 근무하는 청원산림보호직원
3. 국가 또는 지방자치단체의 위원회 등의 상임위원과 전임(專任) 직원으로서 매월 정액의 보수 또는 이에 준하는 급여를 받는 사람. 다만, 한시적인 자문위원회와 법령에 근거하지 아니하는 위원회 등의 상임위원과 전임직원은 제외한다.
4. 그 밖에 국가 또는 지방자치단체의 정규 공무원 외의 직원으로서 다음 각 목의 어느 하나에 해당하는 사람 중 인사혁신처장이 인정하는 사람
가. 수행 업무의 계속성과 매월 정액의 보수 지급 여부 등을 고려하여 인정할 필요가 있는 사람
나. 「4·16세월호참사 진상규명 및 안전사회 건설 등을 위한 특별법」 제2조제2호에 따른 희생자

제3조【유족의 인정기준 등】 ① 공무원 또는 공무원이었던 사람이 사망할 당시 법 제3조제1항제2호 각 목의 어느 하나에 해당하는 사람을 부양하고 있었는지에 관한 인정기준은 별표1과 같다.
② 법 제3조제2항 각 호 외의 부분 후단에서 "대통령령으로 정하는 정도의 장해("공무원 재해보상법」 제3조제1항제7호에 따른 장해를 말한다. 이하 같다) 상태"란 「장애인복지법」 제2조에 따른 장애인 중 장애의 정도가 심한 장애인인 상태를 말한다.(2021.6.22 본항개정)
③ 법 제3조제2항제2호 및 제57조제1항제4호·제5호에서 "대통령령으로 정하는 정도의 장해 상태"란 각각 「장애인복지법」 제2조에 따른 장애인 중 장애의 정도가 심한 장애인인 상태를 말한다.(2021.6.22 본항개정)
④ 태아인 자녀 또는 손자녀(孫子女)라는 사실에 대한 증명은 「공무원 재해보상법」 제24조에 따른 요양기관(이하 "요양기관"이라 한다)이 발행한 진단서에 따른다.
(2021.6.22 본항개정)

제4조【소득 및 비과세소득의 범위】 ① 법 제3조제1항제4호에 따른 소득의 범위는 일정 기간 재직하고 공무원의 보수에 관한 법률 또는 국회규칙, 대법원규칙, 헌법재판소규칙, 중앙선거관리위원회규칙 및 대통령령(이하 "공무원보수관계법령등"이라 한다)에 따라 받은 전년도(前年度) 보수로 한다. 다만, 인사혁신처장은 수당의 종류 또는 과세 여부의 변경 등으로 기여금 및 급여산정을 위한 소득에 포함하는 것이 적절하지 아니하다고 인정되는 경우에는 그 범위를 달리 정할 수 있다.
② 제1항에 따른 소득 중 다음 각 호의 소득은 해당 공무원의 종류 및 직급·계급(이에 상당하는 등급을 포함한다. 이하 같다)별로 지급된 금액(전년도 1월 1일부터 12월 31일까지 계속하여 근무한 사람에게 지급된 금액만 포함한다)의 합계액을 연도 말 해당 공무원의 종류 및 직급·계급별 총인원(전년도 1월 1일부터 12월 31일까지 계속하여 근무한 사람만 포함한다)으로 나누어 산정한 금액(1천원 미만의 금액은 1천원으로 한다)으로 한다. 이 경우 공무원의 종류 및 직급·계급별 구분은 인사혁신처장이 정한다.
1. 공무원보수관계법령등에 따른 성과연봉, 성과상여금, 상여금, 직무성과금 또는 이에 상당하는 보수
2. 공무원보수관계법령등에 따른 초과근무수당(시간외근무수당, 야간근무수당 및 휴일근무수당으로 한정한다) 또는 이에 상당하는 급여
3. 공무원보수관계법령등에 따른 연가보상비 또는 이에 상당하는 보수
③ 법 제3조제1항제4호에 따른 비과세소득의 범위는 「소득세법」 제12조제3호에 따른 전년도 비과세소득으로 한다.

제5조【기준소득월액의 결정】 ① 법 제3조제1항제4호에 따른 기준소득월액은 다음 각 호의 구분에 따라 산정한 금액으로 한다.
1. 전년도 1월 1일부터 12월 31일까지 계속하여 근무한 경우 : (제4조제1항 및 제2항에 따른 소득에서 같은 조 제3항에 따른 비과세소득을 제외한 금액 ÷ 12) × (1 + 제4항에 따른 공무원보수인상률)
2. 전년도 1월 1일부터 12월 31일까지 계속하여 근무하지 아니한 경우 또는 전년도에 「공무원임용령」 제57조의3에 따른 시간선택제 전환근무로 인하여 통상적인 근무시간보다 짧게 근무한 기간(이하 "시간제근무기간"이라 한다)이 포함된 경우 : 제6조 또는 제7조에 따라 산정한 금액
② 제1항에도 불구하고 전년도 소득에 기초한 해당 연도 기준소득월액을 결정하여 적용하기 전(해당 연도 1월부터 4월까지를 말한다)에 급여의 사유가 발생하였을 때에는 제1호의 금액에 제2호의 금액을 더한 금액을 급여의 사유가 발생한 해당 연도의 기준소득월액으로 한다.
1. 제1항제1호에 따라 산정한 금액 - 〔(제4조제2항에 따른 금액에서 같은 조 제3항에 따른 비과세소득을 제외한 금액 ÷ 12) × (1 + 제4항에 따른 공무원보수인상률)〕
2. (전년도 기준소득월액의 기초가 된 제4조제2항에 따른 금액에서 같은 조 제3항에 따른 비과세소득을 제외한 금액 ÷ 12) × (1 + 공무원의 종류 및 직급·계급별 전년도 호봉승급률)
③ 제1항 및 제2항에도 불구하고 승진, 전직, 보직변경 등으로 봉급월액이 증가한 후 해당 연도에 급여(퇴직연금·조기퇴직연금 및 퇴직유족연금은 제외한다)의 사유가 발생하였을 때에는 제1호의 금액에 제2호의 금액을 더한 금액을 급여산정을 위한 기준소득월액으로 한다. 다만, 퇴직수당의 경우에는 제1호의 금액에 제3호의 금액을 더한 금액을 기준소득월액으로 한다.
1. 제1항 또는 제2항에 따라 산정한 급여의 사유가 발생한 날이 속하는 달의 기준소득월액
2. 〔승진, 전직, 보직변경 등으로 인한 봉급월액 증가분(연봉을 받는 공무원은 대통령령 제20537호 공무원보수규정 일부개정령 부칙 제2조제1항에 따른 월봉급액에 해당하는 금액의 증가분을 말한다)〕 × 〔(봉급월액이 증가한 월수) ÷ 12〕
3. 승진, 전직, 보직변경 등으로 인한 봉급월액 증가분(연봉을 받는 공무원은 대통령령 제20537호 공무원보수규정 일부개정령 부칙 제2조제1항에 따른 월봉급액에 해당하는 금액의 증가분을 말한다)
④ 인사혁신처장은 공무원보수인상률을 매년 1월 25일까지 관보에 고시하여야 한다.

제6조【신규채용자의 기준소득월액】 신규채용자의 기준소득월액은 다음 각 호에 따른 금액에 매년 5월 1일 제5조제4항에 따른 공무원보수인상률(이하 "공무원보수인상률"이라 한다)에 1을 더한 숫자를 곱하여 산정한다.
1. 임용 당시 공무원의 종류 및 직급·계급이 같거나 유사한 공무원의 기준소득월액 평균액에 해당하는 금액
2. 제1호에 따라 기준소득월액을 산정할 수 없는 경우에는 해당 연도 1월 1일부터 12월 31일까지 계속 근무하였을 때 연간 받을 수 있는 금액을 12개월로 나누어 산정한 금액

제7조【휴직기간 등의 기준소득월액】 휴직기간 또는 시간제근무기간 중의 기준소득월액은 휴직일 전날 또는 시간제근무기간이 시작되기 전날의 기준소득월액에 매년 5월 1일 공무원보수인상률에 1을 더한 숫자를 곱하여 산정한다.

제8조【기준소득월액 등의 적용기간】 ① 제5조제1항에 따른 기준소득월액 및 제26조제2항에 따른 공무원 전체의 기준소득월액 평균액의 적용기간은 해당 연도 5월부터 다음 해 4월까지로 한다. 다만, 제5조제1항제2호에 따른 기준소득월액은 제6조 및 제7조에 따라 기준소득월액을 결정하여 적용한 때부터 제5조제1항제1호에 따라 기준소득월액을 결정하여 적용하기 전까지 적용한다.
② 제1항에도 불구하고 급여의 사유가 발생한 해의 제5조제1항 및 제2항에 따른 기준소득월액은 해당 연도 1월부터 급여의 사유가 발생한 날이 속하는 달까지 적용한다.

제9조【소득자료의 제출 및 기준소득월액의 통보】 ① 제11조에 따른 연금취급기관장은 소속 공무원의 기준소득월액을 결정하기 위하여 다음 각 호의 자료를 해당 각 호에 따른 기간까지 각각 법 제4조에 따른 공무원연금공단에 제출하여야 한다.
1. 제4조제1항에 따른 소득, 같은 조 제2항 각 호의 금액, 같은 조 제3항에 따른 비과세소득을 입증할 수 있는 자료 : 매년 1월 31일

2. 제5조제2항에 따른 기준소득월액의 결정에 필요한 소득자료 : 급여사유 발생 즉시
3. 제5조제3항에 따른 봉급월액의 증가분과 제6조에 따른 기준소득월액의 결정에 필요한 소득자료 : 매월 말일
② 법 제4조에 따른 공무원연금공단은 공무원의 개인별 기준소득월액과 기여금을 매년 5월의 보수지급일 10일 전까지 제11조에 따른 연금취급기관장에게 통보하여야 한다.
③ 제11조에 따른 연금취급기관장은 필요하다고 인정하는 경우 제1항에 따른 자료를 제출할 때 다른 연금취급기관장으로 하여금 자료를 취합하여 제출하게 할 수 있다.

제10조【기준소득월액 등의 현재가치 환산】 ① 법 제3조제1항제5호 본문에 따른 기준소득월액을 현재 가치로 환산하는 방법은 기준소득월액에 적용기간별로 공무원보수인상률(법 제25조제2항에 따라 재직기간 또는 복무기간의 합산을 인정받은 경우 종전에 퇴직한 날이 속하는 달부터 공무원으로 다시 임용된 날이 속하는 달까지의 기간에 대해서는 「통계법」 제3조에 따라 통계청장이 매년 고시하는 전전년도와 대비한 전년도 전국소비자물가변동률로 한다)에 1을 더한 숫자를 차례대로 곱하여 급여의 사유가 발생한 시점의 현재가치로 환산하는 방법으로 한다.(2021.3.16 본항개정)
② 법 제3조제1항제5호 단서에 따른 평균기준소득월액을 현재가치로 환산하는 방법은 평균기준소득월액에 연도별로 공무원보수인상률에 1을 더한 숫자를 차례대로 곱하여 연금의 지급이 시작되는 시점의 현재가치로 환산하는 방법으로 한다.

제11조【연금취급기관장 및 기여금징수의무자】 ① 법 제3조제1항제6호에서 "대통령령으로 정하는 사람"이란 별표2에 따른 사람(이하 "연금취급기관장"이라 한다)을 말한다. 다만, 법 제4조에 따른 공무원연금공단은 연금업무를 능률적으로 처리하기 위하여 필요하다고 인정하는 경우에는 해당 기관의 위치·인원과 그 밖의 사정을 고려하여 별표2에 따른 연금취급기관장 외의 기관의 장을 따로 연금취급기관장으로 지정할 수 있다.
② 법 제3조제1항제7호에서 "대통령령으로 정하는 사람"이란 연금취급기관장 소속 직원으로서 「소득세법」에 따른 원천징수 업무를 수행하는 사람을 말한다.

제2장 공무원연금공단

제12조【설립등기】 법 제4조에 따른 공무원연금공단(이하 "공단"이라 한다)의 설립등기 사항은 다음 각 호와 같다.
1. 목적
2. 명칭
3. 주된 사무소 및 지부의 소재지
4. 설립인가의 연월일
5. 임원의 성명과 주소
6. 임원의 대표권을 제한하는 경우에는 그 제한 내용
7. 공고의 방법

제13조【이사회의 의결사항】 다음 각 호의 사항은 이사회의 의결을 거쳐야 한다.
1. 예산 및 결산
2. 사업계획·자금계획 및 기금운용계획 등 공단운영의 기본방침
3. 정관변경
4. 규정의 제정·개정 및 폐지
5. 중요재산의 취득·관리 및 처분

제14조【사업운영계획 및 예산】 ① 공단은 법 제19조제1항에 따라 사업운영계획과 예산에 관하여 인사혁신처장의 승인을 받으려는 경우에는 해당 사업의 회계연도가 시작되기 2개월 전까지 승인신청서에 다음 각 호의 서류를 첨부하여 인사혁신처장에게 제출해야 한다.(2021.1.5 본문개정)
1. 사업운영계획서
2. 예산안(예산총칙·추정재무상태표·추정손익계산서 및 그 부속명세서를 포함한다)(2021.1.5 본호개정)
② 공단은 제1항에 따라 승인을 받은 사업운영계획과 예산을 변경하려는 경우에는 변경사유와 변경내용을 적은 서류를 인사혁신처장에게 제출하여야 한다.

제15조【회계규정】 법 제20조제2항에 따른 공단의 회계규정에는 다음 각 호의 사항이 포함되어야 한다.
1. 법 제21조에 따른 공무원연금기금으로부터의 전입금 및 법 제80조에 따른 공무원연금기금으로부터의 차입 및 이입충당(移入充當)
2. 공무원연금기금의 수입·지출
3. 「공무원 재해보상법」 제49조제3항에 따른 공무원연금기금으로부터의 차입금
4. 그 밖에 공무원연금기금의 회계처리

제16조【업무위탁의 범위】 법 제23조에 따라 공단이 체신관서, 지방자치단체, 금융기관, 「공공기관의 운영에 관한 법률」에 따른 공공기관 또는 그 밖의 자에게 위탁할 수 있는 업무의 범위는 다음 각 호와 같다.
1. 기여금·부담금 및 그 밖의 비용의 수납
2. 급여의 지급
3. 각종 대부금의 지급 및 그 상환금의 수납
4. 유가증권의 매입 및 원리금의 추심(推尋)
5. 재산매각대금의 수납
6. 공무원을 위한 주택의 터 매입, 건설·분양 또는 임대사업 및 이와 관련된 업무
7. 공무원을 위한 후생복지시설의 터 매입, 건설·운영 및 이와 관련된 업무
8. 법 제85조에 따른 퇴직공무원 상조회 또는 퇴직공무원이 위탁한 현금자산의 관리·운용

제17조【규정의 제정·개정】 공단은 그 내부 조직, 직원의 인사, 임직원의 보수 및 감사에 관한 규정을 제정하거나 개정할 때에는 인사혁신처장의 승인을 받아야 한다.

제3장 재직기간

제18조【재직기간으로 인정되는 복무기간】 법 제25조제3항제1호에서 "대통령령으로 정하는 복무기간"이란 다음 각 호의 기간을 말한다.
1. 방위소집 또는 상근예비역소집에 의하여 실역(實役)에 복무한 기간
2. 보충역소집에 의하여 사회복무요원 또는 국제협력봉사요원으로 근무한 기간(「병역법 시행령」 제151조에 따라 산정된 기간으로 한정한다)
3. 대체역 소집에 의하여 대체복무요원으로 복무한 기간(「병역법 시행령」 제151조에 따라 산정된 기간으로 한정한다)(2020.6.30 본호개정)

제19조【재직기간 감축사유의 통보】 법 제25조제5항에 따른 재직기간 감축사유에 해당하는 휴직·직위해제·정직 또는 강등의 처분을 한 기관의 장과 연금취급기관장이 서로 다른 경우에는 그 처분을 한 기관의 장은 지체 없이 그 사실을 연금취급기관장에게 통보하여야 한다.

제20조【재직기간의 합산절차】 ① 법 제26조제1항에 따른 재직기간 합산신청서는 임용 후 퇴직일 전날까지 제출해야 한다.(2021.3.16 본항신설)
② 공단은 제1항에 따른 재직기간 합산신청서를 받은 경우 재직기간 또는 복무기간 합산 여부와 그 밖에 필요한 사항을 신청인 및 해당 연금취급기관장에게 통보해야 한다.(2021.3.16 본조개정)

제21조【반납금의 납부방법】 ① 법 제26조제2항에 따라 재직기간의 합산을 인정받은 사람은 반납하여야 할 퇴직급여액과 이자(이하 "반납금"이라 한다)를 다음 각 호의 구분에 따라 납부하여야 한다.
1. 일시반납의 경우 : 합산을 승인한 날이 속하는 달의 다음 달 말일까지 제63조에 따른 수납기관에 납부
2. 분할반납의 경우 : 합산을 승인한 날이 속하는 달의 다음 달부터 기여금징수의무자가 매월 보수에서 징수하여 공단에 납부하거나 합산을 인정받은 사람이 매월 말일까지 제63조에 따른 수납기관에 납부
② 반납금의 분할납부는 월별로 하되, 분할납부 횟수는 60회 이내에서 합산을 인정받은 사람이 원하는 바에 따른다.
③ 재직기간을 합산받은 사람이 퇴직하거나 사망한 경우에 납부하지 아니한 반납금이 있을 때에는 공단은 그 반납금을 공제하고 급여를 지급할 수 있다.

제22조【반납금의 산정】 ① 반납금을 산정할 때 반납하여야 할 급여액에 가산하여 징수할 이자의 계산기간은 그 급여를 지급한 달의 다음 달부터 재직기간 합산신청서가 공단에 접수된 날이 속하는 달까지의 개월 수로 하되, 연 단위로 그 이자를 그 급여액에 산입(算入)하여 그 후의 이자액을 계산한다. 다만, 법 제26조제3항에 따라 분할납부하는 경우에 다시 가산할 이자의 계산기간은 재직기간합산을 인정한 달의 다음 달부터 분할납부가 끝나는 달까지로 하며, 회당 분할납부 금액은 분할납부의 횟수에 따라 원리금을 똑같이 나눈 금액으로 한다.
② 법 제26조제3항 본문에서 "대통령령으로 정하는 이자"란 이자의 계산기간 동안 해당 연도마다 「은행법」에 따라 설립된 은행 중 전국을 영업구역으로 하는 은행(이하 "전국은행"이라 한다)이 적용하는 1월 1일 현재 정기예금금리 중 가장 높은 금리를 적용하여 산정한 이자를 말한다.
③ 법 제26조제3항 후단에서 "대통령령으로 정하는 이자"란 재직기간 합산을 승인한 연도의 1월 1일 현재 전국은행이 적용하는 정기예금금리 중 가장 높은 금리를 적용하되, 분할납부 중의 이자율과 재직기간 합산을 승인한 때의 이자율 차이가 2퍼센트포인트 이상이 되는 경우에는 그 증가하거나 감소한 이자율을 적용하여 산정한 이자를 말한다. 분할납부 중 그 변동된 이자율과 비교하여 다시 2퍼센트포인트 이상 증감이 있는 경우에도 또한 같다.
④ 제21조제1항의 납부 기한까지 반납금을 내지 아니한 경우의 연체이자 계산기간은 체납기간(일단위로 계산한다)으로 하되, 그 이자율은 연체이자의 계산기간 동안 해당 연도마다 1월 1일 현재 전국은행이 적용하는 1년 만기 정기예금금리 중 가장 높은 금리의 2배로 한다.

제23조【임용 전 복무기간의 산입절차】 ① 법 제27조에 따른 복무기간 산입신청서는 임용 후 퇴직일 전날까지 제출해야 한다.(2021.3.16 본항신설)
② 공단은 제1항에 따른 복무기간 산입신청서를 받은 경우 복무기간 산입 여부를 결정하고 그 결과를 신청인과 해당 연금취급기관장에게 통보해야 한다.
(2021.3.16 본조개정)

제4장 급 여

제1절 통 칙

제24조【급여사유의 확인 및 급여 등의 심의】 법 제29조제1항 단서에서 "제59조에 따른 장해연금 또는 장해일시금, 제63조제3항 및 제4항에 따른 급여제한사유 해당 여부 등 대통령령으로 정하는 사항"이란 다음 각 호의 사항을 말한다.(2021.6.22 본문개정)
1. 법 제42조제1항 단서에 따른 제3자에 대한 손해배상청구권의 전부 또는 일부 행사 여부
2. 법 제63조제3항 및 제4항에 따른 급여제한사유 해당 여부(2021.6.22 본호개정)
3. 제40조에 따른 장해 상태 해당 여부(2021.6.22 본호개정)
4. 제54조 및 제56조에 따른 장해등급의 결정 및 개정(改定)
5. 그 밖에 급여의 결정 또는 지급과 관련하여 인사혁신처장이 정하는 사항

제25조【급여결정권한의 위탁】 인사혁신처장은 법 제29조제2항에 따라 같은 조 제1항에 따른 급여의 결정에 관한 권한을 공단에 위탁한다.

제26조【공무원 전체의 기준소득월액 평균액】 ① 법 제30조제2항제1호 각 목에 따라 산정한 금액을 합산하여 3으로 나눈 금액을 연금 지급이 시작되는 시점의 현재가치로 환산하는 방법에 관하여는 제10조를 준용한다.
② 법 제30조제3항에 따른 공무원 전체의 기준소득월액 평균액은 공무원(전년도 1월 1일부터 12월 31일까지 계속하여 근무한 사람만 포함한다. 이하 이 조에서 같다) 전체의 기준소득월액을 합산한 총액을 전체 공무원 수로 나누어 산정하되, 1만원 미만의 금액은 1만원으로 한다.
(2021.3.16 본항개정)
③ 제2항에 따른 공무원 전체의 기준소득월액 평균액 산정을 위한 공무원 개인의 기준소득월액 산정 시 다음 계산식에 따른 금액이 전년도 공무원 전체 기준소득월액 평균액의 160퍼센트에 해당하는 금액을 초과하는 경우에는 그 초과 금액을 제외한 금액으로 산정한다.

제4조제1항 및 제2항에 따른 소득에서 같은 조 제3항에 따른 비과세소득을 제외한 금액 ÷ 12

(2021.3.16 본항신설)
④ 인사혁신처장은 공무원 전체의 기준소득월액 평균액을 매년 4월 30일까지 관보에 고시하여야 한다.

제27조【유족의 대표자에 대한 급여 지급 방법】 ① 공단은 유족 중 퇴직유족급여를 받을 같은 순위자가 2명 이상이고 그 같은 순위자 또는 그의 법정대리인 중에서 대표자를 선정하여 모든 사람의 급여 수령을 위임한 경우 법 제32조에 따라 똑같이 나누어 지급하는 것을 갈음하여 그 대표자에게 전액을 지급할 수 있다.
② 제1항에 따른 위임은 위임하는 사람이 자필 서명한 대표자 선정서에 다음 각 호의 구분에 따른 서류를 첨부하여 공단에 제출하는 방법으로 한다.
1. 위임자가 성년인 경우 : 위임자 본인의 주민등록증 등 공공기관이 발행한 본인 확인이 가능한 신분증 사본
2. 위임자가 미성년인 경우 : 법정대리인의 주민등록증 등 공공기관이 발행한 법정대리인 본인 확인이 가능한 신분증 사본

제28조【유족이 없는 경우의 급여 지급의 특례】 ① 법 제33조제1항에서 "대통령령으로 정하는 한도의 금액"이란 다음 각 호의 구분에 따른 금액을 말한다.
1. 연금인 급여 : 사망 당시 원연금액(공무원 또는 공무원이었던 사람이 법 제43조제1항제1호부터 제4호까지의 퇴직연금 지급연령이 되기 전에 사망한 경우에는 사망 당시의 조기퇴직연금 상당액을 말하고, 법 제43조제2항에 따른 미달연수 5년을 초과하여 사망한 경우에는 미달연수 4년 초과 5년 이내에 사망한 것으로 보아 산정한 조기퇴직연금 상당액을 말한다)의 3년분에 다음 계산식에 따른 비율을 곱한 금액

[36 - (법 제34조제1항에 따라 사망 시까지 연금을 받을 수 있는 개월 수)] ÷ 36

2. 그 밖의 급여 : 원급여액 전액. 다만, 퇴직유족연금일시금·퇴직유족일시금의 경우에는 원급여액의 2분의 1로 한다.
② 공단은 유족이 아닌 직계존비속도 없는 경우에 사망한 공무원 또는 공무원이었던 사람의 연금취급기관장에게 제1항에 따른 급여를 지급하여 그 사망한 공무원 또는 공무원이었던 사람의 분묘·제기(祭器)·기념비 등을 마련하는 데 사용하거나, 기념사업 등의 비용 또는 사망 전의 요양비에 충당하게 할 수 있다.

제29조【급여의 지급 및 수령】 ① 공단은 법 제23조와 이 영 제16조에 따라 공단으로부터 급여의 지급업무를 위탁받은 체신관서나 금융기관에 개설된 급여수급권자의 예금계좌를 이용하여 급여를 지급한다. 다만, 공단은 법 제39조에 따른 급여를 받을 권리의 보호를 위하여 필요하다고 인정되는 경우에는 지급 방법을 달리 정할 수 있다.
② 제1항에 따라 급여수급권자의 예금계좌에 입금된 급여는 본인이 받은 것으로 본다.

제30조【연금증서의 발급】 공단은 연금인 급여를 받는 사람(이하 "연금수급자"라 한다)에게 연금증서를 발급하여야 한다.

제31조【연금지급일】 법 제34조제3항에 따른 연금인 급여의 지급일은 매월 25일로 한다. 다만, 지급일이 토요일이거나 공휴일인 경우에는 그 전날에 지급하며, 연금수급권이 소멸되는 경우에는 그 지급일 전에 지급할 수 있다.

제32조【이민 및 국적 상실에 따른 연금청산 청구】 ① 외국으로 이민을 가는 사람으로서 연금인 급여를 받을 권리가 있는 사람(이하 "연금수급권자"라 한다)이 법 제36조제1항에 따라 연금인 급여 대신 일시금을 받으려는 경우에는 연금청산 청구서에 「해외이주법 시행령」 제5조제2항에 따른 해외이주신고 확인서 등 이민을 증명하는 서류를 첨부하여 공단에 제출해야 한다.(2021.3.16 본항개정)

② 국적을 상실한 연금수급권자가 법 제36조제2항에 따라 연금인 급여를 일시에 청산하여 받으려는 경우에는 연금청산 청구서에 제적등본이나 가족관계기록사항에 관한 증명서 중 기본증명서 등 국적 상실을 증명하는 서류를 첨부하여 공단에 제출하여야 한다.

제33조【연금수급자의 신상 조사 등】 ① 공단은 법 제93조에 따라 연금인 급여에 영향을 미치는 신분상의 변동사항을 파악하기 위하여 연금수급자의 거주지 또는 등록기준지의 특별자치시장, 특별자치도지사, 시장, 군수 또는 구청장(자치구의 구청장을 말한다. 이하 같다)에게 신상 조사를 의뢰할 수 있다.

② 제1항의 조사 의뢰를 받은 특별자치시장, 특별자치도지사, 시장, 군수 또는 구청장은 지체 없이 이를 조사하여 공단에 통보하여야 한다.

③ 공단은 법 제93조제1항 및 제2항에 따라 수급권의 변경 또는 소멸 등을 확인하기 위하여 수급자 또는 그 가족 등을 대상으로 수급자의 사망·이혼·생계유지 또는 양육책임 이행 여부 등에 관한 조사를 하거나 이와 관련된 자료의 제출을 요구할 수 있다.(2021.6.22 본항개정)

④ 외국에 거주하고 있는 수급자는 매년 5월 31일을 기준으로 신분변동 사항을 기재한 서류를 재외공관의 장(재외공관이 설치되지 아니한 국가의 경우에는 그 인접국에 있는 재외공관의 장을 말한다)의 확인을 받아 매년 6월 30일까지 공단에 제출하여야 한다.

⑤ 공단은 수급자가 정당한 사유 없이 제3항 또는 제4항에 따른 자료를 제출하지 아니하는 경우에는 법 제93조제5항에 따라 급여 지급을 중지할 수 있다. 이 경우 제3항 또는 제4항에 따른 자료를 제출하지 아니하면 급여의 지급이 중지될 수 있다는 사실을 급여 지급을 중지하기 전에 미리 수급자 또는 그 가족 등에게 알려야 한다.

⑥ 공단은 제5항에 따른 급여의 지급 중지 사유가 해소되면 즉시 지급을 재개하여야 한다.

제34조【급여의 환수】 ① 법 제37조제1항 각 호 외의 부분 후단에 따라 급여액에 가산하여 징수하여야 할 이자 및 환수비용은 다음 각 호와 같다. 이 경우 급여액에 가산할 이자의 계산기간은 급여를 받은 날의 다음 날부터 환수할 급여액과 이자(이하 "환수금"이라 한다)를 결정하여 고지하는 날까지로 하되, 연 단위로 그 이자를 그 급여액에 산입하여 그 이후의 이자액을 계산한다.

1. 이자 : 해당 연도마다 1월 1일 현재 전국은행이 적용하는 정기예금금리 중 가장 높은 금리를 적용하여 산정한 금액
2. 환수비용 : 급여 환수에 관한 조사를 위하여 필요한 여비와 그 밖에 환수에 드는 비용으로서 공단이 산정하는 금액

② 법 제37조제1항 각 호 외의 부분 후단에 따라 환수금을 내야 할 사람이 기한까지 내지 아니하는 경우의 연체이자는 연체이자의 계산기간 동안 해당 연도마다 1월 1일 현재 전국은행이 적용하는 정기예금금리 중 가장 높은 금리의 2배에 해당하는 금리를 적용하여 산정한 금액으로 한다. 이 경우 기한까지 환수금을 내지 아니한 경우의 연체이자 계산기간은 기한의 다음 날부터 그 환수금을 낸 날까지로 한다.

③ 급여를 받았던 사람이나 연금취급기관장은 법 제37조제1항 각 호의 어느 하나에 해당하는 사실을 발견하였을 때에는 지체 없이 공단에 신고하거나 통보하여야 한다.

④ 공단은 제3항에 따른 신고 또는 통보나 그 밖의 방법으로 급여의 환수사유를 발견하였을 때에는 지체 없이 이를 조사하여 급여를 받았던 사람에게는 환수금 반납고지서를 보내고, 연금취급기관장에게는 그 사실을 통보하여야 한다.

⑤ 제4항에 따른 반납고지서를 받은 사람은 반납고지서를 받은 날부터 30일 이내에 환수금을 내야 한다. 다만, 법 제37조제1항제2호 및 제3호의 경우에는 환수금 분할납부신청서를 공단에 제출하여 승인을 받아 승인한 날이 속하는 달의 다음 달부터 다음 각 호의 구분에 따른 범위에서 매월 분할납부할 수 있다.

1. 반납하여야 할 금액이 1천만원 미만인 경우 : 20회
2. 반납하여야 할 금액이 1천만원 이상 2천만원 미만인 경우 : 40회
3. 반납하여야 할 금액이 2천만원 이상인 경우 : 60회

⑥ 제5항 각 호 외의 부분 단서에 따라 분할납부하는 경우에 가산하는 이자(법 제37조제1항제3호에 해당하는 경우로서 연금취급기관장 또는 공단의 착오나 누락으로 처음부터 급여가 잘못 지급된 경우는 제외한다)는 분할납부기간 동안 내야 할 환수금에 제1항제1호에 따른 금리를 적용하여 산정한다. 이 경우 회당 분할납부 금액은 분할납부 횟수에 따라 원리금을 똑같이 나눈 금액으로 한다.

⑦ 공단은 제5항 각 호 외의 부분 단서에 따라 환수금의 분할납부를 승인받은 사람이 분할납부금을 3개월 이상 체납한 경우에는 분할납부 승인을 취소하고 환수금과 연체이자를 한꺼번에 환수할 수 있다.

⑧ 공단은 제5항 각 호 외의 부분 본문에 따른 납부 기한(같은 항 각 호 외의 부분 단서에 따른 분할납부의 경우에는 분할납부 마지막 회의 납부 기한을 말한다)까지 반납하여야 할 금액 전액을 내지 아니한 경우와 제7항에 따라 환수금과 연체이자를 한꺼번에 환수할 경우에는 법 제37조제2항에 따른 국세 체납처분의 예에 따라 징수하여야 한다.

제35조【결손처분】 ① 공단은 다음 각 호의 어느 하나에 해당하는 경우에 법 제37조제3항제3호에 따라 결손처분할 수 있다.

1. 체납자의 행방을 장기간 알 수 없거나 체납자에게 재산이 없는 것이 판명된 경우
2. 그 밖에 불가피한 사유로 환수가 불가능하다고 인정되는 경우

② 공단은 제1항제2호에 따라 결손처분을 하는 경우에는 인사혁신처장의 승인을 받아야 한다.

제36조【국가 등이 부담하는 다른 급여와의 조정】 ① 법 제41조제1항에 따라 급여액에서 공제할 금액은 다음 각 호와 같다.

1. 법 제28조에 따른 급여의 산정기초가 되는 재직기간과 다른 법령에 따라 국가 등이 부담하는 퇴직금의 산정기초가 되는 재직기간이 중복될 때에는 1960년 1월 1일 이후 중복되는 재직기간의 급여액에 상당하는 금액 중에서 부담금에 상당하는 금액. 이 경우 부담금에 상당하는 금액은 중복되는 재직기간이 종료되는 달의 수급자의 기여금액에 중복되는 재직 개월 수를 곱한 금액으로 한다.
2. 법 제28조에 따른 급여 중 같은 조 제3호가목에 따른 비공무상 장해연금 또는 같은 호 나목에 따른 비공무상 장해일시금의 지급사유와 동일한 사유로 「국가배상법」, 「국가유공자 등 예우 및 지원에 관한 법률」 또는 그 밖의 법령에 따라 국가 또는 지방자치단체가 부담하는 금액

② 연금취급기관장은 급여청구가 있을 때에는 제1항 각 호의 공제사유가 있는지를 조사·확인하여 공제사유가 있는 경우에는 급여청구서에 적어 공단에 이송하여야 한다.

제37조【제3자의 손해배상과의 조정】 ① 공무원이 제3자의 가해행위로 인하여 장해 상태가 된 경우에 법 제28조제3호가목에 따른 비공무상 장해연금 또는 같은 호 나목에 따른 비공무상 장해일시금을 받을 수 있는 사람과 그 요양을 담당한 요양기관은 지체 없이 연금취급기관장에게 제3자의 가해행위로 인하여 장해 상태가 된 사실을 신고하여야 한다.

② 제1항에 따른 신고를 받은 연금취급기관장은 지체 없이 그 가해경위와 「자동차손해배상 보장법」 또는 그 밖의 법령에 따른 손해배상에 관한 사항을 조사하여 조사서를 공단에 이송하여야 한다.

제2절 퇴직급여

제38조【근무상한연령의 적용】 법 제43조제1항제2호에 따라 법률 또는 국회규칙, 대법원규칙, 헌법재판소규칙, 중앙선거관리위원회규칙 및 대통령령(이하 "공무원임용관계법령등"이라 한다)에서 근무상한연령을 정하지 아니한 공무원의 근무상한연령은 다음 각 호에 해당하는 연령으로 한다.

1. 조례로 근무상한연령을 정한 경우 : 그 근무상한연령
2. 공무원임용관계법령등과 조례로 근무상한연령을 정하지 아니한 경우 : 「국가공무원법」 및 「지방공무원법」에서 정한 공무원의 정년을 고려하여 인사혁신처장이 정하는 연령

제39조【직제와 정원의 개정·폐지 등으로 인한 퇴직의 확인】 ① 연금취급기관장은 법 제43조제1항제4호에 따라 소속 공무원이 직제와 정원의 개정·폐지 또는 예산의 감소 등으로 인하여 직위가 없어지거나 정원을 초과하는 인원이 생겨 퇴직한 경우에는 그 사유와 정원 및 현원(現員) 등을 확인할 수 있는 자료를 인사혁신처장에게 제출하여야 한다.

② 인사혁신처장은 제1항에 따라 제출된 자료를 통하여 해당 공무원의 퇴직이 법 제43조제1항제4호에 따른 퇴직에 해당하는지를 확인하고 확인서를 연금취급기관장에게 보내야 한다.

제40조【퇴직연금 수급을 위한 장해 상태】 법 제43조제1항제5호 및 제44조에서 "대통령령으로 정하는 장해 상태"란 각각 「공무원 재해보상법 시행령」 제40조 및 별표3과 별표4에 따른 장해등급 제1급부터 제7급까지에 해당하는 장해 상태를 말한다.(2022.3.8 본조개정)

제41조【퇴직급여청구】 ① 법 제43조 또는 제51조에 따라 퇴직연금·조기퇴직연금·퇴직연금일시금·퇴직연금공제일시금 또는 퇴직일시금을 받으려는 사람은 퇴직급여청구서를 공단에 제출하여야 한다.

② 제1항에도 불구하고 재직기간이 짧거나 금액이 적은 경우로서 공단이 정한 기준에 해당하는 사람이 퇴직일시금을 청구하려는 경우에는 퇴직급여청구서 제출을 하지 아니하고 전화로 퇴직일시금을 청구할 수 있다. 이 경우 공단은 본인 확인과 청구사실 확인 등을 위하여 녹취 등의 확인절차를 거쳐야 한다.

③ 법 제43조제1항제5호 및 이 영 제40조에 따른 장해 상태에 해당하여 퇴직연금을 청구하는 경우에는 제1항에 따른 퇴직급여청구서에 요양기관에서 발행한 공무원연금 장해진단서를 첨부하여야 한다.

제42조【퇴직급여 산정의 특례】 ① 퇴직한 공무원·군인 또는 사립학교교직원이 공무원으로 임용되어 법 제25조제2항에 따라 재직기간을 합산받은 후 공무원에서 퇴직하여 퇴직연금일시금 또는 퇴직일시금을 받으려는 경우에 그 급여액이 반납금 및 그에 대한 이자(반납금을 낸 후 해당 연도마다 1월 1일 현재 전국은행이 적용하는 정기예금금리 중 가장 높은 금리를 적용하되, 연 단위 복리로 계산한 이자를 말한다)와 재임용 후 공무원으로 재직한 기간에 해당하는 퇴직연금일시금 또는 퇴직일시금을 합한 금액보다 적은 경우에는 그 합한 금액을 지급한다.

② 공무원으로 임용되어 법 제25조제3항에 따라 복무기간을 재직기간에 산입한 후 공무원에서 퇴직하여 퇴직연금일시금 또는 퇴직일시금을 받으려는 경우에 그 급여액이 법 제67조제3항에 따른 소급기여금 및 그에 대한 「민법」 제379조에 따른 이자와 임용 후 공무원으로 재직한 기간에 해당하는 퇴직연금일시금 또는 퇴직일시금을 합한 금액보다 적은 경우에는 그 합한 금액을 지급한다.

제43조【퇴직연금·조기퇴직연금 및 비공무상 장해연금의 수급권 상실신고】 법 제43조제1항에 따른 퇴직연금의 수급자, 법 제43조제2항에 따른 조기퇴직연금의 수급자 및 법 제59조에 따른 비공무상 장해연금의 수급자가 사망하였을 때에는 「가족관계의 등록 등에 관한 법률」 제85조에 따른 사망신고의무자는 사망일부터 30일 이내에 그 사실을 공단에 신고하여야 한다.

제44조【분할연금 산정에서 제외되는 혼인기간】 ① 법 제45조제1항에 따른 혼인기간을 산정할 때 다음 각 호의 어느 하나에 해당하는 기간은 혼인기간에서 제외한다.

1. 「민법」 제27조제1항에 따른 실종기간
2. 「주민등록법」 제20조제6항에 따라 거주불명으로 등록된 기간

② 제1항에도 불구하고 다음 각 호의 어느 하나에 해당하는 기간이 있는 경우에는 그에 따른다.

1. 이혼 당사자 간에 실질적인 혼인관계가 존재하지 아니하였던 것으로 합의한 기간
2. 법원의 재판 등에 의하여 실질적인 혼인관계가 존재하지 아니하였던 것으로 인정된 기간

③ 법 제28조제1호에 따른 퇴직급여의 수급권자, 법 제45조제1항에 따른 분할연금의 수급권자 또는 법 제49조제1항에 따른 퇴직연금일시금 등의 분할 청구자는 제1항 및 제2항에 따른 기간이 있는 경우 그 내용을 공단에 신고하여야 한다.

④ 제3항에 따른 신고의 절차 및 방법에 관한 세부사항은 총리령으로 정한다.

제45조【분할연금의 청구 절차 등】 ① 법 제45조제3항에 따라 분할연금을 청구(법 제49조에 따라 퇴직연금일시금 등의 분할을 청구하는 경우를 포함한다)하거나 법 제48조제1항에 따라 분할연금을 미리 청구하려는 사람은 분할연금 등 청구서와 함께 다음 각 호의 서류를 갖추어 공단에 제출하여야 한다. 다만, 사실상 혼인관계에 있던 사람의 경우에는 그 사실을 증명할 수 있는 서류를 분할연금 등 청구서와 함께 공단에 제출하여야 한다.

1. 가족관계증명서 1부
2. 혼인관계증명서 1부
3. 주민등록표 등본·초본 각 1부

② 법 제45조제1항에 따른 분할연금은 그 지급사유가 발생한 날이 속하는 달의 다음 달부터 지급사유가 소멸한 날이 속하는 달까지 지급한다.

③ 법 제48조제3항에 따라 분할연금 선청구를 취소하려는 사람은 분할연금 선청구 취소신청서에 주민등록증 등 신분증 사본을 첨부하여 공단에 제출하여야 한다.

제46조【연금액 전액 지급정지대상 출자·출연 기관의 지정 및 고시 등】 ① 법 제50조제1항제3호부터 제5호까지의 규정에 따른 국가 또는 지방자치단체가 전액 출자·출연한 기관인지에 대한 판단은 결산기준 재무제표에 따른 최근 3년간 평균으로 산정한 국가 또는 지방자치단체의 출자·출연 비율을 기준으로 한다.

② 법 제50조제1항제3호부터 제5호까지의 규정에 따른 국가 또는 지방자치단체가 전액 출자·출연한 기관인지를 판단할 때 국가 또는 지방자치단체가 전액 출자·출연한 기관이 전액 출자·출연한 것은 국가 또는 지방자치단체가 전액 출자·출연한 것으로 본다.

③ 인사혁신처장은 법 제50조제1항제3호부터 제5호까지의 규정에 해당하는 기관인지를 파악하기 위하여 중앙행정기관의 장, 지방자치단체의 장 및 해당 출자·출연 기관의 장에게 관련 자료의 제출을 요청할 수 있다.

④ 제3항에 따라 자료제출을 요청받은 각 기관 또는 지방자치단체의 장은 특별한 사정이 없으면 요청에 따라야 한다.
⑤ 인사혁신처장은 법 제50조제1항제3호부터 제5호까지의 규정에 해당하는 기관을 지정하여 매년 1월 25일까지 관보에 고시하여야 한다.
제47조【퇴직연금·조기퇴직연금 및 비공무상 장해연금의 지급정지】 ① 퇴직연금·조기퇴직연금 또는 비공무상 장해연금의 수급자(이하 이 조에서 "퇴직연금등수급자"라 한다)는 법, 「군인연금법」 또는 「사립학교교직원 연금법」을 적용받는 공무원·군인 또는 사립학교교직원으로 임용되거나퇴직한 경우에는 10일 이내에 소속 연금취급기관장 또는 소속 기관의 장의 확인을 받아 재임용 신고서 또는 재퇴직 신고서를 공단에 제출하여야 한다.
② 법 제50조제3항 각 호 외의 부분 전단에 따른 소득월액은 1월 1일부터 12월 31일까지의 1년분의 소득금액(1만원 미만은 계산하지 않는다)을 소득이 발생했던 개월 수로 나눈 금액으로 한다.(2021.3.16 본항개정)
③ 법 제50조제3항 각 호 외의 부분 전단에 따라 해당 연도 소득월액이 전년도 평균연금월액을 초과한 경우에는 퇴직연금·조기퇴직연금 또는 비공무상 장해연금(이하 이 조에서 "퇴직연금등"이라 한다)의 지급을 일부 정지하되, 전년도 평균연금월액을 적용하여 우선 정지금액을 산정하고 제5항에 따라 과세표준 확정신고가 있은 후에 정산한다.
④ 공단은 법 제93조제3항에 따라 국가기관 등으로부터 제공받은 자료에 근거하여 해당 연도 퇴직연금등의 지급을 정지한다. 다만, 국가기관 등으로부터 제공받은 자료로 퇴직연금등수급자의 소득금액을 확인할 수 없는 경우에는 전년도 또는 전전년도 소득금액을 기준으로 퇴직연금등의 지급을 정지한다.
⑤ 공단은 법 제50조에 따라 퇴직연금등의 지급정지를 한 경우 「소득세법」 제70조에 따라 과세표준 확정신고가 있은 후에 해당 연도 연금지급정지액을 확정하여 그 정산차액을 다음 달 이후의 퇴직연금등을 지급할 때에 가감한다. 다만, 퇴직연금등수급자가 연금지급정지액 조정신청서에 해당 연도 소득을 증명할 수 있는 객관적인 자료를 첨부하여 연금지급정지액의 조정을 요청한 경우에는 과세표준 확정신고가 있기 전에 연금지급정지액을 조정할 수 있다.(2021.3.16 본문개정)
⑥ 제5항 본문에 따른 정산차액을 퇴직연금등에서 공제하는 달에 퇴직연금등수급자가 퇴직연금등 외의 소득이 없는 것으로 확인되는 경우에는 해당 연금월액의 20퍼센트 범위에서 정산차액을 공제한다.
⑦ 법 제50조제1항 각 호 외의 부분 단서에 따른 전년도 공무원 전체의 기준소득월액 평균액은 전년도 5월에 산정된 금액을 기준으로 해당 연도 1월부터 12월까지 적용한다.
제48조【퇴직급여 등의 종류 및 지급시기의 변경신청】 ① 퇴직급여 또는 퇴직유족급여를 신청한 사람이 급여의 종류를 변경하거나 조기퇴직연금의 지급시기를 변경하려면 급여 지급이 시작되기 전 또는 급여 지급일(연금인 급여의 경우에는 최초 지급일을 말한다)부터 30일 이내에 그 변경신청서를 공단에 제출하여야 한다.
② 제1항의 경우에 이미 받은 급여는 급여를 받은 날의 다음 날부터 반납일까지의 일수에 따른 이자(해당 연도마다 1월 1일 현재 전국은행이 적용하는 정기예금금리 중 가장 높은 금리를 적용한다)를 가산하여 반납하여야 한다.
③ 제1항에 따라 퇴직급여의 종류 및 지급시기를 변경한 경우 법 제45조에 따라 분할연금을 청구한 사람, 법 제48조에 따라 분할연금을 선청구한 사람 또는 법 제49조에 따라 퇴직연금일시금 등을 분할 청구한 사람도 동일하게 퇴직급여의 종류 및 지급시기를 변경 신청한 것으로 본다.
제49조【행방불명된 사람의 퇴직급여 지급】 ① 퇴직급여를 받을 권리가 있는 사람의 상속인(법 제3조에 따른 유족의 범위에 해당하여야 한다. 이하 이 항에서 같다)이 될 사람이 법 제52조제1항에 따라 퇴직급여를 받으려는 경우에는 퇴직급여청구서에 다음 각 호의 서류를 첨부하여 공단에 제출하여야 한다.
1. 상속인이 될 사람임을 증명하는 서류
2. 같은 순위의 상속인이 될 사람 중 대표자가 청구하는 경우에는 상속인이 될 사람의 대표자임을 증명하는 서류
3. 퇴직급여를 받을 권리가 있는 사람이 1년 이상 행방불명인 사실을 증명하는 서류(특별자치시장, 특별자치도지사, 시장, 군수, 구청장 또는 경찰서장과 연금취급기관장이 확인하는 서류를 말한다)
② 법 제52조제3항 단서 및 같은 조 제4항 후단에서 "대통령령으로 정하는 이자"란 각각 해당 연도마다 1월 1일 현재 전국은행이 적용하는 정기예금금리 중 가장 높은 금리를 적용한 이자를 말한다.
③ 법 제52조제4항 후단에 따라 급여액의 차액에 상당하는 금액을 받으려는 사람은 청구서를 공단에 제출하여야 한다.

제50조【공사화 관련 퇴직급여 이체 시의 기준소득월액】 법 제53조제2항에 따른 공사에서 퇴직하거나 사망한 당시의 해당 공무원의 기준소득월액은 공무원으로 퇴직할 당시의 기준소득월액에 공무원보수인상률에 1을 더한 숫자를 차례대로 곱하여 공사에서 퇴직하거나 사망한 해의 현재가치로 환산한 기준소득월액으로 한다.

제3절 퇴직유족급여

제51조【퇴직유족연금·퇴직유족연금부가금·퇴직유족연금특별부가금·퇴직유족연금일시금·퇴직유족일시금의 청구】 법 제54조·제55조 또는 제58조에 따라 퇴직유족연금·퇴직유족연금부가금·퇴직유족연금특별부가금·퇴직유족연금일시금 또는 퇴직유족일시금을 받으려는 사람은 퇴직유족급여 청구서에 다음 각 호의 서류를 첨부하여 공단에 제출하여야 한다.
1. 퇴직연금 또는 조기퇴직연금을 받을 권리가 있는 사람의 사망 사실 및 그 사망자의 유족임을 증명하는 서류
2. 같은 순위의 유족 중 대표자가 청구하는 경우에는 제27조에 따른 유족의 대표자임을 증명하는 서류
제52조【퇴직유족연금 수급권의 이전신청】 퇴직유족연금 수급권자가 1년 이상 행방불명되거나 그 수급권이 상실되어 법 제56조 또는 제57조제2항에 따라 같은 순위 또는 다음 순위의 유족이 퇴직유족연금을 받으려는 경우에는 해당 유족은 퇴직유족연금 수급권 이전신청서에 다음 각 호의 서류를 첨부하여 공단에 제출하여야 한다.
1. 퇴직연금 또는 조기퇴직연금을 받을 권리가 있는 사람의 유족임을 증명하는 서류
2. 같은 순위의 유족 중 대표자가 청구하는 경우에는 제27조에 따른 유족의 대표자임을 증명하는 서류
3. 다음 각 목의 구분에 따른 서류
  가. 퇴직유족연금 수급권자의 1년 이상 행방불명인 사실을 증명하는 서류 : 특별자치시장, 특별자치도지사, 시장, 군수, 구청장 또는 경찰서장이 확인하는 서류
  나. 수급권이 상실된 사실을 증명하는 서류 : 다음의 구분에 따른 서류
    1) 사망, 재혼, 사망한 공무원이었던 사람과의 친족관계 종료 또는 장해 상태에 있지 아니한 자녀 또는 손자녀가 19세가 된 경우 : 가족관계기록사항에 관한 증명서 또는 주민등록표 등본
    2) 장해 상태에 있던 19세 이상의 자녀 또는 손자녀의 장해 상태가 해소된 경우 : 요양기관에서 발행한 진단서
제53조【퇴직유족연금 수급권의 상실 신고】 법 제57조제1항에 따라 퇴직유족연금 수급권자가 그 권리를 상실한 경우에는 다음 각 호의 구분에 따른 사람이 그 사유가 발생한 날부터 30일 이내에 그 사실을 공단에 신고하여야 한다.
1. 퇴직유족연금 수급권자가 사망한 경우 : 「가족관계의 등록 등에 관한 법률」 제85조에 따른 사망신고의무자
2. 재혼하였거나 사망한 공무원이었던 사람과의 친족관계가 종료된 경우 : 본인
3. 자녀 또는 손자녀가 19세가 된 경우 : 본인 또는 법정대리인이었던 사람
4. 장해 상태에 있던 19세 이상의 자녀 또는 손자녀의 장해 상태가 해소된 경우 : 본인 또는 법정대리인이거나 법정대리인이었던 사람

제4절 비공무상 장해급여

제54조【장해등급의 구분 등】 법 제59조에 따른 비공무상 장해급여를 받을 사람의 장해등급의 구분 및 법 제61조제2항에 따른 장해 상태의 정도에 관하여는 각각 「공무원 재해보상법 시행령」 제40조 및 같은 영 별표3과 별표4를 준용한다.
제55조【비공무상 장해급여의 청구】 법 제59조제1항에 따라 비공무상 장해연금 또는 비공무상 장해일시금을 받으려는 사람은 비공무상 장해급여 청구서에 다음 각 호의 서류를 첨부하여 공단에 제출하여야 한다.
1. 요양기관에서 발행한 공무원연금 장해진단서
2. 장해경위서
제56조【장해등급의 개정 등】 ① 비공무상 장해연금 수급자가 장해의 정도가 악화되거나 호전되었을 때에는 법 제60조에 따라 장해등급 개정신청서에 요양기관에서 발행한 공무원연금 장해진단서를 첨부하여 공단에 제출하여야 한다.
② 공단은 법 제44조 및 제60조에 따른 장해 정도가 악화되거나 호전되었는지와 「공무원 재해보상법 시행령」에서 정하는 장해 상태에 해당하는지를 확인하기 위하여 연금수급자에게 공단에서 지정한 요양기관에서 진단을 받게 할 수 있다.(2021.6.22 본항개정)
③ 공단은 제2항에 따라 진단을 받게 하는 경우에는 진단비용을 부담하여야 한다.

제5절 퇴직수당

제57조【퇴직수당의 청구】 ① 법 제62조제1항에 따라 퇴직수당을 받으려는 사람은 퇴직수당청구서를 공단에 제출하여야 한다.
② 제1항에도 불구하고 재직기간이 짧거나 금액이 적은 경우로서 공단이 정한 기준에 해당하는 사람이 퇴직수당을 청구하려는 경우에는 퇴직수당청구서 제출을 하지 아니하고 전화로 퇴직수당을 청구할 수 있다. 이 경우 공단은 본인 확인과 청구사실 확인 등을 위하여 녹취 등의 확인절차를 거쳐야 한다.
제58조【퇴직수당】 ① 법 제62조제2항 계산식에서 "대통령령으로 정하는 비율"이란 다음 각 호의 구분에 따른 비율을 말한다.
1. 재직기간이 1년 이상 5년 미만인 경우 : 6.5퍼센트
2. 재직기간이 5년 이상 10년 미만인 경우 : 22.75퍼센트
3. 재직기간이 10년 이상 15년 미만인 경우 : 29.25퍼센트
4. 재직기간이 15년 이상 20년 미만인 경우 : 32.5퍼센트
5. 재직기간이 20년 이상인 경우 : 39퍼센트
② 법 제62조제2항에 따라 퇴직수당을 계산하는 경우 재직기간은 33년을 초과하지 못한다.

제6절 급여의 제한

제59조【고의·중과실 등에 따른 급여 감액】 공무원 또는 공무원이었던 사람이 법 제63조제3항 각 호의 어느 하나에 해당하는 때에는 비공무상 장해연금 또는 비공무상 장해일시금은 급여액의 2분의 1을 빼고 지급한다. 이 경우 연금인 급여는 그 사유가 발생한 날이 속하는 달의 다음 달부터 적용한다.
제59조의2【양육책임 불이행에 따른 퇴직유족급여의 감액】 ① 법 제63조제4항에 따라 공무원이거나 공무원이었던 사람에 대한 양육책임을 이행하지 않은 사람(이하 이 조에서 "급여제한심의대상자"라 한다)에 대해 퇴직유족급여의 제한을 신청하려는 공무원이거나 공무원이었던 사람의 유족은 급여제한 신청서에 다음 각 호의 서류를 첨부하여 공단에 신청해야 한다.
1. 공무원이거나 공무원이었던 사람의 유족임을 증명하는 서류
2. 같은 순위의 유족 중 대표자가 청구하는 경우에는 유족의 대표자임을 증명하는 서류
3. 급여제한심의대상자의 양육책임 불이행을 증명하는 서류
② 공단은 제1항에 따라 신청을 받으면 급여제한심의대상자에게 그 사실을 알리고, 급여제한심의대상자로부터 양육책임 이행을 증명할 수 있는 서류를 제출받아 사실관계를 확인·조사한 후 그 결과를 제1항에 따른 신청서 및 첨부 서류와 함께 인사혁신처장에게 보내야 한다.
③ 인사혁신처장은 제2항에 따라 신청서 등을 받으면 「공무원 재해보상법」 제6조에 따른 공무원재해보상심의회의 심의를 거쳐 급여제한 여부와 감액비율을 결정한다. 다만, 급여제한심의대상자가 「공무원 재해보상법」 제44조제4항에 따라 재해유족급여의 제한 결정을 받은 경우에는 공무원재해보상심의회의 심의를 거치지 않을 수 있다.
④ 인사혁신처장은 제3항에 따라 급여제한 여부와 감액비율을 결정하면 그 결정서를 신청인, 급여제한심의대상자 및 공단에 보내야 한다.
⑤ 공단은 제4항에 따라 결정서를 받으면 그에 따라 급여제한심의대상자에게 급여를 산정하여 지급한다. 이 경우 급여제한심의대상자에게 제4항에 따라 지급하지 않은 급여액은 다음 각 호의 구분에 따라 지급한다.
1. 급여제한심의대상자와 같은 순위자가 있는 경우 : 같은 순위자가 한 명인 경우에는 그 순위자에게 전액 지급하고, 여러 명인 경우에는 똑같이 나누어 지급
2. 급여제한심의대상자와 같은 순위자가 없는 경우
  가. 급여의 전부를 지급하지 않은 경우 : 다음 순위자가 한 명인 경우에는 그 순위자에게 전액 지급하고, 여러 명인 경우에는 똑같이 나누어 지급
  나. 급여의 일부를 지급하지 않은 경우 : 미지급
⑥ 공무원이거나 공무원이었던 사람에 대한 양육책임 불이행을 판단할 때에는 별표5에서 정한 사항을 고려해야 한다.
(2021.6.22 본조신설)
제60조【진단 불응 시의 급여 감액】 법 제64조에 따라 공무원 또는 공무원이었던 사람이 정당한 사유 없이 공단 또는 연금취급기관장이 급여 지급과 관련하여 요구하는 진단을 진단 기한 내에 받지 아니하였을 때에는 비공무상 장해연금 또는 비공무상 장해일시금은 그 급여액의 2분의 1을 빼고 지급한다. 이 경우 연금인 급여는 그 진단 기한이 속하는 달의 다음 달부터 적용한다.
제61조【형벌 등에 따른 퇴직급여 및 퇴직수당의 감액】 ① 공무원 또는 공무원이었던 사람이 법 제65조제1항 각 호의 어느 하나에 해당하게 되었을 때에는 다음 각 호의 구분에 따라 퇴직급여 및 퇴직수당을 감액한 후 지급한다. 이 경우 퇴직연금 또는 조기퇴직연금은 그 감액사유에 해당하는 날이 속하는 달까지는 감액하지 아니한다.
1. 법 제65조제1항제1호 및 제2호에 해당하는 사람
  가. 재직기간이 5년 미만인 사람의 퇴직급여 : 4분의 1
  나. 재직기간이 5년 이상인 사람의 퇴직급여 : 2분의 1
  다. 퇴직수당 : 2분의 1
2. 법 제65조제1항제3호에 해당하는 사람
  가. 재직기간이 5년 미만인 사람의 퇴직급여 : 8분의 1

나. 재직기간이 5년 이상인 사람의 퇴직급여 : 4분의 1
다. 퇴직수당 : 4분의 1
② 법 제65조제2항에 따라 감액된 금액에 대하여 가산하여 지급할 이자는 해당 연도마다 1월 1일 현재 전국은행이 적용하는 정기예금금리 중 가장 높은 금리를 적용하여 산정하되, 퇴직급여 및 퇴직수당의 일부를 줄여 지급한 날이 속하는 달의 다음 달부터 감액 사유가 소멸된 날이 속하는 달까지의 기간에 대하여 연 단위로 그 이자를 감액된 금액에 산입하여 그 후의 이자액을 계산한다.
③ 법 제65조제2항에 따라 감액된 금액을 받으려는 사람은 감액 퇴직급여 청구서 또는 감액 퇴직수당청구서에 다음 각 호의 구분에 따른 서류를 첨부하여 공단에 제출하여야 한다.
1. 법 제65조제1항제1호에 해당하는 경우 : 확정된 법원의 판결문 사본 또는 형사재판확정 증명서
2. 법 제65조제1항제2호 또는 제3호에 해당하는 경우 : 탄핵 또는 징계에 의한 파면·해임 처분이 법원 등의 판결이나 결정으로 무효·취소 또는 변경이 된 경우의 판결문 사본 또는 의결서 사본
3. 그 밖에 급여의 감액사유가 소급하여 소멸하였음을 증명할 수 있는 자료
④ 법 제65조제3항에 따라 공무원 또는 공무원이었던 사람에 대하여 재직 중의 사유(직무와 관련이 없는 과실로 인한 경우 및 소속 상관의 정당한 직무상 명령의 이행 중에 발생한 과실의 경우는 제외한다)로 금고 이상의 형에 처할 범죄행위로 인하여 수사가 진행 중이거나 형사재판이 계속 중일때에는 재직기간이 5년 미만인 사람의 퇴직일시금은 그 급여액의 4분의 3만을 우선 지급하고, 퇴직수당과 재직기간이 5년 이상인 사람의 퇴직연금일시금, 퇴직연금공제일시금 또는 퇴직일시금은 그 급여액의 2분의 1만을 우선 지급한다.
1.~3. (2020.12.29 삭제)
(2020.12.29 본항개정)
⑤ 제4항에 따라 우선지급되고 남은 금액은 법 제65조제3항에 따라 지급이 정지된 공무원 또는 공무원이었던 사람이 다음 각 호의 어느 하나에 해당하게 되었을 때에 지급한다. 다만, 제1호의 경우 불송치 또는 불기소를 받은 이후 해당 사건에 대하여 다시 수사절차가 진행 중인 경우 또는 해당 사건에 대하여 공소가 제기되어 형사재판이 진행 중인 경우에는 그 남은 금액을 지급하지 않는다.
1. 불송치 또는 불기소를 받았을 때
2. 금고 이상의 형을 선고받지 않았을 때
3. 금고 이상의 형의 선고유예판결을 받고 그 유예기간이 지났을 때
(2020.12.29 본항신설)
⑥ 법 제65조제3항 후단에 따라 남은 금액에 가산할 이자는 해당 연도마다 1월 1일 현재 전국은행이 적용하는 정기예금금리 중 가장 높은 금리를 적용하여 산정하되, 퇴직급여 및 퇴직수당의 일부를 지급한 날이 속하는 달의 다음 달부터 남은 금액 지급사유가 발생한 날이 속하는 달까지의 기간에 대하여 연 단위로 그 이자를 그 남은 금액에 산입하여 그 후의 이자액을 계산한다.
⑦ 제5항 본문에 따라 그 남은 금액을 받으려는 사람은 남은 퇴직급여 청구서 또는 남은 퇴직수당 청구서에 다음 각 호의 구분에 따른 서류를 첨부하여 공단에 제출해야 한다.
1. 제5항제1호에 해당하는 경우 : 관할 경찰관서의 장이 발행한 불송치 결정서나 고위공직자범죄수사처장 또는 관할 검찰청의 장이 발행한 불기소 결정서
2. 제5항제2호 또는 제3호에 해당하는 경우 : 고위공직자범죄수사처장 또는 관할 검찰청의 장이 발행한 형사재판확정 증명서
(2020.12.29 본항개정)
⑧ 제1항에 따라 퇴직급여를 감액받은 사람이 법 제25조제2항에 따라 종전의 재직기간을 재임용 후의 재직기간에 합산하더라도 종전의 재직기간에 대한 퇴직급여는 합산 전과 동일하게 감액하여 지급한다.(2021.3.16 본항신설)
⑨ 연금취급기관장은 소속 공무원 또는 공무원이었던 사람이 법 제65조에 해당하게 된 사실을 알게 된 경우 그 사실을 지체 없이 공단에 통보하여야 한다.

제5장 비용부담

제62조【급여에 드는 비용의 산정기초】 급여에 드는 비용은 공무원의 퇴직률·보수인상률·정원증가율·의료수가인상률과 그 밖에 비용 산정에 영향을 미치는 모든 요인을 고려하여 산정하여야 한다.
제63조【기여금 및 반납금의 납부】 ① 기여금징수의무자가 기여금·반납금·환수금 등을 징수하거나 납부받았을 때에는 3일 이내에 법 제23조와 이 영 제16조에 따라 공단으로부터 수납업무를 위탁받은 경우 그 업무를 위탁받은 체신관서 또는 금융기관(이하 "수납기관"이라 한다)에 납입하여야 한다.
② 제1항의 기여금·반납금·환수금 등을 수납한 수납기관은 그 납부한 기관에 영수증과 입금통지서를 발급하여야 한다.
제64조【퇴직 후 재임용된 경우의 기여금 징수】 ① 공무원이 퇴직한 후 그 퇴직한 날 또는 그 다음 날에 다시 공무원으로 임용된 경우의 기여금은 전(前) 소속기관의 기여금징수의무자가 징수한다.
② 공무원이 다른 기관으로 전출한 경우에 전 소속기관에서 전출한 날이 속하는 달의 보수를 받지 아니하였을 때에는 전입기관에서 기여금을 징수한다.
제65조【병역복무 휴직자 등의 기여금 납부】 ① 공무원이 병역복무나 그 밖의 사유로 휴직하여 보수를 받지 아니하는 경우에는 휴직기간 동안 기여금을 내지 아니하며, 기여금징수의무자는 휴직사유가 소멸되어 보수가 지급되는 달의 다음 달부터 휴직기간 동안의 해당 월분의 기여금과 같은 금액의 기여금(이하 "소급기여금"이라 한다)을 따로 징수하여야 한다. 다만, 본인이 원하는 경우에는 휴직기간 중이라도 그 기간에 해당하는 기여금을 매월 낼 수 있다.
② 제1항 본문의 경우 해당 공무원이 그 소급기여금을 한꺼번에 내려는 경우에는 내려는 달의 해당 월분의 기여금을 기준으로 남은 소급기여금을 계산하여 한꺼번에 낼 수 있다.
③ 공무원이 병역복무로 인한 휴직기간 동안 「군인연금법」을 적용받고 퇴역 당시 받은 급여액(퇴직수당을 포함한다)을 공단에 반납할 때에는 제22조제1항 및 제2항에 따른 이자를 가산하여 반납한다. 이 경우 퇴직 시까지 반납하지 아니하면 퇴직일까지 제22조제1항 및 제2항에 따른 이자를 가산하여 퇴직급여 등에서 이를 공제할 수 있다.
제66조【과납기여금의 반환 등】 더 내거나 덜 낸 기여금을 반환하거나 징수할 경우에는 더 내거나 덜 낸 기간(일 단위로 계산한다) 동안 해당 연도마다 1월 1일 현재 전국은행이 적용하는 정기예금금리 중 가장 높은 금리를 적용하여 산정한 이자를 가산한다. 다만, 더 내거나 덜 낸 달과 더 내거나 덜 낸 기여금을 반환하거나 징수하는 달의 기여금이 같은 경우에는 이자를 가산하지 아니한다.
제67조【연금부담금 및 보전금】 ① 법 제71조제1항 본문에서 "대통령령으로 정하는 보수예산"이란 공무원보수관계법령등에 따른 공무원의 보수와 수당, 그 밖에 공무원에게 지급되는 급여에 충당되는 예산의 합계를 말하며, 그 산정방법은 인사혁신처장이 정한다.
② 법 제71조제1항 단서에 따라 국가나 지방자치단체가 부담하는 보전금은 제1호의 금액에서 제2호의 금액을 뺀 금액 또는 제1호의 금액에 제3호의 금액을 더한 금액으로 한다.
1. 해당 연도 기여금 및 연금부담금으로 법 제28조에 따른 급여 중 퇴직급여 및 퇴직유족급여(퇴직급여 및 퇴직유족급여 업무처리에 드는 모든 비용을 포함한다. 이하 이 조에서 "급여총액"이라 한다)의지출을 충당하기에 부족할 것으로 예상되는 금액
2. 전전년도의 기여금·연금부담금 및 보전금의 합계액이 전전년도의 급여총액을 초과하는 금액
3. 전전년도의 기여금·연금부담금 및 보전금의 합계액이 전전년도의 급여총액보다 부족한 금액
③ 제2항에 따라 국가나 지방자치단체가 부담하는 보전금은 소관 회계별로 부담하되, 제2항에 따라 산정한 보전금을 해당 연도의 총보수예산으로 나눈 비율(소수점 이하 셋째 자리까지 산정한다. 이하 이 조에서 "보전금부담률"이라 한다)을 소관 회계별로 해당 연도의 보수예산에 곱하여 산정한 금액으로 한다. 다만, 국가가 부담하는 보전금은 인사혁신처 소관 일반회계에서 부담한다.
④ 공단은 매 회계연도의 예산편성 전에 보전금부담률을 반영할 수 있도록 국가와 지방자치단체에 통보하여야 한다.
⑤ 국가와 지방자치단체는 제1항 및 제2항에 따른 연금부담금 및 보전금(이하 "연금부담금등"이라 한다)을 보수예산을 계상(計上)하는 각 회계의 예산에 반영하고, 공단에 내야 한다.
⑥ 연금부담금등을 내는 기관의 장은 다음 각 호의 어느 하나에 해당하는 경우에는 보수예산서를 공단에 제출하여야 한다.
1. 다음 해의 예산이 성립된 경우
2. 추가경정예산이 편성·확정된 경우
⑦ 공단은 제6항제2호에 따라 보수예산이 변동된 경우에는 연금부담금등의 증감액을 산정한 후 해당 기관의 장에게 통보하여야 한다.
⑧ 제7항의 통보를 받은 기관의 장은 다음 기(期)의 연금부담금등을 낼 때에 해당 금액을 가감하여 내야 한다. 다만, 그 해의 마지막 기에 증감이 있는 경우에는 그 기말(期末)까지 증감액을 가감하여 내야 한다.
⑨ 국가나 지방자치단체의 장은 회계연도 종료 후 해당 세출예산의 결산서를 공단에 제출하여야 한다.
⑩ 법 제71조제7항에 따라 가산하는 이자는 해당 연도마다 1월 1일 현재 전국은행이 적용하는 정기예금금리 중 가장 높은 금리를 적용하여 산정한 이자로 하되, 회계연도마다 복리로 계산한다.
제68조【퇴직수당부담금】 ① 법 제73조제1항에 따라 국가나 지방자치단체가 부담하는 퇴직수당의 지급에 드는 비용(이하 "퇴직수당부담금"이라 한다)은 제62조에 따른 요인을 고려하여 산정한 금액으로 한다.
② 공단은 국가나 지방자치단체에서 부담할 퇴직수당부담금에 대하여 각 회계별 보수예산에 일정한 비율을 곱하여 개괄적으로 산정한 금액을 미리 통보하여야 한다.
③ 국가와 지방자치단체는 제2항에 따른 퇴직수당부담금을 보수예산을 계상하는 각 회계의 예산에 반영하고, 이를 공단에 내야 한다.
④ 법 제73조제2항 단서에 따라 가산하는 이자는 해당 연도마다 1월 1일 현재 전국은행이 적용하는 정기예금금리 중 가장 높은 금리를 적용하여 산정한 이자로 하되, 회계연도마다 복리로 계산한다.
제69조【연금부담금 등의 납부】 국가나 지방자치단체는 연금부담금·보전금 및 퇴직수당부담금을 공단에 내려는 경우에는 수납기관에 납입하여야 한다.
제70조【교부세 등에서의 연금부담금 등 징수】 ① 공단은 법 제71조제4항(법 제73조제2항 본문에서 준용하는 경우를 포함한다)에 따라 국가가 지방자치단체에 교부하는 교부세나 그 밖의 교부금 중에서 지방자치단체의 연금부담금등 또는 퇴직수당부담금을 직접 징수하려는 경우에는 그 지방자치단체명과 징수할 금액을 분명히 밝혀 교부세나 그 밖의 교부금을 관리하는 중앙관서(「국가재정법」 제6조제2항에 따른 중앙관서를 말한다. 이하 같다)의 장에게 통지하여야 한다.
② 제1항의 통지를 받은 중앙관서의 장은 특별한 사정이 없으면 해당 금액을 공단에 납부하여야 한다.
③ 공단은 제2항에 따라 연금부담금등 또는 퇴직수당부담금을 받은 경우에는 해당 지방자치단체의 장에게 연금부담금등 납부확인서 또는 퇴직수당부담금 납부확인서를 발급하고, 이를 받은 지방자치단체의 장은 해당 예산을 집행한 것으로 보아 처리하여야 한다.
제71조【연금액의 이체】 ① 공단은 「군인연금법」 또는 「사립학교교직원 연금법」에 따른 퇴역연금·퇴직연금 또는 조기퇴직연금의 수급자가 공무원으로 임용되어 법 제26조에 따라 해당 연금법에 따른 재직기간 또는 복무기간을 합산받은 후 퇴직하거나 사망하였을 때에는 지체 없이 국방부장관이나 「사립학교교직원 연금법」에 따른 사립학교교직원연금공단(이하 "사립학교교직원연금공단"이라 한다)에 법 제74조 전단에 따른 급여액에 상당하는 금액의 이체를 요구하여야 한다.
② 제1항에 따라 국방부장관이나 사립학교교직원연금공단이 공단에 이체하여야 할 금액은 법 제74조에 따라 공무원의 퇴직 또는 사망 당시 「군인연금법」 또는 「사립학교교직원 연금법」에 따라 받을 수 있는 급여액으로 한다. 이 경우 급여액은 공무원의 퇴직 또는 사망 당시 「공무원연금법」에 따라 받은 것과 같은 종류의 급여 지급사유가 「군인연금법」 또는 「사립학교교직원 연금법」에서 동일하게 발생한 것으로 보아 산정한 금액(조기퇴직연금의 경우에는 퇴역연금 또는 퇴직연금에서 「공무원연금법」에 따른 조기퇴직연금의 감액비율만큼 감액한 금액을 말한다)으로 한다.
③ 국방부장관이나 사립학교교직원연금공단은 제1항에 따른 금액을 다음 각 호의 구분에 따라 공단에 이체하여야 한다.
1. 퇴역연금·퇴직연금·조기퇴직연금·유족연금 또는 퇴직유족연금 : 매년 2회로 나누어 반기별로 이체하되, 상반기분은 3월 31일까지, 하반기분은 9월 30일까지 이체
2. 법 제33조에 따른 급여, 법 제36조에 따라 연금 대신 받는 일시금 및 법 제54조에 따른 퇴직유족연금부가금·퇴직유족연금특별부가금 : 전년도 9월부터 해당 연도 2월까지의 지급분은 해당 연도 3월 31일까지, 해당 연도 3월부터 8월까지의 지급분은 해당 연도 9월 30일까지 이체
④ 공단은 국방부장관이나 사립학교교직원연금공단으로부터 법 제74조 및 이 조 제3항제1호에 따라 반기별로 이체를 받는 동안에 「군인연금법」 또는 「사립학교교직원 연금법」에 따른 퇴역연금수급권·퇴직연금수급권·조기퇴직연금수급권·유족연금수급권 또는 퇴직유족연금수급권의 소멸사유, 감액사유, 그 밖에 이체에 영향을 미치는사유가 있는지를 연 1회 이상 조사하여 국방부장관이나 사립학교교직원연금공단에 통보하여야 한다.
⑤ 공단은 국방부장관이나 사립학교교직원연금공단이 제3항의 기간 내에 공단에 해당 급여를 이체하지 아니하였을 때에는 지연된 기간 동안 해당 연도마다 1월 1일 현재 전국은행이 적용하는 정기예금금리 중 가장 높은 금리를 적용하여 산정한 이자를 가산하여 납부하게 하되, 회계연도마다 복리로 계산한다.
제72조【대여학자금부담금】 ① 법 제75조에 따라 국가나 지방자치단체가 부담할 대여학자금부담금은 다음 각 호의 금액으로 한다.
1. 대여금 : 국가 및 지방자치단체별 전년도 대여실적 및 해당 연도의 학생증가율·등록금인상률 등을 고려하여 관계 기관과의 협의를 거쳐 인사혁신처장이 정하는 금액
2. 대여학자금 운영에 드는 경비 : 부담기관별 대여금에 비례하여 공단이 산정하는 금액
② 인사혁신처장은 제1항에 따른 금액을 정하였을 때에는 그 부담금액을 관계 국가기관 및 지방자치단체에 통보하여야 하며, 통보를 받은 기관의 장은 해당 기관의 예산에 반영하고 그 금액을 공단에 내야 한다.
③ 법 제75조제3항에 따라 공무원연금기금에서 일시차입하는 경우 일시차입금의 이자는 차입기간 동안 해당 연도마다 1월 1일 현재 전국은행이 적용하는 정기예금금리 중 가장 높은 금리를 적용하여 산정한 금액으로 한다.

④ 국가나 지방자치단체가 법 제75조제2항 후단에 따른 더 내거나 덜 낸 대여학자금부담금을 다음 기의 납부 기한까지 정산하지 아니한 경우(다음 회계연도 1월 31일까지 전액을 공단에 납입하지 아니한 경우를 포함한다)에는 법 제75조제2항 후단에 따른 금액을 원금으로 하고 해당 연도마다 1월 1일 현재 전국은행이 적용하는 정기예금금리 중 가장 높은 금리를 적용하여 산정한 이자를 가산하여 정산하되, 회계연도마다 복리로 계산한다.
⑤ 공단은 국가 또는 지방자치단체가 낸 대여학자금부담금을 공무원연금기금으로부터의 차입금 보다 우선하여 공무원 본인 및 그 자녀에 대한 학자금으로 대여하여야 한다.
⑥ 대여학자금의 상환은 대여를 받은 공무원 본인 또는 그 자녀가 학교를 졸업한 후(자녀가 2년제 대학을 졸업하고 4년제 대학에 편입학한 경우에는 4년제 대학 졸업 후를 말한다) 2년 거치 4년 분할상환하되, 기여금징수의무자가 매월 보수에서 징수하여 공단에 내야 한다. 다만, 다음 각 호의 어느 하나에 해당하는 경우의 거치기간 및 상환기간은 인사혁신처장이 정하는 바에 따른다.
1. 대여를 받은 공무원의 자녀가 중도에 퇴학하는 경우
2. 대여를 받은 공무원의 자녀가 졸업한 학교가 2년제 대학인 경우
3. 대여를 받은 공무원이 퇴직하는 경우
4. 세 자녀 이상의 대여학자금 상환기간이 겹치는 경우
⑦ 대여학자금의 대여 대상·금액·시기 및 상환절차 등에 관하여 필요한 사항은 관계 기관과의 협의를 거쳐 인사혁신처장이 정한다.

제6장 공무원연금기금

제73조【공무원연금기금의 수입·지출】 공무원연금기금(이하 "기금"이라 한다)의 수입과 지출은 다음 각 호의 구분에 따른 각 목의 금액으로 한다.
1. 수입
 가. 기금적립금
 나. 기금전출금
 다. 세입세출외결산상잉여금
 라. 원금상환금
 마. 차입금
 바. 법 제77조에 따른 기금운용수익금
 사. 그 밖의 수입금
2. 지출
 가. 법 제21조제1항제1호라목에 따른 공단으로의 전출금
 나. 차입금의 상환금과 그 이자
 다. 그 밖의 지출금

제74조【기금 증식사업 및 공무원 후생복지사업】 ① 법 제77조제2항제6호에서 "대통령령으로 정하는 기금 증식사업 또는 공무원 후생복지사업"이란 다음 각 호의 사업을 말한다.
1. 다음 각 목의 기금 증식사업
 가. 부동산을 취득 또는 매각하거나 보유 부동산의 가치를 증식하거나 이용도를 높이기 위한 사업
 나. 「자본시장과 금융투자업에 관한 법률」 제4조에 따른 증권의 취득 및 대여사업
 다. 「자본시장과 금융투자업에 관한 법률」 제5조제2항 및 제3항에 따른 장내파생상품 및 장외파생상품의 거래
 라. 그 밖에 전국은행이 적용하는 1년 만기 정기예금금리를 평균한 금리 이상의 수익이 기대되는 사업
2. 다음 각 목의 공무원 후생복지사업
 가. 공무원을 위한 주택의 건설·취득·분양 및 임대사업
 나. 「체육시설의 설치·이용에 관한 법률」 제2조제2호에 따른 체육시설업
 다. 「관광진흥법」 제3조제1항제2호 또는 제6호에 따른 관광숙박업 및 유원시설업(遊園施設業)
 라. 공무원의 후생복지를 위한 병원·휴양시설·요양시설·수련시설의 운영 및 장사(葬事) 관련 사업, 매점과 그 밖의 후생복지사업
 마. 공무원의 노후설계를 위한 상담·교육 및 사회적 기여를 위한 사회참여활동 지원 사업
② 공단은 법 제77조제2항제5호 및 이 조 제1항의 사업을 위하여 필요한 경우 국가·지방자치단체·금융회사 등으로부터 자금을 차입할 수 있다.
③ 공단은 제2항에 따라 자금을 차입하려는 경우에는 차입목적·금액·조건 및 상환방법 등을 분명히 밝힌 서면을 인사혁신처장에게 제출하여 사전에 승인을 받아야 한다.
④ 공단은 예측할 수 없는 퇴직급여의 증가로 퇴직급여를 지급할 자금이 부족한 경우에는 그 부족분을 금융회사 등으로부터 일시차입할 수 있다.

제75조【후생복지시설의 설치·운영을 위한 자금의 대여】 ① 공단은 국가 또는 지방자치단체가 제74조제1항제2호라목에 해당하는 사업을 하려는 경우에 그 사업에 드는 자금을 기금에서 대여할 수 있다.
② 제1항에 따라 기금에서 자금을 대여받아 하는 사업은 인사혁신처장의 승인을 받아 공단이 정하는 바에 따라 관리·운영하여야 한다.

제76조【공무원연금운영위원회의 조직】 법 제79조제1항에 따른 공무원연금운영위원회(이하 "운영위원회"라 한다)의 위원은 인사혁신처장이 다음 각 호의 사람 중에서 지명하거나 위촉한다.
1. 기획재정부, 교육부, 국방부, 보건복지부 및 인사혁신처의 고위공무원단 소속 공무원 중 공무원연금복지 또는 재해보상업무와 관련한 업무를 담당하는 공무원 각 1명
2. 공무원단체 소속 공무원 4명 이내
3. 퇴직연금수급자 2명 이내
4. 「비영리민간단체 지원법」 제2조에 따른 비영리민간단체에 소속된 사람 2명 이내
5. 공무원 연금에 관한 식견과 경험이 풍부한 사람(공단의 상임이사 중 재무관리 업무를 담당하는 상임이사 1명을 포함한다) 6명 이내

제77조【운영위원회 위원의 임기 등】 ① 제76조에 따른 운영위원회 위원의 임기는 다음 각 호와 같다.
1. 제76조제1호의 위원 : 해당 직위에 재임하는 기간
2. 제76조제2호부터 제5호(이 항 제3호의 위원은 제외한다)까지의 위원 : 2년. 이 경우 해당 위원은 연임할 수 있다.
3. 제76조제5호의 위원 중 공단의 상임이사인 위원 : 해당 직위에 재임하는 기간
② 인사혁신처장은 운영위원회의 위원이 다음 각 호의 어느 하나에 해당하는 경우에는 해당 위원을 면직하거나 해촉(解囑)할 수 있다.
1. 심신장애로 인하여 직무를 수행할 수 없게 된 경우
2. 직무와 관련된 비위사실이 있는 경우
3. 직무태만, 품위손상이나 그 밖의 사유로 운영위원회 위원으로 적합하지 아니하다고 인정되는 경우
4. 운영위원회 위원 스스로 직무를 수행하기 어렵다는 의사를 밝히는 경우

제78조【운영위원회 위원장의 직무】 ① 위원장은 운영위원회를 대표하며, 운영위원회의 업무를 총괄한다.
② 위원장이 부득이한 사유로 직무를 수행할 수 없을 때에는 위원장이 지명한 위원이 그 직무를 대행한다.

제79조【운영위원회의 회의】 ① 위원장은 운영위원회의 회의를 소집하고, 그 의장이 된다.
② 운영위원회의 회의는 재적위원 과반수의 출석과 출석위원 과반수의 찬성으로 의결한다.

제80조【운영위원회의 간사와 서기】 ① 운영위원회의 서무를 담당하게 하기 위하여 운영위원회에 간사장 1명 및 간사 1명과 서기 몇 명을 둔다.
② 간사장·간사 및 서기는 인사혁신처 소속 공무원 중에서 인사혁신처장이 임명한다.

제81조【운영위원회 위원의 수당 등】 운영위원회의 회의에 출석한 위원에게는 예산의 범위에서 수당과 여비를 지급할 수 있다. 다만, 공무원이 그 소관 업무와 직접적으로 관련되어 출석한 경우에는 그러하지 아니하다.

제82조【기금운용에 관한 보고】 ① 공단은 매 분기의 기금의 합계잔액시산표(合計殘額試算表)를 매 분기가 끝나는 달의 다음 달 15일까지 인사혁신처장에게 보고하여야 한다.
② 공단은 기금의 발생 사실에 따라 구분하여 회계처리한 매 회계연도의 결산 결과를 다음 각 호의 결산에 관한 서류에 반영하여 다음 해 2월 말일까지 인사혁신처장에게 보고해야 한다.(2021.3.16 본문개정)
1. 해당 연도의 재무상태표와 손익계산서
2. 해당 연도의 잉여금계산서와 잉여금처분계산서
3. 그 밖의 재무제표 부속명세서
4. 수입 및 지출계산서

제83조【기금운용의 공시】 인사혁신처장은 법 제81조에 따라 매년 기금결산을 매 회계연도 종료 후 3개월 이내에 관보에 공시하여야 한다.

제84조【기금의 운용 이율】 ① 다음 각 호의 어느 하나에 해당하는 방법으로 기금을 운용할 경우에는 전국은행이 적용하는 1년 만기 정기예금금리를 평균한 금리 이상의 이율을 기준으로 하여 운용한다.
1. 금융회사에 예입
2. 정부 각 회계에의 예탁
3. 국채·공사채의 매입
4. 할부매매에 따른 할부이자
② 후생복지사업에 따른 기금의 운용 이율은 다음 각 호의 구분에 따른다.
1. 각종 대부 및 할부매매의 이율 : 「한국은행법」 제86조에 따라 한국은행이 작성하는 은행 가계대출금리 등을 고려하여 인사혁신처장이 정하는 이율(2021.3.16 본호개정)
2. 부동산의 임대료율 : 재산가격의 2퍼센트 이상
3. 법 제75조에 따른 대여학자금 및 이 영 제75조에 따른 후생복지시설의 설치·운영을 위한 자금의 대여 : 무이자

제7장 공무원 후생복지 등

제85조【공무원 후생복지 기본계획 등의 수립·시행】 ① 인사혁신처장은 법 제83조제2항에 따라 5년마다 공무원 후생복지 기본계획(이하 "기본계획"이라 한다)을 수립·시행하여야 한다.
② 기본계획에는 다음 각 호의 사항이 포함되어야 한다.
1. 공무원 후생복지 정책의 기본목표 및 추진방향
2. 공무원 후생복지 관련 제도의 연구
3. 공무원 후생복지시설의 설치·운영
4. 공무원의 건강관리 지원
5. 공무원의 문화활동 및 체육활동 지원
6. 공무원의 퇴직준비 지원
7. 공무원 후생복지사업에 사용되는 재원의 조달 및 사용
8. 그 밖에 공무원 후생복지 증진을 위하여 필요한 사항
③ 인사혁신처장은 기본계획에 따라 매년 1월 31일까지 연도별 시행계획(이하 "시행계획"이라 한다)을 수립·시행하여야 한다.
④ 인사혁신처장은 기본계획 및 시행계획을 효율적으로 수립·추진하기 위하여 공무원 후생복지에 관한 실태조사를 할 수 있다.
⑤ 인사혁신처장은 제1항 및 제3항에 따라 수립된 기본계획 및 시행계획을 중앙행정기관의 장에게 통보하여야 한다.
⑥ 중앙행정기관의 장은 기본계획 및 시행계획에 따라 소속 공무원의 후생복지 향상을 위하여 매년 2월 말까지 후생복지 집행계획(이하 "집행계획"이라 한다)을 수립하여 인사혁신처장에게 제출하여야 한다.
⑦ 인사혁신처장은 공무원 후생복지에 관한 사항을 전문적으로 검토하고 이해관계자 등의 의견을 수렴하기 위하여 관계 전문가 및 이해관계자 등으로 구성된 자문단을 설치·운영할 수 있다.
⑧ 기본계획 및 시행계획 등의 수립·시행, 자문단의 설치·운영 등에 필요한 사항은 인사혁신처장이 정한다.

제86조【공무원 후생복지 사업계획의 수립】 ① 공단은 기본계획 및 시행계획에 따라 매년 2월 말까지 공무원 후생복지 사업계획(이하 이 조에서 "사업계획"이라 한다)을 수립하여 인사혁신처장에게 제출하여야 한다.
② 사업계획에는 다음 각 호의 사항이 포함되어야 한다.
1. 공무원의 출산·양육 등 일·가정 양립을 위한 지원
2. 공무원을 위한 주택의 분양 및 임대 등 생활안정 지원
3. 공무원의 건강검진 등 건강관리 지원
4. 퇴직이 예정된 공무원을 위한 사회적응 및 퇴직준비 지원
5. 그 밖에 공단에서 실시하는 공무원 후생복지사업 또는 인사혁신처장이 필요하다고 인정하는 사항

제87조【퇴직공무원 사회기여 활성화 위원회의 구성 등】 ① 법 제84조제2항에 따른 퇴직공무원 사회기여 활성화 위원회(이하 이 장에서 "위원회"라 한다)는 다음 각 호의 사항을 심의한다.
1. 퇴직공무원 사회기여 활동 관련 정책 및 사업의 수립·추진
2. 퇴직공무원의 사회기여 활동 관련 부처 간 협력 및 행정적·재정적 지원
3. 그 밖에 인사혁신처장이 퇴직공무원 사회기여 활동과 관련하여 필요하다고 인정하는 사항
② 위원회는 위원장 1명을 포함한 15명 이내의 위원으로 구성한다.
③ 위원회는 다음 각 호의 위원으로 구성하되, 인사혁신처장이 위원장이 된다.
1. 기획재정부, 행정안전부, 인사혁신처 및 국무조정실의 고위공무원단에 속하는 공무원 중 소속 기관의 장이 지명하는 공무원
2. 공공행정, 사회복지, 경제, 고용, 안전 등 관련 분야에 학식과 경험이 풍부한 사람으로서 인사혁신처장이 위촉하는 10명 이내의 사람
④ 제3항제2호에 따른 위원의 임기는 1년으로 하되, 두 차례만 연임할 수 있다.

제88조【위원회의 운영】 ① 위원장은 위원회의 회의를 소집하고, 그 의장이 된다.
② 위원회 회의는 재적위원 과반수 출석으로 개의하고, 출석위원 과반수 찬성으로 의결한다.
③ 위원회의 사무를 처리하기 위하여 위원회에 간사 1명을 두며, 간사는 인사혁신처 소속 공무원 중에서 인사혁신처장이 임명한다.
④ 위원회에서 심의할 안건을 미리 검토하게 하는 등 위원회 운영을 지원하기 위하여 위원회에 실무위원회를 둘 수 있다.
⑤ 위원회 및 실무협의회에 출석하는 위원 또는 전문가 등에게는 예산의 범위에서 수당과 여비를 지급할 수 있다. 다만, 공무원이 소관 업무와 직접 관련하여 출석하는 경우에는 그러하지 아니하다.
⑥ 제1항부터 제5항까지에서 규정한 사항 외에 위원회 운영에 필요한 사항은 인사혁신처장이 정한다.

제89조【퇴직공무원 사회기여활동 지원을 위한 자료 제공 요청】 법 제84조제3항 전단에서 "대통령령으로 정하는 자료"란 다음 각 호의 자료를 말한다.
1. 퇴직공무원 사회기여 활동 관련 정책 및 사업의 운영계획
2. 퇴직공무원 사회기여 활동 관련 정책 및 사업의 운영실적 및 평가 결과
3. 그 밖에 퇴직공무원 사회기여 활동 지원을 위하여 필요한 자료

제90조【퇴직공무원 사회기여 활동을 위한 비용 지원 등】 ① 인사혁신처장은 퇴직공무원 사회기여 활동 관련 정책 및 사업에 참여한 사람에게 예산의 범위에서 필요한 비용의 전부 또는 일부를 지원할 수 있다.
② 퇴직공무원 사회기여 활동 관련 정책 또는 사업을 추진하는 관계 부처 또는 기관의 장은 필요한 경우 그 정책 등에 참여한 사람에게 행정적·재정적 지원을 할 수 있다.
제91조【퇴직공무원의 후생복지 사업 등】 ① 법 제85조에서 "퇴직공무원 상조회의 설치·운영, 퇴직공무원의 현금자산 운용 등 대통령령으로 정하는 사업"이란 다음 각 호의 사업을 말한다.
1. 퇴직공무원 상조회의 설치·운영
2. 퇴직공무원 상조회에 대한 자금 대부 및 사무실 임대
3. 퇴직공무원 상조회 및 퇴직공무원의 현금자산 운용 위탁 등에 따른 자금운용사업
4. 병원·체육시설·휴양시설·요양시설·매점 및 그 밖의 후생복지시설 등을 운영하는 사업
5. 퇴직공무원의 사회기여 활동과 그 지원
6. 그 밖에 인사혁신처장이 퇴직공무원의 후생복지를 위하여 필요하다고 인정하는 사업
② 제1항제2호에 따른 퇴직공무원 상조회에 대한 자금 대부 및 사무실 임대를 위한 이율은 다음 각 호의 구분에 따른다.
1. 대부자금의 이율 : 연 3퍼센트 이상. 이 경우 대부자금의 구체적인 이율, 상환기간 및 담보 등에 관하여 필요한 사항은 인사혁신처장이 정한다.
2. 사무실의 임대료율 : 재산가격의 2퍼센트 이상. 다만, 인사혁신처장이 퇴직공무원 상조회의 원활한 운영을 위하여 필요하다고 인정하는 경우에는 무상으로 할 수 있다.
③ 법 제86조에 따라 제1항제3호에 따른 퇴직공무원 상조회 및 퇴직공무원의 현금자산 운용을 공단에 위탁하는 경우 그 절차 및 운용방법과 그 밖에 필요한 사항은 공단이 인사혁신처장의 승인을 받아 정한다.
④ 제1항제4호의 사업을 위한 자금 대여에 관하여는 제75조를 준용한다.

제8장 심사의 청구

제92조【심사 청구의 절차】 ① 법 제87조제1항에 따라 「공무원 재해보상법」 제52조에 따른 공무원재해보상연금위원회(이하 "공무원재해보상연금위원회"라 한다)에 심사를 청구하려는 사람은 법 제87조제2항에 따른 기간 내에 심사청구서에 이유서를 첨부하여 공단에 제출하여야 한다.
② 공단은 제1항에 따른 심사청구서를 받는 경우 10일 이내에 답변서와 그 밖에 필요한 자료를 첨부하여 공무원재해보상연금위원회에 보내야 한다.

제9장 보 칙

제93조【시효기산일】 ① 법 제87조제1항에 따라 공무원재해보상연금위원회에 심사를 청구한 사람이 그 청구에 대하여 인용(認容) 결정을 받거나 소송을 제기하여 승소한 경우에 그에 관련되는 급여를 받을 권리에 대한 법 제88조에 따른 소멸시효기간은 그 인용 결정 또는 판결이 확정된 날부터 기산(起算)한다.
② 제61조제4항에 따라 급여액의 일부의 지급이 중지된 경우에 그 중지된 급여를 받을 권리는 같은 조 제5항 각 호의 어느 하나에 해당하는 경우부터 법 제88조제1항의 소멸시효기간을 기산한다.(2020.12.29 본항개정)
제94조【자료 제공의 요청 및 방법 등】 ① 법 제93조제3항 전단에서 "대통령령으로 정하는 기관·법인·단체"란 별표3에 따른 기관·법인·단체를 말한다.
② 법 제93조제3항 전단에서 "대통령령으로 정하는 자료"란 별표4에 따른 자료를 말한다.
③ 법 제93조제3항에 따라 자료 제공을 요청받은 기관·법인·단체의 장은 법 제93조제3항에 따른 자료가 디스켓, 자기테이프, 마이크로필름, 광디스크 등 전산기록장치 또는 전산프로그램을 이용하여 저장되어 있는 경우에는 저장된 형태로 자료를 제공할 수 있다.
제95조【자료수집 등 실태조사】 공단은 연금재정에 대한 장기적인 판단과 연금제도의 개선에 관한 자료수집 등 실태조사를 연금취급기관장에게 의뢰할 수 있다.
제96조【민감정보 및 고유식별정보의 처리】 연금취급기관장, 공단(법 제23조 및 이 영 제16조에 따라 공단의 업무를 위탁받은 기관을 포함한다) 및 인사혁신처장은 법 또는 이 영에 따른 다음 각 호에 관한 사무 수행을 위하여 불가피한 경우에는 법 또는 이 영에 따라 제출받은 서류 및 자료에 포함된 「개인정보 보호법」 제23조에 따른 건강에 관한 정보, 같은 법 시행령 제18조제2호에 따른 범죄경력자료에 해당하는 정보, 같은 영 제19조에 따른 주민등록번호·여권번호 또는 외국인등록번호가 포함된 자료를 처리할 수 있다.
1. 법 제17조에 따른 공단의 사업
2. 법 제25조에 따른 재직기간의 계산
3. 법 제29조에 따른 급여사유의 확인 및 급여의 결정·지급에 관한 사무
4. 법 제33조에 따른 유족이 없는 경우의 급여 지급
5. 법 제36조에 따른 이민 또는 국적 상실 시 급여 지급
6. 법 제37조에 따른 급여의 환수
7. 법 제38조에 따른 미납금의 공제지급
8. 법 제40조 및 제41조에 따른 급여 간 조정
9. 법 제42조에 따른 제3자에 대한 손해배상청구권 행사
10. 법 제45조·제48조 및 제49조에 따른 분할연금 등의 결정 및 지급
11. 법 제50조에 따른 연금 지급정지
12. 법 제52조 및 제56조에 따른 행방불명자에 대한 퇴직급여
13. 법 제53조에 따른 공사화 관련 퇴직급여의 연계
14. 법 제57조에 따른 퇴직유족연금 수급권 상실 및 이전
15. 법 제60조에 따른 비공무상 장해연금 등급의 개정 등
16. 법 제63조부터 제65조까지의 규정에 따른 급여의 제한
17. 법 제67조·제71조·제73조 및 제75조에 따른 기여금, 부담금 또는 그 밖의 비용의 징수
18. 법 제74조에 따른 연금액의 이체
19. 법 제83조부터 제85조까지의 규정에 따른 공무원의 후생복지
20. 법 제87조에 따른 심사의 청구
21. 법 제93조에 따른 공단의 자료 제출 요청 등
제97조【서식】 법 및 이 영의 시행에 필요한 서식은 공단이 미리 인사혁신처장과 협의를 거쳐 정한다.

부 칙

제1조【시행일】 이 영은 2018년 9월 21일부터 시행한다.
제2조【반납금의 분할납부 횟수에 관한 적용례】 부칙 제12조 전단 및 부칙 제14조에도 불구하고 제21조제2항의 개정규정은 이 영 시행 이후 재직기간 합산을 인정받는 경우부터 적용한다.
제3조【급여사유의 확인 등에 관한 적용례】 부칙 제14조에도 불구하고 제24조의 개정규정은 이 영 시행 당시 급여사유의 확인 및 급여 등의 심의를 청구하여 절차가 진행 중인 경우에도 적용한다.
제4조【이민 및 국적상실에 따른 연금청산 청구 등에 관한 적용례】 부칙 제14조에도 불구하고 제32조, 제51조 및 제56조의 개정규정은 이 영 시행 당시 이민 및 국적상실에 따른 연금청산 등이 청구되어 있거나 신청되어 절차가 진행 중인 경우에도 적용한다.
제5조【분할연금 등의 종류 및 지급시기 변경에 관한 적용례】 부칙 제14조에도 불구하고 제48조제3항의 개정규정은 이 영 시행 이후 퇴직연금 등의 종류 및 지급시기 변경신청을 하는 경우부터 적용한다.
제6조【심사 청구 절차에 관한 적용례】 부칙 제14조에도 불구하고 제92조의 개정규정은 이 영 시행 당시 심사가 청구되어 절차가 진행 중인 경우에도 적용한다.
제7조【기본계획 또는 시행계획 등의 수립·시행에 관한 특례】 ① 이 영 시행 이후 최초의 기본계획은 제85조제1항의 개정규정에도 불구하고 2019년 3월 31일까지 수립·시행하여야 한다.
② 이 영 시행 이후 최초의 시행계획은 제85조제3항의 개정규정에도 불구하고 2019년 4월 30일까지 수립·시행하여야 한다.
③ 이 영 시행 이후 최초의 집행계획은 제85조제6항의 개정규정에도 불구하고 2019년 5월 31일까지 인사혁신처장에게 제출하여야 한다.
④ 이 영 시행 이후 최초의 사업계획은 제86조제1항의 개정규정에도 불구하고 2019년 5월 31일까지 인사혁신처장에게 제출하여야 한다.
제8조【부양사실의 인정기준에 관한 경과조치】 ① 이 영 시행 전의 부양사실의 인정기준에 관하여는 제3조제1항의 개정규정에도 불구하고 종전의 「공무원연금법 시행령」(이하 대통령령 제29181호로 전부개정되기 전의 것을 말하며, 부칙 제23조는 제외한다) 제3조제1항에 따른다. 이 경우 대통령령 제20501호 공무원연금법 시행령 일부개정령 별표1의 개정규정은 같은 영 시행 후 최초로 공무원 또는 공무원이었던 사람의 사망에 따라 유족연금을 지급받을 사람을 결정하거나 종전에 유족급여를 지급받던 유족의 사망 등으로 인하여 새로 유족급여를 지급받을 사람을 결정하는 경우부터 적용한다.
② 제1항 전단에도 불구하고 대통령령 제17891호 공무원연금법시행령중개정령 시행일인 2003년 1월 20일 전에 급여의 사유가 발생한 사람에 대해서는 같은 영으로 개정되기 전의 규정에 따른다.
제9조【기준소득월액의 결정 등에 관한 경과조치】 ① 이 영 시행 전의 기준소득월액의 결정 및 적용기간 등에 관하여는 제5조부터 제8조까지의 개정규정에도 불구하고 종전의 「공무원연금법 시행령」 제3조의3부터 제3조의6까지의 규정에 따른다. 이 경우 대통령령 제24506호 공무원연금법 시행령 일부개정령 제3조의3제2항·제3항 및 제3조의6제2항의 개정규정은 2013년 5월 1일 이후 장기급여의 사유가 발생하는 사람부터 적용한다.
② 제1항 전단에도 불구하고 법률 제6328호 공무원연금법중개정법률 부칙 제8조에 따라 2000년 12월 31일 이전에 승진, 강임이나 강등, 전직, 보직변경 또는 재임용(퇴직한 공무원·군인 또는 사립학교교직원이 공무원으로 임용되어 같은 법 제23조제2항에 따른 재직기간 또는 복무기간의 합산을 받은 경우를 말한다. 이하 이 조에서 같다)된 후 1년 이내에 퇴직 또는 사망한 경우에 승진, 강임이나 강등, 전직, 보직변경 또는 재임용되기 전의 보수월액은 그 보수월액에 대통령령 제17101호 공무원연금법시행령중개정령 제3조의4의 개정규정에 따른 공무원평균보수인상률에 1을 더한 숫자를 곱한 금액으로 한다.
③ 제1항 전단에도 불구하고 2008년 1월 2일 이후에 신규채용 또는 복직, 휴직 등으로 인하여 대통령령 제21974호 공무원연금법 시행령 일부개정령 제3조의3부터 제3조의5까지의 개정규정에 따라 기준소득월액을 산정할 수 없는 경우에는 같은 영 시행일 전날의 공무원의 종류, 직급·계급 및 호봉이 같거나 유사한 공무원의 기준소득월액 평균액에 상당하는 금액을 기준소득월액으로 한다.
제10조【기준소득월액 등의 현재가치 환산에 관한 경과조치】 ① 이 영 시행 전의 기준소득월액 및 평균기준소득월액의 현재가치 환산에 관하여는 제10조의 개정규정에도 불구하고 종전의 「공무원연금법 시행령」 제3조의8에 따른다.
② 제1항의 경우 대통령령 제17891호 공무원연금법시행령중개정령 제3조의4제2항의 개정규정은 2003년 1월 1일 이후 급여의 사유가 발생하여 2002년도의 보수월액 또는 평균보수월액을 2003년도의 현재가치로 환산하는 경우부터 적용한다.
③ 제1항의 경우 대통령령 제24506호 공무원연금법 시행령 일부개정령 제3조의8제2항의 개정규정은 2010년 1월 1일 이후부터 2013년 5월 1일 전까지 퇴직하거나 사망하여 퇴직연금, 조기퇴직연금 및 유족연금(공무원이었던 사람이 퇴직연금 또는 조기퇴직연금을 받다가 사망하여 그 유족이 유족연금을 받게 되는 경우는 제외한다. 이하 제4항에서 "퇴직연금등"이라 한다)의 급여사유가 발생한 사람(해당 기간에 퇴직 또는 사망하여 급여를 받고 있는 사람을 포함한다)에 대해서도 적용한다.
④ 제3항에 해당하는 사람 중 2013년 5월 1일 당시 이미 급여를 받고 있는 사람에 대해서는 대통령령 제24506호 공무원연금법 시행령 일부개정령 제3조의8제2항의 개정규정에 따라 평균기준소득월액을 산정하는 경우 2013년 5월 1일 전까지 받을 수 있었던 퇴직연금등에서 이미 지급된 퇴직연금등을 뺀 차액을 2013년 5월 1일 이후 최초로 퇴직연금등을 지급할 때에 합산하여 지급한다.
⑤ 제1항에도 불구하고 2001년 1월 1일 이후에 법률 제6328호 공무원연금법중개정법률 제23조제2항에 따라 합산된 재직기간 또는 복무기간에 대한 보수월액을 같은 법 제27조제4항 및 대통령령 제17101호 공무원연금법시행령중개정령 제3조의4에 따라 현재가치로 환산하는 경우에 같은 영 시행 전의 재직기간 또는 복무기간에 대하여 적용되는 공무원평균보수인상률은 매년 6퍼센트로 한다.
⑥ 제1항에도 불구하고 법률 제9905호 공무원연금법 일부개정법률 부칙 제7조제5항제1호에 따른 보수월액 또는 평균보수월액을 급여사유가 발생한 날이 속하는 시점의 현재가치로 환산한 금액은 다음과 같이 계산한다.
(2010년 1월 1일 전날의 보수월액 또는 평균보수월액) × [(급여의 사유가 발생한 날이 속하는 달의 공무원 전체의 기준소득월액 평균액) ÷ (2008년도 과세소득에 대한 공무원 전체의 기준소득월액 평균액과 2009년도 과세소득에 대한 공무원 전체의 기준소득월액 평균액을 합산하여 평균한 금액)]
⑦ 제1항에도 불구하고 대통령령 제21974호 공무원연금법 일부개정령 시행일인 2010년 1월 1일 이후 공무원으로 임용된 사람이 같은 영 시행 전의 재직기간 또는 복무기간(이하 "종전기간"이라 한다)을 합산한 경우의 법률 제9905호 공무원연금법 일부개정법률 부칙 제7조제5항제1호에 따른 해당 기간의 보수월액 또는 평균보수월액은 다음과 같이 계산한다.
[종전 퇴직 당시의 보수월액 또는 평균보수월액을 「통계법」 제3조에 따라 통계청장이 매년 고시하는 전전년도와 대비한 전년도 전국소비자물가변동률을 고려하여 공무원 임용 당시의 현재가치로 환산한 금액] × [(급여의 사유가 발생한 날이 속하는 달의 공무원 전체의 기준소득월액 평균액) ÷ (공무원 임용 당시의 공무원 전체의 기준소득월액 평균액)]
(2021.3.16 본항개정)
⑧ 제1항·제6항 및 제7항에도 불구하고 제6항 또는 제7항에 따라 산정한 보수월액 또는 평균보수월액의 금액이 2010년 1월 1일 전날(제7항의 경우에는 종전 퇴직 당시를 말한다)의 보수월액 또는 평균보수월액을 공무원보수인상률을 반영하여 급여사유가 발생한 날의 현재가치로 환산한 금액보다 적을 경우에는 그 중 금액이 많은 것을 종전기간의 보수월액 또는 평균보수월액으로 본다.
⑨ 제6항 및 제7항에 따라 종전기간의 보수월액 또는 평균보수월액을 급여의 사유가 발생한 날이 속하는 시점의 현재가치로 환산하는 경우 전년도 소득에 기초한 해당 연도의 기준소득월액을 결정하여 적용하기 전(해당 연도 1월부터 4월까지를 말한다)에 장기급여의 사유가 발생하였을 때에는 제6항 및 제7항에 따른 금액에 해당 연도의 공무원보수인상률을 반영한 금액을 제6항 및 제7항에 따른 금액으로 한다.
⑩ 제1항에도 불구하고 법률 제9905호 공무원연금법 일부개정법률 부칙 제3조에 따른 급여(연금인 급여로 한정하며, 「국민연금과 직역연금의 연계에 관한 법률」에 따른

연계퇴직연금을 포함한다)의 급여액 산정을 위한 기준소득월액에 적용하는 비율은 다음과 같다. 다만, 재직기간 33년을 초과하여 재직하고 퇴직하는 사람에 대해서는 재직기간 33년에 해당하는 비율을 적용한다.
〔재직기간별 기준소득월액에 적용하는 비율〕➡「www.hyeonamsa.com」참조
⑪ 제1항에도 불구하고 2010년 1월 1일부터 대통령령 제23276호 공무원연금법 시행령 일부개정령 시행일인 2011년 11월 5일 전날 사이에 퇴직한 사람 중 대통령령 제21974호 공무원연금법 시행령 일부개정령 부칙 제9조제1항의 개정규정에 따라 산정한 보수월액 또는 평균보수월액의 금액이 종전의 대통령령 제21974호 공무원연금법 시행령 일부개정령 부칙 제9조제1항에 따라 산정한 보수월액 또는 평균보수월액의 금액보다 많은 사람에 대해서는 대통령령 제21974호 공무원연금법 시행령 일부개정령 부칙 제9조제1항의 개정규정을 적용하여 그 사람의 급여를 산정한다.
⑫ 제1항 및 대통령령 제21974호 공무원연금법 시행령 일부개정령 부칙 제9조제1항·제2항 및 제4항의 개정규정에도 불구하고 2010년 1월 1일부터 2013년 5월 1일 전날까지 퇴직하여 급여의 사유가 발생한 공무원(2010년 1월 1일 전의 재직기간 또는 복무기간을 법률 제11690호 공무원연금법 일부개정법률 제23조제2항에 따라 합산한 사람을 포함한다. 이하 이 조에서 같다)의 보수월액 또는 평균보수월액의 산정방법은 종전의「공무원연금법 시행령」(대통령령 제24506호로 일부개정되기 전의 것을 말한다)에 따른다.
⑬ 제1항·제12항 및 부칙 제9조제1항 후단에도 불구하고 2010년 1월 1일부터 대통령령 제24506호 공무원연금법 시행령 일부개정령 부칙 제1조 단서에 따른 시행일인 2013년 5월 1일 전날까지의 기간 중 해당 연도의 기준소득월액을 결정하여 적용하기 전(해당 연도 1월부터 4월까지를 말한다)에 장기급여(퇴직연금, 조기퇴직연금 및 유족연금만 해당한다)의 사유가 발생한 공무원에 대하여 2010년 전 재직기간에 대한 평균보수월액을 급여사유가 발생한 날이 속하는 시점의 현재가치로 환산하는 경우, 대통령령 제21974호 공무원연금법 시행령 일부개정령 부칙 제9조제1항 및 제2항의 계산식 중 급여사유가 발생한 날의 기준소득월액보다 대통령령 제24506호 공무원연금법 시행령 일부개정령 제3조의3제2항의 개정규정에 따른 해당 연도의 기준소득월액이 더 많을 때에는 대통령령 제24506호 공무원연금법 시행령 일부개정령 제3조의3제2항의 개정규정에 따른 해당 연도의 기준소득월액을 계산식에 적용하여 평균보수월액을 급여사유가 발생한 날이 속하는 시점의 현재가치로 환산한다.
⑭ 제12항 및 제13항에 따라 산정된 장기급여는 대통령령 제24506호 공무원연금법 시행령 일부개정령 부칙 제1조 단서에 따른 시행일인 2013년 5월 1일 이후 최초로 도래하는 연금지급일부터 지급한다.

제11조【재직기간으로 인정되는 복무기간에 관한 경과조치】 ① 이 영 시행 전의 재직기간으로 인정되는 복무기간에 관하여는 제18조의 개정규정에도 불구하고 종전의「공무원연금법 시행령」제16조의2에 따른다.
② 제1항에도 불구하고 대통령령 제21974호 공무원연금법 시행령 일부개정령 제16조의2제2호의 개정규정은 같은 영 시행일 이후 최초로 임용된 사람부터 적용한다.

제12조【반납금의 납부방법에 관한 경과조치】 이 영 시행 전의 반납금의 납부방법에 관하여는 제21조의 개정규정에도 불구하고 종전의「공무원연금법 시행령」제18조에 따른다. 이 경우 대통령령 제23276호 공무원연금법 시행령 일부개정령 제18조제1항제2호의 개정규정은 같은 영 시행일인 2011년 11월 5일 당시 종전의「공무원연금법 시행령」(대통령령 제23276호로 일부개정되기 전의 것을 말한다)에 따라 반납금을 분할납부하고 있는 사람이 대통령령 제23276호 공무원연금법 시행령 일부개정령 제18조제1항제2호의 개정규정에 따라 직접 수납기관에 납부하려는 경우에도 적용한다.

제13조【반납금의 산정 시 이자율의 적용 등에 관한 경과조치】 ① 이 영 시행 전의 이자율 적용에 관하여는 제22조제2항부터 제4항까지 및 제34조제1항·제2항의 개정규정에도 불구하고 종전의「공무원연금법 시행령」제19조제2항부터 제4항까지 및 제26조제1항에 따른다. 이 경우 2013년 5월 1일 전에 대통령령 제24506호 공무원연금법 시행령 일부개정령 제18조제1항에 따른 납부 기한까지 반납금을 납부하지 아니한 경우의 연체이자의 기간 계산은 2013년 5월 1일 전날까지의 체납기간에 대해서는 종전의「공무원연금법 시행령」(대통령령 제24506호로 일부개정되기 전의 것을 말한다)에 따르고, 2013년 5월 1일 이후의 체납기간에 대해서는 대통령령 제24506호 공무원연금법 시행령 일부개정령 제19조제4항의 개정규정에 따라 산정한다.
② 제1항 전단에도 불구하고 대통령령 제12380호 공무원연금법시행령중개정령 시행일인 1988년 1월 23일 당시 법률 제3964호 공무원연금법중개정법률 제24조제2항에 따라 재직기간의 합산을 인정받은 사람이 종전의「공무원연금법 시행령」(대통령령 제12380호로 일부개정되기 전의 것을 말한다)에 따라 반납금을 체납하여 재직기간 합산이 취소된 후 다시 재직기간의 합산을 인정받고 연체이자를 부담하고 있는 경우 1988년 1월 23일 이후에 납부하여야 할 반납금에 대해서는 이에 상당하는 체납 당시 반납하였어야 할 금액을 납부하여야 하고, 취소되기 전에 반납금을 체납한 기간(6개월이 초과한 기간에 대해서는 6개월로 본다)에 대해서는 대통령령 제12380호 공무원연금법시행령중개정령 제19조제1항 단서에 따라 연체이자를 가산한 금액으로 다시 산정하여 정한 금액을 납부하여야 한다.
③ 제1항 전단에도 불구하고 대통령령 제12653호 공무원연금법시행령중개정령 제19조제2항 및 제26조제1항에 따른 이자율은 그 이자의 계산기간이 1988년 12월 4일 이전인 경우에는 같은 영으로 개정되기 전의 규정에 따른다.
④ 제1항 전단에도 불구하고 대통령령 제18923호 공무원연금법시행령 일부개정령 시행일인 2005년 7월 1일 전에 법률 제7543호 공무원연금법 일부개정법률 제24조제2항에 따라 재직기간의 합산을 받고 대통령령 제18923호 공무원연금법시행령 일부개정령 제18조제1항에 따른 납부기한까지 반납금을 납부하지 아니한 경우의 연체이자의 계산은 대통령령 제18923호 공무원연금법시행령 일부개정령 시행일까지의 체납기간에 대해서는 종전의「공무원연금법시행령」(대통령령 제18923호로 일부개정되기 전의 것을 말한다) 제19조제4항에 따라 산정하고, 대통령령 제18923호 공무원연금법시행령 일부개정령 시행 이후의 체납기간에 대해서는 같은 영 제19조제4항의 개정규정에 따라 산정한다.

제14조【급여사유발생에 관한 일반적 경과조치】 ① 이 영 시행 전에 급여의 사유가 발생한 사람에 대한 급여에 관하여는 종전의「공무원연금법 시행령」에 따른다.
② 제1항에도 불구하고 대통령령 제12380호 공무원연금법시행령중개정령 시행일인 1988년 1월 23일 전에 급여의 사유가 발생한 사람에 대한 급여에 관하여는 같은 영으로 개정되기 전의 규정에 따른다.
③ 제1항에도 불구하고 1989년 9월 30일 이전에 지급사유가 발생한 급여에 관하여는 대통령령 제12822호 공무원연금법시행령중개정령으로 개정되기 전의 규정에 따른다.
④ 제1항에도 불구하고 대통령령 제17101호 공무원연금법시행령중개정령 시행일인 2001년 1월 1일 전에 급여의 사유가 발생한 사람에 대한 급여에 관하여는 같은 영으로 개정되기 전의 규정에 따른다.

제15조【급여의 환수에 관한 경과조치】 ① 이 영 시행 전의 급여의 환수에 관하여는 제34조의 개정규정에도 불구하고 종전의「공무원연금법 시행령」제26조에 따른다. 이 경우 대통령령 제22175호 공무원연금법 시행령 일부개정령 제26조제4항의 개정규정은 같은 영 시행 당시 환수금을 납부할 금액이 있는 사람의 남은 납부액부터 적용하고, 같은 영 제26조제5항의 개정규정은 같은 영 시행 당시 환수금을 납부할 금액이 있는 사람의 남은 납부액부터 적용한다.
② 제1항 전단에도 불구하고 대통령령 제17101호 공무원연금법시행령중개정령 시행일인 2001년 1월 1일 전에 법률 제6328호 공무원연금법중개정법률 제31조제1항에 따라 급여의 환수처분을 한 급여액에 가산할 이자 및 환수금에 가산할 연체이자의 계산기간은 대통령령 제17101호 공무원연금법 시행령중개정령으로 개정되기 전의 규정에 따른다.
③ 제1항 전단에도 불구하고 대통령령 제17101호 공무원연금법시행령중개정령 시행일인 2001년 1월 1일 전에 법률 제6328호 공무원연금법중개정법률 제31조제1항제2호 및 제3호에 따라 급여의 환수처분을 한 급여액의 환수는 대통령령 제17101호 공무원연금법시행령중개정령으로 개정되기 전의 규정에 따른다.
④ 제1항 전단에도 불구하고 대통령령 제21974호 공무원연금법 시행령 일부개정령 제26조제4항의 개정규정은 같은 영 시행일 이후에 환수금의 분할납부 승인을 받은 사람부터 적용한다.

제16조【퇴직급여 산정의 특례에 관한 경과조치】 ① 이 영 시행 전의 퇴직급여 산정의 특례에 관하여는 제42조의 개정규정에도 불구하고 종전의「공무원연금법 시행령」제43조에 따른다. 이 경우 대통령령 제23276호 공무원연금법 시행령 일부개정령 제43조제4항의 개정규정은 2009년 12월 31일까지 같은 영으로 개정되기 전 제19조의2제1항에 따라 군복무기간의 산입을 신청하여 그 군복무기간을 재직기간에 산입한 후에 법률 제10984호 공무원연금법 일부개정법률 제66조에 따라 소급기여금을 납부한 종료시점이 2010년 1월 1일 이후인 사람에 대하여 적용한다.
② 제1항 전단에도 불구하고 퇴직한 군인 또는 사립학교 교직원으로서 공무원으로 임용되어 대통령령 제13340호 공무원연금법시행령중개정령 시행 당시 재직 중인 사람에 대하여 같은 영 제43조제3항의 개정규정을 적용할 때에는 법률 제4334호 공무원연금법중개정법률 제24조제2항에 따른 반납금은 대통령령 제13340호 공무원연금법시행령중개정령으로 개정되기 전의 규정에 따른 퇴직급여가산금에 이자를 가산한 금액을 제외한 금액으로 한다.

제17조【퇴직급여 등의 종류 및 지급시기 변경신청에 관한 경과조치】 이 영 시행 전의 퇴직급여 등의 종류 및 지급시기의 변경신청에 관하여는 제48조의 개정규정에도 불구하고 종전의「공무원연금법 시행령」제41조의2에 따른다. 이 경우 대통령령 제21974호 공무원연금법 시행령 일부개정령 제42조의2의 개정규정은 같은 영 시행일 이후에 급여를 받는 사람부터 적용한다.

제18조【퇴직수당 산정에 관한 경과조치】 ① 이 영 시행 전의 퇴직수당 산정에 관하여는 제58조의 개정규정에도 불구하고 종전의「공무원연금법 시행령」제52조의3에 따른다.
② 제1항에도 불구하고 대통령령 제13340호 공무원연금법시행령중개정령 시행일인 1991년 10월 1일 당시 재직 중인 사람이 퇴직 또는 사망으로 인하여 받게 되는 퇴직수당이 다음 각 호의 구분에 따른 금액보다 적은 경우에는 다음 각 호의 구분에 따른 금액을 퇴직수당으로 지급한다. 이 경우 대통령령 제13340호 공무원연금법시행령중개정령 제55조제1항 및 제2항에 따라 퇴직수당을 감액하여 지급하는 경우에는 다음 각 호의 구분에 따른 금액은 그 금액의 2분의 1로 한다.
1. 재직기간이 5년 이상 10년 미만인 경우 : 퇴직일시금 또는 유족일시금 × 20퍼센트
2. 재직기간이 10년 이상 20년 미만인 경우 : 퇴직일시금 또는 유족일시금 × 25퍼센트
3. 재직기간이 20년 이상인 경우 : 퇴직연금일시금 또는 유족연금일시금 × 30퍼센트
③ 제1항에도 불구하고 대통령령 제13340호 공무원연금법시행령중개정령 시행일인 1991년 10월 1일 당시 재직 중인 사람으로서 법률 제4334호 공무원연금법중개정법률 제23조제2항에 따라 재직기간의 합산을 받은 사람이 퇴직 또는 사망으로 인하여 받게 되는 퇴직수당의 금액이 재직기간 합산 시 반납한 대통령령 제13340호 공무원연금법시행령중개정령으로 개정되기 전의 규정에 따른 퇴직급여가산금에 이자(퇴직급여가산금 납부 후 매 1년에 대하여 연 10퍼센트의 복리로 계산한 이자를 말한다)를 가산한 금액과 공무원으로 재직한 기간에 해당하는 퇴직수당을 합한 금액보다 적은 경우에는 그 합한 금액을 퇴직수당으로 지급한다.

제19조【병역복무휴직기간에 대한 기여금 징수에 관한 경과조치】 ① 이 영 시행 전의 병역복무휴직기간에 대한 기여금 징수에 관하여는 제65조의 개정규정에도 불구하고 종전의「공무원연금법 시행령」제63조에 따른다.
② 제1항에도 불구하고 대통령령 제10962호 공무원연금법시행령개정령 시행일인 1983년 1월 1일 당시 종전의「공무원연금법시행령」(대통령령 제10962호로 전부개정되기 전의 것을 말한다. 이하 이 항에서 같다)에 따라「병역법」에 따른 병역복무를 마치기 위한 휴직기간의 2분의 1에 해당하는 기간에 대하여 기여금을 납부하고 있는 사람은 종전의「공무원연금법시행령」에 따른 방법으로 기여금을 납부하고, 그 기여금 납부를 마친 달의 다음 달부터 남은 병역복무휴직기간에 대하여 해당 월분의 기여금과 같은 금액의 기여금을 납부하여야 한다.

제20조【과납기여금의 반환 등에 관한 경과조치】 이 영 시행 이후 더 내거나 덜 낸 기여금을 반환하거나 징수하는 경우 해당 기여금의 계산은 이 영 시행일 전날까지의 기간에 대해서는 종전의「공무원연금법 시행령」제65조에 따라 산정하고, 이 영 시행일 이후의 기간에 대해서는 제66조의 개정규정에 따라 산정한다.

제21조【감액되기 전의 보수월액에 의한 기여금의 납부에 관한 경과조치】 대통령령 제17101호 공무원연금법시행령중개정령 시행일인 2001년 1월 1일 당시에 종전의「공무원연금법」(법률 제6328호로 일부개정되기 전의 것을 말한다) 제66조제4항에 따라 감액되기 전의 직급 및 호봉에 의한 기여금을 납부하고 있는 사람에 대해서도 대통령령 제17101호 공무원연금법시행령중개정령 제65조의2의 개정규정을 적용하되, 감액되기 전의 직급 및 호봉에 의한 같은 영의 시행일이 속하는 해의 보수월액을 같은 영 제65조의2에 따라 감액되기 전의 보수월액으로 본다.

제22조【서식에 관한 경과조치】 이 영 시행 당시 종전의「공무원연금법 시행령」에 따라 제출한 청구서 등은 이 영에 따라 제출한 청구서 등으로 본다.

제23조【종전 부칙의 적용범위에 관한 경과조치】 종전의「공무원연금법 시행령」의 개정에 따라 규정하였던 종전의 부칙은 이 영 시행 전에 그 효력이 이미 상실된 경우를 제외하고는 이 영의 규정에 위배되지 아니하는 범위에서 이 영 시행 이후에도 계속하여 적용한다.

제24조【다른 법령의 개정】 ①~㉓ ※(해당 법령에 가제정리 하였음)

제25조【다른 법령과의 관계】 이 영 시행 당시 다른 법령에서 종전의「공무원연금법 시행령」또는 그 규정을 인용한 경우에 이 영에 그에 해당하는 규정이 있을 때에는 이 영 또는 이 영의 해당 규정을 각각 인용한 것으로 본다.

부 칙 (2020.6.9)

제1조【시행일】 이 영은 2020년 6월 11일부터 시행한다.(이하 생략)

부　칙 (2020.6.30)

제1조【시행일】 이 영은 공포한 날부터 시행한다.(이하 생략)

부　칙 (2020.7.14)

이 영은 2020년 7월 15일부터 시행한다.

부　칙 (2020.12.29)

제1조【시행일】 이 영은 2021년 1월 1일부터 시행한다.
제2조【일반적 적용례】 이 영은 이 영 시행 당시 사법경찰관이 수사 중인 사건에 대해서도 적용한다.

부　칙 (2020.12.31)

제1조【시행일】 이 영은 2021년 1월 1일부터 시행한다.(이하 생략)

부　칙 (2021.1.5)

이 영은 공포한 날부터 시행한다.(이하 생략)

부　칙 (2021.3.16)

제1조【시행일】 이 영은 공포한 날부터 시행한다.
제2조【연금청산 청구서 첨부서류에 관한 적용례】 제32조제1항의 개정규정은 이 영 시행 이후 연금청산 청구를 하는 경우부터 적용한다.
제3조【기준소득월액 등의 현재가치 환산에 관한 경과조치】 ① 제10조제1항의 개정규정에도 불구하고 이 영 시행 전에 법 제25조제2항에 따라 재직기간 또는 복무기간의 합산을 인정받은 사람에 대한 기준소득월액의 현재가치 환산에 관하여는 종전의 규정에 따른다.
② 대통령령 제29181호 공무원연금법 시행령 전부개정령 부칙 제10조제7항의 개정규정에도 불구하고 이 영 시행 전에 대통령령 제21974호 공무원연금법 시행령 일부개정령 시행 전의 재직기간 또는 복무기간의 합산을 인정받은 사람에 대한 보수월액 또는 평균보수월액의 현재가치 환산에 관하여는 종전의 규정에 따른다.
제4조【다른 법령의 개정】 ※(해당 법령에 가제정리 하였음)

부　칙 (2021.6.22)

제1조【시행일】 이 영은 2021년 6월 23일부터 시행한다.
제2조【유족의 인정기준 등에 관한 경과조치】 이 영 시행 전에 퇴직유족급여 사유가 발생한 사람에 대한 유족의 인정기준, 급여사유의 확인 및 장해상태의 확인 등에 관하여는 제3조, 제24조제3호 및 제56조의 개정규정에도 불구하고 종전의 규정에 따른다.
제3조【부양사실 인정기준에 관한 경과조치】 이 영 시행 전에 퇴직유족급여 사유가 발생한 사람에 대한 부양사실의 인정기준에 관하여는 별표1의 개정규정에도 불구하고 종전의 규정에 따른다.

부　칙 (2022.3.8)

제1조【시행일】 이 영은 공포 후 6개월이 경과한 날부터 시행한다.(이하 생략)

〔별표〕➡「法典 別册」參照

상훈법

(1967년 1월 16일
전개법률 제1885호)

개정
1971. 1.14법 2282호
1973. 1.25법 2447호
1988. 8. 5법 4017호(현재)
1990. 1.13법 4222호
1997.12.13법 5454호(정부부처명)
1999. 1.21법 5681호(국가정보원법)
1999. 1.29법 5713호
2001. 1. 8법 6342호
2005. 8. 4법 7657호
2008. 2.29법 8852호(정부조직)
2011. 8. 4법10985호
2012. 3.21법11393호
2013. 3.23법11690호(정부조직)
2014.11.19법12844호(정부조직)
2017. 7.26법14839호(정부조직)
2019.12.10법16765호

제1조【목적】 이 법은 대한민국 국민이나 외국인으로서 대한민국에 공로(功勞)가 뚜렷한 사람에 대한 서훈(敍勳)에 관한 사항을 규정함을 목적으로 한다.(2011.8.4 본조개정)
제2조【서훈의 원칙】 대한민국 훈장(勳章) 및 포장(褒章)은 대한민국 국민이나 우방국 국민으로서 대한민국에 뚜렷한 공적(功績)을 세운 사람에게 수여한다.
(2011.8.4 본조개정)
제3조【서훈의 기준】 서훈은 서훈 대상자의 공적 내용, 그 공적이 국가와 사회에 미친 효과의 정도, 그 밖의 사항을 고려하여 결정한다.(2019.12.10 본조개정)
제4조【중복 수여의 금지】 동일한 공적에 대하여는 훈장 또는 포장을 거듭 수여하지 아니한다.(2011.8.4 본조개정)
제5조【서훈의 추천】 ① 서훈의 추천은 중앙행정기관의 장(대통령 직속기관 및 국무총리 직속기관의 장을 포함한다), 국회사무총장, 법원행정처장, 헌법재판소사무처장 및 중앙선거관리위원회사무총장이 한다.
② 제1항에 규정된 추천권자(이하 "서훈 추천권자"라 한다)의 소관에 속하지 아니하는 서훈의 추천은 행정안전부장관이 한다.(2019.12.10 본항개정)
③ 서훈의 추천은 대통령령으로 정하는 바에 따라 공적심사를 거쳐야 한다.
(2011.8.4 본조개정)
제6조 (1999.1.29 삭제)
제7조【서훈의 확정】 ① 행정안전부장관은 제5조에 따라 서훈이 추천된 경우에는 서훈에 관한 의안을 국무회의에 제출하여야 한다.
② 대통령은 제1항에 따른 서훈에 관한 의안에 대하여 국무회의의 심의를 거쳐 서훈 대상자를 결정한다.
(2019.12.10 본조개정)
제8조【서훈의 취소 등】 ① 훈장 또는 포장을 받은 사람이 다음 각 호의 어느 하나에 해당될 때에는 그 서훈을 취소하고, 훈장 또는 포장과 이와 관련하여 수여한 물건 및 금전을 환수한다.(2019.12.10 본문개정)
1. 서훈 공적이 거짓으로 밝혀진 경우
2. 국가안전에 관한 죄를 범한 사람으로서 형을 받았거나 적대지역(敵對地域)으로 도피한 경우
3. 사형, 무기 또는 1년 이상의 징역이나 금고의 형을 선고받고 그 형이 확정된 경우(2019.12.10 본호개정)
② 제1항에 따라 서훈을 취소하고, 훈장 또는 포장 등을 환수하려는 경우에는 국무회의의 심의를 거쳐야 한다.
(2019.12.10 본항개정)
③ 서훈 추천권자는 훈장 또는 포장을 받은 사람에게 제1항 각 호의 어느 하나의 사유가 발생하였을 때에는 그 서훈의 취소에 관한 의안을 국무회의에 제출할 것을 행정안전부장관에게 요청하여야 하며, 행정안전부장관은 특별한 사유가 없으면 그 서훈의 취소에 관한 의안을 국무회의에 제출하여야 한다. 다만, 행정안전부장관은 서훈 추천권자의 요청이 없는 경우에도 대통령령으로 정하는 바에 따라 훈장 또는 포장을 받은 사람에게 제1항 각 호의 어느 하나에 해당하는 사유가 있는지 심의한 결과 이를 확인한 경우에는 해당자에 대한 서훈의 취소에 관한 의안을 국무회의에 제출할 수 있다.(2019.12.10 본항개정)
(2011.8.4 본조개정)
제8조의2【서훈의 공표】 ① 제7조 또는 제8조에 따라 서훈이 확정 또는 취소된 경우에는 그 대상자와 사유를 서훈이 확정 또는 취소된 날부터 60일 이내에 관보에 게재하여야 한다.(2019.12.10 단서삭제)
② 행정안전부장관은 제8조에 따라 서훈이 취소된 사람이 기한 내에 수여받은 훈장 및 포장 등을 반환하지 아니한 경우에는 해당자의 이름을 서훈 미반환자 명부에 등재하고, 이를 관보 및 행정안전부 인터넷 홈페이지에 공개할 수 있다.(2019.12.10 본항신설)
③ 제1항 및 제2항에 따라 관보 및 행정안전부 인터넷 홈페이지에 공개하는 사항이 「공공기관의 정보공개에 관한 법률」 제9조제1항 각 호의 어느 하나에 해당하는 경우에는 공개하지 아니할 수 있다.(2019.12.10 본항신설)
제9조【훈장의 종류】 훈장의 종류는 다음 각 호와 같다.
1. 무궁화대훈장
2. 건국훈장
3. 국민훈장
4. 무공훈장
5. 근정훈장
6. 보국훈장
7. 수교훈장
8. 산업훈장
9. 새마을훈장
10. 문화훈장
11. 체육훈장
12. 과학기술훈장
(2011.8.4 본조개정)
제10조【무궁화대훈장】 무궁화대훈장은 우리나라의 최고 훈장으로서 대통령에게 수여하며, 대통령의 배우자, 우방원수 및 그 배우자 또는 우리나라의 발전과 안전보장에 이바지한 공적이 뚜렷한 전직(前職) 우방원수 및 그 배우자에게도 수여할 수 있다.(2011.8.4 본조개정)
제11조【건국훈장】 건국훈장은 대한민국의 건국에 공로가 뚜렷하거나, 국가의 기초를 공고히 하는 데에 이바지한 공적이 뚜렷한 사람에게 수여하며, 이를 5등급으로 한다.(2011.8.4 본조개정)
제12조【국민훈장】 국민훈장은 정치·경제·사회·교육·학술 분야에 공을 세워 국민의 복지 향상과 국가 발전에 이바지한 공적이 뚜렷한 사람에게 수여하며, 이를 5등급으로 한다.(2011.8.4 본조개정)
제13조【무공훈장】 무공훈장은 전시(戰時) 또는 이에 준하는 비상사태에서 전투에 참가하거나 접적(接敵)지역에서 적의 공격에 대응하는 등 전투에 준하는 직무수행으로 뚜렷한 무공을 세운 사람에게 수여하며, 이를 5등급으로 한다.(2011.8.4 본조개정)
제14조【근정훈장】 근정훈장은 공무원(군인·군무원은 제외한다. 이하 같다), 사립학교 교원(「평생교육법」 제31조제3항에 따라 국·공립학교의 교원에 관한 규정이 준용되는 학력인정 평생교육시설의 교원을 포함한다. 이하 같다) 또는 「별정우체국법」 제2조에 따른 별정우체국 직원으로서 그 직무에 부지런히 힘써 공적이 뚜렷한 사람에게 수여하며, 이를 5등급으로 한다.(2012.3.21 본조개정)
제15조【보국훈장】 보국훈장은 국가안전보장에 뚜렷한 공을 세운 사람에게 수여하며, 이를 5등급으로 한다.
(2011.8.4 본조개정)
제16조【수교훈장】 ① 수교훈장은 국권의 신장 및 우방과의 친선에 공헌(貢獻)이 뚜렷한 사람에게 수여하며, 이를 5등급으로 한다.
② 새로 임명되어 임지로 부임하는 외교관과 정부대표, 특별사절 및 정부에서 필요하다고 인정하는 수행원에게는 외교행사 시 품위유지를 위한 의례적 장식용으로 수교훈장을 패용(佩用)하게 한다.(2019.12.10 본항개정)
③ 제2항에 따라 의례적 장식용으로 패용하는 훈장의 등급별 기준은 대통령령으로 정한다.
(2011.8.4 본조개정)
제17조【산업훈장】 산업훈장은 국가 산업 발전에 이바지한 공적이 뚜렷한 사람에게 수여하며, 이를 5등급으로 한다.(2011.8.4 본조개정)
제17조의2【새마을훈장】 새마을훈장은 새마을운동을 통하여 국가 및 사회 발전에 이바지한 공적이 뚜렷한 사람에게 수여하며, 이를 5등급으로 한다.(2011.8.4 본조개정)
제17조의3【문화훈장】 문화훈장은 문화예술 발전에 공을 세워 국민문화 향상과 국가 발전에 이바지한 공적이 뚜렷한 사람에게 수여하며, 이를 5등급으로 한다.
(2011.8.4 본조개정)
제17조의4【체육훈장】 체육훈장은 체육 발전에 공을 세워 국민체육의 위상을 높이고 국가 발전에 이바지한 공적이 뚜렷한 사람에게 수여하며, 이를 5등급으로 한다.
(2011.8.4 본조개정)
제17조의5【과학기술훈장】 과학기술훈장은 과학기술 발전에 이바지한 공적이 뚜렷한 사람에게 수여하며, 이를 5등급으로 한다.(2011.8.4 본조개정)
제18조【훈장의 등급별 명칭】 제11조부터 제17조까지 및 제17조의2부터 제17조의5까지의 규정에 따른 훈장의 등급별 명칭은 대통령령으로 정한다.(2011.8.4 본조개정)
제19조【포장의 종류】 포장은 훈장에 다음가는 훈격(勳格)으로서 그 종류는 다음 각 호와 같다.
1. 건국포장
2. 국민포장
3. 무공포장
4. 근정포장
5. 보국포장
6. 예비군포장
7. 수교포장
8. 산업포장
9. 새마을포장
10. 문화포장
11. 체육포장
12. 과학기술포장
(2011.8.4 본조개정)

제20조【건국포장】 건국포장은 대한민국의 건국과 국가의 기초를 공고히 하는 데에 헌신·진력(盡力)하여 그 공적이 뚜렷한 사람에게 수여한다.(2011.8.4 본조개정)

제21조【국민포장】 국민포장은 정치·경제·사회·교육·학술 분야의 발전에 이바지한 공적이 뚜렷한 사람, 생명의 위험을 무릅쓰고 인명을 구조하였거나 재산을 보호한 사람, 재산을 기부하는 등 선행을 한 사람, 그 밖에 공익사업에 종사하여 국민의 복리 증진에 이바지한 공적이 뚜렷한 사람에게 수여한다.(2019.12.10 본조개정)

제22조【무공포장】 무공포장은 국토 방위에 헌신·노력하여 그 공적이 뚜렷한 사람에게 수여한다.
(2011.8.4 본조개정)

제23조【근정포장】 근정포장은 공무원, 사립학교 교원 또는 「별정우체국법」 제2조에 따른 별정우체국 직원으로서 직무에 부지런히 힘써 국가의 이익과 국민의 행복에 이바지한 공적이 뚜렷한 사람에게 수여한다.(2019.12.10 본조개정)

제24조【보국포장·예비군포장】 ① 보국포장은 국가안전보장 및 사회의 안녕과 질서유지에 공적이 뚜렷한 사람에게 수여한다.(2019.12.10 본항개정)
② 예비군포장은 예비군의 육성·발전에 이바지한 공적이 뚜렷한 사람과 예비군으로서 직무에 부지런히 힘쓴 사람에게 수여한다.
(2011.8.4 본조개정)

제25조【수교포장】 수교포장은 국권(國權)의 신장 및 우방과의 친선에 뚜렷한 공을 세운 사람 또는 국위 선양(宣揚)에 크게 이바지한 사람에게 수여한다.(2011.8.4 본조개정)

제26조【산업포장】 산업포장은 산업의 개발 또는 발전에 이바지하거나 실업(實業)에 부지런히 힘써 그 공적이 뚜렷한 사람 또는 공장, 사업장, 그 밖의 직장에 근무하는 근로자로서 그 직무에 부지런히 힘써 국가 발전에 이바지한 공적이 뚜렷한 사람에게 수여한다.(2011.8.4 본조개정)

제26조의2【새마을포장】 새마을포장은 새마을운동을 통하여 새마을정신을 구현함으로써 지역사회 개발과 주민복리 증진에 이바지한 공적이 뚜렷한 사람에게 수여한다.(2011.8.4 본조개정)

제26조의3【문화포장】 문화포장은 문화예술활동을 통하여 문화 발전에 이바지한 공적이 뚜렷한 사람 및 문화예술활동을 통하여 국위를 선양한 사람에게 수여한다.
(2011.8.4 본조개정)

제26조의4【체육포장】 체육포장은 체육활동을 통하여 국민체육 발전에 이바지한 공적이 뚜렷한 사람 및 체육활동을 통하여 국위를 선양한 사람에게 수여한다.
(2011.8.4 본조개정)

제26조의5【과학기술포장】 과학기술포장은 과학기술의 연구개발활동 등을 통하여 과학기술 발전에 이바지한 공적이 뚜렷한 사람 또는 과학기술의 연구개발활동 등을 통하여 국위를 선양한 사람에게 수여한다.(2011.8.4 본조개정)

제27조【제식과 규격】 ① 무궁화대훈장은 경식훈장(頸飾勳章)과 대수(大綬)로 된 정장(正章) 및 부장(副章)으로 하되, 필요에 따라 약장(略章) 및 금장(襟章)을 둘 수 있다.
② 1등급의 훈장은 대수로 한다.
③ 2등급 및 3등급의 훈장은 중수(中綬)로 한다. 다만, 2등급의 건국훈장 및 수교훈장은 대수로 한다.
④ 4등급 및 5등급의 훈장은 소수(小綬)로 한다.
⑤ 제2항부터 제4항까지의 훈장은 정장·부장·약장 및 금장으로 한다. 다만, 3등급(건국훈장은 제외한다)·4등급 및 5등급의 훈장은 부장을 두지 아니한다.
⑥ 포장은 소수로 하되, 정장·약장 및 금장으로 한다.
⑦ 제1항부터 제6항까지의 정장·부장·약장·금장 및 경식(頸飾)과 수(綬)의 형태·치수·색채·재료에 관한 사항은 대통령령으로 정한다.
⑧ 과학기술훈장 및 과학기술포장의 제식(制式)과 규격은 제2항부터 제7항까지의 규정에도 불구하고 대통령령으로 따로 정할 수 있다.
(2011.8.4 본조개정)

제28조 (1999.1.29 삭제)

제29조【훈장 및 포장의 수여】 훈장 및 포장은 대통령이 직접 수여하는 것을 원칙으로 하되, 특별한 사유로 직접 수여하지 못할 때에는 대통령령으로 정하는 바에 따라 전수(傳授)할 수 있다.(2011.8.4 본조개정)

제30조【대리 수여】 ① 국방부장관은 전시 또는 이에 준하는 비상사태에서 부득이한 경우에는 대통령을 대리하여 2등급 이하의 무공훈장과 무공포장을 수여할 수 있다. 다만, 2등급 무공훈장의 대리 수여는 전시에만 할 수 있다.
② 국방부장관은 제1항에 따른 대리 수여를 스스로 할 수 없을 때에는 각 군 참모총장, 해병대사령관, 군사령관, 군단장 또는 사단장에게 위임할 수 있다.
(2011.8.4 본조개정)

제31조【대리 수여에 대한 사후 승인】 국방부장관이 제30조에 따라 무공훈장 또는 무공포장을 대리 수여한 경우에는 지체 없이 해당 공적 사항을 상세히 기록하여 국무회의의 심의를 거쳐 대통령의 승인을 받아야 한다.
(2011.8.4 본조개정)

제32조【부상】 훈장 또는 포장을 받은 사람에게는 부상(副賞)을 함께 수여할 수 있다.(2011.8.4 본조개정)

제33조【유족 또는 대리인의 수령】 훈장 또는 포장을 받을 사람이 사망하였거나 사고로 인하여 직접 수령할 수 없는 경우에는 그 유족 또는 대리인이 본인을 갈음하여 훈장 또는 포장을 받을 수 있다.(2011.8.4 본조개정)

제34조【패용】 ① 훈장 및 포장은 본인만 패용하며, 사후(死後)에는 그 유족이 보존하되, 이를 패용하지 못한다.
② 훈장 및 포장의 패용에 필요한 사항은 대통령령으로 정한다.
(2011.8.4 본조개정)

제35조 (1999.1.29 삭제)

제36조【훈장 및 포장의 재교부】 ① 훈장 또는 포장을 받은 사람이 이를 분실하였거나 파손하였을 때에는 대통령령으로 정하는 바에 따라 유상(有償)으로 다시 교부받을 수 있다.
② 훈장 및 포장의 재교부에 필요한 사항은 대통령령으로 정한다.
(2011.8.4 본조개정)

제37조【진열용 훈장·포장의 교부】 박물관·도서관·교육기관에 진열하여 교육용이나 전시용으로 사용할 훈장 및 포장은 정부가 따로 제작하여 교부할 수 있다.
(2011.8.4 본조개정)

제38조【자료제출 및 벌칙】 ① 서훈 추천권자는 서훈 대상자에게 공적 내용의 확인을 위하여 필요한 기록이나 서류의 제출을 요구할 수 있다.
② 서훈을 받거나 받지 못하게 할 목적으로 제1항에 따른 기록이나 서류를 거짓으로 작성하여 제출하거나 제1항에 따라 제출된 기록이나 서류를 공적심사 자료에 거짓으로 기재·입력한 자는 5년 이하의 징역 또는 5천만원 이하의 벌금에 처한다.
(2019.12.10 본조신설)

제39조【벌칙】 훈장 또는 포장을 받지 아니한 사람(유족을 포함한다)이 훈장 또는 포장을 패용한 때에는 6개월 이하의 징역 또는 500만원 이하의 벌금에 처한다.
(2011.8.4 본조개정)

제40조【벌칙】 정부와의 계약에 의하지 아니하고 훈장 또는 포장을 제작하거나 매매한 자는 1년 이하의 징역 또는 1천만원 이하의 벌금에 처한다.(2011.8.4 본조개정)

제41조 (2001.1.8 삭제)

부 칙 (2017.7.26)

제1조【시행일】 ① 이 법은 공포한 날부터 시행한다.(이하 생략)

부 칙 (2019.12.10)

제1조【시행일】 이 법은 공포 후 3개월이 경과한 날부터 시행한다.

제2조【서훈 미반환자의 명부 등재 및 공개에 관한 적용례】 제8조의2의 개정규정은 이 법 시행 전에 서훈이 취소된 사람으로서 이 법 시행 당시 훈장 또는 포장 등을 반환하지 아니한 사람에 대해서도 적용한다.

제3조【서훈의 취소에 관한 경과조치】 이 법 시행 전에 훈장 또는 포장을 받은 사람이 죄를 범한 경우에는 제8조제1항제3호의 개정규정에도 불구하고 종전의 규정에 따른다.

국경일에 관한 법률(약칭 : 국경일법)

(1949년 10월 1일
법 률 제53호)

개정
2005.12.29법 7771호 2014.12.30법12915호

제1조【국경일의 지정】 국가의 경사로운 날을 기념하기 위하여 국경일(國慶日)을 정한다.(2014.12.30 본조개정)

제2조【국경일의 종류】 국경일은 다음 각 호와 같다.
1. 3·1절 : 3월 1일
2. 제헌절 : 7월 17일
3. 광복절 : 8월 15일
4. 개천절 : 10월 3일
5. 한글날 : 10월 9일
(2014.12.30 본조개정)

제3조 (2014.12.30 삭제)

부 칙 (2014.12.30)

이 법은 공포한 날부터 시행한다.

공휴일에 관한 법률(약칭 : 공휴일법)

(2021년 7월 7일
법 률 제18291호)

제1조【목적】 이 법은 국가의 공휴일을 지정함으로써 사회 각 분야의 공휴일 운영에 통일성을 기하는 것을 목적으로 한다.

제2조【공휴일】 공휴일은 다음 각 호와 같다.
1. 「국경일에 관한 법률」에 따른 국경일 중 3·1절, 광복절, 개천절 및 한글날
2. 1월 1일
3. 설날 전날, 설날, 설날 다음 날(음력 12월 말일, 1월 1일, 2일)
4. 부처님 오신 날(음력 4월 8일)
5. 어린이날(5월 5일)
6. 현충일(6월 6일)
7. 추석 전날, 추석, 추석 다음 날(음력 8월 14일, 15일, 16일)
8. 기독탄신일(12월 25일)
9. 「공직선거법」 제34조에 따른 임기 만료에 의한 선거의 선거일
10. 기타 정부에서 수시 지정하는 날

제3조【대체공휴일】 ① 제2조에 따른 공휴일이 토요일이나 일요일, 다른 공휴일과 겹칠 경우에는 대체공휴일로 지정하여 운영할 수 있다.
② 제1항의 대체공휴일의 지정 및 운영에 관한 사항은 대통령령으로 정한다.

제4조【공휴일의 적용】 제2조에 따른 공휴일과 제3조에 따른 대체공휴일의 적용은 「국가공무원법」, 「근로기준법」 등 관계 법령에서 정하는 바에 따른다.

부 칙

제1조【시행일】 이 법은 2022년 1월 1일부터 시행한다. 다만, 부칙 제2조는 공포한 날부터 시행한다.

제2조【대체공휴일 적용의 특례】 이 법 시행일 전이라도 제2조제1호의 광복절, 개천절, 한글날 또는 같은 조 제8호의 기독탄신일이 토요일이나 일요일과 겹칠 경우에는 제3조를 적용한다. 이 경우 대체공휴일의 적용은 「국가공무원법」, 「근로기준법」 등 관계 법령에 따른다.

제3조【다른 법령과의 관계】 이 법 시행 당시 다른 법령에서 사용하고 있는 공휴일은 이 법에 따른 공휴일과 일요일을 포함한 것으로 본다. 다만, 일요일이 포함되지 않은 것이 명백한 경우에는 그러하지 아니하다.

관공서의 공휴일에 관한 규정

(약칭 : 관공서공휴일규정)

(1990년 11월 5일 전개대통령령 제13155호)

개정
1998.12.18영15939호 2005. 6.30영18893호
2006. 9. 6영19674호 2012.12.28영24273호
2013.11. 5영24828호 2017.10.17영28394호
2021. 8. 4영31930호 2023. 5. 4영33448호

제1조【목적】 이 영은 「국가공무원법」 및 「공휴일에 관한 법률」에 따라 관공서의 공휴일에 관한 사항을 규정함을 목적으로 한다.(2021.8.4 본조개정)

제2조【공휴일】 관공서의 공휴일은 다음 각 호와 같다. 다만, 재외공관의 공휴일은 우리나라의 국경일 중 공휴일과 주재국의 공휴일로 한다.(2017.10.17 본문개정)
1. 일요일
2. 국경일 중 3·1절, 광복절, 개천절 및 한글날(2012.12.28 본호개정)
3. 1월 1일(1998.12.18 본호개정)
4. 설날 전날, 설날, 설날 다음날(음력 12월 말일, 1월 1일, 2일)
5. (2005.6.30 삭제)
6. 부처님오신날(음력 4월 8일)(2017.10.17 본호개정)
7. 5월 5일(어린이날)
8. 6월 6일(현충일)
9. 추석 전날, 추석, 추석 다음날(음력 8월 14일, 15일, 16일)
10. 12월 25일(기독탄신일)
10의2. 「공직선거법」 제34조에 따른 임기만료에 의한 선거의 선거일(2006.9.6 본호신설)
11. 기타 정부에서 수시 지정하는 날

제3조【대체공휴일】 ① 제2조제2호부터 제10호까지의 공휴일이 다음 각 호의 어느 하나에 해당하는 경우에는 그 공휴일 다음의 첫 번째 비공휴일(제2조 각 호의 공휴일이 아닌 날을 말한다. 이하 같다)을 대체공휴일로 한다.
1. 제2조제2호·제6호·제7호 또는 제10호의 공휴일이 토요일이나 일요일과 겹치는 경우(2023.5.4 본호개정)
2. 제2조제4호 또는 제9호의 공휴일이 일요일과 겹치는 경우
3. 제2조제2호·제4호·제6호·제7호·제9호 또는 제10호의 공휴일이 토요일·일요일이 아닌 날에 같은 조 제2호부터 제10호까지의 규정에 따른 다른 공휴일과 겹치는 경우(2023.5.4 본호개정)

② 제1항에 따른 대체공휴일이 같은 날에 겹치는 경우에는 그 대체공휴일 다음의 첫 번째 비공휴일까지 대체공휴일로 한다.
③ 제1항 및 제2항에 따른 대체공휴일이 토요일인 경우에는 그 다음의 첫 번째 비공휴일을 대체공휴일로 한다.
(2021.8.4 본조개정)

제4조【임시공휴일의 지정】 제2조제11호에 따른 공휴일을 지정하려는 경우에는 국무회의의 심의를 거쳐야 한다.(2021.8.4 본조신설)

부 칙 (2005.6.30)

① **【시행일】** 이 영은 공포한 날부터 시행한다.
② **【국경일중 제헌절에 관한 경과조치】** 제2조제2호의 개정규정에 불구하고 제헌절에 관하여는 2007년 12월 31일까지 공휴일로 한다.

부 칙 (2012.12.28)
(2013.11.5)
(2017.10.17)

이 영은 공포한 날부터 시행한다.

부 칙 (2021.8.4)

이 영은 공포한 날부터 시행한다. 다만, 제1조의 개정규정은 2022년 1월 1일부터 시행한다.

부 칙 (2023.5.4)

이 영은 공포한 날부터 시행한다.

각종 기념일 등에 관한 규정

(약칭 : 기념일규정)

(1973년 3월 30일 대통령령 제6615호)

개정
1973.11.20영 6935호 1975. 4.28영 7608호
1976. 9. 3영 8236호 1977.10.25영 8734호
1982. 5.15영10824호 1984. 9.22영11515호
1985. 6.11영11703호 1989.12.30영12876호
1990. 1. 3영12895호(직제)
1994. 3. 9영14187호
1994.12.31영14507호(국가유공자예우등에관한법시)
1996. 5.30영15005호 1997. 5. 9영15369호
1998. 7.25영15843호 2000. 2.23영16718호
2000.11.28영17006호 2002. 6.19영17628호
2003. 2. 4영17898호 2003.11.27영18143호
2006. 9. 6영19675호 2007. 5. 2영20045호
2008. 2.29영20741호(직제)
2008. 5.14영20781호(직제)
2009. 7.16영21628호(직제)
2010. 3.12영22074호
2010. 3.15영22076호(직제)
2010. 5.25영22168호
2010. 7.12영22269호(직제)
2010.12.27영22548호 2011.12.28영23400호
2012.10.22영24142호
2013. 3.23영24425호(직제)
2013. 6.17영24609호 2014. 3.24영25267호
2014.11.19영25751호(직제)
2016. 3.22영27039호
2016.11.29영27619호(예비군법시)
2017. 7.26영28211호(직제)
2018. 2. 6영28624호 2018. 5.15영28883호
2018.11. 2영29271호 2019. 2.26영29562호
2019. 9.24영30091호 2020. 8.18영30942호
2020.12.15영31264호
2023. 4. 5영33377호(직제)
2023. 4.11영33382호(직제)
2023. 7. 7영33620호 2023.11.21영33877호

제1조【목적】 이 영은 정부가 주관하는 각종 기념일(紀念日) 및 기념주간 등을 지정하고 그 기념일에 거행되는 전국적 또는 지역적 규모의 의식(儀式)과 그에 부수되는 행사 등에 관하여 필요한 사항을 규정함을 목적으로 한다.(2020.8.18 본조개정)

제2조【기념일 등】 ① 정부에서 주관하는 각종 기념일, 그 주관 부처 및 행사 내용 등은 별표1과 같다.
② 정부가 기념일을 지정하려는 경우 고려할 기준은 별표2와 같다.(2020.8.18 본항신설)
③ 중앙행정기관의 장은 제1항 또는 다른 법률에 규정되지 않은 기념행사나 이에 준하는 행사를 하려는 경우에는 그 계획을 국무회의에 보고한 후 시행해야 한다.
(2020.8.18 본조개정)

제3조【기념식 및 행사】 제2조에 규정된 각종 기념일의 의식과 그에 부수되는 행사는 전국적인 범위로 실시할 수 있으며, 주간이나 월간을 정하여 부수행사를 실시할 수 있다.(2011.12.28 본조개정)

제4조【행사의 간소화 등】 모든 기념일의 의식과 그에 부수되는 행사는 엄숙하고 검소하게 실시하여 해당 기념일의 의의를 높일 수 있도록 해야 한다.(2020.8.18 본조개정)

제5조【그 밖의 기념행사의 금지】 정부기관이나 「공공기관의 운영에 관한 법률」에 따른 공공기관은 이 영 및 다른 법률에서 정하는 것 외에는 어떠한 전국적 또는 지역적 규모의 기념행사나 이에 준하는 행사도 주관할 수 없다. 다만, 국경일의 기념행사는 예외로 하되, 그 기념행사에 대해서는 제3조와 제4조를 적용한다.(2020.8.18 본문개정)

제6조【고유식별정보의 처리】 중앙행정기관의 장은 제2조제1항에 따른 각종 기념일의 행사, 같은 조 제3항에 따른 기념행사 및 제5조 단서에 따른 국경일의 기념행사에 관한 업무를 수행하기 위하여 불가피한 경우 「개인정보 보호법 시행령」 제19조제1호, 제2호 또는 제4호에 따른 주민등록번호, 여권번호 또는 외국인등록번호가 포함된 자료를 처리할 수 있다.(2020.8.18 본조개정)

부 칙 (2020.8.18)
(2020.12.15)

이 영은 공포한 날부터 시행한다.

부 칙 (2023.4.5)
(2023.4.11)

제1조【시행일】 이 영은 2023년 6월 5일부터 시행한다.
(이하 생략)

부 칙 (2023.7.7)

제1조【시행일】 이 영은 2023년 7월 10일부터 시행한다.
제2조【다른 법령의 개정】 ※(해당 법령에 가제정리 하였음)

부 칙 (2023.11.21)

이 영은 공포한 날부터 시행한다.

【별표】 ➡ 「法典 別册」 참조

행정규제기본법

(1997년 8월 22일 법 률 제5368호)

개정
1998. 2.28법 5529호(정부조직)
2005.12.29법 7797호
2008. 2.29법 8852호(정부조직)
2009. 3.25법 9532호(기업활동규제완화에관한특별조치법)
2010. 1.25법 9965호
2013. 3.23법11690호(정부조직)
2013. 7.16법11935호 2015. 5.18법13329호
2016. 5.29법14184호(예비군법)
2017.11.28법15037호 2018. 4.17법15609호
2019. 4.16법16322호
2020. 2. 4법16954호(소상공인기본법)
2022. 1. 4법18682호(비상대비에관한법)
2023. 1.17법19213호(재난관리자원의관리등에관한법)
2023. 7.11법19530호

제1장 총 칙

(2010.1.25 본장개정)

제1조【목적】 이 법은 행정규제에 관한 기본적인 사항을 규정하여 불필요한 행정규제를 폐지하고 비효율적인 행정규제의 신설을 억제함으로써 사회·경제활동의 자율과 창의를 촉진하여 국민의 삶의 질을 높이고 국가경쟁력이 지속적으로 향상되도록 함을 목적으로 한다.

제2조【정의】 ① 이 법에서 사용하는 용어의 뜻은 다음과 같다.
1. "행정규제"(이하 "규제"라 한다)란 국가나 지방자치단체가 특정한 행정 목적을 실현하기 위하여 국민(국내법을 적용받는 외국인을 포함한다)의 권리를 제한하거나 의무를 부과하는 것으로서 법령등이나 조례·규칙에 규정되는 사항을 말한다.
2. "법령등"이란 법률·대통령령·총리령·부령과 그 위임을 받는 고시(告示) 등을 말한다.
3. "기존규제"란 이 법 시행 당시 다른 법률에 근거하여 규정된 규제와 이 법 시행 후 이 법에서 정한 절차에 따라 규정된 규제를 말한다.
4. "행정기관"이란 법령등 또는 조례·규칙에 따라 행정 권한을 가지는 기관과 그 권한을 위임받거나 위탁받은 법인·단체 또는 그 기관이나 개인을 말한다.
5. "규제영향분석"이란 규제로 인하여 국민의 일상생활과 사회·경제·행정 등에 미치는 여러 가지 영향을 객관적이고 과학적인 방법을 사용하여 미리 예측·분석함으로써 규제의 타당성을 판단하는 기준을 제시하는 것을 말한다.

② 규제의 구체적 범위는 대통령령으로 정한다.

제3조【적용 범위】 ① 규제에 관하여 다른 법률에 특별한 규정이 있는 경우를 제외하고는 이 법에서 정하는 바에 따른다.
② 다음 각 호의 어느 하나에 해당하는 사항에 대하여는 이 법을 적용하지 아니한다.
1. 국회, 법원, 헌법재판소, 선거관리위원회 및 감사원이 하는 사무
2. 형사(刑事), 행형(行刑) 및 보안처분에 관한 사무
2의2. 과징금, 과태료의 부과 및 징수에 관한 사항(2017.11.28 본호신설)
3. 「국가정보원법」에 따른 정보·보안 업무에 관한 사항
4. 「병역법」, 「대체역의 편입 및 복무 등에 관한 법률」, 「통합방위법」, 「예비군법」, 「민방위기본법」, 「비상대비에 관한 법률」, 「재난 및 안전관리기본법」 및 「재난관리자원의 관리 등에 관한 법률」에 규정된 징집·소집·동원·훈련에 관한 사항(2023.7.11 본호개정)
5. 군사시설, 군사기밀 보호 및 방위사업에 관한 사항
6. 조세(租稅)의 종목·세율·부과 및 징수에 관한 사항

③ 지방자치단체는 이 법에서 정하는 취지에 따라 조례·규칙에 규정된 규제의 등록 및 공표(公表), 규제의 신설이나 강화에 대한 심사, 기존규제의 정비, 규제심사기구의 설치 등에 필요한 조치를 하여야 한다.

제4조【규제 법정주의】 ① 규제는 법률에 근거하여야 하며, 그 내용은 알기 쉬운 용어로 구체적이고 명확하게 규정되어야 한다.
② 규제는 법률에 직접 규정하되, 규제의 세부적인 내용은 법률 또는 상위법령(上位法令)에서 구체적으로 범위를 정하여 위임한 바에 따라 대통령령·총리령·부령 또는 조례·규칙으로 정할 수 있다. 다만, 법령에서 전문적·기술적 사항이나 경미한 사항으로서 업무의 성질상 위임이 불가피한 사항에 관하여 구체적으로 범위를 정하여 위임한 경우에는 고시 등으로 정할 수 있다.
③ 행정기관은 법률에 근거하지 아니한 규제로 국민의 권리를 제한하거나 의무를 부과할 수 없다.

제5조【규제의 원칙】 ① 국가나 지방자치단체는 국민의 자유와 창의를 존중하여야 하며, 규제를 정하는 경우에도 그 본질적 내용을 침해하지 아니하도록 하여야 한다.
② 국가나 지방자치단체가 규제를 정할 때에는 국민의 생명·인권·보건 및 환경 등의 보호와 식품·의약품의 안전을 위한 실효성이 있는 규제가 되도록 하여야 한다.
③ 규제의 대상과 수단은 규제의 목적 실현에 필요한 최소한의 범위에서 가장 효과적인 방법으로 객관성·투명성 및 공정성이 확보되도록 설정되어야 한다.

제5조의2【우선허용·사후규제 원칙】 ① 국가나 지방자치단체가 신기술을 활용한 새로운 서비스 또는 제품(이하 "신기술 서비스·제품"이라 한다)과 관련된 규제를 법령등이나 조례·규칙에 규정할 때에는 다음 각 호의 어느 하나의 규정 방식을 우선적으로 고려하여야 한다.
1. 규제로 인하여 제한되는 권리나 부과되는 의무는 한정적으로 열거하고 그 밖의 사항은 원칙적으로 허용하는 규정 방식
2. 서비스와 제품의 인정 요건·개념 등을 장래의 신기술 발전에 따른 새로운 서비스와 제품도 포섭될 수 있도록 하는 규정 방식
3. 서비스와 제품에 관한 분류기준을 장래의 신기술 발전에 따른 서비스와 제품도 포섭될 수 있도록 유연하게 정하는 규정 방식
4. 그 밖에 신기술 서비스·제품과 관련하여 출시 전에 권리를 제한하거나 의무를 부과하지 아니하고 필요에 따라 출시 후에 권리를 제한하거나 의무를 부과하는 규정 방식
② 국가와 지방자치단체는 신기술 서비스·제품과 관련된 규제를 점검하여 해당 규제를 제1항에 따른 규정 방식으로 개선하는 방안을 강구하여야 한다.
(2019.4.16 본조신설)

제6조【규제의 등록 및 공표】 ① 중앙행정기관의 장은 소관 규제의 명칭·내용·근거·처리기관 등을 제23조에 따른 규제개혁위원회(이하 "위원회"라 한다)에 등록하여야 한다.
② 위원회는 제1항에 따라 등록된 규제사무 목록을 작성하여 공표하고, 매년 6월 말일까지 국회에 제출하여야 한다.
③ 위원회는 직권으로 조사하여 등록되지 아니한 규제가 있는 경우에는 관계 중앙행정기관의 장에게 지체 없이 위원회에 등록하게 하거나 그 규제를 폐지하는 법령등의 정비계획을 제출하도록 요구하여야 하며, 관계 중앙행정기관의 장은 특별한 사유가 없으면 그 요구에 따라야 한다.
④ 제1항부터 제3항까지의 규정에 따른 규제의 등록·공표의 방법과 절차 등에 관하여 필요한 사항은 대통령령으로 정한다.

제2장 규제의 신설·강화에 대한 원칙과 심사
(2010.1.25 본장개정)

제7조【규제영향분석 및 자체심사】 ① 중앙행정기관의 장은 규제를 신설하거나 강화(규제의 존속기한 연장을 포함한다. 이하 같다)하려면 다음 각 호의 사항을 종합적으로 고려하여 규제영향분석을 하고 규제영향분석서를 작성하여야 한다.
1. 규제의 신설 또는 강화의 필요성
2. 규제 목적의 실현 가능성
3. 규제 외의 대체 수단 존재 여부 및 기존규제와의 중복 여부
4. 규제의 시행에 따라 규제를 받는 집단과 국민이 부담하여야 할 비용과 편익의 비교 분석
5. 규제의 시행이 「중소기업기본법」 제2조에 따른 중소기업에 미치는 영향(2015.5.18 본호신설)
6. 「국가표준기본법」 제3조제8호 및 제19호에 따른 기술규정 및 적합성평가의 시행이 기업에 미치는 영향
(2023.7.11 본호신설)
7. 경쟁 제한적 요소의 포함 여부
8. 규제 내용의 객관성과 명료성
9. 규제의 존속기한·재검토기한(일정기간마다 그 규제의 시행상황에 관한 점검결과에 따라 폐지 또는 완화 등의 조치를 할 필요성이 인정되는 규제에 한정하여 적용되는 기한을 말한다. 이하 같다)의 설정 근거 또는 미설정 사유(2023.7.11 본호신설)
10. 규제의 신설 또는 강화에 따른 행정기구·인력 및 예산의 소요
11. 규제의 신설 또는 강화에 따른 부담을 경감하기 위하여 폐지·완화가 필요한 기존규제 대상(2023.7.11 본호신설)
12. 관련 민원사무의 구비서류 및 처리절차 등의 적정 여부
② 중앙행정기관의 장은 제1항에 따른 규제영향분석서를 입법예고 기간 동안 국민에게 공표하여야 하고, 제출된 의견을 검토하여 규제영향분석서를 보완하며, 의견을 제출한 자에게 제출된 의견의 처리 결과를 알려야 한다.
③ 중앙행정기관의 장은 제1항에 따른 규제영향분석의 결과를 기초로 규제의 대상·범위·방법 등을 정하고 자체규제심사위원회의 심의를 거쳐 그 타당성에 대하여 자체심사를 하여야 한다. 이 경우 관계 전문가 등의 의견을 충분히 수렴하여 심사에 반영하여야 한다.(2023.7.11 전단개정)
④ 규제영향분석의 방법·절차와 규제영향분석서의 작성지침 및 공표방법, 자체규제심사위원회의 구성, 자체심사의 기준 및 절차 등에 관하여 필요한 사항은 대통령령으로 정한다.(2023.7.11 본항개정)

제8조【규제의 존속기한 및 재검토기한 명시】 ① 중앙행정기관의 장은 규제를 신설하거나 강화하려는 경우에 존속시켜야 할 명백한 사유가 없는 규제는 존속기한 또는 재검토기한을 설정하여 그 법령등에 규정하여야 한다.
(2023.7.11 본항개정)
② 규제의 존속기한 또는 재검토기한은 규제의 목적을 달성하기 위하여 필요한 최소한의 기간 내에서 설정되어야 하며, 그 기간은 원칙적으로 5년을 초과할 수 없다.
③ 중앙행정기관의 장은 규제의 존속기한 또는 재검토기한을 연장할 필요가 있을 때에는 그 규제의 존속기한 또는 재검토기한의 6개월 전까지 제10조에 따라 위원회에 심사를 요청하여야 한다.
④ 위원회는 제12조와 제13조에 따른 심사 시 필요하다고 인정하면 관계 중앙행정기관의 장에게 그 규제의 존속기한 또는 재검토기한을 설정할 것을 권고할 수 있다.
⑤ 중앙행정기관의 장은 법률에 규정된 규제의 존속기한 또는 재검토기한을 연장할 필요가 있을 때에는 그 규제의 존속기한 또는 재검토기한의 3개월 전까지 규제의 존속기한 또는 재검토기한 연장을 내용으로 하는 개정안을 국회에 제출하여야 한다.
(2013.7.16 본조개정)

제8조의2【규제의 재검토】 ① 중앙행정기관의 장은 규제의 재검토기한이 도래하는 경우 제7조제4항에 따른 자체규제심사위원회의 심의를 거쳐 해당 규제의 시행상황을 점검하는 방법 등으로 규제의 재검토를 실시하고 그 결과에 따라 규제의 폐지 또는 완화 등 필요한 조치를 하여야 한다.
② 중앙행정기관의 장은 제1항에 따른 재검토의 결과보고서를 작성·보존 및 공개하고, 다음 재검토를 실시할 때 그 내용을 반영하여야 한다.
③ 규제의 재검토의 실시 절차, 결과보고서의 작성·보존 및 공개 등에 관하여 필요한 사항은 대통령령으로 정한다.
(2023.7.11 본조신설)

제8조의3【소상공인 등에 대한 규제 형평】 ① 중앙행정기관의 장은 규제를 신설하거나 강화하려는 경우 「소상공인기본법」 제2조에 따른 소상공인 및 「중소기업기본법」 제2조제2항에 따른 소기업에 대하여 해당 규제를 적용하는 것이 적절하지 아니하거나 과도한 부담을 줄 우려가 있다고 판단되면 규제의 전부 또는 일부의 적용을 면제하거나 일정기간 유예하는 등의 방안을 검토하여야 한다.
(2020.2.4 본항개정)
② 중앙행정기관의 장은 제1항을 적용하는 것이 적절하지 아니하다고 판단될 경우에는 제10조제1항에 따라 위원회에 심사를 요청할 때에 그 판단의 근거를 제시하여야 한다.
(2018.4.17 본조신설)

제9조【의견 수렴】 중앙행정기관의 장은 규제를 신설하거나 강화하려면 공청회, 행정상 입법예고 등의 방법으로 행정기관·민간단체·이해관계인·연구기관·전문가 등의 의견을 충분히 수렴하여야 한다.

제10조【심사 요청】 ① 중앙행정기관의 장은 규제를 신설하거나 강화하려면 위원회에 심사를 요청하여야 한다. 이 경우 법령안(法令案)에 대하여는 법제처장에게 법령안 심사를 요청하기 전에 하여야 한다.
② 중앙행정기관의 장은 제1항에 따라 심사를 요청할 때에는 규제안에 다음 각 호의 사항을 첨부하여 위원회에 제출하여야 한다.
1. 제7조제1항에 따른 규제영향분석서
2. 제7조제3항에 따른 자체심사 의견
3. 제9조에 따른 행정기관·이해관계인 등의 제출의견 요지
③ 위원회는 제1항에 따라 규제심사를 요청받은 경우에는 그 법령에 대한 규제정비 계획을 제출하게 할 수 있다.

제11조【예비심사】 ① 위원회는 제10조에 따라 심사를 요청받은 날부터 10일 이내에 그 규제가 국민의 일상생활과 사회·경제활동에 미치는 파급 효과를 고려하여 제12조에 따른 심사를 받아야 할 규제(이하 "중요규제"라 한다)인지를 결정하여야 한다.
② 제1항에 따라 위원회가 중요규제가 아니라고 결정한 규제는 위원회의 심사를 받은 것으로 본다.
③ 위원회는 제1항에 따라 결정을 하였을 때에는 지체 없이 그 결과를 관계 중앙행정기관의 장에게 통보하여야 한다.

제12조【심사】 ① 위원회는 제11조제1항에 따라 중요규제라고 결정한 규제에 대하여는 심사 요청을 받은 날부터 45일 이내에 심사를 끝내야 한다. 다만, 심사기간의 연장이 불가피한 경우에는 위원회의 결정으로 15일을 넘지 아니하는 범위에서 한 차례만 연장할 수 있다.
② 위원회는 관계 중앙행정기관의 자체심사가 신뢰할 수 있는 자료와 근거에 의하여 적절한 절차에 따라 적정하게 이루어졌는지 심사하여야 한다.
③ 위원회는 제10조제2항 각 호의 첨부서류 중 보완이 필요한 사항에 대하여는 관계 중앙행정기관의 장에게 보완할 것을 요구할 수 있다. 이 경우 보완하는 데에 걸린 기간은 제1항에 따른 심사기간에 포함하지 아니한다.
④ 위원회는 제1항에 따라 심사를 마쳤을 때에는 지체 없이 그 결과를 관계 중앙행정기관의 장에게 통보하여야 한다.

제13조【긴급한 규제의 신설·강화 심사】 ① 중앙행정기관의 장은 긴급하게 규제를 신설하거나 강화하여야 할 특별한 사유가 있는 경우에는 제7조, 제8조제3항, 제9조 및 제10조의 절차를 거치지 아니하고 위원회에 심사를 요청할 수 있다. 이 경우 그 사유를 제시하여야 한다.
② 위원회는 제1항에 따라 심사 요청된 규제의 긴급성이 인정된다고 결정하면 심사를 요청받은 날부터 20일 이내에 규제의 신설 또는 강화의 타당성을 심사하고 그 결과를 관계 중앙행정기관의 장에게 통보하여야 한다. 이 경우 관계 중앙행정기관의 장은 위원회의 심사 결과를 통보받은 날부터 60일 이내에 위원회에 규제영향분석서를 제출하여야 한다.
③ 위원회는 제1항에 따라 심사 요청된 규제의 긴급성이 인정되지 아니한다고 결정하면 심사를 요청받은 날부터 10일 이내에 관계 중앙행정기관의 장에게 제7조부터 제10조까지의 규정에 따른 절차를 거치도록 요구할 수 있다.

제14조【개선 권고】 ① 위원회는 제12조와 제13조에 따른 심사 결과 필요하다고 인정하면 관계 중앙행정기관의 장에게 그 규제의 신설 또는 강화를 철회하거나 개선하도록 권고할 수 있다.
② 제1항에 따라 권고를 받은 관계 중앙행정기관의 장은 특별한 사유가 없으면 이에 따라야 하며, 그 처리 결과를 대통령령으로 정하는 바에 따라 위원회에 제출하여야 한다.

제15조【재심사】 ① 중앙행정기관의 장은 위원회의 심사 결과에 이의가 있거나 위원회의 권고대로 조치하기가 곤란하다고 판단되는 특별한 사정이 있는 경우에는 대통령령으로 정하는 바에 따라 위원회에 재심사(再審査)를 요청할 수 있다.
② 위원회는 제1항에 따른 재심사 요청을 받으면 그 요청받은 날부터 15일 이내에 재심사를 끝내고 그 결과를 관계 중앙행정기관의 장에게 통보하여야 한다.
③ 제2항에 따른 재심사는 제14조를 준용한다.

제16조【심사절차의 준수】 ① 중앙행정기관의 장은 위원회의 심사를 받지 아니하고 규제를 신설하거나 강화하여서는 아니 된다.
② 중앙행정기관의 장은 법제처장에게 신설되거나 강화되는 규제를 포함하는 법령안의 심사를 요청할 때에는 그 규제에 대한 위원회의 심사의견을 첨부하여야 한다. 법령안을 국무회의에 상정(上程)하는 경우에도 또한 같다.

제3장 기존규제의 정비
(2010.1.25 본장개정)

제17조【규제 정비의 요청】 ① 누구든지 위원회에 고시(告示) 등 기존규제의 폐지 또는 개선(이하 "정비"라 한다)을 요청할 수 있다.
② 위원회는 제1항에 따라 정비 요청을 받으면 해당 규제의 소관 행정기관의 장에게 지체 없이 통보하여야 하고, 통보를 받은 행정기관의 장은 책임자 실명으로 성실히 답변하여야 한다.
③ 위원회는 제2항의 답변과 관련하여 필요한 경우 해당 행정기관의 장에게 규제 존치의 필요성 등에 대하여 소명할 것을 요청할 수 있다.
④ 제3항에 따라 소명을 요청받은 행정기관의 장은 특별한 사유가 없으면 이에 따라야 한다.
⑤ 제1항부터 제4항까지의 규정에 따른 기존규제의 정비 요청, 답변·소명의 기한 및 절차 등에 필요한 사항은 대통령령으로 정한다.
(2018.4.17 본조개정)

제17조의2【다른 행정기관 소관의 규제에 관한 의견 제출】 중앙행정기관의 장은 규제 개선 또는 소관 정책의 목적을 효과적으로 달성하기 위하여 다른 중앙행정기관의 소관 규제를 개선할 필요가 있다고 판단하는 경우에는 그에 관한 의견을 위원회에 제출할 수 있다.
(2018.4.17 본조신설)

제18조【기존규제의 심사】 ① 위원회는 다음 각 호의 어느 하나에 해당하는 경우 기존규제의 정비에 관하여 심사할 수 있다.
1. 제17조에 따른 정비 요청 및 제17조의2에 따라 제출된 의견을 위원회에서 심사할 필요가 있다고 인정한 경우
(2018.4.17 본호개정)
2. (2009.3.25 삭제)
3. 그 밖에 위원회가 이해관계인·전문가 등의 의견을 수렴한 결과 특정한 기존규제에 대한 심사가 필요하다고 인정한 경우
② 제1항의 심사는 제14조와 제15조를 준용한다.

제19조【기존규제의 자체정비】 ① 중앙행정기관의 장은 매년 소관 기존규제에 대하여 이해관계인·전문가 등의 의견을 수렴하여 정비가 필요한 규제를 선정하여 정비하여야 한다.
② 중앙행정기관의 장은 제1항에 따른 정비 결과를 대통령령으로 정하는 바에 따라 위원회에 제출하여야 한다.

제19조의2【기존규제의 존속기한 및 재검토기한 명시】
① 중앙행정기관의 장은 기존규제에 대한 점검결과 존속시켜야 할 명백한 사유가 없는 규제는 존속기한 또는 재검토기한을 설정하여 그 법령등에 규정하여야 한다.
② 제1항에 따른 기존규제의 존속기한 또는 재검토기한 설정에 관하여는 제8조제2항부터 제5항까지를 준용한다.
(2013.7.16 본조신설)

제19조의3【신기술 서비스·제품 관련 규제의 정비 및 특례】 ① 중앙행정기관의 장은 신기술 서비스·제품과 관련된 규제와 관련하여 규제의 적용 또는 존재 여부에 대하여 국민이 확인을 요청하는 경우 신기술 서비스·제품에 대한 규제 특례를 부여하는 관계 법률로 정하는 바에 따라 이를 지체 없이 확인하여 통보하여야 한다.
② 중앙행정기관의 장은 신기술 서비스·제품과 관련된 규제와 관련하여 다음 각 호의 어느 하나에 해당하여 신기술 서비스·제품의 육성을 저해하는 경우에는 해당 규제를 신속하게 정비하여야 한다.
1. 기존 규제를 해당 신기술 서비스·제품에 적용하는 것이 곤란하거나 맞지 아니한 경우
2. 해당 신기술 서비스·제품에 대하여 명확히 규정되어 있지 아니한 경우
③ 중앙행정기관의 장은 제2항에 따라 규제를 정비하여야 하는 경우로서 필요한 경우에는 해당 규제가 정비되기 전이라도 신기술 서비스·제품과 관련된 규제 특례를 부여하는 관계 법률로서 대통령령으로 정하는 법률(이하 "규제 특례 관계법률"이라 한다)로 정하는 바에 따라 해당 규제의 적용을 면제하거나 완화할 수 있다.(2023.7.11 본항개정)
④ 중앙행정기관의 장은 규제 특례 관계법률에 규제의 적용을 면제하거나 완화하는 규정을 두는 경우에는 다음 각 호의 사항을 종합적으로 고려하여야 한다.(2023.7.11 본문개정)
1. 국민의 안전·생명·건강에 위해가 되거나 환경 및 지역균형발전을 저해하는지 여부와 개인정보의 안전한 보호 및 처리 여부
2. 해당 신기술 서비스·제품의 혁신성 및 안전성과 그에 따른 이용자의 편익
3. 규제의 적용 면제 또는 완화로 인하여 발생할 수 있는 부작용에 대한 사후 책임 확보 방안
⑤ 신기술 서비스·제품과 관련된 규제 특례를 부여받고자 하는 자의 신청을 받은 중앙행정기관의 장(이하 "규제 특례 주관기관"이라 한다)은 신기술 서비스·제품 관련 규제 특례에 관한 사항을 심의·의결하기 위하여 규제 특례 관계법률에 따라 설치된 위원회(이하 "규제 특례 위원회"라 한다)의 심의·의결을 거쳐 제3항에 따른 규제 특례를 부여하려는 경우에는 대통령령으로 정하는 기간 이내에 규제 특례 위원회에 신청된 사항을 상정하여야 한다.(2023.7.11 본항신설)
⑥ 제3항에 따른 규제 특례 부여가 규제 특례 위원회에서 부결된 경우에는 규제 특례의 부여를 신청한 자는 대통령령으로 정하는 바에 따라 규제 특례 주관기관의 장에게 재심의를 신청할 수 있다.(2023.7.11 본항신설)
⑦ 신기술 서비스·제품과 관련된 규제 특례를 부여받은 자는 사정의 변경 등 정당한 사유가 있는 경우 규제 특례 주관기관의 장에게 규제 특례의 내용·조건 등의 변경을 신청할 수 있다.(2023.7.11 본항신설)
⑧ 신기술 서비스·제품의 규제 특례와 관련된 규제 법령을 소관하는 중앙행정기관의 장은 대통령령으로 정하는 바에 따라 규제 특례와 관련된 법령의 정비 여부 및 사유, 정비 계획 등에 대해 규제 특례를 부여받은 자 및 규제 특례 주관기관의 장에게 통보하여야 한다.
(2023.7.11 본항신설)
⑨ 그 밖에 법령정비 등 신기술 서비스·제품과 관련된 규제 특례 제도운영에 필요한 사항은 대통령령으로 정한다.(2023.7.11 본항신설)
(2019.4.16 본조신설)

제19조의4【신산업 규제정비 기본계획의 수립 및 시행】
① 위원회는 신산업을 육성하고 촉진하기 위하여 신산업 분야의 규제정비에 관한 기본계획을 3년마다 수립·시행하여야 한다.
② 제1항에 따른 기본계획에는 다음 각 호의 사항이 포함되어야 한다.
1. 신산업 분야의 규제정비의 목표와 기본방향
2. 신산업 분야 육성을 위한 규제정비에 관한 사항
3. 신산업 분야 규제의 우선허용·사후규제 방식으로의 전환에 관한 사항
4. 신산업 분야의 규제정비와 관련하여 관계 중앙행정기관 간 정책 및 업무 협력에 관한 사항
5. 그 밖에 신산업 분야의 규제정비에 필요한 사항
③ 위원회는 제1항에 따른 기본계획이 수립된 때에는 지체 없이 이를 관계 중앙행정기관의 장에게 통보하여야 한다.
④ 관계 중앙행정기관의 장은 제1항에 따른 기본계획에 따라 연도별 시행계획을 제20조에 따른 규제정비 계획에 반영하여야 한다.
(2019.4.16 본조신설)

제20조【규제정비 종합계획의 수립】 ① 위원회는 매년 중점적으로 추진할 규제분야나 특정한 기존규제를 선정하여 기존규제의 정비지침을 작성하고 위원회의 의결을 거쳐 중앙행정기관의 장에게 통보하여야 한다. 이 경우 위원회는 필요하다고 인정하면 정비지침에 특정한 기존규제에 대한 정비의 기한을 정할 수 있다.
② 중앙행정기관의 장은 제1항에 따른 정비지침에 따라 그 기관의 규제정비 계획을 수립하여 위원회에 제출하여야 한다.
③ 위원회는 제2항에 따른 중앙행정기관별 규제정비 계획을 종합하여 정부의 규제정비 종합계획을 수립하고, 국무회의의 심의를 거쳐 대통령에게 보고한 후 그 내용을 공표하여야 한다.
④ 규제정비 종합계획의 수립·공표의 방법 및 절차는 대통령령으로 정한다.

제21조【규제정비 종합계획의 시행】 ① 중앙행정기관의 장은 제20조에 따라 수립·공표된 정부의 규제정비 종합계획에 따라 소관 기존규제를 정비하고 그 결과를 대통령령으로 정하는 바에 따라 위원회에 제출하여야 한다.
② 중앙행정기관의 장은 제20조제1항 후단에 따라 위원회가 정비의 기한을 정하여 통보한 특정한 기존규제에 대하여는 그 기한까지 정비를 끝내고 그 결과를 위원회에 통보하여야 한다. 다만, 위원회가 정한 기한까지 정비를 끝내지 못한 경우에는 지체 없이 그 사유를 구체적으로 밝혀 위원회에 그 기존규제의 정비 계획을 제출하고, 정비를 끝낸 후 그 결과를 통보하여야 한다.

제22조【조직 정비 등】 ① 위원회는 기존규제가 정비된 경우 정부의 조직과 예산을 관장하는 관계 중앙행정기관의 장에게 이를 통보하여야 한다.
② 제1항에 따라 통보를 받은 관계 중앙행정기관의 장은 기존규제의 정비에 따른 정부의 조직 또는 예산의 합리화 방안을 마련하여야 한다.

제4장 규제개혁위원회
(2010.1.25 본장개정)

제23조【설치】 정부의 규제정책을 심의·조정하고 규제의 심사·정비 등에 관한 사항을 종합적으로 추진하기 위하여 대통령 소속으로 규제개혁위원회를 둔다.

제24조【기능】 ① 위원회는 다음 각 호의 사항을 심의·조정한다.
1. 규제정책의 기본방향과 규제제도의 연구·발전에 관한 사항
2. 규제의 신설·강화 등에 대한 심사에 관한 사항
3. 기존규제의 심사, 신산업 규제정비 기본계획 및 규제정비 종합계획의 수립·시행에 관한 사항(2019.4.16 본호개정)
4. 규제의 등록·공표에 관한 사항
5. 규제 개선에 관한 의견 수렴 및 처리에 관한 사항
6. 각급 행정기관의 규제 개선 실태에 대한 점검·평가에 관한 사항
7. 그 밖에 위원장이 위원회의 심의·조정이 필요하다고 인정하는 사항
② 위원회는 규제 특례 위원회에 의견을 제출하거나, 필요한 경우 권고할 수 있다. 이 경우 권고를 받은 규제 특례 위원회는 권고사항에 대한 처리결과를 위원회에 제출하여야 한다.(2023.7.11 본항신설)

제25조【구성 등】 ① 위원회는 위원장 2명을 포함한 20명 이상 25명 이하의 위원으로 구성한다.
② 위원장은 국무총리와 학식과 경험이 풍부한 사람 중에서 대통령이 위촉하는 사람이 된다.
③ 위원은 학식과 경험이 풍부한 사람 중에서 대통령이 위촉하는 사람과 대통령령으로 정하는 공무원이 된다. 이 경우 공무원이 아닌 위원이 전체위원의 과반수가 되어야 한다.
④ 위원회에 간사 1명을 두되, 공무원이 아닌 위원 중에서 국무총리가 아닌 위원장이 지명하는 사람이 된다.
⑤ 위원 중 공무원이 아닌 위원의 임기는 2년으로 하되, 한 차례만 연임할 수 있다.
⑥ 위원장 모두가 부득이한 사유로 직무를 수행할 수 없을 때에는 국무총리가 지명한 위원이 그 직무를 대행한다.

제26조【의결 정족수】 위원회의 회의는 재적위원 과반수의 출석으로 개의하고, 재적위원 과반수의 찬성으로 의결한다.(2023.7.11 본조개정)

제26조의2【회의록의 작성·공개】 ① 위원회는 회의 일시, 장소, 참석자, 안건, 토의 내용 및 의결 사항 등을 기록한 회의록을 작성·보존하여야 한다.
② 회의록은 공개한다. 다만, 위원장이 공익보호나 그 밖의 사유로 필요하다고 인정하는 때에는 위원회의 의결로 공개하지 아니할 수 있다.
(2018.4.17 본조신설)

제27조【위원의 신분보장】 위원은 다음 각 호의 어느 하나에 해당하는 경우를 제외하고는 본인의 의사와 관계없이 면직되거나 해촉(解囑)되지 아니한다.
1. 금고 이상의 형을 선고받은 경우
2. 장기간의 심신쇠약으로 직무를 수행할 수 없게 된 경우

제28조【분과위원회】 ① 위원회는 업무를 효율적으로 수행하기 위하여 위원회에 분야별로 분과위원회를 둘 수 있다.
② 분과위원회가 위원회로부터 위임받은 사항에 관하여 심의·의결한 것은 위원회가 심의·의결한 것으로 본다.

제29조【전문위원 등】 위원회에는 업무에 관한 전문적인 조사·연구 업무를 담당할 전문위원과 조사요원을 둘 수 있다.

제30조【조사 및 의견청취 등】 ① 위원회는 제24조에 따른 기능을 수행할 때 필요하다고 인정하면 다음 각 호의 조치를 할 수 있다.
1. 관계 행정기관에 대한 설명 또는 자료·서류 등의 제출 요구
2. 이해관계인·참고인 또는 관계 공무원의 출석 및 의견 진술 요구
3. 관계 행정기관 등에 대한 현지조사
② 관계 행정기관의 장은 규제의 심사 등과 관련하여 소속 공무원이나 관계 전문가를 위원회에 출석시켜 의견을 진술하게 하거나 필요한 자료를 제출할 수 있다.

제31조【위원회의 사무처리 등】 ① 위원회의 사무처리를 위하여 전문성을 갖춘 사무기구를 둔다.
② 위원회의 전문적인 심사사항을 지원하기 위하여 전문연구기관을 지정할 수 있다.

제32조【벌칙 적용 시의 공무원 의제】 위원회의 위원 중 공무원이 아닌 위원·전문위원 및 조사요원은 「형법」이나 그 밖의 법률에 따른 벌칙을 적용할 때에는 공무원으로 본다.

제33조【조직 및 운영】 이 법에서 정한 것 외에 위원회의 조직·운영 등에 필요한 사항은 대통령령으로 정한다.

제5장 보 칙
(2010.1.25 본장개정)

제34조【규제 개선 점검·평가】 ① 위원회는 효과적인 규제 개선을 위하여 각급 행정기관의 규제제도의 운영실태와 개선사항을 확인·점검하여야 한다.
② 위원회는 제1항에 따른 확인·점검 결과를 평가하여 국무회의와 대통령에게 보고하여야 한다.
③ 위원회는 제1항과 제2항에 따른 확인·점검 및 평가를 객관적으로 하기 위하여 관련 전문기관 등에 제도·기반연구 또는 여론조사를 의뢰할 수 있다.(2023.7.11 본항개정)
④ 위원회는 제1항과 제2항에 따른 확인·점검 및 평가 결과 규제 개선에 소극적이거나 이행 상태가 불량하다고 판단되는 경우 대통령에게 그 시정에 필요한 조치를 건의할 수 있다.

제35조【규제개혁 백서】 위원회는 매년 정부의 주요 규제개혁 추진상황에 관한 백서(白書)를 발간하여 국민에게 공표하여야 한다.

제36조【행정지원 등】 국무조정실장은 규제 관련 제도를 연구하고 위원회의 운영에 필요한 지원을 하여야 한다.(2013.3.23 본조개정)

제37조【공무원의 책임 등】 ① 공무원이 규제 개선 업무를 능동적으로 추진함에 따라 발생한 결과에 대하여 그 공무원의 행위에 고의나 중대한 과실이 없는 경우에는 불리한 처분이나 부당한 대우를 받지 아니한다.
② 중앙행정기관의 장은 규제 개선 업무 추진에 뚜렷한 공로가 있는 공무원은 포상하고, 인사상 우대조치 등을 하여야 한다.

부 칙

제1조【시행일】 이 법은 공포한 날부터 1년을 넘지 아니하는 범위내에서 대통령령이 정하는 날부터 시행한다.
<1998.3.1 시행>

제2조【다른 법률의 폐지】 법률 제4735호 행정규제관리법은 이를 폐지한다.

제3조【법 시행당시 기존규제의 자체정비에 대한 특례】
① 중앙행정기관의 장은 대통령령이 정하는 바에 따라 이 법 시행후 5년이 경과한 날이 속하는 해의 12월 31일까지는 제19조의 규정에 의한 기존규제의 자체정비에 갈음하여 이 법 시행당시 모든 소관 규제에 대한 연차별정비계획을 수립하여 시행하여야 한다.
② 중앙행정기관의 장은 대통령령이 정하는 바에 따라 제1항의 규정에 의한 연차별정비계획 및 그 시행 결과를 위원회에 제출하여야 한다.

제4조【훈령·고시등의 재검토】 ① 중앙행정기관의 장또는 지방자치단체의 장은 이 법 시행후 1년이내에 이 법 시행당시 시행중인 훈령·예규·지침·고시등에 규정된 규제에 대하여 제4조의 규정에 의하여 법령 또는 조례·규칙에 근거하였는지 여부를 재검토하여야 한다.
② 중앙행정기관의 장 또는 지방자치단체의 장은 제1항의 규정에 의한 재검토 결과 제4조의 규정에 의하여 법령 또는 조례·규칙에 근거하지 아니한 훈령·예규·지침·고시등에 규정된 규제는 이를 지체없이 폐지하거나 관계법령 또는 조례·규칙에 그 근거를 정하여야 한다.

제5조【다른 법률의 개정】 ※(해당 법령에 가제정리 하였음)

부 칙 (2018.4.17)

이 법은 공포 후 6개월이 경과한 날부터 시행한다.

부 칙 (2019.4.16)

이 법은 공포 후 3개월이 경과한 날부터 시행한다.

부 칙 (2020.2.4)

제1조【시행일】 이 법은 공포 후 1년이 경과한 날부터 시행한다.(이하 생략)

부 칙 (2022.1.4)

제1조【시행일】 이 법은 공포 후 6개월이 경과한 날부터 시행한다.(이하 생략)

부 칙 (2023.1.17)

제1조【시행일】 이 법은 공포 후 1년이 경과한 날부터 시행한다.(이하 생략)

부 칙 (2023.7.11)

제1조【시행일】 이 법은 공포 후 6개월이 경과한 날부터 시행한다.

제2조【규제영향분석 및 자체심사에 관한 적용례】 제7조의 개정규정은 이 법 시행 이후 규제영향분석을 실시하는 경우부터 적용한다.

제3조【규제의 재검토에 관한 적용례】 제8조의2의 개정규정은 이 법 시행 이후 규제의 재검토기한이 도래하는 경우부터 적용한다.

행정조사기본법

(2007년 5월 17일 법 률 제8482호)

개정
2008. 2.29법 8852호(정부조직)
2013. 3.23법11690호(정부조직)
2016. 5.29법14184호(예비군법)
2022. 1. 4법18682호(비상대비에관한법)
2023. 1.17법19213호(재난관리자원의관리등에관한법)

제1장 총 칙

제1조【목적】 이 법은 행정조사에 관한 기본원칙·행정조사의 방법 및 절차 등에 관한 공통적인 사항을 규정함으로써 행정의 공정성·투명성 및 효율성을 높이고, 국민의 권익을 보호함을 목적으로 한다.

제2조【정의】 이 법에서 사용하는 용어의 정의는 다음과 같다.
1. "행정조사"란 행정기관이 정책을 결정하거나 직무를 수행하는 데 필요한 정보나 자료를 수집하기 위하여 현장조사·문서열람·시료채취 등을 하거나 조사대상자에게 보고요구·자료제출요구 및 출석·진술요구를 행하는 활동을 말한다.
2. "행정기관"이란 법령 및 조례·규칙(이하 "법령등"이라 한다)에 따라 행정권한이 있는 기관과 그 권한을 위임 또는 위탁받은 법인·단체 또는 그 기관이나 개인을 말한다.
3. "조사원"이란 행정조사업무를 수행하는 행정기관의 공무원·직원 또는 개인을 말한다.
4. "조사대상자"란 행정조사의 대상이 되는 법인·단체 또는 그 기관이나 개인을 말한다.

제3조【적용범위】 ① 행정조사에 관하여 다른 법률에 특별한 규정이 있는 경우를 제외하고는 이 법으로 정하는 바에 따른다.
② 다음 각 호의 어느 하나에 해당하는 사항에 대하여는 이 법을 적용하지 아니한다.
1. 행정조사를 한다는 사실이나 조사내용이 공개될 경우 국가의 존립을 위태롭게 하거나 국가의 중대한 이익을 현저히 해칠 우려가 있는 국가안전보장·통일 및 외교에 관한 사항
2. 국방 및 안전에 관한 사항 중 다음 각 목의 어느 하나에 해당하는 사항
가. 군사시설·군사기밀보호 또는 방위사업에 관한 사항
나. 「병역법」·「예비군법」·「민방위기본법」·「비상대비에 관한 법률」·「재난관리자원의 관리 등에 관한 법률」에 따른 징집·소집·동원 및 훈련에 관한 사항 (2023.1.17 본목개정)
3. 「공공기관의 정보공개에 관한 법률」 제4조제3항의 정보에 관한 사항
4. 「근로기준법」 제101조에 따른 근로감독관의 직무에 관한 사항
5. 조세·형사·행형 및 보안처분에 관한 사항
6. 금융감독기관의 감독·검사·조사 및 감리에 관한 사항
7. 「독점규제 및 공정거래에 관한 법률」, 「표시·광고의 공정화에 관한 법률」, 「하도급거래 공정화에 관한 법률」, 「가맹사업거래의 공정화에 관한 법률」, 「방문판매 등에 관한 법률」, 「전자상거래 등에서의 소비자보호에 관한 법률」, 「약관의 규제에 관한 법률」 및 「할부거래에 관한 법률」에 따른 공정거래위원회의 법률위반행위 조사에 관한 사항
③ 제2항에도 불구하고 제4조(행정조사의 기본원칙), 제5조(행정조사의 근거) 및 제28조(정보통신수단을 통한 행정조사)는 제2항 각 호의 사항에 대하여 적용한다.

제4조【행정조사의 기본원칙】 ① 행정조사는 조사목적을 달성하는데 필요한 최소한의 범위 안에서 실시하여야 하며, 다른 목적 등을 위하여 조사권을 남용하여서는 아니 된다.
② 행정기관은 조사목적에 적합하도록 조사대상자를 선정하여 행정조사를 실시하여야 한다.
③ 행정기관은 유사하거나 동일한 사안에 대하여는 공동조사 등을 실시함으로써 행정조사가 중복되지 아니하도록 하여야 한다.
④ 행정조사는 법령등의 위반에 대한 처벌보다는 법령등을 준수하도록 유도하는 데 중점을 두어야 한다.
⑤ 다른 법률에 따르지 아니하고는 행정조사의 대상자 또는 행정조사의 내용을 공표하거나 직무상 알게 된 비밀을 누설하여서는 아니된다.
⑥ 행정기관은 행정조사를 통하여 알게 된 정보를 다른 법률에 따라 내부에서 이용하거나 다른 기관에 제공하는 경우를 제외하고는 원래의 조사목적 이외의 용도로 이용하거나 타인에게 제공하여서는 아니 된다.

제5조【행정조사의 근거】 행정기관은 법령등에서 행정조사를 규정하고 있는 경우에 한하여 행정조사를 실시할 수 있다. 다만, 조사대상자의 자발적인 협조를 얻어 실시하는 행정조사의 경우에는 그러하지 아니하다.

제2장 조사계획의 수립 및 조사대상의 선정

제6조【연도별 행정조사운영계획의 수립 및 제출】 ① 행정기관의 장은 매년 12월말까지 다음 연도의 행정조사운영계획을 수립하여 국무조정실장에게 제출하여야 한다. 다만, 행정조사운영계획을 제출해야 하는 행정기관의 구체적인 범위는 대통령령으로 정한다.(2013.3.23 본문개정)
② 행정기관의 장이 행정조사운영계획을 수립하는 때에는 제4조에 따른 행정조사의 기본원칙에 따라야 한다.
③ 제1항에 따른 행정조사운영계획에는 조사의 종류·조사방법·공동조사 실시계획·중복조사 방지계획, 그 밖에 대통령령으로 정하는 사항이 포함되어야 한다.
④ 국무조정실장은 행정기관의 장이 제출한 행정조사운영계획을 검토한 후 그에 대한 보완을 요청할 수 있다. 이 경우 행정기관의 장은 특별한 사정이 없는 한 이에 응하여야 한다.(2013.3.23 전단개정)

제7조【조사의 주기】 행정조사는 법령등 또는 행정조사운영계획으로 정하는 바에 따라 정기적으로 실시함을 원칙으로 한다. 다만, 다음 각 호 중 어느 하나에 해당하는 경우에는 수시조사를 할 수 있다.
1. 법률에서 수시조사를 규정하고 있는 경우
2. 법령등의 위반에 대하여 혐의가 있는 경우
3. 다른 행정기관으로부터 법령등의 위반에 관한 혐의를 통보 또는 이첩받은 경우
4. 법령등의 위반에 대한 신고를 받거나 민원이 접수된 경우
5. 그 밖에 행정조사의 필요성이 인정되는 사항으로서 대통령령으로 정하는 경우

제8조【조사대상의 선정】 ① 행정기관의 장은 행정조사의 목적, 법령준수의 실적, 자율적인 준수를 위한 노력, 규모와 업종 등을 고려하여 명백하고 객관적인 기준에 따라 행정조사의 대상을 선정하여야 한다.
② 조사대상자는 조사대상 선정기준에 대한 열람을 행정기관의 장에게 신청할 수 있다.
③ 행정기관의 장이 제2항에 따라 열람신청을 받은 때에는 다음 각 호의 어느 하나에 해당하는 경우를 제외하고 신청인이 조사대상 선정기준을 열람할 수 있도록 하여야 한다.
1. 행정기관이 당해 행정조사업무를 수행할 수 없을 정도로 조사활동에 지장을 초래하는 경우
2. 내부고발자 등 제3자에 대한 보호가 필요한 경우
④ 제2항 및 제3항에 따른 행정조사 대상 선정기준의 열람방법이나 그 밖에 행정조사 대상 선정기준의 열람에 관하여 필요한 사항은 대통령령으로 정한다.

제3장 조사방법

제9조【출석·진술 요구】 ① 행정기관의 장이 조사대상자의 출석·진술을 요구하는 때에는 다음 각 호의 사항이 기재된 출석요구서를 발송하여야 한다.
1. 일시와 장소
2. 출석요구의 취지
3. 출석하여 진술하여야 하는 내용
4. 제출자료
5. 출석거부에 대한 제재(근거 법령 및 조항 포함)
6. 그 밖에 당해 행정조사와 관련하여 필요한 사항
② 조사대상자는 지정된 출석일시에 출석하는 경우 업무 또는 생활에 지장이 있는 때에는 행정기관의 장에게 출석일시를 변경하여 줄 것을 신청할 수 있으며, 변경신청을 받은 행정기관의 장은 행정조사의 목적을 달성할 수 있는 범위 안에서 출석일시를 변경할 수 있다.
③ 출석한 조사대상자가 제1항에 따른 출석요구서에 기재된 내용을 이행하지 아니하여 행정조사의 목적을 달성할 수 없는 경우를 제외하고는 조사원은 조사대상자의 1회 출석으로 당해 조사를 종결하여야 한다.

제10조【보고요구와 자료제출의 요구】 ① 행정기관의 장은 조사대상자에게 조사사항에 대하여 보고를 요구하는 때에는 다음 각 호의 사항이 포함된 보고요구서를 발송하여야 한다.
1. 일시와 장소
2. 조사의 목적과 범위
3. 보고하여야 하는 내용
4. 보고거부에 대한 제재(근거법령 및 조항 포함)
5. 그 밖에 당해 행정조사와 관련하여 필요한 사항
② 행정기관의 장은 조사대상자에게 장부·서류나 그 밖의 자료를 제출하도록 요구하는 때에는 다음 각 호의 사항이 기재된 자료제출요구서를 발송하여야 한다.
1. 제출기간
2. 제출요청사유
3. 제출서류
4. 제출서류의 반환 여부
5. 제출거부에 대한 제재(근거 법령 및 조항 포함)
6. 그 밖에 당해 행정조사와 관련하여 필요한 사항

제11조【현장조사】 ① 조사원이 가택·사무실 또는 사업장 등에 출입하여 현장조사를 실시하는 경우에는 행정기관의 장은 다음 각 호의 사항이 기재된 현장출입조사서 또는 법령등에서 현장조사시 제시하도록 규정하고 있는 문서를 조사대상자에게 발송하여야 한다.
1. 조사목적
2. 조사기간과 장소
3. 조사원의 성명과 직위
4. 조사범위와 내용
5. 제출자료
6. 조사거부에 대한 제재(근거 법령 및 조항 포함)
7. 그 밖에 당해 행정조사와 관련하여 필요한 사항
② 제1항에 따른 현장조사는 해가 뜨기 전이나 해가 진 뒤에는 할 수 없다. 다만, 다음 각 호의 어느 하나에 해당하는 경우에는 그러하지 아니하다.
1. 조사대상자(대리인 및 관리책임이 있는 자를 포함한다)가 동의한 경우
2. 사무실 또는 사업장 등의 업무시간에 행정조사를 실시하는 경우
3. 해가 뜬 후부터 해가 지기 전까지 행정조사를 실시하는 경우에는 조사목적의 달성이 불가능하거나 증거인멸로 인하여 조사대상자의 법령등의 위반 여부를 확인할 수 없는 경우
③ 제1항 및 제2항에 따라 현장조사를 하는 조사원은 그 권한을 나타내는 증표를 지니고 이를 조사대상자에게 내보여야 한다.

제12조【시료채취】 ① 조사원이 조사목적의 달성을 위하여 시료채취를 하는 경우에는 그 시료의 소유자 및 관리자의 정상적인 경제활동을 방해하지 아니하는 범위 안에서 최소한도로 하여야 한다.
② 행정기관의 장은 제1항에 따른 시료채취로 조사대상자에게 손실을 입힌 때에는 대통령령으로 정하는 절차와 방법에 따라 그 손실을 보상하여야 한다.

제13조【자료등의 영치】 ① 조사원이 현장조사 중에 자료·서류·물건 등(이하 이 조에서 "자료등"이라 한다)을 영치하는 때에는 조사대상자 또는 그 대리인을 입회시켜야 한다.
② 조사원이 제1항에 따라 자료등을 영치하는 경우에 조사대상자의 생활이나 영업이 사실상 불가능하게 될 우려가 있는 때에는 조사원은 자료등을 사진으로 촬영하거나 사본을 작성하는 등의 방법으로 영치에 갈음할 수 있다. 다만, 증거인멸의 우려가 있는 자료등을 영치하는 경우에는 그러하지 아니하다.
③ 조사원이 영치를 완료한 때에는 영치조서 2부를 작성하여 입회인과 함께 서명날인하고 그중 1부를 입회인에게 교부하여야 한다.
④ 행정기관의 장은 영치한 자료등이 다음 각 호의 어느 하나에 해당하는 경우에는 이를 즉시 반환하여야 한다.
1. 영치한 자료등을 검토한 결과 당해 행정조사와 관련이 없다고 인정되는 경우
2. 당해 행정조사의 목적의 달성 등으로 자료등에 대한 영치의 필요성이 없게 된 경우

제14조【공동조사】 ① 행정기관의 장은 다음 각 호의 어느 하나에 해당하는 행정조사를 하는 경우에는 공동조사를 하여야 한다.
1. 당해 행정기관 내의 2 이상의 부서가 동일하거나 유사한 업무분야에 대하여 동일한 조사대상자에게 행정조사를 실시하는 경우
2. 서로 다른 행정기관이 대통령령으로 정하는 분야에 대하여 동일한 조사대상자에게 행정조사를 실시하는 경우
② 제1항 각 호에 따른 사항에 대하여 행정조사의 사전통지를 받은 조사대상자는 관계 행정기관의 장에게 공동조

사를 실시하여 줄 것을 신청할 수 있다. 이 경우 조사대상자는 신청인의 성명·조사일시·신청이유 등이 기재된 공동조사신청서를 관계 행정기관의 장에게 제출하여야 한다.
③ 제2항에 따라 공동조사를 요청받은 행정기관의 장은 이에 응하여야 한다.
④ 국무조정실장은 행정기관의 장이 제6조에 따라 제출한 행정조사운영계획의 내용을 검토한 후 관계 부처의 장에게 공동조사의 실시를 요청할 수 있다.(2013.3.23 본항개정)
⑤ 그 밖에 공동조사에 관하여 필요한 사항은 대통령령으로 정한다.
제15조【중복조사의 제한】 ① 제7조에 따라 정기조사 또는 수시조사를 실시한 행정기관의 장은 동일한 사안에 대하여 동일한 조사대상자를 재조사 하여서는 아니 된다. 다만, 당해 행정기관이 이미 조사를 받은 조사대상자에 대하여 위법행위가 의심되는 새로운 증거를 확보한 경우에는 그러하지 아니하다.
② 행정조사를 실시할 행정기관의 장은 행정조사를 실시하기 전에 다른 행정기관에서 동일한 조사대상자에게 동일하거나 유사한 사안에 대하여 행정조사를 실시하였는지 여부를 확인할 수 있다.
③ 행정조사를 실시할 행정기관의 장이 제2항에 따른 사실을 확인하기 위하여 행정조사의 결과에 대한 자료를 요청하는 경우 요청받은 행정기관의 장은 특별한 사유가 없는 한 관련 자료를 제공하여야 한다.

제4장 조사실시

제16조【개별조사계획의 수립】 ① 행정조사를 실시하고자 하는 행정기관의 장은 제17조에 따른 사전통지를 하기 전에 개별조사계획을 수립하여야 한다. 다만, 행정조사의 시급성으로 행정조사계획을 수립할 수 없는 경우에는 행정조사에 대한 결과보고서로 개별조사계획을 갈음할 수 있다.
② 제1항에 따른 개별조사계획에는 조사의 목적·종류·대상·방법 및 기간, 그 밖에 대통령령으로 정하는 사항이 포함되어야 한다.
제17조【조사의 사전통지】 ① 행정조사를 실시하고자 하는 행정기관의 장은 제9조에 따른 출석요구서, 제10조에 따른 보고요구서·자료제출요구서 및 제11조에 따른 현장출입조사서(이하 "출석요구서등"이라 한다)를 조사개시 7일 전까지 조사대상자에게 서면으로 통지하여야 한다. 다만, 다음 각 호의 어느 하나에 해당하는 경우에는 행정조사의 개시와 동시에 출석요구서등을 조사대상자에게 제시하거나 행정조사의 목적 등을 조사대상자에게 구두로 통지할 수 있다.
1. 행정조사를 실시하기 전에 관련 사항을 미리 통지하는 때에는 증거인멸 등으로 행정조사의 목적을 달성할 수 없다고 판단되는 경우
2. 「통계법」 제3조제2호에 따른 지정통계의 작성을 위하여 조사하는 경우
3. 제5조 단서에 따라 조사대상자의 자발적인 협조를 얻어 실시하는 행정조사의 경우
② 행정기관의 장이 출석요구서등을 조사대상자에게 발송하는 경우 출석요구서등의 내용이 외부에 공개되지 아니하도록 필요한 조치를 하여야 한다.
제18조【조사의 연기신청】 ① 출석요구서등을 통지받은 자가 천재지변이나 그 밖에 대통령령으로 정하는 사유로 인하여 행정조사를 받을 수 없는 때에는 당해 행정조사를 연기하여 줄 것을 행정기관의 장에게 요청할 수 있다.
② 제1항에 따라 연기요청을 하고자 하는 자는 연기하고자 하는 기간과 사유가 포함된 연기신청서를 행정기관의 장에게 제출하여야 한다.
③ 행정기관의 장은 제2항에 따라 행정조사의 연기요청을 받은 때에는 연기요청을 받은 날부터 7일 이내에 조사의 연기 여부를 결정하여 조사대상자에게 통지하여야 한다.
제19조【제3자에 대한 보충조사】 ① 행정기관의 장은 조사대상자에 대한 조사만으로는 당해 행정조사의 목적을 달성할 수 없거나 조사대상이 되는 행위에 대한 사실 여부 등을 입증하는 데 과도한 비용 등이 소요되는 경우로서 다음 각 호의 어느 하나에 해당하는 경우에는 제3자에 대하여 보충조사를 할 수 있다.
1. 다른 법률에서 제3자에 대한 조사를 허용하고 있는 경우
2. 제3자의 동의가 있는 경우
② 행정기관의 장은 제1항에 따라 제3자에 대한 보충조사를 실시하는 경우에는 조사개시 7일 전까지 보충조사의 일시·장소 및 보충조사의 취지 등을 제3자에게 서면으로 통지하여야 한다.
③ 행정기관의 장은 제3자에 대한 보충조사를 하기 전에 그 사실을 원래의 조사대상자에게 통지하여야 한다. 다만, 제3자에 대한 보충조사를 사전에 통지하여서는 조사목적을 달성할 수 없거나 조사목적의 달성이 현저히 곤란한 경우에는 제3자에 대한 조사결과를 확정하기 전에 그 사실을 통지하여야 한다.
④ 원래의 조사대상자는 제3항에 따른 통지에 대하여 의견을 제출할 수 있다.
제20조【자발적인 협조에 따라 실시하는 행정조사】 ① 행정기관의 장이 제5조 단서에 따라 조사대상자의 자발적인 협조를 얻어 행정조사를 실시하고자 하는 경우 조사대상자는 문서·전화·구두 등의 방법으로 당해 행정조사를 거부할 수 있다.
② 제1항에 따른 행정조사에 대하여 조사대상자가 조사에 응할 것인지에 대한 응답을 하지 아니하는 경우에는 법령등에 특별한 규정이 없는 한 그 조사를 거부한 것으로 본다.
③ 행정기관의 장은 제1항 및 제2항에 따른 조사거부자의 인적 사항 등에 관한 기초자료는 특정 개인을 식별할 수 없는 형태로 통계를 작성하는 경우에 한하여 이를 이용할 수 있다.
제21조【의견제출】 ① 조사대상자는 제17조에 따른 사전통지의 내용에 대하여 행정기관의 장에게 의견을 제출할 수 있다.
② 행정기관의 장은 제1항에 따라 조사대상자가 제출한 의견이 상당한 이유가 있다고 인정하는 경우에는 이를 행정조사에 반영하여야 한다.
제22조【조사원 교체신청】 ① 조사대상자는 조사원에게 공정한 행정조사를 기대하기 어려운 사정이 있다고 판단되는 경우에는 행정기관의 장에게 당해 조사원의 교체를 신청할 수 있다.
② 제1항에 따른 교체신청은 그 이유를 명시한 서면으로 행정기관의 장에게 하여야 한다.
③ 제1항에 따른 교체신청을 받은 행정기관의 장은 즉시 이를 심사하여야 한다.
④ 행정기관의 장은 제1항에 따른 교체신청이 타당하다고 인정되는 경우에는 다른 조사원으로 하여금 행정조사를 하게 하여야 한다.
⑤ 행정기관의 장은 제1항에 따른 교체신청이 조사를 지연할 목적으로 한 것이거나 그 밖에 교체신청에 타당한 이유가 없다고 인정되는 때에는 그 신청을 기각하고 그 취지를 신청인에게 통지하여야 한다.
제23조【조사권 행사의 제한】 ① 조사원은 제9조부터 제11조까지에 따라 사전에 발송된 사항에 한하여 조사대상자를 조사하되, 사전통지한 사항과 관련된 추가적인 행정조사가 필요할 경우에는 조사대상자에게 추가조사의 필요성과 조사내용 등에 관한 사항을 서면이나 구두로 통보한 후 추가조사를 실시할 수 있다.
② 조사대상자는 법률·회계 등에 대하여 전문지식이 있는 관계 전문가로 하여금 행정조사를 받는 과정에 입회하게 하거나 의견을 진술하게 할 수 있다.
③ 조사대상자와 조사원은 조사과정을 방해하지 아니하는 범위 안에서 행정조사의 과정을 녹음하거나 녹화할 수 있다. 이 경우 녹음·녹화의 범위 등은 상호 협의하여 정하여야 한다.
④ 조사대상자와 조사원이 제3항에 따라 녹음이나 녹화를 하는 경우에는 사전에 이를 당해 행정기관의 장에게 통지하여야 한다.
제24조【조사결과의 통지】 행정기관의 장은 법령등에 특별한 규정이 있는 경우를 제외하고는 행정조사의 결과를 확정한 날부터 7일 이내에 그 결과를 조사대상자에게 통지하여야 한다.

제5장 자율관리체제의 구축 등

제25조【자율신고제도】 ① 행정기관의 장은 법령등에서 규정하고 있는 조사사항을 조사대상자로 하여금 스스로 신고하도록 하는 제도를 운영할 수 있다.
② 행정기관의 장은 조사대상자가 제1항에 따라 신고한 내용이 거짓의 신고라고 인정할 만한 근거가 있거나 신고내용을 신뢰할 수 없는 경우를 제외하고는 그 신고내용을 행정조사에 갈음할 수 있다.
제26조【자율관리체제의 구축】 ① 행정기관의 장은 조사대상자가 자율적으로 행정조사사항을 신고·관리하고, 스스로 법령준수사항을 통제하도록 하는 체제(이하 "자율관리체제"라 한다)의 기준을 마련하여 고시할 수 있다.
② 다음 각 호의 어느 하나에 해당하는 자는 제1항에 따른 기준에 따라 자율관리체제를 구축하여 대통령령으로 정하는 절차와 방법에 따라 행정기관의 장에게 신고할 수 있다.
1. 조사대상자
2. 조사대상자가 법령등에 따라 설립하거나 자율적으로 설립한 단체 또는 협회
③ 국가와 지방자치단체는 행정사무의 효율적인 집행과 법령등의 준수를 위하여 조사대상자의 자율관리체제 구축을 지원하여야 한다.
제27조【자율관리에 대한 혜택의 부여】 행정기관의 장은 제25조에 따라 자율신고를 하는 자와 제26조에 따라 자율관리체제를 구축하고 자율관리체제의 기준을 준수한 자에 대하여는 법령등으로 규정한 바에 따라 행정조사의 감면 또는 행정·세제상의 지원을 하는 등 필요한 혜택을 부여할 수 있다.

제6장 보 칙

제28조【정보통신수단을 통한 행정조사】 ① 행정기관의 장은 인터넷 등 정보통신망을 통하여 조사대상자로 하여금 자료의 제출 등을 하게 할 수 있다.
② 행정기관의 장은 정보통신망을 통하여 자료의 제출 등을 받은 경우에는 조사대상자의 신상이나 사업비밀 등이 유출되지 아니하도록 제도적·기술적 보안조치를 강구하여야 한다.
제29조【행정조사의 점검과 평가】 ① 국무조정실장은 행정조사의 효율성·투명성 및 예측가능성을 제고하기 위하여 각급 행정기관의 행정조사 실태, 공동조사 실시현황 및 중복조사 실시 여부 등을 확인·점검하여야 한다.(2013.3.23 본항개정)
② 국무조정실장은 제1항에 따른 확인·점검결과를 평가하여 대통령령으로 정하는 절차와 방법에 따라 국무회의와 대통령에게 보고하여야 한다.(2013.3.23 본항개정)
③ 국무조정실장은 제1항에 따른 확인·점검을 위하여 각급 행정기관의 장에게 행정조사의 결과와 공동조사의 현황 등에 관한 자료의 제출을 요구할 수 있다.(2013.3.23 본항개정)
④ 행정조사의 확인·점검 대상 행정기관과 행정조사의 확인·점검 및 평가절차에 관한 사항은 대통령령으로 정한다.

부 칙

① **【시행일】** 이 법은 공포 후 3월이 경과한 날부터 시행한다.
② **【종전의 행정조사계획에 관한 적용례】** 이 법 시행 당시 다른 법령등에 따라 행정조사계획이 수립된 경우 당해 계획에 따른 행정조사에 관하여는 제6조부터 제8조까지, 제14조 및 제15조를 적용하지 아니한다.

부 칙 (2016.5.29) (2022.1.4)

제1조【시행일】 이 법은 공포 후 6개월이 경과한 날부터 시행한다.(이하 생략)

부 칙 (2023.1.17)

제1조【시행일】 이 법은 공포 후 1년이 경과한 날부터 시행한다.(이하 생략)

(舊 : 민원사무 처리에 관한 법률)

민원 처리에 관한 법률

(약칭 : 민원처리법)

(2015년 8월 11일 전부개정법률 제13459호)

개정
2017. 7.26법14839호(정부조직)
2020.10.20법17515호 2022. 1.11법18742호
2022. 1.11법18748호(행정절차법)

제1장 총 칙

제1조【목적】 이 법은 민원 처리에 관한 기본적인 사항을 규정하여 민원의 공정하고 적법한 처리와 민원행정제도의 합리적 개선을 도모함으로써 국민의 권익을 보호함을 목적으로 한다.

제2조【정의】 이 법에서 사용하는 용어의 뜻은 다음과 같다.

1. "민원"이란 민원인이 행정기관에 대하여 처분 등 특정한 행위를 요구하는 것을 말하며, 그 종류는 다음 각 목과 같다.
   가. 일반민원
      1) 법정민원 : 법령·훈령·예규·고시·자치법규 등(이하 "관계법령등"이라 한다)에서 정한 일정 요건에 따라 인가·허가·승인·특허·면허 등을 신청하거나 장부·대장 등에 등록·등재를 신청 또는 신고하거나 특정한 사실 또는 법률관계에 관한 확인 또는 증명을 신청하는 민원
      2) 질의민원 : 법령·제도·절차 등 행정업무에 관하여 행정기관의 설명이나 해석을 요구하는 민원
      3) 건의민원 : 행정제도 및 운영의 개선을 요구하는 민원
      4) 기타민원 : 법정민원, 질의민원, 건의민원 및 고충민원 외에 행정기관에 단순한 행정절차 또는 형식요건 등에 대한 상담·설명을 요구하거나 일상생활에서 발생하는 불편사항에 대하여 알리는 등 행정기관에 특정한 행위를 요구하는 민원
   나. 고충민원 : 「부패방지 및 국민권익위원회의 설치와 운영에 관한 법률」 제2조제5호에 따른 고충민원
2. "민원인"이란 행정기관에 민원을 제기하는 개인·법인 또는 단체를 말한다. 다만, 행정기관(사경제의 주체로서 제기하는 경우는 제외한다), 행정기관과 사법(私法)상 계약관계(민원과 직접 관련된 계약관계만 해당한다)에 있는 자, 성명·주소 등이 불명확한 자 등 대통령령으로 정하는 자는 제외한다.
3. "행정기관"이란 다음 각 목의 자를 말한다.
   가. 국회·법원·헌법재판소·중앙선거관리위원회의 행정사무를 처리하는 기관, 중앙행정기관(대통령 소속 기관과 국무총리 소속 기관을 포함한다. 이하 같다)과 그 소속 기관, 지방자치단체와 그 소속 기관
   나. 공공기관
      1) 「공공기관의 운영에 관한 법률」 제4조에 따른 법인·단체 또는 그 기관
      2) 「지방공기업법」에 따른 지방공사 및 지방공단
      3) 특별법에 따라 설립된 특수법인
      4) 「초·중등교육법」·「고등교육법」 및 그 밖의 다른 법률에 따라 설치된 각급 학교
      5) 그 밖에 대통령령으로 정하는 법인·단체 또는 기관
   다. 법령 또는 자치법규에 따라 행정권한이 있거나 행정권한을 위임 또는 위탁받은 법인·단체 또는 그 기관이나 개인
4. "처분"이란 「행정절차법」 제2조제2호의 처분을 말한다.
5. "복합민원"이란 하나의 민원 목적을 실현하기 위하여 관계법령등에 따라 여러 관계 기관(민원과 관련된 단체·협회 등을 포함한다. 이하 같다) 또는 관계 부서의 인가·허가·승인·추천·협의 또는 확인 등을 거쳐 처리되는 법정민원을 말한다.
6. "다수인관련민원"이란 5세대(世帶) 이상의 공동이해와 관련되어 5명 이상이 연명으로 제출하는 민원을 말한다.
7. (2022.1.11 삭제)
8. "무인민원발급창구"란 행정기관의 장이 행정기관 또는 공공장소 등에 설치하여 민원인이 직접 민원문서를 발급받을 수 있도록 하는 전자장비를 말한다.

제3조【적용 범위】 ① 민원에 관하여 다른 법률에 특별한 규정이 있는 경우를 제외하고는 이 법에서 정하는 바에 따른다.
② 제2조제3호가목의 국회·법원·헌법재판소·중앙선거관리위원회의 행정사무를 처리하는 기관에 대해서는 제36조제3항, 제37조, 제38조, 제39조제2항부터 제6항까지 및 제42조를 적용하지 아니한다.

제4조【민원 처리 담당자의 의무와 보호】 ① 민원을 처리하는 담당자는 담당 민원을 신속·공정·친절·적법하게 처리하여야 한다.
② 행정기관의 장은 민원인 등의 폭언·폭행, 목적이 정당하지 아니한 반복 민원 등으로부터 민원 처리 담당자를 보호하기 위하여 민원 처리 담당자의 신체적·정신적 피해의 예방 및 치료 등 대통령령으로 정하는 필요한 조치를 하여야 한다.(2022.1.11 본항신설)
③ 민원 처리 담당자는 행정기관의 장에게 제2항에 따른 조치를 요구할 수 있다.(2022.1.11 본항신설)
④ 행정기관의 장은 제3항에 따른 민원 처리 담당자의 요구를 이유로 해당 민원 처리 담당자에게 불이익을 주어서는 아니 된다.(2022.1.11 본항신설)
(2022.1.11 본조제목개정)

제5조【민원인의 권리와 의무】 ① 민원인은 행정기관에 민원을 신청하고 신속·공정·친절·적법한 응답을 받을 권리가 있다.
② 민원인은 민원을 처리하는 담당자의 적법한 민원처리를 위한 요청에 협조하여야 하고, 행정기관에 부당한 요구를 하거나 다른 민원인에 대한 민원 처리를 지연시키는 등 공무를 방해하는 행위를 하여서는 아니 된다.

제6조【민원 처리의 원칙】 ① 행정기관의 장은 관계법령등에서 정한 처리기간이 남아 있다거나 그 민원과 관련 없는 공과금 등을 미납하였다는 이유로 민원 처리를 지연시켜서는 아니 된다. 다만, 다른 법령에 특별한 규정이 있는 경우에는 그에 따른다.
② 행정기관의 장은 법령의 규정 또는 위임이 있는 경우를 제외하고는 민원 처리의 절차 등을 강화하여서는 아니 된다.

제7조【정보 보호】 행정기관의 장은 민원 처리와 관련하여 알게 된 민원의 내용과 민원인 및 민원의 내용에 포함되어 있는 특정인의 개인정보 등이 누설되지 아니하도록 필요한 조치를 강구하여야 하며, 수집된 정보가 민원 처리의 목적 외의 용도로 사용되지 아니하도록 하여야 한다.

제7조의2【민원의 날】 ① 민원에 대한 이해와 인식 및 민원 처리 담당자의 자긍심을 높이기 위하여 매년 11월 24일을 민원의 날로 정한다.
② 국가와 지방자치단체는 민원의 날의 취지에 적합한 기념행사를 할 수 있다.
(2022.1.11 본조신설)

제2장 민원의 처리

제1절 민원의 신청 및 접수 등

제8조【민원의 신청】 민원의 신청은 문서(「전자정부법」 제2조제7호에 따른 전자문서를 포함한다. 이하 같다)로 하여야 한다. 다만, 기타민원은 구술(口述) 또는 전화로 할 수 있다.

제8조의2【증명서류 또는 구비서류의 전자적 제출】 ① 민원인은 민원의 처리에 필요한 증명서류나 구비서류를 「전자정부법」 제2조제7호에 따른 전자문서(이하 "전자문서"라 한다)나 같은 조 제8호에 따른 전자화문서(이하 "전자화문서"라 한다)로 제출할 수 있다. 다만, 행정기관이 전자문서나 전자화문서로 증명서류나 구비서류를 받을 수 있는 정보시스템을 구축하지 아니한 경우 등 대통령령으로 정하는 사유가 있는 경우에는 그러하지 아니하다.
② 제1항에 따라 전자문서 또는 전자화문서로 제출된 증명서류나 구비서류의 진본성(眞本性) 확인 등을 위하여 필요한 사항은 국회규칙, 대법원규칙, 헌법재판소규칙, 중앙선거관리위원회규칙 및 대통령령으로 정한다.
(2022.1.11 본조신설)

제9조【민원의 접수】 ① 행정기관의 장은 민원의 신청을 받았을 때에는 다른 법령에 특별한 규정이 있는 경우를 제외하고는 그 접수를 보류하거나 거부할 수 없으며, 접수된 민원문서를 부당하게 되돌려 보내서는 아니 된다.
② 행정기관의 장은 민원을 접수하였을 때에는 해당 민원인에게 접수증을 내주어야 한다. 다만, 기타민원과 민원인이 직접 방문하지 아니하고 신청한 민원 및 처리기간이 '즉시'인 민원 등 대통령령으로 정하는 경우에는 접수증 교부를 생략할 수 있다.
③ 제1항 및 제2항에 따른 민원의 접수 등에 필요한 사항은 대통령령으로 정한다.

제10조【불필요한 서류 요구의 금지】 ① 행정기관의 장은 민원을 접수·처리할 때에 민원인에게 관계법령등에서 정한 구비서류 외의 서류를 추가로 요구하여서는 아니 된다.
② 행정기관의 장은 동일한 민원서류 또는 구비서류를 복수로 받는 경우에는 특별한 사유가 없으면 원본과 함께 그 사본의 제출을 허용하여야 한다.
③ 행정기관의 장은 민원을 접수·처리할 때에 다음 각 호의 어느 하나에 해당하는 경우에는 민원인에게 관련 증명서류 또는 구비서류의 제출을 요구할 수 없으며, 그 민원을 처리하는 담당자가 직접 이를 확인·처리하여야 한다.
1. 민원인이 소지한 주민등록증·여권·자동차운전면허증 등 행정기관이 발급한 증명서로 그 민원의 처리에 필요한 내용을 확인할 수 있는 경우
2. 해당 행정기관의 공부(公簿) 또는 행정정보로 그 민원의 처리에 필요한 내용을 확인할 수 있는 경우
3. 「전자정부법」 제36조제1항에 따른 행정정보의 공동이용을 통하여 그 민원의 처리에 필요한 내용을 확인할 수 있는 경우
4. 행정기관이 증명서류나 구비서류를 다른 행정기관으로부터 전자문서로 직접 발급받아 그 민원의 처리에 필요한 내용을 확인할 수 있는 경우로서 민원인이 행정기관에 미리 해당 증명서류 또는 구비서류에 대하여 관계법령등에서 정한 수수료 등을 납부한 경우(2022.1.11 본호신설)

④ 행정기관의 장이 제3항에 따라 증명서류나 구비서류를 확인·처리한 경우에는 관계법령등에서 정한 절차에 따라 증명서류나 구비서류를 확인·처리한 것으로 본다.(2022.1.11 본항신설)
⑤ 행정기관의 장은 제3항제3호에 따라 행정정보의 공동이용을 통하여 민원인의 증명서류 또는 구비서류 제출을 갈음하는 경우에는 증명서류나 구비서류의 발급기관의 장과 협의하여 해당 증명서류나 구비서류에 대한 수수료를 감면할 수 있다.(2022.1.11 본항신설)
⑥ 행정기관의 장은 제3항제3호에 따라 행정정보의 공동이용을 통하여 그 내용을 확인할 수 있는 민원의 종류·범위와 그 밖에 필요한 사항을 인터넷 홈페이지 등을 통하여 공표하여야 한다.(2022.1.11 본항신설)
⑦ 행정기관의 장은 원래의 민원의 내용 변경 또는 갱신 신청을 받았을 때에는 특별한 사유가 없으면 이미 제출되어 있는 관련 증명서류 또는 구비서류를 다시 요구하여서는 아니 된다.
⑧ 제3항부터 제6항까지의 규정에 따른 민원 처리에 필요한 내용의 확인 절차와 그 밖에 필요한 사항은 국회규칙, 대법원규칙, 헌법재판소규칙, 중앙선거관리위원회규칙 및 대통령령으로 정한다.(2022.1.11 본항신설)

제10조의2【민원인의 요구에 의한 본인정보 공동이용】 ① 민원인은 행정기관이 컴퓨터 등 정보처리능력을 지닌 장치에 의하여 처리가 가능한 형태로 본인에 관한 행정정보를 보유하고 있는 경우 민원을 접수·처리하는 기관을 통하여 행정정보 보유기관의 장에게 본인에 관한 증명서류 또는 구비서류 등의 행정정보(법원의 재판사무·조정사무 및 그 밖에 이와 관련된 사무에 관한 정보는 제외한다)를 본인의 민원 처리에 이용되도록 제공할 것을 요구할 수 있다. 이 경우 민원을 접수·처리하는 기관의 장은 민원인에게 관련 증명서류 또는 구비서류의 제출을 요구할 수 없으며, 행정정보 보유기관의 장으로부터 해당 정보를 제공받아 민원을 처리하여야 한다.
② 제1항에 따른 요구를 받은 행정정보 보유기관의 장은 다음 각 호의 어느 하나에 해당하는 법률의 규정에도 불구하고 해당 정보를 컴퓨터 등 정보처리능력을 지닌 장치에 의하여 처리가 가능한 형태로 본인 또는 본인이 지정한 민원처리기관에 지체 없이 제공하여야 한다. 다만, 「개인정보 보호법」 제35조제4항에 따른 제한 또는 거절의 사유에 해당하는 경우에는 그러하지 아니하다.
1. 「전자정부법」 제39조
2. 「국세기본법」 제81조의13
3. 「관세법」 제116조
4. 「지방세기본법」 제86조
5. 「가족관계의 등록 등에 관한 법률」 제13조
6. 「부동산등기법」 제109조의2
7. 「주민등록법」 제30조
8. 「공간정보의 구축 및 관리 등에 관한 법률」 제76조
9. 「자동차관리법」 제69조
10. 「건축법」 제32조
11. 「상업등기법」 제21조
12. 그 밖에 제1호부터 제11호까지의 규정과 유사한 규정으로서 대통령령으로 정하는 법률의 관련 규정

③ 행정안전부장관은 제1항 및 제2항에 따라 민원인이 행정정보 보유기관의 장에게 요구할 수 있는 본인에 관한 행정정보의 종류를 보유기관의 장과 협의하여 정하고, 이를 국민에게 공표하여야 한다.
④ 행정안전부장관은 「전자정부법」 제37조에 따른 행정정보 공동이용센터를 통하여 안전하고 신뢰할 수 있는 방법으로 같은 법 제2조제13호에 따른 정보시스템을 연계하는 등 해당 행정정보의 위조·변조·훼손·유출 또는 오용·남용을 방지하여야 한다.
⑤ 행정기관의 장은 제1항부터 제3항까지의 규정에 따라 컴퓨터 등 정보처리능력을 지닌 장치에 의하여 처리가 가능한 형태로 행정정보를 제공하는 경우에는 다른 법률에도 불구하고 수수료를 감면할 수 있다.
⑥ 민원인은 제1항에 따라 본인에 관한 행정정보의 공동이용을 요구하는 경우 다음 각 호의 어느 하나에 해당하는 방법으로 해당 행정정보가 본인에 관한 것임을 증명하여야 한다.
1. 「전자정부법」 제10조에 따른 민원인의 본인 확인 방법
2. 행정기관이 보유하고 있는 지문 등의 생체정보를 이용하는 방법

3. 「주민등록법」 제35조제2호, 「도로교통법」 제137조제5항, 「여권법」 제23조의2제2항에 따라 신분증명서의 진위를 확인하는 방법
⑦ 제1항에 따라 다른 기관으로부터 행정정보를 제공받아 이용하는 행정기관의 장은 해당 행정정보가 위조·변조·훼손·유출 또는 오용·남용되지 아니하도록 적절한 보안대책을 마련하여야 하며, 행정안전부장관은 이에 대한 실태를 점검할 수 있다.
⑧ 제1항부터 제5항까지 및 제7항의 규정에 따른 본인에 관한 행정정보의 요구방법, 해당 행정정보의 제공방법·제공기준, 종류 및 그 세부유형, 수수료, 보안대책 및 실태점검 등에 필요한 사항은 국회규칙, 대법원규칙, 헌법재판소규칙, 중앙선거관리위원회규칙 및 대통령령으로 정한다.
(2020.10.20 본조신설)
제11조【민원취약계층에 대한 편의제공】 ① 행정기관의 장은 민원의 신청 및 접수·처리 과정에서 민원취약계층(장애인, 임산부, 노약자 및 「지능정보화 기본법」 제2조제13호에 따른 정보격차로 인하여 민원의 신청 등에 제약을 받는 사람을 말한다. 이하 같다)에 대한 편의를 제공하기 위하여 노력하여야 한다.
② 행정기관의 장은 민원취약계층에 대하여 민원 처리에 따른 수수료를 감면할 수 있다.(2022.1.11 본항신설)
③ 제1항 및 제2항에서 규정한 사항 외에 민원취약계층에 대한 편의제공 및 수수료 감면 등에 필요한 사항은 국회규칙, 대법원규칙, 헌법재판소규칙, 중앙선거관리위원회규칙, 대통령령 및 조례로 정한다.(2022.1.11 본항신설)
(2022.1.11 본조개정)
제12조【민원실의 설치】 행정기관의 장은 민원을 신속히 처리하고 민원인에 대한 안내와 상담의 편의를 제공하기 위하여 민원실을 설치할 수 있다.
제12조의2【전자민원창구 및 통합전자민원창구의 운영 등】 ① 행정기관의 장은 민원인이 해당 기관을 직접 방문하지 아니하고도 민원을 처리할 수 있도록 관계법령등을 개선하고 민원의 전자적 처리를 위한 시설과 정보시스템을 구축하는 등 필요한 조치를 하여야 한다.
② 행정기관의 장은 제1항에 따른 조치로서 인터넷을 통하여 민원을 신청·접수받아 처리할 수 있는 정보시스템(이하 "전자민원창구"라 한다)을 구축·운영할 수 있다. 다만, 전자민원창구를 구축하지 아니한 경우에는 제3항에 따른 통합전자민원창구를 통하여 민원을 신청·접수받아 처리할 수 있다.
③ 행정안전부장관은 전자민원창구의 구축·운영을 지원하고 각 행정기관의 전자민원창구를 연계하기 위하여 통합전자민원창구를 구축·운영할 수 있다.
④ 민원인이 전자민원창구나 통합전자민원창구를 통하여 민원을 신청한 경우에는 관계법령등에 따라 해당 민원을 소관하는 행정기관에 민원을 신청한 것으로 본다.
⑤ 행정기관의 장은 전자민원창구나 통합전자민원창구를 통하여 민원을 처리하는 경우에는 다른 법률에도 불구하고 수수료를 감면할 수 있다.
⑥ 행정기관의 장은 전자민원창구나 통합전자민원창구를 통하여 민원을 신청한 민원인이 정보통신망을 이용한 전자화폐·전자결제 등의 방법으로 수수료를 납부하는 경우에는 해당 수수료 외에 별도의 업무처리비용을 함께 청구할 수 있다.
⑦ 전자민원창구 및 통합전자민원창구의 구축·운영, 제5항에 따라 수수료를 감면할 수 있는 민원의 범위 및 감면 비율과 제6항에 따른 업무처리비용의 청구 기준 등에 관하여 필요한 사항은 국회규칙, 대법원규칙, 헌법재판소규칙, 중앙선거관리위원회규칙 및 대통령령으로 정한다.
(2022.1.11 본조신설)
제13조【민원 신청의 편의 제공】 행정기관의 장은 민원실(민원실이 설치되지 아니한 기관의 경우에는 문서의 접수·발송을 주관하는 부서를 말한다)에 민원 관련 법령·편람과 민원의 처리 기준과 절차 등 민원의 신청에 필요한 사항을 게시하고 이를 인터넷 홈페이지를 통하여 제공하는 등 민원인에게 민원 신청의 편의를 제공하여야 한다.(2022.1.11 본조개정)
제14조【다른 행정기관 등을 이용한 민원의 접수·교부】 ① 행정기관의 장은 민원인의 편의를 위하여 그 행정기관이 접수하고 처리결과를 교부하여야 할 민원을 다른 행정기관이나 특별법에 따라 설립되고 전국적 조직을 가진 법인 중 대통령령으로 정하는 법인으로 하여금 접수·교부하게 할 수 있다.
② 제1항에 따른 접수·교부의 절차 및 접수·처리·교부 기관 간 송부방법 등에 필요한 사항은 대통령령으로 정한다.
③ 제1항에 따라 민원을 접수·교부하는 법인의 임직원은 「형법」이나 그 밖의 법률에 따른 벌칙을 적용할 때에는 공무원으로 본다.
제15조【정보통신망을 이용한 다른 행정기관 소관 민원의 접수·교부】 ① 행정기관의 장은 정보통신망을 이용하여 다른 행정기관 소관의 민원을 접수·교부할 수 있는 경우에는 이를 직접 접수·교부할 수 있다.
② 제1항에 따라 접수·교부할 수 있는 민원의 종류는 행정안전부장관이 관계 중앙행정기관의 장과 협의를 거쳐 결정·고시한다.(2017.7.26 본항개정)
제16조【민원문서의 이송】 ① 행정기관의 장은 접수한 민원이 다른 행정기관의 소관인 경우에는 접수된 민원문서를 지체 없이 소관 기관에 이송하여야 한다.
② 제1항에 따른 민원문서의 이송 절차 및 방법 등에 필요한 사항은 대통령령으로 정한다.

제2절 민원의 처리기간·처리방법 등

제17조【법정민원의 처리기간 설정·공표】 ① 행정기관의 장은 법정민원을 신속히 처리하기 위하여 행정기관에 법정민원의 신청이 접수된 때부터 처리가 완료될 때까지 소요되는 처리기간을 법정민원의 종류별로 미리 정하여 공표하여야 한다.
② 행정기관의 장은 제1항에 따른 처리기간을 정할 때에는 접수기관·경유기관·협의기관(다른 기관과 사전협의가 필요한 경우만 해당한다) 및 처분기관 등 각 기관별로 처리기간을 구분하여 정하여야 한다.
③ 행정기관의 장은 제1항 및 제2항에 따른 처리기간을 민원편람에 수록하여야 한다.
제18조【질의민원 등의 처리기간 등】 질의민원·건의민원·기타민원 및 고충민원의 처리기간 및 처리절차 등에 관하여는 대통령령으로 정한다.
제19조【처리기간의 계산】 ① 민원의 처리기간을 5일 이하로 정한 경우에는 민원의 접수시각부터 "시간" 단위로 계산하되, 공휴일과 토요일은 산입(算入)하지 아니한다. 이 경우 1일은 8시간의 근무시간을 기준으로 한다.
② 민원의 처리기간을 6일 이상으로 정한 경우에는 "일" 단위로 계산하고 첫날을 산입하되, 공휴일과 토요일은 산입하지 아니한다.
③ 민원의 처리기간을 주·월·연으로 정한 경우에는 첫날을 산입하되, 「민법」 제159조부터 제161조까지의 규정을 준용한다.
제20조【관계 기관·부서 간의 협조】 ① 민원을 처리하는 주무부서는 민원을 처리할 때 관계 기관·부서의 협조가 필요한 경우에는 민원을 접수한 후 지체 없이 그 민원의 처리기간 내에서 회신기간을 정하여 협조를 요청하여야 하며, 요청받은 기관·부서는 그 회신기간 내에 이를 처리하여야 한다.
② 협조를 요청받은 기관·부서는 제1항에 따른 회신기간 내에 그 민원을 처리할 수 없는 특별한 사정이 있는 경우에는 그 회신기간의 범위에서 한 차례만 기간을 연장할 수 있다.
③ 협조를 요청받은 기관·부서가 제2항에 따라 기간을 연장하려는 경우에는 제1항에 따른 회신기간이 끝나기 전에 그 연장사유·처리진행상황 및 회신예정일 등을 협조를 요청한 민원 처리 주무부서에 통보하여야 한다.
제21조【민원 처리의 예외】 행정기관의 장은 접수된 민원(법정민원을 제외한다. 이하 이 조에서 같다)이 다음 각 호의 어느 하나에 해당하는 경우에는 그 민원을 처리하지 아니할 수 있다. 이 경우 그 사유를 해당 민원인에게 통지하여야 한다.
1. 고도의 정치적 판단을 요하거나 국가기밀 또는 공무상 비밀에 관한 사항
2. 수사, 재판 및 형집행에 관한 사항 또는 감사원의 감사가 착수된 사항
3. 행정심판, 행정소송, 헌법재판소의 심판, 감사원의 심사청구, 그 밖에 다른 법률에 따라 불복구제절차가 진행 중인 사항
4. 법령에 따라 화해·알선·조정·중재 등 당사자 간의 이해 조정을 목적으로 행하는 절차가 진행 중인 사항
5. 판결·결정·재결·화해·조정·중재 등에 따라 확정된 권리관계에 관한 사항
6. 감사원이 감사위원회의의 결정을 거쳐 행하는 사항
7. 각급 선거관리위원회의 의결을 거쳐 행하는 사항
8. 사인 간의 권리관계 또는 개인의 사생활에 관한 사항
9. 행정기관의 소속 직원에 대한 인사행정상의 행위에 관한 사항
제22조【민원문서의 보완·취하 등】 ① 행정기관의 장은 접수한 민원문서에 보완이 필요한 경우에는 상당한 기간을 정하여 지체 없이 민원인에게 보완을 요구하여야 한다.
② 민원인은 해당 민원의 처리가 종결되기 전에는 그 신청의 내용을 보완하거나 변경 또는 취하할 수 있다. 다만, 다른 법률에 특별한 규정이 있거나 그 민원의 성질상 보완·변경 또는 취하할 수 없는 경우에는 그러하지 아니하다.
③ 제1항에 따른 민원문서의 보완 절차 및 방법 등에 필요한 사항은 대통령령으로 정한다.
제23조【반복 및 중복 민원의 처리】 ① 행정기관의 장은 민원인이 동일한 내용의 민원(법정민원을 제외한다. 이하 이 조에서 같다)을 정당한 사유 없이 3회 이상 반복하여 제출한 경우에는 2회 이상 그 처리결과를 통지하고, 그 후에 접수되는 민원에 대하여는 종결처리할 수 있다.
② 행정기관의 장은 민원인이 2개 이상의 행정기관에 제출한 동일한 내용의 민원을 다른 행정기관으로부터 이송받은 경우에도 제1항을 준용하여 처리할 수 있다.
③ 행정기관의 장은 제1항 및 제2항에 따른 동일한 내용의 민원인지 여부에 대하여는 해당 민원의 성격, 종전 민원과의 내용적 유사성·관련성 및 종전 민원과 동일한 답변을 할 수 밖에 없는 사정 등을 종합적으로 고려하여 결정하여야 한다.
제24조【다수인관련민원의 처리】 ① 다수인관련민원을 신청하는 민원인은 연명부(連名簿)를 원본으로 제출하여야 한다.
② 행정기관의 장은 다수인관련민원이 발생한 경우에는 신속·공정·적법하게 해결될 수 있도록 조치하여야 한다.
③ 다수인관련민원의 효율적인 처리와 관리에 필요한 사항은 대통령령으로 정한다.
제25조【민원심사관의 지정】 ① 행정기관의 장은 민원처리상황의 확인·점검 등을 위하여 소속 직원 중에서 민원심사관을 지정하여야 한다.
② 제1항에 따른 민원심사관의 업무 등에 필요한 사항은 대통령령으로 정한다.
제26조【처리민원의 사후관리】 행정기관의 장은 처리한 민원에 대하여 민원인의 만족 여부 및 개선사항 등을 조사하여 업무에 반영할 수 있다.

제3절 민원 처리결과의 통지 등

제27조【처리결과의 통지】 ① 행정기관의 장은 접수된 민원에 대한 처리를 완료한 때에는 그 결과를 민원인에게 문서로 통지하여야 한다. 다만, 기타민원의 경우와 통지에 신속을 요하거나 민원인이 요청하는 등 대통령령으로 정하는 경우에는 구술, 전화, 문자메시지, 팩시밀리 또는 전자우편 등으로 통지할 수 있다.
② 행정기관의 장은 다음 각 호의 어느 하나에 해당하는 경우에는 제1항 본문의 규정에 따른 통지를 전자문서로 통지하는 것으로 갈음할 수 있다. 다만, 제2호에 해당하는 경우에는 민원인이 요청하면 지체 없이 민원 처리 결과에 관한 문서를 교부하여야 한다.
1. 민원인의 동의가 있는 경우
2. 민원인이 전자민원창구나 통합전자민원창구를 통하여 전자문서로 민원을 신청하는 경우
(2022.1.11 본항신설)
③ 행정기관의 장은 제1항 또는 제2항에 따라 민원의 처리결과를 통지할 때에 민원의 내용을 거부하는 경우에는 거부 이유와 구제절차를 함께 통지하여야 한다.
④ 행정기관의 장은 제1항에 따른 민원의 처리결과를 허가서·신고필증·증명서 등의 문서(전자문서 및 전자화문서는 제외한다)로 민원인에게 직접 교부할 필요가 있는 때에는 그 민원인 또는 그 위임을 받은 자임을 확인한 후에 이를 교부하여야 한다.
(2022.1.11 본조개정)
제28조【무인민원발급창구를 이용한 민원문서의 발급】
① 행정기관의 장은 무인민원발급창구를 통하여 민원문서(다른 행정기관 소관의 민원문서를 포함한다)를 발급할 수 있다.
② 제1항에 따라 민원문서를 발급하는 경우에는 다른 법률에도 불구하고 수수료를 감면할 수 있다.
③ 제1항에 따라 발급할 수 있는 민원문서의 종류는 행정안전부장관이 관계 행정기관의 장과의 협의를 거쳐 결정·고시한다.(2017.7.26 본항개정)
제28조의2【전자증명서의 발급】 ① 행정기관의 장은 전자민원창구 또는 통합전자민원창구를 통하여 전자증명서(행정기관의 장이 특정한 사실이나 관계 등을 증명하기 위하여 전자문서 및 전자화문서로 발급하는 민원문서를 말한다. 이하 같다)를 발급할 수 있다.
② 제1항에 따라 전자증명서를 발급하는 경우 관계법령등에 특별한 규정이 있는 경우를 제외하고는 수수료를 감면할 수 있다.
③ 제1항에 따라 발급할 수 있는 전자증명서의 종류는 행정안전부장관이 관계 행정기관의 장과의 협의를 거쳐 결정·고시한다.
(2022.1.11 본조신설)
제29조【민원수수료 등의 납부방법】 행정기관의 장은 민원인의 편의를 위하여 민원인이 현금·수입인지·수입증지 외에 정보통신망을 이용한 전자화폐·전자결제 등 다양한 방법으로 민원 처리에 따른 수수료 등을 납부할 수 있도록 조치하여야 한다.(2022.1.11 본조개정)

제4절 법정민원

제30조【사전심사의 청구 등】 ① 민원인은 법정민원 중 신청에 경제적으로 많은 비용이 수반되는 민원 등 대통령령으로 정하는 민원에 대하여는 행정기관의 장에게 정식으로 민원을 신청하기 전에 미리 약식의 사전심사를 청구할 수 있다.

② 행정기관의 장은 제1항에 따라 사전심사가 청구된 법정민원이 다른 행정기관의 장과의 협의를 거쳐야 하는 사항인 경우에는 미리 그 행정기관의 장과 협의하여야 한다.
③ 행정기관의 장은 사전심사 결과를 민원인에게 문서로 통지하여야 하며, 가능한 것으로 통지한 민원의 내용에 대하여는 민원인이 나중에 정식으로 민원을 신청한 경우에도 동일하게 결정을 내릴 수 있도록 노력하여야 한다. 다만, 민원인의 귀책사유 또는 불가항력이나 그 밖의 정당한 사유로 이를 이행할 수 없는 경우에는 그러하지 아니하다.
④ 행정기관의 장은 제1항에 따른 사전심사 제도를 효율적으로 운영하기 위하여 필요한 법적·제도적 장치를 마련하여 시행하여야 한다.

제31조【복합민원의 처리】 ① 행정기관의 장은 복합민원을 처리할 주무부서를 지정하고 그 부서로 하여금 관계 기관·부서 간의 협조를 통하여 민원을 한꺼번에 처리하게 할 수 있다.
② 제1항에 따른 복합민원의 처리 방법 및 절차 등에 필요한 사항은 대통령령으로 정한다.

제32조【민원 1회방문 처리제의 시행】 ① 행정기관의 장은 복합민원을 처리할 때에 그 행정기관의 내부에서 할 수 있는 자료의 확인, 관계 기관·부서와의 협조 등에 따른 모든 절차를 담당 직원이 직접 진행하도록 하는 민원 1회방문 처리제를 확립함으로써 불필요한 사유로 민원인이 행정기관을 다시 방문하지 아니하도록 하여야 한다.
② 행정기관의 장은 제1항에 따른 민원 1회방문 처리에 관한 안내와 상담의 편의를 제공하기 위하여 민원 1회방문 상담창구를 설치하여야 한다.
③ 제1항에 따른 민원 1회방문 처리제는 다음 각 호의 절차에 따라 시행한다.
1. 제2항에 따른 민원 1회방문 상담창구의 설치·운영
2. 제33조에 따른 민원후견인의 지정·운영
3. 복합민원을 심의하기 위한 실무기구의 운영
4. 제3호의 실무기구의 심의결과에 대한 제34조에 따른 민원조정위원회의 재심의(再審議)
5. 행정기관의 장의 최종 결정

제33조【민원후견인의 지정·운영】 행정기관의 장은 민원 1회방문 처리제의 원활한 운영을 위하여 민원 처리에 경험이 많은 소속 직원을 민원후견인으로 지정하여 민원인을 안내하거나 민원인과 상담하게 할 수 있다.

제34조【민원조정위원회의 설치·운영】 ① 행정기관의 장은 다음 각 호의 사항을 심의하기 위하여 민원조정위원회를 설치·운영하여야 한다.
1. 장기 미해결 민원, 반복 민원 및 다수인관련민원에 대한 해소·방지 대책
2. 거부처분에 대한 이의신청
3. 민원처리 주무부서의 법규적용의 타당성 여부와 제32조제3항제4호에 따른 재심의
4. 그 밖에 대통령령으로 정하는 사항
② 제1항의 민원조정위원회의 구성 및 운영 등에 필요한 사항은 대통령령으로 정한다.

제35조【거부처분에 대한 이의신청】 ① 법정민원에 대한 행정기관의 장의 거부처분에 불복하는 민원인은 그 거부처분을 받은 날부터 60일 이내에 그 행정기관의 장에게 문서로 이의신청을 할 수 있다.
② 행정기관의 장은 이의신청을 받은 날부터 10일 이내에 그 이의신청에 대하여 인용 여부를 결정하고 그 결과를 민원인에게 지체 없이 문서로 통지하여야 한다. 다만, 부득이한 사유로 정하여진 기간 이내에 인용 여부를 결정할 수 없을 때에는 그 기간의 만료일 다음 날부터 기산(起算)하여 10일 이내의 범위에서 연장할 수 있으며, 연장 사유를 민원인에게 통지하여야 한다.
③ 민원인은 제1항에 따른 이의신청 여부와 관계없이 「행정심판법」에 따른 행정심판 또는 「행정소송법」에 따른 행정소송을 제기할 수 있다.
④ 제1항에 따른 이의신청의 절차 및 방법 등에 필요한 사항은 대통령령으로 정한다.

제3장 민원제도의 개선 등

제36조【민원처리기준표의 고시 등】 ① 행정안전부장관은 민원인의 편의를 위하여 관계법령등에 규정되어 있는 민원의 처리기관, 처리기간, 구비서류, 처리절차, 신청방법 등에 관한 사항을 종합한 민원처리기준표를 작성하여 관보에 고시하고 통합전자민원창구에 게시하여야 한다.(2022.1.11 본항개정)
② 행정기관의 장은 관계법령등의 제정·개정 또는 폐지 등으로 제1항에 따라 고시된 민원처리기준표를 변경할 필요가 있으면 즉시 그 내용을 행정안전부장관에게 통보하여야 하며, 행정안전부장관은 그 내용을 관보에 고시하고 통합전자민원창구에 게시한 후 제1항에 따른 민원처리기준표에 반영하여야 한다.
③ 행정안전부장관은 민원의 간소화를 위하여 필요하다고 인정하는 경우에는 관계 행정기관의 장에게 관계법령등에 규정되어 있는 처리기간, 구비서류, 처리절차, 신청방법 등의 개정을 요청할 수 있다.
(2017.7.26 본조개정)

제37조【민원처리기준표의 조정 등】 ① 행정안전부장관은 제36조에 따라 민원처리기준표를 작성·고시할 때에 민원의 간소화를 위하여 필요하다고 인정하는 경우에는 관계 행정기관의 장과 협의를 거쳐 관계법령등이 개정될 때까지 잠정적으로 관계법령등에 규정되어 있는 처리기간과 구비서류를 줄이거나 처리절차·신청방법을 변경할 수 있다.(2017.7.26 본항개정)
② 행정기관의 장은 제1항에 따라 민원처리기준표가 조정·고시된 경우에는 이에 따라 민원을 처리하여야 하며, 중앙행정기관의 장은 민원처리기준표의 조정 또는 변경된 내용에 따라 관계법령등을 지체 없이 개정·정비하여야 한다.

제38조【민원행정 및 제도개선 계획 등】 ① 행정안전부장관은 매년 민원행정 및 제도개선에 관한 기본지침을 작성하여 행정기관의 장에게 통보하여야 한다.(2017.7.26 본항개정)
② 행정기관의 장은 제1항에 따른 기본지침에 따라 그 기관의 특성에 맞는 민원행정 및 제도개선 계획을 수립·시행하여야 한다.

제39조【민원제도의 개선】 ① 행정기관의 장은 민원제도에 대한 개선안을 발굴·개선하도록 노력하여야 한다.
② 행정기관의 장은 제1항에 따라 개선한 내용을 대통령령으로 정하는 바에 따라 행정안전부장관에게 통보하여야 한다.(2017.7.26 본항개정)
③ 행정기관의 장과 민원을 처리하는 담당자는 민원제도에 대한 개선안을 행정안전부장관 또는 그 민원의 소관 행정기관의 장에게 제출할 수 있다.(2017.7.26 본항개정)
④ 행정안전부장관은 제3항에 따라 제출받은 개선안을 검토하여 필요한 경우에는 그 소관 행정기관의 장에게 통보하여 검토하도록 하여야 한다.(2017.7.26 본항개정)
⑤ 제3항 및 제4항에 따라 개선안을 제출·통보받은 소관 행정기관의 장은 그 수용 여부를 결정하여야 하며, 행정안전부장관은 행정기관의 장이 수용하지 아니하기로 한 사항 중 개선할 필요성이 있다고 인정되는 사항에 대하여는 소관 행정기관의 장에게 개선을 권고할 수 있다.
(2017.7.26 본항개정)
⑥ 행정기관의 장이 제5항에 따라 행정안전부장관으로부터 권고 받은 사항을 수용하지 아니하는 경우 행정안전부장관은 제40조에 따른 민원제도개선조정회의에 심의를 요청할 수 있다.(2017.7.26 본항개정)

제40조【민원제도개선조정회의】 ① 여러 부처와 관련된 민원제도 개선사항을 심의·조정하기 위하여 국무총리 소속으로 민원제도개선조정회의(이하 "조정회의"라 한다)를 둔다.
② 조정회의는 여러 부처와 관련된 민원제도 개선사항, 제39조제6항에 따른 심의요청 사항 등 대통령령으로 정하는 사항을 심의·조정한다.
③ 조정회의의 구성·운영과 그 밖에 필요한 사항은 대통령령으로 정한다.

제41조【민원의 실태조사 및 간소화】 ① 중앙행정기관의 장은 매년 그 기관이 관장하는 민원의 처리 및 운영 실태를 조사하여야 한다.
② 중앙행정기관의 장은 제1항에 따른 조사 결과에 따라 소관 민원의 구비서류, 처리절차 등의 간소화 방안을 마련하여야 한다.

제42조【확인·점검·평가 등】 ① 행정안전부장관은 효과적인 민원행정 및 제도의 개선을 위하여 필요하다고 인정할 때에는 행정기관에 대하여 민원의 개선 상황과 운영 실태를 확인·점검·평가하고 그 결과를 해당 행정기관의 장에게 통보할 수 있다.(2022.1.11 본항개정)
② 행정기관의 장은 제1항에 따른 확인·점검·평가 결과를 통보받은 경우에는 이를 해당 행정기관의 인터넷 홈페이지에 공개하여야 한다.(2022.1.11 본항신설)
③ 행정안전부장관은 제1항에 따른 확인·점검·평가 결과 민원의 개선에 소극적이거나 이행 상태가 불량하다고 판단되는 경우 국무총리에게 이를 시정하기 위하여 필요한 조치를 건의할 수 있다.
④ 제1항부터 제3항까지에서 규정한 사항 외에 확인·점검·평가 결과의 공개 등에 필요한 사항은 대통령령으로 정한다.(2022.1.11 본항신설)
(2017.7.26 본조개정)

제43조【행정기관의 협조】 행정기관의 장은 이 법에 따라 행정안전부장관이 실시하는 민원 관련 자료수집과 민원제도 개선사업에 적극 협조하여야 한다.(2017.7.26 본조개정)

제44조【민원행정에 관한 여론 수집】 ① 행정안전부장관은 행정기관의 민원 처리에 관하여 필요한 경우 국민들의 여론을 수집하여 민원행정제도 및 그 운영의 개선에 반영할 수 있다.(2017.7.26 본항개정)
② 제1항에 따른 여론 수집에 필요한 사항은 대통령령으로 정한다.

제45조 (2022.1.11 삭제)

제4장 보 칙
(2022.1.11 본장신설)

제46조【권한의 위탁】 이 법에 따른 행정안전부장관의 권한은 대통령령으로 정하는 바에 따라 그 일부를 국민권익위원회에 위탁할 수 있다.

부 칙

제1조【시행일】 이 법은 공포 후 6개월이 경과한 날부터 시행한다.

제2조【거부처분에 대한 이의신청에 관한 적용례】 제35조제1항의 개정규정은 이 법 시행 후 최초로 이루어진 행정기관의 장의 거부처분부터 적용한다.

제3조【민원조정위원회 및 민원제도개선조정회의에 대한 경과조치】 이 법 시행 당시 구성·운영되고 있는 민원조정위원회 및 민원제도개선조정회의는 이 법에 따른 민원조정위원회 및 민원제도개선조정회의로 본다.

제4조【다른 법률의 개정】 ①~③ ※(해당 법령에 가제정리 하였음)

제5조【다른 법률과의 관계】 이 법 시행 당시 다른 법률에서 종전의 「민원사무 처리에 관한 법률」 또는 그 규정을 인용한 경우에는 이 법 가운데 그에 해당하는 규정이 있을 때에는 종전의 규정을 갈음하여 이 법 또는 이 법의 해당 규정을 인용한 것으로 본다.

부 칙 (2020.10.20)

이 법은 공포 후 1년이 경과한 날부터 시행한다.

부 칙 (2022.1.11 법18742호)

이 법은 공포 후 6개월이 경과한 날부터 시행한다.

부 칙 (2022.1.11 법18748호)

제1조【시행일】 이 법은 공포 후 6개월이 경과한 날부터 시행한다.(이하 생략)

공공기관의 정보공개에 관한 법률(약칭 : 정보공개법)

(2004년 1월 29일 전개법률 제7127호)

개정
2005.12.29법 7796호(국가공무원)
2006.10. 4법 8026호
2007. 1. 3법 8171호(전자정부법)
2008. 2.29법 8854호
2008. 2.29법 8871호(행정심판)
2010. 2. 4법10012호(전자정부법)
2013. 3.23법11690호(정부조직)
2013. 8. 6법11991호
2014.11.19법12844호(정부조직)
2016. 5.29법14185호
2017. 7.26법14839호(정부조직)
2020.12.22법17690호
2023. 5.16법19408호(행정기관정비일부개정법령등)

제1장 총 칙
(2013.8.6 본장개정)

제1조【목적】 이 법은 공공기관이 보유·관리하는 정보에 대한 국민의 공개 청구 및 공공기관의 공개 의무에 관하여 필요한 사항을 정함으로써 국민의 알권리를 보장하고 국정(國政)에 대한 국민의 참여와 국정 운영의 투명성을 확보함을 목적으로 한다.

제2조【정의】 이 법에서 사용하는 용어의 뜻은 다음과 같다.
1. "정보"란 공공기관이 직무상 작성 또는 취득하여 관리하고 있는 문서(전자문서를 포함한다. 이하 같다) 및 전자매체를 비롯한 모든 형태의 매체 등에 기록된 사항을 말한다.(2020.12.22 본호개정)
2. "공개"란 공공기관이 이 법에 따라 정보를 열람하게 하거나 그 사본·복제물을 제공하는 것 또는 「전자정부법」 제2조제10호에 따른 정보통신망(이하 "정보통신망"이라 한다)을 통하여 정보를 제공하는 것 등을 말한다.
3. "공공기관"이란 다음 각 목의 기관을 말한다.
가. 국가기관
1) 국회, 법원, 헌법재판소, 중앙선거관리위원회
2) 중앙행정기관(대통령 소속 기관과 국무총리 소속 기관을 포함한다) 및 그 소속 기관
3) 「행정기관 소속 위원회의 설치·운영에 관한 법률」에 따른 위원회
나. 지방자치단체
다. 「공공기관의 운영에 관한 법률」 제2조에 따른 공공기관
라. 「지방공기업법」에 따른 지방공사 및 지방공단
(2020.12.22 본목신설)
마. 그 밖에 대통령령으로 정하는 기관

판례 공공기관의 범위 : 공공기관은 국가기관에 한정되는 것이 아니라 지방자치단체, 정부투자기관, 그 밖에 공동체 전체의 이익에 중요한 역할이나 기능을 수행하는 기관도 포함되는 것으로 해석된다.(대판 2006.8.24, 2004두2783)

제3조【정보공개의 원칙】 공공기관이 보유·관리하는 정보는 국민의 알권리 보장 등을 위하여 이 법에서 정하는 바에 따라 적극적으로 공개하여야 한다.

판례 행정기관의 정보공개 허가여부는 기밀에 관한 사항 등 특별한 사유가 없는 한 반드시 정보공개에 응하여야 하는 '기속행위'로 보아야 한다.(대판 1992.6.23, 92추17)

제4조【적용 범위】 ① 정보의 공개에 관하여는 다른 법률에 특별한 규정이 있는 경우를 제외하고는 이 법에서 정하는 바에 따른다.
② 지방자치단체는 그 소관 사무에 관하여 법령의 범위에서 정보공개에 관한 조례를 정할 수 있다.
③ 국가안전보장에 관련되는 정보 및 보안 업무를 관장하는 기관에서 국가안전보장과 관련된 정보의 분석을 목적으로 수집하거나 작성한 정보에 대해서는 이 법을 적용하지 아니한다. 다만, 제8조제1항에 따른 정보목록의 작성·비치 및 공개에 대해서는 그러하지 아니한다.

제2장 정보공개 청구권자와 공공기관의 의무
(2013.8.6 본장개정)

제5조【정보공개 청구권자】 ① 모든 국민은 정보의 공개를 청구할 권리를 가진다.
② 외국인의 정보공개 청구에 관하여는 대통령령으로 정한다.

판례 공공기관의정보공개에관한법률의 목적, 규정 내용 및 취지에 비추어 보면, 정보공개청구의 목적에 특별한 제한이 있다고 할 수 없으므로, 오로지 피고를 괴롭힐 목적으로 정보공개를 구하고 있다는 등의 특별한 사정이 없는 한, 정보공개의 청구가 신의칙에 반하거나 권리남용에 해당한다고 볼 수 없다.
(대판 2004.9.23, 2003두1370)

제6조【공공기관의 의무】 ① 공공기관은 정보의 공개를 청구하는 국민의 권리가 존중될 수 있도록 이 법을 운영하고 소관 관계 법령을 정비하며, 정보를 투명하고 적극적으로 공개하는 조직문화 형성에 노력하여야 한다.
(2020.12.22 본항개정)
② 공공기관은 정보의 적절한 보존 및 신속한 검색과 국민에게 유용한 정보의 분석 및 공개 등이 이루어지도록 정보관리체계를 정비하고, 정보공개 업무를 주관하는 부서 및 담당하는 인력을 적정하게 두어야 하며, 정보통신망을 활용한 정보공개시스템 등을 구축하도록 노력하여야 한다.(2020.12.22 본항개정)
③ 행정안전부장관은 공공기관의 정보공개에 관한 업무를 종합적·체계적·효율적으로 지원하기 위하여 통합정보공개시스템을 구축·운영하여야 한다.(2020.12.22 본항신설)
④ 공공기관(국회·법원·헌법재판소·중앙선거관리위원회는 제외한다)이 제2항에 따른 정보공개시스템을 구축하지 아니한 경우에는 제3항에 따라 행정안전부장관이 구축·운영하는 통합정보공개시스템을 통하여 정보공개 청구 등을 처리하여야 한다.(2020.12.22 본항신설)
⑤ 공공기관은 소속 공무원 또는 임직원 전체를 대상으로 국회규칙·대법원규칙·헌법재판소규칙·중앙선거관리위원회규칙 및 대통령령으로 정하는 바에 따라 이 법 및 정보공개 제도 운영에 관한 교육을 실시하여야 한다.
(2020.12.22 본항신설)

제6조의2【정보공개 담당자의 의무】 공공기관의 정보공개 담당자(정보공개 청구 대상 정보와 관련된 업무 담당자를 포함한다)는 정보공개 업무를 성실하게 수행하여야 하며, 공개 여부의 자의적인 결정, 고의적인 처리 지연 또는 위법한 공개 거부 및 회피 등 부당한 행위를 해서는 아니 된다.(2020.12.22 본조신설)

제7조【정보의 사전적 공개 등】 ① 공공기관은 다음 각 호의 어느 하나에 해당하는 정보에 대해서는 공개의 구체적 범위, 주기, 시기 및 방법 등을 미리 정하여 정보통신망 등을 통하여 알리고, 이에 따라 정기적으로 공개하여야 한다. 다만, 제9조제1항 각 호의 어느 하나에 해당하는 정보에 대해서는 그러하지 아니하다.(2020.12.22 본문개정)
1. 국민생활에 매우 큰 영향을 미치는 정책에 관한 정보
2. 국가의 시책으로 시행하는 공사(工事) 등 대규모 예산이 투입되는 사업에 관한 정보
3. 예산집행의 내용과 사업평가 결과 등 행정감시를 위하여 필요한 정보
4. 그 밖에 공공기관의 장이 정하는 정보
② 공공기관은 제1항에 규정된 사항 외에도 국민이 알아야 할 필요가 있는 정보를 국민에게 공개하도록 적극적으로 노력하여야 한다.
(2020.12.22 본조제목개정)

제8조【정보목록의 작성·비치 등】 ① 공공기관은 그 기관이 보유·관리하는 정보에 대하여 국민이 쉽게 알 수 있도록 정보목록을 작성하여 갖추어 두고, 그 목록을 정보통신망을 활용한 정보공개시스템 등을 통하여 공개하여야 한다. 다만, 정보목록 중 제9조제1항에 따라 공개하지 아니할 수 있는 정보가 포함되어 있는 경우에는 해당 부분을 갖추어 두지 아니하거나 공개하지 아니할 수 있다.
② 공공기관은 정보의 공개에 관한 사무를 신속하고 원활하게 수행하기 위하여 정보공개 장소를 확보하고 공개에 필요한 시설을 갖추어야 한다.

제8조의2【공개대상 정보의 원문공개】 공공기관 중 중앙행정기관 및 대통령령으로 정하는 기관은 전자적 형태로 보유·관리하는 정보 중 공개대상으로 분류된 정보를 국민의 정보공개 청구가 없더라도 정보통신망을 활용한 정보공개시스템 등을 통하여 공개하여야 한다.
(2013.8.6 본조신설)

제3장 정보공개의 절차
(2013.8.6 본장개정)

제9조【비공개 대상 정보】 ① 공공기관이 보유·관리하는 정보는 공개 대상이 된다. 다만, 다음 각 호의 어느 하나에 해당하는 정보는 공개하지 아니할 수 있다.
1. 다른 법률 또는 법률에서 위임한 명령(국회규칙·대법원규칙·헌법재판소규칙·중앙선거관리위원회규칙·대통령령 및 조례로 한정한다)에 따라 비밀이나 비공개 사항으로 규정된 정보
2. 국가안전보장·국방·통일·외교관계 등에 관한 사항으로서 공개될 경우 국가의 중대한 이익을 현저히 해칠 우려가 있다고 인정되는 정보
3. 공개될 경우 국민의 생명·신체 및 재산의 보호에 현저한 지장을 초래할 우려가 있다고 인정되는 정보
4. 진행 중인 재판에 관련된 정보와 범죄의 예방, 수사, 공소의 제기 및 유지, 형의 집행, 교정(矯正), 보안처분에 관한 사항으로서 공개될 경우 그 직무수행을 현저히 곤란하게 하거나 형사피고인의 공정한 재판을 받을 권리를 침해한다고 인정할 만한 상당한 이유가 있는 정보
5. 감사·감독·검사·시험·규제·입찰계약·기술개발·인사관리에 관한 사항이나 의사결정 과정 또는 내부검토 과정에 있는 사항 등으로서 공개될 경우 업무의 공정한 수행이나 연구·개발에 현저한 지장을 초래한다고 인정할 만한 상당한 이유가 있는 정보. 다만, 의사결정 과정 또는 내부검토 과정을 이유로 비공개할 경우에는 제13조제5항에 따라 통지를 할 때 의사결정 과정 또는 내부검토 과정의 단계 및 종료 예정일을 함께 안내하여야 하며, 의사결정 과정 및 내부검토 과정이 종료되면 제10조에 따른 청구인에게 이를 통지하여야 한다.
(2020.12.22 단서개정)
6. 해당 정보에 포함되어 있는 성명·주민등록번호 등 「개인정보 보호법」 제2조제1호에 따른 개인정보로서 공개될 경우 사생활의 비밀 또는 자유를 침해할 우려가 있다고 인정되는 정보. 다만, 다음 각 목에 열거한 사항은 제외한다.(2020.12.22 본문개정)
가. 법령에서 정하는 바에 따라 열람할 수 있는 정보
나. 공공기관이 공표를 목적으로 작성하거나 취득한 정보로서 사생활의 비밀 또는 자유를 부당하게 침해하지 아니하는 정보
다. 공공기관이 작성하거나 취득한 정보로서 공개하는 것이 공익이나 개인의 권리 구제를 위하여 필요하다고 인정되는 정보
라. 직무를 수행한 공무원의 성명·직위
마. 공개하는 것이 공익을 위하여 필요한 경우로서 법령에 따라 국가 또는 지방자치단체가 업무의 일부를 위탁 또는 위촉한 개인의 성명·직업
7. 법인·단체 또는 개인(이하 "법인등"이라 한다)의 경영상·영업상 비밀에 관한 사항으로서 공개될 경우 법인등의 정당한 이익을 현저히 해칠 우려가 있다고 인정되는 정보. 다만, 다음 각 목에 열거한 정보는 제외한다.
가. 사업활동에 의하여 발생하는 위해(危害)로부터 사람의 생명·신체 또는 건강을 보호하기 위하여 공개할 필요가 있는 정보
나. 위법·부당한 사업활동으로부터 국민의 재산 또는 생활을 보호하기 위하여 공개할 필요가 있는 정보
8. 공개될 경우 부동산 투기, 매점매석 등으로 특정인에게 이익 또는 불이익을 줄 우려가 있다고 인정되는 정보
② 공공기관은 제1항 각 호의 어느 하나에 해당하는 정보가 기간의 경과 등으로 인하여 비공개의 필요성이 없어진 경우에는 그 정보를 공개 대상으로 하여야 한다.
③ 공공기관은 제1항 각 호의 범위에서 해당 공공기관의 업무 성격을 고려하여 비공개 대상 정보의 범위에 관한 세부 기준(이하 "비공개 세부 기준"이라 한다)을 수립하고 이를 정보통신망을 활용한 정보공개시스템 등을 통하여 공개하여야 한다.(2020.12.22 본항개정)
④ 공공기관(국회·법원·헌법재판소 및 중앙선거관리위원회는 제외한다)은 제3항에 따라 수립된 비공개 세부 기준이 제1항 각 호의 비공개 요건에 부합하는지 3년마다 점검하고 필요한 경우 비공개 세부 기준을 개선하여 그 점검 및 개선 결과를 행정안전부장관에게 제출하여야 한다.(2020.12.22 본항신설)

판례 변호사시험 합격자 명단이 '공개될 경우 개인의 사생활의 비밀 또는 자유를 침해할 우려가 있다고 인정되는 정보'에 해당하는지 여부 : 변호사는 다른 직업군보다 더 높은 공공성을 지닐 뿐만 아니라 일반 직업인보다 더 높은 도덕성과 성실성이 요구되므로 변호사시험 합격 여부, 합격연도 등을 포함한 해당 변호사에 관한 정보를 공개함으로써 얻을 수 있는 법적 이익이 적지 않다. 또한 정보공개를 청구한 원고, 서울지방변호사회는 「변호사법」 제76조제1항에 따라 소속 변호사들에 대한 정확한 정보를 보유해야 한다. 따라서 원고는 변호사시험 합격자들에 관한 최소한의 인적사항인 성명이 기재된 명단을 확보하여 해당 신청자가 적법한 자격을 갖춘 변호사인지를 더 쉽게 확인할 필요성이 있다. 합격자 명단이 공개될 경우 그 합격자들의 사생활의 비밀 또는 자유를 침해할 우려가 있는 것은 사실이다. 그러나 그 공개로 인한 공익이 더 크므로 위 정보는 「개인정보 보호법」 제18조제1항에 의하여 공개가 금지된 정보에 해당하지 않는다.(대판 2021.11.11, 2015두53770)

판례 로스쿨별 합격률을 공개하면 로스쿨 간 서열화를 조장해 각 대학원이 변호사시험 합격을 위한 학원으로 전락할 우려가 있다며 해당 정보의 공개를 거부한 법무부에 대하여, 로스쿨별 합격률 정보공개가 로스쿨 제도의 취지를 훼손하는 것은 아니며, "이미 로스쿨의 서열화가 고착된 현실에서 오히려 해당 정보공개가 로스쿨의 서열화를 깰 수도 있다"는 헌법재판소의 결정을 근거로 들어 법무부의 정보공개 거부처분은 위법하다.
(서울행정법원 2017.11.2, 2017구합70342)

판례 이동통신서비스는 전파라는 공공재를 통해 이뤄지고 국민 삶에 필수적인 의미를 갖는 서비스이자 기본적인 의사소통으로서의 위치를 차지한다. 따라서 기간산업이라는 이동통신서비스의 특성상 과점적으로 시장을 차지하는 사업자의 요금산정 자료와 사업자에 대한 감독·규제가 적정한지 관련 자료를 투명하게 공개할 필요가 있다. 따라서 이동통신 요금 원가관련 자료, 통신요금 인하 태스크포스팀(TF) 구성원과 회의록 등 요금 산정의 근거가 되는 자료는 공공기관의 정보공개에 관한 법률 제9조 상의 비공개 정보에 해당하지 않으며, 이를 공개하지 않는 것은 위법하다.
(서울행정법원 2012.9.6, 2011구합21843)

판례 고소인이 자신이 고소하였다가 불기소처분 된 사건기록의 피의자신문조서, 진술조서 중 피의자 등 개인의 인적사항을 제외한 부분의 정보공개를 청구한 사안에서, 관련자들의 이름을 제외한 주민등록번호, 직업, 주소(주거 또는 직장주소), 본적, 전과 및 검찰 처분, 상훈·연금, 병역, 교육, 경력, 가족, 재산 및 월수입, 종교, 정당·사회단체가입, 건강상태, 연락처 등 개인에 관한 정보는 공개되면 개인의 내밀한 비밀 등이 알려지게 되고 그 결과 인격적·정신적 내면생활에 지장을 초래하거나 자유로운 사생활을 영위할 수 없게 될 위험성이 있는 정보에 해당하므로 이는 비공개대상정보에 해당한다고 보아야 한다.
(대판 2012.6.18, 2011두2361 전원합의체)

판례 치과의사 국가시험에서 채택하고 있는 문제은행 출제방식이 출제의 시간·비용을 줄이면서도 양질의 문항을 확보할 수 있는 등 많은 장점을 가지고 있는 점, 그 시험문제를 공개할 경우 발생하게 될 결과와 시험업무에 초래될 부작용 등을 감안하면, 위 시험의 문제지와 그 정답지를 공개하는 것은 시험업무의 공정한 수행이나 연구·개발에 현저한 지장을 초래한다고 인정할 만한 상당한 이유가 있는 경우에 해당하므로, 공공기관의 정보공개에 관한 법률 제9조 제1항 제5호에 따라 이를 공개하지 않을 수 있다.(대판 2007.6.15, 2006두15936)

판례 정보공개제도는 공공기관이 보유·관리하는 정보를 그 상태대로 공개하는 제도로서 공개를 구하는 정보를 공공기관이 보유·관리하고 있을 상당한 개연성이 있다는 점에 대하여 원칙적으로 공개청구자에게 증명책임이 있다고 할 것이지만, 공개를 구하는 정보를 공공기관이 한 때 보유·관리하였으나 후에 그 정보가 담긴 문서들이 폐기되어 존재하지 않게 된 것이라면 그 정보를 더 이상 보유·관리하고 있지 아니하다는 점에 대한 증명책임은 공공기관에게 있다.(대판 2004.12.9, 2003두12707)

판례 수사기록에 대한 정보공개청구권의 행사는 국가·사회적 법익이나 타인의 기본권과 상호 조화될 수 있는 범위 내에서 정당성을 가지나, 구체적인 경우에 수사기록에 대한 정보공개청구권의 행사가 위와 같은 범위를 벗어난 것이라고 하여 그 공개를 거부하기 위하여는 어느 부분이 어떠한 법익 또는 기본권과 충돌되어 비공개사유에 해당하는지를 주장·입증하여야만 할 것이고, 수사기록 전부에 대하여 개괄적인 사유만을 들어 공개를 거부하는 것은 허용되지 아니한다.(대판 2004.9.23, 2003두1370)

제10조【정보공개의 청구방법】 ① 정보의 공개를 청구하는 자(이하 "청구인"이라 한다)는 해당 정보를 보유하거나 관리하고 있는 공공기관에 다음 각 호의 사항을 적은 정보공개 청구서를 제출하거나 말로써 정보의 공개를 청구할 수 있다.

1. 청구인의 성명·생년월일·주소 및 연락처(전화번호·전자우편주소 등을 말한다. 이하 이 조에서 같다). 다만, 청구인이 법인 또는 단체인 경우에는 그 명칭, 대표자의 성명, 사업자등록번호 또는 이에 준하는 번호, 주된 사무소의 소재지 및 연락처를 말한다.(2020.12.22 본호개정)
2. 청구인의 주민등록번호(본인임을 확인하고 공개 여부를 결정할 필요가 있는 정보를 청구하는 경우로 한정한다)(2020.12.22 본호신설)
3. 공개를 청구하는 정보의 내용 및 공개방법

② 제1항에 따라 청구인이 말로써 정보의 공개를 청구할 때에는 담당 공무원 또는 담당 임직원(이하 "담당공무원등"이라 한다)의 앞에서 진술하여야 하고, 담당공무원등은 정보공개 청구조서를 작성하여 이에 청구인과 함께 기명날인하거나 서명하여야 한다.(2016.5.29 본항개정)

③ 제1항과 제2항에서 규정한 사항 외에 정보공개의 청구방법 등에 관하여 필요한 사항은 국회규칙·대법원규칙·헌법재판소규칙·중앙선거관리위원회규칙 및 대통령령으로 정한다.

판례 정보의 공개를 청구하는 자는 정보공개청구서에 '공개를 청구하는 정보의 내용' 등을 기재할 것을 규정하고 있는바, 청구대상정보를 기재함에 있어서는 사회일반인의 관점에서 청구대상정보의 내용과 범위를 확정할 수 있을 정도로 특정함을 요한다.(대판 2007.6.1, 2007두2555)

제11조【정보공개 여부의 결정】 ① 공공기관은 제10조에 따라 정보공개의 청구를 받으면 그 청구를 받은 날부터 10일 이내에 공개 여부를 결정하여야 한다.

② 공공기관은 부득이한 사유로 제1항에 따른 기간 이내에 공개 여부를 결정할 수 없을 때에는 그 기간이 끝나는 날의 다음 날부터 기산(起算)하여 10일의 범위에서 공개 여부 결정기간을 연장할 수 있다. 이 경우 공공기관은 연장된 사실과 연장 사유를 청구인에게 지체 없이 문서로 통지하여야 한다.

③ 공공기관은 공개 청구된 공개 대상 정보의 전부 또는 일부가 제3자와 관련이 있다고 인정할 때에는 그 사실을 제3자에게 지체 없이 통지하여야 하며, 필요한 경우에는 그의 의견을 들을 수 있다.

④ 공공기관은 다른 공공기관이 보유·관리하는 정보의 공개 청구를 받았을 때에는 지체 없이 이를 소관 기관으로 이송하여야 하며, 이송한 후에는 지체 없이 소관 기관 및 이송 사유 등을 분명히 밝혀 청구인에게 문서로 통지하여야 한다.

⑤ 공공기관은 정보공개 청구가 다음 각 호의 어느 하나에 해당하는 경우로서 「민원 처리에 관한 법률」에 따른 민원으로 처리할 수 있는 경우에는 민원으로 처리할 수 있다.

1. 공개 청구된 정보가 공공기관이 보유·관리하지 아니하는 정보인 경우
2. 공개 청구의 내용이 진정·질의 등으로 이 법에 따른 정보공개 청구로 보기 어려운 경우

(2020.12.22 본항신설)

제11조의2【반복 청구 등의 처리】 ① 공공기관은 제11조에도 불구하고 제10조제1항 및 제2항에 따른 정보공개 청구가 다음 각 호의 어느 하나에 해당하는 경우에는 정보공개 청구 대상 정보의 성격, 종전 청구와의 내용적 유사성·관련성, 종전 청구와 동일한 답변을 할 수밖에 없는 사정 등을 종합적으로 고려하여 해당 청구를 종결 처리할 수 있다. 이 경우 종결 처리 사실을 청구인에게 알려야 한다.

1. 정보공개를 청구하여 정보공개 여부에 대한 결정의 통지를 받은 자가 정당한 사유 없이 해당 정보의 공개를 다시 청구하는 경우
2. 정보공개 청구가 제11조제5항에 따라 민원으로 처리되었으나 다시 같은 청구를 하는 경우

② 공공기관은 제11조에도 불구하고 제10조제1항 및 제2항에 따른 정보공개 청구가 다음 각 호의 어느 하나에 해당하는 경우에는 다음 각 호의 구분에 따라 안내하고, 해당 청구를 종결 처리할 수 있다.

1. 제7조제1항에 따른 정보 등 공개를 목적으로 작성되어 이미 정보통신망 등을 통하여 공개된 정보를 청구하는 경우 : 해당 정보의 소재(所在)를 안내
2. 다른 법령이나 사회통념상 청구인의 여건 등에 비추어 수령할 수 없는 방법으로 정보공개 청구를 하는 경우 : 수령이 가능한 방법으로 청구하도록 안내

(2020.12.22 본조신설)

제12조【정보공개심의회】 ① 국가기관, 지방자치단체, 「공공기관의 운영에 관한 법률」 제5조에 따른 공기업 및 준정부기관, 「지방공기업법」에 따른 지방공사 및 지방공단(이하 "국가기관등"이라 한다)은 제11조에 따른 정보공개 여부 등을 심의하기 위하여 정보공개심의회(이하 "심의회"라 한다)를 설치·운영한다. 이 경우 국가기관등의 규모와 업무성격, 지리적 여건, 청구인의 편의 등을 고려하여 소속 상급기관(지방공사·지방공단의 경우에는 해당 지방공사·지방공단을 설립한 지방자치단체를 말한다)에서 협의를 거쳐 심의회를 통합하여 설치·운영할 수 있다.(2020.12.22 본항개정)

② 심의회는 위원장 1명을 포함하여 5명 이상 7명 이하의 위원으로 구성한다.

③ 심의회의 위원은 소속 공무원, 임직원 또는 외부 전문가로 지명하거나 위촉하되, 그 중 3분의 2는 해당 국가기관등의 업무 또는 정보공개의 업무에 관한 지식을 가진 외부 전문가로 위촉하여야 한다. 다만, 제9조제1항제2호 및 제4호에 해당하는 업무를 주로 하는 국가기관은 그 국가기관의 장이 외부 전문가의 위촉 비율을 따로 정하되, 최소한 3분의 1 이상은 외부 전문가로 위촉하여야 한다.(2020.12.22 본항개정)

④ 심의회의 위원장은 위원 중에서 국가기관등의 장이 지명하거나 위촉한다.(2020.12.22 본항개정)

⑤ 심의회의 위원에 대해서는 제23조제4항 및 제5항을 준용한다.

⑥ 심의회의 운영과 기능 등에 관하여 필요한 사항은 국회규칙·대법원규칙·헌법재판소규칙·중앙선거관리위원회규칙 및 대통령령으로 정한다.

제12조의2【위원의 제척·기피·회피】 ① 심의회의 위원이 다음 각 호의 어느 하나에 해당하는 경우에는 심의회의 심의에서 제척(除斥)된다.

1. 위원 또는 그 배우자나 배우자이었던 사람이 해당 심의사항의 당사자(당사자가 법인·단체 등인 경우에는 그 임원 또는 직원을 포함한다. 이하 이 호 및 제2호에서 같다)이거나 그 심의사항의 당사자와 공동권리자 또는 공동의무자인 경우
2. 위원이 해당 심의사항의 당사자와 친족이거나 친족이었던 경우
3. 위원이 해당 심의사항에 대하여 증언, 진술, 자문, 연구, 용역 또는 감정을 한 경우
4. 위원이나 위원이 속한 법인 등이 해당 심의사항의 당사자의 대리인이거나 대리인이었던 경우

② 심의회의 심의사항의 당사자는 위원에게 공정한 심의를 기대하기 어려운 사정이 있는 경우에는 심의회에 기피(忌避) 신청을 할 수 있고, 심의회는 의결로 기피 여부를 결정하여야 한다. 이 경우 기피 신청의 대상인 위원은 그 의결에 참여할 수 없다.

③ 위원은 제1항 각 호에 따른 제척 사유에 해당하는 경우에는 심의회에 그 사실을 알리고 스스로 해당 안건의 심의에서 회피(回避)하여야 한다.

④ 위원이 제1항 각 호의 어느 하나에 해당함에도 불구하고 회피하지 아니하여 심의회 심의의 공정성을 해친 경우 국가기관등의 장은 해당 위원을 해촉하거나 해임할 수 있다.

(2020.12.22 본조신설)

제13조【정보공개 여부 결정의 통지】 ① 공공기관은 제11조에 따라 정보의 공개를 결정한 경우에는 공개의 일시 및 장소 등을 분명히 밝혀 청구인에게 통지하여야 한다.

② 공공기관은 청구인이 사본 또는 복제물의 교부를 원하는 경우에는 이를 교부하여야 한다.(2020.12.22 단서삭제)

③ 공공기관은 공개 대상 정보의 양이 너무 많아 정상적인 업무수행에 현저한 지장을 초래할 우려가 있는 경우에는 해당 정보를 일정 기간별로 나누어 제공하거나 사본·복제물의 교부 또는 열람과 병행하여 제공할 수 있다.(2020.12.22 본항신설)

④ 공공기관은 제1항에 따라 정보를 공개하는 경우에 그 정보의 원본이 더럽혀지거나 파손될 우려가 있거나 그 밖에 상당한 이유가 있다고 인정할 때에는 그 정보의 사본·복제물을 공개할 수 있다.

⑤ 공공기관은 제11조에 따라 정보의 비공개 결정을 한 경우에는 그 사실을 청구인에게 지체 없이 문서로 통지하여야 한다. 이 경우 제9조제1항 각 호 중 어느 규정에 해당하는 비공개 대상 정보인지를 포함한 비공개 이유와 불복(不服)의 방법 및 절차를 구체적으로 밝혀야 한다.

(2020.12.22 후단개정)

제14조【부분 공개】 공개 청구한 정보가 제9조제1항 각 호의 어느 하나에 해당하는 부분과 공개 가능한 부분이 혼합되어 있는 경우로서 공개 청구의 취지에 어긋나지 아니하는 범위에서 두 부분을 분리할 수 있는 경우에는 제9조제1항 각 호의 어느 하나에 해당하는 부분을 제외하고 공개하여야 한다.

제15조【정보의 전자적 공개】 ① 공공기관은 전자적 형태로 보유·관리하는 정보에 대하여 청구인이 전자적 형태로 공개하여 줄 것을 요청하는 경우에는 그 정보의 성질상 현저히 곤란한 경우를 제외하고는 청구인의 요청에 따라야 한다.

② 공공기관은 전자적 형태로 보유·관리하지 아니하는 정보에 대하여 청구인이 전자적 형태로 공개하여 줄 것을 요청한 경우에는 정상적인 업무수행에 현저한 지장을 초래하거나 그 정보의 성질이 훼손될 우려가 없으면 그 정보를 전자적 형태로 변환하여 공개할 수 있다.

③ 정보의 전자적 형태의 공개 등에 필요한 사항은 국회규칙·대법원규칙·헌법재판소규칙·중앙선거관리위원회규칙 및 대통령령으로 정한다.

제16조【즉시 처리가 가능한 정보의 공개】 다음 각 호의 어느 하나에 해당하는 정보로서 즉시 또는 말로 처리가 가능한 정보에 대해서는 제11조에 따른 절차를 거치지 아니하고 공개하여야 한다.

1. 법령 등에 따라 공개를 목적으로 작성된 정보
2. 일반국민에게 알리기 위하여 작성된 각종 홍보자료
3. 공개하기로 결정된 정보로서 공개에 오랜 시간이 걸리지 아니하는 정보
4. 그 밖에 공공기관의 장이 정하는 정보

제17조【비용 부담】 ① 정보의 공개 및 우송 등에 드는 비용은 실비(實費)의 범위에서 청구인이 부담한다.

② 공개를 청구하는 정보의 사용 목적이 공공복리의 유지·증진을 위하여 필요하다고 인정되는 경우에는 제1항에 따른 비용을 감면할 수 있다.

③ 제1항에 따른 비용 및 그 징수 등에 필요한 사항은 국회규칙·대법원규칙·헌법재판소규칙·중앙선거관리위원회규칙 및 대통령령으로 정한다.

제4장 불복 구제 절차

(2013.8.6 본장개정)

제18조【이의신청】 ① 청구인이 정보공개와 관련한 공공기관의 비공개 결정 또는 부분 공개 결정에 대하여 불복이 있거나 정보공개 청구 후 20일이 경과하도록 정보공개 결정이 없는 때에는 공공기관으로부터 정보공개 여부의 결정 통지를 받은 날 또는 정보공개 청구 후 20일이 경과한 날부터 30일 이내에 해당 공공기관에 문서로 이의신청을 할 수 있다.

② 국가기관등은 제1항에 따른 이의신청이 있는 경우에는 심의회를 개최하여야 한다. 다만, 다음 각 호의 어느 하나에 해당하는 경우에는 심의회를 개최하지 아니할 수 있으며 개최하지 아니하는 사유를 청구인에게 문서로 통지하여야 한다.(2020.12.22 단서개정)

1. 심의회의 심의를 이미 거친 사항
2. 단순·반복적인 청구
3. 법령에 따라 비밀로 규정된 정보에 대한 청구

③ 공공기관은 이의신청을 받은 날부터 7일 이내에 그 이의신청에 대하여 결정하고 그 결과를 청구인에게 지체 없이 문서로 통지하여야 한다. 다만, 부득이한 사유로 정하여진 기간 이내에 결정할 수 없을 때에는 그 기간이 끝나는 날의 다음 날부터 기산하여 7일의 범위에서 연장할 수 있으며, 연장 사유를 청구인에게 통지하여야 한다.

④ 공공기관은 이의신청을 각하(却下) 또는 기각(棄却)하는 결정을 한 경우에는 청구인에게 행정심판 또는 행정소송을 제기할 수 있다는 사실을 제3항에 따른 결과 통지와 함께 알려야 한다.

제19조【행정심판】 ① 청구인이 정보공개와 관련한 공공기관의 결정에 대하여 불복이 있거나 정보공개 청구 후 20일이 경과하도록 정보공개 결정이 없는 때에는 「행정심판법」에서 정하는 바에 따라 행정심판을 청구할 수 있다. 이 경우 국가기관 및 지방자치단체 외의 공공기관의 결정에 대한 감독행정기관은 관계 중앙행정기관의 장 또는 지방자치단체의 장으로 한다.

② 청구인은 제18조에 따른 이의신청 절차를 거치지 아니하고 행정심판을 청구할 수 있다.

③ 행정심판위원회의 위원 중 정보공개 여부의 결정에 관한 행정심판에 관여하는 위원은 재직 중은 물론 퇴직 후에도 그 직무상 알게 된 비밀을 누설하여서는 아니 된다.

④ 제3항의 위원은 「형법」이나 그 밖의 법률에 따른 벌칙을 적용할 때에는 공무원으로 본다.

판례 정보공개청구권은 법률상 보호되는 구체적인 권리이므로 청구인이 공공기관에 대하여 정보공개를 청구하였다가 거부처분을 받은 것 자체가 법률상 이익의 침해에 해당한다. (대판 2004.9.23, 2003두1370)

제20조【행정소송】 ① 청구인이 정보공개와 관련한 공공기관의 결정에 대하여 불복이 있거나 정보공개 청구 후 20일이 경과하도록 정보공개 결정이 없는 때에는 「행정소송법」에서 정하는 바에 따라 행정소송을 제기할 수 있다.

② 재판장은 필요하다고 인정하면 당사자를 참여시키지 아니하고 제출된 공개 청구 정보를 비공개로 열람·심사할 수 있다.

③ 재판장은 행정소송의 대상이 제9조제1항제2호에 따른 정보 중 국가안전보장·국방 또는 외교관계에 관한 정보의 비공개 또는 부분 공개 결정처분인 경우에 공공기관이 그 정보에 대한 비밀 지정의 절차, 비밀의 등급·종류

및 성질과 이를 비밀로 취급하게 된 실질적인 이유 및 공개를 하지 아니하는 사유 등을 입증하면 해당 정보를 제출하지 아니하게 할 수 있다.
제21조【제3자의 비공개 요청 등】 ① 제11조제3항에 따라 공개 청구된 사실을 통지받은 제3자는 그 통지를 받은 날부터 3일 이내에 해당 공공기관에 대하여 자신과 관련된 정보를 공개하지 아니할 것을 요청할 수 있다.
② 제1항에 따른 비공개 요청에도 불구하고 공공기관이 공개 결정을 할 때에는 공개 결정 이유와 공개 실시일을 분명히 밝혀 지체 없이 문서로 통지하여야 하며, 제3자는 해당 공공기관에 문서로 이의신청을 하거나 행정심판 또는 행정소송을 제기할 수 있다. 이 경우 이의신청은 통지를 받은 날부터 7일 이내에 하여야 한다.
③ 공공기관은 제2항에 따른 공개 결정일과 공개 실시일 사이에 최소한 30일의 간격을 두어야 한다.

제5장 정보공개위원회 등
(2013.8.6 본장개정)

제22조【정보공개위원회의 설치】 다음 각 호의 사항을 심의·조정하기 위하여 행정안전부장관 소속으로 정보공개위원회(이하 "위원회"라 한다)를 둔다.(2023.5.16 본문개정)
1. 정보공개에 관한 정책 수립 및 제도 개선에 관한 사항
2. 정보공개에 관한 기준 수립에 관한 사항
3. 제12조에 따른 심의회 심의결과의 조사·분석 및 심의기준 개선 관련 의견제시에 관한 사항(2020.12.22 본호신설)
4. 제24조제2항 및 제3항에 따른 공공기관의 정보공개 운영실태 평가 및 그 결과 처리에 관한 사항
5. 정보공개와 관련된 불합리한 제도·법령 및 그 운영에 대한 조사 및 개선권고에 관한 사항(2020.12.22 본호신설)
6. 그 밖에 정보공개에 관하여 대통령령으로 정하는 사항

제23조【위원회의 구성 등】 ① 위원회는 성별을 고려하여 위원장과 부위원장 각 1명을 포함한 11명의 위원으로 구성한다.(2020.12.22 본항개정)
② 위원회의 위원은 다음 각 호의 사람이 된다. 이 경우 위원장을 포함한 7명은 공무원이 아닌 사람으로 위촉하여야 한다.(2020.12.22 후단개정)
1. 대통령령으로 정하는 관계 중앙행정기관의 차관급 공무원이나 고위공무원단에 속하는 일반직공무원
2. 정보공개에 관하여 학식과 경험이 풍부한 사람으로서 행정안전부장관이 위촉하는 사람(2023.5.16 본호개정)
3. 시민단체(「비영리민간단체 지원법」 제2조에 따른 비영리민간단체를 말한다)에서 추천한 사람으로서 행정안전부장관이 위촉하는 사람(2023.5.16 본호개정)
③ 위원장·부위원장 및 위원(제2항제1호의 위원은 제외한다)의 임기는 2년으로 하며, 연임할 수 있다.
④ 위원장·부위원장 및 위원은 정보공개 업무와 관련하여 알게 된 정보를 누설하거나 그 정보를 이용하여 본인 또는 타인에게 이익 또는 불이익을 주는 행위를 하여서는 아니 된다.
⑤ 위원장·부위원장 및 위원 중 공무원이 아닌 사람은 「형법」이나 그 밖의 법률에 따른 벌칙을 적용할 때에는 공무원으로 본다.
⑥ 위원회의 구성과 의결 절차 등 위원회 운영에 필요한 사항은 대통령령으로 정한다.

제24조【제도 총괄 등】 ① 행정안전부장관은 이 법에 따른 정보공개제도의 정책 수립 및 제도 개선 사항 등에 관한 기획·총괄 업무를 관장한다.(2017.7.26 본항개정)
② 행정안전부장관은 위원회가 정보공개제도의 효율적 운영을 위하여 필요하다고 요청하면 공공기관(국회·법원·헌법재판소 및 중앙선거관리위원회는 제외한다)의 정보공개제도 운영실태를 평가할 수 있다.(2017.7.26 본항개정)
③ 행정안전부장관은 제2항에 따른 평가를 실시한 경우에는 그 결과를 위원회를 거쳐 국무회의에 보고한 후 공개하여야 하며, 위원회가 개선이 필요하다고 권고한 사항에 대해서는 해당 공공기관에 시정 요구 등의 조치를 하여야 한다.(2017.7.26 본항개정)
④ 행정안전부장관은 정보공개에 관하여 필요할 경우에 공공기관(국회·법원·헌법재판소 및 중앙선거관리위원회는 제외한다)의 장에게 정보공개 처리 실태의 개선을 권고할 수 있다. 이 경우 권고를 받은 공공기관은 이를 이행하기 위하여 성실하게 노력하여야 하며, 그 조치 결과를 행정안전부장관에게 알려야 한다.(2017.7.26 본항개정)
⑤ 국회·법원·헌법재판소·중앙선거관리위원회·중앙행정기관 및 지방자치단체는 그 소속 기관 및 소관 공공기관에 대하여 정보공개에 관한 의견을 제시하거나 지도·점검을 할 수 있다.

제25조【자료의 제출 요구】 국회사무총장·법원행정처장·헌법재판소사무처장·중앙선거관리위원회사무총장 및 행정안전부장관은 필요하다고 인정하면 관계 공공기관에 정보공개에 관한 자료 제출 등의 협조를 요청할 수 있다.(2017.7.26 본조개정)

제26조【국회에의 보고】 ① 행정안전부장관은 전년도의 정보공개 운영에 관한 보고서를 매년 정기국회 개회 전까지 국회에 제출하여야 한다.(2017.7.26 본항개정)
② 제1항에 따른 보고서 작성에 필요한 사항은 대통령령으로 정한다.

제27조【위임규정】 이 법 시행에 필요한 사항은 국회규칙·대법원규칙·헌법재판소규칙·중앙선거관리위원회규칙 및 대통령령으로 정한다.

제28조【신분보장】 누구든지 이 법에 따른 정당한 정보공개를 이유로 징계조치 등 어떠한 신분상 불이익이나 근무조건상의 차별을 받지 아니한다.(2013.8.6 본조신설)

제29조【기간의 계산】 ① 이 법에 따른 기간의 계산은 「민법」에 따른다.
② 제1항에도 불구하고 다음 각 호의 기간은 "일" 단위로 계산하고 첫날을 산입하되, 공휴일과 토요일은 산입하지 아니한다.
1. 제11조제1항 및 제2항에 따른 정보공개 여부 결정기간
2. 제18조제1항, 제19조제1항 및 제20조제1항에 따른 정보공개 청구 후 경과한 기간
3. 제18조제3항에 따른 이의신청 결정기간
(2020.12.22 본조신설)

부 칙 (2008.2.29 법8854호)

제1조【시행일】 이 법은 공포한 날부터 시행한다.
제2조【경과조치】 종전의 규정에 의하여 위촉된 정보공개위원회의 위원은 이 법에 의해 행정안전부장관이 위촉한 것으로 보며, 위원의 임기는 종전의 위촉일부터 기산한다.

부 칙 (2016.5.29)

이 법은 공포한 날부터 시행한다.

부 칙 (2017.7.26)

제1조【시행일】 ① 이 법은 공포한 날부터 시행한다.(이하 생략)

부 칙 (2020.12.22)

제1조【시행일】 이 법은 공포한 날부터 시행한다. 다만, 제6조제5항, 제9조제1항제5호 단서, 제10조제1항제1호·제2호, 제13조제5항, 제18조제2항 단서, 제22조 및 제23조의 개정규정은 공포 후 6개월이 경과한 날부터 시행하고, 제6조제3항·제4항, 제12조제1항·제3항·제4항의 개정규정은 공포 후 1년이 경과한 날부터 시행한다.
제2조【일반적 적용례】 이 법 중 정보공개 청구에 관한 개정규정은 이 법 시행 이후 정보공개를 청구하는 경우부터 적용한다.
제3조【반복 청구 등의 처리에 관한 적용례】 제11조의2 제1항의 개정규정은 이 법 시행 전에 정보공개를 청구하여 정보공개 여부에 대한 결정 통지를 받은 사람 또는 민원으로 처리된 사람이 이 법 시행 이후 같은 청구를 하는 경우에도 적용한다.
제4조【비공개 세부기준 점검 및 개선에 관한 특례】 공공기관은 제9조제4항의 개정규정에도 불구하고 이 법 시행일부터 6개월 이내에 점검 및 개선 결과를 행정안전부장관에게 제출하여야 한다.
제5조【위원회의 위원에 관한 경과조치】 부칙 제1조 단서에 따른 제23조의 개정규정의 시행일 당시 종전의 규정에 따라 위촉되어 임기가 만료되지 아니한 위원회의 위원은 제23조의 개정규정에 따라 위촉된 것으로 본다. 이 경우 해당 위원의 임기는 종전 임기의 남은 기간으로 한다.

부 칙 (2023.5.16)

제1조【시행일】 이 법은 공포 후 6개월이 경과한 날부터 시행한다.
제2조【「공공기관의 정보공개에 관한 법률」의 개정에 관한 경과조치】 ① 이 법 시행 당시 종전의 「공공기관의 정보공개에 관한 법률」 제22조에 따라 국무총리 소속으로 설치된 정보공개위원회는 같은 법 제22조의 개정규정에 따라 행정안전부장관 소속으로 설치된 정보공개위원회로 본다.
② 이 법 시행 당시 종전의 「공공기관의 정보공개에 관한 법률」 제23조에 따라 위촉되어 임기가 만료되지 아니한 정보공개위원회의 위원은 같은 법 제23조의 개정규정에 따라 위촉된 것으로 본다. 이 경우 해당 위원의 임기는 종전 임기의 남은 기간으로 한다.
제3조부터 **제5조**까지 생략

정부대표 및 특별사절의 임명과 권한에 관한 법률

(약칭: 정부대표법)

(1962년 5월 31일
법 률 제1081호)

개정
1963.12.16법 1549호
1984.12.31법 3758호
2008. 2.29법 8852호(정부조직)
2010. 5.20법10308호
2013. 3.23법11687호
2020. 3.31법17160호(대한민국재외공관설치법)

제1조【목적】 이 법은 특정한 목적을 위하여 정부를 대표하여 외국정부 또는 국제기구와 교섭하거나 국제회의에 참석하거나 조약에 서명 또는 가서명(假署名)하는 권한을 가진 사람(이하 "정부대표"라 한다)과 외국에서 거행되는 주요 의식에 참석하거나 특정한 목적을 위하여 정부의 입장과 인식을 외국정부 또는 국제기구에 전하거나 외국정부 또는 국제기구와 교섭하거나 국제회의에 참석할 수 있는 권한을 가지는 사람(이하 "특별사절"이라 한다)의 임명과 권한 및 그 밖에 필요한 사항에 관하여 규정함을 목적으로 한다.(2010.5.20 본조개정)
제2조【정부를 대표할 수 있는 경우】 이 법 또는 다른 법률에 따르지 아니하고는 누구든지 정부를 대표하여 제1조에 규정한 행위를 할 수 없다.(2010.5.20 본조개정)
제3조【외교부장관】 외교부장관은 외국정부 또는 국제기구와의 교섭, 국제회의의 참석, 조약의 서명 또는 가서명을 할 때 정부대표가 된다.(2013.3.23 본조개정)
제4조【재외공관의 장】 특명전권대사(特命全權大使)인 대한민국 재외공관의 장은 신임장(信任狀)을 접수한 외국정부 또는 국제기구와 교섭을 할 때 정부대표가 된다.(2020.3.31 본조개정)
제5조【정부대표 등의 임명】 ① 정부대표는 제3조 및 제4조의 경우를 제외하고는 외교부장관이 임명한다. 다만, 외국정부 또는 국제기구와 중요한 사항에 관하여 교섭을 하거나 중요한 국제회의에 참석하거나 중요 조약에 서명 또는 가서명을 하는 정부대표의 경우에는 외교부장관의 제청으로 국무총리를 거쳐 대통령이 임명한다.
② 특별사절은 외교부장관의 제청으로 국무총리를 거쳐 대통령이 임명한다.
③ 제1항 본문에 따라 임명되는 정부대표에게 발급하는 전권(全權) 위임장 또는 신임장에는 외교부장관이 서명하며, 제1항 단서 또는 제2항에 따라 임명되는 정부대표나 특별사절에게 발급하는 전권 위임장 또는 신임장에는 대통령이 서명하고 국무총리 및 외교부장관이 부서(副署)하되, 이 경우에도 국제관례에 따라 외교부장관이 서명할 수 있다.
(2013.3.23 본조개정)
제5조의2【대외직명의 지정】 대통령은 정부대표 또는 특별사절에 대하여 필요하다고 인정하는 경우에는 외교부장관의 제청으로 국무회의의 심의를 거쳐 특명전권대사 또는 대사(大使)의 대외직명(對外職名)을 지정할 수 있다.(2013.3.23 본조개정)
제6조【정부의 지휘·감독】 정부대표가 진행하는 외교교섭은 외교부장관이 지휘·감독한다. 국내에 주재(駐在)하는 외국 또는 국제경제기관과의 경제조정(經濟調整)사무에 관하여도 외교부장관의 의견을 들어야 한다.
(2013.3.23 본조개정)
제7조【수석정부대표 등】 ① 2명 이상의 정부대표 또는 특별사절을 임명하는 경우에는 서열을 정하고 수석정부대표 또는 수석특별사절을 지명하여야 한다.
② 수석정부대표 또는 수석특별사절은 다른 정부대표 또는 특별사절을 지휘·감독하고, 정부대표단 또는 특별사절단을 대표한다.
(2010.5.20 본조개정)
제8조【직무의 대행】 수석정부대표 또는 수석특별사절이 부득이한 사유로 직무를 수행할 수 없을 때에는 다음 서열의 정부대표 또는 특별사절이 그 직무를 대행한다.
(2010.5.20 본조개정)
제9조【수행원】 외교부장관은 필요하다고 인정하면 정부대표 또는 특별사절의 사무를 보좌하게 하기 위하여 고문(顧問), 전문위원 보좌관 또는 그 밖의 수행원을 임명할 수 있다.(2013.3.23 본조개정)
제10조【해임】 ① 정부대표 또는 특별사절 및 그 수행원은 다른 법률에 특별한 규정이 있는 경우를 제외하고는 그가 담당한 임무가 종료된 때에 그 직(職)에서 해임된다.
② 제5조의2에 따라 특명전권대사 또는 대사의 대외직명을 지정받은 정부대표 또는 특별사절이 제1항에 따라 그 직에서 해임된 때에는 특명전권대사 또는 대사의 대외직명의 지정은 그 효력을 잃는다.
(2010.5.20 본조개정)
제11조【통상조약 체결을 위한 교섭 시의 정부대표 임명 등에 관한 특례】 ① 제5조제1항에도 불구하고 「통상조약의 체결절차 및 이행에 관한 법률」 제2조제1호에 따

른 통상조약의 체결을 목적으로 하는 교섭을 위하여 정부대표를 임명할 때에는 다음 각 호의 방법에 따른다.
1. 제5조제1항 본문에 해당하는 경우에는 산업통상자원부장관의 요청에 따라 외교부장관이 임명한다.
2. 제5조제1항 단서에 해당하는 경우에는 산업통상자원부장관의 제청으로 국무총리를 거쳐 대통령이 임명한다.
② 제1항제2호에 따라 임명되는 정부대표에게 발급하는 전권 위임장 또는 신임장에는 제5조제3항에도 불구하고 대통령이 서명하고 국무총리 및 산업통상자원부장관이 부서한다. 이 경우 국제관례에 따라 외교부장관이 서명할 수 있다.
③ 제6조 전단에도 불구하고 제1항에 따라 임명되는 정부대표가 진행하는 통상교섭의 경우 산업통상자원부장관이 지휘·감독한다. 이 경우 산업통상자원부장관은 미리 외교부장관에게 지휘·감독의 내용을 통보하여야 한다.
④ 산업통상자원부장관은 제1항에 따른 통상조약의 문안에 합의하거나 가서명하려는 경우에는 미리 외교부장관의 의견을 들어야 한다.
(2013.3.23 본조신설)

부 칙 (2013.3.23)

제1조【시행일】 이 법은 공포한 날부터 시행한다.
제2조【임명된 정부대표 등에 관한 경과조치】 ① 이 법 시행 당시 「통상조약의 체결절차 및 이행에 관한 법률」 제2조제1호에 따른 통상조약의 체결을 목적으로 하는 교섭을 위하여 종전의 제5조제1항에 따라 정부대표로 임명된 사람은 제11조제1항의 개정규정에 따라 임명된 것으로 본다.
② 이 법 시행 당시 「통상조약의 체결절차 및 이행에 관한 법률」 제2조제1호에 따른 통상조약의 체결을 목적으로 하는 교섭을 위하여 임명된 정부대표에게 종전의 제5조제3항에 따라 발급된 전권 위임장 또는 신임장은 제11조제2항의 개정규정에 따라 발급된 것으로 본다.

부 칙 (2020.3.31)

제1조【시행일】 이 법은 공포한 날부터 시행한다.(이하 생략)

여권법

(2008년 3월 28일 전부개정법률 제8990호)

개정
2009.10.19법 9799호
2013. 3.23법11690호(정부조직)
2013. 5.22법11774호
2014. 1.21법12274호
2017. 3.21법14606호
2018.12.24법16025호
2020.12.22법17689호(국가자치경찰)
2021. 1. 5법17820호
2021. 4.20법18080호
2023. 3.28법19274호(집행유예선고에관한결격사유명확화를위한일부개정법)
2023. 3.28법19276호(행정기관정비일부개정법령등)
2023. 8. 8법19580호
2024년 1월 25일 제412회 국회 본회의 통과→「法典 別冊」 보유편 수록

제1장 총 칙

제1조【목적】 이 법은 대한민국 국적 및 신분을 증명하는 여권(旅券)의 발급, 효력과 그 밖에 여권에 관하여 필요한 사항을 규정함을 목적으로 한다.(2021.1.5 본조개정)
제2조【여권의 소지】 외국을 여행하려는 국민은 이 법에 따라 발급된 여권을 소지하여야 한다.
제3조【발급권자】 여권은 외교부장관이 발급한다.(2013.3.23 본조개정)

제2장 여권의 종류 및 유효기간

제4조【여권의 종류】 ① 여권의 종류는 다음 각 호와 같다.
1. 일반여권
2. 관용여권
3. 외교관여권
4. 긴급여권(제1호부터 제3호까지의 규정에 따른 여권을 발급받거나 재발급받을 시간적 여유가 없는 경우로서 여권의 긴급한 발급이 필요하다고 인정되어 발급하는 여권을 말한다)
(2021.1.5 본항개정)
② 여권은 1회에 한정하여 외국여행을 할 수 있는 여권(이하 "단수여권"이라 한다)과 유효기간 만료일까지 횟수에 제한 없이 외국여행을 할 수 있는 여권(이하 "복수여권"이라 한다)으로 구분하며, 여권의 종류별로 다음 각 호의 구분에 따라 발급한다.
1. 일반여권·관용여권과 외교관여권 : 단수여권과 복수여권
2. 긴급여권 : 단수여권
(2021.1.5 본항신설)
③ (2023.8.8 삭제)
제4조의2【관용여권의 발급대상자】 외교부장관은 다음 각 호의 어느 하나에 해당하는 사람에게 관용여권을 발급할 수 있다.
1. 공무(公務)로 국외에 여행하는 공무원
2. 「외무공무원법」 제32조에 따라 재외공관에 두는 행정직원
3. 그 밖에 대통령령으로 정하는 사람
(2023.8.8 본조신설)
제4조의3【외교관여권의 발급대상자】 외교부장관은 다음 각 호의 어느 하나에 해당하는 사람에게 외교관여권을 발급할 수 있다.
1. 전직·현직 대통령
2. 전직·현직 국회의장
3. 전직·현직 대법원장
4. 전직·현직 헌법재판소장
5. 전직·현직 국무총리
6. 전직·현직 외교부장관
7. 특명전권대사 및 국제올림픽위원회 위원
8. 외교부장관이 지정한 외교부 소속 공무원
9. 「외무공무원법」 제31조에 따라 재외공관에 근무하는 다른 국가공무원 및 지방공무원
10. 특별사절 및 정부대표
11. 그 밖에 대통령령으로 정하는 사람
(2023.8.8 본조신설)
제5조【여권의 유효기간】 ① 제4조에 따른 여권(긴급여권은 제외한다)의 종류별 유효기간은 다음 각 호와 같다.
(2021.1.5 본문개정)
1. 일반여권 : 10년 이내
2. 관용여권 : 5년 이내
3. 외교관여권 : 5년 이내
② 여권의 종류별 유효기간의 설정 등에 필요한 사항은 대통령령으로 정한다.
제5조의2【관용여권의 발급 관리】 ① 외교부장관은 제19조제5항에 따른 관용여권의 반납 현황을 포함하여 정기적으로 관용여권의 발급 현황을 조사하여야 한다.
② 외교부장관은 제1항에 따른 관용여권 발급 현황 자료의 제출을 해당 기관의 장에게 요청할 수 있다. 이 경우 자료 제출을 요청받은 기관의 장은 특별한 사유가 없으면 그 요청에 따라야 한다.
③ 관용여권의 발급 현황 조사에 필요한 사항은 대통령령으로 정한다.
(2023.8.8 본조신설)
제6조【단수여권의 발급】 ① 외교부장관은 다음 각 호의 어느 하나에 해당하는 경우에는 1년 이내의 유효기간이 설정된 단수여권을 발급할 수 있다.(2013.3.23 본문개정)
1. 여권발급 신청인이 요청하는 경우
2. 제12조의3에 따라 여권을 발급하는 경우(2023.8.8 본호개정)
3. (2021.1.5 삭제)
4. 제11조제2항의 확인기간 내에 유학생의 학사일정에 따른 출국 등 부득이한 사유로 국외여행을 하여야 할 필요가 있다고 인정되는 사람에게 여권을 발급하는 경우
5. 긴급여권을 발급하는 경우(2021.1.5 본호신설)
② 단수여권의 발급에 관한 세부사항은 대통령령으로 정한다.

제3장 여권의 발급, 재발급 및 사용제한 등

제7조【여권의 수록 정보와 수록 방법】 ① 여권에 수록하는 정보는 다음 각 호와 같다.
1. 여권의 종류, 발행국, 여권번호, 발급일, 기간만료일과 발급관청
2. 여권의 명의인(名義人)의 성명, 국적, 성별, 생년월일과 사진(2018.12.24 본호개정)
3. (2009.10.19 삭제)
② 제1항 각 호의 정보는 대통령령으로 정하는 바에 따라 여권에 인쇄하고 전자적으로 수록한다. 다만, 재외공관에서의 여권발급 등 대통령령으로 정하는 부득이한 사유가 있는 경우에는 전자적으로 수록하지 아니할 수 있다.
제7조의2【여권의 로마자성명 수록 및 변경 등】 ① 외교부장관은 제7조제1항제2호에 따른 여권의 명의인의 한글 성명을 대통령령으로 정하는 바에 따라 로마자표기(이하 이 조에서 "로마자성명"이라 한다)로 수록하여야 한다.
② 여권을 재발급받거나 여권의 효력상실로 여권을 다시 발급받으려는 사람이 한글 성명의 개명 등 대통령령으로 정하는 사유로 로마자성명의 정정이나 변경이 필요한 경우에는 외교부장관에게 로마자성명의 정정 또는 변경을 신청할 수 있다.
③ 외교부장관은 제2항의 신청에 따라 로마자성명을 정정하거나 변경할 수 있다. 다만, 로마자성명의 정정이나 변경을 범죄 등에 이용할 것이 명백하다고 인정되는 경우에는 로마자성명의 정정이나 변경을 거부할 수 있다.
(2023.8.8 본조신설)
제8조【여권업무의 수행에 필요한 정보의 수집·보관과 관리】 ① 외교부장관은 제7조제1항 및 제7조의2제1항에 따라 여권에 수록하는 정보를 포함하여, 여권을 발급받는 사람의 지문(指紋)(이하 "지문"이라 한다), 주소, 주민등록번호, 연락처, 국내 긴급연락처, 여권발급기록 등 외교부령으로 정하는 바에 따라 여권업무의 수행에 필요한 정보를 수집·보관하고 관리할 수 있다. 다만, 지문은 여권발급 과정에서 본인 여부를 확인하기 위한 목적 외에는 수집·보관·관리할 수 없으며 그 보관 및 관리 기간은 3개월 이내로 한다.(2023.8.8 본문개정)
② 외교부장관은 제1항에 따른 정보의 수집·보관 및 관리를 위하여 여권정보통합관리시스템을 구축하고 이를 제21조제1항에 따라 여권 사무를 대행하는 기관과 연계하여 운영할 수 있다.(2018.12.24 본항신설)
③ 제2항에 따른 여권정보통합관리시스템의 구축·운영에 필요한 사항은 대통령령으로 정한다.(2018.12.24 본항신설)
판례 여권발급의 성격 및 해외여행의 자유의 제한 정도 : 여권의 발급은 헌법이 보장하는 거주·이전의 자유의 내용인 해외여행의 자유를 보장하기 위한 수단적 성격을 갖고 있으며, 해외여행의 자유는 행복을 추구하기 위한 권리이자 이동의 자유로운 보장의 확보를 통하여 의사를 표현할 수 있는 측면에서 인신의 자유 또는 표현의 자유와 밀접한 관련을 가진 기본권이므로 최대한 그 권리가 보장되어야 하고, 따라서 그 권리를 제한하는 것은 최소한에 그쳐야 한다.(대판 2008.1.24, 2007두10846)
제9조【여권의 발급 신청】 ① 여권을 발급받으려는 사람은 제8조의 정보를 제공하면서 외교부장관에게 여권의 발급을 신청하여야 한다. 다만, 지문을 채취할 수 없는 부득이한 사정이 있는 등 대통령령으로 정하는 경우에는 지문을 제공하지 아니할 수 있다.
② 외교부장관은 「장애인복지법」 제2조제2항에 따른 장애인 중 시각장애인이 제1항에 따른 여권의 발급을 신청하는 경우 시각장애인용 점자 여권을 발급할 수 있다.
(2021.1.5 본항개정)
③ 제1항에 따른 여권의 발급 신청은 본인이 직접 하여야 한다. 다만, 외교부령으로 정하는 사람에 대하여는 대리인으로 하여금 신청하게 할 수 있다.
④ 18세 미만인 사람이 제1항에 따라 여권을 발급받으려는 경우에는 법정대리인의 동의를 받아 여권의 발급을 신청하여야 한다.(2021.1.5 본항신설)
(2013.3.23 본조개정)
제10조【정보의 제공 등 협조 요청】 ① 외교부장관은 여권의 발급 및 효력상실과 관련하여 필요한 경우에는 관계 기관의 장에게 다음 각 호의 정보의 제공이나 그 밖에 필요한 협조를 요청할 수 있다.
1. 주민등록사항에 관한 전산정보
2. 가족관계 등록사항에 관한 전산정보
3. 출입국기록정보

4. 병적기록 등 병역 관계 정보
(2021.1.5 1호~4호신설)
② 제1항에 따른 정보의 제공 등의 협조를 요청받은 관계 기관의 장은 특별한 사유가 없으면 요청에 따라야 한다.
(2021.1.5 본조개정)

제11조【여권의 재발급】 ① 여권을 발급받은 사람은 다음 각 호의 어느 하나에 해당하면 외교부장관에게 여권의 재발급을 신청할 수 있다.(2013.3.23 본문개정)
1. 제7조제1항 각 호 및 제7조의2제1항의 정보의 정정이나 변경이 필요한 경우(2023.8.8 본호개정)
2. 발급받은 여권을 잃어버린 경우
3. 발급받은 여권이 훼손된 경우(2021.1.5 본호개정)
② 외교부장관은 다음 각 호의 어느 하나에 해당하는 경우에는 여권의 재발급 전에 여권을 잃어버리게 된 경위 등을 관계 기관을 통하여 확인할 수 있다. 이 경우 확인기간은 특별한 사유가 없는 한 재발급 신청일부터 30일 이내로 한다.(2013.3.23 전단개정)
1. 여권의 재발급 신청일 전 5년 이내에 2회 이상 여권을 잃어버린 사람이 같은 사유로 여권의 재발급을 신청하는 경우
2. 여권을 잃어버리게 된 경위를 정확하게 기재하지 아니하거나 그 경위를 의심할만한 상당한 이유가 있는 경우
③ 여권의 재발급에 필요한 사항은 대통령령으로 정한다.

제12조【여권의 발급 등의 거부】 ① 외교부장관은 다음 각 호의 어느 하나에 해당하는 사람에 대하여는 여권의 발급 또는 재발급을 거부할 수 있다.(2013.3.23 본문개정)
1. 장기 2년 이상의 형(刑)에 해당하는 죄로 인하여 기소(起訴)되어 있는 사람 또는 장기 3년 이상의 형에 해당하는 죄로 인하여 기소중지 또는 수사중지(피의자중지로 한정한다)되거나 체포영장·구속영장이 발부된 사람 중 국외에 있는 사람(2021.4.20 본호개정)
2. 제24조부터 제26조까지의 죄를 범하여 실형을 선고받고 그 집행이 끝나거나(집행이 끝난 것으로 보는 경우를 포함한다) 집행이 면제되지 아니한 사람(2023.3.28 본호개정)
2의2. 제2호의 죄를 범하여 형의 집행유예를 선고받고 그 유예기간 중에 있는 사람(2023.3.28 본호신설)
3. 제2호의 죄 외의 죄를 범하여 금고 이상의 실형을 선고받고 그 집행이 끝나거나(집행이 끝난 것으로 보는 경우를 포함한다) 집행이 면제되지 아니한 사람(2023.3.28 본호개정)
3의2. 제2호의 죄 외의 죄를 범하여 금고 이상의 형의 집행유예를 선고받고 그 유예기간 중에 있는 사람
(2023.3.28 본호신설)
4. 국외에서 대한민국의 안전보장·질서유지나 통일·외교정책에 중대한 침해를 일으킬 우려가 있는 경우로서 다음 각 목의 어느 하나에 해당하는 사람(2021.1.5 본문개정)
가. 출국할 경우 테러 등으로 생명이나 신체의 안전이 침해될 위험이 큰 사람
나. 「보안관찰법」 제4조에 따라 보안관찰처분을 받고 그 기간 중에 있으면서 같은 법 제22조에 따라 경고를 받은 사람
② 외교부장관은 제1항제4호에 해당하는 사람인지의 여부를 판단하려고 할 때에는 미리 법무부장관과 협의하고 제18조에 따른 여권정책협의회의 심의를 거쳐야 한다.
(2023.3.28 본항개정)
③~④ (2023.8.8 삭제)
(2023.8.8 본조제목개정)

제12조의2【여권의 발급 등의 제한】 ① 외교부장관은 다음 각 호의 어느 하나에 해당하는 사람에 대해서는 그 사실이 있는 날부터 다음 각 호의 기간 동안 여권의 발급 또는 재발급을 제한할 수 있다.
1. 제12조제1항제2호의 죄를 범하여 실형을 선고받고 그 집행이 끝나거나(집행이 끝난 것으로 보는 경우를 포함한다) 집행이 면제된 사람 : 2년
2. 제12조제1항제2호의 죄를 범하여 형의 집행유예를 선고받고 그 유예기간이 경과한 사람 : 1년
② 외교부장관은 외국에서 살인, 강도, 납치, 인신매매, 성범죄, 마약류범죄, 밀항·밀입국이나 그 밖의 중대한 위법행위(유죄판결이 확정된 행위로 한정한다)를 하여 외국 정부로부터 강제퇴거 조치, 대한민국 정부에 대한 항의나 시정·배상·사죄 요구 조치 또는 대한민국 정부 또는 국민에 대하여 권익제한이나 의무부과를 신설·강화하는 조치를 받고 그 사실이 재외공관 또는 관계 행정기관으로부터 통보된 사람에 대하여 그 사실이 있는 날부터 다음 각 호의 기간 동안 여권의 발급 또는 재발급을 제한할 수 있다.
1. 해당 위법행위의 국내법상 법정형(法定刑)이 단기 1년 이상인 징역형 또는 금고형 이상에 해당하거나 그보다 중한 사람 : 3년
2. 해당 위법행위의 국내법상 법정형이 단기 1년 미만이면서 장기 3년 이상인 징역형 또는 금고형에 해당하는 사람 : 2년
3. 해당 위법행위의 국내법상 법정형이 단기 1년 미만이면서 장기 3년 미만인 징역형 또는 금고형에 해당하는 사람 : 1년
③ 외교부장관은 제1항 및 제2항에도 불구하고 위법행위의 내용 및 횟수, 국위(國威) 손상 정도 등을 고려하여 필요하다고 인정하는 경우에는 제1항 및 제2항에 따른 기간의 2분의 1의 범위에서 가중하거나 감경할 수 있다. 다만, 가중하는 경우에도 3년을 초과할 수 없다.
(2023.8.8 본조신설)

제12조의3【긴급한 인도적 사유에 따른 예외적 여권 발급】 외교부장관은 제12조 또는 제12조의2에 따라 여권의 발급 또는 재발급이 거부되거나 제한된 사람에 대하여 긴급한 인도적 사유 등 대통령령으로 정하는 사유가 있는 경우에는 해당 사유에 따른 여행목적에만 사용할 수 있는 여권을 발급할 수 있다.(2023.8.8 본조신설)

제13조【여권의 효력상실】 ① 여권은 다음 각 호의 어느 하나에 해당하는 때에는 그 효력을 잃는다.
1. 여권의 명의인이 사망하거나 「국적법」에 따라 대한민국 국적을 상실한 때(2021.1.5 본호신설)
1의2. 여권의 유효기간이 끝난 때
1의3. 관용여권 및 외교관여권의 명의인이 제4조의2 및 제4조의3에 따른 발급대상자에 해당하지 아니하게 된 때. 다만, 관용여권 및 외교관여권의 명의인이 국외에 체류하고 있을 때에는 외교부령으로 정하는 귀국에 필요한 기간 동안은 그러하지 아니하다.(2023.8.8 본호신설)
2. 여권이 발급된 날부터 6개월이 지날 때까지 신청인이 그 여권을 받아가지 아니한 때
3. 여권을 잃어버려 그 명의인이 대통령령으로 정하는 바에 따라 분실을 신고한 때(2017.3.21 본호개정)
4. 여권의 발급 또는 재발급을 신청하기 위하여 반납된 여권의 경우에는 신청한 여권이 발급되거나 재발급된 때
5. 발급된 여권이 변조된 때
6. 여권이 다른 사람에게 양도되거나 대여되어 행사된 때
7. (2021.1.5 삭제)
8. 제19조에 따라 여권의 반납명령을 받고도 지정한 반납기간 내에 정당한 사유 없이 여권을 반납하지 아니한 때
9. 단수여권의 경우에는 여권의 명의인이 해당 단수여권을 발급한 국가(재외공관의 장이 단수여권을 발급한 경우에는 그 재외공관이 설치된 국가)로 복귀한 때
(2021.1.5 본호개정)
② 제1항제1호, 제2호부터 제6호까지 및 제8호의 규정에 따른 여권의 효력상실 사유를 알게 된 지방자치단체의 소속 공무원 중 여권의 발급이나 재발급에 관한 사무를 담당하는 사람, 경찰공무원, 자치경찰공무원, 출입국관리나 세관업무에 종사하는 사람으로서 사법경찰관리의 직무를 행하는 사람은 그 사실을 외교부장관에게 통보하여야 한다.(2021.1.5 본항개정)
③ 외교부장관은 제12조제1항제1호에 해당하는 사람에게 유효한 여권이 있는 경우 해당 여권을 무효처분 할 수 있다.(2023.8.8 본항신설)

제14조【여권을 갈음하는 증명서】 ① 외교부장관은 국외에 체류하거나 거주하고 있는 사람으로서 여권의 발급·재발급이 거부 또는 제한되었거나 외국에서 강제 퇴거된 사람 등 대통령령으로 정하는 사람에게 여행목적지가 기재된 서류로서 여권을 갈음하는 증명서(이하 "여행증명서"라 한다)를 발급할 수 있다.(2021.1.5 본항개정)
② 여행증명서의 유효기간은 1년 이내로 하되, 그 여행증명서의 발급 목적을 이루면 그 효력을 잃는다.
③ 여행증명서의 발급과 효력에 관하여는 제7조, 제7조의2, 제8조부터 제10조까지, 제12조, 제12조의2, 제12조의3, 제13조, 제16조부터 제18조까지의 규정을 준용한다.
(2023.8.8 본항개정)

제15조【여권의 기재사항변경】 여권을 발급받은 사람은 외교부장관에게 제7조제1항 각 호 및 제7조의2제1항의 정보를 제외한 여권의 기재사항변경을 신청할 수 있다.(2023.8.8 본조개정)

제16조【여권의 부정한 발급·행사 등의 금지】 누구든지 다음 각 호에 해당하는 행위를 하여서는 아니 된다.
1. 여권의 발급이나 재발급을 받기 위하여 제출한 서류에 거짓된 사실을 적거나 그 밖의 부정한 방법으로 여권의 발급·재발급을 받는 행위나 이를 알선하는 행위
2. 다른 사람 명의의 여권을 사용하는 행위
3. 사용하게 할 목적으로 여권을 다른 사람에게 양도·대여하거나 이를 알선하는 행위
4. 사용할 목적으로 다른 사람 명의의 여권을 양도받거나 대여받는 행위
5. 채무이행의 담보로 여권을 제공하거나 제공받는 행위

제17조【여권의 사용제한 등】 ① 외교부장관은 천재지변·전쟁·내란·폭동·테러 등 대통령령으로 정하는 국외 위난상황(危難狀況)으로 인하여 국민의 생명·신체나 재산을 보호하기 위하여 국민이 특정 국가나 지역을 방문하거나 체류하는 것을 중지시키는 것이 필요하다고 인정하는 때에는 기간을 정하여 해당 국가나 지역에서의 여권의 사용을 제한하거나 방문·체류를 금지(이하 "여권의 사용제한 등"이라 한다)할 수 있다. 다만, 영주(永住), 취재·보도, 긴급한 인도적 사유, 공무 등 대통령령으로 정하는 목적의 여행으로서 외교부장관이 필요하다고 인정하면 여권의 사용과 방문·체류를 허가할 수 있다.
② 외교부장관이 제1항에 따라 여권의 사용제한 등을 하려면 대통령령으로 정하는 절차와 방식에 따라 대상 국가나 지역, 여권의 사용제한 등의 범위·조건과 기간, 여권의 사용과 방문·체류의 허가 신청절차 등을 정하여 고시하여야 한다.
③ 외교부장관은 국외 위난상황의 해소 등으로 여권의 사용제한 등을 지속할 필요가 없는 경우에는 지체 없이 그 여권의 사용제한 등을 해제하고, 그 사실을 고시하여야 한다.
④ 외교부장관이 제1항과 제3항에 따라 여권의 사용제한 등과 그 해제, 여권의 사용과 방문·체류의 허가를 할 때에는 미리 제18조에 따른 여권정책협의회의 심의를 거쳐야 한다.(2023.3.28 본항개정)
(2013.3.23 본조개정)

제4장 여권정책협의회
(2023.3.28 본장제목개정)

제18조【여권정책협의회】 ① 여권업무에 관한 다음 각 호의 사항을 심의하기 위하여 외교부에 여권정책협의회(이하 "협의회"라 한다)를 둔다.(2023.3.28 본문개정)
1. 여권발급 수수료의 금액 산정기준과 발급장비의 규격 선정기준(2021.1.5 본호개정)
2. 개인정보보호 및 여권의 보안기술에 관한 사항
3. 제12조제1항제4호에 해당하는 사람에 대한 여권의 발급이나 재발급의 거부에 관한 사항
4. 제17조제1항 본문에 따른 여권의 사용제한 등과 그 해제에 관한 사항
5. 제17조제1항 단서에 따른 여권의 사용과 방문·체류의 허가에 관한 사항
6. 그 밖에 협의회의 위원장이 회의에 부치는 여권업무 관련 주요 사항(2023.3.28 본호개정)
② 협의회는 위원장과 부위원장 각 1명을 포함한 20명 이내의 위원으로 구성한다.(2023.3.28 본항개정)
③ 협의회의 업무를 효율적으로 추진하기 위하여 협의회에 분과협의회를 설치·운영할 수 있다.(2023.3.28 본항개정)
④ (2023.3.28 삭제)
⑤ 협의회와 분과협의회의 구성과 운영 등에 관하여 필요한 사항은 대통령령으로 정한다.(2023.3.28 본항개정)
(2023.3.28 본조제목개정)

제5장 여권의 반납과 직접 회수

제19조【여권 등의 반납 등】 ① 외교부장관은 다음 각 호의 어느 하나에 해당하는 사유가 있어서 여권이나 여행증명서(이하 "여권 등"이라 한다)를 반납시킬 필요가 있다고 인정하면 여권 등의 명의인에게 반납에 필요한 적정한 기간을 정하여 여권 등의 반납을 명할 수 있다.
(2013.3.23 본문개정)
1. 여권 등의 명의인이 그 여권 등을 발급받은 후에 제12조제1항 각 호(제1호는 제외한다), 제12조의2제1항 각 호 및 같은 조 제2항 각 호의 어느 하나에 해당하는 사람임이 밝혀진 경우(2023.8.8 본호개정)
2. 여권 등의 명의인이 그 여권 등을 발급받은 후에 제12조제1항 각 호(제1호는 제외한다), 제12조의2제1항 각 호 및 같은 조 제2항 각 호의 어느 하나에 해당하게 된 경우(2023.8.8 본호개정)
3. 착오나 과실로 인하여 여권 등이 발급된 경우
4. 「병역법」 제70조에 따른 국외여행 허가를 받아야 하는 사람으로서 같은 조에 따른 국외여행 허가를 받지 아니하거나 국외여행 허가 기간을 지나 국외 체류 중인 경우
(2021.1.5 본호신설)
② 유효한 여권 등을 소지하고 있는 사람이 새로운 여권 등을 발급받거나 제11조제1항제1호 및 제3호에 따른 사유 등으로 여권 등을 재발급 받으려면 소지하고 있는 여권 등을 반납하여야 한다.(2021.1.5 본항개정)
③ 여권 등의 명의인이 사증의 사용 등을 위하여 반납하여야 할 여권 등을 보존할 것을 신청하는 경우 외교부장관은 그 여권 등에 구멍을 뚫어 이를 그 여권 등의 명의인이 보존하게 할 수 있다.(2021.1.5 본항개정)
④ 외교부장관은 제1항제1호와 제2호에 해당하는 사람의 여권 등을 반납받는 경우 제12조의2에 따른 여권 등의 발급제한사유에 해당하는 사람의 여권 등은 해당 제한기간 동안 이를 보관하여야 하고, 그 기간이 지나면 여권 등의 명의인에게 돌려주어야 한다.(2023.8.8 본항개정)
⑤ 제13조제1항제1호의3에 따라 관용여권의 효력이 상실된 경우 그 소속 기관의 장은 해당 여권을 회수하여 외교부장관에게 반납하여야 한다.(2023.8.8 본항신설)
⑥ 그 밖에 여권 등의 회수와 반납에 필요한 사항은 대통령령으로 정한다.(2023.8.8 본항신설)

제20조【여권 등의 직접 회수】 외교부장관은 제16조를 위반한 사람이나 제19조제1항에 따른 반납명령을 받고 정당한 사유 없이 여권 등을 반납하지 아니한 사람이 소지한 여권 등 또는 같은 조 제5항에 따라 소속 기관의 장이 회수·반납하지 아니한 여권은 이를 직접 회수할 수 있다.(2023.8.8 본조개정)

제6장 사무의 대행 및 수수료 등

제21조【사무의 대행 등】 ① 외교부장관은 여권 등의 발급, 재발급과 기재사항변경에 관한 사무의 일부를 대통령령으로 정하는 바에 따라 지방자치단체의 장에게 대행(代行)하게 할 수 있다.(2021.1.5 본항개정)

② 여권 등의 발급, 재발급과 기재사항변경을 신청하려는 사람은 그의 주소지를 관할하지 아니하는 지방자치단체의 장에게도 이를 신청할 수 있다.
③ 외교부장관은 제20조에 따른 여권 등의 직접 회수에 관한 권한을 대통령령으로 정하는 바에 따라 다음 각 호로 정하는 사람으로 하여금 대행하게 할 수 있다. (2013.3.23 본문개정)
1. 외교부·지방자치단체의 소속 공무원 중 여권 등의 발급에 관한 사무를 담당하는 사람(2013.3.23 본호개정)
2. 경찰공무원이나 자치경찰공무원(2020.12.22 본호개정)
3. 출입국관리나 세관업무에 종사하는 사람으로서 사법경찰관리의 직무를 행하는 사람
④ 제3항에 따라 권한을 대행하는 공무원은 그 권한을 증명하는 증표를 지니고 이를 관계인에게 내보여야 한다.
⑤ 외교부장관은 제22조제2항의 수수료 수입만으로는 제1항의 사무를 대행하는데 필요한 경비를 충당할 수 없는 지방자치단체에 대하여는 국고에서 그 부족분을 보조할 수 있다.(2013.3.23 본항개정)

제22조【수수료】 ① 여권 등(관용여권 및 외교관여권을 제외한다. 이하 이 조에서 같다)의 발급, 재발급과 기재사항변경을 받으려는 사람은 외교부장관에게 수수료를 납부하여야 한다. 다만, 제21조제1항에 따라 여권 사무를 대행하는 지방자치단체의 장에게 여권 등의 발급, 재발급과 기재사항변경을 신청하는 경우에는 그 지방자치단체의 장에게 수수료를 납부하여야 한다.(2013.3.23 본문개정)
② 제1항 단서에 따라 납부하는 수수료 중 사무의 대행에 소요되는 비용에 상당하는 금액은 그 지방자치단체의 수입으로 한다.
③ 외교부장관은 여권 등의 발급 사유 등을 고려하여 필요하다고 인정되는 경우 제1항에 따른 수수료를 면제할 수 있다.(2021.1.5 본항신설)
④ 제1항부터 제3항까지의 규정에 따른 수수료의 납부방법, 수수료의 금액과 그 중 사무의 대행에 소요되는 비용에 상당하는 금액, 수수료 면제 등에 필요한 사항은 대통령령으로 정한다.(2021.1.5 본항개정)

제23조【여권전자인증체계의 구축】 ① 외교부장관은 여권 등의 위조나 변조를 방지하고 여권 등이 국제적으로 통용될 수 있도록 하기 위하여 국제민간항공기구에서 정하는 기준에 따라 전자적 방법으로 처리된 여권 등의 발급과 수록사항의 확인 등을 위한 정보체계(이하 "여권전자인증체계"라 한다)를 구축하여야 한다.(2013.3.23 본항개정)
② 여권전자인증체계의 구축과 관리 등에 필요한 사항은 대통령령으로 정한다.

제23조의2【여권정보연계시스템의 구축·운영 등】 ① 외교부장관은 여권이 국내에서 신분증명서로 활용될 수 있도록 여권번호를 바탕으로 한 여권의 진위 여부 확인 및 여권 명의인의 신원 확인에 필요한 정보시스템(이하 "여권정보연계시스템"이라 한다)을 구축·운영하여야 한다.
② 외교부장관은 여권의 진위 여부에 대한 확인요청이 있는 경우 여권정보연계시스템을 이용하여 그 진위를 확인하여 줄 수 있다.
③ 외교부장관은 여권 명의인의 신원 확인에 필요한 정보 제공의 요청이 있는 경우 여권정보연계시스템을 이용하여 그 신원 확인에 필요한 정보를 제공하여 줄 수 있다. 다만, 여권정보연계시스템을 통한 정보 제공이 어려운 경우에는 신원 확인에 필요한 정보를 기재한 증명서를 발급할 수 있다.
④ 제1항에 따른 여권정보연계시스템의 구축·운영, 제2항에 따른 여권의 진위 여부 확인 및 제3항에 따른 여권 명의인의 신원 확인에 필요한 정보의 제공과 증명서의 발급에 필요한 사항은 대통령령으로 정한다. (2018.12.24 본조신설)

제7장 벌 칙

제24조【벌칙】 제16조제1호(제14조제3항에 따라 준용되는 경우를 포함한다)를 위반하여 여권 등의 발급이나 재발급을 받기 위하여 제출한 서류에 거짓된 사실을 적은 사람, 그 밖의 부정한 방법으로 여권 등의 발급, 재발급을 받은 사람이나 이를 알선한 사람은 3년 이하의 징역 또는 3천만원 이하의 벌금에 처한다.(2014.1.21 본조개정)

제25조【벌칙】 다음 각 호의 어느 하나에 해당하는 사람은 2년 이하의 징역 또는 2천만원 이하의 벌금에 처한다.(2014.1.21 본문개정)
1. 제16조제2호(제14조제3항에 따라 준용되는 경우를 포함한다)를 위반하여 다른 사람 명의의 여권 등을 사용한 사람
2. 제16조제3호(제14조제3항에 따라 준용되는 경우를 포함한다)를 위반하여 사용하게 할 목적으로 여권 등을 다른 사람에게 양도·대여하거나 이를 알선한 사람

제26조【벌칙】 다음 각 호의 어느 하나에 해당하는 사람은 1년 이하의 징역 또는 1천만원 이하의 벌금에 처한다.(2014.1.21 본문개정)
1. 제16조제4호(제14조제3항에 따라 준용되는 경우를 포함한다)를 위반하여 사용할 목적으로 다른 사람 명의의 여권 등을 양도받거나 대여받은 사람
2. 제16조제5호(제14조제3항에 따라 준용되는 경우를 포함한다)를 위반하여 채무이행의 담보로 여권 등을 제공하거나 제공받은 사람
3. 제17조제1항 본문 및 제2항에 따라 방문 및 체류가 금지된 국가나 지역으로 고시된 사정을 알면서도 같은 조 제1항 단서에 따른 허가(제14조제3항에 따라 준용되는 경우를 포함한다)를 받지 아니하고 해당 국가나 지역에서 여권 등을 사용하거나 해당 국가나 지역을 방문하거나 체류한 사람

부 칙

제1조【시행일】 이 법은 공포 후 3개월이 경과한 날부터 시행한다. 다만, 제7조제1항제3호의 개정규정은 2010년 1월 1일부터 시행한다.

제2조【수수료 수입에 관한 적용례】 제22조제2항의 개정규정에 따라 지방자치단체의 수입으로 하는 여권 등의 발급, 재발급과 기재사항변경에 따른 수수료는 2009년 1월 1일부터 지방자치단체의 장에게 여권 등의 발급, 재발급과 기재사항변경을 신청하는 사람이 납부하는 수수료부터 적용한다.

제3조【여권 등의 발급에 관한 경과조치】 ① 이 법 시행 당시 이미 발급된 여권 등은 이 법에 따라 발급된 것으로 본다.
② 외교부장관은 제7조제2항의 개정규정에도 불구하고 제7조제1항 각 호의 개정규정의 정보를 여권에 전자적으로 수록하는 발급체계가 갖추어질 때까지는 종전의 규정에 따라 여권을 발급할 수 있다.

제4조【벌칙 적용에 관한 경과조치】 이 법 시행 전의 행위에 대한 벌칙의 적용에 있어서는 종전의 규정에 따른다.

부 칙 (2017.3.21)

제1조【시행일】 이 법은 공포 후 3개월이 경과한 날부터 시행한다.

제2조【여권 발급·재발급 거부에 관한 경과조치】 이 법 시행 전에 신청된 여권의 발급·재발급의 거부에 관하여는 제12조제1항제1호의 개정규정에도 불구하고 종전의 규정에 따른다.

제3조【여권의 효력에 관한 경과조치】 이 법 시행 전에 종전의 규정에 따라 여권분실 사실을 신고한 사람의 여권은 제13조의 개정규정에도 불구하고 재발급을 신청한 때 그 효력을 잃는다.

부 칙 (2018.12.24)

이 법은 공포 후 2년의 범위에서 대통령령으로 정하는 날부터 시행한다.

부 칙 (2021.1.5)

제1조【시행일】 이 법은 공포 후 6개월이 경과한 날부터 시행한다. 다만, 제6조제1항제3호 및 제19조제1항제4호의 개정규정은 공포한 날부터 시행한다.

제2조【단수여권의 발급 대상 제외에 관한 적용례】 제6조제1항제3호의 개정규정은 부칙 제1조 단서에 따른 시행일 이후 여권 발급을 신청하는 사람부터 적용한다.

부 칙 (2021.4.20)
(2023.3.28 법19274호)

이 법은 공포한 날부터 시행한다.

부 칙 (2023.3.28 법19276호)

제1조【시행일】 이 법은 공포 후 6개월이 경과한 날부터 시행한다.

제2조【「여권법」의 개정에 관한 경과조치】 ① 이 법 시행 전에 종전의 「여권법」 제18조제1항 및 제3항에 따른 여권정책심의위원회 및 분과위원회에 심의 요청된 사항은 같은 법 제18조제1항 및 제3항의 개정규정에 따른 여권정책협의회 및 분과협의회에 심의 요청된 것으로 본다.
② 이 법 시행 전의 행위에 대하여 벌칙을 적용할 때 종전의 「여권법」 제18조제4항에 따른 여권정책심의위원회 위원 중 공무원이 아닌 사람의 공무원 의제에 관하여는 같은 법 제18조제4항의 개정규정에도 불구하고 종전의 규정에 따른다.

부 칙 (2023.8.8)

제1조【시행일】 이 법은 공포 후 6개월이 경과한 날부터 시행한다.

제2조【관용여권 및 외교관여권의 발급 신청에 관한 적용례】 제4조의2 및 제4조의3의 개정규정은 이 법 시행 이후 발급 신청하는 관용여권 및 외교관여권부터 적용한다.

제3조【다른 법률의 개정】 ※(해당 법령에 가제정리 하였음)

여권법 시행령

(2008년 6월 25일 전부개정대통령령 제20857호)

개정
2009. 7. 7영21614호 2009.12.30영21914호
2010. 9.20영22393호
2010.12.29영22564호(감염병시)
2011. 9.30영23181호 2012. 6. 8영23847호
2012. 9. 7영24089호 2013. 3.23영24459호
2013.11.20영24852호(공무원임용)
2014. 1.21영25106호 2015. 1.12영26043호
2016. 5.13영27166호
2016.11.29영27620호(병역시)
2017. 6.27영28146호
2017.12.19영28473호(해외이주시)
2018. 4. 3영28782호 2018. 9.28영29187호
2019.11. 5영30182호 2020. 3. 3영30498호
2020.12.15영31262호 2021. 7. 6영31865호
2022. 5.31영32655호
2022. 7.11영32790호(전자정부법시)
2023. 4. 5영33376호(직제)
2023. 9.27영33772호 2024. 1.30영34166호

제1장 총 칙

제1조【목적】 이 영은 「여권법」에서 위임된 사항과 그 시행에 필요한 사항을 규정함을 목적으로 한다.

제2조【여권의 규격 등】 ① 여권과 「여권법」(이하 "법"이라 한다) 제14조제1항에 따른 여권을 갈음하는 증명서(이하 "여행증명서"라 한다)의 규격은 가로 8.8센티미터, 세로 12.5센티미터로 한다.
② 여권과 여행증명서(이하 "여권 등"이라 한다)에는 표지의 오른쪽 위에 나라문장(紋章)을 표시하고, 그 아래에 한글 및 로마자로 각각 대한민국의 국호(國號)와 여권 등의 종류를 표기한다. 다만, 법 제7조제1항 각 호의 정보가 전자적으로 수록된 여권의 경우에는 국제민간항공기구에서 정하는 기준에 따라 정보가 전자적으로 수록된 여권임을 상징하는 표식(標識)을 표지의 오른쪽 아래에 추가한다.(2020.12.15 본항개정)
③ 여권 등의 종류에 따른 표지 색상과 면수는 다음 각 호와 같다.
1. 일반여권 : 남색(단수여권은 14면, 복수여권은 26면 또는 58면). 다만, 5년 미만의 복수여권은 26면으로 한다.(2021.7.6 단서개정)
2. 관용여권 : 진회색(26면 또는 58면)
3. 외교관여권 : 적색(26면 또는 58면)
(2020.12.15 2호~3호개정)
4. 긴급여권 : 청색(12면)(2021.7.6 본호신설)
5. 여행증명서 : 검정색(12면)(2021.7.6 본호개정)

제3조【여권 등의 수록 정보와 수록 방법】 ① 법 제7조제1항 각 호의 정보는 여권의 개인정보면에 인쇄하고 여권에 전자적으로 수록한다.(2024.1.30 후단삭제)
② 법 제7조제2항 단서(법 제14조제3항에 따라 준용되는 경우를 포함한다)에 따라 다음 각 호의 어느 하나에 해당하는 경우에는 여권 등의 정보를 전자적 방법으로 수록하지 않을 수 있다.(2021.7.6 본문개정)
1. 긴급여권 발급(2021.7.6 본호개정)
2. 여행증명서 발급
③ 법 제9조제1항 단서에 따라 다음 각 호의 어느 하나에 해당하는 사람은 여권 발급을 신청할 때에 지문을 제공하지 아니할 수 있다.
1. 의학적 이유로 지문 채취를 할 수 없는 사람
2. 18세 미만인 사람(2009.12.30 본호개정)
3. 법 제9조제3항 단서에 따라 대리인으로 하여금 여권발급을 신청하게 하는 사람(2017.6.27 본호개정)
④ 법 제9조제2항에 따른 시각장애인용 점자 여권에는 여권번호, 제3조의2제1항의 표기 방법에 따른 성명, 발급일 및 기간만료일이 점자로 인쇄된 투명스티커를 부착한다. (2024.1.30 본항개정)

제3조의2【여권의 로마자성명】 ① 법 제7조의2제1항에 따라 여권 명의인의 한글 성명을 로마자로 표기한 성명(이하 "로마자성명"이라 한다)으로 수록하는 경우에는 국제민간항공기구의 관련 규정에 따라 표기해야 한다. (2024.1.30 본항신설)
② 법 제7조의2제2항에서 "한글 성명의 개명 등 대통령령으로 정하는 사유"란 다음 각 호의 사유를 말한다. (2024.1.30 본문개정)
1. 여권의 로마자성명이 한글성명의 발음과 명백하게 일치하지 않는 경우. 다만, 여권의 로마자성명 표기에 대한 통계 상 해당 한글성명을 가지고 있는 사람 중 외교부장관이 정하여 고시하는 기준 이상에 해당하는 사람이 사용하고 있는 로마자성명을 여권의 로마자성명으로 사용하고 있는 경우는 제외한다.(2018.4.3 본호개정)
2. 국외에서 취업이나 유학 등을 이유로 여권의 로마자성명과 다른 로마자성명을 이미 사용한 경우로서 여권의 로마자성명을 변경하지 않으면 국외 체류나 활동에 상당한 불편을 초래할 우려가 있는 경우 이거나 장기간 사용해 온 경우(2021.7.6 본호개정)
3. 국외여행, 해외이주, 유학 등의 이유로 가족구성원이 함께 출국하게 되어 여권에 로마자로 표기한 성(이하 "로마

자 성"이라 한다)을 다른 가족구성원의 여권에 쓰인 로마자 성과 일치시킬 필요가 있는 경우(2021.7.6 본호개정)
4. 여권의 로마자 성에 배우자의 로마자 성을 추가·변경 또는 삭제하려고 할 경우(2018.4.3 본호개정)
5. 여권의 로마자성명의 철자가 명백하게 부정적인 의미를 갖는 경우(2018.4.3 본호개정)
6. 개명된 한글성명에 따라 로마자성명을 변경하려는 경우(2018.4.3 본호개정)
7. 최초 발급한 여권의 사용 전에 로마자성명을 변경하려는 경우(2018.4.3 본호개정)
8. 18세 미만일 때 발급받은 마지막 여권에 수록된 로마자성명을 18세 이후 계속 사용 중인 경우로서 동일한 한글 성명을 로마자로 다르게 표기하려는 경우(2024.1.30 본호개정)
9. 해외이주를 위하여 여권의 로마자성명을 해외이주 입국사증의 로마자성명과 일치시킬 필요가 있는 경우 (2021.7.6 본호개정)
10. 같은 로마자성명을 가진 사람이 외국에서 입국규제 대상으로 등록되어 있는 경우(2021.7.6 본호신설)
11. 그 밖에 외교부장관이 출입국 또는 국외 체류를 위하여 여권의 로마자성명의 정정이나 변경이 필요하다고 인정하는 경우(2021.7.6 본호신설)

③ 외교부장관은 법 제7조의2제3항 본문에 따라 로마자성명을 정정하거나 변경하는 경우로서 새로 발급되는 여권에 구 로마자성명을 표기할 필요가 있다고 인정할 때에는 새로 발급되는 여권에 구 로마자성명을 표기할 수 있다. (2024.1.30 본항개정)

④ 제1항부터 제3항까지에서 규정한 사항 외에 로마자성명의 표기, 정정 및 변경에 필요한 사항은 외교부령으로 정한다.(2024.1.30 본항개정)

(2024.1.30 본조제목개정)

제3조의3【여권정보통합관리시스템의 구축·운영】 ① 외교부장관은 법 제8조제2항에 따른 여권정보통합관리시스템에서 수집·보관·관리하는 정보의 적정성을 매년 정기적으로 점검·평가해야 한다.

② 외교부장관은 제1항의 점검·평가와 법 제8조제2항에 따른 여권정보통합관리시스템의 연계 운영에 필요한 자료의 제출을 법 제21조제1항에 따라 여권 사무를 대행하는 기관에 요청할 수 있다.

③ 제2항에 따라 자료의 제출을 요청받은 여권 사무 대행기관은 특별한 사유가 없는 한 30일 이내에 자료를 제출해야 한다.

④ 제1항부터 제3항까지에서 규정한 사항 외에 여권정보통합관리시스템의 구축·운영에 필요한 사항은 외교부장관이 정한다.

(2020.12.15 본조신설)

제4조【지문 대조를 통한 본인 인증】 외교부장관은 법 제9조제1항에 따라 여권을 발급받으려는 사람으로부터 지문을 제공받은 경우 본인 인증을 위한 목적에 한하여 법 제10조에 따라 관계 행정기관이 보관·관리하고 있는 해당 신청인의 지문과 서로 대조할 수 있다.(2013.3.23 본조개정)

제2장 일반여권

제5조【일반여권의 발급신청】 ① 일반여권을 발급받으려는 사람은 다음 각 호의 서류(전자문서로 된 서류를 포함한다)를 외교부장관에게 제출해야 한다.
1. 여권 발급신청서
2. 여권용 사진〔여권발급 신청일 전 6개월 이내에 모자 등을 쓰지 않고 촬영한 천연색 상반신 정면 사진으로 머리(턱부터 정수리까지)의 길이가 3.2센티미터 이상 3.6센티미터 이하인 가로 3.5센티미터, 세로 4.5센티미터의 사진을 말한다. 이하 같다〕 1장
3. 그 밖에 일반여권 발급에 필요한 서류로서 외교부령으로 정하는 서류(2021.7.6 본호개정)

② 여권의 재발급 등 외교부장관이 기술적 여건을 감안하여 고시하는 경우에 해당하는 일반여권의 발급은 「민원처리에 관한 법률」 제12조의2제2항 본문에 따라 설치·운영하는 전자민원창구(이하 이 조에서 "전자민원창구"라 한다)를 통하여 신청할 수 있다.(2022.7.11 본항개정)

③ 외교부장관은 제2항에 따라 전자민원창구를 통하여 제출한 서류의 내용이 사실과 다르다고 인정되는 경우에는 해당 여권의 교부 전에 서류의 보완 또는 정정을 요청할 수 있다.

(2020.12.15 본조개정)

제6조【일반여권의 유효기간】 ① 일반여권의 유효기간은 10년으로 한다.(2009.12.30 단서삭제)

② 외교부장관은 제1항에도 불구하고 해당 구분의 어느 하나에 해당하는 사람에게는 다음 각 호에 따른 기간을 유효기간으로 하는 일반여권을 발급할 수 있다. 다만, 제5호에 해당하는 사람인지는 관계 행정기관과의 협의를 거쳐 결정한다.(2021.7.6 본문개정)
1. 18세 미만인 사람 : 5년
2. 18세 이상 37세 이하로 병역준비역, 승선근무예비역, 보충역 또는 대체역(복무 만료기간이 6개월 이내인 경우, 복무를 마친 경우 또는 「병역법」 제70조에 따른 국외여행허가를 37세가 되는 해의 마지막 날까지 받은 경우는 제외한다)에 해당하는 사람 : 5년(2021.7.6 본문개정)
가.~나. (2021.7.6 삭제)
3. (2021.7.6 삭제)
4. 재판이 진행 중인 사유 등으로 인하여 관계 행정기관의 장이 일정기간 동안의 국외여행만 가능하다고 통보한 사람 : 통보된 기간(2020.12.15 본호개정)
5. 국외에 체류하는 「국가보안법」 제2조에 따른 반국가단체의 구성원으로서 대한민국의 안전보장, 질서유지 및 통일·외교정책에 중대한 침해를 야기할 우려가 있는 사람 : 1년부터 5년까지의 범위에서 침해 우려의 정도에 따라 외교부장관이 정하는 기준에 따른 시간 (2013.3.23 본호개정)
6. 여권 분실자로서 다음 각 목의 어느 하나에 해당하는 경우. 다만, 여권 분실이 천재지변 등 불가항력에 의한 경우에는 분실 횟수에 포함하지 아니한다.
가. 여권 재발급 신청일 전 5년 이내에 여권 분실 횟수가 2회인 사람 : 5년
나. 여권 재발급 신청일 전 5년 이내에 여권 분실 횟수가 3회 이상인 사람 : 2년
다. 가목에도 불구하고 여권 재발급 신청일 전 1년 이내에 여권 분실 횟수가 2회인 사람 : 2년
(2015.1.12 가목~다목개정)
(2011.9.30 본호신설)
7. 「국적법」 제10조제2항에 따른 서약을 하지 않은 사람 : 5년(2011.9.30 본호신설)

③ 외교부장관은 제1항 및 제2항제1호·제2호에도 불구하고 다음 각 호의 어느 하나에 해당하는 경우로서 본인이 원하는 경우에는 각 호의 구분에 따른 기간을 유효기간으로 하는 일반여권을 발급할 수 있다.(2021.7.6 본문개정)
1. 법 제11조에 따라 여권의 재발급을 신청하는 경우 : 여권을 재발급받은 날부터 기존 여권에서 정하고 있는 유효기간의 만료일까지의 기간
2. 여권에 공백의 사증란이 남지 않게 되어 새로 여권발급을 신청하는 경우 : 새로운 여권을 발급받은 날부터 기존 여권에서 정하고 있는 유효기간의 만료일까지의 기간
(2009.12.30 본항신설)

④ (2010.9.20 삭제)

제6조의2 (2017.12.19 삭제)

제3장 관용여권

제7조【관용여권의 발급대상자】 법 제4조의2제3호에서 "대통령령으로 정하는 사람"이란 다음 각 호의 사람을 말한다.
1. 법 제4조의2제1호에 따른 공무원의 소속기관이 추천하는 그 배우자, 24세 미만의 미혼인 자녀(24세 이상의 미혼인 동반자녀로서 정신적·육체적 장애가 있거나 생활능력이 없는 경우를 포함한다. 이하 같다) 및 생활능력이 없는 부모
2. 법 제4조의2제2호에 따른 행정직원의 배우자, 24세 미만의 미혼인 자녀 및 생활능력이 없는 부모
3. 한국은행 및 「공공기관의 운영에 관한 법률」에 따른 공공기관 소속으로서 다음 각 목에 해당하는 사람
가. 공무(公務)로 국외에 여행하는 임·직원 중에서 관용여권을 소지할 필요성이 있다고 외교부장관이 인정하는 사람
나. 국외 주재원 중에서 관용여권을 소지할 필요성이 있다고 외교부장관이 인정하는 사람과 소속기관이 추천하는 그 배우자 및 24세 미만의 미혼인 자녀
4. 정부에서 파견하는 의료요원, 태권도사범, 재외동포 교육을 위한 교사와 그 배우자 및 24세 미만의 미혼인 자녀
5. 외교부 소속 공무원 및 「외무공무원법」 제31조에 따라 재외공관에 근무하는 다른 국가공무원 및 지방공무원이 가사 보조를 받기 위하여 동반하는 사람
6. 그 밖에 원활한 공무수행을 위하여 특별히 관용여권을 소지할 필요가 있다고 외교부장관이 인정하는 사람
(2024.1.30 본조개정)

제8조【관용여권의 발급신청】 관용여권을 발급받으려는 사람은 다음 각 호의 서류(전자문서로 된 서류를 포함한다)를 외교부장관에게 제출해야 한다.(2020.12.15 본문개정)
1. 여권 발급신청서
2. 법 제4조의2 및 이 영 제7조에 따른 관용여권의 발급대상자임을 증명하는 서류(2024.1.30 본호개정)
3. 여권용 사진 1장(2020.12.15 단서삭제)
4. 그 밖에 관용여권 발급에 필요한 서류로서 외교부령으로 정하는 서류(2021.7.6 본호개정)

제9조【관용여권의 유효기간】 관용여권의 유효기간은 5년으로 한다. 다만, 다음 각 호의 어느 하나에 해당하는 사람에게는 해당 호에서 정하는 기간을 유효기간으로 하는 관용여권을 발급할 수 있다.
1. 제7조제3호가목에 해당하는 사람 : 1년 이내
2. 제7조제5호 및 제6호에 해당하는 사람 : 2년 이내. 다만, 외교부장관이 필요하다고 인정하는 경우에는 유효기간을 3년 이내로 할 수 있다.
3. 제7조의 발급대상자 중 배우자, 24세 미만의 미혼인 자녀 및 생활능력이 없는 부모 : 해당 관용여권을 발급받는 사람의 공무 국외여행 기간에 6개월을 더한 기간. 다만, 24세 미만의 미혼인 자녀(정신적·육체적 장애가 있거나 생활능력이 없는 미혼인 동반자녀는 제외한다)의 경우 유효기간의 만료일 이전에 24세가 되는 때에는 24세가 되는 날의 전날까지로 한다.
(2024.1.30 본조개정)

제9조의2【관용여권 발급 현황 조사】 외교부장관은 법 제5조의2제1항에 따라 반기별로 관용여권 발급 및 반납 현황을 조사하여 관리해야 한다.(2024.1.30 본조신설)

제4장 외교관여권

제10조【외교관여권의 발급대상자】 법 제4조의3제11호에서 "대통령령으로 정하는 사람"이란 다음 각 호의 사람을 말한다.
1. 다음 각 목에 해당하는 사람을 수행하는 사람으로서 외교관여권을 소지할 필요성이 특별히 있다고 외교부장관이 인정하는 사람
가. 대통령(전직 대통령을 포함한다)
나. 국회의장
다. 대법원장
라. 헌법재판소장
마. 국무총리
바. 외교부장관
사. 특명전권대사
아. 국제올림픽위원회 위원
2. 다음 각 목에 해당하는 사람의 배우자와 24세 미만의 미혼인 자녀
가. 대통령(전직 대통령을 포함한다)
나. 국회의장
다. 대법원장
라. 헌법재판소장
마. 국무총리
3. 다음 각 목에 해당하는 사람이 동반하는 배우자로서 외교관여권을 소지할 필요성이 있다고 외교부장관이 인정하는 사람
가. 전직 국회의장
나. 전직 대법원장
다. 전직 헌법재판소장
라. 전직 국무총리
마. 전직 외교부장관
4. 다음 각 목에 해당하는 사람의 배우자, 24세 미만의 미혼인 자녀 및 생활능력이 없는 부모
가. 외교부장관
나. 특명전권대사
다. 국제올림픽위원회 위원
라. 공무로 국외여행을 하는 외교부 소속 공무원
마. 「외무공무원법」 제31조에 따라 재외공관에 근무하는 다른 국가공무원 및 지방공무원
5. 특별사절 및 정부대표가 단장이 되는 대표단의 단원
6. 그 밖에 원활한 외교업무 수행이나 신변 보호를 위하여 외교관여권을 소지할 필요성이 특별히 있다고 외교부장관이 인정하는 사람
(2024.1.30 본조개정)

제11조【외교관여권의 발급신청】 외교관여권의 발급신청에 관하여는 제8조를 준용한다. 이 경우 제8조제2호 중 "법 제4조의2 및 이 영 제7조"는 "법 제4조의3 및 이 영 제10조"로 본다.(2024.1.30 후단개정)

제12조【외교관여권의 유효기간】 외교관여권의 유효기간은 5년으로 한다. 다만, 다음 각 호의 어느 하나에 해당하는 사람에게는 해당 호에서 정하는 기간을 유효기간으로 하는 외교관여권을 발급할 수 있다.
1. 법 제4조의3제10호, 이 영 제10조제5호 또는 제6호에 해당하는 사람 : 외교업무 수행기간에 따라 1년 또는 2년. 다만, 제10조제6호에 따른 외교업무 수행 목적의 외교관여권 발급의 경우 그 수행기간이 계속하여 2년 이상인 경우에는 5년의 한도에서 해당 기간에 6개월을 더한 기간의 만료일까지로 한다.
2. 제10조의 발급대상자 중 배우자, 24세 미만의 미혼인 자녀 및 생활능력이 없는 부모 : 해당 외교관여권을 발급받는 사람의 공무 국외여행 기간에 6개월을 더한 기간. 다만, 24세 미만의 미혼인 자녀(정신적·육체적 장애가 있거나 생활능력이 없는 미혼인 동반자녀는 제외한다)의 경우 유효기간의 만료일 이전에 24세가 되는 때에는 24세가 되는 날의 전날까지로 한다.
(2024.1.30 본조개정)

제5장 단수여권

제13조 (2021.7.6 삭제)

제14조【단수여권의 발급신청】 단수여권을 발급받으려는 사람은 다음 각 호의 서류(전자문서로 된 서류를 포함한다)를 외교부장관에게 제출해야 한다.(2020.12.15 본문개정)
1. 여권 발급신청서
2. 법 제6조제1항에 따른 단수여권의 발급대상자임을 증명하는 서류. 다만, 법 제6조제1항제1호에 따라 여권발급 신청인이 요청하는 경우는 제외한다.

3. 여권용 사진 1장(2020.12.15 단서삭제)
4. 그 밖에 단수여권 발급에 필요한 서류로서 외교부령으로 정하는 서류(2021.7.6 본호개정)

제15조【단수여권의 유효기간】 ① 단수여권의 유효기간은 1년으로 한다.
② 제1항에도 불구하고 외교부장관은 재판이 진행 중인 사유 등으로 관계 행정기관의 장이 일정기간 동안의 국외여행만 가능하다고 통보한 사람에게는 그 기간을 유효기간으로 하는 단수여권을 발급할 수 있다.(2020.12.15 본항개정)

제6장 여행증명서

제16조【여행증명서의 발급대상자】 외교부장관은 법 제14조에 따라 다음 각 호의 어느 하나에 해당하는 사람에게 여행증명서를 발급할 수 있다.(2013.3.23 본문개정)
1. 출국하는 무국적자(無國籍者)
2.~3. (2021.7.6 삭제)
4. 해외 입양자
5. 「남북교류협력에 관한 법률」 제10조에 따라 여행증명서를 소지하여야 하는 사람으로서 여행증명서를 발급할 필요가 있다고 외교부장관이 인정하는 사람
(2013.3.23 본호개정)
5의2. 국외에 체류하거나 거주하고 있는 사람으로서 여권의 발급·재발급이 거부 또는 제한되었거나 외국에서 강제 퇴거된 경우에 귀국을 위하여 여행증명서의 발급이 필요한 사람(2018.4.3 본호신설)
6. 「출입국관리법」 제46조에 따라 대한민국 밖으로 강제퇴거되는 외국인으로서 그가 국적을 가지는 국가의 여권 또는 여권을 갈음하는 증명서를 발급받을 수 없는 사람(2009.12.30 본호신설)
7. 그 밖에 제1호, 제4호, 제5호, 제5호의2 및 제6호에 준하는 사람으로서 긴급하게 여행증명서를 발급할 필요가 있다고 외교부장관이 인정하는 사람(2021.7.6 본호개정)

제17조【여행증명서의 발급신청】 여행증명서의 발급신청에 관하여는 제5조를 준용한다.

제7장 여권의 재발급 등

제18조【여권의 재발급】 법 제11조에 따라 여권을 재발급받으려는 사람은 다음 각 호의 서류(전자문서로 된 서류를 포함한다)를 첨부하여 여권의 재발급을 신청해야 한다.(2021.7.6 본문개정)
1. 여권 재발급신청서
2. 재발급 받으려는 여권. 다만, 발급받은 여권을 잃어버린 경우는 제외한다.
3. 여권용 사진 1장
4. 그 밖에 여권의 재발급에 필요한 서류로서 외교부령으로 정하는 서류(2021.7.6 본호개정)
(2020.12.15 본조개정)

제19조 (2011.9.30 삭제)

제20조【여권을 잃어버린 경우의 정보제공 및 신고 등】
① 여권을 잃어버린 사람은 외교부령으로 정하는 바에 따라 여권의 분실사실을 외교부장관에게 신고할 수 있다.
(2017.6.27 본항개정)
② (2017.6.27 삭제)
③ 외교부장관은 법 제13조제1항제3호·제5호·제6호 및 제8호에 따라 여권의 효력이 상실된 때에는 여권의 부정사용과 국제적 유통을 방지하기 위하여 법무부·경찰청 등 관계 행정기관이나 상호주의 원칙에 따라 외국정부나 국제기구에 다음 각 호의 정보를 제공할 수 있다.
(2018.4.3 본문개정)
1. 여권번호, 발급일과 기간만료일
2. 여권의 분실일, 분실장소와 신고 접수기관(법 제13조제1항제3호에 따라 분실신고로 여권의 효력이 상실된 경우에 한정한다)(2018.4.3 본호개정)

제21조 (2021.7.6 삭제)

제22조【여권의 기재사항변경】 법 제15조에 따라 구(舊) 여권번호 및 출생지의 기재 등을 위하여 여권의 기재사항변경을 신청하려는 사람은 외교부령으로 정하는 신청서에 유효한 여권을 첨부하여 신청해야 한다.
(2020.12.15 본조개정)

제8장 여권 발급 및 재발급의 거부·제한 등

제23조【여권발급 등의 거부·제한과 반납명령의 요청】
① 관계 행정기관의 장은 그 소관 업무와 관련하여 법 제12조제1항 각 호(법 제14조제3항에 따라 준용되는 경우를 포함한다), 같은 조 제3항 각 호(법 제14조제3항에 따라 준용되는 경우를 포함한다) 또는 법 제19조제1항 각 호의 어느 하나에 해당하는 사람이 있다고 인정할 때에는 외교부장관에게 여권 등의 발급·재발급(이하 "여권발급 등"이라 한다)의 거부·제한이나 유효한 여권의 반납명령(이하 "거부·제한 등"이라 한다)을 요청할 수 있다.(2013.3.23 본항개정)
② 관계 행정기관의 장은 제1항에 따라 여권발급 등의 거부·제한 등을 요청할 때에는 서면으로 그 요청사유, 거부·제한 기간이나 반납 후의 보관기간(이하 "보관기간"이라 한다) 등을 구체적으로 밝혀야 한다.

제24조【여권발급 등의 거부·제한 등의 요청에 대한 심사와 결과 통보】 ① 외교부장관은 제23조에 따른 여권발급 등의 거부·제한 등의 요청을 심사할 때에 필요하다고 인정하면 요청기관의 장에게 관련 자료의 제출을 요구할 수 있다.
② 외교부장관은 제1항에 따라 여권발급 등의 거부·제한 등의 요청을 심사한 후 그 심사 결과와 이유를 요청기관의 장에게 통보하여야 한다.
(2013.3.23 본조개정)

제25조【여권발급 등의 거부·제한 등의 재요청 또는 해제 요청】 ① 관계 행정기관의 장은 거부·제한 기간이나 보관기간이 지난 뒤에도 여권발급 등의 거부·제한 등을 계속할 필요가 있다고 인정하면 그 거부·제한 기간이나 보관기간의 만료 30일 전까지 서면으로 다시 그 거부·제한 등을 요청할 수 있다.
② 관계 행정기관의 장은 여권발급 등의 거부·제한 기간이나 보관기간 중이라도 그 사유가 소멸하면 지체 없이 서면으로 그 해제를 요청하여야 한다.

제26조【여권발급 등의 거부·제한 등의 해제】 외교부장관은 다음 각 호의 어느 하나에 해당하는 경우 여권발급 등의 거부·제한 등을 해제할 수 있다. 다만, 관계 행정기관의 장의 요청을 받아 여권발급 등의 거부·제한 등을 하였던 것을 해제하려는 경우(제1호의 경우는 제외한다)에는 미리 요청기관의 장과 협의하여야 한다.
(2013.3.23 본문개정)
1. 관계 행정기관의 장이 해제를 요청하는 경우
2. 외국인 또는 국외에 거주할 목적으로 이주한 재외국민과 결혼하여 동거할 목적으로 출국하는 경우
3. 「해외이주법」 제6조에 따라 해외이주신고를 하여 해외이주신고 확인서를 발급받은 사람의 경우
4. 외국의 영주권 또는 장기체류 사증을 취득하거나 취득하기로 예정된 경우
5. (2016.5.13 삭제)

제26조의2 (2024.1.30 삭제)

제26조의3【긴급한 인도적 사유에 따른 예외적 여권 발급】 ① 법 제12조의3에서 "긴급한 인도적 사유 등 대통령령으로 정하는 사유"란 국외에 체류하고 있는 다음 각 호의 어느 하나에 해당하는 사람의 사망 또는 이에 준하는 중대한 질병이나 사고로 인하여 긴급하게 출국하여야 할 필요가 있다고 외교부장관이 인정하는 경우를 말한다.
(2024.1.30 본문개정)
1. 배우자
2. 본인의 직계존비속 또는 형제자매
3. 배우자의 직계존비속 또는 형제자매
② 법 제12조의3에 따라 발급되는 여권의 유효기간은 그 여행목적 달성에 필요한 최소기간으로 한다.(2024.1.30 본항개정)
(2016.5.13 본조신설)

제27조【여권의 반납 결정의 송달】 ① 외교부장관은 법 제19조제1항 각 호의 어느 하나에 해당하는 사람에 대하여 여권의 반납 결정을 할 경우에는 그 결정서를 해당 여권의 명의인이나 법정대리인의 주소 또는 거소에 등기우편으로 송달하여야 한다.(2013.3.23 본항개정)
② 제1항에 따른 등기우편이 2회 반송되거나 주소불명 등의 사유로 송달할 수 없는 경우에는 다음 각 호의 어느 하나에 해당하는 방법으로 공시하여야 한다.
1. 법 제21조제1항에 따른 여권사무 대행기관의 게시판에 게시
2. 관보 게재
3. 전자통신매체를 이용한 공시

제28조【국외 위난상황】 법 제17조제1항 본문에서 "대통령령으로 정하는 국외 위난상황"이란 대한민국 영역 밖에서 발생한 위난(危難)으로서 다음 각 호의 어느 하나에 해당하는 상황을 말한다.
1. 대규모의 태풍·해일·지진과 그 밖에 이에 준하는 천재지변
2. 전쟁이 일어났거나 일어날 가능성이 매우 높은 긴박한 상황
3. 내란이나 폭동이 발생하여 해당 국가의 치안 유지기능 등이 극도로 마비되어 정상적으로 이루어지지 못하는 상황
4. 대규모 테러가 발생하였거나 테러 발생 가능성이 매우 높은 긴박한 상황
5. 대규모의 폭발사고, 화생방사고, 환경오염사고나 그 밖에 이에 준하는 재난
6. 대규모 감염병의 발생으로 해당 국가의 보건·의료기능 등이 마비되어 정상적으로 이루어지지 못하는 상황
(2010.12.29 본호개정)

제29조【예외적 여권 사용 등의 허가】 ① 외교부장관은 다음 각 호의 어느 하나에 해당하는 여행의 경우에는 법 제17조제1항 단서(법 제14조제3항에 따라 준용되는 경우를 포함한다)에 따라 여권의 사용과 방문·체류(이하 "예외적 여권사용등"이라 한다)를 허가할 수 있다.
(2016.5.13 본문개정)
1. 법 제17조제1항 본문에 따른 여권의 사용제한 등(이하 "여권사용제한 등"이라 한다)의 조치 당시 대상 국가나 지역의 영주권 또는 이에 준하는 권리를 취득한 사람으로서 그 대상 국가나 지역을 생활근거지로 하여 계속 영주하기 위함이 명백히 인정되는 경우(2016.5.13 본호개정)
2. 공공이익을 위한 취재나 보도를 위한 경우
3. 국외에 체류하고 있는 다음 각 목의 어느 하나에 해당하는 사람의 사망 또는 이에 준하는 중대한 질병이나 사고로 인하여 긴급하게 출국하여야 할 필요가 있는 경우
가. 배우자
나. 본인의 직계존비속 또는 형제자매
다. 배우자의 직계존비속 또는 형제자매
(2016.5.13 본호개정)
4. 외교·안보임무나 재외국민보호 등을 수행하는 국가기관 또는 국제기구의 공무 활동을 위한 경우
5. 소관 중앙행정기관의 장의 추천(임무의 목적과 내용을 특정하여 추천한 것을 말한다)을 받아 국가 이익이나 기업 활동에 관련된 임무를 수행하기 위한 경우
(2016.5.13 본호개정)
6. 그 밖에 제1호부터 제5호까지의 규정에 준하는 경우로서 외교부장관이 특히 필요하다고 인정하는 경우
(2013.3.23 본호개정)
② 제1항제2호 또는 제5호에 해당하는 사유로 예외적 여권사용등의 허가를 받으려는 사람은 외교부령으로 정하는 바에 따라 소속 기관·단체 또는 업체 등의 장으로부터 확인서를 받아 외교부장관에게 제출하여야 한다.
(2016.5.13 본항신설)
③ 제1항 및 제2항에서 규정한 사항 외에 예외적 여권사용등의 허가 신청 등에 필요한 사항은 외교부령으로 정한다.(2016.5.13 본항신설)
(2016.5.13 본조제목개정)

제30조【여권사용제한 등에 관한 고시】 법 제17조제2항(법 제14조제3항에 따라 준용되는 경우를 포함한다. 이하 이 항에서 같다)과 제3항에 따른 여권사용제한 등과 그 해제에 관한 고시는 관보에 게재하는 방법으로 한다. 이 경우 외교부장관은 여권사용제한 등의 대상 국가나 지역에 체류하는 국민에게 이러한 사실을 알릴 수 있는 방법을 마련하여야 한다.(2013.3.23 후단개정)

제9장 여권정책협의회
(2023.9.27 본장제목개정)

제31조【여권정책협의회의 구성】 법 제18조제1항에 따른 여권정책협의회(이하 "협의회"라 한다)의 위원장(이하 "위원장"이라 한다)은 외교부 제2차관이 되고, 부위원장은 외교부 영사안전국장이 되며, 협의회의 위원은 다음 각 호의 사람이 된다.
1. 외교부에서 국제테러 관련 업무를 수행하는 국장급 공무원 중 외교부장관이 지명하는 사람
2. 외교부에서 여권사용제한 등의 대상 국가나 지역을 담당하는 국장
3. 안보·치안·출입국 등 관련 업무를 수행하는 관계 행정기관의 국장급 공무원 중 외교부장관의 요청에 따라 소속 행정기관의 장이 지명하는 사람
(2023.9.27 본조개정)

제32조【전문가 등의 자문】 위원장은 협의회를 효율적으로 운영하기 위하여 필요하다고 인정하는 경우에는 전문적·기술적 사항에 관하여 다음 각 호의 사람에게 자문할 수 있다.
1. 신분증 국제표준, 개인정보 보호, 여권 발급장비나 보안기술 분야의 전문가
2. 법률 또는 회계 전문가
3. 영사(領事) 관련 업무에 대한 전문지식 및 경험이 풍부한 사람
(2023.9.27 본조개정)

제32조의2 (2023.9.27 삭제)

제33조【분과협의회의 구성】 ① 협의회에는 다음 각 호의 분과협의회를 두어, 소관 사항에 대하여 심의하게 할 수 있다.
1. 여권행정분과협의회 : 법 제18조제1항제1호·제2호 및 제6호(여권행정에 관한 사항으로 한정한다)의 심의사항
2. 여권사용정책분과협의회 : 법 제18조제1항제3호부터 제5호까지 및 제6호(여권사용정책에 관한 사항으로 한정한다)의 심의사항
② 각 분과협의회는 분과협의회의 위원장(이하 "분과위원장"이라 한다)과 분과협의회의 부위원장(이하 "분과부위원장"이라 한다) 각 1명을 포함한 11명 이내의 분과협의회의 위원(이하 "분과위원"이라 한다)을 둔다.
③ 각 분과위원장과 분과부위원장은 협의회의 위원장과 부위원장이 각각 겸임하며, 위원장은 협의회 위원을 전문성을 고려하여 각 분과협의회 분과위원으로 지명한다.
(2023.9.27 본조개정)

제34조【위원장 등의 직무】 ① 위원장은 협의회를 대표하며, 그 업무를 총괄한다.
② 협의회 부위원장은 위원장을 보좌하며, 위원장이 부득이한 사유로 직무를 수행할 수 없을 때에는 그 직무를 대행한다.
③ 제1항 및 제2항은 분과협의회의 경우에 준용한다.
(2023.9.27 본조개정)

제35조【회의 및 의사】 ① 협의회의 회의는 법 제18조제1항에 따른 심의사항이 있을 때 위원장이 소집한다. 다만, 회의를 소집할 시간적 여유가 없거나 그 밖에 위원장이 특별히 필요하다고 인정하는 경우에는 서면 심의를 할 수 있다.
② 협의회는 필요한 경우 소관 심의사항에 관하여 관계 전문가 및 이해관계자를 출석하게 하여 의견을 들을 수 있다.
③ 협의회의 회의는 재적위원 과반수의 출석으로 개의하고, 출석위원 과반수의 찬성으로 의결한다. 다만, 협의회의 의결로서 의사·의결정족수를 강화하여 운영할 수 있다.
④ 분과협의회의 회의는 분과위원장이 소집하며, 그 밖의 회의 및 의사 절차는 협의회의 절차를 준용한다.
⑤ 이 영에 규정된 것 외에 협의회의 회의 및 의사와 관련하여 필요한 사항은 협의회의 의결을 거쳐 위원장이 정한다.
(2023.9.27 본조개정)
제36조【수당 등】 제32조에 따른 위원장의 자문에 응한 사람이나 제35조제2항 및 제4항에 따라 협의회 또는 분과협의회에 출석한 관계 전문가 및 이해관계자에게는 예산의 범위에서 수당과 여비, 그 밖의 실비를 지급할 수 있다.
(2023.9.27 본조개정)

제10장 사무의 대행 및 수수료

제37조【사무의 대행】 ① 외교부장관이 법 제21조제1항에 따라 지방자치단체의 장에게 대행하게 할 수 있는 사무는 다음 각 호와 같다.(2021.7.6 본문개정)
1. 여권 등의 발급·재발급 신청 접수
2. 신청인의 신원 확인 등 심사
3. 여권 등의 교부
4. 여권의 기재사항변경
5. (2015.1.12 삭제)
6. 수수료 징수
7. 제3조제2항 각 호의 어느 하나에 해당하는 여권 등의 제작
8. 그 밖에 외교부장관이 여권 등의 발급·재발급 및 기재사항변경 등과 관련하여 대행하게 할 필요가 있다고 인정하는 사무(2013.3.23 본호개정)

② 법 제21조제1항과 제3항에 따라 권한을 대행하는 사람(이하 "권한대행자"라 한다)은 그 권한의 행사 현황을 외교부장관에게 보고하여야 한다.(2015.1.12 본항개정)
③ 외교부장관은 법 제21조제3항에 따라 여권의 직접 회수를 대행하게 하려는 때에는 법 제21조제3항 각 호의 어느 하나에 해당하는 사람이 소속된 지방자치단체나 관계 행정기관의 장에게 대상자, 대상 여권, 회수기한 등의 내용을 구체적으로 밝혀 서면으로 요청하여야 한다.
(2013.3.23 본항개정)
④ 외교부장관은 권한대행자가 대행 사무를 적법하게 수행하는지 점검·평가할 수 있으며, 대행 사무의 지도·감독을 위하여 필요한 경우 권한대행자에게 외교부령으로 정하는 자료의 제출을 요구할 수 있다. 이 경우 권한대행자는 특별한 사유가 없는 한 자료 제출 요구에 따라야 한다.(2020.12.15 전단개정)
⑤ 외교부장관은 권한대행자가 대행 사무를 위법하거나 부당하게 처리하고 있다고 인정할 때에는 외교부령이 정하는 바에 따라 시정을 명할 수 있으며, 권한대행자가 시정 명령에 따르지 아니하면 대행 사무의 전부 또는 일부를 중지시키거나 취소·변경할 수 있다.(2015.1.12 본항신설)
⑥ 외교부장관은 법 제21조제1항에 따른 여권사무 대행기관을 대상으로 제1항제1호부터 제4호까지 및 제6호부터 제8호까지의 사무 수행을 위한 교육을 실시할 수 있다. 이 경우 법 제21조제1항에 따른 여권사무 대행기관의 장은 특별한 사정이 없으면 소속 직원이 교육에 참석하도록 해야 한다.(2021.7.6 본항개정)
제38조【수수료의 납부방법】 ① 여권 등을 발급·재발급받거나 기재사항을 변경하려는 사람은 법 제22조제1항에 따른 수수료를 외교부장관이 정하는 방법에 따라 현금, 현금 납입을 증명하는 증표 또는 신용카드 등으로 납부하여야 한다. 다만, 재외공관의 경우에는 현지 통화나 미합중국 통화로 납부하게 할 수 있다.
② 외교부장관은 법 제22조제3항에 따라 다음 각 호의 사람에 대하여 수수료를 면제할 수 있다.
1. 구호를 필요로 하는 난민
2. 천재지변 등으로 여권 등이 분실되거나 훼손되어 재발급받으려는 사람
3. 신청인의 귀책사유 없이 여권 등이 잘못 발급되어 여권 등을 재발급받거나 기재사항을 변경하려는 사람
4. 그 밖에 외교부장관이 수수료 면제가 필요하다고 인정하는 사람

(2021.7.6 본항개정)
③ 외교부장관은 여권 등의 발급·재발급 또는 기재사항 변경 수수료를 반환하지 아니한다. 다만, 법 제12조제1항, 제12조의2제1항 및 제2항에 따라 여권의 발급 등이 거부·제한되는 경우나 수수료가 명백히 잘못 납부된 경우에는 이를 반환한다.(2024.1.30 단서개정)
(2013.3.23 본조개정)
제39조【수수료】 법 제22조제4항에 따른 수수료 및 사무의 대행에 드는 비용에 해당하는 금액은 별표와 같다.
(2021.7.6 본조개정)

제11장 여권전자인증체계 등
(2020.12.15 본장제목개정)

제40조【여권전자인증 업무의 수행】 외교부장관은 법 제23조제2항에 따라 여권전자인증서 검증 키(여권전자인증서를 검증하기 위하여 이용하는 전자적 정보를 말한다. 이하 같다)에 합치하는 여권전자인증서 공개 키(여권전자인증서를 발급하기 위하여 이용하는 전자적 정보를 말한다. 이하 같다)를 이용하여 여권전자인증서의 발급과 검증 등의 여권전자인증업무를 수행하여야 한다.
(2013.3.23 본조개정)
제41조【여권전자인증서의 발급】 ① 외교부장관이 발급하는 여권전자인증서에는 다음 각 호의 사항을 포함할 수 있다.(2013.3.23 본문개정)
1. 여권전자인증 기관인 외교부의 명칭
2. 외교부 명칭의 여권전자인증서 검증 키

(2013.3.23 1호~2호개정)
3. 여권전자서명에 이용하는 전자서명 방식
4. 여권전자인증서의 일련번호와 유효기간
5. 여권전자인증서의 이용범위나 용도를 제한하는 경우 이에 관한 사항

② 외교부장관은 제1항제2호에 따른 여권전자인증서 검증키에 합치하는 여권전자인증서 공개 키를 이용하여 여권전자인증서에 전자서명을 하여야 한다.(2013.3.23 본항개정)
③ 여권전자인증서의 유효기간은 그 이용범위 및 이용된 기술의 안전성 등을 고려하여 외교부장관이 정한다.
(2013.3.23 본항개정)
제42조【여권전자인증서 공개 키 등의 제공】 외교부장관은 여권 발행의 진위 여부 등을 확인하기 위한 수단으로 국제민간항공기구 및 외국정부에 여권전자인증서 공개 키와 검증 키 등을 제공할 수 있다.(2013.3.23 본조개정)
제43조【인증기록의 보관·관리】 외교부장관은 여권전자인증서 공개 키와 검증 키, 인증업무에 관한 기록을 안전하게 보관·관리하여야 한다.(2013.3.23 본조개정)
제44조【여권전자인증서의 관리】 ① 외교부장관은 여권전자인증서를 발급한 날부터 최소 10년 이상 보관하여야 한다.
② 외교부장관은 여권전자인증서 공개 키를 안전하게 보관·관리하여야 하며, 인증업무의 보안과 신뢰성을 확보할 수 있는 조치를 취하여야 한다.
③ 여권전자인증업무에 대한 지침과 관리 등 세부사항은 외교부장관이 정한다.
(2013.3.23 본조개정)
제44조의2【여권정보연계시스템의 구축·운영 등】 ① 법 제23조의2제1항에 따른 여권정보연계시스템(이하 "여권정보연계시스템"이라 한다)을 이용하려는 자는 이용목적, 이용범위 및 안전관리대책을 명시하여 외교부장관에게 여권정보연계시스템의 이용을 신청해야 한다.
② 제1항에 따라 이용신청을 받은 외교부장관은 다음 각 호의 사항을 심사한 결과 여권정보연계시스템을 이용할 필요가 없다고 판단하는 경우에는 여권정보연계시스템의 이용을 거부할 수 있다.
1. 여권의 진위 여부 확인 및 여권 명의인의 신원 확인 목적의 정당성 및 필요성
2. 여권정보연계시스템 이용의 적합성, 보안 및 안전관리 대책
3. 그 밖에 신청사항의 처리가 여권 사무에 지장을 주지 않는지 여부

③ 외교부장관은 여권의 명의인이 여권을 통한 신원확인을 필요로 하는 경우 「주민등록법」 제29조제3항에 따른 무인민원발급기 또는 「민원 처리에 관한 법률」 제12조의2제3항에 따른 통합전자민원창구를 통하여 법 제23조의2 제3항에 따른 여권 명의인의 신원확인에 필요한 정보를 기재한 증명서(이하 "여권정보증명서"라 한다)를 발급할 수 있다.(2022.7.11 본항개정)
(2020.12.15 본조신설)
제44조의3【여권정보연계시스템의 이용자에 대한 지도·감독 등】 ① 외교부장관은 제44조의2에 따른 여권정보연계시스템을 이용하는 자(이하 이 조에서 "이용자"라 한다)에 대하여 그 이용 또는 관리 등에 관한 사항을 지도·감독할 수 있다.
② 외교부장관은 제1항에 따른 지도·감독을 위하여 필요한 경우 이용자에게 외교부령으로 정하는 자료의 제출을 요구할 수 있다.
③ 제2항에 따라 자료의 제출을 요구 받은 이용자는 특별한 사유가 없으면 그 요청에 따라야 한다.
(2020.12.15 본조신설)

제12장 보 칙
(2018.9.28 본장신설)

제45조【여권의 유효기간 만료 및 발급 사실 등에 관한 통지】 외교부장관은 여권 유효기간 만료 사전통지, 여권의 발급·재발급·습득 사실 및 수령 안내 등이 필요한 경우에는 이를 여권 명의인에게 전자우편 또는 휴대전화 문자메시지로 통지할 수 있다. 이 경우 여권의 유효기간 만료 사전통지는 유효기간 만료일 3개월 전에 한다.
(2024.1.30 전단개정)
제46조【고유식별정보의 처리】 외교부장관(법 제21조에 따라 여권사무의 일부를 대행하는 자를 포함한다)은 다음 각 호의 사무를 수행하기 위하여 불가피한 경우 「개인정보 보호법 시행령」 제19조에 따른 주민등록번호, 여권번호 또는 외국인등록번호가 포함된 자료를 처리할 수 있다.
1. 법 제9조 및 제11조에 따른 여권의 발급·재발급에 관한 사무
2. 법 제12조, 제12조의2 및 제12조의3에 따른 여권의 발급·재발급의 거부 또는 제한과 예외적 여권 발급에 관한 사무(2024.1.30 본호개정)
3. 법 제13조에 따른 여권의 효력상실에 관한 사무
4. 법 제14조에 따른 여행증명서의 발급에 관한 사무
5. 법 제15조에 따른 여권의 기재사항변경에 관한 사무
6. 법 제17조에 따른 여권의 사용제한 등에 관한 사무
7. 법 제19조 및 제20조에 따른 여권이나 여행증명서의 반납 및 직접 회수에 관한 사무
8. 제20조에 따른 여권의 분실신고 및 효력이 상실된 여권의 정보제공에 관한 사무
9. 제44조의2에 따른 여권의 진위 여부 확인, 여권 명의인의 신원 확인 및 여권정보증명서 발급에 관한 사무
(2020.12.15 본호신설)
10. 제45조에 따른 여권의 유효기간 만료 및 발급 사실 등의 통지에 관한 사무(2020.12.15 본호개정)

부 칙

제1조【시행일】 이 영은 2008년 6월 29일부터 시행한다. 다만, 제3조제1항·제3항 및 제4조의 개정규정 중 법 제7조제1항제3호의 여권 명의인의 지문에 대한 사항 및 제38조의 개정규정 중 수수료를 신용카드로 납부하는 사항은 2010년 1월 1일부터 시행한다.
제2조【종전의 일반여권의 유효기간 연장에 대한 경과조치】 외교통상부장관은 2008년 6월 29일 전에 발급된 복수 일반여권의 유효기간이 10년 미만인 경우에는 종전의 규정에 따라 최초 발급일부터 10년이 되는 날까지 유효기간을 연장할 수 있다. 이 경우, 유효기간 연장 신청은 여권의 유효기간 만료 전 1년부터 만료 후 1년까지의 기간 내에 하여야 한다.
제3조【동반자녀가 병기된 여권의 발급에 관한 경과조치】 2004년 10월 8일 당시 이미 발급된 여권에 병기된 동반자녀는 그 여권의 유효기간 동안에는 별도의 여권을 발급받지 아니할 수 있다. 다만, 그 여권의 유효기간 동안 8세 이상이 되는 자는 그러하지 아니하다.
제4조【다른 법령의 개정】 ※(해당 법령에 가제정리 하였음)

부 칙 (2015.1.12)

제1조【시행일】 이 영은 공포한 날부터 시행한다.
제2조【행정직원에 대하여 발급하는 여권 유효기간에 관한 경과조치】 이 영 시행 전에 여권 발급을 신청한 경우 여권의 유효기간에 관하여는 종전의 규정에 따른다.

부 칙 (2016.5.13)

제1조【시행일】 이 영은 공포한 날부터 시행한다.
제2조【예외적 여권사용등의 확인에 관한 적용례】 제29조제2항의 개정규정은 이 영 시행 이후 예외적 여권사용 등의 허가를 신청하는 경우부터 적용한다.

부 칙 (2017.6.27)

제1조【시행일】 이 영은 공포한 날부터 시행한다.
제2조【분실사실을 신고한 여권에 관한 경과조치】 이 영 시행 전에 종전의 제20조제1항에 따라 분실사실을 신고한 경우에는 제20조제2항의 개정규정에도 불구하고 종전의 규정에 따른다.

부 칙 (2020.12.15)

제1조【시행일】 이 영은 2020년 12월 21일부터 시행한다. 다만, 제2조제2항 중 일반여권에 관한 부분, 제2조제3항제1호, 제22조(일반여권에 관한 부분으로 한정한다) 및 별표 제1호가목의 개정규정은 2021년 12월 21일부터 시행하고, 제2조제2항 중 여행증명서에 관한 부분은 2021년 7월 6일부터 시행한다.(2021.7.6 단서개정)
제2조【여권법의 시행에 관한 규정】 법률 제16025호 여권법 일부개정법률 부칙에서 "대통령령으로 정하는 날"이란 2020년 12월 21일을 말한다.
제3조【공무 국외여행을 위한 관용여권의 유효기간에 관한 적용례】 제9조제1항제1호의 개정규정은 이 영 시행 이후 공무 국외여행을 위한 관용여권의 발급을 신청하는 사람부터 적용한다.

제3조의2【일반여권의 표지 및 면수 변경에 따른 종전 일반여권 용지 사용에 관한 특례】 ① 이 영 시행 전에 종전의 제2조제2항 및 같은 조 제3항제1호에 따라 제작된 일반여권 용지는 2024년 12월 31일까지 이를 사용한 여권의 발급을 원하는 사람에게 일반여권을 발급할 때 사용할 수 있다. 이 경우 여권의 유효기간은 5년 미만으로 한다.
② 제1항에 따라 발급된 일반여권은 그 유효기간까지는 이 영에 적합한 일반여권으로 본다.
(2022.5.31 본조신설)
제4조【여권 등의 규격 등에 관한 경과조치】 이 영 시행 당시 종전의 제2조에 따라 발급된 여권 및 여행증명서는 이 영에 따른 여권 규격에 따라 발급된 여권 및 여행증명서로 본다.
제5조【관용여권의 유효기간에 관한 경과조치】 이 영 시행 당시 이미 발급된 관용여권의 유효기간에 대해서는 제9조제1항제1호의 개정규정에도 불구하고 종전의 규정에 따른다.

부　칙 (2021.7.6)

제1조【시행일】 이 영은 2021년 7월 6일부터 시행한다.
제2조【여권의 유효기간 변경에 관한 적용례】 제6조제2항제2호·제3호, 제9조제1항제3호 및 제12조제1항제2호의 개정규정은 이 영 시행 이후 여권을 발급하는 경우부터 적용한다.
제3조【표지 색상과 면수 변경에 따른 종전에 발급된 여권 등에 관한 경과조치】 이 영 시행 전에 종전의 제2조제3항에 따라 발급된 여권 등은 그 유효기간까지는 이 영에 적합한 것으로 보아 계속하여 사용할 수 있다.
제4조【여권의 유효기간 변경에 따른 종전에 발급된 여권의 유효기간에 관한 경과조치】 이 영 시행 전에 종전의 제6조제2항제2호·제3호, 제9조제1항제3호 및 제12조제1항제2호의 유효기간으로 발급된 여권은 그 유효기간까지는 이 영에 적합한 것으로 보아 계속하여 사용할 수 있다.
제5조【여행증명서의 발급대상 변경에 따른 종전에 발급된 여행증명서에 관한 경과조치】 이 영 시행 전에 종전의 제16조제2호 및 제3호에 해당하는 사람에게 발급된 여행증명서는 그 유효기간까지는 이 영에 적합한 것으로 보아 계속하여 사용할 수 있다.
제6조【수수료 면제대상 변경에 관한 경과조치】 이 영 시행 전에 여권 등의 발급·재발급 또는 기재사항변경을 신청한 경우에 대한 수수료 면제는 제38조제2항의 개정규정에도 불구하고 종전의 규정에 따른다.

부　칙 (2022.5.31)

이 영은 공포한 날부터 시행한다.

부　칙 (2022.7.11)

제1조【시행일】 이 영은 2022년 7월 12일부터 시행한다.(이하 생략)

부　칙 (2023.4.5)

제1조【시행일】 이 영은 2023년 6월 5일부터 시행한다.(이하 생략)

부　칙 (2023.9.27)

이 영은 2023년 9월 29일부터 시행한다.

부　칙 (2024.1.30)

제1조【시행일】 이 영은 2024년 2월 9일부터 시행한다.
제2조【관용여권·외교관여권의 발급대상자 및 유효기간에 대한 경과조치】 ① 이 영 시행 당시 종전의 제7조 및 제10조에 따라 27세 미만의 미혼인 자녀로서 관용여권 또는 외교관여권을 발급받았거나 발급을 신청한 사람에 대해서는 제7조 및 제10조의 개정규정에도 불구하고 종전의 규정에 따른다.
② 이 영 시행 당시 종전의 제7조 및 제10조에 따라 27세 미만의 미혼인 자녀에게 발급(이 영 시행 전에 신청하여 이 영 시행 이후에 발급된 경우를 포함한다)된 관용여권 또는 외교관여권의 유효기간에 대해서는 제9조제3호 및 제12조제2호의 개정규정에도 불구하고 종전의 규정에 따른다.
제3조【다른 법령의 개정】 ※(해당 법령에 가제정리 하였음)

〔별표〕 ➡「法典 別冊」參照

대한민국 재외공관 설치법

(약칭 : 재외공관설치법)

(1950년 3월 9일 법 률 제107호)

개정
1961.10. 2법 739호
1997.12.13법 5454호(정부부처명)
2008. 2.29법 8852호(정부조직)
2010. 3.17법10098호
2011. 7.14법10818호
2013. 3.23법11690호(정부조직)
2018.12.24법16024호
2020. 3.31법17160호

제1조【설치 및 임무】 외교부 소관의 외교 및 영사 사무를 외국에서 분장(分掌)하게 하기 위하여 외교부장관 소속으로 대한민국 재외공관을 둔다.(2013.3.23 본조개정)
제2조【종류】 대한민국 재외공관(이하 "공관"이라 한다)의 종류는 대사관·대표부와 총영사관으로 한다.
(2020.3.31 본조개정)
제2조의2【설치기준 등】 ① 공관을 설치하거나 변경할 때 공관의 종류와 규모 등은 다음 각 호의 사항을 고려하여 정한다.
1. 대상 국가와 정무(政務) 관계
2. 대상 국가 또는 지역과의 경제 관계
3. 대상 국가 또는 지역의 재외국민 보호 및 영사민원 수요
4. 대상 국제기구와의 업무 관계
(2020.3.31 2호~4호개정)
5. 국제환경 변화에 따라 외교부장관이 필요하다고 판단하는 사항(2013.3.23 본호개정)
② 제1항 각 호에 관하여 필요한 사항은 대통령령으로 정한다.
(2011.7.14 본조신설)
제3조【분관 및 출장소】 공관에는 소관 사무를 분장하게 하기 위하여 필요할 때에는 대통령령으로 정하는 바에 따라 분관(分館)이나 출장소를 둘 수 있다.
(2010.3.17 본조개정)
제4조【분관 및 출장소의 명칭 등】 분관 및 출장소의 명칭, 위치 및 관할 구역은 대통령령으로 정한다.(2020.3.31 본조개정)
제5조【공관의 장】 ① 공관에는 장을 둔다.
② 대사관과 대표부의 장은 각각 특명전권대사로 하고 총영사관의 장은 총영사로 한다.(2020.3.31 본항개정)
③ 특명전권대사는 외교부장관의 명을 받아 해당 공관 사무를 총괄하며 소속 공무원을 지휘·감독한다.
(2020.3.31 본항개정)
④ 총영사는 외교부장관과 특명전권대사의 명을 받아 해당 공관 사무를 총괄하며 소속 공무원을 지휘·감독한다.(2020.3.31 본항개정)
(2010.3.17 본조개정)
제6조【직제 등】 공관의 직제, 소속 공무원의 종류·정원·보수·직무·복무·소환 등에 필요한 사항은 대통령령으로 정한다.(2018.12.24 본조개정)
제7조【명예총영사 등】 외교부장관은 필요하다고 인정하면 총영사관을 두지 아니한 곳에 명예총영사나 명예영사를 둘 수 있다.(2020.3.31 본조개정)

부　칙 (2018.12.24)

이 법은 공포 후 3개월이 경과한 날부터 시행한다.

부　칙 (2020.3.31)

제1조【시행일】 이 법은 공포한 날부터 시행한다.
제2조【다른 법률의 개정】 ①~② ※(해당 법령에 가제정리 하였음)

재외공관 공증법

(1963년 12월 7일 법 률 제1479호)

개정
1993.12.27법 4603호
2005. 3.31법 7427호(민법)
2008. 2.29법 8852호(정부조직)
2009.12.30법 9879호
2013. 3.23법11690호(정부조직)
2016.12.20법14405호
2023. 3. 4법19228호(정부조직)

제1장 총　칙
(2009.12.30 본장개정)

제1조【적용】 대한민국 영토 밖에서의 공증(公證)에 관한 사무는 이 법에서 정하는 바에 따른다.
제2조【공증사무의 담당】 ① 제1조에 따른 공증에 관한 사무(이하 "공증사무"라 한다)는 대한민국 재외공관(이하 "공관"이라 한다)에서 근무하는 총영사, 영사 및 부영사 중에서 외교부장관이 임명하는 사람(이하 "공증담당영사"라 한다)이 담당한다.
② 외교부장관은 공증담당영사를 임명하였을 때에는 그 성명을 법무부장관에게 통보하여야 한다. 공증담당영사의 이동이 있을 때에도 또한 같다.
③ 공증담당영사는 대통령령으로 정하는 바에 따라 공증사무에 관한 교육을 받아야 한다.(2016.12.20 본항신설)
(2016.12.20 본조개정)
제3조【공증담당영사의 권한과 직무수행】 ① 공증담당영사는 소속 공관의 관할구역에서 당사자나 그 밖의 관계인의 촉탁(囑託)을 받아 다음 각 호에 관한 사무를 처리한다.(2016.12.20 본문개정)
1. 법률행위나 그 밖에 사권(私權)에 관한 사실에 대한 공정증서(公正證書)의 작성
2. 사서증서(私署證書)의 인증
3. 공증에 관계되는 문서의 확인
② 공증담당영사는 공관에서 공증사무를 처리하여야 한다. 다만, 공증사무의 성질상 공관에서 처리하기에 적절하지 아니한 경우 등 대통령령으로 정하는 사유가 있는 경우에는 그러하지 아니하다.(2016.12.20 본항신설)
(2016.12.20 본조제목개정)
제4조【문서의 공증력의 요건】 공증담당영사가 제3조에 따라 작성한 공증문서는 이 법에서 정하는 요건을 갖추지 아니하면 공증의 효력이 없다.(2016.12.20 본조개정)
제5조【사건 내용의 누설금지】 공증담당영사는 법률에 특별한 규정이 있는 경우를 제외하고는 촉탁받은 사건의 내용을 누설하여서는 아니 된다. 다만, 촉탁인의 동의를 받은 경우에는 그러하지 아니하다.(2016.12.20 본문개정)
제6조【수수료】 ① 공증담당영사는 공증사무에 관하여 촉탁인으로부터 수수료를 징수할 수 있다. 다만, 공관의 장이 필요하다고 인정하는 경우에는 대통령령으로 정하는 바에 따라 수수료를 면제하거나 줄여 줄 수 있다.
(2016.12.20 본문개정)
② 제1항의 수수료에 관한 사항은 대통령령으로 정한다.
③ 수수료는 현금으로 내거나 현금 납입을 증명하는 증표로 낸다.

제2장 직무집행에 관한 통칙
(2009.12.30 본장개정)

제7조【인감·서명의 신고】 ① 공증담당영사는 소속, 직위 및 성명을 자필로 적은 신고서에 공증사무를 위하여 사용할 도장을 찍거나 서명을 하여 재외동포청장에게 신고하여야 한다.
② 재외동포청장은 제1항에 따른 신고서를 접수하였으면 지체 없이 법무부장관에게 통보하여야 한다.
(2023.3.4 본조개정)
제8조【직무를 집행할 수 없는 경우】 공증담당영사는 다음 각 호의 어느 하나에 해당하면 그 직무를 수행할 수 없다.(2016.12.20 본문개정)
1. 촉탁받은 사항과 관련하여 이해관계가 있는 경우
2. 촉탁인이나 그 대리인 또는 촉탁받은 사항과 관련된 이해관계가 있는 사람의 친족이거나 친족이었던 경우
3. 촉탁받은 사항의 대리인이거나 보조인인 경우 또는 대리인이었거나 보조인이었던 경우
4. 촉탁인 또는 그 대리인의 법정대리인인 경우
제9조【촉탁 인수 의무】 ① 공증담당영사는 다음 각 호의 어느 하나에 해당하는 경우를 제외하고는 촉탁을 거절할 수 없다.(2016.12.20 본문개정)
1. 촉탁받은 공증사무가 대한민국의 법령에 위배되거나 대한민국의 법령에서 금지된 것인 경우
2. 촉탁받은 공증사무가 조약이나 공관이 주재하는 국가(이하 "주재국"이라 한다)의 법령에 위배되거나 조약이나 주재국의 법령에서 금지된 것인 경우(2016.12.20 본호개정)
3. 문서가 명백하게 불법의 목적을 위하여 사용되거나 대한민국의 이익을 해치는 목적에 사용된다고 인정되는 경우

4. 촉탁인이 제13조(제17조제2항, 제22조제3항, 제27조 및 제32조에서 준용하는 경우를 포함한다)에 따른 신원 확인에 필요한 요구에 따르지 아니하거나 촉탁인의 신원을 확인할 수 없는 경우(2016.12.20 본호신설)
5. 제30조제2항 및 제30조의2제2항에 따른 확인이 불가능한 경우(2016.12.20 본호신설)
6. 그 밖에 공증사무 관련 서류의 허위작성 사실의 발견 등 촉탁을 거절할 만한 정당한 사유가 있다고 인정되는 경우(2016.12.20 본호신설)
② 공증담당영사는 제1항 각 호의 어느 하나에 해당하는 사유로 촉탁을 거절할 때에는 소속 공관의 장의 승인을 받아야 하며, 그 사실을 지체 없이 재외동포청장에게 통보하여야 한다.(2023.3.4 본항개정)
③ 공증담당영사는 제1항 각 호의 어느 하나에 해당하는 사유로 촉탁을 거절할 때에는 촉탁인이나 그 대리인에게 거절의 이유를 알려야 한다.(2016.12.20 본항신설)
제9조의2【이의신청】 ① 촉탁인이나 이해관계인은 공증담당영사의 촉탁 거절에 대하여 제9조제3항에 따라 거절 사실을 통보받은 날부터 1개월 이내에 재외동포청장에게 이의를 신청할 수 있다.(2023.3.4 본항개정)
② 제1항에 따른 이의신청의 절차 및 방법 등에 필요한 사항은 대통령령으로 정한다.
(2016.12.20 본조신설)
제10조【명의 사용】 공증담당영사가 공증사무에 관하여 문서를 작성할 때에는 지정된 대외직명(對外職名)을 사용하여야 한다.(2016.12.20 본조개정)
제11조【서명 시의 기재사항】 공증담당영사가 공증사무와 관련하여 서명을 할 때에는 반드시 그 대외직명과 소속을 적어야 한다.(2016.12.20 본조개정)

제3장 공정증서의 작성
(2009.12.30 본장개정)

제12조【사용 언어】 공정증서는 국어로 작성한다. 다만, 필요한 경우에는 영어나 주재국어로 된 번역문을 첨부할 수 있다.
제13조【촉탁인의 확인】 ① 공증담당영사가 공정증서를 작성할 때에는 여권이나 그 밖에 대한민국 행정기관이 발행한 사진이 첨부된 증명서를 제출하게 하는 방법으로 촉탁인의 신원을 확인하여야 한다.
② 공증담당영사는 제1항에 따라 촉탁인의 신원을 확인할 수 없는 경우에는 다음 각 호의 어느 하나에 해당하는 방법으로 신원을 확인하여야 한다.
1. 신원이 확실한 증인 2명으로 하여금 그 촉탁인이 맞다는 것을 증명하게 하는 방법
2. 주재국의 신분증 등을 제출하게 하는 방법
3. 그 밖에 제1호 또는 제2호에 준하는 확실한 방법
③ (2016.12.20 삭제)
(2016.12.20 본조개정)
제14조【공정증서의 내용】 ① 공증담당영사가 공정증서를 작성할 때에는 그가 들은 진술, 목격한 사실, 그 밖에 경험한 사실과 그 경험한 방법을 적어야 한다.(2016.12.20 본항개정)
② 공정증서의 서식 및 기재사항은 대통령령으로 정한다.
제15조【통역인】 공증담당영사는 촉탁인이 국어를 알지 못하는 경우 또는 청각장애인, 언어장애인, 그 밖에 말을 하지 못하고 글자도 읽지 못하는 사람인 경우에는 공정증서를 작성하기 위하여 통역인을 사용할 수 있다.
(2016.12.20 본조개정)
제16조【참여인】 공증담당영사는 촉탁인이 시각장애인이거나 글자를 읽지 못하는 경우에는 공정증서를 작성할 때 참여인을 참여하게 하여야 한다. 촉탁인이 참여인의 참여를 청구한 경우에도 또한 같다.(2016.12.20 전단개정)
제17조【대리 촉탁】 ① 공증담당영사는 대리인의 촉탁으로 공정증서를 작성할 때에는 대통령령으로 정하는 대리권을 증명할 증서를 제출하게 하여야 한다.
② 대리 촉탁에서 대리인의 신원 확인, 통역인의 사용 및 참여인의 참여에 관하여는 제13조, 제15조 및 제16조를 준용한다.(2016.12.20 본항신설)
(2016.12.20 본조개정)
제18조【허락·동의가 필요한 법률행위의 공증】 공증담당영사는 제3자의 허락이나 동의가 필요한 법률행위에 관하여 공정증서를 작성할 때에는 그 허락이나 동의가 있었음을 증명하는 증서를 제출하게 하여야 한다.
(2016.12.20 본조개정)
제19조【통역인과 참여인의 선정 및 자격】 ① 통역인과 참여인은 촉탁인이나 그 대리인이 선정하여야 한다.
② 참여인은 통역인을 겸할 수 있다.
③ 공증담당영사는 촉탁인의 통역인이 될 수 없다.
(2016.12.20 본항개정)
④ 다음 각 호의 어느 하나에 해당하는 사람은 참여인이 될 수 없다. 다만, 제16조 후단에 따라 촉탁인이 참여인으로 참여할 것을 청구한 경우에는 그러하지 아니하다.
1. 미성년자
2. 서명할 수 없는 사람
3. 촉탁사항과 관련하여 이해관계가 있는 사람
4. 촉탁사항의 대리인 또는 보조인이거나 대리인 또는 보조인이었던 사람
5. 공증담당영사의 친족, 법정대리인, 피고용인 또는 동거인(2016.12.20 본호개정)
6. 시각장애인이거나 글자를 읽지 못하는 사람
제20조 (1993.12.27 삭제)
제21조【공정증서의 원부】 공증담당영사는 공정증서의 원부(原簿)를 작성하여야 한다.(2016.12.20 본조개정)
제22조【공정증서 정본의 발급】 ① 촉탁인 또는 그 승계인은 공정증서 정본(正本)의 발급을 청구할 수 있다.
② 공증담당영사는 공정증서의 정본에 다음 각 호의 사항을 적고 서명날인하여야 한다.(2016.12.20 본문개정)
1. 공정증서의 전문(全文)
2. 정본이라는 사실
3. 발급을 신청한 사람의 성명
4. 작성 연월일과 장소
③ 공증담당영사가 정본을 작성하는 경우에는 제13조와 제17조를 준용한다.(2016.12.20 본항개정)
제23조【정본 발급 사실의 기재】 공증담당영사는 공정증서의 정본을 발급할 때에는 그 공정증서의 끝 부분에 촉탁인 또는 그 승계인에게 정본을 발급하였다는 사실과 발급 연월일을 적고 서명날인하여야 한다.(2016.12.20 본조개정)
제24조【등본의 발급】 ① 촉탁인 또는 공정증서의 내용과 관련하여 법률상 이해관계가 있음을 증명한 사람은 공정증서 또는 부속 서류의 등본 발급을 청구할 수 있다.
② 공증담당영사는 공정증서의 등본에 다음 각 호의 사항을 적고 서명날인하여야 한다.(2016.12.20 본문개정)
1. 공정증서의 전문
2. 등본이라는 사실
3. 작성 연월일과 장소

제4장 사서증서의 인증
(2009.12.30 본장개정)

제25조【인증방법】 ① 사서증서의 인증은 공증담당영사가 촉탁인 또는 그 대리인으로 하여금 공증담당영사 앞에서 다음 각 호의 어느 하나를 하게 한 후 그 사실을 인증문에 적는 방법으로 하여야 한다.
1. 사서증서에 촉탁인의 직접 서명 또는 날인
2. 사서증서의 서명 또는 날인에 대한 촉탁인 또는 그 대리인의 확인
(2016.12.20 본항개정)
② 사서증서의 등본에 대한 인증은 공증담당영사가 사서증서의 원본과 대조하여 그와 일치함을 인정한 후 그 사실을 인증문에 적는 방법으로 한다.(2016.12.20 본항개정)
③ 법인의사록의 인증은 공증담당영사가 해당 의결을 한 자 중 그 의결에 필요한 정족수 이상의 자 또는 그 대리인의 촉탁을 받아 의사록의 내용이 진실에 부합하는지에 관하여 진술을 듣고, 촉탁인 또는 그 대리인으로 하여금 공증담당영사 앞에서 의사록의 서명 또는 기명날인을 확인하게 한 후 그 사실을 인증문에 적는 방법으로 하여야 한다.(2016.12.20 본항신설)
④ 정관의 인증은 공증담당영사가 촉탁인 또는 그 대리인으로 하여금 공증담당영사 앞에서 제출된 각 정관에 발기인이 서명 또는 기명날인하였음을 확인하게 한 후 그 사실을 인증문에 적는 방법으로 하여야 한다.
(2016.12.20 본항신설)
⑤ 번역문의 인증은 공증담당영사가 촉탁인으로 하여금 공증담당영사 앞에서 번역문이 원문과 서로 다르지 아니함을 서약하게 하고, 이에 서명 또는 날인하게 한 후 그 사실을 인증문에 적는 방법으로 하여야 한다.(2016.12.20 본항신설)
⑥ 사서증서에 글자의 삽입·삭제·변경이 있거나, 칸 밖에 적힌 글자 또는 정정된 부분이 있는 때 또는 파손이나 그 밖에 겉보기에 현저하게 의심할 만한 사유가 있을 때에는 그 상황을 인증문에 적어야 한다.
제26조【인증서의 발행 등】 ① 공증담당영사는 제25조에 따른 인증을 하는 경우 인증 대상 문서에 여백이 있으면 그 여백에 하고, 여백이 없으면 별도의 인증서를 작성하여 인증 대상 문서와 함께 묶어 발행하여야 한다.
② 제1항에서 규정한 사항 외에 인증서 발행 등에 관한 세부사항은 대통령령으로 정한다.
(2016.12.20 본조개정)
제27조【사서증서 인증 시 사용 언어 등】 사서증서에 인증을 부여하는 경우에는 제12조, 제13조 및 제15조부터 제19조까지의 규정을 준용한다.
(2016.12.20 본조제목개정)
제28조【인증부의 작성】 공증담당영사는 인증부(認證簿)를 작성하여야 한다.(2016.12.20 본조개정)
제29조【사서증서 내용의 이해 확인】 ① 공증담당영사는 촉탁인이 작성한 사서증서의 내용을 촉탁인이 이해하고 있다는 사실을 확인한 후에 인증을 하여야 한다.
② 공증담당영사는 촉탁인이 글자를 읽을 수 없거나 사서증서의 내용과 법률상의 효과에 관하여 오해하고 있을 때에는 이를 충분히 설명하고 촉탁인의 동의를 받은 후에 인증을 하여야 한다.
(2016.12.20 본조개정)

제5장 문서의 확인
(2016.12.20 본장제목개정)

제30조【주재국 공문서 등의 확인】 ① 공증담당영사는 주재국 공무원이 발행하였거나 주재국 공증인이 공증한 문서에 찍힌 도장 또는 서명의 진위 여부와 그 공무원이나 공증인의 직위를 확인할 수 있다. 다만, 주재국이 「외국공문서에 대한 인증의 요구를 폐지하는 협약」(이하 "아포스티유 협약"이라 한다)의 가입국인 경우에는 아포스티유 협약에서 정하는 바에 따른다.
② 제1항 본문에 따른 확인은 공증담당영사가 해당 공무원 또는 공증인의 도장이나 서명 및 직위를 대통령령으로 정하는 서명부(署名簿)와 대조하는 방법으로 하여야 한다. 다만, 다음 각 호의 어느 하나에 해당하는 경우에는 주재국 관계 기관에 직접 조회하는 방법으로 하여야 한다.
1. 해당 공무원의 도장이나 서명 및 직위가 서명부에 없는 경우
2. 해당 공증인의 도장이나 서명 및 직위가 서명부에 없는 경우
3. 대한민국 국가기관이 주재국 관계 기관에 직접 조회하여 줄 것을 요청하는 경우
(2016.12.20 본조개정)
제30조의2【행정기관 제출용 문서의 확인】 ① 공증담당영사는 대한민국 행정기관에 제출하기 위한 문서로서 대통령령으로 정하는 문서에 대해서는 다음 각 호의 어느 하나의 사실을 확인할 수 있다.
1. 해당 문서가 공증담당영사의 관할지역에서 발행되었다는 사실
2. 해당 문서가 관련 법령에 따라 공관을 거쳤다는 사실
② 제1항에 따른 확인은 촉탁인에게 관련 증빙자료를 제출하게 하거나 주재국 관계 기관에 직접 조회하는 등의 방법으로 하여야 한다.
(2016.12.20 본조신설)
제31조【확인서의 발행 등】 ① 공증담당영사는 제30조 및 제30조의2에 따라 확인을 하는 경우 확인 대상 문서에 여백이 있으면 그 여백에 하고, 여백이 없으면 별도의 확인서를 작성하여 확인 대상 문서와 함께 묶어 발행하여야 한다.(2016.12.20 본항개정)
② 제1항에 따라 여백에 확인하는 방식과 확인서 서식은 대통령령으로 정한다.
(2016.12.20 본조제목개정)
제32조【문서의 확인 시 사용 언어 등】 제30조 및 제30조의2에 따라 확인하는 경우의 사용 언어 및 촉탁인의 확인에 관하여는 제12조 및 제13조를 준용한다.
(2016.12.20 본조개정)
제32조의2【확인부의 작성】 공증담당영사는 대통령령으로 정하는 확인부(確認簿)를 작성하여야 한다.
(2016.12.20 본조신설)
제33조【「공증인법」과의 관계】 공증사무에 관하여 이 법에 규정되지 아니한 것은 「공증인법」에 따른다.
제34조 (2009.12.30 삭제)

부 칙 (2013.3.23)

제1조【시행일】 ① 이 법은 공포한 날부터 시행한다.(이하 생략)

부 칙 (2016.12.20)

제1조【시행일】 이 법은 공포 후 3개월이 경과한 날부터 시행한다.
제2조【이의신청에 관한 적용례】 제9조의2의 개정규정은 이 법 시행 전에 촉탁의 거절 사실 통보를 받은 후 이 법 시행 당시 그 통보를 받은 날부터 1개월이 지나지 아니한 경우에 대해서도 적용한다.
제3조【확인부의 작성에 관한 적용례】 제32조의2의 개정규정은 이 법 시행 이후 촉탁받는 문서의 확인부터 적용한다.
제4조【공증사무 담당의 명칭 변경에 관한 경과조치】 이 법 시행 전에 영사관이 한 공정증서 등의 작성·인증 또는 확인에 관한 행위는 제2조제1항의 개정규정에 따른 공증담당영사가 한 행위로 본다.
제5조【다른 법률의 개정】 ※(해당 법령에 가제정리 하였음)

부 칙 (2023.3.4)

제1조【시행일】 이 법은 공포 후 3개월이 경과한 날부터 시행한다.(이하 생략)

재외공관 수입금 등 직접사용에 관한 법률(약칭 : 재외공관수입금법)

(1964년 9월 22일 법 률 제1660호)

개정
2002.12.30법 6836호(국고금관리법)
2008. 2.29법 8852호(정부조직)
2010. 3.17법10097호
2013. 3.23법11690호(정부조직)

제1조【목적】 이 법은 대한민국 재외공관의 수입금 및 관서 운영경비 사용 잔액을 해당 대한민국 재외공관에서 직접 사용하게 함으로써 국고에 납입하는 데 따르는 사무의 번잡을 피하고 외화의 효율적인 사용을 도모함을 목적으로 한다.(2010.3.17 본조개정)

제2조【재외공관 수입금 등의 직접 사용】 외교부장관은 「국고금관리법」 제7조에도 불구하고 대통령령으로 정하는 바에 따라 대한민국 재외공관의 장으로 하여금 해당 재외공관에 배정된 예산의 범위에서 그 수입금 및 관서 운영경비 사용 잔액을 직접 사용하게 할 수 있다.
(2013.3.23 본조개정)

제3조【직접 사용한 수입금의 대체납입】 외교부장관은 대한민국 재외공관에 자금을 송금할 때에는 그 재외공관의 장이 제2조에 따라 직접 사용한 수입금 및 관서 운영경비 사용 잔액에 해당하는 금액을 송금할 금액에서 공제하여 국고에 납입하여야 한다.(2013.3.23 본조개정)

부 칙 (2013.3.23)

제1조【시행일】 ① 이 법은 공포한 날부터 시행한다.(이하 생략)

재외국민등록법

(1999년 12월 28일 전개법률 제6057호)

개정
2007. 5.17법 8435호(가족관계등록)
2007.12.14법 8682호
2013. 3.23법11690호(정부조직)
2018.12.24법16026호
2020. 3.31법17160호(대한민국재외공관설치법)
2023. 3. 4법19228호(정부조직)

제1조【목적】 이 법은 외국에 거주(居住)하거나 체류(滯留)하는 대한민국 국민을 등록하도록 하여 재외국민(在外國民)의 현황을 파악함으로써 재외국민의 국내외 활동의 편익(便益)을 증진하고, 관련 행정 사무를 적절하게 처리하며, 그 밖에 재외국민 보호정책의 수립에 이바지함을 목적으로 한다.(2007.12.14 본조개정)

제2조【등록대상】 외국의 일정한 지역에 계속하여 90일을 초과하여 거주하거나 체류할 의사를 가지고 그 지역에 체류하는 대한민국 국민은 이 법에 따라 등록하여야 한다.(2018.12.24 본조개정)

제3조【등록공관 및 등록사항】 제2조에 따른 등록을 하려는 재외국민(이하 "등록대상자"라 한다)은 주소나 거소(居所)를 관할하는 대한민국 대사관·총영사관·분관(分館) 또는 출장소(이하 "등록공관"이라 한다)에 다음 각 호의 사항을 등록하여야 한다.(2020.3.31 본문개정)
1. 성명
2. 주민등록번호(국내에서 주민등록을 하지 아니한 사람의 경우 성별 및 생년월일을 말한다)
3. 여권번호
4. 등록기준지(가족관계등록이 되어 있는 사람의 경우에 한정한다)
5. 병역관계(남성의 경우만 해당한다)
6. 체류국 최초 입국일(체류국에서 다른 국가로 출국하여 90일을 초과한 후 재입국한 경우에는 재입국일을 말한다)
7. 체류목적 및 자격
8. 체류국 내 주소 또는 거소(체류국 정부에 등록된 별도의 주소가 있는 경우 이를 함께 기재한다)
9. 체류국 내 전화번호
10. 체류국 내 직업 및 소속 기관명(직업 및 소속 기관이 있는 경우에 한정한다)
11. 전자메일(전자메일이 있는 경우에 한정한다)
12. 국내 연고자 연락처(국내에 연고자가 있는 경우에 한정한다)

(2018.12.24 1호~12호개정)

제4조【등록 기간】 등록대상자는 외국의 일정한 지역에 주소나 거소를 정한 날부터 90일 이내에 등록공관에 등록하여야 한다.(2018.12.24 본조개정)

제5조【이중등록 금지】 누구든지 재외국민의 등록을 이중으로 할 수 없다.(2007.12.14 본조개정)

제6조【재외국민 등록의 관리】 등록공관의 장은 재외국민등록부를 등록공관에 갖추어 두고, 그 사본을 외교부장관 및 재외동포청장에게 제출하여야 한다.(2023.3.4 본조개정)

제7조【재외국민등록부 등본】 ① 제4조에 따라 등록공관에 재외국민의 등록을 한 자(이하 "등록자"라 한다)는 재외동포청장이나 등록공관의 장에게 신청하여 재외국민등록부 등본을 교부받을 수 있다.(2023.3.4 본항개정)
② 재외국민등록부 등본의 교부는 대통령령으로 정하는 바에 따라 문서, 모사전송 또는 전자문서로 할 수 있다.
(2018.12.24 본조개정)

제8조【변경신고】 등록자는 제3조 각 호의 어느 하나의 등록사항이 변경되면 변경된 날부터 30일 이내에 변경신고를 하여야 한다.(2018.12.24 본조개정)

제9조【이동신고】 ① 등록자가 그 주소나 거소를 변경하여 등록공관을 달리하게 되면 제8조에도 불구하고 변경된 날부터 90일 이내에 새로운 주소나 거소를 관할하는 등록공관의 장(이하 "신주소지 등록공관장"이라 한다)에게 이동신고를 하여야 한다.(2018.12.24 본항개정)
② 신주소지 등록공관장은 제1항에 따른 이동신고를 받은 때에는 지체 없이 재외국민등록부 이송요청서에 이동신고서 사본을 첨부하여 종전의 주소나 거소를 관할하는 등록공관의 장(이하 "구주소지 등록공관장"이라 한다)에게 통보하여야 한다.(2018.12.24 본항개정)
③ 제2항에 따른 통보를 받은 구주소지 등록공관장은 재외국민등록부 이송요청서를 받은 날부터 7일 이내에 이송(移送)하여야 한다.
④ 신주소지 등록공관장은 제3항에 따라 재외국민등록부를 이송받으면 제1항에 따른 이동신고의 내용과 대조·확인한 후 지체 없이 재외국민등록부를 정리하여야 한다.
(2018.12.24 본항개정)
(2007.12.14 본조개정)

제9조의2【귀국신고】 등록자가 90일을 초과하는 기간 동안 계속하여 국내에 거주 또는 체류할 의사를 가지고 귀국한 경우에는 귀국일부터 90일 이내에 재외동포청장에게 그 사실을 신고하여야 한다.(2023.3.4 본조개정)

제9조의3【등록말소】 재외동포청장 또는 등록공관의 장은 등록자가 다음 각 호의 어느 하나에 해당하는 경우에는 등록을 말소하여야 한다.(2023.3.4 본문개정)
1. 제9조의2에 따른 귀국신고를 한 경우
2. 등록된 지역에 183일을 초과하여 계속 거주하지 아니하는 경우
3. 183일 이상 계속 국내에 거주하고 있는 경우
4. 대한민국 국적을 상실하거나 사망한 경우

(2018.12.24 본조신설)

제10조【전산정보처리조직에 따른 재외국민등록부의 관리】 제3조에 따른 등록사항을 전산정보처리조직에 따라 처리하는 경우에는 그 재외국민등록부 파일〔자기(磁氣)테이프, 자기디스크, 그 밖에 이와 비슷한 방법으로 기록·보관하는 것을 말한다〕을 제6조에 따른 재외국민등록부로 본다.(2007.12.14 본조개정)

제11조【등록·신고의 방법】 제3조, 제7조부터 제9조까지 및 제9조의2에 따른 등록신청, 재외국민등록부 등본 교부신청, 변경신고, 이동신고 및 귀국신고는 대통령령으로 정하는 바에 따라 다음 각 호의 방법으로 할 수 있다.
(2018.12.24 본문개정)
1. 문서
2. 모사전송(模寫電送)
3. 전자문서
4. 그 밖의 방법

(2007.12.14 본조개정)

제12조【자료요청】 ① 재외동포청장은 제9조의3에 따른 말소 대상자를 확인하기 위한 사실 조사에 필요한 자료로서 대상자에 대한 다음 각 호의 자료를 관계 기관의 장에게 요청할 수 있다.(2023.3.4 본문개정)
1. 「가족관계의 등록 등에 관한 법률」 제9조제1항에 따른 가족관계 등록사항에 관한 전산정보자료
2. 출입국 사실에 관한 자료
3. 국적 상실에 관한 자료

② 제1항에 따른 자료의 제공을 요청받은 관계 기관의 장은 정당한 이유 없이 그 요청을 거부해서는 아니 된다.
(2018.12.24 본조신설)

부 칙

① **【시행일】** 이 법은 공포후 2월이 경과한 날부터 시행한다.
② **【경과조치】** 이 법 시행 당시 종전의 규정에 의하여 재외국민등록을 한 자는 이 법에 의하여 등록을 한 것으로 본다.

부 칙 (2018.12.24)

제1조【시행일】 이 법은 공포 후 1년이 경과한 날부터 시행한다.

제2조【귀국신고에 관한 적용례】 제9조의2의 개정규정은 이 법 시행 이후 귀국한 사람부터 적용한다.

부 칙 (2020.3.31)

제1조【시행일】 이 법은 공포한 날부터 시행한다.(이하 생략)

부 칙 (2023.3.4)

제1조【시행일】 이 법은 공포 후 3개월이 경과한 날부터 시행한다.(이하 생략)

재외동포의 출입국과 법적 지위에 관한 법률(약칭 : 재외동포법)

(1999년 9월 2일 법 률 제6015호)

개정
2000. 1.12법 6124호(사립학교교직원연금법)
2000.12.29법 6307호
2000.12.30법 6328호(공무원연금)
2004. 3. 5법 7173호
2005.12.29법 7768호
2006. 3. 3법 7873호(국가유공자등예우)
2007. 7.13법 8500호
2008. 3.14법 8896호
2008.12.19법 9140호
2010. 5. 4법 10275호(국적법)
2011. 4. 5법 10543호
2013. 3.23법 11690호(정부조직)
2014. 3.18법 12421호(출입국)
2014. 5.20법 12593호
2016. 1.19법 13797호(부동산거래신고등에관한법)
2016. 5.29법 14173호
2017.10.31법 14973호
2018. 9.18법 15758호
2019.12.31법 16851호(대체역의편입및복무등에관한법)
2020. 2. 4법 16917호
2022.12.13법 19070호(출입국)
2023. 6.13법 19434호

제1조【목적】 이 법은 재외동포(在外同胞)의 대한민국에의 출입국과 대한민국 안에서의 법적 지위를 보장함을 목적으로 한다.(2008.3.14 본조개정)

제2조【정의】 이 법에서 "재외동포"란 다음 각 호의 어느 하나에 해당하는 자를 말한다.
1. 대한민국의 국민으로서 외국의 영주권(永住權)을 취득한 자 또는 영주할 목적으로 외국에 거주하고 있는 자(이하 "재외국민"이라 한다)
2. 대한민국의 국적을 보유하였던 자(대한민국정부 수립 전에 국외로 이주한 동포를 포함한다) 또는 그 직계비속(直系卑屬)으로서 외국국적을 취득한 자 중 대통령령으로 정하는 자(이하 "외국국적동포"라 한다)

(2008.3.14 본조개정)

제3조【적용 범위】 이 법은 재외국민과 「출입국관리법」 제10조에 따른 체류자격 중 재외동포 체류자격(이하 "재외동포체류자격"이라 한다)을 가진 외국국적동포의 대한민국에의 출입국과 대한민국 안에서의 법적 지위에 관하여 적용한다.(2008.3.14 본조개정)

제3조의2【다른 법률과의 관계】 ① 재외동포체류자격을 가진 외국국적동포의 대한민국에의 출입국과 대한민국 안에서의 법적 지위에 관하여 이 법에서 정하지 아니한 사항은 「출입국관리법」에 따른다.
② 특정 건물 또는 시설의 소재지를 거소로 신고한 외국국적동포의 성명 및 거소 변경 일자의 확인과 국내거소신고증의 진위확인에 대하여는 「출입국관리법」 제88조의3 및 제88조의4를 준용한다. 이 경우 "외국인"은 "외국국적동포"로, "체류지"는 "거소"로, "외국인체류확인서"는 "외국국적동포거소확인서"로, "외국인등록증"은 "국내거소신고증"으로 본다.(2022.12.13 본항신설)
(2020.2.4 본조신설)

제4조【정부의 책무】 정부는 재외동포가 대한민국 안에서 부당한 규제와 대우를 받지 아니하도록 필요한 지원을 하여야 한다.(2008.3.14 본조개정)

제5조【재외동포체류자격의 부여】 ① 법무부장관은 대한민국 안에서 활동하려는 외국국적동포에게 신청에 의하여 재외동포체류자격을 부여할 수 있다.
② 법무부장관은 외국국적동포에게 다음 각 호의 어느 하나에 해당하는 사유가 있으면 제1항에 따른 재외동포체류자격을 부여하지 아니한다. 다만, 법무부장관이 필요하다고 인정하는 경우에는 제1호에 해당하는 외국국적동포가 41세가 되는 해 1월 1일부터 부여할 수 있다.
(2018.9.18 단서개정)
1. 다음 각 목의 어느 하나에 해당하지 아니한 상태에서 대한민국 국적을 이탈하거나 상실하여 외국인이 된 남성의 경우
   가. 현역·상근예비역·보충역 또는 대체역으로 복무를 마치거나 마친 것으로 보게 되는 경우
   (2019.12.31 본목개정)
   나. 전시근로역에 편입된 경우
   다. 병역면제처분을 받은 경우
   (2017.10.31 본호개정)
2. 대한민국의 안전보장, 질서유지, 공공복리, 외교관계 등 대한민국의 이익을 해칠 우려가 있는 경우

③ 법무부장관은 제1항과 제2항에 따라 재외동포체류자격을 부여할 때에는 대통령령으로 정하는 바에 따라 외교부장관과 협의하여야 한다.(2013.3.23 본항개정)
④ 재외동포체류자격의 취득 요건과 재외동포체류자격을 취득한 자의 활동 범위는 대통령령으로 정한다.
(2008.3.14 본조개정)

제6조【국내거소신고】 ① 재외동포체류자격으로 입국한 외국국적동포는 이 법을 적용받기 위하여 필요하면 대한민국 안에 거소(居所)를 정하여 그 거소를 관할하는 지방출입국·외국인관서의 장에게 국내거소신고를 할 수 있다.(2014.5.20 본항개정)
② 제1항에 따라 신고한 국내거소를 이전한 때에는 14일 이내에 그 사실을 신거소(新居所)가 소재한 시·군·구(자치구가 아닌 구를 포함한다. 이하 이 조 및 제7조에서 같다) 또는 읍·면·동의 장이나 신거소를 관할하는 지방출입국·외국인관서의 장에게 신고하여야 한다.
(2016.5.29 본항개정)
③ 제2항에 따라 거소이전 신고를 받은 지방출입국·외국인관서의 장은 신거소가 소재한 시·군·구 또는 읍·면·동의 장에게, 시·군·구 또는 읍·면·동의 장은 신거소를 관할하는 지방출입국·외국인관서의 장에게 각각 이를 통보하여야 한다.(2016.5.29 본항개정)
④ 국내거소신고서의 기재 사항, 첨부 서류, 그 밖에 신고의 절차에 관하여 필요한 사항은 대통령령으로 정한다.
(2008.3.14 본조개정)

제7조【국내거소신고증의 발급 등】 ① 지방출입국·외국인관서의 장은 제6조에 따라 국내거소신고를 한 외국국적동포에게 국내거소신고번호를 부여하고, 외국국적동포 국내거소신고증을 발급한다.(2014.5.20 본문개정)
1.~2. (2014.5.20 삭제)
② 제1항의 국내거소신고증에는 다음 각 호의 사항을 적는다.
1. 국내거소신고번호
2. 성명
3. 성별
4. 생년월일
5. 국적
6. (2023.6.13 삭제)
7. 대한민국 안의 거소 등

③ 지방출입국·외국인관서의 장은 대통령령으로 정하는 바에 따라 국내거소신고대장과 그 밖의 관계 서류를 작성하여 보존하여야 한다.(2014.3.18 본항개정)
④ 제1항에 따라 국내거소신고증을 발급받은 후 분실·훼손(毁損)하거나 그 밖에 대통령령으로 정하는 사유로 재발급을 받으려는 자는 지방출입국·외국인관서의 장에게 재발급 신청을 하여야 한다.(2014.3.18 본항개정)
⑤ 지방출입국·외국인관서의 장, 시·군·구 또는 읍·면·동의 장은 제6조에 따라 국내거소신고를 한 사실이 있는 자에게는 법무부령으로 정하는 바에 따라 국내거소신고 사실증명을 발급하거나 열람하게 할 수 있다.
(2016.5.29 본항개정)
⑥ 제1항과 제4항에 따른 국내거소신고증의 발급·재발급 및 제5항에 따른 국내거소신고 사실증명의 발급을 신청하는 자는 법무부령으로 정하는 수수료를 내야 한다.
⑦ 지방출입국·외국인관서의 장은 제1항에 따라 국내거소신고증을 발급받은 외국국적동포에게 추가로 국내거소신고증과 동일한 효력을 가진 모바일국내거소신고증(「이동통신단말장치 유통구조 개선에 관한 법률」 제2조제4호에 따른 이동통신단말장치에 암호화된 형태로 설치된 국내거소신고증을 말한다. 이하 같다)을 발급할 수 있다.(2023.6.13 본항신설)
⑧ 법무부장관은 법무부령으로 정하는 바에 따라 모바일국내거소신고증 발급 등에 관한 업무를 「출입국관리법」 제33조제7항에 따른 정보시스템을 활용하여 처리할 수 있다.(2023.6.13 본항신설)
⑨ 제7항에 따른 모바일국내거소신고증의 발급, 규격, 유효기간, 효력 말소 등에 관한 사항은 법무부령으로 정한다.(2023.6.13 본항신설)
(2008.3.14 본조개정)

제8조【국내거소신고증의 반납】 외국국적동포가 국내거소신고증을 지닐 필요가 없게 된 때에는 대통령령으로 정하는 바에 따라 지방출입국·외국인관서의 장에게 국내거소신고증을 반납하여야 한다.(2020.2.4 본조개정)

제9조【주민등록 등과의 관계】 ① 법령에 규정된 각종 절차와 거래관계 등에서 주민등록증, 주민등록표 등본·초본, 외국인등록증 또는 외국인등록 사실증명이 필요한 경우에는 국내거소신고증(제7조제7항에 따른 모바일국내거소신고증을 포함한다)이나 국내거소신고 사실증명으로 그에 갈음할 수 있다.(2023.6.13 본항개정)
② 이 법 또는 다른 법률에서 실물 국내거소신고증이나 국내거소신고증에 기재된 성명, 사진, 거소신고번호 등의 확인이 필요한 경우 모바일국내거소신고증의 확인으로 이를 갈음할 수 있다.(2023.6.13 본항신설)

제10조【출입국과 체류】 ① 재외동포체류자격에 따른 체류기간은 최장 3년까지로 한다.(2008.12.19 본항개정)
② 법무부장관은 제1항에 따른 체류기간을 초과하여 국내에 계속 체류하려는 외국국적동포에게는 대통령령으로 정하는 바에 따라 체류기간 연장허가를 할 수 있다. 다만, 제5조제2항 각 호의 어느 하나에 해당하는 사유가 있는 경우에는 그러하지 아니하다.
③ 국내거소신고를 한 외국국적동포가 체류기간 내에 출국하였다가 재입국하는 경우에는 「출입국관리법」 제30조에 따른 재입국허가가 필요하지 아니하다.
④ 대한민국 안의 거소를 신고하거나 그 이전신고(移轉申告)를 한 외국국적동포에 대하여는 「출입국관리법」 제31조에 따른 외국인등록과 같은 법 제36조에 따른 체류지변경신고를 한 것으로 본다.
⑤ 재외동포체류자격을 부여받은 외국국적동포의 취업이나 그 밖의 경제활동은 사회질서 또는 경제안정을 해치지 아니하는 범위에서 자유롭게 허용된다.
(2008.3.14 본조개정)

제11조【부동산거래 등】 ① 국내거소신고를 한 외국국적동포는 「부동산 거래신고 등에 관한 법률」 제9조제1항제1호에 따른 경우 외에는 대한민국 안에서 부동산을 취득·보유·이용 및 처분할 때에 대한민국의 국민과 동등한 권리를 갖는다. 다만, 「부동산 거래신고 등에 관한 법률」 제3조제1항 및 제8조에 따른 신고를 하여야 한다.
(2016.1.19 본항개정)
② 국내거소신고를 한 외국국적동포가 「부동산 실권리자명의 등기에 관한 법률」의 시행 전에 명의신탁(名義信託)약정(約定)에 따라 명의수탁자(名義受託者) 명의(名義)로 등기하거나 등기하도록 한 부동산에 관한 물권(物權)을 이 법 시행 후 1년 이내에 「부동산 실권리자명의 등기에 관한 법률」 제11조제1항 및 제2항에 따라 실명(實名)으로 등기하거나 매각처분 등을 한 경우에는 같은 법 제12조제1항 및 제2항을 적용하지 아니한다.
(2008.3.14 본조개정)

제12조【금융거래】 주민등록을 한 재외국민과 국내거소신고를 한 외국국적동포는 예금·적금의 가입, 이율의 적용, 입금과 출금 등 국내 금융기관을 이용할 때 「외국환거래법」상의 거주자인 대한민국 국민과 동등한 권리를 갖는다. 다만, 자본거래의 신고 등에 관한 「외국환거래법」 제18조의 경우에는 그러하지 아니하다.(2014.5.20 본문개정)

제13조【외국환거래】 재외국민이 다음 각 호의 어느 하나에 해당하는 지급수단을 수출하거나 외국에 지급하는 경우 「외국환거래법」 제15조와 제17조를 적용할 때 재외국민은 외국국적동포와 동등한 대우를 받는다.
1. 외국에 거주하기 전부터 소유하고 있던 국내 부동산을 매각하거나 수용으로 처분하였을 경우 그 매각 또는 처분대금
2. 외국에서 국내로 수입(輸入)하거나 국내에 지급한 지급수단
(2008.3.14 본조개정)

제14조【건강보험】 주민등록을 한 재외국민과 국내거소신고를 한 외국국적동포가 90일 이상 대한민국 안에 체류하는 경우에는 건강보험 관계 법령으로 정하는 바에 따라 건강보험을 적용받을 수 있다.(2014.5.20 본조개정)

제15조 (2000.12.30 삭제)

제16조【국가유공자·독립유공자와 그 유족의 보훈급여금】 외국국적동포는 「국가유공자 등 예우 및 지원에 관한 법률」 또는 「독립유공자예우에 관한 법률」에 따른 보훈급여금을 받을 수 있다.(2008.3.14 본조개정)

제17조【과태료】 ① 제6조제2항을 위반하여 국내거소의 이전 사실을 신고하지 아니한 자에게는 200만원 이하의 과태료를 부과한다.
② 제8조를 위반하여 국내거소신고증을 반납하지 아니한 자에게는 100만원 이하의 과태료를 부과한다.
③ 제1항이나 제2항에 따른 과태료는 대통령령으로 정하는 바에 따라 지방출입국·외국인관서의 장이 부과하고 징수한다.(2014.3.18 본항개정)
④~⑥ (2008.12.19 삭제)
(2008.3.14 본조개정)

부 칙 (2014.5.20)

제1조【시행일】 이 법은 2015년 1월 22일부터 시행한다.

제2조【경과조치】 이 법 시행 당시 종전의 규정에 따라 국내거소신고를 한 재외국민으로서 이 법 시행 후에도 법률 제12279호 주민등록법 일부개정법률 제10조의2에 따른 재외국민신고를 하지 아니한 사람에 대하여는 2016년 6월 30일까지 종전의 규정에 따른 국내거소신고 및 국내거소신고증의 효력이 있으며, 모든 재외국민의 국내거소신고 및 거소신고증의 효력은 2016년 7월 1일부터 상실된다.

부 칙 (2017.10.31)

제1조【시행일】 이 법은 공포 후 6개월이 경과한 날부터 시행한다.

제2조【재외동포체류자격의 부여에 관한 적용례】 제5조제2항의 개정규정은 이 법 시행 후 최초로 대한민국 국적을 이탈하거나 상실한 사람부터 적용한다.

제3조【재외동포체류자격의 부여에 관한 경과조치】 이 법 시행 전에 대한민국 국적을 이탈하였거나 상실한 사람이 재외동포체류자격을 신청하는 경우에는 제5조제2항의 개정규정에도 불구하고 종전의 규정을 적용한다.

부 칙 (2020.2.4)

이 법은 공포한 날부터 시행한다.

부 칙 (2022.12.13)

제1조【시행일】 이 법은 공포 후 6개월이 경과한 날부터 시행한다.(이하 생략)

부 칙 (2023.6.13)

이 법은 공포 후 6개월이 경과한 날부터 시행한다.

재외국민보호를 위한 영사조력법(약칭 : 영사조력법)

(2019년 1월 15일 법 률 제16221호)

개정
2021. 4.20법18081호

제1장 총 칙

제1조【목적】 이 법은 재외국민의 생명·신체 및 재산을 보호하기 위한 국가의 영사조력(領事助力)과 관련한 제반사항을 규정함으로써 국민의 안전한 국외 거주·체류 및 방문을 도모함을 목적으로 한다.

제2조【정의】 이 법에서 사용하는 용어의 뜻은 다음과 같다.
1. "재외국민"이란 외국에 거주, 체류 또는 방문하는 대한민국 국민을 말한다.
2. "영사조력"이란 사건·사고로부터 재외국민의 생명·신체 및 재산을 보호하기 위하여 국가가 이 법에 따라 재외국민에게 제공하는 조력을 말한다.
3. "사건·사고"란 재외국민이 거주, 체류 또는 방문하는 국가에서 재외국민의 생명·신체에 대한 위해 또는 재산상의 중대한 손해가 발생하였거나 발생할 우려가 현저한 상황을 말한다.
4. "해외위난상황"이란 사건·사고 중 다음 각 목의 어느 하나에 해당하는 상황을 말한다.
   가.「재난 및 안전관리 기본법」제3조제2호의 해외재난
   나. 전쟁이 발생하였거나 전쟁발생의 가능성이 매우 높은 긴박한 상황
   다. 내란 또는 폭동의 발생으로 해당 국가의 치안유지 기능 등이 극도로 마비되어 정상적으로 이루어지지 못하는 상황
   라.「국민보호와 공공안전을 위한 테러방지법」제2조제1호에 따른 테러가 발생하였거나 발생할 우려가 현저한 상황
5. "재외공관"이란「대한민국 재외공관 설치법」제2조에 따른 대한민국 재외공관(재외공관이 설치되지 아니한 지역에서 영사 사무를 수행하는 사무소와 같은 법 제3조에 따른 분관 또는 출장소를 포함하고, 영사 사무를 수행하지 아니하거나 영사관할구역이 없는 재외공관은 제외한다)을 말한다.
6. "주재국"이란 재외공관이 설치된 국가를 의미하며, 해당 재외공관의 겸임국 및 관할지역을 포함한다.

제3조【국가의 책무】 ① 국가는 영사조력을 통해 사건·사고로부터 재외국민의 생명·신체 및 재산을 보호하기 위하여 노력하여야 하며, 이를 위하여 필요한 재외국민보호 정책을 수립·시행하여야 한다.
② 국가는 제1항에 따른 책무를 수행하기 위하여 필요한 인력과 예산을 확보하여야 한다.

제4조【재외국민의 책무】 ① 재외국민은 거주, 체류 또는 방문하는 국가 및 지역의 법령과 제도를 준수하고 문화 및 관습을 존중하며 해당 국가 및 지역에 관한 안전정보를 숙지하는 등 자신의 안전을 확보하기 위한 모든 주의를 다하여야 한다.
② 재외국민은 재외국민의 안전을 도모하기 위한 국가의 조치에 최대한 협조하여야 한다.

제5조【다른 법률과의 관계】 ① 이 법은 영사조력에 관하여 다른 법률에 우선하여 적용한다.
② 해외위난상황에 관하여 이 법에서 규정한 것을 제외하고는「재난 및 안전관리 기본법」및「국민보호와 공공안전을 위한 테러방지법」을 적용한다.

제2장 재외국민보호기본계획의 수립 등

제6조【재외국민보호위원회】 ① 재외국민의 보호에 관한 사항을 심의하기 위하여 외교부장관 소속으로 재외국민보호위원회(이하 "위원회"라 한다)를 둔다.
② 위원회는 다음 각 호의 사항을 심의한다.
1. 재외국민의 보호에 관한 중요 정책에 관한 사항
2. 제7조에 따른 재외국민보호기본계획 및 집행계획에 관한 사항
3. 그 밖에 위원장이 회의에 부치는 사항

③ 위원회는 위원장 1명을 포함한 20명 이내의 위원으로 구성한다.
④ 위원장은 외교부장관이 되고, 위원은 관계 중앙행정기관의 차관급 공무원 또는 재외국민보호에 관한 학식과 경험이 풍부한 사람 중에서 외교부장관이 임명 또는 위촉한다.
⑤ 그 밖에 위원회의 구성과 운영에 필요한 사항은 대통령령으로 정한다.

제7조【재외국민보호기본계획의 수립 등】 ① 외교부장관은 5년마다 재외국민보호기본계획(이하 "기본계획"이라 한다)을 수립하고, 위원회의 심의를 거쳐 확정한다.
② 기본계획에는 다음 각 호의 사항이 포함되어야 한다.
1. 재외국민보호 정책의 기본 방향
2. 재외국민보호 업무의 지역별·성질별 중점 추진방향
3. 재외국민보호에 필요한 인력 및 예산에 관한 사항
4. 해외안전여행 홍보 등 재외국민 사건·사고 예방에 관한 사항
5. 재외국민보호를 위한 국제협력체제의 구축에 관한 사항
6. 재외국민보호 업무에 대한 평가 및 개선에 관한 사항
7. 그 밖에 외교부장관이 재외국민보호를 위하여 필요하다고 인정하는 사항

③ 외교부장관은 기본계획에 따라 매년 재외국민보호에 관한 집행계획(이하 "집행계획"이라 한다)을 수립하고, 위원회의 심의를 거쳐 확정한다.
④ 외교부장관은 기본계획 및 집행계획을 수립한 때에는 이를 재외공관의 장에게 통보하여야 하며, 재외공관의 장은 그 시행을 위하여 필요한 조치를 하여야 한다.
⑤ 외교부장관은 기본계획 및 집행계획을 효율적으로 수립하기 위하여 재외국민 사건·사고에 관한 통계를 작성·관리하여야 한다.

제8조【해외안전정보의 제공】 ① 외교부장관은 거주, 체류 또는 방문에 주의가 요구되는 국가 및 지역과 그 위험 수준, 행동요령 등 재외국민의 보호에 필요한 정보를 국민에게 알리기 위하여 여행경보의 발령 등 필요한 조치를 하여야 한다.
② 제1항에 따른 여행경보의 발령 등 해외안전정보의 제공에 필요한 사항은 대통령령으로 정한다.

제9조【주재국 관계 기관과의 협력】 재외공관의 장은 효과적인 재외국민보호 업무 수행을 위하여 주재국 관계 기관과 협력관계를 유지하여야 한다.

제3장 영사조력

제10조【영사조력의 기본원칙】 ① 영사조력은「영사관계에 관한 비엔나 협약」등 관련 조약, 일반적으로 승인된 국제법규 및 주재국 법령을 준수하여 제공되어야 한다.
② 영사조력의 구체적인 범위와 수준을 정함에 있어 주재국의 제도 및 문화 등 특수한 상황을 고려하여야 한다.
③ 영사조력은 재외국민이 사건·사고에 처하여 스스로 또는 연고자의 지원을 받거나 주재국 정부의 지원을 받는 등 다른 방법으로 해결할 수 없는 경우에 한하여 제공되어야 한다.
④ 영사조력은 국내에서 발생하는 유사 상황 시 정부가 국민에게 제공하는 보호의 수준을 초과하지 아니하여야 한다.

제11조【형사절차상의 영사조력】 ① 재외공관의 장은 관할구역에서 재외국민이 체포·구금 또는 수감 중인 사실을 인지한 때에는 그 사실을 지체 없이 외교부장관에게 보고하고 해당 재외국민과의 접촉을 시도하여야 한다.
② 재외공관의 장은 재외국민이 국제법과 주재국의 법령에 따라 인도적 대우 및 신속하고 공정한 수사·재판을 받을 수 있도록 주재국 관계 기관에 협조를 요청하고, 필요한 경우 가능한 범위 내에서 변호사 및 통역인 명단 제공 등 조력을 제공하여야 한다.
③ 재외공관의 장은 재외국민이 금고 이상의 형을 선고받고 수감된 경우 정기적인 방문·면담 등을 통하여 해당 재외국민과 접촉하여야 한다.
④ 제1항부터 제3항까지의 규정에 따른 형사절차상의 영사조력의 구체적인 내용·제공 방법 및 절차 등에 필요한 사항은 대통령령으로 정한다.

제12조【재외국민 범죄피해 시의 영사조력】 ① 재외공관의 장은 관할구역에서 재외국민이 범죄로 인하여 피해를 입은 사실을 인지한 경우 해당 재외국민에게 주재국 경찰기관에 신고하는 방법을 안내하고, 필요한 경우 주재국 관계 기관에 대한 신속하고 공정한 수사 요청, 의료기관에 관한 정보 제공, 가능한 범위 내에서 변호사 및 통역인 명단 제공 등 조력을 제공하여야 한다.
② 제1항에 따른 재외국민 범죄피해 시의 영사조력의 구체적인 내용·제공 방법 및 절차 등에 필요한 사항은 대통령령으로 정한다.

제13조【재외국민 사망 시의 영사조력】 ① 재외공관의 장은 관할구역에서 재외국민이 사건·사고로 사망한 사실을 인지한 때에는 이를 지체 없이 해당 재외국민의 가족 등 연고자에게 알리고 외교부장관에게 보고하여야 한다.
② 재외공관의 장은 사망자의 사인에 대한 조사 및 시신의 처리 등에 관한 주재국 절차 안내, 주재국 관계 기관에의 협조 요청 등 필요한 조치를 하여야 한다.
③ 제1항 및 제2항에 따른 재외국민 사망 시의 영사조력의 구체적인 내용·제공 방법 및 절차 등에 필요한 사항은 대통령령으로 정한다.

제14조【미성년자·환자인 재외국민에 대한 영사조력】
① 재외공관의 장은 관할구역에서 미성년자인 재외국민에게 사건·사고가 발생한 사실을 인지한 경우 그 사실을 해당 재외국민의 법정대리인 또는 가족 등 연고자에게 알려야 한다.
② 재외공관의 장은 관할구역에서 시급한 치료가 필요하다고 인정되는 재외국민 환자가 발생한 사실을 인지한 경우 의료기관에 관한 정보 제공 등 조력을 제공하여야 하며, 해당 재외국민의 가족 등 연고자 및 주재국 관계 기관과 협의하여 치료를 받을 수 있도록 노력하여야 한다.
③ 제1항에 따른 미성년자인 재외국민에 대한 영사조력과 제2항에 따른 환자인 재외국민에 대한 영사조력의 구체적인 내용·제공 방법 및 절차 등에 필요한 사항은 대통령령으로 정한다.

제15조【재외국민 실종 시의 영사조력】 ① 재외공관의 장은 관할구역에서 연락이 두절된 재외국민의 신변안전 확인을 위한 소재 파악을 요청받은 경우 그 요청자에게 국내 및 주재국 경찰기관에 대한 실종 신고 절차를 안내하고, 주재국 관계 기관과 협력하여 해당 재외국민의 소재를 파악하기 위하여 노력하여야 한다.
② 재외공관의 장은 실종된 재외국민의 소재가 파악되면 이를 지체 없이 해당 재외국민의 가족 등 연고자에게 알려야 한다. 이 경우 해당 재외국민이 성년인 경우에는 본인의 의사를 존중하여야 한다.
③ 제1항에 따른 안내와 제2항에 따른 통지의 구체적인 방법과 절차 등에 필요한 사항은 대통령령으로 정한다.

제16조【해외위난상황 발생 시의 영사조력】 ① 재외공관의 장은 관할구역에서 해외위난상황이 발생하거나 발생할 우려가 현저함을 인지한 경우 이를 지체 없이 외교부장관에게 보고하고 관할구역의 재외국민에게 알려야 한다.
② 제1항에 따른 보고를 받은 외교부장관은「재난 및 안전관리 기본법」제14조의2에 따른 수습지원단과는 별도로 신속대응팀을 파견하거나 재외국민을 안전한 지역으로 이동시킬 수 있는 수단을 투입하는 등 필요한 조치를 할 수 있다.
③ 재외공관의 장은 관할구역에서 해외위난상황이 발생하거나 발생할 우려가 현저함을 인지한 경우 관할구역 내 재외국민의 소재 파악 및 안전 확인을 위하여 노력하여야 하며, 필요한 경우 비상대책반을 설치할 수 있다.
④ 해외위난상황에 처한 재외국민은 재외공관의 장에게 긴급구조를 요청할 수 있다.
⑤ 재외공관의 장은 제4항에 따른 긴급구조 요청 등으로 재외국민이 해외위난상황에 처하여 긴급한 구조가 필요함을 인지한 때에는 주재국 관계 기관에 구조를 요청하는 등 가능한 조치를 하여야 한다.
⑥ 재외공관의 장은 다음 각 호의 어느 하나에 해당하는 경우 관할구역 내 재외국민의 소재 및 안전에 관한 정보를 해당 재외국민의 가족 등 연고자에게 제공할 수 있다.
1. 연고자로부터 요청이 있는 경우
2. 해당 재외국민이 스스로 연고자에게 연락하는 것이 곤란한 경우

⑦ 제1항부터 제6항까지의 규정에 따른 해외위난상황 발생 시 영사조력의 구체적인 내용·제공 방법 및 절차 등에 필요한 사항은 대통령령으로 정한다.

제17조【유실물의 처리】 재외공관의 장은 대한민국 국민의 소유로 추정되는 물건을 습득한 경우 대통령령으로 정하는 바에 따라 해당 유실물이 그 유실자 또는 소유자에게 반환될 수 있도록 노력하여야 한다.

제18조【영사조력 제공의 거부 및 중단】 재외공관의 장은 다음 각 호의 어느 하나에 해당하는 경우 영사조력의 제공을 거부하거나 중단할 수 있다. 다만, 재외국민의 생명·신체에 대한 위해가 중대하여 긴급히 보호할 필요가 있는 경우에는 그러하지 아니하다.
1. 재외국민이 영사조력을 명백하게 거부하는 경우
2. 재외국민이 폭행, 협박 등의 행위를 하여 해당 재외국민에 대한 영사조력의 제공에 현저한 지장을 초래하는 경우
3. 재외국민이 허위로 영사조력을 요청한 사실이 밝혀진 경우
4. 재외국민이 영사조력을 남용 또는 악용하는 경우

제19조【경비의 부담 등】 ① 재외국민은 영사조력 과정에서 자신의 생명·신체 및 재산의 보호에 드는 비용을 부담하여야 한다. 다만, 재외국민을 긴급히 보호할 필요가 있는 경우로서 다음 각 호의 어느 하나에 해당하는 경우에는 국가가 그 비용을 부담할 수 있다.
1. 사건·사고에 처한 재외국민이 본인의 무자력(無資力) 등으로 인하여 비용을 부담하기 어렵다고 판단되는 경우
2. 해외위난상황에 처한 재외국민이 안전한 지역으로 대피할 수 있는 이동수단이 없어 국가가 이동수단을 투입하는 경우

② 재외공관의 장은 분실, 도난 등으로 긴급한 상황에 처한 재외국민이 가족 등 연고자로부터 신속하게 도움을 받을 수 있도록 연고자로부터의 해외송금을 지원할 수 있다.
③ 외교부장관은 제1항 단서에 해당하지 아니하는 재외국민이 제1항 본문에 따라 자신이 부담하여야 할 비용을 즉시 지급하기 곤란한 경우로서 해외위난상황으로부터 해당 재외국민을 안전한 지역으로 이동시키기 위한 수단을 투입하는 경우에는 그 비용을 대신하여 지급할 수 있다. 이 경우 해당 재외국민은 외교부장관이 합리적인 범위 내에서 청구하는 비용을 상환하여야 한다.(2021.4.20 전단개정)
④ 외교부장관은 제3항에 따른 상환의무자가 해당 금액을 상환하지 아니하는 때에는 국세 체납처분의 예에 따라 징수할 수 있다.

⑤ 제1항부터 제3항까지의 규정에 따른 경비 부담 등의 구체적인 내용·방법 및 절차 등에 필요한 사항은 대통령령으로 정한다.

제4장 보 칙

제20조【자료 제공의 요청 등】 ① 외교부장관은 영사조력을 효율적으로 제공하기 위하여 재외국민이 사건·사고로 인하여 사망하거나 실종된 경우 또는 그 밖에 업무수행을 위하여 불가피한 경우 관계 기관의 장에게 「주민등록법」에 따른 주민등록전산정보자료, 「가족관계의 등록 등에 관한 법률」에 따른 가족관계 등록사항에 관한 전산정보자료, 「출입국관리법」에 따른 출입국 자료 등 대통령령으로 정하는 필요한 자료의 제공을 요청할 수 있다. 이 경우 요청을 받은 관계 기관의 장은 특별한 사유가 없으면 이에 따라야 한다.
② 외교부장관은 영사조력의 제공을 위하여 필요하다고 인정하는 경우 관계 중앙행정기관의 장 또는 지방자치단체의 장에게 협조를 요청할 수 있다. 이 경우 요청을 받은 관계 중앙행정기관의 장 또는 지방자치단체의 장은 특별한 사유가 없으면 이에 따라야 한다.
제21조【금융정보등의 제공】 ① 외교부장관은 제19조제1항 단서에 따라 영사조력 과정에서 발생하는 비용을 부담하였거나 부담하려는 경우 재외국민이 제19조제1항제1호에 해당하는지 여부를 확인하기 위하여 「금융실명거래 및 비밀보장에 관한 법률」 제4조제1항과 「신용정보의 이용 및 보호에 관한 법률」 제32조제2항에도 불구하고 해당 재외국민이 제출한 동의서면을 전자적 형태로 바꾼 문서에 의하여 금융기관등(「금융실명거래 및 비밀보장에 관한 법률」 제2조제1호에 따른 금융회사등과 「신용정보의 이용 및 보호에 관한 법률」 제2조제6호에 따른 신용정보집중기관을 말한다. 이하 같다)의 장에게 금융정보·신용정보 또는 보험정보(이하 "금융정보등"이라 한다)의 제공을 요청할 수 있다.
② 제1항에 따라 금융정보등의 제공을 요청받은 금융기관등의 장은 「금융실명거래 및 비밀보장에 관한 법률」 제4조와 「신용정보의 이용 및 보호에 관한 법률」 제32조에도 불구하고 이를 제공하여야 한다.
③ 제2항에 따라 금융정보등을 제공하는 금융기관등의 장은 금융정보등의 제공 사실을 명의인에게 통보하여야 한다. 다만, 명의인의 동의가 있는 경우에는 「금융실명거래 및 비밀보장에 관한 법률」 제4조의2제1항과 「신용정보의 이용 및 보호에 관한 법률」 제32조제7항에도 불구하고 통보하지 아니할 수 있다.
④ 제1항 및 제2항에 따른 금융정보등의 제공 요청 및 제공은 「정보통신망 이용촉진 및 정보보호 등에 관한 법률」 제2조제1항제1호에 따른 정보통신망을 이용하여야 한다. 다만, 정보통신망의 손상 등 불가피한 경우에는 그러하지 아니하다.
⑤ 제1항 및 제2항에 따른 업무에 종사하고 있거나 종사하였던 사람은 업무를 수행하면서 취득한 금융정보등을 이 법에서 정한 목적 외의 용도로 사용하거나 다른 사람 또는 기관에 제공하거나 누설하여서는 아니 된다.
⑥ 제1항·제2항 및 제4항에 따른 금융정보등의 제공 요청 및 제공 등에 필요한 사항은 대통령령으로 정한다.
제22조【권한의 위임·위탁】 이 법에 따른 외교부장관의 권한은 그 일부를 대통령령으로 정하는 바에 따라 재외공관의 장에게 위임하거나 관계 행정기관의 장에게 위탁할 수 있다.
제23조【벌칙】 제21조제5항을 위반하여 금융정보등을 목적 외의 용도로 사용하거나 다른 사람 또는 기관에 제공하거나 누설한 사람은 5년 이하의 징역 또는 5천만원 이하의 벌금에 처한다.

부 칙

이 법은 공포 후 2년이 경과한 날부터 시행한다.

부 칙 (2021.4.20)

이 법은 공포한 날부터 시행한다.

해외이주법

(1962년 3월 9일
법 률 제1030호)

개정
1963. 2. 9법 1271호 1963.11. 5법 1439호
1973. 2.16법 2531호 1982. 4. 2법 3552호
1983.12.30법 3672호 1991.12.14법 4413호
1993.12.27법 4602호
1997.12.13법 5453호(행정절차)
1999. 2. 5법 5754호 2007.12.14법 8683호
2008.12.31법 9286호 2009.12.30법 9877호
2013. 3.23법11690호(정부조직)
2014. 1.21법12276호 2014.10.15법12772호
2015.12.29법13629호 2016.12.20법14406호
2018. 3.13법15430호
2020. 5.26법17308호(피후견인결격조항정비를위한일부개정법률)
2023. 3. 4법19228호(정부조직)
2023. 3.28법19274호(집행유예선고에관한결격사유명확화를위한일부개정법)
2023. 3.28법19275호

제1조【목적】 이 법은 해외이주(海外移住)를 하는 사람의 편의를 꾀하고 해외이주 절차가 원활하게 이루어질 수 있도록 하기 위하여 필요한 사항을 규정함을 목적으로 한다.(2008.12.31 본조개정)
제2조【정의】 이 법에서 "해외이주자"란 생업에 종사하기 위하여 외국에 이주하는 사람과 그 가족(「민법」 제779조에 따른 관계에 있는 사람을 말한다) 또는 외국인과의 혼인(외국에서 영주권을 취득한 대한민국 국민과 혼인하는 경우를 포함한다) 및 연고(緣故) 관계로 인하여 이주하는 사람을 말한다.(2008.12.31 본조개정)
제3조【해외이주의 제한】 ① 다음 각 호의 어느 하나에 해당하는 사람은 이 법에 따른 해외이주를 할 수 없다.
1. 병역을 기피하고 있는 사람
2. 금고 이상의 실형을 선고받고 그 집행이 끝나거나(집행이 끝난 것으로 보는 경우를 포함한다) 집행이 면제되지 아니한 사람(2023.3.28 본호개정)
3. 금고 이상의 형의 집행유예를 선고받고 그 유예기간 중에 있는 사람(2023.3.28 본호신설)
② 현역병 또는 상근예비역 등 대통령령으로 정하는 사람으로서 「병역법」에 따른 병역복무 또는 의무종사를 하고 있는 사람은 대통령령으로 정하는 범위의 가족 전원이 이주하는 경우가 아니면 이 법에 따른 해외이주를 할 수 없다.(2016.12.20 본항신설)
③ 현역의 장교 또는 준사관 등 대통령령으로 정하는 사람은 해당 병역복무 또는 의무종사를 마치거나 면한 경우가 아니면 이 법에 따른 해외이주를 할 수 없다.
(2016.12.20 본항신설)
(2008.12.31 본조개정)
제4조【해외이주의 종류】 이 법에 따른 해외이주의 종류는 다음 각 호와 같이 구분한다.
1. 연고이주 : 혼인·약혼 또는 친족 관계를 기초로 하여 이주하는 것
2. 무연고이주 : 외국기업과의 고용계약에 따른 취업이주, 제10조제3항에 따른 해외이주알선업자가 이주대상국의 정부기관·이주알선기관 또는 사업주와의 계약에 따르거나 이주대상국 정부기관의 허가를 받아 행하는 사업이주 등 제1호 및 제3호 외의 사유로 이주하는 것
3. 현지이주 : 해외이주 외의 목적으로 출국하여 영주권 또는 그에 준하는 장기체류 자격을 취득한 사람의 이주(2016.12.20 본호개정)
(2008.12.31 본조개정)
제5조 (1999.2.5 삭제)
제6조【해외이주신고】 다음 각 호의 어느 하나에 해당하는 사람은 대통령령으로 정하는 바에 따라 재외동포청장에게 신고하여야 한다.(2023.3.4 본문개정)
1. 연고이주 또는 무연고이주를 하려는 사람
2. 현지이주를 한 사람
(2016.12.20 1호~2호신설)
제7조 (1993.12.27 삭제)
제8조【해외이주자의 재산반출】 해외이주자는 「외국환거래법」 등 관련 법률에서 정하는 바에 따라 그 재산을 반출(搬出)할 수 있다.(2008.12.31 본조개정)
제9조 (1999.2.5 삭제)
제10조【해외이주알선업의 등록 등】 ① 해외이주자를 모집·알선하거나 다음 각 호의 해외이주에 관한 업무를 업으로 하는 사업(이하 "해외이주알선업"이라 한다)을 하고자 하는 자는 재외동포청장에게 등록하여야 한다.
(2023.3.4 본문개정)
1. 해외이주신고의 대행
2. 해외이주 입국사증(入國査證) 발급신청의 대행
3. 해외이주와 관련된 상담 및 안내행위
4. 해외이주자의 이주정착 지원
(2009.12.30 본항개정)
② 제1항에 따른 등록을 위하여 필요한 자본금·보증보험금, 그 밖의 사항은 대통령령으로 정한다.
③ 제1항에 따라 해외이주알선업 등록을 한 자(이하 "해외이주알선업자"라 한다)는 그 등록한 사항이 변경된 때에는 그 사유가 발생한 날부터 1개월 내에 변경등록을 하여야 한다. 다만, 외교부령으로 정하는 경미한 사항을 변경하려는 경우에는 그러하지 아니하다.(2013.3.23 단서개정)
④ (2015.12.29 삭제)
⑤ 해외이주알선업자는 등록증과 알선료 및 수수료의 내용을 각 사업장에 게시하여야 한다.(2015.12.29 본항개정)
(2008.12.31 본조개정)
제10조의2【등록의 결격사유】 ① 법인이 아니면 해외이주알선업 등록을 할 수 없다.
② 다음 각 호의 어느 하나에 해당하는 사람이 임원으로 있는 법인은 해외이주알선업 등록을 할 수 없다.
1. 제3조제1항제2호 또는 제3호에 따라 해외이주를 할 수 없는 사람(2023.3.28 본호개정)
2. (2020.5.26 삭제)
3. 이 법에 따라 등록이 취소된 법인의 취소 당시 임원이었던 사람으로서 그 법인이 등록 취소(제2호에 해당하여 등록이 취소된 경우는 제외한다)된 후 3년이 지나지 아니한 사람(2016.12.20 본호개정)
③ 재외동포청장은 법인의 임원이 제2항제1호에 해당하는지를 확인하기 위하여 경찰청장에게 범죄경력자료의 조회를 요청할 수 있다.(2023.3.28 본항신설)
④ 제3항에 따른 요청을 받은 경찰청장은 정당한 사유가 없으면 이에 따라야 한다.(2023.3.28 본항신설)
(2008.12.31 본조개정)
제10조의3【사업장 이전 등의 신고】 ① 해외이주알선업자는 그 사업장을 이전하거나 분사무소(分事務所)를 설치·폐쇄하려고 할 때 또는 그 사업을 양도하거나 다른 해외이주알선업자와 합병하려고 할 때에는 외교부령으로 정하는 바에 따라 재외동포청장에게 신고하여야 한다.(2023.3.28 본항개정)
② 해외이주알선업자가 휴업·재개업 또는 폐업하려고 할 때에는 외교부령으로 정하는 바에 따라 재외동포청장에게 신고하여야 한다.
③ 재외동포청장은 제1항 및 제2항에 따른 신고를 받은 날부터 10일 이내에 신고수리 여부를 신고인에게 통지하여야 한다.
④ 재외동포청장이 제3항에서 정한 기간 내에 신고수리 여부 또는 민원 처리 관련 법령에 따른 처리기간의 연장을 신고인에게 통지하지 아니하면 그 기간이 끝난 날의 다음 날에 신고를 수리한 것으로 본다.
(2023.3.4 본조개정)
제10조의4【해외이주알선업자의 금지행위】 해외이주알선업자는 다음 각 호의 행위를 하여서는 아니 된다.
1. 속임수나 그 밖의 부정한 방법으로 해외이주자를 모집하거나 알선하는 행위
2. 이주대상국 법령 위반 등으로 인하여 국위를 손상하는 행위
3. 거짓 또는 과장(誇張)광고, 거짓정보 제공, 부당한 알선료·수수료 징수 등 해외이주 알선에 관한 업무의 질서를 문란하게 하는 행위
(2008.12.31 본조개정)
제10조의5【해외이주알선업의 등록 취소 등】 ① 재외동포청장은 해외이주알선업자가 다음 각 호의 어느 하나에 해당하면 등록을 취소하여야 한다.(2023.3.4 본문개정)
1. 거짓이나 그 밖의 부정한 방법으로 제10조제1항에 따른 등록을 한 경우
2. 임원이 제10조의2제2항 각 호의 등록 결격사유 중 어느 하나에 해당하게 된 경우. 다만, 3개월 이내에 그 임원을 바꾸어 임명한 경우에는 그러하지 아니하다.
3. 제10조의4제1호를 위반한 경우
② 재외동포청장은 해외이주알선업자가 다음 각 호의 어느 하나에 해당하면 외교부령으로 정하는 바에 따라 그 등록을 취소하거나 6개월 이내의 기간을 정하여 그 사업의 전부 또는 일부의 정지를 명할 수 있다.(2023.3.4 본문개정)
1. 정당한 사유 없이 등록한 날부터 3개월 이내에 그 사업을 시작하지 아니한 경우
2. 제10조제2항에 따른 등록요건에 미달하게 된 경우
3. 제10조제3항에 따른 변경등록을 하지 아니한 경우
4. 제10조제5항을 위반하여 등록증 및 알선료·수수료의 내용을 사업장에 게시하지 아니한 경우(2015.12.29 본호개정)
5. 제10조의3에 따른 사업장 이전, 분사무소 설치·폐쇄, 사업 양도 및 합병, 휴업·재개업의 신고를 하지 아니한 경우(2023.3.28 본호개정)
6. 제10조의4제2호 및 제3호를 위반한 경우
(2008.12.31 본조개정)
제10조의6【청문】 재외동포청장은 제10조의5에 따라 해외이주알선업자의 등록을 취소하거나 사업의 정지를 명하려면 청문을 실시하여야 한다.(2023.3.4 본조개정)
제11조【해외이주의 포기】 ① 제6조에 따른 해외이주 신고(이하 "해외이주신고"라 한다)를 한 후 사정 변경 등으로 출국 전에 해외이주를 포기하려는 사람은 외교부령으로 정하는 해외이주의 포기를 증명할 수 있는 서류를 갖추어 재외동포청장에게 신고하여야 한다.(2023.3.28 본항개정)
② 해외이주신고를 한 사람은 각자 제1항에 따른 포기신고(이하 "포기신고"라 한다)를 할 수 있다. 다만, 이주의 중심이 되는 사람이 포기신고를 한 경우에는 함께 해외이주신고를 한 사람도 포기신고를 한 것으로 본다.
(2023.3.28 본항신설)

제12조【영주귀국의 신고】해외에 이주하여 영주권 또는 이에 준하는 장기체류 자격을 취득한 사람이 국내에서 생업에 종사할 목적 등으로 영주귀국(永住歸國)하려면 외교부령으로 정하는 영주귀국을 증명할 수 있는 서류를 갖추어 재외동포청장에게 신고하여야 한다.
(2023.3.4 본조개정)
제13조 (1999.2.5 삭제)
제14조【수수료】해외이주에 관한 확인서를 발급받으려는 사람은 외교부령으로 정하는 바에 따라 수수료를 내야 한다.(2013.3.23 본조개정)
제15조【벌칙】① 다음 각 호의 어느 하나에 해당하는 자는 5년 이하의 징역 또는 5천만원 이하의 벌금에 처한다.(2014.1.21 본문개정)
1. 제10조제1항에 따른 해외이주알선업의 등록을 하지 아니하고 해외이주알선업을 한 자
2. 제10조의4제1호를 위반하여 속임수나 그 밖의 부정한 방법으로 해외이주자를 모집하거나 알선한 자
② 제6조에 따른 해외이주신고서에 거짓 사실을 적어 넣어 신고한 사람은 1년 이하의 징역 또는 1천만원 이하의 벌금에 처한다.(2014.1.21 본항개정)
(2008.12.31 본조개정)
제16조【양벌규정】법인의 대표자나 법인 또는 개인의 대리인, 사용인, 그 밖의 종업원이 그 법인 또는 개인의 업무에 관하여 제15조제1항의 위반행위를 하면 그 행위자를 벌하는 외에 그 법인 또는 개인에게도 해당 조문의 벌금형을 과(科)한다. 다만, 법인 또는 개인이 그 위반행위를 방지하기 위하여 해당 업무에 관하여 상당한 주의와 감독을 게을리하지 아니한 경우에는 그러하지 아니하다.(2008.12.31 본조개정)
제17조 (1999.2.5 삭제)

부 칙 (2014.10.15)

제1조【시행일】이 법은 공포한 날부터 시행한다.
제2조【금치산자 등에 대한 경과조치】제10조의2제2항제2호의 개정규정에도 불구하고 법률 제10429호 민법 일부개정법률 부칙 제2조에 따라 금치산 또는 한정치산 선고의 효력이 유지되는 사람에 대하여는 종전의 규정을 적용한다.

부 칙 (2015.12.29)

제1조【시행일】이 법은 공포한 날부터 시행한다.
제2조【행정처분에 관한 경과조치】이 법 시행 전의 위반행위에 대한 행정처분에 관하여는 종전의 규정에 따른다.

부 칙 (2016.12.20)

제1조【시행일】이 법은 공포 후 1년이 경과한 날부터 시행한다. 다만, 제10조의2제2항제3호의 개정규정은 공포한 날부터 시행한다.
제2조【현지이주의 신고에 관한 적용례】제6조의 개정규정은 이 법 시행 전에 해외이주를 한 사람에게도 적용한다.
제3조【현지이주 예외자에 대한 경과조치】1945년 8월 15일 이전부터 외국에 거주한 재외국민으로서 이 법 시행 전에 현지이주의 예외에 해당되었던 사람에 대해서는 제4조제3호 단서의 개정규정에도 불구하고 종전의 규정에 따른다.

부 칙 (2018.3.13)

제1조【시행일】이 법은 공포 후 1개월이 경과한 날부터 시행한다.
제2조【사업장 이전 등의 신고에 관한 적용례】제10조의3제3항 및 제4항의 개정규정은 이 법 시행 후 사업장 이전, 분사무소 설치, 사업 양도, 합병, 휴업, 재개업 또는 폐업 신고를 하는 경우부터 적용한다.

부 칙 (2020.5.26)

이 법은 공포한 날부터 시행한다.

부 칙 (2023.3.4)

제1조【시행일】이 법은 공포 후 3개월이 경과한 날부터 시행한다.(이하 생략)

부 칙 (2023.3.28 법19274호)

이 법은 공포한 날부터 시행한다.

부 칙 (2023.3.28 법19275호)

이 법은 공포 후 6개월이 경과한 날부터 시행한다.

민주화운동 관련자 명예회복 및 보상 등에 관한 법률

(약칭 : 민주화보상법)

(2000년 1월 12일
법 률 제6123호)

개정
2004. 3.27법 7214호
2006. 3.24법 7908호(기부금품의모집및사용에관한법)
2007. 1.26법 8273호
2011. 9.15법11042호(보훈보상대상자지원에관한법)
2015. 5.18법13289호

제1조【목적】이 법은 민주화운동과 관련하여 희생된 사람과 그 유족에 대하여 국가가 명예회복 및 보상을 함으로써 이들의 생활안정과 복지향상을 도모하고, 민주주의의 발전과 국민화합에 기여함을 목적으로 한다.
(2015.5.18 본조개정)
제2조【정의】이 법에서 사용하는 용어의 뜻은 다음과 같다.
1. "민주화운동"이란 1964년 3월 24일 이후 자유민주적 기본질서를 문란하게 하고 헌법에 보장된 국민의 기본권을 침해한 권위주의적 통치에 항거하여 헌법이 지향하는 이념 및 가치의 실현과 민주헌정질서의 확립에 기여하고 국민의 자유와 권리를 회복·신장시킨 활동을 말한다.
2. "민주화운동 관련자"(이하 "관련자"라 한다)란 다음 각 목의 어느 하나에 해당하는 사람 중 제4조에 따른 민주화운동관련자명예회복및보상심의위원회에서 심의·결정된 사람을 말한다.
가. 민주화운동과 관련하여 사망하거나 행방불명된 사람
나. 민주화운동과 관련하여 상이(傷痍)를 입은 사람
다. 민주화운동으로 인하여 대통령령으로 정하는 질병을 앓거나 그 후유증으로 사망한 것으로 인정되는 사람
라. 민주화운동을 이유로 유죄판결을 받거나 해직되거나 학사징계를 받은 사람
(2015.5.18 본조개정)
판례 [1] 소정의 민주화운동관련자로 인정되기 위해서는 민주화운동, 즉 권위주의적 통치에 직접 항거하거나 국가권력이 학교·언론·노동 등 사회 각 분야에서 발생한 민주화운동을 억압하는 과정에서 사용자나 기타의 자에 의하여 행하여진 폭력 등에 항거함으로써 결과적으로 국가권력의 통치에 항거하여 민주헌정질서의 확립에 기여하고 국민의 자유와 권리를 회복·신장시킨 활동과 그로 인하여 사망 또는 행방불명되거나 상이를 입거나 유죄판결·해직 등의 피해를 당한 사실이 있어야 하고, 국가권력과 관계없는 사용자 등의 폭력 등에 항거한 경우는 제외된다.
[2] 국민연금관리공단 노조원의 파업행위 등이 그 내용과 경위 등에 비추어 기업 내 노사 간의 내부적인 분쟁에 불과하고, 권위주의적 통치나 국가권력에 항거한 행위로 볼 수 없어 민주화운동관련자 명예회복 및 보상 등에 관한 법률에서 말하는 '민주화운동'에 해당하지 않는다.
(대판 2007.5.11, 2006두20228)
제3조【유족의 범위 등】① 이 법에서 "유족"이란 관련자의 「민법」에 따른 재산상속인을 말한다. 다만, 행방불명된 사람의 경우에는 그가 행방불명된 당시 「민법」에 따라 재산상속인이 될 사람을 유족으로 본다.
② 제1항에 따른 유족은 「민법」에 따른 재산상속분에 따라 이 법에서 정한 보상금 및 생활지원금의 지급을 받을 권리를 공유한다.
(2015.5.18 본조개정)
제4조【민주화운동관련자명예회복및보상심의위원회】
① 이 법에 따른 관련자 및 그 유족에 대한 명예회복과 보상금 등을 심의·결정하기 위하여 국무총리 소속으로 민주화운동관련자명예회복및보상심의위원회(이하 "위원회"라 한다)를 둔다.
② 위원회의 기능은 다음 각 호와 같다.
1. 관련자 또는 그 유족에 해당하는지에 대한 심의·결정
2. 관련 상이자의 장해등급 판정
3. 관련자 또는 그 유족의 보상금 등의 심의·결정 및 지급
4. 관련자 및 그 유족의 명예회복을 위하여 필요한 사항
5. 관련자 또는 그 유족의 보상금 등에 관한 재원대책의 마련
6. 관련자 추모단체에 대한 지원
7. 그 밖에 명예회복과 보상 등과 관련하여 대통령령으로 정하는 사항
(2015.5.18 본조개정)
제5조【위원회의 구성】① 위원회는 위원장 1명을 포함한 9명의 위원으로 구성하며, 위원은 학식과 경험이 풍부한 사람 중에서 대통령이 임명한다.
② 위원장은 위원 중에서 호선(互選)하고, 위원 중 3명은 국회의장이 추천한 사람을, 3명은 대법원장이 추천한 사람을 임명한다.
③ 위원장과 위원의 임기는 2년으로 하며, 한 차례만 연임할 수 있다.
④ 위원회의 심의를 보좌하기 위하여 대통령령으로 정하는 바에 따라 상임조사위원 1명을 둔다.
⑤ 제1항부터 제4항까지에서 규정한 사항 외에 위원회의 조직 및 운영 등에 필요한 사항은 대통령령으로 정한다.
(2015.5.18 본조개정)
제5조의2【관련자 증서 발급 등】위원회는 민주화운동과 관련하여 결정된 사실을 관보에 싣고 2개 이상의 일간지에 공고하여야 하며, 관련자 증서를 발급하여야 한다.
(2015.5.18 본조개정)
제5조의3【특별사면·복권의 건의와 전과기록의 말소 요청】① 위원회는 민주화운동과 관련하여 유죄판결을 받은 사람과 이로 인하여 법령에서 정한 바에 따라 자격이 상실되거나 정지된 사람에 대하여 특별사면과 복권을 대통령에게 건의할 수 있다.
② 위원회는 민주화운동과 관련하여 작성·관리되고 있는 관련자의 전과기록을 삭제하거나 폐기할 것을 요청할 수 있다.
(2015.5.18 본조개정)
제5조의4【복직의 권고 등】① 위원회는 관련자가 희망하는 경우 국가·지방자치단체 또는 사용자에게 해직된 관련자의 복직을 권고할 수 있다.
② 제1항에 따라 권고를 받은 기관의 장은 권고사항을 존중하고 이행하기 위하여 노력하여야 한다.
③ 제1항에 따라 권고를 받은 기관의 장은 권고내용의 이행 여부를 3개월 이내에 위원회에 문서로 설명하여야 한다. 이 경우 권고내용을 이행하지 아니하였을 때에는 그 이유를 적어야 한다.
(2015.5.18 본조개정)
제5조의5【학사징계기록 말소 등의 권고】위원회는 해당 학교에 관련자의 민주화운동과 관련된 학사징계기록 말소와 복학 및 명예졸업장 수여를 권고할 수 있다.
(2015.5.18 본조개정)
제5조의6【불이익행위 금지 등】이 법에 따라 관련자로 인정된 사람은 국가·지방자치단체 또는 사용자 등으로부터 민주화운동을 하였다는 이유로 어떠한 차별대우 및 불이익을 받지 아니한다.(2015.5.18 본조개정)
제5조의7【직권재심】① 위원회는 위원회 결정에 중대한 변경사유가 발생하였다고 판단될 경우에는 신청사건의 심의를 완료한 후 1회에 한정하여 직권으로 재심의를 할 수 있다.
② 직권재심의 시기와 방법, 절차 등에 필요한 사항은 대통령령으로 정한다.
(2015.5.18 본조개정)
제6조【보상원칙】관련자와 그 유족에 대하여는 관련자의 희생 정도에 따라 보상하되, 그 생활 정도를 고려하여 보상 정도를 달리할 수 있다.(2015.5.18 본조개정)
제7조【보상금】① 관련자 또는 그 유족에게는 다음 각 호의 구분에 따라 산출한 금액에 보상 결정 시까지의 법정이율에 따른 이자를 더한 보상금을 지급한다.
1. 민주화운동과 관련하여 사망하거나 행방불명으로 확인된 사람의 유족 : 사망하거나 행방불명된 때를 기준으로 그 당시의 월급액, 월실수입액(月實收入額) 또는 평균임금에 장래의 취업가능기간을 곱한 금액에서 법정이율에 따른 단할인법(單割引法)으로 중간이자를 뺀 금액
2. 민주화운동과 관련하여 상이를 입은 사람 또는 그 유족 : 다음 각 목의 금액을 합한 금액
가. 필요한 요양으로 인하여 월급액, 월실수입액 또는 평균임금의 수입에 손실이 있는 경우에는 그 요양기간의 손실액
나. 상이를 입은 사람이 신체에 장해가 있는 경우에는 그 장해로 인한 노동력 상실 정도에 따라 상이를 입은 때를 기준으로 그 당시의 월급액, 월실수입액 또는 평균임금에 노동력 상실률 및 장래의 취업가능기간을 곱한 금액에서 법정이율에 따른 단할인법으로 중간이자를 뺀 금액
② 민주화운동과 관련하여 상이를 입은 사람이 그 상이 외의 원인으로 사망한 경우에는 그가 살아 있는 것으로 보아 제1항제2호에 따라 보상금을 지급한다.
③ 제1항에 따른 월급액, 월실수입액 또는 평균임금은 주소지를 관할하는 시장·군수·구청장 또는 세무서장의 증명이나 그 밖의 공신력(公信力) 있는 증명에 의하고, 이를 증명할 수 없을 때에는 대통령령으로 정하는 바에 따른다.
④ 제1항에 따른 보상금을 산정할 때에는 월급액, 월실수입액 또는 평균임금에서 대통령령으로 정하는 생활비를 빼야 한다.
⑤ 제1항에 따른 취업가능기간과 장해등급 및 노동력 상실률에 필요한 사항은 대통령령으로 정한다.
(2015.5.18 본조개정)
제7조의2【보상금의 조정·지급】사망 또는 상이를 입을 당시의 월급액, 월실수입액 또는 평균임금과 보상 결정 당시의 월급액, 월실수입액 또는 평균임금 사이에 현격한 차이가 있을 때에는 대통령령으로 정하는 바에 따라 보상금을 조정·지급할 수 있다.(2015.5.18 본조개정)
제8조【의료지원금】① 민주화운동과 관련하여 상이를 입은 사람 중에서 이 법 시행 당시 그 상이로 인하여 계속 치료가 필요하거나 상시 보호 또는 보장구(補裝具) 사용이 필요한 사람에게는 대통령령으로 정하는 바에 따라 치료·보호 및 보장구 구입에 실제 드는 비용을 한꺼번에 지급한다.
② 제1항에 따른 의료지원금을 지급할 때에는 법정이율에 따른 단할인법으로 중간이자를 빼야 한다.

③ 민주화운동과 관련하여 상이를 입은 사람에게는 그 사람이 이미 지급한 치료비를 지급한다. 이 경우 지급기준과 지급방법은 대통령령으로 정한다.
(2015.5.18 본조개정)

제9조【생활지원금】 ① 위원회는 다음 각 호에 해당하는 사람과 그 유족에게 생활을 보조하기 위한 지원금을 지급할 수 있다.
1. 민주화운동을 이유로 30일 이상 구금된 사람
2. 민주화운동과 관련하여 상이를 입은 사람으로서 제7조제1항제2호나목에 따른 보상을 받지 못한 사람
3. 민주화운동을 이유로 해직된 사람으로서 재직기간이 1년 이상인 사람

② 제1항에 따른 생활지원금은 관련자 지원을 위하여 기부된 성금으로 지급할 수 있으며, 정부는 그 재원의 일부를 지원할 수 있다.
③ 생활지원금의 지급기준·지급액 및 지급방법 등에 필요한 사항은 대통령령으로 정한다.
(2015.5.18 본조개정)

제10조【보상금등의 지급 신청】 ① 관련자 또는 그 유족으로서 이 법에 따른 보상금·의료지원금·생활지원금(이하 "보상금등"이라 한다)을 지급받으려는 사람은 대통령령으로 정하는 바에 따라 관련 증명서류를 첨부하여 서면으로 위원회에 보상금등의 지급을 신청하여야 한다.
② 제1항에 따른 보상금등의 지급 신청은 이 법 시행일(법률 제8273호 民主化運動關聯者名譽回復및補償등에관한法律 일부개정법률의 시행일인 2007년 5월 27일을 말한다) 이후 6개월 이내에 하여야 한다.
(2015.5.18 본조개정)

제11조【심의와 결정】 위원회는 보상금등의 지급 신청을 받은 날부터 90일 이내에 그 지급 여부와 금액을 결정하여야 한다. 다만, 행방불명된 사람의 경우에는 120일 이내로 한다.(2015.5.18 본조개정)

제12조【결정서 송달】 ① 위원회가 보상금등을 지급하거나 지급하지 아니하기로 결정한 경우에는 30일 이내에 그 결정서 정본을 신청인에게 송달하여야 한다.
② 제1항의 송달에 관하여는 「민사소송법」의 송달에 관한 규정을 준용한다.
(2015.5.18 본조개정)

제13조【재심의】 ① 위원회가 제11조에 따라 결정한 사항에 대하여 이의가 있는 관련자 또는 그 유족은 제12조에 따라 결정서를 송달받은 날부터 30일 이내에 위원회에 재심의를 신청할 수 있다.
② 위원회의 재심의와 송달에 관하여는 제11조 및 제12조를 각각 준용한다. 이 경우 제11조 중 "90일" 및 "120일"은 각각 "60일"로 본다.
(2015.5.18 본조개정)

제14조【신청인의 동의와 보상금등의 지급】 ① 보상결정서 정본을 송달받은 신청인이 보상금등을 지급받으려면 지체 없이 그 결정에 대한 동의서를 첨부하여 위원회에 보상금등의 지급을 청구하여야 한다.
② 보상금등의 지급에 관한 절차 등 필요한 사항은 대통령령으로 정한다.
(2015.5.18 본조개정)

제15조【보상금등을 지급받을 권리의 보호】 이 법에 따른 보상금등을 지급받을 권리는 양도하거나 담보로 제공하거나 압류할 수 없다.(2015.5.18 본조개정)

제16조【조세 면제】 이 법에 따른 보상금등에 대하여는 국세와 지방세를 부과하지 아니한다.(2015.5.18 본조개정)

제17조【결정전치주의(決定前置主義)】 ① 이 법에 따른 보상금등의 지급에 관한 소송은 위원회의 보상금등의 지급 또는 기각 결정을 거친 후에만 제기할 수 있다. 다만, 보상금등의 지급 신청이 있었던 날부터 90일이 지났을 때에는 그러하지 아니하다.
② 제1항에 따른 소송의 제기는 결정서 정본(재심의결정서 정본을 포함한다)을 송달받은 날부터 60일 이내에 제기하여야 한다.
(2015.5.18 본조개정)

제18조【다른 법률에 따른 보상 등과의 관계 등】 ① 이 법은 민주화운동과 관련하여 「국가유공자 등 예우 및 지원에 관한 법률」, 「보훈보상대상자 지원에 관한 법률」 또는 「5·18민주화운동 관련자 보상 등에 관한 법률」 등 다른 법률에 따른 예우 또는 보상을 받을 수 있는 사람에게는 적용하지 아니한다.
② 이 법에 따른 보상금등의 지급 결정은 신청인이 동의한 경우에는 민주화운동과 관련하여 입은 피해에 대하여 「민사소송법」에 따른 재판상 화해가 성립된 것으로 본다.
<2018.8.30 헌법재판소 단순위헌결정으로 이 항의 '민주화운동과 관련하여 입은 피해' 중 불법행위로 인한 정신적 손해에 관한 부분은 헌법에 위반>
(2015.5.18 본조개정)

제19조【보상금등의 환수】 ① 국가는 이 법에 따른 보상금등을 받은 사람이 다음 각 호의 어느 하나에 해당하는 경우에는 그가 받은 보상금등의 전부 또는 일부를 환수(還收)할 수 있다.
1. 거짓이나 그 밖의 부정한 방법으로 보상금등을 지급받은 경우
2. 잘못 지급된 경우
3. 민주화운동과 관련하여 행방불명으로 확인된 사람이 살아 있거나, 민주화운동과 관련없이 사망하거나 행방불명된 것으로 판명된 경우

② 국가가 제1항에 따라 환수를 하는 경우에는 국세징수의 예에 따른다.
(2015.5.18 본조개정)

제20조【사실조사 및 협조의무】 ① 위원회는 이 법에 따른 보상금등을 위하여 관련자, 증인 또는 참고인으로부터 증언 또는 진술을 듣거나 필요하다고 인정하는 경우에는 검증 또는 필요한 조사 등을 할 수 있으며, 행정기관이나 그 밖의 관계 기관에 소득조회, 범죄경력조회 또는 사실증명 등 필요한 협조를 요청할 수 있다.
② 제1항에 따라 협조를 요청받은 행정기관이나 그 밖의 관계 기관은 다른 업무에 우선하여 이를 처리하고, 그 결과를 지체 없이 위원회에 통보하여야 한다.
(2015.5.18 본조개정)

제21조【시효】 이 법에 따른 보상금등을 지급받을 권리는 그 보상금등의 지급결정서 정본이 신청인에게 송달된 날부터 1년간 행사하지 아니하면 시효의 완성으로 소멸한다. 다만, 이 법에 따른 보상금등의 지급에 관한 소송이 제기된 경우에는 소송이 제기된 날부터 확정판결이 내려진 날까지 시효가 정지된다.(2015.5.18 본조개정)

제22조【성금의 모금】 ① 위원회는 관련자와 그 유족 등에 대한 지원금 및 민주화운동과 관련된 사업의 비용을 지원하기 위하여 성금을 모금할 수 있다.
② 제1항에 따른 성금 모금은 「기부금품의 모집 및 사용에 관한 법률」 제4조에 따라 등록을 한 것으로 본다.
(2015.5.18 본조개정)

제23조【기념사업】 정부는 민주화운동정신을 계승하는 기념사업을 추진하여야 한다.(2015.5.18 본조개정)

제24조【추모단체 등에 대한 재정지원 등】 ① 정부는 위원회의 심의·결정에 따라 관련자를 추모하는 것을 목적으로 하는 비영리 법인 또는 단체에 사업비 등의 일부를 지원할 수 있다.
② 제1항의 지원을 받으려는 법인 또는 단체는 대통령령으로 정하는 바에 따라 위원회에 사업비 등의 지원을 신청하여야 한다.
(2015.5.18 본조개정)

제25조【관련자 지원단체 조직의 제한】 누구든지 관련자나 그 유족 또는 가족을 지원한다는 명목으로 영리를 목적으로 하는 단체를 조직하거나 단체적인 행동 또는 개인적인 활동을 하여서는 아니 된다.(2015.5.18 본조개정)

제26조【벌칙】 ① 거짓이나 그 밖의 부정한 방법으로 이 법에 따른 보상금을 받거나 보상금을 받게 한 사람은 5년 이하의 징역 또는 500만원 이하의 벌금에 처한다.
② 제1항의 미수범은 처벌한다.
③ 제25조를 위반한 사람은 3년 이하의 징역 또는 300만원 이하의 벌금에 처한다.
(2015.5.18 본조개정)

부 칙 (2007.1.26)

① **【시행일】** 이 법은 공포 후 4개월이 경과한 날부터 시행한다.
② **【적용례】** 제3조제2항, 제5조의4, 제5조의7, 제8조제3항 및 제9조제1항의 개정규정은 이 법 시행 전에 명예회복 및 보상금등의 지급을 신청한 자에 대하여도 적용한다.

부 칙 (2015.5.18)

제1조【시행일】 이 법은 공포한 날부터 시행한다.
제2조【다른 법률의 개정】 ①~③ ※(해당 법령에 가제정리 하였음)

친일반민족행위자 재산의 국가귀속에 관한 특별법

(약칭 : 친일재산귀속법)

(2005년 12월 29일
법 률 제7769호)

개정
2006. 9.22법 7975호 2011. 5.19법10646호

제1조【목적】 이 법은 일본 제국주의의 식민통치에 협력하고 우리 민족을 탄압한 반민족행위자가 그 당시 친일반민족행위로 축재한 재산을 국가에 귀속시키고 선의의 제3자를 보호하여 거래의 안전을 도모함으로써 정의를 구현하고 민족의 정기를 바로 세우며 일본제국주의에 저항한 3. 1운동의 헌법이념을 구현함을 목적으로 한다.

제2조【정의】 이 법에서 사용하는 용어의 정의는 다음과 같다.
1. "재산이 국가에 귀속되는 대상인 친일반민족행위자(이하 "친일반민족행위자"라 한다)"라 함은 다음 각 목의 어느 하나에 해당하는 자를 말한다.
 가. 「일제강점하 반민족행위 진상규명에 관한 특별법」 제2조제6호·제8호·제9호의 행위를 한 자(제9호에 규정된 참의에는 찬의와 부찬의를 포함한다). 다만, 이에 해당하는 자라 하더라도 후에 독립운동에 적극 참여한 자 등으로 제4조의 규정에 따른 친일반민족행위자재산조사위원회가 결정한 자는 예외로 한다.
 (2011.5.19 본목개정)
 나. 「일제강점하 반민족행위 진상규명에 관한 특별법」 제3조에 따른 친일반민족행위진상규명위원회가 결정한 친일반민족행위자 중 일제로부터 작위(爵位)를 받거나 이를 계승한 자. 다만, 이에 해당하는 자라 하더라도 작위를 거부·반납하거나 후에 독립운동에 적극 참여한 자 등으로 제4조에 따른 친일반민족행위자재산조사위원회가 결정한 자는 예외로 한다.
 (2011.5.19 본목신설)
 다. 「일제강점하 반민족행위 진상규명에 관한 특별법」 제2조의 규정에 따른 친일반민족행위를 한 자 중 제4조의 규정에 따른 친일반민족행위자재산조사위원회의 결정에 따라 독립운동 또는 항일운동에 참여한 자 및 그 가족을 살상·처형·학대 또는 체포하거나 이를 지시 또는 명령한 자 등 친일의 정도가 지극히 중대하다고 인정된 자
2. "친일반민족행위자의 재산(이하 "친일재산"이라 한다)"이라 함은 친일반민족행위자가 국권침탈이 시작된 러·일전쟁 개전시부터 1945년 8월 15일까지 일본제국주의에 협력한 대가로 취득하거나 이를 상속받은 재산 또는 친일재산임을 알면서 유증·증여를 받은 재산을 말한다. 이 경우 러·일전쟁 개전시부터 1945년 8월 15일까지 친일반민족행위자가 취득한 재산은 친일행위의 대가로 취득한 재산으로 추정한다.

제3조【친일재산의 국가귀속 등】 ① 친일재산(국제협약 또는 협정 등에 의하여 외국 대사관이나 군대가 사용·점유 또는 관리하고 있는 친일재산 및 친일재산 중 국가가 사용하거나 점유 또는 관리하고 있는 재산도 포함한다)은 그 취득·증여 등 원인행위시에 이를 국가의 소유로 한다. 그러나 제3자가 선의로 취득하거나 정당한 대가를 지급하고 취득한 권리를 해하지 못한다.
② 친일재산의 국가귀속에 관한 구체적 절차와 그 밖의 필요한 사항에 관하여는 대통령령으로 정한다.

제4조【친일반민족행위자재산조사위원회의 설치】 친일재산의 조사 및 처리 등에 관한 사항을 심의·의결하기 위하여 대통령 소속하에 친일반민족행위자재산조사위원회(이하 "위원회"라 한다)를 둔다.

제5조【위원회의 업무 등】 ① 위원회의 업무는 다음 각 호와 같다.
1. 친일반민족행위자의 조사 및 선정
2. 친일반민족행위자의 재산조사 및 친일재산 여부의 결정
3. 일본인 명의로 남아있는 토지에 대한 조사 및 정리
4. 그 밖에 대통령령이 정하는 사항

② 위원회는 제1항의 규정에 따른 업무를 수행하기 위하여 국가기관, 지방자치단체 그 밖의 관련 기관 또는 단체에 대하여 필요한 자료제출 및 사실조회 등 협조를 요청할 수 있다.
③ 제2항의 규정에 따라서 위원회로부터 협조요청을 받은 국가기관 등은 특별한 사정이 없는 한 이에 응하여야 한다.
④ 제1항제1호의 규정에 따른 조사 및 선정을 함에 있어서 「일제강점하 반민족행위 진상규명에 관한 특별법」 제3조의 규정에 따른 친일반민족행위진상규명위원회가 조사한 결과를 원용할 수 있다.

제6조【위원회의 구성】 ① 위원회는 위원장 1인과 상임위원 2인을 포함한 9인의 위원으로 구성한다.
② 위원은 다음 각 호의 어느 하나에 해당하는 자 중에서 국회의 동의를 얻어 대통령이 임명하며, 위원장은 위원 중에서 대통령이 임명한다.
1. 판사·검사·군법무관 또는 변호사의 직에 10년 이상 재직한 자

2. 공인된 대학에서 역사 관련학과의 전임교수 이상의 직에 10년 이상 재직한 자
3. 역사고증·사료편찬 등의 연구활동에 10년 이상 종사한 자
4. 3급 이상 공무원으로서 공무원의 직에 10년 이상 있거나 있었던 자

③ 위원 중 3인은 제2항제1호의 규정에 해당하는 자로 하고, 2인은 동항제3호의 규정에 해당하는 자로 한다.
④ 위원장과 상임위원은 정무직으로 보한다.
⑤ 위원의 임기는 4년으로 한다.
⑥ 위원이 사고로 직무를 수행할 수 없거나 궐위된 때에는 지체 없이 새로운 위원을 임명하여야 한다.

제7조【위원회의 의결】 위원회는 특별한 규정이 없는 한 재적위원 과반수의 찬성으로 의결한다.

제8조【위원장의 직무】 ① 위원장은 위원회를 대표하며, 그 직무를 통할한다.
② 위원장이 부득이한 사유로 직무를 수행할 수 없는 때에는 위원장이 미리 지명한 상임위원이 그 직무를 대행한다.

제9조【위원회의 활동기간】 ① 위원회는 그 구성을 마친 날부터 4년 이내에 활동을 완료하여야 한다.
② 위원회는 제1항의 규정에서 정한 기간 이내에 활동을 완료하기 어려운 경우에는 재적위원 3분의 2 이상의 찬성으로 의결한 후 대통령의 승인을 얻어 그 활동기간을 1회에 한하여 2년 연장할 수 있다.

제10조【위원의 결격사유】 ① 다음 각 호의 어느 하나에 해당하는 자는 위원이 될 수 없다.
1. 대한민국 국민이 아닌 자
2. 「국가공무원법」 제33조 각 호의 어느 하나에 해당하는 자
3. 정당의 당원
4. 「공직선거법」에 의하여 실시하는 선거에 후보자로 등록한 자
5. 친일반민족행위자와 친족관계에 있는 자
6. 그 밖에 이 법의 취지에 비추어 그 직무를 맡는 것이 부적절하다고 인정되는 자

② 위원이 제1항제1호 내지 제5호에 해당하게 된 때에는 당연 퇴직된다.

제11조【위원의 직무상 독립과 신분보장】 ① 위원은 외부의 어떠한 지시나 간섭을 받지 아니하고 독립하여 그 직무를 수행한다.
② 위원은 신체상 또는 정신상의 장애로 직무수행이 현저히 곤란하게 되거나 불가능하게 된 경우 및 형의 선고에 의한 경우를 제외하고는 그 의사에 반하여 면직되지 아니한다.

제12조【사무처의 설치】 ① 위원회의 사무를 처리하기 위하여 위원회에 사무처를 둔다.
② 사무처에는 사무처장 1인과 필요한 직원을 둔다.
③ 사무처장은 상임위원 중 1인으로 하며, 위원회의 의결을 거쳐 위원장이 임명하고, 위원회의 소속 직원은 사무처장의 제청으로 위원장이 임면한다.
④ 사무처장은 위원장의 지휘를 받아 위원회의 사무를 관장하며 소속 직원을 지휘·감독한다.
(2006.9.22 본조개정)

제13조【직원의 신분보장】 위원회 소속 직원은 형의 선고·징계처분 또는 위원회의 규정이 정하는 사유에 의하지 아니하고는 그 의사에 반하여 퇴직·휴직·강임 또는 면직을 당하지 아니한다.

제14조【자문위원회】 ① 위원회의 업무수행에 필요한 사항의 자문에 응하게 하기 위하여 위원회에 자문위원회를 둘 수 있다.
② 자문위원회의 위원은 독립유공자 및 관련 단체의 대표자, 위원회의 업무와 관련된 국가기관의 공무원, 친일반민족행위에 관하여 전문적인 지식과 경험을 가진 자 중 위원회의 의결을 거쳐 위원장이 위촉한다.
③ 자문위원회의 구성·운영 등에 관하여 필요한 사항은 위원회의 규정으로 정한다.

제15조【위원회의 운영 등】 이 법에 규정된 것 이외에 위원회의 조직 및 운영 등에 관하여 필요한 사항은 대통령령으로 정한다.

제16조【비밀준수의무】 다음 각 호의 자는 위원회의 비밀에 해당하는 정보·문서·자료 또는 물건을 다른 사람에게 제공 또는 누설하거나 그 밖에 위원회의 업무수행외의 목적을 위하여 이용하여서는 아니된다.
1. 위원회의 위원 또는 위원이었던 자
2. 자문위원회의 위원 또는 위원이었던 자
3. 위원회의 직원 또는 직원이었던 자
4. 제20조제1항제4호의 규정에 따른 감정인 또는 감정인이었던 자

제17조【자격사칭의 금지】 누구든지 위원회 위원, 자문위원회 위원 또는 위원회 직원의 자격을 사칭하여 그 권한을 행사하여서는 아니된다.

제18조【유사명칭사용의 금지】 위원회가 아닌 자는 위원회 또는 이와 유사한 명칭을 사용하지 못한다.

제19조【조사의 개시 등】 ① 위원회는 친일재산에 해당한다고 인정할 만한 상당한 이유가 있는 때에는 의결로써 그 대상재산의 소유관계 및 친일반민족행위자의 재산상태 등에 관하여 필요한 조사를 개시하여야 한다. 이 경우 위원회는 법원에 보전처분을 신청하여야 한다.
② 친일재산에 해당한다고 의심할만한 재산에 관하여 「공공기관의 정보공개에 관한 법률」에 따른 공개요청이 있는 경우 국가 및 지방자치단체는 위원회에 친일재산 여부에 대한 조사를 의뢰하여야 한다. 이 경우 위원회는 조사를 개시하여 친일재산 여부의 결정을 한 후 그 결과를 국가나 지방자치단체에 통지하여야 한다.
③ 국가 및 지방자치단체는 필요하다고 인정할 때는 위원회의 조사결정 때까지 제2항의 규정에 따른 정보공개절차를 중지할 수 있다.
④ 친일재산에 해당한다고 의심되는 재산에 관하여 소송이 계속 중인 경우 법원은 직권이나 당사자의 신청으로 위원회에 친일재산 여부에 대한 조사를 의뢰할 수 있다. 이 경우 위원회는 조사를 개시하여 친일재산 여부의 결정을 한 후 그 결과를 법원에 통지하여야 한다.
⑤ 법원은 필요하다고 인정한 때에는 위원회의 결정이 있을 때까지 제4항의 규정에 따른 소송절차를 중지할 수 있다.
⑥ 위원회는 제1항의 규정에 따라 조사대상자나 대상재산을 선정한 때에는 그 선정사실을 당해 조사대상자, 그 배우자와 직계비속 또는 이해관계인에게 통지하여야 한다.
⑦ 위원회는 제6항의 규정에 따른 통지를 함에 있어서 통지대상자에게 이의신청의 제기 및 그 절차와 기간 그 밖에 필요한 사항을 알려야 한다.
⑧ 제7항의 규정에 따라 통지를 받은 자는 그 조사대상자 및 대상 재산의 선정에 대하여 이의가 있는 경우 통지를 받은 날부터 60일 이내에 위원회에 서면으로 이의신청을 할 수 있다.
⑨ 위원회는 이의신청을 받은 날부터 30일 이내에 이의신청에 대하여 결정을 하고 그 결과를 신청인에게 지체 없이 서면으로 통지하여야 한다.
⑩ 제7항의 규정에 따른 이의신청의 절차에 관하여 필요한 사항은 대통령령으로 정한다.

제20조【조사의 방법】 ① 위원회는 조사를 수행함에 있어서 다음 각 호의 조치를 할 수 있다.
1. 친일재산을 관리·소유하고 있는 자에 대하여 재산상태 및 관련 자료의 제출요구
2. 친일재산을 관리·소유하고 있는 자의 출석요구 및 진술청취
3. 관련 국가기관·시설·단체 등에 대한 관련 자료 또는 물건의 제출요구
4. 감정인의 지정 및 감정의 의뢰

② 위원회는 필요하다고 인정할 때에는 위원 또는 소속 직원으로 하여금 제1항 각 호의 조치를 하게 할 수 있다.
③ 위원회는 필요하다고 인정할 때에는 위원 또는 소속 직원으로 하여금 친일반민족행위자의 재산상태 등을 규명하기 위하여 필요한 장소에서 관련 자료·물건 또는 시설에 대한 실지조사를 하게 할 수 있다. 이 경우 위원회는 위원 또는 소속 직원으로 하여금 대통령령이 정하는 바에 의하여 지정된 장소에서 친일반민족행위자의 후손 또는 이와 관련된 자의 진술을 청취하게 할 수 있다.
④ 제3항의 규정에 따라 실지조사를 하는 위원 또는 소속 직원은 실지조사의 대상인 기관·시설·단체 등이나 그 직원 또는 친일반민족행위자의 후손에 대하여 필요한 자료 또는 물건의 제출을 요구할 수 있다. 이 경우 자료 또는 물건의 제출요구는 조사목적 달성에 필요한 최소한의 범위 안에 그쳐야 하며, 자료 또는 물건의 제출요구를 받은 기관 등이나 그 직원 또는 친일반민족행위자의 후손은 지체 없이 이에 응하여야 한다.
⑤ 제3항 및 제4항의 규정에 따라 조사를 하는 위원 또는 소속 직원은 그 권한을 표시하는 증표를 지니고 이를 관계인에게 내보여야 한다.
⑥ 제1항제4호의 규정에 따라 감정인으로 지정된 자는 허위의 감정을 하여서는 아니된다.
⑦ 조사의 절차 그 밖에 필요한 사항에 관하여는 대통령령으로 정한다.

제21조【이의신청 등 불복절차】 ① 위원회의 실지 조사, 자료제출 요구, 진술청취 등에 있어서 친일재산과 직접적인 이해관계가 있는 자는 이의신청을 할 수 있다.
② 제1항의 규정에 따른 이의신청은 그 행위가 있은 날부터 60일 이내에 위원회에 서면으로 할 수 있고, 이 경우 위원회는 이의신청을 받은 날부터 30일 이내에 이의신청에 대하여 결정을 하고 그 결과를 신청인에게 지체 없이 서면으로 통지하여야 한다.
③ 제1항의 규정에 따른 이의신청 절차에 관하여는 제19조의 규정을 준용한다.

제22조【조사대상자의 불출석】 위원회는 제20조제1항제2호의 규정에 따른 출석요구를 받은 자가 정당한 사유없이 출석요구에 응하지 아니하는 때에는 해당인이 출석하지 아니한 상태에서 조사를 진행할 수 있다.

제23조【결정 등의 통지】 ① 위원회는 친일재산이라는 이유로 이를 국가에 귀속시키는 결정을 제7조의 규정에 따라 의결한 경우에는 그 대상 재산을 관리·소유하고 있는 자에게 이를 통지하여야 한다.
② 제1항의 규정에 따른 의결에 대하여 이의가 있는 자는 행정심판 또는 행정소송을 제기할 수 있다.

제24조【공무원 등의 파견】 ① 위원장은 위원회의 업무수행을 위하여 특히 필요하다고 인정하는 경우에는 국가기관·지방자치단체에 대하여 소속 공무원의 파견 및 이에 필요한 지원을 요청할 수 있다. 이 경우 파견요청을 받은 국가기관 또는 지방자치단체의 장은 업무수행에 중대한 지장이 없는 한 이에 응하여야 한다.
② 제1항의 규정에 의하여 위원회에 파견된 공무원은 그 소속 국가기관 또는 지방자치단체로부터 독립하여 위원회의 업무를 수행한다.
③ 제1항의 규정에 의하여 공무원을 파견한 국가기관 또는 지방자치단체의 장은 위원회에 파견된 자에 대하여 인사상 불리한 조치를 하여서는 아니된다.

제25조【국가귀속재산의 사용】 이 법에 따라 국가에 귀속되는 친일재산은 「독립유공자예우에 관한 법률」 제30조의 규정에 의한 용도에 우선적으로 사용하도록 하여야 한다.

제26조【벌칙 적용에서의 공무원 의제】 공무원이 아닌 위원회의 위원 또는 직원은 형법 그 밖의 법률에 의한 벌칙의 적용에 있어서는 이를 공무원으로 본다.

제27조【벌칙】 ① 조사업무를 수행하는 위원이나 위원회 소속 직원 또는 위원회의 조사에 참여하는 참고인을 폭행 또는 협박하는 등의 방법으로 위원회의 업무수행을 방해한 자는 3년 이하의 징역 또는 3천만원 이하의 벌금에 처한다.
② 제20조제6항의 규정을 위반하여 허위 감정을 한 자는 2년 이하의 징역 또는 2천만원 이하의 벌금에 처한다.
③ 다음 각 호의 어느 하나에 해당하는 자는 1년 이하의 징역 또는 1천만원 이하의 벌금에 처한다.
1. 제16조의 규정을 위반하여 비밀에 해당하는 정보 등을 제공 또는 누설하거나 다른 목적을 위하여 이용한 자
2. 제17조의 규정을 위반하여 자격을 사칭하여 그 권한을 행사한 자
3. 제18조의 규정을 위반하여 유사한 명칭을 사용한 자

제28조【과태료】 정당한 사유 없이 다음 각 호의 어느 하나에 해당하는 자는 1천만원 이하의 과태료에 처한다.
1. 제20조제1항제1호의 규정에 따른 재산상태 및 관련 자료의 제출요구에 응하지 아니하거나 거짓 자료를 제출한 자
2. 제20조제1항제2호의 규정에 따른 출석요구에 응하지 아니하거나 진술을 하지 아니하는 자
3. 제20조제1항제3호의 규정에 따른 자료 또는 물건의 제출요구에 응하지 아니하거나 거짓으로 자료 또는 물건을 제출한 자

제29조【과태료 부과권자 및 불복절차】 ① 제28조의 규정에 따른 과태료는 대통령령이 정하는 바에 따라 위원장이 부과·징수한다.
② 위원장은 제1항의 규정에 따라 과태료를 부과하고자 할 때에는 10일 이상의 기간을 정하여 과태료 처분 대상자에게 구술 또는 서면에 의한 의견진술의 기회를 주어야 한다. 이 경우 지정된 기일까지 의견진술이 없는 때에는 의견이 없는 것으로 본다.
③ 제1항의 규정에 따른 과태료 처분에 불복하는 자는 그 처분을 고지 받은 날부터 30일 이내에 위원장에게 이의를 제기할 수 있다.
④ 제1항의 규정에 따른 과태료 처분을 받은 자가 제3항의 규정에 의하여 이의를 제기한 때에는 위원장은 지체없이 관할 법원에 그 사실을 통보하여야 하며, 그 통보를 받은 관할 법원은 「비송사건절차법」에 의한 과태료의 재판을 한다.
⑤ 제3항의 규정에 의한 기간 이내에 이의를 제기하지 아니하고 과태료를 납부하지 아니한 때에는 국세체납처분의 예에 의하여 이를 징수한다.
⑥ 위원장은 과태료의 금액을 정함에 있어 당해 위반행위의 동기와 그 결과를 참작하여야 한다.

부 칙

①【공포일】 이 법은 공포한 날부터 시행한다.
②【공개요청된 정보 및 소송계속 중인 사건에 대한 적용례】 제19조의 규정은 이 법 시행 당시 친일재산이라고 의심되는 재산에 대하여 「공공기관의 정보공개에 관한 법률」에 따라 공개요청이 되어 계류 중인 사안 또는 법원에 소가 제기되어 계속 중인 사건에 대하여도 적용된다.

부 칙 (2011.5.19)

①【시행일】 이 법은 공포한 날부터 시행한다.
②【친일반민족행위자에 관한 적용례】 위원회가 종전의 제2조제1호에 따라 친일반민족행위자로 결정한 경우에는 제2조제1호의 개정규정에 따라 결정한 것으로 본다. 다만, 확정판결에 따라 이 법의 적용대상이 아닌 것으로 확정된 경우에는 그러하지 아니하다.

난민법

(2012년 2월 10일)
법 률 제11298호

개정
2014. 3.18법12421호(출입국)
2016.12.20법14408호

제1장 총 칙

제1조【목적】 이 법은 「난민의 지위에 관한 1951년 협약」(이하 "난민협약"이라 한다) 및 「난민의 지위에 관한 1967년 의정서」(이하 "난민의정서"라 한다) 등에 따라 난민의 지위와 처우 등에 관한 사항을 정함을 목적으로 한다.

제2조【정의】 이 법에서 사용하는 용어의 뜻은 다음과 같다.

1. "난민"이란 인종, 종교, 국적, 특정 사회집단의 구성원인 신분 또는 정치적 견해를 이유로 박해를 받을 수 있다고 인정할 충분한 근거가 있는 공포로 인하여 국적국의 보호를 받을 수 없거나 보호받기를 원하지 아니하는 외국인 또는 그러한 공포로 인하여 대한민국에 입국하기 전에 거주한 국가(이하 "상주국"이라 한다)로 돌아갈 수 없거나 돌아가기를 원하지 아니하는 무국적자인 외국인을 말한다.
2. "난민으로 인정된 사람"(이하 "난민인정자"라 한다)이란 이 법에 따라 난민으로 인정을 받은 외국인을 말한다.
3. "인도적 체류 허가를 받은 사람"(이하 "인도적체류자"라 한다)이란 제1호에는 해당하지 아니하지만 고문 등의 비인도적인 처우나 처벌 또는 그 밖의 상황으로 인하여 생명이나 신체의 자유 등을 현저히 침해당할 수 있다고 인정할 만한 합리적인 근거가 있는 사람으로서 대통령령으로 정하는 바에 따라 법무부장관으로부터 체류허가를 받은 외국인을 말한다.
4. "난민인정을 신청한 사람"(이하 "난민신청자"라 한다)이란 대한민국에 난민인정을 신청한 외국인으로서 다음 각 목의 어느 하나에 해당하는 사람을 말한다.
   가. 난민인정 신청에 대한 심사가 진행 중인 사람
   나. 난민불인정결정이나 난민불인정결정에 대한 이의신청의 기각결정을 받고 이의신청의 제기기간이나 행정심판 또는 행정소송의 제기기간이 지나지 아니한 사람
   다. 난민불인정결정에 대한 행정심판 또는 행정소송이 진행 중인 사람
5. "재정착희망난민"이란 대한민국 밖에 있는 난민 중 대한민국에서 정착을 희망하는 외국인을 말한다.
6. "외국인"이란 대한민국의 국적을 가지지 아니한 사람을 말한다.

제3조【강제송환의 금지】 난민인정자와 인도적체류자 및 난민신청자는 난민협약 제33조 및 「고문 및 그 밖의 잔혹하거나 비인도적 또는 굴욕적인 대우나 처벌의 방지에 관한 협약」 제3조에 따라 본인의 의사에 반하여 강제로 송환되지 아니한다.

제4조【다른 법률의 적용】 난민인정자와 인도적체류자 및 난민신청자의 지위와 처우에 관하여 이 법에서 정하지 아니한 사항은 「출입국관리법」을 적용한다.

제2장 난민인정 신청과 심사 등

제5조【난민인정 신청】 ① 대한민국 안에 있는 외국인으로서 난민인정을 받으려는 사람은 법무부장관에게 난민인정 신청을 할 수 있다. 이 경우 외국인은 난민인정신청서를 지방출입국·외국인관서의 장에게 제출하여야 한다.(2014.3.18 후단개정)
② 제1항에 따른 신청을 하는 때에는 다음 각 호에 해당하는 서류를 제시하여야 한다.
1. 여권 또는 외국인등록증. 다만, 이를 제시할 수 없는 경우에는 그 사유서
2. 난민인정 심사에 참고할 문서 등 자료가 있는 경우 그 자료

③ 난민인정 신청은 서면으로 하여야 한다. 다만, 신청자가 글을 쓸 줄 모르거나 장애 등의 사유로 인하여 신청서를 작성할 수 없는 경우에는 접수하는 공무원이 신청서를 작성하고 신청자와 함께 서명 또는 기명날인하여야 한다.
④ 출입국관리공무원은 난민인정 신청에 관하여 문의하거나 신청 의사를 밝히는 외국인이 있으면 적극적으로 도와야 한다.
⑤ 법무부장관은 난민인정 신청을 받은 때에는 즉시 신청자에게 접수증을 교부하여야 한다.
⑥ 난민신청자는 난민인정 여부에 관한 결정이 확정될 때까지(난민불인정결정에 대한 행정심판이나 행정소송이 진행 중인 경우에는 그 절차가 종결될 때까지) 대한민국에 체류할 수 있다.
⑦ 제1항부터 제6항까지 정한 사항 외에 난민인정 신청의 구체적인 방법과 절차 등 필요한 사항은 법무부령으로 정한다.

제6조【출입국항에서 하는 신청】 ① 외국인이 입국심사를 받는 때에 난민인정 신청을 하려면 「출입국관리법」에 따른 출입국항을 관할하는 지방출입국·외국인관서의 장에게 난민인정신청서를 제출하여야 한다.(2014.3.18 본항개정)
② 지방출입국·외국인관서의 장은 제1항에 따라 출입국항에서 난민인정신청서를 제출한 사람에 대하여 7일의 범위에서 출입국항에 있는 일정한 장소에 머무르게 할 수 있다.(2014.3.18 본항개정)
③ 법무부장관은 제1항에 따라 난민인정신청서를 제출한 사람에 대하여는 그 신청서가 제출된 날부터 7일 이내에 난민인정 심사에 회부할 것인지를 결정하여야 하며, 그 기간 안에 결정하지 못하면 그 신청자의 입국을 허가하여야 한다.
④ 출입국항에서의 난민신청자에 대하여는 대통령령으로 정하는 바에 따라 제2항의 기간 동안 기본적인 의식주를 제공하여야 한다.
⑤ 제1항부터 제4항까지 정한 사항 외에 출입국항에서 하는 난민인정 신청의 절차 등 필요한 사항은 대통령령으로 정한다.

제7조【난민인정 신청에 필요한 사항의 게시】 ① 지방출입국·외국인관서의 장은 지방출입국·외국인관서 및 관할 출입국항에 난민인정 신청에 필요한 서류를 비치하고 이 법에 따른 접수방법 및 난민신청자의 권리 등 필요한 사항을 게시(인터넷 등 전자적 방법을 통한 게시를 포함한다)하여 누구나 열람할 수 있도록 하여야 한다.(2014.3.18 본항개정)
② 제1항에 따른 서류의 비치 및 게시의 구체적인 방법은 법무부령으로 정한다.

제8조【난민인정 심사】 ① 제5조에 따른 난민인정신청서를 제출받은 지방출입국·외국인관서의 장은 지체 없이 난민신청자에 대하여 면접을 실시하고 사실조사를 한 다음 그 결과를 난민인정신청서에 첨부하여 법무부장관에게 보고하여야 한다.(2014.3.18 본항개정)
② 난민신청자의 요청이 있는 경우 같은 성(性)의 공무원이 면접을 하여야 한다.
③ 지방출입국·외국인관서의 장은 필요하다고 인정하는 경우 면접과정을 녹음 또는 녹화할 수 있다. 다만, 난민신청자의 요청이 있는 경우에는 녹음 또는 녹화를 거부하여서는 아니 된다.(2014.3.18 본문개정)
④ 법무부장관은 지방출입국·외국인관서에 면접과 사실조사 등을 전담하는 난민심사관을 둔다. 난민심사관의 자격과 업무수행에 관한 사항은 대통령령으로 정한다.(2014.3.18 전단개정)
⑤ 법무부장관은 다음 각 호의 어느 하나에 해당하는 난민신청자에 대하여는 제1항에 따른 심사절차의 일부를 생략할 수 있다.
1. 거짓 서류의 제출이나 거짓진술을 하는 등 사실을 은폐하여 난민인정 신청을 한 경우
2. 난민인정을 받지 못한 사람 또는 제22조에 따라 난민인정이 취소된 사람이 중대한 사정의 변경 없이 다시 난민인정을 신청한 경우
3. 대한민국에서 1년 이상 체류하고 있는 외국인이 체류기간 만료일에 임박하여 난민인정 신청을 하거나 강제퇴거 대상 외국인이 그 집행을 지연시킬 목적으로 난민인정 신청을 한 경우

⑥ 난민신청자는 난민심사에 성실하게 응하여야 한다. 법무부장관은 난민신청자가 면접 등을 위한 출석요구에도 불구하고 3회 이상 연속하여 출석하지 아니하는 경우에는 난민인정 심사를 종료할 수 있다.

제9조【난민신청자에게 유리한 자료의 수집】 법무부장관은 난민신청자에게 유리한 자료도 적극적으로 수집하여 심사 자료로 활용하여야 한다.

제10조【사실조사】 ① 법무부장관은 난민의 인정 또는 제22조에 따른 난민인정의 취소·철회 여부를 결정하기 위하여 필요하면 법무부 내 난민전담공무원 또는 지방출입국·외국인관서의 난민심사관으로 하여금 그 사실을 조사하게 할 수 있다.(2014.3.18 본항개정)
② 제1항에 따른 조사를 하기 위하여 필요한 경우 난민신청자, 그 밖에 관계인을 출석하게 하여 질문을 하거나 문서 등 자료의 제출을 요구할 수 있다.
③ 법무부 내 난민전담부서의 장 또는 지방출입국·외국인관서의 장은 난민전담공무원 또는 난민심사관이 제1항에 따라 난민의 인정 또는 난민인정의 취소나 철회 등에 관한 사실조사를 마친 때에는 지체 없이 그 내용을 법무부장관에게 보고하여야 한다.(2014.3.18 본항개정)

제11조【관계 행정기관 등의 협조】 ① 법무부장관은 난민인정 심사에 필요한 경우 관계 행정기관의 장이나 지방자치단체의 장(이하 "관계 기관의 장"이라 한다) 또는 관련 단체의 장에게 자료제출 또는 사실조사 등의 협조를 요청할 수 있다.
② 제1항에 따라 협조를 요청받은 관계 기관의 장이나 관련 단체의 장은 정당한 사유 없이 이를 거부하여서는 아니 된다.

제12조【변호사의 조력을 받을 권리】 난민신청자는 변호사의 조력을 받을 권리를 가진다.

제13조【신뢰관계 있는 사람의 동석】 난민심사관은 난민신청자의 신청이 있는 때에는 면접의 공정성에 지장을 초래하지 아니하는 범위에서 신뢰관계 있는 사람의 동석을 허용할 수 있다.

제14조【통역】 법무부장관은 난민신청자가 한국어로 충분한 의사표현을 할 수 없는 경우에는 면접 과정에서 대통령령으로 정하는 일정한 자격을 갖춘 통역인으로 하여금 통역하게 하여야 한다.

제15조【난민면접조서의 확인】 난민심사관은 난민신청자가 난민면접조서에 기재된 내용을 이해하지 못하는 경우 난민면접을 종료한 후 난민신청자가 이해할 수 있는 언어로 통역 또는 번역을 하여 그 내용을 확인할 수 있도록 하여야 한다.

제16조【자료 등의 열람·복사】 ① 난민신청자는 본인이 제출한 자료, 난민면접조서의 열람이나 복사를 요청할 수 있다.
② 출입국관리공무원은 제1항에 따른 열람이나 복사의 요청이 있는 경우 지체 없이 이에 응하여야 한다. 다만, 심사의 공정성에 현저한 지장을 초래한다고 인정할 만한 명백한 이유가 있는 경우에는 열람이나 복사를 제한할 수 있다.
③ 제1항에 따른 열람과 복사의 구체적인 방법과 절차는 대통령령으로 정한다.

제17조【인적사항 등의 공개 금지】 ① 누구든지 난민신청자와 제13조에 따라 면접에 동석하는 사람의 주소·성명·연령·직업·용모, 그 밖에 그 난민신청자 등을 특정하여 파악할 수 있게 하는 인적사항과 사진 등을 공개하거나 타인에게 누설하여서는 아니 된다. 다만, 본인의 동의가 있는 경우는 예외로 한다.
② 누구든지 제1항에 따른 난민신청자 등의 인적사항과 사진 등을 난민신청자 등의 동의를 받지 아니하고 출판물에 게재하거나 방송매체 또는 정보통신망을 이용하여 공개하여서는 아니 된다.
③ 난민인정 신청에 대한 어떠한 정보도 출신국에 제공되어서는 아니 된다.

제18조【난민의 인정 등】 ① 법무부장관은 난민인정 신청이 이유 있다고 인정할 때에는 난민임을 인정하는 결정을 하고 난민인정증명서를 난민신청자에게 교부한다.
② 법무부장관은 난민인정 신청에 대하여 난민에 해당하지 아니한다고 결정하는 경우에는 난민신청자에게 그 사유와 30일 이내에 이의신청을 제기할 수 있다는 뜻을 적은 난민불인정결정통지서를 교부한다.
③ 제2항에 따른 난민불인정결정통지서에는 결정의 이유(난민신청자의 사실 주장 및 법적 주장에 대한 판단을 포함한다)와 이의신청의 기한 및 방법 등을 명시하여야 한다.
④ 제1항 또는 제2항에 따른 난민인정 등의 결정은 난민인정신청서를 접수한 날부터 6개월 안에 하여야 한다. 다만, 부득이한 경우에는 6개월의 범위에서 기간을 정하여 연장할 수 있다.
⑤ 제4항 단서에 따라 기간을 연장한 때에는 종전의 기간이 만료되기 7일 전까지 난민신청자에게 통지하여야 한다.
⑥ 제1항에 따른 난민인정증명서 및 제2항에 따른 난민불인정결정통지서는 지방출입국·외국인관서의 장을 거쳐 난민신청자나 그 대리인에게 교부하거나 「행정절차법」 제14조에 따라 송달한다.(2014.3.18 본항개정)

제19조【난민인정의 제한】 법무부장관은 난민신청자가 난민에 해당한다고 인정하는 경우에도 다음 각 호의 어느 하나에 해당된다고 인정할 만한 상당한 이유가 있는 경우에는 제18조제1항에도 불구하고 난민불인정결정을 할 수 있다.
1. 유엔난민기구 외에 유엔의 다른 기구 또는 기관으로부터 보호 또는 원조를 현재 받고 있는 경우. 다만, 그러한 보호 또는 원조를 현재 받고 있는 사람의 지위가 국제연합총회에 의하여 채택된 관련 결의문에 따라 최종적으로 해결됨이 없이 그러한 보호 또는 원조의 부여가 어떠한 이유로 중지되는 경우는 제외한다.
2. 국제조약 또는 일반적으로 승인된 국제법규에서 정하는 세계평화에 반하는 범죄, 전쟁범죄 또는 인도주의에 반하는 범죄를 저지른 경우
3. 대한민국에 입국하기 전에 대한민국 밖에서 중대한 비정치적 범죄를 저지른 경우
4. 국제연합의 목적과 원칙에 반하는 행위를 한 경우

제20조【신원확인을 위한 보호】 ① 출입국관리공무원은 난민신청자가 자신의 신원을 은폐하여 난민의 인정을 받을 목적으로 여권 등 신분증을 고의로 파기하였거나 거짓의 신분증을 행사하였음이 명백한 경우 그 신원을 확인하기 위하여 「출입국관리법」 제51조에 따라 지방출입국·외국인관서의 장등으로부터 보호명령서를 발급받아 보호할 수 있다.
② 제1항에 따라 보호된 사람에 대하여는 그 신원이 확인되거나 10일 이내에 신원을 확인할 수 없는 경우 즉시 보호를 해제하여야 한다. 다만, 부득이한 사정으로 신원확인이 지체되는 경우 지방출입국·외국인관서의 장은 10일의 범위에서 보호를 연장할 수 있다.
(2014.3.18 본조개정)

제21조【이의신청】 ① 제18조제2항 또는 제19조에 따라 난민불인정결정을 받은 사람 또는 제22조에 따라 난민인정이 취소 또는 철회된 사람은 그 통지를 받은 날부터 30일 이내에 법무부장관에게 이의신청을 할 수 있다. 이 경우 이의신청서에 이의의 사유를 소명하는 자료를 첨부하여 지방출입국·외국인관서의 장에게 제출하여야 한다.(2014.3.18 후단개정)
② 제1항에 따른 이의신청을 한 경우에는 「행정심판법」에 따른 행정심판을 청구할 수 없다.
③ 법무부장관은 제1항에 따라 이의신청서를 접수하면 지체 없이 제25조에 따른 난민위원회에 회부하여야 한다.
④ 제25조에 따른 난민위원회는 직접 또는 제27조에 따른 난민조사관을 통하여 사실조사를 할 수 있다.
⑤ 그 밖에 난민위원회의 심의절차에 대한 구체적인 사항은 대통령령으로 정한다.
⑥ 법무부장관은 난민위원회의 심의를 거쳐 제18조에 따라 난민인정 여부를 결정한다.
⑦ 법무부장관은 이의신청서를 접수한 날부터 6개월 이내에 이의신청에 대한 결정을 하여야 한다. 다만, 부득이한 사정으로 그 기간 안에 이의신청에 대한 결정을 할 수 없는 경우에는 6개월의 범위에서 기간을 정하여 연장할 수 있다.
⑧ 제7항 단서에 따라 이의신청의 심사기간을 연장한 때에는 그 기간이 만료되기 7일 전까지 난민신청자에게 이를 통지하여야 한다.
제22조【난민인정결정의 취소 등】 ① 법무부장관은 난민인정결정이 거짓 서류의 제출이나 거짓 진술 또는 사실의 은폐에 따른 것으로 밝혀진 경우에는 난민인정을 취소할 수 있다.
② 법무부장관은 난민인정자가 다음 각 호의 어느 하나에 해당하는 경우에는 난민인정결정을 철회할 수 있다.
1. 자발적으로 국적국의 보호를 다시 받고 있는 경우
2. 국적을 상실한 후 자발적으로 국적을 회복한 경우
3. 새로운 국적을 취득하여 그 국적국의 보호를 받고 있는 경우
4. 박해를 받을 것이라는 우려 때문에 거주하고 있는 국가를 떠나거나 또는 그 국가 밖에서 체류하고 있다가 자유로운 의사로 그 국가에 재정착한 경우
5. 난민인정결정의 주된 근거가 된 사유가 소멸하여 더 이상 국적국의 보호를 받는 것을 거부할 수 없게 된 경우
6. 무국적자로서 난민으로 인정된 사유가 소멸되어 종전의 상주국으로 돌아갈 수 있는 경우
③ 법무부장관은 제1항 또는 제2항에 따라 난민인정결정을 취소 또는 철회한 때에는 그 사유와 30일 이내에 이의신청을 할 수 있다는 뜻을 기재한 난민인정취소통지서 또는 난민인정철회통지서로 그 사실을 통지하여야 한다. 이 경우 통지의 방법은 제18조제6항을 준용한다.
제23조【심리의 비공개】 난민위원회나 법원은 난민신청자나 그 가족 등의 안전을 위하여 필요하다고 인정하면 난민신청자의 신청에 따라 또는 직권으로 심의 또는 심리를 공개하지 아니하는 결정을 할 수 있다.
제24조【재정착희망난민의 수용】 ① 법무부장관은 재정착희망난민의 수용 여부와 규모 및 출신지역 등 주요 사항에 관하여 「재한외국인 처우 기본법」 제8조에 따른 외국인정책위원회의 심의를 거쳐 재정착희망난민의 국내 정착을 허가할 수 있다. 이 경우 정착허가는 제18조제1항에 따른 난민인정으로 본다.
② 제1항에 따른 국내정착 허가의 요건과 절차 등 구체적인 사항은 대통령령으로 정한다.

제3장 난민위원회 등

제25조【난민위원회의 설치 및 구성】 ① 제21조에 따른 이의신청에 대한 심의를 하기 위하여 법무부에 난민위원회(이하 "위원회"라 한다)를 둔다.
② 위원회는 위원장 1명을 포함한 15명 이하의 위원으로 구성한다.
③ 위원회에 분과위원회를 둘 수 있다.
제26조【위원의 임명】 ① 위원은 다음 각 호의 어느 하나에 해당하는 사람 중에서 법무부장관이 임명 또는 위촉한다.
1. 변호사의 자격이 있는 사람
2. 「고등교육법」 제2조제1호 또는 제3호에 따른 학교에서 법률학 등을 가르치는 부교수 이상의 직에 있거나 있었던 사람
3. 난민 관련 업무를 담당하는 4급 이상 공무원이거나 이었던 사람
4. 그 밖에 난민에 관하여 전문적인 지식과 경험이 있는 사람
② 위원장은 위원 중에서 법무부장관이 임명한다.
③ 위원의 임기는 3년으로 하고, 연임할 수 있다.
제27조【난민조사관】 ① 위원회에 난민조사관을 둔다.
② 난민조사관은 위원장의 명을 받아 이의신청에 대한 조사 및 그 밖에 위원회의 사무를 처리한다.
제28조【난민위원회의 운영】 제25조부터 제27조까지에서 규정한 사항 외에 위원회의 운영 등에 필요한 사항은 법무부령으로 정한다.
제29조【유엔난민기구와의 교류·협력】 ① 법무부장관은 유엔난민기구가 다음 각 호의 사항에 대하여 통계 등의 자료를 요청하는 경우 협력하여야 한다.
1. 난민인정자 및 난민신청자의 상황
2. 난민협약 및 난민의정서의 이행 상황
3. 난민 관계 법령(입법예고를 한 경우를 포함한다)
② 법무부장관은 유엔난민기구나 난민신청자의 요청이 있는 경우 유엔난민기구가 다음 각 호의 행위를 할 수 있도록 협력하여야 한다.
1. 난민신청자 면담
2. 난민신청자에 대한 면접 참여
3. 난민인정 신청 또는 이의신청에 대한 심사에 관한 의견 제시
③ 법무부장관 및 난민위원회는 유엔난민기구가 난민협약 및 난민의정서의 이행상황을 점검하는 임무를 원활하게 수행할 수 있도록 편의를 제공하여야 한다.

제4장 난민인정자 등의 처우

제1절 난민인정자의 처우

제30조【난민인정자의 처우】 ① 대한민국에 체류하는 난민인정자는 다른 법률에도 불구하고 난민협약에 따른 처우를 받는다.
② 국가와 지방자치단체는 난민의 처우에 관한 정책의 수립·시행, 관계 법령의 정비, 관계 부처 등에 대한 지원, 그 밖에 필요한 조치를 하여야 한다.
제31조【사회보장】 난민으로 인정되어 국내에 체류하는 외국인은 「사회보장기본법」 제8조 등에도 불구하고 대한민국 국민과 같은 수준의 사회보장을 받는다.
판례 난민 지위 및 체류자격을 얻어 국내에서 장애인 특수학교에 다니고 있는 뇌병변 장애(1급) A군은 학교 통학 및 병원 통원을 도울 활동보조인 등을 지원 받기 위해 장애인 등록신청을 했으나 난민 체류자격(F-2)은 장애인복지법 제32조의 규정에 따른 외국인에 해당하지 않는다는 이유로 거부당하였다. 그러나 난민법 제31조에서 난민으로 인정돼 국내에 체류하는 외국인은 사회보장기본법 등에도 불구하고 대한민국 국민과 같은 수준의 사회보장을 받는다고 규정하고 있으므로 장애인복지법을 이유로 난민의 장애인 등록을 거부한 것은 위법하며, 난민도 장애가 있다면 우리 국민처럼 장애인으로 등록해 복지서비스를 받을 권리가 있다고 보아야 한다.(부산지방법원 2017.10.27, 2017누22336)
제32조【기초생활보장】 난민으로 인정되어 국내에 체류하는 외국인은 「국민기초생활 보장법」 제5조의2에도 불구하고 본인의 신청에 따라 같은 법 제7조부터 제15조까지에 따른 보호를 받는다.
제33조【교육의 보장】 ① 난민인정자나 그 자녀가 「민법」에 따라 미성년자인 경우에는 국민과 동일하게 초등교육과 중등교육을 받는다.
② 법무부장관은 난민인정자에 대하여 대통령령으로 정하는 바에 따라 그의 연령과 수학능력 및 교육여건 등을 고려하여 필요한 교육을 받을 수 있도록 지원할 수 있다.
제34조【사회적응교육 등】 ① 법무부장관은 난민인정자에 대하여 대통령령으로 정하는 바에 따라 한국어 교육 등 사회적응교육을 실시할 수 있다.
② 법무부장관은 난민인정자가 원하는 경우 대통령령으로 정하는 바에 따라 직업훈련을 받을 수 있도록 지원할 수 있다.
제35조【학력인정】 난민인정자는 대통령령으로 정하는 바에 따라 외국에서 이수한 학교교육의 정도에 상응하는 학력을 인정받을 수 있다.
제36조【자격인정】 난민인정자는 관계 법령에서 정하는 바에 따라 외국에서 취득한 자격에 상응하는 자격 또는 그 자격의 일부를 인정받을 수 있다.
제37조【배우자 등의 입국허가】 ① 법무부장관은 난민인정자의 배우자 또는 미성년자인 자녀가 입국을 신청하는 경우 「출입국관리법」 제11조에 해당하는 경우가 아니면 입국을 허가하여야 한다.
② 제1항에 따른 배우자 및 미성년자의 범위는 「민법」에 따른다.
제38조【난민인정자에 대한 상호주의 적용의 배제】 난민인정자에 대하여는 다른 법률에도 불구하고 상호주의를 적용하지 아니한다.

제2절 인도적체류자의 처우

제39조【인도적체류자의 처우】 법무부장관은 인도적체류자에 대하여 취업활동 허가를 할 수 있다.

제3절 난민신청자의 처우

제40조【생계비 등 지원】 ① 법무부장관은 대통령령으로 정하는 바에 따라 난민신청자에게 생계비 등을 지원할 수 있다.
② 법무부장관은 난민인정 신청일부터 6개월이 지난 경우에는 대통령령으로 정하는 바에 따라 난민신청자에게 취업을 허가할 수 있다.
제41조【주거시설의 지원】 ① 법무부장관은 대통령령으로 정하는 바에 따라 난민신청자가 거주할 주거시설을 설치하여 운영할 수 있다.
② 제1항에 따른 주거시설의 운영 등에 필요한 사항은 대통령령으로 정한다.
제42조【의료지원】 법무부장관은 대통령령으로 정하는 바에 따라 난민신청자에게 의료지원을 할 수 있다.
제43조【교육의 보장】 난민신청자 및 그 가족 중 미성년자인 외국인은 국민과 같은 수준의 초등교육 및 중등교육을 받을 수 있다.
제44조【특정 난민신청자의 처우 제한】 제2조제4호다목이나 제8조제5항제2호 또는 제3호에 해당하는 난민신청자의 경우에는 대통령령으로 정하는 바에 따라 제40조제1항 및 제41조부터 제43조까지에서 정한 처우를 일부 제한할 수 있다.

제5장 보 칙

제45조【난민지원시설의 운영 등】 ① 법무부장관은 제34조, 제41조 및 제42조에서 정하는 업무 등을 효율적으로 수행하기 위하여 난민지원시설을 설치하여 운영할 수 있다.
② 법무부장관은 필요하다고 인정하면 제1항에 따른 업무의 일부를 민간에게 위탁할 수 있다.
③ 난민지원시설의 이용대상, 운영 및 관리, 민간위탁 등에 필요한 사항은 대통령령으로 정한다.
제46조【권한의 위임】 법무부장관은 이 법에 따른 권한의 일부를 대통령령으로 정하는 바에 따라 지방출입국·외국인관서의 장에게 위임할 수 있다.(2014.3.18 본조개정)
제46조의2【벌칙 적용에서 공무원 의제】 제25조에 규정된 난민위원회(분과위원회를 포함한다)의 위원 중 공무원이 아닌 위원은 「형법」 제127조 및 제129조부터 제132조까지의 규정을 적용할 때에는 공무원으로 본다.(2016.12.20 본조신설)

제6장 벌 칙

제47조【벌칙】 다음 각 호의 어느 하나에 해당하는 자는 1년 이하의 징역 또는 1천만원 이하의 벌금에 처한다.
1. 제17조를 위반한 자
2. 거짓 서류의 제출이나 거짓 진술 또는 사실의 은폐로 난민으로 인정되거나 인도적 체류 허가를 받은 사람

부 칙

제1조【시행일】 이 법은 2013년 7월 1일부터 시행한다.
제2조【적용례】 이 법은 이 법 시행 후 최초로 난민인정 신청을 하는 경우부터 적용한다.
제3조【다른 법률의 개정】 ①~④ ※(해당 법령에 가제정리 하였음)

부 칙 (2014.3.18)

제1조【시행일】 이 법은 공포 후 3개월이 경과한 날부터 시행한다.(이하 생략)

부 칙 (2016.12.20)

이 법은 공포한 날부터 시행한다.

地方自治編

高麗 青磁象嵌 牧丹文壺(紋樣)

지방자치법

(2021년 1월 12일 전부개정법률 제17893호)

개정
2021. 4.20법18092호 2021.10.19법18497호
2023. 3.21법19241호 2023. 6. 7법19428호
2023. 6. 9법19430호(지방자치분권및지역균형발전에관한특별법)
2023. 8. 8법19590호(문화유산)
2023. 9.14법19699호
2024. 1. 9법19951호(문화유산)

제1장 총강(總綱)

제1절 총 칙

제1조【목적】 이 법은 지방자치단체의 종류와 조직 및 운영, 주민의 지방자치행정 참여에 관한 사항과 국가와 지방자치단체 사이의 기본적인 관계를 정함으로써 지방자치행정을 민주적이고 능률적으로 수행하고, 지방을 균형 있게 발전시키며, 대한민국을 민주적으로 발전시키려는 것을 목적으로 한다.

제2조【지방자치단체의 종류】 ① 지방자치단체는 다음의 두 가지 종류로 구분한다.
1. 특별시, 광역시, 특별자치시, 도, 특별자치도
2. 시, 군, 구

② 지방자치단체인 구(이하 "자치구"라 한다)는 특별시와 광역시의 관할 구역의 구만을 말하며, 자치구의 자치권의 범위는 법령으로 정하는 바에 따라 시·군과 다르게 할 수 있다.
③ 제1항의 지방자치단체 외에 특정한 목적을 수행하기 위하여 필요하면 따로 특별지방자치단체를 설치할 수 있다. 이 경우 특별지방자치단체의 설치 등에 관하여는 제12장에서 정하는 바에 따른다.

제3조【지방자치단체의 법인격과 관할】 ① 지방자치단체는 법인으로 한다.
② 특별시, 광역시, 특별자치시, 도, 특별자치도(이하 "시·도"라 한다)는 정부의 직할(直轄)로 두고, 시는 도 또는 특별자치도의 관할 구역 안에, 군은 광역시·도 또는 특별자치도의 관할 구역 안에 두며, 자치구는 특별시와 광역시의 관할 구역 안에 둔다. 다만, 특별자치도의 경우에는 법률이 정하는 바에 따라 관할 구역 안에 시 또는 군을 두지 아니할 수 있다.(2023.6.7 본항개정)
③ 특별시·광역시 또는 특별자치시가 아닌 인구 50만 이상의 시에는 자치구가 아닌 구를 둘 수 있고, 군에는 읍·면을 두며, 시와 구(자치구를 포함한다)에는 동을, 읍·면에는 리를 둔다.
④ 제10조제2항에 따라 설치된 시에는 도시의 형태를 갖춘 지역에는 동을, 그 밖의 지역에는 읍·면을 두되, 자치구가 아닌 구를 둘 경우에는 그 구에 읍·면·동을 둘 수 있다.
⑤ 특별자치시와 관할 구역 안에 시 또는 군을 두지 아니하는 특별자치도의 하부행정기관에 관한 사항은 따로 법률로 정한다.(2023.6.7 본항개정)

제4조【지방자치단체의 기관구성 형태의 특례】 ① 지방자치단체의 의회(이하 "지방의회"라 한다)와 집행기관에 관한 이 법의 규정에도 불구하고 따로 법률로 정하는 바에 따라 지방자치단체의 장의 선임방법을 포함한 지방자치단체의 기관구성 형태를 달리 할 수 있다.
② 제1항에 따라 지방의회와 집행기관의 구성을 달리하려는 경우에는 「주민투표법」에 따른 주민투표를 거쳐야 한다.

제2절 지방자치단체의 관할 구역

제5조【지방자치단체의 명칭과 구역】 ① 지방자치단체의 명칭과 구역은 종전과 같이 하고, 명칭과 구역을 바꾸거나 지방자치단체를 폐지하거나 설치하거나 나누거나 합칠 때에는 법률로 정한다.
② 제1항에도 불구하고 지방자치단체의 구역변경 중 관할 구역 경계변경(이하 "경계변경"이라 한다)과 지방자치단체의 한자 명칭의 변경은 대통령령으로 정한다. 이 경우 경계변경의 절차는 제6조에서 정한 절차에 따른다.
③ 다음 각 호의 어느 하나에 해당할 때에는 관계 지방의회의 의견을 들어야 한다. 다만, 「주민투표법」 제8조에 따라 주민투표를 한 경우에는 그러하지 아니하다.
1. 지방자치단체를 폐지하거나 설치하거나 나누거나 합칠 때
2. 지방자치단체의 구역을 변경할 때(경계변경을 할 때는 제외한다)
3. 지방자치단체의 명칭을 변경할 때(한자 명칭을 변경할 때를 포함한다)

④ 제1항 및 제2항에도 불구하고 다음 각 호의 지역이 속할 지방자치단체는 제5항부터 제8항까지의 규정에 따라 행정안전부장관이 결정한다.
1. 「공유수면 관리 및 매립에 관한 법률」에 따른 매립지
2. 「공간정보의 구축 및 관리 등에 관한 법률」 제2조제19호의 지적공부(이하 "지적공부"라 한다)에 등록이 누락된 토지

⑤ 제4항제1호의 경우에는 「공유수면 관리 및 매립에 관한 법률」 제28조에 따른 매립면허관청(이하 이 조에서 "면허관청"이라 한다) 또는 관련 지방자치단체의 장이 같은 법 제45조에 따른 준공검사를 하기 전에, 제4항제2호의 경우에는 「공간정보의 구축 및 관리 등에 관한 법률」 제2조제18호에 따른 지적소관청(이하 이 조에서 "지적소관청"이라 한다)이 지적공부에 등록하기 전에 각각 해당 지역의 위치, 귀속희망 지방자치단체(복수인 경우를 포함한다) 등을 명시하여 행정안전부장관에게 그 지역이 속할 지방자치단체의 결정을 신청하여야 한다. 이 경우 제4항제1호에 따른 매립지의 매립면허를 받은 자는 면허관청에 해당 매립지가 속할 지방자치단체의 결정 신청을 요구할 수 있다.
⑥ 행정안전부장관은 제5항에 따른 신청을 받은 후 지체 없이 제5항에 따른 신청내용을 20일 이상 관보나 인터넷 홈페이지에 게재하는 등의 방법으로 널리 알려야 한다. 이 경우 알리는 방법, 의견 제출 등에 관하여는 「행정절차법」 제42조·제44조 및 제45조를 준용한다.
⑦ 행정안전부장관은 제6항에 따른 기간이 끝나면 다음 각 호에서 정하는 바에 따라 결정하고, 그 결과를 면허관청이나 지적소관청, 관계 지방자치단체의 장 등에게 통보하고 공고하여야 한다.
1. 제6항에 따른 기간 내에 신청내용에 대하여 이의가 제기된 경우 : 제166조에 따른 지방자치단체중앙분쟁조정위원회(이하 이 조 및 제6조에서 "위원회"라 한다)의 심의·의결에 따라 제4항 각 호의 지역이 속할 지방자치단체를 결정
2. 제6항에 따른 기간 내에 신청내용에 대하여 이의가 제기되지 아니한 경우 : 위원회의 심의·의결을 거치지 아니하고 신청내용에 따라 제4항 각 호의 지역이 속할 지방자치단체를 결정

⑧ 위원회의 위원장은 제7항제1호에 따른 심의과정에서 필요하다고 인정되면 관계 중앙행정기관 및 지방자치단체의 공무원 또는 관련 전문가를 출석시켜 의견을 듣거나 관계 기관이나 단체에 자료 및 의견 제출 등을 요구할 수 있다. 이 경우 관계 지방자치단체의 장에게는 의견을 진술할 기회를 주어야 한다.
⑨ 관계 지방자치단체의 장은 제4항부터 제7항까지의 규정에 따른 행정안전부장관의 결정에 이의가 있으면 그 결과를 통보받은 날부터 15일 이내에 대법원에 소송을 제기할 수 있다.
⑩ 행정안전부장관은 제9항에 따른 소송 결과 대법원의 인용결정이 있으면 그 취지에 따라 다시 결정하여야 한다.
⑪ 행정안전부장관은 제4항 각 호의 지역이 속할 지방자치단체 결정과 관련하여 제7항제1호에 따라 위원회의 심의를 할 때 같은 시·도 안에 있는 관계 시·군 및 자치구 상호 간 매립지 조성 비용 및 관리 비용 부담 등에 관한 조정(調整)이 필요한 경우 제165조제1항부터 제3항까지의 규정에도 불구하고 당사자의 신청 또는 직권으로 위원회의 심의·의결에 따라 조정할 수 있다. 이 경우 그 조정 결과의 통보 및 조정 결정 사항의 이행은 제165조제4항부터 제7항까지의 규정에 따른다.

제6조【지방자치단체의 관할 구역 경계변경 등】 ① 지방자치단체의 장은 관할 구역과 생활권과의 불일치 등으로 인하여 주민생활에 불편이 큰 경우 등 대통령령으로 정하는 사유가 있는 경우에는 행정안전부장관에게 경계변경이 필요한 지역 등을 명시하여 경계변경에 대한 조정을 신청할 수 있다. 이 경우 지방자치단체의 장은 지방의회 재적의원 과반수의 출석과 출석의원 3분의 2 이상의 동의를 받아야 한다.
② 관계 중앙행정기관의 장 또는 둘 이상의 지방자치단체에 걸친 개발사업 등의 시행자는 대통령령으로 정하는 바에 따라 관계 지방자치단체의 장에게 제1항에 따른 경계변경에 대한 조정을 신청하여 줄 것을 요구할 수 있다.
③ 행정안전부장관은 제1항에 따른 경계변경에 대한 조정 신청을 받으면 지체 없이 그 신청 내용을 관계 지방자치단체의 장에게 통지하고, 20일 이상 관보나 인터넷 홈페이지에 게재하는 등의 방법으로 널리 알려야 한다. 이 경우 알리는 방법, 의견의 제출 등에 관하여는 「행정절차법」 제42조·제44조 및 제45조를 준용한다.
④ 행정안전부장관은 제3항에 따른 기간이 끝난 후 지체 없이 대통령령으로 정하는 바에 따라 관계 지방자치단체 등 당사자 간 경계변경에 관한 사항을 효율적으로 협의할 수 있도록 경계변경자율협의체(이하 이 조에서 "협의체"라 한다)를 구성·운영할 것을 관계 지방자치단체의 장에게 요청하여야 한다.
⑤ 관계 지방자치단체는 제4항에 따른 협의체 구성·운영 요청을 받은 후 지체 없이 협의체를 구성하고, 경계변경 여부 및 대상 등에 대하여 같은 항에 따른 행정안전부장관의 요청을 받은 날부터 120일 이내에 협의를 하여야 한다. 다만, 대통령령으로 정하는 부득이한 사유가 있는 경우에는 30일의 범위에서 그 기간을 연장할 수 있다.
⑥ 제5항에 따라 협의체를 구성한 지방자치단체의 장은 같은 항에 따른 협의 기간 이내에 협의체의 협의 결과를 행정안전부장관에게 알려야 한다.
⑦ 행정안전부장관은 다음 각 호의 어느 하나에 해당하는 경우에는 위원회의 심의·의결을 거쳐 경계변경에 대하여 조정할 수 있다.
1. 관계 지방자치단체가 제4항에 따른 행정안전부장관의 요청을 받은 날부터 120일 이내에 협의체를 구성하지 못한 경우
2. 관계 지방자치단체가 제5항에 따른 협의 기간 이내에 경계변경 여부 및 대상 등에 대하여 합의를 하지 못한 경우

⑧ 위원회는 제7항에 따라 경계변경에 대한 사항을 심의할 때에는 관계 지방의회의 의견을 들어야 하며, 관련 전문가 및 지방자치단체의 장의 의견 청취 등에 관하여는 제5조제8항을 준용한다.
⑨ 행정안전부장관은 다음 각 호의 어느 하나에 해당하는 경우 지체 없이 그 내용을 검토한 후 이를 반영하여 경계변경에 관한 대통령령안을 입안하여야 한다.
1. 제5항에 따른 협의체의 협의 결과 관계 지방자치단체 간 경계변경에 합의를 하고, 관계 지방자치단체의 장이 제6항에 따라 그 내용을 각각 알린 경우
2. 위원회가 제7항에 따른 심의 결과 경계변경이 필요하다고 의결한 경우

⑩ 행정안전부장관은 경계변경의 조정과 관련하여 제7항에 따라 위원회의 심의를 할 때 같은 시·도 안에 있는 관계 시·군 및 자치구 상호 간 경계변경에 관련된 비용 부담, 행정적·재정적 사항 등에 관하여 조정이 필요한 경우 제165조제1항부터 제3항까지의 규정에도 불구하고 당사자의 신청 또는 직권으로 위원회의 심의·의결에 따라 조정할 수 있다. 이 경우 그 조정 결과의 통보 및 조정 결정 사항의 이행은 제165조제4항부터 제7항까지의 규정에 따른다.

제7조【자치구가 아닌 구와 읍·면·동 등의 명칭과 구역】 ① 자치구가 아닌 구와 읍·면·동의 명칭과 구역은 종전과 같이 하고, 자치구가 아닌 구와 읍·면·동을 폐지하거나 설치하거나 나누거나 합칠 때에는 행정안전부장관의 승인을 받아 그 지방자치단체의 조례로 정한다. 다만, 명칭과 구역의 변경은 그 지방자치단체의 조례로 정하고, 그 결과를 특별시장·광역시장·도지사에게 보고하여야 한다.
② 리의 구역은 자연 촌락을 기준으로 하되, 그 명칭과 구역은 종전과 같이 하고, 명칭과 구역을 변경하거나 리를 폐지하거나 설치하거나 나누거나 합칠 때에는 그 지방자치단체의 조례로 정한다.
③ 인구 감소 등 행정여건 변화로 인하여 필요한 경우 그 지방자치단체의 조례로 정하는 바에 따라 2개 이상의 면을 하나의 면으로 운영하는 등 행정 운영상 면[이하 "행정면"(行政面)이라 한다]을 따로 둘 수 있다.

地方

④ 동·리에서는 행정 능률과 주민의 편의를 위하여 그 지방자치단체의 조례로 정하는 바에 따라 하나의 동·리를 2개 이상의 동·리로 운영하거나 2개 이상의 동·리를 하나의 동·리로 운영하는 등 행정 운영상 동(이하 "행정동"이라 한다)·리(이하 "행정리"라 한다)를 따로 둘 수 있다.(2021.4.20 본항개정)
⑤ 행정동에 그 지방자치단체의 조례로 정하는 바에 따라 통 등 하부 조직을 둘 수 있다.(2021.4.20 본항개정)
⑥ 행정리에 그 지방자치단체의 조례로 정하는 바에 따라 하부 조직을 둘 수 있다.(2021.4.20 본항신설)
제8조【구역의 변경 또는 폐지·설치·분리·합병 시의 사무와 재산의 승계】 ① 지방자치단체의 구역을 변경하거나 지방자치단체를 폐지하거나 설치하거나 나누거나 합칠 때에는 새로 그 지역을 관할하게 된 지방자치단체가 그 사무와 재산을 승계한다.
② 제1항의 경우에 지역으로 지방자치단체의 사무와 재산을 구분하기 곤란하면 시·도에서는 행정안전부장관이, 시·군 및 자치구에서는 특별시장·광역시장·특별자치시장·도지사·특별자치도지사(이하 "시·도지사"라 한다)가 그 사무와 재산의 한계 및 승계할 지방자치단체를 지정한다.
제9조【사무소의 소재지】 ① 지방자치단체의 사무소 소재지와 자치구가 아닌 구 및 읍·면·동의 사무소 소재지는 종전과 같이 하고, 이를 변경하거나 새로 설정하려면 지방자치단체의 조례로 정한다. 이 경우 면·동은 행정면·행정동(行政洞)을 말한다.
② 제1항의 사항을 조례로 정할 때에는 그 지방의회의 재적의원 과반수의 찬성이 있어야 한다.
제10조【시·읍의 설치기준 등】 ① 시는 그 대부분이 도시의 형태를 갖추고 인구 5만 이상이 되어야 한다.
② 다음 각 호의 어느 하나에 해당하는 지역은 도농(都農) 복합형태의 시로 할 수 있다.
1. 제1항에 따라 설치된 시와 군을 통합한 지역
2. 인구 5만 이상의 도시 형태를 갖춘 지역이 있는 군
3. 인구 2만 이상의 도시 형태를 갖춘 2개 이상의 지역 인구가 5만 이상인 군. 이 경우 군의 인구는 15만 이상으로서 대통령령으로 정하는 요건을 갖추어야 한다.
4. 국가의 정책으로 인하여 도시가 형성되고, 제128조에 따라 도의 출장소가 설치된 지역으로서 그 지역의 인구가 3만 이상이며, 인구 15만 이상의 도농 복합형태의 시의 일부인 지역
③ 읍은 그 대부분이 도시의 형태를 갖추고 인구 2만 이상이 되어야 한다. 다만, 다음 각 호의 어느 하나에 해당하면 인구 2만 미만인 경우에도 읍으로 할 수 있다.
1. 군사무소 소재지의 면
2. 읍이 없는 도농 복합형태의 시에서 그 시에 있는 면 중 1개 면
④ 시·읍의 설치에 관한 세부기준은 대통령령으로 정한다.

제3절 지방자치단체의 기능과 사무

제11조【사무배분의 기본원칙】 ① 국가는 지방자치단체가 사무를 종합적·자율적으로 수행할 수 있도록 국가와 지방자치단체 간 또는 지방자치단체 상호 간의 사무를 주민의 편익증진, 집행의 효과 등을 고려하여 서로 중복되지 아니하도록 배분하여야 한다.
② 국가는 제1항에 따라 사무를 배분하는 경우 지역주민생활과 밀접한 관련이 있는 사무는 원칙적으로 시·군 및 자치구의 사무로, 시·군 및 자치구가 처리하기 어려운 사무는 시·도의 사무로, 시·도가 처리하기 어려운 사무는 국가의 사무로 각각 배분하여야 한다.
③ 국가가 지방자치단체에 사무를 배분하거나 지방자치단체가 사무를 다른 지방자치단체에 재배분할 때에는 사무를 배분받거나 재배분받는 지방자치단체가 그 사무를 자기의 책임하에 종합적으로 처리할 수 있도록 관련 사무를 포괄적으로 배분하여야 한다.
제12조【사무처리의 기본원칙】 ① 지방자치단체는 사무를 처리할 때 주민의 편의와 복리증진을 위하여 노력하여야 한다.
② 지방자치단체는 조직과 운영을 합리적으로 하고 규모를 적절하게 유지하여야 한다.
③ 지방자치단체는 법령을 위반하여 사무를 처리할 수 없으며, 시·군 및 자치구는 해당 구역을 관할하는 시·도의 조례를 위반하여 사무를 처리할 수 없다.
제13조【지방자치단체의 사무 범위】 ① 지방자치단체는 관할 구역의 자치사무와 법령에 따라 지방자치단체에 속하는 사무를 처리한다.
② 제1항에 따른 지방자치단체의 사무를 예시하면 다음 각 호와 같다. 다만, 법률에 이와 다른 규정이 있으면 그러하지 아니하다.
1. 지방자치단체의 구역, 조직, 행정관리 등
가. 관할 구역 안 행정구역의 명칭·위치 및 구역의 조정
나. 조례·규칙의 제정·개정·폐지 및 그 운영·관리
다. 산하(傘下) 행정기관의 조직관리
라. 산하 행정기관 및 단체의 지도·감독
마. 소속 공무원의 인사·후생복지 및 교육
바. 지방세 및 지방세 외 수입의 부과 및 징수
사. 예산의 편성·집행 및 회계감사와 재산관리
아. 행정장비관리, 행정전산화 및 행정관리개선
자. 공유재산(公有財産) 관리
차. 주민등록 관리
카. 지방자치단체에 필요한 각종 조사 및 통계의 작성
2. 주민의 복지증진
가. 주민복지에 관한 사업
나. 사회복지시설의 설치·운영 및 관리
다. 생활이 어려운 사람의 보호 및 지원
라. 노인·아동·장애인·청소년 및 여성의 보호와 복지증진
마. 공공보건의료기관의 설립·운영
바. 감염병과 그 밖의 질병의 예방과 방역
사. 묘지·화장장(火葬場) 및 봉안당의 운영·관리
아. 공중접객업소의 위생을 개선하기 위한 지도
자. 청소, 생활폐기물의 수거 및 처리
차. 지방공기업의 설치 및 운영
3. 농림·수산·상공업 등 산업 진흥
가. 못·늪지·보(洑) 등 농업용수시설의 설치 및 관리
나. 농산물·임산물·축산물·수산물의 생산 및 유통지원
다. 농업자재의 관리
라. 복합영농의 운영·지도
마. 농업 외 소득사업의 육성·지도
바. 농가 부업의 장려
사. 공유림 관리
아. 소규모 축산 개발사업 및 낙농 진흥사업
자. 가축전염병 예방
차. 지역산업의 육성·지원
카. 소비자 보호 및 저축 장려
타. 중소기업의 육성
파. 지역특화산업의 개발과 육성·지원
하. 우수지역특산품 개발과 관광민예품 개발
4. 지역개발과 자연환경보전 및 생활환경시설의 설치·관리
가. 지역개발사업
나. 지방 토목·건설사업의 시행
다. 도시·군계획사업의 시행
라. 지방도(地方道), 시도(市道)·군도(郡道)·구도(區道)의 신설·개선·보수 및 유지
마. 주거생활환경 개선의 장려 및 지원
바. 농어촌주택 개량 및 취락구조 개선
사. 자연보호활동
아. 지방하천 및 소하천의 관리
자. 상수도·하수도의 설치 및 관리
차. 소규모급수시설의 설치 및 관리
카. 도립공원, 광역시립공원, 군립공원, 시립공원 및 구립공원 등의 지정 및 관리
타. 도시공원 및 공원시설, 녹지, 유원지 등과 그 휴양시설의 설치 및 관리
파. 관광지, 관광단지 및 관광시설의 설치 및 관리
하. 지방 궤도사업의 경영
거. 주차장·교통표지 등 교통편의시설의 설치 및 관리
너. 재해대책의 수립 및 집행
더. 지역경제의 육성 및 지원
5. 교육·체육·문화·예술의 진흥
가. 어린이집·유치원·초등학교·중학교·고등학교 및 이에 준하는 각종 학교의 설치·운영·지도
나. 도서관·운동장·광장·체육관·박물관·공연장·미술관·음악당 등 공공교육·체육·문화시설의 설치 및 관리
다. 시·도유산의 지정·등록·보존 및 관리 (2024.1.9 본목개정)
라. 지방문화·예술의 진흥
마. 지방문화·예술단체의 육성
6. 지역민방위 및 지방소방
가. 지역 및 직장 민방위조직(의용소방대를 포함한다)의 편성과 운영 및 지도·감독
나. 지역의 화재예방·경계·진압·조사 및 구조·구급
7. 국제교류 및 협력
가. 국제기구·행사·대회의 유치·지원
나. 외국 지방자치단체와의 교류·협력
제14조【지방자치단체의 종류별 사무배분기준】 ① 제13조에 따른 지방자치단체의 사무를 지방자치단체의 종류별로 배분하는 기준은 다음 각 호와 같다. 다만, 제13조제2항 제1호의 사무는 각 지방자치단체에 공통된 사무로 한다.
1. 시·도
가. 행정처리 결과가 2개 이상의 시·군 및 자치구에 미치는 광역적 사무
나. 시·도 단위로 동일한 기준에 따라 처리되어야 할 성질의 사무
다. 지역적 특성을 살리면서 시·도 단위로 통일성을 유지할 필요가 있는 사무
라. 국가와 시·군 및 자치구 사이의 연락·조정 등의 사무
마. 시·군 및 자치구가 독자적으로 처리하기 어려운 사무
바. 2개 이상의 시·군 및 자치구가 공동으로 설치하는 것이 적당하다고 인정되는 규모의 시설을 설치하고 관리하는 사무
2. 시·군 및 자치구
제1호에서 시·도가 처리하는 것으로 되어 있는 사무를 제외한 사무. 다만, 인구 50만 이상의 시에 대해서는 도가 처리하는 사무의 일부를 직접 처리하게 할 수 있다.
② 제1항의 배분기준에 따른 지방자치단체의 종류별 사무는 대통령령으로 정한다.
③ 시·도와 시·군 및 자치구는 사무를 처리할 때 서로 겹치지 아니하도록 하여야 하며, 사무가 서로 겹치면 시·군 및 자치구에서 먼저 처리한다.
제15조【국가사무의 처리 제한】 지방자치단체는 다음 각 호의 국가사무를 처리할 수 없다. 다만, 법률에 이와 다른 규정이 있는 경우에는 국가사무를 처리할 수 있다.
1. 외교, 국방, 사법(司法), 국세 등 국가의 존립에 필요한 사무
2. 물가정책, 금융정책, 수출입정책 등 전국적으로 통일적 처리를 할 필요가 있는 사무
3. 농산물·임산물·축산물·수산물 및 양곡의 수급조절과 수출입 등 전국적 규모의 사무
4. 국가종합경제개발계획, 국가하천, 국유림, 국토종합개발계획, 지정항만, 고속국도·일반국도, 국립공원 등 전국적 규모나 이와 비슷한 규모의 사무
5. 근로기준, 측량단위 등 전국적으로 기준을 통일하고 조정하여야 할 필요가 있는 사무
6. 우편, 철도 등 전국적 규모나 이와 비슷한 규모의 사무
7. 고도의 기술이 필요한 검사·시험·연구, 항공관리, 기상행정, 원자력개발 등 지방자치단체의 기술과 재정능력으로 감당하기 어려운 사무

제2장 주 민

제16조【주민의 자격】 지방자치단체의 구역에 주소를 가진 자는 그 지방자치단체의 주민이 된다.
제17조【주민의 권리】 ① 주민은 법령으로 정하는 바에 따라 주민생활에 영향을 미치는 지방자치단체의 정책의 결정 및 집행 과정에 참여할 권리를 가진다.
② 주민은 법령으로 정하는 바에 따라 소속 지방자치단체의 재산과 공공시설을 이용할 권리와 그 지방자치단체로부터 균등하게 행정의 혜택을 받을 권리를 가진다.
③ 주민은 법령으로 정하는 바에 따라 그 지방자치단체에서 실시하는 지방의회의원과 지방자치단체의 장의 선거(이하 "지방선거"라 한다)에 참여할 권리를 가진다.
제18조【주민투표】 ① 지방자치단체의 장은 주민에게 과도한 부담을 주거나 중대한 영향을 미치는 지방자치단체의 주요 결정사항 등에 대하여 주민투표에 부칠 수 있다.
② 주민투표의 대상·발의자·발의요건, 그 밖에 투표절차 등에 관한 사항은 따로 법률로 정한다.
제19조【조례의 제정과 개정·폐지 청구】 ① 주민은 지방자치단체의 조례를 제정하거나 개정하거나 폐지할 것을 청구할 수 있다.
② 조례의 제정·개정 또는 폐지 청구의 청구권자·청구대상·청구요건 및 절차 등에 관한 사항은 따로 법률로 정한다.
제20조【규칙의 제정과 개정·폐지 의견 제출】 ① 주민은 제29조에 따른 규칙(권리·의무와 직접 관련되는 사항으로 한정한다)의 제정, 개정 또는 폐지와 관련된 의견을 해당 지방자치단체의 장에게 제출할 수 있다.
② 법령이나 조례를 위반하거나 법령이나 조례에서 위임한 범위를 벗어나는 사항은 제1항에 따른 의견 제출 대상에서 제외한다.
③ 지방자치단체의 장은 제1항에 따라 제출된 의견에 대하여 의견이 제출된 날부터 30일 이내에 검토 결과를 그 의견을 제출한 주민에게 통보하여야 한다.
④ 제1항에 따른 의견 제출, 제3항에 따른 의견의 검토와 결과 통보의 방법 및 절차는 해당 지방자치단체의 조례로 정한다.
제21조【주민의 감사 청구】 ① 지방자치단체의 18세 이상의 주민으로서 다음 각 호의 어느 하나에 해당하는 사람(「공직선거법」 제18조에 따른 선거권이 없는 사람은 제외한다. 이하 이 조에서 "18세 이상의 주민"이라 한다)은 시·도는 300명, 제198조에 따른 인구 50만 이상 대도시는 200명, 그 밖의 시·군 및 자치구는 150명 이내에서 그 지방자치단체의 조례로 정하는 수 이상의 18세 이상의 주민이 연대 서명하여 그 지방자치단체와 그 장의 권한에 속하는 사무의 처리가 법령에 위반되거나 공익을 현저히 해친다고 인정되면 시·도의 경우에는 주무부장관에게, 시·군 및 자치구의 경우에는 시·도지사에게 감사를 청구할 수 있다.
1. 해당 지방자치단체의 관할 구역에 주민등록이 되어 있는 사람
2. 「출입국관리법」 제10조에 따른 영주(永住)할 수 있는 체류자격 취득일 후 3년이 경과한 외국인으로서 같은 법 제34조에 따라 해당 지방자치단체의 외국인등록대장에 올라 있는 사람
② 다음 각 호의 사항은 감사 청구의 대상에서 제외한다.

1. 수사나 재판에 관여하게 되는 사항
2. 개인의 사생활을 침해할 우려가 있는 사항
3. 다른 기관에서 감사하였거나 감사 중인 사항. 다만, 다른 기관에서 감사한 사항이라도 새로운 사항이 발견되거나 중요 사항이 감사에서 누락된 경우와 제22조제1항에 따라 주민소송의 대상이 되는 경우에는 그러하지 아니하다.
4. 동일한 사항에 대하여 제22조제2항 각 호의 어느 하나에 해당하는 소송이 진행 중이거나 그 판결이 확정된 사항

③ 제1항에 따른 청구는 사무처리가 있었던 날이나 끝난 날부터 3년이 지나면 제기할 수 없다.

④ 지방자치단체의 18세 이상의 주민이 제1항에 따라 감사를 청구하려면 청구인의 대표자를 선정하여 청구인명부에 적어야 하며, 청구인의 대표자는 감사청구서를 작성하여 주무부장관 또는 시·도지사에게 제출하여야 한다.

⑤ 주무부장관이나 시·도지사는 제1항에 따른 청구를 받으면 청구를 받은 날부터 5일 이내에 그 내용을 공표하여야 하며, 청구를 공표한 날부터 10일간 청구인명부나 그 사본을 공개된 장소에 갖추어 두어 열람할 수 있도록 하여야 한다.

⑥ 청구인명부의 서명에 관하여 이의가 있는 사람은 제5항에 따른 열람기간에 해당 주무부장관이나 시·도지사에게 이의를 신청할 수 있다.

⑦ 주무부장관이나 시·도지사는 제6항에 따른 이의신청을 받으면 제5항에 따른 열람기간이 끝난 날부터 14일 이내에 심사·결정하되, 그 신청이 이유 있다고 결정한 경우에는 청구인명부를 수정하고, 그 사실을 이의신청을 한 사람과 제4항에 따른 청구인의 대표자에게 알려야 하며, 그 이의신청이 이유없다고 결정한 경우에는 그 사실을 즉시 이의신청을 한 사람에게 알려야 한다.

⑧ 주무부장관이나 시·도지사는 제6항에 따른 이의신청이 없는 경우 또는 제6항에 따라 제기된 모든 이의신청에 대하여 제7항에 따른 결정이 끝난 경우로서 제1항부터 제3항까지의 규정에 따른 요건을 갖춘 경우에는 청구를 수리하고, 그러하지 아니한 경우에는 청구를 각하하되, 수리 또는 각하 사실을 청구인의 대표자에게 알려야 한다.

⑨ 주무부장관이나 시·도지사는 감사 청구를 수리한 날부터 60일 이내에 감사 청구된 사항에 대하여 감사를 끝내야 하며, 감사 결과를 청구인의 대표자와 해당 지방자치단체의 장에게 서면으로 알리고, 공표하여야 한다. 다만, 그 기간에 감사를 끝내기가 어려운 정당한 사유가 있으면 그 기간을 연장할 수 있으며, 기간을 연장할 때에는 미리 청구인의 대표자와 해당 지방자치단체의 장에게 알리고, 공표하여야 한다.

⑩ 주무부장관이나 시·도지사는 주민이 감사를 청구한 사항이 다른 기관에서 이미 감사한 사항이거나 감사 중인 사항이면 그 기관에서 한 감사 결과 또는 감사 중인 사실과 감사가 끝난 후 그 결과를 알리겠다는 사실을 청구인의 대표자와 해당 기관에 지체 없이 알려야 한다.

⑪ 주무부장관이나 시·도지사는 주민 감사 청구를 처리(각하를 포함한다)할 때 청구인의 대표자에게 반드시 증거 제출 및 의견 진술의 기회를 주어야 한다.

⑫ 주무부장관이나 시·도지사는 제9항에 따른 감사 결과에 따라 기간을 정하여 해당 지방자치단체의 장에게 필요한 조치를 요구할 수 있다. 이 경우 그 지방자치단체의 장은 이를 성실히 이행하여야 하고, 그 조치 결과를 지방의회와 주무부장관 또는 시·도지사에게 보고하여야 한다.

⑬ 주무부장관이나 시·도지사는 제12항에 따른 조치 요구 내용과 지방자치단체의 장의 조치 결과를 청구인의 대표자에게 서면으로 알리고, 공표하여야 한다.

⑭ 제1항부터 제13항까지에서 규정한 사항 외에 18세 이상의 주민의 감사 청구에 필요한 사항은 대통령령으로 정한다.

제22조【주민소송】 ① 제21조제1항에 따라 공금의 지출에 관한 사항, 재산의 취득·관리·처분에 관한 사항, 해당 지방자치단체를 당사자로 하는 매매·임차·도급 계약이나 그 밖의 계약의 체결·이행에 관한 사항 또는 지방세·사용료·수수료·과태료 등 공금의 부과·징수를 게을리한 사항을 감사 청구한 주민은 다음 각 호의 어느 하나에 해당하는 경우에 그 감사 청구한 사항과 관련이 있는 위법한 행위나 업무를 게을리한 사실에 대하여 해당 지방자치단체의 장(해당 사항의 사무처리에 관한 권한을 소속 기관의 장에게 위임한 경우에는 그 소속 기관의 장을 말한다. 이하 이 조에서 같다)을 상대방으로 하여 소송을 제기할 수 있다.
1. 주무부장관이나 시·도지사가 감사 청구를 수리한 날부터 60일(제21조제9항 단서에 따라 감사기간이 연장된 경우에는 연장된 기간이 끝난 날을 말한다)이 지나도 감사를 끝내지 아니한 경우
2. 제21조제9항 및 제10항에 따른 감사 결과 또는 같은 조 제12항에 따른 조치 요구에 불복하는 경우
3. 제21조제12항에 따른 주무부장관이나 시·도지사의 조치 요구를 지방자치단체의 장이 이행하지 아니한 경우
4. 제21조제12항에 따른 지방자치단체의 장의 이행 조치에 불복하는 경우

② 제1항에 따라 주민이 제기할 수 있는 소송은 다음 각 호와 같다.
1. 해당 행위를 계속하면 회복하기 어려운 손해를 발생시킬 우려가 있는 경우에는 그 행위의 전부나 일부를 중지할 것을 요구하는 소송
2. 행정처분인 해당 행위의 취소 또는 변경을 요구하거나 그 행위의 효력 유무 또는 존재 여부의 확인을 요구하는 소송
3. 게을리한 사실의 위법 확인을 요구하는 소송
4. 해당 지방자치단체의 장 및 직원, 지방의회의원, 해당 행위와 관련이 있는 상대방에게 손해배상청구 또는 부당이득반환청구를 할 것을 요구하는 소송. 다만, 그 지방자치단체의 직원이 「회계관계직원 등의 책임에 관한 법률」 제4조에 따른 변상책임을 져야 하는 경우에는 변상명령을 할 것을 요구하는 소송을 말한다.

③ 제2항제1호의 중지청구소송은 해당 행위를 중지할 경우 생명이나 신체에 중대한 위해가 생길 우려가 있거나 그 밖에 공공복리를 현저하게 해칠 우려가 있으면 제기할 수 없다.

④ 제2항에 따른 소송은 다음 각 호의 구분에 따른 날부터 90일 이내에 제기하여야 한다.
1. 제1항제1호 : 해당 60일이 끝난 날(제21조제9항 단서에 따라 감사기간이 연장된 경우에는 연장기간이 끝난 날을 말한다)
2. 제1항제2호 : 해당 감사 결과나 조치 요구 내용에 대한 통지를 받은 날
3. 제1항제3호 : 해당 조치를 요구할 때에 지정한 처리기간이 끝난 날
4. 제1항제4호 : 해당 이행 조치 결과에 대한 통지를 받은 날

⑤ 제2항 각 호의 소송이 진행 중이면 다른 주민은 같은 사항에 대하여 별도의 소송을 제기할 수 없다.

⑥ 소송의 계속(繫屬) 중에 소송을 제기한 주민이 사망하거나 제16조에 따른 주민의 자격을 잃으면 소송절차는 중단된다. 소송대리인이 있는 경우에도 또한 같다.

⑦ 감사 청구에 연대 서명한 다른 주민은 제6항에 따른 사유가 발생한 사실을 안 날부터 6개월 이내에 소송절차를 수계(受繼)할 수 있다. 이 기간에 수계절차가 이루어지지 아니할 경우 그 소송절차는 종료된다.

⑧ 법원은 제6항에 따라 소송이 중단되면 감사 청구에 연대 서명한 다른 주민에게 소송절차를 중단한 사유와 소송절차 수계방법을 지체 없이 알려야 한다. 이 경우 법원은 감사 청구에 적힌 주소로 통지서를 우편으로 보낼 수 있고, 우편물이 통상 도달할 수 있을 때에 감사 청구에 연대 서명한 다른 주민은 제6항의 사유가 발생한 사실을 안 것으로 본다.

⑨ 제2항에 따른 소송은 해당 지방자치단체의 사무소 소재지를 관할하는 행정법원(행정법원이 설치되지 아니한 지역에서는 행정법원의 권한에 속하는 사건을 관할하는 지방법원 본원을 말한다)의 관할로 한다.

⑩ 해당 지방자치단체의 장은 제2항제1호부터 제3호까지의 규정에 따른 소송이 제기된 경우 그 소송결과에 따라 권리나 이익의 침해를 받을 제3자가 있으면 그 제3자에 대하여, 제2항제4호에 따른 소송이 제기된 경우 그 직원, 지방의회의원 또는 상대방에 대하여 소송고지를 해 줄 것을 법원에 신청하여야 한다.

⑪ 제2항제4호에 따른 소송이 제기된 경우에 지방자치단체의 장이 한 소송고지신청은 그 소송에 관한 손해배상청구권 또는 부당이득반환청구권의 시효중단에 관하여 「민법」 제168조제1호에 따른 청구로 본다.

⑫ 제11항에 따른 시효중단의 효력은 그 소송이 끝난 날부터 6개월 이내에 재판상 청구, 파산절차참가, 압류 또는 가압류, 가처분을 하지 아니하면 효력이 생기지 아니한다.

⑬ 국가, 상급 지방자치단체 및 감사 청구에 연대 서명한 다른 주민과 제10항에 따라 소송고지를 받은 자는 법원에서 계속 중인 소송에 참가할 수 있다.

⑭ 제2항에 따른 소송에서 당사자는 법원의 허가를 받지 아니하고는 소의 취하, 소송의 화해 또는 청구의 포기를 할 수 없다.

⑮ 법원은 제14항에 따른 허가를 하기 전에 감사 청구에 연대 서명한 다른 주민에게 그 사실을 알려야 하며, 알린 때부터 1개월 이내에 허가 여부를 결정하여야 한다. 이 경우 통지방법 등에 관하여는 제8항 후단을 준용한다.

⑯ 제2항에 따른 소송은 「민사소송 등 인지법」 제2조제4항에 따른 비재산권을 목적으로 하는 소송으로 본다.

⑰ 소송을 제기한 주민은 승소(일부 승소를 포함한다)한 경우 그 지방자치단체에 대하여 변호사 보수 등의 소송비용, 감사 청구절차의 진행 등을 위하여 사용된 여비, 그 밖에 실제로 든 비용을 보상할 것을 청구할 수 있다. 이 경우 지방자치단체는 청구된 금액의 범위에서 그 소송을 진행하는 데 객관적으로 사용된 것으로 인정되는 금액을 지급하여야 한다.

⑱ 제1항에 따른 소송에 관하여 이 법에 규정된 것 외에는 「행정소송법」에 따른다.

제23조【손해배상금 등의 지급청구 등】 ① 지방자치단체의 장(해당 사항의 사무처리에 관한 권한을 소속 기관의 장에게 위임한 경우에는 그 소속 기관의 장을 말한다. 이하 이 조에서 같다)은 제22조제2항제4호 본문에 따른 소송에 대하여 손해배상청구나 부당이득반환청구를 명하는 판결이 확정되면 판결이 확정된 날부터 60일 이내를 기한으로 하여 당사자에게 그 판결에 따라 결정된 손해배상금이나 부당이득반환금의 지급을 청구하여야 한다. 다만, 손해배상금이나 부당이득반환금을 지급하여야 할 당사자가 지방자치단체의 장이면 지방의회의 의장이 지급을 청구하여야 한다.

② 지방자치단체는 제1항에 따라 지급청구를 받은 자가 같은 항의 기한까지 손해배상금이나 부당이득반환금을 지급하지 아니하면 손해배상·부당이득반환의 청구를 목적으로 하는 소송을 제기하여야 한다. 이 경우 그 소송의 상대방이 지방자치단체의 장이면 그 지방의회의 의장이 그 지방자치단체를 대표한다.

제24조【변상명령 등】 ① 지방자치단체의 장은 제22조제2항제4호 단서에 따른 소송에 대하여 변상할 것을 명하는 판결이 확정되면 판결이 확정된 날부터 60일 이내를 기한으로 하여 당사자에게 그 판결에 따라 결정된 금액을 변상할 것을 명령하여야 한다.

② 제1항에 따라 변상할 것을 명령받은 자가 같은 항의 기한까지 변상금을 지급하지 아니하면 지방세 체납처분의 예에 따라 징수할 수 있다.(2021.10.19 본항개정)

③ 제1항에 따라 변상할 것을 명령받은 자는 그 명령에 불복하는 경우 행정소송을 제기할 수 있다. 다만, 「행정심판법」에 따른 행정심판청구는 제기할 수 없다.

제25조【주민소환】 ① 주민은 그 지방자치단체의 장 및 지방의회의원(비례대표 지방의회의원은 제외한다)을 소환할 권리를 가진다.

② 주민소환의 투표 청구권자·청구요건·절차 및 효력 등에 관한 사항은 따로 법률로 정한다.

제26조【주민에 대한 정보공개】 ① 지방자치단체는 사무처리의 투명성을 높이기 위하여 「공공기관의 정보공개에 관한 법률」에서 정하는 바에 따라 지방의회의 의정활동, 집행기관의 조직, 재무 등 지방자치에 관한 정보(이하 "지방자치정보"라 한다)를 주민에게 공개하여야 한다.

② 행정안전부장관은 주민의 지방자치정보에 대한 접근성을 높이기 위하여 이 법 또는 다른 법령에 따라 공개된 지방자치정보를 체계적으로 수집하고 주민에게 제공하기 위한 정보공개시스템을 구축·운영할 수 있다.

제27조【주민의 의무】 주민은 법령으로 정하는 바에 따라 소속 지방자치단체의 비용을 분담하여야 하는 의무를 진다.

제3장 조례와 규칙

제28조【조례】 ① 지방자치단체는 법령의 범위에서 그 사무에 관하여 조례를 제정할 수 있다. 다만, 주민의 권리 제한 또는 의무 부과에 관한 사항이나 벌칙을 정할 때에는 법률의 위임이 있어야 한다.

② 법령에서 조례로 정하도록 위임한 사항은 그 법령의 하위 법령에서 그 위임의 내용과 범위를 제한하거나 직접 규정할 수 없다.

판례 부산광역시의회가 등록된 납품도매차량에 대한 주정차 위반 행정처분을 시장이 구청장 등과 협의해 자동유예하도록 하는 내용을 담은 조례안을 의결하였으나, 도로교통법상 주정차위반행위에 대한 과태료 부과 관련 사무는 전국적으로 통일적인 규율이 요구되는 국가사무의 성격을 가지고 있고, 이러한 사무에 대하여 법령의 위임 없이 조례로 정한 것은 조례제정권의 한계를 벗어난 것으로서 위법하다.(대판 2022.4.28, 2021추5036)

제29조【규칙】 지방자치단체의 장은 법령 또는 조례의 범위에서 그 권한에 속하는 사무에 관하여 규칙을 제정할 수 있다.

제30조【조례와 규칙의 입법한계】 시·군 및 자치구의 조례나 규칙은 시·도의 조례나 규칙을 위반해서는 아니 된다.

제31조【지방자치단체를 신설하거나 격을 변경할 때의 조례·규칙 시행】 지방자치단체를 나누거나 합하여 새로운 지방자치단체가 설치되거나 지방자치단체의 격이 변경되면 그 지방자치단체의 장은 필요한 사항에 관하여 새로운 조례나 규칙이 제정·시행될 때까지 종래 그 지역에 시행되던 조례나 규칙을 계속 시행할 수 있다.

제32조【조례와 규칙의 제정 절차 등】 ① 조례안이 지방의회에서 의결되면 지방의회의 의장은 의결된 날부터 5일 이내에 그 지방자치단체의 장에게 이송하여야 한다.

② 지방자치단체의 장은 제1항의 조례안을 이송받으면 20일 이내에 공포하여야 한다.

③ 지방자치단체의 장은 이송받은 조례안에 대하여 이의가 있으면 제2항의 기간에 이유를 붙여 지방의회로 환부(還付)하고, 재의(再議)를 요구할 수 있다. 이 경우 지방자치단체의 장은 조례안의 일부에 대하여 또는 조례안을 수정하여 재의를 요구할 수 없다.

④ 지방의회는 제3항에 따라 재의 요구를 받으면 조례안을 재의에 부치고 재적의원 과반수의 출석과 출석의원 3분의 2 이상의 찬성으로 전(前)과 같은 의결을 하면 그 조례안은 조례로서 확정된다.

⑤ 지방자치단체의 장이 제2항의 기간에 공포하지 아니하거나 재의 요구를 하지 아니하더라도 그 조례안은 조례로서 확정된다.

⑥ 지방자치단체의 장은 제4항 또는 제5항에 따라 확정된 조례를 지체 없이 공포하여야 한다. 이 경우 제5항에 따라 조례가 확정된 후 또는 제4항에 따라 확정된 조례가 지방자치단체의 장에게 이송된 후 5일 이내에 지방자치단체의 장이 공포하지 아니하면 지방의회의 의장이 공포한다.

地方

⑦ 제2항 및 제6항 전단에 따라 지방자치단체의 장이 조례를 공포하였을 때에는 즉시 해당 지방의회의 의장에게 통지하여야 하며, 제6항 후단에 따라 지방의회의 의장이 조례를 공포하였을 때에는 그 사실을 즉시 해당 지방자치단체의 장에게 통지하여야 한다.
⑧ 조례와 규칙은 특별한 규정이 없으면 공포한 날부터 20일이 지나면 효력을 발생한다.

제33조【조례와 규칙의 공포 방법 등】 ① 조례와 규칙의 공포는 해당 지방자치단체의 공보에 게재하는 방법으로 한다. 다만, 제32조제6항 후단에 따라 지방의회의 의장이 조례를 공포하는 경우에는 공보나 일간신문에 게재하거나 게시판에 게시한다.
② 제1항에 따른 공보는 종이로 발행되는 공보(이하 이 조에서 "종이공보"라 한다) 또는 전자적인 형태로 발행되는 공보(이하 이 조에서 "전자공보"라 한다)로 운영한다.
③ 공보의 내용 해석 및 적용 시기 등에 대하여 종이공보와 전자공보는 동일한 효력을 가진다.
④ 조례와 규칙의 공포에 관하여 그 밖에 필요한 사항은 대통령령으로 정한다.

제34조【조례 위반에 대한 과태료】 ① 지방자치단체는 조례를 위반한 행위에 대하여 조례로써 1천만원 이하의 과태료를 정할 수 있다.
② 제1항에 따른 과태료는 해당 지방자치단체의 장이나 그 관할 구역의 지방자치단체의 장이 부과·징수한다.

제35조【보고】 조례나 규칙을 제정하거나 개정하거나 폐지할 경우 조례는 지방의회에서 이송된 날부터 5일 이내에, 규칙은 공포 예정일 15일 전에 시·도지사는 행정안전부장관에게, 시장·군수 및 자치구의 구청장은 시·도지사에게 그 전문(全文)을 첨부하여 각각 보고하여야 하며, 보고를 받은 행정안전부장관은 그 내용을 관계 중앙행정기관의 장에게 통보하여야 한다.

제4장 선 거

제36조【지방선거에 관한 법률의 제정】 지방선거에 관하여 이 법에서 정한 것 외에 필요한 사항은 따로 법률로 정한다.

제5장 지방의회

제1절 조 직

제37조【의회의 설치】 지방자치단체에 주민의 대의기관인 의회를 둔다.

제38조【지방의회의원의 선거】 지방의회의원은 주민이 보통·평등·직접·비밀선거로 선출한다.

제2절 지방의회의원

제39조【의원의 임기】 지방의회의원의 임기는 4년으로 한다.

제40조【의원의 의정활동비 등】 ① 지방의회의원에게는 다음 각 호의 비용을 지급한다.
1. 의정(議政) 자료를 수집하고 연구하거나 이를 위한 보조 활동에 사용되는 비용을 보전(補塡)하기 위하여 매월 지급하는 의정활동비
2. 지방의회의원의 직무활동에 대하여 지급하는 월정수당
3. 본회의 의결, 위원회 의결 또는 지방의회의 의장의 명에 따라 공무로 여행할 때 지급하는 여비

② 제1항 각 호에 규정된 비용은 대통령령으로 정하는 기준을 고려하여 해당 지방자치단체의 의정비심의위원회에서 결정하는 금액 이내에서 지방자치단체의 조례로 정한다. 다만, 제1항제3호에 따른 비용은 의정비심의위원회 결정 대상에서 제외한다.
③ 의정비심의위원회의 구성·운영 등에 필요한 사항은 대통령령으로 정한다.

제41조【의원의 정책지원 전문인력】 ① 지방의회의원의 의정활동을 지원하기 위하여 지방의회의원 정수의 2분의 1 범위에서 해당 지방자치단체의 조례로 정하는 바에 따라 지방의회에 정책지원 전문인력을 둘 수 있다.
② 정책지원 전문인력은 지방공무원으로 보하며, 직급·직무 및 임용절차 등 운영에 필요한 사항은 대통령령으로 정한다.

제42조【상해·사망 등의 보상】 ① 지방의회의원이 직무로 인하여 신체에 상해를 입거나 사망한 경우와 그 상해나 직무로 인한 질병으로 사망한 경우에는 보상금을 지급할 수 있다.
② 제1항의 보상금의 지급기준은 대통령령으로 정하는 범위에서 해당 지방자치단체의 조례로 정한다.

제43조【겸직 등 금지】 ① 지방의회의원은 다음 각 호의 어느 하나에 해당하는 직(職)을 겸할 수 없다.
1. 국회의원, 다른 지방의회의원
2. 헌법재판소 재판관, 각급 선거관리위원회 위원
3. 「국가공무원법」 제2조에 따른 국가공무원과 「지방공무원법」 제2조에 따른 지방공무원(「정당법」 제22조에 따라 정당의 당원이 될 수 있는 교원은 제외한다)
4. 「공공기관의 운영에 관한 법률」 제4조에 따른 공공기관(한국방송공사, 한국교육방송공사 및 한국은행을 포함한다)의 임직원
5. 「지방공기업법」 제2조에 따른 지방공사와 지방공단의 임직원
6. 농업협동조합, 수산업협동조합, 산림조합, 엽연초생산협동조합, 신용협동조합, 새마을금고(이들 조합·금고의 중앙회와 연합회를 포함한다)의 임직원과 이들 조합·금고의 중앙회장이나 연합회장
7. 「정당법」 제22조에 따라 정당의 당원이 될 수 없는 교원
8. 다른 법령에 따라 공무원의 신분을 가지는 직
9. 그 밖에 다른 법률에서 겸임할 수 없도록 정하는 직

② 「정당법」 제22조에 따라 정당의 당원이 될 수 있는 교원이 지방의회의원으로 당선되면 임기 중 그 교원의 직은 휴직된다.
③ 지방의회의원이 당선 전부터 제1항 각 호의 직을 제외한 다른 직을 가진 경우에는 임기 개시 후 1개월 이내에, 임기 중 그 다른 직에 취임한 경우에는 취임 후 15일 이내에 지방의회의 의장에게 서면으로 신고하여야 하며, 그 방법과 절차는 해당 지방자치단체의 조례로 정한다.
④ 지방의회의 의장은 제3항에 따라 지방의회의원의 겸직신고를 받으면 그 내용을 연 1회 이상 해당 지방의회의 인터넷 홈페이지에 게시하거나 지방자치단체의 조례로 정하는 방법에 따라 공개하여야 한다.
⑤ 지방의회의원이 다음 각 호의 기관·단체 및 그 기관·단체가 설립·운영하는 시설의 대표, 임원, 상근직원 또는 그 소속 위원회(자문위원회는 제외한다)의 위원이 된 경우에는 그 겸한 직을 사임하여야 한다.
1. 해당 지방자치단체가 출자·출연(재출자·재출연을 포함한다)한 기관·단체
2. 해당 지방자치단체의 사무를 위탁받아 수행하고 있는 기관·단체
3. 해당 지방자치단체로부터 운영비, 사업비 등을 지원받고 있는 기관·단체
4. 법령에 따라 해당 지방자치단체의 장의 인가를 받아 설립된 조합(조합설립을 위한 추진위원회 등 준비단체를 포함한다)의 임직원

⑥ 지방의회의 의장은 지방의회의원이 다음 각 호의 어느 하나에 해당하는 경우에는 그 겸한 직을 사임할 것을 권고하여야 한다. 이 경우 지방의회의 의장은 제66조에 따른 윤리심사자문위원회의 의견을 들어야 하며 그 의견을 존중하여야 한다.
1. 제5항에 해당하는 데도 불구하고 겸한 직을 사임하지 아니할 때
2. 다른 직을 겸하는 것이 제44조제2항에 위반된다고 인정될 때

⑦ 지방의회의 의장은 지방의회의원의 행위 또는 양수인이나 관리인의 지위가 제5항 또는 제6항에 따라 제한되는지와 관련하여 제66조에 따른 윤리심사자문위원회의 의견을 들을 수 있다.

제44조【의원의 의무】 ① 지방의회의원은 공공의 이익을 우선하여 양심에 따라 그 직무를 성실히 수행하여야 한다.
② 지방의회의원은 청렴의 의무를 지며, 지방의회의원으로서의 품위를 유지하여야 한다.
③ 지방의회의원은 지위를 남용하여 재산상의 권리·이익 또는 직위를 취득하거나 다른 사람을 위하여 그 취득을 알선해서는 아니 된다.
④ 지방의회의원은 해당 지방자치단체, 제43조제5항 각 호의 어느 하나에 해당하는 기관·단체 및 그 기관·단체가 설립·운영하는 시설과 영리를 목적으로 하는 거래를 하여서는 아니 된다.
⑤ 지방의회의원은 소관 상임위원회의 직무와 관련된 영리행위를 할 수 없으며, 그 범위는 해당 지방자치단체의 조례로 정한다.

제45조【의원체포 및 확정판결의 통지】 ① 수사기관의 장은 체포되거나 구금된 지방의회의원이 있으면 지체 없이 해당 지방의회의 의장에게 영장의 사본을 첨부하여 그 사실을 알려야 한다.
② 각급 법원장은 지방의회의원이 형사사건으로 공소(公訴)가 제기되어 판결이 확정되면 지체 없이 해당 지방의회의 의장에게 그 사실을 알려야 한다.

제46조【지방의회의 의무 등】 ① 지방의회는 지방의회의원이 준수하여야 할 지방의회의원의 윤리강령과 윤리실천규범을 조례로 정하여야 한다.
② 지방의회는 소속 의원(「공직선거법」 제190조 및 제190조의2에 따라 지방의회의원당선인으로 결정된 사람을 포함한다)들이 의정활동에 필요한 전문성을 확보하도록 노력하여야 한다.(2023.9.14 본항개정)

제3절 권 한

제47조【지방의회의 의결사항】 ① 지방의회는 다음 각 호의 사항을 의결한다.
1. 조례의 제정·개정 및 폐지
2. 예산의 심의·확정
3. 결산의 승인
4. 법령에 규정된 것을 제외한 사용료·수수료·분담금·지방세 또는 가입금의 부과와 징수
5. 기금의 설치·운용
6. 대통령령으로 정하는 중요 재산의 취득·처분
7. 대통령령으로 정하는 공공시설의 설치·처분
8. 법령과 조례에 규정된 것을 제외한 예산 외의 의무부담이나 권리의 포기
9. 청원의 수리와 처리
10. 외국 지방자치단체와의 교류·협력
11. 그 밖에 법령에 따라 그 권한에 속하는 사항

② 지방자치단체는 제1항 각 호의 사항 외에 조례로 정하는 바에 따라 지방의회에서 의결되어야 할 사항을 따로 정할 수 있다.

제47조의2【인사청문회】 ① 지방자치단체의 장은 다음 각 호의 어느 하나에 해당하는 직위 중 조례로 정하는 직위의 후보자에 대하여 지방의회에 인사청문을 요청할 수 있다.
1. 제123조제2항에 따라 정무직 국가공무원으로 보하는 부시장·부지사
2. 「제주특별자치도 설치 및 국제자유도시 조성을 위한 특별법」 제11조에 따른 행정시장
3. 「지방공기업법」 제49조에 따른 지방공사의 사장과 같은 법 제76조에 따른 지방공단의 이사장
4. 「지방자치단체 출자·출연 기관의 운영에 관한 법률」 제2조제1항 전단에 따른 출자·출연 기관의 기관장

② 지방의회의 의장은 제1항에 따른 인사청문 요청이 있는 경우 인사청문회를 실시한 후 그 경과를 지방자치단체의 장에게 송부하여야 한다.
③ 그 밖에 인사청문회의 절차 및 운영 등에 필요한 사항은 조례로 정한다.
(2023.3.21 본조신설)

제48조【서류제출 요구】 ① 본회의나 위원회는 그 의결로 안건의 심의와 직접 관련된 서류의 제출을 해당 지방자치단체의 장에게 요구할 수 있다.
② 위원회가 제1항의 요구를 할 때에는 지방의회의 의장에게 그 사실을 보고하여야 한다.
③ 제1항에도 불구하고 폐회 중에는 지방의회의 의장이 서류의 제출을 해당 지방자치단체의 장에게 요구할 수 있다.
④ 제1항 또는 제3항에 따라 서류제출을 요구할 때에는 서면, 전자문서 또는 컴퓨터의 자기테이프·자기디스크, 그 밖에 이와 유사한 매체에 기록된 상태 등 제출 형식을 지정할 수 있다.

제49조【행정사무 감사권 및 조사권】 ① 지방의회는 매년 1회 그 지방자치단체의 사무에 대하여 시·도에서는 14일의 범위에서, 시·군 및 자치구에서는 9일의 범위에서 감사를 실시하고, 지방자치단체의 사무 중 특정 사안에 관하여 본회의 의결로 본회의나 위원회에서 조사하게 할 수 있다.
② 제1항의 조사를 발의할 때에는 이유를 밝힌 서면으로 하여야 하며, 재적의원 3분의 1 이상의 찬성이 있어야 한다.
③ 지방자치단체 및 그 장이 위임받아 처리하는 국가사무와 시·도의 사무에 대하여 국회와 시·도의회가 직접 감사하기로 한 사무 외에는 그 감사를 각각 해당 시·도의회와 시·군 및 자치구의회가 할 수 있다. 이 경우 국회와 시·도의회는 그 감사 결과에 대하여 그 지방의회에 필요한 자료를 요구할 수 있다.
④ 제1항의 감사 또는 조사와 제3항의 감사를 위하여 필요하면 현지확인을 하거나 서류제출을 요구할 수 있으며, 지방자치단체의 장 또는 관계 공무원이나 그 사무에 관계되는 사람을 출석하게 하여 증인으로서 선서한 후 증언하게 하거나 참고인으로서 의견을 진술하도록 요구할 수 있다.
⑤ 제4항에 따른 증언에서 거짓증언을 한 사람은 고발할 수 있으며, 제4항에 따라 서류제출을 요구받은 자가 정당한 사유 없이 서류를 정해진 기한까지 제출하지 아니한 경우, 같은 항에 따라 출석요구를 받은 증인이 정당한 사유 없이 출석하지 아니하거나 선서 또는 증언을 거부한 경우에는 500만원 이하의 과태료를 부과할 수 있다.
⑥ 제5항에 따른 과태료 부과절차는 제34조를 따른다.
⑦ 제1항의 감사 또는 조사와 제3항의 감사를 위하여 필요한 사항은 「국정감사 및 조사에 관한 법률」에 준하여 대통령령으로 정하고, 제4항과 제5항의 선서·증언·감정 등에 관한 절차는 「국회에서의 증언·감정 등에 관한 법률」에 준하여 대통령령으로 정한다.

제50조【행정사무 감사 또는 조사 보고의 처리】 ① 지방의회는 본회의의 의결로 감사 또는 조사 결과를 처리한다.
② 지방의회는 감사 또는 조사 결과 해당 지방자치단체나 기관의 시정이 필요한 사유가 있을 때에는 시정을 요구하고, 지방자치단체나 기관에서 처리함이 타당하다고 인정되는 사항은 그 지방자치단체나 기관으로 이송한다.
③ 지방자치단체나 기관은 제2항에 따라 시정 요구를 받거나 이송받은 사항을 지체 없이 처리하고 그 결과를 지방의회에 보고하여야 한다.

제51조【행정사무처리상황의 보고와 질의응답】 ① 지방자치단체의 장이나 관계 공무원은 지방의회나 그 위원회에 출석하여 행정사무의 처리상황을 보고하거나 의견을 진술하고 질문에 답변할 수 있다.
② 지방자치단체의 장이나 관계 공무원은 지방의회나 그 위원회가 요구하면 출석·답변하여야 한다. 다만, 특별한 이유가 있으면 지방자치단체의 장은 관계 공무원에게 출석·답변하게 할 수 있다.
③ 제1항이나 제2항에 따라 지방의회나 그 위원회에 출석하여 답변할 수 있는 관계 공무원은 조례로 정한다.

제52조【의회규칙】 지방의회는 내부운영에 관하여 이 법에서 정한 것 외에 필요한 사항을 규칙으로 정할 수 있다.

제4절　소집과 회기

제53조【정례회】 ① 지방의회는 매년 2회 정례회를 개최한다.
② 정례회의 집회일, 그 밖에 정례회 운영에 필요한 사항은 해당 지방자치단체의 조례로 정한다.
제54조【임시회】 ① 지방의회의원 총선거 후 최초로 집회되는 임시회는 지방의회 사무처장·사무국장·사무과장이 지방의회의원 임기 개시일부터 25일 이내에 소집한다.
② 지방자치단체를 폐지하거나 설치하거나 나누거나 합쳐 새로운 지방자치단체가 설치된 경우에 최초의 임시회는 지방의회 사무처장·사무국장·사무과장이 해당 지방자치단체가 설치되는 날에 소집한다.
③ 지방의회의 의장은 지방자치단체의 장이나 조례로 정하는 수 이상의 지방의회의원이 요구하면 15일 이내에 임시회를 소집하여야 한다. 다만, 지방의회의 의장과 부의장이 부득이한 사유로 임시회를 소집할 수 없을 때에는 지방의회의원 중 최다선의원이, 최다선의원이 2명 이상인 경우에는 그 중 연장자의 순으로 소집할 수 있다.
④ 임시회 소집은 집회일 3일 전에 공고하여야 한다. 다만, 긴급할 때에는 그러하지 아니하다.
제55조【제출안건의 공고】 지방자치단체의 장이 지방의회에 제출할 안건은 지방자치단체의 장이 미리 공고하여야 한다. 다만, 회의 중 긴급한 안건을 제출할 때에는 그러하지 아니하다.(2021.10.19 본조개정)
제56조【개회·휴회·폐회와 회의일수】 ① 지방의회의 개회·휴회·폐회와 회기는 지방의회가 의결로 정한다.
② 연간 회의 총일수와 정례회 및 임시회의 회기는 해당 지방자치단체의 조례로 정한다.

제5절　의장과 부의장

제57조【의장·부의장의 선거와 임기】 ① 지방의회는 지방의회의원 중에서 시·도의 경우 의장 1명과 부의장 2명을, 시·군 및 자치구의 경우 의장과 부의장 각 1명을 무기명투표로 선출하여야 한다.
② 지방의회의원 총선거 후 처음으로 선출하는 의장·부의장 선거는 최초집회일에 실시한다.
③ 의장과 부의장의 임기는 2년으로 한다.
제58조【의장의 직무】 지방의회의 의장은 의회를 대표하고 의사(議事)를 정리하며, 회의장 내의 질서를 유지하고 의회의 사무를 감독한다.
제59조【의장 직무대리】 지방의회의 의장이 부득이한 사유로 직무를 수행할 수 없을 때에는 부의장이 그 직무를 대리한다.
제60조【임시의장】 지방의회의 의장과 부의장이 모두 부득이한 사유로 직무를 수행할 수 없을 때에는 임시의장을 선출하여 의장의 직무를 대행하게 한다.
제61조【보궐선거】 ① 지방의회의 의장이나 부의장이 궐위(闕位)된 경우에는 보궐선거를 실시한다.
② 보궐선거로 당선된 의장이나 부의장의 임기는 전임자 임기의 남은 기간으로 한다.
제62조【의장·부의장 불신임의 의결】 ① 지방의회의 의장이나 부의장이 법령을 위반하거나 정당한 사유 없이 직무를 수행하지 아니하면 지방의회는 불신임을 의결할 수 있다.
② 제1항의 불신임 의결은 재적의원 4분의 1 이상의 발의와 재적의원 과반수의 찬성으로 한다.
③ 제2항의 불신임 의결이 있으면 지방의회의 의장이나 부의장은 그 직에서 해임된다.
제63조【의장 등을 선거할 때의 의장 직무 대행】 제57조제1항, 제60조 또는 제61조제1항에 따른 선거(이하 이 조에서 "의장등의 선거"라 한다)를 실시할 때 의장의 직무를 수행할 사람이 없으면 출석의원 중 최다선의원이, 최다선의원이 2명 이상이면 그 중 연장자가 그 직무를 대행한다. 이 경우 직무를 대행하는 지방의회의원이 정당한 사유 없이 의장등의 선거를 실시할 직무를 이행하지 아니할 때에는 다음 순위의 지방의회의원이 그 직무를 대행한다.

제6절　교섭단체 및 위원회
(2023.3.21 본절제목개정)

제63조의2【교섭단체】 ① 지방의회에 교섭단체를 둘 수 있다. 이 경우 조례로 정하는 수 이상의 소속의원을 가진 정당은 하나의 교섭단체가 된다.
② 제1항 후단에도 불구하고 다른 교섭단체에 속하지 아니하는 의원 중 조례로 정하는 수 이상의 의원은 따로 교섭단체를 구성할 수 있다.
③ 그 밖에 교섭단체의 구성 및 운영 등에 필요한 사항은 조례로 정한다.
(2023.3.21 본조신설)
제64조【위원회의 설치】 ① 지방의회는 조례로 정하는 바에 따라 위원회를 둘 수 있다.
② 위원회의 종류는 다음 각 호와 같다.
1. 소관 의안(議案)과 청원 등을 심사·처리하는 상임위원회
2. 특정한 안건을 심사·처리하는 특별위원회
③ 위원회의 위원은 본회의에서 선임한다.
제65조【윤리특별위원회】 ① 지방의회의원의 윤리강령과 윤리실천규범 준수 여부 및 징계에 관한 사항을 심사하기 위하여 윤리특별위원회를 둔다.
② 제1항에 따른 윤리특별위원회(이하 "윤리특별위원회"라 한다)는 지방의회의원의 윤리강령과 윤리실천규범 준수 여부 및 지방의회의원의 징계에 관한 사항을 심사하기 전에 제66조에 따른 윤리심사자문위원회의 의견을 들어야 하며 그 의견을 존중하여야 한다.
제66조【윤리심사자문위원회】 ① 지방의회의원의 겸직 및 영리행위 등에 관한 지방의회의 의장의 자문과 지방의회의원의 윤리강령과 윤리실천규범 준수 여부 및 징계에 관한 윤리특별위원회의 자문에 응하기 위하여 윤리특별위원회에 윤리심사자문위원회를 둔다.
② 윤리심사자문위원회의 위원은 민간전문가 중에서 지방의회의 의장이 위촉한다.
③ 제1항 및 제2항에서 규정한 사항 외에 윤리심사자문위원회의 구성 및 운영에 필요한 사항은 회의규칙으로 정한다.
제67조【위원회의 권한】 위원회는 그 소관에 속하는 의안과 청원 등 또는 지방의회가 위임한 특정한 안건을 심사한다.
제68조【전문위원】 ① 위원회에는 위원장과 위원의 자치입법활동을 지원하기 위하여 지방의회의원이 아닌 전문지식을 가진 위원(이하 "전문위원"이라 한다)을 둔다.
② 전문위원은 위원회에서 의안과 청원 등의 심사, 행정사무감사 및 조사, 그 밖의 소관 사항과 관련하여 검토보고 및 관련 자료의 수집·조사·연구를 한다.
③ 위원회에 두는 전문위원의 직급과 수 등에 관하여 필요한 사항은 대통령령으로 정한다.
제69조【위원회에서의 방청 등】 ① 위원회에서 해당 지방의회의원이 아닌 사람은 위원회의 위원장(이하 이 장에서 "위원장"이라 한다)의 허가를 받아 방청할 수 있다.
② 위원장은 질서를 유지하기 위하여 필요할 때에는 방청인의 퇴장을 명할 수 있다.
제70조【위원회의 개회】 ① 위원회는 본회의의 의결이 있거나 지방의회의 의장 또는 위원장이 필요하다고 인정할 때, 재적위원 3분의 1 이상이 요구할 때에 개회한다.
② 폐회 중에는 지방자치단체의 장도 지방의회의 의장 또는 위원장에게 이유서를 붙여 위원회 개회를 요구할 수 있다.
제71조【위원회에 관한 조례】 위원회에 관하여 이 법에서 정한 것 외에 필요한 사항은 조례로 정한다.

제7절　회　의

제72조【의사정족수】 ① 지방의회는 재적의원 3분의 1 이상의 출석으로 개의(開議)한다.
② 회의 참석 인원이 제1항의 정족수에 미치지 못할 때에는 지방의회의 의장은 회의를 중지하거나 산회(散會)를 선포한다.
제73조【의결정족수】 ① 회의는 이 법에 특별히 규정된 경우 외에는 재적의원 과반수의 출석과 출석의원 과반수의 찬성으로 의결한다.
② 지방의회의 의장은 의결에서 표결권을 가지며, 찬성과 반대가 같으면 부결된 것으로 본다.
제74조【표결방법】 본회의에서 표결할 때에는 조례 또는 회의규칙으로 정하는 표결방식에 의한 기록표결로 가부(可否)를 결정한다. 다만, 다음 각 호의 어느 하나에 해당하는 경우에는 무기명투표로 표결한다.
1. 제57조에 따른 의장·부의장 선거
2. 제60조에 따른 임시의장 선출
3. 제62조에 따른 의장 부의장 불신임 의결
4. 제92조에 따른 자격상실 의결
5. 제100조에 따른 징계 의결
6. 제32조, 제120조 또는 제121조, 제192조에 따른 재의 요구에 관한 의결
7. 그 밖에 지방의회에서 하는 각종 선거 및 인사에 관한 사항
제75조【회의의 공개 등】 ① 지방의회의 회의는 공개한다. 다만, 지방의회의원 3명 이상이 발의하고 출석의원 3분의 2 이상이 찬성한 경우 또는 지방의회의 의장이 사회의 안녕질서 유지를 위하여 필요하다고 인정하는 경우에는 공개하지 아니할 수 있다.
② 지방의회의 의장은 공개된 회의의 방청 허가를 받은 장애인에게 정당한 편의를 제공하여야 한다.
제76조【의안의 발의】 ① 지방의회에서 의결할 의안은 지방자치단체의 장이나 조례로 정하는 수 이상의 지방의회의원의 찬성으로 발의한다.
② 위원회는 그 직무에 속하는 사항에 관하여 의안을 제출할 수 있다.
③ 제1항 및 제2항의 의안은 그 안을 갖추어 지방의회의 의장에게 제출하여야 한다.
④ 제1항에 따라 지방의회의원이 조례안을 발의하는 경우에는 발의 의원과 찬성 의원을 구분하되, 해당 조례안의 제명의 부제로 발의 의원의 성명을 기재하여야 한다. 다만, 발의 의원이 2명 이상인 경우에는 대표발의 의원 1명을 명시하여야 한다.
⑤ 지방의회의원이 발의한 제정조례안 또는 전부개정조례안 중 지방의회에서 의결된 조례안을 공포하거나 홍보하는 경우에는 해당 조례안의 부제를 함께 표기할 수 있다.
제77조【조례안 예고】 ① 지방의회는 심사대상인 조례안에 대하여 5일 이상의 기간을 정하여 그 취지, 주요 내용, 전문을 공보나 인터넷 홈페이지 등에 게재하는 방법으로 예고할 수 있다.
② 조례안 예고의 방법, 절차, 그 밖에 필요한 사항은 회의규칙으로 정한다.
제78조【의안에 대한 비용추계 자료 등의 제출】 ① 지방자치단체의 장이 예산상 또는 기금상의 조치가 필요한 의안을 제출할 경우에는 그 의안의 시행에 필요할 것으로 예상되는 비용에 대한 추계서와 그에 따른 재원조달방안에 관한 자료를 의안에 첨부하여야 한다.(2021.10.19 본항개정)
② 제1항에 따른 비용의 추계 및 재원조달방안에 관한 자료의 작성 및 제출절차 등에 관하여 필요한 사항은 해당 지방자치단체의 조례로 정한다.
제79조【회기계속의 원칙】 지방의회에 제출된 의안은 회기 중에 의결되지 못한 것 때문에 폐기되지 아니한다. 다만, 지방의회의원의 임기가 끝나는 경우에는 그러하지 아니하다.
제80조【일사부재의의 원칙】 지방의회에서 부결된 의안은 같은 회기 중에 다시 발의하거나 제출할 수 없다.
제81조【위원회에서 폐기된 의안】 ① 위원회에서 본회의에 부칠 필요가 없다고 결정된 의안은 본회의에 부칠 수 없다. 다만, 위원회의 결정이 본회의에 보고된 날부터 폐회나 휴회 중의 기간을 제외한 7일 이내에 지방의회의 의장이나 재적의원 3분의 1 이상이 요구하면 그 의안을 본회의에 부쳐야 한다.
② 제1항 단서의 요구가 없으면 그 의안은 폐기된다.
제82조【의장이나 의원의 제척】 지방의회의 의장이나 지방의회의원은 본인·배우자·직계존비속(直系尊卑屬) 또는 형제자매와 직접 이해관계가 있는 안건에 관하여는 그 의사에 참여할 수 없다. 다만, 의회의 동의가 있으면 의회에 출석하여 발언할 수 있다.
제83조【회의규칙】 지방의회는 회의 운영에 관하여 이 법에서 정한 것 외에 필요한 사항을 회의규칙으로 정한다.
제84조【회의록】 ① 지방의회는 회의록을 작성하고 회의의 진행내용 및 결과와 출석의원의 성명을 적어야 한다.
② 회의록에는 지방의회의 의장과 지방의회에서 선출한 지방의회의원 2명 이상이 서명하여야 한다.
③ 지방의회의 의장은 회의록 사본을 첨부하여 회의 결과를 그 지방자치단체의 장에게 알려야 한다.
④ 지방의회의 의장은 회의록을 지방의회의원에게 배부하고, 주민에게 공개한다. 다만, 비밀로 할 필요가 있다고 지방의회의 의장이 인정하거나 지방의회에서 의결한 사항은 공개하지 아니한다.

제8절　청　원

제85조【청원서의 제출】 ① 지방의회에 청원을 하려는 자는 지방의회의원의 소개를 받아 청원서를 제출하여야 한다.
② 청원서에는 청원자의 성명(법인인 경우에는 그 명칭과 대표자의 성명을 말한다) 및 주소를 적고 서명·날인하여야 한다.
제86조【청원의 불수리】 재판에 간섭하거나 법령에 위배되는 내용의 청원은 수리하지 아니한다.
제87조【청원의 심사·처리】 ① 지방의회의 의장은 청원서를 접수하면 소관 위원회나 본회의에 회부하여 심사를 하게 한다.
② 청원을 소개한 지방의회의원은 소관 위원회나 본회의가 요구하면 청원의 취지를 설명하여야 한다.
③ 위원회가 청원을 심사하여 본회의에 부칠 필요가 없다고 결정하면 그 처리 결과를 지방의회의 의장에게 보고하고, 지방의회의 의장은 청원한 자에게 알려야 한다.
제88조【청원의 이송과 처리보고】 ① 지방의회가 채택한 청원으로서 그 지방자치단체의 장이 처리하는 것이 타당하다고 인정되는 청원은 의견서를 첨부하여 지방자치단체의 장에게 이송한다.
② 지방자치단체의 장은 제1항의 청원을 처리하고 그 처리결과를 지체 없이 지방의회에 보고하여야 한다.

제9절　의원의 사직·퇴직과 자격심사

제89조【의원의 사직】 지방의회는 그 의결로 소속 지방의회의원의 사직을 허가할 수 있다. 다만, 폐회 중에는 지방의회의 의장이 허가할 수 있다.
제90조【의원의 퇴직】 지방의회의원이 다음 각 호의 어느 하나에 해당될 때에는 지방의회의원의 직에서 퇴직한다.
1. 제43조제1항 각 호의 어느 하나에 해당하는 직에 취임할 때
2. 피선거권이 없게 될 때(지방자치단체의 구역변경이나 없어지거나 합한 것 외의 다른 사유로 그 지방자치단체의 구역 밖으로 주민등록을 이전하였을 때를 포함한다)
3. 징계에 따라 제명될 때

제91조【의원의 자격심사】① 지방의회의원은 다른 의원의 자격에 대하여 이의가 있으면 재적의원 4분의 1 이상의 찬성으로 지방의회의 의장에게 자격심사를 청구할 수 있다.
② 심사 대상인 지방의회의원은 자기의 자격심사에 관한 회의에 출석하여 의견을 진술할 수 있으나, 의결에는 참가할 수 없다.
제92조【자격상실 의결】① 제91조제1항의 심사 대상인 지방의회의원에 대한 자격상실 의결은 재적의원 3분의 2 이상의 찬성이 있어야 한다.
② 심사 대상인 지방의회의원은 제1항에 따라 자격상실이 확정될 때까지는 그 직을 상실하지 아니한다.
제93조【결원의 통지】지방의회의 의장은 지방의회의 의원의 결원이 생겼을 때에는 15일 이내에 그 지방자치단체의 장과 관할 선거관리위원회에 알려야 한다.

제10절 질 서

제94조【회의의 질서유지】① 지방의회의 의장이나 위원장은 지방의회의원이 본회의나 위원회의 회의장에서 이 법이나 회의규칙에 위배되는 발언이나 행위를 하여 회의장의 질서를 어지럽히면 경고 또는 제지를 하거나 발언의 취소를 명할 수 있다.
② 지방의회의 의장이나 위원장은 제1항의 명에 따르지 아니한 지방의회의원이 있으면 그 지방의회의원에 대하여 당일의 회의에서 발언하는 것을 금지하거나 퇴장시킬 수 있다.
③ 지방의회의 의장이나 위원장은 회의장이 소란하여 질서를 유지하기 어려우면 회의를 중지하거나 산회를 선포할 수 있다.
제95조【모욕 등 발언의 금지】① 지방의회의원은 본회의나 위원회에서 다른 사람을 모욕하거나 다른 사람의 사생활에 대하여 발언해서는 아니 된다.
② 본회의나 위원회에서 모욕을 당한 지방의회의원은 모욕을 한 지방의회의원에 대하여 지방의회에 징계를 요구할 수 있다.
제96조【발언 방해 등의 금지】지방의회의원은 회의 중에 폭력을 행사하거나 소란한 행위를 하여 다른 사람의 발언을 방해할 수 없으며, 지방의회의 의장이나 위원장의 허가 없이 연단(演壇)이나 단상(壇上)에 올라가서는 아니 된다.
제97조【방청인의 단속】① 방청인은 의안에 대하여 찬성·반대를 표명하거나 소란한 행위를 하여서는 아니 된다.
② 지방의회의 의장은 회의장의 질서를 방해하는 방청인의 퇴장을 명할 수 있으며, 필요하면 경찰관서에 인도할 수 있다.
③ 지방의회의 의장은 방청석이 소란하면 모든 방청인을 퇴장시킬 수 있다.
④ 제1항부터 제3항까지에서 규정한 사항 외에 방청인 단속에 필요한 사항은 회의규칙으로 정한다.

제11절 징 계

제98조【징계의 사유】지방의회는 지방의회의원이 이 법이나 자치법규에 위배되는 행위를 하면 윤리특별위원회의 심사를 거쳐 의결로써 징계할 수 있다.
제99조【징계의 요구】① 지방의회의 의장은 제98조에 따른 징계대상 지방의회의원이 있어 징계 요구를 받으면 윤리특별위원회에 회부한다.
② 제95조제1항을 위반한 지방의회의원에 대하여 모욕을 당한 지방의회의원이 징계를 요구하려면 징계사유를 적은 요구서를 지방의회의 의장에게 제출하여야 한다.
③ 지방의회의 의장은 제2항의 징계 요구를 받으면 윤리특별위원회에 회부한다.
제100조【징계의 종류와 의결】① 징계의 종류는 다음과 같다.
1. 공개회의에서의 경고
2. 공개회의에서의 사과
3. 30일 이내의 출석정지
4. 제명
② 제1항제4호에 따른 제명 의결에는 재적의원 3분의 2 이상의 찬성이 있어야 한다.
제101조【징계에 관한 회의규칙】징계에 관하여 이 법에서 정한 사항 외에 필요한 사항은 회의규칙으로 정한다.

제12절 사무기구와 직원

제102조【사무처 등의 설치】① 시·도의회에는 사무를 처리하기 위하여 조례로 정하는 바에 따라 사무처를 둘 수 있으며, 사무처에는 사무처장과 직원을 둔다.
② 시·군 및 자치구의회에는 사무를 처리하기 위하여 조례로 정하는 바에 따라 사무국이나 사무과를 둘 수 있으며, 사무국·사무과에는 사무국장 또는 사무과장과 직원을 둘 수 있다.
③ 제1항과 제2항에 따른 사무처장·사무국장·사무과장 및 직원(이하 제103조, 제104조 및 제118조에서 "사무직원"이라 한다)은 지방공무원으로 보한다.
제103조【사무직원의 정원과 임면 등】① 지방의회에 두는 사무직원의 수는 인건비 등 대통령령으로 정하는 기준에 따라 조례로 정한다.
② 지방의회의 의장은 지방의회 사무직원을 지휘·감독하고 법령과 조례·의회규칙으로 정하는 바에 따라 그 임면·교육·훈련·복무·징계 등에 관한 사항을 처리한다.
제104조【사무직원의 직무와 신분보장 등】① 사무처장·사무국장 또는 사무과장은 지방의회의 의장의 명을 받아 의회의 사무를 처리한다.
② 사무직원의 임용·보수·복무·신분보장·징계 등에 관하여는 이 법에서 정한 것 외에는「지방공무원법」을 적용한다.

제6장 집행기관

제1절 지방자치단체의 장

제1관 지방자치단체의 장의 직 인수위원회

제105조【지방자치단체의 장의 직 인수위원회】①「공직선거법」제191조에 따른 지방자치단체의 장의 당선인(같은 법 제14조제3항 단서에 따라 당선이 결정된 사람을 포함하며, 이하 이 조에서 "당선인"이라 한다)은 이 법에서 정하는 바에 따라 지방자치단체의 장의 직 인수를 위하여 필요한 권한을 갖는다.
② 당선인을 보좌하여 지방자치단체의 장의 직 인수와 관련된 업무를 담당하기 위하여 당선이 결정된 때부터 해당 지방자치단체에 지방자치단체의 장의 직 인수위원회(이하 이 조에서 "인수위원회"라 한다)를 설치할 수 있다.
③ 인수위원회는 당선인으로 결정된 때부터 지방자치단체의 장의 임기 시작일 이후 20일의 범위에서 존속한다.
④ 인수위원회는 다음 각 호의 업무를 수행한다.
1. 해당 지방자치단체의 조직·기능 및 예산현황의 파악
2. 해당 지방자치단체의 정책기조를 설정하기 위한 준비
3. 그 밖에 지방자치단체의 장의 직 인수에 필요한 사항
⑤ 인수위원회는 위원장 1명 및 부위원장 1명을 포함하여 다음 각 호의 구분에 따른 위원으로 구성한다.
1. 시·도 : 20명 이내
2. 시·군 및 자치구 : 15명 이내
⑥ 위원장·부위원장 및 위원은 명예직으로 하고, 당선인이 임명하거나 위촉한다.
⑦「지방공무원법」제31조 각 호의 어느 하나에 해당하는 사람은 인수위원회의 위원장·부위원장 및 위원이 될 수 없다.
⑧ 인수위원회의 위원장·부위원장 및 위원과 그 직에 있었던 사람은 그 직무와 관련하여 알게 된 비밀을 다른 사람에게 누설하거나 지방자치단체의 장의 직 인수 업무 외의 다른 목적으로 이용할 수 없으며, 직권을 남용해서는 아니 된다.
⑨ 인수위원회의 위원장·부위원장 및 위원과 그 직에 있었던 사람 중 공무원이 아닌 사람은 인수위원회의 업무와 관련하여「형법」이나 그 밖의 법률에 따른 벌칙을 적용할 때에는 공무원으로 본다.
⑩ 제1항부터 제9항까지에서 규정한 사항 외에 인수위원회의 구성·운영 및 인력·예산 지원 등에 필요한 사항은 해당 지방자치단체의 조례로 정한다.

제2관 지방자치단체의 장의 지위

제106조【지방자치단체의 장】특별시에 특별시장, 광역시에 광역시장, 특별자치시에 특별자치시장, 도와 특별자치도에 도지사를 두고, 시에 시장, 군에 군수, 자치구에 구청장을 둔다.
제107조【지방자치단체의 장의 선거】지방자치단체의 장은 주민이 보통·평등·직접·비밀선거로 선출한다.
제108조【지방자치단체의 장의 임기】지방자치단체의 장의 임기는 4년으로 하며, 3기 내에서만 계속 재임(在任)할 수 있다.
제109조【겸임 등의 제한】① 지방자치단체의 장은 다음 각 호의 어느 하나에 해당하는 직을 겸임할 수 없다.
1. 대통령, 국회의원, 헌법재판소 재판관, 각급 선거관리위원회 위원, 지방의회의원
2.「국가공무원법」제2조에 따른 국가공무원과「지방공무원법」제2조에 따른 지방공무원
3. 다른 법령에 따라 공무원의 신분을 가지는 직
4.「공공기관의 운영에 관한 법률」제4조에 따른 공공기관(한국방송공사, 한국교육방송공사 및 한국은행을 포함한다)의 임직원
5. 농업협동조합, 수산업협동조합, 산림조합, 엽연초생산협동조합, 신용협동조합 및 새마을금고(이들 조합·금고의 중앙회와 연합회를 포함한다)의 임직원
6. 교원
7.「지방공기업법」제2조에 따른 지방공사와 지방공단의 임직원
8. 그 밖에 다른 법률에서 겸임할 수 없도록 정하는 직
② 지방자치단체의 장은 재임 중 그 지방자치단체와 영리를 목적으로 하는 거래를 하거나 그 지방자치단체와 관계있는 영리사업에 종사할 수 없다.
제110조【지방자치단체의 폐지·설치·분리·합병과 지방자치단체의 장】지방자치단체를 폐지하거나 설치하거나 나누거나 합쳐 새로 지방자치단체의 장을 선출하여야 하는 경우에는 그 지방자치단체의 장이 선출될 때까지 시·도지사는 행정안전부장관이, 시장·군수 및 자치구의 구청장은 시·도지사가 각각 그 직무를 대행할 사람을 지정하여야 한다. 다만, 둘 이상의 동격의 지방자치단체를 통폐합하여 새로운 지방자치단체를 설치하는 경우에는 종전의 지방자치단체의 장 중에서 해당 지방자치단체의 장의 직무를 대행할 사람을 지정한다.
제111조【지방자치단체의 장의 사임】① 지방자치단체의 장은 그 직을 사임하려면 지방의회의 의장에게 미리 사임일을 적은 서면(이하 "사임통지서"라 한다)으로 알려야 한다.
② 지방자치단체의 장은 사임통지서에 적힌 사임일에 사임한다. 다만, 사임통지서에 적힌 사임일까지 지방의회의 의장에게 사임통지가 되지 아니하면 지방의회의 의장에게 사임통지가 된 날에 사임한다.
제112조【지방자치단체의 장의 퇴직】지방자치단체의 장이 다음 각 호의 어느 하나에 해당될 때에는 그 직에서 퇴직한다.
1. 지방자치단체의 장이 겸임할 수 없는 직에 취임할 때
2. 피선거권이 없게 될 때. 이 경우 지방자치단체의 구역이 변경되거나 없어지거나 합한 것 외의 다른 사유로 그 지방자치단체의 구역 밖으로 주민등록을 이전하였을 때를 포함한다.
3. 제110조에 따라 지방자치단체의 장의 직을 상실할 때
제113조【지방자치단체의 장의 체포 및 확정판결의 통지】① 수사기관의 장은 체포되거나 구금된 지방자치단체의 장이 있으면 지체 없이 영장의 사본을 첨부하여 해당 지방자치단체에 알려야 한다. 이 경우 통지를 받은 지방자치단체는 그 사실을 즉시 행정안전부장관에게 보고하여야 하며, 시·군 및 자치구가 행정안전부장관에게 보고할 때에는 시·도지사를 거쳐야 한다.
② 각급 법원장은 지방자치단체의 장이 형사사건으로 공소가 제기되어 판결이 확정되면 지체 없이 해당 지방자치단체에 알려야 한다. 이 경우 통지를 받은 지방자치단체는 그 사실을 즉시 행정안전부장관에게 보고하여야 하며, 시·군 및 자치구가 행정안전부장관에게 보고할 때에는 시·도지사를 거쳐야 한다.

地方

제3관 지방자치단체의 장의 권한

제114조【지방자치단체의 통할대표권】지방자치단체의 장은 지방자치단체를 대표하고, 그 사무를 총괄한다.
제115조【국가사무의 위임】시·도와 시·군 및 자치구에서 시행하는 국가사무는 시·도지사와 시장·군수 및 자치구의 구청장에게 위임하여 수행하는 것을 원칙으로 한다. 다만, 법령에 다른 규정이 있는 경우에는 그러하지 아니하다.
제116조【사무의 관리 및 집행권】지방자치단체의 장은 그 지방자치단체의 사무와 법령에 따라 그 지방자치단체의 장에게 위임된 사무를 관리하고 집행한다.
제117조【사무의 위임 등】① 지방자치단체의 장은 조례나 규칙으로 정하는 바에 따라 그 권한에 속하는 사무의 일부를 보조기관, 소속 행정기관 또는 하부행정기관에 위임할 수 있다.
② 지방자치단체의 장은 조례나 규칙으로 정하는 바에 따라 그 권한에 속하는 사무의 일부를 관할 지방자치단체나 공공단체 또는 그 기관(사업소·출장소를 포함한다)에 위임하거나 위탁할 수 있다.
③ 지방자치단체의 장은 조례나 규칙으로 정하는 바에 따라 그 권한에 속하는 사무 중 조사·검사·검정·관리업무 등 주민의 권리·의무와 직접 관련되지 아니하는 사무를 법인·단체 또는 그 기관이나 개인에게 위탁할 수 있다.
④ 지방자치단체의 장이 위임받거나 위탁받은 사무의 일부를 제1항부터 제3항까지의 규정에 따라 다시 위임하거나 위탁하려면 미리 그 사무를 위임하거나 위탁한 기관의 장의 승인을 받아야 한다.
제118조【직원에 대한 임면권 등】지방자치단체의 장은 소속 직원(지방의회의 사무직원은 제외한다)을 지휘·감독하고 법령과 조례·규칙으로 정하는 바에 따라 그 임면·교육훈련·복무·징계 등에 관한 사항을 처리한다.
제119조【사무인계】지방자치단체의 장이 퇴직할 때에는 소관 사무 일체를 후임자에게 인계하여야 한다.

제4관 지방의회와의 관계

제120조【지방의회의 의결에 대한 재의 요구와 제소】
① 지방자치단체의 장은 지방의회의 의결이 월권이거나 법령에 위반되거나 공익을 현저히 해친다고 인정되면 그 의결사항을 이송받은 날부터 20일 이내에 이유를 붙여 재의를 요구할 수 있다.
② 제1항의 요구에 대하여 재의한 결과 재적의원 과반수의 출석과 출석의원 3분의 2 이상의 찬성으로 전과 같은 의결을 하면 그 의결사항은 확정된다.

③ 지방자치단체의 장은 제2항에 따라 재의결된 사항이 법령에 위반된다고 인정되면 대법원에 소(訴)를 제기할 수 있다. 이 경우에는 제192조제4항을 준용한다.

제121조【예산상 집행 불가능한 의결의 재의 요구】 ① 지방자치단체의 장은 지방의회의 의결이 예산상 집행할 수 없는 경비를 포함하고 있다고 인정되면 그 의결사항을 이송받은 날부터 20일 이내에 이유를 붙여 재의를 요구할 수 있다.
② 지방의회가 다음 각 호의 어느 하나에 해당하는 경비를 줄이는 의결을 할 때에도 제1항과 같다.
1. 법령에 따라 지방자치단체에서 의무적으로 부담하여야 할 경비
2. 비상재해로 인한 시설의 응급 복구를 위하여 필요한 경비
③ 제1항과 제2항의 경우에는 제120조제2항을 준용한다.

제122조【지방자치단체의 장의 선결처분】 ① 지방자치단체의 장은 지방의회가 지방의회의원이 구속되는 등의 사유로 제73조에 따른 의결정족수에 미달될 때와 지방의회의 의결사항 중 주민의 생명과 재산 보호를 위하여 긴급하게 필요한 사항으로서 지방의회를 소집할 시간적 여유가 없거나 지방의회에서 의결이 지체되어 의결되지 아니할 때에는 선결처분(先決處分)을 할 수 있다.
② 제1항에 따른 선결처분은 지체 없이 지방의회에 보고하여 승인을 받아야 한다.
③ 지방의회에서 제2항의 승인을 받지 못하면 그 선결처분은 그때부터 효력을 상실한다.
④ 지방자치단체의 장은 제2항이나 제3항에 관한 사항을 지체 없이 공고하여야 한다.

제2절 보조기관

제123조【부지사·부시장·부군수·부구청장】 ① 특별시·광역시 및 특별자치시에 부시장, 도와 특별자치도에 부지사, 시에 부시장, 군에 부군수, 자치구에 부구청장을 두며, 그 수는 다음 각 호의 구분과 같다.
1. 특별시의 부시장의 수 : 3명을 넘지 아니하는 범위에서 대통령령으로 정한다.
2. 광역시와 특별자치시의 부시장 및 도와 특별자치도의 부지사의 수 : 2명(인구 800만 이상의 광역시나 도는 3명)을 넘지 아니하는 범위에서 대통령령으로 정한다.
3. 시의 부시장, 군의 부군수 및 자치구의 부구청장의 수 : 1명으로 한다.
② 특별시·광역시 및 특별자치시의 부시장, 도와 특별자치도의 부지사는 대통령령으로 정하는 바에 따라 정무직 또는 일반직 국가공무원으로 보한다. 다만, 제1항제1호 및 제2호에 따라 특별시·광역시 및 특별자치시의 부시장, 도와 특별자치도의 부지사를 2명이나 3명 두는 경우에 1명은 대통령령으로 정하는 바에 따라 정무직·일반직 또는 별정직 지방공무원으로 보하되, 정무직과 별정직 지방공무원으로 보할 때의 자격기준은 해당 지방자치단체의 조례로 정한다.
③ 제2항의 정무직 또는 일반직 국가공무원으로 보하는 부시장·부지사는 시·도지사의 제청으로 행정안전부장관을 거쳐 대통령이 임명한다. 이 경우 제청된 사람에게 법적 결격사유가 없으면 시·도지사가 제청한 날부터 30일 이내에 임명절차를 마쳐야 한다.
④ 시의 부시장, 군의 부군수, 자치구의 부구청장은 일반직 지방공무원으로 보하되, 그 직급은 대통령령으로 정하며 시장·군수·구청장이 임명한다.
⑤ 시·도의 부시장과 부지사, 시의 부시장·부군수·부구청장은 해당 지방자치단체의 장을 보좌하여 사무를 총괄하고, 소속 직원을 지휘·감독한다.
⑥ 제1항제1호 및 제2호에 따라 시·도의 부시장과 부지사를 2명이나 3명 두는 경우에 그 사무 분장은 대통령령으로 정한다. 이 경우 부시장·부지사를 3명 두는 시·도에서는 그중 1명에게 특정지역의 사무를 담당하게 할 수 있다.

제124조【지방자치단체의 장의 권한대행 등】 ① 지방자치단체의 장이 다음 각 호의 어느 하나에 해당되면 부지사·부시장·부군수·부구청장(이하 이 조에서 "부단체장"이라 한다)이 그 권한을 대행한다.
1. 궐위된 경우
2. 공소 제기된 후 구금상태에 있는 경우
3. 「의료법」에 따른 의료기관에 60일 이상 계속하여 입원한 경우
② 지방자치단체의 장이 그 직을 가지고 그 지방자치단체의 장 선거에 입후보하면 예비후보자 또는 후보자로 등록한 날부터 선거일까지 부단체장이 그 지방자치단체의 장의 권한을 대행한다.
③ 지방자치단체의 장이 출장·휴가 등 일시적 사유로 직무를 수행할 수 없으면 부단체장이 그 직무를 대리한다.
④ 제1항부터 제3항까지의 경우에 부지사나 부시장이 2명 이상인 시·도에서는 대통령령으로 정하는 순서에 따라 그 권한을 대행하거나 직무를 대리한다.
⑤ 제1항부터 제3항까지의 규정에 따라 권한을 대행하거나 직무를 대리할 부단체장이 부득이한 사유로 직무를 수행할 수 없으면 그 지방자치단체의 규칙에 정해진 직제 순서에 따른 공무원이 그 권한을 대행하거나 직무를 대리한다.

제125조【행정기구와 공무원】 ① 지방자치단체는 그 사무를 분장하기 위하여 필요한 행정기구와 지방공무원을 둔다.
② 제1항에 따른 행정기구의 설치와 지방공무원의 정원은 인건비 등 대통령령으로 정하는 기준에 따라 그 지방자치단체의 조례로 정한다.
③ 행정안전부장관은 지방자치단체의 행정기구와 지방공무원의 정원이 적절하게 운영되고 다른 지방자치단체와의 균형이 유지되도록 하기 위하여 필요한 사항을 권고할 수 있다.
④ 지방공무원의 임용과 시험·자격·보수·복무·신분보장·징계·교육·훈련 등에 관한 사항은 따로 법률로 정한다.
⑤ 지방자치단체에는 제1항에도 불구하고 법률로 정하는 바에 따라 국가공무원을 둘 수 있다.
⑥ 제5항에 규정된 국가공무원의 경우 「국가공무원법」 제32조제1항부터 제3항까지의 규정에도 불구하고 5급 이상의 국가공무원이나 고위공무원단에 속하는 공무원은 해당 지방자치단체의 장의 제청으로 소속 장관을 거쳐 대통령이 임명하고, 6급 이하의 국가공무원은 그 지방자치단체의 장의 제청으로 소속 장관이 임명한다.

제3절 소속 행정기관

제126조【직속기관】 지방자치단체는 소관 사무의 범위에서 필요하면 대통령령이나 대통령령으로 정하는 범위에서 그 지방자치단체의 조례로 자치경찰기관(제주특별자치도만 해당한다), 소방기관, 교육훈련기관, 보건진료기관, 시험연구기관 및 중소기업지도기관 등을 직속기관으로 설치할 수 있다.

제127조【사업소】 지방자치단체는 특정 업무를 효율적으로 수행하기 위하여 필요하면 대통령령으로 정하는 범위에서 그 지방자치단체의 조례로 사업소를 설치할 수 있다.

제128조【출장소】 지방자치단체는 외진 곳의 주민의 편의와 특정지역의 개발 촉진을 위하여 필요하면 대통령령으로 정하는 범위에서 그 지방자치단체의 조례로 출장소를 설치할 수 있다.

제129조【합의제행정기관】 ① 지방자치단체는 소관 사무의 일부를 독립하여 수행할 필요가 있으면 법령이나 그 지방자치단체의 조례로 정하는 바에 따라 합의제행정기관을 설치할 수 있다.
② 제1항의 합의제행정기관의 설치·운영에 필요한 사항은 대통령령이나 그 지방자치단체의 조례로 정한다.

제130조【자문기관의 설치 등】 ① 지방자치단체는 소관 사무의 범위에서 법령이나 그 지방자치단체의 조례로 정하는 바에 따라 자문기관(소관 사무에 대한 자문에 응하거나 협의, 심의 등을 목적으로 하는 심의회, 위원회 등을 말한다. 이하 같다)을 설치·운영할 수 있다.
② 자문기관은 법령이나 조례에 규정된 기능과 권한을 넘어서 주민의 권리를 제한하거나 의무를 부과하는 내용으로 자문 또는 심의 등을 하여서는 아니 된다.
③ 자문기관의 설치 요건·절차, 구성 및 운영 등에 관한 사항은 대통령령으로 정한다. 다만, 다른 법령에서 지방자치단체에 둘 수 있는 자문기관의 설치 요건·절차, 구성 및 운영 등을 따로 정한 경우에는 그 법령에서 정하는 바에 따른다.
④ 지방자치단체는 자문기관 운영의 효율성 향상을 위하여 해당 지방자치단체에 설치된 다른 자문기관과 성격·기능이 중복되는 자문기관을 설치·운영해서는 아니 되며, 지방자치단체의 조례로 정하는 바에 따라 성격과 기능이 유사한 다른 자문기관의 기능을 포함하여 운영할 수 있다.
⑤ 지방자치단체의 장은 자문기관 운영의 효율성 향상을 위한 자문기관 정비계획 및 조치 결과 등을 종합하여 작성한 자문기관 운영현황을 매년 해당 지방의회에 보고하여야 한다.

제4절 하부행정기관

제131조【하부행정기관의 장】 자치구가 아닌 구에 구청장, 읍에 읍장, 면에 면장, 동에 동장을 둔다. 이 경우 면·동은 행정면·행정동을 말한다.

제132조【하부행정기관의 장의 임명】 ① 자치구가 아닌 구의 구청장은 일반직 지방공무원으로 보하되, 시장이 임명한다.
② 읍장·면장·동장은 일반직 지방공무원으로 보하되, 시장·군수 또는 자치구의 구청장이 임명한다.

제133조【하부행정기관의 장의 직무권한】 자치구가 아닌 구의 구청장은 시장, 읍장·면장은 시장이나 군수, 동장은 시장(구가 없는 시의 시장을 말한다)이나 구청장(자치구의 구청장을 포함한다)의 지휘·감독을 받아 소관 국가사무와 지방자치단체의 사무를 맡아 처리하고 소속 직원을 지휘·감독한다.

제134조【하부행정기구】 지방자치단체는 조례로 정하는 바에 따라 자치구가 아닌 구와 읍·면·동에 소관 행정사무를 분장하기 위하여 필요한 행정기구를 둘 수 있다. 이 경우 면·동은 행정면·행정동을 말한다.

제5절 교육·과학 및 체육에 관한 기관

제135조【교육·과학 및 체육에 관한 기관】 ① 지방자치단체의 교육·과학 및 체육에 관한 사무를 분장하기 위하여 별도의 기관을 둔다.
② 제1항에 따른 기관의 조직과 운영에 필요한 사항은 따로 법률로 정한다.

제7장 재 무

제1절 재정 운영의 기본원칙

제136조【지방재정의 조정】 국가와 지방자치단체는 지역 간 재정불균형을 해소하기 위하여 국가와 지방자치단체 간, 지방자치단체 상호 간에 적절한 재정 조정을 하도록 노력하여야 한다.

제137조【건전재정의 운영】 ① 지방자치단체는 그 재정을 수지균형의 원칙에 따라 건전하게 운영하여야 한다.
② 국가는 지방재정의 자주성과 건전한 운영을 장려하여야 하며, 국가의 부담을 지방자치단체에 넘겨서는 아니 된다.
③ 국가는 다음 각 호의 어느 하나에 해당하는 기관의 신설·확장·이전·운영과 관련된 비용을 지방자치단체에 부담시켜서는 아니 된다.
1. 「정부조직법」과 다른 법률에 따라 설치된 국가행정기관 및 그 소속 기관
2. 「공공기관의 운영에 관한 법률」 제4조에 따른 공공기관
3. 국가가 출자·출연한 기관(재단법인, 사단법인 등을 포함한다)
4. 국가가 설립·조성·관리하는 시설 또는 단지 등을 지원하기 위하여 설치된 기관(재단법인, 사단법인 등을 포함한다)
④ 국가는 제3항 각 호의 기관을 신설하거나 확장하거나 이전하는 위치를 선정할 경우 지방자치단체의 재정적 부담을 입지 선정의 조건으로 하거나 입지 적합성의 선정항목으로 이용해서는 아니 된다.

제138조【국가시책의 구현】 ① 지방자치단체는 국가시책을 달성하기 위하여 노력하여야 한다.
② 제1항에 따라 국가시책을 달성하기 위하여 필요한 경비의 국고보조율과 지방비부담률은 법령으로 정한다.

제139조【지방채무 및 지방채권의 관리】 ① 지방자치단체의 장이나 지방자치단체조합은 따로 법률로 정하는 바에 따라 지방채를 발행할 수 있다.
② 지방자치단체의 장은 따로 법률로 정하는 바에 따라 지방자치단체의 채무부담의 원인이 될 계약의 체결이나 그 밖의 행위를 할 수 있다.
③ 지방자치단체의 장은 공익을 위하여 필요하다고 인정하면 미리 지방의회의 의결을 받아 보증채무 부담행위를 할 수 있다.
④ 지방자치단체는 조례나 계약에 의하지 아니하고는 채무의 이행을 지체할 수 없다.
⑤ 지방자치단체는 법령이나 조례의 규정에 따르거나 지방의회의 의결을 받지 아니하고는 채권에 관하여 채무를 면제하거나 그 효력을 변경할 수 없다.

제2절 예산과 결산

제140조【회계연도】 지방자치단체의 회계연도는 매년 1월 1일에 시작하여 그 해 12월 31일에 끝난다.

제141조【회계의 구분】 ① 지방자치단체의 회계는 일반회계와 특별회계로 구분한다.
② 특별회계는 법률이나 지방자치단체의 조례로 설치할 수 있다.

제142조【예산의 편성 및 의결】 ① 지방자치단체의 장은 회계연도마다 예산안을 편성하여 시·도는 회계연도 시작 50일 전까지, 시·군 및 자치구는 회계연도 시작 40일 전까지 지방의회에 제출하여야 한다.
② 시·도의회는 제1항의 예산안을 회계연도 시작 15일 전까지, 시·군 및 자치구의회는 회계연도 시작 10일 전까지 의결하여야 한다.
③ 지방의회는 지방자치단체의 장의 동의 없이 지출예산 각 항의 금액을 증가시키거나 새로운 비용항목을 설치할 수 없다.
④ 지방자치단체의 장은 제1항의 예산안을 제출한 후 부득이한 사유로 그 내용의 일부를 수정하려면 수정예산안을 작성하여 지방의회에 다시 제출할 수 있다.

제143조【계속비】 지방자치단체의 장은 한 회계연도를 넘어 계속하여 경비를 지출할 필요가 있으면 그 총액과 연도별 금액을 정하여 계속비로서 지방의회의 의결을 받아야 한다.

제144조【예비비】 ① 지방자치단체는 예측할 수 없는 예산 외의 지출이나 예산초과지출에 충당하기 위하여 세입·세출예산에 예비비를 계상하여야 한다.
② 예비비의 지출은 다음 해 지방의회의 승인을 받아야 한다.

제145조【추가경정예산】 ① 지방자치단체의 장은 예산을 변경할 필요가 있으면 추가경정예산안을 편성하여 지방의회의 의결을 받아야 한다.
② 제1항의 경우에는 제142조제3항 및 제4항을 준용한다.

地方

제146조【예산이 성립하지 아니할 때의 예산 집행】 지방의회에서 새로운 회계연도가 시작될 때까지 예산안이 의결되지 못하면 지방자치단체의 장은 지방의회에서 예산안이 의결될 때까지 다음 각 호의 목적을 위한 경비를 전년도 예산에 준하여 집행할 수 있다.
1. 법령이나 조례에 따라 설치된 기관이나 시설의 유지·운영
2. 법령상 또는 조례상 지출의무의 이행
3. 이미 예산으로 승인된 사업의 계속

제147조【지방자치단체를 신설할 때의 예산】 ① 지방자치단체를 폐지하거나 설치하거나 나누거나 합쳐 새로운 지방자치단체가 설치된 경우에는 지체 없이 그 지방자치단체의 예산을 편성하여야 한다.
② 제1항의 경우에 해당 지방자치단체의 장은 예산이 성립될 때까지 필요한 경상적 수입과 지출을 할 수 있다. 이 경우 수입과 지출은 새로 성립될 예산에 포함시켜야 한다.

제148조【재정부담이 따르는 조례 제정 등】 지방의회는 새로운 재정부담이 따르는 조례나 안건을 의결하려면 미리 지방자치단체의 장의 의견을 들어야 한다.

제149조【예산의 이송·고시 등】 ① 지방의회의 의장은 예산안이 의결되면 그날부터 3일 이내에 지방자치단체의 장에게 이송하여야 한다.
② 지방자치단체의 장은 제1항에 따라 예산을 이송받으면 지체 없이 시·도에서는 행정안전부장관에게, 시·군 및 자치구에서는 시·도지사에게 각각 보고하고, 그 내용을 고시하여야 한다. 다만, 제121조에 따른 재의 요구를 할 때에는 그러하지 아니하다.

제150조【결산】 ① 지방자치단체의 장은 출납 폐쇄 후 80일 이내에 결산서와 증명서류를 작성하고 지방의회가 선임한 검사위원의 검사의견서를 첨부하여 다음 해 지방의회의 승인을 받아야 한다. 결산의 심사 결과 위법하거나 부당한 사항이 있는 경우에 지방의회는 본회의 의결 후 지방자치단체 또는 해당 기관에 변상 및 징계 조치 등 그 시정을 요구하고, 지방자치단체 또는 해당 기관은 시정 요구를 받은 사항을 지체 없이 처리하여 그 결과를 지방의회에 보고하여야 한다.
② 지방자치단체의 장은 제1항에 따른 승인을 받으면 그 날부터 5일 이내에 시·도에서는 행정안전부장관에게, 시·군 및 자치구에서는 시·도지사에게 각각 보고하고, 그 내용을 고시하여야 한다.
③ 제1항에 따른 검사위원의 선임과 운영에 필요한 사항은 대통령령으로 정한다.

제151조【지방자치단체가 없어졌을 때의 결산】 ① 지방자치단체를 폐지하거나 설치하거나 나누거나 합쳐 없어진 지방자치단체의 수입과 지출은 없어진 날로 마감하되, 그 지방자치단체의 장이었던 사람이 결산하여야 한다.
② 제1항의 결산은 제150조제1항에 따라 사무를 인수한 지방자치단체의 의회의 승인을 받아야 한다.

제3절 수입과 지출

제152조【지방세】 지방자치단체는 법률로 정하는 바에 따라 지방세를 부과·징수할 수 있다.

제153조【사용료】 지방자치단체는 공공시설의 이용 또는 재산의 사용에 대하여 사용료를 징수할 수 있다.

제154조【수수료】 ① 지방자치단체는 그 지방자치단체의 사무가 특정인을 위한 것이면 그 사무에 대하여 수수료를 징수할 수 있다.
② 지방자치단체는 국가나 다른 지방자치단체의 위임사무가 특정인을 위한 것이면 그 사무에 대하여 수수료를 징수할 수 있다.
③ 제2항에 따른 수수료는 그 지방자치단체의 수입으로 한다. 다만, 법령에 달리 정해진 경우에는 그러하지 아니하다.

제155조【분담금】 지방자치단체는 그 재산 또는 공공시설의 설치로 주민의 일부가 특히 이익을 받으면 이익을 받는 자로부터 그 이익의 범위에서 분담금을 징수할 수 있다.

제156조【사용료의 징수조례 등】 ① 사용료·수수료 또는 분담금의 징수에 관한 사항은 조례로 정한다. 다만, 국가가 지방자치단체나 그 기관에 위임한 사무와 자치사무의 수수료 중 전국적으로 통일할 필요가 있는 수수료는 다른 법령의 규정에도 불구하고 대통령령으로 정하는 표준금액으로 징수하되, 지방자치단체가 다른 금액으로 징수하려는 경우에는 표준금액의 50퍼센트 범위에서 조례로 가감 조정하여 징수할 수 있다.
② 사기나 그 밖의 부정한 방법으로 사용료·수수료 또는 분담금의 징수를 면한 자에게는 그 징수를 면한 금액의 5배 이내의 과태료를, 공공시설을 부정사용한 자에게는 50만원 이하의 과태료를 부과하는 규정을 조례로 정할 수 있다.
③ 제2항에 따른 과태료의 부과·징수, 재판 및 집행 등의 절차에 관한 사항은 「질서위반행위규제법」에 따른다.

제157조【사용료 등의 부과·징수, 이의신청】 ① 사용료·수수료 또는 분담금은 공평한 방법으로 부과하거나 징수하여야 한다.
② 사용료·수수료 또는 분담금의 부과나 징수에 대하여 이의가 있는 자는 그 처분을 통지받은 날부터 90일 이내에 그 지방자치단체의 장에게 이의신청할 수 있다.
③ 지방자치단체의 장은 제2항의 이의신청을 받은 날부터 60일 이내에 결정을 하여 알려야 한다.
④ 사용료·수수료 또는 분담금의 부과나 징수에 대하여 행정소송을 제기하려면 제3항에 따른 결정을 통지받은 날부터 90일 이내에 처분청을 당사자로 하여 소를 제기하여야 한다.
⑤ 제3항에 따른 결정기간에 결정의 통지를 받지 못하면 제4항에도 불구하고 그 결정기간이 지난 날부터 90일 이내에 소를 제기할 수 있다.
⑥ 제2항과 제3항에 따른 이의신청의 방법과 절차 등에 관하여는 「지방세기본법」 제90조와 제94조부터 제100조까지의 규정을 준용한다.
⑦ 지방자치단체의 장은 사용료·수수료 또는 분담금을 내야 할 자가 납부기한까지 그 사용료·수수료 또는 분담금을 내지 아니하면 지방세 체납처분의 예에 따라 징수할 수 있다.

제158조【경비의 지출】 지방자치단체는 자치사무 수행에 필요한 경비와 위임된 사무에 필요한 경비를 지출할 의무를 진다. 다만, 국가사무나 지방자치단체사무를 위임할 때에는 사무를 위임한 국가나 지방자치단체에서 그 경비를 부담하여야 한다.

제4절 재산 및 공공시설

제159조【재산과 기금의 설치】 ① 지방자치단체는 행정목적을 달성하기 위한 경우나 공익상 필요한 경우에는 재산(현금 외의 모든 재산적 가치가 있는 물건과 권리를 말한다)을 보유하거나 특정한 자금을 운용하기 위한 기금을 설치할 수 있다.
② 제1항의 재산의 보유, 기금의 설치·운용에 필요한 사항은 조례로 정한다.

제160조【재산의 관리와 처분】 지방자치단체의 재산은 법령이나 조례에 따르지 아니하고는 교환·양여(讓與)·대여하거나 출자 수단 또는 지급 수단으로 사용할 수 없다.

제161조【공공시설】 ① 지방자치단체는 주민의 복지를 증진하기 위하여 공공시설을 설치할 수 있다.
② 제1항의 공공시설의 설치와 관리에 관하여 다른 법령에 규정이 없으면 조례로 정한다.
③ 제1항의 공공시설은 관계 지방자치단체의 동의를 받아 그 지방자치단체의 구역 밖에 설치할 수 있다.

제5절 보 칙

제162조【지방재정 운영에 관한 법률의 제정】 지방자치단체의 재정에 관하여 이 법에서 정한 것 외에 필요한 사항은 따로 법률로 정한다.

제163조【지방공기업의 설치·운영】 ① 지방자치단체는 주민의 복리증진과 사업의 효율적 수행을 위하여 지방공기업을 설치·운영할 수 있다.
② 지방공기업의 설치·운영에 필요한 사항은 따로 법률로 정한다.

제8장 지방자치단체 상호 간의 관계

제1절 지방자치단체 간의 협력과 분쟁조정

제164조【지방자치단체 상호 간의 협력】 ① 지방자치단체는 다른 지방자치단체로부터 사무의 공동처리에 관한 요청이나 사무처리에 관한 협의·조정·승인 또는 지원의 요청을 받으면 법령의 범위에서 협력하여야 한다.
② 관계 중앙행정기관의 장은 지방자치단체 간의 협력 활성화를 위하여 필요한 지원을 할 수 있다.

제165조【지방자치단체 상호 간의 분쟁조정】 ① 지방자치단체 상호 간 또는 지방자치단체의 장 상호 간에 사무를 처리할 때 의견이 달라 다툼(이하 "분쟁"이라 한다)이 생기면 다른 법률에 특별한 규정이 없으면 행정안전부장관이나 시·도지사가 당사자의 신청을 받아 조정할 수 있다. 다만, 그 분쟁이 공익을 현저히 해쳐 조속한 조정이 필요하다고 인정되면 당사자의 신청이 없어도 직권으로 조정할 수 있다.
② 제1항 단서에 따라 행정안전부장관이나 시·도지사가 분쟁을 조정하는 경우에는 그 취지를 미리 당사자에게 알려야 한다.
③ 행정안전부장관이나 시·도지사가 제1항의 분쟁을 조정하려는 경우에는 관계 중앙행정기관의 장과의 협의를 거쳐 제166조에 따른 지방자치단체중앙분쟁조정위원회나 지방자치단체지방분쟁조정위원회의 의결에 따라 조정을 결정하여야 한다.
④ 행정안전부장관이나 시·도지사는 제3항에 따라 조정을 결정하면 서면으로 지체 없이 관계 지방자치단체의 장에게 통보하여야 하며, 통보를 받은 지방자치단체의 장은 그 조정 결정 사항을 이행하여야 한다.
⑤ 제3항에 따른 조정 결정 사항 중 예산이 필요한 사항에 대해서는 관계 지방자치단체는 필요한 예산을 우선적으로 편성하여야 한다. 이 경우 연차적으로 추진하여야 할 사항은 연도별 추진계획을 행정안전부장관이나 시·도지사에게 보고하여야 한다.
⑥ 행정안전부장관이나 시·도지사는 제3항의 조정 결정에 따른 시설의 설치 또는 서비스의 제공으로 이익을 얻거나 그 원인을 일으켰다고 인정되는 지방자치단체에 대해서는 그 시설비나 운영비 등의 전부나 일부를 행정안전부장관이 정하는 기준에 따라 부담하게 할 수 있다.
⑦ 행정안전부장관이나 시·도지사는 제4항부터 제6항까지의 규정에 따른 조정 결정 사항이 성실히 이행되지 아니하면 그 지방자치단체에 대하여 제189조를 준용하여 이행하게 할 수 있다.

제166조【지방자치단체중앙분쟁조정위원회 등의 설치와 구성 등】 ① 제165조제1항에 따른 분쟁의 조정과 제173조제1항에 따른 협의사항의 조정에 필요한 사항을 심의·의결하기 위하여 행정안전부에 지방자치단체중앙분쟁조정위원회(이하 "중앙분쟁조정위원회"라 한다)를, 시·도에 지방자치단체지방분쟁조정위원회(이하 "지방분쟁조정위원회"라 한다)를 둔다.
② 중앙분쟁조정위원회는 다음 각 호의 분쟁을 심의·의결한다.
1. 시·도 간 또는 그 장 간의 분쟁
2. 시·도를 달리하는 시·군 및 자치구 간 또는 그 장 간의 분쟁
3. 시·도와 시·군 및 자치구 간 또는 그 장 간의 분쟁
4. 시·도와 지방자치단체조합 간 또는 그 장 간의 분쟁
5. 시·도를 달리하는 시·군 및 자치구와 지방자치단체조합 간 또는 그 장 간의 분쟁
6. 시·도를 달리하는 지방자치단체조합 간 또는 그 장 간의 분쟁
③ 지방분쟁조정위원회는 제2항 각 호에 해당하지 아니하는 지방자치단체·지방자치단체조합 간 또는 그 장 간의 분쟁을 심의·의결한다.
④ 중앙분쟁조정위원회와 지방분쟁조정위원회(이하 "분쟁조정위원회"라 한다)는 각각 위원장 1명을 포함하여 11명 이내의 위원으로 구성한다.
⑤ 중앙분쟁조정위원회의 위원장과 위원 중 5명은 다음 각 호의 사람 중에서 행정안전부장관의 제청으로 대통령이 임명하거나 위촉하고, 대통령령으로 정하는 중앙행정기관 소속 공무원은 당연직위원이 된다.
1. 대학에서 부교수 이상으로 3년 이상 재직 중이거나 재직한 사람
2. 판사·검사 또는 변호사의 직에 6년 이상 재직 중이거나 재직한 사람
3. 그 밖에 지방자치사무에 관한 학식과 경험이 풍부한 사람
⑥ 지방분쟁조정위원회의 위원장과 위원 중 5명은 제5항 각 호의 사람 중에서 시·도지사가 임명하거나 위촉하고, 조례로 정하는 해당 지방자치단체 소속 공무원은 당연직위원이 된다.
⑦ 공무원이 아닌 위원장 및 위원의 임기는 3년으로 하며, 연임할 수 있다. 다만, 보궐위원의 임기는 전임자 임기의 남은 기간으로 한다.

제167조【분쟁조정위원회의 운영 등】 ① 분쟁조정위원회는 위원장을 포함한 위원 7명 이상의 출석으로 개의하고, 출석위원 3분의 2 이상의 찬성으로 의결한다.
② 분쟁조정위원회의 위원장은 분쟁의 조정과 관련하여 필요하다고 인정하면 관계 공무원, 지방자치단체조합의 직원 또는 관계 전문가를 출석시켜 의견을 듣거나 관계 기관이나 단체에 대하여 자료 및 의견 제출 등을 요구할 수 있다. 이 경우 분쟁의 당사자에게는 의견을 진술할 기회를 주어야 한다.
③ 이 법에서 정한 사항 외에 분쟁조정위원회의 구성과 운영 등에 필요한 사항은 대통령령으로 정한다.

제168조【사무의 위탁】 ① 지방자치단체나 그 장은 소관 사무의 일부를 다른 지방자치단체나 그 장에게 위탁하여 처리하게 할 수 있다.
② 지방자치단체나 그 장은 제1항에 따라 사무를 위탁하려면 관계 지방자치단체와의 협의에 따라 규약을 정하여 고시하여야 한다.
③ 제2항의 사무위탁에 관한 규약에는 다음 각 호의 사항이 포함되어야 한다.
1. 사무를 위탁하는 지방자치단체와 사무를 위탁받는 지방자치단체
2. 위탁사무의 내용과 범위
3. 위탁사무의 관리와 처리방법
4. 위탁사무의 관리와 처리에 드는 경비의 부담과 지출방법
5. 그 밖에 사무위탁에 필요한 사항
④ 지방자치단체나 그 장은 사무위탁을 변경하거나 해지하려면 관계 지방자치단체나 그 장과 협의하여 그 사실을 고시하여야 한다.
⑤ 사무가 위탁된 경우 위탁된 사무의 관리와 처리에 관한 조례나 규칙은 규약에 다르게 정해진 경우 외에는 사무를 위탁받은 지방자치단체에 대해서도 적용한다.

제2절 행정협의회

제169조【행정협의회의 구성】 ① 지방자치단체는 2개 이상의 지방자치단체에 관련된 사무의 일부를 공동으로 처리하기 위하여 관계 지방자치단체 간의 행정협의회(이하 "협의회"라 한다)를 구성할 수 있다. 이 경우 지방자치

地方

단체의 장은 시·도가 구성원이면 행정안전부장관과 관계 중앙행정기관의 장에게, 시·군 또는 자치구가 구성원이면 시·도지사에게 이를 보고하여야 한다.
② 지방자치단체는 협의회를 구성하려면 관계 지방자치단체 간의 협의에 따라 규약을 정하여 관계 지방의회에 각각 보고한 다음 고시하여야 한다.
③ 행정안전부장관이나 시·도지사는 공익상 필요하면 관계 지방자치단체에 대하여 협의회를 구성하도록 권고할 수 있다.
제170조【협의회의 조직】 ① 협의회는 회장과 위원으로 구성한다.
② 회장과 위원은 규약으로 정하는 바에 따라 관계 지방자치단체의 직원 중에서 선임한다.
③ 회장은 협의회를 대표하며 회의를 소집하고 협의회의 사무를 총괄한다.
제171조【협의회의 규약】 협의회의 규약에는 다음 각 호의 사항이 포함되어야 한다.
1. 협의회의 명칭
2. 협의회를 구성하는 지방자치단체
3. 협의회가 처리하는 사무
4. 협의회의 조직과 회장 및 위원의 선임방법
5. 협의회의 운영과 사무처리에 필요한 경비의 부담이나 지출방법
6. 그 밖에 협의회의 구성과 운영에 필요한 사항

제172조【협의회의 자료제출 요구 등】 협의회는 사무를 처리하기 위하여 필요하다고 인정하면 관계 지방자치단체의 장에게 자료 제출, 의견 제시, 그 밖에 필요한 협조를 요구할 수 있다.
제173조【협의사항의 조정】 ① 협의회에서 합의가 이루어지지 아니한 사항에 대하여 관계 지방자치단체의 장이 조정을 요청하면 시·도 간의 협의사항에 대해서는 행정안전부장관이, 시·군 및 자치구 간의 협의사항에 대해서는 시·도지사가 조정할 수 있다. 다만, 관계되는 시·군 및 자치구가 2개 이상의 시·도에 걸쳐 있는 경우에는 행정안전부장관이 조정할 수 있다.
② 행정안전부장관이나 시·도지사가 제1항에 따라 조정을 하려면 관계 중앙행정기관의 장과의 협의를 거쳐 분쟁조정위원회의 의결에 따라 조정하여야 한다.
제174조【협의회의 협의 및 사무처리의 효력】 ① 협의회를 구성한 관계 지방자치단체는 협의회가 결정한 사항이 있으면 그 결정에 따라 사무를 처리하여야 한다.
② 제173조제1항에 따라 행정안전부장관이나 시·도지사가 조정한 사항에 관하여는 제165조제3항부터 제6항까지의 규정을 준용한다.
③ 협의회가 관계 지방자치단체나 그 장의 명의로 한 사무의 처리는 관계 지방자치단체나 그 장이 한 것으로 본다.
제175조【협의회의 규약변경 및 폐지】 지방자치단체가 협의회의 규약을 변경하거나 협의회를 없애려는 경우에는 제169조제1항 및 제2항을 준용한다.

제3절 지방자치단체조합

제176조【지방자치단체조합의 설립】 ① 2개 이상의 지방자치단체가 하나 또는 둘 이상의 사무를 공동으로 처리할 필요가 있을 때에는 규약을 정하여 지방의회의 의결을 거쳐 시·도는 행정안전부장관의 승인, 시·군 및 자치구는 시·도지사의 승인을 받아 지방자치단체조합을 설립할 수 있다. 다만, 지방자치단체조합의 구성원인 시·군 및 자치구가 2개 이상의 시·도에 걸쳐 있는 지방자치단체조합은 행정안전부장관의 승인을 받아야 한다.
② 지방자치단체조합은 법인으로 한다.
제177조【지방자치단체조합의 조직】 ① 지방자치단체조합에는 지방자치단체조합회의와 지방자치단체조합장 및 사무직원을 둔다.
② 지방자치단체조합회의의 위원과 지방자치단체조합장 및 사무직원은 지방자치단체조합규약으로 정하는 바에 따라 선임한다.
③ 관계 지방의회의원과 관계 지방자치단체의 장은 제43조제1항과 제109조제1항에도 불구하고 지방자치단체조합회의의 위원이나 지방자치단체조합장을 겸할 수 있다.
제178조【지방자치단체조합회의와 지방자치단체조합장의 권한】 ① 지방자치단체조합회의는 지방자치단체조합의 규약으로 정하는 바에 따라 지방자치단체조합의 중요 사무를 심의·의결한다.
② 지방자치단체조합회의는 지방자치단체조합이 제공하는 서비스에 대한 사용료·수수료 또는 분담금을 제156조제1항에 따른 조례로 정한 범위에서 정할 수 있다.
③ 지방자치단체조합장은 지방자치단체조합을 대표하며 지방자치단체조합의 사무를 총괄한다.
제179조【지방자치단체조합의 규약】 지방자치단체조합의 규약에는 다음 각 호의 사항이 포함되어야 한다.
1. 지방자치단체조합의 명칭
2. 지방자치단체조합을 구성하는 지방자치단체
3. 사무소의 위치
4. 지방자치단체조합의 사무
5. 지방자치단체조합회의의 조직과 위원의 선임방법
6. 집행기관의 조직과 선임방법
7. 지방자치단체조합의 운영 및 사무처리에 필요한 경비의 부담과 지출방법
8. 그 밖에 지방자치단체조합의 구성과 운영에 관한 사항

제180조【지방자치단체조합의 지도·감독】 ① 시·도가 구성원인 지방자치단체조합은 행정안전부장관, 시·군 및 자치구가 구성원인 지방자치단체조합은 1차로 시·도지사, 2차로 행정안전부장관의 지도·감독을 받는다. 다만, 지방자치단체조합의 구성원인 시·군 및 자치구가 2개 이상의 시·도에 걸쳐 있는 지방자치단체조합은 행정안전부장관의 지도·감독을 받는다.
② 행정안전부장관은 공익상 필요하면 지방자치단체조합의 설립이나 해산 또는 규약 변경을 명할 수 있다.
제181조【지방자치단체조합의 규약 변경 및 해산】 ① 지방자치단체조합의 규약을 변경하거나 지방자치단체조합을 해산하려는 경우에는 제176조제1항을 준용한다.
② 지방자치단체조합을 해산한 경우에 그 재산의 처분은 관계 지방자치단체의 협의에 따른다.

제4절 지방자치단체의 장 등의 협의체

제182조【지방자치단체의 장 등의 협의체】 ① 지방자치단체의 장이나 지방의회의 의장은 상호 간의 교류와 협력을 증진하고, 공동의 문제를 협의하기 위하여 다음 각 호의 구분에 따라 각각 전국적 협의체를 설립할 수 있다.
1. 시·도지사
2. 시·도의회의 의장
3. 시장·군수 및 자치구의 구청장
4. 시·군 및 자치구의회의 의장

② 제1항 각 호의 전국적 협의체는 그들 모두가 참가하는 지방자치단체 연합체를 설립할 수 있다.
③ 제1항에 따른 협의체나 제2항에 따른 연합체를 설립하였을 때에는 그 협의체·연합체의 대표자는 지체 없이 행정안전부장관에게 신고하여야 한다.
④ 제1항에 따른 협의체나 제2항에 따른 연합체는 지방자치에 직접적인 영향을 미치는 법령 등에 관한 의견을 행정안전부장관에게 제출할 수 있으며, 행정안전부장관은 제출된 의견을 관계 중앙행정기관의 장에게 통보하여야 한다.
⑤ 관계 중앙행정기관의 장은 제4항에 따라 통보된 내용에 대하여 통보를 받은 날부터 2개월 이내에 타당성을 검토하여 행정안전부장관에게 결과를 통보하여야 하고, 행정안전부장관은 통보받은 검토 결과를 해당 협의체나 연합체에 지체 없이 통보하여야 한다. 이 경우 관계 중앙행정기관의 장은 검토 결과 타당성이 없다고 인정하면 구체적인 사유 및 내용을 밝혀 통보하여야 하며, 타당하다고 인정하면 관계 법령에 그 내용이 반영될 수 있도록 적극 협력하여야 한다.
⑥ 제1항에 따른 협의체나 제2항에 따른 연합체는 지방자치와 관련된 법률의 제정·개정 또는 폐지가 필요하다고 인정하는 경우에는 국회에 서면으로 의견을 제출할 수 있다.
⑦ 제1항에 따른 협의체나 제2항에 따른 연합체의 설립신고와 운영, 그 밖에 필요한 사항은 대통령령으로 정한다.

제9장 국가와 지방자치단체 간의 관계

제183조【국가와 지방자치단체의 협력 의무】 국가와 지방자치단체는 주민에 대한 균형적인 공공서비스 제공과 지역 간 균형발전을 위하여 협력하여야 한다.
제184조【지방자치단체의 사무에 대한 지도와 지원】 ① 중앙행정기관의 장이나 시·도지사는 지방자치단체의 사무에 관하여 조언 또는 권고하거나 지도할 수 있으며, 이를 위하여 필요하면 지방자치단체에 자료 제출을 요구할 수 있다.
② 국가나 시·도는 지방자치단체가 그 지방자치단체의 사무를 처리하는 데 필요하다고 인정하면 재정지원이나 기술지원을 할 수 있다.
③ 지방자치단체의 장은 제1항의 조언·권고 또는 지도와 관련하여 중앙행정기관의 장이나 시·도지사에게 의견을 제출할 수 있다.
제185조【국가사무나 시·도 사무 처리의 지도·감독】 ① 지방자치단체나 그 장이 위임받아 처리하는 국가사무에 관하여 시·도에서는 주무부장관, 시·군 및 자치구에서는 1차로 시·도지사, 2차로 주무부장관의 지도·감독을 받는다.
② 시·군 및 자치구나 그 장이 위임받아 처리하는 시·도의 사무에 관하여는 시·도지사의 지도·감독을 받는다.
제186조【중앙지방협력회의의 설치】 ① 국가와 지방자치단체 간의 협력을 도모하고 지방자치 발전과 지역 간 균형발전에 관련되는 중요 정책을 심의하기 위하여 중앙지방협력회의를 둔다.
② 제1항에 따른 중앙지방협력회의의 구성과 운영에 관한 사항은 따로 법률로 정한다.
제187조【중앙행정기관과 지방자치단체 간 협의·조정】 ① 중앙행정기관의 장과 지방자치단체의 장이 사무를 처리할 때 의견을 달리하는 경우 이를 협의·조정하기 위하여 국무총리 소속으로 행정협의조정위원회를 둔다.
② 행정협의조정위원회는 위원장 1명을 포함하여 13명 이내의 위원으로 구성한다.
③ 행정협의조정위원회의 위원은 다음 각 호의 사람이 되고, 위원장은 제3호의 위촉위원 중에서 국무총리가 위촉한다.
1. 기획재정부장관, 행정안전부장관, 국무조정실장 및 법제처장
2. 안전과 관련된 중앙행정기관의 장과 시·도지사 중 위원장이 지명하는 사람
3. 그 밖에 지방자치에 관한 학식과 경험이 풍부한 사람 중에서 국무총리가 위촉하는 사람 4명

④ 제1항부터 제3항까지에서 규정한 사항 외에 행정협의조정위원회의 구성과 운영 등에 필요한 사항은 대통령령으로 정한다.
제188조【위법·부당한 명령이나 처분의 시정】 ① 지방자치단체의 사무에 관한 지방자치단체의 장(제103조제2항에 따른 사무의 경우에는 지방의회의 의장을 말한다. 이하 이 조에서 같다)의 명령이나 처분이 법령에 위반되거나 현저히 부당하여 공익을 해친다고 인정되면 시·도에 대해서는 주무부장관이, 시·군 및 자치구에 대해서는 시·도지사가 기간을 정하여 서면으로 시정할 것을 명하고, 그 기간에 이행하지 아니하면 이를 취소하거나 정지할 수 있다.
② 주무부장관은 지방자치단체의 사무에 관한 시장·군수 및 자치구의 구청장의 명령이나 처분이 법령에 위반되거나 현저히 부당하여 공익을 해침에도 불구하고 시·도지사가 제1항에 따른 시정명령을 하지 아니하면 시·도지사에게 기간을 정하여 시정명령을 하도록 명할 수 있다.
③ 주무부장관은 시·도지사가 제2항에 따른 기간에 시정명령을 하지 아니하면 제2항에 따른 기간이 지난 날부터 7일 이내에 직접 시장·군수 및 자치구의 구청장에게 기간을 정하여 서면으로 시정할 것을 명하고, 그 기간에 이행하지 아니하면 주무부장관이 시장·군수 및 자치구의 구청장의 명령이나 처분을 취소하거나 정지할 수 있다.
④ 주무부장관은 시·도지사가 시장·군수 및 자치구의 구청장에게 제1항에 따라 시정명령을 하였으나 이를 이행하지 아니한 데 따른 취소·정지를 하지 아니하는 경우에는 시·도지사에게 기간을 정하여 시장·군수 및 자치구의 구청장의 명령이나 처분을 취소하거나 정지할 것을 명하고, 그 기간에 이행하지 아니하면 주무부장관이 이를 직접 취소하거나 정지할 수 있다.
⑤ 제1항부터 제4항까지의 규정에 따른 자치사무에 관한 명령이나 처분에 대한 주무부장관 또는 시·도지사의 시정명령, 취소 또는 정지는 법령을 위반한 것에 한정한다.
⑥ 지방자치단체의 장은 제1항, 제3항 또는 제4항에 따른 자치사무에 관한 명령이나 처분의 취소 또는 정지에 대하여 이의가 있으면 그 취소처분 또는 정지처분을 통보받은 날부터 15일 이내에 대법원에 소를 제기할 수 있다.
제189조【지방자치단체의 장에 대한 직무이행명령】 ① 지방자치단체의 장이 법령에 따라 그 의무에 속하는 국가위임사무나 시·도위임사무의 관리와 집행을 명백히 게을리하고 있다고 인정되면 시·도에 대해서는 주무부장관이, 시·군 및 자치구에 대해서는 시·도지사가 기간을 정하여 서면으로 이행할 사항을 명령할 수 있다.
② 주무부장관이나 시·도지사는 해당 지방자치단체의 장이 제1항의 기간에 이행명령을 이행하지 아니하면 그 지방자치단체의 비용부담으로 대집행하거나 행정상·재정상 필요한 조치(이하 이 조에서 "대집행등"이라 한다)를 할 수 있다. 이 경우 행정대집행에 관하여는 「행정대집행법」을 준용한다.
③ 주무부장관은 시장·군수 및 자치구의 구청장이 법령에 따라 그 의무에 속하는 국가위임사무의 관리와 집행을 명백히 게을리하고 있다고 인정됨에도 불구하고 시·도지사가 제1항에 따른 이행명령을 하지 아니하는 경우 시·도지사에게 기간을 정하여 이행명령을 하도록 명할 수 있다.
④ 주무부장관은 시·도지사가 제3항에 따른 기간에 이행명령을 하지 아니하면 제3항에 따른 기간이 지난 날부터 7일 이내에 직접 시장·군수 및 자치구의 구청장에게 기간을 정하여 이행명령을 하고, 그 기간에 이행하지 아니하면 주무부장관이 직접 대집행등을 할 수 있다.
⑤ 주무부장관은 시·도지사가 시장·군수 및 자치구의 구청장에게 제1항에 따라 이행명령을 하였으나 이를 이행하지 아니한 데 따른 대집행등을 하지 아니하는 경우에는 시·도지사에게 기간을 정하여 대집행등을 하도록 명하고, 그 기간에 대집행등을 하지 아니하면 주무부장관이 직접 대집행등을 할 수 있다.
⑥ 지방자치단체의 장은 제1항 또는 제4항에 따른 이행명령에 이의가 있으면 이행명령서를 접수한 날부터 15일 이내에 대법원에 소를 제기할 수 있다. 이 경우 지방자치단체의 장은 이행명령의 집행을 정지하게 하는 집행정지결정을 신청할 수 있다.
제190조【지방자치단체의 자치사무에 대한 감사】 ① 행정안전부장관이나 시·도지사는 지방자치단체의 자치사무에 관하여 보고를 받거나 서류·장부 또는 회계를 감사할 수 있다. 이 경우 감사는 법령 위반사항에 대해서만 한다.
② 행정안전부장관 또는 시·도지사는 제1항에 따라 감사를 하기 전에 해당 사무의 처리가 법령에 위반되는지 등을 확인하여야 한다.
제191조【지방자치단체에 대한 감사 절차 등】 ① 주무부장관, 행정안전부장관 또는 시·도지사는 이미 감사원 감사 등이 실시된 사안에 대해서는 새로운 사실이 발견

되거나 중요한 사항이 누락된 경우 등 대통령령으로 정하는 경우를 제외하고는 감사 대상에서 제외하고 종전의 감사 결과를 활용하여야 한다.
② 주무부장관과 행정안전부장관은 다음 각 호의 어느 하나에 해당하는 감사를 하려고 할 때에는 지방자치단체의 수감부담을 줄이고 감사의 효율성을 높이기 위하여 같은 기간 동안 함께 감사를 할 수 있다.
1. 제185조에 따른 주무부장관의 위임사무 감사
2. 제190조에 따른 행정안전부장관의 자치사무 감사
③ 제185조, 제190조 및 이 조 제2항에 따른 감사의 절차·방법 등에 관하여 필요한 사항은 대통령령으로 정한다.
제192조【지방의회 의결의 재의와 제소】 ① 지방의회의 의결이 법령에 위반되거나 공익을 현저히 해친다고 판단되면 시·도에 대해서는 주무부장관이, 시·군 및 자치구에 대해서는 시·도지사가 해당 지방자치단체의 장에게 재의를 요구하게 할 수 있고, 재의 요구 지시를 받은 지방자치단체의 장은 의결사항을 이송받은 날부터 20일 이내에 지방의회에 이유를 붙여 재의를 요구하여야 한다.
② 시·군 및 자치구의회의 의결이 법령에 위반된다고 판단됨에도 불구하고 시·도지사가 제1항에 따라 재의를 요구하게 하지 아니한 경우 주무부장관이 직접 시장·군수 및 자치구의 구청장에게 재의를 요구하게 할 수 있고, 재의 요구 지시를 받은 시장·군수 및 자치구의 구청장은 의결사항을 이송받은 날부터 20일 이내에 지방의회에 이유를 붙여 재의를 요구하여야 한다.
③ 제1항 또는 제2항의 요구에 대하여 재의한 결과 재적의원 과반수의 출석과 출석의원 3분의 2 이상의 찬성으로 전과 같은 의결을 하면 그 의결사항은 확정된다.
④ 지방자치단체의 장은 제3항에 따라 재의결된 사항이 법령에 위반된다고 판단되면 재의결된 날부터 20일 이내에 대법원에 소를 제기할 수 있다. 이 경우 필요하다고 인정되면 그 의결의 집행을 정지하게 하는 집행정지결정을 신청할 수 있다.
⑤ 주무부장관이나 시·도지사는 재의결된 사항이 법령에 위반된다고 판단됨에도 불구하고 해당 지방자치단체의 장이 소를 제기하지 아니하면 시·도에 대해서는 주무부장관이, 시·군 및 자치구에 대해서는 시·도지사(제2항에 따라 주무부장관이 직접 재의 요구 지시를 한 경우에는 주무부장관을 말한다. 이하 이 조에서 같다)가 그 지방자치단체의 장에게 제소를 지시하거나 직접 제소 및 집행정지결정을 신청할 수 있다.
⑥ 제5항에 따른 제소의 지시는 제4항의 기간이 지난 날부터 7일 이내에 하고, 해당 지방자치단체의 장은 제소 지시를 받은 날부터 7일 이내에 제소하여야 한다.
⑦ 주무부장관이나 시·도지사는 제6항의 기간이 지난 날부터 7일 이내에 제5항에 따른 직접 제소 및 집행정지결정을 신청할 수 있다.
⑧ 제1항 또는 제2항에 따라 지방의회의 의결이 법령에 위반된다고 판단되어 주무부장관이나 시·도지사로부터 재의 요구 지시를 받은 해당 지방자치단체의 장이 재의를 요구하지 아니하는 경우(법령에 위반되는 지방의회의 의결사항이 조례안인 경우로서 재의 요구 지시를 받기 전에 그 조례안을 공포한 경우를 포함한다)에는 주무부장관이나 시·도지사는 제1항 또는 제2항에 따른 기간이 지난 날부터 7일 이내에 대법원에 직접 제소 및 집행정지 결정을 신청할 수 있다.
⑨ 제1항 또는 제2항에 따른 지방의회의 의결이나 제3항에 따라 재의결된 사항이 둘 이상의 부처와 관련되거나 주무부장관이 불분명하면 행정안전부장관이 재의 요구 또는 제소를 지시하거나 직접 제소 및 집행정지 결정을 신청할 수 있다.

제10장 국제교류·협력

제193조【지방자치단체의 역할】 지방자치단체는 국가의 외교·통상 정책과 배치되지 아니하는 범위에서 국제교류·협력, 통상·투자유치를 위하여 외국의 지방자치단체, 민간기관, 국제기구(국제연합과 그 산하기구·전문기구를 포함한 정부 간 기구, 지방자치단체 간 기구를 포함한 준정부 간 기구, 국제 비정부기구 등을 포함한다. 이하 같다)와 협력을 추진할 수 있다.
제194조【지방자치단체의 국제기구 지원】 지방자치단체는 국제기구 설립·유치 또는 활동 지원을 위하여 국제기구에 공무원을 파견하거나 운영비용 등 필요한 비용을 보조할 수 있다.
제195조【해외사무소 설치·운영】 ① 지방자치단체는 국제교류·협력 등의 업무를 원활히 수행하기 위하여 필요한 곳에 단독 또는 지방자치단체 간 협력을 통해 공동으로 해외사무소를 설치할 수 있다.
② 지방자치단체는 해외사무소가 효율적으로 운영될 수 있도록 노력해야 한다.

제11장 서울특별시 및 대도시 등과 세종특별자치시 및 제주특별자치도의 행정특례

제196조【자치구의 재원】 특별시장이나 광역시장은 「지방재정법」에서 정하는 바에 따라 해당 지방자치단체의 관할 구역의 자치구 상호 간의 재원을 조정하여야 한다.
제197조【특례의 인정】 ① 서울특별시의 지위·조직 및 운영에 대해서는 수도로서의 특수성을 고려하여 법률로 정하는 바에 따라 특례를 둘 수 있다.
② 세종특별자치시와 제주특별자치도의 지위·조직 및 행정·재정 등의 운영에 대해서는 행정체제의 특수성을 고려하여 법률로 정하는 바에 따라 특례를 둘 수 있다.
제198조【대도시 등에 대한 특례 인정】 ① 서울특별시·광역시 및 특별자치시를 제외한 인구 50만 이상 대도시의 행정, 재정 운영 및 국가의 지도·감독에 대해서는 그 특성을 고려하여 관계 법률로 정하는 바에 따라 특례를 둘 수 있다.
② 제1항에도 불구하고 서울특별시·광역시 및 특별자치시를 제외한 다음 각 호의 어느 하나에 해당하는 대도시 및 시·군·구의 행정, 재정 운영 및 국가의 지도·감독에 대해서는 그 특성을 고려하여 관계 법률로 정하는 바에 따라 추가로 특례를 둘 수 있다.
1. 인구 100만 이상 대도시(이하 "특례시"라 한다)
2. 실질적인 행정수요, 지역균형발전 및 지방소멸위기 등을 고려하여 대통령령으로 정하는 기준과 절차에 따라 행정안전부장관이 지정하는 시·군·구(2023.6.9 본호개정)
③ 제1항에 따른 인구 50만 이상 대도시와 제2항제1호에 따른 특례시의 인구 인정기준은 대통령령으로 정한다.

제12장 특별지방자치단체

제1절 설 치

제199조【설치】 ① 2개 이상의 지방자치단체가 공동으로 특정한 목적을 위하여 광역적으로 사무를 처리할 필요가 있을 때에는 특별지방자치단체를 설치할 수 있다. 이 경우 특별지방자치단체를 구성하는 지방자치단체(이하 "구성 지방자치단체"라 한다)는 상호 협의에 따른 규약을 정하여 구성 지방자치단체의 지방의회 의결을 거쳐 행정안전부장관의 승인을 받아야 한다.
② 행정안전부장관은 제1항 후단에 따라 규약에 대하여 승인하는 경우 관계 중앙행정기관의 장 또는 시·도지사에게 그 사실을 알려야 한다.
③ 특별지방자치단체는 법인으로 한다.
④ 특별지방자치단체를 설치하기 위하여 국가 또는 시·도 사무의 위임이 필요할 때에는 구성 지방자치단체의 장이 관계 중앙행정기관의 장 또는 시·도지사에게 그 사무의 위임을 요청할 수 있다.
⑤ 행정안전부장관이 국가 또는 시·도 사무의 위임이 포함된 규약에 대하여 승인할 때에는 사전에 관계 중앙행정기관의 장 또는 시·도지사와 협의하여야 한다.
⑥ 구성 지방자치단체의 장이 제1항 후단에 따라 행정안전부장관의 승인을 받았을 때에는 규약의 내용을 지체 없이 고시하여야 한다. 이 경우 구성 지방자치단체의 장이 시장·군수 및 자치구의 구청장일 때에는 그 승인사항을 시·도지사에게 알려야 한다.
제200조【설치 권고 등】 행정안전부장관은 공익상 필요하다고 인정할 때에는 관계 지방자치단체에 대하여 특별지방자치단체의 설치, 해산 또는 규약 변경을 권고할 수 있다. 이 경우 행정안전부장관의 권고가 국가 또는 시·도 사무의 위임을 포함하고 있을 때에는 사전에 관계 중앙행정기관의 장 또는 시·도지사와 협의하여야 한다.
제201조【구역】 특별지방자치단체의 구역은 구성 지방자치단체의 구역을 합한 것으로 한다. 다만, 특별지방자치단체의 사무가 구성 지방자치단체 구역의 일부에만 관계되는 등 특별한 사정이 있을 때에는 해당 지방자치단체 구역의 일부만을 구역으로 할 수 있다.

제2절 규약과 기관 구성

제202조【규약 등】 ① 특별지방자치단체의 규약에는 법령의 범위에서 다음 각 호의 사항이 포함되어야 한다.
1. 특별지방자치단체의 목적
2. 특별지방자치단체의 명칭
3. 구성 지방자치단체
4. 특별지방자치단체의 관할 구역
5. 특별지방자치단체의 사무소의 위치
6. 특별지방자치단체의 사무
7. 특별지방자치단체의 사무처리를 위한 기본계획에 포함되어야 할 사항
8. 특별지방자치단체의 지방의회의 조직, 운영 및 의원의 선임방법
9. 특별지방자치단체의 집행기관의 조직, 운영 및 장의 선임방법
10. 특별지방자치단체의 운영 및 사무처리에 필요한 경비의 부담 및 지출방법
11. 특별지방자치단체의 사무처리 개시일
12. 그 밖에 특별지방자치단체의 구성 및 운영에 필요한 사항
② 구성 지방자치단체의 장은 제1항의 규약을 변경하려는 경우에는 구성 지방자치단체의 지방의회 의결을 거쳐 행정안전부장관의 승인을 받아야 한다. 이 경우 국가 또는 시·도 사무의 위임에 관하여는 제199조제4항 및 제5항을 준용한다.
③ 구성 지방자치단체의 장은 제2항에 따라 행정안전부장관의 승인을 받았을 때에는 지체 없이 그 사실을 고시하여야 한다. 이 경우 구성 지방자치단체의 장이 시장·군수 및 자치구의 구청장일 때에는 그 승인사항을 시·도지사에게 알려야 한다.
제203조【기본계획 등】 ① 특별지방자치단체의 장은 소관 사무를 처리하기 위한 기본계획(이하 "기본계획"이라 한다)을 수립하여 특별지방자치단체 의회의 의결을 받아야 한다. 기본계획을 변경하는 경우에도 또한 같다.
② 특별지방자치단체는 기본계획에 따라 사무를 처리하여야 한다.
③ 특별지방자치단체의 장은 구성 지방자치단체의 사무처리가 기본계획의 시행에 지장을 주거나 지장을 줄 우려가 있을 때에는 특별지방자치단체의 의회 의결을 거쳐 구성 지방자치단체의 장에게 필요한 조치를 요청할 수 있다.
제204조【의회의 조직 등】 ① 특별지방자치단체의 의회는 규약으로 정하는 바에 따라 구성 지방자치단체의 의회 의원으로 구성한다.
② 제1항의 지방의회의원은 제43조제1항에도 불구하고 특별지방자치단체의 의회 의원을 겸할 수 있다.
③ 특별지방자치단체의 의회가 의결하여야 할 안건 중 대통령령으로 정하는 중요한 사항에 대해서는 특별지방자치단체의 장에게 미리 통지하고, 특별지방자치단체의 장은 그 내용을 구성 지방자치단체의 장에게 통지하여야 한다. 그 의결의 결과에 대해서도 또한 같다.
제205조【집행기관의 조직 등】 ① 특별지방자치단체의 장은 규약으로 정하는 바에 따라 특별지방자치단체의 의회에서 선출한다.
② 구성 지방자치단체의 장은 제109조에도 불구하고 특별지방자치단체의 장을 겸할 수 있다.
③ 특별지방자치단체의 의회 및 집행기관의 직원은 규약으로 정하는 바에 따라 특별지방자치단체 소속인 지방공무원과 구성 지방자치단체의 지방공무원 중에서 파견된 사람으로 구성한다.

제3절 운 영

제206조【경비의 부담】 ① 특별지방자치단체의 운영 및 사무처리에 필요한 경비는 구성 지방자치단체의 인구, 사무처리의 수혜범위 등을 고려하여 규약으로 정하는 바에 따라 구성 지방자치단체가 분담한다.
② 구성 지방자치단체는 제1항의 경비에 대하여 특별회계를 설치하여 운영하여야 한다.
③ 국가 또는 시·도가 사무를 위임하는 경우에는 사무를 위임한 국가 또는 시·도가 그 사무를 수행하는 데 필요한 경비를 부담하여야 한다.(2023.9.14 본항개정)
제207조【사무처리상황 등의 통지】 특별지방자치단체의 장은 대통령령으로 정하는 바에 따라 사무처리 상황 등을 구성 지방자치단체의 장 및 행정안전부장관(시·군 및 자치구만으로 구성하는 경우에는 시·도지사를 포함한다)에게 통지하여야 한다.
제208조【가입 및 탈퇴】 ① 특별지방자치단체에 가입하거나 특별지방자치단체에서 탈퇴하려는 지방자치단체의 장은 해당 지방의회의 의결을 거쳐 특별지방자치단체의 장에게 가입 또는 탈퇴를 신청하여야 한다.
② 제1항에 따른 가입 또는 탈퇴의 신청을 받은 특별지방자치단체의 장은 특별지방자치단체 의회의 동의를 받아 신청의 수용 여부를 결정하되, 특별한 사유가 없으면 가입하거나 탈퇴하려는 지방자치단체의 의견을 존중하여야 한다.
③ 제2항에 따른 가입 및 탈퇴에 관하여는 제199조를 준용한다.
제209조【해산】 ① 구성 지방자치단체는 특별지방자치단체가 그 설치 목적을 달성하는 등 해산의 사유가 있을 때에는 해당 지방의회의 의결을 거쳐 행정안전부장관의 승인을 받아 특별지방자치단체를 해산하여야 한다.
② 구성 지방자치단체는 제1항에 따라 특별지방자치단체를 해산할 경우에는 상호 협의에 따라 그 재산을 처분하고 사무와 직원의 재배치를 하여야 하며, 국가 또는 시·도 사무를 위임받았을 때에는 관계 중앙행정기관의 장 또는 시·도지사와 협의하여야 한다. 다만, 협의가 성립하지 아니할 때에는 당사자의 신청을 받아 행정안전부장관이 조정할 수 있다.
제210조【지방자치단체에 관한 규정의 준용】 시·도, 시·도와 시·군 및 자치구 또는 2개 이상의 시·도에 걸쳐 있는 시·군 및 자치구로 구성되는 특별지방자치단체는 시·도에 관한 규정을, 시·군 및 자치구로 구성하는 특별지방자치단체는 시·군 및 자치구에 관한 규정을 준용한다. 다만, 제3조, 제1장제2절, 제11조부터 제14조까지, 제17조제3항, 제25조, 제4장, 제38조, 제39조, 제40조제1항제1호 및 제2호, 같은 조 제3항, 제41조, 제6장제1절제1관, 제106조부터 제108조까지, 제110조, 제112조제2호 후단, 같은 조 제3호, 제123조, 제124조, 제6장제3절(제130조는 제외한다)부터 제5절까지, 제152조, 제166조, 제167조 및 제8장제2절부터 제4절까지, 제11장에 관하여는 그러하지 아니하다.
제211조【다른 법률과의 관계】 ① 다른 법률에서 지방자치단체 또는 지방자치단체의 장을 인용하고 있는 경우에는 제202조제1항에 따른 규약으로 정하는 사무를 처리

地方

하기 위한 범위에서는 특별지방자치단체 또는 특별지방자치단체의 장을 인용한 것으로 본다.
② 다른 법률에서 시·도 또는 시·도지사를 인용하고 있는 경우에는 제202조제1항에 따른 규약으로 정하는 사무를 처리하기 위한 범위에서는 시·도, 시·도와 시·군 및 자치구 또는 2개 이상의 시·도에 걸쳐 있는 시·군 및 자치구로 구성하는 특별지방자치단체 또는 특별지방자치단체의 장을 인용한 것으로 본다.
③ 다른 법률에서 시·군 및 자치구 또는 시장·군수 및 자치구의 구청장을 인용하고 있는 경우에는 제202조제1항에 따른 규약으로 정하는 사무를 처리하기 위한 범위에서는 동일한 시·도 관할 구역의 시·군 및 자치구로 구성하는 특별지방자치단체 또는 특별지방자치단체의 장을 인용한 것으로 본다.

부 칙

제1조【시행일】 이 법은 공포 후 1년이 경과한 날부터 시행한다.
제2조【매립지가 속할 지방자치단체의 결정에 관한 적용례】 법률 제9577호 지방자치법 일부개정법률 제4조제4항의 개정규정은 같은 일부개정법률 시행일인 2009년 4월 1일 전에 종전의 「공유수면매립법」 제25조에 따른 준공검사를 받은 매립지에 대하여 시장·군수 및 자치구의 구청장이 2009년 4월 1일 이후 지적공부에 등록하는 경우에도 적용한다.
제3조【조례의 제정범위를 제한하는 하위 법령 금지에 관한 적용례】 제28조제2항의 개정규정은 이 법 시행 이후 최초로 제정·개정되는 하위 법령부터 적용한다.
제4조【지방자치단체의 장의 위법·부당한 명령이나 처분 등에 관한 적용례】 ① 제188조제2항의 개정규정은 이 법 시행 이후 시장·군수 및 자치구의 구청장이 하는 명령이나 처분부터 적용한다.
② 제192조제2항의 개정규정은 이 법 시행 이후 시·군 및 자치구의회가 하는 의결부터 적용한다.
제5조【감사 청구에 관한 특례】 이 법 시행 당시 해당 지방자치단체의 조례로 정하는 감사 청구 주민 수 기준이 제21조제1항의 개정규정에 따른 기준에 맞지 아니하는 경우에는 그 기준에 맞는 조례가 제정되거나 그 기준에 맞게 개정될 때까지는 다음 각 호의 구분에 따른 수의 18세 이상 주민의 연서로 제21조의 개정규정에 따른 주민감사를 청구할 수 있다.
1. 시·도 : 300명 이상
2. 인구 50만 이상 대도시 : 200명 이상
3. 그 밖의 시·군 및 자치구 : 150명 이상
제6조【정책지원 전문인력 도입규모에 관한 특례】 지방의회에 정책지원 전문인력을 두는 경우 그 규모는 2022년 12월 31일까지는 지방의회의원 정수의 4분의 1 범위에서, 2023년 12월 31일까지는 지방의회의원 정수의 2분의 1 범위에서 연차적으로 도입한다.
제7조【일반적 경과조치】 이 법 시행 당시 종전의 규정에 따른 행정기관의 행위나 행정기관에 대하여 한 행위는 그에 해당하는 이 법에 따른 행정기관의 행위나 행정기관에 대하여 한 행위로 본다.
제8조【조례 등의 효력에 관한 경과조치】 법률 제4004호 지방자치법개정법률 시행일인 1988년 5월 1일 당시의 지방자치단체의 조례 및 규칙은 같은 개정법률에 따라 성립된 것으로 본다.
제9조【행정기관에 관한 경과조치】 법률 제4004호 지방자치법개정법률 시행일인 1988년 5월 1일 당시의 종전 법령, 조례 또는 규칙에 따라 설치된 행정기구는 같은 개정법률에 따라 설치된 것으로 본다.
제10조【공무원의 지위에 관한 경과조치】 법률 제4004호 지방자치법개정법률의 개정에 따라 임명방법이나 임명권자가 달라진 공무원은 같은 개정법률에 따라 임명된 것으로 본다.
제11조【하부행정기구에 관한 경과조치】 법률 제7846호 지방자치법 일부개정법률 시행일인 2006년 1월 11일 전에 종전의 「지방자치법」(법률 제7846호로 개정되기 전의 것을 말한다) 제111조에 따라 설치된 행정기구는 그 설치를 위한 조례가 새로 제정·시행될 때까지 유효한 것으로 본다.
제12조【매립지 귀속 지방자치단체 결정 등에 관한 경과조치】 이 법 시행 전에 종전의 제4조제3항 각 호의 지역이 속할 지방자치단체의 결정을 신청한 경우에는 제5조제6항부터 제11항까지의 개정규정에도 불구하고 종전의 규정에 따른다.
제13조【경계변경에 관한 경과조치】 이 법 시행 전에 종전의 제4조에 따라 경계변경에 합의한 경우에는 제6조의 개정규정에도 불구하고 종전의 규정에 따른다.
제14조【조례의 제정과 개정·폐지 청구에 관한 경과조치】 조례의 제정과 개정·폐지 청구에 관하여는 제19조제2항의 개정규정에 따른 법률이 시행되기 전까지 종전의 규정에 따른다.
제15조【감사 청구기간에 관한 경과조치】 이 법 시행 당시 해당 사무처리가 있었던 날이나 끝난 날부터 2년이 경과한 경우에는 제21조제3항의 개정규정에도 불구하고 종전의 규정에 따른다.
제16조【지방의회의원의 상해·사망 등의 보상에 관한 경과조치】 이 법 시행 전에 지방의회의원이 신체에 상해를 입거나 사망한 경우와 그 상해나 직무로 인한 질병으로 사망한 경우에 대한 보상금 지급에 관하여는 제42조의 개정규정에도 불구하고 종전의 규정에 따른다.
제17조【지방의회의원 겸직금지 등에 관한 경과조치】 ① 지방의회의 의장은 이 법 시행 전에 종전의 제35조제3항에 따른 겸직신고를 받은 경우로서 이 법 시행 당시 겸직하고 있는 지방의회의원에 대해서는 이 법 시행일부터 6개월 이내에 제43조제4항의 개정규정에 따른 조치를 하여야 한다.
② 지방의회의 의장은 이 법 시행 당시 제43조제5항의 개정규정에 따른 겸직금지 대상이 된 지방의회의원 중 같은 항에 따라 사임하지 아니한 지방의회의원이나 제44조제2항에 위반된다고 인정되는 지방의회의원에 대하여 이 법 시행일부터 6개월 이내에 제43조제6항의 개정규정에 따른 조치를 하여야 한다.
제18조【임시회 소집 요구 등에 관한 경과조치】 임시회 소집 요구 및 의안의 발의 등에 관하여는 제54조제3항 및 제76조제1항의 개정규정에 따라 해당 지방자치단체의 조례가 제정·개정되기 전까지는 종전의 규정에 따른다.
제19조【지방의회의원의 징계에 관한 경과조치】 이 법 시행 전에 지방의회의원의 징계 요구에 대하여 지방의회의 의장이 본회의에 회부하였을 때에는 제98조 및 제99조의 개정규정에도 불구하고 종전의 규정에 따른다.
제20조【지방의회 사무직원에 관한 경과조치】 이 법 시행 당시의 지방의회 사무직원에 대한 임면·교육·훈련·복무·징계 등에 관하여 지방자치단체의 장이 한 행위는 제103조제2항의 개정규정에 따라 지방의회의 의장이 한 행위로 본다.
제21조【종전 부칙의 적용범위에 관한 경과조치】 종전의 「지방자치법」의 개정에 따라 규정하였던 종전의 부칙은 이 법 시행 전에 그 효력이 이미 상실된 경우를 제외하고는 이 법의 규정에 위배되지 아니하는 범위에서 이 법 시행 이후에도 계속하여 적용한다.
제22조【다른 법률의 개정】 ①~㊾ ※(해당 법령에 가제정리 하였음)
제23조【다른 법령과의 관계】 이 법 시행 당시 다른 법령에서 종전의 「지방자치법」의 규정을 인용하고 있는 경우에는 이 법 가운데 그에 해당하는 규정이 있으면 종전의 규정을 갈음하여 이 법의 해당 규정을 인용한 것으로 본다.

부 칙 (2021.4.20)

이 법은 공포 후 6개월이 경과한 날부터 시행한다. 다만, 법률 제17893호 지방자치법 전부개정법률 제7조제4항부터 제6항까지의 개정규정은 2022년 1월 13일부터 시행한다.

부 칙 (2021.10.19)

이 법은 공포한 날부터 시행한다. 다만, 법률 제17893호 지방자치법 전부개정법률 제24조제2항·제55조 및 제78조제1항의 개정규정은 2022년 1월 13일부터 시행한다.

부 칙 (2023.3.21)

제1조【시행일】 이 법은 공포 후 6개월이 경과한 날부터 시행한다.
제2조【다른 법률의 개정】 ※(해당 법령에 가제정리 하였음)

부 칙 (2023.6.7)

이 법은 공포한 날부터 시행한다.

부 칙 (2023.6.9)

제1조【시행일】 이 법은 공포 후 1개월이 경과한 날부터 시행한다.(이하 생략)

부 칙 (2023.8.8)

제1조【시행일】 이 법은 2024년 5월 17일부터 시행한다.(이하 생략)

부 칙 (2023.9.14)

이 법은 공포한 날부터 시행한다.

부 칙 (2024.1.9)

제1조【시행일】 이 법은 2024년 5월 17일부터 시행한다.(이하 생략)

지방자치법 시행령

(2021년 12월 16일
전부개정대통령령 제32223호)

개정
2022.10. 4영32930호(행정기관정비일부개정령)
2023. 7. 7영33621호(지방자치분권및지역균형발전에관한특별법시)
2023.12.14영33966호

제1장 총 칙

제1조【목적】 이 영은 「지방자치법」에서 위임된 사항과 그 시행에 필요한 사항을 규정함을 목적으로 한다.
제2조【관할 구역의 변경 등으로 인한 지방자치단체 등의 사무 인계】 「지방자치법」(이하 "법"이라 한다) 제5조제1항 및 제7조제1항·제2항에 따라 지방자치단체, 자치구가 아닌 구와 읍·면·동·리의 구역을 변경하거나 폐지하거나 설치하거나 나누거나 합치는 데에 따른 사무의 인계에 관하여는 제64조부터 제68조까지의 규정을 준용한다.
제3조【관계 지방의회】 법 제5조제3항 각 호 외의 부분 본문에 따른 관계 지방의회는 해당 지방자치단체의 의회와 그 상급 지방자치단체의 의회로 한다.
제4조【지방자치단체의 관할 구역 경계변경 조정 신청 등】 ① 법 제6조제1항 전단에서 "관할 구역과 생활권과의 불일치 등으로 인하여 주민생활에 불편이 큰 경우 등 대통령령으로 정하는 사유가 있는 경우"란 다음 각 호의 어느 하나에 해당하는 경우를 말한다.
1. 하나의 건축물, 주택단지나 이에 부속된 시설(부속용지, 연접도로 등을 포함한다. 이하 이 조에서 같다), 필지 등이 둘 이상의 지방자치단체로 분리되어 주민 불편이 발생하는 경우
2. 둘 이상의 지방자치단체에 걸친 개발사업 등으로 하나의 건축물, 주택단지나 이에 부속된 시설, 필지 등이 둘 이상의 지방자치단체로 분리될 예정으로 주민 불편이 예상되는 경우
3. 지방자치단체의 일부가 도로, 하천 등으로 나머지 지역과 현저히 분리되어 있고 다른 지방자치단체와 밀접해 있어 주민 불편이 발생하는 경우
4. 관계 지방자치단체가 관할 구역과 주민 생활권의 불일치를 해소하기 위하여 경계변경에 합의한 경우
② 관계 중앙행정기관의 장이나 둘 이상의 지방자치단체에 걸친 개발사업 등의 시행자가 법 제6조제2항에 따라 경계변경에 대한 조정 신청을 요구하려는 경우에는 착공 전에 행정안전부령으로 정하는 신청요구서에 행정구역 변경조서 및 변경도 등을 첨부하여 관계 지방자치단체의 장에게 제출해야 한다.
③ 제2항에 따라 조정 신청 요구를 받은 관계 지방자치단체의 장은 30일 이내에 행정안전부장관에게 조정 신청을 할 것인지를 검토하고, 그 결과를 요구한 자에게 통보해야 한다. 이 경우 관계 지방자치단체의 장은 30일의 범위에서 한 차례 그 기간을 연장할 수 있다.
④ 제2항에 따라 조정 신청 요구를 받은 관계 지방자치단체의 장은 조정 신청 요구에 대하여 보완이 필요하다고 인정할 때에는 적절한 기간을 정하여 그 보완을 요구할 수 있다. 이 경우 보완에 걸린 기간은 제3항에 따른 기간에 산입하지 않는다.
제5조【경계변경자율협의체의 구성】 ① 관계 지방자치단체의 장은 법 제6조제4항에 따른 경계변경자율협의체(이하 이 조, 제6조 및 제7조에서 "경계변경협의체"라 한다)의 구성·운영 요청을 받으면 지체 없이 경계변경자율협의체를 구성하고, 그 사실을 행정안전부장관에게 서면으로 통보해야 한다.
② 경계변경협의체는 관계 지방자치단체가 협의하여 구성하며, 위원장을 포함하여 30명 이내의 위원으로 구성한다.
③ 경계변경협의체의 위원은 다음 각 호에 해당하는 사람 중에서 관계 지방자치단체의 장이 임명하거나 위촉하되, 제5호 및 제6호에 해당하는 위원의 수가 전체 위원 수의 2분의 1 이상이어야 한다.
1. 관계 특별자치시·특별자치도·시·군 및 자치구 소속 공무원
2. 관계 특별자치시·특별자치도·시·군 및 자치구 의회의원
3. 관계 시·군 및 자치구를 관할하는 특별시, 광역시, 도 소속 공무원
4. 관계 시·군 및 자치구를 관할하는 특별시, 광역시, 도 의회의원
5. 법 제6조제1항 전단에 따른 경계변경이 필요한 지역의 주민
6. 경계변경에 관한 전문지식과 경험이 풍부한 사람
④ 경계변경협의체의 위원장은 위원 중에서 호선(互選)한다.
⑤ 경계변경협의체 위원의 임기는 경계변경협의체의 운영기간으로 한다.
제6조【경계변경협의체의 운영】 ① 경계변경협의체는 다음 각 호의 사항을 협의한다.
1. 경계변경의 여부 및 대상
2. 경계변경의 일정 및 절차
3. 그 밖에 경계변경에 필요한 사항

② 경계변경협의체는 경계변경 대상지역의 주민을 대상으로 설문조사를 실시하거나 공청회를 개최할 수 있다.
③ 경계변경협의체는 관계 지방자치단체의 장에게 협의를 위하여 필요한 자료의 제출, 실태조사 등을 요청할 수 있다.
④ 경계변경협의체는 제1항 각 호의 사항에 대하여 협의기간 이내에 협의 결과를 작성하여 경계변경협의체를 구성한 지방자치단체의 장에게 통보해야 한다.
⑤ 제1항부터 제4항까지에서 규정한 사항 외에 경계변경협의체의 운영에 필요한 사항은 경계변경협의체의 협의를 거쳐 위원장이 정한다.

제7조【협의 기간의 연장 사유】 ① 법 제6조제5항 단서에서 "대통령령으로 정하는 부득이한 사유가 있는 경우"란 다음 각 호의 어느 하나에 해당하는 경우로서 관계 지방자치단체가 협의 기간의 연장에 합의한 경우를 말한다.
1. 천재지변 또는 재난 등으로 경계변경자율협의체의 운영이 어려운 경우
2. 경계변경 여부에 대한 충분한 의견수렴, 자료수집과 실태조사 등을 실시하기 위하여 법 제6조제5항 본문에 따른 기간 내에 협의를 완료하기 어려운 경우
② 경계변경협의체를 구성한 지방자치단체의 장은 제1항에 따라 협의 기간을 연장한 경우에는 그 사실을 행정안전부장관에게 통보해야 한다.

제8조【사무소의 소재지】 법 제9조에 따른 지방자치단체의 사무소 소재지는 주사무소를 기준으로 다음 각 호의 구분에 따른 단위로 결정한다.
1. 특별시·광역시 및 도 : 시·군 및 자치구
2. 특별자치도 : 「제주특별자치도 설치 및 국제자유도시 조성을 위한 특별법」 제10조제2항에 따른 행정시
3. 특별자치시, 시·군 및 자치구 : 읍·면·동

제9조【시·읍의 설치기준】 ① 법 제10조제1항에 따른 시는 다음 각 호의 요건을 갖추어야 한다.
1. 해당 지역의 시가지를 구성하는 지역 안에 거주하는 인구의 비율이 전체 인구의 60퍼센트 이상일 것
2. 해당 지역의 상업, 공업과 그 밖의 도시적 산업에 종사하는 가구의 비율이 전체 가구의 60퍼센트 이상일 것
3. 1명당 지방세 납세액, 인구밀도 및 인구증가 경향이 행정안전부령으로 정하는 기준 이상일 것
② 법 제10조제2항제2호 및 제3호에 따른 도농 복합형태의 시는 다음 각 호의 요건을 갖추어야 한다.
1. 해당 지역의 상업, 공업과 그 밖의 도시적 산업에 종사하는 가구의 비율이 군 전체 가구의 45퍼센트 이상일 것
2. 다음의 식으로 계산한 해당 군의 재정자립도가 전국 군 재정자립도의 평균치 이상일 것
{(지방세＋세외수입－지방채)÷일반회계예산}×100
③ 법 제10조제3항 각 호 외의 부분 본문에 따른 읍은 다음 각 호의 요건을 갖추어야 한다.
1. 해당 지역의 시가지를 구성하는 지역 안에 거주하는 인구의 비율이 전체 인구의 40퍼센트 이상일 것
2. 해당 지역의 상업, 공업과 그 밖의 도시적 산업에 종사하는 가구의 비율이 전체 가구의 40퍼센트 이상일 것

제10조【지방자치단체의 종류별 사무】 ① 법 제14조제1항의 배분기준에 따른 지방자치단체의 종류별 사무는 별표1과 같다. 다만, 법령에 이와 다른 규정이 있는 경우에는 그에 따른다.
② 법 제2조제2항에 따라 시·군과 다르게 자치구에서 처리하지 않고 특별시·광역시에서 처리하는 사무는 별표2와 같다. 다만, 법령에 이와 다른 규정이 있는 경우에는 그에 따른다.
③ 법 제14조제1항제2호 단서에 따라 인구 50만 이상의 시가 직접 처리할 수 있는 도의 사무는 별표3과 같다. 다만, 법령에 이와 다른 규정이 있는 경우에는 그에 따른다.
④ 법 제198조제2항제1호에 따른 인구 100만 이상 대도시가 직접 처리할 수 있는 도의 사무는 별표4와 같다. 다만, 법령에 이와 다른 규정이 있는 경우에는 그에 따른다.

제11조【자치분권 사전협의】 ① 중앙행정기관의 장은 다음 각 호의 어느 하나에 해당하는 사항과 관련하여 소관 법령을 제정하거나 개정하려는 경우에는 사전에 행정안전부장관과 협의해야 한다.
1. 지방자치단체의 행정·재정 등에 영향을 미치는 사무의 신설·변경·폐지에 관한 사항
2. 지방자치단체나 그 장에 대한 사무의 위임에 관한 사항
3. 지방자치단체가 수행하는 사무에 대한 지도·감독에 관한 사항
② 중앙행정기관의 장은 제1항에 따른 협의가 필요한 경우 해당 법령안에 대한 협의요청서를 작성하여 행정안전부장관에게 제출해야 한다.
③ 제2항에 따른 협의요청서를 받은 행정안전부장관은 해당 법령안이 법에 따른 사무배분의 기본원칙 및 기준과 사무처리의 기본원칙에 적합한지를 검토하고, 그 검토의견을 해당 중앙행정기관의 장에게 통보해야 한다. (2023.7.7 본항개정)
④ 제3항에 따른 검토의견을 통보받은 중앙행정기관의 장은 해당 법령안에 검토의견을 반영하도록 노력해야 하며, 반영하기 곤란한 경우에는 그 사유를 행정안전부장관에게 통보해야 한다.
⑤ 행정안전부장관은 제1항에 따른 협의를 위하여 필요한 세부 검토 기준 및 방법 등을 정하여 중앙행정기관의 장에게 통보할 수 있다.
⑥ 행정안전부장관은 제5항의 세부 검토 기준 및 방법 등을 정하거나 변경하는 경우에는 관계 중앙행정기관 장의 의견을 들어야 한다.
⑦ 행정안전부장관은 제3항에 따른 검토를 위하여 필요한 경우에는 지방자치단체의 장이나 법 제182조제1항에 따른 지방자치단체의 장 등의 협의체의 의견을 들을 수 있으며, 전문가에게 자문하거나 조사·연구를 의뢰할 수 있다.

제12조【청구인의 대표자 증명 등】 ① 법 제21조제1항에 따라 감사를 청구하려는 청구인의 대표자(이하 "주민감사청구대표자"라 한다)는 행정안전부령으로 정하는 주민감사청구서와 주민감사청구대표자 증명 발급 신청서를 주무부장관이나 특별시장·광역시장·특별자치시장·도지사 및 특별자치도지사(이하 "시·도지사"라 한다)에게 제출해야 한다.
② 제1항에 따른 신청을 받은 주무부장관이나 시·도지사는 주민감사청구대표자가 법 제21조제1항에 따른 18세 이상의 주민에 해당하는지 확인한 후 행정안전부령으로 정하는 주민감사청구대표자 증명서를 발급해야 한다.

제13조【서명 요청절차】 ① 주민감사청구대표자는 18세 이상의 주민에게 제15조제1항에 따른 청구인명부에 서명할 것을 요청할 수 있다.
② 주민감사청구대표자가 서명을 요청할 때에는 주민감사청구서나 그 사본과 주민감사청구대표자 증명서나 그 사본을 첨부해야 한다.
③ 주민감사청구대표자는 제1항에 따른 서명요청권을 18세 이상의 주민에게 위임할 수 있다.
④ 주민감사청구대표자는 서명요청권을 위임하려는 경우에는 행정안전부령으로 정하는 서명요청권 위임신고서를 작성하여 주무부장관이나 시·도지사에게 신고해야 한다.
⑤ 주무부장관이나 시·도지사는 즉시 행정안전부령으로 정하는 서명요청권 위임신고증을 발급해야 한다.
⑥ 제3항에 따라 서명요청권을 위임받은 수임인이 서명을 요청할 때에는 주민감사청구서나 그 사본, 주민감사청구대표자 증명서나 그 사본과 서명요청권 위임신고증을 첨부해야 한다.
⑦ 제1항 및 제4항에 따른 서명 요청은 제12조제2항에 따른 주민감사청구대표자 증명서 발급일부터 특별시·광역시·특별자치시·도 및 특별자치도(이하 "시·도"라 한다)의 경우 6개월 이내, 시·군·자치구의 경우 3개월 이내에 이루어져야 한다. 이 경우 서명 요청 기간의 계산과 서명 요청 기간의 제한에 관하여는 「주민조례발안에 관한 법률」 제8조제1항 후단 및 제2항을 따른다.

제14조【전자서명 요청절차】 ① 주민감사청구대표자는 18세 이상의 주민에게 제13조제1항에 따른 서명을 갈음하여 행정안전부장관이 정하는 정보시스템을 이용한 「전자서명법」 제2조제2호에 따른 전자서명을 요청할 수 있다.
② 제1항에 따른 정보시스템을 이용한 전자서명을 요청하려는 주민감사청구대표자는 주무부장관이나 시·도지사에게 해당 정보시스템의 이용을 신청해야 한다.
③ 제2항에 따른 신청을 받은 주무부장관이나 시·도지사는 제4항 각 호의 사항이 포함된 제12조제2항에 따른 주민감사청구대표자 증명서를 발급해야 하며, 제1항에 따른 정보시스템에 주민감사청구서와 주민감사청구대표자 증명서를 게시해야 한다.
④ 주민감사청구대표자나 제13조제3항에 따른 수임인은 다음 각 호의 사항을 주민에게 알릴 수 있다.
1. 제1항에 따른 전자서명을 할 수 있는 정보시스템의 인터넷 주소
2. 제1항에 따른 전자서명을 하는 방법(제15조제3항에 따른 전자서명 취소방법을 포함한다).
⑤ 제1항에 따른 전자서명의 요청에 관하여는 제13조제7항을 준용한다.

제15조【청구인명부의 작성과 서명의 취소】 ① 청구인명부에 서명하려는 18세 이상의 주민은 행정안전부령으로 정하는 청구인명부에 다음 각 호의 사항을 적고 서명하거나 도장을 찍어야 한다. 다만, 제14조제1항에 따라 전자서명을 하는 경우에는 전자문서로 생성된 청구인명부에 따른 다음 각 호의 사항을 적은 것으로 본다.
1. 성명
2. 생년월일
3. 주소·거소 또는 체류지
4. 서명 연월일
② 청구인명부에 서명을 한 사람이 그 서명을 취소하려면 제16조제1항에 따라 주민감사청구대표자가 주무부장관이나 시·도지사에게 청구인명부를 제출하기 전에 취소해야 한다.
③ 주민감사청구대표자는 제2항에 따라 청구인명부에 서명을 한 사람이 그 서명을 취소하는 경우 즉시 청구인명부에서 그 서명을 삭제해야 한다.
④ 청구인명부에 전자서명을 한 사람이 그 전자서명을 취소하려는 경우에는 제16조제1항 단서에 따라 주민감사청구대표자가 주무부장관이나 시·도지사에게 청구인명부 활용을 요청하기 전에 해당 정보시스템을 통하여 직접 취소해야 한다.

제16조【청구인명부의 제출】 ① 주민감사청구대표자는 청구인명부에 서명한 주민의 수가 법 제21조제1항에 따라 지방자치단체의 조례로 정하는 수 이상이 되면 제13조제7항에 따른 서명 요청 기간이 지난 날부터 시·도의 경우 10일 이내에 주무부장관에게, 시·군·자치구의 경우 5일 이내에 시·도지사에게 청구인명부를 제출해야 한다. 다만, 제14조제1항에 따른 전자서명의 경우에는 주민감사청구대표자가 주무부장관이나 시·도지사에게 정보시스템에 생성된 청구인명부를 직접 활용하도록 요청해야 한다.
② 제1항에 따라 청구인명부가 제출되면 주무부장관이나 시·도지사는 주민감사청구대표자의 성명·주소, 청구취지 및 이유, 연서(連署) 주민 수, 청구인명부 열람기간·장소와 이의신청 방법 등을 공표해야 한다.

제17조【청구인명부의 열람 및 이의신청 등】 ① 주무부장관이나 시·도지사는 법 제21조제5항에 따라 청구인명부나 사본을 공개된 장소에 갖추어 두는 경우에는 청구인명부나 사본을 다음 각 호의 구분에 따라 갖추어 두어야 한다.
1. 주무부장관 : 해당 부처, 시·도 및 시·군·자치구별
2. 시·도지사 : 해당 시·도, 시·군·자치구 및 읍·면·동별
② 법 제21조제6항에 따른 이의신청은 행정안전부령으로 정하는 서식에 따른다.
③ 주무부장관이나 시·도지사는 청구인명부에 적힌 서명이 정당한 서명자가 아니거나 누구의 서명인지를 확인하기 어려운 경우에는 제25조제1항에 따른 감사청구심의회의 심의를 거쳐 그 서명을 무효로 결정하고, 청구인명부를 수정한 후 그 사실을 즉시 대표자에게 통보해야 한다.
④ 주무부장관이나 시·도지사는 법 제21조제7항에 따라 이의신청에 대한 심사·결정을 하려는 경우에는 제25조제1항에 따른 감사청구심의회의 심의를 거쳐야 한다.
⑤ 주무부장관이나 시·도지사는 제3항 및 제4항에 따른 심사·결정 결과 청구인명부에 서명한 주민 수가 법 제21조제1항에 따른 해당 지방자치단체의 조례로 정하는 수에 미치지 못할 때에는 주민감사청구대표자로 하여금 시·도의 경우 5일 이내에, 시·군·자치구의 경우 3일 이내에 보정하게 할 수 있다.
⑥ 주무부장관이나 시·도지사는 제5항에 따라 보정된 청구인명부가 제출되면 열람 기간·장소와 이의신청 방법 등을 공표해야 한다.
⑦ 제5항에 따라 보정된 청구인명부의 열람과 이의신청 등의 절차에 관하여는 제1항부터 제4항까지의 규정을 준용한다.

제18조【청구요건 심사】 ① 주무부장관이나 시·도지사는 법 제21조제8항에 따라 청구를 수리하거나 각하하려는 경우에는 제25조제1항에 따른 감사청구심의회의 심의를 거쳐야 한다.
② 법 제21조제11항에 따른 주민감사청구대표자의 의견제출 절차는 「행정절차법」 제27조에 따른다.

제19조【행정안전부장관에 대한 감사 청구】 ① 법 제21조제1항에 따라 감사를 청구하려는 사람은 감사 청구의 내용이 둘 이상의 부처와 관련되거나 주무부장관이 불분명한 경우에는 행정안전부장관에게 감사를 청구할 수 있다.
② 제1항에 따른 감사 청구를 받은 행정안전부장관은 관계 부처와 협의를 거쳐 그 청구를 처리할 주무부장관을 지정하고, 그 주무부장관에게 관계 부처 간 협의를 통하여 주민 감사 청구를 일괄 처리하도록 요청할 수 있다.

제20조【감사 결과의 공표】 주무부장관이나 시·도지사는 법 제21조제9항에 따라 감사가 끝나면 그 끝난 날부터 10일 이내에 감사 실시 개요와 청구 대상 사무 처리의 적법 여부에 대한 감사 결과를 공표해야 한다.

제21조【감사절차 등】 주무부장관이나 시·도지사는 해당 지방자치단체의 장에게 법 제21조제9항에 따라 감사를 실시하거나 같은 조 제12항에 따라 필요한 조치를 요구하려는 경우에는 「지방자치단체에 대한 행정감사규정」에서 정하는 바에 따라야 한다.

제22조【부처 간 협조】 ① 주무부장관이나 시·도지사는 주민 감사 청구를 처리할 때에 필요하면 관계 부처의 장이나 지방자치단체의 장에게 자료의 제출이나 관계 공무원의 지원 등 협조를 요청할 수 있다.
② 주무부장관이나 시·도지사는 다른 기관에서 이미 감사한 사항이나 감사 중인 사항에 대하여 감사가 청구된 경우에는 법 제21조제10항에 따라 청구인의 주민감사청구대표자에게 감사 결과나 감사 중인 사실을 알리기 위하여 그 감사기관에 감사 진행 여부를 확인하거나 그 감사 결과에 관련된 자료의 제출 등 필요한 협조를 요청할 수 있다.
③ 제1항 및 제2항에 따른 협조 요청을 받은 해당 기관의 장은 정당한 사유가 없으면 협조해야 한다.

제23조【공표 방법 등】 법 제21조제13항과 이 영 제16조제2항 및 제17조제6항·제20조에 따른 관련 사항의 공표는 관보, 지방자치단체의 공보·게시판·홈페이지나 일간신문에 게시하거나 게재하는 방법으로 한다.

제24조【보고 등】 주무부장관이나 시·도지사는 다음 각 호의 어느 하나에 해당하는 경우에는 행정안전부장관에게 그 사실을 통보하거나 보고해야 한다.

1. 법 제21조제12항에 따라 해당 지방자치단체의 장에게 감사 결과에 따라 필요한 조치를 요구하고 그 조치 결과를 보고 받은 경우
2. 법 제21조제13항과 이 영 제16조제2항 및 제17조제6항·제20조에 따른 공표를 한 경우

제25조【감사청구심의회】 ① 주무부장관이나 시·도지사는 다음 각 호의 사항을 심의·의결하기 위하여 필요한 경우 감사청구심의회(이하 이 조에서 "감사청구심의회"라 한다)를 구성·운영할 수 있다.(2022.10.4 본문개정)
1. 주민 감사 청구 요건의 심사
2. 청구인명부에 적힌 유효 서명의 확인
3. 청구인명부의 서명에 관한 이의신청의 심사·결정
4. 그 밖에 주무부장관이나 시·도지사가 주민 감사 청구와 관련하여 감사청구심의회의 회의에 부치는 사항(2022.10.4 본호개정)

② 감사청구심의회는 위원장과 부위원장 각 1명을 포함하여 9명 이상 13명 이내의 위원으로 구성하되, 제3항제2호에 따라 위촉되는 위원이 전체 위원의 2분의 1 이상이어야 한다.(2022.10.4 본항개정)
③ 감사청구심의회의 위원장(이하 이 조에서 "위원장"이라 한다)과 부위원장은 위원 중에서 호선하고, 위원은 다음 각 호의 사람으로 한다.(2022.10.4 본문개정)
1. 주무부장관이나 시·도지사가 소속 공무원 중에서 지명하는 사람
2. 다음 각 목의 어느 하나에 해당하는 사람 중에서 주무부장관이나 시·도지사가 위촉하는 사람
   가. 법관·검사나 변호사 자격이 있는 사람
   나. 공인회계사·기술사·건축사 또는 세무사 자격이 있는 사람
   다. 시민단체(「비영리민간단체 지원법」에 따른 비영리민간단체를 말한다)에서 추천한 사람
   라. 대학에서 법학·회계학·토목공학 또는 건축공학 학과의 부교수 이상으로 재직 중인 사람
   마. 그 밖에 감사 업무에 관한 학식과 경험이 풍부한 사람

④ 제3항제2호에 따라 위촉하는 위원의 임기는 2년으로 한다. 다만, 제7항에 따라 감사청구심의회가 해산되는 경우에는 그 해산되는 때에 임기가 만료되는 것으로 한다.(2022.10.4 단서신설)
⑤ 감사청구심의회의 회의는 재적위원 과반수의 출석과 출석위원 과반수의 찬성으로 의결한다.
⑥ 위원장은 감사청구심의회의 회의에 부쳐진 안건을 효율적으로 처리하기 위하여 필요하다고 인정되면 관계 공무원과 감사청구인, 그 밖의 이해관계인을 회의에 참석시켜 의견을 진술하게 하거나 필요한 자료의 제출을 요구할 수 있다.
⑦ 주무부장관이나 시·도지사는 감사청구심의회의 구성 목적을 달성하였다고 인정하는 경우에는 감사청구심의회를 해산할 수 있다.(2022.10.4 본항신설)
⑧ 제1항부터 제7항까지에서 규정한 사항 외에 감사청구심의회의 구성 및 운영 등에 필요한 사항은 감사청구심의회가 주무부장관 소속인 경우에는 주무부장관이 정하고, 시·도지사 소속인 경우에는 해당 시·도의 조례로 정한다.(2022.10.4 본항개정)

제26조【위원의 해촉】 주무부장관이나 시·도지사는 위촉위원이 다음 각 호의 어느 하나에 해당하는 경우에는 해당 위원을 해촉(解囑)할 수 있다.
1. 심신장애로 직무를 수행할 수 없게 된 경우
2. 직무와 관련된 비위사실이 있는 경우
3. 직무 태만, 품위 손상이나 그 밖의 사유로 위원으로 적합하지 않다고 인정되는 경우
4. 위원 스스로 직무를 수행하기 어렵다고 의사를 밝히는 경우

제27조【고유식별정보의 처리】 지방자치단체는 제12조제2항, 제13조제2항 및 제17조제3항·제6항에 따른 주민감사청구대표자 증명서 발급 사무, 청구인명부의 서명과 정당한 서명자 확인 사무를 수행하기 위하여 불가피한 경우 「개인정보 보호법 시행령」 제19조제1호 또는 제4호에 따른 주민등록번호 또는 외국인등록번호가 포함된 자료를 처리할 수 있다.

제2장 조례와 규칙

제28조【조례·규칙심의회】 ① 지방자치단체의 장이 조례·규칙의 제출·제정·개정·폐지 및 공포 등을 하려는 경우에 다음 각 호의 사항을 심의·의결하기 위하여 해당 지방자치단체의 장 소속으로 조례·규칙심의회(이하 이 장에서 "조례·규칙심의회"라 한다)를 둔다.
1. 지방자치단체의 장이 지방의회에 제출하는 조례안
2. 지방의회의 의결을 거친 조례 공포안. 다만, 지방자치단체의 장이 지방의회에 제출하여 원안 의결된 조례 공포안은 제외한다.
3. 지방자치단체의 장이 제정·개정·폐지하려는 규칙안
4. 예산안·결산 등 지방의회에 제출하는 안건 중 지방자치단체의 장이 조례·규칙심의회의 심의·의결이 필요하다고 인정하는 안건

② 조례·규칙심의회의 의장은 지방자치단체의 장으로 하고, 부의장은 지방자치단체의 부지사·부시장(부지사 또는 부시장이 2명 이상인 경우에는 해당 지방자치단체의 장이 지명하는 부지사 또는 부시장으로 한다)·부군수·부구청장으로 하며, 위원은 실장·국장 또는 실장·과장으로 한다.
③ 조례·규칙심의회의 회의는 재적위원 과반수의 찬성으로 의결한다.
④ 이 영에서 규정한 사항 외에 조례·규칙심의회의 운영에 필요한 사항은 지방자치단체의 규칙으로 정한다.

제29조【조례와 규칙의 공포절차】 ① 조례와 규칙의 공포문에는 전문(前文)을 붙여야 한다.
② 조례와 규칙의 공포문 전문에는 제정·개정 및 폐지하는 뜻을 적어 지방자치단체의 장이 서명한 후 직인을 찍고 그 일자를 기록한다. 이 경우 조례 공포문 전문에는 지방의회의 의결을 받은 사실을 적어야 한다.
③ 법 제32조제6항 후단에 따라 지방의회의 의장이 공포하는 조례의 공포문 전문에는 지방의회의 의결을 얻은 사실과 같은 후단에 따라 공포한다는 사실을 적고, 지방의회의 의장이 서명한 후 직인을 찍고 그 일자를 기록한다.

제30조【공고와 고시의 방법】 ① 지방자치단체나 그 장의 공고 또는 고시는 법 제33조제1항 본문에 따른 방법으로 한다.
② 법 제149조제2항에 따른 지방자치단체의 장의 예산의 고시는 법 제33조제1항 본문과 이 영 제29조제1항 및 제2항에 따른 방법으로 한다.

제31조【공포일】 법 제33조에 따른 조례와 규칙의 공포일과 이 영 제30조에 따른 공고·고시일은 그 조례와 규칙 등을 게재한 공보나 일간신문이 발행된 날이나 게시판에 게시된 날로 한다.

제32조【운영 규정】 법과 이 영에서 규정한 사항 외에 조례와 규칙의 공포 등에 필요한 사항은 해당 지방자치단체의 조례로 정한다.

제3장 지방의회

제33조【의정활동비·월정수당 및 여비의 지급기준 등】 ① 법 제40조제2항 본문에서 "대통령령으로 정하는 기준"이란 다음 각 호의 기준을 말한다.
1. 법 제40조제1항제1호에 따른 의정활동비 : 별표5에서 정하는 의정활동비 지급범위에서 임기만료로 지방의회의원 선거가 있는 해에 선거를 마친 후 해당 지방자치단체의 재정능력 등을 고려하여 지급할 것
2. 법 제40조제1항제2호에 따른 월정수당 : 법 제40조제2항 본문에 따른 의정비심의위원회(이하 "의정비심의회"라 한다)가 구성되는 해의 금액을 기준으로 하며, 임기만료로 지방의회의원 선거가 있는 해에 선거를 마친 후 해당 지방자치단체의 주민 수, 재정능력, 지방공무원 보수인상률, 지방의회의 의정활동 실적을 종합적으로 고려할 것(2023.12.14 본호개정)
3. 법 제40조제1항제3호에 따른 여비 : 별표6에서 정하는 여비 지급범위에서 지급할 것

② 제1항에 따른 의정활동비와 월정수당은 해당 지방의회 소속 공무원의 보수 지급일에 지급한다.

제34조【의정비심의회의 구성】 ① 의정비심의회는 위원장 1명을 포함하여 10명 이내의 위원으로 구성한다.
② 의정비심의회의 위원은 교육계·법조계·언론계·시민사회단체, 통·리의 장이나 지방의회의 의장 등으로부터 추천을 받아 지방자치단체의 장이 위촉한다. 이 경우 지방자치단체의 장은 위원이 다양하게 구성되도록 해야 한다.
③ 위원이 될 수 있는 사람은 의정비심의회가 구성되는 해의 1월 1일을 기준으로 1년 이전부터 계속하여 해당 지방자치단체의 관할 구역에 주민등록이 되어 있는 18세 이상인 사람으로 한다. 다만, 「공직선거법」 제18조에 따라 선거권이 없는 사람, 그 지방자치단체의 소속 공무원·의회의원과 그 배우자·직계존비속·형제자매는 위원이 될 수 없다.
④ 의정비심의회의 위원장은 위원 중에서 호선한다.
⑤ 의정비심의회 위원의 임기는 위원으로 위촉된 날부터 1년으로 한다.

제35조【의정비심의회의 운영 등】 ① 의정비심의회는 그 의정비심의회가 구성된 해의 10월 31일까지 다음 해부터 임기만료에 의한 지방의회의원 선거가 있는 해까지 적용할 법 제40조제1항 각 호에 따른 금액을 결정해야 한다.
② 의정비심의회는 재적위원 3분의 2 이상의 찬성으로 의결한다.
③ 의정비심의회는 제1항에 따라 결정된 금액을 지체 없이 해당 지방자치단체의 장과 지방의회의 의장에게 통보해야 한다.
④ 제3항에 따른 통보를 받은 지방자치단체의 장은 그 통보받은 사항을 지체 없이 의정비심의회의 위원명단 및 회의록과 함께 해당 지방자치단체의 인터넷 홈페이지 등에 게재해야 한다.
⑤ 의정비심의회는 제1항에 따른 금액을 결정하기 위하여 공청회를 실시하거나 객관적이고 공정한 여론조사기관을 통하여 지역주민의 의견을 수렴하고, 그 결과를 반영해야 한다. 다만, 의정비심의회가 지방공무원의 보수가 인상되는 해의 인상률 범위에서 월정수당을 인상하려는 경우에는 공청회 개최나 의견 수렴을 생략할 수 있다.
⑥ 의정비심의회는 지방자치단체의 장이나 지방의회의 의장에게 제1항에 따른 금액의 결정에 필요한 자료의 제출이나 관계자의 설명을 요청할 수 있다.
⑦ 의정비심의회의 회의는 공개해야 한다. 다만, 출석위원 3분의 2 이상이 찬성한 경우에는 공개하지 않을 수 있다.
⑧ 의정비심의회에 참석한 위원에게는 해당 지방자치단체 예산의 범위에서 수당과 여비를 지급할 수 있다.
⑨ 제1항부터 제8항까지에서 규정한 사항 외에 의정비심의회의 구성 및 운영에 필요한 사항은 해당 지방자치단체의 조례로 정한다.

제36조【정책지원 전문인력의 직무 등】 ① 법 제41조제1항에 따른 정책지원 전문인력(이하 "정책지원전문인력"이라 한다)은 지방의회의원의 의정자료 수집·조사·연구, 법 제47조부터 제52조까지와 제83조에 관련된 의정활동을 지원한다.
② 정책지원전문인력의 직무범위와 관련된 세부사항은 제1항의 범위에서 조례로 정할 수 있다.
③ 정책지원전문인력의 명칭은 정책지원관으로 한다.

제37조【지방의회의원의 직무상 상해 등에 대한 보상금의 지급 기준 및 절차】 ① 법 제42조제2항에 따른 보상금의 지급기준은 다음 각 호의 구분에 따른 범위에서 해당 지방자치단체의 재정능력을 고려하여 정해야 한다. 이 경우 제2호나 제3호에 따른 보상금을 지급받은 의원이 제1호나 제2호에 해당하게 되면 제1호나 제2호에 따른 보상금을 지급하되, 그 금액은 제2호나 제3호에 따라 이미 지급한 금액을 공제한 금액으로 한다.
1. 직무로 인한 사망이나 직무상 상해·질병으로 인한 사망의 경우 : 시·도의회의원 의정활동비의 2년분 상당액
2. 직무상 상해로 인한 장애의 경우 : 시·도의회의원 의정활동비의 1년분 상당액
3. 그 밖에 직무로 인한 상해의 경우 : 치료비 전액. 다만, 제2호에 따른 지급기준을 초과할 수 없다.

② 법 제42조제1항에 따라 지방의회의원이 제1항 각 호의 경우에 해당하는지와 그 보상금액 등을 심의하기 위하여 지방자치단체의 장의 소속으로 지방의회의원 상해 등 보상심의위원회(이하 이 조에서 "보상심의회"라 한다)를 둔다.
③ 보상심의회는 위원장 1명을 포함하여 5명 이내로 구성하며, 위원장은 시·도의 경우 부시장이나 부지사(부지사 또는 부시장이 2명 이상인 경우에는 해당 지방자치단체의 장이 지명하는 부지사 또는 부시장으로 한다)로, 시·군·자치구의 경우 부시장·부군수·부구청장으로 한다.
④ 위원은 다음 각 호의 어느 하나에 해당하는 사람 중에서 지방자치단체의 장이 임명하거나 위촉한다.
1. 해당 지방의회의원 1명
2. 해당 지방자치단체 소속 공무원 1명
3. 의무직공무원 1명
4. 사회보장에 관한 학식과 경험이 있는 사람 1명

⑤ 법 제42조에 따른 보상금은 보상금을 받을 권리가 있는 사람의 신청을 받아 보상심의회의 심의를 거쳐 지방자치단체의 장이 결정하여 지급한다.
⑥ 보상심의회에 출석한 위원에게는 예산의 범위에서 수당을 지급할 수 있다. 다만, 해당 지방자치단체 소속 공무원인 위원에게는 지급하지 않는다.
⑦ 이 영에서 규정한 사항 외에 보상금의 지급절차 등에 관하여 필요한 사항은 해당 지방자치단체의 조례로 정한다.

제38조【중요 재산, 공공시설의 취득·설치 및 처분의 범위 등】 ① 법 제47조제1항제6호에서 "대통령령으로 정하는 중요 재산의 취득·처분"이란 「공유재산 및 물품관리법 시행령」 제7조제1항 각 호의 어느 하나에 해당하는 재산의 취득·처분(같은 조 제3항 각 호의 어느 하나에 해당하는 재산의 취득·처분은 제외한다)을 말한다.
② 법 제47조제1항제7호에서 "대통령령으로 정하는 공공시설의 설치·처분"이란 다음 각 호의 어느 하나에 해당하는 공공시설의 설치·처분을 말한다.
1. 법 제161조에 따른 공공시설을 신설·증설이나 용도폐지·변경
2. 공공시설로서의 성질을 유지할 것을 조건으로 하는 해당 공공시설의 국가나 다른 지방자치단체에의 양여

③ 법 제47조제1항제6호 및 제7호에 모두 해당하는 중요 재산과 공공시설의 경우에는 같은 항 제6호 또는 제7호 중 어느 하나에 따른 지방의회의 의결이 있으면 같은 항 제6호 및 제7호에 따른 지방의회의 의결이 있은 것으로 본다.
④ 법 제47조제1항제6호 또는 제7호에 해당하는 중요 재산의 취득·처분이나 공공시설의 설치·처분에 관하여 다른 법령에 따라 지방의회의 의결을 받거나 지방의회의 의견을 청취한 경우에는 법 제47조제1항에 따른 의결이 있은 것으로 본다.

제39조【교류협력의 범위】 법 제47조제1항제10호의 교류·협력은 외국 지방자치단체와의 친선결연 체결이나 국제행사의 유치·개최 등으로 한다.

제40조【서류제출 요구 방법 등】 ① 법 제48조에 따른 서류제출 요구는 늦어도 그 서류 제출일 3일 전까지 해야 한다.

地方

② 제1항의 요구를 받은 지방자치단체의 장은 법령이나 조례에서 특별히 규정한 경우 외에는 그 요구에 따라야 한다.

제41조【행정사무 감사 또는 조사의 실시】 ① 법 제49조에 따른 지방자치단체의 사무에 대한 감사는 그 지방자치단체의 조례에서 정하는 바에 따라 매년 제1차 또는 제2차 정례회의 회기 내에 한다.

② 지방의회는 법 제49조에 따라 해당 지방자치단체의 사무 중 특정 사안에 관한 조사의 발의가 있는 경우에는 그 조사 여부에 관하여 의결한다.

③ 지방의회가 폐회 중이거나 휴회 중인 때에 조사의 발의가 있는 경우에는 지방의회의 집회 또는 재개의 요구가 있는 것으로 본다.

④ 감사 또는 조사는 제43조제4항에 따른 감사 또는 조사계획서에 따른다.

⑤ 지방의회의원은 감사 또는 조사에 사무보조가 필요한 경우에는 지방의회 사무직원의 보조를 받을 수 있다.

제42조【행정사무 감사 또는 조사위원회 등의 구성】 지방의회는 해당 지방자치단체의 사무를 감사하거나 조사하려는 경우에는 본회의나 소관 상임위원회별로 하도록 하거나 특별위원회를 구성하여 하게 할 수 있다.

제43조【행정사무 감사 또는 조사 계획서】 ① 제42조에 따른 소관 상임위원회나 특별위원회(이하 "감사·조사위원회"라 한다)는 다음 각 호의 사항을 적은 감사 또는 조사 계획서(이하 "감사·조사계획서"라 한다)를 작성하여 본회의에 제출하고 그 승인을 받아 감사하거나 조사한다.
1. 감사·조사위원회 편성
2. 감사 또는 조사 일정
3. 감사 또는 조사 요령
4. 조사의 경우에는 그 목적 및 범위
5. 그 밖에 감사 또는 조사에 필요한 사항으로서 조례로 정하는 사항

② 본회의는 감사·조사계획서를 검토한 다음 의결로써 승인하거나 반려한다.

③ 의장은 감사·조사계획서가 본회의에서 승인되면 지체 없이 지방자치단체의 장에게 통보해야 한다.

④ 제42조에 따라 본회의에서 직접 감사하거나 조사하는 경우 지방의회는 제1항제2호부터 제5호까지의 사항을 적은 감사·조사계획서를 작성하여 의결하고, 지체 없이 지방자치단체의 장에게 통보해야 한다.

제44조【행정사무 감사 또는 조사의 대상 기관】 ① 감사 또는 조사의 대상 기관은 다음 각 호와 같다.
1. 해당 지방자치단체
2. 법 제126조부터 제129조까지의 규정에 따른 해당 지방자치단체의 소속 행정기관과 법 제131조 및 제134조에 따른 하부행정기관 및 하부행정기구
3. 법 제135조에 따라 설치된 교육·과학 및 체육에 관한 기관
4. 해당 지방자치단체가 설치한 법 제163조에 따른 지방공기업
5. 법 제117조제2항 및 제3항에 따라 위임·위탁된 사무(지방자치단체에 위임·위탁한 사무는 제외한다)를 처리하는 단체 또는 기관. 이 경우 본회의가 특별히 필요하다고 의결하는 경우로 한정한다.
6. 「지방자치단체 출자·출연 기관의 운영에 관한 법률」 제2조제1항에 따른 출자·출연 기관 중 지방자치단체가 4분의 1 이상 출자하거나 출연한 법인. 다만, 본회의가 특별히 필요하다고 의결하는 경우에는 지방자치단체의 출자 또는 출연에 관련된 업무·회계·재산으로 한정하여 실시한다.

② 지방의회는 제1항에 따른 감사 또는 조사 대상 기관의 사무가 둘 이상의 지방자치단체의 사무에 해당하는 경우에는 그 사무의 감사 또는 조사에 대하여 관계 지방자치단체의 지방의회와 협의해야 한다.

제45조【국가사무와 시·도의 사무에 대한 감사의 방법 등】 ① 법 제49조제3항에 따라 국가사무와 시·도의 사무에 대하여 시·도의회와 시·군 및 자치구의회가 하는 감사에 관하여는 제41조부터 제44조까지 및 제46조부터 제53조까지의 규정을 준용한다.

② 법 제49조제3항 후단에 따라 국회나 시·도의회가 감사를 한 지방의회에 필요한 자료를 요구하면 지방의회는 그에 따라야 한다.

제46조【행정사무 감사 또는 조사의 방법 등】 ① 법 제49조제4항에 따른 현지확인, 서류제출의 요구, 지방자치단체의 장 또는 관계 공무원이나 그 사무에 관계되는 사람의 출석·증언 또는 의견진술의 요구는 늦어도 그 현지확인일, 서류제출 요구일, 출석·증언이나 의견진술 요구일의 3일 전까지 지방의회의 의장을 통하여 해야 한다.

② 제1항의 요구를 받은 사람은 법령이나 조례에서 특별히 규정한 경우 외에는 그 요구에 따라야 하며 행정사무감사 또는 조사에 협조해야 한다.

③ 지방자치단체의 장, 관계 공무원이나 그 사무에 관계되는 사람이 제1항에 따른 요구에 따를 수 없는 정당한 이유가 있는 경우에는 출석·증언이나 의견진술 요구일의 1일 전까지 지방의회의 의장에게 그 사유서를 제출해야 한다.

④ 지방의회의 의장은 법 제49조제5항을 위반한 사람과 그 내용을 지방자치단체의 장에게 통보해야 한다.

⑤ 법 제49조제5항에 따른 과태료의 부과기준은 지방자치단체의 조례로 정한다.

⑥ 지방의회의 의장 또는 위원장은 증인에게 증언을 요구할 때에는 선서하게 해야 한다.

⑦ 증언을 요구한 의장 또는 위원장은 선서하기 전에 선서의 취지를 분명히 밝히고, 위증을 하면 고발될 수 있음을 알려주어야 한다.

⑧ 증인 선서의 내용과 방식에 관하여는 「국회에서의 증언·감정 등에 관한 법률」 제8조에 따른다.

제47조【증인의 보호 및 실비 보상】 ① 지방의회에서 증언·진술하는 증인·참고인이 방송·보도 등에 응하지 않는다는 의사를 밝히거나 특별한 이유로 회의의 비공개를 요구하는 경우에는 본회의나 감사·조사위원회의 의결로 방송·보도를 금지하거나 회의의 일부 또는 전부를 공개하지 않을 수 있다.

② 지방의회는 지방의회에서 증인·참고인으로서 증언·진술한 사람이 그 사본을 요구하는 경우에는 의장의 승인을 받아 사본을 내줄 수 있다.

③ 법 제49조제4항에 따라 서류의 제출이나 증언·진술을 하기 위하여 지방의회나 그 밖의 장소에 출석한 사람에게는 해당 지방자치단체의 조례에서 정하는 바에 따라 여비 등 실비(實費)를 지급한다.

제48조【행정사무 감사 또는 조사의 한계】 감사 또는 조사는 개인의 사생활을 침해하거나 계속 중인 재판이나 수사 중인 사건의 소추에 관여할 목적으로 행사되어서는 안 된다.

제49조【제척과 회피】 ① 지방의회의원은 직접 이해관계가 있거나 공정한 감사 또는 조사를 수행하기 현저히 어려운 사정이 있는 경우에는 해당 감사 또는 조사에 참여할 수 없다.

② 본회의나 감사·조사위원회는 지방의회의원에게 제1항에 해당하는 사정이 있다고 인정하는 경우에는 본회의나 감사·조사위원회의 의결로 해당 의원의 감사 또는 조사를 중지시키고 다른 지방의회의원으로 하여금 감사하거나 조사하게 해야 한다.

③ 제2항의 조치에 대하여 해당 지방의회의원의 이의가 있는 경우에는 본회의에서 의결하는 바에 따른다.

④ 제1항의 사유가 있는 지방의회의원은 그 사안에 한정하여 본회의나 감사·조사위원회의 허가를 받아 감사 또는 조사를 회피할 수 있다.

제50조【주의 의무】 ① 지방의회의원은 감사하거나 조사할 때에는 그 대상기관의 기능과 활동이 현저히 저해되거나 기밀이 누설되지 않도록 주의해야 한다.

② 지방의회의원과 사무보조자는 감사 또는 조사를 통하여 알게 된 비밀을 정당한 사유 없이 누설해서는 안 된다.

제51조【공개 원칙】 감사 또는 조사는 공개한다. 다만, 본회의나 감사·조사위원회의 의결이 있는 경우 공개하지 않을 수 있다.

제52조【행정사무 감사 또는 조사 결과의 보고】 ① 감사·조사위원회가 감사 또는 조사를 끝내면 그 위원회의 위원장은 지체 없이 지방의회의 의장에게 감사 또는 조사 보고서를 제출하고, 본회의에 보고해야 한다.

② 지방의회의 의장은 감사·조사위원회의 위원장에게 감사 또는 조사에 관한 중간보고를 하게 할 수 있다.

제53조【운영 규정】 법과 이 영에서 규정한 사항 외에 감사 또는 조사에 필요한 사항은 해당 지방자치단체의 조례로 정한다.

제54조【대리 출석·답변의 통보】 지방자치단체의 장은 법 제51조제2항 단서에 따라 관계 공무원을 출석·답변하게 하려면 그 이유를 밝힌 서면으로 본회의나 그 위원회의 회의 시작 전까지 지방의회의 의장이나 그 위원회의 위원장에게 통보해야 한다.

제55조【불신임 의결의 통보 등】 ① 지방의회는 법 제62조에 따라 의장이나 부의장에 대한 불신임 의결이 있으면 해당 지방자치단체의 장에게 그 내용을 지체 없이 통보해야 한다.

② 제1항에 따른 통보를 받은 지방자치단체의 장은 시·도의 경우 행정안전부장관에게, 시·군 및 자치구의 경우 시·도지사에게 그 내용을 지체 없이 보고해야 한다.

제56조【지방의회의 회의록 작성 및 보고】 ① 지방의회는 회의 내용을 속기나 녹음으로 기록·보존해야 한다.

② 지방의회의 의장은 회의가 끝난 날부터 30일 이내에 지방자치단체의 장에게 법 제84조제3항에 따라 회의 결과를 통보해야 한다.

③ 제2항에 따라 회의 결과를 전달받은 지방자치단체의 장은 행정안전부장관이나 시·도지사가 요구하는 경우에는 그 요구일부터 5일 이내에 회의록 사본을 첨부하여 보고해야 한다.

④ 법 및 이 영에서 규정한 사항 외에 회의록에 관하여 필요한 사항은 회의규칙으로 정한다.

제57조【소개의견서의 첨부】 법 제85조에 따라 지방의회에 청원을 하려는 사람은 청원서에 청원을 소개(紹介)한 지방의회의원의 의견서를 첨부해야 한다.

제58조【청원서의 보완 요구】 지방의회의 의장은 지방의회에 제출된 청원서가 그 요건을 갖추지 못한 경우에는 기간을 정하여 보완을 요구할 수 있다.

제59조【운영 규정】 법 및 이 영에서 규정한 사항 외에 청원에 필요한 사항은 의회규칙으로 정한다.

제60조【의원의 사직】 ① 지방의회의원은 사직하려면 본인이 서명하거나 도장을 찍은 사직서를 지방의회의 의장에게 제출해야 한다.

② 법 제89조제1항에 따른 사직의 허가 여부는 토론하지 않고 표결한다.

제61조【의원의 자격심사】 ① 법 제91조제1항에 따라 지방의회의원의 자격심사 청구를 받은 의장은 그 청구서의 복사본을 심사 대상인 지방의회의원(이하 이 조에서 "심사대상의원"이라 한다)에게 송달하고 기간을 정하여 답변서를 제출하도록 해야 한다.

② 지방의회의 의장은 심사대상의원이 정당한 이유 없이 제1항에 따른 기간 내에 답변서를 제출하지 않으면 청구서만으로 해당 지방의회의원의 자격을 심사할 수 있다.

③ 지방의회는 필요한 경우 자격심사를 청구한 지방의회의원과 심사대상의원을 회의에 출석하게 하여 질문할 수 있다.

④ 심사대상의원은 다른 지방의회의원으로 하여금 출석하여 발언하게 할 수 있다.

제4장 집행기관

제62조【지방자치단체의 장의 선서】 지방자치단체의 장은 취임에 즈음하여 다음의 선서를 한다.

"나는 법령을 준수하고 주민의 복리증진 및 지역사회의 발전과 국가시책의 구현을 위하여 시·도지사(시장·군수·구청장)로서의 직책을 성실히 수행할 것을 엄숙히 선서합니다."

제63조【지방자치단체의 장의 사임 통지 및 보고】 ① 법 제111조에 따른 지방자치단체의 장의 사임통지는 사임일 10일 전까지 해야 한다. 다만, 부득이한 사유가 있는 경우에는 그렇지 않다.

② 제1항에 따라 지방자치단체의 장이 사임통지를 하였을 때에는 시·도의 경우 행정안전부장관에게, 시·군 및 자치구의 경우 시·도지사에게 그 사실을 즉시 보고해야 한다.

제64조【사무인계】 ① 법 제119조에 따라 퇴직하는 지방자치단체의 장은 다음 각 호의 구분에 따른 날에 그 소관 사무의 전부를 새로운 지방자치단체의 장이나 그 직무나 권한을 대행하는 사람에게 인계해야 한다.
1. 임기만료로 퇴직하는 경우 : 새로운 지방자치단체의 장의 임기가 시작되는 날
2. 임기 중에 퇴직하는 경우 : 그 퇴직하는 날

② 제1항 각 호 외의 부분에 따라 직무나 권한을 대행하는 사람이 사무를 인계받은 경우 그 직무나 권한을 대행하는 사람은 새로운 지방자치단체의 장이 사무를 인수할 수 있게 될 때에 지체 없이 새로운 지방자치단체의 장에게 소관 사무를 인계해야 한다.

제65조【사무인계의 방법】 제64조에 따른 사무인계는 다음 각 호의 사항을 적은 사무인계서에 인계자·인수자 및 참관인이 각각 기명·날인하는 방법으로 해야 한다.
1. 서류 및 장부의 목록
2. 공유재산·물품·채권·채무 등 재산 목록
3. 예산·회계의 수지현계표(收支現計表 : 수입·지출의 현재 상태를 계산한 표) 및 잔액증명
4. 기획 중이거나 시행 중인 중요 사업
5. 그 밖의 주요 사항

제66조【사무인계 시의 참관】 ① 사무인계를 할 때에는 반드시 참관인을 두어야 하며, 참관인은 인계가 끝난 즉시 사무인계서의 흠결 여부를 확인하고 도장을 찍어야 한다.

② 사무인계 시의 참관은 부지사·부시장·부군수·부구청장이 해야 한다. 다만, 다음 각 호의 어느 하나에 해당하는 경우에는 해당 지방자치단체의 규칙으로 정하는 사람이 참관한다.
1. 결원 등의 사유로 부지사·부시장·부군수·부구청장이 참관할 수 없는 경우
2. 제64조제1항 각 호 외의 부분에 따라 직무나 권한을 대행하는 사람이 인계를 받는 경우
3. 제64조제2항에 따라 직무나 권한을 대행하는 사람이 새로운 지방자치단체의 장에게 사무인계를 하는 경우

제67조【사무인계서류의 생략】 제65조 각 호의 사항 중 사무인계 당시 갖추어 두고 있는 목록 또는 대장으로 현황을 확인할 수 있는 경우에는 그 목록 또는 대장으로 사무인계서의 해당 부분을 갈음할 수 있다. 이 경우 그 뜻을 사무인계서에 적어야 한다.

제68조【운영 규정】 법 및 이 영에 규정된 것 외에 지방자치단체의 장의 사무인계에 관하여 필요한 사항은 해당 지방자치단체의 규칙으로 정한다.

제69조【지방의회의 재의 및 절차】 ① 법 제32조제3항, 제120조제1항, 제121조제1항 또는 제192조제1항 및 제2항에 따른 재의의 요구는 지방의회가 폐회 중일 때에도 할 수 있으며, 재의를 요구받은 지방의회는 부득이한 사유가 없으면 재의요구서가 도착한 날부터 10일 이내에 재의에 부쳐야 한다. 이 경우 폐회 중이거나 휴회 중인 기간은 산입하지 않는다.

② 지방자치단체의 장은 지방의회의 의결의 일부에 대하여 재의를 요구하거나 그 의결을 수정하여 재의를 요구할 수 없다.

제70조【선결처분】 ① 법 제122조제1항에 따른 주민의 생명과 재산 보호를 위하여 긴급하게 필요한 사항은 다음 각 호의 어느 하나에 해당하는 것으로 한다.
1. 천재지변이나 대형화재로 인한 피해의 복구 및 구호
2. 중요한 군사안보상의 지원
3. 급성감염병에 대한 예방조치

地方

4. 그 밖에 긴급하게 조치하지 않으면 주민의 생명과 재산에 중대한 피해가 발생할 우려가 있는 사항
② 지방자치단체의 장은 선결처분을 하였을 때에는 시·도의 경우 행정안전부장관에게, 시·군 및 자치구의 경우 시·도지사에게 그 사실을 보고해야 한다.
제71조【부시장·부지사 등의 수와 직급 등】 ① 법 제123조제1항에 따라 특별시의 부시장은 3명, 광역시·특별자치시의 부시장과 도 및 특별자치도의 부지사는 2명(인구 800만 이상의 광역시 및 도는 3명)으로 한다.
② 법 제123조제2항에 따라 국가공무원으로 보(補)하는 특별시·광역시 및 특별자치시의 부시장(이하 "행정부시장"이라 한다), 도와 특별자치도의 부지사(이하 "행정부지사"라 한다)는 특별시의 경우 정무직 국가공무원으로, 광역시·특별자치시·도와 특별자치도의 경우 「국가공무원법」 제2조의2에 따라 고위공무원단에 속하는 일반직 공무원으로 보하며, 그 직무등급(「국가공무원법」 제23조에 따라 인사혁신처장이 행정안전부장관과 협의하여 배정하는 직무등급을 말한다)은 행정안전부령으로 정한다.
③ 법 제123조제2항 단서에 따라 지방공무원으로 보하는 특별시·광역시 및 특별자치시의 부시장(이하 "정무부시장"이라 한다)과 도 및 특별자치도의 부지사(이하 "정무부지사"라 한다)는 특별시의 경우 정무직 지방공무원으로, 광역시·특별자치시·도와 특별자치도의 경우 별정직 1급상당 지방공무원이나 지방관리관으로 보한다.
④ 행정부시장·행정부지사는 시·도의 사무를 총괄하고 소속 공무원을 감독하며, 정무부시장·정무부지사는 해당 시·도지사를 보좌하여 정책과 기획의 수립에 참여하고 그 밖의 정무적 업무를 수행한다. 다만, 시·도의 정무부시장·정무부지사는 해당 시·도의 조례로 정하는 바에 따라 행정부시장·행정부지사의 업무를 분담하여 수행할 수 있다.
⑤ 제4항 단서에 따라 행정부시장·행정부지사의 업무를 분담하여 수행하는 정무부시장·정무부지사에 대한 명칭은 조례로 정한다.
⑥ 행정부시장·행정부지사를 2명 두는 시·도의 경우에는 명칭을 행정(1)부시장·행정(1)부지사, 행정(2)부시장·행정(2)부지사로 하고, 그 사무분장은 별표7에서 정하는 바에 따른다.
⑦ 시의 부시장, 군의 부군수와 자치구의 부구청장의 직급은 다음 각 호의 기준에 따른다.
1. 인구 5만 미만의 시·군과 광역시의 자치구 : 지방서기관(2023.12.14 본호개정)
2. 인구 50만 미만의 특별시의 자치구 : 지방부이사관
3. 인구 5만 이상 50만 미만의 시·군과 광역시의 자치구 : 지방부이사관(2023.12.14 본호개정)
4. 인구 50만 이상의 시·군 및 자치구 : 지방이사관
⑧ 제7항을 적용할 때에 인구는 제118조제1항 각 호의 어느 하나에 해당하는 사람 수를 합산한 주민 수를 기준으로 하며, 인구 변동에 따른 직급 조정 등은 다음 각 호의 기준에 따른다.(2023.12.14 본문개정)
1. 매해 말 인구가 해당 시의 부시장, 군의 부군수나 자치구의 부구청장의 직급에 해당하는 인구 기준을 2년간 연속하여 초과하면 다음 해 7월 1일에 그 직급을 상향조정할 것
2. 전년도 각 분기 말 인구를 산술평균한 인구가 해당 시의 부시장, 군의 부군수나 자치구의 부구청장의 직급에 해당하는 인구 기준에 2년간 연속하여 못 미치면 다음 해 7월 1일에 그 직급을 하향조정할 것
3. 시·군 또는 자치구가 신설되는 경우 신설된 시의 부시장, 군의 부군수나 자치구의 부구청장의 직급은 그 시·군 또는 자치구가 신설된 날 현재의 인구를 기준으로 할 것
⑨ 「지방자치분권 및 지역균형발전에 관한 특별법」 제60조제1항 후단에 따른 부시장은 지방이사관, 별정직 2급상당 지방공무원이나 지방임기제공무원으로 보한다.
(2023.7.7 본항개정)
제72조【권한대행 및 직무대리】 ① 법 제124조제1항 및 제2항에 따라 지방자치단체의 장의 권한을 대행하는 부지사·부시장·부군수·부구청장(이하 이 조에서 "부단체장"이라 한다)은 법령과 해당 지방자치단체의 조례나 규칙에서 정하는 바에 따라 해당 지방자치단체의 장의 권한에 속하는 사무를 처리한다.
② 지방자치단체의 장은 법 제124조제3항에 따른 사유가 발생한 경우에는 부단체장이 직무를 대리할 범위와 기간을 미리 서면으로 정해야 한다.
③ 법 제124조제3항에 따라 지방자치단체의 장의 직무를 대리하는 부단체장은 제2항에 따라 지방자치단체의 장이 미리 서면으로 위임하거나 지시한 사무를 처리한다. 다만, 공익상 긴급히 처리해야 하는 경우에는 위임되거나 지시된 사무 외에 지방자치단체의 장의 권한에 속하는 사무를 처리할 수 있다.
④ 법 제124조제1항 및 제2항에 따라 부단체장이 지방자치단체의 장의 권한대행을 하게 되거나 권한대행을 하지 않게 될 때에는 즉시 그 사실을 지방의회에 통보하고, 시·도의 경우 행정안전부장관에게, 시·군·자치구의 경우 시·도지사에게 즉시 보고해야 한다.
⑤ 법 제123조제1항제1호 및 제2호에 따라 부시장이나 부지사 3명을 두는 시·도의 경우에는 행정(1)부시장·행정(1)부지사, 행정(2)부시장·행정(2)부지사, 정무부시장·정무부지사의 순으로 시·도지사의 권한을 대행하거나 직무를 대리하고, 부시장이나 부지사 2명을 두는 시·도의 경우에는 행정부시장·행정부지사, 정무부시장·정무부지사의 순으로 시·도지사의 권한을 대행하거나 직무를 대리한다.
제73조【직속기관의 설치】 지방자치단체는 소관 사무의 성격상 별도의 전문기관에서 수행하는 것이 효율적인 경우에는 법 제126조에 따라 직속기관을 설치할 수 있다.
제74조【대학 및 전문대학 등의 설치】 지방자치단체가 제73조에 따라 직속기관 중 대학 및 전문대학 등을 설치하려는 경우에는 다음 각 호의 요건을 갖추어야 한다.
1. 대학 및 전문대학 등을 설치·운영할 만한 지방자치단체의 재정 지원 능력이 있을 것
2. 지역 내에 산업인력 수요가 있고 대학 및 전문대학 등이 그 인력을 공급할 필요성이 있을 것
3. 지역 간 균형 발전에 기여할 수 있을 것
4. 대학 및 전문대학 등의 중장기 발전계획, 학과편성 및 학생정원이 적정할 것
5. 대학 및 전문대학 등의 설치에 관하여 지역사회의 적극적인 지원이 있을 것
제75조【사업소의 설치】 지방자치단체는 다음 각 호의 요건을 갖춘 경우에는 법 제127조에 따라 사업소를 설치할 수 있다. 이 경우 일정기간 후에 끝나는 사업을 추진하기 위한 경우에는 사업소를 한시적으로 설치해야 한다.
1. 업무의 성격이나 업무량 등으로 보아 별도의 기관에서 업무를 수행하는 것이 효율적일 것
2. 사업장의 위치상 현장에서 업무를 추진하는 것이 효율적일 것
제76조【출장소의 설치】 ① 지방자치단체는 다음 각 호의 요건을 갖춘 경우에는 법 제128조에 따라 출장소를 설치할 수 있다.
1. 원격지 주민의 편의를 위하여 소관 사무를 분장할 필요가 있을 것
2. 업무의 종합성과 계속성이 있을 것
3. 관할 구역의 범위가 분명할 것
② 제1항에도 불구하고 다음 각 호의 어느 하나에 해당하는 경우에는 출장소를 설치할 수 없다.
1. 자치구가 아닌 구가 설치된 시(법 제10조제2항에 따른 도농 복합형태의 시는 제외한다)의 경우
2. 법 제7조제4항에 따라 설치된 행정동의 경우
제77조【합의제행정기관의 설치】 지방자치단체는 다음 각 호의 어느 하나에 해당하는 경우에는 법 제129조에 따라 합의제행정기관을 설치할 수 있다.
1. 고도의 전문지식이나 기술이 필요한 경우
2. 중립적이고 공정한 집행이 필요한 경우
3. 주민 의사의 반영과 이해관계의 조정이 필요한 경우
제78조【자문기관의 설치요건】 지방자치단체는 다음 각 호의 어느 하나에 해당하는 경우에 법 제130조제1항에 따른 자문기관을 설치할 수 있다.
1. 업무 특성상 전문적인 지식이나 경험이 있는 사람의 의견을 들어 결정할 필요가 있을 것
2. 업무의 성질상 다양한 이해관계의 조정 등 특히 신중한 절차를 거쳐 처리할 필요가 있을 것
제79조【자문기관의 구성】 ① 법 제130조제1항에 따른 자문기관은 설치 목적을 효율적으로 달성하는 데 필요한 인원으로 구성한다.
② 법 제130조제1항에 따른 자문기관의 위원은 비상임으로 하고, 공무원이 아닌 위원의 임기는 3년을 넘지 않도록 해야 한다.
제80조【자문기관의 존속기한】 ① 지방자치단체는 법 제130조제1항에 따른 자문기관을 설치할 때에 계속 존속시켜야 할 명백한 사유가 없는 경우에는 해당 자문기관의 존속기한을 조례에 분명히 밝혀야 한다.
② 제1항에 따른 존속기한은 5년의 범위에서 자문기관의 목적을 달성하는 데 필요한 최소한의 기간으로 한다.
제81조【이장 및 통장의 임명】 ① 법 제7조제5항에 따른 행정동의 통에는 통장을 두고, 법 제7조제6항에 따른 읍·면의 행정리에는 이장을 둔다.
② 제1항에 따른 이장 및 통장은 주민의 신망이 두터운 사람 중에서 해당 지방자치단체의 규칙으로 정하는 바에 따라 읍장·면장·동장이 임명한다.
③ 읍장·면장·동장이 제2항에 따라 이장 및 통장을 임명한 경우에는 그 사실을 해당 시장·군수 및 구청장에게 보고해야 한다.

제5장 재 무

제82조【결산 승인】 법 제150조에 따른 지방의회의 결산 승인은 제1차 정례회의의 회기 내에 처리해야 한다.
제83조【검사위원의 선임】 ① 법 제150조제1항 전단에 따라 지방의회가 선임하는 검사위원(이하 "검사위원"이라 한다)의 수는 시·도의 경우 7명 이상 20명 이내, 시·군 및 자치구의 경우 3명 이상 10명 이내로 하며, 그 수·선임방법·운영과 실비보상에 필요한 사항은 해당 지방자치단체의 조례로 정한다.
② 검사위원은 해당 지방의회의원이나 공인회계사·세무사 등 재무관리에 관한 전문지식과 경험을 가진 사람 중에서 선임한다. 이 경우 지방의회의원의 수는 전체 검사위원 수의 3분의 1 이하로 하며, 3명을 초과할 수 없다.
③ 지방자치단체의 상근(常勤) 직원은 검사위원이 될 수 없다.
제84조【결산 검사 사항】 ① 검사위원의 결산 검사 사항은 다음 각 호와 같다.
1. 결산 개요
2. 세입·세출의 결산
3. 재무제표
4. 성과보고서
5. 결산서의 첨부서류
6. 금고의 결산
② 검사위원은 지방자치단체의 장과 금고에 대하여 검사에 필요한 자료를 요구할 수 있으며, 그 요구를 받은 지방자치단체의 장과 금고는 특별한 사유가 없으면 협조해야 한다.
③ 검사위원은 결산 검사가 끝난 후 10일 이내에 검사의 견서를 해당 지방자치단체의 장에게 제출해야 한다.
④ 지방의회는 결산심의 시 필요하다고 인정하는 경우에는 검사위원을 출석시켜 설명을 들을 수 있다.
⑤ 제1항부터 제4항까지에서 규정한 사항 외에 결산 검사의 세부 기준 및 절차 등에 관하여 필요한 사항은 행정안전부장관이 정한다.

제6장 지방자치단체 상호 간의 관계

제85조【분쟁조정 신청 및 직권조정 절차】 ① 법 제165조제1항 본문에 따른 분쟁조정의 신청(이하 "분쟁조정신청"이라 한다)은 분쟁 당사자의 양쪽이나 어느 한쪽이 서면으로 행정안전부장관이나 시·도지사에게 신청해야 한다.
② 제1항에 따라 분쟁 당사자의 어느 한쪽이 분쟁조정신청을 한 경우 행정안전부장관이나 시·도지사는 신청 사실을 다른 당사자에게 통보해야 한다.
③ 행정안전부장관이나 시·도지사는 제1항에 따른 분쟁조정신청을 받으면 이를 지체 없이 법 제166조제1항에 따른 지방자치단체중앙분쟁조정위원회(이하 "중앙분쟁조정위원회"라 한다)나 같은 항에 따른 지방자치단체지방분쟁조정위원회(이하 "지방분쟁조정위원회"라 한다)에 회부해야 한다.
④ 행정안전부장관이나 시·도지사는 법 제165조제1항 단서에 따라 분쟁을 직권으로 조정하는 경우에는 미리 서면으로 당사자에게 기간을 정하여 협의를 통해 분쟁을 해결하거나 분쟁조정을 신청하도록 권고해야 한다.
⑤ 행정안전부장관이나 시·도지사는 제4항에 따른 기간 내에 분쟁이 해결되지 않거나 분쟁조정신청이 없으면 중앙분쟁조정위원회나 지방분쟁조정위원회에 회부할 수 있다.
⑥ 중앙분쟁조정위원회나 지방분쟁조정위원회는 제3항 및 제5항에 따라 회부된 분쟁에 대한 심의·의결을 마치면 지체 없이 그 결과를 행정안전부장관이나 시·도지사에게 통보해야 한다.
제86조【이행계획의 보고】 법 제165조제4항에 따라 행정안전부장관이나 시·도지사로부터 조정결정을 통보받은 지방자치단체의 장은 통보를 받은 날부터 30일 이내에 그 이행계획을 작성하여 행정안전부장관이나 시·도지사에게 보고해야 한다.
제87조【중앙분쟁조정위원회 위원장의 직무 및 회의 등】 ① 중앙분쟁조정위원회의 위원장은 위원회를 대표하고, 위원회의 업무를 총괄한다.
② 중앙분쟁조정위원회의 위원장은 위원회의 회의를 소집하고, 그 의장이 된다.
③ 중앙분쟁조정위원회의 위원장이 부득이한 사유로 직무를 수행할 수 없을 때에는 위원장이 미리 지명한 위원이 그 직무를 대행한다.
제88조【중앙분쟁조정위원회의 당연직 위원】 법 제166조제5항 각 호 외의 부분에서 "대통령령으로 정하는 중앙행정기관 소속 공무원"이란 기획재정부차관, 행정안전부차관, 산업통상자원부차관, 환경부차관 및 국토교통부차관을 말한다. 이 경우 복수차관이 있는 기관은 해당 기관의 장이 지명하는 차관으로 한다.
제89조【위원의 해촉】 중앙분쟁조정위원회 위촉위원의 해촉에 관하여는 제26조를 준용한다.
제90조【간사】 ① 중앙분쟁조정위원회의 사무를 처리하기 위하여 중앙분쟁조정위원회에 간사 1명과 필요한 공무원을 둔다.
② 중앙분쟁조정위원회의 간사는 행정안전부 소속 공무원 중에서 행정안전부장관이 지명한다.
제91조【중앙분쟁조정위원회의 소위원회 등】 ① 중앙분쟁조정위원회는 심의에 앞서 안건을 전문적으로 검토하기 위하여 중앙분쟁조정위원회에 소위원회를 둘 수 있다.
② 소위원회는 위원장 1명을 포함하여 5명의 위원으로 구성한다.
③ 소위원회의 위원장은 행정안전부차관으로 하고, 위원은 중앙분쟁조정위원회의 위원장이 안건과 관련된 분야의 위원 중에서 지명하며, 당연직 위원과 위촉직 위원을 같은 수로 한다.
④ 소위원회의 위원장은 업무 수행을 위하여 필요하면 관계 공무원과 관계 전문가 등을 출석하게 하여 의견을 듣거나 관계 기관·단체 등에 자료 및 의견 제출 등을 요구할 수 있다.

⑤ 제1항부터 제4항까지에서 규정한 사항 외에 소위원회의 운영에 필요한 사항은 중앙분쟁조정위원회의 의결을 거쳐 위원장이 정한다.

제92조【공무원의 파견 요청 등】 ① 중앙분쟁조정위원회는 위원회의 업무수행을 위하여 필요하면 관계 중앙행정기관의 장이나 지방자치단체의 장에게 소속 공무원의 파견을 요청할 수 있다.
② 중앙분쟁조정위원회의 위원장은 제1항에 따라 파견받은 공무원에게 간사의 사무를 지원하게 할 수 있다.

제93조【수당 등】 중앙분쟁조정위원회 및 소위원회에 출석한 위원과 관계 공무원 또는 관계 전문가에게는 예산의 범위에서 수당을 지급할 수 있다. 다만, 공무원인 위원이나 관계 공무원이 소관 업무와 직접 관련하여 출석한 경우에는 그렇지 않다.

제94조【운영 세칙】 이 영에서 규정한 사항 외에 중앙분쟁조정위원회 및 소위원회의 운영에 필요한 사항은 중앙분쟁조정위원회의 의결을 거쳐 위원장이 정한다.

제95조【지방분쟁조정위원회의 구성 및 운영】 ① 지방분쟁조정위원회 위원의 해촉, 위원장의 직무 및 회의, 수당 등에 관하여는 제26조, 제87조 및 제93조를 준용한다.
② 이 영에서 규정한 사항 외에 지방분쟁조정위원회의 구성 및 운영에 필요한 사항은 시·도의 조례로 정한다.

제96조【행정협의회의 구성 기준】 ① 법 제169조제1항 전단에 따른 관계 지방자치단체 간의 행정협의회(이하 이 조, 제97조부터 제102조까지에서 "행정협의회"라 한다)는 광역적으로 사무를 처리하기 위하여 수립한 계획과 그 집행, 특수행정수요의 충족, 공공시설의 공동설치, 행정정보의 교환, 행정·재정업무의 조정 등의 필요를 고려하여 관계 지방자치단체 간에 구성한다.
② 행정협의회 중 수도권 행정협의회와 대도시권 행정협의회의 경우에는 수도권과 대도시권 행정의 특수성을 고려하여 관련 시·도로 구성한다.

제97조【행정협의회 사무소의 위치】 행정협의회 사무소는 공동으로 처리할 사무의 비중이 보다 큰 지방자치단체(이하 "중심지방자치단체"라 한다)에 둔다.

제98조【행정협의회 구성 보고】 중심지방자치단체의 장은 법 제169조제1항에 따라 행정협의회를 구성하면 10일 이내에 다음 각 호의 사항을 행정안전부장관과 관계 중앙행정기관의 장이나 시·도지사에게 보고해야 한다.
1. 행정협의회의 명칭
2. 가입한 지방자치단체명
3. 구성목적
4. 구성일자
5. 행정협의회의 규약 사본

제99조【회장】 법 제170조제1항에 따른 행정협의회의 회장은 1명으로 하며, 회장이 부득이한 사유로 직무를 수행할 수 없을 때에는 행정협의회의 규약에서 정하는 바에 따라 그 직무를 대행할 사람을 선임한다.

제100조【회의】 ① 행정협의회는 정기 또는 수시로 회의를 개최한다.
② 정기회는 상·하반기로 나누어 연 2회 소집하고 임시회는 규약에서 정하는 바에 따라 관계 지방자치단체의 장이 요구할 때에 회장이 소집한다.
③ 행정안전부장관이나 시·도지사는 행정협의회를 개최할 필요가 있다고 인정되는 시·도가 구성원인 경우 행정안전부장관이, 시·군 또는 자치구가 구성원인 경우 시·도지사가 행정협의회의 개최를 권고할 수 있다.
④ 행정협의회의 회장은 회의가 있을 때마다 행정협의회의 안건을 준비하여 관계 지방자치단체의 장에게 미리 배포해야 한다.
⑤ 행정협의회를 개최한 경우에는 회의록을 작성해야 한다.
⑥ 회장은 행정협의회 개최 후 14일 이내에 시·도가 구성원인 경우 행정안전부장관에게, 시·군 또는 자치구가 구성원인 경우 시·도지사에게 행정협의회 개최 상황을 보고해야 한다.

제101조【자문위원】 ① 행정협의회는 그 협의사항에 관하여 자문하기 위하여 자문위원을 둘 수 있다.
② 자문위원은 국가의 특별행정기관의 장, 지방의회의원, 관련 공공단체의 장 및 관계 전문가 중에서 행정협의회의 승인을 받아 행정협의회의 회장이 위촉한다.

제102조【운영 규정】 법 및 이 영에서 규정한 사항 외에 행정협의회의 운영에 필요한 사항은 행정안전부령으로 정한다.

제103조【전국적 협의체 등의 설립 신고】 ① 법 제182조제1항제3호 또는 제4호에 따른 전국적 협의체는 그 효율적 운영을 위하여 각 시·도별 시장·군수·자치구의 구청장 또는 시·군·자치구의회의 의장 전부가 참가하는 지역협의체를 하부조직으로 둘 수 있다.
② 법 제182조제3항에 따라 협의체·연합체(이하 이 항에서 "협의체·연합체"라 한다)의 대표자가 행정안전부장관에게 신고해야 하는 사항은 다음 각 호와 같다.
1. 설립취지
2. 협의체·연합체의 명칭
3. 협의체·연합체의 조직과 운영 등에 관한 사항
4. 창립총회의 회의록
5. 대표자·임원 및 회원의 성명
③ 협의체·연합체의 대표자는 제2항에 따라 신고한 사항을 변경하는 경우 그 변경사항을 행정안전부장관에게 신고해야 한다.
④ 제2항 및 제3항에 따른 신고는 행정안전부령으로 정하는 서식에 따른다.

제7장 국가와 지방자치단체 간의 관계

제104조【지방자치단체의 사무에 대한 지원 및 보고 청취】 ① 중앙행정기관의 장이나 시·도지사는 법 제184조 및 제185조에 따른 조언·권고 또는 지도를 위하여 필요하다고 인정하면 지방자치단체의 장이나 관계 공무원의 회의를 소집할 수 있다.
② 중앙행정기관의 장이나 시·도지사는 국가나 지방자치단체의 중요정책이나 시책의 수립·결정·집행과정 등에서 정책이나 시책의 실효성을 높이기 위하여 필요하다고 인정하면 지방자치단체의 장에게 지역주민의 여론이나 지역실태 등을 보고하게 할 수 있다.

제105조【행정협의조정위원회 위원의 임기】 법 제187조제1항에 따른 행정협의조정위원회(이하 "행정협의조정위원회"라 한다)의 위원장과 위촉위원의 임기는 2년으로 한다. 다만, 보궐위원의 임기는 전임위원 임기의 남은 기간으로 한다.

제106조【행정협의조정위원회의 기능과 협의조정 절차】 ① 행정협의조정위원회는 중앙행정기관의 장이나 지방자치단체의 장의 신청에 따라 당사자 간에 의견을 달리하는 사항에 대하여 협의·조정한다.
② 제1항에 따른 협의·조정의 신청은 당사자의 양쪽이나 어느 한쪽이 서면으로 행정협의조정위원회의 위원장에게 해야 한다.
③ 제2항에 따라 협의·조정을 신청했을 때에는 당사자가 시·도지사인 경우 행정안전부장관에게, 당사자가 시장·군수·구청장인 경우 시·도지사와 행정안전부장관에게 신청사실을 통보해야 한다.
④ 행정협의조정위원회의 위원장은 제2항에 따른 신청을 받으면 그 사실을 지체 없이 국무총리에게 보고하고 행정안전부장관, 관계 중앙행정기관의 장과 해당 지방자치단체의 장에게 통보해야 한다.
⑤ 행정협의조정위원회의 위원장은 제1항에 따른 협의·조정사항에 관한 결정을 하면 지체 없이 서면으로 국무총리에게 보고하고, 행정안전부장관, 관계 중앙행정기관의 장과 해당 지방자치단체의 장에게 통보해야 한다.
⑥ 제5항에 따른 통보를 받은 관계 중앙행정기관의 장과 해당 지방자치단체의 장은 그 협의·조정 결정사항을 이행해야 한다.

제107조【회의】 행정협의조정위원회는 재적위원 과반수의 출석으로 개의(開議)하고, 출석위원 3분의 2 이상의 찬성으로 의결한다.

제108조【실무위원회】 ① 행정협의조정위원회는 심의에 앞서 심의할 안건을 협의·조정하고 행정협의조정위원회로부터 위임받은 사무를 처리하기 위하여 행정협의조정위원회에 행정협의조정위원회 실무위원회(이하 이 조 및 제109조부터 제111조까지에서 "실무위원회"라 한다)를 둔다.
② 실무위원회는 위원장 1명을 포함하여 9명 이내의 실무위원으로 구성한다.
③ 실무위원회의 위원장은 국무조정실장으로 하고, 실무위원은 기획재정부차관, 행정안전부차관, 안건과 관련된 중앙행정기관의 차관으로서 소속 기관의 장이 지명하는 사람, 법제처차장과 지방자치단체의 행정부시장·부지사로서 소속 지방자치단체의 장이 지명하는 사람으로 한다.
④ 실무위원회의 운영에 필요한 사항은 위원회의 의결을 거쳐 위원장이 정한다.

제109조【간사】 ① 행정협의조정위원회와 실무위원회의 사무를 처리하기 위하여 행정협의조정위원회와 실무위원회에 각각 간사 1명과 필요한 공무원을 둔다.
② 행정협의조정위원회의 간사는 행정안전부에서 자치분권 관련 업무를 담당하는 고위공무원단에 속하는 일반직공무원으로 하고, 실무위원회의 간사는 행정안전부 소속 3급부터 5급까지의 공무원 중에서 실무위원회의 위원장이 지명한다.

제110조【관계 기관에 대한 협조 요청】 행정협의조정위원회와 실무위원회의 위원장은 업무수행을 위하여 필요하면 관계 공무원과 관계 전문가 등을 출석하게 하여 의견을 듣거나 관계 기관·단체 등에 자료 및 의견 제출 등을 요구할 수 있다.

제111조【행정협의조정위원회 위원의 해촉 및 운영】 행정협의조정위원회의 위원의 해촉 및 운영 등에 관하여는 제26조, 제87조 및 제92조부터 제94조까지의 규정을 준용한다. 이 경우 "중앙분쟁조정위원회"는 "행정협의조정위원회"로, "소위원회"는 "실무위원회"로 본다.

제112조【명령·처분의 취소·정지 등의 보고】 주무부장관이나 지방자치단체의 장은 다음 각 호의 어느 하나에 해당하는 경우에는 즉시 행정안전부장관에게 통보하거나 보고해야 한다. 이 경우 시장·군수 및 자치구의 구청장은 시·도지사를 거쳐 행정안전부장관에게 보고해야 한다.
1. 법 제188조제1항에 따라 주무부장관이나 시·도지사가 시정명령을 한 경우와 명령·처분을 취소하거나 정지한 경우
2. 법 제188조제2항에 따라 주무부장관이 시장·군수 및 자치구의 구청장의 명령·처분에 대하여 시·도지사에게 시정명령을 명한 경우
3. 법 제188조제3항에 따라 주무부장관이 직접 시장·군수 및 자치구의 구청장에게 시정명령을 하거나 명령·처분에 대하여 직접 취소하거나 정지한 경우
4. 법 제188조제4항에 따라 주무부장관이 시·도지사에게 시장·군수 및 자치구의 구청장의 명령·처분의 취소 또는 정지를 명하거나 주무부장관이 직접 취소하거나 정지한 경우
5. 법 제188조제6항에 따라 지방자치단체의 장이 대법원에 소(訴)를 제기한 경우나 그에 따른 대법원의 판결이 있는 경우

제113조【직무이행명령 등의 통보 및 보고】 주무부장관이나 지방자치단체의 장은 다음 각 호의 어느 하나에 해당하는 사항이 있으면 즉시 행정안전부장관에게 통보하거나 보고해야 한다. 이 경우 시장·군수 및 자치구의 구청장은 시·도지사를 거쳐 행정안전부장관에게 보고해야 한다.
1. 법 제189조제1항에 따라 주무부장관이나 시·도지사가 이행명령을 한 경우
2. 법 제189조제1항 및 제4항에 따른 주무부장관이나 시·도지사의 이행명령을 지방자치단체의 장이 이행한 경우
3. 법 제189조제2항에 따라 주무부장관이나 시·도지사가 대집행이나 행정상·재정상 필요한 조치(이하 "대집행등"이라 한다)를 한 경우
4. 법 제189조제3항에 따라 주무부장관이 시·도지사에게 이행명령을 하도록 명하는 경우
5. 법 제189조제4항에 따라 주무부장관이 시장·군수 및 자치구의 구청장에게 직접 이행명령을 하거나 대집행등을 하는 경우
6. 법 제189조제5항에 따라 주무부장관이 시·도지사에게 대집행등을 하도록 명하거나 주무부장관이 직접 대집행등을 하는 경우
7. 법 제189조제6항에 따라 지방자치단체의 장이 대법원에 소를 제기하거나 집행정지결정을 신청한 경우나 그에 따른 대법원의 판결·결정이 있는 경우

제114조【지방의회 의결의 재의 및 제소 등의 보고】 지방자치단체의 장은 다음 각 호의 어느 하나에 해당하는 경우에는 행정안전부장관과 주무부장관에게 즉시 그 내용을 보고해야 한다. 이 경우 시장·군수 및 자치구의 구청장은 시·도지사를 거쳐 행정안전부장관에게 보고해야 한다.
1. 법 제32조제3항, 제120조제1항 또는 제121조제1항에 따라 해당 지방자치단체의 장이 재의를 요구한 경우나 그에 따른 지방의회의 의결이 있는 경우
2. 법 제120조제3항 및 제192조제4항에 따라 지방자치단체의 장이 재의결된 사항에 대하여 대법원에 소를 제기하거나 집행정지결정을 신청한 경우나 그에 따른 대법원의 판결·결정이 있는 경우
3. 법 제192조제1항 및 제3항에 따라 시·도지사가 시·군 및 자치구의 지방의회 의결에 대하여 재의를 요구하게 한 경우나 그에 따른 지방의회의 의결이 있는 경우
4. 법 제192조제5항에 따라 시·도지사가 시장·군수 및 자치구의 구청장에게 제소를 지시하거나 직접 제소하거나 집행정지결정을 신청한 경우나 그에 따른 대법원의 판결·결정이 있는 경우
5. 법 제192조제8항에 따라 시·도지사가 대법원에 직접 제소하거나 집행정지결정을 신청한 경우나 그에 따른 대법원의 판결·결정이 있는 경우

제115조【주무부장관의 통보】 주무부장관은 다음 각 호의 어느 하나에 해당하는 경우에는 행정안전부장관에게 즉시 그 내용을 통보해야 한다.
1. 법 제192조제1항에 따라 주무부장관이 시·도지사에게 재의를 요구하게 한 경우
2. 법 제192조제2항에 따라 주무부장관이 직접 시장·군수 및 자치구의 구청장에게 재의를 요구하게 한 경우
3. 법 제192조제5항에 따라 주무부장관이 해당 지방자치단체의 장에게 제소를 지시하거나 직접 제소하거나 집행정지결정을 신청한 경우나 그에 따른 대법원의 판결·결정이 있는 경우
4. 법 제192조제8항에 따라 주무부장관이 대법원에 직접 제소와 집행정지결정을 신청한 경우나 그에 따른 대법원의 판결·결정이 있는 경우

제116조【판결 등의 공시】 제114조제2호·제4호 및 제5호와 제115조제3호 및 제4호에 따른 대법원의 판결·결정이 있는 경우 해당 지방자치단체의 장은 공보·게시판·전산망 또는 일간신문에 그 사실을 즉시 공시해야 한다.

제8장 대도시 등의 행정특례

제117조【자치구의 재원 조정】 ① 법 제196조에 따른 자치구 상호 간의 조정 재원은 해당 시세(市稅) 중 「지방세기본법」 제8조제1항제1호 각 목의 보통세(광역시의 경우에는 「지방세법」 제7장제3절의 주민세 사업소분과 같은 장 제4절의 주민세 종업원분은 제외한다)로 한다.

地方

② 자치구 상호 간의 재원 조정 방법을 정하는 조례는 조정교부금의 교부율·산정방법 및 교부시기 등을 포함해야 한다.
제118조【인구 50만 이상 대도시와 특례시의 인구 인정기준】 ① 법 제198조제1항에 따라 특례를 둘 수 있는 인구 50만 이상 대도시는 전년도 말일 현재 다음 각 호의 어느 하나에 해당하는 사람 수를 합산한 주민 수가 2년간 연속하여 50만 이상인 시로 한다.
1. 해당 지방자치단체의 관할 구역에 주민등록이 되어 있는 사람
2. 「재외동포의 출입국과 법적 지위에 관한 법률」 제6조에 따라 해당 지방자치단체의 국내거소신고인명부에 올라 있는 외국국적동포
3. 「출입국관리법」 제34조에 따라 해당 지방자치단체의 외국인등록대장에 올라 있는 외국인
② 제1항에 따른 인구 50만 이상 대도시가 인구의 감소로 전년도 각 분기 말일 현재 제1항 각 호의 어느 하나에 해당하는 사람 수를 합산한 주민 수를 산술평균한 인구가 2년 간 연속하여 50만에 미치지 못하는 경우 그 시는 그 다음 해부터 인구 50만 이상 대도시에서 제외된다.
③ 법 제198조제2항제1호에 따른 인구 100만 이상 대도시(이하 "특례시"라 한다)의 인구 인정기준에 관하여는 제1항 및 제2항을 준용한다. 이 경우 "인구 50만"은 "인구 100만"으로 본다.
제119조【특례를 둘 수 있는 시·군·구의 지정기준】 법 제198조제2항제2호에 따라 행정안전부장관이 지정하는 시·군·구는 다음 각 호의 어느 하나에 해당하는 기준을 충족해야 한다.
1. 해당 시·군·구에 특례가 필요하다고 인정할 수 있는 자연적·사회적인 행정수요가 분명하게 존재할 것
2. 해당 시·군·구의 지역적 여건에 입각한 발전전략 이행에 특례가 필요하다고 인정되는 경우로서 인접한 시·군·구의 발전에도 기여할 수 있을 것
3. 「지방자치분권 및 지역균형발전에 관한 특별법」에 따른 인구감소지역으로서 같은 법과 관계 법령에 따른 시책 추진과 지원 외에 추가적인 특례가 필요하다고 인정될 것 (2023.7.7 본호개정)
제120조【특례를 둘 수 있는 시·군·구의 지정절차】 ① 법 제198조제2항제2호에 따라 행정안전부장관의 지정을 받으려는 시장·군수·구청장은 행정안전부령으로 정하는 설치 요청서에 시·군·구의 특성을 고려한 행정, 재정 운영과 국가의 지도·감독에 대한 특례를 첨부하여 해당 시·군·구를 관할하는 특별시장·광역시장·도지사(이하 이 조 및 제121조에서 "특별시장등"이라 한다)에게 제121조제1항에 따른 시·군·구 특례협의위원회의 설치를 요청해야 한다. 이 경우 시장·군수·구청장은 그 지방의회의 의결을 받아야 한다.
② 제1항에 따른 요청을 받은 특별시장등은 지체 없이 제121조제1항에 따른 특례협의회를 구성하고, 요청을 받은 날부터 90일 이내에 협의를 해야 한다. 이 경우 특별시장등과 시장·군수·구청장이 협의한 경우에는 그 기간을 30일의 범위에서 한차례만 연장할 수 있다.
③ 시장·군수·구청장은 행정안전부령으로 정하는 지정 신청서에 제2항에 따른 특례협의회의 협의 결과를 첨부하여 행정안전부장관에게 특례를 둘 수 있는 시·군·구로의 지정을 신청해야 한다.
④ 시장·군수·구청장은 제121조제1항에 따른 특례협의회의 구성을 요청한 날부터 120일이 지났음에도 협의가 완료되지 않았거나, 특별시장등이 제121조제1항에 따른 특례협의회를 구성하지 않은 경우에는 제3항에 따른 협의 결과를 첨부하지 않고 행정안전부장관에게 지정 신청을 할 수 있다.
⑤ 행정안전부장관은 제3항 또는 제4항에 따른 신청을 받으면 지체 없이 그 신청 내용을 해당 시·군·구를 관할하는 특별시장등과 관계 중앙행정기관의 장에게 통보해야 한다.
⑥ 제4항에 따른 신청을 받은 행정안전부장관은 제122조제1항에 따른 지방자치단체 특례심의위원회의 심의·의결을 거쳐 그 시·군·구를 특례를 둘 수 있는 시·군·구로 지정한다.
⑦ 행정안전부장관은 제6항에 따른 지정 사실과 제122조제1항에 따른 지방자치단체 특례심의위원회의 심의·의결 내용을 관보에 고시하고, 해당 시장·군수·구청장, 해당 시·군·구를 관할하는 특별시장등과 관계 중앙행정기관의 장에게 통보해야 한다.
⑧ 행정안전부장관은 제122조제1항에 따른 지방자치단체 특례심의위원회의 심의·의결 결과 법령 또는 조례의 개정 등의 조치가 필요한 경우에는 관계 중앙행정기관의 장이나 지방자치단체의 장에게 필요한 조치를 하도록 권고해야 한다.
⑨ 제8항에 따른 권고를 받은 관계 중앙행정기관의 장이나 지방자치단체의 장은 그 권고사항을 이행하도록 노력해야 하며, 이행하기 곤란한 경우에는 그 사유를 행정안전부장관에게 통보해야 한다.
⑩ 행정안전부장관은 다음 각 호의 어느 하나에 해당하면 제122조제1항에 따른 지방자치단체 특례심의위원회의 심의·의결을 거쳐 제6항에 따른 지정을 해제할 수 있다.
1. 해당 시장·군수·구청장이 지정의 해제를 신청하는 경우
2. 제119조에 따른 지정기준을 더 이상 충족하지 않는다고 인정되는 경우
3. 그 밖에 특례 지정 당시에 예상하지 못한 사정 변경으로 더 이상 특례 지정의 목적을 달성하기 어려운 경우로서 행정안전부장관이 필요하다고 인정하는 경우
⑪ 행정안전부장관은 제6항에 따라 시·군·구를 지정한 경우에는 그 지정사실을 관보에 고시한 날부터 5년마다 제122조제1항에 따른 지방자치단체 특례심의위원회의 심의·의결을 거쳐 제10항제2호에 해당하는지를 확인해야 한다.
⑫ 제6항에 따른 지정의 해제 절차에 관하여는 제1항부터 제9항까지의 규정을 준용한다.
⑬ 제1항부터 제12항까지에서 규정한 사항 외에 특례를 둘 수 있는 시·군·구의 지정절차에 관한 구체적 사항은 행정안전부장관이 정한다.
제121조【특례협의회의 구성·운영】 ① 시·군·구의 특례 지정 신청 여부를 관계 지방자치단체가 자율적으로 협의하기 위하여 특별시장등 소속으로 특례협의회(이하 이 조에서 "특례협의회"라 한다)를 둔다.
② 특례협의회는 위원장 1명을 포함하여 15명 이내의 위원으로 구성한다.
③ 특례협의회의 위원은 특별시장등이 다음 각 호에 해당하는 사람 중에서 동수(同數)로 임명하거나 위촉한다.
1. 특별시·광역시·도 소속 공무원
2. 시·군·구 소속 공무원
3. 지방자치에 관한 학식과 경험이 풍부한 사람 중에서 특별시장등이 추천하는 사람
4. 지방자치에 관한 학식과 경험이 풍부한 사람 중에서 시·군·구청장이 추천하는 사람
④ 특례협의회의 위원장은 제3항제4호의 위원 중에서 호선한다.
⑤ 제1항부터 제4항까지에서 규정한 사항 외에 특례협의회의 구성 및 운영에 필요한 사항은 특별시장등과 시장·군수·구청장이 협의하여 정한다.
제122조【지방자치단체 특례심의위원회의 구성·운영】 ① 다음 각 호의 사항을 심의하기 위하여 행정안전부장관 소속으로 지방자치단체 특례심의위원회(이하 이 조, 제123조 및 제124조에서 "특례심의위원회"라 한다)를 둔다.
1. 제119조 각 호의 지정기준 충족 여부
2. 제120조제1항에 따라 시장·군수·구청장이 요청한 특례 내용의 실현가능성과 국가의 기본정책 방향과의 합치 여부
3. 그 밖에 특례를 둘 수 있는 시·군·구의 지정에 관한 사항으로서 특례심의위원회의 위원장(이하 이 조, 제123조 및 제124조에서 "위원장"이라 한다)이나 행정안전부장관이 필요하다고 인정하는 사항
② 특례심의위원회는 위원장 2명을 포함하여 15명 이내의 위원으로 구성한다.
③ 위원장은 행정안전부장관과 제4항제3호의 위원 중 국무총리가 지명하는 사람이 공동으로 한다.
④ 특례심의위원회의 위원은 다음 각 호의 사람으로 한다. 이 경우 제2호에 따른 위원의 수는 4명으로 한다.
1. 기획재정부차관, 교육부차관, 국무조정실차장 및 법제처차장. 이 경우 복수차관 또는 복수차장이 있는 기관은 해당 기관의 장이 지명하는 차관 또는 차장으로 한다.
2. 법 제182조에 따른 지방자치단체의 장 등의 협의체의 대표자가 추천하는 사람으로서 국무총리가 위촉하는 사람
3. 지방자치에 관한 학식과 경험이 풍부한 사람 중에서 행정안전부장관이 추천하는 사람으로서 국무총리가 위촉하는 사람
⑤ 특례심의위원회의 업무를 지원하기 위하여 특례심의위원회에 간사 1명을 두며, 간사는 행정안전부에서 자치분권 관련 업무를 담당하는 고위공무원단에 속하는 일반직공무원으로 한다.
⑥ 제4항제2호 및 제3호에 따른 위촉위원의 임기는 2년으로 하며, 연임할 수 있다.
⑦ 위촉위원의 사임 등으로 새로 위촉되는 위원의 임기는 전임위원 임기의 남은 기간으로 한다.
제123조【특례심의위원회의 회의 등】 ① 위원장은 특례심의위원회의 회의를 각자 소집하며, 공동으로 의장이 된다.
② 특례심의위원회의 회의는 재적위원 과반수의 출석으로 개의하고, 출석위원 과반수의 찬성으로 의결한다.
③ 제122조와 이 조에서 규정한 사항 외에 특례심의위원회의 운영에 필요한 사항은 특례심의위원회의 의결을 거쳐 위원장이 정한다.
제124조【특례심의위원회 실무위원회의 구성】 ① 특례심의위원회는 심의에 앞서 심의·의결할 사항을 미리 검토하기 위하여 특례심의위원회에 실무위원회(이하 이 조에서 "실무위원회"라 한다)를 둔다.
② 실무위원회는 위원장 1명을 포함하여 7명 이내의 위원으로 구성하며, 위원장은 행정안전부차관으로 한다.
③ 실무위원회의 위원은 기획재정부, 교육부, 행정안전부, 국무조정실 및 법제처의 고위공무원단에 속하는 공무원 중에서 해당 기관의 장이 지명하는 공무원으로 한다.
④ 실무위원회의 업무를 지원하기 위하여 실무위원회에 간사 1명을 두며, 간사는 행정안전부 소속 3급 또는 4급 공무원 중에서 실무위원회의 위원장이 지명한다.
⑤ 실무위원회의 위원장은 업무수행을 위하여 필요한 경우에는 관계 공무원과 관계 전문가 등에게 실무위원회에 참석을 요청하거나 자료 및 의견 제출을 요구할 수 있다.
⑥ 실무위원회의 위원장은 특례심의위원회에서 심의·의결할 사항을 미리 검토하는 과정에서 필요한 경우에는 특례를 신청한 시장·군수·구청장에게 자료의 보완 및 제출을 요구할 수 있다.
⑦ 제1항부터 제6항까지에서 규정한 사항 외에 실무위원회의 운영에 필요한 사항은 특례심의위원회의 의결을 거쳐 위원장이 정한다.
제125조【인구 50만 이상 대도시와 특례시의 공고】 행정안전부장관은 매년 2월 1일까지 제118조에 따른 인구 50만 이상 대도시와 특례시를 관보에 게재해야 한다.
제126조【특별지방자치단체 의회의 중요 의결사항】 법 제204조제3항 전단에서 "대통령령으로 정하는 중요한 사항"이란 다음 각 호의 사항을 말한다.
1. 조례의 제정과 개정·폐지
2. 예산의 심의·확정
3. 결산의 승인
4. 그 밖에 특별지방자치단체의 운영에 관한 사항으로서 규약으로 정하는 중요한 사항
제127조【사무처리상황의 통지】 특별지방자치단체의 장은 법 제207조에 따라 구성 지방자치단체의 장과 행정안전부장관(시·군 및 자치구만으로 구성하는 경우에는 시·도지사를 포함한다)에게 법 제203조의 기본계획에 따른 사무처리 상황을 통지해야 한다.

부　칙

제1조【시행일】 이 영은 2022년 1월 13일부터 시행한다. 다만, 제14조, 제15조제1항 각 호 외의 부분 단서, 같은 조 제4항 및 제16조제1항 단서의 개정규정은 2023년 7월 1일부터 시행한다.
제2조【전자서명을 통한 주민 감사 청구에 관한 적용례】 제14조, 제15조제1항 각 호 외의 부분 단서, 같은 조 제4항 및 제16조제1항 단서의 개정규정은 부칙 제1조 단서에 따른 시행일 이후 감사를 청구하려는 청구인의 대표자가 제14조제2항의 개정규정에 따라 주무부장관이나 시·도지사에게 정보시스템의 이용을 신청하는 경우부터 적용한다.
제3조【지방의회의원의 여비 지급에 관한 경과조치】 이 영 시행 전에 지방의회의원이 공무로 여행한 경우 그 여비의 지급기준에 관하여는 제33조제1항제3호 및 별표6의 개정규정에도 불구하고 종전의 제33조제1항제2호 및 별표5에 따른다.
제4조【종전에 임명된 통장에 관한 경과조치】 이 영 시행 전에 지방자치단체의 조례로 정하는 바에 따라 임명된 통장은 제81조제2항의 개정규정에 따라 임명된 통장으로 본다.
제5조【다른 법령의 개정】 ①~⑯ ※(해당 법령에 가제정리 하였음)
제6조【다른 법령과의 관계】 이 영 시행 당시 종전의 「지방자치법 시행령」의 규정을 인용하고 있는 경우에는 이 영 가운데 그에 해당하는 규정이 있으면 종전의 규정을 갈음하여 이 영의 해당 규정을 인용한 것으로 본다.

부　칙 (2022.10.4)

제1조【시행일】 이 영은 공포 후 6개월이 경과한 날부터 시행한다.(이하 생략)

부　칙 (2023.7.7)

제1조【시행일】 이 영은 2023년 7월 10일부터 시행한다.(이하 생략)

부　칙 (2023.12.14)

제1조【시행일】 이 영은 공포한 날부터 시행한다.
제2조【의정활동비 결정 및 적용기간에 관한 특례】 ① 지방자치단체는 별표5의 개정규정에 따라 의정활동비를 새로 정하려는 경우에는 제35조제1항에도 불구하고 이 영 시행 후 3개월 이내에 제34조 및 제35조제2항부터 제9항까지의 규정에 따라 의정비심의회를 구성·운영하여 해당 의정활동비의 지급 기준을 결정하도록 해야 한다.
② 지방자치단체는 제1항에 따라 의정비심의회가 결정한 지급 기준 이내에서 해당 지방자치단체의 조례로 의정활동비를 정한 경우에는 제35조제1항에도 불구하고 2024년 1월부터 임기만료에 의한 지방의회의원 선거가 있는 해까지 해당 의정활동비를 지급한다.
제3조【부시장·부군수·부구청장의 직급 상향에 따른 경과조치】 이 영 시행 전에 임명된 부시장·부군수 및 부구청장의 직급기준에 관하여는 제71조제7항제3호의 개정규정에 따라 부시장·부군수 및 부구청장이 새로 임명될 때까지 종전의 제71조제7항제1호에 따른다.

〔별표〕 ➡ 「法典 別冊」 참조

지방교육자치에 관한 법률

(약칭 : 교육자치법)

(2006년 12월 20일 전부개정법률 제8069호)

개정
2007. 5.11법 8423호(지방자치)
2008. 2.29법 8852호(정부조직)
2010. 2.26법10046호
2011. 7.21법10866호(고등교육)
2013. 3.23법11690호(정부조직)
2013. 4. 5법11724호 2013.12.30법12128호
2014. 2.13법12394호
2014.11.19법12844호(정부조직)
2015. 6.22법13335호 2016.12.13법14372호
2016.12.20법14398호
2017. 7.26법14839호(정부조직)
2019.12. 3법16672호(초중교육)
2019.12. 3법16682호 2020.12.22법17662호
2021. 1.12법17893호(지방자치)
2021. 3.23법17954호(법률용어정비)
2022. 4.20법18841호(공직선거법)
2023. 4.18법19343호

제1장 총 칙

제1조【목적】 이 법은 교육의 자주성 및 전문성과 지방교육의 특수성을 살리기 위하여 지방자치단체의 교육·과학·기술·체육 그 밖의 학예에 관한 사무를 관장하는 기관의 설치와 그 조직 및 운영 등에 관한 사항을 규정함으로써 지방교육의 발전에 이바지함을 목적으로 한다.

제2조【교육·학예사무의 관장】 지방자치단체의 교육·과학·기술·체육 그 밖의 학예(이하 "교육·학예"라 한다)에 관한 사무는 특별시·광역시 및 도(이하 "시·도"라 한다)의 사무로 한다.

제3조【「지방자치법」과의 관계】 지방자치단체의 교육·학예에 관한 사무를 관장하는 기관의 설치와 그 조직 및 운영 등에 관하여 이 법에서 규정한 사항을 제외하고는 그 성질에 반하지 아니하는 범위에서 「지방자치법」의 관련 규정을 준용한다. 이 경우 "지방자치단체의 장" 또는 "시·도지사"는 "교육감"으로, "지방자치단체의 사무"는 "지방자치단체의 교육·학예에 관한 사무"로, "자치사무"는 "교육·학예에 관한 자치사무"로, "행정안전부장관"·"주무부장관" 및 "중앙행정기관의 장"은 "교육부장관"으로 본다.(2021.3.23 전단개정)

제2장 교육위원회

제1절 설치 및 구성

제4조~제5조 (2016.12.13 삭제)

제2절 교육의원

제6조~제10조의3 (2016.12.13 삭제)

제3절 권 한

제11조 (2016.12.13 삭제)

제4절 회의 및 사무직원

제12조~제15조 (2015.6.22 삭제)
제16조 (2010.2.26 삭제)
제17조 (2015.6.22 삭제)

제3장 교육감

제1절 지위와 권한 등

제18조【교육감】 ① 시·도의 교육·학예에 관한 사무의 집행기관으로 시·도에 교육감을 둔다.
② 교육감은 교육·학예에 관한 소관 사무로 인한 소송이나 재산의 등기 등에 대하여 해당 시·도를 대표한다.
(2021.3.23 본항개정)

제19조【국가행정사무의 위임】 국가행정사무 중 시·도에 위임하여 시행하는 사무로서 교육·학예에 관한 사무는 교육감에게 위임하여 행한다. 다만, 법령에 다른 규정이 있는 경우에는 그러하지 아니하다.

제20조【관장사무】 교육감은 교육·학예에 관한 다음 각 호의 사항에 관한 사무를 관장한다.
1. 조례안의 작성 및 제출에 관한 사항
2. 예산안의 편성 및 제출에 관한 사항
3. 결산서의 작성 및 제출에 관한 사항
4. 교육규칙의 제정에 관한 사항
5. 학교, 그 밖의 교육기관의 설치·이전 및 폐지에 관한 사항
6. 교육과정의 운영에 관한 사항
7. 과학·기술교육의 진흥에 관한 사항
8. 평생교육, 그 밖의 교육·학예진흥에 관한 사항
9. 학교체육·보건 및 학교환경정화에 관한 사항
10. 학생통학구역에 관한 사항
11. 교육·학예의 시설·설비 및 교구(敎具)에 관한 사항
12. 재산의 취득·처분에 관한 사항
13. 특별부과금·사용료·수수료·분담금 및 가입금에 관한 사항
14. 기채(起債)·차입금 또는 예산 외의 의무부담에 관한 사항
15. 기금의 설치·운용에 관한 사항
16. 소속 국가공무원 및 지방공무원의 인사관리에 관한 사항
17. 그 밖에 해당 시·도의 교육·학예에 관한 사항과 위임된 사항(2021.3.23 본호개정)

제21조【교육감의 임기】 교육감의 임기는 4년으로 하며, 교육감의 계속 재임은 3기에 한정한다.(2021.3.23 본조개정)

제22조【교육감의 선거】 교육감의 선거에 관하여는 제6장에서 따로 정한다.(2010.2.26 본조개정)

제23조【겸직의 제한】 ① 교육감은 다음 각 호의 어느 하나에 해당하는 직을 겸할 수 없다.
1. 국회의원·지방의회의원(2016.12.13 본호개정)
2. 「국가공무원법」 제2조에 규정된 국가공무원과 「지방공무원법」 제2조에 규정된 지방공무원 및 「사립학교법」 제2조의 규정에 따른 사립학교의 교원
3. 사립학교경영자 또는 사립학교를 설치·경영하는 법인의 임·직원
② 교육감이 당선 전부터 제1항의 겸직이 금지된 직을 가진 경우에는 임기개시일 전일에 그 직에서 당연 퇴직된다.

제24조【교육감후보자의 자격】 ① 교육감후보자가 되려는 사람은 해당 시·도지사의 피선거권이 있는 사람으로서 후보자등록신청개시일부터 과거 1년 동안 정당의 당원이 아닌 사람이어야 한다.(2021.3.23 본항개정)
② 교육감후보자가 되려는 사람은 후보자등록신청개시일을 기준으로 다음 각 호의 어느 하나에 해당하는 경력이 3년 이상 있거나 다음 각 호의 어느 하나에 해당하는 경력을 합한 경력이 3년 이상 있는 사람이어야 한다.
1. 교육경력 : 「유아교육법」 제2조제2호에 따른 유치원, 「초·중등교육법」 제2조 및 「고등교육법」 제2조에 따른 학교(이와 동등한 학력이 인정되는 교육기관 또는 평생교육시설로서 다른 법률에 따라 설치된 교육기관 또는 평생교육시설을 포함한다)에서 교원으로 근무한 경력
2. 교육행정경력 : 국가 또는 지방자치단체의 교육기관에서 국가공무원 또는 지방공무원으로 교육·학예에 관한 사무에 종사한 경력과 「교육공무원법」 제2조제1항제2호 또는 제3호에 따른 교육공무원으로 근무한 경력
(2014.2.13 본항신설)

제24조의2【교육감의 소환】 ① 주민은 교육감을 소환할 권리를 가진다.
② 교육감에 대한 주민소환투표사무는 제44조에 따른 선거관리위원회가 관리한다.
③ 교육감의 주민소환에 관하여는 이 법에서 규정한 사항을 제외하고는 그 성질에 반하지 아니하는 범위에서 「주민소환에 관한 법률」의 시·도지사에 관한 규정을 준용한다. 다만, 이 법에서 「공직선거법」을 준용할 때 「주민소환에 관한 법률」에서 준용하는 「공직선거법」의 해당 규정과 다르게 정하고 있는 경우에는 이 법에서 준용하는 「공직선거법」의 해당 규정을 인용한 것으로 본다.
(2010.2.26 본조신설)

제24조의3【교육감의 퇴직】 교육감이 다음 각 호의 어느 하나에 해당된 때에는 그 직에서 퇴직된다.
1. 교육감이 제23조제1항의 겸임할 수 없는 직에 취임한 때
2. 피선거권이 없게 된 때(지방자치단체의 구역이 변경되거나, 지방자치단체가 없어지거나 합쳐진 경우 외의 다른 사유로 교육감이 그 지방자치단체의 구역 밖으로 주민등록을 이전함으로써 피선거권이 없게 된 때를 포함한다)
3. 정당의 당원이 된 때
4. 제3조에서 준용하는 「지방자치법」 제110조에 따라 교육감의 직을 상실할 때(2021.1.12 본호개정)
(2010.2.26 본조신설)

제25조【교육규칙의 제정】 ① 교육감은 법령 또는 조례의 범위 안에서 그 권한에 속하는 사무에 관하여 교육규칙을 제정할 수 있다.
② 교육감은 대통령령으로 정하는 절차와 방식에 따라 교육규칙을 공포하여야 하며, 교육규칙은 특별한 규정이 없으면 공포한 날부터 20일이 지남으로써 효력이 발생한다.
(2021.3.23 본항개정)

제26조【사무의 위임·위탁 등】 ① 교육감은 조례 또는 교육규칙으로 정하는 바에 따라 그 권한에 속하는 사무의 일부를 보조기관, 소속교육기관 또는 하급교육행정기관에 위임할 수 있다.
② 교육감은 교육규칙으로 정하는 바에 따라 그 권한에 속하는 사무의 일부를 해당지방자치단체의 장과 협의하여 구·출장소 또는 읍·면·동(특별시·광역시 및 시의 동을 말한다. 이하 이 조에서 같다)의 장에게 위임할 수 있다. 이 경우 교육감은 해당사무의 집행에 관하여 구·출장소 또는 읍·면·동의 장을 지휘·감독할 수 있다.
③ 교육감은 조례 또는 교육규칙으로 정하는 바에 따라 그 권한에 속하는 사무 중 조사·검사·검정·관리 등 주민의 권리·의무와 직접 관계되지 아니하는 사무를 법인·단체 또는 그 기관이나 개인에게 위탁할 수 있다.
④ 교육감이 위임 또는 위탁받은 사무의 일부를 제1항부터 제3항까지의 규정에 따라 다시 위임 또는 위탁하고자 하는 경우에는 미리 해당사무를 위임 또는 위탁한 기관의 장의 승인을 얻어야 한다.
(2021.3.23 본조개정)

제27조【직원의 임용 등】 교육감은 소속 공무원을 지휘·감독하고 법령과 조례·교육규칙으로 정하는 바에 따라 그 임용·교육훈련·복무·징계 등에 관한 사항을 처리한다.(2021.3.23 본조개정)

제28조【시·도의회 등의 의결에 대한 재의와 제소】 ① 교육감은 교육·학예에 관한 시·도의회의 의결이 법령에 위반되거나 공익을 현저히 저해한다고 판단될 때에는 그 의결사항을 이송받은 날부터 20일 이내에 이유를 붙여 재의를 요구할 수 있다. 교육감이 교육부장관으로부터 재의요구를 하도록 요청받은 경우에는 시·도의회에 재의를 요구하여야 한다.(2013.3.23 후단개정)
② 제1항의 규정에 따른 재의요구가 있을 때에는 재의요구를 받은 시·도의회는 재의에 붙이고 시·도의회 재적의원 과반수의 출석과 시·도의회 출석의원 3분의 2 이상의 찬성으로 전과 같은 의결을 하면 그 의결사항은 확정된다.(2010.2.26 본항개정)
③ 제2항의 규정에 따라 재의결된 사항이 법령에 위반된다고 판단될 때에는 교육감은 재의결된 날부터 20일 이내에 대법원에 제소할 수 있다.
④ 교육부장관은 재의결된 사항이 법령에 위반된다고 판단됨에도 해당 교육감이 소를 제기하지 않은 때에는 해당 교육감에게 제소를 지시하거나 직접 제소할 수 있다.
(2013.3.23 본항개정)
⑤ 제4항의 규정에 따른 제소의 지시는 제3항의 기간이 지난 날부터 7일 이내에 하고, 해당 교육감은 제소 지시를 받은 날부터 7일 이내에 제소하여야 한다.(2021.3.23 본항개정)
⑥ 교육부장관은 제5항의 기간이 지난 날부터 7일 이내에 직접 제소할 수 있다.(2021.3.23 본항개정)
⑦ 제3항 및 제4항의 규정에 따라 재의결된 사항을 대법원에 제소한 경우 제소를 한 교육부장관 또는 교육감은 그 의결의 집행을 정지하게 하는 집행정지결정을 신청할 수 있다.(2013.3.23 본항개정)

제29조【교육감의 선결처분】 ① 교육감은 소관 사무 중 시·도의회의 의결이 필요한 사항에 대하여 다음 각 호의 어느 하나에 해당하는 경우에는 선결처분을 할 수 있다.
(2021.3.23 본문개정)
1. 시·도의회가 성립되지 아니한 때(시·도의회의원의 구속 등의 사유로 「지방자치법」 제73조의 규정에 따른 의결정족수에 미달하게 된 때를 말한다)(2021.1.12 본호개정)
2. 학생의 안전과 교육기관 등의 재산보호를 위하여 긴급하게 필요한 사항으로서 시·도의회가 소집될 시간적 여유가 없거나 시·도의회에서 의결이 지체되어 의결되지 아니한 때
(2010.2.26 본항개정)
② 제1항의 규정에 따른 선결처분은 지체 없이 시·도의회에 보고하여 승인을 얻어야 한다.(2010.2.26 본항개정)
③ 시·도의회에서 제2항의 승인을 얻지 못한 때에는 그 선결처분은 그 때부터 효력을 상실한다.(2010.2.26 본항개정)
④ 교육감은 제2항 및 제3항에 관한 사항을 지체 없이 공고하여야 한다.

제29조의2【의안의 제출 등】 ① 교육감은 교육·학예에 관한 의안 중 다음 각 호의 어느 하나에 해당하는 의안을 시·도의회에 제출하고자 할 때에는 미리 시·도지사와 협의하여야 한다.
1. 주민의 재정적 부담이나 의무부과에 관한 조례안
2. 지방자치단체의 일반회계와 관련되는 사항
② 그 밖에 교육·학예에 관한 의안과 청원 등의 제출·심사·처리에 관하여는 「지방자치법」을 준용한다. 이 경우 "지방자치단체의 장"은 "교육감"으로 본다.
(2015.6.22 본조신설)

제29조의3【시·도의회의 교육·학예에 관한 사무의 지원】 ① 시·도의회의 교육·학예에 관한 사무를 처리하기 위하여 조례로 정하는 바에 따라 시·도의회의 사무처에 지원조직과 사무직원을 둔다.
② 제1항에 따라 두는 사무직원은 지방공무원으로 보한다.
③ 제1항에 따라 두는 사무직원은 시·도의회의장의 추천에 따라 교육감이 임명한다.
(2015.6.22 본조신설)

제2절 보조기관 및 소속교육기관

제30조【보조기관】 ① 교육감 소속하에 국가공무원으로 보하는 부교육감 1인(인구 800만명 이상이고 학생 150만명 이상인 시·도는 2인)을 두되, 대통령령으로 정하는 바에 따라 「국가공무원법」 제2조의2의 규정에 따른 고위공무원단에 속하는 일반직공무원 또는 장학관으로 보한다.(2021.3.23 본항개정)
② 부교육감은 해당 시·도의 교육감이 추천한 사람을 교육부장관의 제청으로 국무총리를 거쳐 대통령이 임명한다.(2021.3.23 본항개정)
③ 부교육감은 교육감을 보좌하여 사무를 처리한다.

④ 제1항의 규정에 따라 부교육감 2인을 두는 경우에 그 사무 분장에 관한 사항은 대통령령으로 정한다. 이 경우 그중 1인으로 하여금 특정 지역의 사무를 담당하게 할 수 있다.
⑤ 교육감 소속하에 보조기관을 두되, 그 설치·운영 등에 관하여 필요한 사항은 대통령령으로 정한 범위 안에서 조례로 정한다.(2021.3.23 본항개정)
⑥ 교육감은 제5항의 규정에 따른 보조기관의 설치·운영에 있어서 합리화를 도모하고 다른 시·도와의 균형을 유지하여야 한다.

제31조【교육감의 권한대행·직무대리】 교육감의 권한대행·직무대리에 관하여는 「지방자치법」 제124조의 규정을 준용한다. 이 경우 "부지사·부시장·부군수·부구청장"은 "부교육감"으로, "지방자치단체의 규칙"은 "교육규칙"으로 본다.(2021.1.12 전단개정)

제32조【교육기관의 설치】 교육감은 그 소관 사무의 범위 안에서 필요한 때에는 대통령령 또는 조례로 정하는 바에 따라 교육기관을 설치할 수 있다.(2021.3.23 본조개정)

제33조【공무원의 배치】 ① 제30조제5항의 보조기관과 제32조의 교육기관 및 제34조의 하급교육행정기관에는 제38조의 규정에 따른 해당 시·도의 교육비특별회계가 부담하는 경비로써 지방공무원을 두되, 그 정원은 법령에서 정한 기준에 따라 조례로 정한다.
② 제30조제5항의 보조기관과 제32조의 교육기관 및 제34조의 하급교육행정기관에는 제1항 및 「지방자치단체에 두는 국가공무원의 정원에 관한 법률」에도 불구하고 대통령령으로 정하는 바에 따라 국가공무원을 둘 수 있다.
(2021.3.23 본조개정)

제3절 하급교육행정기관

제34조【하급교육행정기관의 설치 등】 ① 시·도의 교육·학예에 관한 사무를 분장하기 위하여 1개 또는 2개 이상의 시·군 및 자치구를 관할 구역으로 하는 하급교육행정기관으로서 교육지원청을 둔다.
② 교육지원청의 관할 구역과 명칭은 대통령령으로 정한다.
③ 교육지원청에 교육장을 두되 장학관으로 보하고, 그 임용에 관하여 필요한 사항은 대통령령으로 정한다.
④ 교육지원청의 조직과 운영 등에 관하여 필요한 사항은 대통령령으로 정한다.
(2013.12.30 본조개정)

제35조【교육장의 분장 사무】 교육장은 시·도의 교육·학예에 관한 사무 중 다음 각 호의 사무를 위임받아 분장한다.
1. 공·사립의 유치원·초등학교·중학교·고등공민학교 및 이에 준하는 각종학교의 운영·관리에 관한 지도·감독(2019.12.3 본호개정)
2. 그 밖에 조례로 정하는 사무

제4장 교육재정

제36조【교육·학예에 관한 경비】 교육·학예에 관한 경비는 다음 각 호의 재원(財源)으로 충당한다.
1. 교육에 관한 특별부과금·수수료 및 사용료
2. 지방교육재정교부금
3. 해당 지방자치단체의 일반회계로부터의 전입금
4. 유아교육지원특별회계에 따른 전입금(2016.12.20 본호신설)
5. 제1호부터 제4호까지 외의 수입으로서 교육·학예에 속하는 수입(2021.3.23 본호개정)

제37조【의무교육경비 등】 ① 의무교육에 종사하는 교원의 보수와 그 밖의 의무교육에 관련되는 경비는 「지방교육재정교부금법」에서 정하는 바에 따라 국가 및 지방자치단체가 부담한다.
② 제1항의 규정에 따른 의무교육 외의 교육에 관련되는 경비는 「지방교육재정교부금법」에서 정하는 바에 따라 국가·지방자치단체 및 학부모 등이 부담한다.
(2021.3.23 본조개정)

제38조【교육비특별회계】 시·도의 교육·학예에 관한 경비를 따로 경리하기 위하여 해당지방자치단체에 교육비특별회계를 둔다.(2021.3.23 본조개정)

제39조【교육비의 보조】 ① 국가는 예산의 범위 안에서 시·도의 교육비를 보조한다.
② 국가의 교육비보조에 관한 사무는 교육부장관이 관장한다.(2013.3.23 본항개정)

제40조【특별부과금의 부과·징수】 ① 제36조의 규정에 따른 특별부과금은 특별한 재정수요가 있는 때에 조례로 정하는 바에 따라 부과·징수한다.
② 제1항의 규정에 따른 특별부과금은 특별부과가 필요한 경비의 총액을 초과하여 부과할 수 없다.
(2021.3.23 본조개정)

제5장 지방교육에 관한 협의

제41조【지방교육행정협의회의 설치】 ① 지방자치단체의 교육·학예에 관한 사무를 효율적으로 처리하기 위하여 지방교육행정협의회를 둔다.
② 제1항의 규정에 따른 지방교육행정협의회의 구성·운영에 관하여 필요한 사항은 교육감과 시·도지사가 협의하여 조례로 정한다.

제42조【교육감 협의체】 ① 교육감은 상호 간의 교류와 협력을 증진하고, 공동의 문제를 협의하기 위하여 전국적인 협의체를 설립할 수 있다.
② 제1항의 규정에 따른 협의체를 설립한 때에는 해당협의체의 대표자는 이를 지체 없이 교육부장관에게 신고하여야 한다.(2021.3.23 본항개정)
③ 제1항의 규정에 따른 협의체는 지방교육자치에 직접적 영향을 미치는 법령 등에 관하여 교육부장관을 거쳐 정부에 의견을 제출할 수 있으며, 교육부장관은 제출된 의견을 관계 중앙행정기관의 장에게 통보하여야 한다.
(2015.6.22 본항개정)
④ 교육부장관은 제3항에 따라 제출된 의견에 대한 검토 결과 타당성이 없다고 인정하면 구체적인 사유 및 내용을 명시하여 협의체에 통보하여야 하며, 타당하다고 인정하면 관계 법령 등에 그 내용이 반영될 수 있도록 적극 협력하여야 한다.(2015.6.22 본항신설)
⑤ 관계 중앙행정기관의 장은 제3항에 따라 통보받은 내용에 대하여 통보를 받은 날부터 2개월 이내에 타당성을 검토하여 교육부장관에게 그 결과를 통보하여야 하고, 교육부장관은 통보받은 검토 결과를 협의체에 지체 없이 통보하여야 한다.(2015.6.22 본항신설)
⑥ 제1항에 따른 협의체는 지방교육자치와 관련된 법률의 제정·개정 또는 폐지가 필요하다고 인정하는 경우에는 국회에 서면으로 의견을 제출할 수 있다.(2015.6.22 본항신설)
⑦ 국가는 제1항에 따른 협의체에 대하여 그 운영 등에 필요한 재정을 지원할 수 있다.(2015.6.22 본항신설)
⑧ 제1항의 규정에 따른 협의체의 설립신고와 운영 그 밖의 필요한 사항은 대통령령으로 정한다.

제6장 교육감선거

(2010.2.26 본장신설)

제43조【선출】 교육감은 주민의 보통·평등·직접·비밀선거에 따라 선출한다.

제44조【선거구선거관리】 ① 교육감선거에 관한 사무 중 선거구선거사무를 수행할 선거관리위원회(이하 "선거구선거관리위원회"라 한다)는 「선거관리위원회법」에 따른 시·도선거관리위원회로 한다.
② 교육감선거의 선거구선거관리 등에 관하여는 「공직선거법」 제13조제2항부터 제6항까지의 규정을 준용한다.

제45조【선거구】 교육감은 시·도를 단위로 하여 선출한다.

제46조【정당의 선거관여행위 금지 등】 ① 정당은 교육감선거에 후보자를 추천할 수 없다.
② 정당의 대표자·간부(「정당법」 제12조부터 제14조까지의 규정에 따라 등록된 대표자·간부를 말한다) 및 유급사무직원은 특정 후보자(후보자가 되려는 사람을 포함한다. 이하 이 조에서 같다)를 지지·반대하는 등 선거에 영향을 미치게 하기 위하여 선거에 관여하는 행위(이하 이 항에서 "선거관여행위"라 한다)를 할 수 없으며, 그 밖의 당원은 소속 정당의 명칭을 밝히거나 추정할 수 있는 방법으로 선거관여행위를 할 수 없다.
③ 후보자는 특정 정당을 지지·반대하거나 특정 정당으로부터 지지·추천받고 있음을 표방(당원경력의 표시를 포함한다)하여서는 아니 된다.

제47조【공무원 등의 입후보】 ① 「공직선거법」 제53조제1항 각 호의 어느 하나에 해당하는 사람 중 후보자가 되려는 사람은 선거일 전 90일(제49조제1항에서 준용되는 「공직선거법」 제35조제4항의 보궐선거등의 경우에는 후보자등록신청 전을 말한다)까지 그 직을 그만두어야 한다. 다만, 교육감선거에서 해당 지방자치단체의 교육감이 그 직을 가지고 입후보하는 경우에는 그러하지 아니하다.(2016.12.13 단서개정)
② 제1항을 적용하는 경우 그 소속 기관·단체의 장 또는 소속 위원회에 사직원이 접수된 때에 그 직을 그만둔 것으로 본다.

제48조【투표용지의 후보자 게재순위 등】 ① 투표용지에는 후보자의 성명을 표시하여야 하며, 후보자의 성명은 왼쪽부터 오른쪽으로 열거하여 한글로 기재한다. 다만, 한글로 표시된 성명이 같은 후보자가 있는 경우에는 괄호 안에 한자를 함께 기재한다.(2014.2.13 본문개정)
② 선거구선거관리위원회는 후보자등록마감 후에 후보자나 그 대리인을 현장에 출석시켜 추첨으로 후보자의 투표용지 게재순위를 결정하되, 그 추첨을 시작하는 시각까지 후보자나 그 대리인이 현장에 출석하지 아니한 경우에는 해당 선거구선거관리위원회 위원장이나 그가 지명한 사람이 해당 후보자를 대리하여 추첨한다.
③ 제2항에 따른 투표용지의 후보자 게재순위는 중앙선거관리위원회규칙으로 정하는 바에 따라 자치구·시·군의회의원지역선거구(제주특별자치도는 제주특별자치도의회의원지역선거구를, 세종특별자치시는 세종특별자치시의회의원지역선거구를 말한다)별로 후보자의 투표용지 게재순위가 공평하게 배정될 수 있도록 순차적으로 바꾸어 가는 순환배열 방식으로 결정한다.
(2014.2.13 본항신설)
④ 후보자등록기간이 지난 후에 후보자가 사퇴·사망하거나 등록이 무효로 된 때라도 투표용지에 해당 후보자의 성명은 그대로 둔다.
⑤ 투표용지에는 일련번호를 인쇄하여야 한다.

제49조【「공직선거법」의 준용】 ① 교육감선거에 관하여 이 법에서 규정한 사항을 제외하고는 「공직선거법」 제3조부터 제8조까지, 제8조의2부터 제8조의4까지, 제8조의6, 제9조, 제10조, 제10조의2, 제10조의3, 제11조, 제12조, 제14조, 제15조, 제17조부터 제19조까지, 제30조부터 제46조까지, 제48조부터 제50조까지, 제52조, 제54조부터 제57조까지, 제58조부터 제60조까지, 제60조의2부터 제60조의4까지, 제61조, 제62조부터 제74조까지, 제79조부터 제82조까지, 제82조의2, 제82조의4부터 제82조의7까지, 제85조, 제86조(제2항제2호 단서·제3호 및 제6항 단서는 제외한다), 제87조부터 제108조까지, 제108조의2, 제109조부터 제122조까지, 제122조의2, 제135조(제1항 단서는 제외한다), 제135조의2, 제146조, 제146조의2, 제147조부터 제149조까지, 제149조의2, 제151조부터 제159조까지, 제161조부터 제166조까지, 제166조의2, 제167조부터 제186조까지, 제191조부터 제206조까지, 제211조부터 제217조까지, 제219조부터 제262조까지, 제262조의2, 제262조의3, 제263조부터 제265조까지, 제265조의2, 제266조부터 제270조까지, 제270조의2, 제271조, 제271조의2, 제272조, 제272조의2, 제272조의3, 제273조부터 제277조까지, 제277조의2, 제278조, 제279조 중 시·도지사 및 시·도지사선거에 관한 규정을 준용한다. 이 경우 정당추천후보자와 무소속후보자에게 적용되는 규정이 다른 경우에는 무소속후보자에 관한 규정을 준용한다.
② 교육감선거와 관련하여 「공직선거법」의 벌칙(과태료를 포함한다. 이하 이 항에서 같다)을 준용하는 경우 「공직선거법」의 벌칙 외의 규정 중 이 법에서 준용하고 있지 아니한 규정에 대한 벌칙은 준용하지 아니한다.
③ 제1항에 따라 「공직선거법」을 준용하는 경우 다음 각 호에 따른다.
1. 「공직선거법」 제49조제4항제5호 중 "증명서류"는 "증명서류 및 「지방교육자치에 관한 법률」 제24조제2항에 따른 경력에 관한 증명서류"로 본다.
2. 「공직선거법」 제52조제1항제5호 중 "제53조제1항부터 제3항까지 또는 제5항을 위반하여 등록된 것이 발견된 때"는 "「지방교육자치에 관한 법률」 제47조제1항을 위반하여 등록된 것이 발견된 때"로 본다.
3. 「공직선거법」 제60조제1항제4호 단서 중 "정당의 당원이 될 수 있는 공무원(국회의원과 지방의회의원외의 정무직공무원은 제외한다)"은 "정당의 당원이 될 수 있는 공무원(정무직공무원, 국회의원의 보좌관·선임비서관·비서관, 국회 교섭단체의 정책연구위원은 제외한다)"으로 본다.(2022.4.20 본호개정)
4. 「공직선거법」 제60조의2제2항제2호·제3항 전단 및 제4항제1호의2 중 "증명서류"는 각각 "증명서류 및 「지방교육자치에 관한 법률」 제24조제2항에 따른 경력에 관한 증명서류"로 본다.
5. 「공직선거법」 제60조의2제4항제2호 중 "제53조제1항부터 제3항까지 또는 제5항"은 "「지방교육자치에 관한 법률」 제47조제1항"으로 본다.
6. 「공직선거법」 제61조제5항 중 "공중위생영업소"는 "공중위생영업소, 국회의원 및 지방의회의원의 사무소와 「정치자금법」에 따른 국회의원후원회의 사무소"로 본다.
7. 「공직선거법」 제65조제9항 중 "제150조(투표용지의 정당·후보자의 게재순위등)의 규정에 따라 투표용지에 게재할 후보자의 기호순"은 "「지방교육자치에 관한 법률」 제48조에 따른 후보자의 투표용지 게재순"으로 본다.
8. 「공직선거법」 제86조제1항 각 호 외의 부분 중 "공무원(국회의원과 그 보좌관·선임비서관·비서관 및 지방의 회의원은 제외한다)"은 "공무원"으로 본다.(2022.4.20 본호개정)
9. 「공직선거법」 제111조제1항을 준용하는 경우 국회의원 또는 지방의회의원은 교육감선거의 선거기간 중에 직무상의 행위, 그 밖의 어떤 명목으로도 인터넷에 의정활동보고서를 게재하는 방법 외의 방법으로 의정활동을 보고할 수 없다.
10. 「공직선거법」 제112조제2항제2호자목 본문 중 "상장(부상은 제외한다. 이하 이 목에서 같다)"은 "상장(부상은 제외하되, 각급 학교의 졸업식 등 학생을 대상으로 하는 행사에서 부상을 수여하는 행위를 포함한다. 이하 이 목에서 같다)"으로 본다.
11. 「공직선거법」 제14장의 해당 규정을 준용하는 경우 같은 법 제202조제1항에 따른 구역에서 교육감선거와 「공직선거법」에 따른 공직선거를 동시에 실시하는 경우에는 그 교육감선거와 공직선거를 동시선거로 본다.
12. 「공직선거법」 제11조제2항·제3항, 제135조의2제2항·제4항, 제262조의2제1항, 제264조, 제266조제1항, 제267조제2항, 제268조제1항 본문, 제272조제1항·제5항 전단·제7항 전단, 제273조제1항의 "죄" 또는 "범죄"에는 "「지방교육자치에 관한 법률」 제59조에 규정된 죄"를 각각 포함하며, 「공직선거법」 제260조제1항 중 "제259조"는 "제259조, 「지방교육자치에 관한 법률」 제59조"로 본다.

13. 「공직선거법」 제18조제2항, 제269조 본문, 제270조, 제270조의2제1항의 "선거범"에는 "「지방교육자치에 관한 법률」 제59조에 규정된 죄를 저지른 자"를 포함한다. (2021.3.23 본호개정)
14. 「공직선거법」 제271조제1항 전단, 제271조의2제1항, 제272조의2제5항, 제272조의3제1항ㆍ제2항ㆍ제4항의 "이 법"에는 "「지방교육자치에 관한 법률」의 교육감선거에 관한 규정"을 포함한다.

제50조【「정치자금법」의 준용】 교육감선거에 관하여는 「정치자금법」의 시ㆍ도지사선거에 적용되는 규정을 준용한다.

제50조의2【교육감직인수위원회의 설치】 ① 이 법에 따라 교육감으로 당선된 사람(이하 "교육감당선인"이라 한다)은 이 법에서 정하는 바에 따라 교육감직의 인수를 위하여 필요한 권한을 갖는다.(2023.4.18 본항신설)
② 교육감당선인을 보좌하여 교육감직의 인수와 관련된 업무를 담당하기 위하여 해당 시ㆍ도 교육청에 교육감직 인수위원회(이하 이 조에서 "인수위원회"라 한다)를 둘 수 있다.(2023.4.18 본항개정)
③ 인수위원회는 교육감당선인으로 결정된 때부터 교육감의 임기개시일 이후 30일의 범위까지 존속할 수 있다. (2023.4.18 본항개정)
④ 인수위원회는 다음 각 호의 업무를 수행한다.
1. 해당 시ㆍ도의 교육ㆍ학예에 관한 사무의 현황 파악
2. 해당 시ㆍ도의 교육기조를 설정하기 위한 준비
3. 그 밖에 교육감직의 인수에 필요한 사항
⑤ 인수위원회는 위원장 1명, 부위원장 1명 및 10명 이내의 위원으로 구성한다.
⑥ 제5항에 따른 위원장ㆍ부위원장 및 위원은 명예직으로 하고, 교육감당선인이 임명하거나 위촉한다. (2023.4.18 본항개정)
⑦ 「교육공무원법」 제10조의4 각 호의 어느 하나에 해당하는 사람은 인수위원회의 위원장ㆍ부위원장 및 위원이 될 수 없다.(2023.4.18 본항신설)
⑧ 인수위원회의 위원장ㆍ부위원장 및 위원과 그 직에 있었던 사람은 그 직무와 관련하여 알게 된 비밀을 다른 사람에게 누설하거나 교육감직의 인수 업무 외의 다른 목적으로 이용할 수 없으며, 직권을 남용하여서는 아니 된다.(2023.4.18 본항신설)
⑨ 그 밖에 인수위원회의 조직과 운영 등에 필요한 사항은 대통령령으로 정하는 바에 따라 해당 지방자치단체의 조례로 정한다.
⑩ 인수위원회의 위원장ㆍ부위원장ㆍ위원과 그 직에 있었던 사람 중 공무원이 아닌 사람에 대하여 인수위원회의 업무와 관련하여 「형법」이나 그 밖의 법률에 따른 벌칙을 적용할 때에는 공무원으로 본다.
(2013.4.5 본조신설)

제7장 교육의원선거

제51조~제58조 (2016.12.13 삭제)

제8장 벌 칙

제59조【벌칙】 제46조를 위반한 자는 2년 이하의 징역 또는 2천만원 이하의 벌금에 처한다.(2019.12.3 본조개정)

부 칙

제1조【시행일】 이 법은 2007년 1월 1일부터 시행한다. 다만, 제21조, 제22조, 제24조의 규정은 공포한 날부터 시행한다.

제2조【교육위원회 및 교육위원에 대한 경과조치】 이 법 시행 당시 종전의 규정에 따라 설치되어 있는 교육위원회 및 교육위원은 교육위원 임기만료일인 2010년 8월 31일까지 종전의 규정에 따른다.

제3조【교육위원회에 관한 특례】 ① 제4조의 규정에 따른 교육위원회는 2010년 7월 1일부터 설치하되, 2010년 8월 31일까지는 이 법에 따른 교육위원회의 권한 등에 관한 사항을 적용하지 아니하고, 「지방자치법」 제50조에 따라 시ㆍ도의회 내에 설치된 교육ㆍ학예에 관한 사무를 심사ㆍ의결하는 상임위원회로 본다.
② 이 법에 따라 최초로 선출되는 교육의원은 「공직선거법」 제203조제1항의 규정에 따라 2010년에 동시실시되는 지방의회의원 선거 및 지방자치단체 장의 선거(이하 "2010년 지방선거"라 한다)와 동시선거로 선출하며, 임기는 2010년 7월 1일부터 개시하여 2014년 6월 30일로 만료된다.

제4조【교육감 임기에 관한 경과조치】 이 법 시행 당시의 교육감은 이 법에 따라 선출된 것으로 보며, 그 임기는 종전의 규정에 따라 임기가 시작된 날부터 기산한다.

제5조【교육감 임기 및 선출에 관한 특례】 ① 이 법 시행 당시의 교육감 임기가 2010년 6월 30일 이전에 만료되며 해당 교육감 임기만료일(재선거 또는 보궐선거가 필요한 사유의 발생일을 포함한다) 다음 날부터 2010년 6월 30일까지의 기간이 1년 이상인 경우 차기 교육감의 임기는 제21조의 규정에 불구하고 전임 교육감의 임기만료일 다음 날부터 개시하여 2010년 6월 30일까지로 한다. 다만, 임기만료일 다음 날부터 2010년 6월 30일까지의 기간이 1년 미만인 경우에는 교육감의 임기만료일 다음 날부터 2010년 6월 30일까지 제31조의 규정에 따른 권한대행자가 교육감의 권한을 대행하고, 차기 교육감은 2010년 지방선거와 동시선거로 선출한다.
② 이 법 시행 당시의 교육감 임기가 2010년 6월 30일 이후에 만료되는 경우 차기 교육감의 임기는 전임 교육감의 임기만료일 다음 날부터 개시하여 2014년 6월 30일까지로 한다. 이 경우 차기교육감은 2010년 지방선거와 동시선거로 선출한다.
③ 제1항의 규정에 따라 2010년 지방선거에서 선출되는 교육감의 임기는 2010년 7월 1일부터 개시한다.

제6조【교육감 선거에 있어서 「공직선거법」 적용에 관한 특례】 ① 이 법 시행 후 6개월 이내에 임기가 만료되는 시ㆍ도의 교육감선거는 제22조제3항의 규정에 따라 준용되는 「공직선거법」 제34조의 규정에 불구하고 교육감 임기만료일 전 14일 이후 5일 이내에 실시한다. 이 경우 선거일은 당해 시ㆍ도선거관리위원회위원장이 당해 교육감과 협의하여 결정하되, 늦어도 선거일 전 19일까지 이를 공고하여야 한다.
② 이 법 시행 후 2010년 지방선거 이전에 실시되는 임기만료에 따른 교육감선거에 있어서는 「공직선거법」 제8조의2 내지 제8조의4의 규정을 적용하지 아니한다.
③ 이 법 시행 후 60일 이내에 실시되는 임기만료에 따른 시ㆍ도의 교육감선거에 관하여는 「공직선거법」 제16조제3항 중 "선거일 현재 계속하여 60일"의 규정에 불구하고 이 법 시행 후 3일부터 선거일까지 계속하여 당해 지방자치단체의 관할구역 안에 주민등록이 되어 있는 자를 피선거권이 있는 것으로 보고, 같은 법 제53조제1항 본문 중 "選擧日전 60日"은 "이 법 시행 후 3일"로 보며, 제60조제2항 중 "選擧日전 90日"은 "이 법 시행 후 3일"로 보고, 같은 법 제108조제2항 중 "選擧日전 60日"은 "이 법 시행 후 3일"로 보며, 같은 법 제227조제2항 중 "선거기간개시일전 60일"은 "이 법 시행 후 3일"로 보도록 한다.
④ 이 법 시행 후 90일 이내에 실시되는 임기만료에 따른 시ㆍ도의 교육감선거에 관하여는 「공직선거법」 제93조제2항의 "選擧日前 90일"은 "이 법 시행 후 3일"로 본다.
⑤ 이 법 시행 후 120일 이내에 실시되는 임기만료에 따른 시ㆍ도의 교육감선거에 관하여는 「공직선거법」 제60조의2제1항제2호 "선거일 전 120일"의 규정에 불구하고 이 법 시행 후 3일부터 예비후보자등록을 신청할 수 있도록 하고, 같은 법 제10조의2제1항 및 제10조의3제1항의 "선거일전 120일부터"의 규정에 불구하고 이 법 시행후 10일부터 선거부정감시단 또는 사이버선거부정감시단을 운영하도록 한다.
⑥ 이 법 시행 후 180일 이내에 실시되는 임기만료에 따른 시ㆍ도의 교육감선거에 관하여는 「공직선거법」 제90조 및 제93조제1항의 "選擧日전 180日"의 규정에 불구하고 이 법 시행 후 3일부터 선거일까지 제한 또는 금지되는 것으로 본다.
⑦ 이 법 시행 후 2010년 지방선거 이전에 실시되는 임기만료에 따른 교육감선거(재선거 및 보궐선거를 포함한다)에 있어서 투표시간에 관하여는 「공직선거법」 제155조제1항의 규정에 불구하고 오전 6시부터 오후 8시까지로 하며, 부재자투표에 관하여는 같은 법 제158조제1항 내지 제3항의 규정에 불구하고 부재자투표소에서 투표하여야 할 부재자신고인 중 주민등록지인 구ㆍ시ㆍ군 밖에 거소를 둔 자의 부재자투표에 관하여는 거소투표자의 예에 따른다.
⑧ 이 법 시행 후 「공직선거법」 제34조제1항의 규정에 따른 임기만료에 의한 선거의 선거기간개시일 전 40일 이내에 실시되는 임기만료에 의한 교육감선거는 같은 법 제34조제1항의 규정에 따른 임기만료에 의한 선거와 동시에 실시한다.
⑨ 제8항에 따른 동시선거에 있어서 선거기간 및 선거사무일정이 서로 다른 때에는 선거기간이 긴 선거의 예에 따른다.

제7조【사무의 승계】 종전의 교육위원회의 안건, 회의록 및 그 밖의 일체의 사무 및 자료는 교육위원의 임기만료와 동시에 이 법에 따라 새로이 구성되는 교육위원회에 승계된다.

제8조【벌칙에 관한 경과조치】 이 법 시행 전의 행위에 대한 벌칙의 적용에 있어서는 종전의 규정에 따른다.

제9조【다른 법령과의 관계】 ① 이 법 시행 당시 다른 법령에서 종전의 「지방교육자치에 관한 법률」의 규정을 인용한 경우 이 법 중 그에 해당하는 규정이 있는 경우에는 이 법의 해당규정을 인용한 것으로 본다.
②~⑥ ※(해당 법령에 가제정리 하였음)

부 칙 (2010.2.26)

제1조【시행일】 이 법은 공포한 날부터 시행한다. 다만, 제28조 및 제29조의 개정규정은 2014년 7월 1일부터 시행한다.

제2조【유효기간 등】 ① 제2장, 제24조제2항 및 제7장은 2014년 6월 30일까지 효력을 가진다.
② 제1항에 따른 교육위원회의 폐지에 따라 2014년 6월 30일 임기만료에 의한 교육의원선거는 실시하지 아니한다.
③ 제24조제2항은 2014년 6월 30일 임기만료에 의한 교육감선거부터 적용하지 아니한다.

제3조【교육위원의 입후보 자격에 관한 특례】 이 법 시행 당시 종전의 규정에 따라 시ㆍ도에 설치되어 있는 교육위원회의 교육위원이었거나 교육위원으로 재직 중인 사람은 제10조제2항의 개정규정에도 불구하고 교육의원 후보자로서의 경력을 가진 것으로 본다.

제4조【교육위원의 입후보에 관한 경과조치】 이 법 시행 당시 종전의 규정에 따라 시ㆍ도에 설치되어 있는 교육위원회의 교육위원은 2010년 8월 31일까지 그 직을 가지고 해당 지방자치단체의 교육의원선거 및 교육감선거에 입후보할 수 있다.

제5조【교육감선거의 예비후보자에 대한 경과조치】 이 법 시행 당시 이 법의 종전 규정에서 준용하는 「공직선거법」에 따라 등록된 교육감선거의 예비후보자는 이 법의 개정규정에서 준용하는 「공직선거법」에 따라 등록된 해당 교육감선거의 예비후보자로 본다.

제6조【사무의 승계에 관한 경과조치】 이 법에 따른 교육위원회의 안건, 회의록 및 그 밖의 일체의 사무 및 자료는 교육위원회의 유효기간 만료와 동시에 「지방자치법」 제56조에 따라 시ㆍ도의회 내에 설치되는 교육ㆍ학예에 관한 사무를 심사하는 상임위원회에 승계된다.

제7조【벌칙에 관한 경과조치】 이 법 시행 전의 행위에 대한 벌칙의 적용에 있어서는 종전의 규정에 따르고, 부칙 제2조에 따른 유효기간 만료 전의 행위에 대한 벌칙의 적용에 있어서는 행위 당시의 규정을 적용한다.

제8조【다른 법률의 개정】 ※(해당 법령에 가제정리 하였음)

제9조【다른 법령과의 관계】 이 법 시행 당시 다른 법령에서 종전의 「지방교육자치에 관한 법률」의 규정을 인용한 경우 이 법 중 그에 해당하는 규정이 있는 경우에는 종전의 규정을 갈음하여 이 법의 해당 규정을 인용한 것으로 본다.

부 칙 (2013.12.30)

제1조【시행일】 이 법은 공포한 날부터 시행한다.

제2조【교육지원청으로의 명칭 변경에 따른 경과조치】 이 법 시행 전에 종전의 규정에 따라 지역교육청이 한 처분 등 지역교육청이 한 행위와 지역교육청에 대한 신고ㆍ등록 등 지역교육청에 대하여 한 행위는 교육지원청이 한 행위 또는 교육지원청에 대하여 한 행위로 본다.

제3조【교육지원청으로의 명칭 변경에 따른 다른 법령과의 관계】 이 법 시행 당시 다른 법령(이 법 시행 전에 공포되었으나 시행일이 도래하지 아니한 법령을 포함한다)에서 "지역교육청"을 인용한 경우에는 "교육지원청"을 인용한 것으로 본다.

부 칙 (2014.2.13)

제1조【시행일】 이 법은 공포한 날부터 시행한다. 다만, 제24조제2항의 개정규정은 2014년 7월 1일부터 시행한다.

제2조【다른 법률의 개정】 ※(해당 법령에 가제정리 하였음)

제3조【다른 법령과의 관계】 이 법 시행 당시 다른 법령에서 종전의 규정을 인용하고 있는 경우에 이 법 가운데 그에 해당하는 규정이 있는 때에는 종전의 규정을 갈음하여 이 법의 해당 규정을 인용한 것으로 본다.

부 칙 (2020.12.22)

제1조【시행일】 이 법은 공포한 날부터 시행한다.

제2조【보조기관에 대한 적용례】 제30조제1항의 개정규정은 이 법 시행 전에 둔 교육감 소속 부교육감에 대해서도 적용한다.

부 칙 (2021.1.12)

제1조【시행일】 이 법은 공포 후 1년이 경과한 날부터 시행한다.(이하 생략)

부 칙 (2021.3.23)

이 법은 공포한 날부터 시행한다.(이하 생략)

부 칙 (2022.4.20)

제1조【시행일】 이 법은 공포한 날부터 시행한다.(이하 생략)

부 칙 (2023.4.18)

제1조【시행일】 이 법은 공포 후 6개월이 경과한 날부터 시행한다.

제2조【교육감직인수위원회에 관한 적용례】 제50조의2의 개정규정은 이 법 시행 이후 교육감직인수위원회를 설치하는 경우부터 적용한다.

【별표】 (2016.12.13 삭제)

지방자치분권 및 지역균형발전에 관한 특별법

(약칭 : 지방분권균형발전법)

(2023년 6월 9일
법 률 제19430호)

개정
2009. 1.30법 9346호(교통·에너지·환경세법폐지법)→2025년 1월 1일 시행이므로 추후 수록
2023. 7. 4법19514호(지방자치분권및지방행정체제개편에관한특별법)

제1장 총 칙

제1조【목적】 이 법은 지역 간 불균형 해소, 지역의 특성에 맞는 자립적 발전 및 지방자치분권을 통하여 지역이 주도하는 지역균형발전을 추진함으로써 국민 모두가 어디에 살든 균등한 기회를 누리는 지방시대를 구현하는 것을 목적으로 한다.

제2조【정의】 이 법에서 사용하는 용어의 뜻은 다음과 같다.
1. "지방자치분권"이란 국가 및 지방자치단체의 권한과 책임을 합리적으로 배분하거나 행정수요 및 지역 특성에 따라 지방행정체제를 개편함으로써 국가 및 지방자치단체의 기능이 서로 조화를 이루도록 하고, 지방자치단체의 정책결정 및 집행과정에 주민의 직접적 참여를 확대하는 것을 말한다.
2. "지역균형발전"이란 지역 간 발전 격차를 줄이고 지역의 자립적 발전역량을 증진함으로써 삶의 질을 향상하고 지속가능한 발전을 도모하여 전국이 개성 있게 골고루 잘 사는 사회를 구현하는 것을 말한다.
3. "지역혁신"이란 지역의 인적·물적 자원개발과 과학기술·산업생산·기업지원·문화·금융 등의 분야에서 지역별 여건과 특성에 따라 지역의 발전역량을 창출·활용·확산시키는 것을 말한다.
4. "기초생활권"이란 지역 주민의 삶의 질 향상에 필요한 일자리 및 교육·문화·복지·주거·안전·환경 등의 생활기반을 확충하기 위하여 시(특별시, 광역시, 특별자치시 및 「제주특별자치도 설치 및 국제자유도시 조성을 위한 특별법」 제10조제2항에 따른 행정시를 포함한다. 이하 이 호에서 같다)·군(광역시의 군을 포함한다. 이하 같다)·구(자치구를 말한다. 이하 같다)가 인근 시·군·구와 협의하여 설정한 권역을 말한다.
5. "수도권"이란 「수도권정비계획법」 제2조제1호에 따른 수도권을 말한다.
6. "지역특화산업"이란 지역의 특성과 여건을 활용하여 추진하는 특별시·광역시·특별자치시 및 도·특별자치도(이하 "시·도"라 한다)의 산업으로서 제14조제1항에 따라 선정된 산업을 말한다.
7. "초광역권"이란 지역의 경제 및 생활권역의 발전에 필요한 연계·협력사업 추진을 위하여 2개 이상의 지방자치단체가 상호 협의하여 설정하거나 「지방자치법」 제199조에 따른 특별지방자치단체가 설정한 권역으로서 시·도의 행정구역을 넘어서는 권역을 말한다.
8. "초광역권산업"이란 지역균형발전 및 국가경쟁력 향상에 기여도가 높고 지역경제·산업 발전을 촉진할 초광역권의 협력산업으로서 제14조제2항에 따라 선정된 산업을 말한다.
9. "성장촉진지역"이란 생활환경이 열악하고 개발수준이 현저하게 저조하여 해당 지역의 경제적·사회적 성장을 촉진하기 위하여 필요한 도로, 상수도 등의 지역사회 기반시설의 구축 등에 국가와 지방자치단체의 특별한 배려가 필요한 지역으로서 소득, 인구, 재정상태 등을 고려하여 대통령령으로 정하는 지역을 말한다.
10. "특수상황지역"이란 남북의 분단 상황 또는 지리적·사회적 요인으로 불리한 환경에 놓이게 되어 일정기간 동안 관계 중앙행정기관에 의한 행정지원 등 특수한 지원 조치가 필요한 지역으로서 다음 각 목의 어느 하나에 해당하는 지역을 말한다.
   가. 「접경지역 지원 특별법」 제2조제1호에 따른 접경지역
   나. 「섬 발전 촉진법」 제4조제1항에 따른 개발대상섬. 다만, 성장촉진지역에 해당하는 섬은 제외한다.
   다. 「새만금사업 추진 및 지원에 관한 특별법」 제2조제1호에 따른 새만금사업지역
   라. 그 밖에 가목부터 다목까지에 따른 지역에 준하는 지역으로서 대통령령으로 정하는 지역
11. "농산어촌"이란 「농업·농촌 및 식품산업 기본법」 제3조제5호에 따른 농촌, 「산림기본법」 제3조제2호에 따른 산촌 및 「수산업·어촌 발전 기본법」 제3조제6호에 따른 어촌을 말한다.
12. "인구감소지역"이란 인구감소로 인한 지역 소멸이 우려되는 시(특별시는 제외하고 광역시, 특별자치시 및 「제주특별자치도 설치 및 국제자유도시 조성을 위한 특별법」 제10조제2항에 따른 행정시는 포함한다)·군·구를 대상으로 출생률, 65세 이상 고령인구, 14세 이하 유소년인구 또는 생산가능인구의 수 등을 고려하여 대통령령으로 정하는 지역을 말한다.
13. "기회발전특구"란 개인 또는 법인의 대규모 투자를 유치하기 위하여 관계 중앙행정기관과 지방자치단체의 지원이 필요한 곳으로 제23조에 따라 지정·고시되는 지역을 말한다.
14. "공공기관"이란 다음 각 목의 어느 하나에 해당하는 기관을 말한다.
   가. 중앙행정기관과 그 소속 기관
   나. 「공공기관의 운영에 관한 법률」 제4조에 따른 기관
   다. 그 밖의 공공단체 중 대통령령으로 정하는 기관
15. "지역혁신융복합단지"란 물적·인적 인프라가 갖추어진 기존의 구역·지구·단지·특구를 활용하여 새로운 경제적·산업적 상승효과의 발생을 촉진하고, 지역균형발전 및 지역경제 활성화에 이바지하는 성장거점으로서 제27조에 따라 지정·고시되는 지역을 말한다.
16. "지방행정체제"란 지방자치 및 지방행정의 계층구조, 지방자치단체의 관할 구역, 특별시·광역시·도와 시·군·구 간의 기능배분 등과 관련한 일련의 체제를 말한다.
17. "지방자치단체의 통합"이란 「지방자치법」 제2조제1항제2호에서 정한 지방자치단체 중에서 2개 이상의 지방자치단체가 통합하여 새로운 지방자치단체를 설치하는 것을 말한다.
18. "통합 지방자치단체"란 「지방자치법」 제2조제1항제2호에서 정한 지방자치단체 중에서 2개 이상의 지방자치단체가 통합하여 설치된 지방자치단체를 말한다.

제3조【국가 등의 책무】 ① 국가는 지역 주도의 균형발전과 지역의 혁신성장 기반 강화 및 지역의 특성에 맞는 자립적 발전을 위하여 지방자치단체와 「지방자치법」 제182조에 따른 지방자치단체의 장 등의 협의체 및 각계각층의 의견을 수렴하여 지방자치분권 및 지역균형발전에 필요한 법적·제도적 조치를 마련하고 예산을 확보하는 등 지방자치단체가 주도하여 관련 정책을 수립·추진할 수 있도록 지원하여야 한다.
② 중앙행정기관의 장은 지방자치분권 및 지역균형발전과 관련되는 법령을 제정하거나 개정하는 경우에는 이 법의 취지에 부합하도록 하여야 하며, 관련 법령을 조속히 정비하여야 한다.
③ 지방자치단체는 국가가 추진하는 지방자치분권 및 지역균형발전의 정책에 부응하여 행정 및 재정의 책임성과 효율성을 높이는 개선조치를 마련하고, 지방행정체제 개편에 적극 협조하여야 하며, 필요한 예산을 확보하기 위하여 노력하여야 한다.

제4조【지방자치분권 및 지역균형발전 정책의 시범실시】 국가는 지방자치분권 및 지역균형발전 정책을 추진하면서 필요한 경우에는 지방자치단체의 실정에 맞게 시범적으로 실시할 수 있다.

제5조【다른 법률과의 관계】 ① 이 법은 지방자치분권 및 지방행정체제 개편에 관하여 다른 법률에 우선하여 적용한다.
② 지역균형발전에 관하여 다른 법률에 특별한 규정이 있는 경우를 제외하고는 이 법에서 정하는 바에 따른다.

제2장 지방시대 종합계획 등

제6조【지방시대 종합계획의 수립】 ① 제62조에 따른 지방시대위원회(이하 "지방시대위원회"라 한다)는 지방자치분권 및 지역균형발전을 효과적으로 추진하기 위하여 관계 중앙행정기관의 장과 협의하고 지방자치단체의 의견을 수렴한 후 5년을 단위로 하는 지방시대 종합계획(이하 "지방시대 종합계획"이라 한다)을 수립한다.
② 지방시대위원회는 지방시대 종합계획을 수립할 때에는 제7조제1항에 따른 시·도 지방시대 계획과 제8조제1항에 따른 부문별 계획 및 제9조제1항에 따른 초광역권발전계획(해당 계획이 수립된 경우로 한정한다)을 반영하여야 한다.
③ 지방시대 종합계획에는 다음 각 호의 사항이 포함되어야 한다.
1. 지방자치분권 및 지역균형발전의 기본방향 및 추진목표
2. 제3장에 따른 지역균형발전시책 및 지방자치분권 과제의 추진 등에 관한 사항
3. 제5장에 따른 지역균형발전특별회계의 운용에 관한 사항
4. 그 밖에 지방자치분권 및 지역균형발전을 위하여 필요한 사항

④ 지방시대 종합계획은 「국가재정법」 제7조에 따른 국가재정운용계획, 「국토기본법」 제6조에 따른 국토계획, 「저출산·고령사회기본법」 제20조에 따른 저출산·고령사회기본계획 및 「기후위기 대응을 위한 탄소중립·녹색성장 기본법」 제10조에 따른 국가 탄소중립 녹색성장 기본계획과 연계되어야 한다.
⑤ 지방시대 종합계획은 국무회의의 심의를 거쳐 대통령의 승인을 받아야 한다. 수립된 지방시대 종합계획을 변경(대통령령으로 정하는 경미한 사항을 변경하는 경우는 제외한다)할 때에도 또한 같다.
⑥ 지방시대위원회는 수립된 지방시대 종합계획을 국회에 보고하여야 한다. 수립된 지방시대 종합계획을 변경(대통령령으로 정하는 경미한 사항을 변경하는 경우는 제외한다)할 때에도 또한 같다.
⑦ 제1항부터 제6항까지에서 규정한 사항 외에 지방시대 종합계획 수립절차 등에 관하여 필요한 사항은 대통령령으로 정한다.

제7조【시·도 지방시대 계획 및 시행계획의 수립】 ① 특별시장·광역시장·특별자치시장·도지사·특별자치도지사(이하 "시·도지사"라 한다)는 해당 시·도의 지방자치분권 및 지역균형발전의 추진을 위하여 관계 중앙행정기관의 장과 협의하고 관할 시장·군수·구청장의 의견을 수렴하여 제67조에 따른 시·도 지방시대위원회의 심의·의결을 거쳐 5년을 단위로 하는 시·도 지방시대 계획(이하 "시·도 계획"이라 한다)을 수립한다.
② 시·도 계획에는 다음 각 호의 사항이 포함되어야 한다.
1. 시·도별 지방자치분권 및 지역균형발전의 기본방향 및 추진목표
2. 시·도별 현황과 여건분석에 관한 사항
3. 제3장에 따른 지역균형발전시책 및 지방자치분권 과제의 추진 등에 관한 사항
4. 그 밖에 시·도의 지방자치분권 및 지역균형발전을 위하여 필요한 사항

③ 시·도지사는 시·도 계획을 효율적으로 추진하기 위하여 매년 시·도 지방시대 시행계획(이하 "시·도 시행계획"이라 한다)을 수립·시행하여야 한다.
④ 시·도지사는 시·도 계획, 전년도 시·도 시행계획의 추진실적과 해당 연도 시·도 시행계획을 지방시대위원회와 관계 중앙행정기관의 장에게 제출하여야 한다.
⑤ 제1항부터 제4항까지에서 규정한 사항 외에 시·도 계획과 시·도 시행계획의 수립절차 등에 관하여 필요한 사항은 대통령령으로 정한다.

제8조【부문별 계획 및 시행계획의 수립】 ① 중앙행정기관의 장은 해당 기관의 지방자치분권 및 지역균형발전의 추진을 위하여 관계 중앙행정기관의 장 및 시·도지사와 협의하여 5년을 단위로 하는 부문별 계획(이하 "부문별 계획"이라 한다)을 수립한다.
② 중앙행정기관의 장은 부문별 계획을 수립할 때에는 시·도 계획 및 제9조제1항에 따른 초광역권발전계획(해당 계획이 수립된 경우로 한정한다)을 고려하여야 한다.
③ 중앙행정기관의 장은 부문별 계획을 시행하기 위하여 매년 부문별 시행계획(이하 "부문별 시행계획"이라 한다)을 수립·시행하여야 한다.
④ 중앙행정기관의 장은 대통령령으로 정하는 바에 따라 부문별 계획, 전년도의 부문별 시행계획의 추진실적과 해당 연도의 부문별 시행계획을 지방시대위원회에 제출하여야 한다.
⑤ 제1항부터 제4항까지에서 규정한 사항 외에 부문별 계획 및 부문별 시행계획의 수립절차 등에 관하여 필요한 사항은 대통령령으로 정한다.

제9조【초광역권발전계획 및 시행계획의 수립】 ① 초광역권을 설정한 2개 이상의 지방자치단체 또는 「지방자치법」 제199조에 따른 특별지방자치단체(이하 "초광역권설정 지방자치단체"라 한다)의 장은 초광역권설정 지방자치단체를 구성하는 지방자치단체의 장 및 관계 중앙행정기관의 장과 협의하고 지방시대위원회의 심의·의결을 거쳐 5년을 단위로 하는 초광역권발전계획(이하 "초광역권발전계획"이라 한다)을 수립할 수 있다. 이 경우 관광자원의 개발에 관한 사항은 「관광진흥법」 제49조에 따른 관광개발기본계획 및 권역별 관광개발계획과 연계하여 수립하여야 한다.
② 초광역권발전계획에는 다음 각 호의 사항이 포함되어야 한다.
1. 초광역권의 범위 및 발전목표에 관한 사항
2. 초광역권의 현황과 여건분석에 관한 사항
3. 제14조에 따른 초광역권산업의 육성 또는 제30조에 따른 초광역협력사업의 추진에 관한 사항
4. 투자재원의 조달에 관한 사항
5. 그 밖에 초광역권 발전을 위하여 필요한 사항

③ 초광역권설정 지방자치단체의 장은 초광역권발전계획을 수립한 경우 이를 효율적으로 추진하기 위하여 매년 초광역권발전시행계획(이하 "초광역권발전시행계획"이라 한다)을 수립하여야 한다.
④ 초광역권설정 지방자치단체의 장은 초광역권발전계획 및 초광역권발전시행계획 수립 시 초광역권발전계획, 전년도 초광역권발전시행계획의 추진실적과 해당 연도 초광역권발전시행계획을 지방시대위원회와 관계 중앙행정기관의 장에게 제출하여야 한다.
⑤ 제1항부터 제4항까지에서 규정한 사항 외에 초광역권발전계획과 초광역권발전시행계획의 수립절차 등에 관하여 필요한 사항은 대통령령으로 정한다.

제10조【시행계획의 협의·조정】 중앙행정기관의 장, 초광역권설정 지방자치단체의 장 또는 시·도지사는 다른 중앙행정기관의 부문별 시행계획, 다른 초광역권설정 지방자치단체의 초광역권발전시행계획 또는 다른 시·도의 시·도 시행계획의 시행이 그 중앙행정기관의 부문별 시행계획, 초광역권설정 지방자치단체의 초광역권발

전시행계획 또는 시·도의 시·도 시행계획을 시행하는 데 지장을 주거나 줄 우려가 있다고 인정할 때에는 대통령령으로 정하는 바에 따라 상호 협의·조정하여야 한다. 이 경우 지방시대위원회는 해당 중앙행정기관의 장, 초광역권설정 지방자치단체의 장 또는 시·도지사에게 관련 의견을 제시할 수 있다.

제11조【시행계획의 평가 등】 ① 지방시대위원회는 매년 시·도 시행계획, 부문별 시행계획 및 초광역권발전시행계획의 추진실적을 평가하여야 한다.
② 지방시대위원회는 제1항에 따른 평가업무를 수행하기 위하여 평가자문단을 둘 수 있으며, 평가업무를 지원하기 위하여 전문평가기관을 지정하여 운영할 수 있다.
③ 제1항에 따른 평가의 기준, 절차 및 방법, 제2항에 따른 평가자문단의 설치와 전문평가기관의 지정 및 운영 등에 필요한 사항은 대통령령으로 정한다.

제3장 지역균형발전시책과 지방자치분권 과제의 추진 등

제1절 지역균형발전시책의 추진

제12조【지역혁신체계의 구축】 국가와 지방자치단체는 지역의 여건과 특성에 적합한 지역혁신체계를 구축하기 위하여 산업계·학계·연구계 간의 협력 활성화, 지역혁신을 위한 전문인력의 양성, 기술 및 기업경영에 대한 지원기관의 확충, 지역혁신 관련 사업의 조정 및 연계운용 등에 관한 시책을 추진하여야 한다.

제13조【주민 생활기반 확충과 지역 발전역량 강화】 ① 국가와 지방자치단체는 지역의 여건과 특성을 고려한 주민 생활기반 확충과 지역 발전역량 강화를 위하여 지역공동체 및 지역 간 연계 활성화, 시·도 및 초광역권의 경쟁력 향상, 지방과 수도권의 상생발전 등에 관한 시책을 체계적으로 추진하여야 한다.
② 국가와 지방자치단체는 제1항의 시책을 추진할 때 지역 산업 육성, 인재 양성, 과학기술 진흥, 교통·물류시설 확충, 문화·관광 육성, 환경 보전, 복지·보건의료의 확충 등에 대해서 관련 부문의 지속가능성을 고려하여 체계적으로 연계하고, 관련 부문에 대한 재정 지원 및 규제 완화를 추진하여야 한다.

제14조【지역 산업 육성 및 일자리 창출 등 지역경제 활성화 촉진】 ① 시·도지사는 관계 중앙행정기관의 장 및 관할 구역의 시·군·구의 시장·군수(광역시의 군수를 포함한다. 이하 같다)·구청장(자치구의 구청장을 말한다. 이하 같다)과 협의하여 해당 시·도의 지역특화산업을 선정할 수 있다. 이 경우 다음 각 호의 사항을 종합적으로 고려하여야 한다.
1. 국가의 성장잠재력과 경제성장에 대한 기여도
2. 지역일자리 창출 및 경쟁력 강화에 미치는 영향
3. 지역의 발전역량을 강화시킬 수 있는 가능성
② 초광역권설정 지방자치단체의 장은 초광역권설정 지방자치단체를 구성하는 지방자치단체의 장 및 관계 중앙행정기관의 장과 협의하여 해당 초광역권의 초광역권산업을 선정할 수 있다. 이 경우 제1항 각 호의 사항을 종합적으로 고려하여야 한다.
③ 국가와 지방자치단체는 지역특화산업과 초광역권산업을 육성하기 위하여 해당 산업의 구조 고도화와 투자유치 촉진, 집적(集積) 및 기반 확충 등에 관한 시책을 추진하여야 한다.
④ 국가와 지방자치단체는 지역 산업의 육성과 지역경제의 활성화를 위하여 지역의 일자리 창출과 투자 유치활동 지원, 정보통신 진흥 및 지역 특성에 맞는 중소기업의 창업 여건 개선 등에 관한 시책을 추진하여야 한다.
⑤ 제3항에 따른 지역특화산업·초광역권산업 및 제4항에 따른 지역 산업의 육성과 지역경제 활성화 촉진을 위한 시책의 추진 및 추진절차에 관하여 필요한 사항은 대통령령으로 정한다.

제15조【지역 교육여건 개선과 인재 양성】 국가와 지방자치단체는 지역의 교육여건 개선과 지역균형발전에 필요한 우수인력의 양성을 위하여 다음 각 호의 사항에 관한 시책을 추진하여야 한다.
1. 지방대학(수도권이 아닌 지역에 있는 「고등교육법」 제2조 각 호에 따른 학교를 말한다. 이하 같다)과 산업체 간 산학협동을 통한 고용촉진에 관한 사항
2. 수도권이 아닌 지역에 있는 「초·중등교육법」 제2조제3호에 따른 고등학교 또는 이에 준하는 학력을 인정받는 학교의 졸업자 또는 졸업예정자에 대한 지방대학 입학 지원에 관한 사항
3. 지방대학 졸업자 또는 졸업예정자에 대한 지방대학의 대학원 입학 우대 및 국가·지방자치단체, 「공공기관의 운영에 관한 법률」 제4조에 따른 기관 등의 고용우대를 포함한 채용장려에 관한 사항
4. 지방대학 우수졸업인력의 지역정착을 위한 지원에 관한 사항
5. 지방대학 특성화 및 지방대학의 대학원 교육·연구 역량 강화와 산업계·학계·연구계 간의 협력 강화에 관한 사항
6. 지역 학교(「초·중등교육법」 제2조 각 호에 따른 학교를 말한다) 교육여건 개선에 관한 사항
7. 지방대학 역량 강화와 교육 개선 지원에 관한 사항
8. 그 밖에 지역 교육여건 개선 및 지역 인적자원개발에 필요한 사항

제16조【지역과학기술 및 정보통신의 진흥】 국가와 지방자치단체는 지역균형발전에 필요한 과학기술 및 정보통신의 진흥을 위하여 지역의 과학기술연구·교육기관 육성, 지역의 연구개발인력 및 정보통신인력의 확충, 지역균형발전을 위한 연구개발 촉진, 연구개발정보 유통체계 및 시설·장비 등 혁신기반 조성, 과학기술혁신 성과의 확산 및 산업화 촉진 등에 관한 시책을 추진하여야 한다.

제17조【지역균형발전 거점 육성과 교통·물류망 확충】 국가와 지방자치단체는 지역균형발전 및 지역 간 협력 촉진에 필요한 지역균형발전 거점을 육성하고 교통·물류망을 확충하기 위하여 다음 각 호의 사항에 관한 시책을 추진하여야 한다.
1. 「신행정수도 후속대책을 위한 연기·공주지역 행정중심복합도시 건설을 위한 특별법」에 따른 행정중심복합도시(이하 "행정중심복합도시"라 한다), 「혁신도시 조성 및 발전에 관한 특별법」에 따른 혁신도시(이하 "혁신도시"라 한다), 「기업도시개발 특별법」에 따른 기업도시(이하 "기업도시"라 한다) 등 발전 거점 도시의 육성 및 배후 산업과 지역과의 연계에 관한 사항
2. 「경제자유구역의 지정 및 운영에 관한 특별법」에 따른 경제자유구역(이하 "경제자유구역"이라 한다)의 활성화에 관한 사항
3. 지역균형발전 거점 간 연계 강화를 위한 도로 및 철도 등 지역 교통·물류망의 확충에 관한 사항

제18조【지역문화·관광의 육성 및 환경 보전】 ① 국가와 지방자치단체는 지역의 문화·관광 육성을 위하여 문화·관광자원의 개발·기반조성, 관련 산업의 활성화 및 전문인력 양성, 지역 간 문화격차 해소, 지역고유의 정신문화 및 지역가치 발굴·선양 등에 관한 시책을 추진하여야 한다.
② 국가 및 지방자치단체는 지역의 환경 보전을 위하여 지역 생태복원, 자연환경의 보전 및 활용 등에 관한 시책을 추진하여야 한다.

제19조【지역의 복지 및 보건의료의 확충】 국가와 지방자치단체는 지역의 복지 및 보건의료의 확충을 위하여 지역 특성을 반영한 복지전달체계 구축, 보건의료 취약지역에 대한 공공의료 전달체계 및 응급의료체계 구축, 지역사회 내 의료인력의 육성 및 지역보건의료기관의 확충·정비 등에 관한 시책을 추진하여야 한다.

제20조【성장촉진지역 등의 개발】 국가와 지방자치단체는 성장촉진지역, 특수상황지역, 농산어촌 등의 생활환경을 개선하고, 특성에 맞는 발전을 촉진하기 위하여 교통망 등 기반시설의 확충, 주민 소득창출 기반의 확충, 향토자원의 개발·활용, 도시환경의 개선과 교육·의료·복지의 증진 등에 관한 시책을 추진하여야 한다.

제21조【인구감소지역에 대한 시책 추진】 국가와 지방자치단체는 인구감소지역에서 생활서비스 여건 개선·확충, 교통·물류망 및 통신망 확충, 일자리 창출, 청년인구의 유출 방지 및 유입 촉진, 공동체 지원 및 활성화, 주민과 지역의 역량 강화, 지방자치단체 간 시설 및 인력 공동 활용 등 공공서비스 전달체계 개선 등에 관한 시책을 추진하여야 한다.

제22조【인구감소지역에 대한 지원】 ① 국가와 지방자치단체는 인구감소지역에 사회간접자본 정비, 교육·문화·관광시설 확충, 농림·해양·수산업 지원, 주택건설 및 개량, 산업단지 지정 특례에 관한 사항 등에 관하여 대통령령으로 정하는 바에 따라 행정적·재정적 지원을 할 수 있다.
② 인구감소지역에 입주한 사업자는 해당 지역 내에서의 다음 각 호의 승인·허가 신청 사무에 대한 지원을 제67조제2항에 따른 시·도 지방시대지원단에 요구할 수 있다. 이 경우 시·도 지방시대지원단은 대통령령으로 정하는 절차·방식에 따라 해당 사무를 지원하여야 한다.
1. 「건축법」 제11조에 따른 건축허가 및 같은 법 제22조에 따른 건축물의 사용승인
2. 「대기환경보전법」 제23조에 따른 대기오염물질배출시설의 설치 허가
3. 「산업집적활성화 및 공장설립에 관한 법률」 제13조제1항에 따른 공장설립등의 승인
4. 「중소기업창업 지원법」 제45조에 따른 공장 설립계획의 승인
③ 인구감소지역에 입주한 사업자로부터 해당 지역 내에서의 제2항 각 호의 승인·허가 신청을 받은 기관의 장은 다른 법령에도 불구하고 대통령령으로 정하는 기간 내에 이를 처리하여야 하며, 기간 내에 처리하지 아니한 경우에는 그 기간이 끝난 날의 다음 날에 승인·허가를 한 것으로 본다.

제23조【기회발전특구의 지정 및 지원】 ① 수도권이 아닌 지역의 시·도지사는 관할 행정구역의 일부를 기회발전특구로 지정받으려는 경우 산업통상자원부장관에게 기회발전특구의 지정을 신청하여야 한다. 다만, 수도권 내 인구감소지역 또는 「접경지역 지원 특별법」 제2조제1호에 따른 접경지역으로서 지방시대위원회가 정하는 지역의 시·도지사는 기회발전특구의 지정을 신청할 수 있다.
② 산업통상자원부장관은 제1항에 따른 지정 신청을 받은 경우 지방시대위원회의 심의·의결을 거쳐 기회발전특구를 지정한다. 이 경우 지방시대위원회는 기업의 투자계획, 집적 가능성 등 대통령령으로 정하는 사항을 고려하여야 한다.
③ 산업통상자원부장관은 기회발전특구 지정 목적의 달성이 불가능하거나 지정 내용의 변경이 불가피한 경우에는 지방시대위원회의 심의·의결을 거쳐 기회발전특구의 지정을 변경하거나 해제할 수 있다.
④ 국가와 지방자치단체는 기회발전특구에 투자하는 개인 또는 법인에 대하여 행정적·재정적 지원을 할 수 있다.
⑤ 국가와 지방자치단체는 기회발전특구에 투자하는 개인 또는 법인에 대하여 「조세특례제한법」, 「지방세특례제한법」, 그 밖의 조세 관계 법률에서 정하는 바에 따라 국세 또는 지방세를 감면할 수 있다.
⑥ 제1항부터 제5항까지에서 규정한 사항 외에 기회발전특구의 지정 신청, 지정, 지정 변경·해제의 절차·방식 등에 관하여 필요한 사항은 대통령령으로 정한다.

제24조【기업 및 대학의 지방이전 등】 ① 국가와 지방자치단체는 시·군·구별로 인구과밀·산업입지·산업집적 등을 고려하여 대통령령으로 정하는 지역에 있는 기업이 지방으로 이전(수도권이 아닌 지역으로의 이전을 말한다. 이하 같다)하는 경우 행정적·재정적 사항 등을 지원할 수 있다.
② 국가와 지방자치단체는 대통령령으로 정하는 바에 따라 기업이 지방에 사업장을 신설·증설하는 경우 행정적·재정적 사항 등을 지원할 수 있다.
③ 국가와 지방자치단체는 수도권(성장촉진지역과 특수상황지역은 제외한다)에 있는 대학이 지방으로 이전하는 경우 행정적·재정적 사항 등을 지원할 수 있다.
④ 제1항부터 제3항까지에서 규정한 사항 외에 지원의 대상 및 절차 등에 관하여 필요한 사항은 대통령령으로 정한다.

제25조【공공기관의 지방이전 및 혁신도시 활성화】 ① 정부는 수도권에 있는 공공기관 중 대통령령으로 정하는 기관(이하 이 조에서 "이전대상공공기관"이라 한다)을 단계적으로 지방으로 이전하기 위한 공공기관 지방이전 및 혁신도시 활성화를 위한 시책(이하 "혁신도시시책"이라 한다)을 추진하여야 한다.
② 정부는 혁신도시시책을 추진할 때에는 다음 각 호의 사항을 고려하여야 한다.
1. 지방자치단체의 유치계획 및 지원에 관한 사항
2. 이전대상공공기관별 지방이전계획에 관한 사항
3. 혁신도시 활성화 및 인근 지역과의 상생발전에 관한 사항
4. 그 밖에 지역균형발전을 위하여 필요한 사항
③ 관계 중앙행정기관의 장, 지방자치단체의 장 및 이전대상공공기관의 장은 혁신도시시책에 따라 공공기관별 지방이전계획의 수립 등 공공기관의 이전에 필요한 조치 및 혁신도시 활성화에 필요한 조치를 시행하여야 한다.
④ 국가와 지방자치단체는 공공기관이 지방으로 이전하는 경우 이전하는 공공기관 및 그 종사자에 대하여 행정적·재정적 지원 및 생활환경의 개선 등에 관한 지원을 할 수 있다.
⑤ 중앙행정기관의 장은 공공기관(중앙행정기관과 그 소속 기관은 제외한다)을 설립하거나 신규로 인가하는 경우에는 국토교통부장관과 협의하고 지방시대위원회의 심의·의결을 거쳐 입지를 결정하여야 한다. 이 경우 수도권이 아닌 지역으로의 입지를 우선적으로 고려하여야 한다.
⑥ 제5항에 따라 설립되거나 신규로 인가된 공공기관(이하 "신설 공공기관"이라 한다)의 입지 결정에 대한 심의 절차, 제출 서류 등에 관하여 필요한 사항은 대통령령으로 정한다.
⑦ 지방시대위원회는 3년마다 공공기관의 현황을 조사하기 위하여 관계 중앙행정기관의 장 및 공공기관의 장에게 다음 각 호의 자료의 제출을 요구할 수 있다. 이 경우 자료 제출 요구를 받은 중앙행정기관의 장 및 공공기관의 장은 특별한 사유가 없으면 이에 따라야 한다.
1. 공공기관의 직원 수 등 규모
2. 지방세 납부 현황
3. 사무소 소재 현황
4. 그 밖에 공공기관의 현황 조사에 필요한 사항으로서 지방시대위원회가 필요하다고 인정하는 사항

제26조【혁신도시의 지정】 ① 혁신도시는 수도권이 아닌 지역의 광역시, 도, 특별자치도별로 지정한다.
② 제1항에 따른 지방자치단체 중 혁신도시가 지정되지 아니한 지방자치단체의 장은 국토교통부장관에게 혁신도시의 지정을 신청할 수 있다.
③ 국토교통부장관은 제2항에 따른 지정 신청을 받은 경우 지방시대위원회의 심의·의결을 거쳐 혁신도시를 지정한다.
④ 제1항부터 제3항까지에서 규정한 사항 외에 혁신도시의 지정 신청 및 지정 등에 필요한 사항은 대통령령으로 정한다.

제27조【지역혁신융복합단지의 지정】 ① 시·도지사는 관할 행정구역의 행정중심복합도시, 혁신도시, 기업도시, 경제자유구역 등 대통령령으로 정하는 구역·지구·단

지·특구의 일부를 지역혁신융복합단지로 지정받으려는 경우 산업통상자원부장관에게 지역혁신융복합단지의 지정을 신청하여야 한다.
② 산업통상자원부장관은 제1항에 따른 지정 신청을 받은 경우 지방시대위원회의 심의·의결을 거쳐 지역혁신융복합단지를 지정한다. 이 경우 지방시대위원회는 기업의 유치·집적 가능성 등 대통령령으로 정하는 사항을 고려하여야 한다.
③ 산업통상자원부장관은 지역혁신융복합단지 지정 목적의 달성이 불가능하거나 지정 내용의 변경이 불가피한 경우에는 지방시대위원회의 심의·의결을 거쳐 지역혁신융복합단지의 지정을 변경하거나 해제할 수 있다.
④ 제1항부터 제3항까지에서 규정한 사항 외에 지역혁신융복합단지 지정 신청, 지정, 지정 변경·해제의 절차·방식 등에 관하여 필요한 사항은 대통령령으로 정한다.
제28조【지역혁신융복합단지의 육성】 ① 국가와 지방자치단체는 지역혁신융복합단지에서 국내외 기업의 투자촉진을 위한 행정적·재정적 지원, 대학·연구소·기업이 공동으로 참여하는 연구개발 지원 및 신산업 육성을 위하여 필요한 제도적 여건 조성 등에 관한 시책을 추진하여야 한다.
② 지방시대위원회는 제1항의 시책을 소관으로 하는 중앙행정기관의 장에게 해당 시책에 대한 추진계획의 제출을 요구할 수 있다. 이 경우 요구를 받은 중앙행정기관의 장은 대통령령으로 정하는 특별한 사유가 없으면 요구에 따라야 한다.
③ 지역혁신융복합단지에 입주한 사업자는 해당 단지 내에서의 제22조제2항 각 호의 승인·허가 신청 사무에 대한 지원을 제67조제2항에 따른 시·도 지방시대지원단에 요구할 수 있다. 이 경우 시·도 지방시대지원단은 대통령령으로 정하는 절차·방식에 따라 해당 사무를 지원하여야 한다.
④ 지역혁신융복합단지에 입주한 사업자로부터 해당 단지 내에서의 제22조제2항 각 호의 승인·허가 신청을 받은 기관의 장은 다른 법령에도 불구하고 대통령령으로 정하는 기간 내에 이를 처리하여야 하며, 기간 내에 처리하지 아니한 경우에는 그 기간이 끝난 날의 다음 날에 승인·허가를 한 것으로 본다.
⑤ 지방자치단체는 지역혁신융복합단지에 입주한 사업자에 대하여 「지방세특례제한법」 및 조례로 정하는 바에 따라 지방세를 감면할 수 있다.
제29조【상생형지역일자리사업의 선정·지원 등】 ① 국가는 지역의 투자를 촉진하고 지역일자리를 창출하기 위하여 지방자치단체, 기업, 근로자, 주민 등 다양한 경제주체 간 근로여건, 투자계획, 복리후생 또는 생산성 향상 등에 대한 합의를 기반으로 이루어지는 사업(이하 "상생형지역일자리사업"이라 한다)을 선정하여 지원할 수 있다.
② 수도권이 아닌 지역의 지방자치단체의 장은 관할 행정구역에서 상생형지역일자리사업의 지원을 받으려는 경우 산업통상자원부장관에게 상생형지역일자리사업의 선정을 신청하여야 한다.
③ 상생형지역일자리사업의 선정 및 선정취소를 심의·의결하기 위하여 산업통상자원부장관 소속으로 상생형지역일자리사업심의위원회(이하 이 조에서 "위원회"라 한다)를 둔다.
④ 산업통상자원부장관은 위원회의 심의·의결에 따라 상생형지역일자리사업을 선정할 수 있다. 이 경우 다음 각 호의 사항을 종합적으로 검토하여 선정하여야 한다.
1. 관할 행정구역의 지역경제 및 일자리에 대한 파급효과
2. 참여 경제주체 간 합의내용 및 역할분담의 합리성
3. 해당 상생형지역일자리사업의 지속가능성
4. 그 밖에 산업통상자원부장관이 정하여 고시하는 사항
⑤ 산업통상자원부장관 및 관계 중앙행정기관의 장은 제4항에 따라 선정된 상생형지역일자리사업에 대하여 소관 업무에 따른 행정적·재정적 지원을 할 수 있다.
⑥ 지방자치단체 또는 지방자치단체 출자·출연 기관(「지방자치단체 출자·출연 기관의 운영에 관한 법률」 제2조에 따른 지방자치단체 출자·출연 기관을 말한다)은 제4항에 따라 선정된 상생형지역일자리사업에 대한 효율적 지원을 위하여 상생형지역일자리사업에 참여하는 기관·법인·단체에 출자하거나 출연할 수 있다. 이 경우 해당 출자·출연을 받은 기관·법인·단체에는 「지방자치단체 출자·출연 기관의 운영에 관한 법률」을 적용하지 아니한다.
⑦ 국가 또는 지방자치단체는 「국유재산법」 및 「공유재산 및 물품 관리법」에도 불구하고 상생형지역일자리사업에 참여하는 기관·법인·단체에 수의계약으로 국유·공유재산을 사용·수익하게 하거나 대부 또는 매각할 수 있다. 이 경우 국유재산의 사용료 및 대부료 산정기준은 「국유재산법」 제32조제1항·제33조(같은 법 제47조에 따라 준용하는 경우를 포함한다)에도 불구하고 대통령령으로 정하는 바에 따르며, 공유재산의 사용료 및 대부료는 「공유재산 및 물품 관리법」 제22조제1항·제23조·제32조·제33조에도 불구하고 조례로 정하는 바에 따라 감면할 수 있다.
⑧ 지방자치단체의 장은 관할 행정구역에서 상생형지역일자리사업이 선정된 경우 지원사업의 추진실적·지원효과 및 다음 연도 지원계획 등을 매년 산업통상자원부장관에게 제출하여야 한다.
⑨ 산업통상자원부장관은 상생형지역일자리사업에 대한 지원 필요성과 효과를 고려하여 위원회의 심의·의결을 거쳐 상생형지역일자리사업의 선정을 취소할 수 있다. 이 경우 제4항 각 호의 사항을 종합적으로 고려하여야 한다.
⑩ 위원회는 위원 구성 및 심의·의결에 있어 공정성과 투명성을 확보하여야 한다.
⑪ 위원회의 위원 명단과 회의록은 공개하여야 한다.
⑫ 제1항부터 제10항까지에서 규정한 사항 외에 상생형지역일자리사업의 선정 신청, 선정, 선정취소 절차와 위원회의 구성·운영 및 제11항에 따른 공개 등에 관하여 필요한 사항은 대통령령으로 정한다.
제30조【초광역협력사업의 추진】 ① 국가와 지방자치단체는 단일 시·도의 행정구역을 넘어서는 초광역적 정책 및 행정 수요에 대응하고 지역의 경제·생활권의 경쟁력을 높이기 위하여 공동·협력 사업(이하 "초광역협력사업"이라 한다)을 추진할 수 있다.
② 국가와 지방자치단체는 초광역협력사업의 추진 등에 관하여 대통령령으로 정하는 바에 따라 행정적·재정적 지원을 할 수 있다.
제31조【지역발전투자협약의 체결 등】 ① 국가와 지방자치단체는 국가와 지방자치단체 간이나 지방자치단체 상호 간에 균형발전을 위한 사업을 공동으로 추진하기 위하여 사업내용 및 투자 분담 등이 포함된 지역발전투자협약(이하 "지역발전투자협약"이라 한다)을 체결할 수 있다. 이 경우 미리 지방시대위원회의 심의·의결을 거쳐야 한다.
② 국가와 지방자치단체는 지역발전투자협약에 따른 사업을 추진하기 위하여 제74조에 따른 지역균형발전특별회계를 우선 지원하여야 하며, 매년 필요한 예산의 편성 등 협약을 이행하기 위한 조치를 하여야 한다.
③ 지역발전투자협약의 사업범위 및 체결 등에 필요한 사항은 대통령령으로 정한다.
제32조【지역통계 기반 구축 및 개발·관리】 ① 국가와 지방자치단체는 지역균형발전사업의 효과적인 추진을 위하여 지역통계 작성·관리시스템 구축 및 균형발전에 관한 지표개발, 지역통계 작성을 위한 국내외 동향분석 및 실태조사 등에 관한 시책을 추진하여야 한다.
② 국가와 지방자치단체는 제1항에 따른 지역통계 작성을 위하여 필요하면 관계 중앙행정기관, 지방자치단체, 「공공기관의 운영에 관한 법률」 제4조에 따른 기관 및 지역균형발전에 관련된 기관·단체 등에 대하여 자료 제출 등 필요한 협조를 요청할 수 있다.
③ 제2항에 따라 자료 제출 등 필요한 협조를 요청받은 기관·단체 등은 특별한 사유가 없으면 요청에 따라야 한다.
④ 제1항에 따른 지역통계는 「통계법」을 준용하여 작성하되, 조사 대상 및 범위 등에 관하여 필요한 사항은 대통령령으로 정한다.

제2절 지방자치분권 과제의 추진

제33조【권한이양 및 사무구분체계의 정비 등】 ① 국가는 「지방자치법」 제11조에 따른 사무배분의 기본원칙에 따라 그 권한 및 사무를 적극적으로 지방자치단체에 이양하여야 하며, 그 과정에서 국가사무 또는 시·도의 사무로서 시·도 또는 시·군·구의 장에게 위임된 사무는 원칙적으로 폐지하고 자치사무와 국가사무로 이분화하여야 한다.
② 국가는 권한 및 사무를 지방자치단체에 포괄적·일괄적으로 이양하기 위하여 필요한 법적 조치를 마련하여야 한다.
③ 국가는 지방자치단체에 이양한 권한 및 사무가 원활히 처리될 수 있도록 대통령령으로 정하는 바에 따라 행정적·재정적 지원을 병행하여야 한다.
④ 지방자치단체는 이양받은 권한 및 사무가 원활히 처리될 수 있도록 기구·인력의 효율적인 배치 및 예산 조정 등 필요한 조치를 하여야 한다.
제34조【특별지방행정기관의 정비】 ① 국가는 「정부조직법」 제3조에 따른 특별지방행정기관이 수행하고 있는 사무 중 지방자치단체가 수행하는 것이 더 효율적인 사무는 지방자치단체가 담당하도록 하여야 한다.
② 국가는 새로운 특별지방행정기관을 설치하려는 경우에는 그 기능이 지방자치단체가 수행하고 있는 기능과 유사하거나 중복되지 아니하도록 하여야 한다.
제35조【교육자치와 지방자치의 통합】 ① 국가는 교육자치와 지방자치의 통합을 위하여 노력하여야 한다.
② 교육자치에 관하여는 따로 법률로 정한다.
제36조【자치경찰제 실시】 ① 국가는 지방행정과 치안행정의 연계성을 확보하고 지역특성에 적합한 치안서비스를 제공하기 위하여 자치경찰제를 실시하여야 한다.
② 제1항에 따른 자치경찰제의 실시에 관하여는 따로 법률로 정한다.
제37조【지방재정의 확충 및 건전성 강화】 ① 국가는 지방세의 비율이 확대되도록 국세를 지방세로 전환하기 위한 새로운 세목(稅目)을 확보하여야 하며, 낙후지역에 대한 재정조정책임을 강화하여야 한다.
② 지방자치단체는 자치사무가 원활히 수행될 수 있도록 자체세입을 확충하여 지방재정의 안정성을 도모하고 예산지출의 합리성을 확보하기 위하여 노력하여야 하며, 예산·회계제도를 합리적으로 개선하여 건전성을 강화하는 등 지방재정의 발전방안을 마련하여야 한다.
제38조【지방의회의 활성화와 지방선거제도의 개선】 ① 국가는 지방자치단체의 자치입법권을 강화하기 위하여 조례 제정 범위를 확대하는 등 필요한 법적 조치를 하여야 한다.
② 국가와 지방자치단체는 지방자치단체의 주요 정책사항에 관한 지방의회의 심의·의결권을 확대하는 등 지방의회의 권한을 강화하는 방안을 마련하여야 한다.
③ 국가와 지방자치단체는 지방의회의원의 전문성을 높이고 지방의회 의장의 지방의회 소속 공무원 인사에 관한 독립적인 권한을 강화하도록 하는 방안을 마련하여야 한다.
④ 국가와 지방자치단체는 지방자치단체의 장과 지방의회의원의 선출방법을 개선하고, 선거구를 합리적으로 조정하며, 선거공영제를 확대하는 등 지방선거제도의 개선방안을 마련하여야 한다.
제39조【주민참여의 확대】 ① 국가 및 지방자치단체는 주민참여를 활성화하기 위하여 주민투표제도·주민소환제도·주민소송제도·주민조례발안제도를 보완하는 등 주민직접참여제도를 강화하여야 한다.
② 국가 및 지방자치단체는 주민의 자원봉사활동 등을 장려하고 지원함으로써 주민의 참여 의식을 높일 수 있는 방안을 마련하여야 한다.
제40조【주민자치회의 설치 등】 ① 풀뿌리자치의 활성화와 민주적 참여의식 고양을 위하여 읍·면·동에 해당 행정구역의 주민으로 구성되는 주민자치회(이하 "자치회"라 한다)를 둘 수 있다.
② 제1항에 따라 자치회가 설치되는 경우 관계 법령, 조례 또는 규칙으로 정하는 바에 따라 지방자치단체 사무의 일부를 자치회에 위임하거나 위탁할 수 있다.
③ 자치회는 다음 각 호의 업무를 수행한다.
1. 자치회 구역 내의 주민화합 및 발전을 위한 사항
2. 지방자치단체가 위임하거나 위탁하는 사무의 처리에 관한 사항
3. 그 밖에 관계 법령, 조례 또는 규칙에서 위임하거나 위탁한 사항
④ 자치회의 위원은 조례로 정하는 바에 따라 지방자치단체의 장이 위촉한다.
⑤ 제4항에 따라 위촉된 위원은 그 직무를 수행할 때에는 지역사회에 대한 봉사자로서 정치적 중립을 지켜야 하며 권한을 남용하여서는 아니 된다.
⑥ 자치회의 설치 시기, 구성, 재정 등 자치회의 설치 및 운영에 필요한 사항은 따로 법률로 정한다.
⑦ 행정안전부장관은 자치회의 설치 및 운영에 참고하기 위하여 자치회를 시범적으로 설치·운영할 수 있으며, 이를 위한 행정적·재정적 지원을 할 수 있다.
제41조【자치행정역량의 강화】 ① 지방자치단체는 행정의 공정성과 투명성을 확보하고 책임성과 효율성을 강화하여 행정서비스의 질을 제고하는 등 필요한 조치를 하여야 한다.
② 국가는 국정의 통일성과 지방행정의 책임성을 확보하기 위하여 지방자치단체의 행정 및 재정의 운영에 관한 합리적 평가기준을 마련하고 이에 따라 진단·평가를 실시할 수 있다.
③ 국가와 지방자치단체는 지방공무원의 전문성을 높이고 역량을 강화하기 위하여 국가와 지방자치단체 간 또는 지방자치단체 상호 간의 공무원 인사교류를 활성화하고 교육훈련제도를 개선하는 등의 필요한 조치를 하여야 한다.
제42조【국가와 지방자치단체의 협력체제 정립】 ① 국가는 지방자치단체와의 상호협력관계를 공고히 하기 위하여 협의체의 운영을 적극 지원하여야 하며, 협의체와 관련 지방자치단체의 의견이 국정에 적극 반영될 수 있도록 하여야 한다.
② 국가와 지방자치단체는 국가와 지방자치단체 간 또는 지방자치단체 상호 간에 발생하는 분쟁을 효율적으로 해결하기 위하여 분쟁조정기구의 기능을 활성화하고, 분쟁조정체계를 정비하는 등 분쟁조정기능을 강화하여야 한다.
③ 국가와 지방자치단체는 지방행정에 관한 제반 여건의 급격한 변화에 적극적으로 대응하고 지방자치를 다양한 형태로 구현하기 위하여 특별지방자치단체제도를 도입·활용하도록 노력하여야 한다.
제43조【지방행정체제 개편의 기본방향 등】 ① 지방행정체제 개편은 지방자치단체의 행정수요 대응 효율화와 지역 특성에 맞는 발전, 주민의 편익증진과 국가 및 지방의 경쟁력 강화를 위하여 다음 각 호의 사항이 반영되도록 추진하여야 한다.
1. 지방자치 및 지방행정계층의 적정화
2. 주민생활 편익증진을 위한 자치구역의 조정
3. 지방자치단체의 규모와 자치역량에 부합하는 역할과 기능의 부여
4. 주거단위의 근린자치 활성화
② 특별시 및 광역시는 지방자치단체로서 존치하되, 지방시대위원회는 특별시 및 광역시의 관할 구역 안에 두고 있는 구와 군의 지위, 기능 등에 관한 개편방안을 마련하여야 하며, 특별시 및 광역시의 관할 구역 안에 두고 있는

구 중에서 인구 또는 면적이 과소한 구는 적정 규모로 통합한다.
③ 도는 지방자치단체로서 존치하되, 지방시대위원회는 이 법에 따른 시·군의 통합 등과 관련하여 도의 지위 및 기능 재정립 등을 포함한 도의 개편방안을 마련하여야 한다.
④ 국가는 시·군·구의 인구, 지리적 여건, 생활권·경제권, 발전가능성, 지역의 특수성, 역사적·문화적 동질성 등을 종합적으로 고려하여 통합이 필요한 지역에 대해서는 지방자치단체 간 통합을 지원하여야 한다. 이 경우 시·군·구의 통합에 관하여는 시·도 및 시·군·구 관할 구역의 경계에 제한을 받지 아니한다.
⑤ 제3항에 따른 도의 지위 및 기능 재정립에 관하여는 따로 법률로 정한다.

제3절 통합 지방자치단체의 설치 및 특례 등

제1관 통합 지방자치단체의 설치 등

제44조【통합 지방자치단체의 설치】 ① 통합 지방자치단체는 「지방자치법」 제2조제1항제2호에서 정한 지방자치단체로 설치한다.
② 통합 지방자치단체는 통합으로 인하여 폐지되는 지방자치단체의 구역에서 관계 법령에서 정하는 바에 따라 자치구가 아닌 구 또는 출장소 등을 둘 수 있다.
③ 통합 지방자치단체에는 도시의 형태를 갖춘 지역에는 동을 두고, 그 밖의 지역에는 읍·면을 두되, 「지방자치법」 제3조제3항에도 불구하고 자치구가 아닌 구에 읍·면·동을 둘 수 있다.
제45조【시·군·구의 통합절차】 ① 지방시대위원회는 제63조제10호의 지방자치단체 통합을 위한 기준에 따라 통합 대상 지방자치단체를 발굴한다.
② 지방자치단체의 장, 지방의회 또는 「주민투표법」 제5조에 따른 주민투표권자 총수의 100분의 1 이상 50분의 1 이하의 범위에서 대통령령으로 정하는 일정 수 이상의 주민은 대통령령으로 정하는 바에 따라 인근 지방자치단체와의 통합을 지방시대위원회에 건의할 수 있다.
③ 지방시대위원회는 시·군·구 통합방안을 마련하되, 제2항에 따른 건의가 있는 경우에는 이를 참고하여야 한다.
④ 행정안전부장관은 제3항에 따른 시·군·구 통합방안에 따라 지방자치단체 간 통합을 해당 지방자치단체의 장에게 권고할 수 있다.
⑤ 행정안전부장관은 제4항에 따른 지방자치단체 간 통합 권고안에 관하여 해당 지방의회의 의견을 들어야 한다. 다만, 「주민투표법」 제8조에 따라 행정안전부장관이 필요하다고 인정하여 해당 지방자치단체의 장에게 주민투표를 요구하여 실시한 경우에는 그러하지 아니하다.
⑥ 지방자치단체의 장은 이 법에 따른 시·군·구 통합과 관련하여 주민투표 실시의 요구를 받았을 때에는 「주민투표법」 제8조제2항·제3항 및 제13조제1항제1호에도 불구하고 지체 없이 이를 공표하고 주민투표를 실시하여야 한다.
⑦ 제5항에 따른 주민투표에 관하여 이 법에서 규정한 사항을 제외하고는 「주민투표법」을 적용한다.
제46조【통합추진공동위원회】 ① 제45조에 따른 지방의회 의견청취 또는 주민투표 등을 통하여 지방자치단체의 통합의사가 확인되면 관계 지방자치단체의 장은 명칭, 청사 소재지, 지방자치단체의 사무 등 통합에 관한 세부사항을 심의하기 위하여 공동으로 통합추진공동위원회(이하 "공동위원회"라 한다)를 설치하여야 한다.
② 공동위원회의 위원은 관계 지방자치단체의 장 및 그 지방의회가 추천하는 사람으로 구성하고, 위원은 관계 지방자치단체 간에 동수로 구성한다.
③ 위원은 관계 지방자치단체의 장이 공동으로 위촉하고, 위원장은 위원 중에서 호선(互選)한다.
④ 공동위원회는 사무를 처리하기 위하여 사무기구를 둘 수 있다.
⑤ 공동위원회의 구성, 심의사항, 운영 및 사무기구 등에 관하여 필요한 사항은 대통령령으로 정한다.
제47조【통합 지방자치단체의 명칭 등】 ① 공동위원회는 구성된 날부터 60일 이내에 통합 지방자치단체의 명칭 및 청사 소재지를 심의·의결하고 이를 행정안전부장관에게 제출하여야 한다.
② 공동위원회가 제1항에 따른 기간 내에 통합 지방자치단체의 명칭 및 청사 소재지를 의결하지 못하는 경우 지방시대위원회는 이에 관한 권고안을 해당 공동위원회에 제시할 수 있다.
③ 제2항에 따라 공동위원회가 권고안을 제시받은 날부터 30일 이내에 통합 지방자치단체의 명칭 및 청사 소재지를 의결하지 못할 경우 지방시대위원회는 대통령령으로 정하는 기준에 따라 이를 조정할 수 있다.
④ 지방시대위원회의 권고와 조정의 기준 및 절차 등에 관하여 필요한 사항은 대통령령으로 정한다.

제2관 통합 지방자치단체에 대한 특례

제48조【불이익배제의 원칙】 지방자치단체의 통합으로 인하여 종전의 지방자치단체 또는 특정 지역의 행정상·재정상 이익이 상실되거나 그 지역 주민에게 새로운 부담이 추가되어서는 아니 된다.
제49조【공무원에 대한 공정한 처우보장】 ① 지방자치단체의 통합으로 초과되는 공무원 정원에 대해서는 정원외로 인정하되, 지방자치단체는 이의 조속한 해소를 위하여 적극 노력하여야 한다.
② 통합 지방자치단체는 폐지되는 지방자치단체 소속 공무원에 대하여 인사상 동등하게 처우하여야 한다.
제50조【예산에 관한 지원 및 특례】 ① 국가는 지방자치단체의 통합에 직접 사용된 비용을 예산의 범위에서 통합 추진 과정에 있는 지방자치단체 또는 통합 지방자치단체에 지원할 수 있다.
② 국가는 지방자치단체의 통합에 따라 절감되는 운영경비 등(국가가 부담하는 예산으로 한정한다)의 일부를 통합 지방자치단체에 지원할 수 있다.
③ 통합 지방자치단체의 최초의 예산은 종전의 지방자치단체가 각각 편성·의결하여 성립한 예산을 회계별·예산항목별로 합친 것으로 한다.
제51조【통합 지방자치단체에 대한 특별 지원】 ① 중앙행정기관의 장 및 시·도지사는 대통령령으로 정하는 바에 따라 통합 지방자치단체에 대하여 보조금의 지급, 재정투·융자 등 재정상 특별한 지원을 할 수 있다.
② 중앙행정기관의 장은 「지역 개발 및 지원에 관한 법률」에 따른 지역개발사업구역 등 특정 지역의 개발을 위한 지구·지역 등을 지정할 때 통합 지방자치단체 또는 그 관할 구역의 일부 지역을 대통령령으로 정하는 바에 따라 우선적으로 지정할 수 있다.
③ 중앙행정기관의 장 및 시·도지사는 각종 시책사업 등을 시행하는 경우 통합 지방자치단체를 대통령령으로 정하는 바에 따라 우선적으로 지원할 수 있다.
제52조【지방교부세 산정에 관한 특례】 ① 통합 지방자치단체에 교부하는 보통교부세는 「지방교부세법」 제7조에도 불구하고 통합 지방자치단체가 설치된 해의 폐지되는 각 지방자치단체의 재정부족액(「지방교부세법」에 따라 산정한 기준재정수입액이 기준재정수요액에 미달하는 금액을 말한다)을 합한 금액보다 통합 지방자치단체의 재정부족액이 적을 때에는 그 차액을 통합 지방자치단체가 설치된 후 최초로 개시되는 회계연도(통합 지방자치단체가 1월 1일에 설치되는 경우에는 다음 연도를 말한다)부터 4년 동안 통합 지방자치단체의 기준재정수요액에 매년 보정할 수 있다.
② 제1항에 따른 기준재정수요액 보정의 요건·기간·기준과 그 밖에 필요한 사항은 행정안전부령으로 정한다.
제53조【통합 지방자치단체에 대한 재정 지원】 국가는 「지방교부세법」 제4조제2항제1호에 따른 보통교부세액과 별도로 통합 지방자치단체가 설치된 해의 직전 연도의 폐지되는 각 지방자치단체의 보통교부세 총액의 100분의 6을 대통령령으로 정하는 바에 따라 10년간(경상남도 창원시의 경우 2025년 12월 31일까지, 충청북도 청주시의 경우 2029년 12월 31일까지) 매년 통합 지방자치단체에 추가로 지원하여야 한다.(2023.7.4 본조개정)
제54조【예산에 관한 특례】 통합 지방자치단체는 통합 지방자치단체가 설치된 날부터 대통령령으로 정하는 일정 기간 동안 폐지되는 각 지방자치단체 간의 세출예산의 비율이 유지되도록 노력하여야 한다.
제55조【지방의회의 부의장 정수 등에 관한 특례】 ① 통합 지방자치단체를 설치하는 경우에는 해당 지방자치단체가 설치된 후 최초로 실시하는 임기만료에 의한 선거에 의하여 새로운 지방의회가 구성될 때까지 「지방자치법」 제57조제1항에도 불구하고 해당 지방의회에 의장 1명과 폐지되는 지방자치단체의 수만큼의 부의장을 무기명투표로 선출하여야 한다. 이 경우 부의장은 폐지되는 지방자치단체의 지방의회의원 중에서 폐지되는 지방자치단체별로 각 1명을 선출하여야 한다.
② 제1항에 따라 선출된 의장 및 부의장의 임기는 폐지되는 지방자치단체의 지방의회 의장 및 부의장의 남은 임기로 한다.
제56조【의원정수에 관한 특례】 통합 지방자치단체의 의회를 구성하기 위한 최초 선거의 지역선거구를 획정하는 경우 폐지되는 각 지방자치단체의 관할 구역에서 선출할 의원정수는 인구의 등가성(等價性)이 반영될 수 있도록 정하여야 한다.
제57조【「여객자동차 운수사업법」에 관한 특례】 ① 통합 지방자치단체의 여객자동차운송사업에 적용할 「여객자동차 운수사업법」 제8조에 따른 운임과 요금에 대한 기준 및 요율은 폐지되는 지방자치단체의 여객자동차운송사업에 적용한 기준 및 요율에 따른다. 다만, 통합 지방자치단체가 설치된 날부터 1년 이내에 이를 조정하여야 한다.
② 제1항에도 불구하고 통합 지방자치단체의 택시운송사업에 대하여 통합 전의 지방자치단체 간에 적용되던 시계(市界) 외 할증요금은 통합 지방자치단체가 설치된 날부터 폐지한다.
③ 폐지되는 지방자치단체의 군 지역에서 「여객자동차 운수사업법」 제4조에 따라 면허를 받거나 등록을 한 여객자동차운송사업자에게 적용할 같은 법 제5조에 따른 면허 또는 등록의 기준은 통합 지방자치단체가 설치된 후에도 군 지역에 적용되는 기준으로 한다.
④ 통합 지방자치단체가 설치되기 전에 「여객자동차 운수사업법」 제4조에 따라 여객자동차운송사업의 면허를 받은 자가 통합 지방자치단체의 설치로 인하여 여객자동차운송사업의 세부업종을 변경하여야 하는 경우에는 같은 법 제7조에도 불구하고 통합 지방자치단체가 설치된 날에 그 업종이 변경된 것으로 본다. 이 경우 관할 관청은 통합 지방자치단체가 설치된 날부터 1개월 이내에 해당 여객자동차운송사업자에게 새로운 면허증을 발급하여야 한다.

제3관 대도시에 대한 특례

제58조【대도시에 대한 사무 특례】 ① 특별시와 광역시가 아닌 다음 각 호의 어느 하나에 해당하는 대도시의 행정·재정 운영 및 지도·감독에 대해서는 그 특성을 고려하여 관계 법률에서 정하는 바에 따라 특례를 둘 수 있다. 다만, 인구 30만 이상인 지방자치단체로서 면적이 1천제곱킬로미터 이상인 지방자치단체의 경우 이를 인구 50만 이상 대도시로 본다.
1. 인구 50만 이상 대도시
2. 인구 100만 이상 대도시(이하 "특례시"라 한다)
② 지방시대위원회는 제1항에 따른 특례를 발굴하고 그 이행방안을 마련하여야 한다.
제59조【특례시의 사무 특례】 특례시의 장은 관계 법률의 규정에도 불구하고 다음 각 호의 사무를 처리할 수 있다.
1. 「지방공기업법」 제19조제2항에 따른 지역개발채권의 발행. 이 경우 미리 지방의회의 승인을 받아야 한다.
2. 「건축법」 제11조제2항제1호에 따른 건축물에 대한 허가. 다만, 다음 각 목의 어느 하나에 해당하는 건축물의 경우에는 미리 도지사의 승인을 받아야 한다.
   가. 51층 이상인 건축물(연면적의 100분의 30 이상을 증축하여 층수가 51층 이상이 되는 경우를 포함한다)
   나. 연면적 합계가 20만제곱미터 이상인 건축물(연면적의 100분의 30 이상을 증축하여 연면적 합계가 20만제곱미터 이상이 되는 경우를 포함한다)
3. 「택지개발촉진법」 제3조제1항에 따른 택지개발지구의 지정(도지사가 지정하는 경우로 한정한다). 이 경우 미리 관할 도지사와 협의하여야 한다.
4. 「소방기본법」 제3조 및 제6조에 따른 화재 예방·경계·진압 및 조사와 화재, 재난·재해, 그 밖의 위급한 상황에서의 구조·구급 등의 업무
5. 도지사를 경유하지 아니하고 「농지법」 제34조에 따른 농지전용허가 신청서의 제출
6. 「지방자치법」 제125조에 따라 지방자치단체별 정원의 범위에서 정하는 5급 이하 직급별·기관별 정원의 책정
7. 도지사를 경유하지 아니하고 「개발제한구역의 지정 및 관리에 관한 특별조치법」 제4조에 따른 개발제한구역의 지정 및 해제에 관한 도시·군관리계획 변경 결정 요청. 이 경우 미리 관할 도지사와 협의하여야 한다.
8. 「환경개선비용 부담법」 제9조제5항 및 제22조에 따른 환경개선부담금의 부과·징수
9. 「항만법」 제2조제6호나목에 따라 지방관리무역항에서 시·도가 행정주체이거나 시·도지사가 관리청으로서 수행하는 항만의 개발 및 관리에 관한 행정 업무, 「선박의 입항 및 출항 등에 관한 법률」 제2조제2호의2나목에 따라 지방관리무역항에서 시·도가 행정주체이거나 시·도지사가 관리청으로서 수행하는 선박의 입항 및 출항 등에 관한 행정 업무, 「항만운송사업법」 제2조제7항제2호에 따라 지방관리무역항에서 시·도가 행정주체이거나 시·도지사가 관리청으로서 수행하는 항만운송사업 및 항만운송관련사업의 등록, 신고 및 관리 등에 관한 행정 업무, 「해양환경관리법」 제33조제1항제2호에 따른 해양시설의 신고 및 변경신고 업무, 같은 법 제115조제2항에 따른 출입검사·보고 등의 업무 및 같은 법 제133조에 따른 과태료(같은 법 제132조제2항제2호에 따른 과태료로 한정한다)의 부과·징수 업무
10. 「공유수면 관리 및 매립에 관한 법률」 제6조, 제8조부터 제10조까지, 제13조부터 제21조까지, 제55조, 제57조, 제58조 및 제66조에 따른 지방관리무역항 항만구역안에서의 방치 선박 제거 및 공유수면 점용·사용 허가 등 공유수면의 관리
11. 「산지관리법」 제14조제1항에 따른 산지전용허가[산지전용허가를 받으려는 산지면적이 50만제곱미터 이상 200만제곱미터 미만(보전산지의 경우에는 3만제곱미터 이상 100만제곱미터 미만)인 산지로서 산림청장 소관이 아닌 국유림, 공유림 또는 사유림의 산지로 한정한다]의 절차 및 심사에 관한 업무
12. 「건설기술 진흥법」 제5조제1항에 따른 지방건설기술심의위원회의 구성·기능 및 운영에 관한 업무
13. 「물류시설의 개발 및 운영에 관한 법률」 제22조, 제22조의2, 제22조의3, 제22조의5부터 제22조의7까지, 제26조, 제27조, 제27조의2, 제28조, 제44조, 제46조, 제50조의3, 제52조의2, 제52조의3, 제53조, 제54조 및 제57조에 따른 물류단지의 지정·지정해제 및 개발·운영 등의 업무
제60조【특례시의 보조기관 등】 ① 「지방자치법」 제123조제1항에도 불구하고 특례시의 부시장은 2명으로 한

다. 이 경우 부시장 1명은 「지방자치법」 제123조제4항에도 불구하고 일반직, 별정직 또는 임기제 지방공무원으로 보(補)할 수 있다.
② 제1항에 따라 부시장 2명을 두는 경우에 명칭은 각각 제1부시장 및 제2부시장으로 하고, 그 사무 분장은 해당 지방자치단체의 조례로 정한다.
③ 「지방자치법」 제68조·제102조 및 제125조에도 불구하고 특례시의 행정기구 및 정원은 인구, 도시 특성, 면적 등을 고려하여 대통령령으로 정할 수 있다.
제61조【대도시에 대한 재정 특례】 ① 도지사는 「지방재정법」 제29조에 따라 배분되는 조정교부금과 별도로 제58조제1항에 따른 대도시의 경우에는 해당 시에서 징수하는 도세(원자력발전에 대한 지역자원시설세, 소방분 지역자원시설세 및 지방교육세는 제외한다) 중 100분의 10 이하의 범위에서 일정 비율을 추가로 확보하여 해당 시에 직접 교부할 수 있다.
② 제1항에 따라 대도시에 추가로 교부하는 도세의 비율은 사무이양 규모 및 내용 등을 고려하여 대통령령으로 정한다.
③ 특례시의 경우 「지방세법」 제142조제1항에 따른 소방분 지역자원시설세는 「지방세기본법」 제8조제2항제2호 가목에도 불구하고 시세로 한다.

제4장 지방시대위원회 등

제62조【지방시대위원회의 설치 및 존속기한】 ① 지방자치분권 및 지역균형발전을 추진하기 위하여 대통령 소속으로 지방시대위원회를 둔다.
② 지방시대위원회는 이 법 시행일부터 5년간 존속한다.
제63조【기능】 지방시대위원회는 다음 각 호의 사항을 심의·의결한다.
1. 지방자치분권 및 지역균형발전의 기본방향과 관련 정책의 조정에 관한 사항
2. 지방자치분권 및 지역균형발전에 관한 국정과제의 총괄·조정·점검 및 지원에 관한 사항
3. 제2장에 따른 지방시대 종합계획과 시·도 계획 및 시·도 시행계획, 부문별 계획 및 부문별 시행계획, 초광역권발전계획 및 초광역권발전시행계획에 관한 사항
4. 제3장에 따른 지역균형발전시책 및 사업, 지방자치분권 과제 등의 추진·조사·분석·평가·조정에 관한 사항
5. 제23조에 따른 기회발전특구의 지정 및 지원에 관한 사항
6. 공공기관 등의 지방이전, 혁신도시 활성화 및 신설 공공기관의 입지 결정에 관한 사항
7. 지역혁신융복합단지의 지정·육성에 관한 사항
8. 지역발전투자협약의 체결 및 운영에 관한 사항
9. 제33조에 따라 지방자치단체에 이양하는 권한 및 사무의 원활한 처리에 필요한 인력 및 재정 소요 등에 관한 사항
10. 지방자치단체 통합을 위한 기준·통합방안·조정에 관한 사항
11. 제5장에 따른 지역균형발전특별회계의 운용에 관한 사항
12. 제72조제3항에 따라 중앙행정기관의 장에게 제출하는 의견에 관한 사항
13. 다른 법률에서 지방시대위원회의 심의를 거치도록 한 사항
14. 그 밖에 지방자치분권 및 지역균형발전과 관련하여 필요한 사항으로서 위원장이 회의에 부치는 사항
제64조【지방시대위원회의 구성·운영】 ① 지방시대위원회는 위원장 및 부위원장 각 1명을 포함하여 39명 이내의 위원으로 구성하며, 위원은 당연직위원과 위촉위원으로 구분한다.
② 당연직위원은 기획재정부장관, 교육부장관, 과학기술정보통신부장관, 행정안전부장관, 문화체육관광부장관, 농림축산식품부장관, 산업통상자원부장관, 보건복지부장관, 환경부장관, 고용노동부장관, 국토교통부장관, 해양수산부장관, 중소벤처기업부장관, 국무조정실장 및 「지방자치법」 제182조제1항제1호부터 제4호까지에 따른 협의체의 대표자로 한다.
③ 지방시대위원회는 업무 수행을 위하여 필요하다고 인정하는 경우에는 다음 각 호의 사람을 회의에 참석하도록 요청할 수 있다.
1. 여성가족부장관
2. 법제처장
3. 대통령비서실의 지방자치분권 또는 지역균형발전 등 관련 업무를 보좌하는 정무직 비서관
4. 그 밖에 해당 안건과 관련하여 회의에 참석할 필요가 있다고 위원장이 인정하는 중앙행정기관의 장
④ 위촉위원은 지방자치분권과 지역균형발전에 관한 학식과 경험이 풍부하고 국민의 신망이 두터운 사람 중에서 국회의장이 추천하는 4명과 대통령이 위촉하는 17명 이내로 성별을 고려하여 구성한다. 이 경우 위촉위원의 과반수는 위촉일 현재 1년 이상 수도권이 아닌 지역에 주소를 둔 사람이어야 한다.
⑤ 위원장 및 부위원장은 위촉위원 중에서 대통령이 위촉한다.
⑥ 위촉위원의 임기는 2년으로 한다. 다만, 위원의 사임 등으로 인하여 새로 위촉된 위원의 임기는 전임위원 임기의 남은 기간으로 한다.
⑦ 위촉위원은 제6항에도 불구하고 제62조제2항에 따라 지방시대위원회의 존속기한이 만료된 때에 해촉된 것으로 본다.
⑧ 지방시대위원회에 간사 1명을 두며, 간사는 제68조에 따른 지방시대기획단의 단장으로 한다.
⑨ 지방시대위원회의 업무를 효율적으로 심의하기 위하여 지방시대위원회에 분과위원회를 둘 수 있다.
⑩ 지방시대위원회의 심의사항을 분야별로 사전에 연구·검토하기 위하여 지방시대위원회에 전문위원회를 둘 수 있다.
⑪ 지방시대위원회는 그 업무를 수행하기 위하여 필요하면 관계 행정기관 소속의 공무원 및 관계 기관·법인·단체 등에 임직원의 파견 또는 겸임을 요청할 수 있으며, 관련 분야의 전문가를 「국가공무원법」 제26조의5에 따른 임기제공무원으로 둘 수 있다.
⑫ 제1항부터 제11항까지에서 규정한 사항 외에 지방시대위원회의 회의, 분과위원회 및 전문위원회의 구성과 운영 등 지방시대위원회의 구성 및 운영에 필요한 사항은 대통령령으로 정한다.
제65조【위원장의 직무】 ① 위원장은 지방시대위원회를 대표하고 위원회의 업무를 총괄한다.
② 위원장이 부득이한 사유로 직무를 수행할 수 없을 때에는 부위원장이 그 직무를 대행한다.
제66조【회의】 ① 위원장은 지방시대위원회의 회의를 소집하고, 그 의장이 된다.
② 지방시대위원회의 회의는 재적위원 과반수의 출석으로 개의하고, 출석위원 과반수의 찬성으로 의결한다.
제67조【시·도 지방시대위원회 등의 설치·운영】 ① 시·도지사는 해당 지방자치단체와 관련된 지방자치분권 및 지역균형발전에 관한 사항을 심의하기 위하여 시·도 지방시대위원회를 설치·운영하여야 한다.
② 시·도지사는 관할 시·도의 지방시대위원회를 지원하기 위하여 시·도지사 소속으로 시·도 지방시대지원단을 둔다.
③ 시장·군수·구청장은 해당 지방자치단체와 관련된 지방자치분권 및 지역균형발전에 관한 사항의 협의·조정 등을 위하여 시·군·구 지방시대위원회를 설치·운영할 수 있다.
④ 제1항부터 제3항까지의 규정에 따른 시·도 지방시대위원회, 시·도 지방시대지원단 및 시·군·구 지방시대위원회의 설치·운영 등에 필요한 사항은 대통령령으로 정한다.
제68조【지방시대기획단】 ① 지방시대위원회의 사무를 효율적으로 처리하기 위하여 지방시대위원회 소속으로 지방시대기획단을 둔다.
② 제1항에 따른 지방시대기획단의 구성과 운영에 필요한 사항은 대통령령으로 정한다.
제69조【지방시대기획단 지원조직】 ① 지방시대기획단의 업무를 지원하고, 시·도지사가 시·도 계획을 효과적으로 수립·시행할 수 있도록 기획재정부, 행정안전부, 산업통상자원부 및 국토교통부 등 관계 중앙행정기관에 필요한 조직을 둘 수 있다.
② 제1항에 따른 지원조직의 설치, 운영 및 업무범위 등에 필요한 사항은 대통령령으로 정한다.
제70조【추진상황의 보고 등】 ① 지방시대위원회는 제63조에 따라 심의·의결한 사항과 지방자치분권 및 지역균형발전과 관련된 정책의 추진사항에 관하여 정기적으로 대통령에게 보고하여야 한다.
② 지방시대위원회는 제1항에 따라 보고를 마쳤을 때에는 관계 중앙행정기관의 장과 지방자치단체의 장에게 보고 내용을 지체 없이 통보하여야 한다.
③ 제2항에 따라 통보를 받은 관계 중앙행정기관의 장 및 지방자치단체의 장은 신속히 실천계획을 수립하여 지방시대위원회에 제출하고, 관련 법령을 제정하거나 개정하는 등 필요한 조치를 하여야 한다.
제71조【이행상황의 점검 등】 ① 지방시대위원회는 제70조제3항에 따라 수립된 실천계획이 차질 없이 이행될 수 있도록 관계 중앙행정기관 및 지방자치단체의 추진상황을 점검한 결과를 국무회의에 보고하여야 한다.
② 지방시대위원회는 필요한 경우 제1항의 점검 결과를 「중앙지방협력회의의 구성 및 운영에 관한 법률」에 따른 중앙지방협력회의에 보고할 수 있다.
③ 지방시대위원회는 제1항에 따른 점검 결과에 따라 관계 중앙행정기관의 장 및 지방자치단체의 장에게 필요한 조치를 권고할 수 있다. 다만, 제33조 및 제63조에 따라 지방시대위원회가 의결한 중앙행정기관의 권한이양이 지연되었다고 판단되는 경우에는 기한을 정하여 필요한 조치를 권고할 수 있다.
④ 제3항 단서에 따라 권고를 받은 중앙행정기관의 장은 지방시대위원회가 정한 기한까지 관계 법령 개정 등 필요한 조치를 하여야 하며, 그 처리 결과를 지방시대위원회에 통보하여야 한다.
제72조【관계 기관 등과의 협조】 ① 지방시대위원회는 그 업무를 수행하기 위하여 필요하면 관계 공무원이나 관계 전문가 등을 지방시대위원회에 참석하게 하여 의견을 듣거나, 관계 기관·법인·단체 등에 자료 및 의견의 제출 등 필요한 협조를 요청할 수 있다.
② 제1항에 따른 협조 요청을 받은 관계 공무원 및 기관·법인·단체 등은 특별한 사유가 없으면 이에 따라야 한다.
③ 중앙행정기관의 장은 지방자치분권 및 지역균형발전과 관련되는 법령을 제정하거나 개정하려는 경우 미리 지방시대위원회에 통지하여야 하며, 지방시대위원회는 필요한 경우 통지를 받은 법령에 대한 의견을 중앙행정기관의 장에게 제출할 수 있다.
④ 지방자치단체의 장은 지방자치분권 및 지역균형발전에 대하여 지방시대위원회 회의에 참석하여 의견을 개진하거나 서면으로 의견을 제출할 수 있다. 이 경우 지방시대위원회는 제시된 의견을 존중하여야 한다.
제73조【국회에의 연차보고 등】 ① 지방시대위원회는 전년도 지방자치분권 및 지역균형발전의 추진현황과 성과에 관한 보고서를 작성하여 매년 정기회 개회 전까지 국회에 제출하여야 한다.
② 제1항의 보고서에는 다음 각 호의 내용이 포함되어야 한다.
1. 제2장에 따른 지방시대 종합계획의 수립과 관리
2. 제3장에 따른 지역균형발전시책 및 지방자치분권 과제 등의 성과와 향후 계획
3. 그 밖에 지방자치분권 및 지역균형발전에 관한 중요 사항

제5장 지역균형발전특별회계

제74조【지역균형발전특별회계의 설치】 지방시대 종합계획 및 지역균형발전시책 지원 관련 사업을 효율적으로 추진하기 위하여 지역균형발전특별회계(이하 "회계"라 한다)를 설치한다.
제75조【회계의 관리·운용】 ① 회계는 기획재정부장관이 관리·운용한다.
② 회계의 예산은 중앙행정기관의 조직별로 구분할 수 있다.
③ 세출예산의 배정·자금운영·결산, 그 밖에 회계의 관리·운용에 필요한 사항은 대통령령으로 정한다.
제76조【계정의 구분】 회계는 지역자율계정, 지역지원계정, 제주특별자치도계정 및 세종특별자치시계정으로 구분한다.
제77조【소속 재산】 ① 다음 각 호의 토지는 회계의 지역지원계정 소속의 재산으로 한다.
1. 「개발이익 환수에 관한 법률」에 따라 개발부담금으로 물납(物納)받은 토지
2. 「부동산 거래신고 등에 관한 법률」 제15조 및 제16조에 따라 국가가 매수한 토지
3. 그 밖에 다른 법률에 따라 회계의 재산으로 귀속되는 토지
② 관계 중앙행정기관의 장은 제75조제1항에도 불구하고 제1항에 따른 회계의 재산을 관리·운용한다.
③ 제2항에 따른 관계 중앙행정기관의 장은 제1항에 따른 회계의 재산을 대통령령으로 정하는 바에 따라 임대〔사용대차(使用貸借)를 포함한다〕하거나 교환·양여·매각 등의 처분을 할 수 있다.
제78조【지역자율계정의 세입과 세출】 ① 회계의 지역자율계정의 세입은 다음 각 호와 같다.
1. 「주세법」에 따른 주세의 100분의 40
2. 「수도권정비계획법」 제16조에 따라 회계에 귀속되는 과밀부담금
3. 「개발이익 환수에 관한 법률」 제4조제1항에 따라 회계에 귀속되는 개발부담금
4. 「농어촌구조개선 특별회계법」 제4조제2항제4호, 제4조의2제2항제3호 및 제5조제2항제5호에 따라 회계로 전입되는 전입금
5. 「공공자금관리기금법」에 따른 공공자금관리기금으로부터의 예수금(豫受金)
6. 일반회계 또는 다른 특별회계로부터의 전입금
7. 회계의 지역지원계정, 제주특별자치도계정 및 세종특별자치시계정으로부터의 전입금
8. 제2항제7호에 따른 융자금의 원리금
9. 제82조에 따른 전입금
10. 제83조제1항에 따른 일시차입금
11. 제91조에 따른 전년도 결산상 잉여금
12. 그 밖에 다른 법률에 따라 회계로 귀속되는 수입금
② 회계의 지역자율계정의 세출은 다음 각 호와 같다.
1. 지방자치단체의 다음 각 목의 사업에 대한 보조
   가. 성장촉진지역, 특수상황지역, 농산어촌 및 도시활력증진지역 등의 개발사업으로서 다음 각각의 사항을 통합하여 실시하는 기초생활권 생활기반의 확충과 관련한 사업
      1) 「섬 발전 촉진법」에 따른 섬 발전에 관한 사항
      2) 「지방소도읍 육성 지원법」에 따른 지방소도읍 육성에 관한 사항
      3) 「접경지역 지원 특별법」에 따른 접경지역 개발에 관한 사항
      4) 「농어촌정비법」에 따른 농어촌생활환경 정비, 전원마을 조성, 농촌농업생활용수 개발에 관한 사항
      5) 「농어업인 삶의 질 향상 및 농어촌지역 개발촉진에 관한 특별법」에 따른 농어촌 개발에 관한 사항
      6) 「어촌·어항법」에 따른 어촌 개발에 관한 사항

7) 「지역 개발 및 지원에 관한 법률」에 따른 지역개발사업에 관한 사항
8) 「도시 및 주거환경정비법」에 따른 도시환경 개선에 관한 사항
9) 「산림기본법」과 「임업 및 산촌 진흥촉진에 관한 법률」에 따른 산촌 개발에 관한 사항
10) 「수도법」에 따른 지방상수도 개발에 관한 사항
11) 「어촌특화발전 지원 특별법」에 따른 어촌특화발전계획에 관한 사항
나. 지역사회기반시설의 확충 및 개선 관련 사업
다. 지역의 문화·예술·체육 및 관광자원의 개발 및 확충 관련 사업
라. 지역의 물류·유통기반 확충 등 산업기반 조성 등에 관한 사업
마. 지역의 특성 있는 향토자원의 개발 및 활용에 관한 사업
바. 그 밖에 대통령령으로 정하는 사업을 제외한 지방자치단체의 보조사업
2. 지역균형발전을 촉진하기 위한 조사·연구사업에 필요한 경비
3. 「공공자금관리기금법」에 따른 공공자금관리기금으로부터의 예수금의 원리금 상환
4. 제83조제1항에 따른 일시차입금의 원리금 상환
5. 계정의 관리·운영에 필요한 경비
6. 회계의 지역지원계정, 제주특별자치도계정 및 세종특별자치시계정으로의 전출금
7. 그 밖에 지역균형발전에 관하여 대통령령으로 정하는 사업에의 자금의 융자 등 필요한 경비의 지원
③ 제2항제7호에 따른 융자의 대상·조건 및 절차에 관하여 필요한 사항은 대통령령으로 정한다.

제79조【지역지원계정의 세입과 세출】 ① 회계의 지역지원계정의 세입은 다음 각 호와 같다.
1. 「주세법」에 따른 주세의 100분의 60
2. 「개발제한구역의 지정 및 관리에 관한 특별조치법」 제26조제1항에 따라 회계에 귀속되는 개발제한구역 보전부담금
3. 「대도시권 광역교통 관리에 관한 특별법」 제11조의6제1항에 따라 회계에 귀속되는 광역교통시설부담금
4. 「공공자금관리기금법」에 따른 공공자금관리기금으로부터의 예수금
5. 일반회계 또는 다른 특별회계로부터의 전입금
6. 회계의 지역자율계정, 제주특별자치도계정 및 세종특별자치시계정으로부터의 전입금
7. 제2항제1호부터 제7호까지 및 제16호에 따른 융자금의 원리금
8. 제83조제1항에 따른 일시차입금
9. 제91조에 따른 전년도 결산상 잉여금
10. 제77조제1항에 따른 회계의 소속 재산의 임대료 및 매각대금
11. 그 밖에 다른 법률에 따라 회계로 귀속되는 수입금
② 회계의 지역지원계정의 세출은 다음 각 호와 같다.
1. 초광역권 활성화 및 지역경쟁력 강화를 위한 교통·물류망 확충 관련 사업에 대한 출연·보조 또는 융자
2. 지역특화산업 및 초광역권산업의 육성과 투자 및 일자리 창출 촉진에 관련된 사업에 대한 출연·보조 또는 융자
3. 지방대학의 경쟁력 향상 및 지역인적자원의 개발 관련 사업에 대한 출연·보조 또는 융자
4. 지역의 과학기술 진흥 및 특성화 관련 사업에 대한 출연·보조 또는 융자
5. 공공기관·기업 및 대학 등 인구집중유발시설의 지방이전에 관한 사업에 대한 융자 등 필요한 경비의 지원
6. 지역의 문화·관광자원 육성, 지역고유정신문화 및 지역가치 발굴·선양, 환경 보전 사업 등에 대한 출연·보조 또는 융자
7. 지역의 주요 성장거점에 대한 출연·보조 또는 융자
8. 관련 법령에 따라 지방으로 이관되는 특별지방행정기관의 이관사무 수행에 필요한 경비
9. 「개발제한구역의 지정 및 관리에 관한 특별조치법」 제26조제2항에 따른 사업에 필요한 경비
10. 초광역권 활성화와 지역경쟁력 강화를 위한 조사·연구사업에 필요한 경비
11. 「공공자금관리기금법」에 따른 공공자금관리기금으로부터의 예수금의 원리금 상환
12. 제77조제1항에 따른 소속 재산의 관리·운영에 필요한 경비
13. 제83조제1항에 따른 일시차입금의 원리금 상환
14. 계정의 관리·운영에 필요한 경비
15. 회계의 지역자율계정, 제주특별자치도계정 및 세종특별자치시계정으로의 전출금
16. 그 밖에 지역균형발전에 관한 사업으로서 대통령령으로 정하는 사업의 시행에 필요한 자금의 융자 등 필요한 경비의 지원
③ 제2항제1호부터 제7호까지 및 제16호에 따른 융자의 대상·조건 및 절차에 관하여 필요한 사항은 대통령령으로 정한다.
④ 국가는 제2항제8호와 관련하여 관련 법령에 따라 지방으로 이관되는 특별지방행정기관의 이관사무 수행에 필요한 경비의 전부를 해당 지방자치단체에 지원하여야 한다.

제80조【제주특별자치도계정의 세입과 세출】 ① 회계의 제주특별자치도계정의 세입은 다음 각 호와 같다.
1. 일반회계나 다른 특별회계로부터의 전입금
2. 회계의 지역자율계정, 지역지원계정 및 세종특별자치시계정으로부터의 전입금
3. 제83조제1항에 따른 일시차입금
4. 제91조에 따른 전년도 결산상 잉여금
5. 그 밖에 다른 법률에 따라 회계로 귀속되는 수입금
② 회계의 제주특별자치도계정의 세출은 다음 각 호와 같다.
1. 제주특별자치도에 대한 다음 각 목의 출연·보조 또는 융자 등
가. 제78조제2항제1호(같은 호 바목은 제외한다) 및 제7호에 따른 보조 및 지원
나. 제79조제2항제1호부터 제7호까지, 제9호, 제10호 및 제16호에 따른 출연·보조·융자 및 지원 등
다. 그 밖에 대통령령으로 정하는 사업을 제외한 지방자치단체의 보조사업
2. 「제주특별자치도 설치 및 국제자유도시 조성을 위한 특별법」에 따라 이관되는 특별지방행정기관 이관사무의 수행에 필요한 경비와 자치경찰로 이체(移替)되는 경찰인력에 대한 인건비 상당액 및 그 운영비 일부
3. 제83조제1항에 따른 일시차입금의 원리금 상환
4. 회계의 지역자율계정, 지역지원계정 및 세종특별자치시계정으로의 전출금
5. 그 밖에 계정의 관리와 운영에 필요한 경비
③ 제2항제1호에 따른 융자의 대상·조건 및 절차에 관하여 필요한 사항은 대통령령으로 정한다.

제81조【세종특별자치시계정의 세입과 세출】 ① 회계의 세종특별자치시계정의 세입은 다음 각 호와 같다.
1. 일반회계나 다른 특별회계로부터의 전입금
2. 회계의 지역자율계정, 지역지원계정 및 제주특별자치도계정으로부터의 전입금
3. 제83조제1항에 따른 일시차입금
4. 제91조에 따른 전년도 결산상 잉여금
5. 그 밖에 다른 법률에 따라 회계로 귀속되는 수입금
② 회계의 세종특별자치시계정의 세출은 다음 각 호와 같다.
1. 세종특별자치시에 대한 다음 각 목의 출연·보조 또는 융자 등
가. 제78조제2항제1호(같은 호 바목은 제외한다) 및 제7호에 따른 보조 및 지원
나. 제79조제2항제1호부터 제7호까지, 제9호, 제10호 및 제16호에 따른 출연·보조·융자 및 지원 등
다. 그 밖에 대통령령으로 정하는 사업을 제외한 지방자치단체의 보조사업
2. 제83조제1항에 따른 일시차입금의 원리금 상환
3. 회계의 지역자율계정, 지역지원계정 및 제주특별자치도계정으로의 전출금
4. 그 밖에 계정의 관리와 운영에 필요한 경비
③ 제2항제1호에 따른 융자의 대상·조건 및 절차 등에 관하여 필요한 사항은 대통령령으로 정한다.

제82조【일반회계 또는 다른 특별회계로부터의 전입】
① 정부는 회계연도마다 「교통·에너지·환경세법」에 따른 교통·에너지·환경세의 1000분의 20에 해당하는 금액(이하 "교통·에너지·환경세전입액"이라 한다)을 일반회계로부터 이 회계에 전입하여야 한다.
② 교통·에너지·환경세전입액은 지역자율계정의 세입으로 한다.
③ 정부는 회계의 수입으로 회계에 속하는 경비의 전부를 마련할 수 없는 경우에는 그 부족액의 전부 또는 일부를 일반회계나 다른 특별회계로부터의 전입금으로 충당할 수 있다.
④ 교통·에너지·환경세전입액의 예산액과 결산액 사이에 차액이 발생한 경우에는 그 차액을 결산 연도의 다음 연도 예산에 계상(計上)하여 정산하여야 한다.

제83조【일시차입금】 ① 회계는 자금이 일시적으로 부족한 경우에는 회계의 부담으로 일시차입을 할 수 있다.
② 제1항에 따른 일시차입금의 원리금은 해당 회계연도 내에 상환하여야 한다.

제84조【예산편성 절차상의 특례】 ① 기획재정부장관은 「국가재정법」 제29조제1항에 따른 예산안편성지침을 작성할 때에는 회계 예산의 특수성이 반영될 수 있도록 관계 중앙행정기관의 장 및 지방자치단체의 장의 의견을 들어야 하며, 지방시대위원회의 의견을 반영하도록 노력하여야 한다.
② 지방자치단체의 장은 제78조제2항·제79조제2항·제80조제2항 및 제81조제2항에 따른 사업에 대한 다음 연도의 예산신청서를 작성하여 매년 4월 30일까지 관계 중앙행정기관의 장 및 지방시대위원회에 제출하여야 한다.
③ 중앙행정기관의 장은 대통령령으로 정하는 바에 따라 제2항에 따른 지방자치단체의 예산신청서 및 지방시대위원회의 의견을 기초로 작성한 다음 연도의 예산요구서를 매년 5월 31일까지 기획재정부장관에게 제출하여야 한다.
④ 지방시대위원회는 지역균형발전시책의 투자방향에 관한 의견과 제11조에 따른 평가 결과 등을 고려하여 회계의 예산편성에 관한 의견을 매년 6월 15일까지 기획재정부장관 및 과학기술정보통신부장관에게 통보할 수 있다.
⑤ 기획재정부장관 및 과학기술정보통신부장관은 제4항에 따른 지방시대위원회의 의견을 고려하여 예산을 편성 및 조정·배분하여야 한다.
⑥ 지방시대위원회는 회계의 운용을 심의할 때 대통령령으로 정하는 바에 따라 해당 분야의 전문가, 이해관계인 등 국민의 의견을 들을 수 있다.

제85조【세출예산의 차등 지원】 ① 정부는 회계의 세출예산을 편성할 때 지방자치단체의 재정 상황 및 제11조에 따른 평가 결과 등을 고려하여 대통령령으로 정하는 기준에 따라 지방자치단체별로 지원규모·보조비율 등에 차등을 둘 수 있다.
② 정부는 다음 각 호에 해당하는 사업에 대해서는 예산편성 시 우선 반영하고, 사업별로 지원규모·보조비율 등에 차등을 둘 수 있다.
1. 둘 이상의 지방자치단체의 관할 구역에 효과가 미치는 사업을 해당 지방자치단체가 공동으로 추진하는 사업
2. 제78조제2항의 사업 중 둘 이상의 시설을 복합화하여 건설하는 사업
3. 제78조제2항의 사업 중 성장촉진지역에 대한 지원 사업
4. 그 밖에 지역의 경쟁력과 투자의 효율성을 향상시키기 위하여 필요한 사업
③ 정부는 대통령령으로 정하는 바에 따라 지방자치단체의 기업유치 등 지역경제 활성화의 성과를 평가하여 이에 따라 지방자치단체에 재정지원을 할 수 있다.

제86조【포괄보조금의 지원】 ① 정부는 제78조제2항에 따른 지역자율계정의 세출예산을 편성할 때 대통령령으로 정하는 바에 따라 각 시·도 및 시·군·구별로 세출예산의 용도를 포괄적으로 정한 보조금(이하 "포괄보조금"이라 한다)으로 편성하여 지원한다.
② 제1항에 따라 정부가 포괄보조금으로 편성한 사업에 대하여 관계 중앙행정기관의 장이 예산을 교부할 때에는 해당 사업 내에 여러 개의 세부 내역을 구분하여서는 아니 된다.

제87조【예산의 중복 신청 등의 금지】 중앙행정기관의 장 및 시·도지사는 제84조제2항에 따라 예산을 요구하거나 신청한 사업 또는 그와 유사한 사업에 대해서는 기획재정부장관 또는 중앙행정기관의 장에게 중복하여 예산을 요구하거나 신청하여서는 아니 된다. 다만, 국가시책을 수행하기 위한 부득이한 경우로서 대통령령으로 정하는 경우는 예외로 한다.

제88조【예산의 전용】 ① 중앙행정기관의 장은 「국가재정법」 제46조에도 불구하고 예산집행을 위하여 필요한 경우 또는 지방자치단체의 장이 요청한 경우에는 대통령령으로 정하는 바에 따라 회계의 소관 부처별 세출예산의 총액 범위에서 각 과목 상호 간에 전용(轉用)할 수 있다.
② 중앙행정기관의 장은 제1항에 따라 지방자치단체의 장의 요청을 받았을 때에는 대통령령으로 정하는 경우에 해당하지 아니하면 이에 따라야 한다.
③ 중앙행정기관의 장은 제1항에 따라 예산을 전용한 경우에는 과목별 금액 및 이유를 구체적으로 밝힌 명세서를 기획재정부장관과 감사원에 보내야 한다.

제89조【예산의 이월】 ① 회계는 세출예산 중 부득이한 사유로 해당 회계연도 내에 지출하지 아니한 것은 「국가재정법」 제48조제1항에도 불구하고 대통령령으로 정하는 바에 따라 회계의 소관 부처별 또는 지방자치단체별 세출예산의 총액 범위에서 다음 연도에 이월(移越)하여 사용할 수 있다. 다만, 그 회계연도부터 2회계연도를 초과하여 이월할 수 없다.
② 중앙행정기관의 장 또는 지방자치단체의 장은 제1항에 따라 세출예산을 이월할 때에는 해당 연도 12월 31일 현재를 기준으로 하여 이월 사용하고, 이월명세서를 작성하여 지방자치단체의 장은 다음 연도 1월 15일까지 중앙행정기관의 장에게 보내고, 중앙행정기관의 장은 다음 연도 1월 31일까지 기획재정부장관과 감사원에 보내야 한다.
③ 기획재정부장관은 세입징수 상황, 지방자치단체의 세출예산 집행실적 등을 고려하여 필요하다고 인정하면 미리 제1항에 따른 세출예산의 이월 사용을 제한하기 위한 조치를 할 수 있다.

제90조【보조금에 대한 다른 법률의 적용배제】 ① 제78조제2항·제79조제2항·제80조제2항 및 제81조제2항의 사업에 대한 보조금에는 「보조금 관리에 관한 법률」 제18조·제21조·제26조 및 제28조부터 제31조까지, 제31조의2·제32조 및 제33조의3을 적용하지 아니한다. 다만, 보조사업자가 법령의 규정을 위반하여 보조금을 사용한 경우, 거짓으로 신청하거나 그 밖의 부정한 방법으로 보조금을 교부받은 때 또는 제89조에 따라 다음 연도로 이월한 세출예산을 이월받은 회계연도의 다음 회계연도까지 지출하지 아니한 경우에는 「보조금 관리에 관한 법률」 제30조·제31조·제31조의2·제32조 및 제33조의3을 적용한다.
② 지방자치단체의 장은 제86조에 따른 포괄보조금으로 편성된 사업이 끝난 후 남은 집행잔액을 포괄보조금으로 편성된 사업에 사용하고, 과목별 금액 및 이유를 구체적으로 밝힌 명세서를 중앙행정기관의 장에게 보내야 한다.
③ 지방자치단체의 장은 제86조에 따른 포괄보조금 외의 보조금으로 편성된 사업이 끝난 후 남은 집행잔액을 해

당 보조사업의 목적과 유사한 사업에 사용할 수 있다. 이 경우 과목별 금액 및 이유를 구체적으로 밝힌 명세서를 중앙행정기관의 장에게 보내야 한다.
④ 제3항에도 불구하고 제79조제2항에 따른 지역지원계정의 세출예산, 제80조제2항에 따른 제주특별자치도계정의 세출예산 및 제81조제2항에 따른 세종특별자치시계정의 세출예산 상호 간의 경우 등 대통령령으로 정하는 경우에는 사업이 끝난 후 집행잔액을 사용할 수 없다.
제91조【잉여금의 처리】 회계의 결산상 잉여금은 다음 연도의 세입에 이입(移入)한다.
제92조【권한의 위탁】 관계 중앙행정기관의 장은 제77조제3항에 따른 권한의 일부를 대통령령으로 정하는 바에 따라 「공공기관의 운영에 관한 법률」 제4조에 따른 기관으로서 대통령령으로 정하는 기관에 위탁할 수 있다.
제93조【회계사무의 위탁】 ① 중앙행정기관의 장은 제78조제2항제7호, 제79조제2항제1호부터 제7호까지 및 제16호에 따른 사무의 일부를 대통령령으로 정하는 바에 따라 「은행법」에 따른 은행 또는 대통령령으로 정하는 법인에 위탁할 수 있다.
② 중앙행정기관의 장은 제1항에 따라 사무를 위탁한 경우에는 기획재정부장관과 협의하여 정한 바에 따라 취급수수료와 그 밖에 필요한 경비를 지급할 수 있다.
③ 중앙행정기관의 장은 제1항에 따라 사무를 위탁한 경우에는 위탁받은 법인의 임직원 중에서 해당 사무를 수행할 회계관계직원을 임명할 수 있다.
④ 「회계관계직원 등의 책임에 관한 법률」은 제3항에 따라 임명된 회계관계직원에 대하여 준용한다.
제94조【지역개발사업 등의 소요재원 변경에 따른 지방자치단체의 재원 확충】 국가는 회계의 세출예산으로 지원하는 제78조제2항·제79조제2항·제80조제2항 및 제81조제2항에 따른 사업을 지방자치단체가 소요경비의 전액을 부담하는 사업으로 변경하는 경우에는 회계에서 지원하는 경비에 상응하는 금액만큼을 「지방세법」 등 관계 법령에 따라 지방자치단체의 재원 확충에 활용하여야 한다.

부 칙

제1조【시행일】 이 법은 공포 후 1개월이 경과한 날부터 시행한다. 다만, 다음 각 호의 사항은 해당 호에서 정하는 날부터 시행한다.
1. 부칙 제21조제8항 : 2025년 1월 1일
2. 부칙 제21조제22항 : 2024년 3월 29일
3. 부칙 제21조제41항 : 2024년 1월 18일
제2조【다른 법률의 폐지】 다음 각 호의 법률은 각각 폐지한다.
1. 「지방자치분권 및 지방행정체제개편에 관한 특별법」
2. 「국가균형발전 특별법」
제3조【통합 지방자치단체에 관한 적용례 등】 ① 제48조부터 제57조까지의 규정은 2010년 1월 1일 이후 설치된 통합 지방자치단체에 적용한다. 다만, 제53조는 2015년 1월 1일 이전에 설치된 통합 지방자치단체에 한정하여 적용한다.
② 제59조제4호 및 제61조제3항은 경상남도 창원시에 한정하여 시범실시한다.
③ 제53조에도 불구하고 경상남도 창원시에 추가로 지원되는 금액은 경상남도 창원시가 설치된 해의 직전 연도에 폐지되는 각 지방자치단체의 보통교부세 총액에 대하여 2021년에는 100분의 6, 2022년에는 100분의 5, 2023년에는 100분의 4, 2024년에는 100분의 2, 2025년에는 100분의 1로 한다.
④ 제53조에도 불구하고 충청북도 청주시에 추가로 지원되는 금액은 충청북도 청주시가 설치된 해의 직전 연도의 폐지되는 각 지방자치단체의 보통교부세 총액에 대하여 2025년에는 100분의 6, 2026년에는 100분의 5, 2027년에는 100분의 4, 2028년에는 100분의 2, 2029년에는 100분의 1로 한다.(2023.7.4 본항신설)
제4조【시·도 시행계획, 부문별 시행계획 및 초광역권발전시행계획의 추진실적 제출에 관한 특례】 제7조부터 제9조까지의 규정에도 불구하고 전년도 시·도 시행계획, 부문별 시행계획 및 초광역권발전시행계획의 추진실적을 제출할 때에는 이 법이 시행되는 연도 및 그 다음 연도까지는 각각 종전의 「국가균형발전 특별법」 제7조에 따른 시·도 발전 시행계획, 같은 법 제5조에 따른 부문별 국가균형발전시행계획 및 같은 법 제6조의2에 따른 초광역권발전시행계획의 추진실적을 포함하여 제출하여야 한다.
제5조【국회에의 연차보고에 관한 특례】 제73조에도 불구하고 이 법이 시행되는 연도에 같은 조 제1항에 따라 국회에 제출하여야 하는 보고서의 작성 대상은 지역균형발전의 추진현황 및 성과에 관한 사항으로 한정한다.
제6조【일반적 경과조치】 이 법 시행 당시 종전의 「지방자치분권 및 지방행정체제개편에 관한 특별법」 및 「국가균형발전 특별법」에 따른 행위로서 이 법에 그에 해당하는 규정이 있는 경우에는 이 법에 따라 한 것으로 본다.
제7조【기초생활권 및 초광역권에 관한 경과조치】 종전의 「국가균형발전 특별법」 제2조제2호에 따른 기초생활권 및 같은 조 제3호에 따른 초광역권(법률 제18812호 국가균형발전 특별법 일부개정법률 부칙 제2조에 따라 초광역권으로 보는 경우를 포함한다)은 각각 제2조제4호에 따른 기초생활권 및 같은 조 제7호에 따른 초광역권으로 본다.
제8조【지역특화산업 및 초광역권산업에 관한 경과조치】 종전의 「국가균형발전 특별법」 제2조제4호에 따른 지역특화산업 및 같은 조 제5호에 따른 초광역권산업(법률 제18812호 국가균형발전 특별법 일부개정법률 부칙 제2조에 따라 초광역권산업으로 보는 경우를 포함한다)은 각각 제2조제6호에 따른 지역특화산업 및 같은 조 제8호에 따른 초광역권산업으로 본다.
제9조【지방시대 종합계획 등에 관한 경과조치】 ① 이 법 시행 당시 종전의 「지방자치분권 및 지방행정체제개편에 관한 특별법」 제5조에 따라 대통령과 국회에 보고된 자치분권 종합계획 및 종전의 「국가균형발전 특별법」 제4조에 따라 대통령의 승인을 받은 국가균형발전 5개년계획은 제6조에 따라 지방시대 종합계획이 수립되기 전까지는 이 법에 따른 지방시대 종합계획으로 본다.
② 이 법 시행 당시 종전의 「국가균형발전 특별법」 제5조에 따라 수립된 부문별 발전계획안, 같은 법 제6조의2에 따라 수립된 초광역권발전계획 및 같은 법 제7조에 따라 수립된 시·도 발전계획은 각각 제7조부터 제9조까지의 규정에 따라 부문별 계획, 초광역권발전계획 및 시·도 계획이 수립되기 전까지는 이 법에 따른 부문별 계획, 초광역권발전계획 및 시·도 계획으로 본다.
③ 이 법 시행 당시 종전의 「지방자치분권 및 지방행정체제개편에 관한 특별법」 제6조에 따라 수립·시행된 자치분권 시행계획은 제8조에 따라 부문별 시행계획이 수립·시행되기 전까지는 이 법에 따른 부문별 시행계획으로 본다.
④ 이 법 시행 당시 종전의 「국가균형발전 특별법」 제5조에 따라 수립된 부문별 국가균형발전시행계획, 같은 법 제6조의2에 따라 수립된 초광역권발전시행계획 및 같은 법 제7조에 따라 수립된 시·도 발전 시행계획은 각각 제7조부터 제9조까지의 규정에 따라 부문별 시행계획, 초광역권발전시행계획 및 시·도 시행계획이 수립·시행되기 전까지는 이 법에 따른 부문별 시행계획, 초광역권발전시행계획 및 시·도 시행계획으로 본다.
제10조【혁신도시에 관한 경과조치】 이 법 시행 당시 종전의 「국가균형발전 특별법」 제18조의2에 따라 지정된 혁신도시(법률 제17191호 국가균형발전 특별법 일부개정법률 부칙 제2조에 따라 혁신도시로 지정된 것으로 보는 혁신도시를 포함한다)는 제26조에 따라 지정된 혁신도시로 본다.
제11조【지역혁신융복합단지에 관한 경과조치】 이 법 시행 당시 종전의 「국가균형발전 특별법」 제18조의3에 따라 지정·고시된 국가혁신융복합단지는 제27조에 따라 지정·고시된 지역혁신융복합단지로 본다.
제12조【상생형지역일자리사업에 관한 경과조치】 이 법 시행 당시 종전의 「국가균형발전 특별법」 제11조의2에 따라 선정된 상생형지역일자리는 제29조에 따라 선정된 상생형지역일자리사업으로 본다.
제13조【상생형지역일자리심의위원회에 관한 경과조치】 ① 이 법 시행 당시 종전의 「국가균형발전 특별법」 제11조의2에 따른 상생형지역일자리심의위원회는 이 법에 따른 상생형지역일자리사업심의위원회로 본다.
② 이 법 시행 당시 종전의 「국가균형발전 특별법」 제11조의2에 따른 상생형지역일자리심의위원회가 심의·의결한 사항은 이 법에 따른 상생형지역일자리사업심의위원회가 심의·의결한 사항으로 본다.
제14조【출자·출연에 관한 경과조치】 법률 제16906호 국가균형발전 특별법 일부개정법률의 시행일인 2020년 4월 5일 전에 지방자치단체 또는 지방자치단체 출자·출연 기관으로부터 출자·출연을 받은 기관·법인·단체가 제29조에 따른 상생형지역일자리사업에 참여하는 경우에는 같은 조에 따라 출자·출연을 받은 것으로 본다.
제15조【지역발전투자협약에 관한 경과조치】 이 법 시행 당시 종전의 「국가균형발전 특별법」 제20조에 따라 체결된 지역발전투자협약은 제31조에 따라 체결된 지역발전투자협약으로 본다.
제16조【지방시대위원회의 사무이관 등에 관한 경과조치】 ① 이 법 시행 당시 종전의 「국가균형발전 특별법」 제22조에 따른 국가균형발전위원회의 소관 사무는 제62조에 따른 지방시대위원회가 승계한다.
② 종전의 「지방자치분권 및 지방행정체제개편에 관한 특별법」에 따라 행하여진 같은 법 제44조에 따른 자치분권위원회(법률 제15501호 지방자치분권 및 지방행정체제 개편에 관한 특별법 일부개정법률 부칙 제2조에 따른 존속기간이 만료되기 전의 것을 말한다)의 심의·의결 및 그 밖의 행위 또는 해당 위원회에 대한 행위는 제62조에 따른 지방시대위원회의 심의·의결 및 그 밖의 행위 또는 지방시대위원회에 대한 행위로 본다.
③ 이 법 시행 당시 종전의 「국가균형발전 특별법」에 따라 행하여진 같은 법 제22조에 따른 국가균형발전위원회의 심의·의결 및 그 밖의 행위 또는 해당 위원회에 대한 행위는 제62조에 따른 지방시대위원회의 심의·의결 및 그 밖의 행위 또는 지방시대위원회에 대한 행위로 본다.
④ 이 법 시행 전에 종전의 「국가균형발전 특별법」 제23조에 따라 위촉된 위원으로서 임기 중에 있는 위원은 이 법 시행일에 그 임기가 만료된 것으로 본다.
제17조【국가균형발전위원회에 파견된 공무원과 임직원에 관한 경과조치】 이 법 시행 당시 종전의 「국가균형발전 특별법」에 따라 국가·지방자치단체·법인 또는 그 밖의 단체 등으로부터 종전의 「국가균형발전 특별법」 제22조에 따른 국가균형발전위원회에 파견된(겸임 중인 경우를 포함한다. 이하 같다) 공무원 또는 임직원은 제64조에 따라 지방시대위원회에 파견된 공무원 또는 임직원으로 본다.
제18조【시·도 지방시대위원회 등의 설치에 관한 경과조치】 ① 이 법 시행 당시 종전의 「지방자치분권 및 지방행정체제개편에 관한 특별법」 제46조의2에 따라 설치된 지역별 협의회 및 종전의 「국가균형발전 특별법」 제28조에 따른 시·도 지역혁신협의회는 이 법 시행 이후 6개월의 범위에서 이 법에 따라 시·도 지방시대위원회가 구성되기 전까지는 이 법에 따른 시·도 지방시대위원회로 본다.
② 이 법 시행 당시 종전의 「지방자치분권 및 지방행정체제개편에 관한 특별법」 제46조의2에 따라 설치된 지역별 협의회 및 종전의 「국가균형발전 특별법」 제28조에 따른 시·도 지역혁신협의회가 심의한 사항은 제67조에 따른 시·도 지방시대위원회가 심의한 것으로 본다.
③ 이 법 시행 당시 종전의 「국가균형발전 특별법」 제28조에 따른 시·도 지역혁신지원단은 제67조에 따른 시·도 지방시대지원단으로 본다.
④ 이 법 시행 당시 종전의 「국가균형발전 특별법」 제29조에 따라 설치된 시·군·구 지역혁신협의회는 이 법 시행 이후 6개월의 범위에서 이 법에 따라 시·군·구 지방시대위원회가 설치되기 전까지는 이 법에 따른 시·군·구 지방시대위원회로 본다.
제19조【지방시대기획단의 사무 이관에 관한 경과조치】 종전의 「국가균형발전 특별법」 제26조에 따라 설치된 국가균형발전기획단의 소관 사무는 제68조에 따른 지방시대기획단이 승계한다.
제20조【국가균형발전특별회계 등에 관한 경과조치】 ① 이 법 시행 당시 종전의 「국가균형발전 특별법」에 따른 국가균형발전특별회계의 2022회계연도 세입·세출 및 결산에 관하여는 종전의 규정에 따른다.
② 이 법 시행 당시 종전의 「국가균형발전 특별법」에 따른 국가균형발전특별회계의 지역자율계정, 지역지원계정, 제주특별자치도계정 및 세종특별자치시계정의 2022회계연도 결산상 잉여금은 이 법에 따른 지역균형발전특별회계의 지역자율계정, 지역지원계정, 제주특별자치도계정 및 세종특별자치시계정의 세입에 각각 이입한다.
③ 이 법 시행 당시 종전의 「국가균형발전 특별법」 제33조에 따라 국가균형발전특별회계의 지역지원계정에 속하는 재산 및 채권·채무는 제76조에 따른 지역균형발전특별회계의 지역지원계정이 승계한다.
제21조【다른 법률의 개정】 ①~㉞ ※(해당 법령에 가제정리 하였음)
제22조【다른 법령과의 관계】 이 법 시행 당시 다른 법령에서 종전의 「지방자치분권 및 지방행정체제개편에 관한 특별법」, 「국가균형발전 특별법」 또는 그 규정을 인용하고 있는 경우에는 이 법에 그에 해당하는 규정이 있으면 종전의 규정을 갈음하여 이 법 또는 이 법의 해당 규정을 인용한 것으로 본다.

부 칙 (2023.7.4)

제1조【시행일】 이 법은 2023년 7월 10일부터 시행한다.(이하 생략)

주민소환에 관한 법률

(약칭 : 주민소환법)

(2006년 5월 24일 법 률 제7958호)

개정
2007. 5.11법 8423호(지방자치)
2010. 1.25법 9974호(공선)
2011. 7.21법10866호(고등교육)
2012. 1.26법11212호(고등교육)
2018. 4. 6법15551호(공선)
2020. 6. 9법17386호
2020.12. 8법17577호
2021. 1.12법17893호(지방자치)

제1장 총 칙

제1조【목적】 이 법은 「지방자치법」 제25조에 따른 주민소환의 투표 청구권자·청구요건·절차 및 효력 등에 관하여 규정함으로써 지방자치에 관한 주민의 직접참여를 확대하고 지방행정의 민주성과 책임성을 제고함을 목적으로 한다.(2021.1.12 본조개정)

제2조【주민소환투표의 사무관리】 ① 주민소환투표사무는 「공직선거법」 제13조제1항의 규정에 의하여 해당 지방자치단체의 장선거 및 지방의회의원선거의 선거구선거사무를 행하는 선거관리위원회(이하 "관할선거관리위원회"라 한다)가 관리한다.
② 제1항의 규정에 의하여 관할선거관리위원회가 주민소환투표의 사무를 관리함에 있어서는 「공직선거법」 제13조제3항 내지 제6항의 규정을 준용한다. 이 경우 "선거관리"는 "주민소환투표관리"로, "선거"는 "주민소환투표"로, "선거사무" 및 "선거구선거사무"는 각각 "주민소환투표사무"로 본다.

제3조【주민소환투표권】 ① 제4조제1항의 규정에 의한 주민소환투표인명부 작성기준일 현재 다음 각 호의 어느 하나에 해당하는 자는 주민소환투표권이 있다.
1. 19세 이상의 주민으로서 당해 지방자치단체 관할구역에 주민등록이 되어 있는 자(「공직선거법」 제18조의 규정에 의하여 선거권이 없는 자를 제외한다)
2. 19세 이상의 외국인으로서 「출입국관리법」 제10조의 규정에 따른 영주의 체류자격 취득일 후 3년이 경과한 자 중 같은 법 제34조의 규정에 따라 당해 지방자치단체 관할구역의 외국인등록대장에 등재된 자
② 주민소환투표권자의 연령은 주민소환투표일 현재를 기준으로 계산한다.

제4조【주민소환투표인명부의 작성 및 확정】 ① 주민소환투표를 실시하는 때에는 주민소환투표인명부 작성기준일(제12조의 규정에 의한 주민소환투표 발의일을 말한다)부터 5일 이내에 주민소환투표인명부를 작성하여야 한다.
② 주민소환투표인명부에 등재되어 있는 국내거주자 중 「공직선거법」 제38조제4항제1호부터 제5호까지에 해당하는 사람은 주민소환투표인명부 작성기간 중에 거소투표신고를 할 수 있다.(2020.12.8 본항개정)
③ 제1항에 따른 주민소환투표인명부의 작성·확정과 제2항에 따른 거소투표신고의 절차 및 거소투표신고인명부의 작성 등에 관하여는 「공직선거법」 제5장(선상투표에 관한 사항은 제외한다)을 준용한다. 이 경우 제9조의 규정에 의한 주민소환투표청구인대표자와 제12조제2항의 규정에 의한 주민소환투표대상자가 주민소환투표인명부(거소투표신고인명부를 포함한다)의 사본이나 전산자료 복사본의 교부 신청을 하는 경우에는 제18조제1항의 규정에 의한 주민소환투표운동기간 개시일 다음날까지 하여야 한다.(2020.12.8 본항개정)

제5조【주민소환투표권 행사의 보장 및 주민소환투표 홍보·계도】 ① 국가 및 지방자치단체는 주민소환투표권자가 주민소환투표권을 행사할 수 있도록 필요한 조치를 취하여야 한다.
② 관할선거관리위원회는 주민소환투표인의 투표참여를 보장하기 위하여 교통이 불편한 지역에 거주하는 주민소환투표인 또는 노약자·장애인 등 거동이 불편한 주민소환투표인에게 교통편의를 제공하거나 투표소 접근 편의를 위한 제반 시설을 설치하는 등 필요한 대책을 수립·시행할 수 있다.(2020.12.8 본항신설)
③ 공무원·학생 또는 다른 사람에게 고용된 자가 주민소환투표인명부를 열람하거나 투표를 하기 위하여 필요한 시간은 보장되어야 하며, 이를 휴무 또는 휴업으로 보지 아니한다.
④ 관할선거관리위원회는 그 주관 하에 문서·도화·시설물·신문·방송 등의 방법으로 주민소환투표 참여·투표방법 그 밖에 주민소환투표에 관하여 필요한 계도·홍보를 실시하여야 한다.

제6조【다른 법률과의 관계】 주민소환에 관하여 「제주특별자치도 설치 및 국제자유도시 조성을 위한 특별법」 등 다른 법률에 특별한 규정이 있는 경우를 제외하고는 이 법이 정하는 바에 따른다.

제2장 주민소환투표의 청구 등

제7조【주민소환투표의 청구】 ① 전년도 12월 31일 현재 주민등록표 및 외국인등록표에 등록된 제3조제1항제1호 및 제2호에 해당하는 자(이하 "주민소환투표청구권자"라 한다)는 해당 지방자치단체의 장 및 지방의회의원(비례대표선거구시·도의회의원 및 비례대표선거구자치구·시·군의회의원은 제외하며, 이하 "선출직 지방공직자"라 한다)에 대하여 다음 각 호에 해당하는 주민의 서명으로 그 소환사유를 서면에 구체적으로 명시하여 관할선거관리위원회에 주민소환투표의 실시를 청구할 수 있다.
1. 특별시장·광역시장·도지사(이하 "시·도지사"라 한다) : 당해 지방자치단체의 주민소환투표청구권자 총수의 100분의 10 이상
2. 시장·군수·자치구의 구청장 : 당해 지방자치단체의 주민소환투표청구권자 총수의 100분의 15 이상
3. 지역선거구시·도의회의원(이하 "지역구시·도의원"이라 한다) 및 지역선거구자치구·시·군의회의원(이하 "지역구자치구·시·군의원"이라 한다) : 당해 지방의회의원의 선거구 안의 주민소환투표청구권자 총수의 100분의 20 이상
② 제1항의 규정에 의하여 시·도지사에 대한 주민소환투표를 청구함에 있어서 당해 지방자치단체 관할구역 안의 시·군·자치구 전체의 수가 3개 이상인 경우에는 3분의 1 이상의 시·군·자치구에서 각각 주민소환투표청구권자 총수의 1만분의 5 이상 1천분의 10 이하의 범위 안에서 대통령령이 정하는 수 이상의 서명을 받아야 한다. 다만, 당해 지방자치단체 관할구역 안의 시·군·자치구 전체의 수가 2개인 경우에는 각각 주민소환투표청구권자 총수의 100분의 1 이상의 서명을 받아야 한다.
③ 제1항의 규정에 의하여 시장·군수·자치구의 구청장 및 지역구지방의회의원(지역구시·도의원과 지역구자치구·시·군의원을 말한다. 이하 같다)에 대한 주민소환투표를 청구함에 있어서 당해 시장·군수·자치구의 구청장 및 당해 지역구지방의회의원 선거구 안의 읍·면·동 전체의 수가 3개 이상인 경우에는 3분의 1 이상의 읍·면·동에서 각각 주민소환투표청구권자 총수의 1만분의 5 이상 1천분의 10 이하의 범위 안에서 대통령령이 정하는 수 이상의 서명을 받아야 한다. 다만, 당해 시장·군수·자치구의 구청장 및 당해 지역구지방의회의원 선거구 안의 읍·면·동 전체의 수가 2개인 경우에는 각각 주민소환투표청구권자 총수의 100분의 1 이상의 서명을 받아야 한다.
④ 주민소환투표청구권자 총수는 전년도 12월 31일 현재의 주민등록표 및 외국인등록표에 의하여 산정한다.
⑤ 지방자치단체의 장은 매년 1월 10일까지 제4항의 규정에 의하여 산정한 주민소환투표청구권자 총수를 공표하여야 한다.

제8조【주민소환투표의 청구제한기간】 제7조제1항 내지 제3항의 규정에 불구하고, 다음 각 호의 어느 하나에 해당하는 때에는 주민소환투표의 실시를 청구할 수 없다.
1. 선출직 지방공직자의 임기개시일부터 1년이 경과하지 아니한 때
2. 선출직 지방공직자의 임기만료일부터 1년 미만일 때
3. 해당 선출직 지방공직자에 대한 주민소환투표를 실시한 날부터 1년 이내인 때

제9조【서명요청 활동】 ① 주민소환투표청구인대표자(이하 "소환청구인대표자"라 한다)와 서면에 의하여 소환청구인대표자로부터 서명요청권을 위임받은 자는 대통령령이 정하는 서명요청 활동기간 동안 주민소환투표의 청구사유가 기재되고 관할선거관리위원회가 검인하여 교부한 주민소환투표청구인서명부(이하 "소환청구인서명부"라 한다)를 사용하여 주민소환투표청구권자에게 서명할 것을 요청할 수 있다. 이 경우 제10조의 규정에 따라 서명이 제한되는 기간은 서명요청 활동기간에 산입하지 아니한다.
② 소환청구인대표자가 서명요청권을 위임하고자 할 때에는 그 때마다 인적사항 등을 기재하여 관할선거관리위원회에 신고하여야 한다.
③ 소환청구인서명부에 서명을 한 자가 그 서명을 철회하고자 하는 때에는 그 소환청구인서명부가 관할선거관리위원회에 제출되기 전에 이를 철회하여야 한다. 이 경우 소환청구인대표자는 즉시 소환청구인서명부에서 그 서명을 삭제하여야 한다.

제10조【서명요청 활동의 제한】 ① 소환청구인대표자와 서면에 의하여 소환청구인대표자로부터 서명요청권을 위임받은 자(이하 "소환청구인대표자등"이라 한다)는 해당 선출직 지방공직자의 선거구의 전부 또는 일부에 대하여 「공직선거법」의 규정에 의한 선거가 실시되는 때에는 그 선거의 선거일전 60일부터 선거일까지 그 선거구에서 서명을 요청할 수 없다.
② 다음 각호의 어느 하나에 해당하는 자는 소환청구인대표자등이 될 수 없으며, 서명요청 활동을 하거나 서명요청 활동을 기획·주도하는 등 서명요청 활동에 관여할 수 없다.
1. 주민소환투표권이 없는 자
2. 「국가공무원법」 제2조에 규정된 국가공무원과 「지방공무원법」 제2조에 규정된 지방공무원. 다만, 「고등교육법」 제14조제1항·제2항에 따른 교원은 제외한다.(2012.1.26 단서개정)
3. 다른 법령에 규정에 따라 공무원 신분을 가진 자
4. 「공직선거법」 제60조제1항의 규정에 의하여 선거운동을 할 수 없는 자(제4호를 제외한다)
5. 선출직 지방공직자의 해당 지방선거에 후보자가 되고자 하는 자(이하 "입후보예정자"라 한다), 입후보예정자의 가족(배우자, 입후보예정자 또는 그 배우자의 직계존·비속과 형제자매, 입후보예정자의 직계비속 및 형제자매의 배우자를 말한다) 및 이들이 설립·운영하고 있는 기관·단체·시설의 임·직원
③ 소환청구인대표자등을 제외하고는 누구든지 서명을 요청할 수 없으며, 검인되지 아니한 소환청구인서명부에 서명을 받을 수 없다.
④ 소환청구인대표자등이 소환청구인서명부를 제시하거나 구두로 주민소환투표의 취지나 이유를 설명하는 경우를 제외하고는 누구든지 인쇄물·시설물 및 그 밖의 방법을 이용하여 서명요청 활동을 할 수 없다.

제11조【주민소환투표청구의 각하】 관할선거관리위원회는 제27조제1항의 규정에 의하여 준용되는 「주민투표법」 제12조제1항의 규정에 의하여 소환청구인대표자가 제출한 주민소환투표청구가 다음 각 호의 어느 하나에 해당하는 경우에는 이를 각하하여야 한다. 이 경우 관할선거관리위원회는 소환청구인대표자에게 그 사유를 통지하고 이를 공표하여야 한다.
1. 유효한 서명의 총수〔제27조제1항의 규정에 의하여 준용되는 「주민투표법」 제12조제7항의 규정에 의하여 보정(補正)을 요구한 때에는 그 보정된 서명을 포함한다〕가 제7조제1항 내지 제3항의 규정에 의한 요건에 미달되는 경우
2. 제8조의 규정에 의한 주민소환투표의 청구제한기간 이내에 청구한 경우
3. 주민소환투표청구서(이하 "소환청구서"라 한다)와 소환청구인서명부가 제27조제1항의 규정에 의하여 준용되는 「주민투표법」 제12조제1항의 규정에 의한 기간을 경과하여 제출된 경우
4. 제27조제1항의 규정에 의하여 준용되는 「주민투표법」 제12조제7항의 규정에 의한 보정기간 이내에 보정하지 아니한 경우

제3장 주민소환투표의 실시 등

제12조【주민소환투표의 발의】 ① 관할선거관리위원회는 제7조제1항 내지 제3항의 규정에 의한 주민소환투표청구가 적법하다고 인정하는 경우에는 지체 없이 그 요지를 공표하고, 소환청구인대표자 및 해당 선출직 지방공직자에게 그 사실을 통지하여야 한다.
② 관할선거관리위원회는 제1항의 규정에 따른 통지를 받은 선출직 지방공직자(이하 "주민소환투표대상자"라 한다)에 대한 주민소환투표를 발의하고자 하는 때에는 제14조제2항의 규정에 의한 주민소환투표대상자의 소명요지 또는 소명서 제출기간이 경과한 날부터 7일 이내에 주민소환투표일과 주민소환투표안(소환청구서 요지를 포함한다)을 공고하여 주민소환투표를 발의하여야 한다.

제12조의2【주민소환투표공보】 ① 관할선거관리위원회는 주민소환투표안의 내용, 주민소환투표에 부쳐진 사항에 관한 의견과 그 이유, 투표절차 및 그 밖에 필요한 사항을 게재한 책자형 주민소환투표공보를 1회 이상 발행하여야 한다.
② 관할선거관리위원회는 제1항에 따른 책자형 주민소환투표공보를 발행하는 경우 시각장애주민소환투표인(주민소환투표인으로서 「장애인복지법」 제32조에 따라 등록된 시각장애인을 말한다)을 위한 주민소환투표공보를 함께 발행하여야 한다. 다만, 책자형 주민소환투표공보에 그 내용이 음성·점자 등으로 출력되는 인쇄물 접근성 바코드를 표시하는 것으로 이를 대신할 수 있다.
③ 그 밖에 주민소환투표공보의 규격·작성방법·배부시기 등에 관하여 필요한 사항은 중앙선거관리위원회규칙으로 정한다.
(2020.12.8 본조신설)

제13조【주민소환투표의 실시】 ① 주민소환투표일은 제12조제2항의 규정에 의한 공고일부터 20일 이상 30일 이하의 범위 안에서 관할선거관리위원회가 정한다. 다만, 주민소환투표대상자가 자진사퇴, 피선거권 상실 또는 사망 등으로 궐위된 때에는 주민소환투표를 실시하지 아니한다.
② 제12조제2항의 규정에 의한 주민소환투표 공고일 이후 90일 이내에 다음 각 호의 어느 하나에 해당하는 투표 또는 선거가 있을 때에는 제1항의 규정에 불구하고 주민소환투표를 그에 병합하거나 동시에 실시할 수 있다.
1. 「주민투표법」에 의한 주민투표
2. 「공직선거법」에 의한 선거·재선거 및 보궐선거(대통령 및 국회의원 선거를 제외한다)
3. 동일 또는 다른 선출직 지방공직자에 대한 주민소환투표

제14조【소명기회의 보장】 ① 관할선거관리위원회는 제7조제1항 내지 제3항의 규정에 의한 주민소환투표청구가 적법하다고 인정하는 때에는 지체 없이 주민소환투표대상자에게 서면으로 소명할 것을 요청하여야 한다.
② 제1항의 규정에 의하여 소명요청을 받은 주민소환투표대상자는 그 요청을 받은 날부터 20일 이내에 500자

이내의 소명요지와 소명서(필요한 자료를 기재한 소명자료를 포함한다)를 관할선거관리위원회에 제출하여야 한다. 이 경우 소명서 또는 소명요지를 제출하지 아니한 때에는 소명이 없는 것으로 본다.
③ 제12조제2항의 규정에 의하여 주민소환투표일과 주민소환투표안을 공고하는 때에는 제2항의 규정에 의한 소명요지를 함께 공고하여야 한다.

제15조【주민소환투표의 형식】 ① 주민소환투표는 찬성 또는 반대를 선택하는 형식으로 실시한다.
② 지방자치단체의 동일 관할구역에 2인 이상의 주민소환투표대상자가 있을 때에는 관할선거관리위원회는 하나의 투표용지에 그 대상자별로 제1항의 규정에 의한 형식으로 주민소환투표를 실시할 수 있다.

제16조【주민소환투표의 실시구역】 ① 지방자치단체의 장에 대한 주민소환투표는 당해 지방자치단체 관할구역 전체를 대상으로 한다.
② 지역구지방의회의원에 대한 주민소환투표는 당해 지방의회의원의 지역선거구를 대상으로 한다.

제17조【주민소환투표운동의 원칙】 이 법에서 "주민소환투표운동"이라 함은 주민소환투표에 부쳐지거나 부쳐질 사항에 관하여 찬성 또는 반대하는 행위를 말한다. 다만, 다음 각 호의 어느 하나에 해당하는 행위는 주민소환투표운동으로 보지 아니한다.
1. 주민소환투표에 부쳐지거나 부쳐질 사항에 관한 단순한 의견개진 및 의사표시
2. 주민소환투표운동에 관한 준비행위

제18조【주민소환투표운동의 기간 및 주민소환투표운동을 할 수 없는 자】 ① 주민소환투표운동은 제12조제2항의 규정에 의한 주민소환투표 공고일의 다음날부터 투표일 전일까지(이하 "주민소환투표운동기간"이라 한다) 할 수 있다.
② 제1항의 규정에 불구하고, 제13조제2항의 규정에 의하여 주민소환투표가 실시될 경우의 주민투표운동기간은 주민소환투표일 전 25일부터 투표일 전일까지로 한다.
③ 「공직선거법」 제60조제1항 각 호의 어느 하나에 해당하는 자는 주민소환투표운동을 할 수 없다. 다만, 당해 주민소환투표대상자는 그러하지 아니하다.

제19조【주민소환투표운동의 방법】 주민소환투표운동의 방법은 해당 주민소환투표대상자의 선거에 관한 규정에 한하여 「공직선거법」 제61조 · 제63조(선거운동기구에 관한 사항에 한한다) · 제69조 · 제79조 · 제82조(제1항 단서를 제외한다) · 제82조의4 및 제82조의6의 규정을 준용한다. 이 경우 "선거운동기간"은 "주민소환투표운동기간"으로, "후보자"는 "소환청구인대표자 및 주민소환투표대상자"로, "선거"는 "주민소환투표"로, "정당추천후보자"는 "선출직 지방공직자"로, "소속정당의 정강 · 정책이나 후보자의 정견 기타 홍보에 필요한 사항"과 "음악(당가 등 정당이나 후보자를 홍보하는 내용의 음악을 포함한다)" 및 "소속정당의 정강 · 정책이나 후보자의 경력 · 정견 · 활동상황"은 각각 "주민소환투표운동에 필요한 사항"으로 본다.(2010.1.25 본조개정)

제20조【주민소환투표운동의 제한】 ① 누구든지 주민소환투표운동기간 중 이 법에서 준용하는 「공직선거법」에 따른 선거운동기구의 설치, 신문광고, 공개장소에서의 연설 · 대담, 언론기관 초청 대담 · 토론회, 정보통신망을 이용한 선거운동 및 인터넷 광고와 제27조제1항의 규정에 의하여 준용되는 「주민투표법」 제17조의 규정에 의하여 관할선거관리위원회가 주관하는 주민소환투표공보의 발행 · 배부, 「공직선거법」 제8조의7의 규정에 따른 선거방송토론위원회가 중앙선거관리위원회규칙으로 정하는 방법으로 개최하는 토론회(부득이한 사유로 토론회를 개최할 수 없는 경우에는 옥내합동연설회를 말한다)를 제외하고는 어떠한 방법의 주민소환투표운동도 하여서는 아니 된다.
② 제1항의 규정에 따라 주소환투표운동을 하는 경우에는 다음 각 호의 어느 하나에 해당하는 행위를 할 수 없다.
1. 「공직선거법」 제80조의 규정에 따른 연설금지장소에서의 연설행위
2. 「공직선거법」 제82조의5의 규정을 위반하여 전자우편을 이용한 주민소환투표운동정보를 전송하는 행위
3. 「공직선거법」 제91조에서 정하는 확성장치 및 자동차 사용제한에 관한 규정을 위반하는 행위
4. 「공직선거법」 제102조의 규정을 위반하여 야간에 연설 · 대담을 하는 행위
5. 「공직선거법」 제106조의 규정을 위반하여 호별방문을 하는 행위
6. 주민소환투표운동을 목적으로 서명 또는 날인을 받은 행위
③ 지위를 이용한 주민소환투표운동의 금지에 관하여는 「공직선거법」 제85조의 규정을 준용한다. 이 경우 "선거운동"은 "주민소환투표운동"으로 본다.

제4장 주민소환투표의 효력 및 소송 등

제21조【권한행사의 정지 및 권한대행】 ① 주민소환투표대상자는 관할선거관리위원회가 제12조제2항의 규정에 의하여 주민소환투표안을 공고한 때부터 제22조제3항의 규정에 의하여 주민소환투표결과를 공표할 때까지 그 권한행사가 정지된다.
② 제1항의 규정에 의하여 지방자치단체의 장의 권한이 정지된 경우에는 부지사 · 부시장 · 부군수 · 부구청장(이하 "부단체장"이라 한다)이 「지방자치법」 제124조제4항의 규정을 준용하여 그 권한을 대행하고, 부단체장이 권한을 대행할 수 없는 경우에는 「지방자치법」 제124조제5항의 규정을 준용하여 그 권한을 대행한다.(2021.1.12 본항개정)
③ 제1항의 규정에 따라 권한행사가 정지된 지방의회의원은 그 정지기간 동안 「공직선거법」 제111조의 규정에 의한 의정활동보고를 할 수 없다. 다만, 인터넷에 의정활동보고서를 게재할 수는 있다.

제22조【주민소환투표결과의 확정】 ① 주민소환은 제3조의 규정에 의한 주민소환투표권자(이하 "주민소환투표권자"라 한다) 총수의 3분의 1 이상의 투표와 유효투표 총수 과반수의 찬성으로 확정된다.
② 전체 주민소환투표자의 수가 주민소환투표권자 총수의 3분의 1에 미달하는 때에는 개표를 하지 아니한다.
③ 관할선거관리위원회는 개표가 끝난 때에는 지체 없이 그 결과를 공표한 후 소환청구인대표자, 주민소환투표대상자, 관계 중앙행정기관의 장, 당해 지방자치단체의 장(지방자치단체의 장이 주민소환투표대상자인 경우에는 제21조제2항의 규정에 의하여 권한을 대행하는 당해 지방자치단체의 부단체장 등을 말한다) 및 당해 지방의회의 의장(지방의회의원이 주민소환투표대상자인 경우에 한하며, 지방의회의 의장이 주민소환투표대상자인 경우에는 당해 지방의회의 부의장을 말한다)에게 통지하여야 한다. 제2항의 규정에 의하여 개표를 하지 아니한 때에도 또한 같다.

제23조【주민소환투표의 효력】 ① 제22조제1항의 규정에 의하여 주민소환이 확정된 때에는 주민소환투표대상자는 그 결과가 공표된 시점부터 그 직을 상실한다.
② 제1항의 규정에 의하여 그 직을 상실한 자는 그로 인하여 실시하는 이 법 또는 「공직선거법」에 의한 해당 보궐선거에 후보자로 등록할 수 없다.

제24조【주민소환투표소송 등】 ① 주민소환투표의 효력에 관하여 이의가 있는 해당 주민소환투표대상자 또는 주민소환투표권자(주민소환투표권자 총수의 100분의 1 이상의 서명을 받아야 한다)는 제22조제3항의 규정에 의하여 주민소환투표결과가 공표된 날부터 14일 이내에 관할선거관리위원회 위원장을 피소청인으로 하여 지역구시 · 도의원, 지역구자치구 · 시 · 군의원 또는 시장 · 군수 · 자치구의 구청장을 대상으로 한 주민소환투표에 있어서는 특별시 · 광역시 · 도선거관리위원회에, 시 · 도지사를 대상으로 한 주민소환투표에 있어서는 중앙선거관리위원회에 소청할 수 있다.
② 제1항의 규정에 따른 소청에 대한 결정에 관하여 불복이 있는 소청인은 관할선거관리위원회 위원장을 피고로 하여 그 결정서를 받은 날(결정서를 받지 못한 때에는 「공직선거법」 제220조제1항의 규정에 의한 결정기간이 종료된 날을 말한다)부터 10일 이내에 지역구시 · 도의원, 지역구자치구 · 시 · 군의원 또는 시장 · 군수 · 자치구의 구청장을 대상으로 한 주민소환투표에 있어서는 그 선거구를 관할하는 고등법원에, 시 · 도지사를 대상으로 한 주민소환투표에 있어서는 대법원에 소를 제기할 수 있다.
③ 주민소환투표에 관한 소청 및 소송의 절차에 관하여는 이 법에 규정된 사항을 제외하고는 「공직선거법」 제219조 내지 제229조의 규정 중 지방자치단체의 장 및 지방의회의원에 관한 규정을 준용한다.

제25조【보궐선거 실시제한 등】 ① 제24조의 규정에 따른 주민소환투표에 관한 소청 및 소송이 제기되거나 제27조제1항의 규정에 의하여 준용되는 「주민투표법」 제26조의 규정에 의한 재투표가 실시되는 때에는 그 결과가 확정된 후에 보궐선거를 실시하여야 한다.
② 보궐선거 및 재투표에 관하여 이 법에서 규정한 사항을 제외하고는 지방자치단체의 장 및 지방의회의원에 관한 규정에 한하여 「공직선거법」 제195조 내지 제201조를 준용한다.

제26조【주민소환투표관리경비】 ① 주민소환투표사무의 관리에 필요한 다음 각 호의 비용은 당해 지방자치단체가 부담하되, 소환청구인대표자 및 주민소환투표대상자가 주민소환투표운동을 위하여 지출한 비용은 각자 부담한다.
1. 주민소환투표의 준비 · 관리 및 실시에 필요한 비용
2. 주민소환투표공보의 발행, 토론회 등의 개최 및 불법 주민소환투표운동의 단속에 필요한 경비
3. 주민소환투표에 관한 소청 및 소송과 관련된 경비
4. 주민소환투표결과에 대한 자료의 정리, 그 밖에 주민소환투표사무의 관리를 위한 관할선거관리위원회의 운영 및 사무처리에 필요한 경비
② 지방자치단체는 제1항의 규정에 의한 경비를 주민소환투표 발의일부터 5일 이내에 관할선거관리위원회에 납부하여야 한다.
③ 제1항의 규정에 의한 주민소환투표경비의 산출기준 · 납부절차 · 납부방법 · 집행 · 회계 및 반환 그 밖의 필요한 사항은 중앙선거관리위원회규칙으로 정한다.

제5장 「주민투표법」의 준용 등

제27조【「주민투표법」의 준용 등】 ① 주민소환투표와 관련하여 이 법에 정한 사항을 제외하고는 「주민투표법」 제3조제2항, 제4조, 제10조제1항 및 제2항, 제12조(제8항을 제외한다), 제18조, 제19조, 제23조 및 제26조의 규정을 준용한다. 이 경우 "주민투표관리기관"은 "주민소환투표관리기관"으로, "지방자치단체의 장"은 "관할선거관리위원회"로, "주민투표"는 "주민소환투표"로, "주민투표사무"는 "주민소환투표사무"로, "주민투표청구권자"는 "주민소환투표청구권자"로, "주민투표청구인대표자" 및 "청구인대표자"는 각각 "주민소환투표청구인대표자"로, "주민투표청구"는 "주민소환투표청구"로, "주민투표청구서"는 "주민소환투표청구서"로, "청구인대표자증명서"는 "소환청구인대표자증명서"로, "주민투표안"은 "주민소환투표안"으로, "지방자치단체의 조례" 및 "해당지방자치단체의 조례"는 각각 "대통령령"으로 보고, 같은 법 제10조제1항 중 "제9조제2항"은 "제7조"로, 같은 법 제12조제1항 중 "특별시 · 광역시 또는 도"는 "시 · 도지사"로, "자치구 · 시 또는 군"은 "시장 · 군수 · 자치구의 구청장, 지역구시 · 도의원 및 지역구자치구 · 시 · 군의원"으로, 같은 법 제26조제3항 중 "지방자치단체의 장은 관할선거관리위원회와 협의하여"는 "관할선거관리위원회는"으로 본다.
② 「주민투표법」 제19조를 준용함에 있어 주민소환투표가 실시되는 구역(지역구지방의회의원 소환투표의 경우 해당 구 · 시 · 군의 관할구역을 말한다) 밖에 거소를 둔 사람도 거소투표자의 예에 따라 투표할 수 있으며, 주민소환투표의 투표시간은 오전 6시부터 오후 8시까지로 한다.(2020.12.8 본조개정)

제6장 벌 칙

제28조【벌칙】 제20조제3항의 규정에 의하여 준용되는 「공직선거법」 제85조제1항의 규정을 위반하여 주민소환투표운동을 하거나 하게 한 자는 5년 이하의 징역에 처한다.

제29조【벌칙】 다음 각 호의 어느 하나에 해당하는 자는 5년 이하의 징역 또는 3천만원 이하의 벌금에 처한다.
1. 주민소환투표의 결과에 영향을 미치게 할 목적으로 주민소환투표인(주민소환투표인명부 작성 전에는 그 주민소환투표인명부에 오를 자격이 있는 자를 포함한다. 이하 이 조에서 같다)에게 금전 · 물품 · 거마(車馬) · 향응 그 밖의 재산상의 이익이나 공사(公私)의 직을 제공하거나 그 제공의 의사를 표시하거나 또는 그 제공을 약속한 자
2. 주민소환투표운동에 이용할 목적으로 학교 그 밖의 공공기관 · 사회단체 · 종교단체 · 노동단체 또는 청년단체 · 여성단체 · 노인단체 · 재향군인단체 · 씨족단체 그 밖의 기관 · 단체 · 시설에 금전 · 물품 등 재산상의 이익을 제공하거나 그 제공의 의사를 표시하거나 그 제공을 약속한 자(2020.6.9 본호개정)
3. 주민소환투표운동에 이용할 목적으로 야유회 · 동창회 · 친목회 · 향우회 · 계모임 그 밖의 선거구민의 모임이나 행사에 금전 · 물품 · 음식물 그 밖의 재산상의 이익을 제공하거나 그 제공의 의사를 표시하거나 그 제공을 약속한 자
4. 제1호 내지 제3호에 규정된 행위에 관하여 지시 · 권유 · 요구 또는 알선한 자
5. 주민소환투표인에 대하여 폭행 · 협박 또는 불법으로 체포 · 감금하거나 부정한 방법으로 주민소환투표의 자유를 방해한 자
6. 법령에 의하지 아니하고 주민소환투표함을 열거나 그 투표함(빈 투표함을 포함한다) 또는 투표함 안의 주민소환투표지를 제거 · 파괴 · 훼손 · 은닉 또는 탈취한 자
7. 주민소환투표의 결과에 영향을 미칠 목적으로 연설 · 방송 · 신문 · 통신 · 잡지 · 벽보 · 선전문서 그 밖의 방법으로 허위사실을 유포하거나 허위사실을 게재한 선전문서를 배포할 목적으로 소지한 자
8. 주민소환투표의 결과에 영향을 미칠 목적으로 포장된 선물 또는 돈봉투 등 다수의 주민소환투표인에게 배부하도록 구분된 형태로 되어 있는 금품을 운반한 자
9. 주민소환투표인명부 작성에 관계있는 자로서 그 직권을 남용하여 주민소환투표인명부의 열람을 방해하거나 그 열람에 관한 직무를 유기한 자

제30조【벌칙】 ① 다음 각 호의 어느 하나에 해당하는 자는 3년 이하의 징역 또는 1천만원 이하의 벌금에 처한다.
1. 제29조제1호 내지 제3호에 규정된 이익이나 공사의 직을 제공받거나 그 제공의 의사표시를 승낙한 자
2. 성명의 사칭, 신분증명서의 위조 또는 변조 그 밖의 부정한 방법으로 주민소환투표를 하거나 주민소환투표를 하려고 한 자
3. 허위의 방법으로 주민소환투표인명부에 오르게 한 자
4. 주민소환투표에 관한 서명요청 활동 및 투표운동의 기회를 이용하여 특정 정당이나 「공직선거법」의 규정에 의한 공직선거의 후보자가 되고자 하는 자를 지지 · 추천 또는 반대하거나 그 밖의 선거운동에 이르는 행위를 한 자

② 다음 각 호의 어느 하나에 해당하는 자는 2년 이하의 징역 또는 500만원 이하의 벌금에 처한다.
1. 제20조제1항의 규정에 위반하여 주민소환투표운동을 한 자
2. 제20조제2항의 규정에 의하여 적용되는 「공직선거법」 제82조의5의 규정을 위반하여 주민소환투표운동 목적의 정보를 전송한 자
제31조【벌칙】 ① 제20조제3항의 규정에 의하여 준용되는 「공직선거법」 제85조제2항 및 제3항의 규정에 위반된 행위를 하거나 하게 한 자는 3년 이하의 징역 또는 600만원 이하의 벌금에 처한다.
② 제20조제2항(제2호를 제외한다)의 규정에 의하여 적용되는 「공직선거법」 제82조의5의 규정을 위반하여 주민소환투표운동 목적의 정보를 전송한 자는 2년 이하의 징역 또는 500만원 이하의 벌금에 처한다.
제32조【벌칙】 다음 각 호의 어느 하나에 해당하는 자는 1년 이하의 징역 또는 500만원 이하의 벌금에 처한다.
1. 제10조의 규정을 위반하여 서명요청을 한 자
2. 제18조의 규정에 의한 주민소환투표운동의 제한을 위반하여 주민소환투표운동을 한 자
3. 제20조제2항의 규정을 위반하여 주민소환투표운동을 한 자
제33조【벌칙】 이 법에서 준용하는 「공직선거법」의 규정과 관련하여 다음 각 호의 어느 하나에 해당하는 자는 1년 이하의 징역 또는 500만원 이하의 벌금에 처한다.
1. 「공직선거법」 제61조제5항의 규정을 위반하여 주민소환투표운동기구를 설치한 자
2. 「공직선거법」 제69조제5항을 위반하여 광고를 한 사람(2010.1.25 본호개정)
3. 「공직선거법」 제79조제1항, 제3항부터 제5항까지, 제6항(표지를 부착하지 아니한 경우는 제외한다) 또는 제7항을 위반하여 공개장소에서의 연설·대담을 한 자(2010.1.25 본호개정)
4. 「공직선거법」 제272조의2제3항의 규정을 위반하여 출입을 방해하거나 자료제출요구에 응하지 아니하거나 허위의 자료를 제출한 자
제34조【이익의 몰수】 제29조제1호 내지 제3호의 죄를 범한 자가 받은 이익은 이를 몰수한다. 다만, 그 전부 또는 일부를 몰수할 수 없는 때에는 그 가액을 추징한다.
제35조【주민소환투표에 관한 과태료】 ① 「형사소송법」 제211조에 규정된 현행범인 또는 준현행범인으로서 이 법에서 준용하는 「공직선거법」 제272조의2제4항의 규정에 따른 동행요구에 응하지 아니한 자는 300만원 이하의 과태료에 처한다.
② 다음 각 호의 어느 하나에 해당하는 자는 이 법에 다른 규정이 있는 경우를 제외하고는 200만원 이하의 과태료에 처한다.
1. 이 법 또는 이 법에서 준용하는 「공직선거법」의 규정에 따른 신고·제출의 의무를 해태한 자
2. 학교·관공서 그 밖의 공공기관·단체의 장으로서 선거관리위원회의 투표소·개표소 설치를 위한 장소협조요구에 정당한 사유 없이 응하지 아니한 자
3. 선거관리위원회가 첩부한 주민소환투표용지 모형을 훼손·오손한 자
4. (2010.1.25 삭제)
③ 다음 각 호의 어느 하나에 해당하는 자는 100만원 이하의 과태료에 처한다.
1. 주민소환투표사무원·부재자주민소환투표사무원·개표사무원으로 위촉된 자로서 정당한 사유 없이 그 직무수행을 거부·유기하거나 해태한 자
2. 이 법에서 준용하는 「공직선거법」 제61조제6항의 규정을 위반하여 주민소환투표운동기구에 간판·현판·현수막을 설치 또는 게시한 자
3. 이 법에서 준용하는 「공직선거법」 제79조제6항의 규정을 위반하여 표지를 부착하지 아니하고 연설·대담을 한 자(2010.1.25 본호개정)
4. 이 법에서 준용하는 「공직선거법」 제272조의2제4항의 규정에 따른 출석요구에 정당한 사유 없이 응하지 아니한 자
④ 제1항부터 제3항까지의 규정에 따른 과태료의 부과·징수절차에 관하여는 「공직선거법」 제261조제7항 및 제8항을 준용한다.(2010.1.25 본항개정)

제7장 보 칙

제36조【주민소환투표 범죄의 조사 등】 ① 관할선거관리위원회는 주민소환투표를 실시하는 때마다 주민소환투표부정을 감시하기 위하여 서명요청 활동기간 개시일부터 주민소환투표일까지 해당 관할선거관리위원회에 주민소환투표부정감시단을 둔다.
② 시·도선거관리위원회는 인터넷을 이용한 주민소환투표부정을 감시하기 위하여 제1항의 규정에 따른 기간 중에 사이버주민소환투표부정감시단을 설치·운영하여야 한다.
③ 제1항 및 제2항의 규정에 따른 감시단과 관련하여 이 법에서 정한 사항을 제외하고는 「공직선거법」 제10조의2 제2항 전단·제5항 내지 제8항 및 제10조의3의 규정을 준용한다. 이 경우 "공정선거지원단"은 "주민소환투표부정감시단"으로, "사이버공정선거지원단"은 "사이버주민소환투표부정감시단"으로, "선거운동"은 "주민소환투표운동"으로, "선거부정감시사무"는 "주민소환투표부정감시사무"로 본다.(2018.4.6 후단개정)
④ 선거관리위원회가 이 법의 규정에 따라 주민소환투표를 실시하는 경우 이 법의 위반행위에 대한 단속 및 조사에 관하여는 「공직선거법」 제272조의2 및 「선거관리위원회법」 제14조의2의 규정을 준용한다.
제37조【주민소환투표범죄 신고자 등의 보호】 제28조 내지 제33조의 죄 및 제35조의 과태료에 해당하는 죄를 신고한 신고자 등의 보호에 관하여는 「공직선거법」 제262조의2의 규정을 준용한다.
제38조【주민소환투표범죄 신고자에 대한 포상금 지급】 각급 선거관리위원회(읍·면·동선거관리위원회를 제외한다. 이하 이 조에서 같다)는 제28조 내지 제33조의 죄 및 제35조의 과태료에 해당하는 죄를 선거관리위원회가 인지하기 전에 신고한 자에게 중앙선거관리위원회규칙이 정하는 바에 따라 포상금을 지급할 수 있다.

부 칙 (2012.1.26)

제1조【시행일】 이 법은 2019년 8월 1일부터 시행한다.(이하 생략)(2018.12.18 본조개정)

부 칙 (2020.6.9)

이 법은 공포한 날부터 시행한다.

부 칙 (2020.12.8)

제1조【시행일】 이 법은 공포 후 3개월이 경과한 날부터 시행한다.
제2조【주민소환투표공보에 관한 적용례】 제12조의2의 개정규정은 이 법 시행 이후 청구되는 주민소환투표부터 적용한다.
제3조【다른 법률의 개정】 ※(해당 법령에 가제정리 하였음)

부 칙 (2021.1.12)

제1조【시행일】 이 법은 공포 후 1년이 경과한 날부터 시행한다.(이하 생략)

서울특별시 행정특례에 관한 법률(약칭 : 서울시법)

(1991년 5월 31일
법 률 제4371호)

개정
1994.12.20법 4789호(지방자치)
1995.12. 6법 5000호(행정심판)
2007. 5.11법 8423호(지방자치)
2008. 2.29법 8852호(정부조직)
2011. 5.30법10730호
2013. 3.23법11690호(정부조직)
2014.11.19법12844호(정부조직)
2017. 7.26법14839호(정부조직)
2021. 1.12법17893호(지방자치)

제1조【목적】 이 법은 「지방자치법」 제197조에 따라 서울특별시의 지위·조직 및 운영에 관한 특례를 규정함을 목적으로 한다.(2021.1.12 본조개정)
제2조【지위】 서울특별시는 정부의 직할로 두되, 이 법에서 정하는 범위에서 수도로서의 특수한 지위를 가진다.(2011.5.30 본조개정)
제3조 (1994.12.20 삭제)
제4조【일반행정 운영상의 특례】 ① 행정안전부장관이 「지방재정법」 제11조에 따라 서울특별시의 지방채 발행의 승인 여부를 결정하려는 경우에는 국무총리에게 보고하여야 한다.(2017.7.26 본항개정)
② 행정안전부장관은 「지방자치법」 제190조에 따라 서울특별시의 자치사무에 관한 감사를 하려는 경우에는 국무총리의 조정을 거쳐야 한다.(2021.1.12 본항개정)
③ (1994.12.20 삭제)
④ (1995.12.6 삭제)
⑤ 서울특별시 소속 국가공무원의 임용 등에 관한 「국가공무원법」 제32조제1항부터 제3항까지, 제78조제1항·제4항 및 제82조에 따른 소속 장관 또는 중앙행정기관의 장의 권한 중 대통령령으로 정하는 사항은 서울특별시장이 행사하며, 이와 관련된 행정소송의 피고는 같은 법 제16조에도 불구하고 서울특별시장이 된다.(2011.5.30 본항개정)
⑥ (1994.12.20 삭제)
⑦ 서울특별시 소속 공무원 등에 대한 서훈(敍勳)의 추천은 「상훈법」 제5조제1항에도 불구하고 서울특별시장이 한다.(2011.5.30 본항개정)
⑧ (1994.12.20 삭제)
(2011.5.30 본조제목개정)
제5조【수도권 광역행정 운영상의 특례】 ① 수도권 지역에서 서울특별시와 관련된 도로·교통·환경 등에 관한 계획을 수립하고 그 집행을 할 때 관계 중앙행정기관의 장과 서울특별시장의 의견이 다른 경우에는 다른 법률에 특별한 규정이 없으면 국무총리가 이를 조정한다.
② 제1항의 조정에 필요한 사항은 대통령령으로 정한다.(2011.5.30 본조개정)

부 칙 (2017.7.26)

제1조【시행일】 ① 이 법은 공포한 날부터 시행한다.(이하 생략)

부 칙 (2021.1.12)

제1조【시행일】 이 법은 공포 후 1년이 경과한 날부터 시행한다.(이하 생략)

주민투표법

(2004년 1월 29일
법 률 제7124호)

개정
2007. 5.11법 8423호(지방자치)
2008. 2.29법 8852호(정부조직)
2009. 2.12법 9468호
2013. 3.23법11690호(정부조직)
2014.11.19법12844호(정부조직)
2016. 5.29법14192호
2017. 7.26법14839호(정부조직)
2020. 1.29법16883호
2021. 1.12법17893호(지방자치)
2022. 4.26법18849호

제1장 총 칙

제1조【목적】 이 법은 지방자치단체의 주요결정사항에 관한 주민의 직접참여를 보장하기 위하여 「지방자치법」 제18조에 따른 주민투표의 대상·발의자·발의요건·투표절차 등에 관한 사항을 규정함으로써 지방자치행정의 민주성과 책임성을 제고하고 주민복리를 증진함을 목적으로 한다.(2021.1.12 본조개정)

제2조【주민투표권행사의 보장】 ① 국가 및 지방자치단체는 주민투표권자가 주민투표권을 행사할 수 있도록 필요한 조치를 취하여야 한다.
② 국가 또는 지방자치단체는 제5조제1항에 따라 투표권을 부여받은 재외국민 또는 외국인이 주민투표에 참여할 수 있도록 외국어와 한국어를 함께 표기하여 관련 정보를 제공하는 등 필요한 조치를 취하여야 한다.(2009.2.12 본항신설)
③ 공무원·학생 또는 다른 사람에게 고용된 자가 투표인명부를 열람하거나 투표를 하기 위하여 필요한 시간은 보장되어야 하며, 이를 휴무 또는 휴업으로 보지 아니한다.

제3조【주민투표사무의 관리】 ① 주민투표사무는 이 법에 특별한 규정이 있는 경우를 제외하고는 특별시·광역시·특별자치시·도 또는 특별자치도(이하 "시·도"라 한다)는 시·도선거관리위원회가, 시·군 또는 구(자치구를 말하며, 이하 "시·군·구"라 한다)는 구·시·군선거관리위원회가 관리한다.(2022.4.26 본항개정)
② 행정기관 그 밖의 공공기관은 주민투표관리기관으로부터 주민투표사무에 관하여 필요한 협조를 요구받은 때에는 우선적으로 이에 응하여야 한다.

제4조【정보의 제공 등】 ① 지방자치단체의 장은 주민투표와 관련하여 주민이 정확하고 객관적인 판단과 합리적인 결정을 할 수 있도록 지방자치단체의 공보, 일간신문, 인터넷 등 다양한 수단을 통하여 주민투표에 관한 각종 정보와 자료를 제공하여야 한다.
② 제3조제1항에 따라 주민투표사무를 관리하는 선거관리위원회(이하 "관할선거관리위원회"라 한다)는 주민투표에 관한 정보를 제공하기 위하여 설명회·토론회 등을 개최하여야 한다.(2022.4.26 본항개정)
③ 제2항에 따른 설명회·토론회 등의 개최에 관하여 필요한 사항은 중앙선거관리위원회규칙으로 정한다.
(2022.4.26 본항신설)
④ 관할선거관리위원회는 제2항의 규정에 의한 설명회·토론회 등을 개최하는 때에는 주민투표에 부쳐진 사항에 관하여 의견을 달리하는 자가 균등하게 참여할 수 있도록 하여야 한다.

제5조【주민투표권】 ① 18세 이상의 주민 중 제6조제1항에 따른 투표인명부 작성기준일 현재 다음 각 호의 어느 하나에 해당하는 사람에게는 주민투표권이 있다. 다만, 「공직선거법」 제18조에 따라 선거권이 없는 사람에게는 주민투표권이 없다.(2022.4.26 본문개정)
1. 그 지방자치단체의 관할 구역에 주민등록이 되어 있는 사람(2016.5.29 본호개정)
2. 출입국관리 관계 법령에 따라 대한민국에 계속 거주할 수 있는 자격(체류자격변경허가 또는 체류기간연장허가를 통하여 계속 거주할 수 있는 경우를 포함한다)을 갖춘 외국인으로서 지방자치단체의 조례로 정한 사람
(2009.2.12 본항개정)
② 주민투표권자의 연령은 투표일 현재를 기준으로 산정한다.

제6조【투표인명부의 작성 및 확정】 ① 주민투표를 실시하는 때에는 투표인명부 작성기준일(투표일 전 22일을 말한다)부터 5일 이내에 투표인명부를 작성하여야 한다.
② 제1항에 따른 투표인명부의 작성·확정 등에 관하여는 「공직선거법」 제5장(선상투표에 관한 사항은 제외한다)을 준용한다.(2022.4.26 본항개정)
③ (2016.5.29 삭제)
(2016.5.29 본조개정)

제2장 주민투표의 대상 및 절차

제7조【주민투표의 대상】 ① 주민에게 과도한 부담을 주거나 중대한 영향을 미치는 지방자치단체의 주요결정사항은 주민투표에 부칠 수 있다.(2022.4.26 본항개정)
② 제1항에도 불구하고 다음 각 호의 어느 하나에 해당하는 사항은 주민투표에 부칠 수 없다.(2022.4.26 본문개정)
1. 법령에 위반되거나 재판 중인 사항
2. 국가 또는 다른 지방자치단체의 권한 또는 사무에 속하는 사항
3. 지방자치단체가 수행하는 다음 각 목의 어느 하나에 해당하는 사무의 처리에 관한 사항
가. 예산 편성·의결 및 집행
나. 회계·계약 및 재산관리
(2022.4.26 본호개정)
3의2. 지방세·사용료·수수료·분담금 등 각종 공과금의 부과 또는 감면에 관한 사항(2022.4.26 본호신설)
4. 행정기구의 설치·변경에 관한 사항과 공무원의 인사·정원 등 신분과 보수에 관한 사항
5. 다른 법률에 의하여 주민대표가 직접 의사결정주체로서 참여할 수 있는 공공시설의 설치에 관한 사항. 다만, 제9조제5항의 규정에 의하여 지방의회가 주민투표의 실시를 청구하는 경우에는 그러하지 아니하다.
6. 동일한 사항(그 사항과 취지가 동일한 경우를 포함한다)에 대하여 주민투표가 실시된 후 2년이 경과되지 아니한 사항

제8조【국가정책에 관한 주민투표】 ① 중앙행정기관의 장은 지방자치단체를 폐지하거나 설치하거나 나누거나 합치는 경우 또는 지방자치단체의 구역을 변경하거나 주요시설을 설치하는 등 국가정책의 수립에 관하여 주민의 의견을 듣기 위하여 필요하다고 인정하는 때에는 주민투표의 실시구역을 정하여 관계 지방자치단체의 장에게 주민투표의 실시를 요구할 수 있다. 이 경우 중앙행정기관의 장은 미리 행정안전부장관과 협의하여야 한다.
(2022.4.26 전단개정)
② 지방자치단체의 장은 제1항의 규정에 의하여 주민투표의 실시를 요구받은 때에는 지체없이 이를 공표하여야 하며, 공표일부터 30일 이내에 그 지방의회의 의견을 들어야 한다.
③ 제2항의 규정에 의하여 지방의회의 의견을 들은 지방자치단체의 장은 그 결과를 관계 중앙행정기관의 장에게 통지하여야 한다.
④ 제1항의 규정에 의한 주민투표에 관하여는 제7조, 제16조, 제24조제1항·제5항·제6항, 제25조 및 제26조의 규정을 적용하지 아니한다.

제9조【주민투표의 실시요건】 ① 지방자치단체의 장은 다음 각 호의 어느 하나에 해당하는 경우에는 주민투표를 실시할 수 있다. 이 경우 제1호 또는 제2호에 해당하는 경우에는 주민투표를 실시하여야 한다.
1. 주민이 제2항에 따라 주민투표의 실시를 청구하는 경우
2. 지방의회가 제5항에 따라 주민투표의 실시를 청구하는 경우
3. 지방자치단체의 장이 주민의 의견을 듣기 위하여 필요하다고 판단하는 경우
(2022.4.26 본항개정)
② 18세 이상 주민 중 제5조제1항 각 호의 어느 하나에 해당하는 사람(같은 항 각 호 외의 부분 단서에 따라 주민투표권이 없는 사람은 제외한다. 이하 "주민투표청구권자"라 한다)은 주민투표청구권자 총수의 20분의 1 이상 5분의 1 이하의 범위에서 지방자치단체의 조례로 정하는 수 이상의 서명으로 그 지방자치단체의 장에게 주민투표의 실시를 청구할 수 있다.(2022.4.26 본문개정)
1.～2. (2009.2.12 삭제)
③ 주민투표청구권자 총수는 전년도 12월 31일 현재의 주민등록표 및 외국인등록표에 따라 산정한다.
(2016.5.29 본항개정)
④ 지방자치단체의 장은 매년 1월 10일까지 제3항의 규정에 의하여 산정한 주민투표청구권자 총수를 공표하여야 한다.
⑤ 지방의회는 재적의원 과반수의 출석과 출석의원 3분의 2 이상의 찬성으로 그 지방자치단체의 장에게 주민투표의 실시를 청구할 수 있다.
⑥ 지방자치단체의 장은 직권에 의하여 주민투표를 실시하고자 하는 때에는 그 지방의회 재적의원 과반수의 출석과 출석의원 과반수의 동의를 얻어야 한다.

제10조【청구인대표자의 선정과 서명의 요청 등】 ① 주민투표청구권자가 제9조제2항에 따라 주민투표청구를 하려는 경우에는 주민투표청구인대표자(이하 "청구인대표자"라 한다)를 선정하여야 하며, 선정된 청구인대표자는 인적사항과 주민투표청구의 취지 및 이유 등을 기재하여 그 지방자치단체의 장에게 청구인대표자증명서의 교부를 신청하여야 한다. 이 경우 청구인대표자는 청구인대표자증명서의 교부를 신청할 때 제4항에 따른 전자서명의 요청을 위하여 같은 항에 따른 정보시스템의 이용을 함께 신청할 수 있다.(2022.4.26 본항개정)
② 제1항에 따라 청구인대표자증명서의 교부신청을 받은 지방자치단체의 장은 청구인대표자가 주민투표청구권자인지 여부를 확인한 후 청구인대표자증명서를 교부하고 그 사실을 공표하여야 한다. 이 경우 제1항 후단에 따라 정보시스템의 이용 신청을 받은 경우에는 제5항 각 호의 사항을 함께 공표하여야 한다.(2022.4.26 본항개정)
③ 청구인대표자와 서면에 의하여 청구인대표자로부터 서명요청권을 위임받은 자는 그 지방자치단체의 조례가 정하는 서명요청기간 동안 주민에게 청구인서명부에 서명할 것을 요청할 수 있다. 이 경우 제11조제1항의 규정에 의하여 서명이 제한되는 기간은 서명요청기간에 산입하지 아니한다.
④ 청구인대표자와 서면에 의하여 청구인대표자로부터 서명요청권을 위임받은 자는 제3항에 따른 서명을 갈음하여 행정안전부장관이 정하는 정보시스템을 이용하여 같은 항에 따른 서명요청기간 동안 주민에게 전자적 방식으로 생성된 청구인서명부(이하 "전자청구인서명부"라 한다)에 「전자서명법」 제2조제2호에 따른 전자서명을 할 것을 요청할 수 있다.(2022.4.26 본항신설)
⑤ 청구인대표자와 서면에 의하여 청구인대표자로부터 서명요청권을 위임받은 자는 제4항에 따라 전자서명을 요청하는 경우에는 다음 각 호의 사항을 주민에게 알릴 수 있다.
1. 전자서명을 위한 정보시스템의 인터넷 주소
2. 전자서명을 하는 방법 및 제7항에 따른 전자서명의 철회방법
(2022.4.26 본항신설)
⑥ 청구인서명부에 서명을 한 자가 그 서명을 철회하고자 하는 때에는 그 청구인서명부가 지방자치단체의 장에게 제출되기 전에 이를 철회하여야 한다. 이 경우 청구인대표자는 즉시 청구인서명부에서 그 서명을 삭제하여야 한다.
⑦ 제6항에도 불구하고 제4항에 따라 전자청구인서명부에 전자서명을 한 사람이 그 전자서명을 철회하려는 경우에는 제12조제1항에 따라 청구인대표자가 해당 지방자치단체의 장에게 전자청구인서명부 활용을 요청하기 전에 제4항에 따른 정보시스템을 통하여 직접 철회하여야 한다.(2022.4.26 본항신설)
⑧ 제1항부터 제7항까지에서 규정한 사항 외에 청구인대표자증명서의 교부, 서명(제4항에 따른 전자서명을 포함한다. 이하 제11조, 제12조, 제12조의2, 제29조 및 제30조에서 같다) 요청, 청구인서명부(전자청구인서명부를 포함한다. 이하 같다)의 작성 등에 관하여 필요한 사항은 해당 지방자치단체의 조례로 정한다.(2022.4.26 본항신설)

제11조【서명요청활동의 제한】 ① 지방자치단체의 관할구역의 전부 또는 일부에 대하여 「공직선거법」의 규정에 의한 선거가 실시되는 때에는 그 선거의 선거일전 60일부터 선거일까지 그 선거구에서는 서명을 요청할 수 없다.(2016.5.29 본항개정)
② 공무원(그 지방의회의 의원을 제외한다)은 청구인대표자가 될 수 없으며, 서명요청활동을 하거나 서명요청활동을 기획·주도하는 등 서명요청활동에 관여할 수 없다.
③ 청구인대표자 및 그로부터 서명요청권을 위임받은 자가 아닌 자는 서명을 요청할 수 없다.

제12조【청구인서명부의 심사·확인 등】 ① 청구인대표자는 제10조제3항에 따른 서명요청기간이 만료되는 날부터 시·도의 경우에는 10일 이내에, 시·군·구의 경우에는 5일 이내에 주민투표청구서와 청구인서명부를 지방자치단체의 장에게 제출(전자청구인서명부의 경우에는 청구인대표자가 지방자치단체의 장에게 전자청구인서명부를 직접 활용하도록 요청하는 것을 말한다)하여야 한다.(2022.4.26 본항개정)
② 다음 각 호의 어느 하나에 해당되는 서명은 이를 무효로 한다.(2016.5.29 본문개정)
1. 주민투표청구권자가 아닌 자의 서명
2. 누구의 서명인지 확인하기 어려운 서명
3. 서명요청권이 없는 자의 요청에 의하여 행하여진 서명
4. 동일인이 동일한 사안에 대하여 2 이상의 유효한 서명을 한 경우에는 그 중 하나의 서명을 제외한 나머지 서명
5. 제10조제3항의 규정에 의한 서명요청기간 외의 기간에 행하여졌거나 제11조제1항의 규정에 의하여 서명요청이 제한되는 기간에 행하여진 서명
6. 강요·속임수 그 밖의 부정한 방법에 의하여 행하여진 서명
7. 이 법의 위임에 의하여 그 지방자치단체의 조례가 정하는 방식과 절차에 위배되는 서명
③ 지방자치단체의 장은 제1항에 따라 주민투표청구서와 청구인서명부가 제출된 때에는 지체없이 주민투표청구 사실을 공표하고, 청구인서명부(전자청구인서명부의 경우에는 그 출력물을 말한다) 또는 그 사본을 7일간 공개된 장소에 비치하여 주민이 열람할 수 있도록 하여야 한다.(2022.4.26 본항개정)
④ 청구인서명부의 서명에 대하여 이의가 있는 자는 제3항의 규정에 의한 공람기간내에 그 지방자치단체의 장에게 서면으로 이의를 신청할 수 있다.
⑤ 지방자치단체의 장은 제4항의 규정에 의한 이의신청이 있은 때에는 제3항의 규정에 의한 공람기간이 종료된 날부터 14일 이내에 이를 심사하고 그 결과를 지체없이 이의신청인과 청구인대표자에게 통지하여야 한다.
⑥ 지방자치단체의 장은 제5항의 규정에 의한 이의신청과 관련하여 필요하다고 인정하는 때에는 관계인의 의견진술 또는 증언을 요구할 수 있다.
⑦ 지방자치단체의 장은 제1항의 규정에 의하여 제출된 청구인서명부의 서명이 무효인 서명으로 판정되어 제9조제2항의 규정에 의한 요건에 미달하게 된 때에는 청구인대표자로 하여금 그 지방자치단체의 조례가 정하는 기간 이내에 이를 보정하게 할 수 있다.
⑧ 지방자치단체의 장은 제1항의 규정에 의한 주민투표청구가 다음 각 호의 어느 하나에 해당하는 경우에는 이를 각하하여야 한다. 이 경우 지방자치단체의 장은 청구

인대표자에게 그 사유를 통지하고 이를 공표하여야 한다.(2016.5.29 전단개정)
1. 유효한 서명의 총수(제7항의 규정에 의하여 보정을 요구한 때에는 그 보정된 서명을 포함한다)가 제9조제2항의 규정에 의한 요건에 미달되는 경우
2. 주민투표청구서와 청구인서명부가 제1항의 규정에 의한 기간을 경과하여 제출된 경우
3. 제7항의 규정에 의한 보정기간 이내에 보정하지 아니한 경우
⑨ 제1항부터 제8항까지에서 규정한 사항 외에 청구인서명부의 제출 방법 및 서명에 대한 심사·확인 등 주민에 의한 주민투표청구에 관하여 필요한 사항은 해당 지방자치단체의 조례로 정한다.(2022.4.26 본항개정)
제12조의2【주민투표청구심의회】 ① 제9조에 따른 주민투표에 관한 다음 각 호의 사항을 심의하기 위하여 지방자치단체의 장 소속으로 주민투표청구심의회(이하 "심의회"라 한다)를 둔다. 다만, 해당 지방자치단체에 심의회와 성격·기능이 유사한 위원회가 설치되어 있는 경우에는 해당 지방자치단체의 조례로 정하는 바에 따라 그 위원회가 심의회의 기능을 대신할 수 있다.
1. 제12조제4항에 따른 청구인서명부의 서명에 대한 이의신청의 심사
2. 제12조제7항 및 제8항에 따른 청구인서명부에 기재된 유효서명의 확인
3. 제18조의2제1항에 따른 전자투표·전자개표의 실시
4. 그 밖에 심의회의 의장이 필요하다고 인정하여 심의에 부치는 사항
② 심의회의 의장은 시·도의 부시장·부지사, 시·군·구의 부시장·부군수·부구청장(이하 "부단체장"이라 한다)이 된다. 이 경우 부단체장이 2명 이상인 경우에는 해당 지방자치단체의 장이 지명하는 사람이 된다.
③ 심의회는 의장 및 부의장 각 1명을 포함하여 7명 이상의 위원으로 구성한다. 이 경우 공무원이 아닌 위원이 전체위원의 과반수가 되도록 하여야 한다.
④ 제1항부터 제3항까지에서 규정한 사항 외에 심의회의 구성 및 운영 등에 필요한 사항은 해당 지방자치단체의 조례로 정한다.
(2022.4.26 본조신설)
제13조【주민투표의 발의】 ① 지방자치단체의 장은 다음 각 호의 어느 하나에 해당하는 경우에는 지체없이 그 요지를 공표하고 관할선거관리위원회에 통지하여야 한다.(2016.5.29 본문개정)
1. 제8조제3항의 규정에 의하여 관계 중앙행정기관의 장에게 주민투표를 발의하겠다고 통지한 경우
2. 제9조제2항 또는 제5항의 규정에 의한 주민투표청구가 적법하다고 인정되는 경우
3. 제9조제6항의 규정에 의한 동의를 얻은 경우
② 지방자치단체의 장은 제1항에 따라 공표한 날부터 7일 이내(제3항에 따라 주민투표의 발의가 금지되는 기간은 산입하지 아니한다)에 투표일과 주민투표안을 공고함으로써 주민투표를 발의한다. 다만, 지방자치단체의 장 또는 지방의회가 주민투표청구의 목적을 수용하는 결정을 한 때에는 주민투표를 발의하지 아니한다.(2022.4.26 본문개정)
③ 지방자치단체의 관할구역의 전부 또는 일부에 대하여 「공직선거법」의 규정에 의한 선거가 실시되는 때에는 그 선거의 선거일전 60일부터 선거일까지의 기간동안에는 주민투표를 발의할 수 없다.(2016.5.29 본항개정)
제14조【주민투표의 투표일】 ① 주민투표의 투표일은 제13조제2항에 따른 주민투표발의일부터 23일(제3항에 따라 투표일을 정할 수 없는 기간은 산입하지 아니한다) 이후 첫 번째 수요일로 한다.(2022.4.26 본항개정)
② 제1항에 따른 투표일이 국민생활과 밀접한 관련이 있는 민속절 또는 공휴일인 때와 투표일 전일이나 그 다음 날이 공휴일인 때에는 그 다음주의 수요일로 한다.
(2022.4.26 본항신설)
③ 지방자치단체의 관할구역의 전부 또는 일부에 대하여 「공직선거법」의 규정에 의한 선거가 실시되는 때에는 그 선거의 선거일전 60일부터 선거일까지의 기간은 투표일로 정할 수 없다.(2016.5.29 본항개정)
④ 동일한 사항에 대하여 둘 이상의 지방자치단체에서 주민투표를 실시하여야 하는 경우에는 관계 지방자치단체의 장이 협의하여 동시에 주민투표를 실시하여야 한다. 다만, 협의가 이루어지지 아니하는 경우에는 시·도는 행정안전부장관이, 시·군·구는 특별시장·광역시장 또는 도지사가 정하는 바에 따른다.(2022.4.26 본항개정)
제15조【주민투표의 형식】 주민투표는 특정한 사항에 대하여 찬성 또는 반대의 의사표시를 하거나 두 가지 사항중 하나를 선택하는 형식으로 실시하여야 한다.
제16조【주민투표실시구역】 ① 주민투표는 그 지방자치단체의 관할구역 전체를 대상으로 실시한다. 다만, 특정한 지역 또는 주민에게만 이해관계가 있는 사항인 경우 지방자치단체의 장은 그 지방자치단체의 관할구역 중 일부를 대상으로 지방의회의 동의를 얻어 주민투표를 실시할 수 있다.(2022.4.26 단서개정)
② 청구인대표자는 제10조제1항에 따라 지방자치단체의 장에게 청구인대표자증명서의 교부를 신청할 때 제1항 단서에 따라 그 지방자치단체의 관할구역 중 일부를 주민투표실시구역으로 정할 것을 신청할 수 있다.
(2022.4.26 본항신설)
③ 지방자치단체의 장은 제2항에 따른 신청을 받은 경우 제10조제2항에 따라 청구인대표자증명서를 교부하기 전에 지방의회의 동의를 받아 주민투표실시구역을 정하여야 한다.(2022.4.26 본항신설)
제17조【주민투표공보의 발행】 ① 관할선거관리위원회는 주민투표안의 내용, 주민투표에 부쳐진 사항에 관한 의견 및 그 이유, 투표절차 그 밖의 필요한 사항을 게재한 주민투표공보를 1회 이상 발행하여야 한다.
② 제1항의 규정에 의한 주민투표공보의 규격·작성방법·배부시기 그 밖의 필요한 사항은 중앙선거관리위원회규칙으로 정한다.
제18조【투표방법 등】 ① 투표는 「공직선거법」 제159조의 규정에 의한 기표방법에 의한 투표로 한다.
(2016.5.29 본항개정)
② 투표는 직접 또는 우편으로 하되, 1인 1표로 한다.
③ 투표 및 개표사무의 관리는 전산화하여 실시할 수 있다. 이 경우 전산화에 의한 투표·개표의 절차·방법 등에 관하여 필요한 사항은 중앙선거관리위원회규칙으로 정한다.
④ 투표를 하는 때에는 투표인의 성명 등 투표인을 추정할 수 있는 표시를 하여서는 아니된다.
제18조의2【전자적 방법에 의한 투표·개표】 ① 제18조에도 불구하고 지방자치단체의 장은 다음 각 호의 어느 하나에 해당하는 경우에는 중앙선거관리위원회규칙으로 정하는 정보시스템을 사용하는 방법에 따른 투표(이하 이 조에서 "전자투표"라 한다) 및 개표(이하 이 조에서 "전자개표"라 한다)를 실시할 수 있다.
1. 청구인대표자가 요구하는 경우
2. 지방의회가 요구하는 경우
3. 지방자치단체의 장이 필요하다고 판단하는 경우
② 지방자치단체의 장은 제1항에 따른 전자투표·전자개표의 실시 여부 및 그 절차와 방법 등의 결정에 관하여 심의회의 심의 및 관할선거관리위원회와의 협의를 거쳐야 한다.
③ 제1항 및 제2항에 따라 전자투표를 실시하는 경우 지방자치단체의 장은 제13조제2항에 따라 주민투표를 발의할 때 다음 각 호의 사항을 포함하여 공고하여야 한다.
1. 전자투표를 할 수 있는 정보시스템의 인터넷 주소
2. 휴대전화 등을 통한 본인인증에 따른 본인 여부 확인 등 전자투표의 방법
3. 그 밖에 전자투표에 필요한 기술적인 사항
④ 관할선거관리위원회는 제1항 및 제2항에 따라 전자투표를 실시하는 경우에도 제19조에 따라 준용되는 「공직선거법」 제147조에 따른 투표소를 설치·운영하여야 한다.
⑤ 누구든지 다음 각 호의 어느 하나의 방법으로 전자투표를 하거나 전자투표의 결과에 영향을 미쳐서는 아니된다.
1. 해킹, 컴퓨터바이러스, 논리폭탄, 메일폭탄, 서비스거부 또는 고출력 전자기파 등의 방법
2. 「정보통신망 이용촉진 및 정보보호 등에 관한 법률」 제2조제1항제1호에 따른 정보통신망(이하 "정보통신망"이라 한다)의 정상적인 보호·인증 절차를 우회하여 정보통신망에 접근할 수 있도록 하는 프로그램이나 기술적 장치 등을 정보통신망 또는 이와 관련된 정보시스템에 설치하는 방법
⑥ 제1항부터 제5항까지에서 규정한 사항 외에 전자투표·전자개표의 절차·방법 등에 관하여 필요한 사항은 중앙선거관리위원회규칙으로 정한다.
(2022.4.26 본조신설)
제19조【투표·개표절차 등】 투표시간, 투표용지, 투표구·개표구의 설치, 투표·개표의 절차 및 참관 등 투표·개표의 관리에 관하여는 「공직선거법」 제10장(투표) 및 제11장(개표)의 규정을 준용한다.(2016.5.29 본조개정)

제3장 주민투표에 관한 운동

제20조【투표운동의 원칙】 ① 이 법에서 "투표운동"이라 함은 주민투표에 부쳐진 사항에 관하여 찬성 또는 반대하게 하거나 주민투표에 부쳐진 두 가지 사항 중 하나를 지지하게 하는 행위를 말한다. 다만, 주민투표에 부쳐진 사항에 관한 단순한 의견개진 및 의사표시는 투표운동으로 보지 아니한다.
② 이 법 또는 다른 법률의 규정에 의하여 금지 또는 제한되는 경우를 제외하고는 누구든지 자유롭게 투표운동을 할 수 있다.
제21조【투표운동기간 및 투표운동을 할 수 없는 자】
① 투표운동기간은 주민투표일 전 21일부터 주민투표일 전날까지로 한다.(2022.4.26 본항개정)
② 다음 각 호의 어느 하나에 해당하는 자는 투표운동을 할 수 없다.(2016.5.29 본문개정)
1. 주민투표권이 없는 자
2. 공무원(그 지방의회의 의원을 제외한다)
3. 각급 선거관리위원회의 위원
4. 방송법에 의한 방송사업(방송채널사용사업은 보도에 관한 전문편성을 행하는 방송채널사용사업에 한한다)을 경영하거나 이에 상시 고용되어 편집·제작·취재·집필 또는 보도의 업무에 종사하는 자
5. 「신문 등의 진흥에 관한 법률」 제9조에 따라 등록하여야 하는 신문, 인터넷신문 또는 인터넷뉴스서비스와 「잡지 등 정기간행물의 진흥에 관한 법률」 제15조 또는 제16조에 따라 등록 또는 신고하여야 하는 정기간행물(분기별 1회 이하 발행되거나 학보 그 밖에 전문분야에 관한 순수한 학술 및 정보지 등 정치에 관한 보도·논평 그 밖에 여론형성의 목적없이 발행되는 신문, 인터넷신문, 인터넷뉴스서비스 또는 정기간행물은 제외한다)을 발행 또는 경영하거나 이에 상시 고용되어 편집·취재·집필 또는 보도의 업무에 종사하는 자(2016.5.29 본호개정)
6. 통·리·반의 장(2022.4.26 본호신설)
제22조【투표운동의 제한】 ① 누구든지 다음 각 호의 어느 하나에 해당하는 방법으로 투표운동을 하여서는 아니된다.(2016.5.29 본문개정)
1. 야간호별방문 및 야간옥외집회
2. 투표운동을 목적으로 서명 또는 날인을 받는 행위
3. 「공직선거법」 제80조의 규정에 의한 연설금지장소에서의 연설행위(2016.5.29 본호개정)
4. 「공직선거법」 제91조에서 정하는 확성장치 및 자동차 등의 사용제한에 관한 규정에 위반되는 행위
(2016.5.29 본호개정)
② 제1항제1호의 규정에 의하여 야간호별방문 및 야간옥외집회가 금지되는 시간은 그 지방자치단체의 조례로 정한다.
제23조【위법한 투표운동에 대한 중지·경고 등】 관할선거관리위원회의 위원 및 직원은 이 법 및 이 법의 위임에 의한 중앙선거관리위원회규칙에 위반되는 행위를 발견한 때에는 중지·경고 또는 시정명령을 하여야 하며, 그 위반행위가 투표의 공정을 현저히 해치는 것이거나 중지·경고 또는 시정명령을 불이행하는 때에는 관할 수사기관에 수사를 의뢰하거나 고발하여야 한다.

제4장 주민투표의 효력 등

제24조【주민투표결과의 확정】 ① 주민투표에 부쳐진 사항은 주민투표권자 총수의 4분의 1 이상의 투표와 유효투표수 과반수의 득표로 확정된다. 다만, 다음 각 호의 어느 하나에 해당하는 경우에는 찬성과 반대 양자를 모두 수용하지 아니하거나, 양자택일의 대상이 되는 사항 모두를 선택하지 아니하기로 확정된 것으로 본다.
(2022.4.26 본문개정)
1. 전체 투표수가 주민투표권자 총수의 4분의 1에 미달되는 경우(2022.4.26 본호개정)
2. 주민투표에 부쳐진 사항에 관한 유효득표수가 동수인 경우
② (2022.4.26 삭제)
③ 관할선거관리위원회는 개표가 끝나면 지체 없이 그 결과를 공표한 후 지방자치단체의 장에게 통지하여야 한다.(2022.4.26 본항개정)
④ 지방자치단체의 장은 제3항의 규정에 의하여 주민투표결과를 통지받은 때에는 지체없이 이를 지방의회에 보고하여야 하며, 제8조의 규정에 의한 국가정책에 관한 주민투표인 때에는 관계 중앙행정기관의 장에게 주민투표결과를 통지하여야 한다.
⑤ 지방자치단체의 장 및 지방의회는 주민투표결과 확정된 내용대로 행정·재정상의 필요한 조치를 하여야 한다.
⑥ 지방자치단체의 장 및 지방의회는 주민투표결과 확정된 사항에 대하여 2년 이내에는 이를 변경하거나 새로운 결정을 할 수 없다. 다만, 제1항 단서의 규정에 의하여 찬성과 반대 양자를 모두 수용하지 아니하거나 양자택일의 대상이 되는 사항 모두를 선택하지 아니하기로 확정된 때에는 그러하지 아니하다.
제25조【주민투표소송 등】 ① 주민투표의 효력에 관하여 이의가 있는 주민투표권자는 주민투표권자 총수의 100분의 1 이상의 서명으로 제24조제3항에 따라 주민투표결과가 공표된 날부터 14일 이내에 관할선거관리위원회 위원장을 피소청인으로 하여 시·군·구의 경우에는 시·도선거관리위원회에, 시·도의 경우에는 중앙선거관리위원회에 소청할 수 있다.(2022.4.26 본항개정)
② 소청인은 제1항에 따른 소청에 대한 결정에 불복하려는 경우 관할선거관리위원회 위원장을 피고로 하여 그 결정서를 받은 날(결정서를 받지 못한 때에는 결정기간이 종료된 날을 말한다)부터 10일 이내에 시·도의 경우에는 대법원에, 시·군·구의 경우에는 관할 고등법원에 소를 제기할 수 있다.(2022.4.26 본항개정)
③ 주민투표에 관한 소청 및 소송의 절차에 관하여는 이 법에 규정된 사항을 제외하고는 「공직선거법」 제219조부터 제229조까지의 규정 중 지방자치단체의 장 및 의원에 관한 규정을 준용한다.(2016.5.29 본항개정)
제26조【재투표 및 투표연기】 ① 지방자치단체의 장은 주민투표의 전부 또는 일부무효의 판결이 확정된 때에는 그 날부터 20일 이내에 무효로 된 투표구의 재투표를 실시하여야 한다. 이 경우 투표일은 늦어도 투표일전 7일까지 공고하여야 한다.
② 제1항의 규정에 의하여 재투표를 실시하는 때에는 그 판결에 특별한 명시가 없는 한 제6조의 규정에 불구하고 당초 투표에 사용된 투표인명부를 사용한다.
③ 지방자치단체의 장은 천재·지변 및 그 밖에 부득이한 사유로 인하여 투표를 실시할 수 없거나 실시하지 못한

때에는 관할선거관리위원회와 협의하여 투표를 연기하거나 다시 투표일을 지정하여야 한다.(2022.4.26 본항개정)
④ 지방자치단체의 장은 제3항에 따라 투표를 연기하는 경우에는 연기할 주민투표명과 연기사유 등을 공고하여야 하며, 다시 투표일을 지정하는 경우에는 해당 주민투표명, 재지정 사유와 투표일 등을 공고하여야 한다.
(2022.4.26 본항신설)
⑤ 지방자치단체의 장은 제3항에 따라 연기된 투표를 다시 진행하는 경우에는 투표일을 다시 정하여 공고하여야 한다.(2022.4.26 본항신설)
⑥ 지방자치단체의 장은 제3항에 따라 투표를 연기한 경우에는 처음부터 투표절차를 다시 진행하여야 하며, 다시 투표일을 지정한 경우에는 이미 진행된 투표절차에 이어 계속하여야 한다.(2022.4.26 본항신설)
⑦ 제1항에 따른 재투표, 제3항에 따른 투표 연기 및 투표일 재지정에 필요한 사항은 중앙선거관리위원회규칙으로 정한다.(2022.4.26 본항신설)
제27조【주민투표경비】 ① 주민투표사무에 필요한 다음 각 호의 경비는 주민투표를 발의한 지방자치단체의 장이 속하는 지방자치단체(제8조의 규정에 의한 국가정책에 관한 주민투표인 경우에는 국가를 말한다)가 부담한다.(2016.5.29 본문개정)
1. 주민투표의 준비·관리 및 실시에 필요한 경비
2. 주민투표공보의 발행, 설명회 등의 개최 및 불법투표운동의 단속에 필요한 경비
3. 주민투표에 관한 소청 및 소송과 관련한 경비
4. 주민투표결과에 대한 자료의 정리 그 밖에 주민투표사무의 관리를 위한 관할선거관리위원회의 운영 및 사무처리에 필요한 경비
② 지방자치단체는 제1항의 규정에 의한 경비를 주민투표발의일부터 3일 이내에 관할선거관리위원회에 납부하여야 한다.
③ 제1항의 규정에 의한 주민투표경비의 산출기준·납부절차·납부방법·집행·회계검사 및 반환 그 밖에 필요한 사항은 중앙선거관리위원회규칙으로 정한다.

제5장 벌 칙

제28조【벌칙】 다음 각 호의 어느 하나에 해당하는 자는 5년 이하의 징역 또는 5천만원 이하의 벌금에 처한다.(2020.1.29 본문개정)
1. 주민투표의 결과에 영향을 미치게 할 목적으로 투표인(투표인명부 작성전에는 그 투표인명부에 오를 자격이 있는 자를 포함한다. 이하 이 조에서 같다)에게 금전·물품·향응 그 밖의 재산상의 이익이나 공사(公私)의 직을 제공하거나 그 제공의 의사를 표시 또는 그 제공을 약속하거나 이러한 행위에 관하여 지시·권유·요구 또는 알선한 자
2. 투표인에 대하여 폭행·협박 또는 불법으로 체포·감금하거나 부정한 방법으로 투표의 자유를 방해한 자
3. 법령에 의하지 아니하고 투표함을 열거나 투표함(빈 투표함을 포함한다) 또는 투표함안의 투표지를 제거·파괴·훼손·은닉 또는 탈취한 자
4. 주민투표의 결과에 영향을 미칠 목적으로 허위사실을 유포한 자
5. 직업·종교·교육 그 밖의 특수관계 또는 지위를 이용하여 주민투표에 부당한 영향을 미친 자
6. 제18조의2제5항을 위반하여 전자투표를 하거나 전자투표의 결과에 영향을 미친 자(2022.4.26 본호신설)
제29조【벌칙】 다음 각 호의 어느 하나에 해당하는 자는 3년 이하의 징역 또는 3천만원 이하의 벌금에 처한다.(2020.1.29 본문개정)
1. 제28조제1항제1호에 규정된 이익이나 공사의 직을 제공받거나 그 제공의 의사표시를 승낙한 자
2. 성명의 사칭, 신분증명서의 위·변조 그 밖의 부정한 방법으로 투표하거나 투표를 하려고 한 자
3. 주민투표에 관한 서명요청 및 투표운동의 기회를 이용하여 특정 정당이나 「공직선거법」의 규정에 의한 공직선거에 후보자가 되고자 하는 자를 지지·추천 또는 반대하거나 그 밖에 선거운동에 이르는 행위를 한 자(2016.5.29 본호개정)
제30조【벌칙】 다음 각 호의 어느 하나에 해당되는 자는 1년 이하의 징역 또는 1천만원 이하의 벌금에 처한다.(2020.1.29 본문개정)
1. 제11조의 규정을 위반하여 서명요청을 한 자
2. 제21조의 규정을 위반하여 투표운동을 한 자
3. 제22조의 규정에 의한 투표운동의 제한을 위반하여 투표운동을 한 자

부 칙 (2009.2.12)

① 【시행일】 이 법은 공포한 날부터 시행한다.
② 【주민투표청구권자 총수에 관한 경과조치】 지방자치단체의 장은 이 법 시행 후 1개월 이내에 제9조제3항의 개정규정에 따라 산정한 주민투표청구권자 총수를 공표하여야 한다.
③ 【이 법 시행 당시 진행 중인 주민투표에 관한 경과조치】 이 법 시행 당시 진행 중인 주민투표에 관하여는 종전의 규정에 따른다.

부 칙 (2016.5.29)

제1조【시행일】 이 법은 공포한 날부터 시행한다.
제2조【주민투표경비에 관한 적용례】 제27조제1항의 개정규정은 이 법 시행 후 최초로 지방자치단체의 장이 발의하는 주민투표부터 적용한다.
제3조【국내거소신고자의 주민투표권 등에 관한 경과조치】 이 법 시행 당시 법률 제12593호 재외동포의 출입국과 법적 지위에 관한 법률 일부개정법률 부칙 제2조에 따라 국내거소신고 및 국내거소신고증의 효력이 유지되는 재외국민에 대해서는 제5조제1항제1호 및 제9조제3항의 개정규정에도 불구하고 종전의 규정에 따른다.
제4조【진행 중인 주민투표의 투표인명부의 작성 등에 관한 경과조치】 이 법 시행 당시 발의되어 진행 중인 주민투표는 제6조제1항 및 제14조제1항의 개정규정에도 불구하고 종전의 규정에 따른다.

부 칙 (2020.1.29)

이 법은 공포한 날부터 시행한다.

부 칙 (2021.1.12)

제1조【시행일】 이 법은 공포 후 1년이 경과한 날부터 시행한다.(이하 생략)

부 칙 (2022.4.26)

제1조【시행일】 이 법은 공포한 날부터 시행한다. 다만, 다음 각 호의 개정규정은 각 호의 구분에 따른 날부터 시행한다.
1. 제4조제3항, 제7조제1항, 제12조의2, 제18조의2, 제26조제4항부터 제7항까지 및 제28조제6호의 개정규정 : 공포 후 6개월이 경과한 날
2. 제10조제1항 후단, 같은 조 제2항 후단, 같은 조 제4항부터 제8항까지, 제12조제1항(전자청구인서명부에 관한 부분으로 한정한다), 제13항(전자청구인서명부에 관한 부분으로 한정한다) 및 제9항의 개정규정 : 공포 후 1년이 경과한 날
제2조【전자서명에 의한 주민투표청구에 관한 적용례】 제10조제1항 후단, 같은 조 제2항 후단, 같은 조 제4항부터 제8항까지, 제12조제1항(전자청구인서명부에 관한 부분으로 한정한다), 제13항(전자청구인서명부에 관한 부분으로 한정한다) 및 제9항의 개정규정은 부칙 제1조제2호에 따른 시행일 이후 청구인대표자증명서의 교부를 신청하는 경우부터 적용한다.
제3조【주민투표실시구역의 신청에 관한 적용례】 제16조제2항 및 제3항의 개정규정은 이 법 시행 이후 청구인대표자증명서의 교부를 신청하는 경우부터 적용한다.
제4조【재투표 및 투표연기에 관한 적용례】 제26조제4항부터 제7항까지의 개정규정은 부칙 제1조제1호에 따른 시행일 이후 발의하는 주민투표부터 적용한다.
제5조【주민투표청구권자 총수의 공표에 관한 특례】 지방자치단체의 장은 제9조제4항에도 불구하고 이 법 시행일부터 7일 이내에 제5조제1항 각 호 외의 부분 본문 및 제9조제2항의 개정규정에 따라 산정한 서명인 수를 공표하여야 한다.
제6조【주민투표권자 및 주민투표청구권자의 연령 기준에 관한 경과조치】 다음 각 호의 어느 하나에 해당하는 경우에는 제5조제1항 각 호 외의 부분 본문 및 제9조제2항의 개정규정에도 불구하고 종전의 규정에 따른다.
1. 이 법 시행 전에 제8조제1항에 따라 주민투표의 실시를 요구한 경우
2. 이 법 시행 전에 제9조제5항에 따라 주민투표의 실시를 청구한 경우
3. 이 법 시행 전에 제9조제6항에 따른 동의를 얻은 경우
4. 이 법 시행 전에 제10조제1항에 따라 청구인대표자증명서의 교부를 신청한 경우
제7조【주민투표의 대상에 관한 경과조치】 다음 각 호의 어느 하나에 해당하는 경우에는 제7조제1항의 개정규정에도 불구하고 종전의 규정에 따른다.
1. 부칙 제1조제1호에 따른 시행일 전에 제9조제5항에 따라 주민투표의 실시를 청구한 경우
2. 부칙 제1조제1호에 따른 시행일 전에 제9조제6항에 따른 동의를 얻은 경우
3. 부칙 제1조제1호에 따른 시행일 전에 제10조제1항에 따라 청구인대표자증명서의 교부를 신청한 경우
제8조【진행 중인 주민투표에 관한 경과조치】 이 법 시행 당시 발의되어 진행 중인 주민투표에 대해서는 제14조제1항 및 제2항, 제16조제1항 단서, 제21조제1항, 같은 조 제2항제6호, 제24조제1항부터 제3항까지 및 제26조제3항의 개정규정에도 불구하고 종전의 규정에 따른다.
제9조【다른 법률의 개정】 ※(해당 법령에 가제정리 하였음)

주민조례발안에 관한 법률

(약칭 : 주민조례발안법)

(2021년 10월 19일
법 률 제18495호)

개정
2023. 8.16법19633호

제1조【목적】 이 법은 「지방자치법」 제19조에 따른 주민의 조례 제정과 개정·폐지 청구에 필요한 사항을 규정함으로써 주민의 직접참여를 보장하고 지방자치행정의 민주성과 책임성을 제고함을 목적으로 한다.
제2조【주민조례청구권자】 18세 이상의 주민으로서 다음 각 호의 어느 하나에 해당하는 사람(「공직선거법」 제18조에 따른 선거권이 없는 사람은 제외한다. 이하 "청구권자"라 한다)은 해당 지방자치단체의 의회(이하 "지방의회"라 한다)에 조례를 제정하거나 개정 또는 폐지할 것을 청구(이하 "주민조례청구"라 한다)할 수 있다.
1. 해당 지방자치단체의 관할 구역에 주민등록이 되어 있는 사람
2. 「출입국관리법」 제10조에 따른 영주(永住)할 수 있는 체류자격 취득일 후 3년이 지난 외국인으로서 같은 법 제34조에 따라 해당 지방자치단체의 외국인등록대장에 올라 있는 사람
제3조【주민조례청구권의 보장 등】 ① 국가 및 지방자치단체는 청구권자가 지방의회에 주민조례청구를 할 수 있도록 필요한 조치를 하여야 한다.
② 지방자치단체는 청구권자가 전자적 방식을 통하여 주민조례청구를 할 수 있도록 행정안전부장관이 정하는 바에 따라 정보시스템을 구축·운영하여야 한다. 이 경우 행정안전부장관은 정보시스템을 구축·운영하는 데 필요한 지원을 할 수 있다.
③ 국가 및 지방자치단체는 청구권자의 주민조례청구를 활성화하기 위하여 주민조례청구의 요건, 참여·서명 방법 및 절차 등을 홍보하여야 한다.(2023.8.16 본항신설)
(2023.8.16 본조제목개정)
제4조【주민조례청구 제외 대상】 다음 각 호의 사항은 주민조례청구 대상에서 제외한다.
1. 법령을 위반하는 사항
2. 지방세·사용료·수수료·부담금을 부과·징수 또는 감면하는 사항
3. 행정기구를 설치하거나 변경하는 사항
4. 공공시설의 설치를 반대하는 사항
제5조【주민조례청구 요건】 ① 청구권자가 주민조례청구를 하려는 경우에는 다음 각 호의 구분에 따른 기준 이내에서 해당 지방자치단체의 조례로 정하는 청구권자 수 이상이 연대 서명하여야 한다.
1. 특별시 및 인구 800만 이상의 광역시·도 : 청구권자 총수의 200분의 1
2. 인구 800만 미만의 광역시·도, 특별자치시, 특별자치도 및 인구 100만 이상의 시 : 청구권자 총수의 150분의 1
3. 인구 50만 이상 100만 미만의 시·군 및 자치구 : 청구권자 총수의 100분의 1
4. 인구 10만 이상 50만 미만의 시·군 및 자치구 : 청구권자 총수의 70분의 1
5. 인구 5만 이상 10만 미만의 시·군 및 자치구 : 청구권자 총수의 50분의 1
6. 인구 5만 미만의 시·군 및 자치구 : 청구권자 총수의 20분의 1
② 청구권자 총수는 전년도 12월 31일 현재의 주민등록표 및 외국인등록표에 따라 산정한다.
③ 지방자치단체의 장은 매년 1월 10일까지 제2항에 따라 산정한 청구권자 총수를 공표하여야 한다.
제6조【대표자 증명서 발급 등】 ① 청구권자가 주민조례청구를 하려는 경우에는 청구인의 대표자(이하 "대표자"라 한다)를 선정하여야 하며, 선정된 대표자는 다음 각 호의 서류를 첨부하여 지방의회의 의장에게 대표자 증명서 발급을 신청하여야 한다. 이 경우 대표자는 그 발급을 신청할 때 제7조제4항에 따른 전자서명의 요청에 필요한 제3조제2항에 따른 정보시스템(이하 "정보시스템"이라 한다)의 이용을 함께 신청할 수 있다.
1. 주민조례청구의 취지·이유 등을 내용으로 하는 조례의 제정·개정·폐지 청구서(이하 "청구서"라 한다)
2. 조례의 제정안·개정안·폐지안(이하 "주민청구조례안"이라 한다)
② 지방의회의 의장은 제1항에 따른 신청을 받으면 대표자가 청구권자인지를 확인하여 대표자 증명서를 발급하고 그 사실을 공표하여야 한다. 이 경우 제1항 각 호 외의 부분 후단에 따라 정보시스템의 이용 신청을 받은 지방의회의 의장은 다음 각 호의 사항을 함께 공표하고, 정보시스템에 제3항 각 호의 서류를 게시하여야 한다.
1. 전자서명을 할 수 있는 정보시스템의 인터넷 주소
2. 전자서명 방법 및 제9조제3항에 따른 전자서명 취소 방법
제7조【서명요청 등】 ① 대표자(제2항에 따라 서명요청권을 위임한 경우에는 같은 항에 따른 수임자를 포함한다)는 청구권자에게 청구인명부에 서명할 것을 요청할 수 있다.

② 대표자는 청구권자에게 제1항에 따른 서명요청권을 위임할 수 있으며, 이를 위임한 경우에는 수임자의 성명 및 위임 연월일을 해당 지방의회의 의장에게 신고하여야 한다. 이 경우 지방의회의 의장은 즉시 위임신고증을 발급하여야 한다.
③ 대표자 또는 제2항에 따른 수임자(이하 "수임자"라 한다)는 제1항에 따라 서명을 요청하는 경우에는 청구인명부에 다음 각 호의 서류를 첨부하여야 한다.
1. 청구서나 그 사본
2. 주민청구조례안 또는 그 사본
3. 제6조제2항에 따른 대표자 증명서(수임자의 경우 이 조 제2항 후단에 따른 위임신고증을 포함한다)나 그 사본
④ 대표자는 청구권자에게 제1항에 따른 서명을 갈음하여 전자적 방식으로 생성된 청구인서명부에 정보시스템을 이용하여 「전자서명법」 제2조제2호에 따른 전자서명(이하 "전자서명"이라 한다)을 할 것을 요청할 수 있다.
⑤ 대표자 또는 수임자는 제6조제2항 각 호의 사항을 청구권자에게 알릴 수 있다.
⑥ 제1항부터 제5항까지에서 규정한 사항 외에 서명요청 절차 등에 관하여 필요한 사항은 지방자치단체의 조례로 정한다.
제8조【서명요청 기간 등】 ① 대표자 또는 수임자는 제6조제2항에 따른 공표가 있은 날부터 특별시·광역시·특별자치시·도 및 특별자치도(이하 "시·도"라 한다)의 경우에는 6개월 이내에, 시·군 및 자치구의 경우에는 3개월 이내에 제7조제1항에 따른 서명과 전자서명을 요청하여야 한다. 이 경우 제7조제1항에 따른 서명과 전자서명의 요청 기간을 계산할 때 「공직선거법」 제33조에 따른 선거기간은 산입하지 아니한다.
② 대표자 또는 수임자는 「공직선거법」 제33조에 따른 선거기간에는 제7조제1항에 따른 서명과 전자서명을 요청할 수 없다.
③ 대표자 또는 수임자가 아닌 자는 제7조제1항에 따른 서명과 전자서명을 요청할 수 없다.
제9조【청구인명부의 작성 등】 ① 청구인명부에 서명하려는 청구권자는 청구인명부에 다음 각 호의 사항을 적고, 서명하거나 도장을 찍어야 한다. 다만, 청구권자가 전자서명을 하는 경우에는 전자문서로 생성된 청구인명부에 다음 각 호의 사항을 적은 것으로 본다.
1. 성명
2. 생년월일
3. 주소 또는 체류지
4. 서명 연월일
② 서명을 한 청구권자가 그 서명을 취소하려면 제10조제1항 본문에 따라 대표자가 지방의회의 의장에게 청구인명부를 제출하기 전에 대표자에게 서명 취소를 요청하여야 한다. 이 경우 요청을 받은 대표자는 즉시 청구인명부에서 그 서명을 삭제하여야 한다.
③ 전자서명을 한 청구권자가 그 전자서명을 취소하려는 경우에는 제10조제1항 단서에 따라 대표자가 해당 지방의회에 청구인명부 활용을 요청하기 전에 정보시스템을 통하여 직접 취소하여야 한다.
④ 제1항 각 호 외의 부분 본문에 따른 청구인명부는 시·군 및 자치구의 경우에는 읍·면·동별로 작성하고, 시·도의 경우에는 시·군·자치구별로 읍·면·동으로 구분하여 작성하여야 한다.
⑤ 제1항부터 제4항까지에서 규정한 사항 외에 청구인명부 작성 등에 필요한 사항은 지방자치단체의 조례로 정한다.
제10조【청구인명부의 제출 등】 ① 대표자는 청구인명부에 서명(전자서명을 포함한다. 이하 같다)한 청구권자의 수가 제5조제1항에 따른 해당 지방자치단체의 조례로 정하는 청구권자 수 이상이 되면 제8조제1항에 따른 서명요청 기간이 지난 날부터 시·도의 경우에는 10일 이내에, 시·군 및 자치구의 경우에는 5일 이내에 지방의회의 의장에게 청구인명부를 제출하여야 한다. 다만, 전자서명의 경우에는 대표자가 지방의회의 의장에게 정보시스템에 생성된 청구인명부를 직접 활용하도록 요청하여야 한다.
② 지방의회의 의장은 제1항에 따라 청구인명부를 제출받거나 청구인명부의 활용을 요청받은 날부터 5일 이내에 청구인명부의 내용을 공표하여야 하며, 공표한 날부터 10일간 청구인명부나 그 사본을 공개된 장소에 갖추어 두어 열람할 수 있도록 하여야 한다.
③ 제1항 및 제2항에서 규정한 사항 외에 청구인명부의 제출 등에 필요한 사항은 지방자치단체의 조례로 정한다.
제11조【이의신청 등】 ① 지방의회의 의장은 청구인명부의 서명이 다음 각 호의 어느 하나에 해당하는 경우 해당 서명을 무효로 결정하고 청구인명부를 수정한 후 그 사실을 즉시 대표자에게 알려야 한다.
1. 청구권자가 아닌 사람의 서명
2. 누구의 서명인지 확인하기 어려운 서명
3. 제7조제1항에 따른 서명요청권이 없는 사람이 받은 서명
4. 한 사람이 동일한 사안에 대하여 2개 이상의 유효한 서명을 한 경우 그 중 하나의 서명을 제외한 나머지 서명
5. 제8조제1항에 따른 서명요청 기간 외의 기간 또는 같은 조 제2항에 따른 서명요청 제한 기간에 받은 서명
6. 제9조제2항에 따라 청구권자가 서명 취소를 요청한 서명
7. 강요·속임수나 그 밖의 부정한 방법으로 받은 서명
② 청구인명부의 서명에 이의가 있는 사람은 제10조제2항에 따른 열람기간에 지방의회의 의장에게 이의를 신청할 수 있다.
③ 지방의회의 의장은 제2항에 따른 이의신청을 받으면 제10조제2항에 따른 열람기간이 끝난 날부터 14일 이내에 이를 심사·결정하여야 한다. 이 경우 이의신청이 이유 있다고 결정하는 경우에는 청구인명부를 수정하고, 그 사실을 이의신청을 한 사람과 대표자에게 알려야 하며, 이의신청이 이유 없다고 결정하는 경우에는 그 뜻을 즉시 이의신청을 한 사람에게 알려야 한다.
④ 지방의회의 의장은 제1항 및 제3항에 따른 결정으로 청구인명부에 서명한 청구권자의 수가 제5조제1항에 따른 청구요건에 미치지 못할 때에는 대표자로 하여금 다음 각 호의 구분에 따른 기간의 범위에서 해당 지방자치단체의 조례로 정하는 기간 내에 보정하게 할 수 있다.
1. 시·도 : 15일 이상
2. 시·군 및 자치구 : 10일 이상
⑤ 제4항에 따라 보정된 청구인명부의 제출, 공표 및 이의신청 등에 관하여는 제10조 및 이 조 제1항부터 제3항까지의 규정을 준용한다. 이 경우 제10조제1항 본문 중 "제8조제1항에 따른 서명요청 기간"은 "제11조제4항에 따른 보정 기간"으로 본다.
⑥ 제1항부터 제5항까지에서 규정한 사항 외에 이의신청에 필요한 사항은 지방자치단체의 조례로 정한다.
제12조【청구의 수리 및 각하】 ① 지방의회의 의장은 다음 각 호의 어느 하나에 해당하는 경우로서 제4조, 제5조 및 제10조제1항(제11조제5항에서 준용하는 경우를 포함한다)에 따른 요건에 적합한 경우에는 주민조례청구를 수리하고, 요건에 적합하지 아니한 경우에는 주민조례청구를 각하하여야 한다. 이 경우 수리 또는 각하 사실을 대표자에게 알려야 한다.
1. 제11조제2항(같은 조 제5항에 따라 준용되는 경우를 포함하며, 이하 같다)에 따른 이의신청이 없는 경우
2. 제11조제2항에 따라 제기된 모든 이의신청에 대하여 같은 조 제3항(같은 조 제5항에 따라 준용되는 경우를 포함한다)에 따른 결정이 끝난 경우
② 지방의회의 의장은 다음 각 호의 구분에 따른 기간의 범위에서 해당 지방자치단체의 조례로 정하는 기간 이내에 제1항에 따라 주민조례청구를 수리하거나 각하하여야 한다.
1. 제1항제1호에 해당하는 경우 : 제10조제2항에 따른 열람기간이 끝난 날(제11조제5항에 따라 준용되는 경우에는 보정된 청구인명부에 대한 열람기간이 끝난 날)부터 3개월 이내
2. 제1항제2호에 해당하는 경우 : 모든 이의신청에 대하여 제11조제3항에 따른 심사·결정이 끝난 날(제11조제5항에 따라 준용되는 경우에는 보정된 청구인명부의 서명에 제기된 모든 이의신청에 대한 심사·결정이 끝난 날)부터 3개월 이내
(2023.8.16 본항신설)
③ 지방의회의 의장은 제1항에 따라 주민조례청구를 각하하려면 대표자에게 의견을 제출할 기회를 주어야 한다.
④ 지방의회의 의장은 「지방자치법」 제76조제1항에도 불구하고 이 조 제1항에 따라 주민조례청구를 수리한 날부터 30일 이내에 지방의회의 의장 명의로 주민청구조례안을 발의하여야 한다.
⑤ 제1항부터 제3항까지에서 규정한 사항 외에 주민조례청구의 수리 절차에 관하여 필요한 사항은 지방의회의 회의규칙으로 정한다.(2023.8.16 본항개정)
제13조【주민청구조례안의 심사 절차】 ① 지방의회는 제12조제1항에 따라 주민청구조례안이 수리된 날부터 1년 이내에 주민청구조례안을 의결하여야 한다. 다만, 필요한 경우에는 본회의 의결로 1년 이내의 범위에서 한 차례만 그 기간을 연장할 수 있다.
② 지방의회는 심사 안건으로 부쳐진 주민청구조례안을 의결하기 전에 대표자를 회의에 참석시켜 그 청구의 취지(대표자와의 질의·답변을 포함한다)를 들을 수 있다.
③ 「지방자치법」 제79조 단서에도 불구하고 주민청구조례안은 제12조제1항에 따라 주민청구조례안을 수리한 당시의 지방의회의원의 임기가 끝나더라도 다음 지방의회의원의 임기까지는 의결되지 못한 것 때문에 폐기되지 아니한다.
④ 제1항부터 제3항까지에서 규정한 사항 외에 주민청구조례안의 심사 절차에 관하여 필요한 사항은 지방의회의 회의규칙으로 정한다.
제14조【사무 협조】 지방의회의 의장은 제11조에 따른 청구인명부의 서명 확인 사무를 원활하게 수행하기 위하여 필요한 경우 해당 지방자치단체의 장에게 협조를 요청할 수 있다. 이 경우 요청을 받은 지방자치단체의 장은 특별한 사유가 없으면 그 요청에 따라야 한다.
제15조【고유식별정보의 처리】 ① 지방자치단체는 제11조에 따른 청구인명부의 서명 확인 사무를 수행하기 위하여 불가피한 경우 당사자의 동의를 받아 「개인정보 보호법」 제24조에 따른 고유식별정보가 포함된 자료를 처리할 수 있다.
② 지방자치단체는 제1항에 따른 정보가 포함된 자료를 처리할 때에는 해당 정보를 「개인정보 보호법」에 따라 보호하여야 한다.

부　칙

제1조【시행일】 이 법은 2022년 1월 13일부터 시행한다.
제2조【주민조례청구에 관한 적용례 등】 ① 이 법은 이 법 시행 당시 종전의 「지방자치법」(법률 제17893호로 전부개정되기 전의 것을 말한다) 제15조에 따라 조례의 제정과 개정·폐지 청구 절차가 진행 중인 경우에도 적용한다. 이 경우 지방자치단체의 장에게 한 청구는 지방의회에 한 청구로, 지방자치단체의 장에게 한 신청 또는 제출은 지방의회의 의장에게 한 신청 또는 제출로, 지방자치단체의 장이 한 행위는 지방의회의 의장이 한 행위로 본다.
② 제1항에도 불구하고 제13조제1항 및 제3항은 이 법 시행 이후 제12조제1항에 따라 수리되는 주민청구조례안부터 적용한다.
③ 지방자치단체의 장은 이 법 시행 당시 절차가 진행 중인 조례의 제정과 개정·폐지 청구에 관한 모든 서류 및 그 밖의 자료를 지체 없이 지방의회에 이관하여야 한다.
제3조【주민조례청구 요건 등에 관한 특례】 ① 이 법 시행 당시 제5조제1항에 따라 해당 지방자치단체의 조례로 정하는 청구권자 수 기준이 같은 항에 따른 기준에 맞지 아니하는 경우에는 그 기준에 맞는 조례가 제정되거나 그 기준에 맞게 개정될 때까지는 같은 항 각 호의 구분에 따른 청구권자 수 이상이 연대 서명하여 주민조례청구를 할 수 있다.
② 이 법 시행 당시 제11조제4항 각 호 외의 부분에 따라 해당 지방자치단체의 조례로 정하는 보정 기간이 같은 항 각 호의 구분에 따른 기준에 맞지 아니하는 경우에는 그 기준에 맞는 조례가 제정되거나 그 기준에 맞게 개정될 때까지는 다음 각 호의 구분에 따른 기간 내에 청구인명부를 보정하게 할 수 있다.
1. 시·도 : 15일
2. 시·군 및 자치구 : 10일
제4조【다른 법률의 개정】 ①~② ※(해당 법령에 가제정리 하였음)

부　칙 (2023.8.16)

제1조【시행일】 이 법은 공포 후 6개월이 경과한 날부터 시행한다.
제2조【주민조례청구 수리 또는 각하 기한에 관한 적용례】 제12조제2항의 개정규정은 이 법 시행 당시 조례의 제정과 개정·폐지 청구 절차가 진행 중인 경우에도 적용한다.
제3조【주민조례청구 수리 또는 각하 기한에 관한 특례】 제12조제2항의 개정규정에도 불구하고 지방의회의 의장은 이 법 시행 당시 제12조제2항의 개정규정에 따른 기간이 경과한 조례의 제정과 개정·폐지 청구에 대하여 이 법 시행일부터 1개월 이내에 제12조제1항에 따라 해당 청구를 수리하거나 각하하여야 한다.

주민등록법

(2007년 5월 11일 전부개정법률 제8422호)

개정
2007. 5.17법 8435호(가족관계등록)
2008. 2.29법 8852호(정부조직)
2008.12.26법 9210호 2009. 4. 1법 9574호
2011. 5.30법10733호
2013. 3.23법11690호(정부조직)
2014. 1.21법12279호
2014. 5.20법12600호(경찰직무)
2014.11.19법12844호(정부조직)
2016. 5.29법14191호 2016.12. 2법14286호
2017. 7.26법14839호(정부조직)
2019.12. 3법16662호
2020. 2. 4법16930호(개인정보보호법)
2020. 6. 9법17354호(전자서명법)
2020. 6. 9법17385호 2021. 7.20법18304호
2022. 1.11법18746호
2023. 3. 4법19228호(정부조직)
2023. 8.16법19632호
2023.12.26법19841호→시행일 부칙 참조. 2024년 12월 27일 시행하는 부분은 「法典 別冊」 보유편 수록

제1조【목적】 이 법은 지방자치단체의 주민을 등록하게 함으로써 주민의 거주관계 등 인구의 동태(動態)를 항상 명확하게 파악하여 주민생활의 편익을 증진시키고 행정사무를 적정하게 처리하도록 하는 것을 목적으로 한다.
(2022.1.11 본조개정)

판례 주민등록은 단순히 주민의 거주관계를 파악하고 인구의 동태를 명확히 하는 것 외에도 주민등록에 따라 공법관계상의 여러 가지 법률상 효과가 나타나게 되는 것으로서, 주민등록의 신고는 행정청에 도달하기만 하면 신고로서의 효력이 발생하는 것이 아니라 행정청이 수리한 경우에 비로소 신고의 효력이 발생한다. 따라서 주민등록 신고서를 행정청에 제출하였다가 행정청이 이를 수리하기 전에 신고서의 내용을 수정하여 위와 같이 수정된 전입신고서가 수리되었다면 수정된 사항에 따라서 주민등록 신고가 이루어진 것으로 보는 것이 타당하다.(대판 2009.1.30, 2006다17850)

제2조【사무의 관장】 ① 주민등록에 관한 사무는 특별자치시장·특별자치도지사·시장·군수 또는 자치구의 구청장(이하 "시장·군수 또는 구청장"이라 한다)이 관장(管掌)한다.
② 시장·군수 또는 구청장은 제1항에 따른 해당 권한의 일부를 그 지방자치단체의 조례로 정하는 바에 따라 「제주특별자치도 설치 및 국제자유도시 조성을 위한 특별법」 제11조에 따른 행정시장이나 그 관할구역 내의 자치구가 아닌 구의 구청장·읍·면·동장 또는 출장소장에게 위임할 수 있다.
(2022.1.11 본조개정)

제3조【감독 등】 ① 주민등록에 관한 사무의 지도·감독은 행정안전부장관이 한다.
② 행정안전부장관은 대통령령으로 정하는 바에 따라 그 권한의 일부를 특별시장·광역시장·특별자치시장·도지사 또는 특별자치도지사에게 위임할 수 있다.
(2022.1.11 본항개정)
(2017.7.26 본조개정)

제4조【수수료와 과태료 등의 귀속】 이 법의 규정에 따라 수납하는 수수료·사용료 및 과태료는 특별시·광역시·특별자치시·도·특별자치도 또는 시·군·자치구의 수입으로 한다.(2022.1.11 본조개정)

제5조【경비의 부담】 ① 주민등록에 관한 사무에 필요한 경비는 해당 특별자치시·특별자치도·시·군·자치구의 부담으로 한다.
② 제24조제1항에 따른 주민등록증의 발급에 드는 경비는 해당 특별자치시·특별자치도·시·군·자치구와 국가가 대통령령으로 정하는 기준에 따라 분담한다.
(2022.1.11 본조개정)

제6조【대상자】 ① 시장·군수 또는 구청장은 30일 이상 거주할 목적으로 그 관할 구역에 주소나 거소(이하 "거주지"라 한다)를 가진 다음 각 호의 사람(이하 "주민"이라 한다)을 이 법의 규정에 따라 등록하여야 한다. 다만, 외국인은 예외로 한다.
1. 거주자 : 거주지가 분명한 사람(제3호의 재외국민은 제외한다)
2. 거주불명자 : 제20조제6항에 따라 거주불명으로 등록된 사람
3. 재외국민 : 「재외동포의 출입국과 법적 지위에 관한 법률」 제2조제1호에 따른 국민으로서 「해외이주법」 제12조에 따른 영주귀국의 신고를 하지 아니한 사람 중 다음 각 목의 어느 하나의 경우
  가. 주민등록이 말소되었던 사람이 귀국 후 재등록 신고를 하는 경우
  나. 주민등록이 없었던 사람이 귀국 후 최초로 주민등록 신고를 하는 경우
(2014.1.21 본항개정)
② 제1항의 등록에서 영내(營內)에 기거하는 군인은 그가 속한 세대의 거주지에서 본인이나 세대주의 신고에 따라 등록하여야 한다.
③ (2014.1.21 삭제)

제7조【주민등록표 등의 작성】 ① 시장·군수 또는 구청장은 주민등록사항을 기록하기 위하여 전자정보시스템(이하 "주민등록정보시스템"이라 한다)으로 개인별 및 세대별 주민등록표(이하 "주민등록표"라 한다)와 세대별 주민등록표 색인부를 작성하고 기록·관리·보존하여야 한다.(2022.1.11 본항개정)
② 개인별 주민등록표는 개인에 관한 기록을 종합적으로 기록·관리하며 세대별(世帶別) 주민등록표는 그 세대에 관한 기록을 통합하여 기록·관리한다.
③ (2016.5.29 삭제)
④ 주민등록표와 세대별 주민등록표 색인부의 서식 및 기록·관리·보존방법 등에 필요한 사항은 대통령령으로 정한다.(2016.5.29 본항개정)

제7조의2【주민등록번호의 부여】 ① 시장·군수 또는 구청장은 주민에게 개인별로 고유한 등록번호(이하 "주민등록번호"라 한다)를 부여하여야 한다.
② 제1항에 따른 주민등록번호의 부여 방법은 대통령령으로 정한다.
(2016.5.29 본조신설)

제7조의3【주민등록번호의 정정】 ① 주민등록이 되어 있는 거주지(이하 "주민등록지"라 한다)의 시장·군수 또는 구청장은 다음 각 호의 어느 하나에 해당하는 사유가 발생하면 주민등록번호를 부여한 시장·군수 또는 구청장(이하 "번호부여지의 시장·군수 또는 구청장"이라 한다)에게 주민등록번호의 정정을 요구하여야 한다. 다만, 주민등록지의 시장·군수 또는 구청장이 번호부여지의 시장·군수 또는 구청장인 경우에는 직접 주민등록번호를 정정하여야 한다.
1. 제14조제2항 및 제3항에 따른 등록 사항의 정정으로 인하여 주민등록번호를 정정하여야 하는 경우
2. 주민으로부터 주민등록번호의 오류를 이유로 정정신청을 받은 경우
3. 주민등록번호에 오류가 있음을 발견한 경우
② 번호부여지의 시장·군수 또는 구청장은 제1항에 따른 주민등록번호 정정의 요구를 받으면 지체 없이 이를 정정하고, 그 정정사항을 주민등록지의 시장·군수 또는 구청장에게 알려야 한다. 다만, 주민등록번호에 오류가 있음을 발견하지 못하였거나 주민등록번호 부여사실을 확인하지 못하면 그 사유를 적어 주민등록지의 시장·군수 또는 구청장에게 알려야 한다.
③ 그 밖에 주민등록번호의 정정에 따른 주민등록표의 정정과 주민등록증의 재발급 등에 필요한 사항은 대통령령으로 정한다.
(2016.5.29 본조신설)

제7조의4【주민등록번호의 변경】 ① 다음 각 호의 어느 하나에 해당하는 사람은 대통령령으로 정하는 바에 따라 이를 입증할 수 있는 자료를 갖추어 주민등록지 또는 거주지의 시장·군수 또는 구청장에게 주민등록번호의 변경을 신청할 수 있다. 다만, 신청인의 주민등록지가 아닌 거주지의 시장·군수 또는 구청장이 주민등록번호의 변경 신청을 받은 경우 이를 지체 없이 주민등록지의 시장·군수 또는 구청장에게 이송하고 그 사실을 신청인에게 통지하여야 한다.(2023.8.16 본문개정)
1. 유출된 주민등록번호로 인하여 생명·신체에 위해(危害)를 입거나 입을 우려가 있다고 인정되는 사람
2. 유출된 주민등록번호로 인하여 재산에 피해를 입거나 입을 우려가 있다고 인정되는 사람
3. 다음 각 목의 어느 하나에 해당하는 사람으로서 유출된 주민등록번호로 인하여 피해를 입거나 입을 우려가 있다고 인정되는 사람
  가. 「아동·청소년의 성보호에 관한 법률」 제2조제6호에 따른 피해아동·청소년
  나. 「성폭력방지 및 피해자보호 등에 관한 법률」 제2조제3호에 따른 성폭력피해자
  다. 「성매매알선 등 행위의 처벌에 관한 법률」 제2조제1항제4호에 따른 성매매피해자
  라. 「가정폭력범죄의 처벌 등에 관한 특례법」 제2조제5호에 따른 피해자
4. 그 밖에 제1호부터 제3호까지의 규정에 준하는 사람으로서 대통령령으로 정하는 사람
② 제1항 및 제4항에 따른 신청 또는 이의신청을 받은 주민등록지의 시장·군수 또는 구청장은 제7조의5에 따른 주민등록번호변경위원회에 주민등록번호 변경 여부에 관한 결정을 청구하여야 한다.
③ 주민등록지의 시장·군수 또는 구청장은 제7조의5에 따른 주민등록번호변경위원회로부터 주민등록번호의 변경 결정을 통보받은 경우에는 제1항에 따른 신청인의 주민등록번호를 지체 없이 변경하고 이를 신청인에게 통지하여야 한다.
④ 주민등록지의 시장·군수 또는 구청장은 제7조의5에 따른 주민등록번호변경위원회로부터 주민등록번호의 변경 결정 이외의 결정을 통보받은 경우에는 그 사실과 사유를 그 신청인에게 통지하여야 하며, 이의가 있는 신청인은 그 통지를 받은 날부터 30일 이내에 그 주민등록지의 시장·군수 또는 구청장에게 이의신청을 할 수 있다.
⑤ 제1항, 제3항 및 제4항에 따른 신청, 통지 및 이의신청은 서면 또는 행정안전부장관이 정하는 정보시스템을 이용하여 할 수 있다.(2023.8.16 본항신설)
⑥ 제1항부터 제4항까지에서 규정한 사항 외에 주민등록번호의 변경 신청, 변경 결정 청구, 변경 통보, 이의신청 등에 필요한 사항은 대통령령으로 정한다.
(2016.5.29 본조신설)

제7조의5【주민등록번호변경위원회】 ① 주민등록번호의 변경에 관한 사항을 심사·의결하기 위하여 행정안전부에 주민등록번호변경위원회(이하 "변경위원회"라 한다)를 둔다.(2017.7.26 본항개정)
② 변경위원회는 그 권한에 속하는 업무를 독립하여 수행한다.
③ 변경위원회는 제7조의4제2항에 따른 청구를 받은 날부터 90일 이내에 심사·의결을 완료하고 그 결과(변경 결정 외의 결정을 한 경우에는 그 사유를 포함한다)를 해당 주민등록지의 시장·군수 또는 구청장에게 통보하여야 한다. 다만, 이 기간 안에 심사·의결을 완료하기 어려운 경우에 변경위원회는 그 의결로 30일의 범위에서 그 기간을 연장할 수 있다.(2022.1.11 본항개정)
④ 변경위원회는 제3항에도 불구하고 제7조의4제1항 각 호의 어느 하나에 해당하는 사람이 유출된 주민등록번호로 인하여 생명·신체에 위해를 입거나 위해의 발생이 긴박하여 변경 청구의 중대성·시급성이 인정되는 경우에는 대통령령으로 정하는 바에 따라 제7조의4제2항에 따른 청구를 받은 날부터 45일 이내에 심사·의결을 완료하고 그 결과(변경 결정 외의 결정을 한 경우에는 그 사유를 포함한다)를 해당 주민등록지의 시장·군수 또는 구청장에게 통보하여야 한다. 다만, 이 기간 안에 심사·의결을 완료하기 어려운 경우 변경위원회는 그 의결로 30일의 범위에서 그 기간을 연장할 수 있다.(2023.8.16 본항신설)
⑤ 변경위원회는 제7조의4제2항에 따른 청구를 심사한 결과 다음 각 호의 어느 하나에 해당하는 사유가 있는 경우에는 청구를 받아들이지 아니하는 결정 등을 할 수 있다.
1. 범죄경력을 은폐하거나 법령상의 의무를 회피할 목적이 있는 경우
2. 수사나 재판을 방해할 목적이 있는 경우
3. 선량한 풍속 기타 사회질서에 위반되는 경우
4. 그 밖에 대통령령으로 정하는 경우
⑥ 변경위원회는 위원장 1명을 포함하여 11명 이내의 위원으로 구성하며, 그 중 1명은 상임위원으로 한다.
⑦ 위원은 다음 각 호의 어느 하나에 해당하는 사람 중에서 행정안전부장관이 임명하거나 위촉한다. 이 경우 공무원이 아닌 위원의 수는 위원장과 상임위원을 포함한 위원 수의 2분의 1 이상이어야 한다.(2017.7.26 전단개정)
1. 행정안전부 및 관계 행정기관 소속 공무원(2020.2.4 본호개정)
2. 판사, 검사, 변호사 또는 의사의 직에 5년 이상 재직한 사람
3. 금융 관련 업무에 5년 이상 종사한 사람
4. 개인정보 보호 업무 또는 주민등록 업무에 관하여 전문적 학식과 경험이 풍부한 사람
⑧ 위원장은 위원 중에서 공무원이 아닌 사람으로 행정안전부장관이 위촉한다.(2017.7.26 본항개정)
⑨ 위원장과 위원의 임기는 2년으로 하되, 한 차례만 연임할 수 있다. 다만, 제7항제1호에 따라 임명된 공무원인 위원은 그 직에 재직하는 동안 재임한다.(2023.8.16 단서개정)
⑩ 변경위원회는 심사를 위하여 필요하다고 인정하면 다음 각 호의 행위를 의결할 수 있다.
1. 전과조회, 신용정보조회 등 대통령령으로 정하는 방법으로 행하는 사실조사
2. 신청인 또는 관계 공무원 등의 출석 요구
3. 신청인 또는 관계 기관 등에 대한 자료의 제출 요구
⑪ 변경위원회의 회의는 재적위원 과반수의 출석으로 개의(開議)하고, 출석위원 과반수의 찬성으로 의결한다.
⑫ 변경위원회의 사무를 지원하기 위하여 변경위원회에 사무국을 둔다.
⑬ 변경위원회와 제12항에 따른 사무국의 구성 및 운영 등에 필요한 사항은 대통령령으로 정한다.(2023.8.16 본항개정)
(2016.5.29 본조신설)

제8조【등록의 신고주의 원칙】 주민의 등록 또는 그 등록사항의 정정 또는 말소는 주민의 신고에 따라 한다. 다만, 이 법에 특별한 규정이 있으면 예외로 한다.(2019.12.3 본문개정)

제9조【정리】 개인별 주민등록표는 주민등록번호순으로, 세대별 주민등록표는 세대주의 주민등록번호순으로 각각 정리하며, 이에 관한 구체적인 사항은 행정안전부장관이 정한다.(2017.7.26 본조개정)

제10조【신고사항】 ① 주민(재외국민은 제외한다)은 다음 각 호의 사항을 해당 거주지를 관할하는 시장·군수 또는 구청장에게 신고하여야 한다.(2014.1.21 본문개정)
1. 성명
2. 성별
3. 생년월일
4. 세대주와의 관계
5. 합숙하는 곳은 관리책임자
6. 「가족관계의 등록 등에 관한 법률」 제10조제1항에 따른 등록기준지(이하 "등록기준지"라 한다)(2009.4.1 본호개정)
7. 주소

8. 가족관계등록이 되어 있지 아니한 자 또는 가족관계등록의 여부가 분명하지 아니한 자는 그 사유(2007.5.17 본호개정)
9. 대한민국의 국적을 가지지 아니한 자는 그 국적명이나 국적의 유무
10. 거주지를 이동하는 경우에는 전입 전의 주소 또는 전입지와 해당 연월일
11. (2016.5.29 삭제)
② 누구든지 제1항의 신고를 이중으로 할 수 없다.
제10조의2【재외국민의 신고】 ① 재외국민이 국내에 30일 이상 거주할 목적으로 입국하는 때에는 다음 각 호의 사항을 해당 거주지를 관할하는 시장·군수 또는 구청장에게 신고하여야 한다.
1. 제10조제1항 각 호의 사항
2. 영주 또는 거주하는 국가나 지역의 명칭과 체류자격의 종류
② 누구든지 제1항의 신고를 이중으로 할 수 없다.
③ 그 밖에 제1항의 신고에 필요한 사항은 대통령령으로 정한다.
(2014.1.21 본조신설)
제10조의3【해외체류에 관한 신고】 ① 이 법에 따라 주민등록을 한 거주자 또는 제20조제6항에 따라 거주불명으로 등록된 사람(이하 "거주불명자"라 한다)이 90일 이상 해외에 체류할 목적으로 출국하려는 경우(제19조제1항에 따라 국외이주신고를 하여야 하는 사람은 제외한다)에는 출국 후에 그가 속할 세대의 거주지를 제10조제1항제7호에 따른 주소로 미리 신고할 수 있다. 다만, 출국 후 어느 세대에도 속하지 아니하게 되는 사람은 신고 당시 거주지를 관할하는 읍·면사무소 또는 동 주민센터의 주소를 행정상 관리주소로 신고할 수 있다.(2019.12.3 본문개정)
② 제1항 본문에 따른 신고는 신고할 주소지를 관할하는 시장·군수 또는 구청장에게 하고, 제1항 단서에 따른 신고는 신고 당시 거주지를 관할하는 시장·군수 또는 구청장에게 한다.
③ 제2항의 시장·군수 또는 구청장은 제1항에 따른 신고를 하고 출국한 사람(이하 "해외체류자"라 한다)의 주민등록을 구분하여 등록·관리할 수 있다.
④ 제1항부터 제3항까지에 따른 신고의 방법, 첨부서류, 해외체류자의 구분 등록·관리 등에 관한 구체적인 사항은 대통령령으로 정한다.
(2016.12.2 본조신설)
제11조【신고의무자】 ① 제10조에 따른 신고는 세대주가 신고사유가 발생한 날부터 14일 이내에 하여야 한다. 다만, 세대주가 신고할 수 없으면 그를 대신하여 다음 각 호의 어느 하나에 해당하는 자가 할 수 있다.(2009.4.1 단서개정)
1. 세대를 관리하는 자
2. 본인
3. 세대주의 위임을 받은 자로서 다음 각 목의 어느 하나에 해당하는 자
가. 세대주의 배우자
나. 세대주의 직계혈족
다. 세대주의 배우자의 직계혈족
라. 세대주의 직계혈족의 배우자
(2009.4.1 1호~3호신설)
② 제10조의2에 따른 신고는 재외국민 본인이 하여야 한다. 다만, 재외국민 본인이 신고할 수 없으면 그를 대신하여 다음 각 호의 어느 하나에 해당하는 사람이 할 수 있다.
1. 재외국민이 거주하는 세대의 세대주
2. 재외국민 본인의 위임을 받은 사람으로서 다음 각 목의 어느 하나에 해당하는 사람
가. 재외국민 본인의 배우자
나. 재외국민 본인의 직계혈족
다. 재외국민 본인의 배우자의 직계혈족
라. 재외국민 본인의 직계혈족의 배우자
(2014.1.21 본항신설)
③ 제1항 단서 및 제2항에 따른 신고의 방법 및 신고 내용의 확인 등에 관한 구체적인 사항은 대통령령으로 정한다.(2020.6.9 본항개정)
제12조【합숙하는 곳에서의 신고의무자】 ① 기숙사, 「노인복지법」 제34조제1항제1호에 따른 노인요양시설, 「노숙인 등의 복지 및 자립지원에 관한 법률」 제16조제1항제4호에 따른 노숙인요양시설, 「아동복지법」 제52조제1항제1호에 따른 아동양육시설 등 여러 사람이 동거하는 숙소에 거주하는 주민은 신고사유가 발생한 날부터 14일 이내에 그 숙소의 관리자가 신고하여야 한다. 다만, 관리자가 신고할 수 없으면 본인이 하여야 한다.(2016.5.29 본문개정)
② 제1항 단서에 따른 본인의 신고 방법 등에 관한 사항은 대통령령으로 정한다.(2020.6.9 본항신설)
제13조【정정신고】 ① 제11조와 제12조에 따른 신고의무자는 그 신고사항에 변동이 있으면 변동이 있는 날부터 14일 이내에 그 정정신고(訂正申告)를 하여야 한다.
② 제1항에 따른 정정신고의 방법 및 정정신고에 따른 정정 방법에 관한 사항은 대통령령으로 정한다.(2020.6.9 본항신설)
제14조【가족관계등록신고 등에 따른 주민등록의 정리】 ① 이 법에 따른 신고사항과 「가족관계의 등록 등에 관한 법률」에 따른 신고사항이 같으면 「가족관계의 등록 등에 관한 법률」에 따른 신고로써 이 법에 따른 신고를 갈음한다.
② 주민등록지의 시장·군수 또는 구청장은 제1항에 따라 이 법에 따른 신고에 갈음되는 「가족관계의 등록 등에 관한 법률」에 따른 신고를 받으면 그에 따라 주민등록을 하거나 등록사항을 정정 또는 말소하여야 한다.
(2019.12.3 본항개정)
③ 신고대상자의 「가족관계의 등록 등에 관한 법률」 제4조 및 제4조의2에 따른 신고지(이하 "가족관계등록 신고지"라 한다)와 주민등록지가 다를 경우에 가족관계등록 신고지의 시장·구청장 또는 읍·면장(같은 법 제4조의2 제1항에 따른 가족관계등록관을 포함한다. 이하 같다)이 같은 법에 따른 신고를 받아 가족관계등록부의 기록사항을 변경하면 지체 없이 그 신고사항을 주민등록지의 시장·군수 또는 구청장에게 통보하여야 하며, 그 통보를 받은 주민등록지의 시장·군수 또는 구청장은 이에 따라 주민등록을 하거나 등록사항을 정정 또는 말소하여야 한다.(2019.12.3 본항개정)
④ 제1항에 따라 「가족관계의 등록 등에 관한 법률」에 따른 신고로써 이 법에 따른 신고에 갈음되는 신고사항은 대통령령으로 정한다.
(2019.12.3 본조제목개정)
(2007.5.17 본조개정)
제15조【주민등록과 가족관계등록과의 관련】 ① 등록기준지와 주민등록지가 다른 경우에 주민등록지의 시장·군수 또는 구청장이 「가족관계의 등록 등에 관한 법률」 제9조제2항에 따른 가족관계등록부의 기록사항과 같은 내용의 주민등록을 하였거나 등록사항을 정정 또는 말소하면 그 내용을 대통령령으로 정하는 바에 따라 등록기준지(제14조제3항에 따른 경우에는 가족관계등록 신고지를 말한다)의 시장·구청장 또는 읍·면장에게 알려야 한다.
② 제1항에 따른 통보를 받은 시장·구청장 또는 읍·면장은 통보받은 사항 중 가족관계등록부의 기록사항과 다른 사항에 대하여는 지체 없이 그 내용을 주민등록지의 시장·군수 또는 구청장에게 알려야 한다.
(2009.4.1 본조개정)
제15조의2【가족관계등록 전산정보의 제공 요청】 시장·군수 또는 구청장은 제14조제1항에 따라 이 법에 따른 신고를 갈음하는 「가족관계의 등록 등에 관한 법률」에 따른 신고사항의 변경 여부 등을 확인하기 위하여 필요한 경우에는 법원행정처장에게 같은 법 제11조에 따른 등록전산정보자료의 제공을 요청할 수 있다. 이 경우 법원행정처장은 특별한 사유가 없으면 이에 따라야 한다.
(2019.12.3 본조신설)
제16조【거주지의 이동】 ① 하나의 세대에 속하는 자의 전원 또는 그 일부가 거주지를 이동하면 제11조나 제12조에 따른 신고의무자가 신거주지에 전입한 날부터 14일 이내에 신거주지의 시장·군수 또는 구청장에게 전입신고(轉入申告)를 하여야 한다.
② 신거주지의 시장·군수 또는 구청장은 제1항에 따른 전입신고를 받으면 지체 없이 전 거주지의 시장·군수 또는 구청장에게 전입신고 사항을 알리고 주민등록정보시스템을 이용하여 주민등록표와 관련 공부(公簿)의 이송(移送)을 요청하여야 한다.(2022.1.11 본항개정)
③ 제2항에 따른 이송요청을 받은 전 거주지의 시장·군수 또는 구청장은 전출대상자(轉出對象者)가 세대원 전원이거나 세대주를 포함한 세대의 일부 전출인 경우에는 주민등록표와 관련 공부를, 세대주를 제외한 세대의 일부의 전출인 경우에는 전출자의 개인별 주민등록표와 관련 공부를 지체 없이 정리하여 신거주지의 시장·군수 또는 구청장에게 주민등록정보시스템을 이용하여 이송하여야 한다.(2022.1.11 본항개정)
④ 신거주지의 시장·군수 또는 구청장은 제3항에 따라 주민등록표와 관련 공부가 이송되어 오면 제1항에 따른 전입신고서와 대조·확인한 후 지체 없이 주민등록표와 관련 공부를 정리 또는 작성하여야 한다.
⑤ 전입신고에 관한 절차와 전입신고사항의 통보방법 등은 대통령령으로 정한다.
제16조의2【전입신고 사실의 통보】 ① 시장·군수 또는 구청장은 관할 구역에 거주지를 가진 세대주나 거주지에 있는 건물 또는 시설의 소유자 또는 임대인의 신청이 있는 경우에는 제16조제1항에 따라 그 거주지를 신거주지로 하는 전입신고를 받을 때마다 전입신고가 있었다는 사실을 그 세대주, 소유자 또는 임대인에게 통보할 수 있다.
② 제1항에 따른 전입신고 사실의 통보 신청 및 통보 방법에 필요한 사항은 행정안전부령으로 정한다.
(2020.6.9 본조신설)
제17조【다른 법령에 따른 신고와의 관계】 주민의 거주지 이동에 따른 주민등록의 전입신고가 있으면 「병역법」, 「민방위기본법」, 「인감증명법」, 「국민기초생활 보장법」, 「국민건강보험법」 및 「장애인복지법」에 따른 거주지 이동의 전출신고와 전입신고를 한 것으로 본다.
제18조【신고의 방법 등】 ① 이 법에 따른 신고는 구술이나 서면으로 한다.
② 신고에 관한 서류 등의 보존기간은 대통령령으로 정한다.(2019.12.3 본항개정)
(2019.12.3 본조제목개정)
제19조【국외이주신고 등】 ① 이 법에 따라 주민등록을 한 거주자 또는 거주불명자가 대한민국 외에 거주지를 정하려는 때에는 그의 현 거주지를 관할하는 시장·군수 또는 구청장에게 미리 신고하여야 한다. 이 경우 「해외이주법」 제6조에 따른 해외이주신고로 전단의 신고를 갈음할 수 있다.
② 제10조의2제1항에 따라 신고한 재외국민이 국외에 30일 이상 거주할 목적으로 출국하려는 때에는 그의 현 거주지를 관할하는 시장·군수 또는 구청장에게 미리 신고하여야 한다. 이 경우 「재외국민등록법」 제2조에 따른 등록으로 전단의 신고를 갈음할 수 있다.(2014.1.21 본항신설)
③ 시장·군수 또는 구청장은 제1항 및 제2항에 따라 신고한 사람의 거주지를 관할하는 읍·면사무소 또는 동 주민센터의 주소를 행정상 관리주소로 지정하여야 한다.
(2014.1.21 본항신설)
④ 시장·군수 또는 구청장은 주민등록된 거주자 또는 거주불명자가 「해외이주법」 제6조에 따라 해외이주신고를 하고 출국하거나, 같은 법 제4조제3호의 현지이주를 한 경우에는 이 법 제6조제1항제3호의 재외국민으로 구분하여 등록·관리하여야 한다.(2014.1.21 본항신설)
⑤ 제1항부터 제4항까지에 따른 국외이주신고, 재외국민의 출국신고, 행정상 관리주소의 지정, 재외국민 구분 등록·관리 등에 관한 구체적인 사항은 대통령령으로 정한다.(2014.1.21 본항신설)
(2014.1.21 본조개정)
제19조의2【출입국자료 등 자료의 제공 요청】 ① 시장·군수 또는 구청장 및 행정안전부장관은 재외국민 및 제10조의3제1항에 따른 신고자의 거주사실 등을 명확하게 파악하기 위하여 필요한 경우에는 법무부장관에게 출입국자료 및 국내거소신고자료 제공을 요청할 수 있으며, 재외동포청장에게 해외이주신고자료 및 재외국민등록자료 제공을 요청할 수 있다. 이 경우 법무부장관 및 재외동포청장은 특별한 사유가 없으면 이에 따라야 한다.
(2023.3.4 본항개정)
② 법무부장관 및 재외동포청장은 국내거소신고자 관리 또는 재외국민등록 등을 위하여 필요한 경우에는 시장·군수 또는 구청장 및 행정안전부장관에게 재외국민의 주민등록자료 제공을 요청할 수 있다. 이 경우 시장·군수 또는 구청장 및 행정안전부장관은 특별한 사유가 없으면 이에 따라야 한다.(2023.3.4 전단개정)
③ 제1항 및 제2항에 따른 자료의 제공에 대하여는 그 사용료와 수수료 등을 면제한다.
(2019.12.3 본조제목개정)
(2014.1.21 본조신설)
제20조【사실조사와 직권조치】 ① 시장·군수 또는 구청장은 신고의무자가 다음 각 호의 어느 하나에 해당하면 그 사실을 조사할 수 있다.
1. 제10조 및 제10조의2에 규정된 사항을 이 법에 규정된 기간 내에 신고하지 아니한 때
2. 제10조 및 제10조의2에 규정된 사항을 부실하게 신고한 때
3. 제10조 및 제10조의2에 규정된 사항의 신고된 내용이 사실과 다르다고 인정할 만한 상당한 이유가 있는 때
(2014.1.21 1호~3호개정)
② 시장·군수 또는 구청장은 제1항에 따른 사실조사 등을 통하여 신고의무자가 신고할 사항을 신고하지 아니하였거나 신고된 내용이 사실과 다른 것을 확인하면 일정한 기간을 정하여 신고의무자에게 사실대로 신고할 것을 최고(催告)하여야 한다. 제15조제2항에 따라 통보를 받은 때에도 또한 같다.
③ 시장·군수 또는 구청장은 신고의무자에게 최고할 수 없으면 대통령령으로 정하는 바에 따라 일정한 기간을 정하여 신고할 것을 공고하여야 한다.
④ 제2항에 따른 최고 또는 제3항에 따른 공고를 할 때에는 정하여진 기간에 신고하지 아니하면 시장·군수 또는 구청장이 주민등록을 하거나 등록사항을 정정 또는 말소할 수 있다는 내용을 포함하여야 한다.(2019.12.3 본항개정)
⑤ 시장·군수 또는 구청장은 신고의무자가 제2항 또는 제3항에 따라 정하여진 기간에 신고하지 아니하면 제1항에 따른 사실조사, 공부상의 근거 또는 통장·이장의 확인에 따라 주민등록을 하거나 등록사항을 정정 또는 말소하여야 한다.(2019.12.3 본항개정)
⑥ 시장·군수 또는 구청장은 신고의무자가 제5항에 따른 확인 결과, 거주사실이 불분명하다고 인정되는 경우에는 그 신고의무자가 마지막으로 신고한 주소를 행정상 관리주소로 하여 거주불명 등록을 하여야 한다. 다만, 시장·군수 또는 구청장은 거주불명 등록 후 1년이 지나고 제3항에 따른 공고를 2회 이상 하여도 거주불명자가 정당한 거주지에 등록하지 아니한 경우에는 읍·면사무소 또는 동 주민센터의 주소를 행정상 관리주소로 할 수 있다.
(2019.12.3 단서개정)
⑦ 시장·군수 또는 구청장은 제5항 또는 제6항에 따라 공부상의 근거 또는 통장·이장의 확인을 받는 방법으로 직권조치를 한 경우에는 14일 이내에 그 사실을 신고의무자에게 알려야 하고, 알릴 수 없으면 대통령령으로 정하는 바에 따라 공고하여야 한다.(2019.12.3 본항개정)
⑧ 관계 공무원은 제1항에 따른 조사를 할 때에, 그 권한을 나타내는 증표를 지니고 이를 관계인에게 내보여야 한다.

제20조의2【거주불명자에 대한 사실조사와 직권조치】 ① 시장·군수 또는 구청장은 거주불명자 관리를 위하여 대통령령으로 정하는 바에 따라 거주불명자의 거주사실 등에 대한 사실조사를 실시하여야 한다. 이 경우 거주불명자에 대한 최고 및 공고에 관하여는 제20조제2항 및 제3항을 준용한다.
② 시장·군수 또는 구청장은 제1항에 따른 사실조사, 공부상의 근거 또는 통장·이장의 확인에 따라 다음 각 호의 어느 하나에 해당하는 조치를 하여야 한다.
1. 거주자 또는 재외국민으로의 등록
2. 등록사항의 말소(사망 사실을 확인한 경우 또는 그 밖에 거주불명자의 주민등록을 유지할 필요가 없다고 인정되는 경우로서 대통령령으로 정하는 경우로 한정한다)
3. 거주불명 등록의 유지
③ 시장·군수 또는 구청장은 제2항제1호 및 제2호에 따라 직권조치를 한 경우에는 14일 이내에 그 사실을 신고의무자에게 알려야 하고, 알릴 수 없으면 대통령령으로 정하는 바에 따라 공고하여야 한다.
(2019.12.3 본조신설)

제20조의3【사실조사와 직권조치 관련 자료의 제공】 ① 시장·군수 또는 구청장 및 행정안전부장관은 관계 국가기관, 지방자치단체 및 공공기관의 장에게 제20조 및 제20조의2에 따른 사실조사와 직권조치를 위하여 필요한 자료 제공을 요청할 수 있다. 이 경우 자료 제공을 요청받은 국가기관, 지방자치단체 및 공공기관의 장은 특별한 사유가 없으면 이에 따라야 한다.
② 제1항에 따라 시장·군수 또는 구청장 및 행정안전부장관이 자료 제공을 요청할 수 있는 국가기관, 지방자치단체 및 공공기관과 요청 자료의 구체적인 범위는 대통령령으로 정한다.
(2022.1.11 본조개정)

제21조【이의신청 등】 ① 시장·군수 또는 구청장으로부터 제20조제5항·제6항 또는 제20조의2제2항제1호·제2호에 따른 주민등록 또는 등록사항의 정정이나 말소 또는 거주불명 등록의 처분을 받은 자가 그 처분에 대하여 이의가 있으면 그 처분일이나 제20조제7항 또는 제20조의2제3항에 따른 통지를 받거나 공고된 날부터 30일 이내에 서면으로 해당 시장·군수 또는 구청장에게 이의를 신청할 수 있다.(2019.12.3 본항개정)
② 시장·군수 또는 구청장이 제1항에 따른 이의신청을 받으면 그 신청을 받은 날부터 10일 이내에 심사·결정하여 그 결과를 지체 없이 신청인에게 알려야 하며, 그 요구가 정당하다고 결정되면 그에 따라 주민등록을 하거나 등록사항을 정정 또는 말소하여야 한다.(2019.12.3 본항개정)
③ 시장·군수 또는 구청장이 이의신청을 각하 또는 기각하는 결정을 하면 제2항에 따른 결과통지서에 행정심판이나 행정소송을 제기할 수 있다는 취지를 함께 적어 신청인에게 알려야 한다.

제22조【주민등록표의 재작성】 ① 시장·군수 또는 구청장은 다음 각 호의 어느 하나에 해당하면 종전 주민등록에 관한 여러 신청서 등에 따라 주민등록표를 다시 작성하고 신고의무자의 확인을 받아야 한다. 다만, 주민등록에 관한 여러 신청서 등에 따라 다시 작성할 수 없으면 주민등록표를 다시 작성한다는 뜻을 신고의무자에게 알리거나 공고하고 그 신고의무자의 신고에 따라 이를 작성하여야 하며, 제2호의 경우에는 세대별 주민등록표에 한정하여 작성한다.
1. 재해·재난 등으로 주민등록표가 멸실되거나 손상되어 복구가 불가능한 때
2. 세대주가 변경된 때
② 제1항제1호의 경우에는 다시 작성한 주민등록표에 그 사유를 기록하여야 하고, 같은 항 제2호에 따라 변경되기 이전의 주민등록표는 보존·관리하여야 하며, 그 보존·관리에 필요한 사항은 대통령령으로 정한다.

제23조【주민등록자의 지위 등】 ① 다른 법률에 특별한 규정이 없으면 이 법에 따른 주민등록지를 공법(公法) 관계에서의 주소로 한다.
② 제1항에 따라 주민등록지를 공법 관계에서의 주소로 하는 경우에 신고의무자가 신거주지에 전입신고를 하면 신거주지에서의 주민등록이 전입신고일에 된 것으로 본다.

제24조【주민등록증의 발급 등】 ① 시장·군수 또는 구청장은 관할 구역에 주민등록이 된 자 중 17세 이상인 자에 대하여 주민등록증을 발급한다. 다만, 「장애인복지법」 제2조제2항에 따른 장애인 중 시각장애인이 신청하는 경우 시각장애인용 점자 주민등록증을 발급할 수 있다.(2020.6.9 단서개정)
② 주민등록증에는 성명, 사진, 주민등록번호, 주소, 지문(指紋), 발행일, 주민등록기관을 수록한다.(2021.7.20 단서삭제)
③ 시장·군수 또는 구청장은 재외국민에게 발급하는 주민등록증에는 재외국민임을 추가로 표시하여야 한다.
(2014.1.21 본항신설)
④ 제1항에 따라 주민등록증을 발급받을 나이가 된 사람(재외국민 및 해외체류자는 제외한다)은 대통령령으로 정하는 바에 따라 시장·군수 또는 구청장에게 주민등록증의 발급을 신청하여야 한다. 이 경우 시장·군수 또는 구청장은 대통령령으로 정하는 기간 내에 발급신청을 하지 아니한 사람(재외국민 및 해외체류자는 제외한다)에게 발급신청을 할 것을 최고할 수 있다.(2016.12.2 본항개정)
⑤ 주민등록증을 발급받지 아니한 17세 이상의 재외국민 및 해외체류자가 국내에 30일 이상 거주할 목적으로 입국하는 때에는 대통령령으로 정하는 바에 따라 시장·군수 또는 구청장에게 주민등록증의 발급을 신청하여야 한다.
(2016.12.2 본항개정)
⑥ 행정안전부장관은 필요하다고 인정되면 시장·군수 또는 구청장에게 주민등록증을 일제히 갱신하거나 검인(檢印)하게 할 수 있다.(2017.7.26 본항개정)
⑦ 주민등록증 및 그 발급신청서의 서식과 발급절차는 대통령령으로 정한다.
⑧ 주민등록증을 발급할 때에는 제27조에 따른 경우 외에는 수수료를 징수하지 못하며, 주민등록증의 발급을 이유로 조세나 그 밖의 어떠한 명목의 공과금(公課金)도 징수하여서는 아니 된다.

제25조【주민등록증 등의 확인】 ① 국가기관, 지방자치단체, 공공단체, 사회단체, 기업체 등에서 해당 업무를 수행할 때에 다음 각 호의 어느 하나에 해당하는 경우로서 17세 이상의 자에 대하여 성명·사진·주민등록번호 또는 주소를 확인할 필요가 있으면 증빙서류를 붙이지 아니하고 주민등록증으로 확인하여야 한다. 다만, 대통령령으로 정한 경우에는 그러하지 아니하다.
1. 민원서류나 그 밖의 서류를 접수할 때
2. 특정인에게 자격을 인정하는 증서를 발급할 때
3. 그 밖에 신분을 확인하기 위하여 필요할 때
② 행정안전부장관은 주민등록정보시스템을 이용하여 주민등록확인서비스(휴대전화 등 정보통신기기로 제1항 본문에 따른 성명·사진·주민등록번호 또는 주소를 확인할 수 있는 서비스를 말한다. 이하 같다)를 제공할 수 있다.(2022.1.11 본항신설)
③ 주민등록확인서비스를 이용하여 성명·사진·주민등록번호 또는 주소를 확인한 경우 제1항에 따라 주민등록증으로 성명·사진·주민등록번호 또는 주소를 확인한 것으로 본다.(2022.1.11 본항신설)
④ 주민등록확인서비스의 신청 등에 필요한 사항은 대통령령으로 정한다.(2022.1.11 본항신설)
(2022.1.11 본조제목개정)

제26조【주민등록증의 제시요구】 ① 사법경찰관리(司法警察官吏)가 범인을 체포하는 등 그 직무를 수행할 때에 17세 이상인 주민의 신원이나 거주 관계를 확인할 필요가 있으면 주민등록증의 제시를 요구할 수 있다. 이 경우 사법경찰관리는 주민등록증을 제시하지 아니하는 자로서 신원을 증명하는 증표나 그 밖의 방법에 따라 신원이나 거주 관계가 확인되지 아니하는 자에게는 범죄의 혐의가 있다고 인정되는 상당한 이유가 있을 때에 한정하여 인근 관계 관서에서 신원이나 거주 관계를 밝힐 것을 요구할 수 있다.
② 사법경찰관리는 제1항에 따라 신원 등을 확인할 때 친절과 예의를 지켜야 하며, 정복근무 중인 경우 외에는 미리 신원을 표시하는 증표를 지니고 이를 관계인에게 내보여야 한다.

제27조【주민등록증의 재발급】 ① 주민등록증을 발급받은 후 다음 각 호의 어느 하나에 해당하는 사유로 재발급을 받으려는 자는 대통령령으로 정하는 바에 따라 시장·군수 또는 구청장에게 그 사실을 신고하고 재발급을 신청하여야 한다.
1. 주민등록증의 분실이나 훼손
2. 성명, 생년월일 또는 성별의 변경
3. 그 밖에 대통령령으로 정하는 사유
② 주민등록 업무를 수행하는 공무원은 다음 각 호의 어느 하나에 해당하는 사유로 업무수행이 어려우면 대통령령으로 정하는 바에 따라 그 주민등록증을 회수하고, 본인이 시장·군수 또는 구청장에게 재발급신청을 하도록 하여야 한다.
1. 주민등록증이 훼손되거나 그 밖의 사유로 그 내용을 알아보기 어려운 경우
2. 주민등록증의 주요 기재내용이 변경된 경우
③ 시장·군수 또는 구청장은 제1항에 따라 주민등록증을 재발급 신청하는 자에게 행정안전부령으로 정하는 수수료를 징수할 수 있다. 다만, 다음 각 호의 어느 하나에 해당하면 그러하지 아니하다.(2017.7.26 본문개정)
1. 주민등록증 발급상의 잘못으로 인하여 재발급하는 경우
2. 그 밖에 행정안전부령으로 정하는 경우(2017.7.26 본호개정)

제27조의2【중증장애인에 대한 주민등록증의 발급 및 재발급】 ① 시장·군수 또는 구청장은 신체적·정신적 장애정도가 심하여 자립하기가 매우 곤란한 장애인(이하 이 조에서 "중증장애인"이라 한다)으로서 본인이 직접 주민등록증의 발급·재발급을 신청하기가 어렵다고 판단하는 경우에는 해당 중증장애인, 그 법정대리인 또는 대통령령으로 정하는 보호자의 신청에 따라 관계 공무원으로 하여금 해당 중증장애인을 직접 방문하게 하여 주민등록증을 발급·재발급(발급의 경우는 관할구역에 주민등록이 된 중증장애인에 한정한다)할 수 있다.
② 중증장애인을 위한 주민등록증의 발급 및 재발급 신청 기준·방법 및 절차, 관계 공무원의 방문 절차 등에 필요한 사항은 대통령령으로 정한다.
(2011.5.30 본조신설)

제28조【주민등록전산정보센터의 설치 등】 ① 행정안전부장관은 주민등록전산정보의 관리 및 주민등록증의 발급 등을 위하여 주민등록전산정보센터를 설치하고, 주민등록전산정보센터에서 시장·군수 또는 구청장의 요청에 따라 주민등록증을 대행하여 발급하게 할 수 있다.
(2017.7.26 본항개정)
② 행정안전부장관은 재해나 재난 등에 대비하기 위하여 주민등록전산정보 백업시스템을 구축한다.
(2017.7.26 본항개정)
③ 제1항에 따른 주민등록전산정보센터와 제2항에 따른 주민등록전산정보 백업시스템의 운영 등에 관한 사항은 대통령령으로 정한다.

제29조【열람 또는 등·초본의 교부】 ① 주민등록표를 열람하거나 그 등본 또는 초본의 교부를 받으려는 자는 행정안전부령으로 정하는 수수료를 내고 시장·군수 또는 구청장(자치구가 아닌 구의 구청장을 포함한다)이나 읍·면·동장 또는 출장소장(이하 "열람 또는 등·초본 교부기관의 장"이라 한다)에게 신청할 수 있다.
(2017.7.26 본항개정)
② 제1항에 따른 주민등록표의 열람이나 등·초본의 교부신청은 본인이나 세대원이 할 수 있다. 다만, 본인이나 세대원의 위임이 있거나 다음 각 호의 어느 하나에 해당하면 그러하지 아니하다.
1. 국가나 지방자치단체가 공무상 필요로 하는 경우
2. 관계 법령에 따른 소송·비송사건·경매목적 수행상 필요한 경우
3. 다른 법령에 주민등록자료를 요청할 수 있는 근거가 있는 경우
4. 다른 법령에서 본인이나 세대원이 아닌 자에게 등·초본의 제출을 의무화하고 있는 경우
5. 다음 각 목의 어느 하나에 해당하는 자가 신청하는 경우
가. 세대주의 배우자
나. 세대주의 직계혈족
다. 세대주의 배우자의 직계혈족
라. 세대주의 직계혈족의 배우자
마. 세대원의 배우자(주민등록표 초본에 한정한다)
바. 세대원의 직계혈족(주민등록표 초본에 한정한다)
(2016.5.29 마목~바목신설)
(2009.4.1 본호개정)
6. 채권·채무관계 등 대통령령으로 정하는 정당한 이해관계가 있는 사람이 신청하는 경우(주민등록표 초본에 한정한다)(2016.5.29 본호개정)
7. 그 밖에 공익상 필요하여 대통령령으로 정하는 경우
(2016.5.29 본호개정)
③ 제1항에 따른 주민등록표의 열람이나 등·초본의 교부는 주민등록번호시스템을 이용하여 열람하게 하거나 교부한다. 다만, 전자문서나 무인민원발급기(無人民願發給機)를 이용하는 경우에는 신청자 본인이나 세대원의 주민등록표 등·초본의 교부에 한정한다.(2022.1.11 본문개정)
④ (2016.5.29 삭제)
⑤ 열람 또는 등·초본교부기관의 장은 본인이나 세대원이 아닌 자로부터 주민등록표의 열람 또는 등·초본의 교부신청을 받으면 그 열람 또는 등·초본의 교부가 개인의 사생활을 침해할 우려가 있거나 공익에 반한다고 판단되면 그 열람을 하지 못하게 하거나 등·초본을 발급하지 아니할 수 있다. 이 경우 그 사유를 신청인에게 서면으로 알려야 한다.
⑥ 「가정폭력범죄의 처벌 등에 관한 특례법」 제2조제5호에 따른 피해자는 같은 법 제2조제4호에 따른 가정폭력행위자가 본인과 주민등록지를 달리하는 경우 제2항제5호에 해당하는 사람 중에서 대상자를 지정하여 대통령령으로 정하는 바에 따라 시장·군수 또는 구청장에게 본인과 세대원 및 직계존비속(이하 이 조에서 "가정폭력피해자등"이라 한다)의 주민등록표의 열람 또는 등·초본의 교부를 제한하도록 신청할 수 있다.(2021.7.20 본항개정)
⑦ 열람 또는 등·초본교부기관의 장은 제6항의 제한신청이 있는 경우 그 제한대상자(이하 이 조에서 "제한대상자"라 한다)에게 가정폭력피해자등의 주민등록표 열람을 하지 못하게 하거나 등·초본을 교부하지 아니하는 제한조치를 할 수 있다. 이 경우 그 사유를 제한대상자에게 서면으로 알려야 한다.(2023.12.26 전단개정)
⑧ 열람 또는 등·초본교부기관의 장은 제2항제6호에도 불구하고 제한대상자가 가정폭력피해자등의 주민등록표 초본의 열람을 하지 못하게 하거나 교부하지 아니하는 제한조치를 할 수 있다. 이 경우 그 사유를 제한대상자에게 서면으로 알려야 한다.(2023.12.26 전단개정)
⑨ 열람 또는 등·초본교부기관의 장은 다음 각 호의 어느 하나에 해당하는 사유가 있는 경우에는 행정안전부령으로 정하는 바에 따라 제한대상자에 대하여 주민등록표를 열람하게 하거나 등·초본을 교부할 수 있다.
1. 제6항에 따라 주민등록표의 열람 또는 등·초본의 교부 제한을 신청한 사람이 제한대상자에 대하여 제7항 및 제8항에 따른 제한조치를 하지 말 것을 시장·군수 또는 구청장에게 신청하는 경우
2. 그 밖에 대통령령으로 정하는 불가피한 사유가 있는 경우
(2023.12.26 본항신설)
⑩ 제2항에도 불구하고 이혼한 자와 같은 세대를 구성하지 아니한 그 직계비속이 이혼한 자의 주민등록표의 열

람 또는 등·초본의 교부를 신청한 경우에는 열람 또는 등·초본교부기관의 장은 주민등록표 초본만을 열람하게 하거나 교부할 수 있다.(2009.4.1 본항신설)
⑪ 제1항부터 제10항까지의 규정에 따른 주민등록표의 열람 또는 등·초본의 교부, 무인민원발급기에 따른 주민등록표 등·초본의 교부 시의 본인확인방법, 무인민원발급기의 설치·운영 등에 필요한 사항은 대통령령으로 정한다.(2023.12.26 본항개정)
제29조의2【전입세대확인서의 열람 또는 교부】 ① 주민등록표 중 해당 건물 또는 시설의 소재지에 주민등록이 되어 있는 세대주와 주민등록표 상의 동거인(말소 또는 거주불명 등록된 사람을 포함한다)의 성명과 전입일자를 확인할 수 있는 서류(이하 "전입세대확인서"라 한다)를 열람하거나 교부받으려는 자는 행정안전부령으로 정하는 수수료를 내고 열람 또는 등·초본교부기관의 장에게 신청할 수 있다.
② 제1항에 따른 전입세대확인서의 열람 또는 교부 신청을 할 수 있는 자는 다음 각 호와 같다.
1. 해당 건물 또는 시설의 소유자 본인이나 그 세대원, 임차인 본인이나 그 세대원, 매매계약자 또는 임대차계약자 본인
2. 해당 건물 또는 시설의 소유자, 임차인, 매매계약자 또는 임대차계약자 본인의 위임을 받은 자
3. 다음 각 목의 어느 하나에 해당하는 경우로서 열람 또는 교부 신청을 하려는 자
가. 제29조제2항제2호에 따라 경매참가자가 경매에 참가하려는 경우
나. 「신용정보의 이용 및 보호에 관한 법률」 제2조제5호라목에 따른 신용조사회사 또는 「감정평가 및 감정평가사에 관한 법률」 제2조제4호에 따른 감정평가법인등이 임차인의 실태 등을 확인하려는 경우
다. 대통령령으로 정하는 금융회사 등이 담보주택의 근저당을 설정하려는 경우
라. 법원의 현황조사명령서에 따라 집행관이 현황조사를 하려는 경우
마. 제29조제2항제1호에 따라 국가 또는 지방자치단체가 공무상 필요로 하는 경우
③ 제1항에 따른 전입세대확인서의 열람 및 교부는 주민등록정보시스템을 통하여 한다.
④ 제1항에 따른 전입세대확인서의 열람 및 교부에 필요한 사항은 대통령령으로 정한다.
(2022.1.11 본조신설)
제30조【주민등록전산정보자료의 이용 등】 ① 주민등록표에 기록된 주민등록 사항에 관한 주민등록전산정보자료(이하 "전산자료"라 한다)를 이용 또는 활용하려는 자는 관계 중앙행정기관의 장의 심사를 거쳐 행정안전부장관의 승인을 받아야 한다. 다만, 대통령령으로 정하는 경우에는 관계 중앙행정기관의 장의 심사를 필요로 하지 아니한다.(2017.7.26 본문개정)
② 전산자료를 이용·활용하려는 자의 범위는 제29조제2항에 따라 주민등록표의 열람 또는 등·초본의 교부를 신청할 수 있는 자로 하되, 전산자료의 형태로 제공하는 것이 적합한 경우에 한정한다.
③ 전산자료의 제공범위는 주민등록표의 자료로 하되, 제29조제2항제2호부터 제7호까지의 경우에는 주민등록표 등·초본의 자료에 한정한다.
④ 행정안전부장관은 제3항에 따라 전산자료를 제공하는 경우 자료의 이용·활용 목적을 고려하여 필요 최소한의 자료를 제공하여야 한다.(2017.7.26 본항개정)
⑤ 제1항에 따른 전산자료를 이용·활용하는 자는 본래의 목적 외의 용도로 이용·활용하여서는 아니 된다.
⑥ 전산자료의 이용·활용에 필요한 사항은 대통령령으로 정하고, 전산자료의 사용료에 관한 사항은 행정안전부령으로 정한다.(2017.7.26 본항개정)
제31조【주민등록표 보유기관 등의 의무】 ① 주민등록표 보유기관의 장은 주민등록표를 관리할 때에 주민등록표가 멸실, 도난, 유출 또는 손상되지 아니하도록 필요한 안전조치를 하여야 한다.
② 주민등록표의 관리자는 이 법의 규정에 따른 보유 또는 이용목적 외의 목적을 위하여 주민등록표를 이용한 전산처리를 하여서는 아니 된다.
③ 주민등록업무에 종사하거나 종사하였던 자 또는 그 밖의 자로서 직무상 주민등록사항을 알게 된 자는 다른 사람에게 이를 누설하여서는 아니 된다.
제32조【전산자료를 이용·활용하는 자에 대한 지도·감독】 ① 행정안전부장관은 필요하다고 인정하면 전산자료를 이용·활용하는 자에 대하여 그 보유 또는 관리 등에 관한 사항을 지도·감독할 수 있다.(2017.7.26 본항개정)
② 제1항에 따른 지도·감독의 대상·절차 등에 필요한 사항은 대통령령으로 정한다.
제33조 (2009.4.1 삭제)
제34조【주민등록 관련 민원신청 등의 전자문서 처리】 ① 주민등록표의 열람 또는 등·초본의 교부신청과 교부, 제21조제1항에 따른 이의신청이나 그 밖에 주민등록과 관련된 제반 신고·신청 등은 전자문서로 할 수 있다.
② 제1항에 따른 전자문서를 이용할 경우 인증 방법(서명자의 실지명의를 확인할 수 있는 것을 말한다) 등에 관하여는 「전자서명법」의 규정을 준용한다.(2020.6.9 본항개정)
③ 제1항에 따른 주민등록표의 등·초본 교부시 필요한 사항은 대통령령으로 정한다.
제35조【주민등록사항의 진위확인】 행정안전부장관은 다음 각 호의 어느 하나에 해당하면 주민등록사항의 진위를 확인하여 줄 수 있다.(2017.7.26 본문개정)
1. 「공직선거법」에 따라 인터넷 언론사·정당 또는 후보자가 해당 인터넷 사이트의 게시판·대화방 등에 선거에 관한 의견게시를 하려는 자의 성명 및 주민등록번호의 진위 확인을 위하여 필요한 경우
2. 주민등록정보시스템에 따라 주민등록증의 진위 확인이 필요한 경우(2022.1.11 본호개정)
3. 제25조제2항에 따른 주민등록확인서비스를 통하여 제공된 주민등록사항의 진위 확인이 필요한 경우(2022.1.11 본호신설)
제36조【보험·공제 등에의 가입】 시장·군수 또는 구청장은 그 지방자치단체의 조례로 정하는 바에 따라 소속 직원의 주민등록사고로 인한 피해발생에 대비하기 위하여 보험(신원보증보험을 포함한다)이나 공제 등에 가입할 수 있다.
제36조의2 (2020.6.9 삭제)
제36조의3【비밀유지 등】 변경위원회의 업무에 종사하거나 종사하였던 사람은 직무상 알게 된 비밀을 다른 사람에게 누설하거나 직무상 목적 외에 이용하여서는 아니된다. 다만, 다른 법률에 특별한 규정이 있는 경우에는 그러하지 아니하다.(2016.5.29 본조신설)
제36조의4【벌칙 적용에서 공무원 의제】 변경위원회의 위원 중 공무원이 아닌 위원은 「형법」이나 그 밖의 법률에 따른 벌칙을 적용할 때에는 공무원으로 본다.(2016.5.29 본조신설)
제37조【벌칙】 ① 다음 각 호의 어느 하나에 해당하는 자는 3년 이하의 징역 또는 3천만원 이하의 벌금에 처한다.(2016.12.2 본문개정)
1. 제7조의2에 따른 주민등록번호 부여방법으로 거짓의 주민등록번호를 만들어 자기 또는 다른 사람의 재물이나 재산상의 이익을 위하여 사용한 자(2022.1.11 본호개정)
2. 주민등록증을 채무이행의 확보 등의 수단으로 제공한 자 또는 그 제공을 받은 자
3. 제10조제2항 또는 제10조의2제2항을 위반하여 이중으로 신고한 사람(2014.1.21 본호개정)
3의2. 주민등록 또는 주민등록증에 관하여 거짓의 사실을 신고 또는 신청한 사람(2014.1.21 본호신설)
4. 거짓의 주민등록번호를 만드는 프로그램을 다른 사람에게 전달하거나 유포한 자
4의2. 제25조제2항에 따른 주민등록확인서비스를 통하여 정보통신기기에 제공된 주민등록사항을 조작하여 사용하거나 부정하게 사용한 자(2022.1.11 본호신설)
5. 제29조제2항 또는 제3항을 위반하여 거짓이나 그 밖의 부정한 방법으로 다른 사람의 주민등록표를 열람하거나 그 등본 또는 초본을 교부받은 자(2022.1.11 본호개정)
6. 제30조제5항을 위반한 자
7. 제31조제2항 또는 제3항을 위반한 자
7의2. 제36조의3을 위반하여 직무상 알게 된 비밀을 누설하거나 목적 외에 이용한 사람(2016.5.29 본호신설)
8. 다른 사람의 주민등록증을 부정하게 사용한 자
8의2. 다른 사람의 주민등록증등의 이미지 파일 또는 복사본을 부정하게 사용한 자(2023.12.26 본호신설)
9. 법률에 따르지 아니하고 영리의 목적으로 다른 사람의 주민등록번호에 관한 정보를 알려주는 자(2009.4.1 본호신설)
10. 다른 사람의 주민등록번호를 부정하게 사용한 자. 다만, 직계혈족·배우자·동거친족 또는 그 배우자 간에는 피해자가 명시한 의사에 반하여 공소를 제기할 수 없다.
② 제29조의2제2항을 위반하여 거짓이나 그 밖의 부정한 방법으로 전입세대확인서를 열람하거나 교부받은 자는 1년 이하의 징역 또는 1천만원 이하의 벌금에 처한다.(2022.1.11 본항신설)
판례 공적·사적인 각종 생활분야에서 주민등록증이나 운전면허증과 같이 명의인의 주민등록번호가 기재된 유형적인 신분증명문서를 제시하지 않고 성명과 주민등록번호 등만으로 본인 여부의 확인 또는 개인식별 내지 특정이 가능한 절차에 있어서, 주민등록번호 소지자의 허락 없이 마치 그 소지자의 허락을 얻은 것처럼 행세하거나 자신이 그 소지자인 것처럼 행세하면서 그 주민등록번호를 사용하는 행위를 처벌하기 위하여 규정된 것으로 보아야 한다. 그러므로 다른 사람의 주민등록번호를 그 소지자의 허락 없이 함부로 이용하였다 하더라도, 그 주민등록번호를 본인 여부의 확인 또는 개인식별 내지 특정의 용도로 사용한 경우에 이른 경우가 아닌 한, 위 조항의 주민등록번호 부정사용죄는 성립하지 아니한다.(대판 2009.9.10, 2009도4574)
제38조【벌칙】 제26조제2항에 따른 사법경찰관리가 그 직무를 수행하면서 직권을 남용하면 「경찰관 직무집행법」 제12조에 따라 처벌한다.(2014.5.20 본조개정)
제39조【양벌규정】 법인의 대표자나 법인 또는 개인의 대리인, 사용인, 그 밖의 종업원이 그 법인 또는 개인의 업무에 관하여 제37조제1항제2호·제4호의2·제5호·제6호·제8호·제8호의2 또는 같은 조 제2항의 위반행위를 하면 그 행위자를 벌하는 외에 그 법인 또는 개인에게도 해당 조문의 벌금형을 과(科)한다. 다만, 법인 또는 개인이 그 위반행위를 방지하기 위하여 해당 업무에 관하여 상당한 주의와 감독을 게을리하지 아니한 경우에는 그러하지 아니하다.(2023.12.26 본문개정)
1.~3. (2022.1.11 삭제)
제40조【과태료】 ① 제7조의4제1항의 입증자료를 거짓으로 제출한 사람에게는 1천만원 이하의 과태료를 부과한다.(2016.5.29 본항신설)
② 정당한 사유 없이 제20조제1항 또는 제20조의2제1항에 따른 사실조사를 거부 또는 기피한 자에게는 50만원 이하의 과태료를 부과한다.(2019.12.3 본항개정)
③ 정당한 사유 없이 제20조제2항·제3항(제20조의2제1항 후단에 따라 준용하는 경우를 포함한다) 및 제24조제4항 후단에 따른 최고를 받은 자 또는 공고된 자 중 기간 내에 신고 또는 신청을 하지 아니한 자는 10만원 이하의 과태료를 부과한다.(2019.12.3 본항개정)
④ 정당한 사유 없이 제11조부터 제13조까지, 제16조제1항 또는 제24조제4항 전단에 따른 신고 또는 신청을 기간 내에 하지 아니한 자는 5만원 이하의 과태료를 부과한다.(2014.1.21 본항개정)
⑤ 제1항부터 제4항까지의 과태료는 대통령령으로 정하는 바에 따라 시장·군수 또는 구청장이 부과·징수한다.(2022.1.11 본항개정)
⑥~⑦ (2009.4.1 삭제)

부 칙

제1조【시행일】 이 법은 공포한 날부터 시행한다.
제2조【종전 법률의 개정에 따른 주민등록증의 발급시기에 관한 특례】 ① 법률 제5987호 주민등록법중개정법률에 따른 주민등록증이 발급되기 전에 주민등록증을 발급 또는 재발급할 필요가 있으면 종전의 규정에 따라 이를 발급 또는 재발급할 수 있다. 이 경우 발급 또는 재발급된 주민등록증은 같은 법에 따른 주민등록증으로 보며, 2000년 6월 1일 이후에는 이를 사용할 수 없다.
② 법률 제5987호 주민등록법중개정법률의 시행일인 1999년 7월 1일 이전에 발급된 주민등록증은 같은 법에 따른 주민등록증으로 보며, 2000년 6월 1일 이후에는 이를 사용할 수 없다.
제3조【처분 등에 관한 일반적 경과조치】 이 법 시행 당시 종전의 규정에 따른 행정기관의 행위나 행정기관에 대한 행위는 그에 해당하는 이 법에 따른 행정기관의 행위나 행정기관에 대한 행위로 본다.
제4조【벌칙이나 과태료에 관한 경과조치】 이 법 시행 전의 행위에 대하여 벌칙이나 과태료 규정을 적용할 때에는 종전의 규정에 따른다.
제5조【다른 법률의 개정】 ①~④ ※(해당 법령에 가제정리 하였음)
제6조【다른 법령과의 관계】 이 법 시행 당시 다른 법령에서 종전의 「주민등록법」 또는 그 규정을 인용한 경우에 이 법 가운데 그에 해당하는 규정이 있으면 종전의 규정을 갈음하여 이 법 또는 이 법의 해당 규정을 인용한 것으로 본다.

부 칙 (2009.4.1)

제1조【시행일】 이 법은 공포 후 6개월이 경과한 날부터 시행한다.
제2조【종전 법률의 개정에 따른 거주불명 등록에 관한 특례】 시장·군수 또는 구청장은 이 법 시행 당시 종전의 규정에 따라 주민등록이 말소된 주민에 대하여 제20조제6항의 개정규정에도 불구하고 이 법 시행 후 1년이 경과하면 말소 당시 주민등록지 읍·면사무소 또는 동 주민센터의 주소를 행정상 관리주소로 하여 거주불명 등록을 하여야 한다. 다만, 이 법 시행 당시 주민등록이 말소된 사람이 거주지가 불분명한 상태에서 재등록을 신청하는 경우에는 이 법 시행 후 1년 이내라도 거주불명 등록을 할 수 있다.
제3조【다른 법률의 개정】 ①~② ※(해당 법령에 가제정리 하였음)

부 칙 (2016.5.29)

제1조【시행일】 이 법은 공포 후 1년이 경과한 날부터 시행한다. 다만, 제10조제1항제11호, 제12조 및 제36조의2의 개정규정은 공포한 날부터 시행하고, 제29조 및 제37조제5호의 개정규정은 공포 후 6개월이 경과한 날부터 시행한다.
제2조【이 법 시행을 위한 준비행위】 변경위원회 위원의 위촉·임명, 사무국 직원의 임명 등 이 법 시행을 위한 준비행위는 이 법 시행 전에 할 수 있다.
제3조【주민등록번호 변경 제도 도입에 따른 적용례】 제7조의4의 개정규정은 이 법 시행 전에 발생한 사건으로 주민등록번호의 변경을 신청하는 사람에게도 적용한다.

부 칙 (2016.12.2)

제1조【시행일】 이 법은 공포 후 1년이 경과한 날부터 시행한다. 다만, 제14조제3항의 개정규정은 공포한 날부터 시행하고, 제37조의 개정규정은 공포 후 6개월이 경과한 날부터 시행하며, 부칙 제3조제1항 및 제3항은 2017년 5월 30일부터 시행한다.

제2조【해외에 체류 중인 사람의 주소 신고에 관한 경과조치】 ① 이 법 시행일 전에 90일 이상 해외에 체류할 목적으로 이미 출국하여 해외에 체류 중인 사람(제19조제1항에 따른 국외이주신고를 하여야 하는 사람은 제외한다)은 제10조의3제1항의 개정규정에도 불구하고 이 법 시행일 이후 그가 속한 세대의 거주지를 제10조제1항제7호에 따른 주소로 신고할 수 있다. 다만, 신고 당시 어느 세대에도 속하지 아니하는 사람은 신고 당시 거주지를 관할하는 읍·면사무소 또는 동 주민센터의 주소를 행정상 관리주소로 신고할 수 있다.
② 제1항에 따른 신고를 한 사람은 해외체류자로 본다.
제3조【다른 법률의 개정】 ①~③ ※(해당 법령에 가제정리 하였음)

부 칙 (2020.2.4)
(2020.6.9 법17354호)

제1조【시행일】 이 법은 공포 후 6개월이 경과한 날부터 시행한다.(이하 생략)

부 칙 (2020.6.9 법17385호)

이 법은 공포한 날부터 시행한다. 다만, 제16조의2의 개정규정은 공포 후 6개월이 경과한 날부터 시행한다.

부 칙 (2021.7.20)

이 법은 공포 후 6개월이 경과한 날부터 시행한다.

부 칙 (2022.1.11)

제1조【시행일】 이 법은 공포한 날부터 시행한다. 다만, 제25조, 제35조제3호, 제37조제1항제4호의2, 제39조(제37조제1항제4호의2에 관한 부분으로 한정한다)의 개정규정은 공포 후 6개월이 경과한 날부터 시행하고, 제7조제1항, 제16조제2항·제3항, 제20조의3제1항·제2항(국가기관 및 지방자치단체와 관련된 부분으로 한정한다), 제29조제3항, 제29조의2, 제35조제2호, 제37조제2항, 제39조(제37조제2항에 관한 부분으로 한정한다) 및 제40조제5항의 개정규정은 공포 후 1년이 경과한 날부터 시행한다.
제2조【주민등록번호변경위원회 심사·의결 기간 단축에 따른 경과조치】 이 법 시행 전에 주민등록지의 시장·군수 또는 구청장이 주민등록번호변경위원회에 주민등록번호 변경 여부에 관한 결정을 청구한 경우에는 제7조의5제3항의 개정규정에도 불구하고 종전의 규정에 따른다.
제3조【시행일에 관한 경과조치】 제25조제2항의 개정규정 중 "주민등록정보시스템"은 이 법 공포 후 6개월이 경과한 날부터 1년이 경과하기 전까지는 "전산조직"으로 본다.

부 칙 (2023.3.4)

제1조【시행일】 이 법은 공포 후 3개월이 경과한 날부터 시행한다.(이하 생략)

부 칙 (2023.8.16)

제1조【시행일】 이 법은 공포 후 6개월이 경과한 날부터 시행한다.
제2조【주민등록번호변경위원회의 심사·의결 기간 단축에 관한 적용례】 제7조의5제4항의 개정규정은 이 법 시행 이후 주민등록지의 시장·군수 또는 구청장이 주민등록번호변경위원회에 주민등록번호 변경 여부에 관한 결정을 청구한 경우부터 적용한다.

부 칙 (2023.12.26)

제1조【시행일】 이 법은 공포 후 1년이 경과한 날부터 시행한다. 다만, 제29조제7항부터 제11항까지의 개정규정은 공포 후 6개월이 경과한 날부터 시행하고, 제37조제1항제8호의2 및 제39조 본문의 개정규정은 공포한 날부터 시행한다.
제2조【벌칙에 관한 특례】 제37조제1항제8호의2의 개정규정은 제24조의2 및 제25조의 개정규정이 시행되기 전까지는 다음과 같이 규정된 것으로 본다.
8의2. 다른 사람의 주민등록증의 이미지 파일 또는 복사본을 부정하게 사용한 자
제3조【다른 법률의 개정】 ①~⑬ ※(해당 법령에 가제정리 하였음)

주민등록법 시행령

(2008년 2월 22일 전부개정대통령령 제20615호)

개정
2008. 2.29영20741호(직제)
2008. 7.29영20947호(자본시장금융투자업시)
2008.12.17영21164호
2008.12.31영21214호(직제)
2009. 8.13영21683호
2009.11.20영21835호(중소기업진흥시)
2010. 3.15영22075호(직제)
2010. 5. 4영22151호(전자정부법시)
2010. 7.26영22311호(행정심판시)
2010. 8. 4영22323호(서식설계변경일부개정령)
2011. 8.29영23102호
2011.10.26영23264호(보조금관리에관한법시)
2011.12.21영23383호(행정업무의효율적운영에관한규정)
2012. 6. 1영23825호
2013. 3.23영24425호(직제)
2013.12.17영25001호
2014.11.19영25751호(직제)
2014.12.31영25956호
2015. 6.30영26369호(주택도시기금법시)
2015.11.26영26663호
2016. 4.26영27103호(행정효율과협업촉진에관한규정)
2016. 5.31영27205호(기술보증기금법시)
2016. 8.11영27444호(주택법시)
2016. 9.22영27511호(서민의금융생활지원에관한법시)
2016.12.30영27709호 2017. 5. 8영28020호
2017. 6.27영28150호
2017. 7.26영28211호(직제)
2017. 9.19영28299호 2017.11.28영28445호
2017.12.19영28473호(해외이주법시)
2018.12.24영29421호(규제기한설정)
2019. 2. 8영29511호
2019. 4. 2영29677호(중소기업진흥에관한법시)
2020. 6.30영30807호(대체역의편입및복무등에관한법시)
2020. 8. 4영30892호(개인정보보호법시)
2020. 8. 4영30893호(신용정보의이용및보호에관한법시)
2020.10.13영31111호
2021. 1. 5영31380호(법령용어정비)
2021. 6. 8영31726호(도로명주소법시)
2022. 1.18영32340호
2022. 2.17영32449호(한국자산관리공사설립등에관한법시)
2022. 7.11영32791호 2023. 1.10영33221호
2023. 4. 5영33377호(직제)
2023. 5.16영33474호(주택저당채권유동화회사법시행령폐지령)
2023. 6.27영33575호(행정업무의운영및혁신에관한규정)
2023. 9.12영33723호(개인정보보호법시)
2023.11.21영33880호

제1조【목적】 이 영은 「주민등록법」에서 위임된 사항과 그 시행에 필요한 사항을 규정함을 목적으로 한다.
제2조【권한의 위임】 ① 행정안전부장관은 「주민등록법」(이하 "법"이라 한다) 제3조제2항에 따라 특별시장·광역시장 또는 도지사에게 시장·군수 또는 구청장(자치구의 구청장을 말한다. 이하 같다)에 대한 지도·감독권을 위임하고, 특별시장·광역시장·특별자치시장·도지사 또는 특별자치도지사에게 법 제30조제1항 본문에 따른 주민등록전산정보자료(이하 "전산자료"라 한다)의 이용 또는 활용에 관한 승인권을 위임한다. 다만, 다음 각 호의 사항은 제외한다.(2022.7.11 본문개정)
1. 법 제7조제1항에 따른 전자정보시스템(이하 "주민등록정보시스템"이라 한다)의 관리·운영 등에 관한 사항(2023.1.10 본호개정)
2. 법 제24조에 따른 주민등록증의 발급 등에 관한 사항
3. 둘 이상의 특별시·광역시·특별자치시·도 및 특별자치도 단위의 출력자료에 관한 승인권(2022.7.11 본호개정)
② 특별시장·광역시장 또는 도지사는 제1항에 따라 위임받은 출력자료에 관한 승인권 중 시·군·자치구 단위 이하의 출력자료에 관한 승인권을 해당 지방자치단체의 규칙으로 정하는 바에 따라 시장·군수 또는 구청장에게 재위임할 수 있다.(2022.7.11 본항개정)
제3조【경비의 부담】 ① 행정안전부장관은 법 제5조제2항에 따라 다음 각 호의 어느 하나에 해당하는 경우에는 주민등록증의 발급에 드는 경비의 일부를 부담하여야 한다.(2017.7.26 본문개정)
1. 법 제24조제6항에 따라 주민등록증을 일제 갱신 발급하는 경우(2014.12.31 본호개정)
2. 법 제27조제3항 단서에 따라 주민등록증을 재발급하는 경우
② 제1항에 따라 필요한 비용의 부담은 「보조금 관리에 관한 법률 시행령」 제4조에 따른 보조금 지급대상사업의 범위와 기준보조율에 따른다.(2011.10.26 본항개정)
제4조【세대에 속하지 않는 군인의 등록】 법 제6조제2항에 해당하는 군인으로서 어느 세대에도 속하지 않는 군인에 대해서는 그 군인의 「가족관계의 등록 등에 관한 법률」 제10조제1항에 따른 등록기준지(이하 "등록기준지"라 한다)의 시장(특별시장·광역시장은 제외하고, 특별자치시장·특별자치도지사는 포함한다. 이하 같다)·군수 또는 구청장이 등록해야 한다.(2022.7.11 본조개정)
제5조 (2014.12.31 삭제)
제6조【주민등록표 등의 작성】 ① 법 제7조에 따른 개인별 주민등록표는 별지 제1호서식에 따라 작성하고, 세대별 주민등록표는 별지 제2호서식에 따라 작성한다.
② 세대별 주민등록표의 등재순위는 세대주, 배우자, 세대주의 직계존비속의 순위로 하고, 그 외에는 세대주의 신고에 따른다. 다만, 「민법」 제779조에 따른 가족의 범위에 속하지 아니하는 사람은 동거인란에 기록한다.
③ 법 제7조에 따른 세대별 주민등록표 색인부는 별지 제3호서식의 세대명부와 별지 제4호서식의 주민등록 전출자 명부 및 별지 제5호서식의 주민등록 전입자 명부에 따른다.
제6조의2【외국인 배우자 등에 대한 세대별 주민등록표의 기록 등】 ① 「출입국관리법」 제31조에 따라 등록한 외국인 또는 「재외동포의 출입국과 법적 지위에 관한 법률」 제6조에 따라 국내거소신고를 한 외국국적동포(이하 "외국인등"이라 한다)의 체류지를 관할하는 시장·군수 또는 구청장은 다음 각 호의 요건을 모두 갖춘 외국인등을 별지 제2호서식의 세대별 주민등록표에 기록하여 관리할 수 있다. 이 경우 외국인등을 세대별 주민등록표에 기록하는 순서는 제6조제2항에 따른다.
1. 외국인등의 체류지〔외국인의 경우에는 「출입국관리법」 제31조에 따라 등록한 체류지, 외국국적동포의 경우에는 「재외동포의 출입국과 법적 지위에 관한 법률」 제6조에 따라 국내거소신고를 한 거소(居所)를 말한다. 이하 이 조에서 같다〕가 외국인등이 속할 세대의 세대주의 주민등록이 되어 있는 거주지(이하 "주민등록지"라 한다)와 일치할 것(2022.7.11 본호개정)
2. 외국인등이 다음 각 목의 어느 하나에 해당할 것
가. 세대주의 배우자
나. 세대주의 직계혈족
다. 세대원(세대주의 「민법」 제779조에 따른 가족의 범위로 한정한다. 이하 이 조에서 같다)의 배우자
라. 세대원의 직계혈족
② 시장·군수 또는 구청장은 제1항에 따라 외국인등을 세대별 주민등록표에 기록하려면 다음 각 호의 어느 하나에 해당하는 사람의 신청이 있어야 한다.
1. 외국인등 본인
2. 외국인등이 속할 세대의 세대주
3. 외국인등이 속할 세대의 세대원
③ 시장·군수 또는 구청장은 제2항에 따른 신청을 받으면 다음 각 호의 사항을 확인한 후 해당 외국인등을 세대별 주민등록표에 기록하여야 한다.
1. 외국인등의 외국인등록자료(국내거소신고자료를 포함한다. 이하 같다)
2. 체류지에서의 거주사실
3. 가족관계기록사항
4. 그 밖에 행정안전부령으로 정하는 사항
④ 시장·군수 또는 구청장은 제3항에 따른 사항을 확인하기 위하여 필요한 경우에는 외국인등의 동의를 받아 관계기관의 장에게 외국인등록자료, 가족관계기록사항에 관한 자료의 제공을 요청할 수 있다. 다만, 외국인등이 동의하지 아니하는 경우에는 해당 외국인등에게 해당 자료를 제출하게 하여야 한다.
⑤ 제1항에 따라 세대별 주민등록표에 기록된 외국인등(이하 이 조에서 "세대별 주민등록표에 기록된 외국인등"이라 한다)이 체류지를 이전하면 새로운 체류지를 관할하는 시장·군수 또는 구청장에게 제2항에 따른 신청을 다시 하여야 한다. 다만, 다음 각 호의 요건을 모두 갖춘 경우에는 새로운 체류지를 관할하는 시장·군수 또는 구청장은 제2항에 따른 신청이 없어도 그 외국인등을 세대별 주민등록표에 기록할 수 있다.
1. 세대별 주민등록표에 기록된 외국인등이 새로운 체류지를 관할하는 시장·군수 또는 구청장(자치구가 아닌 구의 구청장을 포함한다) 또는 읍·면·동의 장에게 「출입국관리법」 제36조제1항에 따른 전입신고나 「재외동포의 출입국과 법적 지위에 관한 법률」 제6조제2항에 따른 국내거소 이전신고를 하였을 것
2. 제1호에 따른 전입신고 또는 국내거소 이전신고와 함께 세대별 주민등록표에 기록된 외국인등이 속하였던 세대에 속하는 사람 전원이 제1호에 따른 전입신고지 또는 국내거소 이전신고지와 동일한 주소지로 법 제16조제1항에 따른 전입신고를 하였을 것
⑥ 시장·군수 또는 구청장은 세대별 주민등록표에 기록된 외국인등에 대한 기록사항에 오류가 있거나 다음 각 호의 어느 하나에 해당하여 그 기록사항을 변경할 필요가 있는 경우에는 외국인등 본인의 신청 또는 직권으로 해당 기록사항을 정정하거나 변경할 수 있다.
1. 외국인등의 성명, 외국인등록번호 또는 국내거소신고번호가 변경되었음을 확인한 경우
2. 이혼 또는 그 밖의 사유로 인하여 세대주 또는 세대원과 외국인등 사이의 가족관계가 변경되었음을 확인한 경우(제7항에 해당하여 삭제하여야 하는 경우는 제외한다)
3. 그 밖에 세대별 주민등록표에 기록된 외국인등의 기록사항을 변경하여야 하는 경우로서 행정안전부령으로 정하는 경우
⑦ 시장·군수 또는 구청장은 세대별 주민등록표에 기록된 외국인등이 다음 각 호의 어느 하나에 해당하는 경우에는 세대별 주민등록표의 해당 외국인등에 관한 기록을 삭제하여야 한다.
1. 본인이 삭제 신청을 한 경우
2. 제9항에 따른 통보를 받은 경우
3. 사실조사 등을 통하여 제1항의 요건을 갖추지 못하게 되었음을 확인한 경우
4. 그 밖에 해당 외국인등을 세대별 주민등록표에서 삭제하여야 하는 경우로서 행정안전부령으로 정하는 경우

⑧ 시장·군수 또는 구청장은 제1항 및 제5항부터 제7항까지의 규정에 따라 외국인등을 세대별 주민등록표에 기록하거나 그 기록사항을 정정·변경·삭제한 경우에는 해당 외국인등의 체류지를 관할하는 지방출입국·외국인관서의 장에게 통보하여야 한다.

⑨ 제8항에 따른 통보를 받은 지방출입국·외국인관서의 장은 세대별 주민등록표에 기록된 외국인등이 「출입국관리법」, 「재외동포의 출입국과 법적 지위에 관한 법률」, 그 밖의 다른 법률에 따라 외국인등록사항이 말소되거나 국내거소신고 원부가 정리된 경우 또는 체류허가의 취소·변경 등에 따라 국내에 체류할 수 없게 된 경우에는 즉시 그 사실을 제8항에 따라 통보한 시장·군수 또는 구청장에게 통보하여야 한다.

⑩ 제1항부터 제9항까지에서 규정한 사항 외에 외국인등에 대한 세대별 주민등록표의 기록 신청 절차와 방법, 세대별 주민등록표 기록사항에 관한 정정·변경·삭제 및 통보 등 외국인등에 대한 세대별 주민등록표의 기록·관리에 관하여 필요한 사항은 행정안전부령으로 정한다.
(2017.9.19 본조신설)

제7조【주민등록번호】 ① 시장·군수 또는 구청장은 법 제7조의2제1항에 따라 주민등록번호를 부여하려면 반드시 등록기준지를 확인하여야 한다.(2017.5.8 본항개정)

② 시장·군수 또는 구청장이 법 제7조의2제1항에 따라 주민등록번호를 부여할 때에는 별지 제6호서식에 따른 주민등록번호 부여대장에 이를 기록하여야 한다.
(2017.5.8 본항개정)

③ 법 제7조의2제1항에 따른 주민등록번호의 부여는 주민등록정보시스템을 이용해 처리할 수 있다.(2023.1.10 본항개정)

④ 주민등록번호의 부여에 필요한 사항은 행정안전부장관이 정한다.(2017.7.26 본항개정)

제8조【주민등록번호의 정정】 ① 법 제7조의3제1항에 따른 주민등록번호의 정정 요구는 별지 제7호서식에 따른다.

② 법 제7조의3제2항 본문에 따른 정정사항의 통보와 같은 항 단서에 따른 반송사유의 통보는 각각 별지 제8호서식에 따른다.

③ 주민등록이 되어 있는 거주지의 시장·군수 또는 구청장(이하 "주민등록지의 시장·군수 또는 구청장"이라 한다)은 주민등록번호를 부여한 시장·군수 또는 구청장(이하 "번호부여지의 시장·군수 또는 구청장"이라 한다)으로부터 법 제7조의3제2항 본문에 따른 통보를 받은 경우에는 정정통보서에 따라 개인별 및 세대별 주민등록표(이하 "주민등록표"라 한다)를 정정하여야 하며, 같은 항 단서에 따라 주민등록번호의 부여사실을 확인하지 못하였다는 통보를 받은 경우에는 법 제7조의2제1항에 따라 주민등록번호를 직접 새로 부여하여 주민등록표를 정정할 수 있다.

④ 주민등록지의 시장·군수 또는 구청장은 제3항에 따라 주민등록번호가 정정되거나 법 제7조의4제3항에 따라 주민등록번호의 변경 결정을 통지받은 사람이 주민등록증을 이미 발급받은 사람이면 종전의 주민등록증을 회수한 후 주민등록증을 재발급하여야 한다.
(2017.5.8 본조개정)

제9조【주민등록표 등의 기록】 ① 주민등록표 등 주민등록 관계 서류는 한글과 아라비아 숫자로 기록한다. 다만, 필요한 경우에는 가족관계등록부에 기록된 문자와 외국문자로 기록할 수 있으며, 제6조의2에 따라 외국인등을 세대별 주민등록표에 기록하는 경우에는 성명란에 해당 외국인등의 외국인등록표 또는 국내거소신고표의 영문 성명을 기록하고, 주민등록번호란에 해당 외국인등의 외국인등록번호 또는 국내거소신고번호를 기록한다.
(2017.9.19 단서개정)

② 주민등록표 등 주민등록 관계 서류의 기록을 정정·삭제·삽입 또는 변경한 경우에는 그 이전의 기록은 남겨 두어야 하며, 정정·삭제·삽입 또는 변경의 사유와 연월일 및 관계 공무원의 성명을 기록하여야 한다.
(2017.5.8 본항개정)

③ 주민등록표 등 주민등록 관계 서류의 주소는 「도로명주소법 시행령」 제6조에 따른 도로명주소의 표기방법으로 기록한다.(2021.6.8 본항개정)

④ 제3항에도 불구하고 「도로명주소법」에 따른 도로명주소를 사용할 수 없는 경우에는 특별시·광역시·특별자치시·도·특별자치도, 시·군·자치구, 구(자치구가 아닌 구를 말한다), 읍·면·동(법정동 이름을 말한다), 리(법정리 이름을 말한다), 지번(地番)의 순으로 기록할 수 있다. 이 경우 「주택법」에 따른 공동주택은 지번 다음에 건축물대장 등에 따른 공동주택의 이름과 동(棟)번호와 호(號)수를 기록한다.(2022.7.11 전단개정)

⑤ 「건축법 시행령」 별표1 제1호다목에 따른 다가구주택 및 「주택법 시행령」 제4조에 따른 준주택의 경우 본인의 신청이 있으면 제3항 및 제4항에 따른 주소의 끝 부분에 괄호를 하고 그 괄호 안에 해당 건축물의 이름, 동 번호와 호수를 기록할 수 있다.(2016.8.11 본항개정)

⑥ 제5항에 따라 기록한 사항은 다음 각 호의 어느 하나에 해당하는 경우에 전산자료로만 제공할 수 있다.

1. 국가 또는 지방자치단체가 공문서 등의 송달을 위하여 필요한 경우
2. 「국민건강보험법」에 따른 국민건강보험공단이 같은 법 제96조제1항 각 호의 업무 수행을 위하여 요청한 경우
3. 「국민건강보험법」에 따른 국민건강보험공단이 「노인장기요양보험법」 제64조에 따라 준용되는 「국민건강보험법」 제96조제1항제1호에 따른 가입자 및 피부양자의 자격 관리, 장기요양보험료의 부과·징수, 장기요양급여의 관리 등 장기요양사업의 수행을 위하여 요청한 경우
(2015.11.26 본항개정)

⑦ 제5항에 따라 기록한 사항은 공법관계에서의 주소의 구성요소로 보지 아니하며, 주민등록표의 등본 또는 초본(이하 "등·초본"이라 한다)에 기재하지 아니한다.
(2011.8.29 본항신설)

제10조【주민등록표 등의 관리·보존】 법 제7조제1항 및 제4항에 따른 주민등록표와 세대별 주민등록표 색인부는 자기테이프, 자기디스크, 그 밖에 이와 유사한 방법으로 파일로 기록하여 관리·보존하며 관리·보존방법은 다음 각 호와 같다.

1. 주민등록표와 세대별 주민등록표 색인부는 멸실 또는 손상에 대비하여 그 입력된 자료와 프로그램을 다른 기억매체에 따로 입력시켜 격리된 장소에 안전하게 보관하여야 한다.
2. 주민등록표와 세대별 주민등록표 색인부를 관리하는 기관의 장은 주민등록정보시스템의 이상이 발견되면 즉시 주민등록표와 세대별 주민등록표 색인부의 관리상태를 점검하고 손상된 주민등록표와 세대별 주민등록표 색인부는 손상 전의 상태로 복구해야 한다.
(2023.1.10 본호개정)
3. 주민등록표와 세대별 주민등록표 색인부를 작성·변경·폐기할 때에는 이를 파일목록에 따로 기록하여야 하며, 그 보관방법·폐기 등에 관하여는 「공공기록물 관리에 관한 법률」과 같은 법 시행령에 따른다.
(2011.12.21 본호개정)
4. 주민등록표와 세대별 주민등록표 색인부의 입력·출력·편집·검색이나 그 밖에 주민등록업무처리와 운영에 필요한 사항은 행정안전부장관이 정한다.
(2017.7.26 본호개정)

제11조【수작업에 따른 주민등록표의 이미지 전산화 및 보관·관리】 ① 수작업에 따른 주민등록표는 그 기재사항을 변경하지 아니하고 현상을 이미지화하는 방법으로 전산화하며, 이에 필요한 사항은 행정안전부장관이 정한다.

② 수작업에 따른 주민등록표의 보관·관리방법은 행정안전부장관이 정한다.
(2017.7.26 본조개정)

제12조【이미지 주민등록표에 대한 주민등록사무의 처리】 ① 제11조제1항에 따라 이미지 전산화된 주민등록표(이하 "이미지주민등록표"라 한다)는 행정안전부장관의 승인이 있는 때부터 수작업에 따른 주민등록표로 본다.

② 시장·군수 또는 구청장은 이미지주민등록표와 관련된 주민등록사무를 주민등록전산정보센터를 이용하여 처리할 수 있으며, 그에 관한 구체적인 사항은 행정안전부장관이 정한다.
(2017.7.26 본조개정)

제12조의2【주민등록번호의 변경신청을 할 수 있는 사람】 법 제7조의4제1항제4호에서 "제1호부터 제3호까지의 규정에 준하는 사람으로서 대통령령으로 정하는 사람"이란 다음 각 호의 어느 하나에 해당하는 사람으로서 유출된 주민등록번호로 인하여 생명·신체에 위해(危害)를 입거나 입을 우려 또는 재산에 피해를 입거나 입을 우려가 있는 사람을 말한다.

1. 「공익신고자 보호법」 제2조제5호에 따른 공익신고자등
2. 「아동학대범죄의 처벌 등에 관한 특례법」 제2조제6호에 따른 피해아동(같은 법 제2조제4호바목에 따른 범죄로 인한 피해아동은 제외한다)
3. 「정보통신망 이용촉진 및 정보보호 등에 관한 법률」 제70조제1항 및 제2항에 해당하는 범죄행위로 명예를 훼손당한 사람
4. 「특정범죄신고자 등 보호법」 제2조제3호에 따른 범죄신고자등
5. 「특정강력범죄의 처벌에 관한 특례법」 제2조제1항제1호, 제2호, 제5호 또는 제6호에 따른 범죄행위의 피해자
6. 「학교폭력예방 및 대책에 관한 법률」 제2조제4호에 따른 피해학생
7. 「형법」 제164조제2항, 제307조, 제309조 또는 제311조에 따른 범죄행위의 피해자
(2017.5.8 본조신설)

제12조의3【주민등록번호의 변경신청 등】 ① 법 제7조의4제1항에 따라 주민등록번호의 변경신청을 하는 사람(이하 "변경신청인"이라 한다)은 다음 각 호의 사항을 적은 주민등록번호 변경신청서(이하 "주민등록번호 변경신청서"라 한다)를 주민등록지의 시장·군수 또는 구청장에게 제출하여야 한다.

1. 변경신청인의 성명 및 주민등록번호
2. 변경신청인의 주소 및 전화번호
3. 유출된 주민등록번호로 인하여 생명·신체에 위해 또는 재산에 피해를 입거나 입을 우려에 관한 내용 등 주민등록번호 변경신청의 사유

② 변경신청인은 주민등록번호 변경신청서에 변경신청인의 주민등록번호가 유출되었음을 확인할 수 있는 다음 각 호의 어느 하나에 해당하는 자료를 첨부하여야 한다.

1. 「개인정보 보호법」 제34조제1항 및 같은 법 시행령 제39조에 따라 개인정보처리자가 정보주체에게 주민등록번호가 유출되었음을 알린 경우 그 통지서(전자우편 또는 휴대전화 문자메시지로 통지된 경우를 포함한다. 이하 이 항에서 같다)(2023.9.12 본호개정)
2. 「신용정보의 이용 및 보호에 관한 법률」 제39조의4제1항 및 같은 법 시행령 제34조의4에 따라 신용정보회사등이 개인인 신용정보주체에게 주민등록번호가 누설되었음을 통지한 경우 그 통지서(2020.8.4 본호개정)
3. (2020.8.4 삭제)
4. 변경신청인이 인터넷, 신문·방송, 게시판, 그 밖의 매체를 통하여 변경신청인의 주민등록번호가 유출된 사실을 알게 된 경우 해당 인터넷 등에 게재·게시되어 있는 자료
5. 그 밖에 변경신청인의 주민등록번호가 유출된 사실을 입증할 수 있는 자료

③ 변경신청인은 유출된 주민등록번호로 인하여 생명·신체에 위해 또는 재산에 피해를 입거나 입을 우려가 있음을 입증하는 다음 각 호의 구분에 따른 자료를 주민등록번호 변경신청서에 첨부하여야 한다.

1. 유출된 주민등록번호로 인하여 생명·신체에 위해를 입거나 입을 우려가 있는 경우 : 다음 각 목의 어느 하나에 해당하는 자료
   가. 「의료법」 제17조에 따른 진단서, 증명서 또는 처방전
   나. 「의료법」 제22조에 따른 진료기록부, 조산기록부, 간호기록부 또는 그 밖의 진료에 관한 기록
   다. 그 밖에 유출된 주민등록번호로 인하여 변경신청인이 생명·신체에 위해를 입었거나 입을 우려가 있음을 입증할 수 있는 자료
2. 유출된 주민등록번호로 인하여 재산에 피해를 입거나 입을 우려가 있는 경우 : 금융거래의 내역에 관한 자료 등 그 사실을 입증하는 자료

④ 변경신청인이 주민등록지의 시장·군수 또는 구청장이 아닌 시장·군수 또는 구청장에게 주민등록번호 변경신청서를 제출한 경우 해당 시장·군수 또는 구청장은 지체 없이 주민등록지의 시장·군수 또는 구청장에게 그 주민등록번호 변경신청서를 이송하고 그 사실을 변경신청인에게 통지하여야 한다.

⑤ 주민등록지의 시장·군수 또는 구청장은 제1항에 따라 주민등록번호 변경신청서를 접수하거나 제4항에 따라 이송받은 경우에는 접수 또는 이송받은 날부터 10일 이내에 법 제7조의5에 따른 주민등록번호변경위원회(이하 "변경위원회"라 한다)에 변경신청인의 주민등록번호 변경 여부에 관한 결정을 청구(이하 "변경청구"라 한다)하고, 변경청구한 사실을 변경신청인에게 지체 없이 통지하여야 한다.
(2017.5.8 본조신설)

제12조의4【대리인의 선임 등】 ① 변경신청인은 법 제7조의4제1항 또는 제4항에 따른 주민등록번호의 변경신청 또는 이의신청을 하는 경우에는 법정대리인 외에 다음 각 호의 어느 하나에 해당하는 자를 대리인으로 선임할 수 있다.

1. 변경신청인의 배우자, 직계존속·비속 또는 형제자매
2. 다른 법률의 규정에 따라 주민등록번호의 변경신청 또는 이의신청을 대리할 수 있는 자

② 변경신청인은 제1항 각 호의 어느 하나에 해당하는 자를 대리인으로 선임하거나 변경 또는 해임하였을 때에는 행정안전부령으로 정하는 바에 따라 지체 없이 그 사실을 주민등록지의 시장·군수 또는 구청장에게 통지하여야 한다.(2017.7.26 본항개정)

③ 제2항에 따라 통지를 받은 시장·군수 또는 구청장은 지체 없이 변경위원회에 그 사실을 통보하여야 한다. 다만, 변경위원회에 변경청구를 하기 전인 경우에는 변경청구와 동시에 통보하여야 한다.

④ 변경신청인은 변경위원회의 주민등록번호 변경 여부에 관한 결정 또는 이의신청에 대한 결정이 있을 때까지는 주민등록번호의 변경신청 또는 이의신청을 취하할 수 있다.
(2017.5.8 본조신설)

제12조의5【보정 요구】 변경위원회는 주민등록번호 변경신청서에 흠이 있거나 입증자료가 주민등록번호의 유출 또는 위해·피해사실 등을 입증하기에 불충분하다고 인정하는 때에는 상당한 기간을 정하여 변경신청인에게 보정을 요구할 수 있다.(2019.2.8 본조개정)

제12조의6【주민등록번호 변경에 따른 시장·군수 또는 구청장의 조치】 주민등록지의 시장·군수 또는 구청장은 법 제7조의4제3항에 따른 주민등록번호의 변경 결정을 통보받아 이를 변경신청인에게 통지한 때에는 다음 각 호에 따른 조치를 하여야 한다.

1. 변경신청인의 주민등록지와 등록기준지(등록기준지가 「가족관계의 등록 등에 관한 법률」 제4조에 따른 신고지와 다른 경우에는 신고지를 말한다. 이하 이 호에서 같다)가 다른 경우에는 등록기준지의 시장·구청장 또는 읍·면장에게, 주민등록지와 번호부여지가 다른 경우에는 번호부여지의 시장·군수 또는 구청장에게 변경된 주민등록번호를 통보할 것
2. 변경신청인의 주민등록표를 변경할 것
(2017.5.8 본조신설)

제12조의7【변경위원회의 결정에 관한 이의신청】 ① 법 제7조의4제4항에 따른 이의신청을 하려는 변경신청인은 이의신청서에 그가 주장하는 내용과 그 사실을 증명하는 자료를 첨부하여 주민등록지의 시장·군수 또는 구청장에게 제출하여야 한다.
② 주민등록지의 시장·군수 또는 구청장은 제1항의 이의신청서를 받은 날부터 10일 이내에 변경위원회에 이의신청서를 보내고 그 사실을 변경신청인에게 지체 없이 통지하여야 한다.
(2017.5.8 본조신설)

제12조의8【변경 결정의 연기에 관한 통지】 변경위원회는 법 제7조의5제3항 단서에 따라 심사·의결 기간을 연장할 경우에는 그 사유와 처리 예정 기간을 변경신청인 및 주민등록지의 시장·군수 또는 구청장에게 통지하여야 한다.(2017.5.8 본조신설)

제12조의9【변경청구를 받아들이지 아니하는 결정 등의 사유】 법 제7조의5제4항제4호에서 "그 밖에 대통령령으로 정하는 경우"란 다음 각 호의 어느 하나에 해당하는 경우를 말한다.
1. 변경신청인(대리인을 포함한다)이 다음 각 목의 어느 하나에 해당하는 행위를 한 경우
가. 정당한 사유 없이 동일한 사유로 반복하여 주민등록번호의 변경신청을 한 경우
나. 허위임이 명백한 자료를 제출한 경우
다. 정당한 사유 없이 제12조의5에 따른 기간 이내에 변경위원회의 보정요구에 따르지 아니하는 경우
2. 변경신청인이 변경위원회의 결정 전에 사망한 경우
3. 그 밖에 변경신청인의 주민등록번호의 변경신청이 적법하지 아니한 것으로 인정되는 경우
(2017.5.8 본조신설)

제12조의10【사실조사】 법 제7조의5제9항제1호에서 "전과조회, 신용정보조회 등 대통령령으로 정하는 방법으로 행하는 사실조사"란 다음 각 호의 어느 하나에 따른 방법에 따른 사실조사를 말한다.
1. 「형의 실효 등에 관한 법률」 제6조에 따른 범죄경력자료 및 수사경력자료의 조회
2. 국세·관세 또는 지방세의 체납여부 조회
3. 「출입국관리법」에 따른 출입국자료 조회
4. 「해외이주법」 제6조에 따른 해외이주신고 여부 조회
5. 다음 각 목의 기관에 대한 변경신청인의 금융정보·신용정보 또는 보험정보의 제공 요청
가. 「금융실명거래 및 비밀보장에 관한 법률」 제2조제1호에 따른 금융회사등
나. 「신용정보의 이용 및 보호에 관한 법률」 제2조제5호에 따른 신용정보회사
다. 「신용정보의 이용 및 보호에 관한 법률」 제25조제2항제1호에 따른 종합신용정보집중기관
(2020.8.4 나목~다목개정)
(2017.5.8 본조신설)

제12조의11【변경위원회의 구성·운영 등】 ① 행정안전부장관은 법 제7조의5제6항제1호에 따른 변경위원회의 위원으로 다음 각 호의 사람을 임명한다.(2017.7.26 본문개정)
1. 행정안전부의 고위공무원단에 속하는 공무원 또는 이에 상당하는 공무원(2020.10.13 본호개정)
2. 「개인정보 보호법」에 따른 개인정보 보호위원회의 고위공무원단에 속하는 공무원으로서 개인정보 보호위원회의 위원장이 지명하는 사람(2020.10.13 본호개정)
② 변경위원회의 위원장(이하 "위원장"이라 한다)은 변경위원회를 대표하고, 변경위원회의 업무를 총괄한다.
③ 위원장이 부득이한 사유로 직무를 수행할 수 없을 때에는 상임위원이 그 직무를 대행하며, 위원장과 상임위원이 모두 부득이한 사유로 그 직무를 수행할 수 없을 때에는 위원장이 미리 지명한 위원이 그 직무를 대행한다.
④ 변경위원회의 회의에 출석한 위원 및 자문 등을 한 사람에게는 예산의 범위에서 수당 등을 지급할 수 있다. 다만, 공무원이 그 소관 업무와 직접 관련되어 출석하거나 자문하는 경우에는 그러하지 아니하다.
⑤ 변경위원회는 그 업무 수행을 위하여 필요하다고 인정하는 경우에는 관계 중앙행정기관, 지방자치단체, 「공공기관의 운영에 관한 법률」 제4조에 따른 공공기관 및 제12조의10 각 호의 사실조사와 관련된 기관에 소속 공무원이나 직원의 파견을 요청할 수 있다.
⑥ 법 제7조의5 및 이 영에서 규정한 사항 외에 변경위원회의 운영에 필요한 사항은 위원회의 의결을 거쳐 위원장이 정한다.
(2017.5.8 본조신설)

제12조의12【위원의 제척·기피·회피】 ① 변경위원회의 위원이 다음 각 호의 어느 하나에 해당하는 경우에는 해당 변경청구에 대한 심사·의결에서 제척(除斥)된다.
1. 위원 또는 그 배우자나 배우자이었던 사람이 해당 변경청구의 당사자이거나 이해관계가 있는 경우
2. 위원이 해당 변경청구의 당사자와 친족이거나 친족이었던 경우
3. 위원이 해당 변경청구의 당사자에 관하여 증언, 감정 또는 법률자문을 한 경우
4. 위원이 해당 변경청구의 당사자의 대리인이거나 대리인이었던 경우
② 변경신청인은 위원에게 공정한 심사·의결을 기대하기 어려운 사정이 있는 때에는 변경위원회에 그 사유를 밝히고 해당 위원에 대한 기피신청을 할 수 있다.
③ 제2항에 따른 기피신청이 있을 때에는 변경위원회의 의결로 해당 위원의 기피여부를 결정한다. 이 경우 기피신청의 대상인 위원은 그 의결에 참여하지 못한다.
④ 위원이 제1항 또는 제2항의 사유에 해당하는 경우에는 위원장의 허가를 받아 해당 변경청구에 대한 심사·의결에서 회피할 수 있다.
(2017.5.8 본조신설)

제12조의13【위원의 해임·해촉】 행정안전부장관은 변경위원회의 위원이 다음 각 호의 어느 하나에 해당하는 경우에는 해당 위원을 해임하거나 해촉(解囑)할 수 있다.
(2017.7.26 본문개정)
1. 심신장애로 인하여 직무를 수행할 수 없게 된 경우
2. 직무와 관련된 비위사실이 있는 경우
3. 직무태만, 품위손상이나 그 밖의 사유로 인하여 위원으로 적합하지 아니하다고 인정되는 경우
4. 위원 스스로 직무를 수행하는 것이 곤란하다고 의사를 밝히는 경우
5. 제12조의12제1항 각 호의 어느 하나에 해당함에도 불구하고 해당 변경청구에 대한 심사·의결에서 회피하지 아니한 경우
(2017.5.8 본조신설)

제12조의14【회의의 비공개】 변경위원회의 심사·의결의 공정성을 보장하고 변경신청인을 보호하기 위하여 다음 각 호의 사항은 공개하지 아니한다.
1. 변경위원회의 회의에서 위원이 발언한 내용이 적힌 문서(전자적으로 기록된 문서를 포함한다)
2. 변경위원회의 회의에 출석한 위원의 명단(2019.2.8 본호개정)
3. 그 밖에 공개할 경우 변경위원회의 심사·의결의 공정성을 해치거나 변경신청인의 보호에 문제가 발생할 우려가 있다고 인정되는 사항으로서 변경위원회가 의결한 사항
(2017.5.8 본조신설)

제13조【말소신고 등】 ① 법 제8조에 따른 말소신고 또는 거주불명 등록신고는 거주자의 경우에는 별지 제9호서식에, 재외국민의 경우에는 별지 제9호의2서식에 따른다.(2014.12.31 본항개정)
② 시장·군수 또는 구청장은 제1항에 따른 주민등록의 말소신고를 받으면 지체 없이 주민등록표를 정리하여야 한다.(2020.10.13 본항개정)

제14조【등록신고서식】 ① 법 제10조제1항에 따른 주민등록신고는 별지 제10호서식에 따른다.
② 법 제6조제1항제3호나목에 따른 재외국민이 법 제10조의2제1항에 따라 주민등록신고를 하는 경우에는 별지 제10호의2서식에 따른다.(2020.10.13 후단삭제)
③ 시장·군수 또는 구청장은 제2항에 따른 주민등록신고를 받으면 「전자정부법」 제36조제1항에 따른 행정정보의 공동이용을 통하여 재외국민등록부 등본 또는 해외이주신고 확인서를 확인해야 하며, 재외국민 본인이 확인에 동의하지 않는 경우에는 해당 서류를 첨부하도록 해야 한다.(2020.10.13 본항신설)

제15조【신고사항의 사후확인 등】 ① 시장·군수 또는 구청장은 법 제10조제1항에 따른 주민등록신고, 법 제10조의2제1항에 따른 재외국민의 주민등록신고, 법 제10조의3제1항에 따른 해외체류에 관한 신고 또는 법 제16조제1항에 따른 전입신고를 받으면 그 신고된 내용이 포함된 사후확인용 자료를 전산으로 출력하여 신고일부터 15일 이내에 관할 이장(동인 경우에는 통장을 말한다. 이하 같다)에게 보내야 한다.(2017.11.28 본항개정)
② 이장은 제1항에 따른 사후확인용 자료를 받은 날부터 15일 이내에 신고내용이 사실인지를 확인한 후 그 결과를 해당 시장·군수 또는 구청장에게 알려야 한다. 이 경우 이장은 신고내용이 사실인지를 확인할 때에는 그 권한을 나타내는 증표를 지니고 이를 관계인에게 내보여야 한다.
(2023.11.21 본항개정)
③ 시장·군수 또는 구청장은 제2항 전단에 따라 신고내용의 확인 결과를 통보받은 경우에는 제1항에 따른 사후확인용 자료에 관계 공무원이 서명 또는 날인하도록 해야 한다.(2023.11.21 본항신설)
④ 시장·군수 또는 구청장은 제1항부터 제3항까지의 규정에도 불구하고 신고의무가 있는 사람이 법 제16조제1항에 따른 전입신고를 하였을 때에 다음 각 호의 어느 하나에 해당하는 경우에는 신고사항의 사후확인을 생략할 수 있다.(2023.11.21 본문개정)
1. 「주택임대차보호법」 제3조의2에 따라 임대차계약증서상의 확정일자를 읍·면·동 또는 출장소에서 받은 경우(2019.2.8 본호신설)
2. 법 제11조 또는 제12조에 따른 신고의무자가 법 제16조제1항에 따라 전입신고를 한 날부터 5일 이내에 임대차계약서, 매매계약서 등 전입을 확인할 수 있는 자료를 제출하여 관계 공무원이 확인한 경우(2022.7.11 본호개정)
⑤ 제1항에 따른 사후확인용 자료와 확인방법 등에 필요한 사항은 행정안전부장관이 정한다.(2017.7.26 본항개정)
⑥ 시장·군수 또는 구청장은 본인의 신청이 있는 경우에는 법 제10조제1항제7호에 따른 주소의 변경 또는 정정(訂正) 사실을 휴대전화에 의한 문자전송 등의 방법으로 본인에게 알릴 수 있다.(2023.11.21 본항신설)

제16조【접수증 교부】 시장·군수 또는 구청장은 법 제10조제1항, 법 제10조의2제1항, 법 제10조의3제1항, 법 제16조, 법 제19조 또는 이 영 제32조에 따른 주민등록신고, 재외국민의 주민등록신고, 해외체류에 관한 신고, 전입신고, 국외이주신고 또는 재등록신고를 수리하였을 때에는 신청한 사람에게만 접수증을 내주어야 한다.(2017.11.28 본조개정)

제17조【해외체류에 관한 신고】 ① 법 제10조의3제1항에 따른 해외체류에 관한 신고(이하 "해외체류신고"라 한다)를 하려는 사람은 별지 제10호의3서식의 해외체류신고서에 해외체류 사실을 확인할 수 있는 다음 각 호의 어느 하나에 해당하는 서류를 첨부하여 법 제10조의3제2항에 따른 해당 시장·군수 또는 구청장에게 제출하여야 한다. 이 경우 법 제10조의3제1항 본문에 따른 해외체류신고를 하려는 사람은 별지 제10호의3서식의 해외체류신고서에 출국 후에 속할 세대의 세대주의 서명이나 날인을 받아야 한다.
1. 해외체류 예정 국가에서 발행한 비자 사본
2. 외국 교육기관의 입학허가서 또는 재학증명서
3. 소속기관 출장명령서 또는 훈련 주관기관의 훈련계획서
4. 국제항공권 또는 국제여객선 등의 구매내역
5. 그 밖에 해외체류 사실을 확인할 수 있는 자료
② 출국하려는 사람 본인이 직접 해외체류신고를 할 수 없으면 다음 각 호의 어느 하나에 해당하는 사람이 할 수 있다.
1. 출국하려는 사람이 현재 속한 세대의 세대주
2. 출국하려는 사람 본인의 위임을 받은 사람으로서 다음 각 목의 어느 하나에 해당하는 사람
가. 출국하려는 사람 본인의 배우자
나. 출국하려는 사람 본인의 직계혈족
다. 출국하려는 사람 본인의 배우자의 직계혈족
라. 출국하려는 사람 본인의 직계혈족의 배우자
마. 출국하려는 사람이 출국 후에 속할 세대의 세대주
③ 제2항제2호에 따라 출국하려는 사람 본인의 위임을 받아 신고하려는 사람은 별지 제10호의3서식의 해외체류신고서에 출국하려는 사람 본인의 서명이나 날인을 받아야 하고, 출국하려는 사람 본인의 주민등록증·여권·운전면허증이나 그 밖에 행정안전부장관이 정하는 신분증명서(이하 "신분증명서"라 한다)를 함께 제시하여야 한다. 이 경우 해외체류신고를 받은 공무원은 신고하려는 사람의 제적등본이나 가족관계기록사항에 관한 증명서 등을 통하여 신고하려는 사람이 제2항 각 호의 어느 하나에 해당하는 사람임을 확인하여야 한다.
④ 법 제10조의3제1항 본문에 따른 해외체류신고를 받은 시장·군수 또는 구청장은 지체 없이 출국하려는 사람의 신고 당시 거주지를 관할하는 시장·군수 또는 구청장에게 제1항에 따른 신고사항을 알려야 하고, 이를 통보받은 시장·군수 또는 구청장은 출국하려는 사람의 주민등록표에 "해외체류신고"라고 기록한 후 신고일자와 관계 공무원의 성명을 기록하여야 한다.
⑤ 법 제10조의3제1항 단서에 따른 해외체류신고를 받은 시장·군수 또는 구청장은 출국하려는 사람의 주민등록표에 "해외체류신고"라고 기록한 후 신고일자와 관계 공무원의 성명을 기록하여야 한다.
⑥ 시장·군수 또는 구청장은 제4항 및 제5항에 따라 주민등록표에 "해외체류신고"로 기록된 사람(이하 "해외체류신고자"라 한다)의 명단을 매일 행정안전부장관에게 알려야 하고, 행정안전부장관은 이를 매일 법무부장관에게 알려야 한다.
⑦ 법무부장관은 해외체류신고자가 출국한 경우에는 출국한 사람(이하 "해외체류자"라 한다)의 명단을 매일 행정안전부장관에게 알려야 하고, 행정안전부장관은 이를 매일 해당 시장·군수 또는 구청장에게 알려야 한다.
⑧ 그 밖에 해외체류신고에 필요한 사항은 행정안전부령으로 정한다.
(2017.11.28 본조신설)

제17조의2【해외체류에 관한 신고의 철회】 ① 해외체류신고자가 사정변경 등으로 90일 이상 해외체류를 하지 아니하는 경우 등에는 해외체류신고를 철회할 수 있다.
② 제1항에 따라 해외체류신고를 철회하려는 사람은 별지 제10호의3서식의 해외체류신고 철회서에 철회 당시 거주지를 관할하는 시장·군수 또는 구청장에게 신청하되, 신청의 위임 및 그 확인에 관하여는 제17조제2항 및 제3항을 준용한다. 이 경우 "출국하려는 사람"은 "해외체류신고를 철회하려는 사람"으로, "해외체류신고"는 "해외체류신고의 철회신청"으로 본다.
③ 시장·군수 또는 구청장은 해외체류신고자가 제2항에 따른 해외체류신고의 철회신청을 한 경우 해외체류신고자의 주민등록표에 "해외체류신고 철회"라고 기록한 후 철회일자와 관계 공무원의 성명을 기록하여야 한다.
④ 그 밖에 해외체류신고 철회에 필요한 사항은 행정안전부령으로 정한다.
(2017.11.28 본조신설)

제17조의3【해외체류신고자의 출국 후 주민등록표 관리】 ① 제17조제4항에 따라 "해외체류신고"를 기록한 시장·군수 또는 구청장은 같은 조 제7항에 따른 해외체류자 명단을 통보받으면 해외체류자의 주민등록표와 관련 공부를 출국 후에 그가 속할 세대의 거주지를 관할하는 시장·군수 또는 구청장에게 지체 없이 이송하여야 하고,

이를 이송받은 시장·군수 또는 구청장은 해외체류자의 주민등록표에 "해외체류"라고 기록하고, 출국 후에 그가 속할 세대의 거주지를 주소로 한 후 출국일자 및 관계 공무원의 성명을 기록하여야 한다.
② 제17조제5항에 따라 "해외체류신고"를 기록한 시장·군수 또는 구청장은 같은 조 제7항에 따른 해외체류자 명단을 통보받으면 해외체류자의 주민등록표에 "해외체류"라고 기록하고, 주소를 법 제10조의3제1항 단서에 따른 행정상 관리주소로 변경한 후 출국일자 및 관계 공무원의 성명을 기록하여야 한다.
③ 해외체류신고에 따라 해외체류자의 국내 주소가 변경되는 경우 그 주소의 변경일자는 출국일 다음날로 한다.
④ 시장·군수 또는 구청장은 해외체류신고자가 해외체류신고를 한 날부터 1년이 지난 날까지 출국하지 아니하는 등의 사유로 주민등록표에 "해외체류"로 기록되지 아니한 경우에는 법 제19조의2제1항에 따른 출입국자료의 확인 등을 거쳐 해외체류신고자의 주민등록표를 정리하여야 한다.
⑤ 그 밖에 해외체류신고자의 출국 후 주민등록표의 관리에 필요한 세부사항은 행정안전부령으로 정한다.
(2017.11.28 본조신설)

제17조의4【해외체류자의 변경신고】 ① 해외체류자가 해외체류신고한 주소를 변경하려는 경우에는 해외체류 변경신고서를 새 주소지를 관할하는 시장·군수 또는 구청장에게 제출해야 한다. 이 경우 종전에 신고한 주소를 법 제10조의3제1항 단서에 따른 행정상 관리주소로 변경할 때에는 해외체류신고 당시 거주지를 관할하는 시장·군수 또는 구청장에게 신고해야 한다.
② 제1항에 따른 변경신고의 위임과 그 확인에 관하여는 제17조제2항 및 제3항을 준용한다. 이 경우 "출국하려는 사람"은 "해외체류자"로, "출국 후"는 "주소 변경 후"로, "해외체류신고"는 "해외체류자의 변경신고"로 본다.
③ 제1항에 따른 변경신고를 받은 시장·군수 또는 구청장은 지체 없이 종전에 해외체류신고된 주소지를 관할하는 시장·군수 또는 구청장에게 그 변경 사실을 통보해야 한다.
④ 제3항에 따른 통보를 받은 시장·군수 또는 구청장은 다음 각 호의 구분에 따라 주민등록표와 관련 공부를 정리한 후 지체 없이 새 주소지를 관할하는 시장·군수 또는 구청장에게 주민등록정보시스템을 이용해 이송해야 한다.(2023.1.10 본문개정)
1. 세대원 전원 또는 세대주를 포함한 세대의 일부가 변경되는 경우 : 세대별·개인별 주민등록표와 관련 공부
2. 세대주를 제외한 세대의 일부가 변경되는 경우 : 개인별 주민등록표와 관련 공부
⑤ 제4항에 따라 주민등록표와 관련 공부를 이송받은 시장·군수 또는 구청장은 이송받은 주민등록표 및 관련 공부와 제1항에 따른 해외체류 변경신고서를 대조·확인한 후 세대별 또는 개인별 주민등록표에 다음 각 호의 기준에 따라 그 변경 사항 등을 기록해야 한다.
1. "해외체류"를 "해외체류 중 주소변경"으로 변경할 것
2. 해외체류신고된 주소를 변경할 것
3. 변경신고일자와 관계 공무원의 성명을 기록할 것
(2022.7.11 본조신설)

제17조의5【해외체류자의 귀국신고】 ① 해외체류자가 귀국하여 법 제10조의3제1항 본문에 따라 해외체류신고를 하거나 제17조의4제1항 전단에 따라 변경신고를 한 주소에 30일 이상 거주하려는 경우에는 그 주소를 관할하는 시장·군수 또는 구청장에게 별지 제10호의4서식의 해외체류자의 귀국신고서에 따라 귀국신고를 할 수 있다. 다만, 귀국 후 거주할 주소를 달리하는 경우에는 법 제16조에 따라 전입신고를 해야 한다.(2022.7.11 본항개정)
② 법 제10조의3제1항 단서에 따른 행정상 관리주소를 주소로 신고한 해외체류자가 귀국하여 30일 이상 거주하려는 경우에는 법 제16조에 따라 전입신고를 해야 한다.
(2022.7.11 본항개정)
③ 제1항 단서 및 제2항에 따른 전입신고는 제23조제1항에도 불구하고 별지 제15호의3서식에 따른다.
④ 제1항에 따른 귀국신고의 위임 및 그 확인에 관하여는 제17조제2항(같은 항 제2호마목은 제외한다) 및 제3항을 준용한다. 이 경우 "출국하려는 사람"은 "귀국한 사람"으로 본다.
⑤ 제4항에 따라 귀국한 사람의 위임을 받아 귀국신고를 하려는 사람은 귀국한 사람의 입국 여부를 확인할 수 있는 자료를 함께 제출하여야 하되, 귀국한 사람 본인이 「전자정부법」 제36조제1항에 따른 행정정보의 공동이용을 통한 출입국에 관한 사실증명 자료의 확인에 동의하는 경우에는 그 확인으로 해당 자료의 제출을 갈음할 수 있다.
⑥ 시장·군수 또는 구청장은 제1항 및 제2항에 따른 귀국신고 또는 전입신고를 받은 경우 해외체류자의 입국여부를 확인해야 하고, 해외체류자가 입국한 것을 확인하면 주민등록표에 기록된 "해외체류" 또는 "해외체류 중 주소변경"을 다음 각 호에 따라 변경한 후 신고일자와 관계 공무원의 성명을 기록해야 한다.(2022.7.11 본문개정)
1. 제1항 본문에 따른 귀국신고의 경우 : 해외체류 후 귀국신고
2. 제1항 단서 및 제2항에 따른 전입신고의 경우 : 해외체류 후 전입신고
(2017.11.28 본조신설)

제18조【본인의 신고 등】 ① 법 제11조제1항 단서 및 법 제12조 단서에 따라 본인이 신고를 할 때에는 세대주나 세대 또는 합숙사를 관리하는 사람의 확인을 받아야 한다. 다만, 세대주나 세대 또는 합숙사를 관리하는 사람의 확인을 받을 수 없으면 읍·면·동장 또는 출장소장의 사실조사로써 갈음한다.
② 법 제11조제2항 본문 및 같은 항 제2호에 따라 본인 또는 본인의 위임을 받은 사람이 신고를 할 때에는 세대주의 확인을 받아야 한다. 다만, 세대주의 확인을 받을 수 없으면 읍·면·동장 또는 출장소장의 사실조사로써 갈음한다.(2014.12.31 본항신설)
③ 법 제11조제2항 본문에 따라 재외국민 본인이 신고를 할 때에는 재외국민 본인의 입국 여부를 확인할 수 있는 자료를 함께 제출해야 한다. 다만, 재외국민 본인이 「전자정부법」 제36조제1항에 따른 행정정보의 공동이용을 통한 출입국에 관한 사실증명 자료의 확인에 동의하는 경우에는 그 확인으로 해당 자료의 제출을 갈음할 수 있다.
(2019.2.8 본항신설)
(2014.12.31 본조제목개정)

제19조【위임에 따른 신고】 ① 법 제11조제1항 단서 또는 같은 조 제2항 단서에 따라 세대주 또는 재외국민 본인의 위임을 받아 신고하려는 사람은 신고서에 세대주 또는 재외국민 본인의 서명이나 날인을 받고 세대주 또는 재외국민 본인의 신분증명서를 제시하여야 한다. 이 경우 재외국민 본인의 위임을 받아 신고하는 경우에는 신고대상자의 입국 여부를 확인할 수 있는 자료를 함께 제출하여야 하되, 재외국민 본인이 「전자정부법」 제36조제1항에 따른 행정정보의 공동이용을 통한 출입국에 관한 사실증명 자료의 확인에 동의하는 경우에는 그 확인으로 해당 자료의 제출을 갈음할 수 있다.(2017.11.28 전단개정)
② 제1항에 따른 신고를 받은 공무원은 신고한 사람이 법 제11조제1항제3호에 따라 세대주의 위임을 받은 사람인 경우에는 신분증명서와 제적등본이나 가족관계기록사항에 관한 증명서를 통하여 신고한 사람이 다음 각 호의 어느 하나에 해당하는 사람임을 확인하여야 한다.
(2014.12.31 본문개정)
1. 세대주의 배우자
2. 세대주의 직계혈족
3. 세대주의 배우자의 직계혈족
4. 세대주의 직계혈족의 배우자
(2009.8.13 1호~4호신설)
③ 제1항에 따른 신고를 받은 공무원은 신고한 사람이 법 제11조제2항제2호에 따라 재외국민 본인의 위임을 받은 사람인 경우에는 신분증명서와 제적등본이나 가족관계기록사항에 관한 증명서를 통하여 신고한 사람이 다음 각 호의 어느 하나에 해당하는 사람임을 확인하여야 한다.
1. 재외국민 본인의 배우자
2. 재외국민 본인의 직계혈족
3. 재외국민 본인의 배우자의 직계혈족
4. 재외국민 본인의 직계혈족의 배우자
(2014.12.31 본항신설)
(2014.12.31 본조제목개정)

제20조【정정신고 등】 ① 법 제13조에 따른 정정신고는 거주자의 경우에는 별지 제9호서식에, 재외국민의 경우에는 별지 제9호의2서식에 따른다.(2014.12.31 본항개정)
② 시장·군수 또는 구청장은 제1항에 따른 정정신고를 받으면 지체 없이 전 거주지의 시장·군수·구청장 또는 등록기준지의 시장(구가 설치되지 아니한 시의 시장을 말한다)·구청장(자치구가 아닌 구의 구청장을 포함한다) 또는 읍·면장(이하 "등록기준지의 시장·구청장 또는 읍·면장"이라 한다) 등 신고사항을 확인할 수 있는 기관에 이를 조회하고 그 결과에 따라 정정하여야 한다. 다만, 정정사항을 확인할 수 있는 기관에서 발급한 증서를 제출하면 해당 기관에 조회하지 아니하고 그 증서에 따라 정정할 수 있다.
③ 시장·군수 또는 구청장은 제2항에 따른 정정의 내용이 세대주의 변경인 경우로서 해당 사실이 있는 경우 통보해 줄 것을 변경 전 세대주가 미리 신청한 경우에는 변경 사실을 휴대전화에 의한 문자전송의 방법으로 변경 전 세대주에게 통보할 수 있다.(2020.10.13 본항신설)
④ 제3항에 따라 세대주 변경 사실을 통보할 경우 세대주 변경 사실의 통보 신청 및 통보 방법에 필요한 사항은 행정안전부령으로 정한다.(2020.10.13 본항신설)

제21조【가족관계등록신고 등에 따른 주민등록표의 정리】 ① 법 제14조제3항에 따른 신고사항의 통보는 별지 제11호서식에 따른다. 다만, 주민등록정보시스템 및 「가족관계의 등록 등에 관한 법률」에 따른 전산정보처리조직을 이용하는 경우의 통보방법은 행정안전부장관이 따로 정한다.(2023.1.10 단서개정)
② 법 제14조제4항에 따라 「가족관계의 등록 등에 관한 법률」에 따른 신고로써 갈음되는 주민등록신고사항은 다음 각 호와 같다.
1. 출생
2. 사망 또는 실종
3. 등록기준지의 변경
4. 성명·생년월일 또는 성별의 변경

제22조【주민등록사항의 통보와 확인】 ① 주민등록지의 시장·군수 또는 구청장은 법 제15조제1항에 따라 주민의 성명·생년월일 및 주민등록번호와 이에 관한 정정 또는 말소사항을 별지 제12호서식에 따라 등록기준지(등록기준지가 「가족관계의 등록 등에 관한 법률」 제4조에 따른 신고지와 다른 경우에는 신고지를 말한다)의 시장·구청장 또는 읍·면장에게 알려야 한다.
(2009.8.13 본항개정)
② 제1항에 따른 통보를 받은 시장·구청장 또는 읍·면장은 통보를 받은 날부터 3일 이내에 그 통보받은 사항을 가족관계등록부와 대조·확인하고, 서로 다른 사항이 있으면 주민등록지의 시장·군수 또는 구청장에게 별지 제13호서식에 따라 알려야 한다.(2009.8.13 본항개정)
③ 제1항에 따른 통보를 받은 시장·구청장 또는 읍·면장은 제1항에 따른 통보의 접수처리 상황을 별지 제14호서식에 따른 등록기준지 통보 접수처리부에 기록하여야 한다.(2009.8.13 본항개정)
④ 주민등록지의 시장·군수 또는 구청장은 제2항에 따른 통보를 받아 주민등록표를 정리할 때에는 그 사유와 연월일 및 관계 공무원의 성명을 기록하여야 한다.

제23조【전입신고】 ① 법 제16조제1항에 따른 전입신고는 거주자의 경우에는 세대 모두 이동 여부를 기준으로 별지 제15호서식 또는 별지 제15호의2서식에, 재외국민의 경우에는 별지 제15호의3서식에 따른다.(2016.12.30 본항개정)
② 법 제16조제1항에 따른 전입신고를 하는 경우 전입지의 세대주 또는 세대를 관리하는 사람과 전(前) 거주지의 세대주 또는 세대를 관리하는 사람이 다른 경우에는 다음 각 호의 방법에 따라 신고해야 한다.
1. 전입자[전입자가 미성년자인 경우에는 법정대리인(친권자 또는 후견인)을 말한다]의 확인을 받을 것. 다만, 그 확인을 받기 어려운 경우에는 읍·면·동장 또는 출장소장의 사실 조사로 갈음할 수 있다.
2. 전입자[전입자가 미성년자인 경우에는 법정대리인(친권자 또는 후견인)을 말한다]의 신분증명서를 제시할 것. 다만, 전입자가 신고인 본인의 배우자 또는 직계혈족이면 신분증명서 제시를 생략할 수 있다.
(2023.11.21 본항개정)
③ 시장·군수 또는 구청장은 제2항제2호 단서에 따라 신고인 본인의 배우자 또는 직계혈족 여부의 확인을 위해 「전자정부법」 제36조제1항에 따른 행정정보의 공동이용을 통해 신고인의 가족관계증명서를 확인해야 한다. 다만, 신고인이 그 확인에 동의하지 않는 경우에는 해당 서류를 제출하도록 해야 한다.(2023.11.21 본항신설)
④ 시장·군수 또는 구청장은 법 제16조제1항에 따른 전입신고를 받은 경우 신고자에 대한 본인확인을 하고 신거주지에 주민등록되어 있는 전입세대의 수를 확인한 후 전입자의 주민등록표와 세대별 주민등록표 색인부에 전입신고일자, 전입사유와 관계 공무원의 성명을 기록하여야 한다.(2013.12.17 본항개정)

제24조【전 거주지에서의 공부처리】 전 거주지의 시장·군수 또는 구청장이 법 제16조제3항에 따라 주민등록표와 관련 공부(公簿)를 이송하는 경우 전출대상자가 세대원 전원이거나 세대주를 포함한 세대원의 일부일 때에는 세대별 주민등록표에 전출일자를, 주민등록 전출자 명부에 신거주지의 주소와 전출일자를 기록하고, 세대주를 포함하지 아니할 때에는 세대별 주민등록표의 해당자란 및 주민등록 전출자 명부에 신거주지의 주소와 전출일자를, 개인별 주민등록표에 전출일자를 기록하여야 한다.

제25조【구술신고】 ① 법 제18조에 따라 구술로 신고하려는 경우 특별한 규정이 없으면 주민등록표를 관리하는 읍·면사무소 또는 동 주민센터에 나가 신고서에 적을 사항을 관계 공무원에게 말하여야 한다.
② 제1항의 구술신고를 받은 관계 공무원은 정하여진 신고서에 그 말한 사항을 적어 이를 신고인에게 읽어 들려주고, 신고인으로 하여금 서명 또는 날인하거나 손도장을 찍도록 해야 한다.(2020.10.13 본항개정)

제26조【국외이주신고 등】 ① 법 제19조제1항에 따른 국외이주신고는 별지 제15호의4서식에 따른다. 이 경우 시장·군수 또는 구청장은 신고자의 주민등록표에 "국외이주신고"라고 기록한 후 신고일자 및 관계 공무원의 성명을 기록하여야 한다.(2016.12.30 전단개정)
② 재외동포청장은 「해외이주법」 제6조에 따른 해외이주신고를 받으면 매일 신고자의 명단을 별지 제16호서식에 따라 행정안전부장관에게 알려야 하고, 행정안전부장관은 매일 이를 해당 시장·군수 또는 구청장에게 알려야 한다.(2023.4.5 본항개정)
③ 시장·군수 또는 구청장은 제2항에 따라 해외이주신고자 명단을 통보받으면 해당자의 주민등록표에 "국외이주신고"라고 기록한 후 신고일자 및 관계 공무원의 성명을 기록하여야 한다.
④ 시장·군수 또는 구청장은 제1항 또는 제3항에 따라 "국외이주신고"로 기록된 사람(이하 "국외이주신고자"라 한다)의 명단을 행정안전부장관에게 알려야 하고, 행정안전부장관은 해당 명단을 별지 제16호의2서식에 따라 법무부장관에게 알려야 한다.(2017.7.26 본항개정)
⑤ 법무부장관은 제4항에 따른 국외이주신고자가 출국한 경우에는 출국자 명단을 매일 별지 제16호의3서식에 따라 행정안전부장관에게 알려야 하고, 행정안전부장관은 매일 이를 해당 시장·군수 또는 구청장에게 알려야 한다.
(2017.7.26 본항개정)

⑥ 시장·군수 또는 구청장은 제5항에 따라 출국자 명단을 통보받으면 그 주민을 "재외국민"으로 구분 등록하고 그 주민의 거주지를 법 제19조제3항에 따른 행정상관리주소로 변경한 후 영주 또는 거주하는 국가나 지역, 출국일자, 출국자명단 통보서 접수일자 및 관계 공무원의 성명을 기록하여야 한다.
⑦ 시장·군수 또는 구청장은 제4항에 따른 국외이주신고자가 5년이 지난 후에도 재외국민으로 구분 등록되지 아니한 경우에는 법 제20조제1항에 따른 사실조사를 통하여 주민등록표를 정리하여야 한다.
⑧ 제6항에 따라 재외국민으로 등록되는 일자는 출국일 다음날로 한다.
⑨ 제2항, 제4항 및 제5항에 따른 통보는 전산매체를 통하여 할 수 있다.
(2014.12.31 본조개정)

제26조의2【국외이주신고 등의 포기】 ① 법 제19조제1항에 따라 국외이주신고를 한 후 사정 변경 등으로 출국 전에 국외이주를 포기하려는 사람은 별지 제17호서식에 따라 국외이주포기신고를 하여야 한다. 이 경우 「해외이주법」 제11조에 따른 해외이주포기신고로 전단의 신고를 갈음할 수 있다.
② 시장·군수 또는 구청장은 제1항에 따른 국외이주포기신고를 받은 경우 신고자의 주민등록표에 "국외이주포기신고"라고 기록한 후 신고일자와 관계 공무원의 성명을 기록하여야 한다.
③ 재외동포청장은 「해외이주법」 제11조에 따라 해외이주포기신고를 받으면 매일 신고자의 명단을 별지 제17호의2서식에 따라 행정안전부장관에게 알려야 하고, 행정안전부장관은 이를 매일 해당 시장·군수 또는 구청장에게 알려야 한다.(2023.4.5 본항개정)
④ 시장·군수 또는 구청장은 제3항에 따라 해외이주포기신고자 명단을 통보받으면 해당자의 주민등록표에 "국외이주포기신고"라고 기록한 후 신고일자, 해외이주포기신고자 명단 통보서 접수일자 및 관계 공무원의 성명을 기록하여야 한다.
⑤ 제3항에 따른 통보는 전산매체를 통하여 할 수 있다.
(2014.12.31 본조신설)

제26조의3【현지이주자 명단의 통보】 ① 재외동포청장은 「해외이주법」 제4조제3호에 따른 현지이주를 한 사람의 명단을 매일 별지 제17호의3서식에 따라 행정안전부장관에게 알려야 하고, 행정안전부장관은 이를 매일 해당 시장·군수 또는 구청장에게 알려야 한다.(2023.4.5 본항개정)
② 시장·군수 또는 구청장은 제1항에 따라 현지이주자의 명단을 통보받으면 그 주민을 "재외국민"으로 구분 등록하고 그 주민의 거주지를 법 제19조제3항에 따른 행정상 관리주소로 변경한 후 현지이주일자, 현지이주통보서 접수일자 및 관계 공무원의 성명을 기록하여야 한다.
③ 제2항에 따라 재외국민으로 등록되는 일자는 현지이주통보서 접수일로 한다.
④ 제1항에 따른 통보는 전산매체를 통하여 할 수 있다.
(2014.12.31 본조신설)

제26조의4【재외국민의 출국신고 등】 ① 법 제19조제2항에 따른 재외국민의 출국신고는 별지 제18호서식에 따른다. 이 경우 시장·군수 또는 구청장은 신고자의 주민등록표에 "재외국민 출국신고"라고 기록한 후 신고일자 및 관계 공무원의 성명을 기록하여야 한다.
② 시장·군수 또는 구청장은 제1항에 따른 재외국민 출국신고자의 명단을 행정안전부장관에게 알려야 하고, 행정안전부장관은 해당 명단을 별지 제18호의2서식에 따라 법무부장관에게 알려야 한다.(2017.7.26 본항개정)
③ 법무부장관은 제2항에 따른 재외국민 출국신고자가 출국한 경우에는 출국자 명단을 매일 별지 제18호의3서식에 따라 행정안전부장관에게 알려야 하고, 행정안전부장관은 이를 매일 해당 시장·군수 또는 구청장에게 알려야 한다.(2017.7.26 본항개정)
④ 시장·군수 또는 구청장은 제3항에 따라 재외국민 출국자 명단을 통보받으면 그 주민의 거주지를 법 제19조제3항에 따른 행정상 관리주소로 변경한 후 출국일자, 출국자명단 통보서 접수일자 및 관계 공무원의 성명을 기록하여야 한다.
⑤ 제1항에 따른 재외국민 출국신고를 한 후 사정변경 등으로 출국을 포기하려는 사람은 별지 제18호서식에 따라 출국포기신고를 하여야 한다.
⑥ 시장·군수 또는 구청장은 제5항에 따른 출국포기신고를 받으면 신고자의 주민등록표에 "재외국민출국포기신고"라고 기록한 후 신고일자와 관계 공무원의 성명을 기록하여야 한다.
⑦ 시장·군수 또는 구청장은 제1항에 따른 재외국민 출국신고자가 1년이 지난 후에도 재외국민 출국자로 변경등록되지 아니한 경우에는 법 제20조제1항에 따른 사실조사를 통하여 주민등록표를 정리하여야 한다.
⑧ 재외동포청장은 「재외국민등록법」 제2조에 따른 등록자가 있는 경우에는 매일 등록자의 명단을 별지 제18호의4서식에 따라 행정안전부장관에게 알려야 하고, 행정안전부장관은 이를 매일 해당 시장·군수 또는 구청장에게 알려야 한다.(2023.4.5 본항개정)
⑨ 시장·군수 또는 구청장은 제8항에 따라 명단을 통보받은 재외국민등록자 중 법 제10조의2제1항에 따라 신고한 재외국민이 있는 경우에는 해당자의 주소를 법 제19조제3항에 따른 행정상 관리주소로 변경한 후 등록일자, 재외국민등록통보서 접수일자 및 관계 공무원의 성명을 기록하여야 하고, 법 제10조의2제1항에 따라 신고한 재외국민이 아닌 자의 정보는 확인 즉시 폐기하여야 한다.
⑩ 시장·군수 또는 구청장은 제4항에 따른 재외국민 출국자(제9항에 따른 재외국민등록자 중 법 제10조의2제1항에 따라 신고한 재외국민을 포함한다)가 거주불명으로 등록되지 아니하도록 관리하여야 한다.
⑪ 제4항에 따른 행정상 관리주소의 변경일자는 출국일 다음날로, 제9항에 따른 행정상 관리주소의 변경일자는 재외국민등록통보서 접수일로 한다.
⑫ 제2항, 제3항 및 제8항에 따른 통보는 전산매체를 통하여 할 수 있다.
(2014.12.31 본조신설)

제27조【사실조사와 확인】 ① 시장·군수 또는 구청장은 법 제20조제1항 및 제20조의2제1항 본문에 따라 매년 1회 이상 주민의 거주사실과 주민등록표를 대조·확인하여 법 제20조 및 제20조의2에 따른 조치를 하여야 한다.(2020.10.13 본항개정)
② 법 제20조제1항에 따른 사실조사는 별지 제19호서식에 따라 하며, 이 사실조사서에는 법 제11조 또는 법 제12조에 따른 신고의무자(이하 "신고의무자"라 한다)의 확인이 있어야 한다. 다만, 신고의무자의 확인을 받을 수 없으면 이장이나 관계 공무원의 확인으로 갈음할 수 있다.(2013.12.17 본문개정)
③ 법 제20조제8항에 따른 증표는 별지 제20호서식에 따른다.(2009.8.13 본항개정)

제28조【최고와 공고】 ① 법 제20조제2항에 따른 최고는 별지 제21호서식에 따른다.
② 법 제20조제3항에 따른 공고는 별지 제22호서식에 따른다.
③ 시장·군수 또는 구청장은 법 제20조제2항에 따른 최고 사실을 휴대전화에 의한 문자전송 등의 방법으로 신고의무자에게 통보할 수 있다.(2013.12.17 본항신설)
④ 제2항에 따른 공고는 읍·면사무소 또는 동 주민센터의 게시판과 인터넷 홈페이지에 게시하는 방법으로 할 수 있다.(2009.8.13 본항개정)
⑤ 제1항, 제2항 및 제4항에 따른 최고 또는 공고를 하려면 7일 이상의 유예기간을 두어야 한다.(2013.12.17 본항개정)

제29조【직권조치 근거 공부의 범위】 법 제20조제5항 및 제20조의2제2항에 따른 공부는 다음 각 호의 서류를 말한다.(2020.10.13 본문개정)
1. 가족관계등록부, 가족관계기록사항에 관한 증명서 및 가족관계등록사무처리기관의 통보서류
2. 주민등록신고대상인 특수기술에 관한 대장과 증명서류
3. 경찰관서의 통보서류
4. 국가 또는 공공단체에서 발급한 신분관계증명서류
5. 의사·한의사 또는 조산사의 출생과 사망에 관한 증명 관계서류
6. 양로원·보육원·기숙사와 그 밖의 합숙시설 등의 수용자 명단(2021.1.5 본호개정)
7. 그 밖에 국가 또는 공공단체에서 공적 목적으로 작성한 서류

제30조【직권조치방법】 ① 시장·군수 또는 구청장이 법 제20조제5항에 따라 직권으로 주민등록, 등록사항의 말소 또는 등록사항의 정정을 한 때에는 그 주민등록표에 "직권등록", "직권말소", "직권정정" 또는 "직권거주불명등록" 등의 조치사항과 그 연월일 및 관계 공무원의 성명을 기록하여야 한다.(2020.10.13 본항개정)
② 법 제20조제5항에 따른 등록사항의 말소 또는 거주불명 등록에 있어서 현역입영자, 「대체역의 편입 및 복무 등에 관한 법률」 제21조제2항에 따라 합숙하여 복무하고 있는 대체복무요원 소집자, 장기요양자, 수감자, 「가정폭력방지 및 피해자보호 등에 관한 법률」 제7조 또는 「성폭력방지 및 피해자보호 등에 관한 법률」 제12조에 따라 설치된 보호시설에 입소한 가정폭력피해자에 대하여는 직권으로 등록사항의 말소 및 거주불명 등록을 하지 아니한다.(2020.6.30 본항개정)
③ 시장·군수 또는 구청장이 법 제20조의2제2항에 따라 직권으로 거주자 등록, 재외국민 등록, 등록 말소 또는 거주불명 등록 유지를 한 때에는 그 주민등록표에 "직권등록" 또는 "직권말소" 등의 조치사항과 그 연월일 및 관계 공무원의 성명을 기록해야 한다.(2020.10.13 본항신설)

제30조의2【거주불명 등록사항의 말소】 법 제20조의2제2항제2호에서 "대통령령으로 정하는 경우"란 거주불명자가 거주불명으로 등록된 기간이 연속하여 5년 이상이고, 같은 조 제1항에 따른 사실조사 결과 해당 기간 동안 각종 급여의 수급 사실 등이 없는 경우를 말한다.
(2020.10.13 본조신설)

제31조【직권조치사실의 통지와 공고】 법 제20조제7항 및 제20조의2제3항에 따른 통지는 별지 제23호서식에 따르고, 공고는 별지 제24호서식에 따라 읍·면 사무소 또는 동 주민센터의 게시판과 인터넷 홈페이지에 게시하는 방법으로 한다.(2020.10.13 본조개정)

제31조의2【사실조사와 직권조치 관련 자료의 제공】 시장·군수·구청장 및 행정안전부장관이 법 제20조의3제1항 본문에 따라 자료제공을 요청할 수 있는 국가기관, 지방자치단체 및 공공기관과 요청 자료의 범위는 별표3과 같다.(2023.1.10 본조개정)

제32조【말소자와 거주불명 등록자 재등록 등】 ① 주민등록이 말소되거나 거주불명으로 등록된 사람이 재등록 및 전입신고를 하려면 거주자의 경우에는 별지 제15호의2서식에, 재외국민의 경우에는 별지 제15호의3서식에 따라 거주지의 시장·군수 또는 구청장에게 재등록 및 전입신고를 해야 한다.(2020.10.13 본항개정)
② 시장·군수 또는 구청장은 재외국민이 제1항에 따라 재등록 및 전입신고를 한 경우에는 「전자정부법」 제36조제1항에 따른 행정정보의 공동이용을 통하여 재외국민등록부 등본 또는 해외이주신고 확인서를 확인해야 하며, 재외국민 본인이 확인에 동의하지 않는 경우에는 해당 서류를 첨부하도록 해야 한다.(2020.10.13 본항신설)
③ 제1항에 따른 재등록 및 전입신고를 받은 시장·군수 또는 구청장은 주민등록정보시스템 등을 통해 본인 여부를 확인해야 한다. 다만, 본인 여부를 확인할 수 없는 경우에는 관계 기관의 장에게 신고자에 대한 신원조회를 의뢰하거나 17세 이상의 동일 세대원, 배우자, 직계혈족 또는 형제자매의 확인을 받아 본인 여부를 확인할 수 있다.(2023.1.10 본문개정)
④ 제1항에 따른 재등록 및 전입신고를 하려면 제23조제2항부터 제4항까지의 규정에 따른 절차에 따라 신고하여야 한다.(2023.11.21 본항개정)
⑤ 제1항에 따른 재등록 및 전입신고를 받은 시장·군수 또는 구청장은 말소지 또는 거주불명 등록지의 시장·군수 또는 구청장에게 그 사실을 알려야 하며, 통보를 받은 말소지 또는 거주불명 등록지의 시장·군수 또는 구청장은 지체 없이 거주지의 시장·군수 또는 구청장에게 주민등록정보시스템을 이용해 주민등록표와 관련 공부를 이송해야 한다.(2023.1.10 본항개정)
(2009.8.13 본조제목개정)

제32조의2【영주귀국자의 주민등록】 ① 해외에 이주하여 주민등록이 없었던 사람 또는 주민등록이 말소되었던 사람이 「해외이주법」 제12조에 따라 영주귀국하여 거주자로 등록 또는 재등록을 하려는 경우에는 주민등록이 없었던 사람의 경우에는 별지 제10호서식, 주민등록이 말소되었던 사람의 경우에는 별지 제15호의2서식에 따라 「해외이주법」 제12조에 따른 영주귀국을 증명할 수 있는 서류를 첨부하여 시장·군수 또는 구청장에게 신고하여야 한다.(2016.12.30 본항개정)
② 재외국민으로 주민등록된 사람이 「해외이주법」 제12조에 따라 영주귀국하여 거주자 주민등록을 하려는 경우에는 별지 제9호서식에 따라 「해외이주법」 제12조에 따른 영주귀국을 증명할 수 있는 서류를 첨부하여 거주지의 시장·군수 또는 구청장에게 신고하여야 한다.
(2014.12.31 본조신설)

제33조【이의신청 등】 ① 법 제21조제1항에 따른 이의신청은 별지 제25호서식에 따른다.
② 제1항의 이의신청에 대한 심사결과의 통지는 별지 제26호서식에 따른다.
③ 법 제21조제2항에 따라 주민등록표를 정정한 때에는 그 주민등록표에 "이의신청 정정"이라고 기록한 후 정정일자 및 관계 공무원의 성명을 기록하여야 한다.

제34조【주민등록표의 재작성】 ① 법 제22조제1항 단서에 따른 통지는 별지 제27호서식에 따르고, 공고는 별지 제28호서식에 따른다.
② 주민등록표를 재작성하였을 때에는 재작성된 주민등록표에 재작성사유, 재작성일자 및 관계 공무원의 성명을 기록하고 변경되기 전의 주민등록표는 주민등록정보시스템으로 목록을 작성하여 따로 보존·관리해야 한다.
(2023.1.10 본항개정)

제35조【주민등록증의 발급】 ① 법 제24조제1항에 따른 주민등록증의 발급은 17세가 되는 달의 다음 달 1일부터 한다. 다만, 법 제24조제5항에 따른 재외국민 또는 해외체류자의 주민등록증의 발급은 다음 각 호에 따른 날부터 한다.(2017.11.28 본문개정)
1. 재외국민 : 주민등록신고 또는 전입신고를 하는 날
2. 해외체류자 : 귀국신고 또는 전입신고를 하는 날
(2017.11.28 1호∼2호신설)
② 시장·군수 또는 구청장은 법 제24조제1항에 따라 주민등록증을 발급하려면 법 제15조와 이 영 제22조에 따라 등록기준지의 시장·구청장 또는 읍·면장의 확인을 거친 후에 발급하여야 한다.
③ 시장·군수 또는 구청장은 재외국민 또는 해외체류자 중 17세가 되어 주민등록증을 발급받을 나이가 된 사람의 해외체류 사실을 확인하기 위하여 법무부장관에게 출입국자료를 요청할 수 있다. 이 경우 법무부장관은 특별한 사유가 없는 한 그 자료를 제공하여야 한다.(2017.11.28 전단개정)
④ (2022.1.18 삭제)

제36조【주민등록증의 발급절차】 ① 시장·군수 또는 구청장은 법 제24조제1항에 따라 주민등록증을 발급하려면 그 발급대상자에게 12개월 이상의 신청기간을 정하여 별지 제29호서식에 따라 통지하되, 그 발급대상자의 무단전출 등으로 인하여 통지서를 내줄 수 없으면 이를 읍·면사무소 또는 동 주민센터의 게시판과 인터넷 홈페이지에 공고하여야 하며, 통지하거나 공고한 사실을 개인별 주민등록표에 기록하여야 한다.(2011.8.29 본항개정)

② 시장·군수 또는 구청장은 제35조제1항 단서에 따라 17세 이상인 재외국민 또는 해외체류자가 주민등록신고, 귀국신고 또는 전입신고를 하면 신고자에게 12개월 이상의 신청기간을 정하여 별지 제29호서식에 따라 통지하여야 한다.(2017.11.28 본항개정)
③ 제1항 및 제2항에 따라 주민등록증 발급통지를 받은 사람 또는 공고된 사람은 그 통지서 또는 공고문에 적힌 발급신청기간 내에 시·군·자치구의 관계 공무원에게 사진(6개월 이내에 촬영한 가로 3.5센티미터, 세로 4.5센티미터의 모자 등을 쓰지 않은 상반신 사진을 말한다. 이하 같다) 1장을 제출하고 본인임을 밝힌 후, 그 공무원 앞에서 별지 제30호서식에 따른 주민등록증 발급신청서에 지문을 찍거나 주민등록정보시스템을 이용해 지문을 찍어 신청해야 한다. 이 경우 관계 공무원은 제출한 사진으로 본인임을 확인하기 곤란한 경우에는 보완을 요구할 수 있으며, 이에 대한 구체적인 사항은 행정안전부령으로 정한다.(2023.1.10 전단개정)
④ 제3항 단서에 따른 소명은 국가·지방자치단체 또는 공공기관에서 발급한 증명서(사진이 부착된 것이어야 한다)를 제시하거나 주민등록지의 이장이 확인을 하거나 17세 이상의 동일 세대원, 배우자, 직계혈족 또는 형제자매가 동행하여 확인하는 방법으로 한다. 이 경우 관계 공무원은 본인 여부가 상당히 의심스러우면 그 확인에 필요한 사항에만 한정하여 물어볼 수 있다.(2014.12.31 전단개정)
⑤ 시장·군수 또는 구청장은 주민등록증을 발급하려면 행정안전부장관에게 해당자의 주민등록증 발급을 요청하고, 발급된 주민등록증을 받으면 별지 제31호서식에 따른 주민등록증 발급대장을 작성하여 보관하여야 한다.(2017.7.26 본항개정)
⑥ 주민등록증의 발급에 필요한 사진과 지문은 주민등록정보시스템으로 관리할 수 있다.(2023.1.10 본항개정)

제37조【주민등록증의 서식 등】 ① 법 제24조제7항에 따른 주민등록증의 규격 및 수록사항의 표기는 다음 각 호에 따르며, 주민등록증의 재질과 그 밖의 사항은 행정안전부장관이 정한다.(2017.7.26 본문개정)
1. 주민등록증의 규격 : 가로 8.6센티미터, 세로 5.4센티미터로 한다.
2. 주민등록증의 앞면에 표기할 사항 : 성명·사진·주민등록번호·주소·발행일·주민등록기관과 재외국민 여부(재외국민에게 발급하는 주민등록증에 한정한다)
(2022.1.18 본호개정)
3. 주민등록증의 뒷면에 표기할 사항 : 지문 및 주소변동사항
4. 사진 : 주민등록증의 앞면 우측 상단에 수록하되, 반명함판 크기의 규격으로 한다.
② 제1항에 따른 주민등록증 발급에서 직인의 날인은 그 직인의 인영(印影 : 도장을 찍은 모양)을 인쇄하는 것으로 갈음할 수 있다. 이 경우 그 직인의 인영 규격은 「행정업무의 운영 및 혁신에 관한 규정」 제35조에도 불구하고 행정안전부장관이 따로 정할 수 있다.(2023.6.27 후단개정)

제38조 (2008.12.17 삭제)

제39조【주민등록증에 의한 확인의 예외】 ① 법 제25조제1항 각 호 외의 부분 단서에 따라 주민등록증이 아닌 증명서류에 의하여 확인해야 하는 경우는 다음 각 호와 같다.(2022.7.11 본문개정)
1. 민원서류 및 그 밖의 서류를 우편으로 부치는 방법으로 제출한 경우(2021.1.5 본호개정)
2. 주민등록증의 발급 또는 재발급을 받지 못하여 주민등록증을 갖고 있지 아니한 경우
3. 법령에 따라 증명서류를 제출하도록 되어 있는 경우. 이 경우 증명서류를 제출하게 하는 법령을 제정하려면 주무부장관은 행정안전부장관과 협의하여야 한다.
(2017.7.26 후단개정)
4. 그 밖에 주민등록증으로 확인할 수 없는 경우
② 제1항제3호에 따른 협의절차에 관한 사항은 행정안전부령으로 정한다.(2017.7.26 본항개정)
③ 국가기관 또는 지방자치단체가 법 제25조제1항에 따라 주민등록증에 의한 확인을 할 때에는 접수된 민원서류나 그 밖의 서류에 별표1의 주민등록증 확인 고무인을 찍은 후 주민등록증에 따라 인적사항을 확인·기재하고, 관계 공무원이 서명·날인해야 한다. 다만, 신청인을 대리하여 다른 사람이 민원서류 등을 제출할 때에는 대리인의 주민등록번호와 성명을 적고 관계 공무원이 서명·날인해야 한다.(2022.7.11 본항개정)
④ 행정안전부장관 및 관계 부처의 장은 각급 기관 및 단체 등에서 법 제25조제1항을 위반하여 증명서류의 첨부를 요구하는지를 확인하고, 이를 이행하지 않는 기관·단체 등에 대해서는 그 시정을 요구할 수 있다.(2022.7.11 본항개정)

제39조의2【주민등록확인서비스의 신청】 ① 법 제25조제2항에 따른 주민등록확인서비스(이하 "주민등록확인서비스"라 한다)를 이용하려는 자는 주민등록확인서비스 이용신청서를 행정안전부장관에게 제출[「민원 처리에 관한 법률」 제12조의2제2항 및 제3항에 따른 전자민원창구 및 통합전자민원창구(이하 "전자민원창구"라 한다)를 통한 제출을 포함한다]해야 한다.
② 행정안전부장관은 제1항에 따라 주민등록확인서비스 이용신청서를 제출받은 경우에는 그 제출받은 날부터 7일 이내에 신청에 대한 처리 결과를 신청인에게 알려야 한다.
③ 행정안전부장관은 주민등록확인서비스의 효율적 이용을 위해 필요하다고 인정하는 경우에는 주민등록확인서비스를 이용하려는 사람에게 전자민원창구 등을 통해 전자적 형태의 프로그램을 제공할 수 있다.
(2022.7.11 본조신설)

제40조【주민등록증의 재발급】 ① 법 제27조에 따라 주민등록증을 재발급받으려는 사람은 시장·군수 또는 구청장에게 별지 제32호서식에 따라 주민등록증의 재발급을 신청(전자민원창구를 통한 신청을 포함한다. 이하 같다)해야 한다.(2022.7.11 본항개정)
② 주민등록증의 재발급을 신청한 사람은 신청한 날의 근무시간 내에만 이를 철회할 수 있다. 다만, 근무시간이 종료된 후에 전자민원창구를 이용하여 주민등록증의 재발급을 신청한 경우에는 그 다음 정상근무일의 근무 종료시각까지 이를 철회할 수 있다.(2017.6.27 단서신설)
③ 법 제27조제1항제3호에서 "그 밖에 대통령령으로 정하는 사유"란 다음 각 호의 경우를 말한다.
1. 주민등록증의 기재사항 중 주소 외의 사항이 변경된 경우. 다만, 법령에 따라 영내 또는 함정에 기거하는 현역군인(이하 "영내군인"이라 한다)의 주민등록증에 대하여는 예외로 한다.(2008.12.17 본호개정)
2. 주민등록증의 변경내용란이 부족한 경우
3. 국외로 이주한 사람이 영주하기 위하여 귀국한 경우
4. 외과적 시술 등으로 용모가 변하여 본인 확인이 어려운 경우
5. 제44조제1항제4호 및 제5호에 따라 주민등록증을 회수한 경우
6. 주민등록이 말소되었던 재외국민이 법 제10조의2제1항에 따른 신고를 한 경우
7. 법 제19조제4항에 따라 재외국민으로 등록되는 경우
(2014.12.31 6호~7호신설)
④ 주민등록증을 재발급받으려는 사람은 시장·군수 또는 구청장에게 사진(전자민원창구를 이용하여 주민등록증의 재발급을 신청하는 경우에는 전자적 파일형태의 사진을 말한다. 이하 이 항에서 같다) 1장을 제출하고 본인임을 밝혀야 한다. 이 경우 사진에 관한 사항은 제36조제3항 전단을 준용하고, 본인 소명에 관한 사항은 제36조제4항을 준용한다.(2023.1.10 후단개정)
⑤ 시장·군수 또는 구청장은 제4항에 규정된 방법으로 신분확인이 곤란한 경우에는 신청인의 동의를 받아 지문을 주민등록전산자료와 전자적 방법으로 대조하여 확인할 수 있다.
⑥ 시장·군수 또는 구청장은 주민등록증을 재발급하려면 전에 발급받은 사실이 있는지, 본인이 맞는지 확인한 후 재발급하여야 하며, 개인별 주민등록표의 주민등록증 발급란에 재발급일자를 기록하고, 제4항에 따라 제출받은 사진을 주민등록정보시스템으로 보관한 다음 본인에게 돌려줘야 한다.(2023.1.10 본항개정)
⑦ 시장·군수 또는 구청장은 주민등록증을 재발급하려면 행정안전부장관에게 해당자의 주민등록증 재발급을 요청하고, 재발급된 주민등록증을 받으면 별지 제31호서식에 따른 주민등록증 발급대장을 작성·보관하여야 한다.(2017.7.26 본항개정)
⑧ 거주지가 아닌 시·군·자치구에서 주민등록증의 재발급을 신청한 사람이 재발급된 주민등록증을 6개월간 찾아가지 아니하는 경우, 그 재발급된 주민등록증을 보관하고 있는 시장·군수 또는 구청장은 신청인의 주민등록지 시장·군수 또는 구청장에게 주민등록증을 보내 관리하게 하여야 한다.(2017.6.27 본항개정)

제40조의2【중증장애인에 대한 주민등록증의 발급·재발급】 ① 법 제27조의2제1항에서 "대통령령으로 정하는 보호자"란 다음 각 호의 사람을 말한다.
1. 법 제27조의2제1항에 따른 중증장애인(이하 "중증장애인"이라 한다)이 속한 세대의 세대주
2. 중증장애인의 배우자 및 직계혈족
3. 이장(중증장애인이 혼자 거주하거나 배우자 또는 직계혈족이 없는 경우 등 발급·재발급 신청을 대신할 사람이 없는 경우로 한정한다)(2021.1.5 본호개정)
② 법 제27조의2에 따라 관계 공무원에게 중증장애인을 방문하여 주민등록증을 발급·재발급(이하 이 조에서 "방문발급·재발급"이라 한다)해 줄 것을 신청하는 사람은 별지 제30호서식 및 별지 제32호서식의 신청서에 다음 각 호의 서류를 첨부하여 제출하여야 한다.(2016.12.30 본문개정)
1. 중증장애인임을 증명할 수 있는 자료
2. 신청자격을 증명하는 자료(중증장애인 외의 자가 신청하는 경우만 해당한다)
③ 시장·군수 또는 구청장은 중증장애인 외의 사람이 제2항에 따른 신청을 한 경우에는 전화 등 적절한 방법으로 그 중증장애인의 신청의사를 확인하여야 한다.
④ 시장·군수 또는 구청장은 제2항에 따른 신청을 받은 경우에는 방문 발급·재발급 대상에 해당하는지를 결정하여 신청을 받은 날부터 3일 이내에 신청인에게 통보하여야 한다. 이 경우 방문 발급·재발급 대상인 중증장애인에 대해서는 방문일자 및 방문자 등의 사항을 함께 통보하되, 방문일자는 통보일부터 7일 이내의 범위에서 정하여야 한다.(2015.11.26 본항개정)
(2011.8.29 본조신설)

제41조【주민등록증 발급신청 확인서의 교부】 시장·군수 또는 구청장은 법 제24조 또는 법 제27조에 따라 주민등록증의 발급 또는 재발급을 신청한 사람이 주민등록증 발급신청 사실의 확인을 요청하는 경우에는 사진 1장을 제출받아 별지 제33호서식에 따른 주민등록증 발급신청 확인서를 발급해야 한다. 다만, 주민등록정보시스템을 이용해 주민등록증 발급신청 확인서를 발급하는 경우에는 본인임을 확인하기 곤란한 경우를 제외하고는 사진을 제출받지 않는다.(2023.1.10 본조개정)

제41조의2【주민등록증 발급사실 등의 통보】 시장·군수 또는 구청장은 본인의 신청이 있는 경우에는 제36조, 제40조 또는 제40조의2에 따른 주민등록증의 발급 또는 재발급 사실을 휴대전화에 의한 문자전송의 방법으로 본인에게 통보할 수 있다.(2016.12.30 본조신설)

제42조【주민등록증 분실신고 등】 ① 주민등록증을 분실하거나 분실한 주민등록증을 되찾은 경우에는 본인이나 17세 이상의 동일 세대원, 배우자, 직계혈족 또는 형제자매가 시장·군수 또는 구청장에게 별지 제34호서식의 주민등록증 분실신고(철회)서에 따라 주민등록증의 분실신고를 하거나 분실신고를 철회할 수 있다.
② 제1항에 따른 주민등록증 분실신고(철회)서를 받은 시장·군수 또는 구청장은 지체 없이 거주지의 시장·군수 또는 구청장에게 별지 제35호서식에 따라 알려야 한다. 이 경우 그 통보는 전산매체를 통하여 할 수 있다.

제43조【습득주민등록증의 처리】 ① 주민등록지의 시장·군수 또는 구청장은 우체국 등으로부터 습득한 주민등록증(이하 "습득주민등록증"이라 한다)을 송부받거나 인계받으면 재발급 여부를 확인하고 해당자가 다음 각 호의 어느 하나에 해당하는 경우에는 제44조제2항에 따라 이를 파기하여야 한다.(2009.8.13 본문개정)
1. 주민등록증을 이미 재발급 받은 경우
2. 무단전출, 직권말소 또는 거주불명 등록 등으로 거주지를 알 수 없는 경우
3. 수령안내 통지를 한 날부터 1년이 지날 때까지 습득주민등록증을 찾아가지 않는 경우
(2009.8.13 1호~3호신설)
② 시장·군수 또는 구청장은 습득주민등록증의 해당자가 주민등록증을 재발급받기 전으로서 제44조제2항에 따라 파기되지 아니한 경우에는 해당자에게 이를 즉시 보내야 한다.

제44조【주민등록증의 회수·파기 등】 ① 시장·군수 또는 구청장은 다음 각 호의 어느 하나에 해당하는 사유가 발생하면 종전의 주민등록증을 회수하여야 한다.
1. 주민등록증을 발급받은 사람이 사망한 경우
2. 법 제27조제1항 각 호의 사유로 주민등록증을 재발급한 경우. 다만, 법 제27조제1항제1호 또는 이 영 제40조제3항제7호의 사유로 재발급한 경우는 제외한다.
(2014.12.31 단서개정)
3. 이미 재발급받은 사람의 주민등록증을 습득하였거나 주민등록이 말소되거나 거주불명으로 등록되어 습득주민등록증을 교부할 수 없는 경우(2009.8.13 본호개정)
3의2. 제2호 단서에도 불구하고 주민등록증을 분실하여 재발급받은 사람의 종전 주민등록증임을 관계 공무원이 확인한 경우(2013.12.17 본호신설)
4. 습득주민등록증의 수령안내 통지일부터 1년이 지나도 찾아가지 아니하는 경우
5. 법 제24조 및 법 제27조에 따라 발급한 주민등록증을 발급일부터 3년이 지나도 찾아가지 아니하는 경우
② 제1항에 따라 회수된 주민등록증은 별지 제36호서식에 따른 주민등록증 회수대장에 기록하고 매분기 1회 이상 이를 파기하여야 한다.(2014.12.31 본항개정)
③ 시장·군수 또는 구청장은 제26조제5항에 따라 국외이주신고자의 출국을 통보받은 경우 또는 제26조의3제1항에 따라 현지이주자의 명단을 통보받은 경우에는 국외이주자 또는 현지이주자에게 발급된 거주자용 주민등록증을 주민등록정보시스템을 통해 사용불능 처리해야 한다.
(2023.1.10 본항개정)
(2014.12.31 본조제목개정)

제45조【거주지이동에 따른 주민등록증의 정리】 ① 주민등록증을 발급받은 사람이 거주지를 변경하여 전입신고를 하려는 경우에는 신거주지의 시장·군수 또는 구청장에게 주민등록증을 제출하여야 한다. 다만, 영내군인의 경우에는 그러하지 아니하다.
② 신거주지의 시장·군수 또는 구청장은 제1항에 따라 제출된 주민등록증에 변경내용을 정리한 후 즉시 그 주민등록증을 본인에게 돌려주어야 한다.
③ 제2항에 따른 변경내용을 정리하지 못한 경우에는 주민등록지 외의 시·군·구의 시장·군수 또는 구청장에게 그 정리를 신청할 수 있고, 그 정리를 신청받은 시장·군수 또는 구청장은 주민등록정보시스템을 통해 최종 주소사항을 확인한 후 제2항에 따라 정리하고 그 내용을 별지 제37호서식에 기록해야 한다.(2023.1.10 본항개정)

제46조【주민등록전산정보센터의 운영 등】 ① 행정안전부장관은 제36조제5항 또는 제40조제7항에 따라 시장·군수 또는 구청장으로부터 주민등록증 발급요청을 받으면 법 제28조에 따른 주민등록전산정보센터로 하여금 주민등록증을 발급하도록 하여야 한다.(2017.7.26 본항개정)
② 행정안전부장관은 주민등록전산정보센터에 다음 각 호의 사항을 처리하게 할 수 있다.(2017.7.26 본문개정)

1. 주민등록표 및 세대별 주민등록표 색인부에 각종 자료를 입력하기 위한 종합 데이터베이스의 구축 및 관리
2. 시장·군수 또는 구청장의 요청에 따른 주민등록증의 발급 및 교부
3. 법 제30조에 따른 전산자료의 제공
4. 주민등록업무의 전산망 관리·운영(2021.1.5 본호개정)
5. 제57조에 따른 성명 및 주민등록번호의 진위 확인
6. 제58조에 따른 주민등록증의 진위 확인
③ 행정안전부장관은 재해 또는 재난 등에 대비하기 위하여 법 제28조제2항에 따라 구축된 주민등록전산정보백업시스템으로 다음 각 호의 사항을 처리하거나 수행하게 할 수 있다.(2017.7.26 본문개정)
1. 주민등록전산정보센터의 전산자료와 항상 일치되도록 하기 위한 종합 데이터베이스의 구축 및 관리
2. 재해 또는 재난 등의 발생으로 주민등록전산정보센터를 정상적으로 운영할 수 없을 경우 주민등록전산정보센터의 기능 수행
3. 재해 또는 재난 등에 대비하여 연 1회 이상 모의훈련 실시
④ 행정안전부장관은 주민등록전산정보센터 및 주민등록전산정보 백업시스템의 자료를 불법침입자 등으로부터 안전하게 보호하기 위하여 전용통신망의 구축 및 방화벽 설치 등 자료 보호에 필요한 모든 조치를 하여야 한다.(2017.7.26 본항개정)

제47조【주민등록표의 열람 또는 등·초본의 교부】 ① 시장·군수 또는 구청장(자치구가 아닌 구의 구청장을 포함한다)이나 읍·면·동장 또는 출장소장(이하 "열람 또는 등·초본 교부기관의 장"이라 한다)은 법 제15조 및 이 영 제22조에 따라 등록기준지의 시장·구청장 또는 읍·면장이 확인한 주민등록자에게만 주민등록표 등·초본을 교부한다. 다만, 세대별 주민등록표에 기록된 외국인등에게는 본인이 속한 세대의 주민등록표 등본을 교부할 수 있고, 외국인 배우자에게는 그 배우자가 속한 세대의 세대주 및 세대원의 주민등록표 등·초본을 교부할 수 있다.(2017.9.19 단서개정)
② 주민등록표의 열람 또는 등·초본의 교부신청은 구술·서면(전자문서를 포함한다)또는 무인민원발급기로 할 수 있다. 이 경우 대상자의 성명 및 주소 또는 성명 및 주민등록번호를 정확하게 표시하여야 한다.
③ 제2항에 따라 구술로 신청한 경우에 관하여는 제25조 제2항을 준용한다. 이 경우 제25조제2항 중 "신고"는 "신청"으로, "신고서"는 "신청서"로, "신고인"은 "신청인"으로 본다.(2009.8.13 본항신설)
④ 법 제29조제2항제6호에 따른 채권·채무관계 등 정당한 이해관계가 있는 자의 범위는 별표2와 같고, 법 제29조 제2항제7호에서 "그 밖에 공익상 필요한 경우"란 다음 각 호의 어느 하나에 해당하는 경우를 말한다.
1. 시장·군수 또는 구청장이 본인 또는 세대원에게 영향을 미치는 공공목적의 사업수행을 위하여 특히 필요하다고 인정하는 경우
2. 의료·연구 또는 통계 목적의 달성을 위하여 필요한 경우로서 행정안전부장관이 인정하는 경우(2017.7.26 본호개정)
3. 본인 및 세대원 외의 자에게 제공하는 것이 명백히 본인 또는 세대원에게 이익이 되는 경우로서 행정안전부장관이 인정하는 경우(2017.7.26 본호개정)
⑤ 제2항에 따라 주민등록표의 열람 또는 등·초본의 교부를 신청하려면 신분증명서를 제시하고(기관 명의로 신청하는 경우에는 그 기관 소속의 사원임을 증명할 수 있는 사원증 또는 재직증명서 등을 함께 제시하여야 한다) 그 사유를 적은 신청서 및 이를 증명할 수 있는 자료를 제출하여야 하며, 이에 관하여 필요한 사항은 행정안전부령으로 정한다. 다만, 「전자정부법」 제36조제1항에 따른 행정정보의 공동이용을 통하여 첨부서류 등을 확인할 수 있는 경우에는 그 확인으로 첨부서류 등의 제출을 갈음할 수 있으나, 신청인이 확인에 동의하지 아니하는 경우에는 첨부서류 등을 첨부하도록 하여야 한다.(2017.7.26 본문개정)
⑥ 제5항에도 불구하고 신청인이 원하는 경우에는 신청인의 지문을 전산자료와 전자적 방법으로 대조하는 방법으로 제5항 본문에 따른 신분증명서의 제시를 대신할 수 있다.(2016.12.30 본항신설)
⑦ 제5항에도 불구하고 신청인이 등·초본을 교부받으려는 대상자의 주민등록표상의 성명 및 주소를 수신처로 하거나, 공무상 필요에 따라 국가 또는 지방자치단체를 수신처로 하여 우편으로 부쳐줄 것을 요청하는 경우 열람 또는 등·초본 교부기관의 장은 그 신청인의 신원 확인과 증명자료 제출을 생략할 수 있다.(2021.1.5 본항개정)
⑧ 열람 또는 등·초본 교부기관의 장은 본인의 신청이 있는 경우에는 주민등록표의 열람 및 등·초본의 교부 사실을 우편이나 휴대전화에 의한 문자전송 등의 방법으로 본인에게 통보할 수 있다. 다만, 법 제29조제2항제1호 및 제7호에 따라 주민등록표를 열람하게 하거나 등·초본을 교부한 경우에는 그러하지 아니하다.(2016.12.30 본문개정)
⑨ 주민등록표의 열람은 전자문서를 이용하거나 주민등록지의 시·군·구(자치구가 아닌 구를 포함한다)나 읍·면사무소, 동 주민센터 또는 출장소의 사무소 안에서 관계 공무원이 참여한 가운데 하여야 한다.
⑩ 주민등록표의 등본은 세대별 주민등록표에 따라, 초본은 개인별 주민등록표에 따라 작성한다.
⑪ 주민등록표의 열람사항, 등·초본에 적어야 할 사항 및 제8항에 따른 본인에 대한 통보 등에 관하여는 행정안전부령으로 정한다.(2022.1.18 본항개정)

제47조의2【가정폭력피해자의 주민등록표 열람 또는 등·초본 교부 제한신청】 가정폭력피해자가 법 제29조제6항에 따라 주민등록표의 열람 또는 등·초본 교부를 제한하려면 행정안전부령으로 정하는 바에 따라 시장·군수 또는 구청장에게 신청하여야 한다.(2017.7.26 본조개정)

제48조【다른 지역에 주민등록이 되어 있는 사람에 대한 주민등록표의 열람 또는 등·초본의 교부】 열람 또는 등·초본 교부기관의 장은 제47조제9항에도 불구하고 다른 지역에 주민등록이 되어 있는 사람에게도 주민등록정보시스템에 따라 해당자의 주민등록표를 열람하게 하거나 등·초본을 교부할 수 있다. 이 경우 주민등록표의 열람은 시·군·구(자치구가 아닌 구를 포함한다)나 읍·면사무소, 동 주민센터 또는 출장소의 사무소 안에서 관계 공무원이 참여한 가운데 해야 한다.(2023.1.10 본조개정)

제49조【무인민원발급기에 의한 주민등록표 등·초본의 교부】 ① 시장·군수 또는 구청장은 법 제29조제3항 단서에 따라 무인민원발급기를 이용하여 주민등록표 등·초본을 교부할 때에는 신청인의 지문과 주민등록증에 수록된 지문 또는 신청인의 지문과 주민등록증에 수록된 내용을 주민등록정보시스템에 따라 대조·확인할 수 있도록 해야 한다.(2023.1.10 본항개정)
② 시장·군수 또는 구청장은 법 제29조제3항 단서에 따라 무인민원발급기를 이용하여 주민등록표 등·초본을 교부할 때에는 개인정보보호 및 주민등록전산시스템의 보호 등에 관한 안전관리대책을 마련하여야 한다.
③ 시장·군수 또는 구청장은 법 제29조제3항 단서에 따라 무인민원발급기를 이용하여 주민등록표 등·초본을 교부하는 때에는 무인민원발급기의 운영 및 보안실태를 월 1회 이상 점검하고 필요한 조치를 취하여야 하며, 주민등록전산시스템의 운전장애 및 자료유출의 가능성이 있다고 판단되면 즉시 무인민원발급기를 이용한 주민등록표 등·초본의 교부를 중단하여야 한다.

제49조의2【전입세대확인서의 열람 또는 교부】 ① 법 제29조의2제1항에 따른 전입세대확인서(이하 "전입세대확인서"라 한다)의 열람 또는 교부를 신청하려는 자는 행정안전부령으로 정하는 신청서에 다음 각 호의 서류를 첨부하여 열람 또는 등·초본교부기관의 장에게 신청해야 한다. 이 경우 신청인은 주민등록표 상의 말소 또는 거주불명 등록된 사람의 성명과 전입일자의 표시를 생략해 줄 것을 요청할 수 있다.(2023.11.21 후단신설)
1. 신청인의 신분증명서
2. 신청인이 법 제29조의2제2항 각 호의 어느 하나에 해당함을 입증하는 서류
② 제1항에도 불구하고 열람 또는 등·초본교부기관의 장은 전입세대확인서의 효율적인 열람·교부를 위해 필요하다고 인정하는 경우에는 구술로 전입세대확인서의 열람 또는 교부를 신청하게 할 수 있다. 이 경우 열람 또는 등·초본교부기관의 장은 신청인으로 하여금 제1항 각 호의 서류를 제출하도록 해야 한다.
③ 법 제29조의2제2항제3호다목에서 "대통령령으로 정하는 금융회사 등"이란 별표2 제3호 각 목의 금융회사 등을 말한다.
④ 제1항부터 제3항까지에서 규정한 사항 외에 전입세대확인서의 열람 또는 교부에 필요한 세부 사항은 행정안전부령으로 정한다.
(2023.1.10 본조신설)

제50조【주민등록전산정보자료의 이용 등】 ① 법 제30조에 따라 전산자료를 이용 또는 활용하려는 자는 다음 각 호의 사항을 적은 별지 제38호서식의 신청서에 따라 관계 중앙행정기관의 장에게 이를 신청하여야 한다.
1. 전산자료의 이용 또는 활용목적 및 근거
2. 이용 또는 활용하려는 전산자료의 범위
3. 전산자료의 제공방식·보관기관 및 안전관리대책 등
② 제1항에 따라 전산자료의 이용 또는 활용을 신청할 때에는 필요한 최소한의 자료범위(법 제29조제2항제6호에 해당하는 자의 경우에는 전산자료의 이용 또는 활용목적을 달성하기 위하여 불가피한 경우 등의 특별한 사정이 없으면 현재의 주소지에 관한 자료를 말한다)에서만 할 수 있으며, 주민등록표 자체의 복제 또는 제공을 신청할 수 없다.(2012.6.1 본항개정)
③ 법 제29조제2항제6호에 해당하는 자가 제1항에 따라 전산자료의 이용 또는 활용을 신청하려는 경우에는 행정안전부령으로 정하는 바에 따라 신청사항을 증명할 수 있는 자료를 제출하여야 한다.(2017.7.26 본항개정)
④ 제1항에 따른 신청을 받은 관계 중앙행정기관의 장은 다음 각 호의 사항을 심사한 후, 그 결과를 별지 제39호서식에 따라 신청인에게 알려야 한다.
1. 전산자료의 이용 또는 활용목적의 정당성
2. 전산자료범위의 적정성
3. 신청내용의 타당성·적합성·공익성
4. 개인의 사생활 침해 여부
5. 전산자료의 목적 외 사용 방지 및 안전관리대책 확보 여부
⑤ 전산자료를 이용 또는 활용하려는 자는 제4항에 따른 심사결과통보서를 첨부하여 별지 제38호서식의 신청서에 따라 행정안전부장관 또는 특별시장·광역시장·특별자치시장·도지사·특별자치도지사 또는 시장·군수·구청장에게 그 승인을 신청해야 한다. 다만, 중앙행정기관의 장이 전산자료를 이용 또는 활용하려는 경우에는 자료활용의 근거·목적 및 안전관리대책 등을 적은 문서로써 그 승인을 신청할 수 있다.(2022.7.11 본문개정)
⑥ 제5항에 따른 승인신청을 받은 행정안전부장관, 특별시장·광역시장·특별자치시장·도지사·특별자치도지사 또는 시장·군수·구청장은 다음 각 호의 사항을 심사해야 하며, 심사결과 전산자료를 제공할 필요가 없다고 인정되는 경우에는 이를 제공하지 않을 수 있다.
(2022.7.11 본문개정)
1. 제4항 각 호의 사항(2012.6.1 본호개정)
2. 주민등록정보시스템에 따른 신청사항 처리가능 여부(2023.1.10 본호개정)
3. 신청사항의 처리가 주민등록사무 수행에 지장을 주지 아니하는지 여부
⑦ 행정안전부장관, 특별시장·광역시장·특별자치시장·도지사·특별자치도지사 또는 시장·군수·구청장은 제6항에 따른 심사결과 이를 승인할 때에는 별지 제40호서식에 따른 주민등록전산정보자료 이용대장에 그 승인내용을 기록·관리해야 한다.(2022.7.11 본항개정)
⑧ 제7항에 따른 전산자료의 이용 또는 활용에 대하여는 행정안전부령으로 정하는 바에 따라 사용료를 징수할 수 있다.(2017.7.26 본항개정)
⑨ 법 제30조제1항 단서에서 "대통령령으로 정하는 경우"란 다음 각 호의 어느 하나에 해당하는 경우를 말한다.
1. 승인을 받은 것과 동일한 내용의 전산자료 이용 또는 활용을 반복적으로 신청하는 경우. 다만, 승인을 받은 후 1년이 지난 경우는 제외한다.(2012.6.1 단서신설)
2. 제47조제4항제2호에 따라 신청하는 경우
3. 제47조제4항제3호에 따라 신청하는 경우
(2009.8.13 2호~3호개정)
⑩ 이 영에 규정된 사항 외에 전산자료 이용·활용 및 제공에 필요한 사항은 행정안전부장관이 정한다.
(2017.7.26 본항개정)

제51조【주민등록전산정보자료의 이용·활용자에 대한 지도·감독 등】 ① 법 제32조제1항에 따른 지도·감독의 대상은 전산자료(다른 법령에 따라 제공받은 전산자료를 포함한다)를 제공받은 모든 자로 한다. 다만, 국가기관 및 지방자치단체는 제외한다.(2012.6.1 본문개정)
② 행정안전부장관은 법 제32조제1항에 따른 지도·감독을 위하여 필요하면 제1항에 따른 지도·감독의 대상에 해당하는 자에게 전산자료의 처리에 관한 다음 각 호의 자료를 제출하도록 요구할 수 있다.(2017.7.26 본문개정)
1. 전산처리정보의 활용 등 그 처리실적에 관한 자료
2. 전산처리정보의 제공실태와 제공에 따른 보호대책에 관한 자료
③ 제1항에 따라 자료제출을 요구받은 자는 정당한 사유가 있는 경우를 제외하고는 30일 이내에 관련 자료를 제출하여야 한다.
④ 행정안전부장관은 법 제32조제1항에 따라 자료활용실태에 관한 현지조사를 하려는 경우에는 조사대상자에게 그 취지 및 내용, 담당 공무원의 인적사항, 조사일시 등을 미리 알려야 한다.(2017.7.26 본항개정)
⑤ 행정안전부장관은 제4항에 따른 현지조사 결과를 조사대상자에게 알려야 하며, 조사결과 확인된 문제점에 대하여는 시정을 요구할 수 있다.(2017.7.26 본항개정)

제52조~제55조 (2009.8.13 삭제)

제56조【주민등록 관련 민원신청 등의 전자문서 처리】 ① 법 제34조제1항에 따라 전자문서로 주민등록 관련 민원신청을 하는 경우에는 전자민원창구를 이용하여야 한다.(2017.6.27 본항개정)
② 제1항에 따라 주민등록표 등·초본을 교부받으려는 경우 용지의 규격은 가로 210밀리미터, 세로 297밀리미터로 하고, 용지의 색상은 흰색으로 한다.
③ 전자민원창구를 관리·운영하는 기관의 장은 전자민원창구를 통한 주민등록표의 열람 또는 등·초본을 교부하려면 위조 또는 변조의 방지 및 그 진위를 확인하기 위한 모든 조치를 하여야 한다.
④ 제1항에 따라 교부된 주민등록표 등·초본을 제출받은 기관은 전자민원창구에서 그 진위를 확인할 수 있다.

제57조【성명 및 주민등록번호의 진위 확인】 ① 행정안전부장관은 주민등록전산정보센터에 법 제35조제1호 및 「공직선거법」 제82조의6에 따라 성명 및 주민등록번호의 진위 확인에 필요한 전산정보시스템(이하 "선거실명확인시스템"이라 한다)을 구축하여야 한다.(2017.7.26 본항개정)
② 법 제35조제1호 및 「공직선거법」 제82조의6에 따라 인터넷언론사·정당·후보자는 인터넷홈페이지의 게시판·대화방 등에 정당·후보자에 대한 지지 또는 반대의 글을 게시하려는 사람의 성명 및 주민등록번호의 진위 확인을 위한 기술적 조치를 하기 위하여 「공직선거법」 제59조에 따른 선거운동기간 중 선거실명확인시스템을 이용할 수 있다.
③ 행정안전부장관은 제2항에 따라 선거실명확인시스템을 이용하려는 인터넷언론사·정당·후보자가 시스템의 목적 외 이용 방지대책 및 제3자에 의한 침해 방지 등을 위한 안전관리대책을 수립·시행하고 있지 아니한 경우에는 이를 확인하여 주지 아니할 수 있다.(2017.7.26 본항개정)

④ 행정안전부장관은 인터넷언론사·정당·후보자가 선거실명확인시스템을 이용하는 중에도 제3항에 따른 대책 시행에 대한 자료의 요구와 그 확인(이하 "지도·감독"이라 한다)을 할 수 있다.(2017.7.26 본항개정)
⑤ 행정안전부장관은 선거 종료 등에 따라 후보자가 그 자격을 상실한 경우에는 지체 없이 선거실명확인시스템의 이용을 중단하게 하여야 하며(그 사유는 알리지 아니한다), 다음 각 호의 어느 하나에 해당하는 경우에는 선거실명확인시스템의 이용을 중단하게 할 수 있다. 이 경우 이용이 중단된 인터넷언론사·정당·후보자에게 그 사유를 알려야 한다.(2017.7.26 전단개정)
1. 지도·감독에 응하지 아니하는 경우
2. 선거실명확인시스템을 목적 외로 이용하는 경우
3. 선거실명확인시스템 이용을 확인받지 아니한 제3자에 의한 침해 방지 등 안전관리가 되어 있지 아니한 경우
⑥ 행정안전부장관은 제5항에 따라 선거실명확인시스템 이용이 중단된 인터넷언론사·정당·후보자가 그 중단사유를 보완하는 경우에는 선거실명확인시스템을 다시 이용하게 할 수 있다.(2017.7.26 본항개정)
⑦ 행정안전부장관은 중앙선거관리위원회위원장에게 인터넷언론사·정당·후보자의 명단 및 홈페이지주소 등을 조회할 수 있으며, 조회를 받은 중앙선거관리위원회위원장은 지체 없이 이를 확인하여 알려야 한다.(2017.7.26 본항개정)
⑧ 그 밖에 선거실명확인시스템의 이용 및 운영에 필요한 사항은 행정안전부장관이 정한다.(2017.7.26 본항개정)

제58조【주민등록증의 진위 확인】 ① 행정안전부장관은 법 제35조제2호에 따른 주민등록증의 진위 확인이 필요하다고 인정되면 전화자동응답시스템, 전자민원창구 또는 주민등록증 진위확인시스템 등의 주민등록정보시스템을 통해 그 진위를 확인해 줄 수 있다.(2023.1.10 본항개정)
② 제1항에 따라 주민등록정보시스템을 이용한 주민등록증 진위확인시스템의 이용범위는 주민등록증의 수록사항으로 한정한다.(2023.1.10 본항개정)
③ 다음 각 호의 어느 하나의 사유로 제1항에 따른 주민등록증 진위확인시스템을 이용하려는 자는 별지 제41호서식에 따라 행정안전부장관에게 신청하여야 한다.
(2017.7.26 본문개정)
1. 국가 또는 지방자치단체 등에서 공무상 주민등록증 진위 확인이 필요한 경우
2. 금융거래질서 확립을 위하여 금융회사 등에서 주민등록증 진위 확인이 필요한 경우(2011.8.29 본호개정)
3. 「전기통신사업법」 제2조제8호의 전기통신사업자가 계약상대방이 본인임을 확인하기 위하여 주민등록증 진위 확인이 필요한 경우(2016.12.30 본호신설)
④ 제3항에 따라 이용신청을 받은 행정안전부장관은 다음 각 호의 사항을 심사하여 심사결과 주민등록증 진위확인시스템을 이용할 필요가 없다고 인정되는 경우에는 이를 확인하여 주지 아니할 수 있다. 이 경우 심사결과를 진위확인시스템 이용신청자에게 알려야 한다.
(2017.7.26 전단개정)
1. 주민등록증 진위 확인 목적의 정당성 및 필요성
2. 주민등록증 진위확인시스템 이용의 적합성, 보안 및 안전관리대책
3. 주민등록증 진위확인시스템에 의한 신청사항의 처리 가능 여부
4. 신청사항의 처리가 주민등록사무 수행에 지장을 주지 아니하는지 여부
⑤ 제3항제2호에 따른 금융회사 등의 범위, 제3항제3호에 따른 전기통신사업자의 범위와 주민등록증 진위확인시스템 이용에 필요한 사항은 행정안전부장관이 정한다.
(2017.7.26 본항개정)

제58조의2【과태료】 법 제40조제1항부터 제4항까지의 규정에 따른 과태료의 부과기준은 별표4와 같다.
(2023.1.10 본조신설)

제59조【정책·제도·법령의 개선권고】 변경위원회는 필요하다고 인정하면 주민등록번호와 관련된 정책·제도·법령의 개선을 관계기관에 권고할 수 있다. 이 경우 그 내용과 사유 등을 함께 통보하여야 한다.(2017.5.8 본조신설)

제60조【주민등록 관계 서류의 보존】 주민등록 관계 서류의 보존기간은 다음과 같다.
1. 세대별·개인별 주민등록표 : 영구
2. 말소된 세대별·개인별 주민등록표 : 영구
3. 주민등록번호 부여대장 및 주민등록번호 조립부 : 영구
4. 주민등록증 발급대장 : 영구(2011.8.29 본호개정)
4의2. 주민등록증 발급신청서 : 영구(전산자료로 따로 보존하는 경우에는 5년)(2011.8.29 본호신설)
4의3. 주민등록증 발급신청서 집계표 : 5년(전산자료로 따로 보존하는 경우에는 1년)(2011.8.29 본호신설)
5. 국외이주신고서 및 해외체류신고서 접수대장 : 10년
(2017.11.28 본호개정)
6. 주민등록증의 습득·회수·파기대장 : 5년
7. 주민등록지 통보 관계 서류 : 5년
8. 주민등록사항 신고 관계 서류 : 5년(다만, 전입신고서는 10년으로 한다)(2008.12.17 본호개정)
9. 사실조사 및 직권조치 관계 서류 : 5년
10. 과태료 부과·징수 관계 서류 : 5년
11. 주민등록번호 정정 관계 서류 : 5년
11의2. 주민등록번호 변경 관계 서류 : 30년(2023.1.10 본호개정)
12. 세대명부, 주민등록 전출자 명부 및 주민등록 전입자 명부 : 5년
13. 제4호 외의 주민등록증 발급 관계 서류 : 5년
14. 주민등록 및 주민등록증 발급상황 보고 서류 : 5년
15. 직권정리 및 일일처리 결산 관계 서류 : 5년
16. 주민등록표 이송 관계서류 : 5년
17. 이의신청 관계 서류 : 5년
18. 주민등록표 열람 및 등·초본 교부대장 : 5년
19. 전산자료 이용·승인대장 : 5년
20. 제8호 외의 통지서 및 공고 관계 서류 : 5년
21. 국외이주(현지이주) 통보 관계 서류 : 5년
(2015.11.26 17호~21호개정)
22. 다른 읍·면·동 거주자 주민등록증 주소변경대장 : 3년
23. 주민등록사항의 진위확인 신청 관계 서류 : 5년
24. 주민등록표의 열람 및 등·초본 교부신청 관계 서류 : 5년
(2015.11.26 23호~24호개정)
(2008.2.29 본조신설)

제60조의2【민감정보 및 고유식별정보의 처리】 ① 행정안전부장관(제2조에 따라 권한을 위임받은 자를 포함한다) 또는 시장·군수·구청장은 다음 각 호의 사무를 수행하기 위하여 불가피한 경우 「개인정보 보호법」 제23조에 따른 건강에 관한 정보(제9호, 제10호, 제12호, 제13호, 제14호, 제14호의2 및 제16호만 해당한다), 같은 법 시행령 제19조제1호 또는 제4호에 따른 주민등록번호 또는 외국인등록번호가 포함된 자료를 처리할 수 있다.
(2023.1.10 본문개정)
1. 법 제7조에 따른 주민등록표 등의 작성에 관한 사무
2. 법 제7조의2, 제7조의3 및 제7조의4에 따른 주민등록번호의 부여·정정·변경에 관한 사무
3. 법 제10조 및 제10조의2에 따른 신고사항의 처리에 관한 사무
4. 법 제10조의3에 따른 해외체류에 관한 신고사항의 처리에 관한 사무
5. 법 제13조에 따른 정정신고의 처리에 관한 사무
6. 법 제14조 및 제15조에 따른 가족관계등록신고 관련 처리에 관한 사무
7. 법 제16조 및 제17조에 따른 신고 및 통보 업무 처리에 관한 사무
8. 법 제19조에 따른 국외이주 신고 및 제19조의2에 따른 자료 제공에 관한 사무
9. 법 제20조 및 제20조의2에 따른 사실조사와 직권조치에 관한 사무(2020.10.13 본호개정)
10. 법 제21조에 따른 이의신청에 관한 사무
11. 법 제22조에 따른 주민등록표의 재작성에 관한 사무
12. 법 제24조 및 제27조에 따른 주민등록증의 발급·재발급에 관한 사무
12의2. 법 제25조제2항에 따른 주민등록확인서비스 제공에 관한 사무(2023.1.10 본호신설)
13. 법 제27조의2에 따른 중증장애인에 대한 주민등록증의 발급·재발급에 관한 사무
14. 법 제29조에 따른 주민등록표의 열람 및 등·초본 교부에 관한 사무
14의2. 법 제29조의2에 따른 전입세대확인서의 열람 또는 교부에 관한 사무(2023.1.10 본호신설)
15. 법 제30조에 따른 전산자료의 이용 승인 및 자료제공업무에 관한 사무
16. 법 제34조에 따른 주민등록 관련 민원신청 등의 전자문서 처리에 관한 사무
17. 법 제35조에 따른 주민등록사항의 진위 확인에 관한 사무
② 변경위원회는 법 제7조의4 및 제7조의5에 따른 주민등록번호의 변경에 관한 사무를 수행하기 위하여 불가피한 경우 「개인정보 보호법 시행령」 제18조제2호의 범죄경력자료에 해당하는 정보 및 같은 법 시행령 제19조에 따른 주민등록번호, 여권번호 및 외국인등록번호가 포함된 자료를 처리할 수 있다.(2017.5.8 본항신설)
(2020.10.13 본조제목개정)
(2016.12.30 본조신설)

제61조 (2018.12.24 삭제)

부 칙

제1조【시행일】 이 영은 공포한 날부터 시행한다.
제2조【습득주민등록증 파기에 관한 경과조치】 제43조제1항의 개정규정에 따른 기간을 계산할 때 이 영 시행일 전에 습득주민등록증의 수령안내 통지를 받고 이를 찾아가지 아니한 경우에는 이 영 시행일부터 기산한다.
제3조【종전 대통령령의 개정에 따른 주민등록증 회수시기에 관한 경과조치】 대통령령 제18772호 주민등록법 시행령 일부개정령 제40조제1항제4호(이 영에 따라 제44조제1항제5호가 되는 것을 말한다)에 따른 기간을 계산할 때 2005년 7월 1일 전에 발급된 주민등록증을 수령하지 아니한 경우에는 2005년 7월 1일부터 기산한다.
제4조【사용 중인 서식에 관한 경과조치】 이 영 시행 당시 종전의 규정에 따라 작성되어 사용 중인 서식은 계속하여 사용하되, 개정내용을 반영하여 사용하여야 한다.

부 칙 (2015.11.26)

제1조【시행일】 이 영은 공포한 날부터 시행한다.
제2조【중증장애인의 주민등록증 방문 발급·재발급 신청에 관한 경과조치】 이 영 시행 전에 중증장애인의 주민등록증 방문 발급·재발급을 신청한 경우에는 제40조의2의 개정규정에도 불구하고 종전의 규정에 따른다.

부 칙 (2017.6.27)

제1조【시행일】 이 영은 2017년 7월 1일부터 시행한다. 다만, 부칙 제3조의 개정규정은 공포한 날부터 시행한다.
제2조【주민등록증 발급 사무처리에 관한 적용례】 별지 제29호서식의 개정규정은 이 영 시행 전에 주민등록증 발급통지서를 받은 사람에게도 적용한다.
제3조【다른 법령의 개정】 ①~⑤ ※(해당 법령에 가제정리 하였음)

부 칙 (2017.11.28)

제1조【시행일】 이 영은 2017년 12월 3일부터 시행한다.
제2조【해외에 체류 중인 사람의 주소 신고에 관한 경과조치】 법률 제14286호 주민등록법 일부개정법률 부칙 제2조제1항에 따른 신고는 별지 제10호의3서식에 따르되, 해외체류신고에 따라 국내 주소가 변경되는 경우 그 주소의 변경일자는 신고일로 한다.
제3조【서식 개정에 관한 경과조치】 이 영 시행 당시 종전의 규정에 따른 별지 제3호서식, 별지 제9호 서식, 별지 제9호의2서식, 별지 제10호서식, 별지 제10호의2서식, 별지 제15호서식, 별지 제15호의2서식, 별지 제21호서식 및 별지 제30호서식은 2017년 12월 31일까지 이 영에 따른 서식과 함께 사용할 수 있다.

부 칙 (2019.2.8)

제1조【시행일】 이 영은 공포한 날부터 시행한다.
제2조【주민등록증의 발급을 신청할 때 제출하는 사진에 관한 적용례 등】 ① 제36조제3항 본문, 별지 제29호서식, 별지 제30호서식, 별지 제32호서식 앞쪽 및 별지 제33호서식의 개정규정은 이 영 시행 이후 주민등록증의 발급을 신청하는 경우부터 적용한다.
② 제1항에도 불구하고 이 영 시행 이후 1년까지는 주민등록증의 발급을 신청할 때 6개월 이내에 촬영한 가로 3센티미터, 세로 4센티미터의 모자 등을 쓰지 않은 상반신 사진을 제출할 수 있다.

부 칙 (2020.10.13)

이 영은 공포한 날부터 시행한다. 다만, 제27조제1항, 제29조, 제30조제3항, 제30조의2, 제31조, 제31조의2, 제60조의2제1항제9호, 별표3, 별지 제23호서식 및 별지 제24호서식의 개정규정은 2020년 12월 4일부터 시행하고, 제20조제3항의 개정규정은 2020년 12월 10일부터 시행한다.

부 칙 (2021.1.5)

이 영은 공포한 날부터 시행한다.(이하 생략)

부 칙 (2021.6.8)

제1조【시행일】 이 영은 2021년 6월 9일부터 시행한다.
(이하 생략)

부 칙 (2022.1.18)

이 영은 2022년 1월 21일부터 시행한다.

부 칙 (2022.2.17)

제1조【시행일】 이 영은 2022년 2월 18일부터 시행한다.
(이하 생략)

부 칙 (2022.7.11)

제1조【시행일】 이 영은 공포 후 6개월이 경과한 날부터 시행한다. 다만, 제2조, 제4조, 제6조의2제1항, 제9조제4항, 제50조제5항부터 제7항까지 및 별지 제19호서식의 개정규정은 공포한 날부터 시행하고, 제39조, 제39조의2 및 제40조제1항의 개정규정은 2022년 7월 12일부터 시행한다.
제2조【전입신고사항의 사후확인 생략에 관한 적용례】 제15조제3항제2호의 개정규정은 이 영 시행 이후 전입신고를 하는 경우부터 적용한다.

부 칙 (2023.1.10)

제1조 【시행일】 이 영은 2023년 1월 12일부터 시행한다. 다만, 제60조제11호의2, 제60조의2제1항 각 호 외의 부분(제14호의2에 관한 부분은 제외한다), 같은 항 제12호의2 및 별지 제26호서식의 개정규정은 공포한 날부터 시행한다.

제2조 【주민등록번호 변경 관계서류의 보존기간에 관한 적용례】 제60조제11호의2의 개정규정은 이 영 시행 전에 법 제7조의4에 따라 제출된 주민등록번호 변경 관계 서류 중 이 영 시행 당시 종전의 규정에 따른 보존기간이 아직 지나지 않은 자료에 대해서도 적용한다.

제3조 【위반횟수의 산정에 관한 경과조치】 이 영 시행 전의 위반행위는 별표4 제2호가목 및 나목의 개정규정에 따른 위반행위의 횟수 산정에 포함하지 않는다.

부 칙 (2023.4.5)

제1조 【시행일】 이 영은 2023년 6월 5일부터 시행한다. (이하 생략)

부 칙 (2023.5.16)
(2023.6.27)

제1조 【시행일】 이 영은 공포한 날부터 시행한다.(이하 생략)

부 칙 (2023.9.12)

제1조 【시행일】 이 영은 2023년 9월 15일부터 시행한다. (이하 생략)

부 칙 (2023.11.21)

이 영은 공포 후 1개월이 경과한 날부터 시행한다. 다만, 별표2 제3호도목, 별지 제20호서식 앞쪽 및 별지 제29호서식 제1호의 1)부터 4)까지 외의 부분의 개정규정은 공포한 날부터 시행하고, 제23조제2항·제3항, 제32조제4항, 별지 제15호의2서식 및 별지 제15호의3서식의 개정규정은 공포 후 6개월이 경과한 날부터 시행한다.

〔별표〕 ➡「法典 別册」 참조

〔별지서식〕 ➡「www.hyeonamsa.com」 참조

인감증명법

(1961년 9월 23일
법 률 제724호)

개정
1962.12.12법 1216호 1977.12.31법 3040호
1991. 1.14법 4315호
1992.12. 8법 4522호(출입국)
1994.12.22법 4796호(도농복합)
1996.12.30법 5203호 1997.12.17법 5460호
1999. 1.21법 5649호
1999. 5.24법 5987호(주민등록)
2002. 3.25법 6667호 2004.10.16법 7231호
2007. 5.11법 8422호(주민등록)
2007. 5.17법 8435호(가족관계등록)
2009. 4. 1법 9574호(주민등록)
2010. 3.12법 10057호 2012. 3.21법 11395호
2015. 1.20법 13018호 2016. 1. 6법 13727호
2016.12. 2법 14286호(주민등록)

제1조 【목적】 이 법은 행정청이 현재 신고되어 있는 출원자의 인감(印鑑)을 증명함으로써 국민의 편의를 도모함을 목적으로 한다.(2010.3.12 본조개정)

제2조 【사무의 관장】 특별자치시장·특별자치도지사·시장(특별시장·광역시장은 제외한다. 이하 같다), 군수 및 자치구의 구청장(이하 "증명청"이라 한다)은 이 법에 따른 인감증명에 관한 사무를 관장한다.(2016.1.6 본조개정)

제3조 【인감 신고 등】 ① 인감증명을 받으려는 사람은 미리 그 주소 또는 「주민등록법」 제10조의3제1항 단서 및 제19조제3항에 따른 행정상 관리주소(이하 "행정상 관리주소"라 한다)를 관할하는 증명청에 인감을 신고하여야 한다. 다만, 미성년자는 법정대리인의 동의를 받아 신고하여야 하고, 피한정후견인은 한정후견인의 동의를 받아 신고하여야 하며, 피성년후견인은 성년후견인이 신고하여야 한다.(2016.12.2 본문개정)
② 대한민국 내에 살고 있지 아니하는 국민으로서 대한민국 내에 주소 또는 행정상 관리주소를 가지지 아니한 사람이 인감증명을 받으려는 경우에는 대한민국 내에 주소 또는 행정상 관리주소가 없는 것이 분명한 경우에 한정하여 다음 각 호의 구분에 따라 인감을 신고할 수 있다.
(2015.1.20 본문개정)
1. 본인이 대한민국에 주소를 가진 일이 있는 경우 : 최종 주소를 관할한 증명청에 인감을 신고
2. 본인의 최종 주소를 관할한 증명청이 분명하지 아니한 경우 : 등록기준지를 관할하는 증명청에 인감을 신고
③ 「출입국관리법」에 따라 외국인등록을 한 사람이 인감증명을 받으려는 경우에는 미리 체류지를 관할하는 증명청에 인감을 신고하여야 한다.
④ 「재외동포의 출입국과 법적 지위에 관한 법률」 제6조제1항에 따라 국내거소신고를 한 외국국적동포가 인감증명을 받으려는 경우에는 미리 그 국내거소를 관할하는 증명청에 인감을 신고하여야 한다.(2015.1.20 본항개정)
⑤ 제1항에 따라 인감을 신고한 사람이 「주민등록법」 제19조제1항 전단에 따른 국외이주신고를 하는 등 대통령령으로 정하는 경우에는 주소 또는 행정상 관리주소를 관할하는 증명청에 그 인감을 신고한 것으로 본다.
(2015.1.20 본항개정)
⑥ 제1항부터 제4항까지의 규정에 따라 인감을 신고할 때에는 대통령령으로 정하는 바에 따라 성명, 생년월일, 주소 등을 함께 신고하여야 한다.
(2010.3.12 본조개정)

제4조 【인감대장】 ① 증명청은 인감대장을 갖추어 두고 신고인감을 보존·관리하여야 한다.
② (1991.1.14 삭제)
③ 증명청은 다음 각 호의 어느 하나에 해당하는 경우에는 신고인에게 인감의 재신고를 요구할 수 있다.
1. 인감대장이 분실·멸실·훼손 또는 마멸된 경우
2. 그 밖에 인감대장의 기록 내용 등을 판독할 수 없는 경우
3. 인감대장의 서식(書式)을 변경한 경우
④ 증명청은 전산정보처리조직에 의하여 제1항에 따른 사무를 수행하여야 한다. 이 경우 전산정보처리조직에 수록된 인감파일(자기테이프, 자기디스크, 그 밖에 이와 유사한 것에 보관·관리하는 것을 말한다. 이하 같다)은 제1항에 따른 인감대장으로 본다.
⑤ 제4항에 따른 전산정보처리조직의 운영 및 관리에 필요한 사항은 대통령령으로 정한다.
(2010.3.12 본조개정)

제5조 【인감의 제한】 제3조제1항부터 제4항까지의 규정에 따라 신고하는 인감은 1인 1종으로 한정하며, 그 인감은 같은 조 제6항에 따라 신고하는 성명과 일치하여야 한다.(2010.3.12 본조개정)

제6조 【인장 규격의 제한】 제3조에 따라 인감으로 신고하는 도장은 대통령령으로 정하는 바에 따라 규격을 제한할 수 있다.(2010.3.12 본조개정)

제7조 【본인방문 신고의 원칙】 ① 인감의 신고는 신고인이 방문하여 하여야 한다. 다만, 신고인이 질병·징집·복역 등 대통령령으로 정하는 사유로 인하여 방문할 수 없는 경우에는 서면으로 신고를 할 수 있다.
② 제1항 단서에 따라 서면신고를 할 때에는 신고서에 인감을 신고한 성년자 1명의 보증이 있어야 한다. 이 경우 증명청은 인감대장에 의하여 보증인의 인감을 확인하여야 한다.
(2016.1.6 본조제목개정)
(2010.3.12 본조개정)

제8조 【신고사항의 변경신고】 ① 인감을 신고한 사람은 제3조제6항에 따라 신고한 사항이 변경되었을 때에는 증명청에 신고하여야 한다.
② 인감을 신고한 사람이 제1항에 따른 신고사항을 「주민등록법」, 「출입국관리법」 또는 「재외동포의 출입국과 법적 지위에 관한 법률」에 따라 신고한 경우에는 그 신고한 날에 제1항에 따른 변경신고를 한 것으로 본다.
(2010.3.12 본조개정)

제9조 【사망 등의 신고】 인감을 신고한 사람이 사망하거나 실종선고를 받았을 때에는 상속인은 그 사유를 증명청에 신고하여야 한다. 다만, 주민등록이 있는 사람의 사망 또는 실종선고의 신고는 「주민등록법」에 따른 신고로 갈음할 수 있다.(2010.3.12 본조개정)

제10조 【인감대장 등의 보존기간】 ① 인감대장은 영구히 보존하여야 한다.
② 인감대장 외의 인감증명 관계 서류의 보존기간은 대통령령으로 정한다.
(2010.3.12 본조개정)

제11조 【인감의 말소 및 부활】 ① 인감대장을 관리하는 증명청은 다음 각 호의 어느 하나의 경우에는 대통령령으로 정하는 바에 따라 직권으로 그 인감을 말소할 수 있다.
1. 인감을 신고한 사람의 사망이 분명한 때
2. 인감을 신고한 사람의 실종선고가 있은 것을 안 때
② 제1항의 증명청은 인감을 신고한 사람이 신고한 인감의 말소를 신청할 때에는 대통령령으로 정하는 바에 따라 그 인감을 말소할 수 있다.
③ 제1항 또는 제2항에 따라 신고인감이 말소된 사람이 대통령령으로 정하는 바에 따라 증명청에 말소된 신고인감의 부활을 신청하는 경우에는 그 신청한 날에 말소된 신고인감을 다시 신고한 것으로 본다.
④ 「주민등록법」에 따라 주민등록이 말소되거나 거주불명 등록이 된 사람의 신고인감은 주민등록의 말소 또는 거주불명 등록과 동시에 직권으로 말소된 것으로 보며, 주민등록이 말소되거나 거주불명 등록이 된 사람이 「주민등록법」에 따라 재등록되었을 때에는 말소된 신고인감을 다시 신고한 것으로 본다.
(2010.3.12 본조개정)

제12조 【인감증명서의 발급】 ① 인감증명서를 발급받으려면 본인 또는 그 대리인이 대통령령으로 정하는 바에 따라 특별자치시장·특별자치도지사·시장·군수 또는 구청장(자치구가 아닌 구의 구청장을 포함한다)이나 읍장·면장·동장 또는 출장소장(이하 "인감증명서발급기관"이라 한다)에게 신청하여야 한다. 다만, 미성년자는 법정대리인의 동의를 받아 신청하여야 하고, 피한정후견인은 인감증명서의 용도가 한정후견인의 동의가 필요한 사항인 경우에는 한정후견인의 동의를 받아 신청하여야 하며, 피성년후견인은 성년후견인이 신청하여야 한다.
② 제1항에 따라 인감증명서의 발급신청을 받은 인감증명서발급기관은 전산정보처리조직을 이용하여 대통령령으로 정하는 바에 따라 인감증명서를 발급할 수 있다.
③ 대리인이 인감증명서를 발급받으려는 경우에는 대통령령으로 정하는 바에 따라 자신의 무인(拇印)을 하여야 한다.
(2016.1.6 본조개정)

판례 권한 없는 자가 임의로 인감증명서의 사용용도란의 기재를 고쳐 쓴 경우의 위법성 여부 : 인감의 증명을 신청함에 있어서 그 용도가 부동산매도용일 경우에는 부동산매수자란에 매수자의 성명(법인인 경우에는 법인명), 주소 및 주민등록번호를 기재하여 신청하여야 하지만 그 이외의 경우에는 신청 당시 사용용도란을 기재하여야 하는 것은 아니고, 필요한 경우에 신청인이 직접 기재하여 사용하도록 되어 있으며, 사용용도에 따른 인감증명서의 유효기간에 관한 종전의 규정도 삭제되어 유효기간의 차이도 없으므로 인감증명서의 사용용도란의 기재는 증명청인 동장이 작성한 증명문구에 의하여 증명되는 부분과는 아무런 관계가 없다고 할 것이므로, 권한 없는 자가 임의로 인감증명서의 사용용도란의 기재를 고쳐 썼다고 하더라도 공무원 또는 공무소의 문서 내용에 대하여 변경을 가하여 새로운 증명력을 작출한 경우라고 볼 수 없으므로 공문서변조죄나 이를 전제로 하는 변조공문서행사죄가 성립되지는 않는다.
(대판 2004.8.20, 2004도2767. 참조조문 : 형법 제225조, 제229조)

제12조의2 【인감증명서의 발급 확인】 인감증명서발급기관은 인감증명서를 제출받은 사람이 발급 사실의 확인을 요청할 때에는 대통령령으로 정하는 바에 따라 그 사실을 확인하여 줄 수 있다.(2016.1.6 본조개정)

제13조 【인감변경신고】 인감을 신고한 사람이 성명의 변경, 인장의 분실·마멸, 그 밖의 사유로 인하여 신고된 인감을 변경하려는 경우에는 인감대장을 관리하는 증명청에 인감변경신고를 하여야 한다.(2010.3.12 본조개정)

제13조의2 【자료 제공의 요청】 ① 증명청은 제3조, 제8조, 제9조, 제11조 또는 제13조에 따른 신고 또는 신청에 관한 사항을 확인하기 위하여 필요한 경우에는 법원행정처장 또는 관계 중앙행정기관의 장에게 자료의 제공을 요청할 수 있다.
② 인감증명서발급기관은 제12조에 따른 인감증명서를 발급하기 위하여 필요한 경우에는 법원행정처장 또는 관

계 중앙행정기관의 장에게 자료의 제공을 요청할 수 있다. (2016.1.6 본항개정)
③ 제1항 또는 제2항에 따른 자료 제공을 요청받은 법원행정처장 또는 관계 중앙행정기관의 장은 특별한 사유가 없으면 그 요청에 따라야 한다.
(2015.1.20 본조신설)
제14조 【인감변경신고와 증명 등】 인감변경신고와 이에 대한 증명 등에 관하여는 제2조, 제3조, 제5조부터 제7조까지, 제10조 및 제12조를 준용한다.(2010.3.12 본조개정)
제14조의2 【인감보호의 신청 및 해지】 ① 제3조에 따라 인감을 신고한 사람은 인감증명서발급기관에 본인 및 그가 지정한 사람 외에는 다음 각 호의 어느 하나에 해당하는 행위의 전부 또는 일부를 하지 못하도록 하는 신청(이하 "인감보호 신청"이라 한다)을 할 수 있다.
1. 제8조제1항에 따른 신고사항의 변경신고
2. 제11조제2항에 따른 인감의 말소 신청
3. 제11조제3항에 따른 말소된 신고인감의 부활 신청
4. 제12조에 따른 인감증명서의 발급 신청
5. 제13조에 따른 인감변경신고
② 인감보호 신청을 한 사람은 이의 해지를 신청할 수 있다.
③ 제1항 및 제2항에 따른 절차와 방법은 대통령령으로 정한다.
(2016.1.6 본조신설)
제14조의3 【인감에 관한 서류의 열람】 ① 인감을 신고한 본인 및 대통령령으로 정하는 자는 인감대장 등 인감에 관한 서류의 열람을 인감증명서발급기관에 신청할 수 있다.
② 인감에 관한 서류의 열람 절차와 방법은 대통령령으로 정한다.
(2016.1.6 본조신설)
제14조의4 【권한의 위임】 증명청은 대통령령으로 정하는 바에 따라 이 법에 따른 권한의 전부 또는 일부를 읍장 · 면장 · 동장 또는 출장소장에게 위임할 수 있다.
(2010.3.12 본조개정)
제15조 【수수료】 다음 각 호의 어느 하나에 해당하는 사람은 대통령령으로 정하는 바에 따라 수수료를 내야 한다.
1. 제12조제1항에 따른 인감증명서를 발급받으려는 사람 (2016.1.6 본호개정)
2. 제13조에 따른 인감변경신고를 하려는 사람
(2010.3.12 본조개정)

부　칙 (2015.1.20)

제1조 【시행일】 이 법은 2015년 1월 22일부터 시행한다.
제2조 【재외국민 국내거소신고자에 대한 경과조치】 ① 이 법 시행 전 종전의 제3조제4항에 따라 인감을 신고하지 아니한 사람으로서 법률 제12593호 재외동포의 출입국과 법적 지위에 관한 법률 일부개정법률 부칙 제2조에 따라 국내거소신고 및 국내거소신고증의 효력이 유지되는 재외국민은 2016년 6월 30일까지 종전의 제3조제4항에 따라 국내거소 관할 증명청에 인감을 신고할 수 있다.
② 재외국민이 국내거소 관할 증명청에 인감을 신고한 경우로서 다음 각 호의 어느 하나에 해당하는 경우에는 2016년 7월 1일부터 국내거소 관할 증명청을 제3조제2항 제1호에 따른 최종 주소를 관할한 증명청으로 보아 최종 주소 관할 증명청에 인감을 신고한 것으로 본다.
1. 이 법 시행 전 종전의 제3조제4항에 따라 재외국민이 국내거소 관할 증명청에 인감을 신고한 경우
2. 이 법 시행 후부터 2016년 6월 30일까지 제1항에 따라 재외국민이 국내거소 관할 증명청에 인감을 신고한 경우
③ 제1항 및 제2항에도 불구하고 국내거소 관할 증명청에 인감을 신고한 이후 법률 제12279호 주민등록법 일부개정법률 제6조제1항제3호에 따른 주민등록을 한 경우에는 제3조제1항에 따라 주소를 관할하는 증명청에 인감을 신고한 것으로 본다.

부　칙 (2016.1.6)

제1조 【시행일】 이 법은 공포 후 6개월이 경과한 날부터 시행한다.
제2조 【금치산자 등에 대한 경과조치】 이 법 시행 당시 이미 금치산 또는 한정치산의 선고를 받은 사람에 대해서는 「민법」에 따라 성년후견, 한정후견이 개시된 때까지 또는 법률 제10429호 민법 일부개정법률 부칙 제1조에 따른 시행일부터 5년이 경과할 때까지는 종전의 규정을 적용한다.

부　칙 (2016.12.2)

제1조 【시행일】 이 법은 공포 후 1년이 경과한 날부터 시행한다.(이하 생략)

행정사법

(2011년 3월 8일
전부개정법률 제10441호)

개정
2013. 3.23법11690호(정부조직)
2014.11.19법12844호(정부조직)
2015. 5.18법13296호　2016. 1.27법13835호
2016.12. 2법14287호
2017. 7.26법14839호(정부조직)
2020. 6. 9법17394호　2022.11.15법19034호

제1장 총　칙

제1조 【목적】 이 법은 행정사(行政士) 제도를 확립하여 행정과 관련한 국민의 편익을 도모(圖謀)하고 행정제도의 건전한 발전에 이바지함을 목적으로 한다.
제2조 【업무】 ① 행정사는 다른 사람의 위임을 받아 다음 각 호의 업무를 수행한다. 다만, 다른 법률에 따라 제한된 업무는 할 수 없다.
1. 행정기관에 제출하는 서류의 작성
2. 권리 · 의무나 사실증명에 관한 서류의 작성
3. 행정기관의 업무에 관련된 서류의 번역
4. 제1호부터 제3호까지의 규정에 따라 작성된 서류의 제출 대행(代行)
5. 인가 · 허가 및 면허 등을 받기 위하여 행정기관에 하는 신청 · 청구 및 신고 등의 대리(代理)
6. 행정 관계 법령 및 행정에 대한 상담 또는 자문에 대한 응답
7. 법령에 따라 위탁받은 사무의 사실 조사 및 확인
② 제1항에 따른 업무의 내용과 범위는 대통령령으로 정한다.
제3조 【행정사가 아닌 사람에 대한 금지 사항】 ① 행정사가 아닌 사람은 다른 법률에 따라 허용되는 경우를 제외하고는 제2조에 따른 업무를 업(業)으로 하지 못한다.
② 행정사가 아닌 사람은 행정사 또는 이와 비슷한 명칭을 사용하지 못한다.
제4조 【행정사의 종류】 행정사는 소관 업무에 따라 일반행정사, 해사행정사 및 외국어번역행정사로 구분하고, 종류별 업무의 범위와 내용은 대통령령으로 정한다.
(2020.6.9 본조개정)

제2장 행정사의 자격과 시험

제5조 【행정사의 자격】 행정사 자격시험에 합격한 사람은 행정사 자격이 있다.
제6조 【결격사유】 다음 각 호의 어느 하나에 해당하는 사람은 행정사가 될 수 없다.
1. 피성년후견인 또는 피한정후견인(2016.1.27 본호개정)
2. 파산선고를 받고 복권(復權)되지 아니한 사람
3. 금고 이상의 실형을 선고받고 그 집행이 끝나거나(집행이 끝난 것으로 보는 경우를 포함한다) 집행이 면제된 날부터 3년이 지나지 아니한 사람
4. 금고 이상의 형의 집행유예를 선고받고 그 유예기간이 끝난 날부터 2년이 지나지 아니한 사람
5. 금고 이상의 형의 선고유예를 받고 그 유예기간에 있는 사람
6. 공무원으로서 징계처분에 따라 파면되거나 해임된 후 3년이 지나지 아니한 사람
7. 제30조에 따라 행정사 자격이 취소된 후 3년이 지나지 아니한 사람
제7조 【행정사자격심의위원회】 ① 행정사 자격의 취득과 관련된 다음 각 호의 사항을 심의하기 위하여 행정안전부에 행정사자격심의위원회를 둘 수 있다.(2017.7.26 본문개정)
1. 행정사 자격시험 과목 등 시험에 관한 사항
2. 행정사 자격시험 선발 인원의 결정에 관한 사항
3. 행정사 자격시험의 일부면제 대상자의 요건에 관한 사항
4. 그 밖에 행정사 자격의 취득과 관련한 중요 사항
② 행정사자격심의위원회의 구성 및 운영에 필요한 사항은 대통령령으로 정한다.
제8조 【행정사 자격시험】 ① 행정사 자격시험은 행정안전부장관이 실시한다.(2017.7.26 본항개정)
② 행정사 자격시험은 제1차시험과 제2차시험으로 구분하여 실시한다.
③ 행정안전부장관은 행정사 자격시험의 관리에 관한 업무를 「한국산업인력공단법」에 따른 한국산업인력공단에 위탁할 수 있다.(2017.7.26 본항개정)
④ 행정사 자격시험의 시험과목, 시험방법, 그 밖에 시험에 관하여 필요한 사항은 대통령령으로 정한다.
제9조 【시험의 일부 면제】 ① 다음 각 호의 어느 하나에 해당하는 사람은 제1차시험을 면제한다.
1. 공무원으로 재직한 사람 중 다음 각 목의 어느 하나에 해당하는 사람
가. 경력직공무원(특정직공무원 중 대통령령으로 정하는 공무원은 제외한다. 이하 같다)으로 10년 이상 근무한 사람 중 7급(이에 상당하는 계급을 포함한다) 이상의 직에 5년 이상 근무한 사람(2020.6.9 본목개정)
나. 대통령령으로 정하는 특수경력직공무원으로 10년 이상 근무한 사람 중 7급 이상에 상당하는 직에 5년 이상 근무한 사람(2020.6.9 본목개정)
2. 「고등교육법」에 따른 대학에서 외국어 전공 학사학위를 받은 후 그 외국어 번역 업무에 5년 이상 종사한 경력이 있는 사람
3. 「고등교육법」에 따른 대학원에서 외국어 전공 석사학위 또는 박사학위를 받은 후 그 외국어 번역 업무에 3년 이상 종사한 경력이 있는 사람
4. 행정사 자격이 있는 사람으로서 다른 종류의 행정사 자격시험에 응시하는 사람(2016.12.2 본호신설)
② 다음 각 호의 어느 하나에 해당하는 사람은 제1차시험의 전과목과 제2차시험의 과목 중 2분의 1을 넘지 아니하는 범위에서 대통령령으로 정하는 과목을 면제한다.
1. 경력직공무원으로서 다음 각 목의 어느 하나에 해당하는 사람
가. 15년 이상 근무한 사람 중 6급(이에 상당하는 계급을 포함한다) 이상의 직에 8년 이상 근무한 사람
나. 10년 이상 근무한 사람 중 5급(이에 상당하는 계급을 포함한다) 이상의 직에 5년 이상 근무한 사람
(2020.6.9 가목~나목개정)
2. 대통령령으로 정하는 특수경력직공무원으로서 다음 각 목의 어느 하나에 해당하는 사람
가. 15년 이상 근무한 사람 중 6급 이상에 상당하는 직에 8년 이상 근무한 사람(2020.6.9 본목개정)
나. 10년 이상 근무한 사람 중 5급 이상에 상당하는 직에 5년 이상 근무한 사람(2020.6.9 본목개정)
3. 「고등교육법」에 따른 대학에서 외국어 전공 학사학위를 받은 후 그 외국어 번역 업무에 7년 이상 종사한 경력이 있는 사람
4. 「고등교육법」에 따른 대학원에서 외국어 전공 석사학위 또는 박사학위를 받은 후 그 외국어 번역 업무에 5년 이상 종사한 경력이 있는 사람
③ 다음 각 호의 어느 하나에 해당하는 사람에게는 제1항 및 제2항을 적용하지 아니한다.
1. 공무원으로 근무 중 탄핵된 사람 또는 징계처분에 따라 그 직에서 파면되거나 해임된 사람
2. 공무원으로 근무 중 금전, 물품, 부동산, 향응 또는 그 밖에 대통령령으로 정하는 재산상 이익을 취득하거나 제공한 사유로 강등 또는 정직에 해당하는 징계처분을 받은 사람
3. 공무원으로 근무 중 다음 각 목에 해당하는 것을 횡령(橫領), 배임(背任), 절도, 사기 또는 유용(流用)한 사유로 강등 또는 정직에 해당하는 징계처분을 받은 사람
가. 「국가재정법」에 따른 예산 및 기금
나. 「지방재정법」에 따른 예산 및 「지방자치단체 기금관리기본법」에 따른 기금
다. 「국고금 관리법」 제2조제1호에 따른 국고금
라. 「보조금 관리에 관한 법률」 제2조제1호에 따른 보조금
마. 「국유재산법」 제2조제1호에 따른 국유재산 및 「물품관리법」 제2조제1항에 따른 물품
바. 「공유재산 및 물품 관리법」 제2조제1호 및 제2호에 따른 공유재산 및 물품
사. 그 밖에 가목부터 바목까지에 준하는 것으로서 대통령령으로 정하는 것
(2015.5.18 본항신설)
④ 제1항 및 제2항에 따른 외국어 번역 업무에 종사한 경력 등 자격인정에 필요한 사항은 대통령령으로 정한다.
⑤ 제1차시험에 합격한 사람에 대하여는 다음 회의 시험에서만 제1차시험을 면제한다.
(2020.6.9 본조제목개정)
제9조의2 【시험부정행위자에 대한 조치】 ① 행정안전부장관은 제8조에 따른 행정사 자격시험에서 부정행위를 한 사람에 대하여는 그 시험을 정지시키거나 무효로 처리한다.(2017.7.26 본항개정)
② 제1항에 따라 시험이 정지되거나 무효로 처리된 사람은 그 처분이 있은 날부터 5년간 행정사 자격시험에 응시하지 못한다.
(2016.1.27 본조신설)

제3장 업무신고

제10조 【행정사의 업무신고】 ① 행정사 자격이 있는 사람이 행정사로서 업무를 하려면 대통령령으로 정하는 바에 따라 주된 사무소의 소재지를 관할하는 특별자치시장 · 특별자치도지사 · 시장 · 군수 또는 자치구의 구청장(이하 "시장등"이라 한다)에게 대통령령으로 정하는 행정사 업무신고 기준을 갖추어 신고(이하 "행정사업무신고"라 한다)하여야 한다. 신고한 사항을 변경할 때도 또한 같다.
② 행정사업무신고의 기준 및 절차 등에 관하여 필요한 사항은 대통령령으로 정한다.
(2020.6.9 본조개정)
제11조 【업무신고의 수리 거부】 ① 시장등은 행정사업무신고를 하려는 사람이 행정사업무신고 기준을 갖추지

아니한 경우에는 그 행정사업무신고의 수리를 거부할 수 있다. 이 경우 지체 없이 행정사업무신고의 수리 거부 사실 및 그 사유를 당사자에게 알려야 한다.(2020.6.9 본항개정)
② 시장등이 업무신고를 받은 날부터 3개월이 지날 때까지 제12조에 따른 행정사업무신고확인증(이하 "신고확인증"이라 한다)을 발급하지 아니하거나 행정사업무신고의 수리 거부 통지를 하지 아니하면 3개월이 되는 날의 다음 날에 행정사업무신고가 수리된 것으로 본다.
(2020.6.9 본항개정)
③ 제1항에 따라 행정사업무신고의 수리가 거부된 사람은 그 통지를 받은 날부터 3개월 이내에 행정사업무신고의 수리 거부에 대한 불복(不服)의 이유를 밝혀 시장등에게 이의신청을 할 수 있다.(2020.6.9 본항개정)
④ 시장등은 제3항에 따른 이의신청이 이유 있다고 인정하면 신고확인증을 발급하여야 한다.
⑤ 제3항에 따른 이의신청에 필요한 사항은 행정안전부령으로 정한다.(2017.7.26 본항개정)
제12조【신고확인증의 발급】 ① 시장등은 행정사업무신고를 받은 때에는 그 내용을 확인한 후 행정안전부령으로 정하는 바에 따라 신고확인증을 행정사에게 발급하여야 한다.(2020.6.9 본항개정)
② 제1항에 따라 신고확인증을 발급받은 사람은 신고확인증을 잃어버리거나 못쓰게 된 경우에는 행정안전부령으로 정하는 바에 따라 시장등에게 재발급을 신청할 수 있다.
(2017.7.26 본조개정)
제13조【신고확인증의 대여 등의 금지】 ① 행정사는 다른 사람에게 신고확인증을 대여하여서는 아니 된다.
② 누구든지 다른 사람의 신고확인증을 대여받아 사용하여서는 아니 된다.
③ 누구든지 제1항 및 제2항에 따른 신고확인증의 대여를 알선하여서는 아니 된다.(2020.6.9 본항신설)
(2020.6.9 본조개정)
제14조【사무소의 설치 등】 ① 행정사는 제2조에 따른 업무를 하기 위한 사무소를 하나만 설치할 수 있다.
(2020.6.9 본항개정)
② 행정사는 그 업무를 효율적으로 수행하고 공신력(公信力)을 높이기 위하여 2명 이상의 행정사로 구성된 합동사무소를 설치할 수 있으며, 행정사합동사무소를 구성하는 행정사의 수를 넘지 아니하는 범위에서 주사무소와 분사무소(分事務所)를 설치할 수 있다. 이 경우 주사무소와 분사무소에는 행정사합동사무소를 구성하는 행정사가 각각 1명 이상 상근하여야 한다.(2022.11.15 전단개정)
③ 행정사가 사무소를 이전한 때에는 10일 이내에 이전 후의 사무소 소재지를 관할하는 시장등에게 신고하여야 한다.(2020.6.9 본항개정)
④ 제3항에 따라 이전신고를 받은 시장등은 이전신고한 행정사에게 신고확인증을 발급하여야 하며, 종전의 사무소 소재지를 관할하는 시장등에게 사무소의 이전 사실을 통지하여야 한다.(2020.6.9 본항개정)
⑤ 제3항에 따른 신고 전에 발생한 사유로 인한 행정사에 대한 행정처분은 제3항에 따라 신고를 받은 시장등이 행한다.(2020.6.9 본항개정)
⑥ 사무소의 설치·운영 및 신고와 그 밖에 필요한 사항은 행정안전부령으로 정한다.(2017.7.26 본항개정)
(2020.6.9 본조제목개정)
제15조【사무소의 명칭 등】 ① 행정사는 그 사무소의 종류별로 사무소의 명칭 중에 행정사사무소 또는 행정사합동사무소라는 글자를 사용하고, 행정사합동사무소의 분사무소에는 그 분사무소임을 표시하여야 한다.
② 행정사가 아닌 사람은 행정사사무소 또는 이와 비슷한 명칭을 사용하지 못하며, 행정사합동사무소나 그 분사무소가 아니면 행정사합동사무소나 그 분사무소 또는 이와 비슷한 명칭을 사용하지 못한다.
제16조【폐업신고】 ① 행정사가 폐업한 경우에는 본인이, 사망한 경우에는 가족이나 동거인 또는 그 사무직원이 지체 없이 그 사실을 시장등에게 신고하여야 한다. 폐업한 행정사가 업무를 다시 시작할 때에도 또한 같다.
② 제1항에 따른 신고에 필요한 사항은 행정안전부령으로 정한다.(2017.7.26 본항개정)
제17조【휴업신고】 ① 행정사가 3개월이 넘도록 휴업(업무신고를 하고 업무를 시작하지 아니하는 경우를 포함한다. 이하 같다)하거나 휴업한 행정사가 업무를 다시 시작하려면 시장등에게 신고하여야 한다.
② 시장등은 제1항에 따른 업무재개신고를 받은 날부터 15일 이내에 신고수리 여부를 신고인에게 통지하여야 한다.(2020.6.9 본항신설)
③ 시장등은 제2항에서 정한 기간 내에 신고수리 여부 또는 민원 처리 관련 법령에 따른 처리기간의 연장을 신고인에게 통지하지 아니하면 그 기간(민원 처리 관련 법령에 따라 처리기간이 연장 또는 재연장된 경우에는 해당 처리기간을 말한다)이 끝난 날의 다음 날에 신고를 수리한 것으로 본다.(2020.6.9 본항신설)
④ 제1항에 따라 휴업한 행정사가 2년이 지나도 업무를 다시 시작하지 아니하는 경우에는 폐업한 것으로 본다.
⑤ 제1항에 따른 휴업신고 및 업무재개신고에 필요한 사항은 행정안전부령으로 정한다.(2020.6.9 본항개정)

제4장 행정사의 권리·의무

제18조【사무직원】 ① 행정사는 사무직원을 둘 수 있으며, 소속 사무직원을 지도·감독할 책임이 있다.
② 사무직원의 직무상 행위는 그를 고용한 행정사의 행위로 본다.
③ (2015.5.18 삭제)
제19조【보수】 ① 행정사는 업무를 위임한 자로부터 보수를 받는다.
② 행정사와 그 사무직원은 업무에 관하여 제1항에 따른 보수 외에 어떠한 명목으로도 위임인으로부터 금전 또는 재산상의 이익이나 그 밖의 반대급부(反對給付)를 받지 못한다.
제20조【증명서의 발급】 ① 행정사는 업무에 관련된 사실의 확인증명서를 발급할 수 있다.
② 외국어번역행정사는 그가 번역한 번역문에 대하여 번역확인증명서를 발급할 수 있다.
③ 제1항과 제2항에 따른 증명서 발급의 범위는 대통령령으로 정한다.
제21조【행정사의 의무와 책임】 ① 행정사는 품위를 유지하고 신의와 성실로써 공정하게 직무를 성실히 수행하여야 한다.
② 행정사가 위임받은 업무를 수행하면서 고의 또는 과실로 위임인에게 재산상의 손해를 입힌 경우에는 그 손해를 배상할 책임이 있다.
(2020.6.9 본조개정)
제21조의2【수임제한】 ① 공무원직에 있다가 퇴직한 행정사는 퇴직 전 1년부터 퇴직한 때까지 근무한 행정기관에 대한 제2조제1항제5호에 따른 업무를 퇴직한 날부터 1년 동안 수임할 수 없다.
② 제1항의 수임제한은 제25조의7에 따른 법인구성원 또는 소속행정사로 지정되는 경우를 포함한다.
③ 제1항에 따른 행정기관의 범위는 대통령령으로 정한다.
(2020.6.9 본조신설)
제22조【금지행위】 행정사와 그 사무직원은 다음 각 호의 행위를 하여서는 아니 된다.
1. 정당한 사유 없이 업무에 관한 위임을 거부하는 행위
2. 당사자 중 어느 한 쪽의 위임을 받아 취급하는 업무에 관하여 이해관계를 달리하는 상대방으로부터 같은 업무를 위임받는 행위. 다만, 당사자 양쪽이 동의한 경우는 제외한다.
3. 행정사의 업무 범위를 벗어나서 타인의 소송이나 그 밖의 권리관계분쟁 또는 민원사무처리과정에 개입하는 행위
4. 업무수임 또는 수행 과정에서 관련 공무원과의 연고(緣故) 등 사적인 관계를 드러내며 영향력을 미칠 수 있는 것으로 선전하는 행위(2020.6.9 본호신설)
5. 행정사의 업무에 관하여 거짓된 내용을 표시하거나 객관적 사실을 과장 또는 누락하여 소비자를 오도(誤導)하거나 오해를 불러일으킬 우려가 있는 내용의 광고행위(2020.6.9 본호신설)
6. 행정사 업무의 알선을 업으로 하는 자를 이용하거나 그 밖의 부당한 방법으로 행정사 업무의 위임을 유치(誘致)하는 행위
제23조【비밀엄수】 행정사 또는 행정사이었던 사람(행정사의 사무직원 또는 사무직원이었던 사람을 포함한다)은 정당한 사유 없이 직무상 알게 된 사실을 다른 사람에게 누설하여서는 아니 된다.
제24조【업무처리부 작성】 ① 행정사는 업무를 위임받으면 대통령령으로 정하는 바에 따라 업무처리부(業務處理簿)를 작성하여 보관하여야 한다.
② 제1항에 따른 업무처리부에는 다음 각 호의 사항을 적어야 한다.
1. 일련번호
2. 위임받은 연월일
3. 위임받은 업무의 개요
4. 보수액
5. 위임인의 주소와 성명
6. 그 밖에 위임받은 업무의 처리에 필요한 사항
제25조【행정사의 교육】 ① 행정사 자격이 있는 사람이 행정사 업무를 시작하려면 대통령령으로 정하는 바에 따라 행정안전부장관이 시행하는 실무교육을 받아야 한다.
② 행정사의 사무소(행정사합동사무소 또는 행정사법인의 경우에는 주사무소를 말한다)의 소재지를 관할하는 특별시장·광역시장·특별자치시장·도지사·특별자치도지사(이하 "시·도지사"라 한다)는 행정사의 자질과 업무수행능력 향상을 위하여 직접 또는 대통령령으로 정하는 기관·단체 등에 위탁하여 행정사에 대한 연수교육을 실시하여야 한다.
③ 행정사는 제2항에 따른 연수교육을 받아야 한다.
④ 제1항에 따른 실무교육 및 제2항에 따른 연수교육의 과목·시기·기간 및 이수방법 등에 관하여 필요한 사항은 대통령령으로 정한다.
(2020.6.9 본조개정)

제4장의2 행정사법인

(2020.6.9 본장신설)

제25조의2【행정사법인의 설립】 행정사는 제2조에 따른 업무를 조직적이고 전문적으로 수행하기 위하여 3명 이상의 행정사를 구성원으로 하는 행정사법인을 설립할 수 있다.
제25조의3【설립 절차】 ① 행정사법인을 설립하려면 행정사법인의 구성원이 될 행정사가 정관(定款)을 작성하여 대통령령으로 정하는 바에 따라 행정안전부장관의 인가(이하 "설립인가"라 한다)를 받아야 한다. 정관을 변경할 때에도 또한 같다.
② 행정사법인의 정관에는 다음 각 호의 사항을 적어야 한다.
1. 목적, 명칭, 주사무소 및 분사무소의 소재지
2. 행정사법인을 구성하는 행정사(이하 "법인구성원"이라 한다)의 성명과 주소
3. 법인구성원의 출자에 관한 사항
4. 법인구성원 회의에 관한 사항
5. 자산 및 회계에 관한 사항
6. 행정사법인의 대표에 관한 사항
7. 존립시기, 해산사유를 정한 경우에는 그 시기 또는 사유
8. 그 밖에 대통령령으로 정하는 사항
③ 행정사법인은 대통령령으로 정하는 바에 따라 등기하여야 한다.
④ 행정사법인은 그 주사무소의 소재지에서 설립등기를 함으로써 성립한다.
제25조의4【행정사법인의 업무신고 등】 ① 행정사법인이 제2조에 따른 업무를 하려면 대통령령으로 정하는 바에 따라 주사무소의 소재지를 관할하는 시장등에게 대통령령으로 정하는 행정사법인 업무신고 기준을 갖추어 신고(이하 "법인업무신고"라 한다)하여야 한다. 신고한 사항을 변경할 때에도 또한 같다.
② 시장등은 법인업무신고를 하려는 자가 법인업무신고 기준을 갖추지 아니한 경우에는 그 법인업무신고의 수리를 거부할 수 있다. 이 경우 지체 없이 법인업무신고의 수리 거부 사실 및 그 사유를 당사자에게 알려야 한다.
③ 시장등은 법인업무신고를 받은 때에는 그 내용을 확인한 후 행정안전부령으로 정하는 바에 따라 법인업무신고확인증을 행정사법인에 발급하여야 한다.
④ 법인업무신고의 기준 및 절차 등에 관하여 필요한 사항은 대통령령으로 정한다.
제25조의5【행정사법인의 사무소 등】 ① 행정사법인은 법인구성원의 수를 넘지 아니하는 범위에서 주사무소와 분사무소를 설치할 수 있다. 이 경우 주사무소와 분사무소에는 각각 1명 이상의 법인구성원이 상근하여야 한다.
② 행정사법인은 사무소의 명칭 중에 행정사법인이라는 글자를 사용하여야 하고, 행정사법인의 분사무소에는 그 분사무소임을 표시하여야 한다.
③ 행정사법인이 아닌 자는 행정사법인 또는 이와 비슷한 명칭을 사용하지 못하며, 행정사법인의 사무소나 그 분사무소가 아니면 행정사법인이나 그 분사무소 또는 이와 비슷한 명칭을 사용하지 못한다.
제25조의6【행정사법인의 소속행정사 등】 ① 행정사법인은 행정사를 고용할 수 있다.
② 행정사법인은 제1항에 따라 행정사를 고용한 경우에는 주사무소 소재지의 시장등에게 행정안전부령으로 정하는 바에 따라 신고하여야 하며, 그 변경이 있는 경우에도 또한 같다.
③ 제1항에 따라 고용된 행정사(이하 "소속행정사"라 한다) 및 법인구성원은 업무정지 중이거나 휴업 중인 사람이 아니어야 한다.
④ 소속행정사 및 법인구성원은 그 행정사법인의 사무소 외에 따로 사무소를 둘 수 없다.
⑤ 법인업무신고를 한 행정사법인은 제25조제1항에 따른 실무교육을 받지 아니한 사람을 소속행정사로 고용하거나 법인구성원으로 할 수 없다.
⑥ 행정사법인이 제25조의2 또는 그 밖의 이 법에 따른 법인구성원에 관한 요건을 갖추지 못하게 된 경우에는 6개월 이내에 이를 보충하여야 한다.
제25조의7【업무수행 방법】 ① 행정사법인은 법인의 명의로 업무를 수행하여야 하며, 수임한 업무마다 그 업무를 담당할 법인구성원 또는 소속행정사(이하 "담당행정사"라 한다)를 지정하여야 한다. 다만, 소속행정사를 담당행정사로 지정할 경우에는 법인구성원과 공동으로 지정하여야 한다.
② 행정사법인이 수임한 업무에 대하여 담당행정사를 지정하지 아니한 경우에는 법인구성원 모두를 담당행정사로 지정한 것으로 본다.
③ 담당행정사는 지정된 업무에 관하여 그 법인을 대표한다.
④ 행정사법인이 그 업무에 관하여 작성하는 서면(書面)에는 행정사법인의 명의를 표시하고 담당행정사가 기명날인하여야 한다.

제25조의8【해산】 ① 행정사법인은 다음 각 호의 사유로 해산한다.
1. 정관에서 정하는 해산 사유의 발생
2. 법인구성원 전원의 동의
3. 합병 또는 파산
4. 설립인가의 취소
② 행정사법인이 해산하면 청산인은 지체 없이 그 사유를 대통령령으로 정하는 바에 따라 행정안전부장관에게 신고하여야 한다.
제25조의9【합병】 ① 행정사법인은 법인구성원 전원의 동의가 있으면 다른 행정사법인과 합병할 수 있다.
② 제1항의 경우에는 제25조의3을 준용한다.
제25조의10【설립인가의 취소】 행정안전부장관은 행정사법인이 다음 각 호의 어느 하나에 해당하는 경우에는 대통령령으로 정하는 바에 따라 설립인가를 취소할 수 있다. 다만, 제1호의 경우에는 설립인가를 취소하여야 한다.
1. 거짓이나 그 밖의 부정한 방법으로 설립인가를 받은 경우
2. 제25조의6제6항을 위반하여 법인구성원에 관한 요건을 6개월 이내에 보충하지 아니한 경우
3. 제32조에 따른 업무정지처분을 받고 그 업무정지 기간 중에 업무를 수행한 경우
4. 법령을 위반하여 업무를 수행한 경우
제25조의11【경업의 금지】 ① 법인구성원 또는 소속행정사는 자기 또는 제3자를 위하여 그 행정사법인의 업무범위에 속하는 업무를 수행하거나 다른 행정사법인의 법인구성원 또는 소속행정사가 되어서는 아니 된다.
② 행정사법인의 법인구성원 또는 소속행정사이었던 사람은 그 행정사법인에 소속한 기간 중에 그 행정사법인의 담당행정사로서 수행하고 있었거나 수행을 승낙한 업무에 관하여는 퇴직 후 행정사의 업무를 수행할 수 없다. 다만, 그 행정사법인의 동의가 있는 경우에는 그러하지 아니하다.
제25조의12【손해배상책임의 보장】 행정사법인은 그 직무를 수행하면서 고의나 과실로 의뢰인에게 손해를 입힌 경우 그 손해에 대한 배상책임을 보장하기 위하여 대통령령으로 정하는 바에 따라 손해배상준비금 적립이나 보험가입 등 필요한 조치를 하여야 한다.
제25조의13【준용규정】 ① 행정사법인에 관하여는 그 성질에 반하지 아니하는 범위에서 제11조제2항부터 제5항까지, 제12조제2항, 제13조, 제14조제3항부터 제6항까지, 제16조부터 제21조까지 및 제22조부터 제24조까지의 규정을 준용한다.
② 행정사법인에 관하여 이 법에서 정한 것 외에는 「상법」 중 합명회사(合名會社)에 관한 규정을 준용한다.

제5장 대한행정사회
(2020.6.9 본장제목개정)

제26조【대한행정사회의 설립 등】 ① 행정사의 품위 향상과 직무의 개선·발전을 도모하기 위하여 대한행정사회(이하 "행정사회"라 한다)를 둔다.
② 행정사회는 법인으로 한다.
③ 행정사회는 정관을 정하여 행정안전부장관의 인가를 받아 설립등기를 함으로써 성립한다.
④ 행정사회의 설립·운영 및 설립인가의 신청 등에 필요한 사항은 대통령령으로 정한다.
(2020.6.9 본조개정)
제26조의2【행정사회의 가입 의무】 행정사(법인구성원 및 소속행정사를 포함한다)로서 개업하려면 행정사회에 가입하여야 한다.(2020.6.9 본조신설)
제26조의3【행정사회의 공익활동 의무】 행정사회는 취약계층의 지원 등 공익활동에 적극 참여하여야 한다.
(2020.6.9 본조신설)
제27조【행정사회의 정관】 ① 행정사회의 정관에는 다음 각 호의 사항이 포함되어야 한다.(2020.6.9 본문개정)
1. 목적·명칭과 사무소의 소재지
2. 대표자와 그 밖의 임원에 관한 사항
3. 회의에 관한 사항
4. 행정사의 품위유지와 업무 및 교육에 관한 사항
5. 회원의 가입·탈퇴 및 지도·감독에 관한 사항
6. 회계 및 회비부담에 관한 사항
7. 자산에 관한 사항
8. 그 밖에 행정사회의 목적을 달성하기 위하여 필요한 사항(2020.6.9 본호개정)
② 정관을 변경하려면 행정안전부장관의 인가를 받아야 한다.(2017.7.26 본항개정)
(2020.6.9 본조제목개정)
제28조【「민법」의 준용】 행정사회에 관하여 이 법에서 규정하지 아니한 사항에 대하여는 「민법」 중 사단법인에 관한 규정을 준용한다.(2020.6.9 본조개정)
제29조【행정사회에 대한 감독 등】 ① 행정사회는 행정안전부장관의 감독을 받는다.(2020.6.9 본항개정)
② 행정안전부장관은 감독을 위하여 필요하다고 인정하면 행정사회에 대하여 그 업무에 관한 사항을 보고하게 하거나 자료의 제출 또는 그 밖에 필요한 명령을 할 수 있으며, 소속 공무원으로 하여금 행정사회의 사무소에 출입하여 업무상황과 그 밖의 서류 등을 검사하게 할 수 있다.(2020.6.9 본항개정)
③ 제2항에 따라 출입·검사 등을 하는 공무원은 행정안전부령으로 정하는 증표를 지니고 상대방에게 이를 보여주어야 한다.
(2020.6.9 본조제목개정)
(2017.7.26 본조개정)

제6장 지도·감독

제30조【자격의 취소】 ① 행정안전부장관은 행정사가 다음 각 호의 어느 하나에 해당하는 경우에는 그 자격을 취소하여야 한다.(2017.7.26 본문개정)
1. 거짓이나 그 밖의 부정한 방법으로 행정사 자격을 취득한 경우
2. 제13조제1항을 위반하여 신고확인증을 양도하거나 대여한 경우
3. 제32조에 따른 업무정지처분을 받고 그 업무정지 기간에 행정사 업무를 한 경우
4. 이 법을 위반하여 징역형이 확정된 경우
② 행정안전부장관은 제1항에 따라 행정사 자격을 취소하려는 경우에는 청문을 하여야 한다.(2017.7.26 본항개정)
제31조【감독상 명령 등】 ① 행정안전부장관 또는 행정사의 사무소(행정사합동사무소 또는 행정사법인의 경우에는 주사무소를 말한다)의 소재지를 관할하는 시장등은 행정사 또는 행정사법인에 대한 감독을 위하여 필요하다고 인정하면 해당 행정사 또는 행정사법인에 대하여 업무에 관한 사항을 보고하게 하거나 업무처리부 등 자료의 제출 또는 그 밖에 필요한 명령을 할 수 있으며, 소속 공무원으로 하여금 그 사무소에 출입하여 장부·서류 등을 검사하거나 질문하게 할 수 있다.(2020.6.9 본항개정)
② 제1항에 따라 출입·검사 등을 하는 공무원은 행정안전부령으로 정하는 증표를 지니고 상대방에게 이를 보여주어야 한다.
(2017.7.26 본조개정)
제32조【업무의 정지】 ① 행정사 사무소(행정사합동사무소 또는 행정사법인의 경우에는 주사무소를 말한다)의 소재지를 관할하는 시장등은 행정사 또는 행정사법인이 다음 각 호의 어느 하나에 해당하는 경우에는 6개월의 범위에서 기간을 정하여 업무의 정지를 명할 수 있다.
(2020.6.9 본문개정)
1. 제14조제1항을 위반하여 두 개 이상의 사무실을 설치한 경우
2. 제14조제2항 후단 또는 제25조의5제1항 후단을 위반하여 행정사합동사무소를 구성하는 행정사 또는 법인구성원이 상근하지 아니한 경우(2020.6.9 본호신설)
3. 제17조제1항(제25조의13제1항에서 준용하는 경우를 포함한다)에 따른 휴업신고를 하지 아니한 경우
(2020.6.9 본호개정)
4. 제19조제2항(제25조의13제1항에서 준용하는 경우를 포함한다)을 위반하여 위임인으로부터 보수 외에 금전 또는 재산상 이익이나 그 밖의 반대급부를 받은 경우
(2020.6.9 본호개정)
5. 제25조의6제4항을 위반하여 따로 사무소를 둔 경우
(2020.6.9 본호신설)
6. 제31조제1항에 따른 보고 또는 업무처리부 자료 제출 등의 명령에 따르지 아니하거나 검사 또는 질문을 거부·방해 또는 기피한 경우(2020.6.9 본호신설)
② 제1항에 따른 업무정지에 관한 기준은 행정안전부령으로 정한다.(2017.7.26 본항개정)
③ 제1항에 따른 업무정지처분은 그 사유가 발생한 날부터 3년이 지나면 할 수 없다.
제33조【행정제재처분효과의 승계 등】 ① 제16조(제25조의13제1항에서 준용하는 경우를 포함한다)에 따라 폐업신고를 한 후 업무를 다시 시작하는 신고를 한 행정사(행정사법인을 포함한다. 이하 이 조에서 같다)는 폐업신고 전 행정사의 지위를 승계한다.(2020.6.9 본항개정)
② 제1항의 경우 폐업신고 전의 행정사에 대하여 제32조제1항 각 호의 위반행위를 사유로 한 행정처분의 효과는 그 처분일부터 1년간 업무를 다시 시작하는 신고를 한 행정사에게 승계된다.
③ 제1항의 경우 업무를 다시 시작하는 신고를 한 행정사에 대하여 폐업신고 전 행정사의 제32조제1항 각 호의 위반행위를 사유로 행정처분을 할 수 있다. 다만, 폐업신고를 한 날부터 업무를 다시 시작하는 신고를 한 날까지의 기간이 1년을 넘은 경우는 그러하지 아니하다.
④ 제3항에 따라 행정처분을 하는 경우에는 폐업한 기간과 폐업의 사유 등을 고려하여 업무정지의 기간을 정하여야 한다.

제7장 보 칙

제34조【위임 및 위탁】 ① 이 법에 따른 행정안전부장관의 권한은 그 일부를 대통령령으로 정하는 바에 따라 시·도지사에게 위임할 수 있다.
② 이 법에 따른 행정안전부장관의 업무는 그 일부를 대통령령으로 정하는 바에 따라 행정사회에 위탁할 수 있다.(2020.6.9 본항개정)
(2017.7.26 본조개정)
제35조【응시 수수료】 제8조에 따른 행정사 자격시험에 응시하려는 사람은 행정안전부령으로 정하는 바에 따라 수수료를 내야 한다.(2017.7.26 본조개정)
제35조의2【규제의 재검토】 행정안전부장관은 제38조에 따른 과태료 부과기준에 대하여 2015년 6월 1일을 기준으로 2년마다(매 2년이 되는 해의 기준일과 같은 날 전까지를 말한다) 폐지, 완화 또는 유지 등의 타당성을 검토하여야 한다.(2017.7.26 본조개정)

제8장 벌 칙

제36조【벌칙】 ① 다음 각 호의 어느 하나에 해당하는 자는 3년 이하의 징역 또는 3천만원 이하의 벌금에 처한다.
1. 제3조제1항을 위반하여 제2조제1항 각 호의 업무를 업으로 한 자
2. 제13조(제25조의13제1항에서 준용하는 경우를 포함한다)를 위반하여 신고확인증을 다른 자에게 대여한 행정사, 행정사법인과 이를 대여받은 자 또는 대여를 알선한 자
② 다음 각 호의 어느 하나에 해당하는 자는 1년 이하의 징역 또는 1천만원 이하의 벌금에 처한다.
1. 행정사업무신고 또는 법인업무신고를 하지 아니하고 행정사 업무를 한 자
2. 제21조의2에 따른 수임제한 규정을 위반한 사람
3. 제22조제4호(제25조의13제1항에서 준용하는 경우를 포함한다)를 위반하여 사적인 관계를 드러내며 영향력을 미칠 수 있는 것으로 선전한 자
4. 제22조제5호(제25조의13제1항에서 준용하는 경우를 포함한다)를 위반하여 소비자를 오도하거나 오해를 불러일으킬 우려가 있는 내용의 광고행위를 한 자
(2020.6.9 2호~4호신설)
5. 제23조(제25조의13제1항에서 준용하는 경우를 포함한다)를 위반하여 업무상 알게 된 사실을 다른 사람에게 누설한 자
6. 제32조에 따른 업무정지처분을 받고 그 업무정지 기간에 행정사 업무를 한 자
③ 다음 각 호의 어느 하나에 해당하는 자는 100만원 이하의 벌금에 처한다.
1. 제19조제2항(제25조의13제1항에서 준용하는 경우를 포함한다)을 위반하여 위임인으로부터 보수 외에 금전 또는 재산상 이익이나 그 밖의 반대급부를 받은 자
2. 제22조제1호(제25조의13제1항에서 준용하는 경우를 포함한다)를 위반하여 정당한 사유 없이 업무에 관한 위임을 거부한 자
3. 제22조제2호(제25조의13제1항에서 준용하는 경우를 포함한다)를 위반하여 당사자 양쪽으로부터 같은 업무에 관한 위임을 받은 자
4. 제22조제3호(제25조의13제1항에서 준용하는 경우를 포함한다)를 위반하여 타인의 소송이나 그 밖의 권리관계분쟁 또는 민원사무처리과정에 개입한 자
5. 제22조제6호(제25조의13제1항에서 준용하는 경우를 포함한다)를 위반하여 알선을 업으로 하는 자를 이용하거나 그 밖의 부당한 방법으로 행정사 업무의 위임을 유치한 자
6. 제25조의11을 위반하여 경업(競業)을 한 자(2020.6.9 본호신설)
(2020.6.9 본조개정)
제37조【양벌규정】 행정사 또는 행정사법인의 사무직원이나 소속행정사가 행정사 또는 행정사법인의 업무와 관련하여 제36조를 위반하면 그 행위자를 벌하는 외에 그 행정사 또는 행정사법인에도 해당 조문의 벌금형을 과(科)한다. 다만, 행정사 또는 행정사법인이 그 위반행위를 방지하기 위하여 해당 업무에 관하여 상당한 주의와 감독을 게을리하지 아니한 경우에는 그러하지 아니하다.
(2020.6.9 본조개정)
제38조【과태료】 ① 다음 각 호의 어느 하나에 해당하는 자에게는 500만원 이하의 과태료를 부과한다.
1. 제3조제2항을 위반하여 행정사 또는 이와 비슷한 명칭을 사용한 자
2. 제15조제2항 또는 제25조의5제3항을 위반하여 행정사사무소, 행정사합동사무소 또는 그 분사무소나 행정사법인 또는 그 분사무소와 비슷한 명칭을 사용한 자
2의2. 제25조의12에 따른 조치를 취하지 아니한 행정사법인(2020.6.9 본호신설)
3. 정당한 사유 없이 제29조제2항 및 제31조제1항에 따른 보고 또는 자료제출을 하지 아니하거나, 거짓으로 보고·자료제출을 하거나, 출입·검사를 방해·거부 또는 기피한 자
(2020.6.9 본항개정)
② 다음 각 호의 어느 하나에 해당하는 자에게는 100만원 이하의 과태료를 부과한다.
1. 제14조제3항(제25조의13제1항에서 준용하는 경우를 포함한다)에 따른 사무소 이전신고를 하지 아니한 자

2. 제15조제1항 또는 제25조의5제2항을 위반하여 행정사사무소, 행정사합동사무소 또는 행정사법인이라는 글자를 사용하지 아니하거나 그 분사무소임을 표시하지 아니한 자
3. 제24조(제25조의13제1항에서 준용하는 경우를 포함한다)를 위반하여 업무처리부를 작성하지 아니하거나 거짓으로 작성한 자
4. 제25조제3항을 위반하여 연수교육을 받지 아니하고 행정사 업무를 수행한 사람
(2020.6.9 본항개정)
③ 제1항 및 제2항에 따른 과태료는 대통령령으로 정하는 바에 따라 행정안전부장관, 시·도지사 또는 시장등이 부과·징수한다.(2017.7.26 본항개정)

부 칙

제1조【시행일】 이 법은 2013년 1월 1일부터 시행한다.
제2조【결격사유에 관한 경과조치】 이 법 시행 당시 행정사가 이 법 시행 전에 발생한 사유로 제6조제3호부터 제6호까지의 개정규정에 따른 결격사유에 해당하게 된 경우에는 같은 개정규정에도 불구하고 종전의 규정에 따른다.
제3조【행정사 자격시험 면제에 관한 경과조치】 이 법 공포 전부터 공무원으로 재직한 사람과 외국어 번역 업무에 종사한 사람은 제9조의 개정규정에도 불구하고 종전의 규정에 따라 행정사 자격시험의 전부 또는 일부를 면제한다.
제4조【업무신고에 관한 경과조치】 이 법 시행 당시 종전의 규정에 따라 행정사업을 하기 위하여 등록하거나 신고한 사람은 이 법에 따라 업무신고를 한 것으로 본다.
제5조【대한행정사회에 관한 경과조치】 이 법 시행 당시 법률 제5984호 행정사법 개정법률 부칙 제3항에 따라 「민법」에 따라 설립된 것으로 보는 대한행정사회는 이 법에 따라 설립된 협회로 본다.
제6조【벌칙에 관한 경과조치】 이 법 시행 전의 행위에 대하여 벌칙을 적용할 때에는 종전의 규정에 따른다.
제7조【다른 법령과의 관계】 이 법 시행 당시 다른 법령에서 종전의 「행정사법」의 규정을 인용한 경우 이 법 중 그에 해당하는 규정이 있을 때에는 종전의 규정을 갈음하여 이 법의 해당 조항을 인용한 것으로 본다.

부 칙 (2015.5.18)

제1조【시행일】 이 법은 2016년 1월 1일부터 시행한다. 다만, 제18조제3항 및 제35조의2의 개정규정은 공포한 날부터 시행한다.
제2조【시험의 일부 면제에 관한 적용례】 제9조제3항의 개정규정은 이 법 시행 후 최초로 탄핵되거나 징계처분을 받은 사람부터 적용한다.

부 칙 (2016.1.27)

제1조【시행일】 이 법은 공포 후 6개월이 경과한 날부터 시행한다.
제2조【금치산자 등에 대한 경과조치】 제6조제1호의 개정규정에 따른 피성년후견인 또는 피한정후견인에는 법률 제10429호 민법 일부개정법률 부칙 제2조에 따라 금치산 또는 한정치산 선고의 효력이 유지되는 사람을 포함하는 것으로 본다.

부 칙 (2016.12.2)

제1조【시행일】 이 법은 공포한 날부터 시행한다.
제2조【제1차시험 면제에 관한 적용례】 제9조제1항제4호의 개정규정은 이 법 시행 후 최초로 공고하여 실시하는 시험부터 적용한다.

부 칙 (2020.6.9)

제1조【시행일】 이 법은 공포 후 1년이 경과한 날부터 시행한다.
제2조【행정사회의 설립준비】 ① 행정안전부장관은 이 법 공포일부터 3개월 이내에 종전의 제26조에 따라 설립된 행정사협회(이하 이 부칙에서 "협회"라 한다)의 해산과 행정사회의 설립에 관한 사무를 처리하기 위하여 대한행정사회 설립준비위원회(이하 "설립준비위원회"라 한다)를 설치한다.
② 설립준비위원회는 위원장을 포함한 12명 이내의 위원으로 구성하되, 위원장은 행정안전부차관이 되며, 위원은 행정안전부장관이 임명 또는 위촉한다.
③ 이 법에 따라 설립되는 행정사회에 협회의 권리·의무, 재산 및 직원을 승계하게 하려는 협회는 행정안전부장관에게 설립준비위원회의 위원 각 1명씩을 추천할 수 있다.
④ 설립준비위원회는 행정사회의 정관을 작성하여 설립준비위원회의 위원이 기명날인하거나 서명한 후 행정안전부장관의 인가를 받아 그 설립등기를 하여야 한다.
제3조【사무의 인계】 ① 설립준비위원회는 행정사회의 설립등기 후 지체 없이 행정사회의 회장에게 그 사무를 인계하여야 한다.
② 설립준비위원회 및 설립준비위원회의 위원은 제1항에 따른 사무의 인계가 끝난 때에 해산 및 해임·해촉된 것으로 본다.
제4조【설립비용】 행정사회의 설립비용은 행정사회가 부담한다.
제5조【행정사 업무재개신고에 관한 적용례】 제17조제2항 및 제3항의 개정규정(제25조의13제1항에서 준용하는 경우를 포함한다)은 이 법 시행 이후 행정사 업무재개신고를 하는 경우부터 적용한다.
제6조【퇴직 공무원의 일부 업무 수임제한에 관한 적용례】 제21조의2의 개정규정은 이 법 시행 이후 공무원직에서 퇴직한 사람부터 적용한다.
제7조【행정사회의 설립에 따른 협회에 관한 경과조치】 ① 협회는 이 법 시행일 1개월 전까지 총회의 의결을 거쳐 해당 협회의 권리·의무, 재산 및 직원을 이 법에 따라 설립될 행정사회가 승계하도록 행정안전부장관에게 그 승인을 신청할 수 있다. 다만, 부칙 제2조제3항에 따라 설립준비위원회의 위원을 추천한 협회는 본문에 따른 승인을 신청한 것으로 본다.
② 제1항의 신청에 따라 행정안전부장관의 승인을 받은 협회(이하 "승인협회"라 한다)는 「민법」 중 법인의 해산 및 청산에 관한 규정에도 불구하고 행정사회의 설립과 동시에 해산된 것으로 보며, 승인협회의 모든 재산과 권리·의무는 행정사회가 승계한다.
③ 승인협회의 임원은 행정사회의 설립과 동시에 그 임기가 종료된 것으로 본다.
④ 승인협회의 직원은 행정사회의 설립과 동시에 행정사회의 직원으로 본다.
제8조【기술행정사의 명칭 변경에 따른 경과조치】 이 법 시행 당시 종전의 규정에 따른 기술행정사는 이 법에 따른 해사행정사로 본다.
제9조【행정사 자격시험 면제에 관한 경과조치】 이 법 공포일 전에 공무원으로 재직한 사람에 대해서는 제9조의 개정규정에도 불구하고 종전의 규정에 따른다.
제10조【행정사회 가입에 관한 경과조치 등】 ① 이 법 시행 당시 행정사업무신고가 되어 있는 행정사로서 승인협회에 회원으로 가입되어 있는 행정사는 행정사회가 설립되면 행정사회에 가입되어 있는 것으로 본다.
② 이 법 시행 당시 행정사업무신고가 되어 있는 행정사로서 승인협회에 회원으로 가입되어 있지 아니한 행정사(이 법 시행 당시 승인협회가 아닌 협회에 가입되어 있는 행정사를 포함한다)는 행정사회 설립 후 6개월 이내에 행정사회에 가입하여야 한다.

부 칙 (2022.11.15)

제1조【시행일】 이 법은 공포한 날부터 시행한다.
제2조【행정사합동사무소 설치에 관한 적용례】 제14조제2항의 개정규정은 이 법 시행 이후 행정사합동사무소를 설치하기 위한 신고를 하는 경우부터 적용한다.

지방공무원법

(1963년 11월 1일
법 률 제1427호)

개정
1963.12.16법 1550호 1966. 4.30법 1794호
1967. 2.28법 1889호 1968.12.23법 2058호
1972.12.26법 2381호 1973. 3.12법 2594호
1976. 4. 1법 2892호 1978.12. 6법 3152호
1981. 4.20법 3448호 1982.12.28법 3585호
1986.12.31법 3877호
1990.12.27법 4268호(정부조직)
1991. 5.31법 4370호 1991.12.14법 4418호
1993.12.27법 4613호 1994.12.22법 4797호
1995. 1. 5법 4871호(지방공무원교육훈련법)
1995.12.29법 5069호(교육)
1996.12.30법 5207호(교육공무원)
1997.12.13법 5426호 1998. 9.19법 5568호
1999.12.31법 6088호 2000.12.29법 6322호
2001. 1.29법 6400호(정부조직)
2002.12.18법 6786호 2005. 1.27법 7360호
2005. 1.27법 7380호(공무원의노동조합설립및운영등에관한법)
2005. 3.31법 7428호(채무자회생파산)
2006. 2.21법 7849호(제주자치법)
2007. 4.27법 8396호
2007. 5.11법 8423호(지방자치)
2008. 2.29법 8852호(정부조직)
2008.12.31법 9301호 2009. 2. 6법 9420호
2010. 3.22법10147호 2010. 6. 8법10343호
2011. 5.23법10700호 2012. 3.21법11396호
2012.12.11법11531호
2013. 3.23법11690호(정부조직)
2013. 8. 6법11997호 2014. 1. 7법12213호
2014. 1.14법12235호 2014.10.15법12800호
2014.11.19법12844호(정부조직)
2015. 5.18법13292호 2015.12.29법13634호
2016. 5.29법14183호(병역)
2017. 7.26법14839호(정부조직)
2018. 3.20법15522호(공무원재해보상법)
2018.10.16법15801호 2019.12.10법16775호
2020. 1.29법16884호
2021. 1.12법17894호(피후견인결격정비)
2021. 6. 8법18208호
2021. 7.20법18308호(장애인고용촉진및직업재활법)
2021.10. 8법18472호 2022.12.27법19108호

제1장 총 칙

(2008.12.31 본장개정)

제1조【목적】 이 법은 지방자치단체의 공무원에게 적용할 인사행정의 근본 기준을 확립하여 지방자치행정의 민주적이며 능률적인 운영을 도모함을 목적으로 한다.
제2조【공무원의 구분】 ① 지방자치단체의 공무원(지방자치단체가 경비를 부담하는 지방공무원을 말하며, 이하 "공무원"이라 한다)은 경력직공무원과 특수경력직공무원으로 구분한다.
② "경력직공무원"이란 실적과 자격에 따라 임용되고 그 신분이 보장되며 평생 동안(근무기간을 정하여 임용하는 공무원의 경우에는 그 기간 동안을 말한다) 공무원으로 근무할 것이 예정되는 공무원을 말하며, 그 종류는 다음 각 호와 같다.
1. 일반직공무원 : 기술·연구 또는 행정 일반에 대한 업무를 담당하는 공무원
2. 특정직공무원 : 공립 대학 및 전문대학에 근무하는 교육공무원, 교육감 소속의 교육전문직원 및 자치경찰공무원과 그 밖에 특수 분야의 업무를 담당하는 공무원으로서 다른 법률에서 특정직공무원으로 지정하는 공무원(2019.12.10 본호개정)
3. (2012.12.11 삭제)
(2012.12.11 본항개정)
③ "특수경력직공무원"이란 경력직공무원 외의 공무원을 말하며, 그 종류는 다음 각 호와 같다.
1. 정무직공무원
가. 선거로 취임하거나 임명할 때 지방의회의 동의가 필요한 공무원
나. 고도의 정책결정업무를 담당하거나 이러한 업무를 보조하는 공무원으로서 법령 또는 조례에서 정무직으로 지정하는 공무원
2. 별정직공무원 : 비서관·비서 등 보좌업무 등을 수행하거나 특정한 업무 수행을 위하여 법령에서 별정직으로 지정하는 공무원(2012.12.11 본호개정)
3. (2012.12.11 삭제)
4. (2011.5.23 삭제)

④ 제3항에 따른 별정직공무원의 임용조건, 임용절차, 근무 상한연령, 그 밖에 필요한 사항은 대통령령 또는 조례로 정한다.(2012.12.11 본항개정)

제3조【적용범위】 ① 특수경력직공무원에 대하여는 이 법 또는 다른 법률에 특별한 규정이 없으면 제31조, 제41조제1항, 제42조, 제43조, 제43조의2, 제43조의3, 제44조부터 제46조까지, 제46조의2, 제46조의3, 제47조부터 제51조까지, 제51조의2, 제52조부터 제59조까지, 제61조, 제74조, 제75조, 제75조의2, 제76조부터 제79조까지, 제82조 및 제83조에 한정하여 이 법을 적용한다.(2021.6.8 본항개정)

② 제1항에도 불구하고 정무직공무원에 대하여는 제31조 및 제61조를 적용하지 아니하고, 대통령령으로 정하는 특수경력직공무원에 대하여는 제57조 및 제58조를 적용하지 아니한다.

③ 제25조의2는 대통령령으로, 제25조의3은 대통령령 또는 조례로 정하는 공무원에게만 적용한다.

④ 제25조의5에 따라 근무기간을 정하여 임용하는 공무원에 대하여는 이 법 또는 다른 법률에 특별한 규정이 없으면 제29조의2, 제29조의3, 제30조의2, 제30조의4, 제38조, 제39조, 제39조의2, 제39조의3, 제65조의4, 제66조 및 제66조의2를 적용하지 아니한다.

(2012.12.11 본조개정)

제3조의2 (1981.4.20 삭제)

제4조【일반직공무원의 계급구분 등】 ① 일반직공무원은 1급부터 9급까지의 계급으로 구분하며, 직군(職群)과 직렬(職列)별로 분류한다.(2012.12.11 본항개정)

② 다음 각 호의 공무원에 대하여는 대통령령으로 정하는 바에 따라 제1항에 따른 계급 구분이나 직군 및 직렬의 분류를 적용하지 아니할 수 있다.

1. 특수 업무 분야에 종사하는 공무원
2. 연구·지도 또는 특수기술 직렬 공무원(2015.5.18 본호개정)

(2012.12.11 본항개정)

③ (2010.6.8 삭제)

④ 제1항 및 제2항에 따른 각 계급의 직무의 종류별 명칭은 대통령령으로 정한다.(2010.6.8 본항개정)

(2012.12.11 본조제목개정)

제5조【정의】 이 법에서 사용하는 용어의 뜻은 다음과 같다.

1. "직위(職位)"란 1명의 공무원에게 부여할 수 있는 직무와 책임을 말한다.
2. "직급(職級)"이란 직무의 종류·곤란성과 책임도가 상당히 유사한 직위의 군(群)을 말하며, 같은 직급에 속하는 직위에 대하여는 임용자격·시험, 그 밖의 인사행정에서 동일한 취급을 한다.
3. "정급(定級)"이란 직위를 직급에 배정하는 것을 말한다.
4. "강임(降任)"이란 같은 직렬 내에서 하위 직급에 임명하거나 하위 직급이 없어 다른 직렬의 하위 직급에 임명하는 것을 말한다.
5. "전직(轉職)"이란 직렬을 달리하여 임명하는 것을 말한다.
6. "전보(轉補)"란 같은 직급 내에서의 보직변경을 말한다.
7. "직군(職群)"이란 직무의 성질이 유사한 직렬의 군을 말한다.
8. "직렬(職列)"이란 직무의 종류가 유사하고, 그 책임과 곤란성의 정도가 다른 직급의 군을 말한다.
9. "직류(職類)"란 같은 직렬 내에서 담당 분야가 같은 직무의 군을 말한다.
10. "직무등급"이란 직무의 곤란성과 책임도가 상당히 유사한 직위의 군을 말한다.

제2장 인사기관

(2008.12.31 본장개정)

제6조【임용권자】 ① 지방자치단체의 장〔특별시·광역시·특별자치시·도 또는 특별자치도(이하 "시·도"라 한다)의 교육감을 포함한다. 이하 같다〕 및 지방의회의 의장〔시·도의회의 의장 및 시·군·구(자치구를 말한다. 이하 같다)의회의 의장을 말한다. 이하 같다〕은 이 법에서 정하는 바에 따라 그 소속 공무원의 임명·휴직·면직과 징계를 하는 권한(이하 "임용권"이라 한다)을 가진다.(2021.10.8 본항개정)

② 제1항에 따라 임용권을 가지는 자는 그 권한의 일부를 그 지방자치단체의 조례로 정하는 바에 따라 보조기관, 그 소속 기관의 장이나 지방의회의 사무처장·사무국장·사무과장에게 위임할 수 있다.(2021.10.8 본항개정)

③ 임용권자(임용권의 위임을 받은 자를 포함한다. 이하 같다)는 대통령령으로 정하는 바에 따라 소속 공무원의 인사기록을 작성·보관하여야 한다.

제6조의2【인사관리의 전자화】 ① 행정안전부장관, 지방자치단체의 장 또는 지방의회의 의장은 공무원의 인사관리를 과학화하기 위하여 공무원의 인사기록을 데이터베이스화하여 관리하고 인사 업무를 전자적으로 처리할 수 있는 시스템을 구축하여 운영할 수 있다.(2021.10.8 본항개정)

② 제1항에 따른 시스템의 구축·운영 등에 필요한 사항은 대통령령으로 정한다.

제7조【인사위원회의 설치】 ① 지방자치단체에 임용권자(임용권을 위임받은 자는 제외하되, 그 중 시의 구청장과 지방자치단체의 장이 필요하다고 인정하는 소속 기관의 장을 포함한다)별로 인사위원회를 두되, 시·도에 특별시장·광역시장·특별자치시장·도지사·특별자치도지사(이하 "시·도지사"라 한다) 또는 교육감 소속으로 인사위원회를 두는 경우에는 필요하면 제1인사위원회와 제2인사위원회를 둘 수 있다.(2021.10.8 본항개정)

② 인사위원회는 16명 이상 20명 이하의 위원으로 구성한다. 다만, 지방의회의 의장 소속 인사위원회, 임용권을 위임받은 기관에 두는 인사위원회와 해당 지방자치단체의 인구 수, 위원 선정의 어려움 등을 고려하여 대통령령으로 정하는 지방자치단체에 두는 인사위원회는 7명 이상 9명 이하의 위원으로 구성할 수 있다.(2021.10.8 단서개정)

③ 제2항에 따라 인사위원회를 구성할 경우에는 제5항 각 호에 따라 위촉되는 위원이 전체 위원의 2분의 1 이상이어야 한다.(2012.3.21 본항신설)

④ 제1항에 따라 시·도에 복수의 인사위원회를 두는 경우 제1인사위원회의 위원과 제2인사위원회의 위원은 겸직할 수 없다. 다만, 인사를 담당하는 국 또는 이에 상당하는 보조기관의 장의 경우에는 그러하지 아니하다.

(2012.3.21 본항신설)

⑤ 지방자치단체의 장과 지방의회의 의장은 각각 소속 공무원(국가공무원을 포함한다) 및 다음 각 호에 해당하는 사람으로서 인사행정에 관한 학식과 경험이 풍부한 사람 중에서 위원을 임명하거나 위촉하되, 위원의 자격요건에 관하여 필요한 사항은 대통령령으로 정한다. 다만, 시험위원은 시험실시기관의 장이 따로 위촉할 수 있다.

(2021.10.8 본문개정)

1. 법관·검사 또는 변호사 자격이 있는 사람
2. 대학에서 조교수 이상으로 재직하거나 초등학교·중학교·고등학교 교장 또는 교감으로 재직하는 사람
3. 공무원(국가공무원을 포함한다)으로서 20년 이상 근속하고 퇴직한 사람
4. 「비영리민간단체 지원법」에 따른 비영리민간단체에서 10년 이상 활동하고 있는 지역단위 조직의 장
5. 상장법인의 임원 또는 「공공기관의 운영에 관한 법률」 제5조에 따라 지정된 공기업의 지역단위 조직의 장으로 근무하고 있는 사람

⑥ 다음 각 호의 어느 하나에 해당하는 사람은 위원으로 위촉될 수 없다.

1. 제31조 각 호의 어느 하나에 해당하는 사람
2. 「정당법」에 따른 정당의 당원
3. 지방의회의원

⑦ 제5항에 따라 위촉되는 위원의 임기는 3년으로 하되, 한 번만 연임할 수 있다.(2012.3.21 본항개정)

⑧ 지방자치단체는 조례로 정하는 바에 따라 인사위원회의 회의에 참석하는 위원에게 실비보상을 할 수 있다.

(2012.3.21 본항개정)

⑨ 위원은 그 직무에 관하여 알게 된 비밀을 누설하여서는 아니 된다.

⑩ 위원 중 공무원이 아닌 위원은 그 직무상 행위와 관련하여 「형법」이나 그 밖의 법률에 따른 벌칙을 적용할 때 공무원으로 본다.

⑪ 제1항부터 제10항까지에서 규정한 사항 외에 인사위원회의 구성에 필요한 사항은 대통령령으로 정한다.

(2012.3.21 본항신설)

제8조【인사위원회의 기능 등】 ① 인사위원회는 다음 각 호의 사무를 관장한다.

1. 공무원 충원계획의 사전심의 및 각종 임용시험의 실시
2. 임용권자의 요구에 따른 보직관리 기준 및 승진·전보임용 기준의 사전의결
3. 승진임용의 사전심의
4. 임용권자의 요구에 따른 공무원의 징계 의결 또는 제69조의2에 따른 징계부가금(이하 "징계부가금"이라 한다) 부과 의결(이하 "징계의결등"이라 한다)(2010.3.22 본호개정)
5. 지방자치단체의 장이 지방의회에 제출하는 공무원의 임용·교육훈련·보수 등 인사와 관련된 조례안 및 규칙안의 사전심의
6. 임용권자의 인사운영에 대한 개선 권고
7. 그 밖에 법령 또는 조례에 따라 인사위원회 관장에 속하는 사항

② 인사위원회는 제1항의 기능 수행에 필요하다고 인정하면 임용권자에게 관계 서류의 제출을 요구할 수 있고, 제1항제4호의 사무처리를 위하여 사실 조사를 하거나 증인의 증언을 요구할 수 있다.

③ 제1항제2호에 따른 사전의결 대상 및 제7조제1항에 따라 복수의 인사위원회가 설치된 경우 각 인사위원회의 사무분장에 필요한 사항은 대통령령으로 정한다.

④ 인사위원회의 징계의결등에 관한 절차는 따로 대통령령으로 정한다.(2010.3.22 본항개정)

제9조【인사위원회의 기관】 ① 인사위원회에 위원장·부위원장 각 1명을 두며, 위원장은 시·도의 국가공무원으로 임명하는 부시장·부지사·부교육감, 시·도의회의 사무처장, 시·군·구의 부시장·부군수·부구청장, 시·군·구의회의 사무국장 또는 사무과장이 되고, 부위원장은 해당 인사위원회에서 호선(互選)한다. 다만, 임용권을 위임받은 기관에 두는 인사위원회의 위원장과 부위원장은 해당 인사위원회에서 호선한다.(2021.10.8 본문개정)

② 제7조제1항에 따라 시·도에 복수의 인사위원회를 두는 경우 제1인사위원회의 위원장은 제1항 본문에 따르고, 제2인사위원회의 위원장은 부시장·부지사(「지방자치법」 제123조제6항 후단에 따라 특정지역의 사무를 담당하는 부시장·부지사를 말한다) 또는 인사를 담당하는 국장이 된다.(2021.10.8 본항개정)

③ 위원장은 인사위원회를 대표하며, 인사위원회의 사무를 총괄한다.

④ 부위원장은 위원장을 보좌하며, 위원장이 부득이한 사유로 직무를 수행할 수 없을 때에는 그 직무를 대행한다.

제9조의2【위원의 신분보장】 ① 인사위원회의 위원장, 부위원장 및 위원(공무원인 위원장, 부위원장 및 위원은 제외한다. 이하 이 조에서 같다)은 제7조제5항 각 호에 따른 자격요건이 상실되거나 제7조제6항 각 호의 어느 하나에 해당할 때에는 그 직을 당연히 퇴직한다.

(2012.3.21 본항개정)

② 인사위원회의 위원장, 부위원장 및 위원은 장기의 심신쇠약으로 직무를 수행할 수 없게 된 경우 외에는 본인의 의사에 반하여 그 직에서 면직되지 아니한다.

제10조【인사위원회의 회의】 ① 인사위원회의 회의는 위원장이 필요하다고 인정할 때에 소집하고 위원장은 그 의장이 된다.

② 인사위원회의 회의는 위원장과 위원장이 회의마다 지정(임용권을 위임받은 기관에 두는 인사위원회의 경우에는 그 기관의 장이 지정한다)하는 8명의 위원으로 구성하되, 제7조제5항 각 호에 따라 위촉된 위원이 전체 구성원의 2분의 1 이상이어야 한다. 다만, 제7조제2항 단서에 따라 인사위원회를 7명 이상 9명 이하의 위원으로 구성한 경우 그 인사위원회의 회의는 위원 전원으로 구성한다.

(2012.3.21 본항신설)

③ 인사위원회의 회의는 제2항에 따른 구성원 3분의 2 이상의 출석과 출석위원 과반수의 찬성으로 의결한다. 다만, 대통령령으로 정하는 경미한 사항에 대하여는 서면으로 심의·의결할 수 있다.(2012.3.21 본항개정)

④ 그 밖에 인사위원회의 운영에 필요한 사항은 대통령령으로 정한다.

제10조의2【인사위원회 위원의 제척·기피·회피】 ① 인사위원회의 위원은 다음 각 호의 어느 하나에 해당하는 경우에는 제8조제1항제3호·제4호 및 제62조의 심의·의결에서 제척(除斥)된다. 다만, 제3호의 경우에는 제8조제1항제4호 및 제62조와 관련된 심의·의결에 한정한다.(2014.1.7 본문개정)

1. 위원 본인 또는 그 배우자나 배우자였던 사람이 해당 심의·의결의 대상자인 경우
2. 위원 본인과 친족 관계에 있거나 친족 관계에 있었던 사람이 해당 심의·의결의 대상자인 경우
3. 위원 본인이 심의·의결 대상자의 직근 상급자이거나 징계 사유가 발생한 기간 동안 직근 상급자였던 경우

(2014.1.7 본호신설)

② 제8조제1항제3호·제4호 및 제62조의 심의·의결 대상자는 다음 각 호의 어느 하나에 해당하는 경우에는 그 이유를 구체적으로 밝혀 그 위원에 대한 기피를 신청할 수 있고, 인사위원회는 해당 위원의 기피 여부를 결정하여야 한다. 이 경우 기피 신청을 받은 위원은 그 기피 여부에 대한 결정에 참여할 수 없다.(2014.1.7 전단개정)

1. 인사위원회의 위원에게 제1항 각 호의 어느 하나에 해당하는 사항이 있는 경우
2. 그 밖에 심의·의결의 공정을 기대하기 어려운 사정이 있는 경우

③ 인사위원회의 위원은 제1항 또는 제2항에 따른 제척사유 또는 기피사유에 해당하는 것을 알게 되었을 때에는 스스로 제8조제1항제3호·제4호 및 제62조의 심의·의결에서 회피할 수 있다. 이 경우 회피하려는 위원은 위원장에게 그 사유를 소명하여야 한다.(2014.1.7 전단개정)

(2012.3.21 본조신설)

제10조의3【임시위원의 임명】 ① 지방자치단체의 장과 지방의회의 의장은 제10조의2에 따른 인사위원회 위원의 제척·기피·회피 등으로 심의·의결에 참여할 수 있는 위원 수가 제10조제2항에 따른 인사위원회 회의 구성원 수의 3분의 2에 미달하는 때에는 그 구성원 수의 3분의 2가 될 때까지 임시위원을 임명 또는 위촉하여 해당 심의·의결에 참여하도록 하여야 한다.(2021.10.8 본항개정)

② 임시위원의 자격, 실비보상, 비밀누설 금지 등에 관하여는 제7조제5항·제8항부터 제10항까지를 준용하고, 결격사유에 관하여는 같은 조 제6항을 준용한다.

(2012.3.21 본조신설)

제11조【인사위원회의 사무직원】 ① 인사위원회에 간사와 서기를 둔다.

② 간사와 서기는 해당 지방자치단체의 장과 지방의회의 의장이 각각 그 소속 공무원 중에서 임명한다.(2021.10.8 본항개정)

③ 간사는 위원장의 명을 받아 인사위원회의 사무를 처리하며 서기는 간사를 보조한다.

제12조 (1991.5.31 삭제)

제13조【소청심사위원회의 설치】 ① 지방자치단체의 장 소속 공무원의 징계, 그 밖에 그 의사에 반하는 불리한 처분이나 부작위(不作爲)에 대한 소청을 심사·결정하기 위하여 시·도에 임용권자(시·도의회의 의장 및 임용권

을 위임받은 자는 제외한다)별로 지방소청심사위원회 및 교육소청심사위원회(이하 "심사위원회"라 한다)를 둔다.
② 지방의회의 의장 소속 공무원의 징계, 그 밖에 그 의사에 반하는 불리한 처분이나 부작위에 대한 소청은 제1항에 따른 지방소청심사위원회에서 심사·결정한다.
(2021.10.8 본조개정)

제14조【심사위원회의 위원】 ① 심사위원회는 16명 이상 20명 이하의 위원으로 구성한다. 이 경우 제2항제1호 및 제2호에 따라 위촉되는 위원이 전체 위원의 2분의 1 이상이어야 한다.(2012.3.21 본항개정)
② 위원은 다음 각 호의 어느 하나에 해당하는 사람 중에서 시·도지사 또는 교육감이 임명하거나 위촉한다. 다만, 인사위원회 위원, 「정당법」에 따른 당원, 지방의회의원 및 제31조 각 호의 어느 하나에 해당하는 사람은 심사위원회의 위원이 될 수 없다.(2021.10.8 본문개정)
1. 법관·검사 또는 변호사로 재직하는 사람
2. 대학에서 법률학을 담당하는 부교수 이상으로 재직하는 사람
3. 시·도지사 또는 교육감 소속 국장급 이상의 공무원 (2021.10.8 본호개정)
4. 시·도의회의 의장 소속 과장급 이상의 공무원 (2021.10.8 본호신설)
③ 제2항에 따라 위촉되는 위원의 임기는 2년으로 하되, 연임할 수 있다.
④ 심사위원회의 회의는 위원장과 시·도지사 또는 교육감이 회의마다 지정하는 6명의 위원으로 구성한다. 이 경우 제2항제1호 및 제2호에 따라 위촉된 위원이 5명 이상이어야 한다.(2012.3.21 본항신설)
⑤ 회의에 참석하는 위원에게는 해당 지방자치단체의 조례로 정하는 바에 따라 실비보상을 할 수 있다.
(2012.3.21 본항개정)
⑥ 위원 중 공무원이 아닌 위원은 그 직무상 행위와 관련하여 「형법」이나 그 밖의 법률에 따른 벌칙을 적용할 때 공무원으로 본다.
⑦ 제1항부터 제6항까지에서 규정된 사항 외에 심사위원회의 구성·운영 등에 필요한 사항은 대통령령으로 정한다.
(2012.3.21 본항개정)

제15조【심사위원회의 위원장】 ① 심사위원회에 위원장 1명을 두며, 위원장은 심사위원회에서 제14조제2항제1호 또는 제2호에 해당하는 심사위원회 위촉위원 중에서 호선한다.
② 위원장은 심사위원회를 대표하고, 심사위원회의 사무를 총괄한다.
③ 위원장이 부득이한 사유로 직무를 수행할 수 없을 때에는 위원장이 미리 지정한 위원이 그 직무를 대행한다.

제15조의2【위원의 신분보장】 ① 심사위원회의 위촉위원은 금고 이상의 형벌이나 장기의 심신쇠약으로 직무를 수행할 수 없게 된 경우 외에는 본인의 의사에 반하여 그 직에서 면직되지 아니한다.
② 심사위원회의 위원이 제14조제2항 단서의 결격사유 중 어느 하나에 해당할 때에는 그 직을 당연히 퇴직한다.
(2008.12.31 본조신설)

제16조【심사위원회의 사무직원】 ① 심사위원회에 간사 및 서기를 둔다.
② 간사와 서기는 시·도지사 또는 교육감이 그 소속 공무원 중에서 임명한다.
③ 간사는 위원장의 명을 받아 심사위원회의 사무를 처리하고, 서기는 간사를 보조한다.

제17조【심사위원회의 심사】 ① 심사위원회는 이 법에 따른 소청을 접수하면 지체 없이 심사하여야 한다.
② 심사위원회는 제1항의 심사를 할 때 필요하다고 인정하면 사실 조사를 하거나 증인을 소환하여 질문을 하거나 관계 서류를 제출하도록 명할 수 있다.
③ 심사위원회가 소청사건을 심사하기 위하여 징계 요구기관이나 관계 기관의 소속 공무원을 증인으로 소환하면 해당 기관의 장은 이에 따라야 한다.
④ 심사위원회는 필요하다고 인정하면 특별한 학식·경험이 있는 자에게 검증(檢證)이나 감정(鑑定)을 의뢰할 수 있다.
⑤ 심사위원회가 공무원이 아닌 사람을 증인으로 소환하여 질문할 때에는 대통령령으로 정하는 바에 따라 실비보상을 하여야 한다.

제18조【소청인의 진술권】 ① 심사위원회가 소청사건을 심사할 때에는 대통령령으로 정하는 바에 따라 소청인 또는 그 대리인에게 진술 기회를 주어야 한다.
② 제1항의 진술 기회를 주지 아니한 결정은 무효로 한다.

제19조【심사위원회의 결정】 ① 심사위원회의 결정은 제14조제4항에 따른 구성원 3분의 2 이상의 출석과 출석위원 과반수의 합의에 따르되, 의견이 나뉘어 출석위원 과반수의 합의에 이르지 못하였을 때에는 과반수에 이를 때까지 소청인에게 가장 불리한 의견에 차례로 유리한 의견을 더하여 그 중에서 가장 유리한 의견을 합의된 의견으로 본다.(2021.6.8 본항개정)
② 제1항에도 불구하고 파면·해임·강등 또는 정직에 해당하는 징계처분을 취소 또는 변경하려는 경우와 효력 유무 또는 존재 여부에 대한 확인을 하려는 경우에는 제14조제4항에 따른 구성원 3분의 2 이상의 출석과 출석위원 3분의 2 이상의 합의가 있어야 한다. 이 경우 구체적인 결정의 내용은 출석위원 과반수의 합의에 따르되, 의견이 나뉘어 출석위원 과반수의 합의에 이르지 못하였을 때에는 과반수에 이를 때까지 소청인에게 가장 불리한 의견에 차례로 유리한 의견을 더하여 그 중에서 가장 유리한 의견을 합의된 의견으로 본다.(2021.6.8 본항신설)
③ 심사위원회의 위원은 위원회에 계류(繫留)된 소청사건의 증인이 될 수 없으며, 다음 사항에 관한 소청사건의 심사·결정에서 제척된다.(2011.5.23 본문개정)
1. 위원 본인과 관계있는 사항
2. 위원 본인과 친족이거나 친족이었던 사람과 관계있는 사항
④ 소청 사건의 당사자는 다음 각 호의 어느 하나에 해당하는 때에는 그 이유를 구체적으로 밝혀 그 위원에 대한 기피를 신청할 수 있고, 심사위원회는 해당 위원의 기피 여부를 결정하여야 한다. 이 경우 기피신청을 받은 위원은 그 기피 여부에 대한 결정에 참여할 수 없다.
1. 심사위원회의 위원에게 제3항에 따른 제척사유가 있는 경우(2021.6.8 본호개정)
2. 심사·결정의 공정을 기대하기 어려운 사정이 있는 경우 (2011.5.23 본항신설)
⑤ 심사위원회 위원은 제4항에 따른 기피사유에 해당하는 때에는 스스로 그 사건의 심사·결정에서 회피할 수 있다.(2021.6.8 본항개정)
⑥ 심사위원회의 결정은 다음과 같이 구분한다.
1. 심사청구가 이 법 또는 다른 법률에 적합하지 아니하면 그 청구를 각하한다.
2. 심사청구가 이유 없다고 인정되면 그 청구를 기각한다.
3. 처분의 취소 또는 변경을 구하는 심사청구가 이유 있다고 인정되면 처분을 취소 또는 변경하거나 처분행정청에 취소 또는 변경할 것을 명한다.
4. 처분의 효력 유무 또는 존재 여부에 대한 확인을 구하는 심사청구가 이유 있다고 인정되면 처분의 효력 유무 또는 존재 여부를 확인한다.
5. 위법 또는 부당한 거부처분이나 부작위에 대하여 의무 이행을 구하는 심사청구가 이유 있다고 인정되면 지체 없이 청구에 따른 처분을 하거나 처분을 할 것을 명한다.
⑦ 심사위원회의 취소명령 또는 변경명령 결정은 그에 따른 징계나 그 밖의 처분이 있을 때까지는 종전에 행한 징계처분 또는 징계부가금 부과처분(이하 "징계처분등"이라 한다)에 영향을 미치지 아니한다.(2010.3.22 본항개정)
⑧ 심사위원회가 징계처분등을 받은 자의 청구에 따라 소청을 심사할 경우에는 원징계처분보다 무거운 징계 또는 원징계부가금 부과처분보다 무거운 징계부가금을 부과하는 결정을 하지 못한다.(2010.3.22 본항개정)
⑨ 심사위원회의 결정은 그 이유를 구체적으로 밝힌 결정서로 하여야 한다.

제19조의2【임시위원의 임명】 ① 제19조제3항부터 제5항까지의 규정에 따른 심사위원회 위원의 제척·기피 또는 회피 등으로 심사·결정에 참여할 수 있는 위원 수가 3명 미만이 된 경우에는 3명이 될 때까지 시·도지사 또는 교육감은 임시위원을 임명하여 해당 사건의 심사·결정에 참여하도록 하여야 한다.(2021.6.8 본항개정)
② 임시위원의 자격, 실비보상 등에 관하여는 제14조제2항 각 호 및 같은 조 제5항·제6항을, 결격사유에 관하여는 제14조제2항 단서를 준용한다.(2012.3.21 본항개정)

제20조【결정의 효력】 제19조에 따른 심사위원회의 결정은 처분행정청을 기속(羈束)한다.

제20조의2【행정소송과의 관계】 제67조에 따른 처분, 그 밖에 본인의 의사에 반한 불리한 처분이나 부작위에 관한 행정소송은 심사위원회의 심사·결정을 거치지 아니하면 제기할 수 없다.

제21조【소청 절차】 소청의 제기, 심사 및 결정, 그 밖에 소청 절차에 관하여 필요한 사항은 대통령령으로 정한다.

제3장 직위분류제

(2008.12.31 본장개정)

제22조【직위분류제의 확립】 ① 직위분류제에 관하여 이 법에 규정된 것 외에는 대통령령으로 정한다.
② 제1항의 직위분류제에서는 모든 대상 직위를 직무의 종류와 곤란성 및 책임도에 따라 직군·직렬·직급 또는 직무등급별로 분류하되, 같은 직급이나 같은 직무등급에 속하는 직위에 대하여는 같은 자격요건을 필요로 하고 동일하거나 유사한 보수가 지급되도록 분류하여야 한다.

제22조의2【직무분석】 ① 임용권자는 합리적인 인사관리를 위하여 필요하면 직무분석을 할 수 있다.
② 제1항에 따른 직무분석 및 그 결과의 활용 등에 필요한 사항은 대통령령으로 정한다.

제23조【직위의 정급】 ① 지방자치단체의 장과 지방의회의 의장은 대통령령으로 정하는 바에 따라 직위분류제의 적용을 받는 모든 직위를 어느 하나의 직급 또는 직무등급에 배정하여야 한다.
② 지방자치단체의 장과 지방의회의 의장은 대통령령으로 정하는 바에 따라 제1항에 규정된 정급(定級)을 재심사하고, 필요하다고 인정하면 이를 개정하여야 한다.
(2021.10.8 본조개정)

제24조【직위분류제의 실시】 일반직을 대상으로 하는 직위분류제는 대통령령으로 정하는 바에 따라 실시하기 쉬운 것부터 단계적으로 실시할 수 있다.

제4장 임용과 시험

(2008.12.31 본장개정)

제25조【임용의 기준】 공무원의 임용은 시험성적, 근무성적, 경력평정, 그 밖의 능력의 실증(實證)에 따라 한다. 다만, 지방자치단체의 장과 지방의회의 의장은 대통령령으로 정하는 바에 따라 장애인, 이공계 전공자, 저소득층 등에 대한 임용·승진·전보 등 인사관리상의 우대와 실질적 양성평등을 실현하기 위한 적극적인 정책을 실시할 수 있다.(2021.10.8 단서개정)

제25조의2【외국인과 복수국적자의 임용】 ① 지방자치단체의 장과 지방의회의 의장은 국가안보 및 보안·기밀에 관계되는 분야를 제외한 분야에서 대통령령으로 정하는 바에 따라 외국인을 공무원으로 임용할 수 있다.
(2021.10.8 본항개정)
② 지방자치단체의 장과 지방의회의 의장은 다음 각 호의 어느 하나에 해당하는 분야로서 대통령령으로 정하는 분야에는 복수국적자(대한민국 국적과 외국 국적을 함께 가진 사람을 말한다. 이하 같다)의 임용을 제한할 수 있다.
(2021.10.8 본문개정)
1. 국가의 존립과 헌법 기본질서의 유지를 위한 국가안보 분야
2. 내용이 누설되는 경우 국가 또는 지방자치단체의 이익을 해하게 되는 보안·기밀 분야
3. 외교, 국가 간 이해관계와 관련된 정책 결정 및 집행 등 복수국적자의 임용이 부적합한 분야
(2011.5.23 본항신설)
(2011.5.23 본조제목개정)

제25조의3【근무시간의 단축 임용】 지방자치단체의 장과 지방의회의 의장은 업무의 특성 또는 기관의 사정 등을 고려하여 신규임용되는 공무원 또는 소속 공무원을 대통령령 또는 조례로 정하는 바에 따라 통상적인 근무시간보다 짧게 근무하는 공무원으로 임용할 수 있다.
(2021.10.8 본조개정)

제25조의4【우수 인재의 추천 채용 및 수습근무】 ① 임용권자는 우수한 인재를 공직에 유치하기 위하여 학업 성적 등이 뛰어난 고등학교 이상 졸업자나 졸업 예정자를 추천·선발하여 3년의 범위에서 수습으로 근무하게 하고, 그 근무기간 동안 근무성적과 자질이 우수하다고 인정되는 사람은 일반직공무원으로 임용할 수 있다.
(2021.6.8 본항개정)
② 제31조 각 호의 어느 하나에 해당하는 사람은 제1항에 따른 수습근무를 할 수 없으며, 수습으로 근무 중인 사람이 제31조 각 호의 어느 하나에 해당하게 된 때에는 수습으로 근무할 수 있는 자격을 상실한다.(2015.5.18 본항신설)
③ 제1항에 따라 수습으로 근무하는 사람은 직무상 행위를 하거나 「형법」, 그 밖의 법률에 따른 벌칙을 적용할 때 공무원으로 본다.
④ 제1항에 따른 추천·선발 방법, 수습근무 기간, 임용 직급 등에 관한 사항은 대통령령으로 정한다.
(2021.6.8 본조제목개정)
(2015.5.18 본조개정)

제25조의5【근무기간을 정하여 임용하는 공무원】 ① 지방자치단체의 장과 지방의회의 의장은 전문지식·기술이 요구되거나 임용관리에 특수성이 요구되는 업무를 담당하게 하기 위하여 경력직공무원을 임용할 때에 일정 기간을 정하여 근무하는 공무원(이하 "임기제공무원"이라 한다)을 임용할 수 있다.(2021.10.8 본항개정)
② 임기제공무원의 임용조건, 임용절차, 근무상한연령 및 그 밖에 필요한 사항은 대통령령으로 정한다.
(2012.12.11 본조신설)

제25조의6【차별금지】 임용권자는 소속 공무원을 임용할 때 합리적인 이유 없이 성별, 종교 또는 사회적 신분 등을 이유로 차별해서는 아니 된다.(2020.1.29 본조신설)

제26조【결원 보충 방법】 임용권자는 공무원의 결원을 신규임용·승진임용·강임·전직 또는 전보의 방법으로 보충한다.

제27조【신규임용】 ① 공무원의 신규임용은 공개경쟁 임용시험으로 한다.(2011.5.23 본항개정)
② 제1항에도 불구하고 다음 각 호의 어느 하나에 해당하는 경우에는 경력 등 응시요건을 정하여 같은 사유에 해당하는 다수인을 대상으로 경쟁의 방법으로 임용하는 시험(이하 "경력경쟁임용시험"이라 한다)으로 공무원을 임용할 수 있다. 다만, 제1호, 제3호, 제4호, 제5호, 제7호, 제10호의 어느 하나에 해당하는 경우 중 다수인을 대상으로 시험을 실시하는 것이 적당하지 아니하여 대통령령으로 정하는 경우에는 다수인을 대상으로 하지 아니한 시험으로 공무원을 임용할 수 있다.(2011.5.23 본문개정)
1. 제62조제1항제1호의 사유로 퇴직하거나 제63조제1항제1호의 휴직기간 만료로 퇴직한 경력직공무원을 퇴직한 날부터 3년(「공무원 재해보상법」에 따른 공무상 부상 또는 질병으로 인한 휴직의 경우는 5년) 이내에 퇴직 시에 재직한 직급의 경력직공무원으로 재임용하는 경우 또는 경력직공무원으로 재직하던 중 특수경력직공무원이나 다른 종류의 경력직공무원이 되기 위하여 퇴직한 사람을 퇴직 시에 재직한 직급의 경력직공무원으로 재임용하는 경우(2018.3.20 본호개정)

2. 공개경쟁임용시험으로 임용하는 것이 부적당한 경우에 임용예정 직무에 관한 자격증 소지자를 임용하는 경우(2011.5.23 본호개정)
3. 임용예정 직급·직위와 같은 직급·직위에서의 근무경력 또는 임용예정 직급·직위에 상응하는 근무기간이나 연구 경력이 대통령령으로 정하는 기간 이상인 사람을 임용하는 경우(2012.12.11 본호개정)
4. 임용예정직에 관련된 특수목적을 위하여 설립된 학교(대학원을 포함한다) 중 대통령령으로 정하는 학교의 졸업자로서 국가기관 또는 지방자치단체에서 실무수습을 마친 사람을 임용하는 경우
5. 1급 공무원을 임용하는 경우
6. 공개경쟁임용시험으로 결원을 보충하기 곤란한 특수한 직무분야나 직무환경 또는 섬, 외딴 곳 등 특수한 지역에 근무할 사람을 임용하는 경우(2011.5.23 본호개정)
7. 국가공무원을 그 직급·직위(고위공무원단에 속하는 공무원의 경우 해당 직위와 곤란성 및 책임도가 유사한 직위를 말한다)에 해당하는 지방공무원으로 임용하는 경우(2012.12.11 본호개정)
8. 임용예정직에 관련된 실업계·예능계 및 사학계(史學系)의 고등학교·전문대학 및 대학(대학원을 포함한다)의 학과 중 대통령령으로 정하는 학과 졸업자로서 교육부장관 또는 행정안전부장관이 정하는 바에 따라 해당 학교장의 추천을 받은 사람을 연구 또는 기술직렬 공무원으로 임용하는 경우(2017.7.26 본호개정)
9. 대통령령으로 정하는 임용예정직에 관련된 과학기술 분야 및 이에 준하는 특수 전문 분야의 연구 경력이나 근무경력이 있는 사람을 임용하는 경우
10. 제25조의4에 따라 수습근무를 마친 사람과 제41조의4에 따라 재학 중 장학금을 받고 졸업한 사람을 임용하는 경우(2015.5.18 본호개정)
11. 외국어에 능통하고 국제적 소양과 전문지식을 지닌 사람을 임용하는 경우
12. 연고지나 그 밖에 지역적 특수성을 고려하여 일정한 지역에 거주하는 사람을 그 지역에 소재하는 기관에 임용하는 경우
13. 「국적법」 제4조 및 제8조에 따른 귀화허가를 받아 대한민국 국적을 취득한 사람 또는 「북한이탈주민의 보호 및 정착지원에 관한 법률」 제2조제1호에 따른 북한이탈주민을 임용하는 경우(2012.3.21 본호신설)

③ (2011.5.23 삭제)

④ 경력경쟁임용시험 및 제2항 각 호 외의 부분 단서에 따른 시험(이하 이 조에서 "경력경쟁임용시험등"이라 한다)의 경우에는 제62조제1항제1호의 사유로 퇴직한 사람을 우선하여 임용할 수 있으며, 경력경쟁임용시험등으로 임용할 수 있는 공무원의 직급 또는 직위, 직급별 또는 직위별 응시 자격 및 시험 등에 필요한 사항은 대통령령으로 정한다.(2014.1.7 본항개정)

⑤ 제2항제6호·제11호·제12호 또는 제13호에 따라 경력경쟁임용시험으로 임용된 사람은 5년간 전직 및 해당 기관 외의 기관으로 전보되거나 다른 지방자치단체로 전출될 수 없고, 5년 이내에 퇴직하면 그 근무경력은 제2항제3호의 경력경쟁임용시험응시에 필요한 근무 또는 연구실적에 포함하지 아니한다. 다만, 다음 각 호의 어느 하나에 해당하는 경우로서 직위가 없어지거나 과원(過員)이 되어 전직·전보 또는 전출되거나 제62조제1항제1호에 따라 직권면직된 경우에는 그러하지 아니하다.(2012.3.21 본문개정)
1. 지방자치단체를 폐지하거나 설치하거나 나누거나 합친 경우
2. 직제와 정원이 개정되거나 폐지된 경우
3. 예산이 감소된 경우

⑥ 지방자치단체의 장 또는 지방의회의 의장은 제2항제7호에 따라 국가공무원을 경력경쟁임용시험으로 임용하려면 해당 국가공무원이 소속된 국가기관의 장의 동의를 받아야 한다.(2021.10.8 본항개정)

제28조【시보임용】 ① 5급 공무원(제4조제2항에 따라 같은 조 제1항의 계급 구분이나 직군 및 직렬의 분류를 적용하지 아니하는 공무원 중 5급에 상당하는 공무원을 포함한다. 이하 같다)을 신규임용하는 경우에는 1년, 6급 이하 공무원(제4조제2항에 따라 같은 조 제1항의 계급 구분이나 직군 및 직렬의 분류를 적용하지 아니하는 공무원 중 6급 이하에 상당하는 공무원을 포함한다. 이하 같다)을 신규 임용하는 경우에는 6개월간 시보로 임용하고, 그 기간의 근무성적·교육훈련성적과 공무원으로서의 자질을 고려하여 정규 공무원으로 임용한다. 다만, 대통령령으로 정하는 경우에는 시보임용을 면제하거나 그 기간을 단축할 수 있다.(2015.5.18 본문개정)

② 휴직 기간, 직위해제 기간 및 징계에 따른 정직 또는 감봉처분을 받은 기간은 제1항의 시보임용 기간에 산입(算入)하지 아니한다.

③ 시보임용 기간 중의 공무원이 근무성적·교육훈련성적이 나쁘거나 이 법 또는 이 법에 따른 명령을 위반하여 공무원으로서 자질이 부족하다고 판단되는 경우에는 제60조와 제62조에도 불구하고 면직할 수 있다. 이 경우 구체적인 사유 및 절차 등에 필요한 사항은 대통령령으로 정한다.(2015.5.18 본항개정)

제29조 (1981.4.20 삭제)

제29조의2【전직】 공무원이 전직할 때에는 전직시험을 거쳐야 한다. 다만, 대통령령으로 정하는 전직의 경우는 예외로 한다.

제29조의3【전입】 지방자치단체의 장 또는 지방의회의 의장은 공무원을 전입시키려고 할 때에는 해당 공무원이 소속된 지방자치단체의 장 또는 지방의회의 의장의 동의를 받아야 한다.(2021.10.8 본조개정)

제29조의4【개방형직위】 ① 임용권자는 해당 기관의 직위 중 전문성이 특히 요구되거나 효율적인 정책 수립을 위하여 필요하다고 판단되어 공직 내부나 외부에서 적격자를 임용할 필요가 있는 직위를 개방형직위로 지정하여 운영할 수 있다. 이 경우 「지방자치법」 등 지방자치단체의 조직 관계 법령이나 조례·규칙에 따라 시·도는 5급 이상, 시·군·구는 6급 이상 공무원 또는 이에 상당하는 공무원으로 임명할 수 있는 직위 중 임기제공무원으로도 보할 수 있는 직위는 개방형직위로 본다.
(2012.12.11 본항개정)

② 임용권자는 제1항에 따른 개방형직위에 대하여는 대통령령으로 정하는 바에 따라 직위별로 직무의 내용·특성 등을 고려하여 직무수행 요건을 설정하고 그 요건을 갖춘 사람을 임용하여야 한다.

③ 임용권자는 개방형직위를 지정·변경하거나 직위별 직무수행 요건을 설정·변경하려면 미리 해당 인사위원회의 심의·의결을 거쳐야 한다.

④ 개방형직위의 임용후보자 선발시험은 제32조제3항 및 제4항에도 불구하고 해당 지방자치단체의 인사위원회에서 실시한다.

⑤ 그 밖에 개방형직위의 운영 등에 필요한 사항은 대통령령으로 정한다.

제29조의5【공모직위】 ① 임용권자는 해당 기관의 직위 중 업무의 효율적인 처리를 위하여 해당 기관 내부 또는 외부의 공무원(국가공무원을 포함한다) 중에서 적격자를 임용할 필요가 있는 직위를 공모직위(公募職位)로 지정하여 운영할 수 있다.

② 임용권자는 제1항에 따른 공모직위에 대하여는 직위별로 직무의 내용·특성 등을 고려하여 직무수행 요건을 설정하고 그 요건을 갖춘 사람을 임용하여야 한다.

③ 공모직위의 운영 등에 필요한 사항은 대통령령으로 정한다.

제30조【공개경쟁시험 합격자의 우선임용 및 결원 보충의 조정】 ① 결원을 보충할 때에는 공개경쟁임용시험 합격자와 공개경쟁승진시험 합격자를 우선하여 임용하여야 한다.

② 교육부장관 또는 행정안전부장관은 지방자치단체의 5급 이상 공무원의 결원을 보충할 때 공개경쟁임용시험 합격자, 공개경쟁승진시험 합격자 및 일반승진시험 합격자의 보충임용이 적절한 균형을 유지하도록 조정할 수 있다.(2017.7.26 본항개정)

제30조의2【인사교류】 ① 교육부장관 또는 행정안전부장관은 인력의 균형 있는 배치와 지방자치단체의 행정발전을 위하여 교육부 또는 행정안전부와 지방자치단체 간, 시·도를 달리하는 지방자치단체 간에 인사교류가 필요하다고 인정하면 교육부 또는 행정안전부에 두는 인사교류협의회가 정한 인사교류 기준에 따라 인사교류안을 작성하여 해당 지방자치단체의 장 또는 지방의회의 의장에게 인사교류를 권고할 수 있다. 이 경우 해당 지방자치단체의 장 또는 지방의회의 의장은 정당한 사유가 없으면 인사교류를 하여야 한다.

② 시·도지사 또는 시·도의회의 의장은 해당 시·도 또는 관할 구역의 시·군·구의 다른 기관 간, 해당 시·도와 관할 구역의 시·군·구 간, 관할 구역의 시·군·구 간, 해당 시·도 또는 관할 구역의 시·군·구와 교육·연구기관 또는 공공기관 간에 인사교류가 필요하다고 인정하면 해당 시·도지사 또는 시·도의회의 의장 소속 인사교류협의회에서 정한 인사교류 기준에 따라 인사교류안을 작성하여 관할 구역의 지방자치단체의 장 등에게 인사교류를 권고할 수 있다. 이 경우 해당 지방자치단체의 장 등은 정당한 사유가 없으면 인사교류를 하여야 한다.

③ 제1항 및 제2항에 따른 인사교류의 대상에 관하여는 대통령령으로 정하고, 인사교류협의회의 구성 및 운영, 인사교류의 절차, 그 밖에 인사교류에 필요한 사항은 교육부령, 행정안전부령 또는 시·도의 조례 또는 규칙으로 정한다.
(2021.10.8 본조개정)

제30조의3【겸임】 직위와 직무내용이 유사하고 담당 직무 수행에 지장이 없다고 인정되면 대통령령으로 정하는 바에 따라 경력직공무원 상호 간에 겸임하게 하거나 경력직공무원과 대통령령으로 정하는 관련 교육·연구기관이나 그 밖의 기관·단체의 임직원 간에 서로 겸임하게 할 수 있다.(2021.6.8 본조개정)

제30조의4【파견근무】 ① 임용권자는 그 업무수행과 관련된 행정 지원이나 연수, 그 밖에 능력개발 등을 위하여 필요하면 소속 공무원을 지방자치단체의 다른 기관, 다른 지방자치단체, 국가기관, 공공단체, 「공공기관의 운영에 관한 법률」 제4조제1항 각 호에 해당하는 기관(「지방공기업법」에 따른 지방직영기업, 지방공사 및 지방공단을 포함한다), 국내외의 교육기관·연구기관, 그 밖의 기관에 일정 기간 파견근무하게 할 수 있으며, 전문성이 특히 요구되는 특수업무의 효율적 수행 등을 위하여 필요하면 인사위원회의 의결을 거쳐 지방자치단체 외의 기관·단체의 임직원을 파견받아 근무하게 할 수 있다.

② 파견권자는 파견 사유가 소멸되거나 파견 목적이 달성될 가망이 없으면 그 공무원을 지체 없이 원래의 소속 기관에 복귀시켜야 한다.

③ 제1항에 따라 지방자치단체 외의 기관·단체에서 파견된 임직원은 직무상 행위를 할 때에는 공무원으로 본다. 「형법」이나 그 밖의 법률에 따른 벌칙을 적용할 때에도 또한 같다.

④ 공무원을 파견근무하게 하거나 지방자치단체 외의 기관·단체의 임직원을 파견받아 근무하게 하는 경우 파견 사유·기간·절차와 파견기간 중의 복무, 그 밖에 필요한 사항은 대통령령으로 정한다.

제30조의5【보직관리의 원칙】 ① 임용권자는 법령에서 따로 정하는 경우 외에는 소속 공무원의 직급과 직종을 고려하여 그 직급에 상응하는 일정한 직위를 부여하여야 한다. 다만, 제4조제2항제1호에 따라 계급 구분 및 직군·직렬의 분류가 적용되지 아니하는 공무원에 대하여는 자격·경력 등을 고려하여 그에 상응하는 일정한 직위를 부여하여야 한다.(2012.12.11 단서신설)

② 소속 공무원을 보직할 때에는 해당 공무원의 전공분야·훈련·근무경력·전문성 및 적성 등을 고려하여 적격한 직위에 임용하여야 한다. 이 경우 보직관리 기준에 관하여 필요한 사항은 대통령령으로 정한다.

제31조【결격사유】 다음 각 호의 어느 하나에 해당하는 사람은 공무원이 될 수 없다.
1. 피성년후견인(2021.1.12 본호개정)
2. 파산선고를 받고 복권되지 아니한 사람
3. 금고 이상의 형을 받고 그 집행이 끝나거나 집행을 받지 아니하기로 확정된 후 5년이 지나지 아니한 사람
4. 금고 이상의 형을 받고 그 집행유예 기간이 끝난 날부터 2년이 지나지 아니한 사람
5. 금고 이상의 형의 선고유예를 선고받고 그 선고유예기간 중에 있는 사람
6. 법원의 판결 또는 다른 법률에 따라 자격이 상실되거나 정지된 사람

6의2. 공무원으로 재직기간 중 직무와 관련하여 「형법」 제355조 및 제356조에 규정된 죄를 범한 사람으로서 300만원 이상의 벌금형을 선고받고 그 형이 확정된 후 2년이 지나지 아니한 사람(2010.3.22 본호신설)

6의3. 다음 각 목의 어느 하나에 해당하는 죄를 범한 사람으로서 100만원 이상의 벌금형을 선고받고 그 형이 확정된 후 3년이 지나지 아니한 사람(2022.12.27 본문개정)
가. 「성폭력범죄의 처벌 등에 관한 특례법」 제2조에 따른 성폭력범죄
나. 「정보통신망 이용촉진 및 정보보호 등에 관한 법률」 제74조제1항제2호 및 제3호에 규정된 죄
다. 「스토킹범죄의 처벌 등에 관한 법률」 제2조제2호에 따른 스토킹범죄
(2022.12.27 가목~다목신설)

6의4. 미성년자에 대한 다음 각 목의 어느 하나에 해당하는 죄를 저질러 파면·해임되거나 형 또는 치료감호를 선고받아 그 형 또는 치료감호가 확정된 사람(집행유예를 선고받은 후 그 집행유예기간이 경과한 사람을 포함한다)
가. 「성폭력범죄의 처벌 등에 관한 특례법」 제2조에 따른 성폭력범죄
나. 「아동·청소년의 성보호에 관한 법률」 제2조제2호에 따른 아동·청소년대상 성범죄
<2023.6.29 헌법재판소 헌법불합치결정으로 이 목 중 구 아동·청소년의 성보호에 관한 법률(2014.1.21 법률 제12329호로 개정되고, 2020.6.2 법률 제17338호로 개정되기 전의 것) 제11조 제5항 가운데 '아동·청소년이용음란물임을 알면서 이를 소지한 죄로 형을 선고받아 그 형이 확정된 사람은 지방공무원법 제2조 제2항 제1호의 일반직공무원으로 임용될 수 없도록 한 것'에 관한 부분은 2024.5.31을 시한으로 입법자가 개정할 때까지 계속 적용>
(2018.10.16 본호신설)

7. 징계로 파면처분을 받은 날부터 5년이 지나지 아니한 사람
8. 징계로 해임처분을 받은 날부터 3년이 지나지 아니한 사람

제31조의2【벌금형의 분리 선고】 「형법」 제38조에도 불구하고 제31조제6호의2 또는 제6호의3 각 목에 규정된 죄와 다른 죄의 경합범(競合犯)에 대하여 벌금형을 선고하는 경우에는 이를 분리 선고하여야 한다.(2022.12.27 본조개정)

제32조【시험의 실시】 ① 6급·7급 공무원 및 제4조제2항제1호에 따라 계급 구분 및 직군·직렬의 분류가 적용되지 아니하는 공무원의 신규임용시험은 시·도 단위로 각각 해당 시·도의 인사위원회에서 실시한다. 다만, 농촌진흥사업에 종사하는 연구 및 지도직공무원에 대한 신규임용시험은 따로 대통령령으로 정하는 기관에서 실시한다.(2021.10.8 본문개정)

② 8급 및 9급 공무원의 신규임용시험과 6·7·8급 공무원에의 승진시험, 6·7·8·9급 공무원의 전직시험은 해당 지방자치단체의 인사위원회에서 실시한다.
(2012.12.11 본항개정)

③ 5급 이상 공무원의 각종 임용시험은 대통령령으로 정하는 기관에서 실시한다.
④ 임용예정직과 관련이 있는 자격증 소지자의 경력경쟁임용시험은 제3항에도 불구하고 각각 해당 시·도의 인사위원회에서 실시한다.(2021.10.8 본항개정)
⑤ 임용권자는 제36조 및 제39조에 따른 신규임용후보자 또는 승진후보자가 없거나 인사행정 운영상 특히 필요하다고 인정되면 그 직위의 신규임용 또는 승진시험에 상응하는 국가, 다른 지방자치단체 또는 해당 지방자치단체의 다른 기관의 시험에 합격한 사람을 그 직위의 신규임용 및 승진시험에 합격한 사람으로 보아 임용할 수 있다.(2021.10.8 본항개정)
⑥ 시·도의회의 의장 또는 시장·군수·구청장(자치구의 구청장을 말한다. 이하 같다)은 우수 인력의 확보 또는 시험관리상 필요하다고 인정하면 제1항, 제2항 또는 제4항에도 불구하고 시·도지사 소속 인사위원회에 시험의 실시를 위탁할 수 있다.(2021.10.8 본항개정)
⑦ 시·군·구의회의 의장은 우수 인력의 확보 또는 시험관리상 필요하다고 인정하면 제2항에도 불구하고 시·도지사 소속 인사위원회, 시·도의회의 의장 소속 인사위원회 또는 시장·군수·구청장 소속 인사위원회에 시험의 실시를 위탁할 수 있다.(2021.10.8 본항개정)

제33조【평등의 원칙】 공개경쟁에 따른 임용시험은 같은 자격을 가진 모든 국민에게 평등하게 공개하여야 하며, 시험의 시기와 장소는 응시자의 편의를 고려하여 결정하여야 한다.

제34조【수험자격】 각종 시험의 수험자격은 대통령령으로 정한다.

제34조의2【신규임용시험의 가점】 ① 다음 각 호의 어느 하나에 해당하는 사람이 공무원 신규임용시험에 응시하면 일정한 점수를 가산할 수 있다.
1. 「국가기술자격법」이나 그 밖의 법령에 따른 자격을 취득한 사람
2. 「의사상자 등 예우 및 지원에 관한 법률」 제2조제2호에 따른 의사자의 배우자 또는 자녀
3. 「의사상자 등 예우 및 지원에 관한 법률」 제2조제3호에 따른 의상자 및 그 배우자 또는 자녀
② 제1항에 따라 가산할 수 있는 구체적 대상, 가산 점수, 가산 방법 등에 필요한 사항은 대통령령으로 정한다.
(2015.5.18 본조개정)

제35조【시험의 공고】 ① 공개경쟁신규임용시험, 공개경쟁승진시험 또는 경력경쟁임용시험을 실시할 때에는 임용예정 직급·직위, 응시자격, 선발예정 인원, 시험의 방법·시기·장소 등에 관하여 필요한 사항을 대통령령으로 정하는 바에 따라 공고하여야 한다. 다만, 제27조제2항 단서에 따라 다수인을 대상으로 하지 아니한 시험의 경우에는 공고하지 아니할 수 있다.(2012.12.11 본문개정)
② 결원 보충을 원활히 하기 위하여 필요하면 근무예정 지역 또는 근무예정기관을 미리 정하여 공개경쟁신규임용 시험을 실시할 수 있다. 이 경우 그 시험에 따라 임용된 공무원은 대통령령으로 정하는 기간 동안 해당 근무지역 또는 근무기관에 근무하여야 한다.

제36조【신규임용후보자 명부】 ① 지방자치단체의 장과 지방의회의 의장은 각각 해당 인사위원회에서 실시한 신규임용시험에 합격한 사람을 대통령령으로 정하는 바에 따라 신규임용 후보자 명부에 등재(登載)하여야 한다.(2021.10.8 본항개정)
② 제32조제3항에 따라 대통령령으로 정하는 기관이 5급 공무원의 신규임용시험을 실시한 경우에는 대통령령으로 정하는 바에 따라 시·도지사, 시·도의회의 의장 및 교육감은 그 합격자를 신규임용 후보자 명부에 등재하여야 한다.(2021.10.8 본항개정)
③ 신규임용후보자 명부는 누구든지 열람할 수 있다.
④ 공무원 공개경쟁임용시험에 합격한 사람의 신규임용후보자 명부의 유효기간은 2년의 범위에서 대통령령으로 정한다. 다만, 시험실시기관의 장은 필요하면 1년의 범위에서 그 기간을 연장할 수 있다.(2020.1.29 본문개정)
⑤ 공개경쟁임용시험 합격자가 임용후보자등록을 마친 후 그 명부의 유효기간 내에 「병역법」에 따른 병역복무를 위하여 군에 입대한 경우(대학생 군사훈련과정이수자를 포함한다)의 의무복무기간과 대통령령으로 정하는 사유로 임용되지 못한 기간은 제4항의 기간에 포함하지 아니한다.
⑥ 제4항 단서에 따라 신규임용후보자 명부의 유효기간을 연장하는 경우 해당 지방자치단체의 장 또는 지방의회의 의장은 지체 없이 이를 공고하여야 한다.(2021.10.8 본항개정)
⑦ 신규임용후보자 명부에 등재되어 실무수습 중인 사람은 그 직무상 행위를 하거나 「형법」이나 그 밖의 법률에 따른 벌칙을 적용할 때 공무원으로 본다.(2010.3.22 본항신설)

제37조【신규임용 방법】 ① 제36조제1항 또는 제2항에 따라 신규임용후보자 명부를 작성한 지방자치단체의 장 또는 지방의회의 의장이 그 명부에 등재된 자 중에서 공무원을 신규임용할 때에는 신규임용후보자 명부의 최고 순위자부터 3배수의 범위에서 임명하여야 한다.
(2021.10.8 본항개정)
② 제6조제2항에 따라 임용권의 위임을 받은 자, 제32조제6항 또는 제7항에 따라 시험의 실시를 위탁한 지방의회의 의장 또는 시장·군수·구청장이 공무원을 신규임용할 때에는 제36조제1항에 따라 신규임용후보자 명부를 작성한 지방자치단체의 장 또는 지방의회의 의장에게 임용후보자의 추천을 요청하여야 한다.(2021.10.8 본항신설)
③ 시장·군수·구청장, 시·군·구의회의 의장 및 제6조제2항에 따라 임용권의 위임을 받은 자가 5급 공무원을 신규임용할 때에는 제36조제2항에 따라 신규임용후보자 명부를 작성한 시·도지사, 시·도의회의 의장 또는 교육감에게 임용후보자의 추천을 요청하여야 한다.(2021.10.8 본항개정)
④ 제2항 또는 제3항에 따른 요청을 받은 자는 지체 없이 신규임용후보자 명부에 등재된 사람 중에서 그 순위에 따라 직위별로 3배수의 범위에 해당하는 임용후보자를 추천하여야 한다.(2021.10.8 본항개정)
⑤ 임용권자는 제4항에 따라 임용후보자를 추천받으면 요청한 인원을 선택하여 임용하고, 그 결과를 임명후보자의 추천을 받은 날부터 7일 이내에 그 추천을 한 자에게 알려야 한다.(2021.10.8 본항개정)
⑥ 임용후보자가 다음 각 호의 어느 하나에 해당하면 임용후보자로서의 자격을 잃는다.
1. 임용권자의 임용에 따르지 아니한 경우
2. 제74조에 따라 시보공무원이 될 사람에 대한 교육훈련에 따르지 아니한 경우
3. 훈련성적이 나쁘거나 본인의 귀책사유로 교육훈련을 계속 받을 수 없게 되거나 임용후보자로서 품위를 크게 손상하는 행위를 하는 등 공무원으로서 직무를 수행하기 곤란하다고 판단하는 경우. 이 경우 구체적인 사유 및 절차 등에 필요한 사항은 대통령령으로 정한다.
(2022.12.27 전단개정)
(2015.5.18 본항개정)

제38조【승진】 ① 계급 간의 승진임용은 근무성적평정, 경력평정, 그 밖의 능력의 실증에 따라 한다. 다만, 1급부터 3급까지의 공무원으로의 승진임용은 능력과 경력 등을 고려하여 임용하며, 5급 공무원으로의 승진임용은 승진시험을 거치도록 하되, 필요하다고 인정하면 대통령령으로 정하는 바에 따라 인사위원회의 의결을 거쳐 임용할 수 있다.
② 6급 이하 공무원으로의 승진임용의 경우 필요하다고 인정하면 대통령령으로 정하는 바에 따라 승진시험을 병용(竝用)할 수 있다.
③ 승진에 필요한 계급별 최저근무연수, 승진의 제한, 그 밖에 승진에 필요한 사항은 대통령령으로 정한다.

제39조【승진임용의 방법】 ① 1급 공무원으로의 승진은 바로 하급 공무원 중에서, 2급 및 3급 공무원으로의 승진은 같은 직군 내의 바로 하급 공무원 중에서 각각 임용한다.
② 승진시험에 따른 승진은 승진시험 합격자 중에서 대통령령으로 정하는 승진임용 순위에 따라 임용한다. 다만, 다음 각 호의 어느 하나에 해당하는 시험에 합격하여 승진후보자 명부에 등재된 사람의 임용방법에 관하여는 제37조제1항부터 제5항까지의 규정을 준용한다.
(2021.10.8 단서개정)
1. 공개경쟁승진시험
2. 시·도 단위 또는 제6항에 따른 권역별로 실시한 기술직렬 5급 이하 공무원 및 제4조제2항에 따른 연구 또는 특수기술직렬의 공무원 중 5급 이하 공무원에 상당하는 공무원으로의 일반승진시험
(2012.3.21 1호～2호신설)
③ 제1항 및 제2항 외의 승진은 같은 직렬의 바로 하급 공무원 중에서 임용하되, 임용하려는 결원에 대하여 승진후보자 명부의 높은 순위에 있는 사람부터 차례로 대통령령으로 정하는 범위에서 임용하여야 한다.
④ 제1항 및 제3항에 따라 승진임용할 때에는 해당 인사위원회의 사전심의를 거쳐야 한다. 이 경우 지방의회의 사무처장·사무국장·사무과장 또는 시·군·구의 부시장·부군수·부구청장으로 승진임용하기 위한 인사위원회의 사전심의를 할 때에는 제9조제1항에도 불구하고 인사위원회 위원장의 직무는 위촉위원 중에서 호선하는 사람이 수행한다.(2021.10.8 본항개정)
⑤ 임용권자는 대통령령으로 정하는 바에 따라 근무성적평정, 경력평정, 그 밖의 능력의 실증에 의한 순위에 따라 직급별로 승진후보자 명부를 작성한다. 다만, 우수 인력의 확보와 승진기회의 균형 유지를 위하여 시·도지사 또는 시·도의회의 의장은 해당 시·도의 다른 임용권자 또는 관할 구역의 시·군·구의 임용권자와, 시장·군수·구청장 또는 시·군·구의회의 의장은 각각 상호 간에 협의하여 해당 시·도 또는 시·군·구 소속 기술직렬 6급 이하 공무원 및 제4조제2항에 따른 연구 또는 특수기술직렬의 공무원 중 6급 이하 공무원에 상당하는 공무원에 대하여 대통령령으로 정하는 바에 따라 시·도 또는 시·군·구 단위별로 승진후보자 명부를 통합하여 작성할 수 있다.(2021.10.8 단서개정)
⑥ 도지사 또는 도의회의 의장은 제5항 단서에도 불구하고 해당 도의 생활권, 지리적 범위 등을 고려하여 필요하다고 인정하는 때에는 해당 시장·군수 또는 시·군의회의 의장과 협의하여 대통령령으로 정하는 바에 따라 해당 도의 관할구역에서 권역별로 승진후보자 명부를 통합하여 작성할 수 있다.(2021.10.8 본항개정)
⑦ 다음 각 호의 어느 하나에 해당하는 승진후보자 명부는 시·도지사, 시·도의회의 의장 및 교육감이 작성한다.
(2021.10.8 본문개정)
1. 5급 공무원 공개경쟁승진시험에 합격한 사람의 승진후보자 명부
2. 시·도 단위 또는 제6항에 따른 권역별로 실시한 기술직렬 5급 이하 공무원 및 제4조제2항에 따른 연구 또는 특수기술직렬의 공무원 중 5급 이하 공무원에 상당하는 공무원으로의 일반승진시험에 합격한 사람의 승진후보자 명부
(2012.3.21 본항개정)

제39조의2【승진시험의 방법】 ① 승진시험은 일반승진시험과 공개경쟁승진시험으로 구분한다.
② 일반승진시험은 승진후보자 명부(제39조제5항 단서 또는 같은 조 제6항에 따른 시·도 및 시·군·구 소속 기술직렬 6급 이하 공무원 및 제4조제2항에 따른 연구 또는 특수기술직렬의 공무원 중 6급 이하 공무원에 상당하는 공무원의 일반승진시험의 경우에는 시·도 단위 또는 권역별로 작성된 승진후보자 명부를 말한다. 이하 같다)의 높은 순위에 있는 사람부터 차례로 임용하려는 결원 또는 결원과 예상결원을 합한 총결원의 2배수 이상 5배수 이하 범위의 사람에 대하여 실시하며, 시험성적 점수와 승진후보자 명부에 의한 평정점수를 합산한 종합성적으로 합격자를 결정한다.(2012.3.21 본항개정)
③ 공개경쟁승진시험은 5급 공무원으로의 승진에 한정하되, 지방자치단체 간 승진 기회의 균형을 유지하고 유능한 공무원을 발탁하기 위하여 필요한 경우에 실시하며, 시험성적으로 합격자를 결정한다.
④ 제2항 및 제3항에 따른 승진시험의 응시대상자, 시험방법, 합격자 결정 방법, 합격의 효력, 그 밖에 승진시험에 필요한 사항은 대통령령으로 정한다.

제39조의3【우수 공무원 등의 특별승진】 ① 공무원이 다음 각 호의 어느 하나에 해당할 때에는 제38조 및 제39조제1항부터 제3항까지의 규정에도 불구하고 특별승진임용할 수 있다. 다만, 6급 공무원에 대하여는 승진시험에 우선 응시하게 하거나 인사위원회의 승진 의결 대상자로 할 수 있다.
1. 청렴하고 투철한 봉사정신으로 직무에 모든 힘을 다하여 공무집행의 공정성을 유지하고 깨끗한 공직사회를 구현하는 데에 다른 공무원의 귀감이 되는 사람
2. 직무수행능력이 탁월하여 행정발전에 큰 공헌을 한 사람
3. 제78조에 따른 제안을 채택하고 시행함으로써 국가 또는 지방자치단체 예산을 절감하는 등 행정운영 발전에 뚜렷한 실적이 있는 사람
4. 재직 중 공적이 특히 뚜렷한 사람이 제66조의2에 따라 명예퇴직할 때
5. 재직 중 공적이 특히 뚜렷한 사람이 공무로 사망하였을 때
② 특별승진임용의 요건과 그 밖에 필요한 사항은 대통령령으로 정한다.

제40조【국가유공자의 우선 임용】 공무원을 임용할 때 법령에서 정하는 바에 따라 국가유공자를 우선 임용하여야 한다.

제41조【휴직자·장기훈련자 등의 결원 보충】 ① 공무원이 제63조제1항제1호·제2호·제4호·제5호, 제63조제2항 또는 제65조의2에 따라 6개월 이상 휴직한 경우에는 휴직일부터 그 휴직자의 직급·직위 또는 상당 계급에 해당하는 정원이 따로 있는 것으로 보고 결원을 보충할 수 있다. 다만, 제63조제2항제4호에 따라 휴직할 때에는 대통령령 또는 지방자치단체의 조례로 정하는 경우에는 3개월 이상 휴직하더라도 결원을 보충할 수 있고, 출산휴가와 육아휴직을 연속하여 사용하는 경우에는 출산휴가일부터 후임자를 보충할 수 있다.(2012.12.11 본문개정)
② 공무원이 제30조의4에 따라 파견된 경우에는 대통령령으로 정하는 바에 따라 파견기간 중 그 파견자의 직급에 해당하는 정원이 따로 있는 것으로 보고 결원을 보충하거나 파견된 사람의 승진임용을 할 수 있다. 다만, 남은 파견기간이 2개월 이하인 경우에는 그러하지 아니하다.
③ 공무원에게 한 파면처분·해임처분·면직처분 또는 강등처분에 대하여 심사위원회 또는 법원에서 무효나 취소의 결정 또는 판결을 한 경우에는 그 파면처분·해임처분·면직처분 또는 강등처분에 의하여 결원을 보충하였던 때부터 파면처분·해임처분·면직처분·강등처분을 받은 사람의 처분 전 직급·직위에 해당하는 정원이 따로 있는 것으로 본다.(2012.12.11 본항개정)
④ 제65조의3제1항제2호부터 제4호까지에 따라 직위해제를 한 경우로서 직위해제 기간이 6개월을 경과하면 직위해제된 사람의 직급·직위 또는 상당 계급에 해당하는 정원이 따로 있는 것으로 보고 결원을 보충할 수 있다. 다만, 제69조의4제2항에 따라 징계의결이 요구되어 제65조의3제1항제2호에 따라 직위해제를 하는 경우에는 직위해제를 한 때부터 해당 정원이 따로 있는 것으로 보고 결원을 보충할 수 있다.(2021.6.8 본항개정)
⑤ 제1항부터 제3항까지 및 제4항 본문에 따른 정원은 다음 각 호의 어느 하나에 해당하는 사유가 발생한 이후 해당 직급·직위에 최초로 결원이 발생한 때에 각각 소멸된 것으로 본다. 다만, 제1항에 따른 특수경력직공무원의 정원은 제1호의 사유가 발생한 때에 소멸된 것으로 본다.(2021.6.8 본문개정)

1. 휴직자의 복직
2. 파견된 사람의 복귀
3. 파면·해임·면직된 사람의 복귀 또는 강등된 사람의 처분 전 직급 회복(2012.12.11 본호개정)
4. 직위해제된 사람에 대한 직위 부여(2021.6.8 본호신설)

제41조의2~제41조의3 (1981.4.20 삭제)

제41조의4【장학금 지급】 ① 지방자치단체의 장은 우수한 공무원을 확보하기 위하여 필요하면 「초·중등교육법」, 「고등교육법」, 그 밖의 법률에 따라 설치된 각급학교(기능대학과 학위과정이 설치된 교육기관을 포함한다)의 재학생으로서 공무원으로 임용되기를 원하는 사람에게 장학금을 지급하고 졸업 후 일정한 의무복무 기간을 부과하여 공무원으로 근무하게 할 수 있다.

② 제1항에 따라 장학금을 받은 사람이 본인에게 책임이 있는 사유로 장학금 지급이 중단되거나 공무원으로 임용되지 아니한 경우 또는 의무복무 기간을 마치지 아니하고 퇴직한 경우에는 본인에게 지급한 장학금의 전부 또는 일부의 반납을 명하거나 본인이 반납하지 아니할 경우 그의 보증인(「보험업법」에 따라 보증보험증권을 발행한 보험회사를 포함한다)에게 보증채무의 이행을 청구할 수 있으며, 이를 이행하지 아니하면 지방세 체납처분의 예에 따라 징수할 수 있다. 다만, 대통령령으로 정하는 불가피한 사유가 있을 때에는 그러하지 아니하다.
(2021.10.8 본문개정)

③ 장학금으로 지급될 학비의 범위, 지급 대상, 채용방법, 의무복무 기간, 의무 불이행 시 환수할 금액, 그 밖에 필요한 사항은 대통령령으로 정한다. 이 경우 의무복무 기간은 장학금을 받은 기간의 2배 이내에서 정하여야 한다.

제41조의5 (1981.4.20 삭제)

제42조【시험 또는 임용 방해행위의 금지】 누구든지 시험 또는 임용에 관하여 고의로 방해하거나 부당한 영향을 미치는 행위를 하여서는 아니 된다.

제43조【인사에 관한 부정행위의 금지】 누구든지 임용시험·승진·임용, 그 밖에 인사기록에 관하여 거짓이나 부정하게 진술·기재·증명·채점 또는 보고를 하여서는 아니 된다.

제43조의2【임용시험 부정행위자에 대한 조치】 ① 시험실시기관의 장은 임용시험에서 다른 사람에게 대신하여 응시하게 하는 행위 등 대통령령으로 정하는 부정행위를 한 사람에 대하여 대통령령으로 정하는 바에 따라 해당 시험의 정지·무효 또는 합격 취소 처분을 할 수 있다. 이 경우 처분을 받은 사람에 대해서는 처분이 있은 날부터 5년의 범위에서 대통령령으로 정하는 기간 동안 임용시험의 응시자격을 정지할 수 있다.

② 시험실시기관의 장은 제1항에 따른 처분(시험의 정지는 제외한다)을 하려는 때에는 미리 그 처분 내용과 사유를 당사자에게 통지하여 소명할 기회를 주어야 한다.
(2015.5.18 본조신설)

제43조의3【채용 비위 관련자의 합격 등 취소】 ① 시험실시기관의 장 또는 임용권자는 누구든지 공무원 채용과 관련하여 대통령령으로 정하는 비위를 저질러 유죄판결이 확정된 경우에는 그 비위행위로 인하여 채용시험에 합격하거나 임용된 사람에 대하여 대통령령으로 정하는 바에 따라 합격 또는 임용을 취소할 수 있다. 이 경우 취소 처분을 하기 전에 미리 그 내용과 사유를 당사자에게 통지하고 소명할 기회를 주어야 한다.

② 제1항에 따른 취소 처분은 합격 또는 임용 당시로 소급하여 효력이 발생한다.
(2021.6.8 본조신설)

제5장 보 수
(2008.12.31 본장개정)

제44조【보수결정의 원칙】 ① 공무원의 보수는 직무의 곤란성과 책임의 정도에 맞도록 계급별·직위별 또는 직무등급별로 정한다. 다만, 다음 각 호의 어느 하나에 해당하는 공무원의 보수는 따로 정할 수 있다.(2012.12.11 단서개정)
1. 직무의 곤란성과 책임도가 매우 특수하거나 결원을 보충하기 어려운 직무에 종사하는 공무원
2. 제4조제2항에 따라 같은 조 제1항의 계급 구분이나 직군 및 직렬의 분류를 적용하지 아니하는 공무원
3. 임기제공무원
(2012.12.11 1호~3호신설)

② 공무원의 보수는 일반의 표준생계비, 물가수준, 그 밖의 사정을 고려하여 정하되, 민간 부문의 임금수준과 적절한 균형을 유지하도록 노력하여야 한다.

③ 경력직공무원 간, 경력직공무원과 특수경력직공무원 간에 보수의 균형을 도모하여야 한다.

④ 이 법이나 그 밖의 법령에서 정한 보수에 관한 규정에 따르지 아니하고는 어떠한 금전이나 유가물(有價物)도 공무원의 보수로 지급될 수 없다.

제45조【보수에 관한 규정】 ① 공무원의 보수에 관한 다음 각 호의 사항은 대통령령으로 정한다.
1. 봉급·호봉 및 승급에 관한 사항
2. 수당에 관한 사항
3. 보수 지급 방법, 보수 계산, 그 밖에 보수 지급에 관한 사항

② 제1항에도 불구하고 특수수당과 제76조제2항에 따른 상여금의 지급 또는 특별승급에 관한 사항은 대통령령으로 정한다.

③ 제1항에 따른 보수를 거짓이나 그 밖의 부정한 방법으로 수령한 경우에는 수령한 금액의 5배의 범위에서 가산하여 징수할 수 있다.(2021.6.8 본항개정)

④ 제3항에 따라 가산하여 징수할 수 있는 보수의 종류, 가산금액 등에 관한 사항은 대통령령으로 정한다.
(2012.12.11 본항개정)

제46조【실비보상 등】 ① 공무원은 보수 외에 해당 지방자치단체의 조례로 정하는 바에 따라 직무 수행에 필요한 실비보상을 받을 수 있다.

② 공무원은 소속 기관의 장의 허가를 받아 본래의 업무수행에 지장이 없는 범위에서 담당 직무 외의 특수한 연구과제를 위탁받아 처리한 경우에는 그 보상을 받을 수 있다.

③ 제1항 및 제2항에 따른 실비보상 등을 거짓이나 그 밖의 부정한 방법으로 수령한 경우에는 수령한 금액의 5배의 범위에서 가산하여 징수할 수 있다.(2021.6.8 본항개정)

④ 제3항에 따라 가산하여 징수할 수 있는 실비보상 등의 종류, 가산금액 등에 관한 사항은 대통령령으로 정한다.
(2012.12.11 본항신설)

제46조의2【별정직공무원의 자진퇴직에 따른 수당】 별정직공무원(비서관·비서는 제외한다)이 다음 각 호의 어느 하나에 해당하는 경우로서 직위가 없어지거나 과원이 되어 스스로 퇴직하는 경우에는 다른 법률에 특별한 규정이 있는 경우가 아니면 대통령령으로 정하는 바에 따라 예산의 범위에서 수당을 지급할 수 있다.
(2014.1.7 본문개정)
1. 지방자치단체를 폐지하거나 설치하거나 나누거나 합친 경우
2. 직제와 정원이 개정되거나 폐지된 경우
3. 예산이 감소된 경우
(2011.5.23 본조제목개정)

제46조의3【지방자치단체 외의 기관 등에서 파견된 사람의 보수】 제30조의4제1항에 따라 지방자치단체 외의 기관·단체에서 파견된 임직원의 보수는 파견한 기관에서 지급하며 파견받은 기관은 제46조를 준용하여 실비보상 등을 할 수 있다. 다만, 특히 필요한 경우에는 대통령령으로 정하는 바에 따라 파견받은 기관은 파견기관과 협의하여 보수를 지급할 수 있다.

제6장 복 무
(2008.12.31 본장개정)

제47조【복무 선서】 공무원은 취임할 때에 소속 기관장 앞에서 조례로 정하는 바에 따라 선서를 하여야 한다. 다만, 불가피한 사유가 있을 때에는 취임 후에 선서하게 할 수 있다.

제48조【성실의 의무】 모든 공무원은 법규를 준수하며 성실히 그 직무를 수행하여야 한다.

제49조【복종의 의무】 공무원은 직무를 수행할 때 소속 상사의 직무상 명령에 복종하여야 한다. 다만, 이에 대한 의견을 진술할 수 있다.

제50조【직장이탈 금지】 ① 공무원은 소속 상사의 허가 없이 또는 정당한 이유 없이 직장을 이탈하지 못한다.

② 수사기관이 공무원을 구속하려면 소속 기관의 장에게 미리 통보하여야 한다. 다만, 현행범은 그러하지 아니하다.

제51조【친절·공정의 의무】 공무원은 주민 전체의 봉사자로서 친절하고 공정하게 직무를 수행하여야 한다.

제51조의2【종교중립의 의무】 ① 공무원은 종교에 따른 차별 없이 직무를 수행하여야 한다.

② 공무원은 소속 상관이 제1항에 위배되는 직무상 명령을 한 경우에는 이에 따르지 아니할 수 있다.
(2009.2.6 본조신설)

제52조【비밀 엄수의 의무】 공무원은 직무상 알게 된 비밀을 엄수하여야 한다.

제53조【청렴의 의무】 ① 공무원은 직무와 관련하여 직접적이든 간접적이든 사례(謝禮)·증여 또는 향응을 주거나 받을 수 없다.

② 공무원은 직무상 관계가 있든 없든 그 소속 상사에게 증여하거나 소속 공무원으로부터 증여를 받아서는 아니 된다.

제54조【외국정부의 영예 등을 받을 경우】 공무원은 외국정부로부터 영예 또는 증여를 받을 경우에는 대통령의 허가를 받아야 한다.

제55조【품위 유지의 의무】 공무원은 품위를 손상하는 행위를 하여서는 아니 된다.

제56조【영리 업무 및 겸직 금지】 ① 공무원은 공무 외에 영리를 목적으로 하는 업무에 종사하지 못하며, 소속 기관의 장의 허가 없이 다른 직무를 겸할 수 없다.

② 제1항에 따른 영리를 목적으로 하는 업무의 한계는 대통령령으로 정한다.

제57조【정치운동의 금지】 ① 공무원은 정당이나 그 밖의 정치단체의 결성에 관여하거나 가입할 수 없다.

② 공무원은 선거에서 특정정당 또는 특정인을 지지하거나 반대하기 위하여 다음 각 호의 어느 하나에 해당하는 행위를 하여서는 아니 된다.
1. 투표를 하거나 하지 아니하도록 권유하는 것
2. 서명운동을 기획·주재하거나 권유하는 것
3. 문서 또는 도화(圖畫)를 공공시설 등에 게시하거나 게시하게 하는 것
4. 기부금품을 모집하거나 모집하게 하는 행위 또는 공공자금을 이용하거나 이용하게 하는 것
5. 타인에게 정당이나 그 밖의 정치단체에 가입하게 하거나 가입하지 아니하도록 권유하는 것

③ 공무원은 다른 공무원에게 제1항과 제2항에 위배되는 행위를 하도록 요구하거나 정치적 행위에 대한 보상 또는 보복으로 이익 또는 불이익을 약속하여서는 아니 된다.

④ 제1항부터 제3항까지에서 규정한 사항 외에 공무원의 정치적 행위의 금지에 관한 한계는 대통령령으로 정한다.
(2011.5.23 본항신설)

제58조【집단행위의 금지】 ① 공무원은 노동운동이나 그 밖에 공무 외의 일을 위한 집단행위를 하여서는 아니 된다. 다만, 사실상 노무에 종사하는 공무원은 예외로 한다.

② 제1항 단서에 규정된 사실상 노무에 종사하는 공무원의 범위는 조례로 정한다.

③ 제1항 단서에 규정된 사실상 노무에 종사하는 공무원으로서 노동조합에 가입한 사람이 조합업무를 전임(專任)으로 하려면 소속 지방자치단체의 장 또는 소속 지방의회의 의장의 허가를 받아야 한다.(2021.10.8 본항개정)

④ 제3항에 따른 허가에는 필요한 조건을 붙일 수 있다.

판례 '노동운동 기타 공무 이외의 일을 위한 집단행위'는 공무에 속하지 아니하는 어떤 일을 위하여 공무원들이 하는 모든 집단적 행위를 의미하는 것이 아니라 '공익에 반하는 목적을 위하여 직무전념의무를 해태하는 등의 영향을 가져오는 집단적 행위'라고 해석하여야 한다.(대판 2008.2.14, 2007도11045)

제59조【위임규정】 공무원의 복무에 필요한 사항은 이 법에서 규정하는 것 외에는 대통령령 또는 해당 지방자치단체의 조례로 정한다.

제7장 신분보장
(2008.12.31 본장개정)

제60조【신분보장의 원칙】 공무원은 형의 선고·징계 또는 이 법에서 정하는 사유가 아니면 본인의 의사에 반하여 휴직·강임 또는 면직을 당하지 아니한다. 다만, 1급 공무원은 그러하지 아니하다.

제61조【당연퇴직】 공무원이 다음 각 호의 어느 하나에 해당할 때에는 당연히 퇴직한다.
1. 제31조 각 호의 어느 하나에 해당하는 경우. 다만, 제31조제2호는 파산선고를 받은 사람으로서 「채무자 회생 및 파산에 관한 법률」에 따라 신청기한 내에 면책신청을 하지 아니하였거나 면책불허가 결정 또는 면책 취소가 확정된 경우만 해당하고, 제31조제5호는 「형법」 제129조부터 제132조까지, 「성폭력범죄의 처벌 등에 관한 특례법」 제2조, 「정보통신망 이용촉진 및 정보보호 등에 관한 법률」 제74조제1항제2호·제3호, 「스토킹범죄의 처벌 등에 관한 법률」 제2조제2호, 「아동·청소년의 성보호에 관한 법률」 제2조제2호 및 직무와 관련하여 「형법」 제355조 또는 제356조에 규정된 죄를 범한 사람으로서 금고 이상의 형의 선고유예를 받은 경우만 해당한다.(2022.12.27 단서개정)
2. 임기제공무원의 근무기간이 만료된 경우
(2012.12.11 본조개정)

제62조【직권면직】 ① 임용권자는 공무원이 다음 각 호의 어느 하나에 해당할 때에는 직권으로 면직시킬 수 있다.
1. 다음 각 목의 어느 하나에 해당하는 경우로서 직위가 없어지거나 과원이 된 때
   가. 지방자치단체를 폐지하거나 설치하거나 나누거나 합친 경우
   나. 직제와 정원이 개정되거나 폐지된 경우
   다. 예산이 감소된 경우
2. 휴직기간이 끝나거나 휴직사유가 소멸된 후에도 직무에 복귀하지 아니하거나 직무를 감당할 수 없을 때
3. 전직시험에서 3회 이상 불합격한 사람으로서 직무수행 능력이 부족하다고 인정될 때
4. 병역판정검사·입영 또는 소집 명령을 받고 정당한 이유 없이 이를 기피하거나 군복무를 위하여 휴직 중인 사람이 군복무 중 군무(軍務)를 이탈하였을 때
(2016.5.29 본호개정)
5. 제65조의3제3항에 따라 대기명령을 받은 사람이 그 기간 중 능력 또는 근무성적의 향상을 기대하기 어렵다고 인정될 때
6. 해당 직급·직위에서 직무를 수행하는 데 필요한 자격증의 효력이 없어지거나 면허가 취소되어 담당 직무를 수행할 수 없게 되었을 때(2012.12.11 본호개정)

② 임용권자는 제1항에 따라 면직시킬 경우에는 미리 인사위원회의 의견을 들어야 한다. 다만, 제1항제5호에 따라 면직시킬 경우에는 해당 인사위원회의 동의를 받아야 하며, 시장·군수·구청장 소속 5급 이상 공무원은 시·도지사 소속 인사위원회의 동의를 받아야 하고, 시·군·구의회의 의장 소속 5급 이상 공무원은 시·도의회의 의장 소속 인사위원회 동의를 받아야 한다.(2021.10.8 단서개정)

③ 임용권자는 제1항제1호에 따라 소속 공무원을 면직시킬 때에는 임용형태, 업무실적, 직무수행능력, 징계처분 사실 등을 고려하여 면직 기준을 정하여야 한다.

④ 제3항의 면직 기준을 정하거나 제1항제1호에 따라 면직 대상자를 결정할 때에는 미리 해당 인사위원회의 의결을 거쳐야 한다.

⑤ 제1항제2호에 따른 직권면직일은 휴직기간이 끝난 날 또는 휴직사유가 소멸한 날로 한다.

판례 재직 중 장애를 입은 지방공무원이 장애로 지방공무원법 제62조 제1항 제2호에서 정한 '직무를 감당할 수 없을 때'에 해당하는지는, 장애의 유형과 정도에 비추어, 장애를 입을 당시 담당하고 있던 기존 업무를 감당할 수 있는지만을 기준으로 판단할 것이 아니라, 그 공무원이 수행할 수 있는 다른 업무가 존재하는지 및 소속 공무원의 수와 업무 분장에 비추어 다른 업무로의 조정이 용이한지 등을 포함한 제반 사정을 종합적으로 고려하여 합리적으로 판단하여야 한다.(대판 2016.4.12, 2015두45113)

제63조【휴직】 ① 공무원이 다음 각 호의 어느 하나에 해당하면 임용권자는 본인의 의사에도 불구하고 휴직을 명하여야 한다.
1. 신체·정신상의 장애로 장기요양이 필요할 때
2. 「병역법」에 따른 병역의무를 마치기 위하여 징집되거나 소집되었을 때
3. 천재지변 또는 전시·사변이나 그 밖의 사유로 생사(生死) 또는 소재(所在)가 불명확하게 되었을 때
4. 「공무원의 노동조합 설립 및 운영 등에 관한 법률」 제7조에 따라 노동조합 전임자로 종사하게 되었을 때
5. 그 밖에 법률에 따른 의무를 수행하기 위하여 직무를 이탈하게 되었을 때

② 공무원이 다음 각 호의 어느 하나에 해당하는 사유로 휴직을 원하면 임용권자는 휴직을 명할 수 있다. 다만, 제4호의 경우에는 대통령령으로 정하는 특별한 사정이 없으면 휴직을 명하여야 한다.
1. 국제기구·외국기관, 국내외의 대학·연구기관, 다른 국가기관 또는 대통령령으로 정하는 민간기업, 그 밖의 기관에 임시로 채용될 때
2. 해외유학을 하게 되었을 때
3. 교육부장관 또는 행정안전부장관이 지정하는 연구기관이나 교육기관 등에서 연수하게 되었을 때(2017.7.26 본호개정)
4. 만 8세 이하 또는 초등학교 2학년 이하의 자녀를 양육하기 위하여 필요하거나 여성공무원이 임신 또는 출산하게 되었을 때(2015.5.18 본호개정)
5. 조부모, 부모(배우자의 부모를 포함한다), 배우자, 자녀 또는 손자녀를 부양하거나 돌보기 위하여 필요한 경우. 다만, 조부모나 손자녀의 돌봄을 위하여 휴직할 수 있는 경우는 본인 외에 돌볼 사람이 없는 등 대통령령으로 정하는 요건을 갖춘 경우로 한정한다.(2021.6.8 본호개정)
6. 외국에서 근무·유학 또는 연수하게 되는 배우자를 동반할 때
7. 대통령령으로 정하는 기간 동안 재직한 공무원이 직무 관련 연구과제 수행 또는 자기개발을 위하여 학습·연구 등을 하게 된 때(2015.12.29 본호신설)

③ 임기제공무원에 대하여는 제1항제1호·제2호 및 제2항제4호에 한정하여 제1항 및 제2항을 적용한다.
(2020.1.29 후단삭제)
④ 임용권자는 제2항제4호에 따른 휴직을 이유로 불리한 처우를 하여서는 아니 된다.
⑤ 제1항부터 제4항까지의 규정에 따른 휴직제도 운영에 필요한 사항은 대통령령으로 정한다.(2012.12.11 본항개정)

제64조【휴직기간】 휴직기간은 다음 각 호와 같다.
1. 제63조제1항제1호에 따른 휴직기간은 1년 이내로 하되, 부득이한 경우 1년의 범위에서 연장할 수 있다. 다만, 다음 각 목의 어느 하나에 해당하는 질병 또는 부상으로 인한 휴직기간은 3년 이내로 하되, 의학적 소견 등을 고려하여 대통령령으로 정하는 바에 따라 2년의 범위에서 연장할 수 있다.(2021.6.8 단서개정)
   가. 「공무원 재해보상법」 제22조제1항에 따른 요양급여 지급대상 부상 또는 질병(2018.3.20 본목개정)
   나. 「산업재해보상보험법」 제40조에 따른 요양급여 결정 대상 질병 또는 부상(2015.5.18 본목신설)
2. 제63조제1항제2호 및 제5호에 따른 휴직기간은 복무기간이 끝날 때까지로 한다.
3. 제63조제1항제3호에 따른 휴직기간은 3개월 이내로 한다.
4. 제63조제1항제4호에 따른 휴직기간은 그 전임기간으로 한다.
5. 제63조제2항제1호에 따른 휴직기간은 그 채용기간으로 한다. 다만, 민간기업이나 그 밖의 기관에 채용되는 경우에는 3년 이내로 한다.
6. 제63조제2항제2호 및 제6호에 따른 휴직기간은 3년 이내로 하되, 부득이한 경우에는 2년의 범위에서 연장할 수 있다.
7. 제63조제2항제3호에 따른 휴직기간은 2년 이내로 한다.
8. 제63조제2항제4호에 따른 휴직기간은 자녀 1명에 대하여 3년 이내로 한다.(2015.5.18 본호개정)
9. 제63조제2항제5호에 따른 휴직기간은 1년 이내로 하되, 재직기간 중 총 3년을 초과할 수 없다.
10. 제63조제2항제7호에 따른 휴직기간은 1년 이내로 한다.(2015.12.29 본호신설)

제65조【휴직의 효력】 ① 휴직 중인 공무원은 공무원의 신분은 보유하나 직무에 종사하지 못한다.
② 휴직 중인 공무원은 휴직기간 중 그 사유가 소멸되면 30일 이내에 임용권자에게 신고하여야 하며, 임용권자는 지체 없이 복직을 명하여야 한다.
③ 휴직기간이 끝난 공무원이 30일 이내에 복귀신고를 하면 당연히 복직된다.

제65조의2【특수경력직공무원의 휴직】 ① 정무직공무원에 대하여는 제63조제1항제2호, 같은 조 제2항제4호, 같은 조 제4항, 제64조제2호·제8호 및 제65조를 준용한다.
② 별정직공무원에 대하여는 제63조제1항제1호부터 제3호까지, 같은 조 제2항제4호·제5호, 같은 조 제4항, 제64조제1호부터 제3호까지, 같은 조 제8호·제9호 및 제65조를 준용한다.
③ (2012.12.11 삭제)
④ 특수경력직공무원의 휴직에 대하여 다른 법률에 특별한 규정이 있는 경우에는 그 규정에 따른다.
(2011.5.23 본조개정)

제65조의3【직위해제】 ① 임용권자는 다음 각 호의 어느 하나에 해당하는 사람에 대하여는 직위를 부여하지 아니할 수 있다.
1. 직무수행 능력이 부족하거나 근무성적이 극히 나쁜 사람
2. 파면·해임·강등·정직에 해당하는 징계의결이 요구되고 있는 사람(2010.3.22 본호개정)
3. 형사사건으로 기소된 사람(약식명령이 청구된 사람은 제외한다)
4. 금품비위, 성범죄 등 대통령령으로 정하는 비위행위로 인하여 감사원 및 검찰·경찰 등 수사기관에서 조사나 수사 중인 자로서 비위의 정도가 중대하고 이로 인하여 정상적인 업무수행을 기대하기 현저히 어려운 자(2015.5.18 본호신설)

② 임용권자는 제1항에 따라 직위를 주지 아니한 경우에 그 사유가 소멸되면 지체 없이 직위를 부여하여야 한다.
③ 임용권자는 제1항제1호에 따라 직위를 주지 아니할 때에는 미리 해당 인사위원회의 의견을 들어야 하며, 직위해제된 사람에게는 3개월의 범위에서 대기를 명한다.
④ 임용권자는 제3항에 따라 대기명령을 받은 사람에게 능력 회복이나 근무성적의 향상을 위한 교육훈련 또는 특별한 연구과제의 부여 등 필요한 조치를 하여야 한다.
⑤ 공무원에 대하여 제1항제1호의 직위해제 사유와 같은 항 제2호부터 제4호까지의 직위해제 사유가 경합(競合)할 때에는 같은 항 제2호부터 제4호까지의 직위해제 처분을 하여야 한다.(2015.5.18 본항개정)

제65조의4【강임】 ① 임용권자는 직제 또는 정원의 변경이나 예산의 감소 등으로 직위가 없어지거나 하위의 직위로 변경되어 과원이 되었을 때 또는 본인이 동의한 경우에는 소속 공무원을 강임할 수 있다.(2010.3.22 본항개정)
② 제1항에 따라 강임된 공무원은 상위 직급에 결원이 생기면 제38조, 제39조 및 제39조의2에도 불구하고 우선 임용된다. 다만, 본인이 동의하여 강임된 공무원은 본인의 경력과 해당 기관의 인력 사정 등을 고려하여 우선 임용될 수 있다.

제66조【정년】 ① 공무원의 정년은 다른 법률에 특별한 규정이 있는 경우를 제외하고는 60세로 한다.
② 제1항에 따른 정년을 적용할 때 공무원은 그 정년에 이른 날이 1월에서 6월 사이에 있으면 6월 30일에, 7월에서 12월 사이에 있으면 12월 31일에 각각 당연히 퇴직한다.

제66조의2【명예퇴직 등】 ① 공무원으로 20년 이상 근속(勤續)한 사람이 정년 전에 스스로 퇴직하는 경우(임기제공무원이 아닌 경력직공무원이 임기제공무원으로 임용되어 퇴직하는 경우로서 대통령령으로 정하는 경우를 포함한다)에는 예산의 범위에서 명예퇴직수당을 지급할 수 있다.(2012.12.11 본항개정)
② 다음 각 호의 어느 하나에 해당하는 경우로서 직위가 없어지거나 과원이 되었을 때 20년 미만 근속한 사람이 정년 전에 스스로 퇴직하는 경우에는 예산의 범위에서 수당을 지급할 수 있다.
1. 지방자치단체를 폐지하거나 설치하거나 나누거나 합친 경우
2. 직제와 정원이 개정되거나 폐지된 경우
3. 예산이 감소된 경우

③ 제1항에 따라 명예퇴직수당을 받은 사람이 다음 각 호의 어느 하나에 해당하는 경우에는 명예퇴직수당을 지급한 지방자치단체의 장 또는 지방의회의 의장이 그 명예퇴직수당을 환수하여야 한다. 다만, 제2호에 해당하는 경우로서 지방공무원으로 재임용된 경우에는 재임용한 지방자치단체의 장 또는 지방의회의 의장이 환수하여야 한다.(2021.10.8 본문개정)
1. 재직 중의 사유로 금고 이상의 형을 선고 받은 경우
1의2. 재직 중에 「형법」 제129조부터 제132조까지에 규정된 죄를 범하여 금고 이상의 형의 선고유예를 받은 경우(2012.12.11 본호신설)
1의3. 재직 중에 직무와 관련하여 「형법」 제355조 또는 제356조에 규정된 죄를 범하여 300만원 이상의 벌금형을 선고받고 그 형이 확정되거나 금고 이상의 형의 선고유예를 받은 경우(2012.12.11 본호신설)
2. 경력직공무원, 그 밖에 대통령령으로 정하는 공무원으로 재임용되는 경우
3. 명예퇴직수당을 초과하여 받거나 그 밖에 명예퇴직 수당 지급 대상이 아닌 사람이 지급받은 경우

④ 제3항에 따라 환수금을 내야 할 사람이 기한 내에 내지 아니하면 지방세 체납처분의 예에 따라 환수금을 징수할 수 있다.(2012.12.11 본항신설)
⑤ 제1항의 명예퇴직 수당 및 제2항의 수당 지급 대상 범위, 지급액, 지급절차와 제3항 및 제4항에 따른 명예퇴직 수당의 환수액, 환수 절차 등에 관하여 필요한 사항은 대통령령으로 정한다.(2012.12.11 본항개정)

제8장 권익의 보장
(2008.12.31 본장개정)

제67조【처분사유 설명서의 교부 및 심사의 청구】 ① 임용권자가 공무원에 대하여 징계처분등을 할 때와 강임·휴직·직위해제 또는 면직처분을 할 때에는 그 공무원에게 처분의 사유를 적은 설명서를 교부하여야 한다. 다만, 본인의 원(願)에 따른 강임·휴직 또는 면직처분의 경우에는 그러하지 아니하다.(2010.3.22 본문개정)
② 임용권자는 피해자가 요청하는 경우 「성폭력범죄의 처벌 등에 관한 특례법」 제2조에 따른 성폭력범죄 및 「양성평등기본법」 제3조제2호에 따른 성희롱에 해당하는 사유로 처분사유 설명서를 교부할 때에는 그 징계처분결과를 피해자에게 함께 통보하여야 한다.(2018.10.16 본항신설)
③ 제1항에 따른 설명서를 받은 공무원이 그 처분에 불복할 때에는 설명서를 받은 날부터 30일 이내 또는 공무원이 제1항에서 정한 처분 외에 본인의 의사에 반하는 불이익처분을 받았을 때에는 그 처분이 있은 것을 안 날부터 30일 이내에 심사위원회에 그 처분에 대한 심사를 청구할 수 있다. 이 경우 변호사를 대리인으로 선임할 수 있다.
④ 본인의 의사에 반하여 파면 또는 해임이나 제62조제1항제5호에 따른 면직처분을 하였을 때에는 그 처분을 한 날부터 40일 이내에는 후임자를 보충발령하지 못한다. 다만, 인력 관리상 후임자를 보충하여야 할 불가피한 사유가 있는 경우(제5항에 따른 임시결정을 한 경우는 제외한다)에는 해당 인사위원회의 의결을 거쳐 후임자를 보충발령할 수 있다.(2018.10.16 단서개정)
⑤ 제3항에 따른 심사청구가 파면 또는 해임이나 제62조제1항제5호에 따른 면직처분으로 인한 경우에는 심사위원회는 그 청구를 접수한 날부터 5일 이내에 해당 사건의 최종결정이 있을 때까지 후임자의 보충발령을 유예하게 하는 임시결정을 할 수 있다.(2018.10.16 본항개정)
⑥ 제5항에 따라 심사위원회가 임시결정을 한 경우에는 임시결정을 한 날부터 20일 이내에 최종결정을 하여야 하며, 임용권자는 그 최종결정이 있을 때까지 후임자를 보충발령하지 못한다.(2018.10.16 본항개정)
⑦ 심사위원회는 제5항에 따른 임시결정을 한 경우 외에는 소청심사청구를 접수한 날부터 60일 이내에 이에 대한 결정을 하여야 한다. 다만, 불가피하다고 인정되면 심사위원회의 의결로 30일을 연장할 수 있다.(2018.10.16 본문개정)
⑧ 공무원은 제3항의 심사청구를 이유로 불이익한 처분이나 대우를 받지 아니한다.(2018.10.16 본항개정)

제67조의2【고충처리】 ① 공무원은 누구나 인사·조직·처우 등 각종 근무조건과 그 밖의 신상문제와 관련한 고충에 대하여 상담을 신청하거나 심사를 청구할 수 있으며, 누구나 기관 내 성폭력 범죄 또는 성희롱을 겪거나 그 발생 사실을 알게 된 경우 이를 신고할 수 있다. 이 경우 상담 신청이나 심사 청구 또는 신고를 이유로 불이익을 주는 처분이나 대우를 받지 아니한다.
(2021.10.8 본항개정)
② 임용권자는 제1항에 따라 상담을 신청 받은 경우에는 소속 공무원을 지정하여 상담하게 하고, 심사를 청구 받은 경우에는 인사위원회 회의에 부쳐 심사하도록 하여야 하며 그 결과에 따라 고충의 해소 등 공정한 처리를 위하여 노력하여야 한다.
③ 임용권자는 기관 내 성폭력 범죄 또는 성희롱 발생 사실의 신고를 받은 경우에는 지체 없이 사실 확인을 위한 조사를 하고 그에 따라 필요한 조치를 하여야 한다.
(2021.10.8 본항신설)
④ 인사위원회는 임용권자로부터 고충심사의 요구를 받으면 지체 없이 이를 심사하고 임용권자에게 보고하거나 알려야 한다.
⑤ 제4항에 따라 고충심사 결과에 대한 보고 또는 통지를 받은 임용권자는 심사결과를 청구인에게 알릴 뿐 아니라 직접 고충 해소를 위한 조치를 하거나 관계 기관의 장에게 시정요청을 할 수 있으며, 요청을 받은 관계 기관의 장은 특별한 사유가 없으면 이를 이행하고 그 처리 결과를 임용권자에게 알려야 한다. 다만, 부득이한 사유로 이행하지 못할 경우에는 그 사유를 알려야 한다.(2021.10.8 본문개정)
⑥ 고충상담이나 고충심사의 절차, 그 밖에 필요한 사항은 대통령령으로 정한다.
(2020.1.29 본조개정)

제67조의3【특수경력직공무원의 고충처리】 다른 법률에 특별한 규정이 있는 경우 외에는 대통령령으로 정하는 바에 따라 특수경력직공무원에 대하여도 제67조의2를 준용할 수 있다.

제68조【사회보장】 ① 공무원이 질병·부상·장애·분만·퇴직·사망 또는 재해를 입은 경우에는 본인이나 유

족에게 법률에서 정하는 바에 따라 적절한 급여를 지급한다.
② 지방자치단체는 법률에서 정하는 바에 따라 공무원의 복지와 이익을 적절·공정하게 보호하기 위하여 그 대책을 수립·실시하여야 한다.

제9장 징 계

(2008.12.31 본장개정)

제69조【징계사유】 ① 공무원이 다음 각 호의 어느 하나에 해당하면 징계의결을 요구하여야 하고, 징계의결의 결과에 따라 징계처분을 하여야 한다.
1. 이 법 또는 이 법에 따른 명령이나 지방자치단체의 조례 또는 규칙을 위반하였을 때
2. 직무상의 의무(다른 법령에서 공무원의 신분으로 인하여 부과된 의무를 포함한다)를 위반하거나 직무를 태만히 하였을 때
3. 공무원의 품위를 손상하는 행위를 하였을 때

② 공무원(특수경력직공무원 및 국가공무원을 포함한다)이었던 사람이 다시 공무원으로 임용된 경우에 재임용 전에 적용된 법령에 따른 징계사유는 그 사유가 발생한 날부터 이 법에 따른 징계사유가 발생한 것으로 본다. 다만, 같은 사유로 이미 징계처분을 받은 경우에는 그러하지 아니하다.(2021.6.8 본문개정)
③~④ (2021.6.8 삭제)
⑤ 제1항의 징계의결을 요구하는 경우 제75조의2제3항에 따른 징계 등의 면제 사유가 있는지를 사전에 검토하여야 한다.(2022.12.27 본항신설)

제69조의2【징계부가금】 ① 제69조에 따라 공무원의 징계 의결을 요구하는 경우 그 징계 사유가 다음 각 호의 어느 하나에 해당하는 경우에는 해당 징계 외에 다음 각 호의 행위로 취득하거나 제공한 금전 또는 재산상 이득(금전이 아닌 재산상 이득의 경우에는 금전으로 환산한 금액을 말한다)의 5배 내의 징계부가금 부과 의결을 인사위원회에 요구하여야 한다.
1. 금전, 물품, 부동산, 향응 또는 그 밖에 대통령령으로 정하는 재산상 이익을 취득하거나 제공한 경우
2. 다음 각 목에 해당하는 것을 횡령(橫領), 배임(背任), 절도, 사기 또는 유용(流用)한 경우
 가. 「국가재정법」에 따른 예산 및 기금
 나. 「지방재정법」에 따른 예산 및 「지방자치단체 기금관리기본법」에 따른 기금
 다. 「국고금 관리법」 제2조제1호에 따른 국고금
 라. 「보조금 관리에 관한 법률」 제2조제1호에 따른 보조금
 마. 「국유재산법」 제2조제1호에 따른 국유재산 및 「물품관리법」 제2조제1항에 따른 물품
 바. 「공유재산 및 물품 관리법」 제2조제1호 및 제2호에 따른 공유재산 및 물품
 사. 그 밖에 가목부터 바목까지에 준하는 것으로서 대통령령으로 정하는 것

(2015.5.18 본항개정)
② 인사위원회는 징계부가금 부과 의결을 하기 전에 징계부가금 부과 대상자가 제1항 각 호의 어느 하나에 해당하는 사유로 다른 법률에 따라 형사처벌을 받거나 변상책임 등을 이행한 경우(몰수나 추징을 당한 경우를 포함한다) 또는 다른 법령에 따른 환수나 가산징수 절차에 따라 환수금이나 가산징수금을 납부한 경우에는 대통령령으로 정하는 바에 따라 조정된 범위에서 징계부가금 부과를 의결하여야 한다.(2015.5.18 본항개정)
③ 인사위원회는 징계부가금 부과 의결을 한 후에 징계부가금 부과 대상자가 형사처벌을 받거나 변상책임 등을 이행한 경우(몰수나 추징을 당한 경우를 포함한다) 또는 환수금이나 가산징수금을 납부한 경우에는 대통령령으로 정하는 바에 따라 이미 의결된 징계부가금의 감면 등의 조치를 하여야 한다.(2015.5.18 본항신설)
④ 제1항에 따라 징계부가금 부과처분을 받은 사람이 납부기간 내에 그 부가금을 납부하지 아니한 때에는 처분권자는 지방세 체납처분의 예에 따라 징수할 수 있다.
⑤ 처분권자는 제4항에 따른 징수 조치를 성실히 이행하였음에도 불구하고 체납일부터 5년이 지난 후에도 징수가 불가능하다고 인정될 때에는 관할 인사위원회에 징계부가금 감면의결을 요청할 수 있다.(2015.12.29 본항신설)
(2010.3.22 본조신설)

제69조의3【재징계의결등의 요구】 ① 처분권자는 다음 각 호에 해당하는 사유로 심사위원회 또는 법원에서 징계처분등의 무효 또는 취소(취소명령 포함)의 결정이나 판결을 받은 경우에는 다시 징계의결등을 요구하여야 한다. 다만, 제3호의 사유로 무효 또는 취소(취소명령포함)의 결정이나 판결을 받은 감봉·견책처분에 대하여는 징계의 결을 요구하지 아니할 수 있다.(2010.3.22 본문개정)
1. 법령의 적용, 증거 및 사실 조사에 명백한 흠이 있는 경우
2. 인사위원회의 구성 또는 징계의결등, 그 밖에 절차상의 흠이 있는 경우
3. 징계양정 또는 징계부가금이 과다(過多)한 경우

(2010.3.22 2호~3호개정)
② 처분권자는 제1항에 따른 징계의결등을 요구하는 경우에는 심사위원회의 결정 또는 법원의 판결이 확정된 날부터 3개월 이내에 관할 인사위원회에 징계의결등을 요구하여야 하며, 관할 인사위원회에서는 다른 징계사건에 우선하여 징계의결등을 하여야 한다.(2010.3.22 본항개정)
(2010.3.22 본조제목개정)

제69조의4【퇴직을 희망하는 공무원의 징계사유 확인 및 퇴직 제한 등】 ① 임용권자는 공무원이 퇴직을 희망하는 경우에는 제69조제1항에 따른 징계사유가 있는지 및 제2항 각 호의 어느 하나에 해당하는지 여부를 감사원과 검찰·경찰 등 조사 및 수사기관(이하 이 조에서 "조사 및 수사기관"이라 한다)의 장에게 확인하여야 한다.
(2020.1.29 본항개정)
② 제1항에 따른 확인 결과 퇴직을 희망하는 공무원이 파면, 해임, 강등 또는 정직에 해당하는 징계사유가 있거나 다음 각 호의 어느 하나에 해당하는 경우(제1호·제3호 및 제4호의 경우에는 해당 공무원이 파면·해임·강등 또는 정직의 징계에 해당한다고 판단되는 경우에 한정한다) 임용권자는 지체 없이 징계의결등을 요구하여야 하고, 퇴직을 허용하여서는 아니 된다.
1. 비위(非違)와 관련하여 형사사건으로 기소된 때
2. 인사위원회에 파면·해임·강등 또는 정직에 해당하는 징계 의결이 요구 중인 때
3. 조사 및 수사기관에서 비위와 관련하여 조사 또는 수사 중인 때
4. 각급 행정기관의 감사부서 등에서 비위와 관련하여 내부 감사 또는 조사 중인 때

(2020.1.29 본항개정)
③ 관할 인사위원회는 제2항에 따라 징계의결등이 요구된 경우 다른 징계사건에 우선하여 징계의결등을 하여야 한다.
④ 그 밖에 퇴직을 제한하는 절차 등 필요한 사항은 대통령령으로 정한다.(2020.1.29 본항신설)
(2020.1.29 본조제목개정)
(2015.12.29 본조신설)

제70조【징계의 종류】 징계는 파면·해임·강등·정직·감봉 및 견책으로 구분한다.

제71조【징계의 효력】 ① 강등은 1계급 아래로 직급을 내리고(연구관 및 지도관은 연구사 및 지도사로 한다) 공무원신분은 보유하나 3개월간 직무에 종사하지 못하며 그 기간 중 보수는 전액을 감한다. 다만, 제4조제2항에 따라 계급을 구분하지 아니하는 공무원, 임기제공무원 및 「고등교육법」 제14조에 따른 교원과 조교에 대해서는 강등을 적용하지 아니한다.(2015.12.29 본문개정)
② 제1항에도 불구하고 교육감 소속의 교육전문직원의 강등은 「교육공무원법」 제2조제10항에 따라 같은 종류의 직무에서 하위의 직위에 임명하고, 공무원의 신분은 보유하게 하나 3개월간 직무에 종사하지 못하며 그 기간 중 보수는 전액을 감한다.(2015.12.29 본항개정)
③ 정직은 1개월 이상 3개월 이하의 기간으로 하고, 정직처분을 받은 사람은 그 기간 중 공무원의 신분은 보유하나 직무에 종사하지 못하며 보수는 전액을 삭감한다.
(2015.12.29 본항개정)
④ 감봉은 1개월 이상 3개월 이하의 기간 보수의 3분의 1을 삭감한다.
⑤ 견책은 전과(前過)에 대하여 훈계하고 뉘우치게 한다.
⑥ 징계처분을 받은 공무원은 그 처분을 받은 날 또는 그 집행이 끝난 날부터 대통령령으로 정하는 기간 동안 승진임용 또는 승급을 할 수 없다. 다만, 징계처분을 받은 후 직무수행의 공적으로 포상 등을 받은 공무원에 대하여는 대통령령으로 정하는 바에 따라 승진임용이나 승급의 제한기간을 단축하거나 면제할 수 있다.
⑦ 공무원(특수경력직공무원 및 국가공무원을 포함한다)이었던 사람이 다시 공무원이 된 경우에는 재임용 전에 적용된 법령에 따라 받은 징계처분은 그 처분일부터 이 법에 따른 징계처분을 받은 것으로 본다. 다만, 제70조에서 정한 징계의 종류 외의 징계처분의 효력에 관하여는 대통령령으로 정한다.(2021.6.8 본항개정)
⑧~⑨ (2021.6.8 삭제)

제72조【징계 등 절차】 ① 징계처분등은 인사위원회의 의결을 거쳐 임용권자가 한다. 다만, 5급 이상 공무원 또는 이와 관련된 하위직공무원의 징계처분등과 소속 기관(시·도와 구·시·군, 구·시·군)을 달리하는 동일사건에 관련된 사람의 징계처분등은 대통령령으로 정하는 바에 따라 시·도지사 소속 인사위원회 또는 시·도의회의 사무처 소속 인사위원회의 의결로 한다.
② 징계의결등을 요구한 기관의 장은 인사위원회의 의결이 가볍다고 인정하면 그 처분을 하기 전에 직근 상급기관에 설치된 인사위원회(시·도의 인사위원회의 의결에 대하여는 그 인사위원회, 시·도에 복수의 인사위원회를 두는 경우 제1인사위원회의 의결에 대하여는 그 인사위원회, 제2인사위원회의 의결에 대하여는 제1인사위원회)에 심사 또는 재심사를 청구할 수 있다. 이 경우 소속 공무원을 대리인으로 지정할 수 있다.
(2021.10.8 본조개정)

제73조【징계의 관리】 ① 감사원에서 조사 중인 사건이나 각 행정기관에서 대통령령으로 정하는 바에 따라 조사 중인 사건에 대하여는 제3항에 따른 조사개시 통보를 받은 날부터 징계의결 요구나 그 밖의 징계절차를 진행하지 못한다.(2010.3.22 본항개정)
② 검찰·경찰, 그 밖의 수사기관에서 수사 중인 사건에 대하여는 제3항에 따른 수사개시의 통보를 받은 날부터 징계의결 요구나 그 밖의 징계절차를 진행하지 아니할 수 있다.
③ 감사원과 검찰·경찰, 그 밖의 수사기관 및 제1항에 따른 행정기관은 조사나 수사를 시작하였을 때와 마쳤을 때에는 10일 이내에 소속 기관의 장에게 해당 사실을 알려야 한다.(2010.3.22 본항개정)

제73조의2【징계 및 징계부가금 부과 사유의 시효】 ① 징계의결등의 요구는 징계 등 사유가 발생한 날부터 다음 각 호의 구분에 따른 기간이 지나면 하지 못한다.
1. 징계 등 사유가 다음 각 목의 어느 하나에 해당하는 경우 : 10년
 가. 「성매매알선 등 행위의 처벌에 관한 법률」 제4조에 따른 금지행위
 나. 「성폭력범죄의 처벌 등에 관한 특례법」 제2조에 따른 성폭력범죄
 다. 「아동·청소년의 성보호에 관한 법률」 제2조제2호에 따른 아동·청소년대상 성범죄
 라. 「양성평등기본법」 제3조제2호에 따른 성희롱
2. 징계 등 사유가 제69조의2제1항 각 호의 어느 하나에 해당하는 경우 : 5년
3. 그 밖의 징계 등 사유에 해당하는 경우 : 3년

(2021.6.8 본항개정)
② 제73조제1항 및 제2항에 따라 징계절차를 진행하지 못하여 제1항의 기간이 지나거나 그 남은 기간이 1개월 미만인 경우에는 제1항의 기간은 제73조제3항에 따른 조사나 수사의 종료 통보를 받은 날(조사 결과에 대하여 이의가 제기된 경우에는 이의를 제기한 사람이 이의에 대한 결정을 통보받은 날을 말한다)부터 1개월이 지난 날에 끝나는 것으로 본다.
③ 인사위원회의 구성, 징계의결등, 그 밖의 절차상의 흠이나 징계양정 및 징계부가금의 과다를 이유로 심사위원회 또는 법원에서 징계처분등의 무효 또는 취소의 결정이나 판결을 한 경우에는 제1항의 기간이 지나거나 그 남은 기간이 3개월 미만이더라도 그 결정 또는 판결이 확정된 날부터 3개월 이내에는 다시 징계의결등을 요구할 수 있다.
(2010.3.22 본조개정)

제73조의3【특수경력직공무원의 징계】 다른 법률에 특별한 규정이 있는 경우 외에는 대통령령으로 정하는 바에 따라 특수경력직공무원에 대하여도 이 장의 규정을 준용할 수 있다.

제10장 능 률

(2008.12.31 본장개정)

제74조【훈련】 ① 모든 공무원과 시보공무원이 될 사람은 담당 직무와 관련된 학식·기술 및 응용 능력을 배양하기 위하여 법령에서 정하는 바에 따라 훈련을 받아야 한다.
② 교육부장관 또는 행정안전부장관은 공무원 훈련에 관한 종합적인 기획·조정 및 감독을 한다.(2017.7.26 본항개정)
③ 지방자치단체의 장, 지방의회의 의장 및 감독 직위에 있는 공무원은 일상 업무를 통하여 계속적으로 부하직원을 훈련시킬 책임을 진다.(2021.10.8 본항개정)
④ 훈련성적은 인사관리에 반영하여야 한다.

제75조【훈련기관】 교육부, 행정안전부와 지방자치단체에 공무원의 훈련기관을 둘 수 있다.(2017.7.26 본조개정)

제75조의2【적극행정의 장려】 ① 지방자치단체의 장은 소속 공무원의 적극행정(공무원이 불합리한 규제의 개선 등 공공의 이익을 위해 업무를 적극적으로 처리하는 행위를 말한다. 이하 이 조에서 같다)을 장려하기 위하여 조례로 정하는 바에 따라 계획을 수립·시행할 수 있다. 이 경우 대통령령으로 정하는 인사상 우대 및 교육의 실시 등의 사항을 포함하여야 한다.
② 적극행정 추진에 관한 다음 각 호의 사항을 심의하기 위하여 지방자치단체의 장 소속으로 적극행정위원회를 둔다. 다만, 적극행정위원회를 두기 어려운 경우에는 인사위원회(시·도에 복수의 인사위원회를 두는 경우 제1인사위원회를 말한다)가 적극행정위원회의 기능을 대신할 수 있다.
1. 제1항에 따른 계획 수립에 관한 사항
2. 공무원이 불합리한 규제의 개선 등 공공의 이익을 위해 업무를 적극적으로 추진하기 위하여 해당 업무의 처리 기준, 절차, 방법 등에 관한 의견 제시를 요청한 사항
3. 그 밖에 적극행정 추진을 위하여 필요하다고 대통령령으로 정하는 사항

③ 공무원이 적극행정을 추진한 결과에 대하여 해당 공무원의 행위에 고의 또는 중대한 과실이 없다고 인정되는 경우에는 대통령령으로 정하는 바에 따라 징계의결등을 하지 아니한다.
④ 교육부장관 또는 행정안전부장관은 공직사회의 적극행정 문화 조성을 위하여 필요한 사업을 발굴하고 추진할 수 있다.
⑤ 적극행정위원회의 구성·운영 및 적극행정을 한 공무원에 대한 인사상 우대 등 적극행정을 장려하기 위하여 필요한 사항은 대통령령으로 정한다.
(2021.6.8 본조신설)

제76조【근무성적의 평정】 ① 임용권자는 정기 또는 수시로 소속 공무원의 근무성적을 객관적이고 엄정하게 평정하여 인사관리에 반영하여야 한다.
② 제1항에 따른 근무성적 평정결과 근무성적이 우수한 사람에 대하여는 상여금을 지급하거나 특별승급시킬 수 있다.
③ 제1항의 근무성적 평정에 관한 사항은 대통령령으로 정한다.

제77조【능률 증진을 위한 사항】 ① 지방자치단체의 장과 지방의회의 의장은 소속 공무원의 근무 능률을 높이기 위하여 보건·휴양·안전·후생, 그 밖에 필요한 사항에 대한 기준을 설정하고, 이를 실시하여야 한다. 이 경우 지방자치단체의 장과 지방의회의 의장은 상호 간에 협의하여 통합하여 운영할 수 있다.(2021.10.8 본항개정)
② 지방자치단체의 장과 지방의회의 의장은 소속 장애인 공무원의 원활한 직무수행을 위하여 「장애인고용촉진 및 직업재활법」 제19조의2에 따른 근로지원인 서비스의 제공(중증장애인 공무원에 대한 것으로 한정한다) 또는 같은 법 제21조제1항제2호에 따른 작업 보조 공학기기 또는 장비 등의 제공 등에 필요한 지원을 할 수 있다.(2021.10.8 본항개정)
③ 지방자치단체의 장과 지방의회의 의장은 제2항에 따른 업무의 일부를 조례로 정하는 바에 따라 전문기관을 지정하여 수행하게 할 수 있고, 그 지원업무 수행에 필요한 경비의 전부 또는 일부를 출연하거나 보조할 수 있다.(2021.10.8 본항개정)
④ 제2항에 따른 지원의 세부내용, 방법, 절차 등과 제3항에 따른 위탁에 필요한 사항은 조례로 정한다.
(2015.5.18 본항신설)

제78조【제안제도】 ① 행정운영의 능률화와 경제화를 위한 공무원의 창의적인 의견이나 고안을 계발하고 이를 채택하여 행정운영 개선에 반영하기 위하여 제안제도를 둔다.
② 제안이 채택되고 시행되어 국가 또는 지방자치단체 예산을 절약하는 등 행정운영 발전에 뚜렷한 실적이 있는 사람에게는 상여금을 지급할 수 있으며 특별승진 또는 특별승급시킬 수 있다.
③ 제2항에 따른 상여금, 특별승진 또는 특별승급에 관하여는 대통령령으로 정하고, 그 밖에 제안제도의 운영에 필요한 사항은 규칙으로 정한다.

제79조【표창】 지방자치단체의 장과 지방의회의 의장은 공무원으로서 직무에 특히 성실하거나 사회에 공헌한 공적이 뚜렷한 사람에게는 조례로 정하는 바에 따라 표창을 행한다.(2021.10.8 본조개정)

제11장 보　칙

(2008.12.31 본장개정)

제80조【국가공무원과의 교류】 ① 이 법에 따라 임용된 공무원은 그 직에 상응한 국가공무원에 임용될 수 있다.
② 제1항에 따라 공무원을 국가공무원으로 임용하려면 「국가공무원법」에 따른 경력경쟁채용시험을 거쳐야 한다. 다만, 제32조제3항에 따라 신규임용 및 승진시험을 거친 5급 이상 공무원에 대하여는 이를 면제한다.
(2011.5.23 본문개정)
③ 공무원이 국가공무원에 임용될 경우 경력계산을 할 때 공무원으로 재직한 기간은 국가공무원으로 재직한 기간으로 본다.

제81조【지방자치단체의 인사행정에 관한 지도·감독】 교육부장관 또는 행정안전부장관은 시·도의 인사행정이 이 법에 따라 운영되도록 지도·감독하고, 시·도지사는 해당 시·도의 관할 구역 시·군·구의 인사행정이 이 법에 따라 운영되도록 지도·감독한다.(2017.7.26 본조개정)

제81조의2【수수료】 ① 제27조에 따라 공무원 신규임용시험에 응시하려는 사람은 대통령령으로 정하는 바에 따라 수수료를 내야 한다. 이 경우 수수료 금액은 실비의 범위에서 정하여야 한다.
② 수수료를 과오납한 경우 등 대통령령으로 정하는 경우에는 제1항에 따라 납부한 수수료를 반환받을 수 있다.
③ 시험실시기관의 장은 제1항에도 불구하고 「국민기초생활 보장법」에 따른 수급자 등 대통령령으로 정하는 사람에 대하여는 수수료를 감면할 수 있다.
(2015.5.18 본조신설)

제12장 벌　칙

제82조【정치 운동죄】 ① 제57조를 위반한 자는 3년 이하의 징역과 3년 이하의 자격정지에 처한다.
② 제1항에 규정된 죄에 대한 공소시효의 기간은 「형사소송법」 제249조제1항에도 불구하고 10년으로 한다.
(2014.1.14 본조신설)

제83조【벌칙】 제42조·제43조 또는 제58조를 위반한 자는 다른 법률에 특별히 규정된 경우 외에는 1년 이하의 징역 또는 1천만원 이하의 벌금에 처한다.(2014.10.15 본조개정)

부　칙 (2008.12.31)

제1조【시행일】 이 법은 공포한 날부터 시행한다. 다만, 제66조의 개정규정은 2009년 1월 1일부터 시행하고, 제45조제3항의 개정규정은 공포 후 2개월이 경과한 날부터 시행하며, 제19조제4항, 제69조의2, 제70조, 제71조제1항 및 제73조의2제1항의 개정규정은 공포 후 3개월이 경과한 날부터 시행한다.

제2조【심사위원회의 결정에 관한 적용례】 제19조제1항의 개정규정은 이 법 시행 후 최초로 접수되는 소청사건부터 적용한다.

제3조【휴직 등으로 인한 결원 보충에 관한 적용례】 제41조제1항의 개정규정은 이 법 시행 후 최초로 휴직되는 경우부터 적용하되, 이 법 시행 당시 휴직 중인 경우에는 그 잔여기간이 6개월 이상인 경우에 적용한다.

제4조【보수 부정 수령자에 대한 가산징수에 관한 적용례】 제45조제3항의 개정규정은 이 법 시행 후 최초로 보수를 거짓이나 그 밖의 부정한 방법으로 수령하는 사람부터 적용한다.

제5조【징계종류의 변경에 관한 적용례】 제70조 및 제71조의 개정규정은 이 법 시행 후 최초로 징계사유가 발생한 때부터 적용한다.

제6조【공무상 질병 또는 부상으로 인한 휴직기간의 확대에 관한 경과조치】 제64조제1호의 개정규정은 이 법 시행 전에 공무상 질병 또는 부상으로 휴직하였거나 이 법 시행 당시 휴직 중에 있는 공무원에게도 적용한다.

제7조【6급 이하 일반직공무원 등의 정년 연장에 관한 경과조치】 6급 이하 일반직공무원, 연구사, 지도사 및 기능직 공무원의 정년은 제66조제1항의 개정규정에도 불구하고, 2009년부터 2010년까지는 58세로, 2011년부터 2012년까지는 59세로, 2013년부터 60세로 한다. 다만, 기능직공무원 중 방호직렬은 2009년부터 2012년까지는 59세로, 2013년부터 60세로 한다.

제8조【가결정에 관한 경과조치】 이 법 시행 당시 종전의 규정에 따라 소청심사위원회가 행한 가결정은 제67조제4항의 개정규정에 따른 임시결정으로 본다.

제9조【징계시효 연장에 관한 경과조치】 이 법 시행 전에 징계사유가 발생한 자에 대하여는 제73조의2제1항의 개정규정에 불구하고 종전의 규정에 따른다.

부　칙 (2012.12.11)

제1조【시행일】 이 법은 공포 후 1년이 경과한 날부터 시행한다. 다만, 제66조의2제3항부터 제5항까지의 개정규정은 공포 후 3개월이 경과한 날부터 시행하고, 제2조제2항제2호, 제46조제3항 및 제4항, 제71조제1항의 개정규정은 공포 후 6개월이 경과한 날부터 시행한다.

제2조【실비보상 등을 부정 수령한 사람에 대한 가산징수에 관한 적용례】 제46조제3항의 개정규정에 따른 가산징수는 같은 개정규정 시행 후 최초로 실비보상 등을 거짓이나 그 밖의 부정한 방법으로 수령하는 사람부터 적용한다.

제3조【명예퇴직수당의 환수에 관한 적용례】 제66조의2제3항제1호의2 및 제1호의3의 개정규정에 따른 명예퇴직수당의 환수는 같은 개정규정 시행 후 최초로 명예퇴직수당을 지급받는 사람부터 적용한다.

제4조【공무원의 구분 변경에 따른 경과조치】 ① 이 법 시행 당시 재직 중인 기능직공무원은 이 법 시행일에 일반직공무원으로 임용된 것으로 본다. 이 경우 임용되는 직군, 직렬, 계급 및 직급 등에 관한 사항은 대통령령으로 정한다.
② 이 법 시행 당시 재직 중인 별정직공무원 중 이 법 시행 후 제2조제3항제2호의 개정규정에 해당하지 아니하게 되는 공무원은 이 법 시행일에 일반직공무원으로 임용된 것으로 본다. 이 경우 임용되는 직군, 직렬, 계급, 직급 및 근무형태, 인사관리 등에 관한 사항은 대통령령으로 정한다.
③ 이 법 시행 당시 재직 중인 계약직공무원 중 비서관·비서 등 정무직공무원을 보조·보좌하기 위하여 채용된 공무원은 이 법 시행일에 별정직공무원으로 임용된 것으로 보고, 그 밖의 계약직공무원은 대통령령으로 정하는 임용예정 직군, 직렬, 계급, 직급 등 인사 관계 규정에 따라 이 법 시행일에 일반직공무원 중 임기제공무원으로 임용된 것으로 본다. 이 경우 임기제공무원으로서의 근무기간은 계약직공무원으로 채용될 당시 계약한 기간의 잔여기간으로 하고, 해당 기간 동안의 보수는 채용될 당시 계약에 따른다.

제5조【진행 중인 시험에 관한 경과조치】 ① 이 법 시행 당시 진행 중인 기능직공무원 임용시험, 비서관·비서를 제외한 계약직공무원의 채용시험 및 부칙 제4조제2항 전단에 해당하는 별정직공무원의 임용시험에 합격한 사람은 각각 일반직공무원 임용시험에 합격한 사람으로 본다.
② 이 법 시행 전에 제1항에 따른 시험에 합격하였으나 이 법 시행 당시 아직 임용되지 아니한 사람은 일반직공무원 임용시험에 합격한 것으로 본다. 이 경우 임용되는 사항에 대하여는 부칙 제4조제1항 후단을 준용한다.

제6조【다른 법률의 개정】 ①～⑤ ※(해당 법령에 가제정리 하였음)

제7조【다른 법령과의 관계】 이 법 시행 당시 다른 법령에서 종전의 「지방공무원법」의 규정을 인용한 경우 이 법 중 그에 해당하는 규정이 있을 때에는 종전의 규정을 갈음하여 이 법의 해당 규정을 인용한 것으로 본다.

부　칙 (2013.8.6)

제1조【시행일】 이 법은 공포 후 6개월이 경과한 날부터 시행한다. 다만, 제31조제1호의 개정규정 및 부칙 제3조는 공포한 날부터 시행한다.

제2조【질병 등으로 인한 휴직기간에 관한 적용례】 제64조제1호 본문의 개정규정은 이 법 시행 당시 제63조제1항제1호에 따라 휴직 중인 공무원에 대해서도 적용한다.

제3조【금치산자 등에 대한 경과조치】 제31조제1호의 개정규정에도 불구하고 같은 개정규정 시행 당시 이미 금치산 또는 한정치산의 선고를 받고 법률 제10429호 민법 일부개정법률 부칙 제2조에 따라 금치산 또는 한정치산 선고의 효력이 유지되는 사람에 대해서는 종전의 규정에 따른다.

부　칙 (2014.1.7)

제1조【시행일】 이 법은 공포 후 3개월이 경과한 날부터 시행한다. 다만, 제71조의 개정규정은 공포한 날부터 시행한다.

제2조【인사위원회 위원의 제척·기피 및 회피에 관한 적용례】 제10조의2의 개정규정은 이 법 시행 후 소집되는 인사위원회의 회의부터 적용한다.

제3조【벌금형의 분리 선고에 관한 적용례】 제31조의2의 개정규정은 이 법 시행 후 발생한 범죄행위로 형벌을 받는 사람부터 적용한다.

부　칙 (2015.5.18)

제1조【시행일】 이 법은 공포 후 6개월이 경과한 날부터 시행한다. 다만, 제3조제1항, 제4조제2항제2호, 제25조의4, 제27조제2항제10호, 제61조제1호 단서, 제63조제2항제4호 및 제64조제8호의 개정규정은 공포한 날부터 시행한다.

제2조【신규임용시험의 가점 부여에 관한 적용례】 제34조의2의 개정규정은 이 법 시행 후 최초로 공고된 신규임용시험부터 적용한다.

제3조【파산선고를 받은 사람의 당연퇴직에 관한 적용례】 제61조제1호 단서의 개정규정은 이 법 시행 후 최초로 파산선고를 받은 사람부터 적용한다.

제4조【공무상 질병휴직 및 육아휴직에 관한 적용례】 ① 제64조제1호의 개정규정은 이 법 시행 당시 휴직 중인 사람에 대해서도 적용한다.
② 제64조제8호의 개정규정은 이 법 시행 전에 휴직하였거나 이 법 시행 당시 휴직 중인 사람에 대해서도 적용한다.

제5조【직위해제 대상에 관한 적용례】 제65조의3제1항제4호의 개정규정은 이 법 시행 후 최초로 발생한 비위행위에 대하여 감사원 및 검찰·경찰 등 수사기관에서 조사나 수사 중인 사람부터 적용한다.

제6조【징계부가금 대상 확대에 관한 적용례】 제69조의2제1항의 개정규정은 이 법 시행 후 최초로 징계 사유가 발생한 경우부터 적용한다.

제7조【견습근무 중인 사람에 대한 경과조치】 부칙 제1조 단서에 따른 시행일 당시 종전의 제25조의4에 따라 견습근무 중인 사람은 제25조의4의 개정규정에 따라 수습근무 중인 사람으로 본다.

제8조【시효에 관한 경과조치】 이 법 시행 전에 징계 및 징계부가금 부과 사유가 발생한 사람에 대하여는 제73조의2제1항의 개정규정에도 불구하고 종전의 규정에 따른다.

부　칙 (2015.12.29)

제1조【시행일】 이 법은 공포한 날부터 시행한다. 다만, 제30조의2제2항, 제63조제2항제7호, 제64조제10호, 제71조제1항부터 제3항까지의 개정규정은 공포 후 6개월이 경과한 날부터 시행한다.

제2조【결격사유 및 당연퇴직 등에 관한 적용례】 제31조제6호의3, 제31조의2 및 제61조제1호 단서의 개정규정은 이 법 시행 후 발생한 범죄행위로 형벌을 받는 사람부터 적용한다.

제3조【직위해제된 사람의 결원보충에 관한 적용례】 제41조제4항의 개정규정은 이 법 시행 당시 직위해제 중인 사람에 대해서도 적용한다.

제4조【징계의 효력에 관한 경과조치】 부칙 제1조 단서에 따른 시행일 전에 발생한 사유로 징계를 받는 사람에 대해서는 제71조제1항부터 제3항까지의 개정규정에도 불구하고 종전의 규정에 따른다.

부　칙 (2018.10.16)

제1조【시행일】 이 법은 공포 후 6개월이 경과한 날부터 시행한다.

제2조【결격사유 및 당연퇴직에 관한 적용례】 제31조제6호의3·제6호의4 및 제61조제1호의 개정규정은 이 법 시행 후 저지른 죄로 형 또는 치료감호를 받거나 파면·해임된 사람부터 적용한다.

제3조【징계처분결과 통보에 관한 적용례】 제67조제2항의 개정규정은 이 법 시행 후 성폭력 범죄 및 성희롱에 해당하는 사유로 징계처분을 하는 경우부터 적용한다.

부 칙 (2020.1.29)

제1조【시행일】 이 법은 공포 후 6개월이 경과한 날부터 시행한다. 다만, 제25조의6, 제63조제3항의 개정규정은 공포한 날부터 시행한다.
제2조【5급 공무원 공개경쟁임용시험에 합격한 사람의 신규임용후보자 명부에 대한 적용례】 제36조제4항의 개정규정은 이 법 시행 이후 시행하는 5급 공무원 공개경쟁시험에 합격한 사람의 신규임용후보자 명부부터 적용한다.
제3조【고충 처리에 관한 적용례】 제67조의2의 개정규정은 이 법 시행 이후 제기되는 고충 상담 신청 또는 심사청구부터 적용한다.
제4조【퇴직의 제한에 관한 적용례】 제69조의4의 개정규정은 이 법 시행 후 최초로 퇴직을 신청한 공무원부터 적용한다.

부 칙 (2021.1.12)

이 법은 공포한 날부터 시행한다.(이하 생략)

부 칙 (2021.6.8)

제1조【시행일】 이 법은 공포 후 6개월이 경과한 날부터 시행한다. 다만, 다음 각 호의 개정규정은 각 호의 구분에 따른 날부터 시행한다.
1. 제69조제2항부터 제4항까지 및 제71조제7항부터 제9항까지의 개정규정 : 공포한 날
2. 제25조의4의 제목 및 같은 조 제1항의 개정규정 : 2022년 1월 1일

제2조【직위해제에 따른 결원보충에 관한 적용례】 제41조제4항 및 제5항의 개정규정은 이 법 시행 당시 직위해제 중인 사람이 있는 경우에도 적용한다.
제3조【채용비위 관련자 합격취소에 관한 적용례】 제43조의3의 개정규정은 이 법 시행 이후 공무원 채용과 관련하여 비위를 저지른 경우부터 적용한다.
제4조【공무상 질병 또는 부상으로 인한 휴직 기간의 연장에 따른 적용례】 제64조제1호 단서의 개정규정은 이 법 시행 당시 종전의 규정에 따라 휴직하였거나 휴직 중인 사람에 대해서도 적용한다.
제5조【지방소청심사위원회 및 교육소청심사위원회의 결정에 관한 경과조치】 이 법 시행 전에 청구되어 계속 중인 소청사건에 대해서는 제19조제2항의 개정규정에도 불구하고 종전의 규정에 따른다.
제6조【보수 및 실비보상 등 부정 수령자에 대한 가산징수에 관한 경과조치】 이 법 시행 전에 보수 및 실비보상 등을 거짓이나 그 밖의 부정한 방법으로 수령한 경우 그 가산징수에 관하여는 제45조제3항 및 제46조제3항의 개정규정에도 불구하고 종전의 규정에 따른다.
제7조【징계시효 연장에 관한 경과조치】 이 법 시행 전에 징계 등 사유가 발생한 경우 그 징계시효에 관하여는 제73조의2제1항의 개정규정에도 불구하고 종전의 규정에 따른다.

부 칙 (2021.7.20)

제1조【시행일】 이 법은 공포 후 6개월이 경과한 날부터 시행한다.(이하 생략)

부 칙 (2021.10.8)

제1조【시행일】 이 법은 2022년 1월 13일부터 시행한다. 다만, 제41조의4제2항 및 제67조의2의 개정규정은 공포한 날부터 시행하고, 부칙 제3조제2항은 2022년 1월 21일부터 시행한다.
제2조【지방의회의 의장 소속 공무원의 임용에 관한 경과조치】 이 법 시행 당시 지방의회의 의장 소속의 공무원으로서 종전의 규정에 따라 지방자치단체의 장에게 소속되어 있던 지방공무원의 임용에 관하여 지방자치단체의 장이 한 행위나 지방자치단체의 장에 대하여 한 행위는 각각 이 법에 따라 지방의회의 의장이 한 행위나 지방의회의 의장에 대하여 한 행위로 본다.
제3조【다른 법률의 개정】 ①~② ※(해당 법령에 가제정리 하였음)

부 칙 (2022.12.27)

제1조【시행일】 이 법은 공포한 날부터 시행한다.
제2조【결격사유 및 당연퇴직에 관한 적용례】 제31조제6호의3 및 제61조제1호 단서의 개정규정은 이 법 시행 이후 발생한 범죄행위로 형벌을 받는 사람부터 적용한다.

지방공무원 임용령

(1971년 4월 14일 전개대통령령 제5594호)

개정
1973. 3.21영 6579호
<중략>
2007. 1. 5영19822호
2007. 5. 2영20044호
2007.12.13영20440호
2007.12.31영20502호
2008. 2.29영20741호(직제)
2008. 6. 5영20797호(고등교육시)
2008. 9.30영21058호
2009. 2. 3영21289호(공직자윤리시)
2009. 2. 6영21311호
2009. 3.31영21388호
2009. 9.21영21735호
2010. 4. 7영22107호
2010. 6.15영22203호
2011. 1.10영22619호(지방공무원보수규정)
2011. 3. 7영22698호
2011. 4. 4영22835호(공무원임용시)
2011. 8.22영23093호
2011. 9.29영23165호(지방공무원교육훈련법시)
2011.11. 1영23277호(공무원임용시)
2012. 2.28영23633호
2012. 2.29영23644호(대학교원자격기준등에관한규정)
2012. 2.29영23645호(지방교육행정기관의행정기구와정원기준등에관한규정)
2012. 5. 1영23759호(수험생편의제공일부개정령)
2012. 5. 7영23773호
2012. 6.22영23871호
2012. 9.21영24109호
2013. 3.23영24425호(직제)
2013. 5. 6영24524호
2013.11.20영24853호
2013.12.30영25040호
2014. 2. 5영25138호
2014. 9.18영25608호
2014.11.19영25751호(직제)
2015.11.18영26640호
2016. 6.28영27265호
2016.12.30영27718호
2017. 3. 8영27929호
2017. 3.27영27960호(주민등록번호처리제한일부개정령)
2017. 7.26영28211호(직제)
2018. 3.20영28705호
2018. 7. 3영29022호
2018. 9.18영29180호(공무원재해보상법시)
2018.12.24영29401호
2019. 6.18영29869호
2019. 6.25영29930호(공무원의명예퇴직에따른특별승진관리를강화하기위한영)
2019.11. 5영30194호
2020. 5.26영30696호
2020. 6.30영30807호(대체역의편입및복무등에관한법시)
2020. 7.28영30866호
2020. 9.22영31043호
2020.12.29영31337호(사법경찰관수사종결)
2021. 1. 5영31380호(법령용어정비)
2021. 4. 6영31614호(5·18민주유공자예우및단체설립에관한법시)
2021.11.30영32172호
2021.12.16영32223호(지방자치시)
2022. 4.27영32605호
2023. 4.11영33382호(직제)
2023. 6.13영33531호

제1장 총 칙

제1조【적용 범위】 ①「지방공무원법」(이하 "법"이라 한다) 제2조에 따른 지방자치단체의 공무원(이하 "공무원"이라 한다) 중 경력직공무원의 임용에 관하여는 다른 법령에 특별한 규정이 없으면 이 영에서 정하는 바에 따른다. 다만, 법 제25조의5에 따른 임기제공무원(이하 "임기제공무원"이라 한다)에 대해서는 이 영에 특별한 규정이 있는 경우를 제외하고는 제7조의2, 제7조의3, 제7조의5, 제8조의3, 제11조, 제12조, 제12조의2, 제13조, 제13조의2, 제14조, 제15조, 제21조의2, 제26조, 제27조, 제27조의2, 제27조의4부터 제27조의6까지, 제28조, 제29조, 제30조, 제31조, 제31조의2부터 제31조의4까지, 제31조의6, 제31조의7, 제32조, 제33조, 제33조의2, 제34조부터 제36조까지, 제38조, 제38조의2부터 제38조의13까지, 제40조, 제41조 및 제55조의2를 적용하지 아니한다.(2013.11.20 단서신설)
② 공무원 중 특수경력직공무원의 임용에 관하여는 제3조의5·제5조·제6조·제8조, 제38조의16 및 제77조에 한정하여 이 영을 적용한다. 다만, 특수경력직공무원 중 정무직공무원에 대해서는 제38조의16을 적용하지 아니한다.(2018.3.20 본문개정)
제2조【용어의 정의】 이 영에서 사용되는 용어의 뜻은 다음과 같다.
1. "임용"이란 신규임용, 승진임용, 전직(轉職), 전보, 겸임, 파견, 강임(降任), 휴직, 직위해제, 정직, 강등, 복직, 면직, 해임 및 파면을 말한다.(2009.3.31 본호개정)
2. "복직"이란 휴직, 직위해제, 정직 중이거나 강등으로 직무에 종사하지 못한 공무원을 직위에 복귀시키는 것을 말한다.(2009.3.31 본호개정)
3. (2018.7.3 삭제)
4. "연구직렬"이란「지방 연구직 및 지도직공무원의 임용 등에 관한 규정」(이하 "연구및지도직규정"이라 한다) 별표1 제1호의 각 직렬을 말하며, "기술직렬"이란 이 영 별표1의 기술직군의 각 직렬과 연구및지도직규정 별표1 제2호의 각 직렬을 말한다.
5. "민간근무휴직"이란 공무원이 민간 부문의 업무수행 방법과 경영기법 등을 습득하고, 민간 부문에서는 공무원의 전문지식과 경험을 활용함으로써 민·관 간 이해 증진 및 상호 발전을 도모할 수 있도록 공무원이 제38조의6에 따른 민간기업 등에 임시로 근무하기 위하여 휴직하는 것을 말한다.
6. "필수보직기간"이란 공무원이 다른 직위로 전보되기 전까지 현 직위에서 근무하여야 하는 최소기간을 말한다.(2015.11.18 본호신설)

(2009.2.6 본조개정)
제3조【공무원의 직급구분 등】 ① 1급부터 9급까지의 계급으로 구분하는 일반직공무원의 직군·직렬·직류 및 직급의 명칭은 별표1과 같다. 다만, 지방자치단체는 효율적인 인력 활용을 위해 필요하다고 인정하는 경우에는 인사 여건을 고려하여 조례로 정하는 바에 따라 별표1에 따른 직류 외의 직류를 신설할 수 있다.(2019.6.18 단서신설)
② 법 제4조제2항에 따라 제1항에 따른 계급 구분이나 직군 및 직렬의 분류를 적용하지 아니할 수 있는 일반직공무원의 직군·직렬·직류·직급 및 직위의 명칭과 임용 등에 관하여는 이 영에서 정하는 것을 제외하고는 따로 대통령령으로 정한다.(2013.11.20 본항개정)
③ (2013.11.20 삭제)
제3조의2【임기제공무원의 종류】 임기제공무원의 종류는 다음 각 호와 같다.
1. 일반임기제공무원 : 예산 및 일반직공무원의 정원 범위에서 임용되어 상근하는 임기제공무원
1의2. 전문임기제공무원 : 다음 각 목의 어느 하나에 해당하는 업무를 수행하기 위하여 예산의 범위에서 임용되어 상근하는 임기제공무원
가. 정책결정의 보좌업무
나. 특정 분야에 대한 전문적 지식이나 기술이 요구되는 업무

(2016.12.30 본호신설)
2. 시간선택제임기제공무원 : 예산의 범위에서 법 제25조의3에 따라 통상적인 근무시간보다 짧은 시간(주당 15시간 이상 35시간 이하의 범위에서 임용권자가 정한 시간을 말한다. 이하 이 조에서 같다)을 근무하는 공무원으로 임용되는 임기제공무원(2013.12.30 본호개정)
3. 한시임기제공무원 : 다음 각 목의 어느 하나에 해당하는 업무를 대행하기 위하여 1년 6개월 이내의 기간 동안 임용되는 공무원으로서 법 제25조의3에 따라 통상적인 근무시간보다 짧은 시간을 근무하는 임기제공무원(2016.12.30 본문개정)
가. 법 제63조제1항 또는 제2항에 따라 휴직하는 공무원이 담당한 업무(2016.12.30 본목신설)
나. 제38조의15에 따라 통상적인 근무시간보다 짧은 시간을 근무하는 공무원으로 지정된 공무원(이하 "시간선택제전환공무원"이라 한다)이 담당한 업무(2018.3.20 후단삭제)
다.「지방공무원 복무규정」제7조의5에 따라 30일 이상의 병가를 실시하는 공무원이 담당한 업무(2020.9.22 본목개정)
라.「지방공무원 복무규정」제7조의7제3항 또는 제4항에 따라 30일 이상의 휴가를 실시하는 공무원이 담당한 업무(2020.9.22 본목개정)

(2013.11.20 본조신설)
제3조의3【인력관리계획의 수립·시행】 ① 지방자치단체의 장[특별시·광역시·특별자치시·도 또는 특별자치도(이하 "시·도"라 한다)의 교육감을 포함한다. 이하 같다]과 지방의회의 의장은 조직 목표의 달성에 필요한 효율적인 인적자원 관리를 위해 소속 공무원의 채용·승진·전보 및 경력 개발 등이 포함된 인력관리계획을 수립하여 시행해야 한다.(2021.11.30 본항개정)
② 제1항에 따른 인력관리계획의 수립절차·방법 및 내용과 그 밖에 인력관리계획의 운영에 필요한 사항은 교육부장관 또는 행정안전부장관이 정한다.

(2019.6.18 본조신설)
제3조의4【균형인사계획의 수립·시행】 ① 지방자치단체의 장과 지방의회의 의장은 법 제25조 단서에 따른 정책(이하 "균형인사정책"이라 한다)을 실시하기 위한 계획(이하 "균형인사계획"이라 한다)을 수립하여 시행할 수 있다.(2021.11.30 본항개정)
② 균형인사계획에는 다음 각 호의 사항이 포함되어야 한다.
1. 균형인사정책의 기본목표와 추진방향
2. 균형인사정책의 추진과제와 추진방법
3. 그 밖에 균형인사정책의 추진을 위하여 필요한 사항

③ 제1항 및 제2항에서 규정한 사항 외에 균형인사계획의 수립절차·방법 및 운영 등에 필요한 사항은 교육부장관 또는 행정안전부장관이 정한다.(2020.7.28 본항개정)
(2018.3.20 본조신설)
제3조의5【시간선택제채용공무원의 임용】 ① 임용권자는 법 제25조의3에 따라 통상적인 근무시간보다 짧은 시

간을 근무하는 일반직공무원(임기제공무원은 제외한다)을 신규임용할 수 있다.
② 제1항에 따라 임용된 공무원(이하 "시간선택제채용공무원"이라 한다)의 주당 근무시간은 「지방공무원 복무규정」 제2조에도 불구하고 15시간 이상 35시간 이하의 범위에서 임용권자가 정한다. 이 경우 근무시간을 정하는 방법 및 절차 등은 교육부장관 또는 행정안전부장관이 정한다.(2019.6.18 본항개정)
③ 시간선택제채용공무원을 통상적인 근무시간 동안 근무하는 공무원으로 임용하는 경우에는 어떠한 우선권도 인정하지 아니한다.
④ 임용권자는 시간선택제채용공무원이 담당하기에 적합한 직무의 종류를 발굴하는 등 필요한 시책을 마련하여 시행하여야 한다.(2018.3.20 본항신설)
(2013.12.30 본조신설)
제3조의6 【외국인과 복수국적자의 임용】 ① 임용권자는 법 제25조의2제1항에 따라 외국인을 「지방전문경력관 규정」 제2조에 따른 지방전문경력관(이하 "지방전문경력관"이라 한다), 임기제공무원 또는 특수경력직공무원으로 임용할 수 있다.(2013.11.20 본항개정)
② 임용권자는 해당 지방자치단체의 소관 업무 중 다음 각 호의 업무 분야에는 법 제25조의2제2항에 따라 복수국적자의 임용을 제한할 수 있다.
1. 국가안보와 관련되는 정보·보안·기밀 및 범죄수사에 관한 분야
2. 국제협정에 관한 분야
3. 남북간 대화·교류·협력에 관한 분야
4. 주민의 생명·신체·재산 보호, 기업의 영업비밀 및 신기술 보호, 주요 경제·재정 정책 및 예산 운영에 관한 분야
5. 그 밖에 보안 시설·지역 출입, 비밀문서·자재 취급 등 업무의 성질상 국가·지방자치단체의 안보 및 이익에 중대한 영향을 미칠 수 있는 분야로서 복수국적자가 수행하기에 부적합하다고 인정하여 해당 지방자치단체의 장이나 지방의회의 의장이 정하는 분야(2021.11.30 본호개정)
(2012.2.28 본항신설)
제4조 【시행규칙】 ① 법령에서 위임된 사항이나 이 영의 시행에 필요한 사항은 교육부장관 또는 행정안전부장관이 정하는 범위에서 해당 지방자치단체의 규칙(교육규칙과 의회규칙을 포함하며, 이하 "규칙"이라 한다)으로 정한다.
② 지방자치단체의 장과 지방의회의 의장은 제1항에 따라 규칙을 정할 때에는 국가공무원에게 적용하는 관계 규정과 가급적 균형을 유지해야 한다.
(2021.11.30 본조개정)
제5조 【임용 시기】 ① 공무원은 임용장에 적힌 날짜에 임용된 것으로 보며, 임용일자를 소급해서는 아니 된다. 다만, 특수한 사정으로 말미암아 임용장에 적힌 날짜까지 임용장을 받지 못하였을 때에는 임용장을 실제 받은 날에 임용된 것으로 본다.(2018.7.3 본문개정)
② 임용장에 적을 날짜는 그 임용장이 임용된 사람에게 송달되는 기간을 고려하여 정하여야 한다.
③ 사망으로 인하여 면직되는 경우에는 사망한 다음 날에 면직된 것으로 본다.
(2009.2.6 본조개정)
제6조 【임용시기의 특례】 제5조제1항에도 불구하고 다음 각 호의 어느 하나에 해당하는 경우에는 다음 각 호의 구분에 따른 일자에 임용된 것으로 본다.
1. 법 제39조의3제1항제5호에 따라 다음 각 목의 어느 하나에 해당하는 날을 임용일자로 하여 특별승진임용하는 경우
 가. 재직 중 사망한 경우 : 사망일의 전날
 나. 퇴직 후 사망한 경우 : 퇴직일의 전날
2. 법 제62조제1항제2호에 따라 직권으로 면직시키는 경우 : 휴직기간의 만료일 또는 휴직사유의 소멸일
3. 시보공무원이 될 사람이 제25조제1항에 따른 공무원의 직무수행과 관련된 실무수습 중 사망한 경우 : 사망일의 전날
(2018.7.3 본조개정)
제7조 【보직관리의 기준】 ① 임용권자는 법령에서 따로 정한 경우와 다음 각 호의 어느 하나에 해당하는 경우를 제외하고는 소속 공무원을 하나의 직급이나 직위에 임용해야 한다.(2020.9.22 본문개정)
1. 법 제41조제1항부터 제3항까지의 규정에 따라 정원(定員)이 따로 있는 것으로 보고 결원이 보충되는 휴직자가 복직하거나 파견된 사람이 복귀하거나 파면·해임·면직 또는 강등된 사람이 복귀하였을 때 그 기관에 그에 해당하는 직급·직위의 결원이 없어서 그 직급·직위의 정원에 최초로 결원이 발생할 때까지 그 직급·직위에 해당하는 공무원을 보직 없이 근무하게 하는 경우. 이 경우 "그 기관"이란 해당 공무원에 대한 신규 임용권을 가지는 임용권자를 장으로 하는 기관과 그 소속 기관을 말한다.(2013.11.20 전단개정)
2. 제27조의2제1항제6호에 따른 1년 이상의 국외 파견근무나 법 제63조제2항제1호에 따른 1년 이상의 국제기구·외국기관에의 임시채용으로 휴직하는 소속 공무원을 업무인수인계를 위하여 특히 필요하다고 인정하여 2주 이내에서 보직 없이 근무하게 하는 경우
3. 제27조의3에 따라 결원보충이 승인된 파견자인 소속 공무원을 「지방공무원 교육훈련법」 제19조에 따른 6개월 이상의 교육훈련이나 「국제과학기술협력 규정」에 따른 1년 이상의 장기국외훈련을 받기 위한 파견근무를 준비하기 위하여 특히 필요하다고 인정하여 1개월 이내에서 보직 없이 근무하게 하는 경우(2020.9.22 본호개정)
4. 지방자치단체를 폐지하거나 설치하거나 나누거나 합친 경우 또는 직제가 신설되거나 개정되거나 폐지된 경우에 2개월 이내에서 소속 공무원을 기관의 신설 준비 등을 위하여 보직 없이 근무하게 하는 경우
② 임용권자는 다음 각 호의 요건을 종합적으로 고려하여 소속 공무원을 적재적소에 임용해야 하며, 제8조의4에 따른 다면평가를 실시한 경우에는 그 결과를 임용에 반영할 수 있다.(2019.11.5 본문개정)
1. 직위의 직무요건
 가. 직위의 주요 업무활동
 나. 직위의 성과책임
 다. 직무수행의 난이도
 라. 직무수행요건
2. 공무원의 인적요건
 가. 직렬 및 직류
 나. 윤리의식 및 청렴도
 다. 보유 역량의 수준
 라. 경력, 전공분야 및 훈련 실적
 마. 그 밖의 특기사항
(2011.3.7 본항개정)
③ 임용권자는 직무의 곤란성과 책임도에 따라 직위를 등급화하고, 소속 공무원의 경력과 실적 등에 따라 능력을 적절히 발전시킬 수 있도록 보직하여야 한다.
④ 「지방공무원 교육훈련법」 제19조에 따라 국외교육훈련을 받았거나 6개월 이상의 교육훈련을 받은 공무원은 특별한 사정이 없으면 그 교육훈련 내용과 관련되는 직위에 보직하여야 한다.(2012.2.28 본항개정)
⑤ 특수한 자격증이 있는 공무원은 특별한 사정이 없으면 그 자격증과 관련되는 직위에 보직하여야 한다.
⑥ 임용권자는 보직관리 시 성별, 장애 유무 등을 이유로 소속 공무원을 차별해서는 안 된다.(2019.6.18 본항신설)
⑦ 임용권자는 법 제30조의5와 이 영에서 정하는 바에 따라 소속 공무원에 대한 보직관리 기준을 제정하고 시행하여야 한다.
(2009.2.6 본조개정)
제7조의2 【분야별 보직관리】 ① 지방자치단체의 장과 지방의회의 의장은 4급 이하 공무원(시·군 및 자치구의 경우에는 5급 이하 공무원)을 전문 분야별로 양성·관리하기 위하여 그 기관의 조직을 관련 업무 분야별로 구분하여 공무원의 전보 등 인사관리를 해야 한다. 다만, 다음 각 호의 어느 하나에 해당하는 경우는 제외한다.
(2021.11.30 본문개정)
1. 해당 기관의 실·국이나 이에 상당하는 보좌기관이 2개 이하인 경우
2. 해당 기관 공무원의 총 정원이 100명 이하인 경우
3. 그 밖에 해당 기관의 업무를 분야별로 구분하기 곤란한 경우
② 지방자치단체의 장과 지방의회의 의장은 제1항에도 불구하고 다음 각 호의 어느 하나에 해당하는 경우 그 공무원에 대해서는 제1항에 따른 분야별 보직관리를 하지 않을 수 있다.(2021.11.30 본문개정)
1. 해당 기관의 직제에서 소수 직렬에 해당하는 경우
2. 그 밖에 담당 직무의 내용이 특수하거나 일정한 보직을 계속 유지할 경우 공직 부패가 우려되어 분야별 보직관리를 실시하기 곤란한 경우
③ 제1항에 따른 전문 분야의 구분기준 및 보직관리방법 등 분야별 보직관리를 위하여 필요한 사항은 교육부장관 또는 행정안전부장관이 정하는 기준에 따라 해당 지방자치단체의 장이나 지방의회의 의장이 정한다.(2021.11.30 본항개정)
(2009.2.6 본조개정)
제7조의3 【전문직위의 지정 등】 ① 지방자치단체의 장과 지방의회의 의장은 해당 기관의 직위 중 전문성이 특히 요구되는 직위를 전문직위로 지정하여 관리할 수 있으며, 직무수행요건이나 업무분야가 동일한 전문직위의 군(群)을 전문직위군으로 지정하여 관리할 수 있다.
(2021.11.30 본항개정)
② 제1항에 따른 전문직위에 대해서는 일정한 직무수행요건을 설정하고 해당 직위의 직무수행요건을 갖춘 사람을 전문관으로 선발하여 임용하여야 한다.
③ 전문직위에 임용된 공무원은 특별한 사유가 없으면 임용된 날부터 3년이 경과하여야 다른 직위에 전보할 수 있으며, 전문직위군에서는 5년이 경과하여야 전문직위군 외의 직위로 전보할 수 있다. 다만, 직무수행요건이 같은 직위 간에는 전보할 수 있다.(2015.11.18 본항신설)
④ 제1항에 따른 전문직위 및 전문직위군에 제3항에 따라 전보가 제한되는 기간 이상 근무한 경력에 대해서는 교육부령 또는 행정안전부령으로 정하는 바에 따라 평정에서 우대해야 하며, 전문직위 중 수당 지급이 필요한 직위에 대해서는 예산의 범위에서 「지방공무원수당 등에 관한 규정」으로 정하는 바에 따라 수당을 지급할 수 있다.
(2020.7.28 본항개정)
⑤ 전문직위 및 전문직위군의 지정, 전문관의 선발 등 전문직위 및 전문직위군의 운영에 필요한 사항은 교육부장관 또는 행정안전부장관이 정하는 기준에 따라 지방자치단체의 장이나 지방의회의 의장이 정한다.(2021.11.30 본항개정)
(2015.11.18 본조개정)
제7조의4 (2002.12.31 삭제)
제7조의5 【겸임】 ① 임용권자는 다음 각 호의 어느 하나에 해당하는 경우에는 법 제30조의3에 따라 겸임하게 할 수 있다.
1. 임용예정직에 관련되는 전문인력의 확보가 필요한 경우
2. 각급 교육훈련기관의 교수요원을 임용하는 경우
(2010.6.15 본호개정)
3. 관련 기관 간 긴밀한 협조가 필요한 특수업무를 공동으로 수행하기 위하여 필요한 경우(2016.12.30 본호신설)
4. 그 밖에 다른 법령에서 겸임하도록 하는 경우
(2021.11.30 본호신설)
② 제1항에 따른 겸임(제1항제4호에 따른 겸임은 제외한다)은 본직의 직무수행에 지장이 없는 범위에서 다음 각 호의 어느 하나에 해당하는 경우에만 할 수 있다. 다만, 제3호에 따라 경력직공무원으로 겸임하는 경우에는 임기제공무원으로 임용해야 하며, 제4호에 따라 경력직공무원으로 겸임하는 경우는 제1항제3호에 해당하는 경우로 한정한다.
1. 고등학교 이상의 각급 학교의 교육공무원과 직무 내용이 비슷한 다른 경력직공무원 간
2. 연구직렬 공무원과 직무 내용이 비슷한 다른 경력직공무원 간
3. 경력직공무원과 직무 내용이 비슷한 「고등교육법」 제14조제1항 및 제2항에 따른 교원(제1호의 교육공무원은 제외한다)과 다음 각 목의 기관 소속 임직원 간
 가. 「공공기관의 운영에 관한 법률」 제4조제1항 각 호에서 정하는 기관
 나. 「지방공기업법」에 따른 지방직영기업, 지방공사 및 지방공단
 다. 「지방자치단체 출자·출연 기관의 운영에 관한 법률」 제2조제1항에 따른 출자기관 또는 출연기관
4. 경력직공무원과 직무내용이 관련이 있는 다른 경력직공무원 간
(2021.11.30 본항개정)
③ 제1항에 따른 겸임(제1항제4호에 따른 겸임은 제외한다)기간은 2년 이내로 하되, 특히 필요한 경우에는 2년의 범위에서 연장할 수 있다.(2021.11.30 본항개정)
④ 겸임기관의 장은 제1항에 따라 겸임(제1항제4호에 따른 겸임은 제외한다)하게 할 때 본직기관의 장의 동의를 받아서 임용해야 한다.(2021.11.30 본항개정)
(2009.2.6 본조개정)
제8조 【결원의 신속 보충】 임용권자는 해당 기관에 결원이 생기면 지체 없이 결원 보충에 필요한 조치를 하여야 한다.(2009.2.6 본조개정)
제8조의2 【승진임용 기준 등의 사전의결 대상 등】 ① 법 제8조제1항제2호에 따라 인사위원회의 사전의결의 대상이 되는 보직관리 기준 및 승진·전보임용 기준은 다음 각 호의 구분에 따른다.
1. 승진임용 기준의 사전의결 대상 : 모든 공무원
2. 보직관리 기준 및 전보임용 기준의 사전의결 대상 : 시·도의 경우는 5급 이상 공무원, 시·군 및 자치구의 경우는 6급 이상 공무원(2020.7.28 본호개정)
② 임용권자는 제1항의 보직관리 기준 및 승진·전보임용 기준을 소속 공무원이 알 수 있게 인터넷 홈페이지에 올리는 등의 방법으로 반드시 예고하여야 한다.
③ 제1항의 보직관리 기준 및 승진·전보임용 기준을 변경하는 경우 변경된 기준은 법령에 특별한 규정이 있는 경우를 제외하고는 그 변경일의 1년 이후부터 적용한다. 다만, 「재난 및 안전관리 기본법」 제14조제1항에 따른 대규모재난의 대응·복구를 위해 변경하는 경우에는 그 변경일 이후부터 변경된 기준을 적용할 수 있다.(2022.4.27 단서신설)
④ 인사위원회는 제3항 단서에 따른 기준을 제1항에 따라 사전의결할 때에는 의결내용에 그 변경사유를 명확히 포함해야 한다.(2022.4.27 본항신설)
(2009.2.6 본조개정)
제8조의3 【교육훈련실적의 인사관리 반영】 지방공무원의 교육훈련시간은 「지방공무원 교육훈련법 시행령」 제7조에 따라 승진임용 등 인사관리에 반영하여야 한다.
(2011.9.29 본조개정)
제8조의4 【다면평가 실시 및 활용】 ① 임용권자는 소속 공무원에 대한 능력개발 등을 위하여 해당 공무원의 상급 또는 상위 공무원, 동료, 하급 또는 하위 공무원 및 민원인 등에 의한 다면평가를 실시할 수 있다. 이 경우 다면평가의 결과(총점 및 분야별 평가점수에 한정한다)는 해당 공무원에게 공개할 수 있다.
② 임용권자는 제1항에 따른 다면평가의 방법 및 절차 등에 관한 구체적인 사항을 직무의 특성 등을 고려하여 설계·운영하여야 한다.
③ 제1항에 따른 다면평가의 평가자 집단은 다면평가 대상 공무원의 실적·능력 등을 잘 아는 업무 관련자로 구성하되, 소속 공무원의 인적 구성을 고려하여 공정하게 대표되도록 구성하여야 한다.

④ 제1항부터 제3항까지의 규정에 따른 평가의 방법, 절차 및 평가결과의 활용 등에 관한 구체적인 사항은 규칙으로 정한다.
(2010.4.7 본조신설)
제8조의5【역량평가의 실시 및 활용】 ① 지방자치단체의 장과 지방의회의 의장은 소속 공무원이 직무를 성공적으로 수행하기 위하여 필요한 능력과 자질(이하 "역량"이라 한다)을 설정하고 이를 기준으로 소속 공무원을 평가(이하 "역량평가"라 한다)하여 승진임용·보직관리 등 인사관리에 활용할 수 있다.(2021.11.30 본항개정)
② 교육부장관 또는 행정안전부장관은 역량의 설정, 역량평가 기법의 개발, 역량평가자 및 역량평가대상자에 대한 교육훈련 등 필요한 사항을 지원할 수 있다.(2017.7.26 본항개정)
③ 지방자치단체의 장과 지방의회의 의장은 역량평가의 실시를 교육부장관 또는 행정안전부장관에게 위탁할 수 있다.(2021.11.30 본항개정)
④ 제1항 및 제2항에 따른 역량평가의 실시, 지원 등에 필요한 사항은 교육부장관 또는 행정안전부장관이 정한다.
(2017.7.26 본항개정)

제2장 인사기관
(2009.2.6 본장개정)

제9조【인사위원회】 ① 인사위원회는 규칙으로 정하는 바에 따라 회의록을 작성하여야 한다.
② 위원장은 인사위원회에서 결정된 사항을 해당 지방자치단체의 장이나 지방의회의 의장에게 통지해야 한다.
(2021.11.30 본항개정)
③ 인사위원회의 운영에 필요한 사항은 인사위원회의 의결을 거쳐 위원장이 정한다.
제9조의2【인사위원회의 구성】 ① 법 제7조제2항 본문에 따른 인사위원회는 다음 각 호의 기준에 적합하게 구성해야 한다.(2021.11.30 본문개정)
1. 특정 성(性)이 위촉위원 수의 10분의 6을 초과하지 않을 것(2019.11.5 본호개정)
2. (2021.11.30 삭제)
3. 법 제7조제5항제3호에 따른 퇴직공무원은 4명 이하로 할 것
② 법 제7조제2항 단서에서 "대통령령으로 정하는 지방자치단체"란 인구 10만 미만의 지방자치단체를 말한다.
③ 법 제7조제2항 단서에 따른 인사위원회는 다음 각 호의 기준에 적합하게 구성하여야 한다.
1. 특정 성이 위촉위원 수의 10분의 6을 초과하지 않을 것(2019.11.5 본호개정)
2. (2021.11.30 삭제)
3. 법 제7조제5항제3호에 따른 퇴직공무원은 2명 이하로 할 것
(2012.9.21 본조개정)
제9조의3【인사위원회의 사무분장】 ① 법 제7조제1항에 따라 시·도에 제1인사위원회와 제2인사위원회를 두는 경우 법 제8조제3항에 따른 각 인사위원회의 사무분장은 다음 각 호와 같다.
1. 제1인사위원회 : 법 제8조제1항제1호 및 제5호의 사무, 5급 이상 공무원과 관련되는 법 제8조제1항제2호·제3호 및 제6호의 사무와 5급 시보공무원의 면직(2011.3.7 본호개정)
2. 제2인사위원회 : 6급 이하 공무원과 관련되는 법 제8조제1항제2호·제3호 및 제6호의 사무와 6급 이하 및 지방전문경력관 시보공무원의 면직(2013.11.20 본호개정)
② 제1항에도 불구하고 법 제9조제2항에 따라 부시장·부지사가 제2인사위원회 위원장인 경우 법 제8조제3항에 따른 각 인사위원회의 사무분장은 다음 각 호와 같다.
1. 제1인사위원회 : 법 제8조제1항제1호·제2호·제3호·제5호 및 제6호의 사무와 일반직공무원 및 지방전문경력관 시보공무원의 면직. 다만, 제2인사위원회의 사무는 제외한다.(2013.11.20 본문개정)
2. 제2인사위원회 : 「지방자치법」 제123조제6항 후단에 따라 특정지역의 사무를 관장하는 부시장·부지사 소속 6급 이하 공무원과 관련되는 법 제8조제1항제2호·제3호 및 제6호의 사무(2021.12.16 본호개정)
제9조의4【인사위원회의 회의구성 및 서면심의】 ① 법 제10조제2항 본문에 따라 인사위원회의 회의를 구성하는 경우에는 여성위원이 2명 이상 포함되도록 해야 한다.
(2021.11.30 본항개정)
② 법 제10조제3항 단서에 따라 인사위원회는 다음 각 호의 사항에 대해서는 서면으로 심의·의결할 수 있다.
(2020.7.28 본문개정)
1. 법 제8조제1항제1호에 따라 심의된 공무원 충원계획에 따라 실시하는 각종 임용시험의 세부 일정(2016.12.30 본호신설)
2. 법 제46조의2에 따른 자진퇴직수당 및 법 제66조의2에 따른 명예퇴직수당·조기퇴직수당의 지급
2의2. 법 제67조의2제2항에 따른 고충심사(2020.7.28 본호신설)
3. 제21조의2에 따른 수습직원의 수습근무 기간 종료 후의 임용(2015.11.18 본호개정)
4. 제27조제4항에 따른 필수보직기간 미경과자의 전보 심의(2018.3.20 본호개정)
5. 제27조의4제4항에 따른 민간전문가 파견근무 및 파견기간 연장 승인
6. 제33조의2제1항에 따른 우대승진 임용 및 같은 조 제2항에 따른 7급 이하 공무원으로의 근속승진 임용
(2013.11.20 본호개정)
7. 제38조의4제1항제4호 및 제5호에 따른 명예퇴직 및 공무상 사망에 따른 특별승진임용
8. 제21조의4제2항 본문 및 제3항 본문에 따른 임기제공무원의 근무기간의 연장(2013.11.20 본호개정)
(2016.12.30 본조제목개정)
(2012.9.21 본조신설)
제10조【인사기록】 ① 임용권자는 소속 공무원의 인사기록을 작성하여 갖춰 놓아야 한다.
② 제1항의 인사기록에 관하여 필요한 사항은 교육부령 또는 행정안전부령으로 정한다.(2017.7.26 본항개정)
제10조의2【통계의 보고 및 제출】 교육부장관 또는 행정안전부장관은 특별시장·광역시장·특별자치시장·도지사·특별자치도지사(이하 "시·도지사"라 한다), 시·도의회의 의장이나 시·도의 교육감으로부터, 시·도지사는 시장·군수 또는 자치구의 구청장으로부터, 시·도의회의 의장은 시·군·자치구의회의 의장으로부터 교육부령 또는 행정안전부령으로 정하는 바에 따라 공무원의 인사 및 시험에 관한 통계를 보고받거나 제출받을 수 있다.(2021.11.30 본조개정)

제3장 신규임용

제1절 공개경쟁신규임용
(2009.2.6 본절개정)

제11조【공개경쟁신규임용시험 합격자의 등록】 ① 공개경쟁신규임용시험의 합격자는 규칙으로 정하는 바에 따라 시·도지사, 시·도의회의 의장이나 교육감에게 신규임용후보자등록을 신청해야 한다. 다만, 8급 이하 공무원의 신규임용시험 합격자는 해당 지방자치단체의 장이나 지방의회의 의장에게 그 등록을 신청해야 한다.
(2021.11.30 본항개정)
② (2003.11.27 삭제)
③ 규칙으로 정하는 기간 내에 제1항에 따른 등록신청을 하지 않은 사람은 임용될 의사가 없는 것으로 본다.
제12조【신규임용후보자 명부의 작성】 ① 신규임용후보자 명부는 직급별로 시험성적 순위에 따라 작성하되, 특히 필요하다고 인정되는 경우에는 직류별, 근무희망기관별 및 근무희망지역별로 구분하여 작성할 수 있다.
② 신규임용후보자 명부의 작성에 필요한 사항은 규칙으로 정한다.
제12조의2【신규임용후보자 명부의 유효기간】 ① 법 제36조제4항 본문에 따른 공무원 공개경쟁임용시험에 합격한 사람의 신규임용후보자 명부의 유효기간은 2년으로 한다.
② 법 제36조제5항에서 "대통령령으로 정하는 사유로 임용되지 못한 기간"이란 「병역법」에 따른 병역의무 이행을 위하여 징집 또는 소집되어 복무 중에 있는 사람이 공개경쟁임용시험에 합격하여 신규임용후보자 명부에 등재된 경우 그 등재일부터 의무복무 만료일까지의 기간을 말한다.(2021.11.30 본항신설)
(2020.7.28 본조개정)
제13조【신규임용방법】 ① 임용권자 또는 임용후보자 추천권자는 신규임용후보자를 임용 또는 임용 추천하려는 경우에는 신규임용후보자 명부의 순위가 높은 사람부터 임용예정된 인원 또는 임용 추천 요구된 인원의 3배수 이내에서 임용 또는 임용 추천을 하여야 한다. 다만, 다음 각 호의 어느 하나에 해당하는 경우에는 명부의 순위에 상관없이 임용 또는 임용 추천을 할 수 있다.
1. 임용예정 기관에 근무하고 있는 경우
2. 6개월 이상의 근무경력이 있거나, 임용예정 직위에 관련된 특별한 자격이 있는 경우
3. 임용예정 지역이 도서·벽지 등 특수지역인 경우
4. 임용후보자를 그가 부양할 의무가 있는 가족이 거주하고 있는 지역에 배치하는 경우
5. 규칙으로 정하는 학력, 경력 및 특수자격요건에 해당하는 임용후보자를 추천하도록 임용권자가 요구하는 경우
6. 제6조제3호에 따라 공무원의 직무수행과 관련된 실무수습 중 사망한 시보공무원이 될 사람을 소급하여 임용하는 경우(2018.7.3 본호신설)
② 임용후보자 추천권자는 제1항에도 불구하고 각 기관의 결원 수와 예상 결원 수를 고려하여 임용후보자를 각 기관에 배분하여 추천할 수 있다.
③ 임용권자나 임용후보자 추천권자는 7급 이하 공무원의 공개경쟁신규임용후보자 명부에 올라 있는 사람을 다음 각 호의 사유로 임용할 때에는 임용의 유예 등 불가피한 사유가 있는 경우를 제외하고는 해당 기관에 그 직급에 해당하는 정원이 따로 있는 것으로 보고 임용할 수 있다. 이 경우 따로 있는 것으로 보는 정원은 그 신규임용후보자가 임용된 후 그 직급에 상응하는 결원이 발생하면 없어지는 것으로 본다.(2022.4.27 전단개정)
1. 최종합격일부터 1년이 지난 사람을 임용하는 경우
2. 「재난 및 안전관리 기본법」 제14조제1항에 따른 대규모재난의 대응·복구를 위해 긴급한 인력 충원이 필요한 경우
(2022.4.27 1호~2호신설)
제13조의2【임용 및 임용 추천의 유예】 ① 임용권자나 임용후보자 추천권자는 신규임용후보자가 다음 각 호의 사유 중 어느 하나에 해당하면 신규임용후보자 명부의 유효기간 내에서 기간을 정하여 임용이나 임용 추천을 미룰 수 있다. 다만, 그 사유가 소멸하면 유예기간 중에도 임용 또는 임용 추천을 해야 한다.
1. 「병역법」에 따른 병역복무를 위하여 군에 입대하는 경우(2020.7.28 본호신설)
2. 학업의 계속
3. 6개월 이상의 장기 요양이 필요한 질병이 있는 경우
4. 임신하거나 출산한 경우
5. 그 밖에 부득이하다고 인정되는 경우
② 제1항에 따라 임용이나 임용 추천을 미루고 싶은 사람은 해당 사유를 증명할 수 있는 자료를 첨부하여 임용권자 또는 임용후보자 추천권자가 정하는 기간 내에 유예신청을 하여야 한다. 이 경우 원하는 유예기간을 신청서에 분명하게 적어야 한다.
제14조【신규임용후보자의 자격상실】 ① 신규임용후보자가 다음 각 호의 어느 하나에 해당하는 경우에는 임용후보자로서의 자격을 상실한다.
1. 임용후보자가 제13조에 따라 추천받은 기관의 임용에 불응한 경우
2. 임용후보자로서 받아야 하는 교육훈련에 불응한 경우
3. 임용후보자로서 받은 교육훈련성적이 수료점수에 미달된 경우
4. 교육훈련 중 신병(身柄), 병역복무, 그 밖에 교육훈련을 계속할 수 없는 불가피한 사정이 아닌 사유로 퇴학처분을 받은 경우
5. 임용후보자로서 품위를 크게 손상하는 행위를 함으로써 공무원으로서 직무를 수행하기 곤란하다고 인정되는 경우(2015.11.18 본호신설)
6. 법 또는 법에 따른 명령을 위반하여 중징계(파면, 해임, 강등 또는 정직을 말한다) 사유에 해당하는 비위(非違)를 저지른 경우(2018.3.20 본호신설)
7. 법 또는 법에 따른 명령을 위반하여 경징계(감봉 또는 견책을 말한다) 사유에 해당하는 비위를 2회 이상 저지른 경우(2018.3.20 본호신설)
② 임용권자는 제1항제5호에 따라 임용후보자가 직무를 수행하기 곤란하다고 인정하려는 경우에는 해당 인사위원회의 의결을 거쳐야 한다.(2015.11.18 본항신설)
제15조【신규임용후보자의 전직】 ① 지방자치단체의 장과 지방의회의 의장은 필요할 경우 신규임용후보자를 본인의 동의를 받아 미리 전직시험을 거쳐 다른 직렬에 임용 또는 임용 추천을 할 수 있다. 이 경우에는 공개경쟁신규임용시험에 응시한 과목에 대해서는 전직시험을 면제한다.
② 제1항의 경우 지방자치단체의 장과 지방의회의 의장은 제29조제4호 또는 제5호에 해당하는 경우에는 전직시험을 면제할 수 있다.
(2021.11.30 본조개정)

제2절 경력경쟁임용시험등을 통한 임용
(2011.8.22 본절제목개정)

제16조【경력경쟁임용시험등을 통한 임용의 제한】 ① 법 제27조제2항 본문에 따른 경력경쟁임용시험 및 같은 항 단서에 따른 다수인을 대상으로 하지 아니한 시험(이하 "경력경쟁임용시험등"이라 한다)을 통한 임용은 해당 직위에 그 임용예정자를 보직하지 않으면 그 직무를 수행할 수 없는 특별한 경우에만 하여야 한다.
② 시험실시기관의 장은 경력경쟁임용시험등을 통하여 임용할 수 있는 인원을 해당 기관 직급별 정원의 3분의 1을 초과하지 아니하도록 규칙으로 정할 수 있다.
(2015.11.18 본항신설)
(2011.8.22 본조개정)
제16조의2【다수인을 대상으로 하지 아니한 시험을 통한 임용】 법 제27조제2항 단서에 따른 다수인을 대상으로 하지 아니한 시험(이하 "다수인을 대상으로 하지 아니한 시험"이라 한다)은 같은 항 제1호·제3호·제4호·제5호·제7호 및 제10호의 어느 하나에 해당하는 경우에 실시할 수 있다.(2011.8.22 본조신설)
제17조【경력경쟁임용시험등을 통한 임용의 요건】 ① 법 제27조제2항에 따라 경력경쟁임용시험등을 통하여 임용하려는 경우에는 다음 각 호의 어느 하나에 해당해야 한다. 다만, 교육부장관 또는 행정안전부장관은 업무 특수성 등을 고려하여 특별히 인정하는 경우에는 제51조의3에 따라 중증장애인만 응시하게 하는 경력경쟁임용시험등의 응시요건 및 일반임기제공무원의 응시요건을 달리 정할 수 있다.(2020.7.28 본문개정)
1. 퇴직한 공무원(퇴직 시 임기제공무원이었던 사람은 제외한다)을 법 제27조제2항제1호에 따라 재임용할 때에는 그 퇴직 전의 재직기관에 규칙으로 정하는 바에 따라 전력(前歷)을 조회하여 그 퇴직사유가 확인되어야 한다.(2013.11.20 본호개정)

2. 특수경력직공무원이나 다른 종류의 경력직공무원이 되기 위하여 퇴직한 사람(퇴직 시 임기제공무원이었던 사람은 제외한다)을 법 제27조제2항제1호에 따라 퇴직 시에 재직한 직급의 공무원으로 재임용할 때에는 그 특수경력직공무원이나 다른 종류의 경력직공무원에서 퇴직한 지 30일이 지나지 않아야 한다.(2013.11.20 본호개정)
3. 법 제27조제2항제2호에 따라 임용예정 직무에 관한 자격증 소지자를 임용할 때에는 그 자격증이 국가기술자격 관계 법령에 따른 자격증이거나 규칙으로 정하는 자격증이어야 한다. 이 경우 임용예정 직급별 자격증의 구분 및 경력기준은 규칙으로 정한다.(2011.8.22 전단개정)
4. 법 제27조제2항제3호에 따라 임용예정 직급과 같은 직급에서 근무한 경력이 있는 사람을 임용할 때에는 그 직급에서 2년 이상 근무한 사람이어야 하며, 임용예정 직급에 상응한 근무 또는 연구경력이 있는 사람을 임용하려는 경우에는 임용예정직과 관련되는 직무 분야에서 그 직급에 해당하는 근무경력 또는 연구경력이 3년 이상인 사람으로서 규칙으로 정하는 임용예정 계급에 상당하는 경력기준에 상응하는 사람이어야 한다.
(2018.3.20 후단삭제)
5. 법 제27조제2항제4호에 따라 임용할 때에는 법령에 따라 공무원 또는 전문적인 특수 분야의 인재 양성을 목적으로 설립된 각종 교육기관을 졸업한 사람이어야 한다. 이 경우 각종 교육기관의 종류와 임용예정 직급은 교육부장관 또는 행정안전부장관이 정하는 기준에 따라 지방자치단체의 장이나 지방의회의 의장이 각각 정한다.
(2021.11.30 후단개정)
6. 법 제27조제2항제6호에 따라 임용할 때에는 임용예정 계급을 일반직 8급 이하로 한정한다. 이 경우 임용기준은 규칙으로 정한다.(2013.11.20 전단개정)
6의2. 법 제27조제2항제7호에 따라 국가공무원을 그 직급·직위에 해당하는 지방공무원으로 임용하는 경우 국가공무원은 임기제공무원이 아닌 사람이어야 한다.
(2013.11.20 본호개정)
6의3. 「공무원임용시험령」 제2조에 따라 직류별로 실시한 5급 공개경쟁채용시험에 합격하여 국가공무원으로 임용된 사람을 법 제27조제2항제7호에 따라 그 직급·직위에 해당하는 지방공무원으로 임용하려는 경우에는 최초로 국가공무원으로 임용된 날부터 3년(시보임용기간, 휴직기간, 직위해제처분기간, 강등 및 정직 처분으로 인하여 직무에 종사하지 않은 기간은 포함하지 않는다)이 지난 사람이어야 한다. 다만, 직제와 정원의 개정 또는 폐지 등으로 해당 직위가 없어지거나 정원이 초과되었을 때에는 그렇지 않다.(2021.1.5 단서개정)
7. 법 제27조제2항제8호에 따른 임용을 할 때에는 「초·중등교육법」 및 「고등교육법」에 따라 설치된 고등학교와 전문대학·대학(대학원을 포함한다)에서 농업·공업·광업·수산·해양·보건위생·가사실업·도시계획 계통의 학문 또는 이와 밀접한 관련성이 있는 물리·화학·생물 계통의 학문, 음악·미술 계통의 학문, 역사·고고인류학 계통의 학문 또는 이와 밀접한 관련성이 있는 민속학 계통의 학문을 전공하고 졸업한 사람(이와 동등 이상의 학력을 가진 사람을 포함한다)이어야 한다. 이 경우 선발기준, 추천절차와 임용예정 직급은 규칙으로 정한다.(2011.8.22 전단개정)
8. 법 제27조제2항제9호에 따라 임용예정직에 관련된 과학기술 분야, 통계·전자계산·대외통상·환경·교통·도시공학 분야, 그 밖에 규칙으로 정하는 특수 전문 분야에서 근무 또는 연구한 경력이 있는 사람을 임용할 때에는 박사학위 또는 석사학위 소지자로서 규칙으로 정하는 임용예정 계급별 경력기준에 해당하는 사람이어야 한다.(2021.11.30 본호개정)
9. 법 제27조제2항제10호에 따라 재학 중 장학금을 받고 졸업한 사람을 임용할 때에는 본인의 귀책사유로 장학금의 지급이 중단되지 않은 사람이어야 한다. 이 경우 임용예정 직급은 규칙으로 정한다.(2011.8.22 전단개정)
10. 법 제27조제2항제11호에 따라 외국어에 능통한 사람을 임용할 때에는 임용예정 계급을 일반직 4급 이하로 한정한다.(2011.8.22 본호개정)
11. 법 제27조제2항제12호에 따라 일정한 지역의 거주자를 임용할 때에는 임용시험일을 기준으로 하여 그 이전에 해당 시(구가 설치된 시는 제외한다. 이하 이 호에서 같다)·군 지역에 본인 또는 그 직계존속이 5년 이상 거주하였거나, 거주하고 있는 사람이어야 한다. 이 경우 임용예정 계급은 일반직 8급 이하로 한정하며, 임용예정 기관은 시·군에 소재하는 각급 기관으로 한정한다.
(2013.11.20 후단개정)
12. 법 제27조제2항제13호에 따라 「국적법」 제4조 및 제8조에 따른 귀화허가를 받아 대한민국 국적을 취득한 사람 또는 「북한이탈주민의 보호 및 정착지원에 관한 법률」 제2조제1호에 따른 북한이탈주민(이하 "북한이탈주민"이라 한다)을 임용할 때에는 국적취득 또는 가족관계 등록 창설 후 3년 이상 경과한 사람이어야 한다.
(2013.11.20 본호개정)
② 경력직 지방공무원 또는 국가공무원이었던 사람에 대한 제1항제4호의 경력 산정은 다음 각 호의 기준에 따른다.
1. 임용예정 직급의 바로 아래 직급 또는 이에 상당하는 직급에서 승진에 필요한 최저연수(이하 "승진소요 최저연수"라 한다)를 초과하여 근무한 경우 그 초과근무 기간의 2분의 1을 1년의 범위에서 임용예정 직급에 해당하는 근무 실적으로 합산하여 산정한다.
2. 시간제선택채용공무원 또는 시간선택제임기제공무원이었던 사람의 경력은 근무시간에 비례하여 산정한다.
(2013.12.30 본항개정)
③ 시험실시기관의 장은 제1항제12호에 따른 경력경쟁임용시험등에 응시하는 북한이탈주민에 대하여 교육부장관 또는 행정안전부장관이 정하는 바에 따라 북한에서의 근무경력, 채용 분야와 관련된 자격 등에 대하여 통일부장관의 확인을 받아야 한다.(2020.7.28 본항개정)
④ 제1항에도 불구하고 전문임기제공무원, 시간선택제임기제공무원 및 한시임기제공무원은 법 제27조제2항제2호·제3호 및 제9호에 해당하는 경우에 임용할 수 있으며, 응시요건은 규칙으로 정하는 바에 따른다.(2016.12.30 본항개정)
⑤ 제1항제4호에 해당하는 경우에는 시험공고일(법 제27조제2항 각 호 외의 부분 단서에 따른 다수인을 대상으로 하지 않는 시험의 경우에는 시험요구일) 현재 퇴직 후 3년(시간선택제임기제공무원, 시간선택제채용공무원 및 한시임기제공무원을 채용하는 경우는 10년)이 경과되지 않은 사람이어야 한다.(2020.9.22 본항개정)
(2011.8.22 본조제목개정)

제17조의2【기구 개편 등에 따른 시험면제 등】 「지방자치단체의 행정기구와 정원기준 등에 관한 규정」 제35조 및 제36조 또는 「지방교육행정기관의 행정기구와 정원기준 등에 관한 규정」 제24조에 따른 기구 축소 또는 정원 감축으로 인하여 남는 현원(現員)을 재배치하기 위하여 필요하다고 교육부장관 또는 행정안전부장관이 인정하는 경우에는 제28조제1항 또는 제18조 및 제55조에도 불구하고 전직시험 또는 경력경쟁임용시험등(제17조제1항제4호에 따라 경력직공무원 상호 간에 임용하는 경우만 해당한다)을 면제할 수 있다.(2017.7.26 본조개정)

제18조【경력경쟁임용시험등의 요구】 ① 임용권자는 경력경쟁임용시험등을 통하여 공무원을 임용하려는 경우에는 다음 각 호의 사항을 첨부하여 시험실시기관의 장에게 경력경쟁임용시험등의 실시를 요구하여야 한다.
(2011.8.22 본문개정)
1. 경력경쟁임용시험등을 통하여 임용하려는 직급
2. 경력경쟁임용시험등을 통한 임용이 불가피한 사유
3. 경력경쟁임용시험등을 통하여 임용하려는 사람이 갖춰야 할 학력·경력·연구실적
(2011.8.22 1호~3호개정)
4. 그 밖에 필요한 사항
② 제1항의 요구를 받은 시험실시기관의 장은 경력경쟁임용시험등을 통하여 임용하는 것이 타당하다고 인정하는 경우에는 경력경쟁임용시험등을 실시한다.(2011.8.22 본항개정)
③ 시험실시기관의 장은 법 제27조제2항제10호에 따른 임용의 경우에는 제1항에 따른 임용권자의 요구가 없어도 직접 경력경쟁임용시험등을 실시할 수 있다.
(2011.8.22 본항개정)
(2011.8.22 본조제목개정)
(2009.2.6 본조개정)

제18조의2【다수인을 대상으로 하지 아니한 시험의 응시자격 제한】 ① 같은 요건에 의한 같은 직급의 다수인을 대상으로 하지 아니한 시험의 응시자격은 3회로 제한한다.
② 다수인을 대상으로 하지 아니한 시험의 제1차 시험 또는 제2차 시험(5급 이상 공무원의 경우는 제1차 시험만 해당한다)에서 40퍼센트 미만 득점한 과목이 1과목 이상이 되어 불합격한 경우에는 그 제1차 시험 응시일부터 6개월 이내에는 그 시험과 같은 요건에 의한 같은 직급의 다수인을 대상으로 하지 아니한 시험에 다시 응시할 수 없다.
(2011.8.22 본조개정)

제19조 (1980.2.6 삭제)

제20조【경력경쟁임용시험등의 합격자 임용】 임용권자는 경력경쟁임용시험등을 실시할 당시의 임용예정 직위 외의 직위에 그 경력경쟁임용시험등의 합격자를 임용할 수 없다.(2011.8.22 본조개정)

제21조【경력경쟁임용시험등 합격의 유효기간】 ① 경력경쟁임용시험등 합격의 효력은 1년으로 한다. 다만, 다수인을 대상으로 하지 아니한 시험 합격의 효력은 6개월로 한다.
② 제1항에도 불구하고 다음 각 호의 경력경쟁임용시험등의 합격자에 대한 합격의 효력은 2년으로 하되, 「병역법」에 따른 병역복무를 하기 위하여 징집 또는 소집된 경우의 의무복무 기간은 포함하지 않는다.(2022.4.27 본문개정)
1. 법 제27조제2항제8호에 따른 경력경쟁임용시험의 합격자 중 행정안전부장관이 정하는 학교 및 학과의 졸업자(2022.4.27 본호신설)
2. 법 제27조제2항제10호에 따른 경력경쟁임용시험등의 합격자(2022.4.27 본호신설)
③ 제2항에 해당하는 경력경쟁임용시험등의 합격자에 대해서는 제11조, 제12조, 제13조제1항과 제14조를 준용한다.
(2012.6.22 본조개정)

제21조의2【우수 인재의 추천 채용】 ① 법 제25조의4 제1항에 따라 수습으로 근무하는 사람(이하 "수습직원"이라 한다)은 다음 각 호의 어느 하나에 해당하는 학교의 졸업자(졸업일이 교육부장관 또는 행정안전부장관이 정하는 기간 이내에 있는 사람만 해당한다) 또는 졸업예정자로서 해당 학교의 장의 추천을 받은 사람 중에서 필기시험 등을 거쳐 시·도지사, 시·도의회의 의장이나 시·도의 교육감이 임용예정 계급을 8급 이하의 일반직공무원(임기제공무원은 제외한다)으로 하여 선발한다.
1. 「초·중등교육법」 제2조에 따라 설치된 고등학교(시·도지사, 시·도의회의 의장이나 시·도의 교육감이 정하는 분야의 학과가 설치된 경우만 해당한다)
2. 전문학사 학위과정이 개설된 「고등교육법」 제2조 각 호의 학교와 그 밖에 다른 법률에 따라 설치된 학교(시·도지사, 시·도의회의 의장이나 시·도의 교육감이 정하는 분야의 학과가 설치된 경우만 해당한다)
(2021.11.30 본항개정)
② 수습직원의 수습근무 기간은 수습근무(직무수행에 필요한 교육훈련을 포함한다. 이하 같다)가 시작된 날부터 6개월로 한다. 다만, 시·도지사, 시·도의회의 의장이나 시·도의 교육감은 수습직원의 근무태도가 성실하지 않은 등 특별한 사유가 있는 경우에는 6개월의 범위에서 해당 수습직원의 수습기간을 연장할 수 있다.(2021.11.30 단서개정)
③ 시·도지사, 시·도의회의 의장이나 시·도의 교육감은 제1항에 따라 수습직원으로 선발된 사람을 일정한 기간 직무수행에 필요한 교육훈련(실무수습을 포함한다)을 받게 할 수 있다.(2021.11.30 본항개정)
④ 시·도지사, 시·도의회의 의장이나 시·도의 교육감은 수습직원의 학업성적, 전공분야, 경력 및 적성 등과 각 지방자치단체의 결원 수와 예상 결원 수를 고려하여 수습으로 근무할 기관을 지정해야 한다.(2021.11.30 본항개정)
⑤ 임용권자는 수습직원의 근무상황을 지도·감독해야 하며, 수습직원의 근무성적이나 교육훈련 성적이 불량한 경우에는 시·도지사, 시·도의회의 의장이나 시·도의 교육감과 협의를 거쳐 수습근무 기간이 끝나기 전에 수습근무를 그만두게 할 수 있다.(2021.11.30 본항개정)
⑥ 임용권자는 수습직원의 근무성적, 교육훈련 성적 및 자질평가 결과를 고려하여 수습근무 기간이 끝나기 1개월 전까지 임용예정 계급 공무원으로의 임용 여부를 시·도지사, 시·도의회의 의장이나 시·도의 교육감과 협의해야 한다.(2021.11.30 본항개정)
⑦ 임용권자가 수습직원을 임용예정 계급 공무원으로 임용할 때에는 제55조제1항에도 불구하고 경력경쟁임용시험등을 면제한다.(2015.11.18 본항개정)
⑧ 임용권자가 수습직원을 임용함으로써 현원이 정원을 초과할 때에는 정원과 현원이 일치할 때까지 그 인원에 해당하는 정원이 해당 기관에 따로 있는 것으로 본다.
(2015.11.18 본항개정)
⑨ 임용권자는 수습직원에게 수습근무 기간 동안 예산의 범위에서 임용예정 직급의 1호봉에 해당하는 보수에 상당하는 금액을 지급할 수 있다.(2015.11.18 본항개정)
⑩ 시·도지사, 시·도의회의 의장이나 시·도의 교육감은 여성과 남성이 평등하게 수습근무의 기회를 가질 수 있도록 필요한 시책을 마련하여 추진할 수 있다.
(2021.11.30 본항개정)
⑪ 제1항부터 제10항까지에서 규정한 사항 외에 수습직원의 추천·선발, 인사관리, 보수지급 및 임용방법 등에 필요한 사항은 교육부장관 또는 행정안전부장관이 정한다.(2017.7.26 본항개정)
(2021.11.30 본조제목개정)

제21조의3【임기제공무원의 임용절차 등】 ① 지방자치단체의 장과 지방의회의 의장은 정원(일반임기제공무원을 임용하는 경우만 해당한다) 및 예산의 범위에서 임기제공무원을 임용할 수 있다.(2021.11.30 본항개정)
② 지방자치단체의 장과 지방의회의 의장이 제1항에 따라 임기제공무원을 임용하려는 경우에는 다음 각 호의 사항을 미리 해당 인사위원회의 의결을 거쳐 정해야 한다.(2021.11.30 본문개정)
1. 사업의 필요성
2. 임용예정 직위의 업무 내용
3. 임용 인원·등급 및 기간
4. 임용자격
5. 공고 계획
6. 임용요건
③ 임기제공무원의 임용시험은 제42조의2에도 불구하고 법 제7조제1항에 따라 임용권자별로 설치된 인사위원회가 실시한다. 다만, 5급 상당 이상 임기제공무원의 임용시험은 시장·군수 또는 자치구의 구청장이나 시·군·구의회의 의장의 요구에 따라 시·도 단위로 각각 해당 시·도의 인사위원회가 실시할 수 있다.(2021.11.30 단서개정)
④ 시험실시기관은 임기제공무원에 대하여 경력경쟁임용시험을 실시하는 경우 제62조제2항에도 불구하고 다음 각 호의 어느 하나에 해당하는 경우에는 공고하지 않을 수 있다.(2021.11.30 본문개정)
1. 외국인 및 북한이탈주민을 임기제공무원으로 임용하는 경우로서 불가피한 사유가 있는 경우
2. 기구의 개편, 직제 또는 정원의 개정 또는 폐지 등으로 임기제공무원의 정원이 다른 기관 등으로 이체(移替)되어 해당 임기제공무원을 직급 및 직무분야의 변경 없이 근무기간 동안 계속 임용하는 경우. 이 경우 해당 임기

제공무원은 근무기간, 연봉등급 등에 관하여 종전의 임용요건에 따라 임용된 것으로 본다.
3. 파견자 또는 휴직자의 결원 보충 등의 사유로 임기제공무원을 3개월의 범위에서 임용하는 경우. 다만, 결원보충 등의 사유가 계속되어 근무기간을 연장하는 경우로서 전체 근무기간이 6개월을 초과하는 경우에는 임용공고 절차를 거쳐야 한다.
4. 한시임기제공무원을 임용하는 경우
5. 정책결정의 보좌를 위하여 전문임기제공무원을 임용하는 경우(2016.12.30 본호신설)
6. 중증장애인인 지방의회의원의 활동을 보조하기 위하여 임기제공무원을 임용하는 경우(2021.11.30 본호신설)
⑤ 제4항제4호에 해당하는 한시임기제공무원을 임용하는 경우에는 제55조에도 불구하고 경력경쟁임용시험등을 면제할 수 있다.
⑥「비상대비에 관한 법률」제12조의2제1항제3호에 따라 시·도 및 시·도 교육청에 두는 비상대비업무담당자와 교육부장관 또는 행정안전부장관이 정하는 업무 분야의 담당자(이하 "비상대비업무담당자등"이라 한다)는 지방전문경력관 또는 일반임기제공무원으로 임용한다. 이 경우 임용계급 또는 상당계급, 임용 절차, 자격요건 등은 교육부장관 또는 행정안전부장관이 따로 정한다.
(2023.6.13 전단개정)
⑦ 법 제41조제1항 및 제2항에 따른 결원 보충의 경우에 한정하여 지방전문경력관을 일반임기제공무원으로 임용할 수 있다.
(2013.11.20 본조신설)

제21조의4【임기제공무원의 근무기간】 ① 임기제공무원의 근무기간은 다음 각 호의 기간으로 한다.
1. 한시임기제공무원의 근무기간 : 1년 6개월 범위에서 업무를 대행하는 데 필요한 기간
2. 정책결정 보좌를 위한 전문임기제공무원의 근무기간 : 임용권자의 임기만료일까지의 범위에서 필요한 기간
3. 제21조의3제4항제6호에 따라 임용하는 임기제공무원의 근무기간 : 활동 보조를 받는 지방의회의원의 임기만료일(「지방자치법」제89조부터 제92조까지의 규정에 따라 지방의회의원이 사직, 퇴직 또는 자격상실하는 경우를 포함한다)까지의 범위에서 필요한 기간
4. 그 밖의 임기제공무원의 근무기간 : 5년의 범위에서 해당 사업을 수행하는 데 필요한 기간
(2021.11.30 본항개정)
② 지방자치단체의 장과 지방의회의 의장은 일반임기제공무원, 전문임기제공무원 또는 시간선택제임기제공무원을 임용하게 된 해당 사업이 계속되거나, 부득이한 사유로 근무기간 내에 사업이 종료되지 않아 근무기간을 연장할 필요가 있다고 인정할 때에는 해당 인사위원회의 의결을 거쳐 총 근무기간이 5년(정책결정 보좌를 위한 전문임기제공무원은 제1항제2호의 기간으로, 제21조의3제4항제6호에 따라 임용하는 임기제공무원은 제1항제3호의 기간으로 한다)을 넘지 아니하는 범위에서 제62조제2항에 따른 공고 절차를 거치지 아니하고 근무기간을 연장할 수 있다. 다만, 근무실적이 탁월한 사람에 대해서는 인사위원회의 의결을 생략할 수 있다.(2021.11.30 본문개정)
③ 지방자치단체의 장과 지방의회의 의장은 한시임기제공무원으로 임용된 공무원의 근무실적이 우수하거나 계속하여 근무하게 해야 할 특별한 사유가 있는 경우에는 해당 인사위원회의 의결을 거쳐 총 근무기간이 1년 6개월을 넘지 않는 범위에서 근무기간을 연장할 수 있다. 다만, 근무실적이 탁월한 사람에 대해서는 인사위원회의 의결을 생략할 수 있다.(2021.11.30 본문개정)
④ 제1항에도 불구하고 제21조의3제6항에 따라 임기제공무원으로 임용하는 비상대비업무담당자등의 근무기간은 교육부장관 또는 행정안전부장관이 정하는 기간으로 한정한다.(2020.7.28 본항개정)
⑤ 지방자치단체의 장과 지방의회의 의장은 제1항 및 제2항에도 불구하고 총 근무기간이 5년에 이른 임기제공무원(한시임기제공무원, 정책결정 보좌를 위한 전문임기제공무원과 제21조의3제4항제6호에 따라 임용하는 임기제공무원은 제외한다)의 성과가 탁월한 경우에는 제62조제2항에 따른 공고 절차를 거치지 지방자치단체의 장과 지방의회의 의장의 의결을 거쳐 제1항 및 제2항에 따른 총 근무기간 5년을 초과하여 추가로 5년의 범위에서 일정한 기간 단위로 근무기간을 연장할 수 있다.(2021.11.30 본항개정)

제21조의5【임기제공무원의 근무실적평가】 ① 지방자치단체의 장과 지방의회의 의장은 임기제공무원의 근무상황과 업무수행실적을 정기적으로 또는 수시로 평가하여 근무기간을 변경하거나 연장할 때 반영할 수 있다.
(2021.11.30 본항개정)
② 제1항에 따른 근무상황과 업무수행실적의 평가에 관하여는 제31조의2를 준용하되, 임용권자는 해당 기관의 특성에 따라 평가의 기준·방법 및 그 결과의 반영 절차 등에 관한 사항을 따로 정할 수 있다.
(2013.11.20 본조신설)

제21조의6【임기제공무원의 교육훈련】 ① 지방자치단체의 장과 지방의회의 의장은「지방공무원 교육훈련법」에서 정하는 바에 따라 임기제공무원에게 교육훈련을 받게 할 수 있다. 다만, 일반임기제공무원의 국외훈련과 전문임기제공무원의 교육훈련에 대해서는 다음 각 호에서 정하는 바에 따른다.(2021.11.30 본문개정)
1. 일반임기제공무원에 대한 국외훈련은 국외훈련 후 일반임기제공무원으로서 1년 이상 근무할 것이 예정되는 사람으로 한정하여 업무 수행에 필요하다고 인정하는 경우 6개월의 범위에서 받게 할 수 있다.
2. 전문임기제공무원에 대한 교육훈련은 교육훈련 후 전문임기제공무원으로서 1년 이상 근무할 것이 예정되는 사람으로 한정하여 업무 수행에 필요하다고 인정하는 경우 국내훈련에 한정하여 6개월의 범위에서 받게 할 수 있다.
(2016.12.30 1호~2호신설)
② 제1항에 따라 임기제공무원이 교육훈련을 받는 기간 동안에는 해당 임기제공무원에게 보수를 지급한다.
(2013.11.20 본조신설)

제21조의7【시간선택제임기제공무원 및 한시임기제공무원의 복무 등】 지방자치단체의 장과 지방의회의 의장은「지방공무원 복무규정」제2조에도 불구하고 시간선택제임기제공무원 및 한시임기제공무원의 근무시간을 주당 15시간 이상 35시간 이하의 범위에서 정한다.(2021.11.30 본조개정)

제21조의8【임기제공무원으로 전보된 경력직공무원의 근무상한연령】 ① 임기제공무원이 아닌 경력직공무원이 임기가 있는 직위로 전보되어 임기제공무원이 된 경우에는 근무상한연령을 60세로 한다.
② 제1항에 해당하는 공무원은 그 근무상한연령에 이른 날이 1월에서 6월 사이에 있으면 6월 30일에, 7월에서 12월 사이에 있으면 12월 31일에 각각 당연히 퇴직한다.
(2013.11.20 본조신설)

제3절 시보임용

제22조【시보공무원】 ① 임용권자는 시보임용기간 중인 공무원의 근무상황을 항상 지도·감독하여야 한다.
② 임용권자는 법 제28조제3항에 따라 시보임용 기간 중의 공무원을 면직할 때에는 미리 해당 인사위원회의 의결을 거쳐야 한다. 이 경우 시·군·자치구와 시·군·자치구의회의 5급 이상 시보공무원의 경우에는 시·도 단위로 각각 해당 시·도의 인사위원회의 의결을 거쳐야 한다.(2021.11.30 후단개정)
③ 임용권자는 법 제28조제3항에 따라 시보임용 기간 중인 공무원이 다음 각 호의 어느 하나에 해당하는 경우에는 면직할 수 있다.
1. 근무성적 또는 교육훈련성적이 매우 불량하여 성실한 근무수행을 기대하기 어렵다고 인정되는 경우
2. 법 또는 법에 따른 명령을 위반하여 중징계(파면·해임·강등 또는 정직을 말한다) 사유에 해당하는 비위를 저지른 경우(2018.3.20 본호개정)
3. 법 또는 법에 따른 명령을 위반하여 경징계(감봉 또는 견책을 말한다) 사유에 해당하는 비위를 2회 이상 저지른 경우
4. 공무원으로서 품위를 크게 손상하는 행위를 함으로써 공무원으로서의 자질이 부족하다고 판단되는 경우
5. 제25조제1항 전단에 따라 받은 교육훈련 성적이 수료기준에 미달한 경우
6. 제25조제1항 전단에 따른 교육훈련 중 질병, 병역 복무 또는 그 밖에 교육훈련을 계속할 수 없는 불가피한 사정이 아닌 사유로 퇴학처분을 받은 경우
(2018.3.20 4호~6호신설)
(2015.11.18 본항신설)
(2009.2.6 본조개정)

제23조 (1973.5.17 삭제)

제24조【시보임용의 면제 및 기간 단축】 ① 다음 각 호의 기간이 있는 경우에는 그 기간에 따라 시보임용을 면제하거나 시보임용기간을 줄일 수 있다.(2016.6.28 본문개정)
1. 법 제27조제2항제7호에 따라 임용되는 경우 같은 계급의 국가공무원으로 근무한 기간
2. 제25조에 따라 시보공무원이 될 사람이 받은 교육훈련기간
② 다음 각 호의 어느 하나에 해당하는 경우에는 시보임용을 면제한다.
1. 제33조의 승진소요 최저연수를 초과하여 재직하고 제34조의 승진임용 제한사유에 해당하지 않은 사람이 승진 예정 계급에 해당하는 신규임용시험에 합격하여 임용되는 경우
2. 정규의 일반직 지방공무원 또는 일반직 국가공무원이었던 사람(임기제공무원으로만 근무했던 사람은 법 제28조제1항에 따른 계급별 시보임용 기간 이상 근무한 경우로 한정한다)이 퇴직 당시의 계급(교육부장관 또는 행정안전부장관이 정하는 임용계급에 상당하는 계급을 포함한다. 이하 이 호에서 같다)이나 그 이하의 계급으로 임용되는 경우(2020.7.28 본호개정)
3. 수습직원이 법 제25조의4제1항에 따라 일반직공무원으로 임용된 경우(2015.11.18 본호개정)
4. 임기제공무원으로 임용되는 경우(2013.11.20 본호신설)
(2009.2.6 본조개정)

제25조【시보공무원이나 시보공무원이 될 사람에 대한 훈련】 ① 임용권자 또는 임용후보자 추천권자는 시보공무원이나 시보공무원이 될 사람을 각급 공무원교육원, 일반교육기관이나 그 밖의 행정 기관에 위탁하여 일정 기간 직무수행에 필요한 교육훈련(실무수습을 포함한다)을 시킬 수 있다. 이 경우 시보공무원이 될 사람에게는 예산의 범위에서 임용예정 직급의 1호봉에 해당하는 봉급에 상당하는 금액(교육훈련 기간은 그 금액의 80퍼센트) 등을 지급할 수 있다.(2018.3.20 후단개정)
② 임용권자는 시보공무원의 훈련 및 실무수습에 관한 계획을 수립하여 실시하여야 한다. 다만, 5급 시보공무원의 훈련 및 실무수습에 관하여는 교육부장관 또는 행정안전부장관이 수립한 기본계획에 따라야 한다.(2017.7.26 단서개정)

제4장 전보 및 전직 등
(2009.2.6 본장개정)

제26조【전보임용의 원칙】 ① 임용권자는 가급적 다음 각 호의 원칙에 따라 전보를 실시한다.
1. 같은 직위에서 장기간 근무했을 때 발생할 수 있는 침체를 방지하여 소속 공무원이 창의적으로 직무를 수행할 수 있게 한다.
2. 잦은 전보에 따른 능률 저하를 방지하여 소속 공무원이 안정적으로 직무를 수행할 수 있게 한다.
3. 특별한 사정이 없으면 공무원의 배우자 또는 직계존속이 거주하는 지역을 고려하여 전보를 실시한다.
(2019.6.18 본호개정)
② 제7조제7항에 따른 보직관리의 기준에는 전보에 관한 기준이 포함되어야 한다.(2019.11.5 본항개정)
③ 임용권자는 5급 이하 공무원이 특수지(「지방공무원수당 등에 관한 규정」제12조에 따른 지역을 말한다. 이하 같다)에 2년 이상 계속 근무하였으면 본인의 희망을 고려하여 그 공무원을 특수지가 아닌 지역으로 전보하여야 한다. 다만, 본인이 다른 곳으로 전보되기를 희망하지 않거나 그 밖의 특별한 사유가 있으면 전보하지 아니할 수 있다.(2013.11.20 본문개정)
④ (2009.9.21 삭제)
⑤ 제3항 단서에 따라 전보하지 아니할 수 있는 사유와 특수지에 근무하는 공무원의 교류에 필요한 사항은 규칙으로 정한다.(2009.9.21 본항개정)

제26조의2【임기제공무원의 예외적 전보】 임용권자는 다음 각 호의 어느 하나에 해당하는 경우에는 임기제공무원을 해당 직위에서 다른 직위에 전보할 수 있다. 이 경우 제1호에 해당 할 때에는 임기제공무원의 근무기간, 연봉등급 등에 관하여는 종전의 임용요건에 따라 임용된 것으로 본다.
1. 기구의 개편, 직제 또는 정원의 개정 또는 폐지 등으로 해당 지방자치단체 내에서 임기제공무원을 교육부장관 또는 행정안전부장관이 정하는 바에 따라 직급과 직무분야가 같거나 유사한 다른 임기제공무원의 직위에 계속 임용하는 경우(2020.7.28 본호개정)
2. 임기제공무원이 아닌 경력직공무원을 임기제공무원으로 임용한 후 임기제공무원이 아닌 경력직공무원 직위로 재전보하는 경우
(2015.11.18 본조제목개정)
(2013.11.20 본조신설)

제27조【필수보직기간의 준수 등】 ① 임용권자는 다음 각 호의 어느 하나에 해당하는 경우를 제외하고는 소속 공무원을 해당 직위에 임용한 날부터 2년의 필수보직기간(휴직기간, 직위해제처분기간, 강등 및 정직 처분으로 인하여 직무에 종사하지 않은 기간은 포함하지 않는다. 이하 이 조에서 같다)이 지나야 다른 직위에 전보할 수 있다.(2019.11.5 본문개정)
1. 직제상 최저 단위의 보조기관 내에서 전보, 강등, 강임 또는 승진된 경우(2009.3.31 본호개정)
2. 시보공무원이 정규공무원으로 임용된 경우
3. 기구 개편, 직제 변경이나 정원 변경에 따라 소속·직위 또는 직급의 명칭만 변경하고 담당 직무는 그대로 유지한 상태로 재발령된 경우
② 제1항에도 불구하고 임용권자는 다음 각 호의 어느 하나에 해당하는 경우에는 필수보직기간을 별도로 정하여 운영할 수 있다. 이 경우 필수보직기간은 1년 이상으로 하여야 한다.
1. 시·도에서 각 실, 국 또는 이에 상응하는 보조기관·보좌기관·소속기관 내에서 직무가 유사한 직위로 전보하는 경우
2. 소속 공무원을 다른 지역의 직무가 유사한 직위로 전보하는 경우(임용권자가 같은 기관 내 전보로 한정한다)
3. 도서·벽지 등 특수지역에 근무하는 공무원을 특수지역이 아닌 지역으로 전보하는 경우(임용권자가 같은 기관 내 전보로 한정한다)
(2018.3.20 본항신설)
③ 제1항 및 제2항에도 불구하고 임용권자는 해당 업무분야의 전문성 제고 등을 위하여 특히 필요한 경우에는 제1항 및 제2항에 따른 필수보직기간을 초과하여 보직하는 업무 분야와 그 필수보직기간을 별도로 정하여 운영할 수 있다.(2018.3.20 본항신설)

④ 임용권자는 제1항부터 제3항까지의 규정에도 불구하고 다음 각 호의 어느 하나에 해당하는 경우에는 소속 공무원을 다른 직위로 전보할 수 있다. 이 경우 제2호 · 제3호에 해당하는 경우로서 교육부장관 또는 행정안전부장관이 정하는 경우 및 제6호에 해당하는 경우에는 미리 해당 인사위원회의 심의를 거쳐야 한다.
1. 기구의 개편, 직제 또는 정원의 변경으로 해당 공무원을 전보하는 경우
2. 승진임용, 강임, 개방형 직위 등에의 임용 등 교육부장관 또는 행정안전부장관이 정하는 인사조치에 따라 해당 공무원을 전보하는 경우
3. 공무원이 징계처분을 받거나 형사사건으로 수사를 받는 등의 사유로 현재 직위의 직무를 수행하기 부적절한 경우로서 교육부장관 또는 행정안전부장관이 정하는 경우
4. 가족과의 거주, 육아, 모성보호 등을 위해 전보가 필요한 경우로서 교육부장관 또는 행정안전부장관이 정하는 경우
5. 「지방공무원 적극행정 운영규정」 제13조에 따라 적극행정 우수공무원으로 선발된 공무원을 같은 규정 제14조제1항제8호에 따라 희망 부서로 전보하는 경우
6. 그 밖에 임용권자가 보직관리를 위해 전보할 필요가 있다고 특별히 인정하는 경우(매년 12월 31일을 기준으로 연간 전체 전보인원의 100분의 10 이내로 한정한다)
(2020.9.22 본항개정)
⑤ 임용권자는 제4항제1호, 같은 항 제2호 · 제3호에 해당하는 경우로서 교육부장관 또는 행정안전부장관이 정하는 경우 및 같은 항 제4호에 해당하는 경우를 제외하고는 경력경쟁임용시험등을 통하여 임용된 공무원에 대해서는 최초로 직위에 임용된 날부터 3년의 필수보직기간이 지나야 다른 직위에 전보할 수 있다. 다만, 법 제27조제2항제1호 · 제4호 · 제5호 또는 제7호에 따라 임용된 공무원의 필수보직기간은 제1항 및 제4항을 따르고, 법 제27조제2항제6호 · 제11호 · 제12호 및 제13호에 따라 임용된 공무원의 필수보직기간은 법 제27조제5항을 따른다.
(2020.9.22 본항개정)
⑥ 법 제35조제2항에 따라 근무예정지역이나 근무예정기관을 미리 정하여 실시한 공개경쟁신규임용시험(시험실시기관의 장이 2개 이상의 임용예정기관에 대하여 일괄적으로 실시하는 공개경쟁신규임용시험을 포함한다)에 합격하여 임용된 공무원은 임용된 날부터 3년의 필수보직기간이 지나야 최초 임용된 기관 외의 기관으로 전보될 수 있다. 다만, 임용권자가 필요하다고 인정하는 경우에는 3년부터 5년까지의 범위에서 그 기간을 따로 정할 수 있다.(2020.9.22 본문개정)
⑦ 임용권자는 제6항 단서에 따라 필수보직기간을 따로 정하려는 경우에는 그 내용을 제62조에 따른 시험의 공고에 포함해야 한다.(2020.9.22 본항개정)
⑧ 제6항에도 불구하고 기구 개편, 직제 변경 또는 정원 변경으로 그 직책이 없어지거나 정원이 초과된 경우에는 다른 기관으로 전보될 수 있다.(2020.9.22 본항개정)
⑨ 임용권자는 일반승진시험 요구 중에 있는 소속 공무원을 승진후보자 명부의 작성단위가 다른 기관에 전보할 수 없다.(2020.9.22 본항개정)
⑩ 임용권자는 제1항부터 제3항까지의 규정에 따른 각각의 필수보직기간을 초과하여 같은 직위에 계속하여 근무한 공무원에 대하여 인사상 우대할 수 있다.(2018.3.20 본항신설)
⑪ 교육부장관 또는 행정안전부장관은 필수보직기간의 준수율 제고를 위하여 필요하다고 인정하는 경우에는 임용권자에게 필수보직기간 운영실적을 제출받아 이를 평가할 수 있다.(2020.7.28 본항개정)
(2020.9.22 본조제목개정)

제27조의2【파견근무】 ① 지방자치단체의 장과 지방의회의 의장은 다음 각 호의 어느 하나에 해당하는 경우에는 법 제30조의4에 따라 소속 공무원을 파견할 수 있다.
(2021.11.30 본문개정)
1. 해당 지방자치단체가 아닌 다른 기관이나 단체에서 지방자치단체의 사업을 수행하기 위하여 특히 필요한 경우
2. 업무 폭주상태인 다른 지방자치단체나 국가기관에 행정지원을 하는 경우
3. 사무의 소관이 명백하지 않거나 관련 기관 간의 긴밀한 협조가 필요한 특수업무를 공동수행하기 위하여 필요한 경우
4. 「지방공무원 교육훈련법」에 따른 소속 공무원의 교육훈련을 위하여 필요한 경우
5. 「지방공무원 교육훈련법」에 따른 공무원 교육훈련기관의 교수요원으로 선발된 경우
6. 국제기구, 외국 정부나 외국 연구기관에서 업무 수행 및 능력 개발을 하기 위하여 필요한 경우
7. 국내 연구기관, 국내 민간기관과 국내 단체에서 관련 업무수행 및 능력개발을 하거나 지방정책 수립과 관련된 자료 수집 등을 하기 위하여 필요한 경우
② 제1항의 파견기간은 다음 각 호와 같다.
1. 제1항제1호부터 제3호까지 및 제7호에 따른 파견기간은 2년 이내로 하되, 필요한 경우에는 총 파견기간이 5년을 초과하지 않는 범위에서 파견기간을 연장할 수 있다.(2013.12.30 본호개정)
2. 제1항제4호 및 제6호에 따른 파견기간은 교육훈련 · 업무수행 및 능력개발을 위하여 필요한 기간으로 한다.
3. 제1항제5호에 따른 파견기간은 1년 이내로 하되, 필요한 경우에는 총 파견기간이 2년을 초과하지 않는 범위에서 파견기간을 연장할 수 있다.(2010.6.15 본호신설)
③ 지방자치단체의 장과 지방의회의 의장이 제1항제1호부터 제3호까지 및 제5호에 따라 소속 공무원을 파견하려면 파견받을 기관의 장이 파견을 미리 요청해야 한다.
(2021.11.30 본항개정)
④ 파견의 발령은 해당 공무원의 전보권을 갖고 있는 기관의 장이 발령한다.
⑤ 제1항부터 제4항까지의 규정에도 불구하고 임용권자는 제25조제2항에 따른 실무수습을 위하여 필요한 경우에는 시보공무원을 각급 기관에 파견하여 근무하게 할 수 있다. 이 경우 임용권자는 파견받을 기관의 장과 미리 협의하여야 한다.
⑥ 제1항제1호, 제3호 및 제7호의 사유로 파견된 공무원은 보수 외에 파견된 기관으로부터 교육부장관 또는 행정안전부장관이 정하는 기준을 초과하여 수당 · 경비 그 밖의 금전을 지급받아서는 안 된다.(2020.7.28 본항개정)

제27조의3【파견 등으로 인한 결원 보충】 ① 다음 각 호의 어느 하나에 해당하는 경우에는 법 제41조제2항에 따라 정원이 따로 있는 것으로 보고 결원을 보충할 수 있다. 이 경우 지방자치단체의 장(교육감은 제외한다)은 제1호에 해당하여 결원을 보충할 때에는 미리 행정안전부장관의 승인을 받아야 하되, 5급 이하 공무원의 보충에 대한 승인권은 해당 시 · 도지사에게 위임한다.(2017.7.26 후단개정)
1. 파견기간이 1년 이상인 경우
2. 정년이 될 때까지 남은 근무기간이 1년 이내인 사람이 퇴직 후의 사회적응능력을 기르기 위하여 연수하게 된 경우
② 다음 각 호의 어느 하나에 해당하는 경우에는 그 훈련을 위한 파견기간 동안 그 인원에 해당하는 정원이 해당 기관에 따로 있는 것으로 본다.(2020.7.28 본문개정)
1. 「지방공무원 교육훈련법」 제19조제1항에 따라 지방자치단체의 장(교육감은 제외한다)이나 지방의회의 의장이 수립한 국외 위탁교육훈련계획 중 훈련기간이 6개월 이상인 경우로 결원 보충이 필요한 경우(2021.11.30 본호개정)
2. 「지방공무원 교육훈련법」 제19조제2항 본문에 따라 교육부장관 또는 행정안전부장관이 수립하는 6개월 이상인 교육훈련계획에 따라 교육훈련대상자의 직급 및 인원이 기관별로 결정된 경우(2017.7.26 본호개정)
3. 「지방공무원 교육훈련법」 제19조제2항 단서에 따라 시 · 도지사, 시 · 도의회의 의장과 교육감이 6급 이하 지방공무원에 대하여 6개월 이상인 국내 위탁교육훈련계획을 수립 · 시행함에 따라 결원 보충이 필요한 경우
(2021.11.30 본호개정)
③ 「공무원임용시험령」 제21조에 따른 5급 공무원의 공개경쟁채용시험 합격자를 「공무원임용령」 제24조에 따른 교육훈련이 끝나는 즉시 법 제27조제2항제7호에 따라 지방공무원으로 임용하는 경우 이로 인하여 현원이 정원을 초과하는 경우에는 해당 직급에 최초로 결원이 발생할 때까지 그 초과 인원에 해당하는 정원이 해당 기관에 따로 있는 것으로 본다.(2011.4.4 본항개정)
④ 제7조의3에 따라 전문관으로 선발되거나 선발될 사람(대외적인 협상 · 교류 · 협력이나 외국정부 또는 국제기구 관련 업무를 주로 담당하는 전문관만 해당한다)에 대하여 국제화 훈련을 실시하는 경우에는 제1항과 제2항에도 불구하고 교육훈련기간이 6개월 이상이면 법 제41조제2항에 따라 정원이 따로 있는 것으로 보고 결원을 보충할 수 있다.
⑤ 출산휴가와 연계하여 법 제63조제2항제4호에 따라 3개월 이상 휴직하는 경우에는 법 제41조제1항 단서에 따라 정원이 따로 있는 것으로 보고 결원을 보충할 수 있다.
⑥ 지방전문경력관 및 임기제공무원의 휴직 또는 파견(지방전문경력관만 해당한다)에 따른 결원은 임기제공무원으로 보충하여야 한다. 이 경우 임기제공무원의 근무기간은 해당 휴직자 또는 파견자의 휴직기간(출산휴가와 연계하여 육아휴직을 한 경우에는 출산휴가기간을 포함한다) 또는 파견기간으로 한다.(2013.11.20 본항신설)

제27조의4【민간전문가의 파견근무】 ① 지방자치단체의 장과 지방의회의 의장은 법 제30조의4제1항에 따라 지방자치단체 외의 기관 · 단체(이하 이 조에서 "민간기관"이라 한다)의 임직원을 파견받아 지방자치단체에서 근무하게 할 때에는 그 민간기관의 장과 미리 협의해야 한다.(2021.11.30 본항개정)
② 파견되는 자가 수행할 업무와 직접 이해관계가 있는 민간기관의 경우 그 임직원은 지방자치단체에 파견될 수 없다.
③ 민간기관의 임직원의 파견기간은 2년 이내로 하되, 필요한 경우 1년(국가안보 관련 목적으로 파견되는 경우에는 3년)의 범위에서 연장할 수 있다.(2020.9.22 본항개정)
④ 지방자치단체의 장과 지방의회의 의장은 제1항에 따라 민간기관의 임직원을 파견받아 근무하게 하거나 제3항에 따라 파견기간을 연장할 때에는 미리 해당 인사위원회의 의결을 거쳐야 한다.(2021.11.30 본항개정)
⑤ 민간기관의 임직원을 파견받은 지방자치단체의 장과 지방의회의 의장은 다음 각 호의 어느 하나에 해당하는 경우에는 파견된 임직원을 해당 민간기관에 복귀시킬 수 있다. 이 경우 파견된 사람이 소속된 민간기관의 장에게 그 사유를 통보해야 한다.(2021.11.30 본문개정)
1. 파견사유가 소멸한 경우
2. 파견 목적이 달성될 가망이 없는 경우
3. 파견된 임직원이 파견 목적에 현저히 위배되는 행위를 한 경우
⑥ 지방자치단체에 파견된 민간기관의 임직원은 복무에 관하여 그 지방자치단체의 장이나 지방의회의 의장의 지휘 · 감독을 받는다.(2021.11.30 본항개정)

제27조의5【인사교류】 ① 법 제30조의2에 따라 지방자치단체 상호간에 인사교류를 할 수 있는 경우는 다음 각 호와 같다.
1. 지방자치단체 간 인력의 균형 있는 배치와 지방행정의 균형 있는 발전을 위하여 5급 이상 공무원이나 6급 기술직렬 공무원을 교류하는 경우
2. 행정기관 상호간의 협조체제 증진과 공무원의 종합적 능력 발전을 위하여 이웃한 지방자치단체 간에 교류하는 경우
3. 5급 이하 공무원의 연고지 배치를 위하여 필요한 경우
② 법 제30조의2제3항에 따른 인사교류 대상의 선정과 인사교류의 활성화를 위하여 교육부장관, 행정안전부장관, 시 · 도지사나 시 · 도의회의 의장은 다음 각 호의 사항이 포함된 인사교류 계획을 수립 · 시행할 수 있다. 이 경우 교육부장관 또는 행정안전부장관은 인사교류 계획에 따라 인사교류를 실시하는 지방자치단체에 대해서는 관계 법령에 따라 재정상 · 조직상 우대할 수 있다.
(2021.11.30 전단개정)
1. 일반직공무원의 인사교류에 관한 사항(2021.11.30 본호개정)
2. 제1호에 따른 인사교류 대상자의 규모(계급별 소속 일반직공무원 수에 대한 교류 공무원 수의 비율을 포함한다) 및 교류직위
(2010.4.7 본항개정)
③ 교육부장관, 행정안전부장관, 시 · 도지사나 시 · 도의회의 의장은 제2항에 따른 인사교류 계획의 수립에 필요한 계급별 교류비율을 정하는 경우 지역적 특성을 고려해야 하며, 계급별 교류비율이 소속 일반직공무원 계급별 총수의 100분의 20이 넘지 않도록 해야 한다.(2021.11.30 본항개정)
④ 제2항에 따라 인사교류를 하는 경우(파견의 경우는 제외한다) 본인의 동의나 신청이 있어야 하고, 인사교류 계획에 따라 교류 임용된 공무원에 대해서는 교육부령 또는 행정안전부령으로 정하는 바에 따라 인사상 우대할 수 있으며, 「지방공무원 수당 등에 관한 규정」에서 정하는 바에 따라 예산의 범위에서 수당 등을 지급할 수 있다.
(2017.7.26 본항개정)
⑤ 제2항 및 제3항에서 규정한 사항 외에 인사교류 계획의 수립 · 시행에 필요한 사항은 교육부장관 또는 행정안전부장관이 정한다.(2017.7.26 본항개정)
(2010.4.7 본조제목개정)

제27조의6【전출 동의의 통보】 법 제29조의3에 따라 소속 공무원의 전출에 대한 동의를 요구받은 지방자치단체의 장이나 지방의회의 의장은 그 요구를 받은 날부터 7일 이내에 동의 여부를 통보해야 한다.(2021.11.30 본조개정)

제27조의7【전출의 제한】 ① 임용권자는 경력경쟁임용시험등을 통해 임용된 공무원(법 제27조제2항제1호부터 제5호까지 및 제7호부터 제10호까지의 규정에 따라 임용된 경우로 한정한다)에 대해서는 최초로 직위에 임용된 날부터 4년의 전출제한기간(휴직기간, 직위해제처분기간, 강등 및 정직 처분으로 직무에 종사하지 않은 기간은 포함하지 않는다. 이하 이 조에서 같다) 이내에는 다른 지방자치단체로 전출할 수 없다.
② 법 제35조제2항에 따라 근무예정지역이나 근무예정기관을 미리 정하여 실시한 공개경쟁신규임용시험(시험실시기관의 장이 2개 이상의 임용예정기관에 대해 일괄적으로 실시하는 공개경쟁신규임용시험을 포함한다)에 합격하여 임용된 공무원은 임용된 날부터 3년의 전출제한기간이 지나야 최초 임용된 지역 외의 지역으로 전출될 수 있다. 다만, 임용권자가 필요하다고 인정하는 경우에는 3년부터 5년까지의 범위에서 그 기간을 따로 정할 수 있다.
③ 임용권자는 제2항 단서에 따라 전출제한기간을 따로 정하려는 경우에는 그 내용을 제62조에 따른 시험의 공고에 포함해야 한다.
④ 기구 개편, 직제 변경 또는 정원 변경으로 그 직책이 없어지거나 정원이 초과되는 경우에는 제2항에도 불구하고 다른 지방자치단체로 전출할 수 있다.
⑤ 임용권자는 일반승진시험 요구 중에 있는 소속 공무원을 승진후보자 명부의 작성단위가 다른 지방자치단체로 전출할 수 없다.
(2020.9.22 본조신설)

제28조【전직의 요건】 ① 임용권자는 다음 각 호의 어느 하나에 해당하는 경우에는 전직시험을 거쳐 소속 공무원을 전직시킬 수 있다.

1. 다음 각 목의 어느 하나에 해당하는 사람을 그 현재의 계급과 같은 계급의 직위에 전직시키려는 경우
가. 전직 예정직 관련 직무에 6개월 이상 근무한 사람 (2018.3.20 본목개정)
나. 전직 예정직 관련 교육훈련을 6개월 이상 받은 사람
다. 전직 예정과 관련된 전문적인 학교교육을 받은 사람
라. 국가에서 인정하는 자격증을 가진 사람
2. 직제 또는 정원이 개정되거나 폐지되어 해당 직위의 인원을 조정할 필요가 있는 경우
3. 부시장, 부군수, 구청장(자치구가 아닌 구의 구청장을 말한다) 또는 부구청장으로 임용하는 경우
4. 그 기관의 같은 직렬에는 상위 직급의 직위가 없는 직위에 근무하고 있는 사람을 다른 직렬(6급 이하 공무원의 경우에는 같은 직군의 직렬에 한정한다)의 상위 직급으로 승진임용하는 경우
5. 전에 재직한 직렬(제15조에 따라 전직된 신규임용후보자의 경우에는 임용예정 직렬을 포함한다)로 전직하는 경우
6. (2013.11.20 삭제)
② 제1항의 경우 규칙으로 정하는 특수 직급에 전직시킬 때에는 그 특수 직급에 해당하는 자격증이 있는 사람을 전직시켜야 한다.
③ 법 제27조제2항제2호부터 제4호까지, 제8호부터 제10호까지의 규정에 따라 임용된 공무원은 최초로 임용된 날부터 3년간(휴직기간, 직위해제처분기간, 강등 및 정직처분으로 인하여 직무에 종사하지 않은 기간은 포함하지 않는다) 해당 직렬이 아닌 직렬로 전직될 수 없으며, 법 제27조제2항제3호 또는 제4호에 따라 임용된 공무원으로서 행정직렬이 아닌 공무원과 같은 항 제2호, 제8호부터 제10호까지의 규정에 따라 임용된 공무원은 5년간(휴직기간, 직위해제기간과 정직기간은 포함시키지 아니한다) 4급 이하 행정 직렬의 공무원으로 전직될 수 없다. 다만, 직제 또는 정원이 변경된 경우에는 전직 제한기간에도 전직될 수 있다.(2019.11.5 본문개정)

제29조【전직시험의 면제】 다음 각 호의 어느 하나에 해당하는 경우에는 전직시험을 거치지 않고 전직시킬 수 있다.
1. 전에 재직한 직렬(공무원의 신분이 중단되지 않은 사람이어야 하며, 제15조에 따라 전직된 신규임용후보자의 경우에는 임용예정 직렬을 포함한다)로 전직시키는 경우. 다만, 6급 이하 공무원이 5급 이상의 공무원·연구관 또는 지도관으로 임용된 후 전직하는 경우는 전직시험을 거쳐야 한다.
2. (2013.11.20 삭제)
3. 제28조제1항제2호에 따른 전직 중 같은 직군 내에서 직무 내용의 변경 없이 직급 명칭만 변경되는 경우
4. 규칙으로 정하는 자격증 소지자를 그 자격증에 상응하는 직급으로 전직시키는 경우
5. 규칙으로 정하는 직무 내용이 비슷한 연구직렬 공무원을 기술직렬 공무원으로 전직시키는 경우
6. 부시장, 부군수, 구청장(자치구가 아닌 구의 구청장을 말한다) 또는 부구청장으로 전보시키는 경우

제5장 승진임용

제30조【4급 공무원과 6급 이하 공무원으로의 승진임용】 ① 5급 공무원과 7급 이하 공무원을 승진임용할 때에는 해당 기관의 승진후보자 명부의 순위가 높은 사람순으로 임용하려는 결원 수에 대하여 별표4의 승진임용 범위에 해당하는 사람을 대상으로 하여 해당 인사위원회의 사전심의를 거쳐 임용해야 한다. 다만, 승진소요 최저연수에 달한 사람이 그가 재직하는 같은 직렬의 상위 직급에 관하여 법 제27조제2항제2호에 따라 경력경쟁임용시험등에 의한 임용이 인정되는 자격증이 있는 경우에는 승진후보자 명부의 순위에도 불구하고 승진임용할 수 있다. (2020.9.22 본문개정)
② 제1항에 따라 7급 이하 공무원을 승진임용할 때에는 필기시험이나 실기시험을 거치게 할 수 있다. 이 경우 시험방법은 해당 지방자치단체의 장과 지방의회의 의장이 각각 정한다.(2021.11.30 후단개정)
(2020.9.22 본조제목개정)

제31조【대우공무원 및 필수실무요원의 선발·지정 등】 ① 임용권자는 소속 일반직공무원 중 해당 계급에서 승진소요 최저연수 이상 근무하고 승진임용의 제한사유가 없으며 근무실적이 우수한 사람을 바로 위 직급의 대우공무원(이하 "대우공무원"이라 한다)으로 선발할 수 있다.(2013.11.20 본항개정)
② 임용권자는 6급 공무원인 대우공무원 중 해당 직급에서 계속하여 업무 수행하기를 희망하고 실무수행능력이 우수하여 기관 운영에 특히 필요하다고 소속 기관의 장이 추천하는 사람을 필수실무요원으로 지정할 수 있다.
③ 제1항에 따른 대우공무원과 제2항에 따른 필수실무요원을 선발·지정하는 데 필요한 사항은 교육부장관 또는 행정안전부장관이 정한다.(2017.7.26 본항개정)
④ 제1항에 따른 대우공무원과 제2항에 따른 필수실무요원에게는 「지방공무원수당 등에 관한 규정」에서 정하는 바에 따라 수당을 지급할 수 있다.
(2009.2.6 본조개정)

제31조의2【근무성적평정】 ① 소속 공무원에 대해서는 정기 또는 수시로 근무성적을 평정하여야 하며, 근무성적 평정의 결과는 승진임용, 특별승급, 성과상여금 지급, 교육훈련, 보직관리 등 각종 인사관리에 반영하여야 한다.
② 4급 이상 공무원에 대한 근무성적평정은 「공무원 성과평가 등에 관한 규정」 제4조 및 제7조의2를 준용하여 성과계약에 의한 목표달성도의 평가, 부서 운영에 대한 평가나 그 밖에 직무수행과 관련된 평가(이하 "성과계약 등의 평가"라 한다)에 따른다. 다만, 임용권자는 5급 이하 공무원 중 그 소관업무가 성과계약 등의 평가에 적합하다고 인정하는 공무원에 대해서는 제4항에 따른 평가뿐만 아니라 성과계약 등의 평가를 할 수 있다.
③ 임용권자가 소속 공무원에 대하여 성과계약 등의 평가를 할 경우 성과계약체결 및 평가방법 등에 관하여는 「공무원 성과평가 등에 관한 규정」 제3조, 제9조부터 제11조까지의 규정을 준용한다. 이 경우 "공무원"은 "지방공무원"으로, "평가자"는 "평정자"로, "소속장관"은 "임용권자"로 본다.
④ 5급 이하 공무원에 대한 근무성적평정은 평정대상기간의 근무실적 및 직무수행능력을 구분하여 평가하되, 임용권자가 필요하다고 인정하는 경우에는 직무수행태도를 평가항목에 추가할 수 있다.(2013.11.20 본항개정)
⑤ 제4항의 평가항목에 따른 평정결과를 고려하여 정하는 평정대상 공무원의 근무성적평정점은 직급별로 또는 제32조제8항의 승진후보자 명부 작성방법에 따라 분할하거나 통합하여 다음의 분포비율에 맞게 정하여야 한다. 다만, 근무성적이 "가"에 해당하는 사람이 없는 경우에는 "가"로 평가하지 않을 수 있으며, 이 경우 "가"의 비율을 "양"의 비율에 더한다.

수(64점 이상 70점 이하)	20퍼센트
우(53점 이상 64점 미만)	40퍼센트
양(32점 이상 53점 미만)	30퍼센트
가(32점 미만)	10퍼센트

(2009.9.21 본항개정)
⑥ 제31조의3제1항 및 제2항에 해당하는 공무원이 직무에 복귀한 후 2개월 이내에 최초의 정기평정을 하는 경우에는 그 공무원의 직전의 근무성적평정을 고려하여 제2항부터 제5항까지의 규정에 따라 평정하여야 한다.
⑦ 근무성적평정의 시기, 방법과 그 밖에 필요한 사항은 교육부령 또는 행정안전부령으로 정한다.(2017.7.26 본항개정)
(2009.2.6 본조개정)

제31조의3【근무성적평정의 예외】 ① 공무원이 휴직, 직위해제나 그 밖의 사유로 근무성적평정 대상기간 중 실제 근무기간이 1개월 미만인 경우에는 근무성적을 평정하지 아니한다.
② 공무원이 근무성적평정 대상 기간에 육아휴직을 하거나 교육훈련 또는 지방자치단체·국가기관 및 교육부장관 또는 행정안전부장관이 지정하는 기관·단체가 아닌 기관·단체에 파견되어 근무성적을 평정할 수 없는 경우에는 직무에 복귀한 후 첫 번째 정기평정을 하기 전까지 최근 2회의 근무성적평정의 평균을 해당 공무원의 평정으로 본다.(2017.7.26 본항개정)
③ 공무원이 2개월 이상 지방자치단체 또는 국가기관의 다른 직위를 겸임하거나 교육훈련 외의 사유로 지방자치단체, 국가기관, 교육부장관 또는 행정안전부장관이 지정하는 기관·단체에 파견근무하게 된 경우에는 겸임기관 또는 파견받은 기관의 의견을 받아서 제31조의2에 따라 평정을 하여야 한다.(2017.7.26 본항개정)
④ 공무원이 승진후보자 명부작성 단위가 다른 기관으로 전보된 경우에는 해당 공무원의 근무성적평정을 지체 없이 그 기관으로 이관하여야 한다. 다만, 전보 후 2개월 이내에 정기평정을 하게 될 경우에는 전에 근무한 기관에서 전보일 이전까지의 기간의 근무성적을 평정하여 송부하여야 하며, 해당 기관에서는 송부된 평정을 고려하여 제31조의2에 따라 평정하여야 한다.
⑤ 공무원이 신규임용되거나 승진임용된 경우에는 2개월이 지난 후 최초의 정기평정일에 평정하여야 한다. 다만, 강임된 공무원이 승진임용된 경우에는 강임되기 전의 직급에서의 평정을 기준으로 하여 즉시 평정하여야 하고, 평정 대상 공무원이 강등된 경우에는 직무에 종사하지 못하는 3개월을 제외하고 1개월이 지난 후 최초의 정기평정일에 근무성적평정을 실시하여야 한다.(2016.6.28 단서개정)
⑥ 공무원이 전직한 경우에는 원래의 직급에서 받은 근무성적평정을 해당 평정으로 한다.
⑦ 국가공무원이 지방공무원으로 임용된 경우에는 국가공무원으로 재직하였을 때의 평정을 해당 공무원의 평정으로 한다. 다만, 지방 5급 공무원으로 재직 중 해당 지방자치단체에서 국가 5급 공무원으로 임용된 사람이 다시 지방 5급 공무원으로 임용된 경우에는 교육부령 또는 행정안전부령으로 정하는 바에 따라 국가 5급 공무원으로 임용될 당시의 지방 5급 공무원에서의 평정을 해당 공무원의 평정으로 할 수 있다.(2017.7.26 단서개정)
(2009.2.6 본조개정)

제31조의4【근무성적평정위원회의 설치】 ① 제31조의2 제5항에 따라 평정대상공무원의 근무성적평정점을 정하기 위하여 승진후보자 명부의 작성 단위 기관별로 근무성적평정위원회를 둔다.(2010.6.15 본항개정)
② 제1항의 근무성적평정위원회는 위원장을 포함하여 5명 이상(상위 계급의 공무원이 부족한 경우에는 2명 이상)의 위원으로 구성하되, 위원장은 승진후보자 명부작성단위기관의 부기관장(부기관장이 없는 기관은 임용권자가 지정하는 사람)이 되고, 위원은 평정대상공무원의 상위 계급의 공무원 중에서 임용권자가 지정하며, 그 밖에 위원회 운영에 필요한 사항은 위원회에서 정한다.
(2020.9.22 본항개정)
③ 승진후보자 명부의 작성 단위 기관 내에 제2항에 따른 근무성적평정위원회의 위원으로 지정할 대상 공무원이 없어 근무성적평정위원회를 구성할 수 없는 경우에는 제31조의2제5항에 따른 근무성적평정점은 승진후보자 명부의 작성 단위 기관의 부기관장이 정한다.(2010.6.15 본항개정)

제31조의5 (1999.6.30 삭제)

제31조의6【경력평정】 ① 제33조의 승진소요 최저연수에 도달한 5급 이하 공무원에 대해서는 그 경력을 평정하여 승진에 반영하여야 한다.(2013.11.20 본항개정)
② 경력평정은 평정 기준일부터 경력평정 대상 공무원의 승진소요 최저연수 이상에서 해당 지방자치단체 소속 공무원의 계급별 평균 승진소요연수를 고려하여 임용권자가 정하는 기간 중 각각 실제로 직무에 종사한 기간에 대하여 별표3의 환산율을 적용하여 산정한 환산경력기간에 교육부령 또는 행정안전부령으로 정하는 평정점을 곱하는 방법으로 한다. 다만, 다음 각 호에 따른 기간은 각각 휴직 또는 직위해제 당시의 직급에서 직무에 종사한 것으로 보아 평정한다.(2017.7.26 본문개정)
1. 법 제63조에 따른 휴직 중 다음 각 목의 기간
가. 법 제63조제1항제1호에 따른 휴직 중 법 제64조제1호 각 목의 어느 하나에 해당하는 질병 또는 부상으로 인한 휴직과 법 제63조제1항제2호·제4호·제5호 또는 같은 조 제2항제1호에 따른 휴직은 그 휴직기간(2019.6.18 본목개정)
나. 법 제63조제2항제2호에 따른 휴직은 그 휴직기간의 2분의 1에 해당하는 기간. 다만, 이 경우 휴직 당시의 직급에서 직무에 종사한 것으로 보는 기간은 1년을 초과할 수 없다.(2014.2.5 단서신설)
다. 법 제63조제2항제4호에 따른 휴직은 그 휴직기간. 다만, 자녀 1명에 대한 총 휴직기간이 1년을 넘는 경우에는 최초의 1년으로 하되, 다음의 어느 하나에 해당하는 경우에는 그 휴직기간 전부로 한다.(2018.12.24 단서개정)
1) 첫째 자녀에 대하여 부모가 모두 휴직을 하는 경우로서 각 휴직기간이 교육부장관 또는 행정안전부장관이 정하는 기간 이상인 경우(2020.7.28 개정)
2) 둘째 자녀 이후에 대하여 휴직을 하는 경우 (2018.12.24 신설)
2. 법 제65조의3제1항에 따른 직위해제처분기간 중 다음 각 목의 기간
가. 법 제65조의3제1항제2호에 따라 직위해제처분을 받은 사람이 다음의 어느 하나에 해당하는 경우 그 직위해제처분기간
1) 해당 공무원에 대한 징계의결 요구에 대하여 관할 인사위원회가 징계하지 아니하기로 의결한 경우 (2016.6.28 개정)
2) 직위해제처분 또는 직위해제처분의 사유가 된 징계의결 요구에 의한 징계처분이 소청심사위원회 또는 법원의 결정이나 판결에 의하여 무효 또는 취소된 경우
나. 법 제65조의3제1항제3호에 따라 직위해제처분을 받은 사람이 그 처분의 사유가 된 형사사건에 대하여 법원의 판결에 따라 무죄로 확정된 경우 그 직위해제처분기간(2016.6.28 본목개정)
다. 법 제65조의3제1항제4호에 따라 직위해제처분을 받은 사람이 1) 및 2)에 모두 해당하는 경우 같은 호에 따른 직위해제처분기간(2020.12.29 본문개정)
1) 법 제65조의3제1항제4호에 따라 직위해제처분을 받은 사람에 대한 징계의결 요구 또는 징계처분이 다음의 어느 하나에 해당하는 경우
가) 처분권자가 법 제69조제1항에 따른 징계의결 요구를 하지 아니하기로 한 경우
나) 해당 공무원에 대한 징계의결 요구에 대하여 관할 인사위원회가 징계하지 아니하기로 의결한 경우
다) 조사 또는 수사 결과에 따른 징계처분이 소청심사위원회의 결정이나 법원의 판결에 따라 무효 또는 취소로 확정된 경우
2) 법 제65조의3제1항제4호에 따른 직위해제처분의 원인이 된 비위행위에 대한 조사 또는 수사 결과가 다음의 어느 하나에 해당하는 경우
가) 형사사건에 해당하지 아니하는 경우
나) 사법경찰관이 불송치를 하거나 검사가 불기소를 한 경우. 다만, 「형사소송법」 제247조에 따라 공소를 제기하지 않는 경우와 불송치 또는 불기소를 했

으나 해당 사건이 다시 수사 및 기소되어 법원의 관결에 따라 유죄가 확정된 경우는 제외한다.
(2020.12.29 개정)
다) 형사사건으로 기소되거나 약식명령이 청구된 사람이 법원의 판결에 따라 무죄로 확정된 경우
(2016.6.28 본목개정)
라. (2016.6.28 삭제)
(2015.11.18 본호개정)
③ 임용권자는 제2항의 경력평정기간을 소속 공무원들이 알 수 있도록 예고하여야 하며, 그 기간을 변경하는 경우 변경된 기준은 그 변경일의 1년 후부터 적용한다.
④ 경력평정의 시기, 방법, 기간 계산과 그 밖에 필요한 사항은 교육부령 또는 행정안전부령으로 정한다.
(2017.7.26 본항개정)
(2009.2.6 본조개정)

제31조의7 【기구 개편 등에 따른 경력평정의 특례】「지방자치단체의 행정기구와 정원기준 등에 관한 규정」 제35조 및 제36조 또는 「지방교육행정기관의 행정기구와 정원기준 등에 관한 규정」 제24조에 따른 기구 축소 또는 정원 감축으로 인하여 발생하는 남는 현원의 해소를 위하여 전직하여 재배치된 공무원에 대한 경력을 평정할 때에는 전직 전의 직급 및 그 바로 아래 직급의 경력은 전직 후의 직급 및 그 바로 아래 직급의 경력으로 본다.
(2012.2.29 본조개정)

제32조 【승진후보자 명부의 작성】 ① 임용권자는 승진임용에 필요한 요건을 갖춘 5급 이하 공무원에 대해서는 제31조의2부터 제31조의4까지의 규정에 따른 근무성적평정점을 70퍼센트로 하고, 제31조의6에 따른 경력평정점을 30퍼센트로 한 비율에 따라 승진후보자 명부를 승진 예정 직급별로 작성한다. 다만, 임용권자는 기관 및 직무의 특성을 반영하여 근무성적평정점은 20퍼센트의 범위에서 가산하여 조정할 수 있고, 경력평정점은 20퍼센트의 범위에서 감하여 조정할 수 있으며, 조정한 내용은 그 조정일부터 1년이 지난 날부터 적용한다.(2019.11.5 단서개정)
② 제1항에 따른 승진후보자 명부 작성을 위한 평정에서 공무원이 다음 각 호의 어느 하나에 해당하는 경우에는 가산점을 줄 수 있고, 징계처분을 받은 경우에는 감점을 할 수 있다. 다만, 제5호에 해당하는 근무경력에 대해서는 가산점을 주어야 한다.
1. 자격증이 있는 경우
2. 도서·벽지 등 특수한 지역에서 근무한 경력이 있는 경우
3. 교류직위 등 특정한 직위에서 근무한 경력이 있는 경우
4. 규칙으로 정하는 특정한 업무에 근무한 경력이 있는 경우
5. 재난 및 안전관리 업무 중 규칙으로 정하는 업무에 근무한 경력이 있는 경우
6. 탁월한 근무실적 또는 공헌이 있는 경우
(2023.6.13 본항개정)
③ 제2항에 따른 가산점 및 감점 평정기준과 승진후보자 명부의 작성 시기 및 방법 등에 관하여 필요한 사항은 교육부령 또는 행정안전부령으로 정한다.(2020.7.28 본항개정)
④ 법 제39조제5항 단서에 따른 기술직렬 6급 이하 공무원의 시·도나 시·군·자치구 단위별 승진후보자 명부(같은 조 제6항에 따라 도지사나 도의회의 의장이 해당 도의 관할구역에서 권역별로 승진후보자 명부를 작성하는 경우에는 그 승진후보자 명부로 한다)는 제1항에 따라 임용권자별로 작성한 승진후보자 명부의 총 평정점을 기초로 하여 작성한다. 이 경우 임용권자별로 작성한 승진후보자 명부 내의 순위는 변경할 수 없다.(2021.11.30 전단개정)
⑤ 공개경쟁승진시험에 의한 승진후보자 명부는 시험성적 순위에 따라 작성하되, 특히 필요하다고 인정하는 경우에는 직류별, 근무희망 기관별, 근무희망 지역별로 구분하여 작성할 수 있다.
⑥ 제5항의 승진후보자 명부에 관하여는 법 제36조제4항의 유효기간에 관한 규정을 준용한다.(2010.6.15 본항개정)
⑦ 임용권자는 교육부장관 또는 행정안전부장관이 요구하면 4급 공무원으로의 승진후보자 명부의 복사본을 교육부장관 또는 행정안전부장관에게 제출하여야 한다. 이 경우 임용권자가 시장, 군수 또는 자치구의 구청장이면 시·도지사를, 임용권자가 시·군·자치구의회의 의장이면 시·도의회의 의장을 거쳐 행정안전부장관에게 제출하여야 한다.(2021.11.30 후단개정)
⑧ 임용권자가 필요하다고 인정하는 경우에는 해당 인사위원회의 심의를 거쳐 그 소속 기관별, 지역별 또는 직무의 종류별로 분할하여 승진후보자 명부를 작성할 수 있고, 직무 내용이 비슷하고 인원수가 적절한 균형을 유지하고 있는 직렬을 통합하여 승진후보자 명부를 작성할 수 있다. 이 경우 변경한 내용은 그 변경일부터 1년이 지난 날부터 적용하되, 인사위원회의 심의를 거쳐 그 적용시기를 앞당길 수 있다.
(2009.2.6 본조개정)

제33조 【승진소요 최저연수】 ① 공무원이 승진하려면 다음 각 호의 구분에 따른 기간 동안 해당 계급에 재직하여야 한다.
1. 3급 이상 : 2년 이상
2. 4급 : 3년 이상
3. 5급 : 4년 이상
4. 6급 : 3년 6개월 이상
5. 7급 : 2년 이상
6. 8급 : 2년 이상
7. 9급 : 1년 6개월 이상
(2013.11.20 본항개정)
② 제1항의 기간에는 휴직기간, 직위해제기간, 징계처분기간과 제34조에 따른 승진임용 제한기간은 포함시키지 아니한다. 다만, 징계의결요구일 또는 관계 행정기관의 장의 징계처분요구일부터 징계처분일 전일까지의 기간(직위해제기간과 겹치는 기간은 제외한다), 시보임용 기간 및 제31조의6제2항 각 호에 따른 기간은 제1항의 기간에 포함시킨다.(2011.3.7 단서개정)
③ (1984.12.31 삭제)
④ (2013.11.20 삭제)
⑤ 강등 또는 강임되었던 공무원이 원래의 계급으로 승진된 경우에는 강등 또는 강임 전의 재직기간은 현재 계급의 재직연수에 포함시킨다.(2009.3.31 본항개정)
⑥ 퇴직한 지방공무원 또는 국가공무원이 퇴직 당시의 계급 이하의 계급으로 임용된 경우에는 퇴직 전의 재직기간 중 재임용 당시 계급 이상의 계급으로 재직한 기간은 재임용 당시 계급의 재직연수에 포함시키되, 재임용된 날부터 10년 이내의 재직기간으로 한정한다. 이 경우 고위공무원이었던 사람이 퇴직 후 4급 이하 공무원으로 임용된 경우에는 고위공무원으로 재직한 기간은 재임용 당시 계급의 재직연수에 포함시킨다.(2015.11.18 본항개정)
⑦ 법 제27조제2항제1호에 따라 일반직공무원인 사람이 특수경력직 또는 다른 종류의 경력직공무원으로 되기 위하여 퇴직한 후에 다시 퇴직 당시 재직한 직급의 일반직공무원으로 재임용된 경우에는 재임용되기 전에 교육부장관 또는 행정안전부장관이 정한 특수한 업무에 근무한 특수경력직공무원 또는 다른 종류의 경력직공무원으로 근무한 경력은 제1항의 기간에 포함시킨다. 이 경우 재임용된 계급보다 상위 계급에 해당하는 계급으로 근무한 특수경력직공무원 또는 다른 종류의 경력직공무원의 경력은 재임용된 계급의 재직기간에만 포함시킨다.
(2017.7.26 전단개정)
⑧ 연구및지도직규정 별표1의 각 직렬의 공무원으로 근무한 기간은 규칙으로 정하는 바에 따라 제1항의 기간에 포함시킬 수 있다.(2009.2.6 본항개정)
⑨ 지방전문경력관, 임기제공무원, 특정직공무원 및 별정직공무원이 퇴직 후 일반직공무원으로 임용된 경우에는 교육부장관 또는 행정안전부장관이 정하는 범위에서 규칙으로 정하는 바에 따라 해당 계급 상당 이상으로 재직한 기간은 제1항에 따른 기간에 포함시킬 수 있다.
(2020.7.28 본항개정)
⑩ 「법원조직법」 제72조에 따라 사법연수원의 연수생으로 수습한 기간은 제1항에 따른 4급 이하 일반직공무원의 승진소요 최저연수에 포함시킨다.(2009.2.6 본항개정)
⑪ 시간선택제채용공무원과 제38조의15에 따른 시간선택제전환공무원의 근무기간은 근무시간에 비례하여 제1항의 기간에 포함한다. 다만, 제38조의15에 따른 시간선택제전환공무원이 해당 계급에서 근무한 기간은 1년의 범위에서 제1항의 기간에 전부 포함하되, 법 제63조제2항제4호의 사유로 인한 휴직을 대신하여 시간선택제전환공무원으로 지정되어 근무한 기간은 둘째 이후의 자녀부터 3년의 범위에서 전부 포함한다.(2018.3.20 단서개정)
⑫ 강등 또는 강임된 공무원이 강등 또는 강임된 계급 이상의 계급으로 재직한 기간은 강등 또는 강임된 계급의 재직연수에 포함시킨다.(2009.3.31 본항신설)
⑬ 법 제27조제2항제7호에 따라 국가공무원이 지방공무원으로 임용된 경우에는 지방공무원 임용 당시 계급 이상의 계급에서 국가공무원으로 재직한 기간을 해당 지방공무원 임용 당시 계급의 재직연수에 포함한다.
(2023.6.13 본항신설)
⑭ 지방공무원으로 임용되기 위해 「국가공무원법」 제73조의4제1항에 따라 강임되었던 국가공무원이 법 제27조제2항제7호에 따라 지방공무원으로 임용된 후 원래의 계급으로 승진한 경우에는 국가공무원으로 재직한 강임 전의 기간을 해당 승진계급의 재직연수에 포함한다.
(2023.6.13 본항신설)
(2009.2.6 본조제목개정)

제33조의2 【우대승진 및 근속승진 임용】 ① 「지방자치단체의 행정기구와 정원기준 등에 관한 규정」 제26조에 따라 일반직 8급 공무원과 9급 공무원의 정원을 통합·운영하는 경우의 승진임용대상자는 읍·면·동에서 6개월 이상 계속 근무하고 있어야 하며, 4년 이상(이하 "우대승진기간"이라 한다) 일반직 9급 공무원으로 재직하여야 한다.
② 「지방자치단체의 행정기구와 정원기준 등에 관한 규정」 제27조와 「지방교육행정기관의 행정기구와 정원기준 등에 관한 규정」 제17조에 따라 공무원의 정원을 통합·운영하는 경우의 승진임용대상자는 제33조에 따른 승진소요 최저연수를 경과해야 하고, 승진후보자 명부에 올라 있어야 하며, 다음 각 호의 구분에 따른 기간(이하 "근속승진기간"이라 한다) 동안 해당 계급에 재직하여야 한다.(2019.6.18 본문개정)
1. 7급 : 11년 이상
2. 8급 : 7년 이상
3. 9급 : 5년 6개월 이상
(2017.3.8 1호~3호개정)
③ 우대승진기간 및 근속승진기간에는 제33조에 따른 승진소요 최저연수에 산입되는 기간을 포함한다. 이 경우 퇴직한 지방공무원 또는 국가공무원이 퇴직 당시 계급 이하의 계급으로 임용된 경우에는 제33조제6항에도 불구하고 승진후보자 명부 작성일부터 10년 전의 재직기간도 합산하고, 제33조제9항의 경우에는 승진소요 최저연수에 포함시켜 그 최저연수를 전부 채우고도 남는 기간이 있으면 그 남는 기간의 3분의 1에 해당하는 재직기간도 추가로 합산한다.(2013.11.20 후단개정)
④ 제2항에도 불구하고 다음 각 호의 어느 하나에 해당하는 공무원은 해당 각 호의 구분에 따른 기간을 근속승진기간에서 단축할 수 있다. 다만, 제2호에 따라 근속승진기간을 단축하는 공무원의 인원수는 교육부장관 또는 행정안전부장관이 제한할 수 있다.(2020.7.28 단서개정)
1. 제27조의5 또는 「공무원 임용령」 제48조제1항제1호에 따른 인사교류 경력이 있는 공무원 : 인사교류 기간의 2분의 1에 해당하는 기간
2. 규제개혁 또는 국정과제 등 주요 업무의 추진실적이 우수한 공무원 또는 적극행정 수행 태도가 돋보인 공무원 : 1년(2019.11.5 본호개정)
(2014.9.18 본항개정)
⑤ 시간선택제채용공무원의 경우 근무기간을 근무시간에 비례하여 근속승진기간에 포함하는 기간은 승진소요 최저연수에 2년을 더한 기간까지로 하고, 그 후에는 근무시간과 상관없이 근무기간을 전부 근속승진기간에 포함한다.(2019.6.18 본항신설)
⑥ 제3항에 따라 6급 공무원으로의 근속승진 임용을 위한 심의를 할 때마다 근속승진 임용할 수 있는 인원은 근속승진 후보자(승진후보자 명부에 올라 있고, 근속승진 임용에 필요한 요건을 갖춘 7급 공무원을 말한다)의 직렬별 인원의 100분의 40에 해당하는 인원 수(소수점 이하가 있는 경우에는 1명을 가산한다)를 초과할 수 없다.
(2019.11.5 본항개정)
⑦ 제2항, 제3항 및 제6항에 따른 6급 공무원으로의 근속승진 임용을 위한 심의는 연 1회 실시할 수 있다. 이 경우 지방자치단체의 장과 지방의회의 의장은 인사의 원활한 운용을 위하여 필요하다고 인정되는 경우에는 7급 공무원의 재직기간별로 승진후보자 명부를 구분하여 근속승진 임용을 위한 심의를 분리·실시할 수 있다.(2021.11.30 후단개정)
⑧ 제2항 및 제6항에도 불구하고 법 제65조의4제1항에 따라 강임된 공무원은 승진후보자 명부에 올라 있지 않더라도 근속승진 임용할 수 있다.(2019.6.18 본항신설)
⑨ 제1항부터 제8항까지에 따른 승진임용의 방법 및 인사운영에 필요한 사항은 교육부장관 및 행정안전부장관이 정한다.(2019.6.18 본항개정)
(2009.9.21 본조신설)

제34조 【승진임용의 제한】 ① 공무원이 다음 각 호의 어느 하나에 해당하는 경우에는 승진임용될 수 없다.
1. 징계의결요구 또는 관계 행정기관의 장의 징계처분요구가 있거나, 징계처분, 직위해제, 휴직(「공무원 재해보상법」에 따른 공무상 질병 또는 부상으로 인한 휴직자가 제38조의4제1항제4호 및 제5호에 해당하여 특별승진임용하는 경우는 제외한다) 또는 시보임용기간 중에 있는 경우(2018.9.18 본호개정)
2. 징계처분의 집행이 종료된 날부터 다음 각 목의 기간[「지방공무원법」 제69조의2제1항 각 호의 어느 하나에 해당하는 사유로 인한 징계처분과 소극행정, 음주운전(음주측정에 응하지 않은 경우를 포함한다), 성폭력, 성희롱 및 성매매에 따른 징계처분의 경우에는 각각 6개월을 가산한 기간]이 지나지 않은 경우(2019.11.5 본문개정)
가. 강등·정직 ……… 18개월
나. 감봉 ……… 2개월
다. 견책 ……… 6개월
(2009.3.31 본호개정)
(2009.2.6 본항개정)
② 이 영에 따른 공무원과는 다른 법률을 적용받는 공무원이 이 영에 따른 공무원으로 된 경우 종전의 신분에서 강등처분을 받은 경우에는 그 처분 종료일부터 18개월간 승진임용될 수 없으며, 근신·군기교육이나 그 밖에 이와 비슷한 징계처분을 받은 경우에는 그 처분 종료일부터 6개월간 승진임용될 수 없다.(2020.9.22 본항개정)
③ 제1항 또는 제2항에 따라 승진 제한기간 중에 있는 사람이 다시 징계처분을 받았을 경우 승진 제한기간은 직전 처분에 대한 제한기간이 끝난 날부터 계산하고, 징계처분으로 승진 제한기간 중에 있는 사람이 휴직하거나 직위해제처분을 받는 경우 징계처분에 따른 남은 승진제한기간은 복직일부터 계산한다.(2020.9.22 본항개정)
④ (1996.3.23 삭제)
⑤ 공무원이 징계처분을 받은 이후 해당 계급에서 훈장, 포장, 모범공무원 포상, 국무총리 이상의 표창을 받거나 제안의 채택 시행으로 포상을 받은 경우에는 최근에 받은 가장 무거운 징계처분의 경우에만 제1항제2호 및 제2항에서 규정한 승진임용 제한기간의 2분의 1을 줄일 수 있다.(2009.2.6 본항개정)
⑥~⑧ (2009.9.21 삭제)

제35조【5급 공무원으로의 일반승진시험】 ① 5급 공무원으로의 일반승진시험에서 임용권자(법 제39조제5항 단서, 같은 조 제6항 및 이 영 제32조제4항에 따라 시·도 단위별 또는 시·군·자치구 단위별이나 권역별로 기술직렬 6급 공무원의 승진후보자 명부를 작성하는 경우에는 시·도지사, 시·군·자치구청장, 시·도의회의 의장이나 시·군·자치구의회 의장으로 한다. 이하 같다)는 시험요구일 현재 해당 기관의 5급으로의 승진후보자 명부(법 제39조제5항 단서, 같은 조 제6항 및 이 영 제32조제4항에 따라 시·도 단위별 또는 권역별로 기술직렬 6급 공무원의 승진후보자 명부를 작성하는 경우에는 그 승진후보자 명부로 한다. 이하 같다)에서 제34조 또는 제36조에 따라 승진임용이 제한되거나 응시자격이 정지 중에 있는 사람을 제외한 순위가 높은 사람부터 결원과 예상 결원을 합한 승진 예정 인원의 2배수 이상 5배수 이하에 해당하는 인원에 대하여 해당 시·도의 인사위원회 위원장이 정한 기한까지 해당 시·도의 인사위원회 위원장에게 시험의 실시를 요구해야 한다.(2021.11.30 본항개정)
② 제1항에 따른 승진 예정 인원은 해당 지방자치단체(법 제39조제5항 단서, 같은 조 제6항 및 이 영 제32조제4항에 따라 시·도 단위별 또는 시·군·자치구 단위별이나 권역별로 기술직렬 6급 공무원의 승진후보자 명부를 작성하는 경우에는 시·도나 시·군·자치구로 한다. 이하 같다)의 5급 이상 공무원의 연간 퇴직률, 증원 예상 인원 등을 고려하여 산정해야 하며, 승진 예정 인원 산정에 관한 구체적인 사항은 교육부장관 또는 행정안전부장관이 정한다.(2021.11.30 본항개정)
③ 법 제39조의3제1항 및 이 영 제38조의4제1항제1호부터 제3호까지의 규정에 따른 5급으로의 일반승진시험 요구는 대상자별로 4회로 한정한다. 이 경우 제1항에도 불구하고 시험 실시를 요구할 수 있으며, 제38조의4제1항제1호 및 제2호의 사유로 인한 일반승진시험에서는 해당자만을 대상으로 하여 시험 실시를 요구할 수 있다.
④ 승진 예정 인원에 대하여 실시하는 일반승진시험은 지방자치단체별로 실시한다.(2011.3.7 본항개정)
⑤ 제1항에 따라 시험 실시를 요구받은 해당 시·도의 인사위원회 위원장은 시험 실시가 타당하다고 인정될 경우에는 지체 없이 실시해야 한다.(2021.11.30 본항개정)
(2009.2.6 본조개정)

제36조【일반승진시험 응시자격의 정지】 5급으로의 일반승진시험에서 다음 각 호의 어느 하나에 해당하는 사유가 있는 경우에는 해당 연도에 실시하는 추가시험에 응시할 수 있는 자격이 정지된다.
1. 제1차 시험에서 1과목 이상에서 40퍼센트 미만으로 득점하여 불합격한 경우
2. 시험에 응시하지 않은 경우(질병이나 법령에 따른 의무수행 등 정당한 사유를 갖추어 미리 허가를 받은 경우는 제외한다)
(2009.2.6 본조개정)

제37조 (1981.6.24 삭제)

제38조【5급 공무원으로의 승진임용】 ① 6급 공무원을 5급 공무원으로 승진임용하려는 경우에는 일반승진시험, 공개경쟁승진시험 또는 인사위원회의 승진의결을 거쳐 임용하여야 한다.
② 임용권자는 인사위원회의 의결을 거쳐 제1항에 따른 6급 공무원의 승진임용방법을 승진임용예정 직급별로 다음 각 호의 방법 중에서 하나를 지정하여 운영할 수 있으며 필요한 경우에는 변경할 수 있다. 이 경우 변경된 승진임용방법은 그 변경일 1년 이후부터 적용한다.(2016.6.28 후단개정)
1. 일반승진시험
2. 인사위원회 승진의결
3. 일반승진시험과 인사위원회 승진의결의 병행
③ 제1항에 따라 인사위원회의 승진의결을 거치려는 경우에는 인사위원회 개최일 전 3일 현재 5급으로의 승진후보자 명부의 순위가 높은 사람부터 승진 예정 인원에 대하여 별표4에 해당하는 사람을 승진의결 대상으로 하되, 승진 예정 인원의 산정방법 등에 대해서는 제35조제2항을 준용한다.(2013.11.20 본항개정)
④ 제2항제3호에 따라 일반승진시험과 인사위원회 승진의결의 방법을 병행하는 경우 해당 연도의 인사위원회의 승진의결 전에 일반승진시험을 실시하여 그 최종합격자가 시험승진임용예정 인원수에 미달된 경우에는 그 미달된 인원수를 인사위원회 승진의결에 따른 승진임용예정 인원에 가산할 수 있다.
⑤ 임용권자는 일반승진시험 합격자 또는 인사위원회의 의결 결과 승진대상자로 결정된 사람에 대해서는 규칙으로 정하는 바에 따라 승진후보자 명부상의 성적과 시험성적(일반승진시험에 의한 경우만 해당한다) 및 승진임용예정 직급에 상응하는 기본교육훈련과정의 훈련성적을 합산하여 점수가 높은 사람부터 차례로 승진임용 순위 명부를 작성하고, 해당 승진후보자 명부 작성단위기관에 결원이 생긴 경우에 승진임용 순위 명부의 순위에 따라 임용하여야 한다.
⑥ 제5항에 따라 승진임용할 경우 제34조에 따른 승진임용 제한사유가 있는 사람에 대해서는 그 제한사유가 소멸된 후에 임용하여야 한다.
⑦ 교육부장관 또는 행정안전부장관은 법 제30조제2항에 따라 공개경쟁임용시험 합격자 또는 공개경쟁승진시험 합격자를 임용할 때 적절한 균형을 유지하기 위하여 필요하면 임용권자에게 제5항에 따라 임용을 미룰 것을 권고할 수 있다. 이 경우 임용권자는 그 권고에 따라야 한다.(2017.7.26 전단개정)
⑧ 공개경쟁승진시험 또는 특별시·광역시 단위별로 실시한 기술직렬 6급 공무원의 5급 공무원으로의 일반승진시험에 따라 승진임용할 경우에는 제11조, 제12조, 제13조제1항 및 제14조를 준용한다.
⑨ 일반승진시험과 인사위원회 승진의결 방법을 병행하는 경우 그 임용 방법별 승진임용 인원의 비율을 변경한 경우에는 제2항 각 호 외의 부분 후단을 준용한다.
(2009.2.6 본조개정)

제38조의2【승진시험합격 등의 효력】 ① 승진시험의 합격 및 제38조에 따른 인사위원회의 승진대상자 결정의 효력은 승진임용 시까지로 한다. 다만, 승진임용되기 전에 퇴직한 경우에는 그러하지 아니하다.
② 일반승진시험에 합격된 사람과 제38조에 따라 인사위원회의 의결결과 승진대상자로 결정된 사람이 승진임용되기 전에 승진후보자 명부 작성단위가 다른 기관에 전보(제27조제4항제1호에 따른 전보는 제외한다)된 경우에는 제1항에도 불구하고 일반승진시험의 합격과 인사위원회의 승진대상자 결정의 효력을 상실한다.(2020.9.22 본항개정)
(2009.2.6 본조개정)

제38조의3【2급부터 4급까지의 공무원의 승진임용】
① 2급부터 4급까지의 공무원을 승진임용할 때에는 임용권자가 승진후보자 중에서 행정실적, 능력, 경력, 전공분야, 인품과 적성 등을 고려하여 임용하여야 한다.
② 임용권자는 제1항에 따라 2급부터 4급까지의 공무원을 승진임용할 때에는 다음 각 호의 어느 하나에 해당하는 공무원을 우선적으로 승진임용할 수 있다.
1. 해당 계급에서 제27조의5에 따른 인사교류 경력이 1년 이상인 공무원
2. 해당 계급에서 「공무원임용령」 제48조제1항제1호에 따른 인사교류 경력이 1년 이상인 공무원
(2013.12.30 본항신설)
(2009.2.6 본조개정)

제38조의4【특별승진임용】 ① 법 제39조의3에 따라 특별승진임용(일반승진시험에 우선 응시하게 하는 경우를 포함한다. 이하 이 조에서 같다)을 할 때에는 다음 각 호의 어느 하나에 해당하는 공무원 중에서 승진임용해야 한다.(2020.7.28 본문개정)
1. 법 제39조의3제1항제1호에 따른 경우에는 교육부장관 또는 행정안전부장관이 정하는 포상을 받은 4급 이하 공무원(2020.7.28 본호개정)
2. 법 제39조의3제1항제2호에 따른 경우에는 임용권자가 직무수행능력이 탁월하여 행정발전에 대하여 규칙으로 정하는 기준 이상의 공이 있다고 인정하는 4급 이하 공무원. 이 경우 미리 해당 인사위원회의 의결을 거쳐야 한다.
3. 법 제39조의3제1항제3호에 따른 경우에는 창안등급(創案等級) 동상 이상을 받는 5급 이하 공무원
(2013.11.20 2호~3호개정)
4. 법 제39조의3제1항제4호에 따른 경우에는 명예퇴직하는 사람으로서 재직 중 특별한 공적이 있다고 인정되는 2급 이하 공무원. 이 경우 해당 인사위원회의 의결을 거쳐야 한다.(2019.6.25 후단개정)
5. 법 제39조의3제1항제5호에 따른 경우에는 임용권자가 재직 중 특별한 공적이 있다고 인정하는 공무원
② 제1항에 따라 특별승진임용할 때에는 해당 공무원이 제34조에 따른 승진임용의 제한을 받지 않는 사람으로서 다음 각 호의 구분에 따른 요건을 갖추어야 한다.
1. 제1항제1호부터 제3호까지의 경우 : 승진소요 최저연수에 도달한 공무원일 것. 이 경우 승진소요 최저연수를 1년 단축할 수 있다.
2. 제1항제4호의 경우 : 재직기간 중 중징계 처분 또는 다음 각 목의 어느 하나에 해당하는 사유로 경징계 처분을 받은 사실이 없으며, 명예퇴직일 전날까지 해당 계급에서 1년 이상 재직한 공무원일 것
가. 「지방공무원법」 제69조의2제1항 각 호의 징계 사유
나. 「성폭력범죄의 처벌 등에 관한 특례법」 제2조에 따른 성폭력범죄
다. 「성매매알선 등 행위의 처벌에 관한 법률」 제2조제1항제1호에 따른 성매매
라. 「양성평등기본법」 제3조제2호에 따른 성희롱
마. 「도로교통법」 제44조제1항에 따른 음주운전 또는 같은 조 제2항에 따른 음주측정에 대한 불응
(2019.6.25 본항개정)
③ 제1항제1호부터 제3호까지의 규정에 따라 특별승진임용을 할 때에는 5급 공무원 및 7급 이하 공무원에 대해서는 승진후보자 명부 순위에도 불구하고 승진심사를 거쳐 바로 위 직급으로 승진임용을 할 수 있으며, 6급 공무원에 대해서는 승진후보자 명부 순위에도 불구하고 승진심사를 하거나 제35조제1항에 따른 승진후보자 명부 순위 및 응시배수에도 불구하고 일반승진시험에 우선 응시하게 할 수 있다.(2013.11.20 본항개정)
④ 제1항제4호 및 제5호에 따라 특별승진임용할 때에는 제30조·제38조 및 제38조의3에도 불구하고 승진임용할 수 있다.
⑤ 제1항제4호에 따라 특별승진임용된 사람이 법 제66조의2제3항제1호·제1호의2 또는 제1호의3에 해당하여 명예퇴직수당을 환수하는 경우에는 특별승진임용을 취소해야 한다. 이 경우 특별승진임용이 취소된 사람은 그 특별승진임용 전의 직급으로 퇴직한 것으로 본다.
(2019.6.25 본항신설)
(2009.2.6 본조개정)

제38조의5【인사위원회 사전심의 등의 기속력】 임용권자는 특별한 사유가 없으면 법 제38조, 제39조 및 이 영 제30조, 제38조, 제38조의3에 따른 소속 공무원의 승진임용을 위한 인사위원회의 사전심의 또는 승진의결 결과에 따라야 한다.(2013.5.6 본조신설)

제5장의2 휴직 및 시간선택제 근무

(2013.12.30 본장제목개정)

제38조의6【민간기업 등의 범위】 법 제63조제2항제1호에서 "대통령령으로 정하는 민간기업, 그 밖의 기관"이란 다음 각 호의 법인 등을 말한다.
1. 「상법」에 따라 설립된 합명회사, 합자회사, 유한회사, 주식회사 등 영리목적으로 설립된 법인(「상법」 제614조에 따른 외국회사를 포함한다)으로서 국내에 소재하는 법인
2. 「상법」 외의 법률에 따라 설립된 법인, 단체, 협회 등으로서 국내에 소재하는 기관. 다만, 「공직자윤리법」 제3조의2에 따른 공직유관단체는 제외한다.(2009.9.21 본호개정)
(2009.2.6 본조개정)

제38조의7【휴직의 절차 등】 ① 임용권자는 제38조의6에 따라 민간기업과 그 밖의 기관(이하 "민간기업등"이라 한다)의 수요를 파악하여 민간근무휴직을 실시할 필요가 있다고 인정하는 경우에는 다음 각 호의 어느 하나에 해당하는 사항을 포함하여 민간근무휴직의 기본계획을 수립하고 공보와 정보통신망 또는 일간신문 등에 공고하여야 한다.
1. 민간기업등의 범위, 자격요건과 신청방법
2. 휴직대상 공무원의 인원, 자격요건과 신청방법
3. 민간근무휴직의 기준과 절차
4. 그 밖에 민간근무휴직의 운영에 필요한 사항
② 제1항의 기본계획에서 정하는 자격기준에 적합한 민간기업등의 장이 공무원을 임시로 채용하려는 경우에는 채용에 필요한 사항을 첨부하여 임용권자에게 신청하여야 한다.
③ 임용권자는 인사위원회의 심의를 거쳐 선정된 공무원(이하 "휴직예정공무원"이라 한다)과 민간기업등에 관한 사항을 공개하여야 한다.
④ 휴직예정공무원은 민간기업등과 보수 및 근로조건 등에 관하여 채용계약을 체결하여야 한다. 이 경우 임용권자는 채용계약이 휴직기준 등에 적합한 경우 해당 공무원의 휴직을 명한다.
⑤ 민간근무휴직의 기본계획의 수립 및 공고, 민간기업등의 공무원 채용신청, 공무원의 휴직신청, 채용계약의 체결 등에 필요한 사항은 규칙으로 정한다.
(2009.2.6 본조개정)

제38조의8【인사위원회의 심의】 ① 인사위원회에서는 민간근무휴직과 관련하여 다음 각 호의 사항을 심의한다.
1. 민간근무휴직의 기본계획에 관한 사항
2. 공무원과 민간기업등의 선정에 관한 사항
3. 그 밖에 민간근무휴직의 운영 등에 관하여 임용권자가 필요하다고 인정하는 사항
② 인사위원회에서는 심의를 위하여 필요한 경우에는 관련 공무원과 민간기업등의 임직원 등 이해관계인의 의견을 듣거나 그들에게 자료 또는 서류 등의 제출을 요구할 수 있다.
(2009.2.6 본조개정)

제38조의9【휴직의 제한】 ① 공무원은 휴직 예정일 전 3년 이내에 소속하였던 부서의 업무와 밀접한 관련이 있는 민간기업등에 근무하기 위하여 휴직할 수 없다. 이 경우 소속하였던 부서의 범위와 밀접한 관련성의 유무에 관하여는 각각 「공직자윤리법 시행령」 제32조제1항 및 제2항을 준용한다.
② 민간기업등이 제38조의11제2항을 위반한 경우에는 해당 위반 사실이 발생한 때부터 5년간 휴직대상 민간기업등에서 제외한다.
(2009.2.6 본조개정)

제38조의10【휴직공무원 등의 준수사항】 ① 휴직예정공무원은 휴직일 전에 해당 지방자치단체의 장이나 지방의회의 의장이 정하는 바에 따라 공직윤리서약서를 작성하여 임용권자에게 제출해야 한다.(2021.11.30 본항개정)
② 제38조의7제4항에 따라 휴직하고 민간기업등에 채용된 공무원(이하 "휴직공무원"이라 한다)은 「지방공무원법」 등 법령 및 조례상 의무를 준수하고, 아울러 해당 민간기업등과의 채용계약에서 정한 의무, 민간기업등이 정한 복무규율과 그 밖의 근무명령 등을 성실히 준수하여야 한다.
③ 휴직공무원은 민간기업등에서 업무를 수행할 때 공무원의 지위를 이용한 부당한 영향력의 행사, 국가 또는 지방자치단체의 이익과 상반되는 이익의 취득, 공직자로서의 품위를 손상하는 행위 등을 해서는 아니 된다.
④ 휴직공무원은 민간기업등의 이사, 감사, 업무를 집행하는 무한책임사원, 지배인, 발기인 및 이에 준하는 임원이 될 수 없으며, 해당 민간기업등으로부터 주식매수청구권 등의 특별한 혜택을 받아서는 아니 된다.
(2009.2.6 본조개정)

제38조의11【민간기업등의 준수사항】 ① 민간기업등의 장은 채용계약에서 정한 적정한 보수의 지급 및 근로조건의 유지, 건강보험·산업재해보상보험의 가입과 그 밖에 복리후생의 제공 등을 성실히 이행하여야 한다.
② 민간기업등의 장은 휴직공무원에 대하여 보수, 지위와 그 밖의 처우 등에서 다른 직원보다 특별한 우대를 해서는 아니 된다.
③ 민간기업등의 장은 휴직공무원의 소속 기관과 밀접한 이해관계가 있는 인가·허가 등의 업무를 해당 공무원에게 부여해서는 아니 된다.
(2009.2.6 본조개정)

제38조의12【임용권자의 준수사항 등】 ① 임용권자는 휴직공무원에 대하여 민간기업등에서의 근무실태를 점검하는 등 민간근무 휴직제도가 적정하게 운영될 수 있도록 노력하여야 한다.
② 임용권자는 복직한 공무원에게 휴직을 이유로 보직관리와 승진 등 인사 운영에 불이익한 처우를 해서는 아니 된다.
③ 임용권자는 복직한 공무원에 대하여 복직 후 2년 이내에 휴직하였던 민간기업등과 밀접한 관련이 있는 부서에 배치해서는 아니 된다. 이 경우 밀접한 관련성의 유무에 관하여는 「공직자윤리법 시행령」 제32조제2항을 준용한다.
④ 임용권자는 민간기업등에서의 경험과 지식을 공유하기 위하여 복직한 공무원에게 민간기업등에서의 근무활동에 대한 결과보고서를 제출하게 할 수 있다.
(2009.2.6 본조개정)

제38조의13【복직의 요청 및 명령】 ① 민간기업등의 장은 휴직공무원의 근무태만, 채용계약 위반, 복무규율 위반 등으로 인하여 휴직공무원을 계속하여 채용할 수 없는 경우에는 임용권자에게 해당 공무원의 복직을 요청할 수 있다.
② 임용권자는 민간기업등의 장으로부터 제1항에 따라 휴직공무원의 복직을 요청받거나 다음 각 호의 어느 하나에 해당하는 경우에는 해당 공무원에 대하여 복직을 명할 수 있다.
1. 휴직공무원이 제38조의10제2항부터 제4항까지의 규정을 위반하는 경우
2. 민간기업등의 장이 제38조의11을 위반하는 경우
3. 휴직공무원이 심신(心身) 이상(異狀)이나 채용계약 위반 등으로 계속하여 근무할 수 없거나, 법 제69조에 따라 징계의결이 요구되거나 그 밖에 형사사건으로 기소(약식명령이 청구되는 경우는 제외한다)된 경우
(2009.2.6 본조개정)

제38조의14【육아휴직】 ① 법 제63조제2항제4호의 사유로 인한 휴직명령은 그 공무원이 원하는 경우 분할하여 할 수 있다.
② 법 제63조제2항 각 호 외의 부분 단서에서 "대통령령으로 정하는 특별한 사정"이란 이 영에 따른 공무원과는 다른 법률의 적용을 받는 공무원이 이 영에 따른 공무원이 된 경우 종전의 신분에서 사용한 육아휴직 기간과 법 제63조제2항제4호에 따라 사용하는 육아휴직 기간을 합한 기간이 자녀 1명에 대하여 3년 이상인 경우를 말한다.
(2015.11.18 본항개정)
(2007.12.31 본조개정)

제38조의15【시간선택제 근무의 전환 등】 ① 임용권자는 공무원이 원하는 경우에는 법 제25조의3에 따라 통상적인 근무시간보다 짧은 시간을 근무하는 공무원으로 지정할 수 있다. 다만, 시간선택제채용공무원, 전문임기제공무원, 시간선택제임기제공무원 및 한시임기제공무원은 제외한다.(2016.12.30 단서개정)
② 시간선택제전환공무원의 근무시간은 「지방공무원 복무규정」 제2조에도 불구하고 주당 15시간 이상 35시간 이하의 범위에서 임용권자가 정한다.(2018.3.20 본항개정)
③ (2018.3.20 삭제)
④ 제1항 및 제2항에서 정한 사항 외에 시간선택제전환공무원의 지정 등에 관하여 필요한 사항은 교육부장관 또는 행정안전부장관이 정한다.(2018.3.20 본항개정)

제38조의16【휴직자 등의 업무를 대행하는 공무원】 ① 임용권자는 다음 각 호의 어느 하나에 해당하는 경우에는 그 공무원의 업무를 대행하도록 하기 위하여 시간선택제임기제공무원 및 한시임기제공무원을 임용할 수 있다. 다만, 해당 공무원의 휴직으로 인하여 법 제41조제1항에 따라 결원을 보충하거나 다른 공무원에게 그 업무를 대행하도록 명하는 경우에는 그렇지 않다.(2020.9.22 단서개정)
1. 법 제63조제1항 또는 제2항에 따라 소속 공무원이 휴직하는 경우
2. 「지방공무원 복무규정」 제7조의5에 따른 병가 또는 같은 규정 제7조의7제3항 및 제4항에 따라 소속 공무원에게 출산휴가를 허가하거나 유산휴가 또는 사산휴가를 주는 경우(2020.9.22 본호개정)
3. 시간선택제전환공무원으로 지정한 경우. 이 경우 그 업무를 대행하기 위하여 임용하는 시간선택제임기제공무원의 근무시간은 시간선택제전환공무원의 남은 근무시간 범위로 한정한다.(2018.3.20 본호개정)
(2011.3.7 본항개정)
② 제1항에 따라 병가, 출산휴가, 유산휴가, 사산휴가 또는 육아휴직 중인 공무원의 업무를 대행하는 공무원 및 시간선택제전환공무원의 근무시간 외의 업무를 대행하는 공무원에게는 예산의 범위에서 「지방공무원수당 등에 관한 규정」에서 정하는 바에 따라 수당을 지급할 수 있다.(2016.6.28 본항개정)
(2018.3.20 본조제목개정)

제38조의17【휴직자 복무관리 등】 ① 임용권자는 법 제63조에 따라 휴직 중인 공무원이 휴직기간 중 휴직 사유와 달리 「지방공무원 복무규정」 제10조에 따른 영리업무 금지의무에 위반하는 등 휴직의 목적 달성에 현저히 위배되는 행위를 하는 경우 복직을 명할 수 있다.
② 제1항에 따라 복직명령을 받거나 복직 후 제1항에 따른 복직 명령 사유가 적발된 경우에는 제33조제2항 단서에도 불구하고 그 휴직기간은 제33조제1항의 기간에 포함하지 아니한다.(2013.5.6 본항개정)
③ 법 제63조제1항제1호 및 같은 조 제2항에 따라 휴직 중인 공무원은 교육부장관 또는 행정안전부장관이 정하는 바에 따라 임용권자에게 복무상황에 대한 보고를 해야 한다.(2020.7.28 본항개정)
(2010.6.15 본조신설)

제38조의18【질병휴직】 ① 임용권자가 법 제63조제1항제1호에 따라 휴직을 명하려는 경우에는 「공무원 재해보상법」 제24조에 따른 요양기관에서 발행한 진단서나 그 밖에 휴직사유를 증명할 수 있는 자료를 해당 공무원으로부터 제출받아 휴직 여부를 결정해야 한다.
(2021.11.30 후단삭제)
② 임용권자는 제1항에 따라 휴직 여부를 결정하려는 경우에는 관계 전문가에게 휴직의 필요성 등에 대하여 자문할 수 있다.(2021.11.30 본항신설)
③ 임용권자는 제2항에도 불구하고 법 제64조제1호 각 목 외의 부분 단서에 따른 공무상 질병 또는 부상으로 인한 휴직(이하 "공무상질병휴직"이라 한다)을 명한 공무원에게 당초 휴직 사유와 같은 사유로 그 휴직기간 연장을 명하려는 경우로서 총휴직기간이 3년을 초과하는 경우에는 반드시 관계전문가의 자문을 거쳐야 한다.
(2021.11.30 본항신설)
④ 공무상질병휴직을 명할 수 있는 경우는 「공무원 재해보상법 시행령」 제28조에 따른 공무상 요양 승인이나 같은 영 제32조에 따른 재요양 승인(이하 "공무상요양·재요양승인"이라 한다)을 받은 경우와 「산업재해보상보험법」 제40조에 따른 요양급여 결정이나 같은 법 제51조에 따른 재요양 결정(이하 "요양급여·재요양결정"이라 한다)을 받은 경우로 한정한다.(2021.11.30 본항개정)
⑤ 공무상요양·재요양승인이나 요양급여·재요양결정을 받은 기간(연장된 요양기간을 포함한다)이 끝난 후에는 그 사유와 같은 사유로 공무상질병휴직을 새로 명하거나 그 휴직기간의 연장을 명할 수 없다.(2021.11.30 본항신설)
⑥ 법 제64조제1호 각 목 외의 부분 본문에 따른 질병휴직 중에 있는 공무원이나 그 휴직기간이 끝난 공무원이 공무상질병휴직 요건에 해당하게 된 경우에는 당초의 질병휴직을 취소하고 그 발령일로 소급하여 공무상질병휴직을 명하거나 당초의 질병휴직 명령을 공무상질병휴직 명령으로 변경할 수 있다.(2021.11.30 본항개정)
⑦ 제1항부터 제6항까지에서 규정한 사항 외에 질병휴직 제도의 운영에 필요한 사항은 교육부장관 또는 행정안전부장관이 정한다.(2021.11.30 본항개정)

제38조의19【가족돌봄휴직】 법 제63조제2항제5호 단서에서 "대통령령으로 정하는 요건을 갖춘 경우"란 다음 각 호의 어느 하나에 해당하는 경우를 말한다.
1. 조부모를 돌보는 경우 : 본인 외에는 조부모의 직계비속이 없는 경우. 다만, 다른 직계비속이 있으나 질병, 고령(高齡), 장애 또는 미성년 등의 사유로 본인이 돌볼 수밖에 없는 경우를 포함한다.(2021.11.30 본호개정)
2. 손자녀를 돌보는 경우 : 본인 외에는 손자녀의 직계존속 및 형제자매가 없는 경우. 다만, 다른 직계존속 또는 형제자매가 있으나 질병, 고령, 장애 또는 미성년 등의 사유로 본인이 돌볼 수밖에 없는 경우를 포함한다.
(2021.11.30 본호개정)
(2021.11.30 본조제목개정)
(2014.2.5 본조신설)

제38조의20【자기개발휴직】 ① 법 제63조제2항제7호에서 "대통령령으로 정하는 기간"이란 5년 이상을 말한다.
② 법 제63조제2항제7호에 따른 휴직(이하 "자기개발휴직"이라 한다) 후 복직한 공무원은 복직 후 10년 이상 근무하여야 다시 자기개발휴직을 할 수 있다.
③ 제1항 및 제2항에 따른 기간에는 휴직기간, 직위해제처분기간, 정직처분기간 및 강등으로 인하여 직무에 종사하지 아니한 기간은 넣어 계산하지 아니한다.
④ 제1항부터 제3항까지에서 규정한 사항 외에 자기개발휴직의 운영에 필요한 사항은 교육부장관 또는 행정안전부장관이 정한다.(2020.7.28 본항개정)
(2016.6.28 본조신설)

제6장 신분보장

제39조 (1979.2.22 삭제)

제40조【강임의 범위】 공무원을 강임할 때에는 바로 아래 계급의 직위에 임용하여야 한다.(2009.2.6 본조개정)

제41조【강임자의 우선 승진임용 방법】 ① 같은 직급에 강임된 사람(본인이 동의하여 강임된 사람은 제외한다)이 2명 이상일 때 승진임용 순위는 강임일자 순으로 하되, 강임일자가 같은 경우에는 강임되기 전의 직급에 임용된 일자 순으로 한다.
② 법 제65조의4제2항 단서에 따라 본인이 동의하여 강임된 공무원을 우선 승진임용하는 경우에는 본인의 경력과 해당 기관의 인력 사정을 고려하여 다른 승진 예정 공무원과 적절한 균형을 유지하도록 하여야 한다. 이 경우 같은 직급에 강임된 사람이 2명 이상일 때에는 우선승진임용 순위는 강임일자 순으로 하되, 강임일자가 같은 경우에는 강임되기 전의 직급에 임용된 일자 순으로 한다.
(2009.2.6 본조개정)

제41조의2【직위해제】 법 제65조의3제1항제4호에서 "금품비위, 성범죄 등대통령령으로 정하는 비위행위"란 다음 각 호의 행위를 말한다.
1. 법 제69조의2제1항 각 호의 행위
2. 「성폭력범죄의 처벌 등에 관한 특례법」 제2조에 따른 성폭력범죄
3. 「성매매알선 등 행위의 처벌에 관한 법률」 제4조에 따른 금지행위
4. 공무원으로서의 품위를 크게 손상하여 해당 직위를 유지하는 것이 부적절하다고 판단되는 행위
(2015.11.18 본조신설)

제41조의3 (2009.2.6 삭제)

제7장 임용시험

제42조【시험 실시의 원칙】 ① 공무원의 임용을 위한 시험(이하 "임용시험"이라 한다)은 직급별로 실시하되, 특수한 직렬에 대해서는 직류별로 분리하여 실시할 수 있으며, 「공무원임용시험령」 제7조에 규정된 시험과목이 같은 경우에는 직렬·직류를 통합하여 시험을 실시할 수 있다.
② 시험실시기관의 장은 결원 보충을 원활히 하기 위하여 필요하다고 인정하는 경우에는 근무 예정 지역별, 근무 예정 기관별이나 거주지별로 분리하여 임용시험을 실시할 수 있다.
③ 시험실시기관의 장은 장애인(「장애인고용촉진 및 직업재활법」 제2조제1호에 따른 장애인을 말한다. 이하 이 조 및 제51조의5에서 같다) 또는 저소득층에 속하는 사람(「국민기초생활 보장법」에 따른 수급자 또는 「한부모가족지원법」에 따른 지원대상자에 해당하는 기간이 계속하여 2년 이상인 사람을 말한다. 이하 같다)의 공무원 임용을 촉진하기 위하여 필요하다고 인정하는 경우에는 임용시험의 선발예정 인원의 일부분은 장애인 또는 저소득층에 속하는 사람만 응시할 수 있도록 분리하여 실시할 수 있다.(2020.9.22 본항개정)
④ 시험실시기관의 장은 시간선택제채용공무원의 임용을 촉진하기 위하여 필요하다고 인정하는 경우에는 임용시험의 선발예정 인원의 일부를 시간선택제채용공무원으로만 선발할 수 있도록 분리하여 임용시험을 실시할 수 있다.(2013.12.30 본항신설)
⑤ 제3항에 따른 저소득층에 속하는 사람의 기간 계산에 관한 구체적인 사항은 교육부장관 또는 행정안전부장관이 정한다.(2020.7.28 본항개정)
(2009.2.6 본조개정)

제42조의2【임용시험의 실시기관과 실시절차】 ① (2003.11.27 삭제)
② 5급 이상 공무원의 경력경쟁임용시험등·공개경쟁승진시험·일반승진시험 및 전직시험은 임용권자의 요구(임용권자가 시장, 군수, 자치구의 구청장인 경우 시·도지사를 거쳐 요구하고, 시·군·구의회의 의장인 경우 시·도의회의 의장을 거쳐 요구한다)에 따라 교육부장관 또는 행정안전부장관이 실시한다. 다만, 5급 공무원으로의 일반승진시험 및 임용예정 직무에 관한 자격증 소지자의 경력경쟁임용시험등은 임용권자가 요구하여 시·도 단위로 각각 해당 시·도의 인사위원회가 실시할 수 있다.(2021.11.30 본항개정)
③ 6급 공무원 및 7급 공무원의 신규임용시험은 임용권자의 요구에 따라 시·도 단위로 각각 해당 시·도의 인사위원회가 실시한다.(2021.11.30 본항개정)
④ 8급 공무원 및 9급 공무원의 신규임용시험, 7급 이하 공무원의 승진시험, 6급 이하 공무원의 전직시험은 임용권자의 요구에 따라 해당 지방자치단체 인사위원회가 실시한다.(2013.11.20 본항개정)
⑤ 공개경쟁시험을 요구할 때에는 필요한 인원을 정하여 요구하여야 한다.(2009.2.6 본항개정)
⑥ 5급 공무원으로의 일반승진시험과 6급 이하 공무원의 신규임용시험을 실시할 경우 교육부장관 또는 행정안전부장관은 시험실시기관의 장의 요구에 따라 시험 시행에 필요한 시험문제를 출제하여 배부할 수 있다.(2017.7.26 본항개정)
⑦ 시험실시기관의 장은 합격 결정에 필요한 경우 관계자료를 출신학교의 장 등으로부터 수집하여 활용할 수 있다.(2009.2.6 본항개정)
(2009.2.6 본조제목개정)

제42조의3【임용시험의 공동 실시 및 위탁 실시】 시험실시기관의 장은 임용시험의 일부 또는 전부를 다음 각

호의 어느 하나에 해당하는 자와 공동으로 실시하거나 그에 위탁하여 실시할 수 있다. 이 경우 임용후보자의 등록, 임용 추천과 시험의 공동 실시 및 위탁 실시를 위한 비용부담 등 필요한 사항에 관하여는 관계기관의 장이 협의하여 정한다.
1. 다른 시험실시기관의 장
2. 공무원교육훈련기관의 장
3. 민간기관
(2009.2.6 본조개정)
제43조 (1985.12.31 삭제)
제44조【임용시험의 방법】 ① 임용시험은 필기시험, 면접시험, 실기시험, 서류전형 등을 거쳐 최종합격을 결정한다.
② 필기시험은 일반교양정도와 해당 직무수행에 필요한 지식 및 그 응용능력을 검정(檢定)한다.
③ 면접시험은 해당 직무 수행에 필요한 능력 및 적격성을 검정하며, 다음 각 호의 모든 평정요소를 각각 상, 중, 하로 평정한다.
1. 공무원으로서의 정신자세
2. 전문지식과 그 응용능력
3. 의사 표현의 정확성과 논리성
4. 예의·품행 및 성실성
5. 창의력·의지력 및 발전 가능성
(2013.5.6 본항개정)
④ 실기시험은 해당 직무 수행에 필요한 지식·기술 또는 체력을 실험·실습 또는 실기의 방법으로 검정한다.
(2013.5.6 본항개정)
⑤ 서류전형은 해당 직무 수행에 관련되는 응시자의 자격·경력 등이 정해진 기준에 적합한지 등을 서면으로 심사하여 적격 또는 부적격을 판단한다.(2013.5.6 본항개정)
(2009.2.6 본조개정)
제45조【임용시험의 단계】 ① 임용시험을 제1차 시험, 제2차 시험과 제3차 시험 등으로 구분하여 실시하는 경우에는 제1차 시험에 합격해야만 제2차 시험에 응시할 수 있고, 제2차 시험에 합격해야만 제3차 시험에 응시할 수 있다. 다만, 업무 내용이 특수한 직급의 임용시험에서는 시험실시기관이 시험 실시 단계의 순서를 변경하여 실시할 수 있되, 전(前) 단계 시험에 합격해야만 다음 단계의 시험에 응시할 수 있다.
② 경력경쟁임용시험등, 전직시험과 5급으로의 일반승진시험을 제1항에 따라 단계별로 실시할 때 시험실시기관의 장이 필요하다고 인정하는 경우에는 전(前) 단계 시험의 합격을 결정하기 전에 다음 단계의 시험을 실시할 수 있다.(2011.8.22 본항개정)
(2009.2.6 본조개정)
제46조【시험과목】 ① 임용시험의 과목은 국가공무원에 적용되는 「공무원임용시험령」에 규정된 시험과목을 준용하되, 시험과목 중 행정학개론은 행정학개론(지방행정 포함)으로 하고, 수도토목직류에 대해서는 일반토목직류의 시험과목을 준용하며, 녹지직렬 중 산림자원직류, 산림보호직류, 산림이용직류는 각각 임업직렬의 산림자원직류, 산림보호직류, 산림이용직류의 시험과목을 준용하고, 녹지직렬 중 조경직류와 공업직렬 중 가스직류 및 보건진료직렬의 임용시험과목은 별표8과 같으며, 행정직렬 중 일반행정직류 또는 기업행정직류와 세무직렬 중 지방세직류 및 속기직렬 중 속기직류의 임용시험과목은 별표9와 같고, 4급 이상 공무원의 경력경쟁임용시험등을 통한 임용은 해당 공무원의 임용예정 직위에 부합된 5급 직렬의 채용기준을 준용한다. 다만, 7급 공개경쟁신규임용시험의 경우에는 제1차 시험의 필수과목을 국어(한문 포함), 영어, 한국사로 한다.(2019.11.5 단서개정)
② 운전직렬 운전직류, 간호조무직렬 간호조무직류, 위생직렬 위생직류 또는 사역직류, 조리직렬 조리직류, 시설관리직렬 시설관리직류, 방호직렬 방호직류 또는 경비직류의 임용시험과목은 별표9의2와 같다.(2013.11.20 본항개정)
③ 제1항 및 제2항에도 불구하고 법 제27조제2항제6호·제11호 및 제12호에 따른 경력경쟁임용시험(법 제27조제2항 본문에 따른 경력경쟁임용시험을 말한다. 이하 같다)의 과목은 다음 각 호의 구분에 따른다. 이 경우 제2호 각 목의 과목은 시험실시기관의 장이 시험요구기관의 장과 협의하여 지정한다.(2013.11.20 전단개정)
1. 제1차 시험과목 : 한국사(2019.6.18 본호개정)
2. 제2차 시험과목
 가. 법 제27조제2항제6호 및 제12호에 따른 임용의 경우 : 「공무원임용시험령」 별표1, 이 영 별표8·별표9(행정직렬 일반행정직류는 제외한다) 및 별표9의2의 임용예정 직급에 대한 경력경쟁임용등 시험과목의 제2차 시험과목 중에서 1개 과목
 나. 법 제27조제2항제11호에 따른 임용의 경우 : 외국어 및 「공무원임용시험령」 별표1의 임용예정 직급에 대한 경력경쟁임용등 시험과목의 제2차 시험과목 중에서 각각 1개 과목
(2013.11.20 가목~나목개정)
④ 시험실시기관의 장은 경력경쟁임용시험의 경우와 직무의 특수성 또는 직무와 시험과목과의 관련성을 고려하여 제1항부터 제4항까지의 시험과목에 의한 시험을 실시하는 것이 부적당하다고 인정하는 경우에는 시험과목을 변경·축소 또는 확대 조정할 수 있다. 다만, 전직시험의 경우 시험과목을 변경·축소 또는 확대 조정할 수 없고, 다수인을 대상으로 하지 아니한 시험의 경우 「공무원임용시험령」 별표1, 이 영 별표8·별표9 및 별표9의2에서 정한 임용예정 직급별 시험과목 중 필수과목을 변경·축소 또는 확대 조정할 수 없다.(2013.11.20 본항개정)
⑤ (1996.3.23 삭제)
⑥ 제4항 본문에 따라 변경·축소 또는 확대 조정된 시험과목은 제62조에 따라 공고하거나 응시자에게 통지하여야 한다.
⑦ 시험실시기관의 장은 직무의 특수성이나 직무와 시험과목과의 관련성을 고려하여 제1항의 시험과목 중 선택과목에서 특정 과목을 지정하여 시험을 실시할 필요가 있다고 인정되면 시험요구기관의 장과 협의하여 특정 과목을 지정할 수 있다.
⑧ 시험실시기관의 장은 필요하다고 인정하면 제1항부터 제4항까지의 시험과목의 출제범위를 제한할 수 있다.
(2013.11.20 본항개정)
⑨ 일반승진시험의 경우 시험실시기관의 장은 제7항에 따라 특정 과목을 시험과목으로 지정하려면 시험요구일 1년 전에 시험요구기관의 장과 협의하여야 한다.
⑩ 시험실시기관의 장은 필요하다고 인정하면 제54조·제55조·제57조·제58조 및 제60조에도 불구하고 제1항부터 제4항까지의 규정에 따른 시험과목의 시험을 실시할 때 시험요구기관의 장과 협의하여 실기시험을 함께 실시하거나, 실기시험과목을 별개의 시험과목으로 추가할 수 있다. 이 경우 시험실시기관의 장은 실기시험을 함께 실시하는 시험과목의 만점과 별개의 시험과목이 추가된 실기시험과목의 만점을 다른 시험과목과 다르게 정할 수 있다.
⑪ 시험실시기관의 장은 필요하다고 인정하는 경우 「공무원임용시험령」에 규정된 일부 시험과목의 만점을 다른 시험과목의 만점과 다르게 정할 수 있다.
⑫ 제3조제1항 단서에 따라 신설하는 직류에 대한 시험과목은 다음 각 호의 구분에 따라 해당 지방자치단체의 조례로 정할 수 있다.
1. 공개경쟁임용시험 : 다음 각 목의 구분에 따라 시험과목을 정할 것
 가. 제1차 시험은 신설되는 직류가 속하는 직렬의 같은 직급의 제1차 시험과목과 같은 과목으로 할 것
 나. 제2차 시험은 신설되는 직류가 속하는 직렬의 같은 직급의 제2차 시험과목 수와 같게 할 것
2. 경력경쟁임용시험 : 담당 직무와 관련된 시험과목을 포함하여 2과목 이상으로 정할 것
(2019.6.18 본항신설)
(2009.2.6 본조개정)
제47조【출제수준】 임용시험의 출제수준은 다음 각 호의 구분에 따른 사항을 검정할 수 있는 정도로 한다.
1. 5급 이상 공무원의 임용시험 : 정책의 기획 및 관리에 필요한 능력·지식
2. 6급 공무원 및 7급 공무원의 임용시험 : 행정업무 수행에 필요한 전문적 능력·지식
3. 8급 공무원 및 9급 공무원의 임용시험 : 행정업무 수행에 필요한 기본적 능력·지식 및 해당 직무수행에 필요한 기능(2013.11.20 본호개정)
4. (2014.2.5 삭제)
(2009.2.6 본조개정)
제48조【시험위원 등】 ① 시험실시기관의 장은 법 제7조제5항 단서에 따라 시험에 관한 출제, 채점, 면접시험, 실기시험, 서류전형과 그 밖에 시험시행에 필요한 사항을 담당하게 하기 위하여 다음 각 호의 어느 하나에 해당하는 사람을 시험위원으로 임명하거나 위촉할 수 있다.
(2013.5.6 본문개정)
1. 해당 직무분야의 전문적인 학식 또는 능력을 가진 사람
2. 시험출제에 대한 전문적인 지식을 가진 사람
3. 임용예정 직무에 대한 실무에 정통한 사람
② 제1항에 따라 시험위원으로 임명되거나 위촉된 사람은 시험실시기관의 장이 요구하는 시험문제 작성상의 유의사항 및 서약서 등에 따른 준수사항을 성실히 이행하여야 한다.
③ 시험실시기관의 장은 제2항을 위반함으로써 시험의 신뢰도를 크게 떨어뜨리는 행위를 한 시험위원이 있을 경우에는 그 명단을 모든 시험실시기관의 장과 해당 시험위원이 소속하고 있는 기관의 장에게 통보하여야 한다. 이 경우 해당 시험위원이 소속하고 있는 기관의 장에게 그 시험위원에 대한 징계 등 적절한 조치를 할 것을 요청하여야 한다.
④ 시험실시기관의 장은 제3항에 해당하는 사람에 대해서는 그 사실이 있은 날부터 5년간 그 사람을 이 영이나 그 밖의 법령에 따른 지방공무원 또는 국가공무원의 임용을 위한 시험의 시험위원으로 임명하거나 위촉할 수 없다.
⑤ 시험위원·시험관리관 및 시험편집요원의 수당과 여비는 해당 지방자치단체의 조례로 정한다. 다만, 교육부장관 또는 행정안전부장관이 시행하는 시험위원·시험관리관·채점요원 및 시험편집요원의 수당과 여비는 교육부장관 또는 행정안전부장관이 예산의 범위에서 정한다.(2017.7.26 단서개정)
(2009.2.6 본조개정)
제49조【신체검사】 공무원을 신규임용할 때에는 「공무원 채용신체검사 규정」을 준용하여 신체검사를 하여야 한다.(2009.2.6 본조개정)
제50조【시험의 합격 결정】 ① 5급으로의 공개경쟁승진시험의 제1차 시험은 각 과목에서 40퍼센트 이상 득점하고, 각 과목의 만점을 모두 합한 전(全) 과목 총점(이하 "총점"이라 한다)의 60퍼센트 이상 득점한 사람 중에서 선발예정 인원의 5배수의 범위에서 시험성적을 고려하여 각 과목의 득점을 모두 합한 전(全) 과목 총득점(이하 "총득점"이라 한다)이 높은 사람부터 차례로 합격자를 결정하고, 제2차 시험은 각 과목에서 40퍼센트 이상 득점한 사람 중에서 총득점이 높은 사람부터 차례로 합격자를 결정하되, 선발예정 인원, 시험성적과 충원 사정 등을 고려하여 합격자를 결정한다.
② 5급으로의 일반승진시험의 제1차 시험은 각 과목에서 40퍼센트 이상 득점하고, 총점의 60퍼센트 이상 득점한 사람을 모두 합격자로 결정하고, 제2차 시험은 각 과목에서 40퍼센트 이상 득점한 사람 중에서 시험성적 70퍼센트와 승진후보자 명부상의 평정점수 30퍼센트의 비율로 합산한 점수가 높은 사람부터 차례로 합격 요구 인원수가 될 때까지 합격자를 결정한다.
③ 6급 이하 공개경쟁신규임용시험의 제1차 시험과 제2차 시험의 합격자는 다음 각 호의 구분에 따라 결정한다.
1. 제1차 시험의 경우 : 각 과목 만점의 40퍼센트 이상 득점한 사람 중에서 선발예정 인원의 5배수의 범위에서 총득점이 높은 사람부터 차례로 합격자를 결정. 다만, 7급 공개경쟁신규임용시험의 경우에는 「공무원임용시험령」 별표3에서 정한 영어능력검정시험 및 같은 영 별표4에서 정한 한국사능력검정시험에서 각각 기준점수 및 기준등급 이상을 취득한 사람으로서 영어과목과 한국사과목을 제외한 나머지 과목에서 각 과목 만점의 40퍼센트 이상 득점한 사람 중에서 선발예정인원의 5배수의 범위에서 총득점이 높은 사람부터 차례로 합격자를 결정한다.(2019.11.5 단서개정)
2. 제2차 시험의 경우 : 각 과목 만점의 40퍼센트 이상 득점한 사람 중에서 선발예정 인원의 150퍼센트의 범위(선발예정 인원이 6명 이하인 경우에는 선발예정 인원에 2명을 합한 인원을 범위로 한다. 이하 이 조에서 같다)에서 총득점 및 제3차 시험 응시자 수 등을 고려하여 총득점이 높은 사람부터 차례로 합격자를 결정
3. 제54조제1항 단서에 따라 제1차 시험과 제2차 시험을 병합하여 실시하는 경우 : 다음 각 목의 구분에 따라 선발예정 인원의 150퍼센트의 범위에서 합격자를 결정
 가. 7급 공개경쟁신규임용시험의 제1차 시험과 제2차 시험을 병합하여 실시하는 경우 : 「공무원임용시험령」 별표3에서 정한 영어능력검정시험 및 같은 영 별표4에서 정한 한국사능력검정시험에서 각각 기준점수 및 기준등급 이상을 취득한 사람으로서 영어과목과 한국사과목을 제외한 나머지 과목에서 각 과목 만점의 40퍼센트 이상 득점한 사람 중에서 총득점 및 제3차 시험 응시자 수 등을 고려하여 총득점이 높은 사람부터 차례로 합격자를 결정(2019.11.5 본목개정)
 나. 가목 외의 경우 : 각 과목 만점의 40퍼센트 이상 득점한 사람 중에서 총득점 및 제3차 시험 응시자 수 등을 고려하여 총득점이 높은 사람부터 차례로 합격자를 결정
(2019.6.18 본항개정)
④ (2013.11.20 삭제)
⑤ 제3항에도 불구하고 6급 이하 공개경쟁신규임용시험의 제3차 시험 응시자 수가 선발예정인원에 미달하는 경우에는 제2차 시험(제1차 시험과 제2차 시험을 병합하여 실시하는 경우에는 그 병합 실시하는 시험을 말한다. 이하 이 항에서 같다)의 각 과목 만점의 40퍼센트 이상 득점한 사람 중에서 총득점이 높은 사람부터 차례로 미달된 인원의 150퍼센트의 범위(미달된 인원이 3명 이하인 경우에는 미달된 인원에 2명을 더한 인원의 범위로 한다. 이하 이 항에서 같다)에서 추가로 제2차 시험 합격자를 결정하여 별도의 제3차 시험을 실시할 수 있다. 다만, 7급 공개경쟁신규임용시험의 제1차 시험과 제2차 시험을 병합하여 실시하는 경우에는 「공무원임용시험령」 별표3에서 정한 영어능력검정시험 및 같은 영 별표4에서 정한 한국사능력검정시험에서 각각 기준점수 및 기준등급 이상을 취득한 사람으로서 영어과목과 한국사과목을 제외한 나머지 과목에서 각 과목 만점의 40퍼센트 이상 득점한 사람 중에서 총득점이 높은 사람부터 차례로 미달된 인원의 150퍼센트의 범위에서 추가로 제2차 시험 합격자를 결정하여 별도의 제3차 시험을 실시할 수 있다.
(2019.11.5 단서개정)
⑥ 제3항제2호 및 제5항에도 불구하고 동점자를 모두 합격자로 결정하여 제2차 시험 합격자 수가 선발예정인원 또는 미달된 인원의 150퍼센트의 범위를 초과하는 경우에는 150퍼센트의 범위를 초과하여 합격자를 결정할 수 있다.(2019.6.18 본항개정)
⑦ (2013.11.20 삭제)
⑧ 경력경쟁임용시험등은 다음 각 호에 따라 제1차 또는 제2차 시험 합격자를 결정한다.(2013.5.6 본문개정)
1. 경력경쟁임용시험의 경우에는 제1차 시험은 각 과목에서 40퍼센트 이상 득점하고, 총점의 60퍼센트 이상 득점한 사람 중에서 선발예정 인원의 5배수의 범위에서 시험성적을 고려하여 총득점이 높은 사람부터 차례로 합격자를 결정하며, 제2차 시험은 각 과목에서 40퍼센트 이

상 득점하고, 총점의 60퍼센트 이상 득점한 사람 중에서 총득점이 높은 사람부터 차례로 선발예정 인원의 150퍼센트의 범위에 해당되는 사람에 대하여 시험성적 및 제3차 시험 응시자 수 등을 고려하여 합격자를 결정한다. 다만, 제55조제3항에 따라 제1차 시험과 제2차 시험을 병합하여 실시하는 경우에는 각 과목에서 40퍼센트 이상 득점하고, 총점의 60퍼센트 이상 득점한 사람 중에서 총득점이 높은 사람부터 차례로 선발예정 인원의 150퍼센트의 범위에 해당되는 사람에 대하여 시험성적 및 제3차 시험 응시자 수 등을 고려하여 합격자를 결정한다.

2. 제1호에도 불구하고 경력경쟁임용시험의 제2차 시험(제1차 시험과 제2차 시험을 병합하여 실시하는 경우에는 그 병합 실시하는 시험을 말한다)에 관하여는 제5항부터 제7항까지의 규정을 준용한다.(2013.5.6 본호개정)
3. 다수인을 대상으로 하지 아니한 시험의 경우 제1차 시험 및 제2차 시험은 각각 각 과목에서 40퍼센트 이상 득점하고, 총점의 60퍼센트 이상 득점한 사람을 합격자로 한다. 다만, 제55조제3항에 따라 제1차 시험과 제2차 시험을 병합하여 실시하는 경우에는 각 과목에서 40퍼센트 이상 득점하고, 총점의 60퍼센트 이상 득점한 사람을 합격자로 한다.
4. (2013.5.6 삭제)

(2011.8.22 본항개정)

⑨ 전직시험의 제1차 시험 및 제2차 시험은 각각 각 과목에서 40퍼센트 이상 득점하고, 총점의 60퍼센트 이상 득점한 사람을 합격자로 한다. 다만, 제57조제1항에 따라 제1차 시험과 제2차 시험을 병합하여 실시하는 경우에는 각 과목에서 40퍼센트 이상 득점하고, 총점의 60퍼센트 이상 득점한 사람을 합격자로 한다.

⑩ 제3차 시험으로 실기시험과 면접시험을 모두 실시하는 경우에는 제1항, 제3항, 제5항 및 제6항에도 불구하고 제2차 시험(6급 이하 신규임용시험에서 제1차 시험과 제2차 시험을 병합하여 실시하는 경우에는 그 병합 실시하는 시험을 말한다)에서 선발예정 인원의 2배수 범위에서 합격자를 결정할 수 있으며, 실기시험 합격자를 대상으로 면접시험을 실시한다. 이 경우 실기시험 합격자를 결정하는 방법은 시험실시기관의 장이 정한다.(2019.6.18 전단개정)

⑪ 제1항부터 제3항까지, 제5항, 제8항 및 제9항에 따른 득점의 계산은 소수점 이하 둘째자리까지로 한다.

(2019.6.18 본항개정)

(2009.2.6 본조개정)

제50조의2 (2019.11.5 삭제)

제50조의3【면접시험 및 최종합격자 결정 등】 ① 6급 이하 공개경쟁신규임용시험의 제3차 시험 중 면접시험의 평정결과는 다음 각 호의 등급으로 구분한다.(2013.11.20 본문개정)

1. 시험위원의 과반수가 제44조제3항의 평정요소 5개 항목 모두를 "상"으로 평정한 경우 : "우수"
2. 시험위원의 과반수가 평정요소 5개 항목 중 2개 항목 이상을 "하"로 평정하였거나 시험위원의 과반수가 어느 하나의 동일한 평정요소를 "하"로 평정한 경우 : "미흡"
3. 제1호 및 제2호 외의 경우 : "보통"

② 시험실시기관의 장은 제1항에 따른 등급, 응시자 수와 선발예정인원 및 면접방법 등을 고려하여 교육부장관 또는 행정안전부장관이 정하는 기준에 따라 면접시험의 객관성과 공정성을 확보하기 위하여 필요하다고 인정되는 경우에는 "우수" 또는 "미흡" 등급을 받은 응시자에 대해서 면접시험을 추가로 실시할 수 있다. 이 경우 제1항에도 불구하고 최초 면접시험과 동일한 등급을 받은 응시자는 그 등급으로 최종 면접시험의 등급을 받은 것으로 보고, 다른 등급을 받은 응시자는 "보통" 등급을 받은 것으로 본다.(2020.7.28 전단개정)

③ 6급 이하 공개경쟁신규임용시험의 최종합격자는 제1항 및 제2항에 따른 면접시험의 등급과 제2차 시험(제1차 시험과 제2차 시험을 병합하여 실시하는 경우에는 그 병합 실시하는 시험을 말한다. 이하 이 항에서 같다) 성적에 따라 다음 각 호의 방법에 따라 결정한다.(2013.11.20 본문개정)

1. "우수" 등급을 받은 응시자는 합격으로 한다. 다만 "우수" 등급을 받은 응시자의 수가 선발예정인원을 초과하는 경우에는 제2차 시험 성적이 높은 사람부터 차례로 선발예정인원에 달할 때까지 합격으로 한다.
2. "보통" 등급을 받은 응시자는 제2차 시험 성적이 높은 사람부터 차례로 "우수" 등급을 받은 응시자 수를 포함하여 선발예정인원에 달할 때까지 합격으로 한다.
3. "미흡" 등급을 받은 응시자는 불합격으로 한다.

④ 시험실시기관의 장은 6급 이하 공개경쟁신규임용시험의 최종합격자가 임용되는 것을 포기하는 등의 사정으로 결원을 보충할 필요가 있을 때에는 합격자 발표일부터 6개월 이내에 불합격 기준에 해당하지 아니하는 사람 중에서 제3항의 기준에 따라 추가합격자를 결정할 수 있다.

(2016.12.30 본항개정)

⑤ 경력경쟁임용시험등의 면접시험 및 최종합격자 결정의 경우 시험위원의 과반수가 제44조제3항의 평정요소 5개 항목 중 2개 항목 이상을 "하"로 평정하였거나 시험위원의 과반수가 어느 하나의 동일한 평정요소를 "하"로 평정하였을 때에는 불합격으로 한다. 다만, 경력경쟁임용시험의 경우에는 시험실시기관의 장이 불합격기준에 해당하지 아니하는 사람 중에서 평정성적이 우수한 사람부터 차례로 합격자를 결정하거나, 제62조제2항에 따른 공고를 하고 제44조제3항에서 정한 평정방법과 달리 평정요소마다 점수를 부여하여 평정성적이 우수한 사람부터 차례로 합격자를 결정할 수 있다.

⑥ 제5항에도 불구하고 경력경쟁임용시험등의 면접시험 및 최종합격자 결정에서 시험실시기관의 장이 필요하다고 인정할 때에는 제1항부터 제3항까지의 규정을 준용하여 합격자를 결정할 수 있다. 이 경우 "6급 이하 공개경쟁신규임용시험"은 "경력경쟁임용시험등"으로 본다.

(2013.11.20 후단개정)

⑦ 경력경쟁임용시험의 경우 최종합격자가 임용되는 것을 포기하거나 임용된 후 퇴직하는 등의 사정으로 결원을 보충할 필요가 있을 때에는 합격자 발표일부터 6개월 이내에 불합격 기준에 해당하지 않는 사람 중에서 제5항 또는 제6항의 기준에 따라 추가합격자를 결정할 수 있다.

(2020.9.22 본항개정)

⑧ 전직시험에서 면접시험을 실시하는 경우 면접시험 및 최종합격자 결정에 관하여는 제5항 본문 또는 제6항을 준용한다. 이 경우 "경력경쟁임용시험등"은 "전직시험"으로 본다.

⑨ 5급 공개경쟁승진시험에서 면접시험을 실시하는 경우 면접시험 및 최종합격자 결정에 관하여는 제5항 본문 또는 제6항을 준용한다. 이 경우 "경력경쟁임용시험등"은 "5급 공개경쟁승진시험"으로 본다.

⑩ 5급 일반승진시험에서 면접시험을 실시하는 경우 면접시험 및 최종합격자 결정에 관하여는 제5항 본문 또는 제6항을 준용한다. 이 경우 "경력경쟁임용시험등"은 "5급 일반승진시험"으로 본다.

(2013.5.6 본조신설)

제51조【동점자의 합격 결정】 공개경쟁신규임용시험, 공개경쟁승진시험, 경력경쟁임용시험과 일반승진시험에서 합격 여부를 결정할 때 선발예정 인원을 초과하여 동점자가 있으면 그 동점자를 모두 합격자로 한다. 이 경우 동점자의 계산은 소수점 이하 둘째자리까지로 하되, 일반승진시험의 경우에는 소수점 이하 셋째자리까지로 한다.

(2011.8.22 전단개정)

제51조의2【여성 또는 남성의 선발예정 인원 초과 합격】 ① 시험실시기관의 장은 여성과 남성의 평등한 공무원 임용기회를 확대하기 위하여 필요하다고 인정하는 경우에는 제50조제1항·제3항·제8항 및 제50조의3(제8항에 따른 전직시험에서 면접시험 및 최종합격자 결정과 제10항에 따른 5급 일반승진시험에서 면접시험 및 최종합격자 결정은 제외한다)에도 불구하고 한시적으로 여성 또는 남성이 시험 실시 단계별로 선발예정 인원의 일정 비율 이상이 될 수 있도록 선발예정 인원을 초과하여 여성 또는 남성을 합격시킬 수 있다.(2016.6.28 본항개정)

② 제1항에 따라 선발예정 인원을 초과하여 여성 또는 남성을 합격시킬 경우에 그 실시대상 시험의 종류, 채용목표비율, 합격자 결정방법과 그 밖에 시험의 시행에 필요한 사항은 교육부장관 또는 행정안전부장관이 정한다.

(2017.7.26 본항개정)

제51조의3【중증장애인의 임용기회 확대】 ① 법 제27조제2항에 따라 경력경쟁임용시험등을 실시하는 시험실시기관의 장은 중증장애인(「장애인고용촉진 및 직업재활법」 제2조제2호에 따른 중증장애인을 말한다. 이하 이 조에서 같다)의 공무원 임용기회를 확대하기 위하여 필요하면 중증장애인만 해당 경력경쟁임용시험등에 응시하게 할 수 있다.(2011.8.22 본항개정)

② 제1항에 따라 경력경쟁임용시험등을 실시할 경우에 그 실시대상 직무의 종류, 각 직무의 종류별로 응시할 수 있는 장애의 종류, 그 밖에 시험 실시에 필요한 사항은 시험실시기관의 장이 정한다.(2011.8.22 본항개정)

③ 임용권자는 중증장애인의 공무원 임용기회를 확대하기 위하여 중증장애인이 담당하기에 적합한 직무의 종류를 발굴하는 등 필요한 시책을 마련하여 시행하여야 한다.

④ 임용권자가 중증장애인을 임용함으로써 현원이 정원을 초과하는 경우에는 정원과 현원이 일치할 때까지 그 인원에 해당하는 정원이 해당 기관에 따로 있는 것으로 본다.(2019.6.18 본항신설)

(2008.9.30 본조신설)

제51조의4【저소득층의 채용】 시험실시기관의 장은 9급 일반직공무원 공개경쟁임용시험을 실시할 때 교육부장관 또는 행정안전부장관이 정하는 바에 따라 저소득층에 속하는 사람이 선발예정 인원의 100분의 2 이상 채용될 수 있도록 시험을 실시해야 한다.(2020.7.28 본조개정)

제51조의5【장애인 및 저소득층의 선발예정 인원 초과 합격】 ① 시험실시기관의 장은 제42조제3항에 따라 시험(장애인의 경우는 6급 이하 공개경쟁임용시험으로 한정하고, 저소득층의 경우는 9급 공개경쟁임용시험으로 한정한다)을 분리하여 실시한 결과 시험성적이 일반모집 합격자(장애인이나 저소득층에 속하는 사람이 아니더라도 응시할 수 있는 시험에 합격한 사람을 말한다)의 성적 이상인 구분모집 응시자(장애인이나 저소득층에 속하는 사람만 응시할 수 있는 시험에 응시한 사람을 말한다)에 대해서는 제50조에도 불구하고 시험실시 단계별로 선발예정 인원을 초과하여 합격시킬 수 있다.

② 제1항에 따라 장애인 또는 저소득층에 속하는 사람을 초과 합격시키는 경우 그 대상, 합격자 결정방법, 그 밖에 시험 실시에 필요한 사항은 교육부장관 또는 행정안전부장관이 정한다.(2020.7.28 본항개정)

(2012.2.28 본조신설)

제51조의6 (2018.3.20 삭제)

제52조【임용시험의 응시자격】 공무원임용을 위한 각종 시험의 응시자격은 규칙으로 정한다.(2009.2.6 본조개정)

제53조 (2003.11.27 삭제)

제54조【6급 이하 공무원의 공개경쟁신규임용시험의 방법】 ① 6급 이하 공무원의 공개경쟁신규임용시험은 제1차 시험, 제2차 시험 및 제3차 시험으로 구분하여 실시한다. 다만, 시험실시기관이 필요하다고 인정할 때에는 제1차 시험과 제2차 시험을 병합하여 실시할 수 있다. 이 경우의 시험방법은 선택형으로 하는 것을 원칙으로 한다.

② (2013.11.20 삭제)

③ 제1항의 시험에는 제58조제2항부터 제4항까지의 규정을 준용한다. 다만, 제1항 본문의 제2차 시험은 시험실시기관이 필요하다고 인정할 때에는 선택형과 기입형으로 갈음할 수 있다.(2013.11.20 본문개정)

(2013.11.20 본조제목개정)

(2009.2.6 본조개정)

제55조【경력경쟁임용시험등의 방법】 ① 경력경쟁임용시험등은 다음 각 호의 어느 하나에 해당하는 경우를 제외하고는 필기시험과 면접시험·실기시험 또는 서류전형의 방법으로 실시한다. 다만, 2급 공무원, 3급 공무원이나 별정직 1급 상당 공무원으로 재직한 사람을 퇴직과 동시에 1급 공무원으로 임용하는 경우와 일반직공무원(일반임기제공무원은 제외한다)으로 재직하다가 다른 종류의 경력직공무원이나 특수경력직공무원이 되기 위하여 퇴직한 사람을 퇴직 시에 재직한 직급의 일반직공무원으로 재임용하는 경우에는 시험을 면제한다.

(2013.11.20 단서개정)

1. 법 제27조제2항제1호·제2호·제4호·제9호 및 제10호에 해당하는 사람(같은 항 제4호의 경우에는 공무원 양성을 목적으로 하는 교육기관으로서 규칙으로 정하는 교육기관의 졸업자 또는 수료자로 한다)에 대해서는 서류전형과 면접시험 또는 실기시험의 방법으로 실시한다.
2. 법 제27조제2항제3호에 해당하는 사람 중 퇴직한 공무원을 3년 이내에 퇴직 시 재직한 직급으로 재임용하는 경우(임기제공무원으로 재임용하는 경우를 제외한다)에는 서류전형과 면접시험의 방법으로 실시한다.

(2019.6.18 본호개정)

2의2. 법 제27조제2항제3호에 해당하는 사람을 임기제공무원으로 임용하는 경우에는 서류전형과 면접시험 또는 실기시험의 방법으로 실시한다.(2018.3.20 본호개정)

3. 법 제27조제2항제5호에 해당하는 사람에 대해서는 서류전형의 방법으로 실시한다.
4. 법 제27조제2항제6호에 따라 특수한 직무분야 또는 특수한 환경에 근무할 공무원을 임용하는 경우에는 면접시험과 실기시험 또는 서류전형의 방법으로 실시한다.

(2013.11.20 본호개정)

5. 법 제27조제2항제13호에 해당하는 사람에 대해서는 서류전형, 필기시험 및 면접시험의 방법으로 실시한다.

(2013.5.6 본호신설)

② 경력경쟁임용시험으로 임용하는 경우에는 제1항제1호, 제2호, 제2호의2, 제3호 및 제4호까지의 규정에도 불구하고 필기시험을 추가할 수 있다.(2016.12.30 본항개정)

③ 제1항의 시험방법은 5급 이상 공무원의 시험에 관하여는 제58조제1항부터 제4항까지의 규정을 준용하고, 6급 이하 공무원의 시험에 관하여는 제54조 중의 관계 규정을 준용한다. 다만, 제1항제1호에 따른 경력경쟁임용시험에서는 5급 이상 공무원의 시험에 대해서도 제1차시험과 제2차시험을 병합하여 선택형으로 실시할 수 있다.

(2013.11.20 본문개정)

④ 임용권자는 법 제27조제2항에 따른 경력경쟁임용시험(필기시험을 실시하는 경우는 제외한다)의 응시인원이 선발예정 인원의 3배수 이상인 경우에는 선발예정 인원의 3배수 이상의 범위에서 서류전형 합격자를 결정할 수 있다.(2015.11.18 본항개정)

(2011.8.22 본조제목개정)

(2009.2.6 본조개정)

제55조의2【국가공무원의 경력경쟁임용시험등의 방법】 법 제27조제2항제7호에 따라 국가공무원을 지방공무원으로 임용할 때에는 법 제27조제2항제3호에 해당하는 사람에 대한 경력경쟁임용시험등을 실시하는 방법으로 하되, 해당 직급에 대한 임용자격요건, 승진소요 최저연수 및 시험과목이 같으면 그 같은 과목에 대한 필기시험은 면제한다. 다만, 행정부 소속 일반직 국가공무원을 해당 직급에 해당하는 일반직 지방공무원으로 임용할 경우에는 경력경쟁임용시험등을 면제한다.(2013.11.20 단서개정)

제55조의3【자격증 소지자에 대한 신규임용시험의 특전】 ① (2019.6.18 삭제)

② 「국가기술자격법」 및 그 밖의 법령에 따른 자격증을 소지한 사람이 6급 이하 공무원 신규임용시험(경력경쟁임용시험등의 경우에는 필기시험을 실시하는 경우에만 해당하며, 자격증을 소지한 사람만 임용되는 특수직류와 법 제27조제2항제2호에 따른 경력경쟁임용시험의 경우는 제외한다)에 응시하는 경우에는 법 제34조의2에 따라 필기시험의 각 과목별 득점에 그 시험과목의 만점의 5퍼센트 이내의 비율에 의한 점수를 가산한다. 이 경우 둘

이상의 자격증이 중복되는 경우에는 본인에게 유리한 것 하나만을 가산한다.
③ 제2항에 따른 가산점은 각 과목에서 40퍼센트 이상 득점한 사람에게만 적용하되, 제46조제1항 본문에 따라 준용되는 「공무원임용시험령」 제7조제1항제1호에 따라 대체하는 시험과목은 가산대상 과목에서 제외하며, 가산대상 자격증 및 가산비율·방법·절차 등은 규칙으로 정한다. (2019.6.18 본조개정)

제56조【의사상자 등에 대한 신규임용시험의 특전】 ① 다음 각 호의 어느 하나에 해당하는 사람이 6급 이하 공무원 신규임용시험에 응시하는 경우에는 법 제34조의2에 따라 대상자의 각 과목별 득점에 다음 각 호의 구분에 따라 점수를 가산한다. 다만, 만점의 40퍼센트 미만을 득점한 과목이 있거나, 점수로 환산할 수 없는 시험인 경우에는 그러하지 아니하다.(2016.12.30 본문개정)
1. 각 과목별 만점의 5퍼센트를 가산하는 대상자
 가. 법 제34조의2제1항제2호에 해당하는 사람
 나. 법 제34조의2제1항제3호에 해당하는 사람 중 「의사상자 등 예우 및 지원에 관한 법률」 제13조에 따라 취업보호의 대상이 되는 의상자
2. 각 과목별 만점의 3퍼센트를 가산하는 대상자 : 제1호 나목에 해당하는 사람의 배우자 또는 자녀
② 제1항에 따른 가산점 대상자가 다음 각 호의 어느 하나에 따른 취업지원의 대상이 될 때에는 본인에게 유리한 것 하나만을 가산한다.
1. 「국가유공자 등 예우 및 지원에 관한 법률」 제29조
2. 「독립유공자예우에 관한 법률」 제16조제2항
3. 「보훈보상대상자 지원에 관한 법률」 제33조
4. 「고엽제후유의증 등 환자지원 및 단체설립에 관한 법률」 제7조의9(2017.3.8 본호개정)
5. 「5·18민주유공자예우 및 단체설립에 관한 법률」 제20조(2021.4.6 본호개정)
6. 「특수임무유공자 예우 및 단체설립에 관한 법률」 제19조
③ 제1항에 따른 가산점을 받아 신규임용시험에 합격하는 사람은 그 임용시험 선발예정인원의 10퍼센트(가산점에 따른 선발 인원을 산정하는 경우 소수점 이하는 버린다)를 초과할 수 없다. 다만, 응시자의 수가 선발예정인원과 같거나 그보다 적은 경우에는 그러하지 아니하다. (2015.11.18 본조신설)

제57조【전직시험의 방법】 ① 5급 이상 공무원의 전직시험에 대해서는 제60조제1항 본문을 준용하고, 6급 이하 공무원의 전직시험은 제1차 시험과 제2차 시험을 병합하여 선택형으로 실시한다. 다만, 별표1 중 행정직군 5급 이상 공무원의 제2차 시험은 논문형으로 실시하되, 주관식 단답형을 포함할 수 있다.
② (1981.6.24 삭제)
③ (2013.11.20 삭제)
(2009.2.6 본조개정)

제58조【5급 공무원으로의 공개경쟁승진시험의 방법】 ① 5급 공무원으로의 공개경쟁승진시험은 제1차 시험, 제2차 시험 및 제3차 시험으로 구분하여 실시한다.
② 제1차 시험은 선택형으로 실시하는 것을 원칙으로 하는 필기시험으로 하되, 기입형을 포함할 수 있다.
③ 제2차 시험은 논문형으로 실시하는 것을 원칙으로 하는 필기시험으로 하되, 과목별로 주관식 단답형을 포함할 수 있다.
④ 제3차 시험은 면접시험 또는 실기시험의 방법으로 실시한다. 다만, 직무의 특수성으로 시험실시기관의 장이 필요하다고 인정한 경우에는 면접시험과 실기시험을 모두 실시할 수 있다.
⑤ 제1차 시험에 합격한 사람에 대해서는 다음 회의 시험의 경우에만 제1차 시험을 면제한다. 다만, 제1차 시험을 면제받으려는 해당 시험의 응시자격요건을 갖춘 경우만 해당한다.
(2009.2.6 본조개정)

제59조【5급 공무원으로의 공개경쟁승진시험의 대상】 5급 공무원으로의 공개경쟁승진시험은 교육부장관 또는 행정안전부장관이 지방자치단체 간의 승진기회의 균형을 도모하거나 유능한 공무원을 발탁하기 위하여 필요하다고 인정하는 경우, 제33조에 따른 승진소요 최저연수가 지난 사람으로서 제34조 및 제36조에 따라 승진임용이 제한되거나 응시자격이 정지 중에 있지 않은 6급 공무원을 대상으로 하여 실시한다.(2017.7.26 본조개정)

제60조【5급 공무원으로의 일반승진시험의 방법】 ① 5급 공무원으로의 일반승진시험은 제1차 시험과 제2차 시험을 구분하여 선택형(기입형을 포함할 수 있다)으로 실시하되, 시험실시기관의 장이 필요하다고 인정하는 경우에는 면접시험 또는 실기시험을 실시할 수 있다. 다만, 시험실시기관의 장은 임용권자가 요구한 경우에는 해당 소속기관의 제2차 시험을 논문형(주관식 단답형을 포함할 수 있다)으로 실시할 수 있다.
② 임용권자는 제1항의 시험방법을 변경할 때에는 시험요구일 1년 전에 요구하여야 한다.
③ 제1차 시험에 합격한 사람에 대해서는 본인이 응시요건을 갖추어 응시하는 다음 회 시험(질병이나 법령에 따른 의무수행 등 정당한 사유를 갖추어 사전에 허가를 받아 시험에 응시하지 않은 경우에는 그 다음 회의 시험)의 경우에만 제1차 시험을 면제한다.
④ 법 제27조제2항제2호 및 제9호와 이 영 제55조제1항에 따라 5급 경력경쟁임용시험등에서 필기시험이 면제되는 박사학위 또는 자격증(또는 면허증) 소지자가 그 박사학위 또는 자격증(또는 면허증)에 해당하는 직렬의 5급 공무원으로의 일반승진시험에 응시하는 경우에는 제1항 및 제2항에도 불구하고 서류전형과 면접시험의 방법으로 시험을 실시할 수 있다. 다만, 경쟁으로 시험요구를 하였을 경우에는 그러하지 아니하다.(2011.8.22 본문개정)
(2009.2.6 본조개정)

제60조의2【시험의 일부면제】 ① 사법시험에 합격한 사람을 행정직군공무원으로 임용하거나 임용한 경우의 경력경쟁임용시험등, 일반승진시험 및 전직시험은 면접시험과 서류전형의 방법으로 실시한다.(2011.8.22 본항개정)
② 공무원이 해당 직급에서 다른 직급으로 전직할 때에는 각 직급의 전직시험과목 중 서로 중복되는 시험과목은 면제한다.
③ 제28조제1항에 따른 전직시험에서 시험실시기관의 장이 필요하다고 인정할 때에는 제1차 시험을 면제할 수 있다.
④ 직제 및 정원의 변경으로 인하여 특정 직위에 임용하는 공무원의 종류가 변경되거나 복수직으로 된 경우에는 해당 직위에 보직되어 있는 사람을 변경된 공무원의 종류나 복수직으로 추가된 공무원의 종류로 다수인을 대상으로 하지 아니한 시험을 통하여 임용하는 경우 시험실시기관의 장은 필요하다고 인정하는 경우에는 제1차 시험을 면제할 수 있다. 다만, 담당 직무의 변경이 없는 경우에만 해당한다.(2011.8.22 본문개정)
(2009.2.6 본조개정)

제61조【시험 실시의 지체 금지】 시험실시기관은 시험의 실시를 요구 받은 경우에는 지체 없이 시험을 실시하여 그 결과를 시험 실시 요구자에게 통지하여야 한다. (2009.2.6 본조개정)

제61조의2 (1995.1.28 삭제)

제62조【시험의 공고】 ① 시험실시기관이 신규임용 또는 승진을 위한 공개경쟁시험을 실시할 경우에는 응시원서 접수 시작일의 20일 전까지 응시자격을 가진 사람이 잘 알 수 있도록 다음 각 호의 사항을 신문, 방송, 인터넷 홈페이지 또는 그 밖에 효과적인 방법으로 공고하여야 한다. 다만, 공개경쟁신규임용시험의 시험 일정 등 미리 공고할 필요가 있는 사항은 응시원서 접수 시작일의 90일 전까지 공고하여야 하며, 긴급하게 시험을 실시할 필요성이 있는 경우에는 시험 실시일의 90일 전까지 공고할 수 있다.(2018.3.20 단서개정)
1. 임용예정 직급·직위(2019.11.5 본호개정)
2. 응시자격
3. 시험과목 및 배점비율
4. 선발예정 인원
5. 시험방법, 시험일시와 시험장소
6. 합격자 발표의 시기 및 장소
7. 응시원서의 교부·접수 장소 및 그 기간(2019.11.5 본호개정)
8. 합격자에 대한 각종 특전 및 수혜에 관한 사항
9. 응시수수료 반환 금액(2023.6.13 본호신설)
10. 그 밖에 시험 실시에 필요한 사항
② 시험실시기관이 경력경쟁임용시험을 실시하려면 응시원서 접수 마감일 10일 전까지 제1항 각 호의 사항을 응시자격을 가진 사람이 알 수 있도록 시험실시기관의 인터넷 홈페이지 등에 공고해야 한다. 다만, 시험실시기관의 장은 재난의 발생 등으로 긴급한 인력 충원이 필요한 경우에는 공고일의 기한을 달리 정할 수 있다. (2023.6.13 본항개정)
③ 불가피한 사유로 공고된 내용을 변경하는 경우에는 시험 실시일 7일 전까지 그 변경된 사항을 공고해야 한다. 다만, 제2항에 따라 공고한 경우로서 재난의 발생 등으로 긴급한 인력 충원이 필요한 경우에는 공고일의 기한을 달리 정할 수 있다.(2023.6.13 단서개정)
(2009.2.6 본조개정)

제62조의2【시험의 연기·변경】 ① 시험실시기관의 장은 재해·재난 또는 그 밖의 부득이한 사유로 공고된 기일에 시험을 실시하기 곤란하다고 판단되는 경우에는 시험의 전부 또는 일부를 연기하거나 변경하여 실시할 수 있다.
② 제1항에 따라 시험을 연기·변경하는 경우에는 지체 없이 모든 응시자가 알 수 있도록 그 사유 및 연기된 시험일시 등을 공고하여야 한다.
(2015.11.18 본조신설)

제63조【응시원서 등의 제출 및 접수】 ① 임용시험 응시자는 시험실시기관의 장이 정하는 응시원서 등을 시험실시기관의 장이 정한 방식에 따라 제출(정보통신망에 의한 제출을 포함한다)하여야 한다.
② 제1항에 따라 제출하는 응시원서 등에는 다음 각 호의 사항이 포함되어야 한다.
1. 주민등록번호, 성명, 주소, 사진 등 응시자 본인임을 확인할 수 있는 정보
2. 학력, 자격정보 등 시험이 정하는 응시자격과 관련된 사항
3. 그 밖에 임용시험 응시를 위하여 필요한 사항
③ 시험실시기관의 장은 필요하다고 인정하는 경우에는 제2차시험(제1차시험과 제2차시험을 병합하여 실시하는 경우에는 그 병합 실시하는 시험을 말한다) 합격자 및 최종합격자(이하 "시험 합격자"라 한다)에 대하여 「전자정부법」 제36조제1항에 따른 행정정보의 공동이용(이하 "행정정보의 공동이용"이라 한다)을 통하여 다음 각 호의 서류를 확인하여야 한다. 다만, 시험 합격자가 확인에 동의하지 아니하거나 행정정보의 공동이용을 통하여 서류를 확인할 수 없는 경우에는 시험실시기관의 장이 정하는 기간 내에 해당 서류를 제출하도록 하여야 한다.
1. 행정안전부장관이 보유하는 주민등록표 등·초본(2017.7.26 본호개정)
2. 보건복지부장관이 보유·발급하는 장애인증명서, 국민기초생활수급자증명서
3. 여성가족부장관이 발급하는 한부모가족증명서
4. 「국가기술자격법」에 따라 발급되는 국가기술자격취득사항확인서
④ 시험실시기관의 장은 응시자가 시험성적의 가산특전을 신청한 경우에는 행정정보의 공동이용을 통하여 다음 각 호의 서류를 확인하여야 한다. 다만, 시험성적의 가산특전을 신청한 응시자가 확인에 동의하지 아니하거나 행정정보의 공동이용을 통하여 서류를 확인할 수 없는 경우에는 시험실시기관의 장이 정하는 기간 내에 제출하도록 하여야 한다.
1. 국가보훈부장관이 발급하는 취업지원 대상자 증명서, 국가유공자(유족) 확인(2023.4.11 본호개정)
2. 보건복지부장관이 발급하는 의사상자증명서
3. 「국가기술자격법」에 따라 발급되는 국가기술자격취득사항확인서(필기시험 시행일 전에 취득한 것만 해당하되, 「재난 및 안전관리 기본법」 제3조제1호에 따른 재난의 발생 등 부득이한 사유가 있는 경우에는 교육부장관 또는 행정안전부장관이 별도로 정하는 바에 따른다) (2020.5.26 본호개정)
⑤ 제46조제1항 본문에 따라 준용되는 「공무원임용시험령」 제7조제1항제1호에 따라 시험과목을 대체하려는 응시자는 대체하려는 시험의 종류 및 시험의 점수(등급) 등을 시험실시기관의 장이 정하는 방법에 따라 제출(정보통신망에 의한 제출을 포함한다)해야 한다.(2019.6.18 본항신설)
(2016.12.30 본조개정)

제64조【응시수수료】 ① 공무원 신규임용시험에 응시하는 사람은 응시수수료로 다음 각 호의 어느 하나에 해당하는 수입인지 또는 수입증지를 응시원서 또는 시험요구서류에 붙여야 한다. 다만, 교육부장관, 행정안전부장관, 지방자치단체의 장이나 지방의회의 의장은 정보통신망을 이용하여 전자화폐나 전자결제 등의 방법으로 수수료를 내게 할 수 있다.(2021.11.30 단서개정)
1. 교육부장관 또는 행정안전부장관이 실시하는 5급 이상 공무원의 신규임용시험은 각각 교육부령 또는 행정안전부령으로 정하는 금액의 수입인지(2017.7.26 본호개정)
2. 지방자치단체의 장이나 지방의회의 의장이 실시하는 공무원의 신규임용시험은 규칙으로 정하는 금액의 수입증지(2021.11.30 본호개정)
② 제1항에 따른 응시수수료는 다음 각 호의 어느 하나에 해당하는 경우에는 해당 금액을 반환하여야 한다.
1. 응시수수료를 과오납한 경우에는 과오납한 금액
2. 시험실시기관의 귀책사유로 시험에 응시하지 못한 경우에는 납부한 응시수수료의 전액
3. 응시원서 접수기간 중에 또는 마감일 다음 날부터 3일 이내에 응시의사를 철회한 경우에는 납부한 응시수수료의 전액(2016.12.30 본호개정)
4. 시험 실시일 전에 응시의사를 철회한 경우(제3호에 해당하는 경우는 제외한다)로서 시험실시기관의 장이 필요하다고 인정하는 경우에는 해당 시험실시기관의 장이 정하는 금액(2023.6.13 본호신설)
(2012.6.22 본항신설)

제64조의2【경력경쟁임용시험등의 점검】 시험실시기관의 장은 경력경쟁임용시험등을 실시하는 경우 그 최종합격자 발표 전에 규칙으로 정하는 바에 따라 임용시험 과정이 적절하게 이루어졌는지 점검해야 한다.(2023.6.13 본조신설)

제65조【부정행위자 등에 대한 조치】 ① 임용시험에서 다음 각 호의 어느 하나에 해당하는 행위를 한 사람에 대해서는 그 시험을 정지 또는 무효로 하거나 합격 결정을 취소하고, 그 처분이 있은 날부터 5년간 이 영에 따른 시험과 그 밖에 공무원 임용을 위한 시험의 응시자격을 정지한다.
1. 다른 수험생의 답안지를 보거나 본인의 답안지를 보여주는 행위
2. 대리시험을 의뢰하거나 대리로 시험에 응시하는 행위
3. 통신기기, 그 밖의 신호 등을 이용하여 해당 시험 내용에 관하여 다른 사람과 의사소통을 하는 행위
4. 부정한 자료를 가지고 있거나 이용하는 행위
5. 병역, 가점, 영어능력시험의 성적에 관한 사항 등 시험에 관한 증명서류에 거짓 사실을 적거나 그 서류를 위조·변조하여 시험결과에 부당한 영향을 주는 행위
5의2. 체력시험에 영향을 미칠 목적으로 행정안전부장관이 정하여 고시하는 금지약물을 복용하거나 금지방법을 사용하는 행위(2017.7.26 본호개정)

6. 그 밖에 부정한 수단으로 본인 또는 다른 사람의 시험 결과에 영향을 미치는 행위
② 임용시험에서 다음 각 호의 어느 하나에 해당하는 행위를 한 사람에 대해서는 그 시험을 정지하거나 무효로 한다.
1. 시험 시작 전에 시험문제를 열람하는 행위
2. 시험 시작 전이나 시험 종료 후에 답안을 작성하는 행위
3. 허용되지 않은 통신기기 또는 전자계산기기를 가지고 있는 행위
4. 그 밖에 시험의 공정한 관리에 영향을 미치는 행위로서 시험실시기관의 장이 시험의 정지 또는 무효 처리기준으로 정하여 공고한 행위
③ 이 영에 의하지 않은 공무원의 임용시험 또는 국가공무원의 임용시험에서 부정한 행위를 하여 응시자격이 정지 중에 있는 사람은 그 기간 중 이 영에 따른 시험에 응시할 수 없다.
④ 부정행위를 한 사람이 공무원인 경우에는 시험실시기관의 장은 관할 인사위원회에 징계의결을 요구하거나, 그 소속 기관의 장에게 이 사실을 통보하여야 하며, 이 통보를 받은 기관의 장은 관할 징계의결기관에 징계의결을 요구하여야 한다.
⑤ 시험실시기관의 장은 제1항에 따른 처분을 한 경우에는 지체 없이 그 이유를 붙여 처분을 받은 사람에게 통지하고 그 명단을 관보에 게재하여야 한다. 이 경우 시험실시기관의 장은 처분 결과를 교육부장관 또는 행정안전부장관에게 통보해야 한다.(2019.6.18 후단신설)
⑥ 시험실시기관의 장은 행정안전부장관이 정하는 바에 따라 제1항제5호의2에 해당하는지 여부를 확인할 수 있다.(2017.7.26 본항개정)
(2009.2.6 본조개정)

제65조의2【채용 비위 관련자의 합격 등 취소】 ① 법 제43조의3제1항 전단에서 "대통령령으로 정하는 비위"란 법령을 위반하여 채용시험에 개입하거나 채용시험에 부당한 영향을 주는 행위 등 채용시험의 공정성을 해치는 행위를 말한다.
② 시험실시기관의 장이나 임용권자가 법 제43조의3제1항 전단에 따라 합격 또는 임용을 취소하려는 경우에는 인사위원회의 심의를 거쳐야 한다.
③ 시험실시기관의 장이나 임용권자는 법 제43조의3제1항 후단에 따라 인사위원회의 회의를 개최하기 10일 전까지 다음 각 호의 사항을 당사자에게 통지해야 한다.
1. 합격 또는 임용 취소의 내용 및 사유
2. 소명 기한
3. 소명 방법
4. 소명하지 않는 경우의 처리방법
5. 그 밖에 소명에 필요한 사항
④ 시험실시기관의 장이나 임용권자는 제3항에 따른 통지를 받은 당사자가 같은 항 제2호의 기한까지 정당한 사유 없이 소명하지 않는 경우에는 추가로 소명기회를 주지 않을 수 있다.
⑤ 인사위원회는 제2항에 따른 심의 결과를 즉시 시험실시기관의 장이나 임용권자에게 통지해야 한다.
⑥ 제1항부터 제5항까지에서 규정한 사항 외에 채용 비위 관련자의 합격 또는 임용 취소에 필요한 사항은 교육부장관 또는 행정안전부장관이 정한다.
(2021.11.30 본조신설)

제65조의3【합격증명서 등의 발급】 ① 시험실시기관의 장은 임용시험 합격자에게 본인의 신청에 따라 합격증명서 등을 발급한다.
② 합격증명서 등을 발급받으려는 사람은 수수료로서 1통마다 200원의 정부 수입인지 또는 해당 지방자치단체 수입증지를 발급신청서에 붙여야 한다.
③ 제1항에 따른 합격증명서 등을 전자문서로 발급받는 경우에는 제2항에도 불구하고 무료로 한다.(2011.3.7 본항신설)
(2009.2.6 본조개정)

제8장 고충처리
(2020.7.28 본장제목개정)

제66조【고충상담의 처리】 ① 법 제67조의2제1항·제2항 및 제67조의3에 따른 고충상담의 처리를 위하여 임용권자는 다음 각 호의 조치를 해야 한다.
1. 고충처리 전담부서의 설치 및 고충상담원 지정
2. 고충상담 창구 마련
3. 상담 신청인의 인적사항 누출을 방지하기 위한 조치
4. 상담 내용을 기록하고 관리하기 위한 조치
② 임용권자는 고충상담의 처리 과정에서 고충심사가 필요하다고 판단될 때에는 고충을 제기한 사람(이하 "청구인"이라 한다)의 동의를 받아 고충심사 절차를 시작할 수 있다.
③ 제1항 및 제2항에서 규정한 사항 외에 고충상담의 처리를 위하여 필요한 사항은 규칙으로 정한다.
(2020.7.28 본조개정)

제66조의2【고충심사의 청구】 ① 법 제67조의2제1항 및 제67조의3에 따라 공무원이 고충심사를 청구할 때에는 다음 각 호의 사항을 적은 고충심사청구서(이하 "청구서"라 한다)를 임용권자에게 제출해야 한다.
1. 주소, 성명 및 생년월일
2. 소속 기관명 및 직급·직위
3. 고충심사 청구의 취지 및 이유
② 제1항에 따라 청구서를 제출받은 임용권자는 지체 없이 해당 인사위원회 회의에 부쳐 이를 심사하도록 해야 한다.
③ 소속 기관(시·도와 시·군·자치구, 시·군·자치구)을 달리하는 2명 이상의 공무원이 관련된 고충심사의 청구에 대해서는 해당 시·도의 인사위원회(시·도에 복수의 인사위원회를 두는 경우 제1인사위원회를 말한다)에서 심사한다. 이 경우 지방자치단체의 장 소속 공무원과 지방의회의 의장 소속 공무원이 관련된 고충심사의 청구에 대해서는 시·도지사가 두는 인사위원회에서 심사한다.(2021.11.30 본항개정)
(2020.7.28 본조신설)

제67조【보완 요구】 인사위원회는 청구서에 흠이 있다고 인정하는 경우에는 청구서를 접수한 날부터 7일 이내에 적당한 보완기간을 정하여 청구인에게 보완을 요구할 수 있으며, 청구인은 그 보완기간 내에 그 흠을 보완하여야 한다.(2009.2.6 본조개정)

제68조【회피 및 기피】 ① 인사위원회의 위원 중 청구인의 친족이거나 청구사유와 밀접한 관계가 있는 위원은 그 고충심사를 회피할 수 있다.
② 인사위원회의 위원에게 고충심사의 공정을 기대하기 어려운 사정이 있을 때에는 청구인은 그 위원의 기피를 신청할 수 있으며, 인사위원회는 의결로 그 위원의 기피 여부를 결정하여야 한다.
(2009.2.6 본조개정)

제69조【고충심사절차】 ① 인사위원회는 청구서를 접수한 경우에는 30일 이내에 고충심사에 대한 결정을 하여야 한다. 다만, 부득이하다고 인정되는 경우에는 인사위원회 의결로 그 기간을 30일 연장할 수 있다.
② 인사위원회는 고충심사에 필요하다고 인정하는 경우에는 청구인, 임용권자 또는 그 대리인을 출석하게 하여 진술하게 하거나 관계기관에 변명서나 심사자료의 제출을 요구할 수 있으며, 검정·감정을 의뢰하거나 소속 직원으로 하여금 사실조사를 하게 할 수 있다.
③ 인사위원회는 고충심사 당사자 또는 관계인의 진술을 들은 경우에는 청취서를 작성하여야 하고, 고충심사 당사자나 관계인과 말로 묻고 답한 경우에는 문답서를 작성하여야 한다.
(2009.2.6 본조개정)

제70조【심사기일의 지정 통지】 ① 인사위원회는 고충심사 시에 제69조제2항에 따라 당사자가 출석할 필요가 있는 경우에는 심사일시 및 장소를 당사자에게 통지하여야 한다.
② 제1항의 기일 통지는 심사일 5일 전까지 당사자에게 도달되게 하여야 하며, 출석기일 통지를 받은 당사자가 심사일에 상당한 이유 없이 출석하지 않은 경우에는 인사위원회는 그 진술 없이 심사결정을 할 수 있다. 다만, 서면으로 진술한 경우에는 결정서에 서면진술의 요지를 기재하여야 한다.
(2009.2.6 본조개정)

제71조【증거 제출권】 고충심사 당사자는 참고인의 환문(喚問) 또는 증거물과 그 밖의 심사자료의 제출요구를 신청하거나 증거물과 그 밖의 심사자료를 제출할 수 있다.(2009.2.6 본조개정)

제72조【고충심사의 결정】 인사위원회의 고충심사에 대한 결정은 다음 각 호와 같이 구분한다.
1. 고충심사 청구가 상당한 이유가 있다고 인정되는 경우 : 임용권자나 관계 기관의 장에게 시정을 요청하는 결정
2. 시정을 요청할 정도에 이르지 않으나, 제도나 정책 등의 개선이 필요하다고 인정되는 경우 : 임용권자나 관계 기관의 장에게 이에 대한 합리적인 개선을 권고하거나 의견을 표명하는 결정
3. 고충심사 청구가 이유 없다고 인정되는 경우 : 청구를 기각(棄却)하는 결정
4. 고충심사 청구가 다음 각 목의 어느 하나에 해당하는 경우 : 청구를 각하(却下)하는 결정
가. 고충심사 청구가 적법하지 않은 경우
나. 사안이 종료된 경우, 같은 사안에 관하여 이미 소청 또는 고충심사 결정이 이루어진 경우 등 명백히 고충심사의 실익이 없는 경우
(2020.7.28 본조개정)

제73조【결정서 작성 및 송부】 ① 인사위원회가 고충심사청구에 대하여 결정을 한 경우에는 결정서를 작성하고, 위원장과 출석한 위원이 서명날인하여야 한다.
② 인사위원회는 결정서가 작성된 경우에는 지체 없이 임용권자에게 송부하여야 한다.
(2009.2.6 본조개정)

제74조【고충심사결과 처리】 ① 제73조제2항에 따라 결정서를 송부 받은 임용권자는 심사결과를 청구인과 관계 기관의 장에게 통보하고, 심사결과에 따른 조치를 하거나 관계 기관의 장에게 필요한 조치를 요청해야 한다.
② 제1항에 따른 심사결과 중 제72조제1호에 따른 시정을 요청받은 관계 기관의 장은 특별한 사유가 없으면 이를 이행하고, 심사결과를 통보받은 날부터 30일 이내에 그 처리 결과를 임용권자에게 알려야 한다. 다만, 특별한 사유로 이행할 수 없는 경우에는 그 사유를 임용권자에게 문서로 통보해야 한다.(2020.7.28 본항신설)
③ 제1항에 따른 심사결과 중 제72조제2호에 따른 개선 권고를 받은 관계 기관의 장은 이를 이행하도록 노력해야 한다.(2020.7.28 본항신설)
(2020.7.28 본조개정)

제75조【재심】 ① 인사위원회의 고충심사결과에 불복이 있는 임용권자, 관계 기관의 장이나 청구인은 심사결과를 통보받은 날부터 30일 이내(임용권자는 결정서를 송부받은 날부터 30일 이내)에 직근 상급기관에 설치된 인사위원회(해당 시·도의 인사위원회의 의결에 대해서는 그 인사위원회, 시·도에 복수의 인사위원회를 두는 경우 제1인사위원회의 의결에 대해서는 그 인사위원회, 제2인사위원회의 의결에 대해서는 제1인사위원회)에 재심을 청구할 수 있다.(2021.11.30 본항개정)
② 제1항에 따라 재심을 청구할 때에는 다음 각 호의 사항을 적은 재심청구서에 제73조에 따른 결정서의 사본 또는 제74조에 따른 심사결과 통보 문서의 사본을 첨부하여 관할 인사위원회에 제출해야 한다.
1. 주소, 성명 및 생년월일
2. 소속 기관명 및 직급·직위
3. 재심사청구의 취지와 이유
③ 재심의 처리 절차에 대해서는 제67조부터 제73조까지의 규정을 따른다.
(2020.7.28 본조신설)

제75조의2【성폭력범죄·성희롱 상담 및 피해자 보호 조치 등】 ① 임용권자는 법 제67조의2제1항 및 제67조의3에 따라 신청받은 고충상담의 내용이 성폭력범죄 및 성희롱과 관련된 경우에는 지체 없이 그 사실 확인을 위한 조사를 해야 하며, 수사의 필요성이 있다고 인정하는 경우 수사기관에 통보해야 한다.
② 임용권자는 제1항에 따른 조사 과정에서 청구인 및 그 밖에 성폭력범죄 또는 성희롱 피해를 입거나 피해를 입었다고 주장하는 사람이 성적 불쾌감 등을 느끼지 않도록 하고, 사건 내용이나 신상 정보의 누설 등으로 인한 피해가 발생하지 않도록 해야 한다.
③ 임용권자는 제1항에 따른 조사 결과 성폭력범죄 또는 성희롱 사실이 확인되면 피해자의 의사에 반하지 않는 범위에서 피해자에게 다음 각 호의 어느 하나에 해당하는 조치를 할 수 있다.
1. 제21조의6에 따른 교육훈련 또는 제27조의2에 따른 파견근무
2. 제26조의2 및 제27조에도 불구하고 다른 직위(임기제공무원의 경우에는 직무 분야가 같거나 유사한 다른 임기제공무원의 직위)에의 전보
3. 근무 장소의 변경, 휴가 사용 권고 및 그 밖에 임용권자가 필요하다고 인정하는 적절한 조치
④ 임용권자는 제1항에 따른 조사 결과 성폭력범죄 또는 성희롱 사실이 확인되는 경우 가해자에게 다음 각 호의 어느 하나에 해당하는 조치를 할 수 있다.
1. 법 제65조의3에 따른 직위해제 사유에 해당된다고 인정하는 경우에는 직위해제
2. 법 제69조에 따른 징계사유에 해당된다고 인정하는 경우에는 징계의결 요구
3. 제2호에 따른 징계의결 요구 전 승진임용 심사 대상에서 제외
4. 제26조의2 및 제27조에도 불구하고 다른 직위(임기제공무원의 경우에는 직무 분야가 같거나 유사한 다른 임기제공무원의 직위)에의 전보
5. 제31조의2제3항에 따라 준용되는 「공무원 성과평가 등에 관한 규정」 제10조제3항에 따른 최하위등급 부여
6. 감사·감찰·인사·교육훈련 분야 등의 보직 제한
(2020.7.28 본조신설)

제76조【준용규정】 이 영에서 규정하지 않은 사항으로서 고충심사에 필요한 사항은 소청절차에 관한 규정을 준용한다.(2009.2.6 본조개정)

제9장 보 칙
(2017.3.27 본장신설)

제77조【민감정보 및 고유식별정보의 처리】 임용권자 및 시험실시기관의 장은 법 및 이 영에 따른 지방공무원 임용에 관한 사무를 수행하기 위하여 불가피한 경우 「개인정보 보호법」 제23조에 따른 건강에 관한 정보 또는 같은 법 시행령 제19조에 따른 주민등록번호·여권번호 또는 외국인등록번호가 포함된 자료를 처리할 수 있다.

제78조【인사 및 시험에 관한 통계의 공개】 ① 지방자치단체의 장과 지방의회의 의장은 공무원의 인사 및 시험에 관한 통계를 인터넷 홈페이지에 공개해야 한다. 이 경우 공개되는 통계의 범위, 시기 및 방법 등 구체적인 사항은 교육부장관 또는 행정안전부장관이 정한다.
(2021.11.30 전단개정)
② 교육부장관 또는 행정안전부장관은 제1항에 따라 공개되는 통계를 통합하여 인터넷 홈페이지 등을 통해 공개할 수 있다.
③ 교육부장관 또는 행정안전부장관은 제2항에 따른 통합 공개를 위해 필요한 경우에는 지방자치단체의 장과 지방의회의 의장에게 제1항에 따라 공개되는 통계 등 필

요한 자료를 요청할 수 있다. 이 경우 자료의 요청을 받은 지방자치단체의 장과 지방의회의 의장은 특별한 사유가 없으면 이에 따라야 한다.(2021.11.30 본항개정)
(2019.6.18 본조신설)

부 칙 (2009.9.21)

제1조【시행일】 이 영은 공포한 날부터 시행한다.
제2조【인사위원회 구성에 따른 경과조치】 이 영 시행 당시 구성된 인사위원회는 이 영에 따라 구성된 것으로 본다. 다만, 위원을 신규로 임명하거나 위촉하는 경우에는 제9조의2의 개정규정에 적합하도록 하여야 한다.
제3조【기능직공무원 직렬 및 직급명칭 개정에 따른 경과조치】 ① 이 영 시행 당시 종전의 별표2에 따른 다음 표의 왼쪽 란에 기재된 직군, 직렬, 계급 및 직급에 재직하고 있는 공무원은 별표2의 개정규정에 따른 다음 표의 오른쪽 란에 기재된 직군, 직렬, 계급 및 직급의 공무원으로 임용된 것으로 본다. 이 경우 왼쪽 란의 보건위생직군 위생직렬의 기능6급 이하 공무원 중 조리업무에 종사하면서 조리사 자격증을 소지한 공무원은 본인이 희망하는 경우에 오른쪽 란에 기재된 보건위생직군의 조리직렬의 기능6급 이하 공무원으로 임용된 것으로 본다.

전신직군 통신직렬 기능7급 지방통신원	전신직군 통신직렬 기능7급 지방통신장
전신직군 교환직렬 기능6급 지방교환원	전신직군 전화상담직렬 기능6급 지방전화상담장
전신직군 교환직렬 기능7급 지방교환원	전신직군 전화상담직렬 기능7급 지방전화상담장
전신직군 교환직렬 기능8급 지방교환원	전신직군 전화상담직렬 기능8급 지방전화상담원
전신직군 교환직렬 기능9급 지방교환원	전신직군 전화상담직렬 기능9급 지방전화상담원
전신직군 교환직렬 기능10급 지방교환원	전신직군 전화상담직렬 기능10급 지방전화상담원
기계직군 난방직렬 기능6급 지방난방원	기계직군 열관리직렬 기능6급 지방열관리장
기계직군 난방직렬 기능7급 지방난방원	기계직군 열관리직렬 기능7급 지방열관리장
기계직군 난방직렬 기능8급 지방난방원	기계직군 열관리직렬 기능8급 지방열관리원
기계직군 난방직렬 기능9급 지방난방원	기계직군 열관리직렬 기능9급 지방열관리원
기계직군 난방직렬 기능10급 지방난방원	기계직군 열관리직렬 기능10급 지방열관리원
기계직군 운전직렬 기능6급 지방운전원	기계직군 운전직렬 기능6급 지방운전장
기계직군 운전직렬 기능7급 지방운전원	기계직군 운전직렬 기능7급 지방운전장
화공직군 화공직렬 기능6급 지방화공원	화공직군 화공직렬 기능6급 지방화공장
화공직군 화공직렬 기능7급 지방화공원	화공직군 화공직렬 기능7급 지방화공장
화공직군 가스직렬 기능6급 지방가스원	화공직군 가스직렬 기능6급 지방가스장
화공직군 가스직렬 기능7급 지방가스원	화공직군 가스직렬 기능7급 지방가스장
선박직군 선박직렬 기능6급 지방선장	선박직군 선박항해직렬 기능6급 지방선박항해장
선박직군 선박직렬 기능7급 지방선장	선박직군 선박항해직렬 기능7급 지방선박항해장
선박직군 선박직렬 기능8급 지방선장 및 선원	선박직군 선박항해직렬 기능8급 지방선박항해원
선박직군 선박직렬 기능9급 지방선원	선박직군 선박항해직렬 기능9급 지방선박항해원
선박직군 선박직렬 기능10급 지방선원	선박직군 선박항해직렬 기능10급 지방선박항해원
선박직군 선박기관직렬 기능6급 지방기관장	선박직군 선박항해직렬 기능6급 지방선박기관장
선박직군 선박기관직렬 기능7급 지방기관장	선박직군 선박항해직렬 기능7급 지방선박기관장
선박직군 선박기관직렬 기능8급 지방기관장 및 기관원	선박직군 선박항해직렬 기능8급 지방선박기관원
선박직군 선박기관직렬 기능9급 지방기관원	선박직군 선박항해직렬 기능9급 지방선박기관원
선박직군 선박기관직렬 기능10급 지방기관원	선박직군 선박항해직렬 기능10급 지방선박기관원
농림직군 농림직렬 기능6급 지방농림원	농림직군 농림직렬 기능6급 지방농림장
농림직군 농림직렬 기능7급 지방농림원	농림직군 농림직렬 기능7급 지방농림장
농림직군 사육직렬 기능6급 지방사육원	농림직군 사육직렬 기능6급 지방사육장
농림직군 사육직렬 기능7급 지방사육원	농림직군 사육직렬 기능7급 지방사육장
보건위생직군 보건직렬 기능6급 지방보건원	보건위생직군 보건직렬 기능6급 지방보건장
보건위생직군 보건직렬 기능7급 지방보건원	보건위생직군 보건직렬 기능7급 지방보건장
보건위생직군 간호조무직렬 기능6급 지방간호조무원	보건위생직군 간호조무직렬 기능6급 지방간호조무장
보건위생직군 간호조무직렬 기능7급 지방간호조무원	보건위생직군 간호조무직렬 기능7급 지방간호조무장
보건위생직군 위생직렬 기능6급 지방위생원	보건위생직군 위생직렬 기능6급 지방위생장 또는 보건위생직군 조리직렬 기능6급 지방조리장
보건위생직군 위생직렬 기능7급 지방위생원	보건위생직군 위생직렬 기능7급 지방위생장 또는 보건위생직군 조리직렬 기능7급 지방조리장
보건위생직군 위생직렬 기능8급 지방위생원	보건위생직군 위생직렬 기능8급 지방위생원 또는 보건위생직군 조리직렬 기능8급 지방조리실무원
보건위생직군 위생직렬 기능9급 지방위생원	보건위생직군 위생직렬 기능9급 지방위생원 또는 보건위생직군 조리직렬 기능9급 지방조리실무원
보건위생직군 위생직렬 기능10급 지방위생원	보건위생직군 위생직렬 기능10급 지방위생원 또는 보건위생직군 조리직렬 기능10급 지방조리실무원
사무직군 사무직렬 기능6급 지방사무원	사무직군 사무직렬 기능6급 지방사무실무장
사무직군 사무직렬 기능7급 지방사무원	사무직군 사무직렬 기능7급 지방사무실무장
사무직군 사무직렬 기능8급 지방사무원	사무직군 사무직렬 기능8급 지방사무실무원
사무직군 사무직렬 기능9급 지방사무원	사무직군 사무직렬 기능9급 지방사무실무원
사무직군 사무직렬 기능10급 지방사무원	사무직군 사무직렬 기능10급 지방사무실무원
사무직군 조무직렬 기능6급 지방조무원	사무직군 조무직렬 기능6급 지방조무장
사무직군 조무직렬 기능7급 지방조무원	사무직군 조무직렬 기능7급 지방조무장
방호직군 방호직렬 기능6급 지방방호원	방호직군 방호직렬 기능6급 지방방호장
방호직군 방호직렬 기능7급 지방방호원	방호직군 방호직렬 기능7급 지방방호장

② 이 영 시행 당시 지방자치단체의 조직과 정원을 규정하는 조례에서 정하고 있는 기능직공무원 중 제1항의 표의 왼쪽 란에 기재된 직급별 정원은 같은 표의 오른쪽 란에 기재된 직급별 정원으로 본다.
③ 이 영 시행 당시 종전의 규정에 따라 작성된 각 직렬별 기능7급 이하 공무원의 승진후보자 명부 중 제1항의 표의 왼쪽 란에 기재된 직렬별 직급의 승진후보자 명부는 같은 표의 오른쪽 란에 기재된 직렬별 직급의 승진후보자 명부로 본다.
④ 이 영 시행 당시 종전의 규정에 따라 제1항의 표의 왼쪽 란에 기재된 공무원의 해당 직급으로 임용절차가 진행 중인 경우에는 이 영 시행일에 같은 표의 오른 쪽 란에 기재된 공무원의 직급으로 임용절차가 진행 중인 것으로 본다. 다만, 이 영 시행 당시 종전의 규정에 따라 위생직렬 기능직공무원으로 임용절차가 진행 중이고 조리사 자격증을 소지한 사람으로서 임용예정분야가 조리업무인 경우 이 영 시행일에 별표2의 개정규정에 따른 조리직렬의 해당 직급으로 임용절차가 진행 중인 것으로 본다.
⑤ 이 영 시행 당시 다른 법령에서 제1항의 표의 왼쪽 란에 기재된 공무원의 직급을 인용하는 경우에는 같은 표의 오른 쪽 란에 기재된 공무원의 직급을 각각 인용한 것으로 본다.
제4조【다른 법령의 개정】 ※(해당 법령에 가제정리 하였음)

부 칙 (2011.8.22)

제1조【시행일】 이 영은 2011년 8월 24일부터 시행한다. 다만, 제3조제3항, 제33조제1항, 제33조의2제2항·제3항, 별표2, 별표3 및 부칙 제3조의 개정규정(이하 "기능10급 관련 개정규정"이라 한다)은 2012년 5월 24일부터 시행한다.
제2조【기능10급 공무원으로 재직 중인 공무원에 대한 기능9급 공무원으로의 승진임용에 관한 특례】 ① 임용권자는 이 영 공포 당시 기능10급으로 재직 중인 공무원을 제8조의2, 제30조, 제33조, 제34조에도 불구하고 다음 각 호에 따라 기능9급 공무원으로 각각 승진임용하여야 한다.
1. 이 영 공포일 현재 기능10급 임용일부터 4년 이상 경과한 공무원 : 이 영 공포일부터 10일 이내
2. 이 영 공포일 현재 기능10급 임용일부터 2년 이상 4년 미만 경과한 공무원 : 2011년 12월 31일
3. 이 영 공포일 현재 기능10급 임용일부터 2년 미만 경과한 공무원 : 2012년 5월 23일

② 기능10급 관련 개정규정 시행 당시 임용권자가 제1항 각 호에 따라 기능10급 공무원으로 재직 중인 공무원을 기능9급 공무원으로 승진임용한 경우에는 「지방자치단체의 행정기구와 정원기준 등에 관한 규정」 제30조에 따라 지방자치단체에서 정하고 있는 기능직공무원의 정원 중 제1항에 따라 기능10급 공무원에서 기능9급 공무원으로 승진임용한 공무원의 수에 해당하는 기능9급 공무원의 정원이 증가하고, 같은 공무원의 수에 해당하는 기능10급 공무원의 정원이 감소한 것으로 본다.
제3조【기능10급 폐지에 따른 기능직공무원 채용시험에 관한 특례】 ① 기능10급 관련 개정규정 시행 당시 진행 중인 기능10급 공무원의 임용시험 합격자는 기능9급 공무원의 임용시험 합격자로 본다.
② 기능10급 관련 개정규정 시행 전에 기능10급 공무원의 임용시험에 합격하였으나 기능10급 관련 개정규정 시행 당시 아직 임용되지 않은 사람은 기능9급 공무원의 임용시험에 합격한 것으로 본다.
제4조【사무직렬 기능직공무원의 정원조정에 따른 일반직공무원의 경력경쟁임용시험을 통한 임용에 관한 특례】 ① 이 영 시행 후 1개월이 경과한 날 당시 지방자치단체에 재직 중인 사무직렬 기능직공무원(사무직렬 기능직공무원인 국가공무원으로 근무하던 중 법 제27조제2항제7호에 따라 사무직렬 기능직공무원인 지방공무원으로 신규임용된 사람으로서 그 사람이 계속 국가공무원으로 근무하였을 경우 대통령령 제21717호 공무원임용령 일부개정령 부칙 제2조제1항에 따른 경력경쟁채용시험에 응시할 수 있었던 사람을 포함한다)은 경력경쟁임용시험을 통하여 해당 기관의 기구와 정원에 관한 조례·규칙 개정으로 감축하는 사무직렬 기능직공무원의 정원에 상응하여 증원하는 일반직공무원 등으로 임용할 수 있다.
(2012.9.21 본항개정)
② 제1항에 따른 기구와 정원에 관한 조례·규칙의 개정으로 증원되는 일반직공무원 직위에는 해당 지방자치단체 일반직공무원의 초과 현원에 관계없이 해당 지방자치단체의 사무직렬 기능직공무원 중에서 임용하여야 한다.
③ 제1항에 따른 경력경쟁임용시험 합격자 수가 제1항에 따른 직제 개정으로 증원된 일반직공무원 직위의 수에 미달하여 기능직공무원의 초과 현원이 발생하는 경우에는 사무직렬 기능직공무원의 현원이 정원과 일치될 때까지 그 초과 현원에 상응하는 정원이 해당 지방자치단체에 따로 있는 것으로 본다.
④ 임용권자가 시장·군수 및 자치구의 구청장인 경우 제1항에 따른 경력경쟁임용시험은 제42조의2제4항 및 제42조의3에도 불구하고 시·도인사위원회에서 실시하며, 안전행정부장관은 시·도인사위원회의 요구에 따라 시험 시행에 필요한 시험문제를 출제할 수 있다.(2013.3.23 본항개정)
⑤ 시·도인사위원회는 필요하다고 인정하면 제46조에도 불구하고 제1항에 따른 경력경쟁임용시험의 과목 중 제1차 시험과목을 변경할 수 있다.
⑥ 시험실시기관의 장은 제50조제7항제1호에도 불구하고 제1차시험 및 제2차시험은 각각 각 과목 만점의 40퍼센트 이상, 전 과목 총점의 60퍼센트 이상 득점한 사람을 합격자로 결정한다. 다만, 제55조제3항에 따라 제1차시험과 제2차시험을 병합하여 실시하는 경우에는 각 과목 만점의 40퍼센트 이상, 전 과목 총점의 60퍼센트 이상 득점한 사람을 합격자로 한다.(2012.9.21 본항신설)
⑦ 제1항에 따른 경력경쟁임용시험의 필기시험에 합격한 사람에 대해서는 이후 시행되는 시험에서 필기시험을 면제한다.(2012.9.21 본항개정)
⑧ 제1항에 따라 임용된 일반직공무원에 대해서는 제27조에 따른 전보 및 전출 제한을 적용하지 아니할 수 있다.
(2014.2.5 본항개정)
⑨ 제1항부터 제8항까지에서 규정한 사항 외에 사무직렬 기능직공무원의 일반직공무원으로의 경력경쟁임용시험을 통한 임용에 필요한 사항은 교육부장관 또는 안전행정부장관이 정한다.(2013.3.23 본항개정)
제4조의2【별정직 보건진료원의 일반직공무원으로의 임용에 관한 특례】 ① 임용권자는 이 영 시행 당시 「농어촌등 보건의료를 위한 특별조치법」 제17조에 따른 지방 별정직 보건진료원으로 재직 중인 사람을 별표1의 개정규정에 따라 신설되는 보건진료 직렬의 일반직공무원으로 임용하려는 경우에는 제55조제1항에도 불구하고 서류전형과 면접시험의 방법으로 임용할 수 있다.
② 제1항에 따라 임용된 일반직공무원에 대해서는 제27조에 따른 전보 및 전출 제한을 적용하지 아니할 수 있다.
(2014.2.5 본항개정)
(2012.6.22 본조신설)
제5조【다른 법령의 개정】 ①~③ ※(해당 법령에 가제정리 하였음)

부 칙 (2013.5.6)

제1조【시행일】 이 영은 공포한 날부터 시행한다. 다만, 제44조제3항부터 제5항까지, 제50조제5항부터 제11항까지, 제50조의3 및 제51조의2제1항의 개정규정은 2014년 1월 1일부터 시행한다.
제2조【파견수당 지급에 관한 적용례】 제27조의2제6항의 개정규정은 이 영 시행 후에 파견되거나 파견기간이 연장되는 사람부터 적용한다.
제3조【휴직자 복무관리 등에 관한 적용례】 ① 제38조의17제2항의 개정규정은 「지방공무원법」 제63조에 따라

휴직 중인 공무원으로서 이 영 시행 후 휴직의 목적 달성에 현저히 위배되는 행위를 한 공무원에 대해서도 적용한다.

② 제38조의17제3항의 개정규정은 이 영 시행 후에 휴직하거나 휴직기간을 연장하는 사람부터 적용한다.

제4조【면접시험 및 최종합격자 결정에 관한 적용례】 제44조제3항부터 제5항까지, 제50조제5항부터 제11항까지, 제50조의3 및 제51조의2제1항의 개정규정은 2014년 1월 1일 이후 공고되는 시험부터 적용한다.

제5조【진행 중인 경력경쟁임용시험에 관한 경과조치】 이 영 시행 당시 공고되어 진행 중인 경력경쟁임용시험의 임용요건 및 시험방법에 대해서는 제17조제3항 및 제55조제1항제5호의 개정규정에도 불구하고 종전의 규정을 적용한다.

제6조【직렬 신설에 따른 경과조치】 이 영 시행 당시 재직 중인 일반직공무원으로서, 별표1의 개정규정에 따라 신설되는 방재안전직렬 관련 직무분야에서 2년 이상 근무한 사람은 방재안전직렬의 해당직급으로 전직시험 없이 임용할 수 있다.

부 칙 (2013.11.20)

제1조【시행일】 이 영은 2013년 12월 12일부터 시행한다. 다만, 대통령령 제24524호 지방공무원 임용령 일부개정령 제50조 및 제50조의3의 개정규정은 2014년 1월 1일부터 시행한다.

제2조【다른 법령의 폐지】「지방계약직공무원 규정」은 폐지한다.

제3조【겸임에 관한 적용례】 제7조의5제2항 각 호 외의 부분 단서의 개정규정은 이 영 시행 후 같은 항 제3호에 따라 일반직공무원으로 겸임하는 사람부터 적용한다.

제4조【견습근무에 합격한 사람 등에 관한 경과조치】 이 영 시행 당시 종전의 제21조의2에 따라 견습직원 선발시험에 합격하였거나 견습근무가 진행 중인 사람은 제21조의2의 개정규정에 따라 일반직 8급 이하 견습직원 선발시험에 합격하였거나 일반직 8급 이하 견습근무가 진행 중인 사람으로 본다.

제5조【임기제공무원의 근무기간 산정에 관한 경과조치】 법률 제11531호 지방공무원법 일부개정법률 부칙 제4조제3항에 따라 임기제공무원으로 임용된 것으로 보는 공무원에 대하여 제21조의4의 개정규정에 따른 총 근무기간을 산정하는 경우 계약직공무원으로 신규로 임용된 날을 임기제공무원으로 신규로 임용된 날로 본다.

제6조【종전 기능직공무원 및 계약직공무원의 경력인정 등에 관한 경과조치】 ① 이 영 시행 전의 기능직공무원 또는 계약직공무원이 이 영 시행 후에 일반직공무원으로 신규임용되는 경우에는 기능직공무원 또는 계약직공무원으로서의 재직 경력 인정에 관하여는 종전의 제17조, 제31조의6, 제33조 및 제33조의2에 따른다. 이 경우 부칙 제7조제1항의 표의 왼쪽 란에 기재된 직급에서 재직한 경력은 오른쪽 란에 기재된 직급에서 재직한 경력과 같은 것으로 본다.

② 이 영 시행 전에 일반직공무원이 기능직공무원 또는 계약직공무원으로 재직하여 종전의 제31조의6, 제33조 및 제33조의2 등에 따라 산입된 경력은 이 영 시행 후에도 유효한 것으로 본다.

③ 이 영 시행 당시 재직 중인 기능직공무원이 일반직공무원으로 임용된 경우 이 영 시행 전에 받은 징계처분 등은 이 영 시행 후에도 유효한 것으로 보아 제33조에 따른 승진소요최저연수 및 제34조에 따른 승진임용 제한기간을 산정한다.

제7조【기능직 및 계약직 폐지에 따른 공무원 구분 변경에 관한 경과조치】 ① 이 영 시행 당시 종전의 별표2에 따른 다음 표의 왼쪽 란에 기재된 직군, 직렬, 계급 및 직급에 재직하고 있는 공무원은 별표1의 개정규정에 따른 다음 표의 오른쪽 란에 기재된 직군, 직렬, 계급 및 직급의 공무원으로 임용된 것으로 본다.

토건직군 토목직렬 기능5급 지방토목기장	관리운영직군 토목운영직렬 6급 지방토목운영주사
토건직군 토목직렬 기능6급 지방토목장	관리운영직군 토목운영직렬 6급 지방토목운영주사
토건직군 토목직렬 기능7급 지방토목장	관리운영직군 토목운영직렬 7급 지방토목운영주사보
토건직군 토목직렬 기능8급 지방토목원	관리운영직군 토목운영직렬 8급 지방토목운영서기
토건직군 토목직렬 기능9급 지방토목원	관리운영직군 토목운영직렬 9급 지방토목운영서기보
토건직군 건축직렬 기능5급 지방건축기장	관리운영직군 건축운영직렬 6급 지방건축운영주사
토건직군 건축직렬 기능6급 지방건축장	관리운영직군 건축운영직렬 6급 지방건축운영주사
토건직군 건축직렬 기능7급 지방건축장	관리운영직군 건축운영직렬 7급 지방건축운영주사보
토건직군 건축직렬 기능8급 지방건축원	관리운영직군 건축운영직렬 8급 지방건축운영서기
토건직군 건축직렬 기능9급 지방건축원	관리운영직군 건축운영직렬 9급 지방건축운영서기보
전신직군 통신직렬 기능5급 지방통신기장	관리운영직군 통신운영직렬 6급 지방통신운영주사
전신직군 통신직렬 기능6급 지방통신장	관리운영직군 통신운영직렬 6급 지방통신운영주사
전신직군 통신직렬 기능7급 지방통신장	관리운영직군 통신운영직렬 7급 지방통신운영주사보
전신직군 통신직렬 기능8급 지방통신원	관리운영직군 통신운영직렬 8급 지방통신운영서기
전신직군 통신직렬 기능9급 지방통신원	관리운영직군 통신운영직렬 9급 지방통신운영서기보
전신직군 전화상담직렬 기능5급 지방전화상담기장	관리운영직군 전화상담운영직렬 6급 지방전화상담운영주사
전신직군 전화상담직렬 기능6급 지방전화상담장	관리운영직군 전화상담운영직렬 6급 지방전화상담운영주사
전신직군 전화상담직렬 기능7급 지방전화상담장	관리운영직군 전화상담운영직렬 7급 지방전화상담운영주사보
전신직군 전화상담직렬 기능8급 지방전화상담원	관리운영직군 전화상담운영직렬 8급 지방전화상담운영서기
전신직군 전화상담직렬 기능9급 지방전화상담원	관리운영직군 전화상담운영직렬 9급 지방전화상담운영서기보
전신직군 전기직렬 기능5급 지방전기기장	관리운영직군 전기운영직렬 6급 지방전기운영주사
전신직군 전기직렬 기능6급 지방전기장	관리운영직군 전기운영직렬 6급 지방전기운영주사
전신직군 전기직렬 기능7급 지방전기장	관리운영직군 전기운영직렬 7급 지방전기운영주사보
전신직군 전기직렬 기능8급 지방전기원	관리운영직군 전기운영직렬 8급 지방전기운영서기
전신직군 전기직렬 기능9급 지방전기원	관리운영직군 전기운영직렬 9급 지방전기운영서기보
기계직군 기계직렬 기능5급 지방기계기장	관리운영직군 기계운영직렬 6급 지방기계운영주사
기계직군 기계직렬 기능6급 지방기계장	관리운영직군 기계운영직렬 6급 지방기계운영주사
기계직군 기계직렬 기능7급 지방기계장	관리운영직군 기계운영직렬 7급 지방기계운영주사보
기계직군 기계직렬 기능8급 지방기계원	관리운영직군 기계운영직렬 8급 지방기계운영서기
기계직군 기계직렬 기능9급 지방기계원	관리운영직군 기계운영직렬 9급 지방기계운영서기보
기계직군 열관리직렬 기능5급 지방열관리기장	관리운영직군 열관리운영직렬 6급 지방열관리운영주사
기계직군 열관리직렬 기능6급 지방열관리장	관리운영직군 열관리운영직렬 6급 지방열관리운영주사
기계직군 열관리직렬 기능7급 지방열관리장	관리운영직군 열관리운영직렬 7급 지방열관리운영주사보
기계직군 열관리직렬 기능8급 지방열관리원	관리운영직군 열관리운영직렬 8급 지방열관리운영서기
기계직군 열관리직렬 기능9급 지방열관리원	관리운영직군 열관리운영직렬 9급 지방열관리운영서기보
기계직군 운전직렬 기능5급 지방운전기장	기술직군 운전직렬 6급 지방운전주사
기계직군 운전직렬 기능6급 지방운전장	기술직군 운전직렬 6급 지방운전주사
기계직군 운전직렬 기능7급 지방운전장	기술직군 운전직렬 7급 지방운전주사보
기계직군 운전직렬 기능8급 지방운전원	기술직군 운전직렬 8급 지방운전서기
기계직군 운전직렬 기능9급 지방운전원	기술직군 운전직렬 9급 지방운전서기보
화공직군 화공직렬 기능5급 지방화공기장	관리운영직군 화공운영직렬 6급 지방화공운영주사
화공직군 화공직렬 기능6급 지방화공장	관리운영직군 화공운영직렬 6급 지방화공운영주사
화공직군 화공직렬 기능7급 지방화공장	관리운영직군 화공운영직렬 7급 지방화공운영주사보
화공직군 화공직렬 기능8급 지방화공원	관리운영직군 화공운영직렬 8급 지방화공운영서기
화공직군 화공직렬 기능9급 지방화공원	관리운영직군 화공운영직렬 9급 지방화공운영서기보
화공직군 가스직렬 기능5급 지방가스기장	관리운영직군 가스운영직렬 6급 지방가스운영주사
화공직군 가스직렬 기능6급 지방가스장	관리운영직군 가스운영직렬 6급 지방가스운영주사
화공직군 가스직렬 기능7급 지방가스장	관리운영직군 가스운영직렬 7급 지방가스운영주사보
화공직군 가스직렬 기능8급 지방가스원	관리운영직군 가스운영직렬 8급 지방가스운영서기
화공직군 가스직렬 기능9급 지방가스원	관리운영직군 가스운영직렬 9급 지방가스운영서기보
화공직군 기후환경직렬 기능5급 지방기후환경기장	관리운영직군 기후환경운영직렬 6급 지방기후환경운영주사
화공직군 기후환경직렬 기능6급 지방기후환경장	관리운영직군 기후환경운영직렬 6급 지방기후환경운영주사
화공직군 기후환경직렬 기능7급 지방기후환경장	관리운영직군 기후환경운영직렬 7급 지방기후환경운영주사보
화공직군 기후환경직렬 기능8급 지방기후환경원	관리운영직군 기후환경운영직렬 8급 지방기후환경운영서기
화공직군 기후환경직렬 기능9급 지방기후환경원	관리운영직군 기후환경운영직렬 9급 지방기후환경운영서기보
선박직군 선박항해직렬 기능5급 지방선박항해기장	관리운영직군 선박항해운영직렬 6급 지방선박항해운영주사
선박직군 선박항해직렬 기능6급 지방선박항해장	관리운영직군 선박항해운영직렬 6급 지방선박항해운영주사
선박직군 선박항해직렬 기능7급 지방선박항해장	관리운영직군 선박항해운영직렬 7급 지방선박항해운영주사보
선박직군 선박항해직렬 기능8급 지방선박항해원	관리운영직군 선박항해운영직렬 8급 지방선박항해운영서기
선박직군 선박항해직렬 기능9급 지방선박항해원	관리운영직군 선박항해운영직렬 9급 지방선박항해운영서기보
선박직군 선박기관직렬 기능5급 지방선박기관기장	관리운영직군 선박기관운영직렬 6급 지방선박기관운영주사
선박직군 선박기관직렬 기능6급 지방선박기관장	관리운영직군 선박기관운영직렬 6급 지방선박기관운영주사
선박직군 선박기관직렬 기능7급 지방선박기관장	관리운영직군 선박기관운영직렬 7급 지방선박기관운영주사보
선박직군 선박기관직렬 기능8급 지방선박기관원	관리운영직군 선박기관운영직렬 8급 지방선박기관운영서기
선박직군 선박기관직렬 기능9급 지방선박기관원	관리운영직군 선박기관운영직렬 9급 지방선박기관운영서기보
농림직군 농림직렬 기능5급 지방농림기장	관리운영직군 농림운영직렬 6급 지방농림운영주사
농림직군 농림직렬 기능6급 지방농림장	관리운영직군 농림운영직렬 6급 지방농림운영주사
농림직군 농림직렬 기능7급 지방농림장	관리운영직군 농림운영직렬 7급 지방농림운영주사보
농림직군 농림직렬 기능8급 지방농림원	관리운영직군 농림운영직렬 8급 지방농림운영서기
농림직군 농림직렬 기능9급 지방농림원	관리운영직군 농림운영직렬 9급 지방농림운영서기보
농림직군 사육직렬 기능5급 지방사육기장	관리운영직군 사육운영직렬 6급 지방사육운영주사
농림직군 사육직렬 기능6급 지방사육장	관리운영직군 사육운영직렬 6급 지방사육운영주사
농림직군 사육직렬 기능7급 지방사육장	관리운영직군 사육운영직렬 7급 지방사육운영주사보
농림직군 사육직렬 기능8급 지방사육원	관리운영직군 사육운영직렬 8급 지방사육운영서기
농림직군 사육직렬 기능9급 지방사육원	관리운영직군 사육운영직렬 9급 지방사육운영서기보
보건위생직군 보건직렬 기능5급 지방보건기장	관리운영직군 보건운영직렬 6급 지방보건운영주사
보건위생직군 보건직렬 기능6급 지방보건장	관리운영직군 보건운영직렬 6급 지방보건운영주사
보건위생직군 보건직렬 기능7급 지방보건장	관리운영직군 보건운영직렬 7급 지방보건운영주사보
보건위생직군 보건직렬 기능8급 지방보건원	관리운영직군 보건운영직렬 8급 지방보건운영서기
보건위생직군 보건직렬 기능9급 지방보건원	관리운영직군 보건운영직렬 9급 지방보건운영서기보
보건위생직군 간호조무직렬 기능5급 지방간호조무기장	기술직군 간호조무직렬 6급 지방간호조무주사
보건위생직군 간호조무직렬 기능6급 지방간호조무장	기술직군 간호조무직렬 6급 지방간호조무주사
보건위생직군 간호조무직렬 기능7급 지방간호조무장	기술직군 간호조무직렬 7급 지방간호조무주사보
보건위생직군 간호조무직렬 기능8급 지방간호조무원	기술직군 간호조무직렬 8급 지방간호조무서기
보건위생직군 간호조무직렬 기능9급 지방간호조무원	기술직군 간호조무직렬 9급 지방간호조무서기보
보건위생직군 위생직렬 기능5급 지방위생기장	기술직군 위생직렬 6급 지방위생주사
보건위생직군 위생직렬 기능6급 지방위생장	기술직군 위생직렬 6급 지방위생주사
보건위생직군 위생직렬 기능7급 지방위생장	기술직군 위생직렬 7급 지방위생주사보
보건위생직군 위생직렬 기능8급 지방위생원	기술직군 위생직렬 8급 지방위생서기
보건위생직군 위생직렬 기능9급 지방위생원	기술직군 위생직렬 9급 지방위생서기보
보건위생직군 조리직렬 기능5급 지방조리기장	기술직군 조리직렬 6급 지방조리주사
보건위생직군 조리직렬 기능6급 지방조리장	기술직군 조리직렬 6급 지방조리주사
보건위생직군 조리직렬 기능7급 지방조리장	기술직군 조리직렬 7급 지방조리주사보
보건위생직군 조리직렬 기능8급 지방조리실무원	기술직군 조리직렬 8급 지방조리서기
보건위생직군 조리직렬 기능9급 지방조리실무원	기술직군 조리직렬 9급 지방조리서기보
사무직군 사무직렬 기능6급 지방사무실무장	관리운영직군 사무운영직렬 6급 지방사무운영주사 또는 행정직군 속기직렬 6급 지방속기주사
사무직군 사무직렬 기능7급 지방사무실무장	관리운영직군 사무운영직렬 7급 지방사무운영주사보 또는 행정직군 속기직렬 7급 지방속기주사보

사무직군 사무직렬 기능8급 지방사무실무원	관리운영직군 사무운영직렬 8급 지방사무운영서기 또는 행정직군 속기직렬 8급 지방속기서기
사무직군 사무직렬 기능9급 지방사무실무원	관리운영직군 사무운영직렬 9급 지방사무운영서기보 또는 행정직군 속기직렬 9급 지방속기서기보
사무직군 조무직렬 기능5급 지방조무기장	기술직군 시설관리직렬 6급 지방시설관리주사
사무직군 조무직렬 기능6급 지방조무장	기술직군 시설관리직렬 6급 지방시설관리주사
사무직군 조무직렬 기능7급 지방조무장	기술직군 시설관리직렬 7급 지방시설관리주사보
사무직군 조무직렬 기능8급 지방조무원	기술직군 시설관리직렬 8급 지방시설관리서기
사무직군 조무직렬 기능9급 지방조무원	기술직군 시설관리직렬 9급 지방시설관리서기보
방호직군 방호직렬 기능5급 지방방호기장	행정직군 방호직렬 6급 지방방호주사
방호직군 방호직렬 기능6급 지방방호장	행정직군 방호직렬 6급 지방방호주사
방호직군 방호직렬 기능7급 지방방호장	행정직군 방호직렬 7급 지방방호주사보
방호직군 방호직렬 기능8급 지방방호원	행정직군 방호직렬 8급 지방방호서기
방호직군 방호직렬 기능9급 지방방호원	행정직군 방호직렬 9급 지방방호서기보

② 이 영 시행 당시 재직 중인 계약직공무원 중 「지방계약직공무원 규정」 제2조에 따른 전임계약직공무원은 이 영 시행 당시 대체하고 있는 정원에 해당되는 직급의 일반임기제공무원으로 임용된 것으로 본다.

제8조【다른 법령과의 관계】 이 영 시행 당시 다른 법령에서 부칙 제7조제1항의 표의 왼쪽 란에 기재된 공무원의 직급을 인용하는 경우에는 같은 표의 오른쪽 란에 기재된 공무원의 직급을 각각 인용한 것으로 본다.

부　칙 (2013.12.30)

제1조【시행일】 이 영은 2014년 1월 1일부터 시행한다.

제2조【견습기간 연장에 관한 적용례】 제21조의2제2항 단서의 개정규정은 이 영 시행 당시 견습근무 중인 견습직원에 대해서도 적용한다.

제3조【총 파견기간 연장에 관한 적용례】 제27조의2제2항제1호의 개정규정은 이 영 시행 당시 파견 중인 공무원에 대해서도 적용한다.

제4조【근속승진기간 단축에 관한 적용례】 제33조의2제4항의 개정규정은 이 영 시행 당시 인사교류 중인 공무원에 대해서도 적용한다.

제5조【승진임용 제한기간 가산에 관한 적용례】 제34조제1항제2호의 개정규정은 이 영 시행 후 성폭력, 성희롱 및 성매매 행위를 하여 징계처분을 받은 사람부터 적용한다.

제6조【시간제임기제공무원의 명칭 변경에 관한 경과조치】 이 영 시행 당시 재직 중인 종전의 제3조의2제2호에 따른 시간제임기제공무원은 이 영 시행일에 해당 직급 또는 직위의 시간선택제임기제공무원으로 임용된 것으로 본다.

제7조【시간제근무공무원의 근무시간 등에 관한 경과조치】 제38조의15의 개정규정에도 불구하고 이 영 시행 전에 시간제근무공무원으로 지정되어 재직 중인 공무원의 근무시간 등에 대해서는 종전의 규정에 따른다.

제8조【다른 법령의 개정】 ①~⑦ ※(해당 법령에 가제정리 하였음)

부　칙 (2014.2.5)

제1조【시행일】 이 영은 2014년 2월 7일부터 시행한다.

제2조【경력평정 산정에 관한 적용례】 제31조의6제2항제1호나목 단서의 개정규정은 이 영 시행 후 휴직하는 공무원에 대한 경력평정 산정부터 적용한다.

제3조【육아휴직에 관한 적용례】 제38조의14제2항의 개정규정은 이 영 시행 후 휴직하는 공무원부터 적용한다.

부　칙 (2015.11.18)

제1조【시행일】 이 영은 공포한 날부터 시행한다. 다만, 제14조, 제22조제3항, 제31조의6제2항제2호, 제34조제1항제2호, 제38조의18, 제41조의2 및 제56조의 개정규정은 2015년 11월 19일부터 시행하고, 제51조의2제2항, 제65조제1항제5호의2 및 제6항의 개정규정은 2016년 1월 1일부터 시행하며, 제8조의5 및 제32조제2항의 개정규정은 공포 후 6개월이 경과한 날부터 시행하고, 제46조제1항 단서의 개정규정은 2017년 1월 1일부터 시행한다.

제2조【시보공무원의 면직에 관한 적용례】 제22조제3항제2호 및 제3호의 개정규정은 2015년 11월 19일 이후 징계사유가 발생하는 경우부터 적용한다.

제3조【승진임용의 제한에 관한 적용례】 제34조제1항제2호의 개정규정은 이 영 시행 이후 징계 사유가 발생하는 경우부터 적용한다.

제4조【시험 합격결정 등에 관한 적용례】 제50조제5항, 제55조제4항 및 제62조의2의 개정규정은 이 영 시행 이후 공고하는 시험부터 적용하고, 제65조제1항제5호의2의 개정규정은 2016년 1월 1일 이후 공고하는 시험부터 적용한다.

제5조【전문관의 전보제한에 관한 경과조치】 이 영 시행 당시 종전의 제7조의3제2항에 따라 전문관으로 임용된 공무원의 전보제한에 관하여는 제7조의3의 개정규정에도 불구하고 종전의 규정에 따른다.

제6조【전보제한에 관한 경과조치】 제27조제1항의 개정규정에도 불구하고 이 영 시행 전에 보직된 직위에서 전보가 제한되는 기간은 종전의 규정에 따른다.

제7조【경력평정 등에 관한 경과조치】 이 영 시행 당시 승진후보자 명부가 작성되어 있는 경우에는 제31조의6, 제32조제2항 및 제33조제6항의 개정규정에도 불구하고 종전의 규정에 따른다.

부　칙 (2016.6.28)

제1조【시행일】 이 영은 2016년 6월 30일부터 시행한다.

제2조【병가자를 대행하는 공무원의 임용에 관한 적용례】 제38조의16제1항제2호의 개정규정은 이 영 시행 당시 병가 중인 공무원의 업무를 대행하는 공무원을 임용하는 경우에 대해서도 적용한다.

제3조【강등된 공무원의 근무성적평정에 관한 경과조치】 이 영 시행일이 속하는 평정 대상기간에 대한 근무성적평정에 대해서는 제31조의3제5항단서의 개정규정에도 불구하고 종전의 규정에 따른다.

제4조【경력평정기간 및 승진소요최저연수 산입에 관한 경과조치】 이 영 시행 전에 발생한 사유로 직위해제처분을 받은 사람에 대해서는 제31조의6제2항제2호다목 및 라목의 개정규정에도 불구하고 종전의 규정에 따른다.

부　칙 (2016.12.30)

제1조【시행일】 이 영은 2017년 1월 1일부터 시행한다.

제2조【추가합격자의 결정 등에 관한 적용례】 제3조의2제3호, 제50조의3제4항 및 제7항의 개정규정은 이 영 시행 이후 합격자를 발표하는 경우부터 적용한다.

제3조【한시임기제공무원의 근무기간 연장에 관한 적용례】 제21조의4제3항의 개정규정은 이 영 시행 전에 임용된 한시임기제공무원에 대해서도 적용한다.

제4조【의사상자 등에 대한 신규임용시험의 특전에 관한 적용례】 제56조제1항의 개정규정은 이 영 시행 이후 공고하는 시험부터 적용한다.

제5조【전출 · 전보 기간 제한에 관한 경과조치】 이 영 시행 전에 임용된 사람에 대해서는 제27조제4항의 개정규정에도 불구하고 종전의 규정에 따른다.

제6조【응시수수료 반환에 관한 경과조치】 이 영 시행 전에 공고한 시험에 대해서는 제64조제2항제3호의 개정규정에도 불구하고 종전의 규정에 따른다.

부　칙 (2017.3.8)

제1조【시행일】 이 영은 공포한 날부터 시행한다.

제2조【경력평정 대상기간 산입에 관한 적용례】 제31조의6제2항제1호다목 단서 및 부칙 제3조제1항의 개정규정은 이 영 시행 전에 임신 · 출산 또는 자녀 양육을 위하여 휴직한 공무원의 휴직기간에 대해서도 적용한다.

제3조【다른 법령의 개정】 ①~② ※(해당 법령에 가제정리 하였음)

부　칙 (2018.3.20)

제1조【시행일】 이 영은 공포한 날부터 시행한다. 다만, 다음 각 호의 개정규정은 각 호의 구분에 따른 날부터 시행한다.

1. 제7조의3제4항의 개정규정 : 2018년 5월 1일
2. 제27조제11항 및 제32조제4항의 개정규정 : 2019년 1월 1일

제2조【시보임용 면제에 관한 특례】 이 영 시행 당시 법 제28조제1항에 따라 시보임용 중에 있는 공무원 중 제24조제2항제2호의 개정규정에 따라 시보임용을 면제하는 경우에 해당하는 공무원은 이 영 시행일에 정규 공무원으로 임용된 것으로 본다.

제3조【한시임기제공무원의 근무시간에 관한 적용례】 제3조의2제3호나목의 개정규정은 이 영 시행 이후 한시임기제공무원을 임용하거나 계약을 연장하는 경우부터 적용한다.

제4조【신규임용후보자의 자격상실에 관한 적용례】 제14조제1항제6호 및 제7호의 개정규정은 이 영 시행 이후에 사유가 발생하는 경우부터 적용한다.

제5조【시보공무원의 면직에 관한 적용례】 제22조제3항제4호부터 제6호까지의 개정규정은 이 영 시행 이후에 사유가 발생하는 경우부터 적용한다.

제6조【시보공무원이 될 사람에 대한 봉급 지급에 관한 적용례】 제25조제1항 후단의 개정규정은 시보공무원이 될 사람에 대한 2018년 1월분 봉급부터 적용한다.

제7조【필수보직기간을 초과하여 근무한 공무원에 대한 인사상 우대에 관한 적용례】 제27조제10항의 개정규정은 이 영 시행 전에 필수보직기간을 초과하여 근무한 공무원에 대해서도 적용한다.

제8조【승진소요최저연수 산입에 관한 적용례】 제33조제11항 단서의 개정규정은 이 영 시행 전에 제38조의15에 따른 시간선택제전환공무원으로 근무한 기간에 대해서도 적용한다.

제9조【승진임용의 제한에 관한 적용례】 제34조제1항제2호의 개정규정은 이 영 시행 이후 징계 사유가 발생하는 경우부터 적용한다.

제10조【임기제공무원에 대한 필기시험 면제에 관한 적용례】 제55조제1항제2호의2의 개정규정은 이 영 시행 이후에 임기제공무원을 임용하는 경우부터 적용한다.

제11조【승진후보자 명부에 관한 경과조치】 ① 부칙 제1조제1호에 따른 시행일 이후 최초로 해당 직급의 승진후보자 명부가 작성되기 전까지는 제7조의3제4항의 개정규정에도 불구하고 그 시행일 당시 종전의 규정에 따라 작성된 승진후보자명부를 적용한다.

② 부칙 제1조제2호에 따른 시행일 이후 최초로 시 · 도 단위별 통합 승진후보자 명부가 작성되기 전까지는 제32조제4항의 개정규정에도 불구하고 그 시행일 당시 종전의 규정에 따라 시 · 도 단위별로 통합하여 작성된 승진후보자 명부를 적용한다.

제12조【경력경쟁채용 요건에 관한 경과조치】 이 영 시행 전에 시험공고(법 제27조제2항 각 호 외의 부분 단서에 따른 다수인을 대상으로 하지 아니하는 시험의 경우 또는 제21조의3제4항에 따라 시험공고를 하지 아니하는 경우에는 시험요구)를 한 경우에는 제17조제1항제4호 및 같은 조 제5항의 개정규정에도 불구하고 종전의 규정에 따른다.

제13조【필수보직기간에 관한 경과조치】 이 영 시행 전에 보직된 직위에서의 필수보직기간에 관하여는 제27조제1항부터 제3항까지의 개정규정에도 불구하고 종전의 규정에 따른다.

제14조【다른 법령의 개정】 ①~③ ※(해당 법령에 가제정리 하였음)

부　칙 (2018.12.24)

제1조【시행일】 이 영은 공포한 날부터 시행한다.

제2조【경력평정 대상기간 포함에 관한 적용례】 제31조의6제2항제1호다목의 개정규정은 이 영 시행 전에 임신 또는 출산하거나 자녀를 양육하기 위해 휴직한 공무원의 휴직기간에 대해서도 적용한다.

부　칙 (2019.6.18)

제1조【시행일】 이 영은 공포한 날부터 시행한다. 다만, 다음 각 호의 개정규정은 각 호의 구분에 따른 날부터 시행한다.

1. 제46조제1항 단서, 제50조제3항 · 제5항 · 제6항 및 제55조의3의 개정규정 : 2021년 1월 1일
2. 제63조제5항의 개정규정 : 공포 후 1개월이 경과한 날
3. 제46조제1항 본문의 개정규정 : 2020년 1월 1일

제2조【시간선택제채용공무원의 근속승진기간 산정에 관한 적용례】 제33조의2제5항의 개정규정은 이 영 시행 전에 시간선택제채용공무원으로 근무한 기간에 대해서도 적용한다.

부　칙 (2019.6.25)

제1조【시행일】 이 영은 2019년 7월 1일부터 시행한다.

제2조【특별승진임용의 제한에 관한 적용례 등】 ① 징계로 인한 특별승진임용, 명예진급(군인에 한정한다) 또는 특별임용(참사관급 외무공무원에 한정한다) 제한에 관한 이 영의 개정규정은 이 영 시행 전에 징계 처분을 받은 사실이 있는 사람에 대해서도 적용한다.

② 이 영 시행 전에 「국가인권위원회법」 제2조제3호라목에 따른 성희롱을 사유로 경징계 처분을 받은 사실이 있는 사람은 이 영의 개정규정에 따라 「양성평등기본법」 제3조제2호에 따른 성희롱을 사유로 경징계 처분을 받은 사실이 있는 것으로 본다.

제3조【특별승진임용 취소에 관한 적용례】 명예퇴직수당의 환수로 인한 특별승진임용, 명예진급(군인에 한정한다) 또는 특별임용(참사관급 외무공무원에 한정한다) 취소에 관한 이 영의 개정규정은 이 영 시행 이후 특별승진임용되는 사람부터 적용한다.

부　칙 (2019.11.5)

제1조【시행일】 이 영은 공포한 날부터 시행한다. 다만, 다음 각 호의 개정규정은 각 호의 구분에 따른 날부터 시행한다.

1. 제17조제1항제6호의3의 개정규정, 대통령령 제29869호 지방공무원 임용령 일부개정령 제46조제1항 단서,

제50조제3항제1호 단서, 같은 항 제3호가목 및 같은 조 제5항 단서의 개정규정, 별표8의 개정규정 : 2021년 1월 1일
2. 제50조의2, 별표9 및 별표10의 개정규정 : 2022년 1월 1일

제2조【경력경쟁임용시험등을 통한 임용의 요건에 관한 적용례】 제17조제1항제6호의3의 개정규정은 2021년 1월 1일 이후 국가공무원으로 임용되는 사람부터 적용한다.

제3조【적극행정 우수공무원의 희망 부서 전보에 관한 적용례】 제27조제4항제15호의 개정규정은 이 영 시행 전에 적극행정 우수공무원으로 선발된 공무원에 대해서도 적용한다.

제4조【승진임용 제한기간 가산에 관한 적용례】 제34조제1항제2호의 개정규정은 이 영 시행 이후 징계 사유에 해당하는 위반행위를 하는 경우부터 적용한다.

제5조【인사위원회의 구성에 관한 경과조치】 ① 이 영 시행 이후 위원을 위촉할 당시 제9조의2제1항제1호 및 같은 조 제3항제1호의 개정규정에 따른 기준을 충족하지 못하는 경우(연임하는 경우는 제외한다)에는 해당 개정규정에 따른 기준이 충족될 때까지는 특정 성의 위원을 위촉해야 한다.
② 인사위원회의 구성에 관하여 제1항에 따라 제9조의2제1항제1호 및 같은 조 제3항제1호의 개정규정에 따른 기준을 충족할 때까지는 종전의 규정에 따른다.

제6조【진행 중인 시험에 관한 경과조치】 부칙 제1조 각 호의 구분에 따른 시행일 당시 진행 중인 시험에 대해서는 대통령령 제29869호 지방공무원 임용령 일부개정령 제46조제1항 단서, 제50조제3항제1호 단서, 같은 항 제3호가목 및 같은 조 제5항 단서의 개정규정, 제50조의2, 별표8, 별표9 및 별표10의 개정규정에도 불구하고 종전의 규정에 따른다.

부　칙 (2020.5.26)

제1조【시행일】 이 영은 공포한 날부터 시행한다.

제2조【국가기술자격취득사항확인서에 관한 적용례】 제63조제4항제3호의 개정규정은 이 영 시행 당시 공고되어 진행 중인 시험에 대해서도 적용한다.

부　칙 (2020.7.28)

제1조【시행일】 이 영은 공포한 날부터 시행한다. 다만, 다음 각 호의 개정규정은 각 호의 구분에 따른 날부터 시행한다.
1. 제12조의2, 제66조, 제66조의2, 제72조, 제74조, 제75조 및 제75조의2의 개정규정 : 2020년 7월 30일
2. 제7조의3제4항, 제32조제2항 · 제3항 및 별표3의 개정규정 : 2022년 1월 1일

제2조【고충심사의 결정 및 고충심사결과의 처리에 관한 적용례】 제72조 및 제74조의 개정규정은 부칙 제1조제1호에 따른 시행일 이후 고충심사를 청구하는 경우부터 적용한다.

제3조【재심에 관한 적용례】 제75조의 개정규정은 부칙 제1조제1호에 따른 시행일 이후 재심을 청구하는 경우부터 적용한다.

제4조【임기제공무원의 경력 환산에 관한 적용례】 별표3 제1호가목1)부터 6)까지 외의 부분 및 같은 호 다목8)의 개정규정은 부칙 제1조제2호에 따른 시행일 이후 특수경력직 또는 다른 종류의 경력직공무원이 되기 위하여 퇴직하는 경우부터 적용한다.

부　칙 (2020.9.22)

제1조【시행일】 이 영은 공포한 날부터 시행한다. 다만, 제27조제4항부터 제9항까지, 제27조의7 및 제38조의2제2항의 개정규정은 2021년 1월 1일부터 시행한다.

제2조【민간전문가의 파견기간에 관한 적용례】 제27조의4제3항의 개정규정은 이 영 시행 당시 파견 중인 사람에 대해서도 적용한다.

제3조【근무성적평정위원회의 구성에 관한 적용례】 제31조의4제2항의 개정규정은 이 영 시행 이후 근무성적평정위원회를 구성하는 경우부터 적용한다.

제4조【보직관리에 관한 경과조치】 이 영 시행 전에 결원보충이 승인된 경우에는 제7조제1항제3호의 개정규정에도 불구하고 종전의 규정에 따른다.

제5조【승진임용 제한기간의 계산에 관한 경과조치】 이 영 시행 전에 징계처분을 받은 경우에는 제34조제3항의 개정규정에도 불구하고 종전의 규정에 따른다.

제6조【경력경쟁임용시험의 추가합격자 결정에 관한 경과조치】 이 영 시행 전에 경력경쟁임용시험의 합격자를 발표한 경우에는 제50조의3제7항의 개정규정에도 불구하고 종전의 규정에 따른다.

제7조【경력경쟁임용시험의 공고에 관한 경과조치】 이 영 시행 전에 경력경쟁임용시험의 공고를 한 경우에는 제62조제3항 단서의 개정규정에도 불구하고 종전의 규정에 따른다.

제8조【직류 개편에 따른 일반직공무원 구분 변경에 관한 경과조치】 ① 이 영 시행 당시 종전의 별표1에 따른 다음 표의 왼쪽 란에 기재된 직류의 5급 이하 일반직공무원은 각각 별표1의 개정규정에 따른 다음 표의 오른쪽 란에 기재된 직류의 해당 직급 일반직공무원으로 임용된 것으로 본다.

행정직군 행정직렬 운수직류	행정직군 행정직렬 일반행정직류
행정직군 방호직렬 경비직류	행정직군 방호직렬 방호직류
기술직군 공업직렬 야금직류	기술직군 공업직렬 금속직류
기술직군 농업직렬 잠업직류	기술직군 농업직렬 일반농업직류
기술직군 농업직렬 농화학직류	기술직군 농업직렬 일반농업직류
기술직군 해양수산직렬 수산제조직류	기술직군 해양수산직렬 일반수산직류
기술직군 해양수산직렬 수산증식직류	기술직군 해양수산직렬 일반수산직류
기술직군 해양수산직렬 수산물검사직류	기술직군 해양수산직렬 일반수산직류
기술직군 약무직렬 약제직류	기술직군 약무직렬 약무직류

② 이 영 시행 당시 제1항 표의 왼쪽 란에 기재된 직류의 일반직공무원의 채용 및 임용절차가 진행 중인 경우에는 각각 같은 표의 오른쪽 란에 기재된 직류의 일반직공무원으로 채용 및 임용절차가 진행 중인 것으로 본다.
③ 이 영 시행 당시 지방자치단체의 조직과 정원을 규정하는 법령 등에서 제1항 표의 왼쪽 란에 기재된 직류의 5급 이하 일반직공무원의 직급을 인용하는 경우에는 각각 같은 표의 오른쪽 란에 기재된 직류의 일반직공무원의 해당 직급을 인용하는 것으로 본다.

부　칙 (2020.12.29)

제1조【시행일】 이 영은 2021년 1월 1일부터 시행한다.

제2조【일반적 적용례】 이 영은 이 영 시행 당시 사법경찰관이 수사 중인 사건에 대해서도 적용한다.

부　칙 (2021.1.5)

이 영은 공포한 날부터 시행한다.(이하 생략)

부　칙 (2021.4.6)

제1조【시행일】 이 영은 2021년 4월 6일부터 시행한다.(이하 생략)

부　칙 (2021.11.30)

제1조【시행일】 이 영은 2022년 1월 13일부터 시행한다. 다만, 다음 각 호의 개정규정은 각 호의 구분에 따른 날부터 시행한다.
1. 제7조의5제1항 · 제2항, 제8조의2제3항, 제12조의2, 제17조제1항제8호, 제21조의3제4항제6호, 제21조의4제1항, 제27조의5제2항제1호, 제38조의18, 제38조의19, 제65조의2 및 별표1의 개정규정 : 2021년 12월 9일
2. 제21조의2제1항의 개정규정(같은 조 제1항 각 호 외의 부분, 같은 항 제1호 및 제2호의 개정규정 중 "시 · 도지사 또는"을 "시 · 도지사, 시 · 도의회의 의장이나"로 개정하는 부분은 제외한다) : 2022년 1월 1일

제2조【우수 인재의 추천 채용에 관한 적용례】 제21조의2제1항의 개정규정은 부칙 제1조제2호에 따른 시행일 이후 우수 인재의 추천 채용 공고를 하는 경우부터 적용한다.

제3조【중증장애인인 지방의회의원의 활동 보조를 위한 임기제공무원의 임용에 관한 적용례】 제21조의3제4항제6호 및 제21조의4제1항제3호의 개정규정은 부칙 제1조제1호에 따른 시행일 이후 중증장애인인 지방의회의원의 활동을 보조하기 위하여 임기제공무원을 임용하려는 경우부터 적용한다.

제4조【진행 중인 경력경쟁임용시험등에 관한 경과조치】 부칙 제1조제1호에 따른 제17조제1항제8호의 개정규정 시행일 당시 진행 중인 경력경쟁임용시험등에 대해서는 같은 개정규정에도 불구하고 종전의 규정에 따른다.

제5조【기술분야 우수 인재의 수습근무 기관 지정에 관한 경과조치】 부칙 제1조 각 호 외의 부분에 따른 시행일 전에 시 · 도지사가 기술분야 우수인재의 수습근무 기관을 지정한 경우 그 행위는 제21조의2제4항의 개정규정에 따라 시 · 도지사나 시 · 도의회의 의장이 한 행위로 본다.

제6조【공무상질병휴직에 관한 경과조치】 부칙 제1조제1호에 따른 제38조의18의 개정규정의 시행일 당시 공무상질병휴직 중인 공무원이 그 시행일 이후에도 해당 휴직사유와 같은 사유로 질병 또는 부상이 계속되는 경우에는 제38조의18제5항의 개정규정에도 불구하고 종전의 제38조의18제2항 단서에 따라 승인 또는 결정받은 공무상 요양기간이나 요양급여 지급이 끝난 후에도 공무상질병휴직을 새로 명하거나 그 휴직기간을 연장할 수 있다.

제7조【다른 법령의 개정】 ①~⑬ ※(해당 법령에 가제정리 하였음)

부　칙 (2021.12.16)

제1조【시행일】 이 영은 2022년 1월 13일부터 시행한다.(이하 생략)

부　칙 (2022.4.27)

제1조【시행일】 이 영은 공포한 날부터 시행한다.

제2조【경력경쟁임용시험등 합격의 유효기간에 관한 적용례】 제21조제2항제1호의 개정규정은 이 영 시행 전에 법 제27조제2항제8호에 따른 경력경쟁임용시험에 합격한 사람으로서 이 영 시행 당시 제21조제1항에 따른 합격 유효기간을 기준으로 아직 그 유효기간이 지나지 않은 사람에 대해서도 적용한다.

부　칙 (2023.4.11)

제1조【시행일】 이 영은 2023년 6월 5일부터 시행한다.(이하 생략)

부　칙 (2023.6.13)

제1조【시행일】 이 영은 공포한 날부터 시행한다.

제2조【승진소요 최저연수 산입에 관한 적용례】 ① 제33조제13항의 개정규정은 이 영 시행 전에 법 제27조제2항제7호에 따라 임용된 지방공무원이 국가공무원으로 재직한 기간에 대해서도 적용한다.
② 제33조제14항의 개정규정은 이 영 시행 전에 법 제27조제2항제7호에 따라 임용된 지방공무원이 국가공무원으로 재직한 강임 전의 기간에 대해서도 적용한다.

제3조【시험의 공고에 관한 적용례】 제62조제1항제9호, 같은 조 제2항 본문 · 단서 및 같은 조 제3항 단서의 개정규정은 이 영 시행 이후 공고하는 임용시험부터 적용한다.

제4조【응시수수료의 반환에 관한 적용례】 제64조제2항제4호의 개정규정은 이 영 시행 이후 공고하는 신규임용시험부터 적용한다.

제5조【경력경쟁임용시험등의 점검에 관한 적용례】 제64조의2의 개정규정은 이 영 시행 이후 공고하는 경력경쟁임용시험등부터 적용한다.

〔별표〕 ➡ 「法典 別册」 참조

지방공무원 복무규정

(2005년 3월 18일 대통령령 제18739호)

개정
2005. 6.30영18894호 2006.11. 1영19723호
2007.12.31영20502호(지방공무원임용)
2008. 2.29영20741호(직제)
2009.11.30영21862호
2010. 5. 4영22151호(전자정부법시)
2010. 7.15영22275호
2011. 3. 7영22698호(지방공무원임용)
2011. 4.28영22907호
2011. 9.29영23165호(지방공무원교육훈련법시)
2012. 8.31영24077호(국민보험시)
2013. 3.23영24425호(직제)
2013. 5.31영24555호 2013.12.11영24928호
2013.12.30영25040호(지방공무원임용)
2014. 6.30영25418호
2014.11.19영25751호(직제)
2016.11.29영27620호(병역시)
2017. 3. 8영27929호(지방공무원임용)
2017. 4.25영27999호
2017. 7.26영28211호(직제)
2018. 9.18영29181호(공무원연금법시)
2018.12.18영29376호 2019. 4.16영29699호
2019.12.24영30256호(산업안전시)
2019.12.31영30311호 2020.10.20영31119호
2021. 1. 5영31380호(법령용어정비)
2021.11.30영32172호(지방공무원임용)
2021.12.31영32311호 2023. 6.13영33532호
2023. 7.18영33639호 2023.12. 5영33906호

제1조【목적】 이 영은 「지방공무원법」에 따라 지방공무원의 복무에 관한 사항을 규정하는 것을 목적으로 한다.
(2010.7.15 본조개정)

제1조의2【근무기강의 확립】 ① 지방공무원(이하 "공무원"이라 한다)은 법령과 직무상 명령을 준수하여 근무기강을 확립하고 질서를 존중하여야 한다.
② 지방자치단체의 장[특별시·광역시·특별자치시·도 또는 특별자치도(이하 "시·도"라 한다)의 교육감을 포함한다. 이하 같다]과 지방의회의 의장은 소속 공무원의 근무기강을 확립하기 위해 노력해야 하며, 다음 각 호의 조치를 해야 한다.(2021.11.30 본문개정)
1. 소속 공무원에 대한 연 1회 이상의 근무시간, 출퇴근, 제3조제2항에 따른 유연근무, 당직, 휴가, 출장 등 복무 실태점검(2021.12.31 본호개정)
2. 제1호에 따른 점검 결과에 대한 감사기구(「공공감사에 관한 법률」 제2조제5호에 따른 자체감사기구를 말한다)의 후속조치
3. 제1호에 따른 점검 결과 3회 이상 위반행위가 적발된 소속 공무원에 대한 징계의결 요구. 이 경우 전단에 따른 위반행위는 「지방공무원법」 제73조의2제1항에 따른 기간 내에 있는 것이어야 한다.
4. 소속 공무원의 근무기강 확립을 위한 교육 실시
5. 그 밖에 지방자치단체의 장과 지방의회의 의장이 근무기강 확립을 위해 필요하다고 인정하는 조치
(2021.11.30 본호개정)
(2019.12.31 본항신설)
③ 공무원(제8조에 따른 공무원은 제외한다)은 집단·연명(聯名)으로 또는 단체의 명의를 사용하여 국가 또는 지방자치단체의 정책을 반대하거나 국가 또는 지방자치단체의 정책 수립·집행을 방해해서는 아니 된다.
(2010.7.15 본조개정)

제1조의3【복장 및 복제 등】 ① 공무원은 근무 중 그 품위를 유지할 수 있는 단정한 복장을 착용하여야 한다.
② 공무원은 직무를 수행할 때 제1조의2에 따른 근무기강을 해치는 정치적 주장을 표시 또는 상징하는 복장을 하거나 관련 물품을 착용해서는 아니 된다.
(2010.7.15 본조개정)

제2조【근무시간 등】 ① 공무원의 1주간 근무시간은 점심시간을 제외하고 40시간으로 하며, 토요일은 휴무함을 원칙으로 한다.
② 공무원의 1일 근무시간은 9시부터 18시까지로 하며, 점심시간은 12시부터 13시까지로 한다. 다만, 지방자치단체의 장과 지방의회의 의장은 직무의 성질, 지역 또는 기관의 특수성을 고려하여 필요하다고 인정할 때에는 1시간의 범위에서 점심시간을 달리 정하여 운영할 수 있다.
(2021.11.30 단서개정)
③ 주 40시간 근무에 필요한 사항은 지방자치단체의 장과 지방의회의 의장이 정한다.(2021.11.30 본항개정)
④ 「전자정부법」 제32조제3항에 따라 온라인 원격근무를 실시하는 지방자치단체의 장과 지방의회의 의장은 소속 공무원 중 원격근무자의 근무에 필요한 사항을 따로 정할 수 있다.(2021.11.30 본항개정)
(2010.7.15 본조개정)

제2조의2【비상근무의 종류】 비상근무는 그 상황에 따라 다음 각 호와 같이 구분하여 발령한다.
1. 비상근무 제1호는 다음 각 목의 어느 하나에 해당하는 경우에 발령한다.
가. 전시·사변 또는 이에 준하는 비상사태가 발생하였거나 발생이 임박하여 긴장이 최고조에 이른 경우
나. 지방자치단체 관할 지역에서 적의 침투·도발이 있는 경우
2. 비상근무 제2호는 다음 각 목의 어느 하나에 해당하는 경우에 발령한다.
가. 전시·사변 또는 이에 준하는 비상사태와 관련된 긴장이 고조된 경우
나. 천재지변, 그 밖에 이에 준하는 사유로 사회불안이 조성되고 사회질서가 교란될 우려가 있는 경우
다. 지방자치단체 관할 지역에서 적의 침투·도발 위협으로 긴장이 고조된 경우
3. 비상근무 제3호는 다음 각 목의 어느 하나에 해당하는 경우에 발령한다.
가. 전시·사변 또는 이에 준하는 비상사태와 관련된 징후가 현저하게 증가된 경우
나. 천재지변, 그 밖에 이에 준하는 사유로 긴급한 대응이 필요하다고 판단되는 경우
다. 다른 지방자치단체 관할 지역에서 적의 침투·도발 또는 그 위협이 있는 경우
4. 비상근무 제4호는 제1호부터 제3호까지에서 규정된 경우 외에 위기상황에 신속하게 대응할 필요가 있거나 재해·재난, 그 밖의 긴급상황 발생 등으로 비상근무가 필요하다고 인정되는 경우에 발령한다.
(2011.4.28 본조신설)

제2조의3【비상근무의 발령】 ① 지방자치단체의 장과 지방의회의 의장은 제2조의2 각 호의 구분에 따라 소속 공무원에 대하여 비상근무를 발령할 수 있다. 이 경우 특별시장·광역시장·특별자치시장·도지사 또는 특별자치도지사(이하 "시·도지사"라 한다)와 시·도의회의 의장은 행정안전부장관에게, 교육감은 교육부장관에게 비상근무의 종류, 발령일시, 발령사유 등을 지체 없이 보고하여야 하며, 시장·군수 또는 자치구의 구청장은 지체 없이 특별시장·광역시장 또는 도지사를, 시·군·자치구의회의 의장은 지체 없이 시·도의회의 의장을 거쳐 행정안전부장관에게 보고하여야 한다.(2021.11.30 본항개정)
② 행정안전부장관은 제1항에도 불구하고 국무총리의 명을 받아 전국 또는 일부 지역을 대상으로 해당 지방자치단체에 소속된 공무원에 대하여 비상근무를 발령할 수 있다. 이 경우 지방자치단체 소속 공무원에 대한 비상근무 발령은 별지 제1호서식에 따른다. 다만, 「지방공무원법」(이하 "법"이라 한다) 제6조에 따라 시·도의 교육감이 임용권을 가지는 공무원(이하 "교육감 소속 공무원"이라 한다)에 대해서는 교육부장관이 행정안전부장관으로부터 통보를 받아 비상근무를 발령한다.(2021.11.30 단서개정)
③ 행정안전부장관(교육감 소속 공무원에 대하여 비상근무를 발령하는 경우에는 교육부장관을 말한다. 이하 이 조에서 같다)은 제2조의2에도 불구하고 국가기관과 지방자치단체의 협력 대응이 필요하거나 사안의 긴급성 등을 고려하여 필요하다고 인정되면 국무총리의 명을 받아 비상근무 제1호까지 상향조정하여 발령할 수 있다.
④ 행정안전부장관은 제2항 및 제3항에 따라 지방자치단체 소속 공무원에 대하여 비상근무를 발령한 때에는 즉시 해당 지방자치단체의 장과 지방의회의 의장(정상근무시간이 아닌 때에는 당직근무자를 포함한다)에게 통보하여야 한다.(2021.11.30 본항개정)
⑤ 지방자치단체의 장과 지방의회의 의장은 제4항에 따라 행정안전부장관으로부터 비상근무 발령 사실을 통보받은 때에는 즉시 제2조의4에 따라 해당 지방자치단체 소속 공무원에 대하여 비상소집을 하여야 한다.
(2021.11.30 본항개정)
⑥ 지방자치단체의 장과 지방의회의 의장은 제5항에 따라 비상소집을 한 때에는 그 결과를 별지 제2호서식에 따라 행정안전부장관에게 보고하여야 한다. 이 경우 시장·군수 또는 자치구의 구청장은 특별시장·광역시장 또는 도지사를, 시·군·자치구의회의 의장은 시·도의회의 의장을 거쳐야 한다.(2021.11.30 본항개정)
(2017.7.26 본조개정)

제2조의4【비상근무 요령】 ① 지방자치단체의 장과 지방의회의 의장은 제2조의3에 따라 비상근무를 발령하거나 비상근무가 발령된 때에는 청사 등 중요 시설물에 대한 경계와 경비를 강화하여야 한다.(2021.11.30 본항개정)
② 지방자치단체의 장과 지방의회의 의장은 부득이한 경우를 제외하고는 소속 공무원의 출장을 억제하고, 소속 공무원의 소재지를 파악하여야 한다.(2021.11.30 본항개정)
③ 지방자치단체의 장과 지방의회의 의장은 제2조의2 각 호의 구분에 따른 비상근무의 종류별로 다음 각 호의 기준에 따라 소속 공무원을 토요일 및 공휴일(「관공서의 공휴일에 관한 규정」에 따른 공휴일 또는 「지방공휴일에 관한 규정」에 따른 지방공휴일을 말한다. 이하 같다)과 야간에 비상근무하도록 하여야 한다.(2021.11.30 본문개정)
1. 비상근무 제1호가 발령된 때에는 연가를 중지하고, 소속 공무원의 3분의 1 이상 비상근무하게 하여야 한다.
2. 비상근무 제2호가 발령된 때에는 연가를 중지하고, 소속 공무원의 5분의 1 이상 비상근무하게 하여야 한다.
3. 비상근무 제3호가 발령된 때에는 부득이한 사정이 있는 공무원을 제외하고는 연가를 억제하고, 소속 공무원의 10분의 1 이상 비상근무하게 하여야 한다.
4. 비상근무 제4호가 발령된 때에는 부득이한 사정이 있는 공무원을 제외하고는 연가를 억제하고, 해당 지방자치단체의 장이나 지방의회의 의장이 정하는 바에 따라 비상근무하게 하여야 한다.(2021.11.30 본호개정)
④ 지방자치단체의 장과 지방의회의 의장은 부서별 인원, 직급, 업무의 성질 및 기관의 특수성 등을 고려하여 비상근무 인력이 일부 부서 또는 일부 직급에 편중되지 아니하도록 비상근무 인력을 편성하여야 한다. 이 경우 비상근무 인력에는 가급적 비상대비 업무 담당자, 문서의 접수 및 처리 업무 담당자, 정보화 업무 담당자 등이 포함되도록 하여야 한다.(2021.11.30 전단개정)
⑤ 지방자치단체의 장과 지방의회의 의장은 비상근무 기간 중 제3항에 따라 비상근무를 한 공무원에 대해서는 일정한 시간 동안 휴무하게 할 수 있다.(2021.11.30 본항개정)
(2011.4.28 본조신설)

제2조의5【비상근무 발령의 해제】 ① 행정안전부장관(교육감 소속 공무원에 대하여 비상근무 발령을 해제하는 경우에는 교육부장관을 말한다) 및 지방자치단체의 장과 지방의회의 의장은 제2조의2 각 호에 규정된 비상근무 발령 상황이 종료된 경우에는 비상근무 발령을 해제하여야 한다.(2021.11.30 본항개정)
② 비상근무 발령의 해제 절차에 관하여는 제2조의3제1항·제2항(별지 제1호서식에 관한 부분은 제외한다) 및 제4항을 준용한다.
(2011.4.28 본조신설)

제2조의6【위임규정】 비상근무의 발령 및 그에 따른 복무 등에 관하여 이 영에서 규정한 사항을 제외하고는 해당 지방자치단체의 장이나 지방의회의 의장이 정한다.
(2021.11.30 본조개정)

제3조【근무시간 등의 변경】 ① 지방자치단체의 장과 지방의회의 의장은 직무의 성질, 지역 또는 기관의 특수성에 따라 필요하다고 인정할 때에는 근무시간 또는 근무일을 변경할 수 있다.
② 공무원은 지방자치단체의 장이나 지방의회의 의장에게 제2조제1항 및 제2항에 따른 통상의 근무시간·근무일을 변경하는 근무 또는 제2조제4항에 따른 온라인 원격근무(이하 "유연근무"라 한다)를 신청할 수 있다.
③ 지방자치단체의 장과 지방의회의 의장은 제2항에 따라 공무원이 유연근무를 신청한 경우 공무 수행에 특별한 지장이 없으면 이를 승인해야 하며, 유연근무를 이유로 그 공무원의 보수·승진 및 근무성적평정 등에서 부당한 불이익을 주어서는 안 된다.
(2021.11.30 본조개정)

제4조【시간외근무 및 공휴일 등 근무】 ① 지방자치단체의 장과 지방의회의 의장은 민원편의 등 공무수행상 필요하다고 인정할 때에는 제2조 및 제3조에도 불구하고 근무시간 외의 근무를 명하거나 토요일 또는 공휴일의 근무를 명할 수 있다.(2021.11.30 본항개정)
② 제1항에 따라 근무를 한 경우 지방자치단체의 장과 지방의회의 의장은 그 다음의 정상근무일에 휴무하게 할 수 있다. 다만, 해당 기관의 업무사정이나 그 밖의 부득이한 사유로 제1항에 따라 근무한 날의 다음 정상근무일에 휴무하게 할 수 없을 때에는 그 사유가 해소된 날부터 6주 이내에 다른 정상근무일을 지정하여 휴무하게 할 수 있다.(2021.11.30 본문개정)
③ 제1항에도 불구하고 지방자치단체의 장과 지방의회의 의장은 임신 중인 공무원 또는 출산 후 1년이 지나지 않은 공무원에게 오후 9시부터 오전 8시까지의 시간과 토요일 및 공휴일에 근무를 명할 수 없다. 다만, 다음 각 호의 어느 하나에 해당하는 경우에는 그렇지 않다.(2021.12.31 본문개정)
1. 임신 중인 공무원이 신청하는 경우
2. 출산 후 1년이 지나지 않은 공무원의 동의가 있는 경우
(2021.12.31 본호개정)
(2017.4.25 본항신설)
④ 제1항에 따라 근무를 한 공무원은 지방자치단체의 조례로 정하는 바에 따라 「지방공무원 수당 등에 관한 규정」 제15조에 따른 시간외근무수당의 지급 범위에서 그 시간외근무수당을 지급받는 대신에 해당 근무시간을 연가로 전환하여 사용할 수 있다.(2023.6.13 본항신설)

제4조의2【출장공무원】 ① 상사의 명에 따라 정규 근무지 외의 장소에서 공무를 수행하는 공무원(이하 "출장공무원"이라 한다)은 해당 공무 수행을 위해 전력을 다해야 하며, 사적인 일을 위하여 시간을 소비해서는 안 된다.
(2019.12.31 본항개정)
② 출장공무원은 지정된 출장기간 내에 그 업무를 완수해야 하며, 출장기간을 변경할 사유가 발생하면 지체 없이 전화, 팩스 또는 그 밖의 방법으로 소속 기관의 장에게 보고하고 그 지시를 받아야 한다. 다만, 신속히 업무를 수행해야 하는 긴급한 사정이 있는 경우에는 사후에 보고할 수 있다.(2019.12.31 본항개정)
③ 출장공무원은 그 출장 용무를 마치고 사무실로 돌아왔을 때에는 지체 없이 지방자치단체의 장이나 지방의회의 의장에게 결과 보고서를 제출하여야 한다. 다만, 경미한 사항에 대한 결과 보고는 말로 할 수 있다.(2021.11.30 본문개정)
④ 지방자치단체의 장과 지방의회의 의장은 임신 중인 공무원과 태아의 건강을 보호하기 위하여 해당 공무원의

장거리 또는 장기간 출장을 제한할 수 있다.(2021.11.30 본항개정)

제5조【현업 공무원 등의 근무시간과 근무일】 지방자치단체의 장과 지방의회의 의장은 현업 기관 및 직무의 성질상 상시근무체제를 유지할 필요가 있거나 토요일 또는 공휴일에도 정상근무를 할 필요가 있는 기관 소속 공무원에 대해서는 그 근무시간과 근무일을 따로 정할 수 있다.
(2021.11.30 본조개정)

제6조【휴가의 종류】 ① 공무원의 휴가는 연가 · 병가 · 공가(公暇) 및 특별휴가로 구분한다.
② 공무원이 사용한 휴가 일수가 이 영 또는 조례로 정한 휴가일수를 초과한 경우 그 초과 일수만큼 결근한 것으로 본다.(2019.12.31 본항신설)
(2010.7.15 본조신설)

제7조【연가일수 및 연가보상비의 지급】 ① 공무원의 재직기간별 연가일수는 다음과 같다. 다만, 법 제27조제2항제2호 · 제3호 및 제9호에 따라 임용된 경력직공무원 및 특수경력직공무원의 재직기간이 5년 미만인 경우로서 지방자치단체의 조례로 정하는 공무원 경력 외의 유사경력이 있는 경우에는 5년 미만의 재직기간별 연가일수에 각각 3일을 더한다.

재직기간	연가 일수
1개월 이상 1년 미만	11
1년 이상 2년 미만	12
2년 이상 3년 미만	14
3년 이상 4년 미만	15
4년 이상 5년 미만	17
5년 이상 6년 미만	20
6년 이상	21

(2023.7.18 단서개정)
② 제1항에서 "재직기간"이란 「공무원연금법」 제25조제1항부터 제3항까지의 규정에 따르되, 연월일수(年月日數)로 계산한 재직기간을 말하며, 휴직기간 · 정직기간 · 직위해제기간 및 강등 처분에 따라 직무에 종사하지 못하는 기간은 산입하지 않는다. 다만, 다음 각 호의 어느 하나에 해당하는 경우에는 그 휴직기간을 재직기간에 산입한다.(2019.4.16 본문개정)
1. 법 제63조제2항제4호의 사유에 따른 휴직으로서 「지방공무원 임용령」 제31조의6제2항제1호다목에 따른 휴직기간(2018.12.18 본호개정)
2. 법령에 따른 의무수행으로 인한 휴직
3. 「공무원 재해보상법」에 따른 공무상 부상 또는 질병(이하 "공무상 부상등"이라 한다)으로 인한 휴직
(2019.4.16 본호개정)
③ 해당 연도에 결근 · 정직 · 강등 · 직위해제 사실 및 제7조의2제3항제1호부터 제5호까지의 규정에 따른 기간이 없는 공무원으로서 다음 각 호의 어느 하나에 해당하는 사람에 대해서는 그 다음 해에 한정하여 제1항의 재직기간별 연가일수에 각각 1일을 더한다.(2019.12.31 본문개정)
1. 병가(제7조의5제2항에 따른 병가는 제외한다)를 받지 않은 공무원(2019.12.31 본호개정)
2. 제4항에 따른 연가보상비를 지급받지 못한 연가일수가 남아 있는 공무원
④ 제1항에 따른 연가를 공무상 허가할 수 없거나 해당 공무원이 연가를 사용하지 않은 경우에는 예산의 범위에서 연가일수에 해당하는 연가보상비를 지급하는 것으로 연가를 갈음할 수 있다. 이 경우 연가보상비를 지급할 수 있는 연가대상일수는 20일을 초과할 수 없으며, 연가보상비 지급대상인 연가 일수 중 8시간 미만의 연가 잔여분에 대해서는 연가보상비를 지급하지 않고 이월 · 저축한다.
(2020.10.20 본항개정)
(2010.7.15 본조개정)

제7조의2【연가 일수의 공제】 ① 결근 일수 · 정직 일수 · 직위해제 일수 및 강등 처분에 따라 직무에 종사하지 못하는 일수는 연가 일수(결근의 경우에 한정하여 제7조의10에 따른 저축연가 일수를 포함한다)에서 뺀다. 다만, 「지방공무원 임용령」 제31조의6제2항제2호에 따른 기간 중 직무에 종사하지 못하는 일수는 연가 일수에서 빼지 않되, 본문에 따라 이미 빼어 사용하지 못하게 된 연가일수는 저축연가 일수에 더한다.(2020.10.20 단서개정)
② 사실상 직무에 종사하지 않은 기간이 있는 경우 연가일수는 다음 계산식에 따라 산정한다. 이 경우 해당 연도 중 사실상 직무에 종사한 기간은 개월 수로 환산하여 계산하되, 15일 이상은 1개월로 계산하고, 15일 미만은 산입하지 않으며, 계산식에 따라 산출된 소수점 이하의 일수는 반올림한다.

$$\frac{\text{해당 연도 중 사실상 직무에 종사한 기간(개월)}}{\text{12개월}} \times \text{해당 연도 연가 일수}$$

③ 제2항에서 "사실상 직무에 종사하지 않은 기간"이란 다음 각 호의 어느 하나에 해당하는 기간을 말한다.
1. 법 제63조에 따라 휴직한 경우(같은 조 제1항제1호에 따른 휴직 중 공무상 부상등으로 인하여 휴직한 경우는 제외한다) 그 휴직기간
2. 연도 중 신규임용되거나 퇴직하는 경우(연도 중 경력직공무원 또는 특수경력직공무원이 되기 위해 퇴직하고 14일 이내에 재임용되는 경우는 제외한다)로서 다음 각 목의 어느 하나에 해당하는 기간
가. 신규임용일 전날까지의 기간
나. 퇴직일부터의 기간
3. 「지방공무원 임용령」 제27조의3제1항제2호에 따라 연수하게 된 경우 그 연수 기간
4. 「지방공무원 교육훈련법 시행령」 제4조에 따른 교육훈련으로서 1개월 이상의 교육훈련을 받은 경우 그 교육훈련 기간(2019.12.31 본호개정)
5. 행정기구 또는 정원의 개편 · 폐지나 예산의 감소 등에 따른 직위가 없어지거나 정원이 초과되는 등의 사유로 보직을 받지 못한 경우(소속 지방자치단체의 장이나 지방의회의 의장으로부터 특정한 업무를 부여받은 경우는 제외한다) 그 보직을 받지 못한 기간(2021.11.30 본호개정)
6. 제7조의5제1항에 따른 병가 기간
(2019.4.16 본항개정)
④ 제2항에 따른 사실상 직무에 종사하지 않은 기간이 있는 공무원이 같은 항의 계산식에 따른 연가 일수(제7조의10에 따른 저축연가 일수를 포함한다)를 초과하여 사용한 연가 일수는 결근으로 본다.(2019.12.31 본항개정)
⑤ 연도 중 경력직공무원 또는 특수경력직공무원이 되기 위해 퇴직하고 14일 이내에 재임용되는 경우에는 해당 연도의 연가 일수에서 퇴직 전 사용한 연가 일수를 뺀다.
(2019.4.16 본항개정)
⑥ 질병이나 부상 외의 사유로 인한 지각 · 조퇴 및 외출은 누계 8시간을 연가 1일로 계산한다.(2019.4.16 본항신설)
⑦ 제7조의5제1항에 따른 병가 중 연 6일을 초과하는 병가 일수는 연가 일수에서 뺀다. 다만, 제7조의5제3항에 따라 의사의 진단서가 첨부된 병가 일수는 연가 일수에서 빼지 않는다.(2019.4.16 본항신설)
(2018.12.18 본조신설)

제7조의3【연가 당겨쓰기】 지방자치단체의 장과 지방의회의 의장은 소속 공무원에게 제7조제1항에 따른 연가일수(제7조의10에 따른 저축연가 일수를 포함한다)가 없거나 재직기간별 연가 일수를 초과하는 휴가 사유가 발생한 경우에는 같은 항에 따른 재직기간 구분 중 그 다음 재직기간의 연가 일수를 다음 표에 따라 미리 사용하게 할 수 있다.

재직기간	미리 사용하게 할 수 있는 최대 연가 일수
1년 미만	5
1년 이상 2년 미만	6
2년 이상 3년 미만	7
3년 이상 4년 미만	8
4년 이상	10

(2021.11.30 본조개정)

제7조의4【연가 사용의 권장】 ① 지방자치단체의 장과 지방의회의 의장은 소속 공무원의 연가 사용을 촉진하기 위해 매년 3월 31일까지 소속 공무원이 그 해에 최소한으로 사용해야 할 10일 이상의 권장 연가 일수와 미사용 권장 연가 일수에 대한 연가보상비 지급 여부를 정해 공지해야 한다.
② 지방자치단체의 장과 지방의회의 의장은 다음 각 호의 조치를 했음에도 불구하고 소속 공무원이 제1항에 따른 권장 연가 일수를 사용하지 않은 경우 권장 연가 일수 중 미사용 연가 일수에 대해서는 제7조제4항에 따른 연가보상비를 지급하지 않을 수 있다.
1. 매년 6월 1일부터 7월 31일까지의 기간 중 지방자치단체의 장과 지방의회의 의장이 소속 공무원별로 권장 연가 일수 중 사용해야 할 연가 일수를 알려주고, 소속 공무원이 그 사용 시기를 정하여 10일 이내에 지방자치단체의 장이나 지방의회의 의장에게 통보하도록 촉구
2. 소속 공무원이 제1호에 따른 촉구에도 불구하고 지방자치단체의 장이나 지방의회의 의장에게 연가의 사용 시기를 통보하지 않으면 지방자치단체의 장과 지방의회의 의장은 그 해 10월 31일까지 제1호에 따라 알려준 연가 일수 중 사용하지 않은 연가 일수의 사용 시기를 정하여 소속 공무원에게 통보
(2021.11.30 본조개정)

제7조의5【병가】 ① 지방자치단체의 장과 지방의회의 의장은 소속 공무원이 다음 각 호의 어느 하나에 해당할 경우에는 연 60일의 범위에서 병가를 허가할 수 있다. 이 경우 질병이나 부상으로 인한 지각 · 조퇴 및 외출은 누계 8시간을 병가 1일로 계산하고, 제7조의2제7항 본문에 따라 연가 일수에서 빼는 병가는 병가 일수에 산입하지 않는다.(2021.11.30 전단개정)
1. 질병이나 부상으로 인하여 직무를 수행할 수 없을 때
2. 감염병에 걸려 그 공무원의 출근이 다른 공무원의 건강에 영향을 미칠 우려가 있을 때
② 지방자치단체의 장과 지방의회의 의장은 소속 공무원이 공무상 부상등으로 직무를 수행할 수 없거나 요양이 필요할 경우에는 연 180일의 범위에서 병가를 허가할 수 있다.(2021.11.30 본항개정)
③ 병가 일수가 연 6일을 초과하는 경우에는 의사의 진단서를 첨부해야 한다.
(2019.4.16 본조신설)

제7조의6【공가】 지방자치단체의 장과 지방의회의 의장은 소속 공무원(제10호의 경우 「공무원의 노동조합 설립 및 운영 등에 관한 법률 시행령」 제3조의3제2항에 따른 근무시간 면제자는 제외한다)이 다음 각 호의 어느 하나에 해당할 때에는 직접적으로 필요한 기간 또는 시간을 공가로 허가해야 한다.(2023.12.5 본문개정)
1. 「병역법」 또는 그 밖의 다른 법령에 따른 병역판정검사 · 소집 · 검열점호 등에 응하거나 동원 또는 훈련에 참가할 때(2016.11.29 본호개정)
2. 공무에 관하여 국회, 법원, 검찰, 경찰, 그 밖의 기관에 소환될 때(2020.10.20 본호개정)
3. 법률에 따라 투표에 참가할 때
4. 승진시험 · 전직시험에 응시할 때
5. 「산업안전보건법」 제129조부터 제131조의 규정에 따른 건강진단, 「국민건강보험법」 제52조에 따른 건강검진 또는 「결핵예방법」 제11조제1항에 따른 결핵검진등을 받을 때(2019.12.24 본호개정)
6. 「혈액관리법」에 따른 헌혈에 참가할 때
7. 「지방공무원 교육훈련법 시행령」 제31조에 따른 외국어 능력시험에 응시할 때(2011.9.29 본호개정)
8. 천재지변, 교통차단 또는 그 밖의 사유로 출근이 불가능할 때
9. 올림픽 · 전국체전 등 국가 또는 지방 단위의 주요 행사에 참가할 때
10. 「공무원의 노동조합 설립 및 운영 등에 관한 법률」 제9조에 따른 교섭위원으로 선임되어 단체교섭 및 단체협약의 체결에 참석하거나 같은 법 제17조 및 「노동조합 및 노동관계조정법」 제17조에 따른 대의원회(「공무원의 노동조합 설립 및 운영 등에 관한 법률」에 따라 설립된 공무원 노동조합의 대의원회를 말하며, 연 1회로 한정한다)에 참석할 때(2019.4.16 본호개정)
11. 「검역법」 제5조제1항에 따른 검역관리지역 또는 중점검역관리지역으로 공무국외출장, 파견 또는 교육훈련을 가기 위해 같은 법에 따른 검역감염병의 예방접종을 할 때(2021.12.31 본호개정)
12. 원격지(遠隔地)로 전보 발령을 받고 부임할 때
(2019.4.16 본호신설)
13. 「감염병의 예방 및 관리에 관한 법률」에 따른 제1급감염병에 대하여 같은 법 제24조 또는 제25조에 따라 필수예방접종 또는 임시예방접종을 받거나 같은 법 제42조제2항제3호에 따라 감염 여부 검사를 받을 때
(2021.12.31 본호신설)
(2010.7.15 본조개정)

제7조의7【특별휴가】 ① 공무원의 특별휴가는 이 영에서 정하는 바에 따른다. 다만, 이 영에서 정하지 아니하는 사항은 지방자치단체의 조례로 정하는 바에 따른다.
② 지방자치단체의 장과 지방의회의 의장은 소속 공무원이 결혼하거나 그 밖의 경조사가 있는 경우에는 해당 공무원의 신청에 따라 별표1의 기준에 따른 경조사휴가를 주어야 한다.(2021.11.30 본항개정)
③ 지방자치단체의 장과 지방의회의 의장은 임신 중인 공무원에게 출산 전과 출산 후를 통하여 90일(한 번에 둘 이상의 자녀를 임신한 경우에는 120일)의 출산휴가를 허가하되, 출산 후의 휴가기간이 45일(한 번에 둘 이상의 자녀를 임신한 경우에는 60일) 이상이 되도록 해야 한다. 다만, 지방자치단체의 장과 지방의회의 의장은 임신 중인 공무원이 다음 각 호의 어느 하나에 해당하는 사유로 출산휴가를 신청하는 경우에는 출산 전 어느 때라도 최장 44일(한 번에 둘 이상의 자녀를 임신한 경우에는 59일)의 범위에서 출산휴가를 나누어 사용할 수 있도록 해야 한다.(2021.12.31 본문개정)
1. 임신 중인 공무원이 유산(「모자보건법」 제14조제1항에 따라 허용되는 경우 외의 인공임신중절에 의한 유산은 제외한다. 이하 제3호를 제외하고 같다) · 사산의 경험이 있는 경우
2. 임신 중인 공무원이 출산휴가를 신청할 당시 연령이 40세 이상인 경우(2023.7.18 본호개정)
3. 임신 중인 공무원이 유산 · 사산 또는 조산(早産)의 위험이 있다는 의료기관의 진단서를 제출한 경우
(2021.12.31 본호개정)
(2014.6.30 본항개정)
④ 임신 중인 공무원이 유산 또는 사산한 경우에 그 공무원이 신청하면 다음 각 호의 기준에 따라 유산휴가 또는 사산휴가를 주어야 한다.(2014.6.30 본문개정)
1. 임신기간이 15주 이내인 경우 : 유산 또는 사산한 날부터 10일까지(2019.12.31 본호개정)
2. 임신기간이 16주 이상 21주 이내인 경우 : 유산 또는 사산한 날부터 30일까지
3. 임신기간이 22주 이상 27주 이내인 경우 : 유산 또는 사산한 날부터 60일까지
4. 임신기간이 28주 이상인 경우 : 유산 또는 사산한 날부터 90일까지

⑤ 지방자치단체의 장과 지방의회의 의장은 소속 남성공무원의 배우자가 유산하거나 사산한 경우 해당 공무원이 신청하면 제4항 각 호의 구분에 따른 기간 중 3일의 유산휴가 또는 사산휴가를 주어야 한다.(2021.11.30 본항개정)
⑥ 인공수정 또는 체외수정 등 난임치료 시술을 받는 공무원은 다음 각 호의 구분에 따라 난임치료시술휴가를 받을 수 있다.(2021.12.31 본문개정)
1. 여성공무원 : 다음 각 목의 어느 하나에 해당하는 경우 해당 목에서 정한 기간
가. 인공수정 등 시술을 받는 경우 : 총 2일(시술 당일에 1일과 시술일 전날, 시술일 후 2일 이내이거나 시술 관련 진료일 중에 1일)
나. 동결 보존된 배아를 이식하는 체외수정 시술을 받는 경우 : 총 3일(시술 당일에 1일과 시술일 전날, 시술일 후 2일 이내이거나 시술 관련 진료일 중에 2일)
다. 난자 채취를 하여 체외수정 시술을 받는 경우 : 총 4일(난자 채취일에 1일, 시술 당일에 1일과 시술일 전날, 난자 채취일 전날, 시술일 후 2일 이내, 난자 채취일 후 2일 이내이거나 시술 관련 진료일 중에 2일)
2. 남성공무원 : 정자 채취일에 1일
(2021.12.31 1호~2호신설)
⑦ 임신 중인 여성공무원은 1일 2시간의 범위에서 휴식이나 병원 진료 등을 위한 모성보호시간을 받을 수 있다.(2018.12.18 본항개정)
⑧ 5세 이하의 자녀를 가진 공무원은 24개월의 범위에서 자녀돌봄, 육아 등을 위한 1일 최대 2시간의 육아시간을 받을 수 있다.(2018.12.18 본항개정)
⑨ 공무원은 다음 각 호의 어느 하나에 해당하는 경우 연간 10일의 범위에서 가족돌봄휴가를 받을 수 있다.
1. 「영유아보육법」에 따른 어린이집, 「유아교육법」에 따른 유치원 및 「초·중등교육법」 제2조 각 호의 학교(이하 이 항에서 "어린이집등"이라 한다)의 휴업·휴원·휴교 및 그 밖에 이에 준하는 사유로 자녀 또는 손자녀를 돌봐야 하는 경우
2. 자녀 또는 손자녀가 다니는 어린이집등의 공식 행사 또는 교사와의 상담에 참여하는 경우
3. 미성년자이거나 「장애인복지법」 제2조제2항에 따른 장애인(이하 이 조에서 "장애인"이라 한다)인 자녀·손자녀의 병원 진료(「국민건강보험법」 제52조에 따른 건강검진 또는 「감염병의 예방 및 관리에 관한 법률」 제24조 및 제25조에 따른 예방접종을 포함한다)에 동행하는 경우
4. 질병, 사고, 노령 등의 사유로 조부모, 외조부모, 부모(배우자의 부모를 포함한다), 배우자, 자녀 또는 손자녀를 돌봐야 하는 경우
(2020.10.20 본항개정)
⑩ 제9항에 따른 가족돌봄휴가는 무급으로 하되, 자녀(같은 항 제4호의 경우에는 미성년자 또는 장애인인 자녀로 한정한다)를 돌보기 위한 가족돌봄휴가는 연간 2일(자녀가 2명 이상이거나 장애인인 경우 또는 해당 공무원이 「한부모가족지원법」 제4조제1호의 모 또는 부에 해당하는 경우에는 3일)까지 유급으로 한다.(2020.10.20 본항개정)
⑪ 여성공무원은 생리기간 중 휴식을 위해 매월 1일의 여성보건휴가를 받을 수 있다. 이 경우 여성보건휴가는 무급으로 한다.(2019.12.31 본항신설)
⑫ 여성공무원은 임신기간 중 검진을 위해 10일의 범위에서 임신검진휴가를 받을 수 있다.(2019.12.31 본항신설)
⑬ 「재난 및 안전관리 기본법」 제3조제1호에 따른 재난으로 피해[배우자, 부모(배우자의 부모를 포함한다) 또는 자녀가 입은 피해를 포함한다. 이하 이 항에서 같다]를 입은 공무원과 재난 발생 지역에서 자원봉사활동을 하려는 공무원은 5일(같은 법 제14조제1항에 따른 대규모 재난으로 피해를 입은 공무원으로서 장기간 피해 수습이 필요하다고 소속 지방자치단체의 장이나 지방의회의 의장이 인정하는 경우에는 10일) 이내의 재해구호휴가를 받을 수 있다.(2021.11.30 본항개정)
⑭ 지방자치단체의 장과 지방의회의 의장은 소속 공무원이 다음 각 호의 요건을 모두 충족하는 경우 4일의 범위에서 심리상담, 진료 및 휴식을 위한 심리안정휴가를 줄 수 있다.
1. 「공무원 재해보상법」 제5조제1호 및 제6호부터 제11호까지에 해당하는 직무를 수행하는 과정에서 인명피해가 있는 사건·사고를 경험했을 것
2. 제1호에 따른 인명피해가 있는 사건·사고의 경험으로 인해 심리적 안정과 정신적 회복이 필요하다고 인정될 것
(2023.7.18 본항신설)
(2010.7.15 본조개정)
제7조의8【휴가기간 중의 토요일 또는 공휴일】 휴가기간 중의 토요일 또는 공휴일은 그 휴가일수에 산입하지 않는다. 다만, 다음 각 호의 어느 하나에 해당하는 경우에는 그 휴가일수에 토요일 또는 공휴일을 산입한다.
(2021.12.31 본문개정)
1. 같은 연도 내 제7조의5제1항에 따른 병가 일수를 합한 기간이 30일 이상인 경우(2021.12.31 본호신설)
2. 같은 연도 내 제7조의5제2항에 따른 병가 일수를 합한 기간이 30일 이상인 경우(2021.12.31 본호신설)
3. 동일한 사유로 인한 공가 일수를 합한 기간이 30일 이상인 경우(2021.12.31 본호신설)
4. 동일한 사유로 인한 특별휴가 일수를 합한 기간이 30일 이상인 경우(2021.12.31 본호신설)
제7조의9【시간선택제공무원 등에 대한 휴가에 관한 특례】 「지방공무원 임용령」 제3조의2제2호에 따른 시간선택제임기제공무원, 같은 조 제3호에 따른 한시임기제공무원, 같은 영 제3조의5제1항에 따른 시간선택제채용공무원 및 같은 영 제38조의15제1항 본문에 따른 시간선택제전환공무원(이하 "시간선택제공무원등"이라 한다)에 대한 휴가는 제4조제2항, 제7조제1항, 제7조의4제1항·제2항, 제7조의5, 제7조의7제7항·제8항 및 제7조의8에도 불구하고 별표2에 따른다.(2020.10.20 본조개정)
제7조의10【연가의 저축】 ① 공무원은 연가보상비 지급대상인 연가 일수 및 제4조제4항에 따라 전환된 연가일수 중 사용하지 않고 남은 연가 일수를 그 해의 마지막 날을 기준으로 이월·저축하여 사용할 수 있다.
(2023.6.13 본항개정)
② 제1항에 따라 이월·저축한 연가 일수는 이월·저축한 다음 연도부터 10년 이내에 사용하지 않으면 소멸된다.
③ 제2항에 따라 소멸된 저축연가에 대해서는 연가보상비를 지급하지 않는다. 다만, 다음 각 호의 사유에 해당하는 경우에는 연가보상비를 지급한다.
1. 법 제62조제1항제1호에 따라 직권면직된 경우
2. 법 제63조제1항 각 호의 사유로 휴직을 한 경우
3. 제7조의5제2항에 따른 병가를 30일 이상 연속하여 사용한 경우
4. 30일 이상 연속된 특별휴가를 사용한 경우
5. 공무원이 사망한 경우
(2019.12.31 본조신설)
제7조의11【10일 이상 연속된 연가 사용의 보장】 지방자치단체의 장과 지방의회의 의장은 소속 공무원이 제7조제1항에 따른 연가 일수 또는 제7조의10제1항에 따른 저축연가 일수를 활용하여 10일 이상 연속된 연가 일수 사용을 신청한 경우에는 공무 수행에 특별한 지장이 없으면 이를 허가해야 한다. 이 경우 지방자치단체의 장과 지방의회의 의장은 연가 사용에 따른 업무대행자 지정, 인력 보충 등 원활한 업무 수행과 자유로운 연가 사용 보장에 필요한 조치를 해야 한다.(2021.11.30 본조개정)
제8조【공무원의 범위】 법 제3조제2항에 따른 공무원의 범위는 다음 각 호와 같다.(2018.12.18 본문개정)
1. 지방의회의원
2. 선거에 의하여 취임한 지방자치단체의 장
(2010.7.15 본조개정)
제9조【정치적 행위】 ① 법 제57조에 따른 정치적 행위는 다음 각 호의 어느 하나에 해당하는 정치적 목적을 가진 것을 말한다.
1. 정당을 조직하거나, 정당의 조직을 확장하거나, 그 밖에 그 목적을 달성하기 위한 것
2. 특정정당이나 정치단체를 지지 또는 반대하는 것
3. 법률에 따른 공직선거에서 특정 후보자를 당선하게 하거나 낙선하게 하기 위한 것
② 제1항에 규정된 정치적 행위의 한계는 제1항에 따른 정치적 목적을 가지고 다음 각 호의 어느 하나에 해당하는 행위를 하는 것을 말한다.
1. 시위운동을 기획·조직·지휘하거나 이에 참가 또는 원조하는 것
2. 정당 또는 그 밖의 정치단체의 기관지인 신문 및 간행물을 발행·편집·배부하거나 이와 같은 행위를 원조하거나 방해하는 것
3. 특정정당 또는 정치단체를 지지 또는 반대하거나 공직선거에 있어서 특정후보자를 지지 또는 반대하는 의견을 집회나 그 밖에 다수인이 모인 장소에서 발표하거나 문서·도서·신문 또는 그 밖의 간행물에 게재하는 것
4. 정당 또는 그 밖의 정치단체의 표지로 사용되는 기(旗)·완장·복식 등을 제작 또는 배부하거나, 이를 착용·착용권유 또는 착용을 방해하는 행위 등 어떠한 명목이든 상관없이 금전 또는 물질로 특정정당이나 정치단체를 지지 또는 반대하는 것
(2010.7.15 본조개정)
제10조【영리업무의 금지】 공무원은 다음 각 호의 어느 하나에 해당하는 행위를 함으로써 공무원의 직무상의 능률을 저해하거나, 공무에 대하여 부당한 영향을 주거나, 해당 지방자치단체의 이익과 상반되는 이익을 취득하거나, 해당 지방자치단체에 대하여 불명예스러운 영향을 초래할 우려가 있는 경우에는 이에 종사할 수 없다.
1. 공무원이 상업·공업·금융업 또는 그 밖의 영리적인 업무를 스스로 경영하여 영리를 추구함이 현저한 업무를 행하는 것
2. 공무원이 상업·공업·금융업 또는 그 밖의 영리를 목적으로 하는 사기업체(私企業體)의 이사·감사·업무를 집행하는 무한책임사원·지배인·발기인 또는 그 밖의 임원이 되는 것
3. 직무와 관련이 있는 타인의 기업에 투자하는 행위
4. 그 밖에 계속적으로 재산상의 이득을 목적으로 하는 업무를 행하는 것
(2010.7.15 본조개정)
제11조【겸직 허가】 ① 공무원이 제10조의 영리업무에 해당하지 아니하는 다른 직무를 겸직하려는 경우에는 지방자치단체의 장이나 지방의회의 의장의 사전 허가를 받아야 한다.(2021.11.30 본항개정)
② 제1항의 허가는 담당직무 수행에 지장이 없는 경우에만 할 수 있다.
(2010.7.15 본조개정)
제12조【면직된 공무원의 근무】 지방자치단체의 장과 지방의회의 의장은 사무 인계 또는 남은 업무의 처리를 위하여 필요한 경우에는 면직된 공무원을 15일 한도로 계속 근무하게 할 수 있다.(2021.11.30 본조개정)
제13조【근무시간 면제 시간의 사용】 ① 「공무원의 노동조합 설립 및 운영 등에 관한 법률 시행령」 제3조의3제2항에 따른 근무시간 면제자는 같은 영 제3조의4에 따라 근무시간의 전부 또는 일부에 대하여 면제 시간을 사용할 수 있다.
② 「교원의 노동조합 설립 및 운영 등에 관한 법률 시행령」 제2조의3제2항에 따른 근무시간 면제자는 같은 영 제2조의4에 따라 근무시간의 전부 또는 일부에 대하여 면제 시간을 사용할 수 있다.
(2023.12.5 본조신설)

부 칙

① **【시행일】** 이 영은 공포한 날부터 시행한다. 다만, 제7조제1항의 규정은 2006년 1월 1일부터 시행한다.
② **【다른 법령의 폐지】** 지방공무원의영리업무의한계에관한규정 및 지방공무원법제3조제3항의공무원의범위에관한규정은 각각 이를 폐지한다.

부 칙 (2010.7.15)

제1조【시행일】 이 영은 공포한 날부터 시행한다. 다만, 제7조제1항의 개정규정은 공포 후 3개월이 경과한 날부터 시행한다.
제2조【재직기간 계산에 관한 적용례】 제7조제2항의 개정규정은 이 영 시행 당시 이미 강등 처분을 받아 직무에 종사하지 못하고 있는 공무원에 대해서도 적용한다.
제3조【유산휴가 또는 사산휴가에 관한 적용례】 제7조의3제4항제1호 및 제2호의 개정규정은 이 영 시행 후 최초로 유산 또는 사산한 경우부터 적용한다.
제4조【토요일 또는 공휴일의 산입에 관한 적용례】 제7조의4의 개정규정은 이 영 시행 후 최초로 휴가를 가는 공무원부터 적용한다.
제5조【경조사 휴가일수에 관한 적용례】 별표의 개정규정은 이 영 시행 후 최초로 경조사휴가를 가는 공무원부터 적용한다.
제6조【연가일수 가산에 관한 경과조치】 이 영 시행 당시 이미 강등 처분을 받아 직무에 종사하지 못하는 기간이 종료된 공무원에 대해서는 제7조제3항의 개정규정에도 불구하고 종전의 규정에 따른다.

부 칙 (2013.12.11)

제1조【시행일】 이 영은 2013년 12월 12일부터 시행한다. 다만, 제7조제1항 단서의 개정규정(「지방공무원법」 제27조제2항제2호·제3호 및 제9호에 따라 임용된 경력직공무원에 관한 사항으로 한정한다)은 2014년 1월 1일부터 시행한다.
제2조【종전 특수경력직공무원의 연가가산에 관한 특례】 법률 제11531호 지방공무원법 일부개정법률 부칙 제4조제2항 및 제3항에 따라 이 영 시행일에 일반직공무원으로 임용된 것으로 보는 종전 별정직공무원과 종전 계약직공무원 중 재직기간이 2년 미만이고 조례로 정하는 민간경력이 있는 사람의 연가일수는 2년 미만의 재직기간별 연가일수에 2일을 더한다.

부 칙 (2014.6.30)

제1조【시행일】 이 영은 2014년 7월 1일부터 시행한다.
제2조【출산휴가에 관한 적용례】 ① 제7조의3제3항 각 호 외의 부분 본문의 개정규정은 이 영 시행 후 출산하는 공무원부터 적용한다.
② 제7조의3제3항 각 호 외의 부분 단서의 개정규정은 이 영 시행 후 출산휴가 분할사용을 신청한 공무원부터 적용한다.

부 칙 (2018.12.18)

제1조【시행일】 이 영은 공포한 날부터 시행한다. 다만, 제7조 및 제7조의2부터 제7조의4까지의 개정규정은 2019년 1월 1일부터 시행한다.

제2조【시간외근무 및 공휴일 등 근무에 관한 적용례】 ① 제4조제2항 단서의 개정규정은 이 영 시행 이후 같은 조 제1항에 따라 지방자치단체의 장이 토요일 또는 공휴일의 근무를 명한 경우부터 적용한다.
② 별표2 제1호의 개정규정은 이 영 시행 이후 지방자치단체의 장이 토요일, 공휴일 또는 정상근무일이 아닌 날에 근무를 하도록 명한 경우부터 적용한다.
제3조【연가 일수에서의 공제에 관한 적용례】 제7조의2 제1항의 개정규정은 부칙 제1조 단서에 따른 시행일 이후 정직, 직위해제 또는 강등 처분을 받는 경우부터 적용한다.
제4조【공가에 관한 적용례】 제7조의5제5호 또는 제11호의 개정규정은 이 영 시행 이후 결핵검진등을 받거나 검역감염병의 예방접종을 하는 경우부터 적용한다.
제5조【경조사 휴가에 관한 적용례】 별표1의 개정규정은 이 영 시행 이후 경조사가 있는 경우부터 적용한다.
제6조【육아시간 사용에 관한 경과조치】 이 영 시행 당시 종전의 제7조의3제7항 및 별표2 제4호나목에 따라 육아시간을 사용한 경우에는 제7조의6제7항 및 별표2 제5호나목의 개정규정에 따라 육아시간을 사용한 것으로 본다.

부 칙 (2019.4.16)

제1조【시행일】 이 영은 공포한 날부터 시행한다.
제2조【연가 일수의 공제에 관한 적용례】 ① 제7조의2 제3항제6호의 개정규정은 이 영 시행 이후 병가를 받은 경우부터 적용한다.
② 제7조의2제6항 및 제7항의 개정규정은 2019년도 연가일수를 산정하는 경우부터 적용한다.
제3조【공가에 관한 적용례】 제7조의6제10호 및 제12호의 개정규정은 이 영 시행 이후 대의원회에 참석하거나 원격지로 전보 발령을 받는 경우부터 적용한다.
제4조【시간선택제공무원등의 휴가 기준에 관한 적용례】 별표2 제3호다목의 개정규정은 2019년도 연가 일수를 산정하는 경우부터 적용한다.
제5조【병가에 관한 경과조치】 이 영 시행 당시 받았거나 받은 병가는 제7조의5의 개정규정에 따라 받았거나 받은 것으로 본다.

부 칙 (2019.12.31)

제1조【시행일】 이 영은 2020년 1월 1일부터 시행한다. 다만, 제7조의7제4항·제5항·제11항 및 제7조의8의 개정규정은 공포한 날부터 시행한다.
제2조【유산휴가 또는 사산휴가 사용에 대한 적용례】 ① 제7조의7제4항의 개정규정은 부칙 제1조 단서에 따른 시행일 당시 유산휴가 또는 사산휴가를 사용 중인 여성공무원에 대해서도 적용한다.
② 제7조의7제5항의 개정규정은 부칙 제1조 단서에 따른 시행일 당시 그 배우자가 제7조의7제4항 각 호의 개정규정의 구분에 따른 기간 중에 있는 남성공무원에 대해서도 적용한다.
제3조【휴가기간 중의 토요일 또는 공휴일에 대한 적용례】 제7조의8의 개정규정은 부칙 제1조 단서에 따른 시행일 이후 최초로 휴가를 신청하는 경우부터 적용한다.
제4조【임신검진 목적 여성보건휴가 사용에 대한 특례】 부칙 제1조 단서에 따른 시행일 전에 지방자치단체의 조례에 따라 임신검진 목적으로 여성보건휴가를 사용한 공무원에 대해서는 제7조의7제11항의 개정규정에 따른 임신검진휴가를 부여할 때 그 사용 일수를 공제하고 부여한다.

부 칙 (2020.10.20)

제1조【시행일】 이 영은 공포한 날부터 시행한다.
제2조【시간외근무에 대한 휴무 부여에 관한 적용례】 제4조제2항, 별표2 제1호가목 본문 및 같은 호 나목의 개정규정은 이 영 시행 이후 근무시간 외의 근무를 하는 공무원부터 적용한다.
제3조【재해구호휴가 사용에 관한 적용례】 제7조의7제13항의 개정규정은 이 영 시행 당시 지방자치단체의 조례에 따라 재해구호휴가를 사용 중인 공무원에 대해서도 적용한다. 이 경우 지방자치단체의 조례에 따라 사용한 휴가 일수는 제7조의7제13항의 개정규정에 따라 받을 수 있는 재해구호휴가 일수에서 뺀다.
제4조【가족돌봄휴가 사용에 관한 경과조치】 이 영 시행 당시 종전의 규정에 따라 자녀돌봄휴가를 사용했거나 사용 중인 경우에는 제7조의7제9항 및 제10항의 개정규정에 따라 가족돌봄휴가를 사용했거나 사용 중인 것으로 본다.

부 칙 (2021.1.5)

이 영은 공포한 날부터 시행한다.(이하 생략)

부 칙 (2021.11.30)

제1조【시행일】 이 영은 2022년 1월 13일부터 시행한다.(이하 생략)

부 칙 (2021.12.31)

제1조【시행일】 이 영은 2022년 1월 1일부터 시행한다.
제2조【난임치료시술휴가에 관한 적용례】 제7조의7제6항의 개정규정은 이 영 시행 전에 난임치료 시술(난자 채취를 포함한다)을 받은 경우에도 적용한다.

부 칙 (2023.6.13)

이 영은 공포한 날부터 시행한다.

부 칙 (2023.7.18)

제1조【시행일】 이 영은 공포한 날부터 시행한다. 다만, 제7조제1항의 개정 규정은 공포 후 3개월이 경과한 날부터 시행한다.
제2조【경력직공무원 등의 연가일수 산정에 관한 적용례】 제7조제1항의 개정규정은 부칙 제1조 단서에 따른 시행일 전에 법 제27조제2항제2호·제3호 및 제9호에 따라 임용된 경력직공무원 및 특수경력직공무원의 2023년도 연가일수에 대해서도 적용한다.
제3조【심리안정휴가에 관한 적용례】 제7조의7제14항의 개정규정은 이 영 시행 이후 소속 공무원이 인명피해가 있는 사건·사고를 경험한 경우부터 적용한다.
제4조【배우자의 출산에 따른 경조사 휴가 일수에 관한 적용례】 별표1의 개정규정은 이 영 시행 이후 소속 공무원의 배우자가 출산하는 경우부터 적용한다.

부 칙 (2023.12.5)

이 영은 2023년 12월 11일부터 시행한다.

〔별표·별지서식〕➡「www.hyeonamsa.com」참조

지방재정법

(2005년 8월 4일 전부개정법률 제7663호)

개정
2006.10. 4법 8050호(국가재정법)
2007. 1. 3법 8174호
2007. 5.11법 8423호(지방자치)
2008. 2.29법 8852호(정부조직)
2010. 1. 1법 9926호
2010. 3.31법10219호(지방세기본법)
2010. 3.31법10221호(지방세)
2010. 5.17법10303호(은행법)
2011. 3. 8법10439호
2011. 7.25법10898호(보조금관리에관한법)
2011. 8. 4법10991호
2013. 3.23법11690호(정부조직)
2013. 7.16법11900호 2014. 5.28법12687호
2014.11.19법12844호(정부조직)
2015. 5.13법13283호 2015.12.29법13638호
2016. 3.29법14111호(중소기업진흥)
2016. 3.29법14113호(공항시설법)
2016. 5.29법14197호(지방회계법)
2016. 5.29법14198호(2018평창동계올림픽대회및동계패럴림픽대회지원등에관한특별법)
2016.12.27법14476호(지방세징수법)
2017. 3.21법14619호
2017. 7.26법14839호(정부조직)
2017.10.24법14919호
2017.12.26법15309호(혁신도시조성및발전에관한특별법)
2018. 3.27법15528호 2018.10.16법15803호
2019.12.31법16855호(지방세)
2019.12.31법16857호 2020. 1.29법16889호
2020. 6. 9법17390호
2021. 1.12법17892호(지방자치단체보조금관리에관한법)
2021. 1.12법17893호(지방자치)
2021.12. 7법18546호
2021.12.21법18585호(국가재정법)
2021.12.28법18657호 2022.11.15법19031호
2023. 4.11법19334호
2023. 8. 8법19591호(국가유산수리등에관한법)
2023. 8.16법19634호(행정기관정비일부개정법령등)

제1장 총 칙

제1조【목적】 이 법은 지방자치단체의 재정에 관한 기본원칙을 정함으로써 지방재정의 건전하고 투명한 운영과 자율성을 보장함을 목적으로 한다.(2016.5.29 본조개정)
제2조【정의】 이 법에서 사용하는 용어의 뜻은 다음과 같다.
1. "지방재정"이란 지방자치단체의 수입·지출 활동과 지방자치단체의 자산 및 부채를 관리·처분하는 모든 활동을 말한다.
2. "세입"(歲入)이란 한 회계연도의 모든 수입을 말한다.
3. "세출"(歲出)이란 한 회계연도의 모든 지출을 말한다.
4. "채권"이란 금전의 지급을 목적으로 하는 지방자치단체의 권리를 말한다.
5. "채무"란 금전의 지급을 목적으로 하는 지방자치단체의 의무를 말한다.
(2011.8.4 본조개정)
제3조【지방재정 운용의 기본원칙】 ① 지방자치단체는 주민의 복리 증진을 위하여 그 재정을 건전하고 효율적으로 운용하여야 하며, 국가의 정책에 반하거나 국가 또는 다른 지방자치단체의 재정에 부당한 영향을 미치게 하여서는 아니 된다.
② 지방자치단체는 예산이 여성과 남성에게 미치는 효과를 평가하고, 그 결과를 지방자치단체의 예산에 반영하기 위하여 노력하여야 한다.
(2011.8.4 본조개정)
제4조【지방재정제도의 연구·개발 등】 행정안전부장관은 이 법의 목적을 달성하기 위하여 다음 각 호의 사항을 연구·개발하여 시행하여야 한다.(2017.7.26 본문개정)
1. 지방재정 조정제도와 지방세제도 간의 조화로운 발전 방안
2. 합리적·효율적인 예산 편성·관리 기법 및 지방재정 운용 상황의 측정기법
3. 지방재정의 건전성 확보를 위한 방안(2014.5.28 본호개정)
4. 지방재정 운용의 자율성 보장을 위한 제도 개선 방안

5. 지방재정 운용의 효율성·투명성 증대를 위한 전산정보처리장치의 개발·보급 방안
6. 국가의 실효성 있는 지방재정 지원 방안
7. 성인지 예산·결산 등 지방재정의 성인지적 운용 및 분석 방안(2014.5.28 본호신설)
8. 그 밖에 지방재정 발전을 위하여 필요한 사항
(2011.8.4 본조개정)

제5조【성과 중심의 지방재정 운용】 ① 지방자치단체의 장은 재정활동의 성과관리체계를 구축하여야 한다.
② 지방자치단체의 장은 행정안전부령으로 정하는 바에 따라 예산의 성과계획서 및 성과보고서를 작성하여야 한다.(2017.7.26 본항개정)
③ 지방자치단체의 장은 대통령령으로 정하는 바에 따라 주요 재정사업을 평가하고 그 결과를 재정운용에 반영할 수 있다.
④ 성과 중심의 지방재정 운용을 위하여 필요한 그 밖의 사항은 행정안전부령으로 정한다.(2017.7.26 본항개정)
(2014.5.28 본조개정)

제6조【회계연도】 ① 지방자치단체의 회계연도는 매년 1월 1일에 시작하여 12월 31일에 끝난다.
② (2016.5.29 삭제)
(2011.8.4 본조개정)

제7조【회계연도 독립의 원칙】 ① 각 회계연도의 경비는 해당 연도의 세입으로 충당하여야 한다.
②~③ (2014.5.28 삭제)
(2011.8.4 본조개정)

제8조 (2016.5.29 삭제)

제9조【회계의 구분】 ① 지방자치단체의 회계는 일반회계와 특별회계로 구분한다.
② 특별회계는 「지방공기업법」에 따른 지방직영기업이나 그 밖의 특정사업을 운영할 때 또는 특정자금이나 특정세입·세출로서 일반세입·세출과 구분하여 회계처리할 필요가 있을 때에만 법률이나 조례로 설치할 수 있다. 다만, 목적세에 따른 세입·세출은 다른 법률에 특별한 규정이 있는 경우를 제외하고는 특별회계를 설치·운용하여야 한다.(2014.5.28 단서신설)
③ 지방자치단체가 특별회계를 설치하려면 5년 이내의 범위에서 특별회계의 존속기한을 해당 조례에 명시하여야 한다. 다만, 법률에 따라 의무적으로 설치·운용되는 특별회계는 그러하지 아니하다.(2014.5.28 본항신설)
④ 지방자치단체의 장은 특별회계를 신설하거나 그 존속기한을 연장하려면 해당 조례안을 입법예고하기 전에 제33조제9항에 따른 지방재정계획심의위원회의 심의를 거쳐야 한다. 다만, 법률에 따라 의무적으로 설치·운용되는 특별회계는 그러하지 아니하다.(2014.5.28 본항신설)
(2011.8.4 본조개정)

제9조의2【회계·기금 간 여유재원의 예수·예탁】 ① 지방자치단체의 장은 재정의 효율적 운용을 위하여 필요한 경우에는 다른 법률 또는 조례에도 불구하고 회계 및 기금의 목적 수행에 지장을 초래하지 아니하는 범위에서 회계와 기금 간, 회계 상호 간 그리고 기금 상호 간에 여유재원 또는 기금 예치금을 예탁하거나 예수하여 통합적으로 활용할 수 있다. 이 경우 그 내용을 예산 또는 기금운용계획에 반영하여야 한다.
② 제1항에 따른 여유재원의 예탁 및 예수와 기금 예치금의 예탁 및 예수는 「지방자치단체 기금관리기본법」 제16조에 따른 통합재정안정화기금의 통합 계정으로 운용하여야 한다.
(2020.6.9 본조신설)

제10조【교육·과학 및 체육 등에 관한 사항의 적용】 이 법(제59조는 제외한다)에서 교육·과학 및 체육에 관한 사항 또는 교육비 특별회계에 관하여는 "지방자치단체의 장"이나 "시·도지사"는 "교육감"으로, "행정안전부장관"은 "교육부장관"으로, "행정안전부"는 "교육부"로, "지방재정"은 "지방교육재정"으로, "행정안전부령"은 "교육부령"으로 각각 본다.(2017.7.26 본조개정)

제11조【지방채의 발행】 ① 지방자치단체의 장은 다음 각 호를 위한 자금 조달에 필요할 때에는 지방채를 발행할 수 있다. 다만, 제5호 및 제6호는 교육감이 발행하는 경우에 한한다.(2015.5.13 단서신설)
1. 공유재산의 조성 등 소관 재정투자사업과 그에 직접적으로 수반되는 경비의 충당
2. 재해예방 및 복구사업
3. 천재지변으로 발생한 예측할 수 없었던 세입결함의 보전
4. 지방채의 차환
5. 「지방교육재정교부금법」 제9조제3항에 따른 교부금 차액의 보전
6. 명예퇴직(「교육공무원법」 제36조 및 「사립학교법」 제60조의3에 따른 명예퇴직을 말한다. 이하 같다) 신청자가 직전 3개 연도 평균 명예퇴직자의 100분의 120을 초과하는 경우 추가로 발생하는 명예퇴직 비용의 충당
(2015.5.13 5호~6호신설)
(2014.5.28 본항개정)
<2017.12.31까지 유효>
② 지방자치단체의 장은 제1항에 따라 지방채를 발행하려면 재정 상황 및 채무 규모 등을 고려하여 대통령령으로 정하는 지방채 발행 한도액의 범위에서 지방의회의 의결을 얻어야 한다. 다만, 지방채 발행 한도액 범위더라도 외채를 발행하는 경우에는 지방의회의 의결을 거치기 전에 행정안전부장관의 승인을 받아야 한다.(2017.7.26 단서개정)
③ 지방자치단체의 장은 제2항에도 불구하고 대통령령으로 정하는 바에 따라 행정안전부장관과 협의한 경우에는 그 협의한 범위에서 지방의회의 의결을 얻어 제2항에 따른 지방채 발행 한도액의 범위를 초과하여 지방채를 발행할 수 있다. 다만, 재정책임성 강화를 위하여 재정위험 수준, 재정 상황 및 채무 규모 등을 고려하여 대통령령으로 정하는 범위를 초과하는 지방채를 발행하는 경우에는 행정안전부장관의 승인을 받은 후 지방의회의 의결을 받아야 한다.(2020.1.29 본항개정)
④ 「지방자치법」 제176조에 따른 지방자치단체조합(이하 "조합"이라 한다)의 장은 그 조합의 투자사업과 긴급한 재난복구 등을 위한 경비를 조달할 필요가 있을 때 또는 투자사업이나 재난복구사업을 지원할 목적으로 지방자치단체에 대부할 필요가 있을 때에는 지방채를 발행할 수 있다. 이 경우 행정안전부장관의 승인을 받은 범위에서 조합의 구성원인 각 지방자치단체 지방의회의 의결을 얻어야 한다.(2021.1.12 전단개정)
⑤ 제4항에 따라 발행한 지방채에 대하여는 조합과 그 구성원인 지방자치단체가 그 상환과 이자의 지급에 관하여 연대책임을 진다.
(2011.8.4 본조개정)

제11조의2【지방채 발행의 제한】 지방채는 이 법과 다음 각 호의 법률에 의하지 아니하고는 발행할 수 없다.
1. 「2011대구세계육상선수권대회, 2013충주세계조정선수권대회, 2014인천아시아경기대회, 2014인천장애인아시아경기대회 및 2015광주하계유니버시아드대회 지원법」
2. 「2015경북문경세계군인체육대회 지원법」
3. 「2018 평창 동계올림픽대회 및 동계패럴림픽대회 지원 등에 관한 특별법」(2016.5.29 본호개정)
4. 「혁신도시 조성 및 발전에 관한 특별법」(2017.12.26 본호개정)
5. 「국제경기대회 지원법」
6. 「국토의 계획 및 이용에 관한 법률」
7. 「기업도시개발 특별법」
8. 「도시철도법」
9. 「도청이전을 위한 도시건설 및 지원에 관한 특별법」
10. 「공항시설법」(2016.3.29 본호개정)
11. 「신항만건설 촉진법」
12. 「어촌특화발전 지원 특별법」
13. 「역세권의 개발 및 이용에 관한 법률」
14. 「재해위험 개선사업 및 이주대책에 관한 특별법」
15. 「제주특별자치도 설치 및 국제자유도시 조성을 위한 특별법」
16. 「지방공기업법」
17. 「지방자치단체 기금관리기본법」
18. 「중소기업진흥에 관한 법률」(2016.3.29 본호개정)
19. 「택지개발촉진법」
20. 「폐광지역 개발 지원에 관한 특별법」
21. 「포뮬러원 국제자동차경주대회 지원법」
(2014.5.28 본조신설)

제12조【지방채 발행의 절차】 ① 제11조에 따른 지방채의 발행, 원금의 상환, 이자의 지급, 증권에 관한 사무절차 및 사무 취급기관은 대통령령으로 정한다.
② 제11조제1항 및 제4항에 따른 지방채 중 증권 발행의 방법에 의한 지방채(이하 "지방채증권"이라 한다)의 발행에 관하여는 「상법」 제479조, 제484조, 제485조 및 제487조를 준용한다. 이 경우 「상법」의 규정 중 "사채"는 "지방채증권"으로, "사채권자"는 "지방채권자"로, "채권"은 "증권"으로 보고, 제479조 중 "기명사채"는 "기명지방채증권"으로, "사채원부"는 "지방채증권원부"로, "회사"는 "지방자치단체"로 본다.
(2011.8.4 본조개정)

제13조【보증채무부담행위 등】 ① 「지방자치법」 제139조제3항에 따라 채무의 이행에 대한 지방자치단체의 보증을 받으려는 자는 대통령령으로 정하는 바에 따라 사업의 내용과 보증을 받으려는 채무의 범위(이하 "주채무"라 한다) 등을 명시하여 지방자치단체의 장에게 미리 채무보증 신청을 하여야 한다.(2021.1.12 본항개정)
② 제1항에 따른 채무보증 신청을 받은 지방자치단체의 장은 지방자치단체가 그 주채무를 보증할 필요가 있다고 인정하면 지방의회의 의결을 얻어 대통령령으로 정하는 바에 따라 그 주채무의 이행을 지방자치단체가 보증한다는 뜻을 신청인에게 서면으로 알려야 한다.
③ 채권자나 채무자는 사업의 내용 또는 보증받은 내용을 변경하려면 지방자치단체의 장의 승인을 받아야 한다. 이 경우 지방자치단체의 장은 그 변경사항이 주채무의 범위 등 그 계약의 중요 부분에 관한 것일 때에는 미리 지방의회의 의결을 얻어야 한다.
④ 지방자치단체의 장은 보증채무의 관리에 관한 사항과 「지방자치법」 제47조제1항제8호에 따른 예산 외의 의무부담에 관한 사항을 매년 세입·세출결산과 함께 지방의회에 보고하여야 한다.(2021.1.12 본항개정)
(2014.5.28 본조제목개정)
(2011.8.4 본조개정)

제14조 (2020.6.9 삭제)

제15조~제16조 (2016.5.29 삭제)

제17조【기부 또는 보조의 제한】 ① 지방자치단체는 그 소관에 속하는 사무와 관련하여 다음 각 호의 어느 하나에 해당하는 경우와 공공기관에 지출하는 경우에만 개인 또는 법인·단체에 기부·보조, 그 밖의 공금 지출을 할 수 있다. 다만, 제4호에 따른 지출은 해당 사업에의 지출근거가 조례에 직접 규정되어 있는 경우로 한정한다.
(2014.5.28 본문개정)
1. 법률에 규정이 있는 경우
2. 국고 보조 재원(財源)에 의한 것으로서 국가가 지정한 경우
3. 용도가 지정된 기부금의 경우(2014.5.28 본호개정)
4. 보조금을 지출하지 아니하면 사업을 수행할 수 없는 경우로서 지방자치단체가 권장하는 사업을 위하여 필요하다고 인정되는 경우
② 제1항 각 호 외의 부분 본문에서 "공공기관"이란 해당 지방자치단체의 소관에 속하는 사무와 관련하여 지방자치단체가 권장하는 사업을 하는 다음 각 호의 어느 하나에 해당하는 기관을 말한다.(2014.5.28 본문개정)
1. 그 목적과 설립이 법령 또는 법령의 근거에 따라 그 지방자치단체의 조례에 정하여진 기관(2014.5.28 본호개정)
2. 지방자치단체를 회원으로 하는 공익법인
③ (2013.7.16 삭제)
(2014.5.28 본조제목개정)
(2011.8.4 본조개정)

제17조의2 (2014.5.28 삭제)

제18조【출자 또는 출연의 제한】 ① 지방자치단체는 법령에 근거가 있는 경우에만 출자를 할 수 있다.
② 지방자치단체는 법령에 근거가 있는 경우와 제17조제2항의 공공기관에 대하여 조례에 근거가 있는 경우에만 출연을 할 수 있다.(2014.5.28 본항신설)
③ 지방자치단체가 출자 또는 출연을 하려면 미리 해당 지방의회의 의결을 얻어야 한다.
(2014.5.28 본조개정)

제19조【지방재정 운용에 대한 자문】 ① 행정안전부장관은 지방재정 운용 업무를 효과적으로 수행하기 위하여 필요한 경우 분야별 자문기구를 둘 수 있다.(2017.7.26 본항개정)
② 제1항에 따른 자문기구의 구성 및 운영 등에 필요한 사항은 대통령령으로 정한다.
(2011.8.4 본조개정)

제2장 경비의 부담
(2011.8.4 본장개정)

제20조【자치사무에 관한 경비】 지방자치단체의 관할 구역 자치사무에 필요한 경비는 그 지방자치단체가 전액을 부담한다.

제21조【부담금과 교부금】 ① 지방자치단체나 그 기관이 법령에 따라 처리하여야 할 사무로서 국가와 지방자치단체 간에 이해관계가 있는 경우에는 원활한 사무처리를 위하여 국가에서 부담하지 아니하면 아니 되는 경비는 국가가 그 전부 또는 일부를 부담한다.
② 국가가 스스로 하여야 할 사무를 지방자치단체나 그 기관에 위임하여 수행하는 경우 그 경비는 국가가 전부를 그 지방자치단체에 교부하여야 한다.

제22조【경비 부담의 비율 등】 ① 제21조제1항에 따라 국가와 지방자치단체가 부담할 경비 중 지방자치단체가 부담할 경비의 종목 및 부담 비율에 관하여는 대통령령으로 정한다.
② 지방자치단체의 장은 제1항에 따른 지방비 부담액을 다른 사업보다 우선하여 그 회계연도의 예산에 계상하여야 한다.

제23조【보조금의 교부】 ① 국가는 정책상 필요하다고 인정할 때 또는 지방자치단체의 재정 사정상 특히 필요하다고 인정할 때에는 예산의 범위에서 지방자치단체에 보조금을 교부할 수 있다.
② 특별시·광역시·특별자치시·도·특별자치도(이하 "시·도"라 한다)는 정책상 필요하다고 인정할 때 또는 시·군 및 자치구의 재정 사정상 특히 필요하다고 인정할 때에는 예산의 범위에서 시·군 및 자치구에 보조금을 교부할 수 있다.(2014.5.28 본항개정)
③ 제1항 및 제2항에 따라 지방자치단체에 보조금을 교부할 때에는 법령이나 조례에서 정하는 경우와 국가 정책상 부득이한 경우 외에는 재원 부담 지시를 할 수 없다.

제24조【국고보조금의 신청 등】 지방자치단체의 장이 「보조금 관리에 관한 법률」에 따라 중앙관서(「국가재정법」 제6조제2항에 따른 중앙관서를 말한다. 이하 같다)의 장에게 보조금의 예산 계상을 신청하였을 때에는 그 내용을 해당 회계연도의 전년도 4월 30일까지 행정안전부장관에게 보고하여야 한다. 이 경우 시장·군수 및 자치구의 구청장은 특별시장·광역시장·특별자치시장·도지사 및 특별자치도지사(이하 "시·도지사"라 한다)를 거쳐 행정안전부장관에게 보고하여야 한다.(2017.7.26 본조개정)

제25조【지방자치단체의 부담을 수반하는 법령안】 중앙관서의 장은 그 소관 사무로서 지방자치단체의 경비부담을 수반하는 사무에 관한 법령을 제정하거나 개정하려면 미리 행정안전부장관의 의견을 들어야 한다.
(2017.7.26 본조개정)

제26조【지방자치단체의 부담을 수반하는 경비】 중앙관서의 장은 그 소관에 속하는 세입·세출 및 국고채무부담행위의 요구안 중 지방자치단체의 부담을 수반하는 사항에 대하여는 「국가재정법」 제31조에 따른 서류 또는 같은 법 제51조제2항에 따른 명세서를 기획재정부장관에게 제출하기 전에 행정안전부장관과 협의하여야 한다. (2017.7.26 본조개정)

제27조【지방자치단체의 부담을 수반하는 국고 보조】 중앙관서의 장은 그 소관에 속하는 세출예산 중에서 지방자치단체의 재정적 부담을 수반하는 보조금 등을 지방자치단체에 교부하기로 결정·통지하였을 때에는 즉시 기획재정부장관과 행정안전부장관에게 통지하여야 한다. 다만, 보조금 등의 교부결정에 있어서 제26조에 따라 행정안전부장관과 협의를 거치지 아니한 부분에 대하여는 그 교부결정을 통지하기 전에 미리 행정안전부장관과 협의하여야 한다.(2017.7.26 본조개정)

제27조의2【지방재정관리위원회】 ① 지방자치단체의 재정부담 및 재정위기관리에 관한 다음 각 호의 사항을 심의하기 위하여 행정안전부장관 소속으로 지방재정관리위원회(이하 "위원회"라 한다)를 둔다.
1. 지방자치단체의 재정부담에 관한 다음 각 목의 사항
 가. 제26조에 따라 지방자치단체의 재정부담을 수반하는 사항 중 주요 경비에 관한 사항
 나. 국가와 지방자치단체 간 세목 조정 사항 중 지방재정상 부담이 되는 중요 사항
 다. 국고보조사업 중 국가와 지방자치단체 간, 시·도와 시·군·자치구 간 재원분담 비율 조정에 관한 사항
 라. 지방자치단체의 재원분담과 관련된 법령 또는 정책 입안 사항 중 행정안전부장관이 필요하다고 인정하여 부의하는 사항
 마. 지방세 특례 및 세율 조정 등 지방세 수입에 중대한 영향을 미치는 지방세 관계 법령의 제정·개정·폐지에 관한 사항 중 행정안전부장관이 필요하다고 인정하여 부의하는 사항
 바. 그 밖에 지방자치단체의 재정부담에 관한 사항으로 행정안전부장관이 필요하다고 인정하여 부의하는 사항
2. 지방자치단체의 재정위기관리에 관한 다음 각 목의 사항
 가. 제55조제3항에 따른 재정진단에 관한 사항
 나. 제55조의2제1항 및 제2항에 따른 재정위기단체 또는 재정주의단체의 지정 및 지정 해제에 관한 사항
 다. 제55조의3제8항에 따른 재정건전화계획의 수립 및 이행 권고에 관한 사항
 라. 제60조의3에 따른 긴급재정관리단체의 지정 및 지정 해제에 관한 사항
 마. 제60조의4에 따른 긴급재정관리인의 선임에 관한 사항
 바. 제60조의5에 따른 긴급재정관리계획의 승인 및 변경승인에 관한 사항
 사. 제60조의6제4항에 따른 긴급재정관리계획의 이행상황 평가 및 권고에 관한 사항
 아. 그 밖에 지방자치단체의 재정위기관리에 관한 사항으로 행정안전부장관이 필요하다고 인정하여 부의하는 사항
(2023.8.16 본항개정)
② 위원회는 위원장·부위원장을 포함하여 15명 이내의 위원으로 구성하되, 성별을 고려하여야 한다.(2023.8.16 본항개정)
③ 위원회의 위원장은 행정안전부장관이 되고, 부위원장은 행정안전부차관과 민간위원으로 하되, 민간위원인 부위원장은 위원회에서 호선하여 선정한다.(2023.8.16 본항개정)
④ 위원회의 위원은 다음 각 호의 사람이 된다.
1. 기획재정부, 국무조정실 등 대통령령으로 정하는 관계 중앙관서의 차관·차장 또는 이에 준하는 직위에 재직 중인 공무원(2023.8.16 본호개정)
2. 전국시도지사협의회·전국시장군수구청장협의회·전국시도의회의장협의회·전국시군구의회의장협의회에서 추천하는 각 1명. 이 경우 전국시도지사협의회 및 전국시장군수구청장협의회는 해당 협의회에 소속된 지방자치단체의 장 중에서 1명을 각각 추천하여야 한다. (2017.3.21 후단신설)
3. 그 밖에 지방재정에 대한 학식과 전문지식이 있는 사람으로서 행정안전부장관이 위촉하는 사람(2023.8.16 본호개정)
(2013.7.16 본항신설)
⑤ 위원회의 회의는 연 1회 이상 개최하고, 위원장이 소집한다. 다만, 다음 각 호의 경우에는 추가로 개최할 수 있다.
1. 위원장이 필요하다고 인정하는 때
2. 지방자치단체협의회의 소집요구가 있는 때
(2013.7.16 본항신설)
⑥ 행정안전부장관은 위원회에서 의결한 사항을 각 중앙관서의 장 및 지방자치단체의 장에게 즉시 통보하여야 하고, 중앙관서의 장 및 지방자치단체의 장은 소관 사무의 수행에 이를 반영하여야 한다. 다만, 중앙관서의 장 및 지방자치단체의 장이 불가피한 사유로 의결한 사항을 반영하지 못하는 경우에는 그 내용을 행정안전부장관에게 통보하여야 하고, 행정안전부장관은 이를 위원회에 보고하여야 한다.(2017.7.26 본항개정)
⑦ 위원회를 효율적으로 운영하고 위원회의 심의사항을 전문적으로 검토하기 위하여 위원회에 분과위원회를 둘 수 있다.(2023.8.16 본항개정)
⑧ 그 밖에 위원회 및 분과위원회의 구성과 운영 등에 필요한 사항은 대통령령으로 정한다.(2023.8.16 본항개정)
(2023.8.16 본조제목개정)

제27조의3【국고보조사업에 대한 예산편성】 ① 국고보조금에 의한 사업 중 지방자치단체의 재정적 부담을 수반하는 경우 지방자치단체의 예산편성은 제26조 및 「보조금 관리에 관한 법률」 제7조에 따라 중앙관서의 장과 행정안전부장관이 협의한 보조사업계획에 의한다.
② 행정안전부장관은 제1항에 따른 보조사업계획을 해당 회계연도의 전년도 10월 15일까지 각 부처 및 지방자치단체의 장에게 통보한다.
(2017.7.26 본조개정)

제27조의4【국고보조금의 관리】 ① 중앙관서의 장은 지방자치단체에 지원한 국고보조금의 교부실적과 해당 지방자치단체의 보조금 집행실적을 대통령령으로 정하는 기한까지 행정안전부장관에게 통보하여야 한다.
② 행정안전부장관은 제1항에 따라 통보된 결과를 공표하여야 하고, 공표의 방법 및 내용 등에 필요한 사항은 대통령령으로 정한다.
③ 중앙관서의 장은 「보조금 관리에 관한 법률」 제25조에 따른 보조사업 수행 상황 점검 결과 중 지방자치단체에서 수행한 보조사업의 점검 결과를 다음 연도 3월말까지 행정안전부장관에게 제출하여야 한다.
④ 행정안전부장관은 제3항에 따라 제출된 결과를 통합하여 공개하여야 한다.
(2017.7.26 본조개정)

제27조의5【국고보조사업의 이력관리】 ① 행정안전부장관은 지방자치단체 국고보조사업의 신청 및 수행 상황을 점검하고 사업별로 이력을 관리하여야 한다.
② 지방자치단체의 장 및 중앙관서의 장은 제24조, 제27조의4 및 「보조금 관리에 관한 법률」 제12조제2항에 따라 행정안전부장관에게 보고 또는 통보를 할 때에는 지방자치단체 국고보조사업의 효율적인 관리를 위하여 행정안전부장관이 정하는 분류체계에 따라 제96조의2제1항에 따른 정보시스템을 통해서 하여야 한다.
③ 행정안전부장관은 지방자치단체 국고보조사업의 원활한 관리를 위하여 관계 중앙관서의 장과 협의하여 관련 정보시스템 간 정보공유체계를 구축하여야 한다.
(2017.7.26 본조개정)

제27조의6【지방재정영향평가】 ① 지방자치단체의 장은 대규모의 재정적 부담을 수반하는 국내·국제경기대회, 축제·행사, 공모사업 등의 유치를 신청하거나 응모를 하려면 미리 해당 지방자치단체의 재정에 미칠 영향을 평가하고 그 평가결과를 토대로 제37조의3에 따른 지방재정투자심사위원회의 심사를 거쳐야 한다. 이 경우 평가대상은 「지방자치법」 제2조에 규정된 지방자치단체의 종류, 사업의 유형과 성격, 재정투자의 규모 등을 고려하여 대통령령으로 정한다.(2023.4.11 전단개정)
② 중앙관서의 장은 제25조 또는 제26조에 따라 의견을 듣거나 협의할 때에 대규모 지방재정 부담을 수반하는 사항에 대해서는 대통령령으로 정하는 바에 따라 지방재정에 미치는 영향을 평가한 결과(이하 제3항에서 "지방재정영향평가서"라 한다)를 행정안전부장관에게 제출하여야 한다. 이 경우 평가대상은 지방재정 부담의 소요기간, 소요금액 등을 고려하여 대통령령으로 정한다.
(2017.7.26 전단개정)
③ 중앙관서의 장은 제2항에 따른 지방재정영향평가서를 다음 각 호의 시기에 따라 기획재정부장관에게도 제출하여야 한다.
1. 제25조에 따라 행정안전부장관의 의견을 들을 때에는 지방재정영향평가서를 행정안전부장관에게 제출할 때
2. 제26조에 따라 행정안전부장관과 협의할 때에는 기획재정부장관에게 같은 조에 따른 서류 또는 명세서를 제출할 때
(2017.7.26 1호~2호개정)
(2014.5.28 본조신설)

제27조의7【국고보조사무의 지방이양에 따른 사무 수행】 국고보조사무가 지방자치단체에 이양된 경우 중앙관서의 장은 해당 사무 수행에 대하여 지방자치단체 재정운용의 자율성을 해치거나 지방재정에 부당한 영향을 미치는 조치를 하여서는 아니 된다.(2014.5.28 본조신설)

제27조의8【국고보조사업 집행 관리 등】 ① 행정안전부장관은 지방자치단체에서 수행하는 국고보조사업에 대하여 지방자치단체 및 관계 중앙관서의 장에게 자료의 제출을 요구할 수 있다. 이 경우 요청을 받은 기관은 이에 따라야 한다.
② 행정안전부장관과 관계 중앙관서의 장은 국고보조사업의 효율적인 관리를 위하여 필요하다고 인정하는 경우 지방자치단체에서 수행하는 국고보조사업의 수행 상황을 조사하고 점검할 수 있다.
(2017.7.26 본조개정)

제28조【시·도의 사무위임에 수반하는 경비 부담】 시·도나 시·도지사가 시·군 및 자치구 또는 시장·군수·자치구의 구청장에게 그 사무를 집행하게 할 때에는 시·도는 그 사무 집행에 드는 경비를 부담하여야 한다.

제28조의2【지방세 감면의 제한 등】 ① 행정안전부장관은 대통령령으로 정하는 해당 연도의 지방세 징수결산액과 지방세 비과세·감면액을 합한 금액에서 지방세 비과세·감면액이 차지하는 비율이 대통령령으로 정하는 비율 이하가 되도록 노력하여야 한다.(2017.7.26 본항개정)
② 중앙관서의 장은 그 소관 사무로서 새로운 지방세 감면을 요청할 때에는 그 감면액을 보충하기 위한 대책으로 다음 각 호의 어느 하나에 해당하는 사항을 「지방세특례제한법」 제181조제2항에 따른 지방세 감면건의서에 포함하여 행정안전부장관에게 제출하여야 한다.(2017.7.26 본문개정)
1. 기존 지방세 감면의 축소 또는 폐지
2. 국고보조사업의 국고 부담비율 상향조정
3. 지방자치단체 예산지원 등 그 밖에 지방재정 보전을 위하여 필요한 사항
(2011.8.4 본조신설)

제29조【시·군 조정교부금】 ① 시·도지사(특별시장은 제외한다. 이하 이 조에서 같다)는 다음 각 호의 금액의 27퍼센트(인구 50만 이상의 시와 자치구가 아닌 구가 설치되어 있는 시의 경우에는 47퍼센트)에 해당하는 금액을 관할 시·군 간의 재정력 격차를 조정하기 위한 조정교부금의 재원으로 확보하여야 한다.(2014.5.28 본문개정)
1. 시·군에서 징수하는 광역시세·도세(화력발전·원자력발전에 대한 지역자원시설세, 소방분 지역자원시설세 및 지방교육세는 제외한다)의 총액(2019.12.31 본호개정)
2. 해당 시·도(특별시는 제외한다. 이하 이 조에서 같다)의 지방소비세액(「지방세법」 제71조제3항제3호가목 및 같은 항 제4호가목에 따라 시·도에 배분되는 금액은 해당 지방소비세액에서 제외한다)을 전년도 말의 해당 시·도의 인구로 나눈 금액에 전년도 말의 시·군의 인구를 곱한 금액(2021.12.7 본호개정)
 <2026.12.31까지 유효>
② 시·도지사는 제1항에 따른 조정교부금의 재원을 인구, 징수실적(지방소비세는 제외한다), 해당 시·군의 재정사정, 그 밖에 대통령령으로 정하는 기준에 따라 해당 시·도의 관할구역의 시·군에 배분한다.(2014.5.28 본항개정)
③ 시·도지사는 화력발전·원자력발전에 대한 각각의 지역자원시설세의 100분의 65에 해당하는 금액(「지방세징수법」 제17조제2항에 따른 징수교부금을 교부한 경우에는 그 금액을 뺀 금액을 말한다)을 화력발전소·원자력발전소가 있는 시·군에 각각 배분하여야 한다. (2016.12.27 본항개정)
④ 시·도지사는 「지방세법」 제43조제2호의 장외발매소(같은 법 같은 조 제1호의 경륜등의 사업장과 함께 있는 장외발매소는 제외한다)에서 발매한 같은 법 제42조에 따른 승자투표권, 승마투표권 등(이하 "승자투표권등"이라 한다)에 대하여 시·군에서 징수한 레저세의 100분의 20에 해당하는 금액을 그 장외발매소가 있는 시·군에 각각 배분하여야 한다.(2021.12.28 본항신설)
(2014.5.28 본조제목개정)

제29조의2【자치구 조정교부금】 ① 특별시장 및 광역시장은 대통령령으로 정하는 보통세 수입의 일정액을 조정교부금으로 확보하여 조례로 정하는 바에 따라 해당 지방자치단체 관할구역의 자치구 간 재정력 격차를 조정하여야 한다.
② 특별시장 및 광역시장은 「지방세법」 제43조제2호의 장외발매소(같은 법 같은 조 제1호의 경륜등의 사업장과 함께 있는 장외발매소는 제외한다)에서 발매한 승자투표권등에 대하여 자치구에서 징수한 레저세의 100분의 20에 해당하는 금액을 그 장외발매소가 있는 자치구에 각각 배분하여야 한다.(2021.12.28 본항신설)
(2014.5.28 본조신설)

제29조의3【조정교부금의 종류와 용도】 제29조 및 제29조의2에 따른 조정교부금은 일반적 재정수요에 충당하기 위한 일반조정교부금과 특정한 재정수요에 충당하기 위한 특별조정교부금으로 구분하여 운영하되, 특별조정교부금은 민간에 지원하는 보조사업의 재원으로 사용할 수 없다.(2015.12.29 본조개정)

제29조의4【조정교부금 세부명세 등의 공개】 시·도지사(특별자치시장 및 제주특별자치도지사는 제외한다)는 제29조 및 제29조의2에 따라 산정된 일반조정교부금의 세부명세와 특별조정교부금 교부사업에 관한 정보를 매년 해당 시·도(특별자치시 및 제주특별자치도는 제외한다) 홈페이지 등에 공개하여야 한다.(2023.4.11 본조개정)

제30조 (2014.5.28 삭제)

제31조【국가의 공공시설에 관한 사용료】 ① 지방자치단체나 그 지방자치단체의 장이 관리하는 국가의 공공시설 중 지방자치단체가 그 관리에 드는 경비를 부담하는 공공시설에 대하여는 법령에 특별한 규정이 있는 경우를 제외하고는 그 지방자치단체나 지방자치단체의 장은 조례나 규칙으로 정하는 바에 따라 그 공공시설의 사용료를 징수할 수 있다.
② 제1항에 따라 징수한 사용료는 그 지방자치단체의 수입으로 한다.

제32조【사무 위임에 따른 과태료 등 수입의 귀속】 지방자치단체가 국가나 다른 지방자치단체의 위임사무에

대하여 법령에서 정하는 바에 따라 과태료 또는 과징금을 부과·징수한 경우 그 수입은 사무위임을 받은 지방자치단체의 수입으로 한다. 다만, 다른 법령에 특별한 규정이 있거나 「비송사건절차법」에서 정하는 바에 따라 부과·징수한 과태료의 경우에는 그러하지 아니하다.

제2장의2 지방보조금의 관리

제32조의2~제32조의11 (2021.1.12 삭제)

제3장 예 산

제33조【중기지방재정계획의 수립 등】 ① 지방자치단체의 장은 지방재정을 계획성 있게 운용하기 위하여 매년 다음 회계연도부터 5회계연도 이상의 기간에 대한 중기지방재정계획을 수립하여 예산안과 함께 지방의회에 제출하고, 회계연도 개시 30일 전까지 행정안전부장관에게 제출하여야 한다.(2017.7.26 본항개정)
② 지방자치단체의 장은 제1항에 따른 중기지방재정계획(이하 "중기지방재정계획"이라 한다)을 수립할 때에는 행정안전부장관이 정하는 계획수립 절차 등에 따라 그 중기지방재정계획이 관계 법령에 따른 국가계획 및 지역계획과 연계되도록 하여야 한다.(2017.7.26 본항개정)
③ 중기지방재정계획에는 다음 각 호의 사항이 포함되어야 한다.
1. 재정운용의 기본방향과 목표
2. 중장기 재정여건과 재정규모전망
3. 관련 국가계획 및 지역계획 중 해당 사항
4. 분야별 재원배분계획
5. 예산과 기금별 운용방향
6. 의무지출(법령 등에 따라 지출과 지출규모가 결정되는 지출 및 이자지출을 말하며 그 구체적인 범위는 대통령령으로 정한다. 이하 같다)의 증가율 및 산출내역과 재량지출(의무지출 외의 지출을 말한다. 이하 같다)의 증가율에 대한 분야별 전망과 근거 및 관리계획
7. 제59조에 따른 지역통합재정통계의 전망과 근거
8. 통합재정수지〔일반회계, 특별회계 및 기금을 통합한 재정통계로서 순(純) 수입에서 순 지출을 뺀 금액을 말한다〕 전망과 관리방안
9. 투자심사와 지방채 발행 대상사업
10. 그 밖에 대통령령으로 정하는 사항
(2014.5.28 본항신설)
④ 행정안전부장관은 매년 중기지방재정계획의 수립에 필요한 다음 각 호의 사항이 포함된 지침을 지방자치단체에 통보할 수 있다.(2017.7.26 본문개정)
1. 국가의 재정운용방향
2. 관련 국가계획 및 지역계획
3. 중기지방재정계획의 수립에 필요한 그 밖의 정보
4. 중기지방재정계획 수립의 기준
(2014.5.28 본항신설)
⑤ 행정안전부장관은 관계 중앙관서의 장에게 제4항에 따른 지침의 작성에 필요한 정보를 제공하도록 요청할 수 있다. 이 경우 요청을 받은 관계 중앙관서의 장은 이에 협조하여야 한다.(2017.7.26 전단개정)
⑥ 행정안전부장관은 제1항에 따른 각 지방자치단체의 중기지방재정계획을 기초로 매년 종합적인 중기지방재정계획을 수립하고, 국무회의에 보고하여야 한다. 이 경우 행정안전부장관은 지방자치단체의 의견을 최대한 반영하도록 노력하여야 한다.(2017.7.26 본항개정)
⑦ 행정안전부장관은 제6항에 따라 종합적인 중기지방재정계획을 수립할 때에는 「국가재정법」에 따른 국가재정운용계획과의 연계성을 높일 수 있도록 관계 중앙관서의 장과 협의하여야 한다.(2017.7.26 본항개정)
⑧ 중기지방재정계획을 변경하는 경우에는 제1항·제2항·제6항 및 제7항을 준용한다.(2014.5.28 본항개정)
⑨ 중기지방재정계획의 수립에 관한 지방자치단체의 장의 자문에 응하도록 하기 위하여 각 지방자치단체에 지방재정계획심의위원회를 둔다.
⑩ 제9항에 따른 지방재정계획심의위원회의 구성 및 운영 등에 필요한 사항은 해당 지방자치단체의 조례로 정한다.(2014.5.28 본항개정)
⑪ 지방자치단체의 장은 중기지방재정계획에 반영되지 아니한 사업에 대해서는 제37조에 따른 투자심사나 지방채 발행의 대상으로 해서는 아니 된다. 다만, 중기지방재정계획을 수립할 때에 반영하지 못할 불가피한 사유가 있는 경우는 예외로 한다.(2014.5.28 본항신설)
(2011.8.4 본조개정)

제34조【예산총계주의의 원칙】 ① 한 회계연도의 모든 수입을 세입으로 하고 모든 지출을 세출로 한다.
② 세입과 세출은 모두 예산에 편입하여야 한다.
③ 지방자치단체가 현물로 출자하는 경우와 「지방자치단체 기금관리기본법」 제2조에 따른 기금을 운용하는 경우 또는 그 밖에 대통령령으로 정하는 사유로 보관할 의무가 있는 현금이나 유가증권이 있는 경우에는 제2항에도 불구하고 이를 세입·세출예산 외로 처리할 수 있다.
(2017.10.24 본항개정)
(2011.8.4 본조개정)

제35조【세출의 재원】 지방자치단체의 세출은 지방채 외의 세입을 그 재원으로 하여야 한다. 다만, 부득이한 경우에는 제11조에 따른 지방채로 충당할 수 있다.
(2011.8.4 본조개정)

제36조【예산의 편성】 ① 지방자치단체는 법령 및 조례로 정하는 범위에서 합리적인 기준에 따라 그 경비를 산정하여 예산에 계상하여야 한다.
② 지방자치단체는 모든 자료에 의하여 엄정하게 그 재원을 포착하고 경제 현실에 맞도록 그 수입을 산정하여 예산에 계상하여야 한다.
③ 지방자치단체는 세입·세출의 항목이 구체적으로 명시되도록 예산을 계상하여야 한다.(2014.5.28 본항신설)
④ 지방자치단체의 장이 예산을 편성할 때에는 제33조에 따른 중기지방재정계획과 제37조에 따른 투자심사 결과를 기초로 하여야 한다.(2014.5.28 본항개정)
(2011.8.4 본조개정)

제36조의2【성인지 예산서의 작성·제출】 ① 지방자치단체의 장은 예산이 여성과 남성에게 미칠 영향을 미리 분석한 보고서〔이하 "성인지 예산서"(性認知 豫算書)라 한다〕를 작성하여야 한다.
② 「지방자치법」 제142조에 따른 예산안에는 성인지 예산서가 첨부되어야 한다.(2021.1.12 본항개정)
③ 그 밖에 성인지 예산서의 작성에 관한 구체적인 사항은 대통령령으로 정한다.
(2011.3.8 본조신설)

제37조【투자심사】 ① 지방자치단체의 장은 다음 각 호의 사항에 대해서는 미리 그 필요성과 타당성에 대한 심사(이하 "투자심사"라 한다)를 직접 하거나 행정안전부장관 또는 시·도지사에게 의뢰하여 투자심사를 받아야 한다.(2023.4.11 본문개정)
1. 재정투자사업에 관한 예산안 편성
2. 다음 각 목의 사항에 대한 지방의회 의결의 요청
가. 채무부담행위
나. 보증채무부담행위
다. 「지방자치법」 제47조제1항제8호에 따른 예산 외의 의무부담(2021.1.12 본목개정)
② 제1항에 따른 투자심사 실시 주체별 투자심사 대상사업의 범위는 지방자치단체의 종류, 총사업비, 사업의 유형 및 성격 등을 고려하여 대통령령으로 정한다.
(2023.4.11 본항개정)
③ 제1항에도 불구하고 다음 각 호의 사업은 투자심사 대상에서 제외한다.
1. 재해복구 등 원상복구를 목적으로 하는 사업
2. 「국가유산수리 등에 관한 법률」 제2조제1호의 국가유산수리 사업(2023.8.8 본호개정)
3. 「지방공기업법」 제49조에 따른 지방공사 및 같은 법 제76조에 따른 지방공단 설립 사업
4. 「지역보건법」 제10조에 따른 보건소 및 「소방기본법」 제3조제1항에 따른 소방기관의 건축 사업
5. 그 밖에 재난예방·안전 사업, 다른 법률에 따라 투자심사와 유사한 심사를 거친 사업 등 대통령령으로 정하는 사업
(2023.4.11 본항신설)
④ 제1항에 따른 투자심사 결과는 적정, 조건부 추진, 재검토 및 부적정으로 구분한다.(2023.4.11 본항개정)
⑤ 지방자치단체의 장은 투자심사 결과가 재검토 또는 부적정인 경우에는 예산을 편성하여서는 아니 된다.
(2023.4.11 본항신설)
⑥ 투자심사의 기준 및 절차, 투자심사의 사후평가 등 투자심사에 관하여 그 밖에 필요한 사항은 행정안전부령으로 정한다.(2023.4.11 본항신설)
(2014.5.28 본조개정)

제37조의2【타당성조사】 ① 지방자치단체의 장은 제37조제1항에 따른 투자심사 대상 중에서 총사업비 500억원 이상인 신규사업(같은 항 제2호 각 목에 따른 부담의 대상인 사업을 포함한다. 이하 같다)에 대해서는 투자심사를 하거나 받기 전에 행정안전부장관이 정하여 고시하는 전문기관에 의뢰하여 그 사업의 타당성을 객관적 기준에 따라 검증하는 조사(이하 "타당성조사"라 한다)를 실시하여야 한다. 다만, 다음 각 호의 어느 하나에 해당하는 경우에는 타당성조사를 받은 것으로 본다.
1. 「국가재정법」 제38조제1항에 따른 예비타당성조사를 실시한 경우
2. 「국가재정법」 제38조제5항에 따른 사업계획 적정성 검토를 받은 경우
3. 「공공기관의 운영에 관한 법률」 제40조제3항 각 호 외의 부분 본문에 따른 예비타당성조사를 실시한 경우
4. 「사회기반시설에 대한 민간투자법」 제9조제1항에 따라 제안된 사업으로서 해당 사업에 대한 제안내용을 다음 각 목의 어느 하나에 해당하는 기관에서 대통령령으로 정하는 바에 따라 검토 및 적격성 조사를 실시한 경우
가. 「사회기반시설에 대한 민간투자법」 제23조제1항에 따른 공공투자관리센터
나. 「국가재정법」 제38조제1항의 예비타당성조사를 수행하기 위하여 같은 법 제8조의2제1항에 따라 지정된 전문기관
5. 그 밖에 제1호부터 제4호까지에 따른 조사 또는 검토와 유사한 절차를 이미 거친 경우로서 대통령령으로 정하는 경우
② 지방자치단체의 장은 타당성조사를 위한 계약을 행정안전부장관에게 위탁하여 체결할 수 있다.
③ 타당성조사의 절차·방법과 비용의 납부절차 등에 필요한 사항은 행정안전부령으로 정한다.
(2023.4.11 본조신설)

제37조의3【지방재정투자심사위원회】 ① 투자심사에 관한 지방자치단체의 장의 자문에 응하기 위하여 지방자치단체의 장 소속으로 지방재정투자심사위원회를 둔다. 다만, 지방재정투자심사위원회의 기능을 담당하기에 적합한 다른 위원회가 있고 그 위원회의 위원이 지방재정 또는 투자심사에 관한 학식이나 전문성을 갖춘 경우에는 조례로 정하는 바에 따라 그 위원회가 지방재정투자심사위원회의 기능을 대신할 수 있다.
② 제1항에 따른 지방재정투자심사위원회는 위원장 1명을 포함한 15명 이내의 위원으로 구성하되, 성별을 고려하여야 한다.(2021.1.12 본항개정)
③ 제2항에 따른 위원은 민간위원(「고등교육법」에 따른 국공립학교의 교원을 포함한다)과 공무원(「지방공무원법」 제2조제2항제1호의 일반직공무원을 의미한다)으로 임명 또는 위촉하되, 공무원인 위원이 전체의 4분의 1을 초과하여서는 아니 된다.(2021.1.12 본항신설)
④ 위원장은 민간위원 중에서 호선한다.(2021.1.12 본항신설)
⑤ 민간위원의 임기는 3년 이내에서 조례로 정하며, 한 차례만 연임할 수 있다.(2021.1.12 본항신설)
⑥ 위원은 다음 각 호의 어느 하나에 해당하는 경우 해당 심의 대상 안건의 심의에서 제척된다.
1. 위원 또는 위원과 친족관계에 있는 자가 해당 심의 대상 안건에 관하여 이해관계가 있는 경우
2. 위원이 속한 기관이 해당 심의 대상 안건과 관련하여 용역·자문을 수행하는 등 이해관계가 있는 경우
(2021.1.12 본항신설)
⑦ 지방재정투자심사위원회 심의 대상 안건의 당사자는 위원에게 공정한 심의를 기대하기 어려운 사정이 있는 경우 지방재정투자심사위원회에 기피 신청을 할 수 있고, 지방재정투자심사위원회는 의결로 이를 결정한다. 이 경우 기피 신청의 대상인 위원은 그 의결에 참여하지 못한다.
(2021.1.12 본항신설)
⑧ 위원은 제6항 각 호에 따른 제척 사유에 해당하는 경우 스스로 해당 심의 대상 안건의 심의를 회피하여야 한다.
(2021.1.12 본항신설)
(2014.5.28 본조신설)

제37조의4【주요 사업의 공개】 지방자치단체의 장은 투자심사를 하거나 받는 사업 또는 지방채를 발행하여 시행하는 사업에 대해서는 대통령령으로 정하는 바에 따라 투자심사 결과, 추진상황 및 그 밖에 대통령령으로 정하는 사항을 공개하여야 한다.(2023.4.11 본조개정)

제38조【지방자치단체 재정운용 업무편람 등】 ① 행정안전부장관은 국가 및 지방 재정의 운용 여건, 지방재정제도의 개요 등 지방자치단체의 재정운용에 필요한 정보로 구성된 회계연도별 지방자치단체 재정운용 업무편람을 작성하여 지방자치단체에 보급할 수 있다.
② 지방재정의 건전한 운용과 지방자치단체 간 재정운용의 균형을 확보하기 위하여 필요한 회계연도별 지방자치단체 예산편성기준은 행정안전부령으로 정한다.
③ 행정안전부장관은 지방자치단체의 건전한 재정지출에 필요한 기준을 정하여 지방자치단체에 통보할 수 있다.
(2017.7.26 본조개정)

제39조【지방예산 편성 등 예산과정의 주민 참여】 ① 지방자치단체의 장은 대통령령으로 정하는 바에 따라 지방예산 편성 등 예산과정(「지방자치법」 제47조에 따른 지방의회의 의결사항은 제외한다. 이하 이 조에서 같다)에 주민이 참여할 수 있는 제도(이하 이 조에서 "주민참여예산제도"라 한다)를 마련하여 시행하여야 한다.
(2021.1.12 본항개정)
② 지방예산 편성 등 예산과정의 주민 참여와 관련되는 다음 각 호의 사항을 심의하기 위하여 지방자치단체의 장 소속으로 주민참여예산위원회 등 주민참여예산기구(이하 "주민참여예산기구"라 한다)를 둘 수 있다.
1. 주민참여예산제도의 운영에 관한 사항
2. 제3항에 따라 지방의회에 제출하는 예산안에 첨부하여야 하는 의견서의 내용에 관한 사항
3. 그 밖에 지방자치단체의 장이 주민참여예산제도의 운영에 필요하다고 인정하는 사항
(2018.3.27 본항신설)
③ 지방자치단체의 장은 주민참여예산제도를 통하여 수렴한 주민의 의견서를 지방의회에 제출하는 예산안에 첨부하여야 한다.
④ 행정안전부장관은 지방자치단체의 재정적·지역적 여건 등을 고려하여 대통령령으로 정하는 바에 따라 지방자치단체별 주민참여예산제도의 운영에 대하여 평가를 실시할 수 있다.
⑤ 주민참여예산기구의 구성·운영과 그 밖에 필요한 사항은 해당 지방자치단체의 조례로 정한다.(2018.3.27 본항신설)
(2018.3.27 본조개정)

제40조【예산의 내용】 ① 예산은 예산총칙, 세입·세출예산, 계속비, 채무부담행위 및 명시이월비(明示移越費)를 총칭한다.

② 예산총칙에는 세입·세출예산, 계속비, 채무부담행위 및 명시이월비에 관한 총괄적 규정과 지방채 및 일시차입금의 한도액, 그 밖에 예산 집행에 필요한 사항을 정하여야 한다.
(2011.8.4 본조개정)

제41조【예산의 과목 구분】 ① 지방자치단체의 세입예산은 그 내용의 성질과 기능을 고려하여 장(章)·관(款)·항(項)으로 구분한다.
② 지방자치단체의 세출예산은 그 내용의 기능별·사업별 또는 성질별로 주요항목 및 세부항목으로 구분한다. 이 경우 주요항목은 분야·부문·정책사업으로 구분하고, 세부항목은 단위사업·세부사업·목으로 구분한다.
③ 제1항 및 제2항에 따른 각 과목의 구분과 설정 등 지방자치단체의 예산 과목 운용에 필요한 사항은 대통령령으로 정한다.
(2011.8.4 본조개정)

제42조【계속비 등】 ① 지방자치단체의 장은 공사나 제조, 그 밖의 사업으로서 그 완성에 수년을 요하는 것은 필요한 경비의 총액과 연도별 금액에 대하여 지방의회의 의결을 얻어 계속비로서 여러 해에 걸쳐 지출할 수 있다.
② 제1항에 따라 계속비로 지출할 수 있는 연한(年限)은 그 회계연도부터 5년 이내로 한다. 다만, 필요하다고 인정될 때에는 지방의회의 의결을 거쳐 다시 그 연한을 연장할 수 있다.
③ 지방자치단체는 완성하기까지 여러 해가 걸리는 공사 중 다음 각 호의 어느 하나에 해당하는 사업의 예산은 특별한 사유가 없으면 계속비로 편성하여야 한다.
(2014.5.28 본문개정)
1. 시급하게 추진하여야 하는 사업으로서 「재난 및 안전관리 기본법」 제3조제1호의 재난(이하 "재난"이라 한다) 복구사업
2. 중단 없이 이행하여야 하는 사업
(2011.8.4 본조개정)

제43조【예비비】 ① 지방자치단체는 예측할 수 없는 예산 외의 지출 또는 예산 초과 지출에 충당하기 위하여 일반회계와 교육비특별회계의 경우에는 각 예산 총액의 100분의 1 이내의 금액을 예비비로 예산에 계상하여야 하고, 그 밖의 특별회계의 경우에는 각 예산 총액의 100분의 1 이내의 금액을 예비비로 예산에 계상할 수 있다.
(2020.6.9 본항개정)
② 제1항에도 불구하고 재해·재난 관련 목적 예비비는 별도로 예산에 계상할 수 있다.(2014.5.28 본항신설)
③ 지방자치단체의 장은 지방의회의 예산안 심의 결과 폐지되거나 감액된 지출항목에 대해서는 예비비를 사용할 수 없다.(2014.5.28 본항신설)
④ 지방자치단체의 장은 예비비로 사용한 금액의 명세서를 「지방자치법」 제150조제1항에 따라 지방의회의 승인을 받아야 한다.(2021.1.12 본항개정)

제44조【채무부담행위】 ① 지방자치단체의 장은 다음 각 호의 어느 하나에 해당하는 것을 제외하고는 지방자치단체에 채무부담의 원인이 될 계약의 체결이나 그 밖의 행위를 할 때에는 미리 예산으로 지방의회의 의결을 얻어야 한다. 이 경우 제11조제2항에 따른 지방채 발행 한도액 산정 시에는 채무부담행위에 의한 채무가 포함되어야 한다.
1. 법령이나 조례에 따른 것
2. 세출예산·명시이월비 또는 계속비 총액 범위의 것
② 지방자치단체의 장은 제1항에도 불구하고 지방의회를 소집할 시간적 여유가 없을 때에는 재난 복구를 위하여 시급히 추진할 필요가 있는 사업으로서 지방자치단체의 채무부담의 원인이 될 계약 중 총사업비가 10억원 이하의 범위에서 조례로 정하는 금액 이하인 계약을 지방의회의 의결을 거치지 아니하고 체결할 수 있다.
③ 지방자치단체의 장은 제2항에 따라 지방의회의 의결을 거치지 아니하고 계약을 체결하였을 때에는 즉시 지방의회에 보고하여야 한다.
④ 제1항부터 제3항까지의 규정에 따라 채무부담이 되는 행위를 하였을 때에는 늦어도 다음다음 회계연도 세출예산에 반드시 계상하여야 하며, 그 밖의 회계연도 세출예산에는 계상할 수 없다.(2014.5.28 본항개정)
⑤ 제1항부터 제3항까지의 규정에 따른 채무부담행위의 경우에는 해당 회계연도와 다음 회계연도에 걸쳐 지출하여야 할 지출원인행위를 할 수 있다.
(2011.8.4 본조개정)

제44조의2【예산안의 첨부서류】 ① 예산안에는 다음 각 호의 서류가 첨부되어야 한다. 다만, 수정예산안 또는 추가경정예산안을 제출하는 경우에는 그 일부 또는 전부를 생략할 수 있다.
1. 재정운용상황개요서
2. 세입·세출예산 사업별 설명서
3. 계속비사업에 대한 설명서, 지출상황 및 투자계획
4. 채무부담행위에 대한 설명서, 지출상황 및 전망금액
5. 「지방세특례제한법」 제5조에 따른 지방세지출보고서(추정액 기준)
6. 제59조에 따른 지역통합재정통계 보고서(예산액 기준)
7. 성인지 예산서
8. 성과계획서
9. 예산정원표 및 편성기준 단가
10. 명시이월 명세서
11. 중기지방재정계획서
12. 공유재산 관련 서류
13. 회계와 기금 간의 이전 관련 서류
14. 그 밖에 대통령령으로 정하는 서류
② 제1항제1호에 따른 재정운용상황개요서에는 다음 각 호의 사항이 포함되어야 한다.
1. 행정안전부령으로 정하는 재정지표(2017.7.26 본호개정)
2. 통합부채(「지방공기업법」에 따른 지방공기업(이하 "지방공기업"이라 한다) 및 「지방자치단체 출자·출연 기관의 운영에 관한 법률」에 따른 출자기관·출연기관(이하 "지방자치단체 출자·출연기관"이라 한다)의 부채를 포함한 부채를 말한다. 이하 같다)
3. 우발부채(보증·협약 등에 따라 지방자치단체의 부채로 바뀔 가능성이 있는 것을 말한다. 이하 같다)
4. 의무지출과 재량지출의 비중
5. 재정운용 관련 감사원 등의 감사결과
6. 지방교부세 감액사항
7. 재정분석 및 재정진단 내용
8. 지방세지출현황
9. 그 밖에 대통령령으로 정하는 사항
③ 제1항제6호에 따른 지역통합재정통계 보고서는 예산안을 지방의회에 제출한 후 10일 이내에 제출할 수 있다.
(2014.5.28 본조신설)

제45조【추가경정예산의 편성 등】 지방자치단체의 장은 이미 성립된 예산을 변경할 필요가 있을 때에는 추가경정예산(追加更正豫算)을 편성할 수 있다. 다만, 다음 각 호의 경비는 추가경정예산의 성립 전에 사용할 수 있으며, 이는 같은 회계연도의 차기 추가경정예산에 계상하여야 한다.
1. 시·도의 경우 국가로부터, 시·군 및 자치구의 경우 국가 또는 시·도로부터 그 용도가 지정되고 소요 전액이 교부된 경비
2. 시·도의 경우 국가로부터, 시·군 및 자치구의 경우 국가 또는 시·도로부터 재난구호 및 복구와 관련하여 복구계획이 확정·통보된 경우 그 소요 경비
(2011.8.4 본조개정)

제46조【예산 불성립 시의 예산 집행】 ① 지방의회에서 부득이한 사유로 회계연도가 시작될 때까지 예산안이 의결되지 못하였을 때에는 지방자치단체의 장은 「지방자치법」 제146조에 따라 예산을 집행하여야 한다.(2021.1.12 본항개정)
② 제1항에 따라 집행된 예산은 해당 회계연도의 예산이 성립되면 그 성립된 예산에 의하여 집행된 것으로 본다.
(2011.8.4 본조개정)

제47조【예산의 목적 외 사용금지】 지방자치단체의 장은 세출예산에서 정한 목적 외의 용도로 경비를 사용할 수 없다.(2020.6.9 본조개정)

제47조의2【예산의 이용·이체】 ① 지방자치단체의 장은 세출예산에서 정한 각 정책사업 간에 서로 이용할 수 없다. 다만, 예산 집행에 필요하여 미리 예산으로서 지방의회의 의결을 거쳤을 때에는 이용할 수 있다.
② 지방자치단체의 장은 지방자치단체의 기구·직제 또는 정원에 관한 법령이나 조례의 제정·개정 또는 폐지로 인하여 관계 기관 사이에 직무권한이나 그 밖의 사항이 변동되었을 때에는 그 예산을 상호 이체(移替)할 수 있다. 이 경우 지방자치단체의 장은 분기별로 분기만료일이 속하는 달의 다음 달 말일까지 그 내역을 지방의회에 제출하여야 한다.
(2020.6.9 본조신설)

제48조【예산 절약에 따른 성과금의 지급 등】 ① 지방자치단체의 장은 예산의 집행 방법이나 제도의 개선 등으로 예산이 절약되거나 수입이 늘어난 경우에는 절약한 예산 또는 늘어난 수입의 일부를 이에 기여한 자에게 성과금으로 지급하거나 다른 사업에 사용할 수 있다.
② 지방자치단체의 장은 제1항에 따른 성과금을 지급하거나 다른 사업에 사용하려면 예산성과금 심사위원회의 심사를 거쳐야 한다.
③ 제1항에 따른 성과금의 지급과 다른 사업에의 사용, 제2항에 따른 예산성과금 심사위원회의 구성 및 운영 등에 필요한 사항은 대통령령으로 정한다.
(2011.8.4 본조개정)

제48조의2【예산·기금의 불법지출·낭비에 대한 주민감시】 ① 지방자치단체의 예산 또는 기금을 집행하는 자, 재정지원을 받는 자, 지방자치단체의 장 또는 기금관리주체(법령 또는 조례에 따라 기금을 관리·운영하는 자를 말한다. 다만, 「국가재정법」 제9조제4항에 따른 기금관리주체는 제외한다. 이하 같다)와 계약 또는 그 밖의 거래를 하는 자가 법령을 위반함으로써 지방자치단체에 손해를 가하였음이 명백한 때에는 누구든지 집행에 책임이 있는 지방자치단체의 장 또는 기금관리주체에게 불법지출에 대한 증거를 제출하고 시정을 요구할 수 있다.
(2021.12.21 단서개정)
② 지방자치단체의 예산절약 또는 수입증대와 관련한 의견이 있는 자는 해당 지방자치단체의 장 또는 기금관리주체에게 그 의견을 제안할 수 있다.
③ 제1항 및 제2항에 따라 시정요구 또는 제안을 받은 지방자치단체의 장 또는 기금관리주체는 대통령령으로 정하는 바에 따라 그 처리결과를 행정안전부장관에게 제출하고 시정요구 또는 제안을 한 자에게 통지하여야 한다.
(2017.7.26 본항개정)
④ 지방자치단체의 장 또는 기금관리주체는 제1항의 시정요구에 대한 처리결과에 따라 수입이 증대되거나 지출이 절약된 때에는 시정요구를 한 자에게 제48조에 따른 성과금을 지급할 수 있다.
(2011.3.8 본조신설)

제49조【예산의 전용】 ① 지방자치단체의 장은 대통령령으로 정하는 바에 따라 각 정책사업 내의 예산액 범위에서 각 단위사업 또는 목의 금액을 전용(轉用)할 수 있다.
② 제1항에도 불구하고 지방자치단체의 장은 다음 각 호의 어느 하나에 해당하는 경우에는 전용할 수 없다.
1. 예산에 계상되지 아니한 사업을 추진하는 경우
2. 지방의회가 의결한 취지와 다르게 사업 예산을 집행하는 경우
3. 그 밖에 대통령령으로 정하는 경우
(2020.6.9 본항신설)
③ 지방자치단체의 장이 제1항에 따라 전용을 한 경우에는 분기별로 분기만료일이 속하는 달의 다음 달 말일까지 그 전용 내역을 지방의회에 제출하여야 한다.(2020.6.9 본항신설)
④ 제1항에 따라 전용한 경비의 금액은 세입·세출결산서에 명시하고, 그 이유를 적어야 한다.
(2011.8.4 본조개정)

제50조【세출예산의 이월】 ① 세출예산 중 경비의 성질상 그 회계연도에 그 지출을 마치지 못할 것으로 예상되어 명시이월비로서 세입·세출예산에 그 취지를 분명하게 밝혀 미리 지방의회의 의결을 얻은 금액은 다음 회계연도에 이월하여 사용할 수 있다.
② 세출예산 중 다음 각 호의 어느 하나에 해당하는 경비의 금액은 사고이월비(事故移越費)로서 다음 회계연도에 이월하여 사용할 수 있다.
1. 회계연도 내에 지출원인행위를 하고 불가피한 사유로 회계연도 내에 지출하지 못한 경비와 지출하지 아니한 그 부대 경비
2. 지출원인행위를 위하여 입찰공고를 한 경비 중 입찰공고 후 지출원인행위를 할 때까지 오랜 기간이 걸리는 경우로서 대통령령으로 정하는 경비
3. 공익·공공 사업의 시행에 필요한 손실보상비로서 대통령령으로 정하는 경비
4. 경상적 성격의 경비로서 대통령령으로 정하는 경비
③ 계속비의 회계연도별 필요경비 중 해당 회계연도에 지출하지 못한 금액은 그 계속비의 사업완성 연도까지 차례로 이월하여 사용할 수 있다.
④ 제1항부터 제3항까지의 규정에 따라 예산을 이월할 때에는 그 이월하는 과목별 금액은 이월 예산으로 배정된 것으로 본다.
(2011.8.4 본조개정)

제4장 결 산

제51조~제53조의2 (2016.5.29 삭제)

제5장 재정분석 및 공개

제53조의3 (2016.5.29 삭제)

제54조【재정 운용에 관한 보고 등】 지방자치단체의 장은 대통령령으로 정하는 바에 따라 예산, 결산, 출자, 통합부채, 우발부채, 그 밖의 재정 상황에 관한 재정보고서를 행정안전부장관에게 제출하여야 한다. 이 경우 시·군 및 자치구는 시·도지사를 거쳐 행정안전부장관에게 제출하여야 한다.(2017.7.26 본조개정)

제55조【재정분석 및 재정진단 등】 ① 행정안전부장관은 대통령령으로 정하는 바에 따라 제54조에 따른 재정보고서의 내용을 분석하여야 한다.
② 행정안전부장관은 지방자치단체의 재정 상황 중 채무 등 대통령령으로 정하는 사항에 대하여 대통령령으로 정하는 바에 따라 재정위험 수준을 점검하여야 한다.
(2018.3.27 본항개정)
③ 행정안전부장관은 다음 각 호의 어느 하나에 해당하는 지방자치단체에 대하여 위원회의 심의를 거쳐 대통령령으로 정하는 바에 따라 재정진단을 실시할 수 있다.
(2023.8.16 본문개정)
1. 제1항에 따른 재정분석 결과 재정의 건전성과 효율성 등이 현저히 떨어지는 지방자치단체
2. 제2항에 따른 점검 결과 재정위험 수준이 대통령령으로 정하는 기준을 초과하는 지방자치단체
(2018.3.27 본항개정)
④ 행정안전부장관은 제1항 및 제3항에 따른 재정분석 결과와 재정진단 결과를 공개할 수 있다.(2018.3.27 본항개정)
⑤ 행정안전부장관은 제1항 및 제3항에 따른 재정분석 결과와 재정진단 결과의 중요 사항에 대해서는 매년 재정분석과 재정진단을 실시한 후 3개월 이내에 국회 소관 상임위원회 및 국무회의에 보고하여야 한다.(2018.3.27 본항신설)
⑥ 행정안전부장관은 제1항 및 제3항에 따른 재정분석과 재정진단의 객관성과 전문성을 확보하기 위하여 대통령령으로 정하는 전문기관에 그 분석과 진단을 위탁할 수 있다.(2018.3.27 본항개정)
(2017.7.26 본조개정)

제55조의2【재정위기단체와 재정주의단체의 지정 및 해제】 ① 행정안전부장관은 제55조제1항에 따른 재정분석 결과와 같은 조 제3항에 따른 재정진단 결과 등을 토대로 위원회의 심의를 거쳐 다음 각 호의 구분에 따라 해당 지방자치단체를 재정위기단체 또는 재정주의단체(財政注意團體)로 지정할 수 있다.(2023.8.16 본문개정)
1. 재정위기단체 : 재정위험 수준이 심각하다고 판단되는 지방자치단체
2. 재정주의단체 : 재정위험 수준이 심각한 수준에 해당되지 아니하나 지방자치단체 재정의 건전성 또는 효율성 등이 현저하게 떨어졌다고 판단되는 지방자치단체
② 행정안전부장관은 제1항에 따라 지정된 재정위기단체 또는 재정주의단체의 지정사유가 해소된 경우에는 위원회의 심의를 거쳐 그 지정을 해제할 수 있다.(2023.8.16 본항개정)
③ 제1항 및 제2항에 따른 재정위기단체 또는 재정주의단체의 지정 및 지정 해제의 기준·절차, 그 밖에 재정위기단체 또는 재정주의단체의 지정 및 지정 해제에 필요한 사항은 대통령령으로 정한다.
(2018.3.27 본조개정)

제55조의3【재정위기단체 등의 의무 등】 ① 제55조의2제1항제1호에 따른 재정위기단체로 지정된 지방자치단체의 장(이하 "재정위기단체의 장"이라 한다)은 대통령령으로 정하는 바에 따라 재정건전화계획을 수립하여 행정안전부장관의 승인을 받아야 한다. 이 경우 시장·군수 및 자치구의 구청장은 시·도지사를 경유하여야 한다.
(2018.3.27 전단개정)
② 재정위기단체의 장은 제1항에 따른 재정건전화계획에 대하여 지방의회의 의결을 얻어야 한다.
③ 재정위기단체의 장이 예산을 편성할 때에는 제2항에 따른 재정건전화계획을 기초로 하여야 한다.
④ 재정위기단체의 장은 재정건전화계획의 이행상황을 지방의회 및 행정안전부장관에게 보고하여야 한다. 이 경우 시장·군수 및 자치구의 구청장은 시·도지사를 경유하여야 한다.(2017.7.26 전단개정)
⑤ 행정안전부장관은 재정위기단체의 재정건전화계획 수립 및 이행상황에 대하여 필요한 사항을 권고하거나 지도할 수 있다.(2017.7.26 본항개정)
⑥ 재정위기단체의 장은 특별한 사유가 없는 한 제5항의 권고 또는 지도에 따라야 한다.
⑦ 재정위기단체의 장은 재정건전화계획 및 이행상황을 매년 2회 이상 주민에게 공개하여야 한다.
⑧ 행정안전부장관은 제55조의2제1항제2호에 따른 재정주의단체로 지정된 지방자치단체에 대하여 위원회의 심의를 거쳐 제1항에 따른 재정건전화계획의 수립 및 이행을 권고하거나 재정건전화에 필요한 사항을 지도할 수 있다.(2023.8.16 본항개정)
(2018.3.27 본조제목개정)
(2011.3.8 본조신설)

제55조의4【재정위기단체의 지방채 발행 제한 등】 ① 재정위기단체의 장은 제11조부터 제13조까지, 제44조 및 「지방회계법」 제24조에도 불구하고 행정안전부장관의 승인과 지방의회의 의결을 얻은 재정건전화계획에 의하지 아니하고는 지방채의 발행, 채무의 보증, 일시차입, 채무부담행위를 할 수 없다.
② 재정위기단체의 장은 제37조에도 불구하고 행정안전부장관의 승인과 지방의회의 의결을 얻은 재정건전화계획에 의하지 아니하고는 대통령령으로 정하는 규모 이상의 재정투자사업에 관한 예산을 편성할 수 없다.
(2017.7.26 본조개정)

제55조의5【재정건전화 이행 부진 지방자치단체에 대한 불이익 부여】 ① 행정안전부장관은 재정위기단체의 재정건전화계획 수립 및 이행 결과가 현저히 부진하다고 판단하는 경우에는 교부세를 감액하거나 그 밖의 재정상의 불이익을 부여할 수 있다.(2017.7.26 본항개정)
② 행정안전부장관은 제1항의 목적을 달성하기 위하여 필요한 경우에는 관계 중앙관서의 장 및 시·도지사에게 필요한 조치 등을 취하도록 협조를 요청할 수 있다.
(2017.7.26 본항개정)
③ 제2항에 따라 협조를 요청받은 관계 중앙관서의 장 및 시·도지사는 특별한 사유가 없는 한 협조하여야 한다.
(2014.5.28 본항개정)

제56조 (2023.8.16 삭제)

제57조【지방재정분석 결과에 따른 조치 등】 행정안전부장관은 제55조제1항에 따른 재정분석 결과 재정의 건전성과 효율성 등이 우수한 지방자치단체에 대하여 「지방교부세법」 제9조에 따른 특별교부세를 별도로 교부할 수 있다.(2018.3.27 본조개정)

제58조【지방재정에 대한 특별지원 등】 행정안전부장관은 현저하게 낙후된 지역의 개발이나 각종 재난으로 인하여 특별한 재정수요가 있다고 판단되는 지방자치단체 또는 전국에 걸쳐 시행하는 국가시책사업과 밀접한 이해관계가 있는 지방자치단체에 대하여 따로 재정지원계획을 수립하여 시행할 수 있다.(2017.7.26 본조개정)

제59조【지역통합재정통계의 작성】 ① 지방자치단체의 장은 회계연도마다 예산서와 결산서를 기준으로 다음 각 호의 상황을 종합적으로 나타내는 통계(이하 "지역통합재정통계"라 한다)를 작성하여야 한다. 다만, 시·도지사는 교육비특별회계에 관하여는 제2항과 제3항에 따라 교육감이 제출한 자료를 토대로 교육감과 협의하여 작성하여야 한다.
1. 일반회계, 특별회계(교육비특별회계를 포함한다) 및 기금
2. 지방공기업의 재정상황
3. 지방자치단체 출자·출연기관의 재정상황
② 지방자치단체의 장은 제1항에 따라 작성한 지역통합재정통계를 행정안전부장관에게 제출하여야 하며, 시·도지사는 교육부장관에게도 제출하여야 한다.(2017.7.26 본항개정)
③ 지방자치단체의 장 및 교육감은 지역통합재정통계의 작성에 필요한 정보를 관계 기관에 요청할 수 있다. 이 경우 요청을 받은 기관은 이에 따라야 한다.
④ 지역통합재정통계 작성의 방법, 기준, 절차 등은 교육부장관과 행정안전부장관이 협의하여 정한다.(2017.7.26 본항개정)
(2014.5.28 본조개정)

제60조【지방재정 운용상황의 공시 등】 ① 지방자치단체의 장은 예산 또는 결산의 확정 또는 승인 후 2개월 이내에 예산서와 결산서를 기준으로 다음 각 호의 사항을 주민에게 공시하여야 한다.
1. 세입·세출예산의 운용상황(성과계획서와 성과보고서를 포함한다)
2. 재무제표
3. 채권관리 현황
4. 기금운용 현황
5. 공유재산의 증감 및 현재액
6. 지역통합재정통계
7. 지방공기업 및 지방자치단체 출자·출연기관의 경영정보
8. 중기지방재정계획
9. 제36조의2 및 「지방회계법」 제18조에 따른 성인지 예산서 및 성인지 결산서(2016.5.29 본호개정)
10. 제38조에 따른 예산편성기준별 운영 상황
10의2. 제39조에 따른 주민참여예산제도의 운영현황 및 주민의견서(2020.1.29 본호신설)
11. 제44조의2제1항제1호에 따른 재정운용상황개요서
12. 제55조의3제1항에 따라 수립한 재정건전화계획 및 이행현황(2018.3.27 본호개정)
13. 제87조의3에 따른 재정건전성관리계획 및 이행현황
14. 투자심사사업, 지방채 발행사업, 민간자본 유치사업, 보증채무사업의 현황
15. 지방보조금 관련 다음 각 목의 현황
가. 교부현황
나. 성과평가 결과
다. 지방보조금으로 취득한 중요재산의 변동사항
라. 교부결정의 취소 등 중요 처분내용
16. 그 밖에 대통령령으로 정하는 재정 운용에 관한 중요사항
② 제1항 각 호의 사항은 주민이 이해하기 쉽도록 행정안전부장관이 정하는 바에 따라 작성하여야 하며, 불가피한 사유가 있는 경우를 제외하고는 항상 보거나 자료를 내려 받을 수 있도록 인터넷 홈페이지 등을 통하여 공시하여야 한다.(2017.7.26 본항개정)
③ 제1항에 따른 공시 내용의 적정성 등을 심의하기 위하여 지방자치단체의 장 소속으로 지방재정공시심의위원회를 둔다. 다만, 지방재정공시심의위원회의 기능을 담당하기에 적합한 다른 위원회가 있는 경우에는 조례로 정하는 바에 따라 그 위원회가 지방재정공시심의위원회의 기능을 대신할 수 있다.(2022.11.15 본항개정)
④ 지방재정공시심의위원회의 구성, 위원의 임기 및 제척·기피·회피 등에 관하여는 제37조의3제2항부터 제8항까지를 준용한다. 이 경우 "지방재정투자심사위원회"는 "지방재정공시심의위원회"로 본다.(2023.4.11 전단개정)
⑤ 제3항 및 제4항에서 규정한 사항 외에 지방재정공시심의위원회의 구성·운영에 필요한 사항은 해당 지방자치단체의 조례로 정한다.(2022.11.15 본항신설)
⑥ 지방자치단체의 장은 제1항에 따라 공시한 내용을 공시한 날부터 5일 이내에 지방의회와 시·군·자치구의 경우는 시·도지사에게, 시·도는 행정안전부장관에게 보고하여야 한다. 이 경우 시·도지사는 관할 시·군·자치구의 내용을 포함하여 보고하여야 한다.(2017.7.26 전단개정)
⑦ 지방자치단체의 장은 제1항에 따른 공시와는 별도로 해당 지방자치단체의 세입·세출예산 운용상황을 특별한 사유가 없으면 매일 주민에게 공개하여야 한다. 이 경우 주민이 인터넷 홈페이지를 통하여 세입·세출예산 운용상황을 세부사업별로 조회할 수 있도록 하여야 한다.
(2015.5.13 본항신설)
⑧ 제1항, 제2항, 제6항 및 제7항에서 규정한 사항 외에 공시 및 공개에 필요한 사항은 대통령령으로 정한다.
(2022.11.15 본항개정)
(2015.5.13 본조제목개정)
(2014.5.28 본조개정)

제60조의2【통합공시】 ① 행정안전부장관은 제60조제6항에 따라 보고받은 내용을 분석·평가하고, 그 결과를 토대로 필요한 항목에 대해서는 지방자치단체별로 구분하여 공시하되, 지방자치단체 간 비교공시를 할 수 있다.
② 행정안전부장관은 제60조제6항에 따라 보고받은 공시 내용이 잘못되었거나 적절하지 아니하게 작성된 경우에는 해당 지방자치단체의 장에게 수정공시를 하도록 요청할 수 있다. 이 경우 해당 지방자치단체의 장은 그 요청에 따라 수정공시를 하여야 하며, 해당 지방자치단체의 장이 수정공시를 하지 아니하는 경우에는 행정안전부장관이 직접 공시할 수 있다.
(2022.11.15 본조개정)

제5장의2 긴급재정관리

(2015.12.29 본장신설)

제60조의3【긴급재정관리단체의 지정 및 해제】 ① 행정안전부장관은 지방자치단체가 다음 각 호의 어느 하나에 해당하여 자력으로 그 재정위기상황을 극복하기 어렵다고 판단되는 경우에는 해당 지방자치단체를 긴급재정관리단체로 지정할 수 있다. 이 경우 행정안전부장관은 긴급재정관리단체로 지정하려는 지방자치단체의 장과 지방의회의 의견을 미리 들어야 한다.(2017.7.26 본문개정)
1. 제55조의2에 따라 재정위기단체로 지정된 지방자치단체가 제55조의3에 따른 재정건전화계획을 3년간 이행하였음에도 불구하고 재정위기단체로 지정된 때부터 3년이 지난 날 또는 그 이후의 지방자치단체의 재정위험수준이 재정위기단체로 지정된 때보다 대통령령으로 정하는 수준 이하로 악화된 경우
2. 소속 공무원의 인건비를 30일 이상 지급하지 못한 경우
3. 상환일이 도래한 채무의 원금 또는 이자에 대한 상환을 60일 이상 이행하지 못한 경우
② 지방자치단체의 장은 해당 지방자치단체가 제1항 각 호의 어느 하나에 해당되거나 그에 준하는 재정위기에 직면하여 긴급재정관리가 필요하다고 판단하는 경우에는 지방의회의 의견을 들은 후 행정안전부장관에게 제1항에 따른 긴급재정관리단체의 지정을 신청할 수 있다.
(2017.7.26 본항개정)
③ 행정안전부장관은 제1항에 따라 긴급재정관리단체를 지정하거나 제2항에 따라 지방자치단체의 장의 신청으로 긴급재정관리단체를 지정하려면 위원회의 심의를 거쳐야 한다.(2023.8.16 본항개정)
④ 제1항 또는 제2항에 따라 긴급재정관리단체로 지정된 지방자치단체(이하 "긴급재정관리단체"라 한다)의 장은 그 지정사유가 해소된 경우에는 지방의회의 의견을 들은 후 행정안전부장관에게 지정 해제를 신청할 수 있다.
(2017.7.26 본항개정)
⑤ 행정안전부장관은 긴급재정관리단체의 지정사유가 해소된 경우 또는 제4항에 따른 지정 해제의 신청이 있는 경우에는 위원회의 심의를 거쳐 그 지정을 해제할 수 있다.(2023.8.16 본항개정)
⑥ 행정안전부장관은 시·도를 제1항 또는 제2항에 따라 긴급재정관리단체로 지정한 경우에는 지정한 날부터 60일 이내에 국무회의에 보고하여야 한다.(2017.7.26 본항개정)
⑦ 제1항부터 제6항까지에서 규정한 사항 외에 긴급재정관리단체의 지정 및 해제 등에 필요한 사항은 대통령령으로 정한다.

제60조의4【긴급재정관리인의 선임 및 파견】 ① 행정안전부장관은 국가기관 소속 공무원 또는 재정관리에 관한 업무 지식과 경험이 풍부한 사람을 긴급재정관리인으로 선임하여 긴급재정관리단체에 파견하여야 한다.
(2017.7.26 본항개정)
② 행정안전부장관은 제1항에 따라 긴급재정관리인을 선임하려면 미리 위원회의 심의·의결을 거쳐야 한다.
(2023.8.16 본항개정)
③ 긴급재정관리인은 다음 각 호의 업무를 수행한다.
1. 제60조의5에 따른 긴급재정관리계획안의 작성 및 검토
2. 제60조의6에 따른 긴급재정관리계획의 이행상황에 대한 점검 및 보고·자료제출 요구
3. 그 밖에 긴급재정관리단체의 재정위기 극복을 위하여 필요한 업무
④ 제1항부터 제3항까지에서 규정한 사항 외에 긴급재정관리인의 선임 방법 및 절차, 긴급재정관리인의 업무 등에 필요한 사항은 대통령령으로 정한다.

제60조의5【긴급재정관리계획의 수립】 ① 긴급재정관리단체의 장은 다음 각 호의 사항이 포함된 긴급재정관리계획안을 작성하여 긴급재정관리인의 검토를 받아 지방의회의 의결을 거친 후 행정안전부장관의 승인을 받아야 한다. 다만, 긴급재정관리단체의 장은 직접 긴급재정관리계획안을 작성하는 것이 적절하지 아니한 경우로서 대통령령으로 정하는 경우에는 긴급재정관리인으로 하여금 긴급재정관리계획안을 작성하게 하여야 한다.
(2017.7.26 본문개정)
1. 긴급재정관리단체의 채무 상환 및 감축 계획
2. 경상비 및 사업비 등의 세출구조조정 계획
3. 긴급재정관리단체의 수입 증대 계획
4. 그 밖에 긴급재정관리단체의 재정위기 극복을 위하여 대통령령으로 정하는 사항
② 긴급재정관리단체의 장은 제1항에 따라 행정안전부장관의 승인을 받은 긴급재정관리계획(이하 "긴급재정관리계획"이라 한다)을 지체 없이 지방의회에 보고하여야 한다.(2017.7.26 본항개정)

③ 긴급재정관리계획을 변경하는 경우에는 제1항 및 제2항을 준용한다.

제60조의6【긴급재정관리계획의 이행 등】 ① 긴급재정관리단체의 장은 긴급재정관리계획을 성실히 이행하여야 한다.

② 행정안전부장관 또는 긴급재정관리인은 긴급재정관리단체의 긴급재정관리계획의 이행상황을 점검하거나 보고 또는 자료제출을 요구할 수 있다. 이 경우 긴급재정관리단체의 장은 이에 성실히 따라야 한다.(2017.7.26 전단개정)

③ 긴급재정관리단체의 장은 긴급재정관리인의 직무활동에 필요한 사항을 지원하여야 한다.

④ 행정안전부장관은 제1항부터 제3항까지의 규정에 따른 이행 등에 대하여 평가를 실시할 수 있으며, 평가 결과에 따라 필요한 사항을 권고할 수 있다.(2017.7.26 본항개정)

⑤ 긴급재정관리단체의 장은 제4항에 따른 권고를 받은 경우에는 신속하게 조치하고 그 결과를 행정안전부장관에게 통보하여야 한다.(2017.7.26 본항개정)

⑥ 긴급재정관리단체의 장은 긴급재정관리계획 및 그 이행상황과 행정안전부장관의 이행평가 결과를 매년 2회 이상 주민에게 공개하여야 한다.(2017.7.26 본항개정)

⑦ 긴급재정관리계획의 이행이 부진한 긴급재정관리단체에 대한 불이익 부여에 대해서는 제55조의5를 준용한다. 이 경우 "재정위기단체"는 "긴급재정관리단체"로, "재정건전화계획"은 "긴급재정관리계획"으로 본다.

제60조의7【긴급재정관리단체의 예산안 편성 등】 ① 긴급재정관리단체의 장은 예산안을 편성하는 경우에는 긴급재정관리계획에 따라야 한다.

② 긴급재정관리단체의 장은 이미 성립된 예산을 긴급재정관리계획에 따라 변경하여야 하는 경우에는 제60조의5제1항에 따라 행정안전부장관이 긴급재정관리계획을 승인하여 통보한 날부터 60일 이내에 긴급재정관리계획에 따라 추가경정예산안을 편성하여 지방의회에 제출하여야 한다.(2017.7.26 본항개정)

③ 긴급재정관리단체의 장은 제1항 또는 제2항에 따라 예산안을 편성하여 지방의회에 제출하기 전에 예산안이 긴급재정관리계획에 적합한지 여부에 대하여 긴급재정관리인의 검토를 받아야 한다.

④ 긴급재정관리단체의 장은 제1항부터 제3항까지의 규정에 따라 작성된 예산안을 행정안전부장관에게 제출하여야 한다.(2017.7.26 본항개정)

⑤ 지방의회는 제2항에 따라 긴급재정관리단체의 장이 제출한 추가경정예산안에 대하여 제출한 날부터 15일 이내에 의결하여야 한다.

제60조의8【긴급재정관리단체의 지방채 발행 등의 제한 등】 ① 긴급재정관리단체의 장은 제11조, 제11조의2, 제12조, 제13조, 제44조 및 「지방회계법」 제24조에도 불구하고 긴급재정관리계획에 따르지 아니하고는 지방채의 발행, 채무의 보증, 일시차입, 채무부담행위를 할 수 없다.(2016.5.29 본항개정)

② 긴급재정관리단체의 장은 제37조에도 불구하고 긴급재정관리계획에 따르지 아니하고는 대통령령으로 정하는 규모 이상의 재정투자사업에 관한 예산을 편성할 수 없다.

제60조의9【국가 등의 지원】 ① 국가는 긴급재정관리단체가 긴급재정관리계획을 추진하는 데 필요한 행정·재정적 사항을 지원할 수 있다.

② 긴급재정관리단체가 아닌 지방자치단체는 공무원 파견 등 긴급재정관리단체가 긴급재정관리계획을 추진하는 데 필요한 사항을 지원할 수 있다.

제6장 수 입

제61조~제66조 (2016.5.29 삭제)

제7장 지 출

제67조~제73조 (2016.5.29 삭제)
제74조 (2014.5.28 삭제)
제75조~제76조 (2016.5.29 삭제)

제8장 현금과 유가증권

제77조~제81조 (2016.5.29 삭제)

제9장 시 효
(2011.8.4 본장개정)

제82조【금전채권과 채무의 소멸시효】 ① 금전의 지급을 목적으로 하는 지방자치단체의 권리는 시효에 관하여 다른 법률에 특별한 규정이 있는 경우를 제외하고는 5년간 행사하지 아니하면 소멸시효가 완성한다.

② 금전의 지급을 목적으로 하는 지방자치단체에 대한 권리도 제1항과 같다.

제83조【소멸시효의 중단과 정지】 ① 금전의 지급을 목적으로 하는 지방자치단체의 권리에 관하여는 다른 법률에 특별한 규정이 있는 경우를 제외하고는 「민법」 중 소멸시효의 중단과 정지에 관한 규정을 준용한다.

② 금전의 지급을 목적으로 하는 지방자치단체에 대한 권리도 제1항과 같다.

제84조【납입 고지의 효력】 법령이나 조례에 따라 지방자치단체가 하는 납입 고지는 시효 중단의 효력이 있다.

제10장 채권의 관리
(2014.5.28 본장제목개정)

제85조【채권의 관리와 그 사무의 위임】 ① 지방자치단체의 장은 대통령령으로 정하는 바에 따라 그 소관의 채권을 관리하되, 소속 공무원에게 위임하여 관리하게 할 수 있다.

② 제1항에 따라 위임받은 공무원을 "채권관리관"이라 한다.

③ 채권관리관은 현금 수납의 직무를 겸할 수 없다. 다만, 정원이 지나치게 적어 동일인이 그 직무를 겸하여야 할 부득이한 사유가 있는 경우에는 그러하지 아니하다.
(2014.5.28 본조개정)

제86조【채권의 보전】 지방자치단체는 법령이나 조례에 따르지 아니하고는 채권의 전부 또는 일부를 면제하거나 그 지방자치단체에 불리하게 효력을 변경할 수 없다.(2011.8.4 본조개정)

제87조【관리의 방법 등】 ① 채권 관리에 관한 사무는 채권의 발생 원인이나 채권의 내용에 따라 지방자치단체의 이익에 가장 부합하도록 처리하여야 한다.

② 지방자치단체의 장은 그 소관에 속하는 채권이 생겼을 때에는 지체 없이 채무자, 채권금액 및 이행기한, 그 밖에 관련되는 모든 사실을 확인하여 장부에 적고, 관리를 철저히 하여야 한다.

③ (2014.5.28 삭제)

④ 관리 대상이 되는 채권의 범위, 채권의 보전 및 그 밖에 채권 관리에 필요한 사항은 대통령령으로 정한다.
(2014.5.28 본항개정)
(2011.8.4 본조개정)

제10장의2 부채의 관리
(2014.5.28 본장제목삽입)

제87조의2【부채의 관리】 ① 지방자치단체의 장은 대통령령으로 정하는 바에 따라 그 소관의 채무, 그 밖의 부채를 관리하되, 소속 공무원에게 위임하여 관리하게 할 수 있다.

② 제1항에 따라 위임받은 공무원을 "부채관리관"이라 한다.

③ 부채관리관은 현금 출납의 직무를 겸할 수 없다. 다만, 정원이 지나치게 적어 동일인이 그 직무를 겸하여야 할 부득이한 사유가 있는 경우에는 그러하지 아니하다.

④ 지방자치단체의 장은 이 법에 따라 채무를 계산하거나 관리할 때 어떠한 이유에서도 그 전부나 일부를 지방자치단체의 채무에서 제외하여서는 아니 된다.

⑤ 부채관리의 방법 등에 관하여는 제87조를 준용한다. 이 경우 "채권"은 "부채"로 본다.
(2014.5.28 본조신설)

제87조의3【지방재정건전성의 관리】 ① 지방자치단체의 장은 행정안전부장관이 정하는 바에 따라 매년 다음 각 호의 사항이 포함된 재정건전성관리계획을 수립하여 시행하여야 한다.(2017.7.26 본문개정)

1. 전전년도 및 전년도 통합부채와 우발부채의 변동 상황
2. 해당 회계연도의 통합부채와 우발부채의 추정액
3. 해당 회계연도부터 5회계연도 이상의 기간에 대한 통합부채와 우발부채의 변동 전망과 근거 및 관리계획
4. 그 밖에 대통령령으로 정하는 사항

② 행정안전부장관은 지방재정건전성 관리제도의 운영에 있어서 특별한 사유가 없으면 통합부채와 우발부채를 모두 고려하여야 한다.(2017.7.26 본항개정)

③ 행정안전부장관은 통합부채, 우발부채의 체계적 관리에 필요한 사항을 지방자치단체에 통보하여야 한다.
(2017.7.26 본항개정)
(2014.5.28 본조개정)

제11장 복 권

제88조【복권기금으로부터의 전입금의 배분】 지방자치단체는 「지방자치법」 제169조에 따른 행정협의회를 구성하여 「복권 및 복권기금법」 제23조제1항에 따라 배분되는 복권수익금의 지방자치단체별 배분 비율을 정하고 이를 행정안전부장관의 승인을 받아 같은 법 제13조에 따른 복권위원회에 통보하여야 한다.(2021.1.12 본조개정)

제12장 회계관계공무원

제89조~제95조 (2016.5.29 삭제)

제13장 보 칙

제96조 (2016.5.29 삭제)

제96조의2【지방재정정보화】 ① 지방자치단체의 장은 대통령령으로 정하는 사유가 없으면 지방재정에 관한 업무 전반을 행정안전부장관이 정하는 정보시스템을 통하여 처리하여야 한다.

② 행정안전부장관은 지방재정 운용상황 공개와 제60조의2에 따른 통합공시 등에 필요한 정보시스템을 개발·운영하여야 한다. 이 경우 지방공기업 및 지방자치단체 출자·출연기관의 경영상황을 포함할 수 있다.

③ 행정안전부장관은 제2항에 따른 사무를 수행하기 위하여 필요한 정보를 관계 기관에 요청할 수 있다. 이 경우 요청을 받은 기관은 이에 따라야 한다.
(2017.7.26 본조개정)

제96조의3【지방재정 관계 공무원에 대한 교육】 행정안전부장관 및 지방자치단체의 장은 지방재정의 건전하고 효율적인 운용을 위하여 대통령령으로 정하는 바에 따라 지방재정 관계 공무원에 대한 교육을 실시할 수 있다.(2017.7.26 본조개정)

제14장 벌 칙

제97조~제98조 (2021.1.12 삭제)

부 칙 (2014.5.28)

제1조【시행일】 이 법은 공포 후 6개월이 경과한 날부터 시행한다. 다만, 제17조의2, 제27조의5제2항, 제32조의2부터 제32조의10까지, 제33조제11항, 제74조, 제87조의3, 제97조 및 제98조의 개정규정은 2015년 1월 1일부터 시행한다.

제2조【성과계획서 및 성과보고서에 관한 적용례】 제5조제2항의 개정규정에 따른 성과계획서 및 성과보고서의 작성은 2016회계연도 예산안 및 그 결산서부터 적용한다.

제3조【출납 폐쇄기한 및 출납사무 완결기한에 관한 적용례】 제8조의 개정규정은 2015회계연도의 출납부터 적용한다.

제4조【특별회계에 관한 적용례 등】 ① 제9조제2항 단서의 개정규정은 2016회계연도 예산안부터 적용한다.

② 이 법 시행 당시의 특별회계로서 제9조제3항의 개정규정에 따라 존속기한을 정하여야 하는 특별회계 중 해당 조례에 별도로 존속기한이 정하여지지 아니한 특별회계 및 존속기한이 2018년 12월 31일을 초과하여 정하여진 특별회계는 2018년 12월 31일을 그 존속기한으로 본다.

제5조【기부·보조의 제한에 관한 적용례】 제17조의 개정규정은 2016회계연도에 기부·보조, 그 밖의 공금 지출을 하는 경우부터 적용한다.

제6조【출자·출연의 제한에 관한 적용례】 제18조의 개정규정은 2016회계연도에 출자 또는 출연하는 경우부터 적용한다.

제7조【지방재정영향평가에 관한 적용례 등】 ① 제27조의6제1항의 개정규정은 이 법 시행 후 국내·국제경기대회, 축제·행사, 공모사업 등의 유치를 신청하거나 응모를 하는 경우부터 적용한다.

② 제27조의6제2항 및 제3항의 개정규정은 이 법 시행 후 협의 또는 의견을 듣는 절차를 개시하는 법령안이나 세입·세출 및 국고채무부담행위 요구안부터 적용한다.

제8조【중기지방재정계획에 관한 적용례】 제33조제3항제6호 및 제7호의 개정규정은 2015년에 작성하는 중기지방재정계획부터 적용한다.

제9조【민간위원의 연임제한에 관한 적용례】 제37조의2제2항 및 제60조제3항의 개정규정 중 민간위원의 연임제한에 관한 부분은 이 법 시행 후 최초로 위촉되는 위원부터 적용한다.

제10조【예비비 편성 및 사용에 관한 적용례】 제43조제1항 및 제2항의 개정규정은 2015회계연도 예산안부터 적용한다.

제11조【예산안 첨부서류에 관한 적용례】 제44조의2의 개정규정은 2015회계연도 예산안부터 적용한다. 다만, 제44조의2제1항제8호의 개정규정은 2016회계연도 예산안부터 적용한다.

제12조【결산서에 관한 적용례】 제51조 및 제51조의2의 개정규정과 제53조제4항 및 제5항의 개정규정 중 재무제표 작성에 관한 부분은 2014회계연도 결산부터 적용한다. 다만, 제51조제1항제4호의 개정규정은 2016회계연도 결산부터 적용한다.

제13조【지역통합재정통계의 작성 및 지방재정 운용상황 공시 등에 관한 적용례 등】 ① 제59조 및 제60조의 개정규정은 2015회계연도 예산부터 적용한다. 다만, 제60조제1항제1호의 개정규정의 성과계획서와 성과보고서는 2016회계연도 예산부터 적용한다.

② 제1항에도 불구하고 지방자치단체의 장은 종전의 규정에 따라 2014년도의 통합재정정보를 행정자치부장관에게 제출하여야 한다.(2014.11.19 본항개정)

③ 제1항에도 불구하고 지방자치단체의 장은 종전의 규정에 따라 2014년도의 재정 운용상황을 공시하여야 한다.

④ 행정자치부장관은 대통령령으로 정하는 바에 따라 2014회계연도의 지방자치단체별 지방재정 운용상황을 통합하여 공시할 수 있다.(2014.11.19 본항개정)

제14조【지방채 발행에 관한 경과조치】 제11조제1항의 개정규정에도 불구하고 이 법 시행 당시 지방의회의 의결을 받았거나 지방의회의 의결을 위하여 지방의회에 제출된 지방채 발행계획에 대해서는 종전의 규정에 따라 지방채를 발행할 수 있다.

제15조【지방보조금에 관한 경과조치】제17조의2 및 제32조의4부터 제32조의10까지의 개정규정에도 불구하고 같은 개정규정 시행 전에 교부된 지방보조금에 대해서는 종전의 규정에 따른다.
제16조【재정보전금 등에 관한 경과조치】제29조, 제29조의2 및 제29조의3의 개정규정에도 불구하고 2014년도에 지출되는 재정보전금 등에 대해서는 종전의 규정에 따른다.
제17조【시·도가 시행하는 토목 등의 건설사업에 대한 시·군 및 자치구의 부담에 관한 경과조치】제30조의 개정규정에도 불구하고 이 법 시행 전에 시·군 및 자치구가 경비 부담에 동의한 사업에 대해서는 종전의 규정에 따른다.
제18조【타당성 조사에 관한 경과조치】제37조제2항의 개정규정에도 불구하고 이 법 시행 당시 타당성 조사가 완료되거나 전문기관에의 타당성 조사가 의뢰된 사업에 대해서는 종전의 규정에 따른다.
제19조【채무부담행위에 관한 경과조치】제44조제4항의 개정규정에도 불구하고 이 법 시행 당시 지방의회의 의결을 받았거나 지방의회의 의결을 받기 위하여 지방의회에 제출된 채무부담행위에 대해서는 종전의 규정에 따른다.
제20조【회계관계공무원의 명칭 변경에 관한 경과조치】이 법 시행 당시 종전의 규정에 따라 경리관 또는 채무관리관으로 위임받은 자 또는 지정된 관직은 제67조, 제87조의2 및 제91조의 개정규정에 따라 재무관 또는 부채관리관으로 위임받거나 지정된 것으로 본다.
제21조【금고 수 제한에 관한 경과조치】제77조제3항의 개정규정에도 불구하고 지방자치단체는 이 법 시행 당시 지정된 금고에 대해서는 해당 금고와의 계약기간이 유효할 때까지는 금고로 운영할 수 있다.
제22조【다른 법률의 개정】①~⑬ ※(해당 법령에 가제정리 하였음)

부 칙 (2015.5.13)

제1조【시행일】이 법은 공포 후 6개월이 경과한 날부터 시행한다. 다만, 제11조제1항의 개정규정은 공포한 날부터 시행한다.
제2조【지방채의 발행에 관한 유효기간】제11조제1항의 개정규정은 이 법 시행일부터 2017년 12월 31일까지 효력을 가진다.

부 칙 (2015.12.29)

제1조【시행일】이 법은 공포 후 6개월이 경과한 날부터 시행한다. 다만, 제27조의2제6항부터 제8항까지, 제28조의2제2항, 제29조의3 및 제29조의4의 개정규정은 2016년 1월 1일부터 시행한다.
제2조【지방보조사업의 수행과 관련된 자료 보관에 관한 적용례】제32조의5제5항의 개정규정은 이 법 시행 후 최초로 지방보조사업을 수행하는 지방보조사업자부터 적용한다.

부 칙 (2017.3.21)

제1조【시행일】이 법은 공포한 날부터 시행한다.
제2조【지방재정부담심의위원회 구성에 관한 경과조치】이 법 시행 당시 종전의 규정에 따라 위촉된 위원회의 위원은 제27조의2제4항의 개정규정에도 불구하고 종전의 규정에 따른다.

부 칙 (2018.3.27)

제1조【시행일】이 법은 2019년 1월 1일부터 시행한다. 다만, 제39조의 개정규정은 공포 후 3개월이 경과한 날부터 시행한다.
제2조【재정진단에 따른 특별교부세 교부 등에 관한 경과조치】이 법 시행 전에 종전의 제55조제2항에 따른 재정진단을 받은 지방자치단체에 대해서는 2020년 12월 31일까지 제57조 및 제60조제1항제12호의 개정규정에도 불구하고 종전의 규정에 따른다.

부 칙 (2019.12.31 법16857호)

제1조【시행일】이 법은 2020년 1월 1일부터 시행한다.
제2조【적용시한】제29조제1항제2호의 개정규정은 2026년 12월 31일까지 효력을 가진다.(2021.12.7 본조개정)

부 칙 (2020.1.29)

제1조【시행일】이 법은 공포 후 3개월이 경과한 날부터 시행한다.
제2조【발행 한도액의 범위를 초과하는 지방채 발행에 관한 경과조치】이 법 시행 전에 종전의 규정에 따라 지방채 발행 한도액의 범위를 초과하는 지방채 발행(제11조제3항 단서의 개정규정에 따른 범위를 초과하는 지방채 발행은 제외한다)에 관하여 행정안전부장관에게 승인을 신청하거나 행정안전부장관의 승인을 받은 경우에는 제11조제3항 본문의 개정규정에 따라 행정안전부장관에게 협의를 신청하거나 행정안전부장관과 협의를 한 것으로 본다.

부 칙 (2020.6.9)

이 법은 공포한 날부터 시행한다. 다만, 제43조, 제47조, 제47조의2 및 제49조의 개정규정은 공포 후 3개월이 경과한 날부터 시행한다.

부 칙 (2021.1.12 법17892호)

제1조【시행일】이 법은 공포 후 6개월이 경과한 날부터 시행한다.(이하 생략)

부 칙 (2021.1.12 법17893호)

제1조【시행일】이 법은 공포 후 1년이 경과한 날부터 시행한다.(이하 생략)

부 칙 (2021.12.7)

제1조【시행일】이 법은 2022년 1월 1일부터 시행한다.
제2조【유효기간】제29조제1항제2호의 개정규정은 2026년 12월 31일까지 효력을 가진다.

부 칙 (2021.12.21)

제1조【시행일】이 법은 공포한 날부터 시행한다.(이하 생략)

부 칙 (2021.12.28)

제1조【시행일】이 법은 2022년 1월 1일부터 시행한다.
제2조【세입재원의 배분에 관한 적용례】제29조제4항 및 제29조의2제2항의 개정규정은 이 법 시행 이후 최초로 신고·납부한 레저세분부터 적용한다.

부 칙 (2022.11.15)

이 법은 공포 후 6개월이 경과한 날부터 시행한다.

부 칙 (2023.4.11)

제1조【시행일】이 법은 공포 후 9개월이 경과한 날부터 시행한다.
제2조【타당성조사에 관한 경과조치】이 법 시행 당시 지방자치단체의 장이 종전의 제37조제2항 본문에 따른 타당성조사 전문기관에 타당성조사를 의뢰한 사업에 대해서는 제37조의2제1항제2호부터 제5호까지의 개정규정에도 불구하고 타당성조사를 완료할 수 있다.

부 칙 (2023.8.8)

제1조【시행일】이 법은 2024년 5월 17일부터 시행한다.(이하 생략)

부 칙 (2023.8.16)

제1조【시행일】이 법은 공포 후 6개월이 경과한 날부터 시행한다.
제2조부터 제4조까지 생략
제5조【「지방재정법」의 개정에 따른 경과조치】이 법 시행 전에 종전의 「지방재정법」 제27조의2제1항 및 제56조제1항에 따라 설치된 지방재정부담심의위원회 또는 지방재정위기관리위원회에 심의 요청된 사항은 같은 법 제27조의2의 개정규정에 따른 지방재정관리위원회에 심의 요청된 것으로 본다.
제6조 및 제7조 생략

지방자치단체 보조금 관리에 관한 법률(약칭 : 지방보조금법)

(2021년 1월 12일 법 률 제17892호)

개정
2023. 4.11법19333호

제1장 총 칙

제1조【목적】이 법은 지방보조금 예산의 편성, 교부 신청과 결정 및 사용 등의 기본적인 사항을 규정함으로써 지방보조금 예산의 효율적인 편성 및 집행 등 지방보조금 예산의 투명하고 적정한 관리를 목적으로 한다.
제2조【정의】이 법에서 사용하는 용어의 뜻은 다음과 같다.
1. "지방보조금"이란 지방자치단체가 법령 또는 조례에 따라 다른 지방자치단체, 법인·단체 또는 개인 등이 수행하는 사무 또는 사업 등을 조성하거나 이를 지원하기 위하여 교부하는 보조금 등을 말한다. 다만, 출자금 및 출연금과 국고보조재원에 의한 것으로서 지방자치단체가 교부하는 보조금은 제외한다.
2. "지방보조사업"이란 지방보조금이 지출되거나 교부되는 사업 또는 사무를 말한다.
3. "지방보조사업자"란 지방보조사업을 수행하는 자를 말한다.
4. "지방보조금수령자"란 지방자치단체 및 지방보조사업자로부터 지방보조금을 지급받은 자를 말한다.

제3조【다른 법률과의 관계】① 지방보조금 예산의 편성·집행 등 그 관리에 관하여 다른 법률에 규정이 있는 것을 제외하고는 이 법에서 정하는 바에 따른다.
② 개인정보의 보호에 관하여 이 법에 특별한 규정이 있는 경우를 제외하고는 「개인정보 보호법」에서 정하는 바에 따른다.
③ 이 법을 적용할 때 교육·과학 및 체육에 관한 사항 또는 교육비 특별회계에 관하여는 "지방자치단체의 장" 또는 "시·도지사"는 "교육감"으로, "행정안전부장관"은 "교육부장관"으로 본다.

제2장 지방보조금의 예산 편성

제4조【시·도비 기준보조율】① 지방보조금이 지급되는 대상사업, 경비의 종목, 보조율 및 금액은 매년 예산으로 정하고, 다른 지방자치단체에 대한 지방보조금의 경우 예산 계상 신청 및 예산 편성 시 지방보조사업별로 적용하는 기준이 되는 보조율은 특별시·광역시·도·특별자치도의 조례로 정한다. 다만, 「지방재정법」 제22조에 따라 지방자치단체가 부담하는 경비는 제외한다.
② 지방자치단체의 장은 제1항에 따른 부담액을 다른 사업보다 우선하여 그 회계연도의 예산에 계상하여야 한다.
제5조【지방보조사업을 수행하려는 자의 예산 계상 신청】① 지방보조사업을 수행하려는 자는 매년 지방자치단체의 장에게 지방보조금의 예산 계상을 신청하여야 한다.
② 지방자치단체의 장은 제1항에 따른 신청이 없는 경우에도 해당 지방자치단체의 시책상 부득이 조례로 정하는 경우에는 필요한 지방보조금을 예산에 계상할 수 있다.
③ 제1항에 따른 신청을 할 때에는 지방보조사업의 목적과 내용, 지방보조사업에 드는 경비, 그 밖에 필요한 사항을 적은 신청서와 첨부서류를 제출하여야 한다.
④ 제1항부터 제3항까지에 따른 신청의 신청서식, 첨부서류, 제출일 등 필요한 사항은 지방자치단체의 장이 정한다.
제6조【지방보조금의 예산 편성 및 운영】① 지방자치단체의 장은 해당 지방보조사업의 성격, 지방보조사업자의 비용부담능력 등을 고려하여 지방보조금을 편성하여야 한다.
② 지방자치단체의 장은 법령에 명시적 근거가 있는 경우 외에는 지방보조금을 운영비로 교부할 수 없다. 이 경우 운영비로 사용할 수 있는 경비의 종목은 대통령령으로 정한다.
③ 지방자치단체의 장은 지방보조금이 중복 교부되거나 부적격자에게 교부되지 아니하도록 지원이력 등을 체계적으로 관리하여야 한다.
제6조의2【지방보조금에 관한 예산의 통지】① 지방자치단체의 장은 다른 지방자치단체에 지방보조금을 교부하는 사항이 포함된 예산안을 지방의회에 제출한 경우 대통령령으로 정하는 바에 따라 그 지방보조금의 편성 내용을 해당 지방보조금을 교부받는 다른 지방자치단체의 장에게 즉시 통지하여야 한다.
② 지방자치단체의 장은 제1항에 따른 지방보조금 예산안이 지방의회에서 의결된 경우 대통령령으로 정하는 바에 따라 그 의결 내용을 해당 지방보조금을 교부받는 다른 지방자치단체의 장에게 즉시 통지하여야 한다.
③ 제1항 및 제2항에 따른 통지는 제28조제1항에 따른 지방보조금통합관리망을 통하여 하여야 한다.
(2023.4.11 본조신설)

제3장 지방보조금의 교부 절차

제7조【지방보조금의 교부 신청】 ① 지방보조금을 교부받으려는 자는 대통령령으로 정하는 바에 따라 지방보조사업의 목적과 내용, 지방보조사업에 드는 경비, 그 밖에 필요한 사항을 적은 신청서에 지방보조사업에 대한 구체적인 사업계획서와 지방자치단체의 장이 정하는 서류를 첨부하여 지방자치단체의 장이 지정한 기일 내에 지방자치단체의 장에게 제출하여야 한다.(2023.4.11 본항개정)
② 지방자치단체의 장은 공모(公募)절차를 통하여 제1항에 따른 지방보조금 교부신청서를 제출받아야 한다. 다만, 다음 각 호의 어느 하나에 해당하는 경우는 그러하지 아니하다.
1. 법령이나 조례에 지원 대상자 선정방법이 다르게 규정된 경우
2. 국고보조사업으로서 대상자가 지정되어 있는 경우
3. 용도가 지정된 기부금의 경우
4. 지방보조사업을 수행하려는 자의 신청에 따라 예산에 반영된 사업으로서 그 신청자가 수행하지 아니하고는 해당 지방보조사업의 목적을 달성할 수 없다고 인정되는 경우
5. 지방보조사업을 수행하려는 자가 지방자치단체의 장인 경우
6. 제1호부터 제5호까지에서 규정한 경우 외에 천재지변이나 그 밖의 부득이한 사유로 인하여 공모방식으로 하는 것이 적절하지 아니하다고 인정되는 경우

제8조【지방보조금의 교부 결정】 ① 지방자치단체의 장은 제7조에 따른 지방보조금의 교부신청서가 제출된 경우에 다음 각 호의 사항을 조사하여 지체 없이 지방보조금의 교부 여부를 결정하여야 한다.
1. 법령, 조례 및 예산의 목적에의 적합 여부
2. 지방보조사업 내용의 적정 여부
3. 금액 산정의 착오 유무
4. 자기자금의 부담능력 유무(자금의 일부를 지방보조사업자가 부담하는 경우만 해당한다)
② 지방자치단체의 장은 제7조제2항에 따라 공모방식으로 지방보조금 교부신청서를 제출받은 경우에는 제1항에 따른 지방보조금의 교부 여부를 결정하기 전에 제26조에 따른 지방보조금관리위원회의 심의를 거쳐야 한다.

제9조【지방보조금의 교부 조건】 ① 지방자치단체의 장은 지방보조금의 교부를 결정할 때 법령, 조례와 예산에서 정하는 지방보조금의 교부 목적을 달성하는 데 필요한 조건을 붙일 수 있다.
② 지방자치단체의 장은 지방보조금의 교부를 결정하는 경우 지방보조사업이 완료된 때에 그 지방보조사업자에게 상당한 수익이 발생하는 경우에는 그 지방보조금의 교부 목적에 위배되지 아니하는 범위에서 이미 교부한 지방보조금의 전부 또는 일부를 지방자치단체에 반환하게 하는 조건을 붙일 수 있다.

제10조【지방보조금의 교부 결정 통지】 지방자치단체의 장은 지방보조금의 교부를 결정하였을 때에는 그 교부 결정의 내용(그에 조건을 붙인 경우에는 그 조건을 포함한다. 이하 같다)을 지체 없이 지방보조금의 교부를 신청한 자에게 통지하여야 한다.

제10조의2【지방보조금의 교부 방법】 ① 지방자치단체의 장은 지방보조금의 효율적인 집행·관리를 위하여 필요하다고 인정하는 경우 해당 지방자치단체의 금고에 지방보조금을 예치(預置)하여 지방보조사업자에게 교부할 수 있다.
② 제1항에 따라 지방자치단체의 금고에 예치하는 지방보조금의 범위, 예치방법 및 교부절차 등에 필요한 사항은 대통령령으로 정한다.
(2023.4.11 본조신설)

제11조【사정변경에 의한 교부 결정의 취소 등】 ① 지방자치단체의 장은 지방보조금의 교부를 결정한 경우 그 후에 발생한 사정의 변경으로 특히 필요하다고 인정할 때에는 지방보조금의 교부 결정 내용을 변경하거나 그 교부 결정의 전부 또는 일부를 취소할 수 있다. 다만, 이미 수행된 부분의 지방보조사업에 대해서는 그러하지 아니하다.
② 제1항에 따른 지방보조금의 교부 결정 취소 사유는 지방보조금의 교부 결정을 한 후에 발생한 천재지변이나 그 밖의 사정 변경으로 인하여 지방보조사업의 전부 또는 일부를 계속할 필요가 없어진 경우와 대통령령으로 정하는 경우로 한정한다.
③ 시·군·자치구의 장(이하 "시장·군수·구청장"이라 한다)은 시·도의 지방보조금의 교부 결정 내용을 변경하거나 교부 결정 취소를 요청하려는 경우에는 다음 각 호의 사항을 적은 서류를 특별시장·광역시장·특별자치시장·도지사·특별자치도지사(이하 "시·도지사"라 한다)에게 제출하여야 한다.
1. 교부 결정의 취소 등을 하여야 할 사유
2. 교부 결정의 취소 등에 대한 해당 지방보조사업자의 의견
3. 교부 결정의 취소로 인한 미교부 지방보조금의 향후 사용계획
④ 지방자치단체의 장은 제1항에 따라 지방보조금의 교부 결정을 취소한 경우 그 취소로 인하여 특히 필요하게 된 사무 또는 사업에 대해서는 대통령령으로 정하는 바에 따라 지방보조금을 교부하여야 한다.
⑤ 제1항에 따라 지방보조금의 교부 결정 내용을 변경하거나 교부 결정을 취소할 경우에는 제10조를 준용한다.

제12조【법령 위반 등에 따른 교부 결정의 취소】 ① 지방자치단체의 장은 지방보조사업자가 다음 각 호의 어느 하나에 해당하는 경우에는 지방보조금 교부 결정의 전부 또는 일부를 취소할 수 있다.
1. 지방보조금을 다른 용도에 사용한 경우
2. 법령, 조례, 지방보조금 교부 결정의 내용 또는 법령에 따른 지방자치단체의 장의 처분을 위반한 경우
3. 거짓 신청이나 그 밖의 부정한 방법으로 지방보조금을 교부받은 경우
4. 그 밖에 지방보조사업의 수행이 곤란한 경우로서 조례로 정하는 사유에 해당하는 경우
② 제1항에 따라 교부 결정을 취소한 경우에는 제10조를 준용한다.

제4장 지방보조사업의 수행

제13조【지방보조금의 용도 외 사용 금지】 지방보조사업자는 법령, 지방보조금 교부 결정의 내용 또는 법령에 따른 지방자치단체의 장의 처분에 따라 선량한 관리자의 주의로 지방보조사업을 수행하여야 하며, 해당 지방보조금을 다른 용도에 사용하여서는 아니 된다.

제14조【지방보조사업의 내용 변경 등】 지방보조사업자는 사정의 변경으로 지방보조사업의 내용을 변경하거나 지방보조사업에 드는 경비의 배분을 변경하려면 지방자치단체의 장의 승인을 받아야 한다. 다만, 지방자치단체의 장이 정하는 경미한 내용 변경이나 경비 배분의 경우에는 그러하지 아니하다.

제15조【지방보조사업의 인계 등】 지방보조사업자는 사정의 변경으로 그 지방보조사업을 다른 사업자에게 인계하거나 중단 또는 폐지하려면 미리 지방자치단체의 장의 승인을 받아야 한다.

제16조【지방보조사업 수행 상황 점검 등】 ① 지방보조사업자는 지방자치단체의 장이 정하는 바에 따라 지방보조사업의 수행 상황을 지방자치단체의 장에게 보고하여야 한다.
② 지방자치단체의 장은 지방보조사업의 수행 상황을 파악하기 위하여 필요한 경우 현지조사를 할 수 있다.
③ 지방보조사업자는 지방보조사업의 수행과 관련된 자료를 5년 동안 보관하여야 하며, 그 밖에 필요한 사항은 대통령령으로 정한다.
④ 지방자치단체의 장은 지방보조사업자가 법령, 지방보조금 교부 결정의 내용 또는 법령에 따른 지방자치단체의 장의 처분에 따라 지방보조사업을 수행하지 아니한다고 인정할 때에는 그 지방보조사업자에게 지방보조사업 수행에 필요한 명령을 할 수 있다.
⑤ 지방자치단체의 장은 지방보조사업자가 제4항의 명령을 위반하였을 때에는 그 지방보조사업의 수행을 일시 정지시킬 수 있다.

제17조【지방보조사업의 실적 보고】 ① 지방보조사업자는 다음 각 호의 어느 하나에 해당하는 때에는 대통령령으로 정하는 기한까지 그 지방보조사업의 실적보고서(이하 "실적보고서"라 한다)를 작성하여 지방자치단체의 장에게 제출하여야 한다. 이 경우 실적보고서에는 그 지방보조사업에 든 경비를 재원별로 명백히 한 정산보고서 및 지방자치단체의 장이 정하는 서류를 첨부하여야 한다. 다만, 지방보조사업자가 「보조금 관리에 관한 법률」 제27조에 따른 실적보고를 한 때 대통령령으로 정하는 사유가 있는 경우에는 이 법에 따른 실적보고를 완료한 것으로 볼 수 있다.
1. 지방보조사업을 완료하였을 때
2. 지방보조사업 폐지의 승인을 받았을 때
3. 회계연도가 끝났을 때
② 지방보조사업에 대한 지방보조금의 총액이 3억원 이상인 지방보조사업자(지방보조사업자가 지방자치단체인 경우는 제외한다)는 「주식회사 등의 외부감사에 관한 법률」 제2조제7호 및 제9조에 따른 감사인으로부터 정산보고서의 적정성에 대하여 검증을 받아야 한다. 다만, 「보조금 관리에 관한 법률」 제27조제2항 후단에 따라 해당 지방보조사업의 내용이 포함되어 있는 보조사업 또는 간접보조사업을 수행하는 자가 이미 정산보고서의 적정성에 대하여 검증을 받은 경우는 제외한다.(2023.4.11 본항개정)
③ 지방자치단체의 장은 지방보조사업자가 제1항 전단에 따른 기한까지 실적보고서를 제출하지 아니한 경우 그 제출지연기간을 고려하여 대통령령으로 정하는 기준에 따라 지방보조금을 삭감할 수 있다. 이 경우 지방보조금의 삭감금액은 해당 실적보고서가 제출된 이후 최초로 교부하는 지방보조금의 100분의 50 이내의 금액으로 한다.(2023.4.11 본항신설)
④ 제1항 및 제2항에 따른 실적보고서의 제출 및 정산보고서의 검증 등에 필요한 사항은 대통령령으로 정한다.
(2023.4.11 본항개정)

제18조【특정지방보조사업자에 대한 회계감사】 ① 같은 회계연도 중 지방자치단체의 장으로부터 교부받은 지방보조금의 총액이 10억원 이상인 지방보조사업자(지방보조사업자가 지방자치단체인 경우는 제외하며, 이하 이 조에서 "특정지방보조사업자"라 한다)는 「주식회사 등의 외부감사에 관한 법률」 제2조제7호 및 제9조에 따른 감사인이 해당 회계연도를 기준으로 작성한 감사보고서(이하 이 조에서 "감사보고서"라 한다)를 지방보조금을 교부한 지방자치단체의 장에게 제출하여야 한다. 다만, 2년 이상 계속하여 지방보조금을 교부받은 특정지방보조사업자로서 직전 회계연도에 감사보고서를 제출한 경우에는 해당 회계연도에 대한 감사보고서의 작성·제출을 생략할 수 있다.
② 제1항에도 불구하고 특정지방보조사업자가 다른 법률에 따라 회계감사를 받는 경우에는 감사보고서를 갈음하여 해당 법률에 따라 작성된 감사 관련 보고서를 제출할 수 있다. 이 경우 감사 관련 보고서에는 지방보조사업에 관한 감사의견이 포함되어야 한다.
③ 제1항 및 제2항에도 불구하고 지방자치단체의 장은 지방보조사업 특성상 감사보고서를 작성·제출하기에 적합하지 아니하다고 인정하는 경우에는 해당 특정지방보조사업자에게 감사보고서를 제출하지 아니하게 할 수 있다.
④ 제1항부터 제3항까지에서 규정한 사항 외에 특정지방보조사업자의 감사인 선정, 회계감사의 기준 및 감사보고서의 작성·제출 등에 필요한 사항은 대통령령으로 정한다.

제19조【지방보조금의 금액 확정】 ① 지방자치단체의 장은 제17조에 따라 지방보조사업자가 작성한 실적보고서를 토대로 지방보조사업이 법령, 조례, 지방보조금 교부 결정의 내용 또는 법령에 따른 지방자치단체의 장의 처분에 적합한 것인지를 심사하여야 한다. 이 경우 필요하면 현지조사를 할 수 있다.
② 지방자치단체의 장은 제1항의 심사 결과 적합하다고 판단된 때에는 지방보조금액을 확정하여 해당 지방보조사업자에게 통지하여야 한다.

제20조【지방보조사업의 시정명령】 지방자치단체의 장은 실적보고서를 받은 경우 그 지방보조사업의 실적이 법령, 조례, 지방보조금 교부 결정의 내용 또는 법령에 따른 지방자치단체의 장의 처분에 적합하지 아니하다고 인정될 때에는 그 지방보조사업자에게 지방보조사업의 시정을 위하여 필요한 조치를 명할 수 있다.

제20조의2【지방보조사업자의 정보 공시】 ① 대통령령으로 정하는 규모 이상의 지방보조사업을 수행하는 지방보조사업자(지방자치단체는 제외한다)는 매 회계연도가 종료되면 대통령령으로 정하는 기한까지 다음 각 호의 서류를 제28조제1항에 따른 지방보조금통합관리망에 공시하여야 한다. 다만, 「보조금 관리에 관한 법률」 제26조의10제1항에 따라 지방보조사업의 내용이 포함된 보조사업 또는 간접보조사업을 수행하는 자가 이미 공시를 한 경우는 제외한다.
1. 제7조제1항에 따른 지방보조금 교부신청서 및 첨부서류
2. 제17조제1항 후단에 따른 지방보조사업 경비에 관한 정산보고서
3. 제18조제1항 및 제2항에 따라 감사를 받은 경우에는 감사보고서 또는 감사 관련 보고서
4. 지방보조사업과 관련하여 감사원, 중앙행정기관 또는 지방자치단체 등의 감사를 받은 경우에는 그 감사 결과에 관한 서류
5. 그 밖에 지방보조사업의 수행에 관한 중요 서류로서 대통령령으로 정하는 서류
② 지방자치단체의 장은 제1항 각 호 외의 부분 본문에 따른 기한까지 공시를 하지 아니하거나 거짓 사실을 공시한 지방보조사업자에 대해서는 대통령령으로 정하는 바에 따라 시정명령이나 지방보조금의 삭감 또는 이를 위하여 필요한 조치를 할 수 있다. 이 경우 지방보조금의 삭감금액은 제1항에 따라 공시하는 회계연도에 교부하기로 한 지방보조금 총액의 100분의 50 이내의 금액으로 한다.
(2023.4.11 본조신설)

제21조【재산 처분의 제한】 ① 지방보조사업자는 지방보조금으로 취득하거나 그 효용이 증가된 것으로서 대통령령으로 정하는 중요한 재산(이하 "중요재산"이라 한다)에 대하여는 대통령령으로 정하는 바에 따라 그 현재액과 증감을 명백히 하여야 하고, 그 현황을 지방자치단체의 장에게 보고하여야 한다.
② 지방자치단체의 장은 제1항에 따라 중요재산의 현황을 보고받은 경우 대통령령으로 정하는 바에 따라 그 보고받은 현황을 공시하여야 한다.(2023.4.11 본항신설)
③ 지방보조사업자는 해당 지방보조사업을 완료한 후에도 지방자치단체의 장의 승인 없이 중요재산에 대하여 다음 각 호의 행위를 하여서는 아니 된다.
1. 교부 목적 외 용도로의 사용
2. 양도, 교환 또는 대여
3. 담보의 제공
④ 지방보조사업자가 다음 각 호의 하나에 해당하는 경우에는 지방자치단체의 장의 승인을 받지 아니하고도 제3항 각 호의 행위를 할 수 있다.(2023.4.11 본문개정)
1. 지방보조사업자가 지방보조금의 전부를 지방자치단체에 반환한 경우

2. 지방보조금의 교부 목적과 해당 재산의 내용연수(耐用年數)를 고려하여 지방자치단체의 장이 정한 기간이 지난 경우
3. 그 밖에 대통령령으로 정하는 사유가 발생하는 경우
⑤ 지방자치단체의 장은 지방보조사업자가 해당 지방보조사업을 완료한 후에도 지방자치단체의 장의 승인 없이 중요재산에 대하여 제2항 각 호의 행위를 한 경우에는 대통령령으로 정하는 바에 따라 다음 각 호의 금액의 전부 또는 일부의 반환을 명할 수 있다.
1. 중요재산을 취득하기 위하여 사용된 지방보조금에 해당하는 금액
2. 중요재산의 효용가치 증가액에 해당하는 금액
3. 중요재산의 양도, 교환, 대여 또는 담보 제공을 통하여 얻은 재산상의 이익에 해당하는 금액

제22조【중요재산의 부기등기】 ① 지방보조사업자는 중요재산 중 부동산에 대한 소유권 등기를 할 때에는 다음 각 호에서 정한 사항을 표기내용으로 하는 부기등기(附記登記)를 하여야 한다. 다만, 「공유재산 및 물품 관리법」 등에 따라 지방자치단체가 취득·관리하는 부동산의 경우에는 그러하지 아니하다.
1. 해당 부동산은 지방보조금을 교부받아 취득하였거나 그 효용가치가 증가한 재산이라는 사항
2. 지방자치단체의 장이 정한 기간 내에 해당 부동산을 지방보조금의 교부 목적 외의 용도로 사용, 양도, 교환, 대여하거나 담보로 제공하려는 경우에는 지방자치단체의 장의 승인을 받아야 한다는 사항
② 제1항에 따른 부기등기는 소유권보존등기, 소유권이전등기 또는 토지·건물표시변경등기와 동시에 하여야 한다. 다만, 지방보조금의 교부로 부동산의 등기내용이 변경되지 아니하는 경우에는 실적보고서 제출 전까지 부기등기를 하여야 한다.
③ 제1항에 따른 부기등기일 이후에 제21조제3항을 위반하여 중요재산을 교부 목적 외 용도로 사용, 양도, 교환, 대여하거나 담보로 제공한 경우에는 그 효력을 무효로 한다.(2023.4.11 본항개정)
④ 지방보조사업자는 다음 각 호의 어느 하나에 해당하는 경우에는 제1항에 따른 부기등기 사항을 말소할 수 있다.
1. 지방보조사업자가 제9조제2항 또는 제31조에 따라 지방보조금의 전부를 지방자치단체에 반환하고, 지방자치단체의 장으로부터 이러한 사실을 확인받은 경우
2. 지방보조금의 교부 목적과 부동산의 내용연수를 고려하여 지방자치단체의 장이 정한 기간이 지난 경우

제5장 지방보조금의 관리

제23조 (2023.4.11 삭제)

제24조【별도 계정의 설정 등】 ① 지방보조사업자는 교부받은 지방보조금에 대하여 별도의 계정(計定)을 설정하고 자체의 수입 및 지출을 명백히 구분하여 회계처리하여야 한다.
② 지방보조사업자가 시장·군수·구청장인 경우 제1항에 따른 회계는 지방보조사업 집행에 소요되는 시·도 및 시·군·구의 비용 내역과 각각의 집행실적을 구분하여 처리하여야 한다.

제25조 (2023.4.11 삭제)

제26조【지방보조금관리위원회】 ① 지방보조금에 관한 사항을 전문적으로 심의하기 위하여 지방자치단체의 장 소속으로 지방보조금관리위원회를 둔다.
② 지방자치단체의 장은 다음 각 호의 어느 하나에 해당하는 때에는 미리 지방보조금관리위원회의 심의를 거쳐야 한다. 다만, 대통령령으로 정하는 경우에는 심의를 거치지 아니할 수 있다.
1. 지방보조금 예산을 편성할 때
2. 지방보조금 관련 조례안을 지방의회에 제출할 때
3. 지방보조사업과 관련하여 지방보조금과 지방보조사업자의 재원분담에 관한 사항을 결정할 때
4. 제36조의3에 따른 신고포상금을 지급할 때(2023.4.11 본호개정)
5. 제27조에 따른 지방보조사업의 운용평가가 이루어진 때
6. 제30조제1항에 따른 명단 공표 여부
7. 그 밖에 지방보조금관리를 위하여 필요한 사항으로서 조례로 정하는 경우
③ 제1항에 따른 지방보조금관리위원회는 위원장 1명을 포함한 15명 이내의 위원으로 구성하되, 성별을 고려하여야 한다.
④ 제3항에 따른 위원은 민간위원(「고등교육법」에 따른 국공립학교의 교원을 포함한다)과 공무원(「지방공무원법」 제2조제2항제1호의 일반직공무원을 의미한다)으로 임명 또는 위촉하되, 공무원인 위원이 전체의 4분의 1을 초과하여서는 아니 된다.
⑤ 위원장은 민간위원 중에서 호선한다.
⑥ 민간위원의 임기는 3년 이내에서 조례로 정하며, 한 차례만 연임할 수 있다.
⑦ 위원은 다음 각 호의 어느 하나에 해당하는 경우 해당 안건의 심의에서 제척된다.
1. 위원 또는 위원과 친족관계에 있는 자가 해당 심의 대상 안건에 관하여 이해관계가 있는 경우
2. 위원이 속한 기관이 해당 심의 대상 안건과 관련하여 용역·자문을 수행하는 등 이해관계가 있는 경우
⑧ 지방보조금관리위원회 심의 대상 안건의 당사자는 위원에게 공정한 심의를 기대하기 어려운 사정이 있는 경우 기피 신청을 할 수 있고, 지방보조금관리위원회는 의결로 이를 결정한다. 이 경우 기피 신청의 대상인 위원은 그 의결에 참여하지 못한다.
⑨ 위원은 제7항 각 호에 따른 제척 사유에 해당하는 경우 스스로 해당 심의 대상 안건의 심의를 회피하여야 한다.
⑩ 지방자치단체의 장은 위원이 다음 각 호의 어느 하나에 해당하는 경우에는 그 위원을 해임하거나 해촉할 수 있다.
1. 심신장애로 인하여 직무를 수행할 수 없게 된 경우
2. 위원의 직무와 관련된 비위사실이 있는 경우
3. 직무 태만, 품위 손상, 그 밖의 사유로 인하여 위원의 직을 유지하는 것이 적합하지 아니하다고 인정되는 경우
4. 위원 스스로 직무를 수행하는 것이 곤란하다고 의사를 밝히는 경우
⑪ 지방보조금관리위원회의 회의는 재적위원 과반수의 출석으로 개의하고, 출석위원 과반수의 찬성으로 의결한다.
⑫ 제1항부터 제11항까지에서 규정한 사항 외에 지방보조금관리위원회의 구성·운영에 필요한 사항은 조례로 정한다.

제27조【지방보조사업의 운용평가】 ① 지방자치단체의 장은 지방보조사업에 대하여 매년 성과평가를 실시하고 특별한 사유가 없으면 그 평가결과를 예산편성에 반영하여야 한다. 다만, 국고보조사업의 경우에는 예외로 할 수 있다.
② 지방자치단체의 장은 지속적으로 이루어지는 지방보조사업에 대해서는 3년마다 유지 필요성을 평가하고 지방보조금관리위원회의 심의를 거쳐 그 평가결과에 따라 필요한 조치를 하여야 한다.

제28조【지방보조금통합관리망의 구축·운영】 ① 행정안전부장관과 지방자치단체의 장은 지방보조사업을 원활하게 수행하고 지방보조금의 중복 수급 또는 부정 수급을 방지하기 위하여 지방보조금통합관리망(이하 "지방보조금통합관리망"이라 한다)을 구축·운영하여야 한다.
② 지방보조금통합관리망에는 다음 각 호의 사항에 대한 자료 또는 정보(이하 "지방보조금관리정보"라 한다)가 포함되어야 한다.
1. 제6조제3항에 따른 지방보조금의 지원이력
2. 제7조에 따른 지방보조금의 교부 신청
3. 제8조에 따른 지방보조금의 교부 결정
4. 제16조제1항에 따른 지방보조사업의 수행 상황과 같은 조 제2항에 따른 현지조사
5. 제17조제1항에 따른 지방보조사업자의 실적보고와 같은 조 제2항에 따른 정산보고서의 검증
6. 제21조제1항에 따른 중요재산의 현황
7. 제27조제1항에 따른 지방보조사업의 성과평가와 같은 조 제2항에 따른 조치
8. 그 밖에 지방보조금 및 지방보조사업의 효율적인 집행·관리를 위하여 대통령령으로 정하는 사항
③ 행정안전부장관은 지방보조금 및 지방보조사업의 효율적인 집행·관리를 위하여 필요하다고 인정하는 경우 관계 기관의 장에게 지방보조금통합관리망과 다음 각 호의 정보시스템과의 연계를 요청할 수 있다. 이 경우 요청을 받은 관계 기관의 장은 특별한 사유가 없으면 그 요청에 따라야 한다.
1. 「고용정책 기본법」 제15조의5제1항에 따른 통합정보전산망
2. 「국민 평생 직업능력 개발법」 제6조제1항에 따른 직업능력개발정보망
3. 「보조금 관리에 관한 법률」 제26조의2제1항에 따른 보조금통합관리망
4. 「사회보장기본법」 제37조제2항에 따른 사회보장정보시스템
5. 「사회복지사업법」 제6조의2제1항에 따른 정보시스템
6. 「사회서비스 이용 및 이용권 관리에 관한 법률」 제28조제1항에 따른 사회서비스전자이용권의 관리체계
7. 「영유아보육법」 제9조의3제1항에 따른 보육통합정보시스템
8. 「유아교육법」 제19조의2제1항에 따른 유아교육정보시스템
9. 「초·중등교육법」 제30조의4제1항에 따른 교육정보시스템
10. 그 밖에 지방보조금 및 지방보조사업의 효율적인 집행·관리에 필요한 정보시스템으로서 대통령령으로 정하는 정보시스템
④ 행정안전부장관과 지방자치단체의 장은 지방보조금의 중복·부정 수급 또는 집행 내역의 확인 등을 위하여 필요하다고 인정하는 경우 지방보조금통합관리망과 제3항 각 호에 따른 다른 정보시스템 간의 연계를 통하여 지방보조금 관련 자료 또는 정보를 수집하여 처리(「개인정보 보호법」 제2조제2호에 따른 처리를 말한다. 이하 제28조의2부터 제28조의4까지 및 제36조의5에서 같다)할 수 있다.
(2023.4.11 본조개정)

제28조의2【자료 또는 정보의 제공 요청 등】 ① 행정안전부장관과 지방자치단체의 장은 지방보조사업자 또는 지방보조금수령자(이하 "지방보조사업자등"이라 한다)의 선정 및 자격관리, 지방보조금의 중복·부정 수급 방지 등 지방보조금 및 지방보조사업의 효율적인 집행·관리를 위하여 필요하다고 인정하는 경우 관계 기관의 장에게 다음 각 호의 자료 또는 정보의 제공을 요청할 수 있다. 이 경우 관계 기관의 장은 특별한 사유가 없으면 그 요청에 따라야 한다.
1. 「가족관계의 등록 등에 관한 법률」 제9조에 따른 가족관계 등록사항에 관한 전산정보자료
2. 「부동산등기법」에 따른 등기기록
3. 「주민등록법」 제30조에 따른 주민등록전산정보자료
4. 다음 각 목의 과세 관련 자료 또는 정보
가. 「국세기본법」 제81조의13제1항에 따른 과세정보 중 대통령령으로 정하는 정보
나. 「국세징수법」 제108조에 따른 납세증명서
다. 「부가가치세법」 제8조에 따른 사업자등록에 관한 자료 또는 정보
라. 「부가가치세법」 제32조제2항 및 제7항에 따른 전자세금계산서 또는 수정전자세금계산서
마. 「소득세법」 제163조제1항 후단에 따른 전자계산서
바. 「지방세기본법」 제86조제1항 및 제132조에 따른 과세정보 또는 과세자료 중 대통령령으로 정하는 자료 또는 정보
사. 「지방세징수법」 제5조에 따른 납세증명서
5. 다음 각 목의 보험·연금·급여 관련 자료 또는 정보
가. 「국민건강보험법」에 따른 국민건강보험
나. 「국민기초생활 보장법」에 따른 국민기초생활보장급여
다. 「국민연금법」에 따른 국민연금
라. 「고용보험법」에 따른 고용보험
마. 「기초연금법」에 따른 기초연금
바. 「산업재해보상보험법」에 따른 산업재해보상보험
사. 「장애인연금법」에 따른 장애인연금
6. 그 밖에 지방보조금 및 지방보조사업의 효율적인 집행·관리를 위하여 대통령령으로 정하는 자료 또는 정보
② 행정안전부장관과 지방자치단체의 장은 제1항에 따라 제공받은 자료 또는 정보의 효율적인 분석·관리에 필요하다고 인정하는 경우 지방보조금통합관리망을 통하여 해당 자료 또는 정보를 처리할 수 있다.
③ 제1항 및 제2항에서 규정한 사항 외에 관계 기관에 대한 자료·정보의 제공요청과 그 처리 등에 필요한 사항은 대통령령으로 정한다.
(2023.4.11 본조신설)

제28조의3【금융정보 또는 신용정보의 제공 요청 등】 ① 행정안전부장관과 지방자치단체의 장은 「금융실명거래 및 비밀보장에 관한 법률」 제4조제1항 및 「신용정보의 이용 및 보호에 관한 법률」 제32조제2항에도 불구하고 지방보조사업자등의 선정 및 자격관리, 지방보조금의 중복·부정 수급 방지 등 지방보조금 및 지방보조사업의 효율적인 집행·관리를 위하여 필요한 범위에서 금융기관등(「금융실명거래 및 비밀보장에 관한 법률」에 따른 금융회사등 및 「신용정보의 이용 및 보호에 관한 법률」 제25조에 따른 신용정보집중기관을 말한다. 이하 이 조에서 같다)의 장에게 다음 각 호의 자료 또는 정보를 제공받아 처리할 수 있다. 이 경우 행정안전부장관과 지방자치단체의 장은 지방보조금통합관리망을 통하여 해당 자료 또는 정보를 제공받아 처리할 수 있다.
1. 「금융실명거래 및 비밀보장에 관한 법률」에 따른 금융자산 및 금융거래의 내용에 대한 자료 또는 정보(이하 "금융정보"라 한다)
2. 「신용정보의 이용 및 보호에 관한 법률」에 따른 신용정보(이하 "신용정보"라 한다)
② 행정안전부장관과 지방자치단체의 장은 제1항에 따라 금융기관등의 장에게 금융정보 또는 신용정보의 제공을 요청하는 경우 해당 금융정보 또는 신용정보의 명의인의 정보제공에 대한 동의 서면을 함께 제출하여야 한다. 이 경우 그 동의 서면은 전자적 형태로 바꾸어 제출할 수 있다.
③ 제1항에 따라 금융정보 또는 신용정보의 제공을 요청받은 금융기관등의 장은 「금융실명거래 및 비밀보장에 관한 법률」 제4조 및 「신용정보의 이용 및 보호에 관한 법률」 제32조에도 불구하고 금융정보 또는 신용정보를 제공하여야 한다.
④ 제3항에 따라 금융정보 또는 신용정보를 제공한 금융기관등의 장은 금융정보 또는 신용정보의 제공 사실을 그 명의인에게 통보하여야 한다. 다만, 명의인이 사전에 동의한 경우에는 「금융실명거래 및 비밀보장에 관한 법률」 제4조의2제1항 및 「신용정보의 이용 및 보호에 관한 법률」 제32조제7항에도 불구하고 통보하지 아니할 수 있다.

⑤ 제1항부터 제4항까지에서 규정한 사항 외에 금융정보 또는 신용정보의 제공요청 및 그 처리와 명의인의 동의 및 명의인에 대한 통보 등에 필요한 사항은 대통령령으로 정한다.
(2023.4.11 본조신설)

제28조의4【지방보조금관리정보 등의 보호】 ① 행정안전부장관과 지방자치단체의 장은 다음 각 호의 자료 또는 정보(이하 이 조에서 "지방보조금관리정보등"이라 한다)를 지방보조금 및 지방보조사업의 효율적인 집행·관리 목적에 필요한 범위에서 사용하여야 하며, 지방보조금관리정보등을 안전하게 보호하기 위하여 필요한 대책 또는 조치를 수립·시행하여야 한다.
1. 지방보조금관리정보
2. 제28조제4항에 따라 수집한 자료 또는 정보
3. 제28조의2에 따라 제공받은 자료 또는 정보
4. 제28조의3에 따라 제공받은 금융정보 또는 신용정보

② 누구든지 지방보조금관리정보등과 지방보조금통합관리망에 대하여 다음 각 호의 어느 하나에 해당하는 행위를 하여서는 아니 된다.
1. 지방보조금관리정보등의 처리를 방해할 목적으로 지방보조금관리정보등을 위조·변경·훼손하거나 말소하는 행위
2. 업무상 알게 된 지방보조금관리정보등을 목적 외의 다른 용도로 사용하거나 제3자에게 제공·누설하는 행위
3. 정당한 권한 없이 지방보조금통합관리망을 변경하거나 훼손하는 행위
4. 정당한 권한 없이 지방보조금관리정보등을 처리하거나 허용된 권한을 초과하여 지방보조금관리정보등을 처리하는 행위

③ 행정안전부장관은 제2항제2호에도 불구하고 다음 각 호의 어느 하나에 해당하는 경우 제3자에게 지방보조금관리정보등을 제공하여 목적 외의 용도로 사용하게 할 수 있다. 다만, 제1호의 경우에는 그 목적 외의 사용에 대하여 행정안전부장관의 승인을 받아야 한다.
1. 「개인정보 보호법」 제22조제3호에 따른 정보주체로부터 정보의 제공에 대하여 별도의 동의를 받은 경우
2. 법원의 제출명령 또는 법관이 발부한 영장에 따라 지방보조금관리정보등을 요구하는 경우
3. 다른 법률에 지방보조금관리정보등의 제공 및 사용에 대한 특별한 규정이 있는 경우

(2023.4.11 본조신설)

제28조의5【지방보조금관리정보 등의 파기】 ① 행정안전부장관과 지방자치단체의 장은 지방보조금관리정보를 보유한 경우 그 보유한 날부터 5년이 지나면 즉시 해당 지방보조금관리정보를 파기하여야 한다. 다만, 지방보조금의 중복 수급이나 부정 수급의 방지를 위하여 계속 보유할 필요가 있다고 인정되는 경우로서 대통령령으로 정하는 자료 또는 정보에 대해서는 5년을 초과하여 그 필요성이 인정되는 기한까지 보유할 수 있다.
② 행정안전부장관과 지방자치단체의 장은 제28조제4항, 제28조의2제1항 또는 제28조의3제1항에 따른 자료·정보를 보유한 경우에는 해당 자료·정보의 보유 목적을 달성한 즉시 그 자료·정보를 파기하여야 한다. 다만, 다른 법령에 따라 보존하여야 하거나 소송·수사·감사 등의 증거자료로 필요한 경우에는 대통령령으로 정하는 바에 따라 계속 보유할 수 있다.
(2023.4.11 본조신설)

제29조【검사】 ① 지방자치단체의 장은 지방보조금에 관한 예산의 적절한 집행을 도모하기 위하여 필요하다고 인정할 때에는 지방보조사업자에 대하여 보고를 하게 하거나, 소속 공무원으로 하여금 그 사무소 또는 사업장에서 장부·서류 또는 그 밖의 재산을 검사하게 하거나 관계자에게 질문하게 할 수 있다.
② 제1항에 따라 검사 또는 질문을 하는 공무원은 그 권한을 나타내는 증표를 지니고 이를 관계자에게 보여주어야 한다.

제30조【명단 등의 공표】 ① 지방자치단체의 장은 다음 각 호의 어느 하나에 해당하는 자의 명단과 위반행위 및 처분내용 등 처분과 관련한 사항으로서 대통령령으로 정하는 사항을 매년 3월 31일까지 해당 지방자치단체의 인터넷 홈페이지에 공표하여야 한다.
1. 제20조의2제2항 전단에 따른 시정명령 또는 지방보조금 삭감 조치를 3회 이상 받은 지방보조사업자
(2023.4.11 본호신설)
2. 제32조제1항 각 호의 어느 하나에 해당하는 지방보조사업자
3. 제32조제3항 각 호의 어느 하나에 해당하는 지방보조금수령자(2023.4.11 본호개정)

② 제1항에도 불구하고 지방자치단체의 장은 공표 대상자의 사망으로 공표의 실효성이 없거나 공표가 적절하지 아니한 경우 등 대통령령으로 정하는 사유가 있는 경우에는 제1항에 따른 공표를 하지 아니할 수 있다.
③ 지방자치단체의 장은 제1항에 따른 공표를 실시하기 전에 공표 대상자에게 그 사실을 통지하여 소명자료를 제출하게 하거나 의견을 진술할 수 있는 기회를 주어야 한다.
④ 지방자치단체의 장은 지방보조금 교부 결정의 취소, 지방보조금의 반환명령 등에 대한 제36조의2에 따른 이의신청이나 그 밖의 불복절차가 진행 중인 경우에는 불복절차가 끝난 후에 제1항에 따른 공표를 하여야 한다.
(2023.4.11 본항개정)
⑤ 제1항부터 제4항까지에서 규정한 사항 외에 명단 등의 공표 방법, 절차 등에 관하여 필요한 사항은 대통령령으로 정한다.

제6장 지방보조금의 반환과 제재

제31조【지방보조금의 반환】 ① 지방자치단체의 장은 지방보조금의 교부 결정을 취소한 경우 그 취소된 부분의 지방보조사업에 대하여 이미 지방보조금이 교부되었을 때에는 기한을 정하여 그 취소된 부분에 해당하는 지방보조금과 이로 인하여 발생한 이자의 반환을 명하여야 한다.
② 지방자치단체의 장은 지방보조사업자에게 교부하여야 할 지방보조금의 금액을 제19조제2항에 따라 확정한 경우 이미 교부된 지방보조금과 이로 인하여 발생한 이자를 더한 금액이 그 확정된 금액을 초과한 때에는 기한을 정하여 그 초과액의 반환을 명하여야 한다. 다만, 보조사업자가 지방자치단체의 장인 경우 지방보조금을 지급받은 후 대통령령으로 정하는 불가피한 사유로 발생한 이자는 그러하지 아니하다.

제32조【지방보조사업 수행 배제 등】 ① 지방자치단체의 장은 지방보조사업자가 다음 각 호의 어느 하나에 해당하는 경우에는 5년 이내의 범위에서 대통령령으로 정하는 바에 따라 해당 지방보조사업자를 소관 지방보조사업의 수행 대상에서 배제하거나 지방보조금의 교부를 제한하여야 한다.(2023.4.11 본문개정)
1. 거짓이나 그 밖의 부정한 방법으로 지방보조금을 교부받은 사유로 제12조에 따라 교부 결정의 전부 또는 일부 취소를 1회 이상 받은 경우
2. 지방보조금을 다른 용도에 사용한 사유로 제12조에 따라 교부 결정의 전부 또는 일부 취소를 2회 이상 받은 경우
3. 법령, 조례, 지방보조금 교부 결정의 내용 또는 법령에 따른 지방자치단체의 장의 처분을 위반한 사유로 제12조에 따라 교부 결정의 전부 또는 일부 취소를 3회 이상 받은 경우

② 제1항에도 불구하고 지방보조사업자가 수행하는 지방보조사업이 복지사업 또는 국고보조사업 등 대통령령으로 정하는 사업으로서 다른 지방보조사업자로 대체하기 어려운 사업인 경우에는 지방보조금관리위원회의 심의를 거쳐 지방보조사업의 수행 대상에서 배제하지 아니하거나 지방보조금의 교부를 제한하지 아니할 수 있다.
(2023.4.11 본항신설)
③ 지방자치단체의 장은 지방보조금수령자가 다음 각 호의 어느 하나에 해당하는 경우에는 5년 이내의 범위에서 대통령령으로 정하는 바에 따라 해당 지방보조금수령자에 대하여 지방보조금의 지급을 제한하여야 한다.
(2023.4.11 본문개정)
1. 거짓이나 그 밖의 부정한 방법으로 지방보조금을 지급받은 사유로 제34조에 따라 지방보조금의 전부 또는 일부의 반환명령을 1회 이상 받은 경우
2. 지방보조금을 지급 목적과 다른 용도에 사용하여 제34조에 따라 지방보조금의 전부 또는 일부의 반환명령을 2회 이상 받은 경우
3. 지방보조금을 지급받기 위한 요건을 갖추지 못하고 지방보조금을 지급받아 제34조에 따라 지방보조금의 전부 또는 일부의 반환명령을 3회 이상 받은 경우

④ 제3항에도 불구하고 지방자치단체의 장은 지방보조금수령자가 지급받는 지방보조금이 다음 각 호의 어느 하나에 해당하는 경우 지방보조금의 지급을 제한하지 아니할 수 있다.
1. 「국민기초생활 보장법」 제7조에 따른 급여의 경우
2. 「장애인복지법」 제49조에 따른 장애수당의 경우
3. 「기초연금법」에 따른 기초연금의 경우
4. 「한부모가족지원법」 제12조에 따른 복지 급여의 경우
5. 그 밖에 지방보조금의 성격·기능 등을 고려할 때 지방보조금수령자에게 지급되는 지방보조금을 제한하는 것이 적절하지 아니한 경우로서 대통령령으로 정하는 경우

(2023.4.11 본항신설)
⑤ 지방자치단체의 장은 지방보조사업과 관련한 계약의 입찰·낙찰·체결·이행 과정에서 거짓 또는 그 밖의 부정한 방법으로 재산상 이익을 취득한 사실로 유죄판결이 확정된 자(이하 "부정계약업체"라 한다)에 대해서는 5년 이내의 범위에서 대통령령으로 정하는 바에 따라 소관 지방보조사업의 수행 대상에서 배제하여야 한다.
(2023.4.11 본항신설)
⑥ 지방자치단체의 장은 제1항부터 제5항까지에 따라 지방보조사업자등 또는 부정계약업체에 대하여 지방보조사업의 수행 대상에서 배제하거나 지방보조금 수급을 제한한 경우에는 그 사실을 즉시 다른 지방자치단체의 장에게 통보하여야 한다.(2023.4.11 본항개정)
⑦ 제6항에 따라 통보를 받은 다른 지방자치단체의 장은 해당 지방보조사업자등을 소관 지방보조사업 수행 대상에서 배제하거나 지방보조금의 수급을 제한하여야 한다. 이 경우 지방보조사업의 수행 배제 및 그 예외 기준과 지방보조금의 수급 제한 및 그 예외 기준에 관하여는 제1항부터 제5항까지를 준용한다.(2023.4.11 본항신설)
⑧ 제1항부터 제7항까지에서 규정한 사항 외에 지방보조사업의 수행 배제 및 지방보조금 수급 제한 등에 필요한 사항은 대통령령으로 정한다.(2023.4.11 본항개정)

제33조【다른 지방보조금 교부의 일시 정지 등】 지방자치단체의 장은 지방보조사업자가 제31조제1항 또는 제2항에 따른 지방보조금 및 이자의 반환 명령을 받고 반환하지 아니하는 경우 그 지방보조사업자에게 동종(同種)의 사무 또는 사업에 대하여 교부하여야 할 지방보조금이 있을 때에는 그 교부를 일시 정지하거나 그 지방보조금과 지방보조사업자가 반환하지 아니한 금액을 상계(相計)할 수 있다.

제34조【지방보조금수령자에 대한 지방보조금의 환수】 ① 지방자치단체의 장 및 지방보조사업자는 지방보조금수령자가 다음 각 호의 어느 하나에 해당하는 경우에는 지급한 지방보조금의 전부 또는 일부를 기한을 정하여 반환하도록 명하여야 한다.
1. 거짓이나 그 밖의 부정한 방법으로 지방보조금을 지급받은 경우
2. 지방보조금의 지급 목적과 다른 용도에 사용한 경우
3. 지방보조금을 지급받기 위한 요건을 갖추지 못한 것으로 밝혀진 경우

② 지방보조사업자가 제1항에 따라 지방보조금의 반환을 명한 경우에는 대통령령으로 정하는 바에 따라 그 사실을 해당 지방보조사업의 소관 지방자치단체의 장에게 통보하여야 한다.
③ 지방보조사업자는 지방보조금수령자가 제1항 각 호의 어느 하나에 해당하는 경우에는 지방자치단체의 장이 정하는 기간 동안 지방보조금을 지급하지 아니할 수 있다.
④ 지방자치단체의 장은 지방보조금수령자가 제1항 각 호의 어느 하나에 해당하는 경우에는 일정한 기간 동안 지방보조사업자에게 지방보조금수령자에 대한 지방보조금의 지급제한을 명할 수 있다.

제35조【제재부가금 및 가산금의 부과·징수】 ① 지방자치단체의 장은 다음 각 호의 어느 하나에 해당하는 경우에는 반환하여야 할 지방보조금 총액의 5배 이내의 범위에서 대통령령으로 정하는 바에 따라 지방보조사업자등에게 제재부가금을 부과·징수하여야 한다. 다만, 제재부가금을 부과하기 전 또는 부과한 후에 지방보조사업자등이 지방보조금의 부정한 수급 등을 이유로 이 법 또는 다른 법률에 따라 벌금·과료, 몰수·추징, 과징금 또는 과태료를 부과받은 경우 등 대통령령으로 정하는 사유가 있는 경우에는 제재부가금을 면제·삭감 또는 변경·취소할 수 있다.
1. 제31조제1항에 따라 지방보조금의 반환을 명한 경우(제12조에 따라 교부 결정을 취소한 경우로 한정한다)
(2023.4.11 본호개정)
2. 제34조에 따라 지방보조사업자가 지방보조금수령자에게 지방보조금의 반환을 명한 경우

② 지방자치단체의 장은 제1항제2호에 따른 사유로 제재부가금을 부과하는 경우에는 제34조에 따라 지방보조사업자가 한 반환명령의 적정성을 조사·확인한 후 제재부가금을 부과하여야 한다.
③ 제1항에도 불구하고 지방보조금이 다음 각 호의 어느 하나에 해당하는 경우에는 제재부가금을 부과하지 아니할 수 있다.
1. 「국민기초생활 보장법」 제7조에 따른 급여
2. 「장애인복지법」 제49조에 따른 장애수당
3. 「기초연금법」에 따른 기초연금
4. 「한부모가족지원법」 제12조에 따른 복지 급여
5. 그 밖에 제재부가금을 부과·징수할 실익이 크지 아니한 것으로서 대통령령으로 정하는 경우

④ 지방자치단체의 장은 제1항에 따른 제재부가금을 납부하여야 할 자가 납부기한 내에 납부하지 아니한 경우에는 그 납부기한의 다음 날부터 납부일의 전날까지의 기간에 대하여 체납된 금액의 100분의 5를 초과하지 아니하는 범위에서 가산금을 징수할 수 있다.
⑤ 제1항부터 제4항까지에서 규정한 사항 외에 제재부가금·가산금의 산정방법 및 부과절차 등에 관하여 필요한 사항은 대통령령으로 정한다.

제36조【강제징수】 ① 지방자치단체의 장은 다음 각 호의 구분에 따라 반환금, 제재부가금 및 가산금을 지방세 체납처분의 예에 따라 징수하거나 「지방행정제재·부과금의 징수 등에 관한 법률」에 따라 징수할 수 있다.
1. 지방보조사업자가 제21조 또는 제31조에 따른 반환금을 기한 내에 납부하지 아니한 경우
2. 지방보조금수령자가 제34조에 따른 반환금을 기한 내에 납부하지 아니한 경우
3. 지방보조사업자등이 제35조에 따른 제재부가금·가산금을 기한 내에 납부하지 아니한 경우

② 제1항에 따른 반환금, 제재부가금 및 가산금의 징수는 국세와 지방세를 제외하고는 다른 공과금이나 그 밖의 채권에 우선한다.

제7장 보 칙
(2023.4.11 본장신설)

제36조의2【이의신청 등】 ① 지방보조사업자는 지방보조금의 반환명령 또는 삭감, 교부 조건, 교부 결정의 취소, 지방보조금의 반환명령 또는 삭감, 지방보조사업의 수행 배제, 지방보조금의 수급 제한 및 제재부가금의 부과, 그 밖에 지방보조금의 교부에 관한 지방자치단체의 장의 처분에 이의가 있을 때에는 그 통지 또는 처분을 받은 날부터 20일 이내에 서면으로 그 지방자치단체의 장에게 이의를 신청할 수 있다.

② 지방보조금수령자는 지방보조금의 반환명령 또는 삭감, 지방보조사업의 수행 배제, 지방보조금의 수급 제한 및 제재부가금의 부과, 그 밖에 지방보조금의 교부에 관한 지방자치단체의 장의 처분에 이의가 있을 때에는 그 통지 또는 처분을 받은 날부터 20일 이내에 서면으로 그 지방자치단체의 장에게 이의를 신청할 수 있다.

③ 지방자치단체의 장은 제1항 및 제2항에 따른 이의신청을 받으면 관계자의 의견을 들은 후 필요한 조치를 하고 그 사실을 이의신청인에게 통지하여야 한다. 이 경우 교부 결정의 내용에 관한 이의신청인이 그 사실을 통지받은 날부터 20일 이내에 수락의 의사표시를 하지 아니하였을 때에는 그 지방보조금의 교부 신청을 철회한 것으로 본다.

제36조의3【신고포상금의 지급】 ① 지방자치단체의 장은 다음 각 호의 어느 하나에 해당하는 자를 관계 행정관청이나 수사기관에 신고 또는 고발한 자에게 예산의 범위에서 포상금을 지급할 수 있다. 다만, 공무원이 그 직무와 관련하여 신고한 경우에는 포상금을 지급하지 아니한다.
1. 제12조제1항 각 호의 어느 하나에 해당하는 지방보조사업자
2. 제34조제1항 각 호의 어느 하나에 해당하는 지방보조금수령자

② 제1항에 따른 포상금 지급의 기준 및 절차 등에 관하여 필요한 사항은 대통령령으로 정한다.

제36조의4【온라인 서비스 시스템의 구축】 행정안전부장관은 지방보조금 및 지방보조사업에 대한 자료 또는 정보를 일반 국민에게 공개·제공하기 위하여 필요한 경우 온라인 서비스 시스템을 구축·운영할 수 있다.

제36조의5【업무의 위탁】 행정안전부장관과 지방자치단체의 장은 다음 각 호의 업무를 대통령령으로 정하는 기관에 위탁할 수 있다.
1. 지방보조금통합관리망의 운영
2. 제28조의4제1항 각 호에 따른 자료 또는 정보의 처리
3. 제36조의4에 따른 온라인 서비스 시스템의 운영

제36조의6【벌칙 적용에서 공무원 의제】 제36조의5에 따라 위탁받은 업무에 종사하는 기관의 임직원 중 공무원이 아닌 사람은 「형법」 제129조부터 제132조까지를 적용할 때에는 공무원으로 본다.

제8장 벌 칙

제37조【벌칙】 다음 각 호의 어느 하나에 해당하는 자는 10년 이하의 징역 또는 1억원 이하의 벌금에 처한다.
1. 거짓 신청이나 그 밖의 부정한 방법으로 지방보조금을 교부받거나 지급받은 자 또는 그 사실을 알면서 지방보조금을 교부하거나 지급한 자
2. 제28조의4제2항제1호를 위반한 자

(2023.4.11 본조개정)

제38조【벌칙】 다음 각 호의 어느 하나에 해당하는 자는 5년 이하의 징역 또는 5천만원 이하의 벌금에 처한다.
1. 제13조를 위반하여 지방보조금을 다른 용도에 사용한 자
2. 제21조제3항을 위반하여 지방자치단체의 장의 승인 없이 중요재산에 대하여 금지된 행위를 한 자(2023.4.11 본호개정)
3. 제28조의4제2항제2호부터 제4호까지 중 어느 하나를 위반한 자(2023.4.11 본호신설)

제39조【벌칙】 ① 제14조 또는 제15조를 위반한 자는 2년 이하의 징역 또는 2천만원 이하의 벌금에 처한다.

② 다음 각 호의 어느 하나에 해당하는 자는 1년 이하의 징역 또는 1천만원 이하의 벌금에 처한다.
1. 제16조제3항을 위반하여 관련된 자료를 보관하지 아니한 자
2. 제16조제5항에 따른 정지명령을 위반한 자
3. 제17조 또는 제29조제1항을 위반하여 거짓 보고를 한 자

제40조【양벌규정】 법인의 대표자나 법인 또는 개인의 대리인·사용인, 그 밖의 종업원이 그 법인 또는 개인의 업무에 관하여 제37조부터 제39조까지의 어느 하나에 해당하는 위반행위를 하면 그 행위자를 벌하는 외에 그 법인 또는 개인에게도 해당 조문의 벌금형을 과(科)한다. 다만, 법인 또는 개인이 그 위반행위를 방지하기 위하여 해당 업무에 관하여 상당한 주의와 감독을 게을리하지 아니한 경우에는 그러하지 아니하다.

부 칙

제1조【시행일】 이 법은 공포 후 6개월이 경과한 날부터 시행한다.

제2조【지방보조금심의위원회에 대한 경과조치】 ① 이 법 시행 당시 종전의 「지방재정법」 제32조의3에 따른 지방보조금심의위원회는 이 법에 따른 지방보조금 관리위원회로 본다.

② 이 법 시행 당시 종전의 「지방재정법」 제32조의3에 따라 임명되거나 위촉된 지방보조금심의위원회의 위원은 이 법에 따라 지방보조금관리위원회의 위원으로 임명되거나 위촉된 것으로 본다.

제3조【다른 법률의 개정】 ※(해당 법령에 가제정리 하였음)

제4조【다른 법령과의 관계】 이 법 시행 당시 다른 법령에서 지방보조금의 관리 및 운영에 대하여 종전의 「지방재정법」 또는 그 규정을 인용한 경우 종전의 「지방재정법」 또는 그 규정을 갈음하여 이 법 또는 이 법의 해당 규정을 인용한 것으로 본다.

부 칙 (2023.4.11)

제1조【시행일】 이 법은 공포 후 6개월이 경과한 날부터 시행한다. 다만, 제10조의2, 제28조, 제28조의2부터 제28조의5까지, 제36조의4부터 제36조의6까지, 제37조 및 제38조제3호의 개정규정은 공포한 날부터 시행한다.

제2조【지방보조금이 포함된 예산안의 통지에 관한 적용례】 제6조의2의 개정규정은 이 법 시행일이 속하는 회계연도의 다음 회계연도에 지방의회에 제출하는 예산안부터 적용한다.

제3조【실적보고서의 제출지연에 따른 지방보조금 삭감에 관한 적용례】 제17조제3항의 개정규정은 이 법 시행 이후 같은 조 제1항에 따른 실적보고서 제출기한이 지난 경우부터 적용한다.

제4조【지방보조사업자의 정보 공시에 관한 적용례】 제20조의2의 개정규정은 이 법 시행일이 속하는 회계연도의 다음 회계연도부터 적용한다.

제5조【지방보조사업자의 지방보조사업 수행 배제 기간 등에 관한 적용례】 ① 제32조제1항 각 호 외의 부분 및 같은 조 제2항의 개정규정은 이 법 시행 전에 지방보조사업자가 같은 조 제1항 각 호의 어느 하나에 해당하여 이 법 시행 이후 해당 지방보조사업자를 지방보조사업의 수행 대상에서 배제하거나 지방보조금의 교부를 제한하여야 하는 경우에도 적용한다.

② 제32조제3항 각 호 외의 부분 및 같은 조 제4항의 개정규정은 이 법 시행 전에 지방보조금수령자가 같은 조 제3항 각 호의 어느 하나에 해당하여 이 법 시행 이후 지방보조금의 지급을 제한하여야 하는 경우에도 적용한다.

③ 제32조제5항의 개정규정은 이 법 시행 이후 발생한 범죄행위에 대하여 유죄판결이 확정된 경우부터 적용한다.

④ 제32조제7항의 개정규정은 이 법 시행 전에 같은 조 제6항 전단에 따른 다른 지방자치단체의 장의 통보에 따라 이 법 시행 이후 지방보조사업자를 지방보조사업의 수행 대상에서 배제하거나 지방보조금의 교부를 제한하여야 하는 경우에도 적용한다.

제6조【실적보고서의 검증에 관한 경과조치】 이 법 시행 전에 제17조제1항 각 호에 따른 실적보고서의 제출 사유가 발생하여 이 법 시행 이후 같은 조 제1항 각 호 외의 부분에 따른 실적보고서의 제출기한이 종료되는 경우에는 제17조제2항 단서의 개정규정에도 불구하고 종전의 제17조제2항에 따른다.

공유재산 및 물품 관리법

(약칭 : 공유재산법)

(2005년 8월 4일 법 률 제7665호)

개정
2007. 5.11법 8423호(지방자치)
2007. 8. 3법 8635호(자본시장금융투자업)
2008. 2.29법 8852호(정부조직)
2008.12.26법 9174호
2010. 2. 4법10006호
2010. 6. 8법10345호
2011. 4.12법10580호(부등)
2013. 3.23법11690호(정부조직)
2014. 1. 7법12201호
2014.11.19법12844호(정부조직)
2015. 1.20법13017호
2015. 6.22법13383호(수산업·어촌발전기본법)
2016. 5.29법14186호
2016. 5.29법14197호(지방회계법)
2017. 7.26법14839호(정부조직)
2018.10.16법15794호
2020.12.29법17765호
2021. 1.12법17893호(지방자치)
2021. 4.20법18086호
2021.12.28법18661호(중소기업창업)
2022.11.15법19022호
2024. 1. 9법19990호(벤처기업육성에관한특별법)→2024년 7월 10일 시행

제1장 총 칙
(2008.12.26 본장개정)

제1조【목적】 이 법은 공유재산 및 물품에 관한 기본적인 사항을 정함으로써 공유재산 및 물품을 적정하게 보호하고 효율적으로 관리·처분하는 것을 목적으로 한다.(2021.4.20 본조개정)

제2조【정의】 이 법에서 사용하는 용어의 뜻은 다음과 같다.
1. "공유재산"이란 지방자치단체의 부담, 기부채납(寄附採納)이나 법령에 따라 지방자치단체 소유로 된 제4조제1항 각 호의 재산을 말한다.
2. "물품"이란 지방자치단체가 소유하는 동산(動産)과 지방자치단체가 사용하기 위하여 보관하는 동산 중 다음 각 목의 것을 제외한 동산을 말한다.
   가. 현금
   나. 유가증권
   다. 제4조에 따른 공유재산
3. "기부채납"이란 지방자치단체 외의 자가 제4조제1항 각 호에 해당하는 재산의 소유권을 무상으로 지방자치단체에 이전하여 지방자치단체가 이를 취득하는 것을 말한다.
4. "관리"란 공유재산 및 물품의 취득·운용과 유지·보존을 위한 모든 행위를 말한다.
5. "해당 지방자치단체"란 공유재산 또는 물품을 소유한 지방자치단체를 말한다.
6. "처분"이란 공유재산 및 물품의 매각, 교환, 양여(讓與), 신탁, 현물 출자 등의 방법으로 공유재산 및 물품의 소유권이 해당 지방자치단체 외의 자에게 이전되는 것을 말한다.
7. "사용허가"란 제5조제2항에 따른 행정재산을 해당 지방자치단체 외의 자가 일정 기간 유상이나 무상으로 사용·수익할 수 있도록 허용하는 것을 말한다.(2021.4.20 본호개정)
8. "대부계약"이란 제5조제3항에 따른 일반재산 또는 물품을 해당 지방자치단체 외의 자가 일정 기간 유상이나 무상으로 사용·수익할 수 있도록 체결하는 계약을 말한다.
9. "변상금"이란 사용허가나 대부계약 없이 공유재산 또는 물품을 사용·수익하거나 점유한 자(사용허가나 대부계약 기간이 끝난 후 다시 사용허가나 대부계약 없이 공유재산 또는 물품을 계속 사용·수익하거나 점유한 자를 포함한다. 이하 "무단점유자"라 한다)에게 부과하는 금액을 말한다.(2021.4.20 본호신설)

(2010.2.4 본조개정)

제2조의2【다른 법률과의 관계】 공유재산 및 물품의 관리·처분에 관해서는 다른 법률에 특별한 규정이 없으면 이 법에서 정하는 바에 따른다.(2021.4.20 본조개정)

제3조【공유재산 및 물품을 관리하는 공무원의 주의의무】 공유재산 및 물품의 관리에 관한 사무에 종사하는 공무원은 이 법과 그 밖의 공유재산 및 물품의 관리에 관한 법령 및 선량한 관리자의 주의의무를 준수하며 사무에 종사하여야 한다.(2021.4.20 본조개정)

제3조의2【공유재산 및 물품 관리·처분의 기본원칙】 지방자치단체가 공유재산을 관리·처분하는 경우에는 다음 각 호의 원칙을 지켜야 한다.
1. 해당 지방자치단체 전체의 이익에 맞도록 할 것
2. 취득과 처분이 균형을 이룰 것
3. 공공가치와 활용가치를 고려할 것
4. 투명하고 효율적인 절차를 따를 것

(2010.2.4 본조신설)

제2장 공유재산 통칙
(2008.12.26 본장개정)

제4조【공유재산의 범위】 ① 공유재산의 범위는 다음 각 호와 같다.(2010.2.4 본문개정)

1. 부동산과 그 종물(從物)
2. 선박, 부잔교(浮棧橋), 부선거(浮船渠) 및 항공기와 그 종물
3. 공영사업 또는 공영시설에 사용하는 중요한 기계와 기구
4. 지상권 · 지역권 · 전세권 · 광업권과 그 밖에 이에 준하는 권리(2010.2.4 본호개정)
5. 다음 각 목의 어느 하나에 해당하는 권리(이하 "지식재산"이라 한다)
  가. 「특허법」 · 「실용신안법」 · 「디자인보호법」 및 「상표법」에 따라 등록된 특허권, 실용신안권, 디자인권 및 상표권
  나. 「저작권법」에 따른 저작권, 저작인접권 및 데이터베이스제작자의 권리 및 그 밖에 같은 법에서 보호되는 권리로서 같은 법 제53조 및 제112조제1항에 따라 한국저작권위원회에 등록된 권리(이하 "저작권등"이라 한다)
  다. 「식물신품종 보호법」 제2조제4호에 따른 품종보호권
  라. 가목부터 다목까지의 규정에 따른 지식재산 외에 「지식재산 기본법」 제3조제3호에 따른 지식재산권. 다만, 「저작권법」에 따라 등록되지 아니한 권리는 제외한다.

  (2015.1.20 본호개정)
6. 주식, 출자로 인한 권리, 사채권 · 지방채증권 · 국채증권과 그 밖에 이에 준하는 유가증권
7. 부동산신탁의 수익권
8. 제1호 및 제2호의 재산으로 건설 중인 재산
9. 「온실가스 배출권의 할당 및 거래에 관한 법률」 제2조제3호에 따른 배출권(2021.4.20 본호신설)

② 제1항제3호의 기계와 기구의 범위는 대통령령으로 정한다.

제5조【공유재산의 구분과 종류】 ① 공유재산은 그 용도에 따라 행정재산과 일반재산으로 구분한다.

② "행정재산"이란 다음 각 호의 재산을 말한다.
1. 공용재산
   해당 지방자치단체가 사무용, 사업용 및 공무원의 거주용으로 사용하거나 사용하기로 결정한 재산과 사용을 목적으로 건설 중인 재산
2. 공공용재산
   해당 지방자치단체가 공공용으로 사용하거나 사용하기로 결정한 재산과 사용을 목적으로 건설 중인 재산
3. 기업용재산
   해당 지방자치단체가 경영하는 기업용 또는 그 기업에 종사하는 직원의 거주용으로 사용하거나 사용하기로 결정한 재산과 사용을 목적으로 건설 중인 재산
4. 보존용재산
   법령 · 조례 · 규칙이나 그 밖에 필요에 따라 지방자치단체가 보존하고 있거나 보존하기로 결정한 재산

(2021.4.20 1호~4호개정)

③ "일반재산"이란 행정재산 외의 모든 공유재산을 말한다.

제6조【공유재산의 보호】 ① 누구든지 이 법 또는 다른 법률에서 정하는 절차와 방법에 따르지 아니하고는 공유재산을 사용하거나 수익하지 못한다.

② 행정재산은 「민법」 제245조에도 불구하고 시효취득(時效取得)의 대상이 되지 아니한다.

(2010.2.4 본조개정)

제6조의2【공유재산 자료요구 등】 ① 행정안전부장관은 공유재산의 효율적 활용 등을 도모하기 위하여 지방자치단체의 장에게 공유재산 관리현황 등에 대한 자료를 제출하게 할 수 있다.

② 행정안전부장관은 공유재산 관리 등에 대하여 지도 · 감독을 하거나 그 밖에 필요한 조치를 지방자치단체의 장에게 요구할 수 있다.

(2017.7.26 본조개정)

제7조【기부채납】 ① 지방자치단체의 장은 제4조제1항 각 호의 재산을 지방자치단체에 기부하려는 자가 있으면 대통령령으로 정하는 바에 따라 받을 수 있다.

② 제1항에 따라 기부하려는 재산이 지방자치단체가 관리하기 곤란하거나 필요하지 아니한 경우 또는 기부에 조건이 붙은 경우에는 대통령령으로 정하는 바에 따라 받아서는 아니 된다. 다만, 다음 각 호의 어느 하나에 해당하는 경우에는 기부에 조건이 붙은 것으로 보지 아니한다.(2021.4.20 본문개정)
1. 행정재산으로 기부하는 재산을 기부자, 그 상속인, 그 밖의 포괄승계인에게 무상으로 사용허가하여 줄 것을 조건으로 하는 경우(2021.4.20 본호개정)
2. 행정재산의 용도를 폐지하는 경우 그 용도에 사용될 대체시설을 제공한 자, 그 상속인, 그 밖의 포괄승계인이 그 부담한 비용의 범위에서 제40조제1항제3호에 따라 용도폐지된 재산을 양여할 것을 조건으로 그 대체시설을 기부하는 경우

(2015.1.20 본조개정)

제8조【사권설정 재산의 취득 제한】 사권(私權)이 설정된 재산은 그 사권이 소멸되기 전에는 공유재산으로 취득하지 못한다. 다만, 법원의 판결에 따라 취득하는 경우에는 이 조를 적용하지 아니한다.(2021.4.20 단서개정)

제9조【공부 등록 등】 ① 지방자치단체의 장은 공유재산을 취득하거나 기부채납을 받으면 법령에서 정하는 바에 따라 지체 없이 등기 · 등록이나 그 밖에 권리 보전에 필요한 조치를 하여야 한다.(2010.2.4 본항개정)

② 부동산이나 그 밖의 권리에 해당하는 공유재산으로서 등기 또는 공부(公簿)에 등록이 필요한 공유재산의 권리자 명의는 해당 지방자치단체로 한다. 다만, 「지방교육자치에 관한 법률」에 따른 교육비특별회계 소관의 공유재산은 그 소관청의 명칭인 "교육감"을 덧붙여 적어야 한다.

제10조【중기공유재산관리계획】 ① 지방자치단체의 장은 공유재산을 계획적으로 관리 · 처분하기 위하여 매년 다음 회계연도부터 5회계연도 이상의 기간에 대한 공유재산의 관리 · 처분에 관한 계획(이하 "중기공유재산관리계획"이라 한다)을 수립하여 예산안과 함께 지방의회에 제출하여야 한다.

② 지방자치단체의 장은 중기공유재산관리계획을 수립할 때에는 행정안전부장관이 정하는 지침에 따라 그 중기공유재산관리계획이 관계 법령에 따른 지역계획과 연계되도록 하여야 한다.

③ 중기공유재산관리계획에는 다음 각 호의 사항이 포함되어야 한다.
1. 공유재산을 효율적으로 관리 · 처분하기 위한 중장기적인 공유재산 정책방향
2. 공유재산 관리 · 처분의 총괄계획
3. 공유재산 처분의 기준에 관한 사항
4. 공유재산의 사용료 감면 등 특례 종합계획에 관한 사항
5. 그 밖에 대통령령으로 정하는 공유재산의 관리 · 처분에 관한 사항

④ 행정안전부장관은 매년 중기공유재산관리계획 수립의 기준 및 수립에 필요한 그 밖의 정보 등이 포함된 지침을 지방자치단체의 장에게 통보할 수 있다.

(2021.4.20 본조신설)

제10조의2【공유재산관리계획】 ① 지방자치단체의 장은 지방의회에서 예산을 의결하기 전에 중기공유재산관리계획에 따라 매년 다음 회계연도의 공유재산의 취득과 처분에 관한 계획(이하 "공유재산관리계획"이라 한다)을 수립하여 그 지방의회의 의결을 받아 확정하여야 한다. 이 경우 공유재산관리계획을 수립한 후 부득이한 사유로 그 내용이 취소되거나 일부를 변경할 때에도 또한 같다.

② 특별시장 · 광역시장 · 특별자치시장 · 도지사 · 특별자치도지사는 회계연도 개시 50일 전까지, 시장 · 군수 · 구청장(자치구의 구청장을 말한다. 이하 같다)은 회계연도 개시 40일 전까지 공유재산관리계획을 지방의회에 제출하여야 한다.

③ 제2항에도 불구하고 회계연도 중에 사업계획이 변경되거나 긴급하게 공유재산을 취득 · 처분하여야 할 사유가 있는 때에는 그 회계연도 중에 공유재산관리계획을 수립하여 제출할 수 있다. 이 경우 제출 절차는 「지방자치법」 제55조에 따른다.

④ 공유재산관리계획에 포함하여야 할 공유재산의 범위 등 필요한 사항은 대통령령으로 정한다.

⑤ 공유재산관리계획에 관하여 지방의회의 의결을 받았을 때에는 「지방자치법」 제47조제1항제6호에 따른 중요 재산의 취득 · 처분에 관한 지방의회의 의결을 받은 것으로 본다.

(2021.4.20 본조개정)

제11조【용도의 변경 또는 폐지】 지방자치단체의 장은 공유재산이 다음 각 호의 어느 하나에 해당하는 경우에는 그 용도를 변경하거나 폐지할 수 있다.(2021.4.20 본문개정)
1. 행정재산이 사실상 행정목적으로 사용되지 아니하게 된 경우(2021.4.20 본호개정)
2. 행정재산인 국제경기장 등 체육시설, 국제회의장 등 회의시설, 국제전시장 등 전시장, 그 밖의 공공시설로서 그 일부를 원래 용도로 사용하기 아니하기로 한 경우
3. 제43조의3에 따른 위탁개발을 위하여 필요한 경우

(2021.4.20 2호~3호신설)

4. 일반재산을 행정재산으로 용도 변경하려는 경우

(2010.2.4 본조개정)

제12조【회계 간의 재산 이관】 지방자치단체의 각 회계 중 어느 하나의 회계에 속하는 재산을 다른 회계의 재산으로 이관할 때에는 유상(有償)으로 하여야 한다. 다만, 공용재산 또는 공공용재산으로 사용하기 위하여 이관하는 경우에는 그 지방자치단체 공유재산심의회의 심의를 거쳐 무상으로 할 수 있다.(2021.4.20 단서개정)

제13조【영구시설물의 축조 금지】 해당 지방자치단체의 장 외의 자는 공유재산에 건물, 도랑 · 다리 등의 구조물과 그 밖의 영구시설물을 축조할 수 없다. 다만, 그 공유재산의 사용 및 이용에 지장이 없는 경우로서 대통령령으로 정하는 경우에는 예외로 한다.(2021.4.20 본조개정)

판례 서울특별시 서초구청장이 사랑의 교회에게 참나리길 지하 공간에 대한 도로점용허가처분을 한 것과 관련하여 ① 예배당과 같은 구조물 설치를 통한 지하의 점유는 원상회복이 쉽지 않고 그 유지 · 관리 및 안전에 상당한 위험과 책임이 수반된다. ② 이러한 형태의 점용을 허가하여 줄 경우 향후 유사한 내용의 도로점용허가신청을 거부하기 어려워져 도로의 지하 부분이 무분별하게 사용되어 공중 안전에 대한 위해가 발생할 우려가 있다. ③ 이 사건 도로 지하 부분이 교회 건물의 일부로 사실상 영구적 · 전속적으로 사용되게 됨으로써 도로 주변의 상황 변화에 탄력적 · 능동적으로 대처할 수 없게 된다. 따라서 이 사건 도로점용허가처분은 재량권을 일탈 · 남용하여 위법하다.(대판 2019.10.17, 2018두104)

제14조【공유재산의 관리와 사무의 위임】 ① 지방자치단체의 장은 소관 공유재산을 관리 · 처분하되, 소속 공무원에게 위임하여 공유재산을 관리 · 처분하게 할 수 있고, 특별시장 · 광역시장 또는 도지사는 시장 · 군수 또는 구청장에게 위임하여 그 재산을 관리 · 처분하게 할 수 있다.(2021.4.20 본항개정)

② 제1항에 따라 위임을 받은 공무원을 "재산관리관"이라 한다.

③ 제1항에 따라 특별시장 · 광역시장 또는 도지사가 시장 · 군수 및 구청장에게 공유재산의 관리 · 처분에 관한 사무를 위임하여 집행하게 하는 경우에는 특별시 · 광역시 또는 도는 그 사무에 드는 경비를 보전(補塡)하게 하기 위하여 대통령령으로 정하는 금액을 해당 시 · 군 및 자치구에 귀속시켜야 한다.(2021.4.20 본항개정)

제15조【재산관리관 등의 행위제한】 ① 재산관리관이나 그 밖에 공유재산을 관리하는 사무에 종사하는 공무원은 그 관리하는 공유재산을 취득하거나 자기의 소유재산과 교환하지 못한다. 다만, 그 지방자치단체의 장의 허가를 받은 경우에는 예외로 한다.(2021.4.20 본항개정)

② 제1항을 위반한 행위는 무효로 한다.

③ 제1항의 적용을 받지 아니하는 해당 지방자치단체 소속 공무원이 공유재산을 취득하거나 자기의 소유재산과 교환하려는 경우에는 미리 대통령령으로 정하는 바에 따라 해당 지방자치단체의 장에게 신고를 하여야 한다.

(2021.4.20 본항신설)

제16조【공유재산심의회】 ① 공유재산의 관리 및 처분에 관하여 지방자치단체의 장이 자문하기 위하여 각 지방자치단체에 공유재산심의회를 둔다.

② 제1항에 따른 공유재산심의회는 다음 각 호의 사항을 심의한다.
1. 제10조 및 제10조의2에 따라 중기공유재산관리계획 또는 공유재산관리계획을 수립하거나 변경하는 경우

   (2021.4.20 본호개정)
2. 제11조에 따라 행정재산의 용도를 변경하거나 폐지하려는 경우(2021.4.20 본호신설)
3. 제11조에 따라 일반재산을 행정재산으로 용도를 변경하려는 경우(2021.4.20 본호신설)
4. 제12조 단서에 따라 무상으로 회계 간의 재산 이관을 하는 경우
5. 제24조 또는 제34조 및 그 밖에 다른 법률에 따라 사용료 또는 대부료를 감면하는 경우(2021.4.20 본호개정)
6. 그 밖에 공유재산의 관리 · 처분 등에 대하여 해당 지방자치단체의 조례로 정하는 경우(2021.4.20 본호개정)

(2015.1.20 본항개정)

③ 제1항에 따른 공유재산심의회는 다음 각 호에 따라 위원장 1명과 부위원장 2명을 포함한 7명 이상 15명 이하의 위원으로 구성한다.
1. 위원장은 해당 지방자치단체의 부단체장으로 한다.
2. 부위원장은 해당 지방자치단체 소속 재산관리 담당 국장과 민간위원 각 1명으로 하되, 민간위원인 부위원장은 공유재산심의회에서 호선한다.(2021.4.20 본호개정)
3. 위원은 해당 지방자치단체 소속 공무원과 공유재산 분야에 학식과 경험이 풍부한 사람 중에서 지방자치단체의 장이 임명 또는 위촉한다. 이 경우 민간위원의 정수는 전체 위원 정수의 과반수가 되어야 한다.

(2015.1.20 본항신설)

④ 그 밖에 공유재산심의회의 구성과 운영에 필요한 사항은 대통령령으로 정한다.(2015.1.20 본항신설)

제17조【공유재산에 관한 법령안의 협의】 중앙행정기관의 장은 공유재산의 관리와 처분에 관련되는 법령을 제정, 개정 또는 폐지하려면 미리 행정안전부장관과 협의하여야 한다.(2017.7.26 본조개정)

제18조【국가가 사용하는 지방자치단체의 공유재산에 관한 경비 부담】 국가는 지방자치단체의 공유재산을 사용할 때에는 그 공유재산의 관리에 드는 경비를 부담하여야 한다. 다만, 그 지방의회가 동의한 경우에는 예외로 한다.(2021.4.20 단서개정)

제18조의2【공유재산관리기금】 ① 지방자치단체의 장은 공유재산의 원활한 수급과 개발 등을 통한 공유재산의 효용을 높이기 위하여 공유재산관리기금(이하 "기금"이라 한다)을 설치할 수 있다.

② 기금은 다음 각 호의 재원으로 조성한다.
1. 지방자치단체의 출연금 또는 출연재산
2. 다른 회계 또는 다른 기금으로부터의 전입금
3. 일반재산(증권은 제외한다)과 관련된 대부료, 변상금 등 재산관리에 따른 수입금 및 매각, 교환 등 처분에 따른 수입금의 일부
4. 일반재산의 개발에 따른 관리 · 처분 수입금
5. 제1호부터 제4호까지의 규정에 따른 재원 외에 기금의 관리 · 운용에 따른 수입금

③ 기금은 다음 각 호의 어느 하나에 해당하는 용도에 사용한다.
1. 공유재산의 취득에 필요한 비용의 지출
2. 일반재산의 관리 · 처분 · 개발에 필요한 비용의 지출
3. 일반재산 중 부동산의 관리 · 처분에 관한 사무의 위임 · 위탁에 필요한 귀속금 또는 위탁료 등의 지출
4. 다른 회계 또는 다른 기금으로의 전출금

5. 제1호부터 제4호까지의 규정에 따른 용도 외에 기금의 관리·운용에 필요한 비용의 지출
④ 제2항제3호의 매각, 교환 등 처분에 따른 수입금의 귀속비율에 대한 사항 및 그 밖에 기금 운용 등에 필요한 사항은 대통령령으로 정한다.
(2021.4.20 본조신설)

제18조의3【공유재산정책협의회】 ① 공유재산의 관리·처분에 관한 다음 각 호의 사항을 협의·조정하기 위하여 행정안전부에 공유재산정책협의회(이하 "협의회"라 한다)를 둔다.
1. 공유재산에 관한 중요 정책방향에 관한 사항
2. 공유재산 관련 법령 및 제도의 신설 및 폐지에 관한 중요 사항
3. 기타 공유재산에 관한 협의·조정이 필요한 사항
② 협의회는 위원장을 포함한 20명 이내의 위원으로 구성한다.
③ 협의회의 위원장은 행정안전부차관이 되고, 협의회의 위원은 다음 각 호의 사람 중에서 행정안전부장관이 임명하거나 위촉한다. 이 경우 공무원이 아닌 위원의 정수는 전체 위원 정수의 2분의 1 이상이 되어야 한다.
1. 지방자치단체 소속 공무원 9인
2.「지방자치법」제182조제1항제1호 및 제3호에 따라 설립한 전국적 협의체에서 추천하는 각 1인
3. 공유재산 분야에 학식과 경험이 풍부한 사람
④ 그 밖에 협의회 구성과 운영 등에 필요한 사항은 대통령령으로 정한다.
(2021.4.20 본조신설)

제3장 행정재산
(2008.12.26 본장개정)

제19조【처분 등의 제한】 ① 행정재산은 대부·매각·교환·양여·신탁 또는 대물변제나 출자의 대상이 되지 아니하며, 이에 사권을 설정하지 못한다. 다만, 다음 각 호의 어느 하나에 해당하는 경우에는 예외로 한다.
(2021.4.20 본문개정)
1. 행정재산의 용도와 성질을 유지하는 조건으로 대통령령으로 정하는 바에 따라 국가 또는 다른 지방자치단체에 양여하는 경우(2010.2.4 본호개정)
2. 해당 지방자치단체 외의 자가 소유한 재산을 행정재산으로 관리하기 위하여 교환하는 경우
3.「공익사업을 위한 토지 등의 취득 및 보상에 관한 법률」제4조에 따른 공익사업의 시행을 위하여 해당 행정재산의 목적과 용도에 장애가 되지 아니하는 범위에서 공작물의 설치를 위한 지상권 또는 구분지상권을 설정하는 경우
② 제1항제1호에 따라 행정재산을 양여하는 경우에는 양여받은 재산이 10년 이내에 그 양여 목적 외의 용도로 사용되면 양여계약을 해제한다는 내용의 특약등기를 하여야 한다.
③ 제1항제2호에 따라 교환하는 행정재산의 종류·가격 등은 대통령령으로 정하는 바에 따라 제한할 수 있다.
(2010.2.4 본항신설)
④ 제1항제2호에 따라 행정재산을 교환하는 경우 양쪽 가격이 같지 아니할 때에는 그 차액을 금전으로 내야 한다.(2010.2.4 본항신설)

제20조【사용허가】 ① 지방자치단체의 장은 행정재산에 대하여 그 목적 또는 용도에 장애가 되지 아니하는 범위에서 사용허가를 할 수 있다.(2021.4.20 본항개정)
② 지방자치단체의 장은 제1항에 따라 사용허가를 하려면 일반입찰로 하여야 한다. 다만, 다음 각 호의 어느 하나에 해당하는 경우에는 제한경쟁 또는 지명경쟁에 부치거나 수의(隨意)의 방법으로 허가할 수 있다.(2021.4.20 본문개정)
1. 허가의 목적·성질 등을 고려하여 필요하다고 인정되는 경우로서 대통령령으로 정하는 경우
2. 제7조제2항제1호에 따른 기부자와 그 상속인 또는 그 밖의 포괄승계인에게 무상으로 사용허가하는 경우
(2021.4.20 본호개정)
③ 제1항에 따라 사용허가를 받은 자는 그 행정재산을 다른 자에게 사용·수익하게 하여서는 아니 된다. 다만, 제1항에 따라 사용허가를 받은 자가 제7조제2항제1호에 따른 기부자와 그 상속인 또는 그 밖의 포괄승계인인 경우에는 지방자치단체의 장의 승인을 받아 다른 자에게 사용·수익하게 할 수 있다.(2021.4.20 본항개정)
④ 지방자치단체의 장은 제3항 단서에 따른 사용·수익이 그 목적 또는 용도에 장애가 되거나 행정재산의 원상(原狀) 회복에 어려움이 있다고 인정되면 승인하여서는 아니 된다.(2021.4.20 본항개정)
⑤ 제1항에 따라 사용허가를 받은 자는 사용허가기간이 끝나거나 제25조에 따라 사용허가가 취소된 경우에는 그 행정재산을 원상대로 반환하여야 한다. 다만, 지방자치단체의 장이 미리 원상의 변경을 승인한 경우에는 변경된 상태로 반환할 수 있다.(2021.4.20 본문개정)
(2021.4.20 본조제목개정)

제21조【사용허가기간】 ① 행정재산의 사용허가기간은 사용허가를 받은 날부터 5년 이내로 한다. 다만, 제7조제2항제1호의 경우에는 무상사용을 허가받은 날부터 사용료의 총액이 기부를 받은 재산의 가액에 이르는 기간 이내로 하되, 그 기간은 20년(이하 이 조에서 "총 사용가능기간"이라 한다)을 넘을 수 없다.(2021.4.20 본항개정)
② 지방자치단체의 장은 제20조제2항제1호에 따라 수의의 방법으로 한 사용허가는 사용허가기간이 끝나기 전에 제1항 본문의 사용허가기간의 범위 내에서 사용허가를 갱신할 수 있다. 다만, 수의의 방법으로 사용·수익할 수 있는 경우가 아니면 한 차례만 갱신할 수 있다.(2021.4.20 본항개정)
③ 지방자치단체의 장은 제2항의 적용을 받지 아니하는 자에 대하여도 1회로 한정하여 5년의 범위에서 사용허가를 갱신할 수 있다. 다만, 제7조제2항제1호의 경우에는 총 사용가능기간 내에서 1회로 한정하여 10년의 범위에서 갱신할 수 있다.(2021.4.20 본항개정)
④ 지방자치단체의 장은 사용허가를 받은 자가 다음 각 호의 어느 하나에 해당하는 경우에는 사용허가기간을 연장할 수 있다. 이 경우 연장하는 사용허가기간은 다음 각 호의 사유로 사용·수익하지 못한 기간의 범위로 한다.
(2021.4.20 본문개정)
1. 재난(「재난 및 안전관리 기본법」제3조제1호의 재난을 말한다. 이하 같다)으로 피해를 본 경우(2022.11.15 본호개정)
2. 해당 지방자치단체의 귀책사유로 그 재산의 사용에 제한을 받은 경우
(2010.2.4 본항개정)
⑤ 제2항 및 제3항에 따라 사용허가를 갱신받으려는 자 또는 제4항에 따라 사용허가기간을 연장받으려는 자는 사용허가기간이 끝나기 1개월 전에 지방자치단체의 장에게 사용허가의 갱신 또는 사용허가기간의 연장을 신청하여야 한다.(2021.4.20 본항개정)
(2021.4.20 본조제목개정)

제22조【사용료】 ① 지방자치단체의 장은 행정재산을 사용허가한 때에는 대통령령으로 정하는 요율(料率)과 계산방법에 따라 매년 사용료를 징수한다. 다만, 연간 사용료가 대통령령으로 정하는 금액 이하인 경우에는 사용허가기간의 사용료를 일시에 통합 징수할 수 있다.
(2021.4.20 본항개정)
② 제1항에 따른 사용료는 그 전액을 대통령령으로 정하는 기간에 한꺼번에 내야 한다. 다만, 사용료 전액을 한꺼번에 내는 것이 곤란하다고 인정되어 대통령령으로 정하는 경우에는 1년 만기 정기예금 금리수준을 고려하여 대통령령으로 정하는 이자를 붙여 분할납부하게 할 수 있다.
③ 제2항 단서에 따라 분할납부하게 하는 경우 대통령령으로 정하는 금액 이하의 보증금을 예치하게 하거나 지방자치단체를 피보험자로 하는 이행보증보험에 가입하게 하여야 한다.(2021.4.20 본항개정)
④ (2010.2.4 삭제)
⑤ 제1항 단서에 따라 사용료를 일시에 통합 징수하는 경우에 사용허가기간 중의 사용료가 증가 또는 감소되더라도 사용료를 추가로 징수하거나 반환하지 아니한다.
(2021.4.20 본항신설)

제23조【사용료의 조정】 ① 지방자치단체의 장은 동일인(상속인과 그 밖의 포괄승계인은 피승계인과 동일인으로 본다)이 같은 행정재산을 1년을 초과하여 계속 사용·수익하는 경우 제22조제1항에 따라 계산된 해당 연도의 연간 사용료가 전년도의 연간 사용료보다 100분의 5 이상 증가한 때에는 대통령령으로 정하는 바에 따라 그 사용료의 증가분을 감액(減額) 조정할 수 있다.
② 일반재산이 용도 변경 등의 사유로 이 법에 따른 사용료 납부대상으로 된 경우 그 사용료 계산에 관하여는 제1항을 준용한다.
(2021.4.20 본조개정)

제24조【사용료의 감면】 ① 지방자치단체의 장은 행정재산의 사용허가를 할 때 다음 각 호의 어느 하나에 해당하면 제22조에도 불구하고 그 사용료를 면제할 수 있다.
(2021.4.20 본문개정)
1. 국가나 다른 지방자치단체가 직접 해당 행정재산을 공용·공공용 또는 비영리 공익사업용으로 사용하려는 경우
2. 제7조제2항제1호에 따라 행정재산으로 할 목적으로 기부를 받아들인 재산에 대하여 기부자, 그 상속인, 그 밖의 포괄승계인에게 사용허가하는 경우(2021.4.20 본호개정)
3. 건물 등을 신축하여 기부채납을 하려는 자가 신축기간에 그 부지를 사용하는 경우
4. 재난을 입은 지역주민에게 일정 기간 사용허가하는 경우 등 대통령령으로 정하는 경우로서 지방의회가 동의한 경우(2022.11.15 본호개정)
② 지방자치단체의 장은 제22조에도 불구하고 지역경제의 활성화를 위하여 필요한 경우 등 대통령령으로 정하는 경우에는 대통령령으로 정하는 바에 따라 그 사용료를 감경할 수 있다.
③ 지방자치단체의 장은 행정재산의 사용허가를 받은 자가 재난으로 그 재산을 일정 기간 사용하지 못하였을 때에는 복구 완료기간의 사용료와 그 이자를 일할계산하여 감경할 수 있다.(2022.11.15 본항개정)

제25조【사용허가의 취소】 ① 지방자치단체의 장은 제20조제1항에 따라 행정재산의 사용허가를 받은 자가 다음 각 호의 어느 하나에 해당하면 그 허가를 취소할 수 있다.(2021.4.20 본문개정)
1. 사용허가를 받은 행정재산을 제20조제3항을 위반하여 다른 사람에게 사용·수익하게 한 경우(2021.4.20 본호개정)
2. 해당 행정재산의 관리를 게을리하였거나 그 사용 목적에 위배되게 사용한 경우
3. 사용허가를 받은 행정재산의 원상을 지방자치단체의 장의 승인 없이 변경한 경우(2021.4.20 본호개정)
4. 거짓 진술, 거짓 증명서류의 제출, 그 밖의 부정한 방법으로 사용허가를 받은 사실이 발견된 경우(2021.4.20 본호개정)
5. 제22조제2항에 따른 납부기한까지 사용료를 내지 아니한 경우
② 지방자치단체의 장은 사용허가한 행정재산을 국가나 지방자치단체가 직접 공용 또는 공공용으로 사용하기 위하여 필요로 하게 된 경우에는 그 허가를 취소할 수 있다.
(2021.4.20 본항개정)
③ 제2항의 경우에 해당 허가를 받은 자에게 그 취소로 손실이 발생한 경우에는 대통령령으로 정하는 바에 따라 보상한다.(2021.4.20 본항개정)
④ 지방자치단체의 장은 제1항 또는 제2항에 따라 사용허가를 취소한 경우 그 행정재산이 기부채납된 행정재산으로서 제20조제3항 단서에 따라 이를 사용·수익하고 있는 자가 있을 때에는 그 사용·수익자에게 취소의 사실을 알려야 한다.(2021.4.20 본항개정)
(2021.4.20 본조제목개정)

제26조【청문】 지방자치단체의 장은 제25조제1항에 따라 행정재산의 사용허가를 취소하려면 청문을 하여야 한다.(2021.4.20 본조개정)

제27조【행정재산의 관리위탁】 ① 지방자치단체의 장은 행정재산의 효율적인 관리를 위하여 필요하다고 인정하면 대통령령으로 정하는 바에 따라 지방자치단체 외의 자에게 그 재산의 관리를 위탁(이하 "관리위탁"이라 한다)할 수 있다.
② 지방자치단체의 장은 제1항에 따라 행정재산을 관리위탁하는 경우에는 일반입찰로 하여야 한다. 다만, 계약의 목적·성질·규모 및 지역 특수성 등을 고려하여 필요하다고 인정되면 대통령령으로 정하는 바에 따라 참가자의 자격을 제한하거나 참가자를 지명하여 입찰에 부치거나 수의계약을 할 수 있다.(2015.1.20 본항신설)
③ 지방자치단체의 장은 제1항에 따라 행정재산을 관리위탁하는 경우에는 대통령령으로 정하는 바에 따라 위탁료를 산출하여 매년 징수할 수 있다.(2015.1.20 본항신설)
④ 제1항에 따라 행정재산의 관리위탁을 받은 자는 제20조에 따라 해당 행정재산의 사용허가를 받은 자로 본다.
(2021.4.20 본항개정)
⑤ 제4항에 따라 행정재산의 사용허가를 받은 것으로 보는 자는 관리위탁의 조건에 위반되지 아니하는 범위에서 제20조제3항 본문에도 불구하고 지방자치단체의 장의 승인을 받아 그 행정재산을 다른 자에게 사용·수익하게 할 수 있다.(2022.11.15 본항개정)
⑥ 제1항에 따라 관리위탁을 받은 자가 미리 해당 지방자치단체의 장의 승인을 받은 경우에는 이용료를 관리위탁 받은 행정재산의 관리에 드는 경비에 충당하거나, 그 행정재산의 효율적 관리 등으로 인하여 증대된 이용료 수입의 전부 또는 일부를 관리위탁을 받은 자의 수입으로 할 수 있다.(2021.4.20 본항개정)
⑦ 지방자치단체는 관리위탁을 받은 자에게 관리에 드는 경비를 지원할 수 있다.
⑧ 다음 각 호의 사항은 대통령령으로 정한다.
1. 관리위탁을 받을 수 있는 자의 자격
2. 관리위탁의 기간 및 수탁재산의 관리(2010.2.4 본호개정)
3. 제6항에 따른 이용료의 경비에의 충당(2015.1.20 본호개정)
4. 이용료 증대분의 전부 또는 일부의 관리위탁을 받은 자 수입으로의 대체(2021.4.20 본호개정)
5. 그 밖에 관리위탁에 관하여 필요한 사항

제4장 일반재산
(2008.12.26 본장개정)

제1절 통 칙

제28조【관리·처분】 ① 일반재산은 대부·매각·교환·양여·신탁하거나 다음 각 호에 따라 사권을 설정할 수 있으며, 법령이나 조례로 정하는 경우에는 현물출자 또는 대물변제를 할 수 있다.
1.「공익사업을 위한 토지 등의 취득 및 보상에 관한 법률」제4조에 따른 공익사업을 시행하기 위하여 공중 또는 지하에 구분지상권을 설정하는 경우
2. 지방자치단체의 조례로 정하는「외국인투자 촉진법」제2조제1항제6호에 따른 외국인투자기업이 사회간접자본시설을 설치하고 이를 그 지방자치단체가 매입하는 조건으로 투자협약을 체결한 후 그 이행을 담보하기 위하여 저당권을 설정하는 경우
(2021.4.20 1호~2호신설)

② 일반재산의 현물출자 및 대물변제의 범위와 내용은 대통령령으로 정한다.
(2021.4.20 본조개정)

제29조【계약의 방법】 ① 일반재산을 대부하거나 매각하는 계약을 체결할 때에는 일반입찰에 부쳐야 한다. 다만, 대통령령으로 정하는 경우에는 제한경쟁 또는 지명경쟁에 부치거나 수의계약으로 할 수 있으며, 증권의 경우에는 「자본시장과 금융투자업에 관한 법률」 제9조제9항에 따른 증권매출의 방법으로 하며, 이 법 제4조제1항제2호 및 제3호의 일반재산을 매각하는 경우에는 제76조제3항을 준용한다.(2021.4.20 본항개정)

② 제1항 단서에 따라 증권을 매각하는 경우 가격산정에 필요한 사항은 대통령령으로 정한다.

③ 제1항에 따라 대부를 받은 자는 그 일반재산을 다른 자에게 사용하게 하여서는 아니 된다.(2021.4.20 본항신설)

제30조【처분재산의 가격 결정】 일반재산을 처분할 때 그 가격은 대통령령으로 정하는 바에 따라 시가(時價)를 고려하여 결정한다.

제2절 대 부

제31조【대부기간】 ① 일반재산의 대부는 다음 각 호의 구분에 따른 기간을 초과할 수 없다. 다만, 지역경제의 활성화를 위하여 대통령령으로 정하는 경우에는 예외로 한다.(2021.4.20 단서개정)

1. 토지와 그 정착물 : 5년
2. 제1호 외의 재산 : 1년

② 지방자치단체의 장은 제29조제1항 단서에 따라 수의계약의 방법으로 대부한 경우에는 대부기간이 끝나기 전에 제1항에 따른 대부기간의 범위에서 대부계약을 갱신할 수 있다. 다만, 수의계약으로 대부할 수 있는 경우가 아니면 한 차례만 갱신할 수 있다.(2021.4.20 본항개정)

③ 지방자치단체의 장은 제2항의 적용을 받지 아니하는 자에 대하여도 1회로 한정하여 대부계약을 갱신할 수 있다. 이 경우 갱신하는 대부기간은 제1항에 따른 대부기간을 초과할 수 없다.(2014.1.7 전단개정)

④ 지방자치단체의 장은 대부를 받은 자가 다음 각 호의 어느 하나에 해당하는 경우에는 대부기간을 연장할 수 있다. 이 경우 연장하는 대부기간은 다음 각 호의 사유로 이용하지 못한 기간의 범위로 한다.

1. 재난으로 피해를 본 경우(2022.11.15 본호개정)
2. 해당 지방자치단체의 귀책사유로 그 재산의 이용에 제한을 받은 경우

(2010.2.4 본항개정)

⑤ 제2항 및 제3항에 따라 대부계약을 갱신하려는 자 또는 제4항에 따라 대부기간을 연장받으려는 자는 대부기간이 끝나기 1개월 전에 지방자치단체의 장에게 대부계약의 갱신 또는 대부기간의 연장을 신청하여야 한다.
(2010.2.4 본항신설)

제32조【대부료】 ① 일반재산의 대부계약을 체결하였을 때에는 대통령령으로 정하는 요율과 계산방법에 따라 매년 대부료를 징수한다. 다만, 연간 대부료가 대통령령으로 정하는 금액 이하인 경우에는 대부기간의 대부료를 일시에 통합 징수할 수 있다.(2021.4.20 본항개정)

② 제1항의 대부료는 그 전액을 대통령령으로 정하는 기간에 한꺼번에 내야 한다. 다만, 대부료 전액을 한꺼번에 내는 것이 곤란하다고 인정되어 대통령령으로 정하는 경우에는 1년 만기 정기예금 금리수준을 고려하여 대통령령으로 정하는 이자를 붙여 분할납부하게 할 수 있다.

③ 제2항 단서에 따라 분할납부하게 하는 경우 대통령령으로 정하는 금액 이하의 보증금을 예치하게 하거나 지방자치단체를 피보험자로 하는 이행보증보험에 가입하게 하여야 한다.(2021.4.20 본항개정)

④ 제1항 단서에 따라 대부료를 일시에 통합 징수하는 경우에 대부기간 중의 대부료가 증가 또는 감소되더라도 대부료를 추가로 징수하거나 반환하지 아니한다.
(2021.4.20 본항신설)

제33조【대부료의 조정】 ① 지방자치단체의 장은 동일인(상속인과 그 밖의 포괄승계인은 피승계인과 동일인으로 본다)이 같은 일반재산을 1년을 초과하여 계속 대부하는 경우 제32조제1항에 따라 산정된 해당 연도의 연간 대부료가 전년도의 연간 대부료보다 100분의 5 이상 증가한 때에는 대통령령으로 정하는 바에 따라 그 대부료의 증가분을 감액 조정할 수 있다.(2021.4.20 본항개정)

② 다른 법률에 따른 사용료 또는 점용료의 납부대상인 행정재산이 용도 폐지 등의 사유로 이 법에 따른 대부료 납부대상으로 된 경우 그 대부료 산출에 관하여는 제1항을 준용한다.

제34조【대부료의 감면】 ① 일반재산의 대부계약을 체결할 때 다음 각 호의 어느 하나에 해당하면 제32조에도 불구하고 그 대부료를 면제할 수 있다.

1. 국가나 다른 지방자치단체가 직접 해당 일반재산을 공용·공공용 또는 비영리 공익사업용으로 사용하려는 경우
2. 지역경제의 활성화를 위하여 필요하다고 인정되는 경우 등 대통령령으로 정하는 경우로서 지방의회가 동의한 경우

② 지방자치단체의 장은 제32조에도 불구하고 대통령령으로 정하는 경우에는 지방자치단체의 조례로 정하는 바에 따라 대부료의 전부 또는 일부를 감면할 수 있다.
(2021.4.20 본항개정)

③ 지방자치단체의 장은 일반재산을 대부받은 자가 재난으로 그 재산을 일정 기간 사용하지 못하였을 때에는 복구 완료기간의 대부료와 그 이자를 일할계산하여 감경할 수 있다.(2022.11.15 본항개정)

④ 지방자치단체의 장은 해당 지방자치단체가 타인의 재산을 점유하는 동시에 해당 재산 소유자가 일반재산을 점유하는 경우 대통령령으로 정하는 바에 따라 해당 재산 소유자에게 점유 중인 일반재산의 대부료를 감면할 수 있다.(2021.4.20 본항신설)

제35조【대부계약의 해지·해제】 ① 지방자치단체의 장은 일반재산을 대부받은 자가 다음 각 호의 어느 하나에 해당하면 그 대부계약을 해지하거나 해제할 수 있다.

1. 대부한 일반재산을 국가나 지방자치단체가 직접 공용 또는 공공용으로 사용하기 위하여 필요하게 된 경우
2. 대부받은 일반재산의 관리를 게을리하였거나 그 대부목적에 위배되게 사용한 경우
3. 대부받은 일반재산의 권리를 양도하거나 그 일반재산을 전대하는 경우(2021.4.20 본호신설)
4. 대부받은 일반재산의 원상을 지방자치단체의 장의 동의 없이 변경한 경우(2021.4.20 본호개정)
5. 거짓 진술, 거짓 증명서류의 제출, 그 밖의 부정한 방법으로 그 계약을 체결한 사실이 발견된 경우
6. 제32조제2항에 따른 납부기한까지 대부료를 내지 아니한 경우

② 지방자치단체의 장은 제1항에 따라 계약을 해지하거나 해제하면 지체 없이 그 권리의 회복에 필요한 조치를 하여야 한다.

③ 제1항제1호에 해당하는 사유로 인한 계약의 해지 또는 해제가 그 상대방에게 손실을 발생하게 하였을 때에는 그 재산을 사용할 국가 또는 지방자치단체는 대통령령으로 정하는 바에 따라 그 손실을 보상하여야 한다.

④ (2010.2.4 삭제)
(2021.4.20 본조제목개정)

제3절 매 각

제36조【일반재산의 매각】 ① 일반재산은 다음 각 호의 어느 하나에 해당하는 경우를 제외하고는 매각할 수 있다.

1. 지방자치단체의 장이 행정목적으로 사용하기 위하여 제11조제4호에 따라 일반재산을 행정재산으로 용도 변경하려는 경우(2021.4.20 본호개정)
2. 「국토의 계획 및 이용에 관한 법률」 등 다른 법률에 따라 그 처분이 제한되는 경우
3. 장래 행정목적의 필요성 등을 고려하여 제94조의2제1항의 운영기준에서 정한 처분제한 대상에 해당하는 경우
4. 그 밖에 대통령령으로 정하는 재산으로서 지방자치단체가 관리할 필요가 있다고 지방자치단체의 장이 지정하는 재산인 경우

(2014.1.7 본항개정)

② 일반재산을 공공목적으로 매각하는 경우에는 대통령령으로 정하는 바에 따라 매수자에게 그 재산의 용도와 그 용도대로 사용하여야 할 기간을 정하여 매각할 수 있다.(2010.2.4 본항신설)

③ 제2항에 따라 용도를 지정하여 매각하는 경우에는 제38조제1항제2호의 사유가 발생하면 해당 매매계약을 해제한다는 내용의 특약등기를 하여야 한다.(2021.4.20 본항신설)

제37조【매각대금의 납부】 ① 일반재산의 매각대금은 그 전액을 대통령령으로 정하는 기간에 한꺼번에 내야 한다. 다만, 매각대금 전액을 한꺼번에 내는 것이 곤란하다고 인정되어 대통령령으로 정하는 경우에는 1년 만기 정기예금 금리수준을 고려하여 대통령령으로 정하는 이자를 붙여 분할납부하게 할 수 있다.

② 일반재산 중 동산(動産)의 매각대금에 대하여는 제1항 단서를 적용하지 아니한다.

제38조【매각계약의 해지·해제】 ① 지방자치단체의 장은 일반재산을 매수한 자가 다음 각 호의 어느 하나에 해당하면 그 매각계약을 해지하거나 해제할 수 있다.

1. 거짓 진술, 거짓 증명서류의 제출, 그 밖의 부정한 방법으로 그 계약을 체결한 사실이 발견된 경우
2. 제36조제2항에 따라 매각한 경우 매수자가 용도 또는 그 용도대로 사용하여야 할 기간을 지키지 아니한 경우 (2010.2.4 본호신설)
3. 제37조제1항에 따른 납부기한까지 매수대금을 내지 아니한 경우

② 지방자치단체의 장이 제1항에 따라 계약을 해지하거나 해제하면 지체 없이 그 권리의 회복에 필요한 조치를 하여야 한다.

③ 지방자치단체의 장은 일반재산을 매수한 자가 제37조제1항에 따른 납부기한까지 매수대금을 내지 아니하면 지방세 체납처분의 예에 따라 징수할 수 있다.(2014.1.7 본항개정)
(2021.4.20 본조제목개정)

제4절 교 환

제39조【교환】 ① 지방자치단체의 장은 다음 각 호의 어느 하나에 해당하는 경우에는 일반재산인 토지, 건물, 그 밖의 토지의 정착물을 국유재산, 다른 지방자치단체의 공유재산 또는 사유재산과 교환할 수 있다. 다만, 「공익사업을 위한 토지 등의 취득 및 보상에 관한 법률」이 적용되는 경우는 제외한다.

1. 해당 지방자치단체가 직접 공용·공공용재산으로 사용하거나 소규모 일반재산을 한 곳에 모아 관리함으로써 재산의 효율성을 높이는 데 필요한 경우
2. 해당 지방자치단체에서 일반재산의 가치와 효용도를 높이는 데 필요한 경우로서 매각 등 다른 방법으로 해당 재산의 처분이 곤란한 경우
3. 국가 또는 다른 지방자치단체가 직접 공용·공공용재산으로 사용하거나 소규모 일반재산을 한 곳에 모아 관리함으로써 재산의 효율성을 높이는 데 필요하여 교환을 요청한 경우
4. 지역경제 활성화 또는 지역 주민의 복리 증진을 위하여 필요하다고 인정되는 경우로서 지방의회가 동의한 경우

(2010.2.4 본항개정)

② 제1항에 따른 교환을 할 때 교환하는 일반재산의 종류·가격 등은 대통령령으로 정하는 바에 따라 제한할 수 있다.

③ 제1항에 따라 교환하는 경우 양쪽의 가격이 같지 아니할 때에는 그 차액을 금전으로 내야 한다.

제5절 양 여

제40조【양여】 ① 일반재산은 다음 각 호의 어느 하나에 해당하면 양여할 수 있다.

1. 해당 특별시·광역시 또는 도의 구역에 있는 시·군 또는 자치구에서 공용 또는 공공용으로 사용하기 위하여 필요한 경우(2021.4.20 본호개정)
2. 용도가 지정된 국고보조금·지방교부세 또는 기부금으로 조성된 일반재산으로서 그 용도에 따라 양여하는 경우
3. 행정재산의 용도를 폐지한 경우에 그 용도에 대신하여 다른 시설을 마련하여 제공한 자와 그 상속인 또는 그 밖의 포괄승계인에게 양여하는 경우(2021.4.20 본호개정)
4. 도시계획사업 집행을 부담한 지방자치단체에 그 도시계획사업시행지구에 있는 토지를 양여하는 경우
5. 그 밖에 자산가치가 하락하거나 보유할 필요가 없는 경우로서 대통령령으로 정하는 경우

② 제1항제1호 및 제2호에 해당하는 사유로 일반재산을 양여하는 경우에는 양여받은 일반재산이 10년 이내에 그 양여목적 외의 용도로 사용되면 양여계약을 해제한다는 내용의 특약등기를 하여야 한다.

③ 제1항제2호에 따른 양여의 대상 및 범위는 대통령령으로 정한다.(2010.2.4 본항신설)

제41조【양여계약의 해제】 ① 지방자치단체의 장은 일반재산을 양수한 자가 다음 각 호의 어느 하나에 해당하면 그 양여계약을 해제할 수 있다.

1. 일반재산의 용도를 지정하여 양여한 경우에 양수자가 지정된 날이 지나도 그 용도에 사용하지 아니하거나, 지정된 용도에 이를 제공하였더라도 지정된 기간에 그 용도를 폐지한 경우
2. 거짓 진술, 거짓 증명서류의 제출, 그 밖의 부정한 방법으로 계약을 체결한 사실이 발견된 경우

② 지방자치단체의 장이 제1항에 따라 계약을 해제한 경우에는 지체 없이 그 권리의 회복에 필요한 조치를 하여야 한다.

제6절 신탁 등
(2008.12.26 본절제목개정)

제42조【신탁개발】 ① 일반재산(토지와 그 정착물로 한정한다. 이하 이 절에서 같다)은 부동산신탁을 취급하는 신탁업자에게 신탁하여 개발할 수 있다.(2021.4.20 본항개정)

② 제1항에 따른 신탁을 할 때에는 이 법에 위반되는 무상대부·교환 또는 양여의 효과를 달성하기 위한 목적으로 신탁하거나 해당 지방자치단체 외의 자를 신탁의 수익자로 하여서는 아니 된다.

③ 제1항에 따른 신탁의 종류는 다음 각 호와 같다.

1. 분양형 신탁 : 신탁받은 일반재산을 개발한 후 그 재산을 분양하여 발생하는 수익을 지방자치단체에 내는 신탁
2. 임대형 신탁 : 신탁받은 일반재산을 개발한 후 그 재산을 일정기간 임대하여 발생하는 수익을 지방자치단체에 내는 신탁
3. 혼합형 신탁 : 신탁받은 일반재산을 개발한 후 그 재산의 일부는 분양하고, 일부는 일정기간 임대하여 발생하는 수익을 지방자치단체에 내는 신탁

④ 제3항의 신탁의 종류에 따른 신탁기간은 다음 각 호와 같다.

1. 분양형 신탁 : 분양 종료 시까지로 하되, 5년 이내
2. 임대형 신탁 및 혼합형 신탁 : 30년 이내

⑤ 제4항의 신탁기간은 갱신할 수 있다. 이 경우 갱신기간은 갱신할 때마다 제4항에 따른 신탁기간을 초과할 수 없다.
(2021.4.20 본조제목개정)

제43조【신탁보수 등】 제42조에 따른 신탁으로 발생한 수익의 지방자치단체 귀속방법과 신탁업자의 신탁보수, 신탁업자의 선정범위 등에 관하여 필요한 사항은 대통령령으로 정한다.

제43조의2【일반재산의 위탁】 ① 지방자치단체의 장은 일반재산의 효율적인 관리·처분을 위하여 특별법에 따라 설립된 법인으로서 대통령령으로 정하는 자에게 해당 재산의 관리·처분에 관한 사무를 위탁할 수 있다.
② 제1항에 따라 위탁을 받은 자(이하 이 절에서 "수탁기관"이라 한다)는 위탁재산을 관리·처분할 때 선량한 관리자로서 주의의무를 다하여야 한다.(2010.2.4 본항개정)
③ 수탁기관은 지방자치단체의 승인 없이 다음 각 호의 행위를 하지 못한다.
1. 위탁재산을 위탁 목적 외의 용도로 사용하는 행위
2. 위탁재산의 원상을 변경하는 행위
④ 지방자치단체의 장은 다음 각 호의 어느 하나에 해당하는 경우 위탁재산의 전부 또는 일부에 대하여 위탁을 해지할 수 있다.
1. 공용·공공용으로 필요할 때
2. 수탁기관이 이 법을 위반하였을 때
⑤ 수탁기관의 범위, 위탁기간, 그 밖에 위탁에 관하여 필요한 사항은 대통령령으로 정한다.
(2010.2.4 본조제목개정)
(2008.12.26 본조신설)

제43조의3【위탁개발】 ① 지방자치단체의 장은 일반재산의 효율적인 활용을 위하여 수탁기관에 해당 일반재산의 개발을 위탁할 수 있다.(2021.4.20 본항개정)
② 제1항의 개발이란 다음 각 호의 행위를 말한다.
1. 「건축법」 제2조에 따른 건축, 대수선(大修繕), 리모델링 등의 행위
2. 「공공주택 특별법」, 「국토의 계획 및 이용에 관한 법률」, 「도시개발법」, 「도시 및 주거환경정비법」, 「산업입지 및 개발에 관한 법률」, 「주택법」, 「택지개발촉진법」 및 그 밖에 대통령령으로 정하는 법률에 따라 토지를 조성하는 행위
(2020.12.29 본항신설)
③ 제1항에 따른 개발의 종류는 다음 각 호와 같다.
1. 분양형 개발 : 위탁받은 재산을 개발한 후 그 재산을 분양하여 발생하는 수익을 지방자치단체에 내는 개발
2. 임대형 개발 : 위탁받은 재산을 개발한 후 그 재산을 일정기간 임대하여 발생하는 수익을 지방자치단체에 내는 개발
3. 혼합형 개발 : 위탁받은 재산을 개발한 후 그 재산 중 일부는 분양하고 일부는 일정기간 임대하여 발생하는 수익을 지방자치단체에 내는 개발
④ 제3항의 개발의 종류에 따른 위탁기간은 다음 각 호와 같다.(2020.12.29 본문개정)
1. 분양형 개발 : 분양 종료 시까지로 하되, 5년 이내
2. 임대형 개발 : 30년 이내
3. 혼합형 개발 : 분양형 개발부분은 분양 종료 시까지로 하되, 5년 이내로 하고, 임대형 개발부분은 30년 이내
⑤ 제4항의 위탁기간은 갱신할 수 있다. 이 경우 갱신기간은 갱신할 때마다 제4항에 따른 위탁기간을 초과할 수 없다.(2020.12.29 본항개정)
⑥ 지방자치단체는 제1항에 따라 개발된 재산의 일부를 행정재산으로 사용할 수 있다. 이 경우 지방자치단체가 사용하는 부분에 대하여는 지방자치단체가 받을 수익금에서 차감하는 등의 방법으로 대가를 지불한다.
(2010.2.4 본항개정)
⑦ 제1항에 따라 일반재산을 개발하는 경우에는 다음 각 호의 사항을 고려하여야 한다.
1. 재정수입의 증대 등 재정관리의 건전성
2. 공공시설의 확보 등 공공의 편익성
3. 주변환경의 개선 등 지역발전의 기여도
4. 제1호부터 제3호까지의 규정에 따른 사항 외에 행정목적 달성을 위한 필요성
(2020.12.29 본항신설)
⑧ 지방자치단체의 장은 제1항에 따른 위탁개발에 따른 사업 결과를 대통령령으로 정하는 절차와 방법에 따라 공개하여야 한다.(2021.4.20 본항신설)
⑨ 위탁개발에 따라 발생한 수익의 지방자치단체 귀속방법과 수탁기관의 보수, 그 밖에 필요한 사항은 대통령령으로 정한다.(2021.4.20 본항신설)
(2021.4.20 본조제목개정)
(2008.12.26 본조신설)

제43조의4 (2021.4.20 삭제)

제4장의2 지식재산 관리·처분의 특례
(2015.1.20 본장신설)

제43조의5【지식재산의 사용허가 등】 ① 지식재산의 사용허가 또는 대부(이하 "사용허가등"이라 한다)를 받은 자는 제20조제3항 본문 및 제35조제1항에도 불구하고 해당 지방자치단체의 장의 승인을 받아 그 지식재산을 다른 사람에게 사용·수익하게 할 수 있다.(2021.4.20 본항개정)
② 저작권등에 대하여 사용허가등을 받은 자는 해당 지식재산을 관리하는 지방자치단체의 장의 승인을 받아 그 저작물의 변형, 변경 또는 개작을 할 수 있다.
(2021.4.20 본조제목개정)

제43조의6【지식재산의 사용허가등의 방법】 ① 지방자치단체의 장은 지식재산의 사용허가등을 하려는 경우에는 제20조제2항 본문 및 제29조제1항 본문에도 불구하고 수의의 방법으로 하되, 다수에게 일시에 또는 수회에 걸쳐 할 수 있다.
② 제1항에 따라 사용허가등을 받은 자는 다른 사람의 이용을 방해하여서는 아니 된다.
③ 지방자치단체의 장은 제2항을 위반하여 다른 사람의 이용을 방해한 자에 대하여 사용허가등을 철회할 수 있다.
④ 지방자치단체의 장은 제1항에도 불구하고 제43조의9제1항에 따른 사용허가등의 기간 동안 신청자 외에 사용허가등을 받으려는 자가 없거나 지식재산의 효율적인 관리를 위하여 대통령령으로 정하는 바에 따라 특히 필요하다고 인정하는 경우에는 특정인에 대하여만 사용허가등을 할 수 있다. 이 경우 사용허가등의 방법은 제20조제2항 본문 및 제29조제1항 본문에 따른다.

제43조의7【지식재산의 사용료 등】 ① 지식재산의 사용허가등을 한 때에는 제22조제1항 및 제32조제1항에도 불구하고 해당 지식재산으로부터의 매출액 등을 고려하여 대통령령으로 정하는 사용료 또는 대부료를 징수한다.
② 동일인(상속인이나 그 밖의 포괄승계인은 피승계인과 동일인으로 본다)이 같은 지식재산을 계속 사용·수익하는 경우에는 제23조 및 제33조제1항은 적용하지 아니한다.

제43조의8【지식재산 사용료 또는 대부료의 감면】 제24조제1항 및 제34조제1항에서 정한 사항 외에 다음 각 호의 어느 하나에 해당하는 경우에는 대통령령으로 정하는 바에 따라 그 사용료 또는 대부료를 감면할 수 있다.
1. 「농업·농촌 및 식품산업 기본법」 제3조제2호에 따른 농업인과 「수산업·어촌 발전 기본법」 제3조제3호에 따른 어업인의 소득 증대, 「중소기업기본법」 제2조에 따른 중소기업의 수출 증진, 「중소기업창업 지원법」 제2조제3호 및 제6호에 따른 창업기업·재창업기업에 대한 지원 및 「벤처기업육성에 관한 특별법」 제2조제1항에 따른 벤처기업의 창업 촉진, 그 밖에 이에 준하는 시책을 추진하는 경우 : 면제(2024.1.9 본호개정)
2. 그 밖에 지식재산을 공익적 목적으로 활용하기 위하여 필요하다고 인정하는 경우 : 감면

제43조의9【지식재산의 사용허가등 기간】 ① 제21조 또는 제31조에도 불구하고 지식재산의 사용허가기간 또는 대부기간은 5년 이내에서 대통령령으로 정한다.
② 제1항에 따른 사용허가기간 또는 대부기간이 끝난 지식재산(대통령령으로 정하는 지식재산의 경우는 제외한다)에 대하여는 제1항의 사용허가기간 또는 대부기간을 초과하지 아니하는 범위에서 종전의 사용허가등을 갱신할 수 있다. 다만, 제43조의6제4항에 따른 사용허가등의 경우에는 이를 한 번만 갱신할 수 있다.

제43조의10【저작권의 귀속 등】 ① 지방자치단체의 장은 해당 지방자치단체 외의 자와 저작물 제작을 위한 계약을 체결하는 경우 그 결과물에 대한 저작권 귀속에 관한 사항을 계약내용에 포함하여야 한다.
② 지방자치단체의 장이 해당 지방자치단체 외의 자와 공동으로 창작하기 위한 계약을 체결하는 경우 그 결과물에 대한 저작권은 제8조에도 불구하고 공동으로 소유하며, 별도의 정함이 없으면 그 지분은 균등한 것으로 한다. 다만, 그 결과물에 대한 기여도 및 국가안전보장, 국방, 외교관계 등 계약목적물의 특수성을 고려하여 협의를 통하여 저작권의 귀속주체 또는 지분율 등을 달리 정할 수 있다.
③ 지방자치단체의 장은 제1항 및 제2항에 따른 계약을 체결하는 경우 그 결과물에 대한 저작권의 전부를 해당 지방자치단체 외의 자에게 귀속시키는 내용의 계약을 체결하여서는 아니 된다.

제5장 공유재산 대장과 보고
(2008.12.26 본장개정)

제44조【대장과 실태조사】 ① 지방자치단체의 장과 각 관서의 장은 제5조에 따른 구분과 종류에 따라 소관 공유재산의 등기·등록이나 그 밖에 권리 보전에 필요한 조치를 하고, 공유재산의 대장(臺帳)에 도면 및 이에 관련되는 증명서류를 첨부하여 갖추어 놓아야 한다. 이 경우 공유재산의 대장은 전산자료로 대신할 수 있다.
② 재산관리관은 매년 소관 공유재산의 실태를 조사하여 재산관리 및 변동에 관한 사항을 기록·유지하여야 하고, 지방자치단체의 장에게 그 결과를 보고하여야 한다.
③ 지방자치단체의 장은 공유재산을 효율적으로 관리하기 위하여 필요하면 조사대상 재산의 범위, 조사기간, 조사내용 및 조사비용 등을 정하여 전문기관에 의뢰하여 공유재산의 관리실태를 조사하게 할 수 있다.
④ 제2항에 따른 공유재산의 실태조사 범위 및 방법 등에 필요한 사항은 대통령령으로 정한다.(2010.2.4 본항신설)

제45조【재산 관계 공부의 열람 등】 공유재산의 사무를 취급하는 공무원 또는 제43조의2에 따라 일반재산의 관리·처분에 관한 사무를 위탁받은 자는 공유재산을 관리(체납처분을 포함한다)하기 위하여 필요한 경우에는 등기소나 그 밖의 관계 행정기관의 장에게 무료로 필요한 서류의 열람·복사를 요구하거나 그 등본, 초본 또는 등기사항증명서의 발급을 청구할 수 있다.(2011.4.12 본조개정)

제46조【가격 평가 등】 공유재산의 가격평가 등 회계처리는 「지방회계법」 제12조에 따른 회계기준으로 정하는 바에 따른다.(2016.5.29 본조개정)

제47조【공유재산의 현황 작성 등】 ① 지방자치단체의 장은 대통령령으로 정하는 바에 따라 그 공유재산에 대하여 전년도 및 해당 회계연도 간 증감보고서와 매년 12월 31일 현재를 기준으로 개정된 가격에 따른 현재액보고서를 작성하여 해당 지방의회에 보고하여야 한다.
(2021.4.20 본항개정)
② 지방자치단체의 장은 제1항에 따라 공유재산의 증감 및 현황을 작성하면 증감의 원인별·명세별로 전년도와 비교하여 심사·분석하여야 한다.

제6장 물품 통칙
(2008.12.26 본장개정)

제48조 (2010.2.4 삭제)

제49조【물품의 분류】 ① 지방자치단체의 장은 그 소관에 속하는 물품의 관리·처분의 적정성을 도모하기 위하여 물품을 그 사용과 처분의 목적에 따라 기능별·성질별·기관별·품목별로 분류하여야 한다.(2021.4.20 본항개정)
② 제1항의 분류는 지방자치단체의 예산에서 정한 물품 관계 경비의 목적에 위배되지 아니하여야 한다. 다만, 특별한 사유로 예산에서 정한 목적에 따라서 분류하기 곤란한 경우에는 따로 이를 분류할 수 있다.(2021.4.20 단서개정)
③ 제1항과 제2항에 따른 물품 분류의 기준과 그 밖에 물품 분류에 필요한 사항은 대통령령으로 정한다.

제50조【출자 등의 금지】 지방자치단체의 장은 법률 또는 조례에 따르지 아니하고는 물품을 출자의 목적으로 하거나 물품에 사권을 설정할 수 없다.(2021.4.20 본조개정)

제51조【표준화】 지방자치단체의 장은 그 기관에서 사용되는 물품을 대통령령으로 정하는 바에 따라 표준화하여야 한다.

제52조【물품관리관】 ① 지방자치단체의 장은 소관 물품의 관리 사무를 소속 공무원에게 위임하여 물품을 관리하게 할 수 있다.(2021.4.20 본항개정)
② 제1항에 따라 위임받은 공무원을 "물품관리관"이라 한다.

제53조【물품출납공무원】 ① 물품관리관(제55조제1항에 따라 물품관리사무의 일부를 분장하는 공무원을 포함한다. 이하 같다)은 대통령령으로 정하는 바에 따라 그가 소속한 관서의 공무원에게 그 관리하는 물품의 출납 및 보관에 관한 사무(출납명령에 관한 사무는 제외한다. 이하 같다)를 위임할 수 있다.(2021.4.20 본항개정)
② 제1항에 따라 물품의 출납 및 보관에 관한 사무를 위임받은 공무원을 "물품출납공무원"이라 한다.

제54조【물품운용관】 ① 물품관리관은 필요하면 대통령령으로 정하는 바에 따라 그가 소속한 관서의 공무원에게 지방자치단체의 사무 또는 사업의 목적과 용도에 따라 물품을 사용하게 하거나 사용 중인 물품의 유지·보존 및 운용에 관한 사무(이하 "물품의 사용 사무"라 한다)를 위임할 수 있다.
② 제1항에 따라 물품의 사용 사무를 위임받은 공무원을 "물품운용관"이라 한다.
(2021.4.20 본조개정)

제55조【관리기관의 분임 및 대리】 ① 지방자치단체의 장은 물품관리 사무의 일부를 분장하는 공무원을, 물품관리관은 물품출납공무원의 사무의 일부를 분장하는 공무원을 대통령령으로 정하는 바에 따라 각각 둘 수 있다.
② 지방자치단체의 장은 물품관리관이 부득이한 사유로 직무를 수행할 수 없으면 그 사무를 대리하는 공무원을, 물품관리관은 물품출납공무원 또는 물품운용관이 부득이한 사유로 직무를 수행할 수 없으면 그 사무를 대리하는 공무원을 대통령령으로 정하는 바에 따라 각각 지정할 수 있다.
(2021.4.20 본조개정)

제56조【물품관리에 관한 정보공유 등】 행정안전부장관은 지방자치단체의 물품을 효율적이고 적정하게 관리하기 위하여 물품관리기준 정보 등을 조달청장과 공유하는 등 상호 협조할 수 있다.(2021.4.20 본조개정)

제7장 물품의 관리
(2008.12.26 본장개정)

제1절 통 칙

제57조【물품의 수급관리계획】 ① 지방자치단체의 장은 대통령령으로 정하는 바에 따라 회계연도마다 소관 예산과 사무 또는 사업의 예정에 맞추어 물품의 취득·사용

및 처분에 관한 수급관리계획을 세워야 한다. 다만, 대통령령으로 정하는 물품의 경우에는 예외로 한다.(2021.4.20 단서개정)
② 지방자치단체의 장은 필요하면 제1항에 따른 수급관리계획을 변경할 수 있다.(2021.4.20 본항개정)
③ 지방자치단체의 장은 제1항에 따른 수급관리계획(제2항에 따라 변경된 경우에는 그 변경된 수급관리계획을 말한다)에 따라 물품을 취득·사용 또는 처분하여야 한다.
제58조【물품관리기준의 설정】 지방자치단체의 장은 대통령령으로 정하는 바에 따라 주요 물품의 정수(定數)와 사용기준을 정하여야 한다.
제59조【재고관리】 지방자치단체의 장은 사용 빈도가 높거나 재고를 적정하게 유지할 필요가 있는 물품의 경우에는 재고관리기준을 정하여 관리하여야 한다.
(2021.4.20 본조개정)
제60조【재물조사 등】 ① 지방자치단체의 장은 관리하는 물품에 대하여 대통령령으로 정하는 바에 따라 1년마다 재물조사를 실시하여야 하며, 필요한 경우에는 수시로 재물조사를 할 수 있다.
② 제1항에 따른 재물조사 결과 잃어버리거나 훼손된 물품이 발견되면 「회계관계직원 등의 책임에 관한 법률」에 따라 조치하여야 한다.
(2021.4.20 본조개정)
제61조【재물조정】 지방자치단체의 장은 제60조에 따른 재물조사 결과 물품의 증감(增減)이 발견되더라도 그 원인이 사무상 착오라는 것이 명백한 경우에는 대통령령으로 정하는 바에 따라 이를 조정할 수 있다.
제62조【물품의 현황 작성 등】 지방자치단체의 장은 대통령령으로 정하는 바에 따라 주요 물품에 대하여 전년도 및 해당 회계연도 간 증감보고서와 매년 12월 31일을 기준으로 한 현재액보고서를 작성하여 해당 지방의회에 보고하여야 한다.
제63조【물품 소관의 전환】 물품관리관은 물품을 효율적으로 관리하기 위하여 필요하면 대통령령으로 정하는 바에 따라 소관 물품을 같은 지방자치단체의 다른 물품관리관의 소관으로 전환할 수 있다.(2021.4.20 본조개정)
제64조【물품의 정비】 지방자치단체의 장은 대통령령으로 정하는 바에 따라 주요 정비대상 물품을 선정하여 정비기준에 따라 정비하여야 한다.
제65조【표준서식】 물품관리관, 물품운용관 및 물품출납공무원(제55조제1항에 따라 그 사무의 일부를 분장하는 공무원을 포함한다. 이하 같다)은 대통령령으로 정하는 표준서식(전산처리에 필요한 입출력 자료서식을 포함한다. 이하 같다)에 필요한 사항을 기록·유지하여야 한다.
제66조【물품관리사무의 전산화】 지방자치단체의 장은 대통령령으로 정하는 바에 따라 물품의 관리 사무를 전산화하여 물품을 효율적으로 관리하여야 한다.(2021.4.20 본조개정)
제67조【물품관리종사공무원의 행위제한】 ① 물품의 관리 사무에 종사하는 공무원은 그 취급하는 물품을 지방자치단체로부터 양수할 수 없다. 다만, 대통령령으로 정하는 물품의 경우에는 예외로 한다.(2021.4.20 본항개정)
② 제1항을 위반한 행위는 무효로 한다.
(2021.4.20 본조제목개정)

제2절 취 득

제68조【취득】 ① 물품관리관은 제57조에 따른 수급관리계획에 포함된 물품의 경우 계약담당공무원에게 그 계획의 범위에서 물품의 취득에 필요한 조치를 할 것을 청구하여야 하며, 그 밖의 물품의 경우 필요하다고 인정할 때마다 취득에 필요한 조치를 할 것을 청구하여야 한다.
② 제1항에 따른 청구를 받은 계약담당공무원은 예산의 범위에서 대통령령으로 정하는 바에 따라 해당 물품을 취득하기 위하여 필요한 조치를 하여야 한다.
③ 물품은 지방자치단체의 장 또는 그 위임을 받은 공무원이 지명하는 관계 공무원이나 기술자의 검사와 검수를 받지 아니하고는 취득할 수 없다.
(2021.4.20 본조개정)

제3절 보 관

제69조【보관의 원칙】 물품은 언제든지 사용하거나 처분할 수 있도록 선량한 관리자의 주의로써 해당 지방자치단체의 시설에 보관하여야 한다. 다만, 물품관리관이 그 지방자치단체의 시설에 보관하는 것이 물품의 사용 또는 처분에 부적당하거나 그 밖에 특별한 사유가 있다고 인정하는 경우는 예외로 한다.(2021.4.20 단서개정)
제70조【출납명령】 ① 물품관리관은 물품을 출납하게 하려면 물품출납공무원에게 출납하여야 할 물품의 분류를 명백히 하여 그 출납을 명하여야 한다.
② 물품출납공무원은 제1항에 따른 명령 없이는 물품을 출납할 수 없다.
제71조【사용할 수 없는 물품 등의 처리】 ① 물품출납공무원은 그 보관 중인 물품(제73조제2항에 따른 명령에 따라 반납된 물품은 제외한다) 중 사용할 수 없거나 수선 또는 개조가 필요한 물품이 있으면 그 사실을 물품관리관에게 보고하여야 한다.
② 물품관리관은 제1항 또는 제73조제1항에 따른 보고에 의하여 수선 또는 개조가 필요한 물품이 있으면 계약담당공무원이나 그 밖의 관계 공무원에게 그 수선 또는 개조를 위하여 필요한 조치를 할 것을 청구하여야 한다.
(2021.4.20 본조개정)

제4절 사 용

제72조【사용】 물품관리관은 물품을 사용하게 하기 위하여 출납명령을 할 때에는 그 사용 목적을 명백히 하여 그 사실을 물품운용관에게 알려야 하고, 물품운용관을 두지 아니한 경우에는 물품을 사용하는 공무원(이하 "물품사용공무원"이라 한다)에게 알려야 한다. 다만, 물품운용관 또는 물품사용공무원의 요청에 따라 출납명령을 한 경우에는 예외로 한다.(2021.4.20 단서개정)
제73조【사용 중인 물품의 반납】 ① 물품운용관이나 물품사용공무원은 사용 중인 물품 중 사용할 필요가 없거나 사용할 수 없는 물품 또는 수선이나 개조가 필요한 물품이 있으면 그 사실을 물품관리관에게 보고하여야 한다.
② 물품관리관은 제1항에 따른 보고를 받으면 그 사실 여부를 확인하여 그에 해당되는 물품이라는 것이 인정되면 물품운용관이나 물품사용공무원에게 그 물품의 반납을 명하여야 한다.
(2021.4.20 본조개정)
제74조【대부】 ① 지방자치단체의 장은 대부를 목적으로 한 물품 또는 대부하여도 지방자치단체의 사업 또는 사무에 지장이 없는 물품은 대부할 수 있다.(2021.4.20 본항개정)
② 지방자치단체의 장은 대통령령으로 정하는 경우에는 무상으로 물품을 대부할 수 있다.(2010.2.4 본항신설)
③ 제1항에 따라 물품을 대부한 경우 대부료의 요율, 대부료의 계산방법, 대부료의 납부방법 등에 관하여 필요한 사항은 대통령령으로 정한다.(2021.4.20 본항개정)

제5절 처 분

제75조【불용의 결정 등】 ① 지방자치단체의 장은 소관물품 중 사용할 필요가 없거나 사용할 수 없는 물품이 있으면 그 물품에 대하여 불용(不用)의 결정을 하여야 한다. 다만, 대통령령으로 정하는 물품은 물품관리관이 그 결정을 할 수 있다.
② 지방자치단체의 장 또는 물품관리관은 제1항에 따라 불용의 결정을 한 물품(이하 "불용품"이라 한다) 중 매각하는 것이 지방자치단체에 불리하거나 부적합한 물품 또는 매각할 수 없는 물품은 폐기할 수 있다.
(2021.4.20 본조개정)
제76조【물품의 매각】 ① 지방자치단체의 장은 매각을 목적으로 한 물품이거나 불용품이 아니면 매각할 수 없다.
② 물품을 매각할 때에는 일반입찰에 부쳐야 한다. 다만 대통령령으로 정하는 경우에는 경매나 수의계약으로 매각할 수 있다.(2021.4.20 본항신설)
③ 지방자치단체의 장은 제1항의 물품으로서 매각되지 아니하는 것은 대통령령으로 정하는 바에 따라 매각의 특례를 둘 수 있다.
(2021.4.20 본조개정)
제77조【불용품 처분의 요청】 지방자치단체의 장은 불용품 중 제63조에 따른 물품 소관의 전환, 양여 또는 매각 등에 의하여 처분이 되지 아니하는 불용품이 있으면 조달청장에게 그 처분을 요청할 수 있다. 다만, 재활용이 가능한 불용품은 조달청장에게 경우 무상으로 양여할 수 있다.(2021.4.20 본조개정)
제78조【불용품의 양여】 ① 지방자치단체의 장은 다음 각 호의 어느 하나에 해당하는 경우 불용품을 대통령령으로 정하는 대상에게 양여할 수 있다.
1. 용도가 지정된 국고보조금이나 기부금에 의하여 취득한 물품으로서 제75조에 따라 불용의 결정을 받은 물품을 그 용도에 따라 양여하는 경우
2. 민방위용, 재난재해 대비용이나 그 밖에 이에 준하는 용도에 사용할 목적으로 취득한 물품을 그 목적에 맞게 양여하는 경우
3. 물품 소관의 전환이 되지 아니하거나 물품 소관의 전환이 될 가능성이 없는 물품을 국가 또는 다른 지방자치단체에 양여하는 경우
4. 매각하는 것이 지방자치단체에 불리하거나 매각비용이 매각대금을 초과하는 경우
5. 제75조제2항에 따라 폐기할 수 있는 물품으로서 양여하는 것이 유익하다고 인정되는 경우
6. 제76조제3항에 따른 매각되지 아니한 물품인 경우
7. 다른 법률에 따라 지방자치단체가 사용하거나 보유할 수 없는 물품인 경우
8. 대통령령으로 정하는 바에 따라 지역주민에게 양여하는 경우
(2021.4.20 1호~8호신설)
② 그 밖에 불용품 양여에 필요한 사항은 대통령령으로 정한다.
(2021.4.20 본조개정)
제79조【교환】 ① 지방자치단체는 물품을 효율적으로 관리하기 위하여 특히 필요한 경우에는 그 물품을 그 지방자치단체 외의 자가 소유한 물품과 교환할 수 있다.
(2021.4.20 본항개정)
② 제1항에 따라 교환하는 경우 양쪽의 가격이 같지 아니할 때에는 그 차액을 금전으로 내야 한다. 다만, 그 차액은 전액을 한꺼번에 내야 한다.

제8장 보 칙

(2008.12.26 본장개정)

제80조【연체료의 징수】 지방자치단체의 장과 제43조의2에 따라 일반재산의 관리·처분에 관한 사무를 위탁받은 자는 공유재산의 사용료, 대부료, 매각대금, 교환차금 및 변상금을 내야 할 자가 납부기한까지 내지 아니하는 경우에는 내야 할 금액(징수를 미루거나 나누어 내는 경우 이자는 제외한다)에 대하여 대통령령으로 정하는 바에 따라 연체료를 징수한다. 이 경우 연체료 부과대상이 되는 연체기간은 납기일부터 60개월을 초과할 수 없다.(2021.4.20 전단개정)
제81조【변상금의 징수】 ① 지방자치단체의 장과 제43조의2에 따라 일반재산의 관리·처분에 관한 사무를 위탁받은 자는 무단점유자에 대하여 대통령령으로 정하는 바에 따라 공유재산 또는 물품에 대한 사용료 또는 대부료의 100분의 120에 해당하는 금액(이하 "변상금"이라 한다)을 징수한다. 다만, 다음 각 호의 어느 하나에 해당하는 경우에는 변상금을 징수하지 아니한다.(2021.4.20 본문개정)
1. 등기부나 그 밖의 공부(公簿)상의 명의인을 정당한 소유자로 믿고 상당한 대가를 지급하고 권리를 취득한 자(취득자의 상속인과 그 포괄승계인을 포함한다)의 재산이 취득 후에 공유재산 또는 물품으로 판명되어 지방자치단체에 귀속된 경우
2. 국가나 지방자치단체가 재해대책 등 불가피한 사유로 일정 기간 공유재산 또는 물품을 점유하게 하거나 사용·수익하게 한 경우
② 지방자치단체의 장은 무단점유자의 무단점유 경위(經緯) 및 경제적 사정과 무단점유지의 용도 등을 고려하여 대통령령으로 정하는 바에 따라 5년의 범위에서 변상금의 징수를 미루거나 나누어 내게 할 수 있다.(2021.4.20 본항개정)
③ 변상금을 징수하는 경우에는 제23조 및 제33조에 따른 사용료 및 대부료의 조정은 하지 아니한다.
(2010.2.4 본조개정)
제82조【과오납금 반환가산금】 지방자치단체가 과오납된 공유재산의 사용료·대부료·매각대금 또는 변상금을 반환하는 경우에는 과오납된 날의 다음 날부터 반환하는 날까지의 기간에 대하여 1년 만기 정기예금 금리수준을 고려하여 대통령령으로 정하는 이자를 가산하여 반환하여야 한다.
제83조【원상복구명령 등】 ① 지방자치단체의 장은 정당한 사유 없이 공유재산을 점유하거나 공유재산에 시설물을 설치한 경우에는 원상복구 또는 시설물의 철거 등을 명하거나 이에 필요한 조치를 할 수 있다.
② 제1항에 따른 명령을 받은 자가 그 명령을 이행하지 아니할 때에는 「행정대집행법」에 따라 원상복구 또는 시설물의 철거 등을 하고 그 비용을 징수할 수 있다.
(2010.2.4 본조개정)
제84조【은닉된 공유재산의 신고에 대한 보상】 은닉된 공유재산을 발견하여 신고한 자에게는 대통령령으로 정하는 바에 따라 보상금을 지급할 수 있다.
제85조【은닉된 공유재산의 자진 반환자에 대한 특례】 은닉된 공유재산을 선의로 취득한 후 그 재산을 다음 각 호의 어느 하나에 해당하는 이유로 지방자치단체에 반환한 자에게는 이를 수의매각할 수 있다. 이 경우 제37조에도 불구하고 대통령령으로 정하는 바에 따라 반환의 원인별로 차등을 두어 그 매각대금을 이자 없이 12년 이하의 기간에 걸쳐 분할납부하게 하거나 매각가격에서 8할 이하의 금액을 뺀 잔액을 그 매각대금으로 하여 전액을 한꺼번에 내게 할 수 있다.
1. 자진 반환
2. 재판상의 화해
3. 그 밖에 대통령령으로 정하는 원인
제86조【물품의 자연감모】 ① 물품의 장기보관이나 운송, 그 밖의 불가피한 사유로 생기는 감모(減耗)는 자연감모로 하여 정리할 수 있다.
② 자연감모로 하여 정리할 수 있는 물품의 종류·품명 및 자연감모율은 대통령령으로 정한다.(2021.4.20 본항개정)
제87조【물품의 공급】 물품은 이 법 또는 다른 법률에 따른 계약에 따르지 아니하고는 공사·제조, 그 밖의 계약자에게 공급할 수 없다.(2021.4.20 본항개정)
제88조 (2021.4.20 삭제)
제89조【물품이 아닌 동산의 관리】 ① 지방자치단체가 보관하는 동산 중 이 법에 따른 물품이 아닌 동산(제2조제2호 각 목에 해당하는 동산은 제외한다)도 대통령령으로 정하는 바에 따라 이 법에 따른 물품에 준하여 관리할 수 있다.(2010.2.4 본항개정)

② 제1항에 따른 물품이 아닌 동산의 범위는 대통령령으로 정한다.
제90조【물품관리 검사】 지방자치단체의 장은 대통령령으로 정하는 바에 따라 정기적으로 물품관리 검사를 하여야 하고, 물품관리관·물품운용관 또는 물품출납공무원이 교체된 경우와 그 밖에 물품관리에 필요한 경우에는 수시로 소관 물품관리를 검사하여야 한다.
(2021.4.20 본조개정)
제91조【일부 물품의 적용 배제】「지방회계법」 제7조에 따른 일상경비등으로 취득한 물품과 그 밖에 대통령령으로 정하는 물품의 관리에 관하여는 대통령령으로 정하는 바에 따라 이 법의 일부를 적용하지 아니할 수 있다.
(2021.4.20 본조개정)
제92조【공유재산 및 물품 운영상황의 공개 등】 지방자치단체의 장은 조례로 정하는 바에 따라 회계연도마다 1회 이상 공유재산의 증감 및 현황, 중요 물품의 증감 및 현재액을 주민에게 공개하여야 한다.(2021.4.20 본조개정)
제92조의2【공유재산 및 물품 관련 전산자료의 활용 등】 ① 행정안전부장관은 공유재산 및 물품 관리의 제도개선 등 정책상 필요한 경우에는 지방자치단체의 공유재산 및 물품 관련 전산자료(이하 "전산자료"라 한다)를 활용할 수 있으며, 행정안전부장관이 지정·고시하는 정보처리장치 등을 통하여 이를 공표할 수 있다.(2017.7.26 본항개정)
② 제1항에 따른 전산자료의 활용, 공표 범위 및 절차 등 필요한 사항은 대통령령으로 정한다.
(2010.2.4 본조신설)
제93조【회계관계공무원의 임명 또는 위임】 재산관리관, 물품관리관, 물품운용관 및 물품출납공무원과 그 대리자 및 분임자 등(이하 "회계관계공무원"이라 한다)의 임명 또는 회계관계공무원에 대한 사무의 위임은 지방자치단체의 장이 소속 기관에 설치된 관직을 지정함으로써 대신할 수 있다.(2021.4.20 본조개정)
제94조【회계관계공무원의 대리와 분임】 지방자치단체의 장이나 그 위임을 받은 공무원은 필요하다고 인정하면 회계관계공무원 사무의 전부를 대리하거나 그 일부를 분장하는 공무원을 임명할 수 있다.
제94조의2【공유재산 및 물품 운영기준】 ① 행정안전부장관은 지방자치단체가 공유재산과 물품의 관리·처분·수입 및 지출을 통일적으로 운영할 수 있게 하기 위하여 공유재산 및 물품의 운영기준을 정할 수 있다.
(2017.7.26 본항개정)
② 지방자치단체는 제1항에 따른 공유재산 및 물품의 운영기준에 따라 공유재산과 물품의 관리·처분·수입 및 지출에 관한 사항을 조례로 제정·운영할 수 있다.
(2021.4.20 본항개정)
제94조의3【지방자치단체의 청사운영】 ① 지방자치단체의 장은 지방자치단체의 청사를 적정하게 관리하여야 한다.
② 지방자치단체 청사의 적정한 관리 등을 위한 청사의 면적기준은 해당 지방자치단체의 주민 및 공무원 수 등을 고려하여 대통령령으로 정하는 범위에서 해당 지방자치단체의 조례로 정한다.
(2010.2.4 본조신설)
제95조【공유재산과 물품의 상호 전환】 지방자치단체의 장은 공유재산과 물품을 효율적으로 관리하기 위하여 필요하면 대통령령으로 정하는 바에 따라 상호 전환하여 관리하거나 처분할 수 있다.
제96조【공유재산 및 물품을 관리하는 공무원에 대한 예산성과금 및 관재활동비의 지급】 ① 지방자치단체의 장은 공유재산 및 물품 관리에 관한 사무를 위임받거나 그 사무의 일부를 분장하고 있는 공무원이 은닉된 공유재산의 발굴, 변상금의 징수, 공유재산 또는 물품의 효율적인 대부·사용·신탁·매각 등으로 예산상의 수입을 증대시키거나 지출을 절약하는 데에 기여한 경우에는 「지방재정법」 제48조에 따라 예산성과금을 지급할 수 있다.
② 지방자치단체의 장은 공유재산을 담당하는 공무원에게 예산의 범위에서 관재활동비(공유재산을 총괄하고 유지·관리하기 위한 업무에 필요한 활동비를 말한다)를 지급할 수 있다.
③ 제1항에 따른 성과금의 지급범위에 관하여 필요한 사항은 대통령령으로 정한다.
제97조【「지방재정법」 등의 준용】 ① 공유재산 및 물품의 계약을 위한 입찰공고·계약서 작성 등 계약절차, 금전채권과 채무의 소멸시효, 부정당업자의 입찰참가자격 제한 등에 대하여 이 법에서 정한 사항 외에는 「지방재정법」 및 「지방자치단체를 당사자로 하는 계약에 관한 법률」을 준용한다.(2015.1.20 본항개정)
② 제22조제1항에 따른 사용료, 제32조제1항에 따른 대부료, 제80조에 따른 연체료를 납부기한까지 내지 아니하면 지방세 체납처분의 예에 따라 징수할 수 있다.(2021.4.20 본항개정)
③ 변상금은 「지방행정제재·부과금의 징수 등에 관한 법률」에 따라 징수한다.(2021.4.20 본항신설)
제98조【교육·과학 및 체육 등에 관한 사항의 적용】 이 법에서 교육·과학 및 체육에 관한 사항 또는 교육비특별회계에 관한 사항에 대하여는 "지방자치단체의 장" 또는 "특별시장·광역시장 또는 도지사"는 "교육감"으로 보고, "행정안전부장관"은 "교육부장관"으로 본다.
(2017.7.26 본조개정)

제9장 벌 칙

제99조【벌칙】 제6조제1항을 위반하여 행정재산을 사용하거나 수익한 자는 2년 이하의 징역 또는 2천만원 이하의 벌금에 처한다.(2016.5.29 본조개정)

부 칙 (2014.1.7)

제1조【시행일】 이 법은 공포 후 6개월이 경과한 날부터 시행한다.
제2조【사용·수익허가 방법 및 계약의 방법에 관한 적용례】 제20조제2항의 개정규정은 이 법 시행 후 최초로 지명경쟁의 방법을 통하여 사용·수익허가 계약을 하는 경우부터 적용한다.
제3조【사용·수익허가 기간에 관한 적용례】 제21조제1항의 개정규정은 이 법 시행 후 최초로 사용·수익허가를 하는 경우부터 적용한다.
제4조【사용·수익허가 계약 갱신에 관한 적용례】 제21조제3항의 개정규정은 이 법 시행 후 최초로 사용·수익허가 계약을 갱신하는 경우부터 적용한다.
제5조【변상금 징수유예에 관한 적용례】 제80조 및 제81조제2항의 개정규정은 이 법 시행 전에 무단점유를 한 자(이 법 시행 당시 무단점유를 하고 있는 자를 포함한다)로서 이 법 시행 당시 변상금을 부과받지 아니한 자에 대해서도 적용한다.
제6조【사용료 등의 조정요건 완화에 따른 경과조치】 제23조제1항 및 제33조제1항의 개정규정에도 불구하고 이 법 시행 당시 이미 종전의 규정에 따라 사용료 또는 대부료를 정한 경우에는 종전의 규정에 따른다.

부 칙 (2015.1.20)

제1조【시행일】 이 법은 공포 후 6개월이 경과한 날부터 시행한다.
제2조【공유재산의 관리계획에 관한 적용례】 제10조제2항 및 제3항의 개정규정은 이 법 시행 후 최초로 관리계획을 세워 제출하는 경우부터 적용한다.
제3조【기부채납 재산의 무상사용·수익기간에 관한 적용례】 제21조제1항 단서의 개정규정은 이 법 시행 후 최초로 사용·수익을 허가하는 분부터 적용하고, 같은 조 제3항 단서의 개정규정은 이 법 시행 후 최초로 사용·수익 허가를 갱신하는 경우부터 적용한다.
제4조【행정재산의 관리위탁에 관한 적용례】 제27조제2항의 개정규정은 이 법 시행 후 최초로 관리위탁 계약을 체결하는 경우부터 적용한다.
제5조【지식재산 관리·처분의 특례에 관한 적용례】 제43조의5부터 제43조의10까지의 개정규정은 이 법 시행 후 최초로 지식재산의 사용허가등을 하는 경우부터 적용한다.
제6조【지식재산의 저작권 귀속에 관한 적용례】 제43조의10의 개정규정은 이 법 시행 후 최초로 체결하는 계약부터 적용한다.

부 칙 (2018.10.16)

이 법은 공포한 날부터 시행한다.

부 칙 (2020.12.29)

이 법은 2021년 1월 1일부터 시행한다.

부 칙 (2021.1.12)

제1조【시행일】 이 법은 공포 후 1년이 경과한 날부터 시행한다.(이하 생략)

부 칙 (2021.4.20)

제1조【시행일】 이 법은 공포 후 1년이 경과한 날부터 시행한다. 다만, 제27조제6항 및 제8항의 개정규정은 공포한 날부터 시행한다.
제2조【재산관리관 등의 행위제한에 관한 적용례】 제15조제3항의 개정규정은 이 법 시행 이후 제15조제1항의 적용을 받지 아니하는 해당 지방자치단체 소속 공무원이 공유재산을 취득하거나 자기의 소유재산과 교환하는 경우부터 적용한다.
제3조【사용허가에 관한 적용례】 제20조제2항의 개정규정은 이 법 시행 이후 사용허가를 하는 경우부터 적용한다.
제4조【사용허가기간 및 대부기간에 관한 적용례】 제21조제2항 및 제31조제2항의 개정규정은 이 법 시행 이후 사용허가 및 대부계약을 하는 경우부터 적용한다.
제5조【사용료 및 대부료에 관한 적용례】 제22조 및 제32조의 개정규정은 이 법 시행 이후 사용료 및 대부료를 징수하는 경우부터 적용한다.
제6조【계약의 방법에 관한 적용례】 제29조제1항의 개정규정은 이 법 시행 이후 일반재산을 대부하거나 매각하는 계약을 하는 경우부터 적용한다.
제7조【위탁개발에 관한 적용례】 제43조의3제8항의 개정규정은 이 법 시행 이후 위탁개발을 위하여 계약을 체결하는 경우부터 적용한다.
제8조【연체료 및 변상금의 징수에 관한 적용례】 제80조 및 제81조제1항의 개정규정은 이 법 시행 이후 일반재산의 관리·처분에 관한 사무를 위탁받은 자가 연체료 및 변상금을 징수하는 경우부터 적용한다.

부 칙 (2021.12.28)

제1조【시행일】 이 법은 공포 후 6개월이 경과한 날부터 시행한다.(이하 생략)

부 칙 (2022.11.15)

이 법은 공포한 날부터 시행한다.

부 칙 (2024.1.9)

제1조【시행일】 이 법은 공포 후 6개월이 경과한 날부터 시행한다.(이하 생략)

지방공기업법

(1969년 1월 29일 법 률 제2101호)

개정
1980. 1. 4법 3233호
1991. 5.31법 4371호(서울특별시행정특례에관한법)
1992.12. 8법 4517호　1996.12.30법 5200호
1999. 1.29법 5708호　2002. 3.25법 6665호
2004.12.30법 7260호　2005. 3.24법 7409호
2005. 3.31법 7428호(채무자회생파산)
2005. 7.13법 7589호(지방의료원의설립및운영에관한법)
2006.10. 4법 8028호　2007. 1.19법 8246호
2007. 5.11법 8423호(지방자치)
2007. 5.17법 8450호
2008. 2.29법 8852호(정부조직)
2009. 4. 1법 9575호　2011. 8. 4법10990호
2013. 3.23법11690호(정부조직)
2013. 6. 4법11852호
2014. 3.24법12507호(지방자치단체출자·출연기관의운영에관한법)
2014. 6. 3법12727호
2014.11.19법12844호(정부조직)
2015.12.15법13568호　2015.12.29법13633호
2017. 7.26법14839호(정부조직)
2017.10.24법14917호　2019.12. 3법16664호
2020. 6. 9법17387호　2020.10.20법17522호
2021. 1.12법17893호(지방자치)
2021.10.19법18496호　2022. 1.11법18747호
2023. 3.21법19241호(지방자치)
2023. 6.13법19436호
2023. 8.16법19634호(행정기관정비일부개정법령등)
2024. 1.30법20166호

제1장 총 칙

(2011.8.4 본장개정)

제1조【목적】 이 법은 지방자치단체가 직접 설치·경영하거나, 법인을 설립하여 경영하는 기업의 운영에 필요한 사항을 정하여 그 경영을 합리화함으로써 지방자치의 발전과 주민복리의 증진에 이바지함을 목적으로 한다.

제2조【적용 범위】 ① 이 법은 다음 각 호의 어느 하나에 해당하는 사업(그에 부대되는 사업을 포함한다. 이하 같다) 중 제5조에 따라 지방자치단체가 직접 설치·경영하는 사업으로서 대통령령으로 정하는 기준 이상의 사업(이하 "지방직영기업"이라 한다)과 제3장 및 제4장에 따라 설립된 지방공사와 지방공단이 경영하는 사업에 대하여 각각 적용한다.
1. 수도사업(마을상수도사업은 제외한다)
2. 공업용수도사업
3. 궤도사업(도시철도사업을 포함한다)
4. 자동차운송사업
5. 지방도로사업(유료도로사업만 해당한다)
6. 하수도사업
7. 주택사업
8. 토지개발사업
9. 주택(대통령령으로 정하는 공공복리시설을 포함한다)·토지 또는 공용·공공용건축물의 관리 등의 수탁 (2019.12.3 본호신설)
10. 「도시 및 주거환경정비법」 제2조제2호에 따른 공공재개발사업 및 공공재건축사업(2021.10.19 본호신설)

② 지방자치단체는 다음 각 호의 어느 하나에 해당하는 사업 중 경상경비의 50퍼센트 이상을 경상수입으로 충당할 수 있는 사업을 지방직영기업, 지방공사 또는 지방공단이 경영하는 경우에는 조례로 정하는 바에 따라 이 법을 적용할 수 있다.
1. 민간인의 경영 참여가 어려운 사업으로서 주민복리의 증진에 이바지할 수 있고, 지역경제의 활성화나 지역개발의 촉진에 이바지할 수 있다고 인정되는 사업
2. 제1항 각 호의 어느 하나에 해당하는 사업 중 같은 항 각 호 외의 부분에 따라 대통령령으로 정하는 기준에 미달하는 사업
3. 「체육시설의 설치·이용에 관한 법률」에 따른 체육시설업
4. 「관광진흥법」에 따른 관광사업(여행업 및 카지노업은 제외한다)

③ 지방자치단체의 장은 제1항 각 호의 어느 하나에 해당하는 사업 중 같은 항 각 호 외의 부분에 따라 대통령령으로 정하는 기준에 미달하는 사업에 대하여 대통령령으로 정하는 바에 따라 제22조를 준용할 수 있다.

제3조【경영의 기본원칙】 ① 지방직영기업, 지방공사 및 지방공단(이하 "지방공기업"이라 한다)은 항상 기업의 경제성과 공공복리를 증대하도록 운영하여야 한다.
② 지방자치단체는 지방공기업을 설치·설립 또는 경영할 때에는 민간경제를 위축시키거나, 공정하고 자유로운 경제질서를 해치거나, 환경을 훼손시키지 아니하도록 노력하여야 한다.

제4조【지방공기업에 관한 법령 등의 제정 및 시행】 지방공기업에 관한 법령, 조례, 규칙, 그 밖의 규정은 제3조에 따른 기본원칙에 따라야 한다.

제2장 지방직영기업

(2011.8.4 본장개정)

제1절 통 칙

제5조【지방직영기업의 설치】 지방자치단체는 지방직영기업을 설치·경영하려는 경우에는 그 설치·운영의 기본사항을 조례로 정하여야 한다.

제6조【「지방자치법」 등의 적용】 지방직영기업에 대하여는 이 법에서 규정한 사항을 제외하고는 「지방자치법」, 「지방재정법」, 그 밖의 관계 법령을 적용한다.

제2절 조 직

제7조【관리자】 ① 지방자치단체는 지방직영기업의 업무를 관리·집행하게 하기 위하여 사업마다 관리자를 둔다. 다만, 조례로 정하는 바에 따라 성질이 같거나 유사한 둘 이상의 사업에 대하여는 관리자를 1명만 둘 수 있다.
② 관리자는 대통령령으로 정하는 바에 따라 해당 지방자치단체의 공무원으로서 지방직영기업의 경영에 관하여 지식과 경험이 풍부한 사람 중에서 지방자치단체의 장이 임명하며, 임기제로 할 수 있다.

제8조【관리자의 권한】 관리자는 다음 각 호의 사항을 제외한 지방직영기업의 업무를 관리·집행한다. 다만, 법령에 특별한 규정이 있는 경우에는 그러하지 아니하다.
1. 예산안을 의회에 제출하는 사항
2. 결산을 의회의 승인에 부치는 사항
3. 의회의 의결이 필요한 사항으로서 그 의안을 의회에 제출하는 사항
4. 「지방자치법」 제156조제2항에 따른 과태료를 부과하는 사항(2021.1.12 본호개정)

제9조【관리자의 업무】 제8조에 따라 관리자가 담당하는 주요 업무는 다음 각 호와 같다.
1. 지방직영기업에 관한 조례안 및 규칙안을 작성하여 지방자치단체의 장에게 제출하는 사항
2. 지방직영기업의 사업운영계획 및 예산안을 작성하여 지방자치단체의 장에게 제출하는 사항
3. 결산을 작성하여 지방자치단체의 장에게 제출하는 사항
4. 지방직영기업의 자산을 취득·관리·처분하는 사항
5. 계약을 체결하는 사항
6. 요금이나 그 밖의 사용료 또는 수수료를 징수하는 사항
7. 예산 내의 지출을 하는 경우 현금이 부족할 때에 일시차입을 하는 사항과 그 밖에 예산집행에 관한 사항
8. 출납이나 그 밖의 회계 사무에 관한 사항
9. 증명서 및 공문서류를 보관하는 사항
10. 지방직영기업의 조직 및 인사(人事) 운영에 관한 사항, 그 밖에 법령이나 해당 지방자치단체의 조례 또는 규칙에 따라 관리자의 권한에 속하는 사항

제9조의2【지방직영기업의 중장기경영관리계획의 수립】 ① 자산·부채 등을 고려하여 대통령령으로 정하는 기준에 해당하는 지방직영기업의 관리자는 매년 해당 연도를 포함한 5회계연도 이상의 중장기경영관리계획(이하 "중장기경영관리계획"이라 한다)을 수립하여 대통령령으로 정하는 기한까지 지방자치단체의 장과 의회에 제출하여야 한다.
② 제1항에 따른 중장기경영관리계획에는 다음 각 호의 사항이 포함되어야 한다.
1. 5회계연도 이상의 중장기 경영목표
2. 사업계획 및 재정운용방안
3. 경영적자의 증감에 대한 전망과 그 근거 및 개선계획, 요금 적정화 계획 등이 포함된 경영관리계획
4. 전년도 중장기경영관리계획 대비 변동사항, 변동요인 및 관리계획 등에 대한 평가·분석
5. 그 밖에 지방직영기업의 경영과 관련된 사항으로서 대통령령으로 정하는 사항
(2015.12.15 본조신설)

제10조【관리자와 지방자치단체의 장과의 관계】 지방자치단체의 장은 다음 각 호의 사항에 대하여 관리자를 지휘·감독한다.
1. 지방직영기업 경영의 기본계획에 관한 사항
2. 지방직영기업의 업무 집행에 관한 사항 중 해당 지방자치단체의 주민복리에 중대한 영향이 있다고 인정되는 사항
3. 지방직영기업의 업무와 다른 업무 사이에 필요한 조정에 관한 사항

제10조의2【기업 직원】 지방직영기업 운영을 전문화하기 위하여 필요한 경우에는 「지방공무원법」에서 정하는 바에 따라 지방직영기업 소속 공무원에 대한 전문직렬을 둘 수 있다.

제11조【기업관리규정】 관리자는 법령, 조례 또는 규칙에 위반되지 아니하는 범위에서 지방직영기업 업무에 관하여 기업관리규정을 제정할 수 있다.

제12조【권한의 위임 등】 ① 관리자가 부득이한 사유로 업무를 수행할 수 없을 때에는 해당 지방자치단체의 규칙으로 정하는 바에 따라 해당 지방직영기업에 종사하는 상위 서열의 공무원이 그 업무를 대행한다.
② 관리자는 그 권한의 일부를 해당 지방직영기업에 종사하는 공무원, 지방자치단체의 기관 또는 지방자치단체가 경영하는 다른 지방직영기업의 관리자에게 위임하거나 위탁할 수 있다. 다만, 지방자치단체의 기관 또는 지방자치단체가 경영하는 다른 지방직영기업의 관리자에게 위탁할 때에는 미리 지방자치단체의 장의 승인을 받아야 한다.

제3절 재 무

제13조【특별회계】 지방자치단체는 제2조에 해당하는 사업마다 특별회계를 설치하여야 한다. 다만, 제7조제1항 단서에 따라 둘 이상의 사업에 대하여 관리자를 1명만 두는 경우에는 둘 이상의 사업에 대하여 하나의 특별회계를 둘 수 있다.

제14조【독립채산】 ① 지방직영기업의 특별회계에서 해당 기업의 경비는 해당 기업의 수입으로 충당하여야 한다. 다만, 다음 각 호의 어느 하나에 해당하는 지방직영기업의 경비로서 대통령령으로 정하는 경비는 해당 지방자치단체의 일반회계나 다른 특별회계가 부담금이나 그 밖의 방법으로 부담한다.
1. 경비의 성질상 지방직영기업의 수입으로 충당하는 것이 적당하지 아니한 경비
2. 지방직영기업의 성질상 그 경영으로 생기는 수입만으로 충당하는 것이 객관적으로 곤란하다고 인정되는 경비
② 지방직영기업의 특별회계는 재해복구 또는 그 밖의 특별한 사유로 인하여 필요한 경우에는 예산에서 정하는 바에 따라 해당 지방자치단체의 일반회계나 다른 특별회계로부터 재정적 지원을 받을 수 있다.

제15조【사업연도】 지방직영기업의 사업연도는 지방자치단체의 일반회계의 회계연도에 따른다.

제16조【회계처리의 원칙】 ① 지방직영기업의 특별회계는 경영 성과 및 재무 상태를 명확히 하기 위하여 재산의 증감 및 변동(이하 "회계거래"라 한다)을 발생 사실에 따라 회계처리한다.
② 지방직영기업의 회계거래는 대통령령으로 정하는 바에 따라 회계연도 소속을 구분한다.
③ 지방직영기업의 특별회계는 대차대조표 계정인 자산, 부채 및 자본 계정과 손익계산서 계정인 수익 및 비용 계정을 설정하여 회계처리한다.
④ 제3항에 따른 자산, 부채 및 자본에 대하여는 대통령령으로 정하는 바에 따라 내용을 명확히 하여야 한다.
⑤ 지방직영기업의 특별회계는 대통령령으로 정하는 보조 계정을 설정할 수 있다.

제17조【출자 등】 ① 지방자치단체의 일반회계나 다른 특별회계는 지방직영기업의 특별회계에 필요한 출자(出資)를 할 수 있다.
② 지방직영기업의 특별회계는 제1항에 따라 출자를 받은 경우 이익 상황을 고려하여 예산으로 전년도 이익금의 일부를 출자한 회계에 납부할 수 있다.
③ 제2조제1항제7호 또는 제8호의 사업을 하는 지방직영기업의 특별회계는 재해복구, 사회간접자본시설의 건설, 그 밖에 대통령령으로 정하는 사유가 있는 경우에는 예산으로 전년도 이익금의 일부를 지방자치단체의 일반회계로 전출할 수 있다.

제18조【장기대부】 ① 지방자치단체의 일반회계나 다른 특별회계는 예산에서 정하는 바에 따라 지방직영기업의 특별회계에 장기대부를 할 수 있다.
② 지방직영기업의 특별회계는 제1항에 따른 장기대부를 받은 경우 대부한 회계에 적정한 이자를 지급하여야 한다.

제19조【지방채 등】 ① 지방자치단체는 다음 각 호의 어느 하나에 해당하는 경우 해당 지방직영기업의 특별회계의 부담으로 지방채를 발행할 수 있다.
1. 경상적(經常的)인 운전자금(運轉資金)에 충당하기 위하여 필요한 경우
2. 회전기금(回轉基金)의 재원(財源)에 충당하기 위하여 필요한 경우
3. 건설비 또는 개량비에 충당하거나 유사사업의 매수 자금으로 필요한 경우
② 특별시, 광역시, 특별자치시, 도 및 특별자치도(이하 "시·도"라 한다) 또는 특별시, 광역시, 특별자치시가 아닌 인구 100만 이상의 대도시(이하 "특례시"라 한다)는 제1항에도 불구하고 제2조에 따른 사업을 위한 투자재원

을 확보하거나 지역개발을 위한 기금을 조성하기 위하여 의회의 승인을 받아 지역개발채권을 발행할 수 있다. (2024.1.30 본항개정)
③ 다음 각 호의 어느 하나에 해당하는 자 중 조례로 정하는 자는 지역개발채권을 매입하여야 한다.
1. 지방자치단체로부터 면허·허가·인가를 받는 자 또는 지방자치단체에 등록을 신청하거나 신고하는 자
2. 지방자치단체 또는 지방자치단체가 자본금 전액을 출자·출연(出捐)한 법인과 건설공사 도급계약을 체결하는 자
3. 지방자치단체 또는 지방자치단체가 자본금 전액을 출자·출연한 법인과 용역 계약 또는 물품 구매·수리·제조 계약을 체결하는 자
④ 지역개발채권의 매입 절차, 매입 대상별 금액, 채권등록 방법, 이율 및 상환, 그 밖에 필요한 사항은 시·도 또는 특례시의 조례로 정한다.(2024.1.30 본항개정)
제20조【일시차입금】 ① 관리자는 예산 내의 지출을 하는 경우 현금이 부족할 때에는 해당 지방직영기업의 특별회계의 부담으로 일시차입을 할 수 있다.
② 제1항에 따른 일시차입금은 해당 연도에 상환하여야 한다.
제20조의2【선수금】 지방직영기업은 해당 기업이 조성하는 재산을 분양받으려는 자, 해당 기업의 시설을 이용하려는 자 또는 해당 기업의 용역을 제공받으려는 자로부터 대통령령으로 정하는 바에 따라 대금의 전부 또는 일부를 미리 받을 수 있다.
제21조【원가계산】 지방직영기업의 특별회계는 사업의 능률적 추진, 경영 관리 및 요금 결정의 기초로 사용될 수 있도록 대통령령으로 정하는 바에 따라 기능별·급부별(給付別) 원가계산을 하여야 한다.
제22조【요금】 ① 지방자치단체는 지방직영기업의 급부에 대하여 조례로 정하는 바에 따라 요금을 징수할 수 있다.
② 제1항에 따른 요금은 적정하여야 하고, 지역 간 요금수준의 형평을 도모하여야 하며, 급부의 원가를 보상하면서 기업으로서 계속성을 유지할 수 있도록 결정되어야 한다.
③ 제1항에 따른 요금의 산정방식은 영업비용, 자본비용 등을 고려하여 대통령령으로 정한다.
④ 지방자치단체는 제1항에 따른 요금을 내야 하는 자가 납부기한까지 요금을 납부하지 아니하면 내야 할 요금의 100분의 3의 범위에서 조례로 정하는 바에 따라 연체금을 가산하여 징수할 수 있다.(2019.12.3 본항신설)
⑤ 요금 및 연체금의 징수에 관하여는 지방세 징수 및 체납처분의 예에 따른다.(2019.12.3 본항개정)
제23조【예산의 편성】 ① 지방직영기업은 합리적인 원가기준에 따라 경비를 산정하여 예산에 계상(計上)하여야 한다.
② 예산의 수입과 지출은 연도 중의 기업의 재정집행 상황에 비추어 합리적으로 계상되어야 한다.
③ 지방자치단체의 장은 지방자치단체의 일반회계 및 다른 특별회계의 예산편성지침과 구분하여 지방직영기업의 예산편성 기본지침을 행정안전부장관이 정하는 기준에 따라 매년 작성하여 전년도 7월 31일까지 지방직영기업에 알려야 한다.(2017.7.26 본항개정)
제24조【예산의 구분】 지방직영기업의 예산은 그 사업의 운영계획과 기능에 따라 구분하여야 한다.
제25조【예산의 내용】 지방직영기업의 예산은 예산총칙과 해당 지방직영기업의 사업운영계획에 따라 작성한 다음 각 호의 사항을 내용으로 한다.
1. 해당 사업연도의 수익·비용에 관한 수익적(收益的) 수입과 지출에 관한 예정(이하 "사업예산"이라 한다)
2. 해당 사업연도의 자산·부채·자본의 신규 증감액에 관한 자본적 수입과 지출에 관한 예정(이하 "자본예산"이라 한다)
3. 사업예산 및 자본예산과 관련된 자금의 운영계획
제26조【예산안의 제출】 ① 지방자치단체의 장은 지방직영기업의 관리자가 작성한 예산안을 조정하여 사업연도가 시작되기 전에 의회에 제출하여 의결을 받아야 한다.
② 지방자치단체의 장은 관리자가 작성한 예산안을 수정할 때에는 관리자의 의견을 들어야 한다.
③ 지방자치단체의 장은 지방직영기업의 예산안을 의회에 제출할 때에 관리자가 작성한 사업운영계획과 그 밖에 대통령령으로 정하는 서류를 함께 제출하여야 한다.
제27조【수입금 마련 지출】 관리자는 사업량이 증가하여 경비가 부족하게 된 경우 사업량의 증가로 인한 수입 증가분에 상당한 금액을 그 수입 증가분과 관련된 업무의 직접비에 사용할 수 있다. 이 경우 관리자는 지방자치단체의 장과 의회에 그 사실을 보고하여야 한다.
제28조【예산의 집행】 ① 관리자는 해당 연도의 예산에 따라 업무를 집행하여야 한다.
② 재고자산 구매, 공사의 도급 등 자금의 지출과 직접 관련되는 지출은 해당 연도의 사업예산 및 자본예산을 기초로 작성된 자금운영계획에 따라 집행하여야 한다.
③ 제2항에 따라 예산을 집행할 때에는 대통령령으로 정하는 바에 따라 예산통제계정을 설정하여야 한다.
제29조【예산의 전용】 관리자는 예산집행에 필요한 경우 예산총칙에서 정하는 과목(科目)을 제외하고는 세출예산의 각 세항(細項) 및 목(目) 경비를 전용(轉用)할 수 있다.
제30조【예산의 이월】 ① 매 사업연도의 세출예산은 다음 연도로 이월하여 사용할 수 없다. 다만, 세출예산 중 다음 각 호의 어느 하나에 해당하는 경비의 금액은 다음 회계연도로 이월하여 사용할 수 있다.
1. 지방직영기업의 시설을 건설 또는 개량하는 데에 필요한 경비로서 해당 연도에 지출원인행위를 하지 아니한 것 중 지방자치단체의 장의 승인을 받은 경비
2. 해당 연도에 지출원인행위를 하고도 부득이한 사유로 그 연도에 집행하지 못한 경비와 지출원인행위를 하지 아니한 그 부대경비
②~③ (2002.3.25 삭제)
④ 관리자는 계속비의 연도별 소요경비 중 해당 연도에 지출하지 못한 금액은 사업 완성연도까지 차례로 이월하여 사용할 수 있다.
⑤ 제1항과 제4항에 따라 예산을 이월할 경우 이월하는 과목별 금액은 이월예산으로 배정된 것으로 본다.
제31조【예비비】 지방직영기업의 특별회계는 예측할 수 없는 예산 외의 지출이나 예산을 초과하는 지출에 충당하기 위하여 적당하다고 인정되는 금액을 예비비로 예산에 계상하여야 한다.
제32조【현금을 수반하지 아니하는 경비 지출의 특례】 ① 관리자는 제23조제1항에도 불구하고 현금 지출을 수반하지 아니하는 경비에 관하여는 예산 없이 그 발생된 경비를 계상할 수 있다.
② 제1항에 따른 현금 지출을 수반하지 아니하는 경비의 범위는 대통령령으로 정한다.
제33조【출납 및 현금의 보관】 ① 지방직영기업의 업무에 관한 출납은 관리자가 한다. 다만, 관리자는 지방직영기업 업무의 관리·집행에 필요한 경우에는 「은행법」에 따른 은행 및 그 밖의 법률에 따라 금융업무를 수행하는 기관으로서 대통령령으로 정하는 기관(이하 "금융회사등"이라 한다) 중 지방자치단체의 장의 승인을 받아 관리자가 지정하는 금융회사등(이하 이 조에서 "지정금융회사"라 한다)으로 하여금 현금출납사무의 일부를 하게 할 수 있다.
② 관리자는 지방직영기업에 관한 현금을 지정금융회사에 보관하여야 한다. 다만, 관리자는 지방자치단체의 장이 정하는 금액을 초과하지 아니하는 범위에서 현금을 직접 보관할 수 있으며, 여유금이 있는 경우에는 이자 증대를 위하여 이를 다른 금융회사등에 예탁(預託)할 수 있다.
③ 제1항 단서에 따라 지방자치단체의 장이 금융회사등의 지정을 승인하였을 때에는 그 사실을 공고하여야 한다.
④ 관리자는 대통령령으로 정하는 바에 따라 지정금융회사가 취급하는 현금의 출납 상황을 검사할 수 있으며 필요한 경우 지정금융회사에 시정조치를 요구할 수 있다.
제34조【회계의 총괄】 ① 관리자는 지방직영기업의 회계업무를 총괄한다.
② 관리자는 회계사무를 처리하기 위하여 필요한 경우에는 기업출납원, 현금취급원, 그 밖에 대통령령으로 정하는 회계관계공무원을 둘 수 있다.
③ 제2항의 회계관계공무원은 해당 지방직영기업에 종사하는 공무원 중에서 관리자가 임명한다.
제34조의2【예산·회계 정보처리장치의 개발·운영 지원】 행정안전부장관은 지방직영기업의 예산·회계 업무의 효율적 관리를 위하여 예산·회계 정보처리장치의 개발 및 운영을 지원할 수 있다.(2017.7.26 본조개정)
제35조【결산】 ① 관리자는 매 사업연도의 말일을 기준으로 모든 장부를 마감하여 결산을 하여야 한다.
② 관리자는 매 사업연도가 끝난 후 2개월 이내에 지방직영기업의 결산서를 작성하여 이를 해당 연도의 사업보고서와 그 밖에 대통령령으로 정하는 서류와 함께 지방자치단체의 장에게 제출하여야 한다.
③ 지방자치단체의 장은 제2항에 따른 결산서 및 사업보고서와 그 밖의 서류에 공인회계사의 회계감사 보고서를 첨부하여 다음 연도 의회에 제출하여 승인을 받아야 한다.
제36조【회계처리 상황의 보고】 관리자는 매월 말일을 기준으로 시산표(試算表), 자금운용보고서 및 해당 기업의 회계처리 상황을 명확히 하는 데에 필요한 서류를 작성하여 다음 달 20일까지 해당 지방자치단체의 장에게 제출하여야 한다.
제37조【이익의 처리】 ① 지방직영기업은 해당 사업연도에 이익이 생긴 경우에 전(前) 사업연도로부터 이월된 결손금이 있으면 그 이익금으로 결손금을 보전(補塡)하여야 하고, 결손금을 보전하고 남는 금액은 대통령령으로 정하는 바에 따라 그 금액의 10분의 1 이상의 금액을 이익적립금으로 적립하여야 하며, 적립하고 남는 금액은 조례로 정하는 바에 따라 감채(減債)적립금 또는 건설개량적립금으로 적립하거나 제17조제2항 또는 제3항에 따른 납부금 또는 전출금으로 지출할 수 있다.
② 제1항의 이익적립금은 결손금을 보전하는 목적 외에는 사용할 수 없다.
③ 제1항의 감채적립금은 지방채를 상환하는 목적 외에는 사용할 수 없다.
④ 제1항의 건설개량적립금은 건설개량 목적 외에는 사용할 수 없다.
⑤ 매 사업연도에 생긴 자본잉여금은 그 원천별(源泉別)로 그 내용을 표시한 과목에 적립하여야 한다.
⑥ 제5항의 자본잉여금은 대통령령으로 정하는 경우 외에는 처분할 수 없다.
제38조【손실의 처리】 지방직영기업은 해당 사업연도에 손실이 생긴 경우에 전 사업연도로부터 이월된 이익금이 있으면 그 이익금으로 결손금을 보전하고, 이익금으로도 보전하지 못한 결손금은 대통령령으로 정하는 바에 따라 이월한다.
제39조【회전기금】 ① 지방직영기업은 사업을 능률적으로 운영하기 위하여 필요한 경우에는 조례로 정하는 바에 따라 회전기금을 설치할 수 있다.
② 제1항에 따른 회전기금은 해당 지방직영기업의 특별회계의 예산에서 정하는 바에 따라 조성한다.
③ 제1항의 회전기금은 사업예산 및 자본예산에 의하지 아니하고 조례로 정하는 바에 따라 운용한다.
제40조【중요 자산의 취득·처분】 ① 지방직영기업의 자산 중 대통령령으로 정하는 중요한 자산의 취득 및 처분은 예산에 계상하여 의회의 의결을 받아야 한다. (2013.6.4 본항개정)
② 제1항에 따라 의회의 의결을 받았을 때에는 「공유재산 및 물품 관리법」 제10조제1항 및 「지방자치법」 제47조제1항제6호에 따라 의회의 의결을 받은 것으로 본다. (2021.1.12 본항개정)
제41조【기업자산의 관리】 지방직영기업이 소유·관리하는 공유재산 및 물품과 해당 기업이 보유하는 채권, 유가증권 및 현금은 기업자산으로 하고, 그 관리·운영에 관한 사항은 대통령령으로 정한다.
제42조【계약】 관리자는 매매, 대차, 도급, 그 밖의 계약을 할 때에는 대통령령으로 정하는 바에 따라 공고하여 일반경쟁에 부쳐야 한다. 다만, 대통령령으로 정하는 바에 따라 지명경쟁 또는 수의계약의 방법으로 할 수 있다.
제43조【위임규정】 이 절에서 규정한 사항 외에 지방직영기업의 재무에 관하여 필요한 사항은 대통령령으로 정한다.

제4절 지방자치단체의 조합에 관한 특례

제44조【지방자치단체조합 설립의 특례】 지방자치단체는 지방직영기업의 경영에 관한 사무를 광역적으로 처리하기 위하여 필요한 경우 규약을 정하여 다른 지방자치단체와 공동으로 지방자치단체조합(이하 "조합"이라 한다)을 설립할 수 있다.
제45조【조직에 관한 특례】 ① 조합이 경영하는 지방직영기업에 대하여는 제7조제1항에도 불구하고 관리자를 두지 아니하며 관리자의 권한은 조합장이 행사한다.
② 조합장은 관계 지방자치단체의 장이 공동으로 임명하며, 그 자격 및 임기에 관하여는 제7조제2항을 준용한다.

제5절 보 칙

제46조【업무 상황의 공표 등】 ① 관리자는 조례로 정하는 바에 따라 사업연도마다 두 번 이상 지방직영기업의 업무 상황을 설명하는 서류를 지방자치단체의 장에게 제출하여야 한다. 이 경우 지방자치단체의 장은 지체 없이 이를 공표하여야 한다.
② 관리자는 결산서, 재무제표, 연도별 경영목표, 경영실적 평가 결과, 그 밖에 경영에 관한 중요 사항을 대통령령으로 정하는 바에 따라 지역주민에게 공시하여야 한다.
③ 행정안전부장관은 제2항에 따라 각 지방직영기업이 공시하는 사항 중 주요 사항을 표준화하고 이를 통합하여 공시(이하 이 조에서 "통합공시"라 한다)할 수 있다. (2017.7.26 본항개정)
④ 행정안전부장관은 통합공시를 하기 위하여 지방직영기업에 필요한 자료의 제출을 요청할 수 있고, 지방직영기업은 특별한 사정이 없으면 요청에 따라야 한다. (2017.7.26 본항개정)
⑤ 행정안전부장관은 지방직영기업이 제2항에 따른 경영공시 의무와 제4항에 따른 통합공시를 위한 자료제출 의무를 성실하게 이행하지 아니하거나, 거짓 사실을 공시하거나, 거짓 자료를 제출하였을 때에는 해당 지방자치단체의 장에게 그 사실을 알리고 거짓 사실 등을 시정하도록 요구할 수 있다.(2017.7.26 본항개정)
⑥ 통합공시의 기준과 방법 등에 관하여 필요한 사항은 대통령령으로 정한다.
제47조【사업 조정】 ① 지방직영기업의 경영에 관하여 지방자치단체 상호간에 협의가 이루어지지 아니하여 관계 지방자치단체가 조정을 신청하였을 때에는 시·군·자치구의 경우에는 특별시장·광역시장 및 도지사가 조정하고, 시·도의 경우에는 행정안전부장관이 조정한다.
② 행정안전부장관은 제1항에 따라 조정을 하려는 경우 주무부장관과 협의하여야 한다. (2017.7.26 본조개정)
제48조【변상책임】 ① 관리자나 그 대리자 또는 분임자(分任者)는 세입의 징수, 지출의 원인이 되는 계약 또는 그 밖의 행위, 물품의 관리 및 지출 행위를 하면서 고의 또는 중대한 과실로 그 지방자치단체에 손해를 끼쳤을 때에는 변상의 책임을 진다.
② 관리자나 그 대리자 또는 분임자는 선량한 관리자로서의 주의를 게을리하여 그가 보관하는 현금 또는 물품이 없어지거나 훼손되었을 때에는 변상의 책임을 진다.

제3장 지방공사

(2011.8.4 본장개정)

제1절 설 립

제49조【설립】 ① 지방자치단체는 제2조에 따른 사업을 효율적으로 수행하기 위하여 필요한 경우에는 지방공사(이하 "공사"라 한다)를 설립할 수 있다. 이 경우 공사를 설립하기 전에 특별시장, 광역시장, 특별자치시장, 도지사 및 특별자치도지사(이하 "시·도지사"라 한다)는 행정안전부장관과, 시장·군수·구청장(자치구의 구청장을 말한다)은 관할 특별시장·광역시장 및 도지사와 협의하여야 한다.(2017.7.26 후단개정)
② 지방자치단체는 공사를 설립하는 경우 그 설립, 업무 및 운영에 관한 기본적인 사항을 조례로 정하여야 한다.
③ 지방자치단체는 공사를 설립하는 경우 대통령령으로 정하는 바에 따라 주민복리 및 지역경제에 미치는 효과, 사업성 등 지방공기업으로서의 타당성을 미리 검토하고 그 결과를 공개하여야 한다.(2013.6.4 본항개정)
④ 제3항에 따른 타당성 검토는 전문 인력 및 조사·연구 능력 등 대통령령으로 정하는 요건을 갖춘 전문기관으로서 행정안전부장관이 지정·고시하는 기관에 의뢰하여 실시하여야 한다.(2017.7.26 본항개정)
제50조【공동설립】 ① 지방자치단체는 상호 규약을 정하여 다른 지방자치단체와 공동으로 공사를 설립할 수 있다.
② (1999.1.29 삭제)
③ 제1항의 규약에는 다음 각 호의 사항이 포함되어야 한다.
1. 공사의 명칭
2. 사무소의 위치
3. 설립 지방자치단체
4. 사업 내용
5. 공동 처리 사항
6. 의결기관 대표자의 선임 방법
7. 출자 방법
8. 그 밖에 필요한 사항
제51조【법인격】 공사는 법인으로 한다.
제52조【사무소】 ① 공사의 주된 사무소의 위치는 정관으로 정한다.
② 공사는 지방자치단체의 장의 승인을 받아 필요한 곳에 지사(支社) 또는 출장소를 둘 수 있다.
제53조【출자】 ① 공사의 자본금은 그 전액을 지방자치단체가 현금 또는 현물로 출자한다.
② 제1항에도 불구하고 공사의 운영을 위하여 필요한 경우에는 자본금의 2분의 1을 넘지 아니하는 범위에서 지방자치단체 외의 자(외국인 및 외국법인을 포함한다)로 하여금 공사에 출자하게 할 수 있다. 증자(增資)의 경우에도 또한 같다.
③ 제2항의 경우에는 공사의 자본금은 주식으로 분할하여 발행한다. 이 경우에 발행하는 주식의 종류, 1주의 금액, 주식 발행의 시기, 발행 주식의 총수와 주금(株金)의 납입시기 및 납입방법은 조례로 정한다.
④ 공사가 제2항에 따라 해당 지방자치단체가 설립한 다른 공사로부터 출자를 받거나 제54조에 따라 해당 지방자치단체가 설립한 다른 공사에 출자하는 경우에는 이를 해당 지방자치단체가 출자한 것으로 본다.
제54조【다른 법인에 대한 출자】 ① 공사는 공사의 사업과 관계되는 사업을 효율적으로 수행하기 위하여 지방자치단체의 장의 승인을 받아 지방자치단체 외의 다른 법인에 출자할 수 있다.(2013.6.4 후단삭제)
② 제1항에 따른 출자를 하기 위하여 공사의 사장은 대통령령으로 정하는 방법 및 절차에 따라 출자의 필요성 및 타당성을 검토하여 지방자치단체의 장에게 보고하고 의회의 의결을 받아야 한다.(2013.6.4 본항신설)
③ 제1항에 따른 출자의 한도는 대통령령으로 정한다.(2013.6.4 본항신설)
제55조【지방자치단체의 주주권 행사】 지방자치단체가 소유하는 주식에 대한 주주권은 지방자치단체의 장 또는 지방자치단체의 장이 지정하는 소속 공무원이 행사한다.
제56조【정관】 ① 공사의 정관에는 다음 각 호의 사항이 포함되어야 한다.
1. 목적
2. 명칭
3. 사무소의 소재지
4. 사업에 관한 사항
5. 임직원에 관한 사항
6. 이사회에 관한 사항
7. 재무회계에 관한 사항
8. 공고에 관한 사항
9. 자본금에 관한 사항
10. 사채 발행에 관한 사항
11. 정관 변경에 관한 사항
12. 그 밖에 대통령령으로 정하는 사항
② 제53조제2항에 따른 공사의 정관에는 제1항 각 호의 사항 외에 다음 각 호의 사항이 포함되어야 한다.
1. 주식 발행에 관한 사항
2. 주주총회에 관한 사항
③ 공사는 정관을 변경하려는 경우 지방자치단체의 장의 인가를 받아야 한다. 다만, 제50조제1항에 따라 설립된 공사의 경우에는 지방자치단체 간의 규약으로 정하는 바에 따른다.
제57조【등기】 ① 공사는 그 주된 사무소의 소재지에서 설립등기를 함으로써 성립한다.
② 공사의 설립등기 및 그 밖의 등기에 필요한 사항은 대통령령으로 정한다.
제57조의2【해산】 공사는 다음 각 호의 어느 하나에 해당하는 사유로 해산한다.
1. 「상법」 제517조에 따른 해산사유
2. 제78조의3에 따른 행정안전부장관의 해산 요구
(2017.7.26 본호개정)
(2015.12.29 본조신설)

제2절 임원 및 직원

제58조【임원의 임면 등】 ① 공사의 임원은 사장을 포함한 이사(상임이사와 비상임이사로 구분한다) 및 감사로 하며, 그 수는 정관으로 정한다.
② 사장과 감사는 대통령령으로 정하는 바에 따라 지방공기업의 경영에 관한 전문적인 식견과 능력이 있는 사람 중에서 지방자치단체의 장이 임면(任免)한다. 다만, 제50조제1항에 따라 설립된 공사의 경우에는 지방자치단체 간의 규약으로 정하는 바에 따른다.
③ 지방자치단체의 장은 제2항에 따라 사장과 감사(조례 또는 정관으로 정하는 바에 따라 당연히 감사로 선임되는 사람은 제외한다)를 임명할 경우 대통령령으로 정하는 임원추천위원회(이하 이 조에서 "임원추천위원회"라 한다)가 추천한 사람 중에서 임명하여야 한다. 다만, 「지방자치법」 제47조의2에 따라 인사청문회를 실시하는 경우에는 임원추천위원회의 추천 절차를 생략할 수 있다.
(2023.3.21 단서개정)
④ 지방자치단체의 장은 사장의 경영성과에 따라 임기 중에 해임하거나 임기가 끝나더라도 임원추천위원회의 심의를 거쳐 연임시킬 수 있다. 이 경우 다음 각 호의 사항을 고려하여야 한다.(2023.3.21 전단개정)
1. 제58조의2에 따른 경영성과계약의 이행실적
2. 제78조제1항 및 제2항에 따른 경영평가의 결과
3. 제78조제4항에 따른 사장의 업무성과 평가 결과
(2013.6.4 본호개정)
⑤ 지방자치단체의 장은 다음 각 호의 경우 사장을 임기 중에 해임할 수 있다.
1. 제78조의2제3항에 의한 경영 개선 명령을 정당한 사유 없이 이행하지 아니한 경우
2. 그 밖에 업무 수행 중 관계 법령을 중대하고 명백하게 위반한 경우
(2015.12.15 본항신설)
⑥ 제4항에 따른 사장의 연임 또는 해임의 기준 등에 관하여 필요한 사항은 대통령령으로 정한다.
⑦ 이사(조례 또는 정관으로 정하는 바에 따라 당연히 이사로 선임되는 사람은 제외한다)는 임원추천위원회가 추천한 사람 중에서 임명하되, 상임이사는 사장이 임면하고 비상임이사는 지방자치단체의 장이 임면한다. 이 경우 이사의 임면에 필요한 사항은 대통령령으로 정한다.
⑧ 임원추천위원회는 임원후보자를 추천하려는 경우 대통령령으로 정하는 바에 따라 후보자를 공개모집하여야 한다.
제58조의2【사장과의 경영성과계약】 ① 지방자치단체의 장은 사장을 임명하는 경우 사장과 경영성과계약을 체결하여야 한다.
② 제1항에 따른 경영성과계약에는 임기 중 사장이 수행하여야 할 경영목표, 권한과 성과에 따른 보상 및 책임이 포함되어야 한다.
③ 제1항과 제2항에 따른 경영성과계약의 방법 및 절차 등에 관하여 필요한 사항은 행정안전부령으로 정한다.
(2017.7.26 본항개정)
제59조【임기 및 직무】 ① 공사의 사장, 이사 및 감사의 임기는 3년으로 한다. 이 경우 지방자치단체의 장은 대통령령으로 정하는 바에 따라 임기가 만료된 임원으로 하여금 그 후임자가 임명될 때까지 직무를 수행하게 할 수 있다.
② 공사의 사장, 이사 및 감사는 1년 단위로 연임될 수 있다.
③ 공사의 사장은 그 공사를 대표하고 업무를 총괄하며, 임기 중 그 공사의 경영성과에 대하여 책임을 진다.
(2022.1.11 본항신설)
④ 공사의 사장은 그 공사의 이익과 자신의 이익이 상반되는 사항에 대하여는 공사를 대표하지 못한다. 이 경우 감사가 공사를 대표한다.(2022.1.11 본항신설)
⑤ 그 밖에 공사의 사장, 이사 및 감사의 직무에 필요한 사항은 정관으로 정한다.(2022.1.11 본항개정)
제60조【임원의 결격사유】 ① 다음 각 호의 어느 하나에 해당하는 사람은 공사의 임원이 될 수 없다.
1. (2019.12.3 삭제)
2. 미성년자
3. 「지방공무원법」 제31조 각 호의 어느 하나에 해당하는 사람
4. 제58조제4항 또는 제5항에 따라 해임된 후 3년이 지나지 아니한 사람
(2015.12.15 2호~4호개정)
5. 이 법을 위반하여 벌금형을 선고받고 2년이 지나지 아니한 사람
6. (2015.12.15 삭제)
② 공사의 임원이 제1항 각 호의 어느 하나에 해당하게 되거나 임명 당시 그에 해당하였음이 판명되었을 때에는 당연히 퇴직한다.
③ 제2항에 따라 퇴직한 임원이 퇴직 전에 관여한 행위는 그 효력을 잃지 아니한다.
제61조【임직원의 겸직 제한】 ① 공사의 임원 및 직원은 그 직무 외에 영리를 목적으로 하는 업무에 종사하지 못하며, 임원은 지방자치단체의 장의 허가 없이, 직원은 사장의 허가 없이 다른 직무를 겸할 수 없다. 다만, 상근(常勤)이 아닌 임원은 그러하지 아니하다.
② 제1항에서 "영리를 목적으로 하는 업무"란 해당 업무에 종사함으로써 직무에 부당한 영향을 끼치거나 직무능률을 떨어뜨릴 우려가 있는 업무 등으로서 대통령령으로 정하는 업무를 말한다.(2013.6.4 본항신설)
제62조【이사회】 ① 공사의 업무에 관한 중요 사항을 의결하기 위하여 공사에 이사회를 둔다.
② 이사회는 사장을 포함한 이사로 구성한다.
③ 이사회의 권한과 운영에 필요한 사항은 정관으로 정한다.
제63조【직원의 임면】 ① 공사의 직원은 정관으로 정하는 바에 따라 사장이 임면한다.
② 공사의 직원은 시험성적, 근무성적, 그 밖의 능력의 실증(實證)에 따라 임용되어야 한다.
③ 공사의 사장은 직원의 채용절차와 방법 등에 관한 사항을 사전에 규정하고, 직원의 채용 시에는 공고 등을 통하여 구체적인 절차와 방법 등을 공개하여야 한다.
(2020.10.20 본항신설)
④ 공사의 사장이 직원을 채용하는 경우 공개경쟁시험으로 채용하는 것을 원칙으로 하고, 임직원의 가족 또는 임직원과 이해관계가 있는 등 채용의 공정성을 해칠 우려가 있는 사람을 특별히 우대하여 채용하여서는 아니 된다.(2020.10.20 본항신설)
제63조의2【임직원에 대한 교육훈련】 공사의 사장은 임직원에 대하여 제3조에 따른 경영의 기본원칙을 달성하기 위하여 필요한 교육훈련을 실시하여야 한다.
제63조의3【임직원의 보수】 공사의 임직원의 보수기준은 공사의 경영성과가 반영될 수 있도록 하여야 한다.
제63조의4【권리행사자와 대리인의 선임】 공사의 사장이 정관으로 정하는 바에 따라 지명하는 임직원은 공사의 업무수행에 필요한 재판상 또는 재판 외의 모든 행위를 할 수 있다.
제63조의5【인사운영에 관한 공통기준】 행정안전부장관은 공사의 인사운영에 공통적으로 적용하여야 할 사항에 관한 기준을 작성하여 지방자치단체의 장에게 통보할 수 있다.(2017.7.26 본조개정)
제63조의6【징계 요구 등】 ① 공사는 정관에서 정하는 바에 따라 공사의 임직원을 징계할 수 있다.
② 공사의 징계권자는 공사의 임직원의 금품 및 향응 수수(授受), 공금의 횡령(橫領)·유용(流用)을 이유로 징계를 하는 경우에는 해당 징계 외에 금품 및 향응 수수액, 공금의 횡령액·유용액의 5배 내의 징계부가금을 부과할 수 있다.
③ 공사의 임직원이 금품 및 향응 수수, 공금의 횡령·유용으로 다른 법률에 따라 형사처벌을 받거나 변상책임 등을 이행한 경우(몰수나 추징을 당한 경우를 포함한다) 벌금, 변상금, 몰수 또는 추징금에 해당하는 금액과 제2항에 따른 금액의 합계액은 금품 및 향응 수수액, 공금의 횡령액·유용액의 5배를 초과해서는 아니 된다.
④ 지방자치단체의 장은 제1항 또는 제2항에 따른 징계 또는 징계부가금의 부과가 필요함에도 불구하고 공사의 징계권자가 필요한 조치를 하지 아니하는 경우에는 공사의 징계권자에게 징계 또는 징계부가금의 부과를 요청할 수 있다.
⑤ 징계 및 징계부가금 부과는 그 사유가 발생한 날부터 3년(금품 및 향응 수수, 공금의 횡령·유용의 경우에는 5년)이 지나면 하지 못한다.
(2015.12.15 본조신설)
제63조의7【비위행위자에 대한 조치】 ① 공사는 투명하고 공정한 인사운영 등 윤리경영을 강화하기 위하여 노력하여야 한다.
② 지방자치단체의 장은 공사의 임원이 금품비위, 성범죄, 채용비위 등 대통령령으로 정하는 비위행위(이하 "비위행위"라 한다)를 한 사실이 있거나 혐의가 있는 경우로서 제1항에 따른 윤리경영을 저해한 것으로 판단되는 경우 해당 공사의 임원에 대하여 검찰, 경찰 등 수사기관과 감사원 등 감사기관(이하 이 조에서 "수사기관등"이라 한다)에 수사 또는 감사를 의뢰하여야 한다. 이 경우 지방자치단체의 장은 해당 임원의 직무를 정지시키거나 그 공사의 사장에게 직무를 정지시킬 것을 요구할 수 있다.
③ 행정안전부장관은 지방자치단체의 장에게 제2항에 따

른 수사기관등의 수사 또는 감사 결과에 따라 필요한 경우 해당 공사 임원을 해임할 것을 요구할 수 있고, 지방자치단체의 장은 해당 공사 임원을 해임하거나 그 공사의 사장에게 해임을 요구할 수 있다.
④ 지방자치단체의 장은 공사의 임원이 비위행위 중 채용비위와 관련하여 유죄판결이 확정된 경우로서 「특정범죄 가중처벌 등에 관한 법률」 제2조에 따라 가중처벌되는 경우 해당 지방자치단체 소속의 심의·의결기구로서 대통령령으로 정하는 기구의 심의·의결을 거쳐 그 인적사항 및 비위행위 사실 등을 공개할 수 있다.
⑤ 지방자치단체의 장은 공사의 임직원이 비위행위 중 채용비위와 관련하여 유죄판결이 확정된 경우 해당 채용비위로 인하여 채용시험에 합격하거나 승진 또는 임용된 사람에 대하여는 해당 공사의 사장에게 합격·승진·임용의 취소 또는 인사상의 불이익 조치(이하 이 조에서 "합격취소등"이라 한다)를 취할 것을 요구할 수 있다. 이 경우 공사의 사장은 그 내용과 사유를 당사자에게 통지하여 소명할 기회를 주어야 한다.
⑥ 제4항에 따른 명단 공개의 구체적인 내용·절차 등에 필요한 사항 및 제5항에 따른 합격취소등의 기준·내용·소명 절차 등에 필요한 사항은 대통령령으로 정한다.
(2019.12.3 본조신설)

제63조의8【인사감사 등】 ① 지방자치단체의 장은 비위행위 중 채용비위의 근절 등을 위하여 대통령령으로 정하는 바에 따라 공사의 인사운영의 적정 여부를 감사(이하 이 조에서 "인사감사"라 한다)할 수 있으며, 필요한 경우 관계 서류를 제출하도록 요구할 수 있다.
② 지방자치단체의 장은 인사감사 결과 위법 또는 부당한 사실이 발견되면 지체 없이 해당 공사의 사장에게 그 시정(是正)과 관련자에 대한 인사상의 조치 등을 요구하여야 한다.
③ 공사의 사장은 제2항에 따른 요구가 있을 경우 정당한 사유가 없으면 이를 즉시 이행하고 그 이행결과를 해당 지방자치단체의 장에게 통보하여야 한다.
(2019.12.3 본조신설)

제3절 재무회계

제64조【사업연도】 공사의 사업연도는 지방자치단체의 일반회계의 회계연도에 따른다.

제64조의2【회계처리의 원칙 등】 ① 공사는 경영 성과 및 재무 상태를 명확히 하기 위하여 회계거래를 발생 사실에 따라 기업회계기준에 따라 회계처리한다.
② 공사는 사업 분야별로 구분하여 회계처리할 수 있다.
③ 공사가 계약을 체결하려는 경우에는 일반경쟁의 방식으로 하여야 한다. 다만, 계약의 목적·성질 및 규모 등을 고려하여 참가자의 자격을 제한하거나 참가자를 지명하여 경쟁에 부치거나 수의계약으로 할 수 있다.(2013.6.4 본항신설)
④ 공사는 계약을 체결하는 경우 공정한 경쟁 또는 계약의 적정한 이행을 해칠 것이 명백하다고 판단되는 자에 대하여는 2년 이내의 범위에서 입찰참가자격을 제한할 수 있다.
⑤ 공사는 제4항에 따라 입찰참가자격을 제한받은 자와 수의계약을 체결하여서는 아니 된다. 다만, 제4항에 따라 입찰참가자격을 제한받은 자 외에는 적합한 시공자·제조자가 존재하지 아니하는 등 부득이한 사유가 있는 경우에는 그러하지 아니하다.(2013.6.4 본항개정)
⑥ 제1항부터 제5항까지의 규정에 따른 회계처리, 계약의 기준 및 절차, 입찰참가자격의 제한 등에 관하여 필요한 사항은 대통령령으로 정한다.(2013.6.4 본항개정)

제64조의3【중장기재무관리계획의 수립 등】 ① 자산·부채규모 등을 고려하여 대통령령으로 정하는 기준에 해당하는 공사의 사장은 매년 해당 연도를 포함한 5회계연도 이상의 중장기재무관리계획(이하 "중장기재무관리계획"이라 한다)을 수립하고, 이사회의 의결을 거쳐 확정한 후 대통령령으로 정하는 기한까지 지방자치단체의 장과 의회에 제출하여야 한다.
② 중장기재무관리계획에는 다음 각 호의 사항이 포함되어야 한다.
1. 5회계연도 이상의 중장기 경영목표
2. 사업계획 및 투자방향
3. 재무 전망과 그 근거 및 관리계획
4. 부채의 증감에 대한 전망과 그 근거 및 관리계획 등이 포함된 부채관리계획
5. 전년도 중장기재무관리계획 대비 변동사항, 변동요인 및 관리계획 등에 대한 평가·분석
(2013.6.4 본조신설)

제64조의4【청렴서약서의 제출】 ① 공사는 계약의 투명성과 공정성을 높이기 위하여 입찰참가자 또는 수의계약의 계약상대자에게 청렴서약서를 제출하도록 하여야 한다.
② 제1항에 따른 청렴서약서에는 다음 각 호의 사항이 포함되어야 한다.
1. 입찰, 낙찰, 계약의 체결 및 이행 등의 과정(준공·납품 이후를 포함한다)에서 직접 또는 간접적인 사례(謝禮), 증여, 금품·향응, 취업특혜 제공 금지에 관한 사항
2. 특정인의 낙찰을 위한 담합 등 입찰의 자유경쟁을 방해하는 행위나 불공정한 행위의 금지에 관한 사항
3. 그 밖에 계약의 투명성과 공정성을 높이기 위하여 대통령령으로 정하는 사항
(2020.6.9 본조신설)

제64조의5【청렴서약 위반에 따른 계약의 해제·해지 등】 공사는 입찰참가자 또는 수의계약의 계약상대자가 입찰, 수의계약 및 계약 이행 과정에서 공사의 임직원에게 직접 또는 간접적으로 사례, 증여, 금품·향응, 취업특혜 제공을 하는 등 제64조의4에 따른 청렴서약서의 내용을 위반한 때에는 다음 각 호의 어느 하나에 해당하는 경우를 제외하고는 낙찰자 결정을 취소하거나 계약을 해제 또는 해지하여야 한다.
1. 다른 법률에서 낙찰자 결정의 취소 또는 계약의 해제·해지를 특별히 금지한 경우
2. 낙찰자 결정을 취소하거나 계약을 해제 또는 해지하면 계약 목적을 달성하기 곤란하거나 공사에 손해가 발생하는 등 대통령령으로 정하는 경우
(2020.6.9 본조신설)

제64조의6【이의신청】 ① 국제입찰에 의한 계약 또는 대통령령으로 정하는 규모 이상의 입찰에 의한 계약과정에서 다음 각 호의 어느 하나에 해당하는 사항으로 인하여 불이익을 받은 자는 해당 공사의 사장에게 그 행위의 취소 또는 시정을 위한 이의신청을 제기할 수 있다.
1. 국제입찰에 의한 계약의 범위와 관련된 사항
2. 입찰참가자격과 관련된 사항
3. 입찰 공고와 관련된 사항
4. 낙찰자 결정과 관련된 사항
5. 그 밖에 대통령령으로 정하는 사항
② 제1항에 따른 이의신청의 절차는 「지방자치단체를 당사자로 하는 계약에 관한 법률」 제34조제2항 및 제3항을 준용한다. 이 경우 "지방자치단체의 장"은 "공사의 사장"으로 본다.
③ 이의신청 조치결과에 대하여 이의가 있는 자는 그 통지를 받은 날부터 20일 이내에 「지방자치단체를 당사자로 하는 계약에 관한 법률」 제35조에 따른 지방계약심의조정위원회에 조정을 위한 재심을 청구할 수 있다.
(2023.8.16 본항개정)
④ 지방계약심의조정위원회는 제3항에 따른 재심청구를 심사·조정할 수 있다.(2023.8.16 본항개정)
⑤ 제3항에 따른 재심청구의 절차는 「지방자치단체를 당사자로 하는 계약에 관한 법률」 제36조 및 제37조를 준용한다. 이 경우 "지방자치단체의 장"은 "공사의 사장"으로 본다.
(2023.6.13 본조신설)

제65조【예산】 ① 공사의 사장은 매 사업연도의 사업계획 및 예산을 해당 사업연도가 시작되기 전까지 편성하여야 한다.
② 제1항에 따라 편성된 예산은 이사회의 의결로 확정된다. 예산이 확정된 후에 생긴 불가피한 사유로 예산을 변경하는 경우에도 또한 같다.
③ 공사의 사장은 제2항에 따라 예산이 성립되거나 변경되었을 때에는 지체 없이 지방자치단체의 장에게 보고하여야 한다.

제65조의2【예산 불성립 시의 예산집행】 ① 공사는 부득이한 사유로 회계연도가 시작되기 전까지 예산이 확정되지 못한 경우에는 전년도 예산에 준하여 예산을 집행하여야 한다.
② 제1항에 따라 집행된 예산은 해당 연도의 예산이 성립되면 그 성립된 예산에 따라 집행된 것으로 본다.

제65조의3【신규 투자사업의 타당성 검토】 ① 공사의 사장은 대통령령으로 정하는 규모 이상의 신규 투자사업을 하려면 대통령령으로 정하는 방법 및 절차에 따라 사업의 필요성과 사업계획의 타당성 등을 검토(이하 "신규투자사업 타당성 검토"라 한다)하여 지방자치단체의 장에게 보고하고 의회의 의결을 받아야 한다.
② 제1항에도 불구하고 다음 각 호의 어느 하나에 해당하는 사업은 대통령령으로 정하는 절차에 따라 신규 투자사업 타당성 검토 대상에서 제외한다. 이 경우 공사의 사장은 신규 투자사업 타당성 검토 제외 사업의 내역 및 사유를 지체 없이 지방자치단체의 장과 의회에 보고하여야 한다.
1. 다음 각 목의 어느 하나에 해당하는 조사·심사 등을 거쳤거나 제외된 사업
가. 「국가재정법」 제38조제1항에 따른 예비타당성조사
나. 「지방재정법」 제37조에 따른 투자심사(해당 공사를 설립한 지방자치단체의 장이 실시한 투자심사에 한정한다)
다. 「공공기관의 운영에 관한 법률」 제40조제3항에 따른 예비타당성조사
2. 설립 지방자치단체가 각각 다른 2개 이상의 공사가 공동으로 신규 투자사업을 추진하는 경우로서 그 중 하나 이상의 공사의 사장이 제1항에 따른 절차를 모두 거치고, 다른 공사를 설립한 지방자치단체의 의회가 별도의 신규 투자사업 타당성 검토를 거치지 아니하기로 동의한 사업
3. 「재난 및 안전관리 기본법」 제3조제1호에 따른 재난의 예방 및 복구 지원을 위하여 시급한 추진이 필요한 사업
4. 법령에 따라 추진하여야 하는 사업
5. 지역 균형발전, 긴급한 경제적·사회적 상황 대응 등을 위하여 국가 정책적으로 추진이 필요한 사업으로서 다음 각 목의 요건을 모두 갖춘 사업
가. 사업목적 및 규모, 추진방안 등 구체적인 사업계획이 수립된 사업
나. 국가 정책적으로 추진이 필요하여 국무회의를 거쳐 확정된 사업
(2019.12.3 본항신설)
③ 신규 투자사업 타당성 검토는 전문 인력 및 조사·연구 능력 등 대통령령으로 정하는 요건을 갖춘 전문기관으로서 행정안전부장관이 지정·고시하는 기관에 의뢰하여 실시하여야 한다.
(2019.12.3 본조개정)

제65조의4【사업의 실명 관리 및 공개】 ① 공사의 사장은 제65조의3제1항에 따른 신규 투자사업에 대하여 그 사업 내용 및 사업의 결정 또는 집행과 관련하여 이에 참여한 자 등을 기록·관리하고 이를 공개하여야 한다. 다만, 「공공기관의 정보공개에 관한 법률」 제9조에 따른 비공개 대상 정보의 경우에는 정보가 기간의 경과 등으로 인하여 비공개의 필요성이 없어지기 전까지 공개하지 아니할 수 있다.
② 제1항에 따른 기록·관리 및 공개의 범위, 방법 및 절차 등에 필요한 사항은 대통령령으로 정한다.
(2015.12.29 본조신설)

제65조의5【채무보증 계약 등의 제한】 공사는 다음 각 호에 해당하는 계약을 체결할 수 없다.
1. 채무에 대한 상환 보증이 포함된 계약
2. 공사의 자산 매각 시 환매(還買)를 조건으로 하는 계약
3. 주택 건설 및 토지 개발 등의 사업에서 미분양 발생 시 미분양 자산에 대한 매입 확약이 포함된 계약
(2015.12.15 본조신설)

제66조【결산】 ① 공사는 매 사업연도의 결산을 해당 사업연도가 끝난 후 2개월 이내에 완료하여야 한다.
② 공사는 결산 완료 후 결산서를 작성하여 대통령령으로 정하는 서류 및 지방자치단체의 장이 지정하는 공인회계사의 회계감사보고서를 첨부하여 지체 없이 지방자치단체의 장에게 보고하여 승인을 받아야 한다.

제66조의2【예산·결산에 관한 공통기준】 ① 행정안전부장관은 공사의 예산 및 결산에 공통적으로 적용하여야 할 사항에 관한 기준을 작성하여 통보할 수 있다.
(2017.7.26 본항개정)
② 공사의 예산 및 결산의 제출 및 운영에 필요한 사항은 제1항의 공통기준의 범위에서 지방자치단체의 장이 정한다.

제67조【손익금의 처리】 ① 공사는 결산 결과 이익이 생긴 경우에는 그 이익금을 다음 각 호의 순서에 따라 처리한다.
1. 전 사업연도로부터 이월된 결손금이 있으면 결손금을 보전
2. 대통령령으로 정하는 바에 따라 이익준비금으로 적립
3. 대통령령으로 정하는 바에 따라 감채적립금으로 적립
4. 이익을 배당하거나 정관으로 정하는 바에 따라 적립
② 제1항제3호의 감채적립금은 공사의 사채를 상환하는 경우 외에는 사용할 수 없다.
③ 공사는 결산 결과 손실이 생긴 경우에 그 결손금을 제1항제4호의 적립금으로 보전하고, 그 적립금으로도 보전하지 못한 결손금은 제1항제2호의 이익준비금으로 보전하거나 이월한다.
(2013.6.4 본조개정)

제68조【사채 발행 및 차관】 ① 공사는 지방자치단체의 장의 승인을 받아 사채를 발행하거나 외국차관을 할 수 있다. 이 경우 사채 발행의 한도는 대통령령으로 정한다.
② (2002.3.25 삭제)
③ 지방자치단체의 장은 제1항에 따라 발행되는 사채가 대통령령으로 정하는 기준을 초과하는 경우에는 제1항에 따른 승인을 하기 전에 미리 행정안전부장관의 승인을 받아야 한다. 이 경우 대통령령으로 정하는 기준은 공사의 부채비율, 경영성과 등을 고려하여야 한다.(2017.7.26 전단개정)
④ 지방자치단체는 사채의 상환을 보증할 수 있다.
⑤ (2002.3.25 삭제)
⑥ 사채의 발행, 매각 및 상환에 필요한 사항은 조례로 정한다.
⑦ 도시철도의 건설 및 운영 또는 주택건설사업 등을 목적으로 설립된 공사가 제1항부터 제6항까지의 규정에 따라 발행하는 채권에 대하여 「자본시장과 금융투자업에 관한 법률」을 적용할 때에는 같은 법 제4조제3항에 따른 특수채증권으로 본다.(2014.6.3 본항개정)

제69조【여유금의 운용】 공사는 다음 각 호의 방법 외에는 여유금을 운용하지 못한다.
1. 국채 또는 지방채의 취득
2. 「한국은행법」에 따른 한국은행 또는 그 밖의 금융회사 등에의 예입

제70조 (1996.12.30 삭제)

제71조【대행사업의 비용 부담】 ① 공사는 국가 또는 지방자치단체의 사업을 대행할 수 있으며, 이 경우에 필요한 비용은 국가 또는 지방자치단체가 부담한다.
② 제1항에 따른 비용의 부담에 필요한 사항은 대통령령으로 정하는 사항을 제외하고는 조례로 정한다.

제71조의2【재정 지원】 지방자치단체는 사업의 운영을 위하여 필요하다고 인정하는 경우에는 공사에 보조금을 교부하거나 장기대부를 할 수 있다.

제71조의3【물품 구매 및 공사계약의 위탁】 공사는 필요하다고 인정하는 경우에는 물품의 구매나 시설공사계약의 체결을 조달청장에게 위탁할 수 있다.
제71조의4【물품 관리】 공사는 소관 물품을 적정하게 관리하기 위하여 해당 공사에서 사용하는 물품을 표준화하고, 사용 및 처분의 목적에 따라 분류하여야 하며, 물품수급계획을 포함한 물품관리계획을 수립하여야 한다.
제72조【선수금】 공사의 재산 분양, 시설 이용 및 용역 제공에 대한 선수금에 관하여는 제20조의2를 준용한다.

제4절 감 독

제73조【감독 등】 ① 지방자치단체의 장은 공사의 설립·운영 등 공사의 업무를 관리·감독한다.
② 행정안전부장관은 공사의 업무, 회계 및 재산에 관한 사항을 검사할 수 있으며, 공사에 필요한 보고를 명할 수 있다.(2017.7.26 본항개정)
(2015.12.15 본조개정)
제74조 (2015.12.15 삭제)

제5절 보 칙

제75조【「상법」의 준용】 공사에 관하여는 이 법에서 규정한 사항을 제외하고는 그 성질에 반하지 아니하는 범위에서 「상법」 중 주식회사에 관한 규정을 준용한다. 다만, 「상법」 제292조는 준용하지 아니한다.
제75조의2【업무 상황의 공표 등】 공사의 업무 상황의 공표 등에 관하여는 제46조를 준용한다. 이 경우 "관리자"는 "사장"으로 본다.
제75조의3【공무원의 파견·겸임】 지방자치단체의 장은 공사가 수행하는 사업을 지원하기 위하여 필요한 경우에는 그 소속 공무원을 공사에 파견하거나 겸임하게 할 수 있다.
제75조의4【권한의 위탁】 이 법에 따른 지방자치단체의 장의 권한은 공사의 목적을 수행하기 위하여 필요한 경우에는 조례로 정하는 바에 따라 그 일부를 공사의 사장에게 위탁할 수 있다.
제75조의5【민영화된 공사의 주식회사로의 등기】 제53조제2항 및 제3항에 따른 공사가 매각되는 경우 「상법」에 따른 청산 절차를 거치지 아니하여도 매수인은 주식회사로의 설립등기를 신청할 수 있다. 이 경우 주식회사의 상호에 "공사"라는 명칭은 사용할 수 없다.
제75조의6【공사와 공공기관의 합병】 ① 공사는 「공공기관의 운영에 관한 법률」 제14조제1항에 따른 계획에 따라 민영화 대상으로 지정된 공공기관(같은 계획에 따라 공공기관 지정이 해제된 기관을 포함한다)과 「상법」에 따른 청산절차를 거치지 아니하고도 합병할 수 있다.
② 공사가 제1항에 따른 합병을 하려면 기획재정부장관과 협의를 거쳐 합병 등기 전까지 지방자치단체의 장의 승인을 받아야 한다. 다만, 공공기관 지정이 해제된 기관과 합병할 경우에는 협의절차를 생략할 수 있다.
(2013.6.4 본조신설)

제4장 지방공단
(2011.8.4 본장개정)

제76조【설립·운영】 ① 지방자치단체는 제2조의 사업을 효율적으로 수행하기 위하여 필요한 경우에는 지방공단(이하 "공단"이라 한다)을 설립할 수 있다.
② 공단의 설립·운영에 관하여는 제49조부터 제52조까지, 제53조제1항, 제56조제1항 및 제3항, 제57조, 제58조, 제58조의2, 제59조부터 제63조까지, 제63조의2부터 제63조의8까지, 제64조, 제64조의2, 제64조의4부터 제64조의6까지, 제65조, 제65조의2, 제66조, 제66조의2, 제68조, 제69조, 제71조, 제71조의2부터 제71조의4까지, 제72조 및 제73조, 제75조의2부터 제75조의4까지의 규정을 준용한다. 이 경우 "공사"는 "공단"으로, "사장"은 "이사장"으로, "사채"는 "공단채"로 본다.(2023.6.13 전단개정)
제77조【비용 부담】 공단은 지방자치단체의 장의 승인을 받아 해당 사업의 수익자로 하여금 사업에 필요한 비용을 부담하게 할 수 있다.
제77조의2【해산】 ① 공단은 다음 각 호의 어느 하나에 해당하는 사유로 해산한다.
1. 설립 목적의 달성, 존립기간의 만료, 그 밖에 정관으로 정한 사유의 발생
2. 합병
3. 파산
4. 법원의 명령 또는 판결
5. 이사회의 결의
6. 제78조의3에 따른 행정안전부장관의 해산 요구
(2017.7.26 본호개정)
② 공단의 해산에 관하여는 「상법」 중 주식회사의 해산에 관한 규정을 준용한다.

제4장의2 지방공사 및 지방공단 외의 출자법인 등

제77조의3~제77조의7 (2014.3.24 삭제)

제5장 보 칙
(2011.8.4 본장개정)

제78조【경영평가 및 지도】 ① 행정안전부장관은 제3조에 따른 지방공기업의 경영 기본원칙을 고려하여 대통령령으로 정하는 바에 따라 지방공기업에 대한 경영평가를 하고, 그 결과에 따라 필요한 조치를 하여야 한다. 다만, 행정안전부장관이 필요하다고 인정하는 경우에는 지방자치단체의 장으로 하여금 경영평가를 하게 할 수 있다.(2017.7.26 본항개정)
② 제1항에 따른 경영평가에는 지방공기업의 경영목표의 달성도, 업무의 능률성, 공익성, 고객서비스 등에 관한 평가가 포함되어야 한다.
③ 행정안전부장관은 제1항에 따른 경영평가를 위하여 필요한 경우 지방공기업에 고객 명부 등 관련 자료의 제출을 요청할 수 있다. 이 경우 요청을 받은 지방공기업은 정당한 사유가 없는 한 이에 따라야 한다.(2017.7.26 전단개정)
④ 행정안전부장관은 대통령령으로 정하는 바에 따라 제1항 및 제2항에 따른 경영평가와는 별도로 사장에 대하여 업무성과 평가를 할 수 있다. 이 경우 공익성이 고려되어야 한다.(2017.7.26 전단개정)
⑤ 행정안전부장관 또는 시·도지사(특별자치시장 및 특별자치도지사는 제외한다. 이하 이 항에서 같다)는 지방공기업(시·도지사의 경우에는 시·군·자치구의 지방공기업으로 한정한다)의 효율적인 경영을 위하여 필요한 지도, 조언 또는 권고를 할 수 있다.(2017.7.26 본항개정)
⑥ 행정안전부장관은 지방공기업이 다음 각 호의 어느 하나에 해당하는 경우에는 제1항에 따른 경영평가 결과를 조정하고, 해당 지방공기업에 대한 주의·경고 등의 조치를 하거나 지방자치단체의 장에게 해당 지방공기업의 평가급 조정을 요청할 수 있다. 이 경우 제78조의5에 따른 지방공기업정책위원회의 심의를 거쳐야 한다.
1. 제3항에 따른 경영평가에 필요한 자료를 제출하지 아니하거나 거짓으로 작성·제출한 경우
2. 불공정한 인사운영, 비리 등으로 윤리경영을 저해한 경우로서 대통령령으로 정하는 경우
(2022.1.11 본항신설)
⑦ 제6항에 따른 요청을 받은 지방자치단체의 장은 특별한 사정이 없으면 해당 지방공기업의 평가급을 조정하여야 하고, 필요한 경우 해당 공사의 사장 또는 공단의 이사장에게 관련자에 대한 인사상의 조치 등을 요구할 수 있다.(2022.1.11 본항신설)
제78조의2【경영진단 및 경영 개선 명령】 ① 지방자치단체의 장은 제78조제1항 단서에 따라 경영평가를 하였을 때에는 그 평가가 끝난 후 1개월 이내에 경영평가보고서, 재무제표, 그 밖에 대통령령으로 정하는 서류를 행정안전부장관에게 제출하여야 한다.(2017.7.26 본항개정)
② 행정안전부장관은 제78조제1항 본문에 따라 경영평가를 하거나 제1항에 따른 서류 등을 분석한 결과 특별한 대책이 필요하다고 인정되는 지방공기업으로서 다음 각 호의 어느 하나에 해당하는 지방공기업에 대하여는 대통령령으로 정하는 바에 따라 따로 경영진단을 실시하고, 그 결과를 공개할 수 있다.(2017.7.26 본문개정)
1. 3개 사업연도 이상 계속하여 당기 순손실이 발생한 지방공기업
2. 특별한 사유 없이 전년도에 비하여 영업수입이 현저하게 감소한 지방공기업
3. 경영 여건상 사업 규모의 축소, 법인의 청산 또는 민영화 등 경영구조 개편이 필요하다고 인정되는 지방공기업
4. 그 밖에 대통령령으로 정하는 지방공기업
③ 행정안전부장관은 제2항에 따른 경영진단의 결과 필요하다고 인정하는 경우에는 지방자치단체의 장, 공사의 사장 또는 공단의 이사장에게 해당 지방공기업의 임원의 해임, 조직의 개편 등 경영 개선을 위하여 필요한 조치를 명할 수 있다.(2017.7.26 본항개정)
④ 제3항에 따라 명을 받은 지방자치단체의 장, 공사의 사장 또는 공단의 이사장은 특별한 사유가 없으면 지체 없이 이에 따라야 한다.
(2015.12.29 본조제목개정)
제78조의3【부실지방공기업에 대한 해산 요구】 ① 행정안전부장관은 공사 또는 공단이 다음 각 호에 해당하는 경우로서 대통령령으로 정하는 경우 제78조의5에 따른 지방공기업정책위원회의 심의를 거쳐 지방자치단체의 장이나 공사의 사장 또는 공단의 이사장에게 해산을 요구할 수 있다.(2017.7.26 본문개정)
1. 부채 상환 능력이 현저히 낮은 경우
2. 사업 전망이 없어 회생이 어려운 경우
3. 설립 목적의 달성이 불가능한 경우
② 제1항에 따라 해산을 요구받은 지방자치단체의 장이나 공사의 사장 또는 공단의 이사장은 정당한 사유가 없으면 지체 없이 이에 따라야 한다.
(2015.12.29 본조개정)
제78조의4【지방공기업평가원의 설립·운영】 ① 지방공기업에 대한 경영평가, 관련 정책의 연구, 임직원에 대한 교육 등을 전문적으로 지원하기 위하여 지방공기업평가원(이하 "평가원"이라 한다)을 설립한다.
② 평가원은 법인으로 하며, 그 주된 사무소의 소재지에서 설립등기를 함으로써 성립한다.
③ 지방자치단체 또는 지방공기업은 평가원의 업무수행을 지원하기 위하여 평가원에 출연할 수 있다. 이 경우 출연의 지급, 사용 및 관리 등에 필요한 사항은 대통령령으로 정한다.
④ 평가원에 이사회와 감사 1명을 둔다.
⑤ 이사회는 이사장 1명을 포함하여 12명 이내의 이사로 구성한다.
⑥ 이사장은 이사회의 추천으로 행정안전부장관의 승인을 받아 이사회가 선임한다.(2017.7.26 본항개정)
⑦ 이사장의 임기는 3년으로 하며, 한 차례만 연임할 수 있다.
⑧ 이사 및 감사의 임기, 선임 방법 등 그 밖에 평가원의 설립·운영에 관한 사항은 정관으로 정한다.
⑨ 행정안전부장관은 평가원을 지도·감독하며, 필요한 경우에는 평가원에 대하여 그 업무에 관한 사항을 보고하게 하거나 자료 제출 등의 명령을 할 수 있다.(2017.7.26 본항개정)
⑩ 평가원에 관하여는 이 법에서 규정한 사항을 제외하고는 「민법」 중 재단법인에 관한 규정을 준용한다.
(2015.12.29 본조신설)
제78조의5【지방공기업정책위원회】 ① 행정안전부장관은 지방공기업 관련 주요 정책, 경영평가, 경영진단, 그 밖에 경영 개선에 관한 사항을 심의하기 위하여 관계 전문가로 구성된 지방공기업정책위원회를 운영한다.
(2017.7.26 본항개정)
② 지방공기업정책위원회는 위원장 1명을 포함한 15명 이내의 위원으로 구성한다.
③ 지방공기업정책위원회의 구성 및 운영 등에 필요한 사항은 대통령령으로 정한다.
제78조의6【주민 등의 의견청취】 ① 지방자치단체의 장은 다음 각 호의 어느 하나에 해당하는 때에는 지방의회에 보고하고 주민 및 관계 전문가 등의 의견을 들어야 한다.
1. 지방공기업을 설립할 때
2. 행정안전부장관으로부터 제78조의2에 따른 경영 개선 명령을 받거나, 제78조의3에 따른 해산요구를 받은 때
(2017.7.26 본호개정)
② 제1항에 따른 주민의견 청취의 방법·절차와 그 밖에 필요한 사항은 대통령령으로 정한다.
(2015.12.29 본조신설)
제78조의7【국회에 대한 보고】 행정안전부장관은 제78조에 따른 경영평가, 제78조의2에 따른 경영진단 결과 및 경영개선을 위한 조치, 제78조의3에 따른 해산 요구 등을 명확하게 기록한 지방공기업보고서를 매년 경영진단 및 경영개선 조치 실시 후 3개월 이내에 국회 소관 상임위원회에 제출하여야 한다.(2021.10.19 본조개정)
제79조【국고지원】 국가는 지방공기업의 원활한 경영을 위하여 필요한 경우에는 지방공기업에 대하여 지방자치단체가 출자할 자본금이나 그 밖에 필요한 경비의 일부를 보조할 수 있다.
제79조의2 (2002.3.25 삭제)
제79조의3【권한의 위임】 이 법에 따른 행정안전부장관의 권한은 대통령령으로 정하는 바에 따라 그 일부를 시·도지사에게 위임할 수 있다.(2017.7.26 본조개정)
제80조【공사와 공단의 조직변경】 ① 공사와 공단은 사업의 효율적 운영을 위하여 필요한 경우에는 청산절차를 거치지 아니하고 공사는 공단으로, 공단은 공사로 조직변경을 할 수 있다.
② 공사의 사장 또는 공단의 이사장은 제1항에 따른 조직변경을 하려는 경우에는 조직변경에 관한 사항에 대하여 지방자치단체의 장의 승인을 받아야 하고, 조직변경에 관한 조례안과 함께 의회의 의결을 거쳐야 한다.(2019.12.3 본항개정)
③ 제53조제2항에 따라 지방자치단체 외의 자가 출자한 공사가 공단으로 조직변경을 하려는 경우에는 제2항에 따른 의회의 의결 전에 총주주의 일치에 의한 총회의 결의를 거쳐 지방자치단체 외의 자가 출자한 금액을 지방자치단체의 출자금으로 전환하여야 한다.
④ 공사의 사장 또는 공단의 이사장은 제2항에 따른 의회의 의결이 있은 날부터 20일 이내에 채권자 등 이해관계자에게 조직변경 사실을 통보하여야 한다.
⑤ 공사 또는 공단이 제2항에 따른 의결을 받은 경우에는 3주 내에 그 주된 사무소의 소재지에서 종전의 공사 또는 공단에 관하여는 해산등기를, 변경된 공사 또는 공단에 관하여는 설립등기를 하여야 한다.
⑥ 변경된 공사 또는 공단은 제5항에 따른 설립등기일에 종전의 공사 또는 공단에 속하는 모든 재산과 채권·채무, 고용관계, 그 밖의 권리·의무를 포괄적으로 승계한다.
⑦ 제1항부터 제6항까지에서 규정한 사항 외에 조직변경의 방법 및 절차에 관하여 필요한 사항은 대통령령으로 정한다.
(2015.12.15 본조신설)
제80조의2【수사기관 등의 수사 등 개시·종료 통보】 다음 각 호의 어느 하나에 해당하는 기관은 공사 또는 공단의 임직원에 대하여 직무와 관련된 사건에 관한 조사나 수사를 시작한 때와 이를 마친 때에는 10일 이내에 공사의 사장 또는 공단의 이사장에게 해당 사실과 결과를 통보하여야 한다.

1. 감사원
2. 검찰·경찰 및 그 밖의 수사기관
3. 행정안전부장관
4. 지방자치단체의 장
(2017.10.24 본조신설)

제6장 벌 칙
(2011.8.4 본장개정)

제81조【벌칙】 공사 또는 공단의 임원(감사는 제외한다)이 제65조 또는 제66조제2항(제76조제2항에서 준용하는 경우를 포함한다)을 위반하였을 때에는 500만원 이하의 벌금에 처한다.

제82조【과태료】 ① 정당한 이유 없이 제73조제2항(제76조제2항에서 준용하는 경우를 포함한다)에 따른 검사를 거부, 방해 또는 기피한 자에게는 200만원 이하의 과태료를 부과한다.
② 제1항에 따른 과태료는 대통령령으로 정하는 바에 따라 행정안전부장관이 부과·징수한다.(2017.7.26 본항개정)
(2015.12.15 본조개정)

제83조【벌칙 적용에서 공무원 의제】 다음 각 호의 어느 하나에 해당하는 사람은 「형법」 제129조부터 제132조까지의 규정을 적용할 때에는 공무원으로 본다.
1. 공사와 공단의 임직원
2. 평가원의 임직원 및 지방공기업정책위원회의 위원 중 공무원이 아닌 사람
(2022.1.11 본조개정)

부 칙 (2015.12.15)

제1조【시행일】 이 법은 공포한 날부터 시행한다. 다만, 제65조의5 및 제80조의 개정규정은 공포 후 6개월이 경과한 날부터 시행한다.(2015.12.29 단서개정)

제2조【중장기경영관리계획 수립에 관한 적용례】 제9조의2의 개정규정은 이 법 시행일이 속하는 회계연도의 다음 회계연도부터 적용한다.

제3조【징계 요구 등에 관한 적용례】 제63조의6의 개정규정(제76조제2항의 개정규정에 따라 준용되는 경우를 포함한다)은 이 법 시행 후 징계 사유가 발생하는 경우부터 적용한다.

제4조【채무보증 계약 등의 제한에 관한 적용례】 제65조의4의 개정규정은 부칙 제1조 단서에 따른 시행일 이후 공사가 체결하는 계약부터 적용한다.

제5조【임원의 결격사유에 관한 경과조치】 이 법 시행 당시 공사·공단의 임원에 대해서는 제60조제1항의 개정규정(제76조제2항의 개정규정에 따라 준용되는 경우를 포함한다)에도 불구하고 해당 임원의 임기가 만료될 때까지는 종전의 규정에 따른다.

부 칙 (2015.12.29)

제1조【시행일】 이 법은 공포 후 3개월이 경과한 날부터 시행한다.

제2조【공사 및 공단 설립의 타당성 검토에 관한 적용례】 제49조제4항의 개정규정(제76조제2항에 따라 공단에 준용되는 경우를 포함한다)은 이 법 시행 후 실시하는 타당성 검토부터 적용한다.

제3조【신규 투자사업의 타당성 검토 등에 관한 적용례】 제65조의3제2항의 개정규정은 이 법 시행 후 실시하는 타당성 검토부터 적용한다.

제4조【사업의 실명 관리 및 공개에 관한 적용례】 제65조의4의 개정규정은 이 법 시행 후 실시하는 타당성 검토 대상 신규 투자사업부터 적용한다.

제5조【주민 등의 의견청취에 관한 적용례】 제78조의6의 개정규정은 이 법 시행 후 지방공기업을 설립하거나 행정안전부장관으로부터 경영 개선 명령 또는 해산 요구를 받은 경우부터 적용한다.(2017.7.26 본조개정)

제6조【경영지도법인에 대한 경과조치】 ① 이 법 시행 당시 종전의 제78조의3에 따라 행정안전부장관의 설립인가를 받고 설립된 경영지도법인(이하 이 조에서 "경영지도법인"이라 한다)은 그 이사회의 의결에 따라 그 모든 재산 및 권리·의무를 평가원이 승계하도록 행정안전부장관의 승인을 요청할 수 있다.(2017.7.26 본항개정)
② 경영지도법인이 제1항에 따라 행정안전부장관의 승인을 받은 때에는 평가원의 설립과 동시에 「민법」 중 법인의 해산 및 청산에 관한 규정에도 불구하고 해산된 것으로 보며, 경영지도법인의 모든 재산 및 권리·의무는 평가원이 포괄승계한다.(2017.7.26 본항개정)
③ 이 법 시행 당시 경영지도법인의 이사장, 이사 및 감사는 각각 그 잔여 임기 동안 평가원의 이사장, 이사 및 감사로 선임된 것으로 본다.

부 칙 (2017.10.24)

제1조【시행일】 이 법은 공포한 날부터 시행한다.

제2조【수사기관 등의 수사 등 개시·종료 통보에 관한 적용례】 제80조의2의 개정규정은 이 법 시행 후 조사나 수사를 시작하는 경우부터 적용한다.

부 칙 (2019.12.3)

제1조【시행일】 이 법은 공포 후 6개월이 경과한 날부터 시행한다. 다만, 제2조제1항제9호, 제60조제1항제1호 및 제80조제2항의 개정규정은 공포한 날부터 시행한다.

제2조【연체금 징수에 관한 적용례】 제22조제4항 및 제5항의 개정규정은 이 법 시행 이후 부과하는 연체금부터 적용한다.

제3조【비위행위자 조치에 관한 적용례】 제63조의7 및 제63조의8의 개정규정은 이 법 시행 후 최초로 제63조의7 제2항의 개정규정에 따른 비위행위를 한 경우부터 적용한다.

제4조【신규 투자사업 타당성 검토에 관한 경과조치】 이 법 시행 당시 신규 투자사업 타당성 검토가 진행 중인 경우에는 제65조의3의 개정규정에도 불구하고 종전의 규정에 따른다.

부 칙 (2020.6.9)

제1조【시행일】 이 법은 공포 후 6개월이 경과한 날부터 시행한다.

제2조【청렴서약서의 제출 등에 관한 적용례】 제64조의4·제64조의5 및 제76조제2항의 개정규정은 이 법 시행 이후 공고 또는 통지되는 입찰부터 적용한다. 다만, 제64조의2제3항 단서에 따라 수의계약에 의하는 경우에는 이 법 시행 이후 체결되는 계약부터 적용한다.

부 칙 (2020.10.20)

이 법은 공포 후 3개월이 경과한 날부터 시행한다.

부 칙 (2021.1.12)

제1조【시행일】 이 법은 공포 후 1년이 경과한 날부터 시행한다.(이하 생략)

부 칙 (2021.10.19)

이 법은 공포한 날부터 시행한다.

부 칙 (2022.1.11)

이 법은 공포 후 6개월이 경과한 날부터 시행한다.

부 칙 (2023.3.21)

제1조【시행일】 이 법은 공포 후 6개월이 경과한 날부터 시행한다.(이하 생략)

부 칙 (2023.6.13)

제1조【시행일】 이 법은 공포 후 6개월이 경과한 날부터 시행한다.

제2조【이의신청에 관한 적용례】 제64조의6의 개정규정(제76조제2항의 개정규정에 따라 준용되는 경우를 포함한다)은 이 법 시행 전에 계약과정에서 불이익을 받아 이 법 시행 이후에 이의신청을 제기하는 경우에도 적용한다.

부 칙 (2023.8.16)

제1조【시행일】 이 법은 공포 후 6개월이 경과한 날부터 시행한다.(이하 생략)

부 칙 (2024.1.30)

이 법은 공포한 날부터 시행한다.

지방자치단체를 당사자로 하는 계약에 관한 법률

(약칭 : 지방계약법)

(2005년 8월 4일 법 률 제7672호)

개정
2007. 1. 3법 8173호
2007. 5.11법 8423호(지방자치)
2008. 2.29법 8852호(정부조직)
2009. 2. 6법 9423호
2009. 5.21법 9685호(중소기업판로지원)
2013. 3.23법11690호(정부조직)
2013. 5.22법11784호
2013. 5.22법11794호(건설기술진흥법)
2013. 8. 6법12000호
2014.11.19법12844호(정부조직)
2016. 5.29법14194호
2016. 5.29법14197호(지방회계법)
2017. 7.26법14839호(정부조직)
2017.12.26법15296호
2018.12.24법16042호
2020. 6. 9법17348호(소프트웨어진흥법)
2020.10.20법17523호
2020.10.20법17555호(대·중소기업상생협력촉진에관한법)
2020.12.29법17799호(독점)
2021. 1.12법17893호(지방자치)
2023. 3.28법19317호(대·중소기업상생협력촉진에관한법)
2023. 4.11법19332호
2023. 8.16법19634호(행정기관정비일부개정법령등)
2023. 9.14법19698호

제1조【목적】 이 법은 지방자치단체를 당사자로 하는 계약에 관한 기본적인 사항을 정함으로써 계약업무를 원활하게 수행할 수 있도록 함을 목적으로 한다.
(2009.2.6 본조개정)

제2조【적용 범위】 이 법은 지방자치단체(「지방자치법」 제2조에 따른 지방자치단체를 말한다. 이하 같다)가 계약상대자와 체결하는 수입 및 지출의 원인이 되는 계약 등에 대하여 적용한다.(2009.2.6 본조개정)

제3조【교육·과학 및 체육에 관한 사항의 적용】 이 법에서 교육·과학 및 체육에 관한 사항에 관하여는 "지방자치단체의 장" 또는 "특별시장·광역시장·도지사"는 "교육감"으로, "행정안전부장관"은 "교육부장관"으로, "행정안전부"는 "교육부"로 각각 본다.(2017.7.26 본조개정)

제4조【다른 법률과의 관계】 지방자치단체를 당사자로 하는 계약에 관하여는 다른 법률에 특별한 규정이 있는 경우 외에는 이 법에서 정하는 바에 따른다.(2009.2.6 본조개정)

제5조【국제입찰에 의한 지방자치단체 계약의 범위】 ① 국제입찰에 의한 지방자치단체 계약은 지방자치단체가 체결하는 공사·물품·용역의 계약 중에서 대한민국이 당사자인 정부조달에 관한 조약·협약·협정 등이나 그 밖의 국제규범(이하 "정부조달협정등"이라 한다)에 따라 행정안전부장관이 그 적용 대상인 지방자치단체, 대상 금액, 공사·물품·용역의 범위를 정하여 고시한다. 다만, 다음 각 호의 어느 하나에 해당하는 경우에는 국제입찰에 의한 지방자치단체 계약의 대상에서 제외한다.
(2017.7.26 본문개정)
1. 재판매 또는 판매를 위한 생산에 필요한 물품과 용역을 조달하는 경우
2. 「중소기업제품 구매촉진 및 판로지원에 관한 법률」에 따라 중소기업 제품을 제조·구매하는 경우(2009.5.21 본호개정)
3. 「양곡관리법」, 「농수산물유통 및 가격안정에 관한 법률」 및 「축산법」에 따라 농·수·축산물을 구매하는 경우
4. 그 밖에 정부조달협정등에 규정된 내용으로서 대통령령으로 정한 경우
② 제1항 본문에 따른 지방자치단체의 국제입찰의 원칙, 입찰공고, 입찰방법, 낙찰자 결정 등을 위하여 필요한 사항에 대하여는 대통령령으로 정한다.
③ 지방자치단체의 장 또는 제7조제1항에 따라 계약사무를 처리하기 위하여 위임이나 위탁을 받은 자(이하 "계약담당자"라 한다)는 계약의 목적과 성질 등을 고려하여 필요하다고 인정되면 제1항에 따른 국제입찰의 대상이 아닌 경우에도 대통령령으로 정하는 바에 따라 국제입찰에 의하여 계약을 체결할 수 있다.
(2009.2.6 본조개정)

제6조【계약의 원칙】 ① 계약은 상호 대등한 입장에서 당사자의 합의에 따라 체결되어야 하고, 당사자는 계약의 내용을 신의성실의 원칙에 따라 이행하여야 한다.
(2023.4.11 본항개정)
② 지방자치단체의 장 또는 계약담당자는 제5조제1항에 따른 국제입찰의 경우에는 호혜(互惠)의 원칙에 따라 정부조달협정등에 가입한 국가의 국민과 이들 국가에서 생산되는 물품이나 용역에 대하여 대한민국의 국민과 대한민국에서 생산되는 물품이나 용역과 차별되는 특약이나 조건을 정하여서는 아니 된다.
③ 지방자치단체의 장 또는 계약담당자는 계약을 체결할 때 이 법 및 관계 법령에 규정된 계약상대자의 계약상 이익을 부당하게 제한하는 특약이나 조건(이하 "부당한 특약등"이라 한다)을 정하여서는 아니 되고, 부당한 특약등은 무효로 한다.(2023.4.11 본항신설)
(2009.2.6 본조개정)

제6조의2【청렴서약제】 ① 지방자치단체의 장 또는 계약담당자는 계약의 투명성과 공정성을 높이기 위하여 입찰참가자 또는 수의계약(隨意契約)의 계약상대자에게 청렴서약서를 제출하도록 하여야 한다.
② 제1항에 따른 청렴서약서에는 다음 각 호의 사항이 포함되어야 한다.
1. 입찰, 낙찰, 계약의 체결 및 이행, 제16조에 따른 감독, 제17조에 따른 검사와 관련된 직접 또는 간접적인 사례(謝禮), 증여, 금품·향응 제공 금지에 관한 사항
2. 특정인의 낙찰을 위한 담합 등 입찰의 자유경쟁을 방해하는 행위나 불공정한 행위의 금지에 관한 사항
3. 그 밖에 계약의 투명성과 공정성을 높이기 위하여 대통령령으로 정하는 사항
(2013.8.6 본조신설)
제6조의3【근로관계법령의 준수】 지방자치단체의 장 또는 계약담당공무원은 계약을 체결할 때 계약상대자로 하여금 해당 계약을 이행하는 근로자(「하도급거래 공정화에 관한 법률」에 따른 수급사업자가 고용한 근로자를 포함한다)의 근로조건이 「근로기준법」 등 근로관계 법령을 준수하도록 하는 내용을 계약서에 포함시킬 수 있다.
(2020.10.20 본조신설)
제7조【계약사무의 위임·위탁】 ① 지방자치단체의 장은 다른 법령에서 정한 경우 외에는 그 소관 계약사무를 처리하기 위하여 필요하다고 인정되면 그 사무의 전부 또는 일부를 「지방회계법」에 따른 회계관계공무원, 중앙행정기관의 장, 다른 지방자치단체의 장 또는 대통령령으로 정하는 전문기관에 위임하거나 위탁하여 처리하게 할 수 있다.(2016.5.29 본항개정)
② 제1항에 따라 계약사무를 위임 또는 위탁받는 기관의 계약담당자는 다른 법률에 특별한 규정이 없으면 이 법에서 정하는 바에 따라 계약사무를 처리하여야 한다. 다만, 「국가를 당사자로 하는 계약에 관한 법률」의 적용을 받는 중앙행정기관의 장 또는 전문기관에 위임 또는 위탁하는 경우에는 이 법에서 정하는 바에 따라 계약사무를 처리하여야 한다.
③ 제1항에 따른 계약사무의 위탁·위탁 절차와 위탁 수수료, 그 밖에 필요한 사항은 대통령령으로 정한다.
(2009.2.6 본조개정)
제8조【계약의 대행】 ① 지방자치단체의 장은 그 관할 행정구역의 시설물 설치 및 유지·관리와 물품 구매 등을 위하여 그 지역 주민들의 대행 요구가 있는 등 특히 필요하다고 인정되면 그 지방자치단체 외의 자로부터 계약 대행을 요청받아 대행할 수 있다.
② 제1항에 따라 계약을 대행하는 지방자치단체의 장은 계약 이행에 드는 직접경비와 그 사무관리에 필요한 경비를 계약 이행 전에 대행을 요청한 자에게 청구하고 이를 사후정산(事後精算)하여야 한다.
③ 제2항에 따라 지방자치단체의 장이 청구하여 지급받은 경비는 「지방재정법」에도 불구하고 세입·세출예산 외로 처리할 수 있다.
(2009.2.6 본조개정)
제9조【계약의 방법】 ① 지방자치단체의 장 또는 계약담당자는 계약을 체결하려는 경우에는 이를 공고하여 일반입찰에 부쳐야 한다. 다만, 계약의 목적·성질·규모 및 지역특수성 등을 고려하여 필요하다고 인정되면 참가자를 지명(指名)하여 입찰에 부치거나 수의계약을 할 수 있다.(2013.8.6 단서개정)
② 제1항 본문에 따라 일반입찰에 부치는 경우 대통령령으로 정하는 바에 따라 입찰 참가자격을 사전심사하여 적격자만을 입찰에 참가하게 하거나 시공능력, 실적, 기술보유상황, 법인등기부상 본점소재지(개인사업자인 경우에는 사업자등록증 또는 관련 법령에 따른 허가·인가·면허·등록·신고 등에 관련된 서류에 기재된 사업장의 소재지를 말한다. 이하 같다) 등으로 입찰 참가자격을 제한하여 입찰에 부칠 수 있다.(2018.12.24 본항개정)
③ 제1항 단서에 따른 지명기준 및 지명절차, 수의계약의 대상범위 및 수의계약대상자의 선정절차, 그 밖에 필요한 사항은 대통령령으로 정한다.
④ 지방자치단체의 장 또는 계약담당자는 제1항 단서에 따라 수의계약을 체결한 경우 대통령령으로 정하는 바에 따라 수의계약 내용을 공개하여야 한다.
⑤ 제1항에 따라 계약을 체결하는 과정에서 다른 법률에 따른 우선구매 대상이 경합하는 경우에는 계약의 목적이나 규모, 사회적 약자에 대한 배려 수준 등을 고려하여 계약상대자를 결정하여야 한다.(2017.12.26 본항신설)
(2009.2.6 본조개정)
제9조의2【구매규격 사전공개】 ① 지방자치단체의 장 또는 계약담당자는 입찰에 부치는 경우에는 입찰 공고 전에 물품과 용역의 구매규격을 관련 업체에 사전공개하고 이를 열람하도록 하여 구매규격에 대한 의견을 제시할 수 있도록 하여야 한다. 다만, 긴급 수요물자·비밀물자 또는 추정가격이 5천만원 미만인 물품·용역 등 대통령령으로 정하는 물품이나 용역을 입찰에 부치는 경우에는 사전공개를 생략할 수 있다.
② 제1항에 따른 구매규격 사전공개의 방법·내용·시기, 그 밖에 필요한 사항은 대통령령으로 정한다.
(2016.5.29 본조신설)
제10조【입찰공고】 ① 지방자치단체의 장 또는 계약담당자는 입찰에 부치는 경우에는 입찰에 관한 사항을 공고하거나 통지하여야 한다.
② 제1항에 따른 입찰공고 또는 통지의 방법·내용·시기, 그 밖에 필요한 사항은 대통령령으로 정한다.
(2009.2.6 본조개정)
제11조【예정가격의 작성】 ① 지방자치단체의 장 또는 계약담당자는 입찰 또는 수의계약 등에 부칠 사항에 대하여 낙찰자 및 계약금액의 결정기준으로 삼기 위하여 미리 해당 규격서 및 설계서 등에 따라 예정가격을 작성하여야 한다. 다만, 다른 지방자치단체와 계약을 체결하는 경우 등 대통령령으로 정하는 경우에는 예정가격을 작성하지 아니하거나 생략할 수 있다.(2013.8.6 본문개정)
② 지방자치단체의 장 또는 계약담당자는 제1항 본문에 따른 예정가격을 작성할 때에는 계약수량·이행기간·수급상황·계약조건 등 모든 여건을 고려하여 적정하게 결정하여야 한다.(2013.8.6 본항신설)
③ 제1항 본문에 따른 예정가격의 작성시기, 결정방법, 기준, 그 밖에 필요한 사항은 대통령령으로 정한다.
(2009.2.6 본조개정)
제12조【입찰보증금】 ① 지방자치단체의 장 또는 계약담당자는 입찰에 참가하려는 자로 하여금 입찰보증금을 내도록 하여야 한다. 다만, 다른 지방자치단체, 「공공기관의 운영에 관한 법률」에 따른 공공기관(이하 "공공기관"이라 한다) 및 「지방공기업법」에 따른 지방공기업(이하 "지방공기업"이라 한다) 등 대통령령으로 정하는 입찰참가자에 대하여는 입찰보증금의 납부를 면제할 수 있다.
② 제1항에 따른 입찰보증금의 금액·납부방법, 그 밖에 필요한 사항은 대통령령으로 정한다.
③ 지방자치단체의 장 또는 계약담당자는 낙찰자가 계약을 체결하지 아니한 경우에는 그 입찰보증금을 해당 지방자치단체에 귀속시켜야 한다. 다만, 제1항 단서에 따라 입찰보증금의 납부를 면제한 경우에는 대통령령으로 정하는 바에 따라 낙찰자로 하여금 입찰보증금에 해당하는 금액을 해당 지방자치단체에 내도록 하여야 한다.
(2009.2.6 본조개정)
제13조【낙찰자 결정】 ① 지방자치단체 수입의 원인이 되는 입찰에서는 최고가격의 입찰자를 낙찰자로 한다. 다만, 계약의 목적, 입찰가격 및 수량 등을 고려하여 대통령령으로 기준을 정한 경우에는 그에 따른다.
② 지방자치단체 재정지출의 부담이 되는 입찰에서는 다음 각 호의 어느 하나에 해당하는 입찰자를 낙찰자로 한다.
1. 충분한 계약이행능력이 있다고 인정되는 자로서 최저가격으로 입찰한 자. 다만, 입찰자 중 최저가격으로 입찰한 자의 순으로 입찰금액의 적정성을 심사하여 낙찰자를 결정할 수 있다.(2023.9.14 본호개정)
2. 입찰가격, 품질, 기술력, 제안서 내용, 계약기간 등을 종합적으로 고려하여 해당 지방자치단체에 가장 유리하게 입찰한 자
3. 상징성, 기념성, 예술성 등의 창의성이 요구되는 설계용역을 할 때에는 설계공모에 당선된 자
4. 그 밖에 계약의 성질·규모 등을 고려하여 대통령령으로 기준을 정한 경우에는 그 기준에 가장 맞게 입찰한 자
③ 제2항에 따른 적용대상, 낙찰자 선정기준 및 선정절차, 그 밖에 필요한 사항은 대통령령으로 정한다.
④ 지방자치단체의 장 또는 계약담당자는 제2항에도 불구하고 공사에 대한 경쟁입찰로서 예정가격이 100억원 미만인 공사의 경우 대통령령으로 정하는 바에 따라 산정한 다음 각 호에 해당하는 비용의 합계액의 100분의 98 미만으로 입찰한 자를 낙찰자로 하여서는 아니 된다.
1. 재료비·노무비·경비
2. 제1호에 대한 부가가치세
(2023.4.11 본항신설)
(2009.2.6 본조개정)
제14조【계약서의 작성 및 계약의 성립】 ① 지방자치단체의 장 또는 계약담당자는 계약을 체결하려는 경우에는 계약의 목적, 계약금액, 이행기간, 계약보증금, 위험부담, 지연배상금(遲延賠償金), 그 밖에 필요한 사항을 명백히 적은 계약서를 작성하여야 한다. 다만, 대통령령으로 정하는 경우에는 계약서의 작성을 생략할 수 있다.
(2013.8.6 본문개정)
② 지방자치단체의 장 또는 계약담당자는 계약을 체결하려는 경우에는 천재지변 등 대통령령으로 정하는 경우를 제외하고는 행정안전부장관이 지정하는 정보처리장치를 이용하여 「전자서명법」 제2조제1호에 따른 전자문서에 의한 계약서를 작성하여야 한다.(2017.7.26 본항개정)
③ 제1항 본문에 따라 계약서를 작성하는 경우에는 그 지방자치단체의 장 또는 계약담당자와 계약상대자가 계약서에 기명·날인하거나 서명(「전자서명법」 제2조제2호에 따른 전자서명을 포함한다. 이하 같다)함으로써 계약이 확정된다.(2013.8.6 본항개정)
제15조【계약보증금】 ① 지방자치단체의 장 또는 계약담당자는 지방자치단체와 계약을 체결하려는 자로 하여금 계약보증금을 내도록 하여야 한다. 다만, 다른 지방자치단체, 공공기관 및 지방공기업 등 대통령령으로 정하는 계약상대자에 대하여는 계약보증금의 납부를 면제할 수 있다.
② 제1항에 따른 계약보증금의 금액·납부방법, 그 밖에 필요한 사항은 대통령령으로 정한다.
③ 지방자치단체의 장 또는 계약담당자는 계약상대자가 계약상의 의무를 이행하지 아니하면 그 계약보증금을 해당 지방자치단체에 귀속시켜야 한다. 다만, 제1항 단서에 따라 계약보증금의 납부를 면제한 경우에는 대통령령으로 정하는 바에 따라 계약상대자로 하여금 계약보증금에 해당하는 금액을 해당 지방자치단체에 내도록 하여야 한다.
(2009.2.6 본조개정)
제16조【감독】 ① 지방자치단체의 장 또는 계약담당자는 공사·물품·용역 등의 계약을 체결한 경우에 그 계약을 적절하게 이행하도록 하기 위하여 필요하다고 인정하면 계약서·설계서 및 그 밖의 관계 서류에 따라 감독하거나 소속 공무원 등에게 그 사무를 위임하여 감독하게 하여야 한다. 다만, 대통령령으로 정하는 계약의 경우에는 전문기관을 따로 지정하여 감독하게 할 수 있다.
② 지방자치단체의 장 또는 계약담당자는 상·하수도 사업, 마을 진입로 개설 등 주민생활과 관련이 있는 공사에 대하여는 제1항에 따른 감독 외에 그 공사와 관련이 있는 주민대표자 또는 주민대표자가 추천하는 자를 감독자(이하 "주민참여감독자"라 한다)로 위촉하여 감독하게 하여야 한다.
③ 주민참여감독자는 해당 지방자치단체의 장 또는 계약담당자에게 공사계약의 이행과정에서 그 공사와 관련하여 지역 주민들의 건의사항을 전달하거나 공사계약 이행상의 불법·부당 행위 등에 대하여 시정을 요구할 수 있다.
④ 지방자치단체의 장 또는 계약담당자는 대통령령으로 정하는 바에 따라 그 감독업무 수행에 따른 실비(實費)를 주민참여감독자에게 지급할 수 있다.
⑤ 주민참여감독자의 감독 대상 공사, 감독범위, 자격기준, 그 밖에 필요한 사항은 대통령령으로 정한다.
⑥ 제1항과 제2항에 따라 감독을 하는 자는 감독조서(監督調書)를 작성하여야 한다.
(2009.2.6 본조개정)
제17조【검사】 ① 지방자치단체의 장 또는 계약담당자는 계약상대자가 계약의 전부 또는 일부의 이행을 끝내면 이를 확인하기 위하여 계약서·설계서 및 그 밖의 관계 서류에 따라 이를 검사하거나 소속 공무원 등에게 위임하여 검사하게 하여야 한다. 다만, 다음 각 호의 어느 하나에 해당하는 계약의 경우에는 전문기관을 따로 지정하여 검사하게 할 수 있다.
1. 「건설기술 진흥법」 제39조제2항에 따라 건설사업관리를 하게 하는 공사(2013.5.22 본호개정)
2. 재질·성능 또는 규격 등의 검사를 위하여 전문적인 지식이나 기술이 필요하다고 인정되는 계약
② 지방자치단체의 장 또는 계약담당자는 제1항에도 불구하고 다른 법령에 따른 품질인증을 받은 물품 또는 품질관리능력을 인증받은 자가 제조한 물품 등 대통령령으로 정하는 물품에 대해서는 제1항에 따른 검사를 하지 아니할 수 있다.(2013.8.6 본항신설)
③ 제1항에 따라 검사를 하는 자는 검사조서를 작성하여야 한다. 다만, 대통령령으로 정하는 금액 미만의 계약 또는 매각계약, 전기·가스·수도의 공급 등 검사조서의 작성이 성질상 불필요한 경우에는 검사조서의 작성을 생략할 수 있다.
④ 물품구매계약 또는 물품제조계약의 경우 물품의 특성상 필요한 시험 등의 검사에 드는 비용과 검사로 인한 변형, 파손 등으로 발생하는 비용은 계약상대자가 부담한다.(2013.8.6 본항신설)
(2009.2.6 본조개정)
제18조【대가의 지급】 ① 지방자치단체의 장 또는 계약담당자는 공사·물품·용역, 그 밖에 재정지출의 부담이 되는 계약에서는 검사한 후 또는 검사조서를 작성한 후에 그 대가를 지급하여야 한다. 다만, 「지방회계법」에 따라 선금급(先金給)을 지급하거나 국제관례 등 부득이한 사유가 있다고 인정되는 경우에는 그러하지 아니하다.
(2016.5.29 단서개정)
② 제1항에 따른 대가는 계약상대자로부터 대가 지급의 청구를 받은 날부터 대통령령으로 정하는 기한까지 지급하여야 하며, 그 기한까지 지급할 수 없으면 대통령령으로 정하는 바에 따라 해당 지체일수에 따른 이자를 지급하여야 한다. 다만, 제24조제2항에 따라 해당 연도 예산의 범위를 초과하여 시공한 부분에 대한 대가는 계약당사자간에 합의한 바에 따라 지급한다.
③ 동일한 계약에서 제2항에 따른 이자와 제30조에 따른 지연배상금은 상계(相計)할 수 있다.
(2009.2.6 본조개정)
제19조【대가의 선납】 지방자치단체의 장 또는 계약담당자는 재산의 매각·임대, 용역의 제공, 그 밖에 수입의 원인이 되는 계약에서는 다른 법령에 특별한 규정이 없으면 계약상대자로 하여금 그 대가를 미리 내도록 하여야 한다. 이 경우 계약상대자는 제15조에 따른 계약보증금을 내지 아니할 수 있다.(2009.2.6 본조개정)
제20조【계약의 담보책임】 ① 지방자치단체의 장 또는 계약담당자는 공사의 도급계약을 체결할 때에는 그 담보책임의 존속기간을 정하여야 한다.
② 지방자치단체의 장 또는 계약담당자는 물품 및 용역 등의 계약을 체결할 때에는 그 계약의 성질상 필요한 경우 담보책임의 존속기간을 정할 수 있다.
③ 지방자치단체의 장 또는 계약담당자는 담보책임의 존속기간 중 목적물에 하자가 발생한 때에는 적절한 기간을 정하여 그 하자의 보수를 요구하거나 보수를 하여야 한다.
④ 제1항과 제2항에 따른 담보책임의 존속기간은 「민법」에서 정한 기간을 초과할 수 없다.

⑤ 제1항과 제2항에 따른 담보책임의 존속기간, 하자 검사의 절차와 방법, 그 밖에 필요한 사항은 대통령령으로 정한다.
(2009.2.6 본조개정)

제21조【하자보수보증금】 ① 지방자치단체의 장 또는 계약담당자는 제20조제1항 및 제2항에 따라 담보책임의 존속기간을 정한 경우에는 계약상대자로 하여금 그 계약의 하자보수를 보증하기 위하여 하자보수보증금을 내도록 하여야 한다. 다만, 다른 지방자치단체, 공공기관 및 지방공기업 등 대통령령으로 정하는 계약상대자에 대하여는 하자보수보증금의 납부를 면제할 수 있다.
② 제1항에 따른 하자보수보증금의 금액, 납부시기, 납부방법, 예치기간, 금액산정, 그 밖에 필요한 사항은 대통령령으로 정한다.
③ 지방자치단체의 장 또는 계약담당자는 계약상대자가 하자보수 의무를 이행하지 아니한 경우에는 그 하자보수보증금 중 하자보수에 필요한 금액을 해당 지방자치단체에 귀속시켜야 한다. 다만, 제1항 단서에 따라 하자보수보증금의 납부를 면제한 경우에는 대통령령으로 정하는 바에 따라 면제받은 자로 하여금 하자보수에 필요한 금액을 해당 지방자치단체에 내도록 하여야 한다.
④ 제3항에도 불구하고 지방자치단체의 장 또는 계약담당자는 그 하자의 보수를 위한 예산이 없거나 부족한 경우에는 지방자치단체에 귀속시키지 아니하고 직접 사용할 수 있다.
(2009.2.6 본조개정)

제22조【물가 변동 등에 따른 계약금액의 조정】 ① 지방자치단체의 장 또는 계약담당자는 공사·물품·용역, 그 밖에 재정지출의 원인이 되는 계약을 체결한 후 물가변동 및 설계 변경, 그 밖에 계약내용의 변경으로 인하여 계약금액을 조정할 필요가 있으면 대통령령으로 정하는 바에 따라 그 계약금액을 조정한다.
② 지방자치단체의 장 또는 계약담당자는 태풍, 홍수, 지진, 화재 그 밖에 대통령령으로 정하는 계약상대자의 통제범위를 벗어난 사유의 발생으로 인하여 계약기간을 연장하는 경우에는 그 변경된 내용에 따른 비용을 초과하지 아니하는 범위에서 대통령령으로 정하는 바에 따라 계약금액을 조정하여야 한다.(2018.12.24 본항신설)
(2009.2.6 본조개정)

제23조【회계연도 시작 전 또는 예산배정 전의 계약체결】 지방자치단체의 장 또는 계약담당자는 다음 각 호의 어느 하나에 해당하는 계약에서는 대통령령으로 정하는 바에 따라 회계연도 시작 전 또는 예산배정 전이라도 그 회계연도의 확정된 예산의 범위에서 미리 계약을 체결할 수 있다.(2023.9.14 본문개정)
1. 긴급한 재해복구계약
2. 임차·운송·보관 계약 등 그 성질상 중단할 수 없는 계약
3. 주민의 생명과 안전, 건강 등의 사유로 특정 기간 내에 계약 이행을 완료하여야 하는 계약
(2023.9.14 1호~3호신설)

제24조【장기계속계약 및 계속비계약】 ① 지방자치단체의 장 또는 계약담당자는 이행에 수년이 걸리는 공사·제조 또는 용역 등의 계약은 다음 각 호의 구분에 따라 체결한다.
1. 총액으로 입찰하여 각 회계연도 예산의 범위에서 낙찰된 금액의 일부에 대하여 연차별로 계약을 체결하는 장기계속계약
2. 「지방재정법」 제42조에 따라 계속비로 예산을 편성하여 낙찰된 금액의 총액에 대하여 계약을 체결하는 계속비계약
② 제1항제2호의 계속비계약으로 집행하는 공사이행 중 계약상대자의 신청이 있는 경우에는 해당 연도 예산의 범위를 초과하여 연차별 공사를 이행하도록 할 수 있다.
③ 지방자치단체의 장과 계약담당자는 이행에 수년이 필요한 계약을 체결할 때에는 계약이 지연되지 아니하도록 노력하여야 한다.
(2009.2.6 본조개정)

제25조【단가계약】 ① 지방자치단체의 장 또는 계약담당자는 일정한 기간 계속하여 제조·구매·수리·보수·복구·가공·매매·공급·사용 등의 계약을 체결할 필요가 있을 때에는 해당 회계연도 예산의 범위에서 미리 단가(單價)에 대하여 계약을 체결할 수 있다.
② 제1항에 따른 단가계약의 범위·절차·기준, 그 밖에 필요한 사항은 대통령령으로 정한다.
(2009.2.6 본조개정)

제26조【제3자를 위한 단가계약】 ① 특별시장·광역시장·도지사는 관할 구역 안에 있는 시·군·구(자치구를 말한다. 이하 같다)에 공통적으로 필요한 물자로서 제조·구매 및 가공 등의 계약에 관하여 시·군·구의 요청이 있는 경우에는 미리 단가만을 정하고 그 물자의 납품요구 및 그 대금지급은 각 시·군·구에서 직접 처리할 수 있도록 하는 계약(이하 이 조에서 "제3자를 위한 단가계약"이라 한다)을 체결할 수 있다.
② 제3자를 위한 단가계약의 절차·기준, 그 밖에 필요한 사항은 대통령령으로 정한다.
(2009.2.6 본조개정)

제27조【개산계약】 ① 지방자치단체의 장 또는 계약담당자는 다음 각 호의 어느 하나에 해당되는 계약으로서 미리 가격을 정할 수 없을 때에는 대통령령으로 정하는 바에 따라 개산계약(槪算契約)을 체결할 수 있다.
1. 개발시제품(開發試製品)의 제조계약
2. 시험·조사·연구용역의 계약
3. 중앙행정기관, 다른 지방자치단체, 공공기관, 지방공기업, 지방자치단체 출연·출자기관 또는 「지방자치법」 제176조에 따른 지방자치단체조합(이하 "지방자치단체조합"이라 한다)과의 관계 법령에 따른 위탁 또는 대행 등의 계약(2021.1.12 본호개정)
② 제1항에도 불구하고 지방자치단체의 장 또는 계약담당자는 시간적 여유가 없는 긴급한 재해복구를 위한 경우에는 개산계약을 체결할 수 있다. 이 경우 그 계약의 대상·입찰방법, 그 밖에 필요한 사항은 대통령령으로 정한다.
③ (2018.12.24 삭제)
④ 지방자치단체의 장 또는 계약담당자는 제1항 및 제2항에 따른 개산계약을 체결하는 경우 대통령령으로 정하는 사후정산에 필요한 절차·기준 등에 대하여 입찰공고 등을 통하여 입찰참가자에게 미리 알려주어야 한다.
(2018.12.24 본항개정)
(2009.2.6 본조개정)

제28조【종합계약 등】 ① 지방자치단체의 장 또는 계약담당자는 중앙행정기관, 다른 지방자치단체, 「공공기관의 운영에 관한 법률」에 따른 공기업 및 준정부기관, 지방공기업, 지방자치단체 출연·출자기관 또는 지방자치단체조합 등과 관련되는 공사 등에 대하여 관련 기관과 공동으로 종합계약을 체결할 수 있다.
② 제1항에 따른 종합계약을 체결하는 데에 관련되는 기관의 장은 그 계약의 체결에 필요한 사항에 관하여 협조하여야 한다.
③ 지방자치단체의 장 또는 계약담당자는 경비를 절약하고 사업을 효율적으로 추진하기 위하여 필요하다고 인정하는 경우에는 해당 지방자치단체가 체결하려는 공사·물품·용역 등의 계약을 한꺼번에 발주함으로써 통합하여 계약을 체결할 수 있다.(2013.8.6 본항신설)
(2013.8.6 본조제목개정)
(2009.2.6 본조개정)

제29조【공동계약】 ① 지방자치단체의 장 또는 계약담당자는 필요하다고 인정하면 계약상대자를 2명 이상으로 하는 공동계약을 체결할 수 있다.
② 지방자치단체의 장 또는 계약담당자는 제1항에 따른 공동계약의 경우 입찰 참가자격으로 지역을 제한하지 아니하는 입찰로서 건설업 등의 균형발전을 위하여 필요하다고 인정할 때에는 공사현장을 관할하는 특별시·광역시·특별자치시·도 및 특별자치도에 법인등기부상 본점소재지가 있는 자 중 1인 이상을 공동수급체의 구성원으로 하여야 한다. 다만, 제5조에 따라 국제입찰에 의하는 경우로서 외국건설업자(「건설산업기본법」 제9조에 따라 건설업의 등록을 한 외국인 또는 외국법인을 말한다)가 계약상대자에 포함된 경우는 제외한다.(2018.12.24 본문개정)
③ 제2항에도 불구하고 공사현장을 관할하는 해당 지역에 공사의 이행에 필요한 자격을 갖춘 자가 10인 미만인 경우에는 그러하지 아니하다.(2013.5.22 본항신설)
④ 제1항에 따라 공동계약을 체결하는 경우에는 해당 지방자치단체의 장 또는 계약담당자와 계약상대자 모두가 계약서에 기명·날인하거나 서명함으로써 계약이 확정된다.
⑤ 공동계약의 체결방법 등 공동계약에 필요한 사항은 대통령령으로 정한다.(2013.5.22 본항신설)
(2009.2.6 본조개정)

제30조【지연배상금 등】 ① 지방자치단체의 장 또는 계약담당자는 정당한 사유 없이 계약의 이행을 지체한 계약상대자로 하여금 지연배상금을 내도록 하여야 한다.
② 제1항에 따른 지연배상금의 금액·납부방법과 그 밖에 필요한 사항은 대통령령으로 정한다.
③ 지방자치단체의 장 또는 계약담당자는 계약상대자가 지연배상금을 내지 아니하면 제18조에 따른 대가의 지급과 상계 처리할 수 있다.
④ 지방자치단체의 장 또는 계약담당자는 제1항에 따른 지연배상금의 징수사유가 발생하고 그 금액이 계약금액의 100분의 10 이상인 경우로서 제30조의2에 따라 계약을 해제 또는 해지하지 아니하는 경우에는 계약상대자로 하여금 잔여계약 이행금액에 대하여 계약보증금을 추가로 내도록 하여야 한다.(2013.8.6 본항신설)
(2013.8.6 본조제목개정)
(2009.2.6 본조개정)

제30조의2【계약의 해제·해지 등】 ① 지방자치단체의 장 또는 계약담당자는 다음 각 호의 어느 하나에 해당하는 사유가 발생하면 낙찰자 결정을 취소하거나 계약을 해제 또는 해지할 수 있다.
1. 계약상대자의 계약상 의무 불이행을 이유로 제15조제3항에 따라 계약보증금 또는 계약보증금에 해당하는 금액을 해당 지방자치단체에 세입 조치하는 경우
2. 제30조에 따른 지연배상금의 징수사유가 발생하고 그 금액이 계약금액의 100분의 10 이상인 경우로서 계약상대자의 귀책사유로 인하여 계약을 이행할 가능성이 없음이 명백하다고 인정되는 경우
3. 입찰과정에서 거짓 서류를 제출하여 부당하게 낙찰을 받은 경우
4. 입찰, 수의계약 및 계약 이행 과정에서 관계 공무원 등에게 직접 또는 간접으로 사례, 증여, 금품·향응 제공을 하는 등 제6조의2에 따른 청렴서약서의 내용을 위반한 경우
5. 계약상대자가 정당한 이유 없이 계약담당자의 이행 촉구에 따르지 아니한 경우
6. 계약상대자의 부도, 파산, 해산, 영업정지, 사업 또는 영업에 관한 등록·인가·허가 등의 취소, 그 밖의 사유로 계약 이행이 곤란하다고 인정되는 경우
7. 그 밖에 계약 내용에 포함된 계약의 해제 또는 해지 사유가 발생한 경우
② 지방자치단체의 장 또는 계약담당자는 제1항제2호의 경우에는 계약을 해제하거나 해지하여야 하고, 같은 항 제1호·제3호 및 제4호의 경우에는 다음 각 호의 어느 하나에 해당하는 경우를 제외하고는 낙찰자 결정을 취소하거나 계약을 해제 또는 해지하여야 한다.
1. 다른 법률에서 낙찰자 결정의 취소 또는 계약의 해제·해지를 특별히 금지한 경우
2. 낙찰자 결정을 취소하거나 계약을 해제 또는 해지하면 계약 목적을 달성하기 곤란하거나 지방자치단체에 손해가 발생하는 등 행정안전부령으로 정하는 경우
(2017.7.26 본호개정)
(2013.8.6 본조신설)

제31조【부정당업자의 입찰 참가자격 제한】 ① 지방자치단체의 장(지방자치단체의 장이 제7조제1항에 따라 중앙행정기관의 장 또는 다른 지방자치단체의 장에게 계약사무를 위임하거나 위탁하여 처리하는 경우에는 그 위임 또는 위탁을 받은 중앙행정기관의 장 또는 지방자치단체의 장을 포함한다. 이하 제6항·제7항, 제31조의2제1항·제5항 및 제31조의5제1항·제3항에서 같다)은 다음 각 호의 어느 하나에 해당하는 자(이하 "부정당업자"라 한다)에 대해서는 대통령령으로 정하는 바에 따라 2년 이내의 범위에서 입찰 참가자격을 제한하여야 한다.
1. 계약을 이행할 때 부실·조잡 또는 부당하게 하거나 부정한 행위를 한 자
2. 경쟁입찰, 계약 체결 또는 이행 과정에서 입찰자 또는 계약상대자 간에 서로 상의하여 미리 입찰가격, 수주물량 또는 계약의 내용 등을 협정하거나 특정인의 낙찰 또는 납품대상자 선정을 위하여 담합한 자
3. 「건설산업기본법」, 「전기공사업법」, 「정보통신공사업법」, 「소프트웨어산업 진흥법」 및 그 밖의 다른 법률에 따른 하도급의 제한규정을 위반하여 하도급한 자(하도급 통지의무 위반의 경우는 거짓이나 그 밖에 부정한 방법으로 위반한 경우만을 말한다), 발주관서의 승인 없이 하도급한 자 및 발주관서의 승인을 얻은 하도급조건을 변경한 자
4. 사기, 그 밖의 부정한 행위로 입찰·낙찰 또는 계약의 체결·이행과 관련하여 지방자치단체에 손해를 끼친 자
5. 「독점규제 및 공정거래에 관한 법률」 또는 「하도급거래 공정화에 관한 법률」을 위반하여 공정거래위원회로부터 입찰참가자격제한의 요청이 있는 자
6. 「대·중소기업 상생협력 촉진에 관한 법률」 제28조의2 제2항에 따라 중소벤처기업부장관으로부터 입찰참가자격제한의 요청이 있는 자(2023.3.28 본호개정)
7. 입찰·낙찰 또는 계약의 체결·이행과 관련하여 관계 공무원 또는 다음 각 목의 어느 하나에 해당하는 사람에게 금품 또는 그 밖의 재산상 이익을 제공한 자
가. 제7조제1항에 따라 위임·위탁을 받아 계약사무를 처리하는 기관의 계약 관련 업무를 수행하는 자(그 계약사무 처리와 관련하여 위원회 등이 설치된 경우 그 위원회 등의 위원을 포함한다)
나. 제16조제2항에 따른 주민참여감독자
다. (2023.8.16 삭제)
라. 제32조제1항에 따른 계약심의위원회의 위원
마. 제35조에 따른 지방계약심의조정위원회의 위원 (2023.8.16 본목개정)
바. 제42조에 따른 전문기관의 평가담당자
사. 「건설기술 진흥법」에 따른 건설기술심의위원회 및 기술자문위원회의 위원
아. 그 밖에 입찰·낙찰 또는 계약의 체결·이행에 관한 평가를 수행하기 위한 위원회로서 대통령령으로 정하는 위원회의 위원
8. 제33조를 위반하여 계약을 체결한 자
9. 그 밖에 다음 각 목의 어느 하나에 해당하는 자로서 대통령령으로 정하는 자
가. 입찰·계약 관련 서류를 위조 또는 변조하거나 입찰·계약을 방해하는 등 경쟁의 공정한 집행을 저해할 염려가 있는 자
나. 정당한 이유 없이 계약의 체결 또는 이행 관련 행위를 하지 아니하거나 방해하는 등 계약의 적정한 이행을 해칠 염려가 있는 자
다. 그 밖에 다른 법령을 위반하는 등 입찰에 참가시키는 것이 적합하지 아니하다고 인정되는 자
(2018.12.24 본항개정)
② 지방자치단체의 장(지방자치단체의 장이 제7조제1항에 따라 다른 지방자치단체의 장에게 계약사무를 위임하거나 위탁하여 처리하는 경우에는 그 위임 또는 위탁을 받은 지방자치단체의 장을 포함한다)이 제1항에 따라 입찰 참가자격을 제한하려는 경우에는 제32조에 따른 계약심의위원회의 심의를 거쳐야 한다. 다만, 대통령령으로 정하는 사유가 있으면 계약심의위원회의 심의를 거치지 아니할 수 있다.(2013.8.6 본항신설)

③ 중앙행정기관의 장이 제1항에 따라 입찰 참가자격을 제한하는 경우에 필요한 절차는 대통령령으로 정한다. (2013.8.6 본항신설)

④ 제1항부터 제3항까지의 규정에 따라 입찰 참가자격을 제한받은 자는 그 제한기간 동안 각 지방자치단체에서 시행하는 모든 입찰에 대하여 참가자격이 제한된다. 다른 법령에 따라 입찰 참가자격의 제한을 받은 자도 또한 같다.(2013.8.6 본항개정)

⑤ 지방자치단체의 장 또는 계약담당자는 제1항부터 제4항까지의 규정에 따라 입찰참가자격을 제한받은 자와 수의계약을 체결하여서는 아니 된다. 다만, 입찰 참가자격을 제한받은 자 외에는 적합한 시공자, 제조자가 없는 등 부득이한 사유가 있는 경우에는 그러하지 아니하다. (2013.8.6 본항신설)

⑥ 지방자치단체의 장은 제1항에도 불구하고 같은 항 각 호에 해당하는 행위가 종료된 때(같은 항 제5호 및 제6호의 경우에는 공정거래위원회 또는 중소벤처기업부장관으로부터 요청이 있었던 때를 말한다)부터 5년(같은 항 제2호 및 제7호에 해당하는 행위에 대해서는 7년)이 경과한 경우에는 입찰 참가자격을 제한할 수 없다. (2018.12.24 본항신설)

⑦ 지방자치단체의 장은 제1항부터 제3항까지의 규정에 따라 입찰 참가자격을 제한할 경우 그 제한내용을 대통령령으로 정하는 바에 따라 공개하여야 한다.(2018.12.24 본항신설)

제31조의2【과징금】 ① 지방자치단체의 장은 제31조제1항에 따라 부정당업자에 대하여 입찰 참가자격을 제한하여야 하는 경우로서 다음 각 호의 어느 하나에 해당하는 경우에는 부정당업자의 신청에 따라 입찰 참가자격 제한을 갈음하여 다음 각 호의 구분에 따른 금액 이하의 과징금을 부과할 수 있다.

1. 부정당업자의 위반행위가 예견할 수 없음이 명백한 경제여건 변화에 기인하는 등 부정당업자의 책임이 경미한 경우로서 대통령령으로 정하는 경우 : 위반행위와 관련된 계약의 계약금액(계약을 체결하지 아니한 경우에는 대통령령으로 정하는 추정가격을 말한다. 이하 이 항에서 같다)의 100분의 10에 해당하는 금액
2. 입찰 참가자격 제한으로 유효한 경쟁입찰이 명백히 성립되지 아니하는 경우로서 대통령령으로 정하는 경우 : 위반행위와 관련된 계약의 계약금액의 100분의 30에 해당하는 금액

② 시장·군수 또는 구청장(자치구의 구청장을 말한다. 이하 같다) 및 시장·군수 또는 구청장으로부터 계약사무를 위탁받은 중앙행정기관의 장 또는 지방자치단체의 장은 제1항에 따라 과징금을 부과하려면 제32조에 따라 특별시·광역시·도(이하 "시·도"라 한다)에 설치된 계약심의위원회(시장·군수 또는 구청장으로부터 계약사무를 위탁받은 중앙행정기관의 장 또는 지방자치단체의 장의 경우에는 위탁한 시·군·구를 관할하는 시·도의 계약심의위원회를 말한다)의 심의를 거쳐야 한다. 다만, 대통령령으로 정하는 경우에는 그러하지 아니하다.

③ 특별시장·광역시장·특별자치시장·도지사 또는 특별자치도지사(이하 "시·도지사"라 한다)와 시·도지사로부터 계약사무를 위임 또는 위탁받은 중앙행정기관의 장 또는 지방자치단체의 장은 제1항에 따라 과징금 부과를 하려면 제35조에 따른 지방계약심의조정위원회의 심의를 거쳐야 한다. 다만, 대통령령으로 정하는 경우에는 그러하지 아니하다.(2023.8.16 본문개정)

④ 제1항에 따른 과징금의 금액, 부과절차, 과징금 부과 및 징수에 따른 수수료의 지급, 그 밖에 필요한 사항은 대통령령으로 정한다.

⑤ 지방자치단체의 장은 제1항에 따라 과징금을 부과받은 자가 납부기한까지 내지 아니하면 지방세 체납처분의 예에 따라 징수한다.

⑥ 제7조제1항에 따라 계약사무를 위임 또는 위탁받은 중앙행정기관의 장 또는 지방자치단체의 장이 제1항 및 제5항에 따라 부과·징수한 과징금은 위임 또는 위탁을 한 지방자치단체의 수입으로 한다.

(2013.8.6 본조신설)

제31조의3 (2023.8.16 삭제)

제31조의4【하도급대금 직불조건부 입찰참가】 ① 지방자치단체의 장은 계약상대자가 「건설산업기본법」 제34조제1항 또는 「하도급거래 공정화에 관한 법률」 제13조제1항 또는 제3항을 위반한 사실을 확인한 때에는 해당 계약상대자 및 위반행위를 중앙행정기관 및 다른 지방자치단체의 장에게 지체 없이 통보하여야 한다.

② 지방자치단체의 장 또는 계약담당자는 제1항에 따라 통보가 된 계약상대자가 마지막 통보일부터 1년 이내에 입찰공고일이 도래하는 입찰에 참가하고자 하는 경우 해당 계약상대자가 제18조제1항에 따른 대가 지급 시 발주자가 하도급대금을 하수급인에게 직접 지급하는 것에 합의한다는 내용의 확약서를 제출하는 경우에 한정하여 입찰참가를 허용하여야 한다.

(2013.8.6 본조신설)

제31조의5【조세포탈 등을 한 자의 입찰 참가자격 제한】 ① 지방자치단체의 장은 대통령령으로 정하는 조세포탈 등을 한 자로서 유죄판결이 확정된 날부터 2년이 지나지 아니한 자에 대해서는 입찰 참가자격을 제한하여야 한다.

② 제1항에 따라 입찰 참가자격을 제한받은 자와의 수의계약 체결에 관하여는 제31조제5항을 준용한다.

③ 지방자치단체의 장 또는 계약담당자는 제1항에 따른 입찰 참가자격 제한 대상인지 여부 등을 확인하기 위하여 국세청, 조달청, 경찰청 등 관계 행정기관의 장에게 대통령령으로 정하는 자료의 제출이나 사실 조회를 요청할 수 있다.

④ 제3항에 따른 요청을 받은 관계 행정기관의 장은 특별한 사유가 없으면 그 요청에 따라야 한다.

(2018.12.24 본조신설)

제32조【계약심의위원회의 설치·운영】 ① 지방자치단체의 장은 다음 각 호의 어느 하나에 해당하는 사항의 적절성과 적법성을 심의하기 위하여 계약심의위원회를 설치·운영한다.

1. 대통령령으로 정하는 규모 이상의 계약과 관련된 다음 각 목의 사항
   가. 입찰에서 입찰참가자의 자격 제한에 관한 사항
   나. 계약체결 방법에 관한 사항
   다. 낙찰자 결정방법에 관한 사항
   라. 관련 업체가 제9조의2에 따른 구매규격 사전공개와 관련하여 이의제기한 사항(2016.5.29 본목신설)
2. 부정당업자의 입찰 참가자격 제한에 관한 사항
3. 제31조의2제1항에 따라 시장·군수 또는 구청장 및 시장·군수 또는 구청장으로부터 계약사무를 위탁받은 중앙행정기관의 장 또는 지방자치단체의 장이 부과하려는 과징금에 관한 사항
4. 그 밖에 지방자치단체의 장이 심의가 필요하다고 인정하는 사항

(2013.8.6 본항개정)

② 제1항에 따른 계약심의위원회는 그 심의 결과를 지방자치단체의 장(제1항제3호의 경우 그 심의를 요청한 중앙행정기관의 장 또는 지방자치단체의 장을 말한다. 이하 이 항에서 같다)에게 지체 없이 통지하여야 하며, 지방자치단체의 장은 특별한 사유가 없으면 그 심의 결과를 입찰 및 계약체결, 부정당업자의 입찰 참가자격 제한, 과징금 부과 등에 반영하여야 한다.(2013.8.6 본항개정)

③ 계약심의위원회의 구성·운영과 그 밖에 필요한 사항은 대통령령으로 정하는 범위에서 해당 지방자치단체의 조례로 정한다.

(2009.2.6 본조개정)

제33조【입찰 및 계약체결의 제한】 ① 지방자치단체의 장 또는 지방의회의원은 그 지방자치단체와 영리를 목적으로 하는 계약을 체결할 수 없다.

② 다음 각 호의 어느 하나에 해당하는 자가 사업자(법인의 경우 대표자를 말한다)인 경우에는 그 지방자치단체와 영리를 목적으로 하는 수의계약을 체결할 수 없다.

1. 지방자치단체의 장의 배우자
2. 지방자치단체의 지방의회의원의 배우자
3. 지방자치단체의 장 또는 그 배우자의 직계 존속·비속
4. 지방자치단체의 지방의회의원 또는 그 배우자의 직계 존속·비속
5. 지방자치단체의 장 또는 지방의회의원과 다음 각 목의 관계에 있는 사업자(법인을 포함한다. 이하 같다)
   가. 「독점규제 및 공정거래에 관한 법률」 제2조제12호에 따른 계열회사(2020.12.29 본목개정)
   나. 「공직자윤리법」 제4조제1항에 따른 등록대상으로서 소유 명의와 관계없이 지방자치단체의 장 또는 지방의회 의원이 사실상 소유하는 재산이 자본금 총액의 100분의 50 이상인 사업자
6. 지방자치단체의 장과 제1호·제3호·제5호에 해당하는 자가 소유하는 자본금 합산금액이 자본금 총액의 100분의 50 이상인 사업자
7. 지방자치단체의 지방의회의원과 제2호·제4호·제5호에 해당하는 자가 소유하는 자본금 합산금액이 자본금 총액의 100분의 50 이상인 사업자

③ 제1항과 제2항에 따른 입찰참가 및 계약체결의 금지 등에 필요한 사항은 대통령령으로 정한다.

(2009.2.6 본조개정)

제33조의2【자료 제출 요구 등】 ① 지방자치단체의 장 또는 계약담당자는 제33조제2항에 따라 수의계약을 체결할 수 없는 자의 여부를 확인하기 위하여 관계 행정기관 등(지방의회를 포함한다)에 대통령령으로 정하는 자료의 제출이나 사실 조회를 요구하여야 한다.(2018.12.24 본항개정)

② 제1항에 따라 자료의 제출이나 사실 조회를 요구받은 관계 행정기관 등은 특별한 사유가 없으면 자료를 제출하거나 조회 결과를 통보하여야 한다.

(2013.8.6 본조신설)

제34조【이의신청】 ① 국제입찰에 의한 지방자치단체 계약 또는 대통령령으로 정하는 규모 이상의 입찰에 의한 계약과정에서 다음 각 호의 어느 하나에 해당하는 사항으로 인하여 불이익을 받은 자는 해당 지방자치단체의 장에게 그 행위의 취소 또는 시정을 위한 이의신청을 제기할 수 있다.

1. 제5조제1항의 국제입찰에 의한 지방자치단체 계약의 범위와 관련된 사항
2. 제6조제3항에 따른 부당한 특약등과 관련된 사항 (2023.4.11 본호신설)
3. 제9조에 따른 입찰 참가자격과 관련된 사항
4. 제10조에 따른 입찰공고와 관련된 사항
5. 제13조제2항에 따른 낙찰자 결정과 관련된 사항
6. 그 밖에 대통령령으로 정하는 사항

② 이의신청은 제1항 각 호의 어느 하나에 해당하는 사항으로 인하여 불이익을 받은 날부터 20일 이내 또는 그 불이익을 받았음을 안 날부터 15일 이내에 해당 지방자치단체의 장에게 하여야 한다.(2023.4.11 본항개정)

③ 해당 지방자치단체의 장은 이의신청을 받은 날부터 15일 이내에 이를 심사하여 시정 등 필요한 조치를 하고 지체 없이 그 결과를 신청인에게 통지하여야 한다. (2023.4.11 본항개정)

④ 제3항에 따른 조치에 대하여 이의가 있는 자는 그 통지를 받은 날부터 20일 이내에 제35조에 따른 지방계약심의조정위원회에 조정을 위한 재심을 청구할 수 있다. (2023.8.16 본항개정)

(2009.2.6 본조개정)

제34조의2【분쟁해결방법의 합의】 ① 지방자치단체의 장 또는 계약담당자는 지방자치단체를 당사자로 하는 계약에서 발생하는 분쟁을 효율적으로 해결하기 위하여 계약을 체결하는 때에 계약당사자 간 분쟁의 해결방법을 정할 수 있다.

② 제1항에 따른 분쟁의 해결방법은 다음 각 호의 어느 하나 중 계약당사자 간 합의로 정한다.

1. 제35조에 따른 지방계약심의조정위원회의 조정 (2023.8.16 본호개정)
2. 「중재법」에 따른 중재

③ 제2항제1호에 따른 조정을 당사자 간 분쟁의 해결방법으로 정한 계약당사자는 제35조에 따른 지방계약심의조정위원회에 분쟁의 조정을 신청할 수 있다.(2023.8.16 본항개정)

(2018.12.24 본조신설)

제35조【지방계약심의조정위원회의 설치】 지방자치단체를 당사자로 하는 계약과 관련된 다음 각 호의 심의·심사·조정을 위하여 행정안전부에 지방계약심의조정위원회(이하 "위원회"라 한다)를 둔다.

1. 제31조의2제1항 및 제3항에 따른 과징금의 부과 여부와 부과 금액의 적정성에 대한 심의
2. 제34조제4항에 따른 재심청구(이하 "재심청구"라 한다)에 대한 심사
3. 제34조의2제3항에 따른 조정신청(이하 "조정신청"이라 한다)에 대한 분쟁 조정

(2023.8.16 본조개정)

제35조의2【위원회의 구성 및 운영】 ① 위원회는 위원장을 포함하여 25명 이내의 위원으로 구성한다. (2023.8.16 본항개정)

② 위원회의 위원장은 행정안전부장관이 지명하는 고위공무원단에 속하는 공무원이 되고, 위원은 행정안전부장관이 정하는 관계 중앙행정기관과 지방자치단체의 소속 공무원 중에서 해당 기관의 장이 지명하는 사람과 다음 각 호의 어느 하나에 해당하는 사람 중 행정안전부장관이 위촉하는 사람이 된다.(2017.7.26 본문개정)

1. 「고등교육법」 제2조제1호부터 제6호까지의 규정에 따른 학교에서 법학·행정학·경영학·경제학·재정학·무역학·회계학 분야에서 부교수 이상 또는 이에 상당하는 직위에 재직한 경력이 있는 사람(2023.8.16 본호개정)
2. 변호사 자격을 가지고 법률업무에 5년 이상 종사한 경력이 있는 사람(2023.8.16 본호개정)
3. 회계 및 조달계약업무에 관한 학식과 경험이 풍부한 사람

③ 제2항 각 호의 위촉위원의 임기는 2년으로 하되 연임할 수 있으며, 보궐위원의 임기는 전임자의 남은 기간으로 한다.

④ 제2항 각 호의 위촉위원은 금고 이상의 형의 선고를 받거나 장기간의 심신쇠약으로 직무를 수행할 수 없게 된 때를 제외하고는 임기 중 그의 의사에 반하여 위촉이 해제되지 아니한다.

⑤ 위원회의 위원은 그 위원과 직접 이해관계가 있는 안건의 심의·심사·조정에 참여할 수 없다.(2023.8.16 본항개정)

⑥ 위원회는 위원회를 효율적으로 운영하기 위하여 필요한 경우 분과위원회를 둘 수 있다. 이 경우 분과위원회의 의결은 위원회의 의결로 본다.(2023.8.16 본항신설)

⑦ 제1항부터 제6항까지에서 규정한 사항 외에 위원회 또는 분과위원회의 구성·운영 및 심의·심사·조정 절차와 그 밖에 필요한 사항은 대통령령으로 정한다. (2023.8.16 본항개정)

(2016.5.29 본조신설)

제36조【계약절차 등의 중지】 ① 위원회는 심사·조정에 착수하는 경우 청구인 및 해당 지방자치단체의 장에게 그 사실을 통지하여야 한다.

② 위원회는 당사자의 신청 또는 위원회의 직권에 의하여 필요하다고 인정되면 조정이 끝날 때까지 그 입찰절차를 연기하거나 계약체결 및 이행을 중지할 것을 명할 수 있다. 이 경우 해당 지방자치단체의 장의 의견을 고려하여야 한다.

(2009.2.6 본조개정)

제37조【심사·조정】 ① 위원회는 특별한 사유가 없으면 재심청구·조정신청을 받은 날부터 50일 이내에 심사·조정하여야 한다.(2018.12.24 본항개정)

② 위원회는 제1항에 따른 심사·조정을 한 경우에는 지체 없이 그 결과를 청구인과 해당 지방자치단체의 장에게 통지하여야 한다.

③ 제1항에 따른 조정은 청구인과 해당 지방자치단체의 장이 제2항에 따른 통지를 받은 날부터 15일 이내에 위원회에 이의를 제기하지 아니한 경우에는 재판상 화해(和解)와 같은 효력을 갖는다.(2013.8.6 본항개정)
(2009.2.6 본조개정)

제38조【벌칙 적용에서 공무원 의제】 다음 각 호의 어느 하나에 해당하는 사람은 공무원이 아니더라도 해당 업무에 관하여 「형법」이나 그 밖의 법률에 따른 벌칙을 적용할 때에는 공무원으로 본다.
1. 제7조제1항에 따라 위임·위탁을 받아 계약사무를 처리하는 기관의 계약 관련 업무를 수행하는 자(그 계약사무 처리와 관련하여 위원회 등이 설치된 경우 그 위원회 등의 위원을 포함한다)
2. 제16조제2항에 따른 주민참여감독자
3. 제31조제1항제7호아목에 따른 위원(2023.8.16 본호개정)
4. (2023.8.16 삭제)
5. 제32조제1항에 따른 계약심의위원회의 위원
6. 제35조에 따른 지방계약심의조정위원회의 위원
(2023.8.16 본호개정)
7. 제42조에 따른 전문기관의 평가담당자
(2018.12.24 본조개정)

제39조【지방계약담당공무원의 교육 등】 ① 행정안전부장관은 지방계약담당공무원의 자질을 높이기 위하여 필요한 교육을 실시할 수 있다.
② 지방자치단체의 장 또는 계약담당자는 제7조제1항에 따른 전문기관 중에서 계약 및 회계에 관한 전문인력 보유 현황과 업무의 전문성 등을 고려하여 행정안전부장관이 지정하는 기관에 계약사무의 처리에 관하여 자문을 하거나 계약사무와 관련된 정보의 제공을 요청할 수 있다.
③ 행정안전부장관은 제1항에 따른 교육을 제2항에 따라 지정된 전문기관에 위탁하여 실시할 수 있다.
④ 행정안전부장관은 제2항에 따라 지정된 전문기관이 다음 각 호의 어느 하나에 해당하는 경우에는 그 지정을 취소하거나 6개월 이내의 기간을 정하여 업무의 정지를 명할 수 있다. 다만, 제1호에 해당하는 경우에는 그 지정을 취소하여야 한다.
1. 거짓이나 그 밖의 부정한 방법으로 지정을 받은 경우
2. 제2항에 따른 지정 기준에 맞지 아니하게 된 경우
3. 이 법이나 다른 법령을 위반하여 전문기관으로서의 업무를 수행하는 것이 적당하지 아니하다고 인정되는 경우
(2018.12.24 본항신설)
⑤ 행정안전부장관은 제4항에 따라 지정을 취소하거나 업무정지를 명하려면 청문을 하여야 한다.(2018.12.24 본항신설)
⑥ 제2항에 따른 지정 기준, 제4항에 따른 지정 취소 및 업무정지 처분의 세부 기준과 절차 등에 필요한 사항은 대통령령으로 정한다.(2018.12.24 본항신설)
(2017.7.26 본조개정)

제40조【계약실적보고서의 제출】 지방자치단체의 장은 대통령령으로 정하는 바에 따라 계약실적보고서를 행정안전부장관에게 제출하여야 한다.(2017.7.26 본조개정)

제41조【계약에 관한 법령에 대한 협의】 중앙행정기관의 장은 지방자치단체의 계약에 관한 법령을 입안(立案)할 때에는 행정안전부장관과 미리 협의하여야 한다.
(2017.7.26 본조개정)

제42조【평가】 ① 지방자치단체의 장은 지방자치단체에서 체결하는 계약 중 다음 각 호에 해당하는 경우에는 시공과정·시공품질 등에 대하여 평가를 실시하거나 전문기관에 평가를 의뢰할 수 있다.
1. 대통령령으로 정하는 규모 이상의 물품 및 용역 제공
2. 대통령령으로 정하는 규모 이상의 공사. 다만, 「건설기술 진흥법」 제50조에 따른 시공평가를 실시하는 경우를 제외한다.(2013.5.22 단서개정)
② 제1항에 따른 평가는 계약의 이행이 완료된 이후에 실시하는 것을 원칙으로 한다. 다만, 대통령령으로 정하는 경우에는 그러하지 아니하다.
③ 지방자치단체의 장 또는 계약담당자는 다음 각 호의 어느 하나에 해당하는 행위를 할 때에는 제1항에 따른 평가결과와 「건설기술 진흥법」 제50조에 따른 시공평가 결과를 반영할 수 있다.(2013.5.22 본문개정)
1. 제9조제2항에 따른 입찰 참가자격의 사전심사
2. 제9조제3항에 따른 입찰참가자의 지명과 수의계약상대자의 선정
3. 제13조에 따른 낙찰자의 결정
④ 제1항에 따른 평가기준·평가방법과 그 밖에 필요한 사항은 대통령령으로 정한다.
(2009.2.6 본조신설)

제43조【계약과정의 공개】 ① 지방자치단체의 장 또는 계약담당자는 발주계획, 입찰, 계약, 설계변경 및 그로 인한 계약금액의 조정, 감독, 검사, 대가의 지급 등 입찰, 계약, 계약의 이행과 관련되는 사항 중 대통령령으로 정하는 사항을 공개하여야 한다.
② 제1항에 따른 공개의 절차, 기간, 방법, 그 밖에 공개에 필요한 사항은 대통령령으로 정한다.
(2013.8.6 본조신설)

부 칙 (2018.12.24)

제1조【시행일】 이 법은 공포 후 6개월이 경과한 날부터 시행한다. 다만, 제31조제6항의 개정규정은 공포한 날부터 시행한다.

제2조【부정당업자의 입찰 참가자격 제한에 관한 적용례】 제31조제1항제7호다목·바목 및 사목의 개정규정은 이 법 시행 후 같은 개정규정에 따른 입찰 참가자격 제한 사유가 발생한 경우부터 적용한다.

부 칙 (2020.10.20 법17523호)

이 법은 공포한 날부터 시행한다.

부 칙 (2020.10.20 법17555호)

제1조【시행일】 이 법은 공포 후 6개월이 경과한 날부터 시행한다.(이하 생략)

부 칙 (2020.12.29)
(2021.1.12)

제1조【시행일】 이 법은 공포 후 1년이 경과한 날부터 시행한다.(이하 생략)

부 칙 (2023.3.28)

제1조【시행일】 이 법은 공포 후 6개월이 경과한 날부터 시행한다.(이하 생략)

부 칙 (2023.4.11)

제1조【시행일】 이 법은 공포 후 3개월이 경과한 날부터 시행한다.

제2조【계약의 원칙에 관한 적용례】 제6조제3항의 개정규정은 이 법 시행 이후 계약을 체결하는 경우부터 적용한다.

제3조【낙찰자 결정에 관한 적용례】 제13조제4항의 개정규정은 이 법 시행 이후 공고 또는 통지하는 입찰부터 적용한다.

제4조【이의신청에 관한 적용례】 제34조의 개정규정은 이 법 시행 당시 종전의 규정에 따른 이의신청 기간이 경과하지 아니한 경우에도 적용한다.

부 칙 (2023.8.16)

제1조【시행일】 이 법은 공포 후 6개월이 경과한 날부터 시행한다.

제2조 및 **제3조** 생략

제4조【「지방자치단체를 당사자로 하는 계약에 관한 법률」의 개정에 따른 경과조치】 ① 이 법 시행 전에 종전의 「지방자치단체를 당사자로 하는 계약에 관한 법률」 제31조의3제1항에 따라 설치된 과징금부과심의위원회에 심의 요청되거나 같은 법 제35조제1항에 따라 설치된 지방자치단체 계약분쟁조정위원회에 재심청구 또는 조정신청된 사항은 같은 법 제35조의 개정규정에 따른 지방계약심의조정위원회에 심의 요청되거나 재심청구 또는 조정신청된 것으로 본다.
② 이 법 시행 당시 종전의 「지방자치단체를 당사자로 하는 계약에 관한 법률」 제31조의3제1항 및 제35조제1항에 따라 설치된 과징금부과심의위원회 또는 지방자치단체 계약분쟁조정위원회의 위촉위원은 같은 법 제35조의 개정규정에 따른 지방계약심의조정위원회의 위촉위원으로 본다. 이 경우 해당 위원의 임기는 종전 임기의 남은 기간으로 한다.
③ 이 법 시행 전에 종전의 「지방자치단체를 당사자로 하는 계약에 관한 법률」 제31조의3제1항 및 제35조제1항에 따라 설치된 과징금부과심의위원회 또는 지방자치단체 계약분쟁조정위원회의 위원에게 금품 또는 그 밖의 재산상 이득을 제공한 자에 대한 입찰 참가자격 제한에 관하여는 같은 법 제31조제7호다목 및 마목의 개정규정에도 불구하고 종전의 규정에 따른다.
④ 이 법 시행 전의 행위에 대하여 벌칙을 적용할 때 종전의 「지방자치단체를 당사자로 하는 계약에 관한 법률」 제31조의3제1항 및 제35조제1항에 따라 설치된 과징금부과심의위원회 및 지방자치단체 계약분쟁조정위원회 위원 중 공무원이 아닌 사람의 공무원 의제에 관하여는 같은 법 제38조제4호 및 제6호의 개정규정에도 불구하고 종전의 규정에 따른다.

제5조부터 **제7조**까지 생략

부 칙 (2023.9.14)

제1조【시행일】 이 법은 공포 후 3개월이 경과한 날부터 시행한다.

제2조【낙찰자 결정에 관한 적용례】 제13조제2항의 개정규정은 이 법 시행 이후 낙찰자를 결정하는 경우부터 적용한다.

제3조【회계연도 시작 전 또는 예산배정 전의 계약체결에 관한 적용례】 제23조의 개정규정은 이 법 시행 이후 계약을 체결하는 경우부터 적용한다.

(舊 : 지역특화발전특구에 대한 규제특례법)

규제자유특구 및 지역특화발전특구에 관한 규제특례법

(약칭 : 지역특구법)

(2018년 10월 16일 전부개정법률 제15852호)

개정
2018.12.31법16175호
2020. 2.11법16985호(식품산업진흥법)
2020.12.22법17689호(국가자치경찰)
2020.12.29법17761호(주류면허등에관한법)
2020.12.29법17799호(독점)
2021. 4.20법18102호
2022. 1. 4법18704호
2022. 1.11법18750호(수도법)
2022.12.27법19117호(산림자원조성관리)
2023. 3.21법19251호(자연유산의보존및활용에관한법)
2023. 4.18법19379호(도로법)
2023. 6. 9법19430호(지방자치분권및지역균형발전에관한특별법)
2023. 8. 8법19590호(문화유산)
2023.10.31법19820호
2024. 2. 6법20236호→2024년 8월 7일 시행

제1장 총 칙

제1조【목적】 이 법은 지역특구의 지정 및 운영을 통하여 지역특성에 맞게 선택적으로 규제특례등을 적용함으로써 지역의 자립적이고 지속적인 성장기반을 구축하여 지역균형발전과 지역의 혁신적이고 전략적인 성장에 기여하는 것을 목적으로 한다.(2023.6.9 본조개정)

제2조【정의】 이 법에서 사용하는 용어의 뜻은 다음과 같다.
1. "지역특구"란 제11조에 따라 지정·고시된 지역특화발전특구와 제75조에 따라 지정·고시된 규제자유특구를 말한다.
2. "지역특화발전특구"란 지역의 특화발전을 위하여 설정된 구역으로서 제11조에 따라 지정·고시된 지역을 말한다.
3. "규제특례"란 규제(「행정규제기본법」 제2조제1항제1호에 따른 행정규제를 말한다. 이하 같다)의 완화, 규제의 일부 또는 전부에 대한 적용을 제외하거나 규제권한을 이양하는 것으로서 제2장제2절 및 제3장제3절에 규정된 사항을 말한다.
4. "규제특례등"이란 규제특례와 제3장제2절에 규정된 사항을 말한다.
5. "지역특화발전특구계획"이란 지역특화발전특구의 지정·운영 및 특화사업 등에 관한 기본계획을 말한다.
6. "특화특구토지이용계획"이란 특화사업에 사용되는 토지를 효율적으로 이용하기 위하여 수립하는 계획을 말한다.
7. "특화사업"이란 지역특화발전특구계획에 따라 지역의 특성과 여건을 활용하여 추진하는 사업을 말한다.
8. "특화사업자"란 지역특화발전특구에서 지역특화발전특구계획에 따라 특화사업을 하는 자로서 지방자치단체와 제14조제1항에 따라 지정된 자를 말한다.
9. "신기술"이란 국내외에서 최초로 개발된 기술 또는 기존 기술을 혁신적으로 개선·개량한 우수한 기술로 지역의 혁신성장 촉진에 기여하는 기술을 말한다.
10. "혁신성장자원"이란 지역의 혁신성장을 뒷받침할 수 있는 산업 및 기업지원 인프라, 다른 지역에 비하여 비교우위에 있는 지역의 사회적·경제적 여건 및 천연자원 등 인적·물적·사회제도적 자원을 말한다.
11. "규제자유특구계획"이란 규제자유특구의 명칭·위치·면적, 육성하고자 하는 지역혁신성장사업 또는 지역전략산업, 규제특례등이 적용되는 공간적 범위 등이 포함된 규제자유특구의 기본계획을 말한다.
12. "지역혁신성장사업 또는 지역전략산업"이란 다음 각 목의 사업 또는 산업(이하 "혁신사업 또는 전략산업"이라 한다)을 말한다.
가. 지역혁신성장사업 : 지역의 혁신성장자원, 신기술을 활용하여 지역의 혁신성장을 촉진하는 사업으로서 제75조제3항에 따라 중소벤처기업부장관이 승인한 규제자유특구계획에 따라 추진하는 사업
(2024.2.6 본목개정)
나. 지역전략산업 : 지역별 특성에 맞는 지역발전을 위하여 육성하는 산업으로서 제75조제3항에 따라 중소벤처기업부장관이 승인한 규제자유특구계획에 포함된 산업(2024.2.6 본목개정)
13. "규제자유특구(규제프리존)"란 다음 각 목의 어느 하나에 해당하는 지방자치단체(이하 "비수도권 시·도등"이라 한다)에서 혁신사업 또는 전략산업을 육성하기 위하여 규제특례등이 적용되는 구역으로서 제75조제3항 및 제4항에 따라 중소벤처기업부장관이 지정·고시한 구역(이하 "규제자유특구"라 한다)을 말한다.(2024.2.6 본문개정)
가. 「수도권정비계획법」 제2조제1호에 따른 수도권(이하 "수도권"이라 한다)을 제외한 광역시·특별자치시 및 도·특별자치도
나. 수도권을 제외한 시(「제주특별자치도 설치 및 국제자유도시 조성을 위한 특별법」에 따른 행정시를 포함한다)·군·구(자치구를 말한다. 이하 같다)

다.「지방자치법」 제199조에 따른 특별지방자치단체(특별지방자치단체를 구성하는 지방자치단체에 수도권이 포함된 경우는 제외한다)
(2024.2.6 가목~다목신설)
14. "규제자유특구토지이용계획"이란 지역혁신성장사업 또는 지역전략산업 및 지역전략산업과 관련된 대통령령으로 정하는 사업(이하 "지역전략산업등"이라 한다)에 사용되는 토지를 효율적으로 이용하기 위하여 수립하는 계획을 말한다.
15. "규제자유특구사업자"란 규제자유특구에서 규제자유특구계획에 따라 지역혁신성장사업 또는 지역전략산업등(이하 "혁신사업 또는 전략산업등"이라 한다)을 하는 자로서 제72조제1항 각 호에 해당하는 자와 규제자유특구계획에 포함된 자를 말한다.(2024.2.6 본호개정)
16. "실증을 위한 특례"란 혁신사업 또는 전략산업등이 다른 법령의 규정에 의하여 각종 허가·승인·인증·검증·인가 등(이하 "허가등"이라 한다)을 신청하는 것이 불가능하거나 허가등의 근거가 되는 법령에 기준·규격·요건 등이 없거나 법령에 따른 기준·규격·요건 등을 적용하는 것이 맞지 아니하여 사업시행이 어려운 경우 신기술을 활용한 새로운 제품 또는 서비스에 대한 시험·검증 등을 할 수 있도록 규제의 전부 또는 일부(대통령령으로 정하는 바에 따라 규제에 해당하는지 여부가 명확하지 아니한 경우를 포함한다)를 적용하지 않는 것을 말한다.(2021.4.20 본호개정)
17. "임시허가"란 혁신사업 또는 전략산업등에 대한 허가등의 근거가 되는 법령에 기준·규격·요건 등이 없거나 법령에 따른 기준·규격·요건 등을 적용하는 것이 맞지 아니한 경우로서 안전성 측면에서 검증된 경우 일정한 기간 동안 임시로 허가등을 하는 것을 말한다.

제3조【다른 법률과의 관계】 ① 이 법은 지역특화발전특구 및 규제자유특구에 규제특례등을 적용할 때 다른 법률에 우선하여 적용한다. 다만, 다른 법률에 이 법의 규제특례등보다 완화된 규정이 있으면 그 법률에서 정하는 바에 따른다.
② 이 법에 따라 규제특례등을 적용받는 사항은 이 법에서 정한 것을 제외하고는 규제의 근거법률(해당 사항에 관하여 규제특례등이 인정되지 아니하는 경우에 적용되는 법률을 말한다. 이하 같다)을 적용한다.
③ 지역특화발전특구 및 규제자유특구에서의 특화사업 및 혁신사업 또는 전략산업등에 대하여 이 법의 규제특례등을 변경하는 등의 내용으로 다른 법률을 제정·개정하는 경우에는 이 법의 목적과 제4조 각 항의 원칙에 맞도록 하여야 한다.

제4조【우선허용·사후규제 원칙 등】 ① 국가와 지방자치단체는 국가발전 및 지역경제 활성화를 위하여 혁신사업 또는 전략산업등을 허용하는 것을 원칙으로 한다. 다만, 신기술을 활용하는 사업이 국민의 생명·안전에 위해가 되거나 환경을 현저히 저해하는 경우에는 이를 제한할 수 있다.
② 국가와 지방자치단체는 혁신사업 또는 전략산업등과 관련한 소관 법령 및 제도를 제1항의 원칙에 부합하게 정비하는 방안을 강구하여야 한다.

제2장 지역특화발전특구

제1절 지역특화발전특구의 지정 및 운영 등

제5조【지역특화발전특구의 지정신청】 ① 시장(「제주특별자치도 설치 및 국제자유도시 조성을 위한 특별법」에 따른 행정시장을 포함하고 「세종특별자치시 설치 등에 관한 특별법」에 따른 세종특별자치시장도 해당하는 것으로 본다. 이하 제2장에서 같다)·군수·구청장(자치구의 구청장을 말한다. 이하 같다)은 특화사업을 추진하려면 제9조에 따른 지역특화발전특구계획(이하 "특화특구계획"이라 한다)을 작성하여 중소벤처기업부장관에게 지역특화발전특구(이하 "특화특구"라 한다) 지정을 신청하여야 한다.(2024.2.6 본항개정)
② 제1항에도 불구하고 시(「제주특별자치도 설치 및 국제자유도시 조성을 위한 특별법」에 따른 행정시를 포함하고 「세종특별자치시 설치 등에 관한 특별법」에 따른 세종특별자치시도 해당하는 것으로 본다. 이하 제2장에서 같다)·군·구와 다른 지방자치단체가 공동으로 특화사업을 추진하려면 시장·군수·구청장과 다른 지방자치단체의 장이 공동으로 특화특구계획을 작성하여 특화특구지정을 신청하여야 한다.(2024.2.6 본항개정)
③ 시장·군수·구청장은 제1항 또는 제2항에 따라 특화특구지정을 신청한 경우 그 특화특구계획을 관할 특별시장, 광역시장, 도지사 또는 특별자치도지사(이하 "시·도지사"라 한다)에게 알려야 한다.
④ 제3항에 따라 통보를 받은 시·도지사는 그 특화특구계획에 관한 의견을 중소벤처기업부장관 또는 제12조에 따른 지역특화발전특구위원회에 제출할 수 있다.

제6조【특화특구계획의 제안】 ① 민간기업·법인·단체 또는 개인(이하 "민간기업등"이라 한다)은 특화특구계획을 해당 특화특구지역을 관할하는 시장·군수·구청장에게 제안할 수 있다.
② 민간기업등이 제안하는 특화특구계획에는 제9조제1항 각 호의 사항이 포함되어야 한다. 이 경우 특화특구계획의 제안자는 제8조제1항에 따른 특화사업자의 지정을 신청한 것으로 본다.
③ 제1항에 따라 특화특구계획을 제안받은 소관 시장·군수·구청장은 다음 각 호의 사항을 고려하여 특화특구 지정의 필요성이 인정될 경우에는 대통령령으로 정하는 바에 따라 특화특구계획에 반영하여 중소벤처기업부장관에게 특화특구지정을 신청하여야 한다.
1. 특화사업 추진으로 인한 난개발 또는 환경오염 등 부작용의 발생 가능성
2. 특화사업 추진으로 인한 주민 간 갈등의 발생 가능성
3. 재원확보계획
4. 그 밖에 지역특성이나 지역특화발전특구제도의 운영취지

제7조【주민 등의 의견청취】 ① 지방자치단체의 장은 특화특구의 지정을 신청하려면 대통령령으로 정하는 바에 따라 미리 특화특구계획을 작성하여 20일 이상 공고하고, 공청회를 열어 주민·기업·관계전문가 등으로부터 의견을 들어야 한다.
② 지방자치단체의 장은 특화특구의 지정을 신청하려면 특화특구계획에 대하여 지방의회의 의견을 들어야 한다.

제8조【특화사업자의 지정신청】 ① 제7조제1항에 따라 공고된 특화특구계획에 따른 특화사업을 하려는 자는 특화특구의 지정을 신청하는 지방자치단체〔제5조제2항에 따라 특별시·광역시·특별자치시·도·특별자치도(이하 "시·도"라 한다)와 그 관할 구역의 시·군·구가 공동으로 신청하는 경우에는 시·군·구를 말하며, 그 밖에 공동으로 신청하는 경우에는 관할 지방자치단체를 말한다. 이하 "신청지방자치단체"라 한다〕의 장에게 특화사업자의 지정을 신청하여야 한다.
② 신청지방자치단체의 장은 제1항에 따라 특화사업자의 지정을 신청받으면 30일 이내에 신청자를 특화사업자로 특화특구계획에 포함시킬 것인지를 결정하여 통보하여야 한다.
③ 제1항 및 제2항에서 규정한 사항 외에 특화사업자의 지정신청 방법 및 그 결정·통보절차 등에 필요한 사항은 중소벤처기업부령으로 정한다.

제9조【지역특화발전특구계획】 ① 특화특구계획에는 다음 각 호의 사항이 포함되어야 한다.
1. 특화특구의 명칭·위치·면적 및 대외적 표시방법
2. 특화특구지정의 필요성
3. 특화사업 및 특화사업자
4. 특화특구토지이용계획(제64조제1항·제3항 및 제65조제1항에 따른 토지이용에 관한 규제특례의 전부 또는 일부를 적용받거나 승인받은 특화특구토지이용계획을 변경하여 적용받으려는 경우만 해당한다. 이하 같다)
5. 특화특구에서 적용되는 규제특례(제2장제2절의 규제특례를 말한다. 이하 제2장까지 같다) 및 그 필요성과 적용범위 등 규제특례 적용 여부를 결정하는 데 필요한 세부 자료
6. 재원조달방법
7. 특화특구 및 인근지역의 부동산가격 안정방안
8. 제32조제2항, 제44조제5항, 제48조제2항, 제68조제1항·제2항, 제69조제1항, 제70조제1항 및 제71조에 따라 특화특구계획에 포함되어야 하는 사항
9. 특화사업으로 조성될 시설의 회원을 모집하려는 경우에는 그 모집에 관한 계획
10. 그 밖에 특화특구지정에 필요한 사항으로서 대통령령으로 정하는 사항
② 신청지방자치단체의 장은 특화특구의 지정을 신청할 때 특화특구토지이용계획을 제출하기 어려우면 특화특구지정 고시일부터 2년 이내에 특화특구토지이용계획을 중소벤처기업부장관에게 제출하여 승인을 받아야 한다.
③ 제2항에 따른 특화특구토지이용계획의 승인에 관하여는 제11조를 준용한다. 이 경우 "특화특구"는 "특화특구토지이용계획"으로, "지정"은 "승인"으로 본다.

제10조【전략환경영향평가 협의】 ① 중소벤처기업부장관은 제출된 특화특구계획의 내용 중 「환경영향평가법」 제9조에 따른 전략환경영향평가 대상이 되는 개발사업이 포함되어 있으면 제11조제1항에 따른 지정 시 환경부장관과 협의하여야 한다. 환경부장관과 협의를 하였으면 「환경영향평가법」에 따라 전략환경영향평가 협의를 한 것으로 본다.
② 신청지방자치단체의 장이 「환경영향평가법」 제9조에 따른 전략환경영향평가 대상이 되는 개발사업을 포함한 특화특구계획을 제출할 때에는 「환경영향평가법」 제16조에 따른 전략환경영향평가서를 함께 제출하여야 한다.

제11조【특화특구의 지정 등】 ① 중소벤처기업부장관은 관계 행정기관의 장(합의제 행정기관을 포함한다. 이하 같다)과의 협의 및 제12조에 따른 지역특화발전특구위원회의 심의·의결을 거쳐 특화특구를 지정한다.
② 중소벤처기업부장관은 제1항에 따라 특화특구를 지정한 경우 대통령령으로 정하는 바에 따라 그 내용을 관보에 고시하고, 해당 시장·군수·구청장, 관할 시·도지사 및 관계 행정기관의 장에게 지체 없이 통지하여야 한다. 이 경우 지형도면의 고시 등에 관하여는 「토지이용규제 기본법」 제8조에 따른다.
③ 제2항에 따라 통지를 받은 시장·군수·구청장은 그 내용을 14일 이상 주민이 열람할 수 있도록 하여야 한다.
④ 제1항부터 제3항까지에서 규정한 사항 외에 특화특구의 지정에 필요한 사항은 대통령령으로 정한다.

제12조【지역특화발전특구위원회 설치 및 운영】 ① 다음 각 호의 사항을 심의·의결하기 위하여 중소벤처기업부에 지역특화발전특구위원회(이하 "특화특구위원회"라 한다)를 둔다.
1. 특화특구에 관한 기본정책과 제도에 관한 사항
2. 특화특구의 지정·지정해제에 관한 사항
3. 특화특구계획에 관한 사항
4. 규제특례의 적용·변경·취소에 관한 사항
5. 특화특구와 관련하여 중앙행정기관의 장과 지방자치단체의 장 간의 의견 조정에 관한 사항
6. 특화특구운영의 평가에 관한 사항
7. 그 밖에 특화특구의 지정 및 운영에 필요한 사항으로서 대통령령으로 정하는 사항
② 특화특구위원회는 위원장 1명, 부위원장 2명, 당연직위원과 10명 이내의 위촉위원으로 구성한다.
③ 특화특구위원회 위원장은 중소벤처기업부장관이 되고, 특화특구위원회 부위원장은 국토교통부장관이 지명하는 국토교통부차관과 제2항에 따른 위촉위원 중 호선(互選)하는 사람이 된다.
④ 당연직 위원은 규제특례 및 특화특구와 관련된 중앙행정기관의 차관 또는 차관급 공무원과 그 밖에 대통령령으로 정하는 사람이 된다.
⑤ 위촉위원은 특화사업과 지방행정에 관한 지식과 경험이 풍부한 사람 중에서 특화특구위원회 위원장이 위촉한다.
⑥ 제1항 각 호의 사항을 사전에 검토하고, 관계 행정기관의 협조사항을 정리하기 위하여 특화특구위원회에 실무위원회를 둔다.
⑦ 제1항부터 제6항까지에서 규정한 사항 외에 특화특구위원회와 실무위원회의 구성 및 운영에 필요한 사항은 대통령령으로 정한다.

제13조【특화특구위원회의 심의·의결 시 고려사항】 특화특구위원회는 제11조제1항에 따른 심의·의결을 할 때 다음 각 호의 사항을 고려하여야 한다.
1. 특화사업과 지역의 특성·여건의 적합성
2. 신청지방자치단체가 신청하는 규제특례와 특화사업의 연관성
3. 특화사업의 실행을 뒷받침할 수 있는 재원 등의 확보
4. 특화사업에 대한 내국인 및 외국인 투자유치 가능성
5. 국민경제와 지역경제의 활성화에 미치는 효과
6. 「국토의 계획 및 이용에 관한 법률」에 따른 도시·군기본계획에 적합한 정도
7. 지역주민·기업 등의 특화특구 및 특화사업에 대한 의견
8. 그 밖에 특화특구지정 시 고려하여야 할 사항으로서 대통령령으로 정하는 사항

제14조【특화특구지정의 효과】 ① 제11조제1항 및 제2항에 따른 특화특구의 지정 및 고시가 있으면 특화특구계획의 승인을 받은 것으로 보며, 특화사업자의 지정을 신청한 자로서 특화특구계획에 포함된 자는 특화사업자로 지정된 것으로 본다.
② 신청지방자치단체의 장은 민자유치가 필요하다고 인정되면 제1항 및 제8조제1항·제2항에도 불구하고 제11조제1항에 따라 특화특구가 지정된 후에 특화사업자의 지정신청을 받아 제16조제1항에 따라 특화특구계획의 내용 변경을 중소벤처기업부장관에게 신청할 수 있다.
③ 제2장제2절의 규제특례는 특화특구 및 특화사업자에 대하여 특화특구계획 및 제18조에 따른 조례에 정하여진 내용에 따라 적용한다.

제15조【규제특례의 적용에 대한 조사, 지정해제 요청】
① 관계 중앙행정기관의 장은 규제특례의 적용상황 및 이에 따른 성과에 대하여 2년에 1회 이상 조사를 하고 그 결과를 특화특구위원회에 보고하여야 한다.
② 관계 중앙행정기관의 장은 규제특례의 적용상황에 대한 조사기준 등을 특화특구위원회의 심의·의결을 거쳐 확정하고 특화특구로 지정·고시된 지역을 관할하는 시·군·구(이하 "특화특구관할지방자치단체"라 한다)의 장에게 통지하여야 한다.
③ 관계 중앙행정기관의 장은 제1항에 따른 조사를 한 결과 제16조제2항 각 호의 어느 하나(제5호는 제외한다)에 해당한다고 인정하면 중소벤처기업부장관에게 특화특구계획의 변경 또는 특화특구의 지정해제를 요청할 수 있다.
④ 중소벤처기업부장관은 제1항에 따른 조사를 한 결과 해당 규제특례를 적용할 때에 문제점이 없다고 판단되면 규제특례가 적용되는 해당 개별법의 규제를 개선하도록 관계 행정기관에 요청할 수 있다.

제16조【특화특구의 지정해제 등】 ① 특화특구관할지방자치단체의 장은 특화특구의 지정을 해제하거나 승인된 특화특구계획의 내용을 변경하려면 제5조부터 제8조까지를 준용하여 중소벤처기업부장관에게 신청하여야 한다. 다만, 특화특구의 지정을 해제하거나 특화특구계획을 변경할 때에 취소 또는 추가되는 규제특례가 지역주민의 재산권행사 등을 제한하지 아니하거나 제62조부터 제65조까지의 규제특례가 포함되지 아니한 경우 제7조와 제8조에서 정한 절차를 생략할 수 있다.(2022.1.4 단서개정)
② 중소벤처기업부장관은 다음 각 호의 어느 하나에 해당하면 특화특구위원회의 심의·의결을 거쳐 특화특구의 지정을 해제하거나 특화특구계획의 내용을 변경할 수

있다. 다만, 제6호에 해당하는 경우로서 대통령령으로 정하는 경미한 사항을 변경하고자 하는 경우에는 특화특구위원회의 심의·의결을 거치지 아니한다.
1. 특화특구관할지방자치단체가 특화특구를 운영할 때 법령을 위반하거나 특화특구계획과 다르게 운영하는 경우
2. 해당 특화특구 또는 특화사업에 대한 규제특례의 적용이 심각한 부작용을 유발하는 경우
3. 특화특구 지정의 목적을 달성할 수 없는 경우
4. 제62조부터 제65조까지의 토지이용에 관한 규제특례가 특화특구계획의 주된 내용인 경우로서 특화사업자가 제9조제2항에도 불구하고 특화특구지정 고시일부터 2년 이내에 특화특구토지이용계획을 제출하지 아니하여 지정된 특화특구의 목적을 달성할 수 없는 경우
5. 특화특구 지정 목적이 달성된 날부터 1년이 지난 경우
6. 제1항에 따라 특화특구관할지방자치단체의 장이 신청하는 경우
7. 특화사업의 시행기간 또는 특화특구의 지정기간의 종료 이후 1년 이내에 특화특구관할지방자치단체의 장의 계획변경 또는 해제 신청이 없는 경우(2022.1.4 본호신설)
8. 그 밖에 제1호부터 제3호까지에 준하는 경우로서 대통령령으로 정하는 경우
③ 제2항(제5호와 제6호의 경우는 제외한다)에 따라 특화특구 지정이 해제된 지역을 관할하는 시·군·구는 3년의 범위에서 대통령령으로 정하는 기간 내에는 이 법에 따른 특화특구로 지정될 수 없다.
④ 제1항부터 제3항까지에서 규정한 사항 외에 특화특구의 지정해제 절차 등에 필요한 사항은 대통령령으로 정한다.

제17조【특화특구의 지정해제의 효과】 ① 이 법에 따라 제정되는 조례는 제16조제2항에 따라 특화특구의 지정이 해제되거나 특화특구계획의 내용이 변경되어 규제특례의 적용이 중지되면 그 효력을 상실한다.
② 특화특구의 지정이 해제되거나 제16조제2항에 따라 특화특구계획의 내용이 변경되어 관련 특화특구의 지정 내용이 취소되면 이 법에 따라 인정된 규제특례 및 그에 따른 허가·인가·승인 등은 그 효력을 상실한다. 다만, 1년의 범위에서 대통령령으로 정하는 기간 내에 규제의 근거법률에 따라 같은 내용의 허가·인가·승인 등을 받은 경우에는 그러하지 아니하다.
③ 특화특구관할지방자치단체의 장 및 특화사업자는 제2항 본문에 따라 특화특구 또는 특화사업과 관련된 규제특례와 허가·인가·승인 등의 효력이 상실되면 1년의 범위에서 대통령령으로 정하는 기간 내에 규제특례 또는 그 허가·인가·승인 등에 따라 설치한 광고물·시설물 등을 해당 규제의 근거 법령에 적합하게 변경하거나 철거하여야 한다. 다만, 변경 또는 철거하기 매우 곤란하거나 실익이 없는 경우 등 대통령령으로 정하는 경우에는 그러하지 아니하다.

제18조【조례의 제정】 ① 특화특구관할지방자치단체는 이 법 및 대통령령으로 정하는 바에 따라 특화특구의 운영 및 특화사업의 시행에 필요한 사항에 대하여 조례를 제정·개정·폐지할 수 있다.
② 특화특구관할지방자치단체가 제정·개정·폐지하는 조례는 이 법의 목적과 내용 및 제14조에 따라 승인된 특화특구계획과 부합하여야 한다.
③ 특화특구관할지방자치단체가 제1항에 따라 조례를 제정·개정 또는 폐지하는 경우 특화특구관할지방자치단체의 장은 이를 중소벤처기업부장관과 관계 행정기관의 장에게 통보하여야 한다.

제19조【공동특화특구의 특화특구관할지방자치단체의 장】 시·도지사와 시장·군수·구청장이 공동으로 신청하여 특화특구로 지정된 경우에는 시장·군수·구청장을 이 법에 따른 특화특구관할지방자치단체의 장으로 본다. 이 경우 특화특구관할지방자치단체의 장은 특화특구의 운영에 대하여 해당 시·도지사와 협의하여야 한다.

제20조【특화특구에 대한 책무와 지원 등】 ① 정부와 특화특구관할지방자치단체는 특화특구의 발전과 활성화를 위하여 노력하여야 한다.
② 중소벤처기업부장관과 관계 행정기관의 장은 특화특구계획의 작성, 특화특구의 지정 및 운영과 관련하여 필요한 정보제공 등의 지원을 할 수 있다.
③ 특화특구관할지방자치단체의 장은 특화특구의 운영과 규제특례의 적용에 관하여 관계 행정기관의 장에게 필요한 조언을 구할 수 있으며, 관계 행정기관의 장은 이에 성실하게 협조하여야 한다.
④ 중소벤처기업부장관은 관계 행정기관의 장에게 지역에 대한 재정지원정책의 수립과 관련하여 특화특구위원회에서 필요하다고 인정하는 특화사업을 우선적으로 고려할 것을 권고할 수 있다.

제20조의2【지역협의회 설치 및 운영】 ① 특화특구관할지방자치단체의 장 및 관할 시·도지사는 특화특구에 관한 다음 각 호의 사항을 협의하기 위하여 지역협의회를 둘 수 있다.
1. 관할 특화특구의 특화사업 및 규제특례 이행상황 점검
2. 관할 특화특구 간 특화사업 중복 여부
3. 관할 특화특구 간 연계·협업 및 발전 방안
4. 제23조에 따른 특화특구운영의 성과에 관한 보고서의 제출
5. 제25조에 따른 특화특구의 구조고도화계획의 수립
② 제1항에 따른 지역협의회의 구성·운영 등에 필요한 사항은 중소벤처기업부령으로 정한다.
(2022.1.4 본조신설)

제21조【특화특구의 부동산가격 안정】 ① 중소벤처기업부장관과 관계 행정기관의 장 및 특화특구관할지방자치단체의 장은 특화특구 및 인근 지역의 토지·건물 등 부동산의 가격안정을 위하여 필요한 조치를 취하여야 한다.
② 지방자치단체의 장은 특화특구의 신청 또는 지정으로 인하여 부동산투기 또는 부동산가격 급등이 우려되는 지역에 대하여 관계 중앙행정기관의 장 및 시·도지사에게 다음 각 호의 조치를 요청하여야 한다.
1. 「소득세법」 제104조의2제1항에 따른 지정지역의 지정
2. 「주택법」 제63조에 따른 투기과열지구의 지정
3. 「부동산 거래신고 등에 관한 법률」 제10조에 따른 토지거래계약에 관한 허가구역의 지정
4. 그 밖에 부동산가격의 안정을 위하여 필요한 조치

제22조【특화특구의 명칭】 특화특구의 명칭은 특화특구관할지방자치단체의 장이 정하되, "특구"라는 글자를 사용하여야 한다. 이 경우 「관광진흥법」 제70조에 따른 "관광특구", 「연구개발특구의 육성에 관한 특별법」 제4조에 따른 "연구개발특구" 등과 구분되도록 정하여야 한다.

제23조【특화특구 운영의 보고】 ① 특화특구관할지방자치단체의 장은 특화특구운영의 성과에 관한 보고서를 매년 중소벤처기업부장관에게 제출하여야 한다.
② 보고서의 제출시기, 방법 등에 필요한 사항은 중소벤처기업부령으로 정한다.

제24조【특화특구운영의 평가】 ① 중소벤처기업부장관은 제23조제1항에 따른 보고서를 고려하여 특화특구위원회의 심의·의결을 거쳐 특화특구운영의 매년도 성과를 평가한다.
② 중소벤처기업부장관은 제1항에 따른 평가를 제23조제1항에 따른 보고서의 제출시기가 종료된 후 180일 이내에 완료하여야 한다. 다만, 부득이한 사정이 있는 경우에는 60일의 범위에서 그 기간을 연장할 수 있다.
③ 중소벤처기업부장관은 제1항에 따른 평가결과를 공개하여야 한다.
④ 제3항에 따른 평가결과 공개의 방법과 그 밖에 특화특구위원회의 평가에 관하여 필요한 사항은 대통령령으로 정한다.

제25조【특화특구의 구조고도화】 ① 중소벤처기업부장관은 특화특구의 운영성과를 평가한 결과 특화특구의 활성화 및 경쟁력 제고가 필요하다고 인정되면 특화특구관할지방자치단체의 장에게 특화특구의 유형 전환, 경영기법 또는 생산방법의 개선, 산·학·연 간 협업 등 특화특구의 구조고도화를 권고하고 특화특구의 구조고도화계획을 수립하여 제출하게 할 수 있다.
② 중소벤처기업부장관은 제1항에 따라 제출된 특화특구의 구조고도화계획을 추진하는 데 필요한 지원을 할 수 있다.
③ 제1항 및 제2항에서 규정한 사항 외에 특화특구의 구조고도화를 위하여 필요한 사항은 대통령령으로 정한다.

제26조【포상금의 지급】 ① 중소벤처기업부장관은 제24조에 따른 평가의 결과가 우수한 특화특구관할지방자치단체에 대하여 포상금을 지급할 수 있다.
② 제1항에 따른 포상금의 지급기준, 방법 및 절차 등에 필요한 사항은 중소벤처기업부령으로 정한다.

제27조【특화특구에 대한 수요조사 등】 ① 중소벤처기업부장관은 대통령령으로 정하는 바에 따라 규제특례가 필요한 규제 및 특화특구운영에 필요한 사항에 대하여 연 1회 이상 수요조사를 하여야 한다.
② 중소벤처기업부장관과 관계 행정기관의 장은 제1항에 따른 조사결과를 검토하고 필요한 조치를 하여야 한다.
③ 제1항과 제2항에 따른 수요조사 및 조사결과의 검토에 필요한 사항은 대통령령으로 정한다.

제2절 지역특화발전특구에 대한 규제특례

제28조【학교설립에 관한 특례】 ① 교육 관련 특화사업을 하는 특화특구관할지방자치단체는 「초·중등교육법」 제3조에도 불구하고 교육감의 인가를 받아 공립학교(설립주체에 따라 시립학교·군립학교·구립학교로 구분할 수 있다)를 설립하여 운영할 수 있다.
② 제1항에 따라 설립되는 학교에 대하여는 「초·중등교육법」 제4조제1항에도 불구하고 설비·시설 등 설립기준에 관하여 필요한 사항을 시·도의 조례로 정할 수 있다.
③ 제1항에 따라 설립되는 학교에 대하여는 「초·중등교육법」 제19조제4항에도 불구하고 대통령령으로 교원의 정원 및 배치기준을 달리 정할 수 있다.
④ 제1항에 따라 설립되는 학교는 「초·중등교육법」 제2조에 따른 학교로 본다.

제29조【「지방공무원법」과 「교육공무원법」에 관한 특례】 ① 제28조제1항에 따라 설립되는 학교에 근무하는 교원은 「지방공무원법」 제2조제2항제2호에 따른 지방공무원으로 본다.
② 제1항에 따른 교원의 자격·임용·보수·연수·신분보장·징계 및 소청에 관하여는 「교육공무원법」을 준용한다. 다만, 「교육공무원법」 제29조의2제1항·제8항 및 제30조에도 불구하고 교장과 그 밖의 교원은 특화특구관할지방자치단체의 장이 임용한다.

제30조【「초·중등교육법」에 관한 특례】 ① 교육 관련 특화사업을 하는 특화사업자(초·중등교육법령에 따른 학교만 해당한다)는 외국어 전문교육을 위하여 「초·중등교육법」 제21조에도 불구하고 대통령령으로 정하는 자격요건을 갖춘 외국인을 외국어 교원 및 강사로 임용할 수 있다.
② 교육 관련 특화사업을 하는 특화특구에서 「초·중등교육법」 제61조에 따른 특례를 적용받는 학교 또는 교육과정을 운영하려는 학교의 장은 특화특구관할지방자치단체의 장의 추천으로 관할 교육감의 지정을 받아야 한다. 다만, 이 학교는 5년 이내로 지정·운영하되, 교육감이 정하는 바에 따라 연장하여 운영할 수 있다.

제31조【「출입국관리법」에 관한 특례】 ① 「출입국관리법」 제8조 및 제10조에도 불구하고 특화사업을 하거나 특화사업에 종사하는 외국인에 대한 사증(査證) 발급의 절차 및 1회에 줄 수 있는 체류자격별 체류기간 상한을 대통령령으로 달리 정할 수 있다.
② 외국인이 제1항을 적용받아 「출입국관리법」에 따른 사증 발급신청 등을 하려면 대통령령으로 정하는 바에 따라 특화특구관할지방자치단체의 장의 확인을 받아야 한다.

제32조【「군사기지 및 군사시설 보호법」에 관한 특례】 ① 「군사기지 및 군사시설 보호법」 제2조제6호에 따른 군사기지 및 군사시설 보호구역에서 하는 특화사업은 같은 법 제13조에 따라 국방부장관 또는 관할부대장등과 협의한 것으로 본다.
② 제1항에 따른 특례를 적용할 지역의 구체적인 위치와 면적 및 경계, 그 지역에 설치할 수 있는 건축물의 높이, 그 밖에 필요한 세부사항은 특화특구계획에 포함되어야 한다.

제33조【「도로교통법」에 관한 특례】 ① 특화특구관할지방자치단체의 장은 특화사업을 위하여 필요하면 시·도경찰청장 또는 경찰서장에게 차마(車馬) 또는 노면전차의 도로통행 금지 또는 제한 등의 조치를 하여줄 것을 요청할 수 있다.
② 제1항에 따라 조치를 요청받은 시·도경찰청장 또는 경찰서장은 「도로교통법」 제6조에도 불구하고 특별한 사유가 없으면 지체 없이 필요한 조치를 하여야 한다.
(2020.12.22 본조개정)

제34조【「옥외광고물 등의 관리와 옥외광고산업 진흥에 관한 법률」에 관한 특례】 ① 특화특구관할지방자치단체는 「옥외광고물 등의 관리와 옥외광고산업 진흥에 관한 법률」 제3조제3항에도 불구하고 특화사업의 효과적인 광고를 위하여 광고물 등의 종류·모양·크기·색깔·표시 또는 설치방법 및 기간 등 광고물 등의 표시·설치의 허가 또는 신고의 기준에 관하여 필요한 사항을 조례로 정할 수 있다.
② 특화특구관할지방자치단체는 「옥외광고물 등의 관리와 옥외광고산업 진흥에 관한 법률」 제4조에도 불구하고 광고물 등의 표시·설치의 금지 또는 제한에 관하여 필요한 사항을 조례로 정할 수 있다.

제35조【「농어촌정비법」에 관한 특례】 ① 특화특구관할지방자치단체(「농어촌정비법」 제17조에 따른 농업생산기반시설관리자인 경우만 해당한다)는 「농어촌정비법」 제24조제1항에도 불구하고 특화사업을 위하여 필요하면 시·도지사의 승인을 받지 아니하고 농업생산기반시설을 폐지할 수 있다.
② 특화특구관할지방자치단체는 특화사업을 위하여 필요하면 「농어촌정비법」 제61조에도 불구하고 생활환경정비사업 시행계획을 변경할 수 있다.
③ 특화특구관할지방자치단체는 특화사업을 위하여 필요하면 「농어촌정비법」 제81조제2항에도 불구하고 대통령령으로 정하는 범위에서 특화사업으로 하는 농어촌 관광휴양사업의 규모 및 시설기준을 조례로 달리 정할 수 있다.
④ 「농어촌정비법」 제94조제1항에 따라 한계농지등 정비지구로 지정·고시된 지역에서는 같은 법 제92조 각 호의 시설 외에 특화사업을 위하여 필요한 시설을 설치할 수 있다.

제36조【「농지법」에 관한 특례】 ① 농지소유자는 특화사업을 위하여 필요하면 「농지법」 제9조에도 불구하고 농지를 위탁하여 경영할 수 있다.
② 특화사업자는 특화사업을 위하여 필요하면 「농지법」 제23조에도 불구하고 농지를 임대하거나 사용대(使用貸)할 수 있다.
③ 특화사업자는 특화사업을 위하여 필요하면 「농지법」 제32조에도 불구하고 농업진흥구역 및 농업보호구역에 농림축산식품부장관이 정하여 고시하는 시설을 설치할 수 있다.
④ 특화특구관할지방자치단체는 특화사업을 위하여 필요하면 「농지법」 제36조제1항에도 불구하고 일정기간 사용한 후 농지로 복구하는 조건으로 농지의 일시사용을 허가할 수 있는 용도를 조례로 정할 수 있다.
⑤ 특화특구관할지방자치단체의 장은 특화사업을 위하여 필요하면 「농지법」 제37조에도 불구하고 농지의 전용(轉用)을 허가할 수 있다.

제37조【「산림자원의 조성 및 관리에 관한 법률」에 관한 특례】 ① 특화특구관할지방자치단체의 장은 「산림자원의 조성 및 관리에 관한 법률」 제9조제1항에도 불구하

고 특화사업에 필요하면 산림소유자의 동의를 받아 임도(林道)를 설치할 수 있다. 다만, 같은 법 제9조제2항에 따른 산림관리기반시설의 타당성 평가는 산림청장이 제11조에 따른 협의를 할 때에 한다.
② 특화특구관할지방자치단체의 장은 제1항에 따라 임도를 설치한 경우에는 산림청장에게 통보하여야 한다.
제38조【「산지관리법」에 관한 특례】 특화사업을 위하여 필요하면 「산지관리법」 제18조에도 불구하고 산지전용허가기준을 대통령령으로 달리 정할 수 있다.
제39조【「국유림의 경영 및 관리에 관한 법률」에 관한 특례】 ① 산림청장은 특화사업을 위하여 필요하면 「국유림의 경영 및 관리에 관한 법률」 제20조에도 불구하고 국유림을 매각하거나 교환할 수 있다.
② 산림청장은 특화사업을 위하여 필요하면 「국유림의 경영 및 관리에 관한 법률」 제21조제1항에도 불구하고 국유림을 대부하거나 사용허가 할 수 있다.
③ 제2항에 따른 대부 또는 사용허가를 받은 자는 「국유림의 경영 및 관리에 관한 법률」 제22조에도 불구하고 해당 국유림에 시설물을 기부하거나 시설물을 철거 또는 원상회복하는 조건으로 영구시설물을 설치할 수 있다.
④ 제1항부터 제3항까지의 규정에 따른 국유림의 매각, 교환, 대부, 사용허가에 관한 기준, 그 밖에 필요한 사항은 대통령령으로 정한다.
제40조【「농수산물 유통 및 가격안정에 관한 법률」에 관한 특례】 ① 「농수산물 유통 및 가격안정에 관한 법률」 제17조제1항에도 불구하고 특화특구관할지방자치단체(구는 제외한다. 이하 이 조에서 같다)는 허가를 받지 아니하고 지방도매시장을 개설할 수 있다.
② 제1항에 따라 개설된 지방도매시장에 대하여 「농수산물 유통 및 가격안정에 관한 법률」을 적용할 때 같은 법에 따른 지방도매시장 개설자는 특화특구관할지방자치단체로 본다.
제41조【「약사법」에 관한 특례】 한약 관련 특화특구의 한약도매상은 「약사법」 제45조제5항 각 호 외의 부분 본문에도 불구하고 대통령령으로 정하는 바에 따라 공동으로 약사·한약사·한약업사 또는 한약관련학과 졸업자를 둘 수 있다.
제42조【「의료법」에 관한 특례】 의료 관련 특화사업을 하는 특화사업자인 의료법인은 「의료법」 제49조에도 불구하고 대통령령으로 정하는 부대사업을 할 수 있다.
제43조【「장사 등에 관한 법률」에 관한 특례】 ① 특화특구에서 특화사업을 위하여 필요하면 「장사등에 관한 법률」 제27조제2항에도 불구하고 개장을 위한 통보기간을 2개월 이상으로 할 수 있다.
② 특화특구관할지방자치단체는 특화사업을 위하여 필요하면 「장사 등에 관한 법률」 제27조제5항에도 불구하고 공고에 관하여 필요한 사항을 조례로 달리 정할 수 있다.
제44조【「국토의 계획 및 이용에 관한 법률」에 관한 특례】 ① 도시·군관리계획안이 포함된 특화특구계획에 관하여 제7조에 따라 주민 등의 의견과 지방의회의 의견 등을 들은 경우에는 「국토의 계획 및 이용에 관한 법률」 제28조제1항 및 제5항에 따른 주민 등의 의견과 지방의회의 의견을 각각 들은 것으로 본다.
② 국토교통부장관은 특화특구가 다음 각 호의 어느 하나에 해당하는 경우에는 「국토의 계획 및 이용에 관한 법률」 제8조제5항 각 호 외의 부분 본문에도 불구하고 중앙도시계획위원회의 심의를 거치지 아니할 수 있다.
1. 특화특구계획에 특화특구토지이용계획이 포함되지 아니하는 경우
2. 특화특구토지이용계획에 「국토의 계획 및 이용에 관한 법률」 제38조에 따른 개발제한구역이 포함되어 있지 아니하고 특화특구토지이용계획의 수립면적이 같은 법 제8조제2항에서 정하는 면적 미만인 경우
③ 특화특구관할지방자치단체는 특화사업을 위하여 필요하면 「국토의 계획 및 이용에 관한 법률」 제77조에도 불구하고 대통령령으로 정하는 범위에서 건폐율의 최대한도를 조례로 달리 정할 수 있다.
④ 특화특구관할지방자치단체는 특화사업을 위하여 필요하면 「국토의 계획 및 이용에 관한 법률」 제78조에도 불구하고 대통령령으로 정하는 범위에서 용적률의 최대한도를 조례로 달리 정할 수 있다.
⑤ 제3항과 제4항에 규정된 특례적용의 필요성과 세부내용 및 대통령령으로 정하는 사항은 특화특구계획에 포함되어야 하며, 이 경우 특화특구계획은 「국토의 계획 및 이용에 관한 법률」 제113조에 따른 해당 시·군·구도시계획위원회의 심의를 거쳐 작성되어야 한다.
제45조【「도로법」에 관한 특례】 도로관리청은 특화사업을 위하여 「도로법」 제61조제1항에 따라 도로점용허가를 신청하는 자에 대하여 특별한 사유가 없으면 지체 없이 협조하여야 한다.
제46조【「도시공원 및 녹지 등에 관한 법률」에 관한 특례】 ① 특화특구관할지방자치단체는 특화사업을 위하여 필요하면 「도시공원 및 녹지 등에 관한 법률」 제24조제3항에도 불구하고 도시공원을 점용할 수 있는 대상 및 점용의 기준을 조례로 달리 정할 수 있다.
② 특화특구관할지방자치단체는 특화사업을 위하여 필요하면 「도시공원 및 녹지 등에 관한 법률」 제27조제3항에도 불구하고 도시자연공원구역에서 할 수 있는 행위의 허가기준을 조례로 달리 정할 수 있다.
③ 특화특구관할지방자치단체는 특화사업을 위하여 필요하면 「도시공원 및 녹지 등에 관한 법률」 제38조제3항에도 불구하고 녹지를 점용할 수 있는 대상 및 점용의 기준을 조례로 달리 정할 수 있다.
④ 제1항부터 제3항까지의 규정에 따라 도시공원·도시자연공원구역 또는 녹지를 점용하거나 사용할 수 있는 대상은 국토교통부장관과 협의한 공익시설로 한정한다.
제47조【「산업입지 및 개발에 관한 법률」에 관한 특례】 특화특구관할지방자치단체의 장은 특화사업을 위하여 필요하면 「산업입지 및 개발에 관한 법률」 제8조의2에 따른 면적 또는 미분양 비율규정에도 불구하고 산업단지를 지정할 수 있다.
제48조【「독점규제 및 공정거래에 관한 법률」에 관한 특례】 ① 특화특구에서 특화사업을 위하여 필요한 공동연구·기술개발 등에 대하여는 「독점규제 및 공정거래에 관한 법률」 제40조제2항에 따른 공정거래위원회의 인가를 받은 것으로 본다.(2020.12.29 본항개정)
② 제1항에 따른 특례가 적용되는 공동연구·기술개발 등은 그 특례적용의 필요성과 세부내용 및 대통령령으로 정하는 사항이 특화특구계획에 포함되어 있는 것으로 한정한다.
제49조【국유재산·공유재산 등에 관한 특례】 ① 특화특구에 있는 국가 또는 지방자치단체 소유의 토지로서 특화사업에 필요한 토지는 특화특구계획에 정하여진 목적 외의 용도로 처분할 수 없다.
② 국가·지방자치단체는 특화사업을 위하여 필요하면 「국유재산법」, 「공유재산 및 물품 관리법」 또는 「폐교재산의 활용촉진을 위한 특별법」에도 불구하고 특화사업자에게 국유재산·공유재산 및 폐교재산을 수의계약에 의하여 사용·수익허가를 하거나 대부 또는 매각할 수 있다.
③ 국가·지방자치단체는 제2항에 따른 사용·수익허가를 하거나 대부 또는 매각계약을 체결할 때 그 재산을 정하여진 기간 내에 특화사업을 위하여 사용하지 아니하면 그 계약을 취소할 수 있는 특약을 둘 수 있다.
제50조【「주류 면허 등에 관한 법률」에 관한 특례】 ① 지역특산물을 활용하는 특화특구의 농업인·임업인, 생산자단체는 「주류 면허 등에 관한 법률」 제3조에도 불구하고 관할 세무서장에게 직접 생산한 농산물을 주원료로 하는 주류(이하 이 조에서 "지역특산주"라 한다)의 제조면허를 받을 수 있다.(2020.12.29 본항개정)
② 지역특산주의 제조면허에 필요한 시설기준과 그 밖의 요건은 대통령령으로 정한다.
(2020.12.29 본조제목개정)
제51조【「박물관 및 미술관 진흥법」에 관한 특례】 박물관이나 미술관을 특화사업으로 설립·운영하는 자는 「박물관 및 미술관 진흥법」 제16조에도 불구하고 대통령령으로 정하는 바에 따라 공동으로 학예사를 둘 수 있다.
제52조【「농수산물 품질관리법」에 관한 특례】 농림축산식품부장관 또는 해양수산부장관은 「농수산물 품질관리법」 제32조에 따라 특화사업과 관련된 농수산물 또는 농수산가공품에 대한 지리적표시의 등록을 신청받은 경우에는 다른 신청보다 우선하여 심사하게 할 수 있다.
제53조【「종자산업법」에 관한 특례】 ① 농업 관련 특화특구에서 종자업을 하려는 자에 대하여는 「종자산업법」 제37조제1항에도 불구하고 시설기준을 대통령령으로 달리 정할 수 있다.
② 농업 관련 특화특구에서 종자업을 하는 자는 「종자산업법」 제37조제2항 본문에도 불구하고 대통령령으로 정하는 바에 따라 공동으로 종자관리사를 둘 수 있다.
제54조【「산업집적활성화 및 공장설립에 관한 법률」 등에 관한 특례】 ① 특화사업을 위하여 필요하면 국가나 지방자치단체가 설립하여 분양하거나 임대하는 지식산업센터의 분양가격 또는 임대료에 대하여 「국유재산법」, 「공유재산 및 물품 관리법」 또는 「산업집적활성화 및 공장설립에 관한 법률」 제28조의3제2항에도 불구하고 하한을 두지 아니할 수 있다.
② 특화사업을 위하여 산업용지(건축물이 없는 것을 말한다)를 분할하려는 경우에는 「산업집적활성화 및 공장설립에 관한 법률」 제39조의2제1항 전단에도 불구하고 900제곱미터 이상으로 분할할 수 있다.
제55조【「특허법」에 관한 특례】 특허청장은 특화사업과 직접 관련된 특허출원에 대하여는 「특허법」 제61조에도 불구하고 심사관으로 하여금 다른 특허출원보다 우선하여 심사하게 할 수 있다.
제56조【「기업활동 규제완화에 관한 특별조치법」에 관한 특례】 산업 관련 특화특구의 「산업집적활성화 및 공장설립에 관한 법률」 제30조제2항 각 호의 어느 하나에 해당하는 관리기관의 장은 「기업활동 규제완화에 관한 특별조치법」 제37조 또는 제38조에도 불구하고 공동임명이 허용되는 범위에서 같은 산업단지 등에서 사업을 하는 사업자를 대신하여 대기환경기술인 또는 수질환경기술인을 임명할 수 있다.
제57조【「건축법」에 관한 특례】 문화·예술과 관련된 특화특구에서 「건축법」 제20조제1항에 해당하는 가설건축물 중 야외전시 및 촬영시설은 같은 조 제3항에 따른 신고대상으로 본다.
제58조【「주택법」에 관한 특례】 특화특구관할지방자치단체는 특화사업을 위하여 필요하면 「주택법」 제54조에도 불구하고 주택의 공급기준을 조례로 달리 정할 수 있다. 다만, 다음 각 호의 어느 하나에 해당하는 지역은 그러하지 아니하다.
1. 특별시 및 광역시
2. 「주택법」 제63조에 따라 투기과열지구로 지정된 지역
제59조【「공익사업을 위한 토지 등의 취득 및 보상에 관한 법률」에 관한 특례】 ① 특화사업자는 다음 각 호의 어느 하나에 해당하는 특화사업의 시행을 위하여 필요하면 「공익사업을 위한 토지 등의 취득 및 보상에 관한 법률」 제3조 각 호에 해당하는 토지·물건 및 권리(이하 이 조에서 "토지등"이라 한다)를 수용하거나 사용할 수 있다.
1. 생산, 연구개발을 위한 사업
2. 교통, 환경, 유통·물류 기반의 조성을 위한 사업
3. 교육·문화·체육·보건의료 및 사회복지 시설의 설치를 위한 사업
4. 관광지·관광단지의 조성에 관한 사업
5. 그 밖에 지역특화사업의 육성을 위하여 필요하다고 인정하여 중소벤처기업부장관이 관계 중앙행정기관의 장과 협의하여 선정한 사업
② 특화사업자(지방자치단체는 제외한다)는 제1항에 따라 토지등을 수용하거나 사용하려면 국유지·공유지를 제외한 사업대상 토지면적의 3분의 2 이상에 해당하는 토지를 소유하고, 토지 소유자 총수의 2분의 1 이상에 해당하는 자의 동의를 받아야 한다.
③ 제1항에 따른 수용 또는 사용에 관하여는 제1항과 제2항에서 규정한 사항을 제외하고는 「공익사업을 위한 토지등의 취득 및 보상에 관한 법률」을 준용한다.
제60조【「지방재정법」에 관한 특례】 특화특구관할지방자치단체의 장은 특화특구계획의 승인을 받은 경우 특화특구관할지방자치단체가 하려는 특화사업에 포함된 재정투자사업의 필요성 및 사업계획의 타당성 등에 대하여 「지방재정법」 제37조에 따른 심사를 하지 아니하여도 된다.
제61조【「유통산업발전법」에 관한 특례】 특화사업을 위하여 필요하면 「유통산업발전법」 제29조제1항에도 불구하고 공동집배송센터의 지정에 필요한 부지면적을 2만제곱미터 이상으로 할 수 있다.
제62조【특화특구토지이용계획의 수립과 제출】 ① 신청지방자치단체의 장은 특화사업을 위하여 특화특구의 토지를 효과적으로 이용할 필요가 있으면 「국토의 계획 및 이용에 관한 법률」 제113조에 따른 해당 시·군·구도시계획위원회의 심의를 거쳐 특화특구토지이용계획을 수립하고 이를 특화특구계획에 포함하여야 한다.
② 제1항에 따른 특화특구토지이용계획의 수립방법·절차 등에 필요한 사항은 대통령령으로 정한다.
제63조【특화특구토지이용계획의 내용】 특화특구토지이용계획은 다음 각 호의 사항을 포함한다.
1. 용도지역·용도지구의 지정 또는 변경에 관한 계획
2. 기반시설의 설치·정비 또는 개량에 관한 계획
3. 수산자원보호구역의 지정 또는 변경에 관한 계획
4. 지구단위계획구역의 지정 또는 변경에 관한 계획과 지구단위계획
5. 그 밖에 특화사업의 수행을 위한 토지이용과 관련된 계획
제64조【도시·군관리계획결정 등의 의제】 ① 특화특구의 전부 또는 일부를 구역·지역 또는 단지로 구획하여 개발하거나 토지를 이용하는 내용의 특화특구토지이용계획이 포함된 특화특구계획의 승인을 받으면 그 특화특구토지이용계획에 따라 구획된 구역·지역 또는 단지에 대하여 그 특화특구계획의 내용에 따라 각각 다음 각 호의 결정 또는 지정이 된 것으로 본다.
1. 「국토의 계획 및 이용에 관한 법률」 제30조에 따른 도시·군관리계획의 결정(제63조제1호·제2호 및 제4호에 해당하는 계획에 관한 결정만 해당한다)
2. 「국토의 계획 및 이용에 관한 법률」 제40조에 따른 수산자원보호구역의 지정·변경
3. 「관광진흥법」 제52조에 따른 관광지 및 관광단지의 지정과 같은 법 제70조에 따른 관광특구의 지정(2022.1.4 본호개정)
4. 「산업집적활성화 및 공장설립에 관한 법률」 제23조에 따른 유치지역의 지정
5. 「도시개발법」 제3조에 따른 도시개발구역의 지정
6. 「물류시설의 개발 및 운영에 관한 법률」 제22조에 따른 물류단지의 지정
7. 「산업입지 및 개발에 관한 법률」 제6조, 제7조, 제7조의2 또는 제8조에 따른 산업단지의 지정(제47조를 적용받는 경우만 해당한다)
② 제1항제3호에 따라 관광지 또는 관광단지가 지정된 것으로 보는 경우 「관광진흥법」 제54조제1항에도 불구하고 그 관광지 조성계획의 작성자는 특화특구관할지방자치단체의 장이 되고, 관광단지의 개발자는 해당 특화특구계획에서 정하는 특화사업자가 된다.
③ 특화특구의 전부 또는 일부에 대하여 다음 각 호에 해당하는 내용의 특화특구토지이용계획이 포함된 특화특구계획의 승인을 받으면 그 특화특구계획에 따라 각각 다음 각 호의 지정해제 또는 변경이 된 것으로 본다.
1. 「산림보호법」 제11조제1항제1호에 따른 산림보호구역의 지정해제
2. 「농지법」 제31조에 따른 농업진흥지역 또는 용도구역의 변경 또는 해제

④ 특화특구지역이 「지역 개발 및 지원에 관한 법률」에 따라 지역개발사업구역으로 지정되면 특화특구계획은 같은 법 제11조제6항에 따른 지역개발사업계획으로 보며, 같은 법 제19조에도 불구하고 시행자는 특화특구계획에서 정하는 특화사업자가 된다.

제65조【특화특구의 인허가등의 의제】 ① 특화특구토지이용계획이 포함된 특화특구계획의 승인을 받으면 특화사업자는 다음 각 호의 인가·허가·승인·동의·면허 및 협의 등(이하 "인허가등"이라 한다)에 관하여 중소벤처기업부장관이 인허가등의 관계 행정기관의 장과 미리 협의한 사항에 대해서는 해당 인허가등을 받은 것으로 보며, 특화특구의 지정을 고시하면 다음 각 호의 관계 법률에 따른 인허가등의 고시 또는 공고를 한 것으로 본다.(2023.10.31 본문개정)

1. 「초지법」 제23조에 따른 초지전용허가
2. 「산지관리법」 제14조에 따른 산지전용허가, 같은 법 제15조에 따른 산지전용신고, 같은 법 제15조의2에 따른 산지일시사용허가·신고
3. 「산림자원의 조성 및 관리에 관한 법률」 제36조제1항·제5항에 따른 입목벌채등의 허가·신고 및 「산림보호법」 제9조제1항 및 제2항제1호·제2호에 따른 산림보호구역(산림유전자원보호구역은 제외한다)에서의 행위의 허가·신고(2022.12.27 본호개정)
4. 「농지법」 제34조에 따른 농지의 전용허가 또는 협의
5. 「농어촌정비법」 제23조에 따른 농업생산기반시설의 사용허가 및 같은 법 제82조에 따른 농어촌 관광휴양단지 사업계획의 승인
6. 「하천법」 제30조에 따른 하천공사의 허가, 같은 법 제33조에 따른 하천의 점용허가 및 같은 법 제50조에 따른 하천수의 사용허가
7. 「공유수면 관리 및 매립에 관한 법률」 제8조에 따른 공유수면의 점용·사용허가, 같은 법 제17조에 따른 공유수면의 점용·사용 실시계획의 승인, 같은 법 제28조에 따른 공유수면의 매립면허 및 같은 법 제35조·제36조에 따른 협의·승인, 같은 법 제49조제1항제3호에 따른 매립목적변경승인
8. 「국토의 계획 및 이용에 관한 법률」 제56조에 따른 개발행위의 허가, 같은 법 제86조 및 제88조에 따른 도시·군계획시설사업시행자의 지정
9. 「도로법」 제21조제2항에 따른 도로 노선의 변경·폐지 승인, 같은 법 제36조에 따른 도로관리청이 아닌 자에 대한 도로공사의 시행 허가 및 같은 법 제61조에 따른 도로의 점용 허가
10. 「사도법」 제4조에 따른 사도(私道)의 개설허가
11. 「관광진흥법」 제54조에 따른 관광지 및 관광단지 조성계획의 승인 및 같은 법 제55조에 따른 조성사업 시행의 허가
12. 「산업입지 및 개발에 관한 법률」 제19조에 따른 농공단지개발실시계획의 승인
13. 「국유재산법」 제30조에 따른 사용의 허가
14. 「체육시설의 설치·이용에 관한 법률」 제12조에 따른 사업계획의 승인
15. 「수도법」 제17조·제49조 및 제50조에 따른 수도사업의 인가
16. 「하수도법」 제16조에 따른 공공하수도에 관한 공사또는 유지의 허가
17. 「사방사업법」 제14조에 따른 벌채 등의 허가 및 같은 법 제20조에 따른 사방지(砂防地) 지정의 해제
18. 「소하천정비법」 제14조에 따른 소하천 점용 등의 허가
19. 「부동산 거래신고 등에 관한 법률」 제11조에 따른 토지거래계약에 관한 허가

② 제1항에 따라 인허가등의 의제를 받으려는 자는 해당 인허가등에 필요한 서류를 대통령령으로 정하는 바에 따라 신청지방자치단체의 장에게 제출하여야 한다.(2023.10.31 본항개정)

③ 중소벤처기업부장관은 제1항 각 호의 어느 하나에 해당하는 사항이 다른 행정기관의 권한에 속하는 경우에는 미리 해당 인허가등의 관계 행정기관의 장과 협의하여야 한다. 이 경우 제1항제7호에 따른 매립목적 변경승인의 협의를 요청받은 매립면허관청은 「공유수면 관리 및 매립에 관한 법률」 제49조제1항부터 제4항까지의 규정에 따라 매립목적 변경승인 여부를 검토하여야 한다.(2023.10.31 본항개정)

④ 관계 행정기관의 장은 제3항에 따른 협의를 요청받으면 그 요청을 받은 날부터 20일 이내에 의견을 제출하여야 한다. 다만, 부득이한 사유가 있으면 중소벤처기업부장관과 협의하여 10일의 범위에서 한 차례만 그 기간을 연장할 수 있다.(2023.10.31 본항신설)

⑤ 인허가등의 의제에 관하여는 제11조제2항부터 제4항까지의 규정을 준용한다. 이 경우 "특화특구"는 "인허가등"으로, "지정"은 "의제"로 본다.

⑥ 제1항부터 제5항까지에서 규정한 사항 외에 인허가등 의제의 기준·효과 및 처리기준의 통합 고시 등에 관하여는 「행정기본법」 제24조부터 제26조까지 및 「행정절차법」 제20조제2항을 준용한다. 이 경우 「행정절차법」 제20조제2항 중 "처분기준"은 "처리기준"으로, "공표"는 "고시"로 본다.(2023.10.31 본항개정)

제66조【「체육시설의 설치·이용에 관한 법률」에 관한 특례】 ① 체육관련 특화특구에서 「체육시설의 설치·이용에 관한 법률」 제10조제1항제1호에 따른 등록 체육시설업을 하려는 자는 같은 법 제12조에도 불구하고 사업계획서를 작성하여 특화특구관할지방자치단체의 장의 승인을 받아야 한다. 그 사업계획을 변경하려는 경우에도 또한 같다. 다만, 대통령령으로 정하는 경미한 사항에 관한 사업계획의 변경은 그러하지 아니하다.

② 제1항에 따라 특화특구관할지방자치단체의 장의 승인을 받은 자는 「체육시설의 설치·이용에 관한 법률」 제19조제1항에도 불구하고 영업을 시작하기 전에 특화특구관할지방자치단체의 장에게 해당 체육시설업의 등록을 하여야 한다. 등록사항을 변경하려는 경우에도 또한 같다. 다만, 대통령령으로 정하는 경미한 등록사항의 변경은 그러하지 아니하다.

③ 특화특구관할지방자치단체의 장은 제1항에 따라 등록체육시설업 중 골프장업 또는 스키장업에 대한 사업계획의 승인을 받은 자가 그 승인을 받은 사업시설 중 대통령령으로 정하는 규모 이상의 시설을 갖춘 경우에는 제2항에도 불구하고 대통령령으로 정하는 기간 내에 나머지 시설을 갖출 것을 조건으로 해당 체육시설업을 등록하게 할 수 있다.

④ 제1항부터 제3항까지의 규정에 따른 승인을 받거나 등록을 한 등록 체육시설업자에 대하여 「체육시설의 설치·이용에 관한 법률」을 적용할 때 같은 법에 따른 등록체육시설업에 관련된 시·도지사의 업무는 특화특구관할지방자치단체의 장의 업무로 본다.

제67조【「축산물 위생관리법」에 관한 특례】 ① 특화특구에서 닭·오리 등 식품의약품안전처장이 정하여 고시하는 가축을 소비자에게 조리하여 판매하는 자는 「축산물 위생관리법」 제7조에도 불구하고 조리하여 판매하는 장소에서 직접 도살·처리할 수 있다.

② 제1항에 따른 가축의 도살·처리 등에 대한 기준, 그 밖에 필요한 사항은 식품의약품안전처장이 정하여 고시한다.

③ 축산 관련 특화특구에서 「축산물 위생관리법」 제21조에 따른 집유업(集乳業)과 축산물가공업(유가공업만 해당한다. 이하 이 조에서 같다)을 하려는 자는 같은 법 제22조에도 불구하고 특화특구관할지방자치단체의 장의 허가를 받아 할 수 있다.

④ 제3항에 따라 허가를 받은 집유업과 축산물가공업에 대하여 「축산물 위생관리법」을 적용할 때 집유업과 축산물가공업에 관련된 같은 법에 따른 시·도지사의 업무는 특화특구관할지방자치단체의 장의 업무로 본다.

제68조【「식품 등의 표시·광고에 관한 법률」 및 「식품위생법」에 관한 특례】 ① 특화특구관할지방자치단체의 장은 특화사업을 위하여 필요하면 「식품 등의 표시·광고에 관한 법률」 제4조에도 불구하고 특화사업을 통하여 제조되는 식품에 대한 표시기준을 따로 정하여 고시할 수 있다. 이 경우 식품의 표시기준에 대하여 고시하려는 내용이 특화특구계획에 포함되어야 한다.(2022.1.4 전단개정)

② 특화특구관할지방자치단체의 장은 특화사업을 위하여 필요하면 「식품위생법」 제43조에도 불구하고 식품접객업을 하는 자와 그 종업원에 대하여 영업시간 및 영업행위를 달리 제한할 수 있다. 이 경우 영업시간 및 영업행위의 제한에 관한 세부사항이 특화특구계획에 포함되어야 한다.

③ 특화특구관할지방자치단체의 장이 제1항과 제2항에 따라 다음 각 호 중 제1호에 해당하는 사항을 정하고자 하는 경우에는 식품의약품안전처장과, 제2호에 해당하는 경우에는 특화특구관할광역지방자치단체의 장과 사전에 협의하여야 한다.

1. 식품의 표시기준
2. 영업시간 및 영업행위 제한

(2022.1.4 본조제목개정)

제69조【「자동차관리법」에 관한 특례】 ① 특화특구관할지방자치단체의 장은 「자동차관리법」 제25조에도 불구하고 특화사업을 위하여 필요하면 미리 시·도경찰청장과 협의하여 자동차의 운행제한을 명할 수 있다. 이 경우 운행제한의 목적, 기간, 지역, 제한내용 및 대상 자동차의 종류, 그 밖의 세부적인 사항은 특화특구계획에 포함되어야 한다.(2020.12.22 전단개정)

② 특화특구관할지방자치단체의 장은 제1항에 따라 자동차의 운행을 제한하려면 그 목적, 기간, 지역, 제한내용 및 대상 자동차의 종류, 그 밖에 필요한 사항을 미리 공고하여야 한다.

③ 제1항에 따른 자동차의 운행제한에 대하여 「자동차관리법」을 적용할 때 자동차 운행제한과 관련된 같은 법에 따른 국토교통부장관의 업무는 특화특구관할지방자치단체의 장의 업무로 보고, 경찰청장의 업무는 시·도경찰청장의 업무로 본다.(2020.12.22 본항개정)

제70조【「노인복지법」에 관한 특례】 ① 특화특구관할지방자치단체는 특화사업을 위하여 필요하면 「노인복지법」 제33조에도 불구하고 노인주거복지시설의 인력 및 운영에 관한 기준과 설치신고 및 운영자가 준수하여야 할 사항 등을 조례로 달리 정할 수 있다. 이 경우 조례로 달리 정하는 내용은 특화특구계획에 포함되어야 한다.

② 제1항에서 정한 노인주거복지시설의 입소자격자는 「노인복지법」 제33조의2에도 불구하고 특화특구관할지방자치단체의 장이 따로 정하여 고시할 수 있다.

제71조【특화특구 내 법률적용 특례】 특화특구관할지방자치단체의 장은 특화사업을 위하여 필요하면 다음 각 호를 적용하지 아니할 수 있다. 이 경우 적용하지 아니하는 규정에 관한 사항은 특화특구계획에 포함되어야 한다.

1. 「영화 및 비디오물의 진흥에 관한 법률」 제90조제3항 제1호
2. 「에너지이용 합리화법」 제78조제4항제11호
3. 「소음·진동관리법」 제8조제1항 및 제2항
4. 「농수산물 품질관리법」 제5조제2항(수산물만 해당한다)

제3장 규제자유특구

제1절 규제자유특구의 지정 및 운영 등

제72조【규제자유특구 지정신청】 ① 규제자유특구를 지정받으려는 자로서 다음 각 호에 해당하는 자(이하 "비수도권 시·도지사등"이라 한다)는 제74조에 따라 규제자유특구계획을 수립하여 중소벤처기업부장관에게 규제자유특구 지정을 신청하여야 한다.

1. 수도권을 제외한 지방자치단체의 광역시장·특별자치시장 및 도지사·특별자치도지사(이하 "비수도권 시·도지사"라 한다)
2. 수도권을 제외한 지방자치단체의 시장(「제주특별자치도 설치 및 국제자유도시 조성을 위한 특별법」에 따른 행정시장을 포함한다)·군수·구청장(이하 "비수도권 시장·군수·구청장"이라 한다)
3. 제2조제13호다목에 따른 특별지방자치단체의 장

(2024.2.6 1호~3호신설)

② 비수도권 시장·군수·구청장이 제1항에 따라 규제자유특구의 지정을 신청한 경우 그 규제자유특구계획을 관할 비수도권 시·도지사에게 알려야 한다.(2024.2.6 본항신설)

③ 제2항에 따라 통보를 받은 비수도권 시·도지사는 그 규제자유특구계획에 관한 의견을 중소벤처기업부장관 또는 제77조에 따른 규제자유특구위원회에 제출할 수 있다.(2024.2.6 본항신설)

④ 제1항부터 제3항까지에서 규정한 사항 외에 규제자유특구 지정신청의 구체적인 내용, 절차 등에 필요한 사항은 대통령령으로 정한다.

(2024.2.6 본조개정)

제73조【규제자유특구계획의 제안】 ① 민간기업등은 해당 지역을 관할하는 비수도권 시·도지사등에게 규제자유특구계획을 제안할 수 있다. 이 경우 비수도권 시·도지사등은 특별한 사유가 없으면 민간기업등의 제안을 수용하여야 한다.(2024.2.6 본항개정)

② 민간기업등이 제안하는 규제자유특구계획에는 제74조제1항 각 호의 사항이 포함되어야 한다.

제74조【규제자유특구계획의 수립】 ① 비수도권 시·도지사등이 규제자유특구 지정을 신청하려는 경우 다음 각 호의 내용이 포함된 규제자유특구계획을 수립하여야 한다.(2024.2.6 본문개정)

1. 규제자유특구의 명칭·위치·면적
2. 규제자유특구 지정 필요성 및 기대 효과
3. 혁신사업 또는 전략산업의 필요성과 육성방안
4. 혁신사업 또는 전략산업등에 참여하여 규제특례등의 적용을 받을 수 있는 규제자유특구사업자
5. 규제자유특구에 적용되는 규제특례와 그 필요성 및 적용 범위
6. 제3장제2절에 따른 '규제의 신속확인', '실증을 위한 특례', '임시허가'에 관한 사항과 그 필요성 및 적용 범위
7. 제5호 및 제6호의 규제특례등이 적용되는 공간적 범위
8. 「지방자치분권 및 지역균형발전에 관한 특별법」 제7조의 시·도 지방시대 계획과의 연계에 관한 사항 (2023.6.9 본호개정)
9. 규제자유특구 및 인근지역의 부동산가격 안정방안
10. 그 밖에 규제자유특구의 지정 신청 등에 필요한 사항으로서 대통령령으로 정하는 사항

② 비수도권 시·도지사등은 제1항에 따라 수립한 규제자유특구계획을 30일 이상 공고하고 주민, 기업, 「지방자치분권 및 지역균형발전에 관한 특별법」 제67조제1항에 따른 시·도 지방시대위원회(비수도권 시장·군수·구청장이 규제자유특구계획을 수립한 경우 같은 조 제3항에 따른 시·군·구 지방시대위원회를 말한다) 등의 의견을 들어야 한다.(2024.2.6 본항개정)

제74조의2【다른 법령에 의한 공고 등 절차 생략】 비수도권 시·도지사등이 다른 법령에 따라 중소벤처기업부장관에게 제72조에 따른 규제자유특구 지정 등을 신청할 때 (규제자유특구의 변경 또는 지정해제 신청을 포함한다) 다른 법령에 따라 공고 등 의견수렴 절차를 거친 경우 제74조제2항에 따른 절차를 생략할 수 있다.

(2024.2.6 본조개정)

제75조【규제자유특구의 지정 등】 ① 중소벤처기업부장관은 제72조제1항에 따라 규제자유특구의 지정신청을 받은 경우 그 내용을 관계 중앙행정기관의 장과 「지방자치분권 및 지역균형발전에 관한 특별법」 제62조에 따른 지방시대위원회 위원장(이하 "지방시대위원장"이라 한다)에게 통보하여야 한다.(2023.6.9 본항개정)

② 관계 중앙행정기관의 장과 지방시대위원장은 제1항에 따른 통보를 받은 경우 해당 규제자유특구계획의 타당성 및 필요성 등을 검토하여 그 결과를 30일 이내에 중소벤

처기업부장관에게 문서로 회신하여야 한다. 다만, 관계 중앙행정기관의 장과 지방시대위원장이 해당 규제자유특구계획의 타당성 및 필요성 등을 검토하기 위하여 이를 신청한 비수도권 시·도지사등에게 자료 보완을 요구한 경우 관련 자료 보완에 걸린 기간은 해당 기간에 산입하지 아니한다.(2024.2.6 단서개정)
③ 중소벤처기업부장관은 제2항에 따른 관계 중앙행정기관의 장과 지방시대위원장의 의견을 고려하여 규제자유특구위원회의 심의·의결을 거쳐 규제자유특구계획을 승인하고 규제자유특구를 지정한다.(2023.6.9 본항개정)
④ 중소벤처기업부장관은 제3항에 따라 규제자유특구계획을 승인하고 규제자유특구를 지정한 경우에는 대통령령으로 정하는 바에 따라 그 내용을 관보에 고시하고, 이를 신청한 비수도권 시·도지사등과 민간기업등에게 통보하여야 한다. 이 경우 지형도면의 고시 등에 관하여는 「토지이용규제 기본법」 제8조에 따른다.(2024.2.6 전단개정)
⑤ 제1항부터 제4항까지에서 규정한 사항 외에 규제자유특구의 지정 등에 필요한 사항은 대통령령으로 정한다.

제76조【특화특구 및 국가혁신융복합단지의 규제자유특구 지정】 ① 중소벤처기업부장관은 제24조에 따른 특화특구운영의 성과를 평가한 결과 비수도권의 우수 특화특구를 대상으로 해당 특화특구관할지방자치단체의 장 및 시·도지사의 의견을 들어 해당 특화특구를 규제자유특구로 지정 신청할 것을 권고할 수 있다.
② 중소벤처기업부장관은 제1항의 권고에 따라 비수도권 시·도지사등이 규제자유특구 지정을 신청한 경우에는 다른 신청보다 우선하여 규제자유특구위원회 심의·의결 안건으로 상정할 수 있다.(2024.2.6 본항개정)
③ 중소벤처기업부장관은 비수도권 시·도지사등이 「지방자치분권 및 지역균형발전에 관한 특별법」 제27조제2항에 따라 지정된 지역혁신융복합단지의 전부 또는 일부를 규제자유특구로 지정 신청한 경우에는 해당 지역혁신융복합단지의 전부 또는 일부를 다른 신청보다 우선하여 규제자유특구위원회 심의·의결 안건으로 상정할 수 있다.(2024.2.6 본항개정)
④ 제1항부터 제3항까지에서 규정한 사항 외에 특화특구 및 국가혁신융복합단지의 규제자유특구 지정과 관련하여 그 밖에 필요한 사항은 대통령령으로 정한다.

제77조【규제자유특구위원회】 ① 규제자유특구계획의 승인, 규제자유특구 지정 등에 관한 사항을 심의·의결하기 위하여 규제자유특구위원회를 둔다.
② 규제자유특구위원회는 위원장을 포함한 40명 이내의 위원으로 구성한다.(2021.4.20 본항개정)
③ 규제자유특구위원회의 위원장은 국무총리가 되고, 간사는 중소벤처기업부장관이 되며, 위원은 다음 각 호에 해당하는 사람이 된다.
1. 기획재정부장관, 교육부장관, 과학기술정보통신부장관, 법무부장관, 행정안전부장관, 문화체육관광부장관, 농림축산식품부장관, 산업통상자원부장관, 보건복지부장관, 환경부장관, 국토교통부장관, 해양수산부장관, 중소벤처기업부장관, 금융위원회 위원장, 국무조정실장과 대통령령으로 정하는 관계 중앙행정기관의 장 및 정무직 공무원(2021.4.20 본호개정)
2. 규제개혁, 혁신사업 또는 전략산업 및 지역균형발전정책에 관한 학식과 경험이 풍부한 사람 중에서 위원장이 위촉하는 사람(2023.6.9 본호개정)
3. 「중소기업기본법」 제22조제3항에 따른 중소기업 옴부즈만
4. 그 밖에 대통령령으로 정하는 사람
④ 제3항제2호 및 제4호에 따른 위원의 임기는 2년으로 하되, 한 차례만 연임할 수 있다.
⑤ 규제자유특구위원회의 회의 결과는 공개한다. 다만, 필요하다고 인정하는 경우에는 규제자유특구위원회의 의결을 거쳐 공개하지 아니할 수 있다.
⑥ 규제자유특구위원회는 규제자유특구계획에 포함된 규제특례등을 심사하거나 규제자유특구에 규제특례등을 부여할 경우 국민의 생명·건강·안전 및 환경·지역균형발전의 저해 여부와 개인정보의 안전한 보호·처리 등을 고려하여야 한다.
⑦ 규제자유특구위원회는 비수도권 시·도지사등의 규제자유특구계획의 수립, 규제자유특구의 운영, 허가등의 의제 관련 사항, 신규 규제특례 제안 등을 지원하기 위하여 「지방자치분권 및 지역균형발전에 관한 특별법」 제67조제2항에 따른 시·도 지방시대지원단에 이와 관련한 지원을 협조 요청할 수 있으며, 시·도 지방시대지원단은 특별한 사유가 없으면 이에 협조해야 한다.(2024.2.6 본항개정)
⑧ 중소벤처기업부장관은 관계 중앙행정기관의 장과 비수도권 시·도지사등에게 규제자유특구위원회의 심의에 필요한 자료를 요청할 수 있으며 요청받은 관계 중앙행정기관의 장과 비수도권 시·도지사등은 정당한 사유가 없으면 이에 응하여야 한다.(2024.2.6 본항개정)
⑨ 제1항부터 제8항까지에서 규정한 사항 외에 규제자유특구위원회의 구성 및 운영에 관하여 필요한 사항은 대통령령으로 정한다.

제78조【규제자유특구위원회 기능】 ① 규제자유특구위원회는 다음 각 호의 사항을 심의·의결한다.
1. 규제자유특구제도 운영의 기본방향에 관한 사항
2. 규제자유특구계획의 승인 및 규제자유특구의 지정·변경·지정해제에 관한 사항
3. 혁신사업 또는 전략산업의 육성에 관한 사항
4. 규제자유특구 운영을 위한 규제특례등 및 규제개선에 관한 사항
5. 규제자유특구 운영의 평가에 관한 사항
6. 규제자유특구 내 혁신사업 또는 전략산업등에 대한 규제 신속확인에 관한 사항
7. 규제자유특구 내 실증을 위한 특례의 부여·변경·취소·재심의에 관한 사항(2024.2.6 본호개정)
8. 규제자유특구 내 임시허가·변경·취소·재심의에 관한 사항(2024.2.6 본호개정)
9. 규제자유특구 관련 중앙행정기관의 장 및 비수도권 시·도지사등 간의 의견 조정에 관한 사항(2024.2.6 본호개정)
10. 규제자유특구규제특례등심의위원회에 위임하는 사항
11. 그 밖에 규제자유특구의 지정 및 운영에 필요한 사항
② 규제자유특구위원회는 제1항 각 호의 사항에 대하여 필요한 경우 관계 행정기관 및 시·도의 소속 공무원, 관계 전문가 등으로부터 의견을 들을 수 있다.
③ 규제자유특구위원회는 규제자유특구 내 혁신사업 또는 전략산업등의 추진과정에서 비수도권 시·도등의 조례의 적용이 현저히 불합리하다고 인정되는 경우에는 해당 조례에 대하여 비수도권 시·도지사등에게 의견을 제시할 수 있다.(2024.2.6 본항개정)

제79조【규제자유특구규제특례등심의위원회】 ① 규제자유특구위원회에 상정할 안건에 대한 사전 검토와 규제자유특구위원회에서 위임한 사항을 심의하기 위하여 중소벤처기업부장관을 위원장으로 하는 규제자유특구규제특례등심의위원회(이하 "심의위원회"라 한다)를 중소벤처기업부에 두고 다음 각 호의 사항을 수행하게 할 수 있다. 다만, 심의위원회가 제2호 및 제3호의 업무를 수행한 경우에는 규제자유특구위원회가 심의·의결한 것으로 보며, 그 결과를 규제자유특구위원회에 보고하여야 한다.
1. 규제자유특구위원회에 상정할 안건 및 이해관계자 갈등 조정 등에 대한 사전 심의
2. 규제자유특구 지정 후 규제자유특구 지정 목적·취지의 범위 내에서 규제자유특구사업자, 규제특례등, 규제자유특구 면적 및 부가조건 등의 변경 심의·의결(2021.4.20 본호개정)
3. 그 밖에 규제자유특구위원회가 의결을 거쳐 심의위원회에 위임한 사항의 심의·의결
② 중소벤처기업부장관은 규제자유특구위원회와 심의위원회의 업무지원을 위하여 중소벤처기업부 소속으로 특구혁신기획단을 둔다.(2024.2.6 본항개정)
③ 심의위원회는 업무수행을 위하여 필요하면 관계 중앙행정기관의 장과 비수도권 시·도지사등 및 법인·단체 등을 대상으로 소속 공무원 및 임직원의 특구혁신기획단 파견 또는 겸임을 요청할 수 있다.(2024.2.6 본항개정)
④ 중소벤처기업부장관은 관계 중앙행정기관의 장과 비수도권 시·도지사등에게 심의위원회의 심의에 필요한 자료를 요청할 수 있으며 요청받은 관계 중앙행정기관의 장과 비수도권 시·도지사등은 정당한 사유가 없으면 이에 응하여야 한다.(2024.2.6 본항개정)
⑤ 제1항부터 제4항까지에서 규정한 사항 외에 심의위원회 및 특구혁신기획단의 구성·운영 등에 필요한 사항은 대통령령으로 정한다.(2024.2.6 본항개정)

제80조【규제자유특구 지정의 효과 등】 ① 제75조에 따라 규제자유특구로 지정된 구역과 규제자유특구사업자에 대해서는 규제자유특구계획에서 정하여진 내용에 따라 규제특례등을 적용한다.
② 규제자유특구를 관할하는 비수도권 시·도등은 규제자유특구의 운영에 필요한 사항을 규제자유특구계획에 부합하는 범위에서 조례로 정할 수 있다.(2024.2.6 본항개정)

제81조【규제자유특구의 지정 등의 변경】 ① 규제자유특구 관할 비수도권 시·도지사등은 규제자유특구계획 및 규제자유특구의 지정을 변경하려는 경우에는 중소벤처기업부장관에게 그 변경을 신청하여야 한다.(2024.2.6 본항개정)
② 제1항에 따른 규제자유특구계획 및 규제자유특구의 지정의 변경에 관하여는 제72조부터 제75조까지를 준용하되, 제74조제2항 및 제75조제2항 중 "30일"은 각각 "15일"로 본다. 다만, 중소벤처기업부장관이 대통령령으로 정하는 경미한 사항을 변경하려는 경우나 주민의 권리를 제한하거나 의무를 부과하지 아니하는 규제자유특구계획 및 규제자유특구의 지정을 변경하려는 경우에는 규제자유특구위원회의 심의·의결을 거치지 아니하고 규제자유특구 관할 비수도권 시·도지사등과 협의하여 변경할 수 있다.(2024.2.6 본항개정)
③ 제2항에 따라 변경되는 규제자유특구계획의 규제특례 및 제3장제2절에 따른 임시허가 등 특례는 제2항에 따라 고시된 날부터 적용한다.
④ 규제자유특구에 적용되었던 규제특례등은 제2항에 따른 규제자유특구계획 및 규제자유특구 지정의 변경에 따라 변경되어 적용된다. 다만, 중소벤처기업부장관은 규제특례등의 변경이 매우 곤란하거나 변경의 실익이 없는 등 대통령령으로 정하는 경우에는 규제자유특구위원회의 심의·의결을 거쳐 해당 규제특례등의 적용을 유지시킬 수 있다.

제82조【규제자유특구의 지정해제 등】 ① 비수도권 시·도지사등은 규제자유특구가 다음 각 호의 어느 하나에 해당하는 경우에는 관할 규제자유특구의 지정해제를 중소벤처기업부장관에게 신청할 수 있다.(2024.2.6 본문개정)
1. 규제자유특구의 지정 목적을 달성할 수 없거나 달성할 수 없을 것이 예상되는 경우
2. 규제자유특구에서 규제특례 및 제3장제2절에 따른 임시허가 등 특례의 적용이 심각한 부작용을 유발하는 경우
3. 그 밖에 대통령령으로 정하는 사유가 있는 경우
② 제1항에 따른 신청을 받은 중소벤처기업부장관은 관계 중앙행정기관의 장과의 협의 및 규제자유특구위원회의 심의·의결을 거쳐 규제자유특구를 지정해제 한다.
③ 중소벤처기업부장관은 비수도권 시·도지사등이 규제자유특구 지정해제를 신청하지 않은 경우에도 제83조에 따른 평가 결과에 근거하여 운영성과가 부진한 규제자유특구에 대하여 규제자유특구위원회의 심의·의결을 거쳐 직접 지정해제 할 수 있다.(2024.2.6 본항개정)
④ 제3항에 따라 규제자유특구 지정이 해제된 경우에는 그 내용을 관보에 고시하고, 이를 해당 규제자유특구 관할 비수도권 시·도지사등과 민간기업등에게 즉시 통보하여야 한다.(2024.2.6 본항개정)
⑤ 제2항 또는 제3항에 따라 규제자유특구의 지정이 해제된 경우에는 규제자유특구계획에 따라 해당 규제자유특구에 적용되었던 규제특례등은 적용이 중지된다. 다만, 규제특례등의 적용중지 또는 해당 규제 관련 법령의 적용이 매우 곤란하거나 실익이 없는 등 대통령령으로 정하는 경우에는 규제자유특구위원회의 심의·의결을 거쳐 해당 규제특례등의 적용을 유지시킬 수 있다.
⑥ 제1항부터 제5항까지에서 규정한 사항 외에 규제자유특구의 지정해제 신청 방법 및 절차 등 규제자유특구의 지정해제에 관하여 필요한 사항은 대통령령으로 정한다.

제83조【규제자유특구의 운영에 대한 평가】 ① 중소벤처기업부장관은 규제자유특구의 운영에 대하여 정기적으로 또는 수시로 평가할 수 있다.
② 중소벤처기업부장관은 제1항에 따른 평가를 위하여 필요한 경우 관계 행정기관의 장 및 규제자유특구 관할 비수도권 시·도지사등에게 관련 자료의 제출을 요청할 수 있다. 이 경우 관계 행정기관의 장 및 규제자유특구 관할 비수도권 시·도지사등은 특별한 사유가 없으면 그 요청에 따라야 한다.(2024.2.6 본항개정)
③ 중소벤처기업부장관은 규제자유특구위원회의 심의·의결을 거쳐 확정된 평가 결과를 관할 비수도권 시·도지사등에게 통보하여야 하며 관할 비수도권 시·도지사등은 특별한 사유가 없으면 평가 결과에 따라 개선조치를 취하여야 한다.(2024.2.6 본항개정)
④ 제1항부터 제3항까지에서 규정한 사항 외에 규제자유특구 운영에 대한 평가 기준·방법·절차 등에 필요한 사항은 대통령령으로 정한다.

제84조【사후관리】 ① 중소벤처기업부장관은 중앙행정기관 및 지방자치단체(이하 "관계기관"이라 한다)의 장의 협조를 받아 제3장제2절에 따른 임시허가 등 특례의 적용 과정을 수시로 점검하여 국민의 생명·안전 및 환경을 저해하거나 개인정보의 안전한 보호·처리 등에 대한 위험이 있을 경우 해당 실증을 위한 특례, 임시허가를 취소하는 등의 재검토 조치를 하여야 한다.
② 제1항에서 규정한 사항 외에 제3장제2절에 따른 임시허가 등 특례의 사후관리의 기준·방법·절차 등에 필요한 사항은 대통령령으로 정한다.

제2절 규제자유특구에 대한 임시허가 등 특례

제85조【규제의 신속확인】 ① 규제자유특구에서 혁신사업 또는 전략산업등을 추진하고자 하는 자는 관할 비수도권 시·도지사등에게 혁신사업 또는 전략산업등과 관련된 허가등의 필요 여부 등을 확인(이하 "규제확인"이라 한다)하여 줄 것을 요청할 수 있다.(2024.2.6 본항개정)
② 제1항에 따라 규제확인 요청을 받은 비수도권 시·도지사등은 권한의 범위 내에서 규제확인을 할 수 있으며 중앙행정기관의 장의 규제확인이 필요하다고 인정되는 경우에는 규제확인에 관한 사항을 중소벤처기업부장관에게 제출하여야 한다.(2024.2.6 본항개정)
③ 중소벤처기업부장관은 제2항에 따라 제출받은 규제확인에 관한 사항을 관계 중앙행정기관의 장에게 즉시 통보하여야 한다.
④ 관계 중앙행정기관의 장은 제3항에 따른 통보를 받은 날부터 30일 이내에 규제확인에 관한 의견을 중소벤처기업부장관에게 회신하여야 한다. 다만, 규제확인에 관한 사항을 검토하기 위하여 규제확인을 요청한 자에게 자료 보완을 요구한 경우에는 그 보완에 걸린 기간은 해당 기간에 산입하지 아니한다.
⑤ 제4항에 따른 기간 내에 회신하지 아니하는 경우에는 소관 업무에 해당하지 아니하거나 해당 관계 중앙행정기관의 장의 허가등이 필요하지 아니한 것으로 본다.
⑥ 중소벤처기업부장관은 제4항에 따라 관계 중앙행정기관의 장으로부터 회신을 받은 경우(제4항에 따른 기간 내에 관계 중앙행정기관의 장으로부터 회신을 받지 못한 경우를 포함한다) 그 결과를 제2항에 따른 비수도권 시·도지사등에게 통보하고 이를 통보받은 비수도권 시·도

지사등은 제1항에 따라 규제확인을 요청한 자에게 즉시 통보하여야 한다.(2024.2.6 본항개정)
⑦ 중소벤처기업부장관은 제2항에 따라 회신 받은 의견이 둘 이상의 중앙행정기관에서 상충되는 등 규제자유특구위원회의 심의가 필요하다고 인정되는 경우에는 제6항에도 불구하고 제4항에 따라 회신을 받은 날(제4항에 따른 기간 내에 회신 받지 못한 경우에는 회신기간이 종료한 날을 말한다)부터 30일 이내에 규제자유특구위원회의 심의·의결을 거쳐 그 결과를 해당 비수도권 시·도지사등에게 즉시 통보하여야 한다. 이 경우 자료 보완 요구기간에 대해서는 제4항 단서를 준용한다.(2024.2.6 전단개정)
⑧ 제7항에 따른 통보를 받은 비수도권 시·도지사등은 규제확인을 요청한 자에게 즉시 통보하여야 한다.
(2024.2.6 본항개정)
⑨ 제1항부터 제8항까지에서 규정한 사항 외에 규제확인 등에 필요한 사항은 대통령령으로 정한다.
제86조【실증을 위한 특례의 신청 등】 ① 혁신사업 또는 전략산업등이 다음 각 호의 어느 하나에 해당되는 경우로서 해당 혁신사업 또는 전략산업등과 관련한 신기술을 활용한 새로운 서비스와 제품의 시험·검증(이하 "실증"이라 한다)을 하고자 하는 자(규제자유특구 외의 지역에서 혁신사업 또는 전략사업등에 참여하는 자로서 대통령령으로 정하는 자를 포함한다)는 사업계획을 수립하여 규제자유특구 관할 비수도권 시·도지사등에게 실증을 위한 특례(이하 "실증특례"라 한다)의 부여를 요청할 수 있다.(2024.2.6 본문개정)
1. 허가등의 근거가 되는 법령에 기준·규격·요건 등이 없는 경우
2. 허가등의 근거가 되는 법령에 따른 기준·규격·요건 등을 적용하는 것이 맞지 아니한 경우
3. 다른 법령의 규정에 의하여 허가등을 신청하는 것이 불가능한 경우
② 규제자유특구 관할 비수도권 시·도지사등은 제1항에 따른 요청내용을 검토하여 실증특례의 부여가 필요하다고 인정되는 경우 중소벤처기업부장관에게 실증특례의 부여를 신청하여야 한다.(2024.2.6 본항개정)
③ 중소벤처기업부장관은 제2항에 따른 신청을 받은 경우 관계 중앙행정기관의 장에게 통보하여야 하며, 관계 중앙행정기관의 장은 신청 내용을 검토하여 그 결과를 30일 이내에 중소벤처기업부장관에게 문서로 회신하여야 한다. 다만, 관계 중앙행정기관의 장이 실증특례 부여의 여부를 검토하기 위하여 제1항에 따라 실증특례 부여를 신청한 자에게 자료 보완을 요청한 경우에는 관련 자료 보완에 걸린 기간은 해당 기간에 산입하지 아니하되, 이 경우에도 90일 이내에는 검토 결과를 회신하여야 하며, 회신이 불가능한 경우에는 30일 범위에서 한 차례만 연장을 요청할 수 있다.
④ 중소벤처기업부장관은 제3항에 따른 관계 중앙행정기관의 장의 검토 결과 등을 고려하여 규제자유특구위원회의 심의·의결을 거쳐 실증특례를 부여할 수 있다. 이 경우 안전성 등을 위하여 중소벤처기업부장관은 지역, 기간, 규모의 제한 등 필요한 조건을 붙일 수 있다.
⑤ 실증특례와 관련이 있는 관계 행정기관의 장 및 규제자유특구 관할 비수도권 시·도지사등은 규제자유특구위원회에 실증특례에 관한 의견을 제출할 수 있다.
(2024.2.6 본항개정)
⑥ 중소벤처기업부장관은 제4항에 따른 심의·의결 결과를 해당 비수도권 시·도지사등에게 즉시 통보하여야 하며, 통보를 받은 비수도권 시·도지사등은 제1항에 따라 실증특례 부여를 요청한 자에게 그 결과를 즉시 통보하여야 한다.(2024.2.6 본항개정)
⑦ 제1항에 따라 실증특례 부여를 요청한 자는 제4항에 따른 심의·의결 결과에 이의가 있는 경우 규제자유특구 관할 비수도권 시·도지사등에게 재심의 신청을 요청할 수 있다. 이 경우 규제자유특구 관할 비수도권 시·도지사등은 그 내용을 검토하여 재심의가 필요하다고 인정되는 경우 중소벤처기업부장관에게 재심의를 신청하여야 한다.(2024.2.6 본항개정)
⑧ 중소벤처기업부장관은 제7항에 따라 재심의 신청을 받은 경우 규제자유특구위원회의 심의·의결을 거쳐 재심의를 하고, 그 결과를 통보하여야 한다. 이 경우 결과의 통보에 관하여는 제6항을 준용한다.(2024.2.6 본항신설)
⑨ 제4항에 따른 실증특례의 유효기간은 4년의 범위 내에서 정한다. 다만, 유효기간의 만료 전에 규제특례 사항과 관련된 법령이 정비되지 아니한 경우나 부득이한 사유로 유효기간 내 실증이 지연된 경우에는 규제자유특구의 지정기간 내 2년의 범위에서 한 차례 유효기간을 연장할 수 있다. 이 경우 실증특례의 연장은 유효기간 만료 2개월 전에 비수도권 시·도지사등을 거쳐 중소벤처기업부장관에게 신청하여야 한다.(2024.2.6 본항신설)
⑩ 제1항부터 제9항까지에서 규정한 사항 외에 실증특례의 신청방법, 심사기준, 절차 및 재심의 등에 필요한 사항은 대통령령으로 정한다.(2024.2.6 본항개정)
제87조【실증을 위한 특례 관리 등】 ① 중소벤처기업부장관과 관계 중앙행정기관의 장 및 규제자유특구 관할 비수도권 시·도지사등은 제86조제4항에 따른 실증특례를 부여받아 실증을 하려는 자(이하 "실증사업자"라 한다)의 실증특례 관련 활동을 공동으로 관리·감독한다.
(2024.2.6 본항개정)
② 중소벤처기업부장관, 관계 중앙행정기관의 장 및 규제자유특구 관할 비수도권 시·도지사등은 실증특례의 관리를 위하여 시험 및 검사를 실시하거나 대통령령으로 정하는 전문 인력과 기술을 갖춘 기관 또는 단체에 시험 및 검사를 요청할 수 있다.(2024.2.6 본항개정)
③ 관계 행정기관의 장, 규제자유특구 관할 비수도권 시·도지사등 및 실증사업자는 새로운 제품 또는 서비스의 이용자가 쉽게 알 수 있도록 실증특례의 사실 및 유효기간, 관련된 혁신사업 또는 전략산업등의 내용을 알려야 하고, 국민의 생명·안전 및 환경의 저해와 개인정보의 안전한 보호·처리 등의 문제에 대하여 적극적으로 대응하여야 한다.(2024.2.6 본항개정)
④ 관계 중앙행정기관의 장은 제86조제9항에 따른 실증특례의 유효기간의 만료 전에 신기술을 활용한 새로운 서비스와 제품의 안전성 등이 제2항에 따른 검사 결과 또는 대통령령으로 정하는 방법에 따라 입증되면 관련 혁신사업 또는 전략산업등에 대한 허가등의 근거가 되는 법령을 정비하여야 한다. 이 경우 허가등의 근거가 되는 법령의 신속한 정비에 대하여 필요한 사항은 대통령령으로 정한다.(2024.2.6 전단개정)
⑤ 실증사업자는 관련 혁신사업 또는 전략산업등에 대한 허가등의 근거가 되는 법령이 마련된 경우 지체 없이 그 법령에 따라 허가등을 받아야 한다.
⑥ 관계 중앙행정기관의 장 및 관할 비수도권 시·도지사등은 제11항에 따라 제출된 실증특례 적용 결과를 바탕으로 규제특례 사항과 관련된 법령의 정비 필요 여부를 검토한 후, 그 결과를 심의위원회에 보고하고, 관련 혁신사업 또는 전략산업등과 관련한 신기술을 활용한 새로운 서비스와 제품의 안전성 등이 입증되어 법령 정비가 필요한 경우에는 즉시 법령 정비 계획을 수립하여 법령 정비에 착수하여야 한다. 이 경우 법령 정비 계획은 대통령령으로 정하는 바에 따라 심의위원회 보고일부터 60일 이내에 중소벤처기업부장관에게 제출하여야 한다.
(2024.2.6 본항개정)
⑦ 중소벤처기업부장관은 제6항에 따른 검토 결과와 달리 법령 정비가 필요한 경우에는 「행정규제기본법」 제17조 및 제17조의2에 따라 같은 법 제23조에 따른 규제개혁위원회(이하 "규제개혁위원회"라 한다)에 규제 정비를 요청하거나 의견을 제출할 수 있으며, 규제개혁위원회는 규제 정비 요청 또는 제출된 의견을 같은 법 제18조에 따라 심사할 수 있다.(2021.4.20 본항신설)
⑧ 중소벤처기업부장관은 관계 중앙행정기관의 장 및 관할 비수도권 시·도지사등이 제6항에 따라 법령 정비에 착수한 경우(제7항에 따라 규제개혁위원회의 심사를 거쳐 법령 정비에 착수한 경우를 포함한다) 다른 법률에서 금지되는 것이 명확하지 아니하면 해당 혁신사업 또는 전략산업등에 제90조에 따른 임시허가를 할 수 있다.
(2024.2.6 본항개정)
⑨ 실증사업자는 실증특례의 유효기간 만료일 2개월 전까지 중소벤처기업부장관, 관계 중앙행정기관의 장 및 관할 비수도권 시·도지사등에게 실증특례의 적용 결과를 첨부하여 법령의 정비를 요청할 수 있다. 이 경우 법령 정비 절차에 관하여는 제6항부터 제8항까지의 규정을 준용한다.(2024.2.6 전단개정)
⑩ 제86조제4항 및 제9항에도 불구하고, 제9항에 따라 법령의 정비를 요청한 자에 대하여는 제6항부터 제8항까지의 절차에 필요한 기간 동안 실증특례의 유효기간이 종료되지 아니한 것으로 본다. 이 경우 규제자유특구의 지정기간 범위를 초과할 수 없다.(2024.2.6 전단개정)
⑪ 실증사업자(제9항에 따라 법령의 정비를 요청한 자는 제외한다)는 실증특례 유효기간 만료일로부터 30일 이내에 해당 실증특례 적용 결과를 중소벤처기업부장관, 관계 중앙행정기관의 장 및 관할 비수도권 시·도지사등에게 제출하여야 한다.(2024.2.6 본항개정)
⑫ 중소벤처기업부장관 및 관계 중앙행정기관의 장은 혁신사업 또는 전략산업등의 활성화를 위하여 제11항에 따른 실증특례 적용결과를 공개할 수 있다.(2021.4.20 본항개정)
⑬ 중소벤처기업부장관은 제6항에 따른 법령 정비 계획에 따라 해당 법령이 정비되지 아니한 경우 규제자유특구위원회에 법령 정비 권고에 관한 의결을 요청할 수 있다. 이 경우 규제자유특구위원회는 심의·의결을 거쳐 해당 법령의 소관 중앙행정기관의 장에게 법령 정비를 권고할 수 있으며, 해당 중앙행정기관의 장은 그 처리 결과를 규제자유특구위원회에 보고하여야 한다.(2024.2.6 본항신설)
⑭ 제1항부터 제13항까지에서 규정한 사항 외에 실증특례의 관리 등에 필요한 사항은 대통령령으로 정한다.
(2024.2.6 본항개정)
제88조【실증특례 손해의 배상】 ① 실증사업자는 해당 실증특례 사업으로 인하여 이용자에게 인적·물적 손해를 발생하게 한 때에는 그 손해를 배상할 책임이 있다. 다만, 실증사업자가 고의 또는 과실이 없음을 입증한 경우에는 그러하지 아니한다.
② 실증사업자는 제1항에 따른 손해배상책임을 보장하기 위하여 실증특례 활용 전에 대통령령으로 정하는 바에 따라 중소벤처기업부장관이 지정하는 자를 피보험자로 하는 책임보험이나 공제 등(이하 "책임보험등"이라 한다)에 가입하여야 한다. 다만, 실증사업자가 책임보험등에 가입하기가 어려운 경우에는 규제자유특구 관할 비수도권 시·도지사등과 별도 협의를 거쳐 실증특례로 발생할 수 있는 인적·물적 손해에 대한 배상 방안을 마련하여야 한다.(2024.2.6 단서개정)
제89조【실증특례의 취소 등】 ① 규제자유특구 관할 비수도권 시·도지사등은 실증특례를 적용받은 자가 다음 각 호의 어느 하나에 해당하는 경우 중소벤처기업부장관에게 실증특례를 취소하거나 시정을 명하는 신청을 할 수 있다. 다만, 제1호에 해당하는 경우에는 실증특례 취소를 신청하여야 한다.(2024.2.6 본문개정)
1. 거짓이나 그 밖의 부정한 방법으로 실증특례를 적용받은 경우
2. 제86조제4항의 조건을 충족하지 못한 경우
3. 제86조제10항에 따른 심사기준을 충족하지 못하게 되는 경우(2024.2.6 본호개정)
4. 실증특례의 목적을 달성하는 것이 명백히 불가능하다고 판단되는 경우
5. 그 밖에 대통령령으로 정하는 사유에 해당하는 경우
② 중소벤처기업부장관은 실증사업자가 제1항 각 호의 어느 하나에 해당하는 경우 시정을 명하거나 규제자유특구위원회의 심의·의결을 거쳐 실증특례를 취소할 수 있다. 다만, 제1항제1호에 해당하는 경우에는 실증특례를 취소하여야 한다.(2021.4.20 본항개정)
③ 제2항에 따라 실증특례를 취소한 경우 중소벤처기업부장관은 규제자유특구 관할 비수도권 시·도지사등에게 그 결과를 통보하고 규제자유특구 관할 비수도권 시·도지사등은 해당 민간기업등에 즉시 통보하여야 한다.(2024.2.6 본항개정)
④ 제1항 및 제2항에 따라 실증특례가 취소된 자는 실증특례 부여와 관련된 해당 혁신사업 또는 전략산업등을 즉시 중단하여야 한다.(2021.4.20 본항개정)
(2021.4.20 본조제목개정)
제90조【임시허가의 신청 등】 ① 규제자유특구에서 시장 출시 목적으로 혁신사업 또는 전략산업등을 시행하고자 하는 자는 해당 혁신사업 또는 전략산업등이 다음 각 호의 어느 하나에 해당되어 법령에 의한 허가등을 받기 어려운 경우 규제자유특구 관할 비수도권 시·도지사등에게 임시허가의 신청을 요청할 수 있다. 이 경우 혁신사업 또는 전략산업등에 대한 안전성 등을 검증할 수 있는 자료를 함께 제출하여야 한다.(2024.2.6 전단개정)
1. 허가등의 근거가 되는 법령에 기준·규격·요건 등이 없는 경우
2. 허가등의 근거가 되는 법령에 따른 기준·규격·요건 등을 적용하는 것이 맞지 아니한 경우
② 규제자유특구 관할 비수도권 시·도지사등은 제1항에 따른 요청 내용을 검토하여 임시허가가 필요하다고 인정하는 경우 중소벤처기업부장관에게 임시허가를 신청하여야 한다.(2024.2.6 본항개정)
③ 중소벤처기업부장관은 제2항에 따라 신청을 받은 경우 그 내용을 관계 중앙행정기관의 장에게 통보하여야 한다.
④ 관계 중앙행정기관의 장은 제3항에 따라 통보를 받은 경우 해당 임시허가의 안전성 및 필요성 등을 검토하여 그 결과를 30일 이내에 중소벤처기업부장관에게 문서로 회신하여야 한다. 다만, 임시허가 여부를 검토하기 위하여 제1항에 따라 임시허가의 신청을 요청한 자에게 자료 보완을 요구한 경우 관련 자료 보완에 걸린 기간은 해당 기간에 산입하지 아니하되, 이 경우에도 90일 이내에는 검토 결과를 회신하여야 하며, 회신이 불가능한 경우에는 30일의 범위에서 한 차례만 연장을 요청할 수 있다.
⑤ 중소벤처기업부장관은 제4항에 따른 관계 중앙행정기관의 장의 의견 등을 고려하여 규제자유특구위원회의 심의·의결을 거쳐 임시허가를 할 수 있다.
⑥ 중소벤처기업부장관은 안전성 등을 확보하기 위하여 필요한 경우에는 제5항에 따른 임시허가에 조건을 붙일 수 있다.
⑦ 중소벤처기업부장관은 제5항에 따른 심의·의결 결과를 해당 비수도권 시·도지사등에게 즉시 통보하여야 하며, 해당 비수도권 시·도지사등은 제1항에 따라 신청을 요청한 자에게 그 결과를 즉시 통보하여야 한다.
(2024.2.6 본항개정)
⑧ 제1항에 따라 임시허가의 신청을 요청한 자는 제5항에 따른 심의·의결 결과에 이의가 있는 경우 규제자유특구 관할 비수도권 시·도지사등에게 재심의 신청을 요청할 수 있다. 이 경우 규제자유특구 관할 비수도권 시·도지사등은 그 내용을 검토하여 재심의가 필요하다고 인정되는 경우 중소벤처기업부장관에게 재심의를 신청하여야 한다.(2024.2.6 본항신설)
⑨ 중소벤처기업부장관은 제8항에 따라 재심의 신청을 받은 경우 규제자유특구위원회의 심의·의결을 거쳐 재심의를 하고, 그 결과를 통보하여야 한다. 이 경우 결과의 통보에 관하여는 제7항을 준용한다.(2024.2.6 본항신설)
⑩ 임시허가의 유효기간은 3년 이하의 범위에서 정한다. 다만, 유효기간의 만료 전에 임시허가의 대상이 되는 혁신사업 또는 전략산업등에 대한 허가등의 근거가 되는 법령이 정비되지 아니한 경우 중소벤처기업부장관은 유효기간을 2년의 범위에서 1회 연장할 수 있으며, 이 경우 유효기간을 연장받으려는 자는 유효기간 만료 2개월 전에 비수도권 시·도지사등을 거쳐 중소벤처기업부장관에게 신청하여야 한다.(2024.2.6 본항개정)

⑪ 임시허가 대상인 혁신사업 또는 전략산업등의 관련 중앙행정기관의 장은 제10항에 따른 임시허가 유효기간의 만료 전에 해당 혁신사업 또는 전략산업등에 대한 허가등의 근거가 되는 법령을 정비하여야 하며, 제10항에 따라 연장된 임시허가의 유효기간 내에 허가등의 근거가 되는 법령 정비가 완료되지 않은 경우에는 법령 정비가 완료될 때까지 유효기간이 연장되는 것으로 본다.
(2024.2.6 본항개정)
⑫ 임시허가를 받은 자는 해당 혁신사업 또는 전략산업등에 대한 허가등의 근거가 되는 법령이 마련된 경우 지체 없이 그 법령에 따라 허가등을 받아야 한다.
⑬ 임시허가를 받아 해당 혁신사업 또는 전략산업등을 시행하려는 자는 그로 인하여 인적·물적손해를 발생하게 한 때에는 그 손해를 배상할 책임이 있다. 다만, 임시허가를 받은 자가 고의 또는 과실이 없음을 입증한 경우에는 그러하지 아니하다.
⑭ 임시허가를 받은 자는 제13항에 따른 손해배상책임을 보장하기 위하여 대통령령으로 정하는 바에 따라 중소벤처기업부장관이 지정하는 자를 피보험자로 하는 책임보험등에 가입하여야 한다. 다만, 임시허가를 받은 자가 책임보험등에 가입하기 어려운 경우에는 규제자유특구 관할 비수도권 시·도지사등과의 별도 협의를 거쳐 임시허가로 발생할 수 있는 인적·물적 손해에 대한 배상 방안을 마련하여야 한다.(2024.2.6 본항개정)
⑮ 임시허가와 관련이 있는 관계기관의 장은 소속 공무원으로 하여금 임시허가의 심사절차에 참여하게 하여야 하며, 규제자유특구위원회에 임시허가에 관한 의견을 제출할 수 있다.
⑯ 제1항부터 제15항까지에서 규정한 사항 외에 임시허가의 절차 및 방법 등에 필요한 사항은 대통령령으로 정한다.(2024.2.6 본항개정)

제91조【임시허가의 취소 등】 ① 규제자유특구 관할 비수도권 시·도지사등은 다음 각 호의 어느 하나에 해당하는 경우에는 중소벤처기업부장관에게 임시허가를 취소하거나 시정을 명하는 신청을 할 수 있다. 다만, 제1호 및 제3호에 해당하는 경우에는 임시허가의 취소를 신청하여야 한다.(2024.2.6 본문개정)
1. 거짓이나 그 밖의 부정한 방법으로 임시허가를 받은 경우
2. 제90조제6항의 조건을 충족하지 못하는 경우
3. 임시허가의 적용 이후 안전성 등에 문제가 발생했다고 판단되는 경우
4. 그 밖에 대통령령으로 정하는 사유에 해당하는 경우
② 중소벤처기업부장관은 제90조제5항에 따라 임시허가를 받은 자가 제1항 각 호의 어느 하나에 해당하는 경우 시정을 명하거나 규제자유특구위원회의 심의·의결을 거쳐 임시허가를 취소할 수 있다. 다만, 제1항제1호에 해당하는 경우에는 임시허가를 취소하여야 한다.
(2021.4.20 본항개정)
③ 제2항에 따라 임시허가를 취소한 경우 중소벤처기업부장관은 규제자유특구 관할 비수도권 시·도지사등에게 그 결과를 통보하고 규제자유특구 관할 비수도권 시·도지사등은 해당 민간기업등에 즉시 통보하여야 한다.(2024.2.6 본항개정)
④ 제1항 및 제2항에 따라 임시허가가 취소된 자는 해당 사업 활동을 즉시 중단하여야 한다.
(2021.4.20 본조제목개정)

제3절 규제자유특구에 대한 규제특례

제92조【「연구개발특구의 육성에 관한 특별법」에 관한 특례】 ① 규제자유특구 내에 위치하고 있는 「연구개발특구의 육성에 관한 특별법」 제2조제1호에 따른 연구개발특구(이하 이 조에서 "연구개발특구"라 한다)에서 혁신사업 또는 전략산업을 위하여 같은 법 제9조의3에 따른 연구소기업을 설립하는 경우에는 같은 법 제9조의3제3항제1호에도 불구하고 해당 연구소 기업의 주식에 대한 보유비율을 대통령령으로 달리 정할 수 있다.
② 규제자유특구 내에 위치한 연구개발특구에서 혁신사업 또는 전략산업 육성을 위하여 「연구개발특구의 육성에 관한 특별법」 제9조의5제2항에도 불구하고 같은 조 제1항에 따른 공공연구기관 연구원의 휴직기간을 5년 이내로 할 수 있다. 이 경우 소속 기관장의 허가를 받은 경우에는 그 기간을 5년간 연장할 수 있다.
③ 규제자유특구 내에 위치한 연구개발특구에서 혁신사업 또는 전략산업 육성을 위하여 「연구개발특구의 육성에 관한 특별법」 제36조에도 불구하고 건축이 허용되는 건축물의 종류를 대통령령으로 달리 정할 수 있다.

제93조【「건축법」에 관한 특례】 ① 비수도권 시·도지사는 혁신사업 또는 전략산업을 위하여 「건축법」 제69조제1항제2호에도 불구하고 규제자유특구의 일부(같은 조 제2항 각 호의 어느 하나에 해당하는 경우는 제외한다)를 특별건축구역으로 지정할 수 있다.
② 제1항에 따른 특별건축구역의 지정 및 그 절차 등에 관하여는 「건축법」 제69조부터 제77조까지를 준용한다.
③ 혁신사업 또는 전략산업을 위하여 「건축법」 제84조에도 불구하고 처마, 차양 등 돌출된 부분이 있는 공장(규제자유특구에 위치하는 공장에 한정한다)의 건축면적 산정기준을 대통령령으로 달리 정할 수 있다.

제94조【「전시산업발전법」에 관한 특례】 규제자유특구 내 혁신사업 또는 전략산업과 관련하여 「전시산업발전법」 제4조에 따른 주관기관이 국비 또는 지방비가 소요되는 전시시설(같은 법 제2조제4호에 따른 전시시설을 말하며 규제자유특구에 건립하는 경우에 한정한다)을 건립하려는 경우에는 같은 법 제11조제1항에도 불구하고 전시시설 건립계획에 대한 산업통상자원부장관과의 사전협의 절차를 생략할 수 있다.

제95조【예비타당성 조사에 관한 특례】 ① 기획재정부장관은 규제자유특구 내 혁신사업 또는 전략산업과 관련 사업의 활성화를 위하여 신규 사업(규제자유특구에서 시행되는 사업에 한정한다) 중 사업목적, 규모, 추진방안 등 구체적인 사업계획이 수립되어 규제자유특구위원회의 심의·의결을 거친 경우에는 「국가재정법」 제38조제1항에 따른 예비타당성조사를 최대한 단축하여 처리하여야 한다.
② 공공기관의 장은 규제자유특구 내 혁신사업 또는 전략산업과 관련하여 시행하는 신규 투자사업 또는 자본출자(규제자유특구에서 시행되는 사업 또는 출자에 한정한다) 중 사업목적, 규모, 추진방안 등 구체적인 사업계획이 수립되어 규제자유특구위원회의 심의·의결을 거친 경우에는 「공공기관의 운영에 관한 법률」 제40조제3항에 따른 예비타당성 조사를 최대한 단축하여 처리하여야 한다.

제96조【세제 지원 및 부담금 감면에 관한 특례】 ① 국가 및 지방자치단체는 규제자유특구 내 혁신사업 또는 전략산업의 육성을 위하여 조세를 감면할 수 있다.
② 국가 및 지방자치단체는 규제자유특구 내 혁신사업 또는 전략산업의 육성을 위하여 필요한 경우 관련 법률에서 정하는 바에 따라 규제자유특구 내 규제자유특구사업자에 대하여 다음 각 호의 부담금을 감면할 수 있다.
1. 「개발이익 환수에 관한 법률」에 따른 개발부담금
2. 「농지법」 제38조에 따른 농지보전부담금
3. 「대도시권 광역교통 관리에 관한 특별법」에 따른 광역교통시설 부담금
4. 「초지법」 제23조제8항에 따른 대체초지조성비
5. 「산지관리법」 제19조에 따른 대체산림자원조성비
6. 「자연환경보전법」 제46조에 따른 생태계보전부담금
(2024.2.6 본호개정)
7. 「공유수면 관리 및 매립에 관한 법률」 제13조에 따른 공유수면의 점용료·사용료
8. 「하천법」에 따른 하천 점용료 및 하천수 사용료

제97조【재정지원】 국가와 지방자치단체는 규제자유특구 내 혁신사업 또는 전략산업의 육성을 위하여 필요한 경우 예산의 범위에서 재정지원을 할 수 있다.

제98조【인·허가 절차에 대한 특례】 ① 제99조부터 제107조까지의 인·허가절차 특례는 규제자유특구에서 다음 각 호의 사업을 지정·변경하거나, 해당 사업의 개발계획, 지역개발사업계획 또는 실시계획, 조성계획 등을 수립·승인·변경(이하 "사업인·허가"라 한다)하는 절차에 적용된다. 이 경우 적용 대상은 승인된 규제자유특구계획에 포함된 것으로 관계 중앙행정기관의 장이 필요성을 인정한 사업에 한정한다.
1. 「지역 개발 및 지원에 관한 법률」 제2조제2호에 따른 지역개발사업구역 및 제2조제4호에 따른 투자선도지구
2. 「도시개발법」 제2조제1항제1호에 따른 도시개발구역
3. 「관광진흥법」 제2조제6호에 따른 관광지 및 제7호에 따른 관광단지
4. 「물류시설의 개발 및 운영에 관한 법률」 제2조제6호에 따른 물류단지
5. 「산업입지 및 개발에 관한 법률」 제2조제8호에 따른 산업단지(「산업단지 인·허가 절차 간소화를 위한 특례법」에 따라 조성되는 산업단지를 포함한다)
6. 「국토의 계획 및 이용에 관한 법률」 제2조제4호마목에 따른 지구단위계획
7. 제1호부터 제6호까지에서 규정한 사항 외에 대통령령으로 정하는 개발사업
② 제1항 각 호에 따른 사업인·허가 절차와 관련하여 이 법으로 정하는 사항 이외의 사항은 해당 개발사업에 관한 법률의 규정에 따른다.

제99조【통합심의위원회】 제98조제1항 각 호에 따른 사업인·허가 절차와 관련한 다음 각 호의 사항을 심의하기 위하여 국토교통부와 시·도에 중앙통합심의위원회와 지방통합심의위원회를 각각 둔다.
1. 제98조제1항 각 호에 따른 사업인·허가와 관련된 사항
2. 관계 행정기관의 이견 조정에 관한 사항
3. 그 밖에 제98조제1항 각 호의 지정권자(제98조제1항 각 호의 법률에 따라 사업을 지정하는 자를 말한다. 이하 같다)가 필요하다고 인정하여 위원회의 회의에 부치는 사항(2021.4.20 본호개정)

제100조【「산업단지 인·허가 절차 간소화를 위한 특례법」의 준용】 제98조제1항 각 호에 따른 사업인·허가 절차에 관하여 「산업단지 인·허가 절차 간소화를 위한 특례법」 제6조제2항부터 제7항까지, 제9조부터 제11조까지 및 제16조를 준용한다. 이 경우 "중앙산업단지계획심의위원회"는 "중앙통합심의위원회"로, "지방산업단지계획심의위원회"는 "지방통합심의위원회"로, "산업단지개발사업"은 "제98조제1항 각 호에 따른 사업"으로, "산업단지"는 "제98조제1항 각 호에 따른 사업 구역·단지"로, "산업단지계획"은 "제98조제1항 각 호에 따른 사업의 개발계획, 지역개발사업계획 또는 실시계획, 조성계획 등"으로, "제8조제3항 각 호 외의 부분 단서에 따라"는 "제98조제1항 각 호의 법률에 따라"로, "제8조제1항제6호에 따른 사업시행자"는 "제98조제1항 각 호의 법률에 따른 사업시행자"로, "제8조제2항에 따라"는 "제98조제1항 각 호의 법률에 따라"로 본다.

제101조【통합심의위원회의 심의】 ① 제98조제1항 각 호에 따른 사업인·허가를 위하여 국토교통부장관은 중앙통합심의위원회, 시·도지사 또는 시장·군수·구청장은 지방통합심의위원회의 심의를 거칠 수 있다.
② 사업시행자는 중앙통합심의위원회 또는 지방통합심의위원회에 최종의견서를 제출할 수 있으며, 중앙통합심의위원회 또는 지방통합심의위원회는 제98조제1항 각 호에 따른 사업인·허가에 관한 사항, 사업시행자의 최종의견서 등을 종합적으로 검토하여 승인 등의 여부를 심의한다.
③ 중앙통합심의위원회 또는 지방통합심의위원회의 심의를 거친 경우에는 다음 각 호에서 정한 심의회 및 위원회의 심의를 받거나 거친 것으로 본다.
1. 「지역 개발 및 지원에 관한 법률」에 따른 지역개발조정위원회
2. 「물류정책기본법」 제19조제1항제2호에 따른 물류시설분과위원회 또는 같은 법 제20조에 따른 지역물류정책위원회
3. 「산업입지 및 개발에 관한 법률」에 따른 산업입지정책심의회
4. 「국토의 계획 및 이용에 관한 법률」에 따른 도시계획위원회
5. 「도시교통정비 촉진법」에 따른 교통영향평가심의위원회
6. 「자연재해대책법」에 따른 사전재해영향성 검토위원회
7. 「에너지이용 합리화법」에 따른 에너지사용계획에 대하여 심의권한을 가진 위원회
8. 「국가통합교통체계효율화법」에 따른 국가교통위원회
9. 「산지관리법」에 따른 산지관리위원회
10. 「경관법」에 따른 경관위원회

제102조【「환경영향평가법」 등의 적용 특례】 ① 「환경영향평가법」 제18조제1항에도 불구하고 제98조제1항 각 호에 따른 사업인·허가에 대하여 전략환경영향평가 협의를 요청받은 행정기관의 장은 그 협의요청을 받은 날부터 30일 이내에 지정권자에게 전략환경영향평가 협의에 대한 의견을 통보하여야 한다.
② 「환경영향평가법」 제29조에도 불구하고 제98조제1항 각 호에 따른 사업인·허가에 대하여 환경영향평가서의 협의를 요청받은 행정기관의 장은 환경영향평가서를 접수한 날부터 45일 이내에 지정권자에게 평가협의에 대한 의견을 통보하여야 한다.
③ 제1항 및 제2항에 따른 협의기간 산정 시 협의기관의 장은 대통령령으로 정하는 사유에 해당하는 경우 지정권자 또는 사업시행자에게 관련 서류의 보완을 한 차례만 요청할 수 있으며, 지정권자 또는 사업시행자가 관련 서류를 보완하는 기간은 협의기간에 포함하지 아니한다. 다만, 동일한 보완사항에 대하여 중대한 미비로 협의가 어려워 재보완을 요구하는 경우에는 보완 횟수에 포함하지 아니한다.
④ 지정권자는 「환경영향평가법」에 따른 전략환경영향평가 및 환경영향평가를 실시하는 경우 협의기관의 장과 협의하여 해당 사업으로 인한 환경영향을 연 2회 이하 조사할 수 있다.

제103조【「공유수면 관리 및 매립에 관한 법률」의 적용 특례】 ① 제98조제1항 각 호에 따른 법률의 규정에 따라 사업인·허가가 고시된 때(관계 기관의 장과 협의를 거친 경우로 한정한다)에는 「공유수면 관리 및 매립에 관한 법률」 제22조 및 제27조에 따라 공유수면매립 기본계획이 수립 또는 변경된 것으로 본다.
② 지정권자는 제1항에 따라 공유수면매립 기본계획을 수립 또는 변경하는 내용을 포함하는 제98조제1항 각 호에 따른 사업인·허가(관계 기관의 장과 협의를 거친 경우로 한정한다)를 하고자 하는 경우에는 해양수산부장관과 협의하여야 한다.

제104조【「국가통합교통체계효율화법」의 적용 특례】 「국가통합교통체계효율화법」 제38조제1항에도 불구하고 제98조제1항 각 호에 따른 해당 사업시행자가 연계교통체계 구축대책을 수립하여 같은 법 제4조에 따른 관계 행정기관의 장에게 제출할 수 있다.

제105조【「수도법」의 적용 특례】 제98조제1항 각 호에 따른 법률의 규정에 따라 사업인·허가가 고시된 때(관계 기관의 장과 협의를 거친 경우로 한정한다)에는 「수도법」 제5조에 따라 수도정비계획이 수립 또는 변경되어 국토교통부장관 및 환경부장관의 승인을 받은 것으로 본다. 다만, 본문의 특례를 적용하기 위해서 중소벤처기업부장관은 수도정비계획의 수립 또는 변경과 관련하여 관계 행정기관의 장과 협의하여야 한다.(2022.1.11 본조개정)

제106조【「하수도법」의 적용 특례】 제98조제1항 각 호에 따른 법률의 규정에 따라 사업인·허가가 고시된 때(관계 기관의 장과 협의를 거친 경우로 한정한다)에는 「하수도법」 제5조 및 제6조에 따라 하수도정비기본계획이 수립 또는 변경되어 환경부장관의 승인을 받은 것으

로 본다. 다만, 본문의 특례를 적용하기 위해서 중소벤처기업부장관은 하수도정비기본계획의 수립 또는 변경과 관련 하여 환경부장관과 협의하여야 한다.

제106조의2【「폐기물관리법」등의 적용 특례】 ① 규제자유특구 내 혁신사업 또는 전략산업과 관련하여 폐기물처리업을 하려는 자는 「폐기물관리법」 제25조에도 불구하고 환경부장관 또는 시·도지사와의 협의를 거쳐 허가를 받지 아니하고 같은 조 제5항제5호부터 제7호까지에 따른 폐기물처리업을 할 수 있다.

② 규제자유특구 내 혁신사업 또는 전략산업과 관련하여 폐기물처리시설을 설치·운영하려는 자는 「폐기물관리법」 제29조제2항 및 제4항에도 불구하고 환경부장관과의 협의를 거쳐 승인을 받거나 신고를 하지 아니하고 같은 법 재활용시설을 설치·운영할 수 있다.

③ 제1항에 따라 폐기물처리업을 하거나 제2항에 따라 폐기물 재활용시설을 설치·운영하는 자는 「폐기물관리법」 제2조의2에도 불구하고 환경부장관과 협의를 거쳐 폐기물의 종류 및 재활용 유형을 달리하여 재활용할 수 있다.(2024.2.6 본조신설)

제107조【「경관법」의 적용 특례】 제98조제1항 각 호에 따른 법률의 규정에 따라 사업인·허가가 고시된 때(관계기관의 장과 협의를 거친 경우로 한정한다)에는 「경관법」 제7조에 따라 경관계획이 수립 또는 변경된 것으로 본다.

제108조【「개발제한구역의 지정 및 관리에 관한 특별조치법」에 관한 특례】 규제자유특구 내 규제자유특구사업자는 「개발제한구역의 지정 및 관리에 관한 특별조치법」 제4조에도 불구하고 훼손지복구계획을 제출하지 않고 같은 법 제21조에 따른 보전부담금을 납부할 수 있다.

제109조【「대도시권 광역교통 관리에 관한 특별법」에 관한 특례】 ① 규제자유특구 내 혁신사업 또는 전략산업 등이 「대도시권 광역교통 관리에 관한 특별법」 제7조의2 제1항에 따른 대규모 개발사업에 해당하는 경우에는 국토교통부장관이 광역교통 개선대책을 수립할 수 있다. 이 경우 규제자유특구 내 사업시행자로부터 광역교통 개선대책 수립에 관한 의견을 제출받을 수 있다.

② 국토교통부장관이 제1항에 따른 광역교통 개선대책을 수립할 때에는 규제자유특구 관할 시·도지사의 의견을 들은 후 대책을 확정하여 해당 시·도지사에게 통지하여야 한다.

③ 규제자유특구 관할 시·도지사는 제2항에 따른 의견을 요청받은 날부터 30일 이내에 의견을 제출하여야 하며, 그 기간 내에 의견을 제출하지 아니하면 의견이 없는 것으로 본다.

제110조【「산업입지 및 개발에 관한 법률」에 관한 특례】 ① 규제자유특구 내에 조성되는 도시첨단산업단지(「산업입지 및 개발에 관한 법률」 제2조제8호다목에 따른 도시첨단산업단지를 말한다)의 경우 산업시설의 면적이 100분의 50 이상인 복합용지(같은 법 제2조제7호의3에 따른 복합용지를 말한다)가 해당 도시첨단산업단지의 유상공급면적에서 차지하는 비율은 같은 법 제6조제8항에도 불구하고 대통령령으로 달리 정할 수 있다.

② 「산업입지 및 개발에 관한 법률」 제8조의2제1항에 따른 산업단지지정권자가 같은 항 각 호 외의 부분 본문에 따라 산업단지 지정이 제한되는 지방자치단체의 규제자유특구 내에서 산업단지를 지정하려는 경우에는 같은 항 제2호에도 불구하고 입주 수요를 확인하는 방법을 대통령령으로 달리 정할 수 있다.

③ 규제자유특구 내에 조성되는 산업단지(「산업입지 및 개발에 관한 법률」 제2조제8호에 따른 산업단지를 말한다)의 경우 같은 법에 따른 산업단지지정권자는 같은 법 제2조제7호의2에도 불구하고 「항공사업법」 제2조제17호 가목에 따른 항공기정비업이 산업단지 내의 산업시설용지에 입주할 수 있도록 산업단지개발계획을 수립 또는 변경하거나, 산업단지개발실시계획을 승인(변경을 포함한다)할 수 있다.

제111조【산업단지 승인기간 특례】 규제자유특구 내 혁신사업 또는 전략산업을 육성하기 위하여 「산업단지 인·허가 절차 간소화를 위한 특례법」에 따라 「산업입지 및 개발에 관한 법률」 제2조제8호에 따른 산업단지를 조성하는 경우에 「산업단지 인·허가 절차 간소화를 위한 특례법」 제16조제1항에 따른 승인기간은 4개월로 한다.

제112조【「지방자치단체 출자·출연 기관의 운영에 관한 법률」에 대한 특례】 규제자유특구에서 「산업입지 및 개발에 관한 법률」 제2조제8호에 따른 산업단지조성사업을 「지방자치단체 출자·출연기관의 운영에 관한 법률」 제4조제1항에 따라 공동으로 주식회사를 설립하여 사업을 추진할 때 지방자치단체가 해당 주식회사에 공동으로 출자하는 기업을 일반에 공개하여 모집한 경우에는 「지방자치단체 출자·출연 기관의 운영에 관한 법률」 제17조제5항에도 불구하고 해당 주식회사와 그 주식회사에 출자한 기업 간의 계약을 수의계약으로 할 수 있다.

제113조【준용】 규제자유특구에 대하여 제10조, 제20조, 제21조, 제28조부터 제37조까지, 제40조, 제41조 및 제43조부터 제71조까지를 준용한다. 이 경우 "특화특구"는 "규제자유특구"로, "특화특구계획"은 "규제자유특구계획"으로, "특화특구토지이용계획"은 "규제자유특구토지이용계획"으로, "특화사업"은 "혁신사업 또는 전략산업등"으로, "특화특구관할지방자치단체"는 "비수도권 시·도등"으로, "특화특구관할지방자치단체의 장"은 "비수도권 시·도지사등"으로, "특화특구위원회"는 "규제자유특구위원회"로 본다.(2024.2.6 후단개정)

제114조【「자동차관리법」에 관한 특례】 ① 비수도권 시·도지사는 규제자유특구 내 혁신사업 또는 전략산업과 관련하여 「자동차관리법」 제27조제1항 단서에도 불구하고 자율주행자동차를 시험·연구목적으로 운행하려는 자가 시·도 조례로 정하는 안전운행요건을 갖춘 경우 임시운행을 허가할 수 있다.

② 제1항에 따라 임시운행을 위한 시·도 조례를 제정·개정할 경우에는 국토교통부장관과 사전에 협의하여야 하며, 임시운행허가의 신청을 받은 시·도지사는 시·도 조례로 정하는 바에 따라 이를 허가하고 임시운행허가증 및 임시운행허가번호판을 발급하여야 한다.

제115조【「위치정보의 보호 및 이용 등에 관한 법률」등에 관한 특례】 규제자유특구 내 혁신사업 또는 전략산업과 관련된 자율주행자동차 전자장비의 인터넷 주소를 이용하여 자동수집장치 등에 의해 개인정보 및 위치정보를 수집하고 수집한 개인정보에 대하여 데이터 값 삭제, 총계처리, 범주화, 가상 데이터 대체 등을 통하여 개인정보의 일부 또는 전부를 삭제하거나 대체함으로써 특정 개인을 식별할 수 없도록 하는 조치(이하 "비식별화"라 한다)를 한 경우에는 「위치정보의 보호 및 이용 등에 관한 법률」 및 「정보통신망 이용촉진 및 정보보호 등에 관한 법률」을 적용하지 아니한다.(2021.4.20 본조개정)

제116조【「고압가스 안전관리법」에 관한 특례】 규제자유특구 내 혁신사업 또는 전략산업과 관련하여 환경친화적 자동차의 보급 확대를 위하여 「고압가스 안전관리법」 제18조의3제1항에도 불구하고 고압가스 품질검사기관을 대통령령으로 달리 정할 수 있다.

제117조【「도로법」에 관한 특례】 도로관리청은 규제자유특구 내 혁신사업 또는 전략산업과 관련하여 「도로법」 제61조제3항에도 불구하고 수소 배관시설에 대하여 도로굴착을 수반하는 도로점용허가는 대통령령으로 달리 정할 수 있다.(2023.4.18 본조개정)

제118조 (2024.2.6 삭제)

제119조【「전기통신사업법」에 관한 특례】 규제자유특구 내 혁신사업 또는 전략산업과 관련된 규제자유특구사업자는 「전기통신사업법」 제17조제1항에도 불구하고 과학기술정보통신부장관의 승인을 받지 아니하고 통신기기제조업을 영위할 수 있다.

제120조【「약사법」에 관한 특례】 식품의약품안전처장은 규제자유특구 내 혁신사업 또는 전략산업과 관련된 의약품 제조업자가 「약사법」 제31조에 따라 의약품 제조판매품목허가를 신청한 경우에는 다른 제조판매품목허가 신청에 우선하여 심사할 수 있다.

제121조【「의료기기법」에 관한 특례】 식품의약품안전처장은 규제자유특구 내 혁신사업 또는 전략산업과 관련하여 해당 지역 내의 「의료기기법」 제6조제2항에 따른 제조업자가 같은 조 제4항에 따라 의료기기 제조허가 또는 제조인증을 신청하거나 제조신고를 하는 경우에는 다른 신청이나 신고에 우선하여 심사할 수 있다.

제122조【「유전자변형생물체의 국가간 이동 등에 관한 법률」에 관한 특례】 규제자유특구 내 혁신사업 또는 전략산업과 관련된 유전자변형생물체의 개발·실험승인 및 변경승인 사항과 관련하여 「유전자변형생물체의 국가간 이동 등에 관한 법률」 제22조의2, 같은 법 시행령 제23조의6제3항 및 제23조의7제2항에도 불구하고 관계 중앙행정기관의 장은 신청일부터 30일 이내에 승인여부를 신청인에게 통보하여야 한다.

제123조【「항공안전법」에 관한 특례】 규제자유특구 내 혁신사업 또는 전략산업과 관련하여 국토교통부장관은 「항공안전법」 제78조에 따른 공역 이외에 무인비행장치, 무인항공기 등의 비행시험 등을 위한 무인기 비행전용구역을 지정할 수 있다. 이 경우 공역설정 기준과 그 밖에 공역의 지정등에 필요한 사항은 같은 법 제78조제3항을 따른다.

제124조【「항공우주산업개발 촉진법」에 관한 특례】 규제자유특구 내 혁신사업 또는 전략산업과 관련하여 항공산업 발전을 위하여 「항공우주산업개발 촉진법」 제8조의2에도 불구하고 항공우주산업 특화단지 지정요건 중 입주예정 사업자의 수를 대통령령으로 달리 정할 수 있다.

제125조【「공유수면 관리 및 매립에 관한 법률」에 관한 특례】 제76조에 따라 규제자유특구로 지정(「간척지의 농어업적 이용 및 관리에 관한 법률」 제2조제1호의 "간척지" 용도로 준공된 토지에 개발하는 무인비행장치, 무인항공기 등과 관련된 사업에 한정한다)된 경우에는 「공유수면 관리 및 매립에 관한 법률」 제48조제1항에도 불구하고 매립지 준공검사 후 매립목적을 변경할 수 있다. 이 경우 매립목적 변경절차는 같은 법 제49조제3항을 따른다.

제126조【「전기사업법」에 관한 특례】 규제자유특구 내 혁신사업 또는 전략산업과 관련하여 「지능형전력망의 구축 및 이용촉진에 관한 법률」 제2조제5호다목에 따른 지능형전력망 서비스 제공사업에 대해서는 「전기사업법」 제31조제5항 및 제43조에도 불구하고 대통령령으로 정하는 바에 따라서 수요반응자원의 등록요건을 달리 정할 수 있다.

제127조【「신에너지 및 재생에너지 개발·이용·보급 촉진법」에 관한 특례】 규제자유특구 내 태양광 기술개발 및 이용·보급에 관한 사업과 관련되어 국유재산 또는 공유재산을 임대하는 경우에는 「신에너지 및 재생에너지 개발·이용·보급 촉진법」 제26조제3항에도 불구하고 임대기간을 20년 이내로 하되, 국유재산은 종전의 임대기간을 초과하지 아니하는 범위에서 갱신할 수 있고, 공유재산은 지방자치단체의 장이 필요하다고 인정하는 경우 한 차례만 20년 이내의 기간에서 연장할 수 있다.

제128조【「자연공원법」에 관한 특례】 공원관리청은 규제자유특구 내 혁신사업 또는 전략산업과 관련하여 「신에너지 및 재생에너지 개발·이용·보급 촉진법」 제2조제2호가목 또는 나목에 따른 태양에너지 또는 풍력에 관련된 시설을 설치하려는 자가 「자연공원법」 제23조제1항에 따른 설치허가를 신청하는 경우 신청일부터 90일 이내에 설치허가 여부를 신청인에게 통보해야 한다.

제129조【「농지법」에 관한 특례】 ① 규제자유특구 내 규제자유특구사업자는 농업 관련 혁신사업 또는 전략산업을 위하여 「농지법」 제32조에도 불구하고 농업진흥구역에서 변경된 농업보호구역에 대통령령으로 정하는 농업 관련 산업시설을 설치할 수 있다.

② 규제자유특구 내 규제자유특구사업자는 탄소섬유 관련 혁신사업 또는 전략산업을 위하여 「농지법」 제32조에도 불구하고 농업진흥구역에서 변경된 농업보호구역에 대통령령으로 정하는 농기계 탄소부품 제조업 관련 시설을 설치할 수 있다.

제130조【「농어촌정비법」에 관한 특례】 규제자유특구 내 혁신사업 또는 전략산업을 위하여 「농어촌정비법」 제14조에도 불구하고 같은 법 제14조제1항에 따른 매립지등의 임대기간을 대통령령으로 달리 정할 수 있으며, 같은 법 제10조에 따른 농업생산기반 정비사업 시행자가 필요하다고 인정하는 경우에는 임대기간을 연장할 수 있다.

제131조【「공유재산 및 물품 관리법」에 관한 특례】 ① 지방자치단체의 장은 「공유재산 및 물품 관리법」 제29조에도 불구하고 규제자유특구 내 지방자치단체 소유재산 중 「종자산업법」 제13조에 따른 종자기술연구단지 개발 사업의 시행으로 조성된 재산에 대하여 대통령령으로 정하는 기준을 충족하는 업체 또는 기관 등에게 수의계약으로 매각할 수 있다. 다만, 당초 목적으로 사용하지 않을 경우 계약을 취소할 수 있다.

② 규제자유특구 내 혁신사업 또는 전략산업과 관련하여 「마리나항만의 조성 및 관리 등에 관한 법률」 제2조제1호에 따른 마리나항만 및 「체육시설의 설치·이용에 관한 법률」 제5조의 전문체육시설(요트장에 한정한다) 관련 부대사업(「사회기반시설에 대한 민간투자법」 제2조제9호에 따른 부대사업을 말한다) 시설에 대해서는 「공유재산 및 물품 관리법」 제21조제1항 단서에서 정하고 있는 기간을 적용하지 아니할 수 있다.(2024.2.6 본항개정)

제132조【「문화유산의 보존 및 활용에 관한 법률」에 관한 특례】 규제자유특구 내 해양관광산업과 관련하여 「문화유산의 보존 및 활용에 관한 법률」 제25조에 따라 지정된 국가지정문화유산의 경우, 같은 법 제35조제1항에도 불구하고 대통령령으로 정하는 경미한 행위에 대해서는 시·도지사가 허가할 수 있다.(2023.8.8 본조개정)

제132조의2【「자연유산의 보존 및 활용에 관한 법률」에 관한 특례】 규제자유특구 내 해양관광산업과 관련하여 「자연유산의 보존 및 활용에 관한 법률」 제11조 및 제12조에 따라 지정된 천연기념물 및 명승의 경우, 같은 법 제17조제1항에도 불구하고 대통령령으로 정하는 경미한 행위에 대해서는 시·도지사가 허가할 수 있다.(2023.3.21 본조신설)

제133조【「화장품법」에 관한 특례】 ① 식품의약품안전처장 또는 규제자유특구 관할 시·도지사가 화장품의 품질 및 안전 등을 관리하는 전담인력(이하 "공동품질관리자"라 한다)을 고용하는 경우 화장품책임판매업자는 「화장품법」 제3조제3항에도 불구하고 책임판매관리자를 두지 아니할 수 있다. 이 경우 공동품질관리자의 관리범위 등 세부적인 사항은 대통령령으로 정한다.

② 규제자유특구 내 혁신사업 또는 전략산업과 관련한 제조업자·학교·연구소는 「화장품법」 제4조에 따른 기능성화장품의 심사를 식품의약품안전처장에게 신청할 수 있다.

③ 규제자유특구 내 화장품책임판매업자가 제1항에 따른 공동품질관리자에게 생산실적 또는 수입실적, 화장품의 제조과정에 사용된 원료의 목록 등의 보고에 필요한 서류를 제출하는 경우 「화장품법」 제5조제4항을 적용하지 아니할 수 있다.

④ 규제자유특구에서 유통되는 화장품의 포장에 대통령령으로 정하는 바에 따라 바코드 등을 기재·표시하는 경우에는 「화장품법」 제10조를 적용하지 아니할 수 있다.

제134조【「자원의 절약과 재활용촉진에 관한 법률」에 관한 특례】 규제자유특구 내 「화장품법」 제4조제1항에 따른 화장품책임판매업자에 대하여는 「자원의 절약과 재활용촉진에 관한 법률」 제9조제1항제1호에도 불구하고 대통령령으로 포장방법을 달리 정할 수 있다.

제135조【「공중위생관리법」에 관한 특례】 ① 규제자유특구 내 혁신사업 또는 전략산업과 관련하여 살아있는 나무를 건축물의 기초로 이용한 숙박시설을 설치·운영하는 경우 시·도 조례로 그 설치·운영에 관한 기준 및 절차를 정할 수 있다.

② 제1항에 따른 숙박시설은 「공중위생관리법」의 적용을 받지 아니한다.

제136조【「산업집적활성화 및 공장설립에 관한 법률」에 관한 특례】 ① 규제자유특구 내에서는 「산업집적활성화 및 공장설립에 관한 법률」 제50조에도 불구하고 「건축법」 제11조제1항에 따른 건축허가를 할 수 있으며, 해당 건축허가를 할 때 「산업집적활성화 및 공장설립에 관한 법률」 제13조에 따른 공장설립승인에 관하여 시장·군수 또는 구청장과 협의한 경우에는 해당 승인을 받은 것으로 본다.
② 규제자유특구 내 조성되는 「산업집적활성화 및 공장설립에 관한 법률」에 따른 산업단지에는 같은 법 제2조제11호에도 불구하고 공공시설의 범위를 대통령령으로 따로 정한다.
③ 「산업입지 및 개발에 관한 법률」 제6조에 따라 지정된 국가산업단지 중 농림축산식품부장관이 관리권을 위탁받은 국가산업단지에 대하여는 「산업집적활성화 및 공장설립에 관한 법률」 제30조제2항에도 불구하고 「식품산업진흥법」 제12조의2에 따라 설립된 한국식품산업클러스터진흥원을 관리기관으로 한다.(2020.2.11 본항개정)
제137조【관광식당업소 내 외국인 국내공연】 규제자유특구 내 혁신사업 또는 전략산업과 관련하여 「관광진흥법 시행령」 제2조제1항제6호라목의 관광식당업으로 「관광진흥법」 제6조에 따라 지정을 받은 자는 대통령령으로 정하는 기준을 갖춘 경우, 「영화 및 비디오물의 진흥에 관한 법률」 제71조에 따른 영상물등급위원회의 추천을 받아 해당 관광식당업소에서 외국인 국내공연을 할 수 있다.
제138조【「농어촌 전기공급사업 촉진법」에 관한 특례】
① 규제자유특구 내 혁신사업 또는 전략산업과 관련하여 대통령령으로 정하는 종류 및 규모 이하의 발전설비로 전기를 생산하여 전력시장을 통하지 않고 같은 섬 안의 전기사용자에게 공급하려는 사업자(이하 이 조에서 "민간전기공급사업자"라 한다)는 「농어촌 전기공급사업 촉진법」 제18조제1항에 따른 자가발전시설에 의하여 전기를 공급하는 지역으로서 10호(戶) 이상의 집단거주지역에 대하여는 같은 법 제20조제3항에도 불구하고 시장(「제주특별자치도 설치 및 국제자유도시 조성을 위한 특별법」 제11조제2항에 따른 행정시장을 포함한다. 이하 같다)·군수와 협의한 후 대통령령으로 정하는 기준에 따라 자가발전시설을 인수하여 전기를 공급할 수 있다. 다만, 민간전기공급사업자에게는 「농어촌 전기공급사업 촉진법」 제20조제4항을 적용하지 아니한다.
② 민간전기공급사업자의 전기요금 등 공급조건, 송전·배전용 전기설비의 이용요금과 그 밖의 이용조건은 대통령령으로 정한다.
제139조【「관광진흥법」에 관한 특례】 ① 규제자유특구 내에서 「한국관광공사법」에 따른 한국관광공사 또는 「지방공기업법」 제3조제1항에 따른 지방직영기업, 지방공사 및 지방공단이 조성하는 관광단지(「관광진흥법」 제2조제7호에 따른 관광단지 중 총면적 200만제곱미터 이상인 것을 말한다)에는 「주택법」에 따른 단독주택 또는 공동주택(아파트는 제외한다)을 포함하여 조성계획을 수립·승인·변경할 수 있다. 이 경우 조성할 수 있는 주택호수(공동주택은 세대수를 말한다), 층수, 토지면적 등은 대통령령으로 정하는 요건에 적합하여야 한다.
② 관광단지 사업시행자는 제1항에 따른 주택조성으로 인하여 발생되는 이익의 전부 또는 일부를 대통령령으로 정하는 바에 따라 관광시설 용지 분양가격 인하와 지원시설이나 공공시설의 설치 등의 용도로 사용하여야 한다.

제4장 보 칙

제140조【외국어서비스의 제공】 특화특구 또는 규제자유특구를 관할하는 지방자치단체의 장은 특화사업과 혁신사업 또는 전략산업을 위하여 공문서를 외국어로 발간·접수·처리하는 등 외국어서비스를 제공할 수 있다.
제141조【의견진술과 청문】 ① 특화특구위원회·규제자유특구위원회 또는 중소벤처기업부장관은 제16조제2항(제6호의 경우는 제외한다. 이하 같다), 제81조제2항 및 제82조제2항에 따라 지역특구의 지정의 변경 또는 해제, 특화특구계획·규제자유특구계획의 내용을 변경하는 경우에는 지역특구의 관할 지방자치단체의 장에게 의견을 진술할 기회를 주어야 한다.
② 특화특구위원회·규제자유특구위원회 또는 중소벤처기업부장관은 다음 각 호에 대해서 규제자유특구사업자, 특화사업자, 임시허가를 받은 자, 실증사업자 및 지역특구를 관할하는 지방자치단체의 장을 대상으로 청문을 하여야 한다.
1. 특화사업자 및 규제자유특구사업자의 지정을 취소하는 내용으로 특화특구계획·규제자유특구계획의 일부를 변경할 경우
2. 제16조 및 제82조에 따라 특화특구 및 규제자유특구를 지정해제하려는 경우
3. 제89조에 따라 실증특례를 취소하려는 경우
4. 제91조에 따라 임시허가를 취소하려는 경우
제141조의2【적극행정 면책 특례】 제85조부터 제87조까지 및 제90조에 따른 업무를 공공의 이익을 위하여 적극적으로 처리한 결과에 대하여 그의 행위에 고의나 중대한 과실이 없는 경우에는 「감사원법」 제34조의3 및 「공공감사에 관한 법률」 제23조의2에 따라 징계 요구 또는 문책 요구 등 책임을 묻지 아니한다.(2024.2.6 본조신설)
제141조의3【포상】 중소벤처기업부장관은 적극적으로 업무를 추진하여 혁신사업 또는 전략산업등 관련 산업 활성화에 기여한 자에게 표창을 수여하거나 포상금을 지급할 수 있다.(2024.2.6 본조신설)
제141조의4【벌칙 적용에서 공무원 의제】 특화특구위원회, 규제자유특구위원회, 심의위원회의 위원 중 공무원이 아닌 사람은 「형법」 제127조 및 제129조부터 제132조까지의 규정을 적용할 때에는 공무원으로 본다.
(2018.12.31 본조신설)

제5장 벌 칙

제142조【벌칙】 다음 각 호의 어느 하나에 해당하는 자는 3년 이하의 징역 또는 3천만원 이하의 벌금에 처한다.
1. 거짓이나 그 밖의 부정한 방법으로 제86조에 따른 실증특례를 받은 자
2. 거짓이나 그 밖의 부정한 방법으로 제90조에 따른 임시허가를 받은 자
제143조【과태료】 ① 중소벤처기업부장관은 다음 각 호의 어느 하나에 해당하는 자에게 1천만원 이하의 과태료를 부과한다.
1. 제86조제4항에 따른 조건을 준수하지 아니하거나, 제89조제4항을 위반하여 해당 혁신사업 또는 전략산업등을 즉시 중단하지 아니한 자(2021.4.20 본호개정)
2. 제88조제2항을 위반하여 책임보험등에 가입하지 아니하거나, 인적·물적 손해에 대한 배상 방안을 마련하지 아니한 자(2021.4.20 본호개정)
3. 제90조제6항에 따른 조건을 준수하지 아니하거나, 제91조제4항을 위반하여 해당 사업 활동을 즉시 중단하지 아니한 자(2021.4.20 본호개정)
4. 제90조제14항을 위반하여 책임보험등에 가입하지 아니하거나, 인적·물적 손해에 대한 배상 방안을 마련하지 아니한 자(2024.2.6 본호개정)
② 제1항에 따른 과태료는 대통령령으로 정하는 바에 따라 중소벤처기업부장관 또는 관할 비수도권 시·도지사등이 부과·징수한다.(2024.2.6 본항개정)

부 칙

제1조【시행일】 이 법은 공포 후 6개월이 경과한 날부터 시행한다.
제2조【다른 법령과의 관계】 이 법 시행 당시 다른 법령에서 종전의 「지역특화발전특구에 대한 규제특례법」 또는 그 법의 규정을 인용한 경우 이 법 가운데 그에 해당하는 규정이 있으면 종전의 규정을 갈음하여 이 법 또는 이 법의 해당 규정을 인용한 것으로 본다.
제3조【지역전략산업에 관한 경과조치】 법률 제12215호 「국가균형발전 특별법」 제22조에 따른 지역발전위원회가 2015년 12월 14일 의결을 거쳐 지역전략산업으로 선정한 산업을 혁신사업 또는 전략산업으로 하여 시·도지사가 제74조에 따른 규제자유특구계획을 수립하고 제72조에 따라 중소벤처기업부장관에게 규제자유특구 지정을 신청하는 경우에는 제75조에 따라 규제특구계획이 승인되고 규제자유특구가 지정된 것으로 본다.

부 칙 (2018.12.31)

이 법은 공포 후 3개월이 경과한 날부터 시행한다. 다만, 법률 제15852호 지역특화발전특구에 대한 규제특례법 전부개정법률 제141조의2의 개정규정은 2019년 4월 17일부터 시행한다.

부 칙 (2020.2.11)

제1조【시행일】 이 법은 공포한 날부터 시행한다.(이하 생략)

부 칙 (2020.12.22)
(2020.12.29 법17761호)

제1조【시행일】 이 법은 2021년 1월 1일부터 시행한다.(이하 생략)

부 칙 (2020.12.29 법17799호)

제1조【시행일】 이 법은 공포 후 1년이 경과한 날부터 시행한다.(이하 생략)

부 칙 (2021.4.20)

이 법은 공포 후 3개월이 경과한 날부터 시행한다.

부 칙 (2022.1.4)

이 법은 공포 후 6개월이 경과한 날부터 시행한다.

부 칙 (2022.1.11)

제1조【시행일】 이 법은 공포한 날부터 시행한다.(이하 생략)

부 칙 (2022.12.27)

제1조【시행일】 이 법은 공포 후 6개월이 경과한 날부터 시행한다.(이하 생략)

부 칙 (2023.3.21)

제1조【시행일】 이 법은 공포 후 1년이 경과한 날부터 시행한다.(이하 생략)

부 칙 (2023.4.18)

제1조【시행일】 이 법은 공포 후 6개월이 경과한 날부터 시행한다.(이하 생략)

부 칙 (2023.6.9)

제1조【시행일】 이 법은 공포 후 1개월이 경과한 날부터 시행한다.(이하 생략)

부 칙 (2023.8.8)

제1조【시행일】 이 법은 2024년 5월 17일부터 시행한다.(이하 생략)

부 칙 (2023.10.31)

제1조【시행일】 이 법은 공포한 날부터 시행한다.
제2조【인허가등의 의제에 관한 적용례】 제65조의 개정규정(인허가등의 의제를 위한 행정청 간 협의 간주에 관한 사항으로 한정한다)은 이 법 시행 이후 인허가등의 의제에 관한 협의를 요청하는 경우부터 적용한다.

부 칙 (2024.2.6)

제1조【시행일】 이 법은 공포 후 6개월이 경과한 날부터 시행한다.
제2조【규제자유특구의 지정 등의 변경에 관한 적용례】 제81조제2항의 개정규정은 이 법 시행 이후 규제자유특구계획 및 규제자유특구의 지정의 변경을 신청한 경우부터 적용한다.
제3조【실증특례의 유효기간에 관한 적용례】 제86조제9항의 개정규정은 이 법 시행 이후 실증특례를 부여하는 경우부터 적용한다.
제4조【법령 정비 계획 제출에 관한 적용례】 제87조제6항의 개정규정은 이 법 시행 이후 실증특례 적용 결과가 제출된 경우부터 적용한다.
제5조【임시허가의 유효기간에 관한 적용례】 제90조제10항의 개정규정은 이 법 시행 이후 임시허가를 하는 경우부터 적용한다.

새마을금고법

(2007년 5월 25일 전부개정법률 제8485호)

개정
2007. 7.27법 8553호
2007. 8. 3법 8635호(자본시장금융투자업)
2008. 2.29법 8852호(정부조직)
2008. 2.29법 8863호(금융위원회의설치등에관한법)
2008.12.26법 9197호
2010. 3.31법10220호(지방세특례제한법)
2010. 5.17법10303호(은행법)
2011. 3. 8법10437호
2011. 5.19법10682호(금융부실)
2013. 3.23법11690호(정부조직)
2014. 5.20법12592호(상업등기법)
2014. 6.11법12749호
2014.11.19법12844호(정부조직)
2015. 7.20법13399호
2016. 1. 6법13725호
2017. 7.26법14839호(정부조직)
2017.10.31법15022호(주식회사등의외부감사에관한법)
2017.12.26법15290호
2019.11.26법16652호(자산관리)
2020. 2.18법17007호(권한지방이양)
2021.10.19법18492호
2022.11.15법19024호
2023. 4.11법19329호

제1장 총 칙

제1조【목적】 이 법은 국민의 자주적인 협동 조직을 바탕으로 우리나라 고유의 상부상조 정신에 입각하여 자금의 조성과 이용, 회원의 경제적·사회적·문화적 지위의 향상, 지역사회 개발을 통한 건전한 국민정신의 함양과 국가경제 발전에 이바지함을 목적으로 한다.

제2조【정의와 명칭】 ① 이 법에서 "금고"란 제1조의 목적을 달성하기 위하여 이 법에 따라 설립된 비영리법인인 새마을금고를 말한다.
② 이 법에서 "지역금고"란 제1항의 금고 중 동일한 행정구역, 경제권 또는 생활권을 업무구역으로 하는 금고를 말한다.
③ 이 법에서 "중앙회"란 모든 금고의 공동이익 증진과 지속적인 발전을 도모하기 위하여 이 법에 따라 설립한 비영리법인인 새마을금고중앙회를 말한다.(2011.3.8 본항개정)
④ 금고나 중앙회는 그 명칭 중 "새마을금고" 또는 "새마을금고중앙회"라는 문자를 사용하여야 한다.(2011.3.8 본항개정)
⑤ 금고나 중앙회가 아니면 제4항에 따른 명칭이나 이와 유사한 명칭을 사용할 수 없다.(2011.3.8 본항개정)

제3조【국가 등의 협력의무】 ① 국가나 지방자치단체는 금고나 중앙회가 행하는 사업의 육성을 위하여 필요한 지원을 하여야 하며, 국공유재산을 금고나 중앙회가 필요로 하는 경우에는 우선적으로 대여하거나 사용·수익하게 할 수 있다.
② 국가나 지방자치단체는 금고의 원활한 발전을 위하여 예산의 범위에서 중앙회에 보조금을 내줄 수 있다.
(2011.3.8 본조개정)

제4조【다른 협동조합과의 협력】 금고와 중앙회는 다른 법률에 따른 협동조합 및 외국의 협동조합과의 상호협력을 위하여 노력하여야 한다.(2011.3.8 본조개정)

제5조【정치 관여 금지】 금고와 중앙회는 정치에 관여하는 일체의 행위를 할 수 없다.(2011.3.8 본조개정)

제6조【다른 법률과의 관계】 ① 제67조제1항제5호다목(내국환 업무만 해당된다)이나 같은 호 마목에 따른 중앙회의 신용사업 부문은 「은행법」 제2조에 따른 은행 및 「한국은행법」 제11조에 따른 하나의 금융기관으로 본다.
② 금고와 중앙회의 사업에 관하여는 「보험업법」의 규정을 적용하지 아니한다.
③ 금고와 중앙회는 「한국자산관리공사 설립 등에 관한 법률」 제45조의2를 적용할 경우에 같은 조의 적용을 받는 기관으로 본다.(2019.11.26 본항개정)
(2011.3.8 본조개정)

제2장 금 고

제1절 설 립

제7조【설립】 ① 금고는 50명 이상의 발기인이 중앙회장(이하 "회장"이라 한다)이 정하는 정관례에 따라 정관을 작성하여 창립총회의 의결을 거친 뒤에 회장을 거쳐 특별자치시장·특별자치도지사 또는 시장·군수·구청장(구청장은 자치구의 구청장을 말한다. 이하 같다)의 인가를 받아 그 주된 사무소의 소재지에서 설립등기를 함으로써 성립한다.(2020.2.18 본항개정)
② 창립총회의 의사(議事)는 발기인에게 금고 설립 동의서를 개의(開議) 전까지 제출한 자 과반수의 출석과 출석자 3분의 2 이상의 찬성으로 의결한다.
③ 창립총회의 공고·의결사항과 설립인가 신청 절차, 인가 제한 사유 등 금고 설립에 필요한 사항은 대통령령으로 정한다.
④~⑤ (2011.3.8 삭제)

제7조의2【설립인가의 요건】 ① 제7조제1항에 따른 금고 설립의 인가를 받으려는 자는 다음 각 호의 요건을 모두 갖추어야 한다.
1. 대통령령으로 정하는 금액 이상의 출자금을 보유할 것
2. 회원의 보호가 가능하고 금고의 사업을 수행하기에 충분한 전문인력과 전산설비 등 물적 시설을 갖추고 있을 것
3. 사업계획이 타당하고 건전할 것
4. 발기인이 충분한 출자능력, 건전한 재무상태 및 사회적 신용을 갖추고 있을 것
② 제1항에 따른 설립인가의 세부 요건은 대통령령으로 정한다.
(2011.3.8 본조신설)

제8조【정관의 기재사항】 금고의 정관에는 다음 각 호의 사항을 적어야 한다.
1. 목적
2. 명칭
3. 주된 사무소의 소재지(2023.4.11 본호개정)
4. 해당 금고의 업무구역
5. 회원의 자격과 가입, 탈퇴 및 제명(除名)에 관한 사항
6. 출자(出資) 1좌(座)의 금액과 납입 방법
7. 기관에 관한 사항 및 임원의 수와 선출에 관한 사항
8. 사업의 종류와 회계에 관한 사항
9. 공고 방법
10. 해산에 관한 사항
11. 그 밖에 필요한 사항

제8조의2【사무소】 ① 금고의 주된 사무소는 정관으로 정한다.
② 금고는 정관으로 정하는 바에 따라 필요한 곳에 분사무소를 둘 수 있다.
(2011.3.8 본조신설)

제2절 회원과 출자

제9조【회원과 자본금】 ① 금고의 회원은 그 금고의 정관으로 정하는 업무구역에 주소나 거소(居所)가 있는 자 또는 생업에 종사하는 자로서 출자 1좌 이상을 현금으로 납입한 자로 한다.
② 한 금고의 회원 수는 100명 이상으로 한다.
③ 금고는 정당한 사유 없이 회원이 될 수 있는 자격을 가진 자의 가입을 거절할 수 없으며, 가입에 관하여 필요한 사항은 정관으로 정한다.
④ 출자 1좌의 금액은 정관으로 정하며, 한 회원이 가질 수 있는 출자좌수(出資座數)의 최고한도는 총출자좌수의 100분의 15를 초과할 수 없다.
⑤ 회원은 출자좌수에 관계없이 평등한 의결권과 선거권을 가진다. 다만, 정관으로 정하는 바에 따라 미성년자 또는 해당 금고의 회원 자격을 유지한 기간이 6개월 미만인 회원에 대하여만 의결권과 선거권을 제한할 수 있다.
⑥ 회원은 다른 회원을 대리인으로 하여 의결권을 행사할 수 있다. 이 경우 한 회원이 대리할 수 있는 회원의 수는 두 명을 초과할 수 없다.
⑦ 회원이 금고에 납입할 출자금은 금고에 대한 채권과 상계(相計)하지 못한다.
⑧ 출자금은 질권(質權)의 목적이 될 수 없다.
⑨ 회원은 이사장의 승인을 받아 그의 출자금을 다른 회원에게 양도할 수 있다. 이 경우 양수인은 양도인의 출자금에 관한 재산상의 권리와 의무를 승계한다.
⑩ 회원의 책임은 그 출자액을 한도로 한다.(2023.4.11 본항개정)
⑪ 금고의 자본금은 회원이 납입한 출자금(제9조의2에 따른 출자금을 포함한다), 제9조의3에 따른 회전출자금 및 제9조의4에 따른 우선출자금(누적되지 아니하는 것만 해당한다)의 총액으로 한다.(2023.4.11 본항개정)

제9조의2【출자배당금의 출자전환】 금고는 정관으로 정하는 바에 따라 회원의 출자액에 대한 배당 금액의 전부 또는 일부를 그 회원으로 하여금 출자하게 할 수 있다. 이 경우 그 회원은 배당받을 금액을 금고에 대한 채무와 상계할 수 없다.(2023.4.11 본조신설)

제9조의3【회전출자】 금고는 제9조에 따른 출자 외에 정관으로 정하는 바에 따라 그 사업의 이용 실적에 따라 회원에게 배당할 금액의 전부 또는 일부를 그 회원으로 하여금 출자하게 할 수 있다. 이 경우 그 회원은 배당받을 금액을 금고에 대한 채무와 상계할 수 없다.
(2023.4.11 본조신설)

제9조의4【우선출자】 ① 금고는 자기자본의 확충을 통한 경영의 건전성을 도모하기 위하여 정관으로 정하는 바에 따라 잉여금배당에서 우선적 지위를 가지는 우선출자를 하게 할 수 있다.
② 제1항에 따른 금고의 우선출자에 관하여는 제70조의2 제2항부터 제4항까지 및 제70조의3부터 제70조의6까지를 준용한다. 이 경우 "중앙회"는 "금고"로, "회장"은 "이사장"으로 보고, 제70조의2제2항 중 "제56조제3항"은 "제9조제4항"으로, 제70조의2제4항 중 "제56조"는 "제9조"로 본다.
③ 이 법에서 규정한 사항 외에 금고의 우선출자증권 발행, 우선출자자 모집 등 우선출자에 필요한 사항은 대통령령으로 정한다.
(2023.4.11 본조신설)

제10조【탈퇴 등】 ① 회원은 언제라도 정관으로 정하는 바에 따라 금고에서 탈퇴할 수 있다.
② 회원이 다음 각 호의 어느 하나에 해당하는 경우에는 당연히 금고에서 탈퇴한 것으로 본다.
1. 사망한 경우(법인은 해산한 경우)
2. 파산선고를 받은 경우
3. 피성년후견인이 된 경우(2016.1.6 본호개정)
4. 회원의 자격을 잃은 경우
③ 제2항제4호의 자격상실에 관한 사항은 정관으로 정한다.
④ 제1항에 따라 탈퇴한 회원(제2항에 따라 탈퇴한 것으로 보는 경우와 제10조의2에 따라 제명된 경우를 포함한다. 이하 이 조에서 같다)은 정관으로 정하는 바에 따라 그의 예탁금 및 적금의 환급(還給)을 청구할 수 있다.
(2016.1.6 본항개정)
⑤ 제1항에 따라 탈퇴한 회원은 탈퇴 당시 회계연도 다음 회계연도부터 정관으로 정하는 바에 따라 출자금의 환급을 청구할 수 있다.(2016.1.6 본항신설)
⑥ 금고는 금고의 재산으로 그 채무를 다 갚을 수 없는 경우에는 제5항에 따른 출자금을 환급할 때 정관으로 정하는 바에 따라 탈퇴하거나 제명된 회원이 부담하여야 할 손실액을 빼고 환급할 수 있다.(2016.1.6 본항신설)
⑦ 제4항 및 제5항에 따른 환급청구권은 환급을 청구할 수 있는 날부터 출자금은 2년 간, 예탁금·적금은 5년 간 행사하지 아니하면 시효로 소멸한다.(2016.1.6 본항신설)
(2016.1.6 본조제목개정)

제10조의2【제명】 ① 회원이 다음 각 호의 어느 하나에 해당하는 경우에는 총회의 의결로 제명할 수 있다.
1. 1년 이상의 장기간에 걸쳐 대출금 상환을 지체한 경우
2. 금고의 사업집행을 고의로 방해한 사실이 입증된 경우
3. 2년 이상 계속하여 금고의 사업을 이용하지 아니한 경우
4. 고의 또는 중대한 과실로 금고에 직접적인 재산상의 손해를 끼친 경우
② 금고는 제1항에 따라 회원을 제명하려면 총회 개최일 10일 전까지 그 회원에게 제명의 사유를 알리고 총회에서 의견을 진술할 기회를 주어야 한다.
③ 제1항에 따라 제명된 자에 대하여 해당 금고는 제명된 날부터 2년 간 회원가입을 제한할 수 있다.
(2016.1.6 본조신설)

제11조【우선변제】 금고는 회원이 금고에 대한 채무를 이행하지 아니하면 그 회원의 출자금·예탁금 및 적금에서 우선변제를 받는다.

제11조의2【의결 취소의 소 등】 ① 회원은 총회(창립총회를 포함한다)의 소집 절차, 의결방법, 의결내용 또는 임원의 선거가 법령이나 법령에 따른 행정처분 또는 정관을 위반한 것을 사유로 하여 그 의결이나 선거에 따른 당선의 취소 또는 무효확인을 청구하는 소(訴)를 제기할 수 있다.
② 제1항에 따른 소에 관하여는 「상법」 제376조부터 제381조까지의 규정을 준용한다.
(2016.1.6 본조신설)

제3절 기 관

제12조【총회】 ① 금고에 총회를 둔다.
② 총회는 정기총회와 임시총회로 하며, 정기총회는 매년 1회 정관으로 정하는 바에 따라 소집하고, 임시총회는 필요하다고 인정할 때에 소집한다.
③ 총회는 회원으로 구성하며 이사장이 소집한다.
④ 다음 각 호의 사항은 총회의 의결이 있어야 한다.

1. 정관의 변경
2. 해산, 합병 또는 휴업
3. 임원의 선임(이사장의 선임은 정관으로 이사장을 총회에서 선출하도록 한 경우로 한정한다)과 해임
(2017.12.26 본호개정)
4. 기본 재산의 처분
5. 결산보고서(사업보고서·재무상태표·손익계산서와 잉여금처분안 또는 손실금처리안을 포함한다)의 승인
(2017.12.26 본호개정)
6. 사업계획, 예산의 결정
7. 경비의 부과와 징수 방법
8. 그 밖의 중요한 사항
⑤ 제4항제1호의 사항은 회장을 거쳐 특별자치시장·특별자치도지사 또는 시장·군수·구청장의 인가를 받지 아니하면 그 효력을 발생하지 아니한다.(2020.2.18 본항개정)
⑥ 금고는 대통령령으로 정하는 바에 따라 총회 의사록을 작성하여야 한다.

제13조【총회의 개의와 의결】 ① 총회는 이 법에 다른 규정이 있는 경우 외에는 재적회원(在籍會員) 과반수의 출석으로 개의(開議)하고 출석회원 과반수의 찬성으로 의결한다. 다만, 재적회원이 300명을 초과하는 경우에는 151명 이상 출석으로 개의하고 출석회원 과반수의 찬성으로 의결할 수 있다.
② 제12조제4항제1호 및 제2호의 사항은 재적회원 과반수(제1항 단서의 경우에는 151명 이상의 회원)의 출석과 출석회원 3분의 2 이상의 찬성으로 의결하여야 한다.
③ 총회에서는 제15조제2항에 따라 공고한 사항에 대하여만 의결할 수 있다. 다만, 긴급한 사항으로서 재적회원 과반수(제1항 단서의 경우에는 151명 이상의 회원)의 출석과 출석회원 3분의 2 이상의 찬성이 있는 경우에는 그러하지 아니하다.
④ 금고와 특정회원과의 관련 사항을 의결하는 경우에는 그 회원은 의결권이 없다.

제14조【총회의 소집 요구】 ① 회원은 회원 3분의 1 이상의 동의를 받아 회의의 목적과 이유를 적고 서명날인한 서면을 제출하여 임시총회의 소집을 이사장에게 요구할 수 있다.
② 감사는 제19조제4항에 따른 감사를 실시한 결과 금고의 재산 상황 또는 업무집행에 부정한 사실이 발견되어 그 내용을 총회에 신속히 보고할 필요가 있을 때에는 회의의 목적과 소집 이유를 적은 서면을 제출하여 총회의 소집을 이사장에게 요구할 수 있다.(2017.12.26 본항신설)
③ 제1항 또는 제2항의 요구가 있으면 이사장은 요구가 있는 날부터 2주일 이내에 총회를 개최하여야 한다.
(2017.12.26 본항개정)
④ 총회를 소집할 자가 없거나 제3항의 기간에 정당한 사유 없이 이사장이 총회를 개최하지 아니하면 감사가 5일 이내에 총회를 소집하여야 하며, 이 경우 감사가 의장의 직무를 대행한다.(2017.12.26 본항개정)
⑤ 감사가 제4항의 기간에 총회를 소집하지 아니하면 제1항에 따라 총회 소집을 요구한 회원의 대표가 총회를 개최하며, 이 경우 그 회원의 대표가 의장의 직무를 대행한다.
(2017.12.26 본항개정)
⑥ 제4항이나 제5항에 따라 감사나 회원대표가 총회를 소집할 때에는 소집 공고 전에 회장에게 알려야 한다.
(2017.12.26 본항개정)

제15조【회원에 대한 통지 등】 ① 금고가 그 회원에게 하는 통지는 회원 명부에 적은 회원의 주소 또는 거소로 한다.
② 총회의 소집 통지는 총회 개최일 7일 전에 개회 일시, 개회 장소, 회의 목적사항을 제시하여 정관으로 정한 방법에 따라 공고하여야 한다.

제16조【대의원회】 ① 회원이 300명을 초과하는 금고는 대통령령으로 정하는 바에 따라 총회를 갈음할 대의원회를 둘 수 있다.
② 대의원의 임기는 3년으로 한다.(2023.4.11 단서삭제)
③ 제2항에도 불구하고 대의원 중 일부의 궐원으로 인한 재선거 또는 보궐선거로 선임된 대의원의 임기는 다음 각 호와 같다.
1. 재선거의 경우에는 재선거 실시 전에 실시한 선거로 선출된 대의원의 남은 임기
2. 보궐선거의 경우에는 전임자의 남은 임기
(2023.4.11 본항신설)
④ 대의원의 자격, 정수, 선임 방법 등에 필요한 사항은 대통령령으로 정한다.
⑤ 대의원은 다음 각 호의 직을 겸할 수 없다.
1. 해당 금고의 임직원(이사장은 제외한다)
2. 다른 금고의 대의원
3. 다른 금고의 임직원
(2017.12.26 본항개정)
⑥ 대의원회에 관하여는 총회에 관한 규정을 준용한다.

제17조【이사회】 ① 금고에 이사회를 둔다.
② 이사회는 이사장을 포함한 이사로 구성하며, 이사장이 이를 소집한다.(2021.10.19 본항개정)
③ 다음 각 호의 사항은 이사회의 의결이 있어야 한다.
1. 규정의 제정, 변경 또는 폐지
2. 사업 집행에 대한 기본 방침의 결정
3. 소요 자금의 차입. 다만, 중앙회에서 차입할 경우는 최고한도(2011.3.8 단서개정)
4. 정관으로 정하는 간부 직원의 임면(任免)과 직원의 징계
5. 총회로부터 위임된 사항과 총회에 부칠 사항
6. 그 밖에 이사장이 회의에 부치는 사항
④ 이사장은 다음 각 호의 사항을 이사회에 보고하여야 한다.
1. 제76조에 따른 감사 결과
2. 제79조제6항에 따른 경영 평가 결과
3. 제74조제3항, 제79조제3항 및 제81조제1항에 따른 검사 결과(2017.12.26 본호개정)
⑤ 이사회는 재적이사 과반수의 출석으로 개의하고 출석이사 과반수의 찬성으로 의결한다.
⑥ 이사회의 소집 방법, 의사록 작성 등은 정관으로 정하는 바에 따른다.

제18조【임원의 선임 등】 ① 금고의 임원으로 이사장 1명을 포함한 7명 이상 15명 이하의 이사와 3명 이하의 감사를 두며, 임원은 금고의 다른 직(職)을 겸할 수 없다.
(2021.10.19 본항개정)
② 금고의 자산 규모, 재무구조 등을 고려하여 대통령령으로 정하는 금고의 경우에는 정관으로 정하는 바에 따라 임원 중 1명 이상을 상근으로 할 수 있되, 상근하는 임원의 수는 이사장을 포함한 이사 중 2명, 감사 중 1명을 초과할 수 없다. 이 경우 상근하는 임원은 금고 업무에 대한 전문지식과 경험이 풍부한 사람으로서 대통령령으로 정하는 요건을 갖춘 사람 중에서 제4항부터 제9항까지에 따라 선임하거나 선출하여야 한다.(2023.4.11 후단신설)
③ 제2항을 적용할 때 이사장이 상근하지 아니하는 지역금고의 경우에는 제4항에 따라 선임된 상근이사를 두어야 한다.
④ 제2항에 따라 상근하는 임원 중 이사장이 아닌 이사는 이사회의 추천을 받아 총회에서 선임한다.(2023.4.11 본항개정)
⑤ 이사장은 회원 중에서 회원의 무기명 비밀투표로 직접 선출한다. 다만, 자산이 일정 규모 이하인 금고 등 대통령령으로 정하는 금고의 이사장은 회원의 투표로 직접 선출하는 방법, 총회에서 선출하는 방법 또는 대의원회에서 선출하는 방법 중 정관으로 정하는 방법을 택하여 선출할 수 있다.(2021.10.19 본항개정)
⑥ 제5항에 따라 회원의 투표로 직접 선출하는 경우 투표의 방법·절차, 투표의 사전 통지 등에 필요한 사항은 정관으로 정한다.(2021.10.19 본항신설)
⑦ 제5항에도 불구하고 이사장의 후보자가 1명인 경우에는 정관으로 따로 정하는 방법에 따라 이사장을 선출할 수 있다.(2021.10.19 본항신설)
⑧ 이사장의 선출 방법에 따른 당선인의 결정은 다음 각 호에 따른다.
1. 회원의 투표로 직접 선출하는 경우에는 최다득표자를 당선인으로 결정
2. 총회에서 선출하거나 대의원회에서 선출하는 경우에는 과반수득표자를 당선인으로 결정. 다만, 과반수득표자가 없는 경우에는 1위와 2위의 다수득표자만을 후보자로 하여 다시 투표를 실시하여 최다득표자를 당선인으로 결정한다.
(2021.10.19 본항개정)
⑨ 이사장을 제외한 임원은 총회에서 무기명 비밀투표로 선출하되, 다수득표자 순으로 임원의 정수에 해당하는 사람으로 한다. 다만, 이사장을 제외한 임원의 후보자가 각각 그 정수 이내일 경우에는 정관으로 따로 정하는 방법에 따라 선출할 수 있으며, 이사장을 제5항에 따라 회원의 투표로 직접 선출하는 경우에는 본문에도 불구하고 이사장을 제외한 임원도 같은 방법으로 이사장과 동시에 선출할 수 있다.(2021.10.19 단서개정)
⑩ 금고의 임원은 명예직으로 한다. 다만, 제2항에 따라 상근하는 임원에게는 급여를 지급할 수 있다.
⑪ 임원의 선임 방법과 절차 등에 관하여 이 법에서 정한 사항 외에 필요한 사항은 정관으로 정한다.

제19조【임원과 직원】 ① 이사장은 금고를 대표하고, 금고의 업무를 총괄한다.
② 이사장은 총회와 이사회의 의장이 된다.
③ 이사장의 자리가 비거나 사고가 있으면 이사회가 정하는 이사가 그 직무를 대행한다. 다만, 이사장이 구속되거나 60일 이상의 장기입원 등의 사유로 금고의 업무를 집행할 수 없고 총회를 개최할 여유가 없을 때에는 회장은 임원 중에서 임시대표이사를 지정할 수 있다.(2021.10.19 본문개정)
④ 감사는 금고의 재산과 업무 집행상황에 대하여 분기마다 1회 이상 감사하고 그 결과를 총회와 이사회에 보고하여야 한다.
⑤ 감사의 직무에 관하여는 「상법」 제402조, 제412조의5, 제413조 및 제413조의2를 준용한다.(2017.12.26 본항개정)
⑥ 금고와 이사장 사이에 소송, 계약 등의 법률행위를 하는 경우에는 감사가 금고를 대표한다.
⑦ 감사는 총회나 이사회에 출석하여 그 의견을 진술할 수 있다.
⑧ 임원은 총회의 의결로써 해임하며, 그 절차나 그 밖에 필요한 사항은 대통령령으로 정한다.
⑨ 금고의 직원으로서 전무, 상무 및 그 밖의 직원을 둘 수 있으며, 전무나 상무를 둘 수 있는 금고와 직원의 자격 등 필요한 사항은 대통령령으로 정한다.

제20조【임원의 임기】 ① 이사장 및 이사의 임기는 4년으로 하고, 감사의 임기는 3년으로 한다.
② 제1항에도 불구하고 임원 중 일부의 궐원으로 인한 재선거 또는 보궐선거로 선임된 임원의 임기는 다음 각 호와 같다.
1. 재선거의 경우에는 재선거 실시 전에 실시한 선거로 선출된 임원의 남은 임기
2. 보궐선거의 경우에는 전임자의 남은 임기
③ 이사장은 2차에 한정하여 연임할 수 있다. 이 경우 이사장이 임기만료일 전 2년부터 임기만료일까지 퇴임한 경우에는 1회를 재임한 것으로 보고, 임기만료에 따라 퇴임한 이사장이 임기만료 후 2년 이내에 이사장으로 선임되는 경우에는 연임한 것으로 본다.(2023.4.11 본항신설)
(2023.4.11 본조개정)

제21조【임원의 결격 사유】 ① 다음 각 호의 어느 하나에 해당하는 사람은 금고의 임원이 될 수 없다. 다만, 제18조제3항에 따른 상근이사는 제16호를 적용하지 아니한다.
1. 미성년자·피성년후견인 또는 피한정후견인
(2016.1.6 본호개정)
2. 파산선고를 받고 복권되지 아니한 사람
3. 제85조제1항, 「형법」 제355조부터 제357조까지의 죄(금고나 중앙회의 사업과 관련된 죄만 해당한다)를 범하여 금고 이상의 실형을 선고받고 그 집행이 끝나거나(집행이 끝난 것으로 보는 경우를 포함한다. 이하 이 항에서 같다) 집행이 면제된 날부터 5년이 지나지 아니한 사람
4. 제3호의 죄를 범하여 금고 이상의 형의 집행유예를 선고받고 그 집행유예 기간이 끝난 날부터 3년이 지나지 아니한 사람
5. 제3호의 죄를 범하여 금고 이상의 형의 선고유예를 받고 그 선고유예 기간이 끝난 날부터 3년이 지나지 아니한 사람
6. 제3호의 죄를 범하여 벌금형을 선고받고 그 형이 확정된 후 3년이 지나지 아니한 사람(2017.12.26 본호개정)
7. (2023.4.11 삭제)
8. 제85조제3항 또는 「공공단체등 위탁선거에 관한 법률」 제58조, 제59조, 제61조부터 제66조까지에 규정된 죄를 범하여 100만원 이상의 벌금형을 선고받고 그 형이 확정된 후 3년이 지나지 아니한 사람(2023.4.11 본호개정)
9. 제3호의 죄 외의 죄로 금고 이상의 실형을 선고받고 그 집행이 끝나거나 집행이 면제된 날부터 3년이 지나지 아니한 사람(2023.4.11 본호개정)
10. 제3호의 죄 외의 죄로 금고 이상의 형의 집행유예를 선고받고 그 집행유예 기간 중에 있는 사람(2017.12.26 본호개정)
11. 제3호의 죄 외의 죄로 금고 이상의 형의 선고유예를 받고 그 선고유예 기간 중에 있는 사람
11의2. 금고의 임직원으로 재임 또는 재직 중 다른 임직원에게 「형법」 제257조제1항, 제260조제1항, 제261조(제260조제2항의 죄를 범한 경우는 제외한다), 제262조(제260조제2항의 죄를 범한 경우는 제외하며, 제257조의 예에 따르는 경우로 한정한다) 또는 제324조의 죄를 범하여 300만원 이상의 벌금형을 선고받고 그 형이 확정된 후 3년이 지나지 아니한 사람(2023.4.11 본호신설)
11의3. 금고의 임직원으로 재임 또는 재직 중 다른 임직원에게 「형법」 제303조제1항 또는 「성폭력범죄의 처벌 등에 관한 특례법」 제10조제1항의 죄를 범하여 100만원 이상의 벌금형을 선고받고 그 형이 확정된 후 3년이 지나지 아니한 사람(2023.4.11 본호신설)
12. 이 법 또는 대통령령으로 정하는 금융 관련 법령(이하 "금융관계법령"이라 한다)에 따라 징계면직 또는 해임된 사람으로서 징계면직 또는 해임된 날부터 5년이 지나지 아니한 사람(2023.4.11 본호개정)
12의2. 이 법 또는 금융관계법령에 따라 직무정지(업무의 집행정지를 포함한다. 이하 이 항에서 같다) 또는 정직의 제재조치를 받은 사람으로서 제재조치 종료일부터 4년이 지나지 아니한 사람(2016.1.6 본호신설)
13. 이 법 또는 금융관계법령에 따라 재직 또는 재임 중이었더라면 징계면직 또는 해임요구의 조치를 받았을 것으로 통보된 퇴임 직원이나 임원으로서 그 통보가 있은 날부터 5년(통보가 있은 날부터 5년이 퇴직 또는 퇴임한 날부터 7년을 초과하는 경우에는 퇴직 또는 퇴임한 날부터 7년으로 한다)이 지나지 아니한 사람
13의2. 이 법 또는 금융관계법령에 따라 재임 또는 재직 중이었더라면 직무정지 또는 정직의 제재조치를 받았을 것으로 통보된 퇴임 임원이나 퇴직한 직원으로서 그 통보가 있은 날부터 4년(통보가 있은 날부터 4년이 퇴임 또는 퇴직한 날부터 6년을 초과하는 경우에는 퇴임

또는 퇴직한 날부터 6년으로 한다)이 지나지 아니한 사람(2016.1.6 본호신설)
14. 법원의 판결이나 다른 법률에 따라 자격을 잃거나 정지된 사람
15. 공공기관 또는 다른 법인이나 회사에서 징계면직된 사람으로서 징계면직된 날부터 2년이 지나지 아니한 사람
16. 회원으로서 임원 선임 선거일공고일 현재의 정관으로 정하는 출자좌수 이상을 2년 이상 계속 보유하고 있지 아니한 사람. 다만, 설립이나 합병 후 2년이 지나지 아니한 금고의 경우에는 그러하지 아니하다.
17. 임원 선임 선거일공고일 현재 해당 금고에 대하여 정관으로 정하는 금액이나 기간을 초과하는 채무를 연체한 사람
18. 그 밖에 정관으로 정하는 자격 제한 사유에 해당하는 사람
(2011.3.8 본항개정)
② 임원에게 제1항(제12호의2는 제외한다)에 따른 사유가 발견되거나 발생한 경우에는 해당 임원은 당연 퇴임된다.(2016.1.6 본항개정)
③ 제2항에 따라 퇴임한 임원이 퇴임 전에 관여한 행위는 그 효력을 잃지 아니한다.
④ 금고와 중앙회는 임원 또는 임원 후보자에게 제1항의 결격사유가 있는지를 확인하기 위하여 주된 사무소를 관할하는 경찰관서의 장에게 제1항제3호부터 제6호까지 및 제8호부터 제11호까지, 제11호의2 및 제11호의3에 해당하는 범죄의 경력조회 등 필요한 협조를 요청할 수 있고, 해당 경찰관서의 장은 그 결과를 회보하여야 한다.
(2023.4.11 본항개정)

제21조의2【벌금형의 분리 선고】「형법」 제38조에도 불구하고 제21조제1항제8호·제11호의2 또는 제11호의3에 규정된 죄와 다른 죄의 경합범(競合犯)에 대하여 벌금형을 선고하는 경우에는 이를 분리하여 선고하여야 한다.(2023.4.11 본조개정)

제22조【임원의 선거운동 제한】 ① 임원의 선거운동은 공영제(公營制)를 원칙으로 한다.
② 누구든지 자기 또는 특정인을 금고의 임원으로 당선되게 하거나 당선되지 못하게 할 목적으로 다음 각 호의 어느 하나에 해당하는 행위를 할 수 없다.
1. 회원(제9조에 따라 회원이 될 수 있는 자를 포함한다. 이하 이 조에서 같다)이나 그 가족(회원의 배우자, 회원 또는 그 배우자의 직계존비속과 형제자매, 회원의 직계존비속 및 형제자매의 배우자를 말한다. 이하 같다)에게 금품·향응, 그 밖의 재산상의 이익이나 공사(公私)의 직(職)을 제공, 제공의 의사표시 또는 그 제공을 약속하는 행위(2023.4.11 본호개정)
2. 후보자가 되지 아니하게 하거나 후보자가 된 것을 사퇴하게 할 목적으로 후보자가 되려는 사람이나 후보자에게 제1호에 규정된 행위를 하는 경우
3. 제1호 또는 제2호에 규정된 이익이나 직을 제공받거나 그 제공의 의사표시를 승낙하는 행위 또는 그 제공을 요구하거나 알선하는 행위
4. 후보자에 관하여 거짓의 사실(학력을 포함한다)을 유포하거나 공연히 사실을 적시(摘示)하여 비방하는 행위
5. 임원의 임기만료일 전 90일(보궐선거 또는 재선거의 경우 임원선거 공고일)부터 선거일까지 회원의 호별(사업장을 포함한다)로 방문하거나 특정장소에 모이게 하는 행위(2023.4.11 본호개정)
(2011.3.8 본항개정)
③ 선거운동을 할 수 있는 사람은 후보자에 한정하며, 후보자는 임원 선거와 관련하여 다음 각 호의 방법 외의 선거운동을 할 수 없다.(2023.4.11 본문개정)
1. 금고에서 발행하는 선거공보 제작 및 배부
2. 금고에서 개최하는 합동연설회 또는 공개토론회에서의 지지 호소(2023.4.11 본호개정)
3. 전화(문자메시지를 포함한다) 및 컴퓨터통신(전자우편을 포함한다)을 이용한 지지 호소(2014.6.11 본호신설)
4. 도로·시장 등 행정안전부령으로 정하는 다수인이 왕래하거나 모이는 공개된 장소에서의 지지 호소 및 명함 배부(2023.4.11 본호신설)
(2011.3.8 본항신설)
④ 제3항에 따른 선거운동은 후보자등록마감일의 다음 날부터 선거일 전날까지만 할 수 있다. 다만, 후보자가 선거일에 제3항제2호에 따른 합동연설회 또는 공개토론회에서 자신의 소견을 발표하는 때에는 그러하지 아니하다.(2023.4.11 본항신설)
⑤ 제3항에 따른 선거운동 방법 등에 관한 세부적인 사항은 행정안전부령으로 정한다.(2023.4.11 본항개정)

제22조의2【기부행위의 제한】 ① 금고의 임원 선거 후보자(후보자가 되려는 사람을 포함한다. 이하 이 조에서 같다), 그 배우자 및 후보자가 속한 기관·단체·시설은 임원의 임기만료일 전 180일(재선거 또는 보궐선거의 경우에는 그 선거의 실시 사유가 확정된 날)부터 그 선거일까지 회원(금고에 가입 신청을 한 사람을 포함한다. 이하 이 조에서 같다)이나 그 가족 또는 회원이나 그 가족이 설립·운영하고 있는 기관·단체·시설에 대하여 금전·물품이나 그 밖의 재산상 이익의 제공, 이익 제공의 의사표시 또는 그 제공을 약속하는 행위(이하 "기부행위"라 한다)를 할 수 없다.
② 제1항에도 불구하고 다음 각 호의 어느 하나에 해당하는 행위는 기부행위로 보지 아니한다.
1. 직무상의 행위
가. 후보자가 소속된 기관·단체·시설(나목에 따른 금고는 제외한다)의 자체 사업 계획과 예산으로 하는 의례적인 금전·물품을 그 기관·단체·시설의 명의로 제공하는 행위(포상 및 화환·화분 제공 행위를 포함한다)
나. 법령과 정관에 따른 금고의 사업 계획 및 예산에 따라 집행하는 금전·물품을 그 기관·단체·시설의 명의로 제공하는 행위(포상 및 화환·화분 제공 행위를 포함한다)
다. 물품 구매, 공사, 역무(役務)의 제공 등에 대한 대가의 제공 또는 부담금의 납부 등 채무를 이행하는 행위
라. 가목부터 다목까지에 해당하는 행위 외에 법령의 규정에 따라 물품 등을 찬조·출연 또는 제공하는 행위
2. 의례적 행위
가. 「민법」 제777조에 따른 친족(이하 이 조에서 "친족"이라 한다)의 관혼상제 의식이나 그 밖의 경조사에 축의·부의금품을 제공하는 행위
나. 후보자가 친족 외의 자의 관혼상제 의식에 통상적인 범위에서 축의·부의금품(화환·화분을 포함한다)을 제공하거나 주례를 서는 행위
다. 후보자의 관혼상제 의식이나 그 밖의 경조사에 참석한 하객이나 조객(弔客) 등에게 통상적인 범위에서 음식물이나 답례품을 제공하는 행위
라. 후보자가 그 소속 기관·단체·시설(후보자가 임원이 되려는 해당 금고는 제외한다)의 유급(有給) 사무직원 또는 친족에게 연말·설 또는 추석에 의례적인 선물을 제공하는 행위
마. 친목회·향우회·종친회·동창회 등 각종 사교·친목단체 및 사회단체의 구성원으로서 해당 단체의 정관·규약 또는 운영관례상의 의무에 기초하여 종전의 범위에서 회비를 내는 행위
바. 후보자가 평소 자신이 다니는 교회·성당·사찰 등에 통상적으로 헌금(물품의 제공을 포함한다)하는 행위
3. 「공직선거법」 제112조제2항제3호에 따른 구호적·자선적 행위에 준하는 행위
4. 제1호부터 제3호까지에 준하는 행위로서 행정안전부령으로 정하는 행위
③ 제2항에 따라 통상적인 범위에서 1명에게 제공할 수 있는 축의·부의금품, 음식물, 답례품 및 의례적인 선물의 금액 범위는 행정안전부령으로 정한다.
④ 누구든지 제1항에 따른 기부행위를 약속·지시·권유·알선 또는 요구할 수 없다.
⑤ 누구든지 해당 선거에 관하여 후보자를 위하여 제1항에 따른 기부행위를 하거나 하게 할 수 없다. 이 경우 후보자의 명의를 밝혀 기부행위를 하거나 후보자가 기부하는 것으로 추정할 수 있는 방법으로 기부행위를 하는 것은 해당 선거에 관하여 후보자를 위한 기부행위로 본다.
⑥ 이사장은 재임 중 제1항에 따른 기부행위를 할 수 없다. 다만, 다음 각 호의 어느 하나에 해당하는 경우에는 그러하지 아니하다.
1. 해당 금고의 경비로 관혼상제 의식이나 그 밖의 경조사에 축의·부의금품을 제공하면서 해당 금고의 경비임을 명기하여 해당 금고의 명의로 한 경우(해당 금고 이사장의 직명 또는 성명을 밝히거나 그가 하는 것으로 추정할 수 있는 방법으로 하는 행위는 제외한다)
2. 제2항에 따라 기부행위로 보지 아니하는 행위
(2023.4.11 본조신설)

제23조【선거관리위원회의 설치·운영 등】 ① 금고는 임원 선거를 공정하게 관리하기 위하여 선거관리위원회를 구성·운영한다.
② 선거관리위원회는 이사회가 위촉하는 5명 이상의 위원으로 구성하며, 2명 이상의 위원을 회원이 아닌 사람으로 위촉하되 그 자격요건 등은 대통령령으로 정한다.
(2017.12.26 본항개정)
③ 불법선거운동 감시를 위하여 선거관리위원회에 공명선거감시단을 둔다.(2017.12.26 본항개정)
④ 금고의 임직원은 선거관리위원회의 위원 또는 공명선거감시단의 단원이 될 수 없다.(2017.12.26 본항신설)
⑤ 제1항부터 제3항까지에 따른 선거관리위원회와 공명선거감시단의 구성·운영·직무 등에 관한 사항은 대통령령으로 정한다.(2017.12.26 본항신설)

제23조의2【선거관리의 위탁】 ① 금고는 이사장 선거의 관리에 대하여 정관으로 정하는 바에 따라 그 주된 사무소의 소재지를 관할하는 「선거관리위원회법」에 따른 구·시·군선거관리위원회에 위탁하여야 한다.
(2021.10.19 본항개정)
② 금고는 이사장을 제외한 임원선거의 관리에 대하여 정관으로 정하는 바에 따라 그 주된 사무소의 소재지를 관할하는 「선거관리위원회법」에 따른 구·시·군선거관리위원회에 위탁할 수 있다.(2021.10.19 본항신설)

제24조【경업자의 임직원 취임 금지】 ① 금고의 사업과 실질적으로 경쟁관계에 있는 사업을 경영하거나 이에 종사하는 자는 금고의 임원이나 직원이 될 수 없다.
② 제1항에 따른 실질적인 경쟁관계에 있는 사업의 범위는 대통령령으로 정한다.

제25조【임원의 성실 의무와 책임】 ① 금고의 임원은 이 법과 이 법에 따라 하는 명령과 정관·규정 및 총회와 이사회의 의결 사항을 지키고 금고를 위하여 성실히 그 직무를 수행하여야 한다.
② 임원이 그 직무를 수행할 때 고의나 과실(비상근임원의 경우에는 고의나 중대한 과실)로 금고에 끼친 손해에 대하여는 연대하여 손해배상의 책임을 진다.
③ 임원이 그 직무를 수행할 때 고의나 중대한 과실로 타인에게 끼친 손해에 대하여는 연대하여 손해배상의 책임을 진다.
④ 임원이 결산보고서에 거짓으로 기록, 등기 또는 공고를 하여 금고나 타인에게 손해를 끼친 경우에도 제2항 및 제3항과 같다.
⑤ 이사회가 고의나 중대한 과실로 금고에 손해를 끼친 경우에는 그 고의나 중대한 과실에 관련된 이사회에 출석한 임원은 그 손해에 대하여 연대하여 손해배상의 책임을 진다. 다만, 그 회의에서 반대 의사를 표시한 임원은 그러하지 아니하다.
⑥ 제2항부터 제5항까지의 규정에 따른 구상권(求償權)은 이사장을 포함한 이사에 대하여는 감사가, 임원 전원에 대하여는 회원 3분의 1 이상의 동의를 받은 회원 대표가 행사한다.(2021.10.19 본항개정)
⑦ 정관으로 정하는 임원은 그 직무에 관하여 신원보증을 하여야 한다.
⑧ 제18조제2항에 따라 상근하는 임원은 다른 법인이나 회사의 상근직을 겸할 수 없다.(2011.3.8 본항신설)

제26조【「민법」·「상법」의 준용】 ① 금고의 임원에 관하여는 「민법」 제35조, 제63조 및 「상법」 제382조제2항, 제386조제1항을 각각 준용한다.
② 상근이사 또는 정관으로 정하는 간부직원에 관하여는 「상법」 제11조제1항·제3항, 제12조, 제13조 및 제17조와 「상업등기법」 제23조제1항, 제50조 및 제51조를 각각 준용한다.(2014.5.20 본항개정)

제27조【서류 비치 등의 의무】 ① 이사장은 정관과 총회의 의사록 및 회원 명부를 주된 사무소에 갖추어 두어야 한다.
② 회원이나 금고의 채권자는 제1항에 열거한 서류를 열람할 수 있으며, 금고가 정한 비용을 지급하고 그 서류의 사본을 청구할 수 있다.

제4절 사 업

제28조【사업의 종류 등】 ① 금고는 제1조의 목적을 달성하기 위하여 다음 각 호의 사업의 전부 또는 일부를 행한다.
1. 신용사업
가. 회원으로부터 예탁금과 적금 수납
나. 회원을 대상으로 한 자금의 대출
다. 내국환(內國換)과 「외국환거래법」에 따른 외국환업무(2023.4.11 본목개정)
라. 국가, 공공단체 및 금융기관의 업무 대리
마. 회원을 위한 보호예수(保護預受)
바. 어음할인(2023.4.11 본목신설)
사. 상품권의 판매대행(2023.4.11 본목신설)
2. 문화 복지 후생사업
3. 회원에 대한 교육사업
4. 지역사회 개발사업
5. 회원을 위한 공제사업
6. 중앙회 또는 다른 금고가 위탁하는 사업(2023.4.11 본호개정)
7. 국가나 공공단체가 위탁하거나 다른 법령으로 금고의 사업으로 정하는 사업
8. 의료지원사업(2023.4.11 본호신설)
9. 제1호부터 제8호까지의 사업과 관련되는 부대사업
(2023.4.11 본호신설)
10. 그 밖에 목적 달성에 필요한 사업으로서 행정안전부장관(이하 "주무부장관"이라 한다)의 승인을 받은 사업
(2020.2.18 본호개정)
② 제1항제2호부터 제4호까지 및 제8호의 사업에 대한 투자한도는 금고의 출자금 총액과 적립금 합계액의 100분의 50을 초과하지 아니하는 범위에서 정관으로 정한다.
(2023.4.11 본항개정)
③ 제1항제1호의 신용사업에 관련되는 소요 자금의 차입한도, 여유자금의 운용 및 제1항제6호의 위탁사업의 범위, 그 밖에 필요한 사항은 대통령령으로 정한다.
④ 제1항제5호의 사업 시행을 위하여 필요한 사항은 대통령령으로 정한다.

⑤ 금고는 전월 말일 현재의 예탁금 및 적금 잔액의 100분의 10 이상을 상환준비금으로 보유하여야 하며, 상환준비금 중 2분의 1 이상을 중앙회에 예치하여야 한다. 이 경우 상환준비금의 보유 및 예치에 관하여 필요한 사항은 대통령령으로 정한다.(2011.3.8 전단개정)
⑥ 금고는 제1항의 사업을 수행하기 위하여 필요하면 제2항의 범위에서 정관으로 정하는 바에 따라 다른 법인에 출자할 수 있다. 이 경우 같은 법인에 대한 출자한도는 출자금 총액과 적립금 합계액의 100분의 20을 초과하지 못한다.
⑦ 금고는 회원의 이용에 지장이 없는 범위에서 대통령령으로 정하는 경우에는 금고 보유자산의 일부를 타인에게 임대할 수 있다.(2023.4.11 본항신설)
제28조의2【불공정한 거래행위의 금지 등】 ① 금고는 다음 각 호의 어느 하나에 해당하는 행위(이하 이 조에서 "불공정거래행위"라 한다)를 하여서는 아니 된다.
1. 여신거래와 관련하여 차용인의 의사에 반하여 예탁금, 적금 등 금고가 취급하는 상품의 가입 또는 매입을 강요하는 행위
2. 금고의 우월적 지위를 이용하여 차용인의 권익을 부당하게 침해하는 행위
② 불공정거래행위의 구체적인 유형 및 기준은 대통령령으로 정한다.
(2017.12.26 본조신설)
제29조【동일인 대출한도】 ① 금고의 동일인에 대한 대출은 제35조제1항에 따른 자기자본의 100분의 20 또는 총자산의 100분의 1 중 큰 금액의 범위에서 대통령령으로 정하는 한도를 초과하지 못한다. 다만, 주무부장관이 정하는 기준에 따라 회장의 승인을 받은 경우에는 그러하지 아니하다.(2016.1.6 본문개정)
② 제1항을 적용할 때에 본인의 계산으로 다른 사람의 명의에 의하여 행하는 대출은 그 본인의 대출로 본다.
제30조【비회원의 사업 이용】 금고는 회원의 이용에 지장이 없는 범위에서 비회원에게 사업을 이용하게 할 수 있다.
제31조【부동산 등의 소유 제한】 금고는 사업상 필요하거나 채무를 변제받기 위하여 부득이한 경우 외에는 동산이나 부동산을 소유할 수 없다.
제31조의2【금리인하 요구 등】 ① 금고와 대출 등의 계약을 체결한 자는 재산 증가나 신용등급 또는 개인신용평점 상승 등 신용상태 개선이 나타났다고 인정되는 경우 금고에 금리인하를 요구할 수 있다.
② 금고는 대출 등의 계약을 체결하려는 자에게 제1항에 따라 금리인하를 요구할 수 있음을 알려야 한다.
③ 그 밖에 금리인하 요구의 요건 및 절차에 관한 구체적 사항은 대통령령으로 정한다.
(2022.11.15 본조신설)

제5절 회 계

제32조【사업연도】 금고의 사업연도는 정관으로 정한다.
제33조【사업 계획과 예산】 ① 금고는 매 사업연도마다 회장이 정하는 사업 계획과 예산 지침에 따라 사업계획서와 예산서를 작성하여 총회의 의결을 거쳐야 한다.
(2011.3.8 본항개정)
② 사업 계획과 예산을 변경하려면 이사회의 의결을 거쳐야 한다. 다만, 추가경정예산을 편성하는 경우에는 총회의 의결을 거쳐야 한다.
③ 회계와 결산에 관하여 이 법에 규정한 사항 외의 필요한 사항은 대통령령으로 정한다.
제34조【결산 관계 서류의 제출, 비치 및 열람 등】 ① 이사장은 정기총회 개회일 1주 전까지 결산보고서(사업보고서, 재무상태표, 손익계산서, 잉여금처분안 또는 손실금처리안을 포함한다)를 감사에게 제출하고 이를 주된 사무소에 갖추어 두어야 한다.(2017.12.26 본항개정)
② 이사장은 감사의 의견서를 붙인 결산보고서를 정기총회에 제출하여 그 승인을 받아야 하며, 필요하다고 인정하면 「주식회사 등의 외부감사에 관한 법률」 제2조제7호 및 제9조에 따른 감사인에게 결산보고서에 대한 감사를 의뢰할 수 있다.(2017.10.31 본항개정)
③ 회원이나 금고의 채권자는 제1항에 열거한 서류를 열람할 수 있으며, 금고가 정한 비용을 지급하고 그 서류의 사본을 청구할 수 있다.
제35조【적립금과 손익금의 처리】 ① 금고는 매 사업연도마다 자기자본(자본금, 제적립금, 그 밖의 잉여금의 합계액에 결산상의 오류에 따른 금액을 가감한 금액을 말한다. 이하 같다)의 총액에 달할 때까지 잉여금의 100분의 15 이상을 법정 적립금으로 적립하여야 한다.
(2011.3.8 본항개정)
② 금고는 대손금(貸損金)의 상각(償却)이나 해산의 경우 외에는 제1항에 따른 적립금을 사용하거나 배당에 충당하지 못한다.
③ 금고는 결손의 보전(補塡)과 불가항력에 의한 회계사고에 충당하기 위한 준비금으로서 매 사업연도마다 잉여금의 100분의 15 범위에서 특별적립금을 적립할 수 있다.
④ 금고는 사업이나 배당준비금으로서 매 사업연도마다 잉여금의 일부를 임의적립금으로 적립할 수 있다.
⑤ 금고는 사업연도 결산 결과 손실이 발생한 경우에는 특별적립금, 임의적립금의 순으로 이를 보전하되, 잔여손실금이 있으면 이를 다음 사업연도에 이월한다.
⑥ 금고가 여러 사업연도에 걸쳐 계속하여 손실이 있고 이를 보전할 적립금이 없는 경우에는 총회에서 회원 과반수(제13조제1항 단서의 경우에는 151명 이상의 회원)의 출석과 출석한 회원 3분의 2 이상의 찬성을 받아 자본금을 감소하여 각 회원의 납입출자액이 감소한 것으로 할 수 있다. 자본금을 감소한 경우에는 이를 회장에게 보고하여야 한다.(2011.3.8 후단개정)
⑦ 제6항에 따라 자본금을 감소한 경우에는 이의신고 기간을 정하여 공고하여야 하며, 공고된 이의신고 기간에 채권자로부터 자본금 감소에 대한 이의신고가 없는 경우에는 이의가 없는 것으로 본다.
⑧ 채권자가 이의신고를 한 경우에는 금고가 이를 변제하거나 상당한 담보를 제공하지 아니하면 제6항에 따른 자본금의 감소는 그 효력을 발생하지 아니한다.
⑨ 제6항 및 제7항에 따른 보고와 공고 등에 관하여 필요한 사항은 대통령령으로 정한다.
⑩ 금고는 손실금을 보전하고 적립금을 공제한 후가 아니면 잉여금을 배당할 수 없으며, 배당은 납입출자좌수에 비례하여야 한다. 이 경우 회원의 사업 이용 실적의 비율에 따른 배당을 병행할 수 있다.

제6절 합병, 해산과 청산

제36조【해산 사유 등】 금고는 다음 각 호의 어느 하나에 해당하는 사유가 있을 때에는 해산한다.
1. 정관에 정한 해산 사유의 발생
2. 총회의 해산 의결
3. 합병이나 파산
4. 설립인가의 취소
제37조【합병】 ① 금고가 합병(合併)하려면 합병계약서를 작성하여 총회의 의결을 거쳐야 한다.
② 제1항에 따라 합병에 따른 금고의 설립이 의결되면 각 총회는 설립위원을 선출하여야 한다. 이 경우 설립위원의 정수는 20명 이상으로 하고, 합병하려는 각 금고의 회원 중에서 같은 수로 선출한다.
③ 제2항에 따라 선출된 설립위원은 설립위원회를 개최하여 회장이 정하는 정관례에 따라 정관을 작성하고 임원을 선임하여 제7조제1항에 따른 인가를 받아야 한다.
(2011.3.8 본항개정)
④ 설립위원회에서 임원을 선출하는 경우에는 설립위원이 추천하는 자 중에서 설립위원 과반수의 출석과 출석위원 과반수의 찬성이 있어야 한다.
⑤ 제2항부터 제4항까지의 규정에 따른 금고의 설립에 관하여는 그 합병계약의 취지에 위배되지 아니하는 한 제2장제1절의 신규 설립에 관한 규정을 준용한다.
제38조【합병 권고 등】 ① 회장은 금고의 원활한 합병을 위하여 금고 간의 합병을 권고할 수 있다. 이 경우 합병 권고를 받은 금고의 이사장은 그 사실을 지체 없이 공고하여야 한다.
② 국가, 지방자치단체 또는 중앙회는 금고 간의 합병을 추진하거나 금고 간에 합병을 한 경우에 대통령령으로 정하는 바에 따라 합병에 필요한 지원을 할 수 있다.
(2020.2.18 본항개정)
③ 회장은 제1항에 따라 합병 권고를 하였는데도 정당한 사유 없이 합병 권고를 받은 날부터 6개월 이내에 합병에 관한 의결 절차를 이행하지 아니하는 금고에 대하여는 자금 지원 등을 감축하거나 중단할 수 있다.
(2011.3.8 본조개정)
제39조【합병으로 인한 권리와 의무의 승계】 ① 합병 후 존속할 금고나 합병으로 설립되는 금고는 합병으로 소멸되는 금고의 권리와 의무를 승계한다.
② 금고를 합병한 후 등기부나 그 밖의 공부(公簿)에 표시된 소멸된 금고의 명의는 존속되거나 설립된 합병 금고의 명의로 본다.
제40조【조세 감면】 금고를 합병한 경우에는 「조세특례제한법」, 「지방세특례제한법」, 그 밖에 조세의 감면에 관한 법령으로 정하는 바에 따라 부동산 등의 양도에 따른 법인세, 자산재평가세, 부동산 취득에 따른 취득세, 법인·부동산 등의 등기에 따른 등록면허세, 합병으로 소멸되는 금고의 청산소득에 대한 법인세, 합병으로 소멸되는 금고의 회원의 의제배당(擬制配當)에 대한 소득세, 그 밖의 조세를 감면할 수 있다.(2010.3.31 본조개정)
제41조【청산인】 ① 금고가 해산한 때에는 파산으로 인한 경우 외에는 총회에서 청산인을 선임한다.
② 제1항의 경우에 총회를 2회 이상 소집하여도 총회가 구성되지 아니하는 경우에는 회장이 청산인을 선임할 수 있다.(2011.3.8 본항개정)
③ 회장은 금고의 청산 사무를 감독한다.(2011.3.8 본항개정)
④ 회장은 청산인이 청산 사무를 수행함에 있어 청산금고의 재산에 손해를 끼칠 우려가 있다고 인정되는 경우 청산인을 새로이 선임할 수 있다.(2011.3.8 본항신설)
제42조【청산인의 직무】 ① 청산인은 취임 후 지체 없이 재산 상황을 조사하고, 재산 목록과 재무상태표를 작성하여 재산 처분 방법을 정하고 총회에 제출하여 승인을 받아야 한다.(2017.12.26 본항개정)
② 제1항의 경우에 총회를 2회 이상 소집하여도 총회가 구성되지 아니하는 경우에는 회장의 승인으로써 이를 갈음할 수 있다.(2011.3.8 본항개정)
제43조【청산 잔여 재산】 금고가 해산한 경우에 그 채무를 완제(完濟)하고 남은 재산이 있으면 정관으로 정하는 바에 따라 이를 처분한다.
제44조【「민법」 등 준용】 금고의 해산과 청산에 관하여는 이 법에 규정한 것 외에는 「민법」 제79조, 제81조, 제87조, 제88조제1항 및 제2항, 제89조부터 제92조까지, 제93조제1항과 제2항 및 「비송사건절차법」 제121조를 각각 준용한다.

제7절 등 기

제45조【설립등기】 ① 제7조제1항에 따라 설립인가를 받은 경우에는 그 설립인가서가 도달한 날부터 3주간 내에 다음 각 호의 사항을 등기하여야 한다.
1. 목적
2. 명칭
3. 업무구역
4. 사무소의 소재지
5. 설립인가 연월일
6. 출자 1좌의 금액
7. 존립 시기나 해산 사유를 정할 때에는 그 시기나 사유
8. 임원의 성명과 주소
9. 공고 방법
② 제1항에 따른 등기를 신청할 때에는 설립인가서, 창립총회 의사록 및 정관의 등본을 첨부하여야 한다.
제46조【분사무소의 설치 등기】 ① 금고가 분사무소를 설치한 경우에는 주된 사무소 소재지에서는 3주간 내에 분사무소를 설치한 것을 등기하고, 그 분사무소 소재지에서는 같은 기간에 제45조제1항의 사항을 등기하고, 다른 분사무소 소재지에서는 같은 기간에 그 분사무소를 설치한 것을 등기하여야 한다.
② 주된 사무소나 분사무소의 소재지를 관할하는 등기소의 관할 구역 내에 분사무소를 설치한 경우에는 제1항의 기간에 그 사무소를 설치한 것을 등기한다.
제47조【변경등기】 ① 제19조제3항 단서의 경우와 제45조제1항 및 제46조에 따른 등기 사항이 변경된 경우에는 3주간 내에 변경된 내용을 증명하는 서류를 첨부하여 변경등기를 하여야 한다.
② 금고가 그 사무소를 이전한 경우에는 3주간 내에 구소재지에서는 그 이전한 것을, 신소재지에서는 제45조제1항이나 제46조에 따른 사항을 등기하여야 한다. 다만, 동일한 등기소의 관할 구역에서 사무소를 이전한 경우에는 그 이전한 것을 등기한다.
제48조【행정구역의 지명 변경과 등기】 ① 행정구역의 지명이 바뀐 경우에는 등기부와 정관에 적힌 해당 금고의 사무소 소재지와 업무구역에 관한 지명은 당연히 변경된 것으로 본다.
② 제1항에 따른 변경 사항이 있는 경우에는 금고는 지체 없이 이를 등기소에 알려야 한다.
③ 제2항에 따른 통지를 받으면 등기소는 등기부의 기재를 변경하여야 한다.
제49조【합병등기】 금고가 합병한 경우에는 3주간 내에 그 사무소의 소재지에서 합병으로 인하여 존속하는 금고는 변경등기를, 합병으로 인하여 소멸하는 금고는 해산등기를, 합병으로 인하여 설립되는 금고는 제45조제1항에 따른 설립등기를 하여야 한다.
제50조【해산등기와 청산종결등기】 ① 금고가 해산한 경우에는 합병과 파산의 경우 외에는 청산인은 그 취임일부터 3주간 내에 그 사무소의 소재지에서 다음 각 호의 사항을 등기하여야 한다.
1. 해산의 사유와 해산 연월일
2. 청산인의 성명·주소
3. 청산인의 대표권을 제한한 경우에는 그 제한에 관한 사항
② 청산이 종결된 경우에는 청산인은 사무소의 소재지에서 2주간 내에 청산종결등기를 하여야 한다.
제51조【등기신청인】 이 법에 따라 금고의 설립 및 변경등기는 이사장이 신청인이 된다. 다만, 해산등기의 경우에는 청산인이 신청인이 되며, 그 등기신청서에는 해산 사유를 증명하는 서류를 첨부하여야 한다.
제52조【등기일의 기산일】 등기 사항으로서 행정관청의 인가나 승인 등을 필요로 하는 사항에 관한 등기의 신청 기간은 그 인가·승인 등의 문서가 도달한 날부터 기산(起算)한다.
제53조【등기부】 관할 등기소는 "새마을금고 등기부"를 갖추어 두어야 한다.

제3장 중앙회
(2011.3.8 본장제목개정)

제1절 총 칙

제54조【목적과 설립】 ① 금고의 업무를 지도·감독하며 그 공동 이익의 증진과 건전한 발전을 도모하기 위하여 금고를 구성원으로 하는 중앙회를 둔다.
② 중앙회는 1개를 두며 서울특별시에 주된 사무소를 두고 정관으로 정하는 바에 따라 분사무소를 둘 수 있다.
③ 중앙회는 30개 이상의 금고가 발기인이 되어 정관을 작성하고, 창립총회의 의결을 거친 후 주무부장관의 인가를 받아 그 주된 사무소의 소재지에서 설립등기를 함으로써 성립한다.
④ 중앙회에 관하여는 제7조제2항·제3항, 제7조의2, 제45조부터 제47조까지, 제51조부터 제53조까지를 준용한다.(2023.4.11 본항개정)
(2011.3.8 본조개정)

제55조【정관의 기재 사항】 중앙회의 정관에는 다음 각 호의 사항을 적어야 한다.(2011.3.8 본문개정)
1. 목적
2. 명칭
3. 주된 사무소의 소재지(2023.4.11 본호개정)
4. 출자에 관한 사항
4의2. 우선출자에 관한 사항(2011.3.8 본호신설)
5. 금고의 가입과 탈퇴에 관한 사항
6. 금고의 권리와 의무에 관한 사항
7. 기관 및 임직원에 관한 사항
8. 회비의 부과 및 징수에 관한 사항
9. 사업의 종류와 회계에 관한 사항
10. 공고 방법에 관한 사항
11. 그 밖에 필요한 사항

제56조【회원의 출자 등】 ① 금고는 중앙회의 회원이 된다.(2011.3.8 본항개정)
② 금고는 1좌 이상 출자하여야 하며 반드시 현금으로 납입하여야 한다.
③ 출자 1좌의 금액은 정관으로 정하며 금고의 책임은 그 출자액을 한도로 한다.(2023.4.11 본항개정)
④ 중앙회의 자본금은 금고가 납입한 출자금(제7항에 따라 준용되는 제9조의2에 따른 출자금을 포함한다), 제7항에 따라 준용되는 제9조의3에 따른 회전출자금 및 제70조의2에 따른 우선출자금(누적되지 아니하는 것만 해당한다)의 총액으로 한다.(2023.4.11 본항개정)
⑤ 중앙회는 총회의 의결에 따라 금고로 하여금 회비를 내게 할 수 있다.(2011.3.8 본항개정)
⑥ 금고가 해산하거나 파산한 경우에는 당연히 중앙회에서 탈퇴한 것으로 본다.(2011.3.8 본항개정)
⑦ 중앙회에 관하여는 제9조제4항, 제5항 본문, 제7항부터 제9항까지, 제9조의2, 제9조의3, 제10조제4항, 제11조 및 제11조의2를 준용한다. 이 경우 "금고"는 "중앙회"로, "회원"은 "금고"로, "이사장"은 "회장"으로 보고, 제9조의3 전단 중 "제9조"는 "제56조"로 본다.(2023.4.11 본항개정)

제57조【해산】 중앙회의 해산에 관하여는 따로 법률로 정한다.(2011.3.8 본조개정)

제2절 총 회

제58조【총회】 ① 중앙회에 총회를 둔다.(2011.3.8 본항개정)
② 총회는 정기총회와 임시총회로 구분하며, 정기총회는 매년 1회 정관으로 정하는 바에 따라 소집하고, 임시총회는 필요하다고 인정되는 때에 소집한다.
③ 총회는 회장과 금고로 구성하며, 회장이 이를 소집하고 그 의장이 된다.(2011.3.8 본항개정)
④ 총회는 이 법에 다른 규정이 있는 경우 외에는 금고 과반수의 출석으로 회의를 개의(開議)하고 출석한 금고 과반수의 찬성으로 의결한다. 다만, 제59조제1항제1호의 사항은 금고 3분의 2 이상의 출석과 출석한 금고 3분의 2 이상의 찬성으로 의결하여야 한다.
⑤ 총회에서는 제6항에 따라 공고한 사항에 대하여만 의결할 수 있다. 다만, 긴급한 사항으로서 금고 3분의 2 이상의 출석과 출석한 금고 3분의 2 이상의 찬성이 있는 때에는 그러하지 아니하다.
⑥ 중앙회에 관하여는 제13조제4항, 제14조제1항부터 제5항까지, 제15조, 제16조제1항부터 제4항까지, 같은 조 제6항을 준용한다. 이 경우 제14조제2항, 제4항 및 제5항 중 "감사"는 각각 "감사위원장"으로 본다.(2023.4.11 전단개정)

제59조【총회의 의결 사항】 ① 다음 각 호의 사항은 총회의 의결을 거쳐야 한다.
1. 정관의 변경
2. 회비의 부과방법 및 금액의 결정
3. 사업계획·예산 및 결산의 승인
4. 임원의 선임과 해임
5. 금고 5분의 1 이상의 동의로 회의에 부치는 사항
6. 정관으로 정하는 사항 및 이사회에서 회의에 부치는 사항
② 제1항제1호의 정관의 변경은 주무부장관의 인가를 받아야 한다.
③ 회장은 전시·사변이나 천재지변, 그 밖에 이에 준하는 사태에 처하여 총회를 소집할 수 없으면 제1항제2호와 제3호에 관하여 필요한 조치를 취할 수 있다.

제3절 이사회

제60조【이사회】 ① 중앙회에 이사회를 두고, 회장이 이를 소집하며 그 의장이 된다.(2011.3.8 본항개정)
② 이사회는 회장, 신용공제대표이사, 지도이사, 전무이사를 포함한 이사로 구성한다.(2021.10.19 본항개정)
③ 다음 각 호의 사항은 이사회의 의결을 거쳐야 한다.
1. 규정의 제정·변경 또는 폐지
2. 차입금의 최고 한도
3. 총회로부터 위임된 사항과 총회에 부칠 사항
4. 정관으로 정하는 간부 직원의 임면(任免)과 보수의 결정
5. 정관으로 정하는 직원의 징계
6. 신용공제대표이사, 지도이사 및 전무이사의 전담업무에 대한 성과평가에 관한 사항(2017.12.26 본호개정)
7. 그 밖에 회장이 필요하다고 인정한 사항
④ 중앙회에 관하여는 제17조제5항과 제6항을 준용한다.(2011.3.8 본항개정)

제4절 감사위원회

제61조【감사위원회】 ① 중앙회의 업무 집행 및 회계 등을 감사하기 위하여 중앙회에 감사위원회(이하 "감사위원회"라 한다)를 둔다.
② 감사위원회는 감사위원장을 포함하여 5명의 감사위원으로 구성하며, 대통령령으로 정하는 요건에 적합한 외부전문가 3명이 포함되어야 한다.
③ 감사위원은 제64조의3에 따른 인사추천위원회가 추천한 사람 중에서 총회의 투표로 선출한다.
④ 감사위원이 사임 또는 사망하거나 대통령령으로 정하는 요건을 충족하지 못하는 등의 사유로 감사위원회의 구성이 제2항의 규정에 맞지 아니하게 된 경우에는 그 사유가 발생한 날 이후 최초로 소집되는 총회에서 감사위원회의 구성이 제2항의 규정에 맞도록 하여야 한다.
⑤ 감사위원장은 감사위원 중에서 호선한다.
⑥ 감사위원장과 감사위원의 임기는 3년으로 한다.(2017.12.26 본항신설)
⑦ 감사위원(감사위원장을 포함한다. 이하 같다) 중 결원이 생긴 경우에는 제3항에 따라 보궐 위원을 선출하여야 하며, 그 보궐 위원의 임기는 전임자의 남은 기간으로 한다.(2017.12.26 본항신설)
⑧ 제1항부터 제7항까지에서 규정한 사항 외에 감사위원회의 설치 절차 등에 필요한 사항은 정관으로 정한다.(2017.12.26 본항신설)
(2017.12.26 본조개정)

제62조【감사위원회의 임무 등】 ① 감사위원회는 중앙회의 재산과 업무 집행상황에 대하여 분기마다 1회 이상 감사하고, 그 결과를 총회와 이사회에 보고하여야 한다.
② 감사위원회의 직무에 관하여는 「상법」 제402조, 제412조의5, 제413조 및 제413조의2를 준용한다.
③ 중앙회와 회장 사이 또는 중앙회와 신용공제대표이사 사이에 소송, 계약 등의 법률행위를 하는 경우에는 감사위원장이 중앙회를 대표한다.
④ 감사위원은 총회나 이사회에 출석하여 그 의견을 진술할 수 있다.
⑤ 제1항부터 제4항까지에서 규정한 사항 외에 감사위원회의 업무 등에 필요한 사항은 정관으로 정한다.
(2017.12.26 본조개정)

제63조【내부통제기준 등】 ① 중앙회는 법령을 지키고 자산의 운용을 건전하게 하기 위하여 중앙회 임직원이 그 직무를 수행할 때 지켜야 할 기본적인 절차와 기준(이하 "내부통제기준"이라 한다)을 정하여야 한다.(2011.3.8 본항개정)
② 중앙회는 내부통제기준을 지키는지 점검하고 내부통제기준을 위반하는 경우 이를 조사하여 감사위원회에 보고하는 자(이하 "준법감시인"이라 한다)를 1명 이상 두어야 한다.(2011.3.8 본항개정)
③ 회장은 준법감시인을 임면(任免)하려는 경우 이사회의 의결을 거쳐야 한다.
④ 내부통제기준과 준법감시인의 자격 요건 및 그 밖에 필요한 사항은 대통령령으로 정한다.

제5절 임직원

제64조【임원의 정수 등】 ① 중앙회에는 회장 1명, 신용공제대표이사 1명, 지도이사 1명, 전무이사 1명을 포함하여 11명 이상 21명 이하의 이사와 감사위원 5명을 임원으로 둔다.(2021.10.19 본항개정)
② 제1항의 임원 중 신용공제대표이사, 지도이사, 전무이사 및 감사위원장은 상근으로 하며, 상근하는 임원에게는 급여를 지급할 수 있다.
③ 감사위원을 제외한 임원의 3분의 1 이상은 금고의 이사장이 아닌 사람 중에서 선임하여야 한다.
(2017.12.26 본조개정)

제64조의2【임원의 선출과 임기 등】 ① 회장은 금고의 회원 중에서 금고의 무기명 비밀투표로 직접 선출한다. 이 경우 최다득표자를 당선인으로 결정한다.(2021.10.19 본항개정)
② 상근이사는 전담업무에 관하여 전문지식과 경험이 풍부한 사람으로서 대통령령으로 정하는 요건에 맞는 사람 중에서 제64조의3에 따른 인사추천위원회가 추천한 사람을 이사회의 의결을 거쳐 총회에서 선출한다.
③ 금고의 이사장인 이사는 시·도 단위별로 추천한 이사 후보자 중에서 총회에서 선출한다. 이 경우 금고의 이사장인 이사 후보자의 자격, 시·도 단위별 추천인원, 추천절차, 그 밖에 필요한 사항은 정관으로 정한다.
④ 제1항부터 제3항까지의 이사를 제외한 이사는 이사회의 의결을 거쳐 총회에서 선출한다.
⑤ 회장을 포함한 이사의 임기는 4년으로 한다. 다만, 회장은 한 차례에 한정하여 연임할 수 있다.
⑥ 중앙회에 관하여는 제18조제10항 본문, 같은 조 제11항, 제19조제8항, 제20조제2항, 같은 조 제3항 후단, 제21조제1항제1호부터 제6호까지, 같은 항 제8호부터 제11호까지, 같은 항 제11호의2·제11호의3·제12호·제12호의2·제13호·제13호의2·제14호·제15호, 제21조제2항부터 제4항까지, 제21조의2, 제22조, 제22조의2, 제23조, 제23조의2, 제24조, 제25조, 제26조제1항 및 제27조를 준용한다. 이 경우 제18조제10항 본문, 제22조, 제23조의2, 제24조, 제25조, 제26조제1항 및 제27조제2항 중 "금고"는 "중앙회"로, 제20조제3항 후단, 제22조의2제6항, 제23조의2 및 제27조제1항 중 "이사장"은 "회장"으로, 제23조의2 중 "구·시·군선거관리위원회"는 "중앙선거관리위원회"로, 제25조제6항 중 "이사장"은 "회장과 상근이사"로, "감사"는 "감사위원장"으로 본다.(2023.4.11 본항개정)
⑦ 금고의 임원이 회장으로 선임된 경우에는 취임 전에 그 임원직을 사임하여야 한다.
⑧ 회장과 신용공제대표이사는 이사나 직원 중에서 중앙회의 업무에 관한 일체의 재판상 또는 재판 외의 행위를 할 수 있는 대리인을 선임할 수 있다.
⑨ 제8항에 따라 대리인을 선임한 경우에는 대통령령으로 정하는 바에 따라 등기하여야 한다.
⑩ 제6항에 따라 중앙회에 준용하는 제21조제1항제1호부터 제6호까지, 같은 항 제8호부터 제11호까지, 같은 항 제11호의2·제11호의3·제12호·제12호의2·제13호·제13호의2·제14호·제15호의 임원의 결격사유 외에 필요한 사항은 대통령령으로 정한다.(2023.4.11 본항개정)
(2014.6.11 본조신설)

제64조의3【인사추천위원회】 ① 중앙회에 다음 각 호의 사람을 추천하기 위하여 인사추천위원회를 둔다.
1. 제61조제3항 및 제7항에 따라 선출되는 감사위원
2. 제64조의2제2항에 따라 선출되는 상근이사
3. 제79조의3제1항 및 제5항에 따라 선출되는 금고감독위원회의 위원
(2017.12.26 본항개정)
② 중앙회 인사추천위원회 위원은 7명 이상 9명 이하로 하되, 구성 및 운영에 필요한 사항은 대통령령으로 정한다.
(2014.6.11 본조신설)

제65조【회장의 대표권 등】 ① 회장은 중앙회를 대표한다. 다만, 제65조의2제1항에 따라 신용공제대표이사가 대표하는 업무에 대하여는 그러하지 아니하다.
② 회장은 제65조의2제1항에 따라 신용공제대표이사가 대표하는 업무를 제외한 중앙회의 업무를 총괄한다. 다만, 제65조의2제2항부터 제4항까지의 규정에 따라 지도이사, 제79조의2제1항에 따른 금고감독위원회의 위원장(이하 "금고감독위원장"이라 한다) 또는 전무이사가 전담하여 처리하는 업무에 대해서는 각각 지도이사, 금고감독위원장, 전무이사에게 위임하여 전결처리하게 하여야 한다.(2017.12.26 단서개정)
③ 회장이 부득이한 사유로 그 직무를 수행할 수 없을 때에는 임원 중에서 정관으로 정하는 순서에 따라 그 직무를 대행한다.
(2014.6.11 본조개정)

제65조의2【신용공제대표이사 등의 직무】 ① 신용공제대표이사는 다음 각 호의 업무를 전담하여 처리하며, 그 업무에 관하여 중앙회를 대표한다.
1. 제67조제1항제5호·제6호의 사업과 그 부대사업 및 같은 항 제7호·제8호·제13호의 사업 중 신용사업이나 공제사업과 관련되는 사업과 그 부대사업(2023.4.11 본호개정)
2. 제1호의 소관 업무에 관한 경영목표의 설정
3. 제1호의 소관 업무에 관한 사업계획과 자금계획의 수립
4. 제1호의 소관 업무에 관한 교육 및 지원 계획의 수립

② 지도이사는 다음 각 호의 업무를 전담하여 처리한다.
1. 제67조제1항제1호·제4호·제9호·제11호 및 제12호의 사업과 그 부대사업(2023.4.11 본호개정)
2. 제67조제1항제7호·제8호 및 제13호의 사업 중 금고의 지도와 관련된 사업과 그 부대사업(2023.4.11 본호개정)
(2017.12.26 본항개정)
③ 금고감독위원장은 제67조제1항제3호에 따른 금고의 감독과 검사 및 그 부대사업에 관한 업무를 전담하여 처리한다.(2017.12.26 본항신설)
④ 전무이사는 제67조에 따른 중앙회 사업 중 신용공제대표이사, 지도이사 또는 금고감독위원장이 전담하여 처리하는 사업 외의 사업과 관련된 업무를 전담하여 처리한다.(2017.12.26 본항개정)
⑤ 제1항, 제2항 또는 제4항에 따른 신용공제대표이사, 지도이사 또는 전무이사가 부득이한 사유로 직무를 수행할 수 없을 때는 이사회에서 정하는 이사가 그 직무를 대행한다.(2017.12.26 본항개정)
⑥ 제3항에 따른 금고감독위원장이 부득이한 사유로 직무를 수행할 수 없을 때에는 금고감독위원회에서 정하는 위원이 그 직무를 대행한다.(2017.12.26 본항신설)
⑦ 회장은 신용공제대표이사, 지도이사 및 전무이사에 대하여 매년 성과평가를 하여야 한다.(2017.12.26 본항개정)
⑧ 제7항에 따른 성과평가 방법, 절차 등 필요한 사항은 정관으로 정한다.(2017.12.26 본항개정)
(2014.6.11 본조신설)
제66조【직원의 임면 등】 ① 직원은 회장이 임면하되, 제65조의2제1항부터 제4항까지에 따른 신용공제대표이사, 지도이사, 금고감독위원장 또는 전무이사의 소관 업무에 종사하는 직원의 승진과 전보는 정관으로 정하는 바에 따라 회장이 신용공제대표이사, 지도이사, 금고감독위원장 또는 전무이사와 각각 협의하여 한다.(2017.12.26 본항개정)
② 직원의 자격 등에 필요한 사항은 정관으로 정한다.

제6절 사 업

제67조【사업】 ① 중앙회는 그 목적을 달성하기 위하여 다음 각 호의 사업의 전부 또는 일부를 행한다.(2011.3.8 본문개정)
1. 금고의 사업 및 경영의 지도
2. 교육·훈련·계몽 및 조사연구와 보급·홍보
3. 금고의 감독과 검사
4. 금고 사업에 대한 지원
5. 신용사업
 가. 금고로부터의 예탁금, 적금, 그 밖의 여유자금의 수납(2011.3.8 본목개정)
 나. 금고 및 금고의 회원을 위한 자금의 대출
 다. 금고 및 금고의 회원을 위한 내국환(內國換) 및 「외국환거래법」에 따른 외국환업무
 라. 금고 및 금고의 회원을 위한 보호예수(保護預受)
 마. 국가·공공단체 또는 금융기관의 업무의 대리
 바. 지급보증과 어음할인
 사. 「자본시장과 금융투자업에 관한 법률」 제4조제3항에 따른 국채증권 및 지방채증권의 인수·매출(2007.8.3 본목개정)
 아. 「여신전문금융업법」에 따라 허가받은 신용카드업
6. 금고 및 금고의 회원을 위한 공제사업
7. 국가나 공공단체가 위탁하거나 보조하는 사업
8. 다른 법령에서 중앙회의 사업으로 정하는 사업(2011.3.8 본호개정)
9. 의료지원사업(2023.4.11 본호신설)
10. 제1호부터 제9호까지의 사업과 관련되는 부대사업(2023.4.11 본호개정)
11. 금고의 회계방법이나 그 밖에 장부·서류의 통일 및 조정
12. 국제기구 및 외국과의 지역개발 협력사업으로서 주무부장관의 승인을 받은 사업(2015.7.20 본호신설)
13. 그 밖에 목적 달성에 필요한 사업으로서 주무부장관의 승인을 받은 사업
② 중앙회는 제1항의 사업을 원활하게 수행하기 위하여 필요한 경우에는 주무부장관의 승인을 받아 필요한 자금을 차입할 수 있다. 다만, 제1항제5호의 신용사업에 필요한 자금을 차입하는 경우에는 승인받지 아니하고 차입할 수 있다.(2011.3.8 본항개정)
③ 중앙회는 제1항의 사업을 원활하게 수행하기 위하여 필요한 경우에는 정관으로 정하는 바에 따라 자금을 조성·운용할 수 있다.(2023.4.11 본항신설)
④ 중앙회는 제1항과 제5항에 따라 준용되는 제28조제1항제2호·제4호의 사업을 수행하기 위하여 필요하면 자기자본의 범위에서 다른 법인에 출자할 수 있다.
(2023.4.11 본항개정)
⑤ 중앙회에 관하여는 제28조제1항제2호·제4호, 같은 조 제3항 및 제7항, 제28조의2, 제29조제1항 본문 및 제2항과 제30조를 준용한다.(2023.4.11 본항개정)
⑥ 중앙회는 제1항제5호가목에 따라 금고로부터 수납받아 운용하는 여유자금에 대하여는 금고에 이자를 지급하거나 운용실적에 따른 이익금을 분배할 수 있다.
(2011.3.8 본항신설)
⑦ 중앙회가 제6항에 따른 이익금을 분배하는 경우에는 「자본시장과 금융투자업에 관한 법률」을 적용하지 아니한다.(2023.4.11 본항개정)
⑧ 중앙회와 대출 등의 계약을 체결한 자의 금리인하 요구에 대해서는 제31조의2를 준용한다. 이 경우 "금고"는 "중앙회"로 본다.(2022.11.15 본항신설)
제68조【공제규정 등】 ① 제67조제1항제6호의 사업을 할 때에는 공제규정을 정하여 주무부장관의 인가를 받아야 한다.
② 제1항의 공제규정에는 행정안전부령으로 정하는 바에 따라 사업 실시방법, 공제계약, 공제료 등을 정하여야 한다.(2017.7.26 본항개정)
③ 제1항의 공제규정을 변경하거나 폐지하려면 주무부장관의 인가를 받아야 한다.
④ 중앙회가 공제계약을 체결하는 경우 중복계약 체결의 확인 의무에 대해서는 「보험업법」 제95조의5를 준용한다.(2017.12.26 본항신설)
(2017.12.26 본조제목개정)
제69조【공제분쟁조정심의위원회 설치·운영】 ① 공제사업 시행과 관련한 분쟁을 신속·공정하게 해결하기 위하여 중앙회에 공제분쟁조정심의위원회를 둔다.
(2011.3.8 본항개정)
② 제1항에 따른 공제분쟁조정심의위원회의 구성과 운영, 그 밖의 조정심의절차 등에 필요한 사항은 대통령령으로 정한다.

제7절 회 계

제70조【사업 예산과 결산】 ① 중앙회는 매 사업연도마다 사업계획과 예산서를 작성, 총회의 의결을 거쳐 주무부장관에게 보고하여야 한다. 다만, 정부로부터 자금이나 사업비의 전부 또는 일부를 보조받거나 융자받아 시행하는 사업은 그 사업계획서에 대하여 주무부장관의 승인을 받아야 한다.(2011.3.8 본문개정)
② 예산을 변경하려는 때에도 제1항과 같다.
③ 중앙회는 사업연도 경과 후 2개월 이내에 그 사업연도 결산을 끝내고 결산보고서(사업보고서, 재무상태표, 손익계산서와 잉여금처분안 또는 손실금처리안을 포함한다)를 작성하여 총회의 승인을 받아야 하며, 정기총회가 끝난 후 2주 이내에 결산보고서와 감사보고서를 주무부장관에게 제출하여야 한다.(2017.12.26 본항개정)
④ 중앙회에 관하여는 제31조, 제32조, 제33조제3항, 제34조와 제35조를 준용한다.(2011.3.8 본항개정)

제8절 우선출자
(2011.3.8 본절신설)

제70조의2【우선출자】 ① 중앙회는 자기자본의 확충을 통한 경영의 건전성을 도모하기 위하여 정관으로 정하는 바에 따라 잉여금배당에서 우선적 지위를 가지는 우선출자를 하게 할 수 있다.
② 제1항에 따른 우선출자 1좌의 금액은 제56조제3항에 따른 출자 1좌의 금액과 같아야 하며, 우선출자의 총액은 납입 출자금의 2분의 1을 초과할 수 없다.
③ 우선출자자는 의결권 및 선거권이 없다.
④ 우선출자에 대한 배당은 제56조에 따른 출자에 대한 배당보다 우선하여 실시하되, 그 배당률은 정관으로 정하는 최저배당률과 최고배당률 사이에서 정기총회에서 정한다.
제70조의3【우선출자증권의 발행 등】 ① 중앙회는 우선출자의 납입기일 후 지체 없이 우선출자증권을 발행하여야 한다.
② 회장은 우선출자자명부를 작성하여 주된 사무소에 갖추어 두어야 한다.
③ 회원, 우선출자자 또는 중앙회의 채권자는 영업시간 내에 우선출자자명부를 열람할 수 있으며, 중앙회에서 정한 비용을 내고 그 사본을 청구할 수 있다.
제70조의4【우선출자자의 책임】 우선출자자의 책임은 그가 가진 우선출자의 인수가액(引受價額)을 한도로 한다.
제70조의5【우선출자의 양도】 ① 우선출자는 양도할 수 있다. 다만, 우선출자증권 발행 전의 양도는 중앙회에 대하여 효력이 없다.
② 우선출자를 양도하는 때에는 우선출자증권을 교부하여야 한다.
③ 우선출자증권의 점유자는 적법한 소지인으로 추정한다.
④ 우선출자증권의 명의변경은 취득자의 성명과 주소를 우선출자자명부에 등록하고 그 성명을 증권에 적지 아니하면 중앙회나 그 밖의 제3자에게 대항하지 못한다.
⑤ 우선출자증권을 질권(質權)의 목적으로 하는 경우에는 질권자의 성명 및 주소를 우선출자자명부에 등록하지 아니하면 중앙회나 그 밖의 제3자에게 대항하지 못한다.
제70조의6【우선출자자총회】 ① 중앙회는 정관의 변경으로 우선출자자에게 손해를 미치게 되는 경우에는 우선출자자총회의 의결을 받아야 한다.
② 제1항에 따른 우선출자자총회의 의결은 발행한 우선출자 총좌수의 과반수의 출석과 출석한 출자좌수의 3분의 2 이상의 찬성이 있어야 한다.
③ 제1항의 우선출자자총회의 운영 등에 필요한 사항은 정관으로 정한다.
제70조의7【우선출자에 관한 그 밖의 사항】 이 법에서 규정한 사항 외에 우선출자의 발행·모집 등에 필요한 사항은 대통령령으로 정한다.

제9절 예금자보호준비금

제71조【예금자보호준비금 설치 등】 ① 중앙회는 금고의 회원(제30조에 따른 비회원을 포함한다)이 납입한 예탁금, 적금, 그 밖의 수입금과 중앙회의 공제금, 자기앞수표를 결제하기 위한 별단예탁금에 대한 환급(還給)을 보장하며 그 회원의 재산을 보호하고 금고의 건전한 육성을 도모하기 위하여 중앙회에 예금자보호준비금(이하 "준비금"이라 한다)을 설치·운영한다.(2011.3.8 본항개정)
② 금고 및 중앙회는 제1항에 따른 준비금에 가입하여야 한다.(2011.3.8 본항개정)
③ 중앙회는 준비금의 운용에 관한 중요 사항을 심의·결정하기 위하여 준비금관리위원회를 두며, 준비금의 운용과 준비금관리위원회의 구성·운영 등 그 밖에 필요한 사항은 대통령령으로 정한다.(2011.3.8 본항개정)
④ 회장은 금고가 예탁금, 적금, 그 밖의 수입금을 지급할 수 없거나 중앙회가 공제금, 자기앞수표를 지급할 수 없는 경우에는 준비금관리위원회가 결정하는 바에 따라 그 금고 또는 중앙회를 갈음하여 변제할 수 있다.
(2011.3.8 본항개정)
⑤ 제4항에 관하여는 「민법」 제482조부터 제485조까지의 규정을 준용한다.
제72조【준비금의 조성 등】 ① 준비금은 다음 각 호의 자금으로 조성한다.
1. 금고 및 중앙회가 납입하는 출연금(2011.3.8 본호개정)
2. 타회계(他會計)에서 넘어온 전입금 및 차입금
3. 준비금의 운용에 의하여 생기는 수익금
4. 국가로부터의 차입금(2007.7.27 본호신설)
5. 그 밖의 수입금
② 제1항 각 호의 자금 조성에 관하여 필요한 사항은 대통령령으로 정한다.
③ 금고 및 중앙회는 제1항제1호에 따라 납입한 출연금의 반환을 청구할 수 없다.(2011.3.8 본항개정)
④ 제1항제1호에 따른 출연금은 금고별로 경영 및 재무상황 등을 고려하여 그 비율을 다르게 할 수 있다.
(2016.1.6 본항신설)
제72조의2【준비금 적립액 목표규모의 설정 등】 ① 중앙회는 준비금의 적립액이 적정한 수준을 유지하도록 준비금 적립액의 목표규모(이하 이 조에서 "목표규모"라 한다)를 설정하여야 한다.
② 목표규모는 준비금관리위원회의 의결을 거쳐 준비금 제도의 효율적 운영을 저해하지 아니하는 범위에서 금고의 경영 및 재무 상황 등을 고려하여 정한다. 이 경우 목표규모는 상한 및 하한을 두어 일정 범위로 정할 수 있다.
③ 중앙회는 중앙회 또는 금고의 경영여건과 안정성을 고려하여 목표규모의 적정성을 주기적으로 검토하고, 필요한 경우에는 준비금관리위원회의 의결을 거쳐 목표규모를 재설정할 수 있다.
④ 중앙회는 준비금의 적립액이 목표규모에 도달한 경우에는 향후 예상되는 준비금의 수입액과 지출액의 규모를 고려하여 대통령령으로 정하는 바에 따라 중앙회 또는 금고가 내는 출연금을 감면할 수 있다.
(2016.1.6 본조신설)
제72조의3【준비금의 용도 등】 ① 준비금은 다음 각 호의 어느 하나에 해당하는 경우에만 사용하여야 한다.
1. 해산등기를 마친 금고가 예탁금·적금 및 그 밖의 수입금을 지급할 수 없는 경우에 그 예탁금·적금 및 그 밖의 수입금의 변제 또는 해산등기를 마친 중앙회가 중앙회 공제금 및 별단예탁금을 지급할 수 없는 경우에 중앙회 공제금 및 별단예탁금의 변제
2. 금고의 경영 정상화를 위한 재무구조의 개선이나 금고의 예탁금·적금 및 그 밖의 수입금의 환급이 필요한 금고에 대한 자금의 대출 또는 지원
3. 제38조제2항에 따른 금고 간 합병에 필요한 자금의 대출 또는 지원
4. 제80조의2에 따른 계약이전을 위한 자금지원
5. 그 밖에 준비금의 관리·운영에 필요한 경비
② 제1항에 따른 변제의 범위 및 한도액 등 그 밖에 필요한 사항은 대통령령으로 정한다.
(2016.1.6 본조신설)
제73조【손해배상청구권의 행사 등】 ① 중앙회는 제71조제3항과 제4항에 따라 준비금관리위원회에서 금고에 대한 자금 지원, 대출 또는 대위변제를 결정한 경우에는 그 금고의 부실에 대하여 책임이 있다고 인정되는 전·현직 임직원 및 「상법」 제401조의2제1항 각 호의 어느 하나에 해당하는 자, 그 밖의 제3자(이하 "부실관련자"라 한다)에 대하여 손해배상을 청구하도록 그 금고에 요구할 수 있다.(2016.1.6 본항개정)

② 중앙회는 금고가 제1항에 따른 요구를 이행하지 아니하면 즉시 그 금고를 대위(代位)하여 손해배상을 청구할 수 있다.(2011.3.8 본항개정)
③ 중앙회는 제1항 및 제2항에 따른 손해배상 요구 및 손해배상청구권을 대위행사하기 위하여 필요하면 해당 금고의 업무 및 재산 상황을 조사할 수 있다.(2011.3.8 본항개정)
④ 중앙회는 금고가 제1항에 따른 손해배상청구를 소송으로 하는 경우에는 그 소송의 계속(係屬) 중 그 금고를 보조하기 위하여 소송에 참가할 수 있다. 이 경우 「민사소송법」 제71조부터 제77조까지의 규정을 준용한다.
(2011.3.8 전단개정)
⑤ 중앙회가 제2항에 따라 손해배상청구권을 대위 행사하여 승소하거나 해당 금고의 요청으로 제4항에 따른 소송에 참가하는 경우 그 비용은 그 금고가 부담한다.
(2011.3.8 본항개정)
제73조의2【자료 제공의 요청 등】 ① 주무부장관은 부실관련자에 대한 중앙회의 손해배상청구 또는 소송참가를 위하여 필요하면 관계 중앙행정기관, 지방자치단체, 그 밖에 대통령령으로 정하는 공공기관(이하 이 조에서 "공공기관등"이라 한다)의 장에게 부실관련자의 재산에 관한 자료 또는 정보의 제공을 요청할 수 있다. 이 경우 공공기관등의 장은 특별한 사정이 없으면 그 요청에 따라야 한다.
② 주무부장관은 제1항에 따라 공공기관등의 장으로부터 제공받은 정보를 중앙회에 제공하여 손해배상청구 또는 소송참가에 활용하도록 할 수 있다.
(2016.1.6 본조신설)

제4장 감 독

제74조【감독 등】 ① 주무부장관, 특별자치시장·특별자치도지사 또는 시장·군수·구청장은 금고와 중앙회를 다음 각 호의 구분에 따라 감독한다. 다만, 신용사업과 공제사업에 대해서는 주무부장관이 금융위원회와 협의하여 감독한다.
1. 금고에 대한 감독 : 주무부장관. 다만, 제7조, 제12조제5항, 제37조 및 제74조의3제2항과 관련된 사항에 대해서는 특별자치시장·특별자치도지사 또는 시장·군수·구청장이 감독한다.
2. 중앙회에 대한 감독 : 주무부장관
(2020.2.18 본항개정)
② 주무부장관, 특별자치시장·특별자치도지사 또는 시장·군수·구청장은 제1항에 따른 감독상 필요하다고 인정하면 금고 또는 중앙회에 대하여 그 업무 및 재산상황에 관한 보고서를 제출하도록 명하거나 관계자의 출석 및 의견의 진술을 요구할 수 있다. 이 경우 특별자치시장·특별자치도지사 또는 시장·군수·구청장의 재산상황에 관한 보고서 제출 명령은 금고에 한정한다.
(2020.2.18 본항개정)
③ 주무부장관은 제1항에 따른 감독을 위하여 필요한 경우에는 그 소속 직원으로 하여금 금고 또는 중앙회의 업무와 재산에 관하여 검사를 하게 할 수 있고, 특별자치시장·특별자치도지사 또는 시장·군수·구청장은 제1항제1호 단서에 따른 감독을 위하여 필요한 경우에는 그 소속 직원으로 하여금 금고의 업무와 재산에 관하여 검사를 하게 할 수 있다.(2020.2.18 본항개정)
④ 주무부장관은 금고 또는 중앙회를 검사하기 위하여 필요한 경우에는 금융감독원장, 예금보험공사 사장 및 대통령령으로 정하는 기관장에게 지원요청을 할 수 있다.
(2023.4.11 본항개정)
⑤ 주무부장관, 특별자치시장·특별자치도지사 또는 시장·군수·구청장은 다음 각 호의 경우에는 금고 또는 중앙회에 대한 시정 등 감독상 필요한 명령을 할 수 있다.
(2020.2.18 본문개정)
1. 제2항부터 제4항까지에 따른 감독·검사 결과에 따라 필요한 경우
2. 금고 또는 중앙회의 의결사항이 위법·부당한 경우(특별자치시장·특별자치도지사 또는 시장·군수·구청장은 제1항제1호 단서에 따른 감독상 필요한 경우에 한정한다)(2020.2.18 본호개정)
(2017.12.26 본항신설)
⑥ 주무부장관은 제1항부터 제5항까지의 규정에 따른 금고 또는 중앙회에 대한 감독·검사와 시정 등 감독상 필요한 조치 등에 관한 세부 사항을 정하여 고시하며, 특별자치시장·특별자치도지사 또는 시장·군수·구청장은 제1항부터 제5항까지의 규정에 따른 금고에 대한 감독·검사와 시정 등 감독상 필요한 조치 등에 관한 세부 사항을 해당 특별자치시·특별자치도·시·군·구의 규칙으로 정한다.(2020.2.18 본항개정)
⑦ 주무부장관은 금고와 중앙회의 공제사업을 건전하게 육성하고 계약자를 보호하기 위하여 금융위원회 위원장과 협의하여 감독에 필요한 기준을 정하여야 한다.
(2011.3.8 본항개정)
제74조의2【임직원에 대한 제재처분】 ① 주무부장관은 금고 또는 중앙회의 임직원이 이 법 또는 이 법에 따른 명령이나 정관으로 정한 절차나 의무를 이행하지 아니한 경우에는 관련 임직원에 대하여 다음 각 호의 조치를 하거나 금고 또는 중앙회에 조치를 요구할 수 있다. 다만, 제2호의 경우에는 금고 또는 중앙회에 조치 요구만 할 수 있다.(2023.4.11 본문개정)
1. 임원에 대해서는 해임, 6개월 이내의 직무정지, 견책 또는 경고(2023.4.11 본호개정)
2. 직원에 대해서는 징계면직, 정직, 감봉, 견책, 경고 또는 주의
② 제1항(제79조제7항에서 준용하는 경우를 포함한다)에 따라 금고 또는 중앙회가 임직원의 해임 또는 징계면직의 조치를 요구받은 경우 해당 임직원은 그 날부터 그 조치가 확정되는 날까지 직무가 정지된다.(2023.4.11 본항개정)
③ 주무부장관은 금고 또는 중앙회의 업무를 집행할 임원이 없는 경우에는 임시임원을 선임할 수 있다.
④ 제3항에 따라 임시임원이 선임되었을 때에는 금고 또는 중앙회는 지체 없이 이를 등기하여야 한다. 다만, 금고 또는 중앙회가 그 등기를 게을리하는 경우 주무부장관이 금고 또는 중앙회의 주된 사무소를 관할하는 등기소에 그 등기를 촉탁할 수 있다.
⑤ 제1항에 따른 제재처분의 세부기준 및 절차는 행정안전부령으로 정한다.(2023.4.11 본항개정)
(2017.12.26 본조제목개정)
(2016.1.6 본조신설)
제74조의3【금고 등에 대한 행정처분】 ① 주무부장관은 금고 또는 중앙회가 이 법 또는 이 법에 따른 명령을 위반하여 건전한 운영을 해칠 수 있다고 인정하는 경우에는 금고 또는 중앙회에 대하여 다음 각 호의 어느 하나에 해당하는 조치를 할 수 있다.
1. 경고 또는 주의
2. 위반행위에 대한 시정명령
3. 6개월 이내의 업무의 전부 또는 일부 정지
② 특별자치시장·특별자치도지사 또는 시장·군수·구청장은 금고가 다음 각 호의 어느 하나에 해당하는 경우에는 금고의 설립인가를 취소할 수 있다. 다만, 제2호에 해당하는 경우에는 취소하여야 한다.(2020.2.18 본문개정)
1. 설립인가를 받은 날부터 90일이 지나도록 설립등기를 하지 아니한 경우
2. 거짓이나 그 밖의 부정한 방법으로 설립인가를 받은 경우
3. 제7조의2에 따른 설립인가의 요건을 갖추지 못하게 된 경우
4. 회원이 1년 이상 계속하여 100명 미만인 경우
5. 정당한 사유 없이 1년 이상 계속하여 사업을 시행하지 아니한 경우
6. 제74조의2 및 이 조 제1항에 따른 조치(제79조제7항에 따라 준용되는 경우를 포함한다) 등을 이행하지 아니한 경우(2017.12.26 본호개정)
7. 제79조제6항에 따른 합병 권고를 받은 날부터 6개월 내에 총회의 의결을 거치지 아니한 경우
③ 제2항에 따라 특별자치시장·특별자치도지사 또는 시장·군수·구청장이 설립인가를 취소하려면 회장의 의견을 들어야 한다.(2020.2.18 본항개정)
④ 회장은 금고가 제2항 각 호의 어느 하나에 해당하는 경우에는 특별자치시장·특별자치도지사 또는 시장·군수·구청장에게 해당 금고의 설립인가 취소를 요청하여야 한다.(2020.2.18 본항개정)
⑤ 특별자치시장·특별자치도지사 또는 시장·군수·구청장은 제2항에 따라 금고의 설립인가를 취소한 경우에는 즉시 그 사실을 공고하여야 한다.(2020.2.18 본항개정)
⑥ 제1항에 따른 행정처분의 세부기준은 행정안전부령으로 정한다.(2017.12.26 본항신설)
(2016.1.6 본조신설)
제75조【경영공시】 금고와 중앙회는 대통령령으로 정하는 바에 따라 경영상황에 관한 주요 정보와 자료를 공시하여야 한다.(2011.3.8 본조개정)
제76조【외부 감사】 ① 중앙회는 회계연도마다 1회 이상 「주식회사 등의 외부감사에 관한 법률」 제2조제7호 및 제9조에 따른 감사인(이하 이 조에서 "감사인"이라 한다)의 감사를 받아야 한다.(2017.10.31 본항개정)
② 회장은 감사 종료 후 20일 이내에 그 결과를 주무부장관에게 보고하여야 한다.
③ 주무부장관은 제74조에 따른 감독과 제75조에 따른 경영공시와 관련하여 회원 보호를 위하여 필요한 경우에는 대통령령으로 정하는 금고에 대하여 감사인의 감사를 받도록 명할 수 있다.
④ 감사인은 제3항에 따른 감사를 실시한 때에는 감사보고서를 작성하여 해당 금고의 이사회, 감사 및 회장에게 제출하여야 한다.
⑤ 제3항에 따라 감사인의 감사를 받은 금고는 제4항에 따른 감사보고서를 받은 날부터 20일 이내에 그 결과를 주무부장관에게 보고하여야 한다.
(2011.3.8 본조개정)
제77조【경영건전성 기준】 ① 금고와 중앙회는 경영건전성을 유지하고 금융사고를 예방하기 위하여 다음 각 호의 사항에 관하여 대통령령으로 정하는 바에 따라 주무부장관이 정하는 경영건전성 기준을 지켜야 한다.
(2011.3.8 본문개정)
1. 재무구조의 건전성에 관한 사항
2. 자산의 건전성에 관한 사항
3. 회계 및 결산에 관한 사항
4. 위험 관리에 관한 사항
5. 그 밖에 경영의 건전성 확보를 위하여 필요한 사항
② (2017.12.26 삭제)
③ 주무부장관은 금고 또는 중앙회가 제1항에 따른 경영건전성 기준을 충족시키지 못하는 등 경영의 건전성을 크게 해칠 우려가 있다고 인정되면 자본금 증가, 보유자산의 축소 등 경영상태의 개선을 위한 조치를 이행하도록 명령할 수 있다.(2017.12.26 본항개정)
제78조【권한의 위임】 주무부장관은 이 법에 따른 권한 중 일부를 특별시장, 광역시장, 도지사 또는 회장에게 위임할 수 있다.
제79조【중앙회의 금고에 대한 지도·감독】 ① 회장은 이 법과 이 법에 따른 명령 또는 정관으로 정하는 바에 따라 금고를 지도하고 감독한다.
② 회장은 금고를 지도·감독하기 위하여 필요한 규정을 제정하고, 보고서 제출을 명하는 등 금고에 대하여 지시를 할 수 있다.
③ 회장은 금고의 재산 및 업무집행상황에 대하여 2년마다 1회 이상 금고를 검사하여야 한다. 다만, 감독상 필요하다고 인정하는 경우에는 수시로 그 소속 직원에게 금고를 검사하게 할 수 있다.
④ 회장은 필요하다고 인정하면 금고의 부담으로 「주식회사의 외부감사에 관한 법률」 제3조제1항제1호에 따른 회계법인에 회계감사를 요청할 수 있다.
⑤ 회장은 제3항에 따른 검사 결과와 제4항에 따른 회계감사 결과를 해당 금고의 이사장과 감사에게 알려야 한다.
⑥ 회장은 금고의 경영상태를 평가하고 그 결과에 따라 그 금고에 대하여 경영 개선을 요구하거나 합병을 권고하는 등 필요한 조치를 할 수 있다.
⑦ 회장의 금고에 대한 감독·검사 결과, 금고 또는 그 임직원에 대한 조치 또는 조치 요구에 대해서는 제74조의2 및 제74조의3제1항을 준용한다. 이 경우 "주무부장관"은 "회장"으로, "금고 또는 중앙회"는 "금고"로 본다.
(2023.4.11 전단개정)
⑧ 금고는 회장으로부터 제7항에서 준용하는 제74조의2 제1항에 따라 소속 임직원에 대한 조치 요구를 받은 경우 2개월 이내에 필요한 조치를 하고 그 결과를 회장에게 알려야 한다.
(2017.12.26 본조개정)
제79조의2【금고감독위원회의 설치·운영 등】 ① 금고의 감독·검사에 관한 업무를 독립적·전문적으로 처리하기 위하여 회장 소속으로 금고감독위원회를 둔다.
② 금고감독위원회는 다음 각 호의 사항을 심의·의결한다.
1. 금고에 대한 감독·검사 방향 및 그 계획에 관한 사항
2. 제79조에 따른 금고의 감독·검사에 관한 규정의 제정·개정·폐지
3. 제79조제3항에 따른 금고에 대한 검사에 관한 사항
4. 제79조제4항에 따른 금고에 대한 회계감사에 관한 사항
5. 제79조제7항에서 준용하는 제74조의2에 따른 금고의 임직원에 대한 제재에 관한 사항
6. 제79조제7항에서 준용하는 제74조의3제1항에 따른 금고에 대한 행정처분에 관한 사항
7. 제79조의4에 따른 형사 기소된 임직원에 대한 제재에 관한 사항
8. 제79조의5에 따른 퇴임한 임원 등에 대한 통보 내용에 관한 사항
9. 금고의 감독·검사와 관련하여 회장이 심의·의결을 요청하는 사항
10. 그 밖에 금고의 감독·검사와 관련하여 필요하다고 인정하는 사항
③ 금고감독위원회는 금고감독위원장을 포함한 5명의 위원으로 구성하고, 금고감독위원장은 상근으로 한다.
④ 금고감독위원회의 사무를 처리하고, 중앙회의 금고에 대한 감독·검사 업무를 효율적으로 수행하기 위하여 정관으로 정하는 바에 따라 금고감독위원회에 사무기구를 둔다.
(2017.12.26 본조신설)
제79조의3【금고감독위원회 위원의 선출 등】 ① 금고감독위원회의 위원은 금고의 임직원이 아닌 사람으로서 제64조의3에 따른 인사추천위원회에서 추천된 사람 중에서 이사회의 의결을 거쳐 총회에서 선출한다.
② 금고감독위원회의 위원은 금융, 회계, 감독 업무에 관한 전문지식과 경험이 풍부한 사람으로서 대통령령으로 정하는 요건을 갖추어야 한다.
③ 금고감독위원장은 금고감독위원회 위원 중에서 호선한다.

④ 금고감독위원장과 금고감독위원회 위원의 임기는 각각 3년으로 한다.
⑤ 금고감독위원장과 금고감독위원회 위원 중 결원이 생긴 때에는 제1항에 따라 보궐 위원을 선출하여야 하며, 그 보궐 위원의 임기는 전임자의 남은 기간으로 한다.
(2017.12.26 본조신설)
제79조의4【형사 기소된 임직원에 대한 제재 등】 ① 주무부장관과 회장은 중앙회 또는 금고 임직원이 「형법」 제355조부터 제357조까지, 「특정경제범죄 가중처벌 등에 관한 법률」 제5조, 제7조 및 제8조의 죄를 범하여 형사 기소된 때에는 해당 임원 또는 직원의 직무정지를 명할 수 있다.
② 주무부장관과 회장은 중앙회 또는 금고의 임원이 제25조제8항을 위반한 때에는 해당 임원의 직무정지를 명할 수 있다.
(2011.3.8 본조신설)
제79조의5【퇴임한 임원 등에 대한 명령내용의 통보】 ① 주무부장관과 회장은 중앙회 또는 금고에서 퇴임 또는 퇴직한 임직원이 재임 또는 재직 중이었더라면 다음 각 호의 어느 하나에 해당하는 명령을 받았을 것으로 인정되는 경우에는 그 받았을 것으로 인정되는 명령내용을 중앙회 또는 해당 금고에 통보하여야 한다.
1. 제74조의2제1항(제79조제7항에서 준용하는 경우를 포함한다)에 따른 임원의 해임 또는 직무정지(2023.4.11 본호개정)
2. 제74조의2제1항(제79조제7항에서 준용하는 경우를 포함한다)에 따른 직원의 징계면직 또는 정직(2017.12.26 본호개정)
② 제1항에 따른 통보를 받은 중앙회 또는 금고는 이를 해당 임직원에게 통보하고, 그 내용을 기록·관리하여야 한다.
(2016.1.6 본조개정)
제80조【경영지도】 ① 주무부장관은 금고가 다음 각 호의 어느 하나에 해당되어 회원의 보호에 지장을 줄 우려가 있다고 인정되면 그 금고에 대하여 경영지도를 한다.
1. 금고가 자기자본을 초과하는 부실대출을 보유하고 있고 이를 단기간 내에 통상적인 방법으로 회수하기가 곤란하여 자기자본이 잠식될 우려가 있다고 인정되는 경우
2. 금고 임직원의 위법·부당한 행위로 금고에 재산상의 손실이 발생하여 자력(自力)으로 경영정상화를 추진하는 것이 어렵다고 인정되는 경우
3. 금고의 파산 위험이 뚜렷하거나 임직원의 위법·부당한 행위로 금고의 예탁금, 적금, 그 밖의 수입금에 대한 인출이 쇄도하여 금고의 자력(資力)으로 예탁금, 적금, 그 밖의 수입금을 지급할 수 없는 상태에 이른 경우
4. 제79조제3항에 따른 검사 결과 경영지도가 필요하다고 인정되어 회장이 건의하는 경우(2017.12.26 본호개정)
② 제1항에서 "경영지도"란 다음 각 호의 사항에 대하여 지도하는 것을 말한다.
1. 자금의 수급 및 여·수신에 관한 업무
2. 불법·부실대출의 회수 및 채권 확보
3. 그 밖에 금고의 경영에 관하여 대통령령으로 정하는 사항
③ 주무부장관은 제1항에 따른 경영지도가 시작된 경우에는 6개월의 범위에서 예금 등 채무의 지급을 정지하거나 임원(제26조제2항에 따른 간부직원을 포함한다. 이하 이 조에서 같다)의 직무를 정지할 수 있다. 이 경우 주무부장관은 지체 없이 회장에게 해당 금고의 재산상황을 조사(이하 "재산실사"라 한다)하게 할 수 있다.
④ 회장은 제3항 후단에 따른 재산실사 결과 위법·부당한 행위로 금고에 손실을 끼친 임직원에 대하여는 재산 조회 및 가압류 신청 등 손실금 보전을 위하여 필요한 조치를 취하여야 한다.
⑤ 주무부장관은 제3항 후단에 따른 재산실사 결과 해당 금고의 경영 정상화가 가능한 경우 등 특별한 사유가 있다고 인정되면 제3항 전단에 따른 채무의 지급정지 또는 임원의 직무정지의 전부 또는 일부를 해제하여야 한다.
⑥ 주무부장관은 제1항에 따른 경영지도에 관한 업무를 회장에게 위탁할 수 있다.
⑦ 제1항부터 제3항까지의 규정에 따른 경영지도의 방법, 채무의 지급정지 또는 임원의 직무 정지의 방법·기간 및 절차 등에 관하여 필요한 사항은 대통령령으로 정한다.
제80조의2【계약이전의 결정】 ① 주무부장관은 제80조제1항 각 호의 어느 하나에 해당되는 금고(이하 "부실금고"라 한다)에 대하여 회장의 의견을 들어 사업과 관련된 계약의 이전(이하 "계약이전"이라 한다) 결정을 할 수 있다.
② 주무부장관은 제1항에 따라 계약이전을 결정하는 때에는 필요한 범위에서 이전되는 계약의 범위·조건 및 이전받는 금고(이하 "인수금고"라 한다)를 정하여야 한다. 이 경우 미리 인수금고의 동의를 받아야 한다.
③ 중앙회는 인수금고에 대하여 계약이전의 이행을 전제로 자금지원의 금액과 조건 등을 제시할 수 있다.
④ 중앙회는 인수금고가 제2항 후단에 따른 동의를 하기 위하여 총회를 소집하는 경우 미리 해당 인수금고의 회원에게 부실금고의 부실정도 및 계약이전에 관한 조치 등 총회의 결의와 관련된 사항을 통지하여야 한다.
⑤ 국가 또는 지방자치단체는 인수금고에 대하여 자금지원이 필요하다고 인정하는 때에는 예산의 범위에서 인수금고에 보조금을 지원할 수 있다.
⑥ 주무부장관은 제1항에 따라 계약이전을 결정한 부실금고에 대하여 관리인을 선임하여야 한다.
⑦ 주무부장관은 제6항에 따라 관리인을 선임한 때에는 지체 없이 해당 부실금고의 주된 사무소의 소재지를 관할하는 지방법원에 그 취지를 통지하고, 주된 사무소 또는 분사무소를 관할하는 등기소에 그 등기를 촉탁하여야 한다.
⑧ 제1항에 따른 계약이전의 결정에 따른 계약이전에 관하여는 부실금고의 이사회 및 총회의 결의를 요하지 아니한다.
(2011.3.8 본조신설)
제80조의3【계약이전 결정의 효력】 ① 제80조의2제1항에 따른 계약이전의 결정이 있는 경우 그 결정내용에 포함된 부실금고의 권리·의무 및 업무구역은 그 결정이 있을 때에 인수금고가 이를 승계한다.
② 제80조의2제1항에 따른 계약이전의 결정이 있는 경우 해당 부실금고 및 인수금고는 각각 대통령령으로 정하는 바에 따라 그 결정의 요지 및 계약이전의 사실을 지체 없이 공고하여야 한다.
③ 제2항에 따른 공고가 있을 때에는 그 계약이전과 관련된 채권자, 채무자, 물상보증인, 그 밖의 이해관계인(이하 "채권자등"이라 한다)과 해당 부실금고 사이의 법률관계는 인수금고가 동일한 내용으로 승계한다. 다만, 채권자등은 제2항에 따른 공고 전에 해당 부실금고와의 사이에 발생한 사유로 인수금고에 대항할 수 있다.
④ 제2항에 따른 공고가 있을 때에는 그 공고로써 「민법」 제450조에 따른 지명채권양도의 대항요건을 갖춘 것으로 본다. 다만, 채권자등은 공고 전에 해당 부실금고와의 사이에 발생한 사유로 인수금고에 대항할 수 있다.
⑤ 제80조의2제1항에 따른 계약이전의 결정이 있는 경우 재산의 이전에 등기·등록을 요하는 부동산 등에 관한 권리는 제2항에 따른 공고가 있을 때에 인수금고가 이를 취득한다.
⑥ 주무부장관은 제80조의2제1항에 따른 계약이전의 결정을 한 경우 해당 부실금고 및 인수금고로 하여금 계약이전과 관련된 자료를 보관·관리하도록 하고 채권자등의 열람에 제공하도록 하여야 한다. 이 경우 보관·관리 및 열람에의 제공에 필요한 기준 및 절차는 주무부장관이 이를 정한다.
(2011.3.8 본조신설)
제80조의4【관리인의 자격 및 권한 등】 ① 해당 금고와 대통령령으로 정하는 이해관계 또는 특수관계에 있는 사람은 제80조의2제6항에 따른 관리인(이하 이 조에서 "관리인"이라 한다)으로 선임될 수 없다.
② 관리인은 계약이전과 관련된 업무의 범위에서 금고의 자산·부채 등을 관리·처분할 권한이 있다. 이 경우 관리인은 제80조의2제7항에 따른 등기를 마친 후가 아니면 금고의 재산의 처분 등 법률행위를 함에 있어서 제3자에게 대항할 수 없다.
③ 관리인은 불법·부실대출에 의한 채권을 확보하기 위하여 필요한 경우에는 그 불법·부실대출에 책임이 있다고 인정되는 임직원(임직원이었던 자를 포함한다) 또는 채무자의 재산을 조사하여 가압류신청 등 필요한 조치를 하여야 한다.
④ 주무부장관은 필요하다고 인정하는 때에는 관리인을 해임할 수 있다.
⑤ 「민법」 제35조제1항, 「상법」 제11조제1항, 「채무자 회생 및 파산에 관한 법률」 제30조·제360조부터 제362조까지의 규정은 관리인에 관하여 이를 준용한다. 이 경우 「채무자 회생 및 파산에 관한 법률」 제30조·제360조 및 제362조 중 "법원"은 이를 "주무부장관"으로 본다.
(2011.3.8 본조신설)
제80조의5【파산신청 등】 ① 주무부장관은 제80조의2제1항에 따른 계약이전의 결정에 따라 부실금고의 계약이전이 이루어진 때에는 해당 금고의 주된 사무소 소재지를 관할하는 지방법원에 파산신청을 할 수 있다.
② 주무부장관은 금고가 파산한 때에는 「채무자 회생 및 파산에 관한 법률」 제355조에도 불구하고 법원에 파산관재인을 추천할 수 있다.
(2011.3.8 본조신설)
제81조【회원의 검사 청구】 ① 회원이 재적회원(在籍會員) 10분의 1 이상의 동의를 받아 소속 금고의 업무 또는 회계의 집행상황이 법령, 정관 또는 공제규정에 위배된다는 이유로 검사를 청구한 경우에는 주무부장관은 회장에게 해당 금고의 업무상황을 검사하게 할 수 있다.
② 회원이 재적회원 10분의 1 이상의 동의를 받아 중앙회의 업무나 회계의 집행상황이 법령, 정관 또는 공제규정에 위배된다는 이유로 검사를 청구한 경우에는 주무부장관은 금융감독원장에게 중앙회를 검사하게 할 수 있다.
(2011.3.8 본항개정)
제82조 (2016.1.6 삭제)
제83조【청문 등】 주무부장관 또는 회장이 제74조의2제1항제1호, 제74조의3제1항제3호, 제79조제7항에서 준용하는 제74조의2제1항제1호·제74조의3제1항제3호, 제79조의5제1항제1호에 따라 업무정지, 관계 임원의 해임·직무정지를 명하거나, 특별자치시장·특별자치도지사 또는 시장·군수·구청장이 제74조의3제2항에 따라 설립인가를 취소하려면 대통령령으로 정하는 바에 따라 미리 그 처분의 상대방 또는 그 대리인에게 의견을 진술할 기회를 주어야 한다. 다만, 그 처분의 상대방 또는 그 대리인이 정당한 사유 없이 이에 응하지 아니하거나 주소불명 등으로 의견 진술의 기회를 줄 수 없는 경우에는 그러하지 아니하다.(2023.4.11 본문개정)

제5장 보 칙

제84조【복지기구 설치 등】 ① 중앙회는 금고 및 중앙회 임직원의 생활안정과 복지증진을 위하여 별도의 기구를 설치·운영할 수 있다.(2011.3.8 본항개정)
② 제1항의 기구 설치·운영 등 그 밖에 필요한 사항은 대통령령으로 정한다.

제6장 벌 칙

제85조【벌칙】 ① 금고 또는 중앙회의 임직원이 다음 각 호의 어느 하나에 해당하는 행위를 한 경우에는 5년 이하의 징역 또는 5천만원 이하의 벌금에 처한다.
(2014.6.11 본문개정)
1. 자금을 금고나 중앙회의 사업 목적 외에 사용·대출하거나 금고나 중앙회의 재산을 투기 목적으로 처분하거나 이용한 경우(2011.3.8 본호개정)
2. 제80조제1항에 따른 경영지도 사항을 이행하지 아니한 경우
② 금고나 중앙회의 임직원 또는 청산인이 다음 각 호의 어느 하나에 해당하는 행위를 한 경우에는 3년 이하의 징역이나 3천만원 이하의 벌금에 처한다.(2014.6.11 본문개정)
1. 감독기관의 인가나 승인을 받아야 하는 사항에 관하여 인가나 승인을 받지 아니하거나 인가가 취소된 후에도 업무를 계속하여 수행한 경우
2. 거짓으로 등기를 한 경우
3. 감독기관, 총회, 이사회에 대하여 거짓으로 자료를 제출하거나 진술(서면진술을 포함한다)한 경우
(2017.12.26 본호개정)
4. 총회나 이사회의 의결이 필요한 사항에 대하여 의결을 거치지 아니하고 집행한 경우
5. 제29조(제67조제5항에서 준용하는 경우를 포함한다)를 위반한 경우(2023.4.11 본호개정)
6. 금고나 중앙회로 하여금 제28조제3항(제67조제5항에서 준용하는 경우를 포함한다)에 따른 명령, 같은 조 제5항이나 제35조(제70조제4항에서 준용하는 경우를 포함한다)를 위반하게 한 경우(2023.4.11 본호개정)
7. 제31조(제70조제4항에서 준용하는 경우를 포함한다)를 위반하여 금고나 중앙회로 하여금 동산이나 부동산을 소유하게 한 경우(2011.3.8 본호개정)
8. 제44조에 따라 준용되는 「민법」의 규정을 위반한 경우
9. 감독기관의 검사를 거부·방해 또는 기피하거나 해당 검사원의 질문에 거짓으로 진술(서면진술을 포함한다)하거나 자료를 제출한 경우(2017.12.26 본호개정)
10. 제75조에 따른 경영 공시를 이행하지 아니하거나 거짓으로 공시한 경우
③ 제22조제2항부터 제4항까지 및 제22조의2(제64조의2제6항에서 준용하는 경우를 포함한다)를 위반한 자는 2년 이하의 징역이나 2천만원 이하의 벌금에 처한다.
(2023.4.11 본항개정)
<2019.5.30 헌법재판소 단순위헌결정으로 이 항 중 제22조제2항제5호에 관한 부분은 헌법에 위반>
④ 제5조를 위반하여 금고나 중앙회로 하여금 정치에 관여하는 행위를 하게 한 자는 다른 법률에 특별히 규정된 경우 외에는 1년 이하의 징역이나 1천만원 이하의 벌금에 처한다.(2014.6.11 본항개정)
⑤ 제2조제5항을 위반한 자는 1년 이하의 징역이나 1천만원 이하의 벌금에 처한다.(2014.6.11 본항개정)
⑥ 제3항에 따른 죄의 공소시효는 해당 선거일 후 6개월(선거일 후에 이루어진 범죄는 그 행위를 한 날부터 6개월)을 경과함으로써 완성된다. 다만, 범인이 도피하거나 범인이 공범 또는 증명에 필요한 참고인을 도피시킨 경우에는 그 기간을 3년으로 한다.(2017.12.26 본항신설)
제86조【양벌규정】 금고 또는 중앙회의 대표자나 대리인, 사용인, 그 밖의 종업원이 그 금고나 중앙회의 업무에 관하여 제85조제1항 또는 제2항의 위반행위를 하면 그 행위자를 벌하는 외에 그 금고나 중앙회에도 해당 조문의 벌금형을 과(科)한다. 다만, 금고나 중앙회가 그 위반행위를 방지하기 위하여 해당 업무에 관하여 상당한 주의와 감독을 게을리하지 아니한 경우에는 그러하지 아니하다.(2011.3.8 본조개정)
제87조【자수자에 대한 특례】 ① 다음 각 호의 어느 하나에 해당하는 자가 자수한 때에는 그 형을 감경 또는 면제한다.

1. 제22조제2항(제64조의2제6항에서 준용하는 경우를 포함한다)을 위반하여 자기 또는 특정인을 금고의 임원으로 당선되게 하거나 당선되지 못하게 한 자
2. 제22조제3항 또는 제4항(제64조의2제6항에서 준용하는 경우를 포함한다)을 위반하여 선거운동을 한 자
(2023.4.11 본호개정)

② 제1항에 규정된 자가 이 법에 따른 선거관리위원회에 자신의 선거범죄사실을 신고하여 선거관리위원회가 관계 수사기관에 이를 통보한 때에는 선거관리위원회에 신고한 때를 자수한 때로 본다.
(2014.6.11 본조신설)

제88조【과태료】 ① 제28조의2를 위반하여 불공정거래 행위를 한 금고에는 5천만원 이하의 과태료를 부과한다.
② 제31조의2제2항 또는 제67조제8항을 위반하여 금리인하를 요구할 수 있음을 알리지 아니한 금고 또는 중앙회에는 2천만원 이하의 과태료를 부과한다.(2023.4.11 본항개정)
③ 제28조의2를 위반한 금고의 임직원에게는 1천만원 이하의 과태료를 부과한다.
④ 제1항부터 제3항까지에 따른 과태료는 대통령령으로 정하는 바에 따라 주무부장관이 부과·징수한다.
(2022.11.15 본항개정)
(2017.12.26 본조신설)

부 칙 (2016.1.6)

제1조【시행일】 이 법은 공포 후 6개월이 경과한 날부터 시행한다. 다만, 제72조제4항 및 제72조의2의 개정규정은 공포 후 1년이 경과한 날부터 시행한다.
제2조【출자금 환급에 관한 적용례】 제10조제5항 및 제6항의 개정규정은 이 법 시행 후 납입하는 출자금을 환급하는 경우부터 적용한다.
제3조【제명회원의 재가입에 관한 적용례】 제10조의2의 개정규정은 이 법 시행 후 제명된 회원부터 적용한다.
제4조【임원 등의 자격제한에 관한 적용례】 제21조제1항제12호의2·제13호의2(제64조의2제6항에서 준용하는 경우를 포함한다)의 개정규정은 이 법 시행 후 최초로 발생하는 사유로 인하여 금고의 임원 또는 발기인이나 중앙회의 임원 자격제한사유에 해당하게 되는 사람부터 적용한다.
제5조【동일인 대출한도에 관한 적용례】 제29조제1항의 개정규정에 불구하고 이 법 시행 전에 실행된 동일인에 대한 대출에 관하여는 종전의 규정을 적용한다.
제6조【금치산자 등에 대한 경과조치】 제10조제2항제3호 및 제21조제1항제1호의 개정규정에 따른 피성년후견인 또는 피한정후견인에는 법률 제10429호 민법 일부개정법률 부칙 제2조에 따라 금치산 또는 한정치산 선고의 효력이 유지되는 사람을 포함하는 것으로 본다.

부 칙 (2017.12.26)

제1조【시행일】 이 법은 공포 후 6개월이 경과한 날부터 시행한다. 다만, 다음 각 호의 구분에 따른 개정규정은 각각 해당 호에서 정한 날부터 시행한다.
1. 제60조, 제61조, 제64조, 제64조의3제1항, 제65조제2항 단서, 제65조의2제2항부터 제8항까지, 제66조제1항, 제79조의2 및 제79조의3의 개정규정 : 2019년 3월 15일
2. 제64조의2제6항의 개정규정 중 제21조의2를 준용하는 부분 : 공포한 날

제2조【법 시행을 위한 준비행위】 제61조 및 제79조의2·제79조의3의 개정규정을 시행하기 위하여 필요한 감사위원회 및 금고감독위원회의 설치 등을 위한 준비행위는 같은 개정규정 시행 전에 할 수 있다.
제3조【대의원 겸직금지에 관한 적용례】 제16조제4항의 개정규정은 이 법 시행 후 선출되는 대의원부터 적용한다.
제4조【이사장, 회장, 그 밖의 임원의 선출에 관한 적용례 등】 ① 제18조제5항·제6항의 개정규정(제64조의2제1항의 개정규정에 따라 준용되는 경우를 포함한다)은 이 법 시행 당시 재임 중인 이사장 또는 회장의 임기만료에 따라 이 법 시행 후 이사장 또는 회장을 선출하는 경우부터 적용한다. 다만, 이 법 시행 당시 재임 중인 이사장 또는 회장의 임기만료 전에 퇴임, 해임 등의 사유가 발생하여 제20조제2항(제64조의2제6항의 개정규정에 따라 준용되는 경우를 포함한다)에 따라 이사장 또는 회장을 보선하는 경우 그 이사장 또는 회장의 선출에 대해서는 종전의 규정에 따른다.
② 제18조제7항의 개정규정은 이 법 시행 당시 재임 중인 금고 임원의 임기만료에 따라 이 법 시행 후 임원을 선출하는 경우부터 적용한다. 다만, 이 법 시행 당시 재임 중인 임원의 임기만료 전에 퇴임, 해임 등의 사유가 발생하여 제20조제2항에 따라 임원을 보선하는 경우 그 임원의 선출에 대해서는 종전의 규정에 따른다.
제5조【선거관리위원회 및 공명선거관리단의 설치·운영 등에 관한 적용례】 제23조의 개정규정(제64조의2제6항에서 준용하는 경우를 포함한다)은 이 법 시행 후 공고되는 임원 선거의 관리를 위하여 선거관리위원회를 구성·운영하는 경우부터 적용한다.
제6조【금고 임직원 제재기한에 관한 적용례】 제79조제8항의 개정규정은 이 법 시행 후 금고 임직원에 대한 조치요구를 받는 경우부터 적용한다.
제7조【중앙회의 지도감독이사 및 감사위원에 대한 경과조치 등】 ① 이 법 시행 당시 종전의 규정에 따라 선임된 지도감독이사는 제64조의2에 따라 선출된 지도이사로 보되, 그 임기는 종전 임기의 남은 기간으로 한다.
② 이 법 시행 당시 종전의 규정에 따라 선출된 감사위원은 제61조의 개정규정의 시행과 동시에 그 임기가 종료된 것으로 본다. 다만, 임기가 종료된 감사위원의 이사로서의 지위 및 임기는 그러하지 아니하다.
제8조【공소시효에 관한 경과조치】 이 법 시행 전의 행위에 대한 공소시효의 적용에 있어서는 제85조제6항의 개정규정에도 불구하고 종전의 예에 따른다.

부 칙 (2019.11.26)

제1조【시행일】 이 법은 공포한 날부터 시행한다.(이하 생략)

부 칙 (2020.2.18)

제1조【시행일】 이 법은 2021년 1월 1일부터 시행한다.(이하 생략)

부 칙 (2021.10.19)

제1조【시행일】 이 법은 공포 후 6개월이 경과한 날부터 시행한다.
제2조【회장 선거의 중앙선거관리위원회 위탁에 관한 적용례】 제64조의2제6항에서 준용하는 제23조의2의 개정규정은 이 법 시행 이후 실시하는 회장 선거부터 적용한다.
제3조【이사장의 임기 및 선출 등에 관한 특례】 ① 2019년 3월 22일부터 2023년 3월 21일까지의 기간 동안 이사장의 임기가 개시되었거나 개시되는 경우에는 제20조제1항에도 불구하고 해당 이사장의 임기는 2025년 3월 20일까지로 한다. 다만, 2021년 3월 21일부터 이 법 시행일 전에 새로이 선출되거나 임기가 개시되는 이사장의 임기는 제20조제1항에 따른 임기만료일까지로 한다.
② 제1항 단서에 따라 임기가 만료되는 이사장 다음에 새로이 임기가 개시되는 이사장의 경우에는 제20조제1항에도 불구하고 해당 이사장의 임기는 2029년 3월 20일까지로 한다.
③ 제1항 본문에 따라 임기가 2025년 3월 20일에 만료되는 이사장 선거는 2025년 3월 12일에 동시 실시하고, 이후 임기만료에 따른 이사장 선거는 임기가 만료되는 해당 연도 3월의 두 번째 수요일에 동시 실시한다.
④ 2023년 3월 22일 이후 재선거 또는 보궐선거로 선출되는 이사장의 임기는 전임자 임기의 남은 기간으로 한다. 다만, 그 실시사유가 발생한 날부터 임기만료일까지의 기간이 1년 미만인 경우에는 재선거 또는 보궐선거를 실시하지 아니한다.
⑤ 2023년 3월 22일 이후 다음 각 호의 어느 하나에 해당하는 금고에서 선출된 이사장의 임기는 그 임기개시일부터 제1항 본문에 따른 임기만료일(이후 매 4년마다 도래하는 임기만료일을 포함하며, 이하 "동시선거임기만료일"이라 한다)까지의 기간이 2년 이상인 경우에는 해당 동시선거임기만료일까지로 하고, 그 임기개시일부터 최초로 도래하는 동시선거임기만료일까지의 기간이 2년 미만인 경우에는 차기 동시선거임기만료일까지로 한다.
1. 제7조에 따라 새로 설립하는 금고
2. 제37조에 따라 합병하는 금고

⑥ 다음 각 호의 어느 하나에 해당하는 경우 해당 금고는 이사회 의결에 따라 제3항에 따른 이사장 동시선거를 실시하지 아니할 수 있다.
1. 제37조제1항에 따른 합병의결이 있는 때
2. 다음 각 목의 어느 하나에 해당하여 주무부장관 또는 중앙회장이 선거를 실시하지 아니하도록 권고한 때
 가. 이 법에 따라 합병 권고·요구 또는 명령을 받은 경우
 나. 거액의 금융사고, 천재지변 등으로 선거를 실시하기 곤란한 경우

⑦ 제6항에 따라 이사장 동시선거를 실시하지 아니하였으나 같은 항 각 호에 해당하지 아니하게 된 때에는 지체 없이 이사회 의결로 선거일을 지정하여 30일 이내에 이사장 선거를 실시하여야 한다. 이 경우 이사장의 임기는 제3항에 따른 이사장 동시선거를 실시하지 아니하여 선출하지 못한 이사장 임기의 남은 기간으로 하며, 그 기간이 1년 미만인 경우에는 해당 이사장 선거를 실시하지 아니한다.
⑧ 제1항 본문, 제2항 또는 제5항에 따라 이사장의 임기가 단축되는 경우에는 해당 임기를 제20조제1항 단서에 따른 연임제한 횟수에 포함하지 아니한다.
⑨ 제4항 단서에 따라 재선거 또는 보궐선거를 실시하지 아니하는 경우 또는 제7항 후단에 따라 이사장을 선출하지 아니한 경우 이사장의 직무는 제4항 단서의 경우에는 전임 이사장 임기만료일까지, 제7항 후단의 경우에는 제3항에 따른 이사장 동시선거를 실시하지 아니하여 선출하지 못한 이사장의 임기만료일까지 제19조제3항에 따른 직무대행자가 대행한다.
제4조【부이사장 및 부회장에 대한 경과조치】 이 법 시행 당시 재임 중인 부이사장 및 부회장에 대하여는 제17조제2항, 제18조제1항, 제19조제3항, 제25조제6항, 제60조제2항, 제64조제1항 및 제64조의2제6항 후단의 개정규정에도 불구하고 해당 부이사장 및 부회장의 임기가 만료될 때까지는 종전의 규정에 따른다.
제5조【이사장의 선출 방법에 관한 경과조치】 이 법 시행 이후 2025년 3월 12일 전까지 실시하는 이사장의 선출에 관하여는 제18조제5항부터 제7항까지의 개정규정에도 불구하고 종전의 규정에 따른다.
제6조【이사장 선거의 구·시·군선거관리위원회 위탁에 관한 경과조치】 이 법 시행 이후 2025년 3월 12일 전까지 실시하는 이사장 선거에 관하여는 제23조의2(제64조의2제6항에서 준용하는 경우는 제외한다)의 개정규정에도 불구하고 종전의 규정에 따른다.

부 칙 (2022.11.15)

제1조【시행일】 이 법은 공포 후 6개월이 경과한 날부터 시행한다.
제2조【금리인하 요구에 관한 적용례】 제31조의2 및 제67조제7항의 개정규정은 이 법 시행 이후 대출 등의 계약을 체결하는 경우부터 적용한다.

부 칙 (2023.4.11)

제1조【시행일】 이 법은 공포 후 6개월이 경과한 날부터 시행한다.
제2조【재선거로 선임된 대의원의 임기에 관한 적용례】 제16조제3항의 개정규정(제58조제6항에서 준용하는 경우를 포함한다)은 이 법 시행 이후 선임되는 대의원부터 적용한다.
제3조【상근이사장 및 상근감사의 요건에 관한 적용례】 제18조제2항 후단의 개정규정은 이 법 시행일 이후 상근이사장 또는 상근감사를 선출하는 경우부터 적용한다. 다만, 이 법 시행일 당시 재임 중인 상근이사장 또는 상근감사의 임기만료 전에 퇴임, 해임 등의 사유가 발생하여 제20조제2항의 개정규정에 따라 상근이사장 또는 상근감사를 보선하는 경우에는 종전의 제18조제2항에 따른다.
제4조【재선거로 선임된 임원의 임기에 관한 적용례】 제20조제2항의 개정규정(제64조의2제6항에서 준용하는 경우를 포함한다)은 이 법 시행 이후 선임되는 임원부터 적용한다.
제5조【선거운동 방법 및 선거운동 기간에 관한 적용례】 제22조제3항·제4항의 개정규정(제64조의2제6항에서 준용하는 경우를 포함한다)은 이 법 시행 이후 선거일을 공고하는 선거부터 적용한다.
제6조【임원의 결격사유에 관한 경과조치】 이 법 시행 당시 재임 중인 임원에 대해서는 제21조제1항의 개정규정(제64조의2제6항에서 준용하는 경우를 포함한다)에도 불구하고 해당 임원의 임기가 만료될 때까지는 종전의 규정에 따른다.
제7조【임직원 제재처분에 관한 경과조치】 이 법 시행 전의 행위에 대하여는 제74조의2제1항의 개정규정(제79조제7항에서 준용하는 경우를 포함한다)에도 불구하고 종전의 규정에 따른다.

지방교육재정교부금법

(약칭 : 지방교육교부금법)

(1971년 12월 28일
법 률 제2330호)

개정
1982. 3.20법 3540호(정부조직)
1982. 4. 3법 3561호 1988.12.31법 4047호
1990.12.27법 4268호(정부조직)
1990.12.31법 4303호
1993. 3. 6법 4541호(정부조직)
1993.12.31법 4687호 1995.12.29법 5064호
1997.12.13법 5454호(정부부처명)
1998. 2.28법 5529호(정부조직)
1999. 1.21법 5651호
1999. 5.24법 5982호(정부조직)
2000. 1.28법 6213호 2000.12.30법 6331호
2001. 1.29법 6400호(정부조직)
2001.12.19법 6522호 2004.12.30법 7251호
2005. 1. 5법 7328호(종합부동산세법)
2006.12.30법 8148호
2007. 7.20법 8540호(지방세)
2008. 2.29법 8852호(정부조직)
2010. 1. 1법 9923호
2010. 3.31법10219호(지방세기본법)
2010. 3.31법10221호(지방세)
2013. 3.23법11690호(정부조직)
2014. 1. 1법12153호(지방세)
2014.12.23법12854호(지방교부세법)
2016. 5.29법14157호 2016.12.13법14373호
2016.12.20법14399호 2017. 4.18법14761호
2017.12.30법15333호 2018.12.31법16112호
2019.12. 3법16673호 2019.12.31법16848호
2020.12.29법17769호(지방세)
2021.12.28법18638호 2022.12.31법19204호
2023.10.24법19739호 2023.12.31법19938호

제1조【목적】 이 법은 지방자치단체가 교육기관 및 교육행정기관(그 소속기관을 포함한다. 이하 같다)을 설치·경영하는 데 필요한 재원(財源)의 전부 또는 일부를 국가가 교부하여 교육의 균형 있는 발전을 도모함을 목적으로 한다.(2017.4.18 본조개정)

제2조【정의】 이 법에서 사용하는 용어의 뜻은 다음과 같다.
1. "기준재정수요액"이란 지방교육 및 그 행정 운영에 관한 재정수요를 제6조에 따라 산정한 금액을 말한다.
2. "기준재정수입액"이란 교육·과학·기술·체육, 그 밖의 학예(이하 "교육·학예"라 한다)에 관한 모든 재정수입으로서 제7조에 따른 금액을 말한다.
3. "측정단위"란 지방교육행정을 부문별로 설정하여 그 부문별 양(量)을 측정하기 위한 단위를 말한다.
4. "단위비용"이란 기준재정수요액을 산정하기 위한 각 측정단위의 단위당 금액을 말한다.
(2017.4.18 본조개정)

제3조【교부금의 종류와 재원】 ① 국가가 제1조의 목적을 위하여 지방자치단체에 교부하는 교부금(이하 "교부금"이라 한다)은 보통교부금과 특별교부금으로 나눈다.
② 교부금 재원은 다음 각 호의 금액을 합산한 금액으로 한다.
1. 해당 연도 내국세[목적세 및 종합부동산세, 담배에 부과하는 개별소비세 총액의 100분의 45 및 다른 법률에 따라 특별회계의 재원으로 사용되는 세목(稅目)의 해당 금액은 제외한다. 이하 같다] 총액의 1만분의 2,079
2. 해당 연도 「교육세법」에 따른 교육세 세입액 중 「유아교육지원특별회계법」 제5조제1항에서 정하는 금액 및 「고등·평생교육지원특별회계법」 제6조제1항에서 정하는 금액을 제외한 금액
(2022.12.31 본항개정)
③ 보통교부금 재원은 제2항제2호에 따른 금액에 같은 항 제1호에 따른 금액의 100분의 97을 합한 금액으로 하고, 특별교부금 재원은 제2항제1호에 따른 금액의 100분의 3으로 한다.(2019.12.31 본항개정)
④ 국가는 지방교육재정상 부득이한 수요가 있는 경우에는 국가예산으로 정하는 바에 따라 제1항 및 제2항에 따른 교부금 외에 따로 증액교부할 수 있다.(2019.12.3 본항신설)
(2017.4.18 본조개정)

제4조【교부율의 보정】 ① 국가는 의무교육기관 교원 수의 증감 등 불가피한 사유로 지방교육재정상 필요한 인건비가 크게 달라질 때에는 내국세 증가에 따른 교부금 증가 등을 고려하여 제3조제2항제1호에서 정한 교부율을 보정(補正)하여야 한다.
② 제1항에 따라 교부율을 보정하여야 하는 경우 그 교부 방법 등에 관한 사항은 대통령령으로 정한다.
(2017.4.18 본조개정)

제5조【보통교부금의 교부】 ① 교육부장관은 기준재정수입액이 기준재정수요액에 미치지 못하는 지방자치단체에 대해서는 그 부족한 금액을 기준으로 하여 보통교부금을 총액으로 교부한다.
② 교육부장관은 제1항에 따라 보통교부금을 교부하려는 경우에는 해당 특별시·광역시·특별자치시·도 및 특별자치도(이하 "시·도"라 한다)의 교육감에게 그 교부의 결정을 알려야 한다. 이 경우 교육부장관은 보통교부금의 산정기초, 지방자치단체별 명세 및 관련 자료를 작성하여 각 시·도 교육감에게 송부하여야 한다.
(2021.12.28 본항개정)
(2017.4.18 본조개정)

제5조의2【특별교부금의 교부】 ① 교육부장관은 다음 각 호의 구분에 따라 특별교부금을 교부한다.(2017.12.30 단서삭제)
1. 「지방재정법」 제58조에 따라 전국에 걸쳐 시행하는 교육 관련 국가시책사업으로 따로 재정지원계획을 수립하여 지원하여야 할 특별한 재정수요가 있거나 지방교육행정 및 지방교육재정의 운용실적이 우수한 지방자치단체에 대한 재정지원이 필요할 때 : 특별교부금 재원의 100분의 60(2017.12.30 본호개정)
2. 기준재정수요액의 산정방법으로 파악할 수 없는 특별한 지역교육현안에 대한 재정수요가 있을 때 : 특별교부금 재원의 100분의 30
3. 보통교부금의 산정기일 후에 발생한 재해로 인하여 특별한 재정수요가 생기거나 재정수입이 감소하였을 때 또는 재해를 예방하기 위한 특별한 재정수요가 있는 때 : 특별교부금 재원의 100분의 10(2017.12.30 본호개정)
② 교육부장관은 제1항제2호 또는 제3호에 해당하는 사유가 발생하여 시·도의 교육감이 특별교부금을 신청하면 그 내용을 심사한 후 교부한다. 다만, 제1항제1호에 해당하는 사유가 발생한 경우 또는 교육부장관이 필요하다고 인정하는 경우에는 신청이 없어도 일정한 기준을 정하여 특별교부금을 교부할 수 있다.(2021.12.28 본문개정)
③ 제1항에 따른 특별교부금의 사용에 대해서는 조건을 붙이거나 용도를 제한할 수 있다.
④ 시·도의 교육감은 제3항에 따른 조건이나 용도를 변경하여 특별교부금을 사용하려면 미리 교육부장관의 승인을 받아야 한다.(2021.12.28 본항개정)
⑤ 교육부장관은 시·도의 교육감이 제3항에 따른 조건이나 용도를 위반하여 특별교부금을 사용하거나 2년 이상 사용하지 아니하는 경우에는 그 반환을 명하거나 다음에 교부할 특별교부금에서 해당 금액을 감액할 수 있다.(2021.12.28 본항개정)
⑥ 제1항제1호에 따른 우수한 지방자치단체의 선정기준 및 선정방법과 특별교부금의 교부시기 등 절차에 관한 사항은 대통령령으로 정한다.(2017.12.30 본항개정)
(2017.4.18 본조개정)

제5조의3【교부금의 재원 배분 및 특별교부금의 교부에 관한 특례】 ① 제3조제3항에도 불구하고 2026년 12월 31일까지는 보통교부금 재원은 같은 조 제2항제2호에 따른 금액에 같은 항 제1호에 따른 금액의 1,000분의 962를 합한 금액으로 하고, 특별교부금 재원은 같은 호에 따른 금액의 1,000분의 38로 한다.
② 제5조의2제1항에도 불구하고 교육부장관은 제1항에 따라 배분된 특별교부금을 다음 각 호의 구분에 따라 교부한다.
1. 「지방재정법」 제58조에 따라 전국에 걸쳐 시행하는 교육 관련 국가시책사업으로 따로 재정지원계획을 수립하여 지원하여야 할 특별한 재정수요가 있거나 지방교육행정 및 지방교육재정의 운용실적이 우수한 지방자치단체에 대한 재정지원이 필요할 때 : 특별교부금 재원의 380분의 180
2. 기준재정수요액의 산정방법으로 파악할 수 없는 특별한 지역교육현안에 대한 재정수요가 있을 때 : 특별교부금 재원의 380분의 90
3. 보통교부금의 산정기일 후에 발생한 재해로 인하여 특별한 재정수요가 생기거나 재정수입이 감소하였을 때 또는 재해를 예방하기 위한 특별한 재정수요가 있는 때 : 특별교부금 재원의 380분의 30
4. 다음 각 목의 어느 하나에 해당하는 사유로 특별한 재정수요가 있거나 재정지원이 필요할 때 : 특별교부금 재원의 380분의 80
가. 「초·중등교육법」 제21조에 따른 교원에 대한 인공지능 기반 교수학습 역량 강화 사업 등 디지털 기반 교육혁신을 위한 특별한 재정수요가 있는 때
나. 초등학교·중학교·고등학교 방과후학교 사업 등 방과후 교육의 활성화를 위한 특별한 재정수요가 있는 때
다. 가목 또는 나목과 관련하여 디지털 기반 교육혁신 또는 방과후 교육 활성화 성과가 우수한 지방자치단체에 대한 재정지원이 필요한 때
③ 제2항제4호에 따라 교부되는 특별교부금의 교부시기, 절차 및 우수한 지방자치단체의 선정기준 등 필요한 사항은 대통령령으로 정한다.
(2023.12.31 본조신설 : 2026.12.31까지 유효)

제6조【기준재정수요액】 ① 기준재정수요액은 각 측정항목별로 측정단위의 수치를 그 단위비용에 곱하여 얻은 금액을 합산한 금액으로 한다.
② 측정항목과 측정단위는 대통령령으로 정하고, 단위비용은 대통령령으로 정하는 기준 이내에서 물가변동 등을 고려하여 교육부령으로 정한다.
(2017.4.18 본조개정)

제7조【기준재정수입액】 ① 기준재정수입액은 제11조에 따른 일반회계 전입금 등 교육·학예에 관한 지방자치단체 교육비특별회계의 수입예상액으로 한다.
② 제1항에 따른 수입예상액 중 지방세를 재원으로 하는 것은 「지방세기본법」 제2조제1항제6호에 따른 표준세율에 따라 산정한 금액으로 하되, 산정한 금액과 결산액의 차액은 다음다음 회계연도의 기준재정수입액을 산정할 때에 정산하며, 그 밖의 수입예상액 산정방법은 대통령령으로 정한다.
(2017.4.18 본조개정)

제8조【교부금의 조정 등】 ① 교부금이 산정자료의 착오 또는 거짓으로 인하여 부당하게 교부되었을 때에는 교육부장관은 해당 시·도가 정당하게 받을 수 있는 교부금액을 초과하는 금액을 다음에 교부할 교부금에서 감액한다.
② 지방자치단체가 법령을 위반하여 지나치게 많은 경비를 지출하였거나 확보하여야 할 수입의 징수를 게을리하였을 때에는 교육부장관은 그 지방자치단체에 교부할 교부금을 감액하거나 이미 교부한 교부금의 일부를 반환할 것을 명할 수 있다. 이 경우 감액하거나 반환을 명하는 교부금의 금액은 법령을 위반하여 지출하였거나 징수를 게을리하여 확보하지 못한 금액을 초과할 수 없다.
(2017.4.18 본조개정)

제9조【예산 계상】 ① 국가는 회계연도마다 이 법에 따른 교부금을 국가예산에 계상(계상)하여야 한다.
② 추가경정예산에 따라 내국세나 교육세의 증감이 있는 경우에는 교부금도 함께 증감하여야 한다. 다만, 내국세나 교육세가 줄어드는 경우에는 지방교육재정 여건 등을 고려하여 다음다음 회계연도까지 교부금을 조절할 수 있다.
③ 내국세 및 교육세의 예산액과 결산액의 차액으로 인한 교부금의 차액은 늦어도 다음다음 회계연도의 국가예산에 계상하여 정산하여야 한다.
(2017.4.18 본조개정)

제10조【행정구역 변경 등에 따른 조치】 교육부장관은 시·도가 폐지·설치·분리·병합되거나 관할구역이 변경된 경우에는 대통령령으로 정하는 바에 따라 해당 시·도에 대한 교부금을 조정하여 교부하여야 한다.
(2017.4.18 본조개정)

제11조【지방자치단체의 부담】 ① 시·도의 교육·학예에 필요한 경비는 해당 지방자치단체의 교육비특별회계에서 부담하되, 의무교육과 관련된 경비는 교육비특별회계의 재원 중 교부금과 제2항에 따른 일반회계로부터의 전입금으로 충당하고, 의무교육 외의 교육과 관련된 경비는 교육비특별회계 재원 중 교부금, 제2항에 따른 일반회계로부터의 전입금, 수업료 및 입학금 등으로 충당한다.(2019.12.31 본항개정)
② 공립학교의 설치·운영 및 교육환경 개선을 위하여 시·도는 다음 각 호의 금액을 각각 매 회계연도 일반회계예산에 계상하여 교육비특별회계로 전출하여야 한다. 추가경정예산에 따라 증감되는 경우에도 또한 같다.
1. 「지방세법」 제151조에 따른 지방교육세에 해당하는 금액
2. 담배소비세의 100분의 45[도(道)는 제외한다]
3. 서울특별시의 경우 특별시세 총액(「지방세기본법」 제8조제1항제1호에 따른 보통세 중 주민세 사업소분 및 종업원분, 같은 항 제2호에 따른 목적세 및 같은 법 제9조에 따른 특별시분 재산세, 「지방세법」 제71조제3항제3호가목에 따라 특별시에 배분되는 지방소비세에 해당하는 금액은 제외한다)의 100분의 10, 광역시 및 경기도의 경우 광역시세 또는 도세 총액(「지방세기본법」 제8조제2항제2호에 따른 목적세, 「지방세법」 제71조제3항제3호가목에 따라 광역시 및 경기도에 배분되는 지방소비세에 해당하는 금액은 제외한다)의 100분의 5, 그 밖의 도 및 특별자치도의 경우 도세 또는 특별자치도세 총액(「지방세기본법」 제8조제2항제2호에 따른 목적세, 「지방세법」 제71조제3항제3호가목에 따라 그 밖의 도 및 특별자치도에 배분되는 지방소비세에 해당하는 금액은 제외한다)의 1천분의 36(2020.12.29 본호개정 : 2019.12.31 법16848호의 개정규정 중 「지방세법」 제71조제3항제3호가목에 따라 특별시에 배분되는 지방소비세, 광역시 및 경기도에 배분되는 지방소비세, 그 밖의 도 및 특별자치도에 배분되는 지방소비세 부분은 이 법 시행일부터 2022.12.31까지 유효)
③ 특별시장·광역시장·특별자치시장·도지사 및 특별자치도지사(이하 "시·도지사"라 한다)는 제2항 각 호에 따른 세목의 월별 징수내역을 다음 달 말일까지 해당 시·도의 교육감에게 통보하여야 한다.(2021.12.28 본항개정)
④ 시·도는 제2항 각 호에 따른 세목의 월별 징수액 중 같은 항에 따라 교육비특별회계로 전출하여야 하는 금액의 100분의 90 이상을 다음 달 말일까지 교육비특별회계로 전출하되, 전출하여야 하는 금액과 전출한 금액의 차액을 분기별로 정산하여 분기의 다음 달 말일(마지막 분기는 분기의 말일로 한다)까지 전출하여야 한다.
⑤ 예산액과 결산액의 차액으로 인한 전출금(轉出金)의 차액은 늦어도 다음다음 회계연도의 예산에 계상하여 정산하여야 한다.
⑥ 시·도의 교육감은 제2항부터 제5항까지에 따른 일반회계로부터의 전입금으로 충당되는 세출예산을 편성할 때에는 미리 해당 시·도지사와 협의하여야 한다.
(2021.12.28 본항개정)
⑦ 시·도교육위원회는 제6항에 따라 편성된 세출예산을 감액하려면 미리 해당 교육감 및 시·도지사와 협의하여야 한다.(2021.12.28 본항개정)

⑧ 시·도 및 시·군·자치구는 대통령령으로 정하는 바에 따라 관할구역에 있는 고등학교 이하 각급 학교의 교육에 드는 경비를 보조할 수 있다.
⑨ 시·도 및 시·군·자치구는 관할구역의 교육·학예 진흥을 위하여 제2항 및 제8항 외에 별도 경비를 교육비특별회계로 전출할 수 있다.(2021.12.28 본항개정)
⑩ 시·도지사는 제2항부터 제5항까지에 따른 교육비특별회계로의 회계연도별·월별 전출 결과를 매년 2월 28일까지 교육부장관에게 제출하고, 교육부장관은 매년 3월 31일까지 국회 소관 상임위원회에 보고하여야 한다.
(2017.4.18 본조개정)
제12조【교부금의 보고】 교육부장관은 매년 3월 31일까지 다음 각 호의 사항을 국회 소관 상임위원회에 보고하여야 한다.
1. 보통교부금의 배분기준·배분내용·배분금액, 그 밖에 보통교부금의 운영에 필요한 주요사항
2. 특별교부금의 전년도 배분기준·배분내용·집행실적 등 특별교부금의 운영에 따른 결과
(2023.10.24 1호~2호신설)
(2023.10.24 본조개정)
제13조【교부금액 등에 대한 이의신청】 ① 시·도의 교육감은 제5조제2항에 따라 보통교부금의 결정 통지를 받은 경우에 해당 지방자치단체의 교부금액 산정기초 등에 대하여 이의가 있으면 통지를 받은 날부터 30일 이내에 교육부장관에게 이의를 신청할 수 있다.
② 교육부장관은 제1항에 따른 이의신청을 받은 날부터 30일 이내에 그 내용을 심사하여 결과를 해당 지방자치단체의 교육감에게 알려야 한다.
(2021.12.28 본조개정)
제14조【고등학교 등의 무상교육 경비 부담에 관한 특례】 ① 국가는 「초·중등교육법」 제10조의2에 따른 고등학교 등의 무상교육에 필요한 비용 중 1,000분의 475에 해당하는 금액을 제3조제4항에 따라 따로 증액교부하여야 한다.
② 시·도 및 시·군·구는 「초·중등교육법」 제10조의2에 따른 고등학교 등의 무상교육에 필요한 비용 중 1,000분의 50에 해당하는 금액을 대통령령으로 정하는 바에 따라 교육비특별회계로 전출하여야 한다.
(2019.12.3 본조신설 : 2020.1.1.부터 2024.12.31까지 유효)

부 칙 (2018.12.31)

이 법은 2019년 1월 1일부터 시행한다.

부 칙 (2019.12.3)

제1조【시행일】 이 법은 공포한 날부터 시행한다.
제2조【유효기간】 제14조의 개정규정은 2020년 1월 1일부터 2024년 12월 31일까지 효력을 가진다.

부 칙 (2019.12.31)

제1조【시행일】 이 법은 2020년 1월 1일부터 시행한다.
제2조【유효기간】 제11조제2항제3호의 개정규정 중 「지방세법」 제71조제3항제3호가목에 따라 특별시에 배분되는 지방소비세, 광역시 및 경기도에 배분되는 지방소비세, 그 밖의 도 및 특별자치도에 배분되는 지방소비세 부분은 이 법 시행일부터 2022년 12월 31일까지 효력을 가진다.

부 칙 (2020.12.29)

제1조【시행일】 이 법은 2021년 1월 1일부터 시행한다.
(이하 생략)

부 칙 (2021.12.28)

이 법은 공포한 날부터 시행한다.

부 칙 (2022.12.31)

이 법은 2023년 1월 1일부터 시행한다.

부 칙 (2023.10.24)

이 법은 공포한 날부터 시행한다.

부 칙 (2023.12.31)

제1조【시행일】 이 법은 2024년 1월 1일부터 시행한다.
제2조【유효기간】 제5조의3의 개정규정은 2026년 12월 31일까지 효력을 가진다.

도로명주소법

(2020년 12월 8일 전부개정법률 제17574호)

제1조【목적】 이 법은 도로명주소, 국가기초구역, 국가지점번호 및 사물주소의 표기·사용·관리·활용 등에 관한 사항을 규정함으로써 국민의 생활안전과 편의를 도모하고 관련 산업의 지원을 통하여 국가경쟁력 강화에 이바지함을 목적으로 한다.
제2조【정의】 이 법에서 사용하는 용어의 뜻은 다음과 같다.
1. "도로"란 다음 각 목의 어느 하나에 해당하는 것을 말한다.
가. 「도로법」 제2조제1호에 따른 도로(같은 조 제2호에 따른 도로의 부속물은 제외한다)
나. 그 밖에 차량 등 이동수단이나 사람이 통행할 수 있는 통로로서 대통령령으로 정하는 것
2. "도로구간"이란 도로명을 부여하기 위하여 설정하는 도로의 시작지점과 끝지점 사이를 말한다.
3. "도로명"이란 도로구간마다 부여된 이름을 말한다.
4. "기초번호"란 도로구간에 행정안전부령으로 정하는 간격마다 부여된 번호를 말한다.
5. "건물번호"란 다음 각 목의 어느 하나에 해당하는 건축물 또는 구조물(이하 "건물등"이라 한다)마다 부여된 번호(둘 이상의 건물등이 하나의 집단을 형성하고 있는 경우로서 대통령령으로 정하는 경우에는 그 건물등의 전체에 부여된 번호를 말한다)를 말한다.
가. 「건축법」 제2조제1항제2호에 따른 건축물
나. 현실적으로 30일 이상 거주하거나 정착하여 활동하는 데 이용되는 인공구조물 및 자연적으로 형성된 구조물
6. "상세주소"란 건물등 내부의 독립된 거주·활동 구역을 구분하기 위하여 부여된 동(棟)번호, 층수 또는 호(號)수를 말한다.
7. "도로명주소"란 도로명, 건물번호 및 상세주소(상세주소가 있는 경우만 해당한다)로 표기하는 주소를 말한다.
8. "국가기초구역"이란 도로명주소를 기반으로 국토를 읍·면·동의 면적보다 작게 경계를 정하여 나눈 구역을 말한다.
9. "국가지점번호"란 국토 및 이와 인접한 해양을 격자형으로 일정하게 구획한 지점마다 부여된 번호를 말한다.
10. "사물주소"란 도로명과 기초번호를 활용하여 건물등에 해당하지 아니하는 시설물의 위치를 특정하는 정보를 말한다.
11. "주소정보"란 기초번호, 도로명주소, 국가기초구역, 국가지점번호 및 사물주소에 관한 정보를 말한다.
12. "주소정보시설"이란 도로명판, 기초번호판, 건물번호판, 국가지점번호판, 사물주소판 및 주소정보안내판을 말한다.
제3조【다른 법률과의 관계】 이 법은 주소정보의 표기, 사용, 관리 및 활용에 관하여 다른 법률에 우선하여 적용한다.
제4조【국가와 지방자치단체의 책무】 국가와 지방자치단체는 주소정보의 사용과 주소정보를 활용한 산업 분야의 진흥을 위하여 필요한 시책을 마련하여야 한다.
제5조【주소정보 활용 기본계획 등의 수립·시행】 ① 행정안전부장관은 주소정보를 활용하여 국민의 생활안전과 편의를 높이고 관련 산업을 활성화하기 위하여 주소정보 활용 기본계획(이하 "기본계획"이라 한다)을 5년마다 수립·시행하여야 한다.
② 기본계획에는 다음 각 호의 사항이 포함되어야 한다.
1. 주소정보 관련 국가 정책의 기본 방향
2. 주소정보의 구축 및 정비 방안
3. 주소정보를 기반으로 하는 관련 산업의 지원 방안
4. 주소정보 활용 활성화를 위한 재원 조달 방안
5. 그 밖에 주소정보 활용 활성화에 관한 사항으로서 대통령령으로 정하는 사항
③ 행정안전부장관은 기본계획을 수립하거나 변경하려는 경우에는 미리 관계 중앙행정기관의 장과 협의하여야 한다.
④ 행정안전부장관은 기본계획을 수립하거나 변경하려는 경우에는 미리 특별시장·광역시장·특별자치시장·도지사 및 특별자치도지사(이하 "시·도지사"라 한다)의 의견을 들어야 한다.
⑤ 행정안전부장관은 기본계획을 수립하거나 변경하면 관계 중앙행정기관의 장 및 시·도지사에게 그 내용을 통보하여야 한다.
⑥ 시·도지사는 기본계획에 따라 특별시·광역시·특별자치시·도 및 특별자치도(이하 "시·도"라 한다)의 연도별 주소정보 활용 집행계획(이하 "집행계획"이라 한다)을 수립·시행하여야 한다.
⑦ 특별시장·광역시장·도지사는 집행계획을 수립하거나 변경하려는 경우에는 미리 시장·군수·구청장(자치구의 구청장을 말한다. 이하 같다)의 의견을 들어야 한다.
⑧ 시·도지사는 집행계획을 수립하거나 변경하면 행정안전부장관 및 시장·군수·구청장에게 그 내용을 통보하여야 한다.
제6조【기초조사 등】 ① 행정안전부장관, 시·도지사 및 시장·군수·구청장은 기초번호, 도로명주소, 국가기초구역, 국가지점번호 및 사물주소의 부여·설정·관리 등을 위하여 도로 및 건물등의 위치에 관한 기초조사를 할 수 있다.
② 「도로법」 제2조제5호에 따른 도로관리청은 같은 법 제25조에 따라 도로구역을 결정·변경 또는 폐지한 경우 그 사실을 제7조제2항 각 호의 구분에 따라 행정안전부장관, 시·도지사 또는 시장·군수·구청장에게 통보하여야 한다.
제7조【도로명 등의 부여】 ① 행정안전부장관, 시·도지사 및 시장·군수·구청장은 다음 각 호의 경우에는 도로구간을 설정하고 도로명과 기초번호를 부여할 수 있다.
1. 제6조제1항에 따른 기초조사 결과 도로명 부여가 필요하다고 판단하는 경우
2. 제6조제2항에 따른 통보를 받은 경우
3. 제3항에 따른 신청을 받은 경우
4. 제4항에 따른 요청을 받은 경우
② 제1항에 따라 도로구간을 설정하고 도로명과 기초번호를 부여할 때에 도로의 구분은 다음 각 호와 같다.
1. 행정안전부장관 : 둘 이상의 시·도에 걸쳐 있는 도로
2. 특별시장, 광역시장 및 도지사 : 제1호 외의 도로로서 둘 이상의 시·군·자치구에 걸쳐 있는 도로
3. 특별자치시장, 특별자치도지사 및 시장·군수·구청장 : 제1호 및 제2호 외의 도로
③ 도로명주소를 사용하기 위하여 도로명이 부여되지 아니한 도로에 도로명이 필요한 자는 도로명의 부여를 제2항 각 호의 구분에 따라 행정안전부장관, 시·도지사 또는 시장·군수·구청장에게 신청할 수 있다.
④ 제2항제1호에 해당하는 도로로서 도로명이 부여되지 아니한 도로를 확인한 시·도지사는 행정안전부장관에게, 제2항제2호에 해당하는 도로로서 도로명이 부여되지 아니한 도로를 확인한 시장·군수·구청장은 특별시장, 광역시장 또는 도지사에게 각각 도로명의 부여를 요청하여야 한다. 이 경우 제2항제1호에 해당하는 도로로서 도로명이 부여되지 아니한 도로를 확인한 시장·군수·구청장은 그 사실을 특별시장, 광역시장 또는 도지사에게 통보하여야 한다.
⑤ 행정안전부장관, 시·도지사 또는 시장·군수·구청장은 제1항에 따라 도로구간을 설정하고 도로명과 기초번호를 부여하려면 대통령령으로 정하는 바에 따라 해당 지역주민과 지방자치단체의 장의 의견을 수렴하고 제29조에 따른 해당 주소정보위원회의 심의를 거쳐야 한다.
⑥ 행정안전부장관, 시·도지사 또는 시장·군수·구청장은 도로구간을 설정하고 도로명과 기초번호를 부여하는 경우에는 그 사실을 고시하고, 제3항에 따른 신청인에게 고지하며, 제19조제2항에 따른 공공기관 중 대통령령으로 정하는 공공기관의 장에게 통보하여야 한다.
⑦ 제1항부터 제6항까지의 규정에 따른 도로구간의 설정 및 도로명과 기초번호의 부여에 관한 기준과 절차 등에 관하여 필요한 사항은 대통령령으로 정한다.
제8조【도로명 등의 변경 및 폐지】 ① 행정안전부장관, 시·도지사 및 시장·군수·구청장은 제2항에 따른 신청을 받거나 제3항에 따른 요청을 받은 경우, 그 밖에 도로명주소 관리를 위하여 필요하다고 인정하는 경우에는 제7조제2항 각 호의 구분에 따라 해당 도로에 대하여 도로구간, 도로명 및 기초번호를 변경하거나 폐지할 수 있다.
② 사용하고 있는 도로명의 변경이 필요한 자는 해당 도로명을 주소로 사용하는 자로서 대통령령으로 정하는 자(이하 이 조에서 "도로명주소사용자"라 한다)의 5분의 1 이상의 서면 동의를 받아 제7조제2항 각 호의 구분에 따라 행정안전부장관, 시·도지사 또는 시장·군수·구청장에게 도로명 변경을 신청할 수 있다. 다만, 해당 도로명이 제7조제6항에 따라 고시된 날부터 3년이 지나지 아니한 경우 등 대통령령으로 정하는 경우에는 도로명 변경을 신청할 수 없다.
③ 제7조제2항제1호에 해당하는 도로의 도로구간, 도로명 또는 기초번호의 변경 요인이 발생한 것을 확인한 시·도지사는 행정안전부장관에게, 제7조제2항제2호에 해당하는 도로의 도로구간, 도로명 또는 기초번호의 변경 요인이 발생한 것을 확인한 시장·군수·구청장은 특별시장, 광역시장 또는 도지사에게 각각 도로명의 변경을 요청하여야 한다. 이 경우 제7조제2항제1호에 해당하는 도로의 도로구간, 도로명 또는 기초번호의 변경 요인이 발생한 것을 확인한 시장·군수·구청장은 그 사실을 특별시장, 광역시장 또는 도지사에게 통보하여야 한다.
④ 행정안전부장관, 시·도지사 또는 시장·군수·구청장은 제1항에 따라 도로구간, 도로명 및 기초번호를 변경하려면 대통령령으로 정하는 바에 따라 해당 지역주민과 지방자치단체의 장의 의견을 수렴하고 제29조에 따른 해당 주소정보위원회의 심의를 거친 후 해당 도로명주소사용자 과반수의 서면 동의를 받아야 한다. 다만, 다음 각 호의 어느 하나에 해당하는 경우에는 해당 호의 절차의 전부 또는 일부를 생략할 수 있다.
1. 대통령령으로 정하는 경미한 사항을 변경하려는 경우 : 해당 지역주민의 의견 수렴, 제29조에 따른 해당 주소정보위원회의 심의, 도로명주소사용자의 과반수 서면 동의

2. 해당 도로명주소사용자의 5분의 4 이상이 서면으로 동의하여 도로명 변경을 신청하는 경우로서 건물등의 명칭과 유사한 명칭으로 도로명 변경을 신청하는 경우 등 대통령령으로 정하는 경우가 아닌 경우 : 제29조에 따른 해당 주소정보위원회의 심의와 도로명주소사용자의 과반수 서면 동의

⑤ 행정안전부장관, 시·도지사 또는 시장·군수·구청장은 도로구간, 도로명 및 기초번호를 변경하거나 폐지하는 경우에는 그 사실을 고시하고, 해당 도로명주소사용자 중 도로명주소가 변경되는 자에게 고지하며, 제19조제2항에 따른 공공기관 중 대통령령으로 정하는 공공기관의 장에게 통보하여야 한다.

⑥ 제1항부터 제5항까지의 규정에 따른 도로구간, 도로명 및 기초번호의 변경 및 폐지에 관한 기준과 절차 등에 관하여 필요한 사항은 대통령령으로 정한다.

제9조【도로명판과 기초번호판의 설치】 ① 특별자치시장, 특별자치도지사 및 시장·군수·구청장은 도로명주소를 안내하거나 구조·구급 활동을 지원하기 위하여 필요한 장소에 도로명판 및 기초번호판을 설치하여야 한다.

② 다음 각 호의 어느 하나에 해당하는 지주(支柱) 또는 시설(이하 "지주등"이라고 한다)의 설치자 또는 관리자는 도로명이 부여된 도로에 지주등을 설치하려는 경우에는 해당 특별자치시장, 특별자치도지사 또는 시장·군수·구청장의 확인을 거쳐 해당 위치에 맞는 도로명과 기초번호를 지주등에 표기하여야 한다.

1. 가로등·교통신호등·도로표지 등이 설치된 지주
2. 전주 및 도로변 전기·통신 관련 시설

③ 특별자치시장, 특별자치도지사 및 시장·군수·구청장은 지주등의 본래 용도에 지장을 주지 아니하는 범위에서 도로명판 및 기초번호판을 설치하는 데 지주등을 사용할 수 있다.

④ 특별자치시장, 특별자치도지사 및 시장·군수·구청장은 제3항에 따라 지주등을 사용하려면 미리 그 지주등의 설치자 또는 관리자와 협의하여야 하며, 협의 요청을 받은 자는 특별한 사유가 없으면 지주등의 사용에 협조하여야 한다.

⑤ 지주등의 설치자 또는 관리자는 제3항에 따라 사용되는 지주등을 교체·이전설치·철거하려는 경우에는 미리 해당 특별자치시장, 특별자치도지사 또는 시장·군수·구청장에게 통보하여야 한다.

⑥ 제1항에 따른 도로명판과 기초번호판의 설치장소와 규격, 그 밖에 필요한 사항은 행정안전부령으로 정한다.

제10조【명예도로명】 ① 특별자치시장, 특별자치도지사 및 시장·군수·구청장은 도로명이 부여된 도로구간의 전부 또는 일부에 대하여 기업 유치 또는 국제교류를 목적으로 하는 도로명(이하 "명예도로명"이라 한다)을 추가적으로 부여할 수 있다.

② 특별자치시장, 특별자치도지사 및 시장·군수·구청장은 명예도로명을 안내하기 위한 시설물을 설치할 수 있다. 다만, 주소정보시설에는 명예도로명을 표기할 수 없다.

③ 제1항 및 제2항에 따른 명예도로명의 부여 기준과 절차 및 안내 시설물의 설치 등에 필요한 사항은 대통령령으로 정한다.

제11조【건물번호의 부여】 ① 건물등을 신축 또는 재축하는 자는 건물등에 대한 「건축법」 제22조에 따른 사용승인(「주택법」 제49조에 따른 사용검사 등 다른 법률에 따라 「건축법」 제22조에 따른 사용승인이 의제되는 경우에는 그 사용검사 등을 말한다) 전까지 특별자치시장, 특별자치도지사 또는 시장·군수·구청장에게 건물번호 부여를 신청하여야 한다. 다만, 제2조제5호나목에 따른 건물등의 경우 그 소유자 또는 점유자[임차인(무상으로 사용·수익하는 자를 포함한다. 이하 같다)은 제외한다. 이하 같다]는 건물번호 부여를 신청할 수 있다.

② 특별자치시장, 특별자치도지사 및 시장·군수·구청장은 도로명주소가 필요한 경우에는 제1항에 따른 신청이 없는 경우에도 직권으로 건물번호를 부여할 수 있다.

③ 특별자치시장, 특별자치도지사 및 시장·군수·구청장은 건물번호를 부여하는 경우에는 그 사실을 고시하고, 제1항에 따른 신청인 또는 제2항에 따른 건물등의 소유자·점유자 및 임차인에게 고지하며, 제19조제2항에 따른 공공기관 중 대통령령으로 정하는 공공기관의 장에게 통보하여야 한다.

④ 제1항부터 제3항까지의 규정에 따른 건물번호의 부여 기준·절차·방법 및 그 밖에 필요한 사항은 대통령령으로 정한다.

제12조【건물번호의 변경 등】 ① 건물등의 소유자는 다음 각 호의 어느 하나에 해당하는 경우에는 특별자치시장, 특별자치도지사 또는 시장·군수·구청장에게 건물번호 변경을 신청할 수 있다. 다만, 제1호의 경우에는 건물번호 변경을 신청하여야 한다.

1. 건물등의 증축·개축 등으로 건물번호 변경이 필요한 경우
2. 그 밖에 주소 사용의 편의를 위하여 건물번호 변경이 필요한 경우(도로명 변경이 수반되는 경우를 포함한다)

② 제1항에 따라 건물번호 변경을 신청하는 경우에 해당 건물등의 소유자가 둘 이상인 경우에는 소유자 과반수의 서면 동의를 받아야 한다.

③ 건물등의 소유자 또는 점유자는 거주·활동의 종료 등으로 인하여 건물번호를 사용할 필요가 없어진 경우에는 특별자치시장, 특별자치도지사 또는 시장·군수·구청장에게 건물번호 폐지를 신청하여야 한다. 다만, 해당 건물등에 대한 건축물대장이 말소된 경우에는 그러하지 아니하다.

④ 특별자치시장, 특별자치도지사 및 시장·군수·구청장은 도로명주소 관리를 위하여 필요한 경우에는 제1항 또는 제3항에 따른 신청이 없는 경우에도 직권으로 건물번호를 변경하거나 폐지할 수 있다.

⑤ 특별자치시장, 특별자치도지사 및 시장·군수·구청장은 건물번호를 변경하거나 폐지하는 경우에는 그 사실을 고시하고, 건물등의 소유자·점유자 및 임차인에게 고지하며, 제19조제2항에 따른 공공기관 중 대통령령으로 정하는 공공기관의 장에게 통보하여야 한다.

⑥ 제1항부터 제5항까지의 규정에 따른 건물번호의 변경과 폐지의 기준·절차·방법 및 그 밖에 필요한 사항은 대통령령으로 정한다.

제13조【건물번호판의 설치 및 관리】 ① 건물등의 소유자 또는 점유자는 제11조제3항 또는 제12조제5항에 따라 특별자치시장, 특별자치도지사 또는 시장·군수·구청장으로부터 건물번호를 부여받거나 건물번호가 변경된 경우에는 건물번호판을 해당 특별자치시장, 특별자치도지사 또는 시장·군수·구청장으로부터 교부받거나 직접 제작하여 지체 없이 설치하여야 한다. 이 경우 비용은 해당 건물등의 소유자 또는 점유자가 부담한다.

② 건물등의 소유자 또는 점유자는 제1항에 따라 설치된 건물번호판을 관리하여야 하며, 건물번호판이 훼손되거나 없어졌을 때에는 해당 특별자치시장, 특별자치도지사 또는 시장·군수·구청장으로부터 재교부받거나 직접 제작하여 다시 설치하여야 한다. 이 경우 비용은 해당 건물등의 소유자 또는 점유자가 부담한다.

③ 제2항 후단에도 불구하고 특별자치시장, 특별자치도지사 또는 시장·군수·구청장은 건물번호판이 훼손되거나 없어진 것에 대하여 건물등의 소유자 또는 점유자의 귀책사유가 없는 경우로서 건물등의 소유자 또는 점유자가 재교부 신청을 한 경우에는 건물번호판을 무상으로 재교부하여야 한다.

④ 제1항부터 제3항까지의 규정에 따른 건물번호판의 교부·재교부 신청 절차, 설치장소와 규격 및 그 밖에 필요한 사항은 행정안전부령으로 정한다.

제14조【상세주소의 부여 등】 ① 「주택법」 제2조제3호에 따른 공동주택이 아닌 건물등 및 같은 조 제19호에 따른 세대구분형 공동주택의 소유자는 해당 건물등을 구분하여 임대하고 있거나 임대하려는 경우 또는 임차인이 상세주소의 부여 또는 변경을 요청하는 경우에는 특별자치시장, 특별자치도지사 또는 시장·군수·구청장에게 상세주소의 부여 또는 변경을 신청할 수 있다.

② 「주택법」 제2조제3호에 따른 공동주택이 아닌 건물등 및 같은 조 제19호에 따른 세대구분형 공동주택의 임차인은 다음 각 호의 어느 하나에 해당하는 경우에는 특별자치시장, 특별자치도지사 또는 시장·군수·구청장에게 상세주소의 부여 또는 변경을 신청할 수 있다.

1. 제1항에 따라 건물등의 소유자에게 상세주소의 부여 또는 변경을 요청한 경우로서 요청한 날부터 14일이 지났음에도 불구하고 소유자가 특별자치시장, 특별자치도지사 또는 시장·군수·구청장에게 상세주소의 부여 또는 변경을 신청하지 아니한 경우
2. 건물등의 소유자가 임차인이 직접 특별자치시장, 특별자치도지사 또는 시장·군수·구청장에게 상세주소 부여 또는 변경을 신청하는 것에 동의한 경우

③ 특별자치시장, 특별자치도지사 및 시장·군수·구청장은 도로명주소 사용의 편의를 위하여 필요한 경우에는 제1항 및 제2항에 따른 신청이 없는 경우에도 해당 건물등의 소유자 및 임차인의 의견 수렴 및 이의신청 등의 절차를 거쳐 상세주소를 부여하거나 변경할 수 있다.

④ 「주택법」 제2조제3호에 따른 공동주택이 아닌 건물등 및 같은 조 제19호에 따른 세대구분형 공동주택의 소유자는 해당 건물등을 더 이상 임대하지 아니하는 등 상세주소를 사용하지 아니하게 된 경우에는 특별자치시장, 특별자치도지사 또는 시장·군수·구청장에게 그 상세주소의 변경 또는 폐지를 신청할 수 있다.

⑤ 특별자치시장, 특별자치도지사 및 시장·군수·구청장은 제1항부터 제4항까지의 규정에 따라 상세주소를 부여·변경 또는 폐지하는 경우에는 해당 건물등의 소유자 및 임차인에게 고지하여야 한다.

⑥ 제1항부터 제5항까지의 규정에 따른 상세주소 부여·변경·폐지의 기준, 절차 및 그 밖에 필요한 사항은 대통령령으로 정한다.

제15조【상세주소의 표기】 ① 제14조제5항에 따른 고지를 받거나 제2항에 따라 상세주소판을 교부받은 건물등의 소유자 또는 임차인은 상세주소판을 설치하거나 상세주소의 표기를 하여야 한다.

② 특별자치시장, 특별자치도지사 및 시장·군수·구청장은 제14조제3항에 따라 직권으로 상세주소를 부여하거나 변경한 경우에는 해당 건물등의 소유자 또는 임차인에게 상세주소판을 교부하여야 한다.

③ 제1항 및 제2항에 따른 상세주소판의 설치 장소, 상세주소의 표기 방법 및 그 밖에 필요한 사항은 행정안전부령으로 정한다.

제16조【행정구역이 결정되지 아니한 지역의 도로명주소 부여】 ① 행정구역이 결정되지 아니한 지역의 도로명주소가 필요한 자는 다음 각 호의 구분에 따라 행정안전부장관 또는 특별시장·광역시장·도지사에게 도로명, 건물번호 또는 상세주소의 부여를 신청할 수 있다.

1. 시·도가 결정되지 아니한 경우 : 행정안전부장관
2. 시·군·자치구가 결정되지 아니한 경우 : 특별시장, 광역시장 또는 도지사

② 제1항의 신청에 따른 도로명, 건물번호 또는 상세주소의 부여에 관하여는 제7조제5항부터 제7항까지, 제11조제3항·제4항, 제13조, 제14조제5항·제6항 및 제15조제1항·제3항을 준용한다.

제17조【사업시행자 등의 도로명 부여 등 신청】 다음 각 호의 어느 하나에 해당하는 자는 제7조제3항, 제8조제2항, 제11조제1항, 제12조제1항 및 제14조제1항에 따른 신청을 소유자를 대리하여 할 수 있다.

1. 공공사업 등에 따라 도로를 개설하거나 건물등을 신축하는 경우 : 해당 사업의 사업시행자
2. 「집합건물의 소유 및 관리에 관한 법률」에 따른 구분소유 건물인 경우 : 구분소유자가 선임한 관리인(관리인이 없는 경우에는 구분소유자가 선임한 대표자를 말한다)
3. 건물등을 신축·증축·개축 또는 재축하는 경우 : 「건축법」 제5조제1항에 따른 건축관계자

제18조【도로명주소대장】 ① 특별자치시장, 특별자치도지사 및 시장·군수·구청장은 도로명주소에 관한 사항을 체계적으로 관리하기 위하여 도로명주소대장을 작성·관리하여야 한다.

② 제1항에 따른 도로명주소대장의 서식, 기재 내용·방법·절차 및 그 밖에 필요한 사항은 행정안전부령으로 정한다.

제19조【도로명주소의 사용 등】 ① 공법관계에서의 주소는 도로명주소로 한다.

② 공공기관(국가기관, 지방자치단체, 「공공기관의 운영에 관한 법률」에 따른 공공기관, 「지방공기업법」에 따른 지방공기업 및 그 밖에 대통령령으로 정하는 기관을 말한다. 이하 같다)의 장은 다음 각 호의 표기 및 위치 안내를 할 때에는 도로명주소를 사용하여야 한다. 다만, 도로명주소가 없는 경우에는 그러하지 아니하다.

1. 가족관계등록부, 주민등록표 및 건축물대장 등 각종 공부상의 등록기준지 또는 주소의 표기
2. 각종 인허가 등 행정처분 시 주소 표기
3. 공공기관의 주소 표기
4. 공문서 발송 시 주소 표기
5. 위치안내표시판의 주소 표기 및 위치 안내
6. 인터넷 홈페이지의 주소 표기 및 위치 안내
7. 그 밖에 주소 표기 및 위치 안내와 관련된 사항

③ 공공기관의 장은 제2항 각 호 외의 부분 단서에 해당하는 경우에는 특별자치시장, 특별자치도지사 또는 시장·군수·구청장에게 그 사실을 통지하여야 한다.

④ 행정안전부장관, 시·도지사 및 시장·군수·구청장은 공공기관의 장이 갖추어 두거나 관리하고 있는 각종 공부상의 주소를 도로명주소가 있음에도 불구하고 도로명주소로 표기하지 아니한 경우에는 도로명주소로 표기할 것을 해당 공공기관의 장에게 요청할 수 있다. 이 경우 요청받은 공공기관의 장은 특별한 사유가 없으면 지체 없이 도로명주소로 표기하여야 한다.

⑤ 공공기관이 아닌 자는 그가 보유하고 있는 자료 중 도로명주소로 표기하지 아니한 주소를 도로명주소로 표기를 변경하는 경우에는 해당 건물등의 소유자·점유자·임차인의 동의를 받아 변경하는 것으로 본다.

⑥ 공공기관의 장은 제7조제6항, 제8조제5항, 제11조제3항 및 제12조제5항에 따라 도로명 및 건물번호의 부여·변경에 대한 통보를 받은 경우 특별한 사유가 없으면 통보를 받은 날부터 30일 이내에 해당 공공기관이 갖추어 두거나 관리하고 있는 공부상의 주소를 정정하여야 한다.

제20조【주소의 일괄정정】 ① 특별자치시장, 특별자치도지사 및 시장·군수·구청장은 제7조제6항, 제8조제5항, 제11조제3항, 제12조제5항 또는 제14조제5항에 따라 도로명, 건물번호 또는 상세주소가 부여·변경되거나 폐지된 경우에는 해당 건물등의 소유자·점유자 또는 임차인의 신청을 받아 대통령령으로 정하는 각종 공부상 주소의 정정을 일괄하여 해당 공공기관의 장에게 신청할 수 있다.

② 제1항에 따라 특별자치시장, 특별자치도지사 또는 시장·군수·구청장으로부터 주소의 일괄정정 신청을 받은 공공기관의 장은 해당 건물등의 소유자·점유자 또는 임차인이 신청한 것으로 보아 처리한다. 이 경우 다른 법령에서 수수료를 정하였더라도 이를 무료로 한다.

③ 제1항 및 제2항에 따른 일괄정정 신청의 방법 및 그 밖에 필요한 사항은 대통령령으로 정한다.

제21조【등기촉탁】 ① 특별자치시장, 특별자치도지사 및 시장·군수·구청장은 제7조제6항, 제8조제5항, 제11조제3항 또는 제12조제5항에 따라 도로명 또는 건물번호가 부여·변경되거나 제14조제5항에 따라 상세주소가 부여·변경·폐지된 경우에는 해당 건물등의 관할 등기소

에 등기명의인의 주소에 대한 변경 등기를 촉탁할 수 있다. 이 경우 등기촉탁은 지방자치단체가 자기를 위하여 하는 등기로 본다.
② 제1항에 따른 등기촉탁에 필요한 사항은 행정안전부령으로 정한다.
제22조【국가기초구역 등의 설정 등】 ① 행정안전부장관은 국가기초구역 및 국가기초구역번호(각 국가기초구역마다 부여하는 번호를 말한다. 이하 같다)의 설정 등에 필요한 지침을 작성하여 특별자치시장, 특별자치도지사 및 시장·군수·구청장에게 통보하여야 한다.
② 행정안전부장관은 전국 단위로 국가기초구역번호가 중복되지 아니하도록 하기 위하여 시·도별로 국가기초구역번호의 사용 범위를 배정하여 시·도지사에게 통보하여야 한다.
③ 제2항에 따라 국가기초구역번호의 사용 범위를 통보받은 특별시장, 광역시장 및 도지사는 해당 시·도 단위로 국가기초구역번호가 중복되지 아니하도록 시·군·자치구별로 국가기초구역번호의 사용 범위를 배정하여 해당 시장·군수·구청장에게 통보하여야 한다.
④ 특별자치시장, 특별자치도지사 및 시장·군수·구청장은 제1항에 따른 지침과 제2항 및 제3항에 따라 배정받은 국가기초구역번호의 사용 범위에 따라 국가기초구역을 설정하고 국가기초구역번호를 부여하여야 한다.
⑤ 특별자치시장, 특별자치도지사 및 시장·군수·구청장은 제4항에 따라 국가기초구역을 설정하고 국가기초구역번호를 부여하는 경우에는 그 사실을 고시하고, 시장·군수·구청장은 특별시장·광역시장·도지사에게 통보하여야 하며, 그 통보를 받은 특별시장·광역시장·도지사와 특별자치시장, 특별자치도지사는 행정안전부장관에게 통보하여야 한다. 국가기초구역 또는 국가기초구역번호를 변경하거나 폐지하는 경우에도 또한 같다.
⑥ 제5항에 따라 고시된 국가기초구역 및 국가기초구역번호는 특별한 사유가 없으면 통계구역, 우편구역 및 관할구역 등 다른 법률에 따라 일반에 공표하는 각종 구역의 기본단위로 한다.
⑦ 제1항부터 제5항까지의 규정에 따른 국가기초구역의 설정·변경·폐지 및 국가기초구역번호의 부여·변경·폐지의 기준과 방법, 절차 등에 관하여 필요한 사항은 대통령령으로 정한다.
제23조【국가지점번호】 ① 행정안전부장관은 국토 및 이와 인접한 해양에 대통령령으로 정하는 바에 따라 국가지점번호를 부여하고, 이를 고시하여야 한다.
② 제1항에 따라 고시된 국가지점번호는 구조·구급 활동 등의 위치 표시로 활용한다.
③ 공공기관의 장은 철탑, 수문, 방파제 등 대통령령으로 정하는 시설물을 설치하는 경우에는 국가지점번호를 표기하여야 한다.
④ 공공기관의 장은 구조·구급 및 위치 확인 등을 쉽게 하기 위하여 필요하면 대통령령으로 정하는 장소에 국가지점번호판을 설치할 수 있다.
⑤ 공공기관의 장이 제3항에 따라 시설물에 국가지점번호를 표기하거나 제4항에 따라 국가지점번호판을 설치하려는 경우에는 해당 국가지점번호가 적절한지를 행정안전부장관에게 확인받아야 한다.
⑥ 제1항부터 제5항까지의 규정에 따른 국가지점번호 표기·확인의 방법 및 절차, 국가지점번호판의 설치 절차 및 그 밖에 필요한 사항은 대통령령으로 정한다.
제24조【사물주소】 ① 특별자치시장, 특별자치도지사 및 시장·군수·구청장은 다음 각 호의 어느 하나에 해당하는 시설물에 대하여 해당 시설물의 설치자 또는 관리자의 신청에 따라 사물주소를 부여할 수 있다. 사물주소를 변경하거나 폐지하는 경우에도 또한 같다.
1. 육교 및 철도 등 옥외시설에 설치된 승강기
2. 옥외 대피 시설
3. 버스 및 택시 정류장
4. 주차장
5. 그 밖에 행정안전부장관이 위치 안내가 필요하다고 인정하여 고시하는 시설물
② 특별자치시장, 특별자치도지사 및 시장·군수·구청장은 시설물의 위치확인 및 관리 등을 위하여 필요한 경우에는 제1항에 따른 신청이 없는 경우에도 직권으로 사물주소를 부여·변경하거나 폐지할 수 있다.
③ 특별자치시장, 특별자치도지사 및 시장·군수·구청장은 제1항 및 제2항에 따라 사물주소를 부여·변경하거나 폐지하는 경우에는 그 사실을 해당 시설물의 설치자 또는 관리자에게 고지하여야 한다.
④ 제3항에 따라 사물주소의 부여 또는 변경을 고지받은 시설물의 설치자 또는 관리자는 대통령령으로 정하는 바에 따라 사물주소판을 설치하고 관리하여야 한다. 이 경우 사물주소판의 제작·설치 및 관리에 드는 비용은 해당 시설물의 설치자 또는 관리자가 부담한다.
⑤ 제4항에 따른 설치자 또는 관리자는 해당 시설물을 철거하거나 위치를 변경하려는 경우에는 특별자치시장, 특별자치도지사 또는 시장·군수·구청장에게 그 사실을 통지하여야 한다.
⑥ 제1항부터 제5항까지의 규정에 따른 사물주소의 부여·변경·폐지 기준 및 절차, 사물주소판의 설치방법 및 그 밖에 필요한 사항은 대통령령으로 정한다.
제25조【주소정보기본도 등의 작성 및 활용 등】 ① 행정안전부장관, 시·도지사 및 시장·군수·구청장은 대통령령으로 정하는 바에 따라 지적공부 등을 활용하여 주소정보를 종합적으로 수록한 도면(이하 "주소정보기본도"라 한다)을 작성·관리하여야 한다.
② 행정안전부장관, 시·도지사 또는 시장·군수·구청장은 주소정보의 사용 편의성을 높이기 위하여 주소정보기본도를 이용하여 주소정보를 안내할 목적으로 작성한 지도(이하 "주소정보안내도"라 한다)를 제작·배포하거나 주소정보안내판을 설치할 수 있다.
③ 행정안전부장관, 시·도지사 또는 시장·군수·구청장은 대통령령으로 정하는 바에 따라 주소정보안내도와 주소정보안내판에 광고를 게재할 수 있다. 이 경우 광고는 주소정보안내도 및 주소정보안내판의 기능에 지장을 주지 아니하는 범위에서 하여야 한다.
④ 행정안전부장관, 시·도지사 또는 시장·군수·구청장이 아닌 자는 제3항에 따라 행정안전부장관, 시·도지사 또는 시장·군수·구청장에게 광고의 게재를 신청할 수 있다. 이 경우 행정안전부장관, 시·도지사 또는 시장·군수·구청장은 신청인의 광고를 게재하는 경우 대통령령으로 정하는 바에 따라 신청인에게 광고비용을 부담하게 한다.
⑤ 주소정보를 이용한 제품을 제작하여 판매하거나 그 밖에 다른 용도로 사용하려는 자는 대통령령으로 정하는 바에 따라 행정안전부장관, 시·도지사 또는 시장·군수·구청장에게 주소정보 제공을 요청할 수 있다.
⑥ 행정안전부장관, 시·도지사 또는 시장·군수·구청장은 제5항에 따라 요청받은 주소정보의 내용이 다음 각 호의 어느 하나에 해당하는 경우에는 그 주소정보의 내용을 제외하거나 사용 범위를 제한하여 제공할 수 있다.
1. 국가안보나 그 밖에 국가의 중대한 이익을 해칠 우려가 있다고 인정되는 경우
2. 그 밖에 다른 법령에 따라 비밀로 유지되거나 열람이 제한되는 등 비공개사항인 경우
⑦ 행정안전부장관, 시·도지사 또는 시장·군수·구청장은 제5항에 따라 요청받은 주소정보를 대통령령으로 정하는 바에 따라 유상으로 제공하여야 한다. 다만, 국가나 지방자치단체가 주소정보 안내를 목적으로 요청하거나 그 밖에 공익상 필요하다고 인정되는 경우에는 무상으로 제공할 수 있다.
⑧ 제4항의 광고에 따른 수입 및 제7항의 주소정보 제공에 따른 수입은 주소정보시설의 설치·유지 및 관리에 사용하여야 한다.
⑨ 주소정보기본도, 주소정보안내도 및 주소정보를 이용한 제품은 「공간정보의 구축 및 관리 등에 관한 법률」 제2조제10호에 따른 지도로 보지 아니한다.
⑩ 누구든지 행정안전부장관의 허가 없이 「국가공간정보기본법」에 따라 공개가 제한되는 정보가 포함된 주소정보기본도 및 주소정보안내도를 국외로 반출해서는 아니된다. 다만, 외국 정부와 주소정보안내도를 서로 교환하는 등 대통령령으로 정하는 경우에는 그러하지 아니하다.
⑪ 행정안전부장관은 제10항 단서에 따라 주소정보기본도 및 주소정보안내도를 국외로 반출하는 경우 국가 안보를 해칠 우려가 있는 정보 및 다른 법령에 따라 비밀로 유지되거나 열람이 제한되는 비공개 사항이 포함되지 아니하도록 하여야 하며, 이를 위하여 국가정보원장에게 보안성 검토를 요청할 수 있다.
⑫ 제2항에 따른 주소정보안내도의 작성 방법, 주소정보안내판의 설치 장소와 규격 및 그 밖에 필요한 사항은 행정안전부령으로 정한다.
제26조【주소정보시설의 관리】 ① 특별자치시장, 특별자치도지사 및 시장·군수·구청장은 연 1회 이상 주소정보시설을 조사하여 훼손되거나 없어진 시설에 대하여 대통령령으로 정하는 바에 따라 교체 또는 철거 등의 적절한 조치를 하여야 한다.
② 건물등·시설물 또는 토지의 소유자·점유자 및 임차인은 그 건물등·시설물 또는 토지의 사용에 지장을 주는 경우가 아니면 정당한 사유 없이 주소정보시설의 조사, 설치, 교체 또는 철거 업무의 집행을 거부하거나 방해해서는 아니 된다.
③ 각종 공사나 그 밖의 사유로 주소정보시설을 훼손·제거하거나 기능상 장애를 초래한 자는 해당 주소정보시설을 원상복구하거나 그에 필요한 비용을 부담하여야 한다.
④ 도시개발사업 및 주택재개발사업 등 각종 개발사업의 시행자는 그 사업으로 인하여 주소정보시설의 설치·교체 또는 철거가 필요한 경우에는 대통령령으로 정하는 바에 따라 직접 설치·교체 또는 철거하거나 그 비용을 부담하여야 한다.
⑤ 특별자치시장, 특별자치도지사 및 시장·군수·구청장은 제3항 및 제4항에 따라 비용을 부담하려는 자(이하 이 조에서 "납부의무자"라 한다)에게는 그 비용을 부과하여야 한다.
⑥ 특별자치시장, 특별자치도지사 및 시장·군수·구청장은 납부의무자가 제5항에 따른 비용을 대통령령으로 정하는 납부기한까지 납부하지 아니하는 경우에는 「지방행정제재·부과금의 징수 등에 관한 법률」에 따라 징수할 수 있다.
⑦ 제3항부터 제5항까지의 규정에 따른 비용의 부과절차, 납부 및 징수 방법, 환급사유 등에 관하여 필요한 사항은 대통령령으로 정한다.
제27조【주소정보 사용 지원】 ① 공공기관의 장은 주소정보 사용을 촉진하기 위하여 필요한 지원을 할 수 있다.
② 행정안전부장관, 시·도지사 및 시장·군수·구청장은 주소정보의 사용과 관련된 산업 분야의 진흥을 위하여 필요한 지원을 할 수 있다.
③ 제1항 및 제2항에 따른 지원의 세부 내용은 대통령령으로 정한다.
제28조【주소정보활용지원센터】 ① 행정안전부장관 및 시·도지사는 주소정보의 관리·활용과 관련 산업의 진흥을 지원하기 위하여 행정안전부 및 시·도에 주소정보활용지원센터를 설치·운영할 수 있다.
② 제1항에 따른 주소정보활용지원센터의 운영, 업무 범위 및 그 밖에 필요한 사항은 대통령령으로 정한다.
제29조【주소정보위원회】 ① 주소정보와 관련한 중요 사항을 심의하기 위하여 행정안전부에 중앙주소정보위원회를 두고, 시·도에 시·도주소정보위원회를 두며, 시·군·자치구에 시·군·구주소정보위원회를 둔다.
② 제1항에 따른 중앙주소정보위원회, 시·도주소정보위원회 및 시·군·구주소정보위원회의 심의사항과 중앙주소정보위원회의 구성·운영 등에 필요한 사항은 대통령령으로 정하고, 제1항에 따른 시·도주소정보위원회 및 시·군·구주소정보위원회의 구성·운영 등에 필요한 사항은 각각 해당 지방자치단체의 조례로 정한다.
제30조【자료제공의 요청】 ① 행정안전부장관, 시·도지사 및 시장·군수·구청장은 국가기관, 지방자치단체 또는 「공공기관의 운영에 관한 법률」에 따른 공공기관의 장에게 도로명주소의 부여·변경·폐지, 국가기초구역의 설정·변경·폐지, 국가지점번호의 부여·표기·관리 및 사물주소의 부여·변경·폐지에 관한 업무를 수행하기 위하여 필요한 자료로서 주민등록·가족관계등록·사업자등록·외국인등록·지방세·법인·건물·시설물 등에 관한 자료의 제공을 요청할 수 있다. 이 경우 자료 제공을 요청받은 기관의 장은 특별한 사유가 없으면 요청에 따라야 한다.
② 행정안전부, 시·도 및 시·군·자치구의 소속 공무원 또는 공무원이었던 자는 제1항에 따라 제공받은 자료 또는 그에 따른 정보를 이 법에서 정한 목적 외의 다른 용도로 사용하거나 다른 사람 또는 기관에 제공하거나 누설해서는 아니 된다.
③ 제1항에 따라 요청할 수 있는 자료의 구체적 범위는 대통령령으로 정한다.
제31조【조례의 제정】 지방자치단체는 주소정보의 사용을 촉진하기 위하여 필요한 경우에는 주소정보시설의 설치, 유지·관리, 손해배상 공제 가입, 활용 및 홍보 등에 관한 조례를 제정할 수 있다.
제32조【지도·감독】 행정안전부장관은 주소정보 체계의 전국적 통일성을 위하여 필요한 경우에는 주소정보의 부여·설정 및 관리에 관한 사항에 대하여 지방자치단체의 장을 지도·감독할 수 있다.
제33조【권한 등의 위임 및 위탁】 ① 이 법에 따른 행정안전부장관의 권한은 대통령령으로 정하는 바에 따라 그 일부를 시·도지사 또는 시장·군수·구청장에게 위임할 수 있다.
② 이 법에 따른 행정안전부장관의 업무는 대통령령으로 정하는 바에 따라 그 일부를 「국가공간정보 기본법」 제12조에 따른 한국국토정보공사, 「전자정부법」 제72조에 따른 한국지역정보개발원, 그 밖에 대통령령으로 정하는 기관에 위탁할 수 있다.
제34조【벌칙】 ① 제30조제2항을 위반하여 자료 또는 정보를 사용·제공 또는 누설한 자는 5년 이하의 징역 또는 5천만원 이하의 벌금에 처한다.
② 제25조제10항 본문을 위반하여 공개가 제한되는 정보가 포함된 주소정보기본도 및 주소정보안내도를 국외로 반출한 자는 2년 이하의 징역 또는 2천만원 이하의 벌금에 처한다.
제35조【과태료】 ① 제26조제2항을 위반하여 정당한 사유 없이 주소정보시설의 조사, 설치, 교체 또는 철거 업무의 집행을 거부하거나 방해한 자에게는 100만원 이하의 과태료를 부과한다.
② 제13조제2항을 위반하여 훼손되거나 없어진 건물번호판을 재교부받거나 직접 제작하여 다시 설치하지 아니한 자에게는 50만원 이하의 과태료를 부과한다.
③ 제1항 및 제2항에 따른 과태료는 대통령령으로 정하는 바에 따라 특별자치시장, 특별자치도지사 및 시장·군수·구청장이 부과·징수한다.

부 칙

제1조【시행일】 이 법은 공포 후 6개월이 경과한 날부터 시행한다.
제2조【도로구역의 결정·변경 또는 폐지 통보에 관한 적용례】 제6조제2항의 개정규정은 이 법 시행 이후 도로구역을 결정·변경 또는 폐지하는 경우부터 적용한다.

제3조【도로명과 기초번호의 표기에 관한 적용례】 제9조제2항의 개정규정은 이 법 시행 이후 지주등을 설치하는 경우부터 적용한다.

제4조【건물번호의 변경절차에 관한 적용례】 제12조제2항의 개정규정은 이 법 시행 이후 건물번호 변경을 신청하는 경우부터 적용한다.

제5조【상세주소판의 교부에 관한 적용례】 제15조제2항의 개정규정은 이 법 시행 이후 직권으로 상세주소를 부여하거나 변경하는 경우부터 적용한다.

제6조【주소정보시설의 원상복구 등에 관한 적용례】 제26조제3항의 개정규정은 이 법 시행 이후 주소정보시설을 훼손·제거하거나 기능상 장애를 초래한 경우부터 적용한다.

제7조【일반적 경과조치】 이 법 시행 당시 종전의 「도로명주소법」에 따라 한 행정기관의 행위나 행정기관에 대하여 한 행위는 각각 이 법에 따라 한 행정기관의 행위나 행정기관에 대하여 한 행위로 본다.

제8조【종합계획 등에 관한 경과조치】 이 법 시행 당시 종전의 제5조 및 제6조에 따라 수립된 종합계획 및 사업계획은 각각 제5조의 개정규정에 따라 수립된 기본계획 및 집행계획으로 본다. 다만, 행정안전부장관 및 시·도지사는 이 법 시행일부터 1년 이내에 제5조의 개정규정에 따라 기본계획 및 집행계획을 다시 수립하여야 한다.

제9조【도로명판 등에 관한 경과조치】 이 법 시행 당시 종전의 「도로명주소법」에 따라 설치된 도로명판, 기초번호판, 건물번호판, 상세주소안내판 및 도로명주소안내판은 각각 이 법에 따라 설치된 도로명판, 기초번호판, 건물번호판, 상세주소판 및 주소정보안내판으로 본다.

제10조【명예도로명에 관한 경과조치】 ① 이 법 시행 당시 종전의 제8조의2제1항에 따라 부여된 명예도로명은 제10조제1항의 개정규정에 따라 부여된 명예도로명으로 본다.
② 이 법 시행 당시 종전의 제8조의2제2항에 따라 도로명주소안내시설에 표시된 명예도로명에 대해서는 제10조제2항 단서의 개정규정에도 불구하고 종전의 제8조의2제2항에 따른다.

제11조【국가기초구역 및 구역번호에 관한 경과조치】 이 법 시행 당시 종전의 제8조의3에 따라 설정되거나 부여된 국가기초구역 및 구역번호는 각각 제22조의 개정규정에 따라 설정되거나 부여된 국가기초구역 및 국가기초구역번호로 본다.

제12조【국가지점번호 등에 관한 경과조치】 이 법 시행 당시 종전의 제8조의5제1항 및 제3항에 따라 부여되거나 설치된 국가지점번호 및 국가지점번호를 안내하는 표지는 각각 제23조제1항 및 제4항의 개정규정에 따라 부여되거나 설치된 국가지점번호 및 국가지점번호판으로 본다.

제13조【도로명주소기본도 등에 관한 경과조치】 이 법 시행 당시 종전의 제8조제1항제6호 및 제9조제1항에 따라 작성된 도로명주소기본도 및 도로명주소안내도는 각각 제25조제1항 및 제2항의 개정규정에 따라 작성된 주소정보기본도 및 주소정보안내도로 본다.

제14조【도로명주소안내시설의 설치비용 징수에 관한 경과조치】 이 법 시행 당시 종전의 제10조제3항에 따라 징수 절차가 진행 중인 경우에는 제26조제6항의 개정규정에도 불구하고 종전의 제10조제3항에 따른다.

제15조【도로명주소 통합센터에 관한 경과조치】 이 법 시행 당시 종전의 제11조에 따라 설치된 도로명주소 통합센터는 제28조의 개정규정에 따라 설치된 주소정보활용지원센터로 본다.

제16조【도로명주소위원회에 관한 경과조치】 이 법 시행 당시 종전의 제22조의2에 따라 둔 중앙 도로명주소위원회, 시·도 도로명주소위원회 및 시·군·구 도로명주소위원회는 각각 제29조의 개정규정에 따라 둔 중앙주소정보위원회, 시·도주소정보위원회 및 시·군·구주소정보위원회로 본다.

제17조【벌칙 및 과태료에 관한 경과조치】 이 법 시행 전의 행위에 대하여 벌칙이나 과태료를 적용할 때에는 종전의 규정에 따른다.

제18조【다른 법률의 개정】 ①~③ ※(해당 법령에 가제정리 하였음)

제19조【다른 법령과의 관계】 이 법 시행 당시 다른 법령에서 종전의 「도로명주소법」의 규정을 인용하고 있는 경우 이 법 중 그에 해당하는 규정이 있을 때에는 종전의 규정을 갈음하여 이 법의 해당 규정을 인용한 것으로 본다.

소방기본법

(2003년 5월 29일
법 률 제6893호)

개정
2005. 8. 4법 7668호
2005.12.30법 7804호(기상법)
2006. 2.21법 7849호(제주자치법)
2006.12.26법 8082호
2007. 4.11법 8370호(수도법)
2007. 8. 3법 8621호(선박법)
2008. 1.17법 8844호
2008. 2.29법 8852호(정부조직)
2008. 6. 5법 9094호(소방산업의진흥에관한법)
2010. 2. 4법10014호
2011. 3. 8법10442호(119구조·구급에관한법)
2011. 3. 8법10443호
2011. 3. 9법10445호(기초연구진흥개발)
2011. 5.30법10751호
2011. 6. 7법10789호(영유아보육법)
2011. 7.14법10826호
2011. 8. 4법11037호(소방시설설치·유지및안전관리에관한법)
2013. 3.23법11690호(정부조직)
2014. 1.28법12344호(의용소방대설치및운영에관한법)
2014.11.19법12844호(정부조직)
2014.12.30법12936호 2015. 7.24법13438호
2016. 1.27법13916호
2016. 3.22법14079호(기초연구진흥개발)
2017. 7.26법14839호(정부조직)
2017.12.26법15300호
2017.12.26법15301호(소방장비관리법)
2018. 2. 9법15365호 2018. 3.27법15532호
2019.12.10법16770호 2020. 6. 9법17376호
2020.10.20법17517호
2020.12.22법17689호(국가자치경찰)
2021. 1. 5법17834호
2021. 1.12법17894호(피후견인결격정비)
2021. 6. 8법18204호(소방의화재조사에관한법)
2021.10.19법18493호
2021.11.30법18522호(소방시설설치및관리에관한법)
2021.11.30법18523호(화재의예방및안전관리에관한법)
2022. 4.26법18847호 2022.11.15법19026호
2023. 4.11법19330호
2023. 8.16법19635호(행정기관정비일부개정법령등)
2024. 1.30법20156호→2024년 7월 31일 시행

제1장 총 칙

제1조【목적】 이 법은 화재를 예방·경계하거나 진압하고 화재, 재난·재해, 그 밖의 위급한 상황에서의 구조·구급 활동 등을 통하여 국민의 생명·신체 및 재산을 보호함으로써 공공의 안녕 및 질서 유지와 복리증진에 이바지함을 목적으로 한다.(2011.5.30 본조개정)

제2조【정의】 이 법에서 사용하는 용어의 뜻은 다음과 같다.(2010.2.4 본문개정)
1. "소방대상물"이란 건축물, 차량, 선박(「선박법」 제1조의2제1항에 따른 선박으로서 항구에 매어둔 선박만 해당한다), 선박 건조 구조물, 산림, 그 밖의 인공 구조물 또는 물건을 말한다.(2011.5.30 본호개정)
2. "관계지역"이란 소방대상물이 있는 장소 및 그 이웃 지역으로서 화재의 예방·경계·진압, 구조·구급 등의 활동에 필요한 지역을 말한다.(2011.5.30 본호개정)
3. "관계인"이란 소방대상물의 소유자·관리자 또는 점유자를 말한다.(2011.5.30 본호개정)
4. "소방본부장"이란 특별시·광역시·특별자치시·도 또는 특별자치도(이하 "시·도"라 한다)에서 화재의 예방·경계·진압·조사 및 구조·구급 등의 업무를 담당하는 부서의 장을 말한다.(2014.12.30 본호개정)
5. "소방대"(消防隊)란 화재를 진압하고 화재, 재난·재해, 그 밖의 위급한 상황에서 구조·구급 활동 등을 하기 위하여 다음 각 목의 사람으로 구성된 조직체를 말한다.
가. 「소방공무원법」에 따른 소방공무원
나. 「의무소방대설치법」 제3조에 따라 임용된 의무소방원(義務消防員)
다. 「의용소방대 설치 및 운영에 관한 법률」에 따른 의용소방대원(義勇消防隊員)(2014.1.28 본목개정)
(2011.5.30 본호개정)
6. "소방대장"(消防隊長)이란 소방본부장 또는 소방서장 등 화재, 재난·재해, 그 밖의 위급한 상황이 발생한 현장에서 소방대를 지휘하는 사람을 말한다.(2011.5.30 본호개정)

제2조의2【국가와 지방자치단체의 책무】 국가와 지방자치단체는 화재, 재난·재해, 그 밖의 위급한 상황으로부터 국민의 생명·신체 및 재산을 보호하기 위하여 필요한 시책을 수립·시행하여야 한다.(2019.12.10 본조신설)

제3조【소방기관의 설치 등】 ① 시·도의 화재 예방·경계·진압 및 조사, 소방안전교육·홍보와 화재, 재난·재해, 그 밖의 위급한 상황에서의 구조·구급 등의 업무(이하 "소방업무"라 한다)를 수행하는 소방기관의 설치에 필요한 사항은 대통령령으로 정한다.(2015.7.24 본항개정)
② 소방업무를 수행하는 소방본부장 또는 소방서장은 그 소재지를 관할하는 특별시장·광역시장·특별자치시장·도지사 또는 특별자치도지사(이하 "시·도지사"라 한다)의 지휘와 감독을 받는다.(2014.12.30 본항개정)
③ 제2항에도 불구하고 소방청장은 화재 예방 및 대형 재난 등 필요한 경우 시·도 소방본부장 및 소방서장을 지휘·감독할 수 있다.(2019.12.10 본항신설)
④ 시·도에서 소방업무를 수행하기 위하여 시·도지사 직속으로 소방본부를 둔다.(2019.12.10 본항신설)

제3조의2【소방공무원의 배치】 제3조제1항의 소방기관 및 같은 조 제4항의 소방본부에는 「지방자치단체에 두는 국가공무원의 정원에 관한 법률」에도 불구하고 대통령령으로 정하는 바에 따라 소방공무원을 둘 수 있다.(2019.12.10 본조신설)

제3조의3【다른 법률과의 관계】 제주특별자치도에는 「제주특별자치도 설치 및 국제자유도시 조성을 위한 특별법」 제44조에도 불구하고 같은 법 제6조제1항 단서에 따라 이 법 제3조의2를 우선하여 적용한다.(2019.12.10 본조신설)

제4조【119종합상황실의 설치와 운영】 ① 소방청장, 소방본부장 및 소방서장은 화재, 재난·재해, 그 밖에 구조·구급이 필요한 상황이 발생하였을 때에 신속한 소방활동(소방업무를 위한 모든 활동을 말한다. 이하 같다)을 위한 정보의 수집·분석과 판단·전파, 상황관리, 현장 지휘 및 조정·통제 등의 업무를 수행하기 위하여 119종합상황실을 설치·운영하여야 한다.
② 제1항에 따라 소방본부에 설치하는 119종합상황실에는 「지방자치단체에 두는 국가공무원의 정원에 관한 법률」에도 불구하고 대통령령으로 정하는 바에 따라 경찰공무원을 둘 수 있다.(2024.1.30 본항신설)
③ 제1항에 따른 119종합상황실의 설치·운영에 필요한 사항은 행정안전부령으로 정한다.
(2017.7.26 본조개정)

제4조의2【소방정보통신망 구축·운영】 ① 소방청장 및 시·도지사는 119종합상황실 등의 효율적 운영을 위하여 소방정보통신망을 구축·운영할 수 있다.
② 소방청장 및 시·도지사는 소방정보통신망의 안정적 운영을 위하여 소방정보통신망의 회선을 이중화할 수 있다. 이 경우 이중화된 각 회선은 서로 다른 사업자로부터 제공받아야 한다.
③ 제1항 및 제2항에 따른 소방정보통신망의 구축 및 운영에 필요한 사항은 행정안전부령으로 정한다.
(2023.4.11 본조신설)

제4조의3【소방기술민원센터의 설치·운영】 ① 소방청장 또는 소방본부장은 소방시설, 소방공사 및 위험물 안전관리 등과 관련된 법령해석 등의 민원을 종합적으로 접수하여 처리할 수 있는 기구(이하 이 조에서 "소방기술민원센터"라 한다)를 설치·운영할 수 있다.
② 소방기술민원센터의 설치·운영 등에 필요한 사항은 대통령령으로 정한다.
(2021.1.5 본조신설)

제5조【소방박물관 등의 설립과 운영】 ① 소방의 역사와 안전문화를 발전시키고 국민의 안전의식을 높이기 위하여 소방청장은 소방박물관을, 시·도지사는 소방체험관(화재 현장에서의 피난 등을 체험할 수 있는 체험관을 말한다. 이하 이 조에서 같다)을 설립하여 운영할 수 있다.
② 제1항에 따른 소방박물관의 설립과 운영에 필요한 사항은 행정안전부령으로 정하고, 소방체험관의 설립과 운영에 필요한 사항은 행정안전부령으로 정하는 기준에 따라 시·도의 조례로 정한다.
(2017.7.26 본조개정)

제6조【소방업무에 관한 종합계획의 수립·시행 등】 ① 소방청장은 화재, 재난·재해, 그 밖의 위급한 상황으로부터 국민의 생명·신체 및 재산을 보호하기 위하여 소방업무에 관한 종합계획(이하 이 조에서 "종합계획"이라 한다)을 5년마다 수립·시행하여야 하고, 이에 필요한 재원을 확보하도록 노력하여야 한다.(2017.7.26 본항개정)
② 종합계획에는 다음 각 호의 사항이 포함되어야 한다.
1. 소방서비스의 질 향상을 위한 정책의 기본방향
2. 소방업무에 필요한 체계의 구축, 소방기술의 연구·개발 및 보급
3. 소방업무에 필요한 장비의 구비
4. 소방전문인력 양성
5. 소방업무에 필요한 기반조성
6. 소방업무의 교육 및 홍보(제21조에 따른 소방자동차의 우선 통행 등에 관한 홍보를 포함한다)
7. 그 밖에 소방업무의 효율적 수행을 위하여 필요한 사항으로서 대통령령으로 정하는 사항
(2015.7.24 본항신설)
③ 소방청장은 제1항에 따라 수립한 종합계획을 관계 중앙행정기관의 장, 시·도지사에게 통보하여야 한다.
(2017.7.26 본항개정)
④ 시·도지사는 관할 지역의 특성을 고려하여 종합계획의 시행에 필요한 세부계획(이하 이 조에서 "세부계획"이라 한다)을 매년 수립하여 소방청장에게 제출하여야 하며, 세부계획에 따른 소방업무를 성실히 수행하여야 한다.(2017.7.26 본항개정)
⑤ 소방청장은 소방업무의 체계적 수행을 위하여 필요한 경우 제4항에 따라 시·도지사가 제출한 세부계획의 보완 또는 수정을 요청할 수 있다.(2017.7.26 본항개정)
⑥ 그 밖에 종합계획 및 세부계획의 수립·시행에 필요한 사항은 대통령령으로 정한다.(2015.7.24 본항신설)

제7조【소방의 날 제정과 운영 등】 ① 국민의 안전의식과 화재에 대한 경각심을 높이고 안전문화를 정착시키기 위하여 매년 11월 9일을 소방의 날로 정하여 기념행사를 한다.
② 소방의 날 행사에 관하여 필요한 사항은 소방청장 또는 시·도지사가 따로 정하여 시행할 수 있다.(2017.7.26 본항개정)
③ 소방청장은 다음 각 호에 해당하는 사람을 명예직 소방대원으로 위촉할 수 있다.(2017.7.26 본문개정)
1. 「의사상자 등 예우 및 지원에 관한 법률」 제2조에 따른 의사상자(義死傷者)로서 같은 법 제3조제3호 또는 제4호에 해당하는 사람
2. 소방행정 발전에 공로가 있다고 인정되는 사람
(2011.5.30 본조개정)

제2장 소방장비 및 소방용수시설 등

제8조【소방력의 기준 등】 ① 소방기관이 소방업무를 수행하는 데에 필요한 인력과 장비 등[이하 "소방력"(消防力)이라 한다]에 관한 기준은 행정안전부령으로 정한다.(2017.7.26 본항개정)
② 시·도지사는 제1항에 따른 소방력의 기준에 따라 관할구역의 소방력을 확충하기 위하여 필요한 계획을 수립하여 시행하여야 한다.
③ 소방자동차 등 소방장비의 분류·표준화와 그 관리 등에 필요한 사항은 따로 법률에서 정한다.(2017.12.26 본항개정)
(2011.5.30 본조개정)
제9조【소방장비 등에 대한 국고보조】 ① 국가는 소방장비의 구입 등 시·도의 소방업무에 필요한 경비의 일부를 보조한다.
② 제1항에 따른 보조 대상사업의 범위와 기준보조율은 대통령령으로 정한다.
(2011.5.30 본조개정)
제10조【소방용수시설의 설치 및 관리 등】 ① 시·도지사는 소방활동에 필요한 소화전(消火栓)·급수탑(給水塔)·저수조(貯水槽)(이하 "소방용수시설"이라 한다)를 설치하고 유지·관리하여야 한다. 다만, 「수도법」 제45조에 따라 소화전을 설치하는 일반수도사업자는 관할 소방서장과 사전협의를 거친 후 소화전을 설치하여야 하며, 설치 사실을 관할 소방서장에게 통지하고, 그 소화전을 유지·관리하여야 한다.(2011.3.8 단서개정)
② 시·도지사는 제21조제1항에 따른 소방자동차의 진입이 곤란한 지역 등 화재발생 시에 초기 대응이 필요한 지역으로서 대통령령으로 정하는 지역에 소방호스 또는 호스 릴 등을 소방용수시설에 연결하여 화재를 진압하는 시설이나 장치(이하 "비상소화장치"라 한다)를 설치하고 유지·관리할 수 있다.(2017.12.26 본항개정)
③ 제1항에 따른 소방용수시설과 제2항에 따른 비상소화장치의 설치기준은 행정안전부령으로 정한다.
(2017.12.26 본항신설)
제11조【소방업무의 응원】 ① 소방본부장이나 소방서장은 소방활동을 할 때에 긴급한 경우에는 이웃한 소방본부장 또는 소방서장에게 소방업무의 응원(應援)을 요청할 수 있다.
② 제1항에 따라 소방업무의 응원 요청을 받은 소방본부장 또는 소방서장은 정당한 사유 없이 그 요청을 거절하여서는 아니 된다.
③ 제1항에 따라 소방업무의 응원을 위하여 파견된 소방대원은 응원을 요청한 소방본부장 또는 소방서장의 지휘에 따라야 한다.
④ 시·도지사는 제1항에 따라 소방업무의 응원을 요청하는 경우를 대비하여 출동 대상지역 및 규모와 필요한 경비의 부담 등에 관하여 필요한 사항을 행정안전부령으로 정하는 바에 따라 이웃하는 시·도지사와 협의하여 미리 규약(規約)으로 정하여야 한다.(2017.7.26 본항개정)
(2011.5.30 본조개정)
제11조의2【소방력의 동원】 ① 소방청장은 해당 시·도의 소방력만으로는 소방활동을 효율적으로 수행하기 어려운 화재, 재난·재해, 그 밖의 구조·구급이 필요한 상황이 발생하거나 특별히 국가적 차원에서 소방활동을 수행할 필요가 인정될 때에는 각 시·도지사에게 행정안전부령으로 정하는 바에 따라 소방력을 동원할 것을 요청할 수 있다.(2017.7.26 본항개정)
② 제1항에 따라 동원 요청을 받은 시·도지사는 정당한 사유 없이 요청을 거절하여서는 아니 된다.
③ 소방청장은 시·도지사에게 제1항에 따라 동원된 소방력을 화재, 재난·재해 등이 발생한 지역에 지원·파견하여 줄 것을 요청하거나 필요한 경우 직접 소방대를 편성하여 화재진압 및 인명구조 등 소방에 필요한 활동을 하게 할 수 있다.(2017.7.26 본항개정)
④ 제1항에 따라 동원된 소방대원이 다른 시·도에 파견·지원되어 소방활동을 수행할 때에는 특별한 사정이 없으면 화재, 재난·재해 등이 발생한 지역을 관할하는 소방본부장 또는 소방서장의 지휘에 따라야 한다. 다만, 소방청장이 직접 소방대를 편성하여 소방활동을 하게 하는 경우에는 소방청장의 지휘에 따라야 한다.(2017.7.26 단서개정)
⑤ 제3항 및 제4항에 따른 소방활동을 수행하는 과정에서 발생하는 경비 부담에 관한 사항, 제3항 및 제4항에 따라 소방활동을 수행한 민간 소방 인력이 사망하거나 부상을 입었을 경우의 보상주체·보상기준 등에 관한 사항, 그 밖에 동원된 소방력의 운용과 관련하여 필요한 사항은 대통령령으로 정한다.
(2011.5.30 본조신설)

제3장 화재의 예방과 경계(警戒)
(2011.5.30 본장개정)

제12조~제15조 (2021.11.30 삭제)

제4장 소방활동 등
(2011.3.8 본장제목개정)

제16조【소방활동】 ① 소방청장, 소방본부장 또는 소방서장은 화재, 재난·재해, 그 밖의 위급한 상황이 발생하였을 때에는 소방대를 현장에 신속하게 출동시켜 화재진압과 인명구조·구급 등 소방에 필요한 활동(이하 이 조에서 "소방활동"이라 한다)을 하게 하여야 한다.
② 누구든지 정당한 사유 없이 제1항에 따라 출동한 소방대의 소방활동을 방해하여서는 아니 된다.
(2021.1.5 본조개정)
제16조의2【소방지원활동】 ① 소방청장·소방본부장 또는 소방서장은 공공의 안녕질서 유지 또는 복리증진을 위하여 필요한 경우 소방활동 외에 다음 각 호의 활동(이하 "소방지원활동"이라 한다)을 하게 할 수 있다.
(2017.7.26 본문개정)
1. 산불에 대한 예방·진압 등 지원활동
2. 자연재해에 따른 급수·배수 및 제설 등 지원활동
3. 집회·공연 등 각종 행사 시 사고에 대비한 근접대기 등 지원활동
4. 화재, 재난·재해로 인한 피해복구 지원활동
5. (2015.7.24 삭제)
6. 그 밖에 행정안전부령으로 정하는 활동(2017.7.26 본호개정)
② 소방지원활동은 제16조의 소방활동 수행에 지장을 주지 아니하는 범위에서 할 수 있다.
③ 유관기관·단체 등의 요청에 따른 소방지원활동에 드는 비용은 지원요청을 한 유관기관·단체 등에게 부담하게 할 수 있다. 다만, 부담금액 및 부담방법에 관하여는 지원요청을 한 유관기관·단체 등과 협의하여 결정한다.
(2011.3.8 본조신설)
제16조의3【생활안전활동】 ① 소방청장·소방본부장 또는 소방서장은 신고가 접수된 생활안전 및 위험제거 활동(화재, 재난·재해, 그 밖의 위급한 상황에 해당하는 것은 제외한다)에 대응하기 위하여 소방대를 출동시켜 다음 각 호의 활동(이하 "생활안전활동"이라 한다)을 하게 하여야 한다.(2017.7.26 본문개정)
1. 붕괴, 낙하 등이 우려되는 고드름, 나무, 위험 구조물 등의 제거활동
2. 위해동물, 벌 등의 포획 및 퇴치 활동
3. 끼임, 고립 등에 따른 위험제거 및 구출 활동
4. 단전사고 시 비상전원 또는 조명의 공급
5. 그 밖에 방치하면 급박해질 우려가 있는 위험을 예방하기 위한 활동
② 누구든지 정당한 사유 없이 제1항에 따라 출동하는 소방대의 생활안전활동을 방해하여서는 아니 된다.
③ (2017.12.26 삭제)
(2015.7.24 본조신설)
제16조의4【소방자동차의 보험 가입 등】 ① 시·도지사는 소방자동차의 공무상 운행 중 교통사고가 발생한 경우 그 운전자의 법률상 분쟁에 소요되는 비용을 지원할 수 있는 보험에 가입하여야 한다.
② 국가는 제1항에 따른 보험 가입비용의 일부를 지원할 수 있다.
(2016.1.27 본조신설)
제16조의5【소방활동에 대한 면책】 소방공무원이 제16조제1항에 따른 소방활동으로 인하여 타인을 사상(死傷)에 이르게 한 경우 그 소방활동이 불가피하고 소방공무원에게 고의 또는 중대한 과실이 없는 때에는 그 정상을 참작하여 사상에 대한 형사책임을 감경하거나 면제할 수 있다.(2017.12.26 본조신설)
제16조의6【소송지원】 소방청장, 소방본부장 또는 소방서장은 소방공무원이 제16조제1항에 따른 소방활동, 제16조의2제1항에 따른 소방지원활동, 제16조의3제1항에 따른 생활안전활동으로 인하여 민·형사상 책임과 관련된 소송을 수행할 경우 변호인 선임 등 소송수행에 필요한 지원을 할 수 있다.(2017.12.26 본조신설)
제17조【소방교육·훈련】 ① 소방청장, 소방본부장 또는 소방서장은 소방업무를 전문적이고 효과적으로 수행하기 위하여 소방대원에게 필요한 교육·훈련을 실시하여야 한다.(2017.7.26 본항개정)
② 소방청장, 소방본부장 또는 소방서장은 화재를 예방하고 화재 발생 시 인명과 재산피해를 최소화하기 위하여 다음 각 호에 해당하는 사람을 대상으로 행정안전부령으로 정하는 바에 따라 소방안전에 관한 교육과 훈련을 실시할 수 있다. 이 경우 소방청장, 소방본부장 또는 소방서장은 해당 어린이집·유치원·학교의 장 또는 장애인복지시설의 장과 교육일정 등에 관하여 협의하여야 한다.
(2022.11.15 후단개정)
1. 「영유아보육법」 제2조에 따른 어린이집의 영유아
(2011.6.7 본호개정)
2. 「유아교육법」 제2조에 따른 유치원의 유아
3. 「초·중등교육법」 제2조에 따른 학교의 학생
4. 「장애인복지법」 제58조에 따른 장애인복지시설에 거주하거나 해당 시설을 이용하는 장애인(2022.11.15 본호신설)
③ 소방청장, 소방본부장 또는 소방서장은 국민의 안전의식을 높이기 위하여 화재 발생 시 피난 및 행동 방법 등을 홍보하여야 한다.(2017.7.26 본항개정)
④ 제1항에 따른 교육·훈련의 종류 및 대상자, 그 밖에 교육·훈련의 실시에 필요한 사항은 행정안전부령으로 정한다.(2017.7.26 본항개정)
(2011.5.30 본조개정)
제17조의2【소방안전교육사】 ① 소방청장은 제17조제2항에 따른 소방안전교육을 위하여 소방청장이 실시하는 시험에 합격한 사람에게 소방안전교육사 자격을 부여한다.(2017.7.26 본항개정)
② 소방안전교육사는 소방안전교육의 기획·진행·분석·평가 및 교수업무를 수행한다.
③ 제1항에 따른 소방안전교육사 시험의 응시자격, 시험방법, 시험과목, 시험위원, 그 밖에 소방안전교육사 시험의 실시에 필요한 사항은 대통령령으로 정한다.
④ 제1항에 따른 소방안전교육사 시험에 응시하려는 사람은 대통령령으로 정하는 바에 따라 수수료를 내야 한다.
(2011.5.30 본조개정)
제17조의3【소방안전교육사의 결격사유】 다음 각 호의 어느 하나에 해당하는 사람은 소방안전교육사가 될 수 없다.
1. 피성년후견인(2021.1.12 본호개정)
2. 금고 이상의 실형을 선고받고 그 집행이 끝나거나(집행이 끝난 것으로 보는 경우를 포함한다) 집행이 면제된 날부터 2년이 지나지 아니한 사람
3. 금고 이상의 형의 집행유예를 선고받고 그 유예기간 중에 있는 사람
4. 법원의 판결 또는 다른 법률에 따라 자격이 정지되거나 상실된 사람
(2011.5.30 본조개정)
제17조의4【부정행위자에 대한 조치】 ① 소방청장은 제17조의2에 따른 소방안전교육사 시험에서 부정행위를 한 사람에 대하여는 해당 시험을 정지시키거나 무효로 처리한다.(2017.7.26 본항개정)
② 제1항에 따라 시험이 정지되거나 무효로 처리된 사람은 그 처분이 있은 날부터 2년간 소방안전교육사 시험에 응시하지 못한다.
(2016.1.27 본조신설)
제17조의5【소방안전교육사의 배치】 ① 제17조의2제1항에 따른 소방안전교육사를 소방청, 소방본부 또는 소방서, 그 밖에 대통령령으로 정하는 대상에 배치할 수 있다.(2017.7.26 본항개정)
② 제1항에 따른 소방안전교육사의 배치대상 및 배치기준, 그 밖에 필요한 사항은 대통령령으로 정한다.
(2011.5.30 본조개정)
제17조의6【한국119청소년단】 ① 청소년에게 소방안전에 관한 올바른 이해와 안전의식을 함양시키기 위하여 한국119청소년단을 설립한다.
② 한국119청소년단은 법인으로 하고, 그 주된 사무소의 소재지에 설립등기를 함으로써 성립한다.
③ 국가나 지방자치단체는 한국119청소년단에 그 조직 및 활동에 필요한 시설·장비를 지원할 수 있으며, 운영경비와 시설비 및 국내외 행사에 필요한 경비를 보조할 수 있다.
④ 개인·법인 또는 단체는 한국119청소년단의 시설 및 운영 등을 지원하기 위하여 금전이나 그 밖의 재산을 기부할 수 있다.
⑤ 이 법에 따른 한국119청소년단이 아닌 자는 한국119청소년단 또는 이와 유사한 명칭을 사용할 수 없다.
⑥ 한국119청소년단의 정관 또는 사업의 범위·지도·감독 및 지원에 필요한 사항은 행정안전부령으로 정한다.
⑦ 한국119청소년단에 관하여 이 법에서 규정한 것을 제외하고는 「민법」 중 사단법인에 관한 규정을 준용한다.
(2020.6.9 본조신설)
제18조【소방신호】 화재예방, 소방활동 또는 소방훈련을 위하여 사용되는 소방신호의 종류와 방법은 행정안전부령으로 정한다.(2017.7.26 본조개정)
제19조【화재 등의 통지】 ① 화재 현장 또는 구조·구급이 필요한 사고 현장을 발견한 사람은 그 현장의 상황을 소방본부, 소방서 또는 관계 행정기관에 지체 없이 알려야 한다.

② 다음 각 호의 어느 하나에 해당하는 지역 또는 장소에서 화재로 오인할 만한 우려가 있는 불을 피우거나 연막(煙幕) 소독을 하려는 자는 시·도의 조례로 정하는 바에 따라 관할 소방본부장 또는 소방서장에게 신고하여야 한다.
1. 시장지역
2. 공장·창고가 밀집한 지역
3. 목조건물이 밀집한 지역
4. 위험물의 저장 및 처리시설이 밀집한 지역
5. 석유화학제품을 생산하는 공장이 있는 지역
6. 그 밖에 시·도의 조례로 정하는 지역 또는 장소
(2011.5.30 본조개정)

제20조【관계인의 소방활동 등】 ① 관계인은 소방대상물에 화재, 재난·재해, 그 밖의 위급한 상황이 발생한 경우에는 소방대가 현장에 도착할 때까지 경보를 울리거나 대피를 유도하는 등의 방법으로 사람을 구출하는 조치 또는 불을 끄거나 불이 번지지 아니하도록 필요한 조치를 하여야 한다.
② 관계인은 소방대상물에 화재, 재난·재해, 그 밖의 위급한 상황이 발생한 경우에는 이를 소방본부, 소방서 또는 관계 행정기관에 지체 없이 알려야 한다.(2022.4.26 본항신설)
(2022.4.26 본조제목개정)
(2011.5.30 본조개정)

제20조의2【자체소방대의 설치·운영 등】 ① 관계인은 화재를 진압하거나 구조·구급 활동을 하기 위하여 상설 조직체(「위험물안전관리법」 제19조 및 그 밖의 다른 법령에 따라 설치된 자체소방대를 포함하며, 이하 이 조에서 "자체소방대"라 한다)를 설치·운영할 수 있다.
② 자체소방대는 소방대가 현장에 도착한 경우 소방대장의 지휘·통제에 따라야 한다.
③ 소방청장, 소방본부장 또는 소방서장은 자체소방대의 역량 향상을 위하여 필요한 교육·훈련 등을 지원할 수 있다.
④ 제3항에 따른 교육·훈련 등의 지원에 필요한 사항은 행정안전부령으로 정한다.
(2022.11.15 본조신설)

제21조【소방자동차의 우선 통행 등】 ① 모든 차와 사람은 소방자동차(지휘를 위한 자동차와 구조·구급차를 포함한다. 이하 같다)가 화재진압 및 구조·구급 활동을 위하여 출동을 할 때에는 이를 방해하여서는 아니 된다.
② 소방자동차가 화재진압 및 구조·구급 활동을 위하여 출동하거나 훈련을 위하여 필요할 때에는 사이렌을 사용할 수 있다.
③ 모든 차와 사람은 소방자동차가 화재진압 및 구조·구급 활동을 위하여 제2항에 따라 사이렌을 사용하여 출동하는 경우에는 다음 각 호의 행위를 하여서는 아니 된다.
1. 소방자동차에 진로를 양보하지 아니하는 행위
2. 소방자동차 앞에 끼어들거나 소방자동차를 가로막는 행위
3. 그 밖에 소방자동차의 출동에 지장을 주는 행위
(2017.12.26 본항신설)
④ 제3항의 경우를 제외하고 소방자동차의 우선 통행에 관하여는 「도로교통법」에서 정하는 바에 따른다.
(2017.12.26 본항신설)
(2011.5.30 본조개정)

제21조의2【소방자동차 전용구역 등】 ① 「건축법」 제2조제2항제2호에 따른 공동주택 중 대통령령으로 정하는 공동주택의 건축주는 제16조제1항에 따른 소방활동의 원활한 수행을 위하여 공동주택에 소방자동차 전용구역(이하 "전용구역"이라 한다)을 설치하여야 한다.
② 누구든지 전용구역에 차를 주차하거나 전용구역에의 진입을 가로막는 등의 방해행위를 하여서는 아니 된다.
③ 전용구역의 설치 기준·방법, 제2항에 따른 방해행위의 기준, 그 밖의 필요한 사항은 대통령령으로 정한다.
(2018.2.9 본조신설)

제21조의3【소방자동차 교통안전 분석 시스템 구축·운영】 ① 소방청장 또는 소방본부장은 대통령령으로 정하는 소방자동차에 행정안전부령으로 정하는 기준에 적합한 운행기록장치(이하 이 조에서 "운행기록장치"라 한다)를 장착하고 운용하여야 한다.
② 소방청장은 소방자동차의 안전한 운행 및 교통사고 예방을 위하여 운행기록장치 데이터의 수집·저장·통합·분석 등의 업무를 전자적으로 처리하기 위한 시스템(이하 이 조에서 "소방자동차 교통안전 분석 시스템"이라 한다)을 구축·운영할 수 있다.
③ 소방청장, 소방본부장 및 소방서장은 소방자동차 교통안전 분석 시스템으로 처리된 자료(이하 이 조에서 "전산자료"라 한다)를 이용하여 소방자동차의 장비운용자 등에게 어떠한 불리한 제재나 처벌을 하여서는 아니 된다.
④ 소방자동차 교통안전 분석 시스템의 구축·운영, 운행기록장치 데이터 및 전산자료의 보관·활용 등에 필요한 사항은 행정안전부령으로 정한다.
(2022.4.26 본조신설)

제22조【소방대의 긴급통행】 소방대는 화재, 재난·재해, 그 밖의 위급한 상황이 발생한 현장에 신속하게 출동하기 위하여 긴급할 때에는 일반적인 통행에 쓰이지 아니하는 도로·빈터 또는 물 위로 통행할 수 있다.
(2011.5.30 본조개정)

제23조【소방활동구역의 설정】 ① 소방대장은 화재, 재난·재해, 그 밖의 위급한 상황이 발생한 현장에 소방활동구역을 정하여 소방활동에 필요한 사람으로서 대통령령으로 정하는 사람 외에는 그 구역에 출입하는 것을 제한할 수 있다.
② 경찰공무원은 소방대가 제1항에 따른 소방활동구역에 있지 아니하거나 소방대장의 요청이 있을 때에는 제1항에 따른 조치를 할 수 있다.
(2011.5.30 본조개정)

제24조【소방활동 종사 명령】 ① 소방본부장, 소방서장 또는 소방대장은 화재, 재난·재해, 그 밖의 위급한 상황이 발생한 현장에서 소방활동을 위하여 필요할 때에는 그 관할구역에 사는 사람 또는 그 현장에 있는 사람으로 하여금 사람을 구출하는 일 또는 불을 끄거나 불이 번지지 아니하도록 하는 일을 하게 할 수 있다. 이 경우 소방본부장, 소방서장 또는 소방대장은 소방활동에 필요한 보호장구를 지급하는 등 안전을 위한 조치를 하여야 한다.
② (2017.12.26 삭제)
③ 제1항에 따른 명령에 따라 소방활동에 종사한 사람은 시·도지사로부터 소방활동의 비용을 지급받을 수 있다. 다만, 다음 각 호의 어느 하나에 해당하는 사람의 경우에는 그러하지 아니하다.
1. 소방대상물에 화재, 재난·재해, 그 밖의 위급한 상황이 발생한 경우 그 관계인
2. 고의 또는 과실로 화재 또는 구조·구급 활동이 필요한 상황을 발생시킨 사람
3. 화재 또는 구조·구급 현장에서 물건을 가져간 사람
(2011.5.30 본조개정)

제25조【강제처분 등】 ① 소방본부장, 소방서장 또는 소방대장은 사람을 구출하거나 불이 번지는 것을 막기 위하여 필요할 때에는 화재가 발생하거나 불이 번질 우려가 있는 소방대상물 및 토지를 일시적으로 사용하거나 그 사용의 제한 또는 소방활동에 필요한 처분을 할 수 있다.
② 소방본부장, 소방서장 또는 소방대장은 사람을 구출하거나 불이 번지는 것을 막기 위하여 긴급하다고 인정할 때에는 제1항에 따른 소방대상물 또는 토지 외의 소방대상물과 토지에 대하여 제1항에 따른 처분을 할 수 있다.
③ 소방본부장, 소방서장 또는 소방대장은 소방활동을 위하여 긴급하게 출동할 때에는 소방자동차의 통행과 소방활동에 방해가 되는 주차 또는 정차된 차량 및 물건 등을 제거하거나 이동시킬 수 있다.
④ 소방본부장, 소방서장 또는 소방대장은 제3항에 따른 소방활동에 방해가 되는 주차 또는 정차된 차량의 제거나 이동을 위하여 관할 지방자치단체 등 관련 기관에 견인차량과 인력 등에 대한 지원을 요청할 수 있고, 요청을 받은 관련 기관의 장은 정당한 사유가 없으면 이에 협조하여야 한다.(2018.3.27 본항신설)
⑤ 시·도지사는 제4항에 따라 견인차량과 인력 등을 지원한 자에게 시·도의 조례로 정하는 바에 따라 비용을 지급할 수 있다.(2018.3.27 본항신설)
(2011.5.30 본조개정)

제26조【피난 명령】 ① 소방본부장, 소방서장 또는 소방대장은 화재, 재난·재해, 그 밖의 위급한 상황이 발생하여 사람의 생명을 위험하게 할 것으로 인정할 때에는 일정한 구역을 지정하여 그 구역에 있는 사람에게 그 구역 밖으로 피난할 것을 명할 수 있다.
② 소방본부장, 소방서장 또는 소방대장은 제1항에 따른 명령을 할 때 필요하면 관할 경찰서장 또는 자치경찰단장에게 협조를 요청할 수 있다.
(2011.5.30 본조개정)

제27조【위험시설 등에 대한 긴급조치】 ① 소방본부장, 소방서장 또는 소방대장은 화재 진압 등 소방활동을 위하여 필요할 때에는 소방용수 외에 댐·저수지 또는 수영장 등의 물을 사용하거나 수도(水道)의 개폐장치 등을 조작할 수 있다.
② 소방본부장, 소방서장 또는 소방대장은 화재 발생을 막거나 폭발 등으로 화재가 확대되는 것을 막기 위하여 가스·전기 또는 유류 등의 시설에 대하여 위험물질의 공급을 차단하는 등 필요한 조치를 할 수 있다.
③ (2017.12.26 삭제)
(2011.5.30 본조개정)

제27조의2【방해행위의 제지 등】 소방대원은 제16조제1항에 따른 소방활동 또는 제16조의3제1항에 따른 생활안전활동을 방해하는 행위를 하는 사람에게 필요한 경고를 하고, 그 행위로 인하여 사람의 생명·신체에 위해를 끼치거나 재산에 중대한 손해를 끼칠 우려가 있는 긴급한 경우에는 그 행위를 제지할 수 있다.(2021.1.5 본조신설)

제28조【소방용수시설 또는 비상소화장치의 사용금지 등】 누구든지 다음 각 호의 어느 하나에 해당하는 행위를 하여서는 아니 된다.
1. 정당한 사유 없이 소방용수시설 또는 비상소화장치를 사용하는 행위(2017.12.26 본호개정)
2. 정당한 사유 없이 손상·파괴, 철거 또는 그 밖의 방법으로 소방용수시설 또는 비상소화장치의 효용(效用)을 해치는 행위(2017.12.26 본호개정)
3. 소방용수시설 또는 비상소화장치의 정당한 사용을 방해하는 행위(2017.12.26 본호개정)
(2017.12.26 본조제목개정)
(2011.5.30 본조개정)

제5장 화재의 조사
(2011.5.30 본장개정)

제29조~제33조 (2021.6.8 삭제)

제6장 구조 및 구급

제34조【구조대 및 구급대의 편성과 운영】 구조대 및 구급대의 편성과 운영에 관하여는 별도의 법률로 정한다.
(2011.3.8 본조개정)
제35조~제36조 (2011.3.8 삭제)

제7장 의용소방대

제37조【의용소방대의 설치 및 운영】 의용소방대의 설치 및 운영에 관하여는 별도의 법률로 정한다.
(2014.1.28 본조개정)
제38조~제39조의2 (2014.1.28 삭제)

제7장의2 소방산업의 육성·진흥 및 지원 등
(2011.5.30 본장개정)

제39조의3【국가의 책무】 국가는 소방산업(소방용 기계·기구의 제조, 연구·개발 및 판매 등에 관한 일련의 산업을 말한다. 이하 같다)의 육성·진흥을 위하여 필요한 계획의 수립 등 행정상·재정상의 지원시책을 마련하여야 한다.
제39조의4 (2008.6.5 삭제)
제39조의5【소방산업과 관련된 기술개발 등의 지원】 ① 국가는 소방산업과 관련된 기술(이하 "소방기술"이라 한다)의 개발을 촉진하기 위하여 기술개발을 실시하는 자에게 그 기술개발에 드는 자금의 전부나 일부를 출연하거나 보조할 수 있다.
② 국가는 우수소방제품의 전시·홍보를 위하여 「대외무역법」 제4조제2항에 따른 무역전시장 등을 설치한 자에게 다음 각 호에서 정한 범위에서 재정적인 지원을 할 수 있다.
1. 소방산업전시회 운영에 따른 경비의 일부
2. 소방산업전시회 관련 국외 홍보비
3. 소방산업전시회 기간 중 국외의 구매자 초청 경비
제39조의6【소방기술의 연구·개발사업 수행】 ① 국가는 국민의 생명과 재산을 보호하기 위하여 다음 각 호의 어느 하나에 해당하는 기관이나 단체로 하여금 소방기술의 연구·개발사업을 수행하게 할 수 있다.
1. 국공립 연구기관
2. 「과학기술분야 정부출연연구기관 등의 설립·운영 및 육성에 관한 법률」에 따라 설립된 연구기관
3. 「특정연구기관 육성법」 제2조에 따른 특정연구기관
4. 「고등교육법」에 따른 대학·산업대학·전문대학 및 기술대학
5. 「민법」이나 다른 법률에 따라 설립된 소방기술 분야의 법인인 연구기관 또는 법인 부설 연구소
6. 「기초연구진흥 및 기술개발지원에 관한 법률」 제14조의2제1항에 따라 인정받은 기업부설연구소
(2016.3.22 본호개정)
7. 「소방산업의 진흥에 관한 법률」 제14조에 따른 한국소방산업기술원
8. 그 밖에 대통령령으로 정하는 소방에 관한 기술개발 및 연구를 수행하는 기관·협회
② 국가가 제1항에 따른 기관이나 단체로 하여금 소방기술의 연구·개발사업을 수행하게 하는 경우에는 필요한 경비를 지원하여야 한다.
제39조의7【소방기술 및 소방산업의 국제화사업】 ① 국가는 소방기술 및 소방산업의 국제경쟁력과 국제적 통용성을 높이는 데에 필요한 기반 조성을 촉진하기 위한 시책을 마련하여야 한다.
② 소방청장은 소방기술 및 소방산업의 국제경쟁력과 국제적 통용성을 높이기 위하여 다음 각 호의 사업을 추진하여야 한다.(2017.7.26 본문개정)
1. 소방기술 및 소방산업의 국제 협력을 위한 조사·연구
2. 소방기술 및 소방산업에 관한 국제 전시회, 국제 학술 회의의 개최 등 국제 교류
3. 소방기술 및 소방산업의 국외시장 개척
4. 그 밖에 소방기술 및 소방산업의 국제경쟁력과 국제적 통용성을 높이기 위하여 필요하다고 인정하는 사업

제8장 한국소방안전원
(2017.12.26 본장제목개정)

제40조【한국소방안전원의 설립 등】 ① 소방기술과 안전관리기술의 향상 및 홍보, 그 밖의 교육·훈련 등 행정기관이 위탁하는 업무의 수행과 소방 관계 종사자의 기

술 향상을 위하여 한국소방안전원(이하 "안전원"이라 한다)을 소방청장의 인가를 받아 설립한다.
② 제1항에 따라 설립되는 안전원은 법인으로 한다.
③ 안전원에 관하여 이 법에 규정된 것을 제외하고는 「민법」 중 재단법인에 관한 규정을 준용한다.
(2017.12.26 본조개정)
제40조의2【교육계획의 수립 및 평가 등】 ① 안전원의 장(이하 "안전원장"이라 한다)은 소방기술과 안전관리의 기술향상을 위하여 매년 교육 수요조사를 실시하여 교육계획을 수립하고 소방청장의 승인을 받아야 한다.
② 안전원장은 소방청장에게 해당 연도 교육결과를 평가·분석하여 보고하여야 하며, 소방청장은 교육평가 결과를 제1항의 교육계획에 반영하게 할 수 있다.
③ 안전원장은 제2항의 교육결과를 객관적이고 정밀하게 분석하기 위하여 필요한 경우 교육 관련 전문가로 구성된 위원회를 운영할 수 있다.
④ 제3항에 따른 위원회의 구성·운영에 필요한 사항은 대통령령으로 정한다.
(2017.12.26 본조신설)
제41조【안전원의 업무】 안전원은 다음 각 호의 업무를 수행한다.(2017.12.26 본문개정)
1. 소방기술과 안전관리에 관한 교육 및 조사·연구
2. 소방기술과 안전관리에 관한 각종 간행물 발간
3. 화재 예방과 안전관리의식 고취를 위한 대국민 홍보
4. 소방업무에 관하여 행정기관이 위탁하는 업무
5. 소방안전에 관한 국제협력(2017.12.26 본호신설)
6. 그 밖에 회원에 대한 기술지원 등 정관으로 정하는 사항(2017.12.26 본호개정)
(2017.12.26 본조제목개정)
제42조【회원의 관리】 안전원은 소방기술과 안전관리 역량의 향상을 위하여 다음 각 호의 사람을 회원으로 관리할 수 있다.
1. 「소방시설 설치 및 관리에 관한 법률」, 「소방시설공사업법」 또는 「위험물안전관리법」에 따라 등록을 하거나 허가를 받은 사람으로서 회원이 되려는 사람
2. 「화재의 예방 및 안전관리에 관한 법률」, 「소방시설공사업법」 또는 「위험물안전관리법」에 따라 소방안전관리자, 소방기술자 또는 위험물안전관리자로 선임되거나 채용된 사람으로서 회원이 되려는 사람
(2021.11.30 1호~2호개정)
3. 그 밖에 소방 분야에 관심이 있거나 학식과 경험이 풍부한 사람으로서 회원이 되려는 사람
(2017.12.26 본조개정)
제43조【안전원의 정관】 ① 안전원의 정관에는 다음 각 호의 사항이 포함되어야 한다.
1. 목적
2. 명칭
3. 주된 사무소의 소재지
4. 사업에 관한 사항
5. 이사회에 관한 사항
6. 회원과 임원 및 직원에 관한 사항
7. 재정 및 회계에 관한 사항
8. 정관의 변경에 관한 사항
② 안전원은 정관을 변경하려면 소방청장의 인가를 받아야 한다.
(2017.12.26 본조개정)
제44조【안전원의 운영 경비】 안전원의 운영 및 사업에 소요되는 경비는 다음 각 호의 재원으로 충당한다.
1. 제41조제1호 및 제4호의 업무 수행에 따른 수입금
2. 제42조에 따른 회원의 회비
3. 자산운영수익금
4. 그 밖의 부대수입
(2017.12.26 본조개정)
제44조의2【안전원의 임원】 ① 안전원에 임원으로 원장 1명을 포함한 9명 이내의 이사와 1명의 감사를 둔다.
② 제1항에 따른 원장과 감사는 소방청장이 임명한다.
(2017.12.26 본조신설)
제44조의3【유사명칭의 사용금지】 이 법에 따른 안전원이 아닌 자는 한국소방안전원 또는 이와 유사한 명칭을 사용하지 못한다.(2017.12.26 본조신설)
제45조~제47조 (2008.6.5 삭제)

제9장 보 칙
(2014.11.19 본장개정)

제48조【감독】 ① 소방청장은 안전원의 업무를 감독한다.
(2017.12.26 본항개정)
② 소방청장은 안전원에 대하여 업무·회계 및 재산에 관하여 필요한 사항을 보고하게 하거나, 소속 공무원으로 하여금 안전원의 장부·서류 그 밖의 물건을 검사하게 할 수 있다.(2017.12.26 본항신설)
③ 소방청장은 제2항에 따른 보고 또는 검사의 결과 필요하다고 인정되면 시정명령 등 필요한 조치를 할 수 있다.
(2017.12.26 본항신설)
제49조【권한의 위임】 소방청장은 이 법에 따른 권한의 일부를 대통령령으로 정하는 바에 따라 시·도지사, 소방본부장 또는 소방서장에게 위임할 수 있다.(2017.7.26 본조개정)
제49조의2【손실보상】 ① 소방청장 또는 시·도지사는 다음 각 호의 어느 하나에 해당하는 자에게 제3항의 손실보상심의위원회의 심사·의결에 따라 정당한 보상을 하여야 한다.
1. 제16조의3제1항에 따른 조치로 인하여 손실을 입은 자
2. 제24조제1항 전단에 따른 소방활동 종사로 인하여 사망하거나 부상을 입은 자
3. 제25조제2항 또는 제3항에 따른 처분으로 인하여 손실을 입은 자. 다만, 같은 조 제3항에 해당하는 경우로서 법령을 위반하여 소방자동차의 통행과 소방활동에 방해가 된 경우는 제외한다.
4. 제27조제1항 또는 제2항에 따른 조치로 인하여 손실을 입은 자
5. 그 밖에 소방기관 또는 소방대의 적법한 소방업무 또는 소방활동으로 인하여 손실을 입은 자
② 제1항에 따라 손실보상을 청구할 수 있는 권리는 손실이 있음을 안 날부터 3년, 손실이 발생한 날부터 5년간 행사하지 아니하면 시효의 완성으로 소멸한다.
③ 소방청장 또는 시·도지사는 제1항에 따른 손실보상청구사건을 심사·의결하기 위하여 필요한 경우 손실보상심의위원회를 구성·운영할 수 있다.(2023.8.16 본항개정)
④ 소방청장 또는 시·도지사는 손실보상심의위원회의 구성 목적을 달성하였다고 인정하는 경우에는 손실보상심의위원회를 해산할 수 있다.(2023.8.16 본항신설)
⑤ 제1항에 따른 손실보상의 기준, 보상금액, 지급절차 및 방법, 제3항에 따른 손실보상심의위원회의 구성 및 운영, 그 밖에 필요한 사항은 대통령령으로 정한다.
(2017.12.26 본조신설)
제49조의3【벌칙 적용에서 공무원 의제】 제41조제4호에 따라 위탁받은 업무에 종사하는 안전원의 임직원은 「형법」 제129조부터 제132조까지를 적용할 때에는 공무원으로 본다.(2017.12.26 본조신설)

제10장 벌 칙

제50조【벌칙】 다음 각 호의 어느 하나에 해당하는 사람은 5년 이하의 징역 또는 5천만원 이하의 벌금에 처한다.(2018.3.27 본문개정)
1. 제16조제2항을 위반하여 다음 각 목의 어느 하나에 해당하는 행위를 한 사람
 가. 위력(威力)을 사용하여 출동한 소방대의 화재진압·인명구조 또는 구급활동을 방해하는 행위
 나. 소방대가 화재진압·인명구조 또는 구급활동을 위하여 현장에 출동하거나 현장에 출입하는 것을 고의로 방해하는 행위
 다. 출동한 소방대원에게 폭행 또는 협박을 행사하여 화재진압·인명구조 또는 구급활동을 방해하는 행위
 라. 출동한 소방대의 소방장비를 파손하거나 그 효용을 해하여 화재진압·인명구조 또는 구급활동을 방해하는 행위
2. 제21조제1항을 위반하여 소방자동차의 출동을 방해한 사람
3. 제24조제1항에 따른 사람을 구출하는 일 또는 불을 끄거나 불이 번지지 아니하도록 하는 일을 방해한 사람
4. 제28조를 위반하여 정당한 사유 없이 소방용수시설 또는 비상소화장치를 사용하거나 소방용수시설 또는 비상소화장치의 효용을 해치거나 그 정당한 사용을 방해한 사람(2017.12.26 본호개정)
(2011.5.30 본조개정)
제51조【벌칙】 제25조제1항에 따른 처분을 방해한 자 또는 정당한 사유 없이 그 처분에 따르지 아니한 자는 3년 이하의 징역 또는 3천만원 이하의 벌금에 처한다.
(2018.3.27 본조개정)
제52조【벌칙】 다음 각 호의 어느 하나에 해당하는 자는 300만원 이하의 벌금에 처한다.
1. 제25조제2항 및 제3항에 따른 처분을 방해한 자 또는 정당한 사유 없이 그 처분에 따르지 아니한 자
2. (2021.6.8 삭제)
(2011.5.30 본조개정)
제53조 (2021.11.30 삭제)
제54조【벌칙】 다음 각 호의 어느 하나에 해당하는 자는 100만원 이하의 벌금에 처한다.
1. (2021.11.30 삭제)
1의2. 제16조의3제2항을 위반하여 정당한 사유 없이 소방대의 생활안전활동을 방해한 자(2015.7.24 본호신설)
2. 제20조제1항을 위반하여 정당한 사유 없이 소방대가 현장에 도착할 때까지 사람을 구출하는 조치 또는 불을 끄거나 불이 번지지 아니하도록 하는 조치를 하지 아니한 사람(2022.4.26 본호개정)
3. 제26조제1항에 따른 피난 명령을 위반한 사람
4. 제27조제1항을 위반하여 정당한 사유 없이 물의 사용이나 수도의 개폐장치의 사용 또는 조작을 하지 못하게 하거나 방해한 자
5. 제27조제2항에 따른 조치를 정당한 사유 없이 방해한 자
(2011.5.30 본조개정)
제54조의2【「형법」상 감경규정에 관한 특례】 음주 또는 약물로 인한 심신장애 상태에서 제50조제1호다목의 죄를 범한 때에는 「형법」 제10조제1항 및 제2항을 적용하지 아니할 수 있다.(2021.10.19 본조신설)
제55조【양벌규정】 법인의 대표자나 법인 또는 개인의 대리인, 사용인, 그 밖의 종업원이 그 법인 또는 개인의 업무에 관하여 제50조부터 제54조까지의 어느 하나에 해당하는 위반행위를 하면 그 행위자를 벌하는 외에 그 법인 또는 개인에게도 해당 조문의 벌금형을 과(科)한다. 다만, 법인 또는 개인이 그 위반행위를 방지하기 위하여 해당 업무에 관하여 상당한 주의와 감독을 게을리하지 아니한 경우에는 그러하지 아니하다.(2011.5.30 본조개정)
제56조【과태료】 ① 다음 각 호의 어느 하나에 해당하는 자에게는 500만원 이하의 과태료를 부과한다.
1. 제19조제1항을 위반하여 화재 또는 구조·구급이 필요한 상황을 거짓으로 알린 사람
2. 정당한 사유 없이 제20조제2항을 위반하여 화재, 재난·재해, 그 밖의 위급한 상황을 소방본부, 소방서 또는 관계 행정기관에 알리지 아니한 관계인
(2022.4.26 본항개정)
② 다음 각 호의 어느 하나에 해당하는 자에게는 200만원 이하의 과태료를 부과한다.
1.~2. (2021.11.30 삭제)
2의2. 제17조의6제5항을 위반하여 한국119청소년단 또는 이와 유사한 명칭을 사용한 자(2020.6.9 본호신설)
3. (2020.10.20 삭제)
3의2. 제21조제3항을 위반하여 소방자동차의 출동에 지장을 준 자(2017.12.26 본호신설)
4. 제23조제1항을 위반하여 소방활동구역을 출입한 사람
5. (2021.6.8 삭제)
6. 제44조의3을 위반하여 한국소방안전원 또는 이와 유사한 명칭을 사용한 자(2017.12.26 본호신설)
③ 제21조의2제2항을 위반하여 전용구역에 차를 주차하거나 전용구역에의 진입을 가로막는 등의 방해행위를 한 자에게는 100만원 이하의 과태료를 부과한다.(2018.2.9 본항신설)
④ 제1항부터 제3항까지에 따른 과태료는 대통령령으로 정하는 바에 따라 관할 시·도지사, 소방본부장 또는 소방서장이 부과·징수한다.(2020.10.20 본항개정)
(2011.5.30 본조개정)
제57조【과태료】 ① 제19조제2항에 따른 신고를 하지 아니하여 소방자동차를 출동하게 한 자에게는 20만원 이하의 과태료를 부과한다.
② 제1항에 따른 과태료는 조례로 정하는 바에 따라 관할 소방본부장 또는 소방서장이 부과·징수한다.
(2011.5.30 본조개정)

부 칙 (2016.1.27)

제1조【시행일】 이 법은 공포한 날부터 시행한다. 다만, 제16조의4의 개정규정은 공포 후 3개월이 경과한 날부터 시행하고, 제17조의4의 개정규정은 공포 후 1년이 경과한 날부터 시행한다.
제2조【부정행위자에 대한 적용례】 제17조의4의 개정규정은 이 법 시행 후 최초로 실시하는 소방안전교육사 시험에서 부정행위를 한 사람부터 적용한다.
제3조【금치산자 등에 대한 경과조치】 제17조의3제1호의 개정규정에 따른 피성년후견인 또는 피한정후견인에는 법률 제10429호 민법 일부개정법률 부칙 제2조에 따라 금치산 또는 한정치산 선고의 효력이 유지되는 사람을 포함하는 것으로 본다.

부 칙 (2017.12.26 법15300호)

제1조【시행일】 이 법은 공포 후 6개월이 경과한 날부터 시행한다. 다만, 제12조제1항제1호의 개정규정은 공포한 날부터 시행한다.
제2조【안전원의 설립준비】 ① 이 법에 따른 안전원의 설립을 위하여 필요한 준비행위는 이 법 시행 전에 할 수 있다.
② 소방청장은 이 법의 공포일부터 1개월 이내에 이 법 시행 당시 종전의 규정에 따라 설립된 한국소방안전협회의 장으로 하여금 이 법에 따른 안전원의 설립에 관한 사무를 처리하게 하여야 한다.
③ 한국소방안전협회의 장은 이 법에 따른 안전원의 정관을 작성하여 소방청장의 인가를 받아야 한다.
제3조【안전원의 설립등기】 안전원장은 이 법 시행 후 지체 없이 안전원의 설립등기를 하여야 한다.
제4조【한국소방안전협회에 대한 경과조치】 ① 이 법 시행 당시 종전의 규정에 따라 설립된 한국소방안전협회(이하 "협회"라 한다)는 이 법에 따른 안전원의 설립과 동시에 해산된 것으로 보며, 협회에 속하는 재산과 권리·의무는 이 법에 따른 안전원이 포괄승계한다.

② 이 법 시행 당시 등기부 및 그 밖의 공부상의 협회의 명의는 안전원의 명의로 본다.
③ 이 법에 따른 안전원의 재산으로 보는 재산의 가액은 부칙 제3조에 따른 설립등기일 전일의 장부가액으로 한다.
④ 이 법 시행 전에 협회가 행한 행위는 이 법에 따른 안전원이 행한 행위로 보며, 협회에 대하여 행한 행위는 이 법에 따른 안전원에 대하여 행한 행위로 본다.
⑤ 이 법 시행 당시의 협회의 상임임원과 직원은 이 법에 따른 안전원의 임원과 직원으로 임명된 것으로 본다. 이 경우 상임임원의 임기는 협회의 임원으로 선임된 날부터 기산한다.
제5조【다른 법률의 개정】 ①~④ ※(해당 법령에 가제정리 하였음)
제6조【다른 법령과의 관계】 이 법 시행 당시 다른 법령에서 한국소방안전협회를 인용하고 있는 경우에는 종전의 규정을 갈음하여 이 법의 한국소방안전원을 인용한 것으로 본다.

부 칙 (2018.2.9)

제1조【시행일】 이 법은 공포 후 6개월이 경과한 날부터 시행한다.
제2조【전용구역에 관한 적용례】 제21조의2, 제56조제2항 및 제3항의 개정규정은 이 법 시행 후 최초로 「주택법」 제15조에 따른 주택건설사업계획 승인 또는 「건축법」 제11조에 따른 건축허가를 신청하는 경우부터 적용한다.

부 칙 (2019.12.10)

이 법은 2020년 4월 1일부터 시행한다.

부 칙 (2020.6.9)

제1조【시행일】 이 법은 공포 후 6개월이 경과한 날부터 시행한다.
제2조【한국119소년단연맹에 관한 경과조치】 ① 이 법 시행 당시 「민법」에 따라 설립된 사단법인 한국119소년단연맹은 제17조의6의 개정규정에 따라 설립된 한국119청소년단으로 본다.
② 이 법 시행 당시 「민법」에 따라 설립된 사단법인 한국119소년단연맹은 이 법 시행 후 2개월 이내에 이 법에 따른 한국119청소년단의 정관을 작성하여 소방청장의 인가를 받아야 한다.
③ 이 법 시행 당시 「민법」에 따라 설립된 사단법인 한국119소년단연맹은 제2항에 따른 인가를 받은 때에는 지체 없이 이 법에 따른 한국119청소년단의 설립등기를 하여야 한다.
④ 이 법 시행 당시 「민법」에 따라 설립된 사단법인 한국119소년단연맹은 제3항에 따라 설립등기를 마친 때에는 「민법」 중 법인의 해산 및 청산에 관한 규정에도 불구하고 해산된 것으로 본다.
⑤ 이 법 시행 당시 「민법」에 따라 설립된 사단법인 한국119소년단연맹의 모든 재산과 권리·의무는 이 법에 따른 한국119청소년단이 그 설립등기일에 승계한다.
⑥ 이 법 시행 당시 「민법」에 따라 설립된 사단법인 한국119소년단연맹의 임직원은 이 법에 따른 한국119청소년단의 임직원으로 보며, 임원의 임기는 종전의 임명일부터 기산(起算)한다.

부 칙 (2020.10.20)

이 법은 공포 후 3개월이 경과한 날부터 시행한다.

부 칙 (2020.12.22)

제1조【시행일】 이 법은 2021년 1월 1일부터 시행한다.(이하 생략)

부 칙 (2021.1.5)

이 법은 공포 후 1년이 경과한 날부터 시행한다. 다만, 제27조의2의 개정규정은 공포한 날부터 시행한다.

부 칙 (2021.1.12)

이 법은 공포한 날부터 시행한다.(이하 생략)

부 칙 (2021.6.8)

제1조【시행일】 이 법은 공포 후 1년이 경과한 날부터 시행한다.(이하 생략)

부 칙 (2021.10.19)

제1조【시행일】 이 법은 공포 후 3개월이 경과한 날부터 시행한다.
제2조【「형법」상 감경규정에 관한 특례에 관한 적용례】 제54조의2의 개정규정은 이 법 시행 후 최초로 제50조제1호다목의 죄를 범한 때부터 적용한다.

부 칙 (2021.11.30 법18522호)
(2021.11.30 법18523호)

제1조【시행일】 이 법은 공포 후 1년이 경과한 날부터 시행한다.(이하 생략)

부 칙 (2022.4.26)

제1조【시행일】 이 법은 공포 후 6개월이 경과한 날부터 시행한다. 다만, 제21조의3의 개정규정은 공포 후 1년이 경과한 날부터 시행한다.
제2조【운행기록장치 장착에 관한 경과조치】 제21조의3의 개정규정 시행 당시 이미 운용 중인 소방자동차의 경우에는 같은 개정규정 시행일부터 6개월 이내에 운행기록장치의 장착을 완료하여야 한다.

부 칙 (2022.11.15)

이 법은 공포 후 6개월이 경과한 날부터 시행한다.

부 칙 (2023.4.11)

이 법은 공포 후 1년이 경과한 날부터 시행한다.

부 칙 (2023.8.16)

제1조【시행일】 이 법은 공포 후 6개월이 경과한 날부터 시행한다.(이하 생략)

부 칙 (2024.1.30)

이 법은 공포 후 6개월이 경과한 날부터 시행한다.

소방의 화재조사에 관한 법률

(약칭 : 화재조사법)

(2021년 6월 8일
법 률 제18204호)

제1장 총 칙

제1조【목적】 이 법은 화재예방 및 소방정책에 활용하기 위하여 화재원인, 화재성장 및 확산, 피해현황 등에 관한 과학적·전문적인 조사에 필요한 사항을 규정함을 목적으로 한다.
제2조【정의】 ① 이 법에서 사용하는 용어의 뜻은 다음과 같다.
1. "화재"란 사람의 의도에 반하거나 고의 또는 과실에 의하여 발생하는 연소 현상으로서 소화할 필요가 있는 현상 또는 사람의 의도에 반하여 발생하거나 확대된 화학적 폭발현상을 말한다.
2. "화재조사"란 소방청장, 소방본부장 또는 소방서장이 화재원인, 피해상황, 대응활동 등을 파악하기 위하여 자료의 수집, 관계인등에 대한 질문, 현장 확인, 감식, 감정 및 실험 등을 하는 일련의 행위를 말한다.
3. "화재조사관"이란 화재조사에 전문성을 인정받아 화재조사를 수행하는 소방공무원을 말한다.
4. "관계인등"이란 화재가 발생한 소방대상물의 소유자·관리자 또는 점유자(이하 "관계인"이라 한다) 및 다음 각 목의 사람을 말한다.
가. 화재 현장을 발견하고 신고한 사람
나. 화재 현장을 목격한 사람
다. 소화활동을 행하거나 인명구조활동(유도대피 포함)에 관계된 사람
라. 화재를 발생시키거나 화재발생과 관계된 사람
② 이 법에서 사용하는 용어의 뜻은 제1항에서 규정하는 것을 제외하고는 「소방기본법」, 「화재예방, 소방시설 설치·유지 및 안전관리에 관한 법률」에서 정하는 바에 따른다.
제3조【국가 등의 책무】 ① 국가와 지방자치단체는 화재조사에 필요한 기술의 연구·개발 및 화재조사의 정확도를 향상시키기 위한 시책을 강구하고 추진하여야 한다.
② 관계인등은 화재조사가 적절하게 이루어질 수 있도록 협력하여야 한다.
제4조【다른 법률과의 관계】 화재조사에 관하여 다른 법률에 특별한 규정이 있는 경우를 제외하고는 이 법에서 정하는 바에 따른다.

제2장 화재조사의 실시 등

제5조【화재조사의 실시】 ① 소방청장, 소방본부장 또는 소방서장(이하 "소방관서장"이라 한다)은 화재발생 사실을 알게 된 때에는 지체 없이 화재조사를 하여야 한다. 이 경우 수사기관의 범죄수사에 지장을 주어서는 아니 된다.
② 소방관서장은 제1항에 따라 화재조사를 하는 경우 다음 각 호의 사항에 대하여 조사하여야 한다.
1. 화재원인에 관한 사항
2. 화재로 인한 인명·재산피해상황
3. 대응활동에 관한 사항
4. 소방시설 등의 설치·관리 및 작동 여부에 관한 사항
5. 화재발생건축물과 구조물, 화재유형별 화재위험성 등에 관한 사항
6. 그 밖에 대통령령으로 정하는 사항
③ 제1항 및 제2항에 따른 화재조사의 대상 및 절차 등에 필요한 사항은 대통령령으로 정한다.
제6조【화재조사전담부서의 설치·운영 등】 ① 소방관서장은 전문성에 기반하는 화재조사를 위하여 화재조사전담부서(이하 "전담부서"라 한다)를 설치·운영하여야 한다.
② 전담부서는 다음 각 호의 업무를 수행한다.
1. 화재조사의 실시 및 조사결과 분석·관리
2. 화재조사 관련 기술개발과 화재조사관의 역량증진
3. 화재조사에 필요한 시설·장비의 관리·운영
4. 그 밖의 화재조사에 관하여 필요한 업무
③ 소방관서장은 화재조사관으로 하여금 화재조사 업무를 수행하게 하여야 한다.
④ 화재조사관은 소방청장이 실시하는 화재조사에 관한 시험에 합격한 소방공무원 등 화재조사에 관한 전문적인 자격을 가진 소방공무원으로 한다.
⑤ 전담부서의 구성·운영, 화재조사관의 구체적인 자격기준 및 교육훈련 등에 필요한 사항은 대통령령으로 정한다.
제7조【화재합동조사단의 구성·운영】 ① 소방관서장은 사상자가 많거나 사회적 이목을 끄는 화재 등 대통령령으로 정하는 대형화재 등이 발생한 경우 종합적이고 정밀한 화재조사를 위하여 유관기관 및 관계 전문가를 포함한 화재합동조사단을 구성·운영할 수 있다.

② 제1항에 따른 화재합동조사단의 구성과 운영 등에 필요한 사항은 대통령령으로 정한다.

제8조【화재현장 보존 등】 ① 소방관서장은 화재조사를 위하여 필요한 범위에서 화재현장 보존조치를 하거나 화재현장과 그 인근 지역을 통제구역으로 설정할 수 있다. 다만, 방화(放火) 또는 실화(失火)의 혐의로 수사의 대상이 된 경우에는 관할 경찰서장 또는 해양경찰서장(이하 "경찰서장"이라 한다)이 통제구역을 설정한다.

② 누구든지 소방관서장 또는 경찰서장의 허가 없이 제1항에 따라 설정된 통제구역에 출입하여서는 아니 된다.

③ 제1항에 따라 화재현장 보존조치를 하거나 통제구역을 설정한 경우 누구든지 소방관서장 또는 경찰서장의 허가 없이 화재현장에 있는 물건 등을 이동시키거나 변경·훼손하여서는 아니 된다. 다만, 공공의 이익에 중대한 영향을 미친다고 판단되거나 인명구조 등 긴급한 사유가 있는 경우에는 그러하지 아니하다.

④ 화재현장 보존조치, 통제구역의 설정 및 출입 등에 필요한 사항은 대통령령으로 정한다.

제9조【출입·조사 등】 ① 소방관서장은 화재조사를 위하여 필요한 경우에 관계인에게 보고 또는 자료 제출을 명하거나 화재조사관으로 하여금 해당 장소에 출입하여 화재조사를 하게 하거나 관계인등에게 질문하게 할 수 있다.

② 제1항에 따라 화재조사를 하는 화재조사관은 그 권한을 표시하는 증표를 지니고 이를 관계인등에게 보여주어야 한다.

③ 제1항에 따라 화재조사를 하는 화재조사관은 관계인의 정당한 업무를 방해하거나 화재조사를 수행하면서 알게 된 비밀을 다른 용도로 사용하거나 다른 사람에게 누설하여서는 아니 된다.

제10조【관계인등의 출석 등】 ① 소방관서장은 화재조사가 필요한 경우 관계인등을 소방관서에 출석하게 하여 질문할 수 있다.

② 제1항에 따른 관계인등의 출석 및 질문 등에 필요한 사항은 대통령령으로 정한다.

제11조【화재조사 증거물 수집 등】 ① 소방관서장은 화재조사를 위하여 필요한 경우 증거물을 수집하여 검사·시험·분석 등을 할 수 있다. 다만, 범죄수사와 관련된 증거물인 경우에는 수사기관의 장과 협의하여 수집할 수 있다.

② 소방관서장은 수사기관의 장이 방화 또는 실화의 혐의가 있어서 이미 피의자를 체포하였거나 증거물을 압수하였을 때에 화재조사를 위하여 필요한 경우에는 범죄수사에 지장을 주지 아니하는 범위에서 그 피의자 또는 압수된 증거물에 대한 조사를 할 수 있다. 이 경우 수사기관의 장은 소방관서장의 신속한 화재조사를 위하여 특별한 사유가 없으면 조사에 협조하여야 한다.

③ 제1항에 따른 증거물 수집의 범위, 방법 및 절차 등에 필요한 사항은 대통령령으로 정한다.

제12조【소방공무원과 경찰공무원의 협력 등】 ① 소방공무원과 경찰공무원(제주특별자치도의 자치경찰공무원을 포함한다)은 다음 각 호의 사항에 대하여 서로 협력하여야 한다.

1. 화재현장의 출입·보존 및 통제에 관한 사항
2. 화재조사에 필요한 증거물의 수집 및 보존에 관한 사항
3. 관계인등에 대한 진술 확보에 관한 사항
4. 그 밖에 화재조사에 필요한 사항

② 소방관서장은 방화 또는 실화의 혐의가 있다고 인정되면 지체 없이 경찰서장에게 그 사실을 알리고 필요한 증거를 수집·보존하는 등 그 범죄수사에 협력하여야 한다.

제13조【관계 기관 등의 협조】 ① 소방관서장, 중앙행정기관의 장, 지방자치단체의 장, 보험회사, 그 밖의 관련 기관·단체의 장은 화재조사에 필요한 사항에 대하여 서로 협력하여야 한다.

② 소방관서장은 화재원인 규명 및 피해액 산출 등을 위하여 필요한 경우에는 금융감독원, 관계 보험회사 등에 「개인정보 보호법」 제2조제1호에 따른 개인정보를 포함한 보험가입 정보 등을 요청할 수 있다. 이 경우 정보 제공을 요청받은 기관은 정당한 사유가 없으면 이를 거부할 수 없다.

제3장 화재조사 결과의 공표 등

제14조【화재조사 결과의 공표】 ① 소방관서장은 국민이 유사한 화재로부터 피해를 입지 않도록 하기 위한 경우 등 필요한 경우 화재조사 결과를 공표할 수 있다. 다만, 수사가 진행 중이거나 수사의 필요성이 인정되는 경우에는 관계 수사기관의 장과 공표 여부에 관하여 사전에 협의하여야 한다.

② 제1항에 따른 공표의 범위·방법 및 절차 등에 관하여 필요한 사항은 행정안전부령으로 정한다.

제15조【화재조사 결과의 통보】 소방관서장은 화재조사 결과를 중앙행정기관의 장, 지방자치단체의 장, 그 밖의 관련 기관·단체의 장 또는 관계인 등에게 통보하여 유사한 화재가 발생하지 않도록 필요한 조치를 취할 것을 요청할 수 있다.

제16조【화재증명원의 발급】 ① 소방관서장은 화재와 관련된 이해관계인 또는 화재발생 내용 입증이 필요한 사람이 화재를 증명하는 서류(이하 이 조에서 "화재증명원"이라 한다) 발급을 신청하는 때에는 화재증명원을 발급하여야 한다.

② 화재증명원의 발급신청 절차·방법·서식 및 기재사항, 온라인 발급 등에 필요한 사항은 행정안전부령으로 정한다.

제4장 화재조사 기반구축

제17조【감정기관의 지정·운영 등】 ① 소방청장은 과학적이고 전문적인 화재조사를 위하여 대통령령으로 정하는 시설과 전문인력 등 지정기준을 갖춘 기관을 화재감정기관(이하 "감정기관"이라 한다)으로 지정·운영하여야 한다.

② 소방청장은 제1항에 따라 지정된 감정기관에서의 과학적 조사·분석 등에 소요되는 비용의 전부 또는 일부를 지원할 수 있다.

③ 소방청장은 감정기관으로 지정받은 자가 다음 각 호의 어느 하나에 해당하는 경우에는 지정을 취소할 수 있다. 다만, 제1호에 해당하는 경우에는 지정을 취소하여야 한다.

1. 거짓이나 그 밖의 부정한 방법으로 지정을 받은 경우
2. 제1항에 따른 지정기준에 적합하지 아니하게 된 경우
3. 고의 또는 중대한 과실로 감정 결과를 사실과 다르게 작성한 경우
4. 그 밖에 대통령령으로 정하는 사항을 위반한 경우

④ 소방청장은 제3항에 따라 감정기관의 지정을 취소하려면 청문을 하여야 한다.

⑤ 감정기관의 지정기준, 지정 절차, 지정 취소 및 운영 등에 필요한 사항은 대통령령으로 정한다.

제18조【벌칙 적용에서 공무원 의제】 제17조에 따라 지정된 감정기관의 임직원은 「형법」 제127조 및 제129조부터 제132조까지의 규정에 따른 벌칙을 적용할 때에는 공무원으로 본다.

제19조【국가화재정보시스템의 구축·운영】 ① 소방청장은 화재조사 결과, 화재원인, 피해상황 등에 관한 화재정보를 종합적으로 수집·관리하여 화재예방과 소방활동에 활용할 수 있는 국가화재정보시스템을 구축·운영하여야 한다.

② 제1항에 따른 화재정보의 수집·관리 및 활용 등에 필요한 사항은 대통령령으로 정한다.

제20조【연구개발사업의 지원】 ① 소방청장은 화재조사 기법에 필요한 연구·실험·조사·기술개발 등(이하 이 조에서 "연구개발사업"이라 한다)을 지원하는 시책을 수립할 수 있다.

② 소방청장은 연구개발사업을 효율적으로 추진하기 위하여 다음 각 호의 어느 하나에 해당하는 기관 또는 단체 등에게 연구개발사업을 수행하게 하거나 공동으로 수행할 수 있다.

1. 국공립 연구기관
2. 「특정연구기관 육성법」 제2조에 따른 특정연구기관
3. 「과학기술분야 정부출연연구기관 등의 설립·운영 및 육성에 관한 법률」에 따라 설립된 과학기술분야 정부출연연구기관
4. 「고등교육법」 제2조에 따른 대학·산업대학·전문대학·기술대학
5. 「민법」이나 다른 법률에 따라 설립된 법인으로서 화재조사 관련 연구기관 또는 법인 부설 연구소
6. 「기초연구진흥 및 기술개발지원에 관한 법률」 제14조의2제1항에 따라 인정받은 기업부설연구소 또는 기업의 연구개발전담부서
7. 그 밖에 대통령령으로 정하는 화재조사와 관련한 연구·조사·기술개발 등을 수행하는 기관 또는 단체

③ 소방청장은 제2항 각 호의 기관 또는 단체 등에 대하여 연구개발사업을 실시하는 데 필요한 경비의 전부 또는 일부를 출연하거나 보조할 수 있다.

④ 연구개발사업의 추진에 필요한 사항은 행정안전부령으로 정한다.

제5장 벌 칙

제21조【벌칙】 다음 각 호의 어느 하나에 해당하는 사람은 300만원 이하의 벌금에 처한다.

1. 제8조제3항을 위반하여 허가 없이 화재현장에 있는 물건 등을 이동시키거나 변경·훼손한 사람
2. 정당한 사유 없이 제9조제1항에 따른 화재조사관의 출입 또는 조사를 거부·방해 또는 기피한 사람
3. 제9조제3항을 위반하여 관계인의 정당한 업무를 방해하거나 화재조사를 수행하면서 알게 된 비밀을 다른 용도로 사용하거나 다른 사람에게 누설한 사람
4. 정당한 사유 없이 제11조제1항에 따른 증거물 수집을 거부·방해 또는 기피한 사람

제22조【양벌규정】 법인의 대표자나 법인 또는 개인의 대리인, 사용인, 그 밖의 종업원이 그 법인 또는 개인의 업무에 관하여 제21조에 해당하는 위반행위를 하면 그 행위자를 벌하는 외에 그 법인 또는 개인에게도 해당 조문의 벌금형을 과(科)한다. 다만, 법인 또는 개인이 그 위반행위를 방지하기 위하여 해당 업무에 관하여 상당한 주의와 감독을 게을리 하지 아니한 경우에는 그러하지 아니하다.

제23조【과태료】 ① 다음 각 호의 어느 하나에 해당하는 사람에게는 200만원 이하의 과태료를 부과한다.

1. 제8조제2항을 위반하여 허가 없이 통제구역에 출입한 사람
2. 제9조제1항에 따른 명령을 위반하여 보고 또는 자료 제출을 하지 아니하거나 거짓으로 보고 또는 자료를 제출한 사람
3. 정당한 사유 없이 제10조제1항에 따른 출석을 거부하거나 질문에 대하여 거짓으로 진술한 사람

② 제1항에 따른 과태료는 대통령령으로 정하는 바에 따라 소방관서장 또는 경찰서장이 부과·징수한다.

부 칙

제1조【시행일】 이 법은 공포 후 1년이 경과한 날부터 시행한다.

제2조【일반적 경과조치】 이 법 시행 당시 종전의 「소방기본법」에 따라 행한 처분·절차와 그 밖의 행위로서 이 법에 그에 해당하는 규정이 있을 때에는 이 법의 해당 규정에 따라 행하여진 것으로 본다.

제3조【종전의 전담조사반에 관한 경과조치】 이 법 시행 당시 종전의 「소방기본법」 제29조제2항에 따라 운영되는 전담조사반은 제6조에 따라 설치·운영하는 화재조사전담부서로 본다.

제4조【종전의 화재조사자에 대한 경과조치】 이 법 시행 당시 종전의 「소방기본법」 제29조제2항에 따라 화재조사자의 자격을 가진 소방공무원은 제6조제4항에 따른 화재조사관의 자격을 가진 소방공무원으로 본다.

제5조【벌칙 등에 관한 경과조치】 이 법 시행 전의 위반행위에 대하여 벌칙이나 과태료를 적용할 때에는 종전의 규정에 따른다.

제6조【다른 법률의 개정】 ※(해당 법령에 가제정리 하였음)

제7조【다른 법령과의 관계】 이 법 시행 당시 다른 법령에서 종전의 「소방기본법」 또는 그 규정을 인용한 경우에 이 법 가운데 그에 해당하는 규정이 있으면 종전의 「소방기본법」 또는 그 규정을 갈음하여 이 법 또는 이 법의 해당 규정을 인용한 것으로 본다.

(舊 : 화재예방, 소방시설 설치 · 유지 및 안전관리에 관한 법률)

소방시설 설치 및 관리에 관한 법률(약칭 : 소방시설법)

(2021년 11월 30일 전부개정법률 제18522호)

개정
2021.12.28법18661호(중소기업창업)
2023. 1. 3법19160호

제1장 총 칙

제1조【목적】 이 법은 특정소방대상물 등에 설치하여야 하는 소방시설등의 설치 · 관리와 소방용품 성능관리에 필요한 사항을 규정함으로써 국민의 생명 · 신체 및 재산을 보호하고 공공의 안전과 복리 증진에 이바지함을 목적으로 한다.

제2조【정의】 ① 이 법에서 사용하는 용어의 뜻은 다음과 같다.

1. "소방시설"이란 소화설비, 경보설비, 피난구조설비, 소화용수설비, 그 밖에 소화활동설비로서 대통령령으로 정하는 것을 말한다.
2. "소방시설등"이란 소방시설과 비상구(非常口), 그 밖에 소방 관련 시설로서 대통령령으로 정하는 것을 말한다.
3. "특정소방대상물"이란 건축물 등의 규모 · 용도 및 수용인원 등을 고려하여 소방시설을 설치하여야 하는 소방대상물로서 대통령령으로 정하는 것을 말한다.
4. "화재안전성능"이란 화재를 예방하고 화재발생 시 피해를 최소화하기 위하여 소방대상물의 재료, 공간 및 설비 등에 요구되는 안전성능을 말한다.
5. "성능위주설계"란 건축물 등의 재료, 공간, 이용자, 화재 특성 등을 종합적으로 고려하여 공학적 방법으로 화재 위험성을 평가하고 그 결과에 따라 화재안전성능이 확보될 수 있도록 특정소방대상물을 설계하는 것을 말한다.
6. "화재안전기준"이란 소방시설 설치 및 관리를 위한 다음 각 목의 기준을 말한다.
   가. 성능기준 : 화재안전 확보를 위하여 재료, 공간 및 설비 등에 요구되는 안전성능으로서 소방청장이 고시로 정하는 기준
   나. 기술기준 : 가목에 따른 성능기준을 충족하는 상세한 규격, 특정한 수치 및 시험방법 등에 관한 기준으로서 행정안전부령으로 정하는 절차에 따라 소방청장의 승인을 받은 기준
7. "소방용품"이란 소방시설등을 구성하거나 소방용으로 사용되는 제품 또는 기기로서 대통령령으로 정하는 것을 말한다.

② 이 법에서 사용하는 용어의 뜻은 제1항에서 규정하는 것을 제외하고는 「소방기본법」, 「화재의 예방 및 안전관리에 관한 법률」, 「소방시설공사업법」, 「위험물안전관리법」 및 「건축법」에서 정하는 바에 따른다.

제3조【국가 및 지방자치단체의 책무】 ① 국가와 지방자치단체는 소방시설등의 설치 · 관리와 소방용품의 품질 향상 등을 위하여 필요한 정책을 수립하고 시행하여야 한다.
② 국가와 지방자치단체는 새로운 소방 기술 · 기준의 개발 및 조사 · 연구, 전문인력 양성 등 필요한 노력을 하여야 한다.
③ 국가와 지방자치단체는 제1항 및 제2항에 따른 정책을 수립 · 시행하는 데 있어 필요한 행정적 · 재정적 지원을 하여야 한다.

제4조【관계인의 의무】 ① 관계인(「소방기본법」 제2조제3호에 따른 관계인을 말한다. 이하 같다)은 소방시설등의 기능과 성능을 보전 · 향상시키고 이용자의 편의와 안전성을 높이기 위하여 노력하여야 한다.
② 관계인은 매년 소방시설등의 관리에 필요한 재원을 확보하도록 노력하여야 한다.
③ 관계인은 국가 및 지방자치단체의 소방시설등의 설치 및 관리 활동에 적극 협조하여야 한다.
④ 관계인 중 점유자는 소유자 및 관리자의 소방시설등 관리 업무에 적극 협조하여야 한다.

제5조【다른 법률과의 관계】 특정소방대상물 가운데 「위험물안전관리법」에 따른 위험물 제조소등의 안전관리와 위험물 제조소등에 설치하는 소방시설등의 설치기준에 관하여는 「위험물안전관리법」에서 정하는 바에 따른다.

제2장 소방시설등의 설치 · 관리 및 방염

제1절 건축허가등의 동의 등

제6조【건축허가등의 동의 등】 ① 건축물 등의 신축 · 증축 · 개축 · 재축(再築) · 이전 · 용도변경 또는 대수선(大修繕)의 허가 · 협의 및 사용승인(「주택법」 제15조에 따른 승인 및 같은 법 제49조에 따른 사용검사, 「학교시설사업 촉진법」 제4조에 따른 승인 및 같은 법 제13조에 따른 사용승인을 포함하며, 이하 "건축허가등"이라 한다)의 권한이 있는 행정기관은 건축허가등을 할 때 미리 그 건축물 등의 시공지(施工地) 또는 소재지를 관할하는 소방본부장이나 소방서장의 동의를 받아야 한다.
② 건축물 등의 증축 · 개축 · 재축 · 용도변경 또는 대수선의 신고를 수리(受理)할 권한이 있는 행정기관은 그 신고를 수리하면 그 건축물 등의 시공지 또는 소재지를 관할하는 소방본부장이나 소방서장에게 지체 없이 그 사실을 알려야 한다.
③ 제1항에 따른 건축허가등의 권한이 있는 행정기관과 제2항에 따른 신고를 수리할 권한이 있는 행정기관은 제1항에 따라 건축허가등의 동의를 받거나 제2항에 따른 신고를 수리한 사실을 알릴 때 관할 소방본부장이나 소방서장에게 건축허가등을 하거나 신고를 수리할 때 건축허가등을 받으려는 자 또는 신고를 한 자가 제출한 설계도서 중 건축물의 내부구조를 알 수 있는 설계도면을 제출하여야 한다. 다만, 국가안보상 중요하거나 국가기밀에 속하는 건축물을 건축하는 경우로서 관계 법령에 따라 행정기관이 설계도면을 확보할 수 없는 경우에는 그러하지 아니하다.
④ 소방본부장 또는 소방서장은 제1항에 따른 동의를 요구받은 경우 해당 건축물 등이 다음 각 호의 사항을 따르고 있는지를 검토하여 행정안전부령으로 정하는 기간 내에 해당 행정기관에 동의 여부를 알려야 한다.
1. 이 법 또는 이 법에 따른 명령
2. 「소방기본법」 제21조의2에 따른 소방자동차 전용구역의 설치

⑤ 소방본부장 또는 소방서장은 제4항에 따른 건축허가등의 동의 여부를 알릴 경우에는 원활한 소방활동 및 건축물 등의 화재안전성능을 확보하기 위하여 필요한 다음 각 호의 사항에 대한 검토 자료 또는 의견서를 첨부할 수 있다.
1. 「건축법」 제49조제1항 및 제2항에 따른 피난시설, 방화구획(防火區劃)
2. 「건축법」 제49조제3항에 따른 소방관 진입창
3. 「건축법」 제50조, 제50조의2, 제51조, 제52조, 제52조의2 및 제53조에 따른 방화벽, 마감재료 등(이하 "방화시설"이라 한다)
4. 그 밖에 소방자동차의 접근이 가능한 통로의 설치 등 대통령령으로 정하는 사항

⑥ 제1항에 따라 사용승인에 대한 동의를 할 때에는 「소방시설공사업법」 제14조제3항에 따른 소방시설공사의 완공검사증명서를 발급하는 것으로 동의를 갈음할 수 있다. 이 경우 제1항에 따른 건축허가등의 권한이 있는 행정기관은 소방시설공사의 완공검사증명서를 확인하여야 한다.
⑦ 제1항에 따른 건축허가등을 할 때 소방본부장이나 소방서장의 동의를 받아야 하는 건축물 등의 범위는 대통령령으로 정한다.
⑧ 다른 법령에 따른 인가 · 허가 또는 신고 등(건축허가등과 제2항에 따른 신고는 제외하며, 이하 이 항에서 "인허가등"이라 한다)의 시설기준에 소방시설등의 설치 · 관리 등에 관한 사항이 포함되어 있는 경우 해당 인허가등의 권한이 있는 행정기관은 인허가등을 할 때 미리 그 시설의 소재지를 관할하는 소방본부장이나 소방서장에게 그 시설이 이 법 또는 이 법에 따른 명령을 따르고 있는지를 확인하여 줄 것을 요청할 수 있다. 이 경우 요청을 받은 소방본부장 또는 소방서장은 행정안전부령으로 정하는 기간 내에 확인 결과를 알려야 한다.

제7조【소방시설의 내진설계기준】 「지진 · 화산재해대책법」 제14조제1항 각 호의 시설 중 대통령령으로 정하는 특정소방대상물에 대통령령으로 정하는 소방시설을 설치하려는 자는 지진이 발생할 경우 소방시설이 정상적으로 작동될 수 있도록 소방청장이 정하는 내진설계기준에 맞게 소방시설을 설치하여야 한다.

제8조【성능위주설계】 ① 연면적 · 높이 · 층수 등이 일정 규모 이상인 대통령령으로 정하는 특정소방대상물(신축하는 것만 해당한다)에 소방시설을 설치하려는 자는 성능위주설계를 하여야 한다.
② 제1항에 따라 소방시설을 설치하려는 자가 성능위주설계를 한 경우에는 「건축법」 제11조에 따른 건축허가를 신청하기 전에 해당 특정소방대상물의 시공지 또는 소재지를 관할하는 소방서장에게 신고하여야 한다. 해당 특정소방대상물의 연면적 · 높이 · 층수의 변경 등 행정안전부령으로 정하는 사유로 신고한 성능위주설계를 변경하려는 경우에도 또한 같다.
③ 소방서장은 제2항에 따른 신고 또는 변경신고를 받은 경우 그 내용을 검토하여 이 법에 적합하면 신고를 수리하여야 한다.
④ 제2항에 따라 성능위주설계의 신고 또는 변경신고를 하려는 자는 해당 특정소방대상물이 「건축법」 제4조의2에 따른 건축위원회의 심의를 받아야 하는 건축물인 경우에는 그 심의를 신청하기 전에 성능위주설계의 기본설계도서(基本設計圖書) 등에 대해서 해당 특정소방대상물의 시공지 또는 소재지를 관할하는 소방서장의 사전검토를 받아야 한다.
⑤ 소방서장은 제2항 또는 제4항에 따라 성능위주설계의 신고, 변경신고 또는 사전검토 신청을 받은 경우에는 소방청 또는 관할 소방본부에 설치된 제9조제1항에 따른 성능위주설계평가단의 검토 · 평가를 거쳐야 한다. 다만, 소방서장은 신기술 · 신공법 등 검토 · 평가에 고도의 기술이 필요한 경우에는 제18조제1항에 따른 중앙소방기술심의위원회에 심의를 요청할 수 있다.
⑥ 소방서장은 제5항에 따른 검토 · 평가 결과 성능위주설계의 수정 또는 보완이 필요하다고 인정되는 경우에는 성능위주설계를 한 자에게 그 수정 또는 보완을 요청할 수 있으며, 수정 또는 보완 요청을 받은 자는 정당한 사유가 없으면 그 요청에 따라야 한다.
⑦ 제2항부터 제6항까지에서 규정한 사항 외에 성능위주설계의 신고, 변경신고 및 사전검토의 절차 · 방법 등에 필요한 사항과 성능위주설계의 기준은 행정안전부령으로 정한다.

제9조【성능위주설계평가단】 ① 성능위주설계에 대한 전문적 · 기술적인 검토 및 평가를 위하여 소방청 또는 소방본부에 성능위주설계 평가단(이하 "평가단"이라 한다)을 둔다.
② 평가단에 소속되거나 소속되었던 사람은 평가단의 업무를 수행하면서 알게 된 비밀을 이 법에서 정한 목적 외의 용도로 사용하거나 다른 사람 또는 기관에 제공하거나 누설하여서는 아니 된다.
③ 평가단의 구성 및 운영 등에 필요한 사항은 행정안전부령으로 정한다.

제10조【주택에 설치하는 소방시설】 ① 다음 각 호의 주택의 소유자는 소화기 등 대통령령으로 정하는 소방시설(이하 "주택용소방시설"이라 한다)을 설치하여야 한다.
1. 「건축법」 제2조제2항제1호의 단독주택
2. 「건축법」 제2조제2항제2호의 공동주택(아파트 및 기숙사는 제외한다)

② 국가 및 지방자치단체는 주택용소방시설의 설치 및 국민의 자율적인 안전관리를 촉진하기 위하여 필요한 시책을 마련하여야 한다.
③ 주택용소방시설의 설치기준 및 자율적인 안전관리 등에 관한 사항은 특별시 · 광역시 · 특별자치시 · 도 또는 특별자치도(이하 "시 · 도"라 한다)의 조례로 정한다.

제11조【자동차에 설치 또는 비치하는 소화기】 ① 「자동차관리법」 제3조제1항에 따른 자동차 중 다음 각 호의 어느 하나에 해당하는 자동차를 제작 · 조립 · 수입 · 판매하려는 자 또는 해당 자동차의 소유자는 차량용 소화기를 설치하거나 비치하여야 한다.
1. 5인승 이상의 승용자동차
2. 승합자동차
3. 화물자동차
4. 특수자동차

② 제1항에 따른 차량용 소화기의 설치 또는 비치 기준은 행정안전부령으로 정한다.
③ 국토교통부장관은 「자동차관리법」 제43조제1항에 따른 자동차검사 시 차량용 소화기의 설치 또는 비치 여부 등을 확인하여야 하며, 그 결과를 매년 12월 31일까지 소방청장에게 통보하여야 한다.
(2024.12.1 시행)

제2절 특정소방대상물에 설치하는 소방시설의 관리 등

제12조【특정소방대상물에 설치하는 소방시설의 관리 등】 ① 특정소방대상물의 관계인은 대통령령으로 정하는 소방시설을 화재안전기준에 따라 설치 · 관리하여야 한다. 이 경우 「장애인 · 노인 · 임산부 등의 편의증진 보장에 관한 법률」 제2조제1호에 따른 장애인등이 사용하는 소방시설(경보설비 및 피난구조설비를 말한다)은 대통령령으로 정하는 바에 따라 장애인등에 적합하게 설치 · 관리하여야 한다.
② 소방본부장이나 소방서장은 제1항에 따른 소방시설이 화재안전기준에 따라 설치 · 관리되고 있지 아니할 때에는 해당 특정소방대상물의 관계인에게 필요한 조치를 명할 수 있다.
③ 특정소방대상물의 관계인은 제1항에 따라 소방시설을 설치 · 관리하는 경우 화재 시 소방시설의 기능과 성능에 지장을 줄 수 있는 폐쇄(잠금을 포함한다. 이하 같다) · 차단 등의 행위를 하여서는 아니 된다. 다만, 소방시설의 점검 · 정비를 위하여 필요한 경우 폐쇄 · 차단은 할 수 있다.
④ 소방청장은 제3항 단서에 따라 특정소방대상물의 관계인이 소방시설의 점검 · 정비를 위하여 폐쇄 · 차단을 하는 경우 안전을 확보하기 위하여 필요한 행동요령에 관한 지침을 마련하여 고시하여야 한다.(2023.1.3 본항신설)
⑤ 소방청장, 소방본부장 또는 소방서장은 제1항에 따른 소방시설의 작동정보 등을 실시간으로 수집 · 분석할 수 있는 시스템(이하 "소방시설정보관리시스템"이라 한다)을 구축 · 운영할 수 있다.
⑥ 소방청장, 소방본부장 또는 소방서장은 제5항에 따른 작동정보를 해당 특정소방대상물의 관계인에게 통보하여야 한다.(2023.1.3 본항개정)

⑦ 소방시설정보관리시스템 구축·운영의 대상은 「화재의 예방 및 안전관리에 관한 법률」 제24조제1항 전단에 따른 소방안전관리대상물 중 소방안전관리의 취약성 등을 고려하여 대통령령으로 정하고, 그 밖에 운영방법 및 통보 절차 등에 필요한 사항은 행정안전부령으로 정한다.

제13조【소방시설기준 적용의 특례】 ① 소방본부장이나 소방서장은 제12조제1항 전단에 따른 대통령령 또는 화재안전기준이 변경되어 그 기준이 강화되는 경우 기존의 특정소방대상물(건축물의 신축·개축·재축·이전 및 대수선 중인 특정소방대상물을 포함한다)의 소방시설에 대하여는 변경 전의 대통령령 또는 화재안전기준을 적용한다. 다만, 다음 각 호의 어느 하나에 해당하는 소방시설의 경우에는 대통령령 또는 화재안전기준의 변경으로 강화된 기준을 적용할 수 있다.

1. 다음 각 목의 소방시설 중 대통령령 또는 화재안전기준으로 정하는 것
   가. 소화기구
   나. 비상경보설비
   다. 자동화재탐지설비
   라. 자동화재속보설비
   마. 피난구조설비
2. 다음 각 목의 특정소방대상물에 설치하는 소방시설 중 대통령령 또는 화재안전기준으로 정하는 것
   가. 「국토의 계획 및 이용에 관한 법률」 제2조제9호에 따른 공동구
   나. 전력 및 통신사업용 지하구
   다. 노유자(老幼者) 시설
   라. 의료시설

② 소방본부장이나 소방서장은 특정소방대상물에 설치하여야 하는 소방시설 가운데 기능과 성능이 유사한 스프링클러설비, 물분무등소화설비, 비상경보설비 및 비상방송설비 등의 소방시설의 경우에는 대통령령으로 정하는 바에 따라 유사한 소방시설의 설치를 면제할 수 있다.

③ 소방본부장이나 소방서장은 기존의 특정소방대상물이 증축되거나 용도변경되는 경우에는 대통령령으로 정하는 바에 따라 증축 또는 용도변경 당시의 소방시설의 설치에 관한 대통령령 또는 화재안전기준을 적용한다.

④ 다음 각 호의 어느 하나에 해당하는 특정소방대상물 가운데 대통령령으로 정하는 특정소방대상물에는 제12조제1항 전단에도 불구하고 대통령령으로 정하는 소방시설을 설치하지 아니할 수 있다.

1. 화재 위험도가 낮은 특정소방대상물
2. 화재안전기준을 적용하기 어려운 특정소방대상물
3. 화재안전기준을 다르게 적용하여야 하는 특수한 용도 또는 구조를 가진 특정소방대상물
4. 「위험물안전관리법」 제19조에 따른 자체소방대가 설치된 특정소방대상물

⑤ 제4항 각 호의 어느 하나에 해당하는 특정소방대상물에 구조 및 원리 등에서 공법이 특수한 설계로 인정된 소방시설을 설치하는 경우에는 제18조제1항에 따른 중앙소방기술심의위원회의 심의를 거쳐 제12조제1항 전단에 따른 화재안전기준을 적용하지 아니할 수 있다.

제14조【특정소방대상물별로 설치하여야 하는 소방시설의 정비 등】 ① 제12조제1항에 따라 대통령령으로 소방시설을 정할 때에는 특정소방대상물의 규모·용도·수용인원 및 이용자 특성 등을 고려하여야 한다.

② 소방청장은 건축 환경 및 화재위험특성 변화사항을 효과적으로 반영할 수 있도록 제1항에 따른 소방시설 규정을 3년에 1회 이상 정비하여야 한다.

③ 소방청장은 건축 환경 및 화재위험특성 변화 추세를 체계적으로 연구하여 제2항에 따른 정비를 위한 개선방안을 마련하여야 한다.

④ 제3항에 따른 연구의 수행 등에 필요한 사항은 행정안전부령으로 정한다.

제15조【건설현장의 임시소방시설 설치 및 관리】 ① 「건설산업기본법」 제2조제4호에 따른 건설공사를 하는 자(이하 "공사시공자"라 한다)는 특정소방대상물의 신축·증축·개축·재축·이전·용도변경·대수선 또는 설비 설치 등을 위한 공사 현장에서 인화성(引火性) 물품을 취급하는 작업 등 대통령령으로 정하는 작업(이하 "화재위험작업"이라 한다)을 하기 전에 설치 및 철거가 쉬운 화재대비시설(이하 "임시소방시설"이라 한다)을 설치하고 관리하여야 한다.

② 제1항에도 불구하고 소방시설공사업자가 화재위험작업 현장에 소방시설 중 임시소방시설과 기능 및 성능이 유사한 것으로서 대통령령으로 정하는 소방시설을 화재안전기준에 맞게 설치 및 관리하고 있는 경우에는 공사시공자가 임시소방시설을 설치하고 관리한 것으로 본다.

③ 소방본부장 또는 소방서장은 제1항이나 제2항에 따라 임시소방시설 또는 소방시설이 설치 및 관리되지 아니할 때에는 해당 공사시공자에게 필요한 조치를 명할 수 있다.

④ 제1항에 따라 임시소방시설을 설치하여야 하는 공사의 종류와 규모, 임시소방시설의 종류 등에 필요한 사항은 대통령령으로 정하고, 임시소방시설의 설치 및 관리 기준은 소방청장이 정하여 고시한다.

제16조【피난시설, 방화구획 및 방화시설의 관리】 ① 특정소방대상물의 관계인은 「건축법」 제49조에 따른 피난시설, 방화구획 및 방화시설에 대하여 정당한 사유가 없는 한 다음 각 호의 행위를 하여서는 아니 된다.

1. 피난시설, 방화구획 및 방화시설을 폐쇄하거나 훼손하는 등의 행위
2. 피난시설, 방화구획 및 방화시설의 주위에 물건을 쌓아두거나 장애물을 설치하는 행위
3. 피난시설, 방화구획 및 방화시설의 용도에 장애를 주거나 「소방기본법」 제16조에 따른 소방활동에 지장을 주는 행위
4. 그 밖에 피난시설, 방화구획 및 방화시설을 변경하는 행위

② 소방본부장이나 소방서장은 특정소방대상물의 관계인이 제1항 각 호의 어느 하나에 해당하는 행위를 한 경우에는 피난시설, 방화구획 및 방화시설의 관리를 위하여 필요한 조치를 명할 수 있다.

제17조【소방용품의 내용연수 등】 ① 특정소방대상물의 관계인은 내용연수가 경과한 소방용품을 교체하여야 한다. 이 경우 내용연수를 설정하여야 하는 소방용품의 종류 및 그 내용연수 연한에 필요한 사항은 대통령령으로 정한다.

② 제1항에도 불구하고 행정안전부령으로 정하는 절차 및 방법 등에 따라 소방용품의 성능을 확인받은 경우에는 그 사용기한을 연장할 수 있다.

제18조【소방기술심의위원회】 ① 다음 각 호의 사항을 심의하기 위하여 소방청에 중앙소방기술심의위원회(이하 "중앙위원회"라 한다)를 둔다.

1. 화재안전기준에 관한 사항
2. 소방시설의 구조 및 원리 등에서 공법이 특수한 설계 및 시공에 관한 사항
3. 소방시설의 설계 및 공사감리의 방법에 관한 사항
4. 소방시설공사의 하자를 판단하는 기준에 관한 사항
5. 제8조제5항 단서에 따라 신기술·신공법 등 검토·평가에 고도의 기술이 필요한 경우로서 중앙위원회에 심의를 요청한 사항
6. 그 밖에 소방기술 등에 관하여 대통령령으로 정하는 사항

② 다음 각 호의 사항을 심의하기 위하여 시·도에 지방소방기술심의위원회(이하 "지방위원회"라 한다)를 둔다.

1. 소방시설에 하자가 있는지의 판단에 관한 사항
2. 그 밖에 소방기술 등에 관하여 대통령령으로 정하는 사항

③ 중앙위원회 및 지방위원회의 구성·운영 등에 필요한 사항은 대통령령으로 정한다.

제19조【화재안전기준의 관리·운영】 소방청장은 화재안전기준을 효율적으로 관리·운영하기 위하여 다음 각 호의 업무를 수행하여야 한다.

1. 화재안전기준의 제정·개정 및 운영
2. 화재안전기준의 연구·개발 및 보급
3. 화재안전기준의 검증 및 평가
4. 화재안전기준의 정보체계 구축
5. 화재안전기준에 대한 교육 및 홍보
6. 국외 화재안전기준의 제도·정책 동향 조사·분석
7. 화재안전기준 발전을 위한 국제협력
8. 그 밖에 화재안전기준 발전을 위하여 대통령령으로 정하는 사항

제3절 방 염

제20조【특정소방대상물의 방염 등】 ① 대통령령으로 정하는 특정소방대상물에 실내장식 등의 목적으로 설치 또는 부착하는 물품으로서 대통령령으로 정하는 물품(이하 "방염대상물품"이라 한다)은 방염성능기준 이상의 것으로 설치하여야 한다.

② 소방본부장 또는 소방서장은 방염대상물품이 제1항에 따른 방염성능기준에 미치지 못하거나 제21조제1항에 따른 방염성능검사를 받지 아니한 것이면 특정소방대상물의 관계인에게 방염대상물품을 제거하도록 하거나 방염성능검사를 받도록 하는 등 필요한 조치를 명할 수 있다.

③ 제1항에 따른 방염성능기준은 대통령령으로 정한다.

제21조【방염성능의 검사】 ① 제20조제1항에 따른 특정소방대상물에 사용하는 방염대상물품은 소방청장이 실시하는 방염성능검사를 받은 것이어야 한다. 다만, 대통령령으로 정하는 방염대상물품의 경우에는 특별시장·광역시장·특별자치시장·도지사 또는 특별자치도지사(이하 "시·도지사"라 한다)가 실시하는 방염성능검사를 받은 것이어야 한다.

② 「소방시설공사업법」 제4조에 따라 방염처리업의 등록을 한 자는 제1항에 따른 방염성능검사를 할 때에 거짓 시료(試料)를 제출하여서는 아니 된다.

③ 제1항에 따른 방염성능검사의 방법과 검사 결과에 따른 합격 표시 등에 필요한 사항은 행정안전부령으로 정한다.

제3장 소방시설등의 자체점검

제22조【소방시설등의 자체점검】 ① 특정소방대상물의 관계인은 그 대상물에 설치되어 있는 소방시설등이 이 법이나 이 법에 따른 명령 등에 적합하게 설치·관리되고 있는지에 대하여 다음 각 호의 구분에 따른 기간 내에 스스로 점검하거나 제34조에 따른 점검능력 평가를 받은 관리업자 또는 행정안전부령으로 정하는 기술자격자(이하 "관리업자등"이라 한다)로 하여금 정기적으로 점검(이하 "자체점검"이라 한다)하게 하여야 한다. 이 경우 관리업자등이 점검한 경우에는 그 점검 결과를 행정안전부령으로 정하는 바에 따라 관계인에게 제출하여야 한다.

1. 해당 특정소방대상물의 소방시설등이 신설된 경우 : 「건축법」 제22조에 따라 건축물을 사용할 수 있게 된 날부터 60일
2. 제1호 외의 경우 : 행정안전부령으로 정하는 기간

② 자체점검의 구분 및 대상, 점검인력의 배치기준, 점검자의 자격, 점검 장비, 점검 방법 및 횟수 등 자체점검 시 준수하여야 할 사항은 행정안전부령으로 정한다.

③ 제1항에 따라 관리업자등으로 하여금 자체점검하게 하는 경우의 점검 대가는 「엔지니어링산업 진흥법」 제31조에 따른 엔지니어링사업의 대가 기준 가운데 행정안전부령으로 정하는 방식에 따라 산정한다.

④ 제3항에도 불구하고 소방청장은 소방시설등 자체점검에 대한 품질확보를 위하여 필요하다고 인정하는 경우에는 특정소방대상물의 규모, 소방시설등의 종류 및 점검인력 등에 따라 관계인이 부담하여야 할 자체점검 비용의 표준이 될 금액(이하 "표준자체점검비"라 한다)을 정하여 공표하거나 관리업자등에게 이를 소방시설등 자체점검에 관한 표준가격으로 활용하도록 권고할 수 있다.

⑤ 표준자체점검비의 공표 방법 등에 관하여 필요한 사항은 소방청장이 정하여 고시한다.

⑥ 관계인은 천재지변이나 그 밖에 대통령령으로 정하는 사유로 자체점검을 실시하기 곤란한 경우에는 대통령령으로 정하는 바에 따라 소방본부장 또는 소방서장에게 면제 또는 연기 신청을 할 수 있다. 이 경우 소방본부장 또는 소방서장은 그 면제 또는 연기 신청 승인 여부를 결정하고 그 결과를 관계인에게 알려주어야 한다.

제23조【소방시설등의 자체점검 결과의 조치 등】 ① 특정소방대상물의 관계인은 제22조제1항에 따른 자체점검 결과 소화펌프 고장 등 대통령령으로 정하는 중대위반사항(이하 이 조에서 "중대위반사항"이라 한다)이 발견된 경우에는 지체 없이 수리 등 필요한 조치를 하여야 한다.

② 관리업자등은 자체점검 결과 중대위반사항을 발견한 경우 즉시 관계인에게 알려야 한다. 이 경우 관계인은 지체 없이 수리 등 필요한 조치를 하여야 한다.

③ 특정소방대상물의 관계인은 제22조제1항에 따라 자체점검을 한 경우에는 그 점검 결과를 행정안전부령으로 정하는 바에 따라 소방시설등에 대한 수리·교체·정비에 관한 이행계획(중대위반사항에 대한 조치사항을 포함한다. 이하 이 조에서 같다)을 첨부하여 소방본부장 또는 소방서장에게 보고하여야 한다. 이 경우 소방본부장 또는 소방서장은 점검 결과 및 이행계획이 적합하지 아니하다고 인정되는 경우에는 관계인에게 보완을 요구할 수 있다.

④ 특정소방대상물의 관계인은 제3항에 따른 이행계획을 행정안전부령으로 정하는 바에 따라 기간 내에 완료하고, 소방본부장 또는 소방서장에게 이행계획 완료 결과를 보고하여야 한다. 이 경우 소방본부장 또는 소방서장은 이행계획 완료 결과가 거짓 또는 허위로 작성되었다고 판단되는 경우에는 해당 특정소방대상물을 방문하여 그 이행계획 완료 여부를 확인할 수 있다.

⑤ 제4항에도 불구하고 특정소방대상물의 관계인은 천재지변이나 그 밖에 대통령령으로 정하는 사유로 제3항에 따른 이행계획을 완료하기 곤란한 경우에는 소방본부장 또는 소방서장에게 대통령령으로 정하는 바에 따라 이행계획 완료를 연기하여 줄 것을 신청할 수 있다. 이 경우 소방본부장 또는 소방서장은 연기 신청 승인 여부를 결정하고 그 결과를 관계인에게 알려주어야 한다.

⑥ 소방본부장 또는 소방서장은 관계인이 제4항에 따라 이행계획을 완료하지 아니한 경우에는 필요한 조치의 이행을 명할 수 있고, 관계인은 이에 따라야 한다.

제24조【점검기록표 게시 등】 ① 제23조제3항에 따라 자체점검 결과 보고를 마친 관계인은 관리업자등, 점검일시, 점검자 등 자체점검과 관련된 사항을 점검기록표에 기록하여 특정소방대상물의 출입자가 쉽게 볼 수 있는 장소에 게시하여야 한다. 이 경우 점검기록표의 기록 등에 필요한 사항은 행정안전부령으로 정한다.

② 소방본부장 또는 소방서장은 다음 각 호의 사항을 제48조에 따른 전산시스템 또는 인터넷 홈페이지 등을 통하여 국민에게 공개할 수 있다. 이 경우 공개 절차, 공개 기간 및 공개 방법 등 필요한 사항은 대통령령으로 정한다.

1. 자체점검 기간 및 점검자
2. 특정소방대상물의 정보 및 자체점검 결과

3. 그 밖에 소방본부장 또는 소방서장이 특정소방대상물을 이용하는 불특정다수인의 안전을 위하여 공개가 필요하다고 인정하는 사항

제4장 소방시설관리사 및 소방시설관리업

제1절 소방시설관리사

제25조【소방시설관리사】 ① 소방시설관리사(이하 "관리사"라 한다)가 되려는 사람은 소방청장이 실시하는 관리사시험에 합격하여야 한다.
② 제1항에 따른 관리사시험의 응시자격, 시험방법, 시험과목, 시험위원, 그 밖에 관리사시험에 필요한 사항은 대통령령으로 정한다.
③ 관리사시험의 최종 합격자 발표일을 기준으로 제27조의 결격사유에 해당하는 사람은 관리사 시험에 응시할 수 없다.
④ 소방기술사 등 대통령령으로 정하는 사람에 대하여는 대통령령으로 정하는 바에 따라 제2항에 따른 관리사시험 과목 가운데 일부를 면제할 수 있다.
⑤ 소방청장은 제1항에 따른 관리사시험에 합격한 사람에게는 행정안전부령으로 정하는 바에 따라 소방시설관리사증을 발급하여야 한다.
⑥ 제5항에 따라 소방시설관리사증을 발급받은 사람이 소방시설관리사증을 잃어버렸거나 못 쓰게 된 경우에는 행정안전부령으로 정하는 바에 따라 소방시설관리사증을 재발급받을 수 있다.
⑦ 관리사는 제5항 또는 제6항에 따라 발급 또는 재발급받은 소방시설관리사증을 다른 사람에게 빌려주거나 빌려서는 아니 되며, 이를 알선하여서도 아니 된다.
⑧ 관리사는 동시에 둘 이상의 업체에 취업하여서는 아니 된다.
⑨ 제22조제1항에 따른 기술자격자 및 제29조제2항에 따라 관리업의 기술인력으로 등록된 관리사는 이 법과 이 법에 따른 명령에 따라 성실하게 자체점검 업무를 수행하여야 한다.

제26조【부정행위자에 대한 제재】 소방청장은 시험에서 부정한 행위를 한 응시자에 대하여는 그 시험을 정지 또는 무효로 하고, 그 처분이 있은 날부터 2년간 시험 응시자격을 정지한다.

제27조【관리사의 결격사유】 다음 각 호의 어느 하나에 해당하는 사람은 관리사가 될 수 없다.
1. 피성년후견인
2. 이 법, 「소방기본법」, 「화재의 예방 및 안전관리에 관한 법률」, 「소방시설공사업법」 또는 「위험물안전관리법」을 위반하여 금고 이상의 실형을 선고받고 그 집행이 끝나거나(집행이 끝난 것으로 보는 경우를 포함한다) 집행이 면제된 날부터 2년이 지나지 아니한 사람
3. 이 법, 「소방기본법」, 「화재의 예방 및 안전관리에 관한 법률」, 「소방시설공사업법」 또는 「위험물안전관리법」을 위반하여 금고 이상의 형의 집행유예를 선고받고 그 유예기간 중에 있는 사람
4. 제28조에 따라 자격이 취소(이 조 제1호에 해당하여 자격이 취소된 경우는 제외한다)된 날부터 2년이 지나지 아니한 사람

제28조【자격의 취소·정지】 소방청장은 관리사가 다음 각 호의 어느 하나에 해당할 때에는 행정안전부령으로 정하는 바에 따라 그 자격을 취소하거나 1년 이내의 기간을 정하여 그 자격의 정지를 명할 수 있다. 다만, 제1호, 제4호, 제5호 또는 제7호에 해당하면 그 자격을 취소하여야 한다.
1. 거짓이나 그 밖의 부정한 방법으로 시험에 합격한 경우
2. 「화재의 예방 및 안전관리에 관한 법률」 제25조제2항에 따른 대행인력의 배치기준·자격·방법 등 준수사항을 지키지 아니한 경우
3. 제22조에 따른 점검을 하지 아니하거나 거짓으로 한 경우
4. 제25조제7항을 위반하여 소방시설관리사증을 다른 사람에게 빌려준 경우
5. 제25조제8항을 위반하여 동시에 둘 이상의 업체에 취업한 경우
6. 제25조제9항을 위반하여 성실하게 자체점검 업무를 수행하지 아니한 경우
7. 제27조 각 호의 어느 하나에 따른 결격사유에 해당하게 된 경우

제2절 소방시설관리업

제29조【소방시설관리업의 등록 등】 ① 소방시설등의 점검 및 관리를 업으로 하려는 자 또는 「화재의 예방 및 안전관리에 관한 법률」 제25조에 따른 소방안전관리업무의 대행을 하려는 자는 대통령령으로 정하는 업종별로 시·도지사에게 소방시설관리업(이하 "관리업"이라 한다) 등록을 하여야 한다.
② 제1항에 따른 업종별 기술인력 등 관리업의 등록기준 및 영업범위 등에 필요한 사항은 대통령령으로 정한다.
③ 관리업의 등록신청과 등록증·등록수첩의 발급·재발급 신청, 그 밖에 관리업의 등록에 필요한 사항은 행정안전부령으로 정한다.

제30조【등록의 결격사유】 다음 각 호의 어느 하나에 해당하는 자는 관리업의 등록을 할 수 없다.
1. 피성년후견인
2. 이 법, 「소방기본법」, 「화재의 예방 및 안전관리에 관한 법률」, 「소방시설공사업법」 또는 「위험물안전관리법」을 위반하여 금고 이상의 실형을 선고받고 그 집행이 끝나거나(집행이 끝난 것으로 보는 경우를 포함한다) 집행이 면제된 날부터 2년이 지나지 아니한 사람
3. 이 법, 「소방기본법」, 「화재의 예방 및 안전관리에 관한 법률」, 「소방시설공사업법」 또는 「위험물안전관리법」을 위반하여 금고 이상의 형의 집행유예를 선고받고 그 유예기간 중에 있는 사람
4. 제35조제1항에 따라 관리업의 등록이 취소(제1호에 해당하여 등록이 취소된 경우는 제외한다)된 날부터 2년이 지나지 아니한 자
5. 임원 중에 제1호부터 제4호까지의 어느 하나에 해당하는 사람이 있는 법인

제31조【등록사항의 변경신고】 관리업자(관리업의 등록을 한 자를 말한다. 이하 같다)는 제29조에 따라 등록한 사항 중 행정안전부령으로 정하는 중요 사항이 변경되었을 때에는 행정안전부령으로 정하는 바에 따라 시·도지사에게 변경사항을 신고하여야 한다.

제32조【관리업자의 지위승계】 ① 다음 각 호의 어느 하나에 해당하는 자는 종전의 관리업자의 지위를 승계한다.
1. 관리업자가 사망한 경우 그 상속인
2. 관리업자가 그 영업을 양도한 경우 그 양수인
3. 법인인 관리업자가 합병한 경우 합병 후 존속하는 법인이나 합병으로 설립되는 법인
② 「민사집행법」에 따른 경매, 「채무자 회생 및 파산에 관한 법률」에 따른 환가, 「국세징수법」, 「관세법」 또는 「지방세징수법」에 따른 압류재산의 매각과 그 밖에 이에 준하는 절차에 따라 관리업의 시설 및 장비의 전부를 인수한 자는 종전의 관리업자의 지위를 승계한다.
③ 제1항이나 제2항에 따라 종전의 관리업자의 지위를 승계한 자는 행정안전부령으로 정하는 바에 따라 시·도지사에게 신고하여야 한다.
④ 제1항이나 제2항에 따라 지위를 승계한 자의 결격사유에 관하여는 제30조를 준용한다. 다만, 상속인이 제30조 각 호의 어느 하나에 해당하는 경우에는 상속받은 날부터 3개월 동안은 그러하지 아니하다.

제33조【관리업의 운영】 ① 관리업자는 이 법이나 이 법에 따른 명령 등에 맞게 소방시설등을 점검하거나 관리하여야 한다.
② 관리업자는 관리업의 등록증이나 등록수첩을 다른 자에게 빌려주거나 빌려서는 아니 되며, 이를 알선하여서도 아니 된다.
③ 관리업자는 다음 각 호의 어느 하나에 해당하는 경우에는 「화재의 예방 및 안전관리에 관한 법률」 제25조에 따라 소방안전관리업무를 대행하게 하거나 제22조제1항에 따라 소방시설등의 점검업무를 수행하게 한 특정소방대상물의 관계인에게 지체 없이 그 사실을 알려야 한다.
1. 제32조에 따라 관리업자의 지위를 승계한 경우
2. 제35조제1항에 따라 관리업의 등록취소 또는 영업정지처분을 받은 경우
3. 휴업 또는 폐업을 한 경우
④ 관리업자는 제22조제1항 및 제2항에 따라 자체점검을 하거나 「화재의 예방 및 안전관리에 관한 법률」 제25조에 따른 소방안전관리업무의 대행을 하는 때에는 행정안전부령으로 정하는 바에 따라 소속 기술인력을 참여시켜야 한다.
⑤ 제35조제1항에 따라 등록취소 또는 영업정지 처분을 받은 관리업자는 그 날부터 소방안전관리업무를 대행하거나 소방시설등에 대한 점검을 하여서는 아니 된다. 다만, 영업정지처분의 경우 도급계약이 해지되지 아니한 때에는 대행 또는 점검 중에 있는 특정소방대상물의 소방안전관리업무 대행과 자체점검은 할 수 있다.

제34조【점검능력 평가 및 공시 등】 ① 소방청장은 특정소방대상물의 관계인이 적정한 관리업자를 선정할 수 있도록 하기 위하여 관리업자의 신청이 있는 경우 해당 관리업자의 점검능력을 종합적으로 평가하여 공시하여야 한다.
② 제1항에 따라 점검능력 평가를 신청하려는 관리업자는 소방시설등의 점검실적을 증명하는 서류 등을 행정안전부령으로 정하는 바에 따라 소방청장에게 제출하여야 한다.
③ 제1항에 따른 점검능력 평가 및 공시방법, 수수료 등 필요한 사항은 행정안전부령으로 정한다.
④ 소방청장은 제1항에 따른 점검능력을 평가하기 위하여 관리업자의 기술인력, 장비 보유현황, 점검실적 및 행정처분 이력 등 필요한 사항에 대하여 데이터베이스를 구축·운영할 수 있다.

제35조【등록의 취소와 영업정지 등】 ① 시·도지사는 관리업자가 다음 각 호의 어느 하나에 해당하는 경우에는 행정안전부령으로 정하는 바에 따라 그 등록을 취소하거나 6개월 이내의 기간을 정하여 이의 시정이나 그 영업의 정지를 명할 수 있다. 다만, 제1호·제4호 또는 제5호에 해당할 때에는 등록을 취소하여야 한다.
1. 거짓이나 그 밖의 부정한 방법으로 등록을 한 경우
2. 제22조에 따른 점검을 하지 아니하거나 거짓으로 한 경우
3. 제29조제2항에 따른 등록기준에 미달하게 된 경우
4. 제30조 각 호의 어느 하나에 해당하게 된 경우. 다만, 제30조제5호에 해당하는 법인으로서 결격사유에 해당하게 된 날부터 2개월 이내에 그 임원을 결격사유가 없는 임원으로 바꾸어 선임한 경우는 제외한다.
5. 제33조제2항을 위반하여 등록증 또는 등록수첩을 빌려준 경우
6. 제34조제1항에 따른 점검능력 평가를 받지 아니하고 자체점검을 한 경우
② 제32조에 따라 관리업자의 지위를 승계한 상속인이 제30조 각 호의 어느 하나에 해당하는 경우에는 상속을 개시한 날부터 6개월 동안은 제1항제4호를 적용하지 아니한다.

제36조【과징금처분】 ① 시·도지사는 제35조제1항에 따라 영업정지를 명하는 경우로서 그 영업정지가 이용자에게 불편을 주거나 그 밖에 공익을 해칠 우려가 있을 때에는 영업정지처분을 갈음하여 3천만원 이하의 과징금을 부과할 수 있다.
② 제1항에 따른 과징금을 부과하는 위반행위의 종류와 위반 정도 등에 따른 과징금의 금액, 그 밖에 필요한 사항은 행정안전부령으로 정한다.
③ 시·도지사는 제1항에 따른 과징금을 내야 하는 자가 납부기한까지 내지 아니하면 「지방행정제재·부과금의 징수 등에 관한 법률」에 따라 징수한다.
④ 시·도지사는 제1항에 따른 과징금의 부과를 위하여 필요한 경우에는 다음 각 호의 사항을 적은 문서로 관할 세무관서의 장에게 「국세기본법」 제81조의13에 따른 과세정보의 제공을 요청할 수 있다.
1. 납세자의 인적사항
2. 과세정보의 사용 목적
3. 과징금의 부과 기준이 되는 매출액

제5장 소방용품의 품질관리

제37조【소방용품의 형식승인 등】 ① 대통령령으로 정하는 소방용품을 제조하거나 수입하려는 자는 소방청장의 형식승인을 받아야 한다. 다만, 연구개발 목적으로 제조하거나 수입하는 소방용품은 그러하지 아니하다.
② 제1항에 따른 형식승인을 받으려는 자는 행정안전부령으로 정하는 기준에 따라 형식승인을 위한 시험시설을 갖추고 소방청장의 심사를 받아야 한다. 다만, 소방용품을 수입하는 자가 판매를 목적으로 하지 아니하고 자신의 건축물에 직접 설치하거나 사용하려는 경우 등 행정안전부령으로 정하는 경우에는 시험시설을 갖추지 아니할 수 있다.
③ 제1항과 제2항에 따라 형식승인을 받은 자는 그 소방용품에 대하여 소방청장이 실시하는 제품검사를 받아야 한다.
④ 제1항에 따른 형식승인의 방법·절차 등과 제3항에 따른 제품검사의 구분·방법·순서·합격표시 등에 필요한 사항은 행정안전부령으로 정한다.
⑤ 소방용품의 형상·구조·재질·성분·성능 등(이하 "형상등"이라 한다)의 형식승인 및 제품검사의 기술기준 등에 필요한 사항은 소방청장이 정하여 고시한다.
⑥ 누구든지 다음 각 호의 어느 하나에 해당하는 소방용품을 판매하거나 판매 목적으로 진열하거나 소방시설공사에 사용할 수 없다.
1. 형식승인을 받지 아니한 것
2. 형상등을 임의로 변경한 것
3. 제품검사를 받지 아니하거나 합격표시를 하지 아니한 것
⑦ 소방청장, 소방본부장 또는 소방서장은 제6항을 위반한 소방용품에 대하여는 그 제조자·수입자·판매자 또는 시공자에게 수거·폐기 또는 교체 등 행정안전부령으로 정하는 필요한 조치를 명할 수 있다.
⑧ 소방청장은 소방용품의 작동기능, 제조방법, 부품 등이 제5항에 따라 소방청장이 고시하는 형식승인 및 제품검사의 기술기준에서 정하고 있는 방법이 아닌 새로운 기술이 적용된 제품의 경우에는 관련 전문가의 평가를 거쳐 행정안전부령으로 정하는 바에 따라 제4항에 따른 방법 및 절차와 다른 방법 및 절차로 형식승인을 할 수 있으며, 외국의 공인기관으로부터 인정받은 신기술 제품은 형식승인을 위한 시험 중 일부를 생략하여 형식승인을 할 수 있다.
⑨ 다음 각 호의 어느 하나에 해당하는 소방용품의 형식승인 내용에 대하여 공인기관의 평가 결과가 있는 경우 형식승인 및 제품검사 시험 중 일부만을 적용하여 형식승인 및 제품검사를 할 수 있다.

1. 「군수품관리법」 제2조에 따른 군수품
2. 주한외국공관 또는 주한외국군 부대에서 사용되는 소방용품
3. 외국의 차관이나 국가 간의 협약 등에 따라 건설되는 공사에 사용되는 소방용품으로서 사전에 합의된 것
4. 그 밖에 특수한 목적으로 사용되는 소방용품으로서 소방청장이 인정하는 것

⑩ 하나의 소방용품에 두 가지 이상의 형식승인 사항 또는 형식승인과 성능인증 사항이 결합된 경우에는 두 가지 이상의 형식승인 또는 형식승인과 성능인증 시험을 함께 실시하고 하나의 형식승인을 할 수 있다.

⑪ 제9항 및 제10항에 따른 형식승인의 방법 및 절차 등에 필요한 사항은 행정안전부령으로 정한다.

제38조【형식승인의 변경】 ① 제37조제1항 및 제10항에 따른 형식승인을 받은 자가 해당 소방용품에 대하여 형상등의 일부를 변경하려면 소방청장의 변경승인을 받아야 한다.

② 제1항에 따른 변경승인의 대상·구분·방법 및 절차 등에 필요한 사항은 행정안전부령으로 정한다.

제39조【형식승인의 취소 등】 ① 소방청장은 소방용품의 형식승인을 받았거나 제품검사를 받은 자가 다음 각 호의 어느 하나에 해당할 때에는 행정안전부령으로 정하는 바에 따라 그 형식승인을 취소하거나 6개월 이내의 기간을 정하여 제품검사의 중지를 명할 수 있다. 다만, 제1호·제3호 또는 제5호의 경우에는 해당 소방용품의 형식승인을 취소하여야 한다.
1. 거짓이나 그 밖의 부정한 방법으로 제37조제1항 및 제10항에 따른 형식승인을 받은 경우
2. 제37조제2항에 따른 시험시설의 시설기준에 미달되는 경우
3. 거짓이나 그 밖의 부정한 방법으로 제37조제3항에 따른 제품검사를 받은 경우
4. 제품검사 시 제37조제5항에 따른 기술기준에 미달되는 경우
5. 제38조에 따른 변경승인을 받지 아니하거나 거짓이나 그 밖의 부정한 방법으로 변경승인을 받은 경우

② 제1항에 따라 소방용품의 형식승인이 취소된 자는 그 취소된 날부터 2년 이내에는 형식승인이 취소된 소방용품과 동일한 품목에 대하여 형식승인을 받을 수 없다.

제40조【소방용품의 성능인증 등】 ① 소방청장은 제조자 또는 수입자 등의 요청이 있는 경우 소방용품에 대하여 성능인증을 할 수 있다.

② 제1항에 따라 성능인증을 받은 자는 그 소방용품에 대하여 소방청장의 제품검사를 받아야 한다.

③ 제1항에 따른 성능인증의 대상·신청·방법 및 성능인증서 발급에 관한 사항과 제2항에 따른 제품검사의 구분·대상·절차·방법·합격표시 및 수수료 등에 필요한 사항은 행정안전부령으로 정한다.

④ 제1항에 따른 성능인증 및 제2항에 따른 제품검사의 기술기준 등에 필요한 사항은 소방청장이 정하여 고시한다.

⑤ 제2항에 따른 제품검사에 합격하지 아니한 소방용품에는 성능인증을 받았다는 표시를 하거나 제품검사에 합격하였다는 표시를 하여서는 아니 되며, 제품검사를 받지 아니하거나 합격표시를 하지 아니한 소방용품을 판매 또는 판매 목적으로 진열하거나 소방시설공사에 사용하여서는 아니 된다.

⑥ 하나의 소방용품에 성능인증 사항이 두 가지 이상 결합된 경우에는 해당 성능인증 시험을 모두 실시하고 하나의 성능인증을 할 수 있다.

⑦ 제6항에 따른 성능인증의 방법 및 절차 등에 필요한 사항은 행정안전부령으로 정한다.

제41조【성능인증의 변경】 ① 제40조제1항 및 제6항에 따른 성능인증을 받은 자가 해당 소방용품에 대하여 형상등의 일부를 변경하려면 소방청장의 변경인증을 받아야 한다.

② 제1항에 따른 변경인증의 대상·구분·방법 및 절차 등에 필요한 사항은 행정안전부령으로 정한다.

제42조【성능인증의 취소 등】 ① 소방청장은 소방용품의 성능인증을 받았거나 제품검사를 받은 자가 다음 각 호의 어느 하나에 해당하는 때에는 행정안전부령으로 정하는 바에 따라 해당 소방용품의 성능인증을 취소하거나 6개월 이내의 기간을 정하여 해당 소방용품의 제품검사 중지를 명할 수 있다. 다만, 제1호·제2호 또는 제5호에 해당하는 경우에는 해당 소방용품의 성능인증을 취소하여야 한다.
1. 거짓이나 그 밖의 부정한 방법으로 제40조제1항 및 제6항에 따른 성능인증을 받은 경우
2. 거짓이나 그 밖의 부정한 방법으로 제40조제2항에 따른 제품검사를 받은 경우
3. 제품검사 시 제40조제4항에 따른 기술기준에 미달되는 경우
4. 제40조제5항을 위반한 경우
5. 제41조에 따라 변경인증을 받지 아니하고 해당 소방용품에 대하여 형상등의 일부를 변경하거나 거짓이나 그 밖의 부정한 방법으로 변경인증을 받은 경우

② 제1항에 따라 소방용품의 성능인증이 취소된 자는 그 취소된 날부터 2년 이내에는 성능인증이 취소된 소방용품과 동일한 품목에 대하여는 성능인증을 받을 수 없다.

제43조【우수품질 제품에 대한 인증】 ① 소방청장은 제37조에 따른 형식승인의 대상이 되는 소방용품 중 품질이 우수하다고 인정하는 소방용품에 대하여 인증(이하 "우수품질인증"이라 한다)을 할 수 있다.

② 우수품질인증을 받으려는 자는 행정안전부령으로 정하는 바에 따라 소방청장에게 신청하여야 한다.

③ 우수품질인증을 받은 소방용품에는 우수품질인증 표시를 할 수 있다.

④ 우수품질인증의 유효기간은 5년의 범위에서 행정안전부령으로 정한다.

⑤ 소방청장은 다음 각 호의 어느 하나에 해당하는 경우에는 우수품질인증을 취소할 수 있다. 다만, 제1호에 해당하는 경우에는 우수품질인증을 취소하여야 한다.
1. 거짓이나 그 밖의 부정한 방법으로 우수품질인증을 받은 경우
2. 우수품질인증을 받은 제품이 「발명진흥법」 제2조제4호에 따른 산업재산권 등 타인의 권리를 침해하였다고 판단되는 경우

⑥ 제1항부터 제5항까지에서 규정한 사항 외에 우수품질인증을 위한 기술기준, 제품의 품질관리 평가, 우수품질인증의 갱신, 수수료, 인증표시 등 우수품질인증에 필요한 사항은 행정안전부령으로 정한다.

제44조【우수품질인증 소방용품에 대한 지원 등】 다음 각 호의 어느 하나에 해당하는 기관 및 단체는 건축물의 신축·증축 및 개축 등으로 소방용품을 변경 또는 신규 비치하여야 하는 경우 우수품질인증 소방용품을 우선 구매·사용하도록 노력하여야 한다.
1. 중앙행정기관
2. 지방자치단체
3. 「공공기관의 운영에 관한 법률」 제4조에 따른 공공기관(이하 "공공기관"이라 한다)
4. 그 밖에 대통령령으로 정하는 기관

제45조【소방용품의 제품검사 후 수집검사 등】 ① 소방청장은 소방용품의 품질관리를 위하여 필요하다고 인정할 때에는 유통 중인 소방용품을 수집하여 검사할 수 있다.

② 소방청장은 제1항에 따른 수집검사 결과 행정안전부령으로 정하는 중대한 결함이 있다고 인정되는 소방용품에 대하여는 그 제조자 및 수입자에게 행정안전부령으로 정하는 바에 따라 회수·교환·폐기 또는 판매중지를 명하고, 형식승인 또는 성능인증을 취소할 수 있다.

③ 제2항에 따라 소방용품의 회수·교환·폐기 또는 판매중지 명령을 받은 제조자 및 수입자는 해당 소방용품이 이미 판매되어 사용 중인 경우 행정안전부령으로 정하는 바에 따라 구매자에게 그 사실을 알리고 회수 또는 교환 등 필요한 조치를 하여야 한다.

④ 소방청장은 제2항에 따라 회수·교환·폐기 또는 판매중지를 명하거나 형식승인 또는 성능인증을 취소한 때에는 행정안전부령으로 정하는 바에 따라 그 사실을 소방청 홈페이지 등에 공표하여야 한다.

제6장 보 칙

제46조【제품검사 전문기관의 지정 등】 ① 소방청장은 제37조제3항 및 제40조제2항에 따른 제품검사를 전문적·효율적으로 실시하기 위하여 다음 각 호의 요건을 모두 갖춘 기관을 제품검사 전문기관(이하 "전문기관"이라 한다)으로 지정할 수 있다.
1. 다음 각 목의 어느 하나에 해당하는 기관일 것
 가. 「과학기술분야 정부출연연구기관 등의 설립·운영 및 육성에 관한 법률」 제8조에 따라 설립된 연구기관
 나. 공공기관
 다. 소방용품의 시험·검사 및 연구를 주된 업무로 하는 비영리 법인
2. 「국가표준기본법」 제23조에 따라 인정을 받은 시험·검사기관일 것
3. 행정안전부령으로 정하는 검사인력 및 검사설비를 갖추고 있을 것
4. 기관의 대표자가 제27조제1호부터 제3호까지의 어느 하나에 해당하지 아니할 것
5. 제47조에 따라 전문기관의 지정이 취소된 경우 그 지정이 취소된 날부터 2년이 경과하였을 것

② 전문기관 지정의 방법 및 절차 등에 필요한 사항은 행정안전부령으로 정한다.

③ 소방청장은 제1항에 따라 전문기관을 지정하는 경우에는 소방용품의 품질 향상, 제품검사의 기술개발 등에 드는 비용을 부담하게 하는 등 필요한 조건을 붙일 수 있다. 이 경우 그 조건은 공공의 이익을 증진하기 위하여 필요한 최소한도에 그쳐야 하며, 부당한 의무를 부과하여서는 아니 된다.

④ 전문기관은 행정안전부령으로 정하는 바에 따라 제품검사 실시 현황을 소방청장에게 보고하여야 한다.

⑤ 소방청장은 전문기관을 지정한 경우에는 행정안전부령으로 정하는 바에 따라 전문기관의 제품검사 업무에 대한 평가를 실시할 수 있으며, 제품검사를 받은 소방용품에 대하여 확인검사를 할 수 있다.

⑥ 소방청장은 제5항에 따라 전문기관에 대한 평가를 실시하거나 확인검사를 실시한 때에는 그 평가 결과 또는 확인검사 결과를 행정안전부령으로 정하는 바에 따라 공표할 수 있다.

⑦ 소방청장은 제5항에 따른 확인검사를 실시하는 때에는 행정안전부령으로 정하는 바에 따라 전문기관에 대하여 확인검사에 드는 비용을 부담하게 할 수 있다.

제47조【전문기관의 지정취소 등】 소방청장은 전문기관이 다음 각 호의 어느 하나에 해당할 때에는 그 지정을 취소하거나 6개월 이내의 기간을 정하여 그 업무의 정지를 명할 수 있다. 다만, 제1호에 해당할 때에는 그 지정을 취소하여야 한다.
1. 거짓이나 그 밖의 부정한 방법으로 지정을 받은 경우
2. 정당한 사유 없이 1년 이상 계속하여 제품검사 또는 실무교육 등 지정받은 업무를 수행하지 아니한 경우
3. 제46조제1항 각 호의 요건을 갖추지 못하거나 제46조제3항에 따른 조건을 위반한 경우
4. 제52조제1항제7호에 따른 감독 결과 이 법이나 다른 법령을 위반하여 전문기관으로서의 업무를 수행하는 것이 부적당하다고 인정되는 경우

제48조【전산시스템 구축 및 운영】 ① 소방청장, 소방본부장 또는 소방서장은 특정소방대상물의 체계적인 안전관리를 위하여 다음 각 호의 정보가 포함된 전산시스템을 구축·운영하여야 한다.
1. 제6조제3항에 따라 제출받은 설계도면의 관리 및 활용
2. 제23조제3항에 따라 보고받은 자체점검 결과의 관리 및 활용
3. 그 밖에 소방청장, 소방본부장 또는 소방서장이 필요하다고 인정하는 자료의 관리 및 활용

② 소방청장, 소방본부장 또는 소방서장은 제1항에 따른 전산시스템의 구축·운영에 필요한 자료의 제출 또는 정보의 제공을 관계 행정기관의 장에게 요청할 수 있다. 이 경우 자료의 제출이나 정보의 제공을 요청받은 관계 행정기관의 장은 정당한 사유가 없으면 이에 따라야 한다.

제49조【청문】 소방청장 또는 시·도지사는 다음 각 호의 어느 하나에 해당하는 처분을 하려면 청문을 하여야 한다.
1. 제28조에 따른 관리사 자격의 취소 및 정지
2. 제35조제1항에 따른 관리업의 등록취소 및 영업정지
3. 제39조에 따른 소방용품의 형식승인 취소 및 제품검사 중지
4. 제42조에 따른 성능인증의 취소
5. 제43조제5항에 따른 우수품질인증의 취소
6. 제47조에 따른 전문기관의 지정취소 및 업무정지

제50조【권한 또는 업무의 위임·위탁 등】 ① 이 법에 따른 소방청장 또는 시·도지사의 권한은 대통령령으로 정하는 바에 따라 그 일부를 소속 기관의 장, 시·도지사, 소방본부장 또는 소방서장에게 위임할 수 있다.

② 소방청장은 다음 각 호의 업무를 「소방산업의 진흥에 관한 법률」 제14조에 따른 한국소방산업기술원(이하 "기술원"이라 한다)에 위탁할 수 있다. 이 경우 소방청장은 기술원에 소방시설 및 소방용품에 관한 기술개발·연구 등에 필요한 경비의 일부를 보조할 수 있다.
1. 제21조에 따른 방염성능검사 중 대통령령으로 정하는 검사
2. 제37조제1항·제2항 및 제8항부터 제10항까지의 규정에 따른 소방용품의 형식승인
3. 제38조에 따른 형식승인의 변경승인
4. 제39조제1항에 따른 형식승인의 취소
5. 제40조제1항·제6항에 따른 성능인증 및 제42조에 따른 성능인증의 취소
6. 제41조에 따른 성능인증의 변경인증
7. 제43조에 따른 우수품질인증 및 그 취소

③ 소방청장은 제37조제3항 및 제40조제2항에 따른 제품검사 업무를 기술원 또는 전문기관에 위탁할 수 있다.

④ 제2항 및 제3항에 따라 위탁받은 업무를 수행하는 기술원 및 전문기관이 갖추어야 하는 시설기준 등에 관하여 필요한 사항은 행정안전부령으로 정한다.

⑤ 소방청장은 다음 각 호의 업무를 대통령령으로 정하는 바에 따라 소방기술과 관련된 법인 또는 단체에 위탁할 수 있다.
1. 표준자체점검비의 산정 및 공표
2. 제25조제5항 및 제6항에 따른 소방시설관리사증의 발급·재발급
3. 제34조제1항에 따른 점검능력 평가 및 공시
4. 제34조제4항에 따른 데이터베이스 구축·운영

⑥ 소방청장은 제14조제3항에 따른 건축 환경 및 화재위험특성 변화 추세 연구에 관한 업무를 대통령령으로 정하는 바에 따라 화재안전 관련 전문연구기관에 위탁할 수 있다. 이 경우 소방청장은 연구에 필요한 경비를 지원할 수 있다.

⑦ 제2항부터 제6항까지의 규정에 따라 위탁받은 업무에 종사하고 있거나 종사하였던 사람은 업무를 수행하면서 알게 된 비밀을 이 법에서 정한 목적 외의 용도로 사용하거나 다른 사람 또는 기관에 제공하거나 누설하여서는 아니 된다.

제51조【벌칙 적용에서 공무원 의제】 다음 각 호의 어느 하나에 해당하는 자는 「형법」 제129조부터 제132조까지의 규정을 적용할 때에는 공무원으로 본다.
1. 평가단의 구성원 중 공무원이 아닌 사람
2. 중앙위원회 및 지방위원회의 위원 중 공무원이 아닌 사람
3. 제50조제2항부터 제6항까지의 규정에 따라 위탁받은 업무를 수행하는 기술원, 전문기관, 법인 또는 단체, 화재안전 관련 전문연구기관의 담당 임직원

제52조【감독】 ① 소방청장, 시·도지사, 소방본부장 또는 소방서장은 다음 각 호의 어느 하나에 해당하는 자, 사업체 또는 소방대상물 등의 감독을 위하여 필요하면 관계인에게 필요한 보고 또는 자료제출을 명할 수 있으며, 관계 공무원으로 하여금 소방대상물·사업소·사무소 또는 사업장에 출입하여 관계 서류·시설 및 제품 등을 검사하게 하거나 관계인에게 질문하게 할 수 있다.
1. 제22조에 따른 관리업자등이 점검한 특정소방대상물
2. 제25조에 따른 관리사
3. 제29조제1항에 따른 등록한 관리업자
4. 제37조제1항부터 제3항까지 및 제10항에 따른 소방용품의 형식승인, 제품검사 또는 시험시설의 심사를 받은 자
5. 제38조제1항에 따라 변경승인을 받은 자
6. 제40조제1항, 제2항 및 제6항에 따라 성능인증 및 제품검사를 받은 자
7. 제46조제1항에 따라 지정을 받은 전문기관
8. 소방용품을 판매하는 자

② 제1항에 따라 출입·검사 업무를 수행하는 관계 공무원은 그 권한을 표시하는 증표를 지니고 이를 관계인에게 내보여야 한다.
③ 제1항에 따라 출입·검사 업무를 수행하는 관계 공무원은 관계인의 정당한 업무를 방해하거나 출입·검사 업무를 수행하면서 알게 된 비밀을 다른 사람에게 누설하여서는 아니 된다.

제53조【수수료 등】 다음 각 호의 어느 하나에 해당하는 자는 행정안전부령으로 정하는 수수료를 내야 한다.
1. 제21조에 따른 방염성능검사를 받으려는 자
2. 제25조제1항에 따른 관리사시험에 응시하려는 사람
3. 제25조제5항 및 제6항에 따라 소방시설관리사증을 발급받거나 재발급받으려는 자
4. 제29조제1항에 따른 관리업의 등록을 하려는 자
5. 제29조제3항에 따라 관리업의 등록증이나 등록수첩을 재발급 받으려는 자
6. 제32조제3항에 따라 관리업자의 지위승계를 신고하려는 자
7. 제34조제1항에 따라 점검능력 평가를 받으려는 자
8. 제37조제1항 및 제10항에 따라 소방용품의 형식승인을 받으려는 자
9. 제37조제2항에 따라 시험시설의 심사를 받으려는 자
10. 제37조제3항에 따라 형식승인을 받은 소방용품의 제품검사를 받으려는 자
11. 제38조제1항에 따라 형식승인의 변경승인을 받으려는 자
12. 제40조제1항 및 제6항에 따라 소방용품의 성능인증을 받으려는 자
13. 제40조제2항에 따라 성능인증을 받은 소방용품의 제품검사를 받으려는 자
14. 제41조제1항에 따른 성능인증의 변경인증을 받으려는 자
15. 제43조제1항에 따른 우수품질인증을 받으려는 자
16. 제46조에 따라 전문기관으로 지정을 받으려는 자

제54조【조치명령등의 기간연장】 ① 다음 각 호에 따른 조치명령 또는 이행명령(이하 "조치명령등"이라 한다)을 받은 관계인 등은 천재지변이나 그 밖에 대통령령으로 정하는 사유로 조치명령등을 그 기간 내에 이행할 수 없는 경우에는 조치명령등을 명령한 소방청장, 소방본부장 또는 소방서장에게 대통령령으로 정하는 바에 따라 조치명령등을 연기하여 줄 것을 신청할 수 있다.
1. 제12조제2항에 따른 소방시설에 대한 조치명령
2. 제16조제2항에 따른 피난시설, 방화구획 또는 방화시설에 대한 조치명령
3. 제20조제2항에 따른 방염대상물품의 제거 또는 방염성능검사 조치명령
4. 제23조제6항에 따른 소방시설에 대한 이행계획 조치명령
5. 제37조제7항에 따른 형식승인을 받지 아니한 소방용품의 수거·폐기 또는 교체 등의 조치명령
6. 제45조제2항에 따른 중대한 결함이 있는 소방용품의 회수·교환·폐기 조치명령

② 제1항에 따라 연기신청을 받은 소방청장, 소방본부장 또는 소방서장은 연기 신청 승인 여부를 결정하고 그 결과를 조치명령등의 이행 기간 내에 관계인 등에게 알려주어야 한다.

제55조【위반행위의 신고 및 신고포상금의 지급】 ① 누구든지 소방본부장 또는 소방서장에게 다음 각 호의 어느 하나에 해당하는 행위를 한 자를 신고할 수 있다.
1. 제12조제1항을 위반하여 소방시설을 설치 또는 관리한 자
2. 제12조제3항을 위반하여 폐쇄·차단 등의 행위를 한 자
3. 제16조제1항 각 호의 어느 하나에 해당하는 행위를 한 자

② 소방본부장 또는 소방서장은 제1항에 따른 신고를 받은 경우 신고 내용을 확인하여 이를 신속하게 처리하고, 그 처리결과를 행정안전부령으로 정하는 방법 및 절차에 따라 신고자에게 통지하여야 한다.
③ 소방본부장 또는 소방서장은 제1항에 따른 신고를 한 사람에게 예산의 범위에서 포상금을 지급할 수 있다.
④ 제3항에 따른 신고포상금의 지급대상, 지급기준, 지급절차 등에 필요한 사항은 시·도의 조례로 정한다.

제7장 벌 칙

제56조【벌칙】 ① 제12조제3항 본문을 위반하여 소방시설에 폐쇄·차단 등의 행위를 한 자는 5년 이하의 징역 또는 5천만원 이하의 벌금에 처한다.
② 제1항의 죄를 범하여 사람을 상해에 이르게 한 때에는 7년 이하의 징역 또는 7천만원 이하의 벌금에 처하며, 사망에 이르게 한 때에는 10년 이하의 징역 또는 1억원 이하의 벌금에 처한다.

제57조【벌칙】 다음 각 호의 어느 하나에 해당하는 자는 3년 이하의 징역 또는 3천만원 이하의 벌금에 처한다.
1. 제12조제2항, 제15조제3항, 제16조제2항, 제20조제2항, 제23조제6항, 제37조제7항 또는 제45조제2항에 따른 명령을 정당한 사유 없이 위반한 자
2. 제29조제1항을 위반하여 관리업의 등록을 하지 아니하고 영업을 한 자
3. 제37조제1항, 제2항 및 제10항을 위반하여 소방용품의 형식승인을 받지 아니하고 소방용품을 제조하거나 수입한 자 또는 거짓이나 그 밖의 부정한 방법으로 형식승인을 받은 자
4. 제37조제3항을 위반하여 제품검사를 받지 아니한 자 또는 거짓이나 그 밖의 부정한 방법으로 제품검사를 받은 자
5. 제37조제6항을 위반하여 소방용품을 판매·진열하거나 소방시설공사에 사용한 자
6. 제40조제1항 및 제2항을 위반하여 거짓이나 그 밖의 부정한 방법으로 성능인증 또는 제품검사를 받은 자
7. 제40조제5항을 위반하여 제품검사를 받지 아니하거나 합격표시를 하지 아니한 소방용품을 판매·진열하거나 소방시설공사에 사용한 자
8. 제45조제3항을 위반하여 구매자에게 명령을 받은 사실을 알리지 아니하거나 필요한 조치를 하지 아니한 자
9. 거짓이나 그 밖의 부정한 방법으로 제46조제1항에 따른 전문기관으로 지정을 받은 자

제58조【벌칙】 다음 각 호의 어느 하나에 해당하는 자는 1년 이하의 징역 또는 1천만원 이하의 벌금에 처한다.
1. 제22조제1항을 위반하여 소방시설등에 대하여 스스로 점검을 하지 아니하거나 관리업자등으로 하여금 정기적으로 점검하게 하지 아니한 자
2. 제25조제7항을 위반하여 소방시설관리사증을 다른 사람에게 빌려주거나 빌리거나 이를 알선한 자
3. 제25조제8항을 위반하여 동시에 둘 이상의 업체에 취업한 자
4. 제28조에 따라 자격정지처분을 받고 그 자격정지기간 중에 관리사의 업무를 한 자
5. 제33조제2항을 위반하여 관리업의 등록증이나 등록수첩을 다른 자에게 빌려주거나 빌리거나 이를 알선한 자
6. 제35조제1항에 따라 영업정지처분을 받고 그 영업정지 기간 중에 관리업의 업무를 한 자
7. 제37조제3항에 따른 제품검사에 합격하지 아니한 제품에 합격표시를 하거나 합격표시를 위조 또는 변조하여 사용한 자
8. 제38조제1항을 위반하여 형식승인의 변경승인을 받지 아니한 자
9. 제40조제5항을 위반하여 제품검사에 합격하지 아니한 소방용품에 성능인증을 받았다는 표시 또는 제품검사에 합격하였다는 표시를 하거나 성능인증을 받았다는 표시 또는 제품검사에 합격하였다는 표시를 위조 또는 변조하여 사용한 자
10. 제41조제1항을 위반하여 성능인증의 변경인증을 받지 아니한 자
11. 제43조제1항에 따른 우수품질인증을 받지 아니한 제품에 우수품질인증 표시를 하거나 우수품질인증 표시를 위조하거나 변조하여 사용한 자
12. 제52조제3항을 위반하여 관계인의 정당한 업무를 방해하거나 출입·검사 업무를 수행하면서 알게 된 비밀을 다른 사람에게 누설한 자

제59조【벌칙】 다음 각 호의 어느 하나에 해당하는 자는 300만원 이하의 벌금에 처한다.
1. 제9조제2항 및 제50조제7항을 위반하여 업무를 수행하면서 알게 된 비밀을 이 법에서 정한 목적 외의 용도로 사용하거나 다른 사람 또는 기관에 제공하거나 누설한 자
2. 제21조를 위반하여 방염성능검사에 합격하지 아니한 물품에 합격표시를 하거나 합격표시를 위조하거나 변조하여 사용한 자
3. 제21조제2항을 위반하여 거짓 시료를 제출한 자
4. 제23조제1항 및 제2항을 위반하여 필요한 조치를 하지 아니한 관계인 또는 관계인에게 중대위반사항을 알리지 아니한 관리업자등

제60조【양벌규정】 법인의 대표자나 법인 또는 개인의 대리인, 사용인, 그 밖의 종업원이 그 법인 또는 개인의 업무에 관하여 제56조부터 제59조까지의 어느 하나에 해당하는 위반행위를 하면 그 행위자를 벌하는 외에 그 법인 또는 개인에게도 해당 조문의 벌금형을 과(科)한다. 다만, 법인 또는 개인이 그 위반행위를 방지하기 위하여 해당 업무에 관하여 상당한 주의와 감독을 게을리하지 아니한 경우에는 그러하지 아니하다.

제61조【과태료】 ① 다음 각 호의 어느 하나에 해당하는 자에게는 300만원 이하의 과태료를 부과한다.
1. 제12조제1항을 위반하여 소방시설을 화재안전기준에 따라 설치·관리하지 아니한 자
2. 제15조제1항을 위반하여 공사 현장에 임시소방시설을 설치·관리하지 아니한 자
3. 제16조제1항을 위반하여 피난시설, 방화구획 또는 방화시설의 폐쇄·훼손·변경 등의 행위를 한 자
4. 제20조제1항을 위반하여 방염대상물품을 방염성능기준 이상으로 설치하지 아니한 자
5. 제22조제1항 전단을 위반하여 점검능력 평가를 받지 아니하고 점검을 한 관리업자
6. 제22조제1항 후단을 위반하여 관계인에게 점검 결과를 제출하지 아니한 관리업자등
7. 제22조제2항에 따른 점검인력의 배치기준 등 자체점검 시 준수사항을 위반한 자
8. 제23조제3항을 위반하여 점검 결과를 보고하지 아니하거나 거짓으로 보고한 자
9. 제23조제4항을 위반하여 이행계획을 기간 내에 완료하지 아니한 자 또는 이행계획 완료 결과를 보고하지 아니하거나 거짓으로 보고한 자
10. 제24조제1항을 위반하여 점검기록표를 기록하지 아니하거나 특정소방대상물의 출입자가 쉽게 볼 수 있는 장소에 게시하지 아니한 관계인
11. 제31조 또는 제32조제3항을 위반하여 신고를 하지 아니하거나 거짓으로 신고한 자
12. 제33조제3항을 위반하여 지위승계, 행정처분 또는 휴업·폐업의 사실을 특정소방대상물의 관계인에게 알리지 아니하거나 거짓으로 알린 관리업자
13. 제33조제4항을 위반하여 소속 기술인력의 참여 없이 자체점검을 한 관리업자
14. 제34조제2항에 따른 점검실적을 증명하는 서류 등을 거짓으로 제출한 자
15. 제52조제1항에 따른 명령을 위반하여 보고 또는 자료제출을 하지 아니하거나 거짓으로 보고 또는 자료제출을 한 자 또는 정당한 사유 없이 관계 공무원의 출입 또는 검사를 거부·방해 또는 기피한 자

② 제1항에 따른 과태료는 대통령령으로 정하는 바에 따라 소방청장, 시·도지사, 소방본부장 또는 소방서장이 부과·징수한다.

부 칙

제1조【시행일】 이 법은 공포 후 1년이 경과한 날부터 시행한다. 다만, 제11조의 개정규정은 공포 후 3년이 경과한 날부터 시행한다.

제2조【성능위주설계에 관한 적용례】 제8조의 개정규정은 이 법 시행 이후 특정소방대상물에 소방시설을 설치하려는 자가 성능위주설계를 신고하는 것부터 적용한다.

제3조【자동차에 설치 또는 비치하는 소화기에 관한 적용례】 제11조의 개정규정은 같은 개정규정 시행 이후 제작·조립·수입·판매되는 자동차와 소유권이 변동되어 「자동차관리법」 제6조에 따라 등록된 자동차부터 적용한다.

제4조【소방시설등의 자체점검에 관한 적용례】 제22조의 개정규정은 이 법 시행 이후 최초로 자체점검 대상이 되는 특정소방대상물의 소방시설등부터 적용한다. 다만, 점검능력 평가를 받은 관리업자의 자체점검에 관한 규정은 이 법 시행 후 2년이 경과한 날부터 적용한다.

제5조【일반적 경과조치】 이 법 시행 당시 종전의 「화재예방, 소방시설 설치·유지 및 안전관리에 관한 법률」에 따라 행한 처분·절차와 그 밖의 행위로서 이 법에 그에 해당하는 규정이 있으면 이 법의 해당 규정에 따라 행하여진 것으로 본다.

제6조【소방기술심의위원회에 대한 경과조치】 이 법 시행 당시 종전의 「화재예방, 소방시설 설치·유지 및 안전관리에 관한 법률」 제11조의2에 따라 설치된 중앙소방기술심의위원회 및 지방소방기술심의위원회는 제18조의 개정규정에 따른 중앙소방기술심의위원회 및 지방소방기술심의위원회로 본다.
제7조【관리업의 등록에 관한 경과조치】 이 법 시행 당시 종전의 「화재예방, 소방시설 설치·유지 및 안전관리에 관한 법률」 제29조에 따라 등록한 관리업은 제29조의 개정규정에 따라 등록한 관리업으로 본다.
제8조【소방용품의 형식승인 등에 관한 경과조치】 ① 이 법 시행 당시 종전의 「화재예방, 소방시설 설치·유지 및 안전관리에 관한 법률」 제36조에 따라 소방청장의 형식승인 또는 제품검사를 받은 소방용품은 제37조의 개정규정에 따라 형식승인 또는 제품검사를 받은 것으로 본다.
② 이 법 시행 당시 종전의 「화재예방, 소방시설 설치·유지 및 안전관리에 관한 법률」 제37조에 따라 소방청장의 변경승인을 받은 소방용품은 제38조의 개정규정에 따라 변경승인을 받은 것으로 본다.
제9조【소방용품의 성능인증 등에 관한 경과조치】 ① 이 법 시행 당시 종전의 「화재예방, 소방시설 설치·유지 및 안전관리에 관한 법률」 제39조에 따라 소방청장의 성능인증 또는 제품검사를 받은 소방용품은 제40조의 개정규정에 따라 성능인증 또는 제품검사를 받은 것으로 본다.
② 이 법 시행 당시 종전의 「화재예방, 소방시설 설치·유지 및 안전관리에 관한 법률」 제39조의2에 따라 소방청장의 변경인증을 받은 소방용품은 제41조의 개정규정에 따라 변경인증을 받은 것으로 본다.
제10조【우수품질 제품 인증에 관한 경과조치】 이 법 시행 당시 종전의 「화재예방, 소방시설 설치·유지 및 안전관리에 관한 법률」 제40조에 따라 소방청장의 우수품질인증을 받은 소방용품은 제43조의 개정규정에 따라 우수품질인증을 받은 것으로 본다.
제11조【제품검사 전문기관의 지정에 관한 경과조치】 이 법 시행 당시 종전의 「화재예방, 소방시설 설치·유지 및 안전관리에 관한 법률」 제42조에 따라 제품검사 전문기관으로 지정을 받은 기관은 제46조의 개정규정에 따라 제품검사 전문기관으로 지정을 받은 기관으로 본다.
제12조【행정처분에 관한 경과조치】 이 법 시행 전의 위반행위에 대한 행정처분의 적용은 종전의 「화재예방, 소방시설 설치·유지 및 안전관리에 관한 법률」의 규정에 따른다.
제13조【벌칙 등에 관한 경과조치】 이 법 시행 전의 위반행위에 대하여 벌칙이나 과태료를 적용할 때에는 종전의 「화재예방, 소방시설 설치·유지 및 안전관리에 관한 법률」의 규정에 따른다.
제14조【다른 법률의 개정】 ①~㉞ ※(해당 법령에 가제정리 하였음)
제15조【다른 법령과의 관계】 이 법 시행 당시 다른 법령에서 종전의 「화재예방, 소방시설의 설치·유지 및 안전관리에 관한 법률」 또는 그 규정을 인용한 경우 이 법 가운데 그에 해당하는 규정이 있으면 종전의 「화재예방, 소방시설의 설치·유지 및 안전관리에 관한 법률」 또는 그 규정을 갈음하여 이 법 또는 이 법의 해당 규정을 인용한 것으로 본다.

부 칙 (2021.12.28)

제1조【시행일】 이 법은 2022년 12월 1일부터 시행한다.(이하 생략)

부 칙 (2023.1.3)

이 법은 공포 후 6개월이 경과한 날부터 시행한다.

화재의 예방 및 안전관리에 관한 법률(약칭 : 화재예방법)

(2021년 11월 30일 법 률 제18523호)

개정
2023. 2.14법19225호(기상법)
2023. 3.21법19251호(자연유산의보존및활용에관한법)
2023. 4.11법19335호
2023. 8. 8법19590호(문화유산)

제1장 총 칙

제1조【목적】 이 법은 화재의 예방과 안전관리에 필요한 사항을 규정함으로써 화재로부터 국민의 생명·신체 및 재산을 보호하고 공공의 안전과 복리 증진에 이바지함을 목적으로 한다.
제2조【정의】 ① 이 법에서 사용하는 용어의 뜻은 다음과 같다.
1. "예방"이란 화재의 위험으로부터 사람의 생명·신체 및 재산을 보호하기 위하여 화재발생을 사전에 제거하거나 방지하기 위한 모든 활동을 말한다.
2. "안전관리"란 화재로 인한 피해를 최소화하기 위한 예방, 대비, 대응 등의 활동을 말한다.
3. "화재안전조사"란 소방청장, 소방본부장 또는 소방서장(이하 "소방관서장"이라 한다)이 소방대상물, 관계지역 또는 관계인에 대하여 소방시설등(「소방시설 설치 및 관리에 관한 법률」 제2조제1항제2호에 따른 소방시설등을 말한다. 이하 같다)이 소방 관계 법령에 적합하게 설치·관리되고 있는지, 소방대상물에 화재의 발생 위험이 있는지 등을 확인하기 위하여 실시하는 현장조사·문서열람·보고요구 등을 하는 활동을 말한다.
4. "화재예방강화지구"란 특별시장·광역시장·특별자치시장·도지사 또는 특별자치도지사(이하 "시·도지사"라 한다)가 화재발생 우려가 크거나 화재가 발생할 경우 피해가 클 것으로 예상되는 지역에 대하여 화재의 예방 및 안전관리를 강화하기 위해 지정·관리하는 지역을 말한다.
5. "화재예방안전진단"이란 화재가 발생할 경우 사회·경제적으로 피해 규모가 클 것으로 예상되는 소방대상물에 대하여 화재위험요인을 조사하고 그 위험성을 평가하여 개선대책을 수립하는 것을 말한다.
② 이 법에서 사용하는 용어의 뜻은 제1항에서 규정하는 것을 제외하고는 「소방기본법」, 「소방시설 설치 및 관리에 관한 법률」, 「소방시설공사업법」, 「위험물안전관리법」 및 「건축법」에서 정하는 바에 따른다.
제3조【국가와 지방자치단체 등의 책무】 ① 국가는 화재로부터 국민의 생명과 재산을 보호할 수 있도록 화재의 예방 및 안전관리에 관한 정책(이하 "화재예방정책"이라 한다)을 수립·시행하여야 한다.
② 지방자치단체는 국가의 화재예방정책에 맞추어 지역의 실정에 부합하는 화재예방정책을 수립·시행하여야 한다.
③ 관계인은 국가와 지방자치단체의 화재예방정책에 적극적으로 협조하여야 한다.

제2장 화재의 예방 및 안전관리 기본계획의 수립·시행

제4조【화재의 예방 및 안전관리 기본계획 등의 수립·시행】 ① 소방청장은 화재예방정책을 체계적·효율적으로 추진하고 이에 필요한 기반 확충을 위하여 화재의 예방 및 안전관리에 관한 기본계획(이하 "기본계획"이라 한다)을 5년마다 수립·시행하여야 한다.
② 기본계획은 대통령령으로 정하는 바에 따라 소방청장이 관계 중앙행정기관의 장과 협의하여 수립한다.
③ 기본계획에는 다음 각 호의 사항이 포함되어야 한다.
1. 화재예방정책의 기본목표 및 추진방향
2. 화재의 예방과 안전관리를 위한 법령·제도의 마련 등 기반 조성
3. 화재의 예방과 안전관리를 위한 대국민 교육·홍보
4. 화재의 예방과 안전관리 관련 기술의 개발·보급
5. 화재의 예방과 안전관리 관련 전문인력의 육성·지원 및 관리
6. 화재의 예방과 안전관리 관련 산업의 국제경쟁력 향상
7. 그 밖에 대통령령으로 정하는 화재의 예방과 안전관리에 필요한 사항
④ 소방청장은 기본계획을 시행하기 위하여 매년 시행계획을 수립·시행하여야 한다.
⑤ 소방청장은 제1항 및 제4항에 따라 수립된 기본계획과 시행계획을 관계 중앙행정기관의 장과 시·도지사에게 통보하여야 한다.
⑥ 제5항에 따라 기본계획과 시행계획을 통보받은 관계 중앙행정기관의 장과 시·도지사는 소관 사무의 특성을 반영한 세부시행계획을 수립·시행하고 그 결과를 소방청장에게 통보하여야 한다.
⑦ 소방청장은 기본계획 및 시행계획을 수립하기 위하여 필요한 경우에는 관계 중앙행정기관의 장 또는 시·도지사에게 관련 자료의 제출을 요청할 수 있다. 이 경우 자료 제출을 요청받은 관계 중앙행정기관의 장 또는 시·도지사는 특별한 사유가 없으면 이에 따라야 한다.
⑧ 제1항부터 제7항까지에서 규정한 사항 외에 기본계획, 시행계획 및 세부시행계획의 수립·시행에 필요한 사항은 대통령령으로 정한다.
제5조【실태조사】 ① 소방청장은 기본계획 및 시행계획의 수립·시행에 필요한 기초자료를 확보하기 위하여 다음 각 호의 사항에 대하여 실태조사를 할 수 있다. 이 경우 관계 중앙행정기관의 장의 요청이 있는 때에는 합동으로 실태조사를 할 수 있다.
1. 소방대상물의 용도별·규모별 현황
2. 소방대상물의 화재의 예방 및 안전관리 현황
3. 소방대상물의 소방시설등 설치·관리 현황
4. 그 밖에 기본계획 및 시행계획의 수립·시행을 위하여 필요한 사항
② 소방청장은 소방대상물의 현황 등 관련 정보를 보유·운용하고 있는 관계 중앙행정기관의 장, 지방자치단체의 장, 「공공기관의 운영에 관한 법률」 제4조에 따른 공공기관(이하 "공공기관"이라 한다)의 장 또는 관계인 등에게 제1항에 따른 실태조사에 필요한 자료의 제출을 요청할 수 있다. 이 경우 자료 제출을 요청받은 자는 특별한 사유가 없으면 이에 따라야 한다.
③ 제1항에 따른 실태조사의 방법 및 절차 등에 필요한 사항은 행정안전부령으로 정한다.
제6조【통계의 작성 및 관리】 ① 소방청장은 화재의 예방 및 안전관리에 관한 통계를 매년 작성·관리하여야 한다.
② 소방청장은 제1항의 통계자료를 작성·관리하기 위하여 관계 중앙행정기관의 장, 지방자치단체의 장, 공공기관의 장 또는 관계인 등에게 필요한 자료와 정보의 제공을 요청할 수 있다. 이 경우 자료와 정보의 제공을 요청받은 자는 특별한 사정이 없으면 이에 따라야 한다.
③ 소방청장은 제1항에 따른 통계자료의 작성·관리에 관한 업무의 전부 또는 일부를 행정안전부령으로 정하는 바에 따라 전문성이 있는 기관을 지정하여 수행하게 할 수 있다.
④ 제1항에 따른 통계의 작성·관리 등에 필요한 사항은 대통령령으로 정한다.

제3장 화재안전조사

제7조【화재안전조사】 ① 소방관서장은 다음 각 호의 어느 하나에 해당하는 경우 화재안전조사를 실시할 수 있다. 다만, 개인의 주거(실제 주거용도로 사용되는 경우에 한정한다)에 대한 화재안전조사는 관계인의 승낙이 있거나 화재발생의 우려가 뚜렷하여 긴급한 필요가 있는 때에 한정한다.
1. 「소방시설 설치 및 관리에 관한 법률」 제22조에 따른 자체점검이 불성실하거나 불완전하다고 인정되는 경우
2. 화재예방강화지구 등 법령에서 화재안전조사를 하도록 규정되어 있는 경우
3. 화재예방안전진단이 불성실하거나 불완전하다고 인정되는 경우
4. 국가적 행사 등 주요 행사가 개최되는 장소 및 그 주변의 관계 지역에 대하여 소방안전관리 실태를 조사할 필요가 있는 경우
5. 화재가 자주 발생하였거나 발생할 우려가 뚜렷한 곳에 대한 조사가 필요한 경우
6. 재난예측정보, 기상예보 등을 분석한 결과 소방대상물에 화재의 발생 위험이 크다고 판단되는 경우
7. 제1호부터 제6호까지에서 규정한 경우 외에 화재, 그 밖의 긴급한 상황이 발생할 경우 인명 또는 재산 피해의 우려가 현저하다고 판단되는 경우
② 화재안전조사의 항목은 대통령령으로 정한다. 이 경우 화재안전조사의 항목에는 화재의 예방조치 상황, 소방시설등의 관리 상황 및 소방대상물의 화재 등의 발생 위험과 관련된 사항이 포함되어야 한다.
③ 소방관서장은 화재안전조사를 실시하는 경우 다른 목적을 위하여 조사권을 남용하여서는 아니 된다.
제8조【화재안전조사의 방법·절차 등】 ① 소방관서장은 화재안전조사를 조사의 목적에 따라 제7조제2항에 따른 화재안전조사의 항목 전체에 대하여 종합적으로 실시하거나 특정 항목에 한정하여 실시할 수 있다.
② 소방관서장은 화재안전조사를 실시하려는 경우 사전에 관계인에게 조사대상, 조사기간 및 조사사유 등을 우편, 전화, 전자메일 또는 문자전송 등을 통하여 통지하고 이를 대통령령으로 정하는 바에 따라 인터넷 홈페이지나 제16조제3항의 전산시스템 등을 통하여 공개하여야 한다. 다만, 다음 각 호의 어느 하나에 해당하는 경우에는 그러하지 아니하다.
1. 화재가 발생할 우려가 뚜렷하여 긴급하게 조사할 필요가 있는 경우
2. 제1호 외에 화재안전조사의 실시를 사전에 통지하거나 공개하면 조사목적을 달성할 수 없다고 인정되는 경우

③ 화재안전조사는 관계인의 승낙 없이 소방대상물의 공개시간 또는 근무시간 이외에는 할 수 없다. 다만, 제2항 제1호에 해당하는 경우에는 그러하지 아니하다.
④ 제2항에 따른 통지를 받은 관계인은 천재지변이나 그 밖에 대통령령으로 정하는 사유로 화재안전조사를 받기 곤란한 경우에는 화재안전조사를 통지한 소방관서장에게 대통령령으로 정하는 바에 따라 화재안전조사를 연기하여 줄 것을 신청할 수 있다. 이 경우 소방관서장은 연기신청 승인 여부를 결정하고 그 결과를 조사 시작 전까지 관계인에게 알려 주어야 한다.
⑤ 제1항부터 제4항까지에서 규정한 사항 외에 화재안전조사의 방법 및 절차 등에 필요한 사항은 대통령령으로 정한다.

제9조【화재안전조사단 편성·운영】 ① 소방관서장은 화재안전조사를 효율적으로 수행하기 위하여 대통령령으로 정하는 바에 따라 소방청에는 중앙화재안전조사단을, 소방본부 및 소방서에는 지방화재안전조사단을 편성하여 운영할 수 있다.
② 소방관서장은 제1항에 따른 중앙화재안전조사단 및 지방화재안전조사단의 업무 수행을 위하여 필요한 경우에는 관계 기관의 장에게 그 소속 공무원 또는 직원의 파견을 요청할 수 있다. 이 경우 공무원 또는 직원의 파견 요청을 받은 관계 기관의 장은 특별한 사유가 없으면 이에 협조하여야 한다.

제10조【화재안전조사위원회 구성·운영】 ① 소방관서장은 화재안전조사의 대상을 객관적이고 공정하게 선정하기 위하여 필요한 경우 화재안전조사위원회를 구성하여 화재안전조사의 대상을 선정할 수 있다.
② 화재안전조사위원회의 구성·운영 등에 필요한 사항은 대통령령으로 정한다.

제11조【화재안전조사 전문가 참여】 ① 소방관서장은 필요한 경우에는 소방기술사, 소방시설관리사, 그 밖에 화재안전 분야에 전문지식을 갖춘 사람을 화재안전조사에 참여하게 할 수 있다.
② 제1항에 따라 조사에 참여하는 외부 전문가에게는 예산의 범위에서 수당, 여비, 그 밖에 필요한 경비를 지급할 수 있다.

제12조【증표의 제시 및 비밀유지 의무 등】 ① 화재안전조사 업무를 수행하는 관계 공무원 및 관계 전문가는 그 권한 또는 자격을 표시하는 증표를 지니고 이를 관계인에게 내보여야 한다.
② 화재안전조사 업무를 수행하는 관계 공무원 및 관계 전문가는 관계인의 정당한 업무를 방해하여서는 아니 되며, 조사업무를 수행하면서 취득한 자료나 알게 된 비밀을 다른 사람 또는 기관에게 제공 또는 누설하거나 목적 외의 용도로 사용하여서는 아니 된다.

제13조【화재안전조사 결과 통보】 소방관서장은 화재안전조사를 마친 때에는 그 조사 결과를 관계인에게 서면으로 통지하여야 한다. 다만, 화재안전조사의 현장에서 관계인에게 조사의 결과를 설명하고 화재안전조사 결과서의 부본을 교부한 경우에는 그러하지 아니하다.

제14조【화재안전조사 결과에 따른 조치명령】 ① 소방관서장은 화재안전조사 결과에 따른 소방대상물의 위치·구조·설비 또는 관리의 상황이 화재예방을 위하여 보완될 필요가 있거나 화재가 발생하면 인명 또는 재산의 피해가 클 것으로 예상되는 때에는 행정안전부령으로 정하는 바에 따라 관계인에게 그 소방대상물의 개수(改修)·이전·제거, 사용의 금지 또는 제한, 사용폐쇄, 공사의 정지 또는 중지, 그 밖에 필요한 조치를 명할 수 있다.
② 소방관서장은 화재안전조사 결과 소방대상물이 법령을 위반하여 건축 또는 설비되었거나 소방시설등, 피난시설·방화구획, 방화시설 등이 법령에 적합하게 설치 또는 관리되고 있지 아니한 경우에는 관계인에게 제1항에 따른 조치를 명하거나 관계 행정기관의 장에게 필요한 조치를 하여 줄 것을 요청할 수 있다.

제15조【손실보상】 소방청장 또는 시·도지사는 제14조 제1항에 따른 명령으로 인하여 손실을 입은 자가 있는 경우에는 대통령령으로 정하는 바에 따라 보상하여야 한다.

제16조【화재안전조사 결과 공개】 ① 소방관서장은 화재안전조사를 실시한 경우 다음 각 호의 전부 또는 일부를 인터넷 홈페이지나 제3항의 전산시스템 등을 통하여 공개할 수 있다.
1. 소방대상물의 위치, 연면적, 용도 등 현황
2. 소방시설등의 설치 및 관리 현황
3. 피난시설, 방화구획 및 방화시설의 설치 및 관리 현황
4. 그 밖에 대통령령으로 정하는 사항
② 제1항에 따라 화재안전조사 결과를 공개하는 경우 공개 절차, 공개 기간 및 공개 방법 등에 필요한 사항은 대통령령으로 정한다.
③ 소방청장은 제1항에 따른 화재안전조사 결과를 체계적으로 관리하고 활용하기 위하여 전산시스템을 구축·운영하여야 한다.
④ 소방청장은 건축, 전기 및 가스 등 화재안전과 관련된 정보를 소방활동 등에 활용하기 위하여 제3항에 따른 전산시스템과 관계 중앙행정기관, 지방자치단체 및 공공기관 등에서 구축·운용하고 있는 전산시스템을 연계하여 구축할 수 있다.

제4장 화재의 예방조치 등

제17조【화재의 예방조치 등】 ① 누구든지 화재예방강화지구 및 이에 준하는 대통령령으로 정하는 장소에서는 다음 각 호의 어느 하나에 해당하는 행위를 하여서는 아니 된다. 다만, 행정안전부령으로 정하는 바에 따라 안전조치를 한 경우에는 그러하지 아니한다.
1. 모닥불, 흡연 등 화기의 취급
2. 풍등 등 소형열기구 날리기
3. 용접·용단 등 불꽃을 발생시키는 행위
4. 그 밖에 대통령령으로 정하는 화재 발생 위험이 있는 행위
② 소방관서장은 화재 발생 위험이 크거나 소화 활동에 지장을 줄 수 있다고 인정되는 행위나 물건에 대하여 행위 당사자나 그 물건의 소유자, 관리자 또는 점유자에게 다음 각 호의 명령을 할 수 있다. 다만, 제2호 및 제3호에 해당하는 물건의 소유자, 관리자 또는 점유자를 알 수 없는 경우 소속 공무원으로 하여금 그 물건을 옮기거나 보관하는 등 필요한 조치를 하게 할 수 있다.
1. 제1항 각 호의 어느 하나에 해당하는 행위의 금지 또는 제한
2. 목재, 플라스틱 등 가연성이 큰 물건의 제거, 이격, 적재 금지 등
3. 소방차량의 통행이나 소화 활동에 지장을 줄 수 있는 물건의 이동
③ 제2항 단서에 따라 옮긴 물건 등에 대한 보관기간 및 보관기간 경과 후 처리 등에 필요한 사항은 대통령령으로 정한다.
④ 보일러, 난로, 건조설비, 가스·전기시설, 그 밖에 화재 발생 우려가 있는 대통령령으로 정하는 설비 또는 기구 등의 위치·구조 및 관리와 화재 예방을 위하여 불을 사용할 때 지켜야 하는 사항은 대통령령으로 정한다.
⑤ 화재가 발생하는 경우 불길이 빠르게 번지는 고무류·플라스틱류·석탄 및 목탄 등 대통령령으로 정하는 특수가연물(特殊可燃物)의 저장 및 취급 기준은 대통령령으로 정한다.

제18조【화재예방강화지구의 지정 등】 ① 시·도지사는 다음 각 호의 어느 하나에 해당하는 지역을 화재예방강화지구로 지정하여 관리할 수 있다.
1. 시장지역
2. 공장·창고가 밀집한 지역
3. 목조건물이 밀집한 지역
4. 노후·불량건축물이 밀집한 지역
5. 위험물의 저장 및 처리 시설이 밀집한 지역
6. 석유화학제품을 생산하는 공장이 있는 지역
7. 「산업입지 및 개발에 관한 법률」 제2조제8호에 따른 산업단지
8. 소방시설·소방용수시설 또는 소방출동로가 없는 지역
9. 「물류시설의 개발 및 운영에 관한 법률」 제2조제6호에 따른 물류단지(2023.4.11 본호신설)
10. 그 밖에 제1호부터 제9호까지에 준하는 지역으로서 소방관서장이 화재예방강화지구로 지정할 필요가 있다고 인정하는 지역(2023.4.11 본호개정)
② 제1항에도 불구하고 시·도지사가 화재예방강화지구로 지정할 필요가 있는 지역을 화재예방강화지구로 지정하지 아니하는 경우 소방청장은 해당 시·도지사에게 해당 지역의 화재예방강화지구 지정을 요청할 수 있다.
③ 소방관서장은 대통령령으로 정하는 바에 따라 제1항에 따른 화재예방강화지구 안의 소방대상물의 위치·구조 및 설비 등에 대하여 화재안전조사를 하여야 한다.
④ 소방관서장은 제3항에 따른 화재안전조사를 한 결과 화재의 예방강화를 위하여 필요하다고 인정할 때에는 관계인에게 소화기구, 소방용수시설 또는 그 밖에 소방에 필요한 설비(이하 "소방설비등"이라 한다)의 설치(보수, 보강을 포함한다. 이하 같다)를 명할 수 있다.
⑤ 소방관서장은 화재예방강화지구 안의 관계인에 대하여 대통령령으로 정하는 바에 따라 소방에 필요한 훈련 및 교육을 실시할 수 있다.
⑥ 시·도지사는 대통령령으로 정하는 바에 따라 제1항에 따른 화재예방강화지구의 지정 현황, 제3항에 따른 화재안전조사의 결과, 제4항에 따른 소방설비등의 설치 명령 현황, 제5항에 따른 소방훈련 및 교육 현황 등이 포함된 화재예방강화지구에서의 화재예방에 필요한 자료를 매년 작성·관리하여야 한다.

제19조【화재의 예방 등에 대한 지원】 ① 소방청장은 제18조제4항에 따라 소방설비등의 설치를 명하는 경우 해당 관계인에게 소방설비등의 설치에 필요한 지원을 할 수 있다.
② 소방청장은 관계 중앙행정기관의 장 및 시·도지사에게 제1항에 따른 지원에 필요한 협조를 요청할 수 있다.
③ 시·도지사는 제2항에 따라 소방청장의 요청이 있거나 화재예방강화지구 안의 소방대상물의 화재안전성능 향상을 위하여 필요한 경우 특별시·광역시·특별자치시·도 또는 특별자치도(이하 "시·도"라 한다)의 조례로 정하는 바에 따라 소방설비등의 설치에 필요한 비용을 지원할 수 있다.

제20조【화재 위험경보】 소방관서장은 「기상법」 제13조, 제13조의2 및 제13조의4에 따른 기상현상 및 기상영향에 대한 예보·특보·태풍예보에 따라 화재의 발생 위험이 높다고 분석·판단되는 경우에는 행정안전부령으로 정하는 바에 따라 화재에 관한 위험경보를 발령하고 그에 따른 필요한 조치를 할 수 있다.(2023.2.14 본조개정)

제21조【화재안전영향평가】 ① 소방청장은 화재발생 원인 및 연소과정을 조사·분석하는 등의 과정에서 법령이나 정책의 개선이 필요하다고 인정되는 경우 그 법령이나 정책에 대한 화재 위험성의 유발요인 및 완화 방안에 대한 평가(이하 "화재안전영향평가"라 한다)를 실시할 수 있다.
② 소방청장은 제1항에 따라 화재안전영향평가를 실시한 경우 그 결과를 해당 법령이나 정책의 소관 기관의 장에게 통보하여야 한다.
③ 제2항에 따라 결과를 통보받은 소관 기관의 장은 특별한 사정이 없는 한 이를 해당 법령이나 정책에 반영하도록 노력하여야 한다.
④ 화재안전영향평가의 방법·절차·기준 등에 필요한 사항은 대통령령으로 정한다.

제22조【화재안전영향평가심의회】 ① 소방청장은 화재안전영향평가에 관한 업무를 수행하기 위하여 화재안전영향평가심의회(이하 "심의회"라 한다)를 구성·운영할 수 있다.
② 심의회는 위원장 1명을 포함한 12명 이내의 위원으로 구성한다.
③ 위원장은 위원 중에서 호선하고, 위원은 다음 각 호의 사람으로 한다.
1. 화재안전과 관련되는 법령이나 정책을 담당하는 관계 기관의 소속 직원으로서 대통령령으로 정하는 사람
2. 소방기술사 등 대통령령으로 정하는 화재안전과 관련된 분야의 학식과 경험이 풍부한 전문가로서 소방청장이 위촉한 사람
④ 제2항 및 제3항에서 규정한 사항 외에 심의회의 구성·운영 등에 필요한 사항은 대통령령으로 정한다.

제23조【화재안전취약자에 대한 지원】 ① 소방관서장은 어린이, 노인, 장애인 등 화재의 예방 및 안전관리에 취약한 자(이하 "화재안전취약자"라 한다)의 안전한 생활환경을 조성하기 위하여 소방용품의 제공 및 소방시설의 개선 등 필요한 사항을 지원하기 위하여 노력하여야 한다.
② 제1항에 따른 화재안전취약자에 대한 지원의 대상·범위·방법 및 절차 등에 필요한 사항은 대통령령으로 정한다.
③ 소방관서장은 관계 행정기관의 장에게 제1항에 따른 지원이 원활히 수행되는 데 필요한 협력을 요청할 수 있다. 이 경우 요청받은 관계 행정기관의 장은 특별한 사정이 없으면 요청에 따라야 한다.

제5장 소방대상물의 소방안전관리

제24조【특정소방대상물의 소방안전관리】 ① 특정소방대상물 중 전문적인 안전관리가 요구되는 대통령령으로 정하는 특정소방대상물(이하 "소방안전관리대상물"이라 한다)의 관계인은 소방안전관리업무를 수행하기 위하여 제30조제1항에 따른 소방안전관리자 자격증을 발급받은 사람을 소방안전관리자로 선임하여야 한다. 이 경우 소방안전관리자의 업무에 대하여 보조가 필요한 대통령령으로 정하는 소방안전관리대상물의 경우에는 소방안전관리자 외에 소방안전관리보조자를 추가로 선임하여야 한다.
② 다른 안전관리자(다른 법령에 따라 전기·가스·위험물 등의 안전관리 업무에 종사하는 자를 말한다. 이하 같다)는 소방안전관리대상물 중 소방안전관리업무의 전담이 필요한 대통령령으로 정하는 소방안전관리대상물의 소방안전관리자를 겸할 수 없다. 다만, 다른 법령에 특별한 규정이 있는 경우에는 그러하지 아니하다.
③ 제1항에도 불구하고 제25조제1항에 따른 소방안전관리대상물의 관계인은 소방안전관리업무를 대행하는 관리업자(「소방시설 설치 및 관리에 관한 법률」 제29조제1항에 따른 소방시설관리업의 등록을 한 자를 말한다. 이하 "관리업자"라 한다)를 감독할 수 있는 사람을 지정하여 소방안전관리자로 선임할 수 있다. 이 경우 소방안전관리자로 선임된 자는 선임된 날부터 3개월 이내에 제34조에 따른 교육을 받아야 한다.
④ 소방안전관리자 및 소방안전관리보조자의 선임 대상별 자격 및 인원기준은 대통령령으로 정하고, 선임 절차 등 그 밖에 필요한 사항은 행정안전부령으로 정한다.
⑤ 특정소방대상물(소방안전관리대상물은 제외한다)의 관계인과 소방안전관리대상물의 소방안전관리자는 다음 각 호의 업무를 수행한다. 다만, 제1호·제2호·제5호 및 제7호의 업무는 소방안전관리대상물의 경우에만 해당한다.
1. 제36조에 따른 피난계획에 관한 사항과 대통령령으로 정하는 사항이 포함된 소방계획서의 작성 및 시행
2. 자위소방대(自衛消防隊) 및 초기대응체계의 구성, 운영 및 교육

3. 「소방시설 설치 및 관리에 관한 법률」 제16조에 따른 피난시설, 방화구획 및 방화시설의 관리
4. 소방시설이나 그 밖의 소방 관련 시설의 관리
5. 제37조에 따른 소방훈련 및 교육
6. 화기(火氣) 취급의 감독
7. 행정안전부령으로 정하는 바에 따른 소방안전관리에 관한 업무수행에 관한 기록·유지(제3호·제4호 및 제6호의 업무를 말한다)
8. 화재발생 시 초기대응
9. 그 밖에 소방안전관리에 필요한 업무
⑥ 제5항제2호에 따른 자위소방대와 초기대응체계의 구성, 운영 및 교육 등에 필요한 사항은 행정안전부령으로 정한다.

제25조【소방안전관리업무의 대행】 ① 소방안전관리대상물 중 연면적 등이 일정규모 미만인 대통령령으로 정하는 소방안전관리대상물의 관계인은 제24조제1항에도 불구하고 관리업자로 하여금 같은 조 제5항에 따른 소방안전관리업무 중 대통령령으로 정하는 업무를 대행하게 할 수 있다. 이 경우 제24조제3항에 따라 선임된 소방안전관리자는 관리업자의 대행업무 수행을 감독하고 대행업무 외의 소방안전관리업무는 직접 수행하여야 한다.
② 제1항 전단에 따라 소방안전관리업무를 대행하는 자는 대행인력의 배치기준·자격·방법 등 행정안전부령으로 정하는 준수사항을 지켜야 한다.
③ 제1항에 따라 소방안전관리업무를 관리업자에게 대행하게 하는 경우의 대가(代價)는 「엔지니어링산업 진흥법」 제31조에 따른 엔지니어링사업의 대가 기준 가운데 행정안전부령으로 정하는 방식에 따라 산정한다.

제26조【소방안전관리자 선임신고 등】 ① 소방안전관리대상물의 관계인이 제24조에 따라 소방안전관리자 또는 소방안전관리보조자를 선임한 경우에는 행정안전부령으로 정하는 바에 따라 선임한 날부터 14일 이내에 소방본부장 또는 소방서장에게 신고하고, 소방안전관리대상물의 출입자가 쉽게 알 수 있도록 소방안전관리자의 성명과 그 밖에 행정안전부령으로 정하는 사항을 게시하여야 한다.
② 소방안전관리대상물의 관계인이 소방안전관리자 또는 소방안전관리보조자를 해임한 경우에는 그 관계인 또는 해임된 소방안전관리자 또는 소방안전관리보조자는 소방본부장이나 소방서장에게 그 사실을 알려 해임한 사실의 확인을 받을 수 있다.

제27조【관계인 등의 의무】 ① 특정소방대상물의 관계인은 그 특정소방대상물에 대하여 제24조제5항에 따른 소방안전관리업무를 수행하여야 한다.
② 소방안전관리대상물의 관계인은 소방안전관리자가 소방안전관리업무를 성실하게 수행할 수 있도록 지도·감독하여야 한다.
③ 소방안전관리자는 인명과 재산을 보호하기 위하여 소방시설·피난시설·방화시설 및 방화구획 등이 법령에 위반된 것을 발견한 때에는 지체 없이 소방안전관리대상물의 관계인에게 소방대상물의 개수·이전·제거·수리 등 필요한 조치를 할 것을 요구하여야 하며, 관계인이 시정하지 아니하는 경우 소방본부장 또는 소방서장에게 그 사실을 알려야 한다. 이 경우 소방안전관리자는 공정하고 객관적으로 그 업무를 수행하여야 한다.
④ 소방안전관리자로부터 제3항에 따른 조치요구 등을 받은 소방안전관리대상물의 관계인은 지체 없이 이에 따라야 하며, 이를 이유로 소방안전관리자를 해임하거나 보수(報酬)의 지급을 거부하는 등 불이익한 처우를 하여서는 아니 된다.

제28조【소방안전관리자 선임명령 등】 ① 소방본부장 또는 소방서장은 제24조제1항에 따른 소방안전관리자 또는 소방안전관리보조자를 선임하지 아니한 소방안전관리대상물의 관계인에게 소방안전관리자 또는 소방안전관리보조자를 선임하도록 명할 수 있다.
② 소방본부장 또는 소방서장은 제24조제5항에 따른 업무를 다하지 아니하는 특정소방대상물의 관계인 또는 소방안전관리자에게 그 업무의 이행을 명할 수 있다.

제29조【건설현장 소방안전관리】 ① 「소방시설 설치 및 관리에 관한 법률」 제15조제1항에 따른 공사시공자가 화재발생 및 화재피해의 우려가 큰 대통령령으로 정하는 특정소방대상물(이하 "건설현장 소방안전관리대상물"이라 한다)을 신축·증축·개축·재축·이전·용도변경 또는 대수선 하는 경우에는 제24조제1항에 따른 소방안전관리자로서 제34조에 따른 교육을 받은 사람을 소방시설공사 착공 신고일부터 건축물 사용승인일(「건축법」 제22조에 따라 건축물을 사용할 수 있게 된 날을 말한다)까지 소방안전관리자로 선임하고 행정안전부령으로 정하는 바에 따라 소방본부장 또는 소방서장에게 신고하여야 한다.
② 제1항에 따른 건설현장 소방안전관리대상물의 소방안전관리자의 업무는 다음 각 호와 같다.
1. 건설현장의 소방계획서의 작성
2. 「소방시설 설치 및 관리에 관한 법률」 제15조제1항에 따른 임시소방시설의 설치 및 관리에 대한 감독
3. 공사진행 단계별 피난안전구역, 피난로 등의 확보와 관리
4. 건설현장의 작업자에 대한 소방안전 교육 및 훈련
5. 초기대응체계의 구성·운영 및 교육
6. 화기취급의 감독, 화재위험작업의 허가 및 관리
7. 그 밖에 건설현장의 소방안전관리와 관련하여 소방청장이 고시하는 업무
③ 그 밖에 건설현장 소방안전관리대상물의 소방안전관리에 관하여는 제26조부터 제28조까지의 규정을 준용한다. 이 경우 "소방안전관리대상물의 관계인" 또는 "특정소방대상물의 관계인"은 "공사시공자"로 본다.

제30조【소방안전관리자 자격 및 자격증의 발급 등】 ① 제24조제1항에 따른 소방안전관리자의 자격은 다음 각 호의 어느 하나에 해당하는 사람으로서 소방청장으로부터 소방안전관리자 자격증을 발급받은 사람으로 한다.
1. 소방청장이 실시하는 소방안전관리자 자격시험에 합격한 사람
2. 다음 각 목에 해당하는 사람으로서 대통령령으로 정하는 사람
가. 소방안전과 관련한 국가기술자격증을 소지한 사람
나. 가목에 해당하는 국가기술자격증 중 일정 자격증을 소지한 사람으로서 소방안전관리자로 근무한 실무경력이 있는 사람
다. 소방공무원 경력자
라. 「기업활동 규제완화에 관한 특별조치법」에 따라 소방안전관리자로 선임된 사람(소방안전관리자로 선임된 기간에 한정한다)
② 소방청장은 제1항 각 호에 따른 자격을 갖춘 사람이 소방안전관리자 자격증 발급을 신청하는 경우 행정안전부령으로 정하는 바에 따라 자격증을 발급하여야 한다.
③ 제2항에 따라 소방안전관리자 자격증을 발급받은 사람이 소방안전관리자 자격증을 잃어버렸거나 못 쓰게 된 경우에는 행정안전부령으로 정하는 바에 따라 소방안전관리자 자격증을 재발급 받을 수 있다.
④ 제2항 또는 제3항에 따라 발급 또는 재발급 받은 소방안전관리자 자격증을 다른 사람에게 빌려 주거나 빌려서는 아니 되며, 이를 알선하여서도 아니 된다.

제31조【소방안전관리자 자격의 정지 및 취소】 ① 소방청장은 제30조제2항에 따라 소방안전관리자 자격증을 발급받은 사람이 다음 각 호의 어느 하나에 해당하는 경우에는 행정안전부령으로 정하는 바에 따라 그 자격을 취소하거나 1년 이하의 기간을 정하여 그 자격을 정지시킬 수 있다. 다만, 제1호 또는 제3호에 해당하는 경우에는 그 자격을 취소하여야 한다.
1. 거짓이나 그 밖의 부정한 방법으로 소방안전관리자 자격증을 발급받은 경우
2. 제24조제5항에 따른 소방안전관리업무를 게을리한 경우
3. 제30조제4항을 위반하여 소방안전관리자 자격증을 다른 사람에게 빌려준 경우
4. 제34조에 따른 실무교육을 받지 아니한 경우
5. 이 법 또는 이 법에 따른 명령을 위반한 경우
② 제1항에 따라 소방안전관리자 자격이 취소된 사람은 취소된 날부터 2년간 소방안전관리자 자격증을 발급받을 수 없다.

제32조【소방안전관리자 자격시험】 ① 제30조제1항제1호에 따른 소방안전관리자 자격시험에 응시할 수 있는 사람의 자격은 대통령령으로 정한다.
② 제1항에 따른 소방안전관리자 자격의 시험방법, 시험의 공고 및 합격자 결정 등 소방안전관리자의 자격시험에 필요한 사항은 행정안전부령으로 정한다.

제33조【소방안전관리자 등 종합정보망의 구축·운영】 ① 소방청장은 소방안전관리자 및 소방안전관리보조자에 대한 다음 각 호의 정보를 효율적으로 관리하기 위하여 종합정보망을 구축·운영할 수 있다.
1. 제26조제1항에 따른 소방안전관리자 및 소방안전관리보조자의 선임신고 현황
2. 제26조제2항에 따른 소방안전관리자 및 소방안전관리보조자의 해임 사실의 확인 현황
3. 제29조제1항에 따른 건설현장 소방안전관리자 선임신고 현황
4. 제30조제1항 및 제2항에 따른 소방안전관리자 자격시험 합격자 및 자격증의 발급 현황
5. 제31조제1항에 따른 소방안전관리자 자격증의 정지·취소 처분 현황
6. 제34조에 따른 소방안전관리자 및 소방안전관리보조자의 교육 실시현황
② 제1항에 따른 종합정보망의 구축·운영 등에 필요한 사항은 대통령령으로 정한다.

제34조【소방안전관리자 등에 대한 교육】 ① 소방안전관리자가 되려고 하는 사람 또는 소방안전관리자(소방안전관리보조자를 포함한다)로 선임된 사람은 소방안전관리업무에 관한 능력의 습득 또는 향상을 위하여 행정안전부령으로 정하는 바에 따라 소방청장이 실시하는 다음 각 호의 강습교육 또는 실무교육을 받아야 한다.
1. 강습교육
가. 소방안전관리자의 자격을 인정받으려는 사람으로서 대통령령으로 정하는 사람
나. 제24조제3항에 따른 소방안전관리자로 선임되고자 하는 사람
다. 제29조에 따른 소방안전관리자로 선임되고자 하는 사람
2. 실무교육
가. 제24조제1항에 따라 선임된 소방안전관리자 및 소방안전관리보조자
나. 제24조제3항에 따라 선임된 소방안전관리자
② 제1항에 따른 교육실시방법은 다음 각 호와 같다. 다만, 「감염병의 예방 및 관리에 관한 법률」 제2조에 따른 감염병 등 불가피한 사유가 있는 경우에는 행정안전부령으로 정하는 바에 따라 제1호 또는 제3호의 교육을 제2호의 교육으로 실시할 수 있다.
1. 집합교육
2. 정보통신매체를 이용한 원격교육
3. 제1호 및 제2호를 혼용한 교육

제35조【관리의 권원이 분리된 특정소방대상물의 소방안전관리】 ① 다음 각 호의 어느 하나에 해당하는 특정소방대상물로서 그 관리의 권원(權原)이 분리되어 있는 특정소방대상물의 경우 그 관리의 권원별 관계인은 대통령령으로 정하는 바에 따라 제24조제1항에 따른 소방안전관리자를 선임하여야 한다. 다만, 소방본부장 또는 소방서장은 관리의 권원이 많아 효율적인 소방안전관리가 이루어지지 아니한다고 판단되는 경우 대통령령으로 정하는 바에 따라 관리의 권원을 조정하여 소방안전관리자를 선임하도록 할 수 있다.
1. 복합건축물(지하층을 제외한 층수가 11층 이상 또는 연면적 3만제곱미터 이상인 건축물)
2. 지하가(지하의 인공구조물 안에 설치된 상점 및 사무실, 그 밖에 이와 비슷한 시설이 연속하여 지하도에 접하여 설치된 것과 그 지하도를 합한 것을 말한다)
3. 그 밖에 대통령령으로 정하는 특정소방대상물
② 제1항에 따른 관리의 권원별 관계인은 상호 협의하여 특정소방대상물의 전체에 걸쳐 소방안전관리상 필요한 업무를 총괄하는 소방안전관리자(이하 "총괄소방안전관리자"라 한다)를 제1항에 따라 선임된 소방안전관리자 중에서 선임하거나 별도로 선임하여야 한다. 이 경우 총괄소방안전관리자의 자격은 대통령령으로 정하고 업무수행 등에 필요한 사항은 행정안전부령으로 정한다.
③ 제2항에 따른 총괄소방안전관리자에 대하여는 제24조, 제26조부터 제28조까지 및 제30조부터 제34조까지에서 규정한 사항 중 소방안전관리자에 관한 사항을 준용한다.
④ 제1항 및 제2항에 따라 선임된 소방안전관리자 및 총괄소방안전관리자는 해당 특정소방대상물의 소방안전관리를 효율적으로 수행하기 위하여 공동소방안전관리협의회를 구성하고, 해당 특정소방대상물에 대한 소방안전관리를 공동으로 수행하여야 한다. 이 경우 공동소방안전관리협의회의 구성·운영 및 공동소방안전관리의 수행 등에 필요한 사항은 대통령령으로 정한다.

제36조【피난계획의 수립 및 시행】 ① 소방안전관리대상물의 관계인은 그 장소에 근무하거나 거주 또는 출입하는 사람들이 화재가 발생한 경우에 안전하게 피난할 수 있도록 피난계획을 수립·시행하여야 한다.
② 제1항의 피난계획에는 그 소방안전관리대상물의 구조, 피난시설 등을 고려하여 설정한 피난경로가 포함되어야 한다.
③ 소방안전관리대상물의 관계인은 피난시설의 위치, 피난경로 또는 대피요령이 포함된 피난유도 안내정보를 근무자 또는 거주자에게 정기적으로 제공하여야 한다.
④ 제1항에 따른 피난계획의 수립·시행, 제3항에 따른 피난유도 안내정보 제공에 필요한 사항은 행정안전부령으로 정한다.

제37조【소방안전관리대상물 근무자 및 거주자 등에 대한 소방훈련 등】 ① 소방안전관리대상물의 관계인은 그 장소에 근무하거나 거주하는 사람 등(이하 이 조에서 "근무자등"이라 한다)에게 소화·통보·피난 등의 훈련(이하 "소방훈련"이라 한다)과 소방안전관리에 필요한 교육을 하여야 하고, 피난훈련은 그 소방대상물에 출입하는 사람을 안전한 장소로 대피시키고 유도하는 훈련을 포함하여야 한다. 이 경우 소방훈련과 교육의 횟수 및 방법 등에 관하여 필요한 사항은 행정안전부령으로 정한다.
② 소방안전관리대상물 중 소방안전관리업무의 전담이 필요한 대통령령으로 정하는 소방안전관리대상물의 관계인은 제1항에 따른 소방훈련 및 교육을 한 날부터 30일 이내에 소방훈련 및 교육 결과를 행정안전부령으로 정하는 바에 따라 소방본부장 또는 소방서장에게 제출하여야 한다.
③ 소방본부장 또는 소방서장은 제1항에 따라 소방안전관리대상물의 관계인이 실시하는 소방훈련과 교육을 지도·감독할 수 있다.
④ 소방본부장 또는 소방서장은 소방안전관리대상물 중 불특정 다수인이 이용하는 대통령령으로 정하는 특정소방대상물의 근무자등에게 불시에 소방훈련과 교육을 실시할 수 있다. 이 경우 소방본부장 또는 소방서장은 그 특정소방대상물 근무자등의 불편을 최소화하고 안전 등을 확보하는 대책을 마련하여야 하며, 소방훈련과 교육의 내용, 방법 및 절차 등은 행정안전부령으로 정하는 바에 따라 관계인에게 사전에 통지하여야 한다.

⑤ 소방본부장 또는 소방서장은 제4항에 따라 소방훈련과 교육을 실시한 경우에는 그 결과를 평가할 수 있다. 이 경우 소방훈련과 교육의 평가방법 및 절차 등에 필요한 사항은 행정안전부령으로 정한다.

제38조【특정소방대상물의 관계인에 대한 소방안전교육】 ① 소방본부장이나 소방서장은 제37조를 적용받지 아니하는 특정소방대상물의 관계인에 대하여 특정소방대상물의 화재예방과 소방안전을 위하여 행정안전부령으로 정하는 바에 따라 소방안전교육을 할 수 있다.
② 제1항에 따른 교육대상자 및 특정소방대상물의 범위 등에 필요한 사항은 행정안전부령으로 정한다.

제39조【공공기관의 소방안전관리】 ① 국가, 지방자치단체, 국공립학교 등 대통령령으로 정하는 공공기관의 장은 소관 기관의 근무자 등의 생명·신체와 건축물·인공구조물 및 물품 등을 화재로부터 보호하기 위하여 화재예방, 자위소방대의 조직 및 편성, 소방시설등의 자체점검과 소방훈련 등의 소방안전관리를 하여야 한다.
② 제1항에 따른 공공기관에 대한 다음 각 호의 사항에 관하여는 제24조부터 제38조까지의 규정에도 불구하고 대통령령으로 정하는 바에 따른다.
1. 소방안전관리자의 자격·책임 및 선임 등
2. 소방안전관리의 업무대행
3. 자위소방대의 구성·운영 및 교육
4. 근무자 등에 대한 소방훈련 및 교육
5. 그 밖에 소방안전관리에 필요한 사항

제6장 특별관리시설물의 소방안전관리

제40조【소방안전 특별관리시설물의 안전관리】 ① 소방청장은 화재 등 재난이 발생할 경우 사회·경제적으로 피해가 큰 다음 각 호의 시설(이하 "소방안전 특별관리시설물"이라 한다)에 대하여 소방안전 특별관리를 하여야 한다.
1. 「공항시설법」 제2조제7호의 공항시설
2. 「철도산업발전기본법」 제3조제2호의 철도시설
3. 「도시철도법」 제2조제3호의 도시철도시설
4. 「항만법」 제2조제5호의 항만시설
5. 「문화유산의 보존 및 활용에 관한 법률」 제2조제3항의 지정문화유산 및 「자연유산의 보존 및 활용에 관한 법률」 제2조제5호에 따른 천연기념물등인 시설(시설이 아닌 지정문화유산 및 천연기념물등을 보호하거나 소장하고 있는 시설을 포함한다)(2023.8.8 본호개정)
6. 「산업기술단지 지원에 관한 특례법」 제2조제1호의 산업기술단지
7. 「산업입지 및 개발에 관한 법률」 제2조제8호의 산업단지
8. 「초고층 및 지하연계 복합건축물 재난관리에 관한 특별법」 제2조제1호·제2호의 초고층 건축물 및 지하연계 복합건축물
9. 「영화 및 비디오물의 진흥에 관한 법률」 제2조제10호의 영화상영관 중 수용인원 1천명 이상인 영화상영관
10. 전력용 및 통신용 지하구
11. 「한국석유공사법」 제10조제1항제3호의 석유비축시설
12. 「한국가스공사법」 제11조제1항제2호의 천연가스 인수기지 및 공급망
13. 「전통시장 및 상점가 육성을 위한 특별법」 제2조제1호의 전통시장으로서 대통령령으로 정하는 전통시장
14. 그 밖에 대통령령으로 정하는 시설물
② 소방청장은 제1항에 따른 특별관리를 체계적이고 효율적으로 하기 위하여 시·도지사와 협의하여 소방안전 특별관리기본계획을 제4조제1항에 따른 기본계획에 포함하여 수립 및 시행하여야 한다.
③ 시·도지사는 제2항에 따른 소방안전 특별관리기본계획에 저촉되지 아니하는 범위에서 관할 구역에 있는 소방안전 특별관리시설물의 안전관리에 적합한 소방안전 특별관리시행계획을 제4조제6항에 따른 세부시행계획에 포함하여 수립 및 시행하여야 한다.
④ 그 밖에 제2항 및 제3항에 따른 소방안전 특별관리기본계획 및 소방안전 특별관리시행계획의 수립·시행에 필요한 사항은 대통령령으로 정한다.

제41조【화재예방안전진단】 ① 대통령령으로 정하는 소방안전 특별관리시설물의 관계인은 화재의 예방 및 안전관리를 체계적·효율적으로 수행하기 위하여 대통령령으로 정하는 바에 따라 「소방기본법」 제40조에 따른 한국소방안전원(이하 "안전원"이라 한다) 또는 소방청장이 지정하는 화재예방안전진단기관(이하 "진단기관"이라 한다)으로부터 정기적으로 화재예방안전진단을 받아야 한다.
② 제1항에 따른 화재예방안전진단의 범위는 다음 각 호와 같다.
1. 화재위험요인의 조사에 관한 사항
2. 소방계획 및 피난계획 수립에 관한 사항
3. 소방시설등의 유지·관리에 관한 사항
4. 비상대응조직 및 교육훈련에 관한 사항
5. 화재 위험성 평가에 관한 사항
6. 그 밖에 화재예방진단을 위하여 대통령령으로 정하는 사항
③ 제1항에 따라 안전원 또는 진단기관의 화재예방안전진단을 받은 연도에는 제37조에 따른 소방훈련과 교육 및 「소방시설 설치 및 관리에 관한 법률」 제22조에 따른 자체점검을 받은 것으로 본다.
④ 안전원 또는 진단기관은 제1항에 따른 화재예방안전진단 결과를 행정안전부령으로 정하는 바에 따라 소방본부장 또는 소방서장, 관계인에게 제출하여야 한다.
⑤ 소방본부장 또는 소방서장은 제4항에 따라 제출받은 화재예방안전진단 결과에 따라 보수·보강 등의 조치가 필요하다고 인정하는 경우에는 해당 소방안전 특별관리시설물의 관계인에게 보수·보강 등의 조치를 취할 것을 명할 수 있다.
⑥ 화재예방안전진단 업무에 종사하고 있거나 종사하였던 사람은 업무를 수행하면서 알게 된 비밀을 이 법에서 정한 목적 외의 용도로 사용하거나 다른 사람 또는 기관에 제공하거나 누설하여서는 아니 된다.

제42조【진단기관의 지정 및 취소】 ① 제41조제1항에 따라 소방청장으로부터 진단기관으로 지정을 받으려는 자는 대통령령으로 정하는 시설과 전문인력 등 지정기준을 갖추어 소방청장에게 지정을 신청하여야 한다.
② 소방청장은 진단기관으로 지정받은 자가 다음 각 호의 어느 하나에 해당하는 경우에는 그 지정을 취소하거나 6개월 이내의 기간을 정하여 업무의 전부 또는 일부의 정지를 명할 수 있다. 다만, 제1호 또는 제4호에 해당하는 경우에는 그 지정을 취소하여야 한다.
1. 거짓이나 그 밖의 부정한 방법으로 지정을 받은 경우
2. 제41조제4항에 따른 화재예방안전진단 결과를 소방본부장 또는 소방서장, 관계인에게 제출하지 아니한 경우
3. 제1항에 따른 지정기준에 미달하게 된 경우
4. 업무정지기간에 화재예방안전진단 업무를 한 경우
③ 진단기관의 지정절차, 지정취소 또는 업무정지의 처분 등에 필요한 사항은 행정안전부령으로 정한다.

제7장 보 칙

제43조【화재의 예방과 안전문화 진흥을 위한 시책의 추진】 ① 소방관서장은 국민의 화재 예방과 안전에 관한 의식을 높이고 화재의 예방과 안전문화를 진흥시키기 위한 다음 각 호의 활동을 적극 추진하여야 한다.
1. 화재의 예방 및 안전관리에 관한 의식을 높이기 위한 활동 및 홍보
2. 소방대상물 특성별 화재의 예방과 안전관리에 필요한 행동요령의 개발·보급
3. 화재의 예방과 안전문화 우수사례의 발굴 및 확산
4. 화재 관련 통계 현황의 관리·활용 및 공개
5. 화재의 예방과 안전관리 취약계층에 대한 화재의 예방 및 안전관리 강화
6. 그 밖에 화재의 예방과 안전문화를 진흥하기 위한 활동
② 소방관서장은 화재의 예방과 안전문화 활동에 국민 또는 주민이 참여할 수 있는 제도를 마련하여 시행할 수 있다.
③ 소방청장은 국민이 화재의 예방과 안전문화를 실천하고 체험할 수 있는 체험시설을 설치·운영할 수 있다.
④ 국가와 지방자치단체는 지방자치단체 또는 그 밖의 기관·단체에서 추진하는 화재의 예방과 안전문화활동을 위하여 필요한 예산을 지원할 수 있다.

제44조【우수 소방대상물 관계인에 대한 포상 등】 ① 소방청장은 소방대상물의 자율적인 안전관리를 유도하기 위하여 안전관리 상태가 우수한 소방대상물을 선정하여 우수 소방대상물 표지를 발급하고, 소방대상물의 관계인을 포상할 수 있다.
② 제1항에 따른 우수 소방대상물의 선정 방법, 평가 대상물의 범위 및 평가 절차 등에 필요한 사항은 행정안전부령으로 정한다.

제45조【조치명령 등의 기간연장】 ① 다음 각 호에 따른 조치명령·선임명령 또는 이행명령(이하 "조치명령등"이라 한다)을 받은 관계인 등은 천재지변이나 그 밖에 대통령령으로 정하는 사유로 조치명령등을 그 기간 내에 이행할 수 없는 경우에는 조치명령등을 명령한 소방관서장에게 대통령령으로 정하는 바에 따라 조치명령등의 이행시기를 연장하여 줄 것을 신청할 수 있다.
1. 제14조에 따른 소방대상물의 개수·이전·제거, 사용의 금지 또는 제한, 사용폐쇄, 공사의 정지 또는 중지, 그 밖의 필요한 조치명령
2. 제28조제1항에 따른 소방안전관리자 또는 소방안전관리보조자 선임명령
3. 제28조제2항에 따른 소방안전관리업무 이행명령
② 제1항에 따라 연장신청을 받은 소방관서장은 연장신청 승인 여부를 결정하고 그 결과를 조치명령등의 이행기간 내에 관계인 등에게 알려 주어야 한다.

제46조【청문】 소방청장 또는 시·도지사는 다음 각 호의 어느 하나에 해당하는 처분을 하려면 청문을 하여야 한다.
1. 제31조제1항에 따른 소방안전관리자의 자격 취소
2. 제42조제2항에 따른 진단기관의 지정 취소

제47조【수수료 등】 다음 각 호의 어느 하나에 해당하는 자는 행정안전부령으로 정하는 수수료 또는 교육비를 내야 한다.
1. 제30조제1항에 따른 소방안전관리자 자격시험에 응시하려는 사람
2. 제30조제2항 및 제3항에 따른 소방안전관리자 자격증을 발급 또는 재발급 받으려는 사람
3. 제34조에 따른 강습교육 또는 실무교육을 받으려는 사람
4. 제41조제1항에 따라 화재예방안전진단을 받으려는 관계인

제48조【권한의 위임·위탁 등】 ① 이 법에 따른 소방청장 또는 시·도지사의 권한은 그 일부를 대통령령으로 정하는 바에 따라 시·도지사, 소방본부장 또는 소방서장에게 위임할 수 있다.
② 소방관서장은 다음 각 호에 해당하는 업무를 안전원에 위탁할 수 있다.
1. 제26조제1항에 따른 소방안전관리자 또는 소방안전관리보조자 선임신고의 접수
2. 제26조제2항에 따른 소방안전관리자 또는 소방안전관리보조자 해임 사실의 확인
3. 제29조제1항에 따른 건설현장 소방안전관리자 선임신고의 접수
4. 제30조제1항제1호에 따른 소방안전관리자 자격시험
5. 제30조제2항 및 제3항에 따른 소방안전관리자 자격증의 발급 및 재발급
6. 제33조에 따른 소방안전관리 등에 관한 종합정보망의 구축·운영
7. 제34조에 따른 강습교육 및 실무교육
③ 제2항에 따라 위탁받은 업무에 종사하고 있거나 종사하였던 사람은 업무를 수행하면서 알게 된 비밀을 이 법에서 정한 목적 외의 용도로 사용하거나 다른 사람 또는 기관에 제공하거나 누설하여서는 아니 된다.

제49조【벌칙 적용에서 공무원 의제】 다음 각 호의 어느 하나에 해당하는 자 중 공무원이 아닌 사람은 「형법」 제129조부터 제132조까지의 규정을 적용할 때에는 공무원으로 본다.
1. 제9조에 따른 화재안전조사단의 구성원
2. 제10조에 따른 화재안전조사위원회의 위원
3. 제11조에 따라 화재안전조사에 참여하는 자
4. 제22조에 따른 화재안전영향평가심의회 위원
5. 제41조제1항에 따른 화재예방안전진단업무 수행 기관의 임원 및 직원
6. 제48조제2항에 따라 위탁받은 업무에 종사하는 안전원의 담당 임원 및 직원

제8장 벌 칙

제50조【벌칙】 ① 다음 각 호의 어느 하나에 해당하는 자는 3년 이하의 징역 또는 3천만원 이하의 벌금에 처한다.
1. 제14조제1항 및 제2항에 따른 조치명령을 정당한 사유 없이 위반한 자
2. 제28조제1항 및 제2항에 따른 명령을 정당한 사유 없이 위반한 자
3. 제41조제5항에 따른 보수·보강 등의 조치명령을 정당한 사유 없이 위반한 자
4. 거짓이나 그 밖의 부정한 방법으로 제42조제1항에 따른 진단기관으로 지정을 받은 자
② 다음 각 호의 어느 하나에 해당하는 자는 1년 이하의 징역 또는 1천만원 이하의 벌금에 처한다.
1. 제12조제2항을 위반하여 관계인의 정당한 업무를 방해하거나, 조사업무를 수행하면서 취득한 자료나 알게 된 비밀을 다른 사람 또는 기관에게 제공 또는 누설하거나 목적 외의 용도로 사용한 자
2. 제30조제4항을 위반하여 자격증을 다른 사람에게 빌려주거나 빌리거나 이를 알선한 자
3. 제41조제1항을 위반하여 진단기관으로부터 화재예방안전진단을 받지 아니한 자
③ 다음 각 호의 어느 하나에 해당하는 자는 300만원 이하의 벌금에 처한다.
1. 제7조제1항에 따른 화재안전조사를 정당한 사유 없이 거부·방해 또는 기피한 자
2. 제17조제2항 각 호의 어느 하나에 따른 명령을 정당한 사유 없이 따르지 아니하거나 방해한 자
3. 제24조제1항·제3항, 제29조제1항 및 제35조제1항·제2항을 위반하여 소방안전관리자, 총괄소방안전관리자 또는 소방안전관리보조자를 선임하지 아니한 자
4. 제27조제3항을 위반하여 소방시설·피난시설·방화시설 및 방화구획 등이 법령에 위반된 것을 발견하였음에도 필요한 조치를 할 것을 요구하지 아니한 소방안전관리자
5. 제27조제4항을 위반하여 소방안전관리자에게 불이익한 처우를 한 관계인
6. 제41조제6항 및 제48조제3항을 위반하여 업무를 수행하면서 알게 된 비밀을 이 법에서 정한 목적 외의 용도로 사용하거나 다른 사람 또는 기관에 제공하거나 누설한 자

제51조【양벌규정】 법인의 대표자나 법인 또는 개인의 대리인, 사용인, 그 밖의 종업원이 그 법인 또는 개인의 업무에 관하여 제50조에 해당하는 위반행위를 하면 그 행위자를 벌하는 외에 그 법인 또는 개인에게도 해당 조문의 벌금형을 과(科)한다. 다만, 법인 또는 개인이 그 위반행위를 방지하기 위하여 해당 업무에 관하여 상당한 주의와 감독을 게을리하지 아니한 경우에는 그러하지 아니하다.

제52조【과태료】 ① 다음 각 호의 어느 하나에 해당하는 자에게는 300만원 이하의 과태료를 부과한다.
1. 정당한 사유 없이 제17조제1항 각 호의 어느 하나에 해당하는 행위를 한 자
2. 제24조제2항을 위반하여 소방안전관리자를 겸한 자
3. 제24조제5항에 따른 소방안전관리업무를 하지 아니한 특정소방대상물의 관계인 또는 소방안전관리대상물의 소방안전관리자
4. 제27조제2항을 위반하여 소방안전관리업무의 지도·감독을 하지 아니한 자
5. 제29조제2항에 따른 건설현장 소방안전관리대상물의 소방안전관리자의 업무를 하지 아니한 소방안전관리자
6. 제36조제3항을 위반하여 피난유도 안내정보를 제공하지 아니한 자
7. 제37조제1항을 위반하여 소방훈련 및 교육을 하지 아니한 자
8. 제41조제4항을 위반하여 화재예방안전진단 결과를 제출하지 아니한 자

② 다음 각 호의 어느 하나에 해당하는 자에게는 200만원 이하의 과태료를 부과한다.
1. 제17조제4항에 따른 불을 사용할 때 지켜야 하는 사항 및 같은 조 제5항에 따른 특수가연물의 저장 및 취급 기준을 위반한 자
2. 제18조제4항에 따른 소방설비등의 설치 명령을 정당한 사유 없이 따르지 아니한 자
3. 제26조제1항을 위반하여 기간 내에 선임신고를 하지 아니하거나 소방안전관리자의 성명 등을 게시하지 아니한 자
4. 제29조제1항을 위반하여 기간 내에 선임신고를 하지 아니한 자
5. 제37조제2항을 위반하여 기간 내에 소방훈련 및 교육 결과를 제출하지 아니한 자

③ 제34조제1항제2호를 위반하여 실무교육을 받지 아니한 소방안전관리자 및 소방안전관리보조자에게는 100만원 이하의 과태료를 부과한다.

④ 제1항부터 제3항까지에 따른 과태료는 대통령령으로 정하는 바에 따라 소방청장, 시·도지사, 소방본부장 또는 소방서장이 부과·징수한다.

부 칙

제1조【시행일】 이 법은 공포 후 1년이 경과한 날부터 시행한다.

제2조【건설현장 소방안전관리대상물 소방안전관리자 선임에 관한 적용례】 제29조제1항은 이 법 시행 후 최초로 건설현장 소방안전관리대상물을 신축·증축·개축·재축·이전·용도변경 또는 대수선 하는 경우부터 적용한다.

제3조【일반적 경과조치】 이 법 시행 당시 종전의 「소방기본법」 및 「화재예방, 소방시설 설치·유지 및 안전관리에 관한 법률」에 따라 행한 처분·절차와 그 밖의 행위로서 이 법에 그에 해당하는 규정이 있으면 이 법의 해당 규정에 따라 행하여진 것으로 본다.

제4조【화재안전정책에 관한 기본계획 및 소방안전 특별관리기본계획의 수립·시행에 관한 경과조치】 이 법 시행 당시 종전의 「화재예방, 소방시설 설치·유지 및 안전관리에 관한 법률」 제2조의3에 따라 수립·시행된 화재안전정책에 관한 기본계획·시행계획과 같은 법 제20조의2에 따라 수립·시행된 소방안전 특별관리기본계획·특별관리시행계획은 제4조 및 제40조에 따른 화재의 예방 및 안전관리에 관한 기본계획·시행계획과 소방안전 특별관리기본계획·특별관리시행계획으로 본다.

제5조【소방특별조사위원회 등에 관한 경과조치】 이 법 시행 당시 종전의 「화재예방, 소방시설 설치·유지 및 안전관리에 관한 법률」 제4조에 따라 구성·운영된 소방특별조사위원회는 제10조에 따른 화재안전조사위원회로, 중앙소방특별조사단은 제9조에 따른 중앙화재안전조사단으로 본다.

제6조【화재경계지구에 관한 경과조치】 이 법 시행 당시 종전의 「소방기본법」 제13조에 따라 화재경계지구로 지정된 지역은 제18조에 따라 화재예방강화지구로 지정된 것으로 본다.

제7조【소방안전관리자 등 선임자격 기준 변경에 따른 경과조치】 이 법 시행 당시 종전의 「화재예방, 소방시설 설치·유지 및 안전관리에 관한 법률」 제20조제2항에 따라 적법하게 선임된 소방안전관리자 또는 소방안전관리보조자는 제24조제1항에 따라 소방안전관리자 또는 소방안전관리보조자로 선임된 것으로 본다.

제8조【소방안전관리자 겸직금지에 대한 경과조치】 이 법 시행 당시 소방안전관리대상물의 관계인으로부터 소방안전관리자로 선임된 다른 안전관리자를 겸직하고 있는 자(다른 법령에 특별한 규정이 있는 경우를 제외한다)는 제24조제2항에도 불구하고 이 법 시행 후 6개월 이내에서 소방안전관리대상물의 소방안전관리자를 겸직할 수 있다.

제9조【소방안전관리자 자격증 발급에 관한 경과조치】 ① 이 법 시행 당시 종전의 규정에 따라 소방안전관리자 수첩을 발급받은 사람은 제30조제2항에 따른 소방안전관리자 자격증을 발급받은 것으로 본다.

② 이 법 시행 당시 종전의 규정에 따라 소방안전관리자로 선임된 사람은 이 법 시행 후 2년 이내에 제30조제2항에 따른 소방안전관리자 자격증을 발급받아야 한다.

제10조【소방안전관리자 자격시험에 관한 경과조치】 이 법 시행 당시 종전의 「화재예방, 소방시설 설치·유지 및 안전관리에 관한 법률 시행규칙」 제34조에 따라 소방청장이 실시하는 소방안전관리에 관한 시험에 합격한 자는 제32조에 따른 소방안전관리자 자격시험에 합격한 것으로 본다.

제11조【관리의 권원이 분리된 특정소방대상물의 소방안전관리자 선임기준 변경에 따른 경과조치】 이 법 시행 당시 종전의 「화재예방, 소방시설 설치·유지 및 안전관리에 관한 법률」 제21조에 따라 특정소방대상물의 소방안전관리자로 적법하게 선임된 소방안전관리자는 제35조에 따라 적법하게 선임된 소방안전관리자로 본다. 다만, 이 법 시행 후 2년 이내에 제35조에 따른 요건을 갖추어야 한다.

제12조【행정처분에 관한 경과조치】 이 법 시행 전의 위반행위에 대한 행정처분의 적용은 종전의 「소방기본법」 및 「화재예방, 소방시설 설치·유지 및 안전관리에 관한 법률」의 규정에 따른다.

제13조【벌칙 등에 관한 경과조치】 이 법 시행 전의 위반행위에 대한 벌칙이나 과태료의 적용은 종전의 「소방기본법」 및 「화재예방, 소방시설 설치·유지 및 안전관리에 관한 법률」의 규정에 따른다.

제14조【다른 법률의 개정】 ①~⑧ ※(해당 법령에 가제정리 하였음)

제15조【다른 법령과의 관계】 이 법 시행 당시 다른 법령에서 종전의 「소방기본법」, 「화재예방, 소방시설 설치·유지 및 안전관리에 관한 법률」 또는 그 규정을 인용한 경우에 이 법 가운데 그에 해당하는 규정이 있으면 종전의 「소방기본법」, 「화재예방, 소방시설 설치·유지 및 안전관리에 관한 법률」 또는 그 규정을 갈음하여 이 법 또는 이 법의 해당 조항을 인용한 것으로 본다.

부 칙 (2023.2.14)
(2023.3.21)

제1조【시행일】 이 법은 공포 후 1년이 경과한 날부터 시행한다.(이하 생략)

부 칙 (2023.4.11)

이 법은 공포 후 6개월이 경과한 날부터 시행한다.

부 칙 (2023.8.8)

제1조【시행일】 이 법은 2024년 5월 17일부터 시행한다.(이하 생략)

소방시설공사업법

(2003년 5월 29일
법 률 제6894호)

개정
2005. 3.31법 7428호(채무자회생파산)
2005. 8. 4법 7660호 2006. 9.22법 7982호
2008. 2.29법 8852호(정부조직)
2008.12.26법 9198호
2010. 3.31법10219호(지방세기본법)
2010. 4.12법10250호(엔지니어링산업진흥법)
2010. 5.17법10303호(은행법)
2010. 7.23법10385호 2011. 8. 4법11036호
2013. 3.23법11690호(정부조직)
2013. 5.22법11782호
2013. 8. 6법11998호(지방세외수입금의징수등에관한법)
2014.11.19법12844호(정부조직)
2014.12.30법12938호 2015. 7.20법13417호
2016. 1.27법13918호
2016.12.27법14476호(지방세징수법)
2017. 7.26법14839호(정부조직)
2017.12.26법15300호(소방기본법)
2018. 2. 9법15366호 2018. 9.18법15763호
2020. 3.24법17091호(지방행정제재·부과금의징수등에관한법)
2020. 6. 9법17378호
2020.12.29법17799호(독점)
2021. 1. 5법17835호 2021. 4.20법18087호
2021.10.19법18494호
2021.11.30법18522호(소방시설설치및관리에관한법)
2023. 1. 3법19159호
2024. 1.30법20157호→2025년 1월 31일 시행

제1장 총 칙
(2010.7.23 본장개정)

제1조【목적】 이 법은 소방시설공사 및 소방기술의 관리에 필요한 사항을 규정함으로써 소방시설업을 건전하게 발전시키고 소방기술을 진흥시켜 화재로부터 공공의 안전을 확보하고 국민경제에 이바지함을 목적으로 한다.

제2조【정의】 ① 이 법에서 사용하는 용어의 뜻은 다음과 같다.
1. "소방시설업"이란 다음 각 목의 영업을 말한다.
   가. 소방시설설계업 : 소방시설공사에 기본이 되는 공사계획, 설계도면, 설계 설명서, 기술계산서 및 이와 관련된 서류(이하 "설계도서"라 한다)를 작성(이하 "설계"라 한다)하는 영업
   나. 소방시설공사업 : 설계도서에 따라 소방시설을 신설, 증설, 개설, 이전 및 정비(이하 "시공"이라 한다)하는 영업
   다. 소방공사감리업 : 소방시설공사에 관한 발주자의 권한을 대행하여 소방시설공사가 설계도서와 관계 법령에 따라 적법하게 시공되는지를 확인하고, 품질·시공 관리에 대한 기술지도를 하는(이하 "감리"라 한다) 영업
   라. 방염처리업 : 「소방시설 설치 및 관리에 관한 법률」 제20조제1항에 따른 방염대상물품에 대하여 방염처리(이하 "방염"이라 한다)하는 영업(2021.11.30 본목개정)
2. "소방시설업자"란 소방시설업을 경영하기 위하여 제4조에 따라 소방시설업을 등록한 자를 말한다.
3. "감리원"이란 소방공사감리업자에 소속된 소방기술자로서 해당 소방시설공사를 감리하는 사람을 말한다.
4. "소방기술자"란 제28조에 따라 소방기술 경력 등을 인정받은 사람과 다음 각 목의 어느 하나에 해당하는 사람으로서 소방시설업과 「소방시설 설치 및 관리에 관한 법률」에 따른 소방시설관리업의 기술인력으로 등록된 사람을 말한다.(2021.11.30 본문개정)
   가. 「소방시설 설치 및 관리에 관한 법률」에 따른 소방시설관리사(2021.11.30 본목개정)
   나. 국가기술자격 법령에 따른 소방기술사, 소방설비기사, 소방설비산업기사, 위험물기능장, 위험물산업기사, 위험물기능사(2011.8.4 본목개정)
5. "발주자"란 소방시설의 설계, 시공, 감리 및 방염(이하 "소방시설공사등"이라 한다)을 소방시설업자에게 도급하는 자를 말한다. 다만, 수급인으로서 도급받은 공사를 하도급하는 자는 제외한다.(2014.12.30 본호신설)

② 이 법에서 사용하는 용어의 뜻은 제1항에서 규정하는 것을 제외하고는 「소방기본법」, 「화재의 예방 및 안전관리에 관한 법률」, 「소방시설 설치 및 관리에 관한 법률」, 「위험물안전관리법」 및 「건설산업기본법」에서 정하는 바에 따른다.(2021.11.30 본항개정)

제2조의2【소방시설공사등 관련 주체의 책무】 ① 소방청장은 소방시설공사등의 품질과 안전이 확보되도록 소방시설공사등에 관한 기준 등을 정하여 보급하여야 한다.

② 발주자는 소방시설이 공공의 안전과 복리에 적합하게 시공되도록 공정한 기준과 절차에 따라 능력 있는 소방시설업자를 선정하여야 하고, 소방시설공사등이 적정하게 수행되도록 노력하여야 한다.

③ 소방시설업자는 소방시설공사등의 품질과 안전이 확보되도록 소방시설공사등에 관한 법령을 준수하고, 설계도서·시방서(示方書) 및 도급계약의 내용 등에 따라 성실하게 소방시설공사등을 수행하여야 한다.
(2018.2.9 본조신설)

제3조【다른 법률과의 관계】 소방시설공사 및 소방기술의 관리에 관하여 이 법에서 규정하지 아니한 사항에 대하여는 「화재의 예방 및 안전관리에 관한 법률」, 「소방시설 설치 및 관리에 관한 법률」과 「위험물안전관리법」을 적용한다.(2021.11.30 본조개정)

제2장 소방시설업
(2010.7.23 본장개정)

제4조【소방시설업의 등록】 ① 특정소방대상물의 소방시설공사등을 하려는 자는 업종별로 자본금(개인인 경우에는 자산 평가액을 말한다), 기술인력 등 대통령령으로 정하는 요건을 갖추어 특별시장·광역시장·특별자치시장·도지사 또는 특별자치도지사(이하 "시·도지사"라 한다)에게 소방시설업을 등록하여야 한다.(2014.12.30 본항개정)
② 제1항에 따른 소방시설업의 업종별 영업범위는 대통령령으로 정한다.
③ 제1항에 따른 소방시설업의 등록신청과 등록증·등록수첩의 발급·재발급 신청, 그 밖에 소방시설업 등록에 필요한 사항은 행정안전부령으로 정한다.(2017.7.26 본항개정)
④ 제1항에도 불구하고 「공공기관의 운영에 관한 법률」 제5조에 따른 공기업·준정부기관 및 「지방공기업법」 제49조에 따라 설립된 지방공사나 같은 법 제76조에 따라 설립된 지방공단이 다음 각 호의 요건을 모두 갖춘 경우에는 시·도지사에게 등록을 하지 아니하고 자체 기술인력을 활용하여 설계·감리를 할 수 있다. 이 경우 대통령령으로 정하는 기술인력을 보유하여야 한다.
1. 주택의 건설·공급을 목적으로 설립되었을 것
2. 설계·감리 업무를 주요 업무로 규정하고 있을 것

제5조【등록의 결격사유】 다음 각 호의 어느 하나에 해당하는 자는 소방시설업을 등록할 수 없다.
1. 피성년후견인(2015.7.20 본호개정)
2. (2015.7.20 삭제)
3. 이 법, 「소방기본법」, 「화재의 예방 및 안전관리에 관한 법률」, 「소방시설 설치 및 관리에 관한 법률」 또는 「위험물안전관리법」에 따른 금고 이상의 실형을 선고받고 그 집행이 끝나거나(집행이 끝난 것으로 보는 경우를 포함한다) 면제된 날부터 2년이 지나지 아니한 사람(2021.11.30 본호개정)
4. 이 법, 「소방기본법」, 「화재의 예방 및 안전관리에 관한 법률」, 「소방시설 설치 및 관리에 관한 법률」 또는 「위험물안전관리법」에 따른 금고 이상의 형의 집행유예를 선고받고 그 유예기간 중에 있는 사람(2021.11.30 본호개정)
5. 등록하려는 소방시설업 등록이 취소(제1호에 해당하여 등록이 취소된 경우는 제외한다)된 날부터 2년이 지나지 아니한 자(2015.7.20 본호개정)
6. 법인의 대표자가 제1호 또는 제3호부터 제5호까지의 규정에 해당하는 경우 그 법인(2023.1.3 본호개정)
7. 법인의 임원이 제3호부터 제5호까지의 규정에 해당하는 경우 그 법인(2013.5.22 본호신설)

제6조【등록사항의 변경신고】 소방시설업자는 제4조에 따라 등록한 사항 중 행정안전부령으로 정하는 중요 사항을 변경할 때에는 행정안전부령으로 정하는 바에 따라 시·도지사에게 신고하여야 한다.(2017.7.26 본조개정)

제6조의2【휴업·폐업 신고 등】 ① 소방시설업자는 소방시설업을 휴업·폐업 또는 재개업하는 때에는 행정안전부령으로 정하는 바에 따라 시·도지사에게 신고하여야 한다.
② 제1항에 따른 폐업신고를 받은 시·도지사는 소방시설업 등록을 말소하고 그 사실을 행정안전부령으로 정하는 바에 따라 공고하여야 한다.
③ 제1항에 따른 폐업신고를 한 자가 제2항에 따라 소방시설업 등록이 말소된 후 6개월 이내에 같은 업종의 소방시설업을 다시 제4조에 따라 등록한 경우 해당 소방시설업자는 폐업신고 전 소방시설업자의 지위를 승계한다.(2020.6.9 본항신설)
④ 제3항에 따라 소방시설업자의 지위를 승계한 자에 대해서는 폐업신고 전의 소방시설업자에 대한 행정처분의 효과가 승계된다.(2020.6.9 본항신설)
(2020.6.9 본조제목개정)
(2017.7.26 본조개정)

제7조【소방시설업자의 지위승계】 ① 다음 각 호의 어느 하나에 해당하는 자가 종전의 소방시설업자의 지위를 승계하려는 경우에는 그 상속일, 양수일 또는 합병일부터 30일 이내에 행정안전부령으로 정하는 바에 따라 그 사실을 시·도지사에게 신고하여야 한다.(2020.6.9 본문개정)
1. 소방시설업자가 사망한 경우 그 상속인
2. 소방시설업자가 그 영업을 양도한 경우 그 양수인
3. 법인인 소방시설업자가 다른 법인과 합병한 경우 합병 후 존속하는 법인이나 합병으로 설립되는 법인
4. (2020.6.9 삭제)
② 다음 각 호의 어느 하나에 해당하는 절차에 따라 소방시설업자의 소방시설의 전부를 인수한 자가 종전의 소방시설업자의 지위를 승계하려는 경우에는 그 인수일부터 30일 이내에 행정안전부령으로 정하는 바에 따라 그 사실을 시·도지사에게 신고하여야 한다.(2020.6.9 본문개정)
1. 「민사집행법」에 따른 경매
2. 「채무자 회생 및 파산에 관한 법률」에 따른 환가(換價)
3. 「국세징수법」, 「관세법」 또는 「지방세징수법」에 따른 압류재산의 매각(2016.12.27 본호개정)
4. 그 밖에 제1호부터 제3호까지의 규정에 준하는 절차
③ 시·도지사는 제1항 또는 제2항에 따른 신고를 받은 경우 그 내용을 검토하여 이 법에 적합하면 신고를 수리하여야 한다.(2020.6.9 본항개정)
④ 제1항이나 제2항에 따른 지위승계에 관하여는 제5조를 준용한다. 다만, 상속인이 제5조 각 호의 어느 하나에 해당하는 경우 상속받은 날부터 3개월 동안은 그러하지 아니하다.
⑤ 제1항 또는 제2항에 따른 신고가 수리된 경우에는 제1항 각 호에 해당하는 자 또는 소방시설업자의 소방시설의 전부를 인수한 자는 그 상속일, 양수일, 합병일 또는 인수일부터 종전의 소방시설업자의 지위를 승계한다.(2020.6.9 본항개정)

제8조【소방시설업의 운영】 ① 소방시설업자는 다른 자에게 자기의 성명이나 상호를 사용하여 소방시설공사등을 수급 또는 시공하게 하거나 소방시설업의 등록증 또는 등록수첩을 빌려 주어서는 아니 된다.(2020.6.9 본항개정)
② 제9조제1항에 따라 영업정지처분이나 등록취소처분을 받은 소방시설업자는 그 날부터 소방시설공사등을 하여서는 아니 된다. 다만, 소방시설의 착공신고가 수리(受理)되어 공사를 하고 있는 자로서 도급계약이 해지되지 아니한 소방시설공사업자 또는 소방공사감리업자가 그 공사를 하는 동안이나 제4조제1항에 따라 방염처리업을 등록한 자(이하 "방염처리업자"라 한다)가 도급을 받아 방염 중인 것으로서 도급계약이 해지되지 아니한 상태에서 그 방염을 하는 동안에는 그러하지 아니하다.(2018.2.9 단서개정)
③ 소방시설업자는 다음 각 호의 어느 하나에 해당하는 경우에는 소방시설공사등을 맡긴 특정소방대상물의 관계인에게 지체 없이 그 사실을 알려야 한다.(2014.12.30 본문개정)
1. 제7조에 따라 소방시설업자의 지위를 승계한 경우
2. 제9조제1항에 따라 소방시설업의 등록취소처분 또는 영업정지처분을 받은 경우
3. 휴업하거나 폐업한 경우
④ 소방시설업자는 행정안전부령으로 정하는 관계 서류를 제15조제1항에 따른 하자보수 보증기간 동안 보관하여야 한다.(2017.7.26 본항개정)

제9조【등록취소와 영업정지 등】 ① 시·도지사는 소방시설업자가 다음 각 호의 어느 하나에 해당하면 행정안전부령으로 정하는 바에 따라 그 등록을 취소하거나 6개월 이내의 기간을 정하여 시정이나 그 영업의 정지를 명할 수 있다. 다만, 제1호·제3호 또는 제7호에 해당하는 경우에는 그 등록을 취소하여야 한다.(2017.7.26 본문개정)
1. 거짓이나 그 밖의 부정한 방법으로 등록한 경우
2. 제4조제1항에 따른 등록기준에 미달하게 된 후 30일이 경과한 경우. 다만, 자본금기준에 미달한 경우 중 「채무자 회생 및 파산에 관한 법률」에 따라 법원이 회생절차의 개시의 결정을 하고 그 절차가 진행 중인 경우 등 대통령령으로 정하는 경우는 30일이 경과한 경우에도 예외로 한다.(2014.12.30 단서신설)
3. 제5조 각 호의 등록 결격사유에 해당하게 된 경우. 다만, 제5조제6호 또는 제7호에 해당하게 된 법인이 그 사유가 발생한 날부터 3개월 이내에 그 사유를 해소한 경우는 제외한다.(2023.1.3 단서신설)
4. 등록을 한 후 정당한 사유 없이 1년이 지날 때까지 영업을 시작하지 아니하거나 계속하여 1년 이상 휴업한 때
5. (2013.5.22 삭제)
6. 제8조제1항을 위반하여 다른 자에게 자기의 성명이나 상호를 사용하여 소방시설공사등을 수급 또는 시공하게 하거나 소방시설업의 등록증 또는 등록수첩을 빌려준 경우(2020.6.9 본호개정)
7. 제8조제2항을 위반하여 영업정지 기간 중에 소방시설공사등을 한 경우(2014.12.30 본호개정)
8. 제8조제3항 또는 제4항을 위반하여 통지를 하지 아니하거나 관계서류를 보관하지 아니한 경우
9. 제11조나 제12조제1항을 위반하여 「소방시설 설치 및 관리에 관한 법률」 제2조제1항제6호에 따른 화재안전기준(이하 "화재안전기준"이라 한다) 등에 적합하게 설계·시공을 하지 아니하거나, 제16조제1항에 따라 적합하게 감리를 하지 아니한 경우(2021.11.30 본호개정)
10. 제11조, 제12조제1항, 제16조제1항 또는 제20조의2에 따른 소방시설공사등의 업무수행의무 등을 고의 또는 과실로 위반하여 다른 자에게 상해를 입히거나 재산피해를 입힌 경우(2014.12.30 본호개정)
11. 제12조제2항을 위반하여 소속 소방기술자를 공사현장에 배치하지 아니하거나 거짓으로 한 경우
12. 제13조나 제14조를 위반하여 착공신고(변경신고를 포함한다)를 하지 아니하거나 거짓으로 한 때 또는 완공검사(부분완공검사를 포함한다)를 받지 아니한 경우
13. 제13조제2항 후단을 위반하여 착공신고사항 중 중요한 사항에 해당하지 아니하는 변경사항을 같은 항 각 호의 어느 하나에 해당하는 서류에 포함하여 보고하지 아니한 경우(2020.6.9 본호개정)
14. 제15조제3항을 위반하여 하자보수 기간 내에 하자보수를 하지 아니하거나 하자보수계획을 통보하지 아니한 경우(2015.7.20 본호개정)
14의2. 제16조제3항에 따른 감리의 방법을 위반한 경우(2020.6.9 본호신설)
15. 제17조제3항을 위반하여 인수·인계를 거부·방해·기피한 경우
16. 제18조제1항을 위반하여 소속 감리원을 공사현장에 배치하지 아니하거나 거짓으로 한 경우
17. 제18조제3항의 감리원 배치기준을 위반한 경우(2014.12.30 본호개정)
18. 제19조제1항에 따른 요구에 따르지 아니한 경우
19. 제19조제3항을 위반하여 보고하지 아니한 경우
20. 제20조를 위반하여 감리 결과를 알리지 아니하거나 거짓으로 알린 경우 또는 공사감리 결과보고서를 제출하지 아니하거나 거짓으로 제출한 경우
20의2. 제20조의2를 위반하여 방염을 한 경우(2014.12.30 본호신설)
20의3. 제20조의3제2항에 따른 방염처리능력 평가에 관한 서류를 거짓으로 제출한 경우(2020.6.9 본호신설)
20의4. 제21조의3제4항을 위반하여 하도급 등에 관한 사항을 관계인과 발주자에게 알리지 아니하거나 거짓으로 알린 경우(2014.12.30 본호개정)
20의5. 제21조의5제1항 또는 제3항을 위반하여 부정한 청탁을 받고 재물 또는 재산상의 이익을 취득하거나 부정한 청탁을 하면서 재물 또는 재산상의 이익을 제공한 경우(2023.1.3 본호신설)
21. 제22조제1항 본문을 위반하여 도급받은 소방시설의 설계, 시공, 감리를 하도급한 경우(2020.6.9 본호개정)
21의2. 제22조제2항을 위반하여 하도급받은 소방시설공사를 다시 하도급한 경우(2020.6.9 본호신설)
22. → 제20호의4로 이동
23. 제22조의2제2항을 위반하여 정당한 사유 없이 하수급인 또는 하도급 계약내용의 변경요구에 따르지 아니한 경우(2014.12.30 본호개정)
23의2. 제22조의3을 위반하여 하수급인에게 대금을 지급하지 아니한 경우(2014.12.30 본호신설)
24. 제24조를 위반하여 시공과 감리를 함께 한 경우(2014.12.30 본호개정)
24의2. 제26조제2항에 따른 시공능력 평가에 관한 서류를 거짓으로 제출한 경우(2020.6.9 본호신설)
24의3. 제26조의2제1항 후단에 따른 사업수행능력 평가에 관한 서류를 위조하거나 변조하는 등 거짓이나 그 밖의 부정한 방법으로 입찰에 참여한 경우(2021.1.5 본호개정)
25. 제31조에 따른 명령을 위반하여 보고 또는 자료 제출을 하지 아니하거나 거짓으로 보고 또는 자료 제출을 한 경우
26. 정당한 사유 없이 제31조에 따른 관계 공무원의 출입 또는 검사·조사를 거부·방해 또는 기피한 경우
② 제7조에 따라 소방시설업자의 지위를 승계한 상속인이 제5조 각 호의 어느 하나에 해당할 때에는 상속을 개시한 날부터 6개월 동안은 제1항제3호를 적용하지 아니한다.
③ 발주자는 소방시설업자가 제1항 각 호의 어느 하나에 해당하는 경우 그 사실을 시·도지사에게 통보하여야 한다.(2016.1.27 본항신설)
④ 시·도지사는 제1항 또는 제10조제1항에 따라 등록취소, 영업정지 또는 과징금 부과 등의 처분을 하는 경우 해당 발주자에게 그 내용을 통보하여야 한다.
(2016.1.27 본항신설)

제10조【과징금처분】 ① 시·도지사는 제9조제1항 각 호의 어느 하나에 해당하는 경우로서 영업정지가 그 이용자에게 불편을 주거나 그 밖에 공익을 해칠 우려가 있을 때에는 영업정지처분을 갈음하여 2억원 이하의 과징금을 부과할 수 있다.(2020.6.9 본항개정)
② 제1항에 따른 과징금을 부과하는 위반행위의 종류와 위반 정도 등에 따른 과징금과 그 밖에 필요한 사항은 행정안전부령으로 정한다.(2017.7.26 본항개정)
③ 시·도지사는 제1항에 따른 과징금을 내야 할 자가 납부기한까지 과징금을 내지 아니하면 「지방행정제재·부과금의 징수 등에 관한 법률」에 따라 징수한다.
(2020.3.24 본항개정)

제3장 소방시설공사등
(2014.12.30 본장제목개정)

제1절 설 계
(2010.7.23 본절개정)

제11조【설계】 ① 제4조제1항에 따라 소방시설설계업을 등록한 자(이하 "설계업자"라 한다)는 이 법이나 이 법에 따른 명령과 화재안전기준에 맞게 소방시설을 설계하여야 한다. 다만, 「소방시설 설치 및 관리에 관한 법률」

제18조제1항에 따른 중앙소방기술심의위원회의 심의를 거쳐 소방시설의 구조와 원리 등에서 특수한 설계로 인정된 경우는 화재안전기준을 따르지 아니할 수 있다.
(2021.11.30 단서개정)
② 제1항 본문에도 불구하고 「소방시설 설치 및 관리에 관한 법률」 제8조제1항에 따른 특정소방대상물(신축하는 것만 해당한다)에 대해서는 그 용도, 위치, 구조, 수용 인원, 가연물(可燃物)의 종류 및 양 등을 고려하여 설계(이하 "성능위주설계"라 한다)하여야 한다.(2021.11.30 본항개정)
③ 성능위주설계를 할 수 있는 자의 자격, 기술인력 및 자격에 따른 설계의 범위와 그 밖에 필요한 사항은 대통령령으로 정한다.
④ (2014.12.30 삭제)

제2절 시 공
(2010.7.23 본절개정)

제12조【시공】 ① 제4조제1항에 따라 소방시설공사업을 등록한 자(이하 "공사업자"라 한다)는 이 법이나 이 법에 따른 명령과 화재안전기준에 맞게 시공하여야 한다. 이 경우 소방시설의 구조와 원리 등에서 그 공법이 특수한 시공에 관하여는 제11조제1항 단서를 준용한다.
② 공사업자는 소방시설공사의 책임시공 및 기술관리를 위하여 대통령령으로 정하는 바에 따라 소속 소방기술자를 공사 현장에 배치하여야 한다.
제13조【착공신고】 ① 공사업자는 대통령령으로 정하는 소방시설공사를 하려면 행정안전부령으로 정하는 바에 따라 그 공사의 내용, 시공 장소, 그 밖에 필요한 사항을 소방본부장이나 소방서장에게 신고하여야 한다.
② 공사업자가 제1항에 따라 신고한 사항 가운데 행정안전부령으로 정하는 중요한 사항을 변경하였을 때에는 행정안전부령으로 정하는 바에 따라 변경신고를 하여야 한다. 이 경우 중요한 사항에 해당하지 아니하는 변경 사항은 다음 각 호의 어느 하나에 해당하는 서류에 포함하여 소방본부장이나 소방서장에게 보고하여야 한다.
(2020.6.9 후단개정)
1. 제14조제1항 또는 제2항에 따른 완공검사 또는 부분완공검사를 신청하는 서류
2. 제20조에 따른 공사감리 결과보고서
(2020.6.9 1호~2호신설)
③ 소방본부장 또는 소방서장은 제1항 또는 제2항 전단에 따른 착공신고 또는 변경신고를 받은 날부터 2일 이내에 신고수리 여부를 신고인에게 통지하여야 한다.(2020.6.9 본항신설)
④ 소방본부장 또는 소방서장이 제3항에서 정한 기간 내에 신고수리 여부 또는 민원 처리 관련 법령에 따른 처리기간의 연장을 신고인에게 통지하지 아니하면 그 기간(민원처리 관련 법령에 따라 처리기간이 연장 또는 재연장된 경우에는 해당 처리기간을 말한다)이 끝난 날의 다음 날에 신고를 수리한 것으로 본다.(2020.6.9 본항신설)
(2017.7.26 본조개정)
제14조【완공검사】 ① 공사업자는 소방시설공사를 완공하면 소방본부장 또는 소방서장의 완공검사를 받아야 한다. 다만, 제17조제1항에 따라 공사감리자가 지정되어 있는 경우에는 공사감리 결과보고서로 완공검사를 갈음하되, 대통령령으로 정하는 특정소방대상물의 경우에는 소방본부장이나 소방서장이 소방시설공사가 공사감리 결과보고서대로 완공되었는지를 현장에서 확인할 수 있다.
② 공사업자가 소방대상물 일부분의 소방시설공사를 마친 경우로서 전체 시설이 준공되기 전에 부분적으로 사용할 필요가 있는 경우에는 그 일부분에 대하여 소방본부장이나 소방서장에게 완공검사(이하 "부분완공검사"라 한다)를 신청할 수 있다. 이 경우 소방본부장이나 소방서장은 그 일부분의 공사가 완공되었는지를 확인하여야 한다.
③ 소방본부장이나 소방서장은 제1항에 따른 완공검사나 제2항에 따른 부분완공검사를 하였을 때에는 완공검사증명서나 부분완공검사증명서를 발급하여야 한다.
④ 제1항부터 제3항까지의 규정에 따른 완공검사 및 부분완공검사의 신청과 검사증명서의 발급, 그 밖에 완공검사 및 부분완공검사에 필요한 사항은 행정안전부령으로 정한다.(2017.7.26 본항개정)
제15조【공사의 하자보수 등】 ① 공사업자는 소방시설공사 결과 자동화재탐지설비 등 대통령령으로 정하는 소방시설에 하자가 있을 때에는 대통령령으로 정하는 기간 동안 그 하자를 보수하여야 한다.(2015.7.20 본항개정)
② (2015.7.20 삭제)
③ 관계인은 제1항에 따른 기간에 소방시설의 하자가 발생하였을 때에는 공사업자에게 그 사실을 알려야 하며, 통보를 받은 공사업자는 3일 이내에 하자를 보수하거나 보수 일정을 기록한 하자보수계획을 관계인에게 서면으로 알려야 한다.
④ 관계인은 공사업자가 다음 각 호의 어느 하나에 해당하는 경우에는 소방본부장이나 소방서장에게 그 사실을 알릴 수 있다.
1. 제3항에 따른 기간에 하자보수를 이행하지 아니한 경우
2. 제3항에 따른 기간에 하자보수계획을 서면으로 알리지 아니한 경우
3. 하자보수계획이 불합리하다고 인정되는 경우
⑤ 소방본부장이나 소방서장은 제4항에 따른 통보를 받았을 때에는 「소방시설 설치 및 관리에 관한 법률」 제18조제2항에 따른 지방소방기술심의위원회에 심의를 요청하여야 하며, 그 심의 결과 제4항 각 호의 어느 하나에 해당하는 것으로 인정할 때에는 시공자에게 기간을 정하여 하자보수를 명하여야 한다.(2021.11.30 본항개정)
⑥ (2015.7.20 삭제)
(2015.7.20 본조제목개정)

제3절 감 리
(2010.7.23 본절개정)

제16조【감리】 ① 제4조제1항에 따라 소방공사감리업을 등록한 자(이하 "감리업자"라 한다)는 소방공사를 감리할 때 다음 각 호의 업무를 수행하여야 한다.
1. 소방시설등의 설치계획표의 적법성 검토
2. 소방시설등 설계도서의 적합성(적법성과 기술상의 합리성을 말한다. 이하 같다) 검토
3. 소방시설등 설계 변경 사항의 적합성 검토
4. 「소방시설 설치 및 관리에 관한 법률」 제2조제1항제7호의 소방용품의 위치·규격 및 사용 자재의 적합성 검토
(2021.11.30 본호개정)
5. 공사업자가 한 소방시설등의 시공이 설계도서와 화재안전기준에 맞는지에 대한 지도·감독
6. 완공된 소방시설등의 성능시험
7. 공사업자가 작성한 시공 상세 도면의 적합성 검토
8. 피난시설 및 방화시설의 적법성 검토
9. 실내장식물의 불연화(不燃化)와 방염 물품의 적법성 검토
② 용도와 구조에서 특별히 안전성과 보안성이 요구되는 소방대상물로서 대통령령으로 정하는 장소에서 시공되는 소방시설물에 대한 감리는 감리업자가 아닌 자도 할 수 있다.
③ 감리업자는 제1항 각 호의 업무를 수행할 때에는 대통령령으로 정하는 감리의 종류 및 대상에 따라 공사기간 동안 소방시설공사 현장에 소속 감리원을 배치하고 업무수행 내용을 감리일지에 기록하는 등 대통령령으로 정하는 감리의 방법에 따라야 한다.(2020.6.9 본항개정)
제17조【공사감리자의 지정 등】 ① 대통령령으로 정하는 특정소방대상물의 관계인이 특정소방대상물에 대하여 자동화재탐지설비, 옥내소화전설비 등 대통령령으로 정하는 소방시설을 시공할 때에는 소방시설공사의 감리를 위하여 감리업자를 공사감리자로 지정하여야 한다. 다만, 제26조의2제2항에 따라 시·도지사가 감리업자를 선정한 경우에는 그 감리업자를 공사감리자로 지정한다.
(2021.1.5 단서신설)
② 관계인은 제1항에 따라 공사감리자를 지정하였을 때에는 행정안전부령으로 정하는 바에 따라 소방본부장이나 소방서장에게 신고하여야 한다. 공사감리자를 변경하였을 때에도 또한 같다.(2017.7.26 전단개정)
③ 관계인이 제1항에 따른 공사감리자를 변경하였을 때에는 새로 지정된 공사감리자와 종전의 공사감리자는 감리 업무 수행에 관한 사항과 관계 서류를 인수·인계하여야 한다.
④ 소방본부장 또는 소방서장은 제2항에 따른 공사감리자 지정신고 또는 변경신고를 받은 날부터 2일 이내에 신고수리 여부를 신고인에게 통지하여야 한다.(2020.6.9 본항신설)
⑤ 소방본부장 또는 소방서장이 제4항에서 정한 기간 내에 신고수리 여부 또는 민원 처리 관련 법령에 따른 처리기간의 연장을 신고인에게 통지하지 아니하면 그 기간(민원처리 관련 법령에 따라 처리기간이 연장 또는 재연장된 경우에는 해당 처리기간을 말한다)이 끝난 날의 다음 날에 신고를 수리한 것으로 본다.(2020.6.9 본항신설)
제18조【감리원의 배치 등】 ① 감리업자는 소방시설공사의 감리를 위하여 소속 감리원을 대통령령으로 정하는 바에 따라 소방시설공사 현장에 배치하여야 한다.
② 감리업자는 제1항에 따라 소속 감리원을 배치하였을 때에는 행정안전부령으로 정하는 바에 따라 소방본부장이나 소방서장에게 통보하여야 한다. 감리원의 배치를 변경하였을 때에도 또한 같다.(2017.7.26 전단개정)
③ 제1항에 따른 감리원의 세부적인 배치 기준은 행정안전부령으로 정한다.(2017.7.26 본항개정)
제19조【위반사항에 대한 조치】 ① 감리업자는 감리를 할 때 소방시설공사가 설계도서나 화재안전기준에 맞지 아니할 때에는 관계인에게 알리고, 공사업자에게 그 공사의 시정 또는 보완 등을 요구하여야 한다.
② 공사업자가 제1항에 따른 요구를 받았을 때에는 그 요구에 따라야 한다.
③ 감리업자는 공사업자가 제1항에 따른 요구를 이행하지 아니하고 그 공사를 계속할 때에는 행정안전부령으로 정하는 바에 따라 소방본부장이나 소방서장에게 그 사실을 보고하여야 한다.(2017.7.26 본항개정)
④ 관계인은 감리업자가 제3항에 따라 소방본부장이나 소방서장에게 보고한 것을 이유로 감리계약을 해지하거나 감리의 대가 지급을 거부하거나 지연시키거나 그 밖의 불이익을 주어서는 아니 된다.
제20조【공사감리 결과의 통보 등】 감리업자는 소방공사의 감리를 마쳤을 때에는 행정안전부령으로 정하는 바에 따라 그 감리 결과를 그 특정소방대상물의 관계인, 소방시설공사의 도급인, 그 특정소방대상물의 공사를 감리한 건축사에게 서면으로 알리고, 소방본부장이나 소방서장에게 공사감리 결과보고서를 제출하여야 한다.
(2017.7.26 본조개정)

제3절의2 방 염
(2014.12.30 본절신설)

제20조의2【방염】 방염처리업자는 「소방시설 설치 및 관리에 관한 법률」 제20조제3항에 따른 방염성능기준 이상이 되도록 방염을 하여야 한다.(2021.11.30 본조개정)
제20조의3【방염처리능력 평가 및 공시】 ① 소방청장은 방염처리업자의 방염처리능력 평가 요청이 있는 경우 해당 방염처리업자의 방염처리 실적 등에 따라 방염처리능력을 평가하여 공시할 수 있다.
② 제1항에 따른 평가를 받으려는 방염처리업자는 전년도 방염처리 실적이나 그 밖에 행정안전부령으로 정하는 서류를 소방청장에게 제출하여야 한다.
③ 제1항 및 제2항에 따른 방염처리능력 평가신청 절차, 평가방법 및 공시방법 등에 필요한 사항은 행정안전부령으로 정한다.
(2018.2.9 본조신설)

제4절 도 급
(2010.7.23 본절개정)

제21조【소방시설공사등의 도급】 ① 특정소방대상물의 관계인 또는 발주자는 소방시설공사등을 도급할 때에는 해당 소방시설업자에게 도급하여야 한다.
② 소방시설공사는 다른 업종의 공사와 분리하여 도급하여야 한다. 다만, 공사의 성질상 또는 기술관리상 분리하여 도급하는 것이 곤란한 경우로서 대통령령으로 정하는 경우에는 다른 업종의 공사와 분리하지 아니하고 도급할 수 있다.(2020.6.9 본항신설)
(2020.6.9 본조제목개정)
(2014.12.30 본조개정)
제21조의2【임금에 대한 압류의 금지】 ① 공사업자가 도급받은 소방시설공사의 도급금액 중 그 공사(하도급한 공사를 포함한다)의 근로자에게 지급하여야 할 임금에 해당하는 금액은 압류할 수 없다.
② 제1항의 임금에 해당하는 금액의 범위와 산정방법은 대통령령으로 정한다.
(2021.10.19 본조개정)
제21조의3【도급의 원칙 등】 ① 소방시설공사등의 도급 또는 하도급의 계약당사자는 서로 대등한 입장에서 합의에 따라 공정하게 계약을 체결하고, 신의에 따라 성실하게 계약을 이행하여야 한다.
② 소방시설공사등의 도급 또는 하도급의 계약당사자는 그 계약을 체결할 때 도급 또는 하도급 금액, 공사기간, 그 밖에 대통령령으로 정하는 사항을 계약서에 분명히 밝혀야 하며, 서명날인한 계약서를 서로 내주고 보관하여야 한다.
③ 수급인은 하수급인에게 하도급과 관련하여 자재구입처의 지정 등 하수급인에게 불리하다고 인정되는 행위를 강요하여서는 아니 된다.
④ 제21조에 따라 도급을 받은 자가 해당 소방시설공사등을 하도급할 때에는 행정안전부령으로 정하는 바에 따라 미리 관계인과 발주자에게 알려야 한다. 하수급인을 변경하거나 하도급 계약을 해지할 때에도 또한 같다.
(2017.7.26 전단개정)
⑤ 하도급에 관하여 이 법에서 규정하는 것을 제외하고는 그 성질에 반하지 아니하는 범위에서 「하도급거래 공정화에 관한 법률」의 해당 규정을 준용한다.
(2014.12.30 본조신설)
제21조의4【공사대금의 지급보증 등】 ① 수급인이 국가, 지방자치단체 또는 대통령령으로 정하는 공공기관 외의 자가 발주하는 공사를 도급받은 경우로서 수급인이 발주자에게 계약의 이행을 보증하는 때에는 발주자도 수급인에게 공사대금의 지급을 보증하거나 담보를 제공하여야 한다. 다만, 발주자는 공사대금의 지급보증 또는 담보 제공을 하기 곤란한 경우에는 수급인이 그에 상응하는 보험 또는 공제에 가입할 수 있도록 계약의 이행보증을 받은 날부터 30일 이내에 보험료 또는 공제료(이하 "보험료등"이라 한다)를 지급하여야 한다.
② 발주자 및 수급인은 소규모공사 등 대통령령으로 정하는 소방시설공사의 경우 제1항에 따른 계약이행의 보증이나 공사대금의 지급보증, 담보의 제공 또는 보험료등의 지급을 아니할 수 있다.
③ 발주자가 제1항에 따른 공사대금의 지급보증, 담보의

제공 또는 보험료등의 지급을 하지 아니한 때에는 수급인은 10일 이내 기간을 정하여 발주자에게 그 이행을 촉구하고 공사를 중지할 수 있다. 발주자가 촉구한 기간 내에 그 이행을 하지 아니한 때에는 수급인은 도급계약을 해지할 수 있다.
④ 제3항에 따라 수급인이 공사를 중지하거나 도급계약을 해지한 경우에는 발주자는 수급인에게 공사 중지나 도급계약의 해지에 따라 발생하는 손해배상을 청구하지 못한다.
⑤ 제1항에 따른 공사대금의 지급보증, 담보의 제공 또는 보험료등의 지급 방법이나 절차 및 제3항에 따른 촉구의 방법 등에 필요한 사항은 행정안전부령으로 정한다.
(2021.4.20 본조신설)
제21조의5【부정한 청탁에 의한 재물 등의 취득 및 제공 금지】 ① 발주자·수급인·하수급인(발주자, 수급인 또는 하수급인이 법인인 경우 해당 법인의 임원 또는 직원을 포함한다) 또는 이해관계인은 도급계약의 체결 또는 소방시설공사등의 시공 및 수행과 관련하여 부정한 청탁을 받고 재물 또는 재산상의 이익을 취득하거나 부정한 청탁을 하면서 재물 또는 재산상의 이익을 제공하여서는 아니 된다.
② 국가, 지방자치단체 또는 대통령령으로 정하는 공공기관이 발주한 소방시설공사등의 업체 선정에 심사위원으로 참여한 사람은 그 직무와 관련하여 부정한 청탁을 받고 재물 또는 재산상의 이익을 취득하여서는 아니 된다.
③ 국가, 지방자치단체 또는 대통령령으로 정하는 공공기관이 발주한 소방시설공사등의 업체 선정에 참여한 법인, 해당 법인의 대표자, 상업사용인, 그 밖의 임원 또는 직원은 그 직무와 관련하여 부정한 청탁을 받고 재물 또는 재산상의 이익을 취득하거나 부정한 청탁을 하면서 재물 또는 재산상의 이익을 제공하여서는 아니 된다.
(2023.1.3 본조신설)
제21조의6【위반사실의 통보】 국가, 지방자치단체 또는 대통령령으로 정하는 공공기관은 소방시설업자가 제21조의5를 위반한 사실을 발견하면 시·도지사가 제9조제1항에 따라 그 등록을 취소하거나 6개월 이내의 기간을 정하여 그 영업의 정지를 명할 수 있도록 그 사실을 시·도지사에게 통보하여야 한다.(2023.1.3 본조신설)
제22조【하도급의 제한】 ① 제21조에 따라 도급을 받은 자는 소방시설의 설계, 시공, 감리를 제3자에게 하도급할 수 없다. 다만, 시공의 경우에는 대통령령으로 정하는 바에 따라 도급받은 소방시설공사의 일부를 다른 공사업자에게 하도급할 수 있다.(2020.6.9 본항개정)
② 하수급인은 제1항 단서에 따라 하도급받은 소방시설공사를 제3자에게 다시 하도급할 수 없다.(2020.6.9 본항신설)
③ (2014.12.30 삭제)
제22조의2【하도급계약의 적정성 심사 등】 ① 발주자는 하수급인이 계약내용을 수행하기에 현저하게 부적당하다고 인정되거나 하도급계약금액이 대통령령으로 정하는 비율에 따른 금액에 미달하는 경우에는 하수급인의 시공 및 수행능력, 하도급계약 내용의 적정성 등을 심사할 수 있다. 이 경우, 국가, 지방자치단체 또는 대통령령으로 정하는 공공기관이 발주자인 때에는 적정성 심사를 실시하여야 한다.
② 발주자는 제1항에 따라 심사한 결과 하수급인의 시공 및 수행능력 또는 하도급계약 내용이 적정하지 아니한 경우에는 그 사유를 분명하게 밝혀 수급인에게 하수급인 또는 하도급계약 내용의 변경을 요구할 수 있다. 이 경우 제1항 후단에 따라 적정성 심사를 하였을 때에는 하수급인 또는 하도급계약 내용의 변경을 요구하여야 한다.
③ 발주자는 수급인이 정당한 사유 없이 제2항에 따른 요구에 따르지 아니하여 공사 등의 결과에 중대한 영향을 끼칠 우려가 있는 경우에는 해당 소방시설공사등의 도급계약을 해지할 수 있다.
④ 제1항 후단에 따른 발주자는 하수급인의 시공 및 수행능력, 하도급계약 내용의 적정성 등을 심사하기 위하여 하도급계약심사위원회를 두어야 한다.
⑤ 제1항 및 제2항에 따른 하도급계약의 적정성 심사기준, 하수급인 또는 하도급계약 내용의 변경 요구 절차, 그 밖에 필요한 사항 및 제4항에 따른 하도급계약심사위원회의 설치·구성 및 심사방법 등에 관하여 필요한 사항은 대통령령으로 정한다.
(2014.12.30 본조신설)
제22조의3【하도급대금의 지급 등】 ① 수급인은 발주자로부터 도급받은 소방시설공사등에 대한 준공금(竣工金)을 받은 경우에는 하도급대금의 전부를, 기성금(旣成金)을 받은 경우에는 하수급인이 시공하거나 수행한 부분에 상당한 금액을 각각 지급받은 날(수급인이 발주자로부터 대금을 어음으로 받은 경우에는 그 어음만기일을 말한다)부터 15일 이내에 하수급인에게 현금으로 지급하여야 한다.
② 수급인은 발주자로부터 선급금을 받은 경우에는 하수급인이 자재의 구입, 현장근로자의 고용, 그 밖에 하도급 공사 등을 시작할 수 있도록 그가 받은 선급금의 내용과 비율에 따라 하수급인에게 선금을 받은 날(하도급 계약을 체결하기 전에 선급금을 받은 경우에는 하도급 계약을 체결한 날을 말한다)부터 15일 이내에 선급금을 지급하여야 한다. 이 경우 수급인은 하수급인이 선급금을 반환하여야 할 경우에 대비하여 하수급인에게 보증을 요구할 수 있다.
③ 수급인은 하도급을 한 후 설계변경 또는 물가변동 등의 사정으로 도급금액이 조정되는 경우에는 조정된 금액과 비율에 따라 하수급인에게 하도급 금액을 증액하거나 감액하여 지급할 수 있다.
(2014.12.30 본조신설)
제22조의4【하도급계약 자료의 공개】 ① 국가·지방자치단체 또는 대통령령으로 정하는 공공기관이 발주하는 소방시설공사등을 하도급한 경우 해당 발주자는 다음 각 호의 사항을 누구나 볼 수 있는 방법으로 공개하여야 한다.
1. 공사명
2. 예정가격 및 수급인의 도급금액 및 낙찰률
3. 수급인(상호 및 대표자, 영업소 소재지, 하도급 사유)
4. 하수급인(상호 및 대표자, 업종 및 등록번호, 영업소 소재지)
5. 하도급 공사업종
6. 하도급 내용(도급금액 대비 하도급 금액 비교명세, 하도급률)
7. 선급금 지급 방법 및 비율
8. 기성금 지급 방법(지급 주기, 현금지급 비율)
9. 설계변경 및 물가변동에 따른 대금 조정 여부
10. 하자담보 책임기간
11. 하도급대금 지급보증서 발급 여부(발급하지 아니한 경우에는 그 사유를 말한다)
12. 표준하도급계약서 사용 유무
13. 하도급계약 적정성 심사 결과
② 제1항에 따른 하도급계약 자료의 공개와 관련된 절차 및 방법, 공개대상 계약규모 등에 관하여 필요한 사항은 대통령령으로 정한다.
(2014.12.30 본조신설)
제23조【도급계약의 해지】 특정소방대상물의 관계인 또는 발주자는 해당 도급계약의 수급인이 다음 각 호의 어느 하나에 해당하는 경우에는 도급계약을 해지할 수 있다.
1. 소방시설업이 등록취소되거나 영업정지된 경우
2. 소방시설업을 휴업하거나 폐업한 경우
3. 정당한 사유 없이 30일 이상 소방시설공사를 계속하지 아니하는 경우
4. 제22조의2제2항에 따른 요구에 정당한 사유 없이 따르지 아니하는 경우(2014.12.30 본호개정)
제24조【공사업자의 감리 제한】 다음 각 호의 어느 하나에 해당되면 동일한 특정소방대상물의 소방시설에 대한 시공과 감리를 함께 할 수 없다.
1. 공사업자(법인인 경우 법인의 대표자 또는 임원을 말한다. 이하 제4호에서 같다)와 감리업자(법인인 경우 법인의 대표자 또는 임원을 말한다. 이하 제4호에서 같다)가 같은 자인 경우(2023.1.3 본호개정)
2. 「독점규제 및 공정거래에 관한 법률」 제2조제11호에 따른 기업집단의 관계인 경우(2020.12.29 본호개정)
3. 법인과 그 법인의 임직원의 관계인 경우
4. 공사업자와 감리업자가 「민법」 제777조에 따른 친족관계인 경우(2023.1.3 본호개정)
(2014.12.30 본조개정)
제25조【소방 기술용역의 대가 기준】 소방시설공사의 설계와 감리에 관한 약정을 할 때 그 대가는 「엔지니어링산업 진흥법」 제31조에 따른 엔지니어링사업의 대가 기준 가운데 행정안전부령으로 정하는 방식에 따라 산정한다.(2020.6.9 본조개정)
제26조【시공능력 평가 및 공시】 ① 소방청장은 관계인 또는 발주자가 적절한 공사업자를 선정할 수 있도록 하기 위하여 공사업자의 신청이 있으면 그 공사업자의 소방시설공사 실적, 자본금 등에 따라 시공능력을 평가하여 공시할 수 있다.
② 제1항에 따른 평가를 받으려는 공사업자는 전년도 소방시설공사 실적, 자본금, 그 밖에 행정안전부령으로 정하는 사항을 소방청장에게 제출하여야 한다.
③ 제1항 및 제2항에 따른 시공능력 평가신청 절차, 평가방법 및 공시방법 등에 필요한 사항은 행정안전부령으로 정한다.(2018.2.9 본항개정)
(2017.7.26 본조개정)
제26조의2【설계·감리업자의 선정】 ① 국가, 지방자치단체 또는 대통령령으로 정하는 공공기관은 그가 발주하는 소방시설의 설계·공사 감리 용역 중 소방청장이 정하여 고시하는 금액 이상의 사업에 대하여는 대통령령으로 정하는 바에 따라 집행 계획을 작성하여 공고하여야 한다. 이 경우 공고된 사업을 하려면 기술능력, 경영능력, 그 밖에 대통령령으로 정하는 사업수행능력 평가기준에 적합한 설계·감리업자를 선정하여야 한다.
② 시·도지사는 「주택법」 제15조제1항에 따라 주택건설사업계획을 승인할 때에는 그 주택건설공사에서 소방시설공사의 감리를 할 감리업자를 제1항 후단에 따른 사업수행능력 평가기준에 따라 선정하여야 한다. 이 경우 감리업자를 선정하는 주택건설공사의 규모 및 대상 등에 관하여 필요한 사항은 대통령령으로 정한다.
② 시·도지사 또는 시장·군수가 「주택법」 제15조제1항에 따라 주택건설사업계획을 승인하거나 특별자치시장, 특별자치도지사, 시장, 군수 또는 자치구의 구청장이 「도시 및 주거환경정비법」 제50조제1항에 따라 사업시행계획을 인가할 때에는 그 주택건설공사에서 소방시설공사의 감리를 할 감리업자를 제1항 후단에 따른 사업수행능력 평가기준에 따라 선정하여야 한다. 이 경우 감리업자를 선정하는 주택건설공사의 규모 및 대상 등에 관하여 필요한 사항은 대통령령으로 정한다.
(2024.1.30 본항개정 : 2025.1.31 시행)
③ 제1항 및 제2항에 따른 설계·감리업자의 선정 절차 등에 필요한 사항은 대통령령으로 정한다.
(2021.1.5 본조개정)
제26조의3【소방시설업 종합정보시스템의 구축 등】 ① 소방청장은 다음 각 호의 정보를 종합적이고 체계적으로 관리·제공하기 위하여 소방시설업 종합정보시스템을 구축·운영할 수 있다.
1. 소방시설업자의 자본금·기술인력 보유 현황, 소방시설공사등 수행상황, 행정처분 사항 등 소방시설업자에 관한 정보
2. 소방시설공사등의 착공 및 완공에 관한 사항, 소방기술자 및 감리원의 배치 현황 등 소방시설공사등과 관련된 정보
② 소방청장은 제1항에 따른 정보의 종합관리를 위하여 소방시설업자, 발주자, 관련 기관 및 단체 등에게 필요한 자료의 제출을 요청할 수 있다. 이 경우 요청을 받은 자는 특별한 사유가 없으면 이에 따라야 한다.
③ 소방청장은 제1항에 따른 정보를 필요로 하는 관련 기관 또는 단체에 해당 정보를 제공할 수 있다.
④ 제1항에 따른 소방시설업 종합정보시스템의 구축 및 운영 등에 필요한 사항은 행정안전부령으로 정한다.
(2018.2.9 본조신설)

제4장 소방기술자
(2010.7.23 본장개정)

제27조【소방기술자의 의무】 ① 소방기술자는 이 법과 이 법에 따른 명령과 「소방시설 설치 및 관리에 관한 법률」 및 같은 법에 따른 명령에 따라 업무를 수행하여야 한다.(2021.11.30 본항개정)
② 소방기술자는 다른 사람에게 자격증〔제28조에 따라 소방기술 경력 등을 인정받은 사람의 경우에는 소방기술 인정 자격수첩(이하 "자격수첩"이라 한다)과 소방기술자 경력수첩(이하 "경력수첩"이라 한다)을 말한다〕을 빌려 주어서는 아니 된다.(2014.12.30 본항개정)
③ 소방기술자는 동시에 둘 이상의 업체에 취업하여서는 아니 된다. 다만, 제1항에 따른 소방기술자 업무에 영향을 미치지 아니하는 범위에서 근무시간 외에 소방시설업이 아닌 다른 업종에 종사하는 경우는 제외한다.
제28조【소방기술 경력 등의 인정 등】 ① 소방청장은 소방기술의 효율적인 활용과 소방기술의 향상을 위하여 소방기술과 관련된 자격·학력 및 경력을 가진 사람을 소방기술자로 인정할 수 있다.(2017.7.26 본항개정)
② 소방청장은 제1항에 따라 자격·학력 및 경력을 인정받은 사람에게 소방기술 인정 자격수첩과 경력수첩을 발급할 수 있다.(2017.7.26 본항개정)
③ 제1항에 따른 소방기술과 관련된 자격·학력 및 경력의 인정 범위와 제2항에 따른 자격수첩 및 경력수첩의 발급 절차 등에 관하여 필요한 사항은 행정안전부령으로 정한다.(2017.7.26 본항개정)
④ 소방청장은 제2항에 따라 자격수첩 또는 경력수첩을 발급받은 사람이 다음 각 호의 어느 하나에 해당하는 경우에는 행정안전부령으로 정하는 바에 따라 그 자격을 취소하거나 6개월 이상 2년 이하의 기간을 정하여 그 자격을 정지시킬 수 있다. 다만, 제1호와 제2호에 해당하는 경우에는 그 자격을 취소하여야 한다.(2017.7.26 본문개정)
1. 거짓이나 그 밖의 부정한 방법으로 자격수첩 또는 경력수첩을 발급받은 경우(2014.12.30 본호개정)
2. 제27조제2항을 위반하여 자격수첩 또는 경력수첩을 다른 사람에게 빌려준 경우(2014.12.30 본호개정)
3. 제27조제3항을 위반하여 동시에 둘 이상의 업체에 취업한 경우
4. 이 법 또는 이 법에 따른 명령을 위반한 경우
⑤ 제4항에 따라 자격이 취소된 사람은 취소된 날부터 2년간 자격수첩 또는 경력수첩을 발급받을 수 없다.
(2014.12.30 본항개정)
제28조의2【소방기술자 양성 및 교육 등】 ① 소방청장은 소방기술자를 육성하고 소방기술자의 전문기술능력 향상을 위하여 소방기술자와 제28조에 따라 소방기술과 관련된 자격·학력 및 경력을 인정받으려는 사람의 양성·인정 교육훈련(이하 "소방기술자 양성·인정 교육훈련"이라 한다)을 실시할 수 있다.
② 소방청장은 전문적이고 체계적인 소방기술자 양성·인정 교육훈련을 위하여 소방기술자 양성·인정 교육훈련기관을 지정할 수 있다.
③ 제2항에 따라 지정된 소방기술자 양성·인정 교육훈련기관의 지정취소, 업무정지 및 청문에 관하여는 「소방

시설 설치 및 관리에 관한 법률」 제47조 및 제49조를 준용한다.(2021.11.30 본항개정)
④ 제1항 및 제2항에 따른 소방기술자 양성·인정 교육훈련 및 교육훈련기관 지정 등에 필요한 사항은 행정안전부령으로 정한다.
(2021.4.20 본조신설)

제29조【소방기술자의 실무교육】 ① 화재 예방, 안전관리의 효율화, 새로운 기술 등 소방에 관한 지식의 보급을 위하여 소방시설업 또는 「소방시설 설치 및 관리에 관한 법률」 제29조에 따른 소방시설관리업의 기술인력으로 등록된 소방기술자는 행정안전부령으로 정하는 바에 따라 실무교육을 받아야 한다.(2021.11.30 본항개정)
② 제1항에 따른 소방기술자가 정하여진 교육을 받지 아니하면 그 교육을 이수할 때까지 그 소방기술자는 소방시설업 또는 「소방시설 설치 및 관리에 관한 법률」 제29조에 따른 소방시설관리업의 기술인력으로 등록된 사람으로 보지 아니한다.(2021.11.30 본항개정)
③ 소방청장은 제1항에 따른 소방기술자에 대한 실무교육을 효율적으로 하기 위하여 실무교육기관을 지정할 수 있다.(2017.7.26 본항개정)
④ 제3항에 따른 실무교육기관의 지정방법·절차·기준 등에 관하여 필요한 사항은 행정안전부령으로 정한다.
(2017.7.26 본항개정)
⑤ 제3항에 따라 지정된 실무교육기관의 지정취소, 업무정지 및 청문에 관하여는 「소방시설 설치 및 관리에 관한 법률」 제47조 및 제49조를 준용한다.(2021.11.30 본항개정)

제5장 소방시설업자협회
(2014.12.30 본장제목개정)

제30조 (2014.12.30 삭제)

제30조의2【소방시설업자협회의 설립】 ① 소방시설업자는 소방시설업자의 권익보호와 소방기술의 개발 등 소방시설업의 건전한 발전을 위하여 소방시설업자협회(이하 "협회"라 한다)를 설립할 수 있다.
② 협회는 법인으로 한다.
③ 협회는 소방청장의 인가를 받아 주된 사무소의 소재지에 설립등기를 함으로써 성립한다.(2017.7.26 본항개정)
④ 협회의 설립인가 절차, 정관의 기재사항 및 협회에 대한 감독에 관하여 필요한 사항은 대통령령으로 정한다.
(2010.7.23 본조신설)

제30조의3【협회의 업무】 협회의 업무는 다음 각 호와 같다.
1. 소방시설업의 기술발전과 소방기술의 진흥을 위한 조사·연구·분석 및 평가
2. 소방산업의 발전 및 소방기술의 향상을 위한 지원
3. 소방시설업의 기술발전과 관련된 국제교류·활동 및 행사의 유치
4. 이 법에 따른 위탁 업무의 수행
(2010.7.23 본조신설)

제30조의4【「민법」의 준용】 협회에 관하여 이 법에 규정되지 아니한 사항은 「민법」 중 사단법인에 관한 규정을 준용한다.(2010.7.23 본조신설)

제6장 보 칙
(2010.7.23 본장개정)

제31조【감독】 ① 시·도지사, 소방본부장 또는 소방서장은 소방시설업의 감독을 위하여 필요할 때에는 소방시설업자나 관계인에게 필요한 보고나 자료 제출을 명할 수 있고, 관계 공무원으로 하여금 소방시설업체나 특정소방대상물에 출입하여 관계 서류와 시설 등을 검사하거나 소방시설업자 및 관계인에게 질문하게 할 수 있다.
② 소방청장은 제33조제2항부터 제4항까지의 규정에 따라 소방청장의 업무를 위탁받은 제29조제3항에 따른 실무교육기관(이하 "실무교육기관"이라 한다) 또는 「소방기본법」 제40조에 따른 한국소방안전원, 협회, 법인 또는 단체에 필요한 보고나 자료 제출을 명할 수 있고, 관계 공무원으로 하여금 실무교육기관, 한국소방안전원, 협회, 법인 또는 단체의 사무실에 출입하여 관계 서류 등을 검사하거나 관계인에게 질문하게 할 수 있다.
(2017.12.26 본항개정)
③ 제1항과 제2항에 따라 출입·검사를 하는 관계 공무원은 그 권한을 표시하는 증표를 지니고 이를 관계인에게 보여주어야 한다.
④ 제1항과 제2항에 따라 출입·검사업무를 수행하는 관계 공무원은 관계인의 정당한 업무를 방해하거나 출입·검사업무를 수행하면서 알게 된 비밀을 다른 자에게 누설하여서는 아니 된다.

제32조【청문】 제9조제1항에 따른 소방시설업 등록취소처분이나 영업정지처분 또는 제28조제4항에 따른 소방기술 인정 자격취소처분을 하려면 청문을 하여야 한다.
(2013.5.22 본조개정)

제33조【권한의 위임·위탁 등】 ① 소방청장은 이 법에 따른 권한의 일부를 대통령령으로 정하는 바에 따라 시·도지사에게 위임할 수 있다.(2017.7.26 본항개정)
② 소방청장은 제29조에 따른 실무교육에 관한 업무를 대통령령으로 정하는 바에 따라 실무교육기관 또는 한국소방안전원에 위탁할 수 있다.(2017.12.26 본항개정)
③ 소방청장 또는 시·도지사는 다음 각 호의 업무를 대통령령으로 정하는 바에 따라 협회에 위탁할 수 있다.
(2017.7.26 본문개정)
1. 제4조제1항에 따른 소방시설업 등록신청의 접수 및 신청내용의 확인(2014.12.30 본호신설)
2. 제6조에 따른 소방시설업 등록사항 변경신고의 접수 및 신고내용의 확인(2014.12.30 본호신설)
2의2. 제6조의2에 따른 소방시설업 휴업·폐업 등 신고의 접수 및 신고내용의 확인(2016.1.27 본호신설)
3. 제7조제3항에 따른 소방시설업자의 지위승계 신고의 접수 및 신고내용의 확인(2014.12.30 본호신설)
4. 제20조의3에 따른 방염처리능력 평가 및 공시(2018.2.9 본호신설)
5. 제26조에 따른 시공능력 평가 및 공시(2014.12.30 본호신설)
6. 제26조의3제1항에 따른 소방시설업 종합정보시스템의 구축·운영(2020.6.9 본호신설)
④ 소방청장은 다음 각 호의 업무를 대통령령으로 정하는 바에 따라 협회, 소방기술과 관련된 법인 또는 단체에 위탁할 수 있다.(2021.4.20 본문개정)
1. 제28조에 따른 소방기술과 관련된 자격·학력 및 경력의 인정 업무(2021.4.20 본호신설)
2. 제28조의2에 따른 소방기술자 양성·인정 교육훈련 업무(2021.4.20 본호신설)
⑤ (2011.8.4 삭제)

제34조【수수료 등】 다음 각 호의 어느 하나에 해당하는 자는 행정안전부령으로 정하는 바에 따라 수수료나 교육비를 내야 한다.(2017.7.26 본문개정)
1. 제4조제1항에 따라 소방시설업을 등록하려는 자
2. 제4조제3항에 따라 소방시설업 등록증 또는 등록수첩을 재발급 받으려는 자
3. 제7조제3항에 따라 소방시설업자의 지위승계 신고를 하려는 자
4. 제20조의3제2항에 따라 방염처리능력 평가를 받으려는 자(2018.2.9 본호신설)
5. 제26조제2항에 따라 시공능력 평가를 받으려는 자
(2018.2.9 본호신설)
6. 제28조제2항에 따라 자격수첩 또는 경력수첩을 발급받으려는 사람(2014.12.30 본호개정)
6의2. 제28조의2제1항에 따른 소방기술자 양성·인정 교육훈련을 받으려는 사람(2021.4.20 본호신설)
7. 제29조제1항에 따라 실무교육을 받으려는 사람

제34조의2【벌칙 적용 시의 공무원 의제】 다음 각 호의 어느 하나에 해당하는 사람은 「형법」 제129조부터 제132조까지의 규정을 적용할 때에는 공무원으로 본다.
1. 제16조, 제19조 및 제20조에 따라 그 업무를 수행하는 감리원
2. 제33조제2항부터 제4항까지의 규정에 따라 위탁받은 업무를 수행하는 실무교육기관, 한국소방안전원, 협회 및 소방기술과 관련된 법인 또는 단체의 담당 임원 및 직원(2017.12.26 본호개정)
(2011.8.4 본조신설)

제7장 벌 칙
(2010.7.23 본장제목개정)

제35조【벌칙】 다음 각 호의 어느 하나에 해당하는 자는 3년 이하의 징역 또는 3천만원 이하의 벌금에 처한다.
(2023.1.3 본문개정)
1. 제4조제1항을 위반하여 소방시설업 등록을 하지 아니하고 영업을 한 자(2023.1.3 본호신설)
2. 제21조의5를 위반하여 부정한 청탁을 받고 재물 또는 재산상의 이익을 취득하거나 부정한 청탁을 하면서 재물 또는 재산상의 이익을 제공한 자(2023.1.3 본호신설)

제36조【벌칙】 다음 각 호의 어느 하나에 해당하는 자는 1년 이하의 징역 또는 1천만원 이하의 벌금에 처한다.
1. 제9조제1항을 위반하여 영업정지처분을 받고 그 영업정지 기간에 영업을 한 자
2. 제11조나 제12조제1항을 위반하여 설계나 시공을 한 자
3. 제16조제1항을 위반하여 감리를 하거나 거짓으로 감리한 자
4. 제17조제1항을 위반하여 공사감리자를 지정하지 아니한 자
4의2. 제19조제3항에 따른 보고를 거짓으로 한 자
4의3. 제20조에 따른 공사감리 결과의 통보 또는 공사감리 결과보고서의 제출을 거짓으로 한 자
(2015.7.20 4호의2~4호의3신설)
5. 제21조제1항을 위반하여 해당 소방시설업자가 아닌 자에게 소방시설공사등을 도급한 자(2020.6.9 본호개정)
6. 제22조제1항 본문을 위반하여 도급받은 소방시설의 설계, 시공, 감리를 하도급한 자(2020.6.9 본호개정)
6의2. 제22조제2항을 위반하여 하도급받은 소방시설공사를 다시 하도급한 자(2020.6.9 본호신설)
7. 제27조제1항을 위반하여 같은 항에 따른 법 또는 명령을 따르지 아니하고 업무를 수행한 자
(2010.7.23 본조개정)

제37조【벌칙】 다음 각 호의 어느 하나에 해당하는 자는 300만원 이하의 벌금에 처한다.
1. 제8조제1항을 위반하여 다른 자에게 자기의 성명이나 상호를 사용하여 소방시설공사등을 수급 또는 시공하게 하거나 소방시설업의 등록증이나 등록수첩을 빌려준 자(2020.6.9 본호개정)
2. 제18조제1항을 위반하여 소방시설공사 현장에 감리원을 배치하지 아니한 자(2018.2.9 본호개정)
3. 제19조제2항을 위반하여 감리업자의 보완 요구에 따르지 아니한 자
4. 제19조제4항을 위반하여 공사감리 계약을 해지하거나 대가 지급을 거부하거나 지연시키거나 불이익을 준 자
4의2. 제21조제2항 본문을 위반하여 소방시설공사를 다른 업종의 공사와 분리하여 도급하지 아니한 자
(2020.6.9 본호신설)
5. 제27조제2항을 위반하여 자격수첩 또는 경력수첩을 빌려 준 사람(2014.12.30 본호개정)
6. 제27조제3항을 위반하여 동시에 둘 이상의 업체에 취업한 사람
7. 제31조제4항을 위반하여 관계인의 정당한 업무를 방해하거나 업무상 알게 된 비밀을 누설한 사람
(2010.7.23 본조개정)

제38조【벌칙】 다음 각 호의 어느 하나에 해당하는 자는 100만원 이하의 벌금에 처한다.
1. 제31조제2항에 따른 명령을 위반하여 보고 또는 자료 제출을 하지 아니하거나 거짓으로 한 자
2. 제31조제1항 및 제2항을 위반하여 정당한 사유 없이 관계 공무원의 출입 또는 검사·조사를 거부·방해 또는 기피한 자
(2010.7.23 본조개정)

제39조【양벌규정】 법인의 대표자나 법인 또는 개인의 대리인, 사용인, 그 밖의 종업원이 그 법인 또는 개인의 업무에 관하여 제35조부터 제38조까지의 어느 하나에 해당하는 위반행위를 하면 그 행위자를 벌하는 외에 그 법인 또는 개인에게도 해당 조문의 벌금형을 과(科)한다. 다만, 법인 또는 개인이 그 위반행위를 방지하기 위하여 해당 업무에 관하여 상당한 주의와 감독을 게을리하지 아니한 경우에는 그러하지 아니하다.(2008.12.26 본조개정)

제40조【과태료】 ① 다음 각 호의 어느 하나에 해당하는 자에게는 200만원 이하의 과태료를 부과한다.
1. 제6조, 제6조의2제1항, 제7조제1항 및 제2항, 제13조제1항 및 제2항 전단, 제17조제2항을 위반하여 신고를 하지 아니하거나 거짓으로 신고한 자(2023.1.3 본호개정)
2. 제8조제3항을 위반하여 관계인에게 지위승계, 행정처분 또는 휴업·폐업의 사실을 거짓으로 알린 자
(2011.8.4 본호개정)
3. 제8조제4항을 위반하여 관계 서류를 보관하지 아니한 자
4. 제12조제2항을 위반하여 소방기술자를 공사 현장에 배치하지 아니한 자
5. 제14조제1항을 위반하여 완공검사를 받지 아니한 자
6. 제15조제3항을 위반하여 3일 이내에 하자를 보수하지 아니하거나 하자보수계획을 관계인에게 거짓으로 알린 자(2011.8.4 본호개정)
7. (2015.7.20 삭제)
8. 제17조제3항을 위반하여 감리 관계 서류를 인수·인계하지 아니한 자
8의2. 제18조제2항에 따른 배치통보 및 변경통보를 하지 아니하거나 거짓으로 통보한 자(2014.12.30 본호신설)
9. 제20조의2를 위반하여 방염성능기준 미만으로 방염을 한 자(2018.2.9 본호신설)
10. 제20조의3제2항에 따른 방염처리능력 평가에 관한 서류를 거짓으로 제출한 자(2020.6.9 본호개정)
10의2. (2018.2.9 삭제)
10의3. 제21조의3제2항에 따른 도급계약 체결 시 의무를 이행하지 아니한 자(하도급 계약의 경우에는 하도급 받은 소방시설업자는 제외한다)(2014.12.30 본호신설)
11. 제21조의3제4항에 따른 하도급 등의 통지를 하지 아니한 한 자(2014.12.30 본호개정)
11의2. 제21조의4제1항에 따른 공사대금의 지급보증, 담보의 제공 또는 보험료등의 지급을 정당한 사유 없이 이행하지 아니한 자(2021.4.20 본호신설)
12. (2011.8.4 삭제)
13. (2013.5.22 삭제)
13의2. 제26조제2항에 따른 시공능력 평가에 관한 서류를 거짓으로 제출한 자(2020.6.9 본호개정)
13의3. 제26조의2제1항 후단에 따른 사업수행능력 평가에 관한 서류를 위조하거나 변조하는 등 거짓이나 그 밖의 부정한 방법으로 입찰에 참여한 자(2021.1.5 본호개정)
14. 제31조제1항에 따른 명령을 위반하여 보고 또는 자료 제출을 하지 아니하거나 거짓으로 보고 또는 자료 제출을 한 자
② 제1항에 따른 과태료는 대통령령으로 정하는 바에 따라 관할 시·도지사, 소방본부장 또는 소방서장이 부과·징수한다.
(2010.7.23 본조개정)

부 칙 (2014.12.30)

제1조【시행일】 이 법은 공포 후 6개월이 경과한 날부터 시행한다.
제2조【등록기준 미달에 대한 행정처분에 관한 적용례】 제9조제1항제2호 단서의 개정규정은 이 법 시행 전에 소방시설업 등록기준에 미달하게 된 경우〔종전의 「소방시설 설치·유지 및 안전관리에 관한 법률」(법률 제12940호 소방시설 설치·유지 및 안전관리에 관한 법률 일부개정법률로 개정되기 전의 것을 말한다. 이하 같다) 제19조제1항제2호에 따른 행정처분 기준에 해당하는 경우를 포함한다〕에도 적용한다.
제3조【하도급대금의 지급 등에 관한 적용례】 제22조의3의 개정규정은 이 법 시행 후 소방시설공사등에 대하여 하도급계약을 체결하는 경우부터 적용한다.
제4조【하도급계약 자료의 공개 등에 관한 적용례】 제22조의4의 개정규정은 이 법 시행 후 소방시설공사등에 대하여 하도급계약을 체결하는 경우부터 적용한다.
제5조【시공능력 평가 신청에 관한 적용례】 제26조제2항의 개정규정은 이 법 시행 후 공사업자가 시공능력 평가를 신청하는 경우부터 적용한다.
제6조【방염처리업 등록 등에 관한 경과조치】 이 법 시행 당시 종전의 「소방시설 설치·유지 및 안전관리에 관한 법률」에 따라 방염처리업을 등록한 사람은 제4조의 개정규정에 따라 소방시설업 중 방염처리업을 등록한 것으로 본다.
제7조【방염처리업 이관에 따른 행정처분에 관한 경과조치】 이 법 시행 전의 방염처리업자의 위반행위에 대한 행정처분에 관하여는 이 법에 따른 행정처분의 기준이 종전의 「소방시설 설치·유지 및 안전관리에 관한 법률」에 따른 행정처분의 기준보다 강화된 경우에는 종전의 규정에 따르고, 이 법에 따른 행정처분의 기준이 종전의 「소방시설 설치·유지 및 안전관리에 관한 법률」에 따른 행정처분의 기준보다 완화된 경우에는 이 법에 따른다.
제8조【방염처리업 이관에 따른 벌칙 등에 관한 경과조치】 이 법 시행 전의 방염처리업자의 위반행위에 대하여 벌칙이나 과태료 규정을 적용할 때에는 종전의 「소방시설 설치·유지 및 안전관리에 관한 법률」에 따른다.
제9조【과태료에 관한 경과조치】 이 법 시행 전의 위반행위에 대하여 과태료 규정을 적용할 때에는 종전의 규정에 따른다.

부 칙 (2015.7.20)

제1조【시행일】 이 법은 공포 후 6개월이 경과한 날부터 시행한다. 다만, 제5조의 개정규정은 공포한 날부터 시행한다.
제2조【등록의 결격사유에 관한 적용례】 제5조제5호의 개정규정은 이 법 시행 전에 종전의 제5조제1호 또는 제2호에 해당하여 등록이 취소된 자에 대해서도 적용한다.
제3조【금치산자 등에 대한 경과조치】 제5조제1호의 개정규정에 따른 피성년후견인에는 법률 제10429호 민법 일부개정법률 부칙 제2조에 따라 금치산 또는 한정치산 선고의 효력이 유지되는 사람을 포함하는 것으로 본다.
제4조【행정처분 및 과태료에 관한 경과조치】 이 법 시행 전의 위반행위에 대하여 행정처분(과징금처분을 포함한다) 및 과태료를 적용할 때에는 제9조제1항제14호 및 제40조제1항제7호, 제9호, 제10호의 개정규정에도 불구하고 종전의 규정에 따른다.
제5조【하자보수 보증금 예치 등에 관한 경과조치】 이 법 시행 당시 제15조제1항에 따른 하자보수 보증기간이 만료되지 아니한 소방시설의 경우에는 제15조제2항 및 제6항의 개정규정에도 불구하고 종전의 규정에 따른다.

부 칙 (2020.3.24)

제1조【시행일】 이 법은 공포한 날부터 시행한다.(이하 생략)

부 칙 (2020.6.9)

제1조【시행일】 이 법은 공포 후 1년이 경과한 날부터 시행한다. 다만, 제6조의2제3항·제4항, 제7조제1항부터 제3항까지, 같은 조 제5항, 제21조제1항, 제33조제3항제6호 및 제36조제5호의 개정규정은 공포한 날부터 시행하고, 제13조제3항·제4항, 제17조제4항·제5항 및 제25조의 개정규정은 공포 후 1개월이 경과한 날부터 시행하며, 제21조제2항 및 제37조제4호의2의 개정규정은 공포 후 3개월이 경과한 날부터 시행한다.
제2조【소방시설업자의 지위승계신고 등에 관한 적용례】 제7조제1항부터 제3항까지, 같은 조 제5항, 제13조제3항·제4항 및 제17조제4항·제5항의 개정규정은 부칙 제1조 단서에 따른 시행일 이후 소방시설업자의 지위승계신고, 소방시설공사 착공신고·변경신고 및 소방시설공사 공사감리자 지정신고·변경신고를 하는 경우부터 적용한다.
제3조【등록취소 및 영업정지 등에 관한 적용례】 제9조제1항의 개정규정은 이 법 시행 이후 제9조제1항제6호·제13호·제14호의2·제20호의3·제21호·제21호의2 및 제24호의2의 개정규정에 해당하는 경우부터 적용한다.
제4조【착공신고사항 중 중요한 사항에 해당하지 아니하는 변경사항의 보고에 관한 적용례】 제13조제2항의 개정규정은 이 법 시행 당시 진행 중인 소방시설공사에 대해서도 적용한다.
제5조【소방시설공사등의 분리 도급에 관한 적용례】 제21조제2항의 개정규정은 이 법 시행 후 최초로 도급하는 소방시설공사부터 적용한다.
제6조【하도급의 제한에 관한 적용례】 제22조제1항 본문의 개정규정은 이 법 시행 이후 소방시설의 설계, 감리의 도급계약을 체결하는 경우부터 적용한다.
제7조【소방 기술용역의 대가 기준 산정에 관한 적용례】 제25조의 개정규정은 부칙 제1조 단서에 따른 시행일 이후 소방시설공사의 설계와 감리에 관한 약정을 하는 경우부터 적용한다.
제8조【과징금처분에 관한 경과조치】 이 법 시행 전의 위반행위에 대하여 과징금을 부과하는 경우에는 제10조제1항의 개정규정에도 불구하고 종전의 규정에 따른다.
제9조【공사감리자 지정에 관한 경과조치】 이 법 시행 전에 제17조제1항 단서에 따라 공사감리자를 지정한 경우에는 제17조제1항 단서의 개정규정에도 불구하고 종전의 규정에 따른다.

부 칙 (2020.12.29)

제1조【시행일】 이 법은 공포 후 1년이 경과한 날부터 시행한다.(이하 생략)

부 칙 (2021.1.5)

제1조【시행일】 이 법은 공포 후 1년이 경과한 날부터 시행한다.
제2조【감리업자의 선정 등에 관한 적용례】 제26조의2 제2항의 개정규정은 이 법 시행 후 최초로 「주택법」 제15조제2항에 따른 사업계획승인신청서를 제출하는 경우부터 적용한다.

부 칙 (2021.4.20)

제1조【시행일】 이 법은 공포 후 1년이 경과한 날부터 시행한다.
제2조【공사대금 지급의 보증 등에 관한 적용례】 제21조의4의 개정규정은 이 법 시행 후 최초로 소방시설공사 도급계약을 체결하는 분부터 적용한다.

부 칙 (2021.10.19)

이 법은 공포한 날부터 시행한다.

부 칙 (2021.11.30)

제1조【시행일】 이 법은 공포 후 1년이 경과한 날부터 시행한다.(이하 생략)

부 칙 (2023.1.3)

제1조【시행일】 이 법은 공포 후 1년이 경과한 날부터 시행한다. 다만, 제5조제6호, 제9조제1항제3호 및 제40조제1항제1호의 개정규정은 공포한 날부터 시행하고, 제24조제1호 및 제4호의 개정규정은 공포 후 3개월이 경과한 날부터 시행한다.
제2조【소방시설업자의 등록취소에 관한 적용례】 제9조제1항제3호 단서의 개정규정은 같은 개정규정 시행 전에 제5조제6호 또는 제7호에 해당하게 된 법인에 대하여 행정처분을 하는 경우에도 적용한다.
제3조【공사업자의 감리 제한에 관한 적용례】 제24조제1호 및 제4호의 개정규정은 같은 개정규정 시행 이후 발주하는 소방시설공사부터 적용한다.

부 칙 (2024.1.30)

제1조【시행일】 이 법은 공포 후 1년이 경과한 날부터 시행한다.
제2조【감리업자의 선정에 관한 적용례】 제26조의2제2항의 개정규정은 이 법 시행 이후 「주택법」 제15조제1항에 따라 시장·군수가 주택건설사업계획을 승인하는 경우 및 「도시 및 주거환경정비법」 제50조제1항에 따라 특별자치시장, 특별자치도지사, 시장, 군수 또는 자치구의 구청장이 사업시행계획을 인가하는 경우부터 적용한다.

위험물안전관리법(약칭 : 위험물관리법)

(2003년 5월 29일 법 률 제6896호)

개정
2005. 3.31법 7428호(채무자회생파산)
2005. 8. 4법 7659호
2006. 2.21법 7849호(제주자치법)
2006. 9.22법 7984호
2007. 8. 3법 8621호(선박법)
2008. 2.29법 8852호(정부조직)
2008. 6. 5법 9094호(소방산업의진흥에관한법)
2010. 3.22법10151호
2010. 3.31법10219호(지방세기본법)
2013. 3.23법11690호(정부조직)
2013. 6. 4법11862호(화학물질관리법)
2013. 8. 6법11998호(지방세외수입금의징수등에관한법)
2014.11.19법12844호(정부조직)
2014.12.30법12941호 2016. 1.27법13922호
2016.12.27법14476호(지방세징수법)
2017. 3.21법14752호
2017. 7.26법14839호(정부조직)
2017.12.26법15300호(소방기본법)
2020. 3.24법17091호(지방행정제재·부과금의징수등에관한법)
2020. 6. 9법17380호 2020.10.20법17518호
2020.12.22법17689호(국가자치경찰)
2021. 1.12법17894호(피후견인결격정비)
2021.11.30법18522호(소방시설설치및관리에관한법)
2023. 1. 3법19161호→2023년 7월 4일 및 2024년 7월 4일 시행
2023.12.26법19841호(주민등록법)→2024년 12월 27일 시행이므로 「法典 別冊」 보유편 수록
2024. 1.30법20160호→2024년 7월 31일 시행
2024. 2. 6법20231호(화학물질관리법)→2025년 8월 7일 시행이므로 「法典 別冊」 보유편 수록

제1장 총 칙

제1조【목적】 이 법은 위험물의 저장·취급 및 운반과 이에 따른 안전관리에 관한 사항을 규정함으로써 위험물로 인한 위해를 방지하여 공공의 안전을 확보함을 목적으로 한다.
제2조【정의】 ① 이 법에서 사용하는 용어의 정의는 다음과 같다.
1. "위험물"이라 함은 인화성 또는 발화성 등의 성질을 가지는 것으로서 대통령령이 정하는 물품을 말한다.
2. "지정수량"이라 함은 위험물의 종류별로 위험성을 고려하여 대통령령이 정하는 수량으로서 제6호의 규정에 의한 제조소등의 설치허가 등에 있어서 최저의 기준이 되는 수량을 말한다.
3. "제조소"라 함은 위험물을 제조할 목적으로 지정수량 이상의 위험물을 취급하기 위하여 제6조제1항의 규정에 따른 허가(동조제3항의 규정에 따라 허가가 면제된 경우 및 제7조제2항의 규정에 따라 협의로써 허가를 받은 것으로 보는 경우를 포함한다. 이하 제4호 및 제5호에서 같다)를 받은 장소를 말한다.
4. "저장소"라 함은 지정수량 이상의 위험물을 저장하기 위한 대통령령이 정하는 장소로서 제6조제1항의 규정에 따른 허가를 받은 장소를 말한다.
5. "취급소"라 함은 지정수량 이상의 위험물을 제조외의 목적으로 취급하기 위한 대통령령이 정하는 장소로서 제6조제1항의 규정에 따른 허가를 받은 장소를 말한다.
6. "제조소등"이라 함은 제3호 내지 제5호의 제조소·저장소 및 취급소를 말한다.
② 이 법에서 사용하는 용어의 정의는 제1항에서 규정하는 것을 제외하고는 「소방기본법」, 「화재의 예방 및 안전관리에 관한 법률」, 「소방시설 설치 및 관리에 관한 법률」 및 「소방시설공사업법」에서 정하는 바에 따른다.
(2021.11.30 본항개정)
제3조【적용제외】 이 법은 항공기·선박(선박법 제1조의2제1항의 규정에 따른 선박을 말한다)·철도 및 궤도에 의한 위험물의 저장·취급 및 운반에 있어서는 이를 적용하지 아니한다.(2007.8.3 본조개정)
제3조의2【국가의 책무】 ① 국가는 위험물에 의한 사고를 예방하기 위하여 다음 각 호의 사항을 포함하는 시책을 수립·시행하여야 한다.
1. 위험물의 유통실태 분석
2. 위험물에 의한 사고 유형의 분석
3. 사고 예방을 위한 안전기술 개발
4. 전문인력 양성
5. 그 밖에 사고예방을 위하여 필요한 사항
② 국가는 지방자치단체가 위험물에 의한 사고의 예방·대비 및 대응을 위한 시책을 추진하는 데에 필요한 행정적·재정적 지원을 하여야 한다.
(2016.1.27 본조신설)
제4조【지정수량 미만인 위험물의 저장·취급】 지정수량 미만인 위험물의 저장 또는 취급에 관한 기술상의 기준은 특별시·광역시·특별자치시·도 및 특별자치도(이하 "시·도"라 한다)의 조례로 정한다.(2014.12.30 본조개정)
제5조【위험물의 저장 및 취급의 제한】 ① 지정수량 이상의 위험물을 저장소가 아닌 장소에서 저장하거나 제조소등이 아닌 장소에서 취급하여서는 아니된다.
② 제1항의 규정에 불구하고 다음 각 호의 어느 하나에 해당하는 경우에는 제조소등이 아닌 장소에서 지정수량 이상의 위험물을 취급할 수 있다. 이 경우 임시로 저장

또는 취급하는 장소에서의 저장 또는 취급의 기준과 임시로 저장 또는 취급하는 장소의 위치 · 구조 및 설비의 기준은 시 · 도의 조례로 정한다.(2016.1.27 전단개정)
1. 시 · 도의 조례가 정하는 바에 따라 관할소방서장의 승인을 받아 지정수량 이상의 위험물을 90일 이내의 기간동안 임시로 저장 또는 취급하는 경우
2. 군부대가 지정수량 이상의 위험물을 군사목적으로 임시로 저장 또는 취급하는 경우
③ 제조소등에서의 위험물의 저장 또는 취급에 관하여는 다음 각 호의 중요기준 및 세부기준에 따라야 한다.(2016.1.27 본문개정)
1. 중요기준 : 화재 등 위해의 예방과 응급조치에 있어서 큰 영향을 미치거나 그 기준을 위반하는 경우 직접적으로 화재를 일으킬 가능성이 큰 기준으로서 행정안전부령이 정하는 기준(2017.7.26 본호개정)
2. 세부기준 : 화재 등 위해의 예방과 응급조치에 있어서 중요기준보다 상대적으로 적은 영향을 미치거나 그 기준을 위반하는 경우 간접적으로 화재를 일으킬 수 있는 기준 및 위험물의 안전관리에 필요한 표시와 서류 · 기구 등의 비치에 관한 기준으로서 행정안전부령이 정하는 기준(2017.7.26 본호개정)
④ 제1항의 규정에 따른 제조소등의 위치 · 구조 및 설비의 기술기준은 행정안전부령으로 정한다.(2017.7.26 본항개정)
⑤ 둘 이상의 위험물을 같은 장소에서 저장 또는 취급하는 경우에 있어서 당해 장소에서 저장 또는 취급하는 각 위험물의 수량을 그 위험물의 지정수량으로 각각 나누어 얻은 수의 합계가 1 이상인 경우 당해 위험물은 지정수량 이상의 위험물로 본다.

제2장 위험물시설의 설치 및 변경

제6조【위험물시설의 설치 및 변경 등】 ① 제조소등을 설치하고자 하는 자는 대통령령이 정하는 바에 따라 그 설치장소를 관할하는 특별시장 · 광역시장 · 특별자치시장 · 도지사 또는 특별자치도지사(이하 "시 · 도지사"라 한다)의 허가를 받아야 한다. 제조소등의 위치 · 구조 또는 설비 가운데 행정안전부령이 정하는 사항을 변경하고자 하는 때에도 또한 같다.(2017.7.26 후단개정)
② 제조소등의 위치 · 구조 또는 설비의 변경없이 당해 제조소등에서 저장하거나 취급하는 위험물의 품명 · 수량 또는 지정수량의 배수를 변경하고자 하는 자는 변경하고자 하는 날의 1일 전까지 행정안전부령이 정하는 바에 따라 시 · 도지사에게 신고하여야 한다.(2017.7.26 본항개정)
③ 제1항 및 제2항의 규정에 불구하고 다음 각 호의 어느 하나에 해당하는 제조소등의 경우에는 허가를 받지 아니하고 당해 제조소등을 설치하거나 그 위치 · 구조 또는 설비를 변경할 수 있으며, 신고를 하지 아니하고 위험물의 품명 · 수량 또는 지정수량의 배수를 변경할 수 있다.(2016.1.27 본문개정)
1. 주택의 난방시설(공동주택의 중앙난방시설을 제외한다)을 위한 저장소 또는 취급소
2. 농예용 · 축산용 또는 수산용으로 필요한 난방시설 또는 건조시설을 위한 지정수량 20배 이하의 저장소

제7조【군용위험물시설의 설치 및 변경에 대한 특례】
① 군사목적 또는 군부대시설을 위한 제조소등을 설치하거나 그 위치 · 구조 또는 설비를 변경하고자 하는 군부대의 장은 대통령령이 정하는 바에 따라 미리 제조소등의 소재지를 관할하는 시 · 도지사와 협의하여야 한다.
② 군부대의 장이 제1항의 규정에 따라 제조소등의 소재지를 관할하는 시 · 도지사와 협의한 경우에는 제6조제1항의 규정에 따른 허가를 받은 것으로 본다.
③ 군부대의 장은 제1항의 규정에 따라 협의한 제조소등에 대하여는 제8조 및 제9조의 규정에 불구하고 탱크안전성능검사와 완공검사를 자체적으로 실시할 수 있다. 이 경우 완공검사를 자체적으로 실시한 군부대의 장은 지체없이 행정안전부령이 정하는 사항을 시 · 도지사에게 통보하여야 한다.(2017.7.26 후단개정)

제8조【탱크안전성능검사】 ① 위험물을 저장 또는 취급하는 탱크로서 대통령령이 정하는 탱크(이하 "위험물탱크"라 한다)가 있는 제조소등의 설치 또는 그 위치 · 구조 또는 설비의 변경에 관하여 제6조제1항의 규정에 따른 허가를 받은 자가 위험물탱크의 설치 또는 그 위치 · 구조 또는 설비의 변경공사를 하는 때에는 제9조제1항의 규정에 따른 완공검사를 받기 전에 제5조제4항의 규정에 따른 기술기준에 적합한지의 여부를 확인하기 위하여 시 · 도지사가 실시하는 탱크안전성능검사를 받아야 한다. 이 경우 시 · 도지사는 제6조제1항의 규정에 따른 허가를 받은 자가 제16조제1항의 규정에 따른 탱크안전성능시험자 또는 「소방산업의 진흥에 관한 법률」 제14조에 따른 한국소방산업기술원(이하 "기술원"이라 한다)로부터 탱크안전성능시험을 받은 경우에는 대통령령이 정하는 바에 따라 당해 탱크안전성능검사의 전부 또는 일부를 면제할 수 있다.(2008.6.5 본항개정)
② 제1항의 규정에 따른 탱크안전성능검사의 내용은 대통령령으로 정하고, 탱크안전성능검사의 실시 등에 관하여 필요한 사항은 행정안전부령으로 정한다.(2017.7.26 본항개정)

제9조【완공검사】 ① 제6조제1항의 규정에 따른 허가를 받은 자가 제조소등의 설치를 마쳤거나 그 위치 · 구조 또는 설비의 변경을 마친 때에는 당해 제조소등마다 시 · 도지사가 행하는 완공검사를 받아 제5조제4항의 규정에 따른 기술기준에 적합하다고 인정받은 후가 아니면 이를 사용하여서는 아니된다. 다만, 제조소등의 위치 · 구조 또는 설비를 변경함에 있어서 제6조제1항 후단의 규정에 따른 변경허가를 신청하는 때에 화재예방에 관한 조치사항을 기재한 서류를 제출하는 경우에는 당해 변경공사와 관계가 없는 부분은 완공검사를 받기 전에 미리 사용할 수 있다.
② 제1항 본문의 규정에 따른 완공검사를 받고자 하는 자가 제조소등의 일부에 대한 설치 또는 변경을 마친 후 그 일부를 미리 사용하고자 하는 경우에는 당해 제조소등의 일부에 대하여 완공검사를 받을 수 있다.

제10조【제조소등 설치자의 지위승계】 ① 제조소등의 설치자(제6조제1항의 규정에 따라 허가를 받아 제조소등을 설치한 자를 말한다. 이하 같다)가 사망하거나 그 제조소등을 양도 · 인도한 때 또는 법인인 제조소등의 설치자의 합병이 있는 때에는 그 상속인, 제조소등을 양수 · 인수한 자 또는 합병후 존속하는 법인이나 합병에 의하여 설립되는 법인은 그 설치자의 지위를 승계한다.
② 민사집행법에 의한 경매, 「채무자 회생 및 파산에 관한 법률」에 의한 환가, 국세징수법 · 관세법 또는 「지방세징수법」에 따른 압류재산의 매각과 그 밖에 이에 준하는 절차에 따라 제조소등의 시설의 전부를 인수한 자는 그 설치자의 지위를 승계한다.(2016.12.27 본항개정)
③ 제1항 또는 제2항의 규정에 따라 제조소등의 설치자의 지위를 승계한 자는 행정안전부령이 정하는 바에 따라 승계한 날부터 30일 이내에 시 · 도지사에게 그 사실을 신고하여야 한다.(2017.7.26 본항개정)

제11조【제조소등의 폐지】 제조소등의 관계인(소유자 · 점유자 또는 관리자를 말한다. 이하 같다)은 당해 제조소등의 용도를 폐지(장래에 대하여 위험물시설로서의 기능을 완전히 상실시키는 것을 말한다)한 때에는 행정안전부령이 정하는 바에 따라 제조소등의 용도를 폐지한 날부터 14일 이내에 시 · 도지사에게 신고하여야 한다.(2017.7.26 본조개정)

제11조의2【제조소등의 사용 중지 등】 ① 제조소등의 관계인은 제조소등의 사용을 중지(경영상 형편, 대규모 공사 등의 사유로 3개월 이상 위험물을 저장하지 아니하거나 취급하지 아니하는 것을 말한다. 이하 같다)하려는 경우에는 위험물의 제거 및 제조소등에의 출입통제 등 행정안전부령으로 정하는 안전조치를 하여야 한다. 다만, 제조소등의 사용을 중지하는 기간에도 제15조제1항 본문에 따른 위험물안전관리자가 계속하여 직무를 수행하는 경우에는 안전조치를 아니할 수 있다.
② 제조소등의 관계인은 제조소등의 사용을 중지하려거나 중지한 제조소등의 사용을 재개하려는 경우에는 해당 제조소등의 사용을 중지하려는 날 또는 재개하려는 날의 14일 전까지 행정안전부령으로 정하는 바에 따라 제조소등의 사용 중지 또는 재개를 시 · 도지사에게 신고하여야 한다.
③ 시 · 도지사는 제2항에 따라 신고를 받으면 제조소등의 관계인이 제1항 본문에 따른 안전조치를 적합하게 하였는지 또는 제15조제1항 본문에 따른 위험물안전관리자가 직무를 적합하게 수행하는지를 확인하고 위해 방지를 위하여 필요한 안전조치의 이행을 명할 수 있다.
④ 제조소등의 관계인은 제2항의 사용 중지신고에 따라 제조소등의 사용을 중지하는 기간 동안에는 제15조제1항 본문에도 불구하고 위험물안전관리자를 선임하지 아니할 수 있다.
(2020.10.20 본조신설)

제12조【제조소등 설치허가의 취소와 사용정지 등】 시 · 도지사는 제조소등의 관계인이 다음 각 호의 어느 하나에 해당하는 때에는 행정안전부령이 정하는 바에 따라 제6조제1항에 따른 허가를 취소하거나 6월 이내의 기간을 정하여 제조소등의 전부 또는 일부의 사용정지를 명할 수 있다.(2020.10.20 본문개정)
1. 제6조제1항 후단의 규정에 따른 변경허가를 받지 아니하고 제조소등의 위치 · 구조 또는 설비를 변경한 때
2. 제9조의 규정에 따른 완공검사를 받지 아니하고 제조소등을 사용한 때
2의2. 제11조의2제3항에 따른 안전조치 이행명령을 따르지 아니한 때(2020.10.20 본호신설)
3. 제14조제2항의 규정에 따른 수리 · 개조 또는 이전의 명령에 위반한 때
4. 제15조제1항 및 제2항의 규정에 따른 위험물안전관리자를 선임하지 아니한 때
5. 제15조제5항을 위반하여 대리자를 지정하지 아니한 때(2014.12.30 본호개정)
6. 제18조제1항의 규정에 따른 정기점검을 하지 아니한 때
7. 제18조제3항에 따른 정기검사를 받지 아니한 때(2020.10.20 본호개정)
8. 제26조의 규정에 따른 저장 · 취급기준 준수명령을 위반한 때

제13조【과징금처분】 ① 시 · 도지사는 제12조 각 호의 어느 하나에 해당하는 경우로서 제조소등에 대한 사용의 정지가 그 이용자에게 심한 불편을 주거나 그 밖에 공익을 해칠 우려가 있는 때에는 사용정지처분에 갈음하여 2억원 이하의 과징금을 부과할 수 있다.(2016.1.27 본항개정)
② 제1항의 규정에 따른 과징금을 부과하는 위반행위의 종별 · 정도 등에 따른 과징금의 금액 그 밖의 필요한 사항은 행정안전부령으로 정한다.(2017.7.26 본항개정)
③ 시 · 도지사는 제1항의 규정에 따른 과징금을 납부하여야 하는 자가 납부기한까지 이를 납부하지 아니한 때에는 「지방행정제재 · 부과금의 징수 등에 관한 법률」에 따라 징수한다.(2020.3.24 본항개정)

제3장 위험물시설의 안전관리

제14조【위험물시설의 유지 · 관리】 ① 제조소등의 관계인은 당해 제조소등의 위치 · 구조 및 설비가 제5조제4항의 규정에 따른 기술기준에 적합하도록 유지 · 관리하여야 한다.
② 시 · 도지사, 소방본부장 또는 소방서장은 제1항의 규정에 따른 유지 · 관리의 상황이 제5조제4항의 규정에 따른 기술기준에 부적합하다고 인정하는 때에는 그 기술기준에 적합하도록 제조소등의 위치 · 구조 및 설비의 수리 · 개조 또는 이전을 명할 수 있다.

제15조【위험물안전관리자】 ① 제조소등[제6조제3항의 규정에 따라 허가를 받지 아니하는 제조소등과 이동탱크저장소(차량에 고정된 탱크에 위험물을 저장 또는 취급하는 저장소를 말한다)를 제외한다. 이하 이 조에서 같다]의 관계인은 위험물의 안전관리에 관한 직무를 수행하게 하기 위하여 제조소등마다 대통령령이 정하는 위험물의 취급에 관한 자격이 있는 자(이하 "위험물취급자격자"라 한다)를 위험물안전관리자(이하 "안전관리자"라 한다)로 선임하여야 한다. 다만, 제조소등에서 저장 · 취급하는 위험물이 「화학물질관리법」에 따른 유독물질에 해당하는 경우 등 대통령령이 정하는 경우에는 당해 제조소등을 설치한 자는 다른 법률에 의하여 안전관리업무를 하는 자로 선임된 자 가운데 대통령령이 정하는 자를 안전관리자로 선임할 수 있다.(2013.6.4 단서개정)
② 제1항의 규정에 따라 안전관리자를 선임한 제조소등의 관계인은 그 안전관리자를 해임하거나 안전관리자가 퇴직한 때에는 해임하거나 퇴직한 날부터 30일 이내에 다시 안전관리자를 선임하여야 한다.
③ 제조소등의 관계인은 제1항 및 제2항에 따라 안전관리자를 선임한 경우에는 선임한 날부터 14일 이내에 행정안전부령으로 정하는 바에 따라 소방본부장 또는 소방서장에게 신고하여야 한다.(2017.7.26 본항개정)
④ 제조소등의 관계인이 안전관리자를 해임하거나 안전관리자가 퇴직한 경우 그 관계인 또는 안전관리자는 소방본부장이나 소방서장에게 그 사실을 알려 해임되거나 퇴직한 사실을 확인받을 수 있다.(2014.12.30 본항신설)
⑤ 제1항의 규정에 따라 안전관리자를 선임한 제조소등의 관계인은 안전관리자가 여행 · 질병 그 밖의 사유로 인하여 일시적으로 직무를 수행할 수 없거나 안전관리자의 해임 또는 퇴직과 동시에 다른 안전관리자를 선임하지 못하는 경우에는 국가기술자격법에 따른 위험물의 취급에 관한 자격취득자 또는 위험물안전에 관한 기본지식과 경험이 있는 자로서 행정안전부령이 정하는 자를 대리자(代理者)로 지정하여 그 직무를 대행하게 하여야 한다. 이 경우 대리자가 안전관리자의 직무를 대행하는 기간은 30일을 초과할 수 없다.(2017.7.26 전단개정)
⑥ 안전관리자는 위험물을 취급하는 작업을 하는 때에는 작업자에게 안전관리에 관한 필요한 지시를 하는 등 행정안전부령이 정하는 바에 따라 위험물의 취급에 관한 안전관리와 감독을 하여야 하고, 제조소등의 관계인과 그 종사자는 안전관리자의 위험물 안전관리에 관한 의견을 존중하고 그 권고에 따라야 한다.(2017.7.26 본항개정)
⑦ 제조소등에 있어서 위험물취급자격자가 아닌 자는 안전관리자 또는 제5항의 규정에 따른 대리자가 참여한 상태에서 위험물을 취급하여야 한다.(2014.12.30 본항개정)
⑧ 다수의 제조소등을 동일인이 설치한 경우에는 제1항의 규정에 불구하고 관계인은 대통령령이 정하는 바에 따라 1인의 안전관리자를 중복하여 선임할 수 있다. 이 경우 대통령령이 정하는 제조소등의 관계인은 제5항의 규정에 따른 대리자의 자격이 있는 자를 각 제조소등별로 지정하여 안전관리자를 보조하게 하여야 한다.(2014.12.30 후단개정)
⑨ 제조소등의 종류 및 규모에 따라 선임하여야 하는 안전관리자의 자격은 대통령령으로 정한다.

제16조【탱크시험자의 등록 등】 ① 시 · 도지사 또는 제조소등의 관계인은 안전관리업무를 전문적이고 효율적으로 수행하기 위하여 탱크안전성능시험자(이하 "탱크시험자"라 한다)로 하여금 이 법에 의한 검사 또는 점검의 일부를 실시하게 할 수 있다.
② 탱크시험자가 되고자 하는 자는 대통령령이 정하는 기술능력 · 시설 및 장비를 갖추어 시 · 도지사에게 등록하여야 한다.
③ 제2항의 규정에 따라 등록한 사항 가운데 행정안전부령이 정하는 중요사항을 변경한 경우에는 그 날부터 30일 이내에 시 · 도지사에게 변경신고를 하여야 한다.(2017.7.26 본항개정)

④ 다음 각 호의 어느 하나에 해당하는 자는 탱크시험자로 등록하거나 탱크시험자의 업무에 종사할 수 없다.(2016.1.27 본문개정)
1. 피성년후견인(2021.1.12 본호개정)
2. (2006.9.22 삭제)
3. 이 법, 「소방기본법」, 「화재의 예방 및 안전관리에 관한 법률」, 「소방시설 설치 및 관리에 관한 법률」 또는 「소방시설공사업법」에 따른 금고 이상의 실형의 선고를 받고 그 집행이 종료(집행이 종료된 것으로 보는 경우를 포함한다)되거나 집행이 면제된 날부터 2년이 지나지 아니한 자(2021.11.30 본호개정)
4. 이 법, 「소방기본법」, 「화재의 예방 및 안전관리에 관한 법률」, 「소방시설 설치 및 관리에 관한 법률」 또는 「소방시설공사업법」에 따른 금고 이상의 형의 집행유예 선고를 받고 그 유예기간 중에 있는 자(2021.11.30 본호개정)
5. 제5항의 규정에 따라 탱크시험자의 등록이 취소(제1호에 해당하여 자격이 취소된 경우는 제외한다)된 날부터 2년이 지나지 아니한 자(2016.1.27 본호개정)
6. 법인으로서 그 대표자가 제1호 내지 제5호의 1에 해당하는 경우
⑤ 시·도지사는 탱크시험자가 다음 각 호의 어느 하나에 해당하는 경우에는 행정안전부령으로 정하는 바에 따라 그 등록을 취소하거나 6월 이내의 기간을 정하여 업무의 정지를 명할 수 있다. 다만, 제1호 내지 제3호에 해당하는 경우에는 그 등록을 취소하여야 한다.(2017.7.26 본문개정)
1. 허위 그 밖의 부정한 방법으로 등록을 한 경우
2. 제4항 각 호의 어느 하나의 등록의 결격사유에 해당하게 된 경우(2016.1.27 본호개정)
3. 등록증을 다른 자에게 빌려준 경우
4. 제2항의 규정에 따른 등록기준에 미달하게 된 경우
5. 탱크안전성능시험 또는 점검을 허위로 하거나 이 법에 의한 기준에 맞지 아니하게 탱크안전성능시험 또는 점검을 실시하는 경우 등 탱크시험자로서 적합하지 아니하다고 인정하는 경우
⑥ 탱크시험자는 이 법 또는 이 법에 의한 명령에 따라 탱크안전성능시험 또는 점검에 관한 업무를 성실히 수행하여야 한다.

제17조【예방규정】 ① 대통령령으로 정하는 제조소등의 관계인은 해당 제조소등의 화재예방과 화재 등 재해발생시의 비상조치를 위하여 행정안전부령으로 정하는 바에 따라 예방규정을 정하여 해당 제조소등의 사용을 시작하기 전에 시·도지사에게 제출하여야 한다. 예방규정을 변경한 때에도 또한 같다.
② 시·도지사는 제1항에 따라 제출한 예방규정이 제5조제3항에 따른 기준에 적합하지 아니하거나 화재예방이나 재해발생시의 비상조치를 위하여 필요하다고 인정하는 때에는 이를 반려하거나 그 변경을 명할 수 있다.
③ 제1항에 따른 제조소등의 관계인과 그 종업원은 예방규정을 충분히 잘 익히고 준수하여야 한다.
④ 소방청장은 대통령령으로 정하는 제조소등에 대하여 행정안전부령으로 정하는 바에 따라 예방규정의 이행 실태를 정기적으로 평가할 수 있다.(2023.1.3 본항신설)
(2023.1.3 본조개정)

제18조【정기점검 및 정기검사】 ① 대통령령이 정하는 제조소등의 관계인은 그 제조소등에 대하여 행정안전부령이 정하는 바에 따라 제5조제4항의 규정에 따른 기술기준에 적합한지의 여부를 정기적으로 점검하고 점검결과를 기록하여 보존하여야 한다.
② 제1항에 따라 정기점검을 한 제조소등의 관계인은 점검을 한 날부터 30일 이내에 점검결과를 시·도지사에게 제출하여야 한다.(2020.10.20 본항신설)
③ 제1항에 따른 정기점검의 대상이 되는 제조소등의 관계인 가운데 대통령령으로 정하는 제조소등의 관계인은 행정안전부령으로 정하는 바에 따라 소방본부장 또는 소방서장으로부터 해당 제조소등이 제5조제4항에 따른 기술기준에 적합하게 유지되고 있는지의 여부에 대하여 정기적으로 검사를 받아야 한다.(2020.10.20 본항개정)
(2017.7.26 본조개정)

제19조【자체소방대】 다량의 위험물을 저장·취급하는 제조소등으로서 대통령령이 정하는 제조소등이 있는 동일한 사업소에서 대통령령이 정하는 수량 이상의 위험물을 저장 또는 취급하는 경우 당해 사업소의 관계인은 대통령령이 정하는 바에 따라 당해 사업소에 자체소방대를 설치하여야 한다.

제19조의2【제조소등에서의 흡연 금지】 ① 누구든지 제조소등에서는 지정된 장소가 아닌 곳에서 흡연을 하여서는 아니 된다.
② 제조소등의 관계인은 해당 제조소등이 금연구역임을 알리는 표지를 설치하여야 한다.
③ 시·도지사는 제조소등의 관계인이 제2항을 위반하여 금연구역임을 알리는 표지를 설치하지 아니하거나 보완이 필요한 경우 일정한 기간을 정하여 그 시정을 명할 수 있다.
④ 제1항에 따른 지정 기준·방법 등은 대통령령으로 정하고, 제2항에 따른 표지를 설치하는 기준·방법 등은 행정안전부령으로 정한다.
(2024.1.30 본조신설)

제4장 위험물의 운반 등

제20조【위험물의 운반】 ① 위험물의 운반은 그 용기·적재방법 및 운반방법에 관한 다음 각 호의 중요기준과 세부기준에 따라 행하여야 한다.(2016.1.27 본문개정)
1. 중요기준 : 화재 등 위해의 예방과 응급조치에 있어서 큰 영향을 미치거나 그 기준을 위반하는 경우 직접적으로 화재를 일으킬 가능성이 큰 기준으로서 행정안전부령이 정하는 기준(2017.7.26 본호개정)
2. 세부기준 : 화재 등 위해의 예방과 응급조치에 있어서 중요기준보다 상대적으로 적은 영향을 미치거나 그 기준을 위반하는 경우 간접적으로 화재를 일으킬 수 있는 기준 및 위험물의 안전관리에 필요한 표시와 서류·기구 등의 비치에 관한 기준으로서 행정안전부령이 정하는 기준(2017.7.26 본호개정)
② 제1항에 따라 운반용기에 수납된 위험물을 지정수량 이상으로 차량에 적재하여 운반하는 차량의 운전자(이하 "위험물운반자"라 한다)는 다음 각 호의 어느 하나에 해당하는 요건을 갖추어야 한다.
1. 「국가기술자격법」에 따른 위험물 분야의 자격을 취득할 것
2. 제28조제1항에 따른 교육을 수료할 것
(2020.6.9 본항신설)
③ 시·도지사는 운반용기를 제작하거나 수입한 자 등의 신청에 따라 제1항의 규정에 따른 운반용기를 검사할 수 있다. 다만, 기계에 의하여 하역하는 구조로 된 대형의 운반용기로서 행정안전부령이 정하는 것을 제작하거나 수입한 자 등은 행정안전부령이 정하는 바에 따라 당해 용기를 사용하거나 유통시키기 전에 시·도지사가 실시하는 운반용기에 대한 검사를 받아야 한다.(2017.7.26 단서개정)

제21조【위험물의 운송】 ① 이동탱크저장소에 의하여 위험물을 운송하는 자(운송책임자 및 이동탱크저장소운전자를 말하며, 이하 "위험물운송자"라 한다)는 제20조제2항 각 호의 어느 하나에 해당하는 요건을 갖추어야 한다.(2020.6.9 본항개정)
② 대통령령이 정하는 위험물의 운송에 있어서는 운송책임자(위험물 운송의 감독 또는 지원을 하는 자를 말한다. 이하 같다)의 감독 또는 지원을 받아 이를 운송하여야 한다. 운송책임자의 범위, 감독 또는 지원의 방법 등에 관한 구체적인 기준은 행정안전부령으로 정한다.
(2017.7.26 후단개정)
③ 위험물운송자는 이동탱크저장소에 의하여 위험물을 운송하는 때에는 행정안전부령으로 정하는 기준을 준수하는 등 당해 위험물의 안전확보를 위하여 세심한 주의를 기울여야 한다.(2017.7.26 본항개정)

제5장 감독 및 조치명령

제22조【출입·검사 등】 ① 소방청장(중앙119구조본부장 및 그 소속 기관의 장을 포함한다. 이하 제22조의2에서 같다), 시·도지사, 소방본부장 또는 소방서장은 위험물의 저장 또는 취급에 따른 화재의 예방 또는 진압대책을 위하여 필요한 때에는 위험물을 저장 또는 취급하고 있다고 인정되는 장소의 관계인에 대하여 필요한 보고 또는 자료제출을 명할 수 있으며, 관계공무원으로 하여금 당해 장소에 출입하여 그 장소의 위치·구조·설비 및 위험물의 저장·취급상황에 대하여 검사하게 하거나 관계인에게 질문하게 하고 시험에 필요한 최소한의 위험물 또는 위험물로 의심되는 물품을 수거하게 할 수 있다. 다만, 개인의 주거는 관계인의 승낙을 얻은 경우 또는 화재발생의 우려가 커서 긴급한 필요가 있는 경우가 아니면 출입할 수 없다.(2017.7.26 본문개정)
② 소방공무원 또는 경찰공무원은 위험물운반자 또는 위험물운송자의 요건을 확인하기 위하여 필요하다고 인정하는 경우에는 주행 중인 위험물 운반 차량 또는 이동탱크저장소를 정지시켜 해당 위험물운반자 또는 위험물운송자에게 그 자격을 증명할 수 있는 국가기술자격증 또는 교육수료증의 제시를 요구할 수 있으며, 이를 제시하지 아니한 경우에는 주민등록증, 여권, 운전면허증 등 신원확인을 위한 증명서를 제시할 것을 요구하거나 신원확인을 위한 질문을 할 수 있다. 이 직무를 수행하는 경우에 있어서 소방공무원과 경찰공무원은 긴밀히 협력하여야 한다.(2020.12.22 본항개정)
③ 제1항의 규정에 따른 출입·검사 등은 그 장소의 공개시간이나 근무시간내 또는 해가 뜬 후부터 해가 지기 전까지의 시간내에 행하여야 한다. 다만, 건축물 그 밖의 공작물의 관계인의 승낙을 얻은 경우 또는 화재발생의 우려가 커서 긴급한 필요가 있는 경우에는 그러하지 아니하다.
④ 제1항 및 제2항의 규정에 의하여 출입·검사 등을 행하는 관계공무원은 관계인의 정당한 업무를 방해하거나 출입·검사 등을 수행하면서 알게 된 비밀을 다른 자에게 누설하여서는 아니된다.
⑤ 시·도지사, 소방본부장 또는 소방서장은 탱크시험자에게 탱크시험자의 등록 또는 그 업무에 관하여 필요한 보고 또는 자료제출을 명하거나 관계공무원으로 하여금 당해 사무소에 출입하여 업무의 상황·시험기구·장부·서류와 그 밖의 물건을 검사하게 하거나 관계인에게 질문하게 할 수 있다.(2020.6.9 본항개정)
⑥ 제1항·제2항 및 제5항의 규정에 따라 출입·검사 등을 하는 관계공무원은 그 권한을 표시하는 증표를 지니고 관계인에게 이를 내보여야 한다.

제22조의2【위험물 누출 등의 사고 조사】 ① 소방청장, 소방본부장 또는 소방서장은 위험물의 누출·화재·폭발 등의 사고가 발생한 경우 사고의 원인 및 피해 등을 조사하여야 한다.(2017.7.26 본항개정)
② 제1항에 따른 조사에 관하여는 제22조제1항·제3항·제4항 및 제6항을 준용한다.
③ 소방청장, 소방본부장 또는 소방서장은 제1항에 따른 사고 조사에 필요한 경우 자문을 하기 위하여 관련 분야에 전문지식이 있는 사람으로 구성된 사고조사위원회를 둘 수 있다.(2017.7.26 본항개정)
④ 제3항에 따른 사고조사위원회의 구성과 운영 등에 필요한 사항은 대통령령으로 정한다.
(2016.1.27 본조신설)

제23조【탱크시험자에 대한 명령】 시·도지사, 소방본부장 또는 소방서장은 탱크시험자에 대하여 당해 업무를 적정하게 실시하게 하기 위하여 필요하다고 인정하는 때에는 감독상 필요한 명령을 할 수 있다.

제24조【무허가장소의 위험물에 대한 조치명령】 시·도지사, 소방본부장 또는 소방서장은 위험물에 의한 재해를 방지하기 위하여 제6조제1항의 규정에 따른 허가를 받지 아니하고 지정수량 이상의 위험물을 저장 또는 취급하는 자(제6조제3항의 규정에 따라 허가를 받지 아니하는 자를 제외한다)에 대하여 그 위험물 및 시설의 제거 등 필요한 조치를 명할 수 있다.

제25조【제조소등에 대한 긴급 사용정지명령 등】 시·도지사, 소방본부장 또는 소방서장은 공공의 안전을 유지하거나 재해의 발생을 방지하기 위하여 긴급한 필요가 있다고 인정하는 때에는 제조소등의 관계인에 대하여 당해 제조소등의 사용을 일시정지하거나 그 사용을 제한할 것을 명할 수 있다.

제26조【저장·취급기준 준수명령 등】 ① 시·도지사, 소방본부장 또는 소방서장은 제조소등에서의 위험물의 저장 또는 취급이 제5조제3항의 규정에 위반된다고 인정하는 때에는 당해 제조소등의 관계인에 대하여 동항의 기준에 따라 위험물을 저장 또는 취급하도록 명할 수 있다.
② 시·도지사, 소방본부장 또는 소방서장은 관할하는 구역에 있는 이동탱크저장소에서의 위험물의 저장 또는 취급이 제5조제3항의 규정에 위반된다고 인정하는 때에는 당해 이동탱크저장소의 관계인에 대하여 동항의 기준에 따라 위험물을 저장 또는 취급하도록 명할 수 있다.
③ 시·도지사, 소방본부장 또는 소방서장은 제2항의 규정에 따라 이동탱크저장소의 관계인에 대하여 명령을 한 경우에는 행정안전부령이 정하는 바에 따라 제6조제1항의 규정에 따라 당해 이동탱크저장소의 허가를 한 시·도지사, 소방본부장 또는 소방서장에게 신속히 그 취지를 통지하여야 한다.(2017.7.26 본항개정)

제27조【응급조치·통보 및 조치명령】 ① 제조소등의 관계인은 당해 제조소등에서 위험물의 유출 그 밖의 사고가 발생한 때에는 즉시 그리고 지속적으로 위험물의 유출 및 확산의 방지, 유출된 위험물의 제거 그 밖에 재해의 발생방지를 위한 응급조치를 강구하여야 한다.
② 제1항의 사태를 발견한 자는 즉시 그 사실을 소방서, 경찰서 또는 그 밖의 관계기관에 통보하여야 한다.
③ 소방본부장 또는 소방서장은 제조소등의 관계인이 제1항의 응급조치를 강구하지 아니하였다고 인정하는 때에는 제1항의 응급조치를 강구하도록 명할 수 있다.
④ 소방본부장 또는 소방서장은 그 관할하는 구역에 있는 이동탱크저장소의 관계인에 대하여 제3항의 규정의 예에 따라 제1항의 응급조치를 강구하도록 명할 수 있다.

제6장 보칙

제28조【안전교육】 ① 안전관리자·탱크시험자·위험물운반자·위험물운송자 등 위험물의 안전관리와 관련된 업무를 수행하는 자로서 대통령령이 정하는 자는 해당 업무에 관한 능력의 습득 또는 향상을 위하여 소방청장이 실시하는 교육을 받아야 한다.(2020.6.9 본항개정)
② 제조소등의 관계인은 제1항의 규정에 따른 교육대상자에 대하여 필요한 안전교육을 받게 하여야 한다.
③ 제1항의 규정에 따른 교육의 과정 및 기간과 그 밖에 교육의 실시에 관하여 필요한 사항은 행정안전부령으로 정한다.(2017.7.26 본항개정)
④ 시·도지사, 소방본부장 또는 소방서장은 제1항의 규정에 따른 교육대상자가 교육을 받지 아니한 때에는 그 교육대상자가 교육을 받을 때까지 이 법의 규정에 따라 그 자격으로 행하는 행위를 제한할 수 있다.

제29조【청문】 시·도지사, 소방본부장 또는 소방서장은 다음 각 호의 어느 하나에 해당하는 처분을 하고자 하는 경우에는 청문을 실시하여야 한다.(2016.1.27 본문개정)
1. 제12조의 규정에 따른 제조소등 설치허가의 취소
2. 제16조제5항의 규정에 따른 탱크시험자의 등록취소

제30조【권한의 위임·위탁】 ① 소방청장 또는 시·도지사는 이 법에 따른 권한의 일부를 대통령령이 정하는

바에 따라 시·도지사, 소방본부장 또는 소방서장에게 위임할 수 있다.
② 소방청장, 시·도지사, 소방본부장 또는 소방서장은 이 법에 따른 업무의 일부를 대통령령이 정하는 바에 따라 소방기본법 제40조의 규정에 의한 한국소방안전원(이하 "안전원"이라 한다) 또는 기술원에 위탁할 수 있다.(2017.12.26 본항개정)
(2017.7.26 본조개정)

제31조【수수료 등】 다음 각 호의 어느 하나에 해당하는 승인·허가·검사 또는 교육 등을 받으려는 자나 등록 또는 신고를 하려는 자는 행정안전부령으로 정하는 바에 따라 수수료 또는 교육비를 납부하여야 한다.
(2020.10.20 본문개정)
1. 제5조제2항제1호의 규정에 따른 임시저장·취급의 승인
2. 제6조제1항의 규정에 따른 제조소등의 설치 또는 변경의 허가
3. 제8조의 규정에 따른 제조소등의 탱크안전성능검사
4. 제9조의 규정에 따른 제조소등의 완공검사
5. 제10조제3항의 규정에 따른 설치자의 지위승계신고
6. 제16조제2항의 규정에 따른 탱크시험자의 등록
7. 제16조제3항의 규정에 따른 탱크시험자의 등록사항 변경신고
8. 제18조제3항에 따른 정기검사(2020.10.20 본호개정)
9. 제20조제3항에 따른 운반용기의 검사(2020.6.9 본호개정)
10. 제28조의 규정에 따른 안전교육

제32조【벌칙적용에 있어서의 공무원 의제】 다음 각 호의 자는 형법 제129조 내지 제132조의 적용에 있어서는 이를 공무원으로 본다.(2016.1.27 본문개정)
1. 제8조제1항 후단의 규정에 따른 검사업무에 종사하는 기술원의 담당 임원 및 직원(2008.6.5 본호개정)
2. 제16조제1항의 규정에 따른 탱크시험자의 업무에 종사하는 자
3. 제30조제2항의 규정에 따라 위탁받은 업무에 종사하는 안전원 및 기술원의 담당 임원 및 직원(2017.12.26 본호개정)

제7장 벌 칙

제33조【벌칙】 ① 제조소등 또는 제6조제1항에 따른 허가를 받지 않고 지정수량 이상의 위험물을 저장 또는 취급하는 장소에서 위험물을 유출·방출 또는 확산시켜 사람의 생명·신체 또는 재산에 대하여 위험을 발생시킨 자는 1년 이상 10년 이하의 징역에 처한다.(2023.1.3 본항개정)
② 제1항의 규정에 따른 죄를 범하여 사람을 상해(傷害)에 이르게 한 때에는 무기 또는 3년 이상의 징역에 처하며, 사망에 이르게 한 때에는 무기 또는 5년 이상의 징역에 처한다.

제34조【벌칙】 ① 업무상 과실로 제33조제1항의 죄를 범한 자는 7년 이하의 금고 또는 7천만원 이하의 벌금에 처한다.(2023.1.3 본항개정)
② 제1항의 죄를 범하여 사람을 사상(死傷)에 이르게 한 자는 10년 이하의 징역 또는 금고나 1억원 이하의 벌금에 처한다.
(2016.1.27 본조개정)

제34조의2【벌칙】 제6조제1항 전단을 위반하여 제조소등의 설치허가를 받지 아니하고 제조소등을 설치한 자는 5년 이하의 징역 또는 1억원 이하의 벌금에 처한다.
(2017.3.21 본조신설)

제34조의3【벌칙】 제5조제1항을 위반하여 저장소 또는 제조소등이 아닌 장소에서 지정수량 이상의 위험물을 저장 또는 취급한 자는 3년 이하의 징역 또는 3천만원 이하의 벌금에 처한다.(2017.3.21 본조신설)

제35조【벌칙】 다음 각 호의 어느 하나에 해당하는 자는 1년 이하의 징역 또는 1천만원 이하의 벌금에 처한다.
(2016.1.27 본문개정)
1.~2. (2017.3.21 삭제)
3. 제16조제2항의 규정에 따른 탱크시험자로 등록하지 아니하고 탱크시험자의 업무를 한 자
4. 제18조제1항의 규정을 위반하여 정기점검을 하지 아니하거나 점검기록을 허위로 작성한 관계인으로서 제6조제1항의 규정에 따른 허가(제6조제3항의 규정에 따라 허가가 면제된 경우 및 제7조제2항의 규정에 따라 협의로써 허가를 받은 것으로 보는 경우를 포함한다. 이하 제5호·제6호, 제36조제6호·제7호·제10호 및 제37조제3호에서 같다)를 받은 자
5. 제18조제3항을 위반하여 정기검사를 받지 아니한 관계인으로서 제6조제1항에 따른 허가를 받은 자
(2020.10.20 본호개정)
6. 제19조의 규정을 위반하여 자체소방대를 두지 아니한 관계인으로서 제6조제1항의 규정에 따른 허가를 받은 자
7. 제20조제3항 단서를 위반하여 운반용기에 대한 검사를 받지 아니하고 운반용기를 사용하거나 유통시킨 자
(2020.6.9 본호개정)
8. 제22조제1항(제22조의2제2항에서 준용하는 경우를 포함한다)의 규정에 따른 명령을 위반하여 보고 또는 자료제출을 하지 아니하거나 허위의 보고 또는 자료제출을 한 자 또는 관계공무원의 출입·검사 또는 수거를 거부·방해 또는 기피한 자(2016.1.27 본호개정)
9. 제25조의 규정에 따른 제조소등에 대한 긴급 사용정지·제한명령을 위반한 자

제36조【벌칙】 다음 각 호의 어느 하나에 해당하는 자는 1천500만원 이하의 벌금에 처한다.(2017.3.21 본문개정)
1. 제5조제3항제1호의 규정에 따른 위험물의 저장 또는 취급에 관한 중요기준에 따르지 아니한 자
2. 제6조제1항 후단의 규정을 위반하여 변경허가를 받지 아니하고 제조소등을 변경한 자
3. 제9조제1항의 규정을 위반하여 제조소등의 완공검사를 받지 아니하고 위험물을 저장·취급한 자
3의2. 제11조의2제3항에 따른 안전조치 이행명령을 따르지 아니한 자(2020.10.20 본호신설)
4. 제12조의 규정에 따른 제조소등의 사용정지명령을 위반한 자
5. 제14조제2항의 규정에 따른 수리·개조 또는 이전의 명령에 따르지 아니한 자
6. 제15조제1항 또는 제2항의 규정을 위반하여 안전관리자를 선임하지 아니한 관계인으로서 제6조제1항의 규정에 따른 허가를 받은 자
7. 제15조제5항을 위반하여 대리자를 지정하지 아니한 관계인으로서 제6조제1항의 규정에 따른 허가를 받은 자
(2014.12.30 본호개정)
8. 제16조제5항의 규정에 따른 업무정지명령을 위반한 자
9. 제16조제6항의 규정을 위반하여 탱크안전성능시험 또는 점검에 관한 업무를 허위로 하거나 그 결과를 증명하는 서류를 허위로 교부한 자
10. 제17조제1항 전단의 규정을 위반하여 예방규정을 제출하지 아니하거나 동조제2항의 규정에 따른 변경명령을 위반한 관계인으로서 제6조제1항의 규정에 따른 허가를 받은 자
11. 제22조제2항에 따른 정지지시를 거부하거나 국가기술자격증, 교육수료증·신원확인을 위한 증명서의 제시 요구 또는 신원확인을 위한 질문에 응하지 아니한 사람(2014.12.30 본호개정)
12. 제22조제5항의 규정에 따른 명령을 위반하여 보고 또는 자료제출을 하지 아니하거나 허위의 보고 또는 자료제출을 한 자 및 관계공무원의 출입 또는 조사·검사를 거부·방해 또는 기피한 자
13. 제23조의 규정에 따른 탱크시험자에 대한 감독상 명령에 따르지 아니한 자
14. 제24조의 규정에 따른 무허가장소의 위험물에 대한 조치명령에 따르지 아니한 자
15. 제26조제1항·제2항 또는 제27조의 규정에 따른 저장·취급기준 준수명령 또는 응급조치명령을 위반한 자

제37조【벌칙】 다음 각 호의 어느 하나에 해당하는 자는 1천만원 이하의 벌금에 처한다.(2017.3.21 본문개정)
1. 제15조제6항을 위반하여 위험물의 취급에 관한 안전관리와 감독을 하지 아니한 자(2014.12.30 본호개정)
2. 제15조제7항을 위반하여 안전관리자 또는 그 대리자가 참여하지 아니한 상태에서 위험물을 취급한 자
(2014.12.30 본호개정)
3. 제17조제1항 후단의 규정을 위반하여 변경한 예방규정을 제출하지 아니한 관계인으로서 제6조제1항의 규정에 따른 허가를 받은 자
4. 제20조제1항제1호의 규정을 위반하여 위험물의 운반에 관한 중요기준에 따르지 아니한 자
4의2. 제20조제2항을 위반하여 요건을 갖추지 아니한 위험물운반자(2020.6.9 본호신설)
5. 제21조제1항 또는 제2항의 규정을 위반한 위험물운송자
6. 제22조제4항(제22조의2제2항에서 준용하는 경우를 포함한다)의 규정을 위반하여 관계인의 정당한 업무를 방해하거나 출입·검사 등을 수행하면서 알게 된 비밀을 누설한 자(2016.1.27 본호개정)

제38조【양벌규정】 ① 법인의 대표자나 법인 또는 개인의 대리인, 사용인, 그 밖의 종업원이 그 법인 또는 개인의 업무에 관하여 제33조제1항의 위반행위를 하면 그 행위자를 벌하는 외에 그 법인 또는 개인을 5천만원 이하의 벌금에 처하고, 같은 조 제2항의 위반행위를 하면 그 행위자를 벌하는 외에 그 법인 또는 개인을 1억원 이하의 벌금에 처한다. 다만, 법인 또는 개인이 그 위반행위를 방지하기 위하여 해당 업무에 관하여 상당한 주의와 감독을 게을리하지 아니한 경우에는 그러하지 아니하다.
② 법인의 대표자나 법인 또는 개인의 대리인, 사용인, 그 밖의 종업원이 그 법인 또는 개인의 업무에 관하여 제34조부터 제37조까지의 어느 하나에 해당하는 위반행위를 하면 그 행위자를 벌하는 외에 그 법인 또는 개인에게도 해당 조문의 벌금형을 과(科)한다. 다만, 법인 또는 개인이 그 위반행위를 방지하기 위하여 해당 업무에 관하여 상당한 주의와 감독을 게을리하지 아니한 경우에는 그러하지 아니하다.
(2010.3.22 본조개정)

제39조【과태료】 ① 다음 각 호의 어느 하나에 해당하는 자에게는 500만원 이하의 과태료를 부과한다.
(2020.10.20 본문개정)
1. 제5조제2항제1호의 규정에 따른 승인을 받지 아니한 자
2. 제5조제3항제2호의 규정에 따른 위험물의 저장 또는 취급에 관한 세부기준을 위반한 자
3. 제6조제2항의 규정에 따른 품명 등의 변경신고를 기간 이내에 하지 아니하거나 허위로 한 자
4. 제10조제3항의 규정에 따른 지위승계신고를 기간 이내에 하지 아니하거나 허위로 한 자
5. 제11조의 규정에 따른 제조소등의 폐지신고 또는 제15조제3항의 규정에 따른 안전관리자의 선임신고를 기간 이내에 하지 아니하거나 허위로 한 자(2014.12.30 본호개정)
5의2. 제11조의2제2항을 위반하여 사용 중지신고 또는 재개신고를 기간 이내에 하지 아니하거나 거짓으로 한 자
(2020.10.20 본호신설)
6. 제16조제3항의 규정을 위반하여 등록사항의 변경신고를 기간 이내에 하지 아니하거나 허위로 한 자
6의2. 제17조제3항을 위반하여 예방규정을 준수하지 아니한 자(2023.1.3 본호신설)
7. 제18조제1항의 규정을 위반하여 점검결과를 기록·보존하지 아니한 자
7의2. 제18조제2항을 위반하여 기간 이내에 점검결과를 제출하지 아니한 자(2020.10.20 본호신설)
7의3. 제19조의2제1항을 위반하여 흡연을 한 자
7의4. 제19조의2제3항에 따른 시정명령을 따르지 아니한 자
(2024.1.30 7호의3~7호의4신설)
8. 제20조제1항제2호의 규정에 따른 위험물의 운반에 관한 세부기준을 위반한 자
9. 제21조제3항의 규정을 위반하여 위험물의 운송에 관한 기준을 따르지 아니한 자(2014.12.30 본호개정)
② 제1항의 규정에 따른 과태료는 대통령령이 정하는 바에 따라 시·도지사, 소방본부장 또는 소방서장(이하 "부과권자"라 한다)이 부과·징수한다.
③~⑤ (2014.12.30 삭제)
⑥ 제4조 및 제5조제2항 각 호 외의 부분 후단의 규정에 따른 조례에는 200만원 이하의 과태료를 정할 수 있다. 이 경우 과태료는 부과권자가 부과·징수한다.
(2016.1.27 전단개정)
⑦ (2014.12.30 삭제)

부 칙

제1조【시행일】 이 법은 공포 후 1년이 경과한 날부터 시행한다.

제2조【종전의 소방법에 의한 행위 등에 관한 경과조치】 이 법 시행 당시 종전의 소방법의 규정에 따라 행한 행정기관의 행위 또는 행정기관에 대한 행위는 그에 해당하는 이 법에 따른 행정기관의 행위 또는 행정기관에 대한 행위로 본다.

제3조【군용위험물시설에 관한 경과조치】 ① 이 법 시행 당시 제7조제1항의 규정에 따른 군사목적 또는 군부대시설을 위한 제조소등을 설치하고 있는 군부대의 장은 이 법 시행후 6월 이내에 소방방재청장이 정하는 바에 따라 당해 제조소등의 현황을 제조소등의 소재지를 관할하는 소방서장에게 제출하여야 한다.(2005.8.4 본항개정)
② 군부대의 장이 제1항의 규정에 따라 제조소등의 현황을 제출한 때에는 제6조제1항의 규정에 따른 허가, 제8조의 규정에 따른 탱크안전성능검사 및 제9조의 규정에 따른 완공검사를 받은 것으로 본다.

제4조【안전관리자의 선임에 관한 경과조치】 이 법 시행 당시 종전의 소방법의 규정에 따라 안전관리자를 선임하고 있는 제조소등의 관계인은 이 법 시행 후 1년 이내에 제15조의 규정에 적합하게 안전관리자를 선임하고 그 내용을 신고하여야 한다.

제5조【탱크시험자의 결격사유에 관한 경과조치】 이 법 시행전의 행위로 인하여 종전의 소방법에 따른 형의 선고 또는 형의 집행유예의 선고를 받은 자는 제16조제4항제3호 또는 제4호의 해당 법률에 따른 형의 선고 또는 집행유예의 선고를 받은 자로 본다.

제6조【안전교육에 관한 경과조치】 이 법 시행 당시 이동탱크저장소에 의하여 위험물을 운송하는 운송책임자와 운전자는 제21조제1항의 규정에 따라 이 법 시행후 1년 이내에 제28조제1항의 규정에 따른 안전교육을 받아야 한다. 다만, 이 법 시행 당시 이동탱크저장소에 의하여 위험물을 운송하는 자로서 종전의 소방법 제20조제1항 단서의 규정에 따라 위험물취급에 관한 교육을 받은 경우에는 이 법 시행후 3년 이내에 제28조제1항의 규정에 따른 안전교육을 받아야 한다.

제7조【행정처분에 관한 경과조치】 이 법 시행전의 소방법 위반행위에 대한 행정처분의 적용에 있어서는 종전의 소방법의 규정에 따른다.

제8조【다른 법령과의 관계】 이 법 시행 당시 다른 법령에서 종전의 소방법의 규정을 인용하고 있는 경우 이 법 가운데 그에 해당하는 규정이 있는 때에는 종전의 규정에 갈음하여 이 법의 해당 규정을 인용한 것으로 본다.

부 칙 (2014.12.30)

제1조【시행일】 이 법은 공포한 날부터 시행한다. 다만, 제21조제3항, 제22조제2항, 제36조제11호 및 제39조제1항제9호의 개정규정은 2015년 1월 1일부터 시행한다.

제2조【벌칙 및 과태료에 관한 경과조치】 이 법 시행 전의 위반행위에 대한 벌칙 및 과태료의 적용은 종전의 규정에 따른다.

부 칙 (2016.1.27)

제1조【시행일】 이 법은 공포한 날부터 시행한다. 다만, 제34조의 개정규정은 공포 후 3개월이 경과한 날부터 시행한다.
제2조【신고에 관한 적용례】 제6조제2항의 개정규정은 이 법 시행 후 제조소등의 위치·구조 또는 설비의 변경 없이 당해 제조소등에서 저장하거나 취급하는 위험물의 품명·수량 또는 지정수량의 배수를 변경하고자 신고하는 자부터 적용한다.
제3조【금치산자 등에 대한 경과조치】 제16조제4항제1호의 개정규정에 따른 피성년후견인 또는 피한정후견인에는 법률 제10429호 민법 일부개정법률 부칙 제2조에 따라 금치산 또는 한정치산 선고의 효력이 유지되는 사람을 포함하는 것으로 본다.

부 칙 (2017.3.21)

이 법은 공포 후 3개월이 경과한 날부터 시행한다. 다만, 제2조제2항, 제16조제4항제3호 및 제4호의 개정규정은 공포한 날부터 시행한다.

부 칙 (2020.3.24)

제1조【시행일】 이 법은 공포한 날부터 시행한다.(이하 생략)

부 칙 (2020.6.9)

제1조【시행일】 이 법은 공포 후 1년이 경과한 날부터 시행한다.
제2조【위험물운반자의 자격에 관한 경과조치】 이 법 시행 당시 위험물운반자의 업무를 수행하는 사람은 제20조제2항의 개정규정에도 불구하고 위험물운반자로 본다. 다만, 이 법 시행 이후 1년 이내에 제20조제2항의 개정규정에 따른 위험물운반자의 요건을 갖추어야 한다.

부 칙 (2020.10.20)

제1조【시행일】 이 법은 공포 후 1년이 경과한 날부터 시행한다.
제2조【제조소등의 사용 중지 등에 관한 적용례】 제11조의2의 개정규정은 이 법 시행 이후 제조소등의 관계인이 제조소등의 사용을 중지 또는 재개하는 경우부터 적용한다.
제3조【정기점검 결과 제출에 관한 적용례】 제18조제2항의 개정규정은 이 법 시행 이후 실시하는 정기점검부터 적용한다.

부 칙 (2020.12.22)

제1조【시행일】 이 법은 2021년 1월 1일부터 시행한다.(이하 생략)

부 칙 (2021.1.12)

이 법은 공포한 날부터 시행한다.(이하 생략)

부 칙 (2021.11.30)

제1조【시행일】 이 법은 공포 후 1년이 경과한 날부터 시행한다.(이하 생략)

부 칙 (2023.1.3)

이 법은 공포 후 6개월이 경과한 날부터 시행한다. 다만, 제17조제4항의 개정규정은 공포 후 1년 6개월이 경과한 날부터 시행한다.

부 칙 (2024.1.30)

이 법은 공포 후 6개월이 경과한 날부터 시행한다.

민방위기본법

(2007년 5월 11일 전부개정법률 제8420호)

개정
2008. 2.29법 8852호(정부조직)
2008. 2.29법 8855호
2011. 9.15법11042호(보훈보상대상자지원에관한법)
2012. 2.22법11338호
2013. 3.23법11690호(정부조직)
2013. 6. 4법11849호(병역)
2014. 1. 7법12204호
2014.11.19법12844호(정부조직)
2015. 7.20법13415호 2016. 1.27법13915호
2016. 5.29법14184호(예비군법)
2016.12.20법14453호 2017. 4.18법14805호
2017. 7.26법14839호(정부조직)
2019.12.31법16851호(대체역의편입및복무등에관한법)
2020. 1.29법16879호 2020.12.22법17693호
2021.11.30법18522호(소방시설설치및관리에관한법)

제1조【목적】 이 법은 전시·사변 또는 이에 준하는 비상사태나 국가적 재난으로부터 주민의 생명과 재산을 보호하기 위하여 민방위에 관한 기본적인 사항과 민방위대의 설치·조직·편성과 동원 등에 관한 사항을 규정함을 목적으로 한다.(2012.2.22 본조개정)
제2조【정의】 이 법에서 사용하는 용어의 뜻은 다음과 같다.
1. "민방위"란 다음 각 목의 어느 하나에 해당하는 상황(이하 "민방위사태"라 한다)으로부터 주민의 생명과 재산을 보호하기 위하여 정부의 지도하에 주민이 수행하여야 할 방공(防空), 응급적인 방재(防災)·구조·복구 및 군사 작전상 필요한 노력 지원 등의 모든 자위적 활동을 말한다.(2012.2.22 본문개정)
가. 전시·사변 또는 이에 준하는 비상사태
나. 「통합방위법」 제2조제3호에 따른 통합방위사태 (2012.2.22 가목~나목신설)
다. 「재난 및 안전관리 기본법」 제36조제1항에 따른 재난사태 선포 또는 같은 법 제60조제1항에 따른 특별재난지역 선포 등의 국가적 재난, 그 밖에 행정안전부장관이 정하는 재난사태(2017.7.26 본목개정)
2. "중앙관서의 장"이란 「대한민국헌법」 또는 「정부조직법」, 그 밖의 법률에 따라 설치된 중앙행정기관의 장을 말한다. 다만, 국회사무총장, 법원행정처장, 헌법재판소사무처장 및 중앙선거관리위원회사무총장은 제외한다.
제3조【국가·지방자치단체와 국민의 의무】 ① 국가 및 지방자치단체는 민방위사태로부터 국가와 지역사회의 안전을 보장하고 국민의 생명과 재산을 보호하기 위한 계획을 수립·시행하여야 하며, 민방위사태를 신속히 수습·복구하여야 한다.(2012.2.22 본항개정)
② 모든 국민은 국가 및 지방자치단체의 민방위 시책에 협조하고, 이 법에서 규정한 각자의 민방위에 관한 의무를 성실히 이행하여야 한다.
제4조【재정상의 조치】 ① 국가 및 지방자치단체는 민방위사태의 예방과 신속한 수습 및 복구 등을 위하여 필요한 재정상의 조치를 강구하여야 한다.
② 국가는 지방자치단체에 대하여 대통령령으로 정하는 바에 따라 제1항에 따른 조치에 필요한 경비의 전부 또는 일부를 보조하는 등 재정상의 지원을 할 수 있다.
제5조【다른 법률과의 관계】 이 법은 민방위에 관하여 다른 법률에 우선하여 적용된다. 다만, 군사적 필요에 따라 제정된 법률은 이 법에 우선하여 적용된다.
제6조【중앙민방위협의회】 ① 민방위에 관한 국가의 중요 정책을 심의하기 위하여 국무총리 소속으로 중앙민방위협의회를 둔다.
② 중앙민방위협의회의 구성·조직·운영, 그 밖에 필요한 사항은 대통령령으로 정한다.
③ 중앙민방위협의회는 필요에 따라 분과위원회를 둘 수 있다.
제7조【지역민방위협의회】 ① 민방위 업무에 필요한 사항을 심의하기 위하여 지역민방위협의회를 두되, 특별시장·광역시장·도지사·특별자치도지사(이하 "시·도지사"라 한다) 소속으로 특별시·광역시·도민방위협의회(이하 "시·도협의회"라 한다)를, 시장·군수·구청장 소속으로 시·군·구민방위협의회(이하 "시·군·구협의회"라 한다)를, 읍·면·동장 소속으로 읍·면·동민방위협의회(이하 "읍·면·동협의회"라 한다)를 각각 둔다.(2012.2.22 본항개정)
② 지역민방위협의회의 구성·조직·운영, 그 밖에 필요한 사항은 행정안전부령으로 정한다.(2017.7.26 본항개정)
제8조【총괄 및 집행 기관】 ① 국무총리는 행정안전부장관의 보좌를 받아 민방위에 관한 사항을 총괄·조정한다.(2017.7.26 본항개정)
② 각 중앙관서의 장은 민방위에 관한 「정부조직법」상의 소관 업무를 집행한다.
제9조【협조】 ① 각 중앙관서의 장은 민방위사태에서 민방위대의 동원(動員)이 필요하면 행정안전부장관에게 동원을 요청할 수 있다. 다만, 긴급하면 지방행정기관의 장이나 군부대의 장은 그 소재지를 관할하는 시·도지사 또는 시장·군수·구청장에게 민방위대의 동원을 요청할 수 있다.(2017.7.26 본문개정)
② 행정안전부장관은 민방위 업무 수행상 필요하다고 인정하면 관계 중앙관서의 장에게 협조를 요청할 수 있으며, 요청을 받은 중앙관서의 장은 특별한 사유가 없으면 이에 따라야 한다.(2017.7.26 본항개정)
③ 행정안전부장관은 민방위 업무 수행상 필요하다고 인정하면 공공단체·사회단체, 그 밖의 민간 사업체(이하 "공공단체등"이라 한다)의 장에게 협조를 요청할 수 있으며, 요청을 받은 공공단체등의 장은 특별한 사유가 없으면 이에 따라야 한다.(2017.7.26 본항개정)
④ 시·도지사 또는 시장·군수·구청장은 민방위 업무 수행상 필요하다고 인정하면 지방행정기관의 장이나 공공단체등의 장에게 협조를 요청할 수 있으며, 요청을 받은 지방행정기관의 장이나 공공단체등의 장은 특별한 사유가 없으면 이에 따라야 한다. 지방행정기관의 장이나 공공단체등의 장의 시·도지사 또는 시장·군수·구청장에 대한 협조 요청의 경우에도 또한 같다.
제10조【민방위 계획의 종류】 민방위 업무에 관한 계획은 기본 계획, 집행 계획, 특별시·광역시·도 계획(이하 "시·도계획"이라 한다)과 시·군·구 계획으로 나눈다.
제11조【기본 계획】 ① 국무총리는 대통령령으로 정하는 바에 따라 민방위에 관한 기본 계획 지침을 작성하여 이를 관계 중앙관서의 장에게 알려야 한다.
② 관계 중앙관서의 장은 제1항의 기본 계획 지침에 따라 소관 민방위 업무에 관한 기본 계획안을 작성하여 행정안전부장관과 협의한 후 국무총리에게 제출하여야 한다.(2017.7.26 본항개정)
③ 국무총리는 제2항에 따라 관계 중앙관서의 장이 제출한 기본 계획안을 종합하여 중앙민방위협의회의 심의를 거쳐 기본 계획을 작성하고 국무회의의 심의를 거쳐 대통령의 승인을 받아 확정한다.
④ 국무총리는 확정된 기본 계획을 관계 중앙관서의 장에게 알려야 한다.
제12조【집행 계획】 ① 중앙관서의 장은 제11조제4항에 따라 통보받은 기본 계획에 따라 소관 민방위 업무에 관한 집행 계획을 작성하고 행정안전부장관과 협의한 후 국무총리의 승인을 받아 확정한다.(2017.7.26 본항개정)
② 중앙관서의 장은 확정된 집행 계획을 시·도지사와 대통령령으로 정하는 소속 지방행정기관, 공공단체 또는 사회단체의 장이나 제10조에 따른 민방위 계획상 중요한 시설의 관리자(이하 "지정행정기관의 장"이라 한다)에게 알려야 한다.(2012.2.22 본항개정)
③ 지정행정기관의 장은 제2항에 따라 통보받은 집행 계획에 맞추어 세부 집행 계획을 작성하고 관할 시·도지사와 협의한 후 소속 중앙관서의 장의 승인을 받아 확정한다.(2016.12.20 본항개정)
제13조【시·도계획】 ① 시·도지사는 제12조제2항에 따라 통보받은 집행 계획에 따라 소관 민방위 업무에 관한 시·도계획을 작성하여 시·도협의회의 심의를 거쳐 확정하고, 행정안전부장관에게 이를 보고하여야 한다. (2017.7.26 본항개정)
② 시·도지사는 확정된 시·도계획을 시장·군수·구청장에게 알려야 한다.
제14조【시·군·구 계획】 시장·군수·구청장은 제13조제2항에 따라 통보받은 시·도계획에 따라 소관 민방위 업무에 관한 시·군·구 계획을 작성하여 시·군·구협의회의 심의를 거쳐 확정하고, 시·도지사에게 이를 보고하여야 한다.(2016.12.20 본조개정)
제15조【민방위 준비】 ① 중앙관서의 장, 시·도지사 및 시장·군수·구청장은 제10조에 따른 민방위 계획에 따라 다음 각 호의 민방위 준비를 하여야 한다.
1. 대피호 등 비상대피시설의 설치
2. 소방과 방공 장비의 비치(備置) 및 정비
3. 그 밖에 대통령령으로 정하는 물자의 비축과 시설 및 장비의 설치·정비
② 중앙관서의 장, 시·도지사 및 시장·군수·구청장은 주거용으로 사용하는 단독주택 외의 다음 각 호의 건축물이나 시설물의 소유자·점유자·관리자에게 제1항의 민방위 준비를 명할 수 있다.
1. 「건축법」 제2조제1항제5호에 따른 지하층을 두고 있는 건축물
2. 「소방시설 설치 및 관리에 관한 법률」 제12조 및 「화재의 예방 및 안전관리에 관한 법률」 제18조에 따라 소방시설을 설치하거나 유지·관리하여야 하는 건축물 및 시설물(2021.11.30 본호개정)
3. 그 밖에 민방위 장비를 비치하고 정비하기 위하여 행정안전부령으로 정하는 건축물 및 시설물(2017.7.26 본호개정)
③ 중앙관서의 장, 시·도지사 및 시장·군수·구청장은 제1항 및 제2항에 따른 시설·장비 또는 물자의 위치와 활용 방법을 지역 주민이 알 수 있도록 필요한 조치를 하여야 한다. 제1항제1호에 따른 시설을 설치하는 시장·군수·구청장은 대통령령으로 정하는 바에 따라 안내표지판과 유도표지판을 설치 또는 부착하여야 한다. (2015.7.20 후단신설)
(2012.2.22 본조개정)
제15조의2【점검 등】 ① 시장·군수·구청장은 제15조제1항 및 제2항에 따른 시설·장비 또는 물자를 주기적으로 점검하여 시·도지사에게 보고하여야 하며, 시·도지사는 이를 종합하여 행정안전부장관에게 보고하여야 한다.

② 행정안전부장관은 제1항에 따른 보고결과를 검토하여 정비 또는 교체가 필요하다고 인정하는 시설·장비 등에 대하여는 대통령령으로 정하는 바에 따라 그 정비 또는 교체 등에 필요한 비용의 전부 또는 일부를 지원할 수 있다.
③ 행정안전부장관은 제1항에 따른 점검의 주기·방법 및 보고 절차에 관한 사항을 정하여 시·도지사 및 시장·군수·구청장에게 통보하여야 한다.
(2017.7.26 본조개정)
제16조【출입·확인 등】 ① 시장·군수·구청장은 제15조제2항에 따른 민방위 준비 상황을 확인하기 위하여 필요하다고 인정하면 관계자에게 자료의 제공을 명하거나, 소속 공무원에게 관계 지역에 출입하여 확인하도록 하거나 관계자에게 질문하게 할 수 있다.(2012.2.22 본항개정)
② 제1항에 따라 소속 공무원이 직무를 수행하는 때에는 그 권한을 표시하는 증표를 지니고 이를 관계자에게 내보여야 한다.
제17조【설치】 민방위를 수행하게 하기 위하여 지역 및 직장 단위로 민방위대를 둔다.
제18조【조직】 ① 민방위대는 20세가 되는 해의 1월 1일부터 40세가 되는 해의 12월 31일까지의 대한민국 국민인 남성으로 조직한다. 다만, 다음 각 호의 자는 제외한다.
(2012.2.22 본문개정)
1.~3. (2016.12.20 삭제)
4. 경찰공무원
5. 소방공무원
6. 교정직공무원
7. 소년보호직공무원
8. 군인
9. 군무원
10. 예비군(2016.5.29 본호개정)
11. 등대원
12. 청원경찰
13. 의용소방대원
14. 주한 외국군 부대의 고용원
15. 원양 어선 또는 외항선의 선원으로서 연 6개월 이상 승선(乘船)하는 자
16. 「도서·벽지 교육진흥법」 제2조에 따른 도서벽지(島嶼僻地)에서 근무하는 교원
17. 현역병 입영 대상자(사회복무요원 소집 대상자를 포함한다)(2013.6.4 본호개정)
17의2. 대체역(예비군대체복무 소집을 마친 사람은 제외한다)(2019.12.31 본호신설)
18. 그 밖에 다음 각 목의 자 중 대통령령으로 정하는 자
가. 학생
나. 공공 직업능력개발 훈련생
다. 심신 장애인
라. 만성 허약자
② 제1항에서 규정한 자 외의 남성 및 여성은 지원하여 민방위대의 대원(隊員)이 될 수 있다.(2012.2.22 본항개정)
③ 국무총리는 제1항 본문에도 불구하고 제2조제1호가목에 해당하는 상황이 발생하면 중앙민방위협의회의 심의를 거쳐 20세가 되는 해의 1월 1일부터 50세가 되는 해의 12월 31일까지의 대한민국 국민인 남성으로 민방위대를 조직하게 할 수 있다.(2012.2.22 본항개정)
제19조【편성】 ① 민방위대는 주소지를 단위로 하는 지역 민방위대와 직장을 단위로 하는 직장 민방위대로 편성한다. 다만, 대통령령으로 정하는 소규모 민방위대는 다른 민방위대와 통합하여 편성할 수 있다.
② 제1항의 지역 민방위대는 통·리를 단위로 하는 통·리 민방위대와 시·군·구를 단위로 하는 시·군·구 민방위 기술지원대(이하 "민방위기술지원대"라 한다)로 구분한다.
③ 통·리 민방위대는 해당 통·리에 거주하는 제18조에서 규정한 민방위 대원으로 편성하며, 민방위기술지원대는 수방·방공·의료·전기·통신·토목·건축·화생방 등의 기술을 가진 민방위 대원 중에서 읍·면·동장이나 직장 민방위 대장의 추천을 받아 시장·군수·구청장이 선발한 사람으로 편성한다.
④ 직장 민방위대를 두어야 할 직장은 다음 각 호와 같다.
1. 대통령령으로 정하는 국가와 지방자치단체의 기관
2. 대통령령으로 정하는 공공기관 및 업체
⑤ 통·리 민방위 대원과 민방위기술지원 대원 및 직장 민방위 대원은 중복하여 편성하지 아니한다.
⑥ 통·리 민방위대의 대장은 통장·이장으로, 민방위기술지원대의 대장은 시장·군수·구청장으로 한다. 다만, 민방위사태 발생 시 통·리 민방위대의 대장이 65세 이상의 고령, 심신 허약 등의 사유로 현장 지휘를 하기 어렵다고 판단되는 경우에는 읍·면·동장이 지정하는 자를 통·리 민방위대의 대장으로 할 수 있다.(2014.1.7 본항개정)
⑦ 직장 민방위대의 대장은 직장의 장으로 한다. 다만, 직장의 장은 해당 직장에서 민방위 업무를 총괄하는 부서의 장을 직장 민방위대의 대장으로 지정할 수 있다.
(2014.1.7 본항신설)
⑧ 제6항 및 제7항의 경우에는 제18조제1항 각 호 외의 부분 단서에도 불구하고 통장·이장, 시장·군수·구청장 또는 직장의 장이나 직장의 장으로부터 지정을 받은 자가 예비군의 대원인 때에도 민방위대의 대장(隊長)이 될 수 있다. 이 경우 예비군인 민방위대의 대장에 대하여는 「예비군법」 제5조와 제6조에 따른 동원과 훈련 의무를 면제한다.(2016.5.29 본항개정)
⑨ 읍·면·동장과 시장·군수·구청장은 민방위를 위하여 둘 이상의 민방위대가 공동대처하는 것이 필요하다고 인정하면 대통령령으로 정하는 바에 따라 연합 민방위대를 구성하여 운영하게 할 수 있다. 이 경우 연합 민방위 대장은 소속 민방위 대장 중에서 대통령령으로 정하는 사람이 된다.
⑩ 민방위대에는 자문 위원을 둘 수 있다.
⑪ 이 법에서 규정된 사항 외에 민방위대의 조직에 필요한 사항은 대통령령으로 정한다.
제20조【편성 절차 등】 ① 읍·면·동장이나 직장 민방위 대장은 제18조제1항에 해당하는 자에 대하여 대통령령으로 정하는 바에 따라 주민등록표나 그 밖에 민방위 대원 편성 대상자임을 확인할 수 있는 서류에 따라 직권으로 민방위대를 편성한다. 다만, 민방위대 조직에서 제외되는 사유가 발생한 자와 그 사유가 소멸된 자는 그 사실을 거주지의 읍·면·동장이나 직장 민방위 대장에게 신고하여야 한다.
② 직장 민방위 대장은 소속 민방위 대원 중 퇴직하거나 해당 직장 민방위대에 새로 편입한 자가 있으면 읍·면·동장에게 신고하여야 한다.
③ 읍·면·동장은 제1항에 따른 민방위대 편성 결과와 제2항에 따라 신고받은 사항을 통·리 민방위 대장에게 알려야 한다.
④ 직장 민방위 대장은 직장 민방위대를 편성·해체·이전 또는 명의를 변경한 때에는 행정안전부령으로 정하는 바에 따라 관할 시장·군수·구청장에게 신고하여야 한다.(2017.7.26 본항개정)
⑤ 제18조제1항 단서에 따라 민방위대의 조직에서 제외되는 자가 속한 직장의 장은 그 소속원이 신분을 취득하거나 상실한 때에는 행정안전부령으로 정하는 바에 따라 그 소속원의 거주지 읍·면·동장에게 신고하여야 한다.
(2017.7.26 본항개정)
⑥ 시장·군수·구청장은 제19조제3항에 따라 민방위기술지원대원을 선발하면 지체 없이 읍·면·동장이나 직장 민방위 대장에게 알려야 한다.
⑦ 읍·면·동장이나 직장 민방위 대장은 매년 민방위대를 편성한 후 소속 민방위 대원에게 민방위대 편성 사실과 소속 및 임무 등을 알려야 한다.
제21조【민방위대의 지휘·감독】 ① 민방위대는 해당 민방위 대장이 지휘한다.
② 읍·면·동장은 관내의 통·리 민방위 대장을 지휘·감독하고, 시장·군수·구청장은 관내의 직장 민방위 대장을 지휘·감독한다. 다만, 제19조제9항에 따라 연합 민방위대를 구성한 경우에 민방위사태가 발생하거나 발생할 우려가 있는 때의 민방위를 위한 민방위대의 활동에 관하여는 연합 민방위 대장이 읍·면·동장 또는 시장·군수·구청장의 명을 받아 소속 민방위 대장을 지휘한다.
(2014.1.7 단서개정)
③ 민방위대의 운용에 관하여는 시장·군수·구청장은 읍·면·동장을 지휘·감독하고, 시·도지사는 시장·군수·구청장을 지휘·감독하며, 행정안전부장관은 시·도지사를 지휘·감독한다.(2017.7.26 본항개정)
제22조【검열】 행정안전부장관, 시·도지사 또는 시장·군수·구청장은 민방위대의 운영개선과 발전을 위하여 대통령령으로 정하는 바에 따라 민방위대 편성 현황, 교육훈련 현황, 시설·장비 현황 등에 대하여 검열을 실시할 수 있다.(2017.7.26 본조개정)
제23조【민방위 대원의 교육훈련】 ① 민방위 대원은 대통령령으로 정하는 바에 따라 연 10일, 총 50시간의 범위에서 민방위에 관한 교육 및 훈련을 받아야 한다. 이 경우 민방위대의 간부 요원과 기술 및 기능 요원(이하 "민방위대요원"이라 한다)에 대하여는 필요에 따라 교육 및 훈련 기간을 연장할 수 있으며, 전지(轉地) 교육훈련을 실시할 수 있다.
② 교육 및 훈련 명령을 받은 자는 이에 따라야 하며, 교육훈련 중에 있는 민방위 대원은 민방위 대장과 훈련 담당 교관의 교육훈련상의 명령에 복종하여야 한다.
③ 제1항의 교육 및 훈련을 받아야 할 사람 중 다음 각 호의 어느 하나에 해당하는 사람에 대하여는 대통령령으로 정하는 바에 따라 교육 및 훈련을 면제할 수 있다.
1. 금고 이상의 형을 선고받고 집행 중에 있는 사람
2. 3개월 이상 외국에 여행 또는 체류 중인 사람
3. 재해가 발생하거나 발생할 우려가 있는 경우 그 재해의 예방·응급대책 또는 복구활동에 참여하는 사람으로서 행정안전부장관이 지정하는 사람(2017.7.26 본호개정)
4. 의료·전기·통신, 그 밖에 민방위와 관련된 특수기능 소지자로서 행정안전부장관이 지정하는 사람. 다만, 해당 특수 기능분야에 관한 교육훈련에 한정하여 이를 면제한다.(2017.7.26 본문개정)
5. 제4항에 따라 교육훈련이 유예된 사람으로서 해당 교육훈련계획기간이 종료할 때까지 그 유예사유가 소멸되지 아니한 사람
④ 제1항의 교육 및 훈련에 관하여는 제26조제3항을 준용한다.
⑤ 행정안전부장관이나 시·도지사는 민방위대요원의 교육 및 훈련을 위하여 필요한 교육 기관을 따로 둘 수 있다.(2017.7.26 본항개정)
⑥ 제1항에 따른 교육과 훈련은 대통령, 국회의원, 지방의회 의원과 지방자치단체의 장의 선거 기간 중에는 실시하지 아니한다.
제23조의2【국가재난안전교육】 ① 행정안전부장관은 제23조제1항에 따른 민방위 대원의 교육 및 훈련 시 재난에 대한 예방·대비 및 대응 등에 관한 교육(이하 이 조에서 "국가재난안전교육"이라 한다)을 행정안전부령으로 정하는 바에 따라 실시하여야 한다.
② 행정안전부장관은 민방위 대원이 아닌 주민이 제1항에 따른 국가재난안전교육을 받으려는 때에는 행정안전부령으로 정하는 바에 따라 이를 실시할 수 있다.
(2017.7.26 본조개정)
제24조【교육훈련 통지서의 전달 등】 ① 민방위 대원에게 교육훈련을 실시하려면 본인에게 교육훈련 통지서를 직접 교부 또는 등기우편의 방법이나 본인의 동의를 받아 「정보통신망 이용촉진 및 정보보호 등에 관한 법률」 제2조제1항제5호에 따른 전자문서로 송달하여야 한다.
② 제1항에 따라 직접 교부하는 경우 본인이 없으면 교육훈련 통지서를 지역 민방위대에서는 같은 세대 안의 세대주, 가족 중 성년자 또는 본인이 선정한 통지서 수령인(受領人)에게 전달(본인이 선정한 통지서 수령인에 대한 전달에 있어서는 그 통지서 전달 전에 그 수령에 관한 동의를 받아야 한다)하고, 직장 민방위대에서는 직장의 장에게 전달하여야 한다. 이 경우 본인을 갈음하여 교육훈련 통지서를 받은 사람은 이를 지체 없이 본인에게 전달하여야 한다.
③ 제1항 및 제2항에 따른 교육훈련 통지서의 전달 방법 및 동의절차, 그 밖에 필요한 사항은 대통령령으로 정한다.
(2017.4.18 본조개정)
제25조【민방위 훈련】 ① 행정안전부장관은 매월 15일을 민방위의 날로 정하여 민방위사태에 대한 대처능력을 습득하기 위한 민방위 훈련을 실시할 수 있으며, 행정안전부장관은 필요하다고 인정할 때에는 훈련일정과 그 실시 여부를 조정하거나 추가하여 실시할 수 있다.
(2017.7.26 본항개정)
② 주민은 제1항에 따른 훈련에 참여하여야 하고 중앙관서의 장, 시·도지사, 시장·군수·구청장은 훈련에 참여한 공공단체 등에 대하여 필요한 경비를 지원할 수 있다.
(2012.2.22 본조개정)
제26조【동원】 ① 행정안전부장관, 시·도지사 또는 시장·군수·구청장은 민방위사태가 발생하거나 발생할 우려가 있는 때에 민방위를 위하여 민방위대의 동원이 필요하다고 인정하면 대통령령으로 정하는 바에 따라 동원을 명할 수 있다. 이 경우 시·도지사 또는 시장·군수·구청장은 지체 없이 행정안전부장관에게 그 사실을 보고하여야 한다.(2017.7.26 본항개정)
② 읍·면·동장은 제32조제1항의 경우에 대통령령으로 정하는 바에 따라 민방위대의 동원을 명할 수 있다. 이 경우 동원 명령자는 지체 없이 그 사실을 시장·군수·구청장에게 보고하여야 한다.
③ 제1항과 제2항의 경우에 동원 명령자는 동원 명령을 받은 자가 다음 각 호의 어느 하나에 해당하는 사유가 있으면 직권 또는 신청에 따라 동원을 미룰 수 있다.
1. 신체장애로 동원에 응할 수 없는 경우
2. 관혼상제(冠婚喪祭), 재해, 그 밖의 부득이한 사유가 있는 경우
④ 제1항과 제2항에 따라 동원된 민방위 대원은 민방위 대장의 민방위 수행상의 명령에 복종하여야 한다.
⑤ 동원 명령자는 제1항과 제2항에 따라 민방위 대원을 동원한 후 동원 사유가 해소(解消)된 때에는 지체 없이 그 동원을 해제하여야 한다.
제27조【직장 보장】 타인을 고용하는 자는 고용하는 자가 민방위 대원으로 동원되거나 교육 또는 훈련을 받은 때에는 그 기간을 휴무로 하거나 이를 이유로 불이익이 되는 처우(處遇)를 하여서는 아니 된다.
제28조【재해 등에 대한 보상】 ① 민방위 대원으로서 동원되어 임무 수행 중 또는 교육훈련 통지서를 받고 교육훈련 중에 부상을 입거나 사망(부상으로 인하여 사망한 경우를 포함한다)하면 재해 보상금을 지급하고, 제29조에 따른 치료로 인하여 생업에 종사하지 못하면 그 기간 동안 휴업보상금을 지급한다. 다만, 다른 법령에 따라 국가 또는 지방자치단체의 부담으로 같은 종류의 보상금을 받은 자에게는 그 보상금에 상당하는 금액은 지급하지 아니한다.
② 제1항에 따른 보상금은 국가나 지방자치단체가 부담한다.
③ 제1항과 제2항에 따른 보상금의 액수와 지급 등에 필요한 사항은 대통령령으로 정한다.

제29조【보상 및 치료】 민방위 대원으로서 동원되어 임무를 수행하던 중 또는 교육훈련 통지서를 받고 교육훈련을 받던 중에 부상을 입은 자와 사망(부상으로 인하여 사망한 경우를 포함한다)한 자의 유족에 대하여는 대통령령으로 정하는 바에 따라 「국가유공자 등 예우 및 지원에 관한 법률」 또는 「보훈보상대상자 지원에 관한 법률」을 적용하여 보상 또는 치료한다.(2011.9.15 본조개정)

제30조【실비변상 등】 ① 제23조제1항 후단에 따라 전지(轉地) 교육훈련을 받는 민방위대요원에 대하여는 대통령령으로 정하는 바에 따라 급식을 하거나 그 밖의 실비(實費)를 지급하여야 한다.

② 제26조제1항 또는 제2항에 따라 동원된 민방위 대원에 대하여는 대통령령으로 정하는 바에 따라 급식을 하거나 그 밖의 실비(實費)를 지급할 수 있다. 동원되지 아니한 민방위 대원이 민방위사태의 수습(收拾)에 참여하여 대통령령으로 정하는 절차와 방법에 따라 부여받은 임무를 수행하는 경우도 또한 같다.

③ 제26조제1항 또는 제2항에 따라 동원된 민방위 대원이 중장비 등의 기계 및 기구를 동원에 사용하는 경우에는 대통령령으로 정하는 바에 따라 그에 따른 사용료를 지급할 수 있다.(2012.2.22 본항신설)

(2012.2.22 본조제목개정)

제31조【정치 운동 등의 금지】 ① 민방위 대장은 그 지위를 이용하여 소속 대원에게 이 법에 규정된 임무 외의 업무를 하게 하거나 소속 대원의 권리 행사를 방해하여서는 아니 된다.

② 민방위대는 편성된 조직체로서 정치 운동에 관여할 수 없다.

제32조【응급조치와 보상】 ① 행정안전부장관, 시·도지사 또는 시장·군수·구청장은 민방위사태가 발생하거나 발생할 것이 확실하여 민방위를 위하여 응급조치를 취하여야 할 급박한 사정이 있으면 대통령령으로 정하는 바에 따라 민방위에 필요한 범위에서 다음 각 호의 조치를 할 수 있다. 다만, 응급조치를 명령할 시간적 여유가 없으면 필요한 조치를 직접 할 수 있으며, 응급조치 명령에 따르지 아니하면 「행정대집행법」 제3조제3항에 따라 대집행(代執行)할 수 있다.(2017.7.26 본문개정)

1. 주민의 피난, 인마(人馬)의 통행, 철도·궤도(軌度)·차량이나 그 밖의 교통 수단에 의한 사람 또는 물건의 이동과 등화(燈火) 및 음향(音響)의 제한 또는 금지 명령
2. 민방위상 지장이 있는 시설·물건이나 사업의 관리자·소유자 또는 사업주에 대한 시설 등의 개선·이전·분산·소개(疏開) 또는 전환 명령
3. 민방위상 지장이 있는 영업 또는 그 밖의 업무의 금지·제한이나 민방위상 꼭 필요한 영업 또는 그 밖의 업무의 계속·재개 명령
4. 다른 사람의 토지·건물·공작물·시설·장비나 그 밖의 물품의 일시 사용 또는 임무 수행에 지장이 있는 장애물의 변경·제거 명령이나 조치

② 제1항제2호부터 제4호까지의 조치에 따라 손실을 입은 자는 그 처분을 한 행정기관의 장에게 보상(補償)을 청구할 수 있다.

③ 제2항에 따른 손실 보상의 경우에는 그 처분을 한 행정기관의 장이 손실을 입은 자와 협의하여야 한다.

④ 제3항에 따른 협의가 성립되지 아니하면 「공익사업을 위한 토지 등의 취득 및 보상에 관한 법률」 제51조에 따른 관할 토지수용위원회에 재결(裁決)을 신청할 수 있다.

⑤ 제1항부터 제3항까지의 규정에 따른 응급조치의 방법·절차와 보상 등에 필요한 사항은 대통령령으로 정한다.

제32조의2【수습 및 복구】 행정안전부장관, 시·도지사 또는 시장·군수·구청장은 민방위사태가 발생하였을 경우에는 대통령령으로 정하는 바에 따라 다음 각 호의 조치를 하여야 한다.(2017.7.26 본문개정)

1. 인명구조
2. 진화·수방 및 그 밖의 응급조치
3. 피해시설의 응급복구 및 방역과 방범
4. 임시주거시설, 생활필수품의 제공 및 그 밖의 구호조치
5. 그 밖에 수습 및 복구와 관련하여 중앙민방위협의회 및 지역민방위협의회에서 심의·결정한 사항

(2012.2.22 본조신설)

제33조【민방위 경보】 ① 행정안전부장관, 시·도지사, 시장·군수·구청장, 「접경지역 지원 특별법」에 따른 접경지역의 읍장·면장·동장 또는 대통령령으로 정하는 자는 민방위사태가 발생하거나 발생할 우려가 있는 때 또는 민방위 훈련을 실시하는 때에는 대통령령으로 정하는 바에 따라 민방위 경보를 발령할 수 있다.(2020.12.22 본항개정)

② 행정안전부장관 및 시·도지사는 신속한 민방위 경보 발령과 전파를 위하여 민방위 경보 통제소를 설치·운영하여야 한다.(2017.7.26 본항개정)

③ 제1항에 따라 민방위 경보가 발령되면 「건축법」 제2조제2항제8호에 따른 운수시설, 「유통산업발전법」 제2조제3호에 따른 대규모점포 및 「영화 및 비디오물의 진흥에 관한 법률」 제2조제10호에 따른 영화상영관의 관리주체는 신속하게 민방위 경보를 건물 내에 전파하여야 한다.(2016.1.27 본항신설)

④ 제3항에 따른 민방위 경보 대상 건물의 관리주체는 민방위 경보 전파를 위해 제33조의2에 따른 경보단말장비를 설치하여야 한다.(2020.12.22 본항신설)

⑤ 제3항에 따른 운수시설, 대규모점포 및 영화상영관 중 민방위 경보 대상과 그 밖에 필요한 사항은 대통령령으로 정한다.(2016.1.27 본항신설)

제33조의2【민방위 경보단말장비의 인증 등】 ① 행정안전부장관은 민방위 경보단말장비의 신뢰성 확보 및 품질 향상을 위해 표준 및 기술기준을 제정·고시하여 적용하고 인증을 할 수 있다.

② 행정안전부장관은 제1항에 따른 표준 및 기술기준에 적합함을 인증하기 위하여 인증기관을 지정하여 운영할 수 있다.

③ 행정안전부장관은 제1항에 따라 인증받은 제품이 다음 각 호에 해당하는 경우에는 그 인증을 취소할 수 있다. 다만, 제1호의 경우에는 인증을 취소하여야 한다.

1. 거짓이나 그 밖의 부정한 방법으로 인증을 받은 경우
2. 시판제품 등에 대한 조사결과 제1항에 따른 표준 및 기술기준에 맞지 아니한 경우

④ 행정안전부장관은 제2항에 따른 인증기관이 다음 각 호에 해당하는 경우에는 인증기관 지정을 취소할 수 있다. 다만, 제1호의 경우에는 취소하여야 한다.

1. 거짓이나 그 밖의 부정한 방법으로 지정을 받은 경우
2. 고의 또는 중대한 과실로 인증기준에 적합하지 않은 제품을 인증하여 준 경우
3. 정당한 사유 없이 인증 업무를 거부한 경우
4. 인증업무에서 부정한 행위를 한 경우

⑤ 제1항에 따른 경보단말장비를 제조 또는 공급하려는 자가 인증을 받으려는 경우에는 행정안전부장관이 산정한 수수료를 인증기관에 내야 한다.

⑥ 행정안전부장관은 제2항에 따른 인증기관에 대하여 예산의 범위에서 인증업무 수행에 필요한 경비의 일부를 지원할 수 있다.

⑦ 제1항에 따른 표준 및 기술기준에 대한 인증의 절차, 방법 등에 관하여 필요한 사항은 대통령령으로 정한다.

⑧ 제2항에 따른 인증기관의 지정기준, 절차, 업무범위 등에 관하여 필요한 사항은 행정안전부령으로 정한다.

(2020.12.22 본조신설)

제34조【권한의 위임】 중앙관서의 장은 이 법에서 규정한 권한의 일부를 대통령령으로 정하는 바에 따라 시·도지사나 대통령령으로 지정하는 소속 지방행정기관의 장에게 위임할 수 있으며, 위임받은 시·도지사와 지방행정기관의 장은 시장·군수·구청장과 해당 지방행정기관의 산하 행정기관의 장에게 이를 재위임할 수 있다. 다만, 시·도지사와 지방행정기관의 장이 재위임한 경우에는 지체 없이 중앙관서의 장에게 그 내용을 보고하여야 한다.

제35조【벌칙】 다음 각 호의 어느 하나에 해당하는 자는 2년 이하의 징역 또는 2천만원 이하의 벌금이나 구류에 처한다.(2015.7.20 본문개정)

1. 제31조제1항을 위반하여 소속 대원에게 임무 외의 업무를 행하게 하거나 소속 대원의 권리 행사를 방해한 자
2. 제31조제2항을 위반하여 정치 운동에 관여한 자

제36조【벌칙】 다음 각 호의 어느 하나에 해당하는 자는 1년 이하의 징역 또는 1천만원 이하의 벌금이나 구류에 처한다.(2015.7.20 본문개정)

1. 제2조제1호가목에 해당하는 상황이 발생하거나 발생할 우려가 있는 경우 정당한 사유 없이 제26조제1항 및 제2항에 따른 동원 명령에 응하지 아니한 자
2. 제2조제1호가목에 해당하는 상황이 발생하거나 발생할 우려가 있는 경우 정당한 사유 없이 제26조제4항에 따른 명령을 이행하지 아니한 자

(2012.2.22 1호~2호개정)

3. 제27조를 위반하여 불이익한 처우를 행한 자

제37조【벌칙】 다음 각 호의 어느 하나에 해당하는 자는 6개월 이하의 징역 또는 500만원 이하의 벌금이나 구류에 처한다.(2020.1.29 본문개정)

1. 정당한 사유 없이 제15조제2항에 따른 민방위 준비 명령에 따르지 아니한 자(2012.2.22 본호개정)
2. 제2조제1호가목에 해당하는 상황이 발생하거나 발생할 우려가 있는 경우 정당한 사유 없이 제20조에 따른 신고를 하지 아니한 자(2012.2.22 본호개정)
3. 정당한 사유 없이 제32조제1항 각 호에 따른 명령이나 조치에 따르지 아니하거나 방해한 자

제38조【벌칙】 제2조제1호가목에 해당하는 상황이 발생하거나 발생할 우려가 있는 경우 정당한 사유 없이 제23조제2항 또는 제24조제2항 후단을 위반한 자는 30만원 이하의 벌금이나 구류에 처한다.(2017.4.18 본조개정)

제39조【과태료】 ① 다음 각 호의 어느 하나에 해당하는 자에게는 30만원 이하의 과태료를 부과한다. 다만, 제36조제1호 및 제2호, 제37조제2호 또는 제38조에 해당하는 경우에는 그러하지 아니 하다.

1. 정당한 사유 없이 제15조제3항 후단에 따른 안내표지판이나 유도표지판을 훼손하거나 제거한 자
(2015.7.20 본호신설)
2. 정당한 사유 없이 제20조제1항 단서·제2항·제4항 또는 제5항에 따른 신고를 하지 아니한 자(제20조제1항 단서에 따라 민방위대 조직에서 제외되는 사유가 발생한 자는 제외한다)
3. 정당한 사유 없이 제23조제2항 또는 제24조제2항 후단을 위반한 자(2017.4.18 본호개정)
4. 정당한 사유 없이 제26조제1항 및 제2항에 따른 동원 명령에 불응한 자 및 제26조제4항에 따른 명령을 이행하지 아니한 자

② 제1항에 따른 과태료는 대통령령으로 정하는 바에 따라 시장·군수·구청장이 부과·징수한다.

③~⑤ (2012.2.22 삭제)

부 칙

제1조【시행일】 이 법은 공포한 날부터 시행한다. 다만, 부칙 제5조제2항의 개정규정은 2007년 7월 27일부터 시행한다.

제2조【중앙민방위협의회 등에 대한 경과조치】 이 법 시행 당시 종전의 규정에 따른 중앙민방위협의회, 지역민방위협의회(특별시·광역시·도민방위협의회, 시·군·구민방위협의회 및 읍·면·동민방위협의회), 민방위 업무에 관한 기본계획, 집행계획 및 특별시·광역시·도계획, 지역민방위대(통·리민방위대 및 시·군·구민방위기술지원대) 및 직장민방위대는 각각 이 법에 따른 중앙민방위협의회, 지역민방위협의회(특별시·광역시·도민방위협의회, 시·군·구민방위협의회, 읍·면·동민방위협의회), 민방위 업무에 관한 기본 계획, 집행 계획 및 특별시·광역시·도 계획, 지역 민방위대(통·리 민방위대 및 시·군·구 민방위 기술지원대) 및 직장 민방위대로 본다.

제3조【처분 등에 관한 일반적 경과조치】 이 법 시행 당시 종전의 규정에 따른 행정기관의 행위나 행정기관에 대한 행위는 그에 해당하는 이 법에 따른 행정기관의 행위나 행정기관에 대한 행위로 본다.

제4조【벌칙이나 과태료에 관한 경과조치】 이 법 시행 전의 행위에 대하여 벌칙이나 과태료 규정을 적용할 때에는 종전의 규정에 따른다.

제5조【다른 법률의 개정】 ①~③ ※(해당 법령에 가제정리 하였음)

제6조【다른 법령과의 관계】 이 법 시행 당시 다른 법령에서 종전의 「민방위기본법」 또는 그 규정을 인용한 경우에 이 법 가운데 그에 해당하는 규정이 있으면 종전의 규정을 갈음하여 이 법 또는 이 법의 해당 규정을 인용한 것으로 본다.

부 칙 (2015.7.20)

제1조【시행일】 이 법은 공포 후 6개월이 경과한 날부터 시행한다.

제2조【벌칙에 관한 경과조치】 이 법 시행 전의 위반행위에 대하여 벌칙을 적용할 때에는 종전의 규정에 따른다.

부 칙 (2020.1.29)

이 법은 공포한 날부터 시행한다.

부 칙 (2020.12.22)

이 법은 공포 후 6개월이 경과한 날부터 시행한다.

부 칙 (2021.11.30)

제1조【시행일】 이 법은 공포 후 1년이 경과한 날부터 시행한다.(이하 생략)

治安編

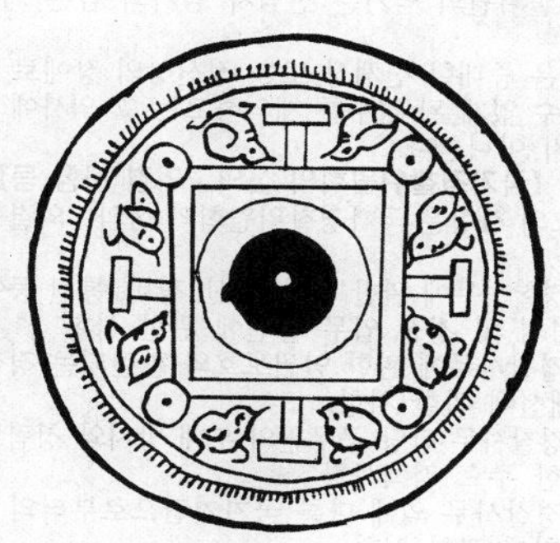

高麗 銅鏡(紋樣)

(舊 : 경찰법)

국가경찰과 자치경찰의 조직 및 운영에 관한 법률(약칭 : 경찰법)

(2020년 12월 22일 전부개정법률 제17689호)

개정
2021. 3.30법17990호 2022.11.15법19023호

제1장 총 칙

제1조【목적】 이 법은 경찰의 민주적인 관리·운영과 효율적인 임무수행을 위하여 경찰의 기본조직 및 직무 범위와 그 밖에 필요한 사항을 규정함을 목적으로 한다.

제2조【국가와 지방자치단체의 책무】 국가와 지방자치단체는 국민의 생명·신체 및 재산을 보호하고 공공의 안녕과 질서유지에 필요한 시책을 수립·시행하여야 한다.

제3조【경찰의 임무】 경찰의 임무는 다음 각 호와 같다.
1. 국민의 생명·신체 및 재산의 보호
2. 범죄의 예방·진압 및 수사
3. 범죄피해자 보호
4. 경비·요인경호 및 대간첩·대테러 작전 수행
5. 공공안녕에 대한 위험의 예방과 대응을 위한 정보의 수집·작성 및 배포
6. 교통의 단속과 위해의 방지
7. 외국 정부기관 및 국제기구와의 국제협력
8. 그 밖에 공공의 안녕과 질서유지

제4조【경찰의 사무】 ① 경찰의 사무는 다음 각 호와 같이 구분한다.
1. 국가경찰사무 : 제3조에서 정한 경찰의 임무를 수행하기 위한 사무. 다만, 제2호의 자치경찰사무는 제외한다.
2. 자치경찰사무 : 제3조에서 정한 경찰의 임무 범위에서 관할 지역의 생활안전·교통·경비·수사 등에 관한 다음 각 목의 사무
 가. 지역 내 주민의 생활안전 활동에 관한 사무
  1) 생활안전을 위한 순찰 및 시설의 운영
  2) 주민참여 방범활동의 지원 및 지도
  3) 안전사고 및 재해·재난 시 긴급구조지원
  4) 아동·청소년·노인·여성·장애인 등 사회적 보호가 필요한 사람에 대한 보호 업무 및 가정폭력·학교폭력·성폭력 등의 예방
  5) 주민의 일상생활과 관련된 사회질서의 유지 및 그 위반행위의 지도·단속. 다만, 지방자치단체 등 다른 행정청의 사무는 제외한다.
  6) 그 밖에 지역주민의 생활안전에 관한 사무
 나. 지역 내 교통활동에 관한 사무
  1) 교통법규 위반에 대한 지도·단속
  2) 교통안전시설 및 무인 교통단속용 장비의 심의·설치·관리
  3) 교통안전에 대한 교육 및 홍보
  4) 주민참여 지역 교통활동의 지원 및 지도
  5) 통행 허가, 어린이 통학버스의 신고, 긴급자동차의 지정 신청 등 각종 허가 및 신고에 관한 사무
  6) 그 밖에 지역 내의 교통안전 및 소통에 관한 사무
 다. 지역 내 다중운집 행사 관련 혼잡 교통 및 안전 관리
 라. 다음의 어느 하나에 해당하는 수사사무
  1) 학교폭력 등 소년범죄
  2) 가정폭력, 아동학대 범죄
  3) 교통사고 및 교통 관련 범죄
  4) 「형법」 제245조에 따른 공연음란 및 「성폭력범죄의 처벌 등에 관한 특례법」 제12조에 따른 성적 목적을 위한 다중이용장소 침입행위에 관한 범죄
  5) 경범죄 및 기초질서 관련 범죄
  6) 가출인 및 「실종아동등의 보호 및 지원에 관한 법률」 제2조제2호에 따른 실종아동등 관련 수색 및 범죄

② 제1항제2호가목부터 다목까지의 자치경찰사무에 관한 구체적인 사항 및 범위 등은 대통령령으로 정하는 기준에 따라 시·도조례로 정한다.
③ 제1항제2호라목의 자치경찰사무에 관한 구체적인 사항 및 범위 등은 대통령령으로 정한다.

제5조【권한남용의 금지】 경찰은 그 직무를 수행할 때 헌법과 법률에 따라 국민의 자유와 권리 및 모든 개인이 가지는 불가침의 기본적 인권을 보호하고, 국민 전체에 대한 봉사자로서 공정·중립을 지켜야 하며, 부여된 권한을 남용하여서는 아니 된다.

제6조【직무수행】 ① 경찰공무원은 상관의 지휘·감독을 받아 직무를 수행하고, 그 직무수행에 관하여 서로 협력하여야 한다.
② 경찰공무원은 구체적 사건수사와 관련된 제1항의 지휘·감독의 적법성 또는 정당성에 대하여 이견이 있을 때에는 이의를 제기할 수 있다.
③ 경찰공무원의 직무수행에 필요한 사항은 따로 법률로 정한다.

제2장 국가경찰위원회

제7조【국가경찰위원회의 설치】 ① 국가경찰행정에 관하여 제10조제1항 각 호의 사항을 심의·의결하기 위하여 행정안전부에 국가경찰위원회를 둔다.
② 국가경찰위원회는 위원장 1명을 포함한 7명의 위원으로 구성하되, 위원장 및 5명의 위원은 비상임(非常任)으로 하고, 1명의 위원은 상임(常任)으로 한다.
③ 제2항에 따른 위원 중 상임위원은 정무직으로 한다.

제8조【국가경찰위원회 위원의 임명 및 결격사유 등】 ① 위원은 행정안전부장관의 제청으로 국무총리를 거쳐 대통령이 임명한다.
② 행정안전부장관은 위원 임명을 제청할 때 경찰의 정치적 중립이 보장되도록 하여야 한다.
③ 위원 중 2명은 법관의 자격이 있는 사람이어야 한다.
④ 위원은 특정 성(性)이 10분의 6을 초과하지 아니하도록 노력하여야 한다.
⑤ 다음 각 호의 어느 하나에 해당하는 사람은 위원이 될 수 없으며, 위원이 다음 각 호의 어느 하나에 해당하는 경우에는 당연퇴직한다.
1. 정당의 당원이거나 당적을 이탈한 날부터 3년이 지나지 아니한 사람
2. 선거에 의하여 취임하는 공직에 있거나 그 공직에서 퇴직한 날부터 3년이 지나지 아니한 사람
3. 경찰, 검찰, 국가정보원 직원 또는 군인의 직에 있거나 그 직에서 퇴직한 날부터 3년이 지나지 아니한 사람
4. 「국가공무원법」 제33조 각 호의 어느 하나에 해당하는 사람. 다만, 「국가공무원법」 제33조제2호 및 제5호에 해당하는 경우에는 같은 법 제69조제1호 단서에 따른다.
⑥ 위원에 대해서는 「국가공무원법」 제60조 및 제65조를 준용한다.

제9조【국가경찰위원회 위원의 임기 및 신분보장】 ① 위원의 임기는 3년으로 하며, 연임(連任)할 수 없다. 이 경우 보궐위원의 임기는 전임자 임기의 남은 기간으로 한다.
② 위원은 중대한 신체상 또는 정신상의 장애로 직무를 수행할 수 없게 된 경우를 제외하고는 그 의사에 반하여 면직되지 아니한다.

제10조【국가경찰위원회의 심의·의결 사항 등】 ① 다음 각 호의 사항은 국가경찰위원회의 심의·의결을 거쳐야 한다.
1. 국가경찰사무에 관한 인사, 예산, 장비, 통신 등에 관한 주요정책 및 경찰 업무 발전에 관한 사항
2. 국가경찰사무에 관한 인권보호와 관련되는 경찰의 운영·개선에 관한 사항
3. 국가경찰사무 담당 공무원의 부패 방지와 청렴도 향상에 관한 주요 정책사항
4. 국가경찰사무 외에 다른 국가기관으로부터의 업무협조 요청에 관한 사항
5. 제주특별자치도의 자치경찰에 대한 경찰의 지원·협조 및 협약체결의 조정 등에 관한 주요 정책사항
6. 제18조에 따른 시·도자치경찰위원회 위원 추천, 자치경찰사무에 대한 주요 법령·정책 등에 관한 사항, 제25조제4항에 따른 시·도자치경찰위원회 의결에 대한 재의 요구에 관한 사항
7. 제2조에 따른 시책 수립에 관한 사항
8. 제32조에 따른 비상사태 등 전국적 치안유지를 위한 경찰청장의 지휘·명령에 관한 사항
9. 그 밖에 행정안전부장관 및 경찰청장이 중요하다고 인정하여 국가경찰위원회의 회의에 부친 사항
② 행정안전부장관은 제1항에 따라 심의·의결된 내용이 적정하지 아니하다고 판단할 때에는 재의(再議)를 요구할 수 있다.

제11조【국가경찰위원회의 운영 등】 ① 국가경찰위원회의 사무는 경찰청에서 수행한다.
② 국가경찰위원회의 회의는 재적위원 과반수의 출석과 출석위원 과반수의 찬성으로 의결한다.
③ 이 법에 규정된 것 외에 국가경찰위원회의 운영 및 제10조제1항 각 호에 따른 심의·의결 사항의 구체적 범위, 재의 요구 등에 필요한 사항은 대통령령으로 정한다.

제3장 경찰청

제12조【경찰의 조직】 치안에 관한 사무를 관장하게 하기 위하여 행정안전부장관 소속으로 경찰청을 둔다.

제13조【경찰사무의 지역적 분장기관】 경찰의 사무를 지역적으로 분담하여 수행하게 하기 위하여 특별시·광역시·특별자치시·도·특별자치도(이하 "시·도"라 한다)에 시·도경찰청을 두고, 시·도경찰청장 소속으로 경찰서를 둔다. 이 경우 인구, 행정구역, 면적, 지리적 특성, 교통 및 그 밖의 조건을 고려하여 시·도에 2개의 시·도경찰청을 둘 수 있다.

제14조【경찰청장】 ① 경찰청에 경찰청장을 두며, 경찰청장은 치안총감(治安總監)으로 보한다.
② 경찰청장은 국가경찰위원회의 동의를 받아 행정안전부장관의 제청으로 국무총리를 거쳐 대통령이 임명한다. 이 경우 국회의 인사청문을 거쳐야 한다.
③ 경찰청장은 국가경찰사무를 총괄하고 경찰청 업무를 관장하며 소속 공무원 및 각급 경찰기관의 장을 지휘·감독한다.
④ 경찰청장의 임기는 2년으로 하고, 중임(重任)할 수 없다.
⑤ 경찰청장이 직무를 집행하면서 헌법이나 법률을 위배하였을 때에는 국회는 탄핵 소추를 의결할 수 있다.
⑥ 경찰청장은 경찰의 수사에 관한 사무의 경우에는 개별 사건의 수사에 대하여 구체적으로 지휘·감독할 수 없다. 다만, 국민의 생명·신체·재산 또는 공공의 안전 등에 중대한 위험을 초래하는 긴급하고 중요한 사건의 수사에 있어서 경찰의 자원을 대규모로 동원하는 등 통합적으로 현장 대응할 필요가 있다고 판단할 만한 상당한 이유가 있는 때에는 제16조에 따른 국가수사본부장을 통하여 개별 사건의 수사에 대하여 구체적으로 지휘·감독할 수 있다.
⑦ 경찰청장은 제6항 단서에 따라 개별 사건의 수사에 대한 구체적 지휘·감독을 개시한 때에는 이를 국가경찰위원회에 보고하여야 한다.
⑧ 경찰청장은 제6항 단서의 사유가 해소된 경우에는 개별 사건의 수사에 대한 구체적 지휘·감독을 중단하여야 한다.
⑨ 경찰청장은 제16조에 따른 국가수사본부장이 제6항 단서의 사유가 해소되었다고 판단하여 개별 사건의 수사에 대한 구체적 지휘·감독의 중단을 건의하는 경우 특별한 이유가 없으면 이를 승인하여야 한다.
⑩ 제6항 단서에서 규정하는 긴급하고 중요한 사건의 범위 등 필요한 사항은 대통령령으로 정한다.

제15조【경찰청 차장】 ① 경찰청에 차장을 두며, 차장은 치안정감(治安正監)으로 보한다.
② 차장은 경찰청장을 보좌하며, 경찰청장이 부득이한 사유로 직무를 수행할 수 없을 때에는 그 직무를 대행한다.

제16조【국가수사본부장】 ① 경찰청에 국가수사본부를 두며, 국가수사본부장은 치안정감으로 보한다.
② 국가수사본부장은 「형사소송법」에 따른 경찰의 수사에 관하여 각 시·도경찰청장과 경찰서장 및 수사부서 소속 공무원을 지휘·감독한다.
③ 국가수사본부장의 임기는 2년으로 하며, 중임할 수 없다.
④ 국가수사본부장은 임기가 끝나면 당연히 퇴직한다.
⑤ 국가수사본부장이 직무를 집행하면서 헌법이나 법률을 위배하였을 때에는 국회는 탄핵 소추를 의결할 수 있다.
⑥ 국가수사본부장을 경찰청 외부를 대상으로 모집하여 임용할 필요가 있는 때에는 다음 각 호의 자격을 갖춘 사람 중에서 임용한다.
1. 10년 이상 수사업무에 종사한 사람 중에서 「국가공무원법」 제2조의2에 따른 고위공무원단에 속하는 공무원, 3급 이상 공무원 또는 총경 이상 경찰공무원으로 재직한 경력이 있는 사람
2. 판사·검사 또는 변호사의 직에 10년 이상 있었던 사람
3. 변호사 자격이 있는 사람으로서 국가기관, 지방자치단체, 「공공기관의 운영에 관한 법률」 제4조에 따른 공공기관(이하 "국가기관등"이라 한다)에서 법률에 관한 사무에 10년 이상 종사한 경력이 있는 사람
4. 대학이나 공인된 연구기관에서 법률학·경찰학 분야에서 조교수 이상의 직이나 이에 상당하는 직에 10년 이상 있었던 사람
5. 제1호부터 제4호까지의 경력 기간의 합산이 15년 이상인 사람
⑦ 국가수사본부장을 경찰청 외부를 대상으로 모집하여 임용하는 경우 다음 각 호의 어느 하나에 해당하는 사람은 국가수사본부장이 될 수 없다.
1. 「경찰공무원법」 제8조제2항 각 호의 결격사유에 해당하는 사람
2. 정당의 당원이거나 당적을 이탈한 날부터 3년이 지나지 아니한 사람
3. 선거에 의하여 취임하는 공직에 있거나 그 공직에서 퇴직한 날부터 3년이 지나지 아니한 사람
4. 제6항제1호에 해당하는 공무원 또는 제6항제2호의 판사·검사의 직에서 퇴직한 날로부터 1년이 지나지 아니한 사람
5. 제6항제3호에 해당하는 사람으로서 국가기관등에서 퇴직한 날로부터 1년이 지나지 아니한 사람

제17조【하부조직】 ① 경찰청의 하부조직은 본부·국·부 또는 과로 한다.
② 경찰청장·차장·국가수사본부장·국장 또는 부장 밑에 정책의 기획이나 계획의 입안 및 연구·조사를 통하여 그를 직접 보좌하는 담당관을 둘 수 있다.
③ 경찰청의 하부조직의 명칭 및 분장 사무와 공무원의 정원은 「정부조직법」 제2조제4항 및 제5항을 준용하여 대통령령 또는 행정안전부령으로 정한다.

제4장 시·도자치경찰위원회

제18조【시·도자치경찰위원회의 설치】 ① 자치경찰사무를 관장하게 하기 위하여 특별시장·광역시장·특별자치시장·도지사·특별자치도지사(이하 "시·도지사"라 한다) 소속으로 시·도자치경찰위원회를 둔다. 다만, 제13조 후단에 따라 시·도에 2개의 시·도경찰청을 두는 경우 시·도지사 소속으로 2개의 시·도자치경찰위원회를 둘 수 있다.(2021.3.30 단서신설)
② 시·도자치경찰위원회는 합의제 행정기관으로서 그 권한에 속하는 업무를 독립적으로 수행한다.
③ 제1항 단서에 따라 2개의 시·도자치경찰위원회를 두는 경우 해당 시·도자치경찰위원회의 명칭, 관할구역,

사무분장, 그 밖에 필요한 사항은 대통령령으로 정한다. (2021.3.30 본항신설)

제19조【시·도자치경찰위원회의 구성】 ① 시·도자치경찰위원회는 위원장 1명을 포함한 7명의 위원으로 구성하되, 위원장과 1명의 위원은 상임으로 하고, 5명의 위원은 비상임으로 한다.

② 위원은 특정 성(性)이 10분의 6을 초과하지 아니하도록 노력하여야 한다.

③ 위원 중 1명은 인권문제에 관하여 전문적인 지식과 경험이 있는 사람이 임명될 수 있도록 노력하여야 한다.

제20조【시·도자치경찰위원회 위원의 임명 및 결격사유】 ① 시·도자치경찰위원회 위원은 다음 각 호의 사람을 시·도지사가 임명한다.

1. 시·도의회가 추천하는 2명
2. 국가경찰위원회가 추천하는 1명
3. 해당 시·도 교육감이 추천하는 1명
4. 시·도자치경찰위원회 위원추천위원회가 추천하는 2명
5. 시·도지사가 지명하는 1명

② 시·도자치경찰위원회 위원은 다음 각 호의 어느 하나에 해당하는 자격을 갖추어야 한다.

1. 판사·검사·변호사 또는 경찰의 직에 5년 이상 있었던 사람
2. 변호사 자격이 있는 사람으로서 국가기관등에서 법률에 관한 사무에 5년 이상 종사한 경력이 있는 사람
3. 대학이나 공인된 연구기관에서 법률학·행정학 또는 경찰학 분야의 조교수 이상의 직이나 이에 상당하는 직에 5년 이상 있었던 사람
4. 그 밖에 관할 지역주민 중에서 지방자치행정 또는 경찰행정 등의 분야에 경험이 풍부하고 학식과 덕망을 갖춘 사람

③ 시·도자치경찰위원회 위원장은 위원 중에서 시·도지사가 임명하고, 상임위원은 시·도자치경찰위원회의 의결을 거쳐 위원 중에서 위원장의 제청으로 시·도지사가 임명한다. 이 경우 위원장과 상임위원은 지방자치단체의 공무원으로 한다.

④ 위원은 정치적 중립을 지켜야 하며, 권한을 남용하여서는 아니 된다.

⑤ 공무원이 아닌 위원에 대해서는 「지방공무원법」 제52조 및 제57조를 준용한다.

⑥ 공무원이 아닌 위원은 그 소관 사무와 관련하여 형법이나 그 밖의 법률에 따른 벌칙을 적용할 때에는 공무원으로 본다.

⑦ 다음 각 호의 어느 하나에 해당하는 사람은 위원이 될 수 없다. 위원이 각 호의 어느 하나에 해당한 경우에는 당연퇴직한다.

1. 정당의 당원이거나 당적을 이탈한 날부터 3년이 지나지 아니한 사람
2. 선거에 의하여 취임하는 공직에 있거나 그 공직에서 퇴직한 날부터 3년이 지나지 아니한 사람
3. 경찰, 검찰, 국가정보원 직원 또는 군인의 직에 있거나 그 직에서 퇴직한 날부터 3년이 지나지 아니한 사람
4. 국가 및 지방자치단체의 공무원(국립 또는 공립대학의 조교수 이상의 직에 있는 사람은 제외한다. 이하 이 조에서 같다)이거나 공무원이었던 사람으로서 퇴직한 날부터 3년이 지나지 아니한 사람. 다만, 제20조제3항 후단에 따라 위원장과 상임위원이 지방자치단체의 공무원이 된 경우에는 당연퇴직하지 아니한다.
5. 「지방공무원법」 제31조 각 호의 어느 하나에 해당하는 사람. 다만, 「지방공무원법」 제31조제2호 및 제5호에 해당하는 경우에는 같은 법 제61조제1호 단서에 따른다.

⑧ 그 밖에 위원의 임명방법 등에 관하여 필요한 사항은 대통령령으로 정하는 기준에 따라 시·도조례로 정한다.

제21조【시·도자치경찰위원회 위원추천위원회】 ① 시·도자치경찰위원회 위원 추천을 위하여 시·도지사 소속으로 시·도자치경찰위원회 위원추천위원회를 둔다.

② 시·도지사는 시·도자치경찰위원회 위원추천위원회에 각계각층의 관할 지역주민의 의견이 수렴될 수 있도록 위원을 구성하여야 한다.

③ 시·도자치경찰위원회 위원추천위원회 위원의 수, 자격, 구성, 위원회 운영 등에 관하여 필요한 사항은 대통령령으로 정한다.

제22조【시·도자치경찰위원회 위원장의 직무】 ① 시·도자치경찰위원회 위원장은 시·도자치경찰위원회를 대표하고 회의를 주재하며 시·도자치경찰위원회의 의결을 거쳐 업무를 수행한다.

② 시·도자치경찰위원회 위원장이 부득이한 사유로 직무를 수행할 수 없을 때에는 상임위원, 시·도자치경찰위원회 위원 중 연장자순으로 그 직무를 대행한다.

제23조【시·도자치경찰위원회 위원의 임기 및 신분보장】 ① 시·도자치경찰위원회 위원장과 위원의 임기는 3년으로 하며, 연임할 수 없다.

② 보궐위원의 임기는 전임자 임기의 남은 기간으로 하되, 전임자의 남은 임기가 1년 미만인 경우 그 보궐위원은 제1항에도 불구하고 한 차례만 연임할 수 있다.

③ 위원은 중대한 신체상 또는 정신상의 장애로 직무를 수행할 수 없게 된 경우를 제외하고는 그 의사에 반하여 면직되지 아니한다.

제24조【시·도자치경찰위원회의 소관 사무】 ① 시·도자치경찰위원회의 소관 사무는 다음 각 호로 한다.

1. 자치경찰사무에 관한 목표의 수립 및 평가
2. 자치경찰사무에 관한 인사, 예산, 장비, 통신 등에 관한 주요정책 및 그 운영지원
3. 자치경찰사무 담당 공무원의 임용, 평가 및 인사위원회 운영
4. 자치경찰사무 담당 공무원의 부패 방지와 청렴도 향상에 관한 주요 정책 및 인권침해 또는 권한남용 소지가 있는 규칙, 제도, 정책, 관행 등의 개선
5. 제2조에 따른 시책 수립
6. 제28조제2항에 따른 시·도경찰청장의 임용과 관련한 경찰청장과의 협의, 제30조제4항에 따른 평가 및 결과 통보
7. 자치경찰사무 감사 및 감사의뢰
8. 자치경찰사무 담당 공무원의 주요 비위사건에 대한 감찰요구
9. 자치경찰사무 담당 공무원에 대한 징계요구
10. 자치경찰사무 담당 공무원의 고충심사 및 사기진작
11. 자치경찰사무와 관련된 중요사건·사고 및 현안의 점검
12. 자치경찰사무에 관한 규칙의 제정·개정 또는 폐지
13. 지방행정과 치안행정의 업무조정과 그 밖에 필요한 협의·조정
14. 제32조에 따른 비상사태 등 전국적 치안유지를 위한 경찰청장의 지휘·명령에 관한 사무
15. 국가경찰사무·자치경찰사무의 협력·조정과 관련하여 경찰청장과 협의
16. 국가경찰위원회에 대한 심의·조정 요청
17. 그 밖에 시·도지사, 시·도경찰청장이 중요하다고 인정하여 시·도자치경찰위원회의 회의에 부친 사항에 대한 심의·의결

② 시·도자치경찰위원회의 업무와 관련하여 시·도지사는 정치적 목적이나 개인적 이익을 위해 관여하여서는 아니 된다.

제25조【시·도자치경찰위원회의 심의·의결사항 등】 ① 시·도자치경찰위원회는 제24조의 사무에 대하여 심의·의결한다.

② 시·도자치경찰위원회의 회의는 재적위원 과반수의 출석과 출석위원 과반수의 찬성으로 의결한다.

③ 시·도지사는 제1항에 관한 시·도자치경찰위원회의 의결이 적정하지 아니하다고 판단할 때에는 재의를 요구할 수 있다.

④ 위원회의 의결이 법령에 위반되거나 공익을 현저히 해친다고 판단되면 행정안전부장관은 미리 경찰청장의 의견을 들어 국가경찰위원회를 거쳐 시·도지사에게 제3항의 재의를 요구하게 할 수 있고, 경찰청장은 국가경찰위원회와 행정안전부장관을 거쳐 시·도지사에게 재의를 요구하게 할 수 있다.

⑤ 시·도자치경찰위원회의 위원장은 재의요구를 받은 날부터 7일 이내에 회의를 소집하여 재의결하여야 한다. 이 경우 재적위원 과반수의 출석과 출석위원 3분의 2 이상의 찬성으로 전과 같은 의결을 하면 그 의결사항은 확정된다.

제26조【시·도자치경찰위원회의 운영 등】 ① 시·도자치경찰위원회의 회의는 정기적으로 개최하여야 한다. 다만 위원장이 필요하다고 인정하는 경우, 위원 2명 이상이 요구하는 경우 및 시·도지사가 필요하다고 인정하는 경우에는 임시회의를 개최할 수 있다.

② 시·도자치경찰위원회는 회의 안건과 관련된 이해관계인이 있는 경우 그 의견을 듣거나 회의에 참석하게 할 수 있다.

③ 시·도자치경찰위원회의 위원 중 공무원이 아닌 위원에게는 예산의 범위에서 직무활동에 필요한 비용 등을 지급할 수 있다.

④ 그 밖에 시·도자치경찰위원회의 운영 등에 필요한 사항은 대통령령으로 정하는 기준에 따라 시·도조례로 정한다.

제27조【사무기구】 ① 시·도자치경찰위원회의 사무를 처리하기 위하여 시·도자치경찰위원회에 필요한 사무기구를 둔다.

② 사무기구에는 「지방자치단체에 두는 국가공무원의 정원에 관한 법률」에도 불구하고 대통령령으로 정하는 바에 따라 경찰공무원을 두어야 한다.

③ 제주특별자치도에는 「제주특별자치도 설치 및 국제자유도시 조성을 위한 특별법」 제44조제3항에도 불구하고 같은 법 제6조제1항 단서에 따라 이 법 제27조제2항을 우선하여 적용한다.

④ 사무기구의 조직·정원·운영 등에 관하여 필요한 사항은 경찰청장의 의견을 들어 대통령령으로 정하는 기준에 따라 시·도조례로 정한다.

제5장 시·도경찰청 및 경찰서 등

제28조【시·도경찰청장】 ① 시·도경찰청에 시·도경찰청장을 두며, 시·도경찰청장은 치안정감·치안감(治安監) 또는 경무관(警務官)으로 보한다.

② 「경찰공무원법」 제7조에도 불구하고 시·도경찰청장은 경찰청장이 시·도자치경찰위원회와 협의하여 추천한 사람 중에서 행정안전부장관의 제청으로 국무총리를 거쳐 대통령이 임용한다.

③ 시·도경찰청장은 국가경찰사무에 대해서는 경찰청장의 지휘·감독을, 자치경찰사무에 대해서는 시·도자치경찰위원회의 지휘·감독을 받아 관할구역의 소관 사무를 관장하고 소속 공무원 및 소속 경찰기관의 장을 지휘·감독한다. 다만, 수사에 관한 사무에 대해서는 국가수사본부장의 지휘·감독을 받아 관할구역의 소관 사무를 관장하고 소속 공무원 및 소속 경찰기관의 장을 지휘·감독한다.

④ 제3항 본문의 경우 시·도자치경찰위원회는 자치경찰사무에 대해 심의·의결을 통하여 시·도경찰청장을 지휘·감독한다. 다만, 시·도자치경찰위원회가 심의·의결할 시간적 여유가 없거나 심의·의결이 곤란한 경우 대통령령으로 정하는 바에 따라 시·도자치경찰위원회의 지휘·감독권을 시·도경찰청장에게 위임한 것으로 본다.

제29조【시·도경찰청 차장】 ① 시·도경찰청에 차장을 둘 수 있다.

② 차장은 시·도경찰청장을 보좌하여 소관 사무를 처리하고 시·도경찰청장이 부득이한 사유로 직무를 수행할 수 없을 때에는 그 직무를 대행한다.

제30조【경찰서장】 ① 경찰서에 경찰서장을 두며, 경찰서장은 경무관, 총경(總警) 또는 경정(警正)으로 보한다.

② 경찰서장은 시·도경찰청장의 지휘·감독을 받아 관할구역의 소관 사무를 관장하고 소속 공무원을 지휘·감독한다.

③ 경찰서장 소속으로 지구대 또는 파출소를 두고, 그 설치기준은 치안수요·교통·지리 등 관할구역의 특성을 고려하여 행정안전부령으로 정한다. 다만, 필요한 경우에는 출장소를 둘 수 있다.

④ 시·도자치경찰위원회는 정기적으로 경찰서장의 자치경찰사무 수행에 관한 평가결과를 경찰청장에게 통보하여야 하며 경찰청장은 이를 반영하여야 한다.

제31조【직제】 시·도경찰청 및 경찰서의 명칭, 위치, 관할구역, 하부조직, 공무원의 정원, 그 밖에 필요한 사항은 「정부조직법」 제2조제4항 및 제5항을 준용하여 대통령령 또는 행정안전부령으로 정한다.

제6장 비상사태 등 전국적 치안유지를 위한 경찰청장의 지휘·명령

제32조【비상사태 등 전국적 치안유지를 위한 경찰청장의 지휘·명령】 ① 경찰청장은 다음 각 호의 경우에는 제2항에 따라 자치경찰사무를 수행하는 경찰공무원(제주특별자치도의 자치경찰공무원을 포함한다)을 직접 지휘·명령할 수 있다.

1. 전시·사변, 천재지변, 그 밖에 이에 준하는 국가 비상사태, 대규모의 테러 또는 소요사태가 발생하였거나 발생할 우려가 있어 전국적인 치안유지를 위하여 긴급한 조치가 필요하다고 인정할 만한 충분한 사유가 있는 경우
2. 국민안전에 중대한 영향을 미치는 사안에 대하여 다수의 시·도에 동일하게 적용되는 치안정책을 시행할 필요가 있다고 인정할 만한 충분한 사유가 있는 경우
3. 자치경찰사무와 관련하여 해당 시·도의 경찰력으로는 국민의 생명·신체·재산의 보호 및 공공의 안녕과 질서유지가 어려워 경찰청장의 지원·조정이 필요하다고 인정할 만한 충분한 사유가 있는 경우

② 경찰청장은 제1항에 따른 조치가 필요한 경우에는 시·도자치경찰위원회에 자치경찰사무를 담당하는 경찰공무원을 직접 지휘·명령하려는 사유 및 내용 등을 구체적으로 제시하여 통보하여야 한다.

③ 제2항에 따른 통보를 받은 시·도자치경찰위원회는 정당한 사유가 없으면 즉시 자치경찰사무를 담당하는 경찰공무원에게 경찰청장의 지휘·명령을 받을 것을 명하여야 하며, 제1항에 규정된 사유에 해당하지 아니한다고 인정하면 시·도자치경찰위원회의 의결을 거쳐 경찰청장에게 그 지휘·명령의 중단을 요청할 수 있다.

④ 경찰청장이 제1항에 따라 지휘·명령을 하는 경우에는 국가경찰위원회에 즉시 보고하여야 한다. 다만, 제1항제3호의 경우에는 미리 국가경찰위원회의 의결을 거쳐야 하며 긴급한 경우에는 우선 조치 후 지체 없이 국가경찰위원회의 의결을 거쳐야 한다.

⑤ 제4항에 따라 보고를 받은 국가경찰위원회는 제1항에 규정된 사유에 해당하지 아니한다고 인정하면 그 지휘·명령을 중단할 것을 의결하여 경찰청장에게 통보할 수 있다.

⑥ 경찰청장은 제1항에 따라 지휘·명령할 수 있는 사유가 해소된 때에는 경찰공무원에 대한 지휘·명령을 즉시 중단하여야 한다.

⑦ 시·도자치경찰위원회는 제1항제3호에 해당하는 경우 의결로 지원·조정의 범위·기간 등을 정하여 경찰청장에게 지원·조정을 요청할 수 있다.

⑧ 경찰청장은 제주특별자치도경찰청의 관할구역에서 제1항의 지휘·명령권을 제주특별자치도경찰청장에게 위임할 수 있다.

제7장 치안분야의 과학기술진흥

제33조【치안에 필요한 연구개발의 지원 등】 ① 경찰청장은 치안에 필요한 연구·실험·조사·기술개발(이하 "연구개발사업"이라 한다) 및 전문인력 양성 등 치안분야의 과학기술진흥을 위한 시책을 마련하여 추진하여야 한다.

② 경찰청장은 연구개발사업을 효율적으로 추진하기 위하여 다음 각 호의 어느 하나에 해당하는 기관 또는 단체 등과 협약을 맺어 연구개발사업을 실시하게 할 수 있다.
1. 국공립 연구기관
2. 「특정연구기관 육성법」 제2조에 따른 특정연구기관
3. 「과학기술분야 정부출연연구기관 등의 설립·운영 및 육성에 관한 법률」에 따라 설립된 과학기술분야 정부출연연구기관
4. 「고등교육법」에 따른 대학·산업대학·전문대학 및 기술대학
5. 「민법」이나 다른 법률에 따라 설립된 법인으로서 치안분야 연구기관 또는 법인 부설 연구소
6. 「기초연구진흥 및 기술개발지원에 관한 법률」 제14조의2제1항에 따라 인정받은 기업부설연구소 또는 기업의 연구개발전담부서
7. 그 밖에 대통령령으로 정하는 치안분야 관련 연구·조사·기술개발 등을 수행하는 기관 또는 단체
③ 경찰청장은 제2항 각 호의 기관 또는 단체 등에 대하여 연구개발사업을 실시하는 데 필요한 경비의 전부 또는 일부를 출연하거나 보조할 수 있다.
④ 제2항에 따른 연구개발사업의 실시와 제3항에 따른 출연금의 지급·사용 및 관리 등에 필요한 사항은 대통령령으로 정한다.

제8장 보 칙

제34조【자치경찰사무에 대한 재정적 지원】 국가는 지방자치단체가 이관받은 사무를 원활히 수행할 수 있도록 인력, 장비 등에 소요되는 비용에 대하여 재정적 지원을 하여야 한다.
제35조【예산】 ① 자치경찰사무의 수행에 필요한 예산은 시·도자치경찰위원회의 심의·의결을 거쳐 시·도지사가 수립한다. 이 경우 시·도자치경찰위원회는 경찰청장의 의견을 들어야 한다.
② 시·도지사는 자치경찰사무 담당 공무원에게 조례에서 정하는 예산의 범위에서 재정적 지원 등을 할 수 있다.
③ 시·도의회는 관련 예산의 효율적인 관리를 위하여 의결로써 자치경찰사무에 대해 시·도자치경찰위원장의 출석 및 자료 제출을 요구할 수 있다.
제36조 (2022.11.15 삭제)

부 칙

제1조【시행일】 이 법은 2021년 1월 1일부터 시행한다.
제2조【이 법의 시행을 위한 준비행위 등】 국가수사본부와 시·도자치경찰위원회의 구성 및 자치경찰사무의 처리에 필요한 인력·시설·장비의 확보 등 자치경찰사무 수행에 필요한 준비행위는 이 법 시행 전부터 할 수 있다.
제3조【자치경찰사무 수행에 관한 시범운영 특례】 ① 시·도경찰청장과 시·도자치경찰위원회는 협의하여 이 법에 따른 자치경찰사무의 수행에 관하여 시범운영을 실시할 수 있다.
② 제1항에 따른 자치경찰사무 수행에 필요한 시범운영은 2021년 6월 30일까지 완료하여야 한다.
③ 제1항에 따른 자치경찰사무 수행에 필요한 시범운영과 관련된 구체적 사항은 대통령령으로 정한다.
제4조【경찰위원회 등에 관한 경과조치】 ① 이 법 시행 당시의 경찰위원회, 경찰위원회 위원장 및 위원(이하 이 조에서 "경찰위원회등"이라 한다)은 이 법에 따른 국가경찰위원회, 국가경찰위원회 위원장 및 위원(이하 이 조에서 "국가경찰위원회등"이라 한다)으로 본다. 이 경우 해당 위원장 및 위원의 임기는 잔여기간으로 한다.
② 이 법 시행 당시 종전의 규정에 따른 경찰위원회등의 행위 또는 경찰위원회등에 대한 행위는 이 법에 따른 국가경찰위원회등의 행위 또는 국가경찰위원회등에 대한 행위로 본다.
제5조【지방경찰청 등에 관한 경과조치】 ① 이 법 시행 당시의 지방경찰청 및 지방경찰청장(이하 이 조에서 "지방경찰청등"이라고 한다)은 이 법에 따른 시·도경찰청 및 시·도경찰청장(이하 이 조에서 "시·도경찰청등"이라 한다)으로 본다.
② 이 법 시행 당시 종전의 규정에 따른 지방경찰청등의 행위 또는 지방경찰청등에 대한 행위는 이 법에 따른 시·도경찰청등의 행위 또는 시·도경찰청등에 대한 행위로 본다.
제6조【행정처분등에 관한 경과조치】 법률 제4369호 경찰법 시행 당시 종전의 규정에 따라 내무부장관·서울특별시장·직할시장 또는 도지사등 행정기관이 행한 행정처분 기타 행정기관의 행위 또는 각종 신고 기타 행정기관에 대한 행위는 그에 해당하는 이 법에 의한 행정기관의 행위 또는 행정기관에 대한 행위로 본다.
제7조【다른 법률의 개정】 ①~㊸ ※(해당 법령에 가제정리 하였음)
제8조【다른 법령과의 관계】 이 법 시행 당시 다른 법령에서 종전의 「경찰법」 또는 그 규정을 인용한 경우에 이 법 가운데 그에 해당하는 규정이 있을 때에는 종전의 규정을 갈음하여 이 법의 해당 규정을 인용한 것으로 본다.

부 칙 (2021.3.30)

제1조【시행일】 이 법은 공포 후 3개월이 경과한 날부터 시행한다.
제2조【복수의 시·도자치경찰위원회 설치를 위한 준비행위 등】 시·도자치경찰위원회의 구성 및 인력·시설의 확보 등 시·도에 2개의 시·도자치경찰위원회를 설치하기 위하여 필요한 준비행위 및 시범운영은 이 법 시행 전부터 할 수 있다.

부 칙 (2022.11.15)

제1조【시행일】 이 법은 공포 후 3개월이 경과한 날부터 시행한다.
제2조【세종특별자치시자치경찰위원회 위원장의 상임화에 관한 경과조치】 이 법 시행 당시 종전의 규정에 따라 임명된 세종특별자치시자치경찰위원회의 위원장은 제19조 및 제20조의 규정에 따라 임명된 상임인 위원장으로 보되, 그 임기는 종전 임기의 남은 기간으로 한다.
제3조【세종특별자치시자치경찰위원회의 위원장이 아닌 위원 중 1명의 상임화에 관한 경과조치】 세종특별자치시자치경찰위원회, 세종특별자치시자치경찰위원회 위원장 및 세종특별자치시장은 이 법 시행 이후 3개월 이내에 제20조제3항에 따른 상임위원 임명 절차를 완료하여야 하고, 상임위원으로 새로 임명된 위원의 임기는 종전 비상임위원으로서의 임기의 남은 기간으로 한다.

경찰관 직무집행법

(1981년 4월 13일
전개법률 제3427호)

개정
1988.12.31법 4048호 1989. 6.16법 4130호
1991. 3. 8법 4336호
1996. 8. 8법 5153호(정부조직)
1999. 5.24법 5988호
2004.12.23법 7247호(경찰법)
2006. 2.21법 7849호(제주자치법)
2011. 8. 4법11031호 2013. 4. 5법11736호
2014. 5.20법12600호
2014.11.19법12844호(정부조직)
2015. 1. 6법12960호(총포·도검·화약류등의안전관리에관한법)
2016. 1.27법13825호
2017. 7.26법14839호(정부조직)
2018. 4.17법15565호 2018.12.24법16036호
2020.12.22법17688호
2020.12.22법17689호(국가자치경찰)
2021.10.19법18488호 2022. 2. 3법18807호
2024. 1.30법20153호→2024년 1월 30일 및 2024년 7월 31일 시행

제1조【목적】 ① 이 법은 국민의 자유와 권리 및 모든 개인이 가지는 불가침의 기본적 인권을 보호하고 사회공공의 질서를 유지하기 위한 경찰관(경찰공무원만 해당한다. 이하 같다)의 직무 수행에 필요한 사항을 규정함을 목적으로 한다.(2020.12.22 본항개정)
② 이 법에 규정된 경찰관의 직권은 그 직무 수행에 필요한 최소한도에서 행사되어야 하며 남용되어서는 아니 된다.
(2014.5.20 본조개정)
제2조【직무의 범위】 경찰관은 다음 각 호의 직무를 수행한다.
1. 국민의 생명·신체 및 재산의 보호
2. 범죄의 예방·진압 및 수사
2의2. 범죄피해자 보호(2018.4.17 본호신설)
3. 경비, 주요 인사(人士) 경호 및 대간첩·대테러 작전 수행
4. 공공안녕에 대한 위험의 예방과 대응을 위한 정보의 수집·작성 및 배포(2020.12.22 본호개정)
5. 교통 단속과 교통 위해(危害)의 방지
6. 외국 정부기관 및 국제기구와의 국제협력
7. 그 밖에 공공의 안녕과 질서 유지
(2014.5.20 본조개정)
판례 경찰은 범죄의 예방, 진압 및 수사와 함께 국민의 생명, 신체 및 재산의 보호 기타 공공의 안녕과 질서유지를 직무로 하고 있고, 직무의 원활한 수행을 위하여 경찰관 직무집행법, 형사소송법 등 관계 법령에 의하여 여러 가지 권한이 부여되어 있으므로, 구체적인 직무를 수행하는 경찰관으로서는 제반 상황에 대응하여 자신에게 부여된 여러 가지 권한을 적절하게 행사하여 필요한 조치를 할 수 있고, 그러한 권한은 일반적으로 경찰관의 전문적 판단에 기한 합리적인 재량에 위임되어 있으나, 경찰관에게 권한을 부여한 취지와 목적에 비추어 볼 때 구체적인 사정에 따라 경찰관이 권한을 행사하여 필요한 조치를 하지 아니하는 것이 현저하게 불합리하다고 인정되는 경우에는 권한의 불행사는 직무상 의무를 위반한 것이 되어 위법하게 된다.(대판 2016.4.15, 2013다20427)
제3조【불심검문】 ① 경찰관은 다음 각 호의 어느 하나에 해당하는 사람을 정지시켜 질문할 수 있다.
1. 수상한 행동이나 그 밖의 주위 사정을 합리적으로 판단하여 볼 때 어떠한 죄를 범하였거나 범하려 하고 있다고 의심할 만한 상당한 이유가 있는 사람
2. 이미 행하여진 범죄나 행하여지려고 하는 범죄행위에 관한 사실을 안다고 인정되는 사람
② 경찰관은 제1항에 따라 같은 항 각 호의 사람을 정지시킨 장소에서 질문을 하는 것이 그 사람에게 불리하거나 교통에 방해가 된다고 인정될 때에는 질문을 하기 위하여 가까운 경찰서·지구대·파출소 또는 출장소(지방해양경찰관서를 포함하며, 이하 "경찰관서"라 한다)로 동행할 것을 요구할 수 있다. 이 경우 동행을 요구받은 사람은 그 요구를 거절할 수 있다.(2017.7.26 전단개정)
③ 경찰관은 제1항 각 호의 어느 하나에 해당하는 사람에게 질문을 할 때에 그 사람이 흉기를 가지고 있는지를 조사할 수 있다.
④ 경찰관은 제1항이나 제2항에 따라 질문을 하거나 동행을 요구할 경우 자신의 신분을 표시하는 증표를 제시하면서 소속과 성명을 밝히고 질문이나 동행의 목적과 이유를 설명하여야 하며, 동행을 요구하는 경우에는 동행 장소를 밝혀야 한다.
⑤ 경찰관은 제2항에 따라 동행한 사람의 가족이나 친지 등에게 동행한 경찰관의 신분, 동행 장소, 동행 목적과 이유를 알리거나 본인으로 하여금 즉시 연락할 수 있는 기회를 주어야 하며, 변호인의 도움을 받을 권리가 있음을 알려야 한다.
⑥ 경찰관은 제2항에 따라 동행한 사람을 6시간을 초과하여 경찰관서에 머물게 할 수 없다.
⑦ 제1항부터 제3항까지의 규정에 따라 질문을 받거나 동행을 요구받은 사람은 형사소송에 관한 법률에 따르지 아니하고는 신체를 구속당하지 아니하며, 그 의사에 반하여 답변을 강요당하지 아니한다.
(2014.5.20 본조개정)
제4조【보호조치 등】 ① 경찰관은 수상한 행동이나 그 밖의 주위 사정을 합리적으로 판단해 볼 때 다음 각 호의 어느 하나에 해당하는 것이 명백하고 응급구호가 필요하다고 믿을 만한 상당한 이유가 있는 사람(이하 "구호대상자"라 한다)을 발견하였을 때에는 보건의료기관이나 공공구호기관에 긴급구호를 요청하거나 경찰관서에 보호하는 등 적절한 조치를 할 수 있다.
1. 정신착란을 일으키거나 술에 취하여 자신 또는 다른 사람의 생명·신체·재산에 위해를 끼칠 우려가 있는 사람
2. 자살을 시도하는 사람
3. 미아, 병자, 부상자 등으로서 적당한 보호자가 없으며 응급구호가 필요하다고 인정되는 사람. 다만, 본인이 구호를 거절하는 경우는 제외한다.
② 제1항에 따라 긴급구호를 요청받은 보건의료기관이나 공공구호기관은 정당한 이유 없이 긴급구호를 거절할 수 없다.
③ 경찰관은 제1항의 조치를 하는 경우에 구호대상자가 휴대하고 있는 무기·흉기 등 위험을 일으킬 수 있는 것으로 인정되는 물건을 경찰관서에 임시로 영치(領置)하여 놓을 수 있다.
④ 경찰관은 제1항의 조치를 하였을 때에는 지체 없이 구호대상자의 가족, 친지 또는 그 밖의 연고자에게 그 사실을 알려야 하며, 연고자가 발견되지 아니할 때에는 구호대상자를 적당한 공공보건의료기관이나 공공구호기관에 즉시 인계하여야 한다.
⑤ 경찰관은 제4항에 따라 구호대상자를 공공보건의료기관이나 공공구호기관에 인계하였을 때에는 즉시 그 사실을 소속 경찰서장이나 해양경찰서장에게 보고하여야 한다.(2017.7.26 본항개정)
⑥ 제5항에 따라 보고를 받은 소속 경찰서장이나 해양경찰서장은 대통령령으로 정하는 바에 따라 구호대상자를 인계한 사실을 지체 없이 해당 공공보건의료기관 또는 공공구호기관의 장 및 그 감독행정청에 통보하여야 한다.(2017.7.26 본항개정)
⑦ 제1항에 따라 구호대상자를 경찰관서에서 보호하는 기간은 24시간을 초과할 수 없고, 제3항에 따라 물건을 경찰관서에 임시로 영치하는 기간은 10일을 초과할 수 없다.
(2014.5.20 본조개정)
판례 긴급구호권한과 같은 경찰관의 조치권한은 일반적으로 경찰관의 전문적 판단에 기한 합리적인 재량에 위임되어 있는 것이나, 그렇다고 하더라도 구체적 상황하에서 경찰관에게 그러한 조치권한을 부여한 취지와 목적에 비추어 볼 때 그 불행사가 현저하게 불합리하다고 인정되는 경우에는, 그러한 불행사는 법령에 위반하는 행위에 해당하게 되어 국가배상법상의 다른 요건이 충족되는 한, 국가는 그로 인하여 피해를 입은 자에 대하여 국가배상책임을 부담한다.(대판 1996.10.25, 95다45927)
제5조【위험 발생의 방지 등】 ① 경찰관은 사람의 생명 또는 신체에 위해를 끼치거나 재산에 중대한 손해를 끼칠 우려가 있는 천재(天災), 사변(事變), 인공구조물의 파손이나 붕괴, 교통사고, 위험물의 폭발, 위험한 동물 등의 출현, 극도의 혼잡, 그 밖의 위험한 사태가 있을 때에는 다음 각 호의 조치를 할 수 있다.
1. 그 장소에 모인 사람, 사물(事物)의 관리자, 그 밖의 관계인에게 필요한 경고를 하는 것
2. 매우 긴급한 경우에는 위해를 입을 우려가 있는 사람을 필요한 한도에서 억류하거나 피난시키는 것
3. 그 장소에 있는 사람, 사물의 관리자, 그 밖의 관계인에게 위해를 방지하기 위하여 필요하다고 인정되는 조치를 하게 하거나 직접 그 조치를 하는 것
② 경찰관서의 장은 대간첩 작전의 수행이나 소요(騷擾)

사태의 진압을 위하여 필요하다고 인정되는 상당한 이유가 있을 때에는 대간첩 작전지역이나 경찰관서·무기고 등 국가중요시설에 대한 접근 또는 통행을 제한하거나 금지할 수 있다.
③ 경찰관은 제1항의 조치를 하였을 때에는 지체 없이 그 사실을 소속 경찰관서의 장에게 보고하여야 한다.
④ 제2항의 조치를 하거나 제3항의 보고를 받은 경찰관서의 장은 관계 기관의 협조를 구하는 등 적절한 조치를 하여야 한다.
(2014.5.20 본조개정)

제6조【범죄의 예방과 제지】 경찰관은 범죄행위가 목전(目前)에 행하여지려고 하고 있다고 인정될 때에는 이를 예방하기 위하여 관계인에게 필요한 경고를 하고, 그 행위로 인하여 사람의 생명·신체에 위해를 끼치거나 재산에 중대한 손해를 끼칠 우려가 있는 긴급한 경우에는 그 행위를 제지할 수 있다.(2014.5.20 본조개정)

판례 행정상 즉시강제는 행정 목적 달성을 위하여 불가피한 한도 내에서 예외적으로 허용되는 것이므로, 위 조항에 의한 경찰관의 제지 조치 역시 최소한도 내에서만 행사되도록 그 발동·행사 요건을 신중하고 엄격하게 해석해야 한다.
(대판 2008.11.13, 2007도9794)

판례 경찰관에게 부여된 권한의 불행사가 직무상의 의무를 위반하여 위법하게 되는 경우 : 윤락녀들이 윤락업소에 감금된 채로 윤락을 강요받으면서 생활하고 있음을 쉽게 알 수 있는 상황이었음에도, 경찰관이 이러한 감금 및 윤락강요행위를 제지하거나 윤락업주들을 체포·수사하는 등 필요한 조치를 취하지 아니하고 오히려 업주들로부터 뇌물을 수수하며 그와 같은 행위를 방치한 것은 경찰관의 직무상 의무에 위반하여 위법하므로 국가는 이로 인한 정신적 고통에 대하여 위자료를 지급할 의무가 있다.
(대판 2004.9.23, 2003다49009)

제7조【위험 방지를 위한 출입】 ① 경찰관은 제5조제1항·제2항 및 제6조에 따른 위험한 사태가 발생하여 사람의 생명·신체 또는 재산에 대한 위해가 임박한 때에 그 위해를 방지하거나 피해자를 구조하기 위하여 부득이하다고 인정하면 합리적으로 판단하여 필요한 한도에서 다른 사람의 토지·건물·배 또는 차에 출입할 수 있다.
② 흥행장(興行場), 여관, 음식점, 역, 그 밖에 많은 사람이 출입하는 장소의 관리자나 그에 준하는 관계인은 경찰관이 범죄나 사람의 생명·신체·재산에 대한 위해를 예방하기 위하여 해당 장소의 영업시간이나 해당 장소가 일반인에게 공개된 시간에 그 장소에 출입하겠다고 요구하면 정당한 이유 없이 그 요구를 거절할 수 없다.
③ 경찰관은 대간첩 작전 수행에 필요할 때에는 작전지역에서 제2항에 따른 장소를 검색할 수 있다.
④ 경찰관은 제1항부터 제3항까지의 규정에 따라 필요한 장소에 출입할 때에는 그 신분을 표시하는 증표를 제시하여야 하며, 함부로 관계인이 하는 정당한 업무를 방해해서는 아니 된다.
(2014.5.20 본조개정)

제8조【사실의 확인 등】 ① 경찰관서의 장은 직무 수행에 필요하다고 인정되는 상당한 이유가 있을 때에는 국가기관이나 공사(公私) 단체 등에 직무 수행에 관련된 사실을 조회할 수 있다. 다만, 긴급한 경우에는 소속 경찰관으로 하여금 현장에 나가 해당 기관 또는 단체의 장의 협조를 받아 그 사실을 확인하게 할 수 있다.
② 경찰관은 다음 각 호의 직무를 수행하기 위하여 필요하면 관계인에게 출석하여야 하는 사유·일시 및 장소를 명확히 적은 출석 요구서를 보내 경찰관서에 출석할 것을 요구할 수 있다.
1. 미아를 인수할 보호자 확인
2. 유실물을 인수할 권리자 확인
3. 사고로 인한 사상자(死傷者) 확인
4. 행정처분을 위한 교통사고 조사에 필요한 사실 확인
(2014.5.20 본조개정)

제8조의2【정보의 수집 등】 ① 경찰관은 범죄·재난·공공갈등 등 공공안녕에 대한 위험의 예방과 대응을 위한 정보의 수집·작성·배포와 이에 수반되는 사실의 확인을 할 수 있다.
② 제1항에 따른 정보의 구체적인 범위와 처리 기준, 정보의 수집·작성·배포에 수반되는 사실의 확인 절차와 한계는 대통령령으로 정한다.
(2020.12.22 본조신설)

제8조의3【국제협력】 경찰청장 또는 해양경찰청장은 이 법에 따른 경찰관의 직무수행을 위하여 외국 정부기관, 국제기구 등과 자료 교환, 국제협력 활동 등을 할 수 있다.(2017.7.26 본조개정)

제9조【유치장】 법률에서 정한 절차에 따라 체포·구속된 사람 또는 신체의 자유를 제한하는 판결이나 처분을 받은 사람을 수용하기 위하여 경찰서와 해양경찰서에 유치장을 둔다.(2017.7.26 본조개정)

제10조【경찰장비의 사용 등】 ① 경찰관은 직무수행 중 경찰장비를 사용할 수 있다. 다만, 사람의 생명이나 신체에 위해를 끼칠 수 있는 경찰장비(이하 이 조에서 "위해성 경찰장비"라 한다)를 사용할 때에는 필요한 안전교육과 안전검사를 받은 후 사용하여야 한다.
② 제1항 본문에서 "경찰장비"란 무기, 경찰장구(警察裝具), 경찰착용기록장치, 최루제(催淚劑)와 그 발사장치, 살수차, 감식기구(鑑識機具), 해안 감시기구, 통신기기, 차량·선박·항공기 등 경찰이 직무를 수행할 때 필요한 장치와 기구를 말한다.(2024.1.30 본항개정)
③ 경찰관은 경찰장비를 함부로 개조하거나 경찰장비에 임의의 장비를 부착하여 일반적인 사용법과 달리 사용함으로써 다른 사람의 생명·신체에 위해를 끼쳐서는 아니 된다.
④ 위해성 경찰장비는 필요한 최소한도에서 사용하여야 한다.
⑤ 경찰청장은 위해성 경찰장비를 새로 도입하려는 경우에는 대통령령으로 정하는 바에 따라 안전성 검사를 실시하여 그 안전성 검사의 결과보고서를 국회 소관 상임위원회에 제출하여야 한다. 이 경우 안전성 검사에는 외부 전문가를 참여시켜야 한다.
⑥ 위해성 경찰장비의 종류 및 그 사용기준, 안전교육·안전검사의 기준 등은 대통령령으로 정한다.
(2014.5.20 본조개정)

판례 경찰관의 가스총 사용 주의의무 : 경찰관은 범인의 체포, 도주의 방지, 타인이나 경찰관의 생명·신체에 대한 방호, 공무집행에 대한 항거의 억제를 위하여 필요한 때에는 최소한의 범위 안에서 가스총을 사용할 수 있으나, 가스총은 통상의 용법대로 사용하는 경우 사람의 생명이나 신체에 위해를 가할 수 있는 이른바 위해성 장비로 그 탄환은 고무마개로 막혀 있어 사람에게 근접하여 발사하는 경우에는 고무마개가 가스와 함께 발사되어 인체에 위해를 줄 가능성이 있으므로, 이를 사용하는 경찰관은 상대방과 근접한 거리에서 상대방의 얼굴에 발사하지 않는 등 가스총 사용시 요구되는 최소한의 안전수칙을 준수하여야 할 주의의무가 있다.
(대판 2003.3.14, 2002다57218)

제10조의2【경찰장구의 사용】 ① 경찰관은 다음 각 호의 직무를 수행하기 위하여 필요하다고 인정되는 상당한 이유가 있을 때에는 그 사태를 합리적으로 판단하여 필요한 한도에서 경찰장구를 사용할 수 있다.
1. 현행범이나 사형·무기 또는 장기 3년 이상의 징역이나 금고에 해당하는 죄를 범한 범인의 체포 또는 도주 방지
2. 자신이나 다른 사람의 생명·신체의 방어 및 보호
3. 공무집행에 대한 항거(抗拒) 제지
② 제1항에서 "경찰장구"란 경찰관이 휴대하여 범인 검거와 범죄 진압 등의 직무 수행에 사용하는 수갑, 포승(捕繩), 경찰봉, 방패 등을 말한다.
(2014.5.20 본조개정)

제10조의3【분사기 등의 사용】 경찰관은 다음 각 호의 직무를 수행하기 위하여 부득이한 경우에는 현장책임자가 판단하여 필요한 최소한의 범위에서 분사기(「총포·도검·화약류 등의 안전관리에 관한 법률」에 따른 분사기를 말하며, 그에 사용하는 최루 등의 작용제를 포함한다. 이하 같다) 또는 최루탄을 사용할 수 있다.
(2015.1.6 본문개정)
1. 범인의 체포 또는 범인의 도주 방지
2. 불법집회·시위로 인한 자신이나 다른 사람의 생명·신체와 재산 및 공공시설 안전에 대한 현저한 위해의 발생 억제
(2014.5.20 본조개정)

제10조의4【무기의 사용】 ① 경찰관은 범인의 체포, 범인의 도주 방지, 자신이나 다른 사람의 생명·신체의 방어 및 보호, 공무집행에 대한 항거의 제지를 위하여 필요하다고 인정되는 상당한 이유가 있을 때에는 그 사태를 합리적으로 판단하여 필요한 한도에서 무기를 사용할 수 있다. 다만, 다음 각 호의 어느 하나에 해당할 때를 제외하고는 사람에게 위해를 끼쳐서는 아니 된다.
1. 「형법」에 규정된 정당방위와 긴급피난에 해당할 때
2. 다음 각 목의 어느 하나에 해당하는 때에 그 행위를 방지하거나 그 행위자를 체포하기 위하여 무기를 사용하지 아니하고는 다른 수단이 없다고 인정되는 상당한 이유가 있을 때
가. 사형·무기 또는 장기 3년 이상의 징역이나 금고에 해당하는 죄를 범하거나 범하였다고 의심할 만한 충분한 이유가 있는 사람이 경찰관의 직무집행에 항거하거나 도주하려고 할 때
나. 체포·구속영장과 압수·수색영장을 집행하는 과정에서 경찰관의 직무집행에 항거하거나 도주하려고 할 때
다. 제3자가 가목 또는 나목에 해당하는 사람을 도주시키려고 경찰관에게 항거할 때
라. 범인이나 소요를 일으킨 사람이 무기·흉기 등 위험한 물건을 지니고 경찰관으로부터 3회 이상 물건을 버리라는 명령이나 항복하라는 명령을 받고도 따르지 아니하면서 계속 항거할 때
3. 대간첩 작전 수행 과정에서 무장간첩이 항복하라는 경찰관의 명령을 받고도 따르지 아니할 때
② 제1항에서 "무기"란 사람의 생명이나 신체에 위해를 끼칠 수 있도록 제작된 권총·소총·도검 등을 말한다.
③ 대간첩·대테러 작전 등 국가안전에 관련되는 작전을 수행할 때에는 개인화기(個人火器) 외에 공용화기(共用火器)를 사용할 수 있다.
(2014.5.20 본조개정)

판례 경찰관의 무기 사용 요건 충족 여부의 판단 기준 : 경찰관은 범인의 체포, 도주의 방지, 자기 또는 타인의 생명·신체에 대한 방호, 공무집행에 대한 항거의 억제를 위하여 무기를 사용할 수 있으나, 이 경우에도 무기는 목적 달성에 필요하다고 인정되는 상당한 이유가 있을 때 그 사태를 합리적으로 판단하여 필요한 한도 내에서 사용하여야 하는바, 경찰관의 무기사용이 이러한 요건을 충족하는지 여부는 범죄의 종류, 죄질, 피해법익의 경중, 위해의 급박성, 저항의 강약, 범인과 경찰관의 수, 무기의 종류, 무기사용의 태양, 주변의 상황 등을 고려하여 사회통념상 상당하다고 평가되는지 여부에 따라 판단하여야 하고, 특히 사람에게 위해를 가할 위험성이 큰 권총의 사용에 있어서는 그 요건을 더욱 엄격하게 판단하여야 한다.(대판 2004.5.13, 2003다57956)

제10조의5【경찰착용기록장치의 사용】 ① 경찰관은 다음 각 호의 어느 하나에 해당하는 직무 수행을 위하여 필요한 경우에는 필요한 최소한의 범위에서 경찰착용기록장치를 사용할 수 있다.
1. 경찰관이 「형사소송법」 제200조의2, 제200조의3, 제201조 또는 제212조에 따라 피의자를 체포 또는 구속하는 경우
2. 범죄 수사를 위하여 필요한 경우로서 다음 각 목의 요건을 모두 갖춘 경우
가. 범행 중이거나 범행 직전 또는 직후일 것
나. 증거보전의 필요성 및 긴급성이 있을 것
3. 제5조제1항에 따른 인공구조물의 파손이나 붕괴 등의 위험한 사태가 발생한 경우
4. 경찰착용기록장치에 기록되는 대상자(이하 이 조에서 "기록대상자"라 한다)로부터 그 기록의 요청 또는 동의를 받은 경우
5. 제4조제1항 각 호에 해당하는 것이 명백하고 응급구호가 필요하다고 믿을 만한 상당한 이유가 있는 경우
6. 제6조에 따라 사람의 생명·신체에 위해를 끼치거나 재산에 중대한 손해를 끼칠 우려가 있는 범죄행위를 긴급하게 예방 및 제지하는 경우
7. 경찰관이 「해양경비법」 제12조 또는 제13조에 따라 해상검문검색 또는 추적·나포하는 경우
8. 경찰관이 「수상에서의 수색·구조 등에 관한 법률」에 따라 같은 법 제2조제4호의 수난구호 업무 시 수색 또는 구조를 하는 경우
9. 그 밖에 제1호부터 제8호까지에 준하는 경우로서 대통령령으로 정하는 경우
② 이 법에서 "경찰착용기록장치"란 경찰관이 신체에 착용 또는 휴대하여 직무수행 과정을 근거리에서 영상·음성으로 기록할 수 있는 기록장치 또는 그 밖에 이와 유사한 기능을 갖춘 기계장치를 말한다.
(2024.1.30 본조신설)

제10조의6【경찰착용기록장치의 사용 고지 등】 ① 경찰관이 경찰착용기록장치를 사용하여 기록하는 경우로서 이동형 영상정보처리기기로 사람 또는 그 사람과 관련된 사물의 영상을 촬영하는 때에는 불빛, 소리, 안내판 등 대통령령으로 정하는 바에 따라 촬영 사실을 표시하고 알려야 한다.
② 제1항에도 불구하고 제10조의5제1항 각 호에 따른 경우로서 불가피하게 고지가 곤란한 경우에는 제3항에 따라 영상음성기록을 전송·저장하는 때에 그 고지를 못한 사유를 기록하는 것으로 대체할 수 있다.
③ 경찰착용기록장치로 기록을 마친 영상음성기록은 지체 없이 제10조의7에 따른 영상음성기록정보 관리체계를 이용하여 영상음성기록정보 데이터베이스에 전송·저장하도록 하여야 하며, 영상음성기록을 임의로 편집·복사하거나 삭제하여서는 아니 된다.
④ 그 밖에 경찰착용기록장치의 사용기준 및 관리 등에 필요한 사항은 대통령령으로 정한다.
(2024.1.30 본조신설)

제10조의7【영상음성기록정보 관리체계의 구축·운영】 경찰청장 및 해양경찰청장은 경찰착용기록장치로 기록한 영상·음성을 저장하고 데이터베이스로 관리하는 영상음성기록정보 관리체계를 구축·운영하여야 한다.
(2024.1.30 본조신설)

제11조【사용기록의 보관】 제10조제2항에 따른 살수차, 제10조의3에 따른 분사기, 최루탄 또는 제10조의4에 따른 무기를 사용하는 경우 그 책임자는 사용 일시·장소·대상, 현장책임자, 종류, 수량 등을 기록하여 보관하여야 한다.(2014.5.20 본조개정)

제11조의2【손실보상】 ① 국가는 경찰관의 적법한 직무집행으로 인하여 다음 각 호의 어느 하나에 해당하는 손실을 입은 자에 대하여 정당한 보상을 하여야 한다.
1. 손실발생의 원인에 대하여 책임이 없는 자가 생명·신체 또는 재산상의 손실을 입은 경우(손실발생의 원인에 대하여 책임이 없는 자가 경찰관의 직무집행에 자발적으로 협조하거나 물건을 제공하여 생명·신체 또는 재산상의 손실을 입은 경우를 포함한다)(2018.12.24 본호개정)
2. 손실발생의 원인에 대하여 책임이 있는 자가 자신의 책임에 상응하는 정도를 초과하는 생명·신체 또는 재산상의 손실을 입은 경우(2018.12.24 본호개정)
② 제1항에 따른 보상을 청구할 수 있는 권리는 손실이 있음을 안 날부터 3년, 손실이 발생한 날부터 5년간 행사하지 아니하면 시효의 완성으로 소멸한다.
③ 제1항에 따른 손실보상신청 사건을 심의하기 위하여 손실보상심의위원회를 둔다.
④ 경찰청장 또는 시·도경찰청장은 제3항의 손실보상심의위원회의 심의·의결에 따라 보상금을 지급하고, 거짓 또는 부정한 방법으로 보상금을 받은 사람에 대하여는 해당 보상금을 환수하여야 한다.(2020.12.22 본항개정)
⑤ 보상금이 지급된 경우 손실보상심의위원회는 대통령령으로 정하는 바에 따라 국가경찰위원회에 심사자료와 결과를 보고하여야 한다. 이 경우 국가경찰위원회는 손실보상의 적법성 및 적정성 확인을 위하여 필요한 자료의 제출을 요구할 수 있다.(2020.12.22 본항개정)

治安

⑥ 경찰청장 또는 시·도경찰청장은 제4항에 따라 보상금을 반환하여야 할 사람이 대통령령으로 정한 기한까지 그 금액을 납부하지 아니한 때에는 국세 체납처분의 예에 따라 징수할 수 있다.(2020.12.22 본항개정)
⑦ 제1항에 따른 손실보상의 기준, 보상금액, 지급 절차 및 방법, 제3항에 따른 손실보상심의위원회의 구성 및 운영, 제4항 및 제6항에 따른 환수절차, 그 밖에 손실보상에 관하여 필요한 사항은 대통령령으로 정한다.(2018.12.24 본항신설)
(2013.4.5 본조신설)

제11조의3【범인검거 등 공로자 보상】 ① 경찰청장, 시·도경찰청장 또는 경찰서장은 다음 각 호의 어느 하나에 해당하는 사람에게 보상금을 지급할 수 있다.
(2020.12.22 본문개정)
1. 범인 또는 범인의 소재를 신고하여 검거하게 한 사람
2. 범인을 검거하여 경찰공무원에게 인도한 사람
3. 테러범죄의 예방활동에 현저한 공로가 있는 사람
4. 그 밖에 제1호부터 제3호까지의 규정에 준하는 사람으로서 대통령령으로 정하는 사람

② 경찰청장, 시·도경찰청장 및 경찰서장은 제1항에 따른 보상금 지급의 심사를 위하여 대통령령으로 정하는 바에 따라 각각 보상금심사위원회를 설치·운영하여야 한다.(2020.12.22 본항개정)
③ 제2항에 따른 보상금심사위원회는 위원장 1명을 포함한 5명 이내의 위원으로 구성한다.
④ 제2항에 따른 보상금심사위원회의 위원은 소속 경찰공무원 중에서 경찰청장, 시·도경찰청장 또는 경찰서장이 임명한다.(2020.12.22 본항개정)
⑤ 경찰청장, 시·도경찰청장 또는 경찰서장은 제2항에 따른 보상금심사위원회의 심사·의결에 따라 보상금을 지급하고, 거짓 또는 부정한 방법으로 보상금을 받은 사람에 대하여는 해당 보상금을 환수한다.(2020.12.22 본항개정)
⑥ 경찰청장, 시·도경찰청장 또는 경찰서장은 제5항에 따라 보상금을 반환하여야 할 사람이 대통령령으로 정한 기한까지 그 금액을 납부하지 아니한 때에는 국세 체납처분의 예에 따라 징수할 수 있다.(2020.12.22 본항개정)
⑦ 제1항에 따른 보상 대상, 보상금의 지급 기준 및 절차, 제2항 및 제3항에 따른 보상금심사위원회의 구성 및 심사사항, 제5항 및 제6항에 따른 환수절차, 그 밖에 보상금 지급에 관하여 필요한 사항은 대통령령으로 정한다.
(2018.12.24 본항신설)
(2018.12.24 본조제목개정)
(2016.1.27 본조신설)

제11조의4【소송 지원】 경찰청장과 해양경찰청장은 경찰관이 제2조 각 호에 따른 직무의 수행으로 인하여 민·형사상 책임과 관련된 소송을 수행할 경우 변호인 선임 등 소송 수행에 필요한 지원을 할 수 있다.(2021.10.19 본조신설)

제11조의5【직무 수행으로 인한 형의 감면】 다음 각 호의 범죄가 행하여지려고 하거나 행하여지고 있어 타인의 생명·신체에 대한 위해 발생의 우려가 명백하고 긴급한 상황에서, 경찰관이 그 위해를 예방하거나 진압하기 위한 행위 또는 범인의 검거 과정에서 경찰관을 향한 직접적인 유형력 행사에 대응하는 행위를 하여 그로 인하여 타인에게 피해가 발생한 경우, 그 경찰관의 직무수행이 불가피한 것이고 필요한 최소한의 범위에서 이루어졌으며 해당 경찰관에게 고의 또는 중대한 과실이 없는 때에는 그 정상을 참작하여 형을 감경하거나 면제할 수 있다.
1. 「형법」 제2편제24장 살인의 죄, 제25장 상해와 폭행의 죄, 제32장 강간과 추행의 죄 중 강간에 관한 범죄, 제38장 절도와 강도의 죄 중 강도에 관한 범죄 및 이에 대하여 다른 법률에 따라 가중처벌하는 범죄
2. 「가정폭력범죄의 처벌 등에 관한 특례법」에 따른 가정폭력범죄, 「아동학대범죄의 처벌 등에 관한 특례법」에 따른 아동학대범죄

(2022.2.3 본조신설)

제12조【벌칙】 이 법에 규정된 경찰관의 의무를 위반하거나 직권을 남용하여 다른 사람에게 해를 끼친 사람은 1년 이하의 징역이나 금고 또는 300만원 이하의 벌금에 처한다.(2024.1.30 본조개정)

제13조 (2014.5.20 삭제)

부 칙 (2018.4.17)

이 법은 공포한 날부터 시행한다.

부 칙 (2018.12.24)

제1조【시행일】 이 법은 공포 후 6개월이 경과한 날부터 시행한다.

제2조【생명 또는 신체상의 손실보상에 관한 적용례】 제11조의2제1항제1호 및 제2호의 개정규정은 이 법 시행 후 최초로 경찰관의 적법한 직무집행으로 인하여 생명 또는 신체상의 손실을 입은 사람부터 적용한다.

부 칙 (2020.12.22 법17688호)

이 법은 2021년 1월 1일부터 시행한다. 다만, 제8조의2의 개정규정은 공포 후 3개월이 경과한 날부터 시행한다.

부 칙 (2020.12.22 법17689호)

제1조【시행일】 이 법은 2021년 1월 1일부터 시행한다.
(이하 생략)

부 칙 (2021.10.19)
(2022.2.3)

이 법은 공포한 날부터 시행한다.

부 칙 (2024.1.30)

이 법은 공포 후 6개월이 경과한 날부터 시행한다. 다만, 제12조의 개정규정은 공포한 날부터 시행한다.

경찰관 직무집행법 시행령

(1981년 6월 11일 전개대통령령 제10346호)

개정
1988.12.19영12555호(본적삭제일부개정령)
1989. 3. 7영12641호
1996. 8. 8영15136호(직제)
1999.11.27영16601호(경찰장비의사용기준등에관한규정)
2006. 6.29영19563호(제주자치법시)
2012. 1. 6영23488호(민감정보고유식별정보)
2014. 2.18영25189호
2014.11.19영25751호(직제)
2016. 6.21영27233호
2017. 7.26영28215호(직제)
2019. 6.25영29900호
2020.12.31영31349호(자치경찰조직운영)
2021. 1. 5영31380호(법령용어정비)

제1조【목적】 이 영은 경찰관직무집행법(이하 "법"이라 한다)의 시행에 관하여 필요한 사항을 규정함을 목적으로 한다.

제2조【임시영치】 경찰공무원이 법 제4조제3항의 규정에 의하여 무기·흉기등을 임시영치한 때에는 소속 국가경찰관서의 장(지방해양경찰관서의 장을 포함한다. 이하 같다)은 그 물건을 소지하였던 자에게 별지 제1호서식에 의한 임시영치증명서를 교부하여야 한다.(2020.12.31 본조개정)

제3조【피구호자의 인계통보】 법 제4조제6항의 규정에 의한 경찰서장 또는 해양경찰서장의 공중보건의료기관·공공구호기관의 장 및 그 감독행정청에 대한 통보는 별지 제2호서식에 의한다.(2017.7.26 본조개정)

제4조【대간첩작전지역등에 대한 접근등의 금지·제한】 국가경찰관서의 장은 법 제5조제2항의 규정에 의하여 대간첩작전지역등에 대한 접근 또는 통행을 제한하거나 금지한 때에는 보안상 부득이한 경우를 제외하고는 지체없이 그 기간·장소 기타 필요한 사항을 방송·벽보·경고판·전단살포등 적당한 방법으로 일반인에게 널리 알려야 한다. 이를 해제한 때에도 또한 같다.
(2006.6.29 전단개정)

제5조【신분을 표시하는 증표】 법 제3조제4항 및 법 제7조제4항의 신분을 표시하는 증표는 경찰공무원의 공무원증으로 한다.(2020.12.31 본조개정)

제6조【출석요구서】 법 제8조제2항의 규정에 의한 출석요구서는 별지 제3호서식에 의한다.

제7조【보고】 경찰공무원은 다음의 조치를 한 때에는 소속 국가경찰관서의 장에게 이를 보고하여야 한다.
(2020.12.31 본문개정)
1. 법 제3조제2항의 규정에 의한 동행요구를 한 때
2. 법 제4조제1항의 규정에 의한 긴급구호요청 또는 보호조치를 한 때
3. 법 제4조제3항의 규정에 의한 임시영치를 한 때
4. 법 제6조제1항의 규정에 의하여 범죄행위를 제지한 때
5. (1989.3.7 삭제)
6. 법 제7조제2항 및 제3항의 규정에 의하여 다수인이 출입하는 장소에 대하여 출입 또는 검색을 한 때
7. 법 제8조제1항 단서의 규정에 의한 사실확인을 한 때
8.~9. (1999.11.27 삭제)

제8조【민감정보 및 고유식별정보의 처리】 경찰공무원은 법 제2조에 따른 경찰관의 직무를 수행하기 위하여 불가피한 경우 「개인정보 보호법」 제23조에 따른 건강에 관한 정보, 같은 법 시행령 제18조제2호에 따른 범죄경력자료에 해당하는 정보, 같은 영 제19조에 따른 주민등록번호, 여권번호, 운전면허의 면허번호 또는 외국인등록번호가 포함된 자료를 처리할 수 있다.(2020.12.31 본조개정)

제9조【손실보상의 기준 및 보상금액 등】 ① 법 제11조의2제1항에 따라 손실보상을 할 때 물건을 멸실·훼손한 경우에는 다음 각 호의 기준에 따라 보상한다.
1. 손실을 입은 물건을 수리할 수 있는 경우 : 수리비에 상당하는 금액
2. 손실을 입은 물건을 수리할 수 없는 경우 : 손실을 입은 당시의 해당 물건의 교환가액
3. 영업자가 손실을 입은 물건의 수리나 교환으로 인하여 영업을 계속할 수 없는 경우 : 영업을 계속할 수 없는 기간 중 영업상 이익에 상당하는 금액

② 물건의 멸실·훼손으로 인한 손실 외의 재산상 손실에 대해서는 직무집행과 상당한 인과관계가 있는 범위에서 보상한다.
③ 법 제11조의2제1항에 따라 손실보상을 할 때 생명·신체상의 손실의 경우에는 별표의 기준에 따라 보상한다.
(2019.6.25 본항신설)
④ 법 제11조의2제1항에 따라 보상금을 지급받을 사람이 동일한 원인으로 다른 법령에 따라 보상금 등을 지급받은 경우 그 보상금 등에 상당하는 금액을 제외하고 보상금을 지급한다.(2019.6.25 본항신설)
(2019.6.25 본조제목개정)
(2014.2.18 본조신설)

제10조【손실보상의 지급절차 및 방법】 ① 법 제11조의2에 따라 경찰관의 적법한 직무집행으로 인하여 발생한 손실을 보상받으려는 사람은 별지 제4호서식의 보상금 지급 청구서에 손실내용과 손실금액을 증명할 수 있는 서류를 첨부하여 손실보상청구 사건 발생지를 관할하는 국가경찰관서의 장에게 제출하여야 한다.
② 제1항에 따라 보상금 지급 청구서를 받은 국가경찰관서의 장은 해당 청구서를 제11조제1항에 따른 손실보상청구 사건을 심의할 손실보상심의위원회가 설치된 경찰청, 해양경찰청, 시·도경찰청 및 지방해양경찰청의 장(이하 "경찰청장등"이라 한다)에게 보내야 한다.
(2020.12.31 본항개정)
③ 제2항에 따라 보상금 지급 청구서를 받은 경찰청장등은 손실보상심의위원회의 심의·의결에 따라 보상 여부 및 보상금액을 결정하되, 다음 각 호의 어느 하나에 해당하는 경우에는 그 청구를 각하(却下)하는 결정을 하여야 한다.(2019.6.25 본문개정)
1. 청구인이 같은 청구 원인으로 보상신청을 하여 보상금 지급 여부에 대하여 결정을 받은 경우. 다만, 기각 결정을 받은 청구인이 손실을 증명할 수 있는 새로운 증거가 발견되었음을 소명(疎明)하는 경우는 제외한다.
2. 손실보상 청구가 요건과 절차를 갖추지 못한 경우. 다만, 그 잘못된 부분을 시정할 수 있는 경우는 제외한다.

④ 경찰청장등은 제3항에 따른 결정일부터 10일 이내에 다음 각 호의 구분에 따른 통지서에 결정 내용을 적어서 청구인에게 통지하여야 한다.
1. 보상금을 지급하기로 결정한 경우 : 별지 제5호서식의 보상금 지급 청구 승인 통지서
2. 보상금 지급 청구를 각하하거나 보상금을 지급하지 아니하기로 결정한 경우 : 별지 제6호서식의 보상금 지급 청구 기각·각하 통지서

⑤ 보상금은 다른 법률에 특별한 규정이 있는 경우를 제외하고는 현금으로 지급하여야 한다.
⑥ 보상금은 일시불로 지급하되, 예산 부족 등의 사유로 일시금으로 지급할 수 없는 특별한 사정이 있는 경우에는 청구인의 동의를 받아 분할하여 지급할 수 있다.
⑦ 보상금을 지급받은 사람은 보상금을 지급받은 원인과 동일한 원인으로 인한 부상이 악화되거나 새로 발견되어 다음 각 호의 어느 하나에 해당하는 경우에는 보상금의 추가 지급을 청구할 수 있다. 이 경우 보상금 지급 청구, 보상금액 결정, 보상금 지급 결정에 대한 통지, 보상금 지급 방법 등에 관하여는 제1항부터 제6항까지의 규정을 준용한다.
1. 별표 제2호에 따른 부상등급이 변경된 경우(부상등급 외의 부상에서 제1급부터 제8급까지의 등급으로 변경된 경우를 포함한다)
2. 별표 제2호에 따른 부상등급 외의 부상에 대해 부상등급의 변경은 없으나 보상금의 추가 지급이 필요한 경우

(2019.6.25 본항신설)
⑧ 제1항부터 제7항까지에서 규정한 사항 외에 손실보상의 청구 및 지급에 필요한 사항은 경찰청장 또는 해양경찰청장이 정한다.(2019.6.25 본항개정)
(2014.2.18 본조신설)

제11조【손실보상심의위원회의 설치 및 구성】 ① 법 제11조의2제3항에 따라 소속 경찰공무원의 직무집행으로 인하여 발생한 손실보상청구 사건을 심의하기 위하여 경찰청, 해양경찰청, 시·도경찰청 및 지방해양경찰청에 손실보상심의위원회(이하 "위원회"라 한다)를 설치한다.
(2020.12.31 본항개정)
② 위원회는 위원장 1명을 포함한 5명 이상 7명 이하의 위원으로 구성한다.
③ 위원회의 위원은 소속 경찰공무원과 다음 각 호의 어느 하나에 해당하는 사람 중에서 경찰청장등이 위촉하거나 임명한다. 이 경우 위원의 과반수 이상은 경찰공무원이 아닌 사람으로 하여야 한다.
1. 판사·검사 또는 변호사로 5년 이상 근무한 사람
2. 「고등교육법」 제2조에 따른 학교에서 법학 또는 행정학을 가르치는 부교수 이상으로 5년 이상 재직한 사람
3. 경찰 업무와 손실보상에 관하여 학식과 경험이 풍부한 사람

④ 위촉위원의 임기는 2년으로 한다.

⑤ 위원회의 사무를 처리하기 위하여 위원회에 간사 1명을 두되, 간사는 소속 경찰공무원 중에서 경찰청장등이 지명한다.
(2014.2.18 본조신설)

제12조【위원장】 ① 위원장은 위원 중에서 호선(互選)한다.
② 위원장은 위원회를 대표하며, 위원회의 업무를 총괄한다.
③ 위원장이 부득이한 사유로 직무를 수행할 수 없는 때에는 위원장이 미리 지명한 위원이 그 직무를 대행한다.
(2014.2.18 본조신설)

제13조【손실보상심의위원회의 운영】 ① 위원장은 위원회의 회의를 소집하고, 그 의장이 된다.
② 위원회의 회의는 재적위원 과반수의 출석으로 개의(開議)하고, 출석위원 과반수의 찬성으로 의결한다.
③ 위원회는 심의를 위하여 필요한 경우에는 관계 공무원이나 관계 기관에 사실조사나 자료의 제출 등을 요구할 수 있으며, 관계 전문가에게 필요한 정보의 제공이나 의견의 진술 등을 요청할 수 있다.
(2014.2.18 본조신설)

제14조【위원의 제척·기피·회피】 ① 위원회의 위원이 다음 각 호의 어느 하나에 해당하는 경우에는 위원회의 심의·의결에서 제척(除斥)된다.
1. 위원 또는 그 배우자나 배우자였던 사람이 심의 안건의 청구인인 경우
2. 위원이 심의 안건의 청구인과 친족이거나 친족이었던 경우
3. 위원이 심의 안건에 대하여 증언, 진술, 자문, 용역 또는 감정을 한 경우
4. 위원이나 위원이 속한 법인이 심의 안건 청구인의 대리인이거나 대리인이었던 경우
5. 위원이 해당 심의 안건의 청구인인 법인의 임원인 경우
② 청구인은 위원에게 공정한 심의·의결을 기대하기 어려운 사정이 있는 경우에는 위원회에 기피 신청을 할 수 있고, 위원회는 의결로 이를 결정한다. 이 경우 기피 신청의 대상인 위원은 그 의결에 참여하지 못한다.
③ 위원이 제1항 각 호에 따른 제척 사유에 해당하는 경우에는 스스로 해당 안건의 심의·의결에서 회피(回避)하여야 한다.
(2014.2.18 본조신설)

제15조【위원의 해촉】 경찰청장등은 위원회의 위원이 다음 각 호의 어느 하나에 해당하는 경우에는 해당 위원을 해촉(解囑)할 수 있다.
1. 심신장애로 인하여 직무를 수행할 수 없게 된 경우
2. 직무태만, 품위손상이나 그 밖의 사유로 위원으로 적합하지 아니하다고 인정되는 경우
3. 제14조제1항 각 호의 어느 하나에 해당하는 데에도 불구하고 회피하지 아니한 경우
4. 제16조를 위반하여 직무상 알게 된 비밀을 누설한 경우
(2014.2.18 본조신설)

제16조【비밀 누설의 금지】 위원회의 회의에 참석한 사람은 직무상 알게 된 비밀을 누설해서는 아니 된다.
(2014.2.18 본조신설)

제17조【위원회의 운영 등에 필요한 사항】 제11조부터 제16조까지에서 규정한 사항 외에 위원회의 운영 등에 필요한 사항은 경찰청장 또는 해양경찰청장이 정한다.
(2017.7.26 본조개정)

제17조의2【보상금의 환수절차】 ① 경찰청장 또는 시·도경찰청장은 법 제11조의2제4항에 따라 보상금을 환수하려는 경우에는 위원회의 심의·의결에 따라 환수 여부 및 환수금액을 결정하고, 거짓 또는 부정한 방법으로 보상금을 받은 사람에게 다음 각 호의 내용을 서면으로 통지해야 한다.(2020.12.31 본문개정)
1. 환수사유
2. 환수금액
3. 납부기한
4. 납부기관
② 법 제11조의2제6항에서 "대통령령으로 정한 기한"이란 제1항에 따른 통지일부터 40일 이내의 범위에서 경찰청장 또는 시·도경찰청장이 정하는 기한을 말한다.
(2020.12.31 본항개정)
③ 제1항 및 제2항에서 규정한 사항 외에 보상금 환수절차에 관하여 필요한 사항은 경찰청장이 정한다.
(2019.6.25 본조신설)

제17조의3【국가경찰위원회 보고 등】 ① 법 제11조의2제5항에 따라 위원회(경찰청 및 시·도경찰청에 설치된 위원회만 해당한다. 이하 이 조에서 같다)는 보상금 지급과 관련된 심사자료와 결과를 반기별로 국가경찰위원회에 보고해야 한다.
② 국가경찰위원회는 필요하다고 인정하는 때에는 수시로 보상금 지급과 관련된 심사자료와 결과에 대한 보고를 위원회에 요청할 수 있다. 이 경우 위원회는 그 요청에 따라야 한다.
(2020.12.31 본조개정)

제18조【범인검거 등 공로자 보상금 지급 대상자】 법 제11조의3제1항제4호에서 "대통령령으로 정하는 사람"이란 다음 각 호의 어느 하나에 해당하는 사람을 말한다.
1. 범인의 신원을 특정할 수 있는 정보를 제공한 사람
2. 범죄사실을 입증하는 증거물을 제출한 사람
3. 그 밖에 범인 검거와 관련하여 경찰 수사 활동에 협조한 사람 중 보상금 지급 대상자에 해당한다고 법 제11조의3제2항에 따른 보상금심사위원회가 인정하는 사람
(2019.6.25 본조제목개정)
(2016.6.21 본조신설)

제19조【보상금심사위원회의 구성 및 심사사항 등】 ① 법 제11조의3제2항에 따라 경찰청에 두는 보상금심사위원회의 위원장은 경찰청 소속 과장급 이상의 경찰공무원 중에서 경찰청장이 임명하는 사람으로 한다.
② 법 제11조의3제2항에 따라 시·도경찰청 및 경찰서에 두는 보상금심사위원회의 위원장에 관하여는 제1항을 준용한다. 이 경우 "경찰청"은 각각 "시·도경찰청" 또는 "경찰서"로, "경찰청장"은 각각 "시·도경찰청장" 또는 "경찰서장"으로 본다.(2020.12.31 본항개정)
③ 법 제11조의3제2항에 따른 보상금심사위원회(이하 "보상금심사위원회"라 한다)는 다음 각 호의 사항을 심사·의결한다.
1. 보상금 지급 대상자에 해당하는 지 여부
2. 보상금 지급 금액
3. 보상금 환수 여부
4. 그 밖에 보상금 지급이나 환수에 필요한 사항
④ 보상금심사위원회의 회의는 재적위원 과반수의 찬성으로 의결한다.
(2016.6.21 본조신설)

제20조【범인검거 등 공로자 보상금의 지급 기준】 법 제11조의3제1항에 따른 보상금의 최고액은 5억원으로 하며, 구체적인 보상금 지급 기준은 경찰청장이 정하여 고시한다.
(2019.6.25 본조제목개정)
(2016.6.21 본조신설)

제21조【범인검거 등 공로자 보상금의 지급 절차 등】 ① 경찰청장, 시·도경찰청장 또는 경찰서장은 보상금 지급사유가 발생한 경우에는 직권으로 또는 보상금을 지급받으려는 사람의 신청에 따라 소속 보상금심사위원회의 심사·의결을 거쳐 보상금을 지급한다.(2020.12.31 본항개정)
② 보상금심사위원회는 제20조에 따라 경찰청장이 정하여 고시한 보상금 지급 기준에 따라 보상 금액을 심사·의결한다. 이 경우 보상금심사위원회는 다음 각 호의 사항을 고려하여 보상금액을 결정할 수 있다.
1. 테러범죄 예방의 기여도
2. 범죄피해의 규모
3. 범인 신고 등 보상금 지급 대상 행위의 난이도
4. 보상금 지급 대상자가 다른 법령에 따라 보상금 등을 지급받을 수 있는지 여부
5. 그 밖에 범인검거와 관련한 제반 사정
③ 경찰청장, 시·도경찰청장 및 경찰서장은 소속 보상금심사위원회의 보상금 심사를 위하여 필요한 경우에는 보상금 지급 대상자와 관계 공무원 또는 기관에 사실조사나 자료의 제출 등을 요청할 수 있다.(2020.12.31 본항개정)
(2019.6.25 본조제목개정)
(2016.6.21 본조신설)

제21조의2【범인검거 등 공로자 보상금의 환수절차】 ① 경찰청장, 시·도경찰청장 또는 경찰서장은 법 제11조의3제5항에 따라 보상금을 환수하려는 경우에는 보상금심사위원회의 심사·의결에 따라 환수 여부 및 환수금액을 결정하고, 거짓 또는 부정한 방법으로 보상금을 받은 사람에게 다음 각 호의 내용을 서면으로 통지해야 한다.
(2020.12.31 본문개정)
1. 환수사유
2. 환수금액
3. 납부기한
4. 납부기관
② 법 제11조의3제6항에서 "대통령령으로 정한 기한"이란 제1항에 따른 통지일부터 40일 이내의 범위에서 경찰청장, 시·도경찰청장 또는 경찰서장이 정하는 기한을 말한다.
(2020.12.31 본항개정)
(2019.6.25 본조신설)

제22조【범인검거 등 공로자 보상금의 지급 등에 필요한 사항】 제18조부터 제21조까지 및 제21조의2에서 규정한 사항 외에 보상금의 지급 등에 필요한 사항은 경찰청장이 정하여 고시한다.(2019.6.25 본조개정)

부 칙 (2019.6.25)

이 영은 2019년 6월 25일부터 시행한다.

부 칙 (2020.12.31)

제1조【시행일】 이 영은 2021년 1월 1일부터 시행한다. (이하 생략)

부 칙 (2021.1.5)

이 영은 공포한 날부터 시행한다.(이하 생략)

[별표] ➡ 「法典 別冊」 참조

[별지서식] ➡ 「www.hyeonamsa.com」 참조

경찰직무 응원법

(1955년 6월 30일
법 률 제358호)

개정
1991. 5.31법 4369호(경찰법)
1996. 8. 8법 5153호(정부조직)
2006. 2.21법 7849호(제주자치법)
2010. 7.23법10379호
2014.11.19법12844호(정부조직)
2017. 7.26법14839호(정부조직)
2020.12.22법17689호(국가자치경찰)

제1조【응원경찰관의 파견】 ① 시·도경찰청장 또는 지방해양경찰관서의 장은 돌발사태를 진압하거나 공공질서가 교란(攪亂)되었거나 교란될 우려가 현저한 지역(이하 "특수지구"라 한다)을 경비할 때 그 소관 경찰력으로는 이를 감당하기 곤란하다고 인정할 때에는 응원(應援)을 받기 위하여 다른 지방경찰청장이나 지방해양경찰관서의 장 또는 자치경찰단을 설치한 제주특별자치도지사에게 경찰관 파견을 요구할 수 있다.
② 경찰청장이나 해양경찰청장은 돌발사태를 진압하거나 특수지구를 경비할 때 긴급한 경우 시·도경찰청장, 소속 경찰기관의 장 또는 지방해양경찰관서의 장에게 다른 시·도경찰청 또는 지방해양경찰관서의 경찰관을 응원하도록 소속 경찰관의 파견을 명할 수 있다.
(2020.12.22 본조개정)

제2조【파견경찰관의 소속】 제1조에 따라 파견된 경찰관은 파견받은 시·도경찰청 또는 지방해양경찰관서의 경찰관으로서 직무를 수행한다.(2020.12.22 본조개정)

제3조【이동 근무】 시·도경찰청장이나 지방해양경찰관서의 장은 경호, 이동 승무, 물품 호송 등에 특히 필요한 경우에는 그 소속 경찰관으로 하여금 다른 시·도경찰청 또는 지방해양경찰관서의 구역에서 직무를 수행하게 할 수 있다.(2020.12.22 본조개정)

제4조【기동대의 편성】 경찰청장 또는 해양경찰청장은 돌발사태를 진압하거나 특수지구를 경비하도록 하기 위하여 특히 필요할 때에는 소속 경찰관으로 경찰기동대(이하 "기동대"라 한다)를 편성하여 필요한 지역에 파견할 수 있다.(2017.7.26 본조개정)

제5조【기동대의 편성·파견·해체】 기동대의 편성, 파견 목적, 주둔지역과 해체는 그때마다 경찰청장이나 해양경찰청장이 공고한다.(2017.7.26 본조개정)

제6조【기동대의 대장】 기동대에 대장을 두되, 대장은 경무관(警務官) 또는 총경(總警) 중에서 경찰청장이나 해양경찰청장이 임명한다. 다만, 필요에 따라 과장인 총경으로 하여금 대장을 겸하게 할 수 있다.(2017.7.26 본문개정)

제7조【대장의 권한】 대장은 경찰청장이나 해양경찰청장의 명을 받아 기동대의 업무를 맡아 처리하며 소속 경찰관(이하 "대원"이라 한다)을 지휘·감독한다.
(2017.7.26 본조개정)

제8조【파견경찰관의 직무】 제1조와 제3조에 따라 파견된 경찰관과 제4조에 따른 기동대는 파견 목적 외의 직무를 수행할 수 없다.(2010.7.23 본조개정)

제9조【상벌, 승진, 복무 및 수당】 대원에 대한 상벌, 승진, 복무 및 특별수당에 관한 사항은 대통령령으로 정한다.(2010.7.23 본조개정)

부 칙 (2014.11.19)

제1조【시행일】 이 법은 공포한 날부터 시행한다.(이하 생략)

부 칙 (2017.7.26)

제1조【시행일】 ① 이 법은 공포한 날부터 시행한다.(이하 생략)

부 칙 (2020.12.22)

제1조【시행일】 이 법은 2021년 1월 1일부터 시행한다. (이하 생략)

治安

해양경찰법

(2019년 8월 20일
법 률 제16515호)

개정
2020.12.22법17689호(국가자치경찰)
2021. 1.13법17904호

제1장 총 칙

제1조【목적】 이 법은 해양주권을 수호하고 해양 안전과 치안 확립을 위하여 해양경찰의 직무와 민주적이고 효율적인 운영에 필요한 사항을 규정함을 목적으로 한다.

제2조【해양경찰의 책무】 ① 해양경찰은 해양에서 사람의 생명·신체 및 재산을 보호하고, 해양사고에 효율적으로 대응하기 위한 시책을 추진하여야 한다.
② 해양경찰은 대한민국의 국익을 보호하고 해양영토를 수호하며 해양치안질서 유지를 위하여 필요한 조치와 제도를 마련하여야 한다.
③ 해양경찰은 해양경찰의 정책에 대한 국민의 의견을 존중하고, 민주적이고 투명한 조직운영을 위하여 노력하여야 한다.

제3조【권한남용의 금지 등】 해양경찰은 그 직무를 수행할 때 국민 전체에 대한 봉사자로서 공정·중립을 지켜야 하고, 헌법과 법률에 따라 국민의 자유와 권리를 존중하며, 부여된 권한을 남용하여서는 아니 된다.

제4조【해양경찰의 날】 국민에게 해양주권 수호의 중요성을 널리 알리고 해양안전 의식을 높이기 위하여 매년 9월 10일을 해양경찰의 날로 하고, 기념행사를 한다.

제2장 해양경찰위원회

제5조【해양경찰위원회의 설치 등】 ① 해양경찰행정에 관하여 다음 각 호의 사항을 심의·의결하기 위하여 해양수산부에 해양경찰위원회(이하 "위원회"라 한다)를 둔다.
1. 해양경찰청 소관 법령 또는 행정규칙의 제정·개정·폐지, 소관 법령에 따른 기본계획·관리계획 등의 수립 및 이와 관련된 사항
2. 인권보호와 부패방지 및 청렴도 향상에 관한 주요 정책사항
3. 해양경찰청 소속 공무원의 채용·승진 등 인사운영 기준과 교육 및 복지증진에 관한 사항
4. 해양경찰장비·시설의 도입·운영에 관한 사항
5. 그 밖에 주요 정책과 제도 개선 및 업무발전에 관하여 필요하다고 인정되어 위원회 의결로 회의에 부치는 사항

② 제1항에도 불구하고 해양수산부장관 또는 해양경찰청장은 중요하다고 인정되어 위원회의 심의·의결이 필요한 사항은 회의에 부칠 수 있다.
③ 해양수산부장관은 제1항 또는 제2항에 따라 심의·의결된 내용이 적정하지 아니하다고 판단할 때에는 재의를 요구할 수 있다.

제6조【위원회의 구성 및 위원의 임명】 ① 위원회는 위원장 1명을 포함한 7명의 위원으로 구성하되, 위원장 및 위원은 비상임으로 한다.
② 위원 중 2명은 법관의 자격이 있는 사람이어야 한다.
③ 위원은 해양수산부장관의 제청으로 국무총리를 거쳐 대통령이 임명한다. 이 경우 해양수산부장관은 위원 임명을 제청할 때 해양경찰의 정치적 중립이 보장되도록 하여야 한다.
④ 다음 각 호의 어느 하나에 해당하는 사람은 위원이 될 수 없다.
1. 당적을 이탈한 날부터 3년이 지나지 아니한 사람
2. 선거에 의하여 취임하는 공직에서 퇴직한 날부터 3년이 지나지 아니한 사람
3. 경찰, 검찰, 국가정보원 직원 또는 군인의 직에서 퇴직한 날부터 3년이 지나지 아니한 사람
4. 「국가공무원법」 제33조 각 호의 어느 하나에 해당하는 사람

제7조【위원의 임기 및 신분보장】 ① 위원의 임기는 3년으로 하며, 연임할 수 없다. 이 경우 보궐위원의 임기는 전임자 임기의 남은 기간으로 한다.
② 위원은 정당에 가입하거나 제6조제4항제2호 또는 제3호의 직에 취임 또는 임용되거나 제4호에 해당하게 된 때에는 당연히 퇴직된다.
③ 위원은 중대한 신체상 또는 정신상의 장애로 직무를 수행할 수 없게 된 경우를 제외하고는 그 의사에 반하여 면직되지 아니한다.
④ 위원에 대하여는 「국가공무원법」 제60조 및 제65조를 준용한다.

제8조【재의요구】 ① 제5조제3항에 따라 해양수산부장관이 재의를 요구하려고 하는 경우에는 의결한 날부터 10일 이내에 재의요구서를 위원회에 제출하여야 한다.
② 위원장은 재의요구가 있으면, 그 요구를 받은 날부터 7일 이내에 회의를 소집하여 다시 의결하여야 한다.

제9조【의견 청취 등】 ① 위원장은 위원회의 심의를 위하여 필요한 경우에는 관계 공무원에게 필요한 사항의 보고 또는 자료의 제출을 요구하거나 관계 전문가로부터 의견을 청취할 수 있다.
② 제1항에 따라 보고 또는 자료의 제출을 요구받은 관계 공무원은 성실히 이에 응하여야 한다.

제10조【위원회의 운영 등】 ① 위원회의 사무는 해양경찰청에서 수행한다.
② 위원회의 회의는 재적위원 과반수의 출석과 출석위원 과반수의 찬성으로 의결한다.
③ 이 법에 규정된 것 외에 위원회의 운영 등에 필요한 사항은 대통령령으로 정한다.

제3장 해양경찰청

제11조【해양경찰청장】 ① 해양경찰청에 해양경찰청장을 두며, 해양경찰청장은 치안총감으로 보한다.
② 해양경찰청장은 해양경찰위원회의 동의를 받아 해양수산부장관의 제청으로 국무총리를 거쳐 대통령이 임명한다.
③ 해양경찰청장은 해양경찰에 관한 사무를 총괄하고 소속 공무원 및 각급 해양경찰기관의 장을 지휘·감독한다.
④ 해양경찰청장의 임기는 2년으로 하고, 중임할 수 없다.
⑤ 해양경찰청장은 해양경찰의 수사에 관한 사무의 경우에는 개별 사건의 수사에 대하여 구체적으로 지휘·감독할 수 없다. 다만, 해양주권을 침해하거나 대형재난의 발생 등 국민의 생명·신체·재산 또는 공공의 안전에 중대한 위험을 초래하는 긴급하고 중요한 사건의 수사에 있어서 해양경찰의 자원을 대규모로 동원하는 등 통합적으로 현장 대응할 필요가 있다고 판단할 만한 상당한 이유가 있는 때에는 대통령령으로 정하는 해양경찰청 수사업무를 총괄 지휘·감독하는 부서의 장(이하 "수사부서의 장"이라 한다)을 통하여 개별 사건의 수사에 대하여 구체적으로 지휘·감독할 수 있다.(2021.1.13 본항신설)
⑥ 해양경찰청장은 제5항 단서에 따라 개별 사건의 수사에 대한 구체적 지휘·감독을 개시한 때에는 이를 지체 없이 위원회에 보고하여야 한다.(2021.1.13 본항신설)
⑦ 해양경찰청장은 제5항 단서의 사유가 해소된 경우에는 개별 사건의 수사에 대한 구체적 지휘·감독을 중단하여야 한다.(2021.1.13 본항신설)
⑧ 해양경찰청장은 수사부서의 장이 제5항 단서의 사유가 해소되었다고 판단하여 개별 사건의 수사에 대한 구체적 지휘·감독의 중단을 건의하는 경우 특별한 이유가 없으면 이를 승인하여야 한다.(2021.1.13 본항신설)
⑨ 제5항 단서에서 규정하는 긴급하고 중요한 사건의 범위 등 필요한 사항은 대통령령으로 정한다.(2021.1.13 본항신설)

제12조【해양경찰청장 임명자격】 해양경찰청장은 해양경찰에서 15년 이상 경찰공무원으로 재직한 자로서 치안감 이상 경찰공무원으로 재직 중이거나 재직했던 사람 중에서 임명한다.(2020.12.22 본조개정)

제13조【해양경찰청 소속 공무원】 ① 해양경찰청 소속 공무원은 경찰공무원과 일반직공무원으로 구성한다.
(2020.12.22 본항개정)
② 해양경찰청 소속 경찰공무원의 계급은 치안총감·치안정감·치안감·경무관·총경·경정·경감·경위·경사·경장·순경으로 한다.(2020.12.22 본항개정)
③ 해양경찰청 소속 공무원의 임용·교육훈련·복무·신분보장 등에 관하여는 이 법에서 특별히 정한 것을 제외하고는 「국가공무원법」과 「경찰공무원법」에서 정하는 바에 따른다.

제14조【직무】 ① 해양경찰은 해양에서의 수색·구조·연안안전관리 및 선박교통관제와 경호·경비·대간첩·대테러작전에 관한 직무를 수행한다.(2021.1.13 본항개정)
② 해양경찰은 해양에서 공공의 안녕과 질서유지를 위하여 해양관련 범죄의 예방·진압·수사와 피해자 보호에 관한 직무를 수행한다.(2021.1.13 본항개정)
③ 해양경찰은 해양에서 공공안녕에 대한 위험의 예방과 대응을 위한 정보의 수집·작성·배포에 관한 직무를 수행한다.(2021.1.13 본항신설)
④ 해양경찰은 해양오염 방제 및 예방활동에 관한 직무를 수행한다.
⑤ 해양경찰은 직무와 관련된 외국 정부기관 및 국제기구와 협력하여야 한다.

제15조【직무수행】 ① 해양경찰청 소속 공무원은 상관의 지휘·감독을 받아 직무를 수행하고, 그 직무수행에 관하여 서로 협력하여야 한다.
② 해양경찰청 소속 공무원은 구체적 수사와 관련된 제1항의 지휘·감독의 적법성 또는 정당성 여부에 대하여 이견이 있는 경우에는 이의를 제기할 수 있다.
③ 해양경찰청 소속 공무원의 직무수행에 필요한 사항은 따로 법률로 정한다.

제15조의2【수사의 지휘·감독】 ① 수사부서의 장은 「형사소송법」에 따른 해양경찰의 수사에 관하여 대통령령으로 정하는 바에 따라 해양경찰청 소속 공무원을 지휘·감독한다.
② 수사부서의 장은 「경찰공무원법」 제10조제3항에도 불구하고 해양경찰청 외부를 대상으로 모집하여 임용할 수 있다. 이 경우 다음 각 호의 자격을 갖춘 사람 중에서 임용한다.
1. 10년 이상 해양수사업무에 종사한 사람 중에서 「국가공무원법」 제2조의2에 따른 고위공무원단에 속하는 공무원, 3급 이상 공무원 또는 총경 이상 경찰공무원으로 재직한 경력이 있는 사람
2. 판사·검사 또는 변호사의 직에 10년 이상 있었던 사람
3. 변호사 자격이 있는 사람으로서 국가기관, 지방자치단체, 「공공기관의 운영에 관한 법률」 제4조에 따른 공공기관(이하 "국가기관등"이라 한다)에서 법률에 관한 사무에 10년 이상 종사한 경력이 있는 사람
4. 대학이나 공인된 연구기관에서 법률학·경찰학·해양경찰학 분야에서 조교수 이상의 직이나 이에 상당하는 직에 10년 이상 있었던 사람
5. 제1호부터 제4호까지의 경력 기간의 합산이 15년 이상인 사람

③ 수사부서의 장을 해양경찰청 외부를 대상으로 모집하여 임용하는 경우 다음 각 호의 어느 하나에 해당하는 사람은 수사부서의 장이 될 수 없다.
1. 「경찰공무원법」 제8조제2항 각 호의 결격사유에 해당하는 사람
2. 정당의 당원이거나 당적을 이탈한 날부터 3년이 지나지 아니한 사람
3. 선거에 의하여 취임하는 공직에 있거나 그 공직에서 퇴직한 날부터 3년이 지나지 아니한 사람
4. 제2항제1호에 해당하는 공무원 또는 제2항제2호의 판사·검사의 직에서 퇴직한 날로부터 1년이 지나지 아니한 사람
5. 제2항제3호에 해당하는 사람으로서 국가기관등에서 퇴직한 날로부터 1년이 지나지 아니한 사람

④ 수사부서의 장을 해양경찰청 외부를 대상으로 모집하여 임용하는 경우 「경찰공무원법」 제30조에도 불구하고 수사부서의 장의 임기는 2년으로 하고 중임할 수 없다. 이 경우 수사부서의 장은 임기가 끝나면 당연히 퇴직한다.
⑤ 수사부서의 장을 해양경찰청 내부를 대상으로 임명하는 경우 수사부서의 장의 임기는 2년으로 한다.
(2021.1.13 본조신설)

제4장 해양안전 확보 등

제16조【해양안전 확보 노력】 ① 해양경찰청장은 해운·어로·자원개발·해양과학조사·관광 및 레저 활동 등을 통해 해양을 이용하는 사람의 안전을 보장하고 사고발생에 원활히 대응하기 위하여 적절한 교육·훈련 체계를 마련하여야 한다.
② 해양경찰청장은 해양안전 확보와 해양사고 대응을 위하여 관련 상황을 파악하고 전파할 수 있도록 지휘·통신체계를 마련하여야 한다.
③ 해양경찰청장은 제1항에 따른 해양안전보장 및 사고대응을 위하여 관련 기술, 해양구조방식 등의 연구개발 및 제도개선을 위한 시책을 시행하여야 한다.

제17조【협력】 ① 해양경찰청장은 국민의 안전을 위협하는 해양재난 또는 해양사고의 대응을 위하여 필요한 경우 관계 행정기관의 장 또는 지방자치단체의 장에게 필요한 협력을 요청할 수 있다.
② 해양경찰청장은 해양안전의 확보와 수색·구조 장비 및 기술의 보강을 위하여 민간단체·기관과의 협력관계를 증진하고 이에 필요한 계획과 시책을 마련하여 추진할 수 있다.

제18조【국민참여의 확대】 ① 해양경찰청장은 해양경찰행정에 국민의 참여를 확대하기 위하여 다양한 참여방법과 협력의 기회를 제공하도록 노력하여야 한다.
② 해양경찰청장은 제1항에 따른 국민참여를 통해 수렴된 국민과 관계 전문가의 의견을 검토하여, 해양경찰의 직무수행에 필요한 경우 반영하여야 한다.

제5장 해양경찰 직무수행의 기반 조성

제19조【직무수행의 전문성 확보】 ① 해양경찰청장은 직무수행의 전문성을 확보하기 위하여 교육·훈련체계를 발전시키고, 우수한 인적자원을 양성하기 위한 노력을 지속하여야 한다.
② 해양경찰청장은 외부 전문가 영입을 위하여 「경찰공무원법」에 따른 경력경쟁채용시험 또는 「국가공무원법」에 따른 개방형직위 등을 활용한 경력경쟁채용시험 등을 실시할 수 있다.

제20조【해양경찰장비의 관리 등】 ① 해양경찰청장은 해양경찰의 직무수행에 필요한 함정·항공기 및 공용 또

는 개인용 무기 · 경찰장구와 각종 장비 · 시설(구조 · 구난 · 오염방제장비를 포함한다. 이하 "해양경찰장비등"이라 한다)의 도입 및 관리계획을 시행하여야 한다.
② 해양경찰청장은 해양경찰장비등의 도입 및 관리 · 운영계획을 효과적으로 추진하기 위하여 필요한 재원을 지속적이고 안정적으로 확보할 수 있는 방안을 마련하여야 한다.
제21조【연구개발의 지원 등】 ① 해양경찰청장은 해양경찰 업무에 필요한 연구 · 실험 · 조사 · 기술개발(이하 "연구개발사업"이라 한다) 및 전문인력 양성 등 소관 분야의 과학기술진흥을 위한 시책을 마련하여 추진하여야 한다.
② 해양경찰청장은 연구개발사업을 효율적으로 추진하기 위하여 다음 각 호의 어느 하나에 해당하는 기관 또는 단체 등과 협약에 의하여 연구개발사업을 수행하게 할 수 있다.
1. 국공립 연구기관
2. 「특정연구기관 육성법」 제2조에 따른 특정연구기관
3. 「과학기술분야 정부출연연구기관 등의 설립 · 운영 및 육성에 관한 법률」에 따라 설립된 과학기술분야 정부출연연구기관
4. 「고등교육법」에 따른 대학 · 산업대학 · 전문대학 및 기술대학
5. 「민법」 또는 다른 법률에 따라 설립된 법인으로서 치안분야 연구기관 또는 법인 부설 연구소
6. 「기초연구진흥 및 기술개발지원에 관한 법률」 제14조의2제1항에 따라 인정받은 기업부설연구소 또는 기업의 연구개발전담부서
7. 그 밖에 대통령령으로 정하는 소관 분야 관련 연구 · 조사 · 기술개발 등을 수행하는 기관 또는 단체
③ 해양경찰청장은 제2항 각 호의 기관 또는 단체 등이 연구개발사업을 수행하는 데 필요한 경비의 전부 또는 일부를 지원할 수 있다.

부 칙

제1조【시행일】 이 법은 공포 후 6개월이 경과한 날부터 시행한다.
제2조【다른 법률의 개정】 ①~② ※(해당 법령에 가제정리 하였음)

부 칙 (2020.12.22)

제1조【시행일】 이 법은 2021년 1월 1일부터 시행한다. (이하 생략)

부 칙 (2021.1.13)

이 법은 2021년 1월 14일부터 시행한다.

(舊 : 전투경찰대 설치법)

의무경찰대 설치 및 운영에 관한 법률(약칭 : 의무경찰대법)

(1970년 12월 31일 법 률 제2248호)

개정
1975.12.31법 2806호
1980.12.22법 3288호
1981.12.31법 3486호
1982.12.31법 3629호
1983.12.31법 3696호(병역)
1989.12.30법 4157호(병역의무의특례규제에관한법)
1991. 5.31법 4369호(경찰법)
1993.12.31법 4685호(병역)
1996. 8. 8법 5153호(정부조직)
1997. 1.13법 5291호(국가유공자등예우)
1997.12.13법 5454호(정부부처명)
1999. 2. 5법 5757호(병역)
2001. 8.14법 6502호(병역)
2006. 2.21법 7849호(제주자치법)
2011. 5.30법 10749호
2011. 9.15법 11042호(보훈보상대상자지원에관한법)
2013. 6. 4법 11849호(병역)
2014.11.19법 12844호(정부조직)
2015. 7.24법 13425호
2016. 5.29법 14183호(병역)
2017. 7.26법 14839호(정부조직)
2020.12.22법 17687호(경찰공무원)
2020.12.22법 17689호(국가자치경찰)
2021. 3.23법 17961호

제1조【설치 및 임무】 ① 간첩(무장공비를 포함한다)의 침투거부(浸透拒否), 포착(捕捉), 섬멸(殲滅), 그 밖의 대(對)간첩작전을 수행하고 치안업무를 보조하기 위하여 시 · 도경찰청장 및 대통령령으로 정하는 국가경찰기관의 장 또는 해양경찰기관의 장 소속으로 의무경찰대를 둔다. (2020.12.22 본항개정)
② 경찰청장 또는 해양경찰청장은 필요한 경우 그 소속으로 따로 의무경찰대를 두거나 대통령령으로 정하는 바에 따라 의무경찰대의 총괄기관을 둘 수 있다.
③ (2017.7.26 삭제)
(2017.7.26 본조개정)
제2조【조직】 ① 의무경찰대의 대원은 제2조의3에 따라 임용된 의무경찰(이하 "의무경찰"이라 한다)과 「경찰공무원법」에 따른 경찰공무원으로 구성한다.(2020.12.22 본항개정)
② 의무경찰대의 편성과 그 밖에 조직에 관하여 필요한 사항은 대통령령으로 정한다.
(2015.7.24 본조개정)
제2조의2【의무경찰의 검문】 의무경찰은 임무수행에 필요하다고 인정할 때에는 경비지역에서 검문을 할 수 있다.(2015.7.24 본조개정)
제2조의3【의무경찰의 임용 및 경찰대학 졸업자의 의무경찰대 복무】 ① 의무경찰은 「병역법」 제25조제1항에 따라 전환복무된 사람 중에서 임용한다.
② 경찰대학을 졸업하고 경위로 임용된 사람으로서 「병역법」 제25조제1항에 따라 전환복무된 사람은 전환복무기간 중 의무경찰대의 대원으로 복무하여야 한다.
(2015.7.24 본조개정)
제2조의4【의무경찰의 계급】 ① 의무경찰의 계급은 이경, 일경, 상경, 수경 및 특경으로 구분한다.
② 의무경찰의 초임계급은 이경으로 한다.
(2015.7.24 본조개정)
제2조의5【휴직자 등의 전환복무기간 계산 등】 ① 다음 각 호의 기간은 「병역법」 제25조제1항에 따라 전환복무된 의무경찰대 대원의 전환복무기간에 산입하지 아니한다.
1. 휴직 및 직위해제 기간
2. 정직 및 영창(營倉) 기간
3. 복무를 이탈한 날부터 귀대 또는 체포된 날의 전날까지의 기간
(2015.7.24 본항개정)
② 휴직 · 정직 또는 직위해제의 처분을 받은 사람이 복직한 때와 영창의 처분을 받은 사람이 그 집행이 종료된 때 및 복무를 이탈한 자가 귀대한 때에는 경찰청장 또는 해양경찰청장은 그 사람의 인적사항과 그 처분기간 또는 복무이탈기간을 국방부장관에게 통보하여야 한다.
(2017.7.26 본항개정)
③ 형사사건으로 구속 또는 기소되어 직위해제된 사람이 사법경찰관의 불송치결정 또는 검사의 불기소처분이나 법원의 무죄판결을 받은 경우 그 직위해제기간은 제1항에도 불구하고 전환복무기간에 산입한다.(2021.3.23 본항개정)
제3조【전환복무 대상자의 추천】 ① (2015.7.24 삭제)
② 「병역법」 제25조제1항에 따라 전환복무 대상자가 될 의무경찰 임용예정자는 18세 이상인 사람(현역병으로 징집이 결정된 사람은 제외한다) 중에서 대통령령으로 정하는 바에 따라 경찰청장 또는 해양경찰청장이 국방부장관에게 추천한다.(2017.7.26 본항개정)
③ 경찰청장은 의무경찰대 대원으로 복무할 경찰대학 졸업예정자(「병역법」 제11조에 따른 병역판정검사 결과 현역병입영 대상자 및 「병역법」 제2조제1항제10호에 따른 사회복무요원 소집 대상자만 해당한다)를 대통령령으로 정하는 바에 따라 국방부장관에게 추천한다.(2016.5.29 본항개정)
제4조【「경찰공무원법」 등의 준용 및 특례】 ① 「경찰공무원법」 제13조, 제21조, 제27조, 제28조 및 제30조와 경찰공무원에게 적용되는 「국가공무원법」 중 제46조, 제68조, 제71조부터 제73조까지, 제73조의2 및 제77조를 제외하고는 「경찰공무원법」과 경찰공무원에게 적용되는 「국가공무원법」을 의무경찰에게 준용한다.(2020.12.22 본항개정)
② 의무경찰의 보수, 복무, 퇴직, 면직, 휴직 및 직위해제에 필요한 사항은 대통령령으로 정한다.
③ 의무경찰대의 대원 중 경찰공무원의 복무 및 승진임용에 관하여는 대통령령으로 특례를 정할 수 있다.
(2020.12.22 본항개정)
(2015.7.24 본조개정)
제5조【징계】 ① 의무경찰에 대한 징계는 강등, 정직, 영창, 휴가 제한 및 근신(謹愼)으로 하고, 그 구체적인 내용은 다음 각 호와 같다.
1. 강등 : 징계 당시 계급에서 1계급 낮추는 것
2. 정직 : 1개월 이상 3개월 이하의 기간 동안 의무경찰의 신분은 유지하나 직무에 종사하지 못하게 하면서 일정한 장소에서 비행(非行)을 반성하게 하는 것
3. 영창 : 15일 이내의 기간 동안 의무경찰대 · 함정(艦艇) 내 또는 그 밖의 구금장소(拘禁場所)에 구금하는 것
4. 휴가 제한 : 5일 이내의 범위에서 휴가일수를 제한하는 것. 다만, 복무기간 중 총 제한일수는 15일을 초과하지 못한다.
5. 근신 : 15일 이내의 기간 동안 평상근무에 복무하는 대신 훈련이나 교육을 받으면서 비행을 반성하게 하는 것
② 영창은 휴가 제한이나 근신으로 그 징계처분을 하는 목적을 달성하기 어렵고, 복무규율을 유지하기 위하여 신체 구금이 필요한 경우에만 처분하여야 한다.
(2015.7.24 본조개정)
제6조【소청】 ① 제5조의 징계처분을 받고 처분에 불복하는 사람의 소청(訴請)은 각기 소속에 따라 해당 의무경찰대가 소속된 기관에 설치된 경찰공무원 징계위원회에서 심사한다.
② 제1항에 따른 심사를 청구한 경우에도 이에 대한 결정이 있을 때까지는 해당 징계처분에 따라야 한다. 다만, 영창처분에 대한 소청 심사가 청구된 경우에는 이에 대한 결정이 있을 때까지 그 집행을 정지한다.
(2015.7.24 본조개정)
제7조【사망 급여금 등】 의무경찰이 전투 또는 공무수행 중 부상을 입고 퇴직하거나 사망(부상으로 인하여 사망한 경우를 포함한다)하였을 때에는 군인에 준하여 대통령령으로 정하는 급여금을 지급한다.(2015.7.24 본조개정)
제8조【보상 및 치료】 ① 의무경찰대의 대원으로서 전투 또는 공무수행 중 부상을 입고 퇴직한 사람과 사망(부상으로 인하여 사망한 경우를 포함한다)한 사람의 유족은 대통령령으로 정하는 바에 따라 「국가유공자 등 예우 및 지원에 관한 법률」 또는 「보훈보상대상자 지원에 관한 법률」에 따른 보상 대상자로 한다.
② 의무경찰대의 대원이 전투 또는 공무수행 중 부상하거나 질병에 걸렸을 때에는 대통령령으로 정하는 바에 따라 국가 또는 지방자치단체의 의료시설에서 무상으로 치료를 받을 수 있다.
(2015.7.24 본조개정)
제9조【벌칙】 ① 다음 각 호의 어느 하나에 해당하는 사람은 1년 이상 10년 이하의 징역에 처한다. 다만, 전시 · 사변 또는 간첩의 출현으로 작전에 동원된 경우 각 호의 어느 하나에 해당하는 사람은 5년 이상의 유기징역에 처한다.
1. 근무를 기피할 목적으로 근무지를 이탈한 사람
2. 근무지에서 이탈한 사람으로서 정당한 사유 없이 상당한 기간 내에 복귀하지 아니한 사람
② 직무상 공격하여야 할 적을 정당한 사유 없이 공격하지 아니하거나 직무상 당면(當面)하여야 할 위난(危難)으로부터 이탈한 사람은 무기 또는 1년 이상의 징역에 처한다.
③ 정당한 사유 없이 초소를 이탈한 사람은 2년 이하의 징역에 처한다. 다만, 전시 · 사변 또는 간첩의 출현으로 작전에 동원된 경우 본문의 죄를 저지른 사람은 1년 이상의 유기징역에 처한다.
④ 정당한 사유 없이 근무수칙을 위반하여 직무를 게을리한 사람은 1년 이하의 징역에 처한다. 다만, 전시 · 사변 또는 간첩의 출현으로 작전에 동원된 경우 본문의 죄를 저지른 사람은 5년 이하의 징역에 처한다.
⑤ 근무를 기피할 목적으로 신체를 상해(傷害)한 사람은 3년 이하의 징역에 처한다. 다만, 적전(敵前)인 경우 본문의 죄를 저지른 사람은 사형 · 무기 또는 5년 이상의 징역에 처한다.
⑥ 근무를 기피할 목적으로 꾀병이나 그 밖의 속임수를 쓴 사람은 1년 이하의 징역에 처한다. 다만, 적전인 경우 본문의 죄를 저지른 사람은 10년 이하의 징역에 처한다.
⑦ 직무에 관하여 거짓으로 통보 또는 보고를 한 사람은 1년 이하의 징역에 처한다. 다만, 전시 · 사변 또는 간첩의 출현으로 작전에 동원된 경우 본문의 죄를 저지른 사람은 7년 이하의 징역에 처한다.
(2011.5.30 본조개정)
제10조【벌칙】 ① 상관의 정당한 명령에 반항하거나 복종하지 아니한 사람은 2년 이하의 징역에 처한다. 다만,

전시·사변 또는 간첩의 출현으로 작전에 동원된 경우 본문의 죄를 저지른 사람은 1년 이상 7년 이하의 징역에 처한다.
② 집단을 이루어 제1항의 죄를 범한 사람은 다음 각 호의 구분에 따라 처벌한다.
1. 전시·사변 또는 간첩의 출현으로 작전에 동원된 경우 : 주모자 또는 주동자는 무기 또는 7년 이상의 징역에 처하고, 그 밖의 사람은 1년 이상의 유기징역에 처한다.
2. 평상시 : 주모자 또는 주동자는 3년 이상의 유기징역에 처하고, 그 밖의 사람은 7년 이하의 징역에 처한다.
③ 상관에게 폭행 또는 협박을 한 사람은 5년 이하의 징역에 처한다. 다만, 적전인 경우 본문의 죄를 저지른 사람은 1년 이상 10년 이하의 징역에 처한다.
④ 상관을 모욕하거나 상관의 명예를 훼손한 사람은 다음 각 호의 구분에 따라 처벌한다.
1. 상관을 그 면전에서 모욕한 사람 : 2년 이하의 징역 또는 금고에 처한다.
2. 문서·도화 또는 우상(偶像)을 공시(公示)하거나 연설 또는 그 밖의 공공연한 방법으로 상관을 모욕한 사람 : 3년 이하의 징역 또는 금고에 처한다.
3. 공공연히 사실을 적시(摘示)하여 상관의 명예를 훼손한 사람 : 2년 이하의 징역 또는 금고에 처한다.
4. 공공연히 거짓 사실을 적시하여 상관의 명예를 훼손한 사람 : 5년 이하의 징역 또는 금고에 처한다.
⑤ 병기(兵器) 또는 작전장비를 보관할 책임이 있는 사람이 이를 분실한 경우에는 5년 이하의 징역이나 금고에 처한다.
⑥ 작전상의 기밀을 누설한 사람은 10년 이하의 징역이나 금고에 처한다.
⑦ 작전지역에서 위력(威力) 또는 전투의 공포를 이용하여 주민의 재물을 약취(略取)한 사람은 무기 또는 3년 이상의 징역에 처한다.
(2011.5.30 본조개정)

제11조【벌칙 적용 대상자 등】 ① 제9조와 제10조는 의무경찰에게 적용한다.(2015.7.24 본항개정)
② 제9조와 제10조의 죄는 지휘관이 고발하여야 공소를 제기할 수 있다.
③ 제2항에 규정된 지휘관의 범위와 고발에 관하여 필요한 사항은 대통령령으로 정한다.
(2011.5.30 본조개정)

제12조 (2011.5.30 삭제)

부 칙 (2015.7.24)

제1조【시행일】 이 법은 공포 후 6개월이 경과한 날부터 시행한다.
제2조【징계에 관한 적용례】 제5조의 개정규정은 이 법 시행 당시 징계의결이 요구된 경우에도 적용한다.
제3조【영창처분의 집행정지에 관한 적용례】 제6조제2항 단서의 개정규정은 이 법 시행 당시 소청 심사가 청구된 경우에도 적용한다.
제4조【전투경찰순경 등에 대한 경과조치】 이 법 시행 당시 종전의 규정에 따라 전환복무된 전투경찰순경은 이 법에 따른 의무경찰로 보고, 전투경찰대 대원은 이 법에 따른 의무경찰대 대원으로 본다.
제5조【다른 법률의 개정】 ①~⑨ ※(해당 법령에 가제정리 하였음)
제6조【다른 법령과의 관계】 이 법 시행 당시 다른 법령에서 종전의 「전투경찰대 설치법」 또는 그 규정을 인용한 경우에 이 법 중 그에 해당하는 규정이 있는 때에는 종전의 「전투경찰대 설치법」 또는 그 규정을 갈음하여 이 법 또는 이 법의 해당 조항을 인용한 것으로 본다.

부 칙 (2020.12.22 법17687호)
(2020.12.22 법17689호)

제1조【시행일】 이 법은 2021년 1월 1일부터 시행한다.(이하 생략)

부 칙 (2021.3.23)

제1조【시행일】 이 법은 공포한 날부터 시행한다.
제2조【전환복무기간 산입에 관한 적용례】 제2조의5제3항의 개정규정은 형사사건으로 구속되어 직위해제된 사람이 2021년 1월 1일부터 이 법 시행일 전까지 사법경찰관의 불송치결정을 받은 경우에도 적용한다.

경찰공무원법

(2020년 12월 22일
전부개정법률 제17687호)

개정
2023. 8.16법19626호
2024년 1월 25일 제412회 국회 본회의 통과→「法典 別册」 보유편 수록

제1조【목적】 이 법은 경찰공무원의 책임 및 직무의 중요성과 신분 및 근무조건의 특수성에 비추어 그 임용, 교육훈련, 복무(服務), 신분보장 등에 관하여 「국가공무원법」에 대한 특례를 규정함을 목적으로 한다.
제2조【정의】 이 법에서 사용하는 용어의 정의는 다음과 같다.
1. "임용"이란 신규채용·승진·전보·파견·휴직·직위해제·정직·강등·복직·면직·해임 및 파면을 말한다.
2. "전보"란 경찰공무원의 동일 직위 및 자격 내에서의 근무기관이나 부서를 달리하는 임용을 말한다.
3. "복직"이란 휴직·직위해제 또는 정직(강등에 따른 정직을 포함한다) 중에 있는 경찰공무원을 직위에 복귀시키는 것을 말한다.
제3조【계급 구분】 경찰공무원의 계급은 다음과 같이 구분한다.
치안총감(治安總監)
치안정감(治安正監)
치안감(治安監)
경무관(警務官)
총경(總警)
경정(警正)
경감(警監)
경위(警衛)
경사(警査)
경장(警長)
순경(巡警)
제4조【경과 구분】 ① 경찰공무원은 그 직무의 종류에 따라 경과(警科)에 의하여 구분할 수 있다.
② 경과의 구분에 필요한 사항은 대통령령으로 정한다.
제5조【경찰공무원인사위원회의 설치】 ① 경찰공무원의 인사(人事)에 관한 중요 사항에 대하여 경찰청장 또는 해양경찰청장의 자문에 응하게 하기 위하여 경찰청과 해양경찰청에 경찰공무원인사위원회(이하 "인사위원회"라 한다)를 둔다.
② 인사위원회의 구성 및 운영에 필요한 사항은 대통령령으로 정한다.
제6조【인사위원회의 기능】 인사위원회는 다음 각 호의 사항을 심의한다.
1. 경찰공무원의 인사행정에 관한 방침과 기준 및 기본계획
2. 경찰공무원의 인사에 관한 법령의 제정·개정 또는 폐지에 관한 사항
3. 그 밖에 경찰청장 또는 해양경찰청장이 인사위원회의 회의에 부치는 사항
제7조【임용권자】 ① 총경 이상 경찰공무원은 경찰청장 또는 해양경찰청장의 추천을 받아 행정안전부장관 또는 해양수산부장관의 제청으로 국무총리를 거쳐 대통령이 임용한다. 다만, 총경의 전보, 휴직, 직위해제, 강등, 정직 및 복직은 경찰청장 또는 해양경찰청장이 한다.
② 경정 이하의 경찰공무원은 경찰청장 또는 해양경찰청장이 임용한다. 다만, 경정으로의 신규채용, 승진임용 및 면직은 경찰청장 또는 해양경찰청장의 제청으로 국무총리를 거쳐 대통령이 한다.
③ 경찰청장은 대통령령으로 정하는 바에 따라 경찰공무원의 임용에 관한 권한의 일부를 특별시장·광역시장·도지사·특별자치시장 또는 특별자치도지사(이하 "시·도지사"라 한다), 국가수사본부장, 소속 기관의 장, 시·도경찰청장에게 위임할 수 있다. 이 경우 시·도지사는 위임받은 권한의 일부를 대통령령으로 정하는 바에 따라 「국가경찰과 자치경찰의 조직 및 운영에 관한 법률」 제18조에 따른 시·도자치경찰위원회(이하 "시·도자치경찰위원회"라 한다), 시·도경찰청장에게 다시 위임할 수 있다.
④ 해양경찰청장은 대통령령으로 정하는 바에 따라 경찰공무원의 임용에 관한 권한의 일부를 소속 기관의 장, 지방해양경찰관서의 장에게 위임할 수 있다.
⑤ 경찰청장, 해양경찰청장 또는 제3항 및 제4항에 따라 임용권을 위임받은 자는 행정안전부령 또는 해양수산부령으로 정하는 바에 따라 소속 경찰공무원의 인사기록을 작성·보관하여야 한다.
제8조【임용자격 및 결격사유】 ① 경찰공무원은 신체 및 사상이 건전하고 품행이 방정(方正)한 사람 중에서 임용한다.
② 다음 각 호의 어느 하나에 해당하는 사람은 경찰공무원으로 임용될 수 없다.
1. 대한민국 국적을 가지지 아니한 사람
2. 「국적법」 제11조의2제1항에 따른 복수국적자
3. 피성년후견인 또는 피한정후견인
4. 파산선고를 받고 복권되지 아니한 사람
5. 자격정지 이상의 형(刑)을 선고받은 사람
6. 자격정지 이상의 형의 선고유예를 선고받고 그 유예기간 중에 있는 사람
7. 공무원으로 재직기간 중 직무와 관련하여 「형법」 제355조 및 제356조에 규정된 죄를 범한 자로서 300만원 이상의 벌금형을 선고받고 그 형이 확정된 후 2년이 지나지 아니한 사람
8. 「성폭력범죄의 처벌 등에 관한 특례법」 제2조에 규정된 죄를 범한 사람으로서 100만원 이상의 벌금형을 선고받고 그 형이 확정된 후 3년이 지나지 아니한 사람
9. 미성년자에 대한 다음 각 목의 어느 하나에 해당하는 죄를 저질러 형 또는 치료감호가 확정된 사람(집행유예를 선고받은 후 그 집행유예기간이 경과한 사람을 포함한다)
가. 「성폭력범죄의 처벌 등에 관한 특례법」 제2조에 따른 성폭력범죄
나. 「아동·청소년의 성보호에 관한 법률」 제2조제2호에 따른 아동·청소년대상 성범죄
10. 징계에 의하여 파면 또는 해임처분을 받은 사람
제9조【벌금형의 분리선고】 「형법」 제38조에도 불구하고 제8조제2항제7호 또는 제8호에 규정된 죄와 다른 죄의 경합범에 대하여 벌금형을 선고하는 경우에는 이를 분리 선고하여야 한다.
제10조【신규채용】 ① 경정 및 순경의 신규채용은 공개경쟁시험으로 한다.
② 경위의 신규채용은 경찰대학을 졸업한 사람 및 대통령령으로 정하는 자격을 갖추고 공개경쟁시험으로 선발된 사람(이하 "경찰간부후보생"이라 한다)으로서 교육훈련을 마치고 정하여진 시험에 합격한 사람 중에서 한다.
③ 다음 각 호의 어느 하나에 해당하는 경우에는 경력 등 응시요건을 정하여 같은 사유에 해당하는 다수인을 대상으로 경쟁의 방법으로 채용하는 시험(이하 "경력경쟁채용시험"이라 한다)으로 경찰공무원을 신규채용할 수 있다. 다만, 다수인을 대상으로 시험을 실시하는 것이 적당하지 아니하여 대통령령으로 정하는 경우에는 다수인을 대상으로 하지 아니한 시험으로 경찰공무원을 채용할 수 있다.
1. 「국가공무원법」 제70조제1항제3호의 사유로 퇴직하거나 같은 법 제71조제1항제1호의 휴직 기간 만료로 퇴직한 경찰공무원을 퇴직한 날부터 3년(「공무원 재해보상법」에 따른 공무상 질병 또는 부상으로 인한 휴직의 경우에는 5년) 이내에 퇴직 시에 재직한 계급의 경찰공무원으로 재임용하는 경우
2. 공개경쟁시험으로 임용하는 것이 부적당한 경우에 임용예정 직무에 관련된 자격증 소지자를 임용하는 경우
3. 임용예정직에 상응하는 근무실적 또는 연구실적이 있거나 전문지식을 가진 사람을 임용하는 경우
4. 「국가공무원법」에 따른 5급 공무원의 공개경쟁채용시험이나 「사법시험법」(2009년 5월 28일 법률 제9747호로 폐지되기 전의 것을 말한다)에 따른 사법시험에 합격한 사람을 경정 이하의 경찰공무원으로 임용하는 경우
5. 섬, 외딴곳 등 특수지역에서 근무할 사람을 임용하는 경우
6. 외국어에 능통한 사람을 임용하는 경우
7. 제주특별자치도의 자치경찰공무원(이하 "자치경찰공무원"이라 한다)을 그 계급에 상응하는 경찰공무원으로 임용하는 경우
8. 「국가경찰과 자치경찰의 조직 및 운영에 관한 법률」 제16조에 따라 경찰청 외부를 대상으로 모집하여 국가수사본부장을 임용하는 경우
④ 제2항에 따른 경찰간부후보생의 교육훈련, 경력경쟁채용시험 및 제3항 각 호 외의 부분 단서에 따른 채용시험(이하 "경력경쟁채용시험등"이라 한다)을 통하여 채용할 수 있는 경찰공무원의 계급, 임용예정직에 관련된 자격증의 구분, 근무실적 또는 연구실적, 전보 제한 등에 관한 사항은 대통령령으로 정한다.
제11조【부정행위자에 대한 제재】 경찰청장 또는 해양경찰청장은 경찰공무원의 채용시험 또는 경찰간부후보생 공개경쟁선발시험에서 부정행위를 한 응시자에 대해서는 해당 시험을 정지 또는 무효로 하고, 그 처분이 있은 날부터 5년간 시험응시자격을 정지한다.
제12조【채용후보자 명부 등】 ① 경찰청장 또는 해양경찰청장(제7조제3항 및 제4항에 따라 임용권을 위임받은 자를 포함한다)은 신규채용시험에 합격한 사람(경찰대학을 졸업한 사람과 경찰간부후보생을 포함한다. 이하 이 조에서 같다)을 대통령령으로 정하는 바에 따라 성적 순위에 따라 채용후보자 명부에 등재(登載)하여야 한다.
② 경찰공무원의 신규채용은 제1항에 따른 채용후보자 명부의 등재 순위에 따른다. 다만, 채용후보자가 경찰교육기관에서 신임교육을 받은 경우에는 그 교육성적 순위에 따른다.
③ 제1항에 따른 채용후보자 명부의 유효기간은 2년의 범위에서 대통령령으로 정한다. 다만, 경찰청장 또는 해양경찰청장은 필요에 따라 1년의 범위에서 그 기간을 연장할 수 있다.
④ 신규채용시험에 합격한 사람이 채용후보자 명부에 등재된 이후 그 유효기간 내에 「병역법」에 따른 병역 복무를 위하여 군에 입대한 경우(대학생 군사훈련 과정 이수자를 포함한다)의 의무복무 기간은 제3항에 따른 기간에 넣어 계산하지 아니한다.
⑤ 경찰청장 또는 해양경찰청장은 채용후보자 명부의 유효기간을 연장하기로 결정한 경우에는 그 사실을 공고하여야 한다.

⑥ 제1항에 따른 채용후보자 명부의 작성 및 운영에 필요한 사항은 대통령령으로 정한다.
⑦ 임용권자는 경찰공무원의 결원을 보충할 때 채용후보자 명부 또는 승진후보자 명부에 등재된 후보자 수가 결원 수보다 적고, 인사행정 운영상 특히 필요하다고 인정할 때에는 그 결원된 계급에 관하여 다른 임용권자가 작성한 자치경찰공무원의 신규임용후보자 명부 또는 승진후보자 명부를 해당 기관의 채용후보자 명부 또는 승진후보자 명부로 보아 해당 자치경찰공무원을 임용할 수 있다. 이 경우 임용권자는 그 자치경찰공무원의 임용권자와 협의하여야 한다.

제13조【시보임용】 ① 경정 이하의 경찰공무원을 신규채용할 때에는 1년간 시보(試補)로 임용하고, 그 기간이 만료된 다음 날에 정규 경찰공무원으로 임용한다.
② 휴직기간, 직위해제기간 및 징계에 의한 정직처분 또는 감봉처분을 받은 기간은 제1항에 따른 시보임용기간에 산입하지 아니한다.
③ 시보임용기간 중에 있는 경찰공무원이 근무성적 또는 교육훈련성적이 불량할 때에는 「국가공무원법」 제68조 및 이 법 제28조에도 불구하고 면직시키거나 면직을 제청할 수 있다.
④ 다음 각 호의 어느 하나에 해당하는 경우에는 시보임용을 거치지 아니한다.
1. 경찰대학을 졸업한 사람 또는 경찰간부후보생으로서 정하여진 교육을 마친 사람을 경위로 임용하는 경우
2. 경찰공무원으로서 대통령령으로 정하는 상위계급으로의 승진에 필요한 자격 요건을 갖추고 임용예정 계급에 상응하는 공개경쟁 채용시험에 합격한 사람을 해당 계급의 경찰공무원으로 임용하는 경우
3. 퇴직한 경찰공무원으로서 퇴직 시에 재직하였던 계급의 채용시험에 합격한 사람을 재임용하는 경우
4. 자치경찰공무원을 그 계급에 상응하는 경찰공무원으로 임용하는 경우

제14조【경찰공무원과 자치경찰공무원 간의 인사 교류】
① 경찰청장은 경찰공무원의 능력을 발전시키고 국가경찰과 제주특별자치도의 자치경찰 사무의 연계성을 높이기 위하여 국가경찰과 자치경찰 간에 긴밀한 인사 교류가 될 수 있도록 노력하여야 한다.
② 제10조제3항제7호에 따라 자치경찰공무원을 경찰공무원으로 채용할 때에는 경력경쟁채용시험등을 거치지 아니할 수 있다.

제15조【승진】 ① 경찰공무원은 바로 아래 하위계급에 있는 경찰공무원 중에서 근무성적평정, 경력평정, 그 밖의 능력을 실증(實證)하여 승진임용한다. 다만, 해양경찰청장을 보하는 경우 치안감을 치안총감으로 승진임용할 수 있다.
② 경무관 이하 계급으로의 승진은 승진심사에 의하여 한다. 다만, 경정 이하 계급으로의 승진은 대통령령으로 정하는 비율에 따라 승진시험과 승진심사를 병행할 수 있다.
③ 총경 이하의 경찰공무원에 대해서는 대통령령으로 정하는 바에 따라 계급별로 승진대상자 명부를 작성하여야 한다.
④ 경찰공무원의 승진에 필요한 계급별 최저근무연수, 승진 제한에 관한 사항, 그 밖에 승진에 관하여 필요한 사항은 대통령령으로 정한다.

제15조의2【전사·순직한 승진후보자의 승진】 제18조제1항에 따른 승진후보자 명부에 등재된 사람이 승진임용 전에 전사하거나 순직한 경우에는 그 사망일 전날을 승진일로 하여 승진 예정 계급으로 승진한 것으로 본다. (2023.8.16 본조신설)

제16조【근속승진】 ① 경찰청장 또는 해양경찰청장은 제15조제2항에도 불구하고 해당 계급에서 다음 각 호의 기간 동안 재직한 사람을 경장, 경사, 경위, 경감으로 각각 근속승진임용할 수 있다. 다만, 인사교류 경력이 있거나 주요 업무의 추진 실적이 우수한 공무원 등 경찰행정 발전에 기여한 공이 크다고 인정되는 경우에는 대통령령으로 정하는 바에 따라 그 기간을 단축할 수 있다.
1. 순경을 경장으로 근속승진임용하려는 경우 : 해당 계급에서 4년 이상 근속자
2. 경장을 경사로 근속승진임용하려는 경우 : 해당 계급에서 5년 이상 근속자
3. 경사를 경위로 근속승진임용하려는 경우 : 해당 계급에서 6년 6개월 이상 근속자
4. 경위를 경감으로 근속승진임용하려는 경우 : 해당 계급에서 8년 이상 근속자
② 제1항에 따라 근속승진한 경찰공무원이 근무하는 기간에는 그에 해당하는 직급의 정원이 따로 있는 것으로 보고, 종전 직급의 정원은 감축된 것으로 본다.
③ 제1항에 따른 근속승진임용의 기준 및 절차 등에 관하여 필요한 사항은 대통령령으로 정한다.

제17조【승진심사위원회】 ① 제15조제2항에 따른 승진심사를 위하여 경찰청과 해양경찰청에 중앙승진심사위원회를 두고, 경찰청·해양경찰청·시·도경찰청과 대통령령으로 정하는 경찰기관·지방해양경찰관서에 보통승진심사위원회를 둔다.
② 제1항에 따라 설치된 승진심사위원회는 제15조제3항에 따라 작성된 승진대상자 명부의 선순위자(같은 조 제2항 단서에 따른 승진시험에 합격된 승진후보자는 제외한다) 순으로 승진시키려는 결원의 5배수의 범위에 있는 사람 중에서 승진후보자를 심사·선발한다.
③ 승진심사위원회의 구성·관할 및 운영에 필요한 사항은 대통령령으로 정한다.

제18조【승진후보자 명부 등】 ① 경찰청장 또는 해양경찰청장(제7조제3항 및 제4항에 따라 임용권을 위임받은 자를 포함한다)은 제15조제2항에 따른 승진시험에 합격한 사람과 제17조제2항에 따라 승진후보자로 선발된 사람을 대통령령으로 정하는 바에 따라 승진후보자 명부에 등재하여야 한다.
② 경무관 이하 계급으로의 승진은 제1항에 따른 승진후보자 명부의 등재 순위에 따른다.
③ 승진후보자 명부의 유효기간과 작성 및 운영에 관하여는 제12조를 준용한다.

제19조【특별유공자 등의 특별승진】 ① 경찰공무원으로서 다음 각 호의 어느 하나에 해당되는 사람에 대하여는 제15조에도 불구하고 1계급 특별승진시킬 수 있다. 다만, 경위 이하의 경찰공무원으로서 모든 경찰공무원의 귀감이 되는 공을 세우고 전사하거나 순직한 사람에 대하여는 2계급 특별승진 시킬 수 있다.
1. 「국가공무원법」 제40조의4제1항제1호부터 제4호까지의 규정 중 어느 하나에 해당되는 사람
2. 전사하거나 순직한 사람
3. 직무 수행 중 현저한 공적을 세운 사람
② 특별승진의 요건과 그 밖에 필요한 사항은 대통령령으로 정한다.

제20조【시험실시기관과 응시자격 등】 ① 경찰공무원의 신규채용시험 및 승진시험과 경찰간부후보생 선발시험은 경찰청장 또는 해양경찰청장이 실시한다. 다만, 경찰청장 또는 해양경찰청장이 필요하다고 인정할 때에는 대통령령으로 정하는 바에 따라 그 권한의 일부를 소속기관의 장, 시·도경찰청장, 지방해양경찰관서의 장에게 위임할 수 있다.
② 제1항에 따른 각종 시험의 응시자격, 시험방법, 그 밖에 시험의 실시에 필요한 사항은 대통령령으로 정한다.

제21조【보훈】 경찰공무원으로서 전투나 그 밖의 직무수행 또는 교육훈련 중 사망한 사람(공무상 질병으로 사망한 사람을 포함한다) 및 부상(공무상의 질병을 포함한다)을 입고 퇴직한 사람과 그 유족 또는 가족은 「국가유공자 등 예우 및 지원에 관한 법률」 또는 「보훈보상대상자 지원에 관한 법률」에 따라 예우 또는 지원을 받는다.

제22조【교육훈련】 ① 경찰청장 또는 해양경찰청장은 모든 경찰공무원에게 균등한 교육훈련의 기회가 주어지도록 교육훈련에 관한 종합적인 기획 및 조정을 하여야 한다.
② 경찰청장 또는 해양경찰청장은 경찰공무원의 교육훈련을 위한 교육훈련기관을 설치·운영할 수 있다.
③ 경찰청장 또는 해양경찰청장은 교육훈련을 위하여 필요하면 대통령령으로 정하는 바에 따라 경찰공무원을 국내외의 교육기관에 위탁하여 일정 기간 교육훈련을 받게 할 수 있다.
④ 제2항에 따른 경찰공무원 교육훈련기관의 설치 및 운영에 필요한 사항과 제3항에 따라 교육훈련을 받은 경찰공무원의 복무에 관한 사항은 대통령령으로 정한다.

제23조【정치 관여 금지】 ① 경찰공무원은 정당이나 정치단체에 가입하거나 정치활동에 관여하는 행위를 하여서는 아니 된다.
② 제1항에서 정치활동에 관여하는 행위란 다음 각 호의 어느 하나에 해당하는 행위를 말한다.
1. 정당이나 정치단체의 결성 또는 가입을 지원하거나 방해하는 행위
2. 그 직위를 이용하여 특정 정당이나 특정 정치인에 대하여 지지 또는 반대 의견을 유포하거나, 그러한 여론을 조성할 목적으로 특정 정당이나 특정 정치인에 대하여 찬양하거나 비방하는 내용의 의견 또는 사실을 유포하는 행위
3. 특정 정당이나 특정 정치인을 위하여 기부금 모집을 지원하거나 방해하는 행위 또는 국가·지방자치단체 및 「공공기관의 운영에 관한 법률」에 따른 공공기관의 자금을 이용하거나 이용하게 하는 행위
4. 특정 정당이나 특정인의 선거운동을 하거나 선거 관련 대책회의에 관여하는 행위
5. 「정보통신망 이용촉진 및 정보보호 등에 관한 법률」에 따른 정보통신망을 이용한 제1호부터 제4호까지의 규정에 해당하는 행위
6. 소속 직원이나 다른 공무원에 대하여 제1호부터 제5호까지의 행위를 하도록 요구하거나 그 행위와 관련한 보상 또는 보복으로서 이익 또는 불이익을 주거나 이를 약속 또는 고지(告知)하는 행위

제24조【거짓 보고 등의 금지】 ① 경찰공무원은 직무에 관하여 거짓으로 보고나 통보를 하여서는 아니 된다.
② 경찰공무원은 직무를 게을리하거나 유기(遺棄)해서는 아니 된다.

제25조【지휘권 남용 등의 금지】 전시·사변, 그 밖에 이에 준하는 비상사태이거나 작전수행 중인 경우 또는 많은 인명 손상이나 국가재산 손실의 우려가 있는 위급한 사태가 발생한 경우, 경찰공무원을 지휘·감독하는 사람은 정당한 사유 없이 그 직무 수행을 거부 또는 유기하거나 경찰공무원을 지정된 근무지에서 진출·퇴각 또는 이탈하게 하여서는 아니 된다.

제26조【복제 및 무기 휴대】 ① 경찰공무원은 제복을 착용하여야 한다.
② 경찰공무원은 직무 수행을 위하여 필요하면 무기를 휴대할 수 있다.
③ 경찰공무원의 복제(服制)에 관한 사항은 행정안전부령 또는 해양수산부령으로 정한다.

제27조【당연퇴직】 경찰공무원이 제8조제2항 각 호의 어느 하나에 해당하게 된 경우에는 당연히 퇴직한다. 다만, 제8조제2항제4호는 파산선고를 받은 사람으로서 「채무자 회생 및 파산에 관한 법률」에 따라 신청기한 내에 면책신청을 하지 아니하였거나 면책불허가 결정 또는 면책 취소가 확정된 경우만 해당하고, 제8조제2항제6호는 「형법」 제129조부터 제132조까지, 「성폭력범죄의 처벌 등에 관한 특례법」 제2조, 「아동·청소년의 성보호에 관한 법률」 제2조제2호 및 직무와 관련하여 「형법」 제355조 또는 제356조에 규정된 죄를 범한 사람으로서 자격정지 이상의 형의 선고유예를 받은 경우만 해당한다.

제28조【직권면직】 ① 임용권자는 경찰공무원이 다음 각 호의 어느 하나에 해당될 때에는 직권으로 면직시킬 수 있다.
1. 「국가공무원법」 제70조제1항제3호부터 제5호까지의 규정 중 어느 하나에 해당될 때
2. 경찰공무원으로는 부적합할 정도로 직무 수행능력이나 성실성이 현저하게 결여된 사람으로서 대통령령으로 정하는 사유에 해당된다고 인정될 때
3. 직무를 수행하는 데에 위험을 일으킬 우려가 있을 정도의 성격적 또는 도덕적 결함이 있는 사람으로서 대통령령으로 정하는 사유에 해당된다고 인정될 때
4. 해당 경과에서 직무를 수행하는 데 필요한 자격증의 효력이 상실되거나 면허가 취소되어 담당 직무를 수행할 수 없게 되었을 때
② 제1항제2호·제3호 또는 「국가공무원법」 제70조제1항제5호의 사유로 면직시키는 경우에는 제32조에 따른 징계위원회의 동의를 받아야 한다.
③ 「국가공무원법」 제70조제1항제4호의 사유로 인한 직권면직일은 휴직기간의 만료일이나 휴직 사유의 소멸일로 한다.

제29조【실종된 경찰공무원의 휴직기간】 ① 「국가공무원법」 제71조제1항제4호의 사유로 인한 경찰공무원의 휴직기간은 같은 법 제72조제3호에도 불구하고 법원의 실종선고를 받는 날까지로 한다.
② 제1항에 따른 휴직자가 있는 경우에는 그 휴직자의 계급에 해당하는 정원이 따로 있는 것으로 보고, 결원을 보충할 수 있다.

제30조【정년】 ① 경찰공무원의 정년은 다음과 같다.
1. 연령정년 : 60세
2. 계급정년
치안감 : 4년
경무관 : 6년
총경 : 11년
경정 : 14년
② 징계로 인하여 강등(경감으로 강등된 경우를 포함한다)된 경찰공무원의 계급정년은 제1항제2호에도 불구하고 다음 각 호에 따른다.
1. 강등된 계급의 계급정년은 강등되기 전 계급 중 가장 높은 계급의 계급정년으로 한다.
2. 계급정년을 산정할 때에는 강등되기 전 계급의 근무연수와 강등 이후의 근무연수를 합산한다.
③ 수사, 정보, 외사, 보안, 자치경찰사무 등 특수 부문에 근무하는 경찰공무원으로서 대통령령으로 정하는 바에 따라 지정을 받은 사람은 총경 및 경정의 경우에는 4년의 범위에서 대통령령으로 정하는 바에 따라 제1항제2호에 따른 계급정년을 연장할 수 있다.
④ 경찰청장 또는 해양경찰청장은 전시·사변이나 그 밖에 이에 준하는 비상사태에서는 2년의 범위에서 제1항제2호에 따른 계급정년을 연장할 수 있다. 이 경우 경무관 이상의 경찰공무원에 대해서는 행정안전부장관 또는 해양수산부장관과 국무총리를 거쳐 대통령의 승인을 받아야 하고, 총경·경정의 경찰공무원에 대해서는 국무총리를 거쳐 대통령의 승인을 받아야 한다.
⑤ 경찰공무원은 그 정년이 된 날이 1월에서 6월 사이에 있으면 6월 30일에 당연퇴직하고, 7월에서 12월 사이에 있으면 12월 31일에 당연퇴직한다.
⑥ 제1항제2호에 따른 계급정년을 산정할 때 제주특별자치도의 자치경찰공무원으로 근무한 경력이 있는 경찰공무원의 경우에는 그 계급에 상응하는 자치경찰공무원으로 근무한 연수(年數)를 산입한다.

제31조【고충심사위원회】 ① 경찰공무원의 인사상담 및 고충을 심사하기 위하여 경찰청, 해양경찰청, 시·도자치경찰위원회, 시·도경찰청, 대통령령으로 정하는 경찰기관 및 지방해양경찰관서에 경찰공무원 고충심사위원회를 둔다.
② 경찰공무원 고충심사위원회의 심사를 거친 재심청구와 경정 이상의 경찰공무원의 인사상담 및 고충심사는 「국가공무원법」에 따라 설치된 중앙고충심사위원회에서 한다.
③ 경찰공무원 고충심사위원회의 구성, 심사 절차 및 운영에 필요한 사항은 대통령령으로 정한다.

治安

제32조【징계위원회】 ① 경무관 이상의 경찰공무원에 대한 징계의결은 「국가공무원법」에 따라 국무총리 소속으로 설치된 징계위원회에서 한다.
② 총경 이하의 경찰공무원에 대한 징계의결을 하기 위하여 대통령령으로 정하는 경찰기관 및 해양경찰관서에 경찰공무원 징계위원회를 둔다.
③ 경찰공무원 징계위원회의 구성·관할·운영, 징계의결의 요구 절차, 그 밖에 필요한 사항은 대통령령으로 정한다.
제33조【징계의 절차】 경찰공무원의 징계는 징계위원회의 의결을 거쳐 징계위원회가 설치된 소속 기관의 장이 하되, 「국가공무원법」에 따라 국무총리 소속으로 설치된 징계위원회에서 의결한 징계는 경찰청장 또는 해양경찰청장이 한다. 다만, 파면·해임·강등 및 정직은 징계위원회의 의결을 거쳐 해당 경찰공무원의 임용권자가 하되, 경무관 이상의 강등 및 정직과 경정 이상의 파면 및 해임은 경찰청장 또는 해양경찰청장의 제청으로 행정안전부장관 또는 해양수산부장관과 국무총리를 거쳐 대통령이 하고, 총경 및 경정의 강등 및 정직은 경찰청장 또는 해양경찰청장이 한다.
제34조【행정소송의 피고】 징계처분, 휴직처분, 면직처분, 그 밖에 의사에 반하는 불리한 처분에 대한 행정소송은 경찰청장 또는 해양경찰청장을 피고로 한다. 다만, 제7조제3항 및 제4항에 따라 임용권을 위임한 경우에는 그 위임을 받은 자를 피고로 한다.
제35조【경찰간부후보생의 보수 등】 교육 중인 경찰간부후보생에게는 대통령령으로 정하는 바에 따라 보수와 그 밖의 실비(實費)를 지급한다.
제36조【「국가공무원법」과의 관계】 ① 경찰공무원에 대해서는 「국가공무원법」 제73조의4, 제76조제2항부터 제5항까지의 규정을 적용하지 아니하며, 치안총감과 치안정감에 대해서는 「국가공무원법」 제68조 본문을 적용하지 아니한다.
② 「국가공무원법」을 경찰공무원에게 적용할 때에는 다음 각 호에 따른다.
1. 「국가공무원법」 제32조의5 및 제43조 중 "직급"은 "계급"으로 본다.
2. 「국가공무원법」 제42조제2항, 제85조제1항 및 제2항 중 "인사혁신처장"은 "경찰청장 또는 해양경찰청장"으로 본다.
3. 「국가공무원법」 제67조, 제68조, 제78조제1항제1호 및 같은 조 제2항, 제80조제7항 및 제8항 중 "이 법"은 "이 법 및 「국가공무원법」"으로 본다.
4. 「국가공무원법」 제71조제2항제3호 중 "중앙인사관장기관의 장"은 "경찰청장 또는 해양경찰청장"으로 본다.

治安

제37조【벌칙】 ① 경찰공무원으로서 전시·사변, 그 밖에 이에 준하는 비상사태이거나 작전 수행 중인 경우에 제24조제2항 또는 제25조, 「국가공무원법」 제58조제1항을 위반한 사람은 3년 이상의 징역이나 금고에 처하며, 제24조제1항, 「국가공무원법」 제57조를 위반한 사람은 7년 이하의 징역이나 금고에 처한다.
② 제1항의 경우 외에 집단 살상의 위급 사태가 발생한 경우에 제24조 또는 제25조, 「국가공무원법」 제57조 및 제58조제1항을 위반한 사람은 7년 이하의 징역이나 금고에 처한다.
③ 경찰공무원으로서 제23조를 위반하여 정당이나 정치단체에 가입하거나 정치활동에 관여하는 행위를 한 사람은 5년 이하의 징역과 5년 이하의 자격정지에 처하고, 그 죄에 대한 공소시효의 기간은 「형사소송법」 제249조제1항에도 불구하고 10년으로 한다.
④ 경찰공무원으로서 「국가공무원법」 제44조 또는 제45조를 위반한 사람은 1년 이하의 징역 또는 100만원 이하의 벌금에 처하고, 같은 법 제66조를 위반한 사람은 2년 이하의 징역 또는 200만원 이하의 벌금에 처한다.

부 칙

제1조【시행일】 이 법은 2021년 1월 1일부터 시행한다.
제2조【지방경찰청 등에 관한 경과조치】 ① 이 법 시행 당시의 지방경찰청 및 지방경찰청장(이하 이 조에서 "지방경찰청등"이라고 한다)은 이 법에 따른 시·도경찰청 및 시·도경찰청장(이하 이 조에서 "시·도경찰청등"이라 한다)으로 본다.
② 이 법 시행 당시 종전의 규정에 따른 지방경찰청등의 행위 또는 지방경찰청등에 대한 행위는 이 법에 따른 시·도경찰청등의 행위 또는 시·도경찰청등에 대한 행위로 본다.
제3조【형사소송법과의 관계에 관한 경과조치】 법률 제3606호 경찰공무원법 전부개정법률 시행일인 1983년 1월 1일 당시 경정은 법률 제3282호 형사소송법 일부개정법률 제196조의 규정에 의한 사법경찰관으로 경장은 동법 동조의 규정에 의한 사법경찰리로 보며, 경찰청 및 해양경찰청에 근무하였던 경무관은 법률 제3282호 형사소송법 일부개정법률 제196조의 규정의 적용을 받지 아니한다.
제4조【금치산자 등에 관한 경과조치】 법률 제12912호 경찰공무원법 일부개정법률 제7조제2항제3호의 개정규정에도 불구하고 법률 제10429호 민법 일부개정법률 부칙 제2조에 따라 금치산 또는 한정치산 선고의 효력이 유지되는 사람에 대해서는 법률 제12233호 경찰공무원법 일부개정법률 제7조제2항제3호를 따른다.
제5조【장학지원 채용에 관한 경과조치】 이 법 시행 당시 종전의 규정에 따라 장학금 지급 대상이었던 사람에 대해서는 종전의 규정을 적용한다.
제6조【형 또는 치료감호를 받은 사람의 결격사유 및 당연퇴직에 관한 적용례】 제8조제2항제7호부터 제9호까지 및 제27조 단서(파산선고를 받은 사람에 대한 개정부분은 제외한다)의 개정규정은 법률 제16668호 경찰공무원법 일부개정법률의 시행일인 2020년 6월 4일 이후 최초로 저지른 죄로 형 또는 치료감호를 받은 사람부터 적용한다.
제7조【파산선고를 받은 사람의 당연퇴직에 관한 적용례】 제27조 단서(파산선고를 받은 사람에 대한 부분만 해당한다)의 개정규정은 법률 제16668호 경찰공무원법 일부개정법률의 시행일인 2020년 6월 4일 이후 최초로 저지른 죄로 형 또는 치료감호를 받은 사람부터 적용한다.
제8조【다른 법률의 개정】 ①~④ ※(해당 법령에 가제정리 하였음)
제9조【다른 법령과의 관계】 이 법 시행 당시 다른 법령에서 종전의 「경찰공무원법」 또는 그 규정을 인용한 경우에 이 법 가운데 그에 해당하는 규정이 있을 때에는 종전의 규정을 갈음하여 이 법의 해당 규정을 인용한 것으로 본다.

부 칙 (2023.8.16)

제1조【시행일】 이 법은 공포한 날부터 시행한다.
제2조【전사·순직한 승진후보자의 승진에 관한 적용례】 제15조의2의 개정규정은 이 법 시행 이후 전사하거나 순직한 사람부터 적용한다.

경찰공무원 임용령

(1983년 4월 20일 전개대통령령 제11106호)

개정
1987.12.31영12343호 <중략>
2011. 1.10영22617호(공무원보수)
2011. 2. 9영22662호
2011. 8.30영23110호(해양경찰청소속경찰공무원임용에관한규정)
2011.10.17영23227호
2012. 1. 6영23488호(민감정보고유식별정보)
2012. 5. 1영23759호(수험생편의제공일부개정령)
2012.12.28영24275호
2013. 3.23영24419호(직제)
2013.11. 5영24831호(직제)
2014.11.19영25751호(직제)
2015.10.20영26594호 2015.11. 4영26615호
2015.11.20영26659호(의무경찰대설치및운영에관한법시)
2016. 2. 3영26944호(공무원인재개발법시)
2016. 4.19영27098호 2016.12.30영27703호
2017. 7.26영28215호(직제)
2017. 8.16영28243호(자격요건에서의불합리한학력차별을시정하기위한일부개정령)
2017.10.17영28360호
2018. 3.30영28760호(직제)
2018. 7. 3영29018호 2019.11.5 영30201호
2019.12.24영30271호
2020. 6.23영30800호(해양경찰청소속경찰공무원임용에관한규정)
2020. 6.30영30807호(대체역의편입및복무등에관한법시)
2020.10.27영31126호 2020.12.10영31255호
2020.12.31영31351호
2021. 1. 5영31380호(법령용어정비)
2021. 7. 6영31869호 2021.12.28영32263호
2022.12.20영33112호(개인정보침해요인개선을위한일부개정령)
2023. 6. 7영33508호 2023.10.10영33799호
2024. 1.16영34141호

제1장 총 칙

제1조【목적】 이 영은 경찰공무원의 임용에 관하여 「경찰공무원법」에서 위임된 사항과 그 시행에 필요한 사항을 규정함을 목적으로 한다.(2016.12.30 본조신설)
제2조【정의】 이 영에서 "전과"란 경과(警科)를 변경하는 것을 말한다.(2012.12.28 본조개정)
제2조의2【적용범위】 경찰공무원(해양경찰청 소속 경찰공무원은 제외한다. 이하 같다)의 임용은 다른 법령에 특별한 규정이 있는 경우를 제외하고는 이 영이 정하는 바에 따른다.(2020.6.23 본조개정)
제3조【경과】 ① 총경 이하 경찰공무원에게 부여하는 경과는 다음 각 호와 같다. 다만, 제2호와 제3호의 경과는 경정 이하 경찰공무원에게만 부여한다.(2020.6.23 단서개정)
1. 일반경과
2. 수사경과(2004.12.18 본호신설)
3. 안보수사경과(2024.1.16 본호개정)
4. 특수경과
가.~나. (2016.12.30 삭제)
다. 항공경과
라. 정보통신경과
(2002.7.10 본호개정)
② 임용권자(제4조제1항부터 제6항까지의 규정에 따라 임용권의 위임을 받은 자를 포함한다. 이하 같다) 또는 임용제청권자(「경찰공무원법」(이하 "법"이라 한다) 제7조제1항에 따른 추천이 필요한 경우에는 경찰청장을 포함한다. 이하 같다)는 경찰공무원을 신규채용할 때에 경과를 부여해야 한다.(2020.12.31 본항개정)
③ (2016.12.30 삭제)
④ 경찰청장은 전시·사변 또는 이에 준하는 비상사태가 발생한 경우에는 경과의 일부를 폐지 또는 병합하거나 신설할 수 있다.(2020.6.23 본항개정)
⑤ 경과별 직무의 종류 및 전과 등에 관하여 필요한 사항은 행정안전부령으로 정한다.(2020.6.23 본항개정)
(2016.12.30 본조제목개정)
제4조【임용권의 위임 등】 ① 경찰청장은 법 제7조제3항 전단에 따라 특별시장·광역시장·특별자치시장·도지사 또는 특별자치도지사(이하 "시·도지사"라 한다)에게 해당 특별시·광역시·특별자치시·도 또는 특별자치도(이하 "시·도"라 한다)의 자치경찰사무를 담당하는 경찰공무원[「국가경찰과 자치경찰의 조직 및 운영에 관한 법률」 제18조제1항에 따른 시·도자치경찰위원회(이하 "시·도자치경찰위원회"라 한다), 시·도경찰청 및 경찰서(지구대 및 파출소는 제외한다)에서 근무하는 경찰공무원을 말한다] 중 경정의 전보·파견·휴직·직위해제 및 복직에 관한 권한과 경감 이하의 임용권(신규채용 및 면직에 관한 권한은 제외한다)을 위임한다.(2020.12.31 본항신설)
② 경찰청장은 법 제7조제3항 전단에 따라 국가수사본부장에게 국가수사본부 안에서의 경정 이하에 대한 전보권을 위임한다.(2020.12.31 본항신설)
③ 경찰청장은 법 제7조제3항 전단에 따라 경찰대학·경찰인재개발원·중앙경찰학교·경찰수사연수원·경찰병원 및 시·도경찰청(이하 "소속기관등"이라 한다)의 장에게 그 소속 경찰공무원 중 경정의 전보·파견·휴직·직위해제 및 복직에 관한 권한과 경감 이하의 임용권을 위임한다.
④ 제1항에 따라 임용권을 위임받은 시·도지사는 법 제7조제3항 후단에 따라 경감 또는 경위로의 승진임용에 관한 권한을 제외한 임용권을 시·도자치경찰위원회에 다시 위임한다.(2020.12.31 본항신설)
⑤ 제4항에 따라 임용권을 위임받은 시·도자치경찰위원회는 시·도지사와 시·도경찰청장의 의견을 들어 그 권한의 일부를 시·도경찰청장에게 다시 위임할 수 있다.(2020.12.31 본항신설)
⑥ 제3항 및 제5항에 따라 임용권을 위임받은 시·도경찰청장은 소속 경감 이하 경찰공무원에 대한 해당 경찰서 안에서의 전보권을 경찰서장에게 다시 위임할 수 있다.
⑦ 경찰청장은 수사부서에서 총경을 보직하는 경우에는 국가수사본부장의 추천을 받아야 한다.(2020.12.31 본항신설)
⑧ 시·도자치경찰위원회는 임용권을 행사하는 경우에는 시·도경찰청장의 추천을 받아야 한다.(2020.12.31 본항신설)
⑨ 시·도경찰청장 및 경찰서장은 지구대장 및 파출소장을 보직하는 경우에는 시·도자치경찰위원회의 의견을 사전에 들어야 한다.(2020.12.31 본항신설)
⑩ 소속기관등의 장은 경감 또는 경위를 신규채용하거나 경위 또는 경사를 승진시키려면 미리 경찰청장의 승인을 받아야 한다.
⑪ 제1항부터 제6항까지의 규정에도 불구하고 경찰청장은 경찰공무원의 정원 조정, 승진임용, 인사교류 또는 파견을 위하여 필요한 경우에는 임용권을 행사할 수 있다.
(2020.12.31 본조개정)
제5조【임용시기】 ① 경찰공무원은 임용장이나 임용통지서에 적힌 날짜에 임용된 것으로 보며, 임용일자를 소급해서는 아니 된다.(2018.7.3 본항개정)
② 사망으로 인한 면직은 사망한 다음 날에 면직된 것으로 본다.(2018.7.3 본항신설)
③ 임용일자는 그 임용장이 피임용자에게 송달되는 기간 및 사무인계에 필요한 기간을 참작하여 정하여야 한다.
제6조【임용시기의 특례】 제5조제1항에도 불구하고 다음 각 호의 어느 하나에 해당하는 경우에는 다음 각 호의 구분에 따른 일자에 임용된 것으로 본다.(2018.7.3 본문개정)
1. 법 제19조제1항제2호에 따라 전사하거나 순직한 사람을 다음 각 목의 어느 하나에 해당하는 날을 임용일자로 하여 특별승진임용하는 경우(2020.12.31 본문개정)
가. 재직 중 사망한 경우 : 사망일의 전날
나. 퇴직 후 사망한 경우 : 퇴직일의 전날
(2017.10.17 본호개정)
2. (2023.6.7 삭제)
3. 「국가공무원법」 제70조제1항제4호에 따라 직권으로 면직시키는 경우 : 휴직기간의 만료일 또는 휴직사유의 소멸일(2018.7.3 본호개정)
4. 법 제10조제2항에 따른 경찰간부후보생, 「경찰대학 설치법」에 따른 경찰대학의 학생 또는 시보임용예정자가 제21조제1항에 따른 경찰공무원의 직무수행과 관련된 실무수습 중 사망한 경우 : 사망일의 전날(2020.12.31 본호개정)
(2018.7.3 본조제목개정)
제7조【결원의 적기 보충】 임용권자 또는 임용제청권자는 해당 기관에 결원이 있는 경우에는 지체 없이 결원보충에 필요한 조치를 하여야 한다.(2016.12.30 본조개정)
제8조【계급정년 연한의 계산】 법 제10조제3항제1호에 따라 재임용된 경찰공무원의 계급정년 연한은 재임용 전에 해당 계급의 경찰공무원으로 근무한 연수를 합하여 계산한다.(2020.12.31 본조개정)

제2장 경찰공무원인사위원회

제9조【경찰공무원인사위원회의 구성】 ① 법 제5조에 따른 경찰공무원인사위원회(이하 "인사위원회"라 한다)는 위원장을 포함하여 5명 이상 7명 이하의 위원으로 구성한다.(2020.12.31 본항개정)
② 인사위원회의 위원장은 경찰청 인사담당국장이 되고, 위원은 경찰청 소속 총경 이상 경찰공무원 중에서 경찰청장이 각각 임명한다.(2020.6.23 본항개정)
제10조【위원장의 직무】 ① 위원장은 인사위원회를 대표하며, 인사위원회의 사무를 총괄한다.(1998.2.2 본항개정)
② 위원장이 부득이한 사유로 직무를 수행할 수 없을 때에는 위원 중에서 최상위계급 또는 선임의 경찰공무원이 그 직무를 대행한다.(2016.12.30 본항개정)
제11조【회의】 ① 위원장은 인사위원회의 회의를 소집하고 그 의장이 된다.
② 회의는 재적위원 과반수의 찬성으로 의결한다.
제12조【간사】 ① 인사위원회에 2명 이하의 간사를 둔다.(2016.12.30 본항개정)
② 간사는 경찰청 소속 경찰공무원 중에서 위원장이 지명한다.(2020.6.23 본항개정)
③ 간사는 위원장의 명을 받아 인사위원회의 사무를 처리한다.
제13조【심의사항의 보고】 위원장은 인사위원회에서 심의된 사항을 지체 없이 경찰청장에게 보고하여야 한다.(2020.6.23 본조개정)
제14조【운영세칙】 이 영에 규정된 사항 외에 인사위원회의 운영에 필요한 사항은 인사위원회의 의결을 거쳐 위원장이 정한다.(2016.12.30 본조개정)

제3장 신규채용

제15조【경력경쟁채용등의 임용직위 제한】 법 제10조제3항에 따른 채용시험(이하 "경력경쟁채용시험등"이라 한다)을 통하여 채용(이하 "경력경쟁채용등"이라 한다)하는 경우에는 그 경력경쟁채용시험등을 실시할 당시의 임용예정직위 외의 직위로 임용할 수 없다.(2020.12.31 본조개정)
제16조【경력경쟁채용등의 요건】 ① 다음 각 호의 어느 하나에 해당하는 사람은 경력경쟁채용등의 대상이 될 수 없다.
1. 종전의 재직기관에서 감봉 이상의 징계처분을 받은 사람
2. 법 제30조제1항제2호에 따라 정년퇴직한 사람
(2020.12.31 본호개정)
(2015.11.4 본항개정)
② 법 제10조제3항제2호에 따른 경력경쟁채용등은 「국가기술자격법」이나 그 밖의 법령에 따른 자격증 소지자를 대상으로 한다.(2020.12.31 본항개정)
③ 법 제10조제3항제3호에 따른 경력경쟁채용등의 대상은 국가기관·지방자치단체·공공기관, 그 밖에 이에 준하는 기관의 임용예정직에 관련성이 있는 직무분야에서 임용예정계급에 상응하는 근무경력 또는 연구경력이 3년(별표1에 따른 특수기술부문에 근무할 사람을 임용하려는 경우에는 2년) 이상인 사람으로 한다. 다만, 의무경찰로 임용되어 정해진 복무를 마친 사람을 순경으로 경력경쟁채용등을 하는 경우를 제외하고는 종전 재직기관에서 퇴직한 날부터 다음 각 호에 해당하는 날까지의 기간이 3년을 넘는 사람을 경력경쟁채용등의 대상으로 할 수 없다.(2020.12.31 본문개정)
1. 경무관 이상인 경찰공무원을 채용하는 경우 : 서류전형일(2016.12.30 본호신설)
2. 총경 이하인 경찰공무원을 채용하는 경우 : 면접시험일(2016.12.30 본호신설)
④ 제3항에 따른 경력경쟁채용등을 할 때 다음 각 호의 경우에는 근무경력 및 연구경력에 관한 요건을 적용하지 않을 수 있다.(2021.7.6 본문개정)
1. 의무경찰로 임용되어 정해진 복무를 마친 사람을 순경으로 임용하는 경우(2016.12.30 본호개정)
2. 다음 각 목의 사람을 경사 이하의 경찰공무원으로 임용하는 경우(2021.7.6 본문개정)
   가. 2년제 이상 대학의 경찰행정 관련 학과를 졸업한 사람(법령에 따라 이와 같은 수준의 학력이 있다고 인정되는 사람을 포함한다)
   나. 4년제 대학의 경찰행정 관련 학과에 재학 중이거나 재학했던 사람으로서 별표1의2의 경찰행정학 전공 이수로 인정될 수 있는 과목을 45학점 이상 이수한 사람
(2017.8.16 본호개정)
3. (2016.12.30 삭제)
4. 안보업무와 관련 있는 사람을 안보요원으로 근무하게 하기 위하여 경장 이하의 경찰공무원으로 임용하는 경우(2024.1.16 본호개정)
5. 임용예정직에 관련된 전문지식을 가진 사람을 경찰공무원으로 임용하는 경우(2016.12.30 본호개정)
⑤ (2020.12.31 삭제)
⑥ 법 제10조제3항제5호에 따른 경력경쟁채용등의 대상은 해당 기관이 관할 또는 소재하는 읍·면지역에서 본인·배우자 또는 직계존속이 5년 이상 거주하고 있거나 거주한 사람이어야 하며, 이 경우의 임용예정계급은 순경으로 한다.(2020.12.31 본항개정)
⑦ 법 제10조제3항제6호에 따른 경력경쟁채용등의 대상은 행정안전부령으로 정하는 임용예정계급별 외국어 능력기준에 해당해야 한다.(2023.6.7 본항개정)
⑧ 제2항 및 제3항에 따른 임용예정계급별 자격증의 구분, 근무경력 또는 연구경력의 기준 등에 관하여 필요한 사항은 행정안전부령으로 정한다.(2020.6.23 본항개정)
(2015.11.4 본조제목개정)
제17조【채용후보자의 등록】 ① 법 제10조에 따른 공개경쟁채용시험, 경찰간부후보생 공개경쟁선발시험 및 경력경쟁채용시험등에 합격한 사람은 행정안전부령으로 정하는 바에 따라 임용권자 또는 임용제청권자에게 채용후보자 등록을 해야 한다.(2020.12.31 본항개정)
② 제1항에 따른 채용후보자 등록을 하지 아니한 사람은 경찰공무원으로 임용될 의사가 없는 것으로 본다.
(2017.10.17 본조개정)
제18조【채용후보자 명부의 작성】 ① 법 제12조제1항에 따른 채용후보자 명부는 임용예정계급별로 작성하되, 채용후보자의 서류를 심사하여 임용 적격자만을 등재한다.(2020.12.31 본항개정)
② 임용권자 또는 임용제청권자는 제1항에 따른 채용후보자 명부에의 등재 여부를 본인에게 알려야 한다.
③ 채용후보자 명부의 유효기간은 2년으로 하되, 경찰청장은 필요에 따라 1년의 범위에서 그 기간을 연장할 수 있다.(2020.6.23 본항개정)
(2016.12.30 본조개정)
제18조의2【임용 또는 임용제청의 유예】 ① 임용권자 또는 임용제청권자는 채용후보자 명부에 등재된 채용후보자가 다음 각 호의 어느 하나에 해당하는 경우에는 채용후보자 명부의 유효기간의 범위에서 기간을 정하여 임용 또는 임용제청을 유예할 수 있다. 다만, 유예기간 중이라도 그 사유가 소멸한 경우에는 임용 또는 임용제청을 할 수 있다.
1. 「병역법」에 따른 병역복무를 위하여 징집 또는 소집되는 경우
2. 학업을 계속하는 경우
3. 6개월 이상의 장기요양이 필요한 질병이 있는 경우
4. 임신하거나 출산한 경우
5. 그 밖에 임용 또는 임용제청의 유예가 부득이하다고 인정되는 경우
② 제1항에 따른 임용 또는 임용제청의 유예를 원하는 사람은 해당 사유를 증명할 수 있는 자료를 첨부하여 임용권자 또는 임용제청권자가 정하는 기간 내에 신청해야 한다. 이 경우 원하는 유예기간을 분명하게 적어야 한다.
(2020.12.10 본조신설)
제19조【채용후보자의 자격상실】 채용후보자가 다음 각 호의 어느 하나에 해당하는 경우에는 채용후보자로서의 자격을 상실한다.
1. 채용후보자가 임용 또는 임용제청에 응하지 아니한 경우
2. 채용후보자로서 받아야 할 교육훈련에 응하지 아니한 경우
3. 채용후보자로서 받은 교육훈련성적이 수료점수에 미달되는 경우
4. 채용후보자로서 교육훈련을 받는 중에 퇴학처분을 받은 경우. 다만, 질병 등 교육훈련을 계속할 수 없는 불가피한 사정으로 퇴학처분을 받은 경우는 제외한다.
(2016.12.30 본호신설)
(2016.12.30 본조개정)
제20조【시보임용경찰공무원】 ① 임용권자 또는 임용제청권자는 시보임용 기간 중에 있는 경찰공무원(이하 "시보임용경찰공무원"이라 한다)의 근무사항을 항상 지도·감독하여야 한다.(2016.12.30 본항개정)
② 임용권자 또는 임용제청권자는 시보임용경찰공무원이 다음 각 호의 어느 하나에 해당하여 정규 경찰공무원으로 임용하는 것이 부적당하다고 인정되는 경우에는 제3항에 따른 정규임용심사위원회의 심사를 거쳐 해당 시보임용경찰공무원을 면직시키거나 면직을 제청할 수 있다.
1. 징계사유에 해당하는 경우
2. 제21조제1항에 따른 교육훈련성적이 만점의 60퍼센트 미만이거나 생활기록이 극히 불량한 경우
3. 「경찰공무원 승진임용 규정」 제7조제2항에 따른 제2 평정 요소의 평정점이 만점의 50퍼센트 미만인 경우
(2016.12.30 본항개정)
③ 시보임용경찰공무원을 정규 경찰공무원으로 임용하는 경우 그 적부(適否)를 심사하게 하기 위하여 임용권자 또는 임용제청권자 소속으로 정규임용심사위원회를 둔다.
(2016.12.30 본항개정)
④ 정규임용심사위원회의 구성 및 운영에 필요한 사항은 행정안전부령으로 정한다.(2020.6.23 본항개정)
제21조【시보임용경찰공무원 등에 대한 교육훈련】 ① 임용권자 또는 임용제청권자는 시보임용경찰공무원 또는 시보임용예정자에게 일정 기간 교육훈련(실무수습을 포함한다)을 시킬 수 있다. 이 경우 시보임용예정자에게 교육훈련을 받는 기간 동안 예산의 범위에서 임용예정계급의 1호봉에 해당하는 봉급의 80퍼센트에 해당하는 금액 등을 지급할 수 있다.(2018.7.3 전단개정)
② 임용권자 또는 임용제청권자는 시보임용예정자가 제1항에 따른 교육훈련성적이 만점의 60퍼센트 미만이거나 생활기록이 극히 불량할 때에는 시보임용을 하지 아니할 수 있다.
(2016.12.30 본조개정)

제4장 보직관리

제22조【보직관리의 원칙】 ① 임용권자 또는 임용제청권자는 법령에서 따로 정하거나 다음 각 호의 어느 하나에 해당하는 경우를 제외하고는 소속 경찰공무원에게 하나의 직위를 부여하여야 한다.
1. 「국가공무원법」 제43조에 따라 별도정원이 인정되는 휴직자의 복직, 파견된 자의 복귀 또는 파면·해임·면직된 자의 복귀 시에 그에 해당하는 계급의 결원이 없어 그 계급의 정원에 최초로 결원이 생길 때까지 해당 경찰공무원을 보직없이 근무하게 하는 경우
2. 직제의 신설·개편 또는 폐지 시 2개월 이내의 기간 동안 기관의 신설 준비 등을 위하여 보직 없이 근무하게 하는 경우
② 경찰공무원을 보직할 때에는 경과·교육훈련·근무경력 등을 고려하여 능력을 적절히 발전시킬 수 있도록 하여야 한다.
③ 상위계급의 직위에 하위계급인 사람을 보직할 수 있는 경우는 다음 각 호의 어느 하나에 해당하는 경우로 한정한다.
1. 승진후보자를 임용예정 계급의 직위에 보직하는 경우
2. 해당 기관의 상위계급에 결원이 있으나 승진후보자가 없는 경우
④ 경찰공무원을 보직할 때에는 특별한 사정이 없으면 배우자 또는 직계존속이 거주하는 지역을 고려해야 한다.
(2019.12.24 본항개정)
⑤ 경찰청장은 「국가공무원법」 제32조의5제2항 및 이 영에서 정하는 바에 따라 경찰공무원에 대한 보직관리 기준(이하 "보직관리기준"이라 한다)을 정하여야 한다.
(2020.6.23 본항개정)
(2016.12.30 본조개정)
제23조【초임 경찰공무원의 보직】 ① 경위 이상으로 신규채용된 경찰공무원은 관리능력을 배양할 수 있도록 전공 및 적성을 고려하여 합리적으로 보직하여야 한다.
② 경사 이하로 신규채용된 경찰공무원은 지구대, 파출소, 기동순찰대, 경찰기동대나 그 밖에 경비업무를 수행하는 부서에 보직하여야 한다.
③ (2016.12.30 삭제)
(2016.12.30 본조개정)
제24조【교육훈련이수자의 보직】 ① 법 제22조제3항에 따라 1년 이상의 교육훈련을 받은 경찰공무원은 특별한 사정이 없으면 그 교육훈련내용과 관련되는 직위에 보직해야 한다.
② 제1항에도 불구하고 2년 이상 교육훈련을 받은 경찰공무원은 법 제22조제2항에 따른 교육훈련기관의 인력현황을 고려하여 교수요원으로 보직할 수 있다.
(2020.12.31 본조개정)
제25조【전문직위에 임용된 경찰공무원의 전보제한 등】 ① 임용권자 또는 임용제청권자는 「공무원임용령」 제43조의3에 따른 전문직위(이하 "전문직위"라 한다)에 임용된 경찰공무원을 해당 직위에 임용된 날부터 3년의 범위에서 경찰청장이 정하는 기간이 지나야 다른 직위에 전보할 수 있다. 다만, 직무수행요건이 같은 직위 간의 전보 등 경찰청장이 정하는 경우에는 기간에 관계없이 전보할 수 있다.
② 제1항에서 규정한 사항 외에 전문직위의 지정, 전문직위 전문관의 선발 및 관리 등 전문직위의 운영에 필요한 사항은 경찰청장이 따로 정한다.(2017.10.17 본항개정)
(2016.12.30 본조개정)
제26조【전보】 임용권자 또는 임용제청권자는 장기근무 또는 잦은 전보로 인한 업무 능률 저하를 방지하기 위하여 특별한 사정이 없으면 정기적으로 전보를 실시하여야 한다.(2017.10.17 본조개정)
제27조【전보의 제한】 ① 임용권자 또는 임용제청권자는 소속 경찰공무원이 해당 직위에 임용된 날부터 1년 이내(감사업무를 담당하는 경찰공무원의 경우에는 2년 이내)에 다른 직위에 전보할 수 없다. 다만, 다음 각 호의 어느 하나에 해당하는 경우에는 그러하지 아니하다.
(2016.12.30 본문개정)
1. 직제상 최저단위인 보조기관 또는 보좌기관 내에서 전보하는 경우(2017.10.17 본호개정)
2. 경찰청과 소속기관등 또는 소속기관등 상호 간의 교류를 위하여 전보하는 경우(2020.6.23 본호개정)
3. 기구의 개편, 직제 또는 정원의 변경으로 해당 경찰공무원을 전보하는 경우
4. 승진임용된 경찰공무원을 전보하는 경우
5. 전문직위로 경찰공무원을 전보하는 경우
(2016.12.30 3호~5호개정)
6. 징계처분을 받은 경우
7. 형사사건에 관련되어 수사기관에서 조사를 받고 있는 경우
8. 경찰공무원으로서의 품위를 크게 손상하는 비위(非違)로 인한 감사 또는 조사가 진행 중이어서 해당 직위를

治安

유지하는 것이 부적절하다고 판단되는 경찰공무원을 전보하는 경우(2017.10.17 본호신설)
9. 경찰기동대 등 경비부서에서 정기적으로 교체하는 경우(2016.12.30 본호개정)
10. 교육훈련기관의 교수요원으로 보직하는 경우(2001.2.3 본호개정)
11. 시보임용 중인 경우(2016.12.30 본호개정)
12. 신규채용된 경찰공무원을 해당 계급의 보직관리기준에 따라 전보하는 경우 및 이와 관련한 전보의 경우(2016.12.30 본호개정)
13. 감사담당 경찰공무원 가운데 부적격자로 인정되는 경우(2004.2.9 본호신설)
14. 경정 이하의 경찰공무원을 배우자 또는 직계존속이 거주하는 시·군·자치구 지역의 경찰기관으로 전보하는 경우(2019.12.24 본호신설)
15. 임신 중인 경찰공무원 또는 출산 후 1년이 지나지 않은 경찰공무원의 모성보호, 육아 등을 위하여 필요한 경우(2019.12.24 본호신설)
② 법 제22조제2항에 따른 교육훈련기관의 교수요원으로 임용된 사람은 그 임용일로부터 1년 이상 3년 이하의 범위에서 경찰청장이 정하는 기간 안에는 다른 직위에 전보할 수 없다. 다만, 기구의 개편, 직제·정원의 변경이나 교육과정의 개편 또는 폐지가 있거나 교수요원으로서 부적당하다고 인정될 때에는 그렇지 않다.(2020.12.31 본항개정)
③ 법 제10조제3항제5호에 따라 채용된 경찰공무원은 그 채용일부터 5년의 범위에서 경찰청장이 정하는 기간(휴직기간, 직위해제기간 및 정직기간은 포함하지 않는다) 안에는 채용조건에 해당하는 기관 또는 부서 외의 기관 또는 부서로 전보할 수 없다.(2020.12.31 본항개정)
④ 다음 각 호의 어느 하나에 해당하는 임용은 제1항에 따른 전보제한기간을 계산할 때에는 새로운 임용으로 보지 아니한다.(2016.12.30 본문개정)
1. 직제상 최저단위인 보조기관 또는 보좌기관 내에서 전보하는 경우(2017.10.17 본호개정)
2. 승진 또는 강등 임용(2010.6.15 본호신설)
3. 시보임용 중인 경찰공무원을 정규 경찰공무원으로 임용하는 경우(2016.12.30 본호개정)
4. 기구의 개편, 직제 또는 정원의 변경에 따라 담당직무의 변경 없이 소속·직위만을 변경하여 재발령하는 경우(2017.10.17 본호개정)

제28조【인사교류】 ① 임용권자 또는 임용제청권자는 인력의 균형있는 배치와 효율적인 활용 및 경찰공무원의 능력발전 등을 위하여 인사교류계획을 수립하여 실시하여야 한다.
② 소속기관등의 장은 그 소속 경찰공무원과 다른 소속기관등의 경찰공무원의 인사교류를 할 때에는 미리 경찰청장의 승인을 받아야 한다.(2020.6.23 본항개정)
(2016.12.30 본조개정)

제29조【특수지근무 경찰공무원의 인사교류】 ① 임용권자는 2년의 범위에서 경찰청장이 정하는 기간 이상 특수지에서 근무한 총경 이하 경찰공무원에 대하여는 따로 인사교류계획을 수립하여 해당 지역 외의 지역으로 전보를 하여야 한다. 이 경우 전보는 경찰청장이 정하는 범위에서 본인이 희망하는 기관 또는 부서로 함을 원칙으로 한다.(2020.6.23 본항개정)
② 제1항의 경우 본인이 다른 지역으로의 전보를 희망하지 아니하거나 그 밖의 부득이한 사유가 있는 경우에는 전보대상에서 제외할 수 있다.
③ 제1항 및 제2항에 따른 특수지의 범위, 교류대상·방법, 그 밖에 교류에 필요한 사항은 경찰청장이 정한다.(2020.6.23 본항개정)
(2016.12.30 본조개정)

제30조【파견근무】 ① 임용권자 또는 임용제청권자는 다음 각 호의 어느 하나에 해당하는 경우에는 「국가공무원법」 제32조의4에 따라 경찰공무원을 파견할 수 있다.(2016.12.30 본문개정)
1. 국가기관 외의 기관·단체에서의 국가적 사업을 수행하기 위하여 특히 필요한 경우(2016.12.30 본호개정)
2. 다른 기관의 업무폭주로 인한 행정지원의 경우
3. 관련 기관 간의 긴밀한 협조가 필요한 특수업무를 공동으로 수행하기 위하여 필요한 경우(2016.12.30 본호개정)
4. 「공무원 인재개발법」에 따른 교육훈련을 위하여 필요한 경우(2020.10.27 본호개정)
5. 「공무원 인재개발법」에 따른 공무원교육훈련기관의 교수요원으로 선발된 경우(2016.12.30 본호개정)
6. 국제기구, 외국의 정부 또는 연구기관에서의 업무수행 및 능력개발을 위하여 필요한 경우(2007.10.4 본호개정)
7. 국내의 연구기관·민간기관 및 단체에서의 관련업무 수행·능력개발이나 국가 정책수립과 관련된 자료수집 등을 위하여 필요한 경우(2007.10.4 본호신설)
② 제1항에 따른 파견기간은 다음 각 호와 같다.
1. 제1항제1호부터 제3호까지 및 제7호에 따른 파견기간은 2년 이내로 하되, 필요한 경우에는 총 파견기간이 5년을 초과하지 않는 범위에서 파견기간을 연장할 수 있다.
2. 제1항제4호 및 제6호에 따른 파견기간은 그 교육훈련·업무수행 및 능력개발을 위하여 필요한 기간으로 한다.
3. 제1항제5호에 따른 파견기간은 1년 이내로 하되, 필요한 경우에는 총 파견기간이 2년을 초과하지 아니하는 범위에서 파견기간을 연장할 수 있다.(2017.10.17 본호개정)
(2011.10.17 본항개정)
③ 제1항제1호부터 제3호까지 및 제5호에 따른 파견의 경우에는 미리 파견받을 기관 또는 단체의 장의 요청이 있어야 하며, 다음 각 호의 어느 하나에 해당하는 경우에는 인사혁신처장과 협의하여야 한다. 다만, 제5항에 따라 협의된 파견기간 범위에서 경감 이하 경찰공무원의 파견기간을 연장하거나 경감 이하 경찰공무원의 파견기간이 종료된 후 그 파견자를 교체하는 경우에는 인사혁신처장과의 협의를 생략할 수 있다.(2014.11.19 본문개정)
1. 제1항제1호부터 제3호까지 및 제6호·제7호에 따른 소속 경찰공무원을 파견하거나 그 파견기간을 연장하는 경우(2011.10.17 본호신설)
2. 제1호에 따른 파견 중 파견기간 종료 전에 파견자를 복귀시키는 경우로서 인사혁신처장이 정하는 사유에 해당하는 경우(2014.11.19 본호개정)
④ 소속기관등의 장은 제1항제1호부터 제3호까지, 제6호 및 제7호에 따른 파견을 하거나 그 기간을 연장할 때에는 경찰청장의 승인을 받아야 한다.(2020.6.23 본항개정)
⑤ 인사혁신처장은 제3항 본문에 따라 파견의 협의를 하는 경우에는 「행정기관의 조직과 정원에 관한 통칙」 제24조의2에 따라 별도정원의 계급·규모 등에 대하여 행정안전부장관과 미리 협의하여야 한다.(2017.7.26 본항개정)

제30조의2【육아휴직 및 시간선택제전환경찰공무원 지정】 ① 「국가공무원법」 제71조제2항제4호에 따른 휴직(이하 "육아휴직"이라 한다) 명령은 그 경찰공무원이 원하는 경우 이를 분할하여 할 수 있다.(2023.10.10 본항개정)
② 임용권자 또는 임용제청권자는 경찰공무원이 원하는 경우에는 「국가공무원법」 제26조의2 및 「공무원임용령」 제57조의3에 따라 통상적인 근무시간보다 짧은 시간을 근무하는 경찰공무원(이하 "시간선택제전환경찰공무원"이라 한다)으로 지정할 수 있다.(2018.7.3 본항개정)
③ 제2항에 따른 시간선택제전환경찰공무원의 근무시간은 「경찰공무원 복무규정」 제15조 및 제20조에도 불구하고 1주당 15시간 이상 35시간 이하의 범위에서 경찰청장이 정한다.(2020.6.23 본항개정)
④ 제2항 및 제3항에서 규정한 사항 외에 시간선택제전환경찰공무원의 지정에 필요한 사항은 행정안전부령으로 정한다.(2020.6.23 본항개정)
(2017.10.17 본조제목개정)

제30조의3【출산휴가 또는 육아휴직자 등의 업무를 대행하는 경찰공무원】 ① 임용권자 또는 임용제청권자는 경찰공무원이 다음 각 호의 어느 하나에 해당하는 경우에는 그 공무원의 업무(제3호의 경우에는 시간선택제전환경찰공무원의 근무시간 외의 업무로 한정한다)를 소속 경찰공무원에게 대행하도록 명할 수 있다. 다만, 해당 경찰공무원의 휴직으로 인하여 「국가공무원법」 제43조제1항 및 제2항에 따라 결원을 보충한 경우에는 그렇지 않다.(2023.10.10 단서개정)
1. 「국가공무원법」 제71조제1항 또는 제2항에 따라 휴직하는 경우
2. 「국가공무원 복무규정」 제18조제1항 또는 제2항에 따른 병가 또는 같은 규정 제20조제2항 또는 제10항에 따라 출산휴가나 유산휴가 또는 사산휴가를 받은 경우
3. 시간선택제전환경찰공무원으로 지정된 경우
② 제1항에 따라 육아휴직, 병가, 출산휴가, 유산휴가 또는 사산휴가 중인 경찰공무원의 업무를 대행하는 경찰공무원 및 시간선택제전환경찰공무원의 근무시간 외의 업무를 대행하는 경찰공무원에게는 예산의 범위에서 「공무원수당 등에 관한 규정」에서 정하는 바에 따라 수당을 지급할 수 있다.
(2017.10.17 본조개정)

제30조의4【직제상 파견】 ① 제30조제1항제1호부터 제3호까지의 규정에 따른 파견 중 파견 경찰공무원의 정원이 파견받는 기관의 조직과 정원에 관한 법령에 규정되어 있는 경우(이하 "직제상 파견"이라 한다)에는 같은 조 제3항 각 호 외의 부분 본문 및 같은 항 각 호에도 불구하고 인사혁신처장과 협의 없이 소속 경찰공무원을 파견하거나 파견기간을 연장할 수 있으며, 파견기간 종료 전에 파견자를 복귀시킬 수 있다.
② 제30조제2항제1호에도 불구하고 직제상 파견의 파견기간은 2년을 초과할 수 있고, 총 파견기간은 5년을 초과하여 연장할 수 있다.
③ 제1항에 따라 파견하거나 파견기간을 연장한 경우 또는 파견기간 종료 전에 파견자를 복귀시킨 경우에는 그 사실을 인사혁신처장에게 통보해야 한다.
(2023.6.7 본조신설)

제31조【파견 등으로 인한 결원 보충】 ① 파견기간이 1년(제30조제1항제4호에 따른 파견의 경우에는 6개월) 이상인 경우에는 「국가공무원법」 제43조제3항에 따른 파견 경찰공무원의 계급(제30조제1항제1호부터 제3호까지 및 제5호부터 제7호까지의 규정에 해당하는 경우에는 그 파견 직위에 해당하는 계급을 포함한다)에 해당하는 정원이 따로 있는 것으로 보고 결원을 보충할 수 있다. 이 경우 경찰청장은 미리 인사혁신처장과 협의해야 한다.
② 정년 잔여기간이 1년 이내인 사람이 퇴직 후의 사회적응능력 배양을 위하여 연수하게 된 경우에는 「국가공무원법」 제43조제3항에 따라 정원이 따로 있는 것으로 보고 결원을 보충할 수 있다.
③ 다음 각 호의 어느 하나에 해당하는 경우에는 「국가공무원법」 제43조제2항에 따라 정원이 따로 있는 것으로 보고 결원을 보충할 수 있다.
1. 병가와 연속되는 「국가공무원법」 제71조제1항제1호에 따른 휴직(이하 "질병휴직"이라 한다)을 명하는 경우로서 질병휴직을 명한 이후의 병가기간과 질병휴직기간을 합하여 6개월 이상인 경우
2. 출산휴가와 연속되는 육아휴직을 명하는 경우로서 육아휴직을 명한 이후의 출산휴가기간과 육아휴직기간을 합하여 6개월 이상인 경우
3. 육아휴직과 연속되는 출산휴가를 승인하는 경우로서 출산휴가를 승인한 이후의 육아휴직기간(출산휴가를 승인하면서 이와 연속된 육아휴직을 명하는 경우에는 해당 육아휴직기간을 포함한다)과 출산휴가기간을 합하여 6개월 이상인 경우
(2023.10.10 본조개정)

제5장 채용시험

제32조【시험실시의 원칙】 경찰공무원의 채용시험은 계급별로 실시한다. 다만, 결원보충을 원활히 하기 위하여 필요하다고 인정될 때에는 직무분야별·근무예정지역 또는 근무예정기관별로 구분하여 실시할 수 있다.

제33조【시험실시권의 위임】 경찰청장은 법 제20조제1항 단서에 따라 다음 각 호의 구분에 따른 권한을 시·도경찰청장이나 경찰대학의 장에게 위임한다. 다만, 경찰청장은 시험출제 수준의 균형을 유지하기 위하여 특히 필요하다고 인정하는 경우에는 시험출제 업무를 직접 할 수 있다.
1. 순경 공개경쟁채용시험의 실시권 : 시·도경찰청장
2. 경력경쟁채용시험등의 실시권(긴급하게 인원을 보충할 필요가 있거나 업무내용의 특수성 등을 고려하여 채용할 필요가 있는 경우는 제외한다) : 시·도경찰청장
3. 경찰간부후보생 공개경쟁선발시험의 실시권 : 경찰대학의 장
(2021.12.28 본조개정)

제34조【공개경쟁채용시험의 공고】 ① 경찰청장 또는 제33조에 따라 시험실시권의 위임을 받은 사람(이하 "시험실시권자"라 한다)은 공개경쟁채용시험을 실시할 때에는 임용예정계급, 응시자격, 선발예정인원, 시험의 방법·시기·장소, 시험과목 및 배점에 관한 사항을 시험실시 20일 전까지 공고하여야 한다. 다만, 시험 일정 등 미리 공고할 필요가 있는 사항은 시험 실시 90일 전까지 공고하여야 한다.(2020.6.23 본문개정)
② 제1항에 따른 공고내용을 변경할 때에는 시험실시 7일 전까지 그 변경내용을 공고하여야 한다.
③ 시험실시권자는 「재난 및 안전관리 기본법」 제14조제1항에 따른 대규모 재난 또는 이에 준하는 불가피한 사유로 공고된 기일에 시험을 실시하기 곤란하다고 판단하는 경우에는 시험의 전부 또는 일부를 연기하거나 시험의 방법·장소를 변경하여 실시할 수 있다.(2021.7.6 본항신설)
④ 제3항에 따라 시험을 연기·변경하는 경우에는 그 사유 등을 지체 없이 모든 응시자가 알 수 있도록 인터넷 또는 그 밖의 효과적인 방법으로 공고해야 한다.(2021.7.6 본항신설)
(2016.12.30 본조개정)

제35조【시험의 방법】 ① 경찰공무원의 채용시험(법 제10조제3항제8호에 따른 경력경쟁채용시험등은 제외한다)은 다음 각 호의 방법에 따른 신체검사·체력검사·필기시험·종합적성검사·면접시험 또는 실기시험과 서류전형으로 실시한다. 다만, 시험실시권자는 업무내용의 특수성이나 그 밖의 사유로 필요하다고 인정하는 경우에는 체력검사를 실시하지 않을 수 있다.
(2020.12.31 본문개정)
1. 신체검사
직무수행에 필요한 신체조건 및 건강상태를 검정하는 것으로 한다.
2. 체력검사
직무수행에 필요한 민첩성·지구력 등 체력을 검정하는 것으로 한다.
(2016.12.30 본호개정)
3. 필기시험
교양부문과 전문부문으로 구분하되, 교양부문은 일반교양정도를, 전문부문은 직무수행에 필요한 지식과 그 응용능력을 검정하는 것으로 한다.
4. 종합적성검사
직무수행에 필요한 적성과 자질을 종합검정하는 것으로 한다.

治安

5. 면접시험
직무수행에 필요한 능력, 발전성 및 적격성을 검정하는 것으로 한다.
6. 실기시험
직무수행에 필요한 지식 및 기술을 실습 또는 실기의 방법에 의하여 검정하는 것으로 한다.
7. 서류전형
직무수행에 관련되는 자격 및 경력 등을 서면에 의하여 심사하는 것으로 한다.
(1993.8.23 본항개정)
② 법 제10조제2항에 따라 교육훈련을 마친 경찰간부후보생에 대한 경위에의 채용시험은 그 교육훈련과정에서 이수한 과목을 검정하는 것으로 한다.(2020.12.31 본항개정)
③ 제2항에 따른 시험의 방법·합격자의 결정 등에 필요한 사항은 경찰청장의 승인을 받아 경찰대학의 장이 정한다.(2020.6.23 본항개정)
제36조【시험의 구분 등】 ① 경정 및 순경의 공개경쟁채용시험은 다음 각 호의 단계에 따라 순차적으로 실시한다. 다만, 시험실시권자는 업무내용의 특수성이나 그 밖의 사유로 필요하다고 인정될 때에는 그 순서를 변경하여 실시할 수 있다.(2016.12.30 본문개정)
1. 제1차시험 : 신체검사
2. 제2차시험 : 체력검사
3. 제3차시험 : 선택형 필기시험. 다만, 기입형을 가미할 수 있다.
4. 제4차시험 : 논문형 필기시험. 다만, 과목별로 기입형을 가미할 수 있다.
5. 제5차시험 : 종합적성검사
(1993.8.23 1호~5호개정)
6. 제6차시험 : 면접시험. 다만, 실기시험을 병행할 수 있다.(2021.1.5 본호개정)
② 제1항에도 불구하고 순경 공개경쟁채용시험은 제1항제4호의 시험을 실시하지 아니한다.(2016.12.30 본항개정)
③ 제1항에 따른 시험을 치르는 사람은 전(前) 단계 시험에 합격하지 아니하면 다음 단계의 시험에 응시할 수 없다. 다만, 시험실시권자가 필요하다고 인정할 때에는 전 단계 시험의 합격 결정 전에 다음 단계의 시험을 실시할 수 있으며, 이 경우 전 단계 시험에 합격하지 아니한 사람의 다음 단계 시험은 무효로 한다.(2016.12.30 본항개정)
(2016.12.30 본조제목개정)
제37조【경찰간부후보생 공개경쟁선발시험】 법 제10조제2항에 따른 경찰간부후보생 공개경쟁선발시험의 공고, 시험의 구분 등에 관하여는 제34조, 제35조제1항 및 제36조를 준용한다. 이 경우 제34조제1항의 "공개경쟁채용시험", 제35조제1항의 "경찰공무원의 채용시험", 제36조제1항의 "경정 및 순경의 공개경쟁채용시험" 및 같은 조 제2항의 "순경 공개경쟁채용시험"은 각각 "경찰간부후보생 공개경쟁선발시험"으로 본다.(2020.12.31 전단개정)
제38조【경력경쟁채용시험등】 ① 경력경쟁채용시험등(법 제10조제3항제8호에 따른 경력경쟁채용시험등은 제외한다)은 신체검사 및 체력검사와 다음 각 호의 구분에 따른 방법으로 한다. 다만, 경무관 이상의 경찰공무원의 경력경쟁채용등은 서류전형의 방법으로 하고, 총경 이하의 경찰공무원의 경력경쟁채용등은 시험실시권자가 업무내용의 특수성 또는 그 밖의 사유로 필요하다고 인정하는 경우에는 체력검사를 실시하지 아니할 수 있다.
1. 법 제10조제3항제1호 및 제2호에 따른 경력경쟁채용등의 경우에는 서류전형과 면접시험. 다만, 필기시험 또는 실기시험을 병행할 수 있고, 업무의 특수성 등을 고려하여 특히 필요하다고 인정되는 경우에는 두 시험을 모두 병행하여 실시할 수 있다.(2021.1.5 단서개정)
2. 법 제10조제3항제3호·제5호 및 제6호에 따른 경력경쟁채용등의 경우에는 서류전형·필기시험 또는 실기시험과 면접시험. 다만, 업무의 특수성 등을 고려하여 특히 필요하다고 인정되는 경우에는 필기시험과 실기시험을 모두 병행하여 실시할 수 있다.(2021.1.5 단서개정)
3. 법 제10조제3항제4호에 따른 경력경쟁채용등의 경우에는 서류전형·필기시험 및 면접시험. 이 경우 5급공무원 공개경쟁채용시험 또는 사법시험과 중복되는 과목은 면제한다.
(2020.12.31 본항개정)
② 제1항에 따른 신체검사는 경찰청장이 지정하는 기관에서 발급하는 신체검사서로 한다.(2020.6.23 본항개정)
③ 제1항 각 호에 따른 필기시험은 선택형으로 하되, 기입형 또는 논문형을 가미할 수 있다.
④ 제1항에 따른 경력경쟁채용시험등의 공고에 관하여는 제34조를 준용한다. 다만, 제34조제1항 본문에 따른 공고 시기는 시험 실시 10일 전까지로 한다.(2021.7.6 본항개정)
(2015.11.4 본조개정)
제38조의2【국가수사본부장의 경력경쟁채용시험등】 ① 법 제10조제3항제8호에 따라 국가수사본부장의 임용을 위한 경력경쟁채용시험등을 실시하는 경우에는 시험의 방법·시기·장소 등에 관한 사항을 시험실시 10일 전까지 공고해야 한다.
② 제1항에 따른 경력경쟁채용시험등은 다음 각 호의 구분에 따른 방법으로 실시한다.
1. 서류심사 : 「국가경찰과 자치경찰의 조직 및 운영에 관한 법률」 제16조제6항 각 호에 따른 응시자격을 서면으로 심사하고 응시자격을 갖춘 사람은 모두 합격 처리하되, 응시인원이 8명 이상인 경우에는 합격자를 7명으로 제한하여 결정한다.
2. 신체검사 : 약물검사 및 「공무원 채용 신체검사 규정」에 따른 신체검사서의 결과로 합격 여부를 결정한다.
3. 종합심사 : 직무수행능력, 적격성 및 공직관 등을 종합적으로 심사하여 2명 또는 3명의 임용후보자를 결정한다.
③ 제2항제1호 및 제3호에 따른 시험을 위해 경찰청에 서류심사위원회 및 국가수사본부장 임용후보자 종합심사위원회를 두며, 각 위원회의 구성·운영 및 위원의 자격 등은 경찰청장이 정한다.
④ 법 제10조제3항제8호에 따른 경력경쟁채용등을 하는 경우에는 제16조제1항제2호 및 제39조제1항을 적용하지 않는다.
(2020.12.31 본조신설)
제39조【응시연령 및 신체조건 등】 ① 경찰공무원 채용시험에 응시하려는 사람은 최종시험 예정일이 속한 연도에 별표1의3에 따른 응시연령에 해당하여야 한다. 다만, 별표1의3에 따른 응시상한연령을 1세 초과한 사람으로서 1월 1일에 출생한 사람은 경찰공무원 채용시험에 응시할 수 있다.(2012.12.28 본항개정)
② 경찰간부후보생 공개경쟁선발시험에 응시할 수 있는 사람의 나이는 21세 이상 40세 이하로 한다.
(2012.12.28 본항개정)
③ 경찰공무원 채용시험 및 경찰간부후보생 공개경쟁선발시험의 신체검사 및 체력검사의 평가기준과 방법은 행정안전부령으로 정한다.(2020.6.23 본항개정)
④ 경찰간부후보생 공개경쟁선발시험 또는 순경 공개경쟁채용시험에 응시하려는 사람은 「도로교통법」 제80조제2항제1호에 따른 제1종 운전면허 중 대형면허 또는 보통면허를 받은 사람이어야 한다.(2020.6.23 단서삭제)
⑤ 경찰청장은 경사 이하 경찰공무원의 경력경쟁채용시험등에 응시하려는 사람에 대해서도 제4항 본문에 따른 응시자격을 갖추도록 할 수 있다.(2020.6.23 본항개정)
⑥ (2020.6.23 삭제)
(1993.8.23 본조제목개정)
제40조 (2011.2.9 삭제)
제40조의2【응시자격의 예외】 경찰청장은 법 제10조제3항 각 호 외의 부분 본문에 따라 경찰공무원으로 경력경쟁채용등을 하는 경우로서 임용예정직위의 직무수행을 위하여 특히 필요하다고 인정할 때에는 연령·학력 및 거주요건 등 응시자격을 제한하여 시험을 실시할 수 있다.
(2020.12.31 본조개정)
제41조【필기시험】 ① 경찰공무원 공개경쟁채용시험의 필기시험 과목 및 배점은 별표2와 같고, 경찰간부후보생 공개경쟁선발시험의 필기시험 과목 및 배점은 별표3과 같으며, 경찰공무원의 경력경쟁채용시험등의 필기시험 과목 및 배점은 별표4와 같다. 다만, 별표2, 별표3 및 별표4의 시험과목 중 다음 각 호의 시험과목은 해당 호에서 정하는 시험으로 대체한다.
1. 필수과목 중 영어 과목 : 별표5에서 정한 영어능력검정시험
2. 필수과목 중 한국사 과목 : 별표7에서 정한 한국사능력검정시험
② (2020.6.23 삭제)
(2020.10.27 본조개정)
제42조【출제수준】 경찰공무원 채용시험의 출제수준은 다음 각 호의 구분에 따른다.
1. 경위 이상 및 경찰간부후보생 : 경찰행정의 기획 및 관리에 필요한 능력·지식을 검정할 수 있는 정도
2. 경사 및 경장 : 경찰업무수행에 필요한 전문적 능력·지식을 검정할 수 있는 정도
3. 순경 : 경찰업무수행에 필요한 기본적 능력·지식을 검정할 수 있는 정도
(2016.12.30 본조개정)
제43조【시험의 합격결정】 ① 체력검사의 합격자는 다음 각 호의 구분에 따른다.
1. 순환식 체력검사(모든 종목을 수행한 완주시간을 평가하는 체력검사를 말한다) : 완주시간을 기준으로 우수 등급을 받은 사람
2. 종목식 체력검사(각 종목별 점수를 합산하여 평가하는 체력검사를 말한다) : 각 평가 종목에 실격이 없고 전 평가 종목 총점의 40퍼센트 이상을 득점한 사람
(2021.12.28 본항개정)
② 필기시험은 다음 각 호의 구분에 따른 방법에 따라 합격자를 결정한다.
1. 경찰공무원(순경은 제외한다) 공개경쟁채용시험 및 경찰간부후보생 공개경쟁선발시험의 경우 : 다음 각 목의 순서에 따른 요건에 모두 해당하는 사람 중에서 선발예정인원과 시험성적을 고려하여 나목의 전 과목 총점이 높은 사람부터 차례로 합격자를 결정한다.
가. 별표5에서 정한 영어능력검정시험 및 별표7에서 정한 한국사능력검정시험에서 각각 기준점수 및 기준등급 이상을 취득할 것
나. 영어 과목 및 한국사 과목을 제외한 나머지 과목에서 각 과목 만점의 40퍼센트 이상, 전 과목 총점의 60퍼센트 이상을 득점할 것
2. 순경 공개경쟁채용시험의 경우 : 다음 각 목의 순서에 따른 요건에 모두 해당(가목의 경우 필수과목에 영어 과목 또는 한국사 과목이 있는 경우만 해당한다)하는 사람 중에서 선발예정인원과 시험성적을 고려하여 영어 과목 및 한국사 과목을 제외한 전 과목 총점이 높은 사람부터 차례로 합격자를 결정한다.
가. 별표5에서 정한 영어능력검정시험 또는 별표7에서 정한 한국사능력검정시험에서 각각 기준점수 또는 기준등급 이상을 취득할 것
나. 영어 과목 및 한국사 과목을 제외한 나머지 과목에서 각 과목 만점의 40퍼센트 이상을 득점할 것
3. 경찰공무원 경력경쟁채용시험등의 경우 : 다음 각 목의 순서에 따른 요건에 모두 해당(가목의 경우 필수과목에 영어 과목 또는 한국사 과목이 있는 경우만 해당한다)하는 사람 중에서 선발예정인원과 시험성적을 고려하여 나목의 전 과목 총점이 높은 사람부터 차례로 합격자를 결정한다. 다만, 의무경찰로 임용되어 정해진 복무를 마친 사람을 순경으로 경력경쟁채용등을 하는 경우에는 제2호의 방법에 따라 합격자를 결정한다.
가. 별표5에서 정한 영어능력검정시험 또는 별표7에서 정한 한국사능력검정시험에서 각각 기준점수 또는 기준등급 이상을 취득할 것
나. 필수과목인 영어 과목 및 한국사 과목을 제외한 나머지 과목에서 전 과목 총점의 60퍼센트 이상을 득점할 것
(2020.10.27 본항개정)
③ 실기시험은 만점의 60퍼센트 이상을 득점한 사람 중에서 선발예정인원과 시험성적을 고려하여 점수가 높은 사람부터 차례로 합격자를 결정한다.(2020.10.27 본항신설)
④ 종합적성검사의 결과는 면접시험에 반영한다.
⑤ 최종합격자의 결정은 면접시험합격자 중에서 다음 각 호의 방법에 따라 산정한 성적의 순위에 따른다.
(2015.11.4 본문개정)
1. 체력검사, 필기시험 또는 실기시험 및 면접시험을 실시하는 경우 : 체력검사성적 25퍼센트, 필기시험 성적(제36조제1항에 따라 제3차시험과 제4차시험을 구분하여 실시할 때에는 이를 합산한 성적을 말한다. 이하 같다) 또는 실기시험성적 50퍼센트 및 면접시험 성적 25퍼센트의 비율로 합산한 성적(2011.2.9 본호개정)
2. 체력검사, 필기시험, 실기시험 및 면접시험을 실시하는 경우 : 체력검사 성적 10퍼센트, 필기시험 성적 30퍼센트, 실기시험 성적 35퍼센트 및 면접시험 성적 25퍼센트의 비율로 합산한 성적
3. 필기시험, 실기시험 및 면접시험을 실시하는 경우 : 필기시험 성적 30퍼센트, 실기시험 성적 45퍼센트 및 면접시험 성적 25퍼센트의 비율로 합산한 성적
4. 필기시험 또는 실기시험 및 면접시험을 실시하는 경우 : 필기시험 성적 또는 실기시험 성적 75퍼센트 및 면접시험 성적 25퍼센트의 비율로 합산한 성적. 다만, 법 제10조제3항제4호에 따른 경력경쟁채용시험등의 경우에는 면접시험 성적 100퍼센트로 한다.(2020.12.31 단서개정)
5. 체력검사 및 면접시험을 실시하는 경우 : 체력검사 성적 25퍼센트 및 면접시험 성적 75퍼센트의 비율로 합산한 성적
6. 면접시험을 실시하는 경우 : 면접시험 성적 100퍼센트
(2010.5.4 본항개정)
(1993.8.23 본조개정)
제43조의2 (2019.12.24 삭제)
제43조의3【여성 또는 남성의 선발예정인원 초과합격】 ① 시험실시권자는 여성과 남성의 평등한 공무원 임용기회를 확대하기 위하여 필요하다고 인정하는 경우에는 제43조에도 불구하고 한시적으로 여성 또는 남성이 시험실시 단계별로 선발예정인원의 일정 비율 이상이 될 수 있도록 선발예정인원을 초과하여 여성 또는 남성을 합격시킬 수 있다.
② 제1항에 따라 여성 또는 남성을 합격시키는 경우에 그 실시대상 시험의 종류, 채용목표 비율, 합격자 결정방법, 그 밖에 시험 시행에 필요한 사항은 경찰청장이 정한다.
(2021.12.28 본조신설)
제44조【응시수수료】 ① 경찰공무원의 채용시험 및 경찰간부후보생 공개경쟁선발시험의 응시자는 다음 각 호의 구분에 따른 응시수수료를 납부하여야 한다.
1. 경정 이상 경찰공무원의 채용시험 : 1만원
2. 경사 이상 경감 이하 경찰공무원의 채용시험 : 7천원
3. 경찰간부후보생 공개경쟁선발시험 : 7천원
4. 경장 이하 경찰공무원의 채용시험 : 5천원
(2016.12.30 본항개정)
② 제1항에 따른 응시수수료는 정보통신망을 이용한 전자결제 등 시험실시권자가 지정하는 방법으로 납부하여야 하며, 납부된 응시수수료는 반환할 수 있다. 다만, 시험실시일 3일 이전까지 접수를 철회하지 않은 경우에는 그러하지 아니하다.(2011.2.9 본항개정)
제45조【시험위원의 임명 등】 ① 시험실시권자는 경찰공무원 채용시험 및 경찰간부후보생 공개경쟁선발시험의 출제, 채점, 면접시험, 실기시험, 서류전형, 그 밖에 시

治安

험의 실시에 필요한 사항을 담당하게 하기 위하여 다음 각 호의 어느 하나에 해당하는 사람을 시험위원으로 임명 또는 위촉할 수 있다.
1. 해당 직무분야의 전문적인 학식 또는 능력이 있는 사람
2. 시험출제에 관하여 전문적인 지식이 있는 사람
3. 임용예정직무에 관한 실무에 정통한 사람
② 제1항에 따라 시험위원으로 임명 또는 위촉된 사람은 시험실시권자가 요구하는 시험문제 작성상의 유의사항 및 서약서 등에 따른 준수사항을 성실히 이행하여야 한다.
③ 시험실시권자는 제2항을 위반하여 시험의 신뢰도를 크게 떨어뜨리는 행위를 한 시험위원이 있을 때에는 그 명단을 다른 시험실시권자에게 통보하고, 해당 시험위원이 소속하고 있는 기관의 장에게 그 시험위원에 대한 징계 등 적절한 조치를 할 것을 요청하여야 한다.(2017.10.17 본항개정)
④ 시험실시기관의 장은 제3항에 따른 통보를 받은 사람에 대하여는 그 때부터 5년간 경찰공무원채용시험 및 경찰간부후보생 공개경쟁선발시험의 시험위원으로 임명 또는 위촉할 수 없다.
⑤ 제1항에 따라 시험위원으로 임명 또는 위촉된 사람에게는 예산의 범위에서 경찰청장이 정하는 바에 따라 수당을 지급할 수 있다.(2020.6.23 본항개정)
(2016.12.30 본조개정)

제45조의2【채용심사관】 ① 채용할 경찰공무원에 대한 효과적인 적격성 검증을 위하여 시험실시권자 소속으로 채용심사관을 둘 수 있다.
② 채용심사관의 운영에 필요한 사항은 행정안전부령으로 정한다.(2017.7.26 본항개정)
(2011.2.9 본조신설)

제46조【부정행위자에 대한 조치】 ① 경찰공무원의 채용시험 또는 경찰간부후보생 공개경쟁선발시험에서 다음 각 호의 어느 하나에 해당하는 행위를 한 사람에 대해서는 해당 시험을 정지 또는 무효로 하거나 합격을 취소하고, 그 처분이 있은 날부터 5년간 이 영에 따른 시험에 응시할 수 없게 한다.
1. 다른 수험생의 답안지를 보거나 본인의 답안지를 보여주는 행위
2. 대리 시험을 의뢰하거나 대리로 시험에 응시하는 행위
3. 통신기기, 그 밖의 신호 등을 이용하여 해당 시험 내용에 관하여 다른 사람과 의사소통하는 행위
4. 부정한 자료를 가지고 있거나 이용하는 행위
5. 병역, 가점 등 시험에 관한 증명서류에 거짓 사실을 적거나 그 서류를 위조·변조하여 시험결과에 부당한 영향을 주는 행위
6. 체력검사나 실기시험에 영향을 미칠 목적으로 인사혁신처장이 정하여 고시하는 금지약물을 복용하거나 금지방법을 사용하는 행위
7. 그 밖에 부정한 수단으로 본인 또는 다른 사람의 시험결과에 영향을 미치는 행위
(2015.10.20 본항개정)
② 경찰공무원의 채용시험 또는 경찰간부후보생 공개경쟁선발시험에서 다음 각 호의 어느 하나에 해당하는 행위를 한 사람에 대해서는 그 시험을 정지하거나 무효로 한다.
1. 시험 시작 전에 시험문제를 열람하는 행위
2. 시험 시작 전 또는 종료 후에 답안을 작성하는 행위
3. 허용되지 아니한 통신기기 또는 전자계산기를 가지고 있는 행위
4. 그 밖에 시험의 공정한 관리에 영향을 미치는 행위로서 시험실시기관의 장이 시험의 정지 또는 무효 처리기준으로 정하여 공고한 행위
(2015.10.20 본항신설)
③ 다른 법령에 따른 국가공무원 또는 지방공무원 임용시험에서 부정행위를 하여 해당 시험에의 응시자격이 정지된 사람은 응시자격정지 기간 중 이 영에 따른 시험에 응시할 수 없다.(2017.10.17 본항개정)
④ 시험실시권자는 부정행위를 한 응시자의 명단을 관보에 게재하여야 한다.
⑤ 부정행위를 한 응시자가 공무원일 경우에는 시험실시권자는 관할 징계위원회에 징계의결을 요구하거나 그 공무원이 소속된 기관의 장에게 이를 요구하여야 한다.(2017.10.17 본항개정)
⑥ 시험실시기관의 장은 인사혁신처장이 정하는 바에 따라 제1항제6호에 해당하는지 여부를 조사할 수 있다.
(2015.10.20 본항신설)

제6장 신분보장

제47조【직권면직사유】 ① 법 제28조제1항제2호에서 "대통령령으로 정하는 사유"란 다음 각 호의 경우를 말한다.(2020.12.31 본문개정)
1. 지능 저하 또는 판단력 부족으로 경찰업무를 감당할 수 없는 경우
2. 책임감의 결여로 직무수행에 성의가 없고 위험한 직무를 고의로 기피하거나 포기하는 경우
(2016.12.30 본항개정)
② 법 제28조제1항제3호에서 "대통령령으로 정하는 사유"란 다음 각 호의 경우를 말한다.(2020.12.31 본문개정)
1. 인격장애, 알코올·약물중독 그 밖의 정신장애로 인하여 경찰업무를 감당할 수 없는 경우
2. 사행행위 또는 재산의 낭비로 인한 채무과다, 부정한 이성관계 등 도덕적 결함이 현저하여 타인의 비난을 받는 경우
(2004.12.18 1호~2호개정)

제48조【정년 연장】 ① 법 제30조제3항에 따른 정년 연장은 임용권자 또는 임용제청권자가 인력수급관계, 직무의 특수성, 연장대상자의 건강상태 및 직무수행능력 등을 고려하여 경찰청장이 정하는 기준에 따라 실시한다.
(2020.12.31 본항개정)
② 임용권자 또는 임용제청권자가 제1항에 따라 정년을 연장할 때에는 제3항에 따른 정년연장심사위원회의 심사를 거쳐야 한다.
③ 경찰공무원의 정년 연장에 관한 사항을 심사하게 하기 위하여 임용권자 또는 임용제청권자 소속으로 경찰공무원정년연장심사위원회를 둔다.
④ 제3항에 따른 경찰공무원정년연장심사위원회의 구성 및 운영에 필요한 사항과 정년 연장 신청 등 정년 연장에 필요한 사항은 행정안전부령으로 정한다.(2020.6.23 본항개정)
(2016.12.30 본조개정)

제49조【정년 연장의 대상】 법 제30조제3항에 따라 경찰청장은 수사, 정보, 외사(外事), 보안, 자치경찰사무 등 특수 부문에 근무하는 경찰공무원 중에서 정년 연장 대상 공무원을 지정한다.(2020.12.31 본조개정)

제50조【정년연장인원의 조정】 경찰청장은 연도별 인력수급의 원활을 기하기 위하여 필요하다고 인정될 때에는 소속기관등별로 정년연장인원을 조정할 수 있다.
(2020.6.23 본조개정)

제7장 보 칙
(2012.1.6 본장신설)

제51조【민감정보 및 고유식별정보의 처리】 임용권자 또는 임용제청권자는 법 및 이 영에 따른 경찰공무원의 임용에 필요한 자격, 요건의 확인 등을 위한 사무를 수행하기 위하여 불가피한 경우 「개인정보 보호법」 제23조에 따른 건강에 관한 정보, 같은 법 시행령 제18조제2호에 따른 범죄경력자료에 해당하는 정보 및 같은 영 제19조제1호에 따른 주민등록번호가 포함된 자료를 처리할 수 있다.
(2022.12.20 본조개정)

부 칙 (2015.10.20)

제1조【시행일】 이 영은 공포한 날부터 시행한다.
제2조【금지약물의 복용 등에 따른 시험 합격 취소 등에 관한 적용례】 제46조제1항제6호 및 같은 조 제6항의 개정규정은 이 영 시행 당시 진행 중인 시험에 대해서도 적용한다.

부 칙 (2016.12.30)

제1조【시행일】 이 영은 공포한 날부터 시행한다.
제2조【다른 법령의 개정】 ①~⑥ ※(해당 법령에 가제정리 하였음)

부 칙 (2017.10.17)

제1조【시행일】 이 영은 공포한 날부터 시행한다.
제2조【임용일자 소급금지의 예외에 관한 적용례】 제6조제1호의 개정규정은 이 영 시행 전에 전사하거나 순직한 사람을 특별승진임용하는 경우에도 적용한다.

부 칙 (2018.7.3)

제1조【시행일】 이 영은 공포한 날부터 시행한다. 다만, 제33조 및 제35조제3항의 개정규정은 2019년 1월 1일부터 시행한다.
제2조【임용시기의 특례에 관한 적용례】 제6조제4호의 개정규정은 2018년 6월 4일 이후 경찰공무원의 직무수행과 관련된 실무수습 중 사망한 경우부터 적용한다.

부 칙 (2019.12.24)

제1조【시행일】 이 영은 2022년 1월 1일부터 시행한다. 다만, 제22조제4항 및 제27조제1항제14호·제15호의 개정규정은 공포한 날부터 시행한다.
제2조【진행 중인 시험에 관한 경과조치】 이 영 시행 당시 진행 중인 시험에 대해서는 제37조, 제41조제1항제2호, 제43조의2, 별표2부터 별표4까지 및 별표6의 개정규정에도 불구하고 종전의 규정에 따른다.

부 칙 (2020.6.23)
(2020.6.30)

제1조【시행일】 이 영은 공포한 날부터 시행한다.(이하 생략)

부 칙 (2020.10.27)

제1조【시행일】 이 영은 2022년 1월 1일부터 시행한다. 다만, 제30조제1항제4호의 개정규정은 공포한 날부터 시행한다.
제2조【진행 중인 시험에 관한 경과조치】 이 영 시행 전에 공고된 시험에 대해서는 제41조제1항 각 호 외의 부분, 제43조제2항, 별표1의2, 별표5 및 별표7의 개정규정에도 불구하고 종전의 규정에 따른다.

부 칙 (2020.12.10)

제1조【시행일】 이 영은 공포한 날부터 시행한다.
제2조【임용 또는 임용제청의 유예에 관한 적용례】 제18조의2의 개정규정은 이 영 시행 당시 경찰공무원 채용후보자 명부에 등재되어 있는 사람에 대해서도 적용한다.

부 칙 (2020.12.31)

제1조【시행일】 이 영은 2021년 1월 1일부터 시행한다.
제2조【임용권의 위임에 관한 적용례】 제4조제1항, 제4항 및 제5항의 개정규정은 시·도자치경찰위원회가 설치·구성된 이후부터 적용한다.
제3조【다른 법령의 개정】 ①~⑧ ※(해당 법령에 가제정리 하였음)

부 칙 (2021.1.5)

이 영은 공포한 날부터 시행한다.(이하 생략)

부 칙 (2021.7.6)

이 영은 공포한 날부터 시행한다.

부 칙 (2021.12.28)

제1조【시행일】 이 영은 2022년 1월 1일부터 시행한다. 다만, 제43조의3의 개정규정은 2023년 1월 1일부터 시행한다.
제2조【순환식 체력검사 도입에 따른 합격자 결정에 관한 적용례】 대통령령 제31126호 경찰공무원 임용령 일부개정령 제43조제1항제1호의 개정규정은 다음 각 호의 구분에 따른 시험에 대하여 해당 호에서 정하는 날부터 적용한다.
1. 경찰간부후보생 공개경쟁선발시험과 제16조제4항제2호에 따른 경력경쟁채용시험 : 2023년 1월 1일
2. 제1호에 따른 시험을 제외한 시험 : 2026년 1월 1일

부 칙 (2022.12.20)

이 영은 공포한 날부터 시행한다.

부 칙 (2023.6.7)

제1조【시행일】 이 영은 공포한 날부터 시행한다.
제2조【직제상 파견에 관한 적용례】 제30조의4의 개정규정은 이 영 시행 당시 직제상 파견 중인 경찰공무원에 대해서도 적용한다.
제3조【영어 및 한국사 과목을 대체하는 검정시험에 관한 경과조치】 이 영 시행 당시 진행 중인 경찰공무원 채용시험에 대해서는 별표5 및 별표7의 개정규정에도 불구하고 종전의 규정에 따른다.

부 칙 (2023.10.10)

이 영은 2023년 10월 12일부터 시행한다.

부 칙 (2024.1.16)

제1조【시행일】 이 영은 공포한 날부터 시행한다.
제2조【경과 명칭 변경에 관한 경과조치】 이 영 시행 전에 종전의 규정에 따라 보안경과를 부여받은 경찰공무원은 제3조제1항제3호의 개정규정에 따른 안보수사경과를 부여받은 것으로 본다.

〔별표〕 ➡ 「www.hyeonamsa.com」 참조

治安

경찰공무원 승진임용 규정

(1983년 5월 12일
전개대통령령 제11127호)

개정
1987.12.31영12344호 <중략>
2007. 9.20영20284호(경찰공무원교육훈련규정)
2007.10.23영20338호
2008. 2.29영20692호(직제)
2008.12. 3영21145호 2009. 2.12영21321호
2009.11.23영21842호(직제)
2010. 1. 7영21982호
2010. 5.14영22161호(직제)
2010. 6.15영22205호
2010.10.22영22459호(직제)
2010.12.27영22544호
2011. 8.30영23110호(해양경찰청소속경찰공무원임용에관한규정)
2011.10.17영23228호 2011.12.21영23381호
2011.12.28영23426호(해양경찰청소속경찰공무원임용에관한규정)
2012. 1. 6영23488호(민감정보고유식별정보)
2012.10. 9영24134호 2013. 1. 9영24303호
2013. 1.28영24336호
2013. 3.23영24419호(직제)
2013. 9.17영24730호
2013.11. 5영24831호(직제)
2014.11.19영25751호(직제)
2014.12. 9영25829호 2015. 9.22영26539호
2015.10.30영26612호 2016. 6.24영27259호
2016.10.31영27560호
2016.12.30영27703호(경찰공무원임용령)
2017. 1. 6영27764호(공무원제안규정)
2017. 4.25영28000호
2017. 7.26영28215호(직제)
2017. 9.26영28345호(해양경찰청소속경찰공무원임용에관한규정)
2018. 3.30영28760호(직제)
2018. 6.12영28954호 2018. 9.18영29170호
2018. 9.18영29180호(공무원재해보상법시)
2018.11.20영29288호
2018.12.11영29367호(공직윤리강화)
2019. 6.25영29930호(공무원의명예퇴직에따른특별승진관리를강화하기위한영)
2019.11. 5영30196호 2019.12.24영30270호
2020. 6.23영30796호 2020.12.31영31352호
2021. 8.31영31956호 2022.10.11영32949호
2022.12.20영33112호(개인정보침해요인개선을위한일부개정령)
2023. 1. 3영33197호
2023. 8.22영33674호→2023년 8월 22일 및 2024년 7월 1일 시행
2023.12.19영33986호→2024년 7월 1일 및 2026년 7월 1일 시행

제1장 총 칙

제1조【목적】 이 영은 경찰공무원의 승진임용에 관하여 「경찰공무원법」에서 위임된 사항과 그 시행에 필요한 사항을 규정함을 목적으로 한다.(2013.1.9 본조개정)

제2조【다른 법령과의 관계】 경찰공무원(해양경찰청 소속 경찰공무원은 제외한다. 이하 같다)의 승진임용은 다른 법령에 특별한 규정이 있는 경우를 제외하고는 이 영에서 정하는 바에 따른다.(2020.6.23 본조개정)

제3조【승진임용의 구분】 경찰공무원의 승진임용은 심사승진임용·시험승진임용 및 특별승진임용으로 구분한다.

제4조【승진임용 예정 인원 결정】 ① 경찰청장은 승진임용 예정 인원을 정할 당시의 실제 결원과 해당 연도 예상 결원을 고려하여 승진임용 예정 인원을 계급별로 정한다. 다만, 경찰청장이 필요하다고 인정하는 경우에는 경과별(警科別) 또는 직무의 특수성 등을 고려하여 경찰청장이 따로 정하는 분야(이하 "특수분야"라 한다)별로 정할 수 있다.(2020.6.23 본항개정)

② 제1항에 따른 승진임용 예정 인원 중 경무관으로의 승진임용 예정 인원은 경무관 정원의 25퍼센트, 총경으로의 승진임용 예정 인원은 총경 정원의 20퍼센트를 초과할 수 없다. 다만, 승진임용 예정 인원이 승진임용 예정 인원을 정할 당시의 실제 결원과 해당 연도 예상 결원을 합한 것보다 적을 경우에는 그 승진임용 예정 인원에 부족한 인원을 더하여 승진임용 예정 인원을 정할 수 있다.
(2016.10.31 본항개정)

③ 제1항에 따른 승진임용 예정 인원 중 경정 이하 계급으로의 승진임용 예정 인원을 정하는 경우에는 다음 각 호의 구분에 따른 범위에서 특별승진임용 예정 인원을 따로 정할 수 있다. 다만, 제37조제1항제1호·제4호 및 같은 조 제3항제1호·제6호에 해당하는 특별승진의 경우에는 다음 각 호에서 정하는 비율을 초과하여 정할 수 있다.(2023.8.22 본문개정)

1. 경정으로의 특별승진임용 예정 인원 : 경정으로의 승진임용 예정 인원의 3퍼센트 이내
2. 경감 이하 계급으로의 특별승진임용 예정 인원 : 해당 계급으로의 승진임용 예정 인원의 30퍼센트 이내

(2023.8.22 1호~2호신설)

④ 「경찰공무원법」(이하 "법"이라 한다) 제15조제2항 단서에 따라 경정 이하 경사 이상 계급으로의 승진은 승진심사에 의한 승진(이하 "심사승진"이라 한다)과 승진시험에 의한 승진(이하 "시험승진"이라 한다)을 병행할 수 있다. 이 경우 승진임용 예정 인원은 다음 각 호의 방법에 따라 정한다.(2023.8.22 본문개정)

1. 계급별로 전체 승진임용 예정 인원에서 제3항에 따른 특별승진임용 예정 인원을 뺀 인원의 70퍼센트를 심사승진임용 예정 인원으로, 30퍼센트를 시험승진임용 예정 인원으로 한다. 다만, 제1항 단서에 따라 특수분야의 승진임용 예정 인원을 정하는 경우에는 본문에 따른 심사승진임용 예정 인원의 비율과 시험승진임용 예정 인원의 비율을 다르게 정할 수 있다.(2023.8.22 본호개정)
2. 제1호에도 불구하고 승진심사를 하기 전에 승진시험을 실시한 경우에 그 최종합격자 수가 시험승진임용 예정 인원보다 적을 때에는 심사승진임용 예정 인원에 그 부족한 인원을 더하여 심사승진임용 예정 인원을 산정한다.

⑤ 경찰청장은 제1항부터 제4항까지의 규정에 따라 정해진 승진임용 예정 인원을 제11조제1항에 따라 승진대상자 명부를 작성한 기관별로 배정한다.(2020.6.23 본항개정)

⑥ 제5항에 따른 인원 배정은 각 기관별 승진대상자 명부에 기록된 인원의 비율에 따른다. 다만, 해당 계급으로의 근속승진 예정자 수 등 소속 기관별 승진 여건을 고려하여 조정할 수 있다.(2016.10.31 본항개정)
(2016.10.31 본조제목개정)
(2013.1.9 본조개정)

제5조【승진소요 최저근무연수】 ① 경찰공무원이 승진하려면 다음 각 호의 구분에 따른 기간 동안 해당 계급에 재직해야 한다.

1. 총경 : 3년 이상
2. 경정 및 경감 : 2년 이상
3. 경위, 경사, 경장 및 순경 : 1년 이상

(2023.1.3 본항개정)

② 휴직 기간, 직위해제 기간, 징계처분 기간 및 제6조제1항제2호에 따른 승진임용 제한기간은 제1항의 기간에 포함하지 않는다. 다만, 다음 각 호의 기간은 제1항의 기간에 포함한다.(2021.8.31 본문개정)

1. 「국가공무원법」 제71조에 따른 휴직 기간 중 다음 각 목의 기간
   가. 「공무원 재해보상법」에 따른 공무상 질병 또는 부상으로 인하여 「국가공무원법」 제71조제1항제1호에 따라 휴직한 경우에 그 휴직 기간(2018.9.18 본목개정)
   나. 「국가공무원법」 제71조제1항제3호·제5호 또는 같은 조 제2항제1호에 따라 휴직한 경우에 그 휴직 기간
   다. 「국가공무원법」 제71조제2항제2호에 따라 휴직한 경우에 그 휴직 기간의 50퍼센트에 해당하는 기간
   라. 「국가공무원법」 제71조제2항제4호에 따라 휴직한 경우에 그 휴직 기간. 다만, 자녀 1명에 대하여 총 휴직 기간이 1년을 넘는 경우에는 최초의 1년으로 하되, 다음의 어느 하나에 해당하는 경우에는 그 휴직 기간 전부로 한다.(2018.11.20 단서개정)
      1) 첫째 자녀에 대하여 부모가 모두 휴직을 하는 경우로서 각 휴직 기간이 「공무원임용령」 제31조제2항제1호다목1)에 따라 인사혁신처장이 정하는 기간 이상인 경우(2018.11.20 신설)
      2) 둘째 자녀 이후에 대하여 휴직을 하는 경우(2018.11.20 신설)
2. 다음 각 목의 어느 하나에 해당하는 경우에 그 직위해제 기간
   가. 「국가공무원법」 제73조의3제1항제3호에 따라 직위해제처분을 받은 사람에 대한 징계 의결 요구에 대하여 관할 징계위원회가 징계하지 아니하기로 의결한 경우와 해당 직위해제처분의 사유가 된 징계처분이 소청심사위원회의 결정 또는 법원의 판결에 따라 무효 또는 취소로 확정된 경우
   나. 「국가공무원법」 제73조의3제1항제4호에 따라 직위해제처분을 받은 사람의 처분 사유가 된 형사사건이 법원의 판결에 따라 무죄로 확정된 경우
   다. 「국가공무원법」 제73조의3제1항제6호에 따라 직위해제처분을 받은 사람의 처분사유가 된 비위행위(이하 "비위행위"라 한다)가 1) 및 2)에 모두 해당하는 경우
      1) 비위행위에 대한 징계절차와 관련하여 다음의 어느 하나에 해당하는 경우
         가) 경찰기관의 장이 「경찰공무원 징계령」 제9조에 따른 징계의결 요구를 하지 않기로 한 경우
         나) 해당 경찰공무원에 대한 징계의결 요구에 대하여 관할 징계위원회가 징계하지 않기로 의결한 경우
         다) 징계처분이 소청심사위원회의 결정이나 법원의 판결에 따라 무효 또는 취소로 확정된 경우
      2) 비위행위에 대한 조사 또는 수사 결과가 다음의 어느 하나에 해당하는 경우
         가) 형사사건에 해당하지 않는 경우
         나) 사법경찰관이 불송치를 하거나 검사가 불기소를 한 경우. 다만, 「형사소송법」 제247조에 따라 공소를 제기하지 않는 경우와 불송치 또는 불기소를 했으나 해당 사건이 다시 수사 및 기소되어 법원의 판결에 따라 유죄가 확정된 경우는 제외한다.
         다) 형사사건으로 기소되거나 약식명령이 청구된 사람이 법원의 판결에 따라 무죄로 확정된 경우
   (2021.8.31 본목신설)

③ 경찰대학을 졸업하고 경위로 임용된 사람이 「의무경찰대 설치 및 운영에 관한 법률」 제2조의3제2항에 따라 의무경찰대의 대원으로 복무한 기간은 제1항의 기간에 포함하지 아니한다.(2016.10.31 본항개정)

④ 법 제10조제3항제4호에 따라 경찰공무원으로 채용된 사람이 채용 전에 5급 이상 공무원(이에 상응하는 특정직공무원을 포함한다)으로 5년 이상 근무한 경우에는 그 기간의 20퍼센트에 해당하는 기간을 채용 당시의 계급에서 근무한 것으로 보아 제1항의 기간에 포함한다.
(2020.12.31 본항개정)

⑤ 「법원조직법」 제72조에 따른 사법연수생으로 수습한 기간은 제1항에 따른 경정 이하 경찰공무원으로의 승진소요 최저근무연수에 포함한다.

⑥ 「국가공무원법」 제26조의2 및 「공무원임용령」 제57조의3에 따라 통상적인 근무시간보다 짧은 시간을 근무하는 경찰공무원(이하 "시간선택제전환경찰공무원"이라 한다)의 근무기간은 다음 각 호의 기준에 따라 제1항의 기간에 포함한다.
(2013.1.9 본조개정)

1. 해당 계급에서 시간선택제전환경찰공무원으로 근무한 1년 이하의 기간은 그 기간 전부
2. 해당 계급에서 시간선택제전환경찰공무원으로 근무한 1년을 넘는 기간은 근무시간에 비례한 기간
3. 해당 계급에서 「국가공무원법」 제71조제2항제4호의 사유로 인한 휴직을 대신하여 시간선택제전환경찰공무원으로 지정되어 근무한 기간은 둘째 자녀부터 각각 3년의 범위에서 그 기간 전부(2018.9.18 본호신설)

(2018.6.12 본항개정)

⑦ 강등되었던 사람이 강등되기 직전의 계급으로 승진한 경우 강등되기 직전의 계급에서 재직한 기간은 제1항의 기간에 포함한다.

⑧ 강등된 경우 강등되기 직전의 계급에서 재직한 기간은 제1항의 기간에 포함한다.
(2013.1.9 본조개정)

제6조【승진임용의 제한】 ① 다음 각 호의 어느 하나에 해당하는 경찰공무원은 승진임용될 수 없다.

1. 징계의결 요구, 징계처분, 직위해제, 휴직(「공무원 재해보상법」에 따른 공무상 질병 또는 부상으로 인하여 「국가공무원법」 제71조제1항제1호에 따라 휴직한 사람을 제37조제1항제4호 또는 같은 조 제2항에 따라 특별승진임용하는 경우는 제외한다) 또는 시보임용 기간 중에 있는 사람(2018.9.18 본호개정)
2. 징계처분의 집행이 끝난 날부터 다음 각 목의 구분에 따른 기간[「국가공무원법」 제78조의2제1항 각 호의 어느 하나에 해당하는 사유로 인한 징계처분과 소극행정, 음주운전(음주측정에 응하지 않은 경우를 포함한다), 성폭력, 성희롱 및 성매매에 따른 징계처분의 경우에는 각각 6개월을 더한 기간]이 지나지 않은 사람
   (2019.11.5 본문개정)
   가. 강등·정직 : 18개월
   나. 감봉 : 12개월
   다. 견책 : 6개월
3. 징계에 관하여 경찰공무원과 다른 법령을 적용받는 공무원으로 재직하다가 경찰공무원으로 임용된 사람으로서, 종전의 신분에서 징계처분을 받고 그 징계처분의 집행이 끝난 날부터 다음 각 목의 구분에 따른 기간이 지나지 아니한 사람
   가. 강등 : 18개월
   나. 근신·영창 또는 그 밖에 이와 유사한 징계처분 : 6개월
4. 법 제30조제3항에 따라 계급정년이 연장된 사람
   (2020.12.31 본호개정)

② 제1항에 따라 승진임용 제한기간 중에 있는 사람이 다시 징계처분을 받은 경우 승진임용 제한기간은 전(前) 처분에 대한 승진임용 제한기간이 끝난 날부터 계산하고, 징계처분으로 승진임용 제한기간 중에 있는 사람이 휴직하거나 직위해제처분을 받는 경우 징계처분에 따른 남은 승진임용 제한기간은 복직일부터 계산한다.(2023.8.22 본항개정)

③ 경찰공무원이 징계처분을 받은 후 해당 계급에서 다음 각 호의 포상을 받은 경우에는 제1항제2호 및 제3호에 따른 승진임용 제한기간의 2분의 1을 단축할 수 있다.

1. 훈장
2. 포장
3. 모범공무원 포상
4. 대통령표창 또는 국무총리표창(2018.6.12 본호개정)
5. 제안이 채택·시행되어 받은 포상

(2013.1.9 본조개정)

제2장 경찰공무원 평정
(2013.1.9 본장개정)

제7조【근무성적 평정】 ① 총경 이하의 경찰공무원에 대해서는 매년 근무성적을 평정하여야 하며, 근무성적 평정의 결과는 승진 등 인사관리에 반영하여야 한다.
(2016.10.31 본항개정)

② 근무성적은 다음 각 호의 평정 요소에 따라 평정한다. 다만, 총경의 근무성적은 제2평정 요소로만 평정한다.
(2016.10.31 본문개정)

1. 제1평정 요소
   가. 경찰업무 발전에 대한 기여도
   나. 포상 실적

다. 그 밖에 행정안전부령으로 정하는 평정 요소 (2020.6.23 본목개정)
2. 제2평정 요소
가. 근무실적
나. 직무수행능력
다. 직무수행태도
③ 제2평정 요소에 따른 근무성적 평정은 평정대상자의 계급별로 평정 결과가 다음 각 호의 분포비율에 맞도록 하여야 한다. 다만, 평정 결과 제4호에 해당하는 사람이 없는 경우에는 제4호의 비율을 제3호의 비율에 가산하여 적용한다.(2016.10.31 본문개정)
1. 수 : 20퍼센트
2. 우 : 40퍼센트
3. 양 : 30퍼센트
4. 가 : 10퍼센트
④ 제11조제2항 단서에 해당하는 경찰공무원과 경찰서 수사과에서 고소·고발 등에 대한 조사업무를 직접 처리하는 경위 계급의 경찰공무원을 평정할 때에는 제3항의 비율을 적용하지 아니할 수 있다.
⑤ 근무성적 평정 결과는 공개하지 아니한다. 다만, 경찰청장은 근무성적 평정이 완료되면 평정 대상 경찰공무원에게 해당 근무성적 평정 결과를 통보할 수 있다. (2020.6.23 단서개정)
⑥ 근무성적 평정의 기준, 시기, 방법, 그 밖에 필요한 사항은 행정안전부령으로 정한다.(2020.6.23 본항개정)

제8조【근무성적 평정의 예외】 ① 휴직·직위해제 등의 사유로 해당 연도의 평정기관에서 6개월 이상 근무하지 아니한 경찰공무원에 대해서는 근무성적을 평정하지 아니한다.
② (2016.10.31 삭제)
③ 교육훈련 외의 사유로 국가기관, 지방자치단체 또는 인사혁신처장이 지정하는 기관에 2개월 이상 파견근무하게 된 경찰공무원에 대해서는 파견받은 기관의 의견을 고려하여 근무성적을 평정하여야 한다.(2014.11.19 본항개정)
④ 평정대상자인 경찰공무원이 전보된 경우에는 그 경찰공무원의 근무성적 평정표를 전보된 기관에 이관하여야 한다. 다만, 평정기관을 달리하는 기관으로 전보된 후 2개월 이내에 정기평정을 할 때에는 전출기관에서 전출 전까지의 근무기간에 대한 근무성적을 평정하여 이관하여야 하며, 전입기관에서는 받은 평정 결과를 고려하여 평정하여야 한다.
⑤ 정기평정 이후에 신규채용되거나 승진임용된 경찰공무원에 대해서는 2개월이 지난 후부터 근무성적을 평정하여야 한다.

제9조【경력 평정】 ① 경찰공무원의 경력 평정은 제5조에 따른 승진소요 최저근무연수가 지난 총경 이하의 경찰공무원(제11조제2항 단서에 해당하는 경찰공무원은 제외한다)이 해당 계급에서 근무한 연수(年數)에 대하여 실시하며, 경력 평정 결과는 승진대상자 명부 작성에 반영한다.
② 경력 평정은 해당 경찰공무원의 인사기록을 기준으로 하여 실시하며, 필요하다고 인정될 때에는 인사기록이 정확한지를 조회·확인할 수 있다.(2018.6.12 본항개정)
③ 경력 평정은 기본경력과 초과경력으로 구분하여 실시하되, 계급별로 기본경력과 초과경력에 포함되는 기간은 다음 각 호와 같다.
1. 기본경력
가. 총경·경정·경감 : 평정기준일부터 최근 3년간
나. 경위·경사 : 평정기준일부터 최근 2년간
다. 경장·순경 : 평정기준일부터 최근 1년 6개월간
2. 초과경력
가. 총경 : 기본경력 전 1년간
나. 경정·경감 : 기본경력 전 4년간
다. 경위 : 기본경력 전 3년간
라. 경사 : 기본경력 전 1년간
마. 경장·순경 : 기본경력 전 6개월간
(2023.8.22 1호~2호개정)
④ 경력 평정의 시기, 방법, 기간 계산, 그 밖에 필요한 사항은 행정안전부령으로 정한다.(2020.6.23 본항개정)

제10조 (2014.12.9 삭제)

제3장 승진대상자 명부
(2013.1.9 본장개정)

제11조【승진대상자 명부의 작성】 ① 총경 이하 경찰공무원에 대한 승진대상자 명부는 다음 각 호의 구분에 따른 경찰기관의 장(이하 "승진대상자명부작성자"라 한다)이 계급별로 작성한다.
1. 경정 이상 경찰공무원과 경찰청 소속 경위 이상 경찰공무원 : 경찰청장
2. 경감 이하 경찰공무원(제4호에 해당하는 사람은 제외한다) : 경찰대학·경찰인재개발원·중앙경찰학교·경찰수사연수원·경찰병원 및 시·도경찰청(이하 "소속기관등"이라 한다)의 장(2020.12.31 본호개정)
3. 경찰청 소속 경사 이하 경찰공무원 : 경찰청의 각 국(局) 단위급 부서별 국장급 부서장
4. 경찰서 소속 경사 이하 경찰공무원 : 경찰서장
② 승진대상자 명부는 제7조부터 제9조까지의 규정에 따라 산정된 평정점(評定點)을 다음 각 호의 구분에 따른 비율로 반영하여 작성한다. 다만, 법 제10조제3항제2호 또는 제4호에 따라 경정 이하의 경찰공무원으로 신규채용할 수 있는 사람으로서 「경찰공무원 임용령」 제39조제1항의 응시연령에 이르지 아니한 경감 이하 경찰공무원에 대해서는 그가 경정으로 승진할 때까지 근무성적 평정만으로 승진대상자 명부를 작성할 수 있다.(2020.12.31 단서개정)
1. 근무성적 평정점 : 65퍼센트(2014.12.9 본호개정)
2. 경력 평정점 : 35퍼센트
3. (2014.12.9 삭제)
③ 승진대상자 명부를 작성할 때에는 다음 각 호의 어느 하나에 해당하는 사람에게 행정안전부령으로 정하는 바에 따라 가산점을 줄 수 있다.(2018.9.18 본문개정)
1.~2. (2018.9.18 삭제)
3. 자격증 소지자
4. 국어 또는 외국어 능력이 우수한 사람
5. 재직 중 학사·석사 또는 박사 학위를 취득한 사람
6. (2016.10.31 삭제)
③ (2023.12.19 삭제 : 2026.7.1 시행)
④ 제1항에도 불구하고 경찰청장은 제1호의 각 승진대상자 명부를, 시·도경찰청장은 제2호의 각 승진대상자 명부를 계급별로 통합하여 작성하되, 통합된 명부에 기록하는 순서는 각 명부의 총평정점 순위에 따른다.(2020.12.31 본문개정)
1. 경찰청 소속 경위 이하 계급으로의 승진 : 경찰청 국장급 부서장이 작성한 각 승진대상자 명부
2. 제17조제1항 단서에 따른 경위 이하 계급으로의 승진 : 시·도경찰청장 또는 경찰서장이 작성한 각 승진대상자 명부(2020.12.31 본호개정)
⑤ 승진대상자명부작성자는 필요한 경우 승진대상자 명부를 경과별 또는 특수분야별로 작성할 수 있다. (2016.10.31 본항개정)
⑥ 승진대상자 명부는 매년 1월 1일을 기준으로 작성한다. 다만, 경무관 및 총경으로의 승진대상자 명부는 매년 11월 1일을 기준으로 작성한다.
⑦ (2020.6.23 삭제)
⑧ 이 영에서 규정한 사항 외에 승진대상자 명부 작성에 필요한 세부사항은 행정안전부령으로 정한다.(2017.7.26 본항개정)

제12조 (2016.10.31 삭제)

제13조【승진대상자 명부의 조정】 승진대상자명부작성자는 승진대상자 명부 작성 이후 다음 각 호의 어느 하나에 해당하는 사유가 발생한 경우에는 승진대상자 명부를 조정하여야 한다.
1. 전출자나 전입자가 있는 경우
2. (2014.12.9 삭제)
3. 징계처분이나 직위해제처분을 받은 사람이 있는 경우
4. 경력 평정을 한 후에 평정사실과 다른 사실이 발견되는 등의 사유로 경력을 재평정한 경우
5. 휴직자나 퇴직자가 있는 경우
6. 제6조제1항제2호부터 제4호까지의 규정에 따른 승진임용 제한기간 중에 있는 사람이 있는 경우

제4장 승진심사

제14조【승진심사】 ① 경찰공무원의 승진심사는 계급별로 하되, 경찰청장이 필요하다고 인정할 때에는 경과별 또는 특수분야별로 구분하여 실시할 수 있다.
② 경정 이하 계급으로의 승진심사는 1월 2일부터 3월 31일 사이에 연 1회 실시한다. 다만, 경찰청장이 그 기간 내에 승진심사를 할 수 없다고 인정할 때에는 기간을 연장할 수 있으며, 경찰공무원의 증원이나 그 밖에 특별한 사유가 있으면 추가로 승진심사를 할 수 있다. (2020.6.23 본조개정)

제15조【중앙승진심사위원회의 구성】 ① 법 제17조제1항에 따른 중앙승진심사위원회(이하 "중앙승진심사위원회"라 한다)는 위원장을 포함한 5명 이상 7명 이하의 위원으로 구성한다.(2020.12.31 본항개정)
② 경무관으로의 승진심사를 위하여 구성되는 중앙승진심사위원회 회의에 부칠 사항을 사전에 심의하기 위하여 중앙승진심사위원회에 복수의 승진심의위원회를 둘 수 있으며, 각각의 승진심의위원회는 위원장을 포함한 5명 이상 7명 이하의 위원으로 구성한다.
③ (2020.6.23 삭제)
④ 제1항 및 제2항의 위원은 회의 소집일 전에 승진심사대상자보다 상위계급인 경찰공무원 중에서 경찰청장이 임명하되, 제2항에 따라 승진심의위원회를 두는 경우 중앙승진심사위원회 위원은 승진심의위원회 위원 중에서 임명한다.(2020.6.23 본항개정)
⑤ 위원장은 위원 중 최상위계급 또는 선임인 경찰공무원이 된다.
⑥ 제1항·제2항·제4항 및 제5항에서 규정한 사항 외에 승진심의위원회의 운영에 필요한 사항은 행정안전부령으로 정한다.(2020.6.23 본항개정)
(2013.1.9 본조개정)

제16조【보통승진심사위원회의 구성】 ① 법 제17조제1항에 따른 보통승진심사위원회(이하 "보통승진심사위원회"라 한다)는 경찰청·소속기관등 및 경찰서에 둔다. (2020.12.31 본항개정)
② 보통승진심사위원회는 위원장을 포함한 5명 이상 7명 이하의 위원으로 구성한다.
③ 보통승진심사위원회 위원은 그 보통승진심사위원회가 설치된 경찰기관의 장이 승진심사대상자보다 상위계급인 경위 이상 소속 경찰공무원 중에서 임명하며, 위원장은 위원 중 최상위계급 또는 선임인 경찰공무원이 된다. (2018.11.20 본항개정)
④ 제3항에도 불구하고 시·도경찰청 및 경찰서에 두는 보통승진심사위원회 위원 중 2명은 승진심사대상자보다 상위계급인 경위 이상 소속 경찰공무원 중에서 「국가경찰과 자치경찰의 조직 및 운영에 관한 법률」 제18조제1항에 따른 시·도자치경찰위원회의 추천을 받아 그 보통승진심사위원회가 설치된 경찰기관의 장이 임명한다. (2020.12.31 본항신설)
(2013.1.9 본조개정)

제17조【승진심사위원회의 관할】 ① 승진심사위원회는 다음 각 호의 구분에 따라 경찰공무원의 승진심사를 관할한다. 다만, 경찰청장은 승진예정 인원 등을 고려하여 부득이할 때에는 제2호의 승진심사 중 경찰서의 보통승진심사위원회에서 실시할 경위 이하 계급으로의 승진심사를 시·도경찰청의 보통승진심사위원회에서 하게 할 수 있다.(2020.12.31 단서개정)
1. 총경 이상 계급으로의 승진심사 : 중앙승진심사위원회
2. 경정 이하 계급으로의 승진심사 : 해당 경찰관이 소속한 경찰기관의 보통승진심사위원회(제3호의 경우는 제외한다)
3. 경찰서 소속 경찰공무원의 경감 이상 계급으로의 승진심사 : 시·도경찰청 보통승진심사위원회(2020.12.31 본호개정)
② (2020.6.23 삭제)
(2013.1.9 본조개정)

제18조【승진심사위원회의 회의】 ① 중앙승진심사위원회의 회의는 경찰청장이 소집하며, 보통승진심사위원회의 회의는 해당 경찰기관의 장이 경찰청장(경찰서 보통승진심사위원회 회의의 경우 시·도경찰청장을 말한다)의 승인을 받아 소집한다.(2020.12.31 본항개정)
② 승진심사위원회의 회의는 재적위원 과반수의 찬성으로 의결한다.
③ 승진심사위원회의 회의는 비공개로 한다.
(2013.1.9 본조개정)

제19조【승진심사위원회의 간사 등】 ① 승진심사위원회에 간사 1명과 서기 몇 명을 둔다.
② 간사와 서기는 승진심사위원회가 설치되어 있는 경찰기관 소속 인사담당 경찰공무원 중에서 그 경찰기관의 장이 임명한다.
③ 간사는 위원장의 명을 받아 위원회의 사무를 처리하며, 서기는 간사를 보조한다.
(2013.1.9 본조개정)

제20조【승진심사대상】 승진심사는 제11조에 따른 승진대상자 명부의 선순위자(승진시험에 합격한 사람은 제외한다)순으로 심사승진임용 예정 인원의 5배수를 대상으로 한다. 다만, 경찰청장은 부득이한 사유가 있을 때에는 승진심사대상자의 범위를 심사승진임용 예정 인원의 5배수 이하로 하게 할 수 있다.(2020.6.23 단서개정)

제21조【승진심사대상자에서의 제외】 경찰공무원이 다음 각 호의 어느 하나에 해당하는 경우에는 승진심사대상에서 제외한다.
1. 「경찰공무원 교육훈련규정」 제8조제1항부터 제3항까지의 규정에 따른 교육을 받지 아니하였거나 그 교육성적이 만점의 60퍼센트 미만인 경우
2. 제6조제1항 각 호의 어느 하나에 해당하는 경우
3. (2018.6.12 삭제)
4. 총경 이하 경찰공무원이 「경찰공무원 교육훈련규정」 제6조의2제1항에 따른 승진임용에 필요한 교육훈련시간을 충족하지 못한 경우. 다만, 「경찰공무원 교육훈련규정」 제6조의2제2항제1호에 해당하는 경우는 제외한다. (2018.6.12 본호개정)
(2013.1.9 본조개정)

제22조【승진심사의 기준 등】 ① 승진심사위원회는 승진심사대상자가 승진될 계급에서 직무를 수행할 능력이 있는지를 평가하기 위하여 다음 각 호의 사항을 심사한다.
1. 경험한 직책
2. 승진기록
3. 현 계급에서의 연도별 근무성적
4. 상벌
5. 소속 경찰기관의 장의 평가·추천
6. 적성
(2016.10.31 1호~6호개정)
② 승진심사의 절차와 그 밖에 필요한 사항은 행정안전부령으로 정한다.(2020.6.23 본항개정)
(2013.1.9 본조개정)

제22조의2【동료·민원인 등의 평가 반영】 ① 임용권자(「경찰공무원 임용령」 제4조제1항부터 제6항까지의 규정에 따라 임용권을 위임받은 자를 포함한다. 이하 같다)나 임용제청권자(법 제7조제1항에 따른 추천이 필요한 경우에는 경찰청장을 포함한다. 이하 같다)는 승진심사를 거쳐 소속 경찰공무원을 승진임용하거나 승진임용을 제청할 때 승진심사대상자에 대한 동료 평가 및 민원 평가를 실시하여 그 결과를 반영할 수 있다. 이 경우 동료 평가는 승진심사대상자의 상위·동일·하위 계급의 경찰공무원이 하고, 민원 평가는 승진심사대상자의 업무와 관련된 민원인 등이 한다.(2020.12.31 전단개정)

② 제1항에 따른 평가 결과는 특별승급, 성과상여금 지급, 교육훈련, 보직 관리 등 각종 인사관리에 반영할 수 있다.

③ 제1항 및 제2항에 따른 평가의 실시와 평가 결과의 반영 등에 관한 사항은 경찰청장이 정한다.(2020.6.23 본항개정)

(2013.1.9 본조개정)

제23조【승진심사 결과의 보고 등】 ① 승진심사위원회는 승진심사를 마쳤을 때에는 지체 없이 다음 각 호의 서류를 작성하여 중앙승진심사위원회의 경우에는 경찰청장에게, 보통승진심사위원회의 경우에는 그 위원회가 설치된 경찰기관의 장에게 보고해야 한다.(2020.6.23 본문개정)

1. 승진심사 의결서
2. 승진심사 종합평가서
3. 승진임용예정자로 선발된 사람의 명부(2018.6.12 본호개정)

② 제1항제3호에 따른 승진임용예정자로 선발된 사람의 명부는 승진심사 종합평가성적이 우수한 사람 순으로 작성하되, 동점자가 있는 경우에는 행정안전부령으로 정하는 순서에 따라 선순위자를 결정한다.(2018.6.12 본항개정)

(2016.10.31 본조제목개정)

(2013.1.9 본조개정)

제24조【심사승진후보자 명부의 작성】 ① 임용권자나 임용제청권자는 승진심사위원회에서 승진임용예정자로 선발된 사람에 대하여 심사승진후보자 명부를 작성하여야 한다.

② 심사승진후보자 명부의 작성에 관하여는 제23조제2항을 준용한다.(2018.6.12 본항개정)

③ 임용권자나 임용제청권자는 심사승진후보자 명부에 기록된 사람이 승진임용되기 전에 정직 이상의 징계처분을 받은 경우에는 심사승진후보자 명부에서 그 사람을 제외하여야 한다.

(2013.1.9 본조개정)

제25조【승진후보자의 승진임용 등】 ① 경찰공무원의 승진임용 시 심사승진후보자와 시험승진후보자가 있을 경우에 승진임용 인원의 70퍼센트를 심사승진후보자로, 30퍼센트를 시험승진후보자로 한다.(2023.8.22 본항개정)

② 심사승진임용은 제24조에 따른 심사승진후보자 명부에 기록된 순서에 따라 결원이 있을 때마다 수시로 한다.

(2013.1.9 본조개정)

제26조【근속승진】 ① 법 제16조에 따른 근속승진(이하 "근속승진"이라 한다) 기간은 제5조제2항부터 제8항까지의 규정에 따른 승진소요 최저근무연수의 계산 방법에 따라 계산한다.(2020.12.31 본항개정)

② 법 제16조제1항 각 호 외의 부분 단서에 따라 다음 각 호의 경찰공무원을 근속승진임용하는 경우에는 해당 각 호의 구분에 따른 기간을 근속승진 기간에서 단축할 수 있다.

1. 「공무원임용령」 제48조제1항제1호에 따른 인사교류 기간 중에 있거나 인사교류 경력이 있는 경찰공무원 : 인사교류 기간의 2분의 1에 해당하는 기간
2. 국정과제 등 주요 업무의 추진실적이 우수한 경찰공무원이나 적극행정 수행 태도가 돋보인 경찰공무원 : 1년

(2021.8.31 본항신설)

③ 제2항제2호에 따라 근속승진 기간을 단축하는 경찰공무원의 인원수는 인사혁신처장이 제한할 수 있다.

(2021.8.31 본항신설)

④ 임용권자는 경감으로의 근속승진임용을 위한 심사를 연 2회까지 실시할 수 있다. 이 경우 경감으로의 근속승진임용을 할 수 있는 인원수는 연도별로 합산하여 해당 기관의 근속승진 대상자의 100분의 40에 해당하는 인원수(소수점 이하가 있는 경우에는 1명을 가산한다)를 초과할 수 없다.(2022.10.11 본항개정)

⑤ 임용권자는 제4항 전단에 따라 심사를 실시하려는 경우 근속승진임용일 20일 전까지 해당 기관의 근속승진 대상자 및 근속승진임용 예정 인원을 경찰청장에게 보고해야 한다.(2022.10.11 본항신설)

⑥ 임용권자는 인사의 원활한 운영을 위하여 필요하다고 인정되는 경우에는 경위 재직기간별로 승진대상자 명부를 구분하여 작성할 수 있다.(2018.6.12 본항개정)

⑦ 제1항부터 제6항까지에서 규정한 사항 외에 근속승진 방법, 그 밖에 인사운영에 필요한 사항은 경찰청장이 정한다.(2022.10.11 본항개정)

제5장 승진시험

(2013.1.9 본장개정)

제27조【시험 실시의 원칙】 ① 경찰공무원의 승진시험(이하 "시험"이라 한다)은 계급별로 실시하되, 경찰청장이 필요하다고 인정할 때에는 경과별 또는 특수분야별로 구분하여 실시할 수 있다.

② 제1항에 따라 경과별 또는 특수분야별로 시험을 실시하는 경우에는 승진임용 후 2년 이상 5년 이하의 범위에서 행정안전부장관이 정하는 기간 동안 경찰청장이 지정하는 직무부서에서 근무할 것을 조건으로 할 수 있다.

(2020.6.23 본조개정)

제28조【시험 실시권의 위임】 경찰청장은 법 제20조제1항에 따라 경정 이하 계급으로의 시험을 소속기관등의 장에게 위임할 수 있다.(2023.12.19 본조개정)

제29조【응시자격】 시험에 응시하려는 경찰공무원은 다음 각 호의 요건을 갖추어야 한다.

1. 시험을 실시하는 해의 1월 1일을 기준으로 제5조에 따른 승진소요 최저근무연수 이상 해당 계급에서 재직하였을 것(2018.6.12 본호개정)
2. 「경찰공무원 교육훈련규정」 제8조제1항 또는 제2항에 따른 교육을 받은 사람으로서 그 교육성적이 만점의 60퍼센트 이상일 것
3. 제6조제1항에 따른 승진임용 제한 사유에 해당하지 아니할 것
4. 총경 이하 경찰공무원의 경우 「경찰공무원 교육훈련규정」 제6조의2제1항에 따른 승진임용에 필요한 교육훈련시간 이상 교육훈련을 받았을 것. 다만, 「경찰공무원 교육훈련규정」 제6조의2제2항제1호에 해당하는 경우는 제외한다.(2018.6.12 본호개정)

제30조【시험의 시행 및 공고】 ① 시험은 매년 1회 실시한다.

② 시험을 실시하려는 경우에는 그 일시·장소, 그 밖에 시험 실시에 필요한 사항을 시험 실시 15일 전까지 공고하여야 한다.

제31조【시험의 방법 및 절차】 ① 시험은 제1차시험, 제2차시험 및 제3차시험으로 구분하여 다음 각 호의 방법으로 실시한다.

1. 제1차시험은 선택형으로 하는 것을 원칙으로 하되, 과목별로 기입형을 포함할 수 있다. 다만, 경과별 또는 특수분야별로 구분하여 실시하는 경우에는 실기시험으로 하거나 실기시험을 병행할 수 있다.(2016.10.31 단서개정)
2. 제2차시험은 논문형으로 하는 것을 원칙으로 하되, 과목별로 주관식 단답형을 포함할 수 있다. 다만, 경과별 또는 특수분야별로 구분하여 실시하는 경우에는 실기시험으로 하거나 실기시험을 병행할 수 있다.(2016.10.31 단서개정)
3. 제3차시험은 면접시험으로 하며, 직무수행에 필요한 응용능력과 적격성을 검정한다.

② 제1항에도 불구하고 경찰청장이 필요하다고 인정할 때에는 제3차시험을 생략할 수 있으며, 제1차시험과 제2차시험을 동시에 실시할 수 있다.(2020.6.23 본항개정)

③ 제1차시험에 합격하지 아니하면 제2차시험에 응시할 수 없고, 제2차시험에 합격하지 아니하면 제3차시험에 응시할 수 없다. 다만, 제2항에 따라 제1차시험과 제2차시험을 동시에 실시하는 경우에는 그러하지 아니하다.

④ 제2항에 따라 제1차시험과 제2차시험을 동시에 실시하는 경우 제1차시험에 불합격한 사람의 제2차시험은 무효로 한다.

제31조의2【경감 이하 계급으로의 시험 방법 등의 특례】 ① 경감 이하 계급으로의 시험의 경우 특수분야 중 경찰청장이 지정하는 분야에 대해서는 제31조제1항에도 불구하고 필기시험과 면접시험으로 구분하여 실시할 수 있다. 다만, 경찰청장이 필요하다고 인정할 때에는 면접시험을 생략할 수 있다.(2020.6.23 본항개정)

② 제1항에 따른 필기시험과 면접시험은 다음 각 호의 방법으로 실시한다.

1. 필기시험은 선택형으로 하는 것을 원칙으로 하되, 과목별로 기입형을 포함할 수 있다.
2. 면접시험에서는 직무수행에 필요한 응용능력과 적격성을 검정한다.

③ 필기시험에 합격하지 아니하면 면접시험에 응시할 수 없다.

제32조【시험 과목 등】 제31조제1항에 따른 제1차시험과 제2차시험 및 제31조의2에 따른 필기시험의 과목과 과목별 배점비율은 행정안전부령으로 정한다.(2020.6.23 본조개정)

제33조【시험의 합격자 결정】 ① 제1차시험 및 제2차시험에서는 각 과목 만점의 40퍼센트 이상 득점한 사람 중에서 선발예정 인원을 고려하여 고득점자순으로 합격자를 결정한다.(2016.10.31 본항개정)

② 제3차시험에서는 합격·불합격만을 결정한다.

③ 최종합격자는 제3차시험에 합격한 사람(제3차시험을 실시하지 아니하는 경우에는 제2차시험에 합격한 사람을 말한다) 중에서 다음 각 호의 비율로 합산한 성적의 고득점자순으로 결정한다.(2016.10.31 본문개정)

1. 제1차시험성적 36퍼센트(경비경찰의 경우에는 30퍼센트)
2. 제2차시험성적 24퍼센트(경비경찰의 경우에는 30퍼센트)
3. 해당 계급에서의 근무성적 40퍼센트(2014.12.9 본호개정)
4. (2014.12.9 삭제)

④ 제3항제3호에 따른 해당 계급에서의 근무성적은 경위 이하 경찰공무원의 경우에는 시험 실시연도 기준일부터 최근 1년 이내에 그 계급에서 평정한 평정점으로 산정하며, 경감인 경찰공무원의 경우에는 시험 실시연도 기준일부터 최근 2년 이내에 그 계급에서 평정한 평정점으로 다음의 계산방식으로 산정한다.

(최근 1년 이내에 평정한 평정점 × 60 / 100) + (최근 1년 전 2년 이내에 평정한 평정점 × 40 / 100)

(2023.8.22 본항개정)

제33조의2【특례 시험의 합격자 결정】 ① 제31조의2에 따라 시험을 실시하는 경우에 필기시험 및 면접시험의 합격자 결정은 다음 각 호의 방법에 따른다.

1. 필기시험에서는 각 과목 만점의 40퍼센트 이상 득점한 사람 중에서 선발예정 인원을 고려하여 고득점자순으로 합격자를 결정한다.(2016.10.31 본호개정)
2. 면접시험에서는 합격·불합격만을 결정한다.

② 최종합격자는 면접시험에 합격한 사람(제31조의2제1항 단서에 따라 면접시험을 생략한 경우에는 필기시험에 합격한 사람을 말한다) 중에서 다음 각 호의 비율로 합산한 성적의 고득점자순으로 결정한다. 이 경우 해당 계급에서의 근무성적 계산방법에 관하여는 제33조제4항을 준용한다.(2016.10.31 본문개정)

1. 필기시험성적 60퍼센트
2. 해당 계급에서의 근무성적 40퍼센트(2014.12.9 본호개정)
3. (2014.12.9 삭제)

제33조의3【특례 시험 선택과목의 점수 산출방법】 ① 제31조의2에 따른 필기시험 선택과목의 득점은 응시자가 선택한 과목 점수의 표준편차와 평균점을 산출하여 별표의 계산식에 따라 조정한 점수(이하 "조정점수"라 한다)로 한다.

② 제33조의2제1항제1호에서 "각 과목 만점의 40퍼센트 이상"이란 응시자의 조정점수와 조정 전 점수 중 어느 하나가 40퍼센트 이상에 해당하는 것을 말한다.

(2019.12.24 본조신설)

제34조【시험위원의 임명 등】 ① 시험실시기관의 장은 다음 각 호의 어느 하나에 해당하는 사람 중에서 시험 시행에 필요한 사항을 담당할 시험위원을 임명하거나 위촉할 수 있다.

1. 해당 시험 분야에 대한 전문적인 학식이나 능력이 있는 사람
2. 임용예정 직무의 실무에 정통한 사람

② 시험위원에게는 예산의 범위에서 경찰청장이 정하는 바에 따라 수당을 지급한다.(2020.6.23 본항개정)

제35조【부정행위자에 대한 조치】 ① 시험에서 다음 각 호의 어느 하나에 해당하는 행위를 한 경찰공무원에 대해서는 그 시험을 정지 또는 무효로 하거나 합격을 취소하고, 그 처분이 있은 날부터 5년간 이 영에 따른 시험에 응시할 수 없게 한다.

1. 다른 수험생의 답안지를 보거나 본인의 답안지를 보여주는 행위
2. 대리 시험을 의뢰하거나 대리로 시험에 응시하는 행위
3. 통신기기, 그 밖의 신호 등을 이용하여 해당 시험 내용에 관하여 다른 사람과 의사소통하는 행위
4. 부정한 자료를 가지고 있거나 이용하는 행위
5. 실기시험에 영향을 미칠 목적으로 「공무원임용시험령」 제51조제1항제6호에 따라 인사혁신처장이 정하여 고시하는 금지약물을 복용하거나 금지방법을 사용하는 행위
6. 그 밖에 부정한 수단으로 본인 또는 다른 사람의 시험 결과에 영향을 미치는 행위

② 시험에서 다음 각 호의 어느 하나에 해당하는 행위를 한 경찰공무원에 대해서는 그 시험을 정지하거나 무효로 한다.

1. 시험 시작 전에 시험문제를 열람하는 행위
2. 시험 시작 전 또는 종료 후에 답안을 작성하는 행위
3. 허용되지 아니한 통신기기 또는 전자계산기를 가지고 있는 행위
4. 그 밖에 시험의 공정한 관리에 영향을 미치는 행위로서 시험실시기관의 장이 시험의 정지 또는 무효 처리기준으로 정하여 공고한 행위

(2018.11.20 본조개정)

제36조【시험승진후보자 명부의 작성 등】 ① 임용권자나 임용제청권자는 시험에 합격한 사람에 대하여 각 계급별로 승진후보자 명부를 작성하되, 제33조제3항 또는 제33조의2제2항에 따른 합산성적 고득점자순으로 작성하여야 한다.(2016.10.31 본항개정)

② 시험승진임용은 제1항에 따른 시험승진후보자 명부에 기록된 순서에 따른다.

③ 임용권자나 임용제청권자는 시험승진후보자 명부에 기록된 사람이 승진임용되기 전에 정직 이상의 징계처분을 받은 경우에는 시험승진후보자 명부에서 그 사람을 제외하여야 한다.

제6장 특별승진
(2013.1.9 본장개정)

제37조【특별유공자 등의 특별승진】 ① 법 제19조제1항제1호에 따른 특별승진대상자는 다음 각 호와 같다.(2020.12.31 본문개정)
1. 「국가공무원법」 제40조의4제1항제1호에 해당하는 경우 : 「공무원임용령」 제35조의2제1항제1호에 따른 포상을 받은 사람
2. 「국가공무원법」 제40조의4제1항제2호에 해당하는 경우 : 다음 각 목의 어느 하나에 해당하는 사람
가. 행정 능률을 향상시키고 예산을 절감하는 등 직무수행능력이 탁월하여 경찰행정 발전에 기여한 공이 매우 크다고 임용권자가 인정하는 사람
나. 「공무원임용령」 제35조의2제1항제2호나목에 따른 포상을 받은 사람
다. 경찰청장이 정하는 포상을 받은 사람(2020.6.23 본목신설)
(2019.11.5 본호개정)
3. 「국가공무원법」 제40조의4제1항제3호에 해당하는 경우 : 「공무원 제안 규정」에 따른 창안등급 동상 이상을 받은 사람으로서 경찰행정 발전에 기여한 실적이 뚜렷한 사람(2017.1.6 본호개정)
4. 「국가공무원법」 제40조의4제1항제4호에 해당하는 경우 : 20년 이상 근속하고 정년 1년 전까지의 기간 중 자진하여 퇴직하는 사람으로서 재직 중 특별한 공적이 있다고 인정되는 사람

② 법 제19조제1항제2호에 따른 특별승진대상자는 전투, 대(對)간첩작전, 그 밖에 이에 준하는 업무수행 중 현저한 공을 세우고 사망하였거나 부상을 입어 사망한 사람 또는 직무수행 중 다른 사람의 모범이 되는 공을 세우고 사망하였거나 부상을 입어 사망한 사람으로 한다.(2020.12.31 본항개정)

③ 법 제19조제1항제3호에 따른 특별승진대상자는 다음 각 호와 같다. 이 경우 제1호, 제2호 또는 제4호에 해당하는 특별승진대상자에는 첩보 제공 등 공조수사를 하여 사건 해결에 결정적인 기여를 한 사람을 포함한다.(2020.12.31 전단개정)
1. 헌신적인 노력으로 간첩 또는 무장공비를 사살하거나 검거한 사람
2. 국가안전을 해치는 중한 범죄의 주모자를 검거한 사람
3. 전시·사변 또는 이에 준하는 비상사태에서 위험을 무릅쓰고 헌신·분투하여 사태 진압에 특별한 공을 세운 사람
4. 살인·강도·조직폭력 등 중한 범죄의 범인 검거에 헌신·분투하여 그 공이 특별히 현저한 사람
5. 천재지변이나 그 밖의 재난 발생 시 위험을 무릅쓰고 인명을 구조하거나 재산을 보호한 공이 특별히 현저한 사람
6. 행정안전부령으로 정하는 특별경비부서에서 헌신적으로 직무를 수행한 공이 있고, 상위직의 직무수행능력이 있다고 인정되는 사람(2020.6.23 본호개정)

④ 제1항제2호나목에 해당하는 경우로서 「공무원임용령」 제35조의2제5항에 따라 인사혁신처장이 정하는 국무총리 표창 이상의 포상을 받은 사람을 특별승진임용할 때에는 계급별 정원을 초과하여 임용할 수 있으며, 정원과 현원이 일치할 때까지 그 인원에 해당하는 정원이 해당 기관에 따로 있는 것으로 본다. 이 경우 특별승진임용의 절차 및 운영 등에 필요한 사항은 경찰청장이 정한다.(2019.11.5 본항신설)

제38조【특별승진의 계급 범위】 제37조에 따른 특별승진은 다음 각 호의 계급으로 승진하는 것으로 한정한다.
1. 제37조제1항제1호의 경우 : 경정 이하 계급으로의 승진
2. 제37조제1항제2호 및 제3호의 경우 : 경감 이하 계급으로의 승진
3. 제37조제1항제4호 또는 같은 조 제2항의 경우 : 치안정감 이하 계급으로의 승진
4. 제37조제3항제1호부터 제5호까지의 경우 : 경정 이하 계급으로의 승진(2023.8.22 본호개정)
5. 제37조제3항제6호의 경우 : 경위 이하 계급으로의 승진

제39조【특별승진의 실시】 경찰공무원의 특별승진은 경찰청장이 특히 필요하다고 인정하는 경우에 수시로 실시할 수 있다.(2020.6.23 본조개정)

제40조【승진소요 최저근무연수 등의 적용 배제】 ① 제37조제1항제4호 및 같은 조 제3항제2호부터 제5호까지의 규정에 해당하는 특별승진에 대해서는 제5조제1항을 적용하지 아니한다.

② 제37조제2항에 해당하는 특별승진에 대해서는 제5조제1항 및 제6조를 적용하지 아니한다.

③ 제37조제3항제1호에 해당하는 특별승진에 대해서는 제5조제1항 및 제6조제1항제4호를 적용하지 아니한다.

제40조의2【특별승진의 제한 및 취소】 ① 제37조제1항제4호에 따라 특별승진임용할 때에는 해당 경찰공무원이 재직기간 중 중징계 처분 또는 다음 각 호의 어느 하나에 해당하는 사유로 경징계 처분을 받은 사실이 없어야 한다.
1. 「국가공무원법」 제78조의2제1항 각 호의 징계 사유
2. 「성폭력범죄의 처벌 등에 관한 특례법」 제2조에 따른 성폭력범죄
3. 「성매매알선 등 행위의 처벌에 관한 법률」 제2조제1항제1호에 따른 성매매
4. 「양성평등기본법」 제3조제2호에 따른 성희롱
5. 「도로교통법」 제44조제1항에 따른 음주운전 또는 같은 조 제2항에 따른 음주측정에 대한 불응

② 제37조제1항제4호에 따라 특별승진임용된 사람이 「국가공무원법」 제74조의2제3항제1호·제1호의2 또는 제1호의3에 해당하여 명예퇴직수당을 환수하는 경우에는 특별승진임용을 취소해야 한다. 이 경우 특별승진임용이 취소된 사람은 그 특별승진임용 전의 계급으로 퇴직한 것으로 본다.(2019.6.25 본조신설)

제41조【특별승진심사】 ① 임용권자나 임용제청권자는 소속 경찰공무원을 특별승진시키려면 중앙승진심사위원회의 심사를 거쳐야 한다. 다만, 경위 이하 경찰공무원을 특별승진시키려는 경우에는 경찰청장이 정하는 바에 따라 보통승진심사위원회의 심사로 중앙승진심사위원회의 심사를 갈음할 수 있다.(2020.6.23 단서개정)

② 제37조에 해당하는 특별승진대상자가 「경찰공무원 교육훈련규정」 제8조제1항 및 제2항에 따른 교육을 수료하지 아니한 경우에는 그 교육을 수료한 후에 제1항에 따른 심사를 받게 하여야 한다. 다만, 제37조제1항제4호, 같은 조 제2항 또는 같은 조 제3항제1호부터 제5호까지의 규정에 해당하는 특별승진대상자의 경우에는 그러하지 아니하다.

③ 제1항에 따른 특별승진심사에 필요한 사항은 행정안전부령으로 정한다.(2020.6.23 본항개정)

제42조【특별승진후보자 명부의 작성 등】 ① 임용권자나 임용제청권자는 특별승진임용예정자로 선발된 사람에 대하여 특별승진후보자 명부를 작성하여야 한다.

② 특별승진후보자 명부에 기록하는 순서는 승진심사위원회의 특별승진 의결일순으로 하되, 의결일이 같을 경우에는 근무성적 평정점순으로 한다.(2016.10.31 본항개정)

③ 특별승진임용은 특별한 경우 외에는 제2항에 따른 특별승진후보자 명부에 기록된 순서에 따른다.

④ 임용권자나 임용제청권자는 특별승진후보자 명부에 기록된 사람이 승진임용되기 전에 정직 이상의 징계처분을 받은 경우에는 특별승진후보자 명부에서 그 사람을 제외하여야 한다.

제7장 대우공무원
(2013.1.9 본장개정)

제43조【대우공무원의 선발 등】 ① 임용권자나 임용제청권자는 소속 경찰공무원 중 해당 계급에서 제5조에 따른 승진소요 최저근무연수 이상 근무하고 승진임용 제한 사유가 없는 근무실적 우수자를 바로 위 계급의 대우공무원(이하 "대우공무원"이라 한다)으로 선발할 수 있다.

② 대우공무원 선발에 필요한 사항은 행정안전부령으로 정한다.(2020.6.23 본항개정)

③ 대우공무원에게는 「공무원수당 등에 관한 규정」에서 정하는 바에 따라 수당을 지급할 수 있다.

제8장 보 칙
(2013.1.9 본장개정)

제44조【민감정보 및 고유식별정보의 처리】 임용권자나 임용제청권자는 법 및 이 영에 따른 경찰공무원의 승진임용에 필요한 자격, 요건의 확인 등을 위한 사무를 수행하기 위하여 불가피한 경우 「개인정보 보호법」 제23조에 따른 건강에 관한 정보, 같은 법 시행령 제18조제2호에 따른 범죄경력자료에 해당하는 정보 및 같은 영 제19조제1호에 따른 주민등록번호가 포함된 자료를 처리할 수 있다.(2022.12.20 본조개정)

부 칙 (2015.9.22)

제1조【시행일】 이 영은 공포한 날부터 시행한다.

제2조【공무상 질병 또는 부상으로 인한 휴직자의 특별승진임용에 관한 적용례】 제6조제1항제1호의 개정규정은 이 영 시행 당시에 「공무원연금법」에 따른 공무상 질병 또는 부상으로 인하여 「국가공무원법」 제71조제1항제1호에 따라 휴직 중인 사람에게도 적용한다.

제3조【승진대상자 명부에 관한 경과조치】 이 영 시행 당시 승진대상자 명부가 작성되어 있는 경우에는 제9조제3항의 개정규정에도 불구하고 종전의 규정에 따른다.

부 칙 (2016.10.31)

제1조【시행일】 이 영은 공포한 날부터 시행한다. 다만, 제39조의 개정규정은 2017년 1월 1일부터 시행한다.

제2조【근무성적 평정에 관한 적용례】 제8조의 개정규정은 2016년 10월 31일을 기준으로 근무성적 평정을 하는 경우부터 적용한다.

제3조【승진대상자 명부 작성 시 가산점 부여에 관한 적용례】 제11조제3항의 개정규정은 2016년 11월 1일을 기준으로 승진대상자 명부를 작성하는 경우부터 적용한다.

제4조【승진소요 최저근무연수 계산에 관한 경과조치】 경찰대학을 졸업하고 경위로 임용된 사람이 「전투경찰대설치법」(2015년 7월 24일 법률 제13425호로 개정되기 전의 것을 말한다) 제2조의3제3항에 따라 전투경찰대의 대원으로 복무한 기간은 제5조제3항의 개정규정에 따라 「의무경찰대 설치 및 운영에 관한 법률」 제2조의3제2항에 따른 의무경찰대의 대원으로 복무한 기간으로 본다.

부 칙 (2017.4.25)

제1조【시행일】 이 영은 공포한 날부터 시행한다.

제2조【승진소요 최저근무연수 산입에 관한 적용례】 제5조제2항제1호라목 단서의 개정규정은 이 영 시행 전에 임신·출산 또는 자녀 양육을 위하여 휴직한 경찰공무원의 휴직기간에 대해서도 적용한다.

부 칙 (2018.9.18 영29170호)

제1조【시행일】 이 영은 공포한 날부터 시행한다.

제2조【승진소요 최저근무연수 산입에 관한 적용례】 제5조제6항제3호의 개정규정은 이 영 시행 전에 「국가공무원법」 제71조제2항제4호의 사유로 인한 휴직을 대신하여 시간선택제전환경찰공무원으로 지정되어 근무한 기간에 대해서도 적용한다.

제3조【승진임용의 제한에 관한 적용례】 제6조제1항제2호의 개정규정은 이 영 시행 이후 징계 사유가 발생하는 경우부터 적용한다.

제4조【승진대상자 명부의 작성에 관한 경과조치】 이 영 시행 전에 특수지근무수당 지급대상 지역 또는 감찰담당 부서에서 근무하였거나 이 영 시행 당시 근무 중인 사람이 이 영 시행일을 기준으로 종전의 제11조제3항제1호 또는 제2호에 따라 받았거나 받을 수 있는 가산점은 제11조제3항제1호 또는 제2호의 개정규정에도 불구하고 종전의 규정에 따른다.

제4조 (2023.12.19 삭제 : 2026.7.1 시행)

부 칙 (2018.11.20)

제1조【시행일】 이 영은 공포한 날부터 시행한다.

제2조【승진소요 최저근무연수 산입에 관한 적용례】 제5조제2항제1호라목의 개정규정은 이 영 시행 전에 임신 또는 출산하거나 자녀를 양육하기 위하여 휴직한 경찰공무원의 휴직 기간에 대해서도 적용한다.

제3조【근무성적 평정 결과 공개에 관한 적용례】 제7조제5항 단서의 개정규정은 2018년 10월 31일을 기준으로 실시된 근무성적 평정부터 적용한다.

제4조【부정행위자에 대한 조치에 관한 적용례】 제35조제2항의 개정규정은 이 영 시행 전에 시험에서 부정행위를 하여 응시자격을 박탈당한 경우로서 5년이 경과하지 아니한 경찰공무원에 대해서도 적용한다.

부 칙 (2018.12.11)

제1조【시행일】 이 영은 공포한 날부터 시행한다.

제2조【승진임용의 제한에 관한 적용례】 이 영의 개정규정은 이 영 시행 이후 징계사유가 발생하는 경우부터 적용한다.

부 칙 (2019.6.25)

제1조【시행일】 이 영은 2019년 7월 1일부터 시행한다.

제2조【특별승진임용의 제한에 관한 적용례 등】 ① 징계로 인한 특별승진임용, 명예진급(군인에 한정한다) 또는 특별임용(참사관급 외무공무원에 한정한다) 제한에 관한 이 영의 개정규정은 이 영 시행 전에 징계 처분을 받은 사실이 있는 사람에 대해서도 적용한다.

② 이 영 시행 전에 「국가인권위원회법」 제2조제3호라목에 따른 성희롱을 사유로 경징계 처분을 받은 사실이 있는 사람은 이 영의 개정규정에 따라 「양성평등기본법」 제3조제2호에 따른 성희롱을 사유로 경징계 처분을 받은 사실이 있는 것으로 본다.

제3조【특별승진임용 취소에 관한 적용례】 명예퇴직수당의 환수로 인한 특별승진임용, 명예진급(군인에 한정한다) 또는 특별임용(참사관급 외무공무원에 한정한다) 취소에 관한 이 영의 개정규정은 이 영 시행 이후 특별승진임용되는 사람부터 적용한다.

부 칙 (2019.11.5)

제1조【시행일】 이 영은 공포한 날부터 시행한다.

제2조【승진임용 제한기간 가산에 관한 적용례】 제6조제1항제2호 각 목 외의 부분의 개정규정은 이 영 시행 이후 징계 사유에 해당하는 위반행위를 하는 경우부터 적용한다.

제3조【특별승진 요건 등에 관한 적용례】 제37조제1항제2호나목 및 같은 조 제4항의 개정규정은 이 영 시행 이후 포상을 받는 경찰공무원부터 적용한다.

부 칙 (2019.12.24)
(2020.6.23)

이 영은 공포한 날부터 시행한다.

부　칙 (2020.12.31)

제1조【시행일】 이 영은 2021년 1월 1일부터 시행한다.
제2조【보통승진심사위원회 위원 임명에 관한 적용례】 제16조제4항의 개정규정은 「국가경찰과 자치경찰의 조직 및 운영에 관한 법률」 제18조제1항에 따른 시·도자치경찰위원회가 설치·구성된 이후 해당 시·도경찰청 및 경찰서에 두는 보통승진심사위원회 위원을 임명하는 경우부터 적용한다.

부　칙 (2021.8.31)
(2022.10.11)
(2022.12.20)

이 영은 공포한 날부터 시행한다.

부　칙 (2023.1.3)

이 영은 공포 후 6개월이 경과한 날부터 시행한다.

부　칙 (2023.8.22)

제1조【시행일】 이 영은 공포한 날부터 시행한다. 다만, 제9조제3항제1호 및 제2호의 개정규정은 2024년 7월 1일부터 시행한다.
제2조【승진임용 예정 인원 결정 등에 관한 특례】 ① 이 영 시행일부터 2025년 6월 30일까지 경정 이하 경장 이상 계급으로의 승진임용 예정 인원을 정하는 경우에는 제4조제4항의 개정규정에도 불구하고 다음 각 호의 구분에 따라 해당 호에서 정하는 바에 따른다.
1. 2024년 6월 30일까지 : 계급별로 전체 승진임용 예정 인원에서 특별승진임용 예정 인원을 뺀 인원의 50퍼센트를 심사승진임용 예정 인원으로, 50퍼센트를 시험승진임용 예정 인원으로 한다.
2. 2025년 6월 30일까지 : 계급별로 전체 승진임용 예정 인원에서 특별승진임용 예정 인원을 뺀 인원의 60퍼센트를 심사승진임용 예정 인원으로, 40퍼센트를 시험승진임용 예정 인원으로 한다.

② 이 영 시행일부터 2025년 12월 31일까지 경정 이하 경장 이상 계급으로의 승진임용을 하려는 경우에는 제25조제1항의 개정규정에도 불구하고 다음 각 호의 구분에 따라 해당 호에서 정하는 바에 따른다.
1. 2024년 12월 31일까지 : 승진임용 인원의 50퍼센트를 심사승진후보자로, 50퍼센트를 시험승진후보자로 한다.
2. 2025년 12월 31일까지 : 승진임용 인원의 60퍼센트를 심사승진후보자로, 40퍼센트를 시험승진후보자로 한다.

제3조【승진임용 제한기간의 계산에 관한 경과조치】 이 영 시행 전에 징계처분을 받은 경우에는 제6조제2항의 개정규정에도 불구하고 종전의 규정에 따른다.

부　칙 (2023.12.19)

이 영은 2026년 7월 1일부터 시행한다. 다만, 제28조의 개정규정은 2024년 7월 1일부터 시행한다.

〔별표〕 ➡ 「法典 別册」 참조

경찰공무원 복무규정

(1983년 6월 11일
전개대통령령 제11144호)

개정
1991. 7.30영13435호(경찰공무원임용령)
1996. 8. 8영15136호(직제)
2008.11.11영21110호
2014.11.19영25751호(직제)
2017. 7.26영28215호(직제)
2021. 1. 5영31380호(법령용어정비)

제1장 총 칙

제1조【목적】 이 영은 경찰공무원의 복무에 관한 사항을 규정함을 목적으로 한다.
제2조【정의】 이 영에서 "경찰기관"이란 「경찰공무원 징계령」 제3조제2항에 따른 경찰기관을 말한다.
(2008.11.11 본조개정)
제3조【기본강령】 경찰공무원은 다음의 기본강령에 따라 복무해야 한다.(2021.1.5 본문개정)
1. 경찰사명
경찰공무원은 국가와 민족을 위하여 충성과 봉사를 다하며, 국민의 생명·신체 및 재산을 보호하고, 공공의 안녕과 질서를 유지함을 그 사명으로 한다.
2. 경찰정신
경찰공무원은 국민의 수임자로서 일상의 직무수행에 있어서 국민의 자유와 권리를 존중하는 호국·봉사·정의의 정신을 그 바탕으로 삼는다.
3. 규율
경찰공무원은 법령을 준수하고 직무상의 명령에 복종하며, 상사에 대한 존경과 부하에 대한 존중으로써 규율을 지켜야 한다.
(2021.1.5 본호개정)
4. 단결
경찰공무원은 주어진 사명을 다하기 위하여 긍지를 가지고 한마음 한뜻으로 굳게 뭉쳐 임무수행에 모든 역량을 기울여야 한다.
5. 책임
경찰공무원은 창의와 노력으로써 소임을 완수하여야 하며, 직무수행의 결과에 대하여 책임을 진다.
6. 성실·청렴
경찰공무원은 성실하고 청렴한 생활태도로써 국민의 모범이 되어야 한다.

제2장 복무자세

제4조【예절】 ① 경찰공무원은 고운말을 사용하도록 노력하여야 하며, 국민에게 겸손하고 친절하여야 한다.
② 경찰공무원은 상·하급자 및 동료간에 서로 예절을 지켜야 한다.
제5조【용모·복장】 경찰공무원은 용모와 복장을 단정히 하여 품위를 유지하여야 한다.
제6조【환경정돈】 경찰공무원은 사무실과 그 주변환경을 항상 깨끗하게 정리·정돈하여 명랑한 분위기를 유지하여야 한다.
제7조【일상행동】 경찰공무원은 공·사생활을 막론하고 국민의 모범이 되어야 하며, 다음과 같이 행동하여야 한다.
1. 상·하급자 및 동료를 비난·악평하거나 서로 다투는 행위를 하여서는 아니되며, 항상 협동심과 상부상조의 동료애를 발휘하여야 한다.
2. 경솔하거나 난폭한 행동을 하여서는 아니되며, 항상 명랑·활달하여야 한다.
3. 건전하지 못한 오락행위를 하여서는 아니된다.

제3장 복무등

제8조【지정장소외에서의 직무수행금지】 경찰공무원은 상사의 허가를 받거나 그 명령에 의한 경우를 제외하고는 직무와 관계없는 장소에서 직무수행을 하여서는 아니된다.
제9조【근무시간중 음주금지】 경찰공무원은 근무시간중 음주를 하여서는 아니된다. 다만, 특별한 사정이 있는 경우에는 예외로 하되, 이 경우 주기가 있는 상태에서 직무를 수행하여서는 아니된다.
제10조【민사분쟁에의 부당개입금지】 경찰공무원은 직위 또는 직권을 이용하여 부당하게 타인의 민사분쟁에 개입하여서는 아니된다.
제11조【상관에 대한 신고】 경찰공무원은 신규채용·승진·전보·파견·출장·연가·교육훈련기관에의 입교 기타 신분관계 또는 근무관계 또는 근무관계의 변동이 있는 때에는 소속상관에게 신고를 하여야 한다.
제12조【보고 및 통보】 경찰공무원은 치안상 필요한 상황의 보고 및 통보를 신속·정확·간결하게 하여야 한다.
제13조【여행의 제한】 경찰공무원은 휴무일 또는 근무시간외에 2시간 이내에 직무에 복귀하기 어려운 지역으로 여행을 하고자 할 때에는 소속 경찰기관의 장에게 신고를 하여야 한다. 다만, 치안상 특별한 사정이 있어 경찰청장, 해양경찰청장 또는 경찰기관의 장이 지정하는 기간중에는 소속경찰기관의 장의 허가를 받아야 한다.
(2017.7.26 단서개정)
제14조【비상소집】 ① 경찰기관의 장은 비상사태에 대처하기 위하여 필요하다고 인정할 때에는 소속경찰공무원을 긴급히 소집(이하 "비상소집"이라 한다)하거나 일정한 장소에 대기하게 할 수 있다.
② 제1항의 규정에 의한 비상소집의 요건·종류·절차등에 관하여 필요한 사항은 경찰청장 또는 해양경찰청장이 정한다.(2017.7.26 본항개정)
제15조【특수근무자의 근무수칙등】 ① 경찰청장 또는 해양경찰청장은 대간첩작전을 주임무로 하는 경찰공무원, 해양경찰청의 해상근무경찰공무원, 경찰기동대의 대원 기타 특수근무경찰공무원에 대한 근무수칙·내무생활 기타 복무에 관하여 필요한 사항을 따로 정하여 실시할 수 있다.
② 경찰청장 또는 해양경찰청장은 필요하다고 인정할 때에는 제1항의 규정에 의한 복무에 필요한 사항의 일부를 당해 경찰기관의 장이 정하여 실시하게 할 수 있다.
(2017.7.26 본조개정)

제4장 사기진작 및 휴가등

제16조【사기진작】 경찰기관의 장은 소속 경찰공무원에 대한 인사상담·고충처리 기타의 방법으로 직무의욕을 고취시키고 사기진작에 노력하여야 한다.
제17조【건강관리】 ① 경찰기관의 장은 소속 경찰공무원의 건강유지와 체력향상에 관한 보건대책을 강구하여야 한다.
② 경찰공무원은 항상 보건위생에 유의하여 건강을 유지하고 체력을 증진하는데 노력하여야 한다.
제18조【포상휴가】 경찰기관의 장은 근무성적이 탁월하거나 다른 경찰공무원의 모범이 될 공적이 있는 경찰공무원에 대하여 1회 10일이내의 포상휴가를 허가할 수 있다. 이 경우의 포상휴가기간은 연가일수에 산입하지 아니한다.
제19조【연일근무자 등의 휴무】 경찰기관의 장은 특별한 사정이 없는 한 다음과 같이 휴무를 허가하여야 한다.
(2008.11.11 본문개정)
1. 연일근무자 및 공휴일근무자에 대하여는 그 다음 날 1일의 휴무
2. 당직 또는 철야근무자에 대하여는 다음 날 오후 2시를 기준으로 하여 오전 또는 오후의 휴무(2008.11.11 본호개정)

(2008.11.11 본조제목개정)

제5장 보 칙

제20조【「국가공무원 복무규정」의 준용】 경찰공무원의 복무에 관하여 이 영에서 규정한 사항 외에는 「국가공무원 복무규정」을 적용한다.(2008.11.11 본조개정)

부　칙 (2014.11.19)
(2017.7.26)

제1조【시행일】 이 영은 공포한 날부터 시행한다.(이하 생략)

부　칙 (2021.1.5)

이 영은 공포한 날부터 시행한다.(이하 생략)

경찰공무원 징계령

(1970년 6월 19일
전개대통령령 제5095호)

개정
1974. 4.22영 7119호
1975.12.31영 7906호(국가소방공무원인사에관한특례규정)
1976. 5.27영 8138호
1978. 4.24영 8969호(소방공무원징계령)
1983. 5.12영11128호
1987.12.31영12343호(경찰공무원임용령)
1988.12.19영12555호(본적삭제일부개정령)
1991. 7.30영13437호
1996. 8. 8영15136호(직제)
1999.12.28영16620호(직제)
2006. 7.21영19616호
2007. 9.20영20284호(경찰공무원교육훈련규정)
2008.12.17영21166호
2009.11.23영21842호(직제)
2010. 6.15영22201호
2010.10.22영22459호(직제)
2012. 1.26영23554호 2013.10.22영24804호
2013.11. 5영24831호(직제)
2014.11.19영25751호(직제)
2015.11.20영26659호(의무경찰대설치및운영에관한법시)
2017. 7.26영28215호(직제)
2018. 3.30영28760호(직제)
2019. 8. 6영30020호 2020. 6.16영30783호
2020.12.31영31349호(자치경찰조직운영)
2020.12.31영31351호(경찰공무원임용령)
2022. 3.15영32534호

제1조【목적】 이 영은 「경찰공무원법」 제32조 및 제33조에 따른 경찰공무원의 징계와 「국가공무원법」 제78조의2에 따른 징계부가금 부과에 필요한 사항을 규정함을 목적으로 한다.(2020.12.31 본조개정)

제2조【정의】 이 영에서 사용하는 용어의 뜻은 다음과 같다.
1. "중징계"란 파면, 해임, 강등 및 정직을 말한다.
2. "경징계"란 감봉 및 견책을 말한다.
(2012.1.26 본조개정)

제3조【징계위원회의 종류 및 설치】 ① 경찰공무원 징계위원회는 경찰공무원 중앙징계위원회(이하 "중앙징계위원회"라 한다)와 경찰공무원 보통징계위원회(이하 "보통징계위원회"라 한다)로 구분한다.
② 중앙징계위원회는 경찰청 및 해양경찰청에 두고, 보통징계위원회는 경찰청, 해양경찰청, 시·도경찰청, 지방해양경찰청, 경찰대학, 경찰인재개발원, 중앙경찰학교, 경찰수사연수원, 해양경찰교육원, 경찰병원, 경찰서, 경찰기동대, 의무경찰대, 해양경찰서, 해양경찰정비창, 경비함정 및 경찰청장 또는 해양경찰청장이 지정하는 경감 이상의 경찰공무원을 장으로 하는 기관(이하 "경찰기관"이라 한다)에 둔다.(2020.12.31 본항개정)
(2012.1.26 본조개정)

제4조【징계위원회의 관할】 ① 중앙징계위원회는 총경 및 경정에 대한 징계 또는 「국가공무원법」 제78조의2에 따른 징계부가금 부과(이하 "징계등"이라 한다) 사건을 심의·의결한다.
② 보통징계위원회는 해당 징계위원회가 설치된 경찰기관 소속 경감 이하 경찰공무원에 대한 징계등 사건을 심의·의결한다. 다만, 다음 각 호의 기관에 설치된 보통징계위원회는 각 호의 구분에 따른 경찰공무원에 대한 징계등 사건을 심의·의결한다.
1. 경정 이상의 경찰공무원을 장으로 하는 경찰서, 경찰기동대·해양경찰서 등 총경 이상의 경찰공무원을 장으로 하는 경찰기관 및 정비창 : 소속 경위 이하의 경찰공무원(2017.7.26 본호개정)
2. 의무경찰대 및 경비함정 등 경찰청장 또는 해양경찰청장이 지정하는 경감 이상의 경찰공무원을 장으로 하는 경찰기관 : 소속 경사 이하의 경찰공무원(2017.7.26 본호개정)
③ 경찰청 및 해양경찰청에 설치된 보통징계위원회는 제2항에도 불구하고 경찰청장 또는 해양경찰청장이 징계등 의결을 요구하는 경찰공무원에 대한 징계등 사건을 심의·의결한다.(2017.7.26 본항개정)
④ 제2항 단서 또는 제6조제2항 단서에 따라 해당 보통징계위원회의 징계 관할에서 제외되는 경찰공무원의 징계등 사건은 바로 위 상급 경찰기관에 설치된 보통징계위원회에서 심의·의결한다.
(2012.1.26 본조개정)

제5조【관련 사건의 관할】 ① 상위 계급과 하위 계급의 경찰공무원이 관련된 징계등 사건은 제4조에도 불구하고 상위 계급의 경찰공무원을 관할하는 징계위원회에서 심의·의결하고, 상급 경찰기관과 하급 경찰기관에 소속된 경찰공무원이 관련된 징계등 사건은 상급 경찰기관에 설치된 징계위원회에서 심의·의결한다. 다만, 상위 계급의 경찰공무원이 감독상 과실책임만으로 관련된 경우에는 제4조에 따른 관할 징계위원회에서 각각 심의·의결할 수 있다.
② 소속이 다른 2명 이상의 경찰공무원이 관련된 징계등 사건으로서 관할 징계위원회가 서로 다른 경우에는 모두를 관할하는 바로 위 상급 경찰기관에 설치된 징계위원회에서 심의·의결한다.
③ 「경찰공무원법」 제37조제1항 또는 제2항에 따른 위반행위와 관련된 징계등 사건은 제4조제2항에도 불구하고 경찰청·해양경찰청·시·도경찰청 또는 지방해양경찰청에 설치된 보통징계위원회에서 심의·의결할 수 있다.(2020.12.31 본항개정)
④ 제1항과 제2항에 따른 관할 징계위원회는 제1항과 제2항에도 불구하고 관련자에 대한 징계등 사건을 분리하여 심의·의결하는 것이 타당하다고 인정되는 경우에는 해당 징계위원회의 의결로 관련자에 대한 징계등 사건을 제4조에 따른 관할 징계위원회로 이송할 수 있다.
(2012.1.26 본조개정)

제6조【징계위원회의 구성 등】 ① 각 징계위원회는 위원장 1명을 포함하여 11명 이상 51명 이하의 공무원위원과 민간위원으로 구성한다.(2020.6.16 본항개정)
② 징계위원회가 설치된 경찰기관의 장은 징계등 심의 대상자보다 상위 계급인 경위 이상의 소속 경찰공무원 또는 상위 직급에 있는 6급 이상의 소속 공무원 중에서 징계위원회의 공무원위원을 임명한다. 다만, 보통징계위원회의 경우 징계등 심의 대상자보다 상위 계급인 경위 이상의 소속 경찰공무원 또는 상위 직급에 있는 6급 이상의 소속 공무원의 수가 제3항에 따른 민간위원을 제외한 위원 수에 미달되는 등의 사유로 보통징계위원회를 구성하는 것이 곤란한 경우에는 징계등 심의 대상자보다 상위 계급인 경사 이하의 소속 경찰공무원 또는 상위 직급에 있는 7급 이하의 소속 공무원 중에서 임명할 수 있으며, 이 경우에는 제4조제2항에도 불구하고 3개월 이하의 감봉 또는 견책에 해당하는 징계등 사건만을 심의·의결한다.
③ 징계위원회가 설치된 경찰기관의 장은 제1항에 따른 위원 수의 2분의 1 이상을 다음 각 호의 구분에 따라 해당 호 각 목의 사람 중에서 민간위원으로 위촉한다. 이 경우 특정 성별의 위원이 민간위원 수의 10분의 6을 초과하지 않도록 해야 한다.(2022.3.15 본문개정)
1. 중앙징계위원회
가. 법관·검사 또는 변호사로 10년 이상 근무한 사람
나. 「고등교육법」 제2조에 따른 학교 또는 이에 준하는 교육기관(이하 "대학"이라 한다)에서 경찰 관련 학문을 담당하는 정교수 이상으로 재직 중인 사람
다. 총경 또는 4급 이상의 공무원으로 근무하고 퇴직한 사람〔퇴직 전 5년부터 퇴직할 때까지 근무했던 적이 있는 경찰기관(해당 경찰기관이 소속된 중앙행정기관 및 그 중앙행정기관의 다른 소속기관에서 근무했던 경우를 포함한다)의 경우에는 퇴직일부터 3년이 경과한 사람을 말한다〕(2020.6.16 본목개정)
라. 민간부문에서 인사·감사 업무를 담당하는 임원급 또는 이에 상응하는 직위에 근무한 경력이 있는 사람(2020.6.16 본목신설)
2. 보통징계위원회
가. 법관·검사 또는 변호사로 5년 이상 근무한 사람
나. 대학에서 경찰 관련 학문을 담당하는 부교수 이상으로 재직 중인 사람
다. 공무원으로 20년 이상 근속하고 퇴직한 사람〔퇴직 전 5년부터 퇴직할 때까지 근무했던 적이 있는 경찰기관(해당 경찰기관이 소속된 중앙행정기관 및 그 중앙행정기관의 다른 소속기관에서 근무했던 경우를 포함한다)의 경우에는 퇴직일부터 3년이 경과한 사람을 말한다〕(2020.6.16 본목개정)
라. 민간부문에서 인사·감사 업무를 담당하는 임원급 또는 이에 상응하는 직위에 근무한 경력이 있는 사람(2020.6.16 본목신설)
④ 징계위원회의 위원장은 위원 중 최상위 계급 또는 이에 상응하는 직급에 있거나 최상위 계급 또는 이에 상응하는 직급에 먼저 승진임용된 공무원이 된다.(2020.6.16 본항개정)
(2013.10.22 본조개정)

제6조의2【위원의 임기】 제6조제3항에 따라 위촉되는 민간위원의 임기는 2년으로 하며, 한 차례만 연임할 수 있다.(2013.10.22 본조신설)

제7조【징계위원회의 회의】 ① 징계위원회의 회의는 위원장과 징계위원회가 설치된 경찰기관의 장이 회의마다 지정하는 4명 이상 6명 이하의 위원으로 성별을 고려하여 구성하되, 민간위원의 수는 위원장을 포함한 위원 수의 2분의 1 이상이어야 한다.(2020.6.16 본항신설)
② 징계사유가 다음 각 호의 어느 하나에 해당하는 징계 사건이 속한 징계위원회의 회의를 구성하는 경우에는 피해자와 같은 성별의 위원이 위원장을 제외한 위원 수의 3분의 1 이상 포함되어야 한다.
1. 「성폭력범죄의 처벌 등에 관한 특례법」에 따른 성폭력범죄
2. 「양성평등기본법」에 따른 성희롱
(2022.3.15 본항신설)
③ 징계위원회의 위원장은 위원회의 사무를 총괄하며 위원회를 대표한다.
④ 징계위원회의 회의는 위원장이 소집한다.
⑤ 위원장은 표결권을 가진다.
⑥ 위원장이 부득이한 사유로 직무를 수행할 수 없거나 위원장이 필요하다고 인정하는 경우에는 출석한 위원 중 최상위 계급 또는 이에 상응하는 직급에 있거나 최상위 계급 또는 이에 상응하는 직급에 먼저 승진임용된 공무원이 위원장이 된다.(2020.6.16 본항개정)
(2012.1.26 본조개정)

제8조【징계위원회의 간사】 ① 징계위원회에 간사 몇 명을 둔다.
② 간사는 소속 공무원(징계등 사건의 조사 업무를 담당하는 공무원은 제외한다) 중에서 해당 징계위원회가 설치된 경찰기관의 장이 임명한다.(2020.6.16 본항개정)
③ 간사는 위원장의 명을 받아 징계등 사건에 관한 기록과 그 밖의 서류를 작성하고 보관한다.
(2012.1.26 본조개정)

제9조【징계등 의결의 요구】 ① 경찰기관의 장은 소속 경찰공무원이 다음 각 호의 어느 하나에 해당할 때에는 지체 없이 관할 징계위원회를 구성하여 징계등 의결을 요구하여야 한다. 이 경우 별지 제1호서식의 경찰공무원 징계 의결 또는 징계부가금 부과 의결 요구서와 별지 제1호의2서식의 확인서(이하 이 조에서 "징계의결서등"이라 한다)를 관할 징계위원회에 제출하여야 한다.
1. 「국가공무원법」 제78조제1항제1호부터 제3호까지의 어느 하나에 해당하는 사유(이하 "징계 사유"라 한다)가 있다고 인정할 때
2. 제2항에 다른 징계등 의결 요구 신청을 받았을 때
② 경찰기관의 장은 그 소속 경찰공무원에 대한 징계등 사건이 상급 경찰기관에 설치된 징계위원회의 관할에 속한 경우에는 그 상급 경찰기관의 장에게 징계의결서등을 첨부하여 징계등 의결의 요구를 신청하여야 한다.
③ 제1항과 제2항에 따른 징계등 의결 요구 또는 그 신청은 징계 사유에 대한 충분한 조사를 한 후에 하여야 한다.
④ 경찰기관의 장이 제1항과 제2항에 따라 징계등 의결 요구 또는 그 신청을 할 때에는 중징계 또는 경징계로 구분하여 요구하거나 신청하여야 한다. 다만, 「감사원법」 제32조제1항 및 제10항에 따라 감사원장이 「국가공무원법」 제79조에 따른 징계의 종류를 구체적으로 지정하여 징계요구를 한 경우에는 그러하지 아니하다.
⑤ 경찰기관의 장은 제1항에 따라 징계등 의결을 요구할 때에는 제1항에 따른 경찰공무원 징계 의결 또는 징계부가금 부과 의결 요구서 사본을 징계등 심의 대상자에게 보내야 한다. 다만, 징계등 심의 대상자가 그 수령을 거부하는 경우에는 그러하지 아니하다.
(2013.10.22 본조개정)

제10조【징계등 사건의 통지】 ① 경찰기관의 장은 그 소속이 아닌 경찰공무원에게 징계 사유가 있다고 인정될 때에는 해당 경찰기관의 장에게 그 사실을 증명할 만한 충분한 사유를 명확히 밝혀 통지하여야 한다.
② 제1항에 따라 징계 사유를 통지받은 경찰기관의 장은 타당한 이유가 없으면 통지를 받은 날부터 30일 이내에 제9조에 따라 관할 징계위원회에 징계등 의결을 요구하거나 그 상급 경찰기관의 장에게 징계등 의결의 요구를 신청하여야 한다.(2013.10.22 본항개정)
③ 제1항에 따라 징계 사유를 통지받은 경찰기관의 장은 해당 사건의 처리 결과를 징계 사유를 통지한 경찰기관의 장에게 회답하여야 한다.
④ (2013.10.22 삭제)
(2012.1.26 본조개정)

제11조【징계등 의결 기한】 ① 징계등 의결 요구를 받은 징계위원회는 그 요구서를 받은 날부터 30일 이내에 징계등에 관한 의결을 하여야 한다. 다만, 부득이한 사유가 있을 때에는 해당 징계등 의결을 요구한 경찰기관의 장의 승인을 받아 30일 이내의 범위에서 그 기한을 연기할 수 있다.(2022.3.15 단서개정)
② 징계등 의결이 요구된 사건에 대한 징계등 절차의 진행이 「국가공무원법」 제83조에 따라 중지되었을 때에는 그 중지된 기간은 제1항의 징계등 의결 기한에서 제외한다.
(2012.1.26 본조개정)

제12조【징계등 심의 대상자의 출석】 ① 징계위원회가 징계등 심의 대상자의 출석을 요구할 때에는 별지 제2호서식의 출석 통지서로 하되, 징계위원회 개최일 5일 전까지 그 징계등 심의 대상자에게 도달되도록 해야 한다.
(2020.6.16 본항개정)
② 징계위원회는 징계등 심의 대상자가 그 징계위원회에 출석하여 진술하기를 원하지 아니할 때에는 진술권 포기서를 제출하게 하여 이를 기록에 첨부하고 서면심사로 징계등 의결을 할 수 있다.
③ 징계위원회는 출석 통지를 하였음에도 불구하고 징계등 심의 대상자가 정당한 사유 없이 출석하지 아니하였을 때에는 그 사실을 기록에 분명히 적고 서면심사로 징계등 의결을 할 수 있다. 다만, 징계등 심의 대상자의 소재가 분명하지 아니할 때에는 출석 통지를 관보에 게재하고, 그 게재일부터 10일이 지나면 출석 통지가 송달된 것으로 보며, 징계등 의결을 할 때에는 관보 게재의 사유와 그 사실을 기록에 분명히 적어야 한다.(2013.10.22 본항개정)
④ 제3항에도 불구하고 징계위원회는 징계등 심의 대상자가 징계등 사건 또는 형사사건의 사실 조사를 기피할 목적으로 도피하였거나 출석 통지서의 수령을 거부하여 징계등 심의 대상자나 그 가족에게 직접 출석 통지서를 전달하

는 것이 곤란하다고 인정될 때에는 징계등 심의 대상자가 소속된 기관의 장에게 출석 통지서를 보내 이를 전달하게 하고, 전달이 불가능하거나 수령을 거부할 때에는 그 사실을 증명하는 서류를 첨부하여 보고하게 한 후 기록에 분명히 적고 서면심사로 징계등 의결을 할 수 있다.
⑤ 징계위원회는 징계등 심의 대상자가 국외 체류 또는 국외 여행 중이거나 그 밖의 부득이한 사유로 징계등 의결 요구서를 받은 날부터 상당한 기간 내에 출석할 수 없다고 인정될 때에는 제11조에도 불구하고 적당한 기간을 정하여 서면으로 진술하게 하여 징계등 의결을 할 수 있다. 이 경우 그 기간 내에 서면으로 진술하지 아니할 때에는 그 진술 없이 징계등 의결을 할 수 있다.
(2012.1.26 본조개정)
제13조【심문과 진술권】 ① 징계위원회는 제12조제1항에 따라 출석한 징계등 심의 대상자에게 징계 사유에 해당하는 사실에 관한 심문을 하고 심사를 위하여 필요하다고 인정될 때에는 관계인을 출석하게 하여 심문할 수 있다.
② 징계위원회는 징계등 심의 대상자에게 진술할 수 있는 기회를 충분히 주어야 하며, 징계등 심의 대상자는 별지 제2호의2서식의 의견서 또는 말로 자기에게 이익이 되는 사실을 진술하거나 증거를 제출할 수 있다.(2019.8.6 본항개정)
③ 징계등 심의 대상자는 증인의 심문을 신청할 수 있다. 이 경우 징계위원회는 의결로써 그 채택 여부를 결정하여야 한다.
④ 징계등 의결을 요구한 자 또는 징계등 의결의 요구를 신청한 자는 징계위원회에 출석하여 의견을 진술하거나 서면으로 의견을 진술할 수 있다. 다만, 중징계나 중징계 관련 징계부가금 요구사건의 경우에는 특별한 사유가 없는 한 징계위원회에 출석하여 의견을 진술해야 한다.
(2022.3.15 본항개정)
⑤ 징계위원회는 필요하다고 인정할 때에는 사실 조사를 하거나 특별한 학식·경험이 있는 사람에게 검증 또는 감정을 의뢰할 수 있다.
(2012.1.26 본조개정)
제14조【징계위원회의 의결】 ① 징계위원회의 의결은 위원장을 포함한 위원 과반수의 출석과 출석위원 과반수의 찬성으로 의결하되, 의견이 나뉘어 출석위원 과반수의 찬성을 얻지 못한 경우에는 출석위원 과반수가 될 때까지 징계등 심의 대상자에게 가장 불리한 의견을 제시한 위원의 수를 그 다음으로 불리한 의견을 제시한 위원의 수에 차례로 더하여 그 의견을 합의된 의견으로 본다.
(2020.6.16 본항개정)
② 제1항의 의결은 별지 제3호서식의 징계 또는 징계부가금 의결서(이하 "의결서"라 한다)로 한다. 이 경우 의결서의 이유란에는 다음 각 호의 사항을 구체적으로 적어야 한다.
1. 징계등의 원인이 된 사실
2. 증거에 대한 판단
3. 관계 법령
4. 징계등 면제 사유 해당 여부(2019.8.6 본호신설)
5. 징계부가금 조정(감면) 사유(2022.3.15 본호신설)
(2013.10.22 본항개정)
③ 징계위원회는 제1항에도 불구하고 다음 각 호의 사항에 대해서는 서면으로 의결할 수 있다.
1. 제5조제4항에 따른 징계등 사건의 관할 이송에 관한 사항
2. 제11조제1항에 따른 징계등 의결의 기한 연기에 관한 사항
(2022.3.15 본항신설)
④ 제3항에 따른 서면 의결의 절차·방법 등에 관한 사항은 경찰청장이 정한다.(2022.3.15 본항신설)
⑤ 징계위원회의 의결 내용은 공개하지 아니한다.
(2012.1.26 본조개정)
제14조의2【원격영상회의 방식의 활용】 ① 징계위원회는 위원과 징계등 심의 대상자, 징계등 의결을 요구하거나 요구를 신청한 자, 증인, 관계인 등 이 영에 따라 회의에 출석하는 사람(이하 이 항에서 "출석자"라 한다)이 동영상과 음성이 동시에 송수신되는 장치가 갖추어진 서로 다른 장소에 출석하여 진행하는 원격영상회의 방식으로 심의·의결할 수 있다. 이 경우 징계위원회의 위원 및 출석자가 같은 회의장에 출석한 것으로 본다.
② 징계위원회는 제1항에 따라 원격영상회의 방식으로 심의·의결하는 경우 위원 및 출석자의 신상정보, 회의 내용·결과 등이 유출되지 않도록 보안에 필요한 조치를 해야 한다.
③ 제1항 및 제2항에서 규정한 사항 외에 원격영상회의의 운영에 필요한 사항은 경찰청장이 정한다.
(2022.3.15 본조신설)
제15조【제척, 기피 및 회피】 ① 징계위원회의 위원장 또는 위원이 다음 각 호의 어느 하나에 해당하는 경우에는 그 징계등 사건의 심의·의결에 관여하지 못한다.
1. 징계등 심의 대상자의 친족 또는 직근 상급자(징계 사유가 발생한 기간 동안 직근 상급자였던 사람을 포함한다)인 경우
2. 그 징계 사유와 관계가 있는 경우
3. 「국가공무원법」 제78조의3제1항제3호의 사유로 다시 징계등 사건의 심의·의결을 할 때 해당 징계등 사건의 조사나 심의·의결에 관여한 경우
(2020.6.16 본항개정)
② 징계등 심의 대상자는 징계위원회의 위원장 또는 위원이 다음 각 호의 어느 하나에 해당하는 경우에는 징계위원회에 그 사실을 서면으로 밝히고 해당 위원장 또는 위원의 기피를 신청할 수 있다.
1. 제1항 각 호의 어느 하나에 해당하는 경우
2. 불공정한 의결을 할 우려가 있다고 의심할 만한 타당한 사유가 있는 경우
(2020.6.16 본항개정)
③ 징계위원회는 제2항에 따른 기피 신청을 받은 때에는 해당 징계등 사건을 심의하기 전에 의결로써 해당 위원장 또는 위원의 기피 여부를 결정해야 한다. 이 경우 기피신청을 받은 위원장 또는 위원은 그 의결에 참여하지 못한다.(2020.6.16 본항개정)
④ 징계위원회의 위원장 또는 위원은 제1항 각 호의 어느 하나에 해당하면 스스로 해당 징계등 사건의 심의·의결을 회피해야 하며, 제2항제2호에 해당하면 회피할 수 있다.(2020.6.16 본항개정)
⑤ 징계위원회는 제1항부터 제4항까지의 규정에 따른 제척, 기피 또는 회피로 인하여 징계위원회를 구성하지 못하게 되었을 때에는 해당 경찰기관의 장에게 위원의 보충임명을 요청하여야 한다.
⑥ 제5항의 경우에 해당 경찰기관의 장은 지체 없이 위원을 보충 임명하여야 한다. 다만, 위원의 보충 임명이 곤란할 때에는 그 징계등 의결의 요구를 철회하고, 그 상급 경찰기관의 장에게 징계등 의결의 요구를 신청하여야 한다.
(2012.1.26 본조개정)
제16조【징계등의 정도】 징계위원회는 징계등 사건을 의결할 때에는 징계등 심의 대상자의 비위행위 당시 계급 및 직위, 비위행위가 공직 내외에 미치는 영향, 평소 행실, 공적(功績), 뉘우치는 정도나 그 밖의 정상과 징계등 의결을 요구한 자의 의견을 고려해야 한다.(2022.3.15 본조개정)
제17조【징계등 의결의 통지】 징계위원회는 징계등 의결을 하였을 때에는 지체 없이 징계등 의결을 요구한 자에게 의결서 정본(正本)을 보내어 통지하여야 한다.
(2012.1.26 본조개정)
제18조【경징계 등의 집행】 ① 징계등 의결을 요구한 자는 경징계의 징계등 의결을 통지받았을 때에는 통지받은 날부터 15일 이내에 징계등을 집행하여야 한다.
② 징계등 의결을 요구한 자는 제1항에 따라 징계등 의결을 집행할 때에는 의결서 사본에 별지 제4호서식의 징계등 처분 사유 설명서를 첨부하여 징계등 처분 대상자에게 보내야 한다.
(2012.1.26 본조개정)
제19조【중징계 등의 처분 제청과 집행】 ① 징계등 의결을 요구한 자는 중징계의 징계등 의결을 통지받았을 때에는 지체 없이 징계등 처분 대상자의 임용권자에게 의결서 정본을 보내어 해당 징계등 처분을 제청하여야 한다. 다만, 경무관 이상의 강등 및 정직, 경정 이상의 파면 및 해임 처분의 제청, 총경 및 경정의 강등 및 정직의 집행은 경찰청장 또는 해양경찰청장이 한다.(2017.7.26 단서개정)
② 제1항에 따라 중징계 처분의 제청을 받은 임용권자는 15일 이내에 의결서 사본에 별지 제4호서식의 징계등 처분 사유 설명서를 첨부하여 징계등 처분 대상자에게 보내야 한다.
(2012.1.26 본조개정)
제20조【보고 및 통지】 징계등 의결을 요구한 경찰기관의 장은 경징계의 징계등 의결을 집행하였을 때에는 지체 없이 그 결과에 의결서의 사본을 첨부하여 해당 임용권자에게 보고하고, 징계등 처분을 받은 사람의 소속 경찰기관의 장에게 통지하여야 한다.(2012.1.26 본조개정)
제21조【비밀누설 금지】 징계위원회의 회의에 참석한 사람은 직무상 알게 된 비밀을 누설해서는 아니 된다.
(2012.1.26 본조개정)
제22조【회의 참석자의 준수사항】 ① 징계위원회의 회의에 참석하는 사람은 다음 각 호의 물품을 소지할 수 없다.
1. 녹음기, 카메라, 휴대전화 등 녹음·녹화·촬영이 가능한 기기
2. 흉기 등 위험한 물건
3. 그 밖에 징계등 사건의 심의와 관계없는 물건
② 징계위원회의 회의에 참석하는 사람은 다음 각 호의 행위를 해서는 안 된다.
1. 녹음, 녹화, 촬영 또는 중계방송
2. 회의의 질서를 해치는 행위
3. 다른 사람의 생명·신체·재산 등에 위해를 가하는 행위
(2022.3.15 본조신설)
제23조 (1983.5.12 삭제)

부 칙 (2013.10.22)

제1조【시행일】 이 영은 공포한 날부터 시행한다.
제2조【서면심사에 의한 징계등 의결에 관한 경과조치】 이 영 시행 당시 징계위원회에 출석하도록 통지를 받은 사람에 대해서는 제12조제3항의 개정규정에도 불구하고 종전의 규정에 따른다.

부 칙 (2020.6.16)

제1조【시행일】 이 영은 공포한 날부터 시행한다.
제2조【징계위원회의 민간위원에 관한 경과조치】 이 영 시행 당시 종전의 규정에 따라 위촉된 징계위원회의 민간위원에 대해서는 그 임기가 종료될 때까지는 제6조제3항 제1호다목 및 같은 항 제2호다목의 개정규정에도 불구하고 종전의 규정에 따른다.

부 칙 (2020.12.31 영31349호)
(2020.12.31 영31351호)

제1조【시행일】 이 영은 2021년 1월 1일부터 시행한다.
(이하 생략)

부 칙 (2022.3.15)

제1조【시행일】 이 영은 공포한 날부터 시행한다.
제2조【징계위원회의 구성에 관한 경과조치】 이 영 시행 당시 종전의 규정에 따라 구성된 징계위원회는 제6조제3항 후단의 개정규정에 따른 기준에 적합하게 구성된 것으로 본다. 다만, 이 영 시행 이후 위원을 위촉하는 경우(연임하는 경우는 제외한다)에는 같은 개정규정에 따른 기준을 충족할 때까지 특정 성별의 위원을 위촉해야 한다.
제3조【성폭력범죄 등 사건이 속한 징계위원회 회의의 구성에 관한 적용례】 제7조제2항의 개정규정은 이 영 시행 이후 징계등 의결이 요구되는 사건부터 적용한다. 다만, 이 영 시행 이후 징계등 의결이 요구되는 사건의 심의를 위하여 징계위원회 회의를 구성할 당시 위원의 성비 구성이 제7조제2항의 개정규정에 따른 회의 구성 기준을 충족하는 것이 불가능한 징계위원회의 경우에는 그 기준을 충족하게 된 때부터 제7조제2항의 개정규정을 적용한다.
제4조【징계등 의결 요구자 등의 징계위원회 출석에 관한 적용례】 제13조제4항 단서의 개정규정은 이 영 시행 이후 징계등 의결이 요구된 사건부터 적용한다.
제5조【징계위원회의 징계등 사건 의결 시 고려사항에 관한 경과조치】 이 영 시행 전에 징계등 사유가 발생한 징계등 사건 의결 시 고려사항에 관하여는 제16조의 개정규정에도 불구하고 종전의 규정에 따른다.

〔별지서식〕 ➡ 「www.hyeonamsa.com」 참조

청원경찰법

(1973년 12월 31일
전개법률 제2666호)

개정
1976.12.31법 2949호 1980. 1. 4법 3228호
1981. 2.14법 3371호 1983.12.30법 3677호
1991. 5.31법 4369호(경찰법)
1999. 3.31법 5937호 2001. 4. 7법 6466호
2005. 8. 4법 7662호
2008. 2.29법 8852호(정부조직)
2010. 2. 4법10013호
2013. 3.23법11690호(정부조직)
2014. 5.20법12600호(경찰직무)
2014.11.19법12844호(정부조직)
2014.12.30법12921호
2017. 7.26법14839호(정부조직)
2018. 9.18법15765호
2020.12.22법17687호(경찰공무원)
2020.12.22법17689호(국가자치경찰)
2022.11.15법19033호

제1조【목적】 이 법은 청원경찰의 직무·임용·배치·보수·사회보장 및 그 밖에 필요한 사항을 규정함으로써 청원경찰의 원활한 운영을 목적으로 한다.(2010.2.4 본조개정)

제2조【정의】 이 법에서 "청원경찰"이란 다음 각 호의 어느 하나에 해당하는 기관의 장 또는 시설·사업장 등의 경영자가 경비〔이하 "청원경찰경비"(請願警察經費)라 한다〕를 부담할 것을 조건으로 경찰의 배치를 신청하는 경우 그 기관·시설 또는 사업장 등의 경비(警備)를 담당하게 하기 위하여 배치하는 경찰을 말한다.
1. 국가기관 또는 공공단체와 그 관리하에 있는 중요 시설 또는 사업장
2. 국내 주재(駐在) 외국기관
3. 그 밖에 행정안전부령으로 정하는 중요 시설, 사업장 또는 장소(2017.7.26 본호개정)
(2010.2.4 본조개정)

제3조【청원경찰의 직무】 청원경찰은 제4조제2항에 따라 청원경찰의 배치 결정을 받은 자〔이하 "청원주"(請願主)라 한다〕와 배치된 기관·시설 또는 사업장 등의 구역을 관할하는 경찰서장의 감독을 받아 그 경비구역만의 경비를 목적으로 필요한 범위에서 「경찰관 직무집행법」에 따른 경찰관의 직무를 수행한다.(2014.5.20 본조개정)

제4조【청원경찰의 배치】 ① 청원경찰을 배치받으려는 자는 대통령령으로 정하는 바에 따라 관할 시·도경찰청장에게 청원경찰 배치를 신청하여야 한다.
② 시·도경찰청장은 제1항의 청원경찰 배치 신청을 받으면 지체 없이 그 배치 여부를 결정하여 신청인에게 알려야 한다.
③ 시·도경찰청장은 청원경찰 배치가 필요하다고 인정하는 기관의 장 또는 시설·사업장의 경영자에게 청원경찰을 배치할 것을 요청할 수 있다.
(2020.12.22 본조개정)

제5조【청원경찰의 임용 등】 ① 청원경찰은 청원주가 임용하되, 임용을 할 때에는 미리 시·도경찰청장의 승인을 받아야 한다.(2020.12.22 본항개정)
② 「국가공무원법」 제33조 각 호의 어느 하나의 결격사유에 해당하는 사람은 청원경찰로 임용될 수 없다.
③ 청원경찰의 임용자격·임용방법·교육 및 보수에 관하여는 대통령령으로 정한다.
④ 청원경찰의 복무에 관하여는 「국가공무원법」 제57조, 제58조제1항, 제60조 및 「경찰공무원법」 제24조를 준용한다.(2020.12.22 본항개정)
(2010.2.4 본조개정)

제5조의2【청원경찰의 징계】 ① 청원주는 청원경찰이 다음 각 호의 어느 하나에 해당하는 때에는 대통령령으로 정하는 징계절차를 거쳐 징계처분을 하여야 한다.
1. 직무상의 의무를 위반하거나 직무를 태만히 한 때
2. 품위를 손상하는 행위를 한 때
② 청원경찰에 대한 징계의 종류는 파면, 해임, 정직, 감봉 및 견책으로 구분한다.
③ 청원경찰의 징계에 관하여 그 밖에 필요한 사항은 대통령령으로 정한다.
(2010.2.4 본조신설)

제6조【청원경찰경비】 ① 청원주는 다음 각 호의 청원경찰경비를 부담하여야 한다.
1. 청원경찰에게 지급할 봉급과 각종 수당
2. 청원경찰의 피복비
3. 청원경찰의 교육비
4. 제7조에 따른 보상금 및 제7조의2에 따른 퇴직금
② 국가기관 또는 지방자치단체에 근무하는 청원경찰의 보수는 다음 각 호의 구분에 따라 같은 재직기간에 해당하는 경찰공무원의 보수를 감안하여 대통령령으로 정한다.
1. 재직기간 15년 미만 : 순경
2. 재직기간 15년 이상 23년 미만 : 경장
3. 재직기간 23년 이상 30년 미만 : 경사
4. 재직기간 30년 이상 : 경위
(2014.12.30 1호~4호개정)
③ 청원주의 제1항제1호에 따른 봉급·수당의 최저부담기준액(국가기관 또는 지방자치단체에 근무하는 청원경찰의 봉급·수당은 제외한다)과 같은 항 제2호 및 제3호에 따른 비용의 부담기준액은 경찰청장이 정하여 고시(告示)한다.
(2010.2.4 본조개정)

제7조【보상금】 청원주는 청원경찰이 다음 각 호의 어느 하나에 해당하게 되면 대통령령으로 정하는 바에 따라 청원경찰 본인 또는 그 유족에게 보상금을 지급하여야 한다.
1. 직무수행으로 인하여 부상을 입거나, 질병에 걸리거나 또는 사망한 경우
2. 직무상의 부상·질병으로 인하여 퇴직하거나, 퇴직 후 2년 이내에 사망한 경우
(2010.2.4 본조개정)

제7조의2【퇴직금】 청원주는 청원경찰이 퇴직할 때에는 「근로자퇴직급여 보장법」에 따른 퇴직금을 지급하여야 한다. 다만, 국가기관이나 지방자치단체에 근무하는 청원경찰의 퇴직금에 관하여는 따로 대통령령으로 정한다.(2010.2.4 본조개정)

제8조【제복 착용과 무기 휴대】 ① 청원경찰은 근무 중 제복을 착용하여야 한다.
② 시·도경찰청장은 청원경찰이 직무를 수행하기 위하여 필요하다고 인정하면 청원주의 신청을 받아 관할 경찰서장으로 하여금 청원경찰에게 무기를 대여하여 지니게 할 수 있다.(2020.12.22 본항개정)
③ 청원경찰의 복제(服制)와 무기 휴대에 필요한 사항은 대통령령으로 정한다.
(2010.2.4 본조개정)

제9조 (1999.3.31 삭제)

제9조의2 (2001.4.7 삭제)

제9조의3【감독】 ① 청원주는 항상 소속 청원경찰의 근무 상황을 감독하고, 근무 수행에 필요한 교육을 하여야 한다.
② 시·도경찰청장은 청원경찰의 효율적인 운영을 위하여 청원주를 지도하며 감독상 필요한 명령을 할 수 있다.(2020.12.22 본항개정)
(2010.2.4 본조개정)

제9조의4【쟁의행위의 금지】 청원경찰은 파업, 태업 또는 그 밖에 업무의 정상적인 운영을 방해하는 일체의 쟁의행위를 하여서는 아니 된다.(2018.9.18 본조신설)

제10조【직권남용 금지 등】 ① 청원경찰이 직무를 수행할 때 직권을 남용하여 국민에게 해를 끼친 경우에는 6개월 이하의 징역이나 금고에 처한다.
② 청원경찰 업무에 종사하는 사람은 「형법」이나 그 밖의 법령에 따른 벌칙을 적용할 때에는 공무원으로 본다.
(2010.2.4 본조개정)

제10조의2【청원경찰의 불법행위에 대한 배상책임】 청원경찰(국가기관이나 지방자치단체에 근무하는 청원경찰은 제외한다)의 직무상 불법행위에 대한 배상책임에 관하여는 「민법」의 규정을 따른다.(2010.2.4 본조개정)

제10조의3【권한의 위임】 이 법에 따른 시·도경찰청장의 권한은 그 일부를 대통령령으로 정하는 바에 따라 관할 경찰서장에게 위임할 수 있다.(2020.12.22 본조개정)

제10조의4【의사에 반한 면직】 ① 청원경찰은 형의 선고, 징계처분 또는 신체상·정신상의 이상으로 직무를 감당하지 못할 때를 제외하고는 그 의사(意思)에 반하여 면직(免職)되지 아니한다.
② 청원주가 청원경찰을 면직시켰을 때에는 그 사실을 관할 경찰서장을 거쳐 시·도경찰청장에게 보고하여야 한다.(2020.12.22 본항개정)
(2010.2.4 본조개정)

제10조의5【배치의 폐지 등】 ① 청원주는 청원경찰이 배치된 시설이 폐쇄되거나 축소되어 청원경찰의 배치를 폐지하거나 배치인원을 감축할 필요가 있다고 인정하면 청원경찰의 배치를 폐지하거나 배치인원을 감축할 수 있다. 다만, 청원주는 다음 각 호의 어느 하나에 해당하는 경우에는 청원경찰의 배치를 폐지하거나 배치인원을 감축할 수 없다.(2014.12.30 단서개정)
1. 청원경찰을 대체할 목적으로 「경비업법」에 따른 특수경비원을 배치하는 경우
2. 청원경찰이 배치된 기관·시설 또는 사업장 등이 배치인원의 변동사유 없이 다른 곳으로 이전하는 경우
(2014.12.30 1호~2호신설)
② 제1항에 따라 청원주가 청원경찰을 폐지하거나 감축하였을 때에는 청원경찰 배치 결정을 한 경찰관서의 장에게 알려야 하며, 그 사업장이 제4조제3항에 따라 시·도경찰청장이 청원경찰의 배치를 요청한 사업장일 때에는 그 폐지 또는 감축 사유를 구체적으로 밝혀야 한다.(2020.12.22 본항개정)
③ 제1항에 따라 청원경찰의 배치를 폐지하거나 배치인원을 감축하는 경우 해당 청원주는 배치폐지나 배치인원 감축으로 과원(過員)이 되는 청원경찰 인원을 그 기관·시설 또는 사업장 내의 유사 업무에 종사하게 하거나 다른 시설·사업장 등에 재배치하는 등 청원경찰의 고용이 보장될 수 있도록 노력하여야 한다.(2014.12.30 본항신설)

제10조의6【당연 퇴직】 청원경찰이 다음 각 호의 어느 하나에 해당할 때에는 당연 퇴직된다.
1. 제5조제2항에 따른 임용결격사유에 해당될 때. 다만, 「국가공무원법」 제33조제2호는 파산선고를 받은 사람으로서 「채무자 회생 및 파산에 관한 법률」에 따라 신청기한 내에 면책신청을 하지 아니하였거나 면책불허가 결정 또는 면책 취소가 확정된 경우만 해당하고, 「국가공무원법」 제33조제5호는 「형법」 제129조부터 제132조까지, 「성폭력범죄의 처벌 등에 관한 특례법」 제2조, 「아동·청소년의 성보호에 관한 법률」 제2조제2호 및 직무와 관련하여 「형법」 제355조 또는 제356조에 규정된 죄를 범한 사람으로서 금고 이상의 형의 선고유예를 받은 경우만 해당한다.(2022.11.15 본호개정)
2. 제10조의5에 따라 청원경찰의 배치가 폐지되었을 때
3. 나이가 60세가 되었을 때. 다만, 그 날이 1월부터 6월 사이에 있으면 6월 30일에, 7월부터 12월 사이에 있으면 12월 31일에 각각 당연 퇴직된다.
(2010.2.4 본조개정)

제10조의7【휴직 및 명예퇴직】 국가기관이나 지방자치단체에 근무하는 청원경찰의 휴직 및 명예퇴직에 관하여는 「국가공무원법」 제71조부터 제73조까지 및 제74조의2를 준용한다.(2010.2.4 본조개정)

제11조【벌칙】 제9조의4를 위반하여 파업, 태업 또는 그 밖에 업무의 정상적인 운영을 방해하는 쟁의행위를 한 사람은 1년 이하의 징역 또는 1천만원 이하의 벌금에 처한다.(2018.9.18 본조개정)

제12조【과태료】 ① 다음 각 호의 어느 하나에 해당하는 자에게는 500만원 이하의 과태료를 부과한다.
1. 제4조제2항에 따른 시·도경찰청장의 배치 결정을 받지 아니하고 청원경찰을 배치하거나 제5조제1항에 따른 시·도경찰청장의 승인을 받지 아니하고 청원경찰을 임용한 자(2020.12.22 본호개정)
2. 정당한 사유 없이 제6조제3항에 따라 경찰청장이 고시한 최저부담기준액 이상의 보수를 지급하지 아니한 자
3. 제9조의3제2항에 따른 감독상 필요한 명령을 정당한 사유 없이 이행하지 아니한 자
② 제1항에 따른 과태료는 대통령령으로 정하는 바에 따라 시·도경찰청장이 부과·징수한다.(2020.12.22 본항개정)
(2010.2.4 본조개정)

부 칙 (2010.2.4)

①【시행일】 이 법은 2010년 7월 1일부터 시행한다.
②【청원경찰의 보수에 관한 적용례】 제6조제2항의 개정규정은 이 법 시행 당시 국가기관 또는 지방자치단체에 근무하는 청원경찰의 보수에 대하여도 적용한다.

부 칙 (2020.12.22 법17687호)
(2020.12.22 법17689호)

제1조【시행일】 이 법은 2021년 1월 1일부터 시행한다.(이하 생략)

부 칙 (2022.11.15)

제1조【시행일】 이 법은 공포한 날부터 시행한다.

제2조【당연 퇴직에 관한 적용례】 제10조의6제1호의 개정규정은 이 법 시행 이후 파산선고를 받거나 이 법 시행 이후의 행위로 형의 선고유예를 받은 사람부터 적용한다.

경비업법

(2001년 4월 7일 전개법률 제6467호)

개정
2002.12.18법 6787호 2005. 5.31법 7544호
2005. 8. 4법 7671호
2008. 2.29법 8852호(정부조직)
2008. 2.29법 8872호(대통령등의경호에관한법)
2008.12.26법 9192호 2009. 4. 1법 9579호
2013. 3.23법11690호(정부조직)
2013. 6. 7법11872호
2014.11.19법12844호(정부조직)
2014.12.30법12911호 2015. 7.20법13397호
2016. 1. 6법13718호(폭력처벌)
2016. 1. 6법13719호(형법)
2016. 1.26법13814호
2017. 7.26법14839호(정부조직)
2017.10.24법14909호 2019. 4.16법16316호
2020.12.22법17689호(국가자치경찰)
2021. 1.12법17894호(피후견인결격정비)
2022.11.15법19021호
2024. 1.30법20152호→2025년 1월 31일 시행
2024년 1월 25일 제412회 국회 본회의 통과→「法典 別冊」 보유편 수록

제1장 총 칙

제1조【목적】 이 법은 경비업의 육성 및 발전과 그 체계적 관리에 관하여 필요한 사항을 정함으로써 경비업의 건전한 운영에 이바지함을 목적으로 한다.
제2조【정의】 이 법에서 사용하는 용어의 정의는 다음과 같다.
1. "경비업"이라 함은 다음 각목의 1에 해당하는 업무(이하 "경비업무"라 한다)의 전부 또는 일부를 도급받아 행하는 영업을 말한다.
 가. 시설경비업무 : 경비를 필요로 하는 시설 및 장소(이하 "경비대상시설"이라 한다)에서의 도난·화재 그 밖의 혼잡 등으로 인한 위험발생을 방지하는 업무
 나. 호송경비업무 : 운반 중에 있는 현금·유가증권·귀금속·상품 그 밖의 물건에 대하여 도난·화재 등 위험발생을 방지하는 업무
 다. 신변보호업무 : 사람의 생명이나 신체에 대한 위해의 발생을 방지하고 그 신변을 보호하는 업무
 라. 기계경비업무 : 경비대상시설에 설치한 기기에 의하여 감지·송신된 정보를 그 경비대상시설외의 장소에 설치한 관제시설의 기기로 수신하여 도난·화재 등 위험발생을 방지하는 업무
 마. 특수경비업무 : 공항(항공기를 포함한다) 등 대통령령이 정하는 국가중요시설(이하 "국가중요시설"이라 한다)의 경비 및 도난·화재 그 밖의 위험발생을 방지하는 업무
 바. 혼잡·교통유도경비업무 : 도로에 접속한 공사현장 및 사람과 차량의 통행에 위험이 있는 장소 또는 도로를 점유하는 행사장 등에서 교통사고나 그 밖의 혼잡 등으로 인한 위험발생을 방지하는 업무 (2024.1.30 본목신설 : 2025.1.31 시행)
2. "경비지도사"라 함은 경비원을 지도·감독 및 교육하는 자를 말하며 일반경비지도사와 기계경비지도사로 구분한다.(2005.5.31 본호개정)
3. "경비원"이라 함은 제4조제1항의 규정에 의하여 경비업의 허가를 받은 법인(이하 "경비업자"라 한다)이 채용한 고용인으로서 다음 각목의 1에 해당하는 자를 말한다.
3. "경비원"이라 함은 제4조제1항의 규정에 의하여 경비업의 허가를 받은 법인(이하 "경비업자"라 한다)이 채용한 고용인으로서 다음 각 목의 어느 하나에 해당하는 자를 말한다.(2024.1.30 본문개정 : 2025.1.31 시행)
 가. 일반경비원 : 제1호가목 내지 라목의 경비업무를 수행하는 자
 가. 일반경비원 : 제1호가목부터 라목까지 및 바목의 경비업무를 수행하는 자(2024.1.30 본목개정 : 2025.1.31 시행)
 나. 특수경비원 : 제1호마목의 경비업무를 수행하는 자
4. "무기"라 함은 인명 또는 신체에 위해를 가할 수 있도록 제작된 권총·소총 등을 말한다.
5. "집단민원현장"이란 다음 각 목의 장소를 말한다.
 가. 「노동조합 및 노동관계조정법」에 따라 노동관계 당사자가 노동쟁의 조정신청을 한 사업장 또는 쟁의행위가 발생한 사업장
 나. 「도시 및 주거환경정비법」에 따른 정비사업과 관련하여 이해대립이 있어 다툼이 있는 장소
 다. 특정 시설물의 설치와 관련하여 민원이 있는 장소
 라. 주주총회와 관련하여 이해대립이 있어 다툼이 있는 장소
 마. 건물·토지 등 부동산 및 동산에 대한 소유권·운영권·관리권·점유권 등 법적 권리에 대한 이해대립이 있어 다툼이 있는 장소
 바. 100명 이상의 사람이 모이는 국제·문화·예술·체육 행사장
 사. 「행정대집행법」에 따라 대집행을 하는 장소
(2013.6.7 본호신설)
제3조【법인】 경비업은 법인이 아니면 이를 영위할 수 없다.

제2장 경비업의 허가 등

제4조【경비업의 허가】 ① 경비업을 영위하고자 하는 법인은 도급받아 행하고자 하는 경비업무를 특정하여 그 법인의 주사무소의 소재지를 관할하는 시·도경찰청장의 허가를 받아야 한다. 도급받아 행하고자 하는 경비업무를 변경하는 경우에도 또한 같다.(2020.12.22 전단개정)
② 제1항에 따른 허가를 받으려는 법인은 다음 각 호의 요건을 갖추어야 한다.(2022.11.15 본문개정)
1. 대통령령으로 정하는 1억원 이상의 자본금의 보유
2. 다음 각 목의 경비인력 요건
 가. 시설경비업무 : 경비원 10명 이상 및 경비지도사 1명 이상(2022.11.15 본목개정)
 나. 시설경비업무 외의 경비업무 : 대통령령으로 정하는 경비 인력
3. 제2호의 경비인력을 교육할 수 있는 교육장을 포함하여 대통령령으로 정하는 시설과 장비의 보유
4. 그 밖에 경비업무 수행을 위하여 대통령령으로 정하는 사항
(2013.6.7 본항개정)
③ 제1항의 규정에 의하여 경비업의 허가를 받은 법인은 다음 각호의 1에 해당하는 때에는 시·도경찰청장에게 신고하여야 한다.(2020.12.22 본문개정)
1. 영업을 폐업하거나 휴업한 때
2. 법인의 명칭이나 대표자·임원을 변경한 때
3. 법인의 주사무소나 출장소를 신설·이전 또는 폐지한 때
4. 기계경비업무의 수행을 위한 관제시설을 신설·이전 또는 폐지한 때
5. 특수경비업무를 개시하거나 종료한 때
6. 그 밖에 대통령령이 정하는 중요사항을 변경한 때
④ 제1항 및 제3항의 규정에 의한 허가 또는 신고의 절차, 신고의 기한 등 허가 및 신고에 관하여 필요한 사항은 대통령령으로 정한다.
제4조의2【허가의 제한】 ① 누구든지 제4조제1항에 따른 허가를 받은 경비업체와 동일한 명칭으로 경비업 허가를 받을 수 없다.
② 제19조제1항제2호 및 제7호의 사유로 경비업체의 허가가 취소된 경우 허가가 취소된 날부터 10년이 지나지 아니한 때에는 누구든지 허가가 취소된 경비업체와 동일한 명칭으로 제4조제1항에 따른 허가를 받을 수 없다.
③ 제19조제1항제2호 및 제7호의 사유로 허가가 취소된 법인은 법인명 또는 임원의 변경에도 불구하고 허가가 취소된 날부터 5년이 지나지 아니한 때에는 제4조제1항에 따른 허가를 받을 수 없다.
(2013.6.7 본조신설)
제5조【임원의 결격사유】 다음 각 호의 어느 하나에 해당하는 자는 경비업을 영위하는 법인(제4호에 해당하는 자의 경우에는 특수경비업무를 수행하는 법인을 말하고, 제5호에 해당하는 자의 경우에는 허가취소사유에 해당하는 경비업무와 동종의 경비업무를 수행하는 법인을 말한다)의 임원이 될 수 없다.(2021.1.12 본문개정)
1. 피성년후견인(2021.1.12 본호개정)
2. 파산선고를 받고 복권되지 아니한 자
3. 금고 이상의 형의 선고를 받고 그 형이 실효되지 아니한 자
4. 이 법 또는 「대통령 등의 경호에 관한 법률」에 위반하여 벌금형의 선고를 받고 3년이 지나지 아니한 자(2008.2.29 본호개정)
5. 이 법(제19조제1항제2호 및 제7호는 제외한다) 또는 이 법에 의한 명령에 위반하여 허가가 취소된 법인의 허가취소 당시의 임원이었던 자로서 그 취소 후 3년이 지나지 아니한 자(2013.6.7 본호개정)
6. 제19조제1항제2호 및 제7호의 사유로 허가가 취소된 법인의 허가취소 당시의 임원이었던 자로서 허가가 취소된 날부터 5년이 지나지 아니한 자(2013.6.7 본호신설)
제6조【허가의 유효기간 등】 ① 제4조제1항의 규정에 의한 경비업 허가의 유효기간은 허가받은 날부터 5년으로 한다.
② 제1항의 규정에 의한 유효기간이 만료된 후 계속하여 경비업을 하고자 하는 법인은 행정안전부령으로 정하는 바에 따라 갱신허가를 받아야 한다.(2017.7.26 본항개정)
제7조【경비업자의 의무】 ① 경비업자는 경비대상시설의 소유자 또는 관리자(이하 "시설주"라 한다)의 관리권의 범위안에서 경비업무를 수행하여야 하며, 다른 사람의 자유와 권리를 침해하거나 그의 정당한 활동에 간섭하여서는 아니된다.
② 경비업자는 경비업무를 성실하게 수행하여야 하고, 도급을 의뢰받은 경비업무가 위법 또는 부당한 것일 때에는 이를 거부하여야 한다.
③ 경비업자는 불공정한 계약으로 경비원의 권익을 침해하거나 경비업의 건전한 육성과 발전을 해치는 행위를 하여서는 아니된다.
④ 경비업자의 임·직원이거나 임·직원이었던 자는 다른 법률에 특별한 규정이 있는 경우를 제외하고는 그 직무상 알게 된 비밀을 누설하거나 다른 사람에게 제공하여 이용하도록 하는 등 부당한 목적을 위하여 사용하여서는 아니된다.
⑤ 경비업자는 허가받은 경비업무외의 업무에 경비원을 종사하게 하여서는 아니된다.
<2023.3.23 헌법재판소 헌법불합치결정으로 이 항 중 '시설경비업무' 부분은 입법자가 개정할 때까지 계속 적용 중지. 입법자는 2024.12.31까지 위 법률조항들을 개정하여야 함>
⑥ 경비업자는 집단민원현장에 경비원을 배치하는 때에는 경비지도사를 선임하고 그 장소에 배치하여 행정안전부령으로 정하는 바에 따라 경비원을 지도·감독하게 하여야 한다.(2017.7.26 본항개정)
⑦ 특수경비업무를 수행하는 경비업자(이하 "특수경비업자"라 한다)는 제4조제3항제5호의 규정에 의한 특수경비업무의 개시신고를 하는 때에는 국가중요시설에 대한 특수경비업무의 수행이 중단되는 경우 시설주의 동의를 얻어 다른 특수경비업자중에서 경비업무를 대행할 자(이하 "경비대행업자"라 한다)를 지정하여 허가관청에 신고하여야 한다. 경비대행업자의 지정을 변경하는 경우에도 또한 같다.
⑧ 특수경비업자는 국가중요시설에 대한 특수경비업무를 중단하게 되는 경우에는 미리 이를 제7항의 규정에 의한 경비대행업자에게 통보하여야 하며, 경비대행업자는 통보받은 즉시 그 경비업무를 인수하여야 한다. 이 경우 제7항의 규정은 경비대행업자에 대하여 이를 준용한다.
(2014.12.30 본항개정)
⑨ 특수경비업자는 이 법에 의한 경비업과 경비장비의 제조·설비·판매업, 네트워크를 활용한 정보산업, 시설물 유지관리업 및 경비원교육업 등 대통령령이 정하는 경비관련업외의 영업을 하여서는 아니된다.
(2002.12.18 본항개정)
판례 경비원에게 시설경비업무 외에 분리수거나 택배 관리 등의 업무를 맡길 경우 경비업자에 대한 경비업 허가를 취소하도록 한 경비업법 조항에 관하여, 비경비업무의 수행이 경비업무의 전념성을 직접적으로 해하지 않는 경우가 있는데도 해당 조항은 경비업무의 전념성이 훼손되는 정도를 고려하지 않고 경비업자가 경비원으로 하여금 비경비업무에 종사하도록 하는 것을 일률적·전면적으로 금지하고 있다. 경비업무의 전념성을 중대하게 훼손하지 않는 경우에조차 경비원에게 비경비업무를 수행하도록 하기만 하면 허가받은 경비업 전체를 취소하도록 해 경비업을 전부 영위할 수 없도록 하는 것은 법익의 균형성에 반한다.
(헌재결 2023.3.23, 2020헌가19)
제7조의2【경비업무 도급인 등의 의무】 ① 누구든지 제4조제1항에 따른 허가를 받지 아니한 자에게 경비업무를 도급하여서는 아니 된다.
② 누구든지 집단민원현장에 경비인력을 20명 이상 배치하려고 할 때에는 그 경비인력을 직접 고용하여서는 아니되고, 경비업자에게 경비업무를 도급하여야 한다. 다만, 시설주 등이 집단민원현장 발생 3개월 전까지 직접 고용하여 경비업무를 수행하는 피고용인의 경우에는 그러하지 아니하다.
③ 제1항 및 제2항에 따라 경비업무를 도급하는 자는 그 경비업무를 수급한 경비업자의 경비원 채용 시 무자격자나 부적격자 등을 채용하도록 관여하거나 영향력을 행사해서는 아니 된다.(2015.7.20 본항신설)
④ 제3항에 따른 무자격자 및 부적격자의 구체적인 범위 등은 대통령령으로 정한다.(2015.7.20 본항신설)
(2013.6.7 본조신설)

제3장 기계경비업무

제8조【대응체제】 기계경비업무를 수행하는 경비업자(이하 "기계경비업자"라 한다)는 경비대상시설에 관한 경보를 수신한 때에는 신속하게 그 사실을 확인하는 등 필요한 대응조치를 취하여야 하며, 이를 위한 대응체제를 갖추어야 한다.
제9조【오경보의 방지 등】 ① 기계경비업자는 경비계약을 체결하는 때에는 오경보를 막기 위하여 계약상대방에게 기기사용요령 및 기계경비운영체계 등에 관하여 설명하여야 하며, 각종 기기가 오작동되지 아니하도록 관리하여야 한다.
② 기계경비업자는 대응조치 등 업무의 원활한 운영과 개선을 위하여 대통령령이 정하는 바에 따라 관련 서류를 작성·비치하여야 한다.

제4장 경비지도사 및 경비원

제10조【경비지도사 및 경비원의 결격사유】 ① 다음 각 호의 어느 하나에 해당하는 자는 경비지도사 또는 일반경비원이 될 수 없다.(2021.1.12 본문개정)
1. 18세 미만인 사람 또는 피성년후견인(2021.1.12 본호개정)
2. 파산선고를 받고 복권되지 아니한 자
3. 금고 이상의 실형의 선고를 받고 그 집행이 종료(집행이 종료된 것으로 보는 경우를 포함한다)되거나 집행이 면제된 날부터 5년이 지나지 아니한 자
4. 금고 이상의 형의 집행유예선고를 받고 그 유예기간 중에 있는 자
5. 다음 각 목의 어느 하나에 해당하는 죄를 범하여 벌금형을 선고받은 날부터 10년이 지나지 아니하거나 금고 이상의 형을 선고받고 그 집행이 종료된(종료된 것으로 보는 경우를 포함한다) 날 또는 집행이 유예·면제된 날부터 10년이 지나지 아니한 자

가.「형법」제114조의 죄
나.「폭력행위 등 처벌에 관한 법률」제4조의 죄
다.「형법」제297조, 제297조의2, 제298조부터 제301조까지, 제301조의2, 제302조, 제303조, 제305조, 제305조의2의 죄
라.「성폭력범죄의 처벌 등에 관한 특례법」제3조부터 제11조까지 및 제15조(제3조부터 제9조까지의 미수범만 해당한다)의 죄
마.「아동·청소년의 성보호에 관한 법률」제7조 및 제8조의 죄
바. 다목부터 마목까지의 죄로서 다른 법률에 따라 가중처벌되는 죄
(2014.12.30 다목～바목신설)
(2013.6.7 본호신설)
6. 다음 각 목의 어느 하나에 해당하는 죄를 범하여 벌금형을 선고받은 날부터 5년이 지나지 아니하거나 금고 이상의 형을 선고받고 그 집행이 유예된 날부터 5년이 지나지 아니한 자
가.「형법」제329조부터 제331조까지, 제331조의2 및 제332조부터 제343조까지의 죄
나. 가목의 죄로서 다른 법률에 따라 가중처벌되는 죄
(2014.12.30 가목～나목개정)
다.～라. (2014.12.30 삭제)
(2013.6.7 본호신설)
7. 제5호다목부터 바목까지의 어느 하나에 해당하는 죄를 범하여 치료감호를 선고받고 그 집행이 종료된 날 또는 집행이 면제된 날부터 10년이 지나지 아니한 자 또는 제6호 각 목의 어느 하나에 해당하는 죄를 범하여 치료감호를 선고받고 그 집행이 면제된 날부터 5년이 지나지 아니한 자(2014.12.30 본호개정)
8. 이 법이나 이 법에 따른 명령을 위반하여 벌금형을 선고받은 날부터 5년이 지나지 아니하거나 금고 이상의 형을 선고받고 그 집행이 유예된 날부터 5년이 지나지 아니한 자(2013.6.7 본호신설)
② 다음 각 호의 어느 하나에 해당하는 자는 특수경비원이 될 수 없다.(2013.6.7 본문개정)
1. 18세 미만이거나 60세 이상인 사람 또는 피성년후견인(2021.1.12 본호개정)
2. 심신상실자, 알코올 중독자 등 대통령령으로 정하는 정신적 제약이 있는 자(2021.1.12 본호신설)
3. 제1항제2호부터 제8호까지의 어느 하나에 해당하는 자(2013.6.7 본호개정)
4. 금고 이상의 형의 선고유예를 받고 그 유예기간 중에 있는 자
5. 행정안전부령으로 정하는 신체조건에 미달되는 자(2017.7.26 본호개정)
③ 경비업자는 제1항 각호 또는 제2항 각호의 결격사유에 해당하는 자를 경비지도사 또는 경비원으로 채용 또는 근무하게 하여서는 아니된다.

제10조의2【특수경비원의 당연 퇴직】 특수경비원이 제10조제2항에 따른 결격사유에 해당하게 될 때에는 당연 퇴직된다. 다만, 제10조제2항제1호는 나이가 60세가 되어 퇴직하는 경우에는 60세가 된 날이 1월부터 6월 사이에 있으면 6월 30일에, 7월부터 12월 사이에 있으면 12월 31일에 각각 당연 퇴직되고, 제10조제2항제3호 중 제10조제1항제2호는 파산선고를 받은 사람으로서「채무자 회생 및 파산에 관한 법률」에 따라 신청기한 내에 면책신청을 하지 아니하였거나 면책불허가 결정 또는 면책 취소가 확정된 경우만 해당하며, 제10조제2항제4호는「성폭력범죄의 처벌 등에 관한 특례법」제2조,「아동·청소년의 성보호에 관한 법률」제2조제2호 및 직무와 관련하여「형법」제355조 또는 제356조에 규정된 죄를 범한 사람으로서 금고 이상의 형의 선고유예를 받은 경우만 해당한다.
(2022.11.15 본조신설)

제11조【경비지도사의 시험 등】 ① 경비지도사는 제10조제1항 각호의 1에 해당하지 아니하는 자로서 경찰청장이 시행하는 경비지도사시험에 합격하고 행정안전부령으로 정하는 교육을 받은 자이어야 한다.(2017.7.26 본항개정)
② 경찰청장은 제1항의 규정에 의한 교육을 받은 자에게 행정안전부령으로 정하는 바에 따라 경비지도사자격증을 교부하여야 한다.(2017.7.26 본항개정)
③ 경비지도사시험은 매년 1회 이상 시행하며, 시험과목, 시험공고, 시험의 일부가 면제되는 자의 범위 그 밖에 경비지도사시험에 관하여 필요한 사항은 대통령령으로 정한다.(2017.10.24 본항개정)

제12조【경비지도사의 선임등】 ① 경비업자는 대통령령이 정하는 바에 따라 경비지도사를 선임하여야 한다.
② 제1항의 규정에 의하여 선임된 경비지도사의 직무는 다음과 같다.
1. 경비원의 지도·감독·교육에 관한 계획의 수립·실시 및 그 기록의 유지
2. 경비현장에 배치된 경비원에 대한 순회점검 및 감독
3. 경찰기관 및 소방기관과의 연락방법에 대한 지도
4. 집단민원현장에 배치된 경비원에 대한 지도·감독
(2013.6.7 본호신설)
5. 그 밖에 대통령령이 정하는 직무
③ 선임된 경비지도사는 제2항 각호의 규정에 의한 직무를 대통령령이 정하는 바에 따라 성실하게 수행하여야 한다.

제13조【경비원의 교육등】 ① 경비업자는 경비업무를 적정하게 실시하기 위하여 경비원으로 하여금 대통령령으로 정하는 바에 따라 경비원 신임교육 및 직무교육을 받게 하여야 한다. 다만, 경비업자는 대통령령으로 정하는 경력 또는 자격을 갖춘 일반경비원을 신임교육 대상에서 제외할 수 있다.(2016.1.26 단서신설)
② 경비원이 되려는 사람은 대통령령으로 정하는 교육기관에서 미리 일반경비원 신임교육을 받을 수 있다.
(2016.1.26 본항신설)
③ 특수경비업자는 대통령령으로 정하는 바에 따라 특수경비원으로 하여금 특수경비원 신임교육과 정기적인 직무교육을 받게 하여야 하고, 특수경비원 신임교육을 받지 아니한 자를 특수경비업무에 종사하게 하여서는 아니 된다.(2013.6.7 본항개정)
④ 제3항에 의한 특수경비원의 교육시 관할경찰서 소속 경찰공무원이 교육기관에 입회하여 대통령령이 정하는 바에 따라 지도·감독하여야 한다.(2016.1.26 본항개정)

제14조【특수경비원의 직무 및 무기사용등】 ① 특수경비업자는 특수경비원으로 하여금 배치된 경비구역안에서 관할 경찰서장 및 공항경찰대장 등 국가중요시설의 경비책임자(이하 "관할 경찰관서장"이라 한다)와 국가중요시설의 시설주의 감독을 받아 시설을 경비하고 도난·화재 그 밖의 위험의 발생을 방지하는 업무를 수행하게 하여야 한다.
② 특수경비원은 국가중요시설에 대한 경비업무 수행중 국가중요시설의 정상적인 운영을 해치는 장해를 일으켜서는 아니된다.
③ 시·도경찰청장은 국가중요시설에 대한 경비업무의 수행을 위하여 필요하다고 인정하는 때에는 시설주의 신청에 의하여 무기를 구입한다. 이 경우 시설주는 그 무기의 구입대금을 지불하고, 구입한 무기를 국가에 기부채납하여야 한다.(2020.12.22 전단개정)
④ 시·도경찰청장은 국가중요시설에 대한 경비업무의 수행을 위하여 필요하다고 인정하는 때에는 관할 경찰관서장으로 하여금 시설주의 신청에 의하여 시설주로부터 국가에 기부채납된 무기를 대여하게 하고, 시설주는 이를 특수경비원으로 하여금 휴대하게 할 수 있다. 이 경우 특수경비원은 정당한 사유없이 무기를 소지하고 배치된 경비구역을 벗어나서는 아니된다.(2020.12.22 전단개정)
⑤ 시설주가 제4항의 규정에 의하여 대여받은 무기에 대하여 시설주 및 관할 경찰관서장은 무기의 관리책임을 지고, 관할 경찰관서장은 시설주 및 특수경비원의 무기관리상황을 대통령령이 정하는 바에 따라 지도·감독하여야 한다.(2014.12.30 본항개정)
⑥ 관할 경찰관서장은 무기의 적정한 관리를 위하여 제4항의 규정에 의하여 무기를 대여받은 시설주에 대하여 필요한 명령을 발할 수 있다.(2014.12.30 본항개정)
⑦ 시설주로부터 무기의 관리를 위하여 지정받은 책임자(이하 "관리책임자"라 한다)는 다음 각호에 의하여 이를 관리하여야 한다.
1. 무기출납부 및 무기장비운영카드를 비치·기록하여야 한다.
2. 무기는 관리책임자가 직접 지급·회수하여야 한다.
⑧ 특수경비원은 국가중요시설의 경비를 위하여 무기를 사용하지 아니하고는 다른 수단이 없다고 인정되는 때에는 필요한 한도안에서 무기를 사용할 수 있다. 다만, 다음 각호의 1에 해당하는 때를 제외하고는 사람에게 위해를 끼쳐서는 아니된다.
1. 무기 또는 폭발물을 소지하고 국가중요시설에 침입한 자가 특수경비원으로부터 3회 이상 투기(投棄) 또는 투항(投降)을 요구받고도 이에 불응하면서 계속 항거하는 경우 이를 억제하기 위하여 무기를 사용하지 아니하고는 다른 수단이 없다고 인정되는 때
2. 국가중요시설에 침입한 무장간첩이 특수경비원으로부터 투항(投降)을 요구받고도 이에 불응한 때
⑨ 특수경비원의 무기휴대, 무기종류, 그 사용기준 및 안전검사의 기준 등에 관하여 필요한 사항은 대통령령으로 정한다.

제15조【특수경비원의 의무】 ① 특수경비원은 직무를 수행함에 있어 시설주·관할 경찰관서장 및 소속상사의 직무상 명령에 복종하여야 한다.
② 특수경비원은 소속상사의 허가 또는 정당한 사유없이 경비구역을 벗어나서는 아니된다.
③ 특수경비원은 파업·태업 그 밖에 경비업무의 정상적인 운영을 저해하는 일체의 쟁의행위를 하여서는 아니된다.
④ 특수경비원이 무기를 휴대하고 경비업무를 수행하는 때에는 다음 각호의 1에 정하는 무기의 안전사용수칙을 지켜야 한다.
1. 특수경비원은 사람을 향하여 권총 또는 소총을 발사하고자 하는 때에는 미리 구두 또는 공포탄에 의한 사격으로 상대방에게 경고하여야 한다. 다만, 다음 각목의 1에 해당하는 경우로서 부득이한 때에는 경고하지 아니할 수 있다.
가. 특수경비원을 급습하거나 타인의 생명·신체에 대한 중대한 위험을 야기하는 범행이 목전에 실행되고 있는 등 상황이 급박하여 경고할 시간적 여유가 없는 경우
나. 인질·간첩 또는 테러사건에 있어서 은밀히 작전을 수행하는 경우
2. 특수경비원은 무기를 사용하는 경우에 있어서 범죄와 무관한 다중의 생명·신체에 위해를 가할 우려가 있는 때에는 이를 사용하여서는 아니된다. 다만, 무기를 사용하지 아니하고는 타인 또는 특수경비원의 생명·신체에 대한 중대한 위험을 방지할 수 없다고 인정되는 때에는 필요한 최소한의 범위안에서 이를 사용할 수 있다.
3. 특수경비원은 총기 또는 폭발물을 가지고 대항하는 경우를 제외하고는 14세 미만의 자 또는 임산부에 대하여는 권총 또는 소총을 발사하여서는 아니된다.

제15조의2【경비원 등의 의무】 ① 경비원은 직무를 수행함에 있어 타인에게 위력을 과시하거나 물리력을 행사하는 등 경비업무의 범위를 벗어난 행위를 하여서는 아니된다.
② 누구든지 경비원으로 하여금 경비업무의 범위를 벗어난 행위를 하게 하여서는 아니된다.
(2005.8.4 본조신설)

제16조【경비원의 복장 등】 ① 경비업자는 경찰공무원 또는 군인의 제복과 색상 및 디자인 등이 명확히 구별되는 소속 경비원의 복장을 정하고 이를 확인할 수 있는 사진을 첨부하여 주된 사무소를 관할하는 시·도경찰청장에게 행정안전부령으로 정하는 바에 따라 신고하여야 한다.(2020.12.22 본항개정)
② 경비업자는 경비업무 수행 시 경비원에게 소속 경비업체를 표시한 이름표를 부착하도록 하고, 제1항에 따라 신고된 동일한 복장을 착용하게 하여야 하며, 복장에 소속 회사를 오인할 수 있는 표시를 하거나 다른 회사의 복장을 착용하게 하여서는 아니 된다. 다만, 집단민원현장이 아닌 곳에서 신변보호업무를 수행하는 경우 또는 경비업무의 성격상 부득이한 사유가 있어 관할 경찰관서장이 허용하는 경우에는 그러하지 아니하다.
③ 시·도경찰청장은 제1항에 따라 제출받은 사진을 검토한 후 경비업자에게 복장 변경 등에 대한 시정명령을 할 수 있다.(2020.12.22 본항개정)
④ 제3항에 따른 시정명령을 받은 경비업자는 이를 이행하여야 하고, 시·도경찰청장에게 행정안전부령으로 정하는 바에 따라 이행보고를 하여야 한다.(2020.12.22 본항개정)
⑤ 그 밖에 경비원의 복장 등에 필요한 사항은 행정안전부령으로 정한다.(2017.7.26 본항개정)
(2013.6.7 본조개정)

제16조의2【경비원의 장비 등】 ① 경비원이 휴대할 수 있는 장비의 종류는 경적·단봉·분사기 등 행정안전부령으로 정하되, 근무 중에만 이를 휴대할 수 있다.
(2017.7.26 본항개정)
② 경비업자가 경비원으로 하여금 분사기를 휴대하여 직무를 수행하게 하는 경우에는「총포·도검·화약류 등 단속법」에 따라 미리 분사기의 소지허가를 받아야 한다.
③ 누구든지 제1항의 장비를 임의로 개조하여 통상의 용법과 달리 사용함으로써 다른 사람의 생명·신체에 위해를 가하여서는 아니 된다.
④ 경비원은 경비업무를 위하여 필요하다고 인정되는 상당한 이유가 있을 때에는 필요한 최소한도에서 제1항의 장비를 사용할 수 있다.
⑤ 그 밖에 경비원의 장비 등에 관하여 필요한 사항은 행정안전부령으로 정한다.(2017.7.26 본항개정)
(2013.6.7 본조신설)

제16조의3【출동차량 등】 ① 경비업자는 출동차량 등의 도색 및 표지를 경찰차량 및 군차량과 명확히 구별될 수 있게 하여야 한다.
② 경비업자는 출동차량 등의 도색 및 표지를 정하고 이를 확인할 수 있는 사진을 첨부하여 주된 사무소를 관할하는 시·도경찰청장에게 행정안전부령으로 정하는 바에 따라 신고하여야 한다.(2020.12.22 본항개정)
③ 시·도경찰청장은 제2항에 따라 제출받은 사진을 검토한 후 경비업자에게 도색 및 표지 변경 등에 대한 시정명령을 할 수 있다.(2020.12.22 본항개정)
④ 제3항에 따른 시정명령을 받은 경비업자는 이를 이행하여야 하고, 시·도경찰청장에게 행정안전부령으로 정하는 바에 따라 이행보고를 하여야 한다.(2020.12.22 본항개정)
⑤ 그 밖에 출동차량 등에 필요한 사항은 행정안전부령으로 정한다.(2017.7.26 본항개정)
(2013.6.7 본조신설)

제17조【결격사유 확인을 위한 범죄경력조회 등】 ① 경찰청장, 시·도경찰청장 또는 관할 경찰관서장은 직권으로 또는 제2항에 따른 범죄경력조회 요청이 있는 경우에는 경비업자의 임원, 경비지도사 또는 경비원이 제5조제3호·제4호, 제10조제1항제3호부터 제8호까지 또는 같은 조 제2항제3호·제4호에 따른 결격사유에 해당하는지를 확인하기 위하여「형의 실효 등에 관한 법률」제6조에 따른 범죄경력조회를 할 수 있다.(2021.1.12 본항개정)
② 경비업자는 선출·선임·채용 또는 배치하려는 임원, 경비지도사 또는 경비원이 제5조제3호·제4호, 제10조제1항제3호부터 제8호까지 또는 같은 조 제2항제3호·제4호에 따른 결격사유에 해당하는지를 확인하기 위하여 주된 사무소, 출장소 또는 배치장소를 관할하는 시·도경찰청장 또는 관할 경찰관서장에게「형의 실효 등에 관한 법률」제6조에 따른 범죄경력조회를 요청할 수 있다.
(2021.1.12 본항개정)
③ 제2항에 따른 범죄경력조회 요청을 받은 시·도경찰청장 또는 관할 경찰관서장은 경비업자에게 그 결과를 통보할 때에는 경비업자의 임원, 경비지도사 또는 경비원이 제5조제3호·제4호, 제10조제1항제3호부터 제8호까지 또는 같은 조 제2항제3호·제4호에 따른 결격사유에 해당하는지 여부만을 통보하여야 한다.(2021.1.12 본항개정)

④ 시·도경찰청장 또는 관할 경찰관서장은 경비업자의 임원, 경비지도사 또는 경비원이 제5조 각 호, 제10조제1항 각 호 또는 제2항 각 호의 결격사유에 해당하는 사실을 알게 되거나 이 법 또는 이 법에 따른 명령을 위반한 때에는 경비업자에게 그 사실을 통보하여야 한다.
(2020.12.22 본조개정)

제18조【경비원의 명부와 배치허가 등】 ① 경비업자는 행정안전부령으로 정하는 바에 따라 경비원의 명부를 작성·비치하여야 한다. 다만, 집단민원현장에 배치되는 일반경비원의 명부는 그 경비원이 배치되는 장소에도 작성·비치하여야 한다.(2017.7.26 본문개정)

② 경비업자가 경비원을 배치하거나 배치를 폐지한 경우에는 행정안전부령으로 정하는 바에 따라 관할 경찰관서장에게 신고하여야 한다. 다만, 다음 제1호의 경우에는 경비원을 배치하기 48시간 전까지 행정안전부령으로 정하는 바에 따라 배치허가를 신청하고, 관할 경찰관서장의 배치허가를 받은 후에 경비원을 배치하여야 하며(제2호 및 제3호의 경우에는 경비원을 배치하기 전까지 신고하여야 한다), 이 경우 관할 경찰관서장은 배치허가를 함에 있어 필요한 조건을 붙일 수 있다.(2017.7.26 본문개정)

1. 제2조제1호가목에 따른 시설경비업무 또는 같은 호 다목에 따른 신변보호업무 중 집단민원현장에 배치된 일반경비원(2013.6.7 본호개정)
2. 집단민원현장이 아닌 곳에서 제2조제1호다목의 규정에 의한 신변보호업무를 수행하는 일반경비원
(2013.6.7 본호개정)
3. 특수경비원
(2005.8.4 본항개정)

③ 관할 경찰관서장은 제2항 각 호 외의 부분 단서에 따른 배치허가 신청을 받은 경우 다음 각 호의 사유에 해당하는 때에는 배치허가를 하여서는 아니 된다. 이 경우 관할 경찰관서장은 다음 각 호의 사유를 확인하기 위하여 소속 경찰관으로 하여금 그 배치장소를 방문하여 조사하게 할 수 있다.

1. 제15조의2제1항 및 제2항을 위반하여 경비업무의 범위를 벗어난 행위를 할 우려가 있는 경우
2. 경비원 중 제10조제1항 또는 제2항에 해당하는 결격자나 제13조에 따른 신임교육을 받지 아니한 사람이 대통령령으로 정하는 기준 이상으로 포함되어 있는 경우
3. 제24조에 따라 경비원의 복장·장비 등에 대하여 내려진 필요한 명령을 이행하지 아니하는 경우
(2013.6.7 본항신설)

④ 제2항 각 호 외의 부분 단서에 따른 배치허가 신청을 받은 관할 경찰관서장은 배치되는 경비원 중 제10조제1항 또는 제2항에 해당하는 결격자가 있는 경우에는 그 사람을 제외하고 배치허가를 하여야 한다.(2013.6.7 본항신설)

⑤ 경비업자는 경비원을 배치하여 경비업무를 수행하게 하는 때에는 행정안전부령으로 정하는 바에 따라 배치된 경비원의 인적사항과 배치일시·배치장소 등 근무상황을 기록하여 보관하여야 한다.(2017.7.26 본항개정)

⑥ 경비업자는 다음 각 호의 어느 하나에 해당하는 죄를 범하여 벌금형을 선고받고 5년이 지나지 아니하거나 금고 이상의 형을 선고받고 그 집행이 유예된 날부터 5년이 지나지 아니한 자를 집단민원현장에 일반경비원으로 배치하여서는 아니 된다.

1. 「형법」 제257조부터 제262조까지, 제264조, 제276조부터 제281조까지의 죄, 제284조의 죄, 제285조의 죄, 제320조의 죄, 제324조제2항의 죄, 제350조의2의 죄, 제351조의 죄(제350조, 제350조의2의 상습범으로 한정한다), 제369조제1항의 죄(2016.1.6 본호개정)
2. 「폭력행위 등 처벌에 관한 법률」 제2조 또는 제3조의 죄
(2013.6.7 본항신설)

⑦ 경비업자는 제1항에 따른 경비원 명부에 없는 자를 경비업무에 종사하게 하여서는 아니 되고, 제2항에 따라 경비원을 배치하는 경우에는 제13조에 따른 신임교육을 이수한 자를 배치하여야 한다.(2013.6.7 본항신설)

⑧ 관할 경찰관서장은 경비업자가 다음 각 호의 어느 하나에 해당하는 때에는 배치폐지를 명할 수 있다.

1. 제2항 각 호 외의 부분 단서를 위반하여 배치허가를 받지 아니하고 경비원을 배치하거나 경비원 명단 및 배치일시·배치장소 등 배치허가 신청의 내용을 거짓으로 한 때
2. 제6항의 결격사유에 해당하는 자를 집단민원현장에 일반경비원으로 배치한 때
3. 제7항을 위반하여 신임교육을 이수하지 아니한 자를 제2항 각 호의 경비원으로 배치한 때
4. 경비업자 또는 경비원이 위력이나 흉기 또는 그 밖의 위험한 물건을 사용하여 집단적 폭력사태를 일으킨 때
5. 경비업자가 제2항 각 호 외의 부분 본문을 위반하여 신고하지 아니하고 일반경비원을 배치한 때
(2013.6.7 본항신설)
(2013.6.7 본조제목개정)

제5장 행정처분 등

제19조【경비업 허가의 취소 등】 ① 허가관청은 경비업자가 다음 각 호의 어느 하나에 해당하는 때에는 그 허가를 취소하여야 한다.(2013.6.7 본문개정)

1. 허위 그 밖의 부정한 방법으로 허가를 받은 때
2. 제7조제5항의 규정에 위반하여 허가받은 경비업무외의 업무에 경비원을 종사하게 한 때

<2023.3.23 헌법재판소 헌법불합치결정으로 이 호 중 '시설경비업무' 부분은 입법자가 개정할 때까지 적용 중지. 입법자는 2024.12.31까지 위 법률조항들을 개정하여야 함>

3. 제7조제9항의 규정에 위반하여 경비업 및 경비관련업외의 영업을 한 때(2013.6.7 본호개정)
4. 정당한 사유없이 허가를 받은 날부터 2년 이내에 경비도급실적이 없거나 계속하여 1년 이상 휴업한 때
5. 정당한 사유없이 최종 도급계약 종료일의 다음 날부터 2년 이내에 경비 도급실적이 없을 때
(2017.10.24 4호~5호개정)
6. 영업정지처분을 받고 계속하여 영업을 한 때
7. 제15조의2제2항을 위반하여 소속 경비원으로 하여금 경비업무의 범위를 벗어난 행위를 하게 한 때(2013.6.7 본호신설)
8. 제18조제8항에 따른 관할 경찰관서장의 배치폐지 명령에 따르지 아니한 때(2013.6.7 본호신설)

② 허가관청은 경비업자가 다음 각 호의 어느 하나에 해당하는 때에는 대통령령으로 정하는 행정처분의 기준에 따라 그 허가를 취소하거나 6개월 이내의 기간을 정하여 영업의 전부 또는 일부에 대하여 영업정지를 명할 수 있다.

1. 제4조제1항 후단을 위반하여 시·도경찰청장의 허가 없이 경비업무를 변경한 때(2020.12.22 본호개정)
2. 제7조제2항을 위반하여 도급을 의뢰받은 경비업무가 위법한 것임에도 이를 거부하지 아니한 때
3. 제7조제6항을 위반하여 경비지도사를 집단민원현장에 선임·배치하지 아니한 때
4. 제8조를 위반하여 경비대상 시설에 관한 경보 대응체제를 갖추지 아니한 때
5. 제9조제2항을 위반하여 관련 서류를 작성·비치하지 아니한 때
6. 제10조제3항을 위반하여 결격사유에 해당하는 경비원을 배치하거나 결격사유에 해당하는 경비지도사를 선임·배치한 때
7. 제12조제1항을 위반하여 경비지도사를 선임한 때
8. 제13조를 위반하여 경비원으로 하여금 교육을 받게 하지 아니한 때
9. 제16조에 따른 경비원의 복장 등에 관한 규정을 위반한 때
10. 제16조의2에 따른 경비원의 장비 등에 관한 규정을 위반한 때
11. 제16조의3에 따른 경비원의 출동차량 등에 관한 규정을 위반한 때
12. 제18조제1항 단서를 위반하여 집단민원현장에 일반경비원 명부를 작성·비치하지 아니한 때
13. 제18조제2항 각 호 외의 부분 단서를 위반하여 배치허가를 받지 아니하고 경비원을 배치하거나 경비원 명단 및 배치일시·배치장소 등 배치허가 신청의 내용을 거짓으로 한 때
14. 제18조제6항을 위반하여 결격사유에 해당하는 일반경비원을 집단민원현장에 배치한 때
15. 제24조에 따른 감독상 명령에 따르지 아니한 때
16. 제26조를 위반하여 손해를 배상하지 아니한 때
(2013.6.7 본항신설)

③ 허가관청은 제1항 및 제2항에 의하여 허가취소 또는 영업정지처분을 하는 때에는 경비업자가 허가받은 경비업무중 허가취소 또는 영업정지사유에 해당되는 경비업무에 한하여 처분을 하여야 한다. 다만, 제1항제2호 및 제7호에 해당하여 허가취소를 하는 때에는 그러하지 아니하다.(2013.6.7 본항개정)

제20조【경비지도사자격의 취소 등】 ① 경찰청장은 경비지도사가 다음 각호의 1에 해당하는 때에는 그 자격을 취소하여야 한다.

1. 제10조제1항 각호의 결격사유에 해당하게 된 때
2. 허위 그 밖의 부정한 방법으로 경비지도사자격증을 교부받은 때
3. 경비지도사자격증을 다른 사람에게 빌려주거나 양도한 때
4. 자격정지 기간 중에 경비지도사로 선임되어 활동한 때
(2014.12.30 본호신설)

② 경찰청장은 경비지도사가 다음 각호의 1에 해당하는 때에는 대통령령이 정하는 바에 따라 1년의 범위내에서 그 자격을 정지시킬 수 있다.

1. 제12조제3항의 규정에 위반하여 직무를 성실하게 수행하지 아니한 때
2. 제24조의 규정에 의한 경찰청장 또는 시·도경찰청장의 명령을 위반한 때(2020.12.22 본호개정)

③ 경찰청장은 제1항의 규정에 의하여 경비지도사의 자격을 취소한 때에는 경비지도사자격증을 회수하여야 하고, 제2항의 규정에 의하여 경비지도사의 자격을 정지한 때에는 그 정지기간동안 경비지도사자격증을 회수하여 보관하여야 한다.

제21조【청문】 경찰청장 또는 시·도경찰청장은 다음 각호의 1에 해당하는 처분을 하고자 하는 경우에는 청문을 실시하여야 한다.(2020.12.22 본문개정)

1. 제19조의 규정에 의한 경비업 허가의 취소 또는 영업정지
2. 제20조제1항 또는 제2항의 규정에 의한 경비지도사자격의 취소 또는 정지

제6장 경비협회

제22조【경비협회】 ① 경비업자는 경비업무의 건전한 발전과 경비원의 자질향상 및 교육훈련 등을 위하여 대통령령이 정하는 바에 따라 경비협회를 설립할 수 있다.

② 경비협회는 법인으로 한다.

③ 경비협회의 업무는 다음과 같다.

1. 경비업무의 연구
2. 경비원 교육·훈련 및 그 연구
3. 경비원의 후생·복지에 관한 사항
4. 경비진단에 관한 사항
5. 그 밖에 경비업무의 건전한 운영과 육성에 관하여 필요한 사항

④ 경비협회에 관하여 이 법에 특별한 규정이 있는 것을 제외하고는 민법중 사단법인에 관한 규정을 준용한다.

제23조【공제사업】 ① 경비협회는 다음 각 호의 공제사업을 할 수 있다.

1. 제26조에 따른 경비업자의 손해배상책임을 보장하기 위한 사업
2. 경비업자가 경비업을 운영할 때 필요한 입찰보증, 계약보증(이행보증을 포함한다), 하도급보증을 위한 사업
3. 경비원의 복지향상과 업무상 재해로 인한 손실을 보상하는 사업
4. 경비업무와 관련한 연구 및 경비원 교육·훈련에 관한 사업
(2015.7.20 본항개정)

② 경비협회는 제1항의 규정에 의한 공제사업을 하고자 하는 때에는 공제규정을 제정하여야 한다.

③ 제2항의 공제규정에는 공제사업의 범위, 공제계약의 내용, 공제금, 공제료 및 공제금에 충당하기 위한 책임준비금 등 공제사업의 운영에 관하여 필요한 사항을 정하여야 한다.

④ 경찰청장은 제1항에 따른 공제사업의 건전한 육성과 가입자의 보호를 위하여 공제사업의 감독에 관한 기준을 정할 수 있다.(2015.7.20 본항신설)

⑤ 경찰청장은 제2항에 따른 공제규정을 승인하거나 제4항에 따라 공제사업의 감독에 관한 기준을 정하는 경우에는 미리 금융위원회와 협의하여야 한다.(2015.7.20 본항신설)

⑥ 경찰청장은 제1항에 따른 공제사업에 대하여 「금융위원회의 설치 등에 관한 법률」에 따른 금융감독원의 원장에게 검사를 요청할 수 있다.(2015.7.20 본항신설)

제7장 보칙

제24조【감독】 ① 경찰청장 또는 시·도경찰청장은 경비업무의 적정한 수행을 위하여 경비업자 및 경비지도사를 지도·감독하며 필요한 명령을 할 수 있다.

② 시·도경찰청장 또는 관할 경찰관서장은 소속 경찰공무원으로 하여금 관할구역안에 있는 경비업자의 주사무소 및 출장소와 경비원배치장소에 출입하여 근무상황 및 교육훈련상황 등을 감독하며 필요한 명령을 하게 할 수 있다. 이 경우 출입하는 경찰공무원은 그 권한을 표시하는 증표를 관계인에게 내보여야 한다.

③ 시·도경찰청장 또는 관할 경찰관서장은 경비업자 또는 배치된 경비원이 이 법이나 이 법에 따른 명령, 「폭력행위 등 처벌에 관한 법률」을 위반하는 행위를 하는 경우 그 위반행위의 중지를 명할 수 있다.

④ 시·도경찰청장 또는 관할 경찰관서장은 경비업무 장소가 집단민원현장으로 판단되는 경우에는 그 때부터 48시간 이내에 경비업자에게 경비원 배치 허가를 받을 것을 고지하여야 한다.
(2020.12.22 본조개정)

제25조【보안지도·점검 등】 시·도경찰청장은 대통령령이 정하는 바에 따라 특수경비업자에 대하여 보안지도·점검을 실시하여야 하고, 필요한 경우 관계기관에 보안측정을 요청하여야 한다.(2020.12.22 본조개정)

제26조【손해배상 등】 ① 경비업자는 경비원이 업무수행중 고의 또는 과실로 경비대상에 손해가 발생하는 것을 방지하지 못한 때에는 그 손해를 배상하여야 한다.

② 경비업자는 경비원이 업무수행중 고의 또는 과실로 제3자에게 손해를 입힌 경우에는 이를 배상하여야 한다.

제27조【위임 및 위탁】 ① 이 법에 의한 경찰청장의 권한은 대통령령이 정하는 바에 따라 그 일부를 시·도경찰청장에게 위임할 수 있다.(2020.12.22 본항개정)

② 경찰청장은 제11조의 규정에 의한 경비지도사의 시험 및 교육에 관한 업무를 대통령령이 정하는 바에 따라 관계전문기관 또는 단체에 위탁할 수 있다.

제27조의2【수수료】 이 법에 따른 경비업의 허가를 받거나 허가증을 재교부 받고자 하는 자는 대통령령이 정하는 바에 따라 수수료를 납부하여야 한다.(2005.5.31 본조신설)

제27조의3【벌칙 적용에서 공무원 의제】 제27조제2항에 따라 위탁받은 업무에 종사하는 관계전문기관 또는 단체의 임직원은 「형법」 제129조부터 제132조까지의 규정을 적용할 때에는 공무원으로 본다.(2019.4.16 본조신설)

제8장 벌 칙

제28조【벌칙】 ① 제14조제2항의 규정에 위반하여 국가중요시설의 정상적인 운영을 해치는 장해를 일으킨 특수경비원은 5년 이하의 징역 또는 5천만원 이하의 벌금에 처한다.(2017.10.24 본항개정)

② 다음 각 호의 어느 하나에 해당하는 자는 3년 이하의 징역 또는 3천만원 이하의 벌금에 처한다.(2013.6.7 본문개정)

1. 제4조제1항의 규정에 의한 허가를 받지 아니하고 경비업을 영위한 자
2. 제7조제4항의 규정에 위반하여 직무상 알게 된 비밀을 누설하거나 부당한 목적을 위하여 사용한 자
3. 제7조제8항의 규정에 위반하여 경비업무의 중단을 통보하지 아니하거나 경비업무를 즉시 인수하지 아니한 특수경비업자 또는 경비대행업자(2013.6.7 본호개정)
4. 집단민원현장에 경비원을 배치하면서 제7조의2제1항을 위반하여 제4조제1항에 따른 허가를 받지 아니한 자에게 경비업무를 도급한 자(2013.6.7 본호신설)
5. 제7조의2제2항을 위반하여 집단민원현장에 20명 이상의 경비인력을 배치하면서 그 경비인력을 직접 고용한 자(2013.6.7 본호신설)
6. 제7조의2제3항을 위반하여 경비업자의 경비원 채용 시 무자격자나 부적격자 등을 채용하도록 관여하거나 영향력을 행사한 도급인(2015.7.20 본호신설)
7. 과실로 인하여 제14조제2항의 규정에 위반하여 국가중요시설의 정상적인 운영을 해치는 장해를 일으킨 특수경비원
8. 특수경비원으로서 경비구역안에서 시설물의 절도, 손괴, 위험물의 폭발 등의 사유로 인한 위급사태가 발생한 때에 제15조제1항 또는 제2항의 규정에 위반한 자
9. 제15조의2제2항의 규정을 위반하여 경비원에게 경비업무의 범위를 벗어난 행위를 하게 한 자(2005.8.4 본호신설)

③ 제14조제4항 후단의 규정에 위반하여 정당한 사유없이 무기를 소지하고 배치된 경비구역을 벗어난 특수경비원은 2년 이하의 징역 또는 2천만원 이하의 벌금에 처한다.

④ 다음 각 호의 어느 하나에 해당하는 자는 1년 이하의 징역 또는 1천만원 이하의 벌금에 처한다.(2013.6.7 본문개정)

1. 제14조제7항의 규정에 위반한 관리책임자
2. 제15조제3항의 규정에 위반하여 쟁의행위를 한 특수경비원
3. 제15조의2제1항을 위반하여 경비업무의 범위를 벗어난 행위를 한 경비원(2013.6.7 본호신설)
4. 제16조의2제1항에서 정한 장비 외에 흉기 또는 그 밖의 위험한 물건을 휴대하고 경비업무를 수행한 경비원 또는 경비원에게 이를 휴대하고 경비업무를 수행하게 한 자(2013.6.7 본호신설)
5. 제18조제8항을 위반하여 경찰관서장의 배치폐지 명령을 따르지 아니한 자(2013.6.7 본호개정)
6. 제24조제3항에 따른 시·도경찰청장 또는 관할 경찰관서장의 중지명령에 따르지 아니한 자(2020.12.22 본호개정)

⑤ (2013.6.7 삭제)

제29조【형의 가중처벌】 ① 특수경비원이 무기를 휴대하고 경비업무를 수행중에 제14조제8항의 규정 및 제15조제4항의 규정에 의한 무기의 안전수칙을 위반하여 「형법」 제258조의2제1항(제257조제1항의 죄로 한정한다)·제2항(제258조제1항·제2항의 죄로 한정한다), 제259조제1항, 제260조제1항, 제262조, 제268조, 제276조제1항, 제277조제1항, 제281조제1항, 제283조제1항, 제324조제2항, 제350조의2 및 제366조의 죄를 범한 때에는 그 죄에 정한 형의 2분의 1까지 가중처벌한다.

② 경비원이 경비업무 수행 중에 제16조의2제1항에서 정한 장비 외에 흉기 또는 그 밖의 위험한 물건을 휴대하고 「형법」 제258조의2제1항(제257조제1항의 죄로 한정한다)·제2항(제258조제1항·제2항의 죄로 한정한다), 제259조제1항, 제261조, 제262조, 제268조, 제276조제1항, 제277조제1항, 제281조제1항, 제283조제1항, 제324조제2항, 제350조의2 및 제366조의 죄를 범한 때에는 그 죄에 정한 형의 2분의 1까지 가중처벌한다.
(2016.1.6 본조개정)

제30조【양벌규정】 법인의 대표자나 법인 또는 개인의 대리인, 사용인, 그 밖의 종업원이 그 법인 또는 개인의 업무에 관하여 제28조의 위반행위를 하면 그 행위자를 벌하는 외에 그 법인 또는 개인에게도 해당 조문의 벌금형을 과(科)한다. 다만, 법인 또는 개인이 그 위반행위를 방지하기 위하여 해당 업무에 관하여 상당한 주의와 감독을 게을리하지 아니한 경우에는 그러하지 아니하다.
(2008.12.26 본조개정)

제31조【과태료】 ① 다음 각 호의 어느 하나에 해당하는 경비업자에게는 3천만원 이하의 과태료를 부과한다.

1. 제16조제1항을 위반하여 경비원의 복장에 관한 신고를 하지 아니하고 집단민원현장에 경비원을 배치한 자
2. 제16조제2항을 위반하여 이름표를 부착하게 하지 아니하거나, 신고된 동일 복장을 착용하게 하지 아니하고 집단민원현장에 경비원을 배치한 자
3. 제18조제1항 단서를 위반하여 집단민원현장에 일반경비원을 배치하면서 경비원의 명부를 배치장소에 작성·비치하지 아니한 자
4. 제18조제2항 각 호 외의 부분 단서를 위반하여 배치허가를 받지 아니하고 경비원을 배치하거나 경비원 명단 및 배치일시·배치장소 등 배치허가 신청의 내용을 거짓으로 한 자
5. 제18조제7항을 위반하여 제13조에 따른 신임교육을 이수하지 아니한 자를 제18조제2항 각 호의 경비원으로 배치한 자

(2013.6.7 본항신설)

② 다음 각 호의 어느 하나에 해당하는 경비업자 또는 시설주에게는 500만원 이하의 과태료를 부과한다.
(2013.6.7 본문개정)

1. 제4조제3항 또는 제18조제2항의 규정에 위반하여 신고를 하지 아니한 자
2. 제7조제7항의 규정에 위반하여 경비대행업자 지정신고를 하지 아니한 자(2013.6.7 본호개정)
3. 제9조제1항의 규정에 위반하여 설명의무를 이행하지 아니한 자
4. 제12조제1항의 규정에 위반하여 경비지도사를 선임하지 아니한 자
5. 제14조제6항의 규정에 의한 감독상 필요한 명령을 정당한 이유없이 이행하지 아니한 자
6. 제10조제3항을 위반하여 결격사유에 해당하는 경비원을 배치하거나 결격사유에 해당하는 경비지도사를 선임·배치한 자(2013.6.7 본호신설)
7. 제16조제1항의 복장 등에 관한 신고규정을 위반하여 신고를 하지 아니한 자(2013.6.7 본호신설)
8. 제16조제2항을 위반하여 이름표를 부착하게 하지 아니하거나, 신고된 동일 복장을 착용하게 하지 아니하고 경비원을 경비업무에 배치한 자(2013.6.7 본호신설)
9. 제18조제1항 본문을 위반하여 명부를 작성·비치하지 아니한 자(2013.6.7 본호개정)
10. 제18조제5항을 위반하여 경비원의 근무상황을 기록하여 보관하지 아니한 자(2013.6.7 본호신설)

③ 제1항 및 제2항의 규정에 의한 과태료는 대통령령이 정하는 바에 의하여 시·도경찰청장 또는 경찰관서장이 부과·징수한다.(2020.12.22 본항개정)

④~⑤ (2013.6.7 삭제)

부 칙 (2014.12.30)

제1조【시행일】 이 법은 공포한 날부터 시행한다.

제2조【금치산자 등의 결격사유에 관한 경과조치】 제5조제1호, 제10조제1항제1호·제2항제1호의 개정규정에도 불구하고 법률 제10429호 민법 일부개정법률 부칙 제2조에 따라 금치산 또는 한정치산 선고의 효력이 유지되는 사람에 대하여는 종전의 규정에 따른다.

부 칙 (2020.12.22)

제1조【시행일】 이 법은 2021년 1월 1일부터 시행한다.
(이하 생략)

부 칙 (2021.1.12)

이 법은 공포한 날부터 시행한다. 다만, 제10조제2항제2호부터 제5호까지 및 제17조제1항부터 제3항까지의 개정규정은 공포 후 6개월이 경과한 날부터 시행한다.

부 칙 (2022.11.15)

제1조【시행일】 이 법은 공포 후 6개월이 경과한 날부터 시행한다. 다만, 제10조의2의 개정규정은 공포한 날부터 시행한다.

제2조【특수경비원의 당연 퇴직에 관한 적용례】 제10조의2의 개정규정은 이 법 시행 이후 60세가 되거나, 이 법 시행 이후 파산선고를 받거나, 이 법 시행 이후의 행위로 형의 선고유예를 받은 사람부터 적용한다.

부 칙 (2024.1.30)

이 법은 공포 후 1년이 경과한 날부터 시행한다.

집회 및 시위에 관한 법률

(약칭 : 집시법)

(2007년 5월 11일 전부개정법률 제8424호)

개정
2007.12.21법 8733호(군사기지및군사시설보호법)
2016. 1.27법13834호
2020. 6. 9법17393호
2020.12.22법17689호(국가자치경찰)

제1조【목적】 이 법은 적법한 집회(集會) 및 시위(示威)를 최대한 보장하고 위법한 시위로부터 국민을 보호함으로써 집회 및 시위의 권리 보장과 공공의 안녕질서가 적절히 조화를 이루도록 하는 것을 목적으로 한다.

제2조【정의】 이 법에서 사용하는 용어의 뜻은 다음과 같다.

1. "옥외집회"란 천장이 없거나 사방이 폐쇄되지 아니한 장소에서 여는 집회를 말한다.
2. "시위"란 여러 사람이 공동의 목적을 가지고 도로, 광장, 공원 등 일반인이 자유로이 통행할 수 있는 장소를 행진하거나 위력(威力) 또는 기세(氣勢)를 보여, 불특정한 여러 사람의 의견에 영향을 주거나 제압(制壓)을 가하는 행위를 말한다.
3. "주최자(主催者)"란 자기 이름으로 자기 책임 아래 집회나 시위를 여는 사람이나 단체를 말한다. 주최자는 주관자(主管者)를 따로 두어 집회 또는 시위의 실행을 맡아 관리하도록 위임할 수 있다. 이 경우 주관자는 그 위임의 범위 안에서 주최자로 본다.
4. "질서유지인"이란 주최자가 자신을 보좌하여 집회 또는 시위의 질서를 유지하게 할 목적으로 임명한 자를 말한다.
5. "질서유지선"이란 관할 경찰서장이나 시·도경찰청장이 적법한 집회 및 시위를 보호하고 질서 유지나 원활한 교통 소통을 위하여 집회 또는 시위의 장소나 행진 구간을 일정하게 구획하여 설정한 띠, 방책(防柵), 차선(車線) 등의 경계 표지(標識)를 말한다.(2020.12.22 본호개정)
6. "경찰관서"란 국가경찰관서를 말한다.

제3조【집회 및 시위에 대한 방해 금지】 ① 누구든지 폭행, 협박, 그 밖의 방법으로 평화적인 집회 또는 시위를 방해하거나 질서를 문란하게 하여서는 아니 된다.

② 누구든지 폭행, 협박, 그 밖의 방법으로 집회 또는 시위의 주최자나 질서유지인의 이 법의 규정에 따른 임무 수행을 방해하여서는 아니 된다.

③ 집회 또는 시위의 주최자는 평화적인 집회 또는 시위가 방해받을 염려가 있다고 인정되면 관할 경찰관서에 그 사실을 알려 보호를 요청할 수 있다. 이 경우 관할 경찰관서의 장은 정당한 사유 없이 보호 요청을 거절하여서는 아니 된다.

제4조【특정인 참가의 배제】 집회 또는 시위의 주최자 및 질서유지인은 특정한 사람이나 단체가 집회나 시위에 참가하는 것을 막을 수 있다. 다만, 언론사의 기자는 출입이 보장되어야 하며, 이 경우 기자는 신분증을 제시하고 기자임을 표시한 완장(腕章)을 착용하여야 한다.

제5조【집회 및 시위의 금지】 ① 누구든지 다음 각 호의 어느 하나에 해당하는 집회나 시위를 주최하여서는 아니 된다.

1. 헌법재판소의 결정에 따라 해산된 정당의 목적을 달성하기 위한 집회 또는 시위
2. 집단적인 폭행, 협박, 손괴(損壞), 방화 등으로 공공의 안녕 질서에 직접적인 위협을 끼칠 것이 명백한 집회 또는 시위

② 누구든지 제1항에 따라 금지된 집회 또는 시위를 할 것을 선전하거나 선동하여서는 아니 된다.

제6조【옥외집회 및 시위의 신고 등】 ① 옥외집회나 시위를 주최하려는 자는 그에 관한 다음 각 호의 사항 모두를 적은 신고서를 옥외집회나 시위를 시작하기 720시간 전부터 48시간 전에 관할 경찰서장에게 제출하여야 한다. 다만, 옥외집회 또는 시위 장소가 두 곳 이상의 경찰서의 관할에 속하는 경우에는 관할 시·도경찰청장에게 제출하여야 하고, 두 곳 이상의 시·도경찰청 관할에 속하는 경우에는 주최지를 관할하는 시·도경찰청장에게 제출하여야 한다.(2020.12.22 단서개정)

1. 목적
2. 일시(필요한 시간을 포함한다)
3. 장소
4. 주최자(단체인 경우에는 그 대표자를 포함한다), 연락책임자, 질서유지인에 관한 다음 각 목의 사항
   가. 주소
   나. 성명
   다. 직업
   라. 연락처
5. 참가 예정인 단체와 인원
6. 시위의 경우 그 방법(진로와 약도를 포함한다)

② 관할 경찰서장 또는 시·도경찰청장(이하 "관할경찰관서장"이라 한다)은 제1항에 따른 신고서를 접수하면 신고자에게 접수 일시를 적은 접수증을 즉시 내주어야 한다.
(2020.12.22 본항개정)

③ 주최자는 제1항에 따라 신고한 옥외집회 또는 시위를 하지 아니하게 된 경우에는 신고서에 적힌 집회 일시 24시간 전에 그 철회사유 등을 적은 철회신고서를 관할경찰관서장에게 제출하여야 한다.(2016.1.27 본항개정)
④ 제3항에 따라 철회신고서를 받은 관할경찰관서장은 제8조제3항에 따라 금지 통고를 한 집회나 시위가 있는 경우에는 그 금지 통고를 받은 주최자에게 제3항에 따른 사실을 즉시 알려야 한다.(2016.1.27 본항개정)
⑤ 제4항에 따라 통지를 받은 주최자는 그 금지 통고된 집회 또는 시위를 최초에 신고한 대로 개최할 수 있다. 다만, 금지 통고 등으로 시기를 놓친 경우에는 일시를 새로 정하여 집회 또는 시위를 시작하기 24시간 전에 관할경찰관서장에게 신고서를 제출하고 집회 또는 시위를 개최할 수 있다.
제7조【신고서의 보완 등】 ① 관할경찰관서장은 제6조제1항에 따른 신고서의 기재 사항에 미비한 점을 발견하면 접수증을 교부한 때부터 12시간 이내에 주최자에게 24시간을 기한으로 그 기재 사항을 보완할 것을 통고할 수 있다.
② 제1항에 따른 보완 통고는 보완할 사항을 분명히 밝혀 서면으로 주최자 또는 연락책임자에게 송달하여야 한다.
제8조【집회 및 시위의 금지 또는 제한 통고】 ① 제6조제1항에 따른 신고서를 접수한 관할경찰관서장은 신고된 옥외집회 또는 시위가 다음 각 호의 어느 하나에 해당하는 때에는 신고서를 접수한 때부터 48시간 이내에 집회 또는 시위를 금지할 것을 주최자에게 통고할 수 있다. 다만, 집회 또는 시위가 집단적인 폭행, 협박, 손괴, 방화 등으로 공공의 안녕 질서에 직접적인 위험을 초래한 경우에는 남은 기간의 해당 집회 또는 시위에 대하여 신고서를 접수한 때부터 48시간이 지난 경우에도 금지 통고를 할 수 있다.
1. 제5조제1항, 제10조 본문 또는 제11조에 위반된다고 인정될 때
2. 제7조제1항에 따른 신고서 기재 사항을 보완하지 아니한 때
3. 제12조에 따라 금지할 집회 또는 시위라고 인정될 때
② 관할경찰관서장은 집회 또는 시위의 시간과 장소가 중복되는 2개 이상의 신고가 있는 경우 그 목적으로 보아 서로 상반되거나 방해가 된다고 인정되면 각 옥외집회 또는 시위 간에 시간을 나누거나 장소를 분할하여 개최하도록 권유하는 등 각 옥외집회 또는 시위가 서로 방해되지 아니하고 평화적으로 개최·진행될 수 있도록 노력하여야 한다.(2016.1.27 본항개정)
③ 관할경찰관서장은 제2항에 따른 권유가 받아들여지지 아니하면 뒤에 접수된 옥외집회 또는 시위에 대하여 제1항에 준하여 그 집회 또는 시위의 금지를 통고할 수 있다.(2016.1.27 본항신설)
④ 제3항에 따라 뒤에 접수된 옥외집회 또는 시위가 금지 통고된 경우 먼저 신고를 접수하여 옥외집회 또는 시위를 개최할 수 있는 자는 집회 시작 1시간 전에 관할경찰관서장에게 집회 개최 사실을 통지하여야 한다.(2016.1.27 본항신설)
⑤ 다음 각 호의 어느 하나에 해당하는 경우로서 그 거주자나 관리자가 시설이나 장소의 보호를 요청하는 경우에는 집회나 시위의 금지 또는 제한을 통고할 수 있다. 이 경우 집회나 시위의 금지 통고에 대하여는 제1항을 준용한다.
1. 제6조제1항의 신고서에 적힌 장소(이하 이 항에서 "신고장소"라 한다)가 다른 사람의 주거지역이나 이와 유사한 장소로서 집회나 시위로 재산 또는 시설에 심각한 피해가 발생하거나 사생활의 평온(平穩)을 뚜렷하게 해칠 우려가 있는 경우
2. 신고장소가 「초·중등교육법」 제2조에 따른 학교의 주변 지역으로서 집회 또는 시위로 학습권을 뚜렷이 침해할 우려가 있는 경우
3. 신고장소가 「군사기지 및 군사시설 보호법」 제2조제2호에 따른 군사시설의 주변 지역으로서 집회 또는 시위로 시설이나 군 작전의 수행에 심각한 피해가 발생할 우려가 있는 경우(2007.12.21 본호개정)
⑥ 집회 또는 시위의 금지 또는 제한 통고는 그 이유를 분명하게 밝혀 서면으로 주최자 또는 연락책임자에게 송달하여야 한다.
판례 집회의 신고가 경합할 경우 특별한 사정이 없는 한 관할경찰관서장은 집회 및 시위에 관한 법률(이하 '집시법'이라 한다) 제8조 제2항의 규정에 의하여 신고 순서에 따라 뒤에 신고된 집회에 대하여 금지통고를 할 수 있지만, 먼저 신고된 집회의 참여예정인원, 집회의 목적, 집회개최장소 및 시간, 집회 신고인이 기존에 신고한 집회 건수와 실제로 집회를 개최한 비율 등 먼저 신고된 집회의 실제 개최 가능성 여부와 양 집회의 상반 또는 방해가능성 등 제반 사정을 확인하여 먼저 신고된 집회가 다른 집회의 개최를 봉쇄하기 위한 허위 또는 가장 집회신고에 해당함이 객관적으로 분명해 보이는 경우에는 뒤에 신고된 집회에 다른 집회금지 사유가 있는 경우가 아닌 한, 관할경찰관서장이 단지 먼저 신고가 있었다는 이유만으로 뒤에 신고된 집회에 대하여 집회 자체를 금지하는 통고를 하여서는 아니 되고, 설령 이러한 금지통고에 위반하여 집회를 개최하였다고 하더라도 그러한 행위를 집시법상 금지통고에 위반한 집회개최행위에 해당한다고 보아서는 아니 된다.(대판 2014.12.11, 2011도13299)
판례 상가 임차인들을 구성원으로 하는 단체가 옥외집회신고서를 제출하였으나 관할 경찰서장이 앞서 신고된 선행집회와 시간, 장소가 경합되어 서로 방해가 된다는 이유로 나중에 접수된 집회신고에 대하여 집회금지를 통고한 사안에서, 두 집회의 목적, 선행집회의 내용과 규모 등 여러 사정을 종합해 보면 두 집회가 충돌할 가능성이 사실상 미미하며 설령 서로 충돌할 여지를 완전히 배제할 수 없다고 하더라도 관련 법령에서 허용된 경찰력을 동원하여 평화로운 집회가 이루어지도록 예방하는 수단 등을 먼저 강구해야 할 것인데, 집회신고가 뒤에 접수되었다고 하여 곧바로 이를 전면 불허하는 것은 위법하다.
(서울행정법원 2011.11.24, 2011구합34122 판결)
제9조【집회 및 시위의 금지 통고에 대한 이의 신청 등】 ① 집회 또는 시위의 주최자는 제8조에 따른 금지 통고를 받은 날부터 10일 이내에 해당 경찰관서의 바로 위의 상급경찰관서의 장에게 이의를 신청할 수 있다.
② 제1항에 따른 이의 신청을 받은 경찰관서의 장은 접수 일시를 적은 접수증을 이의 신청인에게 즉시 내주고 접수한 때부터 24시간 이내에 재결(裁決)을 하여야 한다. 이 경우 접수한 때부터 24시간 이내에 재결서를 발송하지 아니하면 관할경찰관서장의 금지 통고는 소급하여 그 효력을 잃는다.
③ 이의 신청인은 제2항에 따라 금지 통고가 위법하거나 부당한 것으로 재결되거나 그 효력을 잃게 된 경우 처음 신고한 대로 집회 또는 시위를 개최할 수 있다. 다만, 금지 통고 등으로 시기를 놓친 경우에는 일시를 새로 정하여 집회 또는 시위를 시작하기 24시간 전에 관할경찰관서장에게 신고함으로써 집회 또는 시위를 개최할 수 있다.
제10조【옥외집회와 시위의 금지 시간】 누구든지 해가 뜨기 전이나 해가 진 후에는 옥외집회 또는 시위를 하여서는 아니 된다. 다만, 집회의 성격상 부득이하여 주최자가 질서유지인을 두고 미리 신고한 경우에는 관할경찰관서장은 질서 유지를 위한 조건을 붙여 해가 뜨기 전이나 해가 진 후에도 옥외집회를 허용할 수 있다.
<2009.9.24 헌법재판소 헌법불합치결정으로 이 조 중 '옥외집회' 부분은 2010.6.30을 시한으로 입법자가 개정할 때까지 계속 적용>
<2014.3.27 헌법재판소 한정위헌결정으로 이 조 본문 중 '시위'에 관한 부분은 '해가 진 후부터 같은 날 24시까지의 시위'에 적용하는 한 헌법에 위반>
판례 집회 및 시위에 관한 법률 제10조에서 야간의 시위를 금지한 것은 야간 시위의 특징과 차별성을 고려하여 사회의 안녕질서를 유지하고 시민들의 주거 및 사생활의 평온을 보호하기 위한 것으로서 정당한 목적 달성을 위한 적합한 수단이 된다. 그런데 이 법률조항에 의하면, 낮 시간이 짧은 동절기의 평일의 경우, 직장인이나 학생은 사실상 시위를 주최하거나 참가할 수 없게 되는데, 이는 집회의 자유를 실질적으로 박탈하거나 명목상의 것으로 만드는 결과를 초래하게 된다. 또 도시화·산업화가 진행된 현대 사회에서 전통적 의미의 야간, 즉 '해가 뜨기 전이나 해가 진 후'라는 광범위하고 가변적인 시간대는 '야간'이라는 시간으로 인한 특징이나 차별성이 명백하다고 보기 어렵다. 위와 같은 특징이나 차별성은 '심야'의 특수성으로 인한 위험성이라 할 것이다. 그럼에도 불구하고 이 사건 법률조항은 '해가 뜨기 전이나 해가 진 후'라는 광범위하고 가변적인 시간대의 시위를 금지하고 있으므로, 이는 목적달성을 위해 필요한 정도를 넘는 지나친 제한으로서 침해의 최소성 원칙에 반하며, 달성되는 공익에 비해 집회의 자유를 과도하게 제한하는 것으로 법익 균형성 원칙에도 위반된다. 따라서 이 사건 법률조항은 과잉금지 원칙에 위배하여 집회의 자유를 침해한다.
(헌재결 2014.3.27, 2010헌가2, 2012헌가13)
제11조【옥외집회와 시위의 금지 장소】 누구든지 다음 각 호의 어느 하나에 해당하는 청사 또는 저택의 경계 지점으로부터 100미터 이내의 장소에서는 옥외집회 또는 시위를 하여서는 아니 된다.
1. 국회의사당. 다만, 다음 각 목의 어느 하나에 해당하는 경우로서 국회의 기능이나 안녕을 침해할 우려가 없다고 인정되는 때에는 그러하지 아니하다.
가. 국회의 활동을 방해할 우려가 없는 경우
나. 대규모 집회 또는 시위로 확산될 우려가 없는 경우
(2020.6.9 본호개정)
2. 각급 법원, 헌법재판소. 다만, 다음 각 목의 어느 하나에 해당하는 경우로서 각급 법원, 헌법재판소의 기능이나 안녕을 침해할 우려가 없다고 인정되는 때에는 그러하지 아니하다.
가. 법관이나 재판관의 직무상 독립이나 구체적 사건의 재판에 영향을 미칠 우려가 없는 경우
나. 대규모 집회 또는 시위로 확산될 우려가 없는 경우
(2020.6.9 본호신설)
3. 대통령 관저(官邸), 국회의장 공관, 대법원장 공관, 헌법재판소장 공관
<2022.12.22 헌법재판소 헌법불합치결정으로 이 호 중 '대통령 관저(官邸)'에 관한 부분은 2024.5.31을 시한으로 개정될 때까지 계속 적용>
<2023.3.23 헌법재판소 헌법불합치결정으로 이 호 중 '국회의장 공관'에 관한 부분은 2024.5.31을 시한으로 개정될 때까지 계속 적용>
4. 국무총리 공관. 다만, 다음 각 목의 어느 하나에 해당하는 경우로서 국무총리 공관의 기능이나 안녕을 침해할 우려가 없다고 인정되는 때에는 그러하지 아니하다.
가. 국무총리를 대상으로 하지 아니하는 경우
나. 대규모 집회 또는 시위로 확산될 우려가 없는 경우
(2020.6.9 본호개정)
5. 국내 주재 외국의 외교기관이나 외교사절의 숙소. 다만, 다음 각 목의 어느 하나에 해당하는 경우로서 외교기관 또는 외교사절 숙소의 기능이나 안녕을 침해할 우려가 없다고 인정되는 때에는 그러하지 아니한다.
(2020.6.9 단서개정)
가. 해당 외교기관 또는 외교사절의 숙소를 대상으로 하지 아니하는 경우
나. 대규모 집회 또는 시위로 확산될 우려가 없는 경우
다. 외교기관의 업무가 없는 휴일에 개최하는 경우
판례 헌법기관인 국회의 기능을 보호하는 것이 매우 중요한 공익에 해당함은 의심의 여지가 없다. 그러나 옥외집회로 인하여 국회의 헌법적 기능이 침해될 가능성이 부인되거나 또는 현저히 낮다면 집회의 자유에 대한 과도한 제한 가능성이 완화될 수 있도록 그 금지에 대한 예외를 인정하여야 한다. 그럼에도 불구하고 심판대상조항은 전제되는 위험 상황이 구체적으로 존재하지 않는 경우까지도 예외 없이 국회의사당 인근에서의 집회를 금지하고 있는바, 이는 입법목적의 달성에 필요한 범위를 넘는 과도한 제한으로 보아야 한다.
(헌재결 2018.5.31, 2013헌바322 등)
제12조【교통 소통을 위한 제한】 ① 관할경찰관서장은 대통령령으로 정하는 주요 도시의 주요 도로에서의 집회 또는 시위에 대하여 교통 소통을 위하여 필요하다고 인정하면 이를 금지하거나 교통질서 유지를 위한 조건을 붙여 제한할 수 있다.
② 집회 또는 시위의 주최자가 질서유지인을 두고 도로를 행진하는 경우에는 제1항에 따른 금지를 할 수 없다. 다만, 해당 도로와 주변 도로의 교통 소통에 장애를 발생시켜 심각한 교통 불편을 줄 우려가 있으면 제1항에 따른 금지를 할 수 있다.
제13조【질서유지선의 설정】 ① 제6조제1항에 따른 신고를 받은 관할경찰관서장은 집회 및 시위의 보호와 공공의 질서 유지를 위하여 필요하다고 인정하면 최소한의 범위를 정하여 질서유지선을 설정할 수 있다.
② 제1항에 따라 경찰관서장이 질서유지선을 설정할 때에는 주최자 또는 연락책임자에게 이를 알려야 한다.
제14조【확성기등 사용의 제한】 ① 집회 또는 시위의 주최자는 확성기, 북, 징, 꽹과리 등의 기계·기구(이하 이 조에서 "확성기등"이라 한다)를 사용하여 타인에게 심각한 피해를 주는 소음으로서 대통령령으로 정하는 기준을 위반하는 소음을 발생시켜서는 아니 된다.
② 관할경찰관서장은 집회 또는 시위의 주최자가 제1항에 따른 기준을 초과하는 소음을 발생시켜 타인에게 피해를 주는 경우에는 그 기준 이하의 소음 유지 또는 확성기등의 사용 중지를 명하거나 확성기등의 일시보관 등 필요한 조치를 할 수 있다.
제15조【적용의 배제】 학문, 예술, 체육, 종교, 의식, 친목, 오락, 관혼상제(冠婚喪祭) 및 국경행사(國慶行事)에 관한 집회에는 제6조부터 제12조까지의 규정을 적용하지 아니한다.
제16조【주최자의 준수 사항】 ① 집회 또는 시위의 주최자는 집회 또는 시위에 있어서의 질서를 유지하여야 한다.
② 집회 또는 시위의 주최자는 집회 또는 시위의 질서 유지에 관하여 자신을 보좌하도록 18세 이상의 사람을 질서유지인으로 임명할 수 있다.
③ 집회 또는 시위의 주최자는 제1항에 따른 질서를 유지할 수 없으면 그 집회 또는 시위의 종결(終結)을 선언하여야 한다.
④ 집회 또는 시위의 주최자는 다음 각 호의 어느 하나에 해당하는 행위를 하여서는 아니 된다.
1. 총포, 폭발물, 도검(刀劍), 철봉, 곤봉, 돌덩이 등 다른 사람의 생명을 위협하거나 신체에 해를 끼칠 수 있는 기구(器具)를 휴대하거나 사용하는 행위 또는 다른 사람에게 이를 휴대하게 하거나 사용하게 하는 행위
2. 폭행, 협박, 손괴, 방화 등으로 질서를 문란하게 하는 행위
3. 신고한 목적, 일시, 장소, 방법 등의 범위를 뚜렷이 벗어나는 행위
⑤ 옥내집회의 주최자는 확성기를 설치하는 등 주변에서의 옥외 참가를 유발하는 행위를 하여서는 아니 된다.
제17조【질서유지인의 준수 사항 등】 ① 질서유지인은 주최자의 지시에 따라 집회 또는 시위 질서가 유지되도록 하여야 한다.
② 질서유지인은 제16조제4항 각 호의 어느 하나에 해당하는 행위를 하여서는 아니 된다.
③ 질서유지인은 참가자 등이 질서유지인임을 쉽게 알아볼 수 있도록 완장, 모자, 어깨띠, 상의 등을 착용하여야 한다.
④ 관할경찰관서장은 집회 또는 시위의 주최자와 협의하여 질서유지인의 수(數)를 적절하게 조정할 수 있다.
⑤ 집회나 시위의 주최자는 제4항에 따라 질서유지인의 수를 조정한 경우 집회 또는 시위를 개최하기 전에 조정된 질서유지인의 명단을 관할경찰관서장에게 알려야 한다.
제18조【참가자의 준수 사항】 ① 집회나 시위에 참가하는 자는 주최자 및 질서유지인의 질서 유지를 위한 지시에 따라야 한다.
② 집회나 시위에 참가하는 자는 제16조제4항제1호 및 제2호에 해당하는 행위를 하여서는 아니 된다.
제19조【경찰관의 출입】 ① 경찰관은 집회 또는 시위의 주최자에게 알리고 그 집회 또는 시위의 장소에 정복(正

服)을 입고 출입할 수 있다. 다만, 옥내집회 장소에 출입하는 것은 직무 집행을 위하여 긴급한 경우에만 할 수 있다.
② 집회나 시위의 주최자, 질서유지인 또는 장소관리자는 질서를 유지하기 위한 경찰관의 직무집행에 협조하여야 한다.
제20조【집회 또는 시위의 해산】 ① 관할경찰관서장은 다음 각 호의 어느 하나에 해당하는 집회 또는 시위에 대하여는 상당한 시간 이내에 자진(自進) 해산할 것을 요청하고 이에 따르지 아니하면 해산(解散)을 명할 수 있다.
1. 제5조제1항, 제10조 본문 또는 제11조를 위반한 집회 또는 시위
2. 제6조제1항에 따른 신고를 하지 아니하거나 제8조 또는 제12조에 따라 금지된 집회 또는 시위
3. 제8조제5항에 따른 제한, 제10조 단서 또는 제12조에 따른 조건을 위반하여 교통 소통 등 질서 유지에 직접적인 위험을 명백하게 초래한 집회 또는 시위
(2016.1.27 본호개정)
4. 제16조제3항에 따른 종결 선언을 한 집회 또는 시위
5. 제16조제4항 각 호의 어느 하나에 해당하는 행위로 질서를 유지할 수 없는 집회 또는 시위
② 집회 또는 시위가 제1항에 따른 해산 명령을 받았을 때에는 모든 참가자는 지체 없이 해산하여야 한다.
③ 제1항에 따른 자진 해산의 요청과 해산 명령의 고지(告知) 등에 필요한 사항은 대통령령으로 정한다.
제21조【집회·시위자문위원회】 ① 집회 및 시위의 자유와 공공의 안녕 질서가 조화를 이루도록 하기 위하여 각급 경찰관서에 다음 각 호의 사항에 관하여 각급 경찰관서장의 자문 등에 응하는 집회·시위자문위원회(이하 이 조에서 "위원회"라 한다)를 둘 수 있다.
1. 제8조에 따른 집회 또는 시위의 금지 또는 제한 통고
2. 제9조제2항에 따른 이의 신청에 관한 재결
3. 집회 또는 시위에 대한 사례 검토
4. 집회 또는 시위 업무의 처리와 관련하여 필요한 사항
② 위원회에는 위원장 1명을 두되, 위원장을 포함한 5명 이상 7명 이하의 위원으로 구성된다.
③ 위원장과 위원은 각급 경찰관서장이 전문성과 공정성 등을 고려하여 다음 각 호의 사람 중에서 위촉한다.
1. 변호사
2. 교수
3. 시민단체에서 추천하는 사람
4. 관할 지역의 주민대표
④ 위원회의 구성·운영 등에 필요한 사항은 대통령령으로 정한다.
제22조【벌칙】 ① 제3조제1항 또는 제2항을 위반한 자는 3년 이하의 징역 또는 300만원 이하의 벌금에 처한다. 다만, 군인·검사 또는 경찰관이 제3조제1항 또는 제2항을 위반한 경우에는 5년 이하의 징역에 처한다.
② 제5조제1항 또는 제6조제1항을 위반하거나 제8조에 따라 금지를 통고한 집회 또는 시위를 주최한 자는 2년 이하의 징역 또는 200만원 이하의 벌금에 처한다.
③ 제5조제2항 또는 제16조제4항을 위반한 자는 1년 이하의 징역 또는 100만원 이하의 벌금에 처한다.
④ 그 사실을 알면서 제5조제1항을 위반한 집회 또는 시위에 참가한 자는 6개월 이하의 징역 또는 50만원 이하의 벌금·구류 또는 과료에 처한다.
제23조【벌칙】 제10조 본문 또는 제11조를 위반한 자, 제12조에 따른 금지를 위반한 자는 다음 각 호의 구분에 따라 처벌한다.
1. 주최자는 1년 이하의 징역 또는 100만원 이하의 벌금
<2009.9.24 헌법재판소 헌법불합치결정으로 이 호 중 '제10조 본문의 옥외집회' 부분은 2010.6.30을 시한으로 입법자가 개정할 때까지 계속 적용>
<2022.12.22 헌법재판소 헌법불합치결정으로 이 호 중 제11조제3호 가운데 '대통령 관저(官邸)'에 관한 부분은 2024.5.31을 시한으로 개정될 때까지 계속 적용>
2. 질서유지인은 6개월 이하의 징역 또는 50만원 이하의 벌금·구류 또는 과료
3. 그 사실을 알면서 참가한 자는 50만원 이하의 벌금·구류 또는 과료
<2014.3.27 헌법재판소 한정위헌결정으로 이 호 중 '제10조 본문' '시위'에 관한 부분은 '해가 진 후부터 같은 날 24시까지의 시위'에 적용하는 한 헌법에 위반>
<2023.3.23 헌법재판소 헌법불합치결정으로 이 호 중 제11조제3호 가운데 '국회의장 공관'에 관한 부분은 2024.5.31을 시한으로 개정될 때까지 계속 적용>
제24조【벌칙】 다음 각 호의 어느 하나에 해당하는 자는 6개월 이하의 징역 또는 50만원 이하의 벌금·구류 또는 과료에 처한다.
1. 제4조에 따라 주최자 또는 질서유지인이 참가를 배제했는데도 그 집회 또는 시위에 참가한 자
2. 제6조제1항에 따른 신고를 거짓으로 하고 집회 또는 시위를 개최한 자
3. 제13조에 따라 설정한 질서유지선을 경찰관의 경고에도 불구하고 정당한 사유 없이 상당 시간 침범하거나 손괴·은닉·이동 또는 제거하거나 그 밖의 방법으로 그 효용을 해친 자
4. 제14조제2항에 따른 명령을 위반하거나 필요한 조치를 거부·방해한 자
5. 제16조제5항, 제17조제2항, 제18조제2항 또는 제20조제2항을 위반한 자
제25조【단체의 대표자에 대한 벌칙 적용】 단체가 집회 또는 시위를 주최하는 경우에는 이 법의 벌칙 적용에서 그 대표자를 주최자로 본다.
제26조【과태료】 ① 제8조제4항에 해당하는 먼저 신고된 옥외집회 또는 시위의 주최자가 정당한 사유 없이 제6조제3항을 위반한 경우에는 100만원 이하의 과태료를 부과한다.
② 제1항에 따른 과태료는 대통령령으로 정하는 바에 따라 시·도경찰청장 또는 경찰서장이 부과·징수한다.
(2020.12.22 본항개정)
(2016.1.27 본조신설)

부 칙

① **【시행일】** 이 법은 공포한 날부터 시행한다.
② **【처분 등에 관한 일반적 경과조치】** 이 법 시행 당시 종전의 규정에 따른 행정기관의 행위나 행정기관에 대한 행위는 그에 해당하는 이 법에 따른 행정기관의 행위나 행정기관에 대한 행위로 본다.
③ **【벌칙에 관한 경과조치】** 이 법 시행 전의 행위에 대하여 벌칙 규정을 적용할 때에는 종전의 규정에 따른다.
④ **【다른 법령과의 관계】** 이 법 시행 당시 다른 법령에서 종전의 「집회 및 시위에 관한 법률」 또는 그 규정을 인용한 경우에 이 법 가운데 그에 해당하는 규정이 있으면 종전의 규정을 갈음하여 이 법 또는 이 법의 해당 규정을 인용한 것으로 본다.

부 칙 (2016.1.27)

제1조【시행일】 이 법은 공포 후 1개월이 경과한 날부터 시행한다. 다만, 제26조의 개정규정은 공포 후 1년이 경과한 날부터 시행한다.
제2조【적용례】 제8조제4항 및 제26조의 개정규정은 각각 이 법 시행 후 최초로 접수되는 옥외집회 또는 시위의 신고분부터 적용한다.

부 칙 (2020.6.9)

이 법은 공포한 날부터 시행한다.

부 칙 (2020.12.22)

제1조【시행일】 이 법은 2021년 1월 1일부터 시행한다.
(이하 생략)

집회 및 시위에 관한 법률 시행령

(2007년 10월 4일 전부개정대통령령 제20307호)

개정
2010. 6.28영22224호(소음·진동관리법시)
2013.12.30영25050호(행정규제재검토에따른일부개정령)
2014. 7.21영25488호 2016.12.13영27672호
2016.12.30영27751호(규제기한설정)
2020. 9. 1영30983호
2020.12.31영31349호(자치경찰조직운영)
2023. 4.11영33382호(직제)
2023.10.17영33811호

제1조【목적】 이 영은 「집회 및 시위에 관한 법률」에서 위임된 사항과 그 시행에 필요한 사항을 규정함을 목적으로 한다.
제2조【시위방법】 「집회 및 시위에 관한 법률」(이하 "법"이라 한다) 제6조제1항제6호에 따른 시위방법은 다음 각 호의 사항을 말한다.
1. 시위의 대형
2. 차량, 확성기, 입간판, 그 밖에 주장을 표시한 시설물의 이용 여부와 그 수
3. 구호 제창의 여부
4. 진로(출발지, 경유지, 중간 행사지, 도착지 등)
5. 약도(시위행진의 진행방향을 도면으로 표시한 것)
6. 차도·보도·교차로의 통행방법
7. 그 밖에 시위방법과 관련되는 사항
제3조【보완 통고서의 송달】 법 제6조제1항의 규정에 따른 신고서를 접수한 관할경찰서장 또는 시·도경찰청장(이하 "관할 경찰관서장"이라 한다)은 법 제7조제2항에 따른 보완 통고서를 주최자나 연락책임자의 책임 있는 사유로 주최자나 연락책임자에게 직접 송달할 수 없는 때에는 다음 각 호의 방법으로 송달할 수 있다.
(2020.12.31 본문개정)
1. 주최자가 단체인 경우
주최자 또는 연락책임자의 대리인이나 단체의 사무소에서 근무하는 직원에게 전달하되, 대리인 또는 사무소에서 근무하는 직원에게 전달할 수 없는 때에는 단체의 사무소가 있는 건물의 관리인이나 건물 소재지의 통장 또는 반장에게 전달할 수 있다.
2. 주최자가 개인인 경우
주최자 또는 연락책임자의 세대주나 가족 중 성년자에게 전달하되, 주최자 또는 연락책임자의 세대주나 가족 중 성년자에게 전달할 수 없는 때에는 주최자 또는 연락책임자가 거주하는 건물의 관리인이나 건물 소재지의 통장 또는 반장에게 전달할 수 있다.
제4조【주거지역 등의 범위】 ① 법 제8조제5항제1호에서 "이와 유사한 장소"란 주택 또는 사실상 주거의 용도로 사용되고 있는 건축물이 있는 지역과 이와 인접한 공터·도로 등을 포함한 장소를 말한다.
② 법 제8조제5항제1호에 따른 재산 또는 시설에 피해가 발생하거나 사생활의 평온을 해치는 경우란 함성, 구호의 제창, 확성기·북·징·꽹과리 등 기계·기구(이하 "확성기등"이라 한다)의 사용, 사람에게 모욕을 줄 수 있는 구호·낙서 및 유인물 배포, 돌·화염병의 투척 등 폭력행위나 그 밖의 방법으로 재산·시설에 손해를 입히거나 사생활의 평온을 해치는 것을 말한다.
③ 법 제8조제5항제2호 및 제3호에서 "주변 지역"이란 학교 또는 군사시설의 출입문, 담장 및 이와 인접한 공터·도로 등을 포함한 장소를 말한다.
(2016.12.13 본조개정)
제5조【주거지역 등에서의 집회 또는 시위의 제한·금지 요청】 법 제8조제5항에 따른 시설이나 장소의 보호요청은 주거지역이나 이와 유사한 장소의 거주자나 관리자 또는 학교나 군사시설의 거주자나 관리자가 그 이유 등을 명확하게 밝혀 관할 경찰관서장이나 집회 또는 시위의 장소에 있는 경찰공무원에게 서면이나 구두로 하여야 한다. 이 경우 구두로 요청할 때에는 지체 없이 그 이유 등을 명확하게 밝힌 서면을 제출하여야 한다.(2020.12.31 전단개정)
제6조【주거지역 등에서의 집회 또는 시위의 제한 내용】 법 제8조제5항에 따라 집회 또는 시위를 제한할 수 있는 내용은 다음 각 호와 같다.(2016.12.13 본문개정)
1. 집회 또는 시위의 일시·장소 및 참가인원
2. 확성기등의 사용, 구호의 제창, 낙서, 유인물 배포 등 집회 또는 시위의 방법
제7조【금지·제한 통고서의 송달】 관할 경찰관서장은 법 제8조제6항에 따른 집회 또는 시위의 금지·제한 통고서를 주최자나 연락책임자의 책임 있는 사유로 주최자나 연락책임자에게 직접 송달할 수 없는 때에는 제3조 각 호의 방법에 준하여 송달할 수 있다.(2016.12.13 본조개정)
제8조【이의 신청의 통지 및 답변서 제출】 ① 법 제9조제1항에 따른 이의 신청을 받은 경찰관서장은 즉시 집회 또는 시위의 금지를 통고한 경찰관서장에게 이의 신청의

취지와 이유(이의 신청시 증거서류나 증거물을 제출한 경우에는 그 요지를 포함한다)를 알리고, 답변서의 제출을 명하여야 한다.
② 제1항에 따른 답변서에는 금지 통고의 근거와 이유를 구체적으로 밝히고 이의 신청에 대한 답변을 적되 필요한 증거서류나 증거물이 있으면 함께 제출하여야 한다.
제9조【재결의 통지】 이의 신청을 받은 경찰관서장은 법 제9조제2항에 따라 재결을 한 때에는 집회 또는 시위의 금지를 통고한 경찰관서장에게 재결 내용을 즉시 알려야 한다.
제10조【재결서 또는 판결문 사본의 첨부】 법 제9조제3항 단서에 따르거나 행정소송을 거쳐 새로 집회 또는 시위의 일시를 정하여 신고를 할 때에는 신고서에 재결서 또는 판결문의 사본을 첨부하여야 한다.
제11조【야간 옥외집회의 조건부 허용】 ① 법 제10조 단서에 따라 해가 뜨기 전이나 해가 진 후의 옥외집회를 신고하는 자는 해가 뜨기 전이나 해가 진 후 옥외집회를 하여야 하는 사유를 적고 필요한 자료를 제출하여야 한다.
② 관할 경찰관서장은 법 제10조 단서에 따라 해가 뜨기 전이나 해가 진 후의 옥외집회를 허용하는 경우에는 서면으로 질서 유지를 위한 조건을 구체적으로 밝혀 주최자에게 알려야 한다.
제12조【주요 도시의 주요 도로에서의 집회·시위】 ① 법 제12조제1항에 따른 주요 도시의 주요 도로의 범위는 별표1과 같다.
② 관할 경찰관서장은 법 제12조제1항에 따라 주요 도시의 주요 도로에서의 집회 또는 시위에 대하여 교통질서를 유지하기 위한 조건을 붙여 제한하는 경우에는 서면으로 그 조건을 구체적으로 밝혀 주최자에게 알려야 한다.
③ 경찰청장은 제1항에 따른 주요 도시의 주요 도로의 범위를 도로 여건 등을 고려하여 3년마다 재검토하여 정비해야 한다.(2023.10.17 본항신설)
제13조【질서유지선의 설정·고지 등】 ① 관할 경찰관서장은 집회 및 시위의 보호와 공공의 질서 유지를 위하여 다음 각 호의 어느 하나에 해당하는 경우에는 법 제13조제1항에 따라 질서유지선을 설정할 수 있다.
1. 집회·시위의 장소를 한정하거나 집회·시위의 참가자와 일반인을 구분할 필요가 있을 경우
2. 집회·시위의 참가자를 일반인이나 차량으로부터 보호할 필요가 있을 경우
3. 일반인의 통행 또는 교통 소통 등을 위하여 필요할 경우
4. 다음 각 목의 어느 하나의 시설 등에 접근하거나 행진하는 것을 금지하거나 제한할 필요가 있을 경우
가. 법 제11조에 따른 집회 또는 시위가 금지되는 장소
나. 통신시설 등 중요시설
다. 위험물시설
라. 그 밖에 안전 유지 또는 보호가 필요한 재산·시설 등
5. 집회·시위의 행진로를 확보하거나 이를 위한 임시횡단보도를 설치할 필요가 있을 경우
6. 그 밖에 집회·시위의 보호와 공공의 질서 유지를 위하여 필요할 경우
② 법 제13조제2항에 따른 질서유지선의 설정 고지는 서면으로 하여야 한다. 다만, 집회 또는 시위 장소의 상황에 따라 질서유지선을 새로 설정하거나 변경하는 경우에는 집회 또는 시위의 장소에 있는 경찰공무원이 구두로 알릴 수 있다.(2020.12.31 단서개정)
제14조【확성기등의 소음기준】 법 제14조제1항에 따른 확성기등의 소음기준은 별표2와 같다.
제15조【질서유지인의 완장 등의 통일】 법 제17조제3항에 따른 질서유지인의 완장·모자·어깨띠 또는 상의 등은 종류·모양 및 색상이 통일되어야 한다.
제16조【조정된 질서유지인 명단의 통보방법】 법 제17조제4항 및 제5항에 따라 조정된 질서유지인의 명단은 서면으로 통보하여야 한다.
제17조【집회 또는 시위의 자진 해산의 요청 등】 법 제20조에 따라 집회 또는 시위를 해산시키려는 때에는 관할 경찰관서장 또는 관할 경찰관서장으로부터 권한을 부여받은 경찰공무원은 다음 각 호의 순서에 따라야 한다. 다만, 법 제20조제1항제1호·제2호 또는 제4호에 해당하는 집회·시위의 경우와 주최자·주관자·연락책임자 및 질서유지인이 집회 또는 시위 장소에 없는 경우에는 종결 선언의 요청을 생략할 수 있다.(2020.12.31 본문개정)
1. 종결 선언의 요청
주최자에게 집회 또는 시위의 종결 선언을 요청하되, 주최자의 소재를 알 수 없는 경우에는 주관자·연락책임자 또는 질서유지인을 통하여 종결 선언을 요청할 수 있다.
2. 자진 해산의 요청
제1호의 종결 선언 요청에 따르지 아니하거나 종결 선언에도 불구하고 집회 또는 시위의 참가자들이 집회 또는 시위를 계속하는 경우에는 직접 참가자들에 대하여 자진 해산할 것을 요청한다.
3. 해산명령 및 직접 해산
제2호에 따른 자진 해산 요청에 따르지 아니하는 경우에는 세 번 이상 자진 해산할 것을 명령하고, 참가자들이 해산명령에도 불구하고 해산하지 아니하면 직접 해산시킬 수 있다.
제18조【집회·시위자문위원회의 운영 등】 ① 법 제21조에 따른 집회·시위자문위원회(이하 이 조에서 "위원회"라 한다)의 위원장 및 위원의 임기는 2년으로 한다.
② 위원장은 위원회를 대표하며, 위원회의 업무를 총괄한다.
③ 위원장이 부득이한 사유로 직무를 수행할 수 없을 때에는 위원 중 연장자 순으로 위원장의 직무를 대리한다.
④ 위원회의 회의는 각급 경찰관서장의 요청에 따라 위원장이 소집한다.
⑤ 위원회의 회의는 재적위원 과반수의 출석으로 개의하고 출석위원 과반수의 찬성으로 의결한다.
⑥ 위원회는 필요하면 위원이 아닌 자를 위원회의 회의에 출석하게 하여 그 의견을 들을 수 있다.
⑦ 각급 경찰관서장은 위원회의 위원 등에 대하여 예산의 범위에서 수당, 여비, 그 밖의 필요한 경비를 지급할 수 있다.
⑧ 이 영에서 정한 사항 외에 위원회의 운영 등에 관하여 필요한 사항은 경찰청장이 정한다.
제19조【규제의 재검토】 경찰청장은 다음 각 호의 사항에 대하여 다음 각 호의 기준일을 기준으로 3년마다(매 3년이 되는 해의 기준일과 같은 날 전까지를 말한다) 그 타당성을 검토하여 개선 등의 조치를 하여야 한다.
1. (2016.12.30 삭제)
2. 제6조에 따른 주거지역 등에서의 집회 또는 시위의 제한 내용 : 2014년 1월 1일
2의2. 제14조에 따른 확성기등의 소음기준 : 2014년 7월 1일(2014.7.21 본호신설)
3. (2016.12.30 삭제)
(2013.12.30 본조신설)
제20조【과태료의 부과기준】 법 제26조제1항에 따른 과태료의 부과기준은 별표3과 같다.(2016.12.13 본조신설)

부 칙

제1조【시행일】 이 영은 공포한 날부터 시행한다.
제2조【다른 법령과의 관계】 이 영 시행 당시 다른 법령에서 종전의 「집회 및 시위에 관한 법률 시행령」 또는 그 규정을 인용한 경우 이 영 중 그에 해당하는 규정이 있는 때에는 종전의 규정에 갈음하여 이 영 또는 이 영의 해당 조항을 인용한 것으로 본다.

부 칙 (2020.9.1)

이 영은 공포 후 3개월이 경과한 날부터 시행한다.

부 칙 (2020.12.31)

제1조【시행일】 이 영은 2021년 1월 1일부터 시행한다.(이하 생략)

부 칙 (2023.4.11)

제1조【시행일】 이 영은 2023년 6월 5일부터 시행한다.(이하 생략)

부 칙 (2023.10.17)

이 영은 공포한 날부터 시행한다.

[별표] ➡ 「法典 別冊」 참조

화염병 사용 등의 처벌에 관한 법률(약칭 : 화염병처벌법)

(1989년 6월 16일 법 률 제4129호)

개정
1991. 3. 8법 4338호　2010. 7.23법10378호
2019.12. 3법16669호

제1조【목적】 이 법은 국민의 생명·신체 및 재산을 보호하고 공공의 안녕과 질서를 유지하기 위하여 화염병을 제조·보관·운반·소지 또는 사용한 사람을 처벌함을 목적으로 한다.(2010.7.23 본조개정)
제2조【정의】 이 법에서 "화염병"이란 유리병이나 그 밖의 용기에 휘발유나 등유, 그 밖에 불붙기 쉬운 물질을 넣고 그 물질이 흘러나오거나 흩날리는 경우 이것을 연소(燃燒)시키기 위하여 발화장치 또는 점화장치를 한 물건으로서 사람의 생명·신체 또는 재산에 위해(危害)를 끼치는 데에 사용되는 것을 말한다.(2010.7.23 본조개정)
제3조【화염병의 사용】 ① 화염병을 사용하여 사람의 생명·신체 또는 재산을 위험에 빠트린 사람은 5년 이하의 징역 또는 5천만원 이하의 벌금에 처한다.(2019.12.3 본항개정)
② 제1항의 미수범은 처벌한다.
(2010.7.23 본조개정)
제4조【화염병의 제조·소지 등】 ① 화염병을 제조하거나 보관·운반·소지한 사람은 3년 이하의 징역 또는 3천만원 이하의 벌금에 처한다.(2019.12.3 본항개정)
② 화염병의 제조에 쓸 목적으로 유리병이나 그 밖의 용기에 휘발유나 등유, 그 밖에 불붙기 쉬운 물질을 넣은 물건으로서 이에 발화장치나 점화장치를 하면 화염병이 되는 것을 보관·운반·소지한 사람도 제1항과 같이 처벌한다.
③ 화염병의 제조에 쓸 목적으로 화염병을 사용할 위험이 있는 장소에서 그 제조에 사용되는 물건 또는 물질을 보관·운반·소지한 사람은 1년 이하의 징역 또는 1천만원 이하의 벌금에 처한다.(2019.12.3 본항개정)
(2010.7.23 본조개정)

부 칙 (2019.12.3)

이 법은 공포한 날부터 시행한다.

재난 및 안전관리 기본법

(약칭 : 재난안전법)

(2004년 3월 11일 법 률 제7188호)

개정
2006. 2.21법 7849호(제주자치법)
2007. 1.26법 8274호
2007. 5.11법 8420호(민방위)
2007. 8. 3법 8623호(수난구호)
2008. 2.29법 8856호 2008.12.26법 9205호
2008.12.31법 9299호
2009.12.29법 9847호(감염병)
2010. 1.18법 9932호(정부조직)
2010. 3.31법 10219호(지방세기본법)
2010. 6. 8법 10347호
2011. 3. 8법 10442호(119구조 · 구급에관한법)
2011. 3.29법 10467호 2012. 2.22법 11346호
2012.10.22법 11495호(자연재해대책법)
2013. 3.23법 11690호(정부조직)
2013. 3.23법 11713호(과학기술기본법)
2013. 8. 6법 11994호
2014.11.19법 12844호(정부조직)
2014.12.30법 12943호
2015. 7.24법 13426호(제주자치법)
2015. 7.24법 13440호(수상에서의수색 · 구조등에관한법)
2016. 1. 7법 13752호
2016. 3.22법 14079호(기초연구진흥개발)
2016. 5.29법 14248호(국민안전교육진흥기본법)
2017. 1.17법 14545호(시설물의안전및유지관리에관한특별법)
2017. 1.17법 14553호
2017. 7.26법 14839호(정부조직)
2018. 1.16법 15344호(과학기술기본법)
2018. 9.18법 15764호 2019. 3.26법 16301호
2019.12. 3법 16666호 2020. 6. 9법 17383호
2020. 8.18법 17479호 2020.10.20법 17519호
2020.12.22법 17698호
2021. 6. 8법 18206호(재난안전통신망법)
2022. 1. 4법 18684호
2022. 1. 4법 18685호(재난안전산업진흥법)
2023. 1.17법 19213호(재난관리자원의관리등에관한법)
2023. 3.14법 19234호(개인정보보호법)
2023. 5.16법 19406호 2023.12.26법 19838호
2024. 1.16법 20030호→2024년 1월 16일 및 2024년 7월 17일 시행

제1장 총 칙

(2010.6.8 본장개정)

제1조【목적】 이 법은 각종 재난으로부터 국토를 보존하고 국민의 생명·신체 및 재산을 보호하기 위하여 국가와 지방자치단체의 재난 및 안전관리체제를 확립하고, 재난의 예방·대비·대응·복구와 안전문화활동, 그 밖에 재난 및 안전관리에 필요한 사항을 규정함을 목적으로 한다.(2013.8.6 본조개정)

제2조【기본이념】 이 법은 재난을 예방하고 재난이 발생한 경우 그 피해를 최소화하여 일상으로 회복할 수 있도록 지원하는 것이 국가와 지방자치단체의 기본적 의무임을 확인하고, 모든 국민과 국가·지방자치단체가 국민의 생명 및 신체의 안전과 재산보호에 관련된 행위를 할 때에는 안전을 우선적으로 고려함으로써 국민이 재난으로부터 안전한 사회에서 생활할 수 있도록 함을 기본이념으로 한다.(2023.5.16 본조개정)

제3조【정의】 이 법에서 사용하는 용어의 뜻은 다음과 같다.

1. "재난"이란 국민의 생명·신체·재산과 국가에 피해를 주거나 줄 수 있는 것으로서 다음 각 목의 것을 말한다.
   가. 자연재난 : 태풍, 홍수, 호우(豪雨), 강풍, 풍랑, 해일(海溢), 대설, 한파, 낙뢰, 가뭄, 폭염, 지진, 황사(黃砂), 조류(藻類) 대발생, 조수(潮水), 화산활동, 「우주개발 진흥법」에 따른 자연우주물체의 추락·충돌, 그 밖에 이에 준하는 자연현상으로 인하여 발생하는 재해
   나. 사회재난 : 화재·붕괴·폭발·교통사고(항공사고 및 해상사고를 포함한다)·화생방사고·환경오염사고·다중운집인파사고 등으로 인하여 발생하는 대통령령으로 정하는 규모 이상의 피해와 국가핵심기반의 마비, 「감염병의 예방 및 관리에 관한 법률」에 따른 감염병 또는 「가축전염병예방법」에 따른 가축전염병의 확산, 「미세먼지 저감 및 관리에 관한 특별법」에 따른 미세먼지, 「우주개발 진흥법」에 따른 인공우주물체의 추락·충돌 등으로 인한 피해
   (2024.1.16 가목~나목개정)
   다. (2013.8.6 삭제)
2. "해외재난"이란 대한민국의 영역 밖에서 대한민국 국민의 생명·신체 및 재산에 피해를 주거나 줄 수 있는 재난으로서 정부차원에서 대처할 필요가 있는 재난을 말한다.
3. "재난관리"란 재난의 예방·대비·대응 및 복구를 위하여 하는 모든 활동을 말한다.
4. "안전관리"란 재난이나 그 밖의 각종 사고로부터 사람의 생명·신체 및 재산의 안전을 확보하기 위하여 하는 모든 활동을 말한다.(2013.8.6 본호개정)

4의2. "안전기준"이란 각종 시설 및 물질 등의 제작, 유지관리 과정에서 안전을 확보할 수 있도록 적용하여야 할 기술적 기준을 체계화한 것을 말하며, 안전기준의 분야, 범위 등에 관하여는 대통령령으로 정한다.(2013.8.6 본호신설)

5. "재난관리책임기관"이란 재난관리업무를 하는 다음 각 목의 기관을 말한다.
   가. 중앙행정기관 및 지방자치단체(「제주특별자치도 설치 및 국제자유도시 조성을 위한 특별법」 제10조제2항에 따른 행정시를 포함한다)(2015.7.24 본목개정)
   나. 지방행정기관·공공기관·공공단체(공공기관 및 공공단체의 지부 등 지방조직을 포함한다) 및 재난관리의 대상이 되는 중요시설의 관리기관 등으로서 대통령령으로 정하는 기관

5의2. "재난관리주관기관"이란 재난이나 그 밖의 각종 사고에 대하여 그 유형별로 예방·대비·대응 및 복구 등의 업무를 주관하여 수행하도록 대통령령으로 정하는 관계 중앙행정기관을 말한다.(2013.8.6 본호신설)

6. "긴급구조"란 재난이 발생할 우려가 현저하거나 재난이 발생하였을 때에 국민의 생명·신체 및 재산을 보호하기 위하여 긴급구조기관과 긴급구조지원기관이 하는 인명구조, 응급처치, 그 밖에 필요한 모든 긴급한 조치를 말한다.
7. "긴급구조기관"이란 소방청·소방본부 및 소방서를 말한다. 다만, 해양에서 발생한 재난의 경우에는 해양경찰청·지방해양경찰청 및 해양경찰서를 말한다.
   (2017.7.26 본호개정)
8. "긴급구조지원기관"이란 긴급구조에 필요한 인력·시설 및 장비, 운영체계 등 긴급구조능력을 보유한 기관이나 단체로서 대통령령으로 정하는 기관과 단체를 말한다.
9. "국가재난관리기준"이란 모든 유형의 재난에 공통적으로 활용할 수 있도록 재난관리의 전 과정을 통일적으로 단순화·체계화한 것으로서 행정안전부장관이 고시한 것을 말한다.(2017.7.26 본호개정)

9의2. "안전문화활동"이란 안전교육, 안전훈련, 홍보 등을 통하여 안전에 관한 가치와 인식을 높이고 안전을 생활화하도록 하는 등 재난이나 그 밖의 각종 사고로부터 안전한 사회를 만들어가기 위한 활동을 말한다.
(2013.8.6 본호신설)

9의3. "안전취약계층"이란 어린이, 노인, 장애인, 저소득층 등 신체적·사회적·경제적 요인으로 인하여 재난에 취약한 사람을 말한다.(2020.12.22 본호개정)

10. "재난관리정보"란 재난관리를 위하여 필요한 재난상황정보, 동원가능 자원정보, 시설물정보, 지리정보를 말한다.(2012.2.22 본호신설)

10의2. "재난안전의무보험"이란 재난이나 그 밖의 각종 사고로 사람의 생명·신체 또는 재산에 피해가 발생한 경우 그 피해를 보상하기 위한 보험 또는 공제(共濟)로서 이 법 또는 다른 법률에 따라 일정한 자에 대하여 가입을 강제하는 보험 또는 공제를 말한다.(2020.6.9 본호신설)

11. "재난안전통신망"이란 재난관리책임기관·긴급구조기관 및 긴급구조지원기관이 재난 및 안전관리업무에 이용하거나 재난현장에서의 통합지휘에 활용하기 위하여 구축·운영하는 통신망을 말한다.(2021.6.8 본호개정)
12. "국가핵심기반"이란 에너지, 정보통신, 교통수송, 보건의료 등 국가경제, 국민의 안전·건강 및 정부의 핵심기능에 중대한 영향을 미칠 수 있는 시설, 정보기술시스템 및 자산 등을 말한다.(2019.12.3 본호신설)
13. "재난안전데이터"란 정보처리능력을 갖춘 장치를 통하여 생성 또는 처리가 가능한 형태로 존재하는 재난 및 안전관리에 관한 정형 또는 비정형의 모든 자료를 말한다.(2023.5.16 본호신설)

제4조【국가 등의 책무】 ① 국가와 지방자치단체는 재난이나 그 밖의 각종 사고로부터 국민의 생명·신체 및 재산을 보호할 책무를 지고, 재난이나 그 밖의 각종 사고를 예방하고 피해를 줄이기 위하여 노력하여야 하며, 발생한 피해를 신속히 대응·복구하여 일상으로 회복할 수 있도록 지원하기 위한 계획을 수립·시행하여야 한다.
(2023.5.16 본항개정)
② 국가와 지방자치단체는 안전에 관한 정보를 적극적으로 공개하여야 하며, 누구든지 이를 편리하게 이용할 수 있도록 하여야 한다.(2019.12.3 본항신설)
③ 국가와 지방자치단체는 재난이나 그 밖의 각종 사고를 수습하는 과정에서 피해자의 인권이 침해받지 아니하도록 노력하여야 한다.(2024.1.16 본항신설)
④ 제3조제5호나목에 따른 재난관리책임기관의 장은 소관 업무와 관련된 안전관리에 관한 계획을 수립하고 시행하여야 하며, 그 소재지를 관할하는 특별시·광역시·특별자치시·도·특별자치도(이하 "시·도"라 한다)와 시(「제주특별자치도 설치 및 국제자유도시 조성을 위한 특별법」 제10조제2항에 따른 행정시를 포함한다. 이하 같다)·군·구(자치구를 말한다. 이하 같다)의 재난 및 안전관리업무에 협조하여야 한다.(2015.7.24 본항개정)

제5조【국민의 책무】 국민은 국가와 지방자치단체가 재난 및 안전관리업무를 수행할 때 최대한 협조하여야 하고, 자기가 소유하거나 사용하는 건물·시설 등으로부터 재난이나 그 밖의 각종 사고가 발생하지 아니하도록 노력하여야 한다.(2013.8.6 본조개정)

제6조【재난 및 안전관리 업무의 총괄·조정】 행정안전부장관은 국가 및 지방자치단체가 행하는 재난 및 안전관리 업무를 총괄·조정한다.(2017.7.26 본조개정)

제7조 (2013.8.6 삭제)

제8조【다른 법률과의 관계 등】 ① 재난 및 안전관리에 관하여 다른 법률을 제정하거나 개정하는 경우에는 이 법의 목적과 기본이념에 맞도록 하여야 한다.
② 재난 및 안전관리에 관하여 「자연재해대책법」 등 다른 법률에 특별한 규정이 있는 경우를 제외하고는 이 법에서 정하는 바에 따른다.(2013.8.6 본항개정)
③~④ (2013.8.6 삭제)

제2장 안전관리기구 및 기능

제1절 중앙안전관리위원회 등

(2013.8.6 본절제목삽입)

제9조【중앙안전관리위원회】 ① 재난 및 안전관리에 관한 다음 각 호의 사항을 심의하기 위하여 국무총리 소속으로 중앙안전관리위원회(이하 "중앙위원회"라 한다)를 둔다.(2013.8.6 본문개정)

1. 재난 및 안전관리에 관한 중요 정책에 관한 사항
2. 제22조에 따른 국가안전관리기본계획에 관한 사항
(2013.8.6 1호~2호신설)

2의2. 제10조의2에 따른 재난 및 안전관리 사업 관련 중기사업계획서, 투자우선순위 의견 및 예산요구서에 관한 사항(2014.12.30 본호신설)

3. 중앙행정기관의 장이 수립·시행하는 계획, 점검·검사, 교육·훈련, 평가 등 재난 및 안전관리업무의 조정에 관한 사항(2016.1.7 본호개정)

3의2. 안전기준관리에 관한 사항(2016.1.7 본호신설)

4. 제36조에 따른 재난사태의 선포에 관한 사항
5. 제60조에 따른 특별재난지역의 선포에 관한 사항
6. 재난이나 그 밖의 각종 사고가 발생하거나 발생할 우려가 있는 경우 이를 수습하기 위한 관계 기관 간 협력에 관한 중요 사항
(2013.8.6 4호~6호신설)

6의2. 재난안전의무보험의 관리·운용 등에 관한 사항
(2020.6.9 본호신설)

7. 중앙행정기관의 장이 시행하는 대통령령으로 정하는 재난 및 사고의 예방사업 추진에 관한 사항(2013.8.6 본호신설)
8. 「재난안전산업 진흥법」 제5조에 따른 기본계획에 관한 사항(2022.1.4 본호신설)
9. 그 밖에 위원장이 회의에 부치는 사항(2013.8.6 본호신설)

② 중앙위원회의 위원장은 국무총리가 되고, 위원은 대통령령으로 정하는 중앙행정기관 또는 관계 기관·단체의 장이 된다.
③ 중앙위원회의 위원장은 중앙위원회를 대표하며, 중앙위원회의 업무를 총괄한다.(2012.2.22 본항신설)
④ 중앙위원회에 간사 1명을 두며, 간사는 행정안전부장관이 된다.(2017.7.26 본항개정)
⑤ 중앙위원회의 위원장이 사고 또는 부득이한 사유로 직무를 수행할 수 없을 때에는 행정안전부장관, 대통령령으로 정하는 중앙행정기관의 장 순으로 위원장의 직무를 대행한다.(2017.7.26 본항개정)
⑥ 제5항에 따라 행정안전부장관 등이 중앙위원회 위원장의 직무를 대행할 때에는 행정안전부의 재난안전관리사무를 담당하는 본부장이 중앙위원회 간사의 직무를 대행한다.(2017.7.26 본항개정)
⑦ 중앙위원회는 제1항 각 호의 사무가 국가안전보장과 관련된 경우에는 국가안전보장회의와 협의하여야 한다.
(2013.8.6 본항개정)
⑧ 중앙위원회의 위원장은 그 소관 사무에 관하여 재난관리책임기관의 장이나 관계인에게 자료의 제출, 의견 진술, 그 밖에 필요한 사항에 대하여 협조를 요청할 수 있다. 이 경우 요청을 받은 사람은 특별한 사유가 없으면 요청에 따라야 한다.(2013.8.6 본항신설)
⑨ 중앙위원회의 구성과 운영 등에 필요한 사항은 대통령령으로 정한다.(2013.8.6 본항개정)
(2010.6.8 본조개정)

제9조의2 (2013.8.6 삭제)

제10조【안전정책조정위원회】 ① 중앙위원회에 상정될 안건을 사전에 검토하고 다음 각 호의 사무를 수행하기 위하여 중앙위원회에 안전정책조정위원회(이하 "조정위원회"라 한다)를 둔다.

1. 제9조제1항제3호, 제3호의2, 제6호, 제6호의2 및 제7호의 사항에 대한 사전 조정(2020.6.9 본호개정)
2. 제23조에 따른 집행계획의 심의

3. 제26조에 따른 국가기반시설의 지정에 관한 사항의 심의(2019.12.3 본호개정)
4. 제71조의2에 따른 재난 및 안전관리기술 종합계획의 심의
5. 그 밖에 중앙위원회가 위임한 사항
② 조정위원회의 위원장은 행정안전부장관이 되고, 위원은 대통령령으로 정하는 중앙행정기관의 차관 또는 차관급 공무원과 재난 및 안전관리에 관한 지식과 경험이 풍부한 사람 중에서 위원장이 임명하거나 위촉하는 사람이 된다.(2017.7.26 본항개정)
③ 조정위원회에 간사위원 1명을 두며, 간사위원은 행정안전부의 재난안전관리사무를 담당하는 본부장이 된다.(2017.7.26 본항개정)
④ 조정위원회의 업무를 효율적으로 처리하기 위하여 조정위원회에 실무위원회를 둘 수 있다.(2014.12.30 본항개정)
⑤ 조정위원회의 위원장은 제1항에 따라 조정위원회에서 심의·조정된 사항 중 대통령령으로 정하는 중요 사항에 대해서는 조정위원회의 심의·조정 결과를 중앙위원회의 위원장에게 보고하여야 한다.
⑥ 조정위원회의 위원장은 중앙위원회 또는 조정위원회에서 심의·조정된 사항에 대한 이행상황을 점검하고, 그 결과를 중앙위원회에 보고할 수 있다.
⑦ 조정위원회 및 제4항에 따른 실무위원회의 구성 및 운영 등에 필요한 사항은 대통령령으로 정한다.
(2014.12.30 본항개정)
(2013.8.6 본조개정)

제10조의2【재난 및 안전관리 사업예산의 사전협의 등】 ① 관계 중앙행정기관의 장은 「국가재정법」 제28조에 따라 기획재정부장관에게 제출하는 중기사업계획서 중 재난 및 안전관리 사업(행정안전부장관이 기획재정부장관과 협의하여 정하는 사업을 말한다. 이하 이 조 및 제10조의3에서 같다)과 관련된 중기사업계획서와 해당 기관의 재난 및 안전관리 사업에 관한 투자우선순위 의견을 매년 1월 31일까지 행정안전부장관에게 제출하여야 한다.
(2017.7.26 본항개정)
② 관계 중앙행정기관의 장은 기획재정부장관에게 제출하는 「국가재정법」 제31조제1항에 따른 예산요구서 중 재난 및 안전관리 사업 관련 예산요구서를 매년 5월 31일까지 행정안전부장관에게 제출하여야 한다.(2017.7.26 본항개정)
③ 행정안전부장관은 제1항 및 제2항에 따른 중기사업계획서, 투자우선순위 의견 및 예산요구서를 검토하고, 중앙위원회의 심의를 거쳐 다음 각 호의 사항을 매년 6월 30일까지 기획재정부장관에게 통보하여야 한다.
(2017.7.26 본문개정)
1. 재난 및 안전관리 사업의 투자 방향
2. 관계 중앙행정기관별 재난 및 안전관리 사업의 투자우선순위, 투자적정성, 중점 추진방향 등에 관한 사항
3. 재난 및 안전관리 사업의 유사·중복성 검토결과
4. 그 밖에 재난 및 안전관리 사업의 투자효율성을 높이기 위하여 필요한 사항
④ 기획재정부장관은 국가재정상황과 재정운용원칙에 부합하지 아니하는 등 부득이한 사유가 있는 경우를 제외하고 제3항에 따라 통보받은 결과를 토대로 재난 및 안전관리 사업에 관한 예산안을 편성하여야 한다.
(2014.12.30 본조신설)

제10조의3【재난 및 안전관리 사업에 대한 평가】 ① 행정안전부장관은 매년 재난 및 안전관리 사업의 효과성 및 효율성을 평가하고, 그 결과를 관계 중앙행정기관의 장에게 통보하여야 한다.(2017.7.26 본항개정)
② 행정안전부장관은 제1항에 따른 평가를 위하여 중앙행정기관의 장 또는 지방자치단체의 장 등에게 해당 기관에서 추진한 재난 및 안전관리 사업의 집행실적 등에 관한 자료 제출을 요청할 수 있다. 이 경우 자료 제출을 요청받은 중앙행정기관의 장 또는 지방자치단체의 장 등은 특별한 사유가 없으면 이에 따라야 한다.(2017.7.26 전단개정)
③ 관계 중앙행정기관의 장은 제1항에 따른 평가 결과를 다음 연도 재난 및 안전관리 사업에 반영하여야 한다.
④ 제1항에 따른 평가의 범위·방법 등에 관하여 필요한 사항은 대통령령으로 정한다.
(2014.12.30 본조신설)

제10조의4【지방자치단체의 재난 및 안전관리 사업예산의 사전검토 등】 ① 지방자치단체의 장은 「지방재정법」 제36조에 따라 예산을 편성하기 전에 다음 각 호에 해당하는 재난 및 안전관리 사업에 대하여 사업의 집행 실적 및 성과, 향후 사업 추진 필요성 등 행정안전부령으로 정하는 사항을 고려하여 투자우선순위를 검토하고, 제11조에 따른 시·도 안전관리위원회 또는 시·군·구 안전관리위원회의 심의를 거쳐야 한다.
1. 재난 및 안전관리 체계의 구축 및 운영
2. 재난 및 안전관리를 목적으로 하는 시설의 구축 및 기능 강화
3. 재난취약 지역·시설 등의 위험요소 제거 및 기능 회복
4. 재난안전 관련 교육·훈련 및 홍보
5. 그 밖에 재난 및 안전관리와 관련된 사업 중 행정안전부령으로 정하는 사업
② 행정안전부장관은 지방자치단체의 장에게 제1항에 따른 심의 결과의 제출을 요청할 수 있다. 이 경우 요청을 받은 지방자치단체의 장은 특별한 사유가 없으면 이에 따라야 한다.
③ 지방자치단체의 장은 해당 지방자치단체의 예산이 확정된 날부터 2개월 이내에 제1항에 따른 재난 및 안전관리 사업에 대한 예산 현황을 행정안전부장관에게 제출하여야 한다. 이 경우 시장(「제주특별자치도 설치 및 국제자유도시 조성을 위한 특별법」 제11조제1항에 따른 행정시장은 제외한다. 이하 이 조에서 같다)·군수·구청장(자치구의 구청장을 말한다. 이하 같다)은 특별시장·광역시장·도지사를 거쳐 제출하여야 한다.
④ 지방자치단체의 장은 해당 지방자치단체의 결산이 승인된 날부터 2개월 이내에 제1항에 따른 재난 및 안전관리 사업에 대한 결산 현황을 행정안전부장관에게 제출하여야 한다. 이 경우 시장·군수·구청장은 특별시장·광역시장·도지사를 거쳐 제출하여야 한다.
(2020.6.9 본조신설)

제11조【지역위원회】 ① 지역별 재난 및 안전관리에 관한 다음 각 호의 사항을 심의·조정하기 위하여 특별시장·광역시장·특별자치시장·도지사·특별자치도지사(이하 "시·도지사"라 한다) 소속으로 시·도 안전관리위원회(이하 "시·도위원회"라 한다)를 두고, 시장(「제주특별자치도 설치 및 국제자유도시 조성을 위한 특별법」 제11조제1항에 따른 행정시장을 포함한다. 이하 같다)·군수·구청장 소속으로 시·군·구 안전관리위원회(이하 "시·군·구위원회"라 한다)를 둔다.(2020.6.9 본문개정)
1. 해당 지역에 대한 재난 및 안전관리정책에 관한 사항
2. 제24조 또는 제25조에 따른 안전관리계획에 관한 사항
(2013.8.6 1호~2호신설)
2의2. 제36조에 따른 재난사태의 선포에 관한 사항(시·군·구위원회는 제외한다)(2024.1.16 본호신설)
3. 해당 지역을 관할하는 재난관리책임기관(중앙행정기관과 상급 지방자치단체는 제외한다)이 수행하는 재난 및 안전관리업무의 추진에 관한 사항
4. 재난이나 그 밖의 각종 사고가 발생하거나 발생할 우려가 있는 경우 이를 수습하기 위한 관계 기관 간 협력에 관한 사항
5. 다른 법령이나 조례에 따라 해당 위원회의 권한에 속하는 사항
6. 그 밖에 해당 위원회의 위원장이 회의에 부치는 사항
(2013.8.6 3호~6호신설)
② 시·도위원회의 위원장은 시·도지사가 되고, 시·군·구위원회의 위원장은 시장·군수·구청장이 된다.
③ 시·도위원회와 시·군·구위원회(이하 "지역위원회"라 한다)의 회의에 부칠 의안을 검토하고, 재난 및 안전관리에 관한 관계 기관 간의 협의·조정 등을 위하여 지역위원회에 안전정책실무조정위원회를 둘 수 있다.
(2013.8.6 본항개정)
④ (2013.8.6 삭제)
⑤ 지역위원회 및 제3항에 따른 안전정책실무조정위원회의 구성과 운영에 필요한 사항은 해당 지방자치단체의 조례로 정한다.(2013.8.6 본항개정)
(2010.6.8 본조개정)

제12조【재난방송협의회】 ① 재난에 관한 예보·경보·통지나 응급조치 및 재난관리를 위한 재난방송이 원활히 수행될 수 있도록 중앙위원회에 중앙재난방송협의회를 두어야 한다.
② 지역 차원에서 재난에 대한 예보·경보·통지나 응급조치 및 재난방송이 원활히 수행될 수 있도록 시·도위원회에 시·도 재난방송협의회를 두어야 하고, 필요한 경우 시·군·구위원회에 시·군·구 재난방송협의회를 둘 수 있다.
③ 중앙재난방송협의회의 구성 및 운영에 필요한 사항은 대통령령으로 정하고, 시·도 재난방송협의회와 시·군·구 재난방송협의회의 구성 및 운영에 필요한 사항은 해당 지방자치단체의 조례로 정한다.
(2024.1.16 본조개정)

제12조의2【안전관리민관협력위원회】 ① 조정위원회의 위원장은 재난 및 안전관리에 관한 민관 협력관계를 원활히 하기 위하여 중앙안전관리민관협력위원회(이하 "중앙민관협력위원회"라 한다)를 구성·운영할 수 있다.
(2014.12.30 본항개정)
② 지역위원회의 위원장은 재난 및 안전관리에 관한 지역 차원의 민관 협력관계를 원활히 하기 위하여 시·도 또는 시·군·구 안전관리민관협력위원회(이하 이 조에서 "지역민관협력위원회"라 한다)를 구성·운영할 수 있다.
③ 중앙민관협력위원회의 구성 및 운영에 필요한 사항은 대통령령으로 정하고, 지역민관협력위원회의 구성 및 운영에 필요한 사항은 해당 지방자치단체의 조례로 정한다.
(2013.8.6 본조신설)

제12조의3【중앙민관협력위원회의 기능 등】 ① 중앙민관협력위원회의 기능은 다음 각 호와 같다.
1. 재난 및 안전관리 민관협력활동에 관한 협의
2. 재난 및 안전관리 민관협력활동사업의 효율적 운영방안의 협의
3. 평상시 재난 및 안전관리 위험요소 및 취약시설의 모니터링·제보
4. 재난 발생 시 제34조에 따른 재난관리자원의 동원, 인명구조·피해복구 활동 참여, 피해주민 지원서비스 제공 등에 관한 협의(2023.1.17 본호개정)
② 중앙민관협력위원회의 회의는 다음 각 호의 어느 하나에 해당하는 경우에 공동위원장이 소집할 수 있다.
1. 제14조제1항에 따른 대규모 재난의 발생으로 민관협력 대응이 필요한 경우
2. 재적위원 4분의 1 이상이 회의 소집을 요청하는 경우
3. 그 밖에 공동위원장이 회의 소집이 필요하다고 인정하는 경우
③ 재난 발생 시 신속한 재난대응 활동 참여 등 중앙민관협력위원회의 기능을 지원하기 위하여 중앙민관협력위원회에 대통령령으로 정하는 바에 따라 재난긴급대응단을 둘 수 있다.
(2014.12.30 본조신설)

제13조【지역위원회 등에 대한 지원 및 지도】 행정안전부장관은 시·도위원회의 운영과 지방자치단체의 재난 및 안전관리업무에 대하여 필요한 지원과 지도를 할 수 있으며, 시·도지사는 관할 구역의 시·군·구위원회의 운영과 시·군·구의 재난 및 안전관리업무에 대하여 필요한 지원과 지도를 할 수 있다.(2017.7.26 본조개정)

제2절 중앙재난안전대책본부 등

(2013.8.6 본절제목삽입)

제14조【중앙재난안전대책본부 등】 ① 대통령령으로 정하는 대규모 재난(이하 "대규모재난"이라 한다)의 대응·복구(이하 "수습"이라 한다) 등에 관한 사항을 총괄·조정하고 필요한 조치를 하기 위하여 행정안전부에 중앙재난안전대책본부(이하 "중앙대책본부"라 한다)를 둔다.
(2017.7.26 본항개정)
② 중앙대책본부에 본부장과 차장을 둔다.(2014.12.30 본항신설)
③ 중앙대책본부의 본부장(이하 "중앙대책본부장"이라 한다)은 행정안전부장관이 되며, 중앙대책본부장은 중앙대책본부의 업무를 총괄하고 필요하다고 인정하면 중앙재난안전대책본부회의를 소집할 수 있다. 다만, 해외재난의 경우에는 외교부장관이, 「원자력시설 등의 방호 및 방사능 방재 대책법」 제2조제1항제8호에 따른 방사능재난의 경우에는 같은 법 제25조에 따른 중앙방사능방재대책본부의 장이 각각 중앙대책본부장의 권한을 행사한다.
(2017.7.26 본문개정)
④ 제3항에도 불구하고 재난의 효과적인 수습을 위하여 다음 각 호의 어느 하나에 해당하는 경우에는 국무총리가 중앙대책본부장의 권한을 행사할 수 있다. 이 경우 행정안전부장관, 외교부장관(해외재난의 경우에 한정한다) 또는 원자력안전위원회 위원장(방사능 재난의 경우에 한정한다)이 차장이 된다.(2017.7.26 후단개정)
1. 국무총리가 범정부적 차원의 통합 대응이 필요하다고 인정하는 경우
2. 행정안전부장관이 국무총리에게 건의하거나 제15조의2 제3항에 따른 수습본부장의 요청을 받아 행정안전부장관이 국무총리에게 건의하는 경우(2023.12.26 본호개정)
(2014.12.30 본항개정)
⑤ 제4항에도 불구하고 국무총리가 필요하다고 인정하여 지명하는 중앙행정기관의 장은 행정안전부장관, 외교부장관(해외재난의 경우에 한정한다) 또는 원자력안전위원회 위원장(방사능 재난의 경우에 한정한다)과 공동으로 차장이 된다.(2020.6.9 본항신설)
⑥ 중앙대책본부장은 대규모재난이 발생하거나 발생할 우려가 있는 경우에는 대통령령으로 정하는 바에 따라 실무반을 편성하고, 중앙재난안전대책본부상황실을 설치하는 등 해당 대규모재난에 대하여 효율적으로 대응하기 위한 체계를 갖추어야 한다. 이 경우 제18조제1항제1호에 따른 중앙재난안전상황실과 인력, 장비, 시설 등을 통합·운영할 수 있다.(2014.12.30 본항개정)
⑦ 제1항에 따른 중앙대책본부, 제3항에 따른 중앙재난안전대책본부회의의 구성과 운영에 필요한 사항은 대통령령으로 정한다.(2014.12.30 본항개정)

제14조의2【수습지원단 파견 등】 ① 중앙대책본부장은 국내 또는 해외에서 발생하였거나 발생할 우려가 있는 대규모재난의 수습을 지원하기 위하여 관계 중앙행정기관 및 관계 기관·단체의 재난관리에 관한 전문가 등으로 수습지원단을 구성하여 현지에 파견할 수 있다.
(2019.12.3 본항개정)
② 중앙대책본부장은 구조·구급·수색 등의 활동을 신속하게 지원하기 위하여 행정안전부·소방청 또는 해양경찰청 소속의 전문 인력으로 구성된 특수기동구조대를 편성하여 재난현장에 파견할 수 있다.(2017.7.26 본항개정)
③ 수습지원단의 구성과 운영 및 특수기동구조대의 편성과 파견 등에 필요한 사항은 대통령령으로 정한다.
(2014.12.30 본조신설)

제15조【중앙대책본부장의 권한 등】 ① 중앙대책본부장은 대규모재난을 효율적으로 수습하기 위하여 관계 재난관리책임기관의 장에게 행정 및 재정상의 조치, 소속 직원의 파견, 그 밖에 필요한 지원을 요청할 수 있다. 이 경우 요청을 받은 관계 재난관리책임기관의 장은 특별한 사유가 없으면 요청에 따라야 한다.
② 제1항에 따라 파견된 직원은 대규모재난의 수습에 필요한 소속 기관의 업무를 성실히 수행하여야 하며, 대규모재난의 수습이 끝날 때까지 중앙대책본부에서 상근하여야 한다.
③ 중앙대책본부장은 해당 대규모재난의 수습에 필요한 범위에서 제15조의2제3항에 따른 수습본부장 및 제16조제2항에 따른 지역대책본부장을 지휘할 수 있다.
(2023.12.26 본항개정)

④~⑦ (2013.8.6 삭제)
(2013.8.6 본조개정)
제15조의2【중앙 및 지역사고수습본부】 ① 재난관리주관기관의 장은 재난이 발생하거나 발생할 우려가 있는 경우에는 대통령령으로 정하는 바에 따라 재난상황을 효율적으로 관리하고 재난을 수습하기 위한 중앙사고수습본부(이하 "수습본부"라 한다)를 신속하게 설치·운영하여야 한다.(2023.12.26 본항개정)
② 행정안전부장관은 재난이나 그 밖의 각종 사고로 인한 피해의 심각성, 사회적 파급효과 등을 고려하여 필요하다고 인정하는 경우에는 재난관리주관기관의 장에게 수습본부의 설치·운영을 요청할 수 있다. 이 경우 요청을 받은 재난관리주관기관의 장은 특별한 사유가 없으면 요청에 따라야 한다.(2023.12.26 본항신설)
③ 수습본부의 장(이하 "수습본부장"이라 한다)은 해당 재난관리주관기관의 장이 된다.
④ 수습본부장은 재난정보의 수집·전파, 상황관리, 재난 발생 시 초동조치 및 지휘 등을 위한 수습본부상황실을 설치·운영하여야 한다. 이 경우 제18조제3항에 따른 재난안전상황실과 인력, 장비, 시설 등을 통합·운영할 수 있다.
⑤ 수습본부장은 재난을 수습하기 위하여 필요하면 관계 재난관리책임기관의 장에게 행정상 및 재정상의 조치, 소속 직원의 파견, 그 밖에 필요한 지원을 요청할 수 있다. 이 경우 요청을 받은 관계 재난관리책임기관의 장은 특별한 사유가 없으면 요청에 따라야 한다.
⑥ 수습본부장은 지역사고수습본부를 운영할 수 있으며, 지역사고수습본부의 장(이하 "지역사고수습본부장"이라 한다)은 수습본부장이 지명한다.(2014.12.30 본항신설)
⑦ 수습본부장은 해당 재난의 수습에 필요한 범위에서 시·도지사 및 시장·군수·구청장(제16조제1항에 따른 시·도대책본부 및 시·군·구대책본부가 운영되는 경우에는 해당 본부장을 말한다)을 지휘할 수 있다.
(2014.12.30 본항개정)
⑧ 수습본부장은 재난을 수습하기 위하여 필요하면 대통령령으로 정하는 바에 따라 제14조의2제1항에 따른 수습지원단을 구성·운영할 것을 중앙대책본부장에게 요청할 수 있다.(2014.12.30 본항개정)
⑨ 수습본부의 구성·운영 등에 필요한 사항은 대통령령으로 정한다.
(2014.12.30 본조제목개정)
(2013.8.6 본조개정)
제16조【지역재난안전대책본부】 ① 해당 관할 구역에서 재난의 수습 등에 관한 사항을 총괄·조정하고 필요한 조치를 하기 위하여 시·도지사는 시·도재난안전대책본부(이하 "시·도대책본부"라 한다)를 두고, 시장·군수·구청장은 시·군·구재난안전대책본부(이하 "시·군·구대책본부"라 한다)를 둔다.
② 시·도대책본부 또는 시·군·구대책본부(이하 "지역대책본부"라 한다)의 본부장(이하 "지역대책본부장"이라 한다)은 시·도지사 또는 시장·군수·구청장이 되며, 지역대책본부장은 지역대책본부의 업무를 총괄하고 필요하다고 인정하면 대통령령으로 정하는 바에 따라 지역재난안전대책본부회의를 소집할 수 있다.
③ 시·군·구대책본부의 장은 재난현장의 총괄·조정 및 지원을 위하여 재난현장 통합지원본부(이하 "통합지원본부"라 한다)를 설치·운영할 수 있다. 이 경우 통합지원본부의 장은 긴급구조에 대해서는 제52조에 따른 시·군·구긴급구조통제단장의 현장지휘에 협력하여야 한다.
④ 통합지원본부의 장은 관할 시·군·구의 부단체장이 되며, 실무반을 편성하여 운영할 수 있다.
⑤ 지역대책본부 및 통합지원본부의 구성과 운영에 필요한 사항은 해당 지방자치단체의 조례로 정한다.
(2014.12.30 본조개정)
제16조의2【지방자치단체의 장의 재난안전관리교육】
① 지방자치단체의 장은 대통령령으로 정하는 바에 따라 행정안전부장관이 실시하는 재난 및 안전관리에 관한 교육을 받아야 한다.
② 행정안전부장관은 필요하다고 인정하면 대통령령으로 정하는 전문인력 및 시설기준을 갖춘 교육기관으로 하여금 제1항에 따른 교육을 대행하게 할 수 있다.
(2023.12.26 본조신설)
제17조【지역대책본부장의 권한 등】 ① 지역대책본부장은 재난의 수습을 효율적으로 하기 위하여 해당 시·도 또는 시·군·구를 관할 구역으로 하는 제3조제5호나목에 따른 재난관리책임기관의 장에게 행정 및 재정상의 조치나 그 밖에 필요한 업무협조를 요청할 수 있다. 이 경우 요청을 받은 재난관리책임기관의 장은 특별한 사유가 없으면 요청에 따라야 한다.
② 지역대책본부장은 재난의 수습을 위하여 필요하다고 인정하면 해당 시·도 또는 시·군·구의 전부 또는 일부를 관할 구역으로 하는 제3조제5호나목에 따른 재난관리책임기관의 장에게 소속 직원의 파견을 요청할 수 있다. 이 경우 요청을 받은 재난관리책임기관의 장은 특별한 사유가 없으면 즉시 요청에 따라야 한다.
③ 제2항에 따라 파견된 직원은 지역대책본부장의 지휘에 따라 재난의 수습에 필요한 소속 기관의 업무를 성실히 수행하여야 하며, 재난의 수습이 끝날 때까지 지역대책본부에서 상근하여야 한다.
(2013.8.6 본조개정)
제17조의2【재난현장 통합자원봉사지원단의 설치 등】
① 지역대책본부장은 재난의 효율적 수습을 위하여 지역대책본부에 통합자원봉사지원단을 설치·운영할 수 있다.
② 통합자원봉사지원단은 다음 각 호의 업무를 수행한다.
1. 자원봉사자의 모집·등록
2. 자원봉사자의 배치 및 운영
3. 자원봉사자에 대한 교육훈련
4. 자원봉사자에 대한 안전조치
5. 자원봉사 관련 정보의 수집 및 제공
6. 그 밖에 자원봉사 활동의 지원에 관한 사항
③ 행정안전부장관은 통합자원봉사지원단의 원활한 운영을 위하여 필요한 경우 지방자치단체에 대하여 행정 및 재정적 지원을 할 수 있다.
④ 행정안전부장관, 시·도지사 및 시장·군수·구청장은 통합자원봉사지원단의 원활한 운영을 위하여 필요한 경우 자원봉사 관련 업무 종사자에 대한 교육훈련을 실시할 수 있다.
⑤ 제1항부터 제4항까지에서 규정한 사항 외에 통합자원봉사지원단의 구성·운영에 관하여 필요한 사항은 해당 지방자치단체의 조례로 정한다.
(2019.12.3 본조신설)
제17조의3【대책지원본부】 ① 행정안전부장관은 수습본부 또는 지역대책본부의 재난상황의 관리와 재난 수습 등을 효율적으로 지원하기 위하여 필요한 경우에는 대책지원본부를 둘 수 있다.
② 대책지원본부의 장(이하 "대책지원본부장"이라 한다)은 행정안전부 소속 공무원 중에서 행정안전부장관이 지명하는 사람이 된다.
③ 대책지원본부장은 재난 수습 등을 효율적으로 지원하기 위하여 필요하면 관계 재난관리책임기관의 장에게 행정상 및 재정상의 조치, 소속 직원의 파견, 그 밖에 필요한 지원을 요청할 수 있다.
④ 대책지원본부의 구성과 운영 등에 필요한 사항은 대통령령으로 정한다.
(2020.6.9 본조신설)

제3절 재난안전상황실 등
(2013.8.6 본절제목삽입)

제18조【재난안전상황실】 ① 행정안전부장관, 시·도지사 및 시장·군수·구청장은 재난정보의 수집·전파, 상황관리, 재난발생 시 초동조치 및 지휘 등의 업무를 수행하기 위하여 다음 각 호의 구분에 따른 상시 재난안전상황실을 설치·운영하여야 한다.(2017.7.26 본문개정)
1. 행정안전부장관 : 중앙재난안전상황실(2017.7.26 본호개정)
2. 시·도지사 및 시장·군수·구청장 : 시·도별 및 시·군·구별 재난안전상황실
② (2014.12.30 삭제)
③ 중앙행정기관의 장은 소관 업무분야의 재난상황을 관리하기 위하여 재난안전상황실을 설치·운영하거나 재난상황을 관리할 수 있는 체계를 갖추어야 한다.
④ 제3조제5호나목에 따른 재난관리책임기관의 장은 재난에 관한 상황관리를 위하여 재난안전상황실을 설치·운영할 수 있다.
⑤ 제1항제2호, 제3항 및 제4항에 따른 재난안전상황실은 제1항제1호에 따른 중앙재난안전상황실 및 다른 기관의 재난안전상황실과 유기적인 협조체제를 유지하고, 재난관리정보를 공유하여야 한다.(2014.12.30 본항개정)
(2013.8.6 본조개정)
제19조【재난 신고 등】 ① 누구든지 재난의 발생이나 재난이 발생할 징후를 발견하였을 때에는 즉시 그 사실을 시장·군수·구청장·긴급구조기관, 그 밖의 관계 행정기관에 신고하여야 한다.
② 경찰관서의 장은 업무수행 중 재난의 발생이나 재난이 발생할 징후를 발견하였을 때에는 즉시 그 사실을 그 소재지 관할 시장·군수·구청장과 관할 긴급구조기관의 장에게 알려야 한다.(2023.12.26 본항신설)
③ 제1항 또는 제2항에 따른 신고 등을 받은 경우 시장·군수·구청장과 그 밖의 관계 행정기관의 장은 관할 긴급구조기관의 장에게, 긴급구조기관의 장은 그 소재지 관할 시장·군수·구청장 및 재난관리주관기관의 장에게 통보하여 응급대처방안을 마련할 수 있도록 조치하여야 한다.
(2023.12.26 본항개정)
(2013.8.6 본조제목개정)
(2010.6.8 본조개정)
제20조【재난상황의 보고】 ① 시장·군수·구청장, 소방서장, 해양경찰서장, 제3조제5호나목에 따른 재난관리책임기관의 장 또는 제26조제1항에 따른 국가핵심기반을 관리하는 기관·단체의 장(이하 "관리기관의 장"이라 한다)은 그 관할구역, 소관 업무 또는 시설에서 재난이 발생하거나 발생할 우려가 있으면 대통령령으로 정하는 바에 따라 재난상황에 대해서는 즉시, 응급조치 및 수습현황에 대해서는 지체 없이 각각 행정안전부장관, 관계 재난관리주관기관의 장 및 시·도지사에게 보고하거나 통보하여야 한다. 이 경우 관계 재난관리주관기관의 장 및 시·도지사는 보고받은 사항을 확인·종합하여 행정안전부장관에게 통보하여야 한다.(2019.12.3 전단개정)
② (2014.11.19 삭제)
③ (2016.1.7 삭제)
④ 시장·군수·구청장, 소방서장, 해양경찰서장, 제3조제5호나목에 따른 재난관리책임기관의 장 또는 관리기관의 장은 재난이 발생한 경우 또는 재난 발생을 신고받거나 통보받은 경우에는 즉시 관계 재난관리책임기관의 장에게 통보하여야 한다.(2019.12.3 본항개정)
⑤ (2016.1.7 삭제)
제21조【해외재난상황의 보고 및 관리】 ① 재외공관의 장은 관할 구역에서 해외재난이 발생하거나 발생할 우려가 있으면 즉시 그 상황을 외교부장관에게 보고하여야 한다.
② 제1항의 보고를 받은 외교부장관은 지체 없이 해외재난 발생 또는 발생 우려 지역에 거주하거나 체류하는 대한민국 국민(이하 이 조에서 "해외재난국민"이라 한다)의 생사확인 등 안전 여부를 확인하고, 행정안전부장관 및 관계 중앙행정기관의 장과 협의하여 해외재난국민의 보호를 위한 방안을 마련하여 시행하여야 한다.
(2017.7.26 본항개정)
③ 해외재난국민의 가족 등은 외교부장관에게 해외재난국민의 생사확인 등 안전 여부 확인을 요청할 수 있다. 이 경우 외교부장관은 특별한 사유가 없으면 그 요청에 따라야 한다.(2013.8.6 본항신설)
④ 제2항 및 제3항에 따른 안전 여부 확인과 가족 등의 범위는 대통령령으로 정한다.(2013.8.6 본항신설)
(2013.8.6 본조제목개정)
(2013.3.23 본조개정)

제3장 안전관리계획
(2010.6.8 본장개정)

제22조【국가안전관리기본계획의 수립 등】 ① 국무총리는 대통령령으로 정하는 바에 따라 5년마다 국가의 재난 및 안전관리업무에 관한 기본계획(이하 "국가안전관리기본계획"이라 한다)의 수립지침을 작성하여 관계 중앙행정기관의 장에게 통보하여야 한다.(2024.1.16 본항개정)
② 제1항에 따른 수립지침에는 부처별로 중점적으로 추진할 안전관리기본계획의 수립에 관한 사항과 국가재난관리체계의 기본방향이 포함되어야 한다.
③ 관계 중앙행정기관의 장은 제1항에 따른 수립지침에 따라 5년마다 그 소관에 속하는 재난 및 안전관리업무에 관한 기본계획을 작성한 후 국무총리에게 제출하여야 한다.(2024.1.16 본항개정)
④ 국무총리는 제3항에 따라 관계 중앙행정기관의 장이 제출한 기본계획을 종합하여 국가안전관리기본계획을 작성하여 중앙위원회의 심의를 거쳐 확정한 후 이를 관계 중앙행정기관의 장에게 통보하여야 한다.(2017.1.17 본항개정)
⑤ 중앙행정기관의 장은 제4항에 따라 확정된 국가안전관리기본계획 중 그 소관 사항을 관계 재난관리책임기관(중앙행정기관과 지방자치단체는 제외한다)의 장에게 통보하여야 한다.(2017.1.17 본항개정)
⑥ 국가안전관리기본계획을 변경하는 경우에는 제1항부터 제5항까지를 준용한다.
⑦ 국가안전관리기본계획과 제23조의 집행계획, 제24조의 시·도안전관리계획 및 제25조의 시·군·구안전관리계획은 「민방위기본법」에 따른 민방위계획 중 재난관리분야의 계획으로 본다.
⑧ 국가안전관리기본계획에는 다음 각 호의 사항이 포함되어야 한다.
1. 재난에 관한 대책
2. 생활안전, 교통안전, 산업안전, 시설안전, 범죄안전, 식품안전, 안전취약계층 안전 및 그 밖에 이에 준하는 안전관리에 관한 대책
(2017.1.17 본항개정)
제23조【집행계획】 ① 관계 중앙행정기관의 장은 제22조제4항에 따라 통보받은 국가안전관리기본계획에 따라 매년 그 소관 업무에 관한 집행계획을 작성하여 조정위원회의 심의를 거쳐 국무총리의 승인을 받아 확정한다.
(2024.1.16 본항개정)
② 관계 중앙행정기관의 장은 확정된 집행계획을 행정안전부장관, 시·도지사 및 제3조제5호나목에 따른 재난관리책임기관의 장에게 각각 통보하여야 한다.(2017.7.26 본항개정)
③ 제3조제5호나목에 따른 재난관리책임기관의 장은 제2항에 따라 통보받은 집행계획에 따라 매년 세부집행계획을 작성하여 관할 시·도지사와 협의한 후 소속 중앙행정기관의 장의 승인을 받아 이를 확정하여야 한다. 이 경우 그 재난관리책임기관의 장이 공공기관이나 공공단체의 장인 경우에는 그 내용을 지부 등 지방조직에 통보하여야 한다.(2024.1.16 전단개정)
제23조의2【국가안전관리기본계획 등과의 연계】 관계 중앙행정기관의 장은 소관 개별 법령에 따른 재난 및 안전과 관련된 계획을 수립하는 때에는 국가안전관리기본계획 및 제23조에 따른 집행계획과 연계하여 작성하여야 한다.(2012.2.22 본조신설)
제24조【시·도안전관리계획의 수립】 ① 행정안전부장관은 제22조제4항에 따른 국가안전관리기본계획과 제23조제1항에 따른 집행계획에 따라 매년 시·도의 재난 및

안전관리업무에 관한 계획(이하 "시·도안전관리계획"이라 한다)의 수립지침을 작성하여 이를 시·도지사에게 통보하여야 한다.(2024.1.16 본항개정)
② 시·도의 전부 또는 일부를 관할 구역으로 하는 제3조제5호나목에 따른 재난관리책임기관의 장은 매년 그 소관 재난 및 안전관리업무에 관한 계획을 작성하여 관할 시·도지사에게 제출하여야 한다.(2024.1.16 본항개정)
③ 시·도지사는 제1항에 따라 통보받은 수립지침과 제2항에 따라 제출받은 재난 및 안전관리업무에 관한 계획을 종합하여 시·도안전관리계획을 작성하고 시·도위원회의 심의를 거쳐 확정한다.(2017.1.17 본항개정)
④ 시·도지사는 제3항에 따라 확정된 시·도안전관리계획을 행정안전부장관에게 보고하고, 제2항에 따른 재난관리책임기관의 장에게 통보하여야 한다.(2017.7.26 본항개정)

제25조【시·군·구안전관리계획의 수립】 ① 시·도지사는 제24조제3항에 따라 확정된 시·도안전관리계획에 따라 매년 시·군·구의 재난 및 안전관리업무에 관한 계획(이하 "시·군·구안전관리계획"이라 한다)의 수립지침을 작성하여 시장·군수·구청장에게 통보하여야 한다.(2024.1.16 본항개정)
② 시·군·구의 전부 또는 일부를 관할 구역으로 하는 제3조제5호나목에 따른 재난관리책임기관의 장은 매년 그 소관 재난 및 안전관리업무에 관한 계획을 작성하여 시장·군수·구청장에게 제출하여야 한다.(2024.1.16 본항개정)
③ 시장·군수·구청장은 제1항에 따라 통보받은 수립지침과 제2항에 따라 제출받은 재난 및 안전관리업무에 관한 계획을 종합하여 시·군·구안전관리계획을 작성하고 시·군·구위원회의 심의를 거쳐 확정한다.(2017.1.17 본항개정)
④ 시장·군수·구청장은 제3항에 따라 확정된 시·군·구안전관리계획을 시·도지사에게 보고하고, 제2항에 따른 재난관리책임기관의 장에게 통보하여야 한다.

제25조의2【집행계획 등 추진실적의 제출 및 보고】 ① 관계 중앙행정기관의 장은 제23조제1항에 따라 확정된 전년도 집행계획의 추진실적을 매년 행정안전부장관에게 제출하여야 한다.
② 제3조제5호나목에 따른 재난관리책임기관의 장(시·도 또는 시·군·구의 전부 또는 일부를 관할 구역으로 하는 제3조제5호나목에 따른 재난관리책임기관은 제외한다)은 제23조제3항에 따라 확정된 전년도 세부집행계획의 추진실적을 매년 소속 중앙행정기관의 장에게 제출하여야 하고, 이를 제출받은 소속 중앙행정기관의 장은 해당 추진실적을 행정안전부장관에게 제출하여야 한다.
③ 시·군·구의 전부 또는 일부를 관할 구역으로 하는 제3조제5호나목에 따른 재난관리책임기관은 제25조제3항에 따라 확정된 전년도 시·군·구안전관리계획에 따른 그 소관 재난 및 안전관리업무에 관한 계획의 추진실적을 매년 시장·군수·구청장에게 제출하여야 한다.
④ 시장·군수·구청장은 제25조제3항에 따라 확정된 전년도 시·군·구안전관리계획의 추진실적 및 제3항에 따라 제출받은 추진실적을 매년 시·도지사에게 제출하여야 한다.
⑤ 시·도의 전부 또는 일부를 관할 구역으로 하는 제3조제5호나목에 따른 재난관리책임기관은 제24조제3항에 따라 확정된 전년도 시·도안전관리계획에 따른 그 소관 재난 및 안전관리업무에 관한 계획의 추진실적을 매년 시·도지사에게 제출하여야 한다.
⑥ 시·도지사는 제24조제3항에 따라 확정된 전년도 시·도안전관리계획의 추진실적 및 제4항과 제5항에 따라 제출받은 추진실적을 매년 행정안전부장관에게 제출하여야 한다.
⑦ 행정안전부장관은 제1항·제2항·제6항에 따라 제출받은 추진실적을 점검하고 종합 분석·평가한 보고서를 작성하여 매년 국무총리에게 제출하여야 한다.
⑧ 그 밖에 제1항부터 제7항까지에 따른 추진실적 및 보고서 등의 작성·제출 시기와 절차 등에 필요한 사항은 대통령령으로 정한다.
(2024.1.16 본조신설)

제4장 재난의 예방
(2013.8.6 본장제목개정)

제25조의3 (2013.8.6 삭제)
제25조의4【재난관리책임기관의 장의 재난예방조치 등】 ① 재난관리책임기관의 장은 소관 관리대상 업무의 분야에서 재난 발생을 사전에 방지하기 위하여 다음 각 호의 조치를 하여야 한다.
1. 재난에 대응할 조직의 구성 및 정비
2. 재난의 예측 및 예측정보 등의 제공·이용에 관한 체계의 구축(2017.1.17 본호개정)
3. 재난 발생에 대비한 교육·훈련과 재난관리예방에 관한 홍보
4. 재난이 발생할 위험이 높은 분야에 대한 안전관리체계의 구축 및 안전관리규정의 제정
5. 제26조에 따라 지정된 국가핵심기반의 관리(2019.12.3 본호개정)
6. 제27조제2항에 따른 특정관리대상지역에 관한 조치(2017.1.17 본호개정)
7. 제29조에 따른 재난방지시설의 점검·관리(2013.8.6 본호개정)
7의2. 제34조에 따른 재난관리자원의 관리(2023.1.17 본호개정)
8. 그 밖에 재난을 예방하기 위하여 필요하다고 인정되는 사항
② 재난관리책임기관의 장은 제1항에 따른 재난예방조치를 효율적으로 시행하기 위하여 필요한 사업비를 확보하여야 한다.
③ 재난관리책임기관의 장은 다른 재난관리책임기관의 장에게 재난을 예방하기 위하여 필요한 협조를 요청할 수 있다. 이 경우 요청을 받은 다른 재난관리책임기관의 장은 특별한 사유가 없으면 요청에 따라야 한다.
④ 재난관리책임기관의 장은 재난관리의 실효성을 확보할 수 있도록 제1항제4호에 따른 안전관리체계 및 안전관리규정을 정비·보완하여야 한다.
⑤ 재난관리책임기관의 장 및 국회·법원·헌법재판소·중앙선거관리위원회의 행정사무를 처리하는 기관의 장은 재난상황에서 해당 기관의 핵심기능을 유지하는 데 필요한 계획(이하 "기능연속성계획"이라 한다)을 수립·시행하여야 한다.(2022.1.4 본항개정)
⑥ 행정안전부장관이 재난상황에서 해당 기관·단체의 핵심 기능을 유지하는 것이 특별히 필요하다고 인정하여 고시하는 기관·단체(민간단체를 포함한다) 및 민간업체는 기능연속성계획을 수립·시행하여야 한다. 이 경우 민간단체 및 민간업체에 대해서는 해당 단체 및 업체와 협의를 거쳐야 한다.(2022.1.4 본항신설)
⑦ 행정안전부장관은 재난관리책임기관과 제6항에 따른 기관·단체 및 민간업체의 기능연속성계획 이행실태를 정기적으로 점검하고, 재난관리책임기관에 대해서는 그 결과를 제33조의2에 따른 재난관리체계 등에 대한 평가에 반영할 수 있다.(2022.1.4 본항개정)
⑧ 기능연속성계획에 포함되어야 할 사항 및 계획수립의 절차 등은 국회규칙, 대법원규칙, 헌법재판소규칙, 중앙선거관리위원회규칙 및 대통령령으로 정한다.(2022.1.4 본항개정)
(2017.1.17 본조제목개정)
(2010.6.8 본조개정)

제26조【국가핵심기반의 지정 등】 ① 관계 중앙행정기관의 장은 소관 분야의 국가핵심기반을 다음 각 호의 기준에 따라 조정위원회의 심의를 거쳐 지정할 수 있다.(2019.12.3 본문개정)
1. 다른 국가핵심기반 등에 미치는 연쇄효과(2019.12.3 본호개정)
2. 둘 이상의 중앙행정기관의 공동대응 필요성
3. 재난이 발생하는 경우 국가안전보장과 경제·사회에 미치는 피해 규모 및 범위
4. 재난의 발생 가능성 또는 그 복구의 용이성
② 관계 중앙행정기관의 장은 제1항에 따른 지정 여부를 결정하기 위하여 필요한 자료의 제출을 소관 재난관리책임기관의 장에게 요청할 수 있다.
③ 관계 중앙행정기관의 장은 소관 재난관리책임기관이 해당 업무를 폐지·정지 또는 변경하는 경우에는 조정위원회의 심의를 거쳐 국가핵심기반의 지정을 취소할 수 있다.(2019.12.3 본항개정)
④ (2017.1.17 삭제)
⑤ 국가핵심기반의 지정 및 지정취소 등에 필요한 사항은 대통령령으로 정한다.(2019.12.3 본항개정)
(2019.12.3 본조제목개정)
(2010.6.8 본조개정)

제26조의2【국가핵심기반의 관리 등】 ① 관계 중앙행정기관의 장은 제26조제1항에 따라 국가핵심기반을 지정한 경우에는 대통령령으로 정하는 바에 따라 소관 분야 국가핵심기반 보호계획을 수립하여 해당 관리기관의 장에게 통보하여야 한다.
② 관리기관의 장은 제1항에 따라 통보받은 국가핵심기반 보호계획에 따라 소관 국가핵심기반에 대한 보호계획을 수립·시행하여야 한다.
③ 행정안전부장관 또는 관계 중앙행정기관의 장은 대통령령으로 정하는 바에 따라 국가핵심기반의 보호 및 관리 실태를 확인·점검할 수 있다.
④ 행정안전부장관은 국가핵심기반에 대한 데이터베이스를 구축·운영하고, 관계 중앙행정기관의 장이 재난관리 정책의 수립 등에 이용할 수 있도록 통합지원할 수 있다.
(2019.12.3 본조개정)

제27조【특정관리대상지역의 지정 및 관리 등】 ① 중앙행정기관의 장 또는 지방자치단체의 장은 재난이 발생할 위험이 높거나 재난예방을 위하여 계속적으로 관리할 필요가 있다고 인정되는 지역을 대통령령으로 정하는 바에 따라 특정관리대상지역으로 지정할 수 있다.
② 재난관리책임기관의 장은 제1항에 따라 지정된 특정관리대상지역에 대하여 대통령령으로 정하는 바에 따라 재난 발생의 위험성을 제거하기 위한 조치 등 특정관리대상지역의 관리·정비에 필요한 조치를 하여야 한다.
③ 중앙행정기관의 장, 지방자치단체의 장 및 재난관리책임기관의 장은 제1항 및 제2항에 따른 지정 및 조치 결과를 대통령령으로 정하는 바에 따라 행정안전부장관에게 보고하거나 통보하여야 한다.(2017.7.26 본항개정)
④ 행정안전부장관은 제3항에 따라 보고받거나 통보받은 사항을 대통령령으로 정하는 바에 따라 정기적으로 또는 수시로 국무총리에게 보고하여야 한다.(2017.7.26 본항개정)
⑤ 국무총리는 제4항에 따라 보고받은 사항 중 재난을 예방하기 위하여 필요하다고 인정하는 사항에 대해서는 중앙행정기관의 장, 지방자치단체의 장 또는 재난관리책임기관의 장에게 시정조치나 보완을 요구할 수 있다.
⑥ 제1항부터 제5항까지에서 규정한 사항 외에 특정관리대상지역의 지정, 관리 및 정비에 필요한 사항은 대통령령으로 정한다.
(2017.1.17 본조개정)

제28조【지방자치단체에 대한 지원 등】 행정안전부장관은 제27조제2항에 따른 지방자치단체의 조치 등에 필요한 지원 및 지도를 할 수 있고, 관계 중앙행정기관의 장에게 협조를 요청할 수 있다.(2017.7.26 본조개정)

제29조【재난방지시설의 관리】 ① 재난관리책임기관의 장은 관계 법령 또는 제3장의 안전관리계획에서 정하는 바에 따라 대통령령으로 정하는 재난방지시설을 점검·관리하여야 한다.
② 행정안전부장관은 재난방지시설의 관리 실태를 점검하고 필요한 경우 보수·보강 등의 조치를 재난관리책임기관의 장에게 요청할 수 있다. 이 경우 요청을 받은 재난관리책임기관의 장은 신속하게 조치를 이행하여야 한다.(2017.7.26 전단개정)
(2013.8.6 본조신설)

제29조의2【재난안전분야 종사자 교육】 ① 재난관리책임기관에서 재난 및 안전관리업무를 담당하는 공무원이나 직원은 행정안전부장관이 실시하는 전문교육(이하 "전문교육"이라 한다)을 행정안전부령으로 정하는 바에 따라 정기적으로 또는 수시로 받아야 한다.
② 행정안전부장관은 필요하다고 인정하면 대통령령으로 정하는 전문인력 및 시설기준을 갖춘 교육기관으로 하여금 전문교육을 대행하게 할 수 있다.
③ 행정안전부장관은 정당한 사유 없이 전문교육을 받지 아니한 자에 대하여 소속 재난관리책임기관의 장에게 징계할 것을 요구할 수 있다.
④ 전문교육의 종류 및 대상, 그 밖에 전문교육의 실시에 필요한 사항은 행정안전부령으로 정한다.
(2017.7.26 본조개정)

제30조【재난예방을 위한 긴급안전점검 등】 ① 행정안전부장관 또는 재난관리책임기관(행정기관만을 말한다. 이하 이 조에서 같다)의 장은 대통령령으로 정하는 시설 및 지역에 재난이 발생할 우려가 있는 등 대통령령으로 정하는 긴급한 사유가 있으면 소속 공무원으로 하여금 긴급안전점검을 하게 하고, 행정안전부장관은 다른 재난관리책임기관의 장에게 긴급안전점검을 하도록 요구할 수 있다. 이 경우 요구를 받은 재난관리책임기관의 장은 특별한 사유가 없으면 요구에 따라야 한다.(2017.7.26 전단개정)
② 제1항에 따라 긴급안전점검을 하는 공무원은 관계인에게 필요한 질문을 하거나 관계 서류 등을 열람할 수 있다.
③ 제1항에 따른 긴급안전점검의 절차 및 방법, 긴급안전점검결과의 기록·유지 등에 필요한 사항은 대통령령으로 정한다.
④ 제1항에 따라 긴급안전점검을 하는 공무원은 그 권한을 표시하는 증표를 지니고 이를 관계인에게 보여주어야 한다.
⑤ 행정안전부장관은 제1항에 따라 긴급안전점검을 하면 그 결과를 해당 재난관리책임기관의 장에게 통보하여야 한다.(2017.7.26 본항개정)
(2010.6.8 본조개정)

제31조【재난예방을 위한 안전조치】 ① 행정안전부장관 또는 재난관리책임기관(행정기관만을 말한다. 이하 이 조에서 같다)의 장은 제30조에 따른 긴급안전점검 결과 재난 발생의 위험이 높다고 인정되는 시설 또는 지역에 대하여는 대통령령으로 정하는 바에 따라 그 소유자·관리자 또는 점유자에게 다음 각 호의 안전조치를 할 것을 명할 수 있다.(2017.7.26 본문개정)
1. 정밀안전진단(시설만 해당한다). 이 경우 다른 법령에 시설의 정밀안전진단에 관한 기준이 있는 경우에는 그 기준에 따르고, 다른 법령의 적용을 받지 아니하는 시설에 대하여는 행정안전부령으로 정하는 기준에 따른다.(2017.7.26 후단개정)
2. 보수(補修) 또는 보강 등 정비
3. 재난을 발생시킬 위험요인의 제거
② 제1항에 따른 안전조치명령을 받은 소유자·관리자 또는 점유자는 이행계획서를 작성하여 행정안전부장관 또는 재난관리책임기관의 장에게 제출한 후 안전조치를 하고, 행정안전부령으로 정하는 바에 따라 그 결과를 행정안전부장관 또는 재난관리책임기관의 장에게 통보하여야 한다.(2017.7.26 본항개정)
③ 행정안전부장관 또는 재난관리책임기관의 장은 제1항에 따른 안전조치명령을 받은 자가 그 명령을 이행하지 아니하거나 이행할 수 없는 상태에 있고, 안전조치를 이행하지 아니할 경우 공중의 안전에 위해를 끼칠 수 있어 재난의 예방을 위하여 긴급하다고 판단하면 그 시설 또는 지역에 대하여 사용을 제한하거나 금지시킬 수 있다. 이 경우 그 제한하거나 금지하는 내용을 보기 쉬운 곳에 게시하여야 한다.(2017.7.26 전단개정)

④ 행정안전부장관 또는 재난관리책임기관의 장은 제1항 제2호 또는 제3호에 따른 안전조치명령을 받아 이를 이행하여야 하는 자가 그 명령을 이행하지 아니하거나 이행할 수 없는 상태에 있고, 재난예방을 위하여 긴급하다고 판단하면 그 명령을 받아 이를 이행하여야 할 자를 갈음하여 필요한 안전조치를 할 수 있다. 이 경우 「행정대집행법」을 준용한다.(2017.7.26 전단개정)
⑤ 행정안전부장관 또는 재난관리책임기관의 장은 제3항에 따른 안전조치를 할 때에는 미리 해당 소유자·관리자 또는 점유자에게 서면으로 이를 알려 주어야 한다. 다만, 긴급한 경우에는 구두로 알리되, 미리 구두로 알리는 것이 불가능하거나 상당한 시간이 걸려 공중의 안전에 위해를 끼칠 수 있는 경우에는 안전조치를 한 후 그 결과를 통보할 수 있다.(2017.7.26 본문개정)
(2014.12.30 본조제목개정)
(2010.6.8 본조개정)

제31조의2【안전취약계층에 대한 안전 환경 지원】 ① 제3조제5호가목에 따른 재난관리책임기관의 장은 안전취약계층이 재난이나 그 밖의 각종 사고로부터 안전을 확보할 수 있는 생활환경을 조성하기 위하여 안전용품의 제공 및 시설 개선 등 필요한 사항을 지원하기 위하여 노력하여야 한다.
② 제1항에 따른 지원의 대상, 범위, 방법 및 절차 등에 필요한 사항은 대통령령 또는 해당 지방자치단체의 조례로 정한다.
③ 행정안전부장관은 제3조제5호가목에 따른 재난관리책임기관의 장에게 제1항에 따른 지원이 원활히 수행되는 데 필요한 사항을 요청할 수 있다. 이 경우 요청을 받은 재난관리책임기관의 장은 특별한 사유가 없으면 요청에 따라야 한다.
④ 행정안전부장관은 제1항에 따른 지원과 관련하여 지방자치단체에 필요한 지원 및 지도를 할 수 있다.
(2019.12.3 본조신설)

제31조의3【재난안전분야 제도개선】 ① 행정안전부장관은 재난 예방 및 국민 안전 확보를 위하여 재난안전분야 제도개선 과제(이하 "개선과제"라 한다)를 선정하여 재난관리주관기관의 장에게 개선과제의 이행을 요청할 수 있다.
② 행정안전부장관은 개선과제의 선정을 위하여 일반 국민, 지방자치단체 또는 민간단체 등으로부터 의견을 수렴할 수 있으며, 관련 분야 전문가에게 자문할 수 있다.
③ 제1항에 따른 요청을 받은 재난관리주관기관의 장은 행정안전부령으로 정하는 바에 따라 개선과제의 이행 요청에 대한 수용 여부를 행정안전부장관에게 통보하여야 한다.
④ 재난관리주관기관의 장은 제3항에 따라 개선과제의 이행 요청을 수용하기로 한 경우 해당 개선과제의 이행상황을 분기별로 점검하고 그 결과를 행정안전부장관에게 통보하여야 한다.
(2023.12.26 본조신설)

제32조【정부합동 안전 점검】 ① 행정안전부장관은 재난관리책임기관의 재난 및 안전관리 실태를 점검하기 위하여 대통령령으로 정하는 바에 따라 정부합동안전점검단(이하 "정부합동점검단"이라 한다)을 편성하여 안전점검을 실시할 수 있다.
② 행정안전부장관은 정부합동점검단을 편성하기 위하여 필요하면 관계 재난관리책임기관의 장에게 관련 공무원 또는 직원의 파견을 요청할 수 있다. 이 경우 요청을 받은 관계 재난관리책임기관의 장은 특별한 사유가 없으면 요청에 따라야 한다.
③ 행정안전부장관은 제1항에 따른 점검을 실시하면 점검결과를 관계 재난관리책임기관의 장에게 통보하고, 보완이나 개선이 필요한 사항에 대한 조치를 관계 재난관리책임기관의 장에게 요구할 수 있다.
④ 제3항에 따라 점검결과 및 조치 요구사항을 통보받은 관계 재난관리책임기관의 장은 보완이나 개선이 필요한 사항에 대한 조치계획을 수립하여 필요한 조치를 한 후 그 결과를 행정안전부장관에게 통보하여야 한다.
(2019.12.3 본항개정)
⑤ 행정안전부장관은 제4항에 따른 조치 결과를 점검할 수 있다.(2019.12.3 본항신설)
⑥ 행정안전부장관은 제1항에 따른 안전 점검 결과와 제4항에 따른 조치 결과를 제66조의9제2항에 따른 안전정보통합관리시스템을 통하여 공개할 수 있다. 다만, 「공공기관의 정보공개에 관한 법률」 제9조제1항 각 호의 어느 하나에 해당하는 정보에 대해서는 공개하지 아니할 수 있다.(2019.12.3 본항신설)
(2017.7.26 본조개정)

제32조의2【사법경찰권】 제30조에 따라 긴급안전점검을 하는 공무원은 이 법에 규정된 범죄에 관하여는 「사법경찰관리의 직무를 수행할 자와 그 직무범위에 관한 법률」에서 정하는 바에 따라 사법경찰관리의 직무를 수행한다.(2014.12.30 본조신설)

제32조의3【집중 안전점검 기간 운영 등】 ① 행정안전부장관은 재난을 예방하고 국민의 안전의식을 높이기 위하여 재난관리책임기관의 장의 의견을 들어 매년 집중안전점검 기간을 설정하고 그 운영에 필요한 계획을 수립하여야 한다.
② 행정안전부장관 및 재난관리책임기관의 장은 제1항에 따른 집중 안전점검 기간 동안에 재난이나 그 밖의 각종 사고의 발생이 우려되는 시설 등에 대하여 집중적으로 안전점검을 실시할 수 있다.
③ 행정안전부장관은 제2항에 따른 집중 안전점검 기간에 실시한 안전점검 결과로서 재난관리책임기관의 장이 관계 법령에 따라 공개하는 정보를 제66조의9제2항에 따른 안전정보통합관리시스템을 통하여 공개할 수 있다.
④ 제1항부터 제3항까지에서 규정한 사항 외에 집중 안전점검 기간의 설정 및 운영 등에 필요한 사항은 대통령령으로 정한다.
(2019.12.3 본조신설)

제33조【안전관리전문기관에 대한 자료요구 등】 ① 행정안전부장관은 재난 예방을 효율적으로 추진하기 위하여 대통령령으로 정하는 안전관리전문기관에 안전점검결과, 주요시설물의 설계도서 등 대통령령으로 정하는 안전관리에 필요한 자료를 요구할 수 있다.(2017.7.26 본항개정)
② 제1항에 따라 자료를 요구받은 안전관리전문기관의 장은 특별한 사유가 없으면 요구에 따라야 한다.
(2010.6.8 본조개정)

제33조의2【재난관리체계 등에 대한 평가 등】 ① 행정안전부장관은 재난관리책임기관에 대하여 대통령령으로 정하는 바에 따라 다음 각 호의 사항을 정기적으로 평가할 수 있다.(2019.12.3 본문개정)
1. 대규모재난의 발생에 대비한 단계별 예방·대응 및 복구과정
2. 제25조의4제1항제1호에 따른 재난에 대응할 조직의 구성 및 정비 실태(2024.1.16 본호개정)
3. 제25조의4제4항에 따른 안전관리체계 및 안전관리규정(2024.1.16 본호개정)
4. 제68조에 따른 재난관리기금의 운용 현황(2016.1.7 본호신설)
(2013.8.6 본항개정)
② 제1항에도 불구하고 공공기관에 대하여는 관할 중앙행정기관의 장이 평가를 하고, 시·군·구에 대하여는 시·도지사가 평가를 한다.(2019.12.3 단서삭제)
③ 행정안전부장관은 다음 각 호의 어느 하나에 해당하는 경우에는 제2항에 따른 평가에 대한 확인평가를 할 수 있다.
1. 제5항에 따른 우수한 기관을 선정하기 위하여 필요한 경우
2. 그 밖에 행정안전부장관이 재난 및 안전관리를 위하여 필요하다고 인정하는 경우
(2019.12.3 본항신설)
④ 행정안전부장관은 제1항과 제3항에 따른 평가 결과를 중앙위원회에 종합 보고한다.(2019.12.3 본항개정)
⑤ 행정안전부장관은 필요하다고 인정하면 해당 재난관리책임기관의 장에게 시정조치나 보완을 요구할 수 있으며, 우수한 기관에 대하여는 예산지원 및 포상 등 필요한 조치를 할 수 있다. 다만, 공공기관의 장 및 시장·군수·구청장에게 시정조치나 보완 요구를 하려는 경우에는 관할 중앙행정기관의 장 및 시·도지사에게 한다.
(2017.7.26 본문개정)
⑥ 행정안전부장관은 제2항에 따른 공공기관에 대한 평가 결과를 「공공기관의 운영에 관한 법률」 제48조에 따른 공공기관 경영실적 평가에 반영하도록 기획재정부장관에게 요구할 수 있다.(2017.7.26 본항개정)
(2013.8.6 본조제목개정)

제33조의3【재난관리 실태 공시 등】 ① 시장·군수·구청장(제3호의 경우에는 시·도지사를 포함한다)은 다음 각 호의 사항이 포함된 재난관리 실태를 매년 1회 이상 관할 지역 주민에게 공시하여야 한다.(2019.12.3 본문개정)
1. 전년도 재난의 발생 및 수습 현황
2. 제25조의4제1항에 따른 재난예방조치 실적(2024.1.16 본호개정)
3. 제67조에 따른 재난관리기금의 적립 및 집행 현황(2019.12.3 본호개정)
4. 제34조의5에 따른 현장조치 행동매뉴얼의 작성·운용 현황(2014.12.30 본호신설)
5. 그 밖에 대통령령으로 정하는 재난관리에 관한 중요사항
② 행정안전부장관 또는 시·도지사는 제33조의2에 따른 평가 결과를 공개할 수 있다.(2017.7.26 본항개정)
③ 제1항 및 제2항에 따른 공시 방법 및 시기 등 필요한 사항은 대통령령으로 정한다.
(2012.2.22 본조신설)

제5장 재난의 대비
(2013.8.6 본장제목삽입)

제34조【재난관리자원의 관리】 ① 재난관리책임기관의 장은 재난관리를 위하여 필요한 물품, 재산 및 인력 등의 물적·인적자원(이하 "재난관리자원"이라 한다)을 비축하거나 지정하는 등 체계적이고 효율적으로 관리하여야 한다.
② 재난관리자원의 관리에 관하여는 따로 법률로 정한다.
(2023.1.17 본조개정)

제34조의2【재난현장 긴급통신수단의 마련】 ① 재난관리책임기관의 장은 재난의 발생으로 인하여 통신이 끊기는 상황에 대비하여 미리 유선이나 무선 또는 위성통신망을 활용할 수 있도록 긴급통신수단을 마련하여야 한다.
② 행정안전부장관은 재난현장에서 제1항에 따른 긴급통신수단(이하 "긴급통신수단"이라 한다)이 공동 활용될 수 있도록 하기 위하여 재난관리책임기관, 긴급구조기관 및 긴급구조지원기관에서 보유하고 있는 긴급통신수단의 보유 현황 등을 조사하고, 긴급통신수단을 관리하기 위한 체계를 구축·운영할 수 있다.(2017.7.26 본항개정)
③ 행정안전부장관은 제2항에 따른 조사를 위하여 필요한 자료의 제출을 재난관리책임기관, 긴급구조기관 및 긴급구조지원기관의 장에게 요청할 수 있다. 이 경우 요청을 받은 관계 기관의 장은 특별한 사유가 없으면 요청에 따라야 한다.(2017.7.26 전단개정)
④ 긴급통신수단을 관리하기 위한 체계를 구축·운영하는 데 필요한 사항은 대통령령으로 정한다.
(2013.8.6 본조신설)

제34조의3【국가재난관리기준의 제정·운용 등】 ① 행정안전부장관은 재난관리를 효율적으로 수행하기 위하여 다음 각 호의 사항이 포함된 국가재난관리기준을 제정하여 운용하여야 한다. 다만, 「산업표준화법」 제12조에 따른 한국산업표준을 적용할 수 있는 사항에 대하여는 한국산업표준을 반영할 수 있다.(2017.7.26 본문개정)
1. 재난분야 용어정의 및 표준체계 정립
2. 국가재난 대응체계에 대한 원칙
3. 재난경감·상황관리·유지관리 등에 관한 일반적 기준(2023.1.17 본호개정)
4. 그 밖의 대통령령으로 정하는 사항
② 제1항의 기준을 제정 또는 개정할 때에는 미리 관계 중앙행정기관의 장의 의견을 들어야 한다.
③ 행정안전부장관은 재난관리책임기관의 장이 재난관리업무를 수행함에 있어 제1항의 국가재난관리기준을 적용하도록 권고할 수 있다.(2017.7.26 본항개정)
(2010.6.8 본조신설)

제34조의4【기능별 재난대응 활동계획의 작성·활용】 ① 재난관리책임기관의 장은 재난관리가 효율적으로 이루어질 수 있도록 대통령령으로 정하는 바에 따라 기능별 재난대응 활동계획(이하 "재난대응활동계획"이라 한다)을 작성하여 활용하여야 한다.
② 행정안전부장관은 재난대응활동계획의 작성에 필요한 작성지침을 재난관리책임기관의 장에게 통보할 수 있다.(2017.7.26 본항개정)
③ 행정안전부장관은 재난관리책임기관의 장이 작성한 재난대응활동계획을 확인·점검하고, 필요하면 관계 재난관리책임기관의 장에게 시정을 요청할 수 있다. 이 경우 시정 요청을 받은 재난관리책임기관의 장은 특별한 사유가 없으면 요청에 따라야 한다.(2017.7.26 전단개정)
④ 제1항부터 제3항까지에서 규정한 사항 외에 재난대응활동계획의 작성·운용·관리 등에 필요한 사항은 대통령령으로 정한다.
(2013.8.6 본조개정)

제34조의5【재난분야 위기관리 매뉴얼 작성·운용】 ① 재난관리책임기관의 장은 재난을 효율적으로 관리하기 위하여 재난유형에 따라 다음 각 호의 위기관리 매뉴얼을 작성·운용하고, 이를 준수하도록 노력하여야 한다. 이 경우 재난대응활동계획과 위기관리 매뉴얼이 서로 연계되도록 하여야 한다.(2023.12.26 전단개정)
1. 위기관리 표준매뉴얼 : 국가적 차원에서 관리가 필요한 재난에 대하여 재난관리 체계와 관계 기관의 임무와 역할을 규정한 문서로 위기대응 실무매뉴얼의 작성 기준이 되며, 재난관리주관기관의 장이 작성한다. 다만, 다수의 재난관리주관기관이 관련되는 재난에 대해서는 관계 재난관리주관기관의 장과 협의하여 행정안전부장관이 위기관리 표준매뉴얼을 작성할 수 있다.(2017.7.26 단서개정)
2. 위기대응 실무매뉴얼 : 위기관리 표준매뉴얼에서 규정하는 기능과 역할에 따라 실제 재난대응에 필요한 조치사항 및 절차를 규정한 문서로 재난관리주관기관의 장과 관계 기관의 장이 작성한다. 이 경우 재난관리주관기관의 장은 위기대응 실무매뉴얼과 제1호에 따른 위기관리 표준매뉴얼을 통합하여 작성할 수 있다.(2014.12.30 본호개정)
3. 현장조치 행동매뉴얼 : 재난현장에서 임무를 직접 수행하는 기관의 행동조치 절차를 구체적으로 수록한 문서로 위기대응 실무매뉴얼을 작성한 기관의 장이 지정한 기관의 장이 작성하되, 시장·군수·구청장은 재난유형별 현장조치 행동매뉴얼을 통합하여 작성할 수 있다. 다만, 현장조치 행동매뉴얼 작성 기관의 장이 다른 법령에 따라 작성한 계획·매뉴얼 등에 재난유형별 현장조치 행동매뉴얼에 포함될 사항이 모두 포함되어 있는 경우 해당 재난유형에 대해서는 현장조치 행동매뉴얼이 작성된 것으로 본다.(2019.12.3 본호개정)
② 행정안전부장관은 재난유형별 위기관리 매뉴얼의 작성 및 운용기준을 정하여 재난관리책임기관의 장에게 통보할 수 있다.(2019.12.3 본항개정)
③ 재난관리주관기관의 장이 작성한 위기관리 표준매뉴얼은 행정안전부장관의 승인을 받아 이를 확정하고, 위기대응 실무매뉴얼과 연계하여 운용하여야 한다.
(2017.7.26 본항개정)
④ 재난관리주관기관의 장은 위기관리 표준매뉴얼 및 위

기대응 실무매뉴얼을 정기적으로 점검하고 그 결과를 행정안전부장관에게 통보하여야 한다. 이 경우 매뉴얼의 점검을 위하여 필요한 때에는 관계 전문가의 의견을 들을 수 있다.(2023.12.26 본항개정)

⑤ 행정안전부장관은 재난유형별 위기관리 매뉴얼의 표준화 및 실효성 제고를 위하여 대통령령으로 정하는 위기관리 매뉴얼협의회를 구성·운영할 수 있다.
(2017.7.26 본항개정)

⑥ 재난관리주관기관의 장은 소관 분야 재난유형의 위기대응 실무매뉴얼 및 현장조치 행동매뉴얼을 조정·승인하고 지도·관리를 하여야 하며, 소관분야 위기관리 매뉴얼을 새로이 작성하거나 변경한 때에는 이를 행정안전부장관에게 통보하여야 한다.(2017.7.26 본항개정)

⑦ 시장·군수·구청장이 작성한 현장조치 행동매뉴얼에 대하여는 시·도지사의 승인을 받아야 한다. 시·도지사는 현장조치 행동매뉴얼을 승인하는 때에는 재난관리주관기관의 장이 작성한 위기대응 실무매뉴얼과 연계되도록 하여야 하며, 승인 결과를 재난관리주관기관의 장 및 행정안전부장관에게 보고하여야 한다.(2017.7.26 후단개정)

⑧ 행정안전부장관은 위기관리 매뉴얼의 체계적인 운용을 위하여 관리시스템을 구축·운영할 수 있으며, 제3항부터 제7항까지의 규정에 따른 위기관리 매뉴얼의 작성·운용 등 필요한 사항은 대통령령으로 정한다.
(2017.7.26 본항개정)

⑨ 행정안전부장관은 재난관리업무를 효율적으로 하기 위하여 대통령령으로 정하는 바에 따라 위기관리에 필요한 매뉴얼 표준안을 연구·개발하여 보급할 수 있다. 이 경우 다음 각 호의 사항을 고려하여야 한다.(2017.7.26 본문개정)

1. 재난유형에 따른 국민행동요령의 표준화
2. 재난유형에 따른 예방·대비·대응·복구 단계별 조치사항에 관한 연구 및 표준화
3. 재난현장에서의 대응과 상호협력 절차에 관한 연구 및 표준화
4. 안전취약계층의 특성을 반영한 연구·개발
5. 그 밖에 위기관리에 관한 매뉴얼의 개선·보완에 필요한 사항

(2017.1.17 1호~5호신설)

⑩ 행정안전부장관은 위기관리 매뉴얼의 작성·운용 실태를 반기별로 점검하여야 하며, 필요한 경우 수시로 점검할 수 있고, 그 결과에 따라 이를 시정 또는 보완하기 위하여 위기관리 매뉴얼을 작성·운용하는 기관의 장에게 필요한 조치를 하도록 권고할 수 있다. 이 경우 권고를 받은 기관의 장은 특별한 사유가 없으면 이에 따라야 한다.(2023.12.26 전단개정)

제34조의6【다중이용시설 등의 위기상황 매뉴얼 작성·관리 및 훈련】 ① 대통령령으로 정하는 다중이용시설 등의 소유자·관리자 또는 점유자는 대통령령으로 정하는 바에 따라 위기상황에 대비한 매뉴얼(이하 "위기상황 매뉴얼"이라 한다)을 작성·관리하여야 한다. 다만, 다른 법령에서 위기상황에 대비한 대응계획 등의 작성·관리에 관하여 규정하고 있는 경우에는 그 법령에서 정하는 바에 따른다.

② 제1항에 따른 소유자·관리자 또는 점유자는 대통령령으로 정하는 바에 따라 위기상황 매뉴얼에 따른 훈련을 주기적으로 실시하여야 한다. 다만, 다른 법령에서 위기상황에 대비한 대응계획 등의 훈련에 관하여 규정하고 있는 경우에는 그 법령에서 정하는 바에 따른다.

③ 행정안전부장관, 관계 중앙행정기관의 장 또는 지방자치단체의 장은 위기상황 매뉴얼(제1항 단서 및 제2항 단서에 따른 위기상황에 대비한 대응계획 등을 포함한다)의 작성·관리 및 훈련실태를 점검하고 필요한 경우에는 개선명령을 할 수 있다.(2017.7.26 본항개정)
(2014.12.30 본조신설)

제34조의7【안전기준의 등록 및 심의 등】 ① 행정안전부장관은 안전기준을 체계적으로 관리·운용하기 위하여 안전기준을 통합적으로 관리할 수 있는 체계를 갖추어야 한다.(2017.7.26 본항개정)

② 중앙행정기관의 장은 관계 법률에서 정하는 바에 따라 안전기준을 신설 또는 변경하는 때에는 행정안전부장관에게 안전기준의 등록을 요청하여야 한다.(2017.7.26 본항개정)

③ 행정안전부장관은 제2항에 따라 안전기준의 등록을 요청받은 때에는 안전기준심의회의 심의를 거쳐 이를 확정한 후 관계 중앙행정기관의 장에게 통보하여야 한다.
(2017.7.26 본항개정)

④ 중앙행정기관의 장이 신설 또는 변경하는 안전기준은 제34조의3에 따른 국가재난관리기준에 어긋나지 아니하여야 한다.

⑤ 안전기준의 등록 방법 및 절차와 안전기준심의회 구성 및 운영에 관하여는 대통령령으로 정한다.
(2013.8.6 본조신설)

제34조의8【재난안전통신망의 구축·운영】 ① 행정안전부장관은 체계적인 재난관리를 위하여 재난안전통신망을 구축·운영하여야 하며, 재난관리책임기관·긴급구조기관 및 긴급구조지원기관(이하 이 조에서 "재난관련기관"이라 한다)은 재난관리에 재난안전통신망을 사용하여야 한다.(2017.7.26 본항개정)

② (2021.6.8 삭제)

③ 재난안전통신망의 운영, 사용 등에 필요한 사항은 다른 법률로 정한다.(2021.6.8 본항개정)

제34조의9【재난대비훈련 기본계획 수립】 ① 행정안전부장관은 매년 재난대비훈련 기본계획을 수립하고 재난관리책임기관의 장에게 통보하여야 한다.(2017.7.26 본항개정)

② 재난관리책임기관의 장은 제1항의 재난대비훈련 기본계획에 따라 소관분야별로 자체계획을 수립하여야 한다.

③ 행정안전부장관은 제1항에 따라 수립한 재난대비훈련 기본계획을 국회 소관상임위원회에 보고하여야 한다.
(2017.7.26 본항개정)
(2016.1.7 본조신설)

제35조【재난대비훈련 실시】 ① 행정안전부장관, 중앙행정기관의 장, 시·도지사, 시장·군수·구청장 및 긴급구조기관(이하 이 조에서 "훈련주관기관"이라 한다)의 장은 대통령령으로 정하는 바에 따라 매년 정기적으로 또는 수시로 재난관리책임기관, 긴급구조지원기관 및 군부대 등 관계 기관(이하 이 조에서 "훈련참여기관"이라 한다)과 합동으로 재난대비훈련(제34조의5에 따른 위기관리 매뉴얼의 숙달훈련을 포함한다)을 실시하여야 한다.(2017.7.26 본항개정)

② 훈련주관기관의 장은 제1항에 따른 재난대비훈련을 실시하려면 제34조의9제2항에 따른 자체계획을 토대로 재난대비훈련 실시계획을 수립하여 훈련참여기관의 장에게 통보하여야 한다.(2016.1.7 본항개정)

③ 훈련참여기관의 장은 제1항에 따른 재난대비훈련을 실시하면 훈련상황을 점검하고, 그 결과를 대통령령으로 정하는 바에 따라 훈련주관기관의 장에게 제출하여야 한다.

④ 훈련주관기관의 장은 대통령령으로 정하는 바에 따라 다음 각 호의 조치를 하여야 한다.

1. 훈련참여기관의 훈련과정 및 훈련결과에 대한 점검·평가
2. 훈련참여기관의 장에게 훈련과정에서 나타난 미비사항이나 개선·보완이 필요한 사항에 대한 보완조치 요구
3. 훈련과정에서 나타난 제34조의5제1항 각 호의 위기관리 매뉴얼의 미비점에 대한 개선·보완 및 개선·보완조치 요구

(2014.12.30 본항개정)

⑤ 재난대비훈련의 효율적인 추진을 위한 절차·방법 등에 필요한 사항은 대통령령으로 정한다.(2016.1.7 본항신설)
(2016.1.7 본조제목개정)
(2013.8.6 본조개정)

제6장 재난의 대응
(2013.8.6 본장제목삽입)

제1절 응급조치 등
(2013.8.6 본절제목삽입)

제36조【재난사태 선포】 ① 행정안전부장관은 대통령령으로 정하는 재난이 발생하거나 발생할 우려가 있는 경우 사람의 생명·신체 및 재산에 미치는 중대한 영향이나 피해를 줄이기 위하여 긴급한 조치가 필요하다고 인정하면 중앙위원회의 심의를 거쳐 재난사태를 선포할 수 있다. 다만, 행정안전부장관은 재난상황이 긴급하여 중앙위원회의 심의를 거칠 시간적 여유가 없다고 인정하는 경우에는 중앙위원회의 심의를 거치지 아니하고 재난사태를 선포할 수 있다.(2017.7.26 본항개정)

1.~2. (2014.12.30 삭제)

② 행정안전부장관은 제1항 단서에 따라 재난사태를 선포한 경우에는 지체 없이 중앙위원회의 승인을 받아야 하고, 승인을 받지 못하면 선포된 재난사태를 즉시 해제하여야 한다.(2017.7.26 본항개정)

③ 제1항에도 불구하고 시·도지사는 관할 구역에서 재난이 발생하거나 발생할 우려가 있는 등 대통령령으로 정하는 경우 사람의 생명·신체 및 재산에 미치는 중대한 영향이나 피해를 줄이기 위하여 긴급한 조치가 필요하다고 인정하면 시·도위원회의 심의를 거쳐 재난사태를 선포할 수 있다. 이 경우 시·도지사는 지체 없이 그 사실을 행정안전부장관에게 통보하여야 한다.(2024.1.16 본항신설)

④ 제3항에 따른 재난사태 선포에 대한 시·도위원회 심의의 생략 및 승인 등에 관하여는 제1항 단서 및 제2항을 준용한다. 이 경우 "행정안전부장관"은 "시·도지사"로, "중앙위원회"는 "시·도위원회"로 본다.(2024.1.16 본항신설)

⑤ 행정안전부장관 및 지방자치단체의 장은 제1항에 따라 재난사태가 선포된 지역에 대하여 다음 각 호의 조치를 할 수 있다.(2017.7.26 본문개정)

1. 재난경보의 발령, 재난관리자원의 동원, 위험구역 설정, 대피명령, 응급지원 등 이 법에 따른 응급조치
(2023.1.17 본호개정)
2. 해당 지역에 소재하는 행정기관 소속 공무원의 비상소집
3. 해당 지역에 대한 여행 등 이동 자제 권고
4. 「유아교육법」 제31조, 「초·중등교육법」 제64조 및 「고등교육법」 제61조에 따른 휴업명령 및 휴원·휴교 처분의 요청(2017.1.17 본호신설)
5. 그 밖에 재난예방에 필요한 조치

⑥ 행정안전부장관 또는 시·도지사는 재난으로 인한 위험이 해소되었다고 인정하는 경우 또는 재난이 추가적으로 발생할 우려가 없어진 경우에는 선포된 재난사태를 즉시 해제하여야 한다.(2024.1.16 본항개정)
(2014.12.30 본조개정)

제37조【응급조치】 ① 제50조제2항에 따른 시·도긴급구조통제단 및 시·군·구긴급구조통제단의 단장(이하 "지역통제단장"이라 한다)과 시장·군수·구청장은 재난이 발생할 우려가 있거나 재난이 발생하였을 때에는 즉시 관계 법령이나 재난대응활동계획 및 위기관리 매뉴얼에서 정하는 바에 따라 수방(水防)·진화·구조 및 구난(救難), 그 밖에 재난 발생을 예방하거나 피해를 줄이기 위하여 필요한 다음 각 호의 응급조치를 하여야 한다. 다만, 지역통제단장의 경우에는 제2호 중 진화에 관한 응급조치와 제4호 및 제6호의 응급조치만 하여야 한다.
(2013.8.6 본문개정)

1. 경보의 발령 또는 전달이나 피난의 권고 또는 지시
1의2. 제31조에 따른 안전조치(2014.12.30 본호개정)
2. 진화·수방·지진방재, 그 밖의 응급조치와 구호
3. 피해시설의 응급복구 및 방역과 방범, 그 밖의 질서 유지
4. 긴급수송 및 구조 수단의 확보
5. 급수 수단의 확보, 긴급피난처 및 구호품 등 재난관리자원의 확보(2023.1.17 본호개정)
6. 현장지휘통신체계의 확보
7. 그 밖에 재난 발생을 예방하거나 줄이기 위하여 필요한 사항으로서 대통령령으로 정하는 사항(2017.1.17 본호개정)

② 시·군·구의 관할 구역에 소재하는 재난관리책임기관의 장은 시장·군수·구청장이나 지역통제단장이 요청하면 관계 법령이나 시·군·구안전관리계획에서 정하는 바에 따라 시장·군수·구청장이나 지역통제단장의 지휘 또는 조정하에 그 소관 업무에 관계되는 응급조치를 실시하거나 시장·군수·구청장이나 지역통제단장이 실시하는 응급조치에 협력하여야 한다.
(2010.6.8 본조개정)

제38조【위기경보의 발령 등】 ① 재난관리주관기관의 장은 대통령령으로 정하는 재난에 대한 징후를 식별하거나 재난발생이 예상되는 경우에는 그 위험 수준, 발생 가능성 등을 판단하여 그에 부합되는 조치를 할 수 있도록 위기경보를 발령할 수 있다. 다만, 제34조의5제1항제1호 단서의 상황인 경우에는 행정안전부장관이 위기경보를 발령할 수 있다.(2017.7.26 단서개정)

② 제1항에 따른 위기경보는 재난 피해의 전개 속도, 확대 가능성 등 재난상황의 심각성을 종합적으로 고려하여 관심·주의·경계·심각으로 구분할 수 있다. 다만, 다른 법령에서 재난 위기경보의 발령 기준을 따로 정하고 있는 경우에는 그 기준을 따른다.

③ 재난관리주관기관의 장은 심각 경보를 발령 또는 해제할 경우에는 행정안전부장관과 사전에 협의하여야 한다. 다만, 긴급한 경우에 재난관리주관기관의 장은 우선 조치한 후 지체 없이 행정안전부장관과 협의하여야 한다.
(2017.7.26 본항개정)

④ 재난관리책임기관의 장은 제1항에 따른 위기경보가 신속하게 발령될 수 있도록 재난과 관련한 위험정보를 얻으면 즉시 행정안전부장관, 재난관리주관기관의 장, 시·도지사 및 시장·군수·구청장에게 통보하여야 한다.
(2017.7.26 본항개정)
(2016.1.7 본조개정)

제38조의2【재난 예보·경보체계 구축·운영 등】 ① 재난관리책임기관의 장은 사람의 생명·신체 및 재산에 대한 피해가 예상되면 그 피해를 예방하거나 줄이기 위하여 재난에 관한 예보 또는 경보 체계를 구축·운영할 수 있다.
(2016.1.7 본항신설)

② 재난관리책임기관의 장은 재난에 관한 예보 또는 경보가 신속하게 실시될 수 있도록 재난과 관련한 위험정보를 얻으면 즉시 행정안전부장관, 재난관리주관기관의 장, 시·도지사 및 시장·군수·구청장에게 통보하여야 한다.(2017.7.26 본항개정)

③ 행정안전부장관, 시·도지사 또는 시장·군수·구청장은 재난에 관한 예보·경보·통지나 응급조치를 실시하기 위하여 필요하면 다음 각 호의 조치를 요청할 수 있다. 다만, 다른 법령에 특별한 규정이 있을 때에는 그러하지 아니하다.(2017.7.26 본문개정)

1. 전기통신시설의 소유자 또는 관리자에 대한 전기통신시설의 우선 사용
2. 「전기통신사업법」 제2조제8호에 따른 전기통신사업자 중 대통령령으로 정하는 주요 전기통신사업자에 대한 필요한 정보의 문자나 음성 송신 또는 인터넷 홈페이지 게시
3. 「방송법」 제2조제3호에 따른 방송사업자에 대한 필요한 정보의 신속한 방송
4. 「신문 등의 진흥에 관한 법률」 제2조제3호 및 제4호에 따른 신문사업자 및 인터넷신문사업자 중 대통령령으로 정하는 주요 신문사업자 및 인터넷신문사업자에 대한 필요한 정보의 게재
5. 「옥외광고물 등의 관리와 옥외광고산업 진흥에 관한 법률」 제2조제1호에 따른 디지털광고물의 관리자에 대한 필요한 정보의 게재(2019.12.3 본호신설)

(2016.1.7 본항신설)

④ 제3항에 따른 재난에 관한 예보·경보·통지 중 다음

각 호의 어느 하나에 해당하는 재난에 대해서는 기상청장이 예보·경보·통지를 실시한다. 이 경우 기상청장은 제3항 각 호의 조치를 요청할 수 있다.(2023.12.26 본문개정)
1. 「지진·지진해일·화산의 관측 및 경보에 관한 법률」 제2조제1호부터 제3호까지에 따른 지진·지진해일·화산
2. 대통령령으로 정하는 규모 이상의 호우 또는 태풍
3. 그 밖에 대통령령으로 정하는 자연재난
(2023.12.26 1호~3호신설)
⑤ 제3항 및 제4항에 따른 요청을 받은 전기통신시설의 소유자 또는 관리자, 전기통신사업자, 방송사업자, 신문사업자, 인터넷신문사업자 및 디지털광고물 관리자는 정당한 사유가 없으면 요청에 따라야 한다.(2019.12.3 본항개정)
⑥ 전기통신사업자나 방송사업자, 휴대전화 또는 내비게이션 제조업자는 제3항 및 제4항에 따른 재난의 예보·경보 실시 사항이 사용자의 휴대전화 등의 수신기 화면에 반드시 표시될 수 있도록 소프트웨어나 기계적 장치를 갖추어야 한다.(2017.1.17 본항개정)
⑦ 시장·군수·구청장은 제41조에 따른 위험구역 및 「자연재해대책법」 제12조에 따른 자연재해위험개선지구 등 재난으로 인하여 사람의 생명·신체 및 재산에 대한 피해가 예상되는 지역에 대하여 그 피해를 예방하기 위하여 시·군·구 재난 예보·경보체계 구축 종합계획(이하 이 조에서 "시·군·구종합계획"이라 한다)을 5년 단위로 수립하여 시·도지사에게 제출하여야 한다.(2012.10.22 본항개정)
⑧ 시·도지사는 제7항에 따른 시·군·구종합계획을 기초로 시·도 재난 예보·경보체계 구축 종합계획(이하 이 조에서 "시·도종합계획"이라 한다)을 수립하여 소방방재청장에게 제출하여야 하며, 행정안전부장관은 필요한 경우 시·도지사에게 시·도종합계획의 보완을 요청할 수 있다.(2017.7.26 본항개정)
⑨ 시·도종합계획과 시·군·구종합계획에는 다음 각 호의 사항이 포함되어야 한다.
1. 재난 예보·경보체계의 구축에 관한 기본방침
2. 재난 예보·경보체계 구축 종합계획 수립 대상지역의 선정에 관한 사항
3. 종합적인 재난 예보·경보체계의 구축과 운영에 관한 사항
4. 그 밖에 재난으로부터 인명 피해와 재산 피해를 예방하기 위하여 필요한 사항
⑩ 시·도지사와 시장·군수·구청장은 각각 시·도종합계획과 시·군·구종합계획에 대한 사업시행계획을 매년 수립하여 행정안전부장관에게 제출하여야 한다.(2017.7.26 본항개정)
⑪ 시·도지사와 시장·군수·구청장이 각각 시·도종합계획과 시·군·구종합계획을 변경하려는 경우에는 제7항과 제8항을 준용한다.(2017.1.17 본항개정)
⑫ 제3항 및 제4항에 따른 요청의 절차, 시·도종합계획, 시·군·구종합계획 및 사업시행계획의 수립 등에 필요한 사항은 대통령령으로 정한다.(2017.1.17 본항개정)
(2016.1.7 본조제목개정)
(2010.6.8 본조개정)

제39조【동원명령 등】 ① 중앙대책본부장과 시장·군수·구청장(시·군·구대책본부가 운영되는 경우에는 해당 본부장을 말한다. 이하 제40조부터 제45조까지에서 같다)은 재난이 발생하거나 발생할 우려가 있다고 인정하면 다음 각 호의 조치를 할 수 있다.(2013.8.6 본문개정)
1. 「민방위기본법」 제26조에 따른 민방위대의 동원
2. 응급조치를 위하여 재난관리책임기관의 장에 대한 관계 직원의 출동 또는 재난관리자원의 동원 등 필요한 조치의 요청(2023.1.17 본호개정)
3. 동원 가능한 재난관리자원 등이 부족한 경우에는 국방부장관에 대한 군부대의 지원 요청(2023.1.17 본호개정)
② 제1항에 따라 필요한 조치의 요청을 받은 기관의 장은 특별한 사유가 없으면 요청에 따라야 한다.
(2010.6.8 본조개정)

제40조【대피명령】 ① 시장·군수·구청장과 지역통제단장(대통령령으로 정하는 권한을 행사하는 경우에만 해당한다. 이하 이 조에서 같다)은 재난이 발생하거나 발생할 우려가 있는 경우에 사람의 생명 또는 신체에 대한 위해를 방지하기 위하여 필요하면 해당 지역 주민이나 그 지역 안에 있는 사람에게 대피하도록 명하거나 선박·자동차 등을그 소유자·관리자 또는 점유자에게 대피시킬 것을 명할 수 있다. 이 경우 미리 대피장소를 지정할 수 있다.(2019.12.3 전단개정)
② 제1항에 따른 대피명령을 받은 경우에는 즉시 명령에 따라야 한다.
(2012.2.22 본조개정)

제41조【위험구역의 설정】 ① 시장·군수·구청장과 지역통제단장(대통령령으로 정하는 권한을 행사하는 경우에만 해당한다. 이하 이 조에서 같다)은 재난이 발생하거나 발생할 우려가 있는 경우에 사람의 생명 또는 신체에 대한 위해 방지나 질서의 유지를 위하여 필요하면 위험구역을 설정하고, 응급조치에 종사하지 아니하는 사람에게 다음 각 호의 조치를 명할 수 있다.
1. 위험구역에 출입하는 행위나 그 밖의 행위의 금지 또는 제한
2. 위험구역에서의 퇴거 또는 대피
② 시장·군수·구청장과 지역통제단장은 제1항에 따라 위험구역을 설정할 때에는 그 구역의 범위와 제1항제1호에 따라 금지되거나 제한되는 행위의 내용, 그 밖에 필요한 사항을 보기 쉬운 곳에 게시하여야 한다.
③ 관계 중앙행정기관의 장은 재난이 발생하거나 발생할 우려가 있는 경우로서 사람의 생명 또는 신체에 대한 위해 방지나 질서의 유지를 위하여 필요하다고 인정되는 경우에는 시장·군수·구청장과 지역통제단장에게 위험구역의 설정을 요청할 수 있다.(2013.8.6 본항신설)
(2010.6.8 본조개정)

제42조【강제대피조치】 ① 시장·군수·구청장과 지역통제단장(대통령령으로 정하는 권한을 행사하는 경우에만 해당한다. 이하 이 조에서 같다)은 제40조제1항에 따른 대피명령을 받은 사람 또는 제41조제1항제2호에 따른 위험구역에서의 퇴거나 대피명령을 받은 사람이 그 명령을 이행하지 아니하여 위급하다고 판단되면 그 지역 또는 위험구역 안의 주민이나 그 안에 있는 사람을 강제로 대피 또는 퇴거시키거나 선박·자동차 등을 견인시킬 수 있다.(2019.12.3 본항개정)
② 시장·군수·구청장 및 지역통제단장은 제1항에 따라 주민 등을 강제로 대피 또는 퇴거시키기 위하여 필요하다고 인정하면 관할 경찰관서의 장에게 필요한 인력 및 장비의 지원을 요청할 수 있다.(2012.2.22 본항신설)
③ 제2항에 따른 요청을 받은 경찰관서의 장은 특별한 사유가 없는 한 이에 응하여야 한다.(2012.2.22 본항신설)

제43조【통행제한 등】 ① 시장·군수·구청장과 지역통제단장(대통령령으로 정하는 권한을 행사하는 경우에만 해당한다)은 응급조치에 필요한 물자를 긴급히 수송하거나 진화·구조 등을 하기 위하여 필요하면 대통령령으로 정하는 바에 따라 경찰관서의 장에게 도로의 구간을 지정하여 해당 긴급수송 등을 하는 차량 외의 차량의 통행을 금지하거나 제한하도록 요청할 수 있다.
② 제1항에 따른 요청을 받은 경찰관서의 장은 특별한 사유가 없으면 요청에 따라야 한다.
(2010.6.8 본조개정)

제44조【응원】 ① 시장·군수·구청장은 응급조치를 하기 위하여 필요하면 다른 시·군·구나 관할 구역에 있는 군부대 및 관계 행정기관의 장, 그 밖의 민간기관·단체의 장에게 재난관리자원의 지원 등 필요한 응원(應援)을 요청할 수 있다. 이 경우 응원을 요청받은 군부대의 장과 관계 행정기관의 장은 특별한 사유가 없으면 요청에 따라야 한다.(2023.1.17 전단개정)
② 제1항에 따라 응원에 종사하는 사람은 그 응원을 요청한 시장·군수·구청장의 지휘에 따라 응급조치에 종사하여야 한다.
(2010.6.8 본조개정)

제45조【응급부담】 시장·군수·구청장과 지역통제단장(대통령령으로 정하는 권한을 행사하는 경우에만 해당한다)은 그 관할 구역에서 재난이 발생하거나 발생할 우려가 있어 응급조치를 하여야 할 급박한 사정이 있으면 해당 재난현장에 있는 사람이나 인근에 거주하는 사람에게 응급조치에 종사하게 하거나 대통령령으로 정하는 바에 따라 다른 사람의 토지·건축물·인공구조물, 그 밖의 소유물을 일시 사용할 수 있으며, 장애물을 변경하거나 제거할 수 있다.(2010.6.8 본조개정)

제46조【시·도지사가 실시하는 응급조치 등】 ① 시·도지사는 다음 각 호의 경우에는 제37조제1항 및 제39조부터 제45조까지의 규정에 따른 응급조치를 할 수 있다.(2023.12.26 본문개정)
1. 관할 구역에서 재난이 발생하거나 발생할 우려가 있는 경우로서 대통령령으로 정하는 경우
2. 둘 이상의 시·군·구에 걸쳐 재난이 발생하거나 발생할 우려가 있는 경우
② 시·도지사는 제1항에 따른 응급조치를 하기 위하여 필요하면 이 절에 따라 응급조치를 하여야 할 시장·군수·구청장에게 필요한 지시를 하거나 다른 시·도지사 및 시장·군수·구청장에게 응원을 요청할 수 있다.(2023.1.17 본항개정)
(2010.6.8 본조개정)

제47조【재난관리책임기관의 장의 응급조치】 제3조제5호나목에 따른 재난관리책임기관의 장은 재난이 발생하거나 발생할 우려가 있으면 즉시 그 소관 업무에 관하여 필요한 응급조치를 하고, 이 절에 따라 시·도지사, 시장·군수·구청장 또는 지역통제단장이 실시하는 응급조치가 원활히 수행될 수 있도록 필요한 협조를 하여야 한다.(2013.8.6 본조개정)

제48조【지역통제단장의 응급조치 등】 ① 지역통제단장은 긴급구조를 위하여 필요하면 중앙대책본부장, 시·도지사(시·도대책본부가 운영되는 경우에는 해당 본부장을 말한다. 이하 이 조에서 같다) 또는 시장·군수·구청장(시·군·구대책본부가 운영되는 경우에는 해당 본부장을 말한다. 이하 이 조에서 같다)에게 제37조, 제38조의2, 제39조 및 제44조에 따른 응급대책을 요청할 수 있고, 중앙대책본부장, 시·도지사 또는 시장·군수·구청장은 특별한 사유가 없으면 요청에 따라야 한다.(2016.1.7 본항개정)
② 지역통제단장은 제37조에 따른 응급조치 및 제40조부터 제43조까지와 제45조에 따른 응급대책을 실시하였을 때에는 이를 즉시 해당 시장·군수·구청장에게 통보하여야 한다. 다만, 인명구조 및 응급조치 등 긴급한 대응이 필요한 경우에는 우선 조치한 후에 통보할 수 있다.
(2020.6.9 단서신설)

제2절 긴급구조

(2013.8.6 본절제목삽입)

제49조【중앙긴급구조통제단】 ① 긴급구조에 관한 사항의 총괄·조정, 긴급구조기관 및 긴급구조지원기관이 하는 긴급구조활동의 역할 분담과 지휘·통제를 위하여 소방청에 중앙긴급구조통제단(이하 "중앙통제단"이라 한다)을 둔다.(2017.7.26 본항개정)
② 중앙통제단의 단장은 소방청장이 된다.(2017.7.26 본항개정)
③ 중앙통제단장은 긴급구조를 위하여 필요하면 긴급구조지원기관 간의 공조체제를 유지하기 위하여 관계 기관·단체의 장에게 소속 직원의 파견을 요청할 수 있다. 이 경우 요청을 받은 기관·단체의 장은 특별한 사유가 없으면 요청에 따라야 한다.
④ 중앙통제단의 구성·기능 및 운영에 필요한 사항은 대통령령으로 정한다.
(2010.6.8 본조개정)

제50조【지역긴급구조통제단】 ① 지역별 긴급구조에 관한 사항의 총괄·조정, 해당 지역에 소재하는 긴급구조기관 및 긴급구조지원기관 간의 역할분담과 재난현장에서의 지휘·통제를 위하여 시·도의 소방본부에 시·도긴급구조통제단을 두고, 시·군·구의 소방서에 시·군·구긴급구조통제단을 둔다.
② 시·도긴급구조통제단과 시·군·구긴급구조통제단(이하 "지역통제단"이라 한다)에는 각각 단장 1명을 두되, 시·도긴급구조통제단의 단장은 소방본부장이 되고 시·군·구긴급구조통제단의 단장은 소방서장이 된다.
③ 지역통제단장은 긴급구조를 위하여 필요하면 긴급구조지원기관 간의 공조체제를 유지하기 위하여 관계 기관·단체의 장에게 소속 직원의 파견을 요청할 수 있다. 이 경우 요청을 받은 기관·단체의 장은 특별한 사유가 없으면 요청에 따라야 한다.
④ 지역통제단의 기능과 운영에 관한 사항은 대통령령으로 정한다.
(2010.6.8 본조개정)

제51조【긴급구조】 ① 지역통제단장은 재난이 발생하면 소속 긴급구조요원을 재난현장에 신속히 출동시켜 필요한 긴급구조활동을 하게 하여야 한다.
② 지역통제단장은 긴급구조를 위하여 필요하면 긴급구조지원기관의 장에게 소속 긴급구조지원요원을 현장에 출동시키거나 긴급구조에 필요한 재난관리자원을 지원하는 등 긴급구조활동을 지원할 것을 요청할 수 있다. 이 경우 요청을 받은 기관의 장은 특별한 사유가 없으면 즉시 요청에 따라야 한다.(2023.1.17 전단개정)
③ 제2항에 따른 요청에 따라 긴급구조활동에 참여한 민간 긴급구조지원기관에 대하여는 대통령령으로 정하는 바에 따라 그 경비의 전부 또는 일부를 지원할 수 있다.
④ 긴급구조활동을 하기 위하여 회전익항공기(이하 이 항에서 "헬기"라 한다)를 운항할 필요가 있으면 긴급구조기관의 장이 헬기의 운항과 관련되는 사항을 헬기운항통제기관에 통보하고 헬기를 운항할 수 있다. 이 경우 관계 법령에 따라 해당 헬기의 운항이 승인된 것으로 본다.
(2010.6.8 본조개정)

제52조【긴급구조 현장지휘】 ① 재난현장에서는 시·군·구긴급구조통제단장이 긴급구조활동을 지휘한다. 다만, 치안활동과 관련된 사항은 관할 경찰관서의 장과 협의하여야 한다.
② 제1항에 따른 현장지휘는 다음 각 호의 사항에 관하여 한다.
1. 재난현장에서 인명의 탐색·구조
2. 긴급구조기관 및 긴급구조지원기관의 긴급구조요원·긴급구조지원요원 및 재난관리자원의 배치와 운용(2023.1.17 본호개정)
3. 추가 재난의 방지를 위한 응급조치
4. 긴급구조지원기관 및 자원봉사자 등에 대한 임무의 부여
5. 사상자의 응급처치 및 의료기관으로의 이송
6. 긴급구조에 필요한 재난관리자원의 관리(2023.1.17 본호개정)
7. 현장접근 통제, 현장 주변의 교통정리, 그 밖에 긴급구조활동을 효율적으로 하기 위하여 필요한 사항
③ 시·도긴급구조통제단장은 필요하다고 인정하면 제1항에도 불구하고 직접 현장지휘를 할 수 있다.
④ 중앙통제단장은 대통령령으로 정하는 대규모 재난이 발생하거나 그 밖에 필요하다고 인정하면 제1항 및 제3항에도 불구하고 직접 현장지휘를 할 수 있다.
⑤ 재난현장에서 긴급구조활동을 하는 긴급구조요원과 긴급구조지원기관의 긴급구조지원요원 및 재난관리자원에 대한 운용은 제1항·제3항 및 제4항에 따라 현장지휘를 하는 긴급구조통제단장(이하 "각급통제단장"이라 한다)의 지휘·통제에 따라야 한다.(2023.1.17 본항개정)
⑥ 제16조제2항에 따른 지역대책본부장은 각급통제단장이 수행하는 긴급구조활동에 적극 협력하여야 한다.
(2014.12.30 본항신설)

⑦ 시·군·구긴급구조통제단장은 제16조제3항에 따라 설치·운영하는 통합지원본부의 장에게 긴급구조에 필요한 인력이나 물자 등의 지원을 요청할 수 있다. 이 경우 요청받은 기관의 장은 최대한 협조하여야 한다.
(2014.12.30 본항신설)
⑧ 재난현장의 구조활동 등 초동 조치상황에 대한 언론 발표 등은 각급통제단장이 지명하는 자가 한다.
(2014.12.30 본항신설)
⑨ 각급통제단장은 재난현장의 긴급구조 등 현장지휘를 효과적으로 하기 위하여 재난현장에 현장지휘소를 설치·운영할 수 있다. 이 경우 긴급구조활동에 참여하는 긴급구조지원기관의 현장지휘자는 현장지휘소에 대통령령으로 정하는 바에 따라 연락관을 파견하여야 한다.
(2014.12.30 전단개정)
⑩ 각급통제단장은 긴급구조 활동을 종료하려는 때에는 재난현장에 참여한 지역사고수습본부장, 통합지원본부장 등과 협의를 거쳐 결정하여야 한다. 이 경우 각급통제단장은 긴급구조 활동 종료 사실을 지역대책본부장 및 제5항에 따른 긴급구조지원기관의 장에게 통보하여야 한다.
(2014.12.30 본항신설)
⑪ 해양에서 발생한 재난의 긴급구조활동에 관하여는 제1항부터 제10항까지의 규정을 준용한다. 이 경우 시·군·구긴급구조통제단장, 시·도긴급구조통제단장, 중앙긴급구조통제단장은 「수상에서의 수색·구조 등에 관한 법률」 제7조에 따른 지역구조본부의 장, 광역구조본부의 장, 중앙구조본부의 장으로 각각 본다.(2015.7.24 후단개정)
(2013.8.6 본조제목개정)
(2010.6.8 본조개정)

제52조의2【긴급대응협력관】 긴급구조기관의 장은 긴급구조지원기관의 장에게 다음 각 호의 업무를 수행하는 긴급대응협력관을 대통령령으로 정하는 바에 따라 지정·운영하게 할 수 있다.
1. 평상시 해당 긴급구조지원기관의 긴급구조대응계획 수립 및 재난관리자원의 관리(2023.1.17 본호개정)
2. 재난대응업무의 상호 협조 및 재난현장 지원업무 총괄
(2016.1.7 본조신설)

제53조【긴급구조활동에 대한 평가】 ① 중앙통제단장과 지역통제단장은 재난상황이 끝난 후 대통령령으로 정하는 바에 따라 긴급구조지원기관의 활동에 대하여 종합평가를 하여야 한다.
② 제1항에 따른 종합평가결과는 시·군·구긴급구조통제단장은 시·도긴급구조통제단장 및 시장·군수·구청장에게, 시·도긴급구조통제단장은 소방청장에게 보고하거나 통보하여야 한다.(2017.7.26 본항개정)
(2010.6.8 본조개정)

제54조【긴급구조대응계획의 수립】 긴급구조기관의 장은 재난이 발생하는 경우 긴급구조기관과 긴급구조지원기관이 신속하고 효율적으로 긴급구조를 수행할 수 있도록 대통령령으로 정하는 바에 따라 재난의 규모와 유형에 따른 긴급구조대응계획을 수립·시행하여야 한다.
(2010.6.8 본조개정)

제54조의2【긴급구조 관련 특수번호 전화서비스의 통합·연계】 ① 행정안전부장관은 긴급구조 요청에 대한 신속한 대응을 위하여 대통령령으로 정하는 긴급구조 관련 특수번호 전화서비스(이하 "특수번호 전화서비스"라 한다)의 통합·연계 체계를 구축·운영하여야 한다.
(2017.7.26 본항개정)
② 행정안전부장관은 제1항에 따라 통합·연계되는 특수번호 전화서비스의 운영실태를 조사·분석하여 그 결과를 특수번호 전화서비스의 통합·연계 체계의 운영 개선에 활용할 수 있다.(2017.7.26 본항개정)
③ 행정안전부장관은 필요한 경우 관계 중앙행정기관의 장 또는 대통령령으로 정하는 공공기관의 장에게 특수번호 전화서비스의 통합·연계 및 조사·분석 결과의 활용 등에 관한 협조를 요청할 수 있다. 이 경우 요청을 받은 해당 기관의 장은 특별한 사유가 없으면 협조하여야 한다.
(2017.7.26 전단개정)
④ 제1항부터 제3항까지에서 규정한 사항 외에 특수번호 전화서비스의 통합·연계 체계의 구축·운영 등에 필요한 사항은 대통령령으로 정한다.
(2017.1.17 본조신설)

제55조【재난대비능력 보강】 ① 국가와 지방자치단체는 재난관리에 필요한 재난관리자원의 확보·확충, 통신망의 설치·정비 등 긴급구조능력을 보강하기 위하여 노력하고, 필요한 재정상의 조치를 마련하여야 한다.
(2023.1.17 본항개정)
② 긴급구조기관의 장은 긴급구조활동을 신속하고 효과적으로 할 수 있도록 긴급구조지휘대 등 긴급구조체제를 구축하고, 상시 소속 긴급구조요원 및 장비의 출동태세를 유지하여야 한다.(2017.7.26 본항개정)
③ 긴급구조업무와 재난관리책임기관(행정기관 외의 기관만 해당한다)의 재난관리업무에 종사하는 사람은 대통령령으로 정하는 바에 따라 긴급구조에 관한 교육을 받아야 한다. 다만, 다른 법령에 따라 긴급구조에 관한 교육을 받은 경우에는 이 법에 따른 교육을 받은 것으로 본다.
(2017.7.26 전단개정)
④ 소방청장과 시·도지사는 제3항에 따른 교육을 담당할 교육기관을 지정할 수 있다.(2017.7.26 본항개정)
⑤ 긴급구조기관의 장은 재난이 발생한 경우 사상자의 신속한 분류·응급처치 및 이송을 위하여 「의료법」 제3조에 따른 의료기관 및 「응급의료에 관한 법률」 제2조에 따른 응급의료기관등에 현장 응급의료에 필요한 재난관리자원 등에 관한 자료를 요청할 수 있다. 이 경우 자료의 요청을 받은 관계 기관의 장은 정당한 사유가 없으면 이에 따라야 한다.(2023.1.17 전단개정)
⑥ 제5항에 따라 긴급구조기관의 장이 요청할 수 있는 자료의 종류는 대통령령으로 정한다.(2016.1.7 본항신설)

제55조의2【긴급구조지원기관의 능력에 대한 평가】 ① 긴급구조지원기관은 대통령령으로 정하는 바에 따라 긴급구조에 필요한 능력을 유지하여야 한다.
② 긴급구조기관의 장은 긴급구조지원기관의 능력을 평가할 수 있다. 다만, 상시 출동체계 및 자체 평가제도를 갖춘 기관과 민간 긴급구조지원기관에 대하여는 대통령령으로 정하는 바에 따라 평가를 하지 아니할 수 있다.
③ 긴급구조기관의 장은 제2항에 따른 평가 결과를 해당 긴급구조지원기관의 장에게 통보하여야 한다.
④ 제1항부터 제3항까지에서 규정한 사항 외에 긴급구조지원기관의 능력 평가에 필요한 사항은 대통령령으로 정한다.
(2010.6.8 본조신설)

제56조【해상에서의 긴급구조】 해상에서 발생한 선박이나 항공기 등의 조난사고의 긴급구조활동에 관하여는 「수상에서의 수색·구조 등에 관한 법률」 등 관계 법령에 따른다.(2015.7.24 본조개정)

제57조【항공기 등 조난사고 시의 긴급구조 등】 ① 소방청장은 항공기 조난사고가 발생한 경우 항공기 수색과 인명구조를 위하여 항공기 수색·구조계획을 수립·시행하여야 한다. 다만, 다른 법령에 항공기의 수색·구조에 관한 특별한 규정이 있는 경우에는 그 법령에 따른다.
(2017.7.26 본문개정)
② 항공기의 수색·구조에 필요한 사항은 대통령령으로 정한다.
③ 국방부장관은 항공기나 선박의 조난사고가 발생하면 관계 법령에 따라 긴급구조업무에 책임이 있는 기관의 긴급구조활동에 대한 군의 지원을 신속하게 할 수 있도록 다음 각 호의 조치를 취하여야 한다.
1. 탐색구조본부의 설치·운영
2. 탐색구조부대의 지정 및 출동대기태세의 유지
3. 조난 항공기에 관한 정보 제공
④ 제3항제1호에 따른 탐색구조본부의 구성과 운영에 필요한 사항은 국방부령으로 정한다.
(2010.6.8 본조개정)

제7장 재난의 복구

제1절 피해조사 및 복구계획
(2013.8.6 본절제목삽입)

제58조【재난피해 신고 및 조사】 ① 재난으로 피해를 입은 사람은 피해상황을 행정안전부령으로 정하는 바에 따라 시장·군수·구청장(시·군·구대책본부가 운영되는 경우에는 해당 본부장을 말한다. 이하 이 조에서 같다)에게 신고할 수 있으며, 피해 신고를 받은 시장·군수·구청장은 피해상황을 조사한 후 중앙대책본부장에게 보고하여야 한다.(2017.7.26 본항개정)
② 재난관리책임기관의 장은 재난으로 인하여 피해가 발생한 경우에는 피해상황을 신속하게 조사한 후 그 결과를 중앙대책본부장에게 통보하여야 한다.(2014.12.30 본항개정)
③ 중앙대책본부장은 재난피해의 조사를 위하여 필요한 경우에는 대통령령으로 정하는 바에 따라 관계 중앙행정기관 및 관계 재난관리책임기관의 장과 합동으로 중앙재난피해합동조사단을 편성하여 재난피해 상황을 조사할 수 있다.
④ 중앙대책본부장은 제3항에 따른 중앙재난피해합동조사단을 편성하기 위하여 관계 재난관리책임기관의 장에게 소속 공무원이나 직원의 파견을 요청할 수 있다. 이 경우 요청을 받은 관계 재난관리책임기관의 장은 특별한 사유가 없으면 요청에 따라야 한다.(2017.1.17 전단개정)
⑤ 제1항 및 제2항에 따른 피해상황 조사의 방법 및 기준 등 필요한 사항은 중앙대책본부장이 정한다.
(2014.12.30 본항개정)
(2014.12.30 본조제목개정)
(2013.8.6 본조신설)

제59조【재난복구계획의 수립·시행】 ① 재난관리책임기관의 장은 사회재난으로 인한 피해[사회재난 중 제60조제3항에 따라 특별재난지역으로 선포된 지역의 사회재난으로 인한 피해(이하 이 조에서 "특별재난지역 피해"라 한다)는 제외한다]에 대하여 제58조제2항에 따른 피해조사를 마치면 지체 없이 자체복구계획을 수립·시행하여야 한다.(2024.1.16 본항개정)
② 시·도지사 또는 시장·군수·구청장은 특별재난지역 피해에 대하여 관할구역의 피해상황을 종합하는 재난복구계획을 수립한 후 수습본부장 및 관계 중앙행정기관의 장과 협의를 거쳐 중앙대책본부장에게 제출하여야 한다.
③ 제2항에도 불구하고 긴급하게 복구를 실시하여야 하는 등 대통령령으로 정하는 특별한 사유가 있는 경우에는 수습본부장이 특별재난지역 피해에 대한 재난복구계획을 직접 수립하여 중앙대책본부장에게 제출할 수 있다.
④ 중앙대책본부장은 제2항 또는 제3항에 따라 제출받은 재난복구계획을 제14조제3항 본문에 따른 중앙재난안전대책본부회의의 심의를 거쳐 확정하고, 이를 관계 재난관리책임기관의 장에게 통보하여야 한다.
⑤ 재난관리책임기관의 장은 제4항에 따라 재난복구계획을 통보받으면 그 재난복구계획에 따라 지체 없이 재난복구를 시행하여야 한다. 이 경우 지방자치단체의 장은 재난복구를 위하여 필요한 경비를 지방자치단체의 예산에 계상(計上)하여야 한다.
(2017.1.17 본조개정)

제59조의2【재난복구계획에 따라 시행하는 사업의 관리】 ① 재난관리책임기관의 장은 제59조제1항에 따른 자체복구계획 또는 같은 조 제4항에 따른 재난복구계획에 따라 시행하는 사업이 체계적으로 관리되도록 하여야 한다.
② 중앙대책본부장은 제59조제4항에 따른 재난복구계획에 따라 시행하는 사업이 효율적으로 추진될 수 있도록 대통령령으로 정하는 사업에 대하여 지도·점검하고, 필요하면 시정명령 또는 시정요청(현지 시정명령과 시정요청을 포함한다)을 할 수 있다. 이 경우 시정명령 또는 시정요청을 받은 관계기관의 장은 정당한 사유가 없으면 이에 따라야 한다.
③ 제2항에 따른 지도·점검 등에 필요한 사항은 대통령령으로 정한다.
(2017.1.17 본조개정)

제2절 특별재난지역 선포 및 지원
(2013.8.6 본절제목삽입)

제60조【특별재난지역의 선포】 ① 중앙대책본부장은 대통령령으로 정하는 규모의 재난이 발생하여 국가의 안녕 및 사회질서의 유지에 중대한 영향을 미치거나 피해를 효과적으로 수습하기 위하여 특별한 조치가 필요하다고 인정하거나 제3항에 따른 지역대책본부장의 요청이 타당하다고 인정하는 경우에는 중앙위원회의 심의를 거쳐 해당 지역을 특별재난지역으로 선포할 것을 대통령에게 건의할 수 있다.
② 제1항에 따라 대통령령으로 재난의 규모를 정할 때에는 다음 각 호의 사항을 고려하여야 한다.
1. 인명 또는 재산의 피해 정도
2. 재난지역 관할 지방자치단체의 재정 능력
3. 재난으로 피해를 입은 구역의 범위
(2024.1.16 본항신설)
③ 제1항에 따라 특별재난지역의 선포를 건의받은 대통령은 해당 지역을 특별재난지역으로 선포할 수 있다.
④ 지역대책본부장은 관할지역에서 발생한 재난으로 인하여 제1항에 따른 사유가 발생한 경우에는 중앙대책본부장에게 특별재난지역의 선포 건의를 요청할 수 있다.
(2013.8.6 본조개정)

제61조【특별재난지역에 대한 지원】 국가나 지방자치단체는 제60조에 따라 특별재난지역으로 선포된 지역에 대하여는 제66조제3항에 따른 지원을 하는 외에 대통령령으로 정하는 바에 따라 응급대책 및 재난구호와 복구에 필요한 행정상·재정상·금융상·의료상의 특별지원을 할 수 있다.(2013.8.6 본조개정)

제61조의2 (2013.8.6 삭제)

제3절 재정 및 보상 등
(2013.8.6 본절제목삽입)

제62조【비용 부담의 원칙】 ① 재난관리에 필요한 비용은 이 법 또는 다른 법령에 특별한 규정이 있는 경우 외에는 이 법 또는 제3장의 안전관리계획에서 정하는 바에 따라 그 시행의 책임이 있는 자(제29조제1항에 따른 재난방지시설의 경우에는 해당 재난방지시설의 유지·관리 책임이 있는 자를 말한다)가 부담한다. 다만, 제46조에 따라 시·도지사나 시장·군수·구청장이 다른 재난관리책임기관이 시행할 재난의 응급조치를 시행한 경우 그 비용은 그 응급조치를 시행할 책임이 있는 재난관리책임기관이 부담한다.(2013.8.6 본문개정)
② 제1항 단서에 따른 비용은 관계 기관이 협의하여 정산한다.
(2013.8.6 본조제목개정)
(2010.6.8 본조개정)

제63조【응급지원에 필요한 비용】 ① 제44조제1항, 제46조 또는 제48조제1항에 따라 응원을 받은 자는 그 응원에 드는 비용을 부담하여야 한다.(2013.8.6 본항개정)
② 제1항의 경우 그 응급조치로 인하여 다른 지방자치단체가 이익을 받은 경우에는 그 수익의 범위에서 이익을 받은 해당 지방자치단체가 그 비용의 일부를 분담하여야 한다.
③ 제1항과 제2항에 따른 비용은 관계 기관이 협의하여 정산한다.
(2010.6.8 본조개정)

제64조【손실보상】 ① 국가나 지방자치단체는 제39조 및 제45조(제46조에 따라 시·도지사가 행하는 경우를 포함한다)에 따른 조치로 인하여 손실이 발생하면 보상하여야 한다.
② 제1항에 따른 손실보상에 관하여는 손실을 입은 자와 그 조치를 한 중앙행정기관의 장, 시·도지사 또는 시장·군수·구청장이 협의하여야 한다.
③ 제2항에 따른 협의가 성립되지 아니하면 대통령령으

로 정하는 바에 따라 「공익사업을 위한 토지 등의 취득 및 보상에 관한 법률」 제51조에 따른 관할 토지수용위원회에 재결을 신청할 수 있다.
④ 제3항에 따른 재결에 관하여는 「공익사업을 위한 토지 등의 취득 및 보상에 관한 법률」 제83조부터 제86조까지의 규정을 준용한다.
(2010.6.8 본조개정)

제65조【치료 및 보상】 ① 재난 발생 시 긴급구조활동과 응급대책·복구 등에 참여한 자원봉사자, 제45조에 따른 응급조치 종사명령을 받은 사람 및 제51조제2항에 따라 긴급구조활동에 참여한 민간 긴급구조지원기관의 긴급구조지원요원이 응급조치나 긴급구조활동을 하다가 부상(신체적·정신적 손상을 말한다. 이하 이 조에서 같다)을 입은 경우 및 부상으로 인하여 장애를 입은 경우에는 치료(심리적 안정과 사회적응을 위한 상담지원을 포함한다)를 실시하고 보상금을 지급하며, 사망(부상으로 인하여 사망한 경우를 포함한다)한 경우에는 그 유족에게 보상금을 지급한다. 다만, 다른 법령에 따라 국가나 지방자치단체의 부담으로 같은 종류의 보상금을 받은 사람에게는 그 보상금에 상당하는 금액을 지급하지 아니한다.(2023.12.26 본문개정)
② 재난의 응급대책·복구 및 긴급구조 등에 참여한 자원봉사자의 장비 등이 응급대책·복구 또는 긴급구조와 관련하여 고장나거나 파손된 경우에는 그 자원봉사자에게 수리비용을 보상할 수 있다.
③ 제1항에 따른 치료 및 보상금은 국가나 지방자치단체가 부담하며, 그 기준과 절차 등에 관한 사항은 대통령령으로 정한다.
(2010.6.8 본조개정)

제65조의2【포상】 국가와 지방자치단체는 긴급구조 등의 활성화를 위하여 긴급구조활동과 응급대책·복구 등에 참여하여 현저한 공로가 있는 자원봉사자에게 「상훈법」에 따라 훈장 또는 포장을 수여할 수 있다.
(2014.12.30 본조신설)

제66조【재난지역에 대한 국고보조 등의 지원】 ① 국가는 다음 각 호의 어느 하나에 해당하는 재난의 원활한 복구를 위하여 필요하면 대통령령으로 정하는 바에 따라 그 비용(제65조제1항에 따른 보상금을 포함한다)의 전부 또는 일부를 국고에서 부담하거나 지방자치단체, 그 밖의 재난관리책임자에게 보조할 수 있다. 다만, 제39조제1항(제46조제1항에 따라 시·도지사가 하는 경우를 포함한다) 또는 제40조제1항의 대피명령을 방해하거나 위반하여 발생한 피해에 대하여는 그러하지 아니한다.
(2017.1.17 본문개정)
1. 자연재난(2017.1.17 본호신설)
2. 사회재난 중 제60조제3항에 따라 특별재난지역으로 선포된 지역의 재난(2024.1.16 본호개정)
② 제1항에 따른 재난복구사업의 재원은 대통령령으로 정하는 재난의 구호 및 재난의 복구비용 부담기준에 따라 국고의 부담금 또는 보조금과 지방자치단체의 부담금·의연금 등으로 충당하되, 지방자치단체의 부담금 중 시·도 및 시·군·구가 부담하는 기준은 행정안전부령으로 정한다.(2017.7.26 본항개정)
③ 국가와 지방자치단체는 재난으로 피해를 입은 시설의 복구와 피해주민의 생계 안정 및 피해기업의 경영 안정을 위하여 다음 각 호의 지원을 할 수 있다. 다만, 다른 법령에 따라 국가 또는 지방자치단체가 같은 종류의 보상금 또는 지원금을 지급하거나, 제3조제1호나목에 해당하는 재난으로 피해를 유발한 원인자가 보험금 등을 지급하는 경우에는 그 보상금, 지원금 또는 보험금 등에 상당하는 금액은 지급하지 아니한다.(2020.8.18 본문개정)
1. 사망자·실종자·부상자 등 피해주민에 대한 구호
2. 주거용 건축물의 복구비 지원
3. 고등학생의 학자금 면제
4. 자금의 융자, 보증, 상환기한의 연기, 그 이자의 감면 등 관계 법령에서 정하는 금융지원(2020.8.18 본호개정)
5. 세입자 보조 등 생계안정 지원
5의2. 「소상공인기본법」 제2조에 따른 소상공인에 대한 지원(2023.5.16 본호신설)
6. 관계 법령에서 정하는 바에 따라 국세·지방세, 건강보험료·연금보험료, 통신요금, 전기요금 등의 경감 또는 납부유예 등의 간접지원
7. 주 생계수단인 농업·어업·임업·염생산업(鹽生産業)에 피해를 입은 경우에 해당 시설의 복구를 위한 지원
8. 공공시설 피해에 대한 복구사업비 지원
9. 그 밖에 제14조제3항 본문에 따른 중앙재난안전대책본부회의에서 결정한 지원 또는 제16조제2항에 따른 지역재난안전대책본부회의에서 결정한 지원(2017.1.17 본호개정)
(2013.8.6 본항개정)
④ 제3항에 따른 지원의 기준은 제1항 각 호의 어느 하나에 해당하는 재난에 대해서는 대통령령으로 정하고, 사회재난으로서 제60조제3항에 따라 특별재난지역으로 선포되지 아니한 지역의 재난에 대해서는 해당 지방자치단체의 조례로 정한다.(2024.1.16 본항개정)
⑤ 국가와 지방자치단체는 재난으로 피해를 입은 사람에 대하여 심리적 안정과 사회 적응을 위한 상담 활동을 지원할 수 있다. 이 경우 구체적인 지원절차와 그 밖에 필요한 사항은 대통령령으로 정한다.
⑥ 국가 또는 지방자치단체는 제3항 각 호에 따른 지원의 원인이 되는 사회재난에 대하여 그 원인을 제공한 자가 따로 있는 경우에는 그 원인제공자에게 국가 또는 지방자치단체가 부담한 비용의 전부 또는 일부를 청구할 수 있다.(2017.1.17 본항신설)
⑦ 제3항 각 호에 따라 지원되는 금품 또는 이를 지급받을 권리는 양도·압류하거나 담보로 제공할 수 없다.
(2017.1.17 본항신설)
(2013.8.6 본조제목개정)
(2010.6.8 본조개정)

제66조의2【복구비 등의 선지급】 ① 지방자치단체의 장은 재난의 신속한 구호 및 복구를 위하여 필요하다고 판단되면 제66조에 따라 재난의 구호 및 복구를 위하여 지원하는 비용(이하 "복구비등"이라 한다) 중 대통령령으로 정하는 항목에 대해서는 제59조 또는 「자연재해대책법」 제46조에 따른 복구계획 수립 전에 미리 지급할 수 있다.
② 제1항에 따라 복구비등을 선지급 받으려는 자는 대통령령으로 정하는 바에 따라 재난으로 인한 피해 물량 등에 관하여 신고하여야 한다.
③ 지방자치단체의 장은 제1항에 따라 미리 복구비등을 지급하기 위하여 피해 주민의 주(主) 생계수단을 판단하기 위한 다음 각 호의 사항에 대한 확인을 해당 각 호의 자에게 요청할 수 있다. 이 경우 확인을 요청받은 자는 특별한 사유가 없으면 요청에 따라야 한다.
1. 근로소득 및 사업소득 수준에 관한 사항 : 국세청장 또는 관할 세무서장
2. 국민연금 가입·납입에 관한 사항 : 「국민연금법」 제24조에 따른 국민연금공단의 이사장
3. 국민건강보험 가입·납입에 관한 사항 : 「국민건강보험법」 제13조에 따른 국민건강보험공단의 이사장
④ 제1항에 따른 복구비등 선지급을 위하여 필요한 선지급의 비율·절차 등에 관한 사항은 대통령령으로 정한다.
(2017.1.17 본조신설)

제66조의3【복구비등의 반환】 ① 국가와 지방자치단체는 복구비등을 받은 자가 다음 각 호의 어느 하나에 해당하는 경우에는 행정안전부령으로 정하는 바에 따라 그 받은 복구비등을 반환하도록 명하여야 한다.
(2017.7.26 본문개정)
1. 부정한 방법으로 복구비등을 받은 경우
2. 복구비등을 받은 후 그 지급 사유가 소급하여 소멸된 경우
3. 그 밖에 대통령령으로 정하는 사유가 발생한 경우
② 제1항에 따라 반환명령을 받은 자는 즉시 복구비등을 반환하여야 한다.
③ 제2항에 따라 반환하여야 할 반환금을 지정된 기한까지 반환하지 아니하면 국세 체납처분 또는 지방세 체납처분의 예에 따라 징수한다.
④ 제3항에 따른 반환금의 징수는 국세와 지방세를 제외하고는 다른 공과금에 우선한다.
(2017.1.17 본조신설)

제8장 안전문화 진흥
(2017.1.17 본장제목삽입)

제66조의4【안전문화 진흥을 위한 시책의 추진】 ① 중앙행정기관의 장과 지방자치단체의 장은 소관 재난 및 안전관리업무와 관련하여 국민의 안전의식을 높이고 안전문화를 진흥시키기 위한 다음 각 호의 안전문화활동을 적극 추진하여야 한다.
1. 안전교육 및 안전훈련(응급상황시의 대처요령을 포함한다)(2014.12.30 본호개정)
2. 안전의식을 높이기 위한 캠페인 및 홍보
2의2. 각종 사고를 예방하기 위한 안전신고 활동 장려·지원(2024.1.16 본호신설)
3. 안전행동요령 및 기준·절차 등에 관한 지침의 개발·보급
4. 안전문화 우수사례의 발굴 및 확산
5. 안전 관련 통계 현황의 관리·활용 및 공개
6. 안전에 관한 각종 조사 및 분석
6의2. 안전취약계층의 안전관리 강화(2017.1.17 본호신설)
7. 그 밖에 안전문화를 진흥하기 위한 활동
② 행정안전부장관은 제1항에 따른 안전문화활동의 추진에 관한 총괄·조정 업무를 관장한다.(2017.7.26 본항개정)
③ 지방자치단체의 장은 지역 내 안전문화활동에 주민과 관련 기관·단체가 참여할 수 있는 제도를 마련하여 시행할 수 있다.(2024.1.16 본항개정)
④ 국가와 지방자치단체는 국민이 안전문화를 실천하고 체험할 수 있는 안전체험시설을 설치·운영할 수 있다.
⑤ 국가와 지방자치단체는 지방자치단체 또는 그 밖의 기관·단체에서 추진하는 안전문화활동을 위하여 필요한 예산을 지원할 수 있다.(2019.12.3 본항개정)

제66조의5~제66조의6 (2016.5.29 삭제)

제66조의7【국민안전의 날 등】 ① 국가는 국민의 안전의식 수준을 높이기 위하여 매년 4월 16일을 국민안전의 날로 정하여 필요한 행사 등을 한다.(2014.12.30 본항신설)
② 국가는 대통령령으로 정하는 바에 따라 국민의 안전의식 수준을 높이기 위하여 안전점검의 날과 방재의 날을 정하여 필요한 행사 등을 할 수 있다.
(2014.12.30 본조제목개정)

제66조의8【안전관리헌장】 ① 국무총리는 재난을 예방하고, 재난이 발생할 경우 그 피해를 최소화하기 위하여 재난 및 안전관리업무에 종사하는 자가 지켜야 할 사항 등을 정한 안전관리헌장을 제정·고시하여야 한다.
② 재난관리책임기관의 장은 제1항에 따른 안전관리헌장을 실천하는 데 노력하여야 하며, 안전관리헌장을 누구나 쉽게 볼 수 있는 곳에 항상 게시하여야 한다.

제66조의9【안전정보의 구축·활용】 ① 행정안전부장관은 재난 및 각종 사고로부터 국민의 생명과 신체 및 재산을 보호하기 위하여 다음 각 호의 정보(이하 "안전정보"라 한다)를 수집하여 체계적으로 관리하여야 한다.
(2017.7.26 본문개정)
1. 재난이나 그 밖의 각종 사고에 관한 통계, 지리정보 및 안전정책에 관한 정보(2017.1.17 본호신설)
1의2. 안전취약계층의 재난 및 각종 사고 피해에 관한 통계(2020.12.22 본호신설)
2. 제32조제1항에 따른 안전 점검 결과
3. 제32조제4항에 따른 조치 결과
4. 제33조의2제1항부터 제3항까지에 따른 재난관리체계 등에 대한 평가 결과
5. 제55조의2제2항에 따른 긴급구조지원기관의 능력 평가 결과
(2019.12.3 2호~5호신설)
6. 제69조제1항 및 제2항에 따른 재난원인조사 결과
(2017.1.17 본호신설)
7. 제69조제5항 후단에 따른 개선권고 등의 조치결과에 관한 정보(2017.1.17 본호신설)
8. 그 밖에 재난이나 각종 사고에 관한 정보로서 행정안전부장관이 수집·관리가 필요하다고 인정하는 정보
(2017.7.26 본호개정)
② 행정안전부장관은 안전정보를 체계적으로 관리하고 안전정보 및 다른 법령에 따라 재난관리책임기관의 장이 공개하는 시설 등에 대한 각종 안전점검·진단 등의 결과를 통합적으로 공개하기 위하여 안전정보통합관리시스템을 구축·운영하여야 한다.(2019.12.3 본항개정)
③ 행정안전부장관은 안전정보통합관리시스템을 관계 행정기관 및 국민이 안전수준을 진단하고 개선하는 데 활용할 수 있도록 하여야 한다.(2017.7.26 본항개정)
④ 행정안전부장관은 안전정보통합관리시스템을 구축·운영하기 위하여 관계 행정기관의 장에게 필요한 자료를 요청할 수 있다. 이 경우 요청을 받은 관계 행정기관의 장은 특별한 사유가 없으면 요청에 따라야 한다.
(2019.12.3 전단개정)
⑤ 안전정보의 수집·공개·관리, 안전정보통합관리시스템의 구축·활용 등에 필요한 사항은 대통령령으로 정한다.(2019.12.3 본항개정)

제66조의10【안전지수의 공표 및 안전진단의 실시 등】 ① 행정안전부장관은 지역별 안전수준과 안전의식을 객관적으로 나타내는 지수(이하 "안전지수"라 한다)를 개발·조사하여 그 결과를 공표할 수 있다.(2017.7.26 본항개정)
② 행정안전부장관은 제1항에 따라 공표된 안전지수를 고려하여 안전수준 및 안전의식의 개선이 필요하다고 인정되는 지방자치단체에 대해서는 안전환경 분석 및 개선방안 마련 등 안전진단(이하 "안전진단"이라 한다)을 실시할 수 있다.(2023.12.26 본항신설)
③ 행정안전부장관은 안전지수의 조사 및 안전진단의 실시를 위하여 관계 행정기관의 장에게 필요한 자료를 요청할 수 있다. 이 경우 요청을 받은 관계 행정기관의 장은 특별한 사유가 없으면 요청에 따라야 한다.(2023.12.26 전단개정)
④ 행정안전부장관은 안전지수의 개발·조사 및 안전진단의 실시에 관한 업무를 효율적으로 수행하기 위하여 필요한 경우 대통령령으로 정하는 기관 또는 단체로 하여금 그 업무를 대행하게 할 수 있다.(2023.12.26 본항개정)
⑤ 안전지수의 조사 항목, 방법, 공표절차 및 안전진단의 실시 방법, 절차, 기준 등 필요한 사항은 대통령령으로 정한다.(2023.12.26 본항개정)
(2023.12.26 본조제목개정)

제66조의11【지역축제 개최 시 안전관리조치】 ① 중앙행정기관의 장 또는 지방자치단체의 장은 대통령령으로 정하는 지역축제를 개최하려면 해당 지역축제가 안전하게 진행될 수 있도록 지역축제 안전관리계획을 수립하고, 그 밖에 안전관리에 필요한 조치를 하여야 한다. 다만, 다중의 참여가 예상되는 지역축제로서 개최자가 없거나 불분명한 경우에는 참여 예상 인원의 규모와 장소 등을 고려하여 대통령령으로 정하는 바에 따라 관할 지방자치단체의 장이 지역축제 안전관리계획을 수립하고 그 밖에 안전관리에 필요한 조치를 하여야 한다.(2023.12.26 단서신설)
② 행정안전부장관 또는 시·도지사는 제1항에 따른 지역축제 안전관리계획의 이행 실태를 지도·점검할 수 있으며, 점검결과 보완이 필요한 사항에 대해서는 관계 기관의 장에게 시정을 요청할 수 있다. 이 경우 시정 요청을 받은 관계 기관의 장은 특별한 사유가 없으면 요청에 따라야 한다.(2017.7.26 전단개정)
③ 중앙행정기관의 장 또는 지방자치단체의 장 외의 자가 대통령령으로 정하는 지역축제를 개최하려는 경우에는 해당 지역축제가 안전하게 진행될 수 있도록 지역축제 안전

관리계획을 수립하여 대통령령으로 정하는 바에 따라 관할 시장·군수·구청장에게 사전에 통보하고, 그 밖에 안전관리에 필요한 조치를 하여야 한다. 지역축제 안전관리계획을 변경하려는 때에도 또한 같다.(2019.12.3 본항신설)
④ 제3항에 따른 통보를 받은 관할 시장·군수·구청장은 필요하다고 인정되는 때에는 지역축제 안전관리계획에 대하여 보완을 요구할 수 있다. 이 경우 보완을 요구받은 자는 정당한 사유가 없으면 이에 따라야 한다.
(2019.12.3 본항신설)
⑤ 제1항 또는 제3항에 따른 지역축제의 안전관리를 위하여 필요한 경우 중앙행정기관의 장 또는 지방자치단체의 장(제3항에 따른 지역축제의 경우에는 관할 시장·군수·구청장을 말한다. 이하 이 항 및 제6항에서 같다)은 관할 경찰관서, 소방관서 및 그 밖에 관계 기관의 장에게 협조 또는 해당 기관의 소관 사항에 대한 역할 분담을 요청할 수 있다. 이 경우 요청을 받은 기관의 장은 특별한 사유가 없으면 이에 따라야 한다.(2023.12.26 본항신설)
⑥ 제1항 또는 제3항에 따른 지역축제의 안전관리를 위하여 필요한 경우 중앙행정기관의 장 또는 지방자치단체의 장은 대통령령으로 정하는 바에 따라 관할 경찰관서, 소방관서 및 그 밖에 관계 기관·단체 등이 참여하는 지역안전협의회를 구성·운영할 수 있다.(2023.12.26 본항신설)
⑦ 제1항부터 제4항까지의 규정에 따른 지역축제 안전관리계획의 내용, 수립절차 및 제5항에 따른 협조 또는 역할 분담의 요청 등에 필요한 사항은 대통령령으로 정한다.
(2023.12.26 본항개정)

제66조의12【안전사업지구의 지정 및 지원】 ① 행정안전부장관은 지역사회의 안전수준을 높이기 위하여 시·군·구를 대상으로 안전사업지구를 지정하여 필요한 지원을 할 수 있다.(2017.7.26 본항개정)
② 제1항에 따른 안전사업지구의 지정기준, 지정절차 등 필요한 사항은 대통령령으로 정한다.

제9장 보 칙
(2017.1.17 본장제목삽입)

제66조의13【재난 및 안전관리를 위한 특별교부세 교부】「지방교부세법」 제9조제1항제2호에 따른 특별교부세는 「지방교부세법」에 따라 행정안전부장관이 교부 등을 행한다. 이 경우 특별교부세의 교부는 지방자치단체의 재난 및 안전관리 수요에 한정한다.(2017.7.26 전단개정)

제67조【재난관리기금의 적립】 ① 지방자치단체는 재난관리에 드는 비용에 충당하기 위하여 매년 재난관리기금을 적립하여야 한다.
② 제1항에 따른 재난관리기금의 매년도 최저적립액은 최근 3년 동안의 「지방세기본법」에 따른 보통세의 수입결산액의 평균연액의 100분의 1에 해당하는 금액으로 한다.
(2010.6.8 본조개정)

제68조【재난관리기금의 운용 등】 ① 재난관리기금에서 생기는 수입은 그 전액을 재난관리기금에 편입하여야 한다.
② 제67조제2항에 따른 매년도 최저적립액 중 대통령령으로 정하는 일정 비율 이상은 응급복구 또는 긴급한 조치에 우선적으로 사용하여야 한다.(2016.1.7 본항신설)
③ 제1항 및 제2항에 따른 재난관리기금의 용도·운용 및 관리에 필요한 사항은 대통령령으로 정한다.
(2016.1.7 본항개정)
(2010.6.8 본조개정)

제69조【재난원인조사】 ① 행정안전부장관은 재난이나 그 밖의 각종 사고의 발생 원인과 재난 발생 시 대응과정에 관한 조사·분석·평가(제34조의5제1항에 따른 위기관리 매뉴얼의 준수 여부에 대한 평가를 포함한다. 이하 "재난원인조사"라 한다)가 필요하다고 인정하는 경우 직접 재난원인조사를 실시하거나, 재난관리책임기관의 장으로 하여금 재난원인조사를 실시하고 그 결과를 제출하게 할 수 있다.(2017.7.26 본항개정)
② 행정안전부장관은 다음 각 호의 어느 하나에 해당하는 재난의 경우에는 재난안전 분야 전문가 및 전문기관 등이 공동으로 참여하는 정부합동 재난원인조사단(이하 "재난원인조사단"이라 한다)을 편성하고, 이를 현지에 파견하여 재난원인조사를 실시할 수 있다.(2017.7.26 본문개정)
1. 인명 또는 재산의 피해 정도가 매우 크거나 재난의 영향이 사회적·경제적으로 광범위한 재난으로서 대통령령으로 정하는 재난
2. 제1호에 따른 재난에 준하는 재난으로서 행정안전부장관이 체계적인 재난원인조사가 필요하다고 인정하는 재난(2017.7.26 본호개정)
(2017.1.17 본항신설)
③ 재난원인조사단은 대통령령으로 정하는 바에 따라 재난원인조사 결과를 조정위원회에 보고하여야 한다.
(2017.1.17 본항개정)
④ 행정안전부장관은 재난원인조사를 위하여 필요하면 관계 기관의 장 또는 관계인에게 소속직원의 파견(관계 기관의 장에 대한 요청의 경우로 한정한다), 관계 서류의 열람 및 자료제출 등의 요청을 할 수 있다. 이 경우 요청을 받은 관계 기관의 장 또는 관계인은 특별한 사유가 없으면 요청에 따라야 한다.(2017.7.26 전단개정)
⑤ 행정안전부장관은 제1항 및 제2항에 따라 실시한 재난원인조사 결과 개선 등이 필요한 사항에 대해서는 관계 기관의 장에게 그 결과를 통보하거나 개선권고 등의 필요한 조치를 요청할 수 있다. 이 경우 요청을 받은 관계 기관의 장은 대통령령으로 정하는 바에 따라 개선권고 등에 따른 조치계획과 조치결과를 행정안전부장관에게 통보하여야 한다.(2017.7.26 본항개정)
⑥ 행정안전부장관은 재난원인조사단의 재난원인조사 결과를 신속히 국회 소관 상임위원회에 제출·보고하여야 한다.(2017.7.26 본항개정)
⑦ 재난원인조사단의 권한, 편성 및 운영 등에 필요한 사항은 대통령령으로 정한다.
(2017.1.17 본조제목개정)
(2013.8.6 본조개정)

제70조【재난상황의 기록 관리】 ① 재난관리책임기관의 장은 다음 각 호의 사항을 기록하고, 이를 보관하여야 한다. 이 경우 시장·군수·구청장을 제외한 재난관리책임기관의 장은 그 기록사항을 시장·군수·구청장에게 통보하여야 한다.(2017.1.17 전단개정)
1. 소관 시설·재산 등에 관한 피해상황을 포함한 재난상황
(2017.1.17 본호신설)
1의2. 재난 발생 시 대응과정 및 조치사항(2020.12.22 본호신설)
2. 제69조제1항에 따른 재난원인조사(재난관리책임기관의 장이 실시한 재난원인조사에 한정한다) 결과
3. 제69조제5항 후단에 따른 개선권고 등의 조치결과
4. 그 밖에 재난관리책임기관의 장이 기록·보관이 필요하다고 인정하는 사항
(2017.1.17 2호~4호신설)
② 행정안전부장관은 매년 재난상황 등을 기록한 재해연보 또는 재난연감을 작성하여야 한다.(2017.7.26 본항개정)
③ 행정안전부장관은 제2항에 따른 재해연보 또는 재난연감을 작성하기 위하여 필요한 경우 재난관리책임기관의 장에게 관련 자료의 제출을 요청할 수 있다. 이 경우 요청을 받은 재난관리책임기관의 장은 요청에 적극 협조하여야 한다.(2017.7.26 전단개정)
④ 재난관리주관기관의 장은 제14조에 따른 대규모 재난과 제60조에 따라 특별재난지역으로 선포된 사회재난 또는 재난상황 등을 기록하여 관리할 특별한 필요성이 인정되는 재난에 관하여 재난수습 완료 후 수습상황과 재난예방 및 피해를 줄이기 위한 제도 개선의견 등을 기록한 재난백서를 작성하여야 한다. 이 경우 관계 기관의 장이 재난대응에 참고할 수 있도록 재난백서를 통보하여야 한다.
(2020.12.22 전단개정)
⑤ 재난관리주관기관의 장은 제4항에 따른 재난백서를 신속히 국회 소관 상임위원회에 제출·보고하여야 한다.
(2014.12.30 본항신설)
⑥ 재난상황의 작성·보관 및 관리에 필요한 사항은 대통령령으로 정한다.
(2010.6.8 본조개정)

제71조【재난 및 안전관리에 필요한 과학기술의 진흥 등】 ① 정부는 재난 및 안전관리에 필요한 연구·실험·조사·기술개발(이하 "연구개발사업"이라 한다) 및 전문인력 양성 등 재난 및 안전관리 분야의 과학기술 진흥시책을 마련하여 추진하여야 한다.
② 행정안전부장관은 연구개발사업을 하는 데에 드는 비용의 전부 또는 일부를 예산의 범위에서 출연금으로 지원할 수 있다.(2017.7.26 본항개정)
③ 행정안전부장관은 연구개발사업을 효율적으로 추진하기 위하여 다음 각 호의 어느 하나에 해당하는 기관·단체 또는 사업자와 협약을 맺어 연구개발사업을 실시하게 할 수 있다.(2017.7.26 본문개정)
1. 국공립 연구기관
2. 「특정연구기관 육성법」에 따른 특정연구기관
3. 「과학기술분야 정부출연연구기관 등의 설립·운영 및 육성에 관한 법률」에 따라 설립된 과학기술분야 정부출연연구기관
4. 「고등교육법」에 따른 대학·산업대학·전문대학 및 기술대학
5. 「민법」 또는 다른 법률에 따라 설립된 법인으로서 재난 또는 안전 분야의 연구기관
6. 「기초연구진흥 및 기술개발지원에 관한 법률」 제14조의2제1항에 따라 인정받은 기업부설연구소 또는 기업의 연구개발전담부서(2016.3.22 본호개정)
④ 행정안전부장관은 연구개발사업을 효율적으로 추진하기 위하여 행정안전부 소속 연구기관이나 그 밖에 대통령령으로 정하는 기관·단체 또는 사업자 중에서 연구개발사업의 총괄기관을 지정하여 그 총괄기관에게 연구개발사업의 기획·관리·평가, 제3항에 따른 협약의 체결, 개발된 기술의 보급·진흥 등에 관한 업무를 하도록 할 수 있다.(2017.7.26 본항개정)
⑤ 제2항에 따른 출연금의 지급·사용 및 관리와 제3항에 따른 협약의 체결방법 등 연구개발사업의 실시에 필요한 사항은 대통령령으로 정한다.
(2011.3.29 본조개정)

제71조의2【재난 및 안전관리기술개발 종합계획의 수립 등】 ① 행정안전부장관은 제71조제1항의 재난 및 안전관리에 관한 과학기술의 진흥을 위하여 5년마다 관계 중앙행정기관의 재난 및 안전관리기술개발에 관한 계획을 종합하여 조정위원회의 심의와 「국가과학기술자문회의법」에 따른 국가과학기술자문회의의 심의를 거쳐 재난 및 안전관리기술개발 종합계획(이하 "개발계획"이라 한다)을 수립하여야 한다.(2018.1.16 본항개정)
② 관계 중앙행정기관의 장은 개발계획에 따라 소관 업무에 관한 해당 연도 시행계획을 수립하고 추진하여야 한다.
③ 개발계획 및 시행계획에 포함하여야 할 사항 및 계획수립의 절차 등에 관하여는 대통령령으로 정한다.
(2012.2.22 본조신설)

제72조【연구개발사업 성과의 사업화 지원】 ① 행정안전부장관은 연구개발사업의 성과를 사업화하는 「중소기업기본법」 제2조에 따른 중소기업(이하 "중소기업"이라 한다)이나 그 밖의 법인 또는 사업자 등에 대하여 다음 각 호의 지원을 할 수 있다. 이 경우 중소기업에 대한 지원을 우선적으로 실시할 수 있다.(2017.7.26 전단개정)
1. 시제품(試製品)의 개발·제작 및 설비투자에 필요한 비용의 지원
2. 연구개발사업의 성과로 발생한 특허권 등 지식재산권의 전용실시권(專用實施權) 또는 통상실시권(通常實施權)의 설정·허락 또는 그 알선
3. 사업화로 생산된 재난 및 안전 관련 제품 등의 우선구매
4. 연구개발사업에 사용되거나 생산된 기기·설비 및 시제품 등의 사용권 부여 또는 그 알선
5. 그 밖에 사업화를 위하여 필요한 사항으로서 행정안전부령으로 정하는 사항(2017.7.26 본호개정)
② 제1항에 따른 지원의 방법 및 절차 등에 관하여 필요한 사항은 대통령령으로 정한다.
(2011.3.29 본조개정)

제72조의2 → 제73조로 이동

제73조【기술료의 징수 및 사용】 ① 행정안전부장관은 연구개발사업의 성과를 사업화함으로써 수익이 발생한 경우에는 사업자로부터 그 수익의 일부에 해당하는 금액(이하 "기술료"라 한다)을 징수할 수 있다.(2017.7.26 본항개정)
② 행정안전부장관은 기술료를 다음 각 호의 사업에 사용할 수 있다.(2017.7.26 본문개정)
1. 재난 및 안전관리 연구개발사업
2. 그 밖에 재난 및 안전관리와 관련된 기술의 육성을 위한 사업으로서 대통령령으로 정하는 사업
③ 기술료의 징수대상, 징수방법 및 사용 등에 필요한 사항은 대통령령으로 정한다.
(2011.3.29 본조신설)

제73조의2~제73조의4 (2022.1.4 삭제)

제74조【재난관리정보통신체계의 구축·운영】 ① 행정안전부장관과 재난관리책임기관·긴급구조기관 및 긴급구조지원기관의 장은 재난관리업무를 효율적으로 추진하기 위하여 대통령령으로 정하는 바에 따라 재난관리정보통신체계를 구축·운영할 수 있다.(2017.7.26 본항개정)
② 재난관리책임기관·긴급구조기관 및 긴급구조지원기관의 장은 제1항에 따른 재난관리정보통신체계의 구축에 필요한 자료를 관계 재난관리책임기관·긴급구조기관 및 긴급구조지원기관의 장에게 요청할 수 있다. 이 경우 요청을 받은 기관의 장은 특별한 사유가 없으면 요청에 따라야 한다.(2013.8.6 전단개정)
③ 행정안전부장관은 재난관리책임기관·긴급구조기관 및 긴급구조지원기관의 장이 제1항에 따라 구축하는 재난관리정보통신체계가 연계 운영되거나 표준화가 이루어지도록 종합적인 재난관리정보통신체계를 구축·운영할 수 있으며, 재난관리책임기관·긴급구조기관 및 긴급구조지원기관의 장은 특별한 사유가 없으면 이에 협조하여야 한다.(2017.7.26 본항개정)
(2013.8.6 본조제목개정)

제74조의2【재난관리정보의 공동이용】 ① 재난관리책임기관·긴급구조기관 및 긴급구조지원기관은 재난관리업무를 효율적으로 처리하기 위하여 수집·보유하고 있는 재난관리정보를 다른 재난관리책임기관·긴급구조기관 및 긴급구조지원기관과 공동이용하여야 한다.
② 제1항에 따라 공동이용되는 재난관리정보를 제공하는 기관은 해당 정보의 정확성을 유지하도록 노력하여야 한다.
③ 재난관리정보의 처리를 하는 재난관리책임기관·긴급구조기관·긴급구조지원기관 또는 재난관리업무를 위탁받아 그 업무에 종사하거나 종사하였던 자는 직무상 알게 된 재난관리정보를 누설하거나 권한 없이 다른 사람이 이용하도록 제공하는 등 부당한 목적으로 사용하여서는 아니 된다.
④ 제1항에 따른 공유 대상 재난관리정보의 범위, 재난관리정보의 공동이용절차 등에 관하여 필요한 사항은 대통령령으로 정한다.
(2012.2.22 본조신설)

제74조의3【정보 제공 요청 등】 ① 행정안전부장관(제14조제1항에 따른 중앙대책본부가 운영되는 경우에는 해당 본부장을 말한다. 이하 이 조에서 같다), 시·도지사 또는 시장·군수·구청장(제16조제1항에 따른 시·도대책본부 또는 시·군·구대책본부가 운영되는 경우에는 해당 본부장을 말한다. 이하 이 조에서 같다)은 재난의 예방·대비와 신속한 재난 대응을 위하여 필요한 경우 재난으로 인하여 생명·신체에 대한 피해를 입은 사람과 생명·신체에 대한 피해 발생이 우려되는 사람(이하 "재난피해자등"이라 한다)에 대한 다음 각 호에 해당하는 정보의 제공을 관계 중앙행정기관(그 소속기관 및 책임운

영기관을 포함한다)의 장, 지방자치단체의 장, 「공공기관의 운영에 관한 법률」 제4조에 따른 공공기관의 장, 「전기통신사업법」 제2조제8호에 따른 전기통신사업자, 그 밖의 법인·단체 또는 개인에게 요청할 수 있으며, 요청을 받은 자는 정당한 사유가 없으면 이에 따라야 한다.
(2023.12.26 본문개정)
1. 성명, 주민등록번호, 주소 및 전화번호(휴대전화번호를 포함한다)
2. 재난피해자등의 이동경로 파악 및 수색·구조를 위한 다음 각 목의 정보
가. 「개인정보 보호법」 제2조제7호에 따른 고정형 영상정보처리기기를 통하여 수집된 정보(2023.3.14 본목개정)
나. 「대중교통의 육성 및 이용촉진에 관한 법률」 제2조제6호에 따른 교통카드의 사용명세
다. 「여신전문금융업법」 제2조제3호·제6호 및 제8호에 따른 신용카드·직불카드·선불카드의 사용일시, 사용장소(재난 발생 지역 및 그 주변 지역에서 사용한 내역으로 한정한다)
라. 「의료법」 제17조에 따른 처방전의 의료기관 명칭, 전화번호 및 같은 법 제22조에 따른 진료기록부상의 진료일시
② 행정안전부장관, 시·도지사 또는 시장·군수·구청장은 재난피해자등의 「위치정보의 보호 및 이용 등에 관한 법률」 제2조제2호에 따른 개인위치정보의 제공을 「전기통신사업법」 제2조제8호에 따른 전기통신사업자와 「위치정보의 보호 및 이용 등에 관한 법률」 제2조제6호에 따른 위치정보사업을 하는 자에게 요청할 수 있고, 요청을 받은 자는 「통신비밀보호법」 제3조에도 불구하고 정당한 사유가 없으면 이에 따라야 한다.(2023.12.26 본항개정)
③ 행정안전부장관, 시·도지사 또는 시장·군수·구청장은 제1항 및 제2항에 따라 수집된 정보를 관계 재난관리책임기관·긴급구조기관·긴급구조지원기관, 그 밖에 재난 대응 관련 업무를 수행하는 기관에 제공할 수 있다.
(2023.12.26 본항개정)
④ 행정안전부장관, 시·도지사 또는 시장·군수·구청장은 제1항 및 제2항에 따라 수집된 정보의 주체에게 다음 각 호의 사실을 통지하여야 한다.(2023.12.26 본문개정)
1. 재난 예방·대비·대응을 위하여 필요한 정보가 수집되었다는 사실(2023.12.26 본호개정)
2. 제1호의 정보가 다른 기관에 제공되었을 경우 그 사실
3. 수집된 정보는 이 법에 따른 재난 예방·대비·대응 관련 업무 이외의 목적으로 사용할 수 없으며, 업무 종료 시 지체 없이 파기된다는 사실(2023.12.26 본호개정)
⑤ 누구든지 제1항 및 제2항에 따라 수집된 정보를 이 법에 따른 재난 예방·대비·대응 이외의 목적으로 사용할 수 없으며, 업무 종료 시 지체 없이 해당 정보를 파기하여야 한다.(2023.12.26 본항개정)
⑥ 제1항 및 제2항에 따라 수집된 정보의 보호 및 관리에 관한 사항은 이 법에서 정한 것을 제외하고는 「개인정보 보호법」에 따른다.
⑦ 행정안전부장관 또는 지방자치단체의 장은 특정 지역에서 다중운집으로 인하여 재난이나 그 밖의 각종 사고가 발생하거나 발생할 우려가 있는 경우 해당 지역에 있는 불특정 다수인의 기지국(「전파법」 제2조제1항제6호에 따른 무선국 중 기지국을 말한다) 접속 정보의 제공을 제2항에 따른 전기통신사업자 또는 위치정보사업을 하는 자에게 요청할 수 있고, 요청을 받은 자는 정당한 사유가 없으면 이에 따라야 한다.(2023.5.16 본항신설)
⑧ 행정안전부장관 또는 지방자치단체의 장은 제7항에 따라 수집된 정보를 관계 재난관리책임기관·긴급구조기관·긴급구조지원기관, 그 밖에 재난 대응 관련 업무를 수행하는 기관에 제공할 수 있다. 다만, 재난 대응 관련 업무를 수행하는 데 필요하여 해당 기관의 장이 제7항에 따라 수집된 정보의 제공을 요청하는 경우 행정안전부장관 또는 지방자치단체의 장은 특별한 사유가 없으면 그 요청에 따라야 한다.(2023.5.16 본항신설)
⑨ 제2항에 따른 개인위치정보 및 제7항에 따른 기지국 접속 정보의 제공을 요청하는 방법 및 절차, 제3항 및 제8항에 따른 정보 제공의 대상·범위 및 제4항에 따른 통지의 방법 등에 필요한 사항은 대통령령으로 정한다.
(2023.5.16 본항개정)
⑩ 제1항 및 제2항의 경우 재난의 예방·대비를 위한 정보 등의 제공 요청은 재난이 발생할 우려가 현저하여 긴급하다고 판단되는 때로 한정하며, 시·도지사 또는 시장·군수·구청장은 행정안전부장관을 거쳐 해당 정보 등의 제공을 요청할 수 있다.(2023.12.26 본항신설)
(2019.12.3 본조신설)

제74조의4【재난안전데이터의 수집 등】 ① 행정안전부장관은 데이터에 기반한 재난 및 안전관리를 위하여 재난안전데이터의 수집·연계·분석·활용·공유·공개(이하 "수집등"이라 한다)를 하여야 한다.
② 행정안전부장관은 효율적인 재난안전데이터의 수집등을 위하여 재난안전데이터통합관리시스템을 구축·운영할 수 있다.
③ 행정안전부장관은 재난안전데이터의 수집등을 위하여 재난관리책임기관의 장에게 필요한 데이터의 제공을 요청할 수 있다. 이 경우 요청을 받은 재난관리책임기관의 장은 특별한 사유가 없으면 이에 따라야 한다.
④ 행정안전부장관은 재난안전데이터의 수집등 및 관련 전문인력의 양성, 재난안전데이터통합관리시스템의 구축·운영 등을 위하여 재난안전데이터센터를 설치·운영할 수 있다.
⑤ 제1항부터 제4항까지에 따른 재난안전데이터의 수집등, 재난안전데이터통합관리시스템의 구축·운영, 데이터 제공의 대상·범위 및 재난안전데이터센터의 설치·운영 등에 필요한 사항은 대통령령으로 정한다.
(2023.5.16 본조신설)

제75조【안전관리자문단의 구성·운영】 ① 지방자치단체의 장은 재난 및 안전관리업무의 기술적 자문을 위하여 민간전문가로 구성된 안전관리자문단을 구성·운영할 수 있다.
② 제1항에 따른 안전관리자문단의 구성과 운영에 관하여는 해당 지방자치단체의 조례로 정한다.
(2010.6.8 본조개정)

제75조의2【안전책임관】 ① 국가기관과 지방자치단체의 장은 해당 기관의 재난 및 안전관리업무를 총괄하는 안전책임관 및 담당직원을 소속 공무원 중에서 임명할 수 있다.
② 안전책임관은 해당 기관의 재난 및 안전관리업무와 관련하여 다음 각 호의 사항을 담당한다.
1. 재난이나 그 밖의 각종 사고가 발생하거나 발생할 우려가 있는 경우 초기대응 및 보고에 관한 사항
2. 위기관리 매뉴얼의 작성·관리에 관한 사항
3. 재난 및 안전관리와 관련된 교육·훈련에 관한 사항
4. 그 밖에 해당 중앙행정기관의 장이 재난 및 안전관리업무를 위하여 필요하다고 인정하는 사항
③ 제1항에 따른 안전책임관의 임명 및 운영에 필요한 사항은 대통령령으로 정한다.
(2013.8.6 본조신설)

제76조【재난안전 관련 보험·공제의 개발·보급 등】
① 국가는 국민과 지방자치단체가 자기의 책임과 노력으로 재난이나 그 밖의 각종 사고에 대비할 수 있도록 재난안전 관련 보험 또는 공제를 개발·보급하기 위하여 노력하여야 한다.
② 국가는 대통령령으로 정하는 바에 따라 예산의 범위에서 보험료·공제회비의 일부 및 보험·공제의 운영과 관리 등에 필요한 비용의 일부를 지원할 수 있다.
(2020.6.9 본조신설)

제76조의2【재난안전의무보험에 관한 법령이 갖추어야 할 기준 등】 ① 재난안전의무보험에 관한 법령을 주관하는 중앙행정기관의 장은 재난안전의무보험에 관한 법령을 제정·개정하는 경우에는 해당 법령에 다음 각 호의 기준이 적정하게 반영되도록 노력하여야 한다.
1. 재난이나 그 밖의 각종 사고로 인한 사람의 생명·신체에 대한 손해를 적절히 보상하도록 대통령령으로 정하는 수준의 보상 한도를 정할 것
2. 법률에 따른 재난안전의무보험의 가입의무자를 신속히 확인하고 관리할 수 있는 체계를 갖출 것
3. 법률에 따른 재난안전의무보험의 가입의무자에 해당함에도 가입을 게을리 한 자 또는 가입하지 아니한 자 등에 대하여 가입을 독려하거나 제재할 수 있는 방안을 마련할 것
4. 보험회사, 공제회 등 재난안전의무보험에 관한 법령에 따라 재난안전의무보험 관련 사업을 하는 자(이하 "보험사업자"라 한다)가 대통령령으로 정하는 정당한 사유 없이 재난안전의무보험에 대한 가입 요청 또는 계약 체결을 거부하거나 보험계약 등을 해제·해지하는 것을 제한하도록 할 것
5. 재난이나 그 밖의 각종 사고의 발생 위험이 높은 가입의무자에 대하여 다수의 보험사업자가 공동으로 재난안전의무보험 계약을 체결할 수 있는 방안을 마련할 것
6. 재난이나 그 밖의 각종 사고로 피해를 입은 자가 최소한의 생활을 유지할 수 있도록 보험금 청구권에 대한 압류금지 등 피해자를 보호하는 조치를 마련할 것
7. 그 밖에 재난안전의무보험의 적절한 운용을 위하여 대통령령으로 정하는 기준을 갖출 것
② 행정안전부장관은 재난안전의무보험의 관리·운용 등에 공통적으로 적용될 수 있는 업무기준을 마련할 수 있다.
(2020.6.9 본조신설)

제76조의3【재난안전의무보험의 평가 및 개선권고 등】
① 행정안전부장관은 재난안전의무보험에 관한 법령과 재난안전의무보험의 관리·운용 등이 제76조의2제1항에 따른 기준에 적합한지 등을 분석·평가하기 위하여 필요한 경우에는 재난안전의무보험 관련 법령을 주관하거나 재난안전의무보험의 운용을 주관하는 중앙행정기관의 장 등에게 관련 자료의 제출을 요청할 수 있다. 이 경우 자료의 제출을 요청받은 중앙행정기관의 장 등은 특별한 사유가 없으면 이에 따라야 한다.
② 행정안전부장관은 제1항에 따른 재난안전의무보험 등의 분석·평가 결과 해당 재난안전의무보험 등이 제76조의2제1항에 따른 기준에 적합하지 아니하다고 인정하는 경우에는 재난안전의무보험 관련 법령을 주관하거나 재난안전의무보험의 운용을 주관하는 중앙행정기관의 장 등에게 관련 법령의 개정권고, 재난안전의무보험의 관리·운용에 대한 개선권고 등을 할 수 있다.
③ 행정안전부장관은 제2항에 따른 관련 법령의 개정권고 및 재난안전의무보험의 관리·운용에 대한 개선권고에 관한 사항이 효과적으로 추진될 수 있도록 재난안전의무보험에 관한 법령을 주관하는 중앙행정기관의 장으로부터 재난안전의무보험 제도개선에 관한 계획을 제출받아 이를 종합한 정비계획(이하 "정비계획"이라 한다)을 수립할 수 있다.
④ 제1항부터 제3항까지에서 규정한 사항 외에 재난안전의무보험의 분석·평가, 개선권고의 절차·방법 및 정비계획의 수립 절차·방법 등에 관하여 필요한 사항은 대통령령으로 정한다.
(2020.6.9 본조신설)

제76조의4【재난안전의무보험 종합정보시스템의 구축·운영 등】 ① 행정안전부장관은 재난안전의무보험 관리·운용의 효율성을 높이고, 재난안전의무보험 관련 자료 또는 정보를 체계적으로 수집하여 종합적으로 관리할 수 있도록 재난안전의무보험 종합정보시스템을 구축·운영할 수 있다.
② 행정안전부장관은 제1항에 따른 재난안전의무보험 종합정보시스템의 구축·운영을 위하여 필요한 경우에는 관계 중앙행정기관의 장, 지방자치단체의 장, 공공기관, 보험사업자 또는 「보험업법」에 따른 보험 관계 단체의 장 등에게 관련 자료 또는 정보의 제공을 요청하거나 그가 관리·운영하는 재난안전의무보험 관련 전산시스템과 연계하여 자료 또는 정보를 수집할 수 있다. 이 경우 관련 자료 또는 정보의 제공을 요청받거나 전산시스템과의 연계 요청을 받은 자는 「개인정보 보호법」 제18조제1항에도 불구하고 특별한 사유가 없으면 이에 따라야 한다.
③ 행정안전부장관은 「개인정보 보호법」 제18조제1항에도 불구하고 이 조 제1항에 따른 재난안전의무보험 종합정보시스템에 수집된 자료 또는 정보를 다른 재난관리책임기관과 공동이용할 수 있고, 보험사업자 또는 「보험업법」에 따른 보험 관계 단체 등이 재난안전의무보험 관련 업무의 수행을 위하여 자료 또는 정보의 제공을 요청하는 경우 그 사용 목적에 해당하는 범위에서 관련 자료 또는 정보를 제공할 수 있다.
④ 제3항에 따라 재난안전의무보험 관련 자료 또는 정보를 공동이용하거나 제공받은 자(관련 업무를 위탁받아 그 업무에 종사하거나 종사하였던 자를 포함한다)는 업무상 알게 된 재난안전의무보험 관련 자료 또는 정보를 누설하거나 권한 없이 다른 사람이 이용하도록 제공하는 등 부당한 목적으로 사용해서는 아니 된다.
⑤ 제1항부터 제4항까지에서 규정한 사항 외에 재난안전의무보험 종합정보시스템의 구축·운영, 재난안전의무보험 관련 자료 또는 정보의 공동이용 및 제공 등에 필요한 사항은 대통령령으로 정한다.
(2020.6.9 본조신설)

제76조의5【재난취약시설 보험·공제의 가입 등】 ①
(2020.6.9 삭제)
② 다음 각 호에 해당하는 시설 중 대통령령으로 정하는 시설(이하 "재난취약시설"이라 한다)을 소유·관리 또는 점유하는 자는 해당 시설에서 발생하는 화재, 붕괴, 폭발 등으로 인한 타인의 생명·신체나 재산상의 손해를 보상하기 위하여 보험 또는 공제에 가입하여야 한다. 이 경우 다른 법률에 따라 그 손해의 보상내용을 충족하는 보험 또는 공제에 가입한 경우에는 이 법에 따른 보험 또는 공제에 가입한 것으로 본다.(2023.12.26 전단개정)
1. 「시설물의 안전 및 유지관리에 관한 특별법」 제2조에 따른 시설물(2017.1.17 본호개정)
2. (2017.1.17 삭제)
3. 그 밖에 재난이 발생할 경우 타인에게 중대한 피해를 입힐 우려가 있는 시설
(2016.1.7 본항신설)
③ 제2항에 따른 보험 또는 공제의 종류, 보상한도액 및 그 밖에 필요한 사항은 대통령령으로 정한다.(2020.6.9 본항개정)
④ 행정안전부장관은 제2항에 따른 보험 또는 공제의 가입관리 업무를 위하여 필요한 경우 대통령령으로 정하는 바에 따라 중앙행정기관의 장 또는 지방자치단체의 장에게 행정적 조치를 하도록 요청하거나 관계 행정기관, 보험회사 및 보험 관련 단체에 보험 또는 공제의 가입관리 업무에 필요한 자료를 요청할 수 있다. 이 경우 요청을 받은 자는 정당한 사유가 없으면 이에 따라야 한다.
(2020.6.9 전단개정)
⑤ 보험사업자는 재난취약시설을 소유·관리 또는 점유하는 자(이하 "재난취약시설소유자등"이라 한다)가 제2항 전단에 따른 보험 또는 공제(이하 "재난취약시설보험등"이라 한다)에 가입하려는 때에는 계약의 체결을 거부할 수 없다. 다만, 재난취약시설소유자등이 영업정지 처분을 받아 재난취약시설을 본래의 사용 목적으로 더 이상 사용할 수 없게 된 경우 등 대통령령으로 정하는 경우에는 그러하지 아니하다.(2023.12.26 본항개정)
⑥ 재난취약시설에서 화재가 발생할 개연성이 높은 경우 등 대통령령으로 정하는 사유가 있는 경우에는 다수의 보험사업자가 공동으로 재난취약시설보험등의 계약을 체결할 수 있다. 이 경우 보험사업자는 해당 재난취약시설소유자등에게 공동계약체결의 절차 및 보험료·공제회비 등에 대한 안내를 하여야 한다.(2023.12.26 본항신설)

⑦ 재난취약시설보험등의 보험금지급청구권 또는 공제급여청구권은 양도·압류하거나 담보로 제공할 수 없다.
(2023.12.26 본항신설)
(2020.6.9 본조제목개정)

제77조【재난관리 의무 위반에 대한 징계 요구 등】 ① 국무총리 또는 행정안전부장관은 재난관리책임기관의 장이 이 법에 따른 조치를 하지 아니한 경우에는 대통령령으로 정하는 바에 따라 기관경고 등 필요한 조치를 할 수 있다.(2019.12.3 본항개정)
② 행정안전부장관, 시·도지사 또는 시장·군수·구청장은 이 법에 따른 재난예방조치·재난응급조치·안전점검·재난상황관리·재난복구 등의 업무를 수행할 때 지시를 위반하거나 부과된 임무를 게을리한 재난관리책임기관의 공무원 또는 직원의 명단을 해당 공무원 또는 직원의 소속 기관의 장 또는 단체의 장에게 통보하고, 그 소속 기관의 장 또는 단체의 장에게 해당 공무원 또는 직원에 대한 징계 등을 요구할 수 있다. 이 경우 그 사실을 입증할 수 있는 관계 자료를 그 소속 기관 또는 단체의 장에게 함께 통보하여야 한다.(2017.7.26 전단개정)
③ 중앙통제단장 또는 지역통제단장은 제52조제5항에 따른 현장지휘에 따르지 아니하거나 부과된 임무를 게을리한 긴급구조요원의 명단을 해당 긴급구조요원의 소속 기관 또는 단체의 장에게 통보하고, 그 소속 기관의 장 또는 단체의 장에게 해당 긴급구조요원에 대한 징계를 요구할 수 있다. 이 경우 그 사실을 입증할 수 있는 관계 자료를 그 소속 기관 또는 단체의 장에게 함께 통보하여야 한다.
④ 제2항과 제3항에 따라 통보를 받은 소속 기관의 장 또는 단체의 장은 해당 공무원 또는 직원에 대한 징계 등 적절한 조치를 하고, 그 결과를 해당 기관의 장에게 통보하여야 한다.
⑤ 행정안전부장관, 시·도지사, 시장·군수·구청장, 중앙통제단장 및 지역통제단장은 제2항 및 제3항에 따른 사실 입증을 위한 전담기구를 편성하는 등 소속 공무원으로 하여금 필요한 조사를 하게 할 수 있다. 이 경우 조사공무원은 그 권한을 표시하는 증표를 제시하여야 한다.
(2017.7.26 전단개정)
⑥ 행정안전부장관은 제5항에 따른 조사의 실효성 제고를 위하여 대통령령으로 정하는 전담기구 협의회를 구성·운영할 수 있다.(2019.12.3 본항신설)
⑦ 제2항·제3항에 따른 통보 및 제5항에 따른 조사에 필요한 사항은 대통령령으로 정한다.
(2014.12.30 본조개정)

제77조의2【적극행정에 대한 면책】 ① 제77조제2항 및 제3항에 따른 재난관리책임기관의 공무원, 직원 및 긴급구조요원이 재난안전 사고를 예방하고 피해를 최소화하기 위하여 업무를 적극적으로 추진한 결과에 대하여 그의 행위에 고의 또는 중대한 과실이 없는 경우에는 같은 조 제2항 및 제3항에 따른 명단 통보 및 징계 등 요구를 하지 아니하거나 같은 조 제4항에 따른 징계 등의 책임을 묻지 아니한다.
② 다음 각 호의 사람이 제61조 또는 제66조제3항에 따른 지원 업무를 적극적으로 처리한 결과에 대하여 그의 행위에 고의나 중대한 과실이 없는 경우에는 관계 법령에 따른 징계 또는 제재 등 책임을 묻지 아니한다.
1. 「감사원법」 제22조부터 제24조까지에 따른 회계검사와 감찰 대상 공무원 및 임직원
2. 「금융위원회의 설치 등에 관한 법률」 제38조에 따른 검사 대상 기관 소속 임직원
(2020.8.18 본항신설)
③ 제1항에 따른 면책의 구체적인 기준, 운영절차 및 그 밖에 필요한 사항은 대통령령으로 정한다. 다만, 제2항제1호 및 제2호의 사람에 관한 사항은 감사원과 금융위원회의 규칙을 각각 따른다.(2020.8.18 단서신설)
(2020.6.9 본조신설)

제78조【권한의 위임 및 위탁】 ① 이 법에 따른 행정안전부장관의 권한은 그 일부를 대통령령으로 정하는 바에 따라 시·도지사에게 위임할 수 있다.
② 행정안전부장관은 제66조의10에 따른 안전지수의 개발·조사 및 안전진단의 실시에 관한 권한의 일부를 대통령령으로 정하는 바에 따라 그 소속 연구기관의 장에게 위임할 수 있다.(2023.12.26 본항신설)
③ 행정안전부장관은 제33조의2에 따른 평가 등의 업무의 일부, 제72조에 따른 연구개발사업 성과의 사업화 지원, 제73조에 따른 기술료의 징수·사용에 관한 업무를 대통령령으로 정하는 바에 따라 전문기관 등에 위탁할 수 있다.(2022.1.4 본항개정)
④ 행정안전부장관은 제76조의4제1항에 따른 재난안전의무보험 종합정보시스템의 구축·운영에 관한 업무를 대통령령으로 정하는 바에 따라 「보험업법」 제176조에 따른 보험요율 산출기관에 위탁할 수 있다.(2020.6.9 본항신설)
(2017.7.26 본조개정)

제78조의2【벌칙 적용 시의 공무원 의제】 ① 제71조제3항에 따라 협약을 체결한 기관·단체 및 제78조제3항에 따라 행정안전부장관이 위탁한 업무를 수행하는 전문기관등의 임직원은 「형법」 제127조 및 제129조부터 제132조까지의 벌칙 적용 시 공무원으로 본다.
② 제78조제4항에 따라 행정안전부장관이 위탁한 업무를 수행하는 보험요율 산출기관의 임직원은 「형법」 제129조부터 제132조까지의 규정을 적용할 때에는 공무원으로 본다.
(2023.12.26 본조개정)

제10장 벌 칙

(2010.6.8 본장개정)

제78조의3【벌칙】 제31조제1항에 따른 안전조치명령을 이행하지 아니한 자는 3년 이하의 징역 또는 3천만원 이하의 벌금에 처한다.(2016.1.7 본조신설)

제78조의4【벌칙】 제74조의3제5항을 위반하여 재난 예방·대비·대응 이외의 목적으로 정보를 사용하거나 업무가 종료되었음에도 해당 정보를 파기하지 아니한 자는 2년 이하의 징역 또는 2천만원 이하의 벌금에 처한다.
(2023.12.26 본조개정)

제79조【벌칙】 다음 각 호의 어느 하나에 해당하는 자는 1년 이하의 징역 또는 1천만원 이하의 벌금에 처한다.
(2016.1.7 본문개정)
1. (2017.1.17 삭제)
2. 정당한 사유 없이 제30조제1항에 따른 긴급안전점검을 거부 또는 기피하거나 방해한 자
3. (2016.1.7 삭제)
4. 정당한 사유 없이 제41조제1항제1호(제46조제1항에 따른 경우를 포함한다)에 따른 위험구역에 출입하는 행위나 그 밖의 행위의 금지명령 또는 제한명령을 위반한 자
5. 정당한 사유 없이 제74조의3제1항에 따른 행정안전부장관, 시·도지사 또는 시장·군수·구청장의 요청에 따르지 아니한 자(2023.12.26 본호개정)
6. 정당한 사유 없이 제74조의3제2항에 따른 행정안전부장관, 시·도지사 또는 시장·군수·구청장의 요청에 따르지 아니한 자(2023.12.26 본호개정)
7. 제76조의4제4항을 위반하여 업무상 알게 된 재난안전의무보험 관련 자료 또는 정보를 누설하거나 권한 없이 다른 사람이 이용하도록 제공하는 등 부당한 목적으로 사용한 자(2020.6.9 본호신설)

제80조【벌칙】 다음 각 호의 어느 하나에 해당하는 자는 500만원 이하의 벌금에 처한다.(2016.1.7 본문개정)
1. 정당한 사유 없이 제45조(제46조제1항에 따른 경우를 포함한다)에 따른 토지·건축물·인공구조물, 그 밖의 소유물의 일시 사용 또는 장애물의 변경이나 제거를 거부 또는 방해한 자
2. 제74조의2제3항을 위반하여 직무상 알게 된 재난관리정보를 누설하거나 권한 없이 다른 사람이 이용하도록 제공하는 등 부당한 목적으로 사용한 자
3. 정당한 사유 없이 제74조의3제7항에 따른 행정안전부장관 또는 지방자치단체의 장의 요청에 따르지 아니한 자(2023.5.16 본호신설)
(2012.2.22 본조개정)

제81조【양벌규정】 법인의 대표자나 법인 또는 개인의 대리인, 사용인, 그 밖의 종업원이 그 법인 또는 개인의 업무에 관하여 제78조의3, 제79조 또는 제80조의 위반행위를 하면 그 행위자를 벌하는 외에 그 법인 또는 개인에게도 해당 조문의 벌금형을 과(科)한다. 다만, 법인 또는 개인이 그 위반행위를 방지하기 위하여 해당 업무에 관하여 상당한 주의와 감독을 게을리하지 아니한 경우에는 그러하지 아니하다.(2019.12.3 본문개정)

제82조【과태료】 ① 다음 각 호의 어느 하나에 해당하는 사람에게는 200만원 이하의 과태료를 부과한다.
1. 제34조의6제1항 본문에 따른 위기상황 매뉴얼을 작성·관리하지 아니한 소유자·관리자 또는 점유자
1의2. 제34조의6제2항 본문에 따른 훈련을 실시하지 아니한 소유자·관리자 또는 점유자
1의3. 제34조의6제3항에 따른 개선명령을 이행하지 아니한 소유자·관리자 또는 점유자
(2014.12.30 1호~1호의3신설)
2. 제40조제1항(제46조제1항에 따른 경우를 포함한다)에 따른 대피명령을 위반한 사람
3. 제41조제1항제2호(제46조제1항에 따른 경우를 포함한다)에 따른 위험구역에서의 퇴거명령 또는 대피명령을 위반한 사람
② 다음 각 호의 어느 하나에 해당하는 자에게는 300만원 이하의 과태료를 부과한다.
1. 제76조의5제2항을 위반하여 보험 또는 공제에 가입하지 아니한 자
2. 제76조의5제5항을 위반하여 재난취약시설보험등의 가입에 관한 계약의 체결을 거부한 보험사업자
(2023.12.26 본항개정)
③ 제1항 및 제2항에 따른 과태료는 대통령령으로 정하는 바에 따라 다음 각 호의 자가 부과·징수한다.(2016.1.7 본문개정)
1. 시·도지사 또는 시장·군수·구청장 : 제1항에 따른 과태료(2016.1.7 본호신설)
2. 보험 또는 공제의 가입 대상 시설의 허가·인가·등록·신고 등의 업무를 처리한 관계 행정기관의 장 : 제2항에 따른 과태료(2020.6.9 본호개정)

부 칙

제1조【시행일】 이 법은 공포한 날부터 3월을 넘지 아니하는 범위에서 대통령령이 정하는 날부터 시행한다.
<2004.6.1 시행>

제2조【다른 법률의 폐지】 재난관리법은 이를 폐지한다.

제3조【처분 등에 관한 경과조치】 이 법 시행 당시 종전의 재난관리법에 의하여 행하여진 처분·조치 그 밖의 행정기관의 행위 또는 행정기관에 대한 행위는 이 법에 의한 행정기관의 행위 또는 행정기관에 대한 행위로 본다.

제4조【지역위원회의 구성 등에 관한 경과조치】 제11조제4항의 규정에 의한 지역위원회 및 실무위원회의 구성·운영에 관하여 필요한 사항은 이 법 시행일부터 6월 이내의 범위에서 해당 시·도 및 시·군·구의 조례가 제정될 때까지는 종전의 재난관리법 제9조제4항의 규정에 의한 대통령령이 정한 바에 의한다.

제5조【안전관리계획에 관한 경과조치】 이 법 시행 당시 종전의 재난관리법에 의한 국가재난관리계획, 시·도재난관리계획 및 시·군·구재난관리계획은 각각 이 법에 의한 국가안전관리계획, 시·도안전관리계획 및 시·군·구안전관리계획으로 본다.

제6조【지역위원회의 권한에 속하는 사항의 처리에 관한 경과조치】 지역위원회가 제12조제4호의 규정에 의한 조례에 의하여 당해 지역위원회의 권한에 속하는 사항의 처리를 함에 있어서 이 법 시행일부터 6월 이내의 범위에서 종전의 재난관리법 제10조제1항제3호의 규정에 의한 해당 시·도 및 시·군·구의 조례가 제정 또는 개정될 때까지는 종전의 조례에 의한다.

제7조【지역대책본부의 구성 등에 관한 경과조치】 제16조제3항의 규정에 의한 지역대책본부의 구성 및 운영에 관하여 필요한 사항은 이 법 시행일부터 6월 이내의 범위에서 해당 시·도 및 시·군·구의 조례가 제정될 때까지는 종전의 재난관리법 제43조제3항의 규정에 의한 대통령령이 정한 바에 의한다.

제8조【특별재난지역에 관한 경과조치】 이 법 시행 당시 종전의 재난관리법 제51조의 규정에 의하여 선포된 특별재난지역은 이 법 제60조의 규정에 의하여 선포된 특별재난지역으로 본다.

제9조【재난관리기금에 관한 경과조치】 이 법 시행 당시 종전의 재난관리법 제56조의 규정에 의한 재난관리기금 및 종전의 자연재해대책법 제63조의 규정에 의한 재해대책기금은 이 법 제67조의 규정에 의한 재난관리기금으로 본다.

제10조【다른 법률의 개정】 ①~⑤ ※(해당 법령에 가제정리 하였음)

제11조【다른 법령과의 관계】 이 법 시행 당시 다른 법령에서 종전의 재난관리법 또는 그 규정을 인용하고 있는 경우 이 법중 그에 해당하는 규정이 있는 때에는 종전의 규정에 갈음하여 이 법 또는 이 법의 해당 규정을 인용한 것으로 본다.

부 칙 (2014.12.30)

제1조【시행일】 이 법은 공포한 날부터 시행한다. 다만, 다음 각 호의 개정규정은 해당 각 호의 구분에 따른 날부터 시행한다.
1. 제10조의3, 제14조의2제2항 및 제3항(특수기동구조대에 관한 사항에 한정한다), 제20조제5항 및 제77조제1항의 개정규정 : 공포 후 6개월을 넘지 아니하는 범위에서 대통령령으로 정하는 날
2. 제27조제3항, 제31조제1항(제27조제3항에 관한 사항에 한정한다), 제34조의6, 제66조의5제3항, 제79조제1호 및 제82조제1항제1호·제1호의2·제1호의3의 개정규정 : 공포 후 1년이 경과한 날

제2조【2016년도 재난 및 안전관리 사업 예산 등의 사전협의에 관한 특례】 제10조의2제2항 및 제3항의 개정규정에도 불구하고 2015년에 편성되는 예산안의 경우 관계 행정기관의 장은 그 예산요구서를 2015년 6월 30일까지 국민안전처장관에게 제출하여야 하고, 국민안전처장관은 2015년 7월 20일까지 기획재정부장관에게 제출하여야 한다.

제3조【민간소유 시설 등의 위기상황 매뉴얼 작성에 관한 특례】 제34조의6제1항의 개정규정에 따른 민간시설 등의 소유자·관리자 또는 점유자는 부칙 제1조제2호에 따른 개정규정의 시행일 후 3개월 이내에 위기상황 매뉴얼을 작성·관리하여야 한다.

제4조【재난현장 통합지휘소의 명칭 변경에 관한 경과조치】 이 법 시행 당시 운영 중인 재난현장 통합지휘소는 제16조제3항의 개정규정에 따른 재난현장 통합지원본부로 본다.

제5조【특정관리대상시설등의 지정에 관한 경과조치】 이 법 시행 전에 종전의 제27조제1항에 따라 재난관리책임기관의 장이 지정한 특정관리대상시설등은 제27조제1항의 개정규정에 따라 중앙행정기관의 장 또는 지방자치단체의 장이 각각 지정한 것으로 본다.

제6조【재난관리에 대한 징계 요구에 관한 경과조치】 ① 제77조제2항의 개정규정에도 불구하고 이 법 시행 전에 지시를 위반하거나 부과된 임무를 게을리한 행위에 대해서는 종전의 규정에 따른다.
② 제77조제3항의 개정규정에도 불구하고 이 법 시행 전에 현장지휘에 따르지 아니하거나 부과된 임무를 게을리한 행위에 대해서는 종전의 규정에 따른다.

제7조【종전의 규정에 따른 고시·처분 및 계속 중인 행위에 관한 경과조치】 이 법 시행 전에 종전의 규정에 따라 안전행정부장관 또는 소방방재청장이 행한 고시·행정처분, 그 밖의 행위와 안전행정부장관 또는 소방방재청장에 대한 신청·신고, 그 밖의 행위는 각각 국민안전처장관의 행위 또는 국민안전처장관에 대한 행위로 본다.
제8조【다른 법률의 개정】 ※(해당 법령에 가제정리 하였음)

부 칙 (2017.1.17 법14553호)

제1조【시행일】 이 법은 공포 후 1년이 경과한 날부터 시행한다. 다만, 제22조제1항·제4항·제5항, 제23조부터 제25조까지, 제36조 및 법률 제13752호 재난 및 안전관리 기본법 일부개정법률 제38조의2의 개정규정은 공포한 날부터 시행한다.
제2조【국가기반체계 보호계획의 수립 등에 관한 적용례】 제26조의2의 개정규정은 이 법 시행 전에 지정된 국가기반시설의 경우에 대해서도 적용한다.
제3조【사회재난 원인제공자에 대한 비용 청구에 관한 적용례】 제66조제6항의 개정규정은 이 법 시행 후 발생한 사회재난의 경우부터 적용한다.
제4조【지원 금품의 양도 등의 금지에 관한 적용례 등】 ① 제66조제7항의 개정규정은 이 법 시행 전에 발생한 사회재난에 대하여 이 법 시행 후 그 구호 및 복구를 위한 지원을 하는 경우에 대해서도 적용한다.
② 이 법 시행 전에 자연재난의 구호 및 복구를 위하여 지급된 복구비용·구호금품 및 이를 지급받을 권리에 대해서는 제66조제7항의 개정규정에도 불구하고 종전의 「자연재해대책법」 제71조에 따른다.
제5조【복구비등의 선지급에 관한 적용례 등】 ① 제66조의2의 개정규정은 이 법 시행 후 발생한 사회재난의 경우부터 적용한다.
② 이 법 시행 전에 종전의 「자연재해대책법」 제51조제2항에 따라 자연재해로 인한 복구비의 선지급을 위하여 한 피해 물량 등의 신고는 제66조의2제2항의 개정규정에 따른 피해 물량 등의 신고로 본다.
제6조【복구비등의 반환에 관한 적용례 등】 ① 제66조의3의 개정규정은 이 법 시행 전에 지급된 사회재난으로 인한 피해의 복구비등에 대해서도 적용한다.
② 이 법 시행 전에 자연재해로 인한 복구비, 구호비 또는 위로금 등을 받은 경우의 반환명령 및 반환 절차 등에 관하여는 제66조의3의 개정규정에도 불구하고 종전의 「자연재해대책법」 제54조에 따른다.
제7조【개선권고 등에 대한 조치에 관한 경과조치】 이 법 시행 전에 종전의 제69조제4항 전단에 따라 행정안전부장관이 한 개선권고 등에 대한 조치에 관하여는 제69조제5항 후단의 개정규정에도 불구하고 종전의 제69조제4항 후단에 따른다.(2017.7.26 본항개정)
제8조【다른 법률의 개정】 ※(해당 법령에 가제정리 하였음)

부 칙 (2017.7.26)

제1조【시행일】 ① 이 법은 공포한 날부터 시행한다. 다만, 법률 제14553호 재난 및 안전관리 기본법 일부개정법률 제25조의2제6항, 제26조의2제3항·제4항, 제27조제3항·제4항, 제54조의2제1항·제2항 및 같은 조 제3항 전단, 제66조의3제1항 각 호 외의 부분, 제66조의9제1항제4호, 제69조제1항, 같은 조 제2항 각 호 외의 부분, 같은 항 제2호, 같은 조 제4항 전단, 같은 조 제5항 후단, 제73조의2제1항 각 호 외의 부분, 같은 항 제4호, 같은 조 제2항, 제73조의3제1항 각 호 외의 부분 본문, 같은 조 제2항, 같은 조 제3항, 제73조의4제1항, 같은 조 제3항 각 호 외의 부분 본문 및 같은 조 제4항 및 부칙 제7조의 개정규정은 2018년 1월 18일부터 시행한다.(이하 생략)

부 칙 (2018.9.18)

제1조【시행일】 이 법은 공포한 날부터 시행한다.
제2조【시설 복구 및 피해주민의 지원 등에 관한 적용례】 제3조제1호가목의 개정규정은 제66조제3항에 따른 시설의 복구 및 피해주민의 생계 안정을 위한 지원과 관련하여서는 2018년 7월 1일 이후의 자연재난부터 적용한다.

부 칙 (2019.12.3)

제1조【시행일】 이 법은 공포 후 6개월이 경과한 날부터 시행한다. 다만, 제4조, 제14조의2, 제32조, 제33조의2, 제33조의3, 제34조의5, 제38조의2, 제40조, 제42조, 제66조의4, 제77조, 제78조, 제81조의 개정규정은 공포한 날부터 시행한다.
제2조【정부합동 안전 점검에 관한 적용례】 제32조제4항부터 제6항까지의 개정규정은 이 법 시행 이후 실시하는 정부합동 안전 점검부터 적용한다.
제3조【재난관리체계 등에 대한 평가에 관한 적용례】 제33조의2의 개정규정은 이 법 시행 이후 실시하는 재난관리체계 등에 대한 평가부터 적용한다.
제4조【재난관리 실태 공시에 관한 적용례】 제33조의3제1항의 개정규정은 이 법 시행일이 속하는 회계연도에 대한 재난관리기금의 적립 및 집행 현황에 대한 공시부터 적용한다.

부 칙 (2020.6.9)

제1조【시행일】 이 법은 공포 후 1년이 경과한 날부터 시행한다. 다만, 제14조제5항 및 제48조제2항의 개정규정은 공포한 날부터 시행하고, 제10조의4, 제17조의3 및 제77조의2의 개정규정은 공포 후 6개월이 경과한 날부터 시행한다.
제2조【지방자치단체의 재난 및 안전관리 사업예산의 사전검토 등에 관한 적용례】 제10조의4의 개정규정은 이 법 시행일이 속하는 회계연도의 다음 다음 회계연도부터 적용한다.

부 칙 (2020.8.18)

이 법은 2020년 12월 10일부터 시행한다.

부 칙 (2020.10.20)

제1조【시행일】 이 법은 공포 후 6개월이 경과한 날부터 시행한다.
제2조【재난 발생 시 긴급구조활동 등에 참여한 자원봉사자 등에 대한 보상에 관한 적용례】 제65조제1항의 개정규정은 이 법 시행 이후 응급조치나 긴급구조활동을 하는 경우부터 적용한다.

부 칙 (2020.12.22)

이 법은 공포 후 6개월이 경과한 날부터 시행한다.

부 칙 (2021.6.8)

제1조【시행일】 이 법은 공포 후 6개월이 경과한 날부터 시행한다.(이하 생략)

부 칙 (2022.1.4 법18684호)

이 법은 공포 후 3개월이 경과한 날부터 시행한다.

부 칙 (2022.1.4 법18685호)
(2023.1.17)

제1조【시행일】 이 법은 공포 후 1년이 경과한 날부터 시행한다.(이하 생략)

부 칙 (2023.3.14)

제1조【시행일】 이 법은 공포 후 6개월이 경과한 날부터 시행한다.(이하 생략)

부 칙 (2023.5.16)

제1조【시행일】 이 법은 공포 후 3개월이 경과한 날부터 시행한다.
제2조【소상공인에 대한 국고보조 등의 지원에 관한 적용례】 제66조제3항제5호의2의 개정규정은 이 법 공포 후 시행 전에 재난이 발생하여 같은 항에 따른 지원을 하는 경우에도 적용한다.

부 칙 (2023.12.26)

제1조【시행일】 이 법은 공포 후 6개월이 경과한 날부터 시행한다. 다만, 제65조제1항 및 제66조의11의 개정규정은 공포 후 3개월이 경과한 날부터 시행한다.
제2조【재난취약시설보험등에 관한 적용례】 제76조의5제7항의 개정규정은 이 법 시행 이후 재난취약시설보험등에 관한 계약을 체결하거나 갱신하는 경우부터 적용한다.

부 칙 (2024.1.16)

제1조【시행일】 이 법은 공포 후 6개월이 경과한 날부터 시행한다. 다만, 제4조제3항의 개정규정은 공포한 날부터 시행한다.
제2조【시·도지사의 재난사태 선포에 관한 적용례】 제11조제1항 및 제36조의 개정규정은 이 법 시행 이후 재난이 발생하거나 발생할 우려가 있는 경우부터 적용한다.

재난안전통신망법

(2021년 6월 8일
법 률 제18206호)

제1장 총 칙

제1조【목적】 이 법은 「재난 및 안전관리 기본법」 제34조의8에 따라 재난관리책임기관·긴급구조기관 및 긴급구조지원기관이 공동으로 사용하는 재난안전통신망의 구축, 운영 및 사용 등에 관한 사항을 정함으로써 신속하고 정확한 의사소통을 지원하고 재난의 예방·대비·대응·복구와 안전관리가 효과적·체계적으로 이루어지도록 하는 것을 목적으로 한다.
제2조【정의】 ① 이 법에서 사용하는 용어의 뜻은 다음과 같다.
1. "재난안전통신"이란 「재난 및 안전관리 기본법」(이하 "기본법"이라 한다) 제3조제3호에 따른 재난관리 및 같은 조 제4호에 따른 안전관리(이하 "재난안전관리"라 한다)에 사용하기 위하여 유선·무선·광선이나 그 밖의 전자적 방식으로 모든 종류의 부호·문언(文言)·음향 또는 영상을 송신하거나 수신하는 것을 말한다.
2. "재난안전통신설비"란 재난안전통신을 하기 위한 기계·기구·선로(線路)와 그 밖에 재난안전통신에 관련된 설비를 말한다.
3. "재난안전 관련기관"이란 기본법 제3조제5호에 따른 재난관리책임기관, 같은 조 제7호에 따른 긴급구조기관 및 같은 조 제8호에 따른 긴급구조지원기관을 말한다.
4. "재난안전통신망"이란 기본법 제3조제11호에 따른 재난안전통신망을 말한다.
② 제1항에서 정한 사항 외에 이 법에서 사용하는 용어의 뜻은 기본법에서 정하는 바에 따른다.
제3조【다른 법률과의 관계】 ① 재난안전통신망의 구축 및 운영 등에 관하여 이 법에서 정한 사항이 「전기통신사업법」, 「전파법」 등 다른 법률과 다른 경우에는 이 법에서 정하는 바에 따른다.
② 재난안전통신망의 구축 및 운영 등에 관하여 이 법에서 규정한 것을 제외하고는 「전기통신사업법」 및 「전파법」을 준용한다.

제2장 재난안전통신망의 구축 및 운영에 관한 기본계획 등

제4조【재난안전통신망의 구축 및 운영에 관한 기본계획】 ① 행정안전부장관은 재난안전통신망을 효과적·체계적으로 구축 및 운영하기 위하여 5년마다 재난안전통신망의 구축 및 운영에 관한 기본계획(이하 "기본계획"이라 한다)을 수립하여야 한다.
② 기본계획에는 다음 각 호의 사항이 포함되어야 한다.
1. 재난안전통신망 정책의 기본방향 및 목표
2. 재난안전통신망 구축 및 고도화
3. 재난안전통신망의 운영 및 이용
4. 재난안전통신망의 통화권 확대
5. 재난안전통신망의 보호 및 안전성 확보
6. 재난안전통신 관련 기술·서비스의 개발
7. 재난안전통신 관련 기술·서비스의 국외 진출 및 국제협력
8. 그 밖에 재난안전통신망의 구축 및 운영에 필요한 사항
③ 행정안전부장관은 기본계획을 수립하려면 다음 각 호의 재난안전 관련기관의 장과 미리 협의하여야 한다.
1. 과학기술정보통신부장관
2. 경찰청장
3. 소방청장
4. 해양경찰청장
5. 그 밖에 대통령령으로 정하는 재난안전 관련기관의 장
④ 행정안전부장관은 기본계획을 수립하거나 변경하려는 경우에는 기본법 제9조에 따른 중앙안전관리위원회의 심의를 거쳐야 한다. 다만, 대통령령으로 정하는 경미한 사항을 변경하려는 경우에는 그러하지 아니하다.
⑤ 제1항부터 제4항까지에서 규정한 사항 외에 기본계획의 수립 등에 필요한 사항은 대통령령으로 정한다.
제5조【재난안전통신망의 구축 및 운영에 관한 시행계획】 ① 행정안전부장관은 기본계획을 시행하기 위한 시행계획을 매년 수립·시행하여야 한다.
② 제1항에 따른 시행계획에는 다음 각 호의 사항이 포함되어야 한다.
1. 기본계획의 해당 연도 시행을 위한 세부 실행계획
2. 재난안전통신망의 이용·보급 확대를 위한 장비 및 시설의 도입·교체 등에 관한 단계별 추진 계획
3. 그 밖에 재난안전통신망의 구축 및 운영에 필요한 세부 추진 사항
제6조【재난안전 관련기관의 재난안전통신망 활용계획】 ① 재난안전 관련기관으로서 대통령령으로 정하는 기관의 장은 매년 재난안전통신망을 효과적으로 사용하기 위한 기관별 활용계획을 수립·시행하여야 한다.

② 제1항에 따른 활용계획에는 다음 각 호의 사항이 포함되어야 한다.
1. 재난안전통신망 활용을 위한 단말기 등의 신규 도입·교체
2. 재난안전통신망을 활용한 기관별 재난대응절차의 수립 및 보완
3. 재난안전통신망과 재난안전 관련기관의 정보시스템과의 연계 및 정보의 공동이용
4. 재난안전통신망 사용자 교육·훈련
5. 재난안전통신설비의 공동사용 및 관리
6. 재난안전통신망 통화권 확대
7. 그 밖에 재난안전통신망 사용에 필요한 사항
③ 제1항에 따라 재난안전통신망 활용계획을 수립하는 기관의 장은 제1항에 따른 활용계획을 수립하기 전에 미리 행정안전부장관과 협의하여야 한다.

제3장 재난안전통신망의 구축 및 운영

제7조【재난안전통신망의 구축 등】 ① 행정안전부장관은 체계적인 재난안전관리를 위하여 재난안전통신망을 구축하여야 한다.
② 행정안전부장관은 무선통신기술의 발전과 재난안전통신과 관련된 국제 표준의 변화 등을 고려하여 재난안전통신망을 지속적으로 고도화하여야 한다.
③ 행정안전부장관은 재난안전통신망의 구축을 위하여 필요하다고 인정하는 경우에는 다른 행정기관 및 공공기관의 장에게 해당 기관이 운영하는 정보통신망 또는 정보통신설비 등과의 연계를 요청할 수 있다. 이 경우 요청을 받은 행정기관 및 공공기관의 장은 특별한 사유가 없으면 이에 응하여야 한다.
제8조【재난안전통신망의 운영·관리】 ① 행정안전부장관은 재난안전통신망의 운영·관리에 관한 사항을 관장하고, 재난안전통신망의 운영·관리를 위하여 필요한 인력, 시설, 장비 등을 갖추어야 한다.
② 재난안전 관련기관의 장은 재난안전통신망의 효율적인 운영·관리를 위한 행정안전부장관의 요청 등에 적극 응하여야 한다.
③ 재난안전 관련기관은 그가 설치한 관제시설, 지령장치와 그 회선 및 단말기 등의 재난안전통신설비에 대한 유지·관리를 담당하며, 재난안전통신설비의 적절한 운영·관리를 위하여 필요한 인력, 시설, 장비 등을 갖추도록 노력하여야 한다.
④ 제1항부터 제3항까지에서 규정한 사항 외에 재난안전통신망의 운영 및 관리에 필요한 사항은 대통령령으로 정한다.
제9조【전기통신사업자 등에 대한 전기통신설비 등의 사용·제공 요청 등】 ① 행정안전부장관은 재난안전통신망의 효율적인 구축·운영을 위하여 필요한 경우에는 「전기통신사업법」에 따른 전기통신설비 또는 도로, 철도, 지하철도, 상·하수도, 전기설비, 전기통신회신설비 등을 건설·소유·운용·관리하는 자(이하 "전기통신사업자등"이라 한다)에 요청하여 전기통신설비 또는 관로(管路)·공동구(共同溝)·전주(電柱)·케이블이나 국사(局舍) 등의 시설 또는 설비(이하 이 장에서 "전기통신설비등"이라 한다)를 사용하거나 제공받을 수 있다.
② 행정안전부장관은 제1항에 따라 전기통신설비등을 사용하거나 제공받으려면 그 대가·범위·절차·방법 등에 관하여 전기통신사업자등과 업무협약을 체결하여야 한다. 다만, 행정안전부장관은 재난이 발생하거나 발생할 우려로 미리 업무협약을 체결할 수 없는 급박한 사정이 있는 경우에는 제1항에 따라 전기통신설비등을 사용하고 사후에 그 대가 등에 대하여 협의할 수 있다.
③ 제1항 및 제2항에 따른 전기통신설비등의 사용·제공과 업무협약 체결 등에 필요한 사항은 대통령령으로 정한다.
제10조【무선통신시설의 공동이용】 ① 행정안전부장관과 전기통신사업자등은 업무협약을 체결하여 상호 간에 무선통신시설을 공동으로 이용할 수 있다.
② 행정안전부장관과 전기통신사업자등은 제1항에 따라 무선통신시설을 공동이용하려는 경우에는 미리 무선통신시설 공동이용의 대가·범위·절차·방법 등에 관하여 업무협약을 체결하여야 한다.
③ 제1항 및 제2항에 따른 무선통신시설의 공동이용과 업무협약 체결 등에 필요한 사항은 대통령령으로 정한다.
제11조【재난안전통신설비의 접속】 ① 행정안전부장관과 전기통신사업자등은 상호 간에 통신역무의 제공이 가능하도록 재난안전통신설비와 전기통신설비를 접속할 수 있다.
② 행정안전부장관과 전기통신사업자등은 제1항에 따라 재난안전통신설비와 전기통신설비를 접속하려면 전기통신사업자등과 접속의 대가·범위·절차·방법 등에 관하여 업무협약을 체결하여야 한다.
③ 제1항 및 제2항에 따른 재난안전통신설비와 전기통신설비와의 접속과 업무협약 체결 등에 필요한 사항은 대통령령으로 정한다.
제12조【기술정보의 제공】 ① 행정안전부장관은 다음 각 호의 어느 하나에 해당하는 경우에는 해당 전기통신사업자등에게 관련 기술정보의 제공을 요청할 수 있다.
1. 제9조에 따른 전기통신설비등의 사용·제공
2. 제10조에 따른 무선통신시설의 공동이용
3. 제11조에 따른 재난안전통신설비와 전기통신설비와의 접속
② 행정안전부장관은 제1항에 따라 기술정보를 제공받으려면 전기통신사업자등과 기술정보 제공의 대가·범위·절차·방법 등에 관하여 협의하여야 한다.
③ 누구든지 제2항에 따라 제공받은 기술정보를 제공받은 목적 외의 용도로 사용하거나 제3자에게 제공해서는 아니 된다.
④ 제2항에 따른 기술정보의 제공 절차, 방법과 업무협약 체결 등에 필요한 사항은 대통령령으로 정한다.
제13조【건물과 토지에의 출입 등】 ① 재난안전통신설비의 설치·보수, 재난안전통신설비 설치를 위한 조사·측량에 종사하는 사람은 그 설치·보수나 조사·측량을 위하여 필요할 때에는 타인의 건물 또는 토지에 출입하거나 그 토지에 표지물을 설치할 수 있다. 이 경우 출입하려는 곳이 주거용 건물인 경우에는 거주자의 승낙을 받아야 한다.
② 제1항에 따라 타인의 건물 또는 토지에 출입하려는 사람은 대통령령으로 정하는 바에 따라 권한을 표시하는 증표를 지니고 점유자나 관계인에게 보여 주어야 한다.
제14조【토지 등의 사용】 ① 행정안전부장관은 재난안전통신설비를 설치하거나 보수하는 데에 필요한 경우에는 국유·공유 또는 사유(私有)의 토지와 그 토지에 붙어 있는 인공구조물이나 수면·수저(水底) 또는 공공시설물(이하 "토지등"이라 한다)을 사용할 수 있다.
② 제1항에 따라 토지등을 사용할 때에는 토지등의 관할 관청과 소유자 또는 점유자와 미리 협의하여야 한다. 이 경우 토지등의 소유자 또는 점유자의 주소나 거소가 분명하지 아니하여 협의할 수 없을 때에는 그 사용 목적 및 기간과 그 밖에 필요한 사항을 대통령령으로 정하는 바에 따라 공고하여야 한다.
③ 행정안전부장관은 제2항에 따른 협의가 성립되지 아니하거나 협의를 할 수 없으면 「공익사업을 위한 토지 등의 취득 및 보상에 관한 법률」에서 정하는 바에 따라 타인의 토지등을 사용할 수 있다.
제15조【인공구조물의 제거 등】 ① 행정안전부장관은 이동할 수 있는 인공구조물·매설물(埋設物)·기기(器機)·죽목(竹木)이나 그 밖의 식물(이하 "인공구조물등"이라 한다)이 재난안전통신설비를 설치하는 데에 장애가 되거나 재난안전통신의 전파장애를 일으키는 경우에는 그 소유자 또는 점유자에게 철거·상태변경·벌채(伐採) 또는 이식(이하 "제거"라 한다)을 요구할 수 있다.
② 행정안전부장관은 인공구조물등의 소유자 또는 점유자가 제1항에 따른 요구에 따르지 아니하거나 인공구조물등을 제거할 수 없는 부득이한 사유가 있을 때에는 그 소유자 또는 점유자에게 미리 통지하고 인공구조물등을 제거할 수 있다. 이 경우 국가 또는 지방자치단체가 소유 또는 점유하는 대통령령으로 정하는 인공구조물등에 대해서는 미리 관계 행정기관의 장과 협의하여야 한다.
③ 제1항 및 제2항의 경우에 인공구조물등의 소유자 또는 점유자의 주소나 거소가 분명하지 아니할 때에는 인공구조물등의 제거에 관한 사항을 대통령령으로 정하는 바에 따라 공고하여야 한다.

제4장 재난안전통신망의 사용

제16조【재난안전통신망의 사용】 ① 재난안전 관련기관은 다음 각 호의 활동을 하는 경우에는 재난안전통신망을 사용하여야 한다.
1. 재난의 대응 및 복구과정에서 재난안전 관련기관 간 상황의 지시, 보고 및 전파
2. 기본법 제37조에 따른 응급조치 등 행정안전부장관이 재난안전통신망의 사용이 필요하다고 정하여 고시하는 활동
② 제1항에서 규정한 사항 외에 재난안전통신망의 사용에 필요한 사항은 대통령령으로 정한다.
제17조【재난안전통신망 사용 절차 등의 마련】 ① 재난안전 관련기관은 재난안전통신망의 사용에 관하여 행정안전부장관이 정하여 고시하는 절차와 방법을 따라야 한다.
② 행정안전부장관은 재난안전통신망의 사용과 관련하여 재난안전 관련기관에 필요한 재난안전대응 절차를 연구·개발하여 보급할 수 있다.
제18조【재난안전관리 정보서비스 제공】 행정안전부장관은 대통령령으로 정하는 바에 따라 재난안전통신망과 기본법 제74조제1항에 따른 재난관리정보통신체계 등을 연계하여 재난안전관리에 필요한 정보서비스를 제공할 수 있다.
제19조【재난안전통신망의 상호 운용성 확보 등】 행정안전부장관은 재난안전통신망과 주파수 대역을 공동으로 사용하는 공공통신망과의 상호 운용성을 확보하기 위하여 관계 행정기관 또는 공공기관과 협력체계를 구축하는 등 필요한 조치를 하여야 한다.
제20조【재정적 지원】 국가는 재난안전통신망의 구축 및 운영과 관련하여 재난안전 관련기관에 필요한 재정의 일부를 지원할 수 있다.

제5장 재난안전통신망의 보호 및 개발촉진

제21조【재난안전통신망의 보호조치】 ① 행정안전부장관 및 재난안전 관련기관의 장은 재난안전통신망의 안정적 운영을 위하여 다음 각 호의 보호조치를 하여야 한다.
1. 정당한 권한이 없는 자가 재난안전통신설비 또는 재난안전통신망에 접근·침입하는 것을 방지하거나 대응하기 위한 방안을 마련할 것
2. 재난안전통신망용 단말기의 분실·도난 및 정보유출·변조·삭제 등을 방지하기 위한 방안을 마련할 것
3. 재난안전통신망에 장애가 발생한 경우에는 신속하게 복구하고 재발방지를 위한 방안을 마련할 것
② 재난안전통신 사무에 종사하고 있거나 종사하였던 사람은 직무상 알게 된 비밀을 누설해서는 아니 된다.
③ 누구든지 재난안전 관련기관이 취급 중에 있는 재난안전통신의 비밀을 침해하거나 누설해서는 아니 된다.
제22조【재난안전통신의 보호】 ① 누구든지 재난안전통신설비를 파손하여 그 기능에 장애를 일으키거나 재난안전통신을 방해해서는 아니 된다.
② 누구든지 재난안전통신설비에 물건을 던지거나 동물·배 또는 뗏목 따위를 매는 등의 방법으로 재난안전통신설비를 더럽히고 손상하거나 재난안전통신설비의 표지물 등을 훼손해서는 아니 된다.
제23조【재난안전통신망 기술 등의 개발·발전의 촉진 등】 ① 행정안전부장관은 재난안전통신, 재난안전통신설비 및 재난안전통신망과 관련된 기술(이하 이 조에서 "재난안전통신망기술등"이라 한다)의 개발 및 발전을 촉진하기 위하여 다음 각 호의 사항을 추진할 수 있다.
1. 재난안전통신망기술등의 개발 및 발전전략 수립
2. 개발된 재난안전통신망기술등의 권리 확보, 실용화 및 이용 활성화
3. 재난안전통신망기술등의 국내외 협력 및 정보교류
4. 재난안전통신망기술등의 운영, 유지·보수, 관련 인력 양성 및 교육
5. 재난안전통신망기술등의 적합성 확보
6. 그 밖에 재난안전통신망기술등의 개발 및 발전에 필요한 사항
② 행정안전부장관은 재난안전통신망의 효과적인 구축 및 운영을 위하여 재난안전통신망기술등의 표준화가 필요한 경우 과학기술정보통신부장관에게 다음 각 호의 사항을 요청할 수 있다.
1. 재난안전통신망기술등에 관한 표준의 제정·개정 및 폐지와 보급
2. 재난안전통신망기술등의 국내외 표준의 조사·연구 및 개발
3. 그 밖에 재난안전통신망기술등의 표준화에 필요한 사항
제24조【자료의 수집】 ① 행정안전부장관은 재난안전통신망의 효율적 운영 및 관리를 위하여 재난안전 관련기관의 재난안전통신망 사용 현황에 관한 자료를 수집·분석할 수 있다.
② 행정안전부장관은 재난안전 관련기관의 장에게 자료 수집·분석에 필요한 협조를 요청할 수 있다. 이 경우 재난안전 관련기관의 장은 특별한 사정이 없으면 요청에 응하여야 한다.

제6장 보 칙

제25조【업무의 위탁】 이 법에 따른 행정안전부장관의 업무는 대통령령으로 정하는 바에 따라 그 일부를 관련기관이나 법인 또는 단체에 위탁할 수 있다.
제26조【원상회복의 의무 및 손실보상】 ① 행정안전부장관은 제13조에 따른 표지물의 설치 및 제14조에 따른 토지등의 사용 시 더 이상 재난안전통신 업무에 제공할 필요가 없게 되면 지체 없이 그 토지등을 원상으로 회복하여야 하고, 원상으로 회복하지 못하는 경우에는 그 소유자나 점유자가 입은 손실에 대하여 정당한 보상을 하여야 한다.
② 행정안전부장관은 다음 각 호의 사유로 발생한 손실에 대하여 정당한 보상을 하여야 한다.
1. 제13조제1항에 따른 출입 또는 표지물의 설치
2. 제14조제1항에 따른 토지등의 사용
3. 제15조에 따른 인공구조물등의 제거
③ 제1항 및 제2항에 따른 손실보상의 청구는 손실이 있음을 안 날부터 1년 또는 손실이 발생한 날부터 3년 이내에 하여야 한다.

④ 행정안전부장관은 제3항에 따른 손실보상 청구를 받았을 때에는 청구를 받은 날부터 3개월 이내에 보상금액을 결정하여 청구인에게 서면으로 통지하여야 한다.
⑤ 제1항부터 제4항까지에서 규정한 사항 외에 손실보상의 기준 및 절차 등은 대통령령으로 정한다.

제7장 벌 칙

제27조【벌칙】 ① 제22조제1항을 위반하여 재난안전통신설비를 파손하여 그 기능에 장애를 일으키거나 재난안전통신을 방해한 자는 5년 이하의 징역 또는 5천만원 이하의 벌금에 처한다.
② 제21조제2항을 위반하여 재난안전통신 사무에 종사하고 있거나 종사하였던 사람이 직무상 알게 된 비밀을 누설하였을 때에는 3년 이하의 징역 또는 3천만원 이하의 벌금에 처한다.
③ 다음 각 호의 어느 하나에 해당하는 자는 2년 이하의 징역 또는 2천만원 이하의 벌금에 처한다.
1. 제12조제3항을 위반하여 제공받은 기술정보를 제공받은 목적 외의 용도로 사용하거나 제3자에게 제공한 자
2. 제13조 및 제14조에 따른 재난안전통신설비의 설치·보수 또는 조사·측량을 정당한 사유 없이 방해한 자
3. 제21조제3항을 위반하여 재난안전통신의 비밀을 침해하거나 누설한 자
④ 제22조제2항을 위반하여 재난안전통신설비를 더럽히고 손상하거나 재난안전통신설비의 표지물 등을 훼손한 자는 300만원 이하의 벌금 또는 과료(科料)에 처한다.
제28조【미수범】 제27조제1항·제2항 및 같은 조 제3항제2호·제3호의 미수범은 처벌한다.
제29조【과태료】 ① 제13조제1항에 따른 건물 또는 토지에의 출입을 정당한 사유 없이 방해한 자에게는 3천만원 이하의 과태료를 부과한다.
② 제1항에 따른 과태료는 대통령령으로 정하는 바에 따라 행정안전부장관이 부과·징수한다.

부 칙

제1조【시행일】 이 법은 공포 후 6개월이 경과한 날부터 시행한다.
제2조【다른 법률의 개정】 ※(해당 법령에 가제정리 하였음)

재난관리자원의 관리 등에 관한 법률(약칭 : 재난관리자원법)

(2023년 1월 17일
법 률 제19213호)

제1장 총 칙

제1조【목적】 이 법은 재난관리자원의 관리 등에 관한 사항을 규정함으로써 재난관리자원을 체계적이고 효율적으로 관리하고, 재난이 발생할 우려가 있거나 발생하였을 때에 재난관리자원을 신속하고 안정적으로 동원하여 국민의 생명·신체 및 재산을 보호함을 목적으로 한다.
제2조【정의】 이 법에서 사용하는 용어의 뜻은 다음과 같다.
1. "재난관리자원"이란 「재난 및 안전관리 기본법」(이하 "기본법"이라 한다) 제3조제3호에 따른 재난관리(이하 "재난관리"라 한다)를 위하여 필요한 물품, 재산 및 인력 등 물적·인적 자원을 말한다.
2. "재난관리물품"이란 다음 각 목의 어느 하나에 해당하는 물품으로서 재난관리자원으로 관리하는 물품을 말한다.
 가. 「물품관리법」 제2조제1항에 따른 물품
 나. 「공유재산 및 물품 관리법」 제2조제2호에 따른 물품
 다. 그 밖에 가목 및 나목에 준하는 물품으로서 대통령령으로 정하는 물품
3. "재난관리재산"이란 다음 각 목의 어느 하나에 해당하는 재산으로서 재난관리자원으로 관리하는 재산을 말한다.
 가. 「국유재산법」 제5조제1항제1호부터 제3호까지에 해당하는 국유재산
 나. 「공유재산 및 물품 관리법」 제4조제1항제1호부터 제3호까지에 해당하는 공유재산
 다. 그 밖에 가목 및 나목에 준하는 재산으로서 대통령령으로 정하는 재산
4. "재난관리인력"이란 제10호에 따른 관리기관 및 제42조제2항에 따라 관리기관의 장이 미리 협의하거나 협약한 기관·단체 또는 법인에 소속된 다음 각 목의 어느 하나에 해당하는 인력으로서 재난관리자원으로 관리하는 인력을 말한다.
 가. 「국가기술자격법」이나 그 밖의 법령(외국의 법령을 포함한다)에 따른 자격이나 면허를 취득한 사람
 나. 「자원봉사활동 기본법」 제3조제2호에 따른 자원봉사자
 다. 그 밖에 재난관리에 관한 학식과 경험이 풍부한 사람
5. "공급업자"란 다음 각 목의 어느 하나에 해당하는 자를 말한다.
 가. 재난관리자원의 제조를 업(業)으로 하는 자
 나. 재난관리자원의 판매, 대여 또는 임대를 업으로 하는 자
 다. 재난관리자원을 사용·활용하는 용역의 제공을 업으로 하는 자
6. "공급망관리"란 재난관리자원 또는 재난관리자원에 관한 정보가 공급업자로부터 사용자에게 전달되는 일련의 과정을 감독하여 처리·관리하는 것을 말한다.
7. "공급망관리체계"란 효율적인 공급망관리 활동을 위하여 시설·장비·정보·조직 및 인력 등이 서로 유기적으로 기능을 발휘할 수 있도록 연계된 집합체를 말한다.
8. "재난관리물류"란 재난관리자원이 공급업자로부터 생산·조달되어 사용자에게 전달되거나 사용자로부터 회수되어 폐기될 때까지 이루어지는 운송·보관 및 하역(荷役) 등과 이에 부가되는 가공·조립·분류·수리·포장·상표부착·판매·정보통신 등을 말한다.
9. "재난관리물류체계"란 효율적인 재난관리물류 활동을 위하여 시설·장비·정보·조직 및 인력 등이 서로 유기적으로 기능을 발휘할 수 있도록 연계된 집합체를 말한다.
10. "관리기관"이란 다음 각 목의 기관을 말한다.
 가. 기본법 제3조제5호에 따른 재난관리책임기관
 나. 「공공기관의 운영에 관한 법률」에 따른 공공기관으로서 소관 재난관리자원의 체계적·효율적인 관리를 위하여 대통령령으로 정하는 공공기관
 다. 「지방공기업법」에 따른 지방공기업으로서 소관 재난관리자원의 체계적·효율적인 관리를 위하여 대통령령으로 정하는 지방공기업
제3조【국가 등의 책무】 ① 국가 및 지방자치단체는 재난관리자원의 관리에 필요한 시책을 수립·시행하여야 한다.
② 사업자와 국민은 국가 또는 지방자치단체가 실시하는 재난관리자원의 관리에 관한 시책에 적극 협력하여야 한다.
제4조【재난관리자원의 관리에 관한 업무의 총괄·조정】 행정안전부장관은 국가 및 지방자치단체가 행하는 재난관리자원의 관리에 관한 업무를 총괄·조정한다.
제5조【다른 법률과의 관계】 ① 재난관리자원의 관리 등에 관하여 다른 법률에 특별한 규정이 있는 경우를 제외하고는 이 법에서 정하는 바에 따른다.
② 재난관리자원의 관리 등에 관하여 이 법에서 정하지 아니한 사항은 「물품관리법」 및 「공유재산 및 물품 관리법」 등 다른 법률에서 정하는 바에 따른다.

제2장 공급망관리체계 및 재난관리물류체계

제1절 공급망관리체계

제6조【공급망관리체계의 구축】 ① 행정안전부장관은 재난관리를 위하여 공급망관리체계를 안정적으로 구축하여야 한다.
② 관계 중앙행정기관의 장은 대통령령으로 정하는 바에 따라 소관 재난관리업무에 필요한 재난관리자원의 공급망관리체계를 행정안전부장관과 공동으로 구축할 수 있다.
제7조【공급망관리정보의 조사】 ① 행정안전부장관은 공급망관리체계를 구축하기 위하여 공급업자의 현황 등 대통령령으로 정하는 공급망관리에 필요한 정보(이하 "공급망관리정보"라 한다)를 조사할 수 있다.
② 행정안전부장관은 다음 각 호의 자에게 제1항에 따른 조사에 필요한 자료의 제출을 요청하거나 그 일부에 대하여 직접 조사하도록 요청할 수 있다. 이 경우 요청받은 자는 특별한 사정이 없으면 요청에 따라야 한다.
1. 관계 중앙행정기관의 장
2. 특별시장·광역시장·특별자치시장·도지사 및 특별자치도지사(이하 "시·도지사"라 한다)
3. 시장·군수·구청장(자치구의 구청장을 말한다. 이하 같다)
4. 공급업자가 회원으로 가입하는 사업자단체
제8조【공급망관리정보의 입력】 ① 제7조에 따라 공급망관리정보를 조사한 자는 조사 결과를 제46조에 따른 재난관리자원 통합관리시스템에 입력하여야 한다.
② 다음 각 호의 어느 하나에 해당하는 공급업자는 공급망관리정보를 제46조에 따른 재난관리자원 통합관리시스템에 입력하여야 한다.
1. 관리기관에 재난관리자원을 판매·대여 또는 임대하거나 판매·대여 또는 임대하려는 공급업자
2. 관리기관에 재난관리자원을 사용하거나 활용하는 용역을 제공하거나 제공하려는 공급업자
제9조【국가재난관리지원기업의 지정 등】 ① 행정안전부장관은 공급망관리체계의 원활한 구축 및 국가적 차원의 재난관리를 위하여 필요하다고 인정하는 경우에는 공급업자 중에서 제2항에 따른 임무에 관하여 미리 동의를 받은 공급업자를 국가재난관리지원기업으로 지정할 수 있다. 이 경우 공정하고 투명한 절차, 방법 및 기준에 따라야 하고, 그 지정 사실을 공개하여야 한다.
② 행정안전부장관은 제1항에 따라 지정한 국가재난관리지원기업(이하 "국가재난관리지원기업"이라 한다)에 그 지정에 따른 재난관리자원의 관리 및 동원에 관한 임무를 기재한 고지서를 송달(전자송달을 포함한다. 이하 같다)하여야 한다.
③ 국가재난관리지원기업은 행정안전부령으로 정하는 바에 따라 국가재난관리지원기업임을 나타내는 표시를 재난관리자원 등에 부착하거나 사용할 수 있다.
④ 국가재난관리지원기업이 아닌 자는 국가재난관리지원기업 또는 이와 유사한 명칭을 사용하지 못한다.
⑤ 그 밖에 국가재난관리지원기업의 지정 등에 필요한 구체적인 사항은 대통령령으로 정한다.
제10조【국가재난관리지원기업에 대한 준비조치】 ① 행정안전부장관은 대통령령으로 정하는 바에 따라 국가재난관리지원기업에 재난관리자원의 관리 및 동원에 관한 임무 수행에 필요한 범위에서 부담 능력을 고려하여 다음 각 호의 준비조치를 명할 수 있다.
1. 시설의 보강 또는 확장
2. 기술 개발
3. 공급망관리시스템의 구축 및 제46조에 따른 재난관리자원 통합관리시스템과의 연계
② 행정안전부장관은 제1항에 따른 준비조치명령을 하려는 경우에는 미리 해당 국가재난관리지원기업과 협의하거나 의견을 들어야 한다.
③ 행정안전부장관은 제1항에 따른 준비조치명령을 이행하는 국가재난관리지원기업에 대하여 행정적·재정적 지원을 할 수 있다.
제11조【국가재난관리지원기업의 지정 해제】 ① 행정안전부장관은 국가재난관리지원기업이 폐업·도산하거나 이 법 또는 이 법에 따른 명령을 위반한 경우 등 대통령령으로 정하는 사유가 발생하여 소관 임무를 수행할 수 없다고 인정하는 경우에는 그 지정을 해제하여야 한다.
② 행정안전부장관은 제1항에 따라 지정 해제를 한 경우에는 그 사실을 지체 없이 해당 공급업자에게 문서로 알려야 한다.
제12조【지역재난관리지원기업의 지정 등】 ① 시·도지사는 관할구역의 재난관리를 위하여 필요하다고 인정하는 경우에는 행정안전부장관과 협의한 후 관할구역에 있는 공급업자 중에서 제2항에 따른 임무에 관하여 미리

동의를 받은 공급업자를 관할구역 재난관리지원기업으로 지정할 수 있다. 이 경우 공정하고 투명한 절차, 방법 및 기준에 따라야 하고, 그 지정 사실을 공개하여야 한다.
② 시·도지사는 제1항에 따라 지정한 관할구역 재난관리지원기업(이하 "지역재난관리지원기업"이라 한다)에 그 지정에 따른 재난관리자원의 관리 및 동원에 관한 임무를 기재한 고지서를 송달하여야 하고, 행정안전부장관에게 그 지정 사실을 문서로 알려야 한다.
③ 지역재난관리지원기업은 특별시·광역시·특별자치시·도 또는 특별자치도(이하 "시·도"라 한다)의 조례로 정하는 바에 따라 지역재난관리지원기업임을 나타내는 표시를 해당 재난관리자원 등에 부착하거나 사용할 수 있다.
④ 지역재난관리지원기업이 아닌 자는 지역재난관리지원기업 또는 이와 유사한 명칭을 사용할 수 없다.
⑤ 그 밖에 지역재난관리지원기업의 지정 등에 필요한 구체적인 사항은 대통령령으로 정한다.

제13조【지역재난관리지원기업에 대한 준비조치】 ① 시·도지사는 대통령령으로 정하는 바에 따라 지역재난관리지원기업에 재난관리자원의 관리 및 동원에 관한 임무 수행에 필요한 범위에서 부담 능력을 고려하여 다음 각 호의 준비조치를 명할 수 있다.
1. 시설의 보강 또는 확장
2. 기술 개발
3. 공급망관리시스템의 구축 및 제46조에 따른 재난관리자원 통합관리시스템과의 연계

② 시·도지사는 제1항에 따른 준비조치명령을 하려는 경우에는 미리 해당 지역재난관리지원기업과 협의하거나 의견을 들어야 한다.
③ 시·도지사는 제1항에 따른 준비조치명령을 이행하는 지역재난관리지원기업에 대하여 행정적·재정적 지원을 할 수 있다.

제14조【지역재난관리지원기업의 지정 해제】 ① 시·도지사는 지역재난관리지원기업이 폐업·도산하거나 이 법 또는 이 법에 따른 명령을 위반한 경우 등 대통령령으로 정하는 사유가 발생하여 재난관리자원의 관리 및 동원에 관한 임무를 수행할 수 없다고 인정하는 경우에는 그 지정을 해제하여야 한다.
② 시·도지사는 제1항에 따라 지정 해제를 하려는 경우에는 미리 행정안전부장관과 협의하여야 한다.
③ 시·도지사는 제1항에 따라 지정 해제를 한 경우에는 그 사실을 지체 없이 해당 공급업자 및 행정안전부장관에게 문서로 알려야 한다.

제15조【수출금지 등】 ① 행정안전부장관은 재난관리자원의 급격한 가격상승 또는 공급부족으로 국민 안전을 현저하게 저해할 우려가 있을 때에는 그 재난관리자원의 수출이나 국외 반출을 금지할 수 있다.
② 행정안전부장관은 제1항에 따른 금지를 하려면 미리 관계 중앙행정기관의 장과 협의하여야 하고, 금지 기간을 미리 정하여 공표하여야 한다.

제2절 재난관리물류체계

제16조【재난관리물류체계의 구축】 ① 행정안전부장관은 재난관리자원의 원활한 공급 및 동원을 위하여 「물류정책기본법」 제2조제1항제2호에 따른 물류사업을 하는 자(이하 "물류기업"이라 한다)의 물류체계를 활용하여 재난관리물류체계를 안정적으로 구축하여야 한다.
② 행정안전부장관은 재난관리물류체계를 구축할 때에는 미리 국토교통부장관, 해양수산부장관 또는 산업통상자원부장관과 협의하거나 의견을 들을 수 있다.

제17조【국가재난관리물류기업의 지정 등】 ① 행정안전부장관은 재난관리물류체계의 원활한 구축 및 국가적 차원의 재난관리를 위하여 필요하다고 인정하는 경우에는 물류기업 중에서 제2항에 따른 임무에 관하여 미리 동의를 받은 물류기업을 국가재난관리물류기업으로 지정할 수 있다. 이 경우 공정하고 투명한 절차, 방법 및 기준에 따라야 하고, 그 지정 사실을 공개하여야 한다.
② 행정안전부장관은 제1항에 따라 지정한 국가재난관리물류기업(이하 "국가재난관리물류기업"이라 한다)에 그 지정에 따른 재난관리물류에 관한 임무를 기재한 고지서를 송달하여야 한다.
③ 국가재난관리물류기업은 행정안전부령으로 정하는 바에 따라 국가재난관리물류기업임을 나타내는 표시를 운송수단 등에 부착하거나 사용할 수 있다.
④ 국가재난관리물류기업이 아닌 자는 국가재난관리물류기업 또는 이와 유사한 명칭을 사용할 수 없다.
⑤ 그 밖에 국가재난관리물류기업의 지정 등에 필요한 구체적인 사항은 대통령령으로 정한다.

제18조【국가재난관리물류기업에 대한 준비조치】 ① 행정안전부장관은 대통령령으로 정하는 바에 따라 국가재난관리물류기업에 재난관리물류에 관한 임무 수행에 필요한 범위에서 부담 능력을 고려하여 다음 각 호의 준비조치를 명할 수 있다.
1. 효율적인 재난관리물류 활동을 위하여 필요한 물류시설 및 장비의 확충
2. 주요 물류시설과 운송수단과의 연계
3. 재난관리물류공동화의 추진
4. 재난관리물류시스템의 구축 및 제46조에 따른 재난관리자원 통합관리시스템과의 연계

② 행정안전부장관은 제1항에 따른 준비조치명령을 하려는 경우에는 미리 해당 국가재난관리물류기업과 협의하거나 의견을 들어야 한다.
③ 행정안전부장관은 제1항에 따른 준비조치명령을 이행하는 국가재난관리물류기업에 대하여 행정적·재정적 지원을 할 수 있다.

제19조【국가재난관리물류기업의 지정 해제】 ① 행정안전부장관은 국가재난관리물류기업이 폐업·도산하거나 이 법 또는 이 법에 따른 명령을 위반한 경우 등 대통령령으로 정하는 사유가 발생하여 재난관리물류에 관한 임무를 수행할 수 없다고 인정하는 경우에는 그 지정을 해제하여야 한다.
② 행정안전부장관은 제1항에 따라 지정 해제를 한 경우에는 그 사실을 지체 없이 해당 물류기업에 문서로 알려야 한다.

제3장 재난관리자원의 관리인력

제20조【자원관리관】 ① 관리기관의 장은 대통령령으로 정하는 바에 따라 소관 재난관리자원의 관리에 관한 사무를 소속 공무원 또는 직원(이하 "공무원등"이라 한다)에게 위임할 수 있고, 필요한 경우 다른 관리기관에 소속된 공무원등에게 위임할 수 있다.
② 제1항에 따라 재난관리자원의 관리에 관한 사무를 위임받은 공무원등을 자원관리관이라 한다.
③ 제1항에 따른 재난관리자원의 관리에 관한 사무의 위임은 특정한 직위를 지정하여 할 수 있다.
④ 자원관리관은 제1항에 따라 재난관리자원의 관리에 관한 사무를 위임받았을 때에는 지체 없이 그가 소속한 관리기관·부서 및 연락처 등 그에 관한 기본정보를 제46조에 따른 재난관리자원 통합관리시스템에 입력하여야 한다.

제21조【자원출납관】 ① 자원관리관(제23조제1항에 따라 그의 사무의 일부를 분장하는 공무원등을 포함한다. 이하 같다)은 대통령령으로 정하는 바에 따라 그가 소속한 관리기관의 공무원등에게 재난관리자원의 출납(出納) 및 보관에 관한 사무(출납명령에 관한 사무는 제외한다)를 위임하여야 한다.
② 제1항에 따라 재난관리자원의 출납 및 보관에 관한 사무를 위임받은 공무원등을 자원출납관이라 한다.
③ 제1항에 따른 재난관리자원의 출납 및 보관에 관한 사무의 위임은 특정한 직위를 지정하여 할 수 있다.
④ 자원출납관은 제1항에 따라 재난관리자원의 출납 및 보관에 관한 사무를 위임받았을 때에는 지체 없이 그가 소속한 관리기관·부서 및 연락처 등 그에 관한 기본정보를 제46조에 따른 재난관리자원 통합관리시스템에 입력하여야 한다.

제22조【자원운용관】 ① 자원관리관은 대통령령으로 정하는 바에 따라 그가 소속한 관리기관의 공무원등에게 재난관리업무의 목적과 용도에 따라 재난관리자원을 사용 또는 활용하게 하거나 사용 또는 활용 중인 재난관리자원의 관리에 관한 사무(이하 "재난관리자원의 사용·활용에 관한 사무"라 한다)를 위임하여야 한다.
② 재난관리자원의 사용·활용에 관한 사무를 위임받은 공무원등을 자원운용관이라 한다.
③ 재난관리자원의 사용·활용에 관한 사무의 위임은 특정한 직위를 지정하여 할 수 있다.
④ 자원운용관은 재난관리자원의 사용·활용에 관한 사무를 위임받았을 때에는 지체 없이 그가 소속한 관리기관·부서 및 연락처 등 그에 관한 기본정보를 제46조에 따른 재난관리자원 통합관리시스템에 입력하여야 한다.

제23조【관리기관의 분임 및 대리】 ① 관리기관의 장은 자원관리관의 사무의 일부를 분장하는 공무원등을, 자원관리관은 자원출납관의 사무의 일부를 분장하는 공무원등을 대통령령으로 정하는 바에 따라 각각 둘 수 있다.
② 관리기관의 장은 자원관리관이 부득이한 사유로 직무를 수행할 수 없을 때에는 그 사무를 대리하는 공무원등을, 자원관리관은 자원출납관 또는 자원운용관이 부득이한 사유로 직무를 수행할 수 없을 때에는 그 사무를 대리하는 공무원등을 대통령령으로 정하는 바에 따라 각각 지정할 수 있다.
③ 제1항 및 제2항에 따라 지정된 분임 공무원등 및 대리 공무원등은 지체 없이 그가 소속한 관리기관·부서 및 연락처 등 그에 관한 기본정보를 제46조에 따른 재난관리자원 통합관리시스템에 입력하여야 한다.

제24조【자원관리관 등의 교육】 ① 자원관리관, 자원출납관 및 자원운용관(제23조제1항 및 제2항에 따른 분임 공무원등 및 대리 공무원등을 포함한다. 이하 같다)은 행정안전부장관이 실시하는 재난관리자원의 관리에 관한 전문교육(이하 "전문교육"이라 한다)을 정기적으로 또는 수시로 받아야 한다.
② 행정안전부장관은 정당한 사유 없이 전문교육을 받지 아니한 사람에 대하여 그가 소속한 관리기관의 장에게 징계할 것을 요구할 수 있다.
③ 전문교육을 받은 자는 기본법 제29조의2제1항에 따른 전문교육을 받은 것으로 본다.
④ 제1항부터 제3항까지에서 규정한 사항 외에 전문교육의 종류·대상·주기 및 그 밖에 전문교육에 필요한 사항은 행정안전부령으로 정한다.

제4장 재난관리물품의 관리

제1절 재난관리물품의 통칙

제25조【재난관리물품의 분류】 ① 관리기관의 장은 소관 재난관리물품을 용도별·기능별·성질별 및 품목별로 분류하여 효율적이고 적정하게 관리하여야 한다.
② 관리기관의 장은 소관 재난관리물품의 효율적인 사용 및 처분을 위하여 필요하다고 인정하는 경우에는 소관 재난관리물품의 소속 분류를 전환할 수 있다.
③ 제1항 및 제2항에 따른 재난관리물품의 분류기준, 소속 분류의 전환 및 그 밖에 재난관리자원의 분류에 필요한 사항은 대통령령으로 정한다.

제26조【재난관리물품의 표준화】 ① 관리기관의 장은 해당 관리기관과 그 소속기관 및 산하기관·단체·법인(이하 "소속·산하기관등"이라 한다)에서만 사용하는 재난관리물품에 관하여 그 표준을 정하여야 한다.
② 행정안전부장관은 관리기관에서 공통적으로 사용하는 재난관리물품에 관하여 그 표준을 정하여야 한다.
③ 제1항 및 제2항에 따른 표준을 정하기 위하여 필요한 사항은 대통령령으로 정한다.

제27조【재난관리물품에 관한 사항의 협의 등】 행정안전부장관은 재난관리물품을 효율적이고 적정하게 관리하기 위하여 다음 각 호의 사항을 조달청장과 협의하거나 관련 정보를 공유하는 등 상호 협조할 수 있다.
1. 제26조에 따른 재난관리물품의 표준에 관한 사항
2. 제29조에 따른 재난관리물품의 비축관리기준에 관한 사항
3. 제46조에 따른 재난관리자원 통합관리시스템의 구축에 관한 사항
4. 그 밖에 공급망관리 등 재난관리물품의 관리에 관한 사항으로서 상호 협조가 필요하다고 인정하는 사항

제2절 재난관리물품의 비축·관리

제28조【재난관리물품의 비축관리계획 등】 ① 관리기관의 장은 대통령령으로 정하는 바에 따라 매년 소관 재난관리물품의 비축관리계획을 수립하여 다음 각 호의 구분에 따른 기관의 장에게 제출하여야 한다. 이 경우 중앙행정기관의 장 및 시·도지사는 제출받은 재난관리물품의 비축관리계획을 종합하여 행정안전부장관에게 제출하여야 한다.
1. 중앙행정기관 : 행정안전부장관
2. 중앙행정기관의 소속·산하기관등 : 관할 중앙행정기관의 장
3. 시·도 : 행정안전부장관
4. 시·군·구(자치구를 말한다. 이하 같다) : 관할 시·도지사
5. 지방자치단체의 소속·산하기관등 : 관할 지방자치단체의 장

② 자원관리관은 제1항에 따라 수립한 재난관리물품의 비축관리계획에 따라 소관 재난관리물품을 비축·관리하여야 한다.
③ 자원관리관, 자원출납관 및 자원운용관은 행정안전부령으로 정하는 바에 따라 표준서식(제46조에 따른 재난관리자원 통합관리시스템의 입출력 자료서식을 말한다)에 재난관리물품의 비축·관리에 필요한 사항을 기록·유지하여야 한다.

제29조【재난관리물품의 비축관리기준】 ① 행정안전부장관은 주요 재난관리물품에 대하여 대통령령으로 정하는 바에 따라 다음 각 호의 기준(이하 "비축관리기준"이라 한다)을 정하여 관리기관의 장에게 통보하여야 한다.
1. 정수책정기준(定數策定基準)
2. 내용연수(耐用年數)
3. 재고관리기준(在庫管理基準)
4. 그 밖에 행정안전부장관이 주요 재난관리물품의 비축·관리를 위하여 필요하다고 정하는 기준

② 관리기관의 장은 비축관리기준이 정하여지지 아니한 재난관리물품에 대하여 자체적으로 비축관리기준을 정하여 운영하여야 한다. 이 경우 그 비축관리기준에 관한 정보를 제46조에 따른 재난관리자원 통합관리시스템에 입력하여야 한다.
③ 자원관리관은 그가 소속한 관리기관의 장의 승인을 받아 비축관리기준에 따라 소관 재난관리물품을 비축·관리하여야 한다.
④ 행정안전부장관은 다음 각 호의 어느 하나에 해당하는 경우에는 대통령령으로 정하는 바에 따라 비축관리기준을 조정할 수 있다.
1. 관리기관의 장이 비축관리기준의 조정을 요청하는 경우
2. 행정안전부장관이 비축관리기준의 조정이 필요하다고 인정하는 경우

⑤ 행정안전부장관은 비축관리기준을 정하기 위하여 재난·안전 정책 및 관련 기술의 연구·개발에 관한 사항을 관장하는 기관으로서 대통령령으로 정하는 소속기관의 장에게 비축관리기준을 연구·개발하게 할 수 있다.

제30조【재난관리물품의 재물조사 등】 ① 관리기관의 장은 비축·관리하는 재난관리물품에 대하여 대통령령으로 정하는 바에 따라 정기적으로 또는 수시로 재물조사를 하여야 하고, 재물조사 결과에 관한 보고서를 제28조제1항 각 호의 구분에 따른 기관의 장에게 제출하여야 한다.

② 행정안전부장관 및 시·도지사는 관리기관의 재난관리물품에 대하여 대통령령으로 정하는 바에 따라 특별재물조사를 할 수 있다. 이 경우 시·도지사의 특별재물조사는 관할구역에 있는 시·군·구 및 소속·산하기관등의 재난관리물품에 한정한다.

③ 관리기관의 장, 행정안전부장관 및 시·도지사는 제1항 및 제2항 전단에 따른 재물조사 및 특별재물조사 결과 재난관리물품이 훼손되거나 없어진 사실을 발견한 경우에는 그에 대한 처리 결과를 지체 없이 감사원에 문서로 알려야 한다. 다만, 「감사원법」에 따른 감사원의 감사 또는 검사 대상이 아닌 관리기관의 경우에는 그러하지 아니하다.

④ 관리기관의 장은 제1항 및 제2항 전단에 따른 재물조사 및 특별재물조사 결과 재난관리물품의 증감(增減)이 발견된 경우로서 그 원인이 사무상 착오라는 것이 명백하면 대통령령으로 정하는 바에 따라 이를 조정할 수 있다.

⑤ 자원관리관은 재난관리물품의 효율적인 사용 및 처분 등을 위하여 필요하다고 인정하는 경우에는 대통령령으로 정하는 바에 따라 소관 재난관리물품을 다른 자원관리관의 소관으로 전환할 수 있다.

제31조【재난관리물품의 정비】 자원관리관은 대통령령으로 정하는 바에 따라 주요 정비대상 재난관리물품을 선정하여 정비기준에 따라 정비하여야 한다.

제3절 재난관리물품의 취득·보관 및 사용

제32조【재난관리물품의 취득 등】 ① 자원관리관은 제28조제1항에 따라 수립한 재난관리물품의 비축관리계획에 정하여진 재난관리물품에 대하여는 그 계획의 범위에서, 그 밖의 재난관리물품에 대하여는 필요할 때마다 대통령령으로 정하는 바에 따라 계약담당 공무원등에게 재난관리물품의 취득에 필요한 조치를 할 것을 청구하여야 한다.

② 자원관리관은 재난이 발생할 우려가 있거나 발생하여 긴급한 대비·대응 및 복구 등을 위하여 필요하다고 인정하는 경우에는 계약담당 공무원등에게 국가재난관리지원기업 또는 지역재난관리지원기업의 재난관리물품을 수의계약으로 우선 취득할 것을 청구할 수 있다. 이 경우 수의계약의 절차 및 방법 등에 관하여는 「국가를 당사자로 하는 계약에 관한 법률」, 「지방자치단체를 당사자로 하는 계약에 관한 법률」 등 관계 법령에 따른다.

③ 계약담당 공무원등은 제1항 및 제2항에 따른 청구가 있으면 예산의 범위에서 대통령령으로 정하는 바에 따라 해당 재난관리물품의 취득에 필요한 조치를 하여야 한다.

④ 재난관리물품은 관리기관의 장 또는 그 위임을 받은 공무원등이 지명하는 관계 공무원등이나 기술자의 검수(檢受)를 받지 아니하고는 취득할 수 없다. 다만, 기본법 제37조에 따른 응급조치를 위한 경우에는 그러하지 아니하다.

⑤ 자원관리관은 재난관리물품을 구매하려는 경우 다른 자원관리관이 관리전환을 하기 위하여 같은 품명의 재난관리물품에 대한 다른 기관의 취득 의사를 조회 중이고 그 재난관리물품으로 재난관리를 위한 사업목적을 달성할 수 있을 것으로 판단되는 경우에는 그 조회 중인 재난관리물품을 관리전환받아야 한다.

제33조【재난관리물품의 보관 및 출납의 원칙】 ① 자원관리관은 재난관리물품을 항상 사용하거나 처분할 수 있도록 그가 소속한 관리기관의 시설로서 대통령령으로 정하는 비축시설에 보관하여야 한다. 다만, 그 비축시설에 보관하는 것이 재난관리물품의 사용이나 처분에 부적당하다고 인정되거나 그 밖에 특별한 사유가 있는 경우에는 다음 각 호의 어느 하나에 해당하는 시설 또는 창고에 보관할 수 있다.
1. 다른 관리기관의 비축시설
2. 국가재난관리지원기업 또는 지역재난관리지원기업의 물류시설 또는 물류창고
3. 국가재난관리물류기업의 물류시설 또는 물류창고
4. 그 밖에 그가 소속한 관리기관의 장이 인정하는 시설 또는 창고

② 자원관리관은 재난관리물품을 출납하게 하려면 자원출납관에게 출납하여야 할 재난관리물품의 분류를 명백히 하여 그 출납을 명하여야 한다.

③ 자원출납관은 제2항에 따른 명령이 없으면 재난관리물품을 출납할 수 없다.

④ 자원출납관은 제1항에 따른 비축시설 등에 보관 중인 재난관리물품(제34조제3항에 따른 명령에 의하여 반납된 재난관리물품은 제외한다) 중에서 사용할 수 없거나 수선 또는 개조가 필요한 재난관리물품이 있다고 인정하는 경우에는 그 사실을 자원관리관에게 보고하여야 한다.

⑤ 자원관리관은 제4항 또는 제34조제2항에 따른 보고에 따라 수선이나 개조가 필요한 재난관리물품이 있다고 인정하는 경우에는 계약담당 공무원등이나 그 밖의 관계 공무원등에게 그 수선이나 개조를 위하여 필요한 조치를 할 것을 청구하여야 한다.

⑥ 제1항부터 제5항까지에서 규정한 사항 외에 재난관리물품의 보관·출납 및 수선이나 개조를 위한 조치에 필요한 사항은 대통령령으로 정한다.

제34조【재난관리물품의 사용 및 반납】 ① 자원관리관은 재난관리물품을 사용하게 하기 위하여 출납명령을 할 때에는 그 사용 목적을 명백히 하여 그 사실을 자원운용관에게 알려야 한다. 다만, 자원운용관의 요청에 따라 출납명령을 할 때에는 그러하지 아니하다.

② 자원운용관은 사용 중인 재난관리물품 중에서 사용할 필요가 없거나 사용할 수 없는 재난관리물품 또는 수선이나 개조가 필요한 재난관리물품이 있으면 그 사실을 자원관리관에게 보고하여야 한다.

③ 제2항에 따른 보고를 받은 자원관리관은 그 사실 여부를 확인하여 그에 해당하는 재난관리물품이라는 것이 인정되면 자원운용관에게 그 재난관리물품의 반납을 명하여야 한다.

제4절 재난관리물품의 처분

제35조【재난관리물품의 교환 및 대부】 ① 관리기관의 장은 재난관리물품을 효율적으로 관리하기 위하여 필요하다고 인정하는 경우에는 대통령령으로 정하는 바에 따라 재난관리물품을 다른 관리기관의 장이 소유하고 있는 재난관리물품과 교환할 수 있다.

② 재난관리물품은 대부할 수 없다. 다만, 다른 관리기관의 재난관리업무를 지원하는 경우에는 그러하지 아니하다.

③ 관리기관의 장은 제2항 단서에 따라 다른 관리기관의 재난관리업무를 지원하기 위하여 재난관리물품을 대부하는 경우에는 무상으로 할 수 있다.

제36조【재난관리물품에 대한 불용의 결정 등】 ① 자원관리관은 소관 재난관리물품 중에서 사용할 필요가 없거나 사용할 수 없는 재난관리물품(제50조부터 제52조까지의 규정에 따라 동원된 재난관리물품을 포함한다)이 있으면 해당 재난관리물품에 대하여 불용의 결정을 하여야 한다. 다만, 대통령령으로 정하는 재난관리물품에 대하여는 그가 소속한 관리기관의 장의 승인을 받아야 한다.

② 자원관리관은 제1항에 따라 불용의 결정을 한 재난관리물품(이하 "불용품"이라 한다)이 다음 각 호의 어느 하나에 해당하는 경우에는 폐기할 수 있다. 다만, 대통령령으로 정하는 재난관리물품에 대하여는 그가 소속한 관리기관의 장의 승인을 받아야 한다.
1. 매각하기에 부적당한 경우
2. 매각하면 국가·지방자치단체 또는 관리기관에 불리하다고 인정되는 경우
3. 매각할 수 없는 경우

③ 제1항에 따른 불용 결정의 기준은 행정안전부령으로 정한다.

제37조【재난관리물품의 매각】 ① 재난관리물품은 매각할 수 없다. 다만, 매각을 목적으로 한 재난관리물품이나 불용품은 매각할 수 있다.

② 관리기관의 장 또는 조달청장은 제1항 단서에 따른 재난관리물품 또는 불용품으로서 매각되지 아니한 것에 대하여는 「국가를 당사자로 하는 계약에 관한 법률」 및 「지방자치단체를 당사자로 하는 계약에 관한 법률」에도 불구하고 대통령령으로 정하는 바에 따라 매각의 특례를 둘 수 있다.

제38조【불용품 매각의 요청 등】 ① 관리기관의 장은 불용품 중에서 활용이 가능한 것은 조달청장에게 매각하여 줄 것을 요청할 수 있다.

② 관리기관의 장은 활용이 가능한 불용품이 관리전환·매각 등을 통하여 처분되지 아니한 경우에는 조달청장에게 무상으로 관리전환을 할 수 있다.

③ 조달청장은 제2항에 따라 무상으로 관리전환받은 불용품을 대통령령으로 정하는 바에 따라 관리·수리 및 처분하여야 한다.

제39조【불용품의 양여】 ① 관리기관의 장은 불용품의 활용을 위하여 필요하다고 인정하는 경우에는 해당 재난관리물품을 대통령령으로 정하는 바에 따라 다음 각 호의 어느 하나에 해당하는 자에게 무상으로 양여할 수 있다.
1. 다른 관리기관
2. 대통령령으로 정하는 교육·연구기관 및 비영리법인
3. 그 밖에 기본법 제3조제9호의3에 따른 안전취약계층으로서 대통령령으로 정하는 사람

② 제1항에도 불구하고 재난관리를 위하여 일반에게 제공할 목적으로 취득한 재난관리물품은 일반에게 무상으로 양여할 수 있다.

제40조【망실·훼손된 재난관리물품의 처리】 ① 관리기관의 장은 제30조제1항 및 제2항 전단에 따른 재물조사 및 특별재물조사 결과 재난관리물품이 없어지거나 훼손(毁損)된 것을 발견하면 대통령령으로 정하는 바에 따라 「회계관계직원 등의 책임에 관한 법률」 제6조제1항에 따른 변상명령을 할 수 있다.

② 관리기관의 장은 소관 재난관리업무와 관련된 상당한 사유로 발생하는 재난관리물품의 훼손에 대하여는 변상명령을 하여서는 아니 된다.

제5장 재난관리재산 및 재난관리인력의 관리

제41조【재난관리재산의 관리계획 등】 ① 관리기관의 장은 대통령령으로 정하는 바에 따라 매년 소관 재난관리재산의 관리계획을 수립하여 제28조제1항 각 호의 구분에 따른 기관의 장에게 제출하여야 한다. 이 경우 중앙행정기관의 장 및 시·도지사는 제출받은 재난관리재산의 관리계획을 종합하여 행정안전부장관에게 제출하여야 한다.

② 자원관리관은 제1항에 따라 수립한 재난관리재산의 관리계획에 따라 소관 재난관리재산을 관리하여야 한다.

③ 자원관리관, 자원출납관 및 자원운용관은 제2항에 따라 관리하는 재난관리재산에 관하여 종류 및 사용 이력 등 대통령령으로 정하는 사항을 제46조에 따른 재난관리자원 통합관리시스템을 이용하여 기록·유지하여야 한다.

제42조【재난관리인력의 관리원칙】 ① 재난관리인력은 재난관리인력이 소속한 기관·단체 또는 법인이 관리한다.

② 관리기관의 장은 소관 재난관리업무를 위하여 제2조제4호 각 목의 어느 하나에 해당하는 재난관리인력이 소속한 기관·단체 또는 법인과 미리 협의하거나 협약하여 재난관리인력을 확보하여야 한다.

③ 관리기관의 장은 소관 재난관리업무를 위하여 필요하다고 인정하는 경우에는 그가 관리하는 재난관리인력에 대하여 교육·훈련을 할 수 있다. 이 경우 교육·훈련에 드는 비용은 관리기관의 장이 부담한다.

제43조【재난관리인력의 관리계획 등】 ① 관리기관의 장은 대통령령으로 정하는 바에 따라 소관 재난관리인력의 관리계획을 수립하여 제28조제1항 각 호의 구분에 따른 기관의 장에게 제출하여야 한다. 이 경우 중앙행정기관의 장 및 시·도지사는 제출받은 재난관리인력의 관리계획을 종합하여 행정안전부장관에게 제출하여야 한다.

② 자원관리관은 제1항에 따라 수립한 재난관리인력의 관리계획에 따라 소관 재난관리인력을 관리하여야 한다.

③ 자원관리관은 제2항에 따라 관리하는 재난관리인력에 관하여 그가 소속한 기관·단체·법인의 연락처 및 동원 이력 등 대통령령으로 정하는 사항을 제46조에 따른 재난관리자원 통합관리시스템을 이용하여 기록·유지하여야 한다.

제6장 재난관리자원의 통합 관리

제44조【시·도 재난관리자원의 통합 관리】 ① 시·도지사는 관할구역에 있는 시장·군수·구청장과 협의하여 관할구역의 재난관리자원을 통합 관리할 수 있다.

② 시·도지사는 제1항에 따라 관할구역의 재난관리자원을 통합 관리할 때에는 다음 각 호의 계획에 그 내용을 반영하여야 한다. 시장·군수·구청장 또한 같다.
1. 제28조에 따른 재난관리물품의 비축관리계획
2. 제41조에 따른 재난관리재산의 관리계획
3. 제43조에 따른 재난관리인력의 관리계획

③ 시·도지사는 제1항에 따라 관할구역의 재난관리자원을 통합 관리할 때에는 그 통합 관리업무를 전담하는 조직을 두어야 한다.

④ 제3항에 따른 전담 조직의 구성 등에 필요한 사항은 시·도의 조례로 정한다.

제45조【지역 재난관리자원 통합관리센터의 설치·운영 등】 ① 시·도지사는 제44조제1항에 따라 관할구역의 재난관리자원을 통합 관리할 때에는 대통령령으로 정하는 바에 따라 지역 재난관리자원 통합관리센터(이하 "지역자원통합관리센터"라 한다)를 설치·운영하여야 한다.

② 행정안전부장관 및 관계 중앙행정기관의 장은 지역자원통합관리센터의 설치·운영에 필요한 행정적·재정적 지원(재난관리물품의 무상 양여를 포함한다)을 할 수 있다.

③ 시·도지사는 지역자원통합관리센터의 효율적인 설치·운영을 위하여 필요하다고 인정하는 경우에는 대통령령으로 정하는 바에 따라 국가재난관리물류기업으로 하여금 이를 대행하게 할 수 있다.

④ 시·도지사는 지역자원통합관리센터의 비축시설에 보관된 재난관리물품을 관할구역에 있는 시장·군수·구청장 또는 소속·산하기관등의 장과 공동으로 사용할 수 있다.

⑤ 제1항부터 제4항까지에서 규정한 사항 외에 지역자원통합관리센터의 설치·운영 및 대행에 필요한 사항은 시·도의 조례로 정한다.

제46조【재난관리자원 통합관리시스템의 구축·운영】 ① 행정안전부장관은 재난관리자원과 관련된 다음 각 호의 정보를 관리하기 위하여 재난관리자원 통합관리시스템(이하 "자원통합관리시스템"이라 한다)을 구축·운영할 수 있다.

1. 공급망관리체계 및 재난관리물류체계의 구축에 관한 정보
2. 국가재난관리지원기업의 지정 현황
3. 지역재난관리지원기업의 지정 현황
4. 국가재난관리물류기업의 지정 현황
5. 자원관리관, 자원출납관 및 자원운용관에 관한 정보
6. 전문교육 대상자 및 수료 현황
7. 재난관리물품의 관리에 관한 이력 정보
8. 재난관리재산의 관리에 관한 이력 정보
9. 재난관리인력의 관리에 관한 이력 정보
10. 재난관리자원의 동원에 관한 이력 정보
11. 그 밖에 재난관리자원과 관련되는 사항으로서 행정안전부령으로 정하는 정보

② 행정안전부장관은 자원통합관리시스템의 구축·운영을 위하여 필요하다고 인정하는 경우에는 공급업자, 물류기업, 관리기관 및 관계 행정기관에 대하여 자원통합관리시스템의 구축·운영에 필요한 자료의 제출을 요청할 수 있다. 이 경우 요청을 받은 자는 특별한 사유가 없으면 요청에 따라야 한다.

③ 행정안전부장관은 자원통합관리시스템의 정보를 국가재난관리지원기업, 국가재난관리물류기업, 지역재난관리지원기업, 관리기관 및 관계 행정기관 등에 제공하거나 필요하면 정보의 일부를 일반에 공개할 수 있다.

④ 제1항부터 제3항까지에서 규정한 사항 외에 자원통합관리시스템의 구축·운영에 필요한 사항은 대통령령으로 정한다.

제47조【국가 재난관리자원 통합관리정보센터의 설치·운영】 ① 행정안전부장관은 자원통합관리시스템을 구축·운영하고 재난관리자원에 관한 정보를 가공·축적·제공하는 통합관리정보체계를 갖추기 위하여 국가 재난관리자원 통합관리정보센터(이하 "국가자원통합관리정보센터"라 한다)를 설치·운영할 수 있다.

② 행정안전부장관은 필요하다고 인정하는 경우에는 대통령령으로 정하는 바에 따라 다음 각 호의 어느 하나에 해당하는 기관 또는 단체를 국가자원통합관리정보센터의 운영기관으로 지정할 수 있다.
1. 대통령령으로 정하는 공공기관
2. 「정부출연연구기관 등의 설립·운영 및 육성에 관한 법률」 또는 「과학기술분야 정부출연연구기관 등의 설립·운영 및 육성에 관한 법률」에 따른 정부출연연구기관
3. 대통령령으로 정하는 자본금, 장비 및 인력 등 자격을 갖춘 비영리 기관 또는 단체

③ 행정안전부장관은 제2항에 따라 국가자원통합관리정보센터의 운영기관으로 지정된 기관 또는 단체(이하 "정보센터운영기관"이라 한다)가 국가자원통합관리정보센터를 원활하게 운영할 수 있도록 필요한 행정적·재정적 지원을 할 수 있다.

제48조【정보센터운영기관 지정의 취소】 행정안전부장관은 정보센터운영기관이 다음 각 호의 어느 하나에 해당하는 경우에는 지정을 취소할 수 있다. 다만, 제1호에 해당하는 경우에는 지정을 취소하여야 한다.
1. 거짓이나 그 밖의 부정한 방법으로 지정을 받은 경우
2. 제47조제2항제3호에 따른 자격을 갖추지 못하게 된 경우
3. 자원통합관리시스템의 정보를 영리 목적으로 사용한 경우
4. 그 밖에 이 법 또는 이 법에 따른 기준을 위반하거나 업무를 게을리하는 등 국가자원통합관리정보센터의 운영에 관한 업무를 수행할 수 없다고 행정안전부장관이 인정하는 경우

제7장 재난관리자원의 동원

제49조【재난관리자원의 동원을 위한 조치】 관리기관의 장은 재난이 발생할 우려가 있거나 발생하였을 때에는 소관 재난관리자원을 지체 없이 동원하거나 제50조부터 제52조까지의 규정에 따른 동원명령을 이행할 수 있도록 필요한 조치를 하여야 한다.

제50조【시·도지사의 동원명령】 ① 시·도지사(기본법 제16조제1항에 따라 시·도재난안전대책본부가 운영되는 경우에는 해당 본부장을 말한다. 이하 이 조 및 제51조에서 같다)는 관할구역에서 재난이 발생하거나 발생할 우려가 있다고 인정하는 경우에는 대통령령으로 정하는 바에 따라 다음 각 호의 자에게 재난관리자원의 동원을 명할 수 있다.
1. 제45조제3항에 따라 지역자원통합관리센터의 운영을 대행하는 자
2. 소관 지역재난관리지원기업
3. 관할구역에 있는 관리기관(중앙행정기관 및 그 소속·산하기관등은 제외한다. 이하 제59조제2항에서 같다)의 장

② 시장·군수·구청장(기본법 제16조제1항에 따라 시·군·구재난안전대책본부가 운영되는 경우에는 해당 본부장을 말한다)은 시·군·구 차원에서 재난관리업무를 수행할 수 없거나 수행하기 곤란한 경우에는 재난관리자원의 지원을 시·도지사에게 요청할 수 있다. 이 경우 요청을 받은 시·도지사는 특별한 사유가 없으면 제1항에 따른 동원명령을 하는 등 재난관리자원을 지원하여야 한다.

제51조【중앙재난안전대책본부장의 동원명령】 ① 기본법 제14조제1항에 따른 중앙재난안전대책본부의 장(이하 "중앙재난안전대책본부장"이라 한다)은 다음 각 호의 어느 하나에 해당하는 경우에는 대통령령으로 정하는 바에 따라 국가재난관리지원기업, 국가재난관리물류기업 및 관리기관의 장에게 재난관리자원의 동원을 명할 수 있다.
1. 기본법 제14조제1항에 따른 대규모 재난이 발생하거나 발생할 우려가 있다고 인정하는 경우
2. 시·도지사의 재난관리업무에 대한 지원이 필요하다고 인정하는 경우

② 시·도지사는 시·도 차원에서 재난관리업무를 수행할 수 없거나 수행하기 곤란한 경우에는 재난관리자원의 지원을 중앙재난안전대책본부장에게 요청할 수 있다. 이 경우 요청을 받은 중앙재난안전대책본부장은 특별한 사유가 없으면 제1항에 따른 동원명령을 하는 등 재난관리자원을 지원하여야 한다.

제52조【중앙사고수습본부장의 동원명령】 기본법 제15조의2제1항에 따른 중앙사고수습본부의 장은 소관 분야의 국가적 차원의 재난관리를 위하여 필요하다고 인정하는 경우에는 행정안전부장관과 협의하여 대통령령으로 정하는 바에 따라 국가재난관리지원기업, 국가재난관리물류기업 및 관리기관의 장에게 재난관리자원의 동원을 명할 수 있다.

제53조【비용 부담의 원칙】 ① 제50조부터 제52조까지의 규정에 따른 재난관리자원의 동원에 드는 비용은 기본법 제62조제1항에 따라 재난관리에 필요한 비용 등을 부담하여야 하는 자가 부담한다. 다만, 관리기관의 장이 관리하는 재난관리자원의 경우에는 해당 관리기관의 장이 그 비용을 부담할 수 있다.

② 제1항 본문에 따른 비용은 대통령령으로 정하는 기준에 따라 사후정산(事後精算)한다.

③ 국가는 국가적 차원의 재난관리를 위하여 필요하다고 인정하는 경우에는 제1항 본문에 따른 비용의 전부 또는 일부를 부담할 수 있다.

④ 지방자치단체의 장은 관할구역의 재난관리를 위하여 필요하다고 인정하는 경우에는 제1항 본문에 따른 비용의 전부 또는 일부를 부담할 수 있다.

제54조【손실보상 및 치료 등】 ① 제49조부터 제52조까지의 규정에 따른 동원으로 인하여 발생하는 손실보상과 사망 또는 부상을 입은 사람(부상으로 인하여 사망하거나 장애를 입은 사람을 포함한다)의 치료 및 보상 등에 관하여는 기본법 제64조 및 제65조를 준용한다.

② 제1항에도 불구하고 「감염병의 예방 및 관리에 관한 법률」 등 다른 법령에서 동원과 관련된 손실보상 및 치료 등에 관한 사항을 규정한 경우에는 해당 규정을 준용할 수 있다.

제55조【재난관리자원의 동원훈련】 ① 행정안전부장관 및 시·도지사는 매년 1회 이상 재난관리자원의 동원에 관한 훈련(이하 "동원훈련"이라 한다)을 하여야 한다.

② 행정안전부장관 및 시·도지사는 동원훈련을 기본법 제35조에 따른 재난대비훈련과 연계하여 할 수 있다.

③ 국가재난관리지원기업, 지역재난관리지원기업, 국가재난관리물류기업, 정보센터운영기관 및 관리기관의 장은 특별한 사유가 없으면 동원훈련에 참여하여야 한다.

④ 제1항부터 제3항까지에서 규정한 사항 외에 동원훈련의 방법 및 절차 등에 필요한 사항은 대통령령으로 정한다.

제8장 보 칙

제56조【재난관리주관기관의 의무】 ① 기본법 제3조제5호의2에 따른 재난관리주관기관(이하 "재난관리주관기관"이라 한다)의 장은 소관 분야의 재난관리를 위하여 대통령령으로 정하는 바에 따라 재난관리물품, 재난관리재산 또는 재난관리인력으로 관리할 필요가 있는 물적·인적자원에 대하여 정기적으로 또는 수시로 조사하여 행정안전부장관에게 통보하여야 한다.

② 재난관리주관기관의 장은 다음 각 호의 어느 하나에 해당하는 자에게 제1항에 따른 조사에 필요한 자료의 제출을 요청할 수 있다. 이 경우 요청받은 자는 특별한 사유가 없으면 요청에 따라야 한다.
1. 관계 중앙행정기관의 장
2. 지방자치단체의 장
3. 공급업자
4. 물류기업
5. 그 밖의 재난관리자원 관련 기관·단체 또는 법인

③ 재난관리주관기관의 장은 제1항에 따른 조사를 효율적으로 수행하기 위하여 필요하다고 인정하는 경우에는 그 조사의 전부 또는 일부를 전문기관으로 하여금 수행하게 할 수 있다.

제57조【비밀엄수의 의무】 이 법에 따른 직무에 종사하거나 종사하였던 자는 직무상 알게 된 재난관리자원의 관리에 관한 정보의 비밀을 누설하거나 이 법의 시행을 위한 목적 외에 이를 이용하여서는 아니 된다.

제58조【지도 및 감독】 행정안전부장관 및 시·도지사는 재난관리자원의 관리와 관련하여 국가재난관리지원기업, 지역재난관리지원기업 및 국가재난관리물류기업에 대하여 재난관리자원의 안정적 관리 및 신속한 동원을 위하여 필요한 범위에서 지도·감독을 할 수 있다.

제59조【보고 및 검사】 ① 행정안전부장관은 이 법의 시행을 위하여 필요하다고 인정하는 경우에는 다음 각 호의 자로 하여금 재난관리자원의 관리에 관한 자료를 제출하게 하거나 보고하게 할 수 있다.
1. 국가재난관리지원기업
2. 국가재난관리물류기업
3. 정보센터운영기관
4. 관리기관의 장

② 시·도지사는 이 법의 시행을 위하여 필요하다고 인정하는 경우에는 다음 각 호의 자로 하여금 재난관리자원의 관리에 관한 자료를 제출하게 하거나 보고하게 할 수 있다.
1. 제45조제3항에 따라 지역자원통합관리센터의 운영을 대행하는 자
2. 소관 지역재난관리지원기업
3. 관할구역에 있는 관리기관

③ 행정안전부장관 또는 시·도지사는 제1항 및 제2항에 따른 자료 제출 또는 보고로 조사의 목적을 달성하기 어려운 경우에는 관계 공무원으로 하여금 해당 사업소·영업소 등에 출입하여 장부·서류와 그 밖의 물건을 검사하게 할 수 있다.

④ 관리기관의 장은 대통령령으로 정하는 바에 따라 정기적으로 재난관리자원의 관리에 관한 검사를 하여야 하고, 자원관리관·자원출납관 또는 자원운용관이 교체된 경우나 그 밖에 필요한 경우에는 수시로 그 소관 재난관리자원의 관리에 관하여 검사하여야 한다.

제60조【청문】 행정안전부장관은 제48조에 따라 정보센터운영기관의 지정을 취소하려는 경우에는 청문을 하여야 한다.

제61조【권한 등의 위임 및 위탁】 ① 이 법에 따른 행정안전부장관의 권한은 그 일부를 대통령령으로 정하는 바에 따라 시·도지사 또는 소속기관의 장에게 위임하거나 관계 중앙행정기관의 장에게 위탁할 수 있다.

② 이 법에 따른 행정안전부장관의 업무 중 다음 각 호의 업무를 대통령령으로 정하는 바에 따라 정보센터운영기관에 위탁할 수 있다.
1. 제7조제1항에 따른 공급망관리정보 조사
2. 제7조제2항에 따른 공급망관리정보 조사에 필요한 자료의 제출 요청
3. 제8조제1항에 따른 공급망관리정보의 입력
4. 제46조제1항에 따른 자원통합관리시스템의 구축·운영
5. 제46조제2항에 따른 자원통합관리시스템의 구축·운영에 필요한 자료의 제출 요청
6. 제46조제3항에 따른 자원통합관리시스템의 정보 제공 또는 공개

제62조【벌칙 적용 시의 공무원 의제】 정보센터운영기관의 임직원은 「형법」 제129조부터 제132조까지의 규정을 적용할 때에는 공무원으로 본다.

제9장 벌 칙

제63조【벌칙】 ① 제15조제1항을 위반하여 재난관리자원을 수출하거나 국외 반출한 자는 5년 이하의 징역 또는 5천만원 이하의 벌금에 처한다.

② 다음 각 호의 어느 하나에 해당하는 자는 3년 이하의 징역 또는 3천만원 이하의 벌금에 처한다.
1. 제9조제3항을 위반하여 국가재난관리지원기업임을 나타내는 표시를 부착하거나 사용한 자
2. 제12조제3항을 위반하여 지역재난관리지원기업임을 나타내는 표시를 부착하거나 사용한 자
3. 제17조제3항을 위반하여 국가재난관리물류기업임을 나타내는 표시를 부착하거나 사용한 자
4. 제57조를 위반하여 재난관리자원의 관리에 관한 정보의 비밀을 누설하거나 이 법의 시행을 위한 목적 외에 그 비밀을 이용한 자

③ 다음 각 호의 어느 하나에 해당하는 자는 1년 이하의 징역 또는 1천만원 이하의 벌금에 처한다.
1. 제9조제2항에 따른 국가재난관리지원기업의 임무가 적힌 고지서를 정당한 사유 없이 수령하지 아니한 자 또는 고지서를 손상하거나 그 밖의 방법으로 그 효용을 훼손한 자
2. 제12조제2항에 따른 지역재난관리지원기업의 임무가 적힌 고지서를 정당한 사유 없이 수령하지 아니한 자 또는 고지서를 손상하거나 그 밖의 방법으로 그 효용을 훼손한 자
3. 제17조제2항에 따른 국가재난관리물류기업의 임무가 적힌 고지서를 정당한 사유 없이 수령하지 아니한 자 또는 고지서를 손상하거나 그 밖의 방법으로 그 효용을 훼손한 자
4. 제50조제1항에 따른 시·도지사의 동원명령을 정당한 사유 없이 위반한 자
5. 제51조제1항에 따른 중앙재난안전대책본부장의 동원명령을 정당한 사유 없이 위반한 자
6. 제52조에 따른 중앙사고수습본부장의 동원명령을 정당한 사유 없이 위반한 자

제64조【양벌규정】 법인 또는 단체의 대표자나 법인·단체 또는 개인의 대리인, 사용인, 그 밖의 종업원이 그 법인·단체 또는 개인의 업무에 관하여 제63조에 따른 위반행위를 하면 그 행위자를 벌하는 외에 그 법인·단체 또는 개인에게도 해당 조문의 벌금형을 과(科)한다. 다만, 법인·단체 또는 개인이 그 위반행위를 방지하기 위하여 해당 업무에 관하여 상당한 주의와 감독을 게을리하지 아니한 경우에는 그러하지 아니하다.

제65조【과태료】 ① 다음 각 호의 어느 하나에 해당하는 자는 1천만원 이하의 과태료를 부과한다.
1. 제59조제1항 및 제2항에 따른 자료 제출 또는 보고를 하지 아니하거나 거짓으로 한 자
2. 제59조제3항에 따른 검사를 거부·방해 또는 기피한 자

② 다음 각 호의 어느 하나에 해당하는 자는 500만원 이하의 과태료를 부과한다.
1. 제8조제2항을 위반하여 공급망관리정보를 자원통합관리시스템에 입력하지 아니하거나 거짓으로 입력한 자
2. 제9조제4항을 위반하여 국가재난관리지원기업 또는 이와 유사한 명칭을 사용한 자
3. 제12조제4항을 위반하여 지역재난관리지원기업 또는 이와 유사한 명칭을 사용한 자
4. 제17조제4항을 위반하여 국가재난관리물류기업 또는 이와 유사한 명칭을 사용한 자

③ 제1항 및 제2항에 따른 과태료는 대통령령으로 정하는 바에 따라 행정안전부장관 또는 시·도지사가 부과·징수한다.

부 칙

제1조【시행일】 이 법은 공포 후 1년이 경과한 날부터 시행한다.

제2조【법 시행을 위한 준비행위】 ① 행정안전부장관은 이 법 시행을 위하여 필요하다고 인정하는 경우에는 이 법 시행 전에 다음 각 호의 행위를 할 수 있다.
1. 제46조에 따른 재난관리자원 통합관리시스템의 구축·운영
2. 제47조에 따른 국가 재난관리자원 통합관리정보센터의 설치·운영

② 시·도지사는 이 법 시행을 위하여 필요하다고 인정하는 경우에는 이 법 시행 전에 다음 각 호의 행위를 할 수 있다.
1. 제44조에 따른 관할구역 재난관리자원의 통합 관리
2. 제45조에 따른 지역 재난관리자원 통합관리센터의 설치·운영

제3조【재난관리물품의 비축관리계획 수립 등에 관한 특례】 관리기관의 장은 이 법 시행 이후 3개월 이내에 다음 각 호의 계획을 수립하여 해당 기관의 장에게 제출하여야 한다.
1. 제28조에 따른 재난관리물품의 비축관리계획
2. 제41조에 따른 재난관리재산의 관리계획
3. 제43조에 따른 재난관리인력의 관리계획

제4조【재난관리자원공동활용시스템에 관한 경과조치】 이 법 시행 당시 「재난 및 안전관리 기본법」에 따라 구축·운영 중인 재난관리자원공동활용시스템은 이 법에 따른 재난관리자원 통합관리시스템으로 본다.

제5조【다른 법률의 개정】 ①~④ ※(해당 법령에 가제정리 하였음)

제6조【다른 법령과의 관계】 이 법 시행 당시 다른 법령에서 「재난 및 안전관리 기본법」 또는 그 규정을 인용하고 있는 경우에 이 법 가운데 그에 해당하는 규정이 있으면 「재난 및 안전관리 기본법」 또는 그 규정을 갈음하여 이 법 또는 이 법의 해당 규정을 인용한 것으로 본다.

자연재해대책법

(2005년 1월 27일
전개법률 제7359호)

개정
2005. 5.31법 7571호(어촌·어항법) <중략>
2011. 3. 7법10433호
2011. 4.14법10599호(국토이용)
2011.12.31법11141호(국민보험)
2012. 2.22법11345호 2012.10.22법11495호
2013. 3.23법11690호(정부조직)
2013. 3.23법11713호(과학기술기본법)
2013. 8. 6법11993호
2013. 8. 6법11994호(재난및안전관리기본법)
2014. 1.14법12248호(도로법)
2014. 5.14법12577호
2014.11.19법12844호(정부조직)
2014.12.30법12942호 2015. 7.20법13418호
2016. 1. 6법13726호(옥외광고물등의관리와옥외광고산업진흥에관한법)
2016. 1.19법13797호(부동산거래신고등에관한법)
2016. 1.19법13805호(주택법)
2016. 1.27법13924호
2016. 3.29법14113호(공항시설법)
2016.12.27법14480호(농어촌정비)
2017. 1.17법14532호(물환경보전법)
2017. 1.17법14545호(시설물의안전및유지관리에관한특별법)
2017. 1.17법14553호(재난및안전관리기본법)
2017. 3.21법14614호(농어촌도로정비법)
2017. 3.21법14753호
2017. 7.26법14839호(정부조직)
2017.10.24법14912호
2018. 1.16법15344호(과학기술기본법)
2018.12.24법16057호(문화재)
2018.12.31법16101호(부가세)
2018.12.31법16172호(중소기업진흥)
2019.12.10법16773호(저수지·댐의안전관리및재해예방에관한법)
2020. 1.29법16880호
2020. 1.29법16902호(항만법)
2020. 6. 9법17344호(지능정보화기본법)
2020. 6. 9법17381호
2020. 8.11법17472호(정부조직)
2020.12.22법17653호(부가세)
2021. 4.20법18090호 2021. 6. 8법18205호
2021. 6.15법18284호(댐건설·관리및주변지역지원등에관한법)
2022. 1. 4법18685호(재난안전산업진흥법)
2022.12.27법19117호(산림자원조성관리)
2023. 3.21법19251호(자연유산의보존및활용에관한법)
2023. 4.11법19331호
2023. 8. 8법19590호(문화유산)
2023. 8.16법19635호(행정기관정비일부개정법령등)
2023. 9.14법19702호(근현대문화유산의보존및활용에관한법)→2024년 9월 15일 시행
2023.12.26법19837호
2024. 1.30법20162호→2024년 7월 31일 시행
2024. 2. 6법20231호(화학물질관리법)→2025년 8월 7일 시행이므로 「法典 別冊」 보유편 수록

제1장 총 칙
(2011.3.7 본장개정)

제1조【목적】 이 법은 태풍, 홍수 등 자연현상으로 인한 재난으로부터 국토를 보존하고 국민의 생명·신체 및 재산과 주요 기간시설(基幹施設)을 보호하기 위하여 자연재해의 예방·복구 및 그 밖의 대책에 관하여 필요한 사항을 규정함을 목적으로 한다.

제2조【정의】 이 법에서 사용하는 용어의 뜻은 다음과 같다.
1. "재해"란 「재난 및 안전관리 기본법」(이하 "기본법"이라 한다) 제3조제1호에 따른 재난으로 인하여 발생하는 피해를 말한다.
2. "자연재해"란 기본법 제3조제1호가목에 따른 자연재난(이하 "자연재난"이라 한다)으로 인하여 발생하는 피해를 말한다.(2017.3.21 본호개정)
3. "풍수해"(風水害)란 태풍, 홍수, 호우, 강풍, 풍랑, 해일, 조수, 대설, 그 밖에 이에 준하는 자연현상으로 인하여 발생하는 재해를 말한다.
4. "재해영향성검토"란 자연재해에 영향을 미치는 행정계획으로 인한 재해 유발 요인을 예측·분석하고 이에 대한 대책을 마련하는 것을 말한다.(2017.10.24 본호개정)
5. "재해영향평가"란 자연재해에 영향을 미치는 개발사업으로 인한 재해 유발 요인을 조사·예측·평가하고 이에 대한 대책을 마련하는 것을 말한다.(2017.10.24 본호신설)
6. "자연재해저감 종합계획"이란 지역별로 자연재해의 예방 및 저감(低減)을 위하여 특별시장·광역시장·특별자치시장·도지사·특별자치도지사(이하 "시·도지사"라 한다) 및 시장·군수가 자연재해 안전도에 대한 진단 등을 거쳐 수립한 종합계획을 말한다.
7. "우수유출저감시설"이란 우수(雨水)의 직접적인 유출을 억제하기 위하여 인위적으로 우수를 지하로 스며들게 하거나 지하에 가두어 두는 시설과 가두어 둔 우수를 원활하게 흐르도록 하는 시설을 말한다.
(2021.6.8 6호~7호개정)
8. "수방기준"(水防基準)이란 풍수해로부터 시설물의 수해 내구성(耐久性)을 강화하고 지하 공간의 침수를 방지하기 위하여 관계 중앙행정기관의 장 또는 행정안전부장관이 정하는 기준을 말한다.(2017.7.26 본호개정)
9. "침수흔적도"란 풍수해로 인한 침수 기록을 표시한 도면을 말한다.
10. "재해복구보조금"이란 중앙행정기관이 재해복구사업을 위하여 특별시·광역시·특별자치시·도·특별자치도(이하 "시·도"라 한다) 및 시·군·구(자치구를 말한다. 이하 같다)에 지원하는 보조금을 말한다.
(2012.2.22 본호개정)
11. (2013.8.6 삭제)
12. "지구단위 홍수방어기준"이란 상습침수지역이나 재해위험도가 높은 지역에 대하여 침수 피해를 방지하기 위하여 행정안전부장관이 정한 기준을 말한다.
(2017.7.26 본호개정)
13. "재해지도"란 풍수해로 인한 침수 흔적, 침수 예상 및 재해정보 등을 표시한 도면을 말한다.
14. "방재관리대책대행자"란 재해영향성검토 등 방재관리대책에 관한 업무를 전문적으로 대행하기 위하여 제38조제2항에 따라 행정안전부장관에게 등록한 자를 말한다.(2017.10.24 본호개정)
15. "자연재해 안전도 진단"이란 자연재해 위험에 대하여 지역별로 안전도를 진단하는 것을 말한다.(2021.6.8 본호개정)
16. "방재기술"이란 자연재해의 예방·대비·대응·복구 및 기후변화에 신속하고 효율적인 대처를 통하여 인명과 재산 피해를 최소화시킬 수 있는 자연재해에 대한 예측·규명·저감·정보화 및 방재 관련 제품생산·제도·정책 등에 관한 모든 기술을 말한다.(2012.2.22 본호신설)
17. "방재산업"이란 방재시설의 설계·시공·제작·관리, 방재제품의 생산·유통, 이와 관련된 서비스의 제공, 그 밖에 자연재해의 예방·대비·대응·복구 및 기후변화 적응과 관련된 산업을 말한다.(2012.2.22 본호신설)
18. "지구단위종합복구"란 자연재해로 인한 피해가 발생한 지역을 하나의 지구로 묶어서 지역적·지형적 특성, 시설물 간 연계성, 자연재해에 대한 회복력 강화 등을 고려하여 종합적으로 복구하는 것을 말한다.(2023.4.11 본호신설)

제3조【책무】 ① 국가는 기본법 및 이 법의 목적에 따라 자연재난으로부터 국민의 생명·신체와 재산과 주요 기간시설을 보호하기 위하여 자연재해의 예방 및 대비에 관한 종합계획을 수립하여 시행할 책무를 지며, 그 시행을 위한 최대한의 재정적·기술적 지원을 하여야 한다.
(2017.3.21 본항개정)

② 기본법 제3조제5호에 따른 재난관리책임기관(이하 "재난관리책임기관"이라 한다)의 장은 자연재해 예방을 위하여 다음 각 호의 소관 업무에 해당하는 조치를 하여야 한다.
1. 자연재해 경감 협의 및 자연재해위험개선지구 정비 등
(2017.10.24 본문개정)
가. 자연재해 원인 조사 및 분석
나. 자연재해위험개선지구 지정·관리(2012.10.22 본목개정)
다. 자연재해저감 종합계획 및 시행계획의 수립
(2017.10.24 본목신설)
2. 풍수해 예방 및 대비
가. (2017.10.24 삭제)
나. 수방기준 제정·운영
다. 우수유출저감시설 설치 기준 제정·운영
라. 내풍(耐風)설계기준 제정·운영
마. 그 밖에 풍수해 예방에 필요한 사항
3. 설해(雪害)대책
가. 설해 예방대책
나. 각종 제설자재 및 물자 비축
다. 그 밖에 설해 예방에 필요한 사항
4. 낙뢰대책
가. 낙뢰피해 예방대책
나. 각 유관기관 지원·협조 체제 구축
다. 그 밖에 낙뢰피해 예방에 필요한 사항
5. 가뭄대책
가. 상습가뭄재해지역 해소를 위한 중·장기대책
나. 가뭄 극복을 위한 시설 관리·유지
다. 빗물모으기시설을 활용한 가뭄 극복대책
라. 그 밖에 가뭄대책에 필요한 사항
6. 폭염대책
가. 폭염피해 예방대책
나. 폭염 대비를 위한 자재 및 물자 비축
다. 각 유관기관 지원·협조 체제 구축
라. 그 밖에 폭염피해 예방에 필요한 사항
(2020.1.29 본호신설)

7. 한파대책
가. 한파피해 예방대책
나. 한파 대비를 위한 자재 및 물자 비축
다. 각 유관기관 지원·협조 체제 구축
라. 그 밖에 한파피해 예방에 필요한 사항
(2020.1.29 본호신설)
8. 재해정보 및 긴급지원
가. 재해 예방 정보체계 구축
나. 재해정보 관리·전달 체계 구축
다. 재해 대비 긴급지원체계 구축
라. 비상대처계획 수립
9. 그 밖에 자연재해 예방을 위하여 재난관리책임기관의 장이 필요하다고 인정하는 사항
③ 재난관리책임기관의 장은 자연재해 예방을 위하여 재해 발생이 우려되는 시설 또는 지역에 대하여 정기점검 및 수시점검을 하여야 한다.
④ 제3항에 따른 자연재해 예방을 위한 점검 대상 시설 및 지역, 점검 방법, 점검 결과의 기록·유지 등에 필요한 사항은 대통령령으로 정한다.
⑤ 시장[특별자치시장 및 「제주특별자치도 설치 및 국제자유도시 조성을 위한 특별법」 제11조제1항에 따른 행정시의 시장(이하 "행정시장"이라 한다)을 포함한다. 이하 같다]·군수·구청장(자치구의 구청장을 말한다. 이하 같다)은 자연재해의 유형별로 지역 특성을 고려한 구체적인 대처 요령을 정하여 관계 공무원의 업무지침, 주민 교육·홍보자료 등으로 적극 활용하여야 한다.(2017.3.21 본항개정)
⑥ 국민은 국가, 지방자치단체 및 재난관리책임기관이 수행하는 자연재난의 예방·복구 및 대책에 관한 업무 수행에 최대한 협조하여야 하고, 자기가 소유하거나 사용하는 건물·시설 등에서 재난이 발생하지 아니하도록 노력하여야 한다.

제2장 자연재해의 예방 및 대비
(2011.3.7 본장개정)

제1절 자연재해 경감 협의 및 자연재해위험개선지구 정비 등
(2017.10.24 본절제목개정)

제4조【재해영향평가등의 협의】 ① 관계 중앙행정기관의 장, 시·도지사, 시장·군수·구청장 및 특별지방행정기관의 장(이하 "관계행정기관의 장"이라 한다)은 자연재해에 영향을 미치는 행정계획을 수립·확정(지역·지구·단지 등의 지정을 포함한다. 이하 같다)하거나 개발사업의 허가·인가·승인·면허·결정·지정 등(이하 "허가등"이라 한다)을 하려는 경우에는 그 행정계획 또는 개발사업(이하 "개발계획등"이라 한다)의 확정·허가등을 하기 전에 행정안전부장관과 재해영향성검토 및 재해영향평가(이하 "재해영향평가등"이라 한다)에 관한 협의(이하 "재해영향평가등의 협의"라 한다)를 하여야 한다.(2017.10.24 본항개정)
② 관계행정기관의 장은 제1항에 따라 재해영향평가등의 협의를 완료한 개발계획등이 취소 또는 지연 등의 사유로 실효되어 해당 개발계획등의 확정·허가등을 다시 하여야 하는 경우로서 기존의 개발계획등이 다음 각 호의 요건들을 모두 갖춘 경우에는 그 완료한 재해영향평가등의 협의로 제1항에 따른 재해영향평가등의 협의를 갈음할 수 있다.(2017.10.24 본문개정)
1. 해당 개발계획등의 부지의 경계 및 토지이용계획이 변경되지 아니하였을 것(부지의 경계 또는 토지이용계획의 변경이 있는 경우 중 대통령령으로 정하는 경미한 사항의 변경만 있는 경우를 포함한다)(2024.1.30 본호개정)
2. 해당 개발계획등에 제4항에 따라 통보받은 재해영향평가등의 협의 결과가 반영되었을 것(2017.10.24 본호개정)
3. 제4항에 따라 재해영향평가등의 협의 결과를 통보받은 날부터 대통령령으로 정하는 기간이 지나지 아니하였을 것(2017.10.24 본호개정)
③ 관계행정기관의 장이 재해영향평가등의 협의를 하려는 경우에는 대통령령으로 정하는 바에 따라 해당 개발계획등으로 인한 재해 영향을 검토 및 평가하는 데 필요한 서류를 갖추어 재해영향평가등의 협의를 요청하여야 한다.(2017.10.24 본항개정)
④ 관계행정기관의 장은 제3항에 따른 서류에 대하여 대통령령으로 정하는 기관의 사전검토를 받아야 한다.(2024.1.30 본항개정)
⑤ 제4항에 따라 사전검토를 실시한 기관은 그에 대한 검토 의견을 관계행정기관의 장에게 통보하여야 한다.(2021.4.20 본항신설)
⑥ 관계행정기관의 장은 제4항에 따른 사전검토를 거친 후 제3항에 따라 재해영향평가등의 협의를 요청하는 경우에는 제5항에 따라 통보받은 검토 의견과 그 의견의 반영 여부(반영하지 아니하는 경우에는 그 이유를 포함한다)를 첨부하여야 한다.(2021.4.20 본항신설)
⑦ 행정안전부장관은 관계행정기관의 장으로부터 제1항에 따라 개발계획등에 대하여 재해영향평가등의 협의를 요청받았을 때에는 대통령령으로 정하는 바에 따라 관계행정기관의 장에게 재해영향평가등의 협의 결과를 통보하여야 한다.(2017.10.24 본항개정)
⑧ 행정안전부장관은 다음 각 호의 사항을 전문적으로 심의하기 위하여 재해영향평가심의위원회(이하 "심의위원회"라 한다)를 구성·운영할 수 있다.
1. 재해영향평가등의 협의 요청 사항
2. 제46조제1항에 따른 자체복구계획 또는 같은 조 제2항에 따른 재해복구계획에 따라 시행하는 사업(이하 "재해복구사업"이라 한다)에 관한 사항
(2023.8.16 본항개정)
⑨ 심의위원회를 효율적으로 운영하기 위하여 심의위원회에 분야별로 분과위원회를 구성·운영할 수 있다. 이 경우 분과위원회의 심의는 심의위원회의 심의로 본다.(2023.8.16 본항신설)
⑩ 심의위원회 및 분과위원회의 구성·운영에 필요한 사항은 대통령령으로 정한다.(2023.8.16 본항신설)
⑪ 행정안전부장관은 재해영향평가등의 수행, 재해의 예방·복구 등 재해 경감업무의 전문성 확보와 효율적 추진을 위하여 필요하면 방재 안전관리에 관한 전문기관을 설립할 수 있다.(2017.10.24 본항개정)
⑫ 제1항에 따라 재해영향평가등의 협의를 하는 경우에 포함하여야 할 사항 및 협의 절차 등에 필요한 사항은 대통령령으로 정한다. 이 경우 재해영향평가등의 협의 대상인 개발계획등의 규모 등에 따라 재해의 예방, 재해 영향의 예측 및 저감대책에 관한 사항 등 협의 관련 사항 및 절차 등을 달리 정할 수 있다.(2017.10.24 본항신설)
(2017.10.24 본조제목개정)

제4조의2【행정계획과 개발사업의 통합 수립에 따른 특례】 「산업단지 인·허가 절차 간소화를 위한 특례법」 등에 따라 관계행정기관의 장이 자연재해에 영향을 미치는 행정계획과 개발사업을 통합하여 수립하는 경우로서 재해영향평가등의 협의를 모두 거쳐야 하는 경우에는 제4조제1항에도 불구하고 재해영향평가에 관한 협의만을 실시하여 재해영향평가등의 협의를 갈음할 수 있다.
(2021.6.8 본조신설)

제5조【재해영향평가등의 협의 대상】 ① 제4조에 따라 재해영향평가등의 협의를 하여야 하는 개발계획등은 다음 각 호와 같다.(2017.10.24 본문개정)
1. 국토·지역 계획 및 도시의 개발
2. 산업 및 유통 단지 조성
3. 에너지 개발
4. 교통시설의 건설
5. 하천의 이용 및 개발
6. 수자원 및 해양 개발
7. 산지 개발 및 골재 채취
8. 관광단지 개발 및 체육시설 조성
9. 그 밖에 자연재해에 영향을 미치는 계획 및 사업으로서 대통령령으로 정하는 계획 및 사업
② 제1항에도 불구하고 다음 각 호의 사업에 대하여는 재해영향평가등의 협의를 하지 아니한다.(2017.10.24 본문개정)
1. 기본법 제37조에 따른 응급조치를 위한 사업
2. 국방부장관이 군사상의 기밀 보호가 필요하거나 군사적으로 긴급히 수립할 필요가 있다고 인정하여 행정안전부장관과 협의한 사업(2017.7.26 본호개정)
③ 제1항에 따라 재해영향평가등의 협의를 하여야 할 개발계획등의 범위, 시기 및 방법 등에 관하여 필요한 사항은 대통령령으로 정한다.(2017.10.24 본항개정)
(2017.10.24 본조제목개정)

제5조의2【재해영향평가등의 재협의】 ① 관계행정기관의 장은 제4조에 따라 재해영향평가등의 협의를 완료한 개발계획등이 변경되는 경우에는 그 변경되는 개발계획등의 확정·허가등을 하기 전에 제4조에 따라 행정안전부장관과 재해영향평가등의 협의를 다시 하여야 한다. 다만, 대통령령으로 정하는 경미한 변경의 경우에는 그러하지 아니하다.(2021.6.8 단서신설)
② 제1항에 따라 재해영향평가등의 협의를 다시 하여야 하는 개발계획등의 범위 및 방법·절차 등에 필요한 사항은 대통령령으로 정한다.
(2017.10.24 본조개정)

제6조【재해영향평가등의 협의 내용의 이행】 ① 제4조제7항에 따라 행정안전부장관으로부터 재해영향평가등의 협의(제5조의2에 따른 재해영향평가등의 재협의를 포함한다. 이하 같다) 결과를 통보받은 관계행정기관의 장은 특별한 사유가 없으면 이를 해당 개발계획등에 반영하기 위하여 필요한 조치를 하여야 하며, 조치한 결과 또는 향후 조치계획을 행정안전부장관에게 통보하여야 한다.
(2021.4.20 본항개정)
② 제1항에 따라 재해영향평가등의 협의 결과가 해당 개발계획등에 반영된 경우 관계행정기관의 장과 개발사업의 허가등을 받은 자(이하 "사업시행자"라 한다)는 이를 이행하여야 한다.(2024.1.30 본항개정)
③ 사업시행자는 개발사업에 대한 재해영향평가등의 협의 내용을 관리하기 위하여 재해영향평가등의 협의 내용 관리책임자(이하 "관리책임자"라 한다)를 지정하여 행정안전부장관 및 관계행정기관의 장에게 통보하여야 한다. 이 경우 지정된 관리책임자는 행정안전부장관이 실시하는 재해영향평가등에 관한 교육을 받아야 한다.
(2024.1.30 후단신설)
④ 사업시행자는 개발사업에 대한 재해영향평가등의 협의 내용을 이행하기 위하여 관리대장에 재해영향평가등의 협의 내용의 이행 상황 등을 기록하고, 관리대장을 공사 현장에 갖추어 두어야 한다.(2024.1.30 본항개정)
⑤ 제1항에 따른 향후 조치계획의 통보, 제3항 전단에 따른 관리책임자의 지정·통보, 같은 항 후단에 따른 교육의 실시 및 제4항에 따른 이행 상황의 기록에 필요한 사항은 행정안전부령으로 정한다.(2024.1.30 본항개정)
(2017.10.24 본조제목개정)

제6조의2【사업 착공 등의 통보】 사업시행자는 개발사업을 착공 또는 준공하거나 3개월 이상 공사를 중지하려는 경우에는 행정안전부령으로 정하는 바에 따라 행정안전부장관 및 관계행정기관의 장에게 그 내용을 통보하여야 한다.(2017.7.26 본조개정)

제6조의3【재해영향평가등의 협의 내용 등에 대한 이행의무의 승계 등】 ① 사업시행자가 개발사업을 양도하거나 사망한 경우 또는 사업시행자인 법인이 분할·합병한 경우에는 그 양수인이나 상속인 또는 분할·합병 후 존속하는 법인이나 분할·합병에 따라 설립되는 법인이 제6조 및 제6조의2에 따른 의무를 승계한다.
② 제1항에 따라 종전의 사업시행자의 의무를 승계한 사업시행자는 협의 내용의 이행 상황과 승계 사유 등 행정안전부령으로 정하는 사항을 승계한 날부터 30일 이내에 관계행정기관의 장과 행정안전부장관에게 통보하여야 한다.
(2021.6.8 본조신설)

제6조의4【재해영향평가등의 협의 이행의 관리·감독】 ① 관계행정기관의 장은 사업시행자가 재해영향평가등의 협의 내용을 이행하는지를 행정안전부령으로 정하는 바에 따라 확인하여야 한다.(2024.1.30 본항개정)
② 행정안전부장관 또는 관계행정기관의 장은 사업시행자에게 재해영향평가등의 협의 내용의 이행에 관련된 자료를 제출하게 하거나, 소속 공무원으로 하여금 사업장을 출입하여 조사하게 할 수 있다.
③ 관계행정기관의 장은 개발사업의 준공검사를 하는 경우에는 재해영향평가등의 협의 내용의 이행 여부를 확인하고 그 결과를 행정안전부장관에게 통보하여야 한다.
(2017.10.24 본조개정)

제6조의5【재해영향평가등의 협의 이행 조치 명령 등】 ① 관계행정기관의 장은 사업시행자가 재해영향평가등의 협의 내용을 이행하지 아니하였을 때에는 그 이행에 필요한 조치를 명하여야 한다.(2017.10.24 본항개정)
② 관계행정기관의 장은 제1항에 따른 조치 명령을 이행하지 아니하여 재해에 중대한 영향을 미치는 것으로 판단되는 경우에는 해당 개발사업의 전부 또는 일부에 대한 공사 중지를 명하여야 한다.
③ 행정안전부장관은 재해영향평가등의 협의 내용의 이행 관리를 위하여 필요한 경우 관계행정기관의 장에게 공사 중지나 그 밖에 필요한 조치를 명할 것을 요청할 수 있다. 이 경우 관계행정기관의 장은 정당한 사유가 없으면 이에 따라야 한다.(2017.10.24 전단개정)
④ 관계행정기관의 장은 제1항부터 제3항까지의 규정에 따라 조치 명령 또는 공사 중지 명령을 하였을 때에는 지체 없이 그 내용을 행정안전부장관에게 통보하여야 한다.
(2017.7.26 본항개정)
(2017.10.24 본조제목개정)
(2016.1.27 본조신설)

제7조【개발사업의 사전 허가등의 금지】 ① 관계행정기관의 장은 재해영향평가등의 협의 절차가 끝나기 전에 개발사업에 대한 허가등을 하여서는 아니 된다.
② 개발사업의 허가등을 받으려는 자는 재해영향평가등의 협의 절차가 끝나기 전에는 개발사업에 대한 공사를 하여서는 아니 된다.(2024.1.30 단서삭제)
③ 제2항에도 불구하고 착공을 준비하기 위한 현장사무소 설치 공사 또는 다른 법령에 따른 의무를 이행하기 위한 공사 등 행정안전부령으로 정하는 경미한 사항에 대한 공사의 경우에는 행정안전부령으로 정하는 바에 따라 재해영향평가등의 협의 절차가 끝나기 전에 해당 공사를 할 수 있다.(2024.1.30 본항신설)
④ 관계행정기관의 장은 개발사업의 허가등을 받으려는 자가 제2항을 위반하여 공사를 시행하였을 때에는 해당 개발사업의 전부 또는 일부에 대한 공사중지를 명하여야 한다.(2021.6.8 본항신설)
⑤ 행정안전부장관은 개발사업의 허가등을 받으려는 자가 제2항을 위반하여 시행한 개발사업에 대하여는 관계행정기관의 장에게 공사중지 등 필요한 조치를 할 것을 요청할 수 있다. 이 경우 관계행정기관의 장은 특별한 사유가 없으면 요청에 따라야 한다.
(2021.6.8 본조개정)

제8조【방재 분야 전문가의 개발 관련 위원회 참여】 ① 관계행정기관의 장은 자연재해에 영향을 미치는 개발계획등을 자문·심의·의결하기 위하여 구성·운영하는 위원회에 자연재해 예방을 위한 재해영향성검토 의견이 반영될 수 있도록 방재 분야 전문가를 위원으로 참여시켜야 한다.
② 행정안전부장관은 제1항에 따른 위원회에 방재 분야 전문가를 추천할 수 있고 필요하다고 판단되면 방재업무를 담당하는 공무원을 함께 추천할 수 있다.(2017.7.26 본항개정)
(2016.1.27 본조개정)

제9조【재해 원인 조사·분석 등】 ① 재난관리책임기관의 장은 소관 시설 등에서 자연재해가 발생한 경우 그 원인에 대한 조사 및 분석을 실시할 수 있다.
(2014.5.14 본항개정)
② 행정안전부장관 또는 지방자치단체의 장은 제1항에도 불구하고 재해발생 원인을 규명하고 예방대책을 수립하기 위하여 직접 조사·분석·평가할 수 있다.(2017.7.26 본항개정)
③ 제2항에 따라 재해의 발생원인 조사 등을 할 때에는 그 결과를 관계 재난관리책임기관의 장에게 통보하여야 한다.(2014.5.14 본항신설)
④ 지방자치단체의 장이 재해 원인을 조사·분석·평가하기 위하여 필요한 사항은 해당 지방자치단체의 조례로 정한다.(2016.1.27 본항개정)

제10조【재해경감대책협의회의 구성 등】 ① 행정안전부장관은 제9조에 따른 재해 원인의 조사·분석·평가 등에 필요한 업무 협조, 재해 경감을 위한 조사·연구, 그 밖의 재해경감대책 수립을 위하여 지방자치단체 및 관련 분야 전문단체들이 참여하는 재해경감대책협의회를 구성·운영할 수 있다.
② 제1항에 따른 재해경감대책협의회의 구성·기능 및 운영에 필요한 사항은 행정안전부령으로 정한다.
③ 행정안전부장관은 제1항에 따른 재해경감대책협의회를 원활하게 운영하기 위하여 필요하다고 판단되면 행정안전부령으로 정하는 바에 따라 행정적·재정적 지원을 할 수 있다.
(2017.7.26 본조개정)

제11조【토지 출입 등】 ① 행정안전부장관, 지방자치단체의 장 또는 행정안전부장관이나 지방자치단체의 장으로부터 명령이나 위임·위탁을 받은 자는 시설물 등의 점검, 재해 원인 분석·조사, 재해 흔적 조사 및 피해 조사 등을 위하여 필요하면 타인의 토지에 출입하거나 타인의 토지를 일시 사용할 수 있으며, 특히 필요한 경우에는 나무, 흙, 돌, 그 밖의 장애물을 변경하거나 제거할 수 있다.
(2017.7.26 본항개정)
② 제1항에 따라 타인의 토지에의 출입, 토지의 일시 사용 또는 나무, 흙, 돌, 그 밖의 장애물을 변경하거나 제거하려는 자는 미리 그 토지 또는 장애물의 소유자·점유자 또는 관리인(이하 이 조에서 "관계인"이라 한다)의 동의를 받아야 한다. 다만, 해당 관계인이 현장에 없거나 주소 또는 거소(居所)가 분명하지 아니하여 동의를 받을 수 없을 때에는 관할 시장·군수·구청장의 허가를 받아야 한다.
③ 제1항에 따른 행위를 하려는 사람은 그 권한을 나타내는 증표를 지니고 이를 관계인에게 보여주어야 한다.

제12조【자연재해위험개선지구의 지정 등】 ① 시장·군수·구청장은 상습침수지역, 산사태위험지역 등 지형적인 여건 등으로 인하여 재해가 발생할 우려가 있는 지역을 자연재해위험개선지구로 지정·고시하고, 그 결과를 시·도지사를 거쳐(특별자치시장이 보고하는 경우는 제외한다) 행정안전부장관과 관계 중앙행정기관의 장에게 보고하여야 한다. 이 경우 「토지이용규제 기본법」 제8조제2항에 따라 지형도면을 함께 고시하여야 한다.
(2017.7.26 전단개정)
② 시장·군수·구청장은 제1항에 따라 지정된 자연재해위험개선지구를 관할하는 관계 기관(군부대를 포함한다) 또는 그 지구에 속해 있는 시설물의 소유자·점유자 또는 관리인(이하 이 조에서 "관계인"이라 한다)에게 행정안전부령으로 정하는 바에 따라 재해 예방에 필요한 한도에서 점검·정비 등 필요한 조치를 할 것을 요청하거나 명할 수 있다.(2017.7.26 본항개정)
③ 제2항에 따라 재해 예방에 필요한 조치를 하도록 요청받거나 명령받은 관계 기관 또는 관계인은 필요한 조치를 하고 그 결과를 시장·군수·구청장에게 통보하여야 한다.
④ 시장·군수·구청장은 대통령령으로 정하는 자연재해위험개선지구에 대하여 직권으로 제2항에 따른 조치를 하거나 소유자에게 그 조치에 드는 비용의 일부를 보조할 수 있다.(2012.10.22 본항개정)
⑤ 시장·군수·구청장은 자연재해위험개선지구 정비사업 시행 등으로 재해 위험이 없어진 경우에는 관계 전문가의 의견을 수렴하여 자연재해위험개선지구 지정을 해제하고 그 결과를 고시하여야 한다.(2012.10.22 본항개정)
⑥ 행정안전부장관 및 시·도지사는 제1항에 따른 자연재해위험개선지구의 지정이 필요함에도 불구하고 시장·군수·구청장이 자연재해위험개선지구로 지정하지 아니하는 경우에는 해당 지역을 자연재해위험개선지구로 지정·고시하도록 권고할 수 있다. 이 경우 시장·군수·구청장은 특별한 사유가 없는 한 이에 따라야 한다.
(2017.7.26 전단개정)
(2012.10.22 본조제목개정)

제13조【자연재해위험개선지구 정비계획의 수립】 ① 시장·군수·구청장은 제12조제1항에 따라 지정된 자연재해위험개선지구에 대하여 정비 방향의 지침이 될 자연재해위험개선지구 정비계획(이하 "정비계획"이라 한다)을 5년마다 수립하고 시·도지사(특별자치시장의 경우에는 행정안전부장관)에게 제출하여야 한다.(2017.7.26 본항개정)
② 시·도지사는 정비계획을 받아 행정안전부장관에게 제출하여야 하며, 행정안전부장관은 필요하면 시·도지사에게 정비계획의 보완을 요청할 수 있다.(2017.7.26 본항개정)
③ 정비계획에는 다음 각 호의 사항이 포함되어야 한다.
1. 자연재해위험개선지구의 정비에 관한 기본 방침
2. 자연재해위험개선지구 지정 현황 및 연도별 지구 정비에 관한 사항
3. 재해 예방 및 자연재해위험개선지구의 점검·관리에 관한 사항
4. 그 밖에 자연재해위험개선지구의 정비 등에 관하여 대통령령으로 정하는 사항
(2012.10.22 1호~4호개정)
④ 시장·군수·구청장은 정비계획을 수립할 때에는 그 지역에 관한 개발계획등과의 관련성 등을 검토·반영하여야 한다.
⑤ 정비계획을 변경하는 경우에는 제1항과 제2항을 준용한다.
⑥ 제1항부터 제5항까지에서 규정한 사항 외에 정비계획의 수립 및 절차 등에 관하여 필요한 사항은 대통령령으로 정한다.
(2012.10.22 본조제목개정)

제14조【자연재해위험개선지구 정비사업계획의 수립】 ① 시장·군수·구청장은 정비계획에 따라 매년 다음 해의 자연재해위험개선지구 정비사업계획(이하 "사업계획"이라 한다)을 수립하여 시·도지사(특별자치시장의 경우에는 행정안전부장관)에게 제출하여야 한다.
(2017.7.26 본항개정)
② 시·도지사는 제1항에 따라 사업계획을 받으면 행정안전부장관에게 보고하여야 한다.(2017.7.26 본항개정)
③ 사업계획을 변경하는 경우에는 제1항과 제2항을 준용한다.
④ 제1항부터 제3항까지에서 규정한 사항 외에 사업계획의 수립 및 절차 등에 관하여 필요한 사항은 대통령령으로 정한다.
(2012.10.22 본조제목개정)

제14조의2【자연재해위험개선지구 정비사업 실시계획의 수립·공고 등】 ① 시장·군수·구청장은 사업계획을 바탕으로 대통령령으로 정하는 바에 따라 자연재해위험개선지구 정비사업 실시계획을 수립하여 공고하고, 설계도서(設計圖書)를 일반인이 열람할 수 있도록 하여야 한다. 자연재해위험개선지구 정비사업 실시계획을 변경하려는 경우에도 또한 같다.
② 시장·군수·구청장이 제1항에 따라 자연재해위험개선지구 정비사업 실시계획을 수립하거나 변경하여 공고하면 다음 각 호의 허가·인가·승인·결정·지정·협의·신고수리 등(이하 이 조에서 "인·허가등"이라 한다)에 관하여 제3항에 따라 관계 행정기관의 장과 협의한 사항에 대하여는 해당 인·허가등을 받아 고시 또는 공고를 한 것으로 본다.
1. 「골재채취법」 제22조에 따른 골재채취의 허가
2. 「공유수면 관리 및 매립에 관한 법률」 제8조에 따른 공유수면의 점용·사용허가, 같은 법 제10조에 따른 협의 또는 승인, 같은 법 제17조에 따른 점용·사용 실시계획의 승인 또는 신고, 같은 법 제28조에 따른 공유수면의 매립면허, 같은 법 제35조에 따른 국가 등이 시행하는 매립의 협의 또는 승인 및 같은 법 제38조에 따른 공유수면매립실시계획의 승인
3. 「국유재산법」 제30조에 따른 행정재산의 사용허가
4. 「국토의 계획 및 이용에 관한 법률」 제30조에 따른 도시·군관리계획(도시계획시설사업만 해당한다)의 결정, 같은 법 제56조제1항제2호에 따른 토지의 형질 변경허가, 같은 항 제3호에 따른 토석의 채취허가, 같은 법 제81조에 따른 시가화조정구역에서의 공공시설 설치 및 입목벌채·조림·육림·토석채취의 허가, 같은 법 제88조에 따른 실시계획의 작성·인가 및 같은 법 제130조제2항에 따른 타인의 토지에의 출입허가
(2016.1.19 본호개정)
5. 「군사기지 및 군사시설 보호법」 제9조제1항제1호에 따른 통제보호구역 등의 출입허가 및 같은 법 제13조에 따른 행정기관의 허가등에 관한 협의
6. 「관광진흥법」 제52조에 따른 관광지의 지정, 같은 법 제54조에 따른 조성계획의 승인 및 같은 법 제55조에 따른 조성사업의 시행허가
7. 「농어촌도로 정비법」 제9조에 따른 도로의 노선 지정
(2017.3.21 본호개정)
8. 「농어촌정비법」 제23조에 따른 농업생산기반시설의 사용허가, 같은 법 제24조에 따른 농업생산기반시설의 폐지 승인 및 같은 법 제111조에 따른 토지의 형질변경 등의 허가(2016.12.27 본호개정)
9. 「농지법」 제34조에 따른 농지의 전용허가, 같은 법 제35조에 따른 농지의 전용신고 및 같은 법 제36조에 따른 농지의 타용도 일시사용 허가·협의
10. 「도로법」 제19조에 따른 도로 노선의 지정·고시, 같은 법 제25조에 따른 도로구역의 결정, 같은 법 제36조에 따른 도로관리청이 아닌 자에 대한 도로공사의 시행허가 및 같은 법 제61조에 따른 도로의 점용 허가
(2014.1.14 본호개정)
11. 「도시공원 및 녹지 등에 관한 법률」 제24조에 따른 도시공원의 점용허가, 같은 법 제27조에 따른 도시자연공원구역에서의 행위허가 및 같은 법 제38조에 따른 녹지의 점용허가
12. 「대기환경보전법」 제23조, 「물환경보전법」 제33조 및 「소음·진동관리법」 제8조에 따른 배출시설의 설치 허가·신고(2017.1.17 본호개정)
13. 「문화유산의 보존 및 활용에 관한 법률」 제35조제1항제1호에 따른 국가지정문화유산의 현상 변경 등 허가, 같은 법 제56조에 따른 국가등록문화유산의 현상 변경 신고 및 같은 법 제66조 단서(「자연유산의 보존 및 활용에 관한 법률」 제63조에 따라 준용하는 경우를 포함한다)에 따른 국유문화유산 및 국유자연유산 사용허가, 「자연유산의 보존 및 활용에 관한 법률」 제17조제1항제1호·제2호에 따른 허가와 「매장유산 보호 및 조사에 관한 법률」 제8조에 따른 협의(2023.8.8 본호개정)
13. 「문화유산의 보존 및 활용에 관한 법률」 제35조제1항제1호에 따른 국가지정문화유산의 현상변경 등 허가, 같은 법 제66조 단서(「자연유산의 보존 및 활용에 관한 법률」 제63조에 따라 준용하는 경우를 포함한다)에 따른 국유문화유산 및 국유자연유산 사용허가, 「근현대문화유산의 보존 및 활용에 관한 법률」 제17조에 따른 국가등록문화유산의 현상변경 신고, 「자연유산의 보존 및 활용에 관한 법률」 제17조제1항제1호·제2호에 따른 허가와 「매장유산 보호 및 조사에 관한 법률」 제8조에 따른 협의(2023.9.14 본호개정 : 2024.9.15 시행)
14. 「사도법」 제4조에 따른 사도 개설허가
15. 「사방사업법」 제14조에 따른 사방지에서의 행위허가
16. 「산림보호법」 제9조제2항제1호 및 제2호에 따른 산림보호구역(산림유전자원보호구역은 제외한다)에서의 행위의 허가·신고
17. 「산림자원의 조성 및 관리에 관한 법률」 제36조제1항·제5항에 따른 입목벌채등의 허가·신고
(2022.12.27 본호개정)
18. 「산업입지 및 개발에 관한 법률」 제12조에 따른 산업단지에서의 토지 형질변경 등의 허가 및 같은 법 제17조, 제18조, 제18조의2 또는 제19조에 따른 실시계획 승인
19. 「산지관리법」 제14조에 따른 산지전용허가, 같은 법 제15조에 따른 산지전용신고 및 같은 법 제25조에 따른 토석채취허가 등
19의2. 「소규모 공공시설 안전관리 등에 관한 법률」 제10조에 따른 소규모 위험시설 정비사업 실시계획 수립
(2017.3.21 본호신설)
20. 「소하천정비법」 제8조에 따른 소하천정비시행계획 수립, 같은 법 제10조에 따른 관리청이 아닌 자의 소하천공사 시행허가 및 같은 법 제14조에 따른 소하천의 점용허가
21. 「수도법」 제17조에 따른 일반수도사업의 인가, 같은 법 제49조에 따른 공업용수도사업의 인가, 같은 법 제52조에 따른 전용상수도 설치인가 및 같은 법 제54조에 따른 전용공업용수도의 설치인가
22. 「어촌·어항법」 제23조에 따른 어항개발사업의 시행허가
23. 「자연공원법」 제23조에 따른 공원구역에서의 행위허가
24. 「장사 등에 관한 법률」 제27조제1항에 따른 무연분묘(無緣墳墓)의 개장허가
25. 「주택법」 제15조에 따른 사업계획의 승인
(2016.1.19 본호개정)
26. 「초지법」 제21조의2에 따른 초지조성지역에서의 행위허가 및 같은 법 제23조에 따른 초지 전용 허가·협의
27. 「체육시설의 설치·이용에 관한 법률」 제12조에 따른 사업계획의 승인
28. 「하수도법」 제16조에 따른 공공하수도공사 시행의 허가, 같은 법 제24조에 따른 점용허가 및 같은 법 제27조에 따른 배수설비의 설치신고
29. 「하천법」 제27조에 따른 하천공사시행계획의 수립, 같은 법 제30조에 따른 하천관리청이 아닌 자의 하천공사 시행의 허가, 같은 법 제33조에 따른 하천의 점용허가 및 같은 법 제38조에 따른 하천예정지 등에서의 행위허가
30. 「항만법」 제9조제2항에 따른 항만개발사업 시행의 허가 및 같은 법 제10조제2항에 따른 항만개발사업실시계획의 승인(2020.1.29 본호개정)
31. 「부동산 거래신고 등에 관한 법률」 제11조에 따른 토지거래계약에 관한 허가(2016.1.19 본호신설)
③ 시장·군수·구청장이 제1항에 따라 자연재해위험개선지구 정비사업 실시계획을 수립·변경하고 공고할 때에 그 내용에 제2항 각 호의 어느 하나에 해당하는 사항이 포함되어 있는 경우에는 관계 행정기관의 장과 미리 협의하여야 한다. 이 경우 관계 행정기관의 장은 시장·군수·구청장으로부터 협의 요청을 받은 날부터 15일 이내에 협의 내용을 회신하여야 한다.
(2012.10.22 본조신설)

제14조의3【토지 등의 수용 및 사용】 ① 시장·군수·구청장은 자연재해위험개선지구 정비사업을 시행하기 위하여 필요하다고 인정하면 사업구역에 있는 토지·건축물 또는 그 토지에 정착된 물건의 소유권이나 그 토지·건축물 또는 물건에 관한 소유권 외의 권리를 수용하거나 사용할 수 있다.
② 제14조의2제1항에 따라 자연재해위험개선지구 정비사업 실시계획을 공고한 경우에는 「공익사업을 위한 토지 등의 취득 및 보상에 관한 법률」 제20조제1항 및 제22조에 따른 사업인정 및 사업인정의 고시를 한 것으로 보

며, 재결의 신청은 같은 법 제23조제1항 및 제28조제1항에도 불구하고 자연재해위험개선지구 정비사업의 시행기간 내에 할 수 있다.
③ 제1항에 따른 수용 또는 사용에 관하여는 이 법에 특별한 규정이 있는 경우를 제외하고는 「공익사업을 위한 토지 등의 취득 및 보상에 관한 법률」을 적용한다.
(2012.10.22 본조신설)
제15조【자연재해위험개선지구 내 건축, 형질 변경 등의 행위 제한】 ① 시장·군수·구청장은 자연재해위험개선지구로 지정·고시된 지역에서 재해 예방을 위하여 필요하면 건축, 형질 변경 등의 행위를 제한할 수 있다. 다만, 건축, 형질 변경 등의 행위와 병행하여 그 행위로 발생할 수 있는 자연재해에 관한 예방대책이 마련되어 추진되는 경우에는 그러하지 아니하다.(2012.10.22 본항개정)
② 제1항 본문에 따라 건축, 형질 변경 등의 행위를 제한하는 자연재해위험개선지구는 다른 자연재해위험개선지구보다 우선하여 정비하여야 한다.(2012.10.22 본항개정)
③ 제1항에 따른 행위 제한에 관한 구체적인 사항은 해당 지방자치단체의 조례로 정한다.
(2012.10.22 본조제목개정)
제15조의2【자연재해위험개선지구 정비사업의 분석·평가】 ① 시장·군수·구청장은 대통령령으로 정하는 규모 이상의 자연재해위험개선지구 정비사업을 완료하였을 경우에는 그 사업의 효과성 및 경제성을 분석·평가하고, 그 결과를 시·도지사를 거쳐 행정안전부장관에게 제출하여야 한다. 다만, 특별자치시장은 직접 행정안전부장관에게 제출하여야 한다.
② 제1항에서 규정한 사항 외에 분석·평가의 방법 및 절차 등에 필요한 사항은 행정안전부령으로 정한다.
(2017.7.26 본조개정)
제15조의3【풍수해 생활권 종합정비계획 수립 등】 ① 시장·군수·구청장은 관할구역 내 풍수해로 인하여 위험하다고 판단되어 일괄 정비가 필요한 경우 다음 각 호를 종합적으로 검토하여 지역단위의 풍수해 생활권 종합정비계획(이하 "풍수해 종합정비계획"이라 한다)을 수립할 수 있다.
1. 제12조에 따라 지정·고시된 자연재해위험개선지구
2. 「급경사지 재해예방에 관한 법률」 제6조에 따라 지정·고시된 붕괴위험지역
3. 「저수지·댐의 안전관리 및 재해예방에 관한 법률」 제9조에 따라 지정·고시된 위험저수지
4. 「소규모 공공시설 안전관리 등에 관한 법률」 제7조에 따라 지정·고시된 소규모 위험시설
5. 그 밖에 지방자치단체장이 필요하다고 인정하는 지역이나 시설
② 풍수해 종합정비계획의 수립 및 시행에 관하여는 제13조, 제14조, 제14조의2, 제14조의3, 제15조 및 제15조의2를 준용한다.
③ 제1항 및 제2항에서 규정한 사항 외에 풍수해 종합정비계획의 수립 및 시행의 절차·방법 등에 관하여 필요한 사항은 대통령령으로 정한다.
(2020.6.9 본조신설)
제16조【자연재해저감 종합계획의 수립】 ① 시장(특별자치시장 및 행정시장은 제외한다. 이하 이 조, 제16조의2, 제19조 및 제19조의2에서 같다)·군수는 자연재해의 예방 및 저감을 위하여 10년마다 시·군 자연재해저감 종합계획(이하 "시·군 종합계획"이라 한다)을 수립하여 시·도지사를 거쳐 대통령령으로 정하는 바에 따라 행정안전부장관의 승인을 받아 확정하여야 한다.(2017.10.24 본항개정)
② 시·도지사는 직접 또는 시·군 종합계획을 기초로 시·도 자연재해저감 종합계획(이하 "시·도 종합계획"이라 한다)을 수립하여 대통령령으로 정하는 바에 따라 행정안전부장관의 승인을 받아 확정하여야 한다.
(2017.10.24 본항개정)
③ 시장·군수 및 시·도지사는 각각 시·군 종합계획 및 시·도 종합계획을 수립한 날부터 5년이 지난 경우 그 타당성 여부를 검토하여 필요한 경우에는 그 계획을 변경할 수 있다.(2017.10.24 본항신설)
④ 시장·군수 및 시·도지사가 각각 시·군 종합계획 및 시·도 종합계획을 변경하려는 경우에는 제1항과 제2항에 따른 절차를 준용한다. 다만, 긴급한 변경이 필요한 경우로서 대통령령으로 정하는 경우에는 그러하지 아니한다.(2016.1.27 단서신설)
⑤ 「국토의 계획 및 이용에 관한 법률」 제11조, 제18조 및 제24조에 따른 광역도시계획, 도시·군기본계획 및 도시·군관리계획의 수립·변경권자가 광역도시계획, 도시·군기본계획 및 도시·군관리계획을 수립하거나 변경하는 경우에는 시·군 종합계획과 시·도 종합계획을 반영하여야 한다.(2012.2.22 본항개정)
⑥ 시·군 종합계획과 시·도 종합계획에 포함되어야 할 자연재해의 범위 및 그 수립기준 등에 필요한 사항은 대통령령으로 정한다.(2017.10.24 본항개정)
(2017.10.24 본조제목개정)
제16조의2【자연재해저감 시행계획의 수립 등】 ① 시장·군수는 매년 시·군 종합계획에 대한 다음 해의 시·군 시행계획(이하 "시·군 시행계획"이라 한다)을 작성하여 시·도지사에게 제출하여야 한다. 이 경우 시장·군수는 미리 관계 행정기관의 장 및 제19조의5제1항 각 호의 공공기관의 장(이하 이 조 및 제16조의3에서 "관계 행정기관등의 장"이라 한다)과 협의하여야 한다.
② 시·도지사는 직접 또는 제1항에 따라 제출된 시·군 시행계획을 반영하여 매년 시·도 종합계획에 대한 다음 해의 시·도 시행계획(이하 "시·도 시행계획"이라 한다)을 작성하여 행정안전부장관에게 제출하여야 한다. 이 경우 시·도지사는 미리 관계 행정기관등의 장과 협의하여야 한다.(2017.7.26 전단개정)
③ 행정안전부장관은 제2항에 따라 제출받은 시·도 시행계획에 보완이 필요한 경우 시·도지사에게 그 보완을 요청할 수 있다. 이 경우 시·도지사는 정당한 사유가 없으면 시·도 시행계획을 보완하여 제출하여야 한다.
(2017.7.26 전단개정)
④ 행정안전부장관은 제2항 및 제3항에 따라 제출받은 시·도 시행계획을 심사한 후 자연재해저감사업비의 일부를 국고로 지원할 수 있다.(2017.10.24 본항개정)
⑤ 시·군 시행계획 및 시·도 시행계획을 변경하는 절차에 관하여는 제1항 및 제2항을 준용한다.
⑥ 제1항 및 제2항에서 규정한 사항 외에 시·군 시행계획 및 시·도 시행계획의 수립 절차·방법 등에 필요한 사항은 대통령령으로 정한다.
(2017.10.24 본조제목개정)
(2016.1.27 본조신설)
제16조의3【자연재해저감 시행계획의 시행 등】 ① 행정안전부장관은 제16조의2에 따라 시·도 시행계획이 제출된 경우 그 내용을 지체 없이 관계 행정기관등의 장에게 통보하여야 한다.(2017.7.26 본항개정)
② 제1항에 따라 통보를 받은 관계 행정기관등의 장은 시행계획의 시행에 필요한 조치를 하여야 하며, 연도별 시행계획의 추진 실적을 매년 행정안전부장관에게 제출하여야 한다.(2017.7.26 본항개정)
③ 제1항 및 제2항에서 규정한 사항 외에 시행계획의 시행에 필요한 사항은 대통령령으로 정한다.
(2017.10.24 본조제목개정)
(2016.1.27 본조신설)

제2절 풍수해

(2017.10.24 본절제목삽입)

제16조의4【지역별 방재성능목표 설정·운용】 ① 행정안전부장관은 홍수, 호우 등으로부터 재해를 예방하기 위한 방재정책 등에 적용하기 위하여 처리 가능한 시간당 강우량 및 연속강우량의 목표(이하 "방재성능목표"라 한다)를 지역별로 설정·운용할 수 있도록 관계 중앙 행정기관의 장과 협의하여 방재성능목표 설정 기준을 마련하고, 이를 특별시장·광역시장·시장 및 군수(광역시에 속한 군의 군수를 포함한다. 이하 이 조 및 제16조의5에서 같다)에게 통보하여야 한다.(2017.7.26 본항개정)
② 제1항에 따라 방재성능목표 설정 기준을 통보받은 특별시장·광역시장·시장 및 군수는 해당 특별시·광역시(광역시에 속하는 군은 제외한다. 이하 제16조의5에서 같다)·시 및 군에 대한 10년 단위의 지역별 방재성능목표를 설정·공표하고 운용하여야 한다.(2016.1.27 본항개정)
③ 특별시장·광역시장·시장 및 군수는 지역별 방재성능목표를 공표한 날부터 5년마다 그 타당성 여부를 검토하여 필요한 경우에는 설정된 방재성능목표를 변경·공표하여야 한다.
④ 제2항 및 제3항에 따른 지역별 방재성능목표의 설정·변경 및 운용에 필요한 사항은 대통령령으로 정한다.
(2012.2.22 본조신설)
제16조의5【방재시설에 대한 방재성능 평가 등】 ① 특별시장·광역시장·시장 및 군수는 해당 특별시·광역시·시 및 군에 있는 제64조에 따른 방재시설 중 대통령령으로 정하는 방재시설의 성능이 지역별 방재성능목표에 부합하는지를 평가하고, 방재성능목표에 부합하지 아니하는 경우에는 방재성능을 향상시킬 수 있는 통합 개선대책을 수립·시행하여야 한다.
② 제1항에 따른 방재시설에 대한 방재성능 평가 및 통합 개선대책의 수립·시행에 필요한 사항은 대통령령으로 정한다.
(2012.2.22 본조신설)
제16조의6【방재기준 가이드라인의 설정 및 활용】 ① 행정안전부장관은 기후변화에 따른 재해에 선제적이고 효과적으로 대응하기 위하여 미래 기간별·지역별로 예측되는 기온, 강우량, 풍속 등을 바탕으로 방재기준 가이드라인을 정하고, 재난관리책임기관의 장에게 이를 적용하도록 권고할 수 있다.(2017.7.26 본항개정)
② 제1항에 따라 권고를 받은 재난관리책임기관의 장은 방재기준 가이드라인을 소관 업무에 관한 장기 개발계획 수립 및 제64조에 따른 방재시설의 유지·관리 등에 적용할 수 있다.
(2012.10.22 본조신설)
제17조【수방기준의 제정·운영】 ① 수방기준 중 시설물의 수해 내구성을 강화하기 위한 수방기준은 관계 중앙행정기관의 장이 정하고, 지하 공간의 침수를 방지하기 위한 수방기준은 행정안전부장관이 관계 중앙행정기관의 장과 협의하여 정한다.(2017.7.26 본항개정)
② 제1항에 따라 수방기준을 정하여야 하는 시설물 및 지하 공간(이하 "수방기준제정대상"이라 한다)은 다음 각 호의 시설 중에서 대통령령으로 정한다.
1. 시설물
가. 「소하천정비법」 제2조제3호에 따른 소하천부속물
나. 「하천법」 제2조제3호에 따른 하천시설
다. 「국토의 계획 및 이용에 관한 법률」 제2조제6호에 따른 기반시설
라. 「하수도법」 제2조제3호에 따른 하수도
마. 「농어촌정비법」 제2조제6호에 따른 농업생산기반시설
바. 「사방사업법」 제2조제3호에 따른 사방시설
사. 「댐건설·관리 및 주변지역지원 등에 관한 법률」 제2조제1호에 따른 댐(2021.6.15 본목개정)
아. 「도로법」 제2조제1호에 따른 도로(2014.1.14 본목개정)
자. 「항만법」 제2조제5호에 따른 항만시설
2. 지하 공간
가. 「국토의 계획 및 이용에 관한 법률」 제2조제6호 및 제9호에 따른 기반시설 및 공동구(共同溝)
나. 「시설물의 안전 및 유지관리에 관한 특별법」 제2조제1호에 따른 시설물(2017.1.17 본목개정)
다. 「철도의 건설 및 철도시설 유지관리에 관한 법률」 제2조제6호에 따른 철도시설(2024.1.30 본목개정)
라. 「도시철도법」 제2조제3호에 따른 도시철도시설(2024.1.30 본목신설)
마. 「건축법」 제2조제1항제2호에 따른 건축물
③ 수방기준제정대상을 설치하는 자는 그 시설물을 설계하거나 시공할 때에는 제1항에 따른 수방기준을 적용하여야 한다.
④ 관계 중앙행정기관의 장 또는 지방자치단체의 장은 수방기준제정대상의 준공검사 또는 사용승인을 할 때에는 수방기준 적용 여부를 확인하고, 수방기준을 충족하였으면 준공검사 또는 사용승인을 하여야 한다.(2024.1.30 본항개정)
⑤ 제2항제2호 각 목의 어느 하나에 해당하는 수방기준제정대상의 소유자·관리자 또는 점유자는 지하 공간의 침수를 방지하기 위하여 설치한 시설로서 행정안전부령으로 정하는 시설(이하 "침수방지시설"이라 한다)을 행정안전부령으로 정하는 바에 따라 유지·관리하여야 한다.
(2023.12.26 본항신설)
제18조【지구단위 홍수방어기준의 설정 및 활용】 ① 행정안전부장관은 상습침수지역, 홍수피해예상지역, 그 밖의 수해지역의 재해 경감을 위하여 필요하면 지구단위 홍수방어기준을 정하여야 한다.(2017.7.26 본항개정)
② 재난관리책임기관의 장은 개발사업, 자연재해위험개선지구 정비사업, 수해복구사업, 그 밖의 재해경감사업(이하 "개발사업등"이라 한다) 중 대통령령으로 정하는 개발사업등에 대한 계획을 수립할 때에는 제1항에 따른 지구단위 홍수방어기준을 적용하여야 한다.(2012.10.22 본항개정)
③ 중앙행정기관의 장, 시·도지사 및 시장·군수·구청장은 개발사업등의 허가등을 할 때에는 재해 예방을 위하여 사업 대상지역 및 인근지역에 미치는 영향을 분석하여 사업시행자에게 지구단위 홍수방어기준을 적용하도록 요청할 수 있다. 이 경우 요청을 받은 사업시행자는 특별한 사유가 없으면 이에 따라야 한다.(2012.10.22 본항개정)
제19조【우수유출저감대책 수립】 ① 특별시장·광역시장·특별자치시장·특별자치도지사 및 시장·군수는 관할구역의 지역특성 등을 고려하여 우수의 침투, 저류 또는 배수를 통한 재해의 예방을 위하여 우수유출저감대책을 5년마다 수립하여야 한다.(2021.6.8 본항개정)
② 제1항에 따라 수립한 우수유출저감대책을 특별시장·광역시장·특별자치시장·특별자치도지사는 행정안전부장관에게 제출하여야 하며, 시장·군수는 시·도지사를 거쳐 행정안전부장관에게 제출하여야 한다.(2017.7.26 본항개정)
③ 제1항에 따른 우수유출저감대책에는 다음 각 호의 사항이 포함되어야 한다.
1. 우수유출저감 목표와 전략
2. 우수유출저감대책의 기본 방침
3. 우수유출저감시설의 연도별 설치에 관한 사항
4. 우수유출저감시설 설치를 위한 재원대책
5. 재해의 예방을 위한 우수유출저감시설 관리방안
6. 유휴지, 불모지 등을 이용한 우수유출저감대책
7. 그 밖에 특별시장·광역시장·특별자치시장·특별자치도지사 및 시장·군수가 필요하다고 인정하는 사항
(2017.3.21 본호개정)
④ 시·도지사 또는 시장·군수는 제1항에 따른 우수유출저감대책을 제16조에 따라 수립하는 자연재해저감 종합계획에 반영하여야 한다.(2017.10.24 본항개정)
(2013.8.6 본조개정)
제19조의2【우수유출저감시설 사업계획의 수립】 ① 특별시장·광역시장·특별자치시장·특별자치도지사 및 시장·군수는 제19조의 우수유출저감대책에 따라 매년 다음 연도의 우수유출저감시설 사업계획을 수립하여야 한다.(2017.3.21 본항개정)
② 제1항에 따라 수립한 우수유출저감시설 사업계획을 특별시장·광역시장·특별자치시장·특별자치도지사는 행정안전부장관에게 제출하여야 하며, 시장·군수는 시·도지사를 거쳐 행정안전부장관에게 제출하여야 한다. 이미 수립한 우수유출저감시설 사업계획을 변경하려는 경우에도 또한 같다.(2017.7.26 전단개정)

③ 제1항 및 제2항에서 규정한 사항 외에 우수유출저감시설 사업계획의 수립 및 절차 등 필요한 사항은 대통령령으로 정한다.
(2013.8.6 본조신설)

제19조의3【우수유출저감시설 사업 실시계획의 수립·공고 등】 우수유출저감시설 사업의 실시계획의 수립·공고 등에 관하여는 제14조의2를 준용한다. 이 경우 "자연재해위험개선지구 정비사업"은 "우수유출저감시설 사업"으로 본다.(2013.8.6 본조신설)

제19조의4【우수유출저감시설 사업 시행에 따른 토지등의 수용 및 사용】 우수유출저감시설 사업의 시행에 필요한 토지 등의 수용 및 사용에 관하여는 제14조의3을 준용한다. 이 경우 "자연재해위험개선지구 정비사업"은 "우수유출저감시설 사업"으로, "제14조의2제1항에 따라"는 "제19조의3에 따라"로 본다.(2013.8.6 본조신설)

제19조의5【우수유출저감시설 설치를 위한 토지의 사용 요청】 ① 관계 중앙행정기관의 장 또는 지방자치단체의 장은 침수 피해가 발생하였거나 발생할 위험이 높은 도심 지역의 침수 피해를 방지하기 위하여 다음 각 호의 어느 하나에 해당하는 공공기관이 소유·관리하는 운동장·주차장·공원 등 공공시설물의 지하공간에 우수유출저감시설을 설치할 필요가 있는 경우에는 해당 공공기관의 장에게 우수유출저감시설의 설치에 필요한 범위에서 토지의 사용을 요청할 수 있다.
1. 국가 및 지방자치단체의 기관
2. 국립·공립 학교
3. 「공공기관의 운영에 관한 법률」 제4조에 따른 공공기관
4. 「지방공기업법」 제49조에 따라 설립된 지방공사 또는 같은 법 제76조에 따라 설립된 지방공단

② 관계 중앙행정기관의 장 또는 지방자치단체의 장이 제1항에 따라 토지의 사용을 요청할 때에는 시설계획, 안전관리계획 등 관련 계획을 제출하여야 하며, 요청을 받은 공공기관의 장은 공익성, 안전성 등을 검토하여 특별한 사유가 없으면 이에 협조하여야 한다.
(2013.8.6 본조신설)

제19조의6【개발사업 시행자 등의 우수유출저감시설 설치】 ① 개발사업등을 시행하거나 공공시설을 관리하는 자는 대통령령으로 정하는 바에 따라 우수유출저감대책을 수립하고 우수유출저감시설을 설치하여야 한다.
② 지방자치단체의 장은 제1항에 따라 우수유출저감시설을 설치·운영하는 민간사업자에게 조례로 정하는 바에 따라 수도요금 또는 하수도사용료를 일부 감면할 수 있다.
③ 제1항에 따른 우수유출저감시설 설치 대상 개발사업 등은 다음 각 호와 같다.
1. 국토·지역 계획 및 도시의 개발
2. 산업 및 유통 단지 조성
3. 관광지 및 관광단지 개발
4. 그 밖에 우수유출에 영향을 미치는 사업으로서 대통령령으로 정하는 사업

④ 지방자치단체의 장은 제1항에 따른 개발사업등 및 공공시설에 대하여 준공검사 또는 사용승인을 할 때에는 제19조의7에 따른 우수유출저감시설기준의 적합 여부를 확인하고, 그 기준에 맞으면 준공검사나 사용승인을 하여야 한다.
(2013.8.6 본조신설)

제19조의7【우수유출저감시설에 관한 기준】 ① 우수유출저감시설은 풍수해 및 가뭄피해 경감을 위하여 우수의 순간유출량을 저감하는 기능을 갖추어야 한다.
② 우수유출저감시설은 설치 지역의 연간강수량 및 지형적·지리적 조건, 집수 및 배수계통, 안전성 등을 고려하여 설치하여야 한다.
③ 그 밖에 우수유출저감시설의 종류·설치·구조 및 유지관리 등에 필요한 기준은 대통령령으로 정한다.
④ 관계 중앙행정기관의 장은 제1항부터 제3항까지의 기준에 따라 사업별 특성에 적합한 우수유출저감기법을 개발·보급하여야 한다.
(2013.8.6 본조신설)

제20조【내풍설계기준의 설정】 ① 관계 중앙행정기관의 장은 태풍, 강풍 등으로 인하여 재해를 입을 우려가 있는 다음 각 호의 시설 중 대통령령으로 정하는 시설에 대하여 관계 법령 등에 내풍설계기준을 정하고 그 이행을 감독하여야 한다.
1. 「건축법」에 따른 건축물
2. 「공항시설법」에 따른 공항시설(2016.3.29 본호개정)
3. 「관광진흥법」에 따른 유원시설(遊園施設)
4. 「도로법」 및 「국토의 계획 및 이용에 관한 법률」에 따른 도로
5. 「궤도운송법」에 따른 삭도시설
6. 「산업안전보건법」에 따른 크레인 및 리프트
7. 「옥외광고물 등의 관리와 옥외광고산업 진흥에 관한 법률」에 따른 옥외광고물(2016.1.6 본호개정)
8. 「전기사업법」 및 「전원개발 촉진법」에 따른 송전·배전 시설
9. 「항만법」에 따른 항만시설
10. 「철도산업발전 기본법」에 따른 철도시설
11. 그 밖에 대통령령으로 정하는 시설

② 관계 중앙행정기관의 장이 제1항에 따른 내풍설계기준을 정하였을 때에는 행정안전부장관에게 통보하여야 하며 행정안전부장관은 필요하면 보완을 요구할 수 있다.(2017.7.26 본항개정)
③ 지방자치단체의 장은 제1항에 따른 내풍설계 대상 시설물에 대하여 허가등을 할 때에는 내풍설계기준 적용에 관한 사항을 확인하고 그 기준을 충족하였으면 허가등을 하여야 한다.

제21조【각종 재해지도의 제작·활용】 ① 관계 중앙행정기관의 장 및 지방자치단체의 장은 하천 범람 등 자연재해를 경감하고 신속한 주민 대피 등의 조치를 하기 위하여 대통령령으로 정하는 재해지도를 제작·활용하여야 한다. 다만, 다른 법령에 재해지도의 제작·활용에 관하여 특별한 규정이 있는 경우에는 그 법령에서 정하는 바에 따라 재해지도를 제작·활용할 수 있다.
(2014.5.14 본문개정)
② 지방자치단체의 장은 침수 피해가 발생하였을 때에는 침수, 범람, 그 밖의 피해 흔적(이하 "침수흔적"이라 한다)을 조사하여 침수흔적도를 작성·보존하고 현장에 침수흔적을 표시·관리하여야 한다.
③ 행정안전부장관은 관계 중앙행정기관의 장 및 지방자치단체의 장이 작성한 재해지도를 자연재해의 예방·대비·대응·복구 등 전분야 대책에 기초로 활용하고 업무추진의 효율성을 증진하기 위한 재해지도통합관리연계시스템을 구축·운영하여야 한다.(2017.7.26 본항개정)
④ 행정안전부장관은 재해지도통합관리연계시스템의 구축을 위하여 필요한 자료를 관계 중앙행정기관의 장 및 지방자치단체의 장에게 요청할 수 있다. 이 경우 요청을 받은 관계 중앙행정기관의 장 및 지방자치단체의 장은 특별한 사유가 없으면 이에 따라야 한다.(2017.7.26 전단개정)
⑤ 제1항에 따른 재해지도 및 제2항에 따른 침수흔적도의 작성·보존·활용, 침수흔적의 설치 장소, 표시 방법 및 유지·관리 등에 관한 세부 사항과 제3항에 따른 재해지도통합관리연계시스템의 표준화, 각종 재해 관련 지도의 통합·관리, 재해지도의 유형별 분류 등에 관한 세부 사항은 대통령령으로 정한다.(2014.5.14 본항개정)

제21조의2【재해 상황의 기록 및 보존 등】 ① 지방자치단체의 장은 행정안전부령으로 정하는 일정 규모 이상의 자연재해가 발생하였을 때에는 재해 발생 현황, 예방 및 대처 사항, 응급조치 등 재해 상황에 대한 상세한 기록을 작성하여 보존하여야 한다.
② 행정안전부장관이나 지방자치단체의 장은 피해지역의 피해 원인 분석·조사 및 복구사업 등에 활용하기 위하여 필요하다고 판단하면 피해 현장에 대한 공간영상정보 자료를 수집하거나 항공사진측량 등을 할 수 있다.
③ 행정안전부장관은 필요하다고 판단하면 제2항에 따라 지방자치단체의 장이 실시하는 항공사진측량 비용의 전부 또는 일부를 지원할 수 있다.
④ 제1항에 따른 재해 상황의 기록·보존 및 활용에 필요한 사항이나 제2항에 따른 항공사진측량 대상 지역, 방법 및 시기 등에 관하여 필요한 사항은 행정안전부령으로 정한다.
⑤ 행정안전부장관은 매년도 말을 기준으로 제1항에 따른 자연재해 관련 기록 등을 종합하여 재해연보를 발행하여야 한다.
(2017.7.26 본조개정)

제21조의3【침수흔적도 등 재해정보의 활용】 행정안전부장관 또는 관계행정기관의 장은 다음 각 호의 행위 등을 할 때에는 제21조에 따른 침수흔적도 등 재해지도, 제21조의2에 따른 재해 상황 기록, 공간영상정보 또는 항공사진측량 자료 등을 활용하여야 한다.(2017.7.26 본문개정)
1. 제4조에 따른 재해영향평가등의 협의(2017.10.24 본호개정)
2 제12조에 따른 자연재해위험개선지구의 지정 (2012.10.22 본호개정)
3. 제13조에 따른 자연재해위험개선지구 정비계획의 수립(2012.10.22 본호개정)
4. 제14조에 따른 자연재해위험개선지구 정비사업계획의 수립(2012.10.22 본호개정)
5. 제16조에 따른 자연재해저감 종합계획의 수립 (2017.10.24 본호개정)
6. 제19조에 따른 우수유출저감대책의 수립(2014.5.14 본호신설)
7. 제46조제1항에 따른 자체복구계획 또는 같은 조 제2항에 따른 재해복구계획의 수립(2017.3.21 본호개정)
8. 제46조의3에 따른 지구단위종합복구계획의 수립
9. 「재해위험 개선사업 및 이주대책에 관한 특별법」 제6조에 따른 재해위험 개선사업지구의 지정
10. 「재해위험 개선사업 및 이주대책에 관한 특별법」 제10조에 따른 재해위험 개선사업 시행계획의 승인
11. 그 밖에 침수흔적도 등 재해정보의 활용이 필요하다고 대통령령으로 정하는 사항
(2014.5.14 8호~11호신설)

제22조【홍수통제소의 협조 등】 ① 홍수통제소의 장은 홍수의 예보·경보, 각종 수문 관측 및 수문정보 등에 관한 사항에 대하여 행정안전부장관 및 지방자치단체의 장과 협조하여야 한다.
② 홍수통제소의 장은 수위가 홍수위에 도달하거나 도달할 우려가 있는 경우에는 즉시 행정안전부장관, 환경부장관 등 관계 중앙행정기관의 장, 관할 시·도지사 및 시장·군수·구청장 등에게 홍수위 및 수위 상황을 보고하거나 통보하여야 한다.(2023.12.26 본항신설)
③ 제2항에 따른 홍수위 및 수위 상황의 보고 또는 통보 방법 등에 필요한 사항은 대통령령으로 정한다.
(2023.12.26 본항신설)
(2023.12.26 본조제목개정)
(2017.7.26 본조개정)

제3절 지진 및 해일

제23조~제25조 (2008.3.28 삭제)

제25조의2【해일 피해 경감을 위한 조사·연구】 ① 행정안전부장관, 지방자치단체의 장 및 관계 중앙행정기관의 장은 해일로 인한 피해를 줄이기 위하여 필요한 조사 및 연구를 하여야 한다.
② 행정안전부장관, 지방자치단체의 장 및 관계 중앙행정기관의 장은 해일 피해 경감을 위한 조사·연구를 위하여 해일 관련 자료를 소장하고 있는 관계 기관의 장이나 기상관측 연구기관의 장에게 협조를 요청할 수 있다. 이 경우 요청을 받은 관계 기관의 장 및 기상관측 연구기관의 장은 특별한 사유가 없으면 요청에 따라야 한다.
(2017.7.26 본조개정)

제25조의3【해일위험지구의 지정】 ① 시장·군수·구청장은 해일로 인하여 침수 등 피해가 예상되는 다음 각 호의 지역을 해일위험지구로 지정·고시하고, 그 결과를 시·도지사를 거쳐 행정안전부장관과 관계 중앙행정기관의 장에게 보고하여야 한다. 다만, 특별자치시장은 직접 행정안전부장관과 관계 중앙행정기관의 장에게 보고하여야 한다.(2017.7.26 본문개정)
1. 폭풍해일로 인하여 피해를 입었던 지역
2. 지진해일로 인하여 피해를 입었던 지역
3. 해일 피해가 우려되어 대통령령으로 정하는 지역

② 지방자치단체의 장은 제1항에 따라 지정된 해일위험지구를 관할하는 관계 기관 또는 그 지구에 속해 있는 시설물의 소유자·점유자 또는 관리인(이하 이 조에서 "관계인"이라 한다)에게 행정안전부령으로 정하는 바에 따라 재해 예방에 필요한 한도에서 점검·정비 등 필요한 조치를 할 것을 요청하거나 명할 수 있다.(2017.7.26 본항개정)
③ 제2항에 따라 재해 예방에 필요한 조치를 하도록 요청받거나 명령받은 관계 기관 또는 관계인은 필요한 조치를 하고 그 결과를 지방자치단체의 장에게 통보하여야 한다.
(2016.1.27 본항개정)
④ 지방자치단체의 장은 해일 피해를 입었던 지역 등 대통령령으로 정하는 해일위험지구에 대하여 직권으로 제2항에 따른 조치를 하거나 소유자에게 그 조치에 드는 비용의 일부를 보조할 수 있다.(2016.1.27 본항개정)
⑤ 시장·군수·구청장은 정비사업 시행 등으로 해일 피해의 위험이 없어진 경우에는 관계 전문가의 의견을 수렴하여 해일위험지구 지정을 해제하고 그 결과를 고시하여야 한다.

제25조의4【해일피해경감계획의 수립·추진 등】 ① 시장·군수·구청장은 제25조의3제1항에 따라 지정·고시된 해일위험지구에 대하여 해일피해경감계획을 수립하여 시·도지사(특별자치시장의 경우에는 행정안전부장관)에게 제출하여야 한다.(2017.7.26 본항개정)
② 시·도지사는 해일피해경감계획을 받아 행정안전부장관에게 제출하여야 하며, 행정안전부장관은 필요하면 시·도지사에게 그 보완을 요청할 수 있다.(2017.7.26 본항개정)
③ 제1항에 따른 해일피해경감계획에는 다음 각 호의 사항이 포함되어야 한다.
1. 해일 피해 경감에 관한 기본방침
2. 해일위험지구 지정 현황
3. 해일위험지구 정비를 위한 예방·투자 계획
4. 제37조제2항에 따른 해일 대비 비상대처계획
5. 그 밖에 해일 피해 경감에 관하여 대통령령으로 정하는 사항

④ 시장·군수·구청장은 제1항에 따른 해일피해경감계획을 수립할 때에는 그 지역의 자연재해저감 종합계획, 개발계획등을 종합적으로 고려하여야 한다.(2017.10.24 본항개정)
⑤ 시장·군수·구청장은 제1항에 따른 해일피해경감계획을 효율적으로 추진하기 위하여 필요하다고 판단하면 정비계획과 사업계획에 해일피해경감계획을 포함하여 추진할 수 있다.
⑥ 제1항에 따른 해일피해경감계획을 변경하는 경우에는 제1항과 제2항을 준용한다.
⑦ 제1항부터 제6항까지에서 규정한 사항 외에 해일피해경감계획의 수립·추진 등에 필요한 사항은 대통령령으로 정한다.

제4절 설 해

제26조【설해의 예방 및 경감 대책】 ① 재난관리책임기관의 장은 설해 발생에 대비하여 설해 예방대책에 관한 조사 및 연구를 하여야 하며, 설해로 인한 재해를 줄이기 위한 대책을 마련하여야 한다.

② 재난관리책임기관의 장은 다음 각 호의 설해 예방 및 경감 조치를 하여야 한다.
1. 설해 예방조직의 정비
2. 도로별 제설 및 지역별 교통대책 마련
3. 설해 대비용 물자와 자재의 비축·관리 및 장비의 확보
4. 고립·눈사태·교통두절 예상지구 등 취약지구의 지정·관리
5. 산악지역 등산로의 통제구역 지정·관리
6. 설해대책 교육·훈련 및 대국민 홍보
7. 농수산시설의 설해 경감대책 마련
8. 친환경적 제설대책 마련(2014.5.14 본호신설)
9. 그 밖에 설해 예방 및 경감을 위하여 필요한 조치
③ 재난관리책임기관의 장은 제2항의 설해 예방 및 경감 조치를 위하여 필요하면 다른 재난관리책임기관의 장에게 협조를 요청할 수 있다. 이 경우 협조 요청을 받은 재난관리책임기관의 장은 특별한 사유가 없으면 요청에 따라야 한다.
④ 행정안전부장관은 환경피해를 최소화하기 위한 친환경적 제설방안의 시행을 재난관리책임기관의 장에게 권고할 수 있다.(2017.7.26 본항개정)
제26조의2【상습설해지역의 지정 등】 ① 시장·군수·구청장은 대설로 인하여 고립, 눈사태, 교통 두절 및 농수산시설물 피해 등의 설해가 상습적으로 발생하였거나 발생할 우려가 있는 지역을 상습설해지역으로 지정·고시하고, 그 결과를 시·도지사를 거쳐 행정안전부장관과 관계 중앙행정기관의 장에게 보고하여야 한다. 다만, 특별자치시장은 직접 행정안전부장관과 관계 중앙행정기관의 장에게 보고하여야 한다.(2017.7.26 본항개정)
② 시장·군수·구청장은 제1항에 따라 상습설해지역을 지정하려면 그 지역 공공시설물을 관할하는 관계 기관의 장과 협의하여야 한다. 이 경우 협의 요청을 받은 관계 기관의 장은 특별한 사유가 없으면 요청에 따라야 한다.
③ 행정안전부장관은 설해가 상습적으로 발생할 우려가 있는 지역을 상습설해지역으로 지정·고시하도록 해당 시장·군수·구청장에게 요청할 수 있다.(2017.7.26 본항개정)
④ 시장·군수·구청장은 제26조의3제1항에 따른 중장기대책 시행 등으로 설해 위험이 없어졌으면 관계 전문가 등의 의견을 수렴하여 상습설해지역 지정을 해제하고, 그 결과를 고시하여야 한다.
⑤ 제1항과 제4항에 따른 상습설해지역의 지정 및 해제의 요건, 절차, 관리 방법에 관한 세부 사항은 대통령령으로 정한다.
제26조의3【상습설해지역 해소를 위한 중장기대책】 ① 제26조의2제1항에 따른 상습설해지역에 대하여 시장·군수·구청장 또는 그 지역 공공시설물을 관할하는 관계 기관의 장은 설해저감시설의 설치 등 설해의 예방 및 경감을 위한 중장기대책을 수립·시행하여야 한다.
② 제1항에 따른 중장기대책의 수립 절차, 중장기대책에 포함되어야 할 사항 및 그 밖에 중장기대책 수립을 위하여 필요한 사항은 대통령령으로 정한다.
③ 제1항에 따른 상습설해지역 내 공공시설물의 관리주체가 중장기대책을 수립할 때에는 관할 시장·군수·구청장과 협의하여야 한다. 이 경우 해당 시장·군수·구청장은 그 보완을 요구할 수 있고, 요구를 받은 관리주체는 특별한 사유가 없으면 요구에 따라야 한다.
④ 시장·군수·구청장은 필요하면 제1항에 따른 중장기대책의 수립 및 시행 실태를 점검할 수 있다.
제26조의4【내설설계기준의 설정】 ① 관계 중앙행정기관의 장은 대설로 인하여 재해를 입을 우려가 있는 다음 각 호의 시설 중 대통령령으로 정하는 시설에 대하여 관계 법령 등에 내설(耐雪)설계기준을 정하고 그 이행을 감독하여야 한다.
1. 「건축법」에 따른 건축물
2. 「공항시설법」에 따른 공항시설(2016.3.29 본호개정)
3. 「관광진흥법」에 따른 유원시설
4. 「도로법」에 따른 도로
5. 「국토의 계획 및 이용에 관한 법률」에 따른 도시·군계획시설(2011.4.14 본호개정)
6. 「궤도운송법」에 따른 삭도시설
7. 「옥외광고물 등의 관리와 옥외광고산업 진흥에 관한 법률」에 따른 옥외광고물(2016.1.6 본호개정)
8. 「전기사업법」에 따른 전기설비
9. 「항만법」에 따른 항만시설
10. 「철도산업발전 기본법」에 따른 철도 및 철도시설
11. 「도시철도법」에 따른 도시철도 및 도시철도시설
12. 「농어업재해대책법」에 따른 농업용 시설, 임업용 시설 및 어업용 시설
13. 그 밖에 대통령령으로 정하는 시설
② 관계 중앙행정기관의 장은 제1항에 따른 내설설계기준을 정하였으면 행정안전부장관에게 통보하여야 하며 행정안전부장관은 필요하면 보완을 요구할 수 있다.(2017.7.26 본항개정)
③ 지방자치단체의 장은 제1항에 따른 내설설계 대상 시설물에 대하여 허가등을 할 때에는 내설설계기준 적용에 관한 사항을 확인하고 그 기준을 충족하였으면 허가등을 하여야 한다.
제27조【건축물관리자의 제설 책임】 ① 건축물의 소유자·점유자 또는 관리자로서 그 건축물에 대한 관리 책임이 있는 자(이하 "건축물관리자"라 한다)는 관리하고 있는 건축물 주변의 보도(步道), 이면도로, 보행자 전용도로, 시설물의 지붕(대통령령으로 정하는 시설물의 지붕으로 한정한다)에 대한 제설·제빙 작업을 하여야 한다.(2014.12.30 본항개정)
② 건축물관리자의 구체적 제설·제빙 책임 범위 등에 관하여 필요한 사항은 해당 지방자치단체의 조례로 정한다.
제28조【설해 예방 및 경감 대책 예산의 확보】 재난관리책임기관의 장은 제26조에 따른 설해 예방 및 경감 대책의 원활한 시행을 위하여 필요한 예산을 확보하여야 한다.

제5절 가 뭄

제29조【가뭄 방재를 위한 조사·연구】 ① 재난관리책임기관의 장은 가뭄 방재를 위하여 필요한 조사 및 연구를 하여야 한다.
② 재난관리책임기관의 장은 가뭄 방재를 위한 전문적인 조사·연구를 위하여 관계행정기관의 장이나 기상관측 연구기관의 장에게 가뭄의 현황, 가뭄의 피해상황, 가뭄의 극복 방안 등 필요한 자료를 요청할 수 있다. 이 경우 요청을 받은 관계행정기관의 장 및 기상관측 연구기관의 장은 특별한 사유가 없으면 요청에 따라야 한다.(2014.12.30 전단개정)
제29조의2【가뭄 방재를 위한 예보 및 경보】 ① 행정안전부장관은 가뭄 방재를 위하여 관계 중앙행정기관의 장과 합동으로 가뭄 예보 및 경보 체계를 운영하여야 한다.
② 행정안전부장관은 제1항에 따른 가뭄 예보 및 경보 체계의 운영에 필요한 자료를 관계행정기관의 장에게 요청할 수 있다. 이 경우 요청을 받은 관계행정기관의 장은 특별한 사유가 없으면 이에 따라야 한다.
(2021.4.20 본조신설)
제30조【가뭄 극복을 위한 제한 급수·발전 등】 ① 관계 중앙행정기관의 장, 지방자치단체의 장 및 「한국수자원공사법」에 따른 한국수자원공사의 사장 등 수자원을 관리하는 자(이하 "수자원관리자"라 한다)는 가뭄으로 인한 재해를 극복하기 위하여 제한 급수 및 제한 발전(發電) 등의 조치를 할 수 있다.
② 수자원관리자는 제1항에 따른 조치를 하려면 수혜자가 제한 급수 및 제한 발전 등에 관한 사실을 알 수 있도록 미리 공지하여야 한다.
제31조【수자원관리자의 의무】 수자원관리자는 지방자치단체의 장으로부터 가뭄 피해를 줄이기 위하여 수자원 관리와 관련한 협조 요청을 받았을 때에는 특별한 사유가 없으면 요청에 따라야 한다.
제32조【가뭄 극복을 위한 시설의 유지·관리 등】 재난관리책임기관의 장은 댐, 저수지, 지하수자원 등의 수원함양(水源涵養) 및 기능의 유지·향상을 위하여 소관 업무에 대하여 「산림보호법」에 따른 산림보호구역(산림유전자원보호구역은 제외한다)의 지정·관리, 조림(造林), 퇴적토 준설(浚渫), 지하수자원 인공함양 및 순환 등 필요한 조치를 하여야 한다.
제33조【상습가뭄재해지역 해소를 위한 중장기대책】
① 시장·군수·구청장은 가뭄 재해가 상습적으로 발생하였거나 발생할 우려가 있는 지구(地區)를 상습가뭄재해지역으로 지정·고시하고, 그 결과를 시·도지사를 거쳐 행정안전부장관과 관계 중앙행정기관의 장에게 보고하여야 한다. 다만, 특별자치시장은 직접 행정안전부장관과 관계 중앙행정기관의 장에게 보고하여야 한다.
(2017.7.26 본항개정)
② 시장·군수·구청장은 상습가뭄재해지역에 대하여 빗물모으기시설 설치 등 가뭄 피해를 줄이기 위한 중장기대책을 수립·시행하여야 한다.
③ 관계 중앙행정기관의 장은 시장·군수·구청장이 수립한 중장기대책에 필요한 사업비의 일부를 지원할 수 있다.
④ 제1항에 따른 상습가뭄재해지역의 지정 및 해제의 요건, 절차, 관리 방법 및 제2항에 따른 중장기대책의 수립에 관한 세부 사항은 대통령령으로 정한다.

제6절 폭 염
(2020.1.29 본절신설)

제33조의2【폭염피해 예방 및 경감 조치】 ① 재난관리책임기관의 장은 다음 각 호의 폭염피해 예방 및 경감 조치를 하여야 한다.
1. 폭염피해 예방조직의 정비
2. 지역별 폭염대책 마련
3. 폭염 대비용 자재와 물자의 비축·관리 및 장비의 확보
4. 폭염대책 교육 및 대국민 홍보
5. 그 밖에 폭염피해 예방 및 경감을 위하여 필요한 조치
② 재난관리책임기관의 장은 제1항의 폭염피해 예방 및 경감 조치를 위하여 필요하면 다른 재난관리책임기관의 장에게 협조를 요청할 수 있다. 이 경우 협조 요청을 받은 재난관리책임기관의 장은 특별한 사유가 없으면 요청에 따라야 한다.
③ 지방자치단체의 장은 제1항제2호에 따라 지역별 폭염대책을 마련하는 경우 폭염피해 예방 및 대응체계 구축 등 대통령령으로 정하는 사항을 포함하여야 한다.
(2021.6.8 본항신설)
제33조의3【폭염피해 예방을 위한 조사·연구】 ① 재난관리책임기관의 장은 폭염피해 예방을 위하여 필요한 조사와 연구를 하여야 한다.
② 재난관리책임기관의 장은 폭염피해 예방을 위한 전문적인 조사·연구를 위하여 관계행정기관의 장이나 기상관측 연구기관의 장에게 폭염의 현황, 폭염피해 상황, 폭염피해 예방 방안 등 필요한 자료를 요청할 수 있다. 이 경우 요청을 받은 관계행정기관의 장 및 기상관측 연구기관의 장은 특별한 사유가 없으면 요청에 따라야 한다.

제7절 한 파
(2020.1.29 본절신설)

제33조의4【한파피해 예방 및 경감 조치】 ① 재난관리책임기관의 장은 다음 각 호의 한파피해 예방 및 경감 조치를 하여야 한다.
1. 한파피해 예방조직의 정비
2. 지역별 한파대책 마련
3. 한파 대비용 자재와 물자의 비축·관리 및 장비의 확보
4. 한파대책 교육 및 대국민 홍보
5. 그 밖에 한파피해 예방 및 경감을 위하여 필요한 조치
② 재난관리책임기관의 장은 제1항의 한파피해 예방 및 경감 조치를 위하여 필요하면 다른 재난관리책임기관의 장에게 협조를 요청할 수 있다. 이 경우 협조 요청을 받은 재난관리책임기관의 장은 특별한 사유가 없으면 요청에 따라야 한다.
③ 지방자치단체의 장은 제1항제2호에 따라 지역별 한파대책을 마련하는 경우 한파피해 예방 및 대응체계 구축 등 대통령령으로 정하는 사항을 포함하여야 한다.
(2021.6.8 본항신설)
제33조의5【한파피해 예방을 위한 조사·연구】 ① 재난관리책임기관의 장은 한파피해 예방을 위하여 필요한 조사와 연구를 하여야 한다.
② 재난관리책임기관의 장은 한파피해 예방을 위한 전문적인 조사·연구를 위하여 관계행정기관의 장이나 기상관측 연구기관의 장에게 한파 현황, 한파피해 상황, 한파피해 예방 방안 등 필요한 자료를 요청할 수 있다. 이 경우 요청을 받은 관계행정기관의 장 및 기상관측 연구기관의 장은 특별한 사유가 없으면 요청에 따라야 한다.

제3장 재해정보 및 비상지원 등
(2011.3.7 본장개정)

제34조【재해정보체계의 구축】 ① 재난관리책임기관의 장은 자연재해의 예방·대비·대응·복구 등에 필요한 재해정보의 관리 및 이용 체계(이하 "재해정보체계"라 한다)를 구축·운영하여야 한다.
② 재난관리책임기관의 장은 재해정보체계 구축에 필요한 자료를 관계 재난관리책임기관의 장에게 요청할 수 있다. 이 경우 요청을 받은 관계 재난관리책임기관의 장은 특별한 사유가 없으면 요청에 따라야 한다.
③ 행정안전부장관은 재난관리책임기관의 장이 제1항에 따라 구축한 재해정보체계의 연계·공유 및 유통 등을 위한 종합적인 재해정보체계를 구축·운영하여야 한다.
(2017.7.26 본항개정)
④ 제3항에 따른 종합적인 재해정보체계는 재난관리책임기관이 자연재해의 발생·복구 현황 정보를 실시간으로 입력할 수 있도록 하여야 한다.(2013.8.6 본항신설)
⑤ 재난관리책임기관의 장은 자연재해가 발생하거나 자연재해를 복구하면 그 현황을 실시간으로 종합적인 재해정보체계에 입력하여야 한다.(2013.8.6 본항신설)
⑥ 재난관리책임기관의 장이나 행정안전부장관은 제1항과 제3항에 따라 재해정보체계를 구축·운영할 때에는 해당 사업을 민간 부분에 맡길 수 없는 경우 또는 행정기관이 직접 개발하거나 운영하는 것이 경제성, 효과성 또는 보안성 측면에서 현저하게 우수하다고 판단되는 경우를 제외하고는 민간 부문에 그 개발 및 운영을 의뢰하여야 한다.(2017.7.26 본항개정)
⑦ 제1항과 제3항에 따른 재해정보체계의 구축 범위, 운영 절차 및 활용계획 등 세부 사항은 대통령령으로 정한다.
제35조【중앙긴급지원체계의 구축】 ① 중앙행정기관의 장은 자연재해가 발생하거나 발생할 우려가 있는 경우에는 신속한 국가 지원을 위하여 다음 각 호의 사항 중 소관 사무에 해당하는 사항에 대하여 긴급지원계획을 수립하여야 한다.
1. 과학기술정보통신부 : 재해발생지역의 통신 소통 원활화 등에 관한 사항(2017.7.26 본호개정)
2. 국방부 : 인력 및 장비의 지원 등에 관한 사항
(2013.3.23 본호개정)
2의2. 행정안전부 : 이재민의 수용·구호, 긴급 재정 지원, 정보의 수집·분석·전파 등에 관한 사항(2017.7.26 본호신설)
3. 문화체육관광부 : 재해 수습을 위한 홍보 등에 관한 사항
4. 농림축산식품부 : 농축산물 방역 등의 지원 등에 관한 사항
5. 산업통상자원부 : 긴급에너지 수급 지원 등에 관한 사항
(2013.3.23 3호~5호개정)
6. 보건복지부 : 재해발생지역의 의료서비스 및 위생 등에 관한 사항(2020.8.11 본호개정)

7. 환경부 : 긴급 용수 지원, 유해화학물질의 처리 지원, 재해발생지역의 쓰레기 수거 · 처리 지원 등에 관한 사항
8. 국토교통부 : 비상교통수단 지원 등에 관한 사항
9. 해양수산부 : 해운물류 지원 등에 관한 사항
(2013.3.23 7호~9호개정)
10. (2017.7.26 삭제)
11. 조달청 : 복구자재 지원 등에 관한 사항(2013.3.23 본호개정)
12. 경찰청 : 재해발생지역의 사회질서 유지 및 교통 관리 등에 관한 사항(2013.3.23 본호개정)
12의2. 질병관리청 : 감염병 예방 및 방역 지원 등에 관한 사항(2020.8.11 본호신설)
13. 해양경찰청 : 해상에서의 각종 지원 및 수난(水難) 구호 등에 관한 사항(2017.7.26 본호신설)
14. 그 밖에 대통령령으로 정하는 부처별 긴급지원에 관한 사항(2013.3.23 본호개정)
② 제1항 각 호의 중앙행정기관의 장은 해당 지원이 필요한 자연재해 발생에 대비하여 관계 행정기관 및 유관기관과 유기적인 협조 체계를 구축하여야 하며, 재해가 발생하였을 때에는 기본법 제14조에 따른 중앙재난안전대책본부의 본부장(이하 "중앙대책본부장"이라 한다)과 협의하여 제1항에 따른 소관 분야별 긴급지원계획에 따라 대응조치를 하여야 한다.(2016.1.27 본항개정)
③ 중앙행정기관의 장은 제1항에 따라 긴급지원계획을 수립하였을 때에는 중앙대책본부장에게 제출하여야 한다.(2013.8.6 본항개정)
④ 중앙대책본부장은 각 중앙행정기관의 장이 수립한 긴급지원계획의 내용 중 보완이 필요하다고 판단되는 사항에 대하여는 그 계획의 보완을 요청할 수 있다. 이 경우 보완 요청을 받은 관계 중앙행정기관의 장은 특별한 사유가 없으면 요청에 따라야 한다.(2013.8.6 전단개정)
⑤ 중앙대책본부장은 긴급지원이 필요한 자연재해가 발생하거나 발생할 우려가 있는 경우에는 대통령령으로 정하는 바에 따라 관계 중앙행정기관과 합동으로 지원단을 구성하여 현장에 파견할 수 있다.(2013.8.6 본항개정)
⑥ 중앙대책본부장은 제1항에 따른 중앙긴급지원체계를 효율적으로 구축 · 운영하기 위하여 긴급지원체계수립지침 작성 · 배포, 긴급지원계획에 따른 관계 중앙행정기관의 대응조치 점검, 긴급지원계획 평가 · 포상 등 필요한 조치를 할 수 있다.(2013.8.6 본항개정)
⑦ 제1항부터 제6항까지에서 규정한 사항 외에 중앙행정기관별 재해 대비 긴급지원체계 구축을 위하여 필요한 사항은 대통령령으로 정한다.

제36조【지역긴급지원체계의 구축】 지방자치단체의 장과 시 · 도 및 시 · 군 · 구의 전부 또는 일부를 관할구역으로 하는 재난관리책임기관의 장은 자연재해가 발생하거나 발생할 우려가 있으면 업무별 지원 기능에 따라 신속한 지원 체제를 가동하기 위하여 대통령령으로 정하는 바에 따라 소관 사무에 대하여 긴급지원계획을 수립하여야 한다.(2016.1.27 본조개정)

제37조【각종 시설물 등의 비상대처계획 수립】 ① 태풍, 지진, 해일 등 자연현상으로 인하여 대규모 인명 또는 재산의 피해가 우려되는 다중이용시설 또는 해안지역 등에 대하여 시설물 또는 지역의 관리주체는 피해 경감을 위한 비상대처계획을 수립하여야 한다.(2019.12.10 본항개정)
② 제1항에 따라 비상대처계획을 수립하여야 하는 시설물 또는 지역의 종류 및 규모 등은 다음 각 호의 시설물 또는 지역 중에서 대통령령으로 정한다. 다만, 다른 법령에 따라 비상대처계획의 수립에 관하여 특별한 규정이 있는 경우에는 그 법령에 따라 수립할 수 있다.
1. 내진설계 대상 시설물
2. 해일, 하천 범람, 호우, 태풍 등으로 피해가 우려되는 시설물
3. (2019.12.10 삭제)
4. 자연재해위험개선지구 중 비상대처계획의 수립이 필요하다고 지방자치단체의 장이 인정하는 지역 등
(2016.1.27 본호개정)
③ 행정안전부장관은 제1항에 따른 비상대처계획 수립을 효율적으로 지원하기 위하여 비상대처계획수립지침을 작성하여 배포할 수 있다.(2017.7.26 본항개정)
④ 비상대처계획 수립 절차 및 비상대처계획에 포함되어야 할 사항과 그 밖에 비상대처계획 수립을 위하여 필요한 사항은 대통령령으로 정한다.
⑤ 제1항에 따른 시설물 또는 지역의 관리주체는 비상대처계획을 수립할 때에는 관할 지방자치단체의 장과 사전에 협의하여야 한다. 이 경우 해당 지방자치단체의 장은 비상대처계획의 보완을 요구할 수 있고 요구를 받은 시설물 또는 지역의 관리주체는 특별한 사유가 없으면 요구에 따라야 한다.(2016.1.27 본항개정)
⑥ 지방자치단체의 장은 필요하면 제1항과 제2항에 따른 비상대처계획의 수립 실태를 점검할 수 있다.
(2016.1.27 본항개정)

제38조【방재관리대책 업무의 대행】 ① 다음 각 호의 업무(이하 "방재관리대책 업무"라 한다)를 수행하는 자는 기초 · 타당성 조사, 분석, 기본 · 실시 설계 등 전문성이 요구되는 사항에 대하여 방재관리대책대행자(이하 "대행자"라 한다)로 하여금 대행하게 할 수 있다.
(2016.1.27 본문개정)
1. 제4조제3항에 따른 서류의 작성(2024.1.30 본호개정)
2. 제13조, 제14조 및 제14조의2에 따른 정비계획, 사업계획 및 실시계획의 수립(2016.1.27 본호개정)
2의2. 제15조의2에 따른 정비사업의 분석 · 평가
(2020.1.29 본호신설)
3. 제16조에 따른 자연재해저감 종합계획의 수립
(2017.10.24 본호개정)
4. 제19조에 따른 우수유출저감대책의 수립(2013.8.6 본호신설)
4의2. 제19조의2 및 제19조의3에 따른 우수유출저감시설 사업계획 및 우수유출저감시설 사업 실시계획의 수립
(2016.1.27 본호신설)
4의3. 제21조제2항에 따른 침수흔적도 작성(2023.4.11 본호신설)
5. 제37조에 따른 비상대처계획의 수립
6. 제57조에 따른 재해복구사업의 분석 · 평가
(2016.1.27 본호개정)
7. 그 밖에 대통령령으로 정하는 방재관리대책에 관한 업무(2013.8.6 본호개정)
② 제1항에 따라 방재관리대책 업무를 대행하려는 자는 기술인력 등 대통령령으로 정하는 요건을 갖추고 행정안전부령으로 정하는 바에 따라 행정안전부장관에게 등록하여야 한다. 등록 사항 중 대통령령으로 정하는 중요 사항을 변경할 때에도 또한 같다.(2017.7.26 전단개정)
③ 방재관리대책 업무를 수행하는 자는 대행자와 제4조제3항에 따른 서류의 작성에 관한 대행계약을 체결하는 경우 해당 재해영향평가등의 협의 대상이 되는 개발계획등의 수립 · 시행과 관련되는 계약과 분리하여 체결하여야 한다.(2024.1.30 본항신설)
④ 대행자의 선정 절차 · 방법 등에 필요한 사항은 대통령령으로 정한다.(2016.1.27 본항신설)
(2013.8.6 본조제목개정)

제38조의2【방재관리대책 업무 대행 비용의 산정기준 등】 ① 행정안전부장관은 방재관리대책 업무의 대행에 필요한 비용 등의 산정기준을 정하여 고시하여야 한다.
(2017.7.26 본항개정)
② 제38조제1항에 따라 방재관리대책 업무를 대행하게 하는 자는 대행 비용 등을 산정할 때에 제1항에 따른 산정기준을 반영하여야 한다.(2016.1.27 본항신설)

제39조【대행자 등록의 결격사유】 다음 각 호의 어느 하나에 해당하는 자는 대행자로 등록할 수 없다.
1. 피성년후견인 또는 피한정후견인(2016.1.27 본호개정)
2. (2016.1.27 삭제)
3. 이 법을 위반하여 징역 이상의 실형을 선고받고 그 형의 집행이 끝나거나 집행을 받지 아니하기로 확정된 후 2년이 지나지 아니한 사람
4. 임원 중 제1호부터 제3호까지의 어느 하나에 해당하는 사람이 있는 법인

제40조【대행자의 준수사항】 ① 대행자는 방재관리대책 업무를 대행할 때에는 다음 각 호의 사항을 준수하여야 한다.(2016.1.27 본문개정)
1. 다른 방재관리대책 업무의 대행 내용을 복제하지 아니할 것(2013.8.6 본호개정)
2. 방재관리대책 업무의 내용을 행정안전부령으로 정하는 바에 따라 보존할 것(2017.7.26 본호개정)
3. 방재관리대책 업무 수행의 기초가 되는 자료를 거짓으로 작성하지 아니할 것(2013.8.6 본호개정)
② 대행자는 등록증이나 명의를 다른 사람에게 빌려 주거나 도급받은 방재관리대책 업무의 전부를 하도급하지 아니하여야 한다.(2016.1.27 본항개정)

제40조의2【대행자의 권리 · 의무의 승계】 ① 대행자가 사업을 양도하거나 사망한 경우 또는 대행자인 법인이 분할 · 합병한 경우에는 그 양수인이나 상속인 또는 분할 · 합병 후 존속하는 법인이나 분할 · 합병에 따라 설립되는 법인은 종전의 대행자의 권리 · 의무를 승계한다.
② 제1항에 따라 종전의 대행자의 권리 · 의무를 승계한 자는 그 사유가 발생한 날부터 30일 이내에 그 사실을 행정안전부령으로 정하는 바에 따라 행정안전부장관에게 신고하여야 한다.
③ 제2항에 따라 권리 · 의무 승계 사실을 신고한 자는 종전의 대행자의 방재관리대책업무 대행 실적을 승계한다.
(2021.6.8 본조신설)

제41조【업무의 휴업 또는 폐업】 ① 대행자는 업무의 전부 또는 일부를 휴업 또는 폐업하거나 휴업한 사업을 재개하려는 경우에는 행정안전부령으로 정하는 바에 따라 행정안전부장관에게 신고하여야 한다.
② 행정안전부장관은 제1항에 따른 휴업한 사업의 재개 신고를 받은 날부터 10일 이내에 신고수리 여부를 신고인에게 통지하여야 한다.(2020.1.29 본항신설)
③ 행정안전부장관이 제2항에서 정한 기간 내에 신고수리 여부 또는 민원 처리 관련 법령에 따른 처리기간의 연장을 신고인에게 통지하지 아니하면 그 기간(민원 처리 관련 법령에 따라 처리기간이 연장 또는 재연장된 경우에는 해당 처리기간을 말한다)이 끝난 날의 다음 날에 신고를 수리한 것으로 본다.(2020.1.29 본항신설)
(2017.7.26 본조개정)

제41조의2【대행자 실태 점검】 ① 행정안전부장관은 대행자 등록 기준 적합 여부, 준수사항 준수 여부 등 대행자의 대행업무 운영 실태를 확인 · 점검할 수 있다.
(2017.7.26 본항개정)
② 행정안전부장관은 대행자 및 방재관리대책 업무를 대행하게 하는 자에게 제1항에 따른 실태 점검에 필요한 자료의 제출을 요청할 수 있다. 이 경우 자료의 제출을 요청받은 자는 특별한 사유가 없으면 요청에 따라야 한다.(2017.7.26 전단개정)
③ 제1항에 따른 실태 점검의 방법 및 대상 등 필요한 사항은 대통령령으로 정한다.
(2013.8.6 본조신설)

제42조【대행자의 등록취소 등】 ① 행정안전부장관은 대행자가 다음 각 호의 어느 하나에 해당하면 그 등록을 취소하거나 6개월 이내의 기간을 정하여 업무의 전부 또는 일부의 정지를 명할 수 있다. 다만, 제1호부터 제4호까지의 어느 하나에 해당하는 경우에는 그 등록을 취소하여야 한다.(2017.7.26 본문개정)
1. 제39조 각 호의 어느 하나에 해당하는 경우. 다만, 법인의 임원 중에 제39조제1호 또는 제3호까지의 결격사유에 해당하는 사람이 있는 경우 6개월 이내에 그 임원을 바꾸어 임명하는 경우는 제외한다.(2016.1.27 단서개정)
2. 거짓이나 그 밖의 부정한 방법으로 등록한 경우
3. 최근 1년 이내에 2회의 업무정지처분을 받고 다시 업무정지처분 사유에 해당하는 행위를 한 경우
4. 대행자가 「부가가치세법」 제8조제8항 전단에 따라 관할 세무서장에게 폐업신고를 하였거나, 관할 세무서장이 같은 조 제9항에 따라 대행자의 사업자등록을 말소한 경우(2020.12.22 본호개정)
5. 다른 사람에게 등록증이나 명의를 빌려 주거나 도급받은 방재관리대책 업무의 전부를 하도급한 경우
(2016.1.27 본호개정)
6. 제38조제2항에 따른 등록 요건을 갖추지 못하게 된 경우
7. 제41조를 위반하여 휴업한 사업을 신고하지 아니하고 재개한 경우(2016.1.27 본호신설)
8. 방재관리대책 등을 거짓으로 작성하거나 고의 또는 중대한 과실로 방재관리대책 등을 부실하게 작성한 경우
(2013.8.6 본호개정)
9. 등록 후 2년 이내에 방재관리대책 대행업무를 시작하지 아니하거나 계속하여 2년 이상 방재관리대책 업무 대행 실적이 없는 경우(2013.8.6 본호개정)
10. 그 밖에 이 법 또는 이 법에 따른 명령을 위반한 경우
② 제1항에 따른 행정처분의 기준과 그 밖에 필요한 사항은 행정안전부령으로 정한다.(2017.7.26 본항개정)

제42조의2【행정처분 효과의 승계】 대행자가 사업을 양도하거나 사망한 경우 또는 대행자인 법인이 분할 · 합병한 경우에는 종전의 대행자에게 한 제42조에 따른 행정처분의 효과는 그 처분기간이 끝난 날부터 2년간 양수인이나 상속인 또는 분할 · 합병 후 존속하는 법인이나 분할 · 합병에 따라 설립되는 법인에 승계되며, 행정처분의 절차가 진행 중인 때에는 양수인이나 상속인 또는 분할 · 합병 후 존속하는 법인이나 분할 · 합병에 따라 설립되는 법인에 대하여 그 절차를 계속 진행할 수 있다. 다만, 양수인 또는 분할 · 합병 후 존속하는 법인이나 분할 · 합병에 따라 설립되는 법인이 양수 또는 분할 · 합병할 때 그 처분이나 위반사실을 알지 못하였음을 증명하는 경우에는 승계되지 아니한다.(2021.6.8 본조신설)

제43조【청문】 행정안전부장관은 제42조제1항(같은 항 제4호는 제외한다)에 따라 등록을 취소하려면 청문을 하여야 한다.(2017.7.26 본조개정)

제44조【등록취소 또는 업무정지된 대행자의 업무 계속】 ① 제42조에 따라 등록취소처분 또는 업무정지처분을 받은 자는 그 처분 이전에 체결한 방재관리대책 대행계약의 대행업무만을 계속할 수 있다.
② 제1항에 따라 방재관리대책 대행업무를 계속하는 자는 그 대행업무를 끝낼 때까지 이 법에 따른 대행자로 본다.
(2013.8.6 본조개정)

제44조의2【방재관리대책 정보체계의 구축】 ① 행정안전부장관은 방재관리대책 업무에 관한 자료 및 정보를 관리하고 이를 효율적으로 이용할 수 있도록 다음 각 호의 정보를 포함한 방재관리대책 정보체계(이하 "정보체계"라 한다)를 구축 · 운영할 수 있다.(2017.7.26 본문개정)
1. 대행자의 현황에 관한 사항
2. 대행자의 수주 실적 및 입찰 실적에 관한 사항
3. 대행자가 보유한 기술인력의 현황에 관한 사항
4. 그 밖에 대통령령으로 정하는 대행자에 관한 정보
② 행정안전부장관은 중앙행정기관의 장, 지방자치단체의 장 또는 관계 기관 · 단체의 장에게 정보체계의 구축 · 운영을 위하여 필요한 자료 또는 정보(전자적 방식으로 구축된 자료 또는 정보를 포함한다. 이하 같다)의 제출을 요청할 수 있다. 이 경우 자료 또는 정보의 제출을 요청받은 기관 또는 단체의 장은 특별한 사유가 없으면 요청에 따라야 한다.(2017.7.26 전단개정)
③ 행정안전부장관은 정보체계의 구축 · 운영을 위하여 필요한 경우에는 대통령령으로 정하는 바에 따라 이용자에게 경비 또는 수수료를 부담하게 할 수 있다.
(2017.7.26 본항개정)
④ 행정안전부장관은 정보체계를 구축 · 운영하는 경우에는 「지능정보화 기본법」 제6조 및 제7조에 따른 지능정보사회 종합계획 및 지능정보사회 실행계획과 연계되도록 하여야 한다.(2020.6.9 본항개정)

⑤ 제1항부터 제4항까지에서 규정한 사항 외에 정보체계의 구축·운영에 필요한 사항은 대통령령으로 정한다.(2013.8.6 본조신설)

제45조【재해 유형별 행동 요령의 작성·활용】 ① 재난관리책임기관의 장은 자연재해가 발생하는 경우에 대비하여 기관 및 지역 여건에 적합한 재해 유형별 상황 수습 및 대처를 위한 행동 요령을 작성·활용하여야 한다.
② 행정안전부장관은 재난관리책임기관의 장이 작성한 재해 유형별 행동 요령을 평가할 수 있다.(2017.7.26 본항개정)
③ 재해 유형별 행동 요령에 포함할 내용은 대통령령으로 정한다.

제4장 재해복구
(2011.3.7 본장개정)

제46조【재해복구계획의 수립·시행】 ① 재난관리책임기관의 장은 소관 시설 또는 업무에 관계되는 자연재해가 발생하였을 때에는 이 법 또는 다른 법령에 특별한 규정이 있는 경우를 제외하고는 즉시 자체복구계획을 수립·시행하여야 한다.(2012.2.22 본항개정)
② 중앙대책본부장은 대통령령으로 정하는 피해금액 이상의 자연재해에 대해서는 제1항에 따른 자체복구계획과 제46조의3제1항에 따른 지구단위종합복구계획을 토대로 재해복구계획을 수립한 후 이를 기본법 제14조제3항 본문에 따른 중앙재난안전대책본부회의의 심의를 거쳐 확정하고, 대통령령으로 정하는 바에 따라 재난관리책임기관의 장에게 통보하여야 한다.(2017.3.21 본항개정)
③ 지방자치단체의 장은 제2항에 따라 재해복구계획을 통보받은 즉시 재해복구를 위하여 필요한 경비를 지방자치단체의 예산에 계상(計上)하여야 한다.
④ 제2항에 따라 확정된 재해복구계획 중 제49조의2에서 규정한 사업 외에는 같은 항에 따라 통보를 받은 재난관리책임기관의 장이 시행한다.(2012.2.22 본항신설)

제46조의2【재해대장】 ① 지방자치단체의 장과 관계행정기관의 장은 소관 시설·재산 등에 관한 피해 상황 등을 재해대장에 기록하여 보관하여야 한다.
② 재해대장의 작성·보관 및 관리에 필요한 사항은 대통령령으로 정한다.

제46조의3【지구단위종합복구계획 수립】 ① 중앙대책본부장은 해당 재난관리책임기관의 의견을 들은 후 국가 및 지방자치단체 소관 시설에 자연재해가 발생한 지역 중 다음 각 호에 해당하는 지역에 대하여 지구단위종합복구계획(이하 "지구단위종합복구계획"이라 한다)을 수립할 수 있다.(2023.4.11 본문개정)
1. 도로·하천 등의 시설물에 복합적으로 피해가 발생하여 시설물별 복구보다는 일괄 복구가 필요한 지역
2. 산사태 또는 토석류로 인하여 하천 유로변경 등이 발생한 지역으로서 근원적 복구가 필요한 지역
3. 복구사업을 위하여 국가 차원의 신속하고 전문적인 인력·기술력 등의 지원이 필요하다고 인정되는 지역
4. 피해 재발 방지를 위하여 기능복원보다는 피해지역 전체를 조망한 예방·정비가 필요하다고 인정되는 지역
5. 자연재해로 인하여 생활의 근간을 상실한 피해지역으로서 피해지역의 재생, 공동체 회복 등 자연재해에 대한 회복력 강화 조치가 필요하다고 인정되는 지역
(2023.4.11 본호신설)
6. 제1호부터 제5호까지에서 규정한 지역 외에 자연재해의 근원적 복구와 예방이 필요한 지역으로서 대통령령으로 정하는 지역(2023.4.11 본호개정)
② 기본법 제16조에 따른 지역재난안전대책본부의 본부장(이하 "지역대책본부장"이라 한다)은 제47조에 따라 중앙합동조사단이 편성되기 전에 미리 자연재해가 발생한 지역의 피해상황 등을 조사하여 중앙대책본부장에게 지구단위종합복구계획을 수립하여 줄 것을 요청할 수 있다.(2016.1.27 본항개정)
(2012.2.22 본조신설)

제47조【중앙합동조사단】 ① 중앙대책본부장은 필요하다고 인정하면 관계 중앙행정기관과 합동으로 중앙합동조사단(이하 "조사단"이라 한다)을 편성하여 자연재해 상황에 관한 조사를 하고, 제46조제2항에 따른 재해복구계획을 수립·확정하여야 한다.(2017.3.21 본항개정)
② 중앙대책본부장은 조사단의 편성을 위하여 관계 중앙행정기관의 장에게 소속 공무원의 파견을 요청할 수 있다. 이 경우 요청을 받은 관계 중앙행정기관의 장은 특별한 사유가 없으면 요청에 따라야 한다.(2013.8.6 전단개정)
③ 관계 중앙행정기관의 장은 제2항에 따라 소속 공무원의 파견 요청을 받으면 제48조제2항에 따른 교육을 이수한 사람을 우선적으로 선발하여 파견하여야 한다.
④ 조사단의 구성·운영에 필요한 세부 사항은 대통령령으로 정한다.

제48조【재해조사 담당공무원의 육성】 ① 중앙대책본부장과 관계행정기관의 장은 재해조사의 전문성을 확보하기 위하여 재해조사 담당공무원을 육성하여야 한다.(2013.8.6 본항개정)
② 중앙대책본부장은 관계 중앙행정기관의 장과 협의하여 제1항에 따른 재해조사 담당공무원의 육성을 위하여 재해조사 담당공무원들로 하여금 제65조에 따른 교육을 받도록 하고 그 밖에 필요한 조치를 하여야 한다.(2013.8.6 본항개정)
③ 제1항 및 제2항에서 규정된 사항 외에 재해조사 담당공무원의 육성에 필요한 사항은 행정안전부령으로 정한다.(2017.7.26 본항개정)

제49조【재해복구사업 실시계획의 작성·공고 등】 ① 재해복구사업의 시행청은 제14조의2제2항 각 호의 관계 법령에 따른 허가·인가 등이 필요한 경우에는 사업별로 실시계획을 작성하여 해당 지역대책본부장(재해복구사업의 시행청이 행정안전부장관 또는 관계 중앙행정기관의 장인 경우에는 중앙대책본부장)에게 인가를 받은 후 공고하고 설계도서를 일반인이 열람할 수 있도록 하여야 한다.(2023.8.16 본항개정)
② 재해복구사업의 시행청이 제1항에 따라 재해복구사업 실시계획을 작성·공고할 때에는 제14조의2제2항 각 호의 사항을 관계 기관의 장과 사전에 협의하여야 한다.(2012.10.22 본항개정)
③ 제2항에 따라 재해복구사업의 시행청으로부터 협의 요청을 받은 관계 기관의 장은 협의 요청을 받은 날부터 15일 이내에 협의 내용을 회신하여야 한다.
④ 제1항부터 제3항까지의 규정에 따라 재해복구사업 실시계획을 인가받아 공고하였을 때에는 제14조의2제2항 각 호의 허가·인가·승인·결정·지정·협의·신고수리 등을 받아 고시 또는 공고를 한 것으로 본다.(2012.10.22 본항개정)
⑤ 제1항부터 제4항까지에서 규정한 사항 외에 재해복구사업 실시계획의 작성·공고에 필요한 세부 사항은 대통령령으로 정한다.

제49조의2【대규모 재해복구사업 및 지구단위종합복구사업의 시행】 ① 제46조제2항에 따른 지방자치단체 소관 재해복구계획 중 대규모이거나 전문성과 기술력이 요구되는 재해복구사업은 행정안전부장관 또는 관계 중앙행정기관의 장이 직접 시행할 수 있다.
② 지구단위종합복구계획에 따라 시행하는 재해복구사업(이하 "지구단위종합복구사업"이라 한다) 중 근원적인 자연재해 원인의 해소가 필요하거나 국가 차원의 전문성과 기술력 등의 지원이 필요한 지구단위종합복구사업은 관계 중앙행정기관의 장이, 일정 규모 이상의 지구단위종합복구사업은 행정안전부장관이 직접 시행할 수 있다.
③ 제1항 또는 제2항에 따라 행정안전부장관 또는 관계 중앙행정기관의 장이 직접 시행하는 대규모 재해복구사업 또는 지구단위종합복구사업의 대상, 규모 및 시행절차 등에 필요한 사항은 대통령령으로 정한다.
(2017.7.26 본조개정)

제50조【복구공사 발주계약방법 등】 ① 관계 중앙행정기관의 장과 지방자치단체의 장은 신속한 자연재해 복구를 위하여 필요하다고 판단하면 대통령령으로 정하는 바에 따라 일괄입찰방식으로 발주·계약을 할 수 있다.
② 제1항에서 "일괄입찰"이란 재해복구사업의 시행청이 제시하는 지침에 따라 입찰할 때 공사의 설계서, 시공에 필요한 도면 및 서류를 작성하여 입찰서와 함께 제출하는 설계·시공 입찰을 말한다.

제51조 (2017.1.17 삭제)

제52조【복구예산의 정산 등】 ① 지방자치단체의 장은 재해복구사업별로 발생한 재해복구보조금의 집행 잔액을 「국가재정법」 제45조, 제47조제1항부터 제3항까지 및 「보조금의 예산 및 관리에 관한 법률」 제22조에도 불구하고 중앙대책본부장의 승인을 받아 사업비가 부족한 다른 재해복구사업에 충당할 수 있다.
② 중앙대책본부장은 제1항에 따른 승인을 하려면 기획재정부장관과 미리 협의하여야 한다.
(2013.8.6 본조개정)

제53조【복구용 자재 등의 우선 공급 등】 ① 관계 중앙행정기관의 장과 지방자치단체의 장은 재해복구사업에 필요한 각종 자재에 대하여는 다른 사업에 우선하여 조달·공급하여야 한다.
② 중앙대책본부장과 지역대책본부장은 관계행정기관의 장에게 재해복구용 자재 수급(需給)에 필요한 대책을 마련하도록 요청할 수 있다. 이 경우 요청을 받은 관계행정기관의 장은 특별한 사유가 없으면 요청에 따라야 한다.(2013.8.6 전단개정)

제54조 (2017.1.17 삭제)

제55조【복구사업의 관리】 ① 중앙대책본부장 및 기본법 제16조에 따른 시·도재난안전대책본부의 본부장(이하 "시·도 본부장"이라 한다)은 재해복구사업이 효율적으로 추진될 수 있도록 지도·점검·관리하고 필요하면 시정명령 또는 시정요청(현지 시정명령과 시정요청을 포함한다)을 할 수 있다. 이 경우 시정명령 또는 시정요청을 받은 관계 기관의 장은 특별한 사유가 없으면 명령에 따라야 한다.(2016.1.27 전단개정)
② 지역대책본부장은 대통령령으로 정하는 일정 규모 이상의 재해복구사업을 시행할 때에는 실시설계 준공(사업계획이 변경되어 실시설계가 변경되는 경우를 포함한다) 이전에 중앙대책본부장 또는 시·도 본부장의 사전심의를 각각 거쳐야 한다.(2013.8.6 본항개정)
③ 중앙대책본부장은 제2항에 따라 사전심의를 하려면 미리 심의위원회의 심의를 거쳐야 한다.(2023.8.16 본항신설)
④ 시·도 본부장은 제2항에 따른 사전심의를 위한 위원회를 구성·운영할 수 있고, 위원회의 구성·운영에 필요한 사항은 지방자치단체의 조례로 정할 수 있다.(2023.8.16 본항개정)
⑤ 제2항에 따른 사전심의 대상 사업의 범위, 기준 및 절차, 사후관리, 사업계획 변경 등에 관하여 필요한 사항은 행정안전부령으로 정한다.(2017.7.26 본항개정)
⑥ 재해복구사업을 시행하는 재난관리책임기관의 장은 대통령령으로 정하는 바에 따라 중앙대책본부장 또는 시·도본부장에게 그 추진 상황을 통보하여야 한다.(2013.8.6 본항개정)
⑦ 관계 중앙행정기관의 장은 대통령령으로 정하는 바에 따라 소속 기관의 장이 시행하는 재해복구사업을 점검하고 그 결과를 중앙대책본부장에게 통보하여야 한다.(2013.8.6 본항개정)
⑧ 시·도 본부장은 행정안전부령으로 정하는 바에 따라 시장·군수·구청장이 시행하는 재해복구사업을 점검하고 그 결과를 중앙대책본부장에게 보고하여야 한다.(2017.7.26 본항개정)
⑨ 시장·군수·구청장은 신속한 재해복구사업을 위하여 필요한 조직과 인력 보강 등의 조치를 하여야 한다.
⑩ 중앙대책본부장은 재해복구사업의 추진 전반에 대하여 관계 중앙행정기관 및 행정안전부 소속 공무원으로 구성된 중앙합동점검반 또는 행정안전부 소속 공무원으로 구성된 중앙점검반을 운영할 수 있다.(2017.7.26 본항개정)
⑪ 제10항에 따른 재해복구사업의 중앙합동점검반 및 중앙점검반의 구성·운영, 그 밖의 재해복구사업 추진 사항에 대한 관리·점검에 필요한 사항은 대통령령으로 정한다.(2023.8.16 본항개정)

제55조의2【자연재해복구에 관한 연차보고】 ① 정부는 제55조에 따른 보고내용을 토대로 자연재해에 관한 연차보고서(이하 "연차보고서"라 한다)를 매년 작성하여 다음 연도 정기국회 전까지 국회에 제출하여야 한다.
② 연차보고서에는 다음 각 호의 내용이 포함되어야 한다.
1. 피해 현황 및 복구 개요
2. 사유시설 복구추진 현황
3. 공공시설 복구추진 현황
4. 재해복구사업 추진관리에 필요한 사항
5. 부처별·사업별 예산집행내역(지방자치단체의 실집행내역을 포함한다)
6. 그 밖에 대통령령으로 정하는 사항
③ 연차보고서를 작성하기 위하여 관계 중앙행정기관의 장 및 재난관리책임기관의 장은 제2항의 내용을 분기별로 점검하고 그 결과를 중앙대책본부장에게 통보하여야 한다.
(2013.8.6 본조신설)

제56조【토지 등의 수용】 재해복구사업의 시행에 필요한 토지 등의 수용 및 사용에 관하여는 제14조의3을 준용한다. 이 경우 "시장·군수·구청장"은 "재해복구사업의 시행청"으로, "자연재해위험개선지구 정비사업"은 "재해복구사업"으로, "제14조의2제1항에 따라 자연재해위험개선지구 정비사업 실시계획을 공고한 경우"는 "제49조에 따라 재해복구사업 실시계획을 공고한 경우"로 본다.
(2012.10.22 본조개정)

제57조【복구사업의 분석·평가】 ① 시장·군수·구청장은 대통령령으로 정하는 일정 규모 이상의 재해복구사업을 시행하였을 때에는 다음 해 말일을 기준으로 사업의 효과성, 경제성 등을 분석·평가하여야 한다.
② 행정안전부장관은 필요하다고 판단하면 시장·군수·구청장이 시행한 재해복구사업과 제49조의2에 따라 행정안전부장관 또는 관계 중앙행정기관의 장이 시행한 대규모 재해복구사업 및 지구단위종합복구사업에 대한 효과성, 경제성 등의 분석·평가를 직접 시행할 수 있다.
(2017.7.26 본항개정)
③ 시장·군수·구청장은 제1항에 따라 분석·평가한 결과를 시·도지사를 거쳐 행정안전부장관에게 제출하여야 한다. 다만, 특별자치시장은 직접 행정안전부장관에게 제출하여야 한다.(2017.7.26 본항개정)
④ 시장·군수는 제1항에 따라 분석·평가한 결과를 시·군 종합계획의 수립 등에 반영하여야 하고, 특별시장 및 광역시장은 구청장이 제1항에 따라 분석·평가한 결과를 시·도 종합계획의 수립 등에 반영하여야 한다.
(2012.2.22 본항신설)
⑤ 제1항부터 제3항까지의 분석, 평가 및 제출 절차 등에 관하여 필요한 세부 기준은 행정안전부령으로 정한다.
(2017.7.26 본항개정)

제5장 방재기술의 연구 및 개발
(2012.2.22 본장제목개정)

제58조【방재기술의 연구·개발 및 방재산업의 육성】 ① 정부는 국민의 생명, 재산 및 주요 기간시설을 보호하기 위한 자연재해 예방기법 등의 발전을 촉진하기 위하여 방재기술의 연구·개발 및 방재산업을 육성하여야 한다.(2012.2.22 본항개정)
② 행정안전부장관과 재난관리책임기관의 장은 제1항에 따른 방재기술의 연구·개발 및 방재산업을 육성하기 위하여 행정적·재정적 지원을 할 수 있다.(2017.7.26 본항개정)

③ 제2항에 따른 행정적·재정적 지원에 필요한 사항은 대통령령으로 정한다.
(2012.2.22 본조제목개정)

제58조의2【방재기술 진흥계획의 수립】 ① 행정안전부장관은 제58조제1항에 따른 방재기술의 연구·개발 촉진과 방재산업의 육성을 위하여 「국가과학기술자문회의법」에 따른 국가과학기술자문회의의 심의를 거쳐 방재기술 진흥계획(이하 "진흥계획"이라 한다)을 수립하여야 한다.
(2018.1.16 본항개정)
② 진흥계획에는 다음 각 호의 사항이 포함되어야 한다.
1. 방재기술 진흥의 기본 목표 및 추진 방향
2. 방재기술의 개발 촉진 및 그 활용을 위한 시책
3. 방재기술 개발사업의 연도별 투자 및 추진 계획
(2012.2.22 1호~3호개정)
4. 이미 개발된 기술의 확산에 관한 사항
5. 기술 개발, 기술 지원 등의 기능을 수행하는 기관·법인·단체 및 산업의 육성
6. 방재기술의 정보관리
7. 방재기술 인력의 수급·활용 및 기술인력의 양성
8. 방재기술 진흥 연구기관의 육성
9. 그 밖에 방재기술의 진흥에 관한 중요 사항
(2012.2.22 6호~9호개정)
③ 행정안전부장관은 방재기술의 연구·개발, 기반 조성 및 방재산업 육성을 위하여 재난관리책임기관의 장 등에게 진흥계획이 효율적으로 달성될 수 있도록 필요한 협조를 요청할 수 있다.(2017.7.26 본항개정)
(2012.2.22 본조제목개정)

제58조의3【방재기술 개발사업 추진】 ① 행정안전부장관은 국민의 생명·재산 보호 및 경제의 지속 가능한 발전을 위하여 대통령령으로 정하는 기관 또는 단체와 협약을 체결하여 방재기술의 발전에 필요한 방재기술 연구·개발 사업을 할 수 있다.(2017.7.26 본항개정)
② 제1항에 따른 방재기술 연구·개발 사업에 필요한 경비는 정부 또는 정부 외의 자의 출연금이나 그 밖에 기업의 기술개발비로 충당한다.
③ 행정안전부장관은 제1항에 따른 방재기술 연구·개발 사업을 효율적으로 추진하기 위하여 필요하면 방재기술을 개발하기 위한 전문기관을 지정하여 그 전문기관으로 하여금 이에 관한 업무를 수행하게 할 수 있다.
(2017.7.26 본항개정)
(2012.2.22 본조개정)

제59조【방재기술의 실용화】 ① 정부는 다음 각 호의 사업자 등을 육성하기 위하여 필요한 시책을 마련하여야 한다.
1. 방재기술을 개발하거나 실용화하는 사업자
2. 방재기술 개발을 위한 출자를 주된 사업으로 하는 자
3. 방재 분야 산업체
4. 그 밖에 대통령령으로 정하는 방재 관련 사업자
(2012.2.22 1호~4호개정)
② 정부는 개발된 방재기술의 실용화를 촉진하기 위하여 다음 각 호의 사업을 할 수 있다.
1. 방재기술의 실용화를 지원하는 전문기관의 육성
2. 방재 관련 특허기술의 실용화사업
3. 방재기술의 실용화에 필요한 인력·시설·정보 등의 지원 및 기술지도
4. 방재 분야 전문가 양성을 위한 교육지원사업
5. 그 밖에 방재기술의 실용화를 촉진하기 위하여 필요한 사업
(2012.2.22 본항개정)
③ 다음 각 호의 어느 하나에 해당하는 재원을 운영하는 자(이하 "재원운영자"라 한다)는 제1항에 해당하는 자에게 그 재원에서 필요한 자금을 지원할 수 있다.
1. 「중소기업진흥에 관한 법률」에 따른 중소벤처기업창업 및 진흥기금(2018.12.31 본호개정)
2. 「과학기술 기본법」에 따른 과학기술진흥기금(융자사업만 해당한다)
3. 「한국산업은행법」에 따른 한국산업은행 또는 「중소기업은행법」에 따른 중소기업은행의 기술개발자금
4. 그 밖에 기술개발 지원을 위하여 정부가 조성한 특별자금
(2012.2.22 본조제목개정)

제60조【방재기술평가의 지원】 ① 정부는 우수한 방재기술의 보급 촉진과 방재기술의 실용화를 위하여 방재기술, 방재제품 및 방재 분야 산업체에 대한 평가 신청을 받아 평가할 수 있다.
② 정부는 제1항에 따른 평가(이하 "방재기술평가"라 한다)의 실시를 대통령령으로 정하는 전문기관으로 하여금 대행하게 할 수 있다.
③ 행정안전부장관은 방재기술평가에 드는 비용을 행정안전부령으로 정하는 바에 따라 방재기술평가를 신청하는 자에게 부담하게 할 수 있다.(2017.7.26 본항개정)
④ 재원운영자는 방재기술평가를 촉진하고 우수한 방재기술의 보급을 지원하기 위하여 다음 각 호의 어느 하나에 해당하는 자에게 방재기술평가 또는 시범사업 등에 드는 비용의 전부 또는 일부를 제59조제3항 각 호의 재원에서 우선 지원할 수 있다.
1. 대통령령으로 정하는 기준에 해당하는 중소기업으로서 방재기술평가를 받는 자
2. 방재기술평가의 결과가 우수한 방재기술의 시범사업을 하는 자
3. 방재기술평가를 받은 방재기술로서 행정안전부장관이 공공의 목적을 위하여 보급할 필요가 있다고 인정하는 방재기술을 실용화하는 자(2017.7.26 본호개정)
⑤ 방재기술평가의 신청 절차 및 평가 방법 등에 관하여 필요한 사항은 대통령령으로 정한다.
(2012.2.22 본조개정)

제61조~제61조의4 (2022.1.4 삭제)

제62조【국제공동연구의 촉진】 ① 정부는 국민경제의 지속 가능하고 균형 있는 발전을 위하여 방재기술 및 방재산업에 관한 국제공동연구를 촉진하기 위한 시책을 마련하여야 한다.(2012.2.22 본항개정)
② 정부는 제1항에 따른 국제공동연구를 촉진하기 위하여 다음 각 호의 사업을 추진할 수 있다.
1. 방재기술 및 방재산업의 국제협력을 위한 조사·연구
2. 방재기술 및 방재산업에 관한 인력·정보의 국제 교류
3. 방재기술 및 방재산업에 관한 전시회·학술회의의 개최
4. 방재기술 및 방재산업의 해외시장 개척
(2012.2.22 1호~4호개정)
5. 자연재해 예방을 위한 기술개발
6. 그 밖에 국제공동연구를 촉진하기 위하여 필요하다고 인정하는 사업

제63조【방재기술정보의 보급 등】 ① 정부는 우수한 방재기술의 보급 및 방재기술정보의 수집·보급에 관한 구체적인 시책을 마련하여야 한다.
② 정부는 제1항에 따른 방재기술의 보급 및 방재기술정보의 수집·보급을 위하여 방재기술정보를 전산화하여 관리할 수 있다.
③ 행정안전부장관은 제2항에 따른 방재기술정보의 전산화를 위하여 필요한 정보를 관계 기관의 장에게 요청할 수 있다.(2017.7.26 본항개정)
④ 정부는 재난관리책임기관, 방재연구기관, 방재 분야 산업체, 그 밖의 재난 관련 단체에 방재기술의 개발, 우수한 방재기술의 도입 및 방재기술정보의 교환을 권고할 수 있다.
⑤ 행정안전부장관은 재해 예방을 위하여 필요하다고 인정하면 관계 중앙행정기관 또는 지방자치단체의 장에게 우수한 방재기술을 사용하고 보급하도록 권고할 수 있다.
(2017.7.26 본항개정)
(2012.2.22 본조개정)

제6장 보 칙
(2011.3.7 본장개정)

제63조의2【수수료】 제38조제2항에 따라 방재관리대책 업무 대행자 등록 및 변경등록을 하려는 자는 행정안전부령으로 정하는 바에 따라 행정안전부장관에게 수수료를 내야 한다. 다만, 행정안전부장관이 제76조제2항에 따라 업무를 위탁한 경우에는 그 업무를 위탁받은 기관 또는 단체에 수수료를 내야 한다.(2020.1.29 본조신설)

제64조【방재시설의 유지·관리 평가】 ① 재난관리책임기관의 장은 재해 예방을 위하여 대통령령으로 정하는 소관 방재시설을 성실하게 유지·관리하여야 한다.
② 행정안전부장관은 재난관리책임기관별로 소관 방재시설의 유지·관리에 대한 평가를 할 수 있다.
(2017.7.26 본항개정)
③ 제1항과 제2항에 따른 방재시설의 관리 및 평가에 필요한 사항은 대통령령으로 정한다.
(2012.2.22 본조개정)

제64조의2【방재산업 관련 비영리법인의 육성】 행정안전부장관은 방재기술 개발·보급 및 방재산업 육성의 촉진을 위하여 「민법」, 그 밖의 법률에 따라 설립된 방재산업 관련 비영리 법인이 다음 각 호의 사업을 수행하는 경우 관련 정보의 제공 등 사업추진에 필요한 지원을 할 수 있다.(2017.7.26 본문개정)
1. 방재기술의 연구·개발 사업
2. 방재산업의 시장동향, 방재기술의 활용실태, 방재제품 수요 등에 관한 정보의 수집·분석 등 조사사업
3. 제59조제2항 각 호의 방재기술의 실용화 촉진을 위한 사업
4. 제62조제2항 각 호의 국제공동연구 촉진을 위한 사업
5. 새로운 방재기술의 실용화 및 방재산업 육성을 위한 공제사업
(2012.2.22 본조신설)

제65조【공무원 및 기술인 등의 교육】 ① 재해 관련 업무에 종사하는 공무원은 대통령령으로 정하는 바에 따라 방재교육을 받아야 한다.(2012.2.22 본항개정)
② 재해 관련 기술인을 고용한 자는 대통령령으로 정하는 바에 따라 그 기술인에 대하여 행정안전부장관이 실시하는 교육을 받게 하여야 한다.(2017.7.26 본항개정)
③ 행정안전부장관은 제1항과 제2항의 교육을 위하여 필요하다고 판단되면 전문교육과정을 운영할 수 있다. 이 경우 행정안전부장관은 전문교육과정의 운영을 대통령령으로 정하는 바에 따라 전문기관 또는 단체에 위탁할 수 있다.(2020.1.29 후단신설)
④ 행정안전부장관은 대통령령으로 정하는 바에 따라 제2항에 따른 교육에 드는 경비를 교육 대상자를 고용한 자로부터 징수할 수 있다.(2017.7.26 본항개정)

제65조의2【방재 분야 전문인력의 양성】 ① 국가와 지방자치단체는 방재정책의 고도화·전문화에 따른 방재 분야 전문인력의 양성에 필요한 시책을 마련하여야 한다.
② 행정안전부장관은 제1항에 따른 전문인력을 양성하기 위하여 「고등교육법」 제2조에 따른 학교를 전문인력 양성기관으로 지정하여 필요한 교육 및 훈련을 실시하게 할 수 있다.(2017.7.26 본항개정)
(2012.2.22 본조신설)

제66조【지역자율방재단의 구성 등】 ① 시장·군수·구청장은 지역의 자율적인 방재 기능을 강화하기 위하여 지역주민, 봉사단체, 방재 관련 업체, 전문가 등으로 지역자율방재단을 구성·운영할 수 있다.
② 행정안전부장관 및 지방자치단체의 장은 지역자율방재단을 활성화하기 위하여 예산 등을 지원할 수 있으며, 시장·군수·구청장은 지역자율방재단 구성원의 재해 예방, 대응, 복구 활동 등 기여도에 따라 복구사업에 우선 참여하게 하는 등 필요한 사항을 지원할 수 있다.
(2017.7.26 본항개정)
③ 시장·군수·구청장은 지역자율방재단의 구성원이 재해 예방·대응·복구 활동 등에 참여 또는 교육·훈련으로 인하여 질병에 걸리거나 부상을 입거나 사망한 때에는 행정안전부령으로 정하는 범위에서 시·군·구의 조례로 정하는 바에 따라 보상금을 지급하여야 한다.
(2017.10.24 본항신설)
④ 지역자율방재단의 구성·운영 및 지원 등에 필요한 사항은 대통령령으로 정한다.

제66조의2【전국자율방재단연합회】 ① 지역자율방재단 상호간의 교류와 협력 증진을 위하여 전국자율방재단연합회(이하 "연합회"라 한다)를 설립할 수 있다.
② 연합회의 구성 및 운영 등에 필요한 사항은 행정안전부령으로 정한다.(2017.7.26 본항개정)
(2012.2.22 본조신설)

제67조【주민의사의 정책 반영 등】 ① 행정안전부장관과 지방자치단체의 장은 방재정책의 발전을 위하여 전문조사기관 등에 의뢰하여 주민여론 및 자연재해 의식조사 등을 할 수 있다.
② 행정안전부장관과 지방자치단체의 장은 제1항에 따라 실시한 주민여론 및 자연재해 의식조사 등의 결과를 각종 방재정책의 수립에 반영하여야 한다.
(2017.7.26 본조개정)

제68조【손실보상】 ① 국가나 지방자치단체는 제11조제1항에 따른 조치로 인하여 손실이 발생하였을 때에는 보상하여야 한다.
② 제1항에 따른 손실보상에 관하여는 손실을 입은 자와 그 조치를 한 중앙행정기관의 장, 시·도지사 또는 시장·군수·구청장이 협의하여야 한다.
③ 제2항에 따른 협의가 성립되지 아니하였을 때에는 대통령령으로 정하는 바에 따라 「공익사업을 위한 토지 등의 취득 및 보상에 관한 법률」 제51조에 따른 관할 토지수용위원회에 재결을 신청할 수 있다.
④ 제3항에 따른 재결에 관하여는 「공익사업을 위한 토지 등의 취득 및 보상에 관한 법률」 제83조부터 제86조까지의 규정을 준용한다.

제69조【법률 등을 위반한 자에 대한 처분】 ① 행정안전부장관, 중앙대책본부장, 시·도지사, 시장·군수 또는 구청장은 다음 각 호의 어느 하나에 해당하는 자에 대하여 이 법에 따른 허가·인가 등의 취소, 공사의 중지, 인공구조물 등의 개축 또는 이전, 그 밖에 필요한 처분을 하거나 조치를 명할 수 있다.(2017.7.26 본문개정)
1. 이 법 또는 이 법에 따른 명령이나 처분을 위반한 자
2. 부정한 방법으로 이 법에 따른 허가·인가 등을 받은 자
3. 사정의 변경으로 인하여 개발사업등을 계속 시행하는 것이 현저하게 공익을 해칠 우려가 있다고 인정되는 경우에 그 개발사업등의 허가를 받은 자 또는 시행자
② 행정안전부장관, 시·도지사, 시장·군수 또는 구청장은 제1항제3호에 따라 필요한 처분을 하거나 조치를 명하였을 때에는 이로 인하여 발생한 손실을 보상하여야 한다.(2017.7.26 본항개정)
③ 제2항에 따른 손실보상에 관하여는 제68조제2항부터 제4항까지의 규정을 준용한다.

제70조【국고보조 등】 국가는 자연재해위험개선지구 정비, 우수유출저감시설사업 등의 자연재해 예방대책, 자연재해 응급대책 또는 자연재해 복구사업을 원활하게 추진하기 위하여 필요하면 그 비용(제68조에 따른 손실보상금을 포함한다)의 전부 또는 일부를 국고에서 부담하거나 지방자치단체 또는 재난관리책임기관에 보조할 수 있다.(2013.8.6 본조개정)

제71조 (2017.1.17 삭제)

제72조【한국방재협회의 설립】 ① 재해대책에 관한 연구 및 정보교류의 활성화와 국민방재역량 제고를 위하여 한국방재협회(이하 "협회"라 한다)를 설립할 수 있다.
② 협회는 법인으로 한다.
③ 협회는 주된 사무소의 소재지에서 설립등기를 함으로써 성립한다.
④ 협회의 회원은 다음 각 호의 사람과 단체 등으로 한다.

1. 재해대책 분야와 관련된 연구단체 및 용역업에 종사하는 사람
2. 재해대책에 관한 학식과 경험이 풍부한 사람으로서 회원이 되려는 사람
3. 재해대책 분야와 관련된 용역·물자의 생산 및 공사 등을 하는 단체 및 업체
4. 그 밖에 정관으로 정하는 사람
⑤ 협회는 다음 각 호의 업무를 수행한다.
1. 재해 예방과 방재의식의 고취를 위한 교육 및 홍보
2. 재해 예방, 재해 응급대책 및 재해 복구 등에 관한 자료의 조사·수집 및 보급
3. 재해 예방, 재해 응급대책 및 재해 복구 등에 관한 각종 간행물의 발간
4. 재해대책에 관한 정부 위탁사업의 수행
5. 방재 분야 기술발전을 위한 관련 산업의 육성·지원(2012.2.22 본호개정)
6. 민간주도의 재해 관련 국내외 행사의 유치
7. 방재 분야 전문인력의 양성 지원 및 인력 데이터베이스 구축 관리(2012.2.22 본호신설)
8. 그 밖에 재해대책에 관련되는 사항으로서 대통령령으로 정하는 사항
⑥ 행정안전부장관 및 지방자치단체의 장은 재난 발생에 대응하여 신속한 처리가 필요한 경우 등에만 제5항제1호부터 제8호까지의 업무와 관련된 용역업무를 협회에 위탁할 수 있다.(2017.7.26 본항개정)
제73조【협회의 정관 등】① 협회의 정관 기재사항, 임원의 수 및 임기, 선임 방법, 감독 및 등기 등에 관하여 필요한 사항은 대통령령으로 정한다.
② 협회의 운영 경비는 회비나 그 밖의 사업 수입으로 충당한다.
③ 협회에 관하여 이 법에 규정된 것을 제외하고는 「민법」 중 사단법인에 관한 규정을 준용한다.
제74조【자연재해로 인한 피해사실확인서 발급】① 시장·군수·구청장은 자연재해로 발생한 피해에 대하여 피해사실확인서(이하 "사실확인서"라 한다)를 발급할 수 있다.
② 사실확인서 발급에 필요한 사항은 대통령령으로 정한다.
제75조【평가 및 포상】① 행정안전부장관은 제4조, 제8조, 제12조부터 제14조까지, 제16조부터 제21조까지, 제26조, 제29조, 제33조, 제36조, 제37조, 제48조, 제66조 및 그 밖에 이 법에 따른 자연재해의 예방·복구 및 대책에 관한 지방자치단체의 장의 임무를 정기적으로 평가하고 그 평가 결과를 지방자치단체의 장에게 통보할 수 있다. 이 경우 평가 결과를 통보받은 지방자치단체의 장은 평가 결과에 따라 자연재해의 예방·복구 및 대책에 필요한 조치를 하여야 한다.(2017.7.26 전단개정)
② 행정안전부장관은 제1항에 따른 평가 결과에 따라 우수한 지방자치단체의 장을 선정하여 포상할 수 있다.
(2017.7.26 본항개정)
③ 제1항과 제2항에 따른 평가 및 포상에 필요한 사항은 대통령령으로 정한다.
(2016.1.27 본조제목개정)
제75조의2【자연재해 안전도 진단】① 행정안전부장관은 방재정책 전반의 환류(還流) 체계를 구축하고, 자주적인 방재 역량의 제고와 저변 확대를 위하여 특별자치시·특별자치도·시·군·구별로 자연재해 안전도 진단을 할 수 있다.(2021.6.8 본항개정)
② 제1항에 따른 자연재해 안전도 진단 내용에는 다음 각 호의 사항이 포함되어야 한다.(2021.6.8 본문개정)
1. 해당 지방자치단체의 피해 발생 빈도와 피해 규모의 분석(2016.1.27 본호개정)
2. 해당 지방자치단체의 피해 저감 능력을 진단하기 위한 진단지표 및 진단기준에 따른 분석(2016.1.27 본호개정)
③ 제1항에 따른 자연재해 안전도 진단에 관한 절차와 그 밖에 필요한 사항은 대통령령으로 정한다.(2021.6.8 본항개정)
(2021.6.8 본조제목개정)
제76조【권한의 위임 등】① 이 법에 따른 행정안전부장관 또는 중앙대책본부장의 권한은 대통령령으로 정하는 바에 따라 그 일부를 지방자치단체의 장 또는 시·도 본부장에게 위임할 수 있다.
② 이 법에 따른 행정안전부장관 또는 중앙대책본부장의 업무는 대통령령으로 정하는 바에 따라 그 일부를 관련 분야 전문 기관 또는 단체에 위탁할 수 있다.
(2017.7.26 본조개정)
제76조의2【벌칙 적용에서 공무원 의제】다음 각 호의 어느 하나에 해당하는 사람은 「형법」 제127조 및 제129조부터 제132조까지의 규정을 적용할 때에는 공무원으로 본다.(2020.1.29 본문개정)
1. 심의위원회의 위원 중 공무원이 아닌 사람(2023.8.16 본호개정)
2. 제65조제3항에 따라 위탁받은 전문교육과정 운영 업무에 종사하는 전문기관 또는 단체의 임직원(2020.1.29 본호신설)
3. 제76조제2항에 따라 위탁받은 업무에 종사하는 전문기관 또는 단체의 임직원(2021.6.8 본호신설)

제7장 벌 칙

(2011.3.7 본장제목개정)

제77조【벌칙】① 다음 각 호의 어느 하나에 해당하는 자는 2년 이하의 징역 또는 2천만원 이하의 벌금에 처한다.
1. 제6조의5제2항 또는 제3항에 따른 공사중지 명령을 이행하지 아니한 자
2. 제7조제4항에 따른 공사중지 명령을 이행하지 아니한 자(2024.1.30 본호개정)
(2021.6.8 본항개정)
② 다음 각 호의 어느 하나에 해당하는 자는 1년 이하의 징역 또는 1천만원 이하의 벌금에 처한다.
1. 제6조의4제2항을 위반하여 정당한 사유 없이 자료의 제출을 거부하거나 출입·조사를 방해 또는 기피한 자
2. 제38조제2항에 따른 대행자 등록을 하지 아니하고 방재관리대책 업무를 대행한 자
(2021.6.8 본항개정)
③ 다음 각 호의 어느 하나에 해당하는 자는 500만원 이하의 벌금에 처한다.(2020.1.29 본문개정)
1. 제37조제1항에 따른 비상대처계획을 수립하지 아니한 자
2. 제65조제3항에 따라 위탁받은 전문교육과정의 출석일수를 허위로 작성하는 등 거짓이나 부정한 방법으로 전문교육과정을 운영한 자
(2020.1.29 1호~2호신설)
제78조【양벌규정】법인의 대표자나 법인 또는 개인의 대리인, 사용인, 그 밖의 종업원이 그 법인 또는 개인의 업무에 관하여 제77조의 위반행위를 하면 그 행위자를 벌하는 외에 그 법인 또는 개인에게도 해당 조문의 벌금형을 과(科)한다. 다만, 법인 또는 개인이 그 위반행위를 방지하기 위하여 해당 업무에 관하여 상당한 주의와 감독을 게을리하지 아니한 경우에는 그러하지 아니하다.
(2008.12.26 본조개정)
제79조【과태료】① 다음 각 호의 어느 하나에 해당하는 자에게는 500만원 이하의 과태료를 부과한다.
1. 제6조제2항을 위반하여 개발계획등에 반영된 협의 결과를 이행하지 아니한 자(2024.1.30 본호신설)
2. 제6조제3항 전단을 위반하여 관리책임자를 지정하여 통보하지 아니한 자(2024.1.30 본호개정)
3. 제6조제4항을 위반하여 관리대장에 재해영향평가등의 협의 내용의 이행 상황 등을 기록하지 아니하거나 관리대장을 공사 현장에 갖추어 두지 아니한 자(2017.10.24 본호개정)
4. 제6조의2를 위반하여 사업의 착공·준공 또는 중지의 통보를 하지 아니한 자
5. 제6조의5제1항 또는 제3항에 따른 조치 명령을 이행하지 아니한 자(2021.6.8 본호개정)
(2016.1.27 본항신설)
② 다음 각 호의 어느 하나에 해당하는 자에게는 300만원 이하의 과태료를 부과한다.
1. 제12조제2항에 따른 자연재해위험개선지구의 재해 예방을 위한 점검·정비 명령을 이행하지 아니한 자(2012.10.22 본호개정)
1의2. 제17조제5항을 위반하여 침수방지시설을 유지·관리하지 아니한 자(2023.12.26 본호신설)
2. 제19조의6제1항에 따른 우수유출저감시설을 설치하지 아니한 자(2013.8.6 본호개정)
3. 제21조제2항에 따른 침수흔적 등의 조사를 방해하거나 무단으로 침수흔적 표지를 훼손한 자
4. 제25조의3제2항에 따른 해일위험지구의 재해 예방을 위한 점검·정비 명령을 이행하지 아니한 자
5. 제40조에 따른 준수사항을 위반한 자
6. 제41조에 따른 신고를 하지 아니하고 사업을 휴업하거나 폐업한 자
7. 제41조의2에 따른 실태 점검을 거부·기피·방해하거나 거짓 자료를 제출한 대행자 및 방재관리대책 업무를 대행하게 한 자(2013.8.6 본호신설)
③ 제1항 및 제2항에 따른 과태료는 대통령령으로 정하는 바에 따라 행정안전부장관, 시·도지사, 시장·군수 또는 구청장이 부과·징수한다.(2017.7.26 본항개정)
(2011.3.7 본조개정)

부 칙 (2016.1.27)

제1조【시행일】이 법은 공포 후 1년이 경과한 날부터 시행한다.
제2조【관리책임자의 지정 등에 관한 적용례】제6조제3항 및 제4항의 개정규정은 이 법 시행 전에 개발사업에 대한 사전재해영향성 검토협의를 완료한 경우로서 이 법 시행 당시 그 개발사업이 종료되지 아니한 경우에 대해서도 적용한다.
제3조【대행자에 대한 행정처분에 관한 적용례】제42조제1항제7호의 개정규정은 이 법 시행 이후 해당 위반행위를 하는 경우부터 적용한다.
제4조【금치산자 등에 관한 경과조치】제39조제1호의 개정규정에 따른 피성년후견인 및 피한정후견인에는 법률 제10429호 민법 일부개정법률 부칙 제2조에 따라 금치산 또는 한정치산 선고의 효력이 유지되는 사람을 포함하는 것으로 본다.
제5조【권한 주체 변경에 관한 경과조치】이 법 시행 전에 종전의 규정에 따라 중앙대책본부장 또는 지역대책본부장이 한 사전재해영향성 검토협의, 행정처분, 그 밖의 행위와 중앙대책본부장 또는 지역대책본부장에 대한 사전재해영향성 검토협의 요청, 그 밖의 행위는 각각 이 법에 따라 행정안전부장관 또는 지방자치단체의 장이 한 행위 또는 행정안전부장관 또는 지방자치단체의 장에 대한 행위로 본다.(2017.7.26 본항개정)
제6조【다른 법률의 개정】①~③ ※(해당 법령에 가제정리 하였음)

부 칙 (2017.3.21 법14753호)

제1조【시행일】이 법은 공포 후 1년이 경과한 날부터 시행한다. 다만, 부칙 제3조는 2018년 1월 18일부터 시행한다.
제2조【자연재해위험개선지구 정비사업의 분석·평가에 관한 적용례】제15조의2의 개정규정은 이 법 시행 후 최초로 완료되는 자연재해위험개선지구 정비사업부터 적용한다.
제3조【다른 법률의 개정】※(해당 법령에 가제정리 하였음)

부 칙 (2017.10.24)

제1조【시행일】이 법은 공포 후 1년이 경과한 날부터 시행한다.
제2조【사전재해영향성 검토협의에 관한 경과조치】이 법 시행 당시 종전의 제4조에 따라 진행 중인 사전재해영향성 검토협의는 제4조의 개정규정에도 불구하고 종전의 규정에 따른다.
제3조【다른 법률의 개정】①~⑭ ※(해당 법령에 가제정리 하였음)

부 칙 (2020.1.29 법16880호)

제1조【시행일】이 법은 공포 후 3개월이 경과한 날부터 시행한다. 다만, 제38조제1항제2호의2의 개정규정은 공포 후 1년이 경과한 날부터 시행한다.
제2조【대행자의 사업 재개 신고에 관한 적용례】제41조제2항 및 제3항의 개정규정은 이 법 시행 이후 사업 재개 신고를 하는 경우부터 적용한다.

부 칙 (2020.1.29 법16902호)
(2020.6.9 법17344호)

제1조【시행일】이 법은 공포 후 6개월이 경과한 날부터 시행한다.(이하 생략)

부 칙 (2020.6.9 법17381호)

이 법은 공포 후 6개월이 경과한 날부터 시행한다.

부 칙 (2020.8.11)

제1조【시행일】이 법은 공포 후 1개월이 경과한 날부터 시행한다.(이하 생략)

부 칙 (2020.12.22)

제1조【시행일】이 법은 2021년 1월 1일부터 시행한다.(이하 생략)

부 칙 (2021.4.20)

제1조【시행일】이 법은 공포 후 6개월이 경과한 날부터 시행한다. 다만, 제29조의2 및 제61조의 개정규정은 공포한 날부터 시행한다.
제2조【재해영향평가등의 협의 내용의 이행에 관한 적용례】제6조제5항의 개정규정은 이 법 시행 이후 재해영향평가등의 협의(제5조의2에 따른 재해영향평가등의 재협의를 포함한다)를 요청하는 경우부터 적용한다.
제3조【방재신기술의 활용에 따른 면책에 관한 적용례】제61조제3항의 개정규정은 부칙 제1조 단서에 따른 시행일 이후 방재신기술을 활용하는 공사 또는 용역을 발주하거나 방재신기술을 활용한 제품을 구매하는 경우부터 적용한다.
제4조【다른 법률의 개정】①~② ※(해당 법령에 가제정리 하였음)

부 칙 (2021.6.8)

제1조【시행일】이 법은 공포한 날부터 시행한다. 다만, 제5조의2제1항 단서, 제6조의3부터 제6조의5까지, 제7조제2항부터 제4항까지, 제33조의2제3항, 제33조의4제3항,

제77조제1항제2호 및 제79조제1항제4호의 개정규정은 공포 후 6개월이 경과한 날부터 시행하고, 제40조의2 및 제42조의2의 개정규정은 공포 후 1년이 경과한 날부터 시행한다.

제2조【행정계획과 개발사업의 통합 수립에 따른 특례에 관한 적용례】 제4조의2의 개정규정은 이 법 시행 이후 관계행정기관의 장이 자연재해에 영향을 미치는 행정계획과 개발사업을 통합하여 수립하는 경우부터 적용한다.

제3조【재해영향평가등의 협의 내용 등에 대한 이행의무의 승계 등에 관한 적용례】 제6조의3의 개정규정은 부칙 제1조 단서에 따른 해당 개정규정의 시행일 이후 사업시행자가 사업을 양도하거나 사망한 경우 또는 사업시행자인 법인이 분할·합병하는 경우부터 적용한다.

제4조【대행자의 권리·의무의 승계에 관한 적용례】 제40조의2의 개정규정은 부칙 제1조 단서에 따른 해당 개정규정의 시행일 이후 대행자가 사업을 양도하거나 사망한 경우 또는 대행자인 법인이 분할·합병하는 경우부터 적용한다.

제5조【행정처분 효과의 승계에 관한 적용례】 제42조의2의 개정규정은 부칙 제1조 단서에 따른 해당 개정규정의 시행일 이후의 위반행위에 대한 행정처분부터 적용한다.

제6조【벌칙에 관한 적용례】 제77조제1항제2호의 개정규정은 부칙 제1조 단서에 따른 해당 개정규정의 시행 당시 재해영향평가등의 협의 절차가 끝나지 아니한 경우에도 적용한다.

부 칙 (2021.6.15)
(2022.1.4)

제1조【시행일】 이 법은 공포 후 1년이 경과한 날부터 시행한다.(이하 생략)

부 칙 (2022.12.27)

제1조【시행일】 이 법은 공포 후 6개월이 경과한 날부터 시행한다.(이하 생략)

부 칙 (2023.3.21)

제1조【시행일】 이 법은 공포 후 1년이 경과한 날부터 시행한다.(이하 생략)

부 칙 (2023.4.11)

이 법은 공포한 날부터 시행한다. 다만, 제38조제1항제4호의3의 개정규정은 공포 후 6개월이 경과한 날부터 시행한다.

부 칙 (2023.8.8)

제1조【시행일】 이 법은 2024년 5월 17일부터 시행한다.(이하 생략)

부 칙 (2023.8.16)

제1조【시행일】 이 법은 공포 후 6개월이 경과한 날부터 시행한다.(이하 생략)

부 칙 (2023.9.14)

제1조【시행일】 이 법은 공포 후 1년이 경과한 날부터 시행한다.(이하 생략)

부 칙 (2023.12.26)

이 법은 공포 후 6개월이 경과한 날부터 시행한다.

부 칙 (2024.1.30)

제1조【시행일】 이 법은 공포 후 6개월이 경과한 날부터 시행한다.

제2조【재해영향평가등의 협의 시 제출 서류의 사전검토에 관한 경과조치】 이 법 시행 전에 재해영향평가등의 협의(제5조의2에 따른 재해영향평가등의 재협의를 포함한다) 요청이 있었던 경우 그 협의에 필요한 서류의 사전검토에 관하여는 제4조제4항의 개정규정에도 불구하고 종전의 규정에 따른다.

풍수해보험법

(2006년 3월 3일
법 률 제7859호)

개정
2008. 2.29법 8852호(정부조직)
2008. 2.29법 8863호(금융위원회의설치등에관한법)
2008. 3.28법 8998호 2010. 3.31법10224호
2012.10.22법11497호
2013. 3.23법11690호(정부조직)
2014.11.19법12844호(정부조직)
2014.12.30법12945호 2017. 3.21법14755호
2017. 7.26법14839호(정부조직)
2018.10.16법15804호 2018.12.24법16043호
2020. 2. 4법16954호(소상공인기본법)
2020. 3.24법17112호(금융소비자보호에관한법)
2021. 6. 8법18210호 2022. 1. 4법18686호
2023. 8.16법19635호(행정기관정비일부개정법령등)
2024년 1월 25일 제412회 국회 본회의 통과→「法典 別冊」 보유편 수록

제1장 총 칙
(2008.3.28 본장개정)

제1조【목적】 이 법은 풍수해로 발생하는 재산 피해에 따른 손해를 신속하고 공정하게 보상하기 위한 풍수해보험에 필요한 사항을 규정함으로써 국민의 생활 안정에 이바지함을 목적으로 한다.

제2조【정의】 이 법에서 사용하는 용어의 뜻은 다음과 같다.
1. "풍수해"란 「자연재해대책법」 제2조제2호에 따른 자연재해 중 태풍·홍수·호우(豪雨)·강풍·풍랑·해일(海溢)·대설·지진(지진해일을 포함한다)으로 발생하는 재해를 말한다.(2012.10.22 본호개정)
2. "풍수해보험"이란 풍수해로 발생하는 재산 피해에 따른 손해를 보상하기 위한 보험을 말한다.
3. "보험가입금액"이란 피보험자의 재산 피해에 따른 손해가 발생한 경우 보험에서 최대로 보상할 수 있는 한도액으로서 보험계약자와 보험사업자 간에 약정한 금액을 말한다.
4. "보험료"란 보험계약자와 보험사업자 간의 약정에 따라 보험계약자가 보험사업자에게 지불하여야 하는 금액을 말한다.
5. "보험금"이란 피보험자에게 재산 피해가 발생한 경우 보험계약자와 보험사업자 간의 약정에 따라 보험사업자가 피보험자에게 지급하는 금액을 말한다.
6. "손해평가"란 풍수해로 발생한 재산 피해에 따른 손해액 및 보험금을 사정(査定)하는 것을 말한다.
7. "손해평가인"이란 법 제16조의2에 따라 손해평가인 자격을 취득한 사람을 말한다.

(2014.12.30 6호~7호신설)

제3조【보험사업의 관장】 이 법에 따른 풍수해보험사업은 행정안전부장관이 관장한다.(2017.7.26 본조개정)

제4조【보험목적물】 풍수해보험이 담보할 수 있는 보험의 목적물(이하 "보험목적물"이라 한다)은 다음 각 호의 시설물 및 그에 부수 또는 포함되는 동산으로 한다.
1. 「건축법」 제2조제1항제2호에 따른 건축물
2. 「소상공인기본법」 제2조에 따른 소상공인이 운영하는 사업장의 건축물과 시설물(2020.2.4 본호개정)
3. 그 밖에 피해의 가능성과 보험의 효용성 등을 종합적으로 고려하여 대통령령으로 정하는 시설물

제5조【피보험자】 풍수해보험의 피보험자는 제4조에 따른 보험목적물의 소유자로 한다.

제6조【보험사업자】 ① 풍수해보험사업을 할 수 있는 자는 다음 각 호와 같다.
1. 「보험업법」에 따른 보험회사
2. 그 밖에 다른 법률에 따라 풍수해 관련 보험 또는 공제사업(共濟事業)을 할 수 있는 기관이나 단체

② 제1항에 따른 보험사업자가 풍수해보험사업을 하려면 다음 각 호의 서류를 행정안전부장관에게 제출하고, 행정안전부장관과 풍수해보험사업에 관한 약정을 체결하여야 한다.(2017.7.26 본문개정)
1. 사업방법서, 보험약관, 보험료 및 책임준비금 산출방법서(이하 "기초서류"라 한다)
2. 그 밖에 정관, 법인등기부등본 등 대통령령으로 정하는 서류

③ 행정안전부장관은 제2항에 따라 약정을 체결하려면 기초서류의 적정성에 대하여 금융위원회와 협의하여야 한다.(2017.7.26 본항개정)

④ 제2항에 따른 풍수해보험사업에 관한 약정에 관하여 필요한 사항은 행정안전부령으로 정한다.(2017.7.26 본항개정)

제7조【국가 등의 재정지원】 ① 국가와 지방자치단체는 예산의 범위에서 보험계약자가 부담하는 보험료의 일부를 지원할 수 있다. 다만, 「국민기초생활 보장법」에 따른 수급자 또는 차상위계층이 보험목적물에 실제 거주하는 등 대통령령으로 정하는 경우에는 보험료의 전부를 지원할 수 있다.(2022.1.4 단서개정)

② 제1항 본문에 따른 보험료의 지원에 필요한 사항은 대통령령으로 정한다.(2010.3.31 본항개정)

③ 제1항에 따라 지원하려는 보험목적물이 「농어업재해보험법」에 따른 농어업재해보험에 가입되어 있는 경우에는 지원을 하지 아니한다.(2022.1.4 본항신설)

제8조【풍수해보험심의위원회】 ① 행정안전부장관은 풍수해보험사업에 관한 다음 각 호의 사항을 심의하기 위하여 필요한 경우 풍수해보험심의위원회(이하 "심의위원회"라 한다)를 구성·운영할 수 있다.(2023.8.16 본문개정)
1. 보험목적물 선정 등에 관한 사항
2. 풍수해보험에서 보상하는 풍수해의 범위에 관한 사항
3. 풍수해보험사업의 재정지원에 관한 사항
4. 손해평가의 방법과 절차에 관한 사항
5. 그 밖에 심의위원회의 위원장이 회의에 부치는 사항

② 심의위원회는 위원장과 부위원장 각 1명을 포함하여 대통령령으로 정하는 15명 이내의 위원으로 구성한다.

③ 위원장은 행정안전부의 재난안전관리사무를 담당하는 본부장으로 하고, 부위원장은 위원 중에서 호선(互選)한다.(2017.7.26 본항개정)

④ 행정안전부장관은 심의위원회의 구성 목적을 달성하였다고 인정하는 경우에는 심의위원회를 해산할 수 있다.(2023.8.16 본항신설)

⑤ 심의위원회의 구성과 운영 등에 필요한 사항은 대통령령으로 정한다.

제2장 풍수해보험사업의 운영
(2008.3.28 본장개정)

제9조【보험기간】 풍수해보험사업의 보험기간은 1년을 기본 단위로 한다. 다만, 보험목적물의 설치 목적·구조 등을 고려하여 대통령령으로 정하는 바에 따라 보험목적물별로 다르게 정할 수 있다.

제10조【보험사업의 회계구분】 보험사업자는 풍수해보험사업의 회계를 다른 회계와 구분회계처리하여 손익관계를 명확하게 하여야 한다.

제11조【보험료율의 산정】 보험사업자는 풍수해보험의 보험료율을 객관적이고 합리적인 통계자료를 기초로 하여 다음 각 호의 기준에 따라 산정하여야 한다.
1. 「보험업법」 제129조에 따른 보험료율 산출의 원칙을 적용할 것
2. 개별 보험목적물의 피해 발생 빈도에 따라 보험료율을 다르게 적용할 것
3. 제25조제1항에 따른 풍수해보험관리지도에 표시된 위험 정도에 따라 지역별로 보험료율을 다르게 적용할 것

제12조【보험가입금액의 한도】 행정안전부장관은 피보험자가 지급받을 수 있는 보험금을 예측하고 풍수해보험사업을 적절히 운영하기 위하여 보험가입금액의 한도를 정할 수 있다.(2017.7.26 본조개정)

제13조【기초서류 변경의 동의 등】 ① 보험사업자는 기초서류를 변경하려면 행정안전부장관의 동의를 받아야 한다.

② 행정안전부장관은 제1항에 따른 동의를 하려면 금융위원회와 협의하여야 한다.

(2017.7.26 본조개정)

제14조【보험 모집】 ① 풍수해보험을 모집할 수 있는 자는 다음 각 호와 같다.
1. 「보험업법」 제83조제1항에 따라 보험을 모집할 수 있는 자
2. 제6조제1항제2호에 따른 보험사업자의 임직원
3. 그 밖에 보험사업자의 회원조합의 임직원 등 대통령령으로 정하는 자

② 보험사업자는 다른 손해보험에 덧붙여 풍수해보험을 종합보험 등의 형태로 판매할 수 있다. 이 경우 회계에 관하여는 제10조를 지켜야 한다.

③ 제1항에 따라 풍수해보험의 모집 업무에 종사하는 자가 보험모집에 필요한 풍수해보험 안내 자료를 작성하는 요령과 보험모집 중 하여서는 아니 되는 금지행위 등은 「보험업법」 제95조·제97조, 제98조 및 「금융소비자 보호에 관한 법률」 제21조를 준용한다.(2020.3.24 본항개정)

제15조【보험계약 체결 전 보험목적물에 대한 실사의 협조】 ① 보험사업자는 풍수해보험계약을 체결하기 전에 보험목적물의 규모·위치·구조 등에 대한 실제 조사를 하기 위하여 필요하면 관계 지방자치단체의 장에게 협조를 요청할 수 있다.

② 제1항에 따라 협조를 요청받은 지방자치단체의 장은 특별한 사유가 없으면 협조하여야 한다.

제16조【손해평가】 ① 보험사업자는 다음 각 호의 어느 하나에 해당하는 사람에게 손해평가를 담당하게 할 수 있다.
1. 「보험업법」 제186조에 따른 손해사정사 중 행정안전부령으로 정하는 사람(2017.7.26 본호개정)
2. 손해평가인

(2014.12.30 본항개정)

② 제1항에 따라 손해평가를 담당하는 자는 행정안전부장관이 정하여 고시하는 손해평가 요령에 따라 손해평가를 성실하게 수행하여야 한다. 이 경우 고의로 진실을 숨기거나 거짓으로 손해평가를 하여서는 아니 된다.

(2017.7.26 전단개정)

③ 행정안전부장관은 제2항에 따른 손해평가 요령을 고시하려면 미리 금융위원회와 협의하여야 한다.

(2017.7.26 본항개정)

④ 행정안전부장관은 손해평가인을 확보하고 양성하기 위한 시책을 강구하여야 한다.(2017.7.26 본항개정)

제16조의2【손해평가인】① 손해평가인이 되려는 사람은 보험목적물에 관한 전문적 경험과 지식 등 대통령령으로 정하는 요건을 갖추고 행정안전부령으로 정하는 바에 따라 행정안전부장관이 실시하거나 인정하는 교육을 받아야 한다.(2017.7.26 본항개정)
② 행정안전부장관은 제1항에 따라 교육을 받은 사람에게 행정안전부령으로 정하는 손해평가인 자격증을 발급하여야 한다.(2017.7.26 본항개정)
③ 다음 각 호의 어느 하나에 해당하는 사람은 손해평가인이 될 수 없다.
1. 미성년자
2. 피성년후견인 또는 피한정후견인
3. 이 법을 위반하여 금고 이상의 실형을 선고받고 그 집행이 끝나거나(끝난 것으로 보는 경우를 포함한다) 그 집행을 받지 아니하기로 확정된 후 2년이 지나지 아니한 사람
4. 이 법을 위반하여 금고 이상의 형의 집행유예를 선고받고 그 유예기간 중에 있는 사람
5. 제16조의3제1항에 따라 손해평가인 자격이 취소(이 항 제1호 또는 제2호에 해당하여 자격이 취소된 경우는 제외한다)된 날부터 2년이 지나지 아니한 사람(2018.10.16 본호개정)
④ 손해평가인은 손해평가인으로서의 자질과 능력을 향상시키기 위하여 행정안전부령으로 정하는 바에 따라 행정안전부장관이 실시하거나 인정하는 보수(補修)교육을 받아야 한다.(2017.7.26 본항개정)
(2014.12.30 본조신설)

제16조의3【손해평가인의 자격취소 및 자격정지 등】① 행정안전부장관은 손해평가인이 다음 각 호의 어느 하나에 해당하는 경우에는 그 자격을 취소하여야 한다.(2017.7.26 본문개정)
1. 거짓이나 그 밖의 부정한 방법으로 손해평가인 자격을 취득한 경우
2. 제16조제2항 후단을 위반하여 고의로 진실을 숨기거나 거짓으로 손해평가를 한 경우
3. 제16조의2제3항 각 호의 어느 하나에 해당하게 된 경우
② 행정안전부장관은 손해평가인이 정당한 사유 없이 제16조의2제4항에 따른 보수교육을 받지 아니한 경우에는 행정안전부령으로 정하는 바에 따라 1년 이내의 기간을 정하여 그 자격의 정지를 명할 수 있다.(2017.7.26 본항개정)
③ 행정안전부장관은 제1항에 따라 손해평가인의 자격을 취소하려면 청문을 하여야 한다.(2017.7.26 본항개정)
(2014.12.30 본조신설)

제17조【손해평가의 검증 등】① 보험사업자는 제16조제1항에 따른 손해평가의 검증을 위하여 표본조사를 할 수 있다.
② 보험사업자는 제1항에 따른 표본조사 결과가 손해평가 결과와 상당한 차이가 있어 조정이 필요하면 행정안전부장관과 협의하여 손해평가를 다시 할 수 있다.(2017.7.26 본항개정)

제18조【보험금의 지급 등】보험금의 지급 신청과 지급 기준 등에 관하여는 대통령령으로 정한다.

제19조【책임준비금 등의 적립】① 보험사업자는 결산기마다 책임준비금과 비상위험준비금을 각각 계상(計上)하여야 한다.
② 책임준비금과 비상위험준비금의 계상 등에 필요한 사항은 대통령령으로 정한다.

제20조【손실보전준비금의 조성】① 보험사업자는 보험재정의 안정 등 보험사업을 원활하게 운영하기 위하여 손실보전준비금을 적립하여야 한다.
② 손실보전준비금은 보험사업의 결산상 잉여금, 손실보전준비금의 운용 수익금, 차입금, 정부와 다른 기금에서 지원받은 출연금, 그 밖의 수입금으로 조성한다. 이 경우 손실보전준비금을 조성할 목적으로 자금을 차입하려면 행정안전부장관의 승인을 받아야 한다.(2017.7.26 후단개정)
③ 손실보전준비금의 관리와 운용 등에 필요한 사항은 대통령령으로 정한다.

제21조【손실금의 처리】보험사업자는 보험사업의 결산상 손실이 생기면 비상위험준비금과 손실보전준비금으로 그 손실액을 충당하여야 하며, 충당하여야 하는 손실액이 적립된 비상위험준비금과 손실보전준비금을 초과하면 그 차액을 국고에서 지원할 수 있다.(2017.3.21 본조개정)

제22조【재보험계약의 체결】보험사업자는 재해 발생으로 부담하여야 하는 보험금의 지급 등 책임의 일부를 전가(轉嫁)하기 위하여 「보험업법」 등에 따라 재보험사업을 할 수 있는 다른 보험사업자와 재보험계약을 체결할 수 있다.

제3장 풍수해보험사업의 지원
(2008.3.28 본장개정)

제23조【보험가입의 촉진 등】① 국가나 지방자치단체는 풍수해보험의 가입을 촉진하고 자율적인 방재(防災) 의식을 북돋우기 위하여 다음 각 호의 어느 하나에 해당하는 자에게 동의를 받아 대통령령으로 정하는 기간에 풍수해보험을 가입·유지하게 할 수 있다.
1. 대통령령으로 정하는 자금을 대출받거나 지원받는 자
2. 재난복구사업을 위하여 「재난 및 안전 관리기본법」 제66조에 따른 국고나 지방비의 지원을 받는 자
② 국가나 지방자치단체는 다음 각 호의 지역에 대하여 풍수해보험의 가입을 촉진하기 위한 추진계획을 매년 수립·시행하여야 한다.
1. 「급경사지 재해예방에 관한 법률」 제6조에 따라 지정된 붕괴위험지역
2. 「산림보호법」 제45조의8에 따라 지정된 산사태취약지역
3. 「자연재해대책법」 제25조의3 및 제26조의2에 따라 각각 지정된 해일위험지구 및 상습설해지역
4. 그 밖에 「자연재해대책법」 제12조에 따라 지정된 자연재해위험개선지구 등 풍수해로 인한 재난피해 발생 위험이 크다고 인정되는 지역
(2021.6.8 본항신설)

제24조【풍수해 관련 통계의 집적 및 관리】① 행정안전부장관은 풍수해를 예방하고 풍수해보험사업을 적절히 운영하기 위하여 보험목적물의 현황, 피해 규모, 피해 원인 등 필요한 통계자료를 집적(集積)할 수 있는 통계관리 전산망을 구축·관리하여야 한다.(2017.7.26 본항개정)
② 시장·군수·구청장은 제1항에 따른 통계자료를 집적하기 위하여 다음 각 호의 자료를 매년 3월 31일까지 특별시장·광역시장·도지사·특별자치도지사(이하 "시·도지사"라 한다)를 거쳐 행정안전부장관에게 제출하여야 한다.(2017.7.26 본문개정)
1. 전년도 보험목적물의 구조별·용도별·지역별 총 현황
2. 전년도 보험목적물의 구조별·용도별·지역별 피해 규모와 피해액 및 피해 원인
3. 그 밖에 다음 해 예산을 수립하기 위한 보험료·보험금 등에 관한 자료 등 행정안전부장관이 필요하다고 인정하는 자료(2017.7.26 본호개정)
③ 보험사업자는 풍수해보험료율과 보험가입금액의 산정 등을 위하여 행정안전부장관에게 제2항에 따른 통계자료를 요청할 수 있다.(2017.7.26 본항개정)
④ 행정안전부장관은 풍수해 관련 통계의 집적 및 관리업무를 대통령령으로 정하는 자에게 위탁할 수 있다.(2022.1.4 본항신설)
⑤ 제1항, 제2항 및 제4항에 따른 통계의 집적 및 관리와 위탁에 필요한 세부 절차와 운영 방법은 행정안전부장관이 정한다.(2022.1.4 본항개정)
(2017.7.26 본조개정)

제25조【풍수해보험관리지도의 작성 등】① 행정안전부장관은 풍수해 예방과 풍수해보험사업의 적정한 운영을 위하여 과거의 풍수해 발생 이력 및 향후 발생 위험 등을 고려하여 풍수해 위험 정도를 지역별로 표시하는 지도(이하 "풍수해보험관리지도"라 한다)를 작성하고 이를 통합·관리할 수 있는 전산체계를 구축·관리하여야 한다.
② 풍수해보험관리지도의 작성 단위·내용 등 작성 방법에 관하여 필요한 사항은 행정안전부장관이 관계 기관과 협의하여 정한다.
③ 행정안전부장관은 제1항에 따라 작성된 풍수해보험관리지도에 대하여 5년마다 그 타당성을 전반적으로 재검토하여 이를 정비하여야 한다.
④ 행정안전부장관은 풍수해보험관리지도의 작성에 관한 업무의 일부를 대통령령으로 정하는 바에 따라 지방자치단체의 장에게 위임할 수 있다.
⑤ 보험사업자는 풍수해보험료율과 보험가입금액의 산정 등을 위하여 행정안전부장관에게 풍수해보험관리지도의 이용을 요청할 수 있다.
(2017.7.26 본조개정)

제25조의2【풍수해보험관리지도 작성의 대행 등】① 행정안전부장관은 풍수해보험관리지도의 작성에 관한 기술능력을 갖춘 자로 하여금 풍수해보험관리지도의 작성을 대행하게 할 수 있다.(2017.7.26 본항개정)
② 제1항에 따른 대행 업무를 하려는 자는 대통령령으로 정하는 기준에 적합한 기술인력을 갖추어야 한다.
③ 풍수해보험관리지도 작성의 대행절차와 그 밖에 필요한 사항은 행정안전부령으로 정한다.(2017.7.26 본항개정)
(2008.3.28 본조신설)

제25조의3【풍수해보험관리지도 통합·관리의 대행 등】① 행정안전부장관은 풍수해보험관리지도의 통합·관리에 관한 업무를 대통령령으로 정하는 바에 따라 행정안전부장관이 지정하는 전문기관으로 하여금 대행하게 할 수 있다.
② 풍수해보험관리지도의 통합·관리를 대행하는 자는 행정안전부장관의 승인을 받아 풍수해보험관리지도 정보의 전부 또는 일부의 사본이나 그 정보를 가공한 자료를 제공하고 수수료를 받을 수 있다.
③ 풍수해보험관리지도 정보의 이용절차와 수수료의 징수 등에 필요한 사항은 행정안전부령으로 정한다.
(2017.7.26 본조개정)

제26조【학술 조사·연구 등】① 행정안전부장관은 풍수해 예방과 풍수해보험 제도에 관한 학술 조사·연구, 관련 기술 개발 및 전문인력 양성 등의 진흥 시책을 강구하여야 한다.(2017.7.26 본항개정)
② 국가는 제1항에 따른 학술 조사·연구 등에 필요한 지원을 할 수 있다.

제4장 보 칙
(2008.3.28 본장개정)

제27조【업무위탁】보험사업자는 풍수해보험사업을 원활히 수행하기 위하여 필요하면 보험 모집, 손해평가 등 풍수해보험 업무의 일부를 대통령령으로 정하는 바에 따라 다음 각 호의 어느 하나에 해당하는 자에게 위탁할 수 있다.
1. 「농업협동조합법」에 따라 설립된 지역농업협동조합
2. 「보험업법」 제187조에 따라 손해사정을 업으로 하는 자
3. 그 밖에 대통령령으로 정하는 자

제28조【보고 등】행정안전부장관은 풍수해보험사업을 건전하게 운영하고 보험계약자 및 피보험자를 보호하기 위하여 필요하다고 인정되면 보험사업자에게 풍수해보험사업에 관한 업무 처리 사항을 보고하게 하거나 관계 서류를 제출하도록 요구할 수 있다.(2017.7.26 본조개정)

제29조【분쟁 조정】풍수해보험과 관련된 분쟁의 조정은 「금융소비자 보호에 관한 법률」 제33조부터 제43조까지의 규정에 따른다.(2020.3.24 본조개정)

제30조【보험에 가입된 보험목적물의 양도에 따른 권리·의무의 승계】① 피보험자가 보험에 가입된 보험목적물을 양도하는 경우에는 그 양수인은 보험계약에 관한 양도인의 권리 및 의무를 승계한 것으로 추정한다.
② 제1항의 경우 양도인이나 양수인은 지체 없이 보험사업자에게 그 사실을 알려야 한다.

제31조【수급권의 보호】풍수해보험의 보험금을 지급받을 수 있는 권리는 압류할 수 없다. 다만, 보험목적물이 담보로 제공되는 경우에는 그러하지 아니하다.

제32조【통지와 시효】① 보험사업자는 행정안전부령으로 정하는 바에 따라 보험가입자에게 보험료와 납부기한 등을 알려야 한다.(2017.7.26 본항개정)
② 이 법에 따라 보험료를 되돌려받을 권리와 보험금을 받을 권리는 2년간 행사하지 아니하면 시효로 인하여 소멸한다.
③ 제2항에 따른 소멸시효에 관하여는 이 법에 규정된 것 외에는 「민법」에 따른다.

제33조【지방자치단체의 조직】지방자치단체장은 이 법에 따른 풍수해보험 제도를 원활하게 운영하기 위하여 풍수해보험 업무를 전담하는 부서를 구성·운영하여야 한다.

제34조【피해지원 제도와의 관계】① 풍수해보험에 가입된 보험목적물의 재난복구사업에는 「재난 및 안전 관리기본법」 제66조에 따른 국고와 지방비를 지원하지 아니한다. 다만, 실제 수령한 보험금이 「재난 및 안전관리 기본법」 제66조에 따라 지원하는 국고와 지방비보다 적은 경우 대통령령으로 정하는 바에 따라 그 차액을 지원할 수 있다.(2022.1.4 단서신설)
② 풍수해보험에 가입되지 아니한 보험목적물의 재난복구사업에는 「재난 및 안전 관리기본법」 제66조에 따른 국고나 지방비를 지원하되, 대통령령으로 정하는 기준에 따라 연차적으로 그 지원 규모를 조정한다.

제35조【「보험업법」 등의 적용】① 이 법에 따른 풍수해보험사업에 대하여는 「보험업법」 제118조제1항·제119조·제124조·제131조·제132조·제133조·제134조제1항·제136조·제162조·제176조·제181조제1항을 적용한다. 이 경우 "보험회사"는 "보험사업자"로 본다.
② 이 법에 따른 풍수해보험사업에 대해서는 「금융소비자 보호에 관한 법률」 제45조를 적용한다. 이 경우 "금융상품직접판매업자"는 "보험사업자"로 본다.(2020.3.24 본항신설)
(2020.3.24 본조개정)

제5장 벌 칙
(2008.3.28 본장개정)

제36조【벌칙】① 제14조제3항에서 준용하는 「보험업법」 제98조를 위반하여 금품 등을 제공한 자나 이를 요구하여 수수(收受)한 보험가입자는 3년 이하의 징역 또는 2천만원 이하의 벌금에 처한다.
② 다음 각 호의 어느 하나에 해당하는 자는 1년 이하의 징역 또는 1천만원 이하의 벌금에 처한다.
1. 제14조제1항을 위반하여 모집을 한 자
2. 제16조제2항 후단을 위반하여 고의로 진실을 숨기거나 거짓으로 손해평가를 한 자
③ 제10조를 위반하여 회계를 처리한 자는 500만원 이하의 벌금에 처한다.

제37조【양벌규정】① 법인의 대표자, 대리인, 사용인, 그 밖의 종업원이 그 법인의 업무에 관하여 제36조의 위반행위를 하면 그 행위자를 벌할 뿐만 아니라 그 법인에도 해당 조문의 벌금형을 과(科)한다. 다만, 법인이 그 위반행위를 방지하기 위하여 해당 업무에 관하여 상당한 주의와 감독을 게을리하지 아니한 때에는 그러하지 아니하다.
② 개인의 대리인, 사용인, 그 밖의 종업원이 그 개인의 업무에 관하여 제36조의 위반행위를 하면 그 행위자를 벌할 뿐만 아니라 그 개인에게도 해당 조문의 벌금형을 과한다. 다만, 개인이 그 위반행위를 방지하기 위하여 해

당 업무에 관하여 상당한 주의와 감독을 게을리하지 아니한 때에는 그러하지 아니하다.

제38조【과태료】 ① 보험사업자가 제14조제3항에서 준용하는 「보험업법」 제95조를 위반하면 1천만원 이하의 과태료를 부과한다.

② 보험사업자의 발기인, 설립위원, 임원, 집행 간부, 일반 간부 직원, 검사인, 파산관재인 또는 청산인이 다음 각 호의 어느 하나에 해당하면 500만원 이하의 과태료를 부과한다.

1. 제19조제1항을 위반하여 책임준비금이나 비상위험준비금을 각각 계상하지 아니한 경우(2017.3.21 본호개정)

1의2. 제20조제1항을 위반하여 손실보전준비금을 적립하지 아니한 경우(2017.3.21 본호신설)

2. 제35조제1항에 따라 적용하는 「보험업법」 제131조에 따른 명령을 위반한 경우

3. 제35조제1항에 따라 적용하는 「보험업법」 제133조에 따른 검사를 거부·방해 또는 기피한 경우

(2020.3.24 2호~3호개정)

③ 다음 각 호의 어느 하나에 해당하는 자에게는 500만원 이하의 과태료를 부과한다.

1. 보험사업자 외의 자가 제14조제3항에서 준용하는 「보험업법」 제95조를 위반한 경우

2. 제14조제3항에서 준용하는 「보험업법」 제97조제1항 또는 「금융소비자 보호에 관한 법률」 제21조를 위반한 자(2020.3.24 본호개정)

3. 제28조에 따른 보고를 하지 아니하거나 관계 서류를 제출하지 아니한 자 또는 거짓으로 보고하거나 거짓된 관계 서류를 제출한 자

④ 제1항과 제3항에 따른 과태료는 행정안전부장관이, 제2항에 따른 과태료는 금융위원회가 대통령령으로 정하는 바에 따라 각각 부과·징수한다.(2017.7.26 본항개정)

⑤~⑦ (2010.3.31 삭제)

부 칙 (2014.12.30)

제1조【시행일】 이 법은 공포 후 6개월이 경과한 날부터 시행한다.

제2조【손해평가인의 결격사유에 관한 적용례】 제16조의2제3항의 개정규정은 이 법 시행 후 손해평가인 자격을 취득하는 사람부터 적용한다.

제3조【손해평가인의 자격취소 및 자격정지에 관한 적용례】 제16조의3제1항 및 제2항의 개정규정은 이 법 시행 후 발생하는 자격취소 및 자격정지 사유에 해당하는 경우부터 적용한다.

제4조【피성년후견인 등의 결격사유에 관한 특례】 제16조의2제3항제2호의 개정규정에 따른 피성년후견인 또는 피한정후견인에는 법률 제10429호 민법 일부개정법률 부칙 제2조에 따라 금치산 또는 한정치산 선고의 효력이 유지되는 사람을 포함하는 것으로 본다.

부 칙 (2017.3.21)

제1조【시행일】 이 법은 공포한 날부터 시행한다.

제2조【결산상 잉여금의 손실보전준비금 적립의무 등에 관한 경과조치】 ① 이 법 시행일이 속한 회계연도에 생긴 결산상 잉여금은 제21조의 개정규정에도 불구하고 종전의 규정에 따라 손실보전준비금으로 적립하여야 한다.

② 보험사업자가 이 법 시행일이 속한 회계연도에 생긴 결산상 잉여금을 손실보전준비금으로 적립하지 아니한 경우에는 500만원 이하의 과태료를 부과한다.

③ 이 법 시행 전의 행위에 대하여 과태료를 적용할 때에는 종전의 규정에 따른다.

부 칙 (2020.2.4)
(2020.3.24)

제1조【시행일】 이 법은 공포 후 1년이 경과한 날부터 시행한다.(이하 생략)

부 칙 (2021.6.8)

이 법은 공포 후 3개월이 경과한 날부터 시행한다.

부 칙 (2022.1.4)

제1조【시행일】 이 법은 공포 후 3개월이 경과한 날부터 시행한다.

제2조【피해지원 제도에 관한 적용례】 제34조제1항의 개정규정은 이 법 시행 이후 풍수해가 발생한 경우부터 적용한다.

부 칙 (2023.8.16)

제1조【시행일】 이 법은 공포 후 6개월이 경과한 날부터 시행한다.(이하 생략)

(舊 : 수난구호법)

수상에서의 수색·구조 등에 관한 법률(약칭 : 수상구조법)

(2012년 2월 22일 전부개정법률 제11368호)

개정
2013. 3.23법11690호(정부조직)
2014.11.19법12844호(정부조직)
2015. 7.24법13440호 2016. 1.27법13920호
2017. 3.21법14605호(배타적경제수역및대륙붕에관한법)
2017. 3.21법14751호
2017. 7.26법14839호(정부조직)
2017.10.31법15006호
2017.10.31법15012호(해양환경관리법)
2018.12.31법16156호
2018.12.31법16160호(한국해양교통안전공단법)
2019. 8.20법16511호 2021. 4.13법18060호
2022. 6.10법18958호(수상레저안전법)
2024. 1. 2법19911호(해양재난구조대의설치및운영에관한법)→2025년 1월 3일 시행이므로 추후 수록

제1장 총 칙

제1조【목적】 이 법은 수상에서 조난된 사람, 선박, 항공기, 수상레저기구 등의 수색·구조·구난 및 보호에 필요한 사항을 규정함으로써 조난사고로부터 국민의 생명과 신체 및 재산을 보호하고 공공의 복리증진에 이바지하는 것을 목적으로 한다.(2015.7.24 본조개정)

제2조【정의】 이 법에서 사용하는 용어의 정의는 다음과 같다.

1. "수상"이란 해수면과 내수면을 말한다.(2015.7.24 본호신설)

2. "해수면"이란 「수상레저안전법」 제2조제7호에 따른 바다의 수류나 수면을 말한다.(2022.6.10 본호개정)

3. "내수면"이란 「수상레저안전법」 제2조제8호에 따른 하천, 댐, 호수, 늪, 저수지, 그 밖에 인공으로 조성된 담수나 기수(汽水)의 수류 또는 수면을 말한다.

(2022.6.10 본호개정)

4. "수난구호"란 수상에서 조난된 사람 및 선박, 항공기, 수상레저기구 등(이하 "선박등"이라 한다)의 수색·구조·구난과 구조된 사람·선박등 및 물건의 보호·관리·사후처리에 관한 업무를 말한다.

5. "조난사고"란 수상에서 다음 각 목의 사유로 인하여 사람의 생명·신체 또는 선박등의 안전이 위험에 처한 상태를 말한다.

가. 사람의 익수·추락·고립·표류 등의 사고

나. 선박등의 침몰·좌초·전복·충돌·화재·기관고장 또는 추락 등의 사고

6. "수난구호협력기관"이란 수난구호를 위하여 협력하는 중앙행정기관·지방자치단체, 「재난 및 안전관리 기본법」 제3조제8호에 따른 긴급구조지원기관, 대통령령으로 정하는 공공단체를 말한다.

(2015.7.24 4호~6호개정)

7. "수색"이란 인원 및 장비를 사용하여 조난을 당한 사람 또는 사람이 탑승하였을 것으로 추정되는 선박등을 찾는 활동을 말한다.

8. "구조"란 조난을 당한 사람을 구출하여 응급조치 또는 그 밖의 필요한 것을 제공하고 안전한 장소로 인도하기 위한 활동을 말한다.

9. "구난"이란 조난을 당한 선박등 또는 그 밖의 다른 재산(선박등에 실린 화물을 포함한다)에 관한 원조를 위하여 행하여진 행위 또는 활동을 말한다.

10. "구조대"란 수색 및 구조활동을 신속히 수행할 수 있도록 훈련된 인원으로 편성되고 적절한 장비를 보유한 단위조직을 말한다.

11. "민간해양구조대원"이란 지역해역에 정통한 주민 등 해양경찰관서에 등록되어 해양경찰의 해상구조활동을 보조하는 사람을 말한다.(2017.7.26 본호개정)

12. "표류물"이란 점유를 이탈하여 수상에 떠 있거나 떠내려가고 있는 물건을 말한다.(2015.7.24 본호개정)

13. "침몰품"이란 점유를 이탈하여 수상에 가라앉은 물건을 말한다.(2015.7.24 본호개정)

제2조의2【적용범위】 이 법 또는 이 법에 따른 명령 중 선박소유자에 관한 규정은 선박을 공유하는 경우로서 선박관리인을 임명하였을 때에는 그 선박관리인에게 적용하고, 선박을 임차하였을 때에는 그 선박임차인에게 적용하며, 선장에 관한 규정은 선장을 대신하여 그 직무를 수행하는 사람이 있는 경우 그 사람에게 적용한다.

(2015.7.24 본조신설)

제3조【다른 법률과의 관계】 수상에서 발생한 모든 조난사고에 대하여는 다른 법률에서 따로 정한 경우를 제외하고는 이 법에서 정하는 바에 따른다.(2015.7.24 본조개정)

제2장 수난대비

제4조【수난대비기본계획의 수립 등】 ① 해양경찰청장은 해수면에서 자연적·인위적 원인으로 발생하는 조난사고로부터 사람의 생명과 신체 및 재산을 보호하고 효율적인 수난구호를 위하여 수난대비기본계획을 5년 단위로 수립하여야 한다.(2017.7.26 본항개정)

② 해양경찰청장은 제1항의 수난대비기본계획을 집행하기 위하여 수난대비집행계획을 매년 수립·시행하여야 한다.(2017.7.26 본항개정)

③ 제2항에 따른 수난대비집행계획은 「민방위기본법」에 따른 민방위계획에 포함하여 수립·시행할 수 있다.

④ 제1항에 따른 수난대비기본계획과 제2항에 따른 수난대비집행계획의 수립 및 변경 등에 필요한 사항은 해양수산부령으로 정한다.(2017.7.26 본항개정)

제5조【중앙구조본부 등의 설치】 ① 해수면에서의 수난구호에 관한 사항의 총괄·조정, 수난구호협력기관과 수난구호민간단체 등이 행하는 수난구호활동의 역할조정과 지휘·통제 및 수난구호활동의 국제적인 협력을 위하여 해양경찰청에 중앙구조본부를 둔다.(2017.7.26 본항개정)

② 해역별 수난구호에 관한 사항의 총괄·조정, 해당 지역에 소재하는 수난구호협력기관과 수난구호민간단체 등이 행하는 수난구호활동의 역할조정과 지휘·통제 및 수난현장에서의 지휘·통제를 위하여 지방해양경찰청에 광역구조본부를 두고, 해양경찰서에 지역구조본부를 둔다.(2017.7.26 본항개정)

③ 중앙구조본부, 광역구조본부 및 지역구조본부(이하 "구조본부"라 한다)의 장은 신속한 수난구호를 위하여 수난구호협력기관의 장에게 소속 직원의 파견 및 장비의 지원을 요청할 수 있다. 이 경우 요청을 받은 기관·단체의 장은 특별한 사유가 없는 한 이에 응하여야 한다.

(2015.7.24 전단개정)

④ 구조본부의 구성·운영 등에 필요한 사항은 대통령령으로 정한다.

제5조의2【수난대비기본훈련의 실시 등】 ① 중앙구조본부는 수상에서 자연적·인위적 원인으로 발생하는 조난사고로부터 사람의 생명과 신체 및 재산을 보호하기 위하여 수난구호협력기관 및 수난구호민간단체 등과 공동으로 매년 수난대비기본훈련을 실시하여야 한다.

② 해양경찰청장은 제1항의 수난대비기본훈련의 실시결과를 매년 국회 소관상임위원회에 보고하여야 한다.

(2017.7.26 본항개정)

③ 제1항에 따른 수난대비기본훈련의 실시 범위 및 방법 등 구체적인 사항은 대통령령으로 정한다.

(2015.7.24 본조신설)

제6조【각급 해양수색구조기술위원회의 설치】 ① 해양에서의 수색구조활동을 신속하고 효과적으로 지원하고, 수색구조 관련 정책조정과 유관기관 및 민간단체와의 협력체제를 구축하기 위하여 중앙구조본부의 장, 광역구조본부의 장 및 지역구조본부의 장(이하 "구조본부의 장"이라 한다) 소속으로 각각 중앙, 광역 및 지역 해양수색구조기술위원회를 둔다.

② 제1항에 따른 해양수색구조기술위원회의 구성·운영 등에 필요한 사항은 대통령령으로 정한다.

(2021.4.13 본조개정)

제7조【구조대 및 구급대의 편성·운영】 ① 구조본부의 장은 해수면에서 수난구호를 효율적으로 수행하기 위하여 구조대를 편성·운영하고, 해수면과 연육로로 연결되지 아니한 도서(소방관서가 설치된 도서는 제외한다)에서 발생하는 응급환자를 응급처치하거나 의료기관에 긴급히 이송하기 위하여 구급대를 편성·운영하여야 한다.

(2021.4.13 본항개정)

② 소방청장, 소방본부장 및 소방서장(이하 "소방관서의 장"이라 한다)은 내수면에서의 수난구호를 위하여 구조대를 편성·운영하고, 내수면에서 발생하는 응급환자를 응급처치하거나 의료기관에 긴급히 이송하기 위하여 구급대를 편성·운영하여야 한다.(2017.7.26 본항개정)

③ 수난구호협력기관의 장은 수난구호활동의 지원을 위하여 필요하다고 인정할 때에는 구조대 및 구급대를 편성·운영할 수 있다.

④ 제1항 및 제3항에 따른 구조대 및 구급대는 수난구호 및 응급처치 등을 위하여 필요한 인력·장비 및 조직체계 등을 갖추어야 한다.

⑤ 제1항 및 제3항에 따른 구조대 및 구급대의 편성·운영 등에 필요한 사항은 대통령령으로 정한다.

제8조【종합상황실의 설치·운영】 ① 구조본부의 장은 조난사고와 그 밖에 구조·구급이 필요한 상황의 발생에 대비하고, 신속한 구조활동을 위한 정보를 수집·전파하기 위하여 종합상황실을 설치·운영하여야 한다.

② 제1항에 따른 종합상황실의 설치·운영에 필요한 사항은 해양수산부령으로 정한다.(2017.7.26 본항개정)

제9조【여객선비상수색구조계획서의 작성 등】 ① 국제항해에 취항하는 여객선(「해운법」 제6조제1항에 따라 승인을 받은 외국의 해상여객운송사업자가 운영하는 여객선을 포함한다. 이하 "여객선"이라 한다) 소유자는 비상시 여객선의 수색구조를 위하여 구조본부의 비상연락망, 비상훈련계획 및 구명설비배치도 등이 기재된 계획서(이하 "여객선비상수색구조계획서"라 한다)를 작성하여 관할 해양경찰서장에게 신고하고 확인을 받아 해당 여객선 및 선박 소유자의 주된 사무실에 비치하여야 한다.

(2017.7.26 본항개정)

② 여객선 소유자는 여객선비상수색구조계획서의 내용에 변경이 있는 경우 지체 없이 변경된 내용을 관할 해양경찰서장에게 신고하여야 한다.(2017.7.26 본항개정)

③ 관할 해양경찰서장은 여객선의 안전을 위하여 필요하다고 인정하는 경우 소속 경찰공무원으로 하여금 여객선

소유자의 선박 또는 주된 사무소에 출입하여 여객선비상수색구조계획서를 확인하게 할 수 있다.(2017.7.26 본항개정)

④ 제3항에 따라 여객선 소유자의 선박 또는 주된 사무소에 출입하는 경찰공무원은 그 권한을 나타내는 증표를 지니고 이를 관계인에게 내보여야 한다.

⑤ 여객선 및 「해운법」 제2조제1호의2에 따른 여객선 소유자는 해양수산부령으로 정하는 바에 따라 여객선비상수색구조 훈련을 연 1회 이상 선장의 지휘하에 실시하여야 하며, 훈련의 시기와 방법은 관할 해양경찰서장 또는 소방서장과 협의하여 정한다.(2017.7.26 본항개정)

⑥ 그 밖에 여객선비상수색구조계획서의 작성 등에 필요한 사항은 해양수산부령으로 정한다.(2017.7.26 본항개정)

제10조【선박의 이동 및 대피 명령】 구조본부의 장은 다음 각 호의 어느 하나에 해당하는 선박의 경우에는 해양수산부령으로 정하는 바에 따라 해당 선박의 이동 및 대피를 명할 수 있다. 다만, 외국선박에 대한 이동 및 대피 명령은 「영해 및 접속수역법」 제1조 및 제3조에 따른 영해 및 내수(「내수면어업법」 제2조제1호에 따른 내수면은 제외한다)에서만 실시한다.(2017.7.26 본문개정)

1. 태풍, 풍랑 등 해상기상의 악화로 조난이 우려되는 선박(2015.7.24 본호개정)
2. 선박구난현장에서 구난작업에 방해가 되는 선박

제11조【조난된 선박의 긴급피난】 인명이나 해양환경에 손상을 초래할 수 있는 조난된 선박의 선장 또는 소유자는 계속 항해 시의 위험을 줄이기 위하여 긴급피난을 할 수 있다.

제12조【긴급피난의 신청과 허가】 ① 긴급피난을 하려는 조난된 선박의 선장 또는 소유자는 구조본부의 장에게 긴급피난의 허가를 신청하여야 한다.

② 제1항에 따른 긴급피난의 허가신청을 받은 구조본부의 장은 지체 없이 그 허가여부를 결정하여야 한다. 허가를 하는 경우 구조본부의 장은 조난된 선박이 초래할 수 있는 인명이나 해양환경에 미치는 영향을 고려하여 조건을 붙여 허가를 할 수 있다.

③ 구조본부의 장은 해상기상 또는 선박의 상태 등을 고려하여 긴급피난의 허가를 하지 아니한 때에는 즉시 신청자에게 알리고, 선박의 안전에 필요한 조치를 하여야 한다.

④ 긴급피난의 신청·허가 절차 등에 필요한 사항은 해양수산부령으로 정한다.(2017.7.26 본항개정)

제3장 수난구호

제13조【수난구호의 관할】 해수면에서의 수난구호는 구조본부의 장이 수행하고, 내수면에서의 수난구호는 소방관서의 장이 수행한다. 다만, 국제항행에 종사하는 내수면 운항선박에 대한 수난구호는 구조본부의 장과 소방관서의 장이 상호 협조하여 수행하여야 한다.

제14조【수난구호협력기관과의 협조 등】 ① 수난구호협력기관의 장은 수난구호활동을 위하여 구조본부의 장 또는 소방관서의 장으로부터 필요한 지원과 협조 요청이 있을 경우 특별한 사정이 없으면 이에 응하여야 한다.(2015.7.24 본항개정)

② 구조본부의 장 또는 소방관서의 장은 수난구호협력기관의 장과 협의하여 구조대 및 구급대의 합동훈련 또는 합동교육을 실시하거나 구조대 및 구급대에 관한 정보교환 및 상호연락체제를 구축할 수 있다.

③ 특별자치도지사 또는 시장·군수·구청장(자치구의 구청장을 말한다. 이하 같다)은 구조된 사람의 보호와 습득한 물건의 보관·반환·공매 및 구호비용의 산정·지급·징수, 그 밖에 사후처리에 관한 일체의 사무를 담당한다.

제15조【조난사실의 신고 등】 ① 수상에서 조난사고가 발생한 때에는 다음 각 호의 어느 하나에 해당하는 자는 즉시 가까운 구조본부의 장이나 소방관서의 장에게 조난사실을 신고하여야 한다.(2015.7.24 본문개정)

1. 조난된 선박등의 선장·기장 또는 소유자
2. 수상에서 조난사실을 발견한 자(2015.7.24 본호개정)
3. 조난된 선박등으로부터 조난신호나 조난통신을 수신한 자
4. 조난사고 원인을 제공한 선박의 선장 및 승무원

② 선박등의 소재가 불명하고 통신이 두절되어 실종의 위험이 있다고 인정되는 경우에는 그 선박등의 소유자·운항자 또는 관리자는 지체 없이 그 사실을 구조본부의 장이나 소방관서의 장에게 신고하여야 한다.

③ 제1항 및 제2항에 따라 조난사실을 신고받거나 인지한 구조본부의 장 또는 소방관서의 장은 그 사실을 지체 없이 조난지역을 관할하는 구조본부의 장이나 소방관서의 장에게 통보하여야 한다.

제16조【구조본부 등의 조치】 ① 제15조에 따라 조난사실을 신고 또는 통보받거나 인지한 관할 구조본부의 장이나 소방관서의 장은 구조대에 구조를 지시 또는 요청하거나 조난현장의 부근에 있는 선박등에게 구조를 요청하는 등 수난구호에 필요한 조치를 취하여야 한다.

② 제1항에 따라 구조의 지시 또는 요청을 받은 구조대의 장은 구조상황을 수시로 관할 구조본부의 장 또는 소방관서의 장에게 보고하거나 통보하여야 한다.

③ 제1항에 따른 수난구호를 위하여 필요하다고 인정할 때에는 구조본부의 장 또는 소방관서의 장은 수난구호협력기관의 장, 수난구호민간단체에게 소속 구조지원요원 및 선박을 현장에 출동시키는 등 구조활동(조난된 선박등의 예인을 포함한다)을 지원할 것을 요청할 수 있다. 이 경우 요청을 받은 수난구호협력기관의 장과 수난구호민간단체는 특별한 사유가 없는 한 즉시 이에 응하여야 한다.

④ 구조본부의 장 또는 소방관서의 장은 생존자의 구조를 위하여 필요한 경우 수중 수색구조활동을 실시할 수 있다. 다만, 그 업무를 수행하는 사람의 건강이나 생명에 중대한 위험을 초래할 우려가 있다고 판단되는 경우에는 실시하지 아니하거나 중지할 수 있다.

제17조【현장지휘】 ① 조난현장에서의 수난구호활동의 지휘는 지역구조본부의 장 또는 소방서장이 행한다. 다만, 응급의료 및 이송 등과 관련된 사항에 대하여는 관련 수난구호협력기관의 장과 협의하여야 한다.

② 제1항에 따른 현장지휘는 다음 각 호의 사항에 관하여 행한다.

1. 조난현장에서의 수난구호활동(2015.7.24 본호개정)
2. 수난구호협력기관, 수난구호민간단체, 자원봉사자 등의 임무 부여와 인력 및 장비의 배치와 운용
3. 추가 조난의 방지를 위한 응급조치
4. 사상자의 응급처치 및 의료기관으로의 이송
5. 수난구호에 필요한 물자 및 장비의 관리
6. 수난구호요원의 안전확보를 위한 조치(2015.7.24 본호신설)
7. 현장접근 통제, 조난현장의 질서유지 등 효율적인 수난구호활동을 위하여 필요한 사항(2015.7.24 본호개정)

③ 광역구조본부의 장 또는 소방본부장은 둘 이상의 지역구조본부의 장 또는 소방서장의 공동대응 등이 필요하다고 인정하는 경우에는 제1항에도 불구하고 직접 현장지휘를 할 수 있다.

④ 중앙구조본부의 장 또는 소방청장은 대통령령으로 정하는 대규모의 수난이 발생하거나 그 밖에 필요하다고 인정하는 경우에는 제1항 및 제3항에도 불구하고 직접 현장지휘를 할 수 있다.(2017.7.26 본항개정)

⑤ 조난현장에서 수난구호활동에 임하는 수난구호요원, 조난된 선박의 선원 및 승객은 제1항·제3항 및 제4항에 따라 현장지휘관의 지휘·통제에 따라야 한다.(2015.7.24 본항개정)

⑥ 구조본부의 장의 수난구호활동 지휘장소는 대통령령으로 정하는 바에 따른다.(2019.8.20 본항신설)

제18조【인근 선박등의 구조지원】 ① 조난현장의 부근에 있는 선박등의 선장·기장 등은 조난된 선박등이나 구조본부의 장 또는 소방관서의 장으로부터 구조요청을 받은 때에는 가능한 한 조난된 사람을 신속히 구조할 수 있도록 최대한 지원을 제공하여야 한다. 다만, 조난된 선박 또는 조난사고의 원인을 제공한 선박의 선장 및 승무원은 요청이 없더라도 조난된 사람을 신속히 구조하는 데 필요한 조치를 하여야 한다.(2015.7.24 단서개정)

② 구조본부의 장 또는 소방관서의 장으로부터 구조요청을 받은 선박등의 선장·기장 등은 구조에 착수하지 못할 경우에는 지체 없이 그 사유를 구조본부의 장 또는 소방관서의 장에게 통보하여야 한다.

제19조【조난된 선박등의 구난작업 신고】 ① 누구든지 다음 각 호의 장소에서 조난된 선박등을 구난하려는 자는 구난작업을 시작하기 전에 구조본부의 장 또는 소방관서의 장에게 그 사실을 신고하여야 한다. 다만, 대통령령으로 정하는 소형선박을 구난하려는 경우, 제16조제3항에 따른 구조본부의 장 또는 소방관서의 장의 요청으로 구난을 하려는 경우에는 그러하지 아니하며, 긴급구난을 하려는 경우에는 구난작업을 시작한 후 지체 없이 구조본부의 장 또는 소방관서의 장에게 알려야 한다.(2016.1.27 단서개정)

1. 「영해 및 접속수역법」 제1조 및 제3조에 따른 영해 및 내수(2015.7.24 본호신설)
2. 「배타적 경제수역 및 대륙붕에 관한 법률」에 따른 배타적 경제수역(2017.3.21 본호개정)

② 구조본부의 장 또는 소방관서의 장은 제1항에 따른 신고를 받은 경우 그 내용을 검토하여 구난작업을 실시하는 데 적합하다고 인정할 때에는 신고를 수리하여야 한다. 이 경우 신고된 내용이 미흡하다고 인정할 때에는 필요한 사항을 보완한 후 다시 신고하게 할 수 있다.(2018.12.31 본항신설)

③ 제1항에 따른 신고의 내용 및 서식 등에 필요한 사항은 해양수산부령으로 정한다.(2017.7.26 본항개정)

제19조의2【구난작업 현장의 안전관리 등】 구조본부의 장 또는 소방관서의 장은 구난작업 현장의 안전관리와 환경오염 방지를 위하여 필요한 경우 구난작업 관계자에게 인력 및 장비의 보강, 인근 선박의 항행안전을 위한 조치 등을 할 것을 명할 수 있다.(2015.7.24 본조신설)

제20조【조난된 선박등의 구난작업 시 보험가입】 누구든지 조난된 선박등을 구난하려는 자는 안전사고 및 해양오염 발생에 대비하여 구난작업을 시작하기 전에 보험에 가입하여야 한다. 다만, 제19조제1항의 단서에 따른 구난작업의 경우에는 그러하지 아니하다.

제21조【조난된 선박등의 예인 시 책임】 조난된 선박등을 예인하는 자는 다음 각 호의 어느 하나에 해당하는 예인으로 인하여 조난된 선박등이 파손되거나 멸실되더라도 고의 또는 중대한 과실이 없는 경우에는 민사상·형사상 책임을 지지 아니한다. 이 경우 조난된 선박등을 예인하는 자는 피예인선의 선장이나 소유자에게 그 뜻을 미리 알려주어야 한다.

1. 수난구호민간단체에 소속된 선박이 제16조제3항에 따른 구조본부의 장 또는 소방관서의 장의 요청을 받고 예인하는 경우
2. 민간에 소속된 선박이 보수(실비의 지급은 보수로 보지 아니한다)를 받지 아니하고 예인하는 경우. 이 경우 실비의 범위는 대통령령으로 한다.
3. 국가기관에 소속된 선박이 조난된 선박등을 긴급히 구난하기 위하여 예인하는 경우

제22조【외국구조대의 영해진입 허가 등】 ① 외국의 구조대가 신속한 수난구호활동을 위하여 우리나라와 체결한 조약에 따라 우리나라의 영해·영토 또는 그 상공에의 진입허가를 요청하는 때에는 중앙구조본부의 장은 지체 없이 이를 허가하고 그 사실을 관계 기관에 통보한다.

② 제1항에 따른 진입요청 및 허가 등에 필요한 사항은 대통령령으로 정한다.

제23조【해외 수난 발생 시 수색구조 등】 ① 해외에서 우리나라 국민과 선박등의 수난과 다른 나라 국민과 선박등의 수난에 대하여 수색·구조가 필요한 경우 중앙구조본부의 장은 구조대를 파견할 수 있다.

② 제1항에 따른 구조대의 해외파견에 필요한 사항은 대통령령으로 정한다.

제24조【구조활동의 종료 또는 중지】 구조본부의 장은 다음 각 호의 어느 하나에 해당하는 경우에는 구조활동을 종료 또는 중지할 수 있다.

1. 구조활동을 완료한 경우
2. 생존자를 구조할 모든 가능성이 사라지는 등 더 이상 구조활동을 계속할 필요가 없다고 인정되는 경우

제25조【국내 조난사고의 조사】 ① 해양경찰청장은 해양에서 대규모의 조난사고가 발생한 경우에 관계 수난구호협력기관과 합동으로 사고조사단을 편성하여 사고원인과 피해상황에 관한 조사를 실시할 수 있다. 다만, 「해양사고의 조사 및 심판에 관한 법률」에 따라 조사하는 경우에는 그러하지 아니하다.(2017.7.26 본문개정)

② 해양경찰청장은 제1항에 따른 사고조사단의 편성을 위하여 관계 수난구호협력기관의 장에게 소속 공무원 또는 직원의 파견을 요청할 수 있다. 이 경우 요청을 받은 관계 수난구호협력기관의 장은 특별한 사유가 없는 한 이에 응하여야 한다.(2017.7.26 전단개정)

③ 제1항에 따른 사고조사단의 구성·운영에 필요한 사항은 대통령령으로 정한다.

제4장 한국해양구조협회

제26조【한국해양구조협회의 설립 등】 ① 해수면에서의 수색구조·구난활동 지원, 수색구조·구난에 관한 기술·제도·문화 등의 연구·개발·홍보 및 교육훈련, 행정기관이 위탁하는 업무의 수행과 해양 구조·구난 업계의 건전한 발전 및 해양 구조·구난 관계 종사자의 기술향상을 위하여 한국해양구조협회(이하 "협회"라 한다)를 설립한다.(2018.12.31 본항개정)

② 협회는 법인으로 한다.

③ 협회의 정관 기재사항과 운영 및 감독 등에 필요한 사항은 대통령령으로 정한다.

④ 협회에 관하여 이 법에서 규정한 것을 제외하고는 「민법」 가운데 사단법인에 관한 규정을 준용한다.

제27조【협회의 업무 등】 ① 협회는 다음 각 호의 업무를 수행한다.

1. 수색구조·구난업무 지원(2018.12.31 본호신설)
2. 수색구조·구난기술에 관한 교육 및 조사·연구와 개발
3. 수색구조·구난에 관한 각종 간행물의 발간
4. 수색구조·구난기술에 관한 자문
5. 해양사고 예방과 안전관리 의식의 고취를 위한 대국민 홍보
6. 수색구조·구난업무에 관하여 행정기관이 위탁하는 업무
7. 수색구조·구난기술에 관한 정보의 수집·분석 및 제공
8. 수색구조·구난업무를 지원하는 민간해양구조대원의 관리 및 교육·훈련(2018.12.31 본호개정)
9. 그 밖에 회원의 복리증진 등 정관으로 정하는 사항

② 해양경찰청장 또는 지방자치단체의 장은 협회에 위탁한 업무의 수행에 필요한 행정적·재정적 지원을 할 수 있다.(2018.12.31 본항신설)

(2018.12.31 본조제목개정)

제28조【회원의 자격】 협회의 회원은 다음 각 호의 자로 한다.

1. 「선박안전법」에 따라 설립된 선급법인 및 「한국해양교통안전공단법」에 따라 설립된 한국해양교통안전공단의 선박검사업무에 종사하는 자로서 회원이 되고자 하는 자(2018.12.31 본호개정)
2. 「수산업협동조합법」에 따른 수산업협동조합중앙회, 「한국해운조합법」에 따른 한국해운조합, 「해양환경관리법」에 따른 해양환경공단, 「선주상호보험조합법」에 따른 선주상호보험조합 또는 「민법」 제32조에 따라 설립된 한국선주협회의 직원 가운데 회원이 되고자 하는 자(2017.10.31 본호개정)

3. 민간해양구조대원으로서 회원이 되고자 하는 자
4. 수난구호에 관한 학식과 경험이 풍부한 자로서 대통령령으로 정하는 자 가운데 회원이 되고자 하는 자

제5장 민간구조활동의 지원 등

제29조【수난구호를 위한 종사명령 등】 ① 구조본부의 장 및 소방관서의 장은 수난구호를 위하여 부득이하다고 인정할 때에는 필요한 범위에서 사람 또는 단체를 수난구호업무에 종사하게 하거나 선박, 자동차, 항공기, 다른 사람의 토지·건물 또는 그 밖의 물건 등을 일시적으로 사용할 수 있다. 다만, 노약자, 정신적 장애인, 신체장애인, 그 밖에 대통령령으로 정하는 사람에 대하여는 제외한다.
② 제1항에 따라 수난구호업무에의 종사명령을 받은 자는 구조본부의 장 및 소방관서의 장의 지휘를 받아 수난구호업무에 종사하여야 한다.
③ 국가 또는 지방자치단체는 제1항에 따라 수난구호 업무에 종사한 사람이 부상(신체에 장애를 입은 경우를 포함한다)을 입거나 사망(부상으로 인하여 사망한 경우를 포함한다)한 경우에는 그 부상자 또는 유족에게 보상금을 지급하여야 한다. 다만, 다른 법령에 따라 국가 또는 지방자치단체의 부담에 의한 같은 종류의 보상금을 지급받은 사람에 대하여는 그 보상금에 상당하는 금액은 지급하지 아니한다.(2016.1.27 본문개정)
④ 구조본부의 장 또는 소방관서의 장은 제1항에 따라 수난구호 업무에 종사한 사람이 「의사상자 등 예우 및 지원에 관한 법률」의 적용대상자인 경우에는 같은 법에 따른 보상을 받을 수 있도록 적극 지원하여야 한다.
⑤ 제3항 본문에 따른 보상금은 국가 또는 지방자치단체의 부담으로 하며, 그 기준 및 절차 등에 필요한 사항은 대통령령으로 정한다. 이 경우 특별한 사정이 없는 한 「의사상자 등 예우 및 지원에 관한 법률」의 보상기준을 준수하여야 한다.(2016.1.27 전단개정)
⑥ 제3항에 따라 보상금을 지급받고자 하는 자는 해양수산부령으로 정하는 바에 따라 관할 지방자치단체의 장에게 신청하여야 한다.(2017.7.26 본항개정)
⑦ 국가 또는 지방자치단체는 제1항에 따라 수난구호업무에 종사한 사람이 신체상의 부상을 입은 때에는 대통령령으로 정하는 바에 따라 치료를 실시하여야 한다.(2017.3.21 본항개정)

제30조【민간해양구조대원등의 처우】 ① 민간해양구조대원은 해양경찰의 해상구조 및 조난사고 예방·대응 활동을 지원할 수 있다.(2017.7.26 본항개정)
② 민간해양구조대원 및 수난구호참여자 중 해양수산부령으로 정하는 일정 요건을 갖춘 자(이하 이 조에서 "민간해양구조대원등"이라 한다)가 제1항에 따라 해상구조 및 조난사고 예방·대응 활동을 지원한 때에는 해양수산부령으로 정하는 바에 따라 수당 및 실비를 지급할 수 있다.
(2021.4.13 본항개정)
③ 지방자치단체의 장은 필요한 경우 관할 구역에서 민간해양구조대원등이 수난구호활동에 참여하는 데 소요되는 경비의 일부를 지원할 수 있다. 이 경우 수난구호활동 참여 소요경비 지원에 필요한 사항은 지방자치단체의 조례로 정한다.(2021.4.13 본항개정)
④ 구조본부의 장은 민간해양구조대원의 구조활동에 필요한 장비를 무상으로 대여할 수 있다.(2018.12.31 본항개정)
⑤ 구조본부의 장은 민간해양구조대원에 대한 교육·훈련을 실시하여야 한다. 이 경우 구조본부의 장은 그 교육·훈련을 협회 등에 위탁할 수 있다.(2018.12.31 본항신설)
⑥ 민간해양구조대원에 대한 교육·훈련의 내용, 주기, 방법 등 필요한 사항은 해양수산부령으로 정한다.
(2018.12.31 본항신설)
⑦ 민간해양구조대원등이 구조업무 및 구조 관련 교육·훈련으로 인하여 질병에 걸리거나 부상(신체에 장애를 입은 경우를 포함한다)을 입거나 사망(부상으로 인하여 사망한 경우를 포함한다)한 경우의 치료 또는 보상금의 기준·절차 등은 제29조제3항부터 제7항까지의 규정을 준용한다.(2021.4.13 본항개정)
(2021.4.13 본조제목개정)

제30조의2【수상구조사】 ① 해양경찰청장은 수상에서 조난된 사람을 구조하기 위한 전문적인 능력을 갖추었다고 인정되는 사람에게 수상구조사 자격을 부여할 수 있다.(2017.7.26 본항개정)
② 수상구조사가 되려는 사람은 해양경찰청장이 지정하는 관련 단체 또는 기관(이하 "교육기관"이라 한다)에서 교육과정을 이수한 후 해양경찰청장이 실시하는 시험에 합격하여야 한다.(2017.7.26 본항개정)
③ 해양경찰청장은 수상구조사 시험에 합격한 사람에 대하여 해양수산부령으로 정하는 바에 따라 수상구조사 자격증(이하 "자격증"이라 한다)을 발급하여야 한다.
(2017.7.26 본항개정)
④ 수상구조사 자격의 효력은 제3항에 따른 자격증을 발급받은 날부터 발생한다.
⑤ 수상구조사 시험의 시행일을 기준으로 제30조의3의 결격사유에 해당하는 사람은 수상구조사 시험에 응시할 수 없다.(2018.12.31 본항신설)
⑥ 제2항에 따른 수상구조사 시험의 시험과목, 시험방법, 그 밖에 시험에 필요한 사항은 대통령령으로 정하고, 교육기관의 지정 및 취소, 교육과정, 관리·감독 등에 필요한 사항은 해양수산부령으로 정한다.(2017.7.26 본항개정)
⑦ 해양경찰청장은 수상구조사 시험의 실시에 관한 업무를 대통령령으로 정하는 바에 따라 시험관리 능력이 있다고 인정되는 관계 전문기관에 위탁할 수 있다.
(2017.7.26 본항개정)
(2015.7.24 본조신설)

제30조의3【결격사유 등】 ① 다음 각 호의 어느 하나에 해당하는 사람은 수상구조사가 될 수 없다.
1. 피성년후견인·피한정후견인
2. 「정신건강증진 및 정신질환자 복지서비스 지원에 관한 법률」 제3조제1호에 따른 정신질환자(2018.12.31 본호개정)
3. 「마약류 관리에 관한 법률」 제2조제2호부터 제4호까지의 규정에 따른 마약·향정신성의약품 또는 대마 중독자
4. 이 법 또는 다음 각 목의 어느 하나에 해당하는 죄에 의하여 금고 이상의 실형을 선고받고 그 집행이 끝나지 아니하거나 면제되지 아니한 사람
가. 이 법 제43조부터 제45조까지의 죄
나. 「형법」 제268조(수상에서의 안전관리 및 인명구조 업무와 관련한 과실만 해당한다)의 죄
다. 「아동·청소년의 성보호에 관한 법률」 제7조 및 제8조의 죄
라. 가목부터 다목까지의 죄로서 다른 법률에 따라 가중 처벌되는 죄
② 개인정보를 가지고 있는 기관 중 대통령령으로 정하는 기관의 장은 수상구조사의 결격사유와 관련이 있는 개인정보를 해양경찰청장에게 통보하여야 한다.(2018.12.31 본항신설)
③ 제2항에 따라 해양경찰청장에게 통보하여야 하는 개인정보의 내용, 통보방법 및 그 밖에 개인정보의 통보에 필요한 사항은 대통령령으로 정한다.(2018.12.31 본항신설)
(2018.12.31 본조제목개정)
(2015.7.24 본조신설)

제30조의4【부정행위에 대한 제재】 ① 부정한 방법으로 수상구조사시험에 응시한 사람 또는 수상구조사시험에서 부정행위를 한 사람에 대하여는 그 시험을 정지시키거나 합격을 무효로 한다.
② 제1항에 따라 시험이 정지되거나 합격이 무효로 된 사람은 그 처분이 있은 날부터 2년간 수상구조사시험에 응시할 수 없다.
(2015.7.24 본조신설)

제30조의5【준수사항】 ① 수상구조사는 다음 각 호에서 정하는 사항을 준수하여야 한다.
1. 구조 완료 후 구조된 사람에게 법령에 의하지 않은 금품 등의 대가를 요구하지 않을 것
2. 다른 사람에게 자기의 명의를 사용하게 하거나 그 자격증을 대여(貸與)하지 않을 것(2021.4.13 본호개정)
② 누구든지 수상구조사 자격을 취득하지 아니하고 그 명의를 사용하거나 자격증을 대여받아서는 아니 되며, 명의의 사용이나 자격증의 대여를 알선하여서도 아니 된다.
(2021.4.13 본항신설)
(2021.4.13 본조제목개정)
(2015.7.24 본조신설)

제30조의6【비밀 준수 의무】 수상구조사는 조난된 사람의 구조 과정에서 알게 된 비밀을 누설하거나 공개하여서는 아니 된다.(2015.7.24 본조신설)

제30조의7【자격유지】 ① 수상구조사 자격을 취득한 사람은 다음 각 호의 구분에 따른 기간(이하 "보수교육 기간"이라 한다)에 해양수산부령으로 정하는 바에 따라 해양경찰청장이 실시하는 보수교육을 받아야 한다.
(2017.7.26 본문개정)
1. 최초 수상구조사 자격을 취득한 경우 자격증을 발급받은 날부터 기산하여 2년이 되는 날부터 6개월 이내
2. 제1호 이외의 경우 직전의 보수교육을 받은 날부터 기산하여 2년이 되는 날부터 6개월 이내
② 다음 각 호의 어느 하나에 해당하는 사유로 인하여 보수교육 대상자가 보수교육 기간 중 보수교육을 받을 수 없다고 인정되는 경우 해양경찰청장은 해양수산부령으로 정하는 바에 따라 보수교육을 미리 받게 하거나 6개월의 범위에서 연기하도록 할 수 있다.(2017.7.26 본문개정)
1. 보수교육 기간 중 해외에 체류가 예정되어 있거나 체류 중인 경우 또는 재해·재난을 당한 경우
2. 질병이나 부상으로 인하여 거동이 불가능한 경우
3. 법령에 따라 신체의 자유를 구속당한 경우
4. 군복무 중인 경우
5. 그 밖에 보수교육 기간에 보수교육을 받을 수 없는 부득이한 사유라고 인정되는 경우
③ 해양경찰청장은 제1항에 따른 보수교육을 제30조의2 제2항에 따른 교육기관에 위탁하여 실시할 수 있다.
(2017.7.26 본항개정)
④ 제1항에 따른 보수교육을 받지 않은 사람은 보수교육 기간이 만료된 다음 날부터 수상구조사 자격이 정지된다. 다만, 자격정지 후 1년 이내에 보수교육을 받은 경우 보수교육을 받은 날부터 자격의 효력이 다시 발생한다.
⑤ 해양경찰청장은 제4항에 따라 자격이 정지된 사람에게 자격 정지사실을 통보하여야 하고, 자격정지 통보를 받은 사람은 통보를 받은 날부터 15일 이내에 자격증을 해양경찰청장에게 반납하여야 한다.(2017.7.26 본항개정)
(2015.7.24 본조신설)

제30조의8【자격의 취소 등】 ① 해양경찰청장은 수상구조사가 다음 각 호의 어느 하나에 해당하는 경우에는 그 자격을 취소하거나 1년의 범위에서 자격의 효력을 정지시킬 수 있다. 다만, 제1호부터 제3호까지의 어느 하나에 해당하면 자격을 취소하여야 한다.(2017.7.26 본문개정)
1. 거짓이나 그 밖의 부정한 방법으로 자격을 취득한 사실이 드러난 경우
2. 제30조의3제1항제1호부터 제4호까지의 결격사유 중 어느 하나에 해당하게 된 경우(2018.12.31 본호개정)
3. 보수교육을 받지 않아 자격이 정지된 날부터 1년이 경과한 경우
4. 제30조의5제1항에 따른 준수사항을 위반한 경우
(2021.4.13 본호개정)
5. 제30조의6에 따른 비밀 준수 의무를 위반한 경우
② 제1항제1호에 따라 자격이 취소된 사람은 그 처분이 있은 날부터 2년간 수상구조사 시험에 응시할 수 없다.
③ 제1항에 따라 자격이 취소된 사람은 취소된 날부터 15일 이내에 자격증을 해양경찰청장에게 반납하여야 한다.(2017.7.26 본항개정)
(2015.7.24 본조신설)

제30조의9【보험등의 가입】 ① 교육기관의 장은 대통령령으로 정하는 바에 따라 수상구조사 교육생과 그 종사자의 피해를 보전하기 위하여 보험이나 공제(이하 "보험등"이라 한다)에 가입하여야 한다.
② 교육기관의 장은 제1항에 따른 보험등의 가입 여부에 관한 정보를 대통령령으로 정하는 바에 따라 수상구조사 교육생과 종사자에게 알려야 한다.
(2018.12.31 본조신설)

제30조의10【보험등의 가입정보 요청】 ① 해양경찰청장은 제30조의9에 따른 보험등의 가입과 관련한 조사·관리를 위하여 보험회사 및 공제사업자(이하 "보험회사등"이라 한다) 또는 「보험업법」 제11장제1절의 보험협회등(이하 "보험협회등"이라 한다)에게 보험등의 가입과 관련한 조사·관리에 필요한 자료 또는 정보의 제공을 요청할 수 있다.
② 보험회사등은 제1항에 따라 자료 또는 정보의 제공을 요청받은 경우 보험협회등을 통하여 해당 자료 또는 정보를 제공할 수 있다.
③ 제1항에 따른 자료 또는 정보의 제공을 요청받은 자는 정당한 사유가 없으면 요청에 따라야 한다.
(2018.12.31 본조신설)

제30조의11【권한의 위임】 제30조의2, 제30조의4, 제30조의7, 제30조의8에 따른 해양경찰청장의 권한은 대통령령으로 정하는 바에 따라 소속기관의 장에게 위임할 수 있다.(2017.7.26 본조개정)

제30조의12【심해잠수사의 양성 및 관리】 ① 해양경찰청장은 심해(深海)에서의 잠수 및 수난구호를 전문으로 하는 심해잠수사의 양성 및 관리를 위하여 심해잠수구조 훈련센터를 설치할 수 있다.
② 해양경찰청장은 심해잠수사(민간해양구조대원 중 해양수산부령으로 정하는 잠수사를 포함한다)를 대상으로 심해잠수에 적합한지를 확인하기 위한 신체검사를 실시할 수 있다.
(2017.7.26 본조개정)

제6장 조난통신

제31조【해상구조조정본부 등】 ① 해양경찰청장은 「1979년 해상수색 및 구조에 관한 국제협약」과 「1944년 국제민간항공협약」에 따른 해상구조조정본부와 해상구조조정지부를 지정·운영하여야 한다.
② 제1항에 따른 해상구조조정본부와 그 지부의 지정 및 운영 등에 필요한 사항은 해양경찰청장이 고시로 정한다.
(2017.7.26 본조개정)

제32조【조난통신의 수신】 ① 해상구조조정본부의 장은 조난통신을 수신할 수 있는 통신시설을 갖추고 조난사실을 신속히 알 수 있도록 항상 조난통신을 청취하여야 한다.
② 제1항에 따른 조난통신을 청취할 통신망·주파수 등 조난통신의 청취에 필요한 사항은 대통령령으로 정한다.

제33조【선박위치통보 등】 ① 선장은 선박이 항구 또는 포구로부터 출항하거나 해양경찰청장이 지정·고시하는 선박위치통보해역에 진입한 때에는 해상구조조정본부의 장에게 다음 각 호의 통보를 하여야 한다.(2017.7.26 본문개정)
1. 항해계획통보
2. 위치통보
3. 변경통보
4. 최종통보
② 제1항에 따른 통보를 하여야 하는 선박의 범위, 통보세부기준, 그 밖에 필요한 사항은 해양수산부령으로 정한다.(2017.7.26 본항개정)
③ 「선박안전법」 제30조에 따라 선박위치발신장치를 갖추고 항행하는 선박의 경우에는 제1항제2호의 위치통보를 생략할 수 있다.

제34조【통신설비 등의 이용】 ① 구조본부의 장 또는 소방관서의 장은 수난구호활동을 위하여 필요한 경우에는 「전기통신사업법」 제2조제8호에 따른 전기통신사업자에게 전기통신 업무의 전부 또는 일부를 제한하거나 정지할 것을 요청하거나 「방송법」 제2조제3호에 따른 방송사업자에게 대하여 필요한 정보의 신속한 방송을 요청할 수 있다.
② 제1항에 따라 요청받은 기관의 장은 특별한 사유가 없는 한 이에 응하여야 한다.

제7장 사후처리

제35조【구조된 사람·선박등·물건의 인계】 ① 구조본부의 장 또는 소방관서의 장은 구조된 사람이나 사망자에 대하여는 그 신원을 확인하고 보호자 또는 유족이 있는 경우에는 보호자 또는 유족에게 인계하여야 하며, 구조된 선박등이나 물건에 대하여는 소유자가 확인된 경우에는 소유자에게 인계할 수 있다.
② 구조본부의 장 또는 소방관서의 장은 구조된 사람이나 사망자의 신원이 확인되지 아니하거나 인계받을 보호자 또는 유족이 없는 경우 및 구조된 선박등이나 물건의 소유자가 확인되지 아니한 경우에는 구조된 사람, 사망자, 구조된 선박등 및 물건을 특별자치도지사 또는 시장·군수·구청장에게 인계한다.
③ 표류물 또는 침몰품(이하 "표류물등"이라 한다)을 습득한 자는 지체 없이 이를 특별자치도지사 또는 시장·군수·구청장에게 인도하여야 한다. 다만, 그 표류물등의 소유자가 분명하고 그 표류물등이 법률에 따라 소유 또는 소지가 금지된 물건이 아닌 경우에는 습득한 날부터 7일 이내에 직접 그 소유자에게 인도할 수 있다.
제36조【구조된 사람의 보호 등】 제35조제2항에 따라 구조된 사람 등을 인계받은 특별자치도지사 또는 시장·군수·구청장은 구조된 사람에게 신속히 숙소·급식·의류의 제공과 치료 등 필요한 보호조치를 취하여야 하며, 사망자에 대하여는 영안실에 안치하는 등 적절한 조치를 취하여야 한다.
제37조【인계된 물건의 처리】 ① 제35조제2항에 따라 구조된 선박등 또는 물건을 인계받거나 같은 조 제3항에 따라 습득한 표류물등을 인도받은 특별자치도지사 또는 시장·군수·구청장은 이를 안전하게 보관하여야 한다.
② 조난된 선박등의 선장·소유자·운항자 또는 관리자(이하 "선장등"이라 한다)나 물건의 소유자는 특별자치도지사 또는 시장·군수·구청장이 상당하다고 인정하는 담보를 제공하고 해당 물건의 인도를 청구할 수 있으며, 이 경우 제1항에도 불구하고 그 선장등이나 물건의 소유자에게 이를 인도할 수 있다.
③ 제1항의 경우 인계받은 물건이 다음 각 호의 어느 하나에 해당하여 보관이 부적당하다고 인정될 경우에는 대통령령으로 정하는 바에 따라 이를 공매하여 그 대금을 보관할 수 있다.
1. 멸실·손상 또는 부패의 염려가 있거나 가격이 현저히 감소될 우려가 있는 것
2. 폭발물, 가연성의 물건, 보건상 유해한 물건, 그 밖에 보관상 위험이 발생할 우려가 있는 것
3. 보관비용이 그 물건의 가격에 비하여 현저히 고가인 것
④ 특별자치도지사 또는 시장·군수·구청장이 제3항에 따라 공매를 하고자 할 경우에는 물건의 소유자 또는 선장등에게 특별자치도지사 또는 시장·군수·구청장이 정하는 기간 내에 담보를 제공하고 물건을 인수하게 할 수 있으며, 담보를 제공하지 아니하거나 물건의 인도를 청구하지 아니하는 때에는 공매한다는 뜻을 미리 알려야 한다.
제38조【구조된 사람의 구호비용】 ① 구조된 사람에 대하여 제36조에 따른 조치에 소요된 비용은 구조된 사람의 부담으로 한다.
② 구조된 사람은 제1항의 비용을 특별자치도지사 또는 시장·군수·구청장이 지정하는 기한 내에 납부하여야 한다.
③ 구조된 사람이 제1항의 비용을 납부할 수 없는 때에는 국고의 부담으로 한다. 이 경우 비용을 납부할 수 없는 기준은 해양수산부령으로 정한다.(2017.7.26 후단개정)
④ 제1항부터 제3항까지의 규정은 사망자에 대하여 이를 준용한다. 이 경우 "구조된 사람"은 "유족"으로 본다.
제39조【수난구호비용의 지급】 ① 제29조제1항에 따른 명령에 따라 수난구호에 종사한 자와 일시적으로 사용된 토지·건물 등의 소유자·임차인 또는 사용인은 특별자치도지사 또는 시장·군수·구청장으로부터 수난구호비용을 지급받을 수 있다. 다만, 다음 각 호의 어느 하나에 해당하는 자의 경우에는 그러하지 아니하다.
1. 구조된 선박등의 선장등 및 선원 등
2. 고의 또는 과실로 인하여 조난을 야기한 자
3. 정당한 거부에도 불구하고 구조를 강행한 자
(2015.7.24 본호신설)
4. 조난된 물건을 가져간 자
② 제1항의 "수난구호비용"이란 다음 각 호의 어느 하나에 해당하는 비용을 말한다.
1. 제16조제3항에 따른 조난된 선박등의 예인에 소요된 비용
2. 제29조제1항의 명령에 따라 조난된 선박등과 그 여객·승무원의 수난구호에 종사한 자의 노무에 대한 보수와 그 밖의 구조비용
3. 제29조제1항에 따른 선박·자동차·항공기·토지·건물, 그 밖의 물건 등의 사용에 대한 손실보상비용
4. 구조된 물건의 운반·보관 또는 공매에 소요된 비용
제40조【수난구호비용의 금액과 납부고지】 ① 제39조의 수난구호비용의 금액은 대통령령으로 정하는 바에 의하여 특별자치도지사 또는 시장·군수·구청장이 해양경찰서장 또는 소방서장과 협의하여 정한다.(2017.7.26 본항개정)
② 특별자치도지사 또는 시장·군수·구청장은 수난구호비용의 금액을 조난 선박등의 선장등에게 고지하고 기간을 정하여 이를 납부하게 하여야 한다.
③ 조난된 선박등의 선장등이 특별자치도지사 또는 시장·군수·구청장이 정한 기간 내에 구호비용을 납부하지 아니하는 때에는 특별자치도지사 또는 시장·군수·구청장은 대통령령으로 정하는 바에 따라 그 선장등이 보관하는 물건을 공매하여 그 대금으로 구호비용에 충당하고, 잔여금액이 있는 경우에는 선장등에게 이를 환급한다.
제41조【수난구호비용의 지급신청】 제39조에 따라 수난구호비용을 지급받고자 하는 자는 특별자치도지사 또는 시장·군수·구청장이 정하는 기한 내에 조난지역을 관할하는 해양경찰서장 또는 소방서장을 거쳐 특별자치도지사 또는 시장·군수·구청장에게 이를 청구하여야 한다.(2017.7.26 본조개정)
제42조【이해관계인의 서류열람】 구조된 선박등의 선장등과 그 밖의 이해관계인은 수난구호비용에 관하여 특별자치도지사 또는 시장·군수·구청장이 작성한 서류를 열람할 수 있다.

제8장 벌 칙

제43조【벌칙】 ① 다음 각 호의 어느 하나에 해당하는 자는 7년 이하의 징역 또는 7천만원 이하의 벌금에 처한다.
(2017.10.31 본문개정)
1. 제15조제1항제4호에 해당하는 자로서 조난사실을 신고하지 아니한 자
2. 제18조제1항 단서에 위반하여 구조에 필요한 조치를 하지 아니한 자
② 제1항의 죄를 범하여 피해자를 죽게 하거나 상해에 이르게 한 경우에는 다음 각 호의 구분에 따라 가중 처벌한다.
1. 피해자를 사망에 이르게 한 경우에는 무기 또는 3년 이상의 징역에 처한다.
2. 피해자를 상해에 이르게 한 경우에는 10년 이하의 징역 또는 1억원 이하의 벌금에 처한다.
(2015.7.24 본항신설)
제44조【벌칙】 구조본부의 장 또는 소방관서의 장이 행하는 수난구호를 방해한 자는 5년 이하의 징역 또는 5천만원 이하의 벌금에 처한다.(2017.10.31 본조개정)
제44조의2【벌칙】 다음 각 호의 어느 하나에 해당하는 자는 1년 이하의 징역 또는 1천만원 이하의 벌금에 처한다.
1. 제30조의5제1항제2호를 위반하여 다른 사람에게 수상구조사의 명의를 사용하게 하거나 자격증을 대여한 사람
2. 제30조의5제2항을 위반하여 수상구조사의 명의를 사용하거나 자격증을 대여받은 자 또는 명의의 사용이나 자격증의 대여를 알선한 자
(2021.4.13 본조신설)
제45조【벌칙】 정당한 사유 없이 제29조제1항에 따른 구조본부의 장 또는 소방관서의 장의 수난구호업무에의 종사명령에 불응하거나 선박·자동차·항공기·토지·건물, 그 밖의 물건 등의 일시사용을 거부한 자는 300만원 이하의 벌금에 처한다.
제46조【과태료】 ① 다음 각 호의 어느 하나에 해당하는 자는 200만원 이하의 과태료를 부과한다.
1. 제9조제1항에 따른 여객선비상수색구조계획서를 신고 또는 비치하지 아니한 자
2. 제9조제5항에 따른 여객선비상수색구조 훈련을 실시하지 아니한 자
3. 제10조에 따른 이동 및 대피 명령을 이행하지 아니한 자
4. 정당한 사유 없이 제15조제1항제1호·제3호 또는 같은 조 제2항에 따른 신고를 하지 아니하거나 거짓으로 신고한 자
5. 정당한 사유 없이 제18조제2항에 따른 통보를 하지 아니하고 같은 조 제1항에 따른 구조요청을 받았을 때 지원을 제공하지 아니한 자
6. 제30조의9제1항을 위반하여 보험등에 가입하지 아니한 자(2018.12.31 본호신설)
7. 정당한 사유 없이 제30조의9제2항을 위반하여 보험등의 가입 여부에 관한 정보를 알리지 아니하거나 거짓의 정보를 알린 자(2018.12.31 본호신설)
② 제1항에 따른 과태료는 대통령령으로 정하는 바에 따라 구조본부의 장 또는 소방관서의 장이 부과·징수한다.

부 칙

제1조【시행일】 이 법은 공포 후 6개월이 경과한 날부터 시행한다.
제2조【벌칙 및 과태료에 관한 경과조치】 이 법 시행 전의 행위에 대한 벌칙 및 과태료의 적용에 있어서는 종전의 규정에 따른다.
제3조【다른 법령과의 관계】 이 법 시행 당시 다른 법령에서 종전의 「수난구호법」 또는 그 규정을 인용한 경우 이 법 가운데 그에 해당하는 규정이 있으면 종전의 규정을 갈음하여 이 법 또는 이 법의 해당 규정을 인용한 것으로 본다.

부 칙 (2015.7.24)

제1조【시행일】 이 법은 공포 후 6개월이 경과한 날부터 시행한다. 다만, 제30조의2부터 제30조의9까지의 개정규정은 공포 후 1년이 경과한 날부터 시행한다.
제2조【다른 법률의 개정】 ①~④ ※(해당 법령에 가제정리 하였음)
제3조【다른 법령과의 관계】 이 법 시행 당시 다른 법령에서 종전의 「수난구호법」 또는 그 규정을 인용한 경우 이 법 가운데 그에 해당하는 규정이 있으면 종전의 규정을 갈음하여 이 법 또는 이 법의 해당 규정을 인용한 것으로 본다.

부 칙 (2016.1.27)

제1조【시행일】 이 법은 공포 후 6개월이 경과한 날부터 시행한다.
제2조【부상 등에 관한 적용례】 제29조 및 제30조제5항의 개정규정은 이 법 시행 후 최초로 부상을 입거나 사망한 사람부터 적용한다.
제3조【보상금 지급 대상에 관한 특례】 제29조의 개정규정은 「4·16세월호참사 진상규명 및 안전사회 건설 등을 위한 특별법」 제2조제1호에 따른 4·16세월호참사의 수난구호업무에 종사한 자에게도 적용한다.

부 칙 (2017.3.21 법14751호)

제1조【시행일】 이 법은 공포한 날부터 시행한다.
제2조【치료 실시에 관한 특례】 제29조제7항의 개정규정은 「4·16세월호참사 진상규명 및 안전사회 건설 등을 위한 특별법」 제2조제1호에 따른 4·16세월호참사의 수난구호업무에 종사한 사람 중 제29조제5항에 따른 보상기준에 해당하는 신체상의 부상을 입은 사람에 대하여도 적용한다.

부 칙 (2018.12.31 법16156호)

이 법은 공포 후 6개월이 경과한 날부터 시행한다. 다만, 제19조, 제30조의2, 제30조의3제1항제2호, 제30조의8의 개정규정은 공포한 날부터 시행한다.

부 칙 (2018.12.31 법16160호)

제1조【시행일】 이 법은 공포 후 6개월이 경과한 날부터 시행한다.(이하 생략)

부 칙 (2019.8.20)

이 법은 공포 후 3개월이 경과한 날부터 시행한다.

부 칙 (2021.4.13)

이 법은 공포 후 6개월이 경과한 날부터 시행한다.

부 칙 (2022.6.10)

제1조【시행일】 이 법은 공포 후 1년이 경과한 날부터 시행한다.(이하 생략)

(舊 : 옥외광고물 등 관리법)

옥외광고물 등의 관리와 옥외광고산업 진흥에 관한 법률

(약칭 : 옥외광고물법)

(1990년 8월 1일 법 률 제4242호)

개정
1992.12. 8법 4516호
1997.12.13법 5453호(행정절차)
1997.12.13법 5454호(정부부처명)
1999. 1.18법 5632호 2001. 7.24법 6490호
2002.12.30법 6841호(산지관리법)
2003. 5.29법 6898호 2004.12.23법 7246호
2007.12.21법 8737호
2008. 3.21법 8974호(건축)
2008.12.26법 9201호
2009. 4.22법 9636호(궤도운송법)
2011. 3.29법10466호
2013. 3.23법11690호(정부조직)
2013. 8. 6법11998호(지방세외수입금의징수등에관한법)
2014.11.19법12844호(정부조직)
2016. 1. 6법13726호
2017. 7.26법14839호(정부조직)
2020. 3.24법17091호(지방행정제재 · 부과금의징수등에관한법)
2020. 6. 9법17379호 2020.12.22법17696호
2021. 1.12법17894호(피후견인결격정비)
2022. 6.10법18876호
2023. 3.21법19251호(자연유산의보존및활용에관한법)
2023. 8. 8법19590호(문화유산)
2024. 1.12법19995호

제1조【목적】 이 법은 옥외광고물의 표시 · 설치 등에 관한 사항과 옥외광고물의 질적 향상을 위한 기반 조성에 필요한 사항을 정함으로써 안전하고 쾌적한 생활환경을 조성하고 옥외광고산업의 경쟁력을 높이는 데 이바지함을 목적으로 한다.(2016.1.6 본조개정)

제2조【정의】 이 법에서 사용하는 용어의 뜻은 다음과 같다.
1. "옥외광고물"이란 공중에게 항상 또는 일정 기간 계속 노출되어 공중이 자유로이 통행하는 장소에서 볼 수 있는 것(대통령령으로 정하는 교통시설 또는 교통수단에 표시되는 것을 포함한다)으로서 간판 · 디지털광고물(디지털 디스플레이를 이용하여 정보 · 광고를 제공하는 것으로서 대통령령으로 정하는 것을 말한다) · 입간판 · 현수막(懸垂幕) · 벽보 · 전단(傳單)과 그 밖에 이와 유사한 것을 말한다.(2016.1.6 본호개정)
2. "게시시설"이란 광고탑 · 광고판과 그 밖의 인공구조물로서 옥외광고물(이하 "광고물"이라 한다)을 게시하거나 표시하기 위한 시설을 말한다.
3. "옥외광고사업"이란 광고물이나 게시시설을 제작 · 표시 · 설치하거나 옥외광고를 대행하는 영업을 말한다.(2016.1.6 본호개정)

(2011.3.29 본조개정)

제2조의2【적용상의 주의】 이 법을 적용할 때에는 국민의 정치활동의 자유 및 그 밖의 자유와 권리를 부당하게 침해하지 아니하도록 주의하여야 한다.(2011.3.29 본조개정)

제3조【광고물등의 허가 또는 신고】 ① 다음 각 호의 어느 하나에 해당하는 지역 · 장소 및 물건에 광고물 또는 게시시설(이하 "광고물등"이라 한다) 중 대통령령으로 정하는 광고물등을 표시하거나 설치하려는 자는 대통령령으로 정하는 바에 따라 특별자치시장 · 특별자치도지사 · 시장 · 군수 또는 자치구의 구청장(이하 "시장등"이라 한다)에게 허가를 받거나 신고하여야 한다. 허가 또는 신고사항을 변경하려는 경우에도 또한 같다.(2016.1.6 전단개정)
1. 「국토의 계획 및 이용에 관한 법률」 제36조에 따른 도시지역
2. 「문화유산의 보존 및 활용에 관한 법률」에 따른 문화유산 및 보호구역과 「자연유산의 보존 및 활용에 관한 법률」에 따른 자연유산 및 보호구역(2023.8.8 본호개정)
3. 「산지관리법」에 따른 보전산지
4. 「자연공원법」에 따른 자연공원
5. 도로 · 철도 · 공항 · 항만 · 궤도(軌道) · 하천 및 대통령령으로 정하는 그 부근의 지역
6. 대통령령으로 정하는 교통수단
7. 그 밖에 아름다운 경관과 도시환경을 보전하기 위하여 대통령령으로 정하는 지역 · 장소 및 물건

② 제1항제6호의 교통수단이 둘 이상의 특별자치시 · 특별자치도 · 시 · 군 · 자치구에 걸쳐 운행되는 경우에는 해당 교통수단의 주된 사무소 소재지 또는 해당 교통수단이 등록된 주소지의 시장등에게 허가를 받거나 신고하여야 한다. 허가 또는 신고사항을 변경하려는 경우에도 또한 같다.(2016.1.6 전단개정)
③ 제1항에 따른 광고물등의 종류 · 모양 · 크기 · 색깔, 표시 또는 설치의 방법 및 기간 등 허가 또는 신고의 기준에 관하여 필요한 사항은 대통령령으로 정한다.
④ 특별시장 · 광역시장 · 도지사(이하 "시 · 도지사"라 한다. 이 항에서 특별자치시장 및 특별자치도지사를 포함한다)는 아름다운 경관과 미풍양속을 보존하고 공중에 대한 위해를 방지하며 건강하고 쾌적한 생활환경을 조성하는 데 방해가 되지 아니한다고 인정하면 제1항 각 호의 지역으로서 상업지역 · 관광지 · 관광단지 등 대통령령으로 정하는 지역을 특정구역으로 지정하여 제3항에 따른 허가 또는 신고의 기준을 완화할 수 있다.(2016.1.6 본항개정)
⑤ 시장등(특별자치시장 및 특별자치도지사는 제외한다)은 제4항에 따른 허가 또는 신고의 기준을 완화하여 적용하고자 하는 때에는 시 · 도지사에게 이를 요청할 수 있다.(2016.1.6 본항개정)
⑥ 제4항에 따른 허가 또는 신고 기준의 완화에 필요한 사항은 대통령령으로 정한다.
⑦ 대통령령으로 정하는 일정 규모 이상의 건축물의 경우 그 건축물의 소유자 또는 관리자는 건축물에 대한 간판표시계획서(건축물의 배치도와 입면도에 광고물등의 위치 · 면적 · 크기 등을 표시한 설치 계획을 작성한 것을 말한다)를 대통령령으로 정하는 기한 내에 시장등에게 제출하여야 하며, 건축물에 광고물등을 표시하거나 설치하려는 자는 건축물의 소유자 또는 관리자가 제출한 간판표시계획서에 따라 허가를 받거나 신고하여야 한다.(2016.1.6 본항개정)
⑧ 시장등은 제1항에 따른 광고물등의 허가 · 변경허가의 신청이나 신고 · 변경신고를 받은 날부터 다음 각 호의 기간 이내에 허가 또는 신고수리 여부를 신청인에게 통지하여야 한다.
1. 허가 · 변경허가의 신청 : 10일
2. 신고 · 변경신고 : 5일
(2020.12.22 본항신설)
⑨ 시장등은 제8항에도 불구하고 법령이나 조례에 따라 제7조에 따른 옥외광고심의위원회의 심의를 거쳐야 하는 경우에는 허가 · 변경허가의 신청이나 신고 · 변경신고를 받은 날부터 20일 이내에 허가 또는 신고수리 여부를 신청인에게 통지하여야 한다.(2020.12.22 본항신설)
⑩ 시장등이 제8항 및 제9항에서 정한 기간 내에 허가 또는 신고수리 여부나 민원 처리 관련 법령에 따른 처리기간의 연장을 신청인에게 통지하지 아니하면 그 기간(민원 처리 관련 법령에 따라 처리기간이 연장 또는 재연장된 경우에는 해당 처리기간을 말한다)이 끝난 날의 다음 날에 허가 또는 신고수리를 한 것으로 본다.
(2020.12.22 본항신설)
(2011.3.29 본조개정)

제3조의2【광역단위 광고물에 관한 허가 등 예외】 ① 시 · 도지사(특별자치시장 및 특별자치도지사를 포함한다. 이하 이 조에서 같다)가 동일모형으로 설치하는 버스승강장, 택시승강장, 노선버스안내표지판 등의 공공시설물에 표시되는 광고물 및 제4조의4제1항에 따라 지정된 자유표시구역에 표시하거나 설치하는 광고물등의 경우에는 제3조제1항에도 불구하고 시 · 도지사에게 허가를 받거나 신고하여야 한다. 허가 또는 신고사항을 변경하려는 경우에도 또한 같다.
② 시 · 도지사는 제1항에 따른 허가 · 변경허가의 신청이나 신고 · 변경신고를 받은 날부터 다음 각 호의 기간 이내에 허가 또는 신고수리 여부를 신청인에게 통지하여야 한다.
1. 허가 · 변경허가의 신청 : 10일
2. 신고 · 변경신고 : 5일
(2020.12.22 본항신설)
③ 시 · 도지사는 제2항에도 불구하고 법령이나 조례에 따라 제7조에 따른 옥외광고심의위원회의 심의를 거쳐야 하는 경우에는 허가 · 변경허가의 신청이나 신고 · 변경신고를 받은 날부터 20일 이내에 허가 또는 신고수리 여부를 신청인에게 통지하여야 한다.(2020.12.22 본항신설)
④ 시 · 도지사가 제2항 및 제3항에서 정한 기간 내에 허가 또는 신고수리 여부나 민원 처리 관련 법령에 따른 처리기간의 연장을 신청인에게 통지하지 아니하면 그 기간(민원 처리 관련 법령에 따라 처리기간이 연장 또는 재연장된 경우에는 해당 처리기간을 말한다)이 끝난 날의 다음 날에 허가 또는 신고수리를 한 것으로 본다.
(2020.12.22 본항신설)
(2020.12.22 본조개정)

제4조【광고물등의 금지 또는 제한 등】 ① 제3조제1항 각 호의 지역 · 장소 또는 물건 중 아름다운 경관과 미풍양속을 보존하고 공중에 대한 위해를 방지하며 건강하고 쾌적한 생활환경을 조성하기 위하여 대통령령으로 정하는 지역 · 장소 또는 물건에는 광고물등(대통령령으로 정하는 광고물등은 제외한다)을 표시하거나 설치하여서는 아니 된다.
② 시 · 도지사(특별자치시장 및 특별자치도지사를 포함한다)는 아름다운 경관과 미풍양속을 보존하고 공중에 대한 위해를 방지하며 건강하고 쾌적한 생활환경을 조성하기 위하여 특히 필요하다고 인정되면 제3조제1항 각 호의 지역으로서 대통령령으로 정하는 지역을 특정구역으로 지정하여 제3조제3항에 따른 허가 또는 신고의 기준을 강화할 수 있다.(2016.1.6 본항개정)
③ 시장등(특별자치시장 및 특별자치도지사는 제외한다)은 제2항에 따른 허가 또는 신고의 기준을 강화하여 적용하고자 하는 때에는 시 · 도지사에게 이를 요청할 수 있다.(2016.1.6 본항개정)
④ 제2항에 따른 허가 또는 신고 기준의 강화에 필요한 사항은 대통령령으로 정한다.
⑤ 시 · 도지사(특별자치시장 및 특별자치도지사를 포함한다)는 공중보건, 교통안전 또는 주민생활과 밀접히 관련이 있는 사업장으로서 대통령령으로 정하는 사업장의 경우에는 제2항에 따른 허가 또는 신고의 기준을 강화하는 대상에서 제외할 수 있다.(2016.1.6 본항개정)
(2011.3.29 본조개정)

제4조의2【광고물등 자율관리구역】 ① 시장등은 지역주민이 자율적으로 창의성을 발휘하여 아름다운 경관을 조성하고 쾌적한 생활환경을 지속적으로 유지 · 관리할 수 있도록 하기 위하여 제3조제1항 각 호의 지역으로서 대통령령으로 정하는 지역을 광고물등 자율관리구역(이하 "자율관리구역"이라 한다)으로 지정할 수 있다.
② 자율관리구역에서는 제3조제3항에도 불구하고 광고물등의 모양 · 크기 · 색깔, 표시 또는 설치의 방법을 주민들이 협의를 통하여 자율적으로 정할 수 있다.
③ 제1항에 따라 지정된 자율관리구역에서는 주민협의회를 구성 · 운영하여야 하며, 주민협의회의 구성 및 운영방법 등에 필요한 사항은 대통령령으로 정한다.
④ 시장등은 자율관리구역이 지정 취지에 적합하게 운영되지 아니한다고 인정하면 대통령령으로 정하는 바에 따라 자율관리구역의 지정을 취소할 수 있다.
⑤ 자율관리구역의 지정 범위와 절차 등에 필요한 사항은 대통령령으로 정한다.
⑥ 행정안전부장관과 시 · 도지사(특별자치시장 및 특별자치도지사를 포함한다)는 자율관리구역의 효율적인 운영과 이를 통한 자율적인 광고문화 개선을 제도적으로 뒷받침하는 데 필요한 지원을 하여야 한다.(2017.7.26 본항개정)
(2011.3.29 본조신설)

제4조의3【광고물등 정비시범구역】 ① 시장등은 도시의 아름다운 경관을 조성하고 쾌적한 생활환경을 지속적으로 유지 · 관리하기 위하여 제3조제1항 각 호의 지역으로서 대통령령으로 정하는 지역을 광고물등 정비시범구역(이하 "정비시범구역"이라 한다)으로 지정할 수 있다.
② 정비시범구역에서는 제3조제3항에도 불구하고 시장등이 광고물등의 모양 · 크기 · 색깔, 표시 또는 설치의 방법을 정하여 고시할 수 있다. 이 경우 시장등(특별자치시장 및 특별자치도지사는 제외한다)은 시 · 도지사와 미리 협의하여야 한다.(2016.1.6 후단신설)
③ 시장등과 시 · 도지사는 제2항에 따라 고시한 광고물등을 표시하거나 설치한 자에 대하여 예산의 범위에서 광고물등의 제작비용과 설치비용 등을 지원할 수 있다.
④ 정비시범구역의 지정 범위와 절차 등에 필요한 사항은 대통령령으로 정한다.
(2011.3.29 본조신설)

제4조의4【광고물등 자유표시구역】 ① 행정안전부장관은 시 · 도지사(특별자치시장 및 특별자치도지사를 포함한다. 이하 이 조에서 같다)의 신청을 받아 제3조제1항 각 호의 지역 등으로서 대통령령으로 정하는 지역 등을 광고물등 자유표시구역(이하 "자유표시구역"이라 한다)으로 지정할 수 있다. 이 경우 국제행사 또는 연말연시 등 특정시기에 개최되는 행사를 위하여 특성화된 환경을 조성하는 경우에는 기한을 정하여 자유표시구역을 지정할 수 있다.(2017.7.26 전단개정)
② 시 · 도지사는 제3조제3항에도 불구하고 자유표시구역에서 광고물등의 모양 · 크기 · 색깔, 표시 또는 설치의 방법 및 기간 등에 관하여 별도의 기준을 정할 수 있다.
③ 시 · 도지사는 제1항에 따라 자유표시구역의 지정을 신청하려는 경우에는 다음 각 호의 사항이 포함된 자유표시구역 운영기본계획(이하 "기본계획"이라 한다)을 작성하여 행정안전부장관에게 제출하여야 한다.(2017.7.26 본문개정)
1. 자유표시구역의 운영 취지
2. 자유표시구역의 위치 · 범위
3. 자유표시구역의 운영 기간
4. 광고물등의 모양 · 크기 · 색깔, 표시 또는 설치의 방법 및 기간 등에 관한 기준
5. 그 밖에 자유표시구역의 운영에 필요한 사항
④ 시 · 도지사는 제3항에 따라 기본계획을 제출하려는 경우에는 대통령령으로 정하는 바에 따라 주민, 옥외광고사업자 또는 관련 전문가 등과의 협의 및 제7조제1항에 따른 특별시 · 광역시 · 특별자치시 · 도 · 특별자치도 옥외광고심의위원회의 심의를 거쳐야 한다. 이 경우 주민, 옥외광고사업자 또는 관련 전문가 등과의 협의 절차와 방법 등에 필요한 사항은 대통령령으로 정한다.
⑤ 제3항에 따라 기본계획을 제출받은 행정안전부장관은 제7조의2에 따른 옥외광고정책위원회의 심의를 거쳐 기본계획을 확정한다.(2017.7.26 본항개정)
⑥ 제5항에 따라 확정된 기본계획을 변경하려는 경우에는 제3항부터 제5항까지의 규정을 준용한다. 다만, 대통령령으로 정하는 경미한 사항을 변경하는 경우에는 제4항 및 제5항에 따른 협의 및 심의를 생략할 수 있다.
⑦ 행정안전부장관은 시 · 도지사의 요청이 있거나 자유표시구역이 지정 취지에 적합하게 운영되지 아니한다고 인정되는 경우에는 대통령령으로 정하는 바에 따라 자유표시구역의 지정을 취소할 수 있다.(2017.7.26 본항개정)
⑧ 행정안전부장관과 시 · 도지사는 자유표시구역의 효율적인 운영을 위하여 필요한 지원을 할 수 있다.
(2017.7.26 본항개정)
⑨ 제1항부터 제8항까지에서 규정한 사항 외에 자유표시구역의 지정 · 운영에 필요한 사항은 대통령령으로 정한다.
(2016.1.6 본조신설)

제5조【금지광고물등】 ① 누구든지 다음 각 호의 어느 하나에 해당하는 광고물등을 표시하거나 설치하여서는 아니 된다.
1. 신호기 또는 도로표지 등과 유사하거나 그 효용(效用)을 떨어뜨리는 형태의 광고물등
1의2. 소방시설 또는 소방용품 등과 유사하거나 그 효용(效用)을 떨어뜨리는 형태의 광고물등(2016.1.6 본호신설)
2. 그 밖에 교통수단의 안전과 이용자의 통행안전을 해칠 우려가 있는 광고물등(2016.1.6 본호개정)
3. 「사행산업통합감독위원회법」 제2조제1호가목부터 다목까지에 따른 사행산업의 광고물등. 다만, 사행산업통합감독위원회에서 직접 표시·설치하는 광고와 사행산업사업자가 영업장 및 장외발매소의 위치를 표시·안내하기 위하여 영업장 및 장외발매소에 설치하는 광고물등은 제외한다.(2016.1.6 본호신설)
② 누구든지 광고물에 다음 각 호의 어느 하나에 해당하는 내용을 표시(제2호 및 제3호의 경우에는 제작을 포함한다)하여서는 아니 된다.(2016.1.6 본문개정)
1. 범죄행위를 정당화하거나 잔인하게 표현하는 것
2. 음란하거나 퇴폐적인 내용 등으로 미풍양속을 해칠 우려가 있는 것
3. 청소년의 보호·선도를 방해할 우려가 있는 것
4. 「사행산업통합감독위원회법」 제2조제1호라목부터 바목까지에 따른 사행산업의 광고물로서 사행심을 부추기는 것(2016.1.6 본호개정)
5. 인종차별적 또는 성차별적 내용으로 인권침해의 우려가 있는 것
6. 그 밖에 다른 법령에서 광고를 금지한 것
(2011.3.29 본조개정)

제5조의2【국가와 시·도의 지원 및 시·군·자치구 등의 책무】 ① 국가와 지방자치단체는 광고물등의 질적 향상과 옥외광고산업의 진흥을 도모하기 위하여 필요한 예산을 확보하고 관련 정책을 수립·추진하여야 한다.
② 행정안전부장관은 관계 중앙행정기관의 장 및 시·도지사(특별자치시장 및 특별자치도지사를 포함한다)와 협의하여 다음 각 호의 사항이 포함된 광고물 및 관련 산업의 발전을 위한 종합계획을 수립·시행하여야 한다.
(2017.7.26 본문개정)
1. 광고물 및 관련 산업 발전의 기본방향과 추진체계에 관한 사항
2. 지방자치단체의 광고물등에 대한 자율적 정비체제 구축에 관한 사항
3. 광고주 및 옥외광고사업자 등에 의한 협력적 자율규제 기반 조성에 관한 사항(2016.1.6 본호개정)
4. 주민참여와 민간단체활동의 활성화를 위한 제도 및 그 기반 조성에 관한 사항
5. 옥외광고사업의 시설과 기술능력 향상을 위한 지원 및 교육에 관한 사항(2016.1.6 본호개정)
6. 필요한 예산의 확보, 법령 및 제도 개선에 관한 사항
7. 우수 광고물, 모범 옥외광고사업자 및 제11조의3에 따른 옥외광고 사업자단체 등에 대한 지원 등 옥외광고산업의 발전을 위하여 필요한 사항(2016.1.6 본호개정)
③ 시·도지사는 제2항의 종합계획에 따라 시·군·자치구의 광고물등의 전반적인 수준 향상과 특색 있는 발전을 종합적으로 지원하기 위하여 시장등(특별자치시장 및 특별자치도지사는 제외한다. 이하 이 항에서 같다)과의 협의 및 제7조제1항에 따른 특별시·광역시·도(이하 "시·도"라 한다) 옥외광고심의위원회의 심의를 거쳐 시·도단위의 지원계획을 수립·시행한다. 이 경우 시·도지사는 시장등에게 지원계획의 효율적 추진과 종합적 조정을 위하여 지도·조언 및 권고를 하거나 기준을 제시할 수 있다.(2016.1.6 전단개정)
④ 시장등은 제3항의 지원계획(특별자치시장 및 특별자치도지사의 경우에는 제2항의 종합계획을 말한다)에 따라 자체 시행계획을 수립·추진하고, 자율관리구역 및 정비시범구역을 지정·운영하며, 광고주·옥외광고사업자 등의 자율적 규제를 촉진하기 위하여 규제를 완화하고 우대하는 등 필요한 조치를 마련하여야 한다.(2016.1.6 본항개정)
⑤ 시장등은 관광진흥, 세계화 촉진 등을 위하여 필요하다고 인정하는 경우에는 조례에 따라 일정한 구역을 지정하여 광고물에 한글과 외국어를 병기(倂記)하도록 할 수 있다.
⑥ 행정안전부장관과 시장등(제3조의2에 따른 광역단위 광고물의 경우에는 시·도지사를 말한다)은 광고물등의 허가 또는 신고의 편의를 위하여 「전자정부법」 제2조제10호에 따른 정보통신망을 개발·보급할 수 있다.
(2017.7.26 본항개정)
(2011.3.29 본조개정)

제6조【다른 법령 또는 국가등의 광고물 제한】 ① 다른 법령 또는 조례에서 광고물등의 표시·설치에 관하여 제3조제3항·제6항, 제4조제1항·제4항, 제4조의2제2항, 제4조의3제2항 전단 및 제4조의4제2항의 특례를 규정하려는 경우(다른 법령 또는 조례에서 이미 특례 규정이 있을 때에는 그 규정에 따라 광고물등을 표시·설치하는 경우를 포함한다)에는 미리 행정안전부장관과 해당 광고물등의 종류, 수량 및 위치 등을 협의하여야 한다.(2017.7.26 본항개정)
② 대통령령으로 정하는 광고물등을 제외하고는 국가, 지방자치단체 또는 대통령령으로 정하는 공공단체(이하 "국가등"이라 한다)가 공공의 목적으로 광고물등을 표시·설치하려는 경우에도 제3조, 제3조의2, 제4조, 제4조의2, 제4조의3 및 제4조의4를 적용한다. 다만, 주요 정책 또는 사업의 효율적 홍보·안내 등 공익목적 달성을 위하여 불가피하다고 인정되어 대통령령으로 정하는 표시·설치 기준 등에 맞는 광고물등에 대하여는 그러하지 아니하다.(2016.1.6 본문개정)
③ 국가등은 재원 마련을 목적으로 제3조제3항·제6항, 제4조제4항, 제4조의2제2항, 제4조의3제2항 전단 및 제4조의4제2항에 따른 광고물등의 표시·설치 방법 외의 방법을 이용하거나 제4조제1항에 따른 광고물등의 설치가 금지되는 지역·장소를 이용하여 옥외광고사업을 하여서는 아니 된다. 다만, 광고물등의 정비 및 대통령령으로 정하는 주요 국제행사의 성공적 개최에 필요한 재원을 마련하기 위한 경우에는 그러하지 아니하다.(2016.1.6 본문개정)
④ 제3항 단서에 따른 옥외광고사업은 대통령령으로 정하는 설치기준 등에 따라 제7조의2에 따른 옥외광고정책위원회의 심의 및 행정안전부장관의 승인을 받아 제11조의4에 따른 한국옥외광고센터가 수행하되, 시장등과 광고물등의 설치 기준·방법 등에 관하여 미리 협의하여야 한다. 시장등과 협의한 경우에는 제3조제1항에 따른 허가 또는 신고를 한 것으로 본다.(2017.7.26 전단개정)
⑤ 제4항에 따른 옥외광고사업 수익금의 배분대상, 배분비율, 용도, 그 밖에 수익금의 배분, 운용 및 관리에 필요한 사항은 행정안전부장관이 문화체육관광부장관 등 관계 중앙행정기관의 장과 협의하여 대통령령으로 정한다.
(2017.7.26 본항개정)
⑥ 제4항에 따른 광고물등의 위치·규격·디자인 등 설치기준과 그 밖에 옥외광고사업을 위하여 필요한 사항은 대통령령으로 정한다. 이 경우 문화체육관광부장관 등 관계 중앙행정기관의 장은 광고물등의 심미성·창의성 및 안전성을 높이기 위하여 필요한 의견 및 도안 등을 제시할 수 있다.
(2011.3.29 본조개정)

제6조의2【옥외광고발전기금의 설치】 ① 시·도지사 및 시장등은 광고물등의 정비와 옥외광고산업의 진흥을 위하여 옥외광고발전기금(이하 "기금"이라 한다)을 설치·운영한다.(2016.1.6 본항개정)
② 기금은 다음 각 호의 재원으로 마련한다.
1. 제6조제4항에 따른 옥외광고사업 수익금 중 시·도(특별자치시 및 특별자치도를 포함한다. 이하 이 조에서 같다) 또는 시·군·자치구에 배분되는 수익금
(2016.1.6 본호개정)
2. 제17조에 따른 수수료
3. 제20조에 따른 과태료
4. 제10조의3에 따른 이행강제금
5. 일반회계 또는 다른 기금으로부터의 전입금
6. 국가 또는 시·도로부터의 보조금
③ 기금은 다음 각 호의 용도로 사용한다.
1. 옥외광고산업의 진흥
2. 광고물등의 정비·개선
3. 옥외광고사업자 등에 대한 교육 및 지원
4. 광고물등의 안전관리에 관한 사항
5. 그 밖에 제1호부터 제4호까지의 사업과 관련하여 시·도 또는 시·군·자치구 조례로 용도를 정하여 지방자치단체가 추진하는 사업
(2016.1.6 본항개정)
④ 기금의 운용 및 관리에 필요한 사항은 시·도 또는 시·군·자치구 조례로 정한다.(2016.1.6 본항개정)
(2016.1.6 본조제목개정)
(2011.3.29 본조개정)

제7조【옥외광고심의위원회】 ① 광고물등의 표시 또는 설치와 관련한 다음 각 호의 사항을 심의하기 위하여 시·도(특별자치시 및 특별자치도를 포함한다. 이하 이 조에서 같다) 또는 시·군·자치구에 각각 옥외광고심의위원회(이하 "심의위원회"라 한다)를 둔다.
1. 광고물등과 도시경관과의 조화에 관한 사항
2. 광고물등의 디자인 개선에 관한 사항
3. 그 밖에 광고물의 표시 또는 설치와 관련하여 대통령령으로 정하거나 시·도 또는 시·군·자치구 조례로 정하는 사항
(2016.1.6 본항개정)
② 심의위원회는 위원장을 포함한 5명 이상 15명 이하의 위원으로 구성한다.
③ 심의위원회의 운영 등에 필요한 사항은 대통령령으로 정한다.
(2016.1.6 본조제목개정)
(2011.3.29 본조개정)

제7조의2【옥외광고정책위원회의 설치】 ① 광고물등에 관한 다음 각 호의 사항을 심의하기 위하여 행정안전부장관 소속으로 옥외광고정책위원회(이하 "정책위원회"라 한다)를 둔다.(2017.7.26 본문개정)
1. 광고물등에 관한 중요 정책의 수립 및 제도 개선에 관한 사항
2. 광고물 정비 및 관련 산업의 진흥을 위한 종합계획의 수립에 관한 사항
3. 주민참여 및 민간단체 활동의 활성화를 위한 제도 및 기반조성에 관한 사항
4. 광고물등의 표시 및 설치 등의 기준에 관한 사항
4의2. 제4조의4제3항에 따라 시·도지사(특별자치시장 및 특별자치도지사를 포함한다)가 제출한 기본계획에 관한 사항(2016.1.6 본호신설)
5. 광고물등과 도시경관과의 조화 등을 위한 제도개선에 관한 사항
6. 다른 법령 또는 국가등의 광고물의 기준 수립에 관한 사항
7. 제6조제3항 단서에 따라 국가등이 하는 옥외광고사업에 관한 사항(2016.1.6 본호개정)
8. 그 밖에 광고물등의 제도와 관련하여 행정안전부장관 또는 위원장이 필요하다고 인정하는 사항(2017.7.26 본호개정)
② 정책위원회의 위원은 15명 이내의 범위에서 다음 각 호의 어느 하나에 해당하는 사람 중에서 행정안전부장관이 위촉하거나 임명하고, 위원장은 위원 중에서 호선(互選)한다.(2017.7.26 본문개정)
1. 대통령령으로 정하는 관계 행정기관의 차관급 또는 고위공무원단에 속하는 일반직 공무원 및 이에 준하는 지방자치단체 소속 공무원
2. 광고물등에 관한 전문적 지식과 경험이 풍부한 사람
3. 건축디자인 및 도시디자인에 관하여 전문적 지식과 경험이 풍부한 사람
4. 「비영리민간단체 지원법」에 따른 관계 비영리민간단체의 대표
③ 정책위원회의 조직·운영과 그 밖에 필요한 사항은 대통령령으로 정한다.
(2011.3.29 본조개정)

제8조【적용 배제】 ① 표시·설치 기간이 30일 이내인 비영리 목적의 광고물등이 다음 각 호의 어느 하나에 해당하면 허가·신고에 관한 제3조 및 금지·제한 등에 관한 제4조를 적용하지 아니한다. 이 경우 제3호는 표시·설치 기간이 30일을 초과하는 광고물등도 포함한다.
1. 관혼상제 등을 위하여 표시·설치하는 경우
2. 학교행사나 종교의식을 위하여 표시·설치하는 경우
3. 시설물의 보호·관리를 위하여 표시·설치하는 경우
4. 단체나 개인이 적법한 정치활동을 위한 행사 또는 집회 등에 사용하기 위하여 표시·설치하는 경우
5. 단체나 개인이 적법한 노동운동을 위한 행사 또는 집회 등에 사용하기 위하여 표시·설치하는 경우
6. 안전사고 예방, 교통 안내, 긴급사고 안내, 미아 찾기, 교통사고 목격자 찾기 등을 위하여 표시·설치하는 경우
7. 「선거관리위원회법」에 따른 각급선거관리위원회의 선거, 국민투표, 주민투표(주민소환투표를 포함한다)에 관한 계도 및 홍보를 위하여 표시·설치하는 경우
8. 정당이 「정당법」 제37조제2항에 따른 통상적인 정당활동으로 보장되는 정당의 정책이나 정치적 현안에 대하여 표시·설치하는 경우. 다만, 현수막의 경우 다음 각 목의 요건을 충족하여야 한다.(2024.1.12 단서개정)
가. 읍·면(「지방자치법」 제7조제3항에 따라 행정면을 둔 경우에는 행정면을 말한다. 이하 같다)·동(「지방자치법」 제7조제4항에 따라 행정동을 둔 경우에는 행정동을 말한다. 이하 같다)별로 2개 이내로 설치할 것. 다만, 읍·면·동의 면적이 100제곱킬로미터 이상인 경우에는 1개의 현수막을 추가로 설치할 수 있다.
나. 보행자 또는 교통수단의 안전을 저해하는 경우로서 대통령령으로 정하는 장소 외의 장소에 설치할 것
다. 대통령령으로 정하는 규격, 기간 및 표시·설치 방법을 준수할 것
(2024.1.12 가목~다목신설)
② 제1항에 따라 광고물등을 표시·설치한 자는 표시·설치 기간이 만료한 경우 광고물등을 신속하게 철거하여야 한다.(2024.1.12 본항신설)
(2011.3.29 본조개정)

제9조【광고물등의 안전점검】 ① 대통령령으로 정하는 광고물등을 설치하거나 관리하는 자는 공중에 대한 위해방지를 위하여 시장등(제3조의2에 따라 시·도지사에게 허가를 받거나 신고한 경우에는 시·도지사를 말한다. 이하 이 조에서 같다)이 실시하는 안전점검을 받아야 한다. 이 경우 안전점검의 기준·시기 및 방법 등에 관하여 필요한 사항은 대통령령으로 정한다.(2016.1.6 전단개정)
② 시장등은 제1항에 따른 안전점검 업무를 제11조의3에 따른 옥외광고 사업자단체 및 대통령령으로 정하는 자에게 위탁할 수 있다.
③ 제2항에 따라 안전점검 업무를 위탁받을 수 있는 자의 시설기준과 자격 등에 관하여 필요한 사항은 대통령령으로 정한다.
④ 제2항에 따라 안전점검 업무를 위탁받은 자(그의 임직원을 포함한다)는 「형법」 제129조부터 제132조까지의 규정을 적용할 때에는 공무원으로 본다.
(2011.3.29 본조개정)

제9조의2【풍수해 등에 대비한 안전점검 등】 ① 시장등(제3조의2에 따라 시·도지사에게 허가를 받거나 신고한 경우에는 시·도지사를 말한다)은 풍수해 등에 대비하기 위하여 옥외광고물안전점검계획을 수립하여 안전점검을 실시하여야 한다. 이 경우 안전점검의 기준·시기 및 방법 등에 필요한 사항은 대통령령으로 정한다.
② 제1항에 따른 안전점검의 위탁에 관하여는 제9조제2항부터 제4항까지의 규정을 준용한다.
(2016.1.6 본조신설)

제10조【위반 등에 대한 조치】 ① 시장등(제3조의2에 따라 시·도지사에게 허가를 받거나 신고한 경우에는 시·도지사를 말한다. 이하 이 조에서 같다)은 광고물등의 허가·신고·금지·제한 등에 관한 제3조, 제3조의2, 제4조, 제4조의2, 제4조의3, 제4조의4, 제5조, 제8조제1항제8호 단서 및 같은 조 제2항을 위반하거나 제9조에 따른 안전점검에 합격하지 못한 광고물등 또는 제9조의2제1항에 따른 안전점검 결과 안전을 저해할 우려가 있다고 판단되는 광고물등에 대하여 다음 각 호에 해당하는 자(이하 "관리자등"이라 한다)에게 그 광고물등을 제거하거나 그 밖에 필요한 조치를 하도록 명하여야 한다.(2024.1.12 본문개정)
1. 광고물등을 표시하거나 설치한 자
2. 광고물등을 관리하는 자
3. 광고주
4. 옥외광고사업자(2016.1.6 본호개정)
5. 광고물등의 표시·설치를 승낙한 토지·건물 등의 소유자 또는 관리자

② 시장등은 제1항에 따른 명령을 받은 자가 그 명령을 이행하지 아니하면 「행정대집행법」에 따라 해당 광고물등을 제거하거나 필요한 조치를 하고 그 비용을 청구할 수 있다.
③ 시장등은 광고물등의 허가·신고에 관한 제3조를 위반하거나 제5조에 해당하는 광고물 중 전화번호 외에는 연락처가 없는 광고물에 대해서는 「정보통신망 이용촉진 및 정보보호 등에 관한 법률」 제2조제1항제3호에 따른 정보통신서비스 제공자(이하 "정보통신서비스 제공자"라 한다)에게 해당 정보통신서비스 이용자의 성명·주소·주민등록번호 및 이용기간에 대한 자료의 열람이나 제출을 요청할 수 있다. 이 경우 제5조에 해당하는 광고물에 대해서는 정보통신서비스 제공자에게 해당 전화번호에 대한 전기통신서비스 이용의 정지를 요청할 수 있다.(2016.1.6 본항개정)
④ 정보통신서비스 제공자는 제3항 전단에 따른 요청을 받으면 「전기통신사업법」 제83조제1항 및 제2항에도 불구하고 지체 없이 그 요청에 따라야 한다. 이 경우 자료를 제출받은 시장등은 위반행위에 대한 조사목적 외의 용도로 제출받은 자료를 사용할 수 없다.(2016.1.6 본항개정)
⑤ 제3항 후단에 따른 요청으로 전기통신서비스 이용이 정지되는 이용자는 시장등에게 대통령령으로 정하는 바에 따라 이의신청을 할 수 있다.(2016.1.6 본항개정)
⑥ 시장등은 입간판·현수막·벽보·전단의 광고내용이 미풍양속과 청소년의 정서를 저해할 우려가 있다고 판단될 때에는 대통령령으로 정하는 바에 따라 청소년보호위원회에 심의를 요청할 수 있다.
⑦ 시·도지사는 제3조, 제4조, 제4조의2, 제4조의3, 제4조의4, 제5조, 제8조제1항제8호 단서 및 같은 조 제2항을 위반한 광고물등의 정비를 위하여 필요한 경우에는 대통령령으로 정하는 바에 따라 시장등(특별자치시장 및 특별자치도지사는 제외한다. 이하 제8항 및 제9항에서 같다)과 합동점검을 할 수 있다.(2024.1.12 본항개정)
⑧ 시·도지사는 제7항에 따른 합동점검 결과를 시장등에게 통보하여야 한다. 이 경우 통보를 받은 시장등은 제1항부터 제3항까지에 해당하는 조치 등을 취하고, 그 결과를 시·도지사에게 보고하여야 한다.(2016.1.6 본항신설)
⑨ 시장등이 제8항에 따른 조치 등을 이행하지 아니하는 경우 시·도지사는 직접 제1항부터 제3항까지에 해당하는 조치 등을 취할 수 있다.(2016.1.6 본항신설)
(2016.1.6 본조제목개정)
(2011.3.29 본조개정)

제10조의2【행정대집행의 특례】 ① 시장등은 추락 등 급박한 위험이 있는 광고물등(제8조의 광고물등을 포함한다) 또는 불법 입간판·현수막·벽보·전단 등에 대하여 「행정대집행법」 제3조제1항 및 제2항에 따른 대집행(代執行) 절차를 밟으면 그 목적을 달성하기가 곤란한 경우에는 그 절차를 거치지 아니하고 그 광고물등을 제거하거나 그 밖에 필요한 조치를 할 수 있다.(2024.1.12 본항개정)
② 제1항에 따른 광고물등의 제거나 그 밖에 필요한 조치는 광고물등의 관리에 필요한 최소한도에서 하여야 한다.
③ 제1항과 제2항에 따른 대집행으로 제거된 광고물등의 보관 및 처리에 필요한 사항은 대통령령으로 정한다.
(2011.3.29 본조개정)

제10조의3【이행강제금】 ① 시장등(제3조의2에 따라 시·도지사에게 허가를 받거나 신고한 경우에는 시·도지사를 말한다. 이하 이 조에서 같다)은 제10조제1항에 따른 명령을 받은 후 그 조치 기간 내에 이행하지 아니한 관리자등(입간판·현수막·벽보·전단의 관리자등은 제외한다. 이하 이 조에서 같다)에 대하여는 대통령령으로 정하는 바에 따라 500만원 이하의 이행강제금을 부과·징수할 수 있다. 다만, 「건축법」 제80조에 따른 이행강제금 부과로 그 이행을 강제할 수 있는 경우에는 그러하지 아니하다.
② 시장등은 제1항에 따른 이행강제금을 부과하기 전에 미리 상당한 기간을 정하여 이를 부과·징수한다는 뜻을 해당 관리자등에게 문서로써 계고(戒告)하여야 한다.
③ 시장등은 제1항에 따른 이행강제금을 부과하는 경우에는 이행강제금의 금액·부과사유·납부기한 및 수납기관, 이의제기 방법 및 기간 등을 자세히 밝힌 문서로써 하여야 한다.
④ 시장등은 제10조제1항에 따른 최초의 명령을 한 날을 기준으로 1년에 2회 이내의 범위에서 해당 명령이 이행될 때까지 반복하여 제1항에 따른 이행강제금을 부과·징수할 수 있다.
⑤ 시장등은 명령을 받은 자가 그 명령을 이행하는 경우에는 새로운 이행강제금 부과를 즉시 중지하되, 이미 부과된 이행강제금은 징수하여야 한다.
⑥ 시장등은 제3항에 따라 이행강제금 부과처분을 받은 자가 이행강제금을 기한 내에 납부하지 아니하는 때에는 「지방행정제재·부과금의 징수 등에 관한 법률」에 따라 징수한다.(2020.3.24 본항개정)
(2011.3.29 본조개정)

제10조의4【손해배상 책임보험 가입의무】 ① 제11조제1항에 따라 옥외광고사업을 등록한 자는 광고물등의 제작·표시 및 설치의 결함으로 인하여 생명·신체 또는 재산에 손해를 입은 자에게 그 손해를 배상할 수 있도록 손해배상 책임보험에 가입하여야 한다.
② 제1항에 따른 손해배상 책임보험의 종류, 보험가입 대상 광고물등의 범위 등 필요한 사항은 대통령령으로 정한다.
(2020.6.9 본조신설)

제11조【옥외광고사업의 등록】 ① 옥외광고사업을 하려는 자는 대통령령으로 정하는 기술능력과 시설 등을 갖추고 제12조에 따른 교육을 받은 후에 시장등에게 등록하여야 한다. 다만, 등록사항을 변경하려는 경우에는 교육을 받지 아니할 수 있다.
② 제1항에 따라 옥외광고사업을 등록한 자가 휴업 또는 폐업하거나, 휴업하였다가 업무를 다시 시작하였을 때에는 대통령령으로 정하는 바에 따라 시장등에게 신고하여야 한다.
③~⑥ (2016.1.6 삭제)
⑦ 시장등은 아름다운 경관과 미풍양속을 보존하고 공중에 대한 위해를 방지하며 건강하고 쾌적한 생활환경을 조성하기 위하여 필요하면 옥외광고사업자로 하여금 그 영업에 관한 서류 제출 또는 필요한 보고를 하게 하거나, 소속 직원으로 하여금 영업장소에 출입하여 장부, 서류, 시설 등을 검사하거나 관계자에게 필요한 질문을 하게 할 수 있다. 이 경우 출입·검사하는 직원은 신분을 표시하는 증명서를 지니고 이를 관계인에게 보여주어야 한다.
(2016.1.6 본조개정)

제11조의2【결격사유】 다음 각 호의 어느 하나에 해당하는 자는 옥외광고사업의 등록을 할 수 없다.(2016.1.6 본문개정)
1. 피성년후견인(2021.1.12 본호개정)
2. 파산선고를 받고 복권되지 아니한 자
3. 제14조에 따라 옥외광고사업의 등록이 취소된 후 1년이 지나지 아니한 자(2016.1.6 본호개정)

(2011.3.29 본조개정)

제11조의3【옥외광고 사업자단체의 설립 등】 ① 옥외광고사업자는 광고물등의 효율적인 관리와 옥외광고사업의 건전한 발전 및 종사자의 품위 향상을 위하여 옥외광고 사업자단체(이하 "단체"라 한다)를 설립할 수 있다.(2016.1.6 본항개정)
② 단체는 법인으로 한다.
③ 단체는 다음 각 호의 업무를 수행한다.
1. 광고물등의 관리에 관한 조사·연구
2. 광고물등의 안전점검 및 옥외광고사업 종사자에 대한 교육 등 시·도지사와 시장등이 위탁하는 업무(2016.1.6 본호개정)
3. 그 밖에 정관으로 정하는 사항

④ 단체의 회원이 될 수 있는 자는 다음 각 호의 어느 하나에 해당하는 자로 한다.
1. 제11조제1항에 따른 옥외광고사업의 등록을 한 자(2016.1.6 본호개정)
2. 그 밖에 정관으로 정하는 자

⑤ 단체의 정관 기재사항 등에 관하여 필요한 사항은 대통령령으로 정한다.
⑥ 단체에 관하여 이 법에서 규정되지 아니한 사항은 「민법」 중 사단법인에 관한 규정을 준용한다.
(2011.3.29 본조개정)

제11조의4【한국옥외광고센터의 설립】 ① 옥외광고의 획기적 개선 및 관련 산업의 육성·발전을 전문적으로 지원하기 위하여 「한국지방재정공제회법」에 따라 설립된 한국지방재정공제회에 한국옥외광고센터(이하 "센터"라 한다)를 둔다.
② 센터에는 한국지방재정공제회 정관으로 정하는 바에 따라 임원과 필요한 직원을 둔다.
③ 센터는 업무수행을 위하여 필요하다고 인정하면 행정안전부장관의 승인을 받아 관계 행정기관, 지방자치단체, 옥외광고 관련 법인 또는 단체에 대하여 다음 각 호에 해당하는 사람을 파견하도록 요청할 수 있다.(2017.7.26 본문개정)
1. 「국가공무원법」 제2조에 따른 국가공무원
2. 「지방공무원법」 제2조에 따른 지방공무원
3. 건축 및 도시디자인과 관련 있는 법인이나 단체의 임직원
4. 「비영리민간단체 지원법」에 따른 관련 비영리민간단체의 임직원

④ 센터는 다음 각 호의 사업을 한다.
1. 옥외광고산업의 육성·발전을 위한 사업(2016.1.6 본호개정)
2. 신소재·신매체 기술의 개발·보급·지원 및 외국 기술의 도입
3. 광고물에 대한 경관·교통·안전 관련 영향평가에 관한 사업
4. 옥외광고산업 전문인력의 양성 및 교육 지원
5. 옥외광고 관련 정보의 수집·공유·활용에 관한 사업
6. 옥외광고에 관한 홍보, 마케팅 조사 등에 관한 사업 및 그 지원(2016.1.6 본호개정)
7. 제6조제4항에 따른 옥외광고사업의 운영
8. 연구 용역 등 국가나 지방자치단체가 위탁하는 사업
9. 광고물등의 안전에 관한 연구 및 지원(2016.1.6 본호개정)
10. 제12조에 따른 옥외광고사업에 종사하는 자에 대한 교육과정 개발 및 교육지원(2016.1.6 본호개정)
11. 그 밖에 센터의 설립목적을 달성하는 데에 필요한 사업으로서 행정안전부장관이 지정하거나 승인하는 사업(2017.7.26 본호개정)
12. 제1호부터 제11호까지의 사업에 딸린 사업

⑤ 센터의 운영에 필요한 경비는 국가나 지방자치단체에서 지원할 수 있다.
⑥ 국가나 지방자치단체는 광고물 등과 관련되는 연구·조사를 위탁할 때에는 다른 법률에 따른 경우 또는 그 밖에 특별한 사정이 있는 경우가 아니면 다른 연구기관 등에 우선하여 센터에 위탁하여야 한다.
⑦ 센터의 옥외광고사업을 통한 수익금은 한국지방재정공제회의 다른 사업의 수입 및 지출과 구분하여 회계처리하거나 관리하여야 한다.
⑧ 센터는 매 회계연도의 사업계획서 및 예산서를 작성하여 행정안전부장관에게 제출하고 승인을 받아야 한다. 이를 변경할 때에도 또한 같다.(2017.7.26 전단개정)
⑨ 센터는 매 회계연도의 수입·지출 결산서를 작성하여 행정안전부장관이 지정하는 공인회계사의 회계 감사를 받아 행정안전부장관에게 제출하여야 한다.(2017.7.26 본항개정)
⑩ 행정안전부장관은 감독상 필요하면 센터에 대하여 그 업무에 관한 보고를 하게 하거나 소속 공무원으로 하여금 그 업무를 검사하게 할 수 있다.(2017.7.26 본항개정)
(2011.3.29 본조개정)

제12조【광고물등에 관한 교육】 ① 시장등은 대통령령으로 정하는 바에 따라 옥외광고사업에 종사하는 자 및 제9조제2항 및 제9조의2제2항에 따라 안전점검 업무를 위탁받은 자에게 광고물등의 표시·설치에 관한 교육을 하여야 한다.(2016.1.6 본항개정)
② 옥외광고사업자 및 제9조제2항·제9조의2제2항에 따라 안전점검 업무를 위탁받은 자는 제1항에 따른 교육을 받아야 한다.(2016.1.6 본항개정)
③ 제1항에도 불구하고 교육대상자가 적어 교육을 실시하기 곤란한 경우이거나 효율적인 교육을 위하여 시장등(특별자치시장 및 특별자치도지사는 제외한다)이 다른 시·군·자치구와 통합하여 교육을 실시할 수 있도록 요청한 경우에는 시·도지사가 교육을 실시할 수 있다.(2016.1.6 본항개정)
④ 시장등과 시·도지사는 제1항 및 제3항에 따른 교육을 대통령령으로 정하는 자에게 위탁하여 실시할 수 있다.
⑤ 제4항에 따라 교육을 위탁받을 수 있는 자의 시설기준, 자격, 그 밖에 교육에 필요한 사항은 대통령령으로 정한다.
(2011.3.29 본조개정)

제13조【허가 취소 등】 ① 시장등(제3조의2에 따라 시·도지사에게 허가를 받거나 신고한 경우에는 시·도지사를 말한다. 이하 이 조에서 같다)은 제3조제1항에 따라 광고물등의 허가를 받거나 신고를 한 자가 다음 각 호의 어느 하나에 해당하면 광고물등의 허가를 취소하거나 신고를 반려할 수 있다. 다만, 제1호에 해당하는 경우에는 허가를 취소하거나 신고를 반려하여야 한다.(2016.1.6 단서신설)
1. 거짓이나 그 밖의 부정한 방법으로 허가를 받거나 신고한 경우
2. 제3조제3항·제6항, 제4조제4항, 제4조의2제2항, 제4조의3제2항 전단 및 제4조의4제2항에 따른 광고물등의 표시·설치 방법과 관련한 허가 또는 신고기준을 위반한 경우(2016.1.6 본호개정)
3. 제4조제1항을 위반하여 대통령령으로 정하는 표시·설치 금지 지역·장소 또는 물건에 광고물등을 표시하거나 설치한 경우
4. 제5조제1항을 위반하여 금지광고물등을 표시하거나 설치한 경우
5. 제5조제2항을 위반하여 광고물에 표시금지 내용을 표시한 경우

② 시장등은 다음 각 호의 어느 하나에 해당하는 광고물등에 대하여는 그 광고물등을 사용하여 하는 다른 법령에 따른 영업이나 그 밖의 행위를 허가하지 아니하도록 관계 행정기관에 요청할 수 있다.
1. 제1항에 따라 허가가 취소되거나 신고가 반려된 광고물등
2. 제10조제1항에 따른 명령을 받고 이행하지 아니한 광고물등

③ 제2항에 따라 요청을 받은 자는 특별한 이유가 없으면 그 요청에 따라야 한다.
(2011.3.29 본조개정)

제14조【등록의 취소와 영업정지】 시장등은 옥외광고사업자가 다음 각 호의 어느 하나에 해당하면 대통령령으로 정하는 바에 따라 그 등록을 취소하거나 6개월 이내의 기간을 정하여 영업정지를 명할 수 있다. 다만, 제1호 또는 제4호에 해당하면 그 등록을 취소하여야 한다.
(2016.1.6 본문개정)
1. 거짓이나 그 밖의 부정한 방법으로 등록하거나 다른 사람에게 등록증을 대여한 경우
2. 제10조제1항에 따른 명령을 위반한 경우
2의2. 제11조제1항 본문에 따른 기술능력과 시설 등을 갖추지 못하게 된 경우(2016.1.6 본호신설)
3. 이 법을 위반한 광고물등을 설치하여 공중에 중대한 위해를 끼친 경우
4. 1년에 2회 이상 영업정지처분을 받은 경우
(2011.3.29 본조개정)

제15조【청문】 시장등(제3조의2에 따라 시·도지사에게 허가를 받거나 신고한 경우에는 시·도지사를 말한다)은 다음 각 호의 어느 하나에 해당하는 처분을 하려면 청문을 하여야 한다.
1. 제13조에 따른 광고물등의 허가취소
2. 제14조에 따른 옥외광고사업 등록취소(2016.1.6 본호개정)
(2011.3.29 본조개정)

제16조【광고물 실명제】 ① 광고물의 설치·표시 허가를 받거나 신고를 한 자는 해당 광고물에 허가 또는 신고번호, 표시기간, 제작자명 등을 표시하여야 한다.
② 제1항에 따라 허가 또는 신고번호 등을 표시하여야 할 광고물의 종류, 표시내용, 위치, 규격, 그 밖에 필요한 사항은 시·도(특별자치시 및 특별자치도를 포함한다) 조례로 정한다.(2016.1.6 본항개정)
(2011.3.29 본조개정)

제17조【수수료】 다음 각 호의 어느 하나에 해당하는 경우에는 시·군·자치구 조례로 정하는 바에 따라 수수료를 내야 한다. 다만, 제2호의 경우에는 시·도(특별자치시 및 특별자치도를 포함한다) 조례로 정하는 바에 따른다.(2016.1.6 단서개정)
1. 제3조제1항에 따른 광고물등의 허가 또는 신고
2. 제3조의2에 따른 광역단위 광고물의 허가 또는 신고
3. 제9조제1항에 따른 광고물등의 안전점검
4. 제11조제1항에 따른 옥외광고사업의 등록(2016.1.6 본호개정)
(2011.3.29 본조개정)

제17조의2【규제의 재검토】 행정안전부장관은 다음 각 호의 사항에 대하여 2016년 1월 1일을 기준으로 3년마다(매 3년이 되는 해의 기준일과 같은 날 전까지를 말한다) 그 타당성을 검토하여 개선 등의 조치를 하여야 한다.
(2017.7.26 본문개정)
1. 제3조에 따른 광고물등의 허가·신고
2. 제9조에 따른 광고물등의 안전점검
3. 제10조의3에 따른 이행강제금
4. 제11조에 따른 옥외광고사업의 등록
5. 제16조에 따른 광고물 실명제
6. 제20조에 따른 과태료
(2016.1.6 본조신설)

제17조의3【벌칙】 제5조제2항제2호를 위반하여 금지광고물을 제작·표시한 자는 2년 이하의 징역 또는 2천만원 이하의 벌금에 처한다.(2016.1.6 본조신설)

제18조【벌칙】 ① 다음 각 호의 어느 하나에 해당하는 자는 1년 이하의 징역 또는 1천만원 이하의 벌금에 처한다.
1. 제3조에 따른 허가를 받지 아니하고 광고물등(입간판·현수막·벽보·전단은 제외한다)을 표시하거나 설치한 자
2. 제3조의2에 따른 허가를 받지 아니한 광고물(입간판·현수막·벽보·전단은 제외한다)을 표시한 자
3. 제4조제1항, 제5조제1항 또는 제2항제4호를 위반하여 광고물등을 표시하거나 설치한 자(2016.1.6 본호개정)
4. 제11조제1항에 따른 등록을 하지 아니하고 옥외광고사업을 한 자(2016.1.6 본호개정)
② 다음 각 호의 어느 하나에 해당하는 자는 500만원 이하의 벌금에 처한다.
1. 제3조에 따른 신고를 하지 아니하고 광고물등(입간판·현수막·벽보·전단은 제외한다)을 표시하거나 설치한 자
2. 제3조의2에 따른 신고를 하지 아니하고 광고물(입간판·현수막·벽보·전단은 제외한다)을 표시한 자
(2011.3.29 본조개정)

제19조【양벌규정】 법인의 대표자나 법인 또는 개인의 대리인, 사용인, 그 밖의 종업원이 그 법인 또는 개인의 업무에 관하여 제17조의3 또는 제18조의 위반행위를 하면 그 행위자를 벌하는 외에 그 법인 또는 개인에게도 해당 조문의 벌금형을 과(科)한다. 다만, 법인 또는 개인이 그 위반행위를 방지하기 위하여 해당 업무에 관하여 상당한 주의와 감독을 게을리하지 아니한 경우에는 그러하지 아니하다.(2016.1.6 본문개정)

제20조【과태료】 ① 다음 각 호의 어느 하나에 해당하는 자에게는 500만원 이하의 과태료를 부과한다.
1. 제3조 또는 제3조의2를 위반하여 입간판·현수막·벽보 및 전단을 표시하거나 설치한 자
1의2. 제5조제2항제3호를 위반하여 금지광고물을 제작·표시한 자(2016.1.6 본호신설)
1의3. 제10조의4를 위반하여 손해배상 책임보험에 가입하지 아니한 자(2020.6.9 본호신설)
2. 제11조제1항 단서를 위반하여 변경등록을 하지 아니한 자
3.~4. (2016.1.6 삭제)
5. 제16조를 위반하여 광고물에 허가 또는 신고번호 등의 표시를 하지 아니하거나 거짓으로 표시한 자
② 제12조제2항을 위반하여 교육을 이수하지 아니한 자에게는 100만원 이하의 과태료를 부과한다.
③ 제1항과 제2항에 따른 과태료는 대통령령으로 정하는 바에 따라 시장등 또는 시·도지사가 부과·징수한다.
(2011.3.29 본조개정)

제20조의2 → 제10조의3으로 이동

제21조 → 제2조의2로 이동

부　칙 (2011.3.29)

제1조【시행일】 이 법은 공포 후 6개월이 경과한 날부터 시행한다.

제2조【건물의 간판표시계획서 제출에 관한 적용례】 제3조제7항의 개정규정은 이 법 시행 후 「건축법」 제22조에 따라 사용승인을 받은 건물부터 적용한다.

제3조【광고물등의 허가에 관한 경과조치】 ① 이 법 시행 당시 종전의 규정에 따라 시·도지사의 허가를 받은 광고물등은 제3조제2항의 개정규정에 따라 시장등의 허가를 받은 것으로 본다.
② 이 법 시행 당시 종전의 규정에 따라 시·도지사에게 광고물등의 허가를 신청한 경우에는 제3조제2항의 개정규정에 따라 시장등에게 광고물등의 허가를 신청한 것으로 본다.
③ 이 법 시행 당시 종전의 규정에 따라 시장등의 허가 또는 신고를 받은 시·도지사가 동일모형으로 설치하는 공공시설물에 표시되는 광고물등은 제3조의2의 개정규정에 따라 시·도지사의 허가 또는 신고를 받은 것으로 본다.
④ 이 법 시행 당시 종전의 규정에 따라 시장등에게 시·도지사가 동일모형으로 설치하는 공공시설물에 표시되는 광고물등의 허가 또는 신고를 신청한 경우에는 제3조의2의 개정규정에 따라 시·도지사에게 광고물등의 허가 또는 신고를 신청한 것으로 본다.

제4조【광고물관리심의위원회에 관한 경과조치】 이 법 시행 당시 광고물관리심의위원회는 이 법에 따른 광고물관리및디자인심의위원회로 본다.

제5조【안전도검사에 관한 경과조치】 이 법 시행 당시 종전의 규정에 따라 안전도검사를 받은 광고물등은 제9조의 개정규정에 따라 안전점검을 받은 것으로 본다.

제6조【광고사업협회에 대한 경과조치】 이 법 시행 당시 종전의 규정에 따라 설립된 광고사업협회는 제11조의3의 개정규정에 따라 설립된 옥외광고 사업자단체로 본다.

제7조【광고물 실명제 조례에 대한 경과조치】 제16조제2항의 개정규정에 따라 시·도 조례에 위임된 사항은 해당 조례가 제정되어 시행될 때까지 종전의 시·군·자치구 조례를 적용한다.

제8조【과태료에 관한 경과조치】 이 법 시행 전의 행위에 대하여 과태료 규정을 적용할 때에는 종전의 규정에 따른다.

부　칙 (2016.1.6)

제1조【시행일】 이 법은 공포 후 6개월이 경과한 날부터 시행한다. 다만 제17조의2의 개정규정은 공포한 날부터 시행한다.

제2조【금지광고물등에 관한 적용례】 제5조의 개정규정은 이 법 시행 후 최초로 표시하거나 설치하는 광고물등부터 적용한다.

제3조【옥외광고정비기금에 관한 경과조치】 이 법 시행 당시 종전의 제6조의2제1항에 따라 설치된 옥외광고정비기금은 제6조의2제1항의 개정규정에 따라 설치된 옥외광고발전기금으로 본다.

제4조【광고물관리및디자인심의위원회에 대한 경과조치】 ① 이 법 시행 당시 종전의 제7조제1항에 따라 설치되어 운영되고 있는 광고물관리및디자인심의위원회는 제7조제1항의 개정규정에 따라 설치된 옥외광고심의위원회로 본다.
② 이 법 시행 전에 종전의 제7조제1항에 따라 광고물관리및디자인심의위원회의 심의를 거친 사항은 제7조제1항의 개정규정에 따라 설치된 옥외광고심의위원회의 심의를 거친 것으로 본다.

제5조【금치산자 등에 대한 경과조치】 제11조의2제1호의 개정규정에 따른 피성년후견인 또는 피한정후견인에는 법률 제10429호 민법 일부개정법률 부칙 제2조에 따라 금치산 또는 한정치산 선고의 효력이 유지되는 사람을 포함하는 것으로 본다.

제6조【다른 법률의 개정】 ①~⑲ ※(해당 법령에 가제정리 하였음)

제7조【다른 법령과의 관계】 이 법 시행 당시 다른 법령에서 종전의 「옥외광고물 등 관리법」 또는 그 규정을 인용한 경우 이 법 중 그에 해당하는 규정이 있는 때에는 종전의 「옥외광고물 등 관리법」 또는 그 규정을 갈음하여 이 법 또는 이 법의 해당 조항을 인용한 것으로 본다.

부　칙 (2020.3.24)

제1조【시행일】 이 법은 공포한 날부터 시행한다.(이하 생략)

부　칙 (2020.6.9)

이 법은 공포 후 1년이 경과한 날부터 시행한다.

부　칙 (2020.12.22)

제1조【시행일】 이 법은 공포 후 1개월이 경과한 날부터 시행한다.

제2조【허가 또는 신고수리 간주에 관한 적용례】 제3조제8항부터 제10항까지, 제3조의2제2항부터 제4항까지의 개정규정은 이 법 시행 이후 허가·변경허가를 신청하거나 신고·변경신고를 하는 경우부터 적용한다.

부　칙 (2021.1.12)

이 법은 공포한 날부터 시행한다.(이하 생략)

부　칙 (2022.6.10)

이 법은 공포 후 6개월이 경과한 날부터 시행한다.

부　칙 (2023.3.21)

제1조【시행일】 이 법은 공포 후 1년이 경과한 날부터 시행한다.(이하 생략)

부　칙 (2023.8.8)

제1조【시행일】 이 법은 2024년 5월 17일부터 시행한다.(이하 생략)

부　칙 (2024.1.12)

제1조【시행일】 이 법은 공포한 날부터 시행한다.

제2조【적용 배제 광고물등에 관한 적용례 및 경과조치】 ① 제8조제1항제8호 및 같은 조 제2항의 개정규정은 이 법 시행 이후 광고물등을 표시·설치하는 경우부터 적용한다.
② 이 법 시행 당시 종전의 규정에 따라 표시·설치한 광고물등은 제8조제1항제8호 및 같은 조 제2항의 개정규정에도 불구하고 종전의 규정에 따른다.

옥외광고물 등의 관리와 옥외광고산업 진흥에 관한 법률 시행령

(1991년 1월 8일 대통령령 제13242호)

개정
1991.12.17영13517호 <중략>
2010. 3. 9영22073호(산림보호법시)
2010. 5. 4영22151호(전자정부법시)
2010.10.14영22449호(공유수면관리및매립에관한법시)
2010.11. 2영22467호(행정정보이용감축개정령)
2011. 1.17영22626호(엔지니어링산업진흥법시)
2011. 4. 4영22836호
2011. 8.30영23113호(택지개발촉진법시)
2011.10.10영23215호 2012. 7. 9영23939호
2013. 3.23영24425호(직제)
2013. 6.21영24632호 2013.12.27영25029호
2013.12.30영25050호(행정규제재검토에따른일부개정령)
2014. 7.14영25456호(도로법시)
2014. 8. 6영25535호
2014.11.19영25751호(직제)
2014.12. 9영25825호 2015.12.31영26852호
2016. 6.30영27299호(행정규제정비일부개정령)
2016. 7. 6영27323호
2016. 8.29영27464호(2018평창동계올림픽대회및동계패럴림픽대회지원등에관한특별법시)
2017. 1.26영27806호(전기용품및생활용품안전관리법시)
2017. 3.29영27971호(항공안전법시)
2017. 5. 8영28019호
2017. 7.26영28211호(직제)
2017.12.29영28527호
2017.12.29영28553호(국토이용시)
2018. 2.27영28686호(혁신도시조성및발전에관한특별법시)
2018. 5.28영28919호(신산업등의규제혁신을위한일부개정령)
2018.12.18영29395호(지방분권강화)
2019. 4.30영29714호 2019. 6.25영29895호
2020. 1. 7영30324호 2020. 3.17영30529호
2020. 4.28영30645호(건축물관리법시)
2020.12.15영31265호
2020.12.31영31349호(자치경찰조직운영)
2021. 1. 5영31380호(법령용어정비)
2021. 2.17영31445호(부가세시)
2021. 3. 2영31516호(규제기한해제)
2021. 5. 4영31664호 2021.12.14영32202호
2022. 3. 8영32521호 2022.12. 6영33021호
2023.11.16영33858호(자치입법권강화및지방자율성제고를위한일부개정령)
2024. 1.12영34127호

제1장 총 칙
(2011.10.10 본장개정)

제1조【목적】 이 영은 「옥외광고물 등의 관리와 옥외광고산업 진흥에 관한 법률」에서 위임된 사항과 그 시행에 필요한 사항을 규정함을 목적으로 한다.(2016.7.6 본조개정)

제2조【옥외광고물 표시 대상 등】 ① 「옥외광고물 등의 관리와 옥외광고산업 진흥에 관한 법률」(이하 "법"이라 한다) 제2조제1호에서 "대통령령으로 정하는 교통시설 또는 교통수단"이란 다음 각 호의 교통시설 또는 교통수단을 말한다.(2016.7.6 본문개정)
1. 다음 각 목의 교통시설
 가. 지하도
 나. 철도역
 다. 지하철역
 라. 공항
 마. 항만
 바. 고속국도
2. 다음 각 목의 교통수단
 가. 「철도산업발전기본법」 제3조제4호에 따른 철도차량(이하 "철도차량"이라 한다) 및 「도시철도법」에 따른 도시철도차량(이하 "도시철도차량"이라 한다)
 나. 「자동차관리법」 제2조제1호에 따른 자동차
 다. 「선박법」 제1조의2제1항제1호 및 제2호에 따른 기선 및 범선(이하 "선박"이라 한다)
 라. 「항공안전법」 제2조제1호 및 제3호에 따른 항공기 및 초경량비행장치(이하 "항공기등"이라 한다) (2017.3.29 본목개정)
 마. 「건설기계관리법 시행령」 별표1 제6호에 따른 덤프트럭(이하 "덤프트럭"이라 한다)(2020.1.7 본목신설)
 바. 「자전거 이용 활성화에 관한 법률」에 따른 자전거 및 전기자전거로서 무상 또는 유상으로 대여하는 사업에 활용되는 자전거(이하 "대여자전거"라 한다) (2022.12.6 본목신설)

② 법 제2조제1호에서 "디지털 디스플레이를 이용하여 정보·광고를 제공하는 것으로서 대통령령으로 정하는 것"이란 디지털 디스플레이(전기·전자제어장치를 이용하여 광고내용을 평면 혹은 입체적으로 표시하게 하는 장치를 말한다. 이하 같다)를 이용하여 빛의 점멸 또는 빛의 노출로 화면·형태의 변화를 주는 등 정보·광고의 내용을 수시로 변화하도록 한 옥외광고물(이하 "디지털광고물"이라 한다)을 말한다.(2016.7.6 본항신설)
(2016.7.6 본조제목개정)

제3조【옥외광고물의 분류】 옥외광고물(이하 "광고물"이라 한다)은 다음 각 호와 같이 분류한다.
1. 벽면 이용 간판 : 다음 각 목의 것(2016.7.6 본문개정)
 가. 문자·도형 등을 목재·아크릴·금속재·디지털 디스플레이 등을 이용하여 판이나 입체형으로 제작·설치하여 건물·시설물·점포·영업소 등의 벽면, 유리벽의 바깥쪽, 옥상난간 등에 길게 붙이거나 표시하는 것(2016.7.6 본호개정)
 나. 문자·도형 등을 도료, 색상이 표시된 천·종이·비닐·테이프 등을 이용하여 건물·시설물·점포·영업소 등의 벽면, 유리벽의 바깥쪽, 옥상난간 등에 길게 표시하는 것(2016.7.6 본호신설)
 다. 주유소 또는 가스충전소의 주유기 또는 충전기시설의 차양면(遮陽面)에 상호·정유사 등의 명칭을 표시하거나 상호를 매다는 방식으로 표시하는 광고물 (2019.4.30 본목개정)
 라. 「환경친화적 자동차의 개발 및 보급 촉진에 관한 법률」 제2조제9호에 따른 수소연료공급시설(이하 "수소연료공급시설"이라 한다) 또는 같은 법 시행령 제18조의5제1항에 따른 충전시설(이하 "환경친화적 자동차의 충전시설"이라 한다)의 차양면에 문자·도형 등을 표시하거나 문자·도형 등을 매다는 방식으로 표시하는 광고물(2019.4.30 본목신설)
2. (2016.7.6 삭제)
3. 돌출간판 : 문자·도형 등을 표시한 목재·아크릴·금속재 등의 판이나 이용업소·미용업소의 표지등(標識燈)을 건물의 벽면에 튀어나오게 붙이는 광고물
4. 공연간판 : 공연·영화를 알리기 위한 문자·그림 등을 목재·아크릴·금속재·디지털 디스플레이 등의 판에 표시하거나 실물의 모형 등을 제작하여 해당 공연 건물의 벽면에 표시하는 광고물(2016.7.6 본호개정)
5. 옥상간판 : 건물의 옥상에 따로 삼각형·사각형 또는 원형 등의 게시시설을 설치하여 문자·도형 등을 표시하거나 승강기탑·계단탑·망루·장식탑·옥탑 등 건물의 옥상구조물에 문자·도형 등을 직접 표시하는 광고물
6. 지주(支柱) 이용 간판 : 다음 각 목의 것
 가. 문자·도형 등을 표시한 목재·아크릴·금속재·디지털 디스플레이 등의 판을 지면에 따로 설치한 지주에 붙이는 광고물(2016.7.6 본목개정)
 나. 문자·도형 등을 따로 설치한 삼각기둥·사각기둥·원기둥 등의 게시시설 기둥면에 직접 표시하는 광고물
 다. 군사시설, 철도의 주요 경계시설, 공사 현장 등을 가리기 위하여 지주 형태로 설치한 시설물에 문자·도형 등을 표시하는 광고물

6의2. 입간판 : 건물의 벽에 기대어 놓거나 지면에 세워두는 등 고정되지 아니한 목재, 아크릴 또는 조례로 정하는 재료로 만들어진 게시시설에 문자·도형 등을 표시하는 광고물(2014.12.9 본호신설)
7. 현수막 : 천·종이·비닐 등에 문자·도형 등을 표시하여 건물 등의 벽면, 지주, 게시시설 또는 그 밖의 시설물 등에 매달아 표시하는 광고물
8. 애드벌룬 : 비닐 등을 사용한 기구에 문자·도형 등을 표시하여 건물의 옥상 또는 지면에 설치하거나 공중에 띄우는 광고물
9. 벽보 : 종이·비닐 등에 문자·그림 등을 표시하여 지정게시판·지정벽보판 또는 그 밖의 시설물 등에 붙이는 광고물
10. 전단 : 종이·비닐 등에 문자·그림 등을 표시하여 옥외에서 배부하는 광고물
11. 공공시설물 이용 광고물 : 공공의 목적을 위하여 설치하는 인공구조물 또는 편익시설물에 표시하는 광고물
12. 교통시설 이용 광고물 : 제2조제1항제1호 각 목의 교통시설에 문자·도형 등을 표시하거나 목재·아크릴·금속재·디지털 디스플레이 등의 게시시설을 설치하여 표시하는 광고물(2016.7.6 본호개정)
13. 교통수단 이용 광고물 : 제2조제1항제2호 각 목의 교통수단 외부에 문자·도형 등을 아크릴·금속재·디지털 디스플레이 등의 판에 표시하여 붙이거나 직접 도료로 표시하는 광고물(2016.7.6 본호개정)
14. 선전탑 : 도로 등의 일정한 장소에 광고탑을 설치하여 탑면에 문자·도형 등을 표시하는 광고물
15. 아치광고물 : 도로 등의 일정한 장소에 문틀형 또는 반원형 등의 게시시설을 설치하여 문자·도형 등을 표시하는 광고물
16. 창문 이용 광고물 : 다음 각 목의 것
 가. 문자·도형 등을 목재·아크릴·금속재·디지털 디스플레이 등을 이용하여 판이나 입체형으로 제작·설치하여 건물·시설물·점포·영업소 등의 유리벽의 안쪽, 창문, 출입문에 붙이거나 표시하는 광고물
 나. 문자·도형 등을 도료, 천·종이·비닐·테이프 등을 이용하여 건물·시설물·점포·영업소 등의 유리벽의 안쪽, 창문, 출입문에 표시하는 것 (2016.7.6 본호개정)
17. 특정광고물 : 그 밖에 이 조 각 호의 분류에 해당하지 아니하는 광고물로서 법 제7조의2제1항에 따른 옥외광고정책위원회(이하 "정책위원회"라 한다)의 심의를 거쳐 행정안전부장관이 정하여 고시한 광고물(2018.5.28 본호신설)

제3조의2【디지털광고물의 적용·표시대상】 제3조제1호, 제4호부터 제6호까지, 제11호부터 제13호까지, 제16호 또는 제17호의 광고물에 해당하는 경우에만 디지털광고물을 적용하거나 표시할 수 있다.(2018.5.28 본조개정)

제2장 허가 및 신고
(2011.10.10 본장개정)

제4조【허가 대상 광고물 및 게시시설】 ① 법 제3조제1항 각 호 외의 부분 전단에 따라 허가를 받아 표시 또는 설치(이하 "표시"라 한다)를 해야 하는 광고물은 다음 각 호와 같다.(2021.5.4 본문개정)
1. 제3조제1호에 따른 벽면 이용 간판(이하 "벽면 이용 간판"이라 한다) 중 다음 각 목의 어느 하나에 해당하는 것(2016.7.6 본문개정)
 가. 한 변의 길이가 10미터 이상인 것
 나. 건물의 4층 이상 층의 벽면 등에 설치하는 것으로서 타사광고(건물·토지·시설물·점포 등을 사용하고 있는 자와 관련이 없는 광고내용을 표시하는 광고물을 말한다. 이하 같다)를 표시하는 것(2016.7.6 본목개정)
2. 제3조제3호에 따른 돌출간판(이하 "돌출간판"이라 한다). 다만, 다음 각 목의 어느 하나에 해당하는 것은 제외한다.
 가. 의료기관·약국의 표지등("+" 또는 "약"을 표시하는 표지등을 말한다. 이하 같다) 또는 이용업소·미용업소의 표지등을 표시하는 것
 나. 윗부분까지의 높이가 지면으로부터 5미터 미만인 것
 다. 한 면의 면적이 1제곱미터 미만인 것
3. 제3조제4호에 따른 공연간판(이하 "공연간판"이라 한다)으로서 최초로 표시하는 것
4. 제3조제5호에 따른 옥상간판(이하 "옥상간판"이라 한다)
5. 제3조제6호에 따른 지주 이용 간판(이하 "지주 이용 간판"이라 한다) 중 윗부분까지의 높이가 지면으로부터 4미터 이상인 것
6. 제3조제8호에 따른 애드벌룬(이하 "애드벌룬"이라 한다)
7. 제3조제11호에 따른 공공시설물 이용 광고물(이하 "공공시설물 이용 광고물"이라 한다). 다만, 제17조제1호다목에 따른 지정벽보판 및 현수막 지정게시대에 표시하는 것은 제외한다.(2021.12.14 단서신설)
8. 제3조제12호에 따른 교통시설 이용 광고물(이하 "교통시설 이용 광고물"이라 한다). 다만, 지하도·지하철역·철도역·공항 또는 항만의 시설 내부에 표시하는 것은 제외한다.
9. 제3조제13호에 따른 교통수단 이용 광고물(이하 "교통수단 이용 광고물"이라 한다) 중 다음 각 목의 교통수단을 이용하는 것. 다만, 해당 교통수단(다목 중 비행선은 제외한다)에 제19조제5항제2호의 사항을 표시하는 것은 제외한다.(2022.12.6 단서개정)
 가. 「여객자동차 운수사업법」에 따른 사업용 자동차(이하 "사업용 자동차"라 한다)
 나. 「화물자동차 운수사업법」에 따른 사업용 화물자동차(이하 "사업용 화물자동차"라 한다)
 다. 항공기등(2022.12.6 본목개정)
 라. 「자동차관리법」 제3조제1항제3호에 따른 화물자동차로서 이동용 음식판매 용도인 소형·경형화물자동차 또는 같은 항 제4호에 따른 특수자동차로서 이동용 음식판매 용도인 특수작업형 특수자동차(이하 "음식판매자동차"라 한다)(2017.12.29 본목신설)
 마. 대여자전거(2022.12.6 본목신설)
10. 제3조제14호에 따른 선전탑(이하 "선전탑"이라 한다)
11. 제3조제15호에 따른 아치광고물(이하 "아치광고물"이라 한다)
12. 전기를 이용하는 광고물로서 다음 각 목의 어느 하나에 해당하는 광고물
 가. 네온류(유리관 내부에 수은·네온·아르곤 등의 기체를 집어넣어 문자 또는 모양을 나타내는 것을 말한다. 이하 같다) 광고물 또는 전광류[발광다이오드, 액정표시장치 등의 발광(發光) 장치를 이용한 것을 말한다. 이하 같다] 광고물 중 광원(光源)이 직접 노출되어 표시되는 광고물로서 광고내용의 변화를 주지 아니하는 광고물(2017.12.29 본목개정)
 나. 네온류 또는 전광류 등을 이용하여 동영상 등 광고내용을 평면적으로 수시로 변화하도록 한 디지털광고물
 다. 디지털홀로그램, 전자빔 등을 이용하여 광고내용을 공간적·입체적으로 수시로 변화하도록 한 디지털광고물 (2016.7.6 본호개정)
13. 제3조제17호에 따른 특정광고물(이하 "특정광고물"이라 한다)(2018.5.28 본호신설)

② 법 제3조제1항 각 호 외의 부분 전단에 따라 허가를 받아 설치해야 하는 게시시설은 다음 각 호와 같다. (2021.5.4 본문개정)
1. 제1항 각 호의 광고물을 설치하기 위한 게시시설
2. 면적이 30제곱미터를 초과하는 현수막 게시시설

제5조【신고 대상 광고물 및 게시시설】 ① 법 제3조제1항 각 호 외의 부분 전단에 따라 신고를 하고 표시해야 하는 광고물은 다음 각 호와 같다.(2021.5.4 본문개정)
1. 벽면 이용 간판 중 다음 각 목의 어느 하나에 해당하는 것. 다만, 제4조제1항제1호 및 제12호에 해당하는 것은 제외한다.
 가. 면적이 5제곱미터 이상인 것. 다만, 건물의 출입구 양 옆에 세로로 표시하는 것은 제외한다.

나. 건물의 4층 이상 층에 표시하는 것
(2016.7.6 본호개정)
2. (2016.7.6 삭제)
3. 최초로 표시하는 공연간판을 제외한 공연간판
4. 제4조제1항제2호 각 목의 어느 하나에 해당하는 돌출간판
5. 윗부분까지의 높이가 지면으로부터 4미터 미만인 지주 이용 간판
5의2. 제3조제6호의2에 따른 입간판(2014.12.9 본호신설)
6. 현수막〔가로등 현수기(懸垂旗)를 포함한다〕(2016.7.6 본호개정)
7. 제4조제1항제9호에 따른 허가 대상 교통수단 이용 광고물을 제외한 교통수단 이용 광고물
8. 벽보
9. 전단
② 법 제3조제1항 각 호 외의 부분 전단에 따라 신고를 하고 표시해야 하는 게시시설은 제1항 각 호의 광고물을 설치하기 위한 게시시설로 한다. 다만, 면적이 30제곱미터를 초과하는 현수막 게시시설은 제외한다.(2021.5.4 본문개정)
제6조【허가·신고 대상 지역·장소 및 물건】 ① 법 제3조제1항제5호에서 "대통령령으로 정하는 그 부근의 지역"이란 도로·철도·공항·항만·궤도(軌道) 및 하천의 경계지점으로부터 직선거리 1킬로미터 이내의 지역으로서 경계지점의 지상 2미터의 높이에서 직접 보이는 지역을 말한다.
② 법 제3조제1항제6호에서 "대통령령으로 정하는 교통수단"이란 제2조제2호 각 목의 교통수단을 말한다.
③ 법 제3조제1항제7호에서 "대통령령으로 정하는 지역·장소 및 물건"이란 다음 각 호의 지역·장소 및 물건을 말한다.
1. 「국토의 계획 및 이용에 관한 법률」에 따른 지구단위계획구역
2. 「관광진흥법」 제2조제6호 및 제7호에 따른 관광지 또는 관광단지
3. 특별시장·광역시장·특별자치시장·도지사 또는 특별자치도지사(이하 "시·도지사"라 한다)가 법 제7조에 따라 해당 특별시·광역시·특별자치시·도 또는 특별자치도(이하 "시·도"라 한다)에 설치된 옥외광고심의위원회(이하 "시·도 심의위원회"라 한다)의 심의를 거쳐 고시하는 지역·장소 및 물건(2016.7.6 본호개정)
제7조【허가 및 신고의 절차】 ① 법 제3조제1항 각 호 외의 부분 전단에 따라 광고물 또는 게시시설(이하 "광고물등"이라 한다)의 표시 허가를 받으려는 자는 별지 제1호서식의 신청서에 다음 각 호의 서류·도서 등을 첨부하여 특별자치시장·특별자치도지사·시장·군수 또는 자치구의 구청장(이하 "시장등"이라 한다)에게 제출해야 한다. 다만, 특별자치시·특별자치도·시·군 또는 구(자치구를 말한다. 이하 같다)의 조례(이하 "시·군·구 조례"라 한다)로 정하는 광고물등의 경우에는 해당 시·군·구 조례로 정하는 바에 따라 제1호에 따른 원색사진 및 제2호에 따른 서류·도서의 일부를 제출하지 않을 수 있다.
(2021.5.4 본문개정)
1. 광고물등을 표시하려는 장소의 주변을 알 수 있는 원색사진 및 광고물등의 원색도안
2. 광고물등의 모양·규격·재료·구조·디자인 등에 관한 설명서 및 설계도서
3. 다른 사람이 소유하거나 관리하는 토지나 물건 등에 광고물등을 표시하려는 경우에는 그 소유자 또는 관리자의 승낙을 받았음을 증명하는 서류
4. 법 제7조에 따라 해당 시·군·구에 설치된 옥외광고심의위원회(이하 "시·군·구 심의위원회"라 한다)의 심의 관련 서류(시·군·구 조례에서 시·군·구 심의위원회의 심의를 거치도록 한 광고물등만 해당한다)
(2016.7.6 본호개정)
5. 구조안전확인서류(시·군·구 조례에서 제출하도록 한 경우만 해당한다)
② 법 제3조제1항 각 호 외의 부분 전단에 따라 광고물등의 표시 신고를 하려는 자는 별지 제1호서식의 신고서에 제1항제3호부터 제5호까지의 서류를 첨부하여 시장등에게 제출해야 한다.(2021.5.4 본항개정)
③ 시장등은 제1항 또는 제2항에 따른 허가를 하거나 신고를 수리하였으면 별지 제2호서식의 허가증 또는 신고증명서를 신청인에게 발급하여야 한다. 다만, 현수막·벽보·전단에 대해서는 시·군·구 조례로 정하는 조치로 신고증명서 발급을 갈음할 수 있다.
④ 같은 허가 대상이거나 같은 신고 대상인 광고물과 그 게시시설에 대하여 함께 제1항 또는 제2항에 따른 허가를 신청하거나 신고를 하는 경우 그 광고물에 대한 허가 또는 신고 수리는 게시시설에 대한 허가 또는 신고 수리를 포함하는 것으로 본다.
제8조【허가 및 신고 수리의 기준】 법 제3조제3항에 따른 허가 및 신고 수리의 기준은 다음 각 호와 같다.
1. 광고물등의 표시가 법 제5조에 따라 금지되는 것이 아닐 것
2. 광고물등의 표시방법은 제3장부터 제5장까지의 규정을 준수할 것
3. 광고물등의 표시기간은 별표1의 기준에 맞을 것
제9조【변경허가 및 변경신고의 절차】 ① 법 제3조제1항 각 호 외의 부분 전단에 따라 광고물등의 표시 허가를 받은 자는 다음 각 호의 사항을 변경하려는 경우에는 같은 항 각 호 외의 부분 후단에 따라 시장등의 허가를 받아야 한다. 다만, 시·군·구 조례로 정하는 광고물등의 경우에는 시·군·구 조례로 정하는 바에 따라 시장등에게 신고하고 광고내용을 변경할 수 있으며, 전광류를 사용하는 광고물 또는 디지털광고물의 경우에는 허가 또는 신고 없이 광고내용을 변경할 수 있다.(2021.5.4 본문개정)
1. 광고물등의 규격
2. 사용자재
3. 광고내용
4. 표시 위치 또는 장소(같은 건물에서의 위치 또는 장소를 말한다. 이하 같다)
② 제1항에 따라 변경허가를 받으려는 자는 별지 제1호서식의 신청서에 변경사항에 관한 제7조제1항 각 호의 서류 및 도서를 첨부하여 시장등에게 제출하여야 한다. 다만, 광고내용만을 변경하려는 경우에는 그 광고내용을 알 수 있는 원색사진 또는 원색도안을 첨부한다.(2015.12.31 본항개정)
③ 법 제3조제1항 각 호 외의 부분 전단에 따라 광고물등의 표시 허가를 받은 자는 본인 또는 법 제10조에 따른 광고물 관리자의 주소 또는 성명(법인인 경우에는 그 명칭, 주된 사무소의 소재지 및 대표자의 성명)이 변경되었을 때에는 변경된 날부터 15일 이내에 별지 제3호서식의 신고서에 변경내용을 확인할 수 있는 서류를 첨부하여 시장등에게 신고해야 한다.(2021.5.4 본항개정)
④ 법 제3조제1항 각 호 외의 부분 전단에 따라 광고물등의 표시 신고를 한 자는 제1항 각 호의 사항을 변경하려는 경우에는 법 제3조제1항 각 호 외의 부분 후단에 따라 시장등에게 신고해야 한다. 다만, 건물의 벽면에 표시하는 현수막(벽면의 게시시설을 이용하는 것을 포함한다)의 광고내용은 신고 없이 변경할 수 있다.(2021.5.4 본문개정)
⑤ 제4항 본문에 따라 신고를 하려는 자는 별지 제1호서식의 신고서에 제7조제2항에 따른 서류 및 도서와 신고증명서를 첨부하여 시장등에게 제출하여야 한다.
⑥ 시장등은 제1항부터 제5항까지의 규정에 따라 변경허가를 하거나 변경신고를 수리하였을 때에는 변경된 내용을 반영하여 허가증 또는 신고증명서를 새로 발급하여야 한다.
제10조【광고물등 표시기간의 연장】 ① 법 제3조제1항 각 호 외의 부분 전단에 따라 허가를 받거나 신고한 광고물등의 표시기간을 연장하려는 자는 그 표시기간의 만료일 전후 30일 이내에 별지 제1호서식의 신청서 또는 신고서를 시장등에게 제출하여 허가를 받거나 신고해야 한다. 이 경우 종전의 표시기간이 1년 이상인 광고물등의 경우에는 다음 각 호의 서류를 추가로 첨부해야 한다.(2021.5.4 본문개정)
1. 광고물등의 원색사진(신고의 경우는 제외한다)
2. 제7조제1항제3호의 서류〔자사광고(자기가 사용하고 있는 건물·시설물·점포·영업소 등에 자기의 광고내용을 표시하는 광고물등을 말한다. 이하 같다)인 경우는 제외한다〕(2012.7.9 본호개정)
② 제1항에 따른 허가 대상 광고물등으로서 다음 각 호의 어느 하나에 해당하는 광고물등의 경우에는 시·군·구 조례로 정하는 바에 따라 시장등에게 신고하고 표시기간을 연장할 수 있다.
1. 시·군·구 조례로 정하는 광고물등
2. 제37조제2항제3호에 따른 안전점검에 합격한 광고물등으로서 시·군·구 조례로 정하는 광고물등
③ 제1항 또는 제2항에 따라 광고물등의 표시기간을 연장하려는 자가 그 연장허가를 신청하거나 신고를 하면서 제9조제1항 각 호의 사항을 변경하려는 경우에는 별지 제1호서식의 신청서 또는 신고서에 그 변경사항을 기재하여 변경허가 신청 또는 변경신고를 함께 할 수 있다.
(2021.5.4 본항신설)
④ 시장등은 제1항부터 제3항까지의 규정에 따라 표시기간 연장허가를 하거나 신고를 수리했을 때에는 연장된 표시기간이 기재된 허가증 또는 신고증명서를 새로 발급해야 한다.(2021.5.4 본항개정)
⑤ 제4항에 따른 연장된 표시기간은 다음 각 호의 구분에 따른 날부터 시작한다.
1. 제1항 및 제2항의 경우 : 종전의 표시기간 만료일 다음 날
2. 제3항의 경우 : 변경허가를 받은 날 또는 변경신고가 수리된 날
(2021.5.4 본항신설)
(2011.10.10 본조신설)
제11조【광역단위 광고물에 대한 허가 등】 법 제3조의2에 따른 공공시설물 이용 광고물의 허가·신고 또는 변경허가·변경신고에 관하여는 제7조부터 제10조까지의 규정을 준용한다. 이 경우 "시장등"은 "시·도지사"로, "시·군·구 조례"는 "시·도 조례"로 본다.

제3장 광고물등의 표시방법
(2011.10.10 본장개정)

제12조【일반적 표시방법】 ① 법 제3조제3항에 따른 광고물등의 표시방법은 이 장에서 정하는 바에 따른다.
② 광고물의 문자는 원칙적으로 한글맞춤법, 국어의 로마자표기법 및 외래어표기법 등에 맞추어 한글로 표시하여야 하며, 외국문자로 표시할 경우에는 특별한 사유가 없으면 한글과 병기(倂記)하여야 한다.
③ 광고물등은 상품·업소 등을 상징하는 도형 등으로 표시할 수 있다.
④ 광고물등의 모양은 아름다운 경관과 안전에 지장이 없는 범위에서 삼각형·사각형·원형 또는 그 밖의 모형 등으로 표시할 수 있다.
⑤ 광고물등은 보행자 및 차량의 통행 등에 지장이 없도록 표시하여야 하며, 바람이나 충격 등으로 인하여 떨어지거나 넘어지지 않도록 하여야 한다.
⑥ 광고물등에는 형광도료 또는 야광도료(도료를 바른 테이프를 포함한다)를 사용해서는 아니 된다.
⑦ 지면이나 건물, 그 밖의 인공구조물 등에 고정되어야 하며, 이동할 수 있는 간판을 설치해서는 아니 된다. 다만, 제3조제6호의2에 따른 입간판의 경우에는 공중에게 위해를 끼치지 아니하는 범위에서 시·도 조례로 정하는 바에 따라 설치할 수 있다.(2014.12.9 단서신설)
⑧ 한 업소에서 표시할 수 있는 간판의 총수량은 3개(도로의 굽은 지점에 접한 업소이거나 건물의 앞면과 뒷면에 도로를 접한 업소는 4개) 이내의 범위에서 시·도 조례로 정한다. 다만, 다음 각 호의 광고물 수량은 총수량의 범위에서 제외한다.(2022.12.6 단서개정)
1. 제3조제6호의2에 따른 입간판 1개
2. 「소상공인기본법」에 따른 소상공인(이하 "소상공인"이라 한다)이 입점한 「유통산업발전법」에 따른 대규모점포 또는 「전통시장 및 상점가 육성을 위한 특별법」에 따른 전통시장(이하 "전통시장"이라 한다)에 설치된 디지털광고물인 벽면 이용 간판 1개(소상공인이 자사광고를 위해 공동으로 이용하는 경우로 한정한다)
(2022.12.6 1호~2호신설)
⑨ 제1항부터 제8항까지에서 규정한 방법 외에 추가적인 표시방법은 시·도 조례로 정할 수 있다.
제13조 (2014.12.9 삭제)
제14조【전기를 사용하는 광고물등의 표시방법】 ① 전기를 사용하는 광고물등은 다음 각 호의 기준에 따라 표시하여야 한다.
1. 전기 자재는 「전기용품 및 생활용품 안전관리법」에 따른 안전인증을 받은 것을 사용하여야 한다.(2017.1.26 본호개정)
2. 전기배선은 외부에 노출되지 아니하여야 하며, 전선을 연결하는 부분은 겉을 감싸야 한다.
3. 전기공사의 설계와 시공은 「전기공사업법」에 맞게 하여야 한다.
② 광고물등에 백열등·형광등을 사용하여 표시하는 경우에는 백열등·형광등이 간판의 외부에 직접 노출되지 않도록 하여야 한다.
③ 광고물등에 네온류를 사용하는 경우에는 다음 각 호의 기준에 따라 표시해야 한다. 다만, 공공시설물 이용 광고물에 대해서는 제3호 및 제4호의 기준을 적용하지 않는다.(2022.12.6 본문개정)
1. 제24조제2항 각 호의 광고물등을 표시하는 경우에도 「국토의 계획 및 이용에 관한 법률」에 따른 전용주거지역·일반주거지역(너비 15미터 이상의 도로변은 제외한다) 또는 상업지역이 아닌 지역에서 지정된 중요시설물보호지구·교육환경 보호를 위한 특정용도제한지구(이하 "중요시설물보호지구등"으로 한다)에서는 사용할 수 없다. 다만, 다음 각 목의 어느 하나에 해당하는 경우는 예외로 한다.(2017.12.29 본문개정)
가. 의료기관 또는 약국에 표시하는 경우
나. 광원이 직접 노출되지 않도록 덮개를 씌워 표시하는 경우로서 빛이 점멸하지 아니하고 동영상 변화가 없는 경우
2. 시·도지사가 주거환경 등의 보장을 위하여 제1호 각 목 외의 부분 본문에 따른 지역·지구와 이웃한 지역 중 시·도 조례로 정하는 바에 따라 시·도 심의위원회의 심의를 거쳐 고시한 지역에서는 네온류를 사용할 수 없다.
3. 빛이 점멸하거나 동영상 변화가 있는 광고물을 도로와 잇닿은 장소에 차량의 진행방향 정면으로 표시하는 경우에는 그 광고물의 아랫부분까지의 높이는 지면으로부터 10미터 이상이어야 한다.
4. 교통신호기로부터 보이는 직선거리 30미터 이내의 지역에는 빛이 점멸하거나 신호등과 같은 색깔을 나타내는 광고물을 표시해서는 아니 된다. 다만, 지면으로부터의 15미터 이상 높이에 표시하는 경우에는 그러하지 아니하다.
5. 빛의 밝기 및 색깔에 관하여 시·도 조례로 정하는 바에 따라야 한다.
④ 광고물등에 전광류를 사용하거나 디지털광고물인 경우에는 다음 각 호의 기준에 따라 표시해야 한다.
(2022.12.6 본문개정)
1. 제3항 각 호의 표시기준을 준용하여 표시해야 한다. 다만, 공공시설물 이용 광고물에 대해서는 제3항제3호 및 제4호의 기준을 적용하지 않는다.(2022.12.6 본호개정)
2. 광고내용을 표시하는 면적이 30제곱미터 이상으로서 타사광고를 표시하는 광고물등은 국가 또는 지방자치단체가 의뢰하는 공공목적의 광고내용을 시간당 표출비율의 100분의 20의 범위에서 시·도 조례로 정하는 비율 이상 표출하여야 한다. 이 경우 국가와 지방자치단체가 의뢰하는 광고내용의 표출비율은 같아야 한다.
(2016.7.6 본문개정)

3. 제2호에 따라 국가가 의뢰하는 공공목적 광고의 구체적인 표출방법에 관하여 문화체육관광부장관이 정하는 바에 따라야 한다.
4. 제2호에 따라 지방자치단체가 의뢰하는 공공목적 광고의 구체적인 표출방법에 관하여 시·도지사가 시장등의 의견을 수렴하여 정하는 바에 따라야 한다.
5. 제2호에 따라 공공목적의 광고내용을 의뢰하는 국가 또는 지방자치단체는 광고내용의 표출 및 관리에 직접 소요되는 비용을 옥외광고사업자에게 지급하여야 한다.(2016.7.6 본호신설)

⑤ 시·도지사는 관계 법령에 따라 전기의 공급 또는 사용이 제한되는 광고물에 대해서는 그 표시를 금지하거나 제한할 수 있다.

제15조【옥상간판의 표시방법】 옥상간판은 다음 각 호의 기준에 따라 표시해야 한다.(2021.1.5 본문개정)

1. 다음 각 목의 건물에만 표시할 수 있다.
  가. 「국토의 계획 및 이용에 관한 법률」에 따른 상업지역에 있는 건물(하나의 건물이 상업지역과 다른 용도지역에 걸쳐 있는 경우에는 상업지역에 있는 것으로 본다) 및 같은 법에 따른 공업지역에 있는 건물(도시지역 외에 있는 공장 및 그 부속건물은 공업지역에 있는 것으로 본다. 이하 같다). 다만, 시·도지사가 주거 또는 생활 환경이나 도시미관을 해칠 우려가 있다고 인정하여 시·도 심의위원회의 심의를 거쳐 고시한 지역에 있는 건물은 제외한다.(2014.12.9 본문개정)
  나. 철도역·공항·항만·버스터미널 및 트럭터미널의 건물
  다. 나목에 따른 건물의 부지와 잇닿은 지역으로서 시·도지사가 특히 필요하다고 인정하여 시·도 심의위원회의 심의를 거쳐 고시한 지역에 있는 건물
  라. 시·도지사가 지역여건상 특히 필요하다고 인정하여 시·도 심의위원회의 심의를 거쳐 고시한 지역에 있는 건물
2. 다음 각 목의 어느 하나에 해당하는 경우에는 제1호에 따라 옥상간판을 표시할 수 있는 건물 외의 건물에도 옥상간판을 표시할 수 있다. 다만, 제1호가목 단서에 따른 건물에는 표시할 수 없다.
  가. 자기 건물(자기가 그 건물 연면적의 2분의 1 이상을 사용하고 있는 건물을 말한다. 이하 같다)에 그 건물명이나 자사광고를 표시하는 경우(네온류 또는 전광류를 사용하는 경우에는 광원이 직접 노출되지 않도록 덮개를 씌워 표시하되 빛이 점멸하지 아니하고 동영상 변화가 없는 경우로 한정한다)
  나. 해당 건물을 사용 중인 종교시설에서 네온류 또는 전광류를 사용하여 표시하는 경우로서 빛이 점멸하지 아니하고 동영상 변화가 없는 경우
3. 옥상간판은 다음 각 목의 구분에 따른 층수의 건물에만 표시할 수 있다. 다만, 시·도지사가 지역적 특색을 반영하기 위하여 필요하다고 인정하여 시·도 심의위원회의 심의를 거쳐 고시한 지역에서는 다음 각 목의 구분에 따른 층수에 하나의 층을 4미터로 적용하여 계산한 높이를 충족하는 건물에도 표시할 수 있다.
  가. 특별시의 경우 : 5층 이상 15층 이하의 건물
  나. 광역시(군 지역은 제외한다)의 경우 : 4층 또는 5층 중 해당 광역시의 조례로 정하는 층수 이상 15층 이하의 건물
  다. 시(읍·면 지역은 제외한다)의 경우 : 4층 이상 15층 이하의 건물
  라. 군(시의 읍·면 지역을 포함한다)의 경우 : 3층 이상 15층 이하의 건물
4. 다음 각 목의 어느 하나에 해당하는 경우에는 제3호에 따라 옥상간판을 표시할 수 없는 건물에도 옥상간판을 표시할 수 있다.
  가. 16층 이상의 자기 건물에 그 건물명이나 자기의 광고내용을 입체형 또는 도료로 직접 표시하는 경우
  나. 제3호에 따른 지역별 최하 허용층수 미만인 자기 건물에 표시하는 경우로서 다음의 요건을 모두 갖춘 경우
    1) 해당 건물명이나 자기의 광고내용을 표시하는 것일 것
    2) 간판의 높이는 180센티미터 이하일 것
    3) 간판의 한 면에만 표시할 것
    4) 네온류 또는 전광류를 사용하는 경우에는 광원이 직접 노출되지 않도록 덮개를 씌워 표시하되 빛이 점멸하지 아니하고 동영상 변화가 없을 것
  다. 「국토의 계획 및 이용에 관한 법률」에 따른 공업지역에 있는 공장 및 그 부속건물에 표시하는 경우
  라. 철도역·공항·항만·버스터미널 및 트럭터미널의 건물에 표시하는 경우
5. 「국토의 계획 및 이용에 관한 법률」에 따른 공업지역에 있는 공장 및 그 부속건물에는 하나의 옥상간판에 그 공장의 상호와 그 공장에서 생산되는 제품의 광고만을 표시할 수 있다. 다만, 본문에 따른 공장 및 그 부속건물(「국토의 계획 및 이용에 관한 법률」에 따른 도시지역 외에 있는 공장 및 그 부속건물은 제외한다)로서 제3호에 따라 옥상간판을 표시할 수 있는 공장 및 그 부속건물은 제외한다.(2019.4.30 단서신설)
6. 옥상간판의 규격은 다음 각 목의 기준에 따른다.
  가. 가장 넓은 면 또는 단면(공 모양 등 평면이 없는 간판만 해당한다)의 최대 길이는 30미터 이내여야 하고, 간판 각 면의 면적합계는 1천50제곱미터 이내여야 한다.
  나. 간판의 높이는 다음의 기준에 따른다.
    1) 15미터 이내로 하되, 건물 높이의 2분의 1을 초과해서는 아니 된다.
    2) 높이는 해당 건물의 옥상 바닥부터 산정하되, 제4호 나목에 따라 표시하는 간판의 경우에는 옥상난간 벽면의 아랫부분부터 위쪽으로 120센티미터가 되는 지점부터 산정한다.(2016.7.6 개정)
    3) 옥상구조물 위에 표시하는 경우에는 그 옥상구조물의 수평투영면적의 합계가 해당 건물 건축면적의 8분의 1 이하이거나 옥상구조물의 수평투영면적의 합계가 해당 건물 건축면적의 8분의 1을 초과하고 해당 간판이 옥상구조물 벽면의 바로 위 수직면으로부터 튀어나와 있으면 옥상구조물의 높이는 간판 높이에 산입(算入)하고 건물 높이에는 산입하지 않는다.(2021.1.5 개정)
  다. 옥상간판을 표시하는 건물의 높이·층수 등의 산정방법은 나목2) 및 3)을 제외하고는 「건축법 시행령」에 따른다.
7. 간판은 옥상 바닥의 끝부분으로부터 안쪽에 표시하여야 한다.
8. 「국토의 계획 및 이용에 관한 법률」에 따른 상업지역 및 공업지역에서는 옥상간판 간의 수평거리가 30미터부터 50미터까지의 범위에서 시·도 조례로 정하는 거리 이상이어야 한다. 다만, 가목 및 나목의 간판은 본문에 따른 수평거리를 적용할 때에는 이를 간판으로 보지 아니하며, 다목 및 라목의 간판 간의 거리에 대해서는 본문에 따른 수평거리 제한을 적용하지 아니한다.
  가. 자기 건물에 해당 건물명이나 자기의 성명·주소·전화번호·상호 또는 이를 상징하는 도형을 표시하는 간판
  나. 「국토의 계획 및 이용에 관한 법률」에 따른 공업지역에 있는 공장 및 그 부속건물에 그 공장의 상호와 그 공장에서 생산되는 제품의 광고만을 표시하는 하나의 간판(2019.4.30 본목개정)
  다. 특별시 및 광역시(군 지역은 제외한다)에 있는 왕복 8차로 이상의 도로를 사이에 두고 있는 간판 간
  라. 시 및 군 지역에 있는 왕복 6차로 이상의 도로를 사이에 두고 있는 간판 간
9. 목조건물·가설건축물 또는 「건축법」 제22조에 따른 사용승인을 받지 아니한 건물에는 간판 또는 게시시설을 설치하거나 표시해서는 아니 된다.
10. 옥상간판은 「건축법」에 맞게 설계하여야 하며, 다음 각 목의 어느 하나에 해당하는 것을 제외하고는 「건축사법」에 따라 건축사 업무신고를 한 자가 설계하여야 한다.
  가. 높이가 180센티미터 이하인 간판
  나. 게시시설 없이 옥상구조물에 입체형 또는 도료로 직접 표시하는 간판
11. 제1호부터 제10호까지의 규정에도 불구하고 제24조제2항제6호가목에 따른 가림간판인 옥상간판, 볼링핀 모형의 옥상간판 등의 표시방법은 시·도 조례로 따로 정한다.

제16조【지주 이용 간판의 표시방법】 ① 건물의 부지 안에 설치하는 지주 이용 간판은 다음 각 호의 기준에 따라 표시하여야 한다.

1. 건물을 사용하고 있는 자의 성명·주소·상호·전화번호 또는 이를 상징하는 도형〔주유소, 가스충전소, 수소연료공급시설 또는 환경친화적 자동차의 충전시설의 표시등(表示燈)을 포함한다〕만 표시할 수 있다.(2019.4.30 본호개정)
2. (2016.7.6 삭제)
3. 그 밖에 건물의 부지 안에 설치하는 지주 이용 간판의 표시에 관하여 시·도 조례로 정하는 바에 따라야 한다.

② 건물의 부지 밖에 설치하는 지주 이용 간판은 다음 각 호의 기준에 따라 표시하여야 한다.

1. 너비가 6미터 이상인 도로변의 가장 가까운 지점에서 직접 보이지 아니하는 업소 등만 표시할 수 있다.
2. 전기를 사용해서는 아니 되며, 녹색·청색 등 각종 도로표지·교통안전표지 등의 색상과 혼동될 우려가 있는 색깔을 사용해서는 아니 된다.
3. 표시내용은 특정한 지역·장소·건물 또는 업소 등의 명칭·위치 등을 유도하거나 안내하는 것만 표시할 수 있다.
4. 그 밖에 건물 부지 밖에 설치하는 지주 이용 간판의 표시방법에 관하여 시·도 조례로 정하는 바에 따라야 한다.

③ 제1항과 제2항에도 불구하고 제24조제2항제6호가목부터 다목까지의 규정에 따른 가림간판인 지주 이용 간판의 표시방법은 시·도 심의위원회의 심의를 거쳐 시·도지사가 따로 정할 수 있다. 이 경우 도시지역 외의 지역의 고속국도·일반국도·지방도 또는 군도의 도로경계선으로부터 수평거리 500미터 이내인 지역에 대해서는 그 지역을 관할하는 시·도경찰청장과 협의하여야 한다.(2020.12.31 후단개정)

④ 제1항과 제2항에도 불구하고 제24조제2항제6호라목에 따른 가설울타리에 설치하는 지주 이용 간판은 다음 각 호의 기준에 따라 표시하여야 한다.

1. 가설울타리에 직접 도료 등으로 표시하여야 하며, 전기를 사용해서는 아니 된다.
2. 시공자·발주자 등 공사내용을 알리거나 공공의 목적을 위한 내용만 표시할 수 있다.
3. 그 밖에 시·도 심의위원회의 심의를 거쳐 시·도지사가 따로 정하는 사항이 있으면 이에 따라야 한다.

⑤ 제1항 및 제2항에도 불구하고 시장등은 국가, 지방자치단체 또는 제29조제2항 각 호의 법인(이하 "국가등"이라 한다)이 공공의 목적을 위하여 광고를 표시하도록 하거나 소상공인·전통시장 등을 홍보하기 위한 광고를 표시할 필요가 있는 경우에는 디지털광고물인 지주 이용 간판(이하 "전자게시대"라 한다)을 다음 각 호의 기준에 따라 설치·운영할 수 있다.(2021.12.14 본문개정)

1. 전자게시대는 다음 각 목의 어느 하나에 해당하는 지역에 설치할 수 있다.
  가. 「국토의 계획 및 이용에 관한 법률」에 따른 상업지역·공업지역
  나. 「관광진흥법」에 따른 관광지·관광단지·관광특구
  다. 그 밖에 시·도 조례로 정하는 지역
2. 전자게시대의 표시방법은 제14조를 따른다.
3. 교통신호기와 가까운 거리에 있는 전자게시대의 경우로서 교통신호 기와 혼동이 되지 아니하도록 관할 경찰서장과 협의하여 설치하는 경우에는 제14조제3항제4호의 기준을 지방자치단체의 조례로 정하는 바에 따라 완화하여 적용할 수 있다.
4. 전자게시대 간 수평거리는 100미터 이상으로서 시·도 조례로 정하는 거리 이상 이어야 한다.
5. 광고내용의 표시면적은 12제곱미터 이내이어야 한다.(2016.7.6 본항신설)

제17조【공공시설물 이용 광고물의 표시방법】 공공시설물 이용 광고물은 다음 각 호의 기준에 따라 표시해야 한다. 다만, 라목의 공공시설물에는 2023년 12월 31일까지만 표시할 수 있다.(2020.1.5 본문개정)

1. 다음 각 목의 공공시설물에만 표시할 수 있다.
  가. 철도역·공항·항만·버스터미널 및 트럭터미널의 광장에 설치되어 있는 시계탑·조명탑·교통안내소·안내게시판·관광안내도 및 일기예보탑
  나. 고속국도 휴게소에 설치되어 있는 안내탑·시계탑·교통안내소·관광안내도 및 게시판
  다. 버스승강장·택시승강장·노선버스안내표지판·지정벽보판·현수막 지정게시대 및 주소정보안내판(「도로명주소법」 제25조제2항에 따른 주소정보안내판을 말한다)(2021.12.14 본목개정)
  라. 「도시철도법」 제2조제2호에 따른 도시철도 중 모노레일형식, 노면전차형식, 철제차륜형식, 고무차륜형식, 선형유도전동기형식, 자기부상추진형식 등으로 운행되고, 차량 최대 설계축하중이 13.5톤 이하(분포하중의 경우 단위 미터당 2.8톤 이하를 말한다)인 전기철도의 선로 교각(2021.1.5 본목개정)
  마. 가목부터 라목까지에 규정되지 아니한 공공시설물 중 시·도 조례로 정하는 편의시설물로서 시장등이 시·군·구 심의위원회의 심의를 거쳐 인정하는 시설물. 다만, 가목부터 라목까지의 공공시설물 외에 국가등이 시책 홍보 등을 목적으로 광고물등을 표시한 공공시설물과 제29조제3항제5호부터 제7호까지의 광고물은 편의시설물로 정할 수 없다.(2019.4.30 본목개정)
2. 공공시설물의 효용을 해쳐서는 아니 된다.
3. 시·도지사 또는 시장등이 지정하는 부분에 표시하여야 한다.
4. 표시면적은 공공시설물 면적의 4분의 1 이내여야 한다.
5. 그 밖에 지역 특성 등을 고려하여 시·도 조례로 정하는 사항을 지켜야 한다.(2023.11.16 본호개정)

제18조【교통시설 이용 광고물의 표시방법】 교통시설 이용 광고물은 이 영에서 정하는 광고물의 표시방법에 따라 표시하여야 한다. 다만, 지하도·지하철역·철도역·공항 또는 항만의 시설 내부에 표시하는 경우에는 다음 각 호의 기준에 따라야 한다.

1. 시설 외부에서 광고내용이 보이지 않도록 표시하는 경우의 표시방법은 그 시설의 관리청이 따로 정할 수 있다. 이 경우 옥외광고를 통한 수익에 치중하여 이용자의 편의, 도시미관을 해치거나 위해 방지에 소홀하지 않도록 하여야 한다.
2. 시설 외부에서 광고내용이 보이도록 표시하는 경우에는 도시미관 등을 위하여 그 시설의 관리청이 해당 지역의 시장등과 미리 협의하여야 한다.

제19조【교통수단 이용 광고물의 표시방법】 ① 사업용 자동차, 사업용 화물자동차 및 음식판매자동차의 외부에는 다음 각 호의 기준에 따라 광고물을 표시하여야 한다.(2017.12.29 본문개정)

1. 창문 부분을 제외한 차체의 옆면, 뒷면 또는 버스돌출번호판(버스의 출입문에 부착하여 출입문 개방 시 돌출되게 설치한 번호판을 말한다)에 표시하여야 한다.(2016.7.6 본호개정)
2. 표시면적은 각 면(창문 부분은 제외한다) 면적의 2분의 1 이내여야 한다.

② 항공기등에는 다음 각 호의 기준에 따라 광고물을 표시해야 한다.

1. 창문을 제외한 본체에 표시하되, 튀어나오게 표시하거나 매다는 방식으로 표시해서는 안 된다.
2. 시장등은 비행안전을 위하여 비행선에 표시하는 광고물등의 표시 허가를 신청한 자에게 비행구간·비행시

간 등이 포함된 비행계획을 제출하도록 하여 비행지역을 관할하는 지방항공청장과 협의해야 한다.(2022.12.6 본항개정)
③ 철도차량 및 도시철도차량의 외부에 표시하는 광고물의 표시면적은 차량 1량의 각 옆면(창문 부분은 제외한다) 면적의 2분의 1의 범위에서 해당 시설의 관리청이 따로 정한다.(2014.12.9 본항개정)
④ 선박의 외부에는 다음 각 호의 기준에 따라 광고물을 표시하여야 한다.
1. 선체 옆면에 표시하되, 튀어나오게 표시하거나 매다는 방식으로 표시해서는 안 된다.(2019.4.30 본호개정)
2. 표시면적은 각 면(창문 부분은 제외한다) 면적의 2분의 1 이내여야 한다.
3. 광고물이 선박의 명칭, 선적항, 만재흘수선 및 흘수의 치수 등 해사(海事)에 관한 법령에 따라 표시하여야 하는 사항을 가리거나 그 식별에 지장을 주어서는 아니 된다.
⑤ 자기가 소유하는 자동차 및 덤프트럭 외부에는 다음 각 호의 기준에 따라 광고물을 표시해야 한다.(2022.12.6 본문개정)
1. 외부의 창문 부분을 제외한 본체 옆면에 표시해야 한다.(2020.1.7 본호개정)
2. 소유자의 성명·명칭·주소·업소명·전화번호, 자기의 상표 또는 상징형 도안만 표시할 수 있다.
3. 표시면적은 각 면(창문 부분은 제외한다) 면적의 2분의 1 이내여야 한다.
⑥ 교통수단 이용 광고물(영업 중인 음식판매자동차에 표시하는 광고물은 제외한다)에는 전기를 사용하거나 발광방식의 조명을 하여서는 아니 되며, 보행자 및 차량의 통행에 방해가 되지 않도록 광고물을 밀착하여 붙여야 한다.(2022.12.6 본항개정)
⑦ 대여자전거에 광고물을 표시하는 경우에는 튀어나오게 표시하거나 매다는 방식으로 표시해서는 안 된다.(2022.12.6 본항신설)

제19조의2【택시표시등 전광류사용광고의 시범운영】 ① 제19조제1항 및 제6항에도 불구하고 「여객자동차 운수사업법 시행령」 제3조제2호다목 및 라목에 따른 일반택시운송사업 및 개인택시운송사업에 사용되는 사업용 자동차 윗부분에 설치된 택시 표시등에는 전광류를 사용하는 광고(이하 이 조에서 "택시표시등 전광류사용광고"라 한다)를 2024년 6월 30일까지의 기간 중 시범적으로 표시할 수 있다.(2021.5.4 본항개정)
② 제1항에 따라 택시표시등 전광류사용광고를 시범적으로 표시할 수 있는 지역과 기간은 행정안전부장관과 국토교통부장관이 협의하여 정하고 이를 고시한다. 이 경우 택시 등록대수, 교통안전에 미치는 영향 및 광고의 파급효과 등을 고려하여야 한다.(2017.7.26 전단개정)
③ 택시표시등 전광류사용광고의 표시방법, 규격 등은 교통안전에 미치는 영향과 도시미관 등을 고려하여 행정안전부장관과 국토교통부장관이 협의하여 정하고 이를 고시한다.(2017.7.26 본항개정)

제19조의3【특정광고물의 표시방법】 특정광고물의 표시방법 또는 배부방법은 정책위원회의 심의를 거쳐 행정안전부장관이 정하여 고시한다.(2018.5.28 본조신설)

제20조【그 밖의 광고물등의 표시방법】 ① 제3조제6호의2에 따른 입간판은 건물의 부지 안에 설치하여야 한다.(2014.12.9 본항신설)
② 제3조 각 호의 광고물등으로서 이 장에 규정되지 아니한 광고물등의 표시방법 또는 배부방법은 시·도 조례로 정한다.

제4장 표시방법의 완화
(2011.10.10 본장개정)

제21조【표시방법의 완화】 ① 법 제3조제4항에서 "상업지역·관광지·관광단지 등 대통령령으로 정하는 지역"이란 다음 각 호의 지역을 말한다.
1. 「국토의 계획 및 이용에 관한 법률」에 따른 상업지역 및 경관지구(2017.12.29 본호개정)
2. 「국토의 계획 및 이용에 관한 법률」에 따른 지구단위계획구역
3. 너비가 30미터 이상인 도로변
4. 「관광진흥법」에 따른 관광지·관광단지 및 관광특구(제24조제1항제1호다목·사목 및 아목에 따른 지구·지역 등은 제외한다)
5. 법 제4조제2항에 따라 시·도지사가 지정한 특정구역
② 제1항제5호의 지역에서는 법 제4조제2항에 따라 허가 또는 신고의 기준이 강화되지 아니한 광고물등에 대해서만 표시방법을 완화하여 적용할 수 있다.
③ 시·도지사는 법 제3조제4항에 따라 특정구역을 지정하여 표시방법을 완화하려면 주민의 의견을 듣고 시·도 심의위원회의 심의를 거쳐야 한다.
④ 시·도지사는 법 제3조제4항에 따라 지정한 특정구역의 범위 및 광고물등의 완화내용을 고시하여야 한다.
⑤ 법 제3조제4항에 따른 특정구역의 세부적인 지정절차는 시·도 조례로 정한다.
⑥ 법 제3조제4항에 따른 특정구역에서도 다음 각 호의 표시방법은 완화할 수 없다.
1. 제14조제3항제3호 및 제4호(같은 조 제4항제1호에서 준용하는 경우를 포함한다)에 따른 표시기준
2. 제17조제4호에 따른 공공시설물 이용 광고물의 표시면적

제22조【표시방법 등에 대한 특례】 ① 다음 각 호의 어느 하나에 해당하는 지역에서는 시·도 조례로 정하는 바에 따라 광고물등을 건물면적에 따라 제한할 수 있다.
1. 「신행정수도 후속대책을 위한 연기·공주지역 행정중심복합도시 건설을 위한 특별법」에 따른 행정중심복합도시
2. 「기업도시개발 특별법」에 따른 기업도시
3. 「혁신도시 조성 및 발전에 관한 특별법」에 따른 혁신도시(2018.2.27 본호개정)
4. 「도시재정비 촉진을 위한 특별법」에 따른 재정비촉진지구
5. 「택지개발촉진법」에 따른 택지개발지구(면적 330만제곱미터 이상인 지구만 해당한다)
6. 그 밖에 시·도지사가 결정하여 고시한 지역
② 물가안정 등 국민생활과 국민경제의 안정에 이바지하는 광고물등의 경우에는 제12조제8항 및 제16조제1항에도 불구하고 해당 업종을 관할하는 중앙행정기관의 장이 행정안전부장관과 협의하여 고시하는 바에 따라 2개 이하의 간판을 추가로 설치할 수 있다.(2017.7.26 본항개정)

제23조【간판표시계획서의 제출】 ① 법 제3조제7항에서 "대통령령으로 정하는 일정 규모 이상의 건물"이란 다음 각 호의 용도로 사용되는 바닥면적(「건축법 시행령」 제119조제1항제3호에 따른 바닥면적을 말한다)의 합계가 300제곱미터 이상인 건물을 말한다.
1. 「건축법」 제2조제2항제3호·제4호 및 제16호에 따른 제1종 근린생활시설, 제2종 근린생활시설 및 위락시설
2. 「건축법」 제2조제2항에 따른 건축물의 용도 중 시·군·구 조례로 정하는 용도
② 제1항에 따른 건물의 건물주는 그 건물에 간판 및 게시시설의 표시를 위한 허가 신청 또는 신고 전에 법 제3조제7항에 따른 간판표시계획서(이하 "간판표시계획서"라 한다)를 시장등에게 제출하여야 한다.
③ 간판표시계획서에는 표시되는 간판 및 게시시설의 규모와 표시 위치 또는 장소(건물 입면도에 표시하여야 한다)가 포함되어야 한다.

제5장 광고물등의 금지 및 표시방법의 강화
(2011.10.10 본장개정)

제24조【광고물등의 표시가 금지되는 지역·장소 또는 물건】 ① 법 제4조제1항에서 "대통령령으로 정하는 지역·장소 또는 물건"이란 다음 각 호의 지역·장소 또는 물건을 말한다.
1. 광고물등의 표시가 금지되는 지역 및 장소
가. 「국토의 계획 및 이용에 관한 법률」에 따른 전용주거지역·일반주거지역·녹지지역 및 중요시설물보호지구등(2017.12.29 본목개정)
나. 「국토의 계획 및 이용에 관한 법률」에 따른 경관지구 및 보호지구 중 시·도지사가 시·도 심의위원회의 심의를 거쳐 고시한 지역(2017.12.29 본목개정)
다. 「자연공원법」에 따른 공원자연보존지구 및 공원자연환경지구
라. 「하천법」에 따른 하천
마. 「공유수면 관리 및 매립에 관한 법률」에 따른 공유수면
바. 「산림보호법」에 따른 산림보호구역
사. 「자연환경보전법」에 따른 생태·경관보전지역 및 자연유보지역
아. 「문화재보호법」에 따른 지정문화재 및 보호구역
자. 관공서·학교·도서관·박물관, 「의료법」에 따른 병원급 의료기관, 공회당·사찰·교회 및 그 부속시설
차. 화장장·장례식장 및 묘지
카. 「국토의 계획 및 이용에 관한 법률」에 따른 도시지역 외의 지역의 고속국도·일반국도·지방도·군도의 도로경계선 및 철도·고속철도의 철도경계선으로부터 수평거리 500미터 이내의 지역. 다만, 10대 이상의 대형승합자동차가 한꺼번에 주차할 수 있는 시설을 갖춘 휴게소, 버스정류장과 도로경계선 및 철도경계선으로부터 직접 보이지 아니하는 지역은 제외한다.
타. 다리·축대·육교·터널·고가도로 및 삭도(索道)
2. 광고물등의 표시가 금지되는 물건
가. 도로표지·교통안전표지·교통신호기 및 보도분리대
나. 전봇대
다. 가로등 기둥(2016.7.6 본목개정)
라. 가로수
마. 동상 및 기념비
바. 발전소·변전소·송신탑·송전탑·가스탱크·유류탱크 및 수도탱크
사. 우편함·소화전 및 화재경보기
아. 전망대 및 전망탑
자. 담장(제2항제6호라목에 따른 가설울타리는 제외한다)
차. 재배 중인 농작물
카. 도로교통안전과 주거 또는 생활 환경을 위한 시설물로서 시·도 조례로 정하는 물건
② 법 제4조제1항에서 "대통령령으로 정하는 광고물등"이란 다음 각 호의 광고물등을 말한다.
1. 자사광고
2. 지정게시판 또는 지정벽보판에 표시하는 벽보
3. 공공시설물 이용 광고물
4. 지정게시대나 시공 또는 철거 중인 건물의 가림막에 표시하는 현수막
5. 교통수단 이용 광고물
6. 다음 각 목의 어느 하나에 해당하는 가림간판(자연적인 방법 또는 다른 인위적인 방법으로 가리는 것이 불가능한 경우만 해당한다)
가. 국방부장관이 승인한 군사시설의 가림간판
나. 국토교통부장관이 승인한 철도의 주요 경계시설의 가림간판(2013.3.23 본목개정)
다. 국가등이 「폐기물관리법」에 따라 폐기물을 수집·보관 또는 처분하는 지역으로서 시·도지사가 시·도 심의위원회의 심의를 거쳐 고시한 지역의 가림간판
라. 「건축법」 및 「건축물관리법」 등 관계 법령에 따라 적법하게 건물·시설물 등을 시공하거나 해체하는 경우로서 시공 또는 해체에 따른 위해를 방지하기 위하여 설치하는 가설울타리에 표시하는 광고물(2020.4.28 본목개정)
7. 문화·예술·관광·체육·종교·학술 등의 진흥을 위한 행사·공연 또는 국가등의 주요 시책 등을 홍보하기 위한 가로등 현수기. 다만, 다음 각 목의 요건을 모두 갖춘 것에 한정한다.
가. 가로등 기둥에만 표시하여야 한다.
나. 전기를 사용하여서는 아니된다.
다. 표시방법은 제29조제5항을 준용한다.
(2016.7.6 본호신설)

제25조【표시방법의 강화】 ① 법 제4조제2항에서 "대통령령으로 정하는 지역"이란 다음 각 호의 지역을 말한다.
1. 「국토의 계획 및 이용에 관한 법률」에 따른 경관지구 및 중요시설물보호지구등(2017.12.29 본호개정)
2. 「국토의 계획 및 이용에 관한 법률」에 따른 지구단위계획구역
3. 너비가 30미터 이상인 도로변
4. 그 밖에 시·도지사가 특히 필요하다고 인정하여 고시한 구역
② 시·도지사는 법 제4조제2항에 따른 특정구역을 지정하여 표시방법을 강화하려면 미리 주민의 의견을 듣고 시·도 심의위원회의 심의를 거쳐야 한다.
③ 법 제4조제2항에 따른 특정구역의 세부적인 지정절차와 강화되는 표시방법의 범위에 관하여는 시·도 조례로 정한다.
④ 시·도지사는 법 제4조제2항에 따른 특정구역을 지정할 때에는 「행정절차법」 제46조에 따른 행정예고를 하고, 주민·광고주·광고물등 소유자 등 이해관계인의 의견을 들어야 하며, 특정구역 안의 건물 소유자, 업소 또는 타사광고 등이 지나치게 제한되지 않도록 주의하여야 한다.(2016.7.6 본항개정)
⑤ 법 제4조제5항에서 "대통령령으로 정하는 사업장"이란 다음 각 호의 사업장을 말한다.
1. 의료기관 또는 약국
2. 주유소 또는 가스충전소
2의2. 「고압가스 안전관리법」 제4조제5항에 따른 고압가스판매소(수소연료공급시설이 설치된 경우로 한정한다) 또는 「전기사업법」 제2조제12호의5에 따른 전기자동차충전사업자의 전기자동차충전사업장(2019.4.30 본호신설)
3. 은행
4. 그 밖에 시·도 조례로 정하는 사업장

제6장 광고물등 자율관리구역 및 광고물등 정비시범구역
(2011.10.10 본장신설)

제26조【광고물등 자율관리구역의 지정 등】 ① 법 제4조의2제1항에서 "대통령령으로 정하는 지역"이란 법 제3조제1항 각 호의 지역을 말한다.
② 제1항에 따른 지역의 일정한 구역 내의 토지 또는 건물의 소유자·지상권자·임차권자(이하 "토지소유자등"이라 한다)는 다음 각 호의 사항이 포함된 협정(이하 "자율관리협정"이라 한다)을 체결하여 시장등에게 법 제4조의2에 따른 광고물등 자율관리구역(이하 "자율관리구역"이라 한다)의 지정을 신청할 수 있다.
1. 자율관리구역의 범위 및 명칭
2. 광고물등의 위치·모양·크기·색깔·수량 등 광고물등의 표시방법에 관한 사항
3. 자율관리협정 체결자의 성명 및 주소
4. 제27조에 따른 주민협의회(이하 "주민협의회"라 한다)의 명칭·주소 및 그 대표자·위원의 성명·주소
5. 자율관리협정의 유효기간
6. 자율관리협정을 위반하였을 때의 조치
7. 그 밖에 자율관리협정에 필요한 사항으로서 시·군·구 조례로 정하는 사항
③ 시장등은 제2항에 따라 자율관리구역의 지정 신청을 받은 경우에는 시·군·구 심의위원회의 심의를 거쳐 자율관리구역 지정 여부를 결정하여야 한다.
④ 시장등은 제3항에 따라 자율관리구역을 지정하였을 경우에는 다음 각 호의 사항을 고시하여야 한다.
1. 자율관리구역의 범위
2. 자율관리협정의 주요 내용
⑤ 자율관리협정은 그 협정을 체결한 토지소유자등에게만 효력이 미친다.

⑥ 주민협의회는 자율관리협정의 내용을 변경하려는 경우에는 그 전원의 합의로 시장등에게 자율관리구역의 변경지정을 신청하여야 한다. 이 경우 제3항 및 제4항을 준용한다.
⑦ 제3항에 따라 고시된 자율관리구역 내의 토지소유자등으로서 자율관리협정 체결자가 아닌 자는 주민협의회에 의사를 표시하고 자율관리협정에 가입할 수 있으며, 주민협의회는 그 가입 요청을 거절할 수 없다.
⑧ 시장등은 법 제4조의2제4항에 따라 자율관리구역의 지정을 취소하려는 경우에는 주민협의회의 의견을 들은 후 시·군·구 심의위원회의 심의를 거쳐야 한다.

제27조【주민협의회의 운영】 ① 제26조에 따라 자율관리협정을 체결하는 자는 법 제4조의2제3항에 따라 협정체결자들 간의 자율적 기구로서 주민협의회를 구성·운영하여야 한다.
② 주민협의회는 자율관리협정 체결자 과반수의 동의를 받아 그 대표자 및 위원을 선임하여야 한다.
③ 주민협의회의 업무는 다음 각 호와 같다.
1. 자율관리협정의 작성 및 자율관리구역 지정의 신청
2. 광고물등의 유지·관리 및 감시 활동
3. 제1호 및 제2호에서 규정한 사항 외에 시·군·구 조례로 정하는 사항
④ 제1항 및 제2항에서 규정한 사항 외에 주민협의회의 구성·운영에 필요한 사항은 시·군·구 조례로 정한다.
(2012.7.9 본조개정)

제28조【광고물등 정비시범구역】 ① 법 제4조의3제1항에서 "대통령령으로 정하는 지역"이란 다음 각 호의 지역을 말한다.
1. 「국토의 계획 및 이용에 관한 법률」에 따른 경관지구 및 중요시설물보호지구등(2017.12.29 본호개정)
2. 「국토의 계획 및 이용에 관한 법률」에 따른 상업지역
3. 너비 30미터 이상의 도로변
4. 법 제3조제4항 및 제4조제2항에 따라 시·도지사가 지정한 특정구역
5. 제1호부터 제4호까지의 지역 외에 시장등이 특히 필요하다고 인정하여 고시한 구역
② 시장등은 법 제4조의3제1항 및 제2항에 따라 정비시범구역을 지정하거나 광고물등의 모양·크기·색깔, 표시 또는 설치의 방법을 정하려는 경우에는 「행정절차법」 제46조에 따른 행정예고를 하고, 주민·광고주·광고물 소유자등 이해관계인의 의견을 들어야 한다.(2016.7.6 본항개정)
③ 제1항 및 제2항에서 규정한 사항 외에 정비시범구역의 지정·운영에 필요한 사항은 시·군·구 조례로 정한다.

제28조의2【광고물등 자유표시구역의 지정】 ① 법 제4조의4제1항에서 "대통령령으로 정하는 지역"이란 다음 각 호의 어느 하나에 해당하는지역을 말한다.
1. 법 제3조제1항 각 호(제6호는 제외한다)의 지역
2. 제21조제1항제1호부터 제4호까지의 지역
② 시·도지사는 법 제4조의4제1항에 따라 자유표시구역의 지정을 신청하는 경우 법 제4조의4제3항에 따른 자유표시구역 운영기본계획(이하 "기본계획"이라 한다)을 행정안전부장관에게 제출하기 전에 공청회를 개최하여 주민, 옥외광고사업자 및 관련 전문가 등과 협의하여야 한다.(2017.7.26 본항개정)
③ 행정안전부장관은 법 제4조의4제1항에 따라 자유표시구역을 지정하였을 때에는 관보 또는 행정안전부 인터넷 홈페이지 등에 다음 각 호의 사항을 게재하여야 하며, 관할 시·도지사 및 시장등에게 지체 없이 이를 통지하여야 한다.(2017.7.26 본항개정)
1. 지정된 자유표시구역의 명칭, 위치 및 면적
2. 자유표시구역의 지정 사유
3. 자유표시구역 지정일
④ 시·도지사 및 시장등은 제3항에 따른 통지를 받으면 해당 기관의 인터넷 홈페이지 등에 제3항 각 호의 사항을 14일 이상 게재하여야 한다.
(2016.7.6 본조신설)

제28조의3【광고물등 자유표시구역의 지정취소】 ① 행정안전부장관은 법 제4조의4제7항에 따라 자유표시구역의 지정을 취소하려면 미리 다음 각 호의 사항을 관보 또는 행정안전부 인터넷 홈페이지 등에 게재하여야 하고, 관할 시·도지사 및 시장등에게 지체 없이 이를 통지하여야 한다.(2017.7.26 본문개정)
1. 지정 취소할 자유표시구역의 명칭, 위치 및 면적
2. 자유표시구역의 지정 취소 사유
3. 자유표시구역 지정 취소 예정일
4. 지정 취소되는 자유표시구역에서 이루어진 기존 사업의 경과조치에 관한 사항
② 시·도지사 및 시장등은 제1항에 따른 통지를 받으면 해당 기관의 인터넷 홈페이지 등에 제1항 각 호의 사항을 14일 이상 게재하여야 한다.
(2016.7.6 본조신설)

제28조의4【기본계획 중 경미한 사항의 변경】 법 제4조의4제6항에서 "대통령령으로 정하는 경미한 사항을 변경하는 경우"란 다음 각 호의 어느 하나에 해당하는 사항을 말한다.
1. 기본계획에서 정한 자유표시구역의 총면적을 최초 기본계획에서 정한 총면적의 10퍼센트 범위에서 변경하는 경우
2. 기본계획에서 정한 자유표시구역의 운영기간을 10퍼센트 범위에서 변경하는 경우
3. 기본계획에서 정한 범위에서 법 제4조의4제3항제4호에 따른 개별 광고물등의 표시 방법 등에 관한 기준을 변경하는 경우
(2016.7.6 본조신설)

제7장 공공목적 및 기금조성용 광고물등의 설치 등 (2011.10.10 본장개정)

제29조【공공목적 광고물등의 표시방법】 ① 법 제6조제2항 본문에서 "대통령령으로 정하는 광고물등"이란 국가등이 표시하는 다음 각 호의 광고물등으로서 이 영에 따른 표시방법에 맞는 광고물등을 말한다.
1. 국가등의 청사 또는 건물 벽면을 이용하는 간판(면적이 5제곱미터 이상인 간판은 제외한다)
2. 국가등의 청사 또는 건물의 부지 안에 설치하는 현수막 게시대와 벽보판 및 그 게시 광고물
3. 시설물 또는 장소 등의 위험·경고·안전의 안내를 위하여 전기를 사용하지 아니하고 설치하는 안내표지판
② 법 제6조제2항 본문에서 "대통령령으로 정하는 공공단체"란 다음 각 호의 법인을 말한다.
1. 「공공기관의 운영에 관한 법률」 제4조제1항에 따라 지정된 공공기관
2. 「지방공기업법」에 따라 설립된 지방공사 또는 지방공단
3. 개별 법률에 따라 주무부장관의 인가·허가 없이 직접 설립된 법인
4. 「민법」에 따라 설립된 재단법인(국가 또는 지방자치단체가 재산의 일부 또는 전부를 출연하고 그 운영에 관여하는 법인으로 한정한다)
③ 법 제6조제2항 단서에서 "대통령령으로 정하는 표시·설치 기준 등에 맞는 광고물등"이란 다음 각 호의 광고물등을 말한다.
1. 국가등의 청사 또는 건물의 부지 안에 설치하는 홍보용 간판 1개. 이 경우 지주 이용 간판, 옥상간판 또는 건물등의 벽면을 이용하는 광고물등 중 하나를 선택하여야 하며, 홍보용 간판에 전광류를 사용하는 경우에는 제14조제4항제2호에 따른 비율의 범위에서 해당 기관을 제외한 국가등의 공공목적 광고내용을 표출하여야 한다.
2. 국가등의 청사 또는 건물의 부지 밖에 설치하는 현수막 게시대와 벽보판 및 그 게시 광고물
3. 문화·예술·관광·체육·종교·학술 등의 진흥을 위한 행사·공연 또는 국가 등의 주요 시책 등을 홍보하기 위하여 30일 이내의 기간 동안 설치하는 가로등 현수기(2016.7.6 본호개정)
4. 국가등이 개최하는 행사나 주요 정책 등을 홍보하기 위하여 국가등의 청사 또는 건물 벽면에 30일 이내의 기간 동안 설치하는 현수막 1개
5. 대기오염 항목의 측정 결과와 날씨 정보 등을 알리기 위하여 설치하는 대기오염 옥외전광판 및 그 표시 홍보물
6. 기상특보·강우량 등 기상정보, 안전문화 및 재난상황 등을 알리기 위하여 설치하는 재난문자전광판 및 그 표시 홍보물
7. 문화·예술·관광·체육 등의 진흥을 위한 주요 시책, 국가등의 행사 또는 사업의 홍보를 위하여 육교에 설치하는 현판 및 그 게시 홍보물(전기를 사용하지 아니하는 경우로 한정한다)
8. 국가안보·범죄신고 홍보를 위하여 청사 밖에 설치하는 지주 이용 간판(한 면의 면적이 12제곱미터 이내이고, 각 면의 합계면적이 24제곱미터 이내인 간판으로 한정한다)
9. 교통법규 위반 단속 또는 도로·교통시설의 정비·점검 업무를 수행 중인 차량에 해당 업무를 안내하기 위해 설치하는 안내전광판 및 표시 홍보물(2019.4.30 본호신설)
10. 지방자치단체 간 관할구역 경계를 안내하기 위해 해당 지방자치단체의 도로(「도로법」 제10조제3호부터 제7호까지에 따른 도로와 같은 법 제23조제2항에 따른 일반국도로 한정한다)에 설치하는 지주 이용 간판(전기를 사용하는 지주 이용 간판은 제외한다).(2022.12.6 본호신설)
④ 국가등은 제3항 각 호의 광고물등을 표시하려면 관할 시장등과 미리 협의하여야 한다.
⑤ 제3항제3호에 따른 가로등 현수기는 다음 각 호의 기준에 따라 표시하여야 한다. 이 경우 가로등 현수기의 규격 및 그 밖의 표시 방법은 보행자 및 차량의 통행이나 안전을 고려하여 시·도 조례로 정한다.(2020.1.7 후단신설)
1. 보행자 및 차량의 통행을 방해하지 아니하여야 한다.
2. 도로표지 또는 교통안내표지가 붙어있는 가로등 기둥에 표시해서는 아니 된다.(2016.7.6 본호개정)
3. 하나의 가로등 기둥에 표시하는 현수기는 2개를 초과할 수 없다.(2016.7.6 본호개정)
4. (2020.1.7 삭제)
5. 지면으로부터 현수기 밑 부분까지의 높이는 200센티미터 이상이어야 한다.(2013.6.21 본호개정)
6. 현수기의 밑 부분을 나무·철근·플라스틱 등을 이용하여 고정시켜서는 아니 된다.
⑥ 국가등의 공공목적 광고물등에는 제21조를 적용하지 아니한다.
⑦ 시장등은 광고물등의 안전성 확보, 차량 교통 및 보행안전의 확보, 도시미관 및 쾌적한 생활 환경 조성을 위하여 특히 필요하다고 인정하면 제3항에 따른 광고물등의 설치 장소·수량 등을 제한할 수 있다.

제30조【기금조성용 옥외광고사업 및 광고물등의 설치기준 등】 ① 법 제6조제3항 단서에서 "대통령령으로 정하는 주요 국제행사"란 별표2 제1호에 따른 주요 국제행사를 말한다.(2013.6.21 본항개정)
② 법 제6조제4항에서 "대통령령으로 정하는 설치기준등"이란 다음 각 호의 기준 등을 말한다.
1. 홍보탑(구조물을 설치하고 구조물을 직접 이용하거나 그 구조물에 목재·아크릴·금속재 등의 판을 붙여 문자·도형 등을 표시하는 광고물을 말한다. 이하 같다)을 이용하여 광고할 수 있다.
2. 광고물등의 종류·규격 및 설치장소 등 표시방법은 제3장의 규정에도 불구하고 별표3에 따른다.
3. 광고물등의 표시기간은 별표1에 따른다.(2016.7.6 본호개정)
4. 법 제11조의4에 따른 한국옥외광고센터(이하 "한국옥외광고센터"라 한다)는 법 제6조제4항에 따라 옥외광고사업을 수행하려면 제7조제1항제1호부터 제3호까지의 서류에 토지 또는 건물의 구조안전확인서류를 첨부하여 시장등과 미리 협의하여야 한다.
5. 한국옥외광고센터는 제4호에 따른 협의를 마친 광고물등의 규격·형태 또는 장소를 변경하려면 시장등과 협의하여야 하며, 광고물등의 표시기간을 연장하거나 광고내용을 변경하려는 경우에는 시장등에게 통보하여야 한다.
③ 한국옥외광고센터는 공정하고 투명한 경쟁방식으로 옥외광고사업의 시행을 위한 옥외광고사업자를 선정하여야 한다.(2016.7.6 본항개정)
④ 제3항에 따른 옥외광고사업자 선정의 구체적인 기준·방식 등은 한국옥외광고센터가 행정안전부장관의 승인을 받아 정한다.(2017.7.26 본항개정)
⑤ 한국옥외광고센터는 광고물등의 정비 또는 옥외광고산업의 진흥·발전을 위하여 필요한 경우에는 법 제6조제2항부터 제4항까지에서 규정한 범위와 절차·방법에 따라 광고물등에 적용·사용될 수 있는 신소재, 신기술 또는 새로운 표시방법 등이 적용된 광고물등에 대한 시범사업을 실시할 수 있다.(2016.7.6 본항신설)

제31조【기금조성용 옥외광고사업의 수익금 배분 등】 ① 법 제6조제5항에 따른 옥외광고사업 수익금의 산정방법, 배분비율 및 배분방법은 별표2 제2호 및 제3호와 같다.(2021.12.14 본항개정)
② 국제행사에 지원되는 옥외광고사업 수익금은 국제행사 준비 및 운영 등에 사용하고, 시·도 및 시·군·구에 지원되는 옥외광고사업 수익금은 광고물등의 정비사업에 사용한다.
③ 한국옥외광고센터는 법 제6조제3항 단서에 따른 옥외광고사업으로 적립된 수익금을 수입 및 지출 계획서와 집행계획서를 작성하여 배분하여야 하고, 한국옥외광고센터에 배분되는 수익금에 대해서는 「한국지방재정공제회법」에 따른 한국지방재정공제회의 정관으로 정하는 바에 따라 운용하여야 한다.
④ 제2항 및 제3항에 따라 옥외광고사업 수익금을 사용·운용하고 남은 금액의 처리방법은 별표2 제4호와 같다.
(2021.12.14 본항신설)

제8장 옥외광고 관련 위원회 (2011.10.10 본장개정)

제32조【옥외광고심의위원회의 구성·운영】 ① 법 제7조제1항에 따라 시·도 및 시·군·구에 두는 옥외광고심의위원회(이하 "심의위원회"라 한다)의 위원장은 해당 시·도 및 시·군·구의 옥외광고 업무 담당국장(담당국장이 없는 시·도 및 시·군·구의 경우에는 시·도 조례 또는 시·군·구 조례로 정하는 사람)이 되고, 부위원장은 위원 중에서 위원장이 지명하는 사람이 된다.
(2016.7.6 본항개정)
② 위원은 관계 공무원, 광고물등에 관한 학식과 경험이 풍부한 사람 등 중에서 시·도지사 또는 시장등이 임명하거나 위촉한다. 이 경우 공무원인 위원의 수는 위원장과 부위원장을 포함한 위원 수의 2분의 1 미만이어야 한다.
③ 위원은 본인, 배우자, 직계존비속 또는 형제자매와 직접 이해관계가 있는 안건의 심의에는 참여할 수 없다.
④ 위원의 임기는 2년으로 한다. 다만, 보궐위원의 임기는 전임자 임기의 남은 기간으로 하며, 공무원인 위원의 임기는 그가 특정한 직위에 있다는 이유로 임명되거나 위촉된 경우에는 그 직(職)에 재직하는 기간으로 한다.
⑤ 심의위원회는 심의를 효율적으로 수행하기 위하여 3명 이상의 위원으로 구성되는 소위원회를 설치·운영할 수 있다.
⑥ 심의위원회 위원장은 회의를 소집하고 그 의장이 된다.
⑦ 심의위원회 위원장이 부득이한 사유로 직무를 수행할 수 없을 때에는 부위원장이 그 직무를 대행한다.
⑧ 심의위원회의 회의는 재적위원 과반수의 출석으로 열고, 출석위원 과반수의 찬성으로 의결한다. 다만, 안건의 내용이 경미한 경우 등 시·도 조례 또는 시·군·구 조례로 정하는 경우의 개의(開議) 요건 및 의결 요건은 해당 조례로 정하는 바에 따른다.
⑨ 심의위원회의 업무를 효율적으로 처리하기 위하여 심의위원회에 간사 1명을 두며, 간사는 시·도지사 또는 시장등이 그 소속 공무원 중에서 임명한다.

⑩ 제1항부터 제9항까지에서 규정한 사항 외에 심의위원회 및 소위원회의 구성·운영 등에 필요한 사항은 시·도 조례 또는 시·군·구 조례로 정한다.
(2016.7.6 본조제목개정)

제33조【심의위원회의 기능】 심의위원회는 다음 각 호의 사항을 심의한다.
1. 법 및 이 영에 따라 심의위원회의 심의를 거쳐야 하는 사항
2. 시·도 조례 또는 시·군·구 조례에 따라 심의위원회의 심의를 거쳐야 하거나 심의에 부칠 수 있도록 한 사항

제34조【옥외광고정책위원회의 구성·운영】 ① 법 제7조의2제2항제1호에서 "대통령령으로 정하는 관계 행정기관"이란 기획재정부·과학기술정보통신부·행정안전부·문화체육관광부·산업통상자원부·국토교통부·경찰청 및 방송통신위원회를 말한다.(2017.7.26 본항개정)
② 정책위원회의 위원장(이하 이 조에서 "위원장"이라 한다)은 정책위원회의 업무를 총괄하며, 회의의 의장이 된다.(2018.5.28 본항개정)
③ 위원장이 부득이한 사유로 직무를 수행할 수 없을 때에는 위원장이 지명하는 위원이 그 직무를 대행한다.
④ 정책위원회의 회의는 재적위원 과반수의 출석으로 열고, 출석위원 과반수의 찬성으로 의결한다.
⑤ 정책위원회의 업무를 효율적으로 처리하기 위하여 정책위원회에 간사 1명을 두며, 간사는 행정안전부의 옥외광고 업무 담당 과장이 된다.(2017.7.26 본항개정)
⑥ 정책위원회는 필요하다고 인정하면 관련 기관 또는 단체에 옥외광고와 관련된 자료·서류 등의 제출을 요청하거나 관계 공무원, 이해관계인, 참고인 등을 출석시켜 의견을 들을 수 있다.
⑦ 제1항부터 제6항까지에서 규정한 사항 외에 정책위원회의 운영에 필요한 사항은 정책위원회의 의결을 거쳐 위원장이 정한다.

제34조의2【옥외광고정책위원회 위원의 해임 및 해촉】 행정안전부장관은 법 제7조의2제2항 각 호에 따른 위원이 다음 각 호의 어느 하나에 해당하는 경우에는 해당 위원을 해임 또는 해촉(解囑)할 수 있다.(2017.7.26 본문개정)
1. 심신장애로 인하여 직무를 수행할 수 없게 된 경우
2. 직무와 관련된 비위사실이 있는 경우
3. 직무태만, 품위손상이나 그 밖의 사유로 인하여 위원으로 적합하지 아니하다고 인정되는 경우
4. 위원 스스로 직무를 수행하는 것이 곤란하다고 의사를 밝히는 경우
(2016.7.6 본조신설)

제35조【수당과 여비】 심의위원회 또는 정책위원회에 출석한 위원에게는 예산의 범위에서 수당과 여비를 지급할 수 있으며, 시·도 조례 또는 시·군·구 조례로 정하는 방법으로 심의에 참가한 위원에게는 예산의 범위에서 수당을 지급할 수 있다. 다만, 공무원인 위원이 그 소관 업무와 직접 관련되어 출석하거나 심의에 참가하는 경우에는 그러하지 아니하다.

제35조의2【적용 배제】 ① 법 제8조제1항제8호나목에서 "대통령령으로 정하는 장소"란 다음 각 호의 장소를 말한다.
1. 「도로교통법」 제12조제1항에 따라 지정된 어린이 보호구역
2. 다음 각 목의 곳으로부터 5미터 이내인 장소
가. 「소방기본법」 제10조에 따른 소방용수시설 또는 비상소화장치가 설치된 곳
나. 「소방시설 설치 및 관리에 관한 법률 시행령」 별표1 제1호다목부터 마목까지의 규정에 따른 옥내소화전설비[호스릴(hose reel)옥내소화전설비를 포함한다)]·스프링클러설비등·물분무등소화설비의 송수구가 설치된 곳
다. 「소방시설 설치 및 관리에 관한 법률 시행령」 별표1 제4호에 따른 소화용수설비가 설치된 곳
라. 「소방시설 설치 및 관리에 관한 법률 시행령」 별표1 제5호나목·다목·바목에 따른 연결송수관설비·연결살수설비·연소방지설비의 송수구가 설치된 곳
마. 「소방시설 설치 및 관리에 관한 법률 시행령」 별표1 제5호마목에 따른 무선통신보조설비의 무선기기접속단자가 설치된 곳
② 법 제8조제1항제8호다목에 따른 현수막의 규격, 기간 및 표시·설치 방법은 다음 각 호와 같다.
1. 현수막의 규격은 10제곱미터 이내로 할 것
2. 현수막의 표시·설치 기간은 15일 이내로 할 것. 이 경우 표시·설치일은 표시기간의 계산 일수에 산입한다.
3. 현수막에는 다음 각 목의 사항을 표시할 것
가. 정당의 명칭
나. 정당의 연락처
다. 설치업체의 연락처
라. 표시 기간의 시작일과 종료일
4. 현수막은 다음 각 목의 방법에 따라 표시·설치할 것
가. 글자의 크기는 세로 5센티미터 이상으로 할 것
나. 다른 자가 설치한 현수막, 「도로교통법」에 따른 신호기·안전표지 및 「개인정보 보호법」에 따른 고정형 영상정보처리기기를 가리지 않을 것
다. 「도로교통법」에 따른 도로를 가로지르지 않을 것
라. 교통안전표지 등이 설치된 지주, 전봇대 또는 가로등 기둥에 설치하는 경우 2개 이내로 설치할 것
마. 다음의 장소에 설치하는 경우 현수막 본체의 아랫부분 높이는 지면으로부터 2.5미터 이상, 현수막 본체에 부착되어 있는 아랫 부분 끈의 높이는 지면으로부터 2미터 이상이 되도록 설치할 것
1) 교차로의 가장자리나 도로의 모퉁이로부터 5미터 이내인 장소
2) 버스여객자동차의 정류지임을 표시하는 기둥이나 표지판 또는 선이 설치된 곳으로부터 10미터 이내인 장소
3) 건널목의 가장자리 또는 횡단보도로부터 10미터 이내인 장소
③ 제1항 및 제2항에서 규정한 사항 외에 현수막 표시·설치에 필요한 세부 사항은 행정안전부장관이 정하여 고시한다.
(2024.1.12 본조개정)

제9장 안전점검
(2011.10.10 본장개정)

제36조【안전점검 대상 광고물등】 법 제9조제1항 전단에서 "대통령령으로 정하는 광고물등"이란 다음 각 호의 광고물등을 말한다. 다만, 건물의 벽면 등에 직접 도료로 표시한 것은 제외한다.(2013.6.21 단서신설)
1. 다음 각 목의 어느 하나에 해당하는 벽면 이용 간판(2016.7.6 본문개정)
가. 건물의 4층 이상에 설치하는 것(2016.7.6 본목개정)
나. 한 변의 길이가 10미터 이상인 것
2. 광고물 윗부분까지의 높이가 지면으로부터 5미터 이상이고 한 면의 면적이 1제곱미터 이상인 돌출간판
3. 옥상간판. 다만, 다음 각 목의 어느 하나에 해당하는 것은 제외한다.
가. 옥상 바닥으로부터 윗부분까지의 높이가 4미터 미만인 볼링핀 모형의 것
나. 게시시설 없이 옥상구조물에 직접 도료나 입체형으로 표시하는 것
4. 지면으로부터의 높이가 4미터 이상인 지주 이용 간판(제24조제2항제6호라목에 따른 가설울타리에 도료로 표시하는 지주 이용 간판은 제외한다), 공공시설물 이용 광고물, 교통시설 이용 광고물 및 현수막 지정게시시설
5. 높이가 4미터 이상인 게시시설을 이용하여 설치하는 애드벌룬
6. 공중의 안전을 도모하기 위하여 시·도 조례로 광고물의 표시방법 및 표시 위치 또는 장소 등을 정하는 광고물
7. 특정광고물 중에서 안전점검이 필요하다고 인정되어 정책위원회의 심의를 거쳐 행정안전부장관이 정하여 고시한 광고물(2018.5.28 본호신설)
8. 제1호부터 제7호까지의 광고물의 게시시설(2018.5.28 본호개정)

제37조【안전점검의 기준·시기 및 방법 등】 ① 법 제9조제1항에 따른 안전점검의 기준은 별표4와 같다.
② 법 제9조제1항에 따른 안전점검은 다음 각 호의 어느 하나에 해당하는 경우에 받아야 한다.(2016.7.6 본문개정)
1. 광고물등을 최초로 표시한 경우. 이 경우 「건축법」 제22조에 따른 사용승인을 받아야 하는 게시시설에 대한 최초의 안전점검은 같은 법에 따른 사용승인으로 갈음한다.
2. 허가 또는 신고 사항 중 광고물등의 규격·사용자재·위치 또는 장소를 변경한 경우
3. 허가받거나 신고한 표시기간을 연장받으려는 경우
4. 시장등(법 제3조의2에 따라 시·도지사에게 허가를 받거나 신고한 경우에는 시·도지사를 말한다. 이하 이 조에서 같다)이 공중에 대한 위해를 방지하기 위하여 특히 필요하다고 인정하여 시·군·구 심의위원회의 심의를 거쳐 결정한 경우(2016.7.6 본호개정)
③ 제2항에 따라 안전점검을 받으려는 자는 다음 각 호의 구분에 따른 기일 내에 별지 제1호서식의 신청서를 시장등에게 제출하여야 한다.(2016.7.6 본문개정)
1. 제2항제1호 전단 및 같은 항 제2호에 해당하는 경우 : 표시 또는 변경일부터 15일 이내(제2항제1호 전단에 해당하는 경우에는 광고물등의 설계도서를 첨부하여야 한다)
2. 제2항제3호에 해당하는 경우 : 허가받거나 신고한 표시기간의 만료일 전후 30일 이내
④ 시장등은 법 제9조제1항에 따른 안전점검에 합격한 광고물등에 대해서는 별지 제6호서식의 안전점검증명서를 발급하여야 한다.(2016.7.6 본항개정)

제38조【안전점검 업무의 위탁 등】 ① 법 제9조제2항에서 "대통령령으로 정하는 자"란 다음 각 호의 어느 하나에 해당하는 자로서 시·군·구 조례로 정하는 자를 말한다.
1. 「건축사법」에 따른 건축사
2. 건축사 관련 단체 또는 비영리법인
3. 건축·옥외광고 관련 기술자격을 취득한 자의 사업자단체 또는 비영리법인
4. 그 밖에 제1호부터 제3호까지의 자와 같은 수준의 안전점검능력을 갖춘 것으로 인정되는 단체 또는 비영리법인
② 제1항에 따라 안전점검 업무를 위탁받을 수 있는 자의 검사 시설 및 장비, 검사자의 자격 및 인원, 검사요령, 그 밖에 안전점검에 필요한 사항은 시·군·구 조례로 정한다.

제38조의2【풍수해 등에 대비한 안전점검의 기준·시기 및 방법 등】 ① 시장등(법 제3조의2에 따라 시·도지사에게 허가를 받거나 신고한 경우에는 시·도지사를 말한다)은 법 제9조의2에 따라 매년 옥외광고물 안전점검계획(이하 "안전점검계획"이라 한다)을 수립하여 연 1회 이상 안전점검을 실시하여야 한다.
② 제1항에 따른 안전점검계획에는 다음 각 호의 사항이 포함되어야 한다.
1. 점검시기
2. 점검대상
3. 점검방법
(2016.7.6 본조신설)

제10장 불법 광고물등의 제거 등
(2011.10.10 본장개정)

제38조의3【전기통신서비스 이용정지에 대한 이의신청】 ① 전기통신서비스 이용이 정지되는 이용자는 법 제10조제5항에 따라 이용정지의 통지를 받은 날부터 30일 이내에 이용의 정지를 요청한 시장등(법 제3조의2에 따라 시·도지사에게 허가를 받거나 신고한 경우에는 시·도지사를 말한다. 이하 이 조에서 같다)에게 이의신청을 할 수 있다.
② 제1항에 따라 이의신청하려는 사람은 이의신청의 취지와 이유를 적은 이의신청서를 제출하여야 한다.
③ 시장등은 이의신청을 받은 날부터 15일 이내에 결정하고 이의신청의 결과 및 이유 등을 이의신청인에게 통지하여야 한다. 다만, 부득이한 사정으로 그 기간에 결정을 할 수 없을 때에는 15일의 범위에서 기간을 연장할 수 있다.
④ 제3항에 따른 결정에 이의가 있는 자는 「행정심판법」에 따라 행정심판을 청구할 수 있다.
(2016.7.6 본조신설)

제39조【청소년보호위원회에 대한 심의요청 절차】 시장등은 법 제10조제6항에 따라 광고내용에 대하여 청소년보호위원회에 심의를 요청하려면 미리 시·군·구 심의위원회의 심의를 거쳐야 한다.(2011.10.10 본조신설)

제39조의2【시·도지사와 시장등의 합동점검 절차】 시·도지사는 법 제10조제7항에 따른 합동점검을 하려는 경우에는 다음 각 호의 사항이 포함된 점검계획을 수립하여 해당 시장등(특별자치시장 및 특별자치도지사는 제외한다. 이하 이 조에서 같다)에게 통보하여야 한다.
1. 점검의 필요성
2. 점검 대상 지역
3. 점검 시기·방법 등
4. 점검 인력·장비·물품 등 점검에 필요한 시장등과의 협력사항
5. 그 밖에 점검에 필요한 사항
(2016.7.6 본조신설)

제40조【제거된 광고물등의 보관 및 처리】 ① 시장등은 법 제10조의2제1항에 따라 광고물등을 제거한 경우에는 시·군·구 조례로 정하는 바에 따라 다음 각 호의 자(이하 "관리자등"이라 한다)가 쉽게 그 광고물등의 보관 장소를 알 수 있도록 조치하여야 한다. 다만, 벽보·전단·현수막 등 재활용할 수 없거나 보관하기 곤란한 광고물등은 즉시 폐기할 수 있다.
1. 해당 광고물등을 표시하거나 설치한 자
2. 해당 광고물등을 관리하는 자
3. 광고주
4. 옥외광고사업자(2016.7.6 본호개정)
② 시장등은 법 제10조의2제1항에 따라 제거한 광고물등을 보관하는 경우에는 시·군·구 조례로 정하는 바에 따라 해당 시·군·구의 게시판에 그 사실을 15일 이상 공고하여야 하며, 보관하고 있는 광고물등의 목록을 작성하여 관계자가 열람할 수 있도록 갖추어 두어야 한다.
③ 시장등은 법 제10조의2제1항에 따라 제거한 광고물등이 파손 또는 훼손되거나, 반환할 경우 계속하여 불법으로 표시될 우려가 있을 때에는 그 광고물등을 매각하여 매각대금을 보관할 수 있다. 이 경우 제2항을 준용하여 공고하여야 한다.
④ 제3항에 따라 광고물등을 매각하는 경우에는 다음 각 호의 어느 하나에 해당하는 경우를 제외하고는 「지방자치단체를 당사자로 하는 계약에 관한 법률」에 따른 일반입찰의 방법으로 하여야 한다.
1. 일반입찰에 부쳐도 응찰자가 없을 것으로 인정되는 경우
2. 해당 광고물등의 재산적 가치가 아주 낮은 경우 등 일반입찰에 부치는 것이 부당하다고 인정되는 경우

제41조【광고물등의 반환 등】 ① 시장등은 제40조에 따라 보관한 광고물등(매각대금을 포함한다)을 관리자등에게 반환하려는 경우에는 반환받는 사람의 성명·주소 및 생년월일과 정당한 권리자인지를 확인하여야 한다.
(2016.7.6 본항개정)
② 시장등은 제1항에 따라 광고물등을 반환할 때에는 과태료 부과, 광고물등의 제거·운반·보관 또는 매각 등에 든 비용을 관리자등으로부터 징수할 수 있다.

제42조【미반환 광고물등의 귀속】 제40조제2항에 따른 공고기간 마지막 날부터 1개월이 지나도 그 광고물등을 반환받을 관리자등을 알 수 없거나 반환요구가 없을 때에는 그 광고물등은 그 시·군·구에 귀속된다.

제43조【이행강제금의 부과·징수】 ① 법 제10조의3에 따른 이행강제금의 부과기준은 별표5의 범위에서 해당 지방자치단체의 조례로 정한다.(2018.12.18 본항개정)
② 제1항에 따른 이행강제금의 부과 및 징수 절차(과오납 및 결손처분을 포함한다)에 관하여는 국고금 관리법령을 준용한다. 이 경우 납입고지서에는 이의신청방법 및 이의신청기간을 함께 기재하여야 한다.

제11장 옥외광고사업의 등록 및 교육 등
(2016.7.6 본장제목개정)

제43조의2【손해배상 책임보험의 종류 등】 ① 법 제10조의4제1항에 따른 손해배상 책임보험의 종류는 다음 각 호와 같다.
1. 옥외광고물 손해배상 책임보험
2. 옥외광고물 손해배상 책임보험과 같은 내용이 포함된 보험
② 법 제10조의4제1항에 따른 손해배상 책임보험 가입대상 광고물등의 범위는 법 제11조제1항에 따라 옥외광고사업을 등록한 자가 제작·표시·설치하는 제3조 각 호(같은 조 제9호 및 제10호는 제외한다)의 광고물과 그 게시시설로 한다.
③ 법 제10조의4제1항에 따른 손해배상 책임보험의 보상한도액은 다음 각 호의 구분에 따른 기준에 해당하는 금액 이상으로 한다.
1. 사망 또는 부상의 경우 : 피해자 1명당 「자동차손해배상 보장법 시행령」 제3조제1항 및 제2항에 따른 금액
2. 재산상 손해의 경우 : 사고 1건당 3천만원
(2021.5.4 본조신설)

제44조【옥외광고사업의 등록기준 및 등록절차】 ① 법 제11조제1항 본문에서 "대통령령으로 정하는 기술능력과 시설 등"이란 별표6의 기술능력 및 시설기준을 말한다.
② 법 제11조제1항에 따라 옥외광고사업을 등록하려는 자는 별지 제7호서식의 신청서에 다음 각 호의 서류를 첨부하여 시장등에게 제출하여야 한다.(2016.7.6 본문개정)
1. 별표6에 따른 기술능력 및 시설기준을 갖추었음을 증명하는 서류(「국가기술자격법」에 따른 국가기술자격증은 제외한다)
2. 법 제12조에 따른 교육을 이수하였음을 증명하는 서류
③ 시장등은 제2항에 따른 신청서를 받은 경우에는 「전자정부법」 제36조제1항에 따른 행정정보의 공동이용을 통하여 별표6에 따른 국가기술자격 취득자의 국가기술자격취득사항확인서를 확인하여야 한다. 다만, 신청인이 그 확인에 동의하지 아니하는 경우에는 그 사본을 첨부하도록 하여야 한다.(2019.4.30 본문개정)
④ 시장등은 제2항에 따른 등록 신청이 다음 각 호의 어느 하나에 해당하는 경우를 제외하고는 등록을 해주어야 한다.
1. 별표6에 따른 기술능력 및 시설기준을 갖추지 못한 경우
2. 등록을 신청한 자(법인인 경우에는 그 대표자를 말한다)가 법 제11조의2에 따른 결격사유에 해당하는 경우
3. 법 제12조에 따른 교육을 이수하지 아니한 경우
4. 그 밖에 법, 이 영 또는 다른 법령에 따른 제한사항에 위배되는 경우
⑤ 시장등은 제4항에 따라 등록을 해주었으면 별지 제8호서식의 등록증을 신청인에게 발급하여야 하며, 옥외광고사업자는 등록증을 영업장 안에 게시하여야 한다.
(2016.7.6 본항개정)
(2016.7.6 본조제목개정)

제45조【변경등록】 ① 옥외광고사업자는 등록한 사항을 변경할 사유가 발생한 경우에는 법 제11조제1항에 따라 변경등록의 사유가 발생한 날부터 30일 이내에 별지 제7호서식의 신청서에 등록증을 첨부하여 시장등에게 변경등록을 신청하여야 한다.(2016.7.6 본항개정)
② 시장등은 제1항에 따라 변경등록을 하여준 경우에는 변경사항을 반영하여 등록증을 새로 발급하여야 한다.
(2011.10.10 본조신설)

제46조【등록증의 재발급 신청】 옥외광고사업자는 발급받은 등록증을 잃어버리거나 등록증이 못 쓰게 된 경우에는 별지 제10호서식의 신청서에 등록증을 첨부(등록증을 잃어버린 경우는 제외한다)하여 시장등에게 등록증의 재발급을 신청하여야 한다.(2016.7.6 본조개정)

제47조【휴업·폐업 또는 재개업의 신고】 ① 법 제11조제2항에 따라 옥외광고사업의 휴업·폐업 또는 재개업의 신고를 하려는 자는 별지 제7호서식의 신고서에 다음 각 호의 구분에 따른 서류를 첨부하여 시장등에게 제출하여야 한다. 다만, 폐업 신고를 할 때 등록증을 잃어버려 제출할 수 없는 경우에는 별지 제7호서식의 신고서에 분실사유를 작성하면 등록증을 첨부하지 않아도 된다.
(2019.4.30 단서신설)
1. 휴업 또는 폐업의 경우 : 등록증
2. 재개업의 경우 : 별표6에 따른 기술자격 취득자의 자격증(「국가기술자격법」에 따른 국가기술자격증은 제외한다) 사본
② 제1항에 따라 옥외광고사업의 폐업신고를 하려는 자가 「부가가치세법」 제8조제8항에 따른 폐업신고를 같이 하려는 경우에는 시장등에게 제1항에 따른 옥외광고사업 폐업신고서에 「부가가치세법 시행령」 제13조제1항에 따른 폐업신고서를 함께 제출하거나 「민원처리에 관한 법률 시행령」 제12조제8항에 따른 통합 민원신청서를 제출하여야 한다. 이 경우 시장등은 함께 제출받은 「부가가치세법 시행령」 제13조제1항에 따른 폐업신고서 또는 「민원처리에 관한 법률 시행령」 제12조제8항에 따른 통합 민원신청서를 지체없이 관할 세무서장에게 송부(정보통신망을 이용한 송부를 포함한다. 이하 이 조에서 같다)하여야 한다.(2021.2.17 전단개정)
③ 관할 세무서장이 「부가가치세법 시행령」 제13조제5항에 따라 제1항에 따른 옥외광고사업 폐업신고서를 받아 이를 해당 시장등에게 송부한 경우에는 제1항에 따른 폐업신고서가 제출된 것으로 본다.(2017.12.29 본항신설)
④ 제1항에 따른 재개업 신고에 관하여는 제44조제3항 및 제45조제2항을 준용한다.
(2011.10.10 본조신설)

제48조【옥외광고 사업자단체의 정관】 법 제11조의3제1항에 따라 설립되는 옥외광고 사업자단체(이하 "단체"라 한다)의 정관에는 같은 조 제5항에 따라 다음 각 호의 사항이 포함되어야 한다.
1. 목적
2. 명칭
3. 사무소의 소재지
4. 임원 선임에 관한 사항
5. 회원자격의 취득·상실 및 회원의 권리·의무에 관한 사항
6. 총회 및 이사회에 관한 사항
7. 사업에 관한 사항
8. 회비에 관한 사항
9. 재산 및 회계에 관한 사항
10. 단체 및 지부·지회의 설치·운영에 관한 사항
11. 정관의 변경에 관한 사항
12. 해산에 관한 사항
13. 그 밖에 단체의 운영에 관하여 중요한 사항

제49조【옥외광고사업 종사자 등에 대한 교육】 ① 다음 각 호의 어느 하나에 해당하는 자는 법 제12조에 따른 교육을 받아야 한다.
1. 신규로 옥외광고사업에 종사하려는 자(2016.7.6 본호개정)
2. 옥외광고사업 종사자 및 법 제9조제2항에 따라 안전점검업무를 위탁받은 자(2016.7.6 본문개정)
  가. 관계 법령의 제정 또는 개정에 따라 시장등이 보수교육을 할 필요가 있다고 인정하는 경우
  나. 시장등이 특히 필요하다고 인정하여 시·군·구 심의위원회의 심의를 거쳐 교육을 하는 경우
3. 법에 따라 행정처분을 받은 옥외광고사업자(2016.7.6 본호개정)
② 제1항에 따른 교육을 위한 계획에 관하여 필요한 사항은 시·군·구 조례로 정한다.
(2016.7.6 본조제목개정)

제50조【교육의 위탁 등】 ① 법 제12조제4항에서 "대통령령으로 정하는 자"란 제49조에 따른 교육을 실시할 능력이 있다고 인정되는 교육기관 등으로서 시·군·구 조례로 정하는 시설기준에 맞는 자를 말한다.
② 법 제12조에 따른 교육의 위탁에 관한 사항과 교육의 실시방법, 수강절차, 교육비용의 징수 등에 관하여 필요한 사항은 시·군·구 조례로 정한다.

제51조【행정처분기준】 법 제14조에 따른 등록취소 또는 영업정지 처분의 기준은 별표7과 같다.

제52조【행정처분의 통보】 시장등은 법 제14조에 따라 옥외광고사업자에 대하여 등록취소 또는 영업정지 처분을 하였을 때에는 15일 이내에 그 사실을 다른 시장등에게 통보하여야 한다.(2016.7.6 본조개정)

제53조【관할구역 외의 옥외광고사업자에 대한 제재 등】 ① 시장등은 법 제14조에 따른 등록취소 또는 영업정지 처분의 대상인 옥외광고사업자가 다른 시장등의 관할구역에서 옥외광고사업 등록을 한 자인 경우에는 위반사실 및 증명서류를 첨부하여 관할 시장등에게 등록취소 또는 영업정지 처분을 해 줄 것을 요청하여야 한다.
(2016.7.6 본항개정)
② 제1항에 따른 요청을 받은 시장등은 특별한 사유가 없으면 등록취소 또는 영업정지 처분을 하고 그 결과를 15일 이내에 제1항에 따른 요청을 한 시장등에게 통보하여야 한다.
(2016.7.6 본조제목개정)

제12장 규제의 재검토

제54조【규제의 재검토】 행정안전부장관은 다음 각 호의 사항에 대하여 다음 각 호의 기준일을 기준으로 3년마다(매 3년이 되는 해의 기준일과 같은 날 전까지를 말한다) 그 타당성을 검토하여 개선 등의 조치를 해야 한다.
(2021.3.2 본문개정)
1. 제4조에 따른 허가 대상 광고물 및 게시시설 : 2015년 1월 1일
2. 제5조에 따른 신고 대상 광고물 및 게시시설 : 2015년 1월 1일
3. 제6조에 따른 허가·신고 대상 지역·장소 및 물건 : 2015년 1월 1일
4. 제7조에 따른 허가 및 신고의 절차 : 2015년 1월 1일
(2014.12.9 1호~4호신설)
4의2. 제8조에 따른 허가 및 신고 수리의 기준 : 2016년 1월 1일(2015.12.31 본호신설)
5. 제9조에 따른 허가 및 신고사항의 변경과 기간연장 : 2015년 1월 1일(2014.12.9 본호신설)
6. 제12조에 따른 광고물등의 일반적 표시방법 : 2014년 1월 1일
7. 제14조에 따른 전기를 사용하는 광고물등의 표시방법 : 2014년 1월 1일
8. 제15조에 따른 옥상간판의 표시방법 : 2014년 1월 1일
8의2. 제16조에 따른 지주 이용 간판의 표시방법 : 2016년 1월 1일(2015.12.31 본호신설)
9. 제17조에 따른 공공시설물 이용 광고물의 표시방법 : 2015년 1월 1일(2014.12.9 본호신설)
10. (2021.3.2 삭제)
11. 제19조에 따른 교통수단 이용 광고물의 표시방법 : 2015년 1월 1일
12. 제21조제6항에 따른 특정구역에서의 광고물등의 표시방법 완화의 제한 기준 : 2015년 1월 1일
13. 제24조에 따른 옥외광고물 등의 표시금지 지역·장소 또는 물건 : 2015년 1월 1일
14. 제26조에 따른 광고물등 자율관리구역의 지정 : 2015년 1월 1일
(2014.12.9 11호~14호신설)
15.~16. (2021.3.2 삭제)
17. 제29조에 따른 공공목적 광고물등의 표시방법 : 2015년 1월 1일 (2014.12.9 본호신설)
18. 제36조에 따른 안전점검 대상 광고물등의 범위 : 2014년 1월 1일
19. 제37조에 따른 안전점검의 기준·시기 및 방법 : 2014년 1월 1일
20. 제44조에 따른 옥외광고사업의 등록기준 및 등록절차 : 2014년 1월 1일(2016.7.6 본호개정)
(2013.12.30 본조개정)

제13장 과태료
(2011.10.10 본장개정)

제55조【과태료의 부과】 법 제20조제1항 및 제2항에 따른 과태료의 부과기준은 별표8의 범위에서 해당 지방자치단체의 조례로 정한다.(2021.12.14 본조개정)

부 칙 (2017.5.8)

제1조【시행일】 이 영은 공포한 날부터 시행한다.
제2조【옥외광고사업 수익금 배분에 관한 적용례】 별표2 제3호가목(종전의 나목) 및 라목(종전의 마목)의 개정규정은 이 영 시행일이 속하는 분기분부터 적용한다.

부 칙 (2019.4.30)

제1조【시행일】 이 영은 공포한 날부터 시행한다.
제2조【옥외광고사업 수익금 배분에 관한 경과조치】 이 영 시행 당시에 종전의 규정에 따라 배분 비율이 정해진 국제행사에 대해서는 별표2의 개정규정에도 불구하고 종전의 규정에 따른다.

부 칙 (2020.1.7)

제1조【시행일】 이 영은 공포한 날부터 시행한다.
제2조【옥외광고물의 표시 등에 관한 경과조치】 가로등 현수기의 규격 및 표시방법에 관하여는 제29조제5항의 개정규정에 따라 시·도 조례가 제정 또는 개정되기 전까지는 종전의 규정에 따른다.
제3조【서식에 관한 경과조치】 이 영 시행 당시 종전의 별지 제7호서식은 2020년 3월 31일까지 이 영에 따른 개정서식과 함께 사용할 수 있다.

부 칙 (2020.12.15)

제1조【시행일】 이 영은 공포한 날부터 시행한다.
제2조【옥외광고사업 수익금 잔액의 반납 등에 관한 적용례】 별표2 제3호바목 및 사목의 개정규정은 이 영 시행 전에 같은 표 제3호나목1) 및 다목에 따라 같은 표 제1호의 주요 국제행사에 조정·배분한 옥외광고사업 수익금에 대해서도 적용한다.

부 칙 (2021.1.5)

이 영은 공포한 날부터 시행한다.(이하 생략)

부 칙 (2021.2.17)

제1조【시행일】 이 영은 공포한 날부터 시행한다.(이하 생략)

부 칙 (2021.3.2)

이 영은 공포한 날부터 시행한다.

부 칙 (2021.5.4)

제1조【시행일】 이 영은 공포한 날부터 시행한다. 다만, 제43조의2, 별표8 제1호의2 및 별지 제7호서식의 개정규정은 2021년 6월 10일부터 시행한다.
제2조【교통수단 이용 광고물등의 허가·신고 대상 변경에 따른 경과조치】 ① 이 영 시행 전에 법 제3조제1항에 따른 허가를 받은 광고물등으로서 제4조제1항제9호

각 목 외의 부분 단서의 개정규정에 따라 허가 대상에서 제외되는 교통수단 이용 광고물등에 대하여 허가사항을 변경하거나 표시기간을 연장하려는 경우에는 법 제3조제1항에 따라 신고된 광고물등으로 보아 같은 조 제1항에 따른 변경신고나 제10조에 따른 표시기간의 연장신고를 해야 한다.
② 이 영 시행 당시 법 제3조제1항에 따른 허가·변경허가나 제10조에 따른 표시기간의 연장허가(이하 이 항에서 "허가등"이라 한다) 절차가 진행 중인 광고물등으로서 제4조제1항제9호 각 목 외의 부분 단서의 개정규정에 따라 허가대상에서 제외되는 교통수단 이용 광고물등에 대해서는 이 영 시행일에 법 제3조제1항에 따른 신고·변경신고나 제10조에 따른 표시기간의 연장신고를 받은 것으로 보아 다음 각 호의 기간 이내에 신고수리 여부를 신청인에게 통지해야 한다.
1. 이 영 시행일부터 5일
2. 이 영 시행일에 허가등의 잔여 처리기간이 제1호의 기간보다 짧게 남은 경우에는 그 허가등의 처리기간

부 칙 (2021.12.14)

제1조【시행일】 이 영은 공포한 날부터 시행한다.
제2조【옥외광고사업 수익금을 사용·운용하고 남은 금액의 처리방법에 관한 적용례】 별표2 제2호나목 및 제4호의 개정규정은 이 영 시행 이후 배분하는 옥외광고사업 수익금을 사용·운용하고 남은 금액부터 적용한다. 다만, 같은 표 제2호나목 및 제4호다목의 개정규정은 종전의 같은 표 제1호가목 및 나목의 주요 국제행사의 조직위원회가 주요 국제행사의 준비 및 운영 등에 사용하고 남은 금액에 대해서도 적용한다.
제3조【과태료의 부과기준에 관한 경과조치】 ① 이 영 시행 전의 위반행위에 대하여 과태료의 부과기준을 적용할 때에는 별표8의 개정규정에도 불구하고 종전의 규정에 따른다. 다만, 같은 표 제1호가목의 개정규정은 이 영 시행 전의 위반행위에 대해서도 적용한다.
② 이 영 시행 전의 위반행위로 받은 과태료 부과처분은 별표8 제1호사목 및 아목의 개정규정에 따른 위반행위의 횟수 산정에 포함한다.

부 칙 (2022.3.8)

이 영은 공포한 날부터 시행한다.

부 칙 (2022.12.6)

제1조【시행일】 이 영은 공포한 날부터 시행한다. 다만, 제35조의2의 개정규정은 2022년 12월 11일부터 시행한다.
제2조【항공기등의 표시 신고에 관한 경과조치】 이 영 시행 당시 제5조제1항제7호에 따라 항공기등(비행선은 제외한다)에 대한 광고물의 표시 신고 또는 변경신고 절차가 진행 중인 경우에는 제4조제1항제9호다목의 개정규정에도 불구하고 제5조제1항제7호에 따른다.
제3조【항공기등에 표시한 광고물에 관한 경과조치】 이 영 시행 당시 종전의 제19조제5항에 따라 항공기등(비행선은 제외한다)에 표시한 광고물은 제19조제2항제1호의 개정규정에 적합한 광고물로 본다. 다만, 이 영 시행 이후 2개월 이내에 제19조제2항제1호의 개정규정에 따라 표시해야 한다.
제4조【지정게시대에 표시한 현수막의 표시기간에 관한 경과조치】 이 영 시행 당시 현수막 지정게시대에 표시한 현수막의 표시기간에 관하여는 별표1 제7호의 개정규정에도 불구하고 종전의 규정에 따른다.

부 칙 (2023.11.16)
(2024.1.12)

이 영은 공포한 날부터 시행한다.

〔별표〕 ➡ 「法典 別冊」 참조

〔별지서식〕 ➡ 「www.hyeonamsa.com」 참조

(舊 : 기부금품의 모집 및 사용에 관한 법률)

기부금품의 모집·사용 및 기부문화 활성화에 관한 법률

(약칭 : 기부금품법)

(2007년 5월 11일 전부개정법률 제8419호)

개정
2008. 2.29법 8852호(정부조직)
2008.12.26법 9194호 2009. 4. 1법 9567호
2010. 6. 8법10346호
2013. 3.23법11690호(정부조직)
2014.11.19법12844호(정부조직)
2016. 2. 3법13999호(식품등기부활성화에관한법)
2017. 7.26법14839호(정부조직)
2021.10.19법18490호
2023. 8.16법19634호(행정기관정비일부개정법령등)
2024. 1.30법20154호→2024년 7월 31일 시행

제1조【목적】 이 법은 기부금품(寄附金品)의 모집절차 및 사용방법과 기부문화 활성화 등에 관하여 필요한 사항을 규정함으로써 기부금품 모집·사용의 투명성을 높이고 성숙하고 건전한 기부를 통한 사회 공동체의 조화로운 발전을 도모함을 목적으로 한다.(2024.1.30 본조개정)
제2조【정의】 이 법에서 사용하는 용어의 뜻은 다음과 같다.
1. "기부"란 다음 각 목에 따른 공익을 실현하기 위하여 반대급부 없이 재산을 출연(出捐)하는 것을 말한다.
가. 불우이웃돕기 등 자선
나. 천재지변이나 그 밖에 이에 준하는 재난(「재난 및 안전 관리기본법」 제3조제1호가목에 따른 자연재난은 제외한다)의 구휼(救恤)
다. 국제적으로 행하여지는 구제
라. 영리 또는 정치·종교 활동이 아닌 목적으로서 다음의 어느 하나에 해당하는 목적을 위한 출연
1) 교육, 문화, 예술, 과학 등의 진흥
2) 소비자 보호 등 건전한 경제활동
3) 환경보전
4) 사회적 약자의 권익 신장
5) 보건·복지 증진
6) 남북통일, 평화구축 등 국제교류·협력
7) 시민참여, 자원봉사 등 건전한 시민사회 구축
8) 그 밖에 대통령령으로 정하는 목적
(2024.1.30 본호신설)
2. "기부금품"이란 환영금품, 축하금품, 찬조금품(贊助金品) 등 명칭이 어떠하든 반대급부 없이 취득하는 금전, 물품, 그 밖에 이와 유사한 금전적 가치를 갖는 물건 등 대통령령으로 정하는 것을 말한다. 다만, 다음 각 목의 어느 하나에 해당하는 것은 제외한다.(2024.1.30 본문개정)
가. 법인, 정당, 사회단체, 종친회(宗親會), 친목단체 등이 정관, 규약 또는 회칙 등에 따라 사원·당원 또는 회원 등으로 가입되어 있는 자로부터 모은 가입금, 일시금, 회비 또는 그 구성원의 공동이익을 위하여 모은 금품(2024.1.30 본목개정)
나. 사찰, 교회, 향교, 그 밖의 종교단체가 그 고유활동에 필요한 경비에 충당하기 위하여 신도(信徒)로부터 모은 금품
다. 국가, 지방자치단체, 법인, 정당, 사회단체 또는 친목단체 등이 소속원이나 제3자에게 기부할 목적으로 그 소속원으로부터 모은 금품
라. 학교기성회(學校期成會), 후원회, 장학회 또는 동창회 등이 학교의 설립이나 유지 등에 필요한 경비에 충당하기 위하여 그 구성원으로부터 모은 금품
3. "기부금품의 모집"이란 서신, 광고, 정보통신망(「정보통신망 이용촉진 및 정보보호 등에 관한 법률」 제2조제1항제1호에 따른 정보통신망을 말한다. 이하 같다), 그 밖의 방법으로 기부금품의 출연을 타인에게 의뢰·권유 또는 요구하는 행위를 말한다.(2024.1.30 본호개정)
4. "모집자"란 제4조에 따라 기부금품의 모집을 등록한 자를 말한다.
5. "모집종사자"란 모집자로부터 지시·의뢰를 받아 기부금품의 모집에 종사하는 자를 말한다.
제3조【다른 법률과의 관계】 다음 각 호의 법률에 따른 기부금품의 모집에 대하여는 이 법을 적용하지 아니한다.
1. 「정치자금법」
2. 「결핵예방법」
3. 「보훈기금법」
4. 「문화예술진흥법」
5. 「한국국제교류재단법」
6. 「사회복지공동모금회법」
7. 「재해구호법」
8. 「문화유산과 자연환경자산에 관한 국민신탁법」
9. 「식품등 기부 활성화에 관한 법률」(2016.2.3 본호개정)
10. 「한국장학재단 설립 등에 관한 법률」(2010.6.8 본호신설)
11. 「고향사랑 기부금에 관한 법률」(2021.10.19 본호신설)
제3조의2【국가와 지방자치단체의 책무】 국가와 지방자치단체는 건전한 기부문화 및 기부자의 명예가 존중받는 사회 분위기를 조성하는 데 필요한 지원방안을 마련하도록 노력하여야 한다.(2024.1.30 본조신설)
제3조의3【기부의 날·기부주간 및 포상 등】 ① 기부에 대한 인식을 높이고 건전한 기부를 장려하기 위하여 매년 12월 중 두 번째 월요일을 기부의 날로 정하고, 그 날부터 1주일까지를 기부주간으로 한다.
② 국가와 지방자치단체는 기부문화 활성화에 현저한 공로가 있는 기부자, 모집자, 모집종사자 등에 대하여 포상을 하는 등의 조치를 할 수 있다.
③ 기부의 날, 기부주간 행사, 포상 등에 필요한 사항은 대통령령으로 정한다.
(2024.1.30 본조신설)
제4조【기부금품의 모집등록】 ① 1천만원 이상의 금액으로서 대통령령으로 정하는 금액 이상의 기부금품을 모집하려는 자는 다음의 사항을 적은 모집·사용계획서를 작성하여 대통령령으로 정하는 바에 따라 행정안전부장관 또는 특별시장·광역시장·특별자치시장·도지사·특별자치도지사(이하 "등록청"이라 한다)에게 등록하여야 한다. 모집·사용계획서의 내용을 변경하려는 경우에도 또한 같다.(2024.1.30 전단개정)
1. 모집자의 성명, 주소, 주민등록번호 및 연락처(모집자가 법인 또는 단체인 경우에는 그 명칭, 주된 사무소의 소재지와 대표자의 성명, 주소, 주민등록번호 및 연락처)
2. 모집목적, 모집금품의 종류와 모집목표액, 모집지역, 모집방법, 모집기간, 모집금품의 보관방법 등을 구체적으로 밝힌 모집계획. 이 경우 모집기간은 1년 이내로 하여야 한다.
3. 모집비용의 예정액 명세와 조달방법, 모집금품의 사용방법 및 사용기한 등을 구체적으로 밝힌 모집금품 사용계획
3의2. 기부금품의 모집 및 사용을 위한 하나 또는 복수의 전용계좌(2024.1.30 본호신설)
4. 모집사무소를 두는 경우에는 그 소재지
5. 그 밖에 대통령령으로 정하는 기부금품의 모집에 필요한 사항
② 제1항에 따라 등록청에 등록하여야 하는 자는 같은 사업을 위하여 둘 이상의 등록청에 등록하여서는 아니된다.(2024.1.30 본항개정)
③ 다음 각 호의 어느 하나에 해당하는 자는 제1항에 따른 등록을 할 수 없다.
1. 미성년자, 피성년후견인 또는 피한정후견인(2024.1.30 본호개정)
2. 파산선고를 받은 자로서 복권되지 아니한 자
3. 금고 이상의 실형을 선고받고 그 집행이 끝나거나(집행이 끝난 것으로 보는 경우를 포함한다) 그 집행을 받지 아니하기로 확정된 날부터 2년이 지나지 아니한 자
4. 집행유예를 선고받고 그 유예기간 중에 있는 자
5. 제10조제1항에 따라 등록말소가 된 후 1년이 지나지 아니한 자(법인이나 단체가 등록말소된 경우에는 등록말소사유가 발생한 당시의 대표자나 임원을 포함한다)
6. 대표자나 임원이 제1호부터 제5호까지의 어느 하나에 해당하는 법인이나 단체
④ 등록청은 제1항에 따른 등록신청을 받은 경우에는 모집·사용계획서의 내용이 제2조제1호 각 목에 따른 공익에 적합한지와 신청인이 제3항에 따라 등록을 할 수 없는 자가 아닌지를 확인한 후 신청인에게 등록증을 내주어야 한다.(2024.1.30 본항개정)
⑤ 특별시장·광역시장·특별자치시장·도지사 또는 특별자치도지사는 제4항에 따라 등록증을 내준 경우에는 그 사실을 지체 없이 행정안전부장관에게 알려야 한다. 다만, 제10조의2에 따른 기부통합관리시스템을 통하여 모집등록이 이루어진 경우에는 그러하지 아니하다.(2024.1.30 본항개정)
⑥ 모집자 또는 모집종사자는 기부금품을 기부하고자 하는 자가 다음 각 호에서 정하는 사항을 쉽게 알 수 있도록 모집장소 등에 게시하거나 제공하여야 한다.
1. 모집자 및 모집종사자에 관한 다음 각 목의 정보
가. 모집자가 직접 모집을 하는 경우 : 모집자의 성명 및 연락처(법인 또는 단체인 경우에 그 명칭, 연락처 및 대표자의 성명을 말한다)
나. 모집종사자가 모집하는 경우 : 가목의 정보 및 모집종사자의 성명, 연락처
2. 제1항 각 호 외의 부분에 따라 모집등록을 한 등록청 및 등록번호
3. 제1항제2호에 따른 모집목적
4. 기부에 대하여 「법인세법」, 「소득세법」 등 관련 법령에 따른 세금혜택이 부여되는지의 여부
5. 기부금품 중 모집비용에 충당하는 비율
6. 기부금품의 모집 및 사용 결과를 확인할 수 있는 방법
7. 그 밖에 기부에 필요한 사항으로 대통령령으로 정하는 사항
(2024.1.30 본항신설)
제5조【국가 등 기부금품 모집·접수 제한 등】 ① 국가나 지방자치단체 및 그 소속 기관·공무원과 국가 또는 지방자치단체에서 출자·출연하여 설립된 법인·단체는 기부금품을 모집할 수 없다. 다만, 대통령령으로 정하는 국가 또는 지방자치단체에서 출자·출연하여 설립된 법인·단체는 기부금품을 모집할 수 있다.
② 국가 또는 지방자치단체 및 그 소속 기관·공무원과 국가 또는 지방자치단체에서 출자·출연하여 설립된 법

인·단체는 자발적으로 기탁하는 금품이라도 법령에 다른 규정이 있는 경우 외에는 이를 접수할 수 없다. 다만, 다음 각 호의 어느 하나에 해당하면 이를 접수할 수 있다.
1. 대통령령으로 정하는 바에 따라 사용용도와 목적을 지정하여 자발적으로 기탁하는 경우로서 제3항에 따른 기부심사위원회의 심의를 거친 경우(2023.8.16 본호개정)
2. 모집자의 의뢰에 의하여 단순히 기부금품을 접수하여 모집자에게 전달하는 경우
3. 제1항 단서에 따른 대통령령으로 정하는 국가 또는 지방자치단체에서 출자·출연하여 설립한 법인·단체가 기부금품을 접수하는 경우
③ 다음 각 호의 기관이나 지방자치단체의 장은 제2항에 따라 자발적으로 기탁하는 금품의 접수 여부를 심사하기 위하여 필요한 경우 기부심사위원회(이하 이 조에서 "위원회"라 한다)를 구성·운영할 수 있다.(2023.8.16 본문개정)
1. 국회, 대법원, 헌법재판소 및 중앙선거관리위원회
2. 행정안전부 및 대통령령으로 정하는 기관(2017.7.26 본호개정)
④ 위원회의 위원에는 민간인 위원이 포함되어야 한다.(2023.8.16 본항개정)
⑤ 제3항 각 호의 기관이나 지방자치단체의 장은 위원회의 구성 목적을 달성하였다고 인정하는 경우에는 위원회를 해산할 수 있다.(2023.8.16 본항신설)
⑥ 제3항부터 제5항까지에서 규정한 사항 외에 위원회의 구성·운영 등에 필요한 사항은 국회규칙, 대법원규칙, 헌법재판소규칙, 중앙선거관리위원회규칙, 대통령령 또는 그 지방자치단체의 조례로 정한다.(2023.8.16 본항개정)

제6조【기부금품 출연 강요의 금지 등】 ① 모집자나 모집종사자는 다른 사람에게 기부금품을 낼 것을 강요하여서는 아니 된다.
② 모집종사자는 자신의 모집행위가 모집자를 위한 것임을 표시하여야 한다.

제7조【기부금품의 접수방법 등】 ① 기부금품은 국가기관, 지방자치단체, 언론기관, 금융기관, 그 밖의 공개된 장소에서 접수하여야 한다. 다만, 다음 각 호의 어느 하나에 해당하는 접수로서 기부금품의 접수사실을 확인할 수 있는 경우에는 그러하지 아니하다.(2024.1.30 단서신설)
1. 제4조제1항제3호의2에 따른 전용계좌로의 접수
2. 정보통신망을 통한 접수
3. 그 밖에 대통령령으로 정하는 접수
(2024.1.30 1호~3호신설)
② 모집자나 모집종사자는 기부금품의 접수사실(현장모집에 관한 사실을 포함한다)을 장부에 적고, 기부자에게 영수증을 내주어야 하며, 제14조제2항에 따라 기부금품의 모집 및 사용 결과가 공개되는 사실을 알려야 한다. 다만, 다음 각 호의 어느 하나에 해당하는 경우에는 영수증을 교부하지 아니할 수 있다.(2024.1.30 본문개정)
1. 익명기부 등 기부자를 알 수 없는 경우
2. 기부자가 영수증 발급을 원하지 아니한 경우
(2024.1.30 1호~2호신설)
③ 모집종사자는 기부금품의 모집을 중단하거나 끝낸 후 5일 이내에 모집자에게 접수명세와 접수금품을 인계하여야 한다.
(2024.1.30 본조제목개정)

제8조【기부금품의 모집에 관한 정보의 공개】 등록청은 「공공기관의 정보공개에 관한 법률」 제7조에 따라 기부금품의 모집과 사용에 관한 정보를 공개하여야 한다. 이 경우 모집자가 제10조의2에 따른 기부통합관리시스템에 기부금품의 모집과 사용에 관한 정보를 입력한 경우에는 그 정보를 공개한 것으로 본다.(2024.1.30 후단신설)

제9조【검사 등】 ① 등록청은 기부금품의 모집 또는 접수행위가 이 법 또는 이 법에 따른 명령에 위반하는지를 확인하기 위하여 필요하다고 인정하면 모집자나 모집종사자에게 관계 서류, 장부, 그 밖의 사업보고서를 제출하게 하거나 소속 공무원에게 모집자의 사무소나 모금장소 등에 출입하여 장부 등을 검사하도록 할 수 있다. 다만, 모집자의 모집목표액이 대통령령으로 정하는 금액 이상인 경우에는 모집기간 중 1회 이상 검사하도록 하여야 한다.(2010.6.8 단서신설)
② 제1항에 따라 검사를 행하는 공무원은 그 권한을 표시하는 증표를 지니고 이를 관계인에게 내보여야 한다.

제10조【등록의 말소 등】 ① 등록청은 모집자나 모집종사자가 다음 각 호의 어느 하나에 해당하면 제4조제1항에 따른 등록을 말소할 수 있으며, 등록을 말소하면 모집된 금품을 기부자에게 반환할 것을 명령하여야 한다.
1. 모집자가 속임수나 그 밖의 부정한 방법으로 제4조제1항에 따른 등록을 한 경우
2. 제4조제2항을 위반하여 같은 사업을 위한 기부금품의 모집을 둘 이상의 등록청에 등록한 경우(2024.1.30 본호개정)
3. 모집자가 제4조제1항에 따른 모집·사용계획서와 달리 기부금품을 모집한 경우
4. 모집자가 제4조제3항 각 호의 어느 하나의 결격사유에 해당하는 경우. 다만, 법인 또는 단체의 대표자 또는 임원 중 제4조제3항제6호에 해당하는 자가 있는 경우에는 해당 등록을 말소할 사유가 발생한 날부터 3개월 이내에 그 대표자나 임원을 개임(改任)한 경우에는 그러하지 아니하다.
5. 모집자나 모집종사자가 제6조제1항을 위반하여 기부금품을 낼 것을 강요한 경우
6. 모집자나 모집종사자가 제7조제1항을 위반하여 공개된 장소가 아닌 장소에서 기부금품을 접수한 경우
7. 모집자나 모집종사자가 제9조제1항에 따른 관계 서류 등의 제출명령을 따르지 아니하거나 관계 공무원의 출입·검사를 거부·기피 또는 방해한 경우
8. 모집자가 제12조제1항을 위반하여 기부금품을 모집목적 외의 용도로 사용하거나, 승인을 받지 아니하고 기부금품을 모집목적과 유사한 용도로 사용한 경우
9. 모집자나 모집종사자가 제14조제1항에 따른 장부·서류 등을 갖추어두지 아니한 경우
10. 모집자가 제14조제2항에 따른 공개의무를 이행하지 아니하거나 거짓으로 공개한 경우
② 제1항에 따라 반환명령을 받은 모집자가 모집금품을 기부한 자를 알 수 없는 경우에는 대통령령으로 정하는 바에 따라 등록청의 승인을 받아 모집목적과 유사한 용도에 처분하여야 한다. 이 경우 등록청은 모집금품을 처분하려는 용도가 당초의 모집 목적과 같은 사업에 해당되면 승인을 하여야 한다.(2024.1.30 후단개정)

제10조의2【기부통합관리시스템의 구축 등】 ① 행정안전부장관은 기부금품의 모집 및 사용 등에 관한 정보를 전자적으로 처리하고 등록 및 관리할 수 있는 기부통합관리시스템을 구축·운영하여야 한다.
② 행정안전부장관은 제1항에 따른 기부통합관리시스템을 구축·운영하기 위하여 필요한 자료를 관련 기관·단체 등에 요청할 수 있다. 이 경우 기관·단체 등은 특별한 사유가 없으면 그 요청에 적극 협력하여야 한다.
③ 기부통합관리시스템의 구축·운영 등에 관하여 필요한 사항은 대통령령으로 정한다.
(2024.1.30 본조신설)

제11조【청문】 등록청은 제10조에 따라 모집자의 등록을 말소하려면 청문을 하여야 한다.

제12조【기부금품의 사용】 ① 모집된 기부금품은 제13조에 따라 모집비용에 충당하는 경우 외에는 모집목적 외의 용도로 사용할 수 없다. 다만, 다음 각 호의 어느 하나에 해당하면 대통령령으로 정하는 바에 따라 등록청의 승인을 받아 등록한 모집목적과 유사한 용도로 사용할 수 있다.
1. 기부금품의 모집목적을 달성할 수 없는 경우
2. 모집된 기부금품을 그 목적에 사용하고 남은 금액이 있는 경우
② 등록청은 제1항 단서에 따라 모집금품을 사용하려는 용도가 당초의 모집목적과 같은 사업에 해당되면 승인을 하여야 한다.(2024.1.30 본항개정)
③ 기부금품의 사용기간은 모집기간의 기산일부터 2년 이내로 하되, 필요한 경우에 2년 이내의 범위에서 연장할 수 있다. 다만, 기부금품의 유형과 성질, 사업의 목적 등을 고려하여 대통령령으로 정하는 바에 따라 사용기간을 추가로 연장할 수 있다.(2024.1.30 본항신설)
④ 제3항에 따른 사용기간에는 천재지변이나 그 밖의 불가항력적인 사유로 인한 기간은 포함하지 아니한다.
(2024.1.30 본항신설)

제13조【모집비용 충당비율】 모집자는 모집된 기부금품의 규모에 따라 100분의 15 이내의 범위에서 대통령령으로 정하는 비율을 초과하지 아니하는 기부금품의 일부를 기부금품의 모집, 관리, 운영, 사용, 결과보고 등에 필요한 비용에 충당할 수 있다.

제14조【공개의무와 회계감사 등】 ① 모집자와 모집종사자는 대통령령으로 정하는 바에 따라 기부금품의 모집상황과 사용명세를 나타내는 장부·서류 등을 작성하고 갖추어 두어야 한다.
② 모집자가 기부금품의 모집을 중단하거나 끝낸 때, 모집된 기부금품을 사용하거나 제12조제1항 단서에 따라 다른 목적에 사용한 때에는 대통령령으로 정하는 바에 따라 그 결과를 공개하여야 한다.
③ 모집자가 기부금품의 사용을 끝낸 때에는 대통령령으로 정하는 바에 따라 모집상황과 사용명세 등에 대한 보고서에 「공인회계사법」 제7조에 따라 등록한 공인회계사나 「주식회사의 외부감사에 관한 법률」 제2조제7호에 따른 감사인이 작성한 감사보고서를 첨부하여 등록청에 제출하거나 기부통합관리시스템에 입력하여야 한다. 다만, 모집된 기부금품이 대통령령으로 정하는 금액 이하이면 감사보고서의 첨부를 생략할 수 있다.(2024.1.30 본문개정)
④ 특별시장·광역시장·특별자치시장·도지사 또는 특별자치도지사는 제3항에 따른 보고서를 제출받은 경우에는 이를 행정안전부장관에게 통보하여야 한다. 이 경우 모집자가 제3항에 따라 기부통합관리시스템에 입력한 때에는 그 사실을 통보한 것으로 본다.(2024.1.30 본항개정)

제15조【권한의 위임】 ① 행정안전부장관은 이 법에 따른 권한의 일부를 대통령령으로 정하는 바에 따라 특별시장·광역시장·특별자치시장·도지사 또는 특별자치도지사에게 위임할 수 있다.
② 제1항에 따라 권한을 위임받은 특별시장·광역시장·도지사 또는 특별자치도지사는 행정안전부장관의 승인을 받아 위임받은 권한의 일부를 해당 지방자치단체의 규칙으로 정하는 바에 따라 시장·군수 또는 구청장에게 재위임(再委任)할 수 있다.
(2024.1.30 본조개정)

제16조【벌칙】 ① 다음 각 호의 어느 하나에 해당하는 자는 3년 이하의 징역이나 3천만원 이하의 벌금에 처한다.
1. 제4조제1항에 따른 등록을 하지 아니하였거나, 속임수나 그 밖의 부정한 방법으로 등록을 하고 기부금품을 모집한 자
2. 제6조제1항을 위반하여 기부금품을 낼 것을 강요한 자
3. 제10조제1항에 따른 반환명령에 따르지 아니한 자
4. 제10조제2항에 따른 승인을 받지 아니하고 기부금품을 등록한 모집목적과 유사한 용도로 처분하거나 승인을 받은 내용과 달리 기부금품을 처분한 자
5. 제12조제1항을 위반하여 기부금품을 모집목적 외의 용도로 사용하거나 등록청의 승인을 받지 아니하고 기부금품을 등록한 모집목적과 유사한 용도로 사용한 자
6. 제13조에 따른 비율을 초과하여 모집금품을 모집비용에 충당한 자
6의2. 제14조제2항에 따른 공개의무를 이행하지 아니하거나 거짓으로 공개한 자(2010.6.8 본호신설)
7. 제14조제3항에 따른 감사보고서와 모집상황이나 사용명세 등에 대한 보고서를 제출하지 아니한 자
② 다음 각 호의 어느 하나에 해당하는 자는 1년 이하의 징역이나 1천만원 이하의 벌금에 처한다.
1. 제5조제1항을 위반하여 기부금품을 모집한 자
2. 제7조제2항 각 호 외의 부분 본문에 따른 장부에 기부금품의 접수사실을 거짓으로 적은 자(2024.1.30 본호개정)
3. 제14조제1항에 따른 장부나 서류 등을 갖추어 두지 아니한 자
4. (2010.6.8 삭제)

제17조【양벌규정】 법인의 대표자나 법인 또는 개인의 대리인, 사용인, 그 밖의 종업원이 그 법인 또는 개인의 업무에 관하여 제16조의 위반행위를 하면 그 행위자를 벌하는 외에 그 법인 또는 개인에게도 해당 조문의 벌금형을 과(科)한다. 다만, 법인 또는 개인이 그 위반행위를 방지하기 위하여 해당 업무에 관하여 상당한 주의와 감독을 게을리하지 아니한 경우에는 그러하지 아니하다.
(2008.12.26 본조개정)

제18조【과태료】 ① 다음 각 호의 어느 하나에 해당하는 자에게는 500만원 이하의 과태료를 부과한다.
1. 제6조제2항을 위반하여 모집행위가 모집자를 위한 것임을 표시하지 아니한 모집종사자
2. 제7조제1항을 위반하여 공개된 장소가 아닌 장소에서 기부금품을 접수한 자
3. 제9조제1항에 따른 관계 서류 등의 제출명령에 따르지 아니하거나 관계공무원의 출입·검사를 거부·기피 또는 방해한 자
② 제1항에 따른 과태료는 대통령령으로 정하는 바에 따라 등록청이 부과·징수한다.
③~⑤ (2009.4.1 삭제)

부 칙 (2010.6.8)

① **【시행일】** 이 법은 공포한 날부터 시행한다. 다만, 제9조제1항 단서의 개정규정은 공포 후 3개월이 경과한 날부터 시행한다.
② **【검사에 관한 적용례】** 제9조제1항 단서의 개정규정은 같은 개정규정 시행 후 최초로 등록한 모집자부터 적용한다.

부 칙 (2017.7.26)

제1조【시행일】 ① 이 법은 공포한 날부터 시행한다.(이하 생략)

부 칙 (2021.10.19)

이 법은 2023년 1월 1일부터 시행한다.

부 칙 (2023.8.16)

제1조【시행일】 이 법은 공포 후 6개월이 경과한 날부터 시행한다.(이하 생략)

부 칙 (2024.1.30)

제1조【시행일】 이 법은 공포 후 6개월이 경과한 날부터 시행한다.
제2조【다른 법령과의 관계】 이 법 시행 당시 다른 법령에서 종전의 「기부금품의 모집 및 사용에 관한 법률」 또는 그 규정을 인용한 경우 이 법 중 그에 해당하는 규정이 있는 때에는 종전의 「기부금품의 모집 및 사용에 관한 법률」 또는 그 규정을 갈음하여 이 법 또는 이 법의 해당 조항을 인용한 것으로 본다.

(舊 : 총포·도검·화약류 등 단속법)

총포·도검·화약류 등의 안전관리에 관한 법률(약칭 : 총포화약법)

(1984년 8월 4일 전개법률 제3743호)

개정
1986.12.31법 3876호
1989.12.30법 4154호
1991. 5.31법 4369호(경찰법)
1995.12. 6법 4989호
1996.12.30법 5201호
1997.12.13법 5453호(행정절차)
1999. 3.31법 5938호
2001. 1.26법 6386호
2003. 7.29법 6948호
2005. 3.31법 7428호(채무자회생파산)
2006. 2.21법 7849호(제주자치법)
2008. 2.29법 8852호(정부조직)
2008.12.26법 9211호
2010. 3.31법10219호(지방세기본법)
2013. 3.23법11690호(정부조직)
2014.11.19법12844호(정부조직)
2015. 1. 6법12960호
2015. 3.11법13215호
2015. 7.24법13425호(의무경찰대설치및운영에관한법)
2015. 7.24법13429호
2016.12.27법14476호(지방세징수법)
2017. 3.21법14621호
2017. 7.26법14839호(정부조직)
2018. 9.18법15766호
2018.10.16법15808호
2019.12. 3법16670호
2020.12.22법17689호(국가자치경찰)

제1장 총 칙

(2015.1.6 본장개정)

제1조【목적】 이 법은 총포·도검·화약류·분사기·전자충격기·석궁의 제조·판매·임대·운반·소지·사용과 그 밖에 안전관리에 관한 사항을 정하여 총포·도검·화약류·분사기·전자충격기·석궁으로 인한 위험과 재해를 미리 방지함으로써 공공의 안전을 유지하는 데 이바지함을 목적으로 한다.

제2조【정의】 ① 이 법에서 "총포"란 권총, 소총, 기관총, 포, 엽총, 금속성 탄알이나 가스 등을 쏠 수 있는 장약총포(裝藥銃砲), 공기총(가스를 이용하는 것을 포함한다. 이하 같다) 및 총포신·기관부 등 그 부품(이하 "부품"이라 한다)으로서 대통령령으로 정하는 것을 말한다.

② 이 법에서 "도검"이란 칼날의 길이가 15센티미터 이상인 칼·검·창·치도(雉刀)·비수 등으로서 성질상 흉기로 쓰이는 것과 칼날의 길이가 15센티미터 미만이라 할지라도 흉기로 사용될 위험성이 뚜렷한 것 중에서 대통령령으로 정하는 것을 말한다.

③ 이 법에서 "화약류"란 다음 각 호의 화약, 폭약 및 화공품(火工品 : 화약 및 폭약을 써서 만든 공작물을 말한다. 이하 같다)을 말한다.

1. 화약
   가. 흑색화약 또는 질산염을 주성분으로 하는 화약
   나. 무연화약 또는 질산에스테르를 주성분으로 하는 화약
   다. 그 밖에 가목 및 나목의 화약과 비슷한 추진적 폭발에 사용될 수 있는 것으로서 대통령령으로 정하는 것
2. 폭약
   가. 뇌홍(雷汞)·아지화연·로단염류·테트라센 등의 기폭제
   나. 초안폭약, 염소산칼리폭약, 카리트, 그 밖에 질산염·염소산염 또는 과염소산염을 주성분으로 하는 폭약
   다. 니트로글리세린, 니트로글리콜, 그 밖에 폭약으로 사용되는 질산에스테르
   라. 다이너마이트, 그 밖에 질산에스테르를 주성분으로 하는 폭약
   마. 폭발에 쓰이는 트리니트로벤젠, 트리니트로톨루엔, 피크린산, 트리니트로클로로벤젠, 테트릴, 트리니트로아니졸, 핵사니트로디페닐아민, 트리메틸렌트리니트라민, 펜트리트, 그 밖에 니트로기 3 이상이 들어 있는 니트로화합물과 이들을 주성분으로 하는 폭약
   바. 액체산소폭약, 그 밖의 액체폭약
   사. 그 밖에 가목부터 바목까지의 폭약과 비슷한 파괴적 폭발에 사용될 수 있는 것으로서 대통령령으로 정하는 것
3. 화공품
   가. 공업용뇌관·전기뇌관·비전기뇌관·전자뇌관·총용뇌관·신호뇌관 및 그 밖에 대통령령으로 정하는 뇌관류(시그널튜브 등 부품류를 포함한다)
   나. 실탄(實彈)(산탄을 포함한다. 이하 같다) 및 공포탄(空砲彈)
   다. 신관 및 화관
   라. 도폭선, 미진동파쇄기, 도화선 및 전기도화선
   마. 신호염관, 신호화전 및 신호용 화공품
   바. 시동약(始動藥)
   사. 꽃불
   아. 장난감용 꽃불 등으로서 행정안전부령으로 정하는 것(2017.7.26 본목개정)
   자. 자동차 긴급신호용 불꽃신호기
   차. 자동차에어백용 등 인체보호용 가스발생기(2018.9.18 본목개정)
   카. 그 밖에 화약이나 폭약을 사용한 화공품으로 대통령령으로 정하는 것

④ 이 법에서 "분사기"란 사람의 활동을 일시적으로 곤란하게 하는 최루(催淚) 또는 질식 등을 유발하는 작용제를 분사할 수 있는 기기로서 대통령령으로 정하는 것을 말한다.

⑤ 이 법에서 "전자충격기"란 사람의 활동을 일시적으로 곤란하게 하거나 인명(人命)에 위해(危害)를 주는 전류를 방류할 수 있는 기기로서 대통령령으로 정하는 것을 말한다.

⑥ 이 법에서 "석궁"이란 활과 총의 원리를 이용하여 화살 등의 물체를 발사하여 인명에 위해를 줄 수 있는 것으로서 대통령령으로 정하는 것을 말한다.

⑦ 이 법에서 "식별표지"란 총포에 제조시기, 제조자명, 제조장소 또는 국가, 일련번호 등을 확인하기 쉽게 표시하는 기호, 숫자, 문자 등으로서 행정안전부령으로 정하는 것을 말한다.(2017.7.26 본항개정)

제3조【적용의 배제】 ① 제2조제3항제3호아목 및 자목의 장난감용 꽃불류와 자동차 긴급신호용 불꽃신호기에 대해서는 제6조, 제6조의3, 제7조, 제8조, 제10조, 제12조, 제13조, 제18조부터 제21조까지, 제23조, 제32조 및 제35조를 적용하지 아니한다. 다만, 장난감용 꽃불류와 자동차 긴급신호용 불꽃신호기에 관하여 제4조, 제9조 또는 제25조에 따른 허가를 받는 자의 경우에는 제6조, 제6조의3, 제7조, 제8조, 제10조, 제12조, 제18조, 제21조 및 제23조를 적용하지 아니한다.(2017.3.21 본항개정)

② 제2조제3항제3호차목의 자동차에어백용 등 인체보호용 가스발생기로서 행정안전부령으로 정하는 안전기준에 해당하는 것에 대해서는 제4조, 제4조의2 및 제5조를 제외하고는 이 법을 적용하지 아니한다.(2018.9.18 본항개정)

③ 군수용으로 제조·판매·수출·수입 또는 관리되는 총포·도검·화약류·분사기·전자충격기·석궁에 대해서는 이 법을 적용하지 아니한다.

④ 수출하기 위한 목적으로 제조되는 총포·도검·화약류·분사기·전자충격기 및 석궁에 대해서는 제4조제1항 및 제2항의 해당 종류별 제조허가에 관한 구조 및 성능기준을 적용하지 아니한다.

제2장 총포·도검·화약류·분사기·전자충격기·석궁의 제조·판매 등

(2015.1.6 본장개정)

제3조의2【총포 안전관리 계획의 수립】 ① 경찰청장은 관계 행정기관의 장과 협의를 거쳐 총포 안전관리 계획을 수립하여 「국가경찰과 자치경찰의 조직 및 운영에 관한 법률」 제7조에 따른 국가경찰위원회에 보고하여야 한다. 계획을 변경하는 경우에도 또한 같다.(2020.12.22 전단개정)

② 총포 안전관리 계획에는 다음 각 호의 사항이 포함되어야 한다.

1. 총포 안전관리의 기본방향
2. 총포 소지의 허가 현황 및 적정 허가수준 유지 방안
3. 불법 총포류 조사 및 회수 방안
4. 총포 소지자 안전교육
5. 수렵 총포 안전관리
6. 그 밖에 총포 안전관리를 위해 대통령령으로 정하는 사항

③ 경찰청장은 총포 안전관리 계획의 수립·변경 또는 시행을 위하여 필요한 경우에는 관계 행정기관의 장, 특별시장·광역시장·특별자치시장·도지사·특별자치도지사, 「공공기관의 운영에 관한 법률」 제4조에 따른 공공기관의 장에 대하여 관련 자료의 제출이나 협력을 요청할 수 있다. 이 경우 요청을 받은 자는 특별한 사유가 없으면 이에 따라야 한다.

④ 경찰청장은 총포 안전관리 계획을 수립 또는 변경한 경우에는 관보에 게재하고, 인터넷 등 정보통신망을 통하여 공고하여야 한다.

⑤ 경찰청장은 제1항의 총포 안전관리 계획을 집행하기 위한 세부계획을 수립·시행하여야 한다.

⑥ 세부계획의 수립 시기, 그 밖에 세부계획의 수립·시행 등에 필요한 사항은 대통령령으로 정한다.
(2015.7.24 본조신설)

제4조【제조업의 허가】 ① 총포·화약류의 제조업(총포의 개조·수리업과 화약류의 변형·가공업을 포함한다. 이하 같다)을 하려는 자는 제조소마다 행정안전부령으로 정하는 바에 따라 경찰청장의 허가를 받아야 한다. 제조소의 위치·구조·시설 또는 설비를 변경하거나 제조하는 총포·화약류의 종류 또는 제조방법을 변경하려는 경우에도 또한 같다.(2017.7.26 전단개정)

② 도검·분사기·전자충격기·석궁의 제조업을 하려는 자는 제조소마다 행정안전부령으로 정하는 바에 따라 제조소의 소재지를 관할하는 시·도경찰청장의 허가를 받아야 한다. 제조소의 위치·구조·시설 또는 설비를 변경하거나 제조하는 도검·분사기·전자충격기·석궁의 종류 또는 제조방법을 변경하려는 경우에도 또한 같다.(2020.12.22 전단개정)

③ 제1항 또는 제2항에 따라 총포·도검·화약류·분사기·전자충격기·석궁 제조업의 허가를 받은 자(이하 "제조업자"라 한다)가 아니면 총포·도검·화약류·분사기·전자충격기·석궁을 제조하지 못한다. 다만, 화약류를 물리상·화학상의 실험 또는 의료의 목적으로 사용하기 위하여 대통령령으로 정하는 종류와 수량 이하를 제조하는 경우에는 그러하지 아니하다.

④ 경찰청장 또는 시·도경찰청장은 제45조제1항에 따라 허가가 취소된 후 6개월 이내에 그 영업장소에서 같은 종류의 영업을 하려는 자에 대해서는 제1항 또는 제2항에 따른 허가를 하여서는 아니 된다.(2020.12.22 본항개정)

⑤ 총포·도검·화약류·분사기·전자충격기·석궁의 제조에 관한 시설 및 기술의 기준은 대통령령으로 정한다.

제4조의2【제조업자의 지위승계】 ① 다음 각 호의 어느 하나에 해당하는 자는 종전 제조업자의 지위를 승계한다.

1. 제조업자가 사망한 경우 그 상속인
2. 제조업자가 제조업을 양도한 경우 그 양수인

② 다음 각 호의 어느 하나에 해당하는 절차에 따라 영업시설의 전부를 인수한 자는 종전 제조업자의 지위를 승계한다.

1. 「민사집행법」에 따른 경매
2. 「채무자 회생 및 파산에 관한 법률」에 따른 환가(換價)
3. 「국세징수법」·「관세법」 또는 「지방세징수법」에 따른 압류재산의 매각(2016.12.27 본호개정)
4. 그 밖에 제1호부터 제3호까지의 어느 하나에 준하는 절차

③ 제1항 또는 제2항에 따라 제조업자의 지위를 승계한 자는 행정안전부령으로 정하는 바에 따라 그 지위를 승계한 날부터 1개월 이내에 승계 사실을 경찰청장 또는 시·도경찰청장에게 신고하여야 한다.(2020.12.22 본항개정)

④ 경찰청장 또는 시·도경찰청장은 제3항에 따른 신고를 받은 경우 그 내용을 검토하여 이 법에 적합하면 신고를 수리하여야 한다.(2020.12.22 본항개정)

⑤ 제1항 또는 제2항에 따라 제조업자의 지위를 승계하려는 자의 결격사유에 관하여는 제5조를 준용한다. 다만, 상속인이 제5조 각 호의 어느 하나에 해당하는 경우 상속받은 날부터 3개월 동안은 결격사유에 해당하지 아니하는 것으로 본다.

제5조【제조업자의 결격사유】 다음 각 호의 어느 하나에 해당하는 자는 총포·도검·화약류·분사기·전자충격기·석궁 제조업의 허가를 받을 수 없다.

1. 금고 이상의 실형을 선고받고 그 집행이 끝나거나 집행을 받지 아니하기로 확정된 후 3년이 지나지 아니한 자
(2018.10.16 본호개정)
2. 금고 이상의 형의 집행유예를 선고받고 그 유예기간이 끝난 날부터 1년이 지나지 아니한 자
3. 심신상실자, 마약·대마·향정신성의약품 또는 알코올 중독자, 그 밖에 이에 준하는 정신장애인
4. 20세 미만인 자
5. 피성년후견인 및 피한정후견인
6. 파산선고를 받고 복권되지 아니한 자
7. 제45조제1항에 따라 허가가 취소(이 조 제4호부터 제6호까지의 어느 하나에 해당하여 허가가 취소된 경우는 제외한다)된 후 3년이 지나지 아니한 자(2018.10.16 본호개정)
8. 임원 중에 제1호부터 제7호까지의 어느 하나에 해당하는 자가 있는 법인 또는 단체

제6조【판매업의 허가】 ① 총포·도검·화약류·분사기·전자충격기·석궁의 판매업을 하려는 자는 판매소마다 행정안전부령으로 정하는 바에 따라 판매소의 소재지를 관할하는 시·도경찰청장의 허가를 받아야 한다. 판매소의 위치·구조·시설 또는 설비를 변경하거나 판매하는 총포·도검·화약류·분사기·전자충격기·석궁의 종류를 변경하려는 경우에도 또한 같다.(2020.12.22 전단개정)

② 제1항에 따라 총포·도검·화약류·분사기·전자충격기·석궁 판매업의 허가를 받은 자(이하 "판매업자"라 한다)가 아니면 총포·도검·화약류·분사기·전자충격기·석궁을 판매(분사기 판매의 경우 분사기에 최루 또는 질식 등을 유발하는 작용제를 충전하는 것을 포함한다. 이하 같다)하지 못한다. 다만, 제조업자가 자신이 제조한 총포·도검·화약류·분사기·전자충격기·석궁을 제조소에서 직접 판매하거나 총포 판매업자가 대통령령으로 정하는 범위에서 판매허가를 받은 총포의 실탄 또는 공포탄을 판매하는 경우에는 그러하지 아니하다.

③ 시·도경찰청장은 제45조제1항에 따라 허가가 취소된 후 6개월 이내에 그 영업장소에서 같은 종류의 영업을

하려는 자에 대해서는 제1항에 따른 허가를 하여서는 아니 된다.(2020.12.22 본항개정)
④ 제1항에 따른 총포·도검·화약류·분사기·전자충격기·석궁 판매업의 시설기준은 대통령령으로 정한다.

제6조의2【예술소품용 총포 등의 임대업 허가 등】 ① 영화·연극 등을 위한 예술소품으로 사용되는 총포·도검·분사기·전자충격기·석궁의 임대업을 하려는 자는 임대업소마다 행정안전부령으로 정하는 바에 따라 임대업소의 소재지를 관할하는 시·도경찰청장의 허가를 받아야 한다. 임대업소의 위치·구조·시설 또는 설비를 변경하거나 임대하는 총포·도검·분사기·전자충격기·석궁의 종류를 변경하려는 때에도 또한 같다.
(2020.12.22 전단개정)
② 제1항에 따라 총포·도검·분사기·전자충격기·석궁의 임대업 허가를 받은 자(이하 "임대업자"라 한다)가 아니면 총포·도검·분사기·전자충격기·석궁을 임대하지 못한다.
③ 시·도경찰청장은 제45조제1항에 따라 허가가 취소된 후 6개월 이내에 그 영업장소에서 같은 종류의 영업을 하려는 자에 대해서는 제1항에 따른 허가를 하여서는 아니 된다.(2020.12.22 본항개정)
④ 제1항에 따른 총포·도검·분사기·전자충격기·석궁의 임대업 시설기준은 대통령령으로 정하고, 총포·도검·분사기·전자충격기·석궁의 구조 및 성능기준은 행정안전부령으로 정한다.(2017.7.26 본항개정)

제6조의3【판매업자 및 임대업자의 지위승계】 판매업자 및 임대업자의 지위승계에 관하여는 제4조의2를 준용한다. 이 경우 "경찰청장 또는 시·도경찰청장"은 "시·도경찰청장"으로, "제조업자"는 "판매업자 또는 임대업자"로 본다.(2020.12.22 후단개정)

제7조【판매업자 및 임대업자의 결격사유】 총포·도검·화약류·분사기·전자충격기·석궁 판매업 및 총포·도검·분사기·전자충격기·석궁 임대업의 허가의 경우에 판매업자 및 임대업자의 결격사유에 관하여는 제5조를 준용한다.

제8조【옥외 등에서의 판매·임대·광고의 금지】 총포·도검·화약류·분사기·전자충격기·석궁은 행상·노점이나 그 밖에 옥외에서의 상행위, 인터넷 등을 이용한 「전자상거래 등에서의 소비자보호에 관한 법률」에 따른 전자상거래·통신판매 및 「방문판매 등에 관한 법률」에 따른 방문판매의 방법으로 판매·임대하거나 이를 목적으로 광고하지 못한다. 다만, 제조업자·판매업자·임대업자가 허가받은 제품에 대한 광고를 하는 경우에는 그러하지 아니하다.

제8조의2【인터넷 등을 통한 총포·화약류 제조방법 등의 게시·유포 금지】 누구든지 총포·화약류(생명·신체에 위해를 끼칠 수 있는 폭발력을 가진 물건을 포함한다. 이하 제73조제1호의2에서 같다)를 제조할 수 있는 방법이나 설계도 등의 정보를 인터넷 등 정보통신망에 게시·유포하여서는 아니 된다.(2015.1.6 본조신설)

제9조【수출입의 허가 등】 ① 총포·화약류를 수출 또는 수입하려는 자는 행정안전부령으로 정하는 바에 따라 수출 또는 수입하려는 때마다 관련 증명서류 등을 경찰청장에게 제출하고 경찰청장의 허가를 받아야 한다. 이 경우 경찰청장은 수출 허가를 하기 전에 수입국이 수입허가 등을 하였는지 여부 및 경유국이 동의하였는지 여부 등을 확인하여야 한다.(2017.7.26 전단개정)
② 도검·분사기·전자충격기·석궁을 수출 또는 수입하려는 자는 행정안전부령으로 정하는 바에 따라 수출 또는 수입하려는 때마다 주된 사업장의 소재지를 관할하는 시·도경찰청장의 허가를 받아야 한다.(2020.12.22 본항개정)
③ 제조업자·판매업자 또는 임대업자가 아니면 제1항 또는 제2항에 따른 허가를 받아 총포·도검·화약류·분사기·전자충격기·석궁을 수출 또는 수입할 수 없다. 다만, 국가기관 또는 지방자치단체가 사용하려는 것으로서 직접 경찰청장의 승인을 받은 경우에는 그 국가기관 또는 지방자치단체는 총포·도검·화약류·분사기·전자충격기·석궁을 수출 또는 수입할 수 있다.(2019.12.3 단서개정)
④ 경찰청장 또는 시·도경찰청장은 공공의 안전유지를 위하여 필요하다고 인정되는 경우에는 총포·도검·화약류·분사기·전자충격기·석궁의 수출 또는 수입을 제한하거나 허가하지 아니할 수 있다. 다만, 식별표지가 없는 총포는 수입 또는 수출을 허가할 수 없다.
(2020.12.22 본문개정)
⑤ 화약류를 수입한 자는 지체 없이 행정안전부령으로 정하는 바에 따라 수입지를 관할하는 경찰서장에게 신고하여야 한다.(2017.7.26 본항개정)

제3장 총포·도검·화약류·분사기·전자충격기·석궁의 소지와 사용
(2015.1.6 본장개정)

제10조【소지의 금지】 누구든지 다음 각 호의 어느 하나에 해당하는 경우를 제외하고는 허가 없이 총포·도검·화약류·분사기·전자충격기·석궁을 소지하여서는 아니 된다.
1. 법령에 따라 직무상 총포·도검·화약류·분사기·전자충격기·석궁을 소지하는 경우
2. 제조업자가 자신이 제조한 총포·도검·화약류·분사기·전자충격기·석궁을 소지하는 경우
3. 제4조제3항 단서에 따라 화약류를 제조한 자가 자신이 제조한 화약류를 소지하는 경우
4. 판매업자가 총포·도검·화약류·분사기·전자충격기·석궁을 소지하는 경우
5. 총포 판매업자가 제6조제2항 단서에 따라 판매하는 총포의 실탄 또는 공포탄을 소지하는 경우
5의2. 임대업자가 총포·도검·분사기·전자충격기·석궁을 소지하는 경우
6. 제9조제1항 또는 제2항에 따라 수출입허가를 받은 자가 그 총포·도검·화약류·분사기·전자충격기를 소지하는 경우
7. 제18조제1항에 따른 화약류의 사용허가를 받은 자(제18조제1항 단서에 따라 사용허가를 받지 아니하여도 되는 자를 포함한다)가 그 화약류를 소지하는 경우
8. 제21조제1항에 따른 화약류의 양수허가를 받은 자(제21조제1항 단서에 따라 양수허가를 받지 아니하여도 되는 자를 포함한다)가 그 화약류를 소지하는 경우
9. 제2호부터 제8호까지의 어느 하나에 해당하는 자의 종업원이 그 직무상 총포·도검·화약류·분사기·전자충격기·석궁을 소지하는 경우
10. 대통령령으로 정하는 자가 총포·도검·화약류·분사기·전자충격기·석궁을 소지하는 경우

제11조【모의총포 등의 제조·판매·소지의 금지】 ① 누구든지 총포와 아주 비슷하게 보이는 것으로서 대통령령으로 정하는 것〔이하 "모의총포"(模擬銃砲)라 한다〕을 제조·판매 또는 소지하여서는 아니 된다. 다만, 수출하기 위한 목적인 경우에는 그러하지 아니하다.
② 누구든지 고무줄 또는 스프링 등의 탄성을 이용하여 금속 또는 금속 외의 재질로 된 물체를 발사하여 인명·신체·재산상 위해를 가할 우려가 있는 발사장치로서 대통령령으로 정하는 것을 제조·판매 또는 소지하여서는 아니 된다. 다만, 수출하기 위한 목적인 경우에는 그러하지 아니하다.(2018.9.18 본항신설)
③ 제1항 단서 및 제2항 단서에 따라 수출하기 위한 목적으로 모의총포 등을 제조하는 경우에는 행정안전부령으로 정하는 바에 따라 제조소의 소재지를 관할하는 경찰서장에게 신고하여야 한다.(2018.9.18 본항개정)
(2018.9.18 본조제목개정)

제12조【총포·도검·화약류·분사기·전자충격기·석궁의 소지허가】 ① 제10조 각 호의 어느 하나에 해당하지 아니하는 자가 총포·도검·화약류·분사기·전자충격기·석궁을 소지하려는 경우에는 행정안전부령으로 정하는 바에 따라 다음 각 호의 구분에 따라 허가를 받아야 한다. 다만, 제1호 및 제2호의 총포 소지허가를 받으려는 경우에는 신청인의 정신질환 또는 성격장애 등을 확인할 수 있도록 행정안전부령으로 정하는 서류를 허가관청에 제출하여야 한다.(2017.7.26 본문개정)
1. 총포(제2호에서 정하는 것은 제외한다) : 주소지를 관할하는 시·도경찰청장(2020.12.22 본호개정)
2. 총포 중 엽총·가스발사총·공기총·마취총·도살총·산업용총·구난구명총 또는 그 부품 : 주소지를 관할하는 경찰서장
3. 도검·화약류·분사기·전자충격기 및 석궁 : 주소지를 관할하는 경찰서장(2015.7.24 본호개정)
② 건설공사·경비 등을 위하여 법인의 대표자 또는 대리인, 사용인, 그 밖에 종업원이 산업용총·가스발사총·마취총, 대통령령으로 정하는 폭발물 분쇄 용도의 총포(이하 이 조 및 제46조에서 "폭발물분쇄용 총포"라 한다), 분사기 또는 전자충격기를 소지하려는 경우에는 그 법인의 대표자가 허가받으려는 산업용총·가스발사총·마취총, 폭발물분쇄용 총포, 분사기 또는 전자충격기의 수 및 이를 소지할 사람을 특정하여 그 법인의 주된 사업장의 소재지를 관할하는 경찰서장의 허가를 받아야 한다. 이 경우 가스발사총의 소지허가는 이를 소지할 사람이 관계법령에 따라 무기를 휴대할 수 있는 경우로 한정한다.
(2018.9.18 전단개정)
③ 영화·연극 등을 위한 예술소품용으로 사용할 목적으로 임대업자로부터 총포·도검·분사기·전자충격기·석궁을 빌려 연기자 등에게 일시 소지하도록 하려는 사람은 관리책임자(소지허가 받은 총포·도검·분사기·전자충격기·석궁을 영화 촬영이나 연극 상연 등에 사용할 때마다 직접 지급하고 회수하는 등 관리책임을 지는 사람을 말한다. 이하 같다) 및 소지기간을 정하여 주소지를 관할하는 시·도경찰청장의 소지허가를 받아야 한다. 이 경우 해당 영화·연극 등을 위하여 영화 촬영이나 연극 상연 중에 임대한 총포·도검·분사기·전자충격기·석궁을 일시 소지하는 사람은 모두 소지허가를 받은 것으로 본다.
(2020.12.22 전단개정)
④ 제3항에 따른 관리책임자는 제13조제1항 각 호의 어느 하나에 해당하지 아니하는 사람 중에서 지정하여야 하며, 소지허가 받은 총포·도검·분사기·전자충격기·석궁의 관리기준·방법 등에 필요한 사항은 행정안전부령으로 정한다.(2017.7.26 본항개정)
⑤ 총포·도검·화약류·분사기·전자충격기·석궁의 소지허가의 범위는 그 종류 및 용도별로 대통령령으로 정한다.

제13조【총포·도검·화약류·분사기·전자충격기·석궁 소지자의 결격사유 등】 ① 다음 각 호의 어느 하나에 해당하는 자는 총포·도검·화약류·분사기·전자충격기·석궁의 소지허가를 받을 수 없다.
1. 20세 미만인 자. 다만, 대한체육회장이나 특별시·광역시·특별자치시·도 또는 특별자치도의 체육회장이 추천한 선수 또는 후보자가 사격경기용 총을 소지하려는 경우는 제외한다.
2. 심신상실자, 마약·대마·향정신성의약품 또는 알코올 중독자, 정신질환자 또는 뇌전증 환자로서 대통령령으로 정하는 사람
3. 금고 이상의 실형을 선고받고 그 집행이 끝나거나(집행이 끝난 것으로 보는 경우를 포함한다) 면제된 날부터 5년이 지나지 아니한 자
4. 이 법을 위반하여 벌금형을 선고받고 5년이 지나지 아니한 자
5. 「특정강력범죄의 처벌에 관한 특례법」 제2조제1항 각 호의 어느 하나에 해당하는 특정강력범죄를 범하여 벌금형의 선고 또는 징역 이상의 형의 집행유예를 선고받고 그 유예기간이 끝난 날부터 5년이 지나지 아니한 자
6. 이 법을 위반하여 금고 이상의 형의 집행유예를 선고받고 그 유예기간이 끝난 날부터 3년이 지나지 아니한 자
(2015.7.24 2호~6호개정)
6의2. 다음 각 목의 어느 하나에 해당하는 죄를 범하여 벌금형을 선고받고 5년이 지나지 아니하거나 금고 이상의 형의 집행유예를 선고받고 그 유예기간이 끝난 날부터 5년이 지나지 아니한 사람(2018.9.18 본문개정)
가. 「형법」 제114조의 죄
나. 「형법」 제257조제1항·제2항, 제260조 및 제261조의 죄
다. 「아동·청소년의 성보호에 관한 법률」 제7조 및 제8조의 죄
(2015.7.24 본호신설)
6의3. 「도로교통법」 제148조의2의 죄(이하 "음주운전 등"이라 한다)로 벌금 이상의 형을 선고받은 날부터 5년 이내에 다시 음주운전 등으로 벌금 이상의 형을 선고받고 그 집행이 종료(집행이 종료된 것으로 보는 경우를 포함한다)되거나 집행이 면제된 날부터 5년이 지나지 아니한 사람(2015.7.24 본호신설)
7. 제45조 또는 제46조제1항에 따라 허가가 취소된 후 1년이 지나지 아니한 자
② 시·도경찰청장 또는 경찰서장은 다른 사람의 생명·재산 또는 공공의 안전을 해칠 우려가 있다고 인정되는 경우에는 제1항 각 호의 어느 하나에 해당하지 아니하는 자에 대해서도 총포·도검·화약류·분사기·전자충격기·석궁의 소지허가를 하지 아니할 수 있다.(2020.12.22 본항개정)
③ 시·도경찰청장 또는 경찰서장은 위장(僞裝)한 총포·도검·화약류·분사기·전자충격기·석궁 또는 그 구조와 기능이 행정안전부령으로 정하는 기준에 적합하지 아니한 총포·분사기·전자충격기·석궁의 소지허가를 하여서는 아니 된다.(2020.12.22 본항개정)

제14조【일시 출입국 하는 사람 등에 대한 허가의 특례】 ① 국내 또는 국외에서 개최되는 국제사격경기대회, 수렵대회 또는 무술대회 등에 참가하기 위하여 출국하거나 입국하는 사람은 행정안전부령으로 정하는 바에 따라 그 대회에서 사용할 총포·도검·석궁에 대하여 출입국항의 소재지를 관할하는 시·도경찰청장의 일시 수출입 및 일시 소지의 허가(일시 소지허가의 경우는 외국인으로 한정한다. 이하 같다)를 받아야 한다.(2020.12.22 본항개정)
② 시·도경찰청장은 제1항에 따른 허가신청을 받은 경우에는 기간을 정하여 일시 수출입 및 일시 소지를 허가할 수 있다.(2020.12.22 본항개정)
③ 국내에 입국하는 국빈, 장관급 이상의 관료 및 이에 준하는 외국 요인(要人)·외교관 등에 대한 경호를 목적으로 총포를 소지하고 입국하려는 사람은 대통령령으로 정하는 바에 따라 총포의 일시 반출입 및 일시 소지에 관하여 경찰청장의 허가를 받아야 한다.

제14조의2【총포의 보관】 ① 제12조 또는 제14조에 따라 총포의 소지허가를 받은 자는 총포와 그 실탄 또는 공포탄을 허가관청이 지정하는 곳에 보관하여야 한다.
② 총포의 소지허가를 받은 자는 총포를 허가받은 용도에 사용하기 위한 경우 또는 정당한 사유가 있는 경우 허가관청에 보관해제를 신청하여야 한다. 이 경우 총포의 보관해제 기간 동안 총포 또는 총포소지자의 위치정보를 확인할 수 있도록 위치정보수집 동의서를 함께 제출하여야 한다.
③ 허가관청은 제2항에 따른 보관해제 신청이 적합하지 않거나 위치정보수집에 동의하지 않은 경우와 그 밖에 공공의 안전유지를 위하여 필요하다고 인정될 경우 총포의 보관을 해제하지 않을 수 있다.
④ 보관대상이 되는 총포와 그 실탄 또는 공포탄, 보관기간 및 장소, 보관 및 보관해제의 절차, 위치정보수집 등에 관하여 필요한 사항은 대통령령으로 정한다.
(2015.7.24 본조신설)

제15조【총포 소지허가에 대한 특례】 제12조 또는 제14조에 따라 총포의 소지허가를 받은 자가 허가받은 용도

에 사용하기 위하여 소지하는 실탄, 공포탄, 총용 뇌관, 신호용 뇌관, 신호용 염관, 신호용 화전, 신호용 화공품 또는 시동약으로서 행정안전부령으로 정하는 수량에 대해서는 제10조, 제18조, 제21조(수렵을 위하여 총포의 소지허가를 받은 자는 제외한다) 및 제25조를 적용하지 아니한다.(2017.7.26 본조개정)

제16조【총포 소지허가의 갱신】 ① 제12조에 따라 총포의 소지허가를 받은 자는 허가를 받은 날부터 3년마다 이를 갱신하여야 한다.(2015.7.24 본항개정)

② 제1항에 따라 총포 소지허가의 갱신을 받으려는 경우에는 신청인의 정신질환 또는 성격장애 등을 확인할 수 있도록 행정안전부령으로 정하는 서류를 허가관청에 제출하여야 한다.(2017.7.26 본항개정)

③ 제1항에 따른 허가 갱신의 절차와 그 밖에 필요한 사항은 행정안전부령으로 정한다.(2017.7.26 본항개정)

제17조【총포·도검·분사기·전자충격기·석궁의 휴대·운반·사용 및 개조 등의 제한】 ① 제12조 또는 제14조에 따라 총포·도검·분사기·전자충격기·석궁의 소지허가를 받은 자는 허가받은 용도에 사용하기 위한 경우와 그 밖에 정당한 사유가 있는 경우 외에는 그 총포(총포의 실탄 또는 공포탄을 포함한다)·도검·분사기·전자충격기·석궁을 지니거나 운반하여서는 아니 된다.(2015.7.24 본항개정)

② 제12조 또는 제14조에 따라 총포·도검·분사기·전자충격기·석궁의 소지허가를 받은 자는 허가받은 용도나 그 밖에 정당한 사유가 있는 경우 외에는 그 총포·도검·분사기·전자충격기·석궁을 사용하여서는 아니 된다.

③ 제12조 또는 제14조에 따라 총포의 소지허가를 받은 자는 그 총포를 총집에 넣거나 포장하여 보관·휴대 또는 운반하여야 하며, 보관·휴대 또는 운반 시 그 총포에 실탄이나 공포탄을 장전하여서는 아니 된다.

④ 제12조 또는 제14조에 따라 총포의 소지허가를 받은 자는 총포의 성능을 변경하기 위하여 그 총포를 임의로 개조하여서는 아니 된다.

제18조【화약류의 사용】 ① 화약류를 발파하거나 연소시키려는 자는 행정안전부령으로 정하는 바에 따라 화약류의 사용장소를 관할하는 경찰서장의 화약류 사용허가를 받아야 한다. 다만, 「광업법」에 따라 광물을 채굴하는 자와 그 밖에 대통령령으로 정하는 자는 그러하지 아니하다.(2017.7.26 본문개정)

② 제1항 본문에 따른 화약류의 사용허가를 받은 자(이하 "화약류사용자"라 한다)가 그 화약류를 허가받은 용도와 다른 용도로 사용하려는 경우에는 제1항 본문에 따른 화약류의 사용허가를 다시 받아야 한다.

③ 경찰서장은 화약류 사용의 목적·장소·일시·수량 또는 방법이 적당하지 아니하거나 공공의 안전유지에 지장이 있다고 인정되는 경우에는 제1항 또는 제2항의 허가를 하여서는 아니 된다.

④ 화약류의 발파와 연소는 대통령령으로 정하는 기술상의 기준에 따라야 한다.

⑤ 제1항 및 제2항에 따른 화약류 사용허가를 받으려는 자의 결격사유에 관하여는 제13조제1항 또는 제2항을 준용한다.

제19조【취급 금지】 다음 각 호의 어느 하나에 해당하는 자는 총포·도검·화약류·분사기·전자충격기·석궁을 취급(제조·판매·수수·적재·운반·저장·소지·사용·폐기 등을 말한다. 이하 같다)하여서는 아니 되며, 누구든지 그들에게 이를 취급하게 하여서는 아니 된다. 다만, 제6조의2제1항에 따른 총포·도검·분사기·전자충격기·석궁을 제12조제3항에 따라 해당 영화 또는 연극 등을 위하여 일시 소지하는 경우에는 그러하지 아니하다.

1. 18세 미만인 자. 다만, 대한체육회장이나 특별시·광역시·특별자치시·도 또는 특별자치도의 체육회장이 추천한 선수 또는 후보자가 사격경기용 총포나 석궁을 소지하는 경우는 제외한다.
2. 제5조 각 호의 어느 하나(같은 조 제4호는 제외한다)에 해당하는 자
3. 제13조제1항제2호부터 제7호까지의 어느 하나에 해당하는 자

제20조【총포·화약류의 폐기】 ① 제12조에 따라 총포의 소지허가를 받은 자가 총포를 폐기하려는 경우에는 허가관청에 해당 총포와 제65조에 따른 허가증을 제출하고 총포의 폐기 신청을 하여야 한다.(2018.9.18 본항신설)

② 제1항에 따라 총포의 폐기 신청을 받은 허가관청은 해당 총포에 대한 소지허가를 취소하고 총포를 폐기하여야 한다.(2018.9.18 본항신설)

③ 화약류를 폐기하려는 자는 행정안전부령으로 정하는 바에 따라 그 폐기하려는 곳을 관할하는 경찰서장에게 신고하여야 한다. 다만, 제조업자가 제조과정에서 생긴 화약류를 그 제조소 안에서 폐기하는 경우에는 그러하지 아니하다.(2017.7.26 본문개정)

④ 경찰서장은 화약류 폐기의 장소·일시·수량 또는 방법 등이 적당하지 아니하거나 공공의 안전유지에 지장이 있다고 인정되는 경우에는 그 화약류 폐기의 중지를 명하거나 보완하여 폐기할 것을 명할 수 있다.

⑤ 화약류의 폐기는 대통령령으로 정하는 기술상의 기준에 따라야 한다.

(2018.9.18 본조제목개정)

제21조【양도·양수 등의 제한】 ① 화약류를 양도하거나 양수하려는 자는 행정안전부령으로 정하는 바에 따라 그 주소지 또는 화약류의 사용장소를 관할하는 경찰서장의 허가를 받아야 한다. 다만, 다음 각 호의 어느 하나에 해당하는 경우에는 그러하지 아니하다.(2017.7.26 본문개정)

1. 제조업자가 제조할 목적으로 화약류를 양수하거나 제조한 화약류를 양도하는 경우
2. 판매업자가 판매할 목적으로 화약류를 양도하거나 양수하는 경우
3. 화약류의 수출입허가를 받은 자가 그 수출입과 관련하여 화약류를 양도하거나 양수하는 경우
4. 총포의 소지허가를 받은 자가 수렵 또는 사격을 하기 위하여 대통령령으로 정하는 수량 이하의 화약류를 양수하는 경우(제6조제2항 단서에 따라 총포 판매업자로부터 양수하는 경우만 해당한다)(2015.7.24 본호개정)
5. 「광업법」에 따라 광물을 채굴하는 자가 그 광물의 채굴을 목적으로 대통령령으로 정하는 수량 이하의 화약류를 양수하는 경우
6. 화약류의 제조업·판매업 또는 화약류 저장소를 양도하거나 양수하는 경우

② 경찰서장은 화약류의 양도·양수 목적이 분명하지 아니하거나 공공의 안전유지에 지장이 있다고 인정되는 경우에는 제1항의 허가를 하여서는 아니 된다.

③ 화약류의 제조업자, 판매업자 또는 수입허가를 받은 자는 제1항 본문에 따라 양수허가를 받은 자와 제1항 단서에 따라 양수허가를 받지 아니하여도 되는 자 외의 자에게 화약류를 양도하여서는 아니 되며, 누구든지 제조업자, 판매업자 또는 수입허가를 받은 자와 제1항 본문에 따라 양도허가를 받은 자 외의 자로부터 화약류를 양수하여서는 아니 된다.

④ 총포·도검·분사기·전자충격기·석궁의 제조업자, 판매업자, 임대업자, 수입허가를 받은 자 및 소지허가를 받은 자는 총포·도검·분사기·전자충격기·석궁의 제조업자, 판매업자, 수출허가를 받은 자 및 소지허가를 받은 자 외의 자에게 총포·도검·분사기·전자충격기·석궁을 양도하여서는 아니 되며, 이들로부터 총포·도검·분사기·전자충격기·석궁을 양수하여서도 아니 된다. 다만, 총포·도검·분사기·전자충격기·석궁의 제조업 또는 판매업을 양도·양수하는 경우에는 그러하지 아니하다.

⑤ 총포·도검·분사기·전자충격기·석궁의 제조업자, 판매업자, 수출입허가를 받은 자 및 소지허가를 받은 자는 총포·도검·분사기·전자충격기·석궁을 다른 자에게 빌려주어서는 아니 되며, 다른 자로부터 그것을 빌려서도 아니 된다.

제22조【교육의 실시】 ① 총포(엽총 및 공기총만 해당한다. 이하 이 조에서 같다)·석궁의 소지허가를 받으려는 사람(제12조제3항의 경우에는 관리책임자를 말한다)과 제28조에 따른 화약류제조보안책임자 또는 화약류관리보안책임자의 면허를 받으려는 사람은 그 허가 또는 면허를 받기 전에 허가 또는 면허를 하는 시·도경찰청장 또는 경찰서장이 실시하는 다음 각 호의 사항에 관한 교육을 받아야 한다. 다만, 대통령령으로 정하는 사람이 총포·석궁의 소지허가를 받으려는 경우에는 교육을 면제하거나 소지허가를 한 후에 교육을 받게 할 수 있다.(2020.12.22 본문개정)

1. 총포·도검·화약류·석궁의 취급 및 관리 등에 관한 법령
2. 엽총·공기총·석궁의 사용·보관, 취급에 관한 실기 및 안전교육(2015.3.11 본호개정)
3. 화약류의 제조 및 취급상의 안전관리에 관한 실기

② 제1항에 따라 교육을 실시한 시·도경찰청장 또는 경찰서장은 제1항에 따른 교육과정을 마친 사람에게 수료증을 발급하여야 한다.(2020.12.22 본항개정)

③ 시·도경찰청장 또는 경찰서장은 제1항·제4항의 교육에 관한 사무의 전부 또는 일부를 제48조에 따른 총포·화약안전기술협회나 그 밖에 행정안전부령으로 정하는 자에게 위탁할 수 있다.(2020.12.22 본항개정)

④ 총포(엽총 및 공기총에 한정한다)·석궁의 소지허가를 받은 자가 수렵을 하고자 하는 때에는 대통령령으로 정하는 바에 따라 안전교육을 받아야 한다. 다만, 제5항의 교육을 받은 연도에는 그러하지 아니하다.(2015.3.11 본항신설)

⑤ 총포·석궁의 소지허가 또는 제28조에 따른 면허를 받은 자는 다음 각 호에 따라 제1항의 교육을 다시 받아야 한다.(2018.9.18 본문개정)

1. 총포의 소지허가를 받은 자 또는 제28조에 따른 면허를 받은 자 : 제16조 또는 제28조에 따른 갱신 신청 전까지
2. 석궁의 소지허가를 받은 자 : 5년마다. 다만, 제47조제2항에 따라 석궁이 보관된 경우에는 반환 신청 전까지 교육을 유예한다.

(2018.9.18 1호~2호신설)

⑥ 제1항, 제4항 또는 제5항에 따른 교육 가운데 하나 이상의 교육을 받은 총포·석궁의 소지허가를 받은 자가 해당 연도에 다시 총포·석궁의 소지 또는 수렵과 관련하여 제1항, 제4항 또는 제5항의 교육을 받아야 하는 경우에는 그 교육을 받은 것으로 본다.(2018.9.18 본항신설)

제23조【발견·습득의 신고 등】 누구든지 유실(遺失)·매몰(埋沒) 또는 정당하게 관리되고 있지 아니하는 총포·도검·화약류·분사기·전자충격기·석궁이라고 인정되는 물건을 발견하거나 습득하였을 때에는 24시간 이내에 가까운 경찰관서에 신고하여야 하며, 경찰공무원(의무경찰을 포함한다)의 지시 없이 이를 만지거나 옮기거나 두들기거나 해체하여서는 아니 된다.(2020.12.22 본조개정)

제4장 총포·도검·화약류·분사기·전자충격기·석궁의 관리

(2015.1.6 본장개정)

제24조【화약류의 저장】 ① 화약류는 제25조에 따른 화약류저장소에 저장하여야 하며, 대통령령으로 정하는 저장방법, 저장량, 그 밖에 재해예방에 필요한 기술상의 기준에 따라야 한다. 다만, 대통령령으로 정하는 수량 이하의 화약류의 경우에는 그러하지 아니하다.

② 화약류의 제조업자와 판매업자는 자가(自家) 전용(專用)의 화약류저장소를 설치하여야 한다.

제25조【화약류저장소 설치허가】 ① 화약류저장소를 설치하려는 자는 대통령령으로 정하는 화약류저장소의 종류별 구분에 따라 그 설치하려는 곳을 관할하는 시·도경찰청장 또는 경찰서장의 허가를 받아야 한다. 화약류저장소의 위치·구조·설비를 변경하려는 경우에도 또한 같다.(2020.12.22 전단개정)

② 시·도경찰청장 또는 경찰서장은 제1항에 따른 허가신청을 받은 경우에 그 저장소의 구조·위치 및 설비가 대통령령으로 정하는 기준에 적합하지 아니할 때에는 화약류저장소의 설치를 허가하여서는 아니 된다.(2020.12. 본항개정)

③ 화약류저장소 설치허가를 받으려는 자의 결격사유에 관하여는 제5조를 준용한다.

④ 시·도경찰청장 또는 경찰서장은 제45조제2항에 따라 화약류저장소의 설치허가가 취소된 후 6개월 이내에 그 장소에 화약류저장소를 설치하려는 자에 대해서는 제1항에 따른 허가를 하여서는 아니 된다.(2020.12.22 본항개정)

⑤ 화약류저장소의 설치허가를 받은 자(이하 "화약류저장소설치자"라 한다)는 화약류저장소를 다른 자에게 관리 위탁하거나 빌려주어서는 아니 된다.

제25조의2【화약류저장소설치자의 지위승계】 화약류저장소설치자의 지위승계에 관하여는 제4조의2를 준용한다. 이 경우 "제조업"은 "화약류저장소"로, "제조업자"는 "화약류저장소설치자"로, "경찰청장 또는 시·도경찰청장"은 "시·도경찰청장 또는 경찰서장"으로 본다.(2020.12.22 후단개정)

제26조【화약류의 운반】 ① 화약류를 운반하려는 사람은 행정안전부령으로 정하는 바에 따라 발송지를 관할하는 경찰서장에게 신고하여야 한다. 다만, 대통령령으로 정하는 수량 이하의 화약류를 운반하는 경우에는 그러하지 아니하다.(2017.7.26 본문개정)

② 제1항에 따른 운반신고를 받은 경찰서장은 행정안전부령으로 정하는 바에 따라 화약류운반신고증명서를 발급하여야 한다.(2017.7.26 본항개정)

③ 화약류를 운반하는 사람은 제2항에 따라 발급받은 화약류운반신고증명서를 지니고 있어야 한다.

④ 화약류를 운반할 때에는 그 적재방법, 운반방법, 운반경로, 운반표지 등에 관하여 대통령령으로 정하는 기술상의 기준과 제2항에 따른 화약류운반신고증명서에 적힌 지시에 따라야 한다. 다만, 철도·선박·항공기로 운반하는 경우에는 그러하지 아니하다.

제27조【화약류제조보안책임자 및 화약류관리보안책임자의 선임】 ① 화약류 제조업자는 화약류제조보안책임자와 화약류관리보안책임자를, 화약류 판매업자, 화약류저장소설치자 및 대통령령으로 정하는 수량 이상의 화약류 사용자는 화약류관리보안책임자를 제28조에 따른 면허를 받은 사람 중에서 각각 선임하여야 한다.

② 제1항에 따라 화약류제조보안책임자 또는 화약류관리보안책임자를 선임하여야 하는 자가 화약류제조보안책임자 또는 화약류관리보안책임자를 선임하거나 해임하였을 때에는 행정안전부령으로 정하는 바에 따라 이 법에 따른 허가를 한 관청(이하 "허가관청"이라 한다)에 신고하여야 한다.(2017.7.26 본항개정)

③ 허가관청은 제1항에 따라 선임된 화약류제조보안책임자 또는 화약류관리보안책임자가 제29조제1항에 따른 결격사유에 해당하거나 이 법 또는 이 법에 따른 명령을 위반한 경우에는 해임을 명할 수 있다.

④ 화약류제조보안책임자와 화약류관리보안책임자의 선임기준과 그 밖에 필요한 사항은 대통령령으로 정한다.

제28조【화약류제조보안책임자 및 화약류관리보안책임자의 면허】 ① 「국가기술자격법」에 따른 화약류제조·화약류관리 및 화약취급 분야 국가기술자격취득자는 행정안전부령으로 정하는 바에 따라 시·도경찰청장의 화약류제조보안책임자면허 또는 화약류관리보안책임자면허를 받을 수 있다.(2020.12.22 본항개정)

② 제1항에 따른 면허를 받지 아니한 사람은 화약류제조보안책임자 또는 화약류관리보안책임자가 될 수 없다.

③ 화약류제조보안책임자와 화약류관리보안책임자의 면허의 종류 및 면허를 받을 수 있는 자격에 관하여 필요한 사항은 대통령령으로 정한다.
④ 제1항에 따른 면허를 받은 사람은 그 면허를 받은 날부터 5년마다 행정안전부령으로 정하는 바에 따라 이를 갱신하여야 한다.(2017.7.26 본항개정)

제29조【화약류제조보안책임자 및 화약류관리보안책임자의 결격사유】 ① 다음 각 호의 어느 하나에 해당하는 사람은 화약류제조보안책임자 또는 화약류관리보안책임자의 면허를 받을 수 없다.
1. 20세 미만인 사람
2. 색맹이거나 색약인 사람, 앞을 보지 못하는 사람, 말 못하는 사람, 듣지 못하는 사람, 그 밖에 팔·다리의 활동이 뚜렷하게 온전하지 못한 사람
3. 제30조제1항(같은 항 제2호는 제외한다)에 따라 면허가 취소된 날부터 1년이 지나지 아니한 사람(제28조제4항을 위반하여 면허가 취소된 사람은 제외한다)
4. 제13조제1항제2호부터 제7호까지의 어느 하나에 해당하는 사람

② 화약류제조보안책임자 및 화약류관리보안책임자의 면허에 관하여는 제13조제2항을 준용한다.

제30조【면허의 취소·정지】 ① 제28조제1항에 따라 면허를 준 시·도경찰청장(이하 "면허관청"이라 한다)은 화약류제조보안책임자면허 또는 화약류관리보안책임자면허를 받은 사람이 다음 각 호의 어느 하나에 해당하는 경우에는 그 면허를 취소하거나 6개월의 범위에서 일정한 기간을 정하여 면허의 효력을 정지할 수 있다. 다만, 제1호부터 제4호까지의 어느 하나에 해당하는 경우에는 그 면허를 취소하여야 한다.(2020.12.22 본문개정)
1. 거짓이나 그 밖의 옳지 못한 방법으로 면허를 받은 사실이 드러난 경우
2. 「국가기술자격법」에 따라 자격이 취소된 경우
3. 제29조제1항에 따른 결격사유에 해당하게 된 경우
4. 면허를 다른 사람에게 빌려준 경우
5. 화약류를 취급하면서 고의 또는 중대한 과실로 폭발 등의 사고를 일으켜 사람을 죽거나 다치게 한 경우
6. 공공의 안녕질서를 해칠 우려가 있다고 믿을 만한 상당한 이유가 있는 경우
7. 이 법 또는 이 법에 따른 명령을 위반한 경우

② 면허관청은 화약류제조보안책임자면허 또는 화약류관리보안책임자면허를 받은 사람이 「국가기술자격법」에 따라 자격이 정지되었을 때에는 그 정지기간 동안 면허의 효력을 정지하여야 한다.

제31조【화약류제조보안책임자 및 화약류관리보안책임자의 의무 등】 ① 화약류제조보안책임자는 화약류의 제조 작업에 관한 사항을 주관하고, 화약류관리보안책임자는 화약류의 취급(제조는 제외한다) 전반에 관한 사항을 주관하며, 각각 대통령령으로 정하는 안전상의 감독업무를 성실히 수행하여야 한다.
② 화약류를 취급하는 사람은 화약류제조보안책임자 및 화약류관리보안책임자의 안전상의 지시 감독에 따라야 한다.

제32조【화약류의 안정도 시험】 ① 화약류를 제조하거나 수입한 자 또는 제조·수입 후 대통령령으로 정하는 기간이 지난 화약류를 소유하고 있는 자는 대통령령으로 정하는 바에 따라 그 안정도를 시험하여야 한다.
② 제1항에 따라 안정도를 시험한 자는 그 시험 결과를 시·도경찰청장에게 보고하여야 한다.(2020.12.22 본항개정)
③ 경찰청장 또는 시·도경찰청장은 재해 예방을 위하여 필요하다고 인정되는 경우에는 화약류의 소유자에 대하여 제1항에 따른 안정도 시험을 실시하도록 명할 수 있다.(2020.12.22 본항개정)
④ 화약류의 제조자·수입자 또는 소유자는 제1항 또는 제3항에 따른 안정도 시험 결과 대통령령으로 정하는 기술상의 기준에 미달하는 화약류는 안정도 시험 결과를 통보받은 날부터 30일 이내에 폐기하고 그 결과를 시·도경찰청장에게 통보하여야 한다. 다만, 폐기량이 많거나 그 밖에 부득이한 사유가 있는 경우에는 시·도경찰청장에게 그 사유를 소명하고 30일의 범위에서 폐기 기간을 연장할 수 있다.(2020.12.22 본항개정)

제33조【남은 화약류에 대한 조치】 이 법 또는 다른 법에 따라 화약류를 소지하거나 사용할 수 있는 자가 그 허가가 취소되거나 소지 또는 사용할 필요가 없게 된 경우에는 지체 없이 그 화약류를 양도하거나 폐기하여야 한다.

제34조【화약류의 포장 등】 ① 화약류는 행정안전부령으로 정하는 화약류포장기준에 따라 포장하여야 한다.(2017.7.26 본항개정)
② 총포·도검·화약류·분사기·전자충격기·석궁은 위장하거나 다른 물건과 혼합 포장하여 소지·저장·운반하거나 발송하여서는 아니 된다.

제35조【도난·분실의 신고 등】 ① 총포·도검·화약류·분사기·전자충격기·석궁을 도난당하거나 잃어버렸을 때에는 그 소유자 또는 관리자는 지체 없이 경찰관서에 신고하여야 한다.
② 시·도경찰청장·경찰서장은 총포를 도난당하거나 잃어버린 자(제12조제2항에 따라 소지허가를 받은 경우에는 소지할 사람으로 특정된 사람을 말하고, 같은 조 제3항에 따라 소지허가를 받은 경우에는 관리책임자를 말한다. 이하 이 조에서 "총포 도난·분실자"라 한다)에 대하여 제1항에 따라 경찰관서에 신고한 날부터 제46조제1항제3호에 따른 총포의 소지허가 취소 전까지 제12조에 따른 총포의 소지허가를 하여서는 아니 된다.(2020.12.22 본항개정)
③ 허가관청은 총포 도난·분실자가 도난·분실 총포 이외에 다른 총포를 소지한 경우에는 제2항에 따라 총포의 소지허가가 금지된 기간 동안 다른 총포의 사용을 제한할 수 있으며, 이를 위하여 다른 총포를 허가관청이 지정하는 곳에 보관하도록 명령할 수 있다.(2018.9.18 본항신설)
④ 허가관청 또는 시·도경찰청장·경찰서장은 제46조제1항제3호에 따른 총포의 소지허가 취소 전에 도난·분실 총포를 발견한 경우에는 제2항 및 제3항에 따른 조치를 중단할 수 있다.(2020.12.22 본항개정)
⑤ 시·도경찰청장 또는 경찰서장은 제46조제1항제3호에 따라 총포의 소지허가가 취소된 자에 대하여 그 허가가 취소된 날부터 1년간 제12조에 따른 총포의 소지허가를 하여서는 아니 된다.(2020.12.22 본항개정)
⑥ 허가관청은 제46조제1항제3호에 따라 총포의 소지허가가 취소된 자가 허가 취소된 총포 이외에 다른 총포를 소지한 경우에는 제5항에 따라 총포의 소지허가가 금지된 기간 동안 다른 총포의 사용을 제한할 수 있으며, 이를 위하여 다른 총포를 허가관청이 지정하는 곳에 보관하도록 명령할 수 있다.(2018.9.18 본항신설)
⑦ 제3항 및 제6항에 따른 보관 대상, 보관 및 반환 절차, 보관 기간 등에 관한 사항은 대통령령으로 정한다.(2018.9.18 본항신설)
(2018.9.18 본조제목개정)

제36조【응급조치 등】 화약류의 소유자·관리자 또는 화약류저장소설치자는 화약류의 안정도에 이상이 있거나 화약류저장소 인근에서 화재나 그 밖의 위험상태가 발생하여 긴급히 조치할 필요가 있는 경우에는 즉시 대통령령으로 정하는 바에 따라 응급조치를 하고 경찰관서에 신고하여야 한다.

제37조【화기취급 및 흡연의 금지 등】 ① 누구든지 화약류의 제조소·판매소·저장소와 그 밖의 취급소에서는 지정된 장소가 아닌 곳에서 불씨를 다루거나 담배를 피워서는 아니 된다.
② 누구든지 화약류의 제조소·판매소·저장소와 그 밖의 취급소에 관리자의 승낙 없이 불이 일어나기 쉬운 물건을 지니고 들어가서는 아니 된다.

제38조【위해예방규정】 ① 제조업자는 행정안전부령으로 정하는 기준에 따라 위해예방규정을 정하여 시·도경찰청장의 승인을 받아야 한다. 이를 변경하려는 경우에도 또한 같다.(2020.12.22 전단개정)
② 시·도경찰청장은 제1항에 따른 위해예방규정이 제4조제5항에 따른 총포·도검·화약류·분사기·전자충격기·석궁의 제조에 관한 시설 및 기술의 기준에 적합하지 아니하거나 재해를 예방하기에 적당하지 아니하다고 인정되는 경우에는 승인하여서는 아니 된다.(2020.12.22 본항개정)
③ 시·도경찰청장은 재해 예방 및 공공의 안전유지를 위하여 필요하다고 인정되는 경우에는 제조업자에게 위해예방규정의 변경을 명할 수 있다.(2020.12.22 본항개정)
④ 제조업자 및 그 종업원은 위해예방규정을 지켜야 한다.

제39조【자체안전교육】 ① 제조업자는 행정안전부령으로 정하는 기준에 따라 그 종업원에 대한 자체안전교육계획을 세워 시·도경찰청장의 승인을 받아야 한다. 이를 변경하려는 경우에도 또한 같다.(2020.12.22 전단개정)
② 시·도경찰청장은 제1항에 따른 자체안전교육계획이 행정안전부령으로 정하는 기준에 적합하지 아니하다고 인정되는 경우에는 이를 승인하여서는 아니 된다.(2020.12.22 본항개정)
③ 제조업자는 제1항에 따라 승인을 받은 자체안전교육계획에 따라 성실하게 안전교육을 실시하여야 한다.
④ 시·도경찰청장은 재해 예방을 위하여 특히 필요하다고 인정되는 경우에는 다량의 화약류를 사용하거나 상당기간 계속하여 화약류를 사용하는 자에게도 자체안전교육계획을 세우도록 명할 수 있다. 이 경우 제1항부터 제3항까지의 규정을 준용한다.(2020.12.22 전단개정)

제40조【자체안전점검】 ① 화약류저장소설치자는 행정안전부령으로 정하는 기준에 따라 자체안전점검계획을 세워 화약류저장소에 대한 점검을 실시하고, 허가관청에 그 자체안전점검계획서를 제출하여야 한다. 이를 변경하려는 경우에도 또한 같다.(2017.7.26 전단개정)
② 제1항에 따른 자체안전점검계획서에는 대통령령으로 정하는 횟수 이상의 정기점검이 포함되어야 하며, 화약류저장소설치자는 정기점검을 마쳤을 때에는 지체 없이 그 점검 결과를 허가관청에 보고하여야 한다.
③ 시·도경찰청장 또는 경찰서장은 필요하다고 인정될 때에는 관계 공무원으로 하여금 제1항에 따른 자체안전점검에 참여하게 할 수 있다.(2020.12.22 본항개정)

제41조【정기안전검사】 제조업자·판매업자·임대업자 또는 화약류저장소설치자는 대통령령으로 정하는 바에 따라 허가관청이 매년 정기적으로 실시하는 안전검사를 받아야 한다.

제42조【총포·분사기·전자충격기·석궁의 검사】 ① 총포·분사기·전자충격기·석궁 제조업자가 제조한 총포·분사기·전자충격기·석궁 및 제9조에 따라 총포·분사기·전자충격기·석궁의 수입허가를 받은 자가 수입한 총포·분사기·전자충격기·석궁 중 대통령령으로 정하는 것은 경찰청장이 실시하는 검사를 받아야 한다. 이 경우 식별표지가 없는 총포가 제조 또는 수입된 경우 경찰청장은 즉시 폐기 또는 반출을 명하여야 한다.
② 제1항에 따른 검사의 기준이 될 총포·분사기·전자충격기·석궁의 구조·성능합격표시, 검사수수료, 그 밖에 검사에 필요한 사항은 행정안전부령으로 정한다.(2017.7.26 본항개정)
③ 경찰청장은 필요하다고 인정할 때에는 제1항에 따른 검사업무를 제48조에 따른 총포·화약안전기술협회에 위탁할 수 있다. 이 경우 총포·화약안전기술협회가 갖추어야 할 시설기준과 검사업무를 수행할 사람의 자격기준 등 검사업무의 수행에 필요한 사항은 행정안전부령으로 정한다.(2017.7.26 후단개정)
④ 제3항에 따라 위탁받은 검사업무를 수행하는 총포·화약안전기술협회의 임직원은 「형법」 제129조부터 제132조까지의 규정을 적용할 때에는 공무원으로 본다.
⑤ 제1항에 따라 실시한 검사의 합격표시가 없는 총포·분사기·전자충격기·석궁은 판매 또는 임대하거나 판매 또는 임대의 목적으로 진열하여서는 아니 된다.
⑥ 시·도경찰청장 또는 경찰서장은 총포·분사기·전자충격기·석궁의 소지허가를 받은 자가 총포·분사기·전자충격기·석궁을 적정하게 소지하고 있는지를 조사하기 위하여 필요하다고 인정되는 경우에는 행정안전부령으로 정하는 바에 따라 총포·분사기·전자충격기·석궁에 대한 검사를 실시할 수 있다.(2020.12.22 본항개정)
⑦ 총포·분사기·전자충격기·석궁의 소지허가를 받은 자는 제6항에 따른 검사를 받아야 한다.

제5장 감 독
(2015.1.6 본장개정)

제43조【완성검사】 제조업자, 판매업자 또는 화약류저장소설치자는 그 허가를 받은 날부터 1년 이내에 그 시설 또는 설비에 대하여 허가관청의 검사를 받아야 하며, 그 검사에 합격한 후가 아니면 업무를 시작하거나 시설 또는 설비를 사용할 수 없다. 다만, 허가관청은 부득이한 사유가 있는 경우에는 1년을 초과하지 아니하는 범위에서 그 기간을 연장할 수 있다.

제44조【출입·검사 등】 ① 허가관청은 재해 예방 또는 공공의 안전유지를 위하여 필요하다고 인정되면 관계 공무원으로 하여금 총포·도검·화약류·분사기·전자충격기·석궁의 제조소·판매소 또는 임대소, 화약류저장소, 화약류의 사용장소, 그 밖에 필요한 장소에 출입하여 장부·서류나 그 밖에 필요한 물건을 검사하게 하거나 관계자에 대하여 질문을 하도록 할 수 있다.
② 제1항에 따라 출입·검사에 종사하는 공무원은 그 권한을 표시하는 증표를 지니고 관계자에게 보여주어야 한다.
③ 허가관청은 재해 예방이나 공공의 안전유지를 위하여 필요하다고 인정되면 제조업자, 판매업자, 임대업자, 총포·도검·화약류·분사기·전자충격기·석궁의 수출입의 허가를 받은 자, 총포·도검·분사기·전자충격기·석궁의 소지허가를 받은 자, 화약류저장소설치자 또는 화약류사용자 등에 대하여 필요한 보고를 하게 할 수 있다.
④ 총포의 제조업자·판매업자·임대업자와 총포의 수출입의 허가를 받은 자는 총포를 제조·판매·임대 또는 수출입하였을 때에는 대통령령으로 정하는 바에 따라 7일 이내에 총포의 수량·종류·제조번호 등 총포의 안전관리에 필요한 사항을 허가관청에 보고하여야 한다.(2018.9.18 본항신설)

제45조【제조업자 등에 대한 행정처분】 ① 허가관청은 제조업자, 판매업자 또는 임대업자가 다음 각 호의 어느 하나에 해당하는 경우에는 그 허가를 취소하여야 한다. 다만, 제6호부터 제8호까지의 어느 하나에 해당하는 경우에는 6개월의 범위에서 일정한 기간을 정하여 영업의 정지를 명할 수 있다.
1. 거짓이나 그 밖의 옳지 못한 방법으로 허가를 받은 경우
2. 수출하기 위한 목적으로 제3조제4항에 따라 구조 및 성능기준을 적용하지 아니하고 제조된 총포·도검·화약류·분사기·전자충격기 또는 석궁을 국내에 판매하거나 유출시킨 경우
3. 제4조·제6조 및 제6조의2에 따른 제조·판매·임대 시설 설비를 갖추지 못한 경우 또는 제5조(제7조에 따라 준용되는 경우를 포함한다)에 따른 결격사유에 해당하게 된 경우. 다만, 제5조제8호(제7조에 따라 준용되는 경우를 포함한다)에 해당하게 된 법인 또는 단체가 그 사유가 발생한 날부터 3개월 이내에 그 사유를 해소한 경우는 제외한다.(2018.10.16 단서신설)
4. 제43조에 따른 기간 내에 완성검사를 받지 못한 경우
5. 사업을 시작한 후 정당한 사유 없이 1년 이상 휴업한 경우
6. 지정된 기한 내에 사업을 시작하지 아니한 경우
7. 공공의 안녕질서를 해칠 우려가 있다고 믿을 만한 상당한 이유가 있는 경우
8. 이 법 또는 이 법에 따른 명령을 위반한 경우

② 화약류저장소설치자에 대한 행정처분에 관하여는 제1항(같은 항 제2호는 제외한다)을 준용한다. 이 경우 "제4조 · 제6조에 따른 제조 · 판매시설"은 "제25조에 따른 화약류저장소"로 본다.

제45조의2【행정처분 효과의 승계】 ① 제4조의2 및 제6조의3에 따른 제조업자 · 판매업자 · 임대업자의 지위승계가 있는 경우 종전의 제조업자 · 판매업자 · 임대업자에 대한 제45조제1항에 따른 행정처분의 효과는 그 처분기간이 끝나는 날까지 양수인 · 상속인에게 승계되며, 행정처분의 절차가 진행 중일 때에는 양수인 · 상속인에 대하여 그 절차를 계속 진행할 수 있다. 다만, 양수인(상속에 의하여 승계를 받은 자는 제외한다)이 그 영업의 승계 시에 그 처분 또는 위반 사실을 알지 못한 경우에는 그러하지 아니한다.

② 제25조의2에 따른 화약류저장소설치자의 지위승계가 있는 경우 종전의 화약류저장소설치자에 대한 행정처분 효과의 승계에 관하여는 제1항을 준용한다. 이 경우 "제조업자 · 판매업자"는 "화약류저장소설치자"로 본다.

제46조【총포 등의 소지허가를 받은 자 등에 대한 행정처분】 ① 허가관청은 총포 · 도검 · 화약류 · 분사기 · 전자충격기 · 석궁의 소지허가를 받은 자(제12조제2항의 경우에는 소지할 사람으로 특정된 사람을 말하고, 같은 조 제3항의 경우에는 관리책임자를 말한다) 또는 화약류사용자가 다음 각 호의 어느 하나에 해당하는 경우에는 그 허가를 취소하여야 한다. 이 경우 제12조제2항에 따라 법인의 대표자가 소지허가를 받은 경우에는 대통령령으로 정하는 바에 따라 허가받은 산업용총 · 가스발사총 · 마취총, 폭발물분쇄용 총포, 분사기 또는 전자충격기의 대수의 일부에 대한 허가를 취소한다.(2018.9.18 본문개정)

1. 제13조제1항에 따른 결격사유에 해당하게 된 경우
2. 제17조제1항 · 제2항 또는 제4항을 위반한 경우(이 경우 제12조제3항 후단에 따라 소지허가를 받은 것으로 보는 사람을 포함한다)
3. 총포 · 도검 · 화약류 · 분사기 · 전자충격기 · 석궁을 도난당하거나 분실하여 경찰관서에 신고한 후 30일이 지난 경우
4. 이 법 또는 이 법에 따른 명령을 위반한 경우

② 허가관청은 제1항에 따라 허가를 취소하였을 때에는 해당 총포 · 도검 · 화약류 · 분사기 · 전자충격기 · 석궁(법원의 재판 또는 검사의 결정에 따라 몰수되거나 국고에 귀속된 경우는 제외한다)을 그 소유자에게 15일 이내에 제출하도록 명하여 해당 허가관청에 임시 영치하여야 한다.

③ 제2항에 따라 임시 영치되거나 위법한 소지 · 사용 또는 그 밖의 사유로 총포 · 도검 · 화약류 · 분사기 · 전자충격기 · 석궁을 허가관청에 제출한 자는 6개월 이내에 이를 적법하게 소지 · 사용할 수 있는 제3자에게 양도 · 증여하거나 폐기하는 등 그 총포 · 도검 · 화약류 · 분사기 · 전자충격기 · 석궁의 소유권을 포기하기 위한 조치를 하여야 한다.

④ 제3항에 따라 양수 · 증여를 받고 그 총포 · 도검 · 화약류 · 분사기 · 전자충격기 · 석궁의 소지허가를 받은 자는 행정안전부령으로 정하는 바에 따라 허가관청에 그 총포 · 도검 · 화약류 · 분사기 · 전자충격기 · 석궁의 반환을 신청할 수 있다.(2017.7.26 본항개정)

⑤ 제3항에 따라 6개월 이내에 총포 · 도검 · 화약류 · 분사기 · 전자충격기 · 석궁의 소유권 포기를 위한 조치를 할 의무가 있는 자가 그 의무를 이행하지 아니하거나 그 소재가 명확하지 아니한 경우에는 허가관청은 행정안전부령으로 정하는 바에 따라 일정 기간 그 총포 · 도검 · 화약류 · 분사기 · 전자충격기 · 석궁의 처리에 대한 최고(催告) 또는 공고를 할 수 있다.(2017.7.26 본항개정)

⑥ 허가관청은 제5항에 따라 최고 또는 공고에서 정한 처리기간이 끝난 날부터 6개월이 지나도 그 총포 · 도검 · 화약류 · 분사기 · 전자충격기 · 석궁에 대한 반환신청이 없거나 처리기간이 끝난 후 부패 · 변질될 우려가 있거나 보관에 지나치게 많은 비용이 드는 등 계속적인 보관이 곤란한 경우에는 이를 매각할 수 있다. 다만, 매각할 수 없거나 매수를 원하는 자가 없는 경우에는 이를 폐기할 수 있다.

⑦ 허가관청은 제6항에 따라 총포 · 도검 · 화약류 · 분사기 · 전자충격기 · 석궁을 매각한 경우에는 그 매각대금에서 보관 및 매각에 든 비용을 공제하고 권리자에게 반환하여야 한다. 다만, 처리기간이 끝난 후 6개월이 지나도 권리자의 반환청구가 없는 경우 매각대금은 대통령령으로 정하는 바에 따라 국고에 귀속한다.

제46조의2【결격사유 확인을 위한 개인정보의 통보】 ① 정신질환 등 결격사유 여부를 확인할 수 있는 개인정보를 관리하는 기관 중 대통령령으로 정하는 기관의 장은 제46조제1항제1호에 따른 처분을 위하여 결격사유와 관련이 있는 개인정보를 경찰청장에게 통보하여야 한다.

② 제1항에 따라 경찰청장에게 통보하여야 하는 개인정보의 내용 및 통보방법과 그 밖에 개인정보의 통보에 필요한 사항은 대통령령으로 정한다.

(2015.7.24 본조신설)

제46조의3【청문】 면허관청 또는 허가관청은 다음 각 호의 어느 하나에 해당하는 처분을 하려면 청문을 하여야 한다.

1. 제30조제1항에 따른 화약류제조보안책임자 또는 화약류관리보안책임자 면허의 취소 또는 면허의 효력정지
2. 제45조에 따른 총포 · 도검 · 화약류 · 분사기 · 전자충격기 · 석궁의 제조업 또는 판매업 허가의 취소 또는 영업의 정지
3. 제46조제1항에 따른 총포 · 도검 · 화약류 · 분사기 · 전자충격기 · 석궁의 소지허가 또는 화약류사용 허가의 취소

제47조【공공의 안전을 위한 조치 등】 ① 허가관청은 재해 예방 또는 공공의 안전유지를 위하여 필요하다고 인정되는 경우에는 다음 각 호의 명령 또는 조치를 할 수 있다.

1. 총포 · 도검 · 화약류 · 분사기 · 전자충격기 · 석궁의 소지허가 및 화약류의 사용 · 양도 · 양수 허가의 취소 또는 화약류 운반의 제한
2. 제조업자, 판매업자, 임대업자, 화약류저장소설치자 또는 화약류사용자에 대한 시설의 전부나 일부의 사용금지 또는 시설의 이전 · 보완, 그 밖의 시정조치
3. 제조업자, 판매업자, 임대업자, 총포 · 도검 · 화약류 · 분사기 · 전자충격기 · 석궁의 수출입허가 또는 소지허가를 받은 자, 화약류저장소설치자, 화약류사용자, 그 밖의 취급자에 대한 제조 · 판매 · 수수 · 수출입 · 적재 · 운반 · 저장 · 소지 · 사용 · 폐기의 일시 금지 또는 제한
4. 화약류의 소유자나 점유자에 대한 화약류 보관 장소의 변경 또는 폐기의 명령, 화약류를 운반하려는 자에 대한 화약류의 안전운반을 위한 명령
5. 제조업자, 판매업자, 임대업자, 화약류저장소설치자에 대한 그 시설의 안전 · 방호를 위한 명령

② 허가관청은 제1항제1호부터 제3호까지의 어느 하나에 해당하는 명령 또는 조치를 하는 경우에 필요하다고 인정되면 총포 · 도검 · 화약류 · 분사기 · 전자충격기 · 석궁을 허가관청이 지정하는 곳에 보관할 것을 명할 수 있다. 이 경우 보관 대상, 보관 및 반환 절차, 보관기간 등에 관하여 필요한 사항은 대통령령으로 정한다.

③ 이 법에 따라 총포 · 도검 · 화약류 · 분사기 · 전자충격기 · 석궁을 소지하는 자는 제1항 및 제2항에 따른 명령 또는 조치 외에 공공의 안전유지를 위하여 총포 등의 운반 및 취급 등과 관련하여 행정안전부령으로 정하는 사항을 준수하여야 한다.(2017.7.26 본항개정)

④ 허가관청은 총포 사고의 발생, 총포의 소재불명, 그 밖에 재해의 예방 또는 공공의 안전유지를 위하여 필요한 경우 경보를 발령하거나, 총포를 추적 또는 수색하는 등 필요한 조치를 취한다.(2015.7.24 본항신설)

제6장 총포 · 화약안전기술협회

(2015.1.6 본장개정)

제48조【총포 · 화약안전기술협회의 설립】 ① 총포 · 화약류 · 분사기 · 전자충격기 · 석궁으로 인한 위험과 재해를 예방하기 위한 안전기술의 연구 · 개발과 행정관청이 위탁하는 총포 · 화약류 · 분사기 · 전자충격기 · 석궁의 안전에 관한 교육, 그 밖의 업무를 수행하기 위하여 총포 · 화약안전기술협회(이하 "협회"라 한다)를 설립한다.

② 협회는 법인으로 한다.

③ 협회의 설립과 등기에 관하여 필요한 사항은 대통령령으로 정한다.

제49조【회원】 총포 · 화약류 · 분사기 · 전자충격기 · 석궁의 제조업자, 판매업자, 임대업자, 소지허가를 받은 자(분사기 · 전자충격기 · 석궁의 소지허가를 받은 자는 제외한다), 화약류저장소설치자, 화약류사용자, 화약류제조보안책임자면허 또는 화약류관리보안책임자면허를 받은 사람은 이 법에 따라 허가 또는 면허를 받은 날부터 협회의 회원이 된다. 다만, 총포의 일시 수출입 및 일시 소지의 허가를 받은 사람이나 일시적인 화약류사용자로서 협회의 정관으로 정하는 사람은 그러하지 아니하다.

제50조【지부 등의 설치】 협회는 정관으로 정하는 바에 따라 지부 또는 지회를 둘 수 있다.

제51조【정관】 ① 협회의 정관에는 다음 각 호의 사항이 포함되어야 한다.

1. 목적
2. 명칭
3. 주된 사무소의 소재지
4. 사업에 관한 사항
5. 이사회에 관한 사항
6. 회원과 임원 및 직원에 관한 사항
7. 재정 및 회계에 관한 사항
8. 공고에 관한 사항
9. 정관의 변경에 관한 사항

② 제1항에 따른 정관은 경찰청장의 승인을 받아야 한다. 정관을 변경하려는 경우에도 또한 같다.

제52조【사업】 협회는 다음 각 호의 사업을 한다.

1. 총포 · 화약류 · 분사기 · 전자충격기 · 석궁의 안전에 관한 기술 지원 및 조사 · 연구
2. 총포 · 분사기 · 전자충격기 · 석궁 안전검사 및 화약류 안정도 시험
3. 총포 · 화약류 · 분사기 · 전자충격기 · 석궁의 제조 · 운반 · 사용 · 저장 등의 기술 및 시설에 관한 연구 · 개발 · 보급
4. 총포 · 화약류 · 분사기 · 전자충격기 · 석궁 안전사상의 계몽 및 홍보
5. 총포 · 화약류 · 분사기 · 전자충격기 · 석궁의 안전 및 기술에 대한 교육
6. 총포 · 화약류 · 분사기 · 전자충격기 · 석궁의 안전에 관한 자료 수집과 기술서적 등의 간행 및 배포
7. 총포 · 화약류 · 분사기 · 전자충격기 · 석궁의 안전에 관한 기술도입 및 국제협력
8. 총포 · 화약류 · 분사기 · 전자충격기 · 석궁의 안전을 위한 행정업무에 관한 기술 자문
9. 총포 · 화약류 · 분사기 · 전자충격기 · 석궁의 안전에 관하여 경찰청장이 위탁한 업무
10. 그 밖에 협회의 목적 달성에 필요한 사업

제53조【임원】 ① 협회에는 이사장 1명을 포함한 5명 이내의 이사와 감사 1명을 둔다.

② 이사장 및 감사는 경찰청장이 임명 또는 해임하고, 이사는 이사장이 경찰청장의 승인을 받아 임명 또는 해임한다.

③ 이사장 · 이사 및 감사의 임기는 2년으로 한다.

제54조【임원의 임무】 ① 이사장은 협회를 대표하고, 협회의 사무를 총괄한다.

② 감사는 협회의 회계 및 업무를 감사(監査)한다.

제55조【임원의 결격사유】 다음 각 호의 어느 하나에 해당하는 사람은 협회의 임원이 될 수 없다.

1. 피성년후견인 및 피한정후견인
2. 파산선고를 받고 복권되지 아니한 사람
3. 금고 이상의 형을 선고받고 그 집행이 끝나거나 집행을 받지 아니하기로 확정된 후 3년이 지나지 아니한 사람
4. 금고 이상의 형의 집행유예를 선고받고 그 유예기간이 끝난 날부터 1년이 지나지 아니한 사람
5. 금고 이상의 형의 선고유예기간 중에 있는 사람
6. 법률 또는 판결에 따라 자격이 상실 또는 정지된 사람

제56조【이사회】 ① 협회의 중요사항을 결정하기 위하여 협회에 이사회를 둔다.

② 이사회는 이사장을 포함한 이사로 구성한다.

③ 이사장은 이사회를 소집하며, 그 의장이 된다.

④ 이사회는 재적이사 과반수의 출석과 출석이사 과반수의 찬성으로 의결한다.

⑤ 감사는 이사회에 출석하여 의견을 진술할 수 있다.

제57조【직원】 협회의 직원은 정관으로 정하는 바에 따라 이사장이 임명하거나 해임한다.

제58조【재정】 ① 협회의 운영 및 사업에 드는 경비는 다음 각 호의 재원으로 충당한다.

1. 정부 및 지방자치단체의 보조금
2. 행정안전부령으로 정하는 총포의 안전검사, 화약류의 안정도시험 및 교육 등의 수수료(2017.7.26 본호개정)
3. 회원 중 대통령령으로 정하는 자의 회비

② 제1항제3호에 따른 회비의 부담방법 · 부담비율과 그 밖에 회비에 관하여 필요한 사항은 대통령령으로 정한다.

제59조【사업계획의 승인 등】 ① 협회의 사업연도는 정부의 회계연도에 따른다.

② 협회는 사업연도마다 미리 사업계획서를 작성하여 경찰청장의 승인을 받아야 한다. 이를 변경하려는 경우에도 또한 같다.

제60조【결산서의 제출】 협회는 사업연도마다 세입세출결산서를 작성하여 경찰청장이 지정하는 공인회계사의 회계감사를 받아 다음 연도 2월 말까지 경찰청장에게 제출하여야 한다.

제61조【감독】 경찰청장은 협회를 감독하여 협회 설립 목적을 달성하는 데 필요한 명령을 할 수 있다.

제62조【「민법」의 준용】 협회에 관하여 이 법에 규정된 것을 제외하고는 「민법」 중 재단법인에 관한 규정을 준용한다.

제7장 보 칙

(2015.1.6 본장개정)

제63조【장부의 비치와 기록】 ① 제조업자, 판매업자, 임대업자, 화약류저장소설치자 또는 화약류사용자는 대통령령으로 정하는 바에 따라 장부를 갖추어 두고, 필요한 사항을 기록하여야 한다.

② 총포의 소지허가를 받은 자는 대통령령으로 정하는 바에 따라 장부를 갖추어 두고 필요한 사항을 기록하여야 하며, 관계 공무원이 요청할 경우 이를 제출하여야 한다.(2015.7.24 본항신설)

제64조【간판 등】 제조업자, 판매업자, 임대업자 및 화약류저장소설치자는 그 제조소 · 판매소 · 임대소 또는 저장소마다 이를 나타내는 간판이나 그 밖의 표지를 하여야 한다.

제65조【허가증 등】 ① 이 법에 따라 허가관청 또는 면허관청이 허가 또는 면허를 하는 경우에는 행정안전부령으로 정하는 바에 따라 허가증이나 면허증을 발급하여야 한다.

② 제1항에 따라 허가증이나 면허증을 발급받은 자는 그 허가 또는 면허가 취소된 경우 또는 영업정지 · 사용정지 · 면허의 효력정지처분을 받은 경우에는 행정안전부령으로 정하는 바에 따라 허가증이나 면허증을 그 허가관청 또는 면허관청에 지체 없이 반납하여야 한다.

③ 제1항에 따라 허가증이나 면허증을 발급받은 자는 그 허가증 또는 면허증의 기재사항이 변경된 경우에는 행정안전부령으로 정하는 바에 따라 그 허가관청 또는 면허관청에 신고하여야 한다. 다만, 기재사항 중 주소지 변경의 경우는 그러하지 아니하다.
④ 허가증 또는 면허증을 잃어버렸거나 그 허가증 또는 면허증이 헐어 못 쓰게 된 자는 행정안전부령으로 정하는 바에 따라 허가관청 또는 면허관청에 신고하여 다시 허가증 또는 면허증을 발급받을 수 있다.
(2017.7.26 본조개정)

제66조【폐업 및 휴업 신고 등】 다음 각 호의 어느 하나에 해당하는 경우에는 행정안전부령으로 정하는 바에 따라 허가관청에 신고하여야 한다.(2017.7.26 본문개정)
1. 제조업자·판매업자 또는 임대업자가 그 영업의 전부 또는 일부를 1년 이내의 기간 동안 휴업하는 경우
2. 제조업자·판매업자 또는 임대업자가 그 영업의 전부 또는 일부를 폐지하는 경우
3. 화약류저장소설치자가 그 저장소의 용도를 폐지하는 경우

제67조【수수료】 ① 이 법에 따른 허가 또는 면허를 받거나 허가증 또는 면허증을 재발급 받으려는 자는 행정안전부령으로 정하는 바에 따라 수수료를 내야 한다.
(2017.7.26 본항개정)
② 제1항의 수수료 중 시·도경찰청장 또는 경찰서장이 허가 또는 면허를 하거나 허가증 또는 면허증을 재발급하는 경우의 수수료는 그 특별시·광역시·특별자치시·도 또는 특별자치도의 수입으로 한다.(2020.12.22 본항개정)

제68조【권한의 위임】 이 법에 따른 경찰청장 또는 시·도경찰청장의 권한은 그 일부를 대통령령으로 정하는 바에 따라 시·도경찰청장 또는 경찰서장에게 위임할 수 있다.(2020.12.22 본조개정)

제69조【식별표지 및 정보의 제공】 ① 총포의 제조업자는 식별표지가 유지될 수 있도록 총포를 제작하여야 하고, 식별표지에 관한 정보를 행정안전부령으로 정하는 바에 따라 경찰청장에게 제공하여야 한다.(2017.7.26 본항개정)
② 경찰청장은 다음 각 호의 사항에 관한 정보를 수집하고 30년간 보유하여야 한다.
1. 식별표지에 관한 정보
2. 총포 및 화약류의 국제거래에 대한 허가 또는 승인의 발행일 및 만료일, 수출국, 수입국, 경유국 그리고 최종 수령자 및 상세수량
(2015.1.6 본조신설)

제8장 벌 칙
(2015.1.6 본장제목개정)

제70조【벌칙】 ① 다음 각 호의 어느 하나에 해당하는 자는 3년 이상 15년 이하의 징역 또는 3천만원 이상 1억원 이하의 벌금에 처한다.
1. 수출하기 위한 목적으로 제3조제4항에 따라 구조 및 성능기준을 적용하지 아니하고 제조된 총포(권총·소총·기관총·포·엽총·공기총만 해당한다)를 국내에 판매하거나 유출시킨 자
2. 총포(권총·소총·기관총·포·엽총·공기총만 해당한다)에 관하여 제4조제1항·제3항, 제6조제1항·제2항, 제9조제1항 또는 제12조제1항을 위반한 자
② 제1항의 죄의 미수범은 처벌한다.
(2018.9.18 본조개정)

제70조의2【벌칙】 ① 다음 각 호의 어느 하나에 해당하는 자는 10년 이하의 징역 또는 5천만원 이하의 벌금에 처한다.
1. 수출하기 위한 목적으로 제3조제4항에 따라 구조 및 성능기준을 적용하지 아니하고 제조된 총포(권총·소총·기관총·포·엽총·공기총은 제외한다)·도검·화약류·분사기·전자충격기 또는 석궁을 국내에 판매하거나 유출시킨 자
2. 총포(권총·소총·기관총·포·엽총·공기총은 제외한다) 및 화약류에 관하여 제4조제1항·제3항, 제6조제1항·제2항, 제9조제1항 또는 제12조제1항·제2항을 위반한 자
3. 제12조제3항(총포만 해당한다)을 위반한 자
② 제1항의 죄의 미수범은 처벌한다.
(2018.9.18 본조신설)

제70조의3【상습범】 총포에 관하여 상습적으로 제70조 및 제70조의2의 죄를 범한 자는 그 죄에 정한 형의 2분의 1까지 가중한다.(2018.9.18 본조신설)

제71조【벌칙】 다음 각 호의 어느 하나에 해당하는 자는 5년 이하의 징역 또는 1천만원 이하의 벌금에 처한다.
1. 제4조제2항·제3항(도검·분사기·전자충격기·석궁만 해당한다), 제6조제1항(도검·분사기·전자충격기·석궁만 해당한다)·제2항(도검·분사기·전자충격기·석궁만 해당한다), 제6조의2제1항·제2항, 제9조제2항 또는 제12조제1항(도검·분사기·전자충격기·석궁만 해당한다)·제2항(분사기·전자충격기만 해당한다)·제3항(도검·분사기·전자충격기·석궁만 해당한다)을 위반한 자(2018.9.18 본호개정)
1의2. 제14조의2제1항에 따라 총포와 그 실탄 또는 공포탄을 지정하는 곳에 보관하지 아니한 자(2015.7.24 본호신설)
2. 제18조제1항 또는 제2항을 위반한 자
3. 제21조제1항·제3항·제4항 또는 제5항을 위반한 자
4. 제31조제1항을 위반하여 안전상의 감독업무를 게을리 한 자
5. 제45조제1항 단서 또는 제2항에 따른 영업정지명령 또는 사용정지명령을 위반한 자
6. 제47조제1항에 따른 명령 또는 조치를 위반하거나 같은 조 제2항에 따른 보관명령을 위반한 자
7. 제69조제1항을 위반하여 총포를 제작하거나 식별표지에 관한 정보를 제공하지 아니한 사람
8. 총포의 식별표지를 조작하거나, 불법적으로 삭제, 제거 또는 변경한 사람
(2015.1.6 본조개정)

제72조【벌칙】 다음 각 호의 어느 하나에 해당하는 자는 3년 이하의 징역 또는 700만원 이하의 벌금에 처한다.
1. 제8조, 제19조, 제24조제1항·제2항, 제25조제1항·제5항, 제27조제1항, 제32조제1항, 제34조제1항·제2항, 제36조, 제38조제1항·제4항, 제40조제1항 또는 제43조를 위반한 자
1의2. 제8조의2를 위반하여 총포·화약류의 제조 방법이나 설계도 등의 정보를 인터넷 등 정보통신망에 게시·유포한 사람(2018.9.18 본호신설)
2. 제18조제4항 또는 제26조제4항에 따른 기술상의 기준이나 지시에 따르지 아니한 자
3. 제27조제3항 또는 제32조제3항에 따른 명령을 위반한 자
3의2. 제35조제3항 또는 제6항에 따른 총포의 보관 명령을 위반한 자(2018.9.18 본호신설)
4. 제41조 또는 제42조제7항을 위반한 자
5. 제42조제1항 또는 제5항을 위반한 총포·분사기·전자충격기·석궁의 제조업자·수입자 또는 판매업자
6. 제44조제1항에 따른 출입 또는 검사를 거부·기피 또는 방해하거나 거짓 진술을 한 자
7. 거짓이나 그 밖의 옳지 못한 방법으로 이 법에 따른 허가 또는 면허를 받은 자
(2015.1.6 본조개정)

제73조【벌칙】 다음 각 호의 어느 하나에 해당하는 자는 2년 이하의 징역 또는 500만원 이하의 벌금에 처한다.
1. 제4조의2제3항(제6조의3 및 제25조의2에 따라 준용되는 경우를 포함한다), 제11조제1항·제2항, 제17조제2항·제4항, 제31조제2항 또는 제37조제1항·제2항을 위반한 자(2018.9.18 본호개정)
1의2. 제20조제1항을 위반하여 총포의 폐기 신청을 하지 아니하고 총포를 폐기한 자(2018.9.18 본호개정)
2. 제20조제5항에 따른 기술상의 기준을 위반하여 화약류를 폐기한 자(2018.9.18 본호개정)
3. 제23조를 위반한 자
4. 제26조제1항, 제35조제1항(총포만 해당한다)에 따른 신고를 하지 아니하거나 거짓으로 신고를 한 자
(2018.9.18 본호개정)
(2015.1.6 본조개정)

제74조【과태료】 ① 다음 각 호의 어느 하나에 해당하는 자에게는 300만원 이하의 과태료를 부과한다.
1. 제9조제5항, 제11조제3항, 제20조제3항, 제27조제2항, 제35조제1항(총포는 제외한다) 또는 제66조에 따른 신고를 하지 아니하거나 거짓으로 신고를 한 자
(2018.9.18 본호개정)
2. 제17조제1항·제3항, 제32조제4항, 제33조, 제39조제1항·제3항, 제63조, 제64조 또는 제65조제2항을 위반한 자
3. 제20조제4항 또는 제39조제4항에 따른 명령을 위반한 자(2018.9.18 본호개정)
4. 제26조제3항을 위반하여 화약류운반신고증명서를 지니지 아니한 자
5. 제32조제2항, 제40조제2항 또는 제44조제3항·제4항에 따른 보고를 하지 아니하거나 거짓으로 보고를 한 자(2018.9.18 본호개정)
6. 제47조제3항에 따른 준수사항을 위반한 자
② 제1항에 따른 과태료는 대통령령으로 정하는 바에 따라 소관에 따라 경찰청장, 시·도경찰청장 또는 경찰서장이 부과·징수한다.(2020.12.22 본항개정)
(2015.1.6 본조개정)

제75조【형의 병과】 제70조, 제70조의2, 제70조의3, 제71조부터 제73조까지의 규정에 따라 처벌할 때에는 징역과 벌금형을 함께 과할 수 있다.(2018.9.18 본조개정)

제76조【양벌규정】 법인의 대표자나 법인 또는 개인의 대리인, 사용인, 그 밖의 종업원이 그 법인 또는 개인의 업무에 관하여 제70조, 제70조의2, 제70조의3, 제71조부터 제73조까지의 어느 하나에 해당하는 위반행위를 하면 그 행위자를 벌하는 외에 그 법인 또는 개인에게도 해당 조문의 벌금형을 과(科)한다. 다만, 법인 또는 개인이 그 위반행위를 방지하기 위하여 해당 업무에 관하여 상당한 주의와 감독을 게을리하지 아니한 경우에는 그러하지 아니하다.(2018.9.18 본조개정)

부 칙 (2003.7.29)

① **【시행일】** 이 법은 공포후 6월이 경과한 날부터 시행한다.
② **【총포의 소지허가에 관한 경과조치】** 이 법 시행 당시 제2조제1항의 개정규정에 의한 총포에 해당하는 부품을 소지하고 있는 사람은 이 법 시행일부터 3월 이내에 제12조제1항의 규정에 의한 소지허가를 받아야 한다. 다만, 이 법 시행전에 종전의 제17조제5항의 규정에 의하여 총포의 부착물에 대한 허가관청의 부착승인을 얻은 사람으로서 그 부착물이 제2조제1항의 개정규정에 의한 총포에 해당하는 경우에는 제12조제1항의 규정에 의한 소지허가를 받은 것으로 본다.
③ **【결격사유에 관한 경과조치】** 이 법 시행전에 종전의 규정에 의하여 총포·도검·화약류·분사기·전자충격기·석궁의 소지허가를 받은 경우와 화약류제조보안책임자면허 및 화약류관리보안책임자면허를 받은 경우에 결격사유에 관하여는 제13조제1항제3호·제4호·제5호 및 제29조제1항제4호의 개정규정에 불구하고 종전의 규정에 의한다.

부 칙 (2015.1.6)

제1조【시행일】 이 법은 공포 후 1년이 경과한 날부터 시행한다.

제2조【식별표지 없는 총포의 수출·수입 제한에 관한 적용례】 제9조의 개정규정은 이 법 시행 후 최초로 수입하거나 또는 수출허가 하는 분부터 적용한다.

제3조【금치산자 등에 대한 경과조치】 제5조제5호 및 제55조제1호의 개정규정에도 불구하고 법률 제10429호 민법 일부개정법률 부칙 제2조에 따라 금치산 또는 한정치산 선고의 효력이 유지되는 사람에 대해서는 종전의 규정에 따른다.

제4조【예술소품용 총포 등의 소지허가에 관한 경과조치】 이 법 시행 당시 영화·연극 등을 위한 예술소품용으로 사용할 목적으로 소지하고 있는 총포·도검·분사기·전자충격기·석궁은 해당 사유가 소멸할 때까지는 제12조제3항의 개정규정에 따른 소지허가를 받은 것으로 본다.

제5조【다른 법률의 개정】 ①~⑫ ※(해당 법령에 가제정리 하였음)

제6조【다른 법률과의 관계】 이 법 시행 당시 다른 법률에서 종전의 「총포·도검·화약류 등 단속법」 또는 그 규정을 인용한 경우 이 법 또는 이 법의 해당 규정을 각각 인용한 것으로 본다.

부 칙 (2015.3.11)

제1조【시행일】 이 법은 공포 후 6개월이 경과한 날부터 시행한다. 다만, 법률 제12960호 총포·도검·화약류 등 단속법 일부개정법률 제22조의 개정규정은 2016년 1월 7일부터 시행한다.

제2조【기존 허가자 등에 대한 특례】 이 법 시행 전 종전의 총포(엽총 및 공기총에 한정한다)의 소지허가 또는 제28조에 따른 면허를 받은 자가 제22조제5항의 개정규정에 따라 교육을 받아야 하는 날은 이 법 시행 후 소지허가 또는 제28조에 따른 면허를 갱신하는 날부터 기산한다. 다만, 석궁의 소지허가를 받은 자에 대해서는 이 법 시행일부터 기산한다.

부 칙 (2015.7.24 법13429호)

제1조【시행일】 이 법은 2015년 11월 2일부터 시행한다. 다만, 법률 제12960호 총포·도검·화약류 등 단속법 일부개정법률의 개정규정은 2016년 1월 7일부터 시행한다.

제2조【결격사유에 관한 적용례】 제13조제1항의 개정규정은 이 법 시행 후 최초로 접수된 총포·도검·화약류·분사기·전자충격기·석궁의 소지허가 신청 및 갱신과 화약류제조보안책임자면허 및 화약류관리보안책임자면허의 신청 및 갱신부터 적용한다. 다만, 법률 제12960호 총포·도검·화약류 등 단속법 일부개정법률 제13조제1항의 개정규정은 법률 제12960호 총포·도검·화약류 등 단속법 일부개정법률 시행 후 최초로 접수된 총포·도검·화약류·분사기·전자충격기·석궁의 소지허가 신청 및 갱신과 화약류제조보안책임자면허 및 화약류관리보안책임자면허의 신청 및 갱신부터 적용한다.

제3조【총포의 보관에 관한 경과조치】 ① 이 법 시행 당시 제12조 또는 제14조에 따라 총포의 소지허가를 받은 자는 제14조의2의 개정규정에 따라 이 법 시행일부터 1개월 이내에 허가관청이 지정하는 곳에 총포와 그 실탄 또는 공포탄을 보관하여야 한다.
② 허가관청은 제1항에 따라 총포와 그 실탄 또는 공포탄을 보관하지 아니하는 총포의 소지자에 대하여는 소지허가를 취소할 수 있다.

제4조【총포의 소지허가 갱신에 관한 경과조치】 제16조제1항의 개정규정에도 불구하고 이 법 시행 전에 총포의 소지허가 또는 소지허가의 갱신을 받은 사람이 이 법 시행 후 처음 받아야 하는 총포 소지허가의 갱신 기간은 종전의 규정에 따른다.

부 칙 (2017.3.21)

이 법은 공포한 날부터 시행한다.

부 칙 (2017.7.26)

제1조【시행일】 ① 이 법은 공포한 날부터 시행한다.(이하 생략)

부 칙 (2018.9.18)

제1조【시행일】 이 법은 공포 후 1년이 경과한 날부터 시행한다.
제2조【결격사유에 관한 적용례】 제13조제1항제6호의2의 개정규정은 이 법 시행 후 최초로 접수된 총포·도검·화약류·분사기·전자충격기·석궁의 소지허가 신청 및 갱신과 화약류제조보안책임자면허 및 화약류관리보안책임자면허의 신청 및 갱신부터 적용한다.
제3조【도난·분실 총포에 관한 적용례】 제35조의 개정규정은 이 법 시행 후 도난·분실된 총포부터 적용한다.
제4조【모의총포 등의 제조신고에 관한 경과조치】 이 법 시행 당시 제11조제2항의 개정규정에 따라 제조·판매·소지가 금지되는 것을 수출하기 위한 목적으로 제조하고 있는 자는 이 법 시행일부터 1개월 내에 제조소의 소재지를 관할하는 경찰서장에게 신고하여야 한다.

부 칙 (2018.10.16)

제1조【시행일】 이 법은 공포한 날부터 시행한다.
제2조【제조업자 등에 대한 행정처분에 관한 적용례】 제45조제1항제3호 단서의 개정규정은 이 법 시행 전에 제5조제8호(제7조에 따라 준용되는 경우를 포함한다)에 해당하게 된 법인 또는 단체에 대하여 행정처분을 하는 경우에도 적용한다.

부 칙 (2019.12.3)

이 법은 공포한 날부터 시행한다.

부 칙 (2020.12.22)

제1조【시행일】 이 법은 2021년 1월 1일부터 시행한다.(이하 생략)

유선 및 도선 사업법

(약칭 : 유·도선법)

(1993년 12월 27일 전개법률 제4610호)

개정
1996. 8. 8법 5153호(정부조직)
1996.12.30법 5204호
1997.12.13법 5453호(행정절차)
1997.12.17법 5470호(선박안전법)
1999. 1.18법 5629호
2004. 3.11법 7186호(정부조직)
2005. 3.24법 7412호
2005. 3.31법 7428호(채무자회생파산)
2006. 9.22법 7985호
2007. 1. 3법 8221호(선박안전법)
2007. 1.19법 8260호(해양환경관리법)
2007. 4.11법 8343호(관광진흥법)
2007. 4.11법 8380호(해상교통안전법)
2008. 2.29법 8852호(정부조직)
2008. 6. 5법 9095호 2008.12.26법 9203호
2009.12.29법 9847호(감염병)
2011. 3. 7법 10432호 2011. 5.30법 10753호
2011. 6.15법 10801호(해사안전법)
2012. 2.22법 11344호
2013. 3.23법 11690호(정부조직)
2013. 8. 6법 11998호(지방세외수입금의징수등에관한법)
2014. 1.14법 12248호(도로법)
2014.10.15법 12798호
2014.11.19법 12844호(정부조직)
2015. 1.20법 13064호 2015. 2. 3법 13193호
2015. 7.24법 13441호 2016. 1. 7법 13751호
2016. 5.29법 14224호(정신건강증진및정신질환자복지서비스지원에관한법)
2016.12.27법 14476호(지방세징수법)
2016.12.27법 14480호(농어촌정비)
2017. 1.17법 14532호(물환경보전법)
2017. 7.26법 14839호(정부조직)
2018. 3.27법 15527호
2020. 3.24법 17091호(지방행정제재·부과금의징수등에관한법)
2022. 1. 4법 18683호
2023. 2.14법 19225호(기상법)
2023. 7.25법 19573호(해상교통안전법)

제1장 총 칙
(2011.5.30 본장개정)

제1조【목적】 이 법은 유선사업(遊船事業) 및 도선사업(渡船事業)에 관하여 필요한 사항을 정하여 유선 및 도선의 안전운항과 유선사업 및 도선사업의 건전한 발전을 도모함으로써 공공의 안전과 복리의 증진에 이바지함을 목적으로 한다.
제2조【정의】 이 법에서 사용하는 용어의 뜻은 다음과 같다.
1. "유선사업"이란 유선 및 유선장(遊船場)을 갖추고 수상에서 고기잡이, 관광, 그 밖의 유락(遊樂)을 위하여 선박을 대여하거나 유락하는 사람을 승선시키는 것을 영업으로 하는 것으로서 「해운법」을 적용받지 아니하는 것을 말한다.
2. "도선사업"이란 도선 및 도선장을 갖추고 내수면 또는 대통령령으로 정하는 바다목에서 사람을 운송하거나 사람과 물건을 운송하는 것을 영업으로 하는 것으로서 「해운법」을 적용받지 아니하는 것을 말한다.
(2012.2.22 1호~2호개정)
3. "유선장" 및 "도선장"이란 유선 및 도선(이하 "유·도선"이라 한다)을 안전하게 매어두고 승객이 승선·하선을 할 수 있게 한 시설과 승객 편의시설을 말한다.
4. "수상"이란 내수면과 해수면을 말한다.
5. "내수면"이란 하천, 댐, 호수, 늪, 그 밖에 인공으로 조성된 담수(淡水)와 기수(汽水)의 수류(水流) 또는 수면을 말한다.
6. "해수면"이란 바다의 수류나 수면을 말한다.
(2012.2.22 4호~6호신설)
제2조의2【적용배제】 이 법은 다음 각 호의 경우에는 적용하지 아니한다.
1. 「수상레저안전법」에 따른 수상레저사업 및 그 사업과 관련된 수상에서의 행위를 하는 경우
2. 「체육시설의 설치·이용에 관한 법률」에 따른 체육시설업 및 그 사업과 관련된 수상에서의 행위를 하는 경우
3. 「낚시 관리 및 육성법」에 따른 낚시어선업 및 그 사업과 관련된 수상에서의 행위를 하는 경우(2015.7.24 본호개정)
4. 「마리나항만의 조성 및 관리 등에 관한 법률」에 따른 마리나업 및 그 사업과 관련된 수상에서의 행위를 하는 경우(2018.3.27 본호신설)
5. 「수중레저활동의 안전 및 활성화 등에 관한 법률」에 따른 수중레저사업 및 그 사업과 관련된 수상에서의 행위를 하는 경우(2018.3.27 본호신설)
6. 「항로표지법」에 따른 항로표지(사설항로표지를 포함한다)의 설치·관리, 위탁관리업 및 그 사업과 관련된 수상에서의 행위를 하는 경우(2022.1.4 본호신설)
(2012.2.22 본조신설)
제3조【사업의 면허 또는 신고】 ① 유선사업 및 도선사업(이하 "유·도선사업"이라 한다)을 하려는 자는 대통령령으로 정하는 유·도선의 규모 또는 영업구역에 따라 다음 각 호의 구분에 따른 관할관청의 면허를 받거나 관할관청에 신고하여야 한다. 면허 또는 신고사항을 변경하려는 경우에도 또한 같다.
1. 유선장 및 도선장(이하 "유·도선장"이라 한다) 또는 영업구역이 내수면과 해수면에 걸쳐 있거나 둘 이상의 특별시·광역시·특별자치시·도 또는 특별자치도(이하 "시·도"라 한다)에 걸쳐 있는 경우 : 해당 유·도선을 주로 매어두는 장소를 관할하는 특별시장·광역시장·특별자치시장·도지사 또는 특별자치도지사(이하 "시·도지사"라 한다) 또는 지방해양경찰청장
(2017.7.26 본호개정)
2. 영업구역이 내수면인 경우 : 특별자치도지사·시장·군수·구청장(구청장은 자치구의 구청장을 말하며, 이하 "시장·군수·구청장"이라 한다). 다만, 영업구역이 둘 이상의 특별자치도·시·군·구(구는 자치구를 말하며, 이하 "시·군·구"라 한다)의 관할구역에 걸쳐 있고 운항거리가 5해리 이상인 경우에는 시·도지사, 운항거리가 5해리 미만인 경우에는 해당 유·도선을 주로 매어두는 장소를 관할하는 시장·군수·구청장
(2012.2.22 본문개정)
3. 영업구역이 해수면인 경우 : 해당 유·도선을 주로 매어두는 장소를 관할하는 해양경찰서장(2017.7.26 본호개정)
4. 서울특별시의 한강에서 운항하는 유·도선의 경우 : 서울특별시의 한강 관리에 관한 업무 중 유·도선에 관한 업무를 관장하는 기관의 장
② 제1항 각 호에 따라 면허신청 또는 신고를 받은 관할관청(이하 "관할관청"이라 한다)은 유·도선사업의 면허를 발급하거나 신고를 수리(受理)할 때에 그 영업구역이 내수면과 해수면에 걸쳐 있거나 둘 이상의 시·도 또는 시·군·구에 걸쳐 있는 경우에는 관계 시·도지사나 시장·군수·구청장 또는 지방해양경찰청장이나 해양경찰서장과 미리 협의하여야 하며, 유·도선장이 「자연공원법」 제2조제5호에 따른 공원구역 안에 있는 경우에는 공원관리청과 미리 협의하여야 한다.(2017.7.26 본항개정)
③ 관할관청은 제1항 각 호 외의 부분 전단에 따른 신고를 받은 날부터 7일 이내, 같은 항 각 호 외의 부분 후단에 따른 변경신고를 받은 날부터 5일 이내에 신고수리 여부를 신고인에게 통지하여야 한다.(2018.3.27 본항신설)
④ 관할관청은 제3항에 따른 기간 이내에 수리여부를 통지할 수 없을 때에는 그 기간이 끝나는 날의 다음 날부터 기산(起算)하여 제1항 각 호 외의 부분 전단에 따른 신고의 경우 7일, 같은 항 각 호 외의 부분 후단에 따른 변경신고의 경우 5일의 범위에서 기간을 연장할 수 있다. 이 경우 관할관청은 연장된 사실과 연장 사유를 신청인에게 지체 없이 문서(전자문서를 포함한다)로 통지하여야 한다.(2018.3.27 본항신설)
⑤ 관할관청은 유·도선사업의 면허를 발급하거나 신고를 수리하였을 때에는 그 내용을 관계 시·도지사나 시장·군수·구청장 또는 지방해양경찰청장이나 해양경찰서장, 공원관리청, 경찰서장, 지방해양항만관서의 장과 「도로법」 제23조에 따른 도로관리청(도선사업만 해당한다) 및 그 밖에 대통령령으로 정하는 관계 기관에 각각 통보하여야 한다.(2017.7.26 본항개정)
⑥ 관할관청은 제1항에 따라 면허를 발급할 때에 유·도선의 안전강화 및 편의시설 확보 등을 위하여 행정안전부령 또는 해양수산부령으로 정하는 바에 따라 필요한 조건을 붙일 수 있다.(2017.7.26 본항개정)
제3조의2【「관광진흥법」에 따른 관광사업 등록 의제】 ① 유선사업을 하려는 자로서 「관광진흥법」 제3조제1항제3호에 따른 관광객 이용시설업 중 유선사업과 관련된 업(이하 "일반관광유람선업"이라 한다)을 하려는 자는 유선사업의 면허를 신청하거나 신고를 할 때 「관광진흥법」 제4조에 따라 일반관광유람선업의 등록에 필요한 서류를 함께 제출할 수 있다.
② 관할관청은 제1항에 따른 신청이나 신고를 받은 경우 유선사업의 면허를 발급하거나 신고를 수리하기 전에 일반관광유람선업 등록 관계 행정기관의 장과 협의하여야 하며, 협의를 요청받은 관계 행정기관의 장은 대통령령으로 정하는 기간 내에 의견을 제출하여야 한다.
③ 제2항에 따른 협의가 완료된 경우 유선사업의 면허를 발급받은 자나 신고가 수리된 자(이하 "유·도선사업자"라 한다)는 「관광진흥법」 제4조제1항에 따라 일반관광유람선업의 등록을 한 것으로 본다.
④ 제2항에 따른 협의를 한 관할관청은 유선사업의 면허를 발급하거나 신고를 수리한 경우 그 결과를 지체 없이 해당 관계 행정기관의 장에게 통보하여야 한다.
(2015.7.24 본조개정)
제3조의3【사업의 승계】 ① 다음 각 호의 어느 하나에 해당하는 자는 유·도선사업자의 지위를 승계한다.
1. 유·도선사업자가 사망한 경우 그 상속인(피상속인이 사망한 날부터 6개월 이내에 제3항에 따른 신고를 한 자로 한정한다)
2. 유·도선사업자가 그 사업을 양도한 경우 그 양수인
3. 법인인 유·도선사업자가 합병한 경우 합병 후 존속하는 법인이나 합병으로 설립되는 법인
② 다음 각 호의 어느 하나에 해당하는 절차에 따라 유·도선사업의 시설과 설비를 전부 인수한 자는 유·도선사업자의 지위를 승계한다.
1. 「민사집행법」에 따른 경매
2. 「채무자 회생 및 파산에 관한 법률」에 따른 환가(換價)
3. 「국세징수법」·「관세법」 또는 「지방세징수법」에 따른 압류재산의 매각(2016.12.27 본호개정)

4. 그 밖에 제1호부터 제3호까지의 규정에 따른 절차에 준하는 절차
③ 제1항 또는 제2항에 따라 유·도선사업자의 지위를 승계한 자는 행정안전부령 또는 해양수산부령으로 정하는 바에 따라 관할관청에 신고하여야 한다.(2017.7.26 본항개정)
④ 관할관청은 제3항에 따른 신고를 받은 날부터 7일 이내에 신고수리 여부를 신고인에게 통지하여야 한다.(2018.3.27 본항신설)
⑤ 관할관청이 제4항에서 정한 기간 내에 신고수리 여부 또는 민원 처리 관련 법령에 따른 처리기간의 연장을 신고인에게 통지하지 아니하면 그 기간이 끝난 날의 다음 날에 신고를 수리한 것으로 본다.(2018.3.27 본항신설)
⑥ 제1항 또는 제2항에 따른 승계인의 결격사유에 관하여는 제6조를 준용한다. 다만, 제6조제1항제5호에 해당하는 법인이 6개월 이내에 그 임원을 교체하여 임명한 경우 또는 상속인이 피상속인이 사망한 날부터 6개월 이내에 그 유·도선사업을 다른 사람에게 양도한 경우에는 그러하지 아니하다.
(2015.7.24 본조개정)

제4조【시설기준 등】 유·도선사업자는 사업의 종류별로 대통령령으로 정하는 기준에 적합한 선박과 시설·장비·인력을 갖추고 이를 유지·관리하여야 한다.

제4조의2【면허의 기준】 ① 관할관청은 유·도선사업의 면허를 하려는 때에는 다음 각 호에 적합한지를 심사하여야 한다. 면허를 변경하려는 경우에도 또한 같다.
1. 유·도선사업 면허 신청자가 보유한 유선 또는 도선의 선령(船齡)이 대통령령으로 정한 기준에 적합할 것
2. 유·도선사업 면허 신청자가 보유한 선박과 시설·장비·인력이 제4조의 시설기준에 적합할 것
② 관할관청은 유·도선사업을 신고하려는 자가 보유한 선박의 선령이 제1항제1호의 기준에 적합하지 아니한 경우에는 그 신고를 수리하여서는 아니 된다. 변경신고를 수리하는 경우에도 또한 같다.
(2015.2.3 본조신설)

제5조【면허 또는 신고의 유효기간】 ① 제3조에 따른 유선사업의 면허 또는 신고의 유효기간은 10년으로 하되, 연중 한시적으로 영업하는 경우에는 해당 연도로만 하며, 도선사업의 면허 또는 신고의 유효기간은 영구로 하되, 연중 한시적으로 영업하는 경우에는 5년으로 한다.
(2012.2.22 본항개정)
② 제1항에 따른 면허 또는 신고의 유효기간이 지난 후 계속하여 사업을 하려는 자는 행정안전부령 또는 해양수산부령으로 정하는 바에 따라 면허를 갱신받거나 신고를 갱신하여야 한다.(2017.7.26 본항개정)
③ 관할관청은 제2항에 따른 갱신신고를 받은 날부터 5일 이내에 신고수리 여부를 신고인에게 통지하여야 한다.
(2018.3.27 본항신설)
④ 관할관청이 제3항에서 정한 기간 내에 신고수리 여부 또는 민원 처리 관련 법령에 따른 처리기간의 연장을 신고인에게 통지하지 아니하면 그 기간이 끝난 날의 다음 날에 신고를 수리한 것으로 본다.(2018.3.27 본항신설)

제6조【결격사유】 ① 다음 각 호의 어느 하나에 해당하는 자는 제3조에 따른 유·도선사업의 면허를 받거나 신고를 할 수 없다.(2015.7.24 본문개정)
1. 미성년자·피성년후견인 또는 피한정후견인(2016.1.7 본호개정)
2. 이 법, 「선박안전법」, 「선박법」, 「선박직원법」, 「선원법」, 「해상교통안전법」, 「물환경보전법」 또는 「해양환경관리법」을 위반하여 금고 이상의 형을 선고받고 그 집행이 끝나거나 집행을 받지 아니하기로 확정된 날부터 2년이 지나지 아니한 사람(2023.7.25 본호개정)
3. 이 법, 「선박안전법」, 「선박법」, 「선박직원법」, 「선원법」, 「해상교통안전법」, 「물환경보전법」 또는 「해양환경관리법」을 위반하여 금고 이상의 형의 집행유예를 선고받고 그 집행유예기간 중에 있는 사람(2023.7.25 본호개정)
4. 제9조제1항에 따라 유·도선사업의 면허가 취소(이 항 제1호에 해당하여 면허가 취소된 경우는 제외한다)된 후 2년이 지나지 아니한 자(2016.1.7 본호개정)
5. 임원 중 제1호부터 제4호까지의 어느 하나에 해당하는 사람이 있는 법인
② 제9조제1항에 따라 유·도선사업의 폐쇄명령을 받은 자는 그 사업이 폐쇄(이 조 제1항제1호에 해당하여 사업이 폐쇄된 경우는 제외한다)된 후 1년이 지나지 아니하는 는 제3조에 따른 유·도선사업의 신고를 할 수 없다.
(2016.1.7 본항개정)

제7조【유·도선사업의 휴업·폐업 등】 ① 유·도선사업자는 다음 각 호의 어느 하나에 해당하는 경우 행정안전부령 또는 해양수산부령으로 정하는 바에 따라 미리 관할관청에 신고하여야 한다.(2017.7.26 본문개정)
1. 사업을 휴업 또는 폐업하거나 선박의 일부를 운항중단하려는 경우
2. 휴업기간 또는 운항중단기간 중 사업 또는 운항을 재개하려는 경우
② 관할관청은 제1항에 따른 신고(폐업신고의 경우는 제외한다)를 받은 날부터 3일 이내에 신고수리 여부를 신고인에게 통지하여야 한다.(2018.3.27 본항신설)
③ 관할관청이 제2항에서 정한 기간 내에 신고수리 여부 또는 민원 처리 관련 법령에 따른 처리기간의 연장을 신고인에게 통지하지 아니하면 그 기간이 끝난 날의 다음 날에 신고를 수리한 것으로 본다.(2018.3.27 본항신설)
④ 제1항제1호에 따른 폐업신고가 신고서의 기재사항 및 첨부서류에 흠이 없고, 법령 등에 규정된 형식상의 요건을 충족하는 경우에는 신고서가 접수기관에 도달된 때에 신고 의무가 이행된 것으로 본다.(2018.3.27 본항신설)
⑤ 제1항제1호에 따른 휴업의 경우 휴업기간은 도선의 경우는 계속하여 6개월, 유선의 경우는 계속하여 1년을 넘을 수 없다.
(2016.1.7 본조개정)

제8조【영업구역 및 영업시간 등】 ① 유·도선의 영업구역은 선박의 톤수 및 성능에 따라 대통령령으로 정한다.
② 유·도선의 영업시간은 해 뜨기 전 30분부터 해 진 후 30분까지로 한다. 다만, 대통령령으로 정하는 바에 따라 야간운항에 필요한 조명시설 등 안전운항 시설과 장비를 갖춘 경우에는 해뜨기 전 30분 이전 또는 해 진 후 30분 이후에도 영업을 할 수 있다.(2015.7.24 단서신설)
③ 제1항과 제2항은 다음 각 호의 어느 하나에 해당하는 경우에는 적용하지 아니한다.
1. 응급환자가 발생한 경우
2. 공공 목적으로 운항이 필요한 경우
3. (2015.7.24 삭제)
④ 유·도선은 기상특보(「기상법」 제14조제2항에 따른 해양기상특보를 말한다. 이하 같다) 발효 시 운항할 수 없다.(2023.2.14 본항개정)
⑤ 제4항에도 불구하고 「선박안전법」 제8조제3항에 따른 항해구역 중 평수구역(平水區域)(평수구역이 없는 해수면의 경우에는 대통령령으로 정하는 범위의 해수면을 말한다)에서 운항하는 유·도선은 행정안전부령 또는 해양수산부령으로 정하는 기준 및 절차에 따라 기상특보(대통령령으로 정하는 기상특보에 한정한다) 발효 시에도 운항할 수 있다.(2017.7.26 본항개정)
⑥ 시장·군수·구청장 또는 해양경찰서장은 제5항에 따라 운항이 허용된 경우에도 해당 영업구역의 실제 기상상태를 확인하여 안전운항에 지장이 있다고 판단할 때에는 유·도선의 운항을 제한할 수 있다.(2017.7.26 본항개정)

제9조【행정처분】 ① 관할관청은 유·도선사업자가 다음 각 호의 어느 하나에 해당하면 그 사업의 면허를 취소하거나 그 사업의 폐쇄 또는 3개월 이내의 기간을 정하여 그 사업의 일부 또는 전부의 정지를 명할 수 있다. 다만, 제1호·제2호 및 제8호에 해당하는 경우에는 그 사업의 면허를 취소하여야 한다.(2015.2.3 단서개정)
1. 제6조제1항 각 호의 어느 하나에 해당하게 된 경우. 다만, 다음 각 목의 어느 하나에 해당하는 경우는 제외한다.
   가. 법인이 제6조제1항제5호에 해당하는 경우에 6개월 이내에 그 임원을 교체하여 임명한 경우
   나. 유·도선사업자의 상속인이 제6조제1항제1호부터 제4호까지의 어느 하나에 해당하는 경우에 피상속인이 사망한 날부터 6개월 이내에 유·도선사업을 다른 사람에게 양도한 경우
2. 거짓이나 그 밖의 부정한 방법으로 면허를 받은 사실이 드러난 경우
2의2. 「공유수면 관리 및 매립에 관한 법률」에 따른 공유수면의 점용 또는 사용 허가기간의 만료, 「하천법」에 따른 하천점용허가 유효기간의 만료, 「농어촌정비법」에 따른 농업생산기반시설이나 용수의 사용기간의 만료 및 「어촌·어항법」에 따른 어항시설의 점용 또는 사용 허가기간이 만료된 경우. 다만, 공유수면 등의 점용 또는 사용 허가기간의 연장과 관련하여 법적인 분쟁(행정심판 또는 행정소송)이 있는 경우에는 처분을 유예하여야 한다.(2016.12.27 본문개정)
3. 유·도선사업자, 선원(인명구조요원을 포함한다. 이하 같다), 그 밖의 종사자의 고의 또는 중대한 과실이나 주의의무 태만 등으로 인하여 안전사고가 발생한 경우
4. 사고를 당한 피해자에게 정당한 사유 없이 필요한 보호조치를 하지 아니하거나 피해보상을 하지 아니한 경우
5. 「선박안전법」, 「선박직원법」, 「물환경보전법」, 「해양환경관리법」, 그 밖의 관계 법령을 위반한 경우(2017.1.17 본호개정)
6. 제3조제1항, 제3조의3제3항, 제7조제1항, 제32조제1항, 제34조제1항·제2항에 따른 신고를 하지 아니하거나 거짓이나 그 밖의 부정한 방법으로 신고를 한 경우
(2016.1.7 본호개정)
7. 제27조 각 호에 따른 명령을 이행하지 아니한 경우
7의2. 제12조제3항 또는 제16조제3항을 위반하여 유선 또는 도선을 조종한 경우(2016.1.7 본호신설)
8. 제4조의2제1항제1호에 따른 선령 기준에 미달하게 된 경우(2015.2.3 본호신설)
② 제1항에 따라 지방해양경찰청장 또는 해양경찰서장이 도선사업의 면허를 취소하거나 폐쇄 또는 정지를 명하려면 미리 관계 시·도지사 또는 시장·군수·구청장과 협의하여야 한다.(2017.7.26 본항개정)
③ 제1항에 따른 행정처분의 세부기준은 행정안전부령 또는 해양수산부령으로 정한다.(2017.7.26 본항개정)
④ 제3조의3에 따른 유·도선사업의 지위 승계가 있는 경우 종전의 유·도선사업자에 대한 제1항 각 호의 어느 하나의 위반을 사유로 한 행정처분의 효과는 그 처분기간이 끝나는 날까지 유·도선사업자의 지위를 승계한 자에게 승계되며, 행정처분의 절차가 진행 중일 때에는 유·도선사업자의 지위를 승계한 자에 대하여 그 절차를 계속 진행할 수 있다.(2015.7.24 본항개정)

제9조의2【과징금 처분】 ① 관할관청은 제9조제1항에 따라 도선사업자에 대하여 사업정지를 명하는 경우로서 그 사업정지가 국민에게 심한 불편을 주거나 그 밖에 공익을 해칠 우려가 있을 때에는 사업정지처분을 갈음하여 1천만원 이하의 과징금을 부과할 수 있다.(2016.1.7 본항개정)
② 제1항에 따른 과징금을 부과하는 위반행위의 종류, 위반 정도 등에 따른 과징금의 금액과 그 밖에 필요한 사항은 행정안전부령 또는 해양수산부령으로 정한다.
(2017.7.26 본항개정)
③ 관할관청은 제1항에 따른 과징금을 내야 하는 자가 납부기한까지 내지 아니하면 국세 체납처분의 예 또는 「지방행정제재·부과금의 징수 등에 관한 법률」에 따라 징수한다.(2020.3.24 본항개정)

제10조【관계 기관에의 통보】 관할관청은 제7조에 따른 휴업·폐업 등의 신고를 받았을 때와 제9조에 따른 행정처분을 하였을 때에는 그 내용을 제3조제5항에 따른 관계 행정기관의 장에게 각각 통보하여야 한다.
(2018.3.27 본조개정)

제2장 유선사업
(2011.5.30 본장개정)

제11조【승선 정원의 기준】 관할관청은 행정안전부령 또는 해양수산부령으로 정하는 바에 따라 유선 중 「선박안전법」을 적용받지 아니하는 유선의 승선 정원을 정한다.(2017.7.26 본조개정)

제12조【유선사업자 등의 안전운항 의무】 ① 유선사업자와 선원은 선박의 안전을 점검하고 기상 상태를 확인하는 등 안전운항에 필요한 조치를 하여야 하며, 승객에게 위해(危害)가 없도록 수면(水面)의 상황에 따라 안전하게 유선을 조종하도록 하여야 한다.
② 유선사업자와 선원은 다음 각 호의 안전에 관한 사항을 매뉴얼로 작성하여 유선장 및 행정안전부령 또는 해양수산부령으로 정하는 유선의 선실이나 통로에 비치하고 출항하기 전에 승객에게 영상물 상영 또는 방송 등을 통하여 안내하여야 한다.
1. 안전한 승선·하선의 방법
2. 선내 위험구역 출입금지에 관한 사항
3. 인명구조장비의 위치 및 사용법
4. 유사 시 대처요령
5. 그 밖에 필요하다고 인정되는 안전에 관한 사항
(2018.3.27 본항개정)
③ 유선사업자와 선원은 음주, 약물중독, 그 밖의 사유로 정상적인 조종을 할 수 없는 우려가 있는 경우에는 유선을 조종하여서는 아니 된다. 이 경우 음주로 정상적인 조종을 할 수 없는 우려가 있는 경우란 「해상교통안전법」 제39조제4항에 따른 술에 취한 상태를 말한다.(2023.7.25 후단개정)
④ 유선사업자와 선원은 안전운항을 위하여 필요한 경우 및 대통령령으로 정하는 소형 유선의 경우에는 승객 등 승선자 전원에게 구명조끼를 착용하도록 하여야 한다.
(2015.7.24 본항개정)
⑤ 유선사업자, 선원, 그 밖의 종사자는 유선 및 유선장에서 다음 각 호의 행위를 하여서는 아니 된다.
1. 보호자를 동반하지 아니한 14세 미만의 사람, 술에 취한 사람(제6호 단서에 따른 유선에 승선하는 경우는 제외한다), 「정신건강증진 및 정신질환자 복지서비스 지원에 관한 법률」 제3조제1호에 따른 정신질환자로 의심되는 사람으로서 자신 또는 타인의 안전을 해할 위험이 크다고 인정되는 사람[보호자가 동승(同乘)하는 경우에는 제외한다], 말이나 행동이 상당히 수상하다고 의심되는 사람 또는 「감염병의 예방 및 관리에 관한 법률」 제2조제13호에 따른 감염병환자에게 유선을 대여하거나 승선하게 하는 행위(2016.5.29 본호개정)
2. 정원을 초과하여 승선하게 하는 행위
3. 요금 외의 금품을 요구하는 행위
4. 정당한 사유 없이 운항을 기피하는 행위
5. 무리하게 승선을 권유하거나 정당한 사유 없이 승선 또는 선박 대여를 거부하는 행위
6. 유선 내에서 주류를 판매하거나 제공하는 행위 또는 유선 내에 주류를 반입하게 하는 행위. 다만, 「관광진흥법」에 따라 등록(제3조의2에 따라 일반관광유람선업 등록이 의제된 경우를 포함한다)한 관광유람선과 대통령령으로 정하는 유선의 경우에는 그러하지 아니하다.
(2015.7.24 단서개정)
7. 도박, 고성방가 또는 음란행위 등 공공질서와 선량한 풍속을 해치는 행위(2015.7.24 본호개정)
8. 영업시간 외에 항행하거나 영업구역 외 또는 항행구역(배를 매어두는 장소와 영업구역이 격리되어 있는 경우의 그 구간을 말한다. 이하 같다) 외에서 항행하는 행위
9. 대통령령으로 정하는 폭발물·인화물질 등 위험물을 일반 승객과 함께 반입하거나 운송하는 행위(위험물 보관시설 등 격리시설을 설치하여 선원 등 종사자가 안전하게 관리할 수 있는 경우는 제외한다)
10. 수상에 유류·분뇨·폐기물을 버리는 행위
(2012.2.22 본호개정)

11. 유선의 운항 중 구명조끼, 구명부환(救命浮環), 구명줄 등 인명구조용 장비나 설비에 잠금장치를 하는 행위(2016.1.7 본호신설)

제13조【유선 승객의 준수사항】 ① 유선의 승객은 안전수칙을 준수하고, 운항질서의 유지 및 위해방지를 위한 주의를 다하여야 한다.

② 유선의 승객은 다음 각 호의 행위를 하여서는 아니 된다.

1. 정원을 초과하여 승선을 요구하는 행위
2. 유선사업자, 선원, 그 밖의 종사자의 구명조끼 착용 지시나 그 밖에 안전운항 및 위해방지를 위한 주의사항 또는 지시를 위반하는 행위(2015.7.24 본호개정)
3. 제12조제5항제6호 단서에 해당하지 아니하는 유선 내에서 술을 마시거나 그 밖에 선내의 질서를 어지럽히는 행위(2012.2.22 본호개정)
4. 인명구조용 장비나 그 밖의 유선 설비를 파손하여 그 효용을 해치는 행위
5. 제12조제5항제7호 또는 제9호에 해당하는 행위(2012.2.22 본호개정)
6. 조타실(操舵室), 기관실 등 선장이 지정하는 승객출입금지장소에 선장 또는 그 밖의 종사자의 허락 없이 출입하는 행위(2015.7.24 본호신설)

③ 승객이 유선을 빌려 스스로 유선을 조종하는 경우에 그 승객에 대하여는 제12조제3항, 같은 조 제5항제6호 및 제8호를 준용한다.(2012.2.22 본항개정)

④ 승객이 유선을 빌려 스스로 조종하는 경우에 해당 유선을 조종하는 승객은 유선장과 연락 가능한 통신장비를 휴대하고 연락체계를 유지하여야 한다.(2016.1.7 본항신설)

제3장 도선사업
(2011.5.30 본장개정)

제14조【승선 정원, 적재 중량 등의 기준】 관할관청은 행정안전부령 또는 해양수산부령으로 정하는 바에 따라 도선 중 「선박안전법」을 적용받지 아니하는 도선의 승선 정원 및 적재 중량과 용량을 정한다.(2017.7.26 본조개정)

제15조【운항 준비 및 운항 거부의 금지】 ① 도선사업자는 영업시간 중 언제든지 도선을 운항할 수 있도록 필요한 준비를 하여야 한다.

② 도선사업자는 다음 각 호의 어느 하나에 해당하는 경우를 제외하고는 승객의 출선(出船) 요구를 거부하거나 출선을 지연시켜서는 아니 된다.

1. 폭풍우, 홍수, 그 밖의 사유로 운항이 위험한 경우
2. 해당 운항이 공공의 안녕질서에 반하는 경우
3. 선체(船體)의 고장이나 그 밖의 정당한 사유가 있는 경우

제16조【도선사업자 등의 안전운항 의무】 ① 도선사업자와 선원은 선박의 안전을 점검하고 기상 상태를 확인하는 등 안전운항에 필요한 조치를 하여야 하며, 승객과 적재물에 위해가 없도록 수면의 상황에 따라 안전하게 도선을 조종하도록 하여야 한다.

② 도선사업자와 선원은 다음 각 호의 안전에 관한 사항을 매뉴얼로 작성하여 도선장 및 행정안전부령 또는 해양수산부령으로 정하는 도선의 선실이나 통로에 비치하고 출항하기 전에 승객에게 영상물 상영 또는 방송 등을 통하여 안내하여야 한다.

1. 안전한 승선·하선의 방법
2. 선내 위험구역 출입금지에 관한 사항
3. 인명구조장비의 위치 및 사용법
4. 유사 시 대처요령
5. 그 밖에 필요하다고 인정되는 안전에 관한 사항

(2018.3.27 본항개정)

③ 도선사업자와 선원은 음주, 약물중독, 그 밖의 사유로 정상적인 조종을 할 수 없는 우려가 있는 경우에는 도선을 조종하여서는 아니 된다. 이 경우 음주로 정상적인 조종을 할 수 없는 우려가 있는 경우란 「해상교통안전법」 제39조제4항에 따른 술에 취한 상태를 말한다.(2023.7.25 후단개정)

④ 도선사업자와 선원은 안전운항을 위하여 필요한 경우 및 대통령령으로 정하는 소형 도선의 경우에는 승객 등 승선자 전원에게 구명조끼를 착용하도록 하여야 한다.(2015.7.24 본항개정)

제17조 (1999.1.18 삭제)

제18조【승선 또는 선적의 제한 등】 ① 도선사업자, 선원, 그 밖의 종사자는 도선과 도선장에서 다음 각 호의 행위를 하여서는 아니 된다.

1. 승선 정원, 적재 중량 또는 용량을 초과하여 승선시키거나 선적하는 행위
2. 정당한 사유 없이 승선을 거부하는 행위
3. 운임 외의 금품을 요구하는 행위
4. 도선 내에서 주류를 판매하거나 제공하는 행위 또는 도선 내에 주류를 반입(운송을 목적으로 싣는 것은 제외한다)하게 하는 행위. 다만, 대통령령으로 정하는 도선의 경우에는 그러하지 아니하다.
5. 음란행위나 그 밖에 선량한 풍속을 해치는 행위
6. 영업시간 외에 항행하거나 영업구역 외 또는 항행구역 외에서 항행하는 행위
7. 수상에 유류·분뇨·폐기물을 버리는 행위(2012.2.22 본호개정)
8. 도선의 운항 중 구명조끼, 구명부환, 구명줄 등 인명구조용 장비나 설비에 잠금장치를 하는 행위(2016.1.7 본호신설)

② 도선사업자, 선원, 그 밖의 종사자는 다음 각 호의 어느 하나에 해당하는 사람 또는 물건을 일반 승객 또는 물건과 함께 운송하여서는 아니 된다. 다만, 위험물 보관시설 등 격리시설을 설치하여 선원 등 종사자가 안전하게 관리할 수 있는 경우에는 그러하지 아니하다.

1. 감염병환자 또는 「정신건강증진 및 정신질환자 복지서비스 지원에 관한 법률」 제3조제1호에 따른 정신질환자로 의심되는 사람으로서 자신 또는 타인의 안전을 해할 위험이 크다고 인정되는 사람(보호자가 동승하는 경우에는 제외한다)(2016.5.29 본호개정)
2. 시체
3. 대통령령으로 정하는 폭발물·인화물질 등 위험물
4. 승객에게 불쾌감을 주거나 위해를 끼칠 우려가 있는 물건

제19조【도선 승객의 준수사항】 ① 도선의 승객은 안전수칙을 준수하고 운항질서의 유지 및 위해방지를 위한 주의를 다하여야 한다.

② 도선의 승객에 대하여는 제13조제2항을 준용한다. 이 경우 "유선사업자"는 "도선사업자"로, "유선"은 "도선"으로 보며, 제13조제2항제3호 중 "제12조제5항제6호 단서에 해당하지 아니하는 유선"은 "제18조제1항제4호 단서에 해당하지 아니하는 도선"으로 본다.(2012.2.22 후단개정)

제4장 안전검사 및 안전관리
(2011.5.30 본장개정)

제20조【안전검사】 ① 유·도선사업자는 「선박안전법」을 적용받지 아니하는 유·도선(비상구조선을 포함한다)에 대하여 관할관청의 안전검사를 받아야 한다.

② 제1항에 따른 안전검사의 시기·절차·검사기준 및 수수료 등에 관하여 필요한 사항은 대통령령으로 정한다.

제21조【안전관리계획의 수립 등】 ① 시·도지사 또는 지방해양경찰청장은 매년 유·도선 안전관리계획을 수립·시행하여야 한다.

② 행정안전부장관 또는 해양경찰청장은 제1항의 유·도선 안전관리계획의 수립에 필요한 지침을 정하고, 그 시행에 필요한 지도·감독을 할 수 있다.

(2017.7.26 본조개정)

제22조【인명구조용 장비의 비치 등】 ① 유·도선사업자는 유·도선의 사고 시에 대비할 수 있는 인명구조용 장비를 갖추지 아니하거나 인명구조요원을 배치하지 아니하고는 영업을 할 수 없다.

② 제1항의 인명구조용 장비의 기준과 인명구조요원의 자격 및 배치기준은 대통령령으로 정한다.

제23조【선원의 정원·자격 및 명부 등】 ① 「선박직원법」을 적용받지 아니하는 유·도선 선원의 정원 및 자격기준은 행정안전부령 또는 해양수산부령으로 정한다.

② 유·도선사업자는 행정안전부령 또는 해양수산부령으로 정하는 바에 따라 그 영업소 안에 선원의 명부를 작성하여 갖추어 두어야 한다.

(2017.7.26 본조개정)

제24조【유·도선사업자 등의 안전교육】 ① 유·도선사업자, 선원, 그 밖의 종사자는 대통령령으로 정하는 바에 따라 유·도선의 안전운항에 필요한 교육을 이수하여야 한다.

② 유·도선사업자는 선원 및 그 종사자가 교육을 이수하는 데에 필요한 조치를 하고, 교육을 이수하지 아니한 선원 및 그 종사자를 근무하게 하여서는 아니 된다.

(2015.2.3 본항개정)

제24조의2【선원 등의 비상상황 대비훈련】 ① 유·도선사업자는 유·도선에 승선하는 다음 각 호의 사람(「선원법」 제15조제1항에 따라 비상시에 대비한 훈련을 받은 사람은 제외한다)에 대하여 비상상황 대비훈련을 실시하여야 한다.

1. 선원
2. 그 밖의 종사자

② 제1항에 따른 비상상황 대비훈련의 종류, 주기 등 실시에 필요한 사항은 행정안전부령 또는 해양수산부령으로 정한다.(2017.7.26 본항개정)

(2016.1.7 본조신설)

제25조【출항·입항의 기록·관리 등】 ① 유·도선사업자는 유·도선의 안전운항과 위해방지를 위하여 대통령령으로 정하는 선박(휴업·휴지 중인 유·도선을 포함한다)의 출항·입항[내수면의 경우에는 출선 및 귀선(歸船)을 말한다] 시에 행정안전부령 또는 해양수산부령으로 정하는 바에 따라 그 출항·입항에 관한 사항을 기록·관리하여야 한다.(2017.7.26 본항개정)

② 제1항에 따른 선박을 운항하는 유·도선사업자는 그 선박에 승선하는 승객이 행정안전부령 또는 해양수산부령으로 정하는 바에 따라 승선신고서를 작성하여 제출하도록 하여야 한다.(2017.7.26 본항개정)

③ 유·도선사업자는 행정안전부령 또는 해양수산부령으로 정하는 바에 따라 승선하려는 승객의 신분과 제2항에 따른 승선신고서 기재내용을 확인하여야 한다.(2018.3.27 본항개정)

④ 유·도선사업자는 승객이 정당한 사유 없이 제2항에 따른 승선신고서를 작성하여 제출하지 아니하거나 제3항에 따른 신분확인 요구에 따르지 아니하는 경우에는 승선을 거부하여야 한다.(2018.3.27 본항개정)

⑤ 유·도선사업자는 제2항에 따라 제출받은 승선신고서를 3개월 동안 보관하여야 한다.(2015.7.24 본항신설)

(2015.7.24 본조제목개정)

제25조의2【정보시스템의 구축·운영】 ① 행정안전부장관 또는 해양경찰청장은 제25조에 따른 출항·입항의 기록·관리 및 승선신고서 작성·제출 등의 업무를 효율적으로 수행하기 위하여 필요한 정보시스템을 구축하여 운영할 수 있다.(2017.7.26 본항개정)

② 제1항에 따른 정보시스템의 이용 대상·방법 등 구축·운영에 필요한 사항은 대통령령으로 정한다.

(2016.1.7 본조신설)

제26조【검사 등】 ① 관할관청은 유·도선의 안전운항과 위해방지를 위하여 관계 공무원으로 하여금 유·도선 및 유·도선장에 대하여 검사 또는 안전점검을 하도록 하여야 하며, 관계인에게 필요한 질문 또는 보고를 하게 하거나 장부 등을 검사하게 할 수 있다.

② 제1항에 따른 안전점검 대상항목과 그 밖에 안전점검에 필요한 사항은 대통령령으로 정한다.

③ 제1항에 따라 검사 등을 하는 공무원은 그 권한을 표시하는 증표를 지니고 이를 관계인에게 보여 주어야 한다.

제27조【개선명령 등】 관할관청은 유·도선의 안전사고 예방과 공공복리의 증진을 위하여 특히 필요하다고 인정할 때에는 유·도선사업자에게 다음 각 호의 사항을 명할 수 있다.(2015.7.24 본문개정)

1. 승선 정원이나 적재 중량 또는 용량의 제한
2. 영업시간 또는 운항횟수의 제한
3. 영업구역의 제한 또는 영업의 일시 정지
4. 유·도선 또는 유·도선장시설의 개선·변경 및 원상복구(2015.7.24 본호개정)
5. 운항 약관의 변경
6. 제3조제6항에 따라 유·도선사업 면허 발급 시 붙인 조건의 이행(2018.3.27 본호개정)
7. 제4조에 따른 시설기준 등의 유지·관리(2015.7.24 본호신설)
8. 제7조제5항에 따른 휴업기간 초과 시 영업재개(2018.3.27 본호개정)
9. 제33조에 따른 보험 등에의 가입(2015.7.24 본호신설)
10. 그 밖에 안전사고 예방을 위하여 필요한 사항(2015.7.24 본호신설)

(2015.7.24 본조제목개정)

제28조【사고발생 시의 인명구조 의무】 유·도선사업자와 선원은 선박이 전복·충돌하거나 그 밖에 영업구역에서 사고가 발생한 때에는 인명구조에 필요한 조치를 하여야 한다.

제29조【사고발생의 보고】 ① 유·도선사업자와 선원은 다음 각 호의 어느 하나에 해당하는 경우에는 지체 없이 인접 시장·군수·구청장과 경찰서장 또는 해양경찰서장에게 그 사실을 보고하여야 한다.(2017.7.26 본문개정)

1. 승객이 사망하거나 실종되거나 중상자가 발생한 때 및 승객 중에 감염병으로 인정되는 환자가 있는 경우
2. 충돌, 좌초, 그 밖의 사고로 인하여 선체가 심하게 손상되는 등 선박 운항에 장애가 생긴 경우
3. 교량, 수리시설, 수표(水標), 입표(立標), 호안(護岸), 그 밖에 수면에 설치된 인공구조물을 파손한 경우

② 시장·군수·구청장과 경찰서장·해양경찰서장은 제1항의 보고를 받으면 지체 없이 관할 시·도지사 또는 지방해양경찰청장에게 보고하고, 인명구조 활동 등 사고수습을 위하여 필요한 조치를 하여야 한다.(2017.7.26 본항개정)

제30조【관계 기관의 협조】 시·도지사와 시장·군수·구청장, 지방해양경찰청장·해양경찰서장, 지방해양수산청장 등 관계 행정기관의 장은 유·도선의 안전운항과 위해방지를 위하여 필요할 때에는 서로 협조를 요청할 수 있다. 이 경우 협조 요청을 받은 관계 행정기관의 장은 특별한 사유가 없으면 요청에 따라야 한다.(2017.7.26 전단개정)

제30조의2【유·도선안전협회의 설립】 ① 유·도선사업자는 유·도선사업의 건전한 발전 및 유·도선의 안전 등을 도모하기 위하여 유·도선안전협회(이하 "협회"라 한다)를 설립할 수 있다.

② 협회는 법인으로 한다.

③ 협회는 대통령령으로 정하는 바에 따라 정관을 작성하여 창립총회의 의결을 거친 후 행정안전부장관 또는 해양경찰청장의 인가를 받아 그 주된 사무소의 소재지에서 설립등기를 함으로써 성립한다.(2017.7.26 본항개정)

④ 협회는 다음 각 호의 사업을 수행한다.

1. 유·도선 안전 및 유·도선사업의 건전한 발전을 위한 연구 및 개발
2. 유·도선 안전을 위한 홍보 및 교육훈련
3. 유·도선 안전사고 예방에 관한 사항
4. 이 법 또는 그 밖의 법령에 따라 국가 또는 지방자치단체가 위탁하는 사업
5. 그 밖에 행정안전부장관 또는 해양경찰청장이 필요하다고 인정하는 사업(2017.7.26 본호개정)

⑤ 협회는 제4항 각 호의 사업 외에 제33조에 따른 승객·선원·종사자의 피해보상을 위하여 공제사업을 할 수 있다.

⑥ 협회가 제5항에 따라 공제사업을 하려는 경우에는 공제규정을 만들어 행정안전부장관 또는 해양경찰청장의 승인을 받아야 한다. 공제규정을 변경하려는 경우에도 또한 같다.(2017.7.26 전단개정)
⑦ 협회의 정관·업무·회원자격 및 감독 등에 필요한 사항은 대통령령으로 정한다.
⑧ 협회에 관하여 이 법에 규정된 것을 제외하고는 「민법」의 사단법인에 관한 규정을 준용한다.
(2015.7.24 본조신설)
제31조【운항규칙】 ① 「해상교통안전법」을 적용받지 아니하는 유·도선의 운항규칙에 관하여 필요한 사항은 대통령령으로 정한다.(2023.7.25 본항개정)
② 유·도선사업자와 선원은 운항규칙을 준수하여야 한다.

제5장 보 칙
(2011.5.30 본장개정)

제32조【운항약관】 ① 유·도선사업자는 대통령령으로 정하는 바에 따라 운항약관을 정하여 사업면허의 신청 또는 사업신고를 할 때 관할관청에 신고하여야 한다. 이를 변경하려는 경우에도 또한 같다.
② 제1항의 운항약관에는 유·도선의 승객·수하물 및 소하물의 운송 조건, 운송에 대한 유·도선사업자의 책임, 피해보상을 위한 보험 또는 공제의 가입 등 행정안전부령 또는 해양수산부령으로 정하는 사항이 포함되어야 한다.(2017.7.26 본항개정)
③ 관할관청은 제1항에 따른 신고 또는 변경신고를 받은 날부터 5일 이내에 신고수리 여부를 신고인에게 통지하여야 한다.(2018.3.27 본항신설)
④ 관할관청이 제3항에서 정한 기간 내에 신고수리 여부 또는 민원 처리 관련 법령에 따른 처리기간의 연장을 신고인에게 통지하지 아니하면 그 기간이 끝난 날의 다음 날에 신고를 수리한 것으로 본다.(2018.3.27 본항신설)
제33조【보험 등에의 가입】 ① 유·도선사업자는 대통령령으로 정하는 바에 따라 승객, 선원, 그 밖의 종사자의 피해보상을 위하여 보험 또는 공제에 가입하여야 한다.
② 제1항에 따른 보험 또는 공제의 가입금액 및 가입시기 등에 필요한 사항은 대통령령으로 정한다.(2016.1.7 본항신설)
제34조【요금 및 운임】 ① 유선사업자는 승선료 또는 선박 대여료를 정하려면 대통령령으로 정하는 바에 따라 관할관청에 신고하여야 한다. 이를 변경하려는 경우에도 또한 같다.
② 도선사업자는 운임을 정하려면 대통령령으로 정하는 바에 따라 관할관청에 신고하여야 한다. 이를 변경하려는 경우에도 또한 같다.
③ 관할관청은 제36조에 따른 보조금을 지급받는 도선사업자가 제2항에 따라 운임을 신고한 경우 그 도선사업자에 대하여 낙도(落島) 또는 수몰지역, 그 밖에 지리적 여건으로 인하여 도선을 이용할 수 밖에 없는 지역주민들의 운임을 일반 승객보다 낮게 정하도록 요구할 수 있다.
제35조【요금 등의 게시】 유·도선사업자는 행정안전부령 또는 해양수산부령으로 정하는 바에 따라 다음 각 호의 사항을 유·도선 및 유·도선장의 승객이 쉽게 볼 수 있는 장소에 게시하여야 한다.(2017.7.26 본문개정)
1. 승선료, 선박 대여료 또는 운임
2. 승선 정원(객실이 구분되어 있는 경우에는 객실별로 구분하여야 한다)
3. 영업구역 및 영업시간
4. 제13조 및 제19조에 따른 승객의 준수사항
5. 구명조끼 착용법, 비상탈출구의 위치 및 비상탈출 방법
6. 인명구조장비 및 소화설비의 보관 장소
(2016.1.7 본조개정)
제36조【보조금의 지급 등】 ① 지방자치단체는 도선의 안전운항과 주민의 교통편의를 위하여 필요한 경우 영세 도선사업자의 노후 선박의 교체, 안전시설의 설치 및 개선, 적자 노선에 대한 손실보상 등에 드는 비용의 전부 또는 일부를 보조금으로 지급할 수 있다.
② 국가 또는 지방자치단체는 유선 또는 도선의 선령이 제4조의2제1항제1호에 따른 기준에 적합하지 아니한 선령에 가까워져서 유선 또는 도선을 새로 건조(建造)하려는 사업자에 대하여 재정적 지원이 필요하다고 인정되는 경우 유선 또는 도선의 건조에 드는 자금의 일부를 보조 또는 융자하거나 융자를 알선할 수 있다.(2016.1.7 본항신설)
③ 제2항에 따른 지원의 기준 및 방법 등에 필요한 사항은 대통령령으로 정한다.(2016.1.7 본항신설)
(2016.1.7 본조제목개정)
제36조의2【손실보상을 위한 조치 등】 ① 관할관청은 「공익사업을 위한 토지 등의 취득 및 보상에 관한 법률」 제4조에 해당하는 공익사업의 일환으로 시행되는 육지와 도서 간의 연륙교(連陸橋) 또는 도서와 도서 간의 연도교(連島橋) 건설에 따라 도선사업자가 손실을 입은 때에는 해당 도선사업자가 제3조에 따른 면허 또는 신고에 대하여 사업시행자로부터 적절한 보상을 받을 수 있도록 자료의 제공 등 필요한 조치를 하여야 한다.
② 제1항에 따른 도선사업자에 대한 손실보상에 관한 사항은 「공익사업을 위한 토지 등의 취득 및 보상에 관한 법률」의 관계 규정에서 정하는 바에 따른다.
(2012.2.22 본조신설)

제37조【청문】 관할관청은 제9조제1항에 따라 유·도선사업의 면허취소·사업폐쇄 또는 사업정지를 명하려면 청문을 하여야 한다.(2012.2.22 본조개정)
제38조【권한의 위임 등】 ① 시·도지사 또는 지방해양경찰청장은 이 법에 따른 권한의 일부를 대통령령으로 정하는 바에 따라 그 소속 기관, 시장·군수·구청장 또는 해양경찰서장에게 위임할 수 있다.(2017.7.26 본항개정)
② 관할관청은 대통령령으로 정하는 바에 따라 제20조에 따른 검사업무 및 제24조에 따른 교육업무를 관계 전문기관에 위탁할 수 있다. 이 경우 위탁받은 업무를 수행하는 사람은 「형법」 제129조부터 제132조까지의 규정을 적용할 때에는 공무원으로 본다.

제6장 벌 칙
(2011.5.30 본장제목개정)

제39조【벌칙】 ① 제28조를 위반하여 유·도선사업자와 선원이 인명구조에 필요한 조치를 하지 아니하였을 때에는 1년 이하의 징역 또는 1천만원 이하의 벌금에 처한다.
② 제1항의 죄를 범하여 사람을 상해에 이르게 한 때에는 1년 이상 5년 이하의 징역에 처한다.
③ 제1항의 죄를 범하여 사람을 사망에 이르게 한 때에는 무기 또는 3년 이상의 징역에 처한다.
(2015.2.3 본조신설)
제40조【벌칙】 다음 각 호의 어느 하나에 해당하는 자는 1년 이하의 징역 또는 1천만원 이하의 벌금에 처한다.(2014.10.15 본문개정)
1. 제3조제1항을 위반하여 면허를 받지 아니하거나 신고를 하지 아니하고 유·도선사업을 한 자
2. 제9조제1항에 따라 유·도선사업이 폐쇄 또는 정지된 후 유·도선사업을 한 자
3. 제12조제2항 또는 제16조제2항을 위반하여 안전에 관한 사항을 안내하지 아니한 자(2015.2.3 본호신설)
4. 제12조제3항 또는 제16조제3항을 위반하여 유선 또는 도선을 조종한 자
5. 제12조제5항제2호를 위반하여 정원을 초과하여 유선에 승선하게 한 자
6. 제18조제1항제1호를 위반하여 승선 정원, 적재 중량 또는 용량을 초과하여 도선에 승선 또는 선적하게 한 자(2016.1.7 4호~6호신설)
7. 제20조제1항에 따른 안전검사를 받지 아니하고 유·도선을 운항한 자
8. 제24조제1항 또는 제2항을 위반한 자(2015.2.3 본호신설)
9. 제26조제1항에 따른 검사 또는 안전점검을 거부 또는 기피하거나 방해한 자(2012.2.22 본호신설)
(2011.5.30 본조개정)
제41조【벌칙】 다음 각 호의 어느 하나에 해당하는 자는 6개월 이하의 징역 또는 500만원 이하의 벌금에 처한다.(2016.1.7 본문개정)
1. 제8조제4항 또는 제6항을 위반하여 기상특보 발효 시 유·도선을 운항하거나 유·도선의 운항제한에 따르지 아니한 자(2016.1.7 본호개정)
2. 제12조제5항제1호·제3호부터 제9호까지(제13조제3항에 따라 준용되는 경우를 포함한다)·제11호, 제18조제1항제2호부터 제6호까지·제8호, 같은 조 제2항 또는 제22조제1항을 위반한 자(2016.1.7 본호신설)
3. 제27조에 따른 명령을 위반한 자
(2011.5.30 본조개정)
제42조【양벌규정】 법인의 대표자나 법인 또는 개인의 대리인, 사용인, 그 밖의 종업원이 그 법인 또는 개인의 업무에 관하여 제40조 또는 제41조의 위반행위를 하면 그 행위자를 벌하는 외에 그 법인 또는 개인에게도 해당 조문의 벌금형을 과(科)한다. 다만, 법인 또는 개인이 그 위반행위를 방지하기 위하여 해당 업무에 관하여 상당한 주의와 감독을 게을리하지 아니한 경우에는 그러하지 아니하다.(2015.2.3 본문개정)
제43조【과태료】 ① 다음 각 호의 어느 하나에 해당하는 자에게는 300만원 이하의 과태료를 부과한다.
(2016.1.7 본문개정)
1. 제7조제1항, 제12조제4항, 제12조제5항제10호, 제15조제2항, 제16조제4항, 제18조제1항제7호, 제23조제2항, 제24조의2제1항, 제25조, 제29조제1항, 제31조제2항, 제34조제1항·제2항 또는 제35조를 위반한 자(2016.1.7 본호개정)
2. 제13조제2항(제19조제2항에 따라 준용되는 경우를 포함한다)을 위반한 자
3. 제12조제2항 또는 제16조제2항을 위반하여 안전에 관한 사항을 매뉴얼로 작성하여 비치하지 아니한 자
(2018.3.27 본호신설)
② 제1항에 따른 과태료는 대통령령으로 정하는 바에 따라 관할관청이 부과·징수한다.
(2011.5.30 본조개정)

부 칙 (2015.2.3)

제1조【시행일】 이 법은 공포한 날부터 시행한다. 다만, 제4조의2 및 제9조의 개정규정은 공포 후 1년이 경과한 날부터 시행한다.
제2조【유선·도선의 선령 제한에 관한 적용례】 제4조의2 및 제9조제1항제8호의 개정규정은 이 법 시행 후 최초로 면허를 받거나 신고하는 유·도선사업부터 적용한다.
제3조【이미 면허를 받거나 신고를 한 유·도선사업에 관한 경과조치】 ① 이 법 시행 당시 이미 면허를 받거나 신고를 한 유·도선사업자는 이 법 시행 후 7년 이내에 제4조의2제1항제1호에 따른 기준에 적합한 선박을 갖추어야 한다.
② 이 법 시행 당시 이미 면허를 받거나 신고를 한 유·도선사업의 유효기간이 이 법 시행 후 7년 이내에 종료되어 면허 또는 신고를 갱신하는 경우에는 이 법 시행 후 7년 이내에 제4조의2제1항제1호에 따른 기준에 적합한 선박을 갖추어야 한다.
제4조【벌칙 및 과태료에 관한 경과조치】 이 법 시행 전의 행위에 대하여 벌칙 및 과태료를 적용할 때에는 종전의 규정에 따른다.

부 칙 (2015.7.24)

제1조【시행일】 이 법은 공포 후 6개월이 경과한 날부터 시행한다.
제2조【사업의 면허 또는 신고 시 협의 또는 통보에 관한 경과조치】 이 법 시행 전에 제3조제1항에 따른 유·도선사업의 면허신청 또는 신고를 받은 경우에 대해서는 제3조제2항 및 제3항의 개정규정에도 불구하고 종전의 규정에 따른다.
제3조【유·도선사업 휴업기간에 관한 경과조치】 이 법 시행 당시 휴업 중인 유·도선사업자의 경우에는 이 법 시행일부터 제7조제2항의 개정규정에 따른 휴업기간을 계산한다.
제4조【운항약관에 관한 경과조치】 이 법 시행 전에 종전의 규정에 따라 운항약관을 정하여 관할관청에 신고한 유·도선사업자는 이 법 시행일부터 3개월 이내에 제32조제2항의 개정규정에 맞게 운항약관을 변경하여 제32조제1항 후단에 따라 관할관청에 신고하여야 한다.

부 칙 (2016.1.7)

제1조【시행일】 이 법은 공포 후 6개월이 경과한 날부터 시행한다.
제2조【행정처분에 관한 적용례】 제9조제1항제7호의2의 개정규정은 이 법 시행 후 해당 위반행위를 하는 경우부터 적용한다.
제3조【권한 주체 변경에 관한 경과조치】 이 법 시행 전에 종전의 제3조제1항제3호 단서에 따라 영업구역이 둘 이상의 해양경찰서의 관할구역에 걸쳐 있고 운항거리가 5해리 이상인 경우의 유·도선사업 면허 및 신고의 관할관청으로서 지방해양경찰청장이 한 면허발급, 신고수리, 그 밖의 행위와, 해당 지방해양경찰청장에 대한 면허신청, 신고, 그 밖의 행위는 각각 제3조제1항제3호의 개정규정에 따라 해양경찰서장이 한 행위 또는 해양경찰서장에 대한 행위로 본다.(2017.7.26 본조개정)
제4조【금치산자 등에 대한 경과조치】 제6조제1항제1호의 개정규정에 따른 피성년후견인 및 피한정후견인에는 법률 제10429호 민법 일부개정법률 부칙 제2조에 따라 금치산 또는 한정치산 선고의 효력이 유지되는 사람을 포함하는 것으로 본다.
제5조【과징금에 관한 경과조치】 이 법 시행 전의 위반행위에 대한 과징금부과에 대해서는 제9조의2제1항의 개정규정에도 불구하고 종전의 규정에 따른다.

부 칙 (2018.3.27)

제1조【시행일】 이 법은 공포한 날부터 시행한다. 다만, 제12조제2항, 제16조제2항 및 제43조제1항제3호의 개정규정은 공포 후 6개월이 경과한 날부터 시행한다.
제2조【유·도선사업의 신고·변경신고 등에 관한 적용례】 제3조제3항·제4항, 제3조의3제4항·제5항, 제5조제3항·제4항, 제7조제2항·제3항 또는 제32조제3항·제4항의 개정규정은 이 법 시행 후 신고를 하는 경우부터 적용한다.

부 칙 (2020.3.24)

제1조【시행일】 이 법은 공포한 날부터 시행한다.(이하 생략)

부 칙 (2022.1.4)

이 법은 공포 후 3개월이 경과한 날부터 시행한다.

부 칙 (2023.2.14)

제1조【시행일】 이 법은 공포 후 1년이 경과한 날부터 시행한다.(이하 생략)

부 칙 (2023.7.25)

제1조【시행일】 이 법은 공포 후 6개월이 경과한 날부터 시행한다.(이하 생략)

풍속영업의 규제에 관한 법률

(약칭 : 풍속영업규제법)

(1991년 3월 8일
법 률 제4337호)

개정
1997. 3. 7법 5295호
1997.12.13법 5453호(행정절차)
1999. 2. 8법 5925호(음비)
1999. 3.31법 5942호
2001. 5.24법 6473호(음비)
2006. 2.21법 7849호(제주자치법)
2006. 4.28법 7941호(게임산업진흥에관한법)
2007. 1. 3법 8175호
2009. 2. 6법 9432호(식품위생)
2010. 3.22법10150호
2010. 7.23법10377호
2015. 3.27법13281호
2016. 5.29법14267호
2020.12.22법17689호(국가자치경찰)

제1조【목적】 이 법은 풍속영업(風俗營業)을 하는 장소에서 선량한 풍속을 해치거나 청소년의 건전한 성장을 저해하는 행위 등을 규제하여 미풍양속을 보존하고 청소년을 유해한 환경으로부터 보호함을 목적으로 한다.
(2010.7.23 본조개정)

제2조【풍속영업의 범위】 이 법에서 "풍속영업"이란 다음 각 호의 어느 하나에 해당하는 영업을 말한다.
1. 「게임산업진흥에 관한 법률」 제2조제6호에 따른 게임제공업 및 같은 법 제2조제8호에 따른 복합유통게임제공업
2. 「영화 및 비디오물의 진흥에 관한 법률」 제2조제16호가목에 따른 비디오물감상실업
3. 「음악산업진흥에 관한 법률」 제2조제13호에 따른 노래연습장업
4. 「공중위생관리법」 제2조제1항제2호부터 제4호까지의 규정에 따른 숙박업, 목욕장업(沐浴場業), 이용업(理容業) 중 대통령령으로 정하는 것
5. 「식품위생법」 제36조제1항제3호에 따른 식품접객업 중 대통령령으로 정하는 것
6. 「체육시설의 설치·이용에 관한 법률」 제10조제1항제2호에 따른 무도학원업 및 무도장업
7. 그 밖에 선량한 풍속을 해치거나 청소년의 건전한 성장을 저해할 우려가 있는 영업으로 대통령령으로 정하는 것

(2010.7.23 본조개정)

제3조【준수 사항】 풍속영업을 하는 자(허가나 인가를 받지 아니하거나 등록이나 신고를 하지 아니하고 풍속영업을 하는 자를 포함한다. 이하 "풍속영업자"라 한다) 및 대통령령으로 정하는 종사자는 풍속영업을 하는 장소(이하 "풍속영업소"라 한다)에서 다음 각 호의 행위를 하여서는 아니 된다.
1. 「성매매알선 등 행위의 처벌에 관한 법률」 제2조제1항제2호에 따른 성매매알선등행위
2. 음란행위를 하게 하거나 이를 알선 또는 제공하는 행위
3. 음란한 문서·도화(圖畵)·영화·음반·비디오물, 그 밖의 음란한 물건에 대한 다음 각 목의 행위
   가. 반포(頒布)·판매·대여하거나 이를 하게 하는 행위
   나. 관람·열람하게 하는 행위
   다. 반포·판매·대여·관람·열람의 목적으로 진열하거나 보관하는 행위
4. 도박이나 그 밖의 사행(射倖)행위를 하게 하는 행위

(2010.7.23 본조개정)

판례 풍속영업자가 풍속영업소에서 일시 오락 정도에 불과한 도박을 하게 한 경우의 처벌 여부 : 풍속영업자가 풍속영업소에서 도박을 하게 한 때에는 그것이 일시 오락 정도에 불과하여 형법상 도박죄로 처벌할 수 없는 경우에도 동조 제3호의 구성요건해당성이 있다고 할 것이나, 어떤 행위가 법규정의 문언상 일단 범죄구성요건에 해당된다고 보이는 경우에도, 그것이 정상적인 생활형태의 하나로서 역사적으로 생성된 사회생활 질서의 범위 안에 있는 것이라고 생각되는 경우에는 사회상규에 위배되지 아니하는 행위로서 그 위법성이 조각되어 처벌할 수 없다.
(대판 2004.4.9, 2003도6351. 참조조문 : 형법 제246조)

제4조【풍속영업의 통보】 ① 다른 법률에 따라 풍속영업의 허가를 한 자(인가를 하거나 등록·신고를 접수한 자를 포함한다. 이하 "허가관청"이라 한다)는 풍속영업소의 소재지를 관할하는 경찰서장(이하 "경찰서장"이라 한다)에게 다음 각 호의 사항을 알려야 한다.
1. 풍속영업자의 성명 및 주소(법인인 경우에는 대표자의 성명과 주소를 포함한다)
2. 풍속영업소의 명칭 및 주소
3. 풍속영업의 종류

② 허가관청은 풍속영업자가 휴업·폐업하거나 그 영업내용이 변경된 경우와 그 밖에 대통령령으로 정하는 사유가 발생한 경우에는 경찰서장에게 그 사실을 알려야 한다.
(2010.7.23 본조개정)

제5조 (1999.3.31 삭제)

제6조【위반사항의 통보 등】 ① 경찰서장은 풍속영업자나 대통령령으로 정하는 종사자가 제3조를 위반하면 그 사실을 허가관청에 알리고 과세에 필요한 자료를 국세청장에게 통보하여야 한다.(2016.5.29 본항개정)

② 제1항에 따른 통보를 받은 허가관청은 그 내용에 따라 허가취소·영업정지·시설개수 명령 등 필요한 행정처분을 한 후 그 결과를 경찰서장에게 알려야 한다.

③ 경찰청장 및 지방자치단체의 장은 제2항에 따른 행정처분을 받은 풍속영업소에 관한 정보를 공유하기 위하여 정보공유시스템을 구축·운영하여야 한다.(2015.3.27 본항신설)
(2010.7.23 본조개정)

제7조~제8조의2 (1999.3.31 삭제)

제9조【출입】 ① 경찰서장은 특별히 필요한 경우 경찰공무원에게 풍속영업소에 출입하여 풍속영업자와 대통령령으로 정하는 종사자가 제3조의 준수 사항을 지키고 있는지를 검사하게 할 수 있다.

② 제1항에 따라 풍속영업소에 출입하여 검사하는 경찰공무원은 그 권한을 표시하는 증표를 지니고 이를 관계인에게 내보여야 한다.
(2020.12.22 본조개정)

제10조【벌칙】 ① 제3조제1호를 위반하여 풍속영업소에서 성매매알선등행위를 한 자는 3년 이하의 징역 또는 3천만원 이하의 벌금에 처한다.

② 제3조제2호부터 제4호까지의 규정을 위반하여 음란행위를 하게 하는 등 풍속영업소에서 준수할 사항을 지키지 아니한 자는 3년 이하의 징역 또는 2천만원 이하의 벌금에 처한다.
(2010.7.23 본조개정)

제11조 (1999.3.31 삭제)

제12조【양벌규정】 법인의 대표자나 법인 또는 개인의 대리인, 사용인, 그 밖의 종업원이 그 법인 또는 개인의 업무에 관하여 제10조의 위반행위를 하면 그 행위자를 벌하는 외에 그 법인 또는 개인에게도 해당 조문의 벌금형을 과(科)한다. 다만, 법인 또는 개인이 그 위반행위를 방지하기 위하여 해당 업무에 관하여 상당한 주의와 감독을 게을리하지 아니한 경우에는 그러하지 아니하다.
(2010.3.22 본조개정)

제13조 (1999.3.31 삭제)

부 칙 (2015.3.27)

이 법은 공포 후 6개월이 경과한 날부터 시행한다.

부 칙 (2016.5.29)

이 법은 공포한 날부터 시행한다.

부 칙 (2020.12.22)

제1조【시행일】 이 법은 2021년 1월 1일부터 시행한다.
(이하 생략)

풍속영업의 규제에 관한 법률 시행령

(1991년 6월 8일
대통령령 제13383호)

개정
1992. 6.13영13663호
1992.12.21영13782호(식품위생시)
1994. 7.23영14336호
1994.12.31영14495호(식품위생시)
1997. 2.24영15284호(공중위생시)
1997. 6. 9영15388호
1997.12.31영15598호(행정절시)
1999. 6.30영16435호
2009. 8. 6영21676호(식품위생시)
2011.11. 1영23279호
2012. 1. 6영23488호(민감정보고유식별정보)
2012. 9.14영24102호(청소년보호법시)
2014. 4.29영25337호
2016.12.30영27751호(규제기한설정)
2017. 2. 3영27830호(교육환경보호에관한법시)
2020. 3. 3영30509호(규제기한해제)

제1조【목적】 이 영은 「풍속영업의 규제에 관한 법률」에서 위임된 사항과 그 시행에 필요한 사항을 규정함을 목적으로 한다.(2011.11.1 본조개정)

제2조【풍속영업의 범위】 「풍속영업의 규제에 관한 법률」(이하 "법"이라 한다) 제2조제5호 및 제7호에 따른 풍속영업의 범위는 다음과 같다.
1. 법 제2조제5호에서 "식품접객업 중 대통령령으로 정하는 것"이란 「식품위생법 시행령」 제21조제8호다목에 따른 단란주점영업 및 같은 호 라목에 따른 유흥주점영업을 말한다.
2. 법 제2조제7호에서 "그 밖에 선량한 풍속을 해치거나 청소년의 건전한 성장을 저해할 우려가 있는 영업으로 대통령령으로 정하는 것"이란 「청소년 보호법」 제2조제5호가목8) 또는 9)에 따른 청소년 출입·고용금지업소에서의 영업을 말한다.(2014.4.29 본호개정)

(2011.11.1 본조개정)

제3조【풍속영업종사자의 범위】 법 제3조 각 호 외의 부분, 제6조제1항 및 제9조제1항에서 "대통령령으로 정하는 종사자"란 명칭에 관계없이 영업자를 대리하거나 영업자의 지시를 받아 상시 또는 일시적으로 영업행위를 하는 대리인, 사용인, 그 밖의 종업원(무도학원업의 경우 강사·강사보조원을 포함한다)을 말한다.(2011.11.1 본조개정)

제4조~제6조 (1999.6.30 삭제)

제7조【풍속영업의 통보】 ① 법 제4조제1항에 따라 풍속영업을 허가한 자(인가를 하거나 등록·신고를 접수한 자를 포함한다. 이하 "허가관청"이라 한다)가 경찰서장에게 풍속영업의 허가(인가·등록·신고를 포함한다)를 통보하는 경우에는 별지 제1호서식에 따른다. 이 경우 해당 풍속영업소가 「교육환경 보호에 관한 법률」 제8조에 따른 교육환경보호구역에 있을 때에는 이를 표시하여 통보하여야 한다.(2017.2.3 후단개정)

② 법 제4조제2항에서 "그 밖에 대통령령으로 정하는 사유가 발생한 경우"란 다음 각 호의 어느 하나에 해당하는 처분을 하였을 때를 말하며, 허가관청은 법 제4조제2항에 따라 그 사유가 발생한 경우 즉시 별지 제2호서식에 따라 경찰서장에게 이를 알려야 한다.
1. 허가취소 또는 폐쇄명령
2. 영업정지
3. 시설개수 명령

(2011.11.1 본조개정)

제8조【위반사항의 통보】 법 제6조제1항에 따른 위반사항의 통보는 별지 제3호서식에 따르고, 법 제6조제2항에 따른 허가취소, 영업정지, 시설개수 명령 등 행정처분 결과의 통보는 별지 제4호서식에 따른다.(2011.11.1 본조개정)

제9조【정보통신망의 이용】 제7조 및 제8조에 따른 통보는 전자정보시스템을 이용하여 할 수 있다.
(2011.11.1 본조신설)

제10조【고유식별정보의 처리】 경찰서장 및 허가관청은 법 제4조에 따른 풍속영업의 통보 및 법 제6조에 따른 위반사항의 통보 등의 사무를 수행하기 위하여 불가피한 경우 「개인정보 보호법 시행령」 제19조제1호에 따른 주민등록번호가 포함된 자료를 처리할 수 있다.(2012.1.6 본조신설)

제11조 (2020.3.3 삭제)

부 칙 (2014.4.29)

이 영은 공포한 날부터 시행한다.

부 칙 (2016.12.30)

제1조【시행일】 이 영은 2017년 1월 1일부터 시행한다.
(이하 생략)

부 칙 (2017.2.3)

제1조【시행일】 이 영은 2017년 2월 4일부터 시행한다.
(이하 생략)

부 칙 (2020.3.3)

이 영은 공포한 날부터 시행한다.

〔별표1〕~〔별표2〕 (1999.6.30 삭제)

〔별지서식〕 ➡ 「www.hyeonamsa.com」 참조

사행행위 등 규제 및 처벌 특례법(약칭 : 사행행위규제법)

(1991년 3월 8일 전개법률 제4339호)

개정
1991.11.30법 4407호 1993.12.27법 4607호
1994. 8. 3법 4778호(관광진흥법)
1997.12.13법 5453호(행정절차)
1997.12.13법 5454호(정부부처명)
1999. 2. 5법 5817호(청소년보호법)
1999. 3.31법 5943호
2001. 5.24법 6479호(청소년보호법)
2002. 1.26법 6627호(민사집행법)
2005. 3.31법 7428호(채무자회생파산)
2006. 3.24법 7901호
2008. 2.29법 8852호(정부조직)
2010. 3.22법10149호
2010. 3.31법10219호(지방세기본법)
2011. 8. 4법11034호
2011. 9.15법11048호(청소년보호법)
2013. 3.23법11690호(정부조직)
2014.11.19법12844호(정부조직)
2015. 7.20법13398호
2016.12.27법14476호(지방세징수법)
2017. 7.26법14839호(정부조직)
2018. 9.18법15762호
2020.12.22법17689호(국가자치경찰)
2023.12.26법19841호(주민등록)→2024년 12월 27일 시행이므로「法典別冊」보유편 수록

제1장 총 칙
(2011.8.4 본장개정)

제1조【목적】 이 법은 건전한 국민생활을 해치는 지나친 사행심(射倖心)의 유발을 방지하고 선량한 풍속을 유지하기 위하여 사행행위 관련 영업에 대한 지도와 규제에 관한 사항, 사행행위 관련 영업 외에 투전기(投錢機)나 사행성(射倖性) 유기기구(遊技機具)로 사행행위를 하는 자 등에 대한 처벌의 특례에 관한 사항을 규정함을 목적으로 한다.

제2조【정의】 ① 이 법에서 사용하는 용어의 뜻은 다음과 같다.
1. "사행행위"란 여러 사람으로부터 재물이나 재산상의 이익(이하 "재물등"이라 한다)을 모아 우연적(偶然的) 방법으로 득실(得失)을 결정하여 재산상의 이익이나 손실을 주는 행위를 말한다.
2. "사행행위영업"이란 다음 각 목의 어느 하나에 해당하는 영업을 말한다.
   가. 복권발행업(福券發行業) : 특정한 표찰(컴퓨터프로그램 등 정보처리능력을 가진 장치에 의한 전자적 형태를 포함한다)을 이용하여 여러 사람으로부터 재물등을 모아 추첨 등의 방법으로 당첨자에게 재산상의 이익을 주고 다른 참가자에게 손실을 주는 행위를 하는 영업
   나. 현상업(懸賞業) : 특정한 설문 또는 예측에 대하여 그 답을 제시하거나 예측이 적중하면 이익을 준다는 조건으로 응모자로부터 재물등을 모아 그 정답자나 적중자의 전부 또는 일부에게 재산상의 이익을 주고 다른 참가자에게 손실을 주는 행위를 하는 영업
   다. 그 밖의 사행행위업 : 가목 및 나목 외에 영리를 목적으로 회전판돌리기, 추첨, 경품(景品) 등 사행심을 유발할 우려가 있는 기구 또는 방법 등을 이용하는 영업으로서 대통령령으로 정하는 영업
3. "사행기구 제조업"이란 사행행위영업에 이용되는 기계, 기판(機板), 용구(用具) 또는 컴퓨터프로그램(이하 "사행기구"라 한다)을 제작·개조하거나 수리하는 영업을 말한다.
4. "사행기구 판매업"이란 사행기구를 판매하거나 수입(輸入)하는 영업을 말한다.
5. "투전기"란 동전·지폐 또는 그 대용품(代用品)을 넣으면 우연의 결과에 따라 재물등이 배출되어 이용자에게 재산상 이익이나 손실을 주는 기기를 말한다.
6. "사행성 유기기구"란 제5호의 투전기 외에 기계식 구슬치기 기구와 사행성 전자식 유기기구 등 사행심을 유발할 우려가 있는 기계·기구 등을 말한다.

② 제1항제2호부터 제4호까지의 영업은 대통령령으로 정하는 바에 따라 세분할 수 있다.

제2장 사행행위영업
(2011.8.4 본장개정)

제1절 영업의 시설 및 허가 등

제3조【시설기준】 사행행위영업을 하는 자는 영업의 종류별로 행정안전부령으로 정하는 시설 및 사행기구를 갖추고 유지·관리하여야 한다.(2017.7.26 본조개정)

제4조【허가 등】 ① 사행행위영업을 하려는 자는 제3조에 따른 시설 등을 갖추어 행정안전부령으로 정하는 바에 따라 시·도경찰청장의 허가를 받아야 한다. 다만, 그 영업의 대상 범위가 둘 이상의 특별시·광역시·도 또는 특별자치도에 걸치는 경우에는 경찰청장의 허가를 받아야 한다.(2020.12.22 본문개정)

② 제1항에 따른 허가를 받은 자가 대통령령으로 정하는 중요 사항을 변경하려면 행정안전부령으로 정하는 바에 따라 경찰청장이나 시·도경찰청장의 허가를 받아야 한다.(2020.12.22 본항개정)

③ 국가기관이나 지방자치단체가 사행행위영업을 하려면 경찰청장의 승인을 받아야 한다.

제5조【허가의 요건】 ① 경찰청장이나 시·도경찰청장은 제4조제1항에 따른 사행행위영업의 허가신청을 받으면 다음 각 호의 어느 하나에 해당하는 경우에만 그 영업을 허가할 수 있다.(2020.12.22 본문개정)
1. 공공복리의 증진을 위하여 특별히 필요하다고 인정되는 경우
2. 상품을 판매·선전하기 위하여 특별히 필요하다고 인정되는 경우
3. 관광 진흥과 관광객 유치를 위하여 특별히 필요하다고 인정되는 경우

② 제1항 각 호의 "특별히 필요하다고 인정되는 경우"에 관하여는 대통령령으로 정한다.

제6조【허가의 제한】 경찰청장이나 시·도경찰청장은 다음 각 호의 어느 하나에 해당하는 경우에는 제4조제1항에 따른 사행행위영업의 허가(이하 "영업허가"라 한다)를 할 수 없다.(2020.12.22 본문개정)
1. 제21조제2항에 따라 영업허가가 취소되거나 제24조제1항에 따라 영업소가 폐쇄된 후 2년이 지나지 아니한 장소에서 그 영업과 같은 종류의 영업을 하려는 경우
2. 사행행위영업을 하려는 자가 다음 각 목의 어느 하나에 해당하는 경우
   가. 미성년자, 피성년후견인 또는 피한정후견인(2015.7.20 본목개정)
   나. 파산선고를 받고 복권(復權)되지 아니한 사람
   다. 「정신건강증진 및 정신질환자 복지서비스 지원에 관한 법률」 제3조제1호에 따른 정신질환자. 다만, 정신과전문의가 영업을 하기에 적합하다고 인정하는 사람은 그러하지 아니하다.(2018.9.18 본문개정)
   라. 「폭력행위 등 처벌에 관한 법률」 제4조에 따른 단체 또는 집단을 구성하거나 그 단체 또는 집단에 자금을 제공하는 사람
   마. 금고 이상의 형을 선고받고 그 집행이 끝나거나 집행을 받지 아니하기로 확정된 날부터 2년이 지나지 아니한 사람
   바. 금고 이상의 형의 집행유예를 선고받고 그 유예기간 중에 있는 사람
   사. 금고 이상의 형의 선고유예를 받고 그 유예기간 중에 있는 사람
   아. 임원 중에 가목부터 사목까지의 어느 하나에 해당하는 사람이 있는 법인
3. 그 밖에 다른 법령에서 사행행위영업을 할 수 없도록 규정하고 있는 경우

제7조【영업허가의 유효기간】 ① 영업허가의 유효기간은 사행행위영업의 종류별로 대통령령으로 정하되, 3년을 초과할 수 없다.

② 제1항에 따른 영업허가의 유효기간이 지난 후 계속하여 영업을 하려는 자는 행정안전부령으로 정하는 바에 따라 다시 허가를 받아야 한다.(2017.7.26 본항개정)

제8조【조건부 영업허가】 ① 경찰청장이나 시·도경찰청장은 영업허가를 할 때 대통령령으로 정하는 기간에 제3조에 따른 시설 및 사행기구를 갖출 것을 조건으로 허가할 수 있다.

② 경찰청장이나 시·도경찰청장은 제1항에 따라 허가를 받은 자가 정당한 사유 없이 정하여진 기간에 시설 및 사행기구를 갖추지 아니하면 그 허가를 취소하여야 한다.(2020.12.22 본조개정)

제9조【영업의 승계 등】 ① 다음 각 호의 어느 하나에 해당하는 자는 영업허가를 받은 자(이하 "영업자"라 한다)의 지위를 승계한다.
1. 영업자가 사망한 경우 그 상속인
2. 영업자가 그 영업을 양도한 경우 그 양수인
3. 합병의 경우 합병 후 존속하는 법인이나 합병으로 설립되는 법인

② 다음 각 호의 어느 하나에 해당하는 절차에 따라 영업의 시설 및 사행기구(대통령령으로 정하는 주요 시설 및 사행기구를 말한다)의 전부를 인수한 자는 종전의 영업자의 지위를 승계한다. 이 경우 종전의 사행행위영업자에 대한 허가는 그 효력을 잃는다.
1. 「민사집행법」에 따른 경매
2. 「채무자 회생 및 파산에 관한 법률」에 따른 환가(換價)
3. 「국세징수법」, 「관세법」 또는 「지방세징수법」에 따른 압류재산의 매각(2016.12.27 본호개정)
4. 그 밖에 제1호부터 제3호까지의 규정에 준하는 절차

③ 제1항이나 제2항에 따라 영업자의 지위를 승계한 자는 행정안전부령으로 정하는 바에 따라 승계한 날부터 1개월 이내에 경찰청장이나 시·도경찰청장에게 신고하여야 한다.(2020.12.22 본항개정)

④ 제1항과 제2항에 따른 승계에 관하여는 허가의 제한에 관한 제6조를 준용한다.

제2절 영업의 운영

제10조 (1999.3.31 삭제)

제11조【영업의 방법 및 제한】 ① 영업의 방법과 당첨금에 필요한 사항은 대통령령으로 정한다.

② 경찰청장은 공익을 위하여 필요하거나 지나친 사행심 유발의 방지 등 선량한 풍속을 유지하기 위하여 필요하다고 인정하면 대통령령으로 정하는 바에 따라 사행행위영업의 영업시간, 영업소의 관리·운영 또는 그 밖에 영업에 관하여 필요한 제한을 할 수 있다.

제12조【영업자의 준수사항】 영업자(대통령령으로 정하는 종사자를 포함한다)는 다음 각 호의 사항과 제11조에 따른 영업의 방법 및 당첨금에 관하여 대통령령으로 정하는 사항, 영업시간 등의 제한 사항을 지켜야 한다.
1. 영업명의(營業名義)를 다른 사람에게 빌려주지 말 것
2. 법령을 위반하는 사행기구를 설치하거나 사용하지 아니할 것
3. 법령을 위반하여 사행기구를 변조하지 아니할 것
4. 행정안전부령으로 정하는 사행행위영업의 영업소에 청소년(「청소년 보호법」 제2조제1호에 따른 청소년을 말한다. 이하 같다)을 입장시키거나 인터넷 등 정보통신망을 이용하는 사행행위영업에 청소년이 참가하는 것을 허용하지 아니할 것(2017.7.26 본호개정)
5. 지나친 사행심을 유발하는 등 선량한 풍속을 해칠 우려가 있는 광고 또는 선전을 하지 아니할 것

제12조의2【영업자의 사행기구 검사】 ① 사행기구를 이용하여 영업을 하는 영업자는 행정안전부령으로 정하는 바에 따라 그 사행기구가 제14조제1항 또는 제2항에 따른 규격 및 기준에 맞는지 경찰청장의 검사를 받아야 한다.(2017.7.26 본항개정)

② 검사합격증명서의 부착과 검사 방법·절차 등에 관하여는 제15조제2항 및 제4항을 준용한다.

제3장 사행기구의 제조·판매 등
(2011.8.4 본장개정)

제13조【사행기구 제조업의 허가 등】 ① 사행기구 제조업을 하려는 자는 행정안전부령으로 정하는 시설·설비 및 인력 등을 갖추어 행정안전부령으로 정하는 바에 따라 경찰청장의 허가를 받아야 한다.(2017.7.26 본항개정)

② 사행기구 판매업을 하려는 자는 행정안전부령으로 정하는 바에 따라 경찰청장의 허가를 받아야 한다.(2017.7.26 본항개정)

③ 제1항에 따른 사행기구 제조업의 허가를 받은 자(이하 "사행기구 제조업자"라 한다)와 제2항에 따른 사행기구 판매업의 허가를 받은 자(이하 "사행기구 판매업자"라 한다)가 대통령령으로 정하는 중요 사항을 변경하려면 행정안전부령으로 정하는 바에 따라 경찰청장의 허가를 받아야 한다.(2017.7.26 본항개정)

④ 제1항과 제2항에 따른 사행기구 제조업 및 사행기구 판매업 허가의 제한, 조건부 영업허가 및 영업 승계에 관하여는 영업 허가의 제한 등에 관한 제6조·제8조 및 제9조를 준용한다.

⑤ 사행기구 제조업자는 제2항에 따른 사행기구 판매업의 허가를 받은 것으로 본다.

제14조【사행기구의 규격 및 기준】 ① 경찰청장은 필요하다고 인정하면 사행기구의 모양·구조·재질·성능 등에 관한 규격과 기준을 정할 수 있다.

② 경찰청장은 제1항의 규격과 기준이 없는 사행기구에 대하여는 행정안전부령으로 정하는 바에 따라 행정안전부장관이 지정하는 검사기관의 검정(檢定)을 거쳤으면 사행기구의 규격과 기준을 갖춘 것으로 인정할 수 있다.(2017.7.26 본항개정)

③ 수출을 목적으로 하는 사행기구는 제1항과 제2항에도 불구하고 수입자가 요구하는 규격과 기준에 따라 제조할 수 있다.

제15조【사행기구 제조업자 등의 사행기구 검사】 ① 사행기구 제조업자 및 사행기구 판매업자(이하 "사행기구 제조·판매업자"라 한다)는 대통령령으로 정하는 사행기구를 제조(제작·개조 또는 수리를 말한다. 이하 같다)하거나 수입하였을 때에는 행정안전부령으로 정하는 바에 따라 그 사행기구에 대하여 품목마다 해당 제품이 제14조제1항 또는 제2항에 따른 규격과 기준에 맞는지 경찰청장의 검사를 받아야 한다.

② 제1항의 검사에 합격한 사행기구에는 행정안전부령으로 정하는 바에 따라 검사합격증명서를 붙여야 한다.

③ 사행기구제조·판매업자는 행정안전부령으로 정하는 바에 따라 제1항에 따른 검사를 받은 사항에 관한 기록을 해당 제품의 검사일부터 3년간 보존하여야 한다.

④ 제1항에 따른 검사의 방법·절차 등에 필요한 사항은 행정안전부령으로 정한다.
(2017.7.26 본조개정)

제16조【표시기준】 사행기구제조·판매업자는 대통령령으로 정하는 사행기구에 행정안전부령으로 정하는 사항을 표시하여야 하며, 거짓으로 표시하여서는 아니 된다.(2017.7.26 본조개정)

제17조【사행기구제조 · 판매업자의 준수사항】 사행기구제조 · 판매업자는 영업에 관하여 대통령령으로 정하는 사항을 지켜야 한다.

제4장 영업자에 대한 지도 · 감독 등

(2011.8.4 본장개정)

제18조【출입 · 검사】 ① 경찰청장이나 시 · 도경찰청장은 특별히 필요한 경우 영업자 및 사행기구제조 · 판매업자(이하 "영업자등"이라 한다)에 대하여 필요한 보고를 하게 하거나, 관계 공무원으로 하여금 영업소에 출입하여 영업자등이 지켜야 할 사항의 준수 상태, 영업시설, 사행기구, 관계 서류나 장부 등을 검사하게 할 수 있다. 이 경우 인터넷 등 정보통신망을 이용한 사행행위영업에 관하여도 검사할 수 있다.(2020.12.22 전단개정)

② 제1항에 따라 영업소에 출입하여 검사하는 관계 공무원은 그 권한을 표시하는 증표를 지니고 이를 관계인에게 내보여야 한다.

제19조【행정지도 및 시정명령 등】 ① 경찰청장이나 시 · 도경찰청장은 공익을 위하여 필요하거나 지나친 사행심 유발의 방지 등 선량한 풍속을 유지하기 위하여 필요한 경우 영업자등에게 필요한 지도와 명령을 할 수 있다.(2020.12.22 본항개정)

② 경찰청장이나 시 · 도경찰청장은 다음 각 호의 어느 하나에 해당하는 경우에는 즉시 또는 기간을 정하여 영업의 시설 등을 고치거나 개선 또는 시정할 것을 명령할 수 있다.(2020.12.22 본문개정)

1. 영업의 시설 등이 제3조 또는 제13조제1항에 따른 기준에 맞지 아니한 경우
2. 영업자등이 이 법 또는 이 법에 따른 명령을 위반한 경우

제20조【폐기처분 등】 경찰청장이나 시 · 도경찰청장은 제14조제1항 또는 제2항에 따른 규격과 기준에 맞지 아니하거나 제15조에 따른 검사를 받지 아니하고 판매되는 사행기구에 대하여는 그 사행기구를 제조하거나 수입한 자에게 수거(收去)하여 폐기할 것을 명령하거나 관계 공무원에게 수거하여 폐기하도록 할 수 있다.(2020.12.22 본조개정)

제21조【행정처분】 ① 경찰청장이나 시 · 도경찰청장은 영업자가 제6조제2호 각 목의 허가제한 사항 중 어느 하나에 해당하게 된 경우에는 그 영업의 허가를 취소하여야 한다. 이 경우 법인인 영업자에 대하여 제6조제2호아목에 해당하는 사유로 허가를 취소할 때에는 취소하기 전에 임원의 교체에 필요한 기간을 3개월 이상 주어야 한다.(2020.12.22 전단개정)

② 경찰청장이나 시 · 도경찰청장은 영업자등이 이 법 또는 이 법에 따른 명령을 위반하면 그 영업의 허가를 취소하거나 6개월 이내의 기간을 정하여 영업의 정지를 명령할 수 있다.(2020.12.22 본항개정)

③ 제2항에 따른 행정처분의 세부기준은 행정안전부령으로 정한다.(2017.7.26 본항개정)

제22조 (1997.12.13 삭제)

제23조【행정처분 효과의 승계】 제9조제1항(제13조제4항에 따라 준용되는 경우를 포함한다)에 따라 영업이 승계되면 종전의 영업자등에 대한 행정처분의 효과는 제21조제2항에 따른 처분기간이 끝난 날부터 1년간 새로운 영업자등에게 승계되며, 행정처분의 절차가 진행 중일 때에는 새로운 영업자등을 상대로 그 절차를 계속 진행할 수 있다. 다만, 새로운 영업자등(상속으로 승계받은 사람은 제외한다)이 영업을 승계할 때에 그 처분이나 위반사실을 알지 못하였음을 증명하면 그러하지 아니하다.

제24조【폐쇄조치 등】 ① 경찰청장이나 시 · 도경찰청장은 제4조제1항 · 제2항, 제7조제2항 또는 제13조제1항부터 제3항까지의 규정에 따른 허가를 받지 아니하고 사행행위영업, 사행기구 제조업 또는 사행기구 판매업을 하거나 제21조제1항 또는 제2항에 따라 허가의 취소 또는 영업의 정지명령을 받고도 계속하여 영업을 하는 경우에는 관계 공무원에게 해당 영업소를 폐쇄하기 위하여 다음 각 호의 조치를 하게 할 수 있다.(2020.12.22 본문개정)

1. 해당 영업소의 간판이나 그 밖의 영업표지물의 제거 또는 삭제
2. 해당 영업소가 적법한 영업소가 아니라는 것을 알리는 안내문 등의 게시
3. 영업을 위하여 반드시 필요한 시설물 또는 기구 등을 사용할 수 없게 하는 봉인(封印)

② 제1항제3호에 따른 봉인을 한 후에 다음 각 호의 어느 하나에 해당하는 사유가 생기면 봉인을 해제할 수 있다. 제1항제2호에 따라 게시를 한 경우에도 또한 같다.

1. 봉인을 계속할 필요가 없다고 인정되는 경우
2. 영업자등 또는 그 대리인이 그 영업소를 폐쇄할 것을 약속하는 경우
3. 영업자등 또는 그 대리인이 정당한 사유를 들어 봉인의 해제를 요청하는 경우

③ 제1항에 따른 조치를 하려면 미리 그 사실을 해당 영업자등이나 그 대리인에게 서면으로 알려주어야 한다. 다만, 급박한 사유가 있는 경우에는 그러하지 아니하다.

④ 제1항에 따른 조치는 그 영업을 할 수 없게 하는 데에 필요한 최소한의 범위에 그쳐야 한다.

⑤ 제1항에 따라 영업소를 폐쇄하는 관계 공무원은 그 권한을 표시하는 증표를 지니고 이를 관계인에게 내보여야 한다.

제25조【사행행위영업소 이용자의 준수사항】 ① 사행행위영업소를 이용하는 사람은 그 영업자에게 행정안전부령으로 정하는 지나친 사행심을 유발하는 행위 또는 선량한 풍속을 해치는 행위를 요구하여서는 아니 된다.(2017.7.26 본항개정)

② 사행행위영업소에 입장하는 사람은 영업자가 청소년인지를 확인하기 위하여 주민등록증 등의 제시를 요구하거나 신분 확인을 위한 사항을 물으면 이에 협조하여야 한다.

제5장 사행행위영업 관련 단체

(2011.8.4 본장개정)

제26조【영업자단체의 설립】 ① 영업자등은 그 영업의 건전한 발전을 도모하기 위하여 영업의 종류별로 전국적 조직을 가지는 영업자단체(이하 "단체"라 한다)를 설립할 수 있다.

② 제1항에 따라 설립되는 단체는 법인으로 한다.

③ 단체는 정관으로 정하는 바에 따라 지회(支會)나 분회(分會)를 둘 수 있다.

④ 단체에 관하여 이 법에 규정되지 아니한 사항은 「민법」 중 사단법인에 관한 규정을 준용한다.

제6장 보 칙

(2011.8.4 본장개정)

제27조【청문】 경찰청장이나 시 · 도경찰청장은 제21조에 따라 영업의 허가를 취소하거나 「민법」에 따라 단체의 설립허가를 취소하려면 청문을 하여야 한다.(2020.12.22 본조개정)

제27조의2 (1999.3.31 삭제)

제28조【수수료】 다음 각 호의 어느 하나에 해당하는 경우에는 대통령령으로 정하는 바에 따라 수수료를 내야 한다.

1. 제4조제1항 · 제2항, 제7조제2항 및 제13조제1항부터 제3항까지의 규정에 따른 허가
2. 제9조제3항(제13조제4항에 따라 준용되는 경우를 포함한다)에 따른 영업 승계의 신고
3. 제12조의2제1항 및 제15조제1항에 따른 사행기구의 검사
4. 제14조제2항에 따른 사행기구의 검정

제29조【권한의 위임 및 위탁】 ① 경찰청장은 이 법에 따른 권한의 일부를 대통령령으로 정하는 바에 따라 시 · 도경찰청장이나 경찰서장에게 위임할 수 있다.(2020.12.22 본항개정)

② 경찰청장은 제12조의2제1항 및 제15조제1항에 따른 사행기구의 검사 업무를 대통령령으로 정하는 바에 따라 전문검사기관에 위탁할 수 있다.

③ 제14조제2항에 따른 검사기관에서 검정 업무를 수행하는 임직원이나 제2항에 따른 전문검사기관에서 검사업무를 수행하는 임직원은 「형법」 제129조부터 제132조까지를 적용할 때에는 공무원으로 본다.

제7장 벌 칙

(2011.8.4 본장제목개정)

제30조【벌칙】 ① 다음 각 호의 어느 하나에 해당하는 자는 5년 이하의 징역 또는 5천만원 이하의 벌금에 처한다.

1. 사행행위영업 외에 투전기나 사행성 유기기구를 이용하여 사행행위를 업(業)으로 한 자
2. 제1호의 행위를 업으로 하는 자에게 투전기나 사행성 유기기구를 판매하거나 판매할 목적으로 제조 또는 수입한 자

② 다음 각 호의 어느 하나에 해당하는 자는 3년 이하의 징역 또는 2천만원 이하의 벌금에 처한다.

1. 제4조제1항 또는 제7조제2항에 따른 허가를 받지 아니하고 영업을 한 자
2. 제12조제2호 또는 제3호를 위반하여 사행기구를 설치 · 사용하거나 변조한 자
3. 제13조제1항 또는 제2항에 따른 허가를 받지 아니하고 영업을 한 자

③ 다음 각 호의 어느 하나에 해당하는 자는 1년 이하의 징역 또는 1천만원 이하의 벌금에 처한다.

1. 제4조제2항 또는 제13조제3항에 따른 변경허가를 받지 아니하고 영업을 한 자
2. 제9조제3항(제13조제4항에 따라 준용되는 경우를 포함한다)을 위반하여 승계신고를 하지 아니하고 영업을 한 자
3. 제12조 각 호 외의 부분을 위반하여 제11조에 따른 영업의 방법 및 당첨금에 관하여 대통령령으로 정하는 사항이나 영업시간 등의 제한을 지키지 아니하고 영업을 한 자
4. 제12조제1호를 위반하여 영업명의를 다른 사람에게 빌려준 자
5. 제12조제4호를 위반하여 청소년을 입장시키거나 청소년의 참가를 허용하여 영업을 한 자
6. 제12조제5호를 위반하여 광고나 선전을 한 자
7. 제12조의2에 따른 검사를 받지 아니한 사행기구를 이용하여 영업을 한 자
8. 제15조제1항에 따른 검사를 받지 아니한 사행기구를 판매한 자
9. 제15조제2항(제12조의2제2항에 따라 준용되는 경우를 포함한다)에 따른 검사합격증명서를 훼손하거나 제거한 자
10. 제15조제3항을 위반하여 검사기록을 보존하지 아니한 자
11. 제16조를 위반하여 표시 없는 사행기구를 판매하거나 거짓으로 표시하여 판매한 자
12. 제18조제1항에 따른 보고를 하지 아니하거나 거짓으로 보고한 자 및 관계 공무원의 출입 · 검사나 그 밖의 조치를 거부 · 방해 또는 기피한 자
13. 제19조제2항에 따른 개수(改修) · 개선 또는 시정 명령에 따르지 아니한 자
14. 제21조제2항에 따른 영업정지처분을 위반하여 영업정지기간 중에 영업을 한 자

(2011.8.4 본조개정)

제31조【양벌규정】 법인의 대표자나 법인 또는 개인의 대리인, 사용인, 그 밖의 종업원이 그 법인 또는 개인의 업무에 관하여 제30조의 위반행위를 하면 그 행위자를 벌하는 외에 그 법인 또는 개인에게도 해당 조문의 벌금형을 과(科)한다. 다만, 법인 또는 개인이 그 위반행위를 방지하기 위하여 해당 업무에 관하여 상당한 주의와 감독을 게을리하지 아니한 경우에는 그러하지 아니하다.(2010.3.22 본조개정)

부 칙 (2015.7.20)

제1조【시행일】 이 법은 공포한 날부터 시행한다.

제2조【금치산자 등의 결격사유에 관한 경과조치】 제6조제2호가목의 개정규정에도 불구하고 같은 개정규정 시행 당시 법률 제10429호 민법 일부개정법률 부칙 제2조에 따라 금치산 또는 한정치산 선고의 효력이 유지되는 사람에 대하여는 종전의 규정에 따른다.

부 칙 (2017.7.26)

제1조【시행일】 ① 이 법은 공포한 날부터 시행한다.(이하 생략)

부 칙 (2018.9.18)

이 법은 공포한 날부터 시행한다.

부 칙 (2020.12.22)

제1조【시행일】 이 법은 2021년 1월 1일부터 시행한다.(이하 생략)

밀항단속법

(1961년 12월 13일
법 률 제831호)

개정
1963.11. 1법 1432호 1963.12.16법 1618호
1975.12.31법 2809호 1989.12.27법 4147호
2005. 3.31법 7427호(민법)
2013. 5.22법11807호
2014. 3.18법12421호(출입국)
2020. 2.18법17006호

제1조【목적】 이 법은 대한민국 국민이 적법한 절차를 밟지 아니하고 대한민국 외의 지역으로 도항(渡航)하는 것을 방지함을 목적으로 한다.(2013.5.22 본조개정)

제2조【정의】 이 법에서 사용하는 용어의 뜻은 다음과 같다.
1. "밀항"(密航)이란 관계 기관에서 발행한 여권, 선원수첩, 그 밖에 출국에 필요한 유효한 증명 없이 대한민국 외의 지역으로 도항하거나 국경을 넘는 것을 말한다.
2. "이선·이기"(離船·離機)란 대한민국 외의 지역에서 승선한 선박이나 탑승한 항공기로부터 무단이탈하거나 선장 또는 기장, 그 밖의 책임자가 지정한 시간 내에 귀환하지 아니하는 것을 말한다.

(2013.5.22 본조개정)

제3조【밀항·이선 등】 ① 밀항 또는 이선·이기한 사람은 3년 이하의 징역 또는 3천만원 이하의 벌금에 처한다.(2020.2.18 본항개정)
② 제1항의 경우 미수범도 처벌한다.
③ 제1항의 죄를 범할 목적으로 예비(豫備)하거나 음모한 사람은 1년 이하의 징역 또는 1천만원 이하의 벌금에 처한다.
(2013.5.22 본조개정)

제4조【밀항 등 알선】 ① 제3조제1항의 행위를 알선한 사람은 3년 이하의 징역 또는 3천만원 이하의 벌금에 처한다.
② 영리를 목적으로 제1항의 행위를 한 사람은 5년 이하의 징역 또는 5천만원 이하의 벌금에 처한다.
(2020.2.18 본조개정)

제4조의2【몰수·추징】 ① 제3조 또는 제4조의 경우에 그 범죄에 제공되었거나 제공하려던 선박 등 도구로서 범인 이외의 자의 소유가 아닌 것은 몰수할 수 있다.
② 제4조제2항의 경우에 받았거나 받기로 약속한 보수는 몰수한다. 이 경우 해당 보수를 몰수할 수 없을 때에는 그 가액을 추징한다.
(2013.5.22 본조신설)

제5조【형의 가중】 상습적으로 제3조 또는 제4조의 죄를 범한 사람은 각 죄에 정한 형의 2분의 1까지 가중한다.
(2013.5.22 본조개정)

제6조【형의 감면 등】 ① 밀항 또는 이선·이기한 사람으로서 재외공관에 자수 또는 귀환하였거나 밀항 또는 이선·이기에 착수하였다가 관계 수사기관이나 해당 선장 또는 기장, 그 밖의 책임자에게 자수한 사람은 형을 경감하거나 면제할 수 있다.
② 직계혈족·배우자·동거친족 또는 그 배우자를 위하여 제3조제1항의 행위를 교사하거나 방조한 때에는 벌하지 아니한다.
(2013.5.22 본조개정)

제7조【사건 통보 등】 ① 사법경찰관리가 이 법을 위반한 사건을 수사하였을 때에는 지체 없이 그 사실을 관할 지방출입국·외국인관서의 장에게 통보하여야 한다.
② 제1항의 경우에 그 수사기관의 장은 지방출입국·외국인관서의 장으로부터 출입국관리사무 처리에 필요한 자료의 제출요구를 받으면 그에 따라야 한다.
(2014.3.18 본조개정)

제8조~제9조 (1989.12.27 삭제)

부 칙 (2013.5.22)

제1조【시행일】 이 법은 공포 후 3개월이 경과한 날부터 시행한다.

제2조【벌칙에 관한 경과조치】 이 법 시행 전의 행위에 대하여 벌칙을 적용할 때에는 종전의 규정에 따른다.

부 칙 (2014.3.18)

제1조【시행일】 이 법은 공포 후 3개월이 경과한 날부터 시행한다.(이하 생략)

부 칙 (2020.2.18)

이 법은 공포 후 3개월이 경과한 날부터 시행한다.

도로교통법

(2005년 5월 31일
전부개정법률 제7545호)

개정
2005. 8. 4법 7666호 2006. 4.28법 7936호
2006. 7.19법 7969호 2007.12.21법 8736호
2008. 1.17법 8845호
2008. 2.29법 8852호(정부조직)
2008. 3.21법 8976호(도로법)
2008. 6.13법 9115호 2009. 4. 1법 9580호
2009.12.29법 9845호
2010. 1.18법 9932호(정부조직)
2010. 7.23법10382호 2011. 6. 8법10790호
2012. 2.10법11298호(난민법)
2012. 3.21법11402호
2013. 3.23법11690호(정부조직)
2013. 5.22법11780호 2013. 8.13법12045호
2014. 1.14법12248호(도로법)
2014. 1.28법12343호
2014. 1.28법12345호(자전거이용활성화에관한법)
2014.11.19법12844호(정부조직)
2014.12.30법12917호
2015. 7.24법13425호(의무경찰대설치및운영에관한법)
2015. 7.24법13426호(제주자치법)
2015. 8.11법13458호 2016. 1.27법13829호
2016. 5.29법14266호 2016.12. 2법14356호
2017. 3.21법14617호(자전거이용활성화에관한법)
2017. 7.26법14839호(정부조직)
2017.10.24법14911호 2018. 2. 9법15364호
2018. 3.27법15530호 2018. 6.12법15629호
2018.10.16법15807호 2018.12.24법16037호
2019.11.26법16652호(자산관리)
2019.12.24법16830호 2020. 5.26법17311호
2020. 6. 9법17371호 2020.10.20법17514호
2020.12.22법17689호(국가자치경찰)
2021. 1.12법17891호 2021.10.19법18491호
2021.11.30법18522호(소방시설설치및관리에관한법)
2022. 1.11법18741호 2023. 1. 3법19158호
2023. 4.18법19357호
2023.10.24법19745호→2023년 10월 24일 시행하는 부분은 가제 수록 하였고 2024년 10월 25일 시행하는 부분은 「法典 別冊」 보유편 수록
2023.12.26법19841호(주민등록)→2024년 12월 27일 시행이므로 「法典 別冊」 보유편 수록
2024. 1.30법20155호→2024년 7월 31일 시행하는 부분은 가제 수록하였고 2024년 10월 25일 시행하는 부분은 「法典 別冊」 보유편 수록
2024. 1.30법20167호(한국도로교통공단법)→2024년 7월 31일 시행
2024년 1월 25일 제412회 국회 본회의 통과→「法典 別冊」 보유편 수록

제1장 총 칙

제1조【목적】 이 법은 도로에서 일어나는 교통상의 모든 위험과 장해를 방지하고 제거하여 안전하고 원활한 교통을 확보함을 목적으로 한다.

제2조【정의】 이 법에서 사용하는 용어의 뜻은 다음과 같다.
1. "도로"란 다음 각 목에 해당하는 곳을 말한다.
   가. 「도로법」에 따른 도로
   나. 「유료도로법」에 따른 유료도로
   다. 「농어촌도로 정비법」에 따른 농어촌도로
   라. 그 밖에 현실적으로 불특정 다수의 사람 또는 차마(車馬)가 통행할 수 있도록 공개된 장소로서 안전하고 원활한 교통을 확보할 필요가 있는 장소
2. "자동차전용도로"란 자동차만 다닐 수 있도록 설치된 도로를 말한다.
3. "고속도로"란 자동차의 고속 운행에만 사용하기 위하여 지정된 도로를 말한다.
4. "차도"(車道)란 연석선(차도와 보도를 구분하는 돌 등으로 이어진 선을 말한다. 이하 같다), 안전표지 또는 그와 비슷한 인공구조물을 이용하여 경계(境界)를 표시하여 모든 차가 통행할 수 있도록 설치된 도로의 부분을 말한다.
5. "중앙선"이란 차마의 통행 방향을 명확하게 구분하기 위하여 도로에 황색 실선(實線)이나 황색 점선 등의 안전표지로 표시한 선 또는 중앙분리대나 울타리 등으로 설치한 시설물을 말한다. 다만, 제14조제1항 후단에 따라 가변차로(可變車路)가 설치된 경우에는 신호기가 지시하는 진행방향의 가장 왼쪽에 있는 황색 점선을 말한다.
6. "차로"란 차마가 한 줄로 도로의 정하여진 부분을 통행하도록 차선(車線)으로 구분한 차도의 부분을 말한다.
7. "차선"이란 차로와 차로를 구분하기 위하여 그 경계지점을 안전표지로 표시한 선을 말한다.

7의2. "노면전차 전용로"란 도로에서 궤도를 설치하고, 안전표지 또는 인공구조물로 경계를 표시하여 설치한 「도시철도법」 제18조의2제1항 각 호에 따른 도로 또는 차로를 말한다.(2018.3.27 본호신설)

8. "자전거도로"란 안전표지, 위험방지용 울타리나 그와 비슷한 인공구조물로 경계를 표시하여 자전거 및 개인형 이동장치가 통행할 수 있도록 설치된 「자전거 이용 활성화에 관한 법률」 제3조 각 호의 도로를 말한다.(2020.6.9 본호개정)
9. "자전거횡단도"란 자전거 및 개인형 이동장치가 일반도로를 횡단할 수 있도록 안전표지로 표시한 도로의 부분을 말한다.(2020.6.9 본호개정)
10. "보도"(步道)란 연석선, 안전표지나 그와 비슷한 인공구조물로 경계를 표시하여 보행자(유모차, 보행보조용 의자차, 노약자용 보행기 등 행정안전부령으로 정하는 기구·장치를 이용하여 통행하는 사람 및 제21호의3에 따른 실외이동로봇을 포함한다. 이하 같다)가 통행할 수 있도록 한 도로의 부분을 말한다.(2023.4.18 본호개정)
11. "길가장자리구역"이란 보도와 차도가 구분되지 아니한 도로에서 보행자의 안전을 확보하기 위하여 안전표지 등으로 경계를 표시한 도로의 가장자리 부분을 말한다.
12. "횡단보도"란 보행자가 도로를 횡단할 수 있도록 안전표지로 표시한 도로의 부분을 말한다.
13. "교차로"란 '十'자로, 'T'자로나 그 밖에 둘 이상의 도로(보도와 차도가 구분되어 있는 도로에서는 차도를 말한다)가 교차하는 부분을 말한다.

13의2. "회전교차로"란 교차로 중 차마가 원형의 교통섬(차마의 안전하고 원활한 교통처리나 보행자 도로횡단의 안전을 확보하기 위하여 교차로 또는 차도의 분기점 등에 설치하는 섬 모양의 시설을 말한다)을 중심으로 반시계방향으로 통행하도록 한 원형의 도로를 말한다.(2022.1.11 본호신설)

14. "안전지대"란 도로를 횡단하는 보행자나 통행하는 차마의 안전을 위하여 안전표지나 이와 비슷한 인공구조물로 표시한 도로의 부분을 말한다.
15. "신호기"란 도로교통에서 문자·기호 또는 등화(燈火)를 사용하여 진행·정지·방향전환·주의 등의 신호를 표시하기 위하여 사람이나 전기의 힘으로 조작하는 장치를 말한다.
16. "안전표지"란 교통안전에 필요한 주의·규제·지시 등을 표시하는 표지판이나 도로의 바닥에 표시하는 기호·문자 또는 선 등을 말한다.
17. "차마"란 다음 각 목의 차와 우마를 말한다.
   가. "차"란 다음의 어느 하나에 해당하는 것을 말한다.
      1) 자동차
      2) 건설기계
      3) 원동기장치자전거
      4) 자전거
      5) 사람 또는 가축의 힘이나 그 밖의 동력(動力)으로 도로에서 운전되는 것. 다만, 철길이나 가설(架設)된 선을 이용하여 운전되는 것, 유모차, 보행보조용 의자차, 노약자용 보행기, 제21호의3에 따른 실외이동로봇 등 행정안전부령으로 정하는 기구·장치는 제외한다.(2023.4.18 단서개정)
   나. "우마"란 교통이나 운수(運輸)에 사용되는 가축을 말한다.

17의2. "노면전차"란 「도시철도법」 제2조제2호에 따른 노면전차로서 도로에서 궤도를 이용하여 운행되는 차를 말한다.(2018.3.27 본호신설)

18. "자동차"란 철길이나 가설된 선을 이용하지 아니하고 원동기를 사용하여 운전되는 차(견인되는 자동차도 자동차의 일부로 본다)로서 다음 각 목의 차를 말한다.
   가. 「자동차관리법」 제3조에 따른 다음의 자동차. 다만, 원동기장치자전거는 제외한다.
      1) 승용자동차
      2) 승합자동차
      3) 화물자동차
      4) 특수자동차
      5) 이륜자동차
   나. 「건설기계관리법」 제26조제1항 단서에 따른 건설기계

18의2. "자율주행시스템"이란 「자율주행자동차 상용화 촉진 및 지원에 관한 법률」 제2조제1항제2호에 따른 자율주행시스템을 말한다. 이 경우 그 종류는 완전 자율주행시스템, 부분 자율주행시스템 등 행정안전부령으로 정하는 바에 따라 세분할 수 있다.(2021.10.19 본호신설)

18의3. "자율주행자동차"란 「자동차관리법」 제2조제1호의3에 따른 자율주행자동차로서 자율주행시스템을 갖추고 있는 자동차를 말한다.(2021.10.19 본호신설)

19. "원동기장치자전거"란 다음 각 목의 어느 하나에 해당하는 차를 말한다.
   가. 「자동차관리법」 제3조에 따른 이륜자동차 가운데 배기량 125시시 이하(전기를 동력으로 하는 경우에는 최고정격출력 11킬로와트 이하)의 이륜자동차(2020.6.9 본목개정)
   나. 그 밖에 배기량 125시시 이하(전기를 동력으로 하는 경우에는 최고정격출력 11킬로와트 이하)의 원동기를 단 차(「자전거 이용 활성화에 관한 법률」 제2조제1호의2에 따른 전기자전거 및 제21호의3에 따른 실외이동로봇은 제외한다)(2023.4.18 본목개정)

19의2. "개인형 이동장치"란 제19호나목의 원동기장치자전거 중 시속 25킬로미터 이상으로 운행할 경우 전동기

가 작동하지 아니하고 차체 중량이 30킬로그램 미만인 것으로서 행정안전부령으로 정하는 것을 말한다.(2020.6.9 본호신설)
20. "자전거"란 「자전거 이용 활성화에 관한 법률」 제2조제1호 및 제1호의2에 따른 자전거 및 전기자전거를 말한다.(2017.3.21 본호개정)
21. "자동차등"이란 자동차와 원동기장치자전거를 말한다.
21의2. "자전거등"이란 자전거와 개인형 이동장치를 말한다.(2020.6.9 본호신설)
21의3. "실외이동로봇"이란 「지능형 로봇 개발 및 보급 촉진법」 제2조제1호에 따른 지능형 로봇 중 행정안전부령으로 정하는 것을 말한다.(2023.4.18 본호신설)
22. "긴급자동차"란 다음 각 목의 자동차로서 그 본래의 긴급한 용도로 사용되고 있는 자동차를 말한다.
가. 소방차
나. 구급차
다. 혈액 공급차량
라. 그 밖에 대통령령으로 정하는 자동차
23. "어린이통학버스"란 다음 각 목의 시설 가운데 어린이(13세 미만인 사람을 말한다. 이하 같다)를 교육 대상으로 하는 시설에서 어린이의 통학 등(현장체험학습 등 비상시적으로 이루어지는 교육활동을 위한 이동을 제외한다)에 이용되는 자동차와 「여객자동차 운수사업법」 제4조제3항에 따른 여객자동차운송사업의 한정면허를 받아 어린이를 여객대상으로 하여 운행되는 운송사업용 자동차를 말한다.(2023.10.24 본문개정)
가. 「유아교육법」에 따른 유치원 및 유아교육진흥원, 「초·중등교육법」에 따른 초등학교, 특수학교, 대안학교 및 외국인학교(2020.5.26 본목개정)
나. 「영유아보육법」에 따른 어린이집
다. 「학원의 설립·운영 및 과외교습에 관한 법률」에 따라 설립된 학원 및 교습소(2020.5.26 본목개정)
라. 「체육시설의 설치·이용에 관한 법률」에 따라 설립된 체육시설
마. 「아동복지법」에 따른 아동복지시설(아동보호전문기관은 제외한다)
바. 「청소년활동 진흥법」에 따른 청소년수련시설
사. 「장애인복지법」에 따른 장애인복지시설(장애인 직업재활시설은 제외한다)
아. 「도서관법」에 따른 공공도서관
자. 「평생교육법」에 따른 시·도평생교육진흥원 및 시·군·구평생학습관
차. 「사회복지사업법」에 따른 사회복지시설 및 사회복지관
(2020.5.26 마목~차목신설)
24. "주차"란 운전자가 승객을 기다리거나 화물을 싣거나 차가 고장 나거나 그 밖의 사유로 차를 계속 정지 상태에 두는 것 또는 운전자가 차에서 떠나서 즉시 그 차를 운전할 수 없는 상태에 두는 것을 말한다.
25. "정차"란 운전자가 5분을 초과하지 아니하고 차를 정지시키는 것으로서 주차 외의 정지 상태를 말한다.
26. "운전"이란 도로(제27조제6항제3호·제44조·제45조·제54조제1항·제148조·제148조의2 및 제156조제10호의 경우에는 도로 외의 곳을 포함한다)에서 차마 또는 노면전차를 그 본래의 사용방법에 따라 사용하는 것(조종 또는 자율주행시스템을 사용하는 것을 포함한다)을 말한다.(2022.1.11 본호개정)
27. "초보운전자"란 처음 운전면허를 받은 날(처음 운전면허를 받은 날부터 2년이 지나기 전에 운전면허의 취소처분을 받은 경우에는 그 후 다시 운전면허를 받은 날을 말한다)부터 2년이 지나지 아니한 사람을 말한다. 이 경우 원동기장치자전거면허만 받은 사람이 원동기장치자전거면허 외의 운전면허를 받은 경우에는 처음 운전면허를 받은 것으로 본다.
28. "서행"(徐行)이란 운전자가 차 또는 노면전차를 즉시 정지시킬 수 있는 정도의 느린 속도로 진행하는 것을 말한다.(2018.3.27 본호개정)
29. "앞지르기"란 차의 운전자가 앞서가는 다른 차의 옆을 지나서 그 차의 앞으로 나가는 것을 말한다.
30. "일시정지"란 차 또는 노면전차의 운전자가 그 차 또는 노면전차의 바퀴를 일시적으로 완전히 정지시키는 것을 말한다.(2018.3.27 본호개정)
31. "보행자전용도로"란 보행자만 다닐 수 있도록 안전표지나 그와 비슷한 인공구조물로 표시한 도로를 말한다.
31의2. "보행자우선도로"란 「보행안전 및 편의증진에 관한 법률」 제2조제3호에 따른 보행자우선도로를 말한다.(2022.1.11 본호신설)
32. "자동차운전학원"이란 자동차등의 운전에 관한 지식·기능을 교육하는 시설로서 다음 각 목의 시설 외의 시설을 말한다.
가. 교육 관계 법령에 따른 학교에서 소속 학생 및 교직원의 연수를 위하여 설치한 시설
나. 사업장 등의 시설로서 소속 직원의 연수를 위한 시설
다. 전산장치에 의한 모의운전 연습시설
라. 지방자치단체 등이 신체장애인의 운전교육을 위하여 설치하는 시설 가운데 시·도경찰청장이 인정하는 시설(2020.12.22 본목개정)
마. 대가(代價)를 받지 아니하고 운전교육을 하는 시설
바. 운전면허를 받은 사람을 대상으로 다양한 운전경험을 체험할 수 있도록 하기 위하여 도로가 아닌 장소에서 운전교육을 하는 시설
33. "모범운전자"란 제146조에 따라 무사고운전자 또는 유공운전자의 표시장을 받거나 2년 이상 사업용 자동차 운전에 종사하면서 교통사고를 일으킨 전력이 없는 사람으로서 경찰청장이 정하는 바에 따라 선발되어 교통안전 봉사활동에 종사하는 사람을 말한다.(2012.3.21 본호신설)
(2011.6.8 본조개정)

제3조【신호기 등의 설치 및 관리】 ① 특별시장·광역시장·제주특별자치도지사 또는 시장·군수(광역시의 군수는 제외한다. 이하 "시장등"이라 한다)는 도로에서의 위험을 방지하고 교통의 안전과 원활한 소통을 확보하기 위하여 필요하다고 인정하는 경우에는 신호기 및 안전표지(이하 "교통안전시설"이라 한다)를 설치·관리하여야 한다. 다만, 「유료도로법」 제6조에 따른 유료도로에서는 시장등의 지시에 따라 그 도로관리자가 교통안전시설을 설치·관리하여야 한다.
② 시장등 및 도로관리자는 제1항에 따라 교통안전시설을 설치·관리할 때에는 제4조에 따른 교통안전시설의 설치·관리기준에 적합하도록 하여야 한다.(2018.6.12 본항신설)
③ 도(道)는 제1항에 따라 시장이나 군수가 교통안전시설을 설치·관리하는 데에 드는 비용의 전부 또는 일부를 시(市)나 군(郡)에 보조할 수 있다.
④ 시장등은 대통령령으로 정하는 사유로 도로에 설치된 교통안전시설을 철거하거나 원상회복이 필요한 경우에는 그 사유를 유발한 사람으로 하여금 해당 공사에 드는 비용의 전부 또는 일부를 부담하게 할 수 있다.
⑤ 제4항에 따른 부담금의 부과기준 및 환급에 관하여 필요한 사항은 대통령령으로 정한다.(2018.6.12 본항개정)
⑥ 시장등은 제4항에 따라 부담금을 납부하여야 하는 사람이 지정된 기간에 이를 납부하지 아니하면 지방세 체납처분의 예에 따라 징수한다.(2018.6.12 본항개정)
(2011.6.8 본조개정)

제4조【교통안전시설의 종류 및 설치·관리기준 등】 ① 교통안전시설의 종류, 교통안전시설의 설치·관리기준, 그 밖에 교통안전시설에 관하여 필요한 사항은 행정안전부령으로 정한다.
② 제1항에 따른 교통안전시설의 설치·관리기준은 주·야간이나 기상상태 등에 관계없이 교통안전시설이 운전자 및 보행자의 눈에 잘 띄도록 정한다.(2018.6.12 본항신설)
(2018.6.12 본조개정)

제4조의2【무인 교통단속용 장비의 설치 및 관리】 ① 시·도경찰청장, 경찰서장 또는 시장등은 이 법을 위반한 사실을 기록·증명하기 위하여 무인(無人) 교통단속용 장비를 설치·관리할 수 있다.(2020.12.22 본항개정)
② 무인 교통단속용 장비의 설치·관리기준, 그 밖에 필요한 사항은 행정안전부령으로 정한다.(2023.1.3 본항신설)
③ 무인 교통단속용 장비의 철거 또는 원상회복 등에 관하여는 제3조제4항부터 제6항까지의 규정을 준용한다. 이 경우 "교통안전시설"은 "무인 교통단속용 장비"로 본다.
(2018.6.12 전단개정)

제5조【신호 또는 지시에 따를 의무】 ① 도로를 통행하는 보행자, 차마 또는 노면전차의 운전자는 교통안전시설이 표시하는 신호 또는 지시와 다음 각 호의 어느 하나에 해당하는 사람이 하는 신호 또는 지시를 따라야 한다.
(2018.3.27 본문개정)
1. 교통정리를 하는 경찰공무원(의무경찰을 포함한다. 이하 같다) 및 제주특별자치도의 자치경찰공무원(이하 "자치경찰공무원"이라 한다)(2020.12.22 본호개정)
2. 경찰공무원(자치경찰공무원을 포함한다. 이하 같다)을 보조하는 사람으로서 대통령령으로 정하는 사람(이하 "경찰보조자"라 한다)(2020.12.22 본호개정)
② 도로를 통행하는 보행자, 차마 또는 노면전차의 운전자는 제1항에 따른 교통안전시설이 표시하는 신호 또는 지시와 교통정리를 하는 경찰공무원 또는 경찰보조자(이하 "경찰공무원등"이라 한다)의 신호 또는 지시가 서로 다른 경우에는 경찰공무원등의 신호 또는 지시에 따라야 한다.(2020.12.22 본항개정)

판례 교차로에 녹색, 황색 및 적색의 삼색등화만이 나오는 신호기가 설치되어 있고 달리 비보호좌회전 표시나 유턴을 허용하는 표시가 없는 경우에 차마의 좌회전 또는 유턴은 원칙적으로 허용되지 않는다고 보아야 한다.(대판 2005.7.28, 2004도5848)

제5조의2【모범운전자연합회】 모범운전자들의 상호협력을 증진하고 교통안전 봉사활동을 효율적으로 운영하기 위하여 모범운전자연합회를 설립할 수 있다.
(2012.3.21 본조신설)

제5조의3【모범운전자에 대한 지원 등】 ① 국가는 예산의 범위에서 모범운전자에게 대통령령으로 정하는 바에 따라 교통정리 등의 업무를 수행하는 데 필요한 복장 및 장비를 지원할 수 있다.
② 국가는 모범운전자가 교통정리 등의 업무를 수행하는 도중 부상을 입거나 사망한 경우에 이를 보상할 수 있도록 보험에 가입할 수 있다.
③ 지방자치단체는 예산의 범위에서 제5조의2에 따라 설립된 모범운전자연합회의 사업에 필요한 보조금을 지원할 수 있다.(2016.1.27 본항신설)
(2012.3.21 본조신설)

제6조【통행의 금지 및 제한】 ① 시·도경찰청장은 도로에서의 위험을 방지하고 교통의 안전과 원활한 소통을 확보하기 위하여 필요하다고 인정할 때에는 구간(區間)을 정하여 보행자, 차마 또는 노면전차의 통행을 금지하거나 제한할 수 있다. 이 경우 시·도경찰청장은 보행자, 차마 또는 노면전차의 통행을 금지하거나 제한한 도로의 관리청에 그 사실을 알려야 한다.(2020.12.22 본항개정)
② 경찰서장은 도로에서의 위험을 방지하고 교통의 안전과 원활한 소통을 확보하기 위하여 필요하다고 인정할 때에는 우선 보행자, 차마 또는 노면전차의 통행을 금지하거나 제한한 후 그 도로관리자와 협의하여 금지 또는 제한의 대상과 구간 및 기간을 정하여 도로의 통행을 금지하거나 제한할 수 있다.(2018.3.27 본항개정)
③ 시·도경찰청장이나 경찰서장은 제1항이나 제2항에 따른 금지 또는 제한을 하려는 경우에는 행정안전부령으로 정하는 바에 따라 그 사실을 공고하여야 한다.
(2020.12.22 본항개정)
④ 경찰공무원은 도로의 파손, 화재의 발생이나 그 밖의 사정으로 인한 도로에서의 위험을 방지하기 위하여 긴급히 조치할 필요가 있을 때에는 필요한 범위에서 보행자, 차마 또는 노면전차의 통행을 일시 금지하거나 제한할 수 있다.(2018.3.27 본항개정)

제7조【교통 혼잡을 완화시키기 위한 조치】 경찰공무원은 보행자, 차마 또는 노면전차의 통행이 밀려서 교통 혼잡이 뚜렷하게 우려될 때에는 혼잡을 덜기 위하여 필요한 조치를 할 수 있다.(2018.3.27 본조개정)

제7조의2【고령운전자 표지】 ① 국가 또는 지방자치단체는 고령운전자의 안전운전 및 교통사고 예방을 위하여 행정안전부령으로 정하는 바에 따라 고령운전자가 운전하는 차임을 나타내는 표지(이하 "고령운전자 표지"라 한다)를 제작하여 배부할 수 있다.
② 고령운전자는 다른 차의 운전자가 쉽게 식별할 수 있도록 차에 고령운전자 표지를 부착하고 운전할 수 있다.
(2023.1.3 본조신설)

제2장 보행자의 통행방법
(2011.6.8 본장개정)

제8조【보행자의 통행】 ① 보행자는 보도와 차도가 구분된 도로에서는 언제나 보도로 통행하여야 한다. 다만, 차도를 횡단하는 경우, 도로공사 등으로 보도의 통행이 금지된 경우나 그 밖의 부득이한 경우에는 그러하지 아니하다.
② 보행자는 보도와 차도가 구분되지 아니한 도로 중 중앙선이 있는 도로(일방통행인 경우에는 차선으로 구분된 도로를 포함한다)에서는 길가장자리 또는 길가장자리구역으로 통행하여야 한다.(2021.10.19 본항개정)
③ 보행자는 다음 각 호의 어느 하나에 해당하는 곳에서는 도로의 전 부분으로 통행할 수 있다. 이 경우 보행자는 고의로 차마의 진행을 방해하여서는 아니 된다.
1. 보도와 차도가 구분되지 아니한 도로 중 중앙선이 없는 도로(일방통행인 경우에는 차선으로 구분되지 아니한 도로에 한정한다. 이하 같다)
2. 보행자우선도로
(2022.1.11 본항개정)
④ 보행자는 보도에서는 우측통행을 원칙으로 한다.

제8조의2【실외이동로봇 운용자의 의무】 ① 실외이동로봇을 운용하는 사람(실외이동로봇을 조작·관리하는 사람을 포함하며, 이하 "실외이동로봇 운용자"라 한다)은 실외이동로봇의 운용 장치와 그 밖의 장치를 정확하게 조작하여야 한다.
② 실외이동로봇 운용자는 실외이동로봇의 운용 장치를 도로의 교통상황과 실외이동로봇의 구조 및 성능에 따라 차, 노면전차 또는 다른 사람에게 위험과 장해를 주는 방법으로 운용하여서는 아니 된다.
(2023.4.18 본조신설)

제9조【행렬등의 통행】 ① 학생의 대열과 그 밖에 보행자의 통행에 지장을 줄 우려가 있다고 인정하여 대통령령으로 정하는 사람이나 행렬(이하 "행렬등"이라 한다)은 제8조제1항 본문에도 불구하고 차도로 통행할 수 있다. 이 경우 행렬등은 차도의 우측으로 통행하여야 한다.
② 행렬등은 사회적으로 중요한 행사에 따라 시가를 행진하는 경우에는 도로의 중앙을 통행할 수 있다.
③ 경찰공무원은 도로에서의 위험을 방지하고 교통의 안전과 원활한 소통을 확보하기 위하여 필요하다고 인정할 때에는 행렬등에 대하여 구간을 정하고 그 구간에서 행렬등이 도로 또는 차도의 우측(자전거도로가 설치되어 있는 차도에서는 자전거도로를 제외한 부분의 우측을 말한다)으로 붙어서 통행할 것을 명하는 등 필요한 조치를 할 수 있다.

제10조【도로의 횡단】 ① 시·도경찰청장은 도로를 횡단하는 보행자의 안전을 위하여 행정안전부령으로 정하는 기준에 따라 횡단보도를 설치할 수 있다.(2020.12.22 본항개정)
② 보행자는 제1항에 따른 횡단보도, 지하도, 육교나 그 밖의 도로 횡단시설이 설치되어 있는 도로에서는 그 곳

으로 횡단하여야 한다. 다만, 지하도나 육교 등의 도로 횡단시설을 이용할 수 없는 지체장애인의 경우에는 다른 교통에 방해가 되지 아니하는 방법으로 도로 횡단시설을 이용하지 아니하고 도로를 횡단할 수 있다.
③ 보행자는 제1항에 따른 횡단보도가 설치되어 있지 아니한 도로에서는 가장 짧은 거리로 횡단하여야 한다.
④ 보행자는 차와 노면전차의 바로 앞이나 뒤로 횡단하여서는 아니 된다. 다만, 횡단보도를 횡단하거나 신호기 또는 경찰공무원등의 신호나 지시에 따라 도로를 횡단하는 경우에는 그러하지 아니하다.(2018.3.27 본문개정)
⑤ 보행자는 안전표지 등에 의하여 횡단이 금지되어 있는 도로의 부분에서는 그 도로를 횡단하여서는 아니 된다.

제11조【어린이 등에 대한 보호】 ① 어린이의 보호자는 교통이 빈번한 도로에서 어린이를 놀게 하여서는 아니 되며, 영유아(6세 미만인 사람을 말한다. 이하 같다)의 보호자는 교통이 빈번한 도로에서 영유아가 혼자 보행하게 하여서는 아니 된다.(2014.12.30 본항개정)
② 앞을 보지 못하는 사람(이에 준하는 사람을 포함한다. 이하 같다)의 보호자는 그 사람이 도로를 보행할 때에는 흰색 지팡이를 갖고 다니도록 하거나 앞을 보지 못하는 사람에게 길을 안내하는 개로서 행정안전부령으로 정하는 개(이하 "장애인보조견"이라 한다)를 동반하도록 하는 등 필요한 조치를 하여야 한다.(2017.7.26 본항개정)
③ 어린이의 보호자는 도로에서 어린이가 자전거를 타거나 행정안전부령으로 정하는 위험성이 큰 움직이는 놀이기구를 타는 경우에는 어린이의 안전을 위하여 행정안전부령으로 정하는 인명보호 장구(裝具)를 착용하도록 하여야 한다.(2017.7.26 본항개정)
④ 어린이의 보호자는 도로에서 어린이가 개인형 이동장치를 운전하게 하여서는 아니 된다.(2020.6.9 본항신설)
⑤ 경찰공무원은 신체에 장애가 있는 사람이 도로를 통행하거나 횡단하기 위하여 도움을 요청하거나 도움이 필요하다고 인정하는 경우에는 그 사람이 안전하게 통행하거나 횡단할 수 있도록 필요한 조치를 하여야 한다.
⑥ 경찰공무원은 다음 각 호의 어느 하나에 해당하는 사람을 발견한 경우에는 그들의 안전을 위하여 적절한 조치를 하여야 한다.
1. 교통이 빈번한 도로에서 놀고 있는 어린이
2. 보호자 없이 도로를 보행하는 영유아(2014.12.30 본호개정)
3. 앞을 보지 못하는 사람으로서 흰색 지팡이를 가지지 아니하거나 장애인보조견을 동반하지 아니하는 등 필요한 조치를 하지 아니하고 다니는 사람(2015.8.11 본호개정)
4. 횡단보도나 교통이 빈번한 도로에서 보행에 어려움을 겪고 있는 노인(65세 이상인 사람을 말한다. 이하 같다)

제12조【어린이 보호구역의 지정·해제 및 관리】 ① 시장등은 교통사고의 위험으로부터 어린이를 보호하기 위하여 필요하다고 인정하는 경우에는 다음 각 호의 어느 하나에 해당하는 시설이나 장소의 주변도로 가운데 일정 구간을 어린이 보호구역으로 지정하여 자동차등과 노면전차의 통행속도를 시속 30킬로미터 이내로 제한할 수 있다.(2021.10.19 본문개정)
1. 「유아교육법」 제2조에 따른 유치원, 「초·중등교육법」 제38조 및 제55조에 따른 초등학교 또는 특수학교
2. 「영유아보육법」 제10조에 따른 어린이집 가운데 행정안전부령으로 정하는 어린이집
3. 「학원의 설립·운영 및 과외교습에 관한 법률」 제2조에 따른 학원 가운데 행정안전부령으로 정하는 학원(2017.7.26 2호~3호개정)
4. 「초·중등교육법」 제60조의2 또는 제60조의3에 따른 외국인학교 또는 대안학교, 「대안교육기관에 관한 법률」 제2조제2호에 따른 대안교육기관, 「제주특별자치도 설치 및 국제자유도시 조성을 위한 특별법」 제223조에 따른 국제학교 및 「경제자유구역 및 제주국제자유도시의 외국교육기관 설립·운영에 관한 특별법」 제2조제2호에 따른 외국교육기관 중 유치원·초등학교 교과과정이 있는 학교(2023.4.18 본호개정)
5. 그 밖에 어린이가 자주 왕래하는 곳으로서 조례로 정하는 시설 또는 장소(2021.10.19 본호신설)
② 제1항에 따른 어린이 보호구역의 지정·해제 절차 및 기준 등에 관하여 필요한 사항은 교육부, 행정안전부 및 국토교통부의 공동부령으로 정한다.(2023.4.18 본항개정)
③ 차마 또는 노면전차의 운전자는 어린이 보호구역에서 제1항에 따른 조치를 준수하고 어린이의 안전에 유의하면서 운행하여야 한다.(2018.3.27 본항개정)
④ 시·도경찰청장, 경찰서장 또는 시장등은 제3항을 위반하는 행위 등의 단속을 위하여 어린이 보호구역의 도로 중에서 행정안전부령으로 정하는 곳에 우선적으로 제4조의2에 따른 무인 교통단속용 장비를 설치하여야 한다.(2020.12.22 본항개정)
⑤ 시장등은 제1항에 따라 지정한 어린이 보호구역에 어린이의 안전을 위하여 다음 각 호에 따른 시설 또는 장비를 우선적으로 설치하거나 관할 도로관리청에 해당 시설 또는 장비의 설치를 요청하여야 한다.
1. 어린이 보호구역으로 지정한 시설의 주 출입문과 가장 가까운 거리에 있는 간선도로상 횡단보도의 신호기
2. 속도 제한, 횡단보도, 기점(起點) 및 종점(終點)에 관한 안전표지(2023.4.18 본호개정)
3. 「도로법」 제2조제2호에 따른 도로의 부속물 중 과속방지시설 및 차마의 미끄럼을 방지하기 위한 시설
3의2. 방호울타리(2024.1.30 본호신설)
4. 그 밖에 교육부, 행정안전부 및 국토교통부의 공동부령으로 정하는 시설 또는 장비
(2019.12.24 본항신설)
(2023.4.18 본조제목개정)

제12조의2【노인 및 장애인 보호구역의 지정·해제 및 관리】 ① 시장등은 교통사고의 위험으로부터 노인 또는 장애인을 보호하기 위하여 필요하다고 인정하는 경우에는 제1호부터 제3호까지 및 제3호의2에 따른 시설 또는 장소의 주변도로 가운데 일정 구간을 노인 보호구역으로, 제4호에 따른 시설의 주변도로 가운데 일정 구간을 장애인 보호구역으로 각각 지정하여 차마와 노면전차의 통행을 제한하거나 금지하는 등 필요한 조치를 할 수 있다.(2023.1.3 본문개정)
1. 「노인복지법」 제31조에 따른 노인복지시설(2021.10.19 본호개정)
2. 「자연공원법」 제2조제1호에 따른 자연공원 또는 「도시공원 및 녹지 등에 관한 법률」 제2조제3호에 따른 도시공원
3. 「체육시설의 설치·이용에 관한 법률」 제6조에 따른 생활체육시설
3의2. 그 밖에 노인이 자주 왕래하는 곳으로서 조례로 정하는 시설 또는 장소(2023.1.3 본호신설)
4. 「장애인복지법」 제58조에 따른 장애인복지시설(2021.10.19 본호개정)
② 제1항에 따른 노인 보호구역 또는 장애인 보호구역의 지정·해제 절차 및 기준 등에 관하여 필요한 사항은 행정안전부, 보건복지부 및 국토교통부의 공동부령으로 정한다.(2023.4.18 본항개정)
③ 차마와 노면전차의 운전자는 노인 보호구역 또는 장애인 보호구역에서 제1항에 따른 조치를 준수하고 노인 또는 장애인의 안전에 유의하면서 운행하여야 한다.(2018.3.27 본항개정)
(2023.4.18 본조제목개정)

제12조의3【보호구역 통합관리시스템 구축·운영 등】
① 경찰청장은 제12조에 따른 어린이 보호구역과 제12조의2에 따른 노인 및 장애인 보호구역에 대한 정보를 수집·관리 및 공개하기 위하여 보호구역 통합관리시스템을 구축·운영하여야 한다.
② 경찰청장은 제1항에 따라 구축된 보호구역 통합관리시스템의 운영에 필요한 정보를 시장등에게 요청할 수 있으며, 요청을 받은 시장등은 정당한 사유가 없으면 그 요청에 따라야 한다.
③ 제1항 및 제2항에 따른 보호구역 통합관리시스템의 구축·운영, 정보 요청 등에 필요한 사항은 교육부, 행정안전부, 보건복지부 및 국토교통부의 공동부령으로 정한다.
(2023.1.3 본조신설)

제12조의4【보호구역에 대한 실태조사 등】 ① 시장등은 제12조에 따른 어린이 보호구역과 제12조의2에 따른 노인 및 장애인 보호구역에서 발생한 교통사고 현황 등 교통환경에 대한 실태조사를 연 1회 이상 실시하고, 그 결과를 보호구역의 지정·해제 및 관리에 반영하여야 한다.
② 제1항에 따른 실태조사의 대상 및 방법 등에 필요한 사항은 교육부, 행정안전부, 보건복지부 및 국토교통부의 공동부령으로 정한다.
③ 시장등은 제1항에 따른 실태조사 업무의 일부를 대통령령으로 정하는 바에 따라 「한국도로교통공단법」에 따른 한국도로교통공단(이하 "한국도로교통공단"이라 한다) 또는 교통 관련 전문기관에 위탁할 수 있다.
(2024.1.30 본항개정)
(2023.4.18 본조신설)

제3장 차마 및 노면전차의 통행방법 등

(2018.3.27 본장제목개정)

제13조【차마의 통행】 ① 차마의 운전자는 보도와 차도가 구분된 도로에서는 차도로 통행하여야 한다. 다만, 도로 외의 곳으로 출입할 때에는 보도를 횡단하여 통행할 수 있다.
② 제1항 단서의 경우 차마의 운전자는 보도를 횡단하기 직전에 일시정지하여 좌측과 우측 부분 등을 살핀 후 보행자의 통행을 방해하지 아니하도록 횡단하여야 한다.
③ 차마의 운전자는 도로(보도와 차도가 구분된 도로에서는 차도를 말한다)의 중앙(중앙선이 설치되어 있는 경우에는 그 중앙선을 말한다. 이하 같다) 우측 부분을 통행하여야 한다.
④ 차마의 운전자는 제3항에도 불구하고 다음 각 호의 어느 하나에 해당하는 경우에는 도로의 중앙이나 좌측 부분을 통행할 수 있다.
1. 도로가 일방통행인 경우
2. 도로의 파손, 도로공사나 그 밖의 장애 등으로 도로의 우측 부분을 통행할 수 없는 경우
3. 도로 우측 부분의 폭이 6미터가 되지 아니하는 도로에서 다른 차를 앞지르려는 경우. 다만, 다음 각 목의 어느 하나에 해당하는 경우에는 그러하지 아니하다.
가. 도로의 좌측 부분을 확인할 수 없는 경우
나. 반대 방향의 교통을 방해할 우려가 있는 경우
다. 안전표지 등으로 앞지르기를 금지하거나 제한하고 있는 경우
4. 도로 우측 부분의 폭이 차마의 통행에 충분하지 아니한 경우
5. 가파른 비탈길의 구부러진 곳에서 교통의 위험을 방지하기 위하여 시·도경찰청장이 필요하다고 인정하여 구간 및 통행방법을 지정하고 있는 경우에 그 지정에 따라 통행하는 경우(2020.12.22 본호개정)
⑤ 차마의 운전자는 안전지대 등 안전표지에 의하여 진입이 금지된 장소에 들어가서는 아니 된다.
⑥ 차마(자전거등은 제외한다)의 운전자는 안전표지로 통행이 허용된 장소를 제외하고는 자전거도로 또는 길가장자리구역으로 통행하여서는 아니 된다. 다만, 「자전거 이용 활성화에 관한 법률」 제3조제4호에 따른 자전거 우선도로의 경우에는 그러하지 아니하다.(2020.6.9 본문개정)

제13조의2【자전거등의 통행방법의 특례】 ① 자전거등의 운전자는 자전거도로(제15조제1항에 따라 자전거만 통행할 수 있도록 설치된 전용차로를 포함한다. 이하 이 조에서 같다)가 따로 있는 곳에서는 그 자전거도로로 통행하여야 한다.(2020.6.9 본항개정)
② 자전거등의 운전자는 자전거도로가 설치되지 아니한 곳에서는 도로 우측 가장자리에 붙어서 통행하여야 한다.
(2020.6.9 본항개정)
③ 자전거등의 운전자는 길가장자리구역(안전표지로 자전거등의 통행을 금지한 구간은 제외한다)을 통행할 수 있다. 이 경우 자전거등의 운전자는 보행자의 통행에 방해가 될 때에는 서행하거나 일시정지하여야 한다.
(2020.6.9 본항개정)
④ 자전거등의 운전자는 제1항 및 제13조제1항에도 불구하고 다음 각 호의 어느 하나에 해당하는 경우에는 보도를 통행할 수 있다. 이 경우 자전거등의 운전자는 보도 중앙으로부터 차도 쪽 또는 안전표지로 지정된 곳으로 서행하여야 하며, 보행자의 통행에 방해가 될 때에는 일시정지하여야 한다.(2020.6.9 본문개정)
1. 어린이, 노인, 그 밖에 행정안전부령으로 정하는 신체장애인이 자전거를 운전하는 경우. 다만, 「자전거 이용 활성화에 관한 법률」 제2조제1호의2에 따른 전기자전거의 원동기를 끄지 아니하고 운전하는 경우는 제외한다.(2018.3.27 단서신설)
2. 안전표지로 자전거등의 통행이 허용된 경우(2020.6.9 본호개정)
3. 도로의 파손, 도로공사나 그 밖의 장애 등으로 도로를 통행할 수 없는 경우
⑤ 자전거등의 운전자는 안전표지로 통행이 허용된 경우를 제외하고는 2대 이상이 나란히 차도를 통행하여서는 아니 된다.(2020.6.9 본항개정)
⑥ 자전거등의 운전자가 횡단보도를 이용하여 도로를 횡단할 때에는 자전거등에서 내려서 자전거등을 끌거나 들고 보행하여야 한다.(2020.6.9 본항개정)
(2020.6.9 본조제목개정)

제14조【차로의 설치 등】 ① 시·도경찰청장은 차마의 교통을 원활하게 하기 위하여 필요한 경우에는 도로에 행정안전부령으로 정하는 차로를 설치할 수 있다. 이 경우 시·도경찰청장은 시간대에 따라 양방향의 통행량이 뚜렷하게 다른 도로에는 교통량이 많은 쪽으로 차로의 수가 확대될 수 있도록 신호기에 의하여 차로의 진행방향을 지시하는 가변차로를 설치할 수 있다.(2020.12.22 본항개정)
② 차마의 운전자는 차로가 설치되어 있는 도로에서는 이 법이나 이 법에 따른 명령에 특별한 규정이 있는 경우를 제외하고는 그 차로를 따라 통행하여야 한다. 다만, 시·도경찰청장이 통행방법을 따로 지정한 경우에는 그 방법으로 통행하여야 한다.(2020.12.22 단서개정)
③ 차로가 설치된 도로를 통행하려는 경우로서 차의 너비가 행정안전부령으로 정하는 차로의 너비보다 넓어 교통의 안전이나 원활한 소통에 지장을 줄 우려가 있는 경우 그 차의 운전자는 도로를 통행하여서는 아니 된다. 다만, 행정안전부령으로 정하는 바에 따라 그 차의 출발지를 관할하는 경찰서장의 허가를 받은 경우에는 그러하지 아니하다.(2017.7.26 본항개정)
④ 경찰서장은 제3항 단서에 따른 허가를 받으려는 차가 「도로법」 제77조제1항 단서에 따른 운행허가를 받아야 하는 차에 해당하는 경우에는 대통령령으로 정하는 바에 따라 그 차가 통행하려는 도로의 관리청과 미리 협의하여야 하며, 이러한 협의를 거쳐 경찰서장의 허가를 받은 차는 「도로법」 제77조제1항 단서에 따른 운행허가를 받은 것으로 본다.(2014.12.30 본항신설)
⑤ 차마의 운전자는 안전표지가 설치되어 특별히 진로 변경이 금지된 곳에서는 차마의 진로를 변경하여서는 아니 된다. 다만, 도로의 파손이나 도로공사 등으로 인하여 장애물이 있는 경우에는 그러하지 아니하다.

제15조【전용차로의 설치】 ① 시장등은 원활한 교통을 확보하기 위하여 특히 필요한 경우에는 시·도경찰청장이나 경찰서장과 협의하여 도로에 전용차로(차의 종류나 승차 인원에 따라 지정된 차만 통행할 수 있는 차로를 말한다. 이하 같다)를 설치할 수 있다.(2020.12.22 본항개정)
② 전용차로의 종류, 전용차로로 통행할 수 있는 차와 그 밖에 전용차로의 운영에 필요한 사항은 대통령령으로 정한다.

③ 제2항에 따라 전용차로로 통행할 수 있는 차가 아니면 전용차로로 통행하여서는 아니 된다. 다만, 긴급자동차가 그 본래의 긴급한 용도로 운행되고 있는 경우 등 대통령령으로 정하는 경우에는 그러하지 아니하다.

제15조의2【자전거횡단도의 설치 등】 ① 시·도경찰청장은 도로를 횡단하는 자전거 운전자의 안전을 위하여 행정안전부령으로 정하는 기준에 따라 자전거횡단도를 설치할 수 있다.(2020.12.22 본항개정)

② 자전거등의 운전자가 자전거등을 타고 자전거횡단도가 따로 있는 도로를 횡단할 때에는 자전거횡단도를 이용하여야 한다.(2020.6.9 본항개정)

③ 차마의 운전자는 자전거등이 자전거횡단도를 통행하고 있을 때에는 자전거등의 횡단을 방해하거나 위험하게 하지 아니하도록 그 자전거횡단도 앞(정지선이 설치되어 있는 곳에서는 그 정지선을 말한다)에서 일시정지하여야 한다.(2020.6.9 본항개정)

제16조【노면전차 전용로의 설치 등】 ① 시장등은 교통을 원활하게 하기 위하여 노면전차 전용도로 또는 전용차로를 설치하려는 경우에는 「도시철도법」 제7조제1항에 따른 도시철도사업계획의 승인 전에 다음 각 호의 사항에 대하여 시·도경찰청장과 협의하여야 한다. 사업 계획을 변경하려는 경우에도 또한 같다.(2020.12.22 전단개정)

1. 노면전차의 설치 방법 및 구간
2. 노면전차 전용로 내 교통안전시설의 설치
3. 그 밖에 노면전차 전용로의 관리에 관한 사항

② 노면전차의 운전자는 제1항에 따른 노면전차 전용도로 또는 전용차로로 통행하여야 하며, 차마의 운전자는 노면전차 전용도로 또는 전용차로를 다음 각 호의 경우를 제외하고는 통행하여서는 아니 된다.

1. 좌회전, 우회전, 횡단 또는 회전하기 위하여 궤도부지를 가로지르는 경우
2. 도로, 교통안전시설, 도로의 부속물 등의 보수를 위하여 진입이 불가피한 경우
3. 노면전차 전용차로에서 긴급자동차가 그 본래의 긴급한 용도로 운행되고 있는 경우

(2018.3.27 본조신설)

제17조【자동차등과 노면전차의 속도】 ① 자동차등(개인형 이동장치는 제외한다. 이하 이 조에서 같다)과 노면전차의 도로 통행 속도는 행정안전부령으로 정한다.(2020.6.9 본항개정)

② 경찰청장이나 시·도경찰청장은 도로에서 일어나는 위험을 방지하고 교통의 안전과 원활한 소통을 확보하기 위하여 필요하다고 인정하는 경우에는 다음 각 호의 구분에 따라 구역이나 구간을 지정하여 제1항에 따라 정한 속도를 제한할 수 있다.(2020.12.22 본문개정)

1. 경찰청장 : 고속도로
2. 시·도경찰청장 : 고속도로를 제외한 도로(2020.12.22 본호개정)

③ 자동차등과 노면전차의 운전자는 제1항과 제2항에 따른 최고속도보다 빠르게 운전하거나 최저속도보다 느리게 운전하여서는 아니 된다. 다만, 교통이 밀리거나 그 밖의 부득이한 사유로 최저속도보다 느리게 운전할 수밖에 없는 경우에는 그러하지 아니하다.(2018.3.27 본문개정)

(2018.3.27 본조제목개정)

제18조【횡단 등의 금지】 ① 차마의 운전자는 보행자나 다른 차마의 정상적인 통행을 방해할 우려가 있는 경우에는 차마를 운전하여 도로를 횡단하거나 유턴 또는 후진하여서는 아니 된다.

② 시·도경찰청장은 도로에서의 위험을 방지하고 교통의 안전과 원활한 소통을 확보하기 위하여 특히 필요하다고 인정하는 경우에는 도로의 구간을 지정하여 차마의 횡단이나 유턴 또는 후진을 금지할 수 있다.(2020.12.22 본항개정)

③ 차마의 운전자는 길가의 건물이나 주차장 등에서 도로에 들어갈 때에는 일단 정지한 후에 안전한지 확인하면서 서행하여야 한다.

제19조【안전거리 확보 등】 ① 모든 차의 운전자는 같은 방향으로 가고 있는 앞차의 뒤를 따르는 경우에는 앞차가 갑자기 정지하게 되는 경우 그 앞차와의 충돌을 피할 수 있는 필요한 거리를 확보하여야 한다.

② 자동차등의 운전자는 같은 방향으로 가고 있는 자전거등의 운전자에 주의하여야 하며, 그 옆을 지날 때에는 자전거등과의 충돌을 피할 수 있는 필요한 거리를 확보하여야 한다.(2020.6.9 본항개정)

③ 모든 차의 운전자는 차의 진로를 변경하려는 경우에 그 변경하려는 방향으로 오고 있는 다른 차의 정상적인 통행에 장애를 줄 우려가 있을 때에는 진로를 변경하여서는 아니 된다.

④ 모든 차의 운전자는 위험방지를 위한 경우와 그 밖의 부득이한 경우가 아니면 운전하는 차를 갑자기 정지시키거나 속도를 줄이는 등의 급제동을 하여서는 아니 된다.

제20조【진로 양보의 의무】 ① 모든 차(긴급자동차는 제외한다)의 운전자는 뒤에서 따라오는 차보다 느린 속도로 가려는 경우에는 도로의 우측 가장자리로 피하여 진로를 양보하여야 한다. 다만, 통행 구분이 설치된 도로의 경우에는 그러하지 아니하다.

② 좁은 도로에서 긴급자동차 외의 자동차가 서로 마주보고 진행할 때에는 다음 각 호의 구분에 따른 자동차가 도로의 우측 가장자리로 피하여 진로를 양보하여야 한다.

1. 비탈진 좁은 도로에서 자동차가 서로 마주보고 진행하는 경우에는 올라가는 자동차
2. 비탈진 좁은 도로 외의 좁은 도로에서 사람을 태웠거나 물건을 실은 자동차와 동승자(同乘者)가 없고 물건을 싣지 아니한 자동차가 서로 마주보고 진행하는 경우에는 동승자가 없고 물건을 싣지 아니한 자동차

제21조【앞지르기 방법 등】 ① 모든 차의 운전자는 다른 차를 앞지르려면 앞차의 좌측으로 통행하여야 한다.

② 자전거등의 운전자는 서행하거나 정지한 다른 차를 앞지르려면 제1항에도 불구하고 앞차의 우측으로 통행할 수 있다. 이 경우 자전거등의 운전자는 정지한 차에서 승차하거나 하차하는 사람의 안전에 유의하여 서행하거나 필요한 경우 일시정지하여야 한다.(2020.6.9 본항개정)

③ 제1항과 제2항의 경우 앞지르려고 하는 모든 차의 운전자는 반대방향의 교통과 앞차 앞쪽의 교통에도 주의를 충분히 기울여야 하며, 앞차의 속도·진로와 그 밖의 도로상황에 따라 방향지시기·등화 또는 경음기(警音機)를 사용하는 등 안전한 속도와 방법으로 앞지르기를 하여야 한다.

④ 모든 차의 운전자는 제1항부터 제3항까지 또는 제60조제2항에 따른 방법으로 앞지르기를 하는 차가 있을 때에는 속도를 높여 경쟁하거나 그 차의 앞을 가로막는 등의 방법으로 앞지르기를 방해하여서는 아니 된다.

제22조【앞지르기 금지의 시기 및 장소】 ① 모든 차의 운전자는 다음 각 호의 어느 하나에 해당하는 경우에는 앞차를 앞지르지 못한다.

1. 앞차의 좌측에 다른 차가 앞차와 나란히 가고 있는 경우
2. 앞차가 다른 차를 앞지르고 있거나 앞지르려고 하는 경우

② 모든 차의 운전자는 다음 각 호의 어느 하나에 해당하는 다른 차를 앞지르지 못한다.

1. 이 법이나 이 법에 따른 명령에 따라 정지하거나 서행하고 있는 차
2. 경찰공무원의 지시에 따라 정지하거나 서행하고 있는 차
3. 위험을 방지하기 위하여 정지하거나 서행하고 있는 차

③ 모든 차의 운전자는 다음 각 호의 어느 하나에 해당하는 곳에서는 다른 차를 앞지르지 못한다.

1. 교차로
2. 터널 안
3. 다리 위
4. 도로의 구부러진 곳, 비탈길의 고갯마루 부근 또는 가파른 비탈길의 내리막 등 시·도경찰청장이 도로에서의 위험을 방지하고 교통의 안전과 원활한 소통을 확보하기 위하여 필요하다고 인정하는 곳으로서 안전표지로 지정한 곳(2020.12.22 본호개정)

판례 앞지르기 금지장소에서 선행차량이 진로를 양보하였다 하더라도 앞지르기를 하는 것은 위법이다.(대판 2005.1.27, 2004도8062)

제23조【끼어들기의 금지】 모든 차의 운전자는 제22조제2항 각 호의 어느 하나에 해당하는 다른 차 앞으로 끼어들지 못한다.

제24조【철길 건널목의 통과】 ① 모든 차 또는 노면전차의 운전자는 철길 건널목(이하 "건널목"이라 한다)을 통과하려는 경우에는 건널목 앞에서 일시정지하여 안전한지 확인한 후에 통과하여야 한다. 다만, 신호기 등이 표시하는 신호에 따르는 경우에는 정지하지 아니하고 통과할 수 있다.

② 모든 차 또는 노면전차의 운전자는 건널목의 차단기가 내려져 있거나 내려지려고 하는 경우 또는 건널목의 경보기가 울리고 있는 동안에는 그 건널목으로 들어가서는 아니 된다.

③ 모든 차 또는 노면전차의 운전자는 건널목을 통과하다가 고장 등의 사유로 건널목 안에서 차 또는 노면전차를 운행할 수 없게 된 경우에는 즉시 승객을 대피시키고 비상신호기 등을 사용하거나 그 밖의 방법으로 철도공무원이나 경찰공무원에게 그 사실을 알려야 한다.

(2018.3.27 본조개정)

제25조【교차로 통행방법】 ① 모든 차의 운전자는 교차로에서 우회전을 하려는 경우에는 미리 도로의 우측 가장자리를 서행하면서 우회전하여야 한다. 이 경우 우회전하는 차의 운전자는 신호에 따라 정지하거나 진행하는 보행자 또는 자전거등에 주의하여야 한다.(2020.6.9 후단개정)

② 모든 차의 운전자는 교차로에서 좌회전을 하려는 경우에는 미리 도로의 중앙선을 따라 서행하면서 교차로의 중심 안쪽을 이용하여 좌회전하여야 한다. 다만, 시·도경찰청장이 교차로의 상황에 따라 특히 필요하다고 인정하여 지정한 곳에서는 교차로의 중심 바깥쪽을 통과할 수 있다.(2020.12.22 단서개정)

③ 제2항에도 불구하고 자전거등의 운전자는 교차로에서 좌회전하려는 경우에는 미리 도로의 우측 가장자리로 붙어 서행하면서 교차로의 가장자리 부분을 이용하여 좌회전하여야 한다.(2020.6.9 본항개정)

④ 제1항부터 제3항까지의 규정에 따라 우회전이나 좌회전을 하기 위하여 손이나 방향지시기 또는 등화로써 신호를 하는 차가 있는 경우에 그 뒤차의 운전자는 신호를 한 앞차의 진행을 방해하여서는 아니 된다.

⑤ 모든 차 또는 노면전차의 운전자는 신호기로 교통정리를 하고 있는 교차로에 들어가려는 경우에는 진행하려는 진로의 앞쪽에 있는 차 또는 노면전차의 상황에 따라 교차로(정지선이 설치되어 있는 경우에는 그 정지선을 넘은 부분을 말한다)에 정지하게 되어 다른 차 또는 노면전차의 통행에 방해가 될 우려가 있는 경우에는 그 교차로에 들어가서는 아니 된다.(2018.3.27 본항개정)

⑥ 모든 차의 운전자는 교통정리를 하고 있지 아니하고 일시정지나 양보를 표시하는 안전표지가 설치되어 있는 교차로에 들어가려고 할 때에는 다른 차의 진행을 방해하지 아니하도록 일시정지하거나 양보하여야 한다.

제25조의2【회전교차로 통행방법】 ① 모든 차의 운전자는 회전교차로에서는 반시계방향으로 통행하여야 한다.

② 모든 차의 운전자는 회전교차로에 진입하려는 경우에는 서행하거나 일시정지하여야 하며, 이미 진행하고 있는 다른 차가 있는 때에는 그 차에 진로를 양보하여야 한다.

③ 제1항 및 제2항에 따라 회전교차로 통행을 위하여 손이나 방향지시기 또는 등화로써 신호를 하는 차가 있는 경우 그 뒤차의 운전자는 신호를 한 앞차의 진행을 방해하여서는 아니 된다.

(2022.1.11 본조신설)

제26조【교통정리가 없는 교차로에서의 양보운전】 ① 교통정리를 하고 있지 아니하는 교차로에 들어가려고 하는 차의 운전자는 이미 교차로에 들어가 있는 다른 차가 있을 때에는 그 차에 진로를 양보하여야 한다.

② 교통정리를 하고 있지 아니하는 교차로에 들어가려고 하는 차의 운전자는 그 차가 통행하고 있는 도로의 폭보다 교차하는 도로의 폭이 넓은 경우에는 서행하여야 하며, 폭이 넓은 도로로부터 교차로에 들어가려고 하는 다른 차가 있을 때에는 그 차에 진로를 양보하여야 한다.

③ 교통정리를 하고 있지 아니하는 교차로에 동시에 들어가려고 하는 차의 운전자는 우측도로의 차에 진로를 양보하여야 한다.

④ 교통정리를 하고 있지 아니하는 교차로에서 좌회전하려고 하는 차의 운전자는 그 교차로에서 직진하거나 우회전하려는 다른 차가 있을 때에는 그 차에 진로를 양보하여야 한다.

제27조【보행자의 보호】 ① 모든 차 또는 노면전차의 운전자는 보행자(제13조의2제6항에 따라 자전거등에서 내려서 자전거등을 끌거나 들고 통행하는 자전거등의 운전자를 포함한다)가 횡단보도를 통행하고 있거나 통행하려고 하는 때에는 보행자의 횡단을 방해하거나 위험을 주지 아니하도록 그 횡단보도 앞(정지선이 설치되어 있는 곳에서는 그 정지선을 말한다)에서 일시정지하여야 한다.(2022.1.11 본항개정)

② 모든 차 또는 노면전차의 운전자는 교통정리를 하고 있는 교차로에서 좌회전이나 우회전을 하려는 경우에는 신호기 또는 경찰공무원등의 신호나 지시에 따라 도로를 횡단하는 보행자의 통행을 방해하여서는 아니 된다.(2018.3.27 본항개정)

③ 모든 차의 운전자는 교통정리를 하고 있지 아니하는 교차로 또는 그 부근의 도로를 횡단하는 보행자의 통행을 방해하여서는 아니 된다.

④ 모든 차의 운전자는 도로에 설치된 안전지대에 보행자가 있는 경우와 차로가 설치되지 아니한 좁은 도로에서 보행자의 옆을 지나는 경우에는 안전한 거리를 두고 서행하여야 한다.

⑤ 모든 차 또는 노면전차의 운전자는 보행자가 제10조제3항에 따라 횡단보도가 설치되어 있지 아니한 도로를 횡단하고 있을 때에는 안전거리를 두고 일시정지하여 보행자가 안전하게 횡단할 수 있도록 하여야 한다.(2018.3.27 본항개정)

⑥ 모든 차의 운전자는 다음 각 호의 어느 하나에 해당하는 곳에서 보행자의 옆을 지나는 경우에는 안전한 거리를 두고 서행하여야 하며, 보행자의 통행에 방해가 될 때에는 서행하거나 일시정지하여 보행자가 안전하게 통행할 수 있도록 하여야 한다.

1. 보도와 차도가 구분되지 아니한 도로 중 중앙선이 없는 도로
2. 보행자우선도로
3. 도로 외의 곳

(2022.1.11 본항개정)

⑦ 모든 차 또는 노면전차의 운전자는 제12조제1항에 따른 어린이 보호구역 내에 설치된 횡단보도 중 신호기가 설치되지 아니한 횡단보도 앞(정지선이 설치된 경우에는 그 정지선을 말한다)에서는 보행자의 횡단 여부와 관계없이 일시정지하여야 한다.(2022.1.11 본항신설)

판례 트럭을 운전하여 보행자용 신호기가 설치되어 있지 않은 횡단보도를 통과하다가 횡단보도를 건너는 피해자를 뒤늦게 발견하고 급정거하는 바람에 교통사고가 발생한 경우, 자동차의 운전자가 통상 예견되는 상황에 대비하여 결과를 회피할 수 있는 정도의 주의의무를 다하지 못한 것이 교통사고 발생의 직접적인 원인이 되었다면, 비록 자동차가 보행자를 직접 충격한 것이 아니고 보행자가 자동차의 급정거에 놀라 도로에 넘어져 상해를 입은 경우라고 할지라도, 업무상 주의의무 위반과 교통사고 발생 사이에 상당인과관계를 인정할 수 있다.(대판 2022.6.16, 2022도1401)

제28조【보행자전용도로의 설치】 ① 시·도경찰청장이나 경찰서장은 보행자의 통행을 보호하기 위하여 특히 필요한 경우에는 도로에 보행자전용도로를 설치할 수 있다.(2020.12.22 본항개정)

② 차마 또는 노면전차의 운전자는 제1항에 따른 보행자전용도로를 통행하여서는 아니 된다. 다만, 시·도경찰청

장이나 경찰서장은 특히 필요하다고 인정하는 경우에는 보행자전용도로에 차마의 통행을 허용할 수 있다.
(2020.12.22 단서개정)
③ 제2항 단서에 따라 보행자전용도로의 통행이 허용된 차마의 운전자는 보행자를 위험하게 하거나 보행자의 통행을 방해하지 아니하도록 차마를 보행자의 걸음 속도로 운행하거나 일시정지하여야 한다.
제28조의2【보행자우선도로】 시·도경찰청장이나 경찰서장은 보행자우선도로에서 보행자를 보호하기 위하여 필요하다고 인정하는 경우에는 차마의 통행속도를 시속 20킬로미터 이내로 제한할 수 있다.(2022.1.11 본조신설)
제29조【긴급자동차의 우선 통행】 ① 긴급자동차는 제13조제3항에도 불구하고 긴급하고 부득이한 경우에는 도로의 중앙이나 좌측 부분을 통행할 수 있다.
② 긴급자동차는 이 법이나 이 법에 따른 명령에 따라 정지하여야 하는 경우에도 불구하고 긴급하고 부득이한 경우에는 정지하지 아니할 수 있다.
③ 긴급자동차의 운전자는 제1항이나 제2항의 경우에 교통안전에 특히 주의하면서 통행하여야 한다.
④ 교차로나 그 부근에서 긴급자동차가 접근하는 경우에는 차마와 노면전차의 운전자는 교차로를 피하여 일시정지하여야 한다.(2018.3.27 본항개정)
⑤ 모든 차와 노면전차의 운전자는 제4항에 따른 곳 외의 곳에서 긴급자동차가 접근한 경우에는 긴급자동차가 우선통행할 수 있도록 진로를 양보하여야 한다.(2018.3.27 본항개정)
⑥ 제2조제22호 각 목의 자동차 운전자는 해당 자동차를 그 본래의 긴급한 용도로 운행하지 아니하는 경우에는 「자동차관리법」에 따라 설치된 경광등을 켜거나 사이렌을 작동하여서는 아니 된다. 다만, 대통령령으로 정하는 바에 따라 범죄 및 화재 예방 등을 위한 순찰·훈련 등을 실시하는 경우에는 그러하지 아니하다.(2016.1.27 본항신설)
제30조【긴급자동차에 대한 특례】 긴급자동차에 대하여는 다음 각 호의 사항을 적용하지 아니한다. 다만, 제4호부터 제12호까지의 사항은 긴급자동차 중 제2조제22호가목부터 다목까지의 자동차와 대통령령으로 정하는 경찰용 자동차에 대해서만 적용하지 아니한다.(2021.1.12 단서신설)
1. 제17조에 따른 자동차등의 속도 제한. 다만, 제17조에 따라 긴급자동차에 대하여 속도를 제한한 경우에는 같은 조의 규정을 적용한다.
2. 제22조에 따른 앞지르기의 금지
3. 제23조에 따른 끼어들기의 금지
4. 제5조에 따른 신호위반
5. 제13조제1항에 따른 보도침범
6. 제13조제3항에 따른 중앙선 침범
7. 제18조에 따른 횡단 등의 금지
8. 제19조에 따른 안전거리 확보 등
9. 제21조제1항에 따른 앞지르기 방법 등
10. 제32조에 따른 정차 및 주차의 금지
11. 제33조에 따른 주차금지
12. 제66조에 따른 고장 등의 조치
(2021.1.12 4호~12호신설)
제31조【서행 또는 일시정지할 장소】 ① 모든 차 또는 노면전차의 운전자는 다음 각 호의 어느 하나에 해당하는 곳에서는 서행하여야 한다.(2018.3.27 본문개정)
1. 교통정리를 하고 있지 아니하는 교차로
2. 도로가 구부러진 부근
3. 비탈길의 고갯마루 부근
4. 가파른 비탈길의 내리막
5. 시·도경찰청장이 도로에서의 위험을 방지하고 교통의 안전과 원활한 소통을 확보하기 위하여 필요하다고 인정하여 안전표지로 지정한 곳(2020.12.22 본호개정)
② 모든 차 또는 노면전차의 운전자는 다음 각 호의 어느 하나에 해당하는 곳에서는 일시정지하여야 한다.
(2018.3.27 본문개정)
1. 교통정리를 하고 있지 아니하고 좌우를 확인할 수 없거나 교통이 빈번한 교차로
2. 시·도경찰청장이 도로에서의 위험을 방지하고 교통의 안전과 원활한 소통을 확보하기 위하여 필요하다고 인정하여 안전표지로 지정한 곳(2020.12.22 본호개정)
제32조【정차 및 주차의 금지】 모든 차의 운전자는 다음 각 호의 어느 하나에 해당하는 곳에서는 차를 정차하거나 주차하여서는 아니 된다. 다만, 이 법이나 이 법에 따른 명령 또는 경찰공무원의 지시를 따르는 경우와 위험방지를 위하여 일시정지하는 경우에는 그러하지 아니하다.
1. 교차로·횡단보도·건널목이나 보도와 차도가 구분된 도로의 보도(「주차장법」에 따라 차도와 보도에 걸쳐서 설치된 노상주차장은 제외한다)
2. 교차로의 가장자리나 도로의 모퉁이로부터 5미터 이내인 곳
3. 안전지대가 설치된 도로에서는 그 안전지대의 사방으로부터 각각 10미터 이내인 곳
4. 버스여객자동차의 정류지(停留地)임을 표시하는 기둥이나 표지판 또는 선이 설치된 곳으로부터 10미터 이내인 곳. 다만, 버스여객자동차의 운전자가 그 버스여객자동차의 운행시간 중에 운행노선에 따르는 정류장에서 승객을 태우거나 내리기 위하여 차를 정차하거나 주차하는 경우에는 그러하지 아니하다.
5. 건널목의 가장자리 또는 횡단보도로부터 10미터 이내인 곳
6. 다음 각 목의 곳으로부터 5미터 이내인 곳
가. 「소방기본법」 제10조에 따른 소방용수시설 또는 비상소화장치가 설치된 곳
나. 「소방시설 설치 및 관리에 관한 법률」 제2조제1항제1호에 따른 소방시설로서 대통령령으로 정하는 시설이 설치된 곳(2021.11.30 본목개정)
(2018.2.9 본호신설)
7. 시·도경찰청장이 도로에서의 위험을 방지하고 교통의 안전과 원활한 소통을 확보하기 위하여 필요하다고 인정하여 지정한 곳(2020.12.22 본호개정)
8. 시장등이 제12조제1항에 따라 지정한 어린이 보호구역(2020.10.20 본호신설)
제33조【주차금지의 장소】 모든 차의 운전자는 다음 각 호의 어느 하나에 해당하는 곳에 차를 주차해서는 아니 된다.
1. 터널 안 및 다리 위
2. 다음 각 목의 곳으로부터 5미터 이내인 곳
가. 도로공사를 하고 있는 경우에는 그 공사 구역의 양쪽 가장자리
나. 「다중이용업소의 안전관리에 관한 특별법」에 따른 다중이용업소의 영업장이 속한 건축물로 소방본부장의 요청에 의하여 시·도경찰청장이 지정한 곳
(2020.12.22 본목개정)
3. 시·도경찰청장이 도로에서의 위험을 방지하고 교통의 안전과 원활한 소통을 확보하기 위하여 필요하다고 인정하여 지정한 곳(2020.12.22 본호개정)
(2018.2.9 본조개정)
제34조【정차 또는 주차의 방법 및 시간의 제한】 도로 또는 노상주차장에 정차하거나 주차하려고 하는 차의 운전자는 차를 차도의 우측 가장자리에 정차하는 등 대통령령으로 정하는 정차 또는 주차의 방법·시간과 금지사항 등을 지켜야 한다.
제34조의2【정차 또는 주차를 금지하는 장소의 특례】
① 다음 각 호의 어느 하나에 해당하는 경우에는 제32조제1호·제4호·제5호·제7호·제8호 또는 제33조제3호에도 불구하고 정차하거나 주차할 수 있다.
1. 「자전거 이용 활성화에 관한 법률」 제2조제2호에 따른 자전거이용시설 중 전기자전거 충전소 및 자전거주차장치에 자전거를 정차 또는 주차하는 경우
2. 시장등의 요청에 따라 시·도경찰청장이 안전표지로 자전거등의 정차 또는 주차를 허용한 경우
② 시·도경찰청장이 안전표지로 구역·시간·방법 및 차의 종류를 정하여 정차나 주차를 허용한 곳에서는 제32조제7호·제8호 또는 제33조제3호에도 불구하고 정차하거나 주차할 수 있다.
(2021.1.12 본조개정)
제34조의3【경사진 곳에서의 정차 또는 주차의 방법】 경사진 곳에 정차하거나 주차(도로 외의 경사진 곳에서 정차하거나 주차하는 경우를 포함한다)하려는 자동차의 운전자는 대통령령으로 정하는 바에 따라 고임목을 설치하거나 조향장치(操向裝置)를 도로의 가장자리 방향으로 돌려놓는 등 미끄럼 사고의 발생을 방지하기 위한 조치를 취하여야 한다.(2018.3.27 본조신설)
제35조【주차위반에 대한 조치】 ① 다음 각 호의 어느 하나에 해당하는 사람은 제32조·제33조 또는 제34조를 위반하여 주차하고 있는 차가 교통에 위험을 일으키게 하거나 방해될 우려가 있을 때에는 차의 운전자 또는 관리 책임이 있는 사람에게 주차 방법을 변경하거나 그 곳으로부터 이동할 것을 명할 수 있다.
1. 경찰공무원
2. 시장등(도지사를 포함한다. 이하 이 조에서 같다)이 대통령령으로 정하는 바에 따라 임명하는 공무원(이하 "시·군공무원"이라 한다)
② 경찰서장이나 시장등은 제1항의 경우 차의 운전자나 관리 책임이 있는 사람이 현장에 없을 때에는 도로에서 일어나는 위험을 방지하고 교통의 안전과 원활한 소통을 확보하기 위하여 필요한 범위에서 그 차의 주차방법을 직접 변경하거나 변경에 필요한 조치를 할 수 있으며, 부득이한 경우에는 관할 경찰서나 경찰서장 또는 시장등이 지정하는 곳으로 이동하게 할 수 있다.
③ 경찰서장이나 시장등은 제2항에 따라 주차위반 차를 관할 경찰서나 경찰서장 또는 시장등이 지정하는 곳으로 이동시킨 경우에는 선량한 관리자로서의 주의의무를 다하여 보관하여야 하며, 그 사실을 차의 사용자(소유자 또는 소유자로부터 차의 관리에 관한 위탁을 받은 사람을 말한다. 이하 같다)나 운전자에게 신속히 알리는 등 반환에 필요한 조치를 하여야 한다.
④ 제3항의 경우 차의 사용자나 운전자의 성명·주소를 알 수 없을 때에는 대통령령으로 정하는 방법에 따라 공고하여야 한다.
⑤ 경찰서장이나 시장등은 제3항과 제4항에 따라 차의 반환에 필요한 조치 또는 공고를 하였음에도 불구하고 그 차의 사용자나 운전자가 조치 또는 공고를 한 날부터 1개월 이내에 그 반환을 요구하지 아니할 때에는 대통령령으로 정하는 바에 따라 그 차를 매각하거나 폐차할 수 있다.
⑥ 제2항부터 제5항까지의 규정에 따른 주차위반 차의 이동·보관·공고·매각 또는 폐차 등에 들어간 비용은 그 차의 사용자가 부담한다. 이 경우 그 비용의 징수에 관하여는 「행정대집행법」 제5조 및 제6조를 적용한다.
⑦ 제5항에 따라 차를 매각하거나 폐차한 경우 그 차의 이동·보관·공고·매각 또는 폐차 등에 들어간 비용을 충당하고 남은 금액이 있는 경우에는 그 금액을 그 차의 사용자에게 지급하여야 한다. 다만, 그 차의 사용자에게 지급할 수 없는 경우에는 「공탁법」에 따라 그 금액을 공탁하여야 한다.
제36조【차의 견인 및 보관업무 등의 대행】 ① 경찰서장이나 시장등은 제35조에 따라 견인하도록 한 차의 견인·보관 및 반환 업무의 전부 또는 일부를 그에 필요한 인력·시설·장비 등 자격요건을 갖춘 법인·단체 또는 개인(이하 "법인등"이라 한다)으로 하여금 대행하게 할 수 있다.
② 제1항에 따라 차의 견인·보관 및 반환 업무를 대행하는 법인등이 갖추어야 하는 인력·시설 및 장비 등의 요건과 그 밖에 업무의 대행에 필요한 사항은 대통령령으로 정한다.
③ 경찰서장이나 시장등은 제1항에 따라 차의 견인·보관 및 반환 업무를 대행하게 하는 경우에는 그 업무의 수행에 필요한 조치와 교육을 명할 수 있다.
④ 제1항에 따라 차의 견인·보관 및 반환 업무를 대행하는 법인등의 담당 임원 및 직원은 「형법」 제129조부터 제132조까지의 규정을 적용할 때에는 공무원으로 본다.
제37조【차와 노면전차의 등화】 ① 모든 차 또는 노면전차의 운전자는 다음 각 호의 어느 하나에 해당하는 경우에는 대통령령으로 정하는 바에 따라 전조등(前照燈), 차폭등(車幅燈), 미등(尾燈)과 그 밖의 등화를 켜야 한다.
1. 밤(해가 진 후부터 해가 뜨기 전까지를 말한다. 이하 같다)에 도로에서 차 또는 노면전차를 운행하거나 고장이나 그 밖의 부득이한 사유로 도로에서 차를 정차 또는 주차하는 경우
2. 안개가 끼거나 비 또는 눈이 올 때에 도로에서 차 또는 노면전차를 운행하거나 고장이나 그 밖의 부득이한 사유로 도로에서 차 또는 노면전차를 정차 또는 주차하는 경우
3. 터널 안을 운행하거나 고장 또는 그 밖의 부득이한 사유로 터널 안 도로에서 차 또는 노면전차를 정차 또는 주차하는 경우
② 모든 차 또는 노면전차의 운전자는 밤에 차 또는 노면전차가 서로 마주보고 진행하거나 앞차의 바로 뒤를 따라가는 경우에는 대통령령으로 정하는 바에 따라 등화의 밝기를 줄이거나 잠시 등화를 끄는 등의 필요한 조작을 하여야 한다.
(2018.3.27 본조개정)
제38조【차의 신호】 ① 모든 차의 운전자는 좌회전·우회전·횡단·유턴·서행·정지 또는 후진을 하거나 같은 방향으로 진행하면서 진로를 바꾸려고 하는 경우와 회전교차로에 진입하거나 회전교차로에서 진출하는 경우에는 손이나 방향지시기 또는 등화로써 그 행위가 끝날 때까지 신호를 하여야 한다.(2022.1.11 본항개정)
② 제1항의 신호를 하는 시기와 방법은 대통령령으로 정한다.
제39조【승차 또는 적재의 방법과 제한】 ① 모든 차의 운전자는 승차 인원, 적재중량 및 적재용량에 관하여 대통령령으로 정하는 운행상의 안전기준을 넘어서 승차시키거나 적재한 상태로 운전하여서는 아니 된다. 다만, 출발지를 관할하는 경찰서장의 허가를 받은 경우에는 그러하지 아니하다.
② 제1항 단서에 따른 허가를 받으려는 차가 「도로법」 제77조제1항 단서에 따른 운행허가를 받아야 하는 차에 해당하는 경우에는 제14조제4항을 준용한다.(2014.12.30 본항신설)
③ 모든 차 또는 노면전차의 운전자는 운전 중 타고 있는 사람 또는 타고 내리는 사람이 떨어지지 아니하도록 하기 위하여 문을 정확히 여닫는 등 필요한 조치를 하여야 한다.(2018.3.27 본항개정)
④ 모든 차의 운전자는 운전 중 실은 화물이 떨어지지 아니하도록 덮개를 씌우거나 묶는 등 확실하게 고정될 수 있도록 필요한 조치를 하여야 한다.
⑤ 모든 차의 운전자는 영유아나 동물을 안고 운전 장치를 조작하거나 운전석 주위에 물건을 싣는 등 안전에 지장을 줄 우려가 있는 상태로 운전하여서는 아니 된다.
(2014.12.30 본항개정)
⑥ 시·도경찰청장은 도로에서의 위험을 방지하고 교통의 안전과 원활한 소통을 확보하기 위하여 필요하다고 인정하는 경우에는 차의 운전자에 대하여 승차 인원, 적재중량 또는 적재용량을 제한할 수 있다.(2020.12.22 본항개정)
제40조【정비불량차의 운전 금지】 모든 차의 사용자, 정비책임자 또는 운전자는 「자동차관리법」, 「건설기계관리법」이나 그 법에 따른 명령에 의한 장치가 정비되어 있지 아니한 차(이하 "정비불량차"라 한다)를 운전하도록 시키거나 운전하여서는 아니 된다.
제41조【정비불량차의 점검】 ① 경찰공무원은 정비불량차에 해당한다고 인정하는 차가 운행되고 있는 경우에는 우선 그 차를 정지시킨 후, 운전자에게 그 차의 자동차등록증 또는 자동차 운전면허증을 제시하도록 요구하고 그 차의 장치를 점검할 수 있다.

② 경찰공무원은 제1항에 따라 점검한 결과 정비불량 사항이 발견된 경우에는 그 정비불량 상태의 정도에 따라 그 차의 운전자로 하여금 응급조치를 하게 한 후에 운전을 하도록 하거나 도로 또는 교통 상황을 고려하여 통행구간, 통행로와 위험방지를 위한 필요한 조건을 정한 후 그에 따라 운전을 계속하게 할 수 있다.
③ 시 · 도경찰청장은 제2항에도 불구하고 정비 상태가 매우 불량하여 위험발생의 우려가 있는 경우에는 그 차의 자동차등록증을 보관하고 운전의 일시정지를 명할 수 있다. 이 경우 필요하면 10일의 범위에서 정비기간을 정하여 그 차의 사용을 정지시킬 수 있다.(2020.12.22 전단개정)
④ 제1항부터 제3항까지의 규정에 따른 장치의 점검 및 사용의 정지에 필요한 사항은 대통령령으로 정한다.

제42조【유사 표지의 제한 및 운행금지】 ① 누구든지 자동차등(개인형 이동장치는 제외한다)에 교통단속용자동차 · 범죄수사용자동차나 그 밖의 긴급자동차와 유사하거나 혐오감을 주는 도색(塗色)이나 표지 등을 하거나 그러한 도색이나 표지 등을 한 자동차등을 운전하여서는 아니 된다.(2020.6.9 본항개정)
② 제1항에 따라 제한되는 도색이나 표지 등의 범위는 대통령령으로 정한다.

제4장 운전자 및 고용주 등의 의무
(2011.6.8 본장개정)

제43조【무면허운전 등의 금지】 누구든지 제80조에 따라 시 · 도경찰청장으로부터 운전면허를 받지 아니하거나 운전면허의 효력이 정지된 경우에는 자동차등을 운전하여서는 아니 된다.(2021.1.12 본조개정)
판례 이 조는 무면허운전 등을 금지하면서 "누구든지 제80조의 규정에 의하여 지방경찰청장으로부터 운전면허를 받지 아니하거나 운전면허의 효력이 정지된 경우에는 자동차 등을 운전하여서는 아니된다"고 정하여, 운전자의 금지사항으로 운전면허를 받지 아니한 경우와 운전면허의 효력이 정지된 경우를 구별하여 대등하게 나열하고 있다. 그렇다면 '운전면허를 받지 아니하고'라는 법률문언의 통상적인 의미에 '운전면허를 받았으나 그 후 운전면허의 효력이 정지된 경우'가 당연히 포함된다고는 해석할 수 없다.
(대판 2011.8.25, 2011도7725)

제44조【술에 취한 상태에서의 운전 금지】 ① 누구든지 술에 취한 상태에서 자동차등(「건설기계관리법」 제26조제1항 단서에 따른 건설기계 외의 건설기계를 포함한다. 이하 이 조, 제45조, 제47조, 제93조제1항제1호부터 제4호까지 및 제148조의2에서 같다), 노면전차 또는 자전거를 운전하여서는 아니 된다.(2018.3.27 본항개정)
② 경찰공무원은 교통의 안전과 위험방지를 위하여 필요하다고 인정하거나 제1항을 위반하여 술에 취한 상태에서 자동차등, 노면전차 또는 자전거를 운전하였다고 인정할 만한 상당한 이유가 있는 경우에는 운전자가 술에 취하였는지를 호흡조사로 측정할 수 있다. 이 경우 운전자는 경찰공무원의 측정에 응하여야 한다.(2018.3.27 전단개정)
③ 제2항에 따른 측정 결과에 불복하는 운전자에 대하여는 그 운전자의 동의를 받아 혈액 채취 등의 방법으로 다시 측정할 수 있다.
④ 제1항에 따라 운전이 금지되는 술에 취한 상태의 기준은 운전자의 혈중알코올농도가 0.03퍼센트 이상인 경우로 한다.(2018.12.24 본항개정)
⑤ 제2항 및 제3항에 따른 측정의 방법, 절차 등 필요한 사항은 행정안전부령으로 정한다.(2023.1.3 본항신설)
판례 음주운전에 대한 수사 과정에서 음주운전 혐의가 있는 운전자에 대하여 호흡측정이 이루어진 경우에는 그에 따라 과학적이고 중립적인 호흡측정 수치가 도출된 이상 다시 음주측정을 할 필요성은 사라졌으므로 운전자의 불복이 없는 한 다시 음주측정을 하는 것은 원칙적으로 허용되지 아니한다. 그러나 운전자의 태도와 외관, 운전 행태 등에서 드러나는 주취 정도, 운전자가 마신 술의 종류와 양, 운전자가 사고를 야기하였다면 경위와 피해 정도, 목격자들의 진술 등 호흡측정 당시의 구체적 상황에 비추어 호흡측정기의 오작동 등으로 인하여 호흡측정 결과에 오류가 있다고 인정할 만한 객관적이고 합리적인 사정이 있는 경우라면 그러한 호흡측정 수치를 얻은 것만으로는 수사의 목적을 달성하였다고 할 수 없어 추가로 음주측정을 할 필요성이 있으므로, 경찰관이 음주운전 혐의를 제대로 밝히기 위하여 운전자의 자발적인 동의를 얻어 혈액 채취에 의한 측정의 방법으로 다시 음주측정을 하는 것을 위법하다고 볼 수는 없다. 이 경우 운전자가 일단 호흡측정에 응한 이상 재차 음주측정에 응할 의무까지 당연히 있다고 할 수는 없으므로, 운전자의 혈액 채취에 대한 동의의 임의성을 담보하기 위하여는 경찰관이 미리 운전자에게 혈액 채취를 거부할 수 있음을 알려주었거나 운전자가 언제든지 자유로이 혈액 채취에 응하지 아니할 수 있었음이 인정되는 등 운전자의 자발적인 의사에 의하여 혈액 채취가 이루어졌다는 것이 객관적인 사정에 의하여 명백한 경우에 한하여 혈액 채취에 의한 측정의 적법성이 인정된다.
(대판 2015.7.9, 2014도16051)
판례 음주운전으로 인한 도로교통법 위반죄의 보호법익과 처벌방법을 고려할 때, 혈중알콜농도 0.05% 이상의 음주상태로 동일한 차량을 일정기간 계속하여 운전하다가 1회 음주측정을 받았다면 이러한 음주운전행위는 동일 죄명에 해당하는 연속된 행위로서 단일하고 계속된 범의하에 일정기간 계속하여 행하고 그 피해법익도 동일한 경우이므로 포괄일죄에 해당한다.(대판 2007.7.26, 2007도4404)
판례 음주측정 결과를 유죄의 증거로 삼기 위한 요건 : 음주측정을 함에 있어서는 음주측정 기계나 운전자의 구강 내에 남아 있는 잔류 알코올로 인하여 잘못된 결과가 나오지 않도록 미리 필요한 조치를 취하는 등 음주측정은 그 측정결과의 정확성과 객관성이 담보될 수 있는 공정한 방법과 절차에 따라 이루어져야 하고, 만약 당해 음주측정 결과가 이러한 방법과 절차에 의하여 얻어진 것이 아니라면 이를 쉽사리 유죄의 증거로 삼아서는 아니될 것이다.(대판 2006.5.26, 2005도7528)

제45조【과로한 때 등의 운전 금지】 자동차등(개인형 이동장치는 제외한다) 또는 노면전차의 운전자는 제44조에 따른 술에 취한 상태 외에 과로, 질병 또는 약물(마약, 대마 및 향정신성의약품과 그 밖에 행정안전부령으로 정하는 것을 말한다. 이하 같다)의 영향과 그 밖의 사유로 정상적으로 운전하지 못할 우려가 있는 상태에서 자동차등 또는 노면전차를 운전하여서는 아니 된다.(2020.6.9 본조개정)

제46조【공동 위험행위의 금지】 ① 자동차등(개인형 이동장치는 제외한다. 이하 이 조에서 같다)의 운전자는 도로에서 2명 이상이 공동으로 2대 이상의 자동차등을 정당한 사유 없이 앞뒤로 또는 좌우로 줄지어 통행하면서 다른 사람에게 위해(危害)를 끼치거나 교통상의 위험을 발생하게 하여서는 아니 된다.(2020.6.9 본항개정)
② 자동차등의 동승자는 제1항에 따른 공동 위험행위를 주도하여서는 아니 된다.

제46조의2【교통단속용 장비의 기능방해 금지】 누구든지 교통단속을 회피할 목적으로 교통단속용 장비의 기능을 방해하는 장치를 제작 · 수입 · 판매 또는 장착하여서는 아니 된다.

제46조의3【난폭운전 금지】 자동차등(개인형 이동장치는 제외한다)의 운전자는 다음 각 호 중 둘 이상의 행위를 연달아 하거나, 하나의 행위를 지속 또는 반복하여 다른 사람에게 위협 또는 위해를 가하거나 교통상의 위험을 발생하게 하여서는 아니 된다.(2020.6.9 본문개정)
1. 제5조에 따른 신호 또는 지시 위반
2. 제13조제3항에 따른 중앙선 침범
3. 제17조제3항에 따른 속도의 위반
4. 제18조제1항에 따른 횡단 · 유턴 · 후진 금지 위반
5. 제19조에 따른 안전거리 미확보, 진로변경 금지 위반, 급제동 금지 위반
6. 제21조제1항 · 제3항 및 제4항에 따른 앞지르기 방법 또는 앞지르기의 방해금지 위반
7. 제49조제1항제8호에 따른 정당한 사유 없는 소음 발생
8. 제60조제2항에 따른 고속도로에서의 앞지르기 방법 위반
9. 제62조에 따른 고속도로등에서의 횡단 · 유턴 · 후진 금지 위반
(2015.8.11 본조신설)

제47조【위험방지를 위한 조치】 ① 경찰공무원은 자동차등 또는 노면전차의 운전자가 제43조부터 제45조까지의 규정을 위반하여 자동차등 또는 노면전차를 운전하고 있다고 인정되는 경우에는 자동차등 또는 노면전차를 일시정지시키고 그 운전자에게 자동차 운전면허증(이하 "운전면허증"이라 한다)을 제시할 것을 요구할 수 있다.
(2021.1.12 본항개정)
② 경찰공무원은 제44조 및 제45조를 위반하여 자동차등 또는 노면전차를 운전하는 사람이나 제44조를 위반하여 자전거등을 운전하는 사람에 대하여는 정상적으로 운전할 수 있는 상태가 될 때까지 운전의 금지를 명하고 차를 이동시키는 등 필요한 조치를 할 수 있다.(2020.6.9 본항개정)
③ 제2항에 따른 차의 이동조치에 대해서는 제35조제3항부터 제7항까지 및 제36조의 규정을 준용한다.
(2017.10.24 본항신설)

제48조【안전운전 및 친환경 경제운전의 의무】 ① 모든 차 또는 노면전차의 운전자는 차 또는 노면전차의 조향장치와 제동장치, 그 밖의 장치를 정확하게 조작하여야 하며, 도로의 교통상황과 차 또는 노면전차의 구조 및 성능에 따라 다른 사람에게 위험과 장해를 주는 속도나 방법으로 운전하여서는 아니 된다.(2018.3.27 본항개정)
② 모든 차의 운전자는 차를 친환경적이고 경제적인 방법으로 운전하여 연료소모와 탄소배출을 줄이도록 노력하여야 한다.

제49조【모든 운전자의 준수사항 등】 ① 모든 차 또는 노면전차의 운전자는 다음 각 호의 사항을 지켜야 한다.
(2018.3.27 본문개정)
1. 물이 고인 곳을 운행할 때에는 고인 물을 튀게 하여 다른 사람에게 피해를 주는 일이 없도록 할 것
2. 다음 각 목의 어느 하나에 해당하는 경우에는 일시정지할 것
  가. 어린이가 보호자 없이 도로를 횡단할 때, 어린이가 도로에서 앉아 있거나 서 있을 때 또는 어린이가 도로에서 놀이를 할 때 등 어린이에 대한 교통사고의 위험이 있는 것을 발견한 경우
  나. 앞을 보지 못하는 사람이 흰색 지팡이를 가지거나 장애인보조견을 동반하는 등의 조치를 하고 도로를 횡단하고 있는 경우(2015.8.11 본목개정)
  다. 지하도나 육교 등 도로 횡단시설을 이용할 수 없는 지체장애인이나 노인 등이 도로를 횡단하고 있는 경우
3. 자동차의 앞면 창유리와 운전석 좌우 옆면 창유리의 가시광선(可視光線)의 투과율이 대통령령으로 정하는 기준보다 낮아 교통안전 등에 지장을 줄 수 있는 차를 운전하지 아니할 것. 다만, 요인(要人) 경호용, 구급용 및 장의용(葬儀用) 자동차는 제외한다.
4. 교통단속용 장비의 기능을 방해하는 장치를 한 차나 그 밖에 안전운전에 지장을 줄 수 있는 것으로서 행정안전부령으로 정하는 기준에 적합하지 아니한 장치를 한 차를 운전하지 아니할 것. 다만, 자율주행자동차의 신기술 개발을 위한 장치를 장착하는 경우에는 그러하지 아니하다.(2021.10.19 단서개정)
5. 도로에서 자동차등(개인형 이동장치는 제외한다. 이하 이 조에서 같다) 또는 노면전차를 세워둔 채 시비 · 다툼 등의 행위를 하여 다른 차마의 통행을 방해하지 아니할 것(2020.6.9 본호개정)
6. 운전자가 차 또는 노면전차를 떠나는 경우에는 교통사고를 방지하고 다른 사람이 함부로 운전하지 못하도록 필요한 조치를 할 것(2018.3.27 본호개정)
7. 운전자는 안전을 확인하지 아니하고 차 또는 노면전차의 문을 열거나 내려서는 아니 되며, 동승자가 교통의 위험을 일으키지 아니하도록 필요한 조치를 할 것
(2018.3.27 본호개정)
8. 운전자는 정당한 사유 없이 다음 각 목의 어느 하나에 해당하는 행위를 하여 다른 사람에게 피해를 주는 소음을 발생시키지 아니할 것
  가. 자동차등을 급히 출발시키거나 속도를 급격히 높이는 행위
  나. 자동차등의 원동기 동력을 차의 바퀴에 전달시키지 아니하고 원동기의 회전수를 증가시키는 행위
  다. 반복적이거나 연속적으로 경음기를 울리는 행위
9. 운전자는 승객이 차 안에서 안전운전에 현저히 장해가 될 정도로 춤을 추는 등 소란행위를 하도록 내버려두고 차를 운행하지 아니할 것
10. 운전자는 자동차등 또는 노면전차의 운전 중에는 휴대용 전화(자동차용 전화를 포함한다)를 사용하지 아니할 것. 다만, 다음 각 목의 어느 하나에 해당하는 경우에는 그러하지 아니하다.(2018.3.27 본문개정)
  가. 자동차등 또는 노면전차가 정지하고 있는 경우
  (2018.3.27 본목개정)
  나. 긴급자동차를 운전하는 경우
  다. 각종 범죄 및 재해 신고 등 긴급한 필요가 있는 경우
  라. 안전운전에 장애를 주지 아니하는 장치로서 대통령령으로 정하는 장치를 이용하는 경우
11. 자동차등 또는 노면전차의 운전 중에는 방송 등 영상물을 수신하거나 재생하는 장치(운전자가 휴대하는 것을 포함하며, 이하 "영상표시장치"라 한다)를 통하여 운전자가 운전 중 볼 수 있는 위치에 영상이 표시되지 아니하도록 할 것. 다만, 다음 각 목의 어느 하나에 해당하는 경우에는 그러하지 아니하다.(2018.3.27 본문개정)
  가. 자동차등 또는 노면전차가 정지하고 있는 경우
  (2018.3.27 본목개정)
  나. 자동차등 또는 노면전차에 장착하거나 거치하여 놓은 영상표시장치에 다음의 영상이 표시되는 경우
  (2018.3.27 본문개정)
    1) 지리안내 영상 또는 교통정보안내 영상
    2) 국가비상사태 · 재난상황 등 긴급한 상황을 안내하는 영상
    3) 운전을 할 때 자동차등 또는 노면전차의 좌우 또는 전후방을 볼 수 있도록 도움을 주는 영상(2018.3.27 개정)
(2013.8.13 본호개정)
11의2. 자동차등 또는 노면전차의 운전 중에는 영상표시장치를 조작하지 아니할 것. 다만, 다음 각 목의 어느 하나에 해당하는 경우에는 그러하지 아니하다.
(2018.3.27 본문개정)
  가. 자동차등과 노면전차가 정지하고 있는 경우
  나. 노면전차 운전자가 운전에 필요한 영상표시장치를 조작하는 경우
(2018.3.27 가목~나목신설)
12. 운전자는 자동차의 화물 적재함에 사람을 태우고 운행하지 아니할 것
13. 그 밖에 시 · 도경찰청장이 교통안전과 교통질서 유지에 필요하다고 인정하여 지정 · 공고한 사항에 따를 것
(2020.12.22 본호개정)
② 경찰공무원은 제1항제3호 및 제4호를 위반한 자동차를 발견한 경우에는 그 현장에서 운전자에게 위반사항을 제거하게 하거나 필요한 조치를 명할 수 있다. 이 경우 운전자가 그 명령을 따르지 아니할 때에는 경찰공무원이 직접 위반사항을 제거하거나 필요한 조치를 할 수 있다.

제50조【특정 운전자의 준수사항】 ① 자동차(이륜자동차는 제외한다)의 운전자는 자동차를 운전할 때에는 좌석안전띠를 매어야 하며, 그 모든 좌석의 동승자에게도 좌석안전띠(영유아인 경우에는 유아보호용 장구를 장착한 후의 좌석안전띠를 말한다. 이하 이 조 및 제160조제2항제2호에서 같다)를 매도록 하여야 한다. 다만, 질병 등으로 인하여 좌석안전띠를 매는 것이 곤란하거나 행정안전부령으로 정하는 사유가 있는 경우에는 그러하지 아니하다.(2018.3.27 본문개정)
② (2018.3.27 삭제)
③ 이륜자동차와 원동기장치자전거(개인형 이동장치는 제외한다)의 운전자는 행정안전부령으로 정하는 인명보호 장구를 착용하고 운행하여야 하며, 동승자에게도 착용하도록 하여야 한다.(2020.6.9 본항개정)
④ 자전거등의 운전자는 자전거도로 및 「도로법」에 따른 도로를 운전할 때에는 행정안전부령으로 정하는 인명보호 장구를 착용하여야 하며, 동승자에게도 이를 착용하도록 하여야 한다.(2021.1.12 본항개정)

⑤ 운송사업용 자동차, 화물자동차 및 노면전차 등으로서 행정안전부령으로 정하는 자동차 또는 노면전차의 운전자는 다음 각 호의 어느 하나에 해당하는 행위를 하여서는 아니 된다. 다만, 제3호는 사업용 승합자동차와 노면전차의 운전자에 한정한다.(2018.3.27 본문개정)

1. 운행기록계가 설치되어 있지 아니하거나 고장 등으로 사용할 수 없는 운행기록계가 설치된 자동차를 운전하는 행위
2. 운행기록계를 원래의 목적대로 사용하지 아니하고 자동차를 운전하는 행위
3. 승차를 거부하는 행위(2016.1.27 본호신설)

⑥ 사업용 승용자동차의 운전자는 합승행위 또는 승차거부를 하거나 신고한 요금을 초과하는 요금을 받아서는 아니 된다.

⑦ 자전거등의 운전자는 행정안전부령으로 정하는 크기와 구조를 갖추지 아니하여 교통안전에 위험을 초래할 수 있는 자전거등을 운전하여서는 아니 된다.(2020.6.9 본항개정)

⑧ 자전거등의 운전자는 약물의 영향과 그 밖의 사유로 정상적으로 운전하지 못할 우려가 있는 상태에서 자전거등을 운전하여서는 아니 된다.(2020.6.9 본항개정)

⑨ 자전거등의 운전자는 밤에 도로를 통행하는 때에는 전조등과 미등을 켜거나 야광띠 등 발광장치를 착용하여야 한다.(2020.6.9 본항개정)

⑩ 개인형 이동장치의 운전자는 행정안전부령으로 정하는 승차정원을 초과하여 동승자를 태우고 개인형 이동장치를 운전하여서는 아니 된다.(2020.6.9 본항신설)

제50조의2【자율주행자동차 운전자의 준수사항 등】 ① 행정안전부령으로 정하는 완전 자율주행시스템에 해당하지 아니하는 자율주행시스템을 갖춘 자동차의 운전자는 자율주행시스템의 직접 운전 요구에 지체 없이 대응하여 조향장치, 제동장치 및 그 밖의 장치를 직접 조작하여 운전하여야 한다.

② 운전자가 자율주행시스템을 사용하여 운전하는 경우에는 제49조제1항제10호, 제11호 및 제11호의2의 규정을 적용하지 아니한다.

(2021.10.19 본조신설)

제51조【어린이통학버스의 특별보호】 ① 어린이통학버스가 도로에 정차하여 어린이나 영유아가 타고 내리는 중임을 표시하는 점멸등 등의 장치를 작동 중일 때에는 어린이통학버스가 정차한 차로와 그 차로의 바로 옆 차로로 통행하는 차의 운전자는 어린이통학버스에 이르기 전에 일시정지하여 안전을 확인한 후 서행하여야 한다.(2014.12.30 본항개정)

② 제1항의 경우 중앙선이 설치되지 아니한 도로와 편도 1차로인 도로에서는 반대방향에서 진행하는 차의 운전자도 어린이통학버스에 이르기 전에 일시정지하여 안전을 확인한 후 서행하여야 한다.

③ 모든 차의 운전자는 어린이나 영유아를 태우고 있다는 표시를 한 상태로 도로를 통행하는 어린이통학버스를 앞지르지 못한다.(2014.12.30 본항개정)

제52조【어린이통학버스의 신고 등】 ① 어린이통학버스(「여객자동차 운수사업법」 제4조제3항에 따른 한정면허를 받아 어린이를 여객대상으로 하여 운행되는 운송사업용 자동차는 제외한다)를 운영하려는 자는 행정안전부령으로 정하는 바에 따라 미리 관할 경찰서장에게 신고하고 신고증명서를 발급받아야 한다.(2017.7.26 본항개정)

② 어린이통학버스를 운영하는 자는 어린이통학버스 안에 제1항에 따라 발급받은 신고증명서를 항상 갖추어 두어야 한다.

③ 어린이통학버스로 사용할 수 있는 자동차는 행정안전부령으로 정하는 자동차로 한정한다. 이 경우 그 자동차는 도색·표지, 보험가입, 소유 관계 등 대통령령으로 정하는 요건을 갖추어야 한다.(2017.7.26 전단개정)

④ 누구든지 제1항에 따른 신고를 하지 아니하거나 「여객자동차 운수사업법」 제4조제3항에 따라 어린이를 여객대상으로 하는 한정면허를 받지 아니하고 어린이통학버스와 비슷한 도색 및 표지를 하거나 이러한 도색 및 표지를 한 자동차를 운전하여서는 아니 된다.(2014.1.28 본항개정)

제53조【어린이통학버스 운전자 및 운영자 등의 의무】 ① 어린이통학버스를 운전하는 사람은 어린이나 영유아가 타고 내리는 경우에만 제51조제1항에 따른 점멸등 등의 장치를 작동하여야 하며, 어린이나 영유아를 태우고 운행 중인 경우에만 제51조제3항에 따른 표시를 하여야 한다.(2014.12.30 본항개정)

② 어린이통학버스를 운전하는 사람은 어린이나 영유아가 어린이통학버스를 탈 때에는 승차한 모든 어린이나 영유아가 좌석안전띠(어린이나 영유아의 신체구조에 따라 적합하게 조절될 수 있는 안전띠를 말한다. 이하 이 조 및 제156조제1호, 제160조제2항제4호의2에서 같다)를 매도록 한 후에 출발하여야 하며, 내릴 때에는 보도나 길가장자리구역 등 자동차로부터 안전한 장소에 도착한 것을 확인한 후에 출발하여야 한다. 다만, 좌석안전띠 착용과 관련하여 질병 등으로 인하여 좌석안전띠를 매는 것이 곤란하거나 행정안전부령으로 정하는 사유가 있는 경우에는 그러하지 아니하다.(2018.3.27 본문개정)

③ 어린이통학버스를 운영하는 자는 어린이통학버스에 어린이나 영유아를 태울 때에는 성년인 사람 중 어린이통학버스를 운영하는 자가 지명한 보호자를 함께 태우고 운행하여야 하며, 동승한 보호자는 어린이나 영유아가 승차 또는 하차하는 때에는 자동차에서 내려서 어린이나 영유아가 안전하게 승하차하는 것을 확인하고 운행 중에는 어린이나 영유아가 좌석에 앉아 좌석안전띠를 매고 있도록 하는 등 어린이 보호에 필요한 조치를 하여야 한다.(2020.5.26 본항개정)

1.~5. (2020.5.26 삭제)

④ 어린이통학버스를 운전하는 사람은 어린이통학버스 운행을 마친 후 어린이나 영유아가 모두 하차하였는지를 확인하여야 한다.(2016.12.2 본항신설)

⑤ 어린이통학버스를 운전하는 사람이 제4항에 따라 어린이나 영유아의 하차 여부를 확인할 때에는 행정안전부령으로 정하는 어린이나 영유아의 하차를 확인할 수 있는 장치(이하 "어린이 하차확인장치"라 한다)를 작동하여야 한다.(2018.10.16 본항신설)

⑥ 어린이통학버스를 운영하는 자는 제3항에 따라 보호자를 함께 태우고 운행하는 경우에는 행정안전부령으로 정하는 보호자 동승을 표시하는 표지(이하 "보호자 동승표지"라 한다)를 부착할 수 있으며, 누구든지 보호자를 함께 태우지 아니하고 운행하는 경우에는 보호자 동승표지를 부착하여서는 아니된다.(2020.5.26 본항신설)

⑦ 어린이통학버스를 운영하는 자는 좌석안전띠 착용 및 보호자 동승 확인 기록(이하 "안전운행기록"이라 한다)을 작성·보관하고 매 분기 어린이통학버스를 운영하는 시설을 감독하는 주무기관의 장에게 안전운행기록을 제출하여야 한다.(2020.5.26 본항신설)

(2014.1.28 본조제목개정)

제53조의2 (2020.5.26 삭제)

제53조의3【어린이통학버스 운영자 등에 대한 안전교육】 ① 어린이통학버스를 운영하는 사람과 운전하는 사람 및 제53조제3항에 따른 보호자는 어린이통학버스의 안전운행 등에 관한 교육(이하 "어린이통학버스 안전교육"이라 한다)을 받아야 한다.(2020.5.26 본항개정)

② 어린이통학버스 안전교육은 다음 각 호의 구분에 따라 실시한다.

1. 신규 안전교육 : 어린이통학버스를 운영하려는 사람과 운전하려는 사람 및 제53조제3항에 따라 동승하려는 보호자를 대상으로 그 운영, 운전 또는 동승을 하기 전에 실시하는 교육(2020.5.26 본호개정)
2. 정기 안전교육 : 어린이통학버스를 계속하여 운영하는 사람과 운전하는 사람 및 제53조제3항에 따라 동승한 보호자를 대상으로 2년마다 정기적으로 실시하는 교육(2020.5.26 본호개정)

(2014.1.28 본항신설)

③ 어린이통학버스를 운영하는 사람은 어린이통학버스 안전교육을 받지 아니한 사람에게 어린이통학버스를 운전하게 하거나 어린이통학버스에 동승하게 하여서는 아니 된다.(2020.5.26 본항개정)

④ 그 밖에 어린이통학버스 안전교육의 방법·절차 등에 관하여 필요한 사항은 대통령령으로 정한다.

(2014.1.28 본조개정)

제53조의4【어린이통학버스의 위반 정보 등 제공】 ① 경찰서장은 어린이통학버스를 운영하는 사람이나 운전하는 사람이 제53조 또는 제53조의5를 위반하거나 제53조 또는 제53조의5를 위반하여 어린이를 사상(死傷)하는 사고를 유발한 때에는 어린이 교육시설을 감독하는 주무기관의 장에게 그 정보를 제공하여야 한다.(2020.5.26 본항개정)

② 경찰서장 및 어린이 교육시설을 감독하는 주무기관의 장은 제1항에 따른 정보를 해당 기관에서 운영하는 홈페이지에 각각 게재하여야 한다.(2020.5.26 본항신설)

③ 제1항에 따른 정보 제공의 구체적 기준·방법 및 절차 등 필요한 사항은 행정안전부령으로 정한다.(2017.7.26 본항개정)

제53조의5【보호자가 동승하지 아니한 어린이통학버스 운전자의 의무】 제2조제23호가목의 유아교육진흥원·대안학교·외국인학교, 같은 호 다목의 교습소 및 같은 호 마목부터 차목까지의 시설에서 어린이의 승차 또는 하차를 도와주는 보호자를 태우지 아니한 어린이통학버스를 운전하는 사람은 어린이가 승차 또는 하차하는 때에 자동차에서 내려서 어린이나 영유아가 안전하게 승하차하는 것을 확인하여야 한다.(2020.5.26 본조신설)

<2022.11.26까지 유효>

제54조【사고발생 시의 조치】 ① 차 또는 노면전차의 운전 등 교통으로 인하여 사람을 사상하거나 물건을 손괴(이하 "교통사고"라 한다)한 경우에는 그 차 또는 노면전차의 운전자나 그 밖의 승무원(이하 "운전자등"이라 한다)은 즉시 정차하여 다음 각 호의 조치를 하여야 한다.(2018.3.27 본문개정)

1. 사상자를 구호하는 등 필요한 조치
2. 피해자에게 인적 사항(성명·전화번호·주소 등을 말한다. 이하 제148조 및 제156조제10호에서 같다) 제공

(2016.12.2 1호~2호신설)

② 제1항의 경우 그 차 또는 노면전차의 운전자등은 경찰공무원이 현장에 있을 때에는 그 경찰공무원에게, 경찰공무원이 현장에 없을 때에는 가장 가까운 국가경찰관서(지구대, 파출소 및 출장소를 포함한다. 이하 같다)에 다음 각 호의 사항을 지체 없이 신고하여야 한다. 다만, 차 또는 노면전차만 손괴된 것이 분명하고 도로에서의 위험방지와 원활한 소통을 위하여 필요한 조치를 한 경우에는 그러하지 아니하다.(2018.3.27 본문개정)

1. 사고가 일어난 곳
2. 사상자 수 및 부상 정도
3. 손괴한 물건 및 손괴 정도
4. 그 밖의 조치사항 등

③ 제2항에 따라 신고를 받은 국가경찰관서의 경찰공무원은 부상자의 구호와 그 밖의 교통위험 방지를 위하여 필요하다고 인정하면 경찰공무원(자치경찰공무원은 제외한다)이 현장에 도착할 때까지 신고한 운전자등에게 현장에서 대기할 것을 명할 수 있다.

④ 경찰공무원은 교통사고를 낸 차 또는 노면전차의 운전자등에 대하여 그 현장에서 부상자의 구호와 교통안전을 위하여 필요한 지시를 명할 수 있다.(2018.3.27 본항개정)

⑤ 긴급자동차, 부상자를 운반 중인 차, 우편물자동차 및 노면전차 등의 운전자는 긴급한 경우에는 동승자 등으로 하여금 제1항에 따른 조치나 제2항에 따른 신고를 하게 하고 운전을 계속할 수 있다.(2018.3.27 본항개정)

⑥ 경찰공무원(자치경찰공무원은 제외한다)은 교통사고가 발생한 경우에는 대통령령으로 정하는 바에 따라 필요한 조사를 하여야 한다.

판례 도로교통법 제54조 제1항의 취지는 도로에서 일어나는 교통상의 위험과 장해를 방지·제거하여 안전하고 원활한 교통을 확보하기 위한 것으로서, 피해자의 피해를 회복시켜 주기 위한 것이 아니다. 이 경우 운전자가 취하여야 할 조치는 사고의 내용과 피해의 정도 등 구체적 상황에 따라 적절히 강구되어야 하고, 그 정도는 건전한 양식에 비추어 통상 요구되는 정도의 조치를 말한다.(대판 2009.5.14, 2009도787)

판례 교통사고를 낸 자에게 신고의무가 있는 경우 : 도로교통법 제54조의 입법목적과 헌법상의 보장된 진술거부권에 비추어 볼 때, 위 조항 소정의 교통사고를 낸 자의 신고의무는 교통사고를 일으킨 모든 경우에 항상 요구되는 것이 아니라, 사고의 규모나 당시의 구체적인 상황에 따라 피해자의 구호 및 교통질서의 회복을 위하여 경찰공무원이나 경찰관서의 조직적 조치가 필요한 경우에만 요구되는 것이라고 해석하여야 할 것이다.(대판 1991.11.12, 91도2027)

제55조【사고발생 시 조치에 대한 방해의 금지】 교통사고가 일어난 경우에는 누구든지 제54조제1항 및 제2항에 따른 운전자등의 조치 또는 신고행위를 방해하여서는 아니 된다.

제56조【고용주등의 의무】 ① 차 또는 노면전차의 운전자를 고용하고 있는 사람이나 직접 운전자나 차 또는 노면전차를 관리하는 지위에 있는 사람 또는 차 또는 노면전차의 사용자(「여객자동차 운수사업법」에 따라 사업용 자동차를 임차한 사람 및 「여신전문금융업법」에 따라 자동차를 대여한 사람을 포함하며, 이하 "고용주등"이라 한다)는 운전자에게 이 법이나 이 법에 따른 명령을 지키도록 항상 주의시키고 감독하여야 한다.

② 고용주등은 제43조부터 제45조까지의 규정에 따라 운전을 하여서는 아니 되는 운전자가 자동차등 또는 노면전차를 운전하는 것을 알고도 말리지 아니하거나 그러한 운전자에게 자동차등 또는 노면전차를 운전하도록 시켜서는 아니 된다.

(2018.3.27 본조개정)

제5장 고속도로 및 자동차전용도로에서의 특례
(2011.6.8 본장개정)

제57조【통칙】 고속도로 또는 자동차전용도로(이하 "고속도로등"이라 한다)에서의 자동차 또는 보행자의 통행방법 등은 이 장에서 정하는 바에 따르고, 이 장에서 규정한 것 외의 사항에 관하여는 제1장부터 제4장까지의 규정에서 정하는 바에 따른다.

제58조【위험방지 등의 조치】 경찰공무원(자치경찰공무원은 제외한다)은 도로의 손괴, 교통사고의 발생이나 그 밖의 사정으로 고속도로등에서 교통이 위험 또는 혼잡하거나 그러할 우려가 있을 때에는 교통의 위험 또는 혼잡을 방지하고 교통의 안전 및 원활한 소통을 확보하기 위하여 필요한 범위에서 진행 중인 자동차의 통행을 일시 금지 또는 제한하거나 그 자동차의 운전자에게 필요한 조치를 명할 수 있다.

제59조【교통안전시설의 설치 및 관리】 ① 고속도로의 관리자는 고속도로에서 일어나는 위험을 방지하고 교통의 안전과 원활한 소통을 확보하기 위하여 교통안전시설을 설치·관리하여야 한다. 이 경우 고속도로의 관리자가 교통안전시설을 설치하려면 경찰청장과 협의하여야 한다.

② 경찰청장은 고속도로의 관리자에게 교통안전시설의 관리에 필요한 사항을 지시할 수 있다.

제60조【갓길 통행금지 등】 ① 자동차의 운전자는 고속도로등에서 자동차의 고장 등 부득이한 사정이 있는 경우를 제외하고는 행정안전부령으로 정하는 차로에 따라 통행하여야 하며, 갓길(「도로법」에 따른 길어깨를 말한다)로 통행하여서는 아니 된다. 다만, 다음 각 호의 어느 하나에 해당하는 경우에는 그러하지 아니하다.

(2019.12.24 단서개정)

1. 긴급자동차와 고속도로등의 보수·유지 등의 작업을 하는 자동차를 운전하는 경우
2. 차량정체 시 신호기 또는 경찰공무원등의 신호나 지시에 따라 갓길에서 자동차를 운전하는 경우
(2019.12.24 1호~2호신설)
② 자동차의 운전자는 고속도로에서 다른 차를 앞지르려면 방향지시기, 등화 또는 경음기를 사용하여 행정안전부령으로 정하는 차로로 안전하게 통행하여야 한다.
(2017.7.26 본조개정)

제61조【고속도로 전용차로의 설치】 ① 경찰청장은 고속도로의 원활한 소통을 위하여 특히 필요한 경우에는 고속도로에 전용차로를 설치할 수 있다.
② 제1항에 따른 고속도로 전용차로의 종류 등에 관하여는 제15조제2항 및 제3항을 준용한다.

제62조【횡단 등의 금지】 자동차의 운전자는 그 차를 운전하여 고속도로등을 횡단하거나 유턴 또는 후진하여서는 아니 된다. 다만, 긴급자동차 또는 도로의 보수·유지 등의 작업을 하는 자동차 가운데 고속도로등에서의 위험을 방지·제거하거나 교통사고에 대한 응급조치작업을 위한 자동차로서 그 목적을 위하여 반드시 필요한 경우에는 그러하지 아니하다.

제63조【통행 등의 금지】 자동차(이륜자동차는 긴급자동차만 해당한다) 외의 차마의 운전자 또는 보행자는 고속도로등을 통행하거나 횡단하여서는 아니 된다.

제64조【고속도로등에서의 정차 및 주차의 금지】 자동차의 운전자는 고속도로등에서 차를 정차하거나 주차시켜서는 아니 된다. 다만, 다음 각 호의 어느 하나에 해당하는 경우에는 그러하지 아니하다.
1. 법령의 규정 또는 경찰공무원(자치경찰공무원은 제외한다)의 지시에 따르거나 위험을 방지하기 위하여 일시 정차 또는 주차시키는 경우
2. 정차 또는 주차할 수 있도록 안전표지를 설치한 곳이나 정류장에서 정차 또는 주차시키는 경우
3. 고장이나 그 밖의 부득이한 사유로 길가장자리구역(갓길을 포함한다)에 정차 또는 주차시키는 경우
4. 통행료를 내기 위하여 통행료를 받는 곳에서 정차하는 경우
5. 도로의 관리자가 고속도로등을 보수·유지 또는 순회하기 위하여 정차 또는 주차시키는 경우
6. 경찰용 긴급자동차가 고속도로등에서 범죄수사, 교통단속이나 그 밖의 경찰임무를 수행하기 위하여 정차 또는 주차시키는 경우
6의2. 소방차가 고속도로등에서 화재진압 및 인명 구조·구급 등 소방활동, 소방지원활동 및 생활안전활동을 수행하기 위하여 정차 또는 주차시키는 경우(2020.6.9 본호신설)
6의3. 경찰용 긴급자동차 및 소방차를 제외한 긴급자동차가 사용 목적을 달성하기 위하여 정차 또는 주차시키는 경우(2020.6.9 본호신설)
7. 교통이 밀리거나 그 밖의 부득이한 사유로 움직일 수 없을 때에 고속도로등의 차로에 일시 정차 또는 주차시키는 경우

제65조【고속도로 진입 시의 우선순위】 ① 자동차(긴급자동차는 제외한다)의 운전자는 고속도로에 들어가려고 하는 경우에는 그 고속도로를 통행하고 있는 다른 자동차의 통행을 방해하여서는 아니 된다.
② 긴급자동차 외의 자동차의 운전자는 긴급자동차가 고속도로에 들어가는 경우에는 그 진입을 방해하여서는 아니 된다.

제66조【고장 등의 조치】 자동차의 운전자는 고장이나 그 밖의 사유로 고속도로등에서 자동차를 운행할 수 없게 되었을 때에는 행정안전부령으로 정하는 표지(이하 "고장자동차의 표지"라 한다)를 설치하여야 하며, 그 자동차를 고속도로등이 아닌 다른 곳으로 옮겨 놓는 등의 필요한 조치를 하여야 한다.(2017.7.26 본조개정)

제67조【운전자의 고속도로등에서의 준수사항】 ①
(2018.3.27 삭제)
② 고속도로등을 운행하는 자동차의 운전자는 교통의 안전과 원활한 소통을 확보하기 위하여 제66조에 따른 고장자동차의 표지를 항상 비치하며, 고장이나 그 밖의 부득이한 사유로 자동차를 운행할 수 없게 되었을 때에는 자동차를 도로의 우측 가장자리에 정지시키고 행정안전부령으로 정하는 바에 따라 그 표지를 설치하여야 한다.
(2018.3.27 본조제목개정)
(2017.7.26 본조개정)

제6장 도로의 사용
(2011.6.8 본장개정)

제68조【도로에서의 금지행위 등】 ① 누구든지 함부로 신호기를 조작하거나 교통안전시설을 철거·이전하거나 손괴하여서는 아니 되며, 교통안전시설이나 그와 비슷한 인공구조물을 도로에 설치하여서는 아니 된다.
② 누구든지 교통에 방해가 될 만한 물건을 도로에 함부로 내버려두어서는 아니 된다.
③ 누구든지 다음 각 호의 어느 하나에 해당하는 행위를 하여서는 아니 된다.
1. 술에 취하여 도로에서 갈팡질팡하는 행위
2. 도로에서 교통에 방해되는 방법으로 눕거나 앉거나 서 있는 행위
3. 교통이 빈번한 도로에서 공놀이 또는 썰매타기 등의 놀이를 하는 행위
4. 돌·유리병·쇳조각이나 그 밖에 도로에 있는 사람이나 차마를 손상시킬 우려가 있는 물건을 던지거나 발사하는 행위
5. 도로를 통행하고 있는 차마에서 밖으로 물건을 던지는 행위
6. 도로를 통행하고 있는 차마에 뛰어오르거나 매달리거나 차마에서 뛰어내리는 행위
7. 그 밖에 시·도경찰청장이 교통상의 위험을 방지하기 위하여 필요하다고 인정하여 지정·공고한 행위
(2020.12.22 본호개정)

제69조【도로공사의 신고 및 안전조치 등】 ① 도로관리청 또는 공사시행청의 명령에 따라 도로를 파거나 뚫는 등 공사를 하려는 사람(이하 이 조에서 "공사시행자"라 한다)은 공사시행 3일 전에 그 일시, 공사구간, 공사기간 및 시행방법, 그 밖에 필요한 사항을 관할 경찰서장에게 신고하여야 한다. 다만, 산사태나 수도관 파열 등으로 긴급히 시공할 필요가 있는 경우에는 그에 알맞은 안전조치를 하고 공사를 시작한 후에 지체 없이 신고하여야 한다.
② 관할 경찰서장은 공사장 주변의 교통정체가 예상하지 못한 수준까지 현저히 증가하고, 교통의 안전과 원활한 소통에 미치는 영향이 중대하다고 판단하면 해당 도로관리청과 사전 협의하여 제1항에 따른 공사시행자에 대하여 공사시간의 제한 등 필요한 조치를 할 수 있다.
③ 공사시행자는 공사기간 중 차마의 통행을 유도하거나 지시 등을 할 필요가 있을 때에는 관할 경찰서장의 지시에 따라 교통안전시설을 설치하여야 한다.
④ 공사시행자는 공사기간 중 공사의 규모, 주변 교통환경 등을 고려하여 필요한 경우 관할 경찰서장의 지시에 따라 안전요원 또는 안전유도 장비를 배치하여야 한다.
(2020.10.20 본항신설)
⑤ 제3항에 따른 교통안전시설 설치 및 제4항에 따른 안전요원 또는 안전유도 장비 배치에 필요한 사항은 행정안전부령으로 정한다.(2020.10.20 본항신설)
⑥ 공사시행자는 공사로 인하여 교통안전시설을 훼손한 경우에는 행정안전부령으로 정하는 바에 따라 원상회복하고 그 결과를 관할 경찰서장에게 신고하여야 한다.
(2017.7.26 본항개정)

제70조【도로의 점용허가 등에 관한 통보 등】 ① 도로관리청이 도로에서 다음 각 호의 어느 하나에 해당하는 행위를 하였을 때에는 고속도로의 경우에는 경찰청장에게 그 내용을 즉시 통보하고, 고속도로 외의 도로의 경우에는 관할 경찰서장에게 그 내용을 즉시 통보하여야 한다.
1. 「도로법」 제61조에 따른 도로의 점용허가
2. 「도로법」 제76조에 따른 통행의 금지나 제한 또는 같은 법 제77조에 따른 차량의 운행제한
(2014.1.14 1호~2호개정)
② (2007.12.21 삭제)
③ 제1항에 따라 통보를 받은 경찰청장이나 관할 경찰서장은 교통의 안전과 원활한 소통을 확보하기 위하여 필요하다고 인정하면 도로관리청에 필요한 조치를 요구할 수 있다. 이 경우 도로관리청은 정당한 사유가 없으면 그 조치를 하여야 한다.

제71조【도로의 위법 인공구조물에 대한 조치】 ① 경찰서장은 다음 각 호의 어느 하나에 해당하는 사람에 대하여 위반행위를 시정하도록 하거나 그 위반행위로 인하여 생긴 교통장해를 제거할 것을 명할 수 있다.
1. 제68조제1항을 위반하여 교통안전시설이나 그 밖에 이와 비슷한 인공구조물을 함부로 설치한 사람
2. 제68조제2항을 위반하여 물건을 도로에 내버려 둔 사람
3. 「도로법」 제61조를 위반하여 교통에 방해가 될 만한 인공구조물 등을 설치하거나 그 공사 등을 한 사람
(2014.1.14 본호개정)
② 경찰서장은 제1항 각 호의 어느 하나에 해당하는 사람의 성명·주소를 알지 못하여 제1항에 따른 조치를 명할 수 없을 때에는 스스로 그 인공구조물 등을 제거하는 등 조치를 한 후 보관하여야 한다. 이 경우 닳아 없어지거나 파괴될 우려가 있거나 보관하는 것이 매우 곤란한 인공구조물 등은 매각하여 그 대금을 보관할 수 있다.
③ 제2항에 따른 인공구조물 등의 보관 및 매각 등에 필요한 사항은 대통령령으로 정한다.

제72조【도로의 지상 인공구조물 등에 대한 위험방지 조치】 ① 경찰서장은 도로의 지상(地上) 인공구조물이나 그 밖의 시설 또는 물건이 교통에 위험을 일으키게 하거나 교통에 뚜렷이 방해될 우려가 있으면 그 인공구조물 등의 소유자·점유자 또는 관리자에게 그것을 제거하도록 하거나 그 밖에 교통안전에 필요한 조치를 명할 수 있다.
② 경찰서장은 인공구조물 등의 소유자·점유자 또는 관리자의 성명·주소를 알지 못하여 제1항에 따른 조치를 명할 수 없을 때에는 스스로 그 인공구조물 등을 제거하는 등 조치를 한 후 보관하여야 한다. 이 경우 닳아 없어지거나 파괴될 우려가 있거나 보관하는 것이 매우 곤란한 인공구조물 등은 매각하여 그 대금을 보관할 수 있다.
③ 제2항에 따른 인공구조물 등의 보관 및 매각 등에 필요한 사항은 대통령령으로 정한다.

제7장 교통안전교육
(2011.6.8 본장개정)

제73조【교통안전교육】 ① 운전면허를 받으려는 사람은 대통령령으로 정하는 바에 따라 제83조제1항제2호와 제3호에 따른 시험에 응시하기 전에 다음 각 호의 사항에 관한 교통안전교육을 받아야 한다. 다만, 제2항제1호에 따라 특별교통안전 의무교육을 받은 사람 또는 제104조제1항에 따른 자동차운전 전문학원에서 학과교육을 수료한 사람은 그러하지 아니하다.(2017.10.24 단서개정)
1. 운전자가 갖추어야 하는 기본예절
2. 도로교통에 관한 법령과 지식
3. 안전운전 능력
3의2. 교통사고의 예방과 처리에 관한 사항(2018.3.27 본호신설)
4. 어린이·장애인 및 노인의 교통사고 예방에 관한 사항
5. 친환경 경제운전에 필요한 지식과 기능
6. 긴급자동차에 길 터주기 요령(2014.12.30 본호신설)
7. 그 밖에 교통안전의 확보를 위하여 필요한 사항
② 다음 각 호의 어느 하나에 해당하는 사람은 대통령령으로 정하는 바에 따라 특별교통안전 의무교육을 받아야 한다. 이 경우 제2호부터 제5호까지에 해당하는 사람으로서 부득이한 사유가 있으면 대통령령으로 정하는 바에 따라 의무교육의 연기(延期)를 받을 수 있다.(2020.10.20 후단개정)
1. 운전면허 취소처분을 받은 사람으로서 운전면허를 다시 받으려는 사람(제93조제1항제9호 또는 제20호에 해당하여 운전면허 취소처분을 받은 사람은 제외한다)
(2014.12.30 본호개정)
2. 제93조제1항제1호·제5호·제5호의2·제10호 및 제10호의2에 해당하여 운전면허효력 정지처분을 받게 되거나 받은 사람으로서 그 정지기간이 끝나지 아니한 사람(2017.10.24 본호개정)
3. 운전면허 취소처분 또는 운전면허효력 정지처분(제93조제1항제1호·제5호·제5호의2·제10호 및 제10호의2에 해당하여 운전면허효력 정지처분 대상인 경우로 한정한다)이 면제된 사람으로서 면제된 날부터 1개월이 지나지 아니한 사람(2017.10.24 본호개정)
4. 운전면허효력 정지처분을 받게 되거나 받은 초보운전자로서 그 정지기간이 끝나지 아니한 사람(2017.10.24 본호개정)
5. 제12조제1항에 따른 어린이 보호구역에서 운전 중 어린이를 사상하는 사고를 유발하여 제93조제2항에 따른 벌점을 받은 날부터 1년 이내의 사람(2020.10.20 본호신설)
③ 다음 각 호의 어느 하나에 해당하는 사람이 시·도경찰청장에게 신청하는 경우에는 대통령령으로 정하는 바에 따라 특별교통안전 권장교육을 받을 수 있다. 이 경우 권장교육을 받기 전 1년 이내에 해당 교육을 받지 아니한 사람에 한정한다.(2020.12.22 본문개정)
1. 교통법규 위반 등 제2항제2호 및 제4호에 따른 사유 외의 사유로 인하여 운전면허효력 정지처분을 받게 되거나 받은 사람
2. 교통법규 위반 등으로 인하여 운전면허효력 정지처분을 받을 가능성이 있는 사람
3. 제2항제2호부터 제4호까지에 해당하여 제2항에 따른 특별교통안전 의무교육을 받은 사람
4. 운전면허를 받은 사람 중 교육을 받으려는 날에 65세 이상인 사람
(2017.10.24 본항신설)
④ 긴급자동차의 운전업무에 종사하는 사람으로서 대통령령으로 정하는 사람은 대통령령으로 정하는 바에 따라 정기적으로 긴급자동차의 안전운전 등에 관한 교육을 받아야 한다.(2017.10.24 본항신설)
⑤ 75세 이상인 사람으로서 운전면허를 받으려는 사람은 제83조제1항제2호와 제3호에 따른 시험에 응시하기 전에, 운전면허증 갱신일에 75세 이상인 사람은 운전면허증 갱신기간 이내에 각각 다음 각 호의 사항에 관한 교통안전교육을 받아야 한다.
1. 노화와 안전운전에 관한 사항
2. 약물과 운전에 관한 사항
3. 기억력과 판단능력 등 인지능력별 대처에 관한 사항
4. 교통관련 법령 이해에 관한 사항
(2018.3.27 본항신설)

제74조【교통안전교육기관의 지정 등】 ① 제73조제1항에 따라 운전면허를 받으려는 사람이 받아야 하는 교통안전교육(이하 "교통안전교육"이라 한다)은 제104조제1항에 따른 자동차운전 전문학원과 제2항에 따라 시·도경찰청장이 지정한 기관이나 시설에서 한다.(2020.12.22 본항개정)
② 시·도경찰청장은 교통안전교육을 하기 위하여 다음 각 호의 어느 하나에 해당하는 기관이나 시설이 대통령령으로 정하는 시설·설비 및 강사 등의 요건을 갖추어 신청하는 경우에는 해당 기관이나 시설을 교통안전교육을 하는 기관(이하 "교통안전교육기관"이라 한다)으로 지정할 수 있다.(2020.12.22 본문개정)

1. 제99조에 따른 자동차운전학원
2. 한국도로교통공단과 그 지부(支部)·지소 및 교육기관 (2024.1.30 본호개정)
3. 「평생교육법」 제30조제2항에 따른 평생교육과정이 개설된 대학 부설 평생교육시설
4. 제주특별자치도 또는 시·군·자치구에서 운영하는 교육시설

③ 시·도경찰청장은 제2항에 따라 교통안전교육기관을 지정한 경우에는 행정안전부령으로 정하는 지정증을 발급하여야 한다.(2020.12.22 본항개정)

④ 시·도경찰청장은 다음 각 호의 어느 하나에 해당하는 기관이나 시설을 교통안전교육기관으로 지정하여서는 아니 된다.(2020.12.22 본문개정)
1. 제79조에 따라 지정이 취소된 교통안전교육기관을 설립·운영한 자가 그 지정이 취소된 날부터 3년 이내에 설립·운영하는 기관 또는 시설
2. 제79조에 따라 지정이 취소된 날부터 3년 이내에 같은 장소에서 설립·운영되는 기관 또는 시설

제75조【교통안전교육기관의 운영책임자】 ① 교통안전교육기관의 장은 교육업무를 효율적으로 관리하기 위하여 필요하다고 인정하면 해당 기관의 소속 직원(제76조제1항에 따른 교통안전교육강사는 제외한다) 중에서 교통안전교육기관의 운영책임자를 임명할 수 있다.

② 교통안전교육기관의 장(교통안전교육기관의 장이 제1항에 따라 교통안전교육기관의 운영책임자를 임명한 경우에는 그 운영책임자를 말한다. 이하 같다)은 교통안전교육을 담당하는 강사(이하 "교통안전교육강사"라 한다)를 지도·감독하고 교통안전교육 업무가 공정하게 이루어지도록 관리하여야 한다.

제76조【교통안전교육강사의 자격기준 등】 ① 교통안전교육기관에는 교통안전교육강사를 두어야 한다.

② 제1항에 따른 교통안전교육강사는 다음 각 호의 어느 하나에 해당하는 사람이어야 한다.
1. 제106조제2항에 따라 경찰청장이 발급한 학과교육 강사자격증을 소지한 사람
2. 도로교통 관련 행정 또는 교육 업무에 2년 이상 종사한 경력이 있는 사람으로서 대통령령으로 정하는 교통안전교육강사 자격교육을 받은 사람

③ 다음 각 호의 어느 하나에 해당하는 사람은 교통안전교육강사가 될 수 없다.
1. 20세 미만인 사람
2. 「교통사고처리 특례법」 제3조제1항 또는 「특정범죄 가중처벌 등에 관한 법률」 제5조의3을 위반하여 금고 이상의 형을 선고받고 그 집행이 끝나거나 집행이 면제된 날부터 2년이 지나지 아니한 사람
3. 「교통사고처리 특례법」 제3조제1항 또는 「특정범죄 가중처벌 등에 관한 법률」 제5조의3을 위반하여 금고 이상의 형을 선고받고 그 집행유예기간 중에 있는 사람
4. 자동차를 운전할 수 있는 운전면허를 받지 아니한 사람 또는 초보운전자

④ 교통안전교육기관의 장은 교통안전교육강사가 아닌 사람으로 하여금 교통안전교육을 하게 하여서는 아니 된다.

⑤ 시·도경찰청장은 도로교통 관련 법령이 개정되거나 효과적인 교통안전교육을 위하여 필요하다고 인정하면 교통안전교육강사를 대상으로 대통령령으로 정하는 바에 따라 연수교육을 할 수 있다.(2020.12.22 본항개정)

⑥ 교통안전교육기관의 장은 제5항에 따라 교통안전교육강사가 연수교육을 받아야 하는 경우에는 부득이한 사유가 없으면 연수교육을 받을 수 있도록 조치하여야 한다.

제77조【교통안전교육의 수강 확인 등】 ① 교통안전교육강사는 운전면허를 받으려는 사람이 제73조제1항에 따른 교통안전교육을 마치면 개인별 수강 결과를 교통안전교육기관의 장에게 보고하여야 한다.

② 교통안전교육기관의 장은 제1항에 따른 보고를 받은 경우 대통령령으로 정하는 기준에 해당하는 교육을 받은 사람에게 교육확인증을 발급하고 지체 없이 관할 시·도경찰청장에게 그 사실을 보고하여야 한다.(2020.12.22 본항개정)

제78조【교통안전교육기관 운영의 정지 또는 폐지의 신고】 교통안전교육기관의 장은 해당 교통안전교육기관의 운영을 1개월 이상 정지하거나 폐지하려면 정지 또는 폐지하려는 날의 7일 전까지 행정안전부령으로 정하는 바에 따라 시·도경찰청장에게 신고하여야 한다.
(2020.12.22 본조개정)

제79조【교통안전교육기관의 지정취소 등】 ① 시·도경찰청장은 교통안전교육기관이 다음 각 호의 어느 하나에 해당할 때에는 행정안전부령으로 정하는 기준에 따라 지정을 취소하거나 1년 이내의 기간을 정하여 운영의 정지를 명할 수 있다. 다만, 제3호에 해당할 때에는 그 지정을 취소하여야 한다.(2020.12.22 본문개정)
1. 교통안전교육기관이 제74조제2항에 따른 지정기준에 적합하지 아니하여 시정명령을 받고 30일 이내에 시정하지 아니한 경우
2. 교통안전교육기관의 장이 제76조제6항을 위반하여 교통안전교육강사가 연수교육을 받을 수 있도록 조치하지 아니한 경우
3. 교통안전교육기관의 장이 제77조제2항을 위반하여 교통안전교육과정을 이수하지 아니한 사람에게 교육확인증을 발급한 경우
4. 교통안전교육기관의 장이 제141조제2항을 위반하여 자료제출 또는 보고를 하지 아니하거나 거짓으로 자료제출 또는 보고를 한 경우
5. 교통안전교육기관의 장이 제141조제2항을 위반하여 관계 공무원의 출입·검사를 거부·방해 또는 기피한 경우

② 시·도경찰청장은 교통안전교육기관이 제1항에 따른 운영정지 명령을 위반하여 계속 운영행위를 할 때에는 행정안전부령으로 정하는 기준에 따라 지정을 취소할 수 있다.(2020.12.22 본항개정)

제8장 운전면허

제80조【운전면허】 ① 자동차등을 운전하려는 사람은 시·도경찰청장으로부터 운전면허를 받아야 한다. 다만, 제2조제19호나목의 원동기를 단 차 중 「교통약자의 이동편의 증진법」 제2조제1호에 따른 교통약자가 최고속도 시속 20킬로미터 이하로만 운행될 수 있는 차를 운전하는 경우에는 그러하지 아니하다.(2021.1.12 단서개정)

② 시·도경찰청장은 운전을 할 수 있는 차의 종류를 기준으로 다음 각 호와 같이 운전면허의 범위를 구분하고 관리하여야 한다. 이 경우 운전면허의 범위에 따라 운전할 수 있는 차의 종류는 행정안전부령으로 정한다.
(2020.12.22 전단개정)
1. 제1종 운전면허
 가. 대형면허
 나. 보통면허
 다. 소형면허
 라. 특수면허
  1) 대형견인차면허
  2) 소형견인차면허
  3) 구난차면허
 (2016.1.27 본목개정)
2. 제2종 운전면허
 가. 보통면허
 나. 소형면허
 다. 원동기장치자전거면허
3. 연습운전면허
 가. 제1종 보통연습면허
 나. 제2종 보통연습면허

③ 시·도경찰청장은 운전면허를 받을 사람의 신체 상태 또는 운전 능력에 따라 행정안전부령으로 정하는 바에 따라 운전할 수 있는 자동차등의 구조를 한정하는 등 운전면허에 필요한 조건을 붙일 수 있다.(2021.1.12 본항개정)

④ 시·도경찰청장은 제87조 및 제88조에 따라 적성검사를 받은 사람의 신체 상태 또는 운전 능력에 따라 제3항에 따른 조건을 새로 붙이거나 바꿀 수 있다.(2020.12.22 본항개정)
(2011.6.8 본조개정)

판례 운전면허 취득이 허용된 신체장애를 가진 청구인이 제2종 소형운전면허를 취득하려 했으나, 도로교통공단이 운전면허시험장에 신체장애를 가진 응시생을 위한 특수제작 이륜자동차를 마련하지 않아서 기능시험에 응시할 수 없었던 것만으로는 청구인의 기본권이 침해당했다고 볼 수 없다.(헌재결 2020.10.29, 2016헌마86)

제81조【연습운전면허의 효력】 연습운전면허는 그 면허를 받은 날부터 1년 동안 효력을 가진다. 다만, 연습운전면허를 받은 날부터 1년 이전이라도 연습운전면허를 받은 사람이 제1종 보통면허 또는 제2종 보통면허를 받은 경우 연습운전면허는 그 효력을 잃는다.

제82조【운전면허의 결격사유】 ① 다음 각 호의 어느 하나에 해당하는 사람은 운전면허를 받을 수 없다.
1. 18세 미만(원동기장치자전거의 경우에는 16세 미만)인 사람
2. 교통상의 위험과 장해를 일으킬 수 있는 정신질환자 또는 뇌전증 환자로서 대통령령으로 정하는 사람 (2014.12.30 본호개정)
3. 듣지 못하는 사람(제1종 운전면허 중 대형면허·특수면허만 해당한다), 앞을 보지 못하는 사람(한쪽 눈만 보지 못하는 사람의 경우에는 제1종 운전면허 중 대형면허·특수면허만 해당한다)이나 그 밖에 대통령령으로 정하는 신체장애인(2016.5.29 본호개정)
4. 양쪽 팔의 팔꿈치관절 이상을 잃은 사람이나 양쪽 팔을 전혀 쓸 수 없는 사람. 다만, 본인의 신체장애 정도에 적합하게 제작된 자동차를 이용하여 정상적인 운전을 할 수 있는 경우에는 그러하지 아니하다.
5. 교통상의 위험과 장해를 일으킬 수 있는 마약·대마·향정신성의약품 또는 알코올 중독자로서 대통령령으로 정하는 사람
6. 제1종 대형면허 또는 제1종 특수면허를 받으려는 경우로서 19세 미만이거나 자동차(이륜자동차는 제외한다)의 운전경험이 1년 미만인 사람
7. 대한민국의 국적을 가지지 아니한 사람 중 「출입국관리법」 제31조에 따라 외국인등록을 하지 아니한 사람(외국인등록이 면제된 사람은 제외한다)이나 「재외동포의 출입국과 법적 지위에 관한 법률」 제6조제1항에 따라 국내거소신고를 하지 아니한 사람(2019.12.24 본호신설)

② 다음 각 호의 어느 하나의 경우에 해당하는 사람은 해당 각 호에 규정된 기간이 지나지 아니하면 운전면허를 받을 수 없다. 다만, 다음 각 호의 사유로 인하여 벌금 미만의 형이 확정되거나 선고유예의 판결이 확정된 경우 또는 기소유예나 「소년법」 제32조에 따른 보호처분의 결정이 있는 경우에는 각 호에 규정된 기간 내라도 운전면허를 받을 수 있다.(2015.8.11 단서신설)
1. 제43조 또는 제96조제3항을 위반하여 자동차등을 운전한 경우에는 그 위반한 날(운전면허효력 정지기간에 운전하여 취소된 경우에는 그 취소된 날을 말하며, 이하 이 조에서 같다)부터 1년(원동기장치자전거면허를 받으려는 경우에는 6개월로 하되, 제46조를 위반한 경우에는 그 위반한 날부터 1년). 다만, 사람을 사상한 후 제54조제1항에 따른 필요한 조치 및 제2항에 따른 신고를 하지 아니한 경우에는 그 위반한 날부터 5년으로 한다.
(2021.1.12 본문개정)
2. 제43조 또는 제96조제3항을 3회 이상 위반하여 자동차등을 운전한 경우에는 그 위반한 날부터 2년
3. 다음 각 목의 경우에는 운전면허가 취소된 날(제43조 또는 제96조제3항을 함께 위반한 경우에는 그 위반한 날을 말한다)부터 5년
 가. 제44조, 제45조 또는 제46조를 위반(제43조 또는 제96조제3항을 함께 위반한 경우도 포함한다)하여 운전을 하다가 사람을 사상한 후 제54조제1항 및 제2항에 따른 필요한 조치 및 신고를 하지 아니한 경우
 나. 제44조를 위반(제43조 또는 제96조제3항을 함께 위반한 경우도 포함한다)하여 운전을 하다가 사람을 사망에 이르게 한 경우
 (2018.12.24 본호개정)
4. 제43조부터 제46조까지의 규정에 따른 사유가 아닌 다른 사유로 사람을 사상한 후 제54조제1항 및 제2항에 따른 필요한 조치 및 신고를 하지 아니한 경우에는 운전면허가 취소된 날부터 4년
5. 제44조제1항 또는 제2항을 위반(제43조 또는 제96조제3항을 함께 위반한 경우도 포함한다)하여 운전을 하다가 2회 이상 교통사고를 일으킨 경우에는 운전면허가 취소된 날(제43조 또는 제96조제3항을 함께 위반한 경우에는 그 위반한 날을 말한다)부터 3년, 자동차등을 이용하여 범죄행위를 하거나 다른 사람의 자동차등을 훔치거나 빼앗은 사람이 제43조를 위반하여 그 자동차등을 운전한 경우에는 그 위반한 날부터 3년(2018.12.24 본호개정)
6. 다음 각 목의 경우에는 운전면허가 취소된 날(제43조 또는 제96조제3항을 함께 위반한 경우에는 그 위반한 날을 말한다)부터 2년
 가. 제44조제1항 또는 제2항을 2회 이상 위반(제43조 또는 제96조제3항을 함께 위반한 경우도 포함한다)한 경우
 나. 제44조제1항 또는 제2항을 위반(제43조 또는 제96조제3항을 함께 위반한 경우도 포함한다)하여 운전을 하다가 교통사고를 일으킨 경우
 다. 제46조를 2회 이상 위반(제43조 또는 제96조제3항을 함께 위반한 경우도 포함한다)한 경우
 라. 제93조제1항제8호·제12호 또는 제13호의 사유로 운전면허가 취소된 경우
 (2018.12.24 본호개정)
7. 제1호부터 제6호까지의 규정에 따른 경우가 아닌 다른 사유로 운전면허가 취소된 경우에는 운전면허가 취소된 날부터 1년(원동기장치자전거면허를 받으려는 경우에는 6개월로 하되, 제46조를 위반하여 운전면허가 취소된 경우에는 1년). 다만, 제93조제1항제9호의 사유로 운전면허가 취소된 경우에는 그러하지 아니하다.
 (2022.1.11 단서개정)
8. 운전면허효력 정지처분을 받고 있는 경우에는 그 정지기간
9. 제96조에 따른 국제운전면허증 또는 상호인정외국면허증으로 운전하는 운전자가 운전금지 처분을 받은 경우에는 그 금지기간(2021.10.19 본호신설)

③ 제93조에 따라 운전면허 취소처분을 받은 사람은 제2항에 따른 운전면허 결격기간이 끝났다 하여도 그 취소처분을 받은 이후에 제73조제2항에 따른 특별교통안전 의무교육을 받지 아니하면 운전면허를 받을 수 없다.
(2017.10.24 본항개정)
(2011.6.8 본조개정)

제83조【운전면허시험 등】 ① 운전면허시험(제1종 보통면허시험 및 제2종 보통면허시험은 제외한다)은 한국도로교통공단이 다음 각 호의 사항에 대하여 제80조제2항에 따른 운전면허의 구분에 따라 실시한다. 다만, 대통령령으로 정하는 운전면허시험은 대통령령으로 정하는 바에 따라 시·도경찰청장이나 한국도로교통공단이 실시한다.(2024.1.30 본문개정)
1. 자동차등의 운전에 필요한 적성(2021.1.12 본호개정)
2. 자동차등 및 도로교통에 관한 법령에 대한 지식

3. 자동차등의 관리방법과 안전운전에 필요한 점검의 요령
4. 자동차등의 운전에 필요한 기능
5. 친환경 경제운전에 필요한 지식과 기능
② 제1종 보통면허시험과 제2종 보통면허시험은 한국도로교통공단이 응시자가 도로에서 자동차를 운전할 능력이 있는지에 대하여 실시한다. 이 경우 제1종 보통면허시험은 제1종 보통연습면허를 받은 사람을 대상으로 하고, 제2종 보통면허시험은 제2종 보통연습면허를 받은 사람을 대상으로 한다.(2024.1.30 전단개정)
③ 제82조에 따라 운전면허를 받을 수 없는 사람은 운전면허시험에 응시할 수 없다.
④ 제1항제2호 및 제3호에 따른 운전면허시험에 응시하려는 사람은 그 운전면허시험에 응시하기 전에 제73조제1항에 따른 교통안전교육 또는 제104조제1항에 따른 자동차운전 전문학원에서 학과교육을 받아야 한다.
⑤ 제1항과 제2항에 따른 운전면허시험의 방법, 절차와 그 밖에 필요한 사항은 대통령령으로 정한다.
(2011.6.8 본조개정)

제84조【운전면허시험의 면제】 ① 다음 각 호의 어느 하나에 해당하는 사람에 대하여는 대통령령으로 정하는 바에 따라 운전면허시험의 일부를 면제한다.
1. 대학·전문대학 또는 공업계 고등학교의 기계과나 자동차와 관련된 학과를 졸업한 사람으로서 재학 중 자동차에 관한 과목을 이수한 사람
2. 「국가기술자격법」 제10조에 따라 자동차의 정비 또는 검사에 관한 기술자격시험에 합격한 사람
3. 외국의 권한 있는 기관에서 발급한 운전면허증(이하 "외국면허증"이라 한다)을 가진 사람 가운데 다음 각 목의 어느 하나에 해당되는 사람
  가. 「주민등록법」 제6조에 따라 주민등록이 된 사람
  나. 「출입국관리법」 제31조에 따라 외국인등록을 한 사람(이하 "등록외국인"이라 한다) 또는 외국인등록이 면제된 사람(2016.12.2 본목개정)
  다. 「난민법」에 따른 난민인정자(2012.2.10 본목개정)
  라. 「재외동포의 출입국과 법적 지위에 관한 법률」 제6조에 따라 국내거소신고를 한 사람(이하 "외국국적동포"라 한다)(2016.12.2 본목개정)
4. 군(軍) 복무 중 자동차등에 상응하는 군 소속 차를 6개월 이상 운전한 경험이 있는 사람(2021.1.12 본호개정)
5. 제87조제2항 또는 제88조에 따른 적성검사를 받지 아니하여 운전면허가 취소된 후 다시 면허를 받으려는 사람
6. 운전면허를 받은 후 제80조제2항의 구분에 따라 운전할 수 있는 자동차의 종류를 추가하려는 사람
7. 제93조제1항제15호부터 제18호까지의 규정에 따라 운전면허가 취소된 후 다시 운전면허를 받으려는 사람
8. 제108조제5항에 따른 자동차운전 전문학원의 수료증 또는 졸업증을 소지한 사람
9. 군사분계선 이북지역에서 운전면허를 받은 사실이 인정되는 사람
② 제1항제3호에 따른 외국면허증(그 운전면허증을 발급한 국가에서 90일을 초과하여 체류하면서 그 체류기간 동안 취득한 것으로서 임시면허증 또는 연습면허증이 아닌 것을 말한다)을 가진 사람에 대하여는 해당 국가가 대한민국 운전면허증을 가진 사람에게 적성시험을 제외한 모든 운전면허시험 과정을 면제하는 국가(이하 이 조에서 "국내면허 인정국가"라 한다)인지 여부에 따라 대통령령으로 정하는 바에 따라 면제하는 운전면허시험을 다르게 정할 수 있다. 다만, 외교, 공무(公務) 또는 연구 등 대통령령으로 정하는 목적으로 국내에 체류하고 있는 사람이 가지고 있는 외국면허증은 국내면허 인정국가의 권한 있는 기관에서 발급한 운전면허증으로 보며, 국내면허 인정국가 가운데 우리나라와 운전면허의 상호인정에 관한 약정을 체결한 국가에 대하여는 그 약정한 내용에 따라 운전면허시험의 일부를 면제할 수 있다.
③ 한국도로교통공단은 제1항제3호 및 제2항에 따라 외국면허증을 가진 사람에게 운전면허시험의 일부를 면제하고 국내운전면허증을 발급하는 경우에는 해당 외국면허증을 발급한 국가의 요청이 있는 경우 등 대통령령으로 정하는 사유가 있는 경우에만 그 사람의 외국면허증을 회수할 수 있다. 이 경우 그 외국면허증을 발급한 국가의 관계 기관의 요청이 있는 경우에는 그 외국면허증을 해당 국가에 송부할 수 있다.(2024.1.30 전단개정)
(2011.6.8 본조개정)

제84조의2【부정행위자에 대한 조치】 ① 경찰청장은 제106조에 따른 전문학원의 강사자격시험 및 제107조에 따른 기능검정원 자격시험에서, 시·도경찰청장 또는 한국도로교통공단은 제83조에 따른 운전면허시험에서 부정행위를 한 사람에 대하여는 해당 시험을 각각 무효로 처리한다.(2024.1.30 본항개정)
② 제1항에 따라 시험이 무효로 처리된 사람은 그 처분이 있은 날부터 2년간 해당 시험에 응시하지 못한다.
(2016.1.27 본조신설)

제85조【운전면허증의 발급 등】 ① 운전면허를 받으려는 사람은 운전면허시험에 합격하여야 한다.
② 시·도경찰청장은 운전면허시험에 합격한 사람에 대하여 행정안전부령으로 정하는 운전면허증을 발급하여야 한다.(2020.12.22 본항개정)
③ 시·도경찰청장은 운전면허를 받은 사람이 다른 범위의 운전면허를 추가로 취득하는 경우에는 운전면허의 범위를 확대(기존에 받은 운전면허의 범위를 추가하는 것을 말한다)하여 운전면허증을 발급하여야 한다.
(2020.12.22 본항개정)
④ 시·도경찰청장은 운전면허를 받은 사람이 운전면허의 범위를 축소(기존에 받은 운전면허의 범위에서 일부 범위를 삭제하는 것을 말한다)하기를 원하는 경우에는 운전면허의 범위를 축소하여 운전면허증을 발급할 수 있다.(2020.12.22 본항개정)
⑤ 운전면허의 효력은 본인 또는 대리인이 제2항부터 제4항까지에 따른 운전면허증을 발급받은 때부터 발생한다. 이 경우 제3항 또는 제4항에 따라 운전면허의 범위를 확대하거나 축소하는 경우에도 제93조에 따라 받게 되거나 받은 운전면허 취소·정지처분의 효력과 벌점은 그대로 승계된다.(2014.12.30 본항개정)
(2011.6.8 본조개정)

제85조의2【모바일운전면허증 발급 및 운전면허증의 확인 등】 ① 시·도경찰청장은 제85조, 제86조, 제87조에 따라 운전면허증을 발급받으려는 사람이 모바일운전면허증(「이동통신단말장치 유통구조 개선에 관한 법률」 제2조제4호에 따른 이동통신단말장치에 암호화된 형태로 설치된 운전면허증을 말한다. 이하 같다)을 신청하는 경우 이를 추가로 발급할 수 있다.
② 국가기관, 지방자치단체, 공공단체, 사회단체, 기업체 등에서 다음 각 호의 경우에 운전면허소지자의 성명·사진·주소·주민등록번호·운전면허번호 등을 확인할 필요가 있으면 증빙서류를 붙이지 아니하고 운전면허증(제1항에 따른 모바일운전면허증을 포함한다. 이하 제87조의2·제92조·제93조·제95조제1항·제139조 및 제152조에서 같다)으로 확인하여야 한다. 다만, 다른 법률에서 신분의 확인 방법 등을 정한 경우에는 그러하지 아니하다.
1. 제80조제2항에 따른 운전면허의 범위 및 운전할 수 있는 차의 종류를 확인하는 경우
2. 민원서류나 그 밖의 서류를 접수하는 경우
3. 특정인에게 자격을 인정하는 증서를 발급하는 경우
4. 그 밖에 신분을 확인하기 위하여 필요한 경우
③ 시·도경찰청장은 경찰청에 연계된 운전면허정보를 이용하여 운전면허확인서비스(이동통신단말장치를 이용하여 제2항 각 호 외의 부분 본문에 따른 성명·사진·주소·주민등록번호·운전면허번호 및 발급 관련사항을 확인할 수 있는 서비스를 말한다. 이하 같다)를 제공할 수 있다.
④ 운전면허확인서비스를 이용하여 성명·사진·주소·주민등록번호·운전면허번호 및 발급 관련사항을 확인하는 경우 제2항에 따라 운전면허증으로 성명·사진·주민등록번호·운전면허번호 및 발급 관련사항을 확인한 것으로 본다.
⑤ 모바일운전면허증 및 운전면허확인서비스의 발급 및 신청 등에 필요한 사항은 행정안전부령으로 정한다.
(2024.1.30 본조신설)

제86조【운전면허증의 재발급】 운전면허증을 잃어버렸거나 헐어 못 쓰게 되었을 때에는 행정안전부령으로 정하는 바에 따라 시·도경찰청장에게 신청하여 다시 발급받을 수 있다.(2020.12.22 본조개정)

제87조【운전면허증의 갱신과 정기 적성검사】 ① 운전면허를 받은 사람은 다음 각 호의 구분에 따른 기간 이내에 대통령령으로 정하는 바에 따라 시·도경찰청장으로부터 운전면허증을 갱신하여 발급받아야 한다.
(2020.12.22 본문개정)
1. 최초의 운전면허증 갱신기간은 제83조제1항 또는 제2항에 따른 운전면허시험에 합격한 날부터 기산하여 10년(운전면허시험 합격일에 65세 이상 75세 미만인 사람은 5년, 75세 이상인 사람은 3년, 한쪽 눈만 보지 못하는 사람으로서 제1종 운전면허 중 보통면허를 취득한 사람은 3년)이 되는 날이 속하는 해의 1월 1일부터 12월 31일까지(2018.3.27 본호개정)
2. 제1호 외의 운전면허증 갱신기간은 직전의 운전면허증 갱신일부터 기산하여 매 10년(직전의 운전면허증 갱신일에 65세 이상 75세 미만인 사람은 5년, 75세 이상인 사람은 3년, 한쪽 눈만 보지 못하는 사람으로서 제1종 운전면허 중 보통면허를 취득한 사람은 3년)이 되는 날이 속하는 해의 1월 1일부터 12월 31일까지(2018.3.27 본호개정)
② 다음 각 호의 어느 하나에 해당하는 사람은 제1항에 따른 운전면허증 갱신기간에 대통령령으로 정하는 바에 따라 한국도로교통공단이 실시하는 정기(定期) 적성검사(適性檢査)를 받아야 한다.(2024.1.30 본문개정)
1. 제1종 운전면허를 받은 사람
2. 제2종 운전면허를 받은 사람 중 운전면허증 갱신기간에 70세 이상인 사람
③ 다음 각 호에 해당하는 사람은 운전면허증을 갱신하여 받을 수 없다.
1. 제73조제5항에 따른 교통안전교육을 받지 아니한 사람
2. 제2항에 따른 정기 적성검사를 받지 아니하거나 이에 합격하지 못한 사람
(2018.3.27 본항개정)
④ 제1항 또는 제2항에 따라 운전면허증을 갱신하여 발급받거나 정기 적성검사를 받아야 하는 사람이 해외여행 또는 군 복무 등 대통령령으로 정하는 사유로 그 기간 이내에 운전면허증을 갱신하여 발급받거나 정기 적성검사를 받을 수 없는 때에는 대통령령으로 정하는 바에 따라 이를 미리 받거나 그 연기를 받을 수 있다.
(2011.6.8 본조개정)

제87조의2【운전면허증 발급 대상자 본인 확인】 ① 시·도경찰청장은 제85조제2항부터 제4항까지, 제86조 또는 제87조제1항에 따라 운전면허증을 발급(이하 이 조 및 제137조의2제2항에서 "운전면허증 발급"이라 한다)하려는 경우에는 운전면허증 발급을 받으려는 사람의 주민등록증이나 여권, 그 밖에 행정안전부령으로 정하는 신분증명서의 사진 등을 통하여 본인인지를 확인할 수 있다.
② 시·도경찰청장은 제1항에 따른 방법으로 본인인지를 확인하기 어려운 경우에는 운전면허증 발급을 받으려는 사람의 동의를 받아 전자적 방법으로 지문정보를 대조하여 확인할 수 있다.
③ 시·도경찰청장은 운전면허증 발급을 받으려는 사람이 제2항에 따른 본인 확인 절차를 따르지 아니하는 경우에는 운전면허증 발급을 거부할 수 있다.
(2020.12.22 본조개정)

제88조【수시 적성검사】 ① 제1종 운전면허 또는 제2종 운전면허를 받은 사람(제96조제1항에 따른 국제운전면허증 또는 상호인정외국면허증을 받은 사람을 포함한다)이 안전운전에 장애가 되는 후천적 신체장애 등 대통령령으로 정하는 사유에 해당되는 경우에는 한국도로교통공단이 실시하는 수시(隨時) 적성검사를 받아야 한다.
(2024.1.30 본항개정)
② 제1항에 따른 수시 적성검사의 기간·통지와 그 밖에 수시 적성검사의 실시에 필요한 사항은 대통령령으로 정한다.
(2011.6.8 본조개정)

제89조【수시 적성검사 관련 개인정보의 통보】 ① 제88조제1항에 따라 수시 적성검사를 받아야 하는 사람의 후천적 신체장애 등에 관한 개인정보를 가지고 있는 기관 가운데 대통령령으로 정하는 기관의 장은 수시 적성검사와 관련이 있는 개인정보를 경찰청장에게 통보하여야 한다.
② 제1항에 따라 경찰청장에게 통보하여야 하는 개인정보의 내용 및 통보방법과 그 밖에 개인정보의 통보에 필요한 사항은 대통령령으로 정한다.
(2011.6.8 본조개정)

제90조【정신 질환 등이 의심되는 사람에 대한 조치】 한국도로교통공단은 다음 각 호의 어느 하나에 해당하는 사람이 제82조제1항제2호 또는 제5호에 해당한다고 인정할 만한 상당한 사유가 있는 경우에는 해당 분야 전문의(專門醫)의 정밀진단을 받게 할 수 있다.(2024.1.30 본문개정)
1. 제83조에 따른 운전면허시험 중인 사람
2. 제87조제2항 또는 제88조제1항에 따른 적성검사를 받는 사람
(2011.6.8 본조개정)

제91조【임시운전증명서】 ① 시·도경찰청장은 다음 각 호의 어느 하나의 경우에 해당하는 사람이 임시운전증명서 발급을 신청하면 행정안전부령으로 정하는 바에 따라 임시운전증명서를 발급할 수 있다. 다만, 제2호의 경우에는 소지하고 있는 운전면허증에 행정안전부령으로 정하는 사항을 기재하여 발급함으로써 임시운전증명서 발급을 갈음할 수 있다.(2020.12.22 본문개정)
1. 운전면허증을 받은 사람이 제86조에 따른 재발급 신청을 한 경우
2. 제87조에 따른 정기 적성검사 또는 운전면허증 갱신 발급 신청을 하거나 제88조에 따른 수시 적성검사를 신청한 경우
3. 제93조에 따른 운전면허의 취소처분 또는 정지처분 대상자가 운전면허증을 제출한 경우
② 제1항의 임시운전증명서는 그 유효기간 중에는 운전면허증과 같은 효력이 있다.
(2011.6.8 본조개정)

제92조【운전면허증 휴대 및 제시 등의 의무】 ① 자동차등을 운전할 때에는 다음 각 호의 어느 하나에 해당하는 운전면허증 등을 지니고 있어야 한다.(2021.1.12 본문개정)
1. 운전면허증, 제96조제1항에 따른 국제운전면허증 또는 상호인정외국면허증이나 「건설기계관리법」에 따른 건설기계조종사면허증(이하 "운전면허증등"이라 한다)
(2021.10.19 본호개정)
2. 운전면허증등을 갈음하는 다음 각 목의 증명서
  가. 제91조에 따른 임시운전증명서
  나. 제138조에 따른 범칙금 납부통고서 또는 출석지시서
  다. 제143조제1항에 따른 출석고지서
② 운전자는 운전 중에 교통안전이나 교통질서 유지를 위하여 경찰공무원이 제1항에 따른 운전면허증등 또는 이를 갈음하는 증명서를 제시할 것을 요구하거나 운전자의 신원 및 운전면허 확인을 위한 질문을 할 때에는 이에 응하여야 한다.
③ 누구든지 다른 사람 명의의 모바일운전면허증을 부정하게 사용하여서는 아니 된다.(2024.1.30 본항신설)
(2011.6.8 본조개정)

제93조【운전면허의 취소·정지】 ① 시·도경찰청장은 운전면허(연습운전면허는 제외한다. 이하 이 조에서

같다)를 받은 사람이 다음 각 호의 어느 하나에 해당하면 행정안전부령으로 정하는 기준에 따라 운전면허(운전자가 받은 모든 범위의 운전면허를 포함한다. 이하 이 조에서 같다)를 취소하거나 1년 이내의 범위에서 운전면허의 효력을 정지시킬 수 있다. 다만, 제2호, 제3호, 제7호, 제8호, 제8호의2, 제9호(정기 적성검사 기간이 지난 경우는 제외한다), 제14호, 제16호, 제17호, 제20호의 규정에 해당하는 경우에는 운전면허를 취소하여야 하고(제8호의2에 해당하는 경우 취소하여야 하는 운전면허의 범위는 운전자가 거짓이나 그 밖의 부정한 수단으로 받은 그 운전면허로 한정한다), 제18호의 규정에 해당하는 경우에는 정당한 사유가 없으면 관계 행정기관의 장의 요청에 따라 운전면허를 취소하거나 1년 이내의 범위에서 정지하여야 한다.(2021.1.12 단서개정)

1. 제44조제1항을 위반하여 술에 취한 상태에서 자동차등을 운전한 경우(2021.1.12 본호개정)
2. 제44조제1항 또는 제2항 후단을 위반(자동차등을 운전한 경우로 한정한다. 이하 이 호 및 제3호에서 같다)한 사람이 다시 같은 조 제1항을 위반하여 운전면허 정지 사유에 해당된 경우(2018.12.24 본호개정)
3. 제44조제2항 후단을 위반하여 술에 취한 상태에 있다고 인정할 만한 상당한 이유가 있음에도 불구하고 경찰공무원의 측정에 응하지 아니한 경우
4. 제45조를 위반하여 약물의 영향으로 인하여 정상적으로 운전하지 못할 우려가 있는 상태에서 자동차등을 운전한 경우
5. 제46조제1항을 위반하여 공동 위험행위를 한 경우
5의2. 제46조의3을 위반하여 난폭운전을 한 경우 (2015.8.11 본호신설)
5의3. 제17조제3항을 위반하여 제17조제1항 및 제2항에 따른 최고속도보다 시속 100킬로미터를 초과한 속도로 3회 이상 자동차등을 운전한 경우(2020.6.9 본호신설)
6. 교통사고로 사람을 사상한 후 제54조제1항 또는 제2항에 따른 필요한 조치 또는 신고를 하지 아니한 경우
7. 제82조제1항제2호부터 제5호까지의 규정에 따른 운전면허를 받을 수 없는 사람에 해당된 경우
8. 제82조에 따라 운전면허를 받을 수 없는 사람이 운전면허를 받거나 운전면허효력의 정지기간 중 운전면허증 또는 운전면허증을 갈음하는 증명서를 발급받은 사실이 드러난 경우(2021.1.12 본호개정)
8의2. 거짓이나 그 밖의 부정한 수단으로 운전면허를 받은 경우(2021.1.12 본호신설)
9. 제87조제2항 또는 제88조제1항에 따른 적성검사를 받지 아니하거나 그 적성검사에 불합격한 경우
10. 운전 중 고의 또는 과실로 교통사고를 일으킨 경우
10의2. 운전면허를 받은 사람이 자동차등을 이용하여 「형법」 제258조의2(특수상해)·제261조(특수폭행)·제284조(특수협박) 또는 제369조(특수손괴)를 위반하는 행위를 한 경우(2016.1.27 본호신설)
11. 운전면허를 받은 사람이 자동차등을 범죄의 도구나 장소로 이용하여 다음 각 목의 어느 하나의 죄를 범한 경우
  가. 「국가보안법」 중 제4조부터 제9조까지의 죄 및 같은 법 제12조 중 증거를 날조·인멸·은닉한 죄
  나. 「형법」 중 다음 어느 하나의 범죄
    1) 살인·사체유기 또는 방화
    2) 강도·강간 또는 강제추행
    3) 약취·유인 또는 감금
    4) 상습절도(절취한 물건을 운반한 경우에 한정한다)
    5) 교통방해(단체 또는 다중의 위력으로써 위반한 경우에 한정한다)
(2018.3.27 본호개정)
12. 다른 사람의 자동차등을 훔치거나 빼앗은 경우
13. 다른 사람이 부정하게 운전면허를 받도록 하기 위하여 제83조에 따른 운전면허시험에 대신 응시한 경우
14. 이 법에 따른 교통단속 임무를 수행하는 경찰공무원등 및 시·군공무원을 폭행한 경우
15. 운전면허증을 다른 사람에게 빌려주어 운전하게 하거나 다른 사람의 운전면허증을 빌려서 사용한 경우
16. 「자동차관리법」에 따라 등록되지 아니하거나 임시운행허가를 받지 아니한 자동차(이륜자동차는 제외한다)를 운전한 경우
17. 제1종 보통면허 및 제2종 보통면허를 받기 전에 연습운전면허의 취소 사유가 있었던 경우
18. 다른 법률에 따라 관계 행정기관의 장이 운전면허의 취소처분 또는 정지처분을 요청한 경우
18의2. 제39조제1항 또는 제4항을 위반하여 화물자동차를 운전한 경우(2015.8.11 본호신설)
19. 이 법이나 이 법에 따른 명령 또는 처분을 위반한 경우
20. 운전면허를 받은 사람이 자신의 운전면허를 실효(失效)시킬 목적으로 시·도경찰청장에게 자진하여 운전면허를 반납하는 경우. 다만, 실효시키려는 운전면허가 취소처분 또는 정지처분의 대상이거나 효력정지 기간 중인 경우는 제외한다.(2020.12.22 본문개정)

② 시·도경찰청장은 제1항에 따라 운전면허를 취소하거나 운전면허의 효력을 정지하려고 할 때 그 기준으로 활용하기 위하여 교통법규를 위반하거나 교통사고를 일으킨 사람에 대하여는 행정안전부령으로 정하는 바에 따라 위반 및 피해의 정도 등에 따라 벌점을 부과할 수 있으며, 그 벌점이 행정안전부령으로 정하는 기간 동안 일정한 점수를 초과하는 경우에는 행정안전부령으로 정하는 바에 따라 운전면허를 취소 또는 정지할 수 있다.
(2020.12.22 본항개정)

③ 시·도경찰청장은 연습운전면허를 발급받은 사람이 운전 중 고의 또는 과실로 교통사고를 일으키거나 이 법이나 이 법에 따른 명령 또는 처분을 위반한 경우에는 연습운전면허를 취소하여야 한다. 다만, 본인에게 귀책사유(歸責事由)가 없는 경우 등 대통령령으로 정하는 경우에는 그러하지 아니하다.(2020.12.22 본문개정)

④ 시·도경찰청장은 제1항 또는 제2항에 따라 운전면허의 취소처분 또는 정지처분을 하려고 하거나 제3항에 따라 연습운전면허 취소처분을 하려면 그 처분을 하기 전에 미리 행정안전부령으로 정하는 바에 따라 처분의 당사자에게 처분 내용과 의견제출 기한 등을 통지하여야 하며, 그 처분을 하는 때에는 행정안전부령으로 정하는 바에 따라 처분의 이유와 행정심판을 제기할 수 있는 기간 등을 통지하여야 한다. 다만, 제87조제2항 또는 제88조제1항에 따른 적성검사를 받지 아니하였다는 이유로 운전면허를 취소하려면 행정안전부령으로 정하는 바에 따라 처분의 당사자에게 적성검사를 할 수 있는 날의 만료일 전까지 적성검사를 받지 아니하면 운전면허가 취소된다는 사실의 조건부 통지를 함으로써 처분의 사전 및 사후 통지를 갈음할 수 있다.(2020.12.22 본문개정)
(2011.6.8 본조개정)

제94조【운전면허 처분에 대한 이의신청】 ① 제93조제1항 또는 제2항에 따른 운전면허의 취소처분 또는 정지처분이나 같은 조 제3항에 따른 연습운전면허 취소처분에 대하여 이의(異議)가 있는 사람은 그 처분을 받은 날부터 60일 이내에 행정안전부령으로 정하는 바에 따라 시·도경찰청장에게 이의를 신청할 수 있다.(2020.12.22 본항개정)

② 시·도경찰청장은 제1항에 따른 이의를 심의하기 위하여 행정안전부령으로 정하는 바에 따라 운전면허행정처분 이의심의위원회(이하 "이의심의위원회"라 한다)를 두어야 한다.(2020.12.22 본항개정)

③ 제1항에 따라 이의를 신청한 사람은 그 이의신청과 관계없이 「행정심판법」에 따른 행정심판을 청구할 수 있다. 이 경우 이의를 신청하여 그 결과를 통보받은 사람(결과를 통보받기 전에 「행정심판법」에 따른 행정심판을 청구한 사람은 제외한다)은 통보받은 날부터 90일 이내에 「행정심판법」에 따른 행정심판을 청구할 수 있다.

④ 이의심의위원회의 위원 중 공무원이 아닌 사람은 「형법」 제129조부터 제132조까지의 규정을 적용할 때에는 공무원으로 본다.(2015.8.11 본항신설)
(2011.6.8 본조개정)

제94조의2【범죄경력조회 및 수사경력조회】 시·도경찰청장은 제82조제2항 각 호의 어느 하나의 경우에 해당하는 사람이 운전면허 결격사유가 된 법률 위반과 관련하여 같은 항 단서에 해당하는 확정판결 또는 처분을 받았는지 여부와 제93조제1항 또는 제2항에 따라 운전면허가 취소·정지된 사람이 그 처분의 원인이 된 법률 위반과 관련하여 무죄의 확정판결 또는 불기소처분을 받았는지 여부를 확인하기 위하여 「형의 실효 등에 관한 법률」 제6조에 따른 범죄경력조회 및 수사경력조회를 할 수 있다.(2021.1.12 본조신설)

제95조【운전면허증의 반납】 ① 운전면허증을 받은 사람이 다음 각 호의 어느 하나에 해당하면 그 사유가 발생한 날부터 7일 이내(제4호 및 제5호의 경우 새로운 운전면허증을 받기 위하여 운전면허증을 제출한 때)에 주소지를 관할하는 시·도경찰청장에게 운전면허증을 반납(모바일운전면허증의 경우 전자적 반납을 포함한다. 이하 이 조에서 같다)하여야 한다.(2024.1.30 본문개정)

1. 운전면허 취소처분을 받은 경우
2. 운전면허효력 정지처분을 받은 경우
3. 운전면허증을 잃어버리고 다시 발급받은 후 그 잃어버린 운전면허증을 찾은 경우
4. 연습운전면허증을 받은 사람이 제1종 보통면허증 또는 제2종 보통면허증을 받은 경우
5. 운전면허증 갱신을 받은 경우

② 경찰공무원은 제1항을 위반하여 운전면허증을 반납하지 아니한 사람이 소지한 운전면허증을 직접 회수(모바일운전면허증의 경우 전자적 회수를 포함한다. 이하 이 조에서 같다)할 수 있다.(2024.1.30 본항개정)

③ 시·도경찰청장이 제1항제2호에 따라 운전면허증을 반납받았거나 제2항에 따라 제1항제2호에 해당하는 사람으로부터 운전면허증을 회수하였을 때에는 이를 보관하였다가 정지기간이 끝난 즉시 돌려주어야 한다.
(2020.12.22 본항개정)
(2011.6.8 본조개정)

제9장 국제운전면허증
(2011.6.8 본장개정)

제96조【국제운전면허증 또는 상호인정외국면허증에 의한 자동차등의 운전】 ① 외국의 권한 있는 기관에서 제1호부터 제3호까지의 어느 하나에 해당하는 협약·협정 또는 약정에 따른 운전면허증(이하 "국제운전면허증"이라 한다) 또는 제4호에 따라 인정되는 외국면허증(이하 "상호인정외국면허증"이라 한다)을 발급받은 사람은 제80조제1항에도 불구하고 국내에 입국한 날부터 1년 동안 그 국제운전면허증 또는 상호인정외국면허증으로 자동차등을 운전할 수 있다. 이 경우 운전할 수 있는 자동차의 종류는 그 국제운전면허증 또는 상호인정외국면허증에 기재된 것으로 한정한다.(2021.10.19 본문개정)

1. 1949년 제네바에서 체결된 「도로교통에 관한 협약」
2. 1968년 비엔나에서 체결된 「도로교통에 관한 협약」
3. 우리나라와 외국 간에 국제운전면허증을 상호 인정하는 협약, 협정 또는 약정(2021.10.19 본호개정)
4. 우리나라와 외국 간에 상대방 국가에서 발급한 운전면허증을 상호 인정하는 협약·협정 또는 약정
(2021.10.19 본호신설)

② 국제운전면허증을 외국에서 발급받은 사람 또는 상호인정외국면허증으로 운전하는 사람은 「여객자동차 운수사업법」 또는 「화물자동차 운수사업법」에 따른 사업용 자동차를 운전할 수 없다. 다만, 「여객자동차 운수사업법」에 따른 대여사업용 자동차를 임차(賃借)하여 운전하는 경우에는 그러하지 아니하다.(2021.10.19 본문개정)

③ 제82조제2항에 따른 운전면허 결격사유에 해당하는 사람으로서 같은 항 각 호의 구분에 따른 기간이 지나지 아니한 사람은 제1항에도 불구하고 자동차등을 운전하여서는 아니 된다.
(2021.10.19 본조제목개정)

제97조【자동차등의 운전 금지】 ① 제96조에 따라 국제운전면허증 또는 상호인정외국면허증을 가지고 국내에서 자동차등을 운전하는 사람이 다음 각 호의 어느 하나에 해당하는 경우에는 그 사람의 주소지를 관할하는 시·도경찰청장은 행정안전부령으로 정한 기준에 따라 1년을 넘지 아니하는 범위에서 국제운전면허증 또는 상호인정외국면허증에 의한 자동차등의 운전을 금지할 수 있다.(2021.10.19 본문개정)

1. 제88조제1항에 따른 적성검사를 받지 아니하였거나 적성검사에 불합격한 경우
2. 운전 중 고의 또는 과실로 교통사고를 일으킨 경우
3. 대한민국 국적을 가진 사람이 제93조제1항 또는 제2항에 따라 운전면허가 취소되거나 효력이 정지된 후 제82조제2항 각 호에 규정된 기간이 지나지 아니한 경우
4. 자동차등의 운전에 관하여 이 법이나 이 법에 따른 명령 또는 처분을 위반한 경우

② 제1항에 따라 자동차등의 운전이 금지된 사람은 지체 없이 국제운전면허증 또는 상호인정외국면허증에 의한 운전을 금지한 시·도경찰청장에게 그 국제운전면허증 또는 상호인정외국면허증을 제출하여야 한다.
(2021.10.19 본항개정)

③ 시·도경찰청장은 제1항에 따른 금지기간이 끝난 경우 또는 금지처분을 받은 사람이 그 금지기간 중에 출국하는 경우에는 그 사람의 반환청구가 있으면 지체 없이 보관 중인 국제운전면허증 또는 상호인정외국면허증을 돌려주어야 한다.(2021.10.19 본항개정)

제98조【국제운전면허증의 발급 등】 ① 제80조에 따라 운전면허를 받은 사람이 국외에서 운전을 하기 위하여 제96조제1항제1호의 「도로교통에 관한 협약」에 따른 국제운전면허증을 발급받으려면 시·도경찰청장에게 신청하여야 한다.(2020.12.22 본항개정)

② 제1항에 따른 국제운전면허증의 유효기간은 발급받은 날부터 1년으로 한다.

③ 제1항에 따른 국제운전면허증은 이를 발급받은 사람의 국내운전면허의 효력이 없어지거나 취소된 때에는 그 효력을 잃는다.

④ 제1항에 따른 국제운전면허증을 발급받은 사람의 국내운전면허의 효력이 정지된 때에는 그 정지기간 동안 그 효력이 정지된다.

⑤ 제1항에 따른 국제운전면허증의 발급에 필요한 사항은 행정안전부령으로 정한다.(2017.7.26 본항개정)

제98조의2【국제운전면허증 발급의 제한】 시·도경찰청장은 제98조에 따라 국제운전면허증을 발급받으려는 사람이 납부하지 아니한 범칙금 또는 과태료(이 법을 위반하여 부과된 범칙금 또는 과태료를 말한다. 이하 이 조에서 같다)가 있는 경우 국제운전면허증의 발급을 거부할 수 있다. 다만, 제164조제1항·제2항에 따른 범칙금 납부기간 또는 제160조에 따른 과태료로서 대통령령으로 정하는 납부기간 중에 있는 경우에는 그러하지 아니하다.
(2020.12.22 본문개정)

제10장 자동차운전학원
(2011.6.8 본장개정)

제99조【자동차운전학원의 등록】 자동차운전학원(이하 "학원"이라 한다)을 설립·운영하려는 자는 제101조에 따른 시설 및 설비 등과 제103조에 따른 강사의 정원(定員) 및 배치기준 등 필요한 조건을 갖추어 대통령령으로 정하는 바에 따라 시·도경찰청장에게 등록하여야 한다. 대통령령으로 정하는 등록사항을 변경하려는 경우에도 또한 같다.(2020.12.22 전단개정)

제100조【학원의 조건부 등록】 ① 시·도경찰청장은 제99조에 따라 학원 등록을 할 경우 대통령령으로 정하는

기간에 제101조에 따른 시설 및 설비 등을 갖출 것을 조건으로 하여 학원의 등록을 받을 수 있다.
② 시·도경찰청장은 제1항에 따라 등록을 한 자가 정당한 사유 없이 같은 항에 따른 기간에 시설 및 설비 등을 갖추지 아니하면 그 등록을 취소하여야 한다.
(2020.12.22 본조개정)
제101조【학원의 시설기준 등】 학원에는 대통령령으로 정하는 기준에 따라 강의실·기능교육장·부대시설 등 교육에 필요한 시설(장애인을 위한 교육 및 부대시설을 포함한다) 및 설비 등을 갖추어야 한다.
제102조【학원 등록 등의 결격사유】 ① 다음 각 호의 어느 하나에 해당하는 사람은 제99조에 따른 학원의 등록을 할 수 없다.
1. 피성년후견인(2015.8.11 본호개정)
2. 파산선고를 받고 복권되지 아니한 사람
3. 금고 이상의 형을 선고받고 그 집행이 끝나거나 집행을 받지 아니하기로 확정된 후 3년이 지나지 아니한 사람 또는 금고 이상의 형을 선고받고 그 집행유예기간 중에 있는 사람
4. 법원의 판결에 의하여 자격이 정지 또는 상실된 사람
5. 제113조제1항제1호, 제5호부터 제12호까지, 같은 조 제2항 및 제4항에 따라 그 등록이 취소된 날부터 1년이 지나지 아니한 학원의 설립·운영자 또는 학원의 등록이 취소된 날부터 1년 이내에 같은 장소에서 학원을 설립·운영하려는 사람
6. 임원 중에 제1호부터 제5호까지 중 어느 하나에 해당하는 사람이 있는 법인
② 학원을 설립·운영하는 자가 제1항 각 호의 어느 하나에 해당하게 된 경우에는 그 등록은 효력을 잃는다. 다만, 제1항제6호에 해당하는 경우로서 법인의 임원 중에 그 사유에 해당하는 사람이 있더라도 그 사유가 발생한 날부터 3개월 이내에 그 임원을 해임하거나 다른 사람으로 바꾸어 임명한 경우에는 그러하지 아니하다.
제103조【학원의 강사 및 교육과정 등】 ① 학원에서 교육을 담당하는 강사(자동차등의 운전에 필요한 도로교통에 관한 법령·지식 및 기능교육을 하는 사람을 말한다. 이하 같다)의 자격요건·정원 및 배치기준 등에 관하여 필요한 사항은 대통령령으로 정한다.
② 학원의 교육과정, 교육방법 및 운영기준 등에 관하여 필요한 사항은 대통령령으로 정한다.
제104조【자동차운전 전문학원의 지정 등】 ① 시·도경찰청장은 자동차운전에 관한 교육 수준을 높이고 운전자의 자질을 향상시키기 위하여 제99조에 따라 등록된 학원으로서 다음 각 호의 기준에 적합한 학원을 대통령령으로 정하는 바에 따라 자동차운전 전문학원(이하 "전문학원"이라 한다)으로 지정할 수 있다.(2020.12.22 본문개정)
1. 제105조에 따른 자격요건을 갖춘 학감〔(學監) : 전문학원의 학과 및 기능에 관한 교육과 학사운영을 담당하는 사람을 말한다. 이하 같다〕을 둘 것. 다만, 학원을 설립·운영하는 자가 자격요건을 갖춘 경우에는 학감을 겸임할 수 있으며 이 경우에는 학감을 보좌하는 부학감을 두어야 한다.
2. 대통령령으로 정하는 기준에 따라 제106조에 따른 강사 및 제107조에 따른 기능검정원〔(技能檢定員) : 제108조에 따른 기능검정을 하는 사람을 말한다. 이하 같다〕을 둘 것
3. 대통령령으로 정하는 기준에 적합한 시설·설비 및 제74조제2항에 따른 교통안전교육기관의 지정에 필요한 시설·설비 등을 갖출 것
4. 교육방법 및 졸업자의 운전 능력 등 해당 전문학원의 운영이 대통령령으로 정하는 기준에 적합할 것
② 시·도경찰청장은 다음 각 호의 어느 하나에 해당하는 학원은 전문학원으로 지정할 수 없다.(2020.12.22 본문개정)
1. 제113조(제1항제2호부터 제4호까지는 제외한다)에 따라 등록이 취소된 학원 또는 전문학원(이하 "학원등"이라 한다)을 설립·운영하는 자(이하 "학원등 설립·운영자"라 한다) 또는 학감이나 부학감이었던 사람이 등록이 취소된 날부터 3년 이내에 설립·운영하는 학원
2. 제113조(제1항제2호부터 제4호까지는 제외한다)에 따라 등록이 취소된 경우 취소된 날부터 3년 이내에 같은 장소에서 설립·운영되는 학원
③ 제1항에 따라 지정받은 전문학원이 대통령령으로 정하는 중요사항을 변경하려면 소재지를 관할하는 시·도경찰청장의 승인을 받아야 한다.(2020.12.22 본항개정)
제105조【전문학원의 학감 등】 학감이나 부학감은 다음 각 호의 요건을 모두 갖추고 있는 사람으로 한다.
1. 30세 이상 65세 이하인 사람
2. 도로교통에 관한 업무에 3년 이상 근무한 경력(관리직 경력만 해당한다)이 있는 사람 또는 학원등의 운영·관리에 관한 업무에 3년 이상 근무한 경력이 있는 사람으로서 다음 각 목의 어느 하나에 해당되지 아니하는 사람
  가. 미성년자 또는 피성년후견인(2015.8.11 본목개정)
  나. 파산선고를 받고 복권되지 아니한 사람
  다. 이 법 또는 다른 법의 규정을 위반하여 금고 이상의 실형을 선고받고 그 형의 집행이 끝나거나(끝난 것으로 보는 경우를 포함한다) 집행을 받지 아니하기로 확정된 날부터 2년(제150조 각 호의 어느 하나를 위반한 경우에는 3년)이 지나지 아니한 사람
  라. 제150조 각 호의 어느 하나를 위반하여 벌금형을 선고받고 3년이 지나지 아니한 사람
  마. 금고 이상의 형을 선고받고 그 집행유예기간 중에 있는 사람
  바. 금고 이상의 형의 선고유예를 받고 그 유예기간 중에 있는 사람
  사. 법률 또는 판결에 의하여 자격이 상실되거나 정지된 사람
  아. 「국가공무원법」 또는 「경찰공무원법」 등 관련 법률에 따라 징계면직처분을 받은 날부터 2년이 지나지 아니한 사람
3. 제113조제1항제1호, 제5호부터 제12호까지, 같은 조 제2항 및 제4항에 따라 등록이 취소된 학원등을 설립·운영한 자, 학감 또는 부학감이었던 경우에는 등록이 취소된 날부터 3년이 지난 사람
제106조【전문학원의 강사】 ① 전문학원의 강사가 되려는 사람은 행정안전부령으로 정하는 강사자격시험에 합격하고 경찰청장이 지정하는 전문기관에서 자동차운전교육에 관한 연수교육을 수료하여야 한다.(2017.7.26 본항개정)
② 경찰청장은 제1항에 따른 자격을 갖춘 사람에게 행정안전부령으로 정하는 바에 따라 강사자격증을 발급하여야 한다.(2017.7.26 본항개정)
③ 다음 각 호의 어느 하나에 해당하는 사람은 전문학원의 강사가 될 수 없다.
1. 제76조제3항제1호부터 제3호까지의 규정에 해당하는 사람
2. 제4항에 따라 강사자격증이 취소된 날부터 3년이 지나지 아니한 사람
3. 제83조제1항제4호 및 같은 조 제2항에 따른 자동차등의 운전에 필요한 기능과 도로에서의 운전 능력을 익히기 위한 교육(이하 "기능교육"이라 한다)에 사용되는 자동차등을 운전할 수 있는 운전면허를 받지 아니한 사람
4. 기능교육에 사용되는 자동차를 운전할 수 있는 운전면허를 받은 날부터 2년이 지나지 아니한 사람
④ 시·도경찰청장은 제2항에 따라 강사자격증을 발급받은 사람이 다음 각 호의 어느 하나에 해당하면 행정안전부령으로 정하는 기준에 따라 그 강사의 자격을 취소하거나 1년 이내의 범위에서 기간을 정하여 그 자격의 효력을 정지시킬 수 있다. 다만, 제1호부터 제5호까지의 어느 하나에 해당하는 경우에는 그 자격을 취소하여야 하며, 제5호 및 제6호는 제83조제1항제2호 및 제3호에 따른 자동차등의 운전에 필요한 지식 등을 얻기 위한 교육을 담당하는 강사에게는 적용하지 아니한다.(2020.12.22 본문개정)
1. 거짓이나 그 밖의 부정한 방법으로 강사자격증을 발급받은 경우
2. 「교통사고처리 특례법」 제3조제1항 또는 「특정범죄 가중처벌 등에 관한 법률」 제5조의3을 위반하여 금고 이상의 형(집행유예를 포함한다)을 선고받은 경우
3. 강사의 자격정지 기간 중에 교육을 한 경우
4. 강사의 자격증을 다른 사람에게 빌려 준 경우
5. 기능교육에 사용되는 자동차를 운전할 수 있는 운전면허가 취소된 경우
6. 기능교육에 사용되는 자동차를 운전할 수 있는 운전면허의 효력이 정지된 경우
7. 강사의 업무에 관하여 부정한 행위를 한 경우
8. 제116조를 위반하여 대가를 받고 자동차운전교육을 한 경우
9. 그 밖에 이 법이나 이 법에 따른 명령 또는 처분을 위반한 경우
⑤ 전문학원의 학감은 강사가 아닌 사람으로 하여금 자동차운전에 관한 학과교육 또는 기능교육을 하게 하여서는 아니 된다.
제107조【기능검정원】 ① 기능검정원이 되려는 사람은 행정안전부령으로 정하는 기능검정원 자격시험에 합격하고 경찰청장이 지정하는 전문기관에서 자동차운전 기능검정에 관한 연수교육을 수료하여야 한다.(2017.7.26 본항개정)
② 경찰청장은 제1항에 따른 연수교육을 수료한 사람에게 행정안전부령으로 정하는 바에 따라 기능검정원 자격증을 발급하여야 한다.(2017.7.26 본항개정)
③ 다음 각 호의 어느 하나에 해당하는 사람은 기능검정원이 될 수 없다.
1. 27세 미만인 사람
2. 제76조제3항제2호 또는 제3호에 해당하는 사람
3. 제4항에 따라 기능검정원의 자격이 취소된 경우에는 그 자격이 취소된 날부터 3년이 지나지 아니한 사람
4. 기능검정에 사용되는 자동차를 운전할 수 있는 운전면허를 받지 아니하거나 운전면허를 받은 날부터 3년이 지나지 아니한 사람
④ 시·도경찰청장은 기능검정원이 다음 각 호의 어느 하나에 해당하면 행정안전부령으로 정하는 기준에 따라 그 기능검정원의 자격을 취소하거나 1년 이내의 범위에서 기간을 정하여 그 자격의 효력을 정지시킬 수 있다. 다만, 제1호부터 제6호까지의 어느 하나에 해당하는 경우에는 그 자격을 취소하여야 한다.(2020.12.22 본문개정)
1. 거짓으로 제108조제4항에 따른 기능검정의 합격 사실을 증명한 경우
2. 거짓이나 그 밖의 부정한 방법으로 기능검정원자격증을 발급받은 경우
3. 「교통사고처리 특례법」 제3조제1항 또는 「특정범죄 가중처벌 등에 관한 법률」 제5조의3을 위반하여 금고 이상의 형(집행유예를 포함한다)을 선고받은 경우
4. 기능검정원의 자격정지 기간 중에 기능검정을 한 경우
5. 기능검정원의 자격증을 다른 사람에게 빌려 준 경우
6. 기능검정에 사용되는 자동차를 운전할 수 있는 운전면허가 취소된 경우
7. 기능검정에 사용되는 자동차를 운전할 수 있는 운전면허의 효력이 정지된 경우
8. 기능검정원의 업무에 관하여 부정한 행위를 한 경우
9. 그 밖에 이 법이나 이 법에 따른 명령 또는 처분을 위반한 경우
제108조【기능검정】 ① 시·도경찰청장은 전문학원의 학감으로 하여금 대통령령으로 정하는 바에 따라 해당 전문학원의 교육생을 대상으로 제83조제1항제4호 및 같은 조 제2항에 따른 운전기능 또는 도로에서 운전하는 능력이 있는지에 관한 검정(이하 "기능검정"이라 한다)을 하게 할 수 있다.(2020.12.22 본항개정)
② 전문학원의 학감은 기능검정원으로 하여금 다음 각 호의 어느 하나에 해당하는 사람을 대상으로 행정안전부령으로 정하는 바에 따라 기능검정을 하게 하여야 한다.(2017.7.26 본문개정)
1. 학과교육과 제83조제1항제4호에 따른 자동차등의 운전에 관하여 필요한 기능을 익히기 위한 기능교육(이하 "장내기능교육"이라 한다)을 수료한 사람
2. 제83조제2항에 따른 도로에서 운전하는 능력을 익히기 위한 기능교육(이하 "도로주행교육"이라 한다)을 수료한 사람
③ 전문학원의 학감은 기능검정원이 아닌 사람으로 하여금 기능검정을 하게 하여서는 아니 된다.
④ 기능검정원은 자기가 실시한 기능검정에 합격한 사람에게 그 합격 사실을 행정안전부령으로 정하는 바에 따라 서면(書面)으로 증명하여야 한다.(2017.7.26 본항개정)
⑤ 전문학원의 학감은 제4항에 따라 기능검정원이 합격사실을 서면으로 증명한 사람에게는 기능검정의 종류별로 행정안전부령으로 정하는 바에 따라 수료증 또는 졸업증을 발급하여야 한다.(2017.7.26 본항개정)
제109조【강사 등에 대한 연수교육 등】 ① 시·도경찰청장은 다음 각 호의 사람을 대상으로 그 자질을 향상시키기 위하여 필요한 경우에는 대통령령으로 정하는 바에 따라 연수교육을 할 수 있다. 이 경우 연수교육의 통보를 받은 학원등 설립·운영자는 특별한 사유가 없으면 그 교육을 받아야 하며, 또한 제2호 및 제3호의 사람이 연수교육을 받을 수 있도록 조치하여야 한다.(2020.12.22 전단개정)
1. 학원등 설립·운영자
2. 학원등의 강사
3. 기능검정원
② 학원등 설립·운영자는 학원등에 강사의 성명·연령·경력 등 인적 사항과 교육 과목을 행정안전부령으로 정하는 바에 따라 게시하여야 한다.(2017.7.26 본항개정)
제110조【수강료 등】 ① 학원등 설립·운영자는 교육생으로부터 수강료나 제108조에 따른 기능검정에 드는 경비 또는 이용료 등(이하 "수강료등"이라 한다)을 받을 수 있다.
② 학원등 설립·운영자는 교육 내용 및 교육 시간 등을 고려하여 수강료등을 정하고 행정안전부령으로 정하는 바에 따라 학원등에 그 내용을 게시하여야 한다.
(2017.7.26 본항개정)
③ 학원등 설립·운영자는 제2항에 따라 게시한 수강료등을 초과한 금액을 받아서는 아니 된다.
④ 시·도경찰청장은 수강료등의 과도한 인하 등으로 인하여 학원교육의 부실화가 우려된다고 인정하는 경우에는 대통령령으로 정하는 바에 따라 이를 조정할 것을 명할 수 있다.(2020.12.22 본항개정)
제111조【수강료등의 반환 등】 ① 학원등 설립·운영자는 교육생이 수강을 계속할 수 없는 경우와 학원등의 등록취소·이전·운영정지 또는 지정취소 등으로 교육을 계속할 수 없는 경우에는 교육생으로부터 받은 수강료등을 반환하거나 교육생이 다른 학원등에 편입할 수 있도록 하는 등 교육생의 보호를 위하여 필요한 조치를 하여야 한다.
② 제1항에 따른 수강료등의 반환 사유 및 반환 금액과 교육생 편입조치 등에 필요한 사항은 대통령령으로 정한다.
③ 제1항에 따라 교육생이 다른 학원등에 편입한 경우에 종전의 학원등에서 이수한 교육 시간은 편입한 학원등에서 이수한 것으로 본다.
제112조【휴원·폐원의 신고】 학원등 설립·운영자가 해당 학원을 폐원(閉院)하거나 1개월 이상 휴원(休院)하는 경우에는 행정안전부령으로 정하는 바에 따라 휴원 또는 폐원한 날부터 7일 이내에 시·도경찰청장에게 그 사실을 신고하여야 한다.(2020.12.22 본조개정)
제113조【학원등에 대한 행정처분】 ① 시·도경찰청장은 학원등이 다음 각 호의 어느 하나에 해당하면 행정안전부령으로 정하는 기준에 따라 등록을 취소하거나 1년 이내의 기간을 정하여 운영의 정지를 명할 수 있다. 다만, 제1호에 해당하는 경우에는 등록을 취소하여야 한다.
(2020.12.22 본문개정)

1. 거짓이나 그 밖의 부정한 방법으로 제99조에 따른 등록을 하거나 제104조제1항에 따른 지정을 받은 경우
2. 제101조에 따른 시설기준에 미달하게 된 경우
3. 정당한 사유 없이 개원(開院) 예정일부터 2개월이 지날 때까지 개원하지 아니한 경우
4. 정당한 사유 없이 계속하여 2개월 이상 휴원한 경우
5. 등록한 사항에 관하여 변경등록을 하지 아니하고 이를 변경하는 등 부정한 방법으로 학원을 운영한 경우
6. 제103조제1항에 따른 강사의 배치기준 또는 제104조제1항제2호에 따른 기능검정원 및 강사의 배치기준을 위반한 경우
7. 제103조제2항 또는 제104조제1항제4호에 따른 교육과정, 교육방법 및 운영기준 등을 위반하여 교육을 하거나 교육 사실을 거짓으로 증명한 경우
8. 제109조제1항 후단을 위반하여 학원등 설립·운영자가 연수교육을 받지 아니하거나 학원등의 강사 및 기능검정원이 연수교육을 받을 수 있도록 조치하지 아니한 경우
9. 제141조제2항에 따른 자료제출 또는 보고를 하지 아니하거나 거짓으로 자료제출 또는 보고한 경우
10. 제141조제2항에 따른 관계 공무원의 출입·검사를 거부·방해 또는 기피한 경우
11. 제141조제2항에 따른 시설·설비의 개선이나 그 밖에 필요한 사항에 대한 명령을 따르지 아니한 경우
12. 이 법이나 이 법에 따른 명령 또는 처분을 위반한 경우
② 시·도경찰청장은 전문학원이 다음 각 호의 어느 하나에 해당하면 행정안전부령으로 정하는 기준에 따라 학원의 등록을 취소하거나 1년 이내의 기간을 정하여 운영의 정지를 명할 수 있다.(2020.12.22 본문개정)
1. 제74조제1항에 따른 교통안전교육을 하지 아니하는 경우
2. 제79조의 교통안전교육기관 지정취소 또는 운영의 정지처분 사유에 해당하는 경우
3. 전문학원의 운영이 제104조제1항제4호에 따른 기준에 적합하지 아니한 경우
4. 제104조제3항을 위반하여 중요사항의 변경에 대한 승인을 받지 아니한 경우
5. 제106조제5항을 위반하여 학감이 강사가 아닌 사람으로 하여금 학과교육 또는 기능교육을 하게 한 경우
6. 제108조제2항을 위반하여 자동차운전에 관한 학과 및 기능교육을 수료하지 아니한 사람 또는 도로주행교육을 수료하지 아니한 사람에게 기능검정을 받게 한 경우
7. 제108조제3항을 위반하여 학감이 기능검정원이 아닌 사람으로 하여금 기능검정을 하도록 한 경우
8. 제108조제4항을 위반하여 기능검정원이 거짓으로 기능검정시험의 합격사실을 증명한 경우
9. 제108조제5항을 위반하여 학감이 기능검정에 합격하지 아니한 사람에게 수료증 또는 졸업증을 발급한 경우
③ 시·도경찰청장은 전문학원이 다음 각 호의 어느 하나에 해당하는 경우에는 행정안전부령으로 정하는 기준에 따라 지정을 취소할 수 있다.(2020.12.22 본문개정)
1. 제104조제1항제1호부터 제3호까지의 지정기준에 적합하지 아니하게 된 경우
2. 제1항과 제2항에 따라 전문학원의 운영이 정지된 경우
④ 시·도경찰청장은 학원등이 제1항이나 제2항에 따른 운영정지 명령을 위반하여 계속 운영 행위를 하는 경우에는 행정안전부령으로 정하는 기준에 따라 등록을 취소하거나 1년 이내의 기간을 정하여 추가로 운영의 정지를 명할 수 있다.(2020.12.22 본항개정)

제114조 【청문】 시·도경찰청장은 제113조에 따라 학원등의 등록 또는 지정을 취소하려면 청문을 하여야 한다.(2020.12.22 본조개정)

제115조 【학원등에 대한 조치】 ① 시·도경찰청장은 제99조에 따른 등록을 하지 아니하거나 제104조제1항에 따른 지정을 받지 아니하고 학원등을 설립·운영하는 경우 또는 제113조에 따라 등록이 취소되거나 운영 정지처분을 받은 학원등이 계속하여 자동차운전교육을 하는 경우에는 해당 학원등을 폐쇄하거나 운영을 중지시키기 위하여 다음 각 호의 조치를 할 수 있다.(2020.12.22 본문개정)
1. 해당 학원등의 간판이나 그 밖의 표지물을 제거하거나 교육생의 출입을 제한하기 위한 시설물의 설치
2. 해당 학원등이 등록 또는 지정을 받지 아니한 시설이거나 제113조에 따른 행정처분을 받은 시설임을 알리는 게시문 부착
② 제1항에 따른 조치는 그 목적을 달성하기 위하여 필요한 최소한의 범위에서 하여야 한다.
③ 제1항에 따라 조치를 하는 관계 공무원은 그 권한을 나타내는 증표를 지니고 이를 관계인에게 보여주어야 한다.

제116조 【무등록 유상 운전교육의 금지】 제99조에 따른 학원의 등록을 하지 아니한 사람은 대가를 받고 다음 각 호의 어느 하나에 해당하는 행위를 하여서는 아니 된다.
1. 학원등의 밖에서 하거나 학원등의 명의를 빌려서 학원등의 안에서 하는 자동차등의 운전교육
2. 자동차등의 운전연습을 할 수 있는 시설을 갖추고 그 시설을 이용하게 하는 행위

제117조 【유사명칭 등의 사용금지】 ① 제99조에 따른 학원의 등록을 하지 아니한 자는 학원등과 유사한 명칭을 사용하여 상호를 게시하거나 광고를 하여서는 아니 된다.
② 제99조에 따른 학원의 등록을 하지 아니한 자는 그가 소유하거나 임차한 자동차에 학원등의 도로주행교육용 자동차와 비슷한 표시를 하지 못한다.
③ 이 법에 따른 전문학원이 아닌 학원은 그 명칭 중에 전문학원 또는 이와 비슷한 용어를 사용하지 못한다.

제118조 【전문학원 학감 등의 공무원 의제】 전문학원의 학감·부학감은 기능검정 및 수강사실 확인업무에 관하여, 기능검정원은 기능검정업무에 관하여, 강사는 수강사실 확인업무에 관하여 「형법」이나 그 밖의 법률에 따른 벌칙을 적용할 때에는 각각 공무원으로 본다.

제119조 【자동차운전 전문학원연합회】 ① 전문학원의 설립자는 전문학원의 건전한 육성발전과 전문학원 간의 상호협조 및 공동이익의 증진을 위하여 자동차운전 전문학원연합회(이하 "연합회"라 한다)를 설립할 수 있다.
② 연합회는 법인으로 한다.
③ 연합회의 정관에는 다음 각 호의 사항이 포함되어야 한다.
1. 목적
2. 명칭
3. 주된 사무소의 소재지
4. 이사회 및 회원에 관한 사항
5. 임원 및 직원에 관한 사항
6. 사업에 관한 사항
7. 재산 및 회계에 관한 사항
8. 정관의 변경에 관한 사항
④ 제3항에 따른 정관은 경찰청장의 인가를 받아야 한다. 정관을 변경하는 경우에도 또한 같다.
⑤ 연합회는 다음 각 호의 사업을 한다.
1. 전문학원 제도의 발전을 위한 연구
2. 전문학원의 교육시설 및 교재의 개발
3. 전문학원에서 하는 교육 및 기능검정 방법의 연구개발
4. 전문학원의 학감·부학감, 기능검정원 및 강사의 교육훈련과 복지증진 사업
5. 경찰청장으로부터 위탁받은 사항
6. 그 밖에 연합회의 목적달성에 필요한 사업
⑥ 경찰청장은 대통령령으로 정하는 바에 따라 연합회를 감독하며, 연합회의 건전한 운영을 위하여 필요한 명령을 할 수 있다.
⑦ 연합회에 관하여 이 법에서 규정한 사항을 제외하고는 「민법」 중 사단법인에 관한 규정을 준용한다.

제11장 도로교통공단
(2024.1.30 본장제목삭제)

제120조~제125조 (2024.1.30 삭제)
제126조~제128조 (2010.7.23 삭제)
제129조~제132조 (2024.1.30 삭제)
제133조 (2010.7.23 삭제)
제134조 (2024.1.30 삭제)
제135조 (2010.7.23 삭제)
제136조 (2024.1.30 삭제)

제12장 보 칙

제137조 【운전자에 관한 정보의 관리 및 제공 등】 ① 경찰청장은 운전자의 운전면허·교통사고 및 교통법규 위반에 관한 정보를 통합적으로 유지·관리할 수 있도록 전산시스템을 구축·운영하여야 한다.
② 시·도경찰청장 및 경찰서장은 운전자의 운전면허·교통사고 및 교통법규 위반에 관한 정보를, 한국도로교통공단은 운전면허에 관한 정보를 각각 제1항에 따른 전산시스템에 등록·관리하여야 한다.(2024.1.30 본항개정)
③ 운전자 본인 또는 그 대리인은 행정안전부령으로 정하는 바에 따라 시·도경찰청장, 경찰서장 또는 한국도로교통공단에 제1항에 따른 정보를 확인하는 증명을 신청할 수 있다.(2024.1.30 본항개정)
④ 시·도경찰청장, 경찰서장 또는 한국도로교통공단은 제3항에 따른 신청을 받으면 행정안전부령으로 정하는 바에 따라 운전자에 관한 정보를 확인하는 서류로써 증명하여 주어야 한다.(2024.1.30 본항개정)
⑤ 경찰청장 또는 한국도로교통공단은 운전면허증의 진위 여부에 대한 확인요청이 있는 경우 제1항에 따른 전산시스템을 이용하여 그 진위를 확인하여 줄 수 있다.
(2024.1.30 본항개정)
(2011.6.8 본조개정)

제137조의2 【자료의 요청 등】 ① 시·도경찰청장은 운전면허를 소지한 등록외국인이나 외국국적동포의 체류지 또는 거소를 확인하기 위하여 필요한 경우에는 경찰청장을 거쳐 법무부장관에게 해당 체류지 또는 거소 정보의 제공을 요청할 수 있다.(2020.12.22 본항개정)
② 시·도경찰청장은 운전면허증 발급을 받으려는 등록외국인이나 외국국적동포가 본인인지를 확인하기 위하여 필요한 경우에는 경찰청장을 거쳐 법무부장관에게 해당 등록외국인이나 외국국적동포의 지문정보의 제공을 요청할 수 있다.(2020.12.22 본항개정)
③ 제1항 및 제2항에 따른 정보의 사용료나 수수료는 면제한다.
(2016.12.2 본조신설)

제138조 【운전면허증등의 보관】 ① 경찰공무원은 자동차등의 운전자가 다음 각 호의 어느 하나에 해당하는 경우에는 현장에서 제164조에 따른 범칙금 납부통고서 또는 출석지시서를 발급하고, 운전면허증등의 제출을 요구하여 이를 보관할 수 있다. 이 경우 그 범칙금 납부통고서 또는 출석지시서에 운전면허증등의 보관 사실을 기록하여야 한다.
1. 교통사고를 일으킨 경우
2. 제93조에 따른 운전면허의 취소처분 또는 정지처분의 대상이 된다고 인정되는 경우
3. 제96조에 따라 외국에서 발급한 국제운전면허증 또는 상호인정외국면허증을 가진 사람으로서 제162조제1항에 따른 범칙행위를 한 경우(2021.10.19 본호개정)
② 제1항의 범칙금 납부통고서 또는 출석지시서는 범칙금의 납부기일이나 출석기일까지 운전면허증등(연습운전면허증은 제외한다)과 같은 효력이 있다.
③ 자치경찰공무원이 제1항에 따라 운전면허증등을 보관한 경우에는 지체 없이 관할 경찰서장에게 운전면허증등을 첨부하여 그 사실을 통보하여야 한다.
(2011.6.8 본조개정)

제138조의2 【비용의 지원】 ① 국가는 예산의 범위에서 지방자치단체에 대하여 제12조에 따른 어린이 보호구역 및 제12조의2에 따른 노인 및 장애인 보호구역의 설치 및 관리에 필요한 비용의 전부 또는 일부를 보조할 수 있다. 다만, 어린이·노인 또는 장애인의 교통사고 발생률이 높은 보호구역에는 우선적으로 보조하여야 한다.
(2015.8.11 단서신설)
② 국가 또는 지방자치단체는 제53조제5항에 따른 어린이 하차확인장치의 설치·운영에 필요한 비용의 전부 또는 일부를 지원할 수 있다.(2018.10.16 본항신설)
(2018.10.16 본조제목개정)

제139조 【수수료】 ① 다음 각 호의 어느 하나에 해당하는 사람은 행정안전부령으로 정하는 바에 따라 수수료를 내야 한다. 다만, 경찰청장 또는 시·도경찰청장이 제147조에 따라 업무를 대행하게 한 경우에는 그 업무를 대행하는 한국도로교통공단이 경찰청장의 승인을 받아 결정·공고하는 수수료를 한국도로교통공단에 내야 한다.
(2024.1.30 단서개정)
1. 제2조제22호에 따른 긴급자동차의 지정을 신청하는 사람
2. 제14조제3항에 따라 차로의 너비를 초과하는 차의 통행허가를 신청하는 사람
3. 제39조에 따라 안전기준을 초과한 승차 허가 또는 적재허가를 신청하는 사람
4. 제74조에 따라 교통안전교육기관의 지정을 신청하는 사람(2014.12.30 본호개정)
5. 제85조부터 제87조까지의 규정에 따라 운전면허증을 발급 또는 재발급받으려고 신청하는 사람
6. (2014.12.30 삭제)
7. 제98조에 따른 국제운전면허증 발급을 신청하는 사람
8. 제104조에 따라 전문학원의 지정을 신청하는 사람
(2014.12.30 본호개정)
9. 제106조 및 제107조에 따른 강사 또는 기능검정원의 자격시험에 응시하거나 그 자격증의 발급(재발급을 포함한다)을 신청하는 사람
10. (2014.12.30 삭제)
11. (2018.3.27 삭제)
② 다음 각 호의 어느 하나에 해당하는 사람은 한국도로교통공단이 경찰청장의 승인을 받아 결정·공고하는 수수료를 내야 한다.(2024.1.30 본문개정)
1. 제83조에 따른 운전면허시험의 응시를 신청하는 사람
2. 제87조와 제88조에 따른 정기 적성검사 또는 수시 적성검사를 신청하거나 적성검사 연기를 신청하는 사람
(2011.6.8 본조개정)

제140조 【교통안전교육기관의 수강료 등】 제73조에 따른 교육을 하는 자는 교육생으로부터 수강료를 받을 수 있다.(2018.3.27 본조개정)

제141조 【지도 및 감독 등】 ① 시·도경찰청장은 교통안전교육기관 또는 학원등의 건전한 육성·발전을 위하여 적절한 지도·감독을 하여야 한다.(2020.12.22 본항개정)
② 시·도경찰청장은 필요하다고 인정하면 다음 각 호의 자에 대하여 시설·설비 및 교육에 관한 사항이나 각종 통계자료를 제출 또는 보고하게 하거나 관계 공무원으로 하여금 해당 시설에 출입하여 시설·설비, 장부와 그 밖의 관계 서류를 검사하게 할 수 있다. 이 경우 시·도경찰청장은 시설·설비의 개선과 그 밖에 필요하다고 판단하는 사항에 대하여 명령을 할 수 있다.(2020.12.22 본문개정)
1. 교통안전교육기관의 장
2. 학원등 설립·운영자
3. 제104조제1항제1호에 따른 전문학원의 학감
③ 제2항에 따라 교통안전교육기관 또는 학원등에 출입·검사하는 관계 공무원은 그 권한을 나타내는 증표를 지니고 이를 관계인에게 보여주어야 한다.
④ (2024.1.30 삭제)
(2011.6.8 본조개정)

제142조 【행정소송과의 관계】 이 법에 따른 처분으로서 해당 처분에 대한 행정소송은 행정심판의 재결(裁決)을 거치지 아니하면 제기할 수 없다.(2011.6.8 본조개정)

제143조【전용차로 운행 등에 대한 시·군공무원의 단속】 ① 시·군공무원은 제15조제3항에 따른 전용차로 통행 금지 의무, 제29조제4항·제5항에 따른 긴급자동차에 대한 진로양보 의무 또는 제32조부터 제34조까지의 규정에 따른 정차 및 주차 금지 의무를 위반한 운전자가 있으면 행정안전부령으로 정하는 바에 따라 현장에서 위반행위의 요지와 경찰서장(제주특별자치도의 경우 제주특별자치도지사로 한다. 이하 이 조에서 같다)에게 출석할 기일 및 장소 등을 구체적으로 밝힌 고지서를 발급하고, 운전면허증의 제출을 요구하여 이를 보관할 수 있다. 이 경우 그 고지서는 출석기일까지 운전면허증과 같은 효력이 있다.(2017.7.26 전단개정)

② 시·군공무원은 제1항에 따라 고지서를 발급한 때에는 지체 없이 관할 경찰서장에게 운전면허증을 첨부하여 통보하여야 한다.

③ 경찰서장은 제2항에 따른 통보를 받으면 위반행위를 확인하여야 한다.

④ 시·군공무원은 제1항에 따라 고지서를 발급하거나 조치를 할 때에는 본래의 목적에서 벗어나 직무상 권한을 남용하여서는 아니 된다.

(2011.6.8 본조개정)

제144조【교통안전수칙과 교통안전에 관한 교육지침의 제정 등】 ① 경찰청장은 다음 각 호의 사항이 포함된 교통안전수칙을 제정하여 보급하여야 한다.

1. 도로교통의 안전에 관한 법령의 규정
2. 자동차등의 취급방법, 안전운전 및 친환경 경제운전에 필요한 지식
3. 긴급자동차에 길 터주기 요령(2014.12.30 본호신설)
4. 그 밖에 도로에서 일어나는 교통상의 위험과 장해를 방지·제거하여 교통의 안전과 원활한 소통을 확보하기 위하여 필요한 사항

② 경찰청장은 도로를 통행하는 사람을 대상으로 교통안전에 관한 교육을 하는 자가 효과적이고 체계적으로 교육을 할 수 있도록 하기 위하여 다음 각 호의 사항이 포함된 교통안전교육에 관한 지침을 제정하여 공표하여야 한다.

1. 자동차등의 안전운전 및 친환경 경제운전에 관한 사항
2. 교통사고의 예방과 처리에 관한 사항
3. 보행자의 안전한 통행에 관한 사항
4. 어린이·장애인 및 노인의 교통사고 예방에 관한 사항
5. 긴급자동차에 길 터주기 요령에 관한 사항(2014.12.30 본호신설)
6. 그 밖에 교통안전에 관한 교육을 효과적으로 하기 위하여 필요한 사항

(2011.6.8 본조개정)

제145조【교통정보의 제공】 경찰청장은 교통의 안전과 원활한 소통을 확보하기 위하여 필요한 정보를 수집하여 분석하고 그 결과를 신속하게 일반에게 제공하여야 한다.(2008.1.17 본조개정)

제145조의2【광역 교통정보 사업】 경찰청장은 각 시·도경찰청장으로 하여금 광역 교통정보를 수집하고, 이를 다른 지역의 교통정보와 연계하여 분석한 결과를 일반에게 제공하는 사업을 시장등과 협의하여 추진하게 할 수 있다.(2020.12.22 본조개정)

제146조【무사고 또는 유공운전자의 표시장】 ① 경찰청장은 운전면허를 받은 사람으로서 운전에 종사하면서 일정 기간 교통사고를 일으키지 아니한 사람과 정부의 표창에 관한 법령에 따라 경찰 기관의 장의 표창을 받은 사람에게 무사고운전자 또는 유공운전자의 표시장을 수여할 수 있다.

② 제1항에 따른 표시장의 종류, 표시장 수여의 대상, 그 밖에 표시장 수여에 필요한 사항은 행정안전부령으로 정한다.(2017.7.26 본항개정)

(2011.6.8 본조개정)

제147조【위임 및 위탁 등】 ① 시장등은 이 법에 따른 권한 또는 사무의 일부를 대통령령으로 정하는 바에 따라 시·도경찰청장이나 경찰서장에게 위임 또는 위탁할 수 있다.(2020.12.22 본항개정)

② 특별시장 및 광역시장은 이 법에 따른 권한의 일부를 대통령령으로 정하는 바에 따라 관할구역의 구청장(자치구의 구청장을 말한다)과 군수에게 위임할 수 있다.

③ 시·도경찰청장은 이 법에 따른 권한 또는 사무의 일부를 대통령령으로 정하는 바에 따라 관할 경찰서장에게 위임하거나 교통 관련 전문교육기관 또는 전문연구기관 등에 위탁할 수 있다.(2020.12.22 본항개정)

④ 시·도경찰청장 또는 경찰서장은 제1항에 따라 시장등으로부터 위임받거나 위탁받은 사무의 일부를 대통령령으로 정하는 바에 따라 교통 관련 전문교육기관 또는 전문연구기관에 위탁할 수 있다.(2020.12.22 본항개정)

⑤ 시·도경찰청장은 이 법에 따른 운전면허와 관련된 업무의 일부를 대통령령으로 정하는 바에 따라 한국도로교통공단으로 하여금 대행하게 할 수 있다.(2024.1.30 본항개정)

⑥ 경찰청장은 제106조와 제107조에 따른 강사 및 기능검정원에 대한 자격시험과 자격증 발급 업무를 한국도로교통공단으로 하여금 대행하게 할 수 있다.(2024.1.30 본항개정)

(2011.6.8 본조개정)

제147조의2【규제의 재검토】 경찰청장은 다음 각 호의 사항에 대하여 다음 각 호의 기준일을 기준으로 3년마다(매 3년이 되는 해의 기준일과 같은 날 전까지를 말한다) 폐지, 완화 또는 유지 등의 타당성을 검토하여야 한다.

1. 제12조에 따른 어린이 보호구역의 지정 및 관리 : 2014년 1월 1일
2. 제12조의2에 따른 노인 및 장애인 보호구역의 지정 및 관리 : 2014년 1월 1일

(2015.8.11 본조신설)

제13장 벌 칙

(2011.6.8 본장개정)

제148조【벌칙】 제54조제1항에 따른 교통사고 발생 시의 조치를 하지 아니한 사람(주·정차된 차만 손괴한 것이 분명한 경우에 제54조제1항제2호에 따라 피해자에게 인적 사항을 제공하지 아니한 사람은 제외한다)은 5년 이하의 징역이나 1천500만원 이하의 벌금에 처한다.

(2016.12.2 본조개정)

판례 운전자 A는 밤늦게 중앙선이 없는 이면도로에서 운전을 하던 중 주차된 화물차와 충돌하였다. 이 사고로 본인의 차량이 움직이지 않게 되자 A는 차량을 화물차와 나란히 세워둔 채 연락처를 남기고 귀가하였다. 이후 A의 차량으로 인하여 통행이 어렵다는 신고가 들어와 현장에 출동한 경찰이 A에게 전화를 했지만 연락이 닿지 않았고, 경찰은 사고 차량을 견인했다. 이 사건에서 A는 비록 주차된 차량과 부딪힌 후 전화번호가 담긴 메모지를 남기기는 했으나, A의 차량으로 인하여 다른 차량들이 도로를 통행할 수 없게 되었고, 이처럼 사고 현장을 떠나면서 원활한 교통 확보를 위한 조치를 하지 않았다면 '사고 후 미조치'에 해당한다.(대판 2019.10.31, 2019도10878)

제148조의2【벌칙】 ① 제44조제1항 또는 제2항을 위반(자동차등 또는 노면전차를 운전한 경우로 한정한다. 다만, 개인형 이동장치를 운전한 경우는 제외한다. 이하 이 조에서 같다)하여 벌금 이상의 형을 선고받고 그 형이 확정된 날부터 10년 내에 다시 같은 조 제1항 또는 제2항을 위반한 사람(형이 실효된 사람도 포함한다)은 다음 각 호의 구분에 따라 처벌한다.

1. 제44조제2항을 위반한 사람은 1년 이상 6년 이하의 징역이나 500만원 이상 3천만원 이하의 벌금에 처한다.
2. 제44조제1항을 위반한 사람 중 혈중알코올농도가 0.2퍼센트 이상인 사람은 2년 이상 6년 이하의 징역이나 1천만원 이상 3천만원 이하의 벌금에 처한다.
3. 제44조제1항을 위반한 사람 중 혈중알코올농도가 0.03퍼센트 이상 0.2퍼센트 미만인 사람은 1년 이상 5년 이하의 징역이나 500만원 이상 2천만원 이하의 벌금에 처한다.

(2023.1.3 본항개정)

② 술에 취한 상태에 있다고 인정할 만한 상당한 이유가 있는 사람으로서 제44조제2항에 따른 경찰공무원의 측정에 응하지 아니하는 사람(자동차등 또는 노면전차를 운전한 경우로 한정한다)은 1년 이상 5년 이하의 징역이나 500만원 이상 2천만원 이하의 벌금에 처한다.(2023.1.3 본항개정)

③ 제44조제1항을 위반하여 술에 취한 상태에서 자동차등 또는 노면전차를 운전한 사람은 다음 각 호의 구분에 따라 처벌한다.

1. 혈중알코올농도가 0.2퍼센트 이상인 사람은 2년 이상 5년 이하의 징역이나 1천만원 이상 2천만원 이하의 벌금
2. 혈중알코올농도가 0.08퍼센트 이상 0.2퍼센트 미만인 사람은 1년 이상 2년 이하의 징역이나 500만원 이상 1천만원 이하의 벌금
3. 혈중알코올농도가 0.03퍼센트 이상 0.08퍼센트 미만인 사람은 1년 이하의 징역이나 500만원 이하의 벌금

④ 제45조를 위반하여 약물로 인하여 정상적으로 운전하지 못할 우려가 있는 상태에서 자동차등 또는 노면전차를 운전한 사람은 3년 이하의 징역이나 1천만원 이하의 벌금에 처한다.

(2018.12.24 본조개정)

판례 반복적인 음주운전에 대한 강한 처벌이 일반 국민의 법 감정에 부합하는 면은 있다. 그러나 도로교통법 제148조의2의 가중처벌 규정은 음주운전 금지규정 위반 또는 음주 측정거부 전력을 가중 요건으로 삼으면서도 형의 선고나 유죄의 확정판결을 요구하지 않는다. 또한 시간적 제한도 두지 않아서 과거 위반행위 이후 상당히 오랜 시간이 지나 음주운전 금지규정을 위반한 사람에게도 과도한 형벌을 규정하고 있다. 음주운전 금지규정을 반복해서 위반했다 하더라도 죄질을 일률적으로 평가하기 어려운 다양한 유형이 있고 경중의 폭이 넓으므로 법정형의 폭도 개별성에 맞춰 설정돼야 하지만 현행 가중처벌 규정은 형벌 본래의 기능에 필요한 정도를 현저히 일탈하는 과도한 법정형을 정하고 있어 책임과 형벌 간의 비례원칙에 위반한다.(헌재결 2022.5.26, 2021헌가30)

판례 음주운전 금지규정을 반복하여 위반하는 사람에 대한 처벌을 강화하기 위한 제148조의2제1항의 규정은 가중요건이 되는 과거 음주운전 금지규정 위반행위와 처벌대상이 되는 재범 음주운전 금지규정 위반행위 사이에 아무런 시간적 제한이 없고, 과거 위반 행위가 형의 선고나 유죄의 확정판결을 받은 전과일 것을 요구하지도 않는다. 그런데 과거 위반행위가 예컨대 10년 이상 전에 발생한 것이라면, 처벌대상이 되는 음주운전이 재범에 해당된다고 하더라도 그것이 교통법규에 대한 준법정신이나 안전의식이 현저히 부족한 상태에서 이루어진 반규범적 행위라거나 사회구성원에 대한 생명·신체 등을 '반복적으로' 위협하는 행위라고 평가하기 어려워 이를 일반적 음주운전 금지규정 위반행위와 구별하여 가중처벌 할 필요성이 있다고 볼 수 없다. 또한 해당 조항은 과거 위반 전력, 혈중알코올농도 수준 등에 비추어, 보호법익에 미치는 위험 정도가 비교적 낮은 유형의 재범 음주운전행위도 일률적으로 그 법정형의 하한인 2년 이상의 징역 또는 1천만 원 이상의 벌금을 기준으로 처벌하도록 하고 있어 책임과 형벌 사이의 비례성을 인정하기 어렵다.(헌재결 2021.11.25, 2019헌마555)

판례 경찰공무원이 술에 취한 상태에 있다고 인정할 만한 상당한 이유가 있는 운전자에게 음주 여부를 확인하기 위하여 음주측정기에 의한 측정의 사전 단계로 음주감지기에 의한 시험을 요구하는 경우, 그 시험 결과에 따라 음주측정기에 의한 측정이 예정되어 있고 운전자가 그러한 사정을 인식하였음에도 음주감지기에 의한 시험에 명시적으로 불응함으로써 음주측정을 거부하겠다는 의사를 표명하였다면, 음주감지기에 의한 시험을 거부한 행위도 음주측정기에 의한 측정에 응할 의사가 없음을 객관적으로 명백하게 나타낸 것으로 볼 수 있다.(대판 2017.6.15, 2017도5115)

제149조【벌칙】 ① 제68조제1항을 위반하여 함부로 신호기를 조작하거나 교통안전시설을 철거·이전하거나 손괴한 사람은 3년 이하의 징역이나 700만원 이하의 벌금에 처한다.

② 제1항에 따른 행위로 인하여 도로에서 교통위험을 일으키게 한 사람은 5년 이하의 징역이나 1천500만원 이하의 벌금에 처한다.

제149조의2【벌칙】 제92조제3항을 위반하여 다른 사람 명의의 모바일운전면허증을 부정하게 사용한 사람은 2년 이하의 징역 또는 500만원 이하의 벌금에 처한다.

(2024.1.30 본조신설)

제150조【벌칙】 다음 각 호의 어느 하나에 해당하는 사람은 2년 이하의 징역이나 500만원 이하의 벌금에 처한다.

1. 제46조제1항 또는 제2항을 위반하여 공동 위험행위를 하거나 주도한 사람
2. 제77조제1항에 따른 수강 결과를 거짓으로 보고한 교통안전교육강사
3. 제77조제2항을 위반하여 교통안전교육을 받지 아니하거나 기준에 미치지 못하는 사람에게 교육확인증을 발급한 교통안전교육기관의 장

3의2. 제92조제3항을 위반하여 다른 사람 명의의 모바일운전면허증을 부정하게 사용한 사람(2024.1.30 본호신설)

4. 거짓이나 그 밖의 부정한 방법으로 제99조에 따른 학원의 등록을 하거나 제104조제1항에 따른 전문학원의 지정을 받은 사람
5. 제104조제1항에 따른 전문학원의 지정을 받지 아니하고 제108조제5항에 따른 수료증 또는 졸업증을 발급한 사람
6. 제116조를 위반하여 대가를 받고 자동차등의 운전교육을 한 사람
7. (2024.1.30 삭제)

제151조【벌칙】 차 또는 노면전차의 운전자가 업무상 필요한 주의를 게을리하거나 중대한 과실로 다른 사람의 건조물이나 그 밖의 재물을 손괴한 경우에는 2년 이하의 금고나 500만원 이하의 벌금에 처한다.(2018.3.27 본조개정)

제151조의2【벌칙】 다음 각 호의 어느 하나에 해당하는 사람은 1년 이하의 징역이나 500만원 이하의 벌금에 처한다.(2020.6.9 본문개정)

1. 제46조의3을 위반하여 자동차등을 난폭운전한 사람
2. 제17조제3항을 위반하여 제17조제1항 및 제2항에 따른 최고속도보다 시속 100킬로미터를 초과한 속도로 3회 이상 자동차등을 운전한 사람

(2020.6.9 1호~2호신설)

제152조【벌칙】 다음 각 호의 어느 하나에 해당하는 사람은 1년 이하의 징역이나 300만원 이하의 벌금에 처한다.

1. 제43조를 위반하여 제80조에 따른 운전면허(원동기장치자전거면허는 제외한다. 이하 이 조에서 같다)를 받지 아니하거나(운전면허의 효력이 정지된 경우를 포함한다) 또는 제96조에 따른 국제운전면허증 또는 상호인정외국면허증을 받지 아니하고(운전이 금지된 경우와 유효기간이 지난 경우를 포함한다) 자동차를 운전한 사람(2021.10.19 본호개정)
2. 제56조제2항을 위반하여 운전면허를 받지 아니한 사람(운전면허의 효력이 정지된 사람을 포함한다)에게 자동차를 운전하도록 시킨 고용주등
3. 거짓이나 그 밖의 부정한 수단으로 운전면허를 받거나 운전면허증 또는 운전면허증을 갈음하는 증명서를 발급받은 사람
4. 제68조제2항을 위반하여 교통에 방해가 될 만한 물건을 함부로 도로에 내버려둔 사람
5. 제76조제4항을 위반하여 교통안전교육강사가 아닌 사람으로 하여금 교통안전교육을 하게 한 교통안전교육기관의 장
6. 제117조를 위반하여 유사명칭 등을 사용한 사람

제152조의2 (2010.7.23 삭제)

제153조【벌칙】 ① 다음 각 호의 어느 하나에 해당하는 사람은 6개월 이하의 징역이나 200만원 이하의 벌금 또는 구류에 처한다.

1. 제40조를 위반하여 정비불량차를 운전하도록 시키거나 운전한 사람
2. 제41조, 제47조 또는 제58조에 따른 경찰공무원의 요구·조치 또는 명령에 따르지 아니하거나 이를 거부 또는 방해한 사람
3. 제46조의2를 위반하여 교통단속을 회피할 목적으로 교통단속용 장비의 기능을 방해하는 장치를 제작·수입·판매 또는 장착한 사람
4. 제49조제1항제4호를 위반하여 교통단속용 장비의 기능을 방해하는 장치를 한 차를 운전한 사람

5. 제55조를 위반하여 교통사고 발생 시의 조치 또는 신고행위를 방해한 사람
6. 제68조제1항을 위반하여 함부로 교통안전시설이나 그 밖에 그와 비슷한 인공구조물을 설치한 사람
7. 제80조제3항 또는 제4항에 따른 조건을 위반하여 운전한 사람

② 다음 각 호의 어느 하나에 해당하는 사람은 100만원 이하의 벌금 또는 구류에 처한다.(2020.6.9 본문개정)
1. 고속도로, 자동차전용도로, 중앙분리대가 있는 도로에서 제13조제3항을 고의로 위반하여 운전한 사람
2. 제17조제3항을 위반하여 제17조제1항 및 제2항에 따른 최고속도보다 시속 100킬로미터를 초과한 속도로 자동차등을 운전한 사람

(2020.6.9 1호～2호신설)

제154조【벌칙】 다음 각 호의 어느 하나에 해당하는 사람은 30만원 이하의 벌금이나 구류에 처한다.
1. 제42조를 위반하여 자동차등에 도색·표지 등을 하거나 그러한 자동차등을 운전한 사람
2. 제43조를 위반하여 제80조에 따른 원동기장치자전거를 운전할 수 있는 운전면허를 받지 아니하거나(원동기장치자전거를 운전할 수 있는 운전면허의 효력이 정지된 경우를 포함한다) 국제운전면허증 또는 상호인정외국면허증 중 원동기장치자전거를 운전할 수 있는 것으로 기재된 국제운전면허증 또는 상호인정외국면허증을 발급받지 아니하고(운전이 금지된 경우와 유효기간이 지난 경우를 포함한다) 원동기장치자전거를 운전한 사람(다만, 개인형 이동장치를 운전하는 경우는 제외한다) (2021.10.19 본호개정)
3. 제45조를 위반하여 과로·질병으로 인하여 정상적으로 운전하지 못할 우려가 있는 상태에서 자동차등 또는 노면전차를 운전한 사람(다만, 개인형 이동장치를 운전하는 경우는 제외한다)(2020.6.9 본호개정)

3의2. 제53조제3항을 위반하여 보호자를 태우지 아니하고 어린이통학버스를 운행한 운영자

3의3. 제53조제4항을 위반하여 어린이나 영유아가 하차하였는지를 확인하지 아니한 운전자

3의4. 제53조제5항을 위반하여 어린이 하차확인장치를 작동하지 아니한 운전자. 다만, 점검 또는 수리를 위하여 일시적으로 장치를 제거하여 작동하지 못하는 경우는 제외한다.

3의5. 제53조제6항을 위반하여 보호자를 태우지 아니하고 운행하는 어린이통학버스에 보호자 동승표지를 부착한 자

(2020.5.26 3호의2～3호의5신설)

4. 제54조제2항에 따른 사고발생 시 조치상황 등의 신고를 하지 아니한 사람
5. 제56조제2항을 위반하여 원동기장치자전거를 운전할 수 있는 운전면허를 받지 아니하거나(원동기장치자전거를 운전할 수 있는 운전면허의 효력이 정지된 경우를 포함한다) 국제운전면허증 또는 상호인정외국면허증 중 원동기장치자전거를 운전할 수 있는 것으로 기재된 국제운전면허증 또는 상호인정외국면허증을 발급받지 아니한 사람(운전이 금지된 경우와 유효기간이 지난 경우를 포함한다)에게 원동기장치자전거를 운전하도록 시킨 고용주등(2021.10.19 본호개정)
6. 제63조를 위반하여 고속도로등을 통행하거나 횡단한 사람
7. 제69조제1항에 따른 도로공사의 신고를 하지 아니하거나 같은 조 제2항에 따른 조치를 위반한 사람 또는 같은 조 제3항을 위반하여 교통안전시설을 설치하지 아니하거나 같은 조 제4항을 위반하여 안전요원 또는 안전유도 장비를 배치하지 아니한 사람 또는 같은 조 제6항을 위반하여 교통안전시설을 원상회복하지 아니한 사람 (2020.10.20 본호개정)
8. 제71조제1항에 따른 경찰서장의 명령을 위반한 사람
9. 제17조제3항을 위반하여 제17조제1항 및 제2항에 따른 최고속도보다 시속 80킬로미터를 초과한 속도로 자동차등을 운전한 사람(제151조의2제2호 및 제153조제2항제2호에 해당하는 사람은 제외한다)(2020.6.9 본호신설)

제155조【벌칙】 제92조제2항을 위반하여 경찰공무원의 운전면허증등의 제시 요구나 운전자 확인을 위한 진술 요구에 따르지 아니한 사람은 20만원 이하의 벌금 또는 구류에 처한다.

제156조【벌칙】 다음 각 호의 어느 하나에 해당하는 사람은 20만원 이하의 벌금이나 구류 또는 과료(科料)에 처한다.
1. 제5조, 제13조제1항부터 제3항(제13조제3항의 경우 고속도로, 자동차전용도로, 중앙분리대가 있는 도로에서 고의로 위반하여 운전한 사람은 제외한다)까지 및 제5항, 제14조제2항·제3항·제5항, 제15조제3항(제61조제2항에서 준용하는 경우를 포함한다), 제15조의2제3항, 제16조제2항, 제17조제3항(제151조의2제2호, 제153조제2항제2호 및 제154조제9호에 해당하는 사람은 제외한다), 제18조, 제19조제1항·제3항 및 제4항, 제21조제1항·제3항 및 제4항, 제24조, 제25조, 제25조의2, 제26조부터 제28조까지, 제32조, 제33조, 제34조의3, 제37조(제1항제2호는 제외한다), 제38조제1항, 제39조제1항·제3항·제4항·제5항, 제48조제1항, 제49조(같은 조 제1항제1호·제3호를 위반하여 차 또는 노면전차를 운전한 사람과 같은 항 제4호의 위반행위 중 교통단속용 장비의 기능을 방해하는 장치를 한 차를 운전한 사람은 제외한다), 제50조제5항부터 제10항(같은 조 제9항을 위반하여 자전거를 운전한 사람은 제외한다)까지, 제51조, 제53조제1항 및 제2항(좌석안전띠를 매도록 하지 아니한 운전자는 제외한다), 제62조 또는 제73조제2항(같은 항 제1호는 제외한다)을 위반한 차마 또는 노면전차의 운전자(2022.1.11 본호개정)
2. 제6조제1항·제2항·제4항 또는 제7조에 따른 금지·제한 또는 조치를 위반한 차 또는 노면전차의 운전자 (2018.3.27 본호개정)
3. 제22조, 제23조, 제29조제4항부터 제6항까지, 제53조의5, 제60조, 제64조, 제65조 또는 제66조를 위반한 사람 (2020.5.26 본호개정)
4. 제31조, 제34조 또는 제52조제4항을 위반하거나 제35조제1항에 따른 명령을 위반한 사람
5. 제39조제6항에 따른 시·도경찰청장의 제한을 위반한 사람(2020.12.22 본호개정)
6. 제50조제1항, 제3항 및 제4항을 위반하여 좌석안전띠를 매지 아니하거나 인명보호 장구를 착용하지 아니한 운전자(자전거 운전자는 제외한다)(2021.1.12 본호개정)

6의2. 제50조의2제1항을 위반하여 자율주행시스템의 직접 운전 요구에 지체 없이 대응하지 아니한 자율주행자동차의 운전자(2021.10.19 본호신설)

7. 제95조제2항에 따른 경찰공무원의 운전면허증 회수를 거부하거나 방해한 사람

8.～9의2. (2020.5.26 삭제)

10. 주·정차된 차만 손괴한 것이 분명한 경우에 제54조제1항제2호에 따라 피해자에게 인적 사항을 제공하지 아니한 사람(2016.12.2 본호신설)
11. 제44조제1항을 위반하여 술에 취한 상태에서 자전거등을 운전한 사람(2020.6.9 본호개정)
12. 술에 취한 상태에 있다고 인정할 만한 상당한 이유가 있는 사람으로서 제44조제2항에 따른 경찰공무원의 측정에 응하지 아니한 사람(자전거등을 운전한 사람으로 한정한다)(2020.6.9 본호개정)
13. 제43조를 위반하여 제80조에 따른 원동기장치자전거를 운전할 수 있는 운전면허를 받지 아니하거나(원동기장치자전거를 운전할 수 있는 운전면허의 효력이 정지된 경우를 포함한다) 국제운전면허증 또는 상호인정외국면허증 중 원동기장치자전거를 운전할 수 있는 것으로 기재된 국제운전면허증 또는 상호인정외국면허증을 발급받지 아니하고(운전이 금지된 경우와 유효기간이 지난 경우를 포함한다) 개인형 이동장치를 운전한 사람 (2021.10.19 본호개정)

제157조【벌칙】 다음 각 호의 어느 하나에 해당하는 사람은 20만원 이하의 벌금이나 구류 또는 과료에 처한다.
1. 제5조, 제8조제1항, 제10조제2항부터 제5항까지의 규정을 위반한 보행자(실외이동로봇이 위반한 경우에는 실외이동로봇 운용자를 포함한다)
2. 제6조제1항·제2항·제4항 또는 제7조에 따른 금지·제한 또는 조치를 위반한 보행자(실외이동로봇이 위반한 경우에는 실외이동로봇 운용자를 포함한다)

(2023.4.18 1호～2호개정)

2의2. 제8조의2제2항을 위반한 실외이동로봇 운용자 (2023.4.18 본호신설)

3. 제9조제1항을 위반하거나 같은 조 제3항에 따른 경찰공무원의 조치를 위반한 행렬등의 보행자나 지휘자
4. 제68조제3항을 위반하여 도로에서의 금지행위를 한 사람

제158조【형의 병과】 이 장의 죄를 범한 사람에 대하여는 정상(情狀)에 따라 벌금 또는 과료와 구류의 형을 병과(竝科)할 수 있다.

제158조의2【형의 감면】 긴급자동차(제2조제22호가목부터 다목까지의 자동차와 대통령령으로 정하는 경찰용 자동차만 해당한다)의 운전자가 그 차를 본래의 긴급한 용도로 운행하는 중에 교통사고를 일으킨 경우에는 그 긴급활동의 시급성과 불가피성 등 정상을 참작하여 제151조, 「교통사고처리 특례법」 제3조제1항 또는 「특정범죄 가중처벌 등에 관한 법률」 제5조의13에 따른 형을 감경하거나 면제할 수 있다.(2021.1.12 본조개정)

제159조【양벌규정】 법인의 대표자나 법인 또는 개인의 대리인, 사용인, 그 밖의 종업원이 법인 또는 개인의 업무에 관하여 제148조, 제148조의2, 제149조부터 제157조까지의 어느 하나에 해당하는 위반행위를 하면 그 행위자를 벌하는 외에 그 법인 또는 개인에게도 해당 조문의 벌금 또는 과료의 형을 과(科)한다. 다만, 법인 또는 개인이 그 위반행위를 방지하기 위하여 해당 업무에 관하여 상당한 주의와 감독을 게을리하지 아니한 경우에는 그러하지 아니하다.

제160조【과태료】 ① 다음 각 호의 어느 하나에 해당하는 사람에게는 500만원 이하의 과태료를 부과한다.
1. 제78조를 위반하여 교통안전교육기관 운영의 정지 또는 폐지 신고를 하지 아니한 사람
2. 제109조제2항을 위반하여 강사의 인적 사항과 교육 과목을 게시하지 아니한 사람
3. 제110조제2항을 위반하여 수강료등을 게시하지 아니하거나 같은 조 제3항을 위반하여 게시된 수강료등을 초과한 금액을 받은 사람
4. 제111조를 위반하여 수강료등의 반환 등 교육생 보호를 위하여 필요한 조치를 하지 아니한 사람
5. 제112조를 위반하여 학원이나 전문학원의 휴원 또는 폐원 신고를 하지 아니한 사람
6. 제115조제1항에 따른 간판이나 그 밖의 표지물 제거, 시설물의 설치 또는 게시문의 부착을 거부·방해 또는 기피하거나 게시문이나 설치한 시설물을 임의로 제거하거나 못쓰게 만든 사람
7. 제52조제1항에 따라 어린이통학버스를 신고하지 아니하고 운행한 운영자(2014.1.28 본호신설)
8. 제52조제3항에 따른 요건을 갖추지 아니하고 어린이통학버스를 운행한 운영자(2020.5.26 본호신설)

② 다음 각 호의 어느 하나에 해당하는 사람에게는 20만원 이하의 과태료를 부과한다.
1. 제49조제1항(같은 항 제1호 및 제3호만 해당한다)을 위반한 차 또는 노면전차의 운전자(2018.3.27 본호개정)
2. 제50조제1항을 위반하여 동승자에게 좌석안전띠를 매도록 하지 아니한 운전자(2018.3.27 본호개정)
3. 제50조제3항 및 제4항을 위반하여 동승자에게 인명보호 장구를 착용하도록 하지 아니한 운전자(자전거 운전자는 제외한다)(2021.1.12 본호개정)
4. 제52조제2항을 위반하여 어린이통학버스 안에 신고증명서를 갖추어 두지 아니한 어린이통학버스의 운영자

4의2. 제53조제2항을 위반하여 어린이통학버스에 탑승한 어린이나 영유아의 좌석안전띠를 매도록 하지 아니한 운전자(2014.12.30 본호개정)

4의3. 제53조의3제1항을 위반하여 어린이통학버스 안전교육을 받지 아니한 사람(2014.1.28 본호신설)

4의4. 제53조의3제3항을 위반하여 어린이통학버스 안전교육을 받지 아니한 사람에게 어린이통학버스를 운전하게 하거나 어린이통학버스에 동승하게 한 어린이통학버스의 운영자(2020.5.26 본호개정)

4의5. 제53조제7항을 위반하여 안전운행기록을 제출하지 아니한 어린이통학버스의 운영자(2020.5.26 본호신설)

5. 제67조제2항에 따른 고속도로등에서의 준수사항을 위반한 운전자
6. 제73조제4항을 위반하여 긴급자동차의 안전운전 등에 관한 교육을 받지 아니한 사람(2017.10.24 본호신설)
7. 제87조제1항을 위반하여 운전면허증 갱신기간에 운전면허를 갱신하지 아니한 사람
8. 제87조제2항 또는 제88조제1항을 위반하여 정기 적성검사 또는 수시 적성검사를 받지 아니한 사람
9. 제11조제4항을 위반하여 어린이가 개인형 이동장치를 운전하게 한 어린이의 보호자(2021.1.12 본호신설)

③ 차 또는 노면전차가 제5조, 제6조제1항·제2항(통행 금지 또는 제한을 위반한 경우를 말한다), 제13조제1항·제3항·제5항, 제14조제2항·제5항, 제15조제3항(제61조제2항에서 준용하는 경우를 포함한다), 제17조제3항, 제18조, 제19조제3항, 제21조제1항·제3항, 제22조, 제23조, 제25조제1항·제2항·제5항, 제25조의2제1항·제2항, 제27조제1항·제7항, 제29조제4항·제5항, 제32조부터 제34조까지, 제37조(제1항제2호는 제외한다), 제38조제1항, 제39조제1항·제4항, 제48조제1항, 제49조제1항제10호·제11호·제11호의2, 제50조제3항, 제60조제1항·제2항, 제62조 또는 제68조제3항제5호를 위반한 사실이 사진, 비디오테이프나 그 밖의 영상기록매체에 의하여 입증되고 다음 각 호의 어느 하나에 해당하는 경우에는 제56조제1항에 따른 고용주등에게 20만원 이하의 과태료를 부과한다.(2022.1.11 본문개정)
1. 위반행위를 한 운전자를 확인할 수 없어 제143조제1항에 따른 고지서를 발급할 수 없는 경우(제15조제3항, 제29조제4항·제5항, 제32조, 제33조 또는 제34조를 위반한 경우만 해당한다)
2. 제163조에 따라 범칙금 통고처분을 할 수 없는 경우

④ 제3항에도 불구하고 다음 각 호의 어느 하나에 해당하는 경우에는 과태료처분을 할 수 없다.
1. 차 또는 노면전차를 도난당하였거나 그 밖의 부득이한 사유가 있는 경우(2018.3.27 본호개정)
2. 운전자가 해당 위반행위로 제156조에 따라 처벌된 경우(제163조에 따라 범칙금 통고처분을 받은 경우를 포함한다)
3. 「질서위반행위규제법」 제16조제2항에 따른 의견 제출 또는 같은 법 제20조제1항에 따른 이의제기의 결과 위반행위를 한 운전자가 밝혀진 경우(2015.8.11 본호개정)
4. 자동차가 「여객자동차 운수사업법」에 따른 자동차대여사업자 또는 「여신전문금융업법」에 따른 시설대여업자가 대여한 자동차로서 그 자동차만 임대한 것이 명백한 경우

제161조【과태료의 부과·징수 등】 ① 제160조제1항부터 제3항까지의 규정에 따른 과태료는 대통령령으로 정하는 바에 따라 다음 각 호의 자가 부과·징수한다.

1. 제160조제1항부터 제3항까지(제15조제3항에 따른 전용차로 통행, 제32조부터 제34조까지의 규정에 따른 정차 또는 주차, 제53조제7항에 따른 안전운행기록 제출, 제53조의3제1항에 따른 어린이통학버스 안전교육, 제53조의3제3항에 따른 어린이통학버스 운영자 의무 규정을 위반한 경우는 제외한다)의 과태료 : 시·도경찰청장(2020.12.22 본호개정)
2. 제160조제1항(제52조제1항·제3항을 위반한 경우만 해당한다), 제2항(제49조제1항제1호·제3호, 제50조제1항·제3항, 제52조제2항, 제53조제2항, 제53조의3제1항 및 제53조의3제3항을 위반한 경우만 해당한다) 및 제3항(제5조, 제13조제3항, 제15조제3항, 제17조제3항, 제29조제4항·제5항, 제32조부터 제34조까지의 규정을 위반한 경우만 해당한다)의 과태료 : 제주특별자치도지사(2020.5.26 본호개정)
3. 제160조제2항제4호의3·제4호의4·제4호의5 및 같은 조 제3항(제15조제3항, 제29조제4항·제5항, 제32조부터 제34조까지의 규정을 위반한 경우만 해당한다)의 과태료 : 시장등(2020.5.26 본호개정)
4. 제160조제2항제4호의3·제4호의4·제4호의5의 과태료 : 교육감(2020.5.26 본호개정)

② 시·도경찰청장은 이 법에 따른 과태료 징수와 관련된 업무의 일부를 대통령령으로 정하는 바에 따라 「한국자산관리공사 설립 등에 관한 법률」에 따라 설립된 한국자산관리공사에 위탁할 수 있다.(2020.12.22 본항개정)
(2016.1.27 본조제목개정)

제161조의2 【과태료 납부방법 등】 ① 과태료 납부금액이 대통령령으로 정하는 금액 이하인 경우에는 대통령령으로 정하는 과태료 납부대행기관을 통하여 신용카드, 직불카드 등(이하 "신용카드등"이라 한다)으로 낼 수 있다. 이 경우 "과태료 납부대행기관"이란 정보통신망을 이용하여 신용카드등에 의한 결제를 수행하는 기관으로서 대통령령으로 정하는 바에 따라 과태료 납부대행기관으로 지정받은 자를 말한다.
② 제1항에 따라 신용카드등으로 내는 경우에는 과태료 납부대행기관의 승인일을 납부일로 본다.
③ 과태료 납부 대행기관은 납부자로부터 신용카드등에 의한 과태료 납부대행 용역의 대가로 대통령령으로 정하는 바에 따라 납부대행 수수료를 받을 수 있다.
④ 과태료 납부대행기관의 지정 및 운영, 납부대행 수수료 등에 관하여 필요한 사항은 대통령령으로 정한다.

제161조의3 【과태료·범칙금수납정보시스템 운영계획의 수립·시행】 경찰청장은 누구든지 과태료 및 범칙금의 내용을 편리하게 조회하고 전자납부(인터넷이나 전화통신장치 또는 자동입출금기의 연계방식을 통한 납부를 말한다)할 수 있도록 하기 위하여 다음 각 호의 사항을 포함하는 과태료·범칙금수납정보시스템 운영계획을 수립·시행할 수 있다.
1. 과태료·범칙금 납부대행기관 정보통신망과 수납통합처리시스템의 연계
2. 과태료 및 범칙금 납부의 실시간 처리 및 안전한 관리와 수납통합처리시스템의 운영
3. 그 밖에 대통령령으로 정하는 운영계획의 수립·시행에 필요한 사항
(2016.1.27 본조신설)

제14장 범칙행위의 처리에 관한 특례
(2011.6.8 본장개정)

제162조 【통칙】 ① 이 장에서 "범칙행위"란 제156조 각 호 또는 제157조 각 호의 죄에 해당하는 위반행위를 말하며, 그 구체적인 범위는 대통령령으로 정한다.
② 이 장에서 "범칙자"란 범칙행위를 한 사람으로서 다음 각 호의 어느 하나에 해당하지 아니하는 사람을 말한다.
1. 범칙행위 당시 제92조제1항에 따른 운전면허증등 또는 이를 갈음하는 증명서를 제시하지 못하거나 경찰공무원의 운전자 신원 및 운전면허 확인을 위한 질문에 응하지 아니한 운전자
2. 범칙행위로 교통사고를 일으킨 사람. 다만, 「교통사고처리 특례법」 제3조제2항 및 제4조에 따라 업무상과실치상죄·중과실치상죄 또는 이 법 제151조의 죄에 대한 벌을 받지 아니하게 된 사람은 제외한다.
③ 이 장에서 "범칙금"이란 범칙자가 제163조에 따른 통고처분에 따라 국고(國庫) 또는 제주특별자치도의 금고에 내야 할 금전을 말하며, 범칙금의 액수는 범칙행위의 종류 및 차종(車種) 등에 따라 대통령령으로 정한다.

제163조 【통고처분】 ① 경찰서장이나 제주특별자치도지사(제주특별자치도지사의 경우에는 제6조제1항·제2항, 제61조제2항에 따라 준용되는 제15조제3항, 제39조제6항, 제60조, 제62조, 제64조부터 제66조까지, 제73조제2항제2호부터 제5호까지 및 제95조제1항의 위반행위는 제외한다)는 범칙자로 인정하는 사람에 대하여는 이유를 분명하게 밝힌 범칙금 납부통고서로 범칙금을 낼 것을 통고할 수 있다. 다만, 다음 각 호의 어느 하나에 해당하는 사람에 대하여는 그러하지 아니하다.(2020.10.20 본문개정)
1. 성명이나 주소가 확실하지 아니한 사람
2. 달아날 우려가 있는 사람
3. 범칙금 납부통고서 받기를 거부한 사람
② 제주특별자치도지사가 제1항에 따라 통고처분을 한 경우에는 관할 경찰서장에게 그 사실을 통보하여야 한다.

제164조 【범칙금의 납부】 ① 제163조에 따라 범칙금 납부통고서를 받은 사람은 10일 이내에 경찰청장이 지정하는 국고은행, 지점, 대리점, 우체국 또는 제주특별자치도지사가 지정하는 금융회사 등이나 그 지점에 범칙금을 내야 한다. 다만, 천재지변이나 그 밖의 부득이한 사유로 말미암아 그 기간에 범칙금을 낼 수 없는 경우에는 부득이한 사유가 없어지게 된 날부터 5일 이내에 내야 한다.
② 제1항에 따른 납부기간에 범칙금을 내지 아니한 사람은 납부기간이 끝나는 날의 다음 날부터 20일 이내에 통고받은 범칙금에 100분의 20을 더한 금액을 내야 한다.
③ 제1항이나 제2항에 따라 범칙금을 낸 사람은 범칙행위에 대하여 다시 벌 받지 아니한다.

제164조의2 【범칙금 납부방법 등】 범칙금 납부방법에 대해서는 제161조의2의 규정을 준용한다. 이 경우 "과태료"는 "범칙금"으로 본다.(2016.1.27 본조신설)

제165조 【통고처분 불이행자 등의 처리】 ① 경찰서장 또는 제주특별자치도지사는 다음 각 호의 어느 하나에 해당하는 사람에 대해서는 지체 없이 즉결심판을 청구하여야 한다. 다만, 제2호에 해당하는 사람으로서 즉결심판이 청구되기 전까지 통고받은 범칙금액에 100분의 50을 더한 금액을 납부한 사람에 대해서는 그러하지 아니하다.
(2016.12.2 본문개정)
1. 제163조제1항 각 호의 어느 하나에 해당하는 사람
2. 제164조제2항에 따른 납부기간에 범칙금을 납부하지 아니한 사람
② 제1항제2호에 따라 즉결심판이 청구된 피고인이 즉결심판의 선고 전까지 통고받은 범칙금액에 100분의 50을 더한 금액을 내고 납부를 증명하는 서류를 제출하면 경찰서장 또는 제주특별자치도지사는 피고인에 대한 즉결심판 청구를 취소하여야 한다.(2016.12.2 본항개정)
③ 제1항 각 호 외의 부분 단서 또는 제2항에 따라 범칙금을 납부한 사람은 그 범칙행위에 대하여 다시 벌 받지 아니한다.
④ (2016.12.2 삭제)

제166조 【직권 남용의 금지】 이 장의 규정에 따른 통고처분을 할 때에 교통을 단속하는 경찰공무원은 본래의 목적에서 벗어나 직무상의 권한을 함부로 남용하여서는 아니 된다.

부 칙 (2010.7.23)

제1조 【시행일】 이 법은 2011년 1월 1일부터 시행한다. 다만, 제3조·제4조의2·제8조·제44조·제73조제1항·제126조·제127조·제128조·제132조·제133조·제134조·제135조·제138조의2·제144조·제148조의2·제157조·제159조 및 제161조제2항부터 제4항까지의 개정규정은 공포한 날부터 시행하고, 제2조(제24호를 제외한다)·제35조·제80조·제82조·제83조제4항의 개정규정은 공포 후 3개월이 경과한 날부터 시행하며, 제2조제24호·제12조·제12조의2·제37조·제46조·제46조의2·제49조·제54조·제73조제2항·제79조·제92조·제93조·제95조·제113조·제129조의3·제150조·제152조의2·제153조·제155조·제156조·제160조제2항·제161조제1항·제161조의2·제162조 및 제163조의 개정규정은 공포 후 6개월이 경과한 날부터 시행한다.

제2조 【운전면허 취득 결격기간에 관한 적용례】 ① 제82조제2항제1호의 개정규정은 이 법 시행 전에 제43조 또는 제96조제3항을 위반하여 운전면허 취득 결격기간 중에 있거나 운전면허의 효력이 정지된 기간 중 운전으로 취소처분절차가 진행 중인 사람에 대하여도 적용한다.
② 제82조제2항제1호의2의 개정규정은 이 법 시행 후 최초로 발생하는 위반행위부터 적용한다. 이 경우 이 법 시행 후 최초로 발생하는 위반행위를 그 첫 번째 위반행위로 본다.

제3조 【운전면허시험 실시에 관한 적용례】 제83조제4항의 개정규정은 이 법 시행 전에 운전면허시험에 응시한 사람에 대하여도 적용한다.

제4조 【운전면허시험기관의 변경에 따른 권리·의무의 승계】 이 법 시행 당시 종전의 규정에 따라 운전면허를 관리하는 책임운영기관 또는 그 소속 운전면허시험기관(이하 "운전면허시험관리단"이라 한다)이 행한 행위와 그에 대하여 행하여진 행위는 공단이 행한 행위 또는 그에 대하여 행한 행위로 본다.

제5조 【공무원의 파견】 ① 경찰청장은 공단의 요청이 있는 경우에는 이 법 시행 당시 공무원 신분을 유지하는 자 중 일부를 이 법 시행 후 1년 미만의 범위에서 공단에 파견근무하게 할 수 있다. 다만, 공단의 운전면허시험의 원활한 수행을 위하여 특별한 사정이 있는 경우에는 공단의 요청에 따라 안전행정부장관과의 협의를 거쳐 파견기간을 연장할 수 있다.
② 제1항에 따라 공단에 파견된 공무원의 복무에 대한 지휘·감독은 공단 이사장이, 근무성과 평가·승진 및 전보 임용·징계 등 인사관리는 경찰청장이 행한다.
③ 제1항에 따라 공단에 파견된 공무원의 인사관리를 위하여 경찰청장이 요구하는 경우 공단 이사장은 파견 공무원에 대한 복무 관련사항을 경찰청장에게 보고하여야 한다.

제6조 【도로교통공단 직원의 임용특례 등】 ① 경찰청장은 이 법 시행 당시 운전면허시험관리단 소속 공무원 중 이 법 시행과 동시에 공단의 직원으로 신분이 전환될 자 및 부칙 제5조제1항에 따른 파견기간 종료 후 공무원 신분을 계속 유지하고자 하는 자와 파견기간 종료 후 공단의 직원으로 신분이 전환될 자를 각각 구분하여 확정하여야 하며, 공단의 직원으로 신분이 전환될 자는 공단이 직원을 임용할 수 있도록 조치하여야 한다.
② 제1항에 따라 공단의 직원으로 신분이 전환되는 자는 공단의 직원으로 임용한다.
③ 제2항에 따라 공단의 직원으로 임용된 때에는 공무원 신분에서 퇴직한 것으로 본다.
④ 제2항에 따라 공무원이었던 자가 공단의 직원으로 임용된 자의 정년은 그 직원의 공무원 퇴직 당시의 직급에 적용되던 「국가공무원법」상의 정년에 따른다. 다만, 공단의 직원 정년이 「국가공무원법」상의 정년보다 장기인 때에는 그러하지 아니하다.

제7조 【경찰청에서 퇴직하고 공단의 직원으로 임용된 자에 대한 「공무원연금법」의 적용에 관한 특례】 ① 이 법 시행 이전에 운전면허시험관리단 소속 공무원으로 재직(휴직 중인 자를 포함한다)한 자가 부칙 제6조제2항에 따라 공무원에서 퇴직하고 공단의 직원으로 임용되는 경우 「공무원연금법」(이하 이 조에서 "연금법"이라 한다)에 따른 재직기간이 연금법 제46조제1항에서 정한 최소 재직기간 미만인 자는 공단의 직원으로 임용된 날부터 2개월 이내에 연금법 제4조에 따라 설립된 공무원연금공단(이하 이 조에서 "연금공단"이라 한다)에 연금법의 적용신청을 한 때에는 제2항에 따른 공무원 재직기간까지 연금법 제3조제1항제1호에 따른 공무원으로 보되, 연금법 제42조에 따른 장기급여 중 퇴직급여·유족급여(유족보상금은 제외한다) 및 퇴직수당에 한하여 지급한다.
(2016.1.27 본항개정)
② 제1항에 따른 연금법의 적용신청을 하여 연금법 제3조제1항제1호에 따른 공무원으로 의제되는 공단의 직원(이하 이 조에서 "연금법적용대상직원"이라 한다)은 연금법에 따른 재직기간이 20년에 도달하는 달의 말일에 공무원에서 퇴직한 것으로 본다. 다만, 재직기간이 20년에 도달하기 전에 다음 각 호의 어느 하나에 해당하는 경우에는 각 호에서 정한 날까지 공무원으로 재직한 것으로 본다.
(2016.1.27 본문개정)
1. 10년 이상 재직한 연금법적용대상직원이 연금공단에 적용 제외를 신청한 경우 그 신청한 날의 전날
2. 공단에서 퇴직한 경우 그 퇴직한 날의 전날
3. 공단에서 재직 중 사망한 경우 사망한 날
(2016.1.27 1호~3호신설)
③ 연금법적용대상직원의 연금법 제3조제1항제5호에 따른 기준소득월액은 공단의 직원으로 임용되기 전날의 공무원의 직급·호봉에서 계속 승급한 것으로 보아 확정한 호봉에 따라 산정한 기준소득월액의 상당액으로 한다. 다만, 연봉을 받는 공무원이었던 연금법적용대상직원의 기준소득월액은 안전행정부장관이 별도로 정하는 바에 따른다.
④ 연금법적용대상직원에 대하여는 공단 이사장을 연금법 제3조제1항제7호에 따른 기관장으로, 공단의 장으로서 「소득세법」에 따른 원천징수의무자를 연금법 제3조제1항제8호에 따른 기여금징수의무자로 본다.
⑤ 제1항 및 제2항에 따라 재직기간이 10년 이상인 연금법적용대상직원이 연금법 제46조제1항에 해당하는 경우에는 그 때부터 퇴직연금을 지급한다. 다만, 법률 제13387호 공무원연금법 일부개정법률 부칙 제7조에 해당하는 경우에는 그 때부터 퇴직연금을 지급한다.(2016.1.27 본항개정)
⑥ (2016.1.27 삭제)
⑦ 연금법적용대상직원에 대하여 연금법 제64조를 적용함에 있어서 같은 조 제1항제1호 및 같은 조 제2항 전단에 따른 "재직 중의 사유"는 "재직 중의 사유(공무원으로 의제되는 기간 중의 사유를 포함한다)"로, 같은 조 제1항제2호에 따른 "탄핵 또는 징계에 의하여 파면된 경우"는 "공무원으로 의제되는 기간 중의 사유로 공단에서 징계에 의하여 파면된 경우"로, 같은 조 제1항제3호에 따른 "금품 및 향응수수, 공금의 횡령·유용으로 징계 해임된 경우"는 "공무원으로 의제되는 기간 중의 사유로 공단에서 금품 및 향응수수, 공금의 횡령·유용으로 징계 해임된 경우"로 본다.
⑧ 연금법적용대상직원에 대한 퇴직수당의 지급에 소요되는 비용은 연금법 제65조제3항에도 불구하고 공단이 부담·관리한다. 다만, 연금법적용대상직원이 부칙 제6조제3항에 따라 운전면허시험관리단 소속 공무원에서 퇴직한 때에 지급하여야 할 퇴직수당에 상당하는 금액은 연금법적용대상직원이 공단의 직원으로 임용된 때에 연금법 제31조의2제5호와 제6호에 따른 미상환 원리금을 공제한 후 연금공단에서 공단으로 이체한다.
⑨ 연금법적용대상직원에 대한 연금법 제69조제1항에 따른 연금부담금 및 보전금은 공단이 부담한다.

⑩ 연금법적용대상직원은 제1항에 따라 공무원으로 의제되는 기간까지 「국민연금법」 제6조에 따른 국민연금의 가입대상에서 제외한다.
⑪ 연금법적용대상직원이 제1항에 따라 공무원으로 의제되는 기간은 「근로기준법」 제34조에 따른 퇴직금 산정을 위한 계속근로연수에서 제외한다.
⑫ 연금법적용대상직원에 대한 퇴직급여·유족급여(유족보상금은 제외한다) 및 퇴직수당의 산정·지급, 그 비용의 징수 등에 관하여 이 조에서 특별히 정하지 아니한 사항에 대하여는 연금법을 적용한다.
제8조【책임운영기관특별회계에 관한 경과조치】 이 법 시행 당시 「책임운영기관의 설치·운영에 관한 법률」 제29조의2에 따라 책임운영기관특별회계(자동차운전면허계정)에 귀속되어 운전면허시험관리단이 점유·사용 또는 관리하는 국유재산 및 물품은 일반회계로 환원한다.
제9조【벌칙에 관한 경과조치】 이 법 시행 전의 행위에 대한 벌칙의 적용에 있어서는 종전의 규정에 따른다.

부 칙 (2014.1.28 법12343호)

제1조【시행일】 이 법은 공포 후 1년이 경과한 날부터 시행한다. 다만, 제12조제1항제4호의 개정규정은 공포 후 6개월이 경과한 날부터 시행하고, 제13조제6항의 개정규정은 공포 후 3개월이 경과한 날부터 시행한다.
제2조【보호자가 동승하지 아니한 어린이통학버스 운전자의 의무에 관한 적용 시한】 제53조의2의 개정규정은 이 법 시행일부터 2년간 적용한다.
제3조【어린이통학버스 운전자 및 운영자 등의 의무에 관한 적용례】 제53조제3항의 개정규정은 「학원의 설립·운영 및 과외교습에 관한 법률」에 따른 학원 및 「체육시설의 설치·이용에 관한 법률」에 따른 체육시설에서 운영하는 승차정원 15인승 이하의 어린이통학버스에 대하여는 이 법 시행 후 2년이 경과한 날부터 적용한다.
제4조【어린이통학버스의 위반 정보 등 제공에 관한 적용례】 제53조의4의 개정규정에 따른 어린이통학버스의 위반 정보 등 제공은 이 법 시행 후 최초로 위반하는 행위부터 적용한다.
제5조【종전의 신고된 어린이통학버스에 관한 경과조치】 이 법 시행 당시 종전의 규정에 따라 신고된 어린이통학버스는 제52조의 개정규정에 따라 신고된 어린이통학버스로 본다.
제6조【미신고된 어린이의 통학 등에 이용되는 자동차에 관한 경과조치】 이 법 시행 당시 어린이의 통학 등에 이용되는 자동차로서 어린이통학버스로 신고하지 아니한 자동차를 운영하는 자는 이 법 시행 후 6개월 이내에 제52조의 개정규정에 따라 신고하여야 한다.
제7조【어린이통학버스 안전운행 등에 관한 교육에 관한 경과조치】 ① 이 법 시행 전에 종전의 규정에 따라 신규 안전교육을 받은 사람은 제53조의3제2항의 개정규정에 따른 신규 안전교육을 받은 것으로 본다.
② 이 법 시행 당시 어린이통학버스를 운영하는 사람과 운전하는 사람으로서 그 운영 또는 운전업무를 시작하게 될 때 받아야 하는 안전교육을 받지 아니한 사람은 제53조의3제2항의 개정규정에도 불구하고 이 법 시행 후 3개월 이내에 신규 안전교육을 받아야 한다.
③ 이 법 시행일부터 과거 2년간 종전의 규정에 따라 정기 안전교육(구 안전 재교육)을 받은 사람은 제53조의3제2항의 개정규정에 따른 정기 안전교육을 받은 것으로 본다.
④ 이 법 시행 당시 어린이통학버스를 운영하는 사람과 운전하는 사람으로서 이 법 시행일부터 과거 2년간 종전의 규정에 따라 받아야 하는 정기 안전교육(구 안전 재교육)을 받지 아니한 사람은 제53조의3제2항의 개정규정에도 불구하고 이 법 시행 후 6개월 이내에 정기 안전교육을 받아야 한다.

부 칙 (2014.12.30)

제1조【시행일】 이 법은 공포한 날부터 시행한다. 다만, 법률 제12343호 도로교통법 일부개정법률 제53조제2항 및 제3항, 제53조의2 및 제160조제2항의 개정규정은 2015년 1월 29일부터 시행하고, 제14조제4항·제5항, 제39조제2항부터 제6항까지, 제44조제2항, 제73조제1항제6호·제7호, 제85조제5항, 제144조제1항제3호·제4호 및 같은 조 제2항제5호·제6호, 제156조제1호·제5호, 제163조제1항의 개정규정은 공포 후 6개월이 경과한 날부터 시행한다.
제2조【특별한 교통안전교육에 관한 적용례】 제73조제2항제1호의 개정규정은 이 법 시행 전에 제93조제1항제9호 또는 같은 항 제20호 개정규정의 사유로 운전면허 취소처분을 받은 사람에 대하여도 적용한다.

부 칙 (2015.8.11)

제1조【시행일】 이 법은 공포한 날부터 시행한다. 다만, 제46조의3, 제73조제2항, 제93조제1항, 제151조의2, 제153조, 제156조의 개정규정은 공포 후 6개월이 경과한 날부터 시행한다.
제2조【운전면허 취득 결격기간에 관한 적용례】 제82조제2항 단서 및 같은 항 제5호부터 제7호까지의 개정규정에 따른 운전면허의 결격기간은 이 법 시행 후 최초로 위반하는 행위분부터 적용한다. 다만, 제82조제2항 단서 및 같은 항 제7호의 개정규정은 이 법 시행 전의 위반행위로 인하여 이 법 시행 후에 운전면허 행정처분절차가 진행 중이거나 운전면허 취득 결격기간 중인 사람에 대하여도 적용한다.
제3조【금치산자 등에 대한 경과조치】 제102조제1항제1호 및 제105조제2호가목의 개정규정에 따른 피성년후견인에는 법률 제10429호 민법 일부개정법률 부칙 제2조에 따라 금치산 또는 한정치산 선고의 효력이 유지되는 사람을 포함하는 것으로 본다.

부 칙 (2016.1.27)

제1조【시행일】 이 법은 공포 후 6개월이 경과한 날부터 시행한다. 다만, 제5조의3, 제93조제1항 각 호 외의 부분 본문, 제158조의2 및 법률 제10382호 도로교통법 일부개정법률 부칙 제7조의 개정규정은 공포한 날부터 시행하고, 제161조제2항의 개정규정은 2017년 1월 1일부터 시행한다.
제2조【특수면허에 관한 적용례】 제80조제2항의 개정규정은 이 법 시행 후 최초로 실시하는 운전면허시험부터 적용한다.
제3조【운전면허의 취소·정지에 관한 적용례】 제93조제1항제10호의2의 개정규정은 이 법 시행 후 최초로 발생하는 위반행위부터 적용한다.
제4조【경찰청에서 퇴직하고 공단의 직원으로 임용된 자에 대한 「공무원연금법」의 적용에 관한 특례 조정에 관한 적용례】 법률 제10382호 도로교통법 일부개정법률 부칙 제7조의 개정규정은 2016년 1월 1일부터 적용한다.
제5조【특수면허에 관한 경과조치】 이 법 시행 당시 트레일러 면허를 소지한 사람은 대형견인차 면허를 소지한 것으로 보고, 렉커 면허를 소지한 사람은 구난차 면허를 소지한 것으로 본다.
제6조【다른 법률의 개정】 ※(해당 법령에 가제정리 하였음)

부 칙 (2017.10.24)

제1조【시행일】 이 법은 공포 후 6개월이 경과한 날부터 시행한다. 다만, 제2조제26호 및 제96조의 개정규정은 공포한 날부터 시행한다.
제2조【특별교통안전 의무교육에 관한 적용례】 제73조제2항의 개정규정은 이 법 시행 후 운전면허 취소처분이나 운전면허효력 정지처분을 받은 사람부터 적용한다.
제3조【긴급자동차의 운전업무에 종사하는 사람에 대한 경과조치】 이 법 시행 당시 긴급자동차의 운전업무에 종사하는 사람으로서 제73조제4항의 개정규정에 따른 긴급자동차의 안전 등에 관한 교육을 받아야 하는 사람은 이 법 시행일부터 1년 이내에 받아야 한다.

부 칙 (2018.3.27)

제1조【시행일】 이 법은 공포 후 1년이 경과한 날부터 시행한다. 다만, 다음 각 호의 개정규정은 각 호의 구분에 따른 날부터 시행한다.
1. 제13조의2제4항제1호, 제49조제1항제4호·제6호 및 제139조제1항제11호 : 공포한 날(제49조제1항제6호 중 노면전차의 도입에 관한 사항은 공포 후 1년이 경과한 날)
2. 제34조의3, 제44조, 제47조, 제48조, 제50조제1항·제2항·제4항·제8항, 제53조, 제67조, 제93조제1항, 제98조의2, 제148조의2제1항, 제156조제1호·제11호·제12호, 제160조제2항제2호, 제161조제1항제2호, 법률 제14911호 도로교통법 일부개정법률 제73조제1항제3호의2 : 공포 후 6개월이 경과한 날(제44조, 제47조, 제48조, 제148조의2제1항, 제156조제1호 중 노면전차의 도입에 관한 사항은 공포 후 1년이 경과한 날)
3. 법률 제14911호 도로교통법 일부개정법률 제140조 : 2018년 4월 25일
4. 제87조 및 법률 제14911호 도로교통법 일부개정법률 제73조제5항 : 2019년 1월 1일

제2조【75세 이상인 사람의 운전면허증 갱신 및 정기 적성검사에 관한 경과조치】 제87조제1항의 개정규정에도 불구하고 같은 개정규정 시행 전에 운전면허를 받은 사람이 같은 개정규정 시행 후 처음 받아야 하는 운전면허증 갱신 또는 정기 적성검사의 기간은 종전의 규정에 따른다.
제3조【국제운전면허증 발급의 제한에 관한 적용례】 제98조의2의 개정규정은 같은 개정규정 시행 전의 위반행위로 부과받은 범칙금 또는 과태료가 있는 사람이 국제운전면허증을 발급받으려는 경우에 대하여도 적용한다.
제4조【다른 법률의 개정】 ①~⑥ ※(해당 법령에 가제정리 하였음)

부 칙 (2018.6.12)

제1조【시행일】 이 법은 공포 후 1년이 경과한 날부터 시행한다.
제2조【교통안전시설 설치·관리에 관한 적용례】 제3조제2항의 개정규정은 이 법 시행 후 새로 설치되는 교통안전시설이나 기존의 교통안전시설을 대체하여 다시 설치되는 교통안전시설부터 적용한다.

부 칙 (2018.12.24)

제1조【시행일】 이 법은 공포 후 6개월이 경과한 날부터 시행한다.
제2조【술에 취한 상태에서의 운전금지 등에 관한 적용례】 제82조제2항 및 제93조제1항제2호의 개정규정은 이 법 시행 후 최초로 제44조제1항 또는 제2항을 위반한 사람부터 적용한다. 이 경우 위반행위의 횟수를 산정할 때에는 2001년 6월 30일 이후의 위반행위부터 산정한다.
제3조【다른 법률의 개정】 ①~② ※(해당 법령에 가제정리 하였음)

부 칙 (2019.12.24)

제1조【시행일】 이 법은 공포한 날부터 시행한다. 다만, 제12조제4항 및 제5항, 제82조제1항제7호의 개정규정은 공포 후 3개월이 경과한 날부터 시행한다.
제2조【운전면허 결격사유에 관한 경과조치】 제82조제1항제7호의 개정규정은 같은 개정규정 시행 전에 제83조제1항에 따른 운전면허시험의 전부 또는 일부를 합격한 사람에 대해서는 적용하지 아니한다.

부 칙 (2020.5.26)

제1조【시행일】 이 법은 공포 후 6개월이 경과한 날부터 시행한다.
제2조【보호자가 동승하지 아니한 어린이통학버스 운전자의 의무에 관한 유효기간】 제53조의5의 개정규정은 이 법 시행일부터 2년간 효력을 가진다.
제3조【어린이통학버스 운영자 등의 의무에 관한 적용례】 제53조제3항의 개정규정은 제2조제23호가목의 유아교육진흥원·대안학교·외국인학교, 같은 호 다목의 교습소 및 같은 호 마목부터 차목까지의 시설에서 운영하는 어린이통학버스에 대해서는 이 법 시행 이후 2년이 경과한 날부터 적용한다.
제4조【어린이통학버스의 위반 정보 제공에 관한 적용례】 제53조의4의 개정규정은 이 법 시행 이후 발생하는 사고부터 적용한다.
제5조【체육교습업에 관한 특례】 제53조제3항의 개정규정은 법률 제17267호 체육시설의 설치·이용에 관한 법률 일부개정법률에 따라 체육교습업 시설에서 어린이통학버스를 운영하게 되는 자에 대해서는 이 법 시행 후 2년이 경과한 날부터 적용한다. 이 경우 체육교습업 시설에서 운영하는 어린이통학버스의 운전자에게는 제53조의5의 개정규정을 이 법 시행일부터 2년간 적용한다.
제6조【어린이통학버스 신고에 관한 경과조치】 이 법 시행 당시 어린이 통학 등에 이용되는 자동차로서 어린이통학버스로 신고하지 아니한 자동차를 운영하는 자는 제52조에 따라 이 법 시행 이후 6개월 이내에 신고하여야 한다.
제7조【어린이통학버스 안전교육에 관한 경과조치】 이 법 시행 당시 종전의 규정에 따라 어린이통학버스에 동승하는 보호자는 이 법 시행 이후 6개월 이내에 제53조의3제2항제1호에 따른 신규 안전교육을 받아야 한다.
제8조【다른 법률의 개정】 ①~② ※(해당 법령에 가제정리 하였음)

부 칙 (2020.6.9)

제1조【시행일】 이 법은 공포 후 6개월이 경과한 날부터 시행한다. 다만, 제64조제6호의2 및 제6호의3의 개정규정은 공포한 날부터 시행한다.
제2조【제한된 최고속도를 시속 100킬로미터 초과한 속도위반에 관한 적용례】 제17조제3항 위반행위에 관한 제93조제1항제5호의3 및 제151조의2제2호의 개정규정은 이 법 시행 후 최초로 발생하는 위반행위부터 적용한다.

부 칙 (2020.10.20)

이 법은 공포 후 6개월이 경과한 날부터 시행한다. 다만, 제32조제8호, 제34조의2 및 제73조제2항제5호의 개정규정은 공포 후 1년이 경과한 날부터 시행한다.

부 칙 (2020.12.22)

제1조【시행일】 이 법은 2021년 1월 1일부터 시행한다. (이하 생략)

부 칙 (2021.1.12)

이 법은 공포 후 4개월이 경과한 날부터 시행한다. 다만, 다음 각 호의 개정규정은 그 구분에 따른 날부터 시행한다.

1. 제30조, 제50조제4항, 제93조제1항 각 호 외의 부분 단서 중 거짓이나 그 밖의 부정한 수단으로 받은 운전면허의 취소에 관한 부분, 같은 항 제8호 · 제8호의2 및 제158조의2의 개정규정 : 공포한 날
2. 제34조의2, 제93조제1항 각 호 외의 부분 단서 중 관계 행정기관의 장의 요청에 따른 운전면허 취소 · 정지에 관한 부분 및 제94조의2의 개정규정 : 공포 후 6개월이 경과한 날
3. 법률 제17514호 도로교통법 일부개정법률 제34조의2 : 2021년 10월 21일

부 칙 (2021.10.19)

이 법은 공포 후 6개월이 경과한 날부터 시행한다. 다만, 제82조제2항, 제88조제1항, 제92조제1항, 제96조, 제97조, 제138조제1항, 제152조, 제154조 및 제156조제13호의 개정규정은 공포 후 1년이 경과한 날부터 시행한다.

부 칙 (2021.11.30)

제1조【시행일】 이 법은 공포 후 1년이 경과한 날부터 시행한다.(이하 생략)

부 칙 (2022.1.11)

이 법은 공포 후 6개월이 경과한 날부터 시행한다.

부 칙 (2023.1.3)

제1조【시행일】 이 법은 공포 후 6개월이 경과한 날부터 시행한다. 다만, 제148조의2제1항 및 제2항의 개정규정은 공포 후 3개월이 경과한 날부터 시행한다.
제2조【벌칙에 관한 적용례】 제148조의2제1항의 개정규정은 제44조제1항 또는 제2항을 위반하여 벌금 이상의 형을 선고받아 이 법 시행 전에 그 형이 확정된 사람으로서 이 법 시행 이후 다시 같은 조 제1항 또는 제2항을 위반한 사람에 대해서도 적용한다.

부 칙 (2023.4.18)

이 법은 공포 후 6개월이 경과한 날부터 시행한다. 다만, 법률 제19158호 도로교통법 일부개정법률 제12조의4의 개정규정은 2024년 1월 1일부터 시행한다.

부 칙 (2023.10.24)

제1조【시행일】 이 법은 공포 후 1년이 경과한 날부터 시행한다. 다만, 제2조제23호의 개정규정은 공포한 날부터 시행한다.
제2조【음주운전 방지장치 부착 조건부 운전면허에 관한 적용례】 제80조의2의 개정규정은 이 법 시행 후 종전의 제44조제1항 또는 제2항을 위반한 날부터 5년 이내에 다시 같은 조 제1항 또는 제2항을 위반하여 운전면허 취소처분을 받은 사람부터 적용한다.

부 칙 (2024.1.30 법20155호)

이 법은 공포 후 6개월이 경과한 날부터 시행한다. 다만, 법률 제19745호 도로교통법 일부개정법률 제85조의2 및 제85조의3의 개정규정은 2024년 10월 25일부터 시행한다.

부 칙 (2024.1.30 법20167호)

제1조【시행일】 이 법은 공포 후 6개월이 경과한 날부터 시행한다.(이하 생략)

도로교통법 시행령

(2006년 5월 30일 전부개정대통령령 제19493호)

개정
2006.10.19영19705호 2007. 4.27영20038호
2007.12.31영20506호(전자업무활성화)
2008. 2.29영20692호(직제)
2008. 6.20영20835호
2008. 9.25영21036호(자동차손해배상시)
2008.10. 8영21077호(여객자동차운수사업법시)
2008.10.29영21098호(건축시)
2008.12.31영21206호
2008.12.31영21214호(직제)
2009.11.23영21844호
2010. 6.28영22224호(소음 · 진동관리법시)
2010. 7. 9영22258호 2010.12. 7영22512호
2010.12.31영22590호 2011. 4.30영22910호
2011.12. 6영23350호
2011.12. 8영23356호(영유아보육법시)
2012. 1. 6영23488호(민감정보고유식별정보)
2012. 5.23영23805호
2012. 8.31영24077호(국민보험시)
2012. 9. 7영24091호
2013. 3.23영24419호(직제)
2013. 6.28영24644호 2013.11.20영24862호
2013.12.17영25007호
2013.12.30영25050호(행정규제재검토에따른일부개정령)
2014. 2.11영25159호 2014. 5.28영25364호
2014. 7.14영25456호(도로법시)
2014.11.19영25751호(직제)
2014.12.16영25852호 2014.12.31영25946호
2015. 5.12영26238호 2015. 6.30영26351호
2015.11.20영26659호(의무경찰대설치및운영에관한법시)
2016. 1. 6영26870호(여객자동차운수사업법시)
2016. 2.11영26965호 2016. 7.26영27379호
2016.11.29영27616호(치료감호등에관한법시)
2016.11.29영27617호(경비교도대폐지에따른보상등에관한법시)
2016.11.29영27620호(병역시)
2016.11.29영27626호 2017. 5.29영28055호
2017. 7.26영28215호(직제)
2018. 4.24영28814호
2018. 5.28영28919호(신산업등의규제혁신을위한일부개정령)
2018. 8. 7영29081호
2018. 9.18영29163호(출입국시)
2018. 9.28영29193호 2019. 3.26영29654호
2019. 4.16영29702호 2019. 4.30영29720호
2020. 2. 4영30384호(군인사법시)
2020. 4.21영30624호
2020. 6.30영30807호(대체역의편입및복무등에관한법시)
2020.11.10영31145호
2020.11.24영31176호(법정공고방식확대)
2020.12. 1영31202호
2020.12.31영31349호(자치경찰조직운영)
2021. 1. 5영31380호(법령용어정비)
2021. 5.11영31679호 2021.10.19영32068호
2022. 2.17영32449호(한국자산관리공사설립등에관한법시)
2022. 3. 8영32528호(규제기한해제)
2022. 4.19영32584호 2022. 7.11영32793호
2022.10.25영32960호
2022.11.29영33004호(소방시설설치및관리에관한법시)
2022.12.20영33112호(개인정보침해요인개선을위한일부개정령)
2023. 3. 7영33321호(규제기한정비)
2023. 6.20영33547호 2023.10.17영33813호
2023.12.19영33985호

제1장 총 칙

제1조【목적】 이 영은 「도로교통법」에서 위임된 사항과 그 시행에 필요한 사항을 규정함을 목적으로 한다.
(2013.6.28 본조개정)
제2조【긴급자동차의 종류】 ① 「도로교통법」(이하 "법"이라 한다) 제2조제22호라목에서 "대통령령으로 정하는 자동차"란 긴급한 용도로 사용되는 다음 각 호의 어느 하나에 해당하는 자동차를 말한다. 다만, 제6호부터 제11호까지의 자동차는 이를 사용하는 사람 또는 기관 등의 신청에 의하여 시 · 도경찰청장이 지정하는 경우로 한정한다.
(2020.12.31 단서개정)
1. 경찰용 자동차 중 범죄수사, 교통단속, 그 밖의 긴급한 경찰업무 수행에 사용되는 자동차
2. 국군 및 주한 국제연합군용 자동차 중 군 내부의 질서 유지나 부대의 질서 있는 이동을 유도(誘導)하는 데 사용되는 자동차
3. 수사기관의 자동차 중 범죄수사를 위하여 사용되는 자동차
4. 다음 각 목의 어느 하나에 해당하는 시설 또는 기관의 자동차 중 도주자의 체포 또는 수용자, 보호관찰 대상자의 호송 · 경비를 위하여 사용되는 자동차
가. 교도소 · 소년교도소 또는 구치소
나. 소년원 또는 소년분류심사원
다. 보호관찰소
5. 국내외 요인(要人)에 대한 경호업무 수행에 공무(公務)로 사용되는 자동차
6. 전기사업, 가스사업, 그 밖의 공익사업을 하는 기관에서 위험 방지를 위한 응급작업에 사용되는 자동차
7. 민방위업무를 수행하는 기관에서 긴급예방 또는 복구를 위한 출동에 사용되는 자동차
8. 도로관리를 위하여 사용되는 자동차 중 도로상의 위험을 방지하기 위한 응급작업에 사용되거나 운행이 제한되는 자동차를 단속하기 위하여 사용되는 자동차
9. 전신 · 전화의 수리공사 등 응급작업에 사용되는 자동차
10. 긴급한 우편물의 운송에 사용되는 자동차
11. 전파감시업무에 사용되는 자동차
② 제1항 각 호에 따른 자동차 외에 다음 각 호의 어느 하나에 해당하는 자동차는 긴급자동차로 본다.
1. 제1항제1호에 따른 경찰용 긴급자동차에 의하여 유도되고 있는 자동차
2. 제1항제2호에 따른 국군 및 주한 국제연합군용의 긴급자동차에 의하여 유도되고 있는 국군 및 주한 국제연합군의 자동차
3. 생명이 위급한 환자 또는 부상자나 수혈을 위한 혈액을 운송 중인 자동차
(2013.6.28 본조개정)
제3조【긴급자동차의 준수 사항】 ① 긴급자동차(제2조제2항에 따라 긴급자동차로 보는 자동차는 제외한다)는 다음 각 호의 사항을 준수해야 한다. 다만, 법 제17조제3항의 속도에 관한 규정을 위반하는 자동차등(개인형 이동장치는 제외한다) 및 노면전차를 단속하는 긴급자동차와 제2조제1항제5호에 따른 긴급자동차는 그렇지 않다.
(2020.12.1 본문개정)
1. 「자동차관리법」 제29조에 따른 자동차의 안전 운행에 필요한 기준(이하 "자동차안전기준"이라 한다)에서 정한 긴급자동차의 구조를 갖출 것
2. 사이렌을 울리거나 경광등을 켤 것(법 제29조에 따른 우선 통행, 법 제30조에 따른 특례 및 그 밖에 법에 규정된 특례를 적용받으려는 경우에만 해당한다)
② 제2조제1항제5호의 긴급자동차와 같은 조 제2항에 따라 긴급자동차로 보는 자동차는 전조등 또는 비상표시등을 켜거나 그 밖의 적당한 방법으로 긴급한 목적으로 운행되고 있음을 표시하여야 한다.
(2013.6.28 본조개정)
제4조【교통안전시설 관련 비용 부담의 사유】 법 제3조제4항(법 제4조의2제3항에서 준용되는 경우를 포함한다)에서 "대통령령으로 정하는 사유"란 다음 각 호의 어느 하나에 해당하는 것을 말한다.(2023.6.20 본문개정)
1. 차 또는 노면전차의 운전 등 교통으로 인하여 사람을 사상(死傷)하거나 물건을 손괴하는 사고(이하 "교통사고"라 한다)가 발생한 경우(2019.3.26 본호개정)
2. 분할할 수 없는 화물의 수송 등을 위하여 신호기 및 안전표지(이하 "교통안전시설"이라 한다)를 이전하거나 철거하는 경우
3. 법 제68조제1항을 위반하여 교통안전시설을 철거 · 이전하거나 손괴한 경우
4. 도로관리청 등에서 도로공사 등을 위하여 무인(無人) 교통단속용 장비를 이전하거나 철거하는 경우
5. 그 밖에 고의 또는 과실로 무인 교통단속용 장비를 철거 · 이전하거나 손괴한 경우
(2013.6.28 본조개정)
제5조【부담금의 부과기준 및 환급】 ① 특별시장 · 광역시장 · 제주특별자치도지사 또는 시장 · 군수(광역시의 군수는 제외한다. 이하 "시장등"이라 한다)는 법 제3조제4항에 따른 교통안전시설의 철거나 원상회복을 위한 공사 비용 부담금(이하 "부담금"이라 한다)의 금액을 교통안전시설의 파손 정도 및 내구연한 경과 정도 등을 고려하여 산출하고, 그 사유를 유발한 사람이 여러 명인 경우에는 그 유발 정도에 따라 부담금을 분담하게 할 수 있다. 다만, 파손된 정도가 경미하거나 일상 보수작업만으로 수리할 수 있는 경우 또는 부담금 총액이 20만원 미만인 경우에는 부담금 부과를 면제할 수 있다.
② 시장등은 제1항에 따라 부과한 부담금이 교통안전시설의 철거나 원상회복을 위한 공사에 드는 비용을 초과한 경우에는 그 차액을 환급하여야 한다. 이 경우 환급에 필요한 사항은 시장등이 정한다.
③ 법 제4조의2제3항에 따른 무인 교통단속용 장비의 철거나 원상회복을 위한 부담금의 부과 기준 및 환급에 대해서는 제1항과 제2항을 준용한다. 이 경우 "교통안전시설"은 "무인 교통단속용 장비"로, "시장등"은 "시 · 도경찰청장, 경찰서장 또는 시장등"으로 본다.(2023.6.20 전단개정)
(2013.6.28 본조개정)
제6조【경찰공무원을 보조하는 사람의 범위】 법 제5조제1항제2호에서 "대통령령으로 정하는 사람"이란 다음 각 호의 어느 하나에 해당하는 사람을 말한다.
1. 모범운전자
2. 군사훈련 및 작전에 동원되는 부대의 이동을 유도하는 군사경찰(2020.2.4 본호개정)
3. 본래의 긴급한 용도로 운행하는 소방차 · 구급차를 유도하는 소방공무원(2016.2.11 본호신설)
(2013.6.28 본조개정)
제6조의2【모범운전자에 대한 복장 및 장비의 지원】 ① 경찰청장은 법 제5조의3제1항에 따라 모범운전자에게 다음 각 호의 복장 및 장비를 지원할 수 있다.
1. 복장 : 모자, 근무복, 점퍼 등
2. 장비 : 경적, 신호봉, 야광조끼 등
② 제1항에 따른 복장 및 장비의 지급 기준 및 시기 등에 관하여 필요한 사항은 경찰청장이 정하여 고시한다.
(2012.9.7 본조신설)

제2장 보행자의 통행방법

제7조 【차도를 통행할 수 있는 사람 또는 행렬】 법 제9조제1항 전단에서 "대통령령으로 정하는 사람이나 행렬"이란 다음 각 호의 어느 하나에 해당하는 사람이나 행렬을 말한다.
1. 말·소 등의 큰 동물을 몰고 가는 사람
2. 사다리, 목재, 그 밖에 보행자의 통행에 지장을 줄 우려가 있는 물건을 운반 중인 사람
3. 도로에서 청소나 보수 등의 작업을 하고 있는 사람
4. 군부대나 그 밖에 이에 준하는 단체의 행렬
5. 기(旗) 또는 현수막 등을 휴대한 행렬
6. 장의(葬儀) 행렬

(2013.6.28 본조개정)

제8조 【앞을 보지 못하는 사람에 준하는 사람의 범위】 법 제11조제2항에 따른 앞을 보지 못하는 사람에 준하는 사람은 다음 각 호의 어느 하나에 해당하는 사람을 말한다.
1. 듣지 못하는 사람
2. 신체의 평형기능에 장애가 있는 사람
3. 의족 등을 사용하지 아니하고는 보행을 할 수 없는 사람

제8조의2 【보호구역에 대한 실태조사 업무의 위탁】 ① 시장등은 법 제12조의4제3항에 따라 다음 각 호의 어느 하나에 해당하는 기관에 법 제12조에 따른 어린이 보호구역(이하 "어린이보호구역"이라 한다) 및 법 제12조의2에 따른 노인 및 장애인 보호구역(이하 "노인·장애인보호구역"이라 한다)에 대한 실태조사 업무의 일부를 위탁할 수 있다.
1. 법 제120조에 따른 도로교통공단(이하 "도로교통공단"이라 한다)
2. 「공공기관의 운영에 관한 법률」 제4조에 따른 공공기관 중 교통 관련 기관
3. 「지방공기업법」 제3조제1항에 따른 지방공기업 중 교통 관련 기관
4. 「지방자치단체출연 연구원의 설립 및 운영에 관한 법률」 제2조에 따른 지방자치단체출연 연구원 중 교통 관련 기관
5. 정관이나 규약 등에 교통안전에 관한 업무를 사업 내용으로 정한 비영리법인이나 단체

② 시장등은 제1항에 따라 업무의 일부를 위탁한 경우에는 수탁기관 및 위탁업무의 내용을 해당 지방자치단체의 공보에 고시해야 한다.
(2023.12.19 본조신설)

제3장 차마(車馬) 및 노면전차의 통행방법 등
(2019.3.26 본장제목개정)

제8조의3 【도로관리청과의 협의 등】 ① 경찰서장은 법 제14조제4항에 따라 도로관리청과 「도로법」 제77조제1항 단서에 따른 운행허가에 관한 사항을 협의하려는 경우에는 운행허가에 필요한 자료를 즉시 도로관리청에 송부하여야 한다.
② 제1항에 따라 협의를 요청받은 도로관리청은 협의요청을 받은 날부터 7일 이내에 경찰서장에게 그 의견을 제출하여야 한다.
③ 경찰서장은 법 제14조제4항에 따른 협의절차를 효율적으로 수행하기 위하여 「도로법」 제77조제6항에 따른 차량운행허가시스템을 사용할 수 있다.
(2015.6.30 본조신설)

제9조 【전용차로의 종류 등】 ① 법 제15조제2항(법 제61조제2항에서 준용되는 경우를 포함한다)에 따른 전용차로의 종류와 전용차로로 통행할 수 있는 차(이하 "전용차로통행차"라 한다)는 별표1과 같다.
② 별표1에 따라 고속도로 외의 도로에 설치된 버스전용차로로 통행할 수 있는 자동차의 지정 및 취소 등에 필요한 사항은 행정안전부령으로 정한다.(2017.7.26 본항개정)
③ 시장등과 경찰청장은 전용차로를 설치하거나 폐지한 경우에는 그 구간과 기간 및 통행시간 등을 정하여(폐지하는 경우에는 통행시간은 제외한다) 고시하고, 신문·방송 등을 통하여 널리 알려야 한다.
(2013.6.28 본조개정)

제10조 【전용차로통행차 외에 전용차로로 통행할 수 있는 경우】 법 제15조제3항 단서(법 제61조제2항에서 준용되는 경우를 포함한다)에서 "대통령령으로 정하는 경우"란 다음 각 호의 어느 하나에 해당하는 경우를 말한다.
1. 긴급자동차가 그 본래의 긴급한 용도로 운행되고 있는 경우
2. 전용차로통행차의 통행에 장해를 주지 아니하는 범위에서 택시가 승객을 태우거나 내려주기 위하여 일시 통행하는 경우. 이 경우 택시 운전자는 승객이 타거나 내린 즉시 전용차로를 벗어나야 한다.
3. 도로의 파손, 공사, 그 밖의 부득이한 장애로 인하여 전용차로가 아니면 통행할 수 없는 경우

(2013.6.28 본조개정)

제10조의2 【긴급한 용도 외에 경광등 등을 사용할 수 있는 경우】 법 제2조제22호 각 목의 자동차 운전자는 법 제29조제6항 단서에 따라 해당 자동차를 그 본래의 긴급한 용도로 운행하지 아니하는 경우에도 다음 각 호의 어느 하나에 해당하는 경우에는 「자동차관리법」에 따라 해당 자동차에 설치된 경광등을 켜거나 사이렌을 작동할 수 있다.
1. 소방차가 화재 예방 및 구조·구급 활동을 위하여 순찰을 하는 경우
2. 법 제2조제22호 각 목에 해당하는 자동차가 그 본래의 긴급한 용도와 관련된 훈련에 참여하는 경우
3. 제2조제1항제1호에 따른 자동차가 범죄 예방 및 단속을 위하여 순찰을 하는 경우

(2016.7.26 본조신설)

제10조의3 【소방 관련 시설 주변에서의 정차 및 주차의 금지 등】 ① 법 제32조제6호나목에서 "대통령령으로 정하는 시설"이란 다음 각 호의 시설을 말한다.
1. 「소방시설 설치 및 관리에 관한 법률 시행령」 별표1 제1호다목부터 마목까지의 규정에 따른 옥내소화전설비(호스릴옥내소화전설비를 포함한다)·스프링클러설비등·물분무등소화설비의 송수구
2. 「소방시설 설치 및 관리에 관한 법률 시행령」 별표1 제4호에 따른 소화용수설비
3. 「소방시설 설치 및 관리에 관한 법률 시행령」 별표1 제5호나목·다목·바목에 따른 연결송수관설비·연결살수설비·연소방지설비의 송수구 및 같은 호 마목에 따른 무선통신보조설비의 무선기기접속단자

(2022.11.29 1호~3호개정)
② 시장등은 법 제32조제6호에 해당하는 곳 중에서 신속한 소방활동을 위해 특히 필요하다고 인정하는 곳에는 안전표지를 설치해야 한다.(2019.4.30 본항신설)
(2019.4.30 본조제목개정)
(2018.8.7 본조신설)

제11조 【정차 또는 주차의 방법 등】 ① 차의 운전자가 법 제34조에 따라 지켜야 하는 정차 또는 주차의 방법 및 시간은 다음 각 호와 같다.
1. 모든 차의 운전자는 도로에서 정차할 때에는 차도의 오른쪽 가장자리에 정차할 것. 다만, 차도와 보도의 구별이 없는 도로의 경우에는 도로의 오른쪽 가장자리로부터 중앙으로 50센티미터 이상의 거리를 두어야 한다.
2. 여객자동차의 운전자는 승객을 태우거나 내려주기 위하여 정류소 또는 이에 준하는 장소에서 정차하였을 때에는 승객이 타거나 내린 즉시 출발하여야 하며 뒤따르는 다른 차의 정차를 방해하지 아니할 것
3. 모든 차의 운전자는 도로에서 주차할 때에는 시·도경찰청장이 정하는 주차의 장소·시간 및 방법에 따를 것 (2020.12.31 본호개정)

② 모든 차의 운전자는 제1항에 따라 정차하거나 주차할 때에는 다른 교통에 방해가 되지 아니하도록 하여야 한다. 다만, 다음 각 호의 어느 하나에 해당하는 경우에는 그러하지 아니하다.
1. 안전표지 또는 다음 각 목의 어느 하나에 해당하는 사람의 지시에 따르는 경우
   가. 경찰공무원(의무경찰을 포함한다)(2020.12.31 본목개정)
   나. 제주특별자치도의 자치경찰공무원(이하 "자치경찰공무원"이라 한다)
   다. 경찰공무원(자치경찰공무원을 포함한다. 이하 같다)을 보조하는 제6조 각 호의 어느 하나에 해당하는 사람(2020.12.31 본목개정)
2. 고장으로 인하여 부득이하게 주차하는 경우

③ 자동차의 운전자는 법 제34조의3에 따라 경사진 곳에 정차하거나 주차(도로 외의 경사진 곳에서 정차하거나 주차하는 경우를 포함한다)하려는 경우 자동차의 주차제동장치를 작동한 후에 다음 각 호의 어느 하나에 해당하는 조치를 취하여야 한다. 다만, 운전자가 운전석을 떠나지 아니하고 직접 제동장치를 작동하고 있는 경우는 제외한다.
1. 경사의 내리막 방향으로 바퀴에 고임목, 고임돌, 그 밖에 고무, 플라스틱 등 자동차의 미끄럼 사고를 방지할 수 있는 것을 설치할 것
2. 조향장치(操向裝置)를 도로의 가장자리(자동차에서 가까운 쪽을 말한다) 방향으로 돌려놓을 것
3. 그 밖에 제1호 또는 제2호에 준하는 방법으로 미끄럼 사고의 발생 방지를 위한 조치를 취할 것

(2018.9.28 본항신설)
(2013.6.28 본조개정)

제12조 【주차 및 정차 단속 담당공무원】 ① 도지사와 시장등은 주차나 정차 단속을 위하여 필요하다고 인정되는 경우에는 교통행정 관련 분야에서 근무하는 공무원 등 해당 지방자치단체에 근무하는 공무원을 법 제35조제1항제2호에 따라 주차 및 정차를 단속하는 담당공무원(이하 "단속담당공무원"이라 한다)으로 임명할 수 있다.
② 단속담당공무원은 주차 및 정차 단속 업무를 수행하는 동안 제복을 착용하여야 한다.
③ 제2항에 따른 제복의 종류, 제복을 만드는 방식 및 제복의 지급 등에 필요한 사항은 해당 지방자치단체의 조례로 정하되, 제복을 만드는 방식에 대해서는 시·도경찰청장과 미리 협의하여야 한다.(2020.12.31 본항개정)
④ 도지사와 시장등은 단속담당공무원에게 행정안전부령으로 정하는 교육을 실시한다.(2017.7.26 본항개정)
⑤ 도지사와 시장등은 필요하다고 인정할 때에는 제4항에 따른 교육을 「경찰공무원 교육훈련규정」 제2조제3호에 따른 경찰교육기관에 위탁할 수 있다.
(2013.6.28 본조개정)

제13조 【주차위반 차의 견인·보관 및 반환 등을 위한 조치】 ① 경찰서장, 도지사 또는 시장등은 법 제35조제2항에 따라 차를 견인하려는 경우에는 행정안전부령으로 정하는 바에 따라 과태료 또는 범칙금 부과 및 견인 대상 차임을 알리는 표지(이하 "과태료부과대상차표지"라 한다)를 그 차의 보기 쉬운 곳에 부착하여 견인 대상 차임을 알 수 있도록 하여야 한다.(2017.7.26 본항개정)
② 경찰서장, 도지사 또는 시장등은 법 제35조제2항에 따라 차를 견인한 경우에는 행정안전부령으로 정하는 바에 따라 그 차의 사용자(소유자나 소유자로부터 차의 관리를 위탁받은 사람을 말한다. 이하 같다) 또는 운전자가 그 차의 소재를 쉽게 알 수 있도록 조치하여야 한다.
(2017.7.26 본항개정)
③ 경찰서장, 도지사 또는 시장등은 차를 견인하였을 때부터 24시간이 경과되어도 이를 인수하지 아니하는 때에는 해당 차의 보관장소 등 행정안전부령이 정하는 사항을 해당 차의 사용자 또는 운전자에게 등기우편으로 통지하여야 한다.(2017.7.26 본항개정)
④ 경찰서장, 도지사 또는 시장등은 견인하여 보관하고 있는 차의 사용자나 운전자를 알 수 없는 경우에는 법 제35조제4항에 따라 차를 견인한 날부터 14일간 해당 기관의 게시판에 다음 각 호의 사항을 공고하고, 행정안전부령으로 정하는 바에 따라 열람부를 작성·비치하여 관계자가 열람할 수 있도록 하여야 한다.(2017.7.26 본문개정)
1. 보관하고 있는 차의 종류 및 형상
2. 보관하고 있는 차가 있던 장소 및 그 차를 견인한 일시
3. 차를 보관하고 있는 장소
4. 그 밖에 차를 보관하기 위하여 필요하다고 인정되는 사항

⑤ 경찰서장, 도지사 또는 시장등은 제4항에 따른 공고기간이 지나도 차의 사용자나 운전자를 알 수 없는 경우에는 제4항 각 호의 내용을 일간신문, 관보, 공보 중 하나 이상에 공고하고, 인터넷 홈페이지에도 공고해야 한다. 다만, 일간신문 등에 공고할 만한 재산적 가치가 없다고 인정되는 경우에는 그렇지 않다.(2020.11.24 본항개정)
(2013.6.28 본조개정)

제14조 【보관한 차의 매각 또는 폐차 등】 ① 경찰서장, 도지사 또는 시장등은 법 제35조제5항에 따라 차를 매각하거나 폐차하려는 경우에는 미리 그 뜻을 자동차등록원부에 적힌 사용자와 그 밖의 이해관계인에게 통지하여야 한다.
② 경찰서장, 도지사 또는 시장등은 법 제35조제5항에 따라 차를 매각하는 경우에는 다음 각 호의 어느 하나에 해당하는 경우를 제외하고는 「국가를 당사자로 하는 계약에 관한 법률」에서 정하는 바에 따라 경쟁입찰로 하여야 한다.
1. 비밀로 매각하지 아니하면 가치가 현저하게 감소될 우려가 있는 경우
2. 경쟁입찰에 부쳐도 입찰자가 없을 것으로 인정되는 경우
3. 그 밖에 경쟁입찰에 부치는 것이 부적당하다고 인정되는 경우

③ 경찰서장, 도지사 또는 시장등은 차의 재산적 가치가 적어 제2항에 따른 경쟁입찰 등의 방법으로 차가 매각되지 아니한 경우에는 그 차를 폐차할 수 있다.
④ 경찰서장, 도지사 또는 시장등은 차를 매각한 경우에는 다음 각 호의 사항이 포함된 매각결정서를 매수인에게 발급하여야 하며, 차를 폐차한 경우에는 관할 관청에 그 말소등록을 촉탁(囑託)하여야 한다.
1. 매각된 자동차의 등록번호
2. 매각일시
3. 매각방법
4. 매수인의 성명(법인의 경우에는 그 명칭과 대표자의 성명을 말한다. 이하 같다) 및 주소

(2013.6.28 본조개정)

제15조 【소요비용의 징수 등】 ① 경찰서장, 도지사 또는 시장등은 견인하여 보관한 차를 반환할 때에는 법 제35조제6항에 따라 그 차의 사용자 또는 운전자로부터 그 차의 견인·보관 또는 공고 등에 든 비용(이하 "소요비용"이라 한다)을 징수하거나, 범칙금 납부통고서 또는 과태료 납부고지서를 발급한 후 행정안전부령으로 정하는 인수증을 받고 차를 반환하여야 한다.(2017.7.26 본항개정)
② 경찰서장, 도지사 또는 시장등은 제1항에 따라 소요비용을 징수하려는 경우에는 납부금액, 납부기한 및 납부장소를 적은 문서로 그 차의 사용자 또는 운전자에게 고지하여야 한다.
③ 소요비용의 산정기준은 해당 지방자치단체의 조례로 정한다.
(2013.6.28 본조개정)

제16조【견인 등 대행법인등의 요건】 법 제36조제1항 및 제2항에 따라 차의 견인·보관 및 반환 업무를 대행하는 법인·단체 또는 개인(이하 "대행법인등"이라 한다)이 갖추어야 하는 요건은 다음 각 호와 같다.
1. 다음 각 목의 구분에 따른 주차대수 이상을 주차할 수 있는 주차시설 및 부대시설
가. 특별시 또는 광역시 지역 : 30대
나. 시 또는 군(광역시의 군을 포함한다) 지역 : 15대
(2018.5.28 가목~나목개정)
2. 1대 이상의 견인차
3. 사무소, 차의 보관장소와 견인차 간에 서로 연락할 수 있는 통신장비
4. 대행업무의 수행에 필요하다고 인정되는 인력
5. 그 밖에 행정안전부령으로 정하는 차의 보관 및 관리에 필요한 장비(2017.7.26 본호개정)
(2013.6.28 본조개정)

제17조【견인 등 대행법인등의 지정절차 등】 ① 경찰서장 또는 시장등은 제16조에 따른 요건을 갖춘 자 중에서 행정안전부령으로 정하는 바에 따라 신청을 받아 대행법인등을 지정한다.
② 경찰서장 또는 시장등은 제1항에 따라 대행법인등을 지정하였을 때에는 행정안전부령으로 정하는 바에 따라 그 내용을 공고하여야 한다.
③ 대행법인등은 차의 견인·보관 중에 발생하는 손해의 배상을 위하여 1억원의 범위에서 행정안전부령으로 정하는 보험에 가입하거나 보험 가입에 상응하는 필요한 조치를 하여야 한다.
④ 경찰서장 또는 시장등은 대행법인등이 법 제36조제3항에 따른 조치명령을 위반하였을 때에는 행정안전부령으로 정하는 바에 따라 그 지정을 취소하거나 6개월의 범위에서 대행업무를 정지시킬 수 있다.
(2017.7.26 본조개정)

제18조【소요비용의 대행법인등에의 귀속】 대행법인등이 차의 견인·보관 및 반환 업무를 대행한 경우 제15조제1항에 따라 징수한 소요비용은 그 대행법인등의 수입으로 한다.

제19조【밤에 도로에서 차를 운행하는 경우 등의 등화】 ① 차 또는 노면전차의 운전자가 법 제37조제1항 각 호에 따라 도로에서 차 또는 노면전차를 운행할 때 켜야 하는 등화(燈火)의 종류는 다음 각 호의 구분에 따른다.
(2019.3.26 본문개정)
1. 자동차 : 자동차안전기준에서 정하는 전조등(前照燈), 차폭등(車幅燈), 미등(尾燈), 번호등과 실내조명등(실내조명등은 승합자동차와 「여객자동차 운수사업법」에 따른 여객자동차운송사업용 승용자동차만 해당한다)
2. 원동기장치자전거 : 전조등 및 미등
3. 견인되는 차 : 미등·차폭등 및 번호등
4. 노면전차 : 전조등, 차폭등, 미등 및 실내조명등
(2019.3.26 본호개정)
5. 제1호부터 제4호까지의 규정 외의 차 : 시·도경찰청장이 정하여 고시하는 등화(2020.12.31 본호개정)
② 차 또는 노면전차의 운전자가 법 제37조제1항 각 호에 따라 도로에서 정차하거나 주차할 때 켜야 하는 등화의 종류는 다음 각 호의 구분에 따른다.(2019.3.26 본문개정)
1. 자동차(이륜자동차는 제외한다) : 자동차안전기준에서 정하는 미등 및 차폭등
2. 이륜자동차 및 원동기장치자전거 : 미등(후부 반사기를 포함한다)
3. 노면전차 : 차폭등 및 미등(2019.3.26 본호개정)
4. 제1호부터 제3호까지의 규정 외의 차 : 시·도경찰청장이 정하여 고시하는 등화(2020.12.31 본호개정)
(2013.6.28 본조개정)

제20조【마주보고 진행하는 경우 등의 등화 조작】 ① 법 제37조제2항에 따라 모든 차 또는 노면전차의 운전자는 밤에 운행할 때에는 다음 각 호의 방법으로 등화를 조작하여야 한다.
1. 서로 마주보고 진행할 때에는 전조등의 밝기를 줄이거나 불빛의 방향을 아래로 향하게 하거나 잠시 전조등을 끌 것. 다만, 도로의 상황으로 보아 마주보고 진행하는 차 또는 노면전차의 교통을 방해할 우려가 없는 경우에는 그러하지 아니하다.
2. 앞의 차 또는 노면전차의 바로 뒤를 따라갈 때에는 전조등 불빛의 방향을 아래로 향하게 하고, 전조등 불빛의 밝기를 함부로 조작하여 앞의 차 또는 노면전차의 운전을 방해하지 아니할 것
② 모든 차 또는 노면전차의 운전자는 교통이 빈번한 곳에서 운행할 때에는 전조등 불빛의 방향을 계속 아래로 유지하여야 한다. 다만, 시·도경찰청장이 교통의 안전과 원활한 소통을 확보하기 위하여 필요하다고 인정하여 지정한 지역에서는 그러하지 아니하다.(2020.12.31 단서개정)
(2019.3.26 본조개정)

제21조【신호의 시기 및 방법】 법 제38조제1항에 따른 신호의 시기 및 방법은 별표2와 같다.

제22조【운행상의 안전기준】 법 제39조제1항 본문에서 "대통령령으로 정하는 운행상의 안전기준"이란 다음 각 호를 말한다.
1. 자동차의 승차인원은 승차정원 이내일 것(2023.6.20 본호개정)
2. (2023.6.20 삭제)
3. 화물자동차의 적재중량은 구조 및 성능에 따르는 적재중량의 110퍼센트 이내일 것
4. 자동차(화물자동차, 이륜자동차 및 소형 3륜자동차만 해당한다)의 적재용량은 다음 각 목의 구분에 따른 기준을 넘지 아니할 것
가. 길이 : 자동차 길이에 그 길이의 10분의 1을 더한 길이. 다만, 이륜자동차는 그 승차장치의 길이 또는 적재장치의 길이에 30센티미터를 더한 길이를 말한다.
나. 너비 : 자동차의 후사경(後寫鏡)으로 뒤쪽을 확인할 수 있는 범위(후사경의 높이보다 화물을 낮게 적재한 경우에는 그 화물을, 후사경의 높이보다 화물을 높게 적재한 경우에는 뒤쪽을 확인할 수 있는 범위를 말한다)의 너비
다. 높이 : 화물자동차는 지상으로부터 4미터(도로구조의 보전과 통행의 안전에 지장이 없다고 인정하여 고시한 도로노선의 경우에는 4미터 20센티미터), 소형 3륜자동차는 지상으로부터 2미터 50센티미터, 이륜자동차는 지상으로부터 2미터의 높이
(2013.6.28 본조개정)

제23조【안전기준을 넘는 승차 및 적재의 허가】 ① 경찰서장은 다음 각 호의 어느 하나에 해당하는 경우에만 법 제39조제1항 단서에 따른 허가를 할 수 있다.
1. 전신·전화·전기공사, 수도공사, 제설작업, 그 밖에 공익을 위한 공사 또는 작업을 위하여 부득이 화물자동차의 승차정원을 넘어서 운행하려는 경우
2. 분할할 수 없어 제22조제3호 또는 제4호에 따른 기준을 적용할 수 없는 화물을 수송하는 경우
② 경찰서장은 제1항에 따른 허가를 할 때에는 안전운행상 필요한 조건을 붙일 수 있다.
(2013.6.28 본조개정)

제24조【정비불량 자동차등의 운전정지】 ① 경찰공무원(자치경찰공무원은 제외한다)이 법 제41조제3항 전단에 따라 운전의 일시정지를 명하는 때에는 행정안전부령이 정하는 표지(이하 "정비불량표지"라 한다)를 자동차등의 앞면 창유리에 붙이고, 행정안전부령이 정하는 정비명령서를 교부하여야 한다.(2020.12.31 본항개정)
② 경찰공무원(자치경찰공무원은 제외한다)이 제1항에 따른 조치를 한 때에는 행정안전부령이 정하는 바에 따라 시·도경찰청장에게 지체 없이 그 사실을 보고하여야 한다.(2020.12.31 본항개정)
③ 누구든지 제1항에 따라 자동차등에 붙인 정비불량표지를 찢거나 훼손하여 못쓰게 하여서는 아니되며, 제25조에 따른 정비확인을 받지 아니하고는 이를 떼어내지 못한다.

제25조【정비불량 자동차등의 정비확인】 ① 제24조제1항에 따른 처분을 받은 자동차등의 운전자 또는 관리자는 필요한 정비를 하여 관할 시·도경찰청장의 확인을 받아야 한다.(2020.12.31 본항개정)
② 시·도경찰청장은 필요하다고 인정하는 때에는 관할 경찰서장으로 하여금 제1항에 따른 확인을 하게 할 수 있다.(2020.12.31 본항개정)
③ 제1항에 따른 확인을 받고자 하는 때에는 정비명령서를 제출하여야 한다.
④ 시·도경찰청장은 정비명령서에 의한 필요한 정비가 되었음을 확인한 때에는 보관한 자동차등록증을 지체 없이 반환하여야 한다.(2020.12.31 본항개정)

제26조【사용정지의 통고】 ① 시·도경찰청장은 제25조에 따른 정비확인을 위하여 점검한 결과 필요한 정비가 행하여지지 아니하였다고 인정하여 법 제41조제3항 후단에 따라 자동차등의 사용을 정지시키고자 하는 때에는 행정안전부령이 정하는 자동차사용정지통고서를 교부하여야 한다.(2020.12.31 본항개정)
② 제1항에 따라 자동차사용정지통고서를 교부한 경우에 그 자동차등의 정비 및 확인과 자동차등록증의 반환에 관하여는 제25조의 규정을 준용한다. 이 경우 "정비명령서"는 "자동차사용정지통고서"로 본다.

제27조【유사 표지 및 도색 등의 범위】 법 제42조제2항에 따라 자동차등(개인형 이동장치는 제외한다)에 제한되는 도색(塗色)이나 표지 등은 다음 각 호와 같다.
(2020.12.1 본문개정)
1. 긴급자동차로 오인할 수 있는 색칠 또는 표지
2. 욕설을 표시하거나 음란한 행위를 묘사하는 등 다른 사람에게 혐오감을 주는 그림·기호 또는 문자
(2013.6.28 본조개정)

제4장 운전자 및 고용주 등의 의무
(2013.6.28 본장제목개정)

제28조【자동차 창유리 가시광선 투과율의 기준】 법 제49조제1항제3호 본문에서 "대통령령으로 정하는 기준"이란 다음 각 호를 말한다.
1. 앞면 창유리 : 70퍼센트
2. 운전석 좌우 옆면 창유리 : 40퍼센트
(2023.6.20 1호~2호개정)
(2013.6.28 본조개정)

제29조【안전운전에 장애를 주지 아니하는 장치】 법 제49조제1항제10호라목에서 "대통령령으로 정하는 장치"란 손으로 잡지 아니하고도 휴대용 전화(자동차용 전화를 포함한다)를 사용할 수 있도록 해 주는 장치를 말한다.
(2013.6.28 본조개정)

제30조【경찰공무원이 제거한 불법부착장치의 반환 및 처리】 ① 경찰서장 또는 제주특별자치도지사는 법 제49조제2항 후단에 따라 경찰공무원이 직접 제거한 같은 조 제1항제3호 및 제4호를 위반한 장치(이하 "불법부착장치"라 한다) 또는 그 매각대금을 반환하려는 경우에는 반환받을 자의 성명·주소 및 주민(법인)등록번호를 확인하여 그 자가 정당한 권리자임을 확인하여야 한다.
② 경찰서장 또는 제주특별자치도지사는 제1항에 따라 불법부착장치 또는 그 매각대금을 반환할 때에는 불법부착장치의 제거·운반·보관 또는 매각 등에 든 비용을 자동차의 소유자 또는 운전자로부터 징수할 수 있다.
③ 경찰서장 또는 제주특별자치도지사는 법 제49조제2항 후단에 따라 불법부착장치를 제거한 날부터 6개월이 지나도 불법부착장치의 소유자 또는 운전자가 반환을 요구하지 아니하는 경우에는 그 불법부착장치를 매각하여 그 대금을 보관할 수 있다.
④ 제3항에 따른 매각대금은 불법부착장치를 제거한 날부터 5년이 지나도 그 대금을 반환받을 사람을 알 수 없거나 불법부착장치의 소유자 또는 운전자가 반환을 요구하지 아니하는 경우에는 국고 또는 제주특별자치도의 금고에 귀속한다.
(2013.6.28 본조개정)

제31조【어린이통학버스의 요건 등】 법 제52조제3항에서 "대통령령으로 정하는 요건"이란 다음 각 호의 요건을 말한다.(2011.12.6 본문개정)
1. 자동차안전기준에서 정한 어린이운송용 승합자동차의 구조를 갖출 것(2014.12.31 본호개정)
2. 어린이통학버스 앞면 창유리 우측상단과 뒷면 창유리 중앙하단의 보기 쉬운 곳에 행정안전부령이 정하는 어린이 보호표지를 부착할 것(2017.7.26 본호개정)
3. 교통사고로 인한 피해를 전액 배상할 수 있도록 「보험업법」 제4조에 따른 보험 또는 「여객자동차 운수사업법」 제61조에 따른 공제조합에 가입되어 있을 것(2012.9.7 본호개정)
4. 「자동차등록령」 제8조에 따른 등록원부에 법 제2조제23호 각 목의 시설(이하 "어린이교육시설등"이라 한다)의 장의 명의로 등록되어 있는 자동차 또는 어린이교육시설등의 장이 「여객자동차 운수사업법 시행령」 제3조제2호가목 단서에 따라 전세버스운송사업자와 운송계약을 맺은 자동차일 것(2020.11.10 본호개정)

제31조의2【어린이통학버스 운영자 등에 대한 안전교육】 ① 법 제53조의3제1항에 따른 어린이통학버스의 안전운행 등에 관한 교육(이하 "어린이통학버스 안전교육"이라 한다)은 도로교통공단 또는 어린이교육시설등을 관리하는 주무기관의 장이 실시한다.(2023.12.19 본항개정)
② 어린이통학버스를 운영하는 사람과 운전하는 사람 및 법 제53조제3항에 따라 어린이통학버스에 동승하는 보호자(이하 "동승보호자"라 한다)는 직전에 어린이통학버스 안전교육을 받은 날부터 기산(起算)하여 2년이 되는 날이 속하는 해의 1월 1일부터 12월 31일 사이에 법 제53조의3제2항제2호에 따른 정기 안전교육을 받아야 한다.
(2020.11.10 본항개정)
③ 어린이통학버스 안전교육은 다음 각 호의 사항에 대하여 강의·시청각교육 등의 방법으로 3시간 이상 실시한다.(2014.12.31 본문개정)
1. 교통안전을 위한 어린이 행동특성
2. 어린이통학버스의 운영 등과 관련된 법령
3. 어린이통학버스의 주요 사고 사례 분석
(2014.12.31 2호~3호개정)
4. 그 밖에 운전 및 승차·하차 중 어린이 보호를 위하여 필요한 사항
④ 어린이통학버스 안전교육을 실시한 기관의 장은 어린이통학버스 안전교육을 이수한 사람에게 행정안전부령으로 정하는 교육확인증을 발급하여야 한다.(2017.7.26 본항개정)
⑤ 어린이통학버스의 운영자와 운전자 및 동승보호자는 제4항에 따라 발급받은 교육확인증을 다음 각 호의 구분에 따라 비치해야 한다.
1. 운영자 교육확인증 : 어린이교육시설등 내부의 잘 보이는 곳
2. 운전자 및 동승보호자 교육확인증 : 어린이통학버스의 내부
(2020.11.10 본항개정)
⑥ 제1항부터 제5항까지에서 규정한 사항 외에 어린이통학버스 안전교육의 실시에 필요한 교재, 공지 등에 관한 구체적인 사항은 행정안전부령으로 정한다.(2017.7.26 본항개정)
(2014.12.31 본조제목개정)
(2011.12.6 본조신설)

제32조【교통사고의 조사】 경찰공무원(자치경찰공무원은 제외한다)은 교통사고가 발생하였을 때에는 법 제54

조제6항에 따라 다음 각 호의 사항을 조사하여야 한다. 다만, 제1호부터 제4호까지의 사항에 대한 조사 결과 사람이 죽거나 다치지 아니한 교통사고로서 「교통사고처리 특례법」 제3조제2항 또는 제4조제1항에 따라 공소(公訴)를 제기할 수 없는 경우에는 제5호부터 제7호까지의 사항에 대한 조사를 생략할 수 있다.(2020.12.31 본문개정)

1. 교통사고 발생 일시 및 장소
2. 교통사고 피해 상황
3. 교통사고 관련자, 차량등록 및 보험가입 여부
4. 운전면허의 유효 여부, 술에 취하거나 약물을 투여한 상태에서의 운전 여부 및 부상자에 대한 구호조치 등 필요한 조치의 이행 여부
5. 운전자의 과실 유무
6. 교통사고 현장 상황
7. 그 밖에 차, 노면전차 또는 교통안전시설의 결함 등 교통사고 유발 요인 및 「교통안전법」 제55조에 따라 설치된 운행기록장치 등 증거의 수집 등과 관련하여 필요한 사항(2019.3.26 본호개정)

(2013.6.28 본조개정)

제5장 도로의 사용

(2013.6.28 본장개정)

제33조【도로의 점용허가 등에 관한 통보】 ① 「도로법」 제61조에 따른 도로의 점용허가를 한 도로관리청은 법 제70조제1항에 따라 경찰청장이나 관할 경찰서장에게 그 내용을 통보할 때에는 문서로 하되, 허가증 사본과 허가 신청서 사본을 첨부하여야 한다.

② 「도로법」 제76조에 따른 통행의 금지나 제한 또는 같은 법 제77조에 따른 차량의 운행제한을 한 도로관리청은 법 제70조제1항에 따라 경찰청장이나 관할 경찰서장에게 그 내용을 통보할 때에는 금지 또는 제한한 대상·구간·기간 및 그 이유를 명확하게 적은 문서로 하여야 한다.

(2014.7.14 본조개정)

제34조【인공구조물 등의 보관 등】 ① 경찰서장은 법 제71조제2항 및 법 제72조제2항에 따라 스스로 제거한 인공구조물 등이나 그 매각대금을 보관하는 경우에는 이를 보관한 날부터 14일간 그 경찰서의 게시판에 다음 각 호의 사항을 공고하고, 행정안전부령으로 정하는 바에 따라 열람부를 작성·비치하여 관계자가 열람할 수 있도록 하여야 한다.(2017.7.26 본문개정)

1. 해당 인공구조물 등의 명칭·종류·형상 및 수량
2. 해당 인공구조물 등이 설치되어 있던 장소 및 그 인공구조물 등을 제거한 일시
3. 해당 인공구조물 등 또는 그 매각대금을 보관한 장소
4. 그 밖에 해당 인공구조물 등 또는 그 매각대금을 보관하기 위하여 필요하다고 인정되는 사항

② 경찰서장은 제1항에 따른 공고기간이 지나도 인공구조물 등의 점유자·소유자 또는 관리자(이하 "점유자등"이라 한다)를 알 수 없을 때에는 제4항 각 호의 내용을 일간신문, 관보, 공보 중 하나 이상에 공고하고, 인터넷 홈페이지에도 공고해야 한다. 다만, 일간신문 등에 공고할 만한 재산적 가치가 없다고 인정되는 경우에는 그렇지 않다.(2020.11.24 본항개정)

③ 경찰서장은 법 제71조제2항 후단 및 법 제72조제2항 후단에 따라 인공구조물 등을 매각할 때에는 다음 각 호의 어느 하나에 해당하는 경우를 제외하고는 「국가를 당사자로 하는 계약에 관한 법률」에서 정하는 바에 따라 경쟁입찰로 하여야 한다.

1. 비밀로 매각하지 아니하면 가치가 현저히 감소될 우려가 있는 경우
2. 경쟁입찰에 부쳐도 입찰자가 없을 것으로 인정되는 경우
3. 그 밖에 경쟁입찰에 부치는 것이 부적당하다고 인정되는 경우

제35조【인공구조물 등의 반환 등】 ① 경찰서장은 법 제71조제2항 및 법 제72조제2항에 따라 보관한 인공구조물 등이나 그 매각대금을 점유자등에게 반환하려는 경우에는 반환받을 자의 성명·주소 및 주민(법인)등록번호를 확인하여 그 자가 정당한 권리자임을 확인하여야 한다.

② 경찰서장은 제1항에 따라 인공구조물 등이나 그 매각대금을 반환할 때에는 인공구조물 등을 제거·운반·보관 또는 매각하는 등에 든 비용을 점유자등으로부터 징수할 수 있다.

제36조【점유자등이 없는 경우의 조치】 ① 경찰서장은 제34조제1항에 따라 공고를 한 날부터 6개월이 지나도 해당 인공구조물 등을 반환받을 점유자등을 알 수 없거나 점유자등이 반환을 요구하지 아니하는 경우에는 그 인공구조물 등을 매각하여 그 대금을 보관할 수 있다.

② 제1항에 따른 매각대금은 공고한 날부터 5년이 지나도 그 대금을 반환받을 자를 알 수 없거나 점유자등이 반환을 요구하지 아니하는 경우에는 국고에 귀속한다.

제6장 교통안전교육

제37조【교통안전교육】 ① 법 제73조제1항에 따른 교통안전교육(이하 "교통안전교육"이라 한다)은 같은 항 각 호의 사항에 관하여 시청각교육 등의 방법으로 1시간 실시한다.

② 제1항에 따른 교육의 과목·내용·방법 및 시간 등에 관하여 필요한 사항은 행정안전부령으로 정한다.

(2017.7.26 본항개정)

(2013.6.28 본조개정)

제38조【특별교통안전교육】 ① (2018.4.24 삭제)

② 법 제73조제2항에 따른 특별교통안전 의무교육(이하 "특별교통안전 의무교육"이라 한다) 및 같은 조 제3항에 따른 특별교통안전 권장교육(이하 "특별교통안전 권장교육"이라 한다)은 다음 각 호의 사항에 대하여 강의·시청각교육 또는 현장체험교육 등의 방법으로 3시간 이상 48시간 이하로 각각 실시한다.(2021.10.19 본문개정)

1. 교통질서
2. 교통사고와 그 예방
3. 안전운전의 기초
4. 교통법규와 안전
5. 운전면허 및 자동차관리
6. 그 밖에 교통안전의 확보를 위하여 필요한 사항

③ 특별교통안전 의무교육 및 특별교통안전 권장교육(이하 "특별교통안전교육"이라 한다)은 도로교통공단에서 실시한다.(2018.4.24 본항개정)

④ 특별교통안전교육의 과목·내용·방법 및 시간 등에 관하여 필요한 사항은 행정안전부령으로 정한다.

(2017.7.26 본항개정)

⑤ 법 제73조제2항제2호부터 제5호까지의 규정에 해당하는 사람이 다음 각 호의 어느 하나에 해당하는 사유로 특별교통안전 의무교육을 받을 수 없을 때에는 행정안전부령으로 정하는 특별교통안전 의무교육 연기신청서에 그 연기 사유를 증명할 수 있는 서류를 첨부하여 경찰서장에게 제출해야 한다. 이 경우 특별교통안전 의무교육을 연기받은 사람은 그 사유가 없어진 날부터 30일 이내에 특별교통안전 의무교육을 받아야 한다.(2021.10.19 전단개정)

1. 질병이나 부상으로 인하여 거동이 불가능한 경우
2. 법령에 따라 신체의 자유를 구속당한 경우
3. 그 밖에 부득이하다고 인정할 만한 상당한 이유가 있는 경우

(2013.6.28 본조개정)

제38조의2【긴급자동차 운전자에 대한 교통안전교육】 ① 법 제73조제4항에서 "대통령령으로 정하는 사람"이란 다음 각 호의 어느 하나에 해당하는 사람을 말한다.

1. 법 제2조제22호가목부터 다목까지의 규정에 해당하는 자동차의 운전자
2. 제2조제1항 각 호에 해당하는 자동차의 운전자

② 법 제73조제4항에 따른 긴급자동차의 안전운전 등에 관한 교육(이하 "긴급자동차 교통안전교육"이라 한다)은 다음 각 호의 구분에 따라 실시한다.

1. 신규 교통안전교육 : 최초로 긴급자동차를 운전하려는 사람을 대상으로 실시하는 교육
2. 정기 교통안전교육 : 긴급자동차를 운전하는 사람을 대상으로 3년마다 정기적으로 실시하는 교육. 이 경우 직전에 긴급자동차 교통안전교육을 받은 날부터 기산하여 3년이 되는 날이 속하는 해의 1월 1일부터 12월 31일 사이에 교육을 받아야 한다.

③ 긴급자동차 교통안전교육은 도로교통공단에서 실시한다. 다만, 긴급자동차 교통안전교육 대상자가 국가기관 및 지방자치단체에 소속된 사람인 경우에는 소속 기관에서 실시하는 교육훈련의 방법으로 실시할 수 있다.

④ 긴급자동차 교통안전교육은 다음 각 호의 사항에 대하여 강의·시청각교육 등의 방법으로 제2항제1호에 따른 신규 교통안전교육은 3시간 이상, 같은 항 제2호에 따른 정기 교통안전교육은 2시간 이상 실시한다.

1. 긴급자동차와 관련된 도로교통법령
2. 긴급자동차의 주요 특성
3. 긴급자동차 교통사고의 주요 사례
4. 교통사고 예방 및 방어운전
5. 긴급자동차 운전자의 마음가짐

⑤ 긴급자동차 교통안전교육의 과목·내용·방법·시간, 그 밖에 필요한 사항은 행정안전부령으로 정한다.

(2018.4.24 본조신설)

제39조【교통안전교육기관의 지정기준 등】 법 제74조제2항에 따라 교통안전교육을 하는 기관(이하 "교통안전교육기관"이라 한다)으로 지정받기 위한 시설·설비 및 강사 등의 지정기준은 다음 각 호와 같다.

1. 시설·설비기준
   가. 별표5 제1호부터 제6호까지의 규정(양호실에 관한 기준은 제외한다)에 따른 자동차운전 전문학원(이하 "전문학원"이라 한다)의 시설·설비의 기준을 갖출 것
   나. 경찰청장이 정하여 고시하는 교통안전교육 관리용 전산시스템(본인 여부를 확인할 수 있는 장치를 포함한다) 및 강의용 교육기자재를 갖출 것
2. 강사기준 : 법 제76조에 따른 교통안전교육강사를 1명 이상 둘 것. 이 경우 전문학원에서는 제64조제1항제1호에 따른 학과교육강사가 교통안전교육강사를 겸임할 수 있다.
3. 운영기준 : 매주 1회 이상의 야간 교육과정과 매월 1회 이상의 토요일·일요일 또는 공휴일 교육과정을 포함하여 1시간의 교육과정을 매주 5회 이상 운영할 수 있을 것

(2013.6.28 본조개정)

제40조【교통안전교육강사에 대한 자격교육 등】 ① 법 제76조제2항제2호에서 "대통령령으로 정하는 교통안전교육강사 자격교육"이란 제37조에 따른 교통안전교육의 내용과 실시방법 및 운전교육강사로서 필요한 자질에 관하여 도로교통공단이 실시하는 교육을 말한다.

② 법 제76조제5항에 따른 교통안전교육강사에 대한 연수교육에 관하여는 제70조에 따른다.

(2011.12.6 본조개정)

제41조【교통안전교육】 법 제77조제2항에서 "대통령령으로 정하는 기준에 해당하는 교육"이란 제37조에 따른 교육을 말한다.(2013.6.28 본조개정)

제7장 운전면허

제42조【운전면허 결격사유에 해당하는 사람의 범위】 ① 법 제82조제1항제2호에서 "대통령령으로 정하는 사람"이란 치매, 조현병, 조현정동장애, 양극성 정동장애(조울병), 재발성 우울장애 등의 정신질환 또는 정신 발육지연, 뇌전증 등으로 인하여 정상적인 운전을 할 수 없다고 해당 분야 전문의가 인정하는 사람을 말한다.

(2021.1.5 본항개정)

② 법 제82조제1항제3호에서 "대통령령으로 정하는 신체장애인"이란 다리, 머리, 척추, 그 밖의 신체의 장애로 인하여 앉아 있을 수 없는 사람을 말한다. 다만, 신체장애 정도에 적합하게 제작·승인된 자동차를 사용하여 정상적인 운전을 할 수 있는 경우는 제외한다.(2013.12.17 단서신설)

③ 법 제82조제1항제5호에서 "대통령령으로 정하는 사람"이란 마약·대마·향정신성의약품 또는 알코올 관련 장애 등으로 인하여 정상적인 운전을 할 수 없다고 해당 분야 전문의가 인정하는 사람을 말한다.

(2013.6.28 본조개정)

제43조【운전면허시험의 실시】 ① 법 제83조제1항 각 호 외의 부분 단서에서 "대통령령으로 정하는 운전면허시험"이란 원동기장치자전거면허를 위한 운전면허시험을 말한다.

② 법 제83조제1항 또는 제2항에 따른 운전면허시험에 응시하려는 사람은 행정안전부령으로 정하는 신청서를 도로교통공단에 제출하여야 한다. 다만, 제1항에 따른 원동기장치자전거 면허시험의 경우에는 그 응시지역을 관할하는 시·도경찰청장이나 도로교통공단에 제출하여야 한다.(2020.12.31 단서개정)

(2013.6.28 본조개정)

제44조【운전면허시험의 장소】 운전면허시험의 장소는 도로교통공단이 정한다. 다만, 법 제83조제1항 각 호 외의 부분 단서 및 이 영 제43조제1항에 따라 시·도경찰청장이나 도로교통공단이 실시하는 원동기장치자전거 면허시험의 경우에는 시·도경찰청장이나 도로교통공단이 정하여 공고한다.(2020.12.31 단서개정)

제45조【자동차등의 운전에 필요한 적성의 기준】 ① 법 제83조제1항제1호, 제87조제2항 및 제88조제1항에 따른 자동차등의 운전에 필요한 적성의 검사(이하 "적성검사"라 한다)는 다음 각 호의 기준을 갖추었는지에 대하여 실시한다. 다만, 제2호의 기준은 법 제87조제2항 및 제88조제1항에 따른 적성검사의 경우에는 적용하지 않고, 제3호의 기준은 제1종 운전면허 중 대형면허 또는 특수면허를 취득하려는 경우에만 적용한다.(2021.5.11 본문개정)

1. 다음 각 목의 구분에 따른 시력(교정시력을 포함한다)을 갖출 것
   가. 제1종 운전면허 : 두 눈을 동시에 뜨고 잰 시력이 0.8 이상이고, 두 눈의 시력이 각각 0.5 이상일 것. 다만, 한쪽 눈을 보지 못하는 사람이 보통면허를 취득하려는 경우에는 다른 쪽 눈의 시력이 0.8 이상이고, 수평시야가 120도 이상이며, 수직시야가 20도 이상이고, 중심시야 20도 내 암점(暗點)과 반맹(半盲)이 없어야 한다.(2023.6.20 단서개정)
   나. 제2종 운전면허 : 두 눈을 동시에 뜨고 잰 시력이 0.5 이상일 것. 다만, 한쪽 눈을 보지 못하는 사람은 다른 쪽 눈의 시력이 0.6 이상이어야 한다.
2. 붉은색·녹색 및 노란색을 구별할 수 있을 것
3. 55데시벨(보청기를 사용하는 사람은 40데시벨)의 소리를 들을 수 있을 것
4. 조향장치나 그 밖의 장치를 뜻대로 조작할 수 없는 등 정상적인 운전을 할 수 없다고 인정되는 신체상 또는 정신상의 장애가 없을 것. 다만, 보조수단이나 신체장애 정도에 적합하게 제작·승인된 자동차를 사용하여 정상적인 운전을 할 수 있다고 인정되는 경우에는 그러하지 아니하다.

② 도로교통공단은 제1항 각 호의 적성검사 기준을 갖추었는지를 다음 각 호의 서류로 판정할 수 있다. 다만, 제1항제1호가목 단서의 적성검사 기준을 갖추었는지는 제1호다목에 따른 서류로만 판정할 수 있다.(2016.11.29 단서신설)

1. 운전면허시험 신청일부터 2년 이내에 발급된 다음 각 목의 어느 하나에 해당하는 서류
가. 행정안전부령으로 정하는 바에 따라 「의료법」 제3조제2항제1호가목에 따른 의원, 같은 항 제3호가목 및 바목에 따른 병원 및 종합병원에서 발행한 신체검사서(2022.10.25 본목개정)
나. 「국민건강보험법」 제52조에 따른 건강검진 결과 통보서
다. 「의료법」 제17조에 따라 의사가 발급한 진단서
라. 「병역법」 제11조에 따른 병역판정 신체검사(현역병 지원 신체검사를 포함한다) 결과 통보서(2016.11.29 본목개정)
2. 행정안전부령으로 정하는 병력(病歷)신고서(제1종 보통면허와 제2종 운전면허의 경우는 제외한다)
3. 행정안전부령으로 정하는 질병·신체에 관한 신고서(제1종 보통면허와 제2종 운전면허의 경우만 해당한다)
(2017.7.26 2호~3호개정)
③ 제2항 각 호에 해당하는 서류로 제1항제4호 본문에 해당하는지 판정하기 곤란한 사람이 자동차운전학원에서 2시간 이상 제60조제3항에 따른 기능교육을 받은 사실이 있는 등 행정안전부령으로 정하는 경우에 해당할 때에는 제1항제4호 단서의 적성검사 기준에 적합한 것으로 본다.(2017.7.26 본항개정)
④ (2014.12.31 삭제)
⑤ 제1항제4호 단서에 해당하는 사람이 운전면허를 취득하기 위하여 갖추어야 할 보조수단 또는 자동차의 구조 등에 관하여 필요한 사항은 행정안전부령으로 정한다.
(2017.7.26 본항개정)
(2013.6.28 본조개정)

제46조【자동차등 및 도로교통에 관한 법령에 대한 지식에 관한 시험】 법 제83조제1항제2호에 따른 자동차등 및 도로교통에 관한 법령에 대한 지식에 관한 시험은 다음 각 호의 사항에 대하여 실시한다.(2021.5.11 본문개정)
1. 법 및 법에 따른 명령에 규정된 사항
2. 「교통사고처리 특례법」 및 같은 법에 따른 명령에 규정된 사항
3. 「자동차관리법」 및 같은 법에 따른 명령에 규정된 사항 중 자동차등의 등록과 검사에 관한 사항
4. 법 제144조에 따른 교통안전수칙과 교통안전교육에 관한 지침에 규정된 사항
(2013.6.28 본조개정)

제47조【자동차등의 관리방법과 안전운전에 필요한 점검 요령에 관한 시험】 ① 법 제83조제1항제3호에 따른 자동차등의 관리방법과 안전운전에 필요한 점검 요령에 관한 시험은 다음 각 호의 사항에 대하여 실시한다.
(2021.5.11 본문개정)
1. 자동차등의 기본적인 점검 요령
2. 경미한 고장의 분별
3. 유류를 절약할 수 있는 운전방법 등을 포함한 운전장치의 관리방법
4. 법 제144조에 따른 교통안전수칙과 교통안전교육에 관한 지침에 규정된 사항
② 제1항에 따른 시험은 면허의 구분에 따르는 자동차등의 종류별로 실시한다.
(2013.6.28 본조개정)

제48조【자동차등의 운전에 필요한 기능에 관한 시험】
① 법 제83조제1항제4호에 따른 자동차등의 운전에 필요한 기능에 관한 시험(이하 "장내기능시험"이라 한다)은 다음 각 호의 사항에 대하여 실시한다.(2021.5.11 본문개정)
1. 운전장치를 조작하는 능력
2. 교통법규에 따라 운전하는 능력
3. 운전 중의 지각 및 판단 능력
② 장내기능시험에 사용되는 자동차등의 종류는 행정안전부령으로 정한다.(2017.7.26 본항개정)
③ 장내기능시험은 전자채점기로 채점한다. 다만, 행정안전부령으로 정하는 기능시험은 운전면허시험관이 직접 채점할 수 있다.(2017.7.26 단서개정)
④ 제3항에 따른 전자채점기의 규격·설치 및 사용연한 등에 관하여 필요한 사항은 경찰청장이 정한다.
⑤ 장내기능시험에 불합격한 사람은 불합격한 날부터 3일이 지난 후에 다시 장내기능시험에 응시할 수 있다.
(2013.6.28 본조개정)

제49조【도로에서 자동차를 운전할 능력이 있는지에 대한 시험】 ① 법 제83조제2항에 따른 도로에서 자동차를 운전할 능력이 있는지에 대한 시험(이하 "도로주행시험"이라 한다)은 다음 각 호의 사항에 대하여 실시한다.
1. 도로에서 운전장치를 조작하는 능력
2. 도로에서 교통법규에 따라 운전하는 능력
② 도로주행시험은 법 제80조제2항제3호에 따른 연습운전면허(이하 "연습운전면허"라 한다)를 받은 사람에 대하여 실시한다.
③ 도로주행시험을 실시하는 도로의 기준 및 도로주행시험에 사용되는 자동차의 종류는 행정안전부령으로 정한다.
(2017.7.26 본항개정)
④ 도로주행시험에 불합격한 사람은 불합격한 날부터 3일이 지난 후에 다시 도로주행시험에 응시할 수 있다.
(2013.6.28 본조개정)

제50조【운전면허시험의 방법과 합격기준 등】 ① 제46조 및 제47조에 따른 시험은 필기시험으로 하고, 이 시험에 합격한 사람에 대해서만 장내기능시험을 실시한다. 다만, 제45조제1항제4호 단서에 해당하는 신체장애인이나 글을 알지 못하는 사람으로서 필기시험을 치르는 것이 곤란하다고 인정되는 사람은 구술시험으로 필기시험을 대신할 수 있다.
② 제46조 및 제47조에 따른 시험은 각각 100점을 만점으로 하되, 제1종 운전면허시험은 70점 이상, 제2종 운전면허시험은 60점 이상을 합격으로 한다. 제46조 및 제47조에 따른 시험을 함께 실시하는 경우에도 또한 같다.
③ 도로주행시험은 100점을 만점으로 하되, 70점 이상을 합격으로 한다.
④ 운전면허시험(제1종 보통면허시험 및 제2종 보통면허시험은 제외한다)의 합격자는 제45조에 따른 적성검사 기준에 적합한 사람 가운데 제46조부터 제48조까지의 규정에 따른 시험에 모두 합격한 사람으로 한다.
⑤ 제1종 보통면허시험 및 제2종 보통면허시험의 합격자는 각각 제1종 보통연습운전면허 및 제2종 보통연습운전면허를 받은 사람으로서 도로주행시험에 합격한 사람으로 한다.
⑥ 제46조 및 제47조에 따른 시험에 합격한 사람은 합격한 날부터 1년 이내에 실시하는 운전면허시험에 한정하여 그 합격한 시험을 면제한다.
⑦ 제1항부터 제6항까지에서 규정한 사항 외에 운전면허시험에 관하여 필요한 사항은 행정안전부령으로 정한다.
(2017.7.26 본항개정)
(2013.6.28 본조개정)

제51조【운전면허시험의 일부 면제 기준】 법 제84조제1항에 따른 운전면허시험의 일부 면제에 관한 사항은 별표3과 같다.(2013.6.28 본조개정)

제52조【외국면허증 소지자에 대한 운전면허시험의 일부 면제】 ① 법 제84조제2항 본문에 따른 외국면허증(그 운전면허증을 발급한 국가에서 90일을 초과하여 체류하면서 그 체류기간 동안 취득한 것으로서 임시면허증 또는 연습면허증을 제외하며, 이하 "외국면허증"이라 한다)을 가진 사람에 대한 운전면허시험의 일부면제에 관한 사항은 별표3과 같다.(2022.4.19 본항개정)
② 법 제84조제2항 단서에서 "외교, 공무 또는 연구 등 대통령령으로 정하는 목적으로 국내에 체류하고 있는 사람"이란 「출입국관리법 시행령」 별표1 및 별표1의2에 따른 국내에서의 체류자격이 외교·공무·협정·주재·기업투자·무역경영·교수·연구·기술지도·특정활동 또는 재외동포인 사람과 그 배우자 및 19세 미만의 자녀로서 배우자가 없는 사람을 말한다.(2018.9.18 본항개정)
③ 외교부장관은 대한민국 운전면허증을 가진 사람에게 적성시험을 제외한 모든 운전면허시험 과정을 면제하는 국가(이하 "국내면허 인정국가"라 한다)를 연 1회 이상 조사하고, 그 결과를 경찰청장에게 통보하여야 한다.
④ 경찰청장은 제3항에 따라 외교부장관으로부터 국내면허 인정국가를 통보받은 경우에는 국내면허 인정국가의 범위를 확인하여 이를 고시하여야 한다.
⑤ 법 제84조제3항 전단에서 "외국면허증을 발급한 국가의 요청이 있는 경우 등 대통령령으로 정하는 사유가 있는경우"란 다음 각 호의 경우를 말한다.
1. 외국면허증을 발급한 국가가 그 외국면허증의 회수를 요청하는 경우
2. 외국면허증을 발급하는 국가가 대한민국 운전면허증을 가진 사람에게 운전면허시험의 일부 또는 전부를 면제하고 그 외국면허증을 발급할 때에 그 사람의 대한민국 운전면허증을 회수하는 경우
(2022.4.19 본항신설)
(2013.6.28 본조개정)

제53조【운전면허증의 갱신】 ① 법 제87조제1항에 따라 운전면허증을 갱신하여 발급받아야 하는 사람은 같은 항 각 호에 따른 운전면허증 갱신기간 동안에 행정안전부령으로 정하는 신청서를 시·도경찰청장에게 제출하여야 한다.(2020.12.31 본항개정)
② 제86조제5항제3호에 따라 운전면허증의 갱신발급 업무를 대행하는 도로교통공단은 행정안전부령으로 정하는 대장에 운전면허증을 갱신하여 발급한 내용을 기록하여야 한다.
(2017.7.26 본조개정)

제54조【정기 적성검사 등】 ① 법 제87조제2항에 따라 정기(定期) 적성검사를 받아야 하는 사람은 같은 조 제1항 각 호에 따른 운전면허증 갱신기간 동안에 신청서를 도로교통공단에 제출하여야 한다.(2016.11.29 본문개정)
1.~4. (2016.11.29 삭제)
② 시·도경찰청장은 정기 적성검사에 합격한 신청인에게 새로운 운전면허증을 발급하여야 한다.(2020.12.31 본항개정)
③ 도로교통공단은 행정안전부령으로 정하는 대장에 정기 적성검사에 관한 내용을 기록하여야 한다.(2017.7.26 본항개정)

제55조【운전면허증 갱신발급 및 정기 적성검사의 연기 등】 ① 법 제87조제1항에 따라 운전면허증을 갱신하여 발급(법 제87조제2항에 따라 정기 적성검사를 받아야 하는 경우에는 정기 적성검사를 포함한다. 이하 이 조에서 같다)받아야 하는 사람이 다음 각 호의 어느 하나에 해당하는 사유로 운전면허증 갱신기간 동안에 운전면허증을 갱신하여 발급받을 수 없을 때에는 행정안전부령으로 정하는 바에 따라 운전면허증 갱신기간 이전에 미리 운전면허증을 갱신하여 발급받거나 행정안전부령으로 정하는 운전면허증 갱신발급 연기신청서에 연기 사유를 증명할 수 있는 서류를 첨부하여 시·도경찰청장(정기 적성검사를 받아야 하는 경우에는 도로교통공단을 포함한다. 이하 이 조에서 같다)에게 제출하여야 한다.(2020.12.31 본문개정)
1. 해외에 체류 중인 경우
2. 재해 또는 재난을 당한 경우
3. 질병이나 부상으로 인하여 거동이 불가능한 경우
4. 법령에 따라 신체의 자유를 구속당한 경우
5. 군 복무 중(「병역법」에 따라 의무경찰 또는 의무소방원으로 전환복무 중인 경우를 포함하고, 병으로 한정한다)이거나 「대체역의 편입 및 복무 등에 관한 법률」에 따라 대체복무요원으로 복무 중인 경우(2020.6.30 본호개정)
6. 그 밖에 사회통념상 부득이하다고 인정할 만한 상당한 이유가 있는 경우
② 시·도경찰청장은 제1항에 따른 신청 사유가 타당하다고 인정할 때에는 운전면허증 갱신기간 이전에 미리 운전면허증을 갱신하여 발급하거나 운전면허증 갱신기간을 연기하여야 한다.(2020.12.31 본항개정)
③ 제2항에 따라 운전면허증 갱신기간의 연기를 받은 사람은 그 사유가 없어진 날부터 3개월 이내에 운전면허증을 갱신하여 발급받아야 한다.
(2013.6.28 본조개정)

제56조【수시 적성검사】 ① 법 제88조제1항에서 "안전운전에 장애가 되는 후천적 신체장애 등 대통령령으로 정하는 사유"란 다음 각 호의 어느 하나에 해당하는 경우를 말한다.
1. 법 제82조제1항제2호부터 제5호까지의 어느 하나에 해당하거나 그 밖에 안전운전에 장애가 되는 신체장애 등이 있다고 인정할 만한 상당한 이유가 있는 경우
2. 법 제89조에 따라 후천적 신체장애 등에 관한 개인정보가 경찰청장에게 통보된 경우
② 도로교통공단은 제1항에 따른 사유에 해당하여 수시 적성검사를 받아야 하는 사람에게 행정안전부령으로 정하는 바에 따라 그 사실을 등기우편 등으로 통지하여야 한다.(2017.7.26 본항개정)
③ 제2항에 따른 통지를 받은 사람(이하 "수시적성검사대상자"라 한다)은 도로교통공단이 정하는 날부터 3개월 이내에 수시 적성검사를 받아야 한다.
④ 수시적성검사대상자는 제3항에 따른 수시 적성검사 기간 동안에 행정안전부령으로 정하는 수시 적성검사 신청서를 도로교통공단에 제출하여야 한다.(2017.7.26 본항개정)
⑤ 법 제82조제1항제2호 및 제5호에 해당하는 사람에 대한 수시 적성검사의 합격 판정은 정밀감정인(분야별 운전 적성을 정밀감정하기 위하여 도로교통공단이 위촉한 의사를 말한다. 이하 같다)의 의견을 들은 후 행정안전부령으로 정하는 바에 따라 결정한다.(2017.7.26 본항개정)
⑥ 제5항에 따라 의견을 제출한 정밀감정인에게는 예산의 범위에서 수당을 지급할 수 있다.
(2013.6.28 본조개정)

제57조【수시 적성검사의 연기 등】 ① 수시적성검사대상자는 다음 각 호의 어느 하나에 해당하는 사유로 수시 적성검사 기간 동안에 수시 적성검사를 받을 수 없을 때에는 행정안전부령으로 정하는 바에 따라 수시 적성검사 기간 이전에 미리 적성검사를 받거나 수시 적성검사 연기신청서에 연기 사유를 증명할 수 있는 서류를 첨부하여 도로교통공단에 제출하여야 한다.(2017.7.26 본문개정)
1. 해외에 체류 중인 경우
2. 재해 또는 재난을 당한 경우
3. 질병이나 부상으로 인하여 거동이 불가능한 경우
4. 법령에 따라 신체의 자유를 구속당한 경우
5. 군 복무 중(「병역법」에 따라 의무경찰 또는 의무소방원으로 전환복무 중인 경우를 포함하고, 사병으로 한정한다)인 경우(2016.11.29 본호개정)
6. 그 밖에 사회통념상 부득이하다고 인정할 만한 상당한 이유가 있는 경우
② 도로교통공단은 제1항에 따른 신청 사유가 타당하다고 인정될 때에는 수시 적성검사를 그 기간 이전에 실시하거나 한 차례만 연기할 수 있다.
③ 제2항에 따라 수시 적성검사를 연기받은 사람은 그 사유가 없어진 날부터 3개월 이내에 수시 적성검사를 받아야 한다.
(2013.6.28 본조개정)

제58조【수시 적성검사 관련 개인정보의 통보】 ① 법 제89조제1항에서 "대통령령으로 정하는 기관의 장"이란 다음 각 호의 어느 하나에 해당하는 자를 말한다.

1. 병무청장
2. 보건복지부장관
3. 특별시장·광역시장·도지사·특별자치도지사 또는 시장·군수·구청장(자치구의 구청장을 말한다. 이하 같다)
4. 육군참모총장, 해군참모총장, 공군참모총장 및 해병대사령관
5. 「산업재해보상보험법」에 따른 근로복지공단 이사장
6. 「보험업법」 제176조에 따른 보험요율 산출기관의 장
7. 「화물자동차 운수사업법」 제51조의2 또는 「여객자동차 운수사업법」 제61조에 따라 설립된 공제조합의 이사장
8. 「치료감호 등에 관한 법률」 제16조의2에 따른 치료감호시설의 장(2016.11.29 본호개정)
9. 「국민연금법」에 따른 국민연금공단 이사장
10. 「국민건강보험법」에 따른 국민건강보험공단 이사장(2016.11.29 본호신설)
② 제1항 각 호에 해당하는 자는 법 제89조제2항에 따라 별표4의 개인정보를 행정안전부령으로 정하는 바에 따라 매 분기 1회 이상 경찰청장에게 통보하여야 한다.
(2017.7.26 본항개정)
(2013.6.28 본조개정)

제59조【연습운전면허 취소의 예외 사유】 법 제93조제3항 단서에서 "대통령령으로 정하는 경우"란 다음 각 호의 어느 하나에 해당하는 경우를 말한다.
1. 도로교통공단에서 도로주행시험을 담당하는 사람, 자동차운전학원의 강사, 전문학원의 강사 또는 기능검정원(技能檢正員)의 지시에 따라 운전하던 중 교통사고를 일으킨 경우
2. 도로가 아닌 곳에서 교통사고를 일으킨 경우
3. 교통사고를 일으켰으나 물적(物的) 피해만 발생한 경우
(2013.6.28 본조개정)

제8장 자동차운전학원
(2013.6.28 본장개정)

제60조【자동차운전학원의 등록】 ① 법 제99조에 따라 자동차운전학원(이하 "학원"이라 한다)을 설립·운영하려는 자는 다음 각 호의 사항을 적은 등록신청서에 학원의 운영 등에 관한 원칙을 적은 서류 등 행정안전부령으로 정하는 서류를 첨부하여 시·도경찰청장에게 제출하여야 한다.(2020.12.31 본문개정)
1. 설립·운영자(법인인 경우에는 그 법인의 임원을 말하며, 공동으로 설립·운영하는 경우에는 모든 설립·운영자를 말한다. 이하 같다)의 인적사항
2. 시설 및 설비
3. 강사의 명단·정원 및 배치 현황
4. 교육과정
5. 개원 예정 연월일
② 제1항에 따른 학원의 운영 등에 관한 원칙에는 다음 각 호의 사항이 포함되어야 한다.
1. 학원의 목적·명칭 및 위치
2. 교육생의 교육과정별 정원
3. 교육과정 및 교육시간
4. 교육생의 입원 및 퇴원에 관한 사항
5. 교육기간 및 휴강일
6. 교육과정 수료의 인정기준
7. 수강료 및 이용료
③ 학원은 자동차등의 운전에 필요한 도로교통에 관한 법령 및 지식 등에 대한 교육(이하 "학과교육"이라 한다), 자동차등의 운전에 필요한 기능을 익히기 위한 교육(이하 "기능교육"이라 한다) 및 도로에서의 운전 능력을 익히기 위한 교육(이하 "도로주행교육"이라 한다) 중 일부의 교육과정을 분리하여 등록할 수 없다.
④ 시·도경찰청장은 제1항에 따른 등록 신청이 법 제101조부터 제103조까지의 규정에 따른 기준에 적합하면 행정안전부령으로 정하는 바에 따라 신청인에게 등록증을 내주어야 한다.(2020.12.31 본항개정)

제61조【변경등록】 ① 법 제99조 후단에서 "대통령령으로 정하는 등록사항"이란 다음 각 호의 사항을 말한다.
1. 설립·운영자의 인적사항
2. 학원의 명칭 또는 위치
3. 별표5 중 제1호·제6호·제7호 또는 제9호에 따른 강의실, 휴게실, 양호실, 기능교육을 위한 장소(이하 "기능교육장"이라 한다) 또는 교육용 자동차에 관한 사항
4. 학원의 운영 등에 관한 원칙
② 법 제99조 후단에 따라 학원의 변경등록을 하려는 자는 변경등록신청서에 행정안전부령으로 정하는 변경사항을 증명할 수 있는 서류를 첨부하여 시·도경찰청장에게 제출하여야 한다.(2020.12.31 본항개정)
③ 시·도경찰청장은 제2항에 따른 신청이 법 제101조부터 제103조까지의 규정에 따른 기준에 적합하면 등록증에 변경사항을 적어 다시 내주어야 한다.(2020.12.31 본항개정)

제62조【조건부 등록】 ① 법 제100조에 따라 학원의 조건부 등록(이하 "조건부등록"이라 한다)을 신청하려는 자는 제60조제1항 각 호의 사항을 적은 조건부등록 신청서에 학원의 운영 등에 관한 원칙을 적은 서류 등 행정안전부령으로 정하는 서류를 첨부하여 시·도경찰청장에게 제출하여야 한다.
② 시·도경찰청장은 제1항에 따른 신청내용을 검토한 결과 1년 이내에 제63조제1항에 따른 시설 및 설비 등의 기준을 갖출 수 있을 것으로 인정되면 1년 이내에 그 기준을 갖출 것을 조건으로 하여 조건부등록을 받을 수 있다.
③ 조건부등록을 한 자가 제2항에 따른 기간 이내에 시설 및 설비 등을 갖출 수 없는 부득이한 사유로 조건부등록 기간의 연장을 신청한 경우 시·도경찰청장은 한 차례만 6개월의 범위에서 그 기간을 연장할 수 있다.
④ 조건부등록을 한 자는 제2항 및 제3항에 따른 기간 만료 후 10일 이내에 시설·설비 완성신고서에 행정안전부령으로 정하는 서류를 첨부하여 시·도경찰청장에게 제출하여야 한다.
⑤ 시·도경찰청장은 제4항에 따른 신고를 받은 경우 그 내용이 등록기준에 적합한지 확인하고, 적합하면 행정안전부령으로 정하는 바에 따라 등록증을 내주어야 한다.
(2020.12.31 본조개정)

제63조【학원의 시설 및 설비 등의 기준】 ① 법 제101조에 따른 학원의 시설 및 설비 등의 기준은 별표5와 같다.
② 기능교육장에서 기능교육을 실시하기 위한 자동차등(이하 "기능교육용 자동차"라 한다) 및 도로주행교육을 실시하기 위한 자동차(이하 "도로주행교육용 자동차"라 한다)는 행정안전부령으로 정하는 기준에 적합한 구조를 갖추어야 한다.(2017.7.26 본항개정)
③ 도로주행교육용 자동차에는 도로주행교육 표지를 붙이는 등 행정안전부령으로 정하는 바에 따라 표시 등을 하여야 한다.(2017.7.26 본항개정)
④ 기능교육장 코스의 종류·형상·구조와 도로주행교육을 실시하는 도로의 기준은 행정안전부령으로 정한다.
(2017.7.26 본항개정)

제64조【학원 강사의 자격요건 등】 ① 법 제103조제1항에 따른 학원 강사의 자격요건은 다음 각 호와 같다.
1. 학과교육강사 : 법 제106조제2항에 따라 학과교육강사 자격증을 발급받은 사람
2. 기능교육강사 : 법 제106조제2항에 따라 기능교육강사 자격증을 발급받은 사람
② 법 제103조제1항에 따른 학원 강사의 정원 및 배치기준은 다음 각 호와 같다. 이 경우 교육용 자동차등에는 고장 등에 대비하기 위한 예비용 자동차등(이하 "예비용 자동차등"이라 한다)은 포함되지 아니한다.
1. 학과교육강사 : 강의실 1실당 1명 이상
2. 기능교육강사
가. 제1종 대형면허, 제1종 보통연습면허 또는 제2종 보통연습면허 : 각각 교육용 자동차 10대당 3명 이상. 다만, 제1종 보통연습면허 또는 제2종 보통연습면허 교육용 자동차가 각각 10대 미만인 경우에는 각각 1명 이상을 두어야 한다.
나. 제1종 특수면허 : 각각 교육용 자동차 2대당 1명 이상(2016.7.26 본목개정)
다. 제2종 소형면허 및 원동기장치자전거면허 : 교육용 자동차등 10대당 1명 이상
3. 도로주행 기능교육강사 : 교육용 자동차 1대당 1명 이상
③ 학원을 설립·운영하는 자는 제2항에 따른 강사의 정원을 확보하여야 하며, 강사의 결원이 생겼을 때에는 지체 없이 그 결원을 보충하여야 한다.
④ 학원(법 제104조에 따른 전문학원을 포함한다)의 강사는 다음 각 호의 사항을 준수하여야 한다.
1. 교육자로서의 품위를 유지하고 성실히 교육할 것
2. 거짓이나 그 밖의 부정한 방법으로 운전면허를 받도록 알선·교사(敎唆)하거나 돕지 아니할 것
3. 운전교육과 관련하여 금품, 향응, 그 밖의 부정한 이익을 받지 아니할 것
4. 수강 사실을 거짓으로 기록하지 아니할 것
5. 제70조제1항에 따른 연수교육을 받을 것
6. 자동차운전교육과 관련하여 시·도경찰청장이 지시하는 사항에 따를 것(2020.12.31 본호개정)

제65조【학원의 교육과정 등】 ① 법 제103조제2항에 따른 학원의 교육과정, 교육방법 및 운영기준은 다음 각 호와 같다.(2019.3.26 본문개정)
1. 교육과정 : 학원은 학과교육, 기능교육 및 도로주행교육으로 과정을 구분하여 교육을 실시할 것
2. 교육방법
가. 운전면허의 범위별로 구분하여 행정안전부령으로 정하는 최소 시간 이상 교육할 것(2017.7.26 본목개정)
나. 교육생 1명에 대한 교육시간은 학과교육의 경우에는 1일 7시간, 기능교육 및 도로주행교육의 경우에는 1일 4시간을 각각 초과하지 아니할 것
다. 도로주행교육은 제63조제4항에 따른 기준에 맞는 도로에서 실시할 것
3. 운영기준
가. 행정안전부령으로 정하는 정원의 범위에서 교육을 실시할 것(2017.7.26 본목개정)
나. 자동차운전교육생을 모집하기 위한 사무실 등을 학원 밖에서 별도로 운영하지 아니할 것
다. 교육생이 학원의 위치, 연락처, 교육시간에 관하여 착오를 일으킬 만한 정보를 표시하거나 광고하지 아니할 것
라. 교육시간을 모두 수료하지 아니한 교육생에게 운전면허시험에 응시하도록 유도하지 아니할 것
② 제1항에서 규정한 사항 외에 교육과정별 교육의 과목 및 순서 등 교육방법과 운영기준에 관하여 필요한 사항은 행정안전부령으로 정한다.(2017.7.26 본항개정)

제66조【전문학원의 지정】 ① 법 제104조제1항에 따라 전문학원으로 지정받으려는 자는 제67조제2항 및 제3항에 따른 시설·설비 등을 갖추고, 행정안전부령으로 정하는 바에 따라 전문학원 지정 신청서에 학원의 운영 등에 관한 원칙을 적은 서류를 첨부하여 시·도경찰청장에게 신청하여야 한다.
② 시·도경찰청장은 제1항에 따른 지정 신청이 법 제104조제1항 및 제2항에 따른 요건에 적합하면 그 학원을 전문학원으로 지정하여야 한다.
(2020.12.31 본조개정)

제67조【전문학원의 지정기준】 ① 법 제104조제1항제2호에 따른 전문학원의 강사 및 기능검정원의 배치기준은 다음 각 호와 같다. 이 경우 교육용 자동차등에는 예비용 자동차등은 포함되지 아니한다.
1. 학과교육강사 : 1일 학과교육 8시간당 1명 이상
2. 기능교육강사
가. 제1종 대형면허 : 교육용 자동차 10대당 3명 이상
나. 제1종 보통연습면허 또는 제2종 보통연습면허 : 각각 교육용 자동차 10대당 5명 이상
다. 제1종 특수면허 : 각각 교육용 자동차 2대당 1명 이상(2016.7.26 본목개정)
라. 제2종 소형면허 및 원동기장치자전거면허 : 교육용 자동차등 10대당 1명 이상
3. 도로주행 기능교육강사 : 교육용 자동차 1대당 1명 이상
4. 기능검정원 : 교육생 정원 200명당 1명 이상
② 법 제104조제1항제3호에 따른 전문학원의 시설·설비 등의 기준은 별표5와 같다.
③ 전문학원의 교육용 자동차의 기준, 도로주행교육용 자동차의 표지, 기능교육장 코스의 종류·형상·구조 및 도로주행교육·도로주행기능검정 등을 실시하는 도로의 기준에 관하여는 제63조제2항부터 제4항까지의 규정을 준용한다.
④ 법 제104조제1항제4호에 따른 전문학원의 운영기준은 다음 각 호와 같다.
1. 제65조에 따른 교육과정, 교육방법 및 운영기준에 따라 교육을 실시할 것
2. 학과교육, 기능교육 및 도로주행교육별로 각각 3개월 이내에 교육이 수료될 수 있도록 할 것
⑤ 법 제104조제1항제4호에 따른 졸업자의 운전 능력은 전문학원의 지정 신청이 있는 날부터 6개월 동안 그 학원의 교육과정을 마친 교육생의 도로주행시험 합격률이 60퍼센트 이상이어야 한다.(2019.3.26 본항개정)

제68조【전문학원 중요사항의 변경】 법 제104조제3항에서 "대통령령으로 정하는 중요사항"이란 다음 각 호의 사항을 말한다.
1. 학감(學監)
2. 전문학원의 명칭 또는 위치
3. 별표5 중 제1호·제6호·제7호 또는 제9호에 따른 강의실·휴게실·양호실·기능교육장 또는 교육용 자동차에 관한 사항
4. 전문학원의 운영 등에 관한 원칙

제69조【기능검정의 방법 등】 ① 법 제108조제1항에 따른 기능검정(이하 "기능검정"이라 한다) 중 법 제83조제1항제4호에 따른 자동차등의 운전에 필요한 기능에 관한 검정(이하 "장내기능검정"이라 한다)은 전문학원의 기능교육장에서 기능교육용 자동차를 이용하여 기능검정원이 운전면허의 범위별로 제48조에 따른 시험의 기준에 따라 실시한다.
② 기능검정 중 법 제83조제2항에 따른 도로에서의 운전능력에 관한 검정(이하 "도로주행기능검정"이라 한다)은 제67조제3항의 기준에 따른 도로에서 도로주행교육용 자동차를 이용하여 기능검정원이 운전면허의 범위별로 제49조제1항에 따른 시험의 기준에 따라 실시한다.
③ 장내기능검정은 법 제82조에 따른 운전면허의 결격사유에 해당하지 아니하는 사람으로서 장내기능검정일 전 6개월 이내에 학과교육과 기능교육을 모두 수료한 사람에 대하여 실시하고, 도로주행기능검정은 도로주행교육을 수료한 사람 중에서 그 사람이 소지하고 있는 연습운전면허의 유효기간이 지나지 아니한 사람에 대하여 실시한다.
④ 장내기능검정 또는 도로주행기능검정에 합격하지 못한 교육생에 대해서는 장내기능검정 또는 도로주행검정에 불합격한 날부터 3일이 지난 후에 다시 기능검정을 실시할 수 있다.

제70조【강사 등에 대한 연수교육】 ① 시·도경찰청장은 법 제109조제1항에 따라 도로교통 관련 법령이 개정되는 등 교육이 필요하다고 인정될 때에는 학원 또는 전문학원(이하 "학원등"이라 한다)의 설립·운영자, 강사 및 기능검정원에 대하여 연수교육을 실시할 수 있다.
(2020.12.31 본항개정)
② 학원등의 설립·운영자는 제1항에 따른 강사 및 기능검정원의 연수교육에 필요한 경비 및 비품 등을 지원하여야 한다.

③ 시·도경찰청장은 제1항 및 제2항에 따라 연수교육을 받은 사항에 대하여 시험을 실시하고, 그 결과를 강사 및 기능검정원이 소속된 학원등의 설립·운영자에게 통보할 수 있다.(2020.12.31 본항개정)
④ 제1항부터 제3항까지에서 규정한 사항 외에 연수교육에 필요한 사항은 경찰청장이 정한다.
제70조의2【수강료등의 조정】 ① 시·도경찰청장은 학원등의 설립·운영자가 정당한 이유 없이 운전교육 또는 기능검정 등에 드는 비용(이하 "수강료등"이라 한다)을 원가 미만으로 받는 등의 사유로 학원교육을 부실하게 할 우려가 있다고 인정할 때에는 법 제110조제4항에 따라 그 학원등의 설립·운영자에게 수강료등의 조정을 권고할 수 있다.(2020.12.31 본항개정)
② 시·도경찰청장은 학원등의 설립·운영자가 제1항에 따른 수강료등의 조정 권고에 따르지 아니하는 경우에는 수강료조정위원회의 심의를 거쳐 수강료등의 조정을 명할 수 있다.(2020.12.31 본항개정)
③ 시·도경찰청장은 제1항 및 제2항에 따른 조정 업무의 수행을 위하여 필요한 경우에는 법 제141조제2항에 따라 학원등의 설립·운영자에게 원가계산서 등 수강료등의 산정에 관한 자료의 제출을 요구할 수 있다.(2020.12.31 본항개정)
④ 제2항에 따른 수강료조정위원회의 구성 및 운영에 필요한 사항은 행정안전부령으로 정한다.(2017.7.26 본항개정)
제71조【학원등의 수강료등의 반환 등】 ① 학원등의 설립·운영자는 법 제111조제1항에 따라 교육생을 다른 학원등으로 편입시키려는 경우에는 행정안전부령으로 정하는 교육이수증명서를 발급하여 교육생이 교육을 받은 사실을 증명하여야 한다.(2017.7.26 본항개정)
② 제1항에 따라 다른 학원등으로부터 교육생의 편입 요청을 받은 학원등의 설립·운영자는 정원이 초과되지 아니하는 범위에서 편입조치를 하여야 한다.
③ 법 제111조제2항에 따른 수강료등의 반환은 다음 각 호의 구분에 따른다.
1. 교육이 시작되기 이전 : 납부한 수강료등의 전액
2. 교육이 시작된 이후
가. 운영정지의 처분을 받는 등 학원등의 귀책사유에 따라 교육을 계속할 수 없는 경우에는 납부한 수강료등에 총교육시간에 대한 미교육시간의 비율을 곱하여 계산한 금액
나. 교육생의 질병·부상으로 교육이 불가능하거나 법령에 따른 신체구속 등 부득이한 사유로 수강을 계속할 수 없는 경우(운전면허 취득사실이 없는 경우에 한정한다)에는 납부한 수강료등에 총교육시간에 대한 미교육시간의 비율을 곱하여 계산한 금액
다. 교육생의 수강포기 등 교육생의 귀책사유에 따라 수강을 계속할 수 없는 경우에는 납부한 수강료등에 총 교육시간에 대한 미교육시간의 비율을 곱하여 계산한 금액의 2분의 1에 해당하는 금액
제72조【자동차운전 전문학원연합회에 대한 지도·감독 등】 ① 경찰청장은 법 제119조제6항에 따라 자동차운전 전문학원연합회(이하 "연합회"라 한다)의 지도·감독을 위하여 필요하다고 인정되는 경우에는 연합회로 하여금 사업계획 및 사업실적을 보고하게 하거나 소속 공무원으로 하여금 연합회의 장부 및 서류 등을 검사하게 할 수 있다.
② 경찰청장은 교육생에게 전문학원의 운전교육에 관한 정보를 제공하기 위하여 연합회에서 수집·관리하고 있는 전문학원의 규모, 운영실태, 교육 여건·실적, 그 밖에 전문학원의 교육 성과를 확인할 수 있는 사항을 공개할 수 있다.

제9장 도로교통공단

제73조【설립등기사항】 도로교통공단(이하 "공단"이라 한다)의 설립등기사항은 다음 각 호와 같다.
1. 목적
2. 명칭
3. 주사무소의 소재지
4. 임원의 성명·주소
5. 자산에 관한 사항
6. 공고의 방법
(2013.6.28 본조개정)
제74조【지부 등 설치의 등기】 ① 공단이 법 제121조에 따라 지부(支部), 연구원, 교통사고분석센터, 교통방송국 및 운전면허시험장 등(이하 "지부등"이라 한다)을 설치하는 경우에는 다음 각 호의 구분에 따라 등기하여야 한다.
1. 공단의 소재지에서는 14일 이내에 새로 설치된 지부등의 명칭과 소재지를 등기할 것. 다만, 공단의 설립과 동시에 지부등을 설치하는 경우에는 공단의 설립등기와 함께 하여야 한다.
2. 새로 설치된 지부등의 소재지에서는 21일 이내에 제73조 각 호의 사항을 등기할 것
3. 이미 설치된 지부등의 소재지에서는 21일 이내에 새로 설치된 지부등의 명칭과 소재지를 등기할 것
② 공단 또는 지부등의 소재지를 관할하는 등기소의 관할구역에 새로 지부등을 설치하는 경우에는 제1항 각 호의 기간 이내에 그 지부등의 명칭과 소재지만을 등기한다.
(2013.6.28 본조개정)
제75조【이전등기】 ① 공단 또는 지부등이 그 사무소를 이전하는 경우에는 종전 소재지에서는 14일 이내에 그 이전의 뜻을 등기하고, 새로운 소재지에서는 21일 이내에 제73조 각 호의 사항을 등기하여야 한다.
② 제1항에도 불구하고 같은 등기소의 관할구역에서 사무소를 이전하는 경우에는 14일 이내에 그 이전의 뜻만을 등기한다.
(2013.6.28 본조개정)
제76조【변경등기】 제73조 각 호의 사항이 변경되었을 때에는 공단의 소재지에서는 14일 이내에, 지부등의 소재지에서는 21일 이내에 변경등기를 하여야 한다.
(2013.6.28 본조개정)
제77조【등기신청서의 첨부 서류】 제73조부터 제76조까지의 규정에 따라 등기를 신청할 때에는 등기신청서에 다음 각 호의 구분에 따른 서류를 첨부하여야 한다.
1. 제73조에 따른 설립등기 : 정관, 자산에 관한 사항 및 임원의 자격을 증명하는 서류
2. 제74조에 따른 지부등의 설치등기 : 지부등의 설치를 증명하는 서류
3. 제75조에 따른 이전등기 : 사무소의 이전을 증명하는 서류
4. 제76조에 따른 변경등기 : 그 변경사항을 증명하는 서류
(2013.6.28 본조개정)
제78조【등기기간의 기산】 이 장에 따른 등기사항으로서 경찰청장의 인가 또는 승인을 받아야 하는 사항이 있을 때에는 그 인가서 또는 승인서가 도달한 날의 다음 날부터 등기기간을 기산한다.(2013.6.28 본조개정)
제79조【위탁업무의 수행】 ① 법 제123조제13호에 따라 공단이 국가 또는 지방자치단체로부터 위탁받아 수행할 수 있는 도로교통안전에 관한 업무는 다음 각 호와 같다.
1. 도로교통안전에 관한 정책개발을 위한 연구
2. 도로교통사고에 관한 감정 업무
3. 교통안전시설의 설치·관리 업무
4. 운전자 교육 등 도로교통안전에 종사하는 사람에 대한 교육훈련
5. 원활한 도로교통 소통을 위한 각종 정보의 수집·분석 및 제공에 관한 업무
6. 무인 교통단속용 장비의 운영·관리에 관한 업무
7. 그 밖에 도로교통안전에 관한 업무
② 국가 또는 지방자치단체는 제1항에 따른 업무를 공단에 위탁할 경우에는 그 업무처리에 드는 비용을 부담할 수 있다.
(2013.6.28 본조개정)
제79조의2【공단의 부대사업】 공단이 법 제123조제14호에 따른 부대사업으로 자동차운전교육(학과교육, 기능교육 및 도로주행교육을 말한다. 이하 이 조에서 같다) 사업을 할 수 있는 경우는 다음 각 호와 같다.
1. 법 제2조제32호라목부터 바목에 해당하는 시설에서 하는 자동차운전교육에 대한 지원(2011.12.6 본호개정)
2. 운전면허시험장 시설을 이용하여 다음 각 목의 어느 하나에 해당하는 사람을 대상으로 하는 자동차운전교육
가. 「국민기초생활 보장법」 제2조에 따른 수급자
나. 「한부모가족지원법」 제5조 및 제5조의2에 따른 지원대상자(2022.10.25 본목개정)
다. 「장애인복지법」 제32조제1항에 따른 장애인등록증을 받은 장애인(2020.4.21 본목개정)
라. 「국가유공자 등 예우 및 지원에 관한 법률」 제6조의4에 따른 1급부터 4급까지의 상이등급 판정을 받은 사람(2018.4.24 본목개정)
(2010.12.31 본조신설)
제80조【출연금의 교부 등】 ① 법 제130조제1항제1호에 따라 정부가 공단에 출연금을 교부하려는 경우에는 경찰청장이 이를 예산에 계상(計上)하여 교부하여야 한다.
② 경찰청장은 제1항에 따른 출연금 예산이 확정되었을 때에는 이를 공단에 통보하여야 한다.
③ 공단은 제1항에 따른 출연금을 교부받으려는 경우에는 출연금 교부신청서에 사업계획서와 예산집행계획서를 첨부하여 경찰청장에게 제출하여야 한다.
④ 제3항에 따른 신청서를 받은 경찰청장은 사업계획 및 예산집행계획이 타당하다고 인정될 때에는 그에 따라 출연금을 교부하여야 한다.
⑤ 지방자치단체 또는 그 밖의 자가 공단에 출연하거나 기부하려는 경우 출연방법 또는 기부방법 등은 출연이나 기부를 하려는 자와 경찰청장이 협의하여 정할 수 있다.
(2013.6.28 본조개정)
제81조【보조금·융자금 또는 차입금에 대한 승인 등】
① 법 제130조제1항제4호에 따른 보조금 또는 융자금은 법 제123조에 따른 사업에만 사용할 수 있다.
② 공단은 제1항에 따라 보조금 또는 융자금을 사용하기 전에 보조금 또는 융자금의 사용계획서를 경찰청장에게 제출하여 보조금 또는 융자금의 사용에 대한 승인을 받아야 한다.
③ 공단은 법 제130조제1항제4호에 따라 차입금을 공단의 재원(財源)으로 충당하려는 경우에는 다음 각 호의 사항을 적은 승인신청서를 경찰청장에게 제출하여 충당에 대한 승인을 받아야 한다.
1. 차입의 사유 및 차입할 곳
2. 차입의 금액 및 조건
3. 차입금의 상환방법 및 상환기간
4. 차입금의 사용 용도, 절차 등이 포함된 사업계획서
5. 그 밖에 차입금의 차입과 그 상환에 필요한 사항
(2013.6.28 본조개정)
제82조【출자 등】 공단은 법 제131조에 따라 출자하거나 출연하려는 경우에는 다음 각 호의 사항이 포함된 승인신청서를 경찰청장에게 제출하여 출자나 출연에 대한 승인을 받아야 한다.
1. 출자 또는 출연의 필요성
2. 출자 또는 출연할 재산의 종류 및 금액
3. 사업 계획
4. 그 밖에 출자 또는 출연에 필요한 사항
(2013.6.28 본조개정)

제10장 보칙

(2013.6.28 본장개정)

제83조【출석지시불이행자의 처리】 ① 법 제138조제1항에 따라 출석지시서를 받은 사람은 출석지시서를 받은 날부터 10일 이내에 지정된 장소로 출석하여야 한다.
② 경찰서장은 출석지시서를 받고 제1항에 따른 기간 이내에 지정된 장소로 출석하지 아니한 사람 중 「즉결심판에 관한 절차법」 제2조에 따른 즉결심판의 대상이 되는 사람(이하 "출석지시불이행자"라 한다)에 대해서는 출석기간 만료일부터 30일 이내에 즉결심판을 위한 출석의 일시·장소 등을 알리는 즉결심판 출석통지서를 발송하여야 한다. 이 경우 즉결심판을 위한 출석일시는 출석기간 만료일부터 40일이 초과되어서는 아니 된다.
③ 경찰서장은 출석지시불이행자가 즉결심판기일에 출석하지 아니하여 즉결심판절차가 진행되지 못한 경우에는 그 출석지시불이행자에게 지체 없이 즉결심판을 위하여 다시 정한 출석의 일시·장소 등을 알리는 즉결심판 출석최고서를 발송하여야 한다. 이 경우 즉결심판을 위한 출석일시는 법원의 사정으로 즉결심판을 할 수 없는 경우 등 다른 부득이한 사정이 없으면 출석기간 만료일부터 60일이 초과되어서는 아니 된다.
④ 시·도경찰청장은 제3항에 따른 즉결심판의 출석 최고에도 불구하고 출석지시불이행자가 출석하지 아니하여 즉결심판절차가 진행되지 못한 경우에는 법 제93조에 따라 그 출석지시불이행자의 운전면허의 효력을 일시 정지시킬 수 있다.(2020.12.31 본항개정)
⑤ 제1항부터 제4항까지에서 규정한 사항 외에 출석지시불이행자에 대한 즉결심판 청구에 필요한 사항은 행정안전부령으로 정한다.(2017.7.26 본항개정)
제84조【수강료의 산정】 교통안전교육기관이 법 제140조에 따라 수강료를 정할 때에는 교육시간, 교육방법 등을 고려하여야 한다. 다만, 교통안전교육을 시청각교육만으로 실시하는 경우에는 수강료를 받지 아니한다.
제85조【위법사항의 통보 등 업무 협조】 ① 경찰서장은 자동차 운전자가 「여객자동차 운수사업법」·「화물자동차 운수사업법」 및 같은 법에 따른 명령을 위반하여 승차거부, 부당요금징수, 합승강요행위 또는 자가용자동차의 영업행위 등을 한 사실을 발견하였을 때에는 관할 관청에 이를 통보하여야 한다.
② 시·도경찰청장은 국토교통부장관이 관리하는 4차로 이상의 도로에 제86조제1항제1호에 따라 신호기(信號機)를 설치하려는 경우에는 그 설치장소가 적합한지와 그 밖의 도로시설을 함께 개선하여야 하는지 등에 관하여 미리 관할 지방국토관리청장의 의견을 들어야 한다.
(2020.12.31 본항개정)
제86조【위임 및 위탁】 ① 법 제147조제1항에 따라 특별시장·광역시장은 다음 각 호의 권한을 시·도경찰청장에게 위임하고, 시장·군수(광역시의 군수는 제외한다. 이하 이 항에서 같다)는 다음 각 호의 권한을 경찰서장에게 위탁한다. 다만, 광역교통신호체계의 구성을 위하여 필요하다고 인정되는 경우 관계 시장·군수는 상호 협의하여 제1호에 따른 권한을 시·도경찰청장에게 공동으로 위탁할 수 있다.(2020.12.31 본문개정)
1. 법 제3조제1항에 따른 교통안전시설의 설치·관리에 관한 권한
2. 법 제3조제1항 단서에 따른 유료도로 관리자에 대한 지시 권한
② 법 제147조제2항에 따라 특별시장·광역시장은 다음 각 호의 권한을 관할구역의 구청장 및 군수에게 위임한다.
1. 구 및 군 소속 단속담당공무원의 임면권(任免權)
2. 법 제35조에 따른 주차위반 차에 대한 조치 권한
3. 법 제36조제1항에 따른 차의 견인·보관 및 반환 업무를 대행하게 하는 권한 및 같은 조 제3항에 따른 대행 업무 수행에 필요한 조치와 교육을 명하는 권한

4. 법 제161조제1항제3호에 따른 과태료의 부과 및 징수 권한(법 제29조제4항·제5항 및 제32조부터 제34조까지의 규정을 위반한 경우만 해당한다)(2023.6.20 본호개정)
③ 시·도경찰청장은 법 제147조제3항에 따라 다음 각 호의 권한을 관할 경찰서장에게 위임한다.(2020.12.31 본문개정)
1. 법 제83조제1항 각 호 외의 부분 단서 및 이 영 제43조제1항에 따른 원동기장치자전거 운전면허시험
2. 법 제91조제1항제3호에 따른 임시운전증명서 발급
3. 법 제93조에 따른 운전면허효력 정지처분
4. 법 제93조제4항에 따른 운전면허 취소처분을 위한 사전 통지
5. 법 제97조에 따른 자동차등의 운전 금지(2021.5.11 본호개정)
6. 법 제106조제4항제6호 및 제107조제4항제7호에 따른 자격정지처분
7. 법 제161조에 따른 과태료(법 제160조제1항에 따른 과태료는 제외한다)의 부과 및 징수
④ 시·도경찰청장은 법 제147조제3항에 따라 법 제76조제5항 및 제109조제1항에 따른 연수교육을 공단에 위탁한다.(2020.12.31 본항개정)
⑤ 시·도경찰청장 또는 경찰서장은 법 제147조제5항 및 제6항에 따라 다음 각 호의 업무를 공단으로 하여금 대행하게 할 수 있다.(2020.12.31 본문개정)
1. 법 제85조제2항에 따른 운전면허증의 발급. 다만, 제3항제1호에 따라 관할 경찰서장이 실시하는 원동기장치자전거 운전면허시험에 따른 운전면허증 발급은 제외한다.
2. 법 제86조에 따른 운전면허증의 재발급
3. 법 제87조제1항에 따른 운전면허증의 갱신발급
3의2. 법 제87조의2에 따른 운전면허증 발급 대상자 본인 확인. 다만, 제3항제1호에 따라 관할 경찰서장이 실시하는 원동기장치자전거 운전면허시험에 따른 운전면허증 발급 시의 대상자 본인 확인은 제외한다.(2017.5.29 본호신설)
4. 법 제95조제1항제3호 또는 제4호에 따른 운전면허증의 반납 접수
5. 법 제98조에 따른 국제운전면허증의 신청 접수 및 발급
6. 법 제106조제2항에 따른 강사자격증 발급 및 법 제107조제2항에 따른 기능검정원자격증의 발급

제87조【권한의 위임에 따른 주차단속의 특례 등】 ① 특별시장·광역시장은 제86조제2항제2호에도 불구하고 교통의 원활한 소통과 안전을 위하여 필요한 경우에는 주차위반 차에 대하여 직접 법 제35조에 따른 조치를 할 수 있다.
② 특별시장·광역시장은 제1항에 따라 주차위반 사실을 직접 적발·단속한 경우에는 다음 각 호의 자료를 갖추어 위반장소를 관할하는 구청장 또는 군수에게 통보하여야 한다.
1. 주차위반 차에 과태료부과대상차표지를 붙인 후 해당 차를 촬영하거나 무인 교통단속용 장비로 주차위반 차를 촬영한 사진, 비디오테이프, 그 밖의 영상기록매체(이하 "사진증거"라 한다) 등의 증거자료
2. 위반장소·위반내용 및 차량번호 등을 적은 서류
③ 특별시장·광역시장은 제1항에 따라 주차위반 사실을 직접 적발·단속한 경우에는 행정안전부령으로 정하는 단속대장에 그 사실을 기록하여야 한다. 이 경우 단속대장은 특별한 사유가 없으면 전자적 처리가 가능한 방법으로 작성·관리하여야 한다.(2017.7.26 전단개정)
④ 특별시장·광역시장은 제2항에 따른 증거자료에 관련 번호를 매겨 보존하여야 한다.

제87조의2【도지사의 주차단속의 특례】 ① 도지사는 법 제35조제1항에 따라 주차위반 사실을 적발·단속한 경우에는 제87조제2항 각 호의 자료를 갖추어 위반장소를 관할하는 시장 또는 군수에게 통보하여야 한다.
② 도지사가 주차위반 사실을 적발·단속한 경우 단속대장의 등재와 증거자료 보전에 관하여는 제87조제3항 및 제4항을 준용한다. 이 경우 "특별시장·광역시장"은 각각 "도지사"로 본다.

제87조의3【민감정보 및 고유식별정보의 처리】 ① 경찰청장, 시·도경찰청장, 경찰서장, 도지사 및 시장등(제79조 및 제86조에 따라 권한의 위임·위탁 등을 받은 자를 포함한다)은 다음 각 호의 사무를 수행하기 위하여 불가피한 경우 「개인정보 보호법」 제23조에 따른 건강에 관한 정보(이하 "건강정보"라 한다), 같은 법 시행령 제18조제2호에 따른 범죄경력자료에 해당하는 정보(이하 "범죄경력정보"라 한다), 같은 영 제19조에 따른 주민등록번호, 여권번호, 운전면허의 면허번호 또는 외국인등록번호가 포함된 자료를 처리할 수 있다. 다만, 제5호 및 제10호의 사무의 경우에는 건강정보와 범죄경력정보는 제외하고, 제11호의 사무의 경우에는 건강정보는 제외한다.
(2022.12.20 본문개정)
1. 법 및 이 영에 따른 도로에서 일어나는 교통상의 위험과 장해의 방지 및 제거에 관한 사무
2. 법 및 이 영에 따른 운전면허 및 국제운전면허에 관한 사무
3. 법 제5조제1항제2호에 따른 경찰공무원을 보조하는 사람의 선발 및 운영에 관한 사무
4. 법 제36조에 따른 차의 견인 및 보관업무 등의 대행에 관한 사무
5. 법 제69조에 따른 도로공사의 신고 및 안전조치에 관한 사무
6. 법 제73조 및 제77조에 따른 교통안전교육 및 그 수강 확인 등에 관한 사무
7. 법 제74조·제78조 및 제79조에 따른 교통안전교육기관의 지정, 운영의 정지 또는 폐지의 신고 및 지정취소 등에 관한 사무
8. 법 제99조에 따른 자동차운전학원의 등록 및 법 제104조에 따른 자동차운전 전문학원의 지정 등에 관한 사무
9. 법 제106조 및 제107조에 따른 강사 및 기능검정원의 자격시험 및 자격증 발급에 관한 사무
10. 법 제111조에 따른 수강료등의 반환 등에 관한 사무
11. 법 제112조부터 제115조까지의 규정에 따른 학원등에 대한 행정처분 등에 관한 사무
12. 법 제122조에 따른 공단의 정관 인가에 관한 사무
13. 법 제137조에 따른 전산시스템 구축·운영에 관한 사무
14. 법 제146조에 따른 무사고 또는 유공운전자의 표시장 수여에 관한 사무
15. (2022.12.20 삭제)
② 공단은 다음 각 호의 사무를 수행하기 위하여 불가피한 경우 건강정보, 범죄경력정보, 「개인정보 보호법 시행령」 제19조에 따른 주민등록번호, 여권번호, 운전면허의 면허번호 또는 외국인등록번호가 포함된 자료를 처리할 수 있다. 다만, 제1호의 사무의 경우에는 건강정보와 범죄경력정보는 제외한다.(2022.12.20 본문개정)
1. 법 제53조의3에 따른 어린이통학버스등의 안전교육에 관한 사무
2. 법 제76조·제103조·제106조·제107조 및 제109조에 따른 교통안전교육강사, 학원등의 강사 및 기능검정원의 연수교육에 관한 사무
3. 법 제83조에 따른 운전면허시험에 관한 사무
4. 법 제87조 및 제88조에 따른 적성검사에 관한 사무
5. (2022.12.20 삭제)

제87조의4【규제의 재검토】 경찰청장은 다음 각 호의 사항에 대하여 다음 각 호의 기준일을 기준으로 3년마다(매 3년이 되는 해의 기준일과 같은 날 전까지를 말한다) 그 타당성을 검토하여 개선 등의 조치를 해야 한다.
(2022.3.8 본문개정)
1. 제11조제3항에 따른 경사진 곳에서의 정차 또는 주차 시의 조치의무 : 2022년 1월 1일(2022.3.8 본호신설)
2. 제38조의2에 따른 긴급자동차 교통안전교육 : 2022년 1월 1일(2022.3.8 본호신설)
3. (2023.3.7 삭제)
4. 제63조제1항 및 별표5에 따른 학원의 시설 및 설비의 기준 : 2022년 1월 1일(2022.3.8 본호신설)

제11장 과태료 및 범칙행위의 처리

제88조【과태료 부과 및 징수 절차 등】 ① 시·도경찰청장, 시장등 또는 교육감은 법 제160조 및 법 제161조에 따라 과태료를 부과하려는 경우에는 행정안전부령으로 정하는 단속대장과 과태료 부과대상자 명부에 그 내용을 기록하여야 한다. 이 경우 단속대장은 특별한 사유가 없으면 전자적 처리가 가능한 방법으로 작성·관리하여야 한다.(2020.12.31 전단개정)
② 시장등은 법 제160조제3항에 따라 법 제32조부터 제34조까지의 규정을 위반한 차의 운전자를 고용하고 있는 사람이나 직접 운전자나 차를 관리하는 지위에 있는 사람 또는 차의 사용자(이하 "고용주등"이라 한다)에게 과태료를 부과하려는 경우에는 주차·정차위반 차에 과태료부과대상차표지를 붙인 후 해당 차를 촬영하거나 무인교통단속용 장비로 주차·정차위반 차를 촬영한 사진증거 등의 증거자료를 갖추어 부과하여야 하고, 증거자료는 관련 번호를 부여하여 보존하여야 한다.
③ 시장등은 법 제160조제3항에도 불구하고 같은 조 제4항제3호에 따라 차의 고용주등에게 과태료처분을 할 수 없을 때에는 위반행위를 한 운전자를 증명하는 자료를 첨부하여 관할 경찰서장에게 그 사실을 통보하여야 한다.
④ 법 제160조에 따른 과태료의 부과기준은 별표6과 같다. 다만, 어린이보호구역 및 노인·장애인보호구역에서 오전 8시부터 오후 8시까지 법 제5조, 제17조제3항 및 제32조부터 제34조까지의 규정 중 어느 하나를 위반한 경우 과태료의 부과기준은 별표7과 같다.(2023.12.19 단서개정)
⑤ 「질서위반행위규제법」 제18조에 따른 자진납부자에 대한 과태료 감경 비율은 같은 법 시행령 제5조의 감경 범위에서 다음 각 호의 기준에 따라 행정안전부령으로 정하는 비율로 한다.(2017.7.26 본문개정)
1. 과태료 체납률
2. 위반행위의 종류, 내용 및 정도
3. 범칙금과의 형평성
⑥ 법 제160조에 따른 과태료는 과태료 납부고지서를 받은 날부터 60일 이내에 내야 한다. 다만, 천재지변이나 그 밖의 부득이한 사유로 과태료를 낼 수 없을 때에는 그 사유가 없어진 날부터 5일 이내에 내야 한다.
⑦ 시장등은 과태료의 납부 고지를 받은 자가 납부기간 이내에 과태료를 내지 아니하면 「질서위반행위규제법」 제24조제3항에 따른 체납처분을 하기 전에 지방세 중 자동차세의 납부고지서와 함께 미납과태료(가산금을 포함한다)의 납부를 고지할 수 있다.
⑧ 시·도경찰청장 또는 시장등은 차의 등록원부가 있는 지역 또는 노면전차 운영자의 소재지(법인인 경우에는 주된 사무소의 소재지를 말한다)가 있는 지역(이하 "차적지"라 한다)이 다른 관할구역인 경우에는 행정안전부령으로 정하는 바에 따라 차적지를 관할하는 시·도경찰청장 또는 시장등에게 과태료 징수를 의뢰하여야 한다. 이 경우 과태료 징수를 의뢰한 시장등은 차적지를 관할하는 시장등에게 징수된 과태료의 100분의 30 범위에서 행정안전부령으로 정하는 징수 수수료를 지급하여야 한다.
(2020.12.31 전단개정)
⑨ 제1항부터 제8항까지에서 규정한 사항 외에 과태료의 부과 및 징수 등에 필요한 사항은 행정안전부령으로 정한다.(2017.7.26 본항개정)
(2013.6.28 본조개정)

제88조의2【과태료 징수업무 위탁】 시·도경찰청장은 법 제161조제2항에 따라 「한국자산관리공사 설립 등에 관한 법률」에 따른 한국자산관리공사에 제1호에 해당하는 사람에 대한 제2호의 업무를 위탁한다.(2022.2.17 본문개정)
1. 다음 각 목의 어느 하나에 해당하는 사람
가. 과태료를 5백만원 이상 체납한 사람
나. 과태료를 7년 이상 체납한 사람
다. 과태료를 체납한 사람(이하 "체납자"라 한다) 중 본인 명의의 소득 또는 재산이 없는 등의 사유로 시·도경찰청장이 징수가 어렵다고 판단한 사람(2020.12.31 본목개정)
2. 다음 각 목의 어느 하나에 해당하는 업무
가. 체납자의 주소 또는 거소 확인
나. 체납자의 재산 조사
다. 체납과태료의 납부를 촉구하는 안내문 발송과 전화 또는 방문 상담
(2016.11.29 본조신설)

제89조【신용카드 등을 이용한 과태료의 납부방법 등】 ① 법 제161조의2제1항 전단에서 "대통령령으로 정하는 금액"이란 200만원(부가되는 가산금 및 중가산금을 포함한다)을 말한다.
② 법 제161조의2제1항 전단에서 "대통령령으로 정하는 과태료 납부대행기관"이란 다음 각 호의 기관을 말한다.
1. 「민법」 제32조에 따라 기획재정부장관의 허가를 받아 설립된 금융결제원
2. 시설, 업무수행능력, 자본금 규모 등을 고려하여 경찰청장이 과태료 납부대행기관으로 지정하여 고시한 기관
③ 법 제161조의2제3항에 따른 납부대행수수료는 경찰청장이 과태료 납부대행기관의 운영경비 등을 종합적으로 고려하여 승인하며, 해당 과태료금액(부가되는 가산금 및 중가산금을 포함한다)의 1천분의 15를 초과할 수 없다.
④ 경찰청장은 신용카드, 직불카드 등에 의한 과태료 납부에 필요한 사항을 정할 수 있다.
(2010.12.31 본조신설)

제90조【과태료·범칙금수납정보시스템 운영계획】 법 제161조의3제3호에서 "대통령령으로 정하는 운영계획의 수립·시행에 필요한 사항"이란 다음 각 호의 사항을 말한다.
1. 과태료·범칙금의 조회, 납부 및 수납처리 절차 관련 시스템의 성능개선과 안전성 제고에 관한 사항
2. 과태료·범칙금 납부의 편의성 제고를 위한 각종 서식의 개선에 관한 사항
(2016.7.26 본조신설)

제91조~제92조 (2008.6.20 삭제)

제93조【범칙행위의 범위와 범칙금액】 ① 법 제162조에 따른 범칙행위의 구체적인 범위와 범칙금액은 별표8 및 별표9와 같다.
② 별표8에도 불구하고 어린이보호구역 및 노인·장애인보호구역에서 오전 8시부터 오후 8시까지 법 제5조, 제6조제1항·제2항·제4항, 제17조제3항, 제27조제1항부터 제5항까지 및 같은 조 제6항제1호·제2호, 제32조부터 제34조까지 및 제35조제1항의 어느 하나에 해당하는 범칙행위를 한 경우 범칙금액은 별표10과 같다.(2022.7.11 본항개정)
(2013.6.28 본조개정)

제94조【범칙금의 납부 통고 등】 ① 경찰서장 또는 제주특별자치도지사는 법 제163조에 따라 범칙자로 인정되는 사람에게 범칙금의 납부를 통고할 때에는 다음 각 호의 사항을 적은 범칙금 납부통고서와 범칙금 영수증서 및 범칙금 납부고지서(이하 "범칙금납부통고서등"이라 한다)를 함께 발급하고, 범칙금 납부고지서 원부와 범칙자 적발보고서를 작성하여야 한다. 이 경우 범칙자로 인정되는 사람이 본인의 위반 사실을 인터넷 조회·납부시스템에서 확인하고, 이 시스템을 통하여 범칙금납부통고서등을 발급받거나 바로 범칙금을 낸 경우에는 범칙금납부통고서등을 발급한 것으로 본다.

1. 통고처분을 받은 사람의 인적사항 및 운전면허번호
2. 위반 내용 및 적용 법조문
3. 범칙금의 액수 및 납부기한
4. 통고처분 연월일
5. 법 제93조제2항에 따른 벌점(2016.2.11 본호신설)
② 경찰서장은 해당 경찰서의 관할구역 밖에 거주하는 범칙자로 인정되는 사람에게 범칙금납부통고서등을 발급하였을 때에는 그 사람의 주소지를 관할하는 경찰서장에게 제1항에 따른 범칙자 적발보고서의 사본을 발송하여야 한다. 다만, 2개 이상의 경찰서가 있는 도시에 거주하는 운전자가 그 도시에서 범칙행위를 하여 범칙금납부통고서등을 발급한 경우에는 그러하지 아니하다.
③ 경찰서장은 자동차등의 운전자에게 범칙금납부통고서등을 발급했거나 법 제163조제2항에 따라 제주특별자치도지사로부터 통고처분 사실을 통보받았을 때에는 범칙자의 인적사항·면허번호 및 범칙내용을 즉시 자동차운전면허대장에 전산입력하여 시·도경찰청장에게 보고되도록 해야 한다.(2021.5.11 본항개정)
④ 법 제163조제2항에 따른 제주특별자치도지사의 통보는 제3항에 따른 전산입력의 방법으로 할 수 있다.
(2013.6.28 본조개정)

제95조【범칙금의 수납기관】 법 제164조제1항 본문에 따른 국고은행, 지점, 대리점, 우체국은 한국은행 본점·지점, 한국은행이 지정한 국고대리점·수납대리점 또는 우체국(이하 "수납기관"이라 한다)으로 한다.
(2013.6.28 본조개정)

제96조【범칙금의 납부 등】 ① 제94조제1항에 따라 범칙금의 납부 통고를 받은 범칙자는 같은 항에 따라 함께 발급받은 범칙금 영수증서 및 범칙금 납부고지서를 수납기관에 제시하고 범칙금을 내야 한다.
② 범칙금은 분할하여 낼 수 없다.
③ 제1항에 따라 범칙금을 받은 수납기관은 같은 항에 따라 제시된 범칙금 영수증서에 범칙금 납부 사실을 확인하여 범칙금을 낸 사람에게 내주어야 한다.
④ 수납기관이 범칙금을 받았을 때에는 지체 없이 범칙금의 납부 통고를 한 경찰서장 또는 제주특별자치도지사에게 전자매체 등을 이용하여 범칙금을 받은 사실을 통보하여야 한다.
(2013.6.28 본조개정)

제97조【범칙금 징수사항 기록부의 비치】 ① 경찰서장 또는 제주특별자치도지사는 제96조제4항에 따라 수납기관으로부터 범칙금 수납 사실을 통보받은 때마다 해당 징수사항을 범칙금 징수사항 기록부에 기록하여야 한다. 다만, 전자매체를 통하여 통보받은 경우에는 수납 사실을 출력하여 보관하는 것으로 그 기록을 대신할 수 있다.
② 경찰서장이 제94조제2항에 따라 범칙자의 주소지를 관할하는 경찰서장에게 범칙자 적발보고서 사본을 발송한 경우에는 이를 받은 경찰서장이 제1항에 따른 기록 또는 출력·보관을 하여야 한다.
(2013.6.28 본조개정)

제98조【현장즉결심판대상자의 처리】 ① 경찰서장 또는 제주특별자치도지사는 법 제165조제1항제1호에 해당하는 사람(이하 "현장즉결심판대상자"라 한다)에게 즉결심판을 위한 출석의 일시·장소 등을 알리는 즉결심판 출석통지서를 출석일 10일 전까지 발급하거나 발송하여야 한다.(2017.5.29 본항개정)
② 경찰서장 또는 제주특별자치도지사는 현장즉결심판대상자가 즉결심판기일에 출석하지 아니하여 즉결심판절차가 진행되지 못한 경우에는 그 현장즉결심판대상자에게 즉결심판을 위하여 다시 정한 출석의 일시·장소 등을 알리는 즉결심판 출석최고서를 다시 정한 출석일 10일 전까지 발송하여야 한다.(2017.5.29 본항개정)
③ 시·도경찰청장은 제2항의 즉결심판 출석 최고에도 불구하고 운전자인 현장즉결심판대상자가 출석하지 아니하여 즉결심판절차가 진행되지 못한 경우에는 법 제93조에 따라 그 현장즉결심판대상자의 운전면허의 효력을 일시 정지시킬 수 있다.(2020.12.31 본항개정)
④ 경찰서장 또는 제주특별자치도지사는 법 제165조제1항에 따라 즉결심판을 청구하려는 경우에는 즉결심판청구서를 작성하여 관할 법원에 제출하여야 한다.
(2017.5.29 본항개정)

제98조의2 (2017.5.29 삭제)

제99조【통고처분불이행자에 대한 즉결심판 청구 등】
① 경찰서장 또는 제주특별자치도지사는 법 제165조제1항제2호에 해당하는 사람(이하 "통고처분불이행자"라 한다)에게 범칙금 납부기간 만료일(법 제164조제2항에 따라 범칙금을 낼 수 있는 기간의 마지막 날을 말한다. 이하 이 조에서 같다)부터 30일 이내에 다음 각 호의 사항을 적은 즉결심판 출석통지서를 범칙금등(범칙금에 그 100분의 50을 더한 금액을 말한다. 이하 같다) 영수증 및 범칙금등 납부고지서와 함께 발송하여야 한다. 이 경우 즉결심판을 위한 출석일은 범칙금 납부기간 만료일부터 40일이 초과되어서는 아니 된다.(2017.5.29 전단개정)
1. 통고처분을 받은 사람의 인적사항 및 운전면허번호
2. 위반 내용 및 적용 법조문
3. 범칙금의 액수 및 납부기한
4. 통고처분 연월일
5. 즉결심판 출석 일시·장소
6. 법 제165조제1항 단서에 따라 범칙금등을 낼 경우 즉결심판을 받지 아니하여도 된다는 사실
② 경찰서장 또는 제주특별자치도지사는 통고처분불이행자가 범칙금등을 내지 아니하고 즉결심판기일에 출석하지도 아니하여 즉결심판절차가 진행되지 못한 경우에는 즉결심판을 위한 출석의 일시 및 장소를 다시 정하여 지체 없이 그 통고처분불이행자에게 제1항 각 호의 사항을 적은 즉결심판 출석최고서를 범칙금등 영수증 및 범칙금등 납부고지서와 함께 발송하여야 한다. 이 경우 즉결심판을 위한 출석일은 법원의 사정으로 즉결심판을 할 수 없는 경우 등 특별한 사정이 있는 경우 외에는 범칙금납부기간 만료일부터 60일이 초과되어서는 아니 된다.
(2017.5.29 전단개정)
③ 시·도경찰청장은 제2항에 따른 즉결심판 출석 최고에도 불구하고 운전자인 통고처분불이행자가 범칙금등을 내지 아니하고 즉결심판기일에 출석하지도 아니하여 즉결심판절차가 진행되지 못한 경우에는 법 제93조에 따라 그 통고처분불이행자의 운전면허의 효력을 일시 정지시킬 수 있다.(2020.12.31 본항개정)
④ 범칙금등의 납부 및 수납 등에 관하여는 제95조부터 제97조까지의 규정을 준용한다.
⑤ 통고처분불이행자에 대한 즉결심판의 청구에 관하여는 제98조제4항을 준용한다.
(2013.6.28 본조개정)

제100조【제주특별자치도지사의 즉결심판불응자 통보 등】 ① 제주특별자치도지사는 다음 각 호의 어느 하나에 해당하는 사유가 발생한 경우에는 관할 시·도경찰청장에게 지체 없이 해당 사실을 통보하고 관련 서류를 보내야 한다.(2020.12.31 본문개정)
1. 제98조제2항에 따른 즉결심판 출석 최고에도 불구하고 운전자인 현장즉결심판대상자가 출석하지 아니하여 즉결심판절차가 진행되지 못한 경우
2. 제99조제2항에 따른 즉결심판 출석 최고에도 불구하고 운전자인 통고처분불이행자가 범칙금등을 내지 아니하고 즉결심판기일에 출석하지도 아니하여 즉결심판절차가 진행되지 못한 경우
② 제주특별자치도지사는 제1항에 따른 통보 이후에 같은 항 각 호의 어느 하나에 해당하는 사람이 범칙금을 내거나 즉결심판절차가 진행되는 경우에는 관할 시·도경찰청장에게 지체 없이 그 사실을 통보하고 관련 서류를 보내야 한다.(2020.12.31 본항개정)
(2017.5.29 본조신설)

부　칙 (2011.12.6)

제1조【시행일】 이 영은 2011년 12월 9일부터 시행한다. 다만, 제38조제2항, 별표5 제7호 단서 및 별표7 제67호의 개정규정은 2012년 6월 1일부터 시행하고, 제64조의 개정규정은 2013년 3월 1일부터 시행한다.

제2조【전문학원 지정기준 변경에 관한 적용례】 제67조제5항의 개정규정은 이 영 시행 후 최초로 전문학원 지정을 신청한 자부터 적용한다.

제3조【운전면허시험 일부 면제에 관한 적용례】 ① 별표3의 개정규정은 이 영 시행 후 최초로 운전면허시험에 응시한 사람부터 적용한다.
② 별표3 제5호의 개정규정에도 불구하고, 구 「도로교통법」(법률 제10790호로 개정되기 전의 것을 말한다) 제87조제3항에 따라 운전면허증을 갱신하지 아니하여 운전면허가 취소된 사람에 대해서는 다음 표에 따라 운전면허시험의 일부를 면제한다.

면제대상자	적용 법조문	받으려는 면허	면제되는 시험
운전면허증을 갱신하지 아니하여 제2종 운전면허가 취소된 후 5년 이내에 다시 운전면허를 받으려는 사람	구 「도로교통법」(법률 제10790호로 개정되기 전의 것) 제84조제1항 제5호	취소된 운전면허로 운전 가능한 범위에 포함된 운전면허	기능·도로주행. 다만, 도로주행시험은 제2종 보통면허를 받으려는 경우에만 면제된다.

제4조【범칙금 및 과태료 부과에 관한 경과조치】 이 영 시행 전의 행위에 대하여 범칙금 및 과태료를 적용할 때에는 종전의 규정에 따른다.

제5조【어린이통학버스등에 관한 안전교육에 관한 경과조치】 이 영 시행 당시 어린이통학버스등의 운영자 또는 운전자는 이 영 시행 후 1년 이내에 어린이통학버스등에 관한 안전교육을 받아야 한다. 다만, 이 법 시행 전에 행정안전부, 경찰청 및 도로교통공단에서 실시한 어린이통학버스등 관련자 교통안전교육을 이수한 사람은 제31조조의2제1항제1호에 따른 신규 안전교육을 받은 것으로 보고, 그 날부터 제31조의2제1항제2호에 따른 안전 재교육 날짜를 계산한다.

부　칙 (2016.2.11)

제1조【시행일】 이 영은 2016년 2월 12일부터 시행한다.
제2조【범칙금에 관한 경과조치】 이 영 시행 전에 법 제29조제4항 및 제5항의 위반행위에 대하여 범칙금을 적용할 때에는 종전의 규정에 따른다.

부　칙 (2016.7.26)

제1조【시행일】 이 영은 2016년 7월 28일부터 시행한다.
제2조【범칙금 부과에 관한 적용례】 별표8 제12호의3 및 제69호의 개정규정은 이 영 시행 이후에 발생하는 위반행위부터 적용한다.

부　칙 (2019.3.26)

제1조【시행일】 이 영은 2019년 3월 28일부터 시행한다.
제2조【학원의 기능교육장 면적 기준 변경에 관한 경과조치】 이 영 시행 당시 종전의 별표5 제7호가목에 따라 기능교육장 면적 기준을 갖추고 있는 학원은 이 영 시행일부터 1년 이내에 별표5 제7호가목의 개정규정에 따른 기능교육장 면적 기준을 갖추어야 한다.

부　칙 (2020.2.4)

제1조【시행일】 이 영은 공포한 날부터 시행한다.(이하 생략)

부　칙 (2020.4.21)

이 영은 2020년 7월 1일부터 시행한다.

부　칙 (2020.6.30)

제1조【시행일】 이 영은 공포한 날부터 시행한다.(이하 생략)

부　칙 (2020.11.10)

제1조【시행일】 이 영은 2020년 11월 27일부터 시행한다. 다만, 별표7 제3호 및 별표10 제6호부터 제9호까지의 개정규정은 공포 후 6개월이 경과한 날부터 시행한다.
제2조【다른 법령의 개정】 ※(해당 법령에 가제정리 하였음)

부　칙 (2020.11.24)

제1조【시행일】 이 영은 공포한 날부터 시행한다.
제2조【공고 등의 방법에 관한 일반적 적용례】 이 영은 이 영 시행 이후 실시하는 공고, 공표, 공시 또는 고시부터 적용한다.

부　칙 (2020.12.1)

이 영은 2020년 12월 10일부터 시행한다.

부　칙 (2020.12.31)

제1조【시행일】 이 영은 2021년 1월 1일부터 시행한다.(이하 생략)

부　칙 (2021.1.5)

이 영은 공포한 날부터 시행한다.(이하 생략)

부　칙 (2021.5.11)

이 영은 2021년 5월 13일부터 시행한다.

부　칙 (2021.10.19)

이 영은 2022년 7월 1일부터 시행한다. 다만, 제38조제5항의 개정규정은 2021년 10월 21일부터 시행한다.

부　칙 (2022.2.17)

제1조【시행일】 이 영은 2022년 2월 18일부터 시행한다.(이하 생략)

부　칙 (2022.3.8)

이 영은 공포한 날부터 시행한다.

부　칙 (2022.4.19)

이 영은 2022년 4월 20일부터 시행한다. 다만, 별표6의 개정규정은 공포 후 6개월이 경과한 날부터 시행한다.

부 칙 (2022.7.11)

이 영은 2022년 7월 12일부터 시행한다.

부 칙 (2022.10.25)

제1조【시행일】 이 영은 공포한 날부터 시행한다. 다만, 별표8의 개정규정은 2023년 1월 1일부터 시행한다.
제2조【범칙금에 관한 적용례】 별표8 제1호의3 및 제45호의 개정규정은 부칙 제1조 단서에 따른 시행일 이후 발생하는 위반행위부터 적용한다.

부 칙 (2022.11.29)

제1조【시행일】 이 영은 2022년 12월 1일부터 시행한다.(이하 생략)

부 칙 (2022.12.20)
(2023.3.7)

이 영은 공포한 날부터 시행한다.

부 칙 (2023.6.20)

제1조【시행일】 이 영은 공포한 날부터 시행한다. 다만, 다음 각 호의 개정규정은 해당 호에서 정하는 날부터 시행한다.
1. 제4조 및 제5조제3항의 개정규정 : 2023년 7월 4일
2. 제22조 및 별표8의 개정규정 : 공포 후 6개월이 경과한 날

제2조【범칙금에 관한 적용례】 별표8 제5호의2 및 제61호의 개정규정은 부칙 제1조제2호에 따른 시행일 이후 발생하는 위반행위부터 적용한다.

부 칙 (2023.10.17)

이 영은 2023년 10월 19일부터 시행한다.

부 칙 (2023.12.19)

이 영은 2024년 1월 1일부터 시행한다.

〔별표〕➡「法典 別册」 참조

도로교통법 시행규칙

(2006년 5월 30일 전부개정행정자치부령 제329호)

개정
2006.10.19행정자치부령350호 2007. 4.27행정자치부령382호
2007. 9.28행정자치부령395호
2008. 3. 6행정안전부령 4호(직제시규)
2008. 6.20행정안전부령 20호 2008.10.31행정안전부령 40호
2009.11.27행정안전부령116호 2010. 7. 9행정안전부령147호
2010. 8. 9행정안전부령153호(서식설계변경일부개정령)
2010. 8.24행정안전부령156호
2010. 9.10행정안전부령161호(행정정보공동이용)
2010.12.31행정안전부령184호
2011. 1.21행정안전부령189호(어린이·노인및장애인보호구역의지정및관리에관한규칙)
2011. 1.21교육과학기술부령91호(어린이·노인및장애인보호구역의지정및관리에관한규칙)
2011. 1.21보건복지부령 37호(어린이·노인및장애인보호구역의지정및관리에관한규칙)
2011. 1.21국토해양부령328호(어린이·노인및장애인보호구역의지정및관리에관한규칙)
2011. 4.30행정안전부령213호 2011.12. 9행정안전부령261호
2012. 4.26행정안전부령293호
2012. 5.31행정안전부령297호(개인정보보호일부개정령)
2012. 9.12행정안전부령314호
2013. 3.22행정안전부령350호(경범시규)
2013. 3.23안전행정부령 2호(직제시규)
2013. 7.10안전행정부령 12호 2013. 7.31안전행정부령 14호
2013.12.30안전행정부령 43호
2014. 1. 8안전행정부령 50호(행정규제재검토에따른일부개정령)
2014. 2.11안전행정부령 59호 2014. 5.28안전행정부령 71호
2014. 7. 2안전행정부령 76호
2014.11.19행정자치부령 2호(직제시규)
2014.12.16행정자치부령 10호
2014.12.24환경부령 583호(화학물질관리법시규)
2014.12.31행정자치부령 11호 2015. 6.30행정자치부령 29호
2016. 2.12행정자치부령 62호 2016. 7.28행정자치부령 78호
2016. 9.21행정자치부령 82호 2016.11.29행정자치부령 87호
2017. 6. 2행정자치부령121호
2017. 7.26행정안전부령 3호(직제시규)
2017.12.18행정안전부령 20호 2018. 4.25행정안전부령 54호
2018. 9.28행정안전부령 76호 2018.12.31행정안전부령 90호
2019. 3.28행정안전부령108호 2019. 4.17행정안전부령109호
2019. 4.30행정안전부령115호 2019. 6.14행정안전부령123호
2019. 8.26행정안전부령134호 2020. 2.28행정안전부령164호
2020. 3.25행정안전부령172호 2020. 9.25행정안전부령202호
2020.10. 7행정안전부령205호 2020.11.27행정안전부령211호
2020.12.10행정안전부령217호 2020.12.31행정안전부령223호
2020.12.31행정안전부령224호(경찰공무원임용령시규)
2021. 1.21행정안전부령236호(큰글자서식개편을위한일부개정령)
2021. 4.21행정안전부령249호 2021. 5.13행정안전부령251호
2021. 7.13행정안전부령270호 2021.10.21행정안전부령280호
2021.12.31행정안전부령298호(어려운용어정비)
2022. 1.21행정안전부령317호
2022. 3.30행정안전부령324호(국민편의를높이는서식정비를위한일부개정령)
2022. 4.20행정안전부령328호
2022. 7.11행정안전부령341호 2022.10.20행정안전부령353호
2022.12.30행정안전부령365호 2023. 6.20행정안전부령405호
2023. 7. 4행정안전부령415호
2023.10.19행정안전부령431호→시행일 부칙 참조

제1장 총 칙

제1조【목적】 이 규칙은 「도로교통법」 및 동법 시행령에서 위임된 사항과 그 시행에 관하여 필요한 사항을 규정함을 목적으로 한다.
제2조【차마에서 제외하는 기구·장치】 ① 「도로교통법」(이하 "법"이라 한다) 제2조제10호에서 "유모차, 보행보조용 의자차, 노약자용 보행기 등 행정안전부령으로 정하는 기구·장치"란 너비 1미터 이하인 것으로서 다음 각 호의 기구·장치를 말한다.(2023.10.19 본문개정)
1. 유모차
2. 보행보조용 의자차(「의료기기법」 제19조에 따라 식품의약품안전처장이 정하는 의료기기의 기준규격에 따른 수동휠체어, 전동휠체어 및 의료용 스쿠터를 말한다)
3. 노약자용 보행기
4. 법 제11조제3항에 따른 놀이기구(어린이가 이용하는 것에 한정한다)
5. 동력이 없는 손수레
6. 이륜자동차, 원동기장치자전거 또는 자전거로서 운전자가 내려서 끌거나 들고 통행하는 것
7. 도로의 보수·유지, 도로상의 공사 등 작업에 사용되는 기구·장치(사람이 타거나 화물을 운송하지 않는 것에 한정한다)

② 법 제2조제17호가목5)에서 "유모차, 보행보조용 의자차, 노약자용 보행기, 제21호의3에 따른 실외이동로봇 등 행정안전부령으로 정하는 기구·장치"란 다음 각 호의 기구·장치를 말한다.
1. 제1항 각 호의 어느 하나에 해당하는 기구·장치
2. 실외이동로봇
(2023.10.19 본항신설)
(2022.4.20 본조개정)

제2조의2【자율주행시스템의 종류】 법 제2조제18호의2 후단에 따른 자율주행시스템의 종류에 관하여는 「자동차 및 자동차부품의 성능과 기준에 관한 규칙」 제111조를 준용한다.(2022.4.20 본조신설)
제2조의3【개인형 이동장치의 기준】 법 제2조제19호의2에서 "행정안전부령으로 정하는 것"이란 다음 각 호의 어느 하나에 해당하는 것으로서 「전기용품 및 생활용품 안전관리법」 제15조제1항에 따라 안전확인의 신고가 된 것을 말한다.
1. 전동킥보드
2. 전동이륜평행차
3. 전동기의 동력만으로 움직일 수 있는 자전거
(2020.12.10 본조신설)

제2조의4【실외이동로봇의 기준】 법 제2조제21호의3에서 "행정안전부령으로 정하는 것"이란 「지능형 로봇 개발 및 보급 촉진법」 제2조제4호의2에 따른 실외이동로봇 중 같은 법 제40조의2에 따른 운행안전인증을 받은 것을 말한다.(2023.10.19 본조신설)
제3조【긴급자동차의 지정신청 등】 ① 법 제2조제22호라목 및 「도로교통법 시행령」(이하 "영"이라 한다) 제2조제1항 단서에 따라 긴급자동차의 지정을 받으려는 사람 또는 기관 등은 별지 제1호서식의 긴급자동차 지정신청서에 다음 각 호의 서류를 첨부하여 시·도경찰청장에게 제출하여야 한다.(2020.12.31 본문개정)
1. 임대차계약서 사본 1부(자동차가 다른 사람의 소유인 경우에 한정한다)(2009.11.27 본호신설)
2. 지정받을 차량 사진 2매(2009.11.27 본호신설)

② 시·도경찰청장은 제1항의 신청에 의하여 긴급자동차의 지정을 하는 때에는 별지 제2호서식의 긴급자동차지정증을 신청인에게 교부하여야 한다.(2020.12.31 본항개정)
③ 제2항에 따라 교부받은 긴급자동차지정증은 그 자동차의 앞면 창유리의 보기 쉬운 곳에 붙여야 한다.
④ 긴급자동차지정증을 잃어버렸거나 헐어 못쓰게 된 때에는 별지 제3호서식의 긴급자동차지정증 재교부신청서를 시·도경찰청장에게 제출하여 다시 교부받아야 한다. 다만, 긴급자동차지정증이 헐어 못쓰게 되어 다시 신청하는 때에는 긴급자동차지정증 재교부신청서에 헐어 못쓰게 된 지정증을 첨부하여 제출하여야 한다.(2020.12.31 본문개정)
⑤ 제1항 및 제4항에 따라 서류를 제출받은 시·도경찰청장은 「전자정부법」 제36조제1항에 따른 행정정보의 공동이용을 통하여 신청인의 사업자등록증과 자동차등록증을 확인하여야 하며, 신청인이 확인에 동의하지 아니하는 경우에는 그 사본을 첨부하도록 하여야 한다.(2020.12.31 본항개정)
제4조【지정의 취소 등】 ① 시·도경찰청장은 제3조제2항에 따라 지정을 받은 긴급자동차가 다음 각 호의 어느 하나에 해당하는 경우에는 그 지정을 취소할 수 있다.
(2020.12.31 본문개정)
1. 자동차의 색칠·사이렌 또는 경광등이 영 제3조제1항제1호에 따른 자동차안전기준에 규정된 긴급자동차에 관한 구조에 적합하지 아니한 경우(2013.12.30 본호개정)
2. 그 차를 영 제2조제1항 각 호의 목적에 벗어나 사용하거나 고장이나 그 밖의 사유로 인하여 긴급자동차로 사용할 수 없게 된 경우

② 시·도경찰청장은 제1항에 따라 긴급자동차의 지정을 취소한 때에는 지체 없이 긴급자동차지정증을 회수하여야 한다.(2020.12.31 본항개정)
제5조【부담금의 납부 등】 ① 특별시장·광역시장·제주특별자치도지사 또는 시장·군수(광역시의 군수를 제외한다. 이하 "시장등"이라 한다)는 법 제3조제4항에 따라 신호기 및 안전표지(이하 "교통안전시설"이라 한다)의 철거 또는 원상회복공사에 소요되는 비용을 부담시키려는 경우에는 그 사유를 유발한 사람에게 별지 제4호서식의 교통안전시설 공사비용부담 통지서를 발급하고, 철거 또는 원상회복공사에 소요되는 비용에 상당하는 현금(체신관서 또는 「은행법」에 따른 금융기관이 발행한 자기앞수표를 포함한다)을 납부하게 하여야 한다.
(2019.6.14 본항개정)
② 제1항에 따른 부담금의 납부 등에 관하여 필요한 사항은 시장등이 정한다.
③ 법 제4조의2제3항에 따른 무인교통단속장비의 철거 또는 원상회복을 위한 공사비용 부담금의 납부 등에 관해서는 제1항과 제2항을 준용한다. 이 경우 "교통안전시설"은 "무인교통단속장비"로, "시장등"은 "시·도경찰청장, 경찰서장 또는 시장등"으로 본다.(2023.7.4 전단개정)
제6조【신호기】 ① 법 제4조제1항에 따른 신호기의 종류 및 만드는 방식은 별표1과 같다.(2019.6.14 본항개정)
② 제1항에 따른 신호기가 표시하는 신호의 종류 및 그 뜻은 별표2와 같다
③ 제1항에 따른 신호기는 법 제3조제1항 및 영 제86조제1항에 따라 시·도경찰청장 또는 경찰서장이 필요하다고 인정하는 교차로 그 밖의 도로에 설치하되 그 앞쪽에서 잘 보이도록 설치하여야 한다.(2020.12.31 본항개정)
제7조【신호등】 ① 제6조에 따른 신호기 중 신호등의 종류, 만드는 방식 및 설치·관리기준은 별표3과 같다.
(2019.6.14 본항개정)
② 제1항에 따른 신호등의 등화의 배열순서 및 신호순서는 각각 별표4 및 별표5와 같다.
③ 제1항에 따른 신호등은 다음 각 호의 성능을 가져야 한다.
1. 등화의 밝기는 낮에 150미터 앞쪽에서 식별할 수 있도록 할 것
2. 등화의 빛의 발산각도는 사방으로 각각 45도 이상으로 할 것
3. 태양광선이나 주위의 다른 빛에 의하여 그 표시가 방해받지 아니하도록 할 것

제8조【안전표지】 ① 법 제4조제1항에 따른 안전표지는 다음 각 호와 같이 구분한다.(2019.6.14 본문개정)

1. 주의표지
도로상태가 위험하거나 도로 또는 그 부근에 위험물이 있는 경우에 필요한 안전조치를 할 수 있도록 이를 도로사용자에게 알리는 표지
2. 규제표지
도로교통의 안전을 위하여 각종 제한·금지 등의 규제를 하는 경우에 이를 도로사용자에게 알리는 표지
3. 지시표지
도로의 통행방법·통행구분 등 도로교통의 안전을 위하여 필요한 지시를 하는 경우에 도로사용자가 이에 따르도록 알리는 표지
4. 보조표지
주의표지·규제표지 또는 지시표지의 주기능을 보충하여 도로사용자에게 알리는 표지
5. 노면표시
도로교통의 안전을 위하여 각종 주의·규제·지시 등의 내용을 노면에 기호·문자 또는 선으로 도로사용자에게 알리는 표지

② 제1항에 따른 안전표지의 종류, 만드는 방식 및 설치·관리기준, 표시하는 뜻은 별표6과 같다.(2019.6.14 본항개정)

제8조의2【무인 교통단속용 장비의 설치 및 관리기준】 법 제4조의2제1항에 따른 무인 교통단속용 장비의 설치·관리기준은 별표6의2와 같다.(2023.7.4 본조신설)

제9조【경찰공무원등에 의한 신호의 종류 등】 법 제5조제2항에 따른 경찰공무원등〔경찰공무원(제주특별자치도의 자치경찰공무원을 포함한다. 이하 같다) 또는 경찰보조자를 말한다〕이 표시하는 신호의 종류, 표시방법 및 표시하는 뜻은 별표7과 같다.(2020.12.31 본조개정)

제10조【통행의 금지 또는 제한의 알림】 ① 시·도경찰청장 또는 경찰서장은 법 제6조제1항 또는 제2항에 따라 통행을 금지 또는 제한하는 때에는 별표8에 의한 알림판을 설치하여야 한다.(2020.12.31 본항개정)

② 제1항에 따른 알림판은 통행을 금지 또는 제한하고자 하는 지점 또는 그 지점 바로 앞의 우회로 입구에 설치하여야 한다.

③ 시·도경찰청장 또는 경찰서장이 통행을 금지 또는 제한하고자 하는 경우 우회로 입구가 다른 시·도경찰청 또는 경찰서의 관할에 속하는 때에는 그 시·도경찰청장 또는 경찰서장에게 그 뜻을 통보하여야 하며, 통보를 받은 시·도경찰청장 또는 경찰서장은 지체 없이 제1항 및 제2항에 따른 알림판을 그 우회로 입구에 설치하여야 한다.(2020.12.31 본항개정)

④ 시·도경찰청장 또는 경찰서장은 제1항 내지 제3항에 따라 알림판을 설치할 수 없는 때에는 신문·방송 등을 통하여 이를 공고하거나 그 밖의 적당한 방법에 의하여 그 사실을 널리 알려야 한다.(2020.12.31 본항개정)

제10조의2【고령운전자 표지의 제작 및 배부】 ① 경찰청장은 법 제7조의2제1항에 따라 운전면허를 받은 65세 이상인 사람이 운전하는 차임을 나타내는 표지(이하 "고령운전자 표지"라 한다)를 제작하여 배부할 수 있다.

② 제1항에 따른 고령운전자 표지 및 제작 방법 등은 별표8의2와 같다.

(2023.10.19 본조신설)

제2장 보행자의 통행방법

제11조【횡단보도의 설치기준】 시·도경찰청장은 법 제10조제1항에 따라 횡단보도를 설치하려는 경우에는 다음 각 호의 기준에 적합하도록 해야 한다.(2022.10.20 본문개정)

1. 횡단보도에는 별표6에 따른 횡단보도표시와 횡단보도표지판을 설치할 것
2. 횡단보도를 설치하고자 하는 장소에 횡단보행자용 신호기가 설치되어 있는 경우에는 횡단보도표시를 설치할 것
3. 횡단보도를 설치하고자 하는 도로의 표면이 포장이 되지 아니하여 횡단보도표시를 할 수 없는 때에는 횡단보도표지판을 설치할 것. 이 경우 그 횡단보도표지판에 횡단보도의 너비를 표시하는 보조표지를 설치하여야 한다.
4. 횡단보도는 육교·지하도 및 다른 횡단보도로부터 다음 각 목에 따른 거리 이내에는 설치하지 않을 것. 다만, 법 제12조 또는 제12조의2에 따라 어린이 보호구역, 노인 보호구역 또는 장애인 보호구역으로 지정된 구간인 경우 또는 보행자의 안전이나 통행을 위하여 특히 필요하다고 인정되는 경우에는 그렇지 않다.(2022.10.20 본문개정)
   가. 법 제2조제1호에 따른 도로로서 「도로의 구조·시설 기준에 관한 규칙」 제3조제1항에 따른 도로 중 집산도로(集散道路) 및 국지도로(局地道路) : 100미터
   (2022.10.20 본목개정)
   나. 법 제2조제1호에 따른 도로로서 가목에 따른 도로 외의 도로 : 200미터(2016.11.29 본목신설)

제12조【장애인보조견의 기준】 법 제11조제2항에 따른 장애인보조견이라 함은 「장애인복지법 시행규칙」 제30조에 따라 장애인보조견 표지가 발급된 개를 말한다.
(2016.2.12 본조개정)

제13조【어린이의 보호】 ① 법 제11조제3항에서 "행정안전부령이 정하는 위험성이 큰 놀이기구"라 함은 다음 각 호의 어느 하나에 해당하는 놀이기구를 말한다.
(2017.7.26 본문개정)

1. 킥보드
2. 롤러스케이트
3. 인라인스케이트
4. 스케이트보드
5. 그 밖에 제1호 내지 제4호의 놀이기구와 비슷한 놀이기구

② 법 제11조제3항에서 "행정안전부령이 정하는 인명보호장구"란 제32조제1항제1호 및 제3호부터 제7호까지에 따른 기준에 적합한 안전모를 말한다.(2017.7.26 본항개정)

제14조【어린이집 및 학원의 범위】 ① 법 제12조제1항제2호에서 "행정안전부령으로 정하는 어린이집"이란 정원 100명 이상의 어린이집을 말한다. 다만, 시장등이 관할 경찰서장과 협의하여 어린이집이 소재한 지역의 교통여건 등을 고려하여 교통사고의 위험으로부터 어린이를 보호할 필요가 있다고 인정하는 경우에는 정원이 100명 미만의 어린이집 주변도로 등에 대하여도 어린이 보호구역을 지정할 수 있다.(2023.6.20 본항개정)

② 법 제12조제1항제3호에서 "행정안전부령으로 정하는 학원"이란 「학원의 설립·운영 및 과외교습에 관한 법률 시행령」 별표2의 학교교과교습학원 중 학원 수강생이 100명 이상인 학원을 말한다. 다만, 시장등이 관할 경찰서장과 협의하여 학원이 소재한 지역의 교통여건 등을 고려하여 교통사고의 위험으로부터 어린이를 보호할 필요가 있다고 인정하는 경우에는 정원이 100명 미만의 학원 주변도로 등에 대해서도 어린이 보호구역을 지정할 수 있다.
(2022.10.20 본항개정)
(2023.6.20 본조제목개정)

제14조의2【무인 교통단속용 장비의 설치 장소】 법 제12조제4항에서 "행정안전부령으로 정하는 곳"이란 별표6의2 제1호에 따른 무인 교통단속용 장비의 설치기준에 따라 시·도경찰청장, 경찰서장 또는 시장등이 선정하는 곳을 말한다.(2023.7.4 본조개정)

제14조의3 (2022.4.20 삭제)

제3장 차마 또는 노면전차의 통행방법 등
(2019.3.28 본장제목개정)

제14조의4【자전거를 타고 보도 통행이 가능한 신체장애인】 법 제13조의2제4항제1호에서 "행정안전부령으로 정하는 신체장애인"이란 다음 각 호의 어느 하나에 해당하는 사람을 말한다.(2017.7.26 본문개정)

1. 「장애인복지법」 제32조에 따라 신체장애인으로 등록된 사람
2. 「국가유공자 등 예우 및 지원에 관한 법률」 제6조·제73조·제73조의2 및 제74조에 따른 국가유공자로서 상이등급 제1급부터 제7급까지에 해당하는 사람
(2010.7.9 본조신설)

제15조【차로의 설치】 ① 시·도경찰청장은 법 제14조제1항에 따라 도로에 차로를 설치하고자 하는 때에는 별표6에 따른 노면표시로 표시하여야 한다.(2020.12.31 본항개정)

② 제1항에 따라 설치되는 차로의 너비는 3미터 이상으로 하여야 한다. 다만, 좌회전전용차로의 설치 등 부득이하다고 인정되는 때에는 275센티미터 이상으로 할 수 있다.

③ 차로는 횡단보도·교차로 및 철길건널목에는 설치할 수 없다.

④ 보도와 차도의 구분이 없는 도로에 차로를 설치하는 때에는 보행자가 안전하게 통행할 수 있도록 그 도로의 양쪽에 길가장자리구역을 설치하여야 한다.

제16조【차로에 따른 통행구분】 ① 법 제14조제1항에 따라 차로를 설치한 경우 그 도로의 중앙에서 오른쪽으로 2 이상의 차로(전용차로가 설치되어 운용되고 있는 도로에서는 전용차로를 제외한다)가 설치된 도로 및 일방통행도로에 있어서 그 차로에 따른 통행차의 기준은 별표9와 같다.

② 모든 차의 운전자는 통행하고 있는 차로에서 느린 속도로 진행하여 다른 차의 정상적인 통행을 방해할 우려가 있는 때에는 그 통행하던 차로의 오른쪽 차로로 통행하여야 한다.

③ 차로의 순위는 도로의 중앙선쪽에 있는 차로부터 1차로로 한다. 다만, 일방통행도로에서는 도로의 왼쪽부터 1차로로 한다.

제17조【차로의 너비보다 넓은 차의 통행허가】 ① 법 제14조제3항 단서에 따른 통행허가신청은 별지 제5호서식의 차로폭초과차 통행허가신청서에 의한다. 이 경우 관할 경찰서장은 「전자정부법」 제36조제1항에 따른 행정정보의 공동이용으로 신청인의 자동차등록증을 확인하여야 하며, 신청인이 확인에 동의하지 아니하는 경우에는 그 사본을 첨부하도록 하여야 한다.(2010.9.10 후단개정)

② 경찰서장이 제1항에 따른 허가를 한 때에는 별지 제6호서식의 차로폭초과차 통행허가증을 교부하여야 한다.

③ 제1항 및 제2항에 따라 통행허가를 받은 운전자는 제26조제3항에 따른 표지를 달아야 한다.

제18조【버스전용차로 통행 지정신청 등】 ① 제3조의 규정은 영 별표1의 "고속도로 외의 도로"에서의 버스전용차로 통행 지정신청 등에 관하여 이를 준용한다. 이 경우 "긴급자동차"는 "버스전용차로통행 지정차"로, "긴급자동차 지정신청서"는 "버스전용차로통행 지정신청서"로, "긴급자동차지정증"은 "버스전용차로통행 지정증"으로, "긴급자동차지정증 재교부신청서"는 "버스전용차로통행지정증 재교부신청서"로 보되, 버스전용차로통행 지정신청서는 별지 제7호서식에 의하고, 버스전용차로통행 지정증 재교부신청서는 별지 제8호서식에 의하며, 버스전용차로통행 지정증은 별표10에 의한다.

② 시·도경찰청장은 제1항에 따른 신청에 따라 버스전용차로 통행의 지정을 받은 차가 다음 각 호의 어느 하나에 해당하는 경우에는 그 지정을 취소하여야 한다.
(2020.12.31 본문개정)

1. 통학·통근용으로 사용하지 아니하게 된 경우
2. 시·도경찰청장이 정한 기간이 종료된 경우
(2020.12.31 본호개정)

③ 시·도경찰청장은 제2항에 따라 버스전용차로 통행의 지정을 취소한 때에는 지체 없이 버스전용차로통행지정증을 회수하여야 한다.(2020.12.31 본항개정)

제19조【자동차등과 노면전차의 속도】 ① 법 제17조제1항에 따른 자동차등(개인형 이동장치는 제외한다. 이하 이 조에서 같다)과 노면전차의 도로 통행 속도는 다음 각 호와 같다.(2020.12.10 본문개정)

1. 일반도로(고속도로 및 자동차전용도로 외의 모든 도로를 말한다)
   가. 「국토의 계획 및 이용에 관한 법률」 제36조제1항제1호가목부터 다목까지의 규정에 따른 주거지역·상업지역 및 공업지역의 일반도로에서는 매시 50킬로미터 이내. 다만, 시·도경찰청장이 원활한 소통을 위하여 특히 필요하다고 인정하여 지정한 노선 또는 구간에서는 매시 60킬로미터 이내(2020.12.31 단서개정)
   나. 가목 외의 일반도로에서는 매시 60킬로미터 이내. 다만, 편도 2차로 이상의 도로에서는 매시 80킬로미터 이내
   (2019.4.17 본호개정)
2. 자동차전용도로에서의 최고속도는 매시 90킬로미터, 최저속도는 매시 30킬로미터
3. 고속도로
   가. 편도 1차로 고속도로에서의 최고속도는 매시 80킬로미터, 최저속도는 매시 50킬로미터(2010.7.9 본목개정)
   나. 편도 2차로 이상 고속도로에서의 최고속도는 매시 100킬로미터〔화물자동차(적재중량 1.5톤을 초과하는 경우에 한한다. 이하 이 호에서 같다)·특수자동차·위험물운반자동차(별표9 (주) 6에 따른 위험물 등을 운반하는 자동차를 말한다. 이하 이 호에서 같다) 및 건설기계의 최고속도는 매시 80킬로미터〕, 최저속도는 매시 50킬로미터
   다. 나목에 불구하고 편도 2차로 이상의 고속도로로서 경찰청장이 고속도로의 원활한 소통을 위하여 특히 필요하다고 인정하여 지정·고시한 노선 또는 구간의 최고속도는 매시 120킬로미터(화물자동차·특수자동차·위험물운반자동차 및 건설기계의 최고속도는 매시 90킬로미터) 이내, 최저속도는 매시 50킬로미터
   (2010.7.9 본목개정)

② 비·안개·눈 등으로 인한 거친 날씨에는 제1항에도 불구하고 다음 각 호의 기준에 따라 감속 운행해야 한다. 다만, 경찰청장 또는 시·도경찰청장이 별표6 Ⅰ. 제1호타목에 따른 가변형 속도제한표지로 최고속도를 정한 경우에는 이에 따라야 하며, 가변형 속도제한표지로 정한 최고속도와 그 밖의 안전표지로 정한 최고속도가 다를 때에는 가변형 속도제한표지에 따라야 한다.(2021.12.31 본문개정)

1. 최고속도의 100분의 20을 줄인 속도로 운행하여야 하는 경우
   가. 비가 내려 노면이 젖어있는 경우
   나. 눈이 20밀리미터 미만 쌓인 경우
2. 최고속도의 100분의 50을 줄인 속도로 운행하여야 하는 경우
   가. 폭우·폭설·안개 등으로 가시거리가 100미터 이내인 경우
   나. 노면이 얼어 붙은 경우
   다. 눈이 20밀리미터 이상 쌓인 경우

③ 경찰청장 또는 시·도경찰청장이 법 제17조제2항에 따라 구역 또는 구간을 지정하여 자동차등과 노면전차의 속도를 제한하려는 경우에는 「도로의 구조·시설기준에 관한 규칙」 제8조에 따른 설계속도, 실제 주행속도, 교통사고 발생 위험성, 도로주변 여건 등을 고려하여야 한다.
(2020.12.31 본항개정)

④~⑤ (2010.7.9 삭제)
(2019.3.28 본조제목개정)

제20조【자동차를 견인할 때의 속도】 견인자동차가 아닌 자동차로 다른 자동차를 견인하여 도로(고속도로를 제외한다)를 통행하는 때의 속도는 제19조에 불구하고 다음 각 호에서 정하는 바에 의한다.

1. 총중량 2천킬로그램 미만인 자동차를 총중량이 그의 3배 이상인 자동차로 견인하는 경우에는 매시 30킬로미터 이내
2. 제1호 외의 경우 및 이륜자동차가 견인하는 경우에는 매시 25킬로미터 이내

제21조【주차·정차 단속담당공무원의 교육】 ① 영 제12조제4항에 따른 주차·정차 단속담당공무원에 대한 교육은 연 1회 정기교육을 실시하되, 시장등(도지사를 포함한

다. 이하 이 조와 제22조에서 같다)이 필요하다고 인정하는 때에는 수시교육을 실시할 수 있다.(2013.12.30 전단개정)
② 제1항에 따른 정기교육은 8시간으로 하고, 그 내용과 방법은 별표11과 같다.
(2010.12.31 본조제목개정)
제22조【주차위반차의 견인·보관 및 반환 등을 위한 조치 등】 ① 영 제13조제1항에 따른 과태료 또는 범칙금 부과 및 견인대상차 표지는 별지 제9호서식에 의한다.
② 영 제13조제2항에 따라 경찰서장 또는 시장등이 차를 견인한 경우에는 경찰청장이 정하는 바에 의하여 그 차가 있던 곳에 견인한 취지와 그 차의 보관장소를 표시하여야 한다.
③ 영 제13조제3항에 따라 차의 사용자 또는 운전자에게 통지하여야 할 사항은 다음 각 호와 같다.
1. 차의 등록번호·차종 및 형식
2. 위반장소
3. 보관한 일시 및 장소
4. 통지한 날부터 1월이 지나도 반환을 요구하지 아니한 때에는 그 차를 매각 또는 폐차할 수 있다는 내용
④ 제3항에 따른 보관 중인 차의 인수통지는 별지 제10호서식에 의한다.
⑤ 영 제15조제1항에 따라 견인하여 보관한 차를 반환할 경우의 인수증은 별지 제11호서식에 의한다.
제23조【대행법인등의 지정신청 등】 ① 영 제17조제1항에 따라 대행법인등의 지정을 받으려는 자는 별지 제12호서식의 대행법인등 지정신청서에 다음 각 호의 서류를 첨부하여 관할경찰서장 또는 시장·군수·구청장(자치구가 아닌 구의 구청장을 제외한다. 이하 "구청장등"이라 한다)에게 제출해야 한다. 이 경우 전단에 따른 신청서를 받은 관할경찰서장 또는 구청장등은 「전자정부법」 제36조제1항에 따른 행정정보의 공동이용을 통하여 법인 등기사항증명서(법인인 경우만 해당한다)를 확인해야 한다.
(2022.12.30 본문개정)
1. 정관(법인인 경우만 해당한다)(2022.12.30 본호개정)
2. 대행업무처리에 관한 업무규정
3. (2022.12.30 삭제)
② 관할 경찰서장 또는 구청장등은 대행법인등을 지정한 때에는 영 제17조제2항에 따라 그 사실을 해당 경찰서 또는 시·군·구의 게시판에 공고하고, 별지 제13호서식에 따른 대행업지정증을 교부하여야 한다.
③ 영 제17조제3항에 따라 대행법인등은 5천만원 이상의 손해배상을 위한 이행보증보험 또는 대행법인등에 갈음하여 피해자의 손해를 배상하는 보험에 가입하거나 그 소재지를 관할하는 공탁기관에 공탁을 하여야 하며, 경찰서장 또는 구청장등은 제2항에 따라 대행업지정증을 교부하는 때에 이를 확인하여야 한다.
④ 그 밖에 대행법인등의 대행업무수행에 관한 사항으로서 이 규칙에 규정되지 아니한 사항은 시·도경찰청장이 정한다.(2020.12.31 본항개정)
제24조【대행법인등의 지정취소·정지에 관한 청문】 영 제17조제4항에 따라 대행법인등의 지정을 취소하거나 대행업무를 정지시키고자 하는 경우에는 미리 상대방 또는 그 대리인에게 의견을 진술할 기회를 주어야 한다. 다만, 상대방 또는 그 대리인이 정당한 사유 없이 이에 응하지 아니하거나 주소불명 등으로 의견을 진술할 기회를 줄 수 없는 경우에는 그러하지 아니하다.
제25조【대행법인등의 지정취소·정지의 기준】 영 제17조제4항에 따른 대행법인등의 지정취소 및 정지의 기준은 별표12와 같다.
제26조【안전기준을 넘는 승차 및 적재의 허가신청】 ① 영 제23조제1항에 따른 안전기준을 넘는 승차 및 적재의 허가신청은 별지 제5호서식의 안전기준초과승차·안전기준초과적재 허가신청서에 의한다.
② 경찰서장은 제1항에 따른 허가를 한 때에는 별지 제6호서식의 안전기준초과승차·안전기준초과적재 허가증을 교부하여야 한다.
③ 안전기준을 넘는 화물의 적재허가를 받은 사람은 그 길이 또는 폭의 양끝에 너비 30센티미터, 길이 50센티미터 이상의 빨간 헝겊으로 된 표지를 달아야 한다. 다만, 밤에 운행하는 경우에는 반사체로 된 표지를 달아야 한다.
제27조【정비불량표지 등】 ① 영 제24조제1항에 따른 정비불량표지는 별표13에 의하고, 정비명령서는 별지 제14호서식에 의한다.
② 영 제24조제2항에 따른 정비명령의 보고는 별지 제15호서식의 정비명령보고서에 의한다.
③ 영 제26조제1항에 따른 자동차사용정지 통고서는 별지 제16호서식에 의한다.
④ 경찰공무원[제주특별자치도의 자치경찰공무원(이하 "자치경찰공무원"이라 한다)은 제외한다]이 제3항에 따른 자동차사용정지 통고서를 교부한 때에는 별지 제17호서식의 자동차사용정지 통고보고서에 의하여 시·도경찰청장에게 보고하여야 한다.(2020.12.31 본항개정)

제4장 운전자 및 고용주등의 의무

제27조의2【술에 취한 상태의 측정 방법 등】 ① 법 제44조제2항 및 제3항에 따른 술에 취한 상태의 측정 방법은 다음 각 호와 같다.
1. 호흡조사 : 호흡을 채취하여 술에 취한 정도를 객관적으로 환산하는 측정 방법
2. 혈액 채취 : 혈액을 채취하여 술에 취한 정도를 객관적으로 환산하는 측정 방법
② 법 제44조제2항 및 제3항에 따른 술에 취한 상태의 측정 절차는 다음 각 호와 같다.
1. 호흡조사로 측정하는 경우 다음 각 목의 절차를 따를 것
가. 경찰공무원이 교통의 안전과 위험방지를 위하여 필요하다고 인정하는 경우나 운전자의 외관, 언행, 태도, 운전 행태 등 객관적 사정을 종합하여 운전자가 술에 취한 상태에서 운전한 것으로 의심되는 경우에 실시할 것
나. 입 안의 잔류 알코올을 헹궈낼 수 있도록 운전자에게 음용수를 제공할 것
2. 혈액 채취로 측정하는 경우 다음 각 목의 절차를 따를 것
가. 운전자가 처음부터 혈액 채취로 측정을 요구하거나 호흡조사로 측정한 결과에 불복하면서 혈액 채취로의 측정에 동의하는 경우 또는 운전자가 의식이 없는 등 호흡조사로 측정이 불가능한 경우에 실시할 것
나. 가까운 병원 또는 의원 등의 의료기관에서 비알콜성 소독약을 사용하여 채혈할 것
③ 제1항 및 제2항에서 규정한 사항 외에 술에 취한 상태의 측정 방법 및 절차 등에 관하여 필요한 사항은 경찰청장이 정한다.
(2023.7.4 본조신설)
제28조【운전이 금지되는 약물의 종류】 법 제45조에 따라 자동차등(개인형 이동장치는 제외한다) 또는 노면전차의 운전자가 그 영향으로 인하여 운전이 금지되는 약물은 흥분·환각 또는 마취의 작용을 일으키는 유해화학물질로서 「화학물질관리법 시행령」 제11조에 따른 환각물질로 한다.(2020.12.10 본조개정)
제29조【불법부착장치의 기준】 법 제49조제1항제4호에서 "행정안전부령으로 정하는 기준에 적합하지 아니한 장치"란 다음 각 호의 어느 하나에 해당하는 장치를 말한다.(2017.7.26 본문개정)
1. (2008.6.20 삭제)
2. 경찰관서에서 사용하는 무전기와 동일한 주파수의 무전기
3. 긴급자동차가 아닌 자동차에 부착된 경광등, 사이렌 또는 비상등
4. 「자동차 및 자동차부품의 성능과 기준에 관한 규칙」에서 정하지 아니한 것으로서 안전운전에 현저히 장애가 될 정도의 장치(2014.12.31 본호개정)
제30조【유아보호용 장구】 법 제50조제1항 본문에 따라 영유아가 좌석안전띠를 매어야 할 때에는 「어린이제품 안전 특별법」 제17조에 따른 안전인증을 받은 유아보호용 장구를 착용하여야 한다.(2022.10.20 본조개정)
제31조【좌석안전띠 미착용 사유】 법 제50조제1항 단서 및 법 제53조제2항 단서에 따라 좌석안전띠를 매지 아니하거나 승차자에게 좌석안전띠를 매도록 하지 아니하여도 되는 경우는 다음 각 호의 어느 하나에 해당하는 경우로 한다.(2018.9.28 본문개정)
1. 부상·질병·장애 또는 임신 등으로 인하여 좌석안전띠의 착용이 적당하지 아니하다고 인정되는 자가 자동차를 운전하거나 승차하는 때
2. 자동차를 후진시키기 위하여 운전하는 때
3. 신장·비만, 그 밖의 신체의 상태에 의하여 좌석안전띠의 착용이 적당하지 아니하다고 인정되는 자가 자동차를 운전하거나 승차하는 때
4. 긴급자동차가 그 본래의 용도로 운행되고 있는 때
5. 경호 등을 위한 경찰용 자동차에 의하여 호위되거나 유도되고 있는 자동차를 운전하거나 승차하는 때
6. 「국민투표법」 및 공직선거관계법령에 의하여 국민투표운동·선거운동 및 국민투표·선거관리업무에 사용되는 자동차를 운전하거나 승차하는 때
7. 우편물의 집배, 폐기물의 수집 그 밖에 빈번히 승강하는 것을 필요로 하는 업무에 종사하는 자가 해당 업무를 위하여 자동차를 운전하거나 승차하는 때
8. 「여객자동차 운수사업법」에 의한 여객자동차운송사업용 자동차의 운전자가 승객의 주취·약물복용 등으로 좌석안전띠를 매도록 할 수 없거나 승객에게 좌석안전띠 착용을 안내하였음에도 불구하고 승객이 착용하지 않은 때(2018.9.28 본호개정)
제32조【인명보호장구】 ① 법 제50조제3항에서 "행정안전부령이 정하는 인명보호장구"라 함은 다음 각 호의 기준에 적합한 승차용 안전모를 말한다.(2017.7.26 본문개정)
1. 좌우, 상하로 충분한 시야를 가질 것
2. 풍압에 의하여 차광용 앞창이 시야를 방해하지 아니할 것
3. 청력에 현저하게 장애를 주지 아니할 것
4. 충격 흡수성이 있고, 내관통성이 있을 것
5. 충격으로 쉽게 벗어지지 아니하도록 고정시킬 수 있을 것
6. 무게는 2킬로그램 이하일 것
7. 인체에 상처를 주지 아니하는 구조일 것
8. 안전모의 뒷부분에는 야간운행에 대비하여 반사체가 부착되어 있을 것
② 법 제50조제4항에서 "행정안전부령으로 정하는 인명보호장구"란 제1항제1호 및 제3호부터 제7호까지에 따른 기준에 적합한 안전모를 말한다.(2017.7.26 본항개정)
제33조【운행기록계를 설치하여야 하는 자동차】 법 제50조제5항 각 호 외의 부분에서 "행정안전부령으로 정하는 자동차"란 「자동차 및 자동차부품의 성능과 기준에 관한 규칙」 제56조에 따른 자동차(「여객자동차 운수사업법」 등 다른 법령의 규정에 의하여 운행기록계를 설치하여야 하는 자동차와 용달화물자동차운송사업용 자동차를 포함한다)로 한다.(2017.7.26 본조개정)
제33조의2【교통안전을 위하여 자전거등이 갖추어야 할 구조】 법 제50조제7항에 따라 자전거등이 교통안전에 위험을 초래하지 않도록 보행자에게 위해를 줄 우려가 있는 금속재 모서리는 둥글게 가공되거나 고무, 플라스틱 등으로 덮여 있어야 한다.(2020.12.10 본조개정)
제33조의3【개인형 이동장치의 승차정원】 법 제50조제10항에서 "행정안전부령으로 정하는 승차정원"이란 다음 각 호의 구분에 따른 인원을 말한다.
1. 전동킥보드 및 전동이륜평행차의 경우 : 1명
2. 전동기의 동력만으로 움직일 수 있는 자전거의 경우 : 2명
(2020.12.10 본조신설)
제34조【어린이통학버스로 사용할 수 있는 자동차】 법 제52조제3항에 따라 어린이통학버스로 사용할 수 있는 자동차는 승차정원 9인승(어린이 1명을 승차정원 1명으로 본다) 이상의 자동차로 한다. 이 경우, 「자동차관리법」 제34조에 따라 튜닝 승인을 받은 자가 9인승 이상의 승용자동차 또는 승합자동차를 장애아동의 승·하차 편의를 위하여 9인승 미만으로 튜닝한 경우 그 승용자동차 또는 승합자동차를 포함한다.(2016.2.12 후단신설)
제35조【어린이통학버스의 신고절차 등】 ① 법 제52조제1항에 따라 어린이통학버스의 신고를 하고자 하는 자는 별지 제18호서식의 어린이통학버스신고서에 다음 각 호의 서류를 첨부하여 당해 버스를 어린이 통학 등에 이용하는 시설의 소재지를 관할하는 경찰서장에게 제출하여야 한다. 이 경우 관할경찰서장은 「전자정부법」 제36조제1항에 따른 행정정보의 공동이용으로 신청인의 자동차등록증을 확인하여야 하며, 신청인이 확인에 동의하지 아니하는 경우에는 그 사본을 첨부하도록 하여야 한다.
(2010.9.10 후단개정)
1. 보험가입증명서 사본
2. 학교 등기·인가 신고서 또는 학원 등록 신고서 사본
(2009.11.27 1호~2호신설)
② 관할 경찰서장은 제1항에 따른 신고서를 접수한 경우 구비요건을 확인한 후 기준에 적합한 때에는 별지 제19호서식의 어린이통학버스 신고증명서를 교부하여야 한다.
(2018.4.25 본항개정)
③ 제2항에 따라 교부받은 어린이통학버스 신고증명서는 그 자동차의 앞면 창유리 우측상단의 보기 쉬운 곳에 부착하여야 한다.(2018.4.25 본항개정)
④ 어린이통학버스 신고증명서를 잃어버리거나 헐어 못쓰게 된 때에는 별지 제20호서식의 어린이통학버스 신고증명서 재교부신청서를 관할 경찰서장에게 제출하여 다시 교부받아야 한다. 다만, 어린이통학버스 신고증명서가 헐어 못쓰게 되어 다시 신청하는 때에는 어린이통학버스 신고증명서 재교부신청서에 헐어 못쓰게 된 신고증명서를 첨부하여 제출하여야 한다.(2018.4.25 본항개정)
제36조【어린이 보호표지】 영 제31조제2호에 따른 어린이 보호표지는 별표14와 같다.
제37조【어린이통학버스 신고증명서의 회수】 관할 경찰서장은 어린이통학버스가 다음 각 호의 어느 하나에 해당하는 경우에는 제35조제2항에 따른 어린이통학버스 신고증명서를 회수하여야 한다.(2018.4.25 본문개정)
1. 어린이통학버스가 영 제31조제1호·제3호 및 제4호에 따른 요건에 적합하지 아니한 경우
2. 법 제2조제23호에 따른 어린이 시설이 폐쇄된 경우
(2011.12.9 본호개정)
3. 고장이나 그 밖의 사유로 인하여 어린이통학버스로 사용할 수 없게 된 경우
(2018.4.25 본조제목개정)
제37조의2【어린이 하차확인장치】 법 제53조제5항에서 "행정안전부령으로 정하는 어린이나 영유아의 하차를 확인할 수 있는 장치"란 「자동차 및 자동차 부품의 성능과 기준에 관한 규칙」 제53조의4에 따른 어린이 하차확인장치를 말한다.(2019.4.17 본조신설)
제37조의3【보호자 동승표지】 ① 법 제53조제6항에서 "행정안전부령으로 정하는 보호자 동승을 표시하는 표지"란 별표15에 따른 보호자 동승표지를 말한다.
② 제1항에 따른 보호자 동승표지는 어린이통학버스의 우측 옆면 승강구 부근의 보기 쉬운 곳에 부착한다.
(2020.11.27 본조신설)
제37조의4【안전운행기록】 법 제53조제7항에 따른 어린이통학버스의 안전운행기록은 별지 제20호의2서식에 따른다.(2020.11.27 본조신설)
제37조의5【어린이통학버스 운영자 등에 관한 안전교육】 ① 법 제53조의3 및 영 제31조의2에 따라 법 제2조제23호 각 목의 시설 가운데 어린이를 교육대상으로 하는 시설(이하 "어린이교육시설"이라 한다)에서 어린이통학버스를 운영하는 사람과 운전하는 사람 및 법 제53조제3항에 따라 어린이통학버스에 동승하는 보호자(이하 "동승보호자"라 한다)에 대해 실시하는 어린이통학버스의 안전운행 등에 관한 교육(이하 "어린이통학버스 안전교육"이라 한다)은 법 제120조에 따른 도로교통공단(이하 "도로교

통공단"이라 한다)에서 제작하고 경찰청장이 감수한 교재를 사용해야 한다. 다만, 어린이교육시설을 관리하는 주무기관의 장이 직접 안전교육을 실시하는 경우에는 경찰청장이 감수한 자료를 기초로 직접 제작한 교재를 사용할 수 있다.(2020.11.27 본문개정)
② 도로교통공단은 매년 교육 인원 등을 고려하여 어린이통학버스 안전교육에 관한 세부교육계획을 수립하여 경찰청장에게 승인을 받아야 한다.(2021.12.31 본항개정)
③ 도로교통공단은 어린이통학버스 안전교육에 관한 교육일정을 기관 홈페이지를 통하여 공지하여야 한다.
④ 도로교통공단은 어린이통학버스 안전교육 대상자에게 별지 제20호의3서식의 안전교육 통지서에 따라 교육기간 및 교육장소 등에 관한 사항을 알려주어야 한다. 다만, 개별적인 통지가 곤란한 안전교육 대상자에 대해서는 도로교통공단 홈페이지에 일반적인 교육기간 및 교육장소를 공지한 것으로 통지를 대신한다.(2020.11.27 본항개정)
⑤ 영 제31조의2제4항에 따라 어린이통학버스 안전교육을 받은 운영자에게 발급하는 교육확인증은 별지 제20호의4서식에 따르고, 운전자 및 동승보호자에게 발급하는 교육확인증은 별지 제20호의5서식에 따른다.(2020.11.27 본항개정)
(2014.12.31 본조개정)

제37조의6【어린이통학버스 관련 의무 위반 정보 등 제공】 경찰서장은 법 제53조의4제1항에 따라 다음 각 호의 정보를 어린이교육시설을 감독하는 주무기관의 장에게 제공해야 한다.
1. 법 제53조 또는 제53조의5를 위반하여 어린이를 사상(死傷)하는 사고를 유발한 사람의 성명 및 해당 어린이 교육시설의 명칭
2. 제1호에 따른 사고의 일시·장소 및 위반 항목
3. 제1호에 따른 사고 관련 자동차의 등록번호
(2020.11.27 본조개정)

제38조【교통사고의 조사보고】 ① 경찰공무원(자치경찰공무원은 제외한다)이 영 제32조에 따라 교통사고를 조사한 경우에는 별지 제21호서식의 교통사고보고서를 작성하여 경찰서장에게 보고하여야 한다. 다만, 영 제32조 단서에 따라 조사항목의 일부를 생략하는 경우에는 별지 제21호의2서식의 단순 물적피해 교통사고 조사보고서를 작성하여 경찰서장에게 보고하여야 한다.
② 경찰서장은 그 관할구역 안에서 교통사고를 일으킨 사람에 대하여는 별표28의 기준에 따라 벌점을 산정하고, 그 사람의 인적사항·면허번호 및 벌점 등을 즉시 자동차운전면허대장(전산정보처리조직에 의하여 관리하는 운전면허관리자료를 포함한다. 이하 같다)에 기재되도록 전산입력하여 시·도경찰청장에게 보고하여야 한다.
(2020.12.31 본조개정)

제5장 고속도로 및 자동차전용도로에서의 특례

제39조【고속도로에서의 차로에 따른 통행구분】 ① 법 제60조에 따른 고속도로에서의 차로(전용차로가 설치되어 운용되고 있는 경우 그 전용차로를 제외한다)에 따른 통행차의 기준은 별표9와 같다.
② 경찰청장은 고속도로에서의 교통의 안전과 원활한 소통을 확보하기 위하여 특히 필요하다고 인정되는 경우에는 통행방법을 따로 정하여 고시할 수 있다.
③ 제16조제2항 및 제3항의 규정은 고속도로에서의 자동차의 통행 및 차로에 관하여 이를 준용한다.

제40조【고장자동차의 표지】 ① 법 제66조에 따라 자동차의 운전자는 고장이나 그 밖의 사유로 고속도로 또는 자동차전용도로(이하 "고속도로등"이라 한다)에서 자동차를 운행할 수 없게 되었을 때에는 다음 각 호의 표지를 설치하여야 한다.
1.「자동차관리법 시행령」제8조의2제7호,「자동차 및 자동차부품의 성능과 기준에 관한 규칙」제112조의8 및 별표30의5에 따른 안전삼각대(국토교통부령 제386호 자동차 및 자동차부품의 성능과 기준에 관한 규칙 일부개정령 부칙 제6조에 따라 국토교통부장관이 정하여 고시하는 기준을 충족하도록 제작된 안전삼각대를 포함한다)
2. 사방 500미터 지점에서 식별할 수 있는 적색의 섬광신호·전기제등 또는 불꽃신호. 다만, 밤에 고장이나 그 밖의 사유로 고속도로등에서 자동차를 운행할 수 없게 되었을 때로 한정한다.
② (2017.6.2 삭제)
③ 자동차의 운전자는 제1항에 따른 표지를 설치하는 경우 그 자동차의 후방에서 접근하는 자동차의 운전자가 확인할 수 있는 위치에 설치하여야 한다.
(2017.6.2 본조개정)

제41조 (2021.7.13 삭제)

제6장 도로의 사용

제42조【도로공사신고】 법 제69조제1항에 따라 도로공사를 하려는 사람(이하 "공사시행자"라 한다)은 별지 제22호서식의 도로공사신고서에 다음 각 호의 서류를 첨부하여 관할 경찰서장에게 신고하여야 한다.
1. 공사구간의 교통관리 및 교통안전시설의 설치 계획(필요한 경우에만 첨부한다)
2. 공사 현장 도면
3. 도로공사 시행의 근거가 되는 서류
(2013.12.30 본조개정)

제42조의2【도로공사장의 교통안전조치】 법 제69조제3항 및 제4항에 따른 교통안전시설의 설치 및 안전요원 또는 안전유도 장비의 배치에 관한 기준은 별표15의2와 같다.(2021.4.21 본조신설)

제43조【교통안전시설의 원상회복】 법 제69조제6항에 따라 공사시행자는 공사로 인하여 교통안전시설을 훼손한 때에는 부득이한 사유가 없는 한 해당 공사가 끝난 날부터 3일 이내에 이를 원상회복하고 그 결과를 관할 경찰서장에게 신고해야 한다.(2021.4.21 본조개정)

제44조 (2008.6.20 삭제)

제45조【열람부】 영 제13조제4항 및 영 제34조제1항에 따라 작성하는 경찰서장이 제거한 공작물 등의 열람부는 별지 제23호서식에 의한다.(2013.12.30 본조개정)

제7장 교통안전교육

제46조【교통안전교육의 방법 등】 ① 법 제73조제1항 및 영 제37조에 따른 교통안전교육(이하 "교통안전교육"이라고 한다), 법 제73조제2항·제3항 및 영 제38조에 따른 특별교통안전 의무교육과 특별교통안전 권장교육(이하 "특별교통안전교육"이라고 한다)의 과목·내용·방법 및 시간은 별표16과 같다.(2018.4.25 본항개정)
② 교통안전교육을 실시함에 있어서는 법 제74조에 따른 교통안전교육기관 또는 법 제119조에 따른 자동차운전전문학원연합회에서 제작하고 경찰청장이 감수한 교재를 사용하여야 한다. 다만, 특별교통안전교육을 실시함에 있어서는 도로교통공단에서 제작하고 경찰청장이 감수한 교재를 사용하여야 한다.(2018.4.25 본항개정)
③ 시·도경찰청장 또는 경찰서장은 제93조제3항에 따라 별지 제82호서식의 운전면허정지·취소처분결정통지서를 발송 또는 발급할 때에는 특별교통안전교육의 실시에 관한 사항을 함께 알려주어야 한다.(2020.12.31 본항개정)
④ 교통안전교육기관의 장 또는 도로교통공단 이사장은 교통안전교육 또는 특별교통안전교육을 받은 사람에 대하여는 별지 제25호서식의 교육확인증을 발급하여야 한다.(2018.4.25 본항개정)
⑤ (2014.12.16 삭제)
⑥ 영 제38조제5항에 따라 특별교통안전 의무교육 연기신청을 하고자 하는 사람은 별지 제27호서식의 특별교통안전 의무교육 연기신청서에 연기사유를 증명할 수 있는 서류를 첨부하여 경찰서장에게 제출하여야 한다.
(2018.4.25 본항개정)
⑦ 경찰서장이 제6항에 따라 특별교통안전 의무교육을 연기한 때에는 자동차운전면허대장에 그 내용을 기재하고 별지 제28호서식의 특별교통안전 의무교육 연기사실확인서를 교부하여야 한다.(2018.4.25 본항개정)

제46조의2【긴급자동차 운전자에 대한 교통안전교육】
① 영 제38조의2에 따른 긴급자동차 운전자에 대한 교통안전교육의 과목·내용·방법 및 시간은 별표16과 같다.
② 영 제38조의2에 따른 긴급자동차 교통안전교육을 실시함에 있어서는 도로교통공단에서 제작하고 경찰청장이 감수한 교재를 사용하여야 한다.
③ 도로교통공단은 긴급자동차 교통안전교육에 관한 세부교육계획을 수립하여 경찰청장에게 승인을 받아야 한다.
④ 도로교통공단은 긴급자동차 교통안전교육에 관한 교육일정을 기관 홈페이지를 통하여 공지하여야 한다.
⑤ 도로교통공단 이사장과 영 제38조의2제3항 단서의 국가기관 및 지방자치단체의 장은 법 제73조제4항에 따른 교육을 받은 사람에 대하여 별지 제28호의2서식의 교육확인증을 발급하여야 한다.
⑥ 국가기관 및 지방자치단체의 장이 영 제38조의2제3항 단서에 따라 긴급자동차 교통안전교육을 실시한 경우에는 별지 제28호의3서식의 긴급자동차 교통안전교육 이수자 명단을 작성하여 도로교통공단에 통보하여야 한다.
(2018.4.25 본조신설)

제46조의3【75세 이상인 사람에 대한 교통안전교육】
① 법 제73조제5항에 따른 75세 이상인 사람에 대한 교통안전교육은 도로교통공단에서 실시한다.
② 75세 이상인 사람에 대한 교통안전교육의 과목·내용·방법 및 시간은 별표16 제4호와 같다.
③ 75세 이상인 사람에 대한 교통안전교육의 교재, 세부교육계획 수립 및 교육일정의 공지에 관하여는 제46조의2제2항부터 제4항까지의 규정을 준용한다.
④ 도로교통공단 이사장은 75세 이상인 사람에 대한 교통안전교육을 받은 사람에게 별지 제28호의4서식의 교통안전교육 확인증을 발급하여야 한다.
(2018.12.31 본조신설)

제47조【교통안전교육기관의 지정신청 등】 ① 법 제74조에 따라 교통안전교육을 실시하는 기관 또는 시설(이하 "교통안전교육기관"이라 한다)로 지정받으려는 자는 별지 제29호서식의 교통안전교육기관 지정신청서에 다음 각 호의 서류를 첨부하여 시·도경찰청장에게 제출해야 한다.(2021.7.13 본문개정)
1. 별지 제30호서식의 교통안전교육기관카드 1부
2. 부대시설·설비 등을 나타내는 도면 1부
3. (2007.9.28 삭제)
4. 교통안전교육기관의 시설 등의 사용에 관한 전세 또는 임대차 계약서 사본 1부(교통안전교육기관의 시설 등이 다른 사람의 소유인 경우에 한한다)(2007.9.28 본호개정)
5. 법 제76조제2항에 따른 교통안전교육강사의 자격을 증명할 수 있는 서류 사본 1부
6. 교통안전교육기관의 직인(한 변의 길이가 3센티미터인 정사각형의 것을 말한다) 및 교통안전교육기관의 장·운영책임자의 도장의 인영(印影: 도장을 찍은 모양을 말한다. 이하 같다)(2021.12.31 본호개정)
② 제1항에 따라 서류를 제출받은 시·도경찰청장은「전자정부법」제36조제1항에 따른 행정정보의 공동이용을 통하여 다음 각 호의 서류를 확인하여야 한다. 다만, 주민등록표 초본은 신청인이 확인에 동의하지 아니하는 경우에는 이를 제출(주민등록증 등 신분증명서를 제시하는 것으로 갈음할 수 있다)하도록 하여야 한다.(2020.12.31 본문개정)
1. 설립·운영하는 자의 법인의 등기사항증명서(설립·운영하는 자가 법인인 경우에 한한다)(2010.9.10 본호개정)
2. 교통안전교육기관의 토지대장 등본 및 건축물대장 등본
3. 교통안전교육기관의 장의 주민등록표 초본(법 제75조제1항에 따라 운영책임자를 임명한 경우에는 운영책임자의 주민등록표 초본을 포함한다)(2018.4.25 본호개정)
4. 설립·운영하는 자의 주민등록표 초본(설립·운영하는 자가 개인인 경우에 한정한다)(2018.4.25 본호개정)
③ 교통안전교육기관의 장은 법 제74조제2항 각 호에서 규정된 기관 또는 시설의 고유명칭에 "부설교통안전교육기관"이라고 표시하여 이를 교통안전교육기관의 명칭으로 사용하여야 한다.
④ 시·도경찰청장은 법 제74조에 따라 교통안전교육기관을 지정한 때에는 별지 제31호서식의 교통안전교육기관 지정증을 신청인에게 교부하고, 그 사실을 별지 제32호서식의 교통안전교육기관 지정대장에 기록·관리하여야 한다.(2020.12.31 본항개정)

제48조【교통안전교육기관 운영책임자의 선임 및 해임 통보】 교통안전교육기관의 장이 법 제75조제1항에 따른 운영책임자를 선임 또는 해임한 때에는 별지 제33호서식에 의하여 지체 없이 시·도경찰청장에게 통보하여야 한다.(2020.12.31 본조개정)

제49조【교통안전교육의 관리 등】 ① 교통안전교육기관의 장(법 제75조제1항에 따라 교통안전교육기관의 운영책임자를 임명한 때에는 그 운영책임자를 말한다. 이하 같다)은 교육 당일 교육생이 본인인지의 여부를 확인하여야 한다.
② 교통안전교육강사는 교육이 시작되기 전에 별지 제34호서식에 의하여 교육생 명단을 작성한 후 교육을 마친 때에는 교육생이 교육을 이수하였는지의 여부를 확인하여 교육생 명단에 서명 또는 날인하고 이를 교통안전교육기관의 장에게 제출하여 그 결과를 보고하여야 한다.
③ 교통안전교육기관의 장은 제2항에 따른 보고를 받은 경우에는 교육과정을 모두 이수한 교육생에 대하여 제46조제4항에 따라 교육확인증을 교부하고, 교육확인증 발급현황을 별지 제35호서식의 교육확인증 발급대장에 기록하여 보관해야 한다.(2021.12.31 본항개정)
④ 교통안전교육기관의 장은 제3항에 따라 교육확인증을 받은 사람이 교육확인증을 분실 또는 훼손하여 재발급을 신청한 때에는 교육확인증 발급대장에 그 사실을 기록하고 재발급할 수 있다.(2021.12.31 본항개정)
⑤ 교통안전교육기관의 장은 영 제39조제1호나목에 따라 설치한 교통안전교육 관리용 전산시스템을 수시로 점검하여 항상 정상적으로 작동되도록 하여야 한다.
⑥ 교통안전교육기관에는 별표17의 장부 및 서류를 갖추어 관련 기록을 정확하게 유지하여야 한다.
⑦ 제1항 내지 제6항의 규정은 도로교통공단에서 실시하는 특별교통안전교육의 관리에 관하여 이를 준용한다.
(2008.6.20 본항개정)

제50조【교통안전교육기관 운영의 정지 또는 폐지 신고서】 법 제78조에 따른 교통안전교육기관의 운영의 정지 또는 폐지의 신고는 별지 제37호서식의 교통안전교육기관 정지·폐지신고서에 의한다. 이 경우 폐지신고를 하는 때에는 지정증을 첨부하여야 한다.

제51조【교통안전교육기관의 지정취소 등】 ① 법 제79조에 따른 교통안전교육기관의 지정취소 또는 운영정지의 기준은 별표17의2와 같다.(2010.12.31 본항신설)
② 시·도경찰청장은 법 제79조에 따라 교통안전교육기관의 지정을 취소하거나 운영정지를 명하려면 먼저 별지 제38호서식의 교통안전교육기관 행정처분 사전통지서에 따라 교통안전교육기관의 장에게 사전통지를 한 후 별지 제39호서식의 교통안전교육기관 행정처분 결정통지서에 따라 지정을 취소하거나 운영 정지를 명한 사실을 통지하고 별지 제40호서식의 교통안전교육기관 행정처분대장에 그 사실을 기재하여야 한다.(2020.12.31 본항개정)
③ 교통안전교육기관의 장은 제1항에 따른 지정취소 또는 운영정지의 통지를 받은 날부터 7일 이내에 지정증을 시·도경찰청장에게 반납하여야 한다.(2020.12.31 본항개정)
④ 시·도경찰청장은 제1항에 따라 교통안전교육기관의 지정을 취소하거나 운영정지의 명령을 한 때에는 그 사실을 그 교통안전교육기관의 출입구·게시판 등 잘 보이는 곳에 공고하여야 한다.(2020.12.31 본항개정)

제52조【수강료 등의 게시 등】 제126조의 규정은 교통안전교육기관 및 도로교통공단의 강사의 인적사항 및 수강료의 게시에 관하여 이를 준용한다.(2008.6.20 본조개정)

제8장 운전면허

제53조【운전면허에 따라 운전할 수 있는 자동차등의 종류】 법 제80조제2항에 따라 운전면허를 받은 사람이 운전할 수 있는 자동차등의 종류는 별표18과 같다.
(2021.5.13 본조개정)

제54조【운전면허의 조건 등】 ① 도로교통공단은 법 제83조제1항제1호, 제87조 및 제88조에 따라 실시한 적성검사 결과가 운전면허에 조건을 붙여야 하거나 변경이 필요하다고 판단되는 경우에는 그 내용을 시·도경찰청장에게 통보하여야 한다.(2020.12.31 본항개정)
② 제1항에 따라 도로교통공단으로부터 통보를 받은 시·도경찰청장이 운전면허를 받을 사람 또는 적성검사를 받은 사람에게 붙이거나 바꿀 수 있는 조건은 다음 각 호와 같이 구분한다.(2020.12.31 본문개정)
1. 자동차등의 구조를 한정하는 조건(2021.5.13 본문개정)
 가. 자동변속기장치 자동차만을 운전하도록 하는 조건
 나. 삼륜 이상의 원동기장치자전거(이하 "다륜형 원동기장치자전거"라 한다)만을 운전하도록 하는 조건
 (2010.8.24 본목신설)
 다. 가속페달 또는 브레이크를 손으로 조작하는 장치, 오른쪽 방향지시기 또는 왼쪽 엑셀러레이터를 부착하도록 하는 조건(2008.6.20 본목개정)
 라. 신체장애 정도에 적합하게 제작·승인된 자동차등만을 운전하도록 하는 조건(2013.12.30 본목신설)
2. 의수·의족·보청기 등 신체상의 장애를 보완하는 보조수단을 사용하도록 하는 조건
3. 청각장애인이 운전하는 자동차에는 별표19의 청각장애인표지와 충분한 시야를 확보할 수 있는 볼록거울을 별도로 부착하도록 하는 조건
③ 제1항에 따른 조건의 부과기준은 별표20과 같다. 다만, 운전면허를 받을 사람 또는 적성검사를 받은 사람의 신체상의 상태 또는 운전능력에 따라 2 이상의 조건을 병합하여 부과할 수 있다.
④ 시·도경찰청장이 운전에 필요한 조건을 붙이거나 바꾼 때에는 그 내용을 도로교통공단에 통보하고, 그 통보를 받은 도로교통공단은 운전면허의 조건이 부과되거나 변경되는 사람에게 별지 제40호의2서식의 조건부과(변경)통지서에 따라 그 내용을 통지하여야 한다.(2020.12.31 본항개정)
⑤ 도로교통공단은 제4항에 따라 시·도경찰청장으로부터 통보를 받은 때에는 그 사람의 운전면허증과 별지 제56호서식의 자동차운전면허대장, 별지 제67호서식의 정기적성검사대장 또는 별지 제75호서식의 수시적성검사대장에 그 내용을 기재하여야 한다.(2020.12.31 본항개정)
⑥ 시·도경찰청장은 제2항제1호에 따른 조건을 바꾸거나 해지하려는 경우에는 법 제83조제1항제1호 및 제4호에 따른 적성 및 기능에 관한 시험에 합격한 사람에 한정하여 이를 할 수 있다.(2020.12.31 본항개정)

제55조【연습운전면허를 받은 사람의 준수사항】 법 제80조제2항제3호에 따른 연습운전면허를 받은 사람이 도로에서 주행연습을 하는 때에는 다음 각 호의 사항을 지켜야 한다.
1. 운전면허(연습하고자 하는 자동차를 운전할 수 있는 운전면허에 한한다)를 받은 날부터 2년이 경과된 사람(소지하고 있는 운전면허의 효력이 정지기간 중인 사람을 제외한다)과 함께 승차하여 그 사람의 지도를 받아야 한다.(2016.9.21 본호개정)
2. 「여객자동차 운수사업법」 또는 「화물자동차 운수사업법」에 따른 사업용 자동차를 운전하는 등 주행연습 외의 목적으로 운전하여서는 아니된다.
3. 주행연습 중이라는 사실을 다른 차의 운전자가 알 수 있도록 연습 중인 자동차에 별표21의 표지를 붙여야 한다.

제56조【운전면허시험의 공고】 ① 경찰서장 또는 도로교통공단은 운전면허 시험을 실시하려는 경우에는 시험일 20일 전에 별지 제41호서식의 자동차운전면허시험 실시공고에 의하여 이를 공고하여야 한다. 다만, 월 4회 이상 실시하는 경우에는 월별로 일괄하여 공고할 수 있다.
② 제1항에 따른 공고는 운전면허시험장의 게시판에 공고하거나 신문 또는 방송 등을 통하여 널리 알릴 수 있는 방법으로 하여야 한다.
(2010.12.31 본조개정)

제57조【운전면허시험의 응시】 ① 법 제83조제1항 및 제2항에 따라 운전면허시험에 응시하려는 사람은 별지 제42호서식(제1종 보통 및 제2종 운전면허시험에 응시하려는 경우에는 별지 제42호의2서식을 말한다)에 따른 자동차운전면허시험 응시원서에 다음 각 호의 서류를 첨부하여 경찰서장 또는 도로교통공단에 제출하고, 신분증명서를 제시해야 한다. 다만, 신청인이 원하는 경우에는 신분증명서 제시를 갈음하여 전자적 방법으로 지문정보를 대조하여 본인확인을 할 수 있다.(2019.8.26 본문개정)
1. 사진(신청일부터 6개월 내에 모자를 벗은 상태에서 배경 없이 촬영된 상반신 컬러사진으로 규격은 가로 3.5센티미터, 세로 4.5센티미터로 한다. 이하 같다) 3장
 (2016.11.29 본호개정)
2. 병력신고서(제1종 대형 및 특수 운전면허시험에 응시하려는 경우만 해당한다)
3. 질병·신체에 관한 신고서(제1종 보통 및 제2종 운전면허시험에 응시하려는 경우만 해당한다)
4. 운전면허시험 신청일부터 2년 이내에 발급된 다음 각 목의 어느 하나에 해당하는 서류(한쪽 눈만 보지 못하는 사람이 제1종 보통면허시험에 응시하려는 경우에는 다목에 따른 서류만 해당한다)로서 영 제45조제1항에 따른 운전면허의 적성에 관한 사항을 포함하고 있는 것. 다만, 제2항에 따라 「전자정부법」 제36조에 따른 행정정보의 공동이용을 통하여 확인할 수 있는 사항은 포함하지 않을 수 있다.(2022.10.20 단서개정)
 가. 「의료법」 제3조제2항제1호가목에 따른 의원, 같은 항 제3호가목 및 바목에 따른 병원 및 종합병원에서 발행한 별지 제42호서식(제1종 보통 및 제2종 운전면허시험에 응시하려는 경우에는 별지 제42호의2서식을 말한다)에 첨부된 양식의 신체검사서(2022.10.20 본목개정)
 나. 「국민건강보험법」 제52조에 따른 건강검진 결과 통보서
 다. 「의료법」 제17조에 따라 의사가 발급한 진단서
 라. 「병역법」 제11조에 따른 병역판정 신체검사(현역병지원 신체검사를 포함한다) 결과 통보서(2016.11.29 본목개정)
 (2014.5.28 본호개정)
② 제1항에 따라 신청을 받은 경찰서장 또는 도로교통공단은 「전자정부법」 제36조에 따른 행정정보의 공동이용을 통하여 다음 각 호의 정보를 확인해야 한다. 다만, 신청인이 해당 정보의 확인에 동의하지 않는 경우에는 관련 자료를 제출(제1호의 경우에는 제1항제4호 각 목의 어느 하나에 해당하는 서류에 포함하여 제출하는 것을 말한다. 이하 같다)하도록 해야 한다.(2021.7.13 본문개정)
1. 운전면허시험을 신청한 날부터 2년 내에 실시한 「국민건강보험법」 제52조 또는 「의료급여법」 제14조에 따른 신청인의 건강검진 결과 내역 또는 「병역법」 제11조에 따른 신청인의 병역판정 신체검사 결과 내역 중 적성검사를 위하여 필요한 시력 또는 청력에 관한 정보
 (2016.11.29 본호개정)
2. 신청인이 외국인 또는 재외동포인 경우 외국인등록사실증명 중 국내 체류지에 관한 정보나 국내거소신고사실증명 중 대한민국 안의 거소에 관한 정보
3. 신청인이 제75조제1항에 따른 군복무 중 자동차등에 상응하는 군의 차를 운전한 경험이 있는 사람인 경우 「병역법 시행령」 제155조의7에 따른 병적증명서 중 지방병무청장이 발급하는 군 운전경력 및 무사고 확인서
 (2021.7.13 본호신설)
(2014.12.31 본항개정)
③ 연습운전면허시험에 응시하려는 사람은 제1종 보통연습면허 및 제2종 보통연습면허를 동시에 신청할 수 없다.
(2013.7.31 본조개정)

제58조【응시원서의 접수 등】 ① 경찰서장 또는 도로교통공단은 제57조제1항에 따른 응시원서를 접수한 때에는 그 사실을 별지 제43호서식의 운전면허응시원서접수대장에 기록하고, 시험일자를 지정한 후 운전면허시험응시표를 응시자에게 발급하여야 한다. 다만, 응시원서 접수사실을 전산정보처리조직에 의하여 관리하는 경우에는 운전면허응시원서접수대장에 그 사실을 기록하지 아니할 수 있다.(2010.12.31 본항개정)
② 제57조제1항에 따른 자동차운전면허시험 응시원서의 유효기간은 최초의 필기시험일부터 1년간으로 하되, 제1종 보통연습면허 또는 제2종 보통연습면허를 받은 때에는 그 연습운전면허의 유효기간으로 한다.
③ 제1항에 따라 운전면허시험응시표를 발급받은 사람이 그 운전면허시험응시표를 잃어버리거나 헐어 못쓰게 된 때에는 그 응시지역을 관할하는 경찰서장 또는 도로교통공단이 지정하는 장소에서 운전면허시험응시표를 재발급받을 수 있다.(2010.12.31 본항개정)
④ 경찰서장 또는 도로교통공단은 학과시험 또는 기능시험을 실시한 때에는 별지 제44호서식의 운전면허시험 종합성적표를, 도로주행시험을 실시한 때에는 별지 제45호서식의 제1종보통·제2종보통운전면허시험 종합성적표를 작성·비치하여야 하며, 최종합격자에 대하여는 운전면허시험응시표를 회수하여 이를 보관하여야 한다.
(2010.12.31 본항개정)

제59조 (2014.12.31 삭제)

제59조의2【제1종 보통면허시험 및 제2종 운전면허시험 응시자의 적성판정】 영 제45조제2항에 따른 제1종 보통면허시험 및 제2종 운전면허시험 응시자의 적성은 별지 제42호의2서식 뒤쪽의 질병·신체에 관한 신고서로 판정한다.(2011.4.30 본조개정)

제60조【신체검사서에 의하여도 판정이 곤란한 사람에 대한 운전적성의 인정방법 등】 ① 영 제45조제3항에서 적성기준에 적합한 것으로 보는 "행정안전부령으로 정하는 경우"란 다음 각 호의 어느 하나에 해당하는 경우를 말한다.(2017.7.26 본문개정)
1. 학원·전문학원 또는 법 제2조제32호라목의 시설에서 2시간 이상 기능교육을 받은 사실이 있는 경우
 (2011.12.9 본호개정)
2. 신체장애정도에 적합하게 제작·승인된 자동차를 이용하여 운전면허시험에 응시하는 경우
3. 해당 분야의 전문의가 발급하는 소견서에 의하여 운전이 가능하다고 인정되는 경우
4. 의수·의족 등의 보조수단(이하 "보조장구"라 한다)을 사용하거나 보조장구 없이 핸들·브레이크·엑셀러레이터 등의 조작능력 등을 과학적으로 평가할 수 있는 운동능력평가기기에 의하여 운전적성의 판정에 합격하는 경우
② 제1항제4호에 따른 운전적성의 판정은 별표22의 운동능력평가기기에 의한 판정기준에 따라 현장에서 판정하고, 판정결과를 별지 제48호서식의 운동능력평가표에 기재하여야 하며, 별지 제49호서식의 운동능력평가자접수대장에 기록·관리하여야 한다.
③ 도로교통공단은 제2항에 따른 운동능력 평가결과에 따라 합격판정을 받은 사람에 대해서는 운동능력 평가결과를 통지하여야 한다.(2010.12.31 본항개정)
④ (2010.12.31 삭제)

제61조【신체상태에 따른 운전면허의 기준】 영 제45조제5항에 따른 신체상태에 따른 운전면허의 기준은 별표24과 같다.(2009.11.27 본조개정)

제62조【학과시험문제의 출제와 관리】 ① 도로교통공단은 매년 운전면허시험의 학과시험문제지를 면허시험 종별로 작성하고, 영 제43조제1항에 따른 원동기장치자전거면허시험의 학과시험문제지를 경찰서장에게 배부하여야 한다.(2010.12.31 본항개정)
② 경찰서장 및 도로교통공단은 학과시험문제지를 분실·훼손되지 아니하도록 보관하여야 하며, 시험이 시작되기 직전에 소속 경찰공무원(자치경찰공무원은 제외한다) 또는 도로교통공단 소속 직원을 지명하여 학과시험문제지를 선별하고 응시자에게 좌석열별로 다르게 배부하도록 하여야 한다.(2020.12.31 본항개정)
③ 응시자에게 배부한 학과시험문제지는 시험이 끝나는 즉시 회수하여 보관하여야 한다.

제63조【필기시험의 출제비율】 영 제50조제2항에 따라 영 제46조에 따른 도로교통법령 등에 관한 시험 및 영 제47조에 따른 자동차등의 점검요령 등에 관한 시험을 병합하여 실시하는 경우의 출제비율은 영 제46조에 따른 시험을 95퍼센트, 영 제47조에 따른 시험을 5퍼센트로 한다.
(2021.5.13 본조개정)

제64조【학과시험의 합격자발표】 ① 학과시험의 합격자 발표는 특별한 사정이 없는 한 시험 당일에 하여야 한다.
② 학과시험의 합격자를 발표하는 때에는 기능시험의 일시 및 장소를 합격자에게 알려주어야 한다.
③ 학과시험의 합격자발표는 일정한 장소에 응시자의 수험번호를 게시함으로써 본인에 대한 통지에 대신할 수 있다.

제65조【기능시험】 영 제48조에 따른 기능시험은 적성검사에 합격한 사람에 대하여 별표23에 따른 코스를 운전하게 함으로써 이를 실시한다.

제66조【기능시험의 채점 및 합격기준】 ① 제65조에 따른 기능시험의 운전면허 종류별 시험항목·채점기준 및 합격기준 등은 별표24와 같다.(2011.12.9 본항개정)
② 제1항에 따른 기능시험의 채점은 전자채점방식으로 한다. 다만, 영 제48조제3항 단서에 따라 운전면허시험관이 직접 채점할 수 있는 기능시험은 다음 각 호와 같다.
(2011.4.30 단서신설)
1. 법 제82조제1항제4호 단서에 따라 양팔을 쓸 수 없는 사람 및 영 제45조제1항제4호 단서의 경우에 해당하는 사람에 대한 기능시험(2011.4.30 본호신설)
2. 영 제43조제2항 단서 및 영 제86조제3항제1호에 따라 경찰서장이 실시하는 원동기장치자전거면허 기능시험
 (2013.12.30 본호개정)
3. 응시자가 일시적으로 급격히 증가하여 운전면허시험장 외의 장소에서 실시하는 기능시험(2011.4.30 본호신설)

제67조【도로주행시험】 ① 영 제49조제3항에 따른 도로주행시험을 실시하는 도로의 기준은 별표25와 같다.
(2011.12.9 본항개정)
② 영 제49조에 따른 도로주행시험은 연습운전면허를 받은 사람에 대하여 제1항에 따른 기준에 적합한 도로 중 시·도경찰청장이 지정한 도로를 운행하게 함으로써 이를 실시한다. 이 경우 운행할 도로는 전자채점기로 선택하되, 전자채점기의 고장 등으로 전자채점기로 선택하는 것이 곤란한 경우에는 운전면허시험관이 도로교통공단에서 정한 기준에 따라 선택한다.(2020.12.31 전단개정)

제68조【도로주행시험의 채점 및 합격기준 등】 ① 제67조에 따른 도로주행시험의 운전면허 종류별 시험항목·채점기준 및 합격기준 등은 별표26과 같다.
② 제1항에 따른 도로주행시험의 채점은 도로주행시험용 자동차에 같이 탄 운전면허시험관이 전자채점기에 직접 입력하거나 전자채점기로 자동 채점하는 방식으로 한다. 다만, 전자채점기의 고장 등으로 전자채점이 곤란한 경우에는 제72조제1항에 따른 도로주행시험채점표에 운전면허시험관이 직접 기록하는 방식으로 채점한다.
(2011.12.9 본조개정)

제69조【운전면허시험관의 자격 및 준수사항】 ① 제66조에 따른 기능시험과 제68조에 따른 도로주행시험을 실시하는 운전면허시험관(이하 "시험관"이라 한다)은 법 제107조에 따른 기능검정원자격증을 받은 도로교통공단 소속 직원이 된다. 다만, 영 제43조제1항에 따라 경찰서장이 실시하는 원동기장치자전거면허 기능시험 시험관은 그 면허시험에 해당하는 운전면허를 받은 경찰공무원(자치경찰공무원은 제외한다)이 된다.(2020.12.31 단서개정)

② 시험관이 기능시험 또는 도로주행시험을 실시하는 때에는 다음 각 호의 사항을 준수하여야 한다.
(2010.12.31 본문개정)
1. 시험을 실시하기 전에 시험진행방법 및 실격되는 경우 등 주의사항을 응시자에게 설명할 것
2. 출발점에서부터 앞서가는 차와는 충분한 안전거리가 유지되도록 할 것
3. 다음 번호의 응시자를 도로주행시험용 자동차에 동승시키는 등 공정한 평가를 위하여 노력할 것
4. 응시자에게 친절한 언어와 태도로 정하여진 순서에 따라 시험을 진행하되, 시험진행과 관련이 없는 대화를 하지 아니할 것
5. 시험진행 중 교통사고가 발생하지 아니하도록 주의하고, 교통사고가 발생한 경우에는 즉시 소속기관의 장에게 보고할 것(2010.12.31 본호개정)
(2010.12.31 본조제목개정)

제70조【기능시험 또는 도로주행시험에 사용되는 자동차등의 종별】 ① 영 제48조제2항 또는 영 제49조제3항에 따라 기능시험 또는 도로주행시험에 사용되는 자동차등의 종별은 다음 각 호의 구분에 따른다.(2021.5.13 본문개정)
1. 제1종 대형면허의 경우 : 다음 각 목의 기준을 모두 갖춘 승차정원 30명 이상의 승합자동차
   가. 차량길이 : 1천15센티미터 이상
   나. 차량너비 : 246센티미터 이상
   다. 축간거리 : 480센티미터 이상
   라. 최소회전반경 : 798센티미터 이상
2. 제1종 보통연습면허 및 제1종 보통면허의 경우 : 다음 각 목의 기준을 모두 갖춘 화물자동차
   가. 차량길이 : 465센티미터 이상
   나. 차량너비 : 169센티미터 이상
   다. 축간거리 : 249센티미터 이상
   라. 최소회전반경 : 520센티미터 이상
3. 제1종 소형면허의 경우 : 3륜화물자동차
4. 제1종 특수면허 중 대형견인차면허의 경우 : 다음 각 목의 구분에 따른 기준을 갖춘 견인자동차 또는 피견인자동차
   가. 견인자동차 : 기준 없음
   나. 피견인자동차 : 다음의 기준을 모두 갖춘 피견인자동차
      1) 차량길이 : 1천200센티미터 이상
      2) 차량너비 : 240센티미터 이상
      3) 축간거리 : 890센티미터 이상
5. 제1종 특수면허 중 소형견인차면허의 경우 : 다음 각 목의 구분에 따른 기준을 갖춘 견인자동차 또는 피견인자동차
   가. 견인자동차 : 제2호에 따른 자동차
   나. 피견인자동차 : 다음의 기준을 모두 갖춘 피견인자동차
      1) 차량길이 : 385센티미터 이상
      2) 차량너비 : 167센티미터 이상
      3) 연결장치에서 바퀴까지 거리 : 200센티미터 이상
      4) 차량무게 : 총중량 750킬로그램 이상
6. 제1종 특수면허 중 구난차면허의 경우 : 다음 각 목의 구분에 따른 기준을 갖춘 견인자동차와 피견인자동차
   가. 견인자동차 : 다음의 기준을 모두 갖춘 견인자동차
      1) 차량길이 : 643센티미터 이상
      2) 차량너비 : 219센티미터 이상
      3) 축간거리 : 379센티미터 이상
   나. 피견인자동차 : 제2호에 따른 자동차
7. 제2종 보통연습면허의 경우 : 다음 각 목의 기준을 모두 갖춘 승용자동차(일반형 또는 승용겸화물형으로 한정한다) 또는 3톤 이하의 화물자동차(외관이 일반형 승용자동차와 유사한 밴형으로 한정한다)
   가. 차량길이 : 397센티미터 이상
   나. 차량너비 : 156센티미터 이상
   다. 축간거리 : 234센티미터 이상
   라. 최소회전반경 : 420센티미터 이상
8. 제2종 보통면허의 경우 : 제7호 각 목의 기준을 모두 갖춘 일반형 승용자동차
9. 제2종 소형면허의 경우 : 이륜자동차(200시시 이상으로 한정한다)
10. 원동기장치자전거면허의 경우 : 배기량 49시시 이상인 이륜의 원동기장치자전거(다륜형 원동기장치자전거만을 운전하는 조건의 면허의 경우에는 삼륜 또는 사륜의 원동기장치자전거로 한다)
(2016.7.28 본항개정)
② 제1종 보통연습면허 및 제2종 보통연습면허의 기능시험에 있어서 응시자가 소유하거나 타고 온 차가 자동차의 구조 및 성능이 제1항에 따른 기준에 적합한 경우에는 그 차로 응시하게 할 수 있다.
③ 경찰서장 또는 도로교통공단은 조향장치나 그 밖의 장치를 뜻대로 조작할 수 없는 등 정상적인 운전을 할 수 없다고 인정되는 신체장애인에 대하여는 차의 구조 및 성능이 제1항에 따른 기준에 적합하고, 자동변속기, 수동가속페달, 수동브레이크, 좌측보조엑셀러레이터, 우측방향지시기 또는 핸들선회장치 등이 장착된 자동차등이나 응시자의 신체장애 정도에 적합하게 제작·승인된 자동차등으로 기능시험 또는 도로주행시험에 응시하게 할 수 있다.(2013.12.30 본항개정)

제71조【도로주행시험에 사용되는 자동차의 요건】 도로주행시험에 사용되는 자동차는 다음 각 호의 요건을 갖추어야 한다.
1. 시험관이 위험을 방지하기 위하여 사용할 수 있는 별도의 제동장치 등 필요한 장치를 할 것(2010.12.31 본호개정)
2. 「교통사고처리 특례법」 제4조제2항에 따른 요건을 충족하는 보험에 가입되어 있을 것
3. 별표27에 따른 도색과 표지를 할 것

제72조【기능시험 또는 도로주행시험의 채점표용지】 ① 제66조제2항 단서에 따라 운전면허시험관이 직접 채점하는 기능시험에 사용되는 채점표용지는 별지 제50호서식의 기능시험채점표에 의하고, 제68조제2항 단서에 따라 운전면허시험관이 직접 기록하는 방식으로 채점하는 도로주행시험에 사용되는 채점표용지는 별지 제51호서식의 도로주행시험채점표에 의한다.(2011.12.9 본항개정)
② 경찰서장 또는 도로교통공단은 그 연도에 사용할 기능시험채점표용지 및 도로주행시험채점표용지에 대하여 미리 일련번호를 부여하고, 그 일련번호 위에 경찰서장이 지명하는 경찰공무원(자치경찰공무원은 제외한다) 또는 도로교통공단이 지명하는 소속 직원으로 하여금 검인을 하게 한 후 그 배부상황을 별지 제52호서식의 기능시험채점표용지 배부대장 및 별지 제53호서식의 도로주행시험채점표용지 배부대장에 각각 기록하여야 한다.
(2020.12.31 본항개정)
③ 기능시험채점표용지 및 도로주행시험채점표용지는 제2항에 따라 검인을 받은 것을 사용하여야 한다.

제73조【신체장애인에 대한 기능시험 및 도로주행시험】 ① 법 제82조제1항제4호 단서에 따라 양팔을 쓸 수 없는 사람 및 영 제45조제1항제4호 단서에 따른 경우에 해당하는 사람에 대한 기능시험 및 도로주행시험에 관하여는 제66조제2항·제70조제3항 및 제71조의 규정에 불구하고 다음 각 호에서 정하는 바에 따라 할 수 있다.
(2011.12.9 본문개정)
1. 기능 시험의 채점은 제72조에 따른 기능시험채점표에 의하여 경찰청장이 정하는 방식으로 행할 것(2011.4.30 본호개정)
2. 영 제48조제2항 또는 영 제49조제3항에 따라 기능시험 및 도로주행시험에 사용하는 자동차는 「자동차관리법」 제30조 및 제34조에 따라 관계 행정기관으로부터 형식·구조 또는 장치의 변경승인을 받은 차로서 반드시 내부에 핸드브레이크가 장착되어 있는 응시자의 소유하거나 타고 온 차일 것
3. 도로주행시험에 사용되는 자동차는 제71조제2호에 따라 보험에 가입되어 있을 것
② 도로교통공단은 제1항에 따라 도로주행시험을 실시하는 경우에는 별표27 제1호에 따른 착탈식 도로주행시험용 자동차의 표지를 갖추어 도로주행시험에 사용하는 자동차에 붙여야 한다.(2010.12.31 본항개정)
③ 도로교통공단은 법 제2조제32호라목의 신체장애인 운전교육시설에서 요청하는 경우에는 특별한 사정이 없으면 그 신체장애인에 대해서는 그 시설에서 기능시험 또는 도로주행시험을 실시할 수 있다.(2011.12.9 본항개정)

제74조【기능시험 또는 도로주행시험의 판정】 ① 제65조에 따른 기능시험에 있어서는 응시자 개인별로 그 기능시험이 끝난 후 현장에서 합격 또는 불합격의 판정을 하여야 한다.
② 제67조에 따른 도로주행시험에 있어서는 응시자 개인별로 도로주행시험이 끝난 후 현장에서 합격 또는 불합격의 판정을 하여야 한다.(2011.12.9 본항개정)
③ 기능시험 또는 도로주행시험에 출석하지 아니한 사람은 불합격으로 한다.
④ 시험관은 그 시험의 실시일마다 그 날에 실시한 기능시험채점표 또는 도로주행시험채점표를 첨부하여 그 실시결과를 소속기관의 장에게 보고하여야 한다.
(2010.12.31 본조개정)

제75조【군의 자동차운전 경험의 기준 등】 ① 법 제84조제1항제4호에 따른 군복무 중 자동차등에 상응하는 군의 차를 운전한 경험이 있는 사람이란 군의 자동차 운전면허증을 교부받아 운전한 경험이 있는 사람으로서 현역복무 중이거나 군복무를 마치고 전역한 후 1년이 경과되지 않은 사람을 말한다.(2021.5.13 본항개정)
② 제1항에 따른 경험을 갖춘 사람인지 여부는 다음 각 호의 자료를 통하여 확인한다.(2021.7.13 본문개정)
1. 국방부장관이 발급하는 별지 제54호서식의 군운전경력확인서(2021.7.13 본호신설)
2. 제57조제2항제3호에 따른 군 운전경력 및 무사고 확인서(2021.7.13 본호신설)

제76조【운전면허번호의 부여 등】 ① 경찰서장은 영 제43조제1항에 따른 원동기장치자전거 운전면허시험에 합격한 사람의 명단을 도로교통공단에 통보하여야 한다.
② 도로교통공단은 제1항에 따라 경찰서장으로부터 통보받은 때 또는 법 제85조제2항 및 영 제86조제5항제1호에 따라 운전면허증을 발급하는 때에는 운전면허증을 발급하는 시·도경찰청의 고유번호, 발급연도, 연도별 일련번호, 면허종별 확인번호 및 재발급 횟수가 표시되도록 면허번호를 부여하여야 한다. 다만, 운전면허를 받은 사람이 다른 종별의 운전면허시험에 합격한 경우에 부여하는 운전면허번호는 최초로 부여한 면허번호로 한다.
(2020.12.31 본문개정)
③ 도로교통공단은 제1항에 따라 경찰서장으로부터 통보받은 사람의 원동기장치자전거 운전면허증을 제작하여 해당 경찰서장에게 송부하여야 한다.
(2010.12.31 본조개정)

제77조【운전면허증의 발급 등】 ① 법 제85조에 따라 운전면허시험에 합격한 사람은 그 합격일부터 30일 이내에 운전면허시험을 실시한 경찰서장 또는 도로교통공단으로부터 운전면허증을 발급받아야 하며, 운전면허증을 발급받지 아니하고 운전하여서는 아니된다.(2010.12.31 본항개정)
② 법 제85조제2항에서 "행정안전부령으로 정하는 운전면허증"이란 다음 각 호의 어느 하나에 해당하는 것을 말한다.
1. 별지 제55호서식의 운전면허증
2. 별지 제55호의2서식의 영문운전면허증(운전면허증의 뒤쪽에 영문으로 운전면허증의 내용을 표기한 운전면허증을 말하고, 이하 "영문운전면허증"이라 한다)
3. 별지 제55호의3서식의 모바일운전면허증(이동통신단말장치에 암호화된 형태로 설치된 운전면허증을 말하고, 이하 "모바일운전면허증"이라 한다)
(2022.1.21 본항개정)
③ 제2항에도 불구하고 연습운전면허증은 별지 제42호서식의 자동차운전면허시험응시표에 연습운전면허번호 및 유효기간을 기재하여 교부하는 것으로 그 발급을 대신할 수 있다.(2019.8.26 본항신설)
④ 도로교통공단은 제2항에 따라 운전면허증을 발급하는 때에는 별지 제56호서식의 자동차운전면허대장에 그 내용을 기재·관리하여야 한다.(2010.12.31 본항개정)
⑤ 경찰서장 또는 도로교통공단은 제2항에 따른 운전면허증을 발급한 때에는 별지 제57호서식의 운전면허증교부대장(연습운전면허증의 경우에는 별지 제58호서식의 연습운전면허증교부대장을 말한다)을 작성하여 관계인에게 열람할 수 있도록 하여야 한다.(2010.12.31 본항개정)
(2010.12.31 본조제목개정)

제78조【영문운전면허증의 신청 등】 ① 영문운전면허증을 발급받으려는 사람은 별지 제59호서식의 신청서에 사진 1장을 첨부하여 경찰서장 또는 도로교통공단에 제출하고, 신분증명서를 제시해야 한다. 다만, 신청인이 원하는 경우에는 신분증명서 제시를 대신하여 전자적 방법으로 지문정보를 대조하여 본인 확인을 할 수 있다.
(2022.1.21 본항개정)
② 제1항에도 불구하고 법 제83조제1항 및 제2항에 따라 운전면허시험에 응시하려는 사람 또는 법 제87조제2항에 따라 정기적성검사를 받아야 하는 사람은 제57조제1항에 따른 자동차운전면허시험 응시원서 또는 제82조제1항에 따른 정기적성검사신청서를 제출할 때 영문운전면허증의 발급을 신청할 수 있다.
③ 제1항 또는 제2항에 따라 영문운전면허증의 발급 신청을 받은 경찰서장 또는 도로교통공단은 「전자정부법」 제36조제1항에 따른 행정정보의 공동이용을 통하여 신청인의 여권정보를 확인해야 하며, 신청인이 확인에 동의하지 않는 경우에는 그 사본을 제출(여권을 제시하는 것으로 갈음할 수 있다)하도록 해야 한다. 다만, 신청인이 여권을 발급받은 사실이 없는 경우에는 확인을 생략할 수 있다.
④ 제1항 또는 제2항의 신청에 따라 발급된 영문운전면허증을 수령할 때에는 기존의 운전면허증(운전면허시험에 응시하여 발급받는 경우 또는 운전면허증을 잃어버린 경우는 제외한다)을 반납해야 한다.
(2019.8.26 본조신설)

제78조의2【모바일운전면허증의 신청 등】 ① 제77조제2항제1호의 운전면허증 또는 영문운전면허증을 발급받은 사람(발급 신청한 사람을 포함한다)이 원하는 경우에는 추가로 모바일운전면허증의 발급을 신청할 수 있다.
② 제1항에 따라 모바일운전면허증을 발급받으려는 사람은 별지 제59호서식의 신청서를 경찰서장 또는 도로교통공단에 제출하고, 신분증명서를 제시해야 한다. 다만, 신청인이 원하는 경우에는 신분증명서 제시를 대신하여 전자적 방법으로 지문정보를 대조하여 본인 확인을 할 수 있다.
③ 제2항에도 불구하고 법 제83조제1항 및 제2항에 따라 운전면허시험에 응시하려는 사람 또는 법 제87조제2항에 따라 정기적성검사를 받아야 하는 사람은 제57조제1항에 따른 자동차운전면허시험 응시원서 또는 제82조제1항에 따른 정기적성검사신청서를 제출할 때 모바일운전면허증의 발급을 신청할 수 있다.
④ 모바일운전면허증을 발급받으려는 사람이 신청하는 경우에는 제77조제2항제1호의 운전면허증 또는 영문운전면허증에 모바일운전면허증 발급에 필요한 보안사항을 전자적 방식으로 저장한 집적회로(IC, Integrated Circuit) 칩을 포함할 수 있다.
⑤ 모바일운전면허증을 다시 발급받으려는 사람은 제4항에 따른 집적회로 칩과 이동통신단말장치를 이용하여 제2항 단서에 따른 본인 확인을 할 수 있다.
⑥ 모바일운전면허증의 발급에 필요한 정보를 암호화하기 위해 이동통신단말장치에 설치·사용하는 전자적 정보의 유효기간은 3년으로 한다.
(2022.1.21 본조신설)

제79조【운전면허증의 확인】 운전면허를 받은 사람이 종별·구분이 다른 운전면허를 받고자 하는 때에는 응시원서 제출 시에 응시자가 소지하고 있는 운전면허증을 제시하고 확인을 받아야 한다.

제80조【운전면허증의 재발급 신청】 ① 법 제86조에 따라 운전면허증의 재발급을 신청하려는 사람은 별지 제59호서식의 신청서를 도로교통공단에 제출하고, 신분증명서를 제시해야 한다. 다만, 신청인이 원하는 경우에는 신분증명서 제시를 갈음하여 전자적 방법으로 지문정보를 대조하여 본인 확인을 할 수 있다.(2019.8.26 본항개정)
② 제1항에 따른 신청을 받은 도로교통공단이 운전면허증을 재발급한 때에는 별지 제56호서식의 자동차운전면허대장에 그 내용을 기록하여야 한다.
③ 제1항의 신청에 따라 재발급된 운전면허증을 수령할 때에는 기존의 운전면허증(운전면허증을 잃어버린 경우는 제외한다)을 반납해야 한다.(2019.8.26 본항신설)
(2013.7.31 본조개정)

제81조【운전면허증의 갱신】 ① 영 제53조에 따라 운전면허증을 갱신하여 발급받으려는 사람은 별지 제59호서식의 신청서에 사진 1장을 첨부하여 도로교통공단에 제출하고, 신분증명서를 제시해야 한다. 다만, 신청인이 원하는 경우에는 신분증명서 제시를 갈음하여 전자적 방법으로 지문정보를 대조하여 본인 확인을 할 수 있다.
(2019.8.26 본항개정)
② 제1항에 따라 신청을 받은 도로교통공단은 신청인이 외국인 또는 재외동포인 경우 「전자정부법」 제36조에 따른 행정정보의 공동이용을 통하여 신청인의 외국인등록사실증명 중 국내 체류지에 관한 정보나 국내거소신고사실증명 중 대한민국 안의 거소에 관한 정보를 확인하여야 한다. 다만, 신청인이 해당 정보의 확인에 동의하지 아니하는 경우에는 관련 자료를 제출하도록 하여야 한다.
(2014.12.31 본항신설)
③ 제1항의 신청에 따라 갱신된 운전면허증을 수령할 때에는 기존의 운전면허증을 반납해야 한다.(2019.8.26 본항신설)

제82조【정기적성검사의 신청 등】 ① 영 제54조제1항에 따라 정기적성검사를 받으려는 사람은 별지 제64호서식(제1종 보통 및 제2종 운전면허 소지자의 경우에는 별지 제65호서식을 말한다)에 따른 정기적성검사신청서에 다음 각 호의 서류를 첨부하여 도로교통공단에 제출하고, 신분증명서를 제시해야 한다. 다만, 신청인이 원하는 경우에는 신분증명서 제시를 갈음하여 전자적 방법으로 지문정보를 대조하여 본인 확인을 할 수 있다.(2019.8.26 본문개정)
1. (2019.8.26 삭제)
2. 사진 2장
3. 병력신고서(제1종 대형·특수·소형 면허 소지자만 해당한다)
4. 질병·신체에 관한 신고서(제1종 보통면허와 제2종 운전면허 소지자만 해당한다)
5. 적성검사 신청일부터 2년 이내에 발급된 다음 각 목의 어느 하나에 해당하는 서류(제1종 보통면허를 받은 사람으로서 한쪽 눈만 보지 못하는 사람의 경우 다목에 따른 서류만 해당한다)로서 검사하려는 적성에 관한 사항을 포함하고 있는 것. 다만, 제2항에 따라 「전자정부법」 제36조에 따른 행정정보의 공동이용을 통하여 확인할 수 있는 사항은 포함하지 않을 수 있다.(2022.10.20 단서개정)
   가. 「의료법」 제3조제2항제1호가목에 따른 의원, 같은 항 제3호가목 및 바목에 따른 병원 및 종합병원에서 발행한 별지 제64호서식(제1종 보통 및 제2종 운전면허 소지자의 경우에는 별지 제65호서식을 말한다)에 첨부된 양식의 신체검사서(2022.10.20 본목개정)
   나. 「국민건강보험법」 제52조에 따른 건강검진 결과 통보서
   다. 「의료법」 제17조에 따라 의사가 발급한 진단서
   라. 「병역법」 제11조에 따른 병역판정 신체검사(현역병지원 신체검사를 포함한다) 결과 통보서(2016.11.29 본목개정)
(2014.5.28 본호개정)
② 제1항에 따라 신청을 받은 도로교통공단은 「전자정부법」 제36조에 따른 행정정보의 공동이용을 통하여 다음 각 호의 정보를 확인하여야 한다. 다만, 신청인이 해당 정보의 확인에 동의하지 아니하는 경우에는 관련 자료를 제출하도록 하여야 한다.
1. 적성검사를 신청한 날부터 2년 내에 실시한 「국민건강보험법」 제52조 또는 「의료급여법」 제14조에 따른 건강검진 결과 내역 또는 「병역법」 제11조에 따른 신청인의 병역판정 신체검사 결과 내역 중 적성검사를 위하여 필요한 시력 또는 청력에 관한 정보(2016.11.29 본호개정)
2. 신청인이 외국인 또는 재외동포인 경우 외국인등록사실증명 중 국내 체류지에 관한 정보나 국내거소신고사실증명 중 대한민국 안의 거소에 관한 정보
(2014.12.31 본항개정)
③ 영 제54조제3항에서 "행정안전부령으로 정하는 대장"이란 별지 제67호서식의 정기적성검사대장을 말한다.
(2017.7.26 본항개정)
(2013.7.31 본조개정)

제83조【운전면허증 갱신발급 및 정기적성검사의 연기】 ① 영 제55조제1항에 따라 운전면허증 갱신발급(법 제87조제2항에 따라 정기적성검사를 받아야 하는 경우 정기적성검사를 포함한다. 이하 이 조에서 같다)의 연기를 신청하려는 사람은 운전면허증 갱신기간 만료일까지 별지 제59호서식의 신청서에 연기사유를 증명할 수 있는 서류(제2항에 따라 「전자정부법」 제36조에 따른 행정정보의 공동이용을 통하여 확인할 수 있는 경우는 제외한다)를 첨부하여 도로교통공단에 제출하고, 신분증명서를 제시(해외에 체류하는 등의 사유로 신분증명서를 제시할 수 없는 경우는 신분증명서 사본의 제출로 갈음할 수 있다)하여야 한다. 다만, 신청인이 원하는 경우에는 신분증명서 제시를 갈음하여 전자적 방법으로 지문정보를 대조하여 본인 확인을 할 수 있다.(2019.8.26 본항개정)
② 제1항에 따른 신청을 받은 도로교통공단은 「전자정부법」 제36조에 따른 행정정보의 공동이용을 통하여 다음 각 호의 정보를 확인하여야 한다. 다만, 신청인이 동의하지 아니하는 경우에는 그 서류를 첨부하도록 하여야 한다.
1. 출입국에 관한 사실증명(해외에 체류 중임을 이유로 연기를 신청하는 경우만 해당한다)
2. 병적증명서(군 복무 중임을 이유로 연기를 신청하는 경우만 해당한다)
③ 도로교통공단은 영 제55조제2항에 따라 운전면허증 갱신발급을 연기한 때에는 별지 제56호서식의 자동차운전면허대장에 그 내용을 기록하고, 별지 제70호서식(영문으로 발급하는 경우에는 별지 제71호서식을 말한다)의 운전면허증 갱신발급 연기사실확인서를 작성하여 신청인에게 발급하여야 한다.
(2013.7.31 본조개정)

제83조의2【본인 여부를 확인할 수 있는 신분증명서의 종류】 법 제87조의2에서 "행정안전부령으로 정하는 신분증명서"란 다음 각 호의 어느 하나에 해당하는 신분증명서를 말한다.(2017.7.26 본문개정)
1. 「출입국관리법」 제33조에 따라 발급된 외국인등록증
2. 「선원법」 제45조에 따라 발급된 선원수첩
3. 그 밖에 사진, 생년월일, 성명이 기재되어 본인인지를 확인할 수 있는 신분증명서로서 경찰청장이 정하는 것
(2017.6.2 본조신설)

제84조【수시 적성검사】 ① 도로교통공단은 영 제56조제2항에 따라 수시 적성검사를 받아야 하는 사람에게 수시 적성검사를 받아야 한다는 사실을 수시 적성검사 기간 20일 전까지 통지하여야 하며, 수시 적성검사 기간에 수시적성검사를 받지 아니한 사람에 대하여는 다시 수시 적성검사 기간을 지정하여 수시 적성검사 기간 20일 전까지 통지하여야 한다. 다만, 수시 적성검사 통지를 받을 사람의 주소 등을 통상적인 방법으로 확인할 수 없거나 통지서를 송달할 수 없는 경우에는 수시 적성검사를 받아야 하는 사람의 운전면허대장에 기재된 주소지를 관할하는 운전면허시험장의 게시판에 14일간 이를 공고함으로써 통지를 대신할 수 있다.
② 제1항에 따른 통지는 별지 제72호서식(국제운전면허 또는 상호인정외국면허를 받은 사람에 대해서는 별지 제73호서식을 말한다)의 수시 적성검사 통지서에 따른다.
(2022.10.20 본항개정)
③ 제1항 및 제2항에 따라 수시 적성검사의 통지를 받은 사람은 별지 제64호서식(제1종 보통 및 제2종 운전면허를 소지한 사람의 경우에는 별지 제65호서식을 말하고, 국제운전면허증 또는 상호인정외국면허증을 받은 사람의 경우에는 별지 제74호서식을 말한다)에 따른 수시 적성검사신청서에 다음 각 호의 서류를 첨부하여 도로교통공단에 제출하고, 신분증명서를 제시해야 한다. 다만, 신청인이 원하는 경우에는 신분증명서 제시를 갈음하여 전자적 방법으로 지문정보를 대조하여 본인 확인을 할 수 있다.
(2022.10.20 본문개정)
1. (2019.8.26 삭제)
2. 사진 2장
3. 적성검사 신청일부터 2년 이내에 발급된 다음 각 목의 어느 하나에 해당하는 서류(제1종 보통면허를 받은 사람으로서 한쪽 눈만 보지 못하는 사람의 경우 다목에 따른 서류만 해당한다)로서 검사하려는 적성에 관한 사항을 포함하고 있는 것. 다만, 제4항에 따라 「전자정부법」 제36조에 따른 행정정보의 공동이용을 통하여 확인할 수 있는 사항은 포함하지 않을 수 있다.(2022.10.20 단서개정)
   가. 「의료법」 제3조제2항제1호가목에 따른 의원, 같은 항 제3호가목 및 바목에 따른 병원 및 종합병원에서 발행한 별지 제64호서식(제1종 보통 및 제2종 운전면허 소지자의 경우에는 별지 제65호서식을 말하고, 국제운전면허증 또는 상호인정외국면허증을 받은 사람의 경우에는 별지 제74호서식을 말한다)에 첨부된 양식의 신체검사서(2022.10.20 본목개정)
   나. 「국민건강보험법」 제52조에 따른 건강검진 결과 통보서
   다. 「의료법」 제17조에 따라 의사가 발급한 진단서
   라. 「병역법」 제11조에 따른 병역판정 신체검사(현역병지원 신체검사를 포함한다) 결과 통보서(2016.11.29 본목개정)
④ 제3항에 따라 신청을 받은 도로교통공단은 「전자정부법」 제36조에 따른 행정정보의 공동이용을 통하여 다음 각 호의 정보를 확인하여야 한다. 다만, 신청인이 해당 정보의 확인에 동의하지 아니하는 경우에는 관련 자료를 제출하도록 하여야 한다.
1. 적성검사를 신청한 날부터 2년 내에 실시한 「국민건강보험법」 제52조 또는 「의료급여법」 제14조에 따른 신청인의 건강검진 결과 내역 또는 「병역법」 제11조에 따른 신청인의 병역판정 신체검사 결과 내역 중 적성검사를 위하여 필요한 시력 또는 청력에 관한 정보(2016.11.29 본호개정)
2. 신청인이 외국인 또는 재외동포인 경우 외국인등록사실증명 중 국내 체류지에 관한 정보나 국내거소신고사실증명 중 대한민국 안의 거소에 관한 정보
(2014.12.31 본항개정)
⑤ 도로교통공단은 운전면허를 받은 사람에 대한 수시 적성검사의 결과와 제1항에 따른 통지의 내용을 별지 제75호서식의 수시 적성검사 대장에 기재하여야 한다.
⑥ 영 제56조제5항에 따른 수시 적성검사의 합격 판정은 정밀감정인(분야별 운전적성을 정밀감정하기 위하여 도로교통공단이 위촉하는 의사를 말한다)의 의견을 들은 후 제87조제1항에 따른 운전적성판정위원회가 결정하며, 정밀감정인의 위촉·운용 등에 관하여 필요한 사항은 도로교통공단이 정한다.
(2013.12.30 본조개정)

제85조【수시적성검사의 연기】 ① 영 제57조제1항에 따라 수시적성검사연기를 신청하려는 사람은 수시적성검사기간 만료일까지 별지 제59호서식에 따른 신청서에 연기사유를 증명할 수 있는 서류(제2항에 따라 「전자정부법」 제36조에 따른 행정정보의 공동이용을 통하여 확인할 수 있는 경우는 제외한다)를 첨부하여 도로교통공단에 제출하고, 신분증명서를 제시해야 한다. 다만, 신청인이 원하는 경우에는 신분증명서 제시를 갈음하여 전자적 방법으로 지문정보를 대조하여 본인 확인을 할 수 있다.
(2019.8.26 본항개정)
② 제1항에 따른 신청을 받은 도로교통공단은 「전자정부법」 제36조에 따른 행정정보의 공동이용을 통하여 다음 각 호의 정보를 확인하여야 한다. 다만, 신청인이 동의하지 아니하는 경우에는 그 서류를 첨부하도록 하여야 한다.
1. 출입국에 관한 사실증명(해외에 체류 중임을 이유로 연기를 신청하는 경우만 해당한다)
2. 병적증명서(군 복무 중임을 이유로 연기를 신청하는 경우만 해당한다)
③ 도로교통공단은 영 제57조제2항에 따라 수시적성검사를 연기한 때에는 별지 제56호서식의 자동차운전면허대장에 그 내용을 기록하고, 별지 제70호서식(영문으로 발급하는 경우에는 별지 제71호서식을 말한다)의 적성검사 연기사실확인서를 작성하여 신청인에게 발급하여야 한다.
(2013.7.31 본조개정)

제86조【수시적성검사 관련 개인정보의 통보방법 등】 ① 영 제58조제2항에 따라 개인정보를 보유한 기관의 장은 개인정보자료를 별지 제78호서식 또는 전자적 매체에 기록하여 경찰청장에게 통보하여야 한다.
② 경찰청장은 제1항에 따라 통보받은 개인정보자료를 도로교통공단에 통보하여야 한다.(2010.12.31 본항신설)

제87조【운전적성판정위원회의 설치 및 운영】 ① 법 제90조에 따라 전문의의 정밀진단을 받은 사람에 대한 운전가능성의 여부와 영 제56조에 따른 수시적성검사의 합격여부를 판정하기 위하여 도로교통공단의 운전면허시험장마다 운전적성판정위원회(이하 "판정위원회"라 한다)를 둔다.(2010.12.31 본항개정)
② 판정위원회는 위원장을 포함한 5명 이상 7명 이하의 위원으로 구성하며, 위원장은 도로교통공단의 운전면허시험장의 장이 되고, 위원은 교통전문가, 해당 분야 전문의, 도로교통공단 소속 직원 중 위원장이 지명하는 사람으로 한다.(2010.12.31 본항개정)
③ 판정위원회의 회의는 재적위원 3분의 2 이상의 출석과 출석위원 과반수의 찬성으로 의결한다.
④ 판정위원회의 위원장 및 위원은 수시적성검사의 합격여부의 판정과 관련하여 공정성을 해치는 행위를 하여서는 아니된다.
⑤ 그 밖에 판정위원회의 운영에 필요한 사항은 도로교통공단이 정한다.(2010.12.31 본항개정)

제88조【임시운전증명서】 ① 법 제91조제1항에 따른 임시운전증명서는 별지 제79호서식에 의한다.
② 제1항에 따른 임시운전증명서의 유효기간은 20일 이내로 하되, 법 제93조에 따른 운전면허의 취소 또는 정지처분 대상자의 경우에는 40일 이내로 할 수 있다. 다만, 경찰서장이 필요하다고 인정하는 경우에는 그 유효기간을 1회에 한하여 20일의 범위에서 연장할 수 있다.
(2010.12.31 단서개정)

제89조【임시운전증명서의 교부에 대신하는 표시방법】 법 제91조제1항 단서에 따라 임시운전증명서의 교부에 대신하고자 하는 때에는 운전면허증의 뒷면에 접수사유·접수일자·면허증교부예정일자 및 처리담당자의 성명을 기재한 후 날인하여야 한다.

제90조【무면허운전자의 적발보고】 경찰서장은 그 관할구역 안에서 무면허운전자를 적발한 때에는 별지 제80호서식의 운전면허결격사유기록자료표를 작성하고, 전산입력하여 시·도경찰청장에게 보고하여야 한다.
(2020.12.31 본조개정)

제91조【운전면허의 취소·정지처분 기준 등】 ① 법 제93조에 따라 운전면허를 취소 또는 정지시킬 수 있는 기준(교통법규를 위반하거나 교통사고를 일으킨 경우 그 위반 및 피해의 정도 등에 따라 부과하는 벌점의 기준을 포함한다)과 법 제97조제1항에 따라 자동차등의 운전을 금지시킬 수 있는 기준은 별표28과 같다.(2021.5.13 본항개정)
② 법 제93조제3항에 따른 연습운전면허의 취소기준은 별표29와 같다.

③ 연습운전면허를 받은 사람에 대하여는 별표28의 기준에 의한 벌점을 관리하지 아니한다.
④ 경찰서장 또는 도로교통공단은 운전면허를 받은 사람이 제1항 및 제2항에 따른 취소사유에 해당하는 경우에는 즉시 그 사람의 인적사항 및 면허번호 등을 전산입력하여 시·도경찰청장에게 보고하여야 한다.(2020.12.31 본항개정)

제92조 (2018.9.28 삭제)

제93조【운전면허의 정지·취소처분 절차】 ① 시·도경찰청장 또는 경찰서장이 법 제93조에 따라 운전면허의 취소 또는 정지처분을 하려는 때에는 다음 각 호의 구분에 따른 사전통지서를 그 대상자에게 발송 또는 발급하여야 한다. 다만, 그 대상자의 주소 등을 통상적인 방법으로 확인할 수 없거나 발송이 불가능한 경우에는 운전면허대장에 기재된 그 대상자의 주소지를 관할하는 경찰관서의 게시판에 14일간 이를 공고함으로써 통지를 대신할 수 있다.(2020.12.31 본문개정)
1. 법 제93조제1항(같은 항 제20호는 제외한다)부터 제3항까지에 해당하는 경우 : 별지 제81호서식의 운전면허 정지·취소처분 사전통지서
2. 법 제93조제1항제20호에 해당하는 경우 : 별지 제81호의2서식의 운전면허 취소처분 사전통지서
(2020.2.28 1호~2호신설)
② 제1항에 따라 통지를 받은 처분의 상대방 또는 그 대리인은 지정된 일시에 출석하거나 서면으로 이의를 제기할 수 있다. 이 경우 지정된 기일까지 이의를 제기하지 아니한 때에는 이의가 없는 것으로 본다.
③ 시·도경찰청장 또는 경찰서장은 법 제93조에 따라 운전면허의 정지 또는 취소처분을 결정한 때에는 다음 각 호의 구분에 따른 결정통지서를 그 처분의 대상자에게 발송 또는 발급하여야 한다. 다만, 그 처분의 대상자가 소재불명으로 통지를 할 수 없는 때에는 운전면허대장에 기재된 그 대상자의 주소지를 관할하는 경찰관서의 게시판에 14일간 이를 공고함으로써 통지를 대신할 수 있다.
(2020.12.31 본문개정)
1. 법 제93조제1항(같은 항 제20호는 제외한다)부터 제3항까지에 해당하는 경우 : 별지 제82호서식의 운전면허 정지·취소처분 결정통지서
2. 법 제93조제1항제20호에 해당하는 경우 : 별지 제82호의2서식의 운전면허 취소처분 결정통지서
(2020.2.28 1호~2호신설)
④ 운전면허의 취소대상자 또는 정지대상자(1회의 법규위반 또는 교통사고로 운전면허가 정지되는 사람에 한한다)로서 법 제138조에 따라 법규위반의 단속현장이나 교통사고의 조사과정에서 경찰공무원으로부터 운전면허증의 제출을 요구받은 사람은 구술 또는 서면으로 이의를 제기할 수 있다. 다만, 운전면허의 취소 또는 정지처분이 결정된 사람의 경우에는 그러하지 아니하다.(2020.12.31 본문개정)
⑤ 경찰공무원은 제2항 및 제4항에 따라 처분의 상대방 또는 그 대리인이 구두로 이의를 제기하는 때에는 그 내용을 별지 제83호서식의 진술서에 기재하고, 처분의 상대방 등으로 하여금 확인하게 한 후 서명 또는 날인하게 하여야 한다. 다만, 법 제44조의 규정을 위반하여 운전면허의 취소 또는 정지처분을 받아야 하는 사람이 이의를 제기하는 때에는 별지 제84호서식의 주취운전자정황진술보고서에 기재한 후 서명 또는 날인하게 하여야 한다.
(2020.12.31 본문개정)
⑥ 시·도경찰청장은 운전면허가 취소된 사람이 그 처분의 원인이 된 교통사고 또는 법규위반에 대하여 혐의없음의 불송치 또는 불기소(불송치 또는 불기소를 받은 이후 해당 사건이 다시 수사 및 기소되어 법원의 판결에 따라 유죄가 확정된 경우는 제외한다)를 받거나 무죄의 확정판결을 받은 경우 도로교통공단에 즉시 그 내용을 통보하고, 도로교통공단은 즉시 취소당시의 정기적성검사기간, 운전면허증 갱신기간 또는 연습운전면허의 잔여기간을 유효기간으로 하는 운전면허증을 새로이 발급해야 한다.
(2020.12.31 본항개정)

제94조【운전면허 취소처분절차의 특례】 시·도경찰청장은 운전면허를 받은 사람이 법 제87조제2항을 위반하여 정기 적성검사를 받지 아니하였다는 이유로 운전면허를 취소하려면 법 제93조제4항 단서에 따라 정기 적성검사기간 만료일부터 10개월이 경과되기 전에 별지 제85호서식의 운전면허조건부취소결정통지서를 그 대상자에게 발송하여야 한다. 이 경우 운전면허조건부취소결정통지서는 제93조제1항제1호 및 제3항제1호에 따른 운전면허 취소처분 사전통지서 및 운전면허 취소처분 결정통지서를 대신한다.(2020.12.31 전단개정)

제95조【운전면허 처분에 대한 이의신청의 절차】 법 제94조제1항에 따라 운전면허 처분에 이의가 있는 사람은 그 처분을 받은 날부터 60일 이내에 별지 제87호서식의 운전면허처분 이의신청서에 운전면허처분서를 첨부하여 시·도경찰청장에게 제출하여야 한다.(2020.12.31 본조개정)

제96조【운전면허행정처분 이의심의위원회의 설치 및 운영】 ① 시·도경찰청장은 법 제94조제2항에 따라 시·도경찰청장의 운전면허와 관련된 행정처분에 이의가 제기된 경우 이를 심의하기 위하여 시·도경찰청에 운전면허행정처분 이의심의위원회(이하 "심의위원회"라 한다)를 둔다.(2020.12.31 본항개정)
② 심의위원회는 위원장을 포함한 7인의 위원으로 구성하되, 위원장은 시·도경찰청장이 지명하는 시·도경찰청의 과장급 경찰공무원(자치경찰공무원은 제외한다)이 되고, 위원은 교통전문가 등 민간인 중 시·도경찰청장이 위촉하는 3인과 시·도경찰청 소속 경정 이상의 경찰공무원(자치경찰공무원은 제외한다) 중 위원장이 지명하는 3인으로 한다. 이 경우 민간인 위원의 임기는 2년으로 하되, 연임할 수 있다.(2020.12.31 전단개정)
③ 심의위원회의 회의는 재적위원 3분의 2 이상의 출석과 출석위원 과반수의 찬성으로 의결한다.
④ 심의위원회의 위원장과 위원은 운전면허 행정처분의 심의와 관련하여 공정성을 해치는 행위를 하여서는 아니된다.
⑤ 그 밖에 심의위원회의 구성 및 운영에 관하여 필요한 사항은 경찰청장이 정한다.

제97조【자동차등의 운전금지 통지】 시·도경찰청장은 법 제97조제1항에 따라 국제운전면허증 또는 상호인정외국면허증을 가지고 국내에서 자동차등을 운전하는 사람에 대하여 운전을 금지하는 경우에는 별지 제88호서식의 자동차등의 운전금지통지서에 따라 당사자에게 그 사실을 통지해야 한다.(2022.10.20 본조개정)

제98조【국제운전면허증의 발급】 ① 법 제80조에 따라 운전면허를 받은 사람(원동기장치자전거면허 및 연습운전면허를 받은 사람은 제외한다)이 법 제98조에 따라 국제운전면허증을 발급받으려는 경우에는 별지 제59호서식의 신청서에 사진 1장을 첨부하여 시·도경찰청장 또는 도로교통공단에 제출하고, 신분증명서를 제시해야 한다. 다만, 신청인이 원하는 경우에는 신분증명서 제시를 갈음하여 전자적 방법으로 지문정보를 대조하여 본인 확인을 할 수 있다.
② 제1항에 따른 신청을 받은 시·도경찰청장 또는 도로교통공단은 「전자정부법」 제36조제1항에 따른 행정정보의 공동이용을 통하여 신청인의 여권정보를 확인하여야 한다. 다만, 신청인이 확인에 동의하지 아니하는 경우에는 여권의 사본을 제출(여권을 제시하는 것으로 갈음할 수 있다)하도록 하여야 한다.
③ 시·도경찰청장 또는 도로교통공단은 제1항에 따른 신청서를 받은 때에는 별지 제90호서식의 국제운전면허증을 발급하고, 별지 제91호서식의 국제운전면허발급대장에 그 내용을 기록하여야 한다.
(2020.12.31 본조개정)

제9장 자동차운전학원

제99조【자동차운전학원의 등록】 ① 학원을 설립·운영하려는 자는 별지 제92호서식의 자동차운전학원 등록신청서에 다음 각 호의 서류를 첨부하여 시·도경찰청장에게 제출해야 한다.(2023.6.20 본문개정)
1. 별표30의 학원의 운영 등에 관한 원칙 1부
2. 별지 제93호서식의 학원카드 1부
3. 건축물사용승인서 또는 임시사용승인서 1부(가설건축물인 경우에 한한다)
4. 기능교육장 등 학원의 시설을 나타내는 축적 400분의 1의 평면도 및 위치도, 현황측량성과도(기능교육장 등 학원 시설의 면적을 증명하기 위하여 공공기관에서 작성하는 서류를 말한다. 이하 같다) 각 1부(2009.11.27 본호개정)
5. 기능교육용 자동차(기능교육을 실시하기 위한 자동차 등을 말한다. 이하 같다)의 경우에는 별지 제94호서식의 기능교육용 자동차 확인증 1부(2023.6.20 본호개정)
6. 별지 제95호서식의 강사선임통지서 1부
7. (2007.9.28 삭제)
8. 정관 1부(설립자가 법인인 경우에 한한다)
9. 학원 시설 등의 사용에 관한 전세 또는 임대차 계약서 사본 1부(학원의 시설 등이 다른 사람의 소유인 경우에 한한다)(2007.9.28 본호개정)
10. 별지 제96호서식의 학사관리전산시스템 설치확인서 1부
② 제1항에 따라 서류를 제출받은 시·도경찰청장은 「전자정부법」 제36조제1항에 따른 행정정보의 공동이용을 통하여 다음 각 호의 서류를 확인해야 한다. 다만, 신청인이 주민등록표 초본 및 자동차등록원부의 확인에 동의하지 않는 경우에는 이를 제출(주민등록표 초본의 경우 주민등록증 등 신분증명서를 제시하는 것으로 갈음할 수 있다)하도록 해야 한다.(2023.6.20 본문개정)
1. 학원 부지의 토지대장 등본 및 건축물대장 등본(가설건축물인 경우를 제외한다)
2. 설립·운영자(법인인 경우에는 그 법인의 임원을 말하고, 공동으로 설립·운영하는 경우에는 설립자와 운영자 모두를 말한다. 이하 같다)의 주민등록표 초본
(2018.4.25 본호개정)
3. 법인의 등기사항증명서(설립자가 법인인 경우에 한한다)(2010.9.10 본호개정)
4. 도로주행교육용 자동차(도로주행교육을 실시하기 위한 자동차를 말한다. 이하 같다)의 경우에는 자동차등록원부(2023.6.20 본호신설)
③ 시·도경찰청장은 영 제60조제4항에 따라 등록을 받은 때에는 그 사실을 별지 제97호서식의 자동차운전학원등록대장에 기재하여야 한다.(2020.12.31 본항개정)
④ 영 제60조제4항에 따른 등록증은 별지 제98호서식에 의한다.(2013.12.30 본항개정)

제100조【변경등록】 ① 영 제61조에 따라 학원을 설립·운영하는 자는 같은 조 제1항 각 호의 사항에 변경이 있는 경우에는 별지 제99호서식의 자동차운전학원 설립자변경등록신청서 또는 별지 제100호서식의 자동차운전학원 변경등록신청서에 다음 각 호의 구분에 따른 서류를 첨부하여 시·도경찰청장에게 제출해야 한다.(2023.6.20 본문개정)
1. 설립자(법인인 경우에는 그 법인의 임원을 말한다) 변경의 경우
가. 변경사유 설명서 1부(2009.11.27 본목신설)
나. 인수자의 정관, 재산목록 및 이사회의 회의록 사본 각 1부(인수자가 법인인 경우에 한한다)
다. 별지 제101호서식의 인계인수서(전문학원의 경우에는 별지 제122호서식을 말한다) 사본 1부
라. (2007.9.28 삭제)
마. 인계자의 이사회 회의록 사본 1부(인계자가 법인인 경우에 한한다)
바. 자동차운전학원 등록증(전문학원의 경우에는 전문학원 지정증을 말한다) 원본
2. 명칭 또는 위치 변경의 경우
가. 제99조제1항제3호(학원의 건물이 가설건축물인 경우에 한한다)·제4호 및 제9호에 따른 서류(위치 변경의 경우에 한한다)
나. 자동차운전학원 등록증 원본
3. 시설 및 설비 등 변경의 경우
가. 학원의 시설을 나타내는 축척 400분의 1의 평면도 및 현황측량성과도 각 1부(강의실·휴게실·양호실 또는 기능교육장 변경의 경우에 한한다)(2009.11.27 본목개정)
나. 별지 제94호서식의 기능교육용 자동차 확인증(기능교육용 자동차를 변경하는 경우로 한정한다) 1부
(2023.6.20 본목개정)
4. 학원의 운영 등에 관한 원칙 변경의 경우
가. 학원의 운영 등에 관한 원칙의 신·구조문대비표 1부
나. 변경사유 설명서 1부
5. 운영자의 변경
가. 변경사유 설명서 1부
나. 자동차운전학원 등록증(전문학원의 경우에는 전문학원 지정증을 말한다) 원본
(2009.11.27 본호신설)
② 제1항에 따라 학원의 설립·운영자 변경, 위치 변경 및 시설·설비 등의 변경에 관한 서류를 제출받은 시·도경찰청장은 「전자정부법」 제36조제1항에 따른 행정정보의 공동이용을 통하여 다음 각 호의 구분에 따른 서류를 확인해야 한다. 다만, 신청인이 주민등록표 초본 및 자동차등록원부의 확인에 동의하지 않는 경우에는 이를 제출(주민등록표 초본의 경우 주민등록증 등 신분증명서를 제시하는 것으로 갈음할 수 있다)하도록 해야 한다.
(2023.6.20 본문개정)
1. 설립·운영자 변경의 경우
가. 설립·운영자의 주민등록표 초본(2018.4.25 본목개정)
나. 법인의 등기사항증명서(설립·운영자가 법인인 경우에 한정한다)(2010.9.10 본목개정)
(2009.11.27 본호개정)
2. 위치 변경의 경우는 학원 부지의 토지대장 등본 및 건축물대장 등본(가설건축물인 경우를 제외한다)
3. 시설 및 설비 등 변경의 경우 자동차등록원부(도로주행교육용 자동차를 변경하는 경우로 한정한다)
(2023.6.20 본호신설)

제101조【조건부 등록】 ① 영 제62조제1항에 따라 학원의 조건부 등록을 신청하고자 하는 자는 별지 제102호서식의 자동차운전학원 조건부 등록신청서에 제99조제1항 각 호의 서류와 학원의 시설·설비계획서(조건부 등록 당시 학원건축물이 건축물대장에 등재되지 아니하였거나, 가설건축물로서 동항제3호의 건축물사용승인서 또는 임시사용승인서를 첨부하지 아니한 경우에 한한다)를 첨부하여 시·도경찰청장에게 제출하여야 한다. 다만, 동항제2호·제3호 및 제6호의 서류는 시설 및 설비 등을 갖춘 날에 제출할 수 있다.(2020.12.31 본문개정)
② 제1항에 따라 서류를 제출받은 시·도경찰청장은 「전자정부법」 제36조제1항에 따른 행정정보의 공동이용을 통하여 다음 각 호의 서류를 확인하여야 한다. 다만, 주민등록표 초본은 신청인이 확인에 동의하지 아니하는 경우에는 이를 제출(주민등록증 등 신분증명서를 제시하는 것으로 갈음할 수 있다)하도록 하여야 하며, 제1호 중 건축물대장 등본은 시설 및 설비 등이 갖추어지지 않아 확인할 수 없을 경우에는 시설 및 설비 등을 갖춘 날에 이를 제출하도록 할 수 있다.(2020.12.31 본문개정)
1. 학원 부지의 토지대장 등본 및 건축물대장 등본(가설건축물인 경우를 제외한다)
2 설립·운영자의 주민등록표 초본(2018.4.25 본호개정)
3. 법인의 등기사항증명서(설립자가 법인인 경우에 한한다)(2010.9.10 본호개정)
③ 학원의 조건부 등록을 한 자가 1년 이내에 시설 및 설비 등을 갖춘 때에는 영 제62조제4항에 따라 늦어도 기간만료 후 10일 이내에 별지 제103호서식의 자동차운전학원의 시설·설비완성신고서에 제1항 단서에 따른 서류를 첨부하여 시·도경찰청장에게 제출하여야 한다. 이 경우 서류의 제출은 조건부 등록 시에 제출하지 아니한 경우에 한한다.(2020.12.31 전단개정)
④ 영 제62조제5항에 따른 자동차운전학원등록증은 별지 제98호서식에 의한다.(2013.12.30 본항개정)

제101조의2【대형면허 교육 부지가 확보된 곳에서의 구난차면허 교육】 영 별표5 제7호나목1)부터 4)까지 외의 부분 단서에서 "행정안전부령으로 정하는 구난차면허 교

육"이란 다음 각 호의 기준을 모두 갖춘 구난차에 대한 면허 교육을 말한다.
1. 차량길이 : 820센티미터 이상
2. 차량너비 : 240센티미터 이상
3. 축간거리 : 450센티미터 이상
(2023.6.20 본조신설)

제102조【교육용 자동차의 기준 등】 ① 영 제63조제2항 및 영 제67조제3항에 따른 기능교육용 자동차 또는 도로주행교육용 자동차는 제70조에 따른 기능시험 또는 도로주행시험에 사용되는 자동차의 기준에 적합하여야 한다.
② 제1항에 따른 교육용 자동차에는 별표31에 따라 표지등(도로주행교육용 자동차에 한한다)을 설치하고, 시·도경찰청장이 제5항에 따른 교육용 자동차의 확인 시 학원별로 부여한 차량고유번호의 표시와 도색 및 표지를 하여야 한다.(2020.12.31 본항개정)
③ 시·도경찰청장은 도로주행교육용 자동차가 제1항 및 제2항에 따른 기준에 적합한지의 여부를 확인하기 위하여 연 1회 이상 도로주행교육용 자동차의 점검을 실시하되, 이에 관하여 필요한 사항은 경찰청장이 정한다.
(2020.12.31 본항개정)
④ 학원 또는 전문학원을 설립·운영하는 자는 기능교육용 자동차 또는 도로주행교육용 자동차를 운행하고자 하는 때에는 별지 제104호서식의 교육용자동차확인신청서에 다음 각 호의 구분에 의한 서류를 첨부하여 시·도경찰청장에게 제출하여 확인을 받아야 한다. 이 경우 시·도경찰청장은 「전자정부법」 제36조제1항에 따른 행정정보의 공동이용을 통하여 자동차등록증을 확인하여야 하며, 신청인이 확인에 동의하지 아니하는 경우에는 그 사본을 첨부하도록 하여야 한다.(2020.12.31 본문개정)
1. 기능교육용 자동차의 경우에는 자동차제작증 사본 및 보험[영 별표5 제9호가목(1)에 따른 보험을 말한다] 가입증명서 사본 각 1부
2. 도로주행교육용 자동차의 경우에는 자동차종합보험가입증명서 1부
⑤ 시·도경찰청장은 제4항에 따라 교육용 자동차 확인의 신청을 받은 때에는 자동차의 형식 등 교육용 자동차로 사용하기에 적합한지의 여부를 확인한 후 교육용 자동차에 대하여 학원별 차량고유번호를 부여하되, 기능교육용 자동차의 경우에는 제103조에 따른 검사를 위하여 별지 제94호서식의 기능교육용 자동차 확인증을 교부하여야 한다.
(2020.12.31 본항개정)

제103조【기능교육용 자동차의 검사 등】 ① 학원 또는 전문학원을 설립·운영하는 자가 영 별표5 제9호나목(3)에 따른 기능교육용 자동차의 검사를 받기 위하여 자동차를 검사장소까지 운행하려는 때에는 「자동차관리법 시행령」 제7조제1항에 따라 특별시장·광역시장·제주특별자치도지사 또는 도지사로부터 임시운행허가를 받아야 한다.(2010.12.31 본항개정)
② 학원 또는 전문학원을 설립·운영하는 자는 제1항에 따른 기능교육용 자동차의 검사를 받고자 하는 때에는 「자동차관리법 시행규칙」 제77조제2항에 따른 정기검사기간에 기능교육용 자동차와 제102조제5항에 따라 교부받은 기능교육용 자동차 확인증을 영 별표5 제9호나목(3)에 따른 자동차검사대행자 또는 지정정비사업자에게 제시하여야 한다.(2009.11.27 본항개정)
③ 제2항에 따른 자동차검사대행자 또는 지정정비사업자가 기능교육용 자동차를 검사한 때에는 제2항에 따라 제시된 기능교육용 자동차 확인증에 제4항에 따른 사용유효기간을 기재하여 교부하여야 한다.
④ 기능교육용 자동차의 사용유효기간은 다음 각 호의 구분과 같다. 다만, 「자동차관리법」 제30조제3항에 따른 확인검사를 받은 자동차로서 제작·판매사로부터 출고한 후 3개월 이내에 시·도경찰청장에게 기능교육용 자동차로 확인신청을 한 자동차의 경우에는 다음 각 호의 구분에 불구하고 사용유효기간을 4년으로 한다.(2020.12.31 단서개정)
1. 승용자동차 및 승용겸 화물자동차 : 2년
2. 화물자동차 : 1년
3. 승합자동차, 대형견인차, 소형견인차 및 구난차
  가. 차령 5년 이하 : 1년
  나. 차령 5년 초과 : 6개월
(2016.7.28 본호개정)
⑤ 기능교육용 이륜자동차 및 원동기장치자전거의 사용연한은 10년으로 한다.

제104조【코스 및 도로의 기준 등】 영 제63조제4항 및 영 제67조제3항에 따른 기능교육장(기능교육을 위한 장소를 말한다. 이하 같다) 코스의 종류·형상·구조의 기준은 별표23의 기능시험코스의 종류·형상 및 구조에 의하고, 도로주행교육(도로상 운전능력을 익히기 위한 교육을 말한다. 이하 같다)을 실시하는 도로의 기준은 별표25에 따른 도로주행시험을 실시하기 위한 도로의 기준에 의한다.(2011.12.9 본조개정)

제105조【운전교육 수강신청 등】 ① 운전교육을 받으려는 사람은 다음 각 호의 서류를 첨부한 별지 제105호서식의 수강신청서와 수강료를 해당 학원 또는 전문학원에 납부하여야 한다. 다만, 별표32 제1호 (주) 제4호나목 또는 다목에 해당하는 사람은 제129조의2에 따른 운전경력증명서를 별도로 제출하여야 한다.(2010.12.31 본문개정)
1. 주민등록증 사본 1부
2. 사진 4매(2016.11.29 본호개정)
3. 운전면허시험응시표 사본 1부 또는 운전경력증명서 1부(해당하는 사람에 한한다)
② 학원 또는 전문학원을 설립·운영하는 자는 교육생으로부터 수강신청을 받은 때에는 학사관리 전산시스템을 이용하여 별지 제106호서식의 교육생원부에 이를 등록하여야 한다.
③ 학원 또는 전문학원을 설립·운영하는 자는 제1항에 따른 수강신청 및 수강료를 받은 때에는 별지 제107호서식의 수강증과 별지 제108호서식의 수강료영수증을 교부하고 수강일자를 지정하여야 한다.

제106조【운전면허의 종별 교육과목 및 교육시간 등】 ① 영 제65조제2항 및 영 제67조제5항에 따른 학원 또는 전문학원의 운전면허의 종별 교육과목 및 교육시간 등은 별표32와 같다.
② 학원 또는 전문학원을 설립·운영하는 자는 수강신청의 접수순서에 따라 교육반을 편성하여야 한다.
③ 전문학원을 설립·운영하는 자는 장애인이 수강신청을 하는 때에는 장애인 교육반을 편성하고 장애인교육용 자동차로 교육하여야 한다.

제107조【교육과정의 운영기준 등】 ① 학원 또는 전문학원을 설립·운영하는 자는 다음 각 호의 기준에 의하여 학과교육을 실시하여야 한다.
1. 별표32의 운전면허의 종별 교육과목 및 교육시간에 따라 교육을 실시할 것
2. 교육시간은 50분을 1시간으로 하되, 1일 1인당 7시간을 초과하지 아니할 것
3. 응급처치교육은 응급의학 관련 의료인이나 응급구조사 또는 응급처치에 관한 지식과 경험이 있는 강사로 하여금 실시하게 할 것
② 학원 또는 전문학원을 설립·운영하는 자는 다음 각 호의 기준에 따라 기능교육을 실시하여야 한다.
(2011.4.30 본문개정)
1. 별표32의 운전면허의 종별 교육과목·교육시간 및 교육방법 등에 따라 단계적으로 교육을 실시할 것
(2009.11.27 본호개정)
2. 교육시간은 50분을 1시간으로 하되, 1일 1명당 4시간을 초과하지 아니할 것(2011.4.30 본호개정)
3. 교육생을 2명 이상 승차시키지 아니할 것(2009.11.27 본호신설)
③ (2009.11.27 삭제)
④ 학원 또는 전문학원을 설립·운영하는 자는 다음 각 호의 기준에 따라 도로주행교육을 실시하여야 한다.
(2011.4.30 본문개정)
1. 운전면허 또는 연습운전면허를 받은 사람에 대하여 실시하되, 별표32의 운전면허의 종별 교육과목·교육시간 및 교육방법 등에 따라 실시할 것(2009.11.27 본호개정)
2. 기능교육을 담당하는 강사가 도로주행교육용 자동차에 같이 승차하여 지도하고, 교육생을 2명 이상 승차시키지 아니할 것(2009.11.27 본호개정)
3. 교육시간은 50분을 1시간으로 하되, 1일 1명당 4시간을 초과하지 아니할 것. 다만, 운전면허를 받은 사람에 대하여는 그러하지 아니하다.(2011.4.30 본호개정)
4. 제5호에 따라 지정된 도로에서 별표32의 기준에 따라 교육을 실시할 것. 다만, 운전면허를 받은 사람에 대하여는 그러하지 아니하다.
5. 도로주행교육을 위한 도로의 지정에 관하여는 제124조제3항 및 제4항의 규정을 준용한다.
⑤ 학원 또는 전문학원을 설립·운영하는 자는 교육생으로 하여금 교육이 시작되기 전과 교육이 끝난 후에 학사관리 전산시스템에 출석 및 수강사실을 입력하도록 하고, 교육을 한 강사로 하여금 교육생의 수강사실을 확인한 후 전자서명을 하도록 하여야 한다.
⑥ 학원 또는 전문학원을 설립·운영하는 자는 제1항 내지 제4항에 따라 교육이 실시되는지의 여부를 수시로 감독하여야 한다.
⑦ 그 밖에 교육과정 운영 등 교육의 실시에 관하여 이 규칙에 정하지 아니한 사항은 경찰청장이 정한다.

제108조 (2011.4.30 삭제)

제109조【정원초과 교육의 금지 등】 ① 학원 또는 전문학원을 설립·운영하는 자는 제3항에 따라 산정한 학원 또는 전문학원의 정원을 초과하거나 일시수용능력인원을 초과하여 교육을 하여서는 아니된다.
② 학원 또는 전문학원을 설립·운영하는 자는 도로주행교육을 받는 교육생의 정원이 기능교육을 받는 교육생의 정원의 3배를 초과하지 아니하도록 하여야 한다.
(2011.4.30 본항개정)
③ 학원 또는 전문학원의 정원은 제1호에 따른 방법으로 산정한 기능교육장의 일시수용능력인원에 제2호에 따른 1일 최대 교육횟수를 곱하여 산정한 인원으로 한다.
1. 기능교육장 일시수용능력인원 산정방법
  가. 제1종 보통연습면허 및 제2종 보통연습면허의 경우 : 해당 기능교육장의 면적[별표23 제1호 (주) 3.에 따라 기능교육을 위하여 폭 3미터 이상, 길이 15미터 이상인 굴절·곡선·방향전환 또는 대형견인차 코스 등을 분리하여 설치한 기능교육장의 경우에는 같은 호 (주) 1.에 따른 기능교육장 면적의 30퍼센트에 해당하는 면적까지를 해당 기능교육장의 면적으로 본다] 300제곱미터당 1명
  나. 제1종 대형면허의 경우 : 해당 기능교육장의 면적 900제곱미터당 1명
  다. 대형견인차면허, 소형견인차면허 및 구난차면허의 경우
    1) 대형견인차면허 및 소형견인차면허의 경우 : 해당 기능교육코스 1개당 1명
    2) 구난차면허의 경우 : 해당 기능교육코스 1조당 2명
  라. 제2종 소형면허 또는 원동기장치자전거면허의 경우 : 해당 기능교육장의 면적 50제곱미터당 1명
2. 1일 최대 교육횟수 : 20회
(2016.7.28 본항개정)

제110조【학원 또는 전문학원의 교재】 학원 또는 전문학원을 설립·운영하는 자는 경찰청장이 감수한 교재를 사용하여 교육하여야 한다.(2011.4.30 본조개정)

제111조【장부 및 서류의 비치 등】 ① 학원 또는 전문학원에는 별표17의 장부 및 서류를 갖추어 두고 기록을 정확하게 유지하여야 한다.
② 학원 또는 전문학원을 설립·운영하는 자는 문서의 발송·교부 또는 인증에 사용하기 위하여 한 변의 길이가 3센티미터인 정사각형의 직인을 갖추어 두어야 한다.
③ 학원 또는 전문학원을 설립·운영하는 자는 학원 또는 전문학원을 등록한 날부터 7일 이내에 학원 또는 전문학원의 직인을 관할 시·도경찰청장이 관리하는 별지 제111호서식의 직인등록대장에 등록하여야 한다.(2020.12.31 본항개정)
④ (2009.11.27 삭제)

제112조【학원 등 종사자의 신분증명서】 학원의 강사는 별지 제114호서식의 강사신분증을, 전문학원의 강사 및 기능검정원은 별지 제115호서식의 강사·기능검정원자격증을 왼쪽 앞가슴에 달아야 한다.(2019.8.26 본조개정)

제113조【전문학원의 지정신청 등】 ① 학원을 설립·운영하는 자가 법 제104조제1항에 따라 전문학원의 지정을 받으려는 경우에는 별지 제116호서식의 자동차운전전문학원 지정신청서에 다음 각 호의 서류를 첨부하여 시·도경찰청장에게 제출해야 한다. 다만, 제7호부터 제9호까지의 서류는 시·도경찰청장이 지정하는 기일까지 제출할 수 있다.(2021.12.31 본문개정)
1. 별표30의 전문학원의 운영 등에 관한 원칙 1부
2. 별지 제117호서식의 자동차운전전문학원카드 1부
3. 코스부지와 코스의 종류·형상 및 구조를 나타내는 축척 400분의 1의 평면도와 위치도 및 현황측량성과도 각 1부(2009.11.27 본호개정)
4. 전문학원의 부대시설·설비 등을 나타내는 도면 1부
5. (2007.9.28 삭제)
6. 제99조제1항제3호(학원의 건물이 가설건축물인 경우에 한한다) 및 제9호(학원의 재산이 다른 사람의 소유인 경우에 한한다)에 따른 서류 각 1부
7. 전문학원의 직인 및 학감(설립·운영자가 학감을 겸임하는 경우에는 부학감)의 도장의 인영(2021.12.31 본호개정)
8. 기능검정원의 자격증 사본 1부, 기능검정합격사실을 증명하기 위한 도장의 인영(2021.12.31 본호개정)
9. 강사의 자격증 사본(2009.11.27 본호개정)
10. 별지 제95호서식의 강사·기능검정원 선임통지서 1부
11. 별지 제118호서식의 기능시험전자채점기 설치확인서 1부
12. 장애인교육용 자동차의 확보를 증명할 수 있는 서류 1부
13. 별지 제96호서식의 학사관리전산시스템 설치확인서 1부
② 제1항에 따라 서류를 제출받은 시·도경찰청장은 「전자정부법」 제36조제1항에 따른 행정정보의 공동이용을 통하여 다음 각 호의 서류를 확인하여야 한다. 다만, 주민등록표 초본은 신청인이 확인에 동의하지 아니하는 경우에는 이를 제출(주민등록증 등 신분증명서를 제시하는 것으로 갈음할 수 있다)하도록 하여야 한다.(2020.12.31 본문개정)
1. 법인의 등기사항증명서(학원을 설립·운영하는 자가 법인인 경우에 한한다)(2010.9.10 본호개정)
2. 학감(설립·운영자가 학감을 겸임하는 경우에는 부학감)의 주민등록표 초본(2018.4.25 본호개정)
3. 학원부지의 토지대장 등본 및 건축물대장 등본(가설건축물인 경우를 제외한다)
4. 설립·운영자의 주민등록표 초본(2018.4.25 본호개정)

제114조【전문학원의 지정 등】 ① 시·도경찰청장은 제113조에 따라 전문학원의 지정신청이 있은 때에는 도로교통공단에 그 내용을 통보하여야 한다.
② 도로교통공단이 제1항에 따른 통보를 받은 때에는 신청이 있는 날부터 6월동안 그 학원의 교육과정을 수료한 교육생에 대한 도로주행시험 결과를 시·도경찰청장에게 통보하여야 한다.
③ 시·도경찰청장은, 전문학원의 지정을 신청한 학원이 제2항에 따른 도로주행시험 합격률 등 영 제67조에 따른 전문학원의 지정기준을 갖추었다고 인정되는 때에는 그 학원을 전문학원으로 지정하고, 별지 제119호서식의 자동차운전전문학원지정증을 신청인에게 발급하고, 별지 제120호서식의 자동차운전전문학원 지정대장에 이를 기재하여야 한다.
(2020.12.31 본조개정)

제115조【전문학원의 교육방법 등의 기준】 영 제67조제4항에 따른 전문학원의 교육방법 등의 기준은 별표32와 같다.(2011.12.9 본조개정)

제116조【전문학원 중요사항의 변경】 ① 영 제68조에 따라 전문학원이 중요사항을 변경하려는 경우에는 별지 제121호서식의 자동차운전전문학원 변경승인신청서에 다음 각 호의 서류를 첨부하여 시·도경찰청장에게 제출해야 한다.(2021.12.31 본문개정)

1. 학감의 변경
  가. 학감 도장의 인영(2021.12.31 본목개정)
  나. 전문학원지정증 원본
2. 전문학원 위치의 변경
  가. 제99조제1항제3호(학원의 건물이 가설건축물인 경우에 한한다)·제4호 및 제9호에 따른 서류
  나. 전문학원지정증 원본
3. 전문학원원칙의 변경
  가. 원칙의 신·구 대비표 1부
  나. 변경사유 설명서 1부

② 제1항에 따라 전문학원의 위치 변경에 관한 서류를 제출받은 시·도경찰청장은 「전자정부법」 제36조제1항에 따른 행정정보의 공동이용을 통하여 학원부지의 토지대장 등본 및 건축물대장 등본(가설건축물인 경우를 제외한다)을 확인하여야 한다.(2020.12.31 본항개정)
③ 시·도경찰청장은 제1항제1호 및 제2호에 따라 전문학원의 변경사항을 승인하는 때에는 전문학원지정증을 재교부하고, 자동차운전전문학원지정대장에 이를 기재하여야 한다.(2020.12.31 본항개정)
④ 시·도경찰청장은 전문학원을 설립·운영하는 자가 교육생의 정원이 확대되어 제1항제3호에 따른 전문학원의 운영 등에 관한 원칙의 변경승인을 함에 있어서 영 제67조제1항제1호 내지 제4호에 따른 강사 및 기능검정원의 배치기준에 적합한지의 여부를 확인하여야 한다.
(2020.12.31 본항개정)

제117조【학감 또는 부학감의 선임 통지】 ① 전문학원을 설립·운영하는 자는 법 제104조제1항제1호에 따른 학감 또는 부학감을 선임하고자 하거나 해임한 때에는 별지 제123호서식에 근무경력사실증명서(선임하는 경우에 한정한다)를 첨부하여 그 사실을 시·도경찰청장에게 통지하여야 한다. 이 경우 시·도경찰청장은 「전자정부법」 제36조제1항에 따른 행정정보의 공동이용을 통하여 선임대상자의 주민등록표 초본을 확인하여야 하며, 선임 대상자가 확인에 동의하지 아니하는 경우에는 이를 첨부하도록 하여야 한다.
② 시·도경찰청장은 제1항에 따라 학감 또는 부학감의 선임에 관한 통지를 받은 때에는 학감 또는 부학감이 법 제105조의 규정에 해당되는 사람인지의 여부를 심사하여 그 결과를 해당 전문학원을 설립·운영하는 자에게 통보하여야 한다.
(2020.12.31 본조개정)

제118조【전문학원 강사 및 기능검정원의 자격시험】 ① 법 제106조제1항 및 법 제107조제1항에 따른 강사 및 기능검정원의 자격시험은 도로교통공단이 제1차 시험과 제2차 시험으로 구분하여 실시하되, 시험과목과 시험방법 등은 별표33과 같다.(2010.12.31 본항개정)
② 제1차 시험은 매 과목 100점을 만점으로 하여 평균 70점 이상 득점한 사람을 합격자로 한다.(2010.7.9 본항개정)
③ 제2차 시험은 제1차 시험 합격자를 대상으로 실시하되, 100점을 만점으로 하여 85점 이상 득점한 사람을 합격자로 한다.
④ 제1차 시험의 유효기간은 합격일부터 1년으로 하고, 제2차 시험의 유효기간은 합격일부터 2년으로 한다.
(2011.12.9 본항신설)
⑤ 그 밖에 자격시험의 실시에 관하여 필요한 사항은 경찰청장이 정한다.(2010.12.31 본항개정)

제119조【강사 또는 기능검정원의 자격증】 ① 도로교통공단이 영 제86조제5항제6호에 따라 발급하는 강사 및 기능검정원의 자격증은 별지 제115호서식에 따른다.
(2013.12.30 본항개정)
② 도로교통공단이 제1항에 따라 강사자격증을 발급한 때에는 별지 제124호서식의 강사자격증발급대장에 이를 기재하고, 기능검정원자격증을 발급한 때에는 별지 제125호서식의 기능검정원자격증발급대장에 이를 기재하여야 한다.
(2010.12.31 본조개정)

제120조【강사등의 선임 등】 ① 학원 또는 전문학원을 설립·운영하는 자가 강사 또는 기능검정원(이하 "강사등"이라 한다)을 선임하고자 하는 때에는 별지 제95호서식의 강사등선임통지서에 제119조에 따라 발급받은 강사등 자격증 사본을 첨부하여 시·도경찰청장에게 제출하여야 한다. 이 경우 담당 공무원은 「전자정부법」 제36조제1항에 따른 행정정보의 공동이용을 통하여 신청인의 주민등록등(초)본이나 운전면허정보를 확인하여야 하며 신청인이 확인에 동의하지 아니하는 경우에는 그 사본을 첨부하도록 하여야 한다.
② 시·도경찰청장이 제1항에 따른 강사등 선임통지서를 접수한 때에는 강사등으로서의 적격여부를 심사하여 그 결과를 해당 학원 또는 전문학원을 설립·운영하는 자에게 통보하여야 한다.
③ 학원 또는 전문학원을 설립·운영하는 자가 강사등을 해임한 경우에는 해임한 날부터 10일 이내에 해임한 강사등의 명부를 별지 제126호서식에 의하여 작성하여 관할 시·도경찰청장에게 통지하고 그 변동사항의 기록을 유지하여야 한다.
(2020.12.31 본조개정)

제121조【강사등의 자격증 재발급】 ① 강사등의 자격증을 발급받은 사람이 그 자격증을 분실하거나 자격증이 훼손되어 재발급을 받으려는 때에는 별지 제127호서식의 자격증 재발급 신청서에 다음 각 호의 서류를 첨부하여 도로교통공단에 제출하여야 한다.(2010.12.31 본문개정)

1. 자격증(헐어 못쓰게 된 경우에 한정한다)(2010.12.31 본호개정)
2. (2007.9.28 삭제)
3. 증명사진(3센티미터 × 4센티미터) 2매

② 강사등의 자격증을 발급받은 사람이 기재사항을 변경하려는 경우에는 별지 제128호서식의 자격증 기재사항 변경 신청서에 다음 각 호의 서류를 첨부하여 도로교통공단에 제출하여야 한다.(2010.12.31 본문개정)

1. 자격증
2. 변경내용을 입증할 수 있는 서류
3. (2007.9.28 삭제)

③ 제1항에 따라 강사등의 자격증 재발급의 신청을 받은 도로교통공단은 신청서류의 영수확인증에 접수 도장을 찍고, 별지 제129호서식에 따른 재발급 신청자 명단을 작성한 후 제119조제1항에 따른 별지 제115호서식의 강사·기능검정원 자격증을 발급한다.(2021.12.31 본항개정)
④ 제1항 및 제2항에 따라 자격증 재발급 및 자격증 기재사항 변경을 신청받은 도로교통공단은 「전자정부법」 제36조제1항에 따른 행정정보의 공동이용을 통하여 신청인의 주민등록표 초본을 확인하여야 하며, 신청인이 확인에 동의하지 아니하는 경우에는 그 사본을 첨부(주민등록증 등 신분증명서를 제시하는 것으로 갈음할 수 있다)하도록 하여야 한다.(2018.4.25 본항개정)
(2010.12.31 본조제목개정)

제122조【강사업무의 겸임 등】 ① 학원 또는 전문학원의 강사가 다른 종류의 강사자격증을 가지고 있는 경우에는 해당 강사의 업무에 지장이 없는 범위 내에서 다른 종류의 강사업무를 겸임할 수 있다. 이 경우 겸임하는 강사는 영 제64조제2항 또는 영 제67조제1항에 따른 강사의 정원산출과 배치기준에 있어서 중복하여 적용되어서는 아니된다.
② 기능검정원이 강사자격증을 가지고 있는 경우에는 기능검정원의 업무에 지장이 없는 범위 내에서 강사의 업무를 겸임할 수 있다. 이 경우 기능검정원은 자신이 교육한 교육생에 대하여 교육이 종료된 날부터 1년이 지나지 아니하면 도로주행검정을 실시할 수 없으며, 겸임하는 기능검정원은 영 제67조제1항제2호에 따른 강사의 정원산출과 배치기준에 있어서 교육용자동차 10대당 1명에 한하여 중복하여 적용할 수 있다.(2009.11.27 후단개정)
③ 학감 또는 부학감은 강사 또는 기능검정원 업무를 겸임할 수 없다. 다만, 학감 또는 부학감이 학과교육에 대한 강사자격증이 있는 경우로서 업무에 지장이 없는 범위 내에서 학과교육 과정표상의 첫 1교시의 강의를 하는 경우에는 그러하지 아니하다.(2009.11.27 본항개정)
④ 전문학원의 설립·운영자는 기능검정원을 겸임할 수 없다.(2009.11.27 본항신설)
⑤ 전문학원의 설립·운영자는 기능교육의 효율적인 실시를 위하여 기능교육보조원을 둘 수 있다. 이 경우 기능교육보조원은 강사를 대신하여 교육을 담당할 수 없다.
(2009.11.27 본항개정)

제123조【강사 또는 기능검정원의 자격취소·정지의 기준】 ① 법 제106조제4항 또는 법 제107조제4항에 따라 강사 또는 기능검정원의 자격을 취소하거나 자격의 효력을 정지시킬 수 있는 기준은 별표34와 같다.
② 시·도경찰청장은 제1항에 따라 강사 또는 기능검정원의 자격을 취소하거나 자격의 효력을 정지하고자 하는 때에는 처분대상자에게 별지 제130호서식의 강사 또는 기능검정원의 자격취소·정지통지서에 의하여 그 뜻을 통지하여야 하고, 미리 상대방 또는 그 대리인에게 의견을 진술할 기회를 주어야 한다. 다만, 상대방 또는 그 대리인이 정당한 사유 없이 이에 응하지 아니하거나 주소불명 등으로 의견을 진술할 기회를 줄 수 없는 경우에는 그러하지 아니하다.(2020.12.31 본문개정)
③ 시·도경찰청장이 제1항에 따라 강사 또는 기능검정원의 자격을 취소하거나 자격의 효력을 정지한 때에는 별지 제131호서식의 강사·기능검정원행정처분대장에 그 뜻을 기재하여야 하고, 제2항에 따라 강사등의 자격취소 또는 자격의 효력정지 처분통지를 받은 사람은 통지를 받은 날부터 10일 이내에 그 자격증을 반납하여야 한다.
(2020.12.31 본항개정)

제124조【기능검정의 실시】 ① 제65조·제66조 및 제70조는 기능검정과 그에 사용되는 자동차의 종별 기준에 관하여 이를 준용한다.(2011.12.9 본항개정)
② 제67조제1항·제68조 및 제69조제2항의 규정은 기능검정을 실시하는 도로의 기준, 기능검정의 채점 및 합격기준 등과 기능검정원의 준수사항에 관하여 이를 준용한다.(2011.12.9 본항개정)
③ 전문학원의 설립·운영자는 영 제69조제2항에 따라 도로주행기능검정을 실시하고자 하는 경우에는 2개소 이상의 도로를 선정한 후 별지 제132호서식의 도로주행기능검정 실시도로지정신청서에 도로주행기능검정 실시도로가 표시된 축척 1만분의 1의 지도를 첨부하여 시·도경찰청장에게 제출하여야 한다.(2020.12.31 본항개정)
④ 시·도경찰청장은 제3항에 따른 신청서를 받아 도로주행기능검정을 실시하는 도로를 지정한 때에는 별지 제133호서식의 도로주행기능검정 실시도로지정서에 의하여 통지하여야 한다. 이 경우 요일·시간대 및 통행량에 따라 도로주행기능검정의 시간 및 장소를 제한할 수 있다.
(2020.12.31 전단개정)
⑤ 그 밖에 기능검정의 실시방법에 관하여 이 규칙에 정하지 아니한 사항은 경찰청장이 정한다.

제125조【수료증 또는 졸업증의 발급·재발급】 ① 학감은 영 제69조제1항에 따른 장내기능검정 결과 기능검정원이 합격사실을 증명한 때에는 교육생에게 별지 제134호서식의 수료증을 교부하고, 별지 제135호서식의 수료증발급대장에 이를 기재하여야 한다.
② 학감은 영 제69조제2항에 따른 도로주행기능검정 결과 기능검정원이 합격사실을 증명한 때에는 교육생에게 별지 제136호서식의 졸업증을 교부하고, 별지 제137호서식의 졸업증발급대장에 이를 기재하여야 한다.
③ 수료증 또는 졸업증은 장내기능검정 또는 도로주행기능검정 합격일을 기준으로 발급한다.
④ 수료증 또는 졸업증을 잃어버렸거나 헐어 못쓰게 된 때에는 학감에게 신청하여 다시 발급받을 수 있다.
⑤ 학감이 제4항에 따라 수료증 또는 졸업증을 재발급한 때에는 그 사실을 수료증발급대장 또는 졸업증발급대장에 각각 기재하여야 한다.
⑥ (2009.11.27 삭제)

제126조【강사 인적사항 등의 게시】 ① 학원 또는 전문학원을 설립·운영하는 자는 법 제109조제2항에 따라 강사의 성명·자격증 번호 등 인적사항과 교육과목을 별지 제139호서식에 의하여 교육생이 보기 쉬운 곳에 게시하여야 한다.(2009.11.27 본항개정)
② 학원 또는 전문학원을 설립·운영하는 자는 법 제110조제2항에 따라 수강료등의 기준표를 교육생이 보기 쉬운 곳에 게시하여야 한다.

제126조의2【수강료조정위원회의 구성 및 운영】 ① 영 제70조의2에 따른 수강료조정위원회(이하 "조정위원회"라고 한다)는 시·도경찰청장 소속 하에 둔다.(2020.12.31 본항개정)
② 조정위원회는 위원장 1인을 포함하여 7인 이상 11인 이하의 위원으로 구성한다.
③ 조정위원회의 위원장은 시·도경찰청의 과장급 이상 경찰공무원 중에서 시·도경찰청장이 지명하는 사람으로 한다.(2020.12.31 본항개정)
④ 조정위원회의 위원은 다음 각 호의 어느 하나에 해당하는 사람 중에서 시·도경찰청장이 지명 또는 위촉하는 사람으로 한다.(2020.12.31 본문개정)

1. 시·도경찰청 소속 경정 이상의 경찰공무원
  (2020.12.31 본호개정)
2. 물가에 관한 업무를 담당하는 특별시·광역시·도 또는 특별자치도 소속 6급 이상의 공무원
3. 자동차 운전학원 관련 단체 및 소비자 단체의 임·직원으로서 회계 관련 전문지식이 있는 사람
4. 그 밖에 회계 관련 전문성이 있다고 시·도경찰청장이 인정하는 사람(2020.12.31 본호개정)

⑤ 민간위촉위원의 임기는 2년으로 하되, 1차에 한하여 연임할 수 있다.
⑥ 조정위원회의 회의는 재적위원 과반수의 출석으로 개의하고, 출석위원 과반수의 찬성으로 의결한다.
⑦ 그 밖에 조정위원회의 구성 및 운영에 관하여 필요한 사항은 경찰청장이 정한다.
(2007.4.27 본조신설)

제127조【교육이수증명서】 영 제71조제1항에 따른 교육이수증명서는 별지 제140호서식에 의한다.

제128조【휴원·폐원 신고절차】 법 제112조에 따른 학원 또는 전문학원의 휴원신고는 별지 제141호서식의 휴원신고서에 의하고, 폐원신고는 별지 제142호서식의 폐원신고서에 의한다. 이 경우 폐원신고의 경우에는 자동차운전학원 등록증(전문학원의 경우에는 자동차운전학원 등록증 및 지정증을 말한다) 및 보관 중인 학원등의 서류 및 장부 등 학사관리자료 일체를 첨부하여야 한다.
(2009.11.27 본조개정)

제129조【학원 또는 전문학원의 등록취소 등】 ① 법 제113조에 따른 학원 또는 전문학원의 등록취소 및 운영정지와 전문학원의 지정취소의 기준은 별표35와 같다.
② 시·도경찰청장은 법 제113조에 따라 학원 또는 전문학원의 등록을 취소하거나 운영정지를 명하는 때 또는 전문학원의 지정을 취소하는 때에는 학원 또는 전문학원을 설립·운영하는 자에게 별지 제143호서식의 행정처분통지서에 의하여 그 사실을 통지하고 학원의 등록증(전문학원의 지정을 취소하는 경우에는 지정증을 말한다)을 회수하여야 하며, 별지 제144호서식의 행정처분관리대장에 그에 관한 사항을 기재하여야 한다.(2020.12.31 본항개정)
③ 시·도경찰청장은 법 제113조에 따라 학원 또는 전문학원의 등록을 취소하거나 운영정지를 명한 때 또는 전문학원의 지정을 취소한 때에는 그 사실을 해당 학원 또는 전문학원의 출입구 등 잘 보이는 곳에 공고하여야 한다.
(2020.12.31 본항개정)

제10장 보 칙

제129조의2【운전경력의 증명 등】 ① 운전경력증명을 받으려는 사람은 별지 제144호의2서식의 운전경력증명서 발급 신청서를 경찰서장에게 제출하고, 신분증명서를 제시(해외에 체류하는 등의 사유로 신분증명서를 제시할 수

없는 경우는 신분증명서 사본의 제출로 갈음할 수 있다)하여야 한다. 다만, 신청인이 원하는 경우에는 신분증명서 제시를 갈음하여 전자적 방법으로 지문정보를 대조하여 본인 확인을 할 수 있다.(2019.8.26 본항개정)
② 제1항에 따라 신청(영문으로 발급하려는 경우에 한정한다)을 받은 경찰서장은 「전자정부법」 제36조제1항에 따른 행정정보의 공동이용을 통하여 신청인의 여권정보를 확인하여야 한다. 다만, 신청인이 해당 정보의 확인에 동의하지 아니하는 경우에는 관련 자료를 제출하도록 하여야 한다.(2016.2.12 본항신설)
③ 경찰서장은 제1항의 신청을 받은 경우에는 별지 제144호의3서식(영문으로 발급하는 경우에는 별지 제144호의4서식을 말한다)의 운전경력증명서를 발급하고, 별지 제144호의5서식의 운전경력증명서 발급대장을 작성·관리하여야 한다.
④ 제3항에 따른 운전경력증명서의 발급은 제77조제4항에 따른 자동차운전면허대장에 기재된 사항을 기준으로 한다. 이 경우 연습운전면허를 받은 기간은 운전경험기간이나 운전경력에서 제외한다.(2019.8.26 전단개정)
(2010.12.31 본조신설)
제129조의3【교통사고사실의 확인 등】 ① 경찰서장으로부터 교통사고 발생사실의 확인을 받으려는 교통사고의 당사자나 그 대리인은 별지 제144호의6서식의 교통사고사실확인원 발급 신청서(대리인이 신청하는 경우에는 발급대상자의 위임장 및 신분증명서 사본을 첨부해야 한다)를 경찰서장에게 제출하고, 신분증명서를 제시해야 한다. 다만, 신청인이 원하는 경우에는 신분증명서 제시를 갈음하여 전자적 방법으로 지문정보를 대조하여 본인 확인을 할 수 있다.(2020.12.10 본항개정)
② 제1항의 신청을 받은 경찰서장은 신청서를 제출한 사람에게 별지 제144호의7서식의 교통사고사실확인원을 발급하고, 발급 사실을 별지 제144호의8서식의 교통사고사실확인원 발급대장에 기재하여야 한다.
③ 제2항에 따른 교통사고사실확인원은 교통사고에 대한 조사가 종결된 후 별지 제21호서식의 교통사고보고서에 기재된 사항을 기준으로 발급한다.
④ 경찰서장은 제2항에 따라 교통사고사실확인원을 발급한 때에는 그 발급 사실을 해당 교통사고의 반대 당사자에게 전화, 이메일 등의 방법으로 통보하여야 한다.
(2011.12.9 본조신설)
제130조【출석지시서】 ① 법 제138조에 따른 출석지시서는 별지 제145호서식에 의한다.
② 경찰공무원이 출석지시서를 교부한 때에는 그 경찰공무원은 별지 제146호서식의 교통법규위반자적발보고서 또는 교통법규위반자적발통보서에 위법사실을 기재하여 소속 또는 관할 경찰서장에게 보고 또는 통보하여야 한다.
(2020.12.31 본항개정)
③ 경찰서장은 제2항의 보고 또는 통보를 받은 때에는 즉시 그 위반자의 인적사항·면허번호 및 위반내용을 법 제137조제2항에 따라 전산입력하여 시·도경찰청장에게 보고 또는 통보하여야 한다.(2020.12.31 본항개정)
제131조【수수료 등】 ① 법 제139조제1항제1호부터 제4호까지, 제7호 및 제8호에 따른 수수료는 별표36과 같다.
(2018.9.28 본항개정)
② 제1항의 수수료는 현금으로 납부하고, 그 납부를 증명하는 수입인지를 긴급자동차지정신청서등 해당 서류 등의 신청서에 붙여야 한다.
③ 법 제139조제1항 각 호 외의 부분 단서와 같은 조 제2항에 따른 수수료는 현금, 신용카드, 직불카드 등으로 납부하고 그 납부를 증명하는 영수확인증을 운전면허시험 응시원서 또는 운전면허증 교부신청서 등 해당 신청서에 붙여야 한다.(2021.12.31 본항개정)
④ 제3항에도 불구하고 영 제43조제1항 및 제86조제3항에 따라 경찰서장이 실시하는 원동기장치자전거운전면허시험에 응시하는 사람은 법 제139조제2항에 따라 공단이 공고하는 수수료를 제2항의 방법으로 납부하여야 한다.
⑤ 경찰서장 또는 도로교통공단은 제3항에 따라 납부된 수수료 중 다음 각 호의 어느 하나에 해당하는 사람에 대해서는 그가 납부한 수수료의 전부 또는 일부를 반환하여야 한다.
1. 법 제83조에 따른 운전면허시험을 신청한 사람
 가. 수수료를 과오납한 경우에는 그 과오납한 금액의 전부
 나. 경찰서장 또는 도로교통공단의 귀책사유로 시험에 응시하지 못한 경우에는 납부한 수수료의 전부
 다. 지정된 시험일 전날까지 응시접수를 취소하는 경우에는 납부한 수수료의 전부
2. 법 제106조 및 제107조에 따라 강사 또는 기능검정원 자격시험을 신청한 사람
 가. 수수료를 과오납한 경우에는 그 과오납한 금액의 전부
 나. 도로교통공단의 귀책사유로 시험에 응시하지 못한 경우에는 납부한 수수료의 전부
 다. 응시원서 접수기간에 접수를 취소하는 경우에는 납부한 수수료의 전부
 라. 응시접수 마감일 다음 날부터 5일 이내에 접수를 취소한 경우에는 납부한 수수료의 100분의 50
⑥ 제3항에 따른 수수료의 영수확인증은 도로교통공단이 발행·관리하고, 그 종류·규격·모양 그 밖에 요금계기 및 인영인쇄에 관하여 필요한 사항은 도로교통공단이 정한다.
(2021.12.31 본항개정)
(2010.12.31 본조개정)
제132조【수수료 징수의 대행】 ① 도로교통공단은 수수료를 징수하는데 필요한 자력과 신용이 있는 자 중 수수료징수대행인을 지정할 수 있다.(2010.12.31 본항개정)
② 제1항의 수수료징수대행인에게는 그 대행지역에 따라 다음 각 호의 비율에 의하여 대행수수료를 지급한다.
1. 서울특별시 : 수수료징수금액의 1천분의 30
2. 서울특별시 외의 지역 : 수수료징수금액의 1천분의 40
제133조【수강료】 교통안전교육기관의 장 및 도로교통공단은 법 제140조에 따라 수강료를 받은 때에는 교육대상자에게 별지 제147호서식의 영수증을 교부하여야 한다.
(2010.12.31 본조개정)
제134조【전용차로 통행 금지 의무 위반자 등에 대한 고지서 등】 ① 법 제143조제1항에 따른 단속담당공무원이 운전자에게 교부하는 고지서에는 운전면허증 또는 운전면허증을 대신할 수 있는 증명서를 보관하고 있는 사실을 기재하여야 한다.
② 제1항에 따른 고지서는 별지 제148호서식에 의하고, 법 제143조제2항에 따른 경찰서장에게의 통보 또는 제주특별자치도지사에게의 보고는 별지 제149호서식에 의한다.
(2006.10.19 본항개정)
③ 경찰서장 또는 제주특별자치도지사는 법 제143조제2항에 따라 통보 또는 보고받은 사항이 영 제93조에 따른 범칙행위로 인정되는 때에는 법 제163조에 따른 통고처분을 할 수 있다.(2012.4.26 본항개정)
④ 제3항의 통고처분을 하고자 하는 때에는 출석한 위반운전자의 진술을 들어야 한다.
(2012.4.26 본조제목개정)
제135조【교통안전수칙 등의 제정·보급】 ① 법 제144조에 따른 교통안전수칙과 교통안전교육에 관한 지침은 다음 각 호의 사항을 내용으로 하되, 운전자와 보행자가 쉽게 이해할 수 있도록 하여야 한다.
1. 보행자와 운전자가 함께 지켜야 하는 사항
2. 자전거를 타는 사람이 지켜야 하는 사항
3. 자동차등의 운전자가 지켜야 하는 사항
4. 국민이 꼭 알아야 하는 교통과 관련되는 제도 또는 규정
5. 그 밖에 교통안전 및 교통안전에 관한 교육을 실시하기 위하여 필요한 사항
② 제1항에 따른 교통안전수칙과 교통안전교육에 관한 지침은 매년 1회 이상 발간·보급하여야 한다. 다만, 그 내용을 변경할 필요가 없는 때에는 그러하지 아니할 수 있다.
제136조【무사고운전자 등에 대한 표시장의 수여 상 및 종류 등】 ① 법 제146조에 따른 무사고운전자의 표시장은 10년 이상의 사업용 자동차 무사고 운전경력이 있는 사람으로서 사업용자동차의 운전에 종사하고 있는 사람에게 수여하며, 운전경력별 표시장의 종류 및 운전경력은 다음 각 호의 구분과 같다.
1. 교통안전장 : 30년 이상(2010.12.31 본호신설)
2. 교통삼색장 : 25년 이상
3. 교통질서장 : 20년 이상
4. 교통발전장 : 15년 이상
5. 교통성실장 : 10년 이상
② 법 제146조에 따른 유공운전자의 표시장은 「정부표창규정」에 따라 경찰기관의 장의 표창을 받은 사람에게 수여한다.
③ 제1항 및 제2항에 따른 표시장은 별표38과 같다.
제137조【표시장의 수여】 제136조에 따른 무사고운전자의 표시장의 수여는 연 1회, 유공운전자의 표시장의 수여는 수시로 실시한다.
제138조【무사고운전자 표시장의 신청】 ① 제136조제1항에 따른 무사고운전자의 표시장을 받으려는 사람은 별지 제150호서식의 무사고운전자표시장 신청서에 자신이 소속되었던 사업체별 취업확인서를 첨부하여 주소지를 관할하는 경찰서장에게 제출하고, 제출받은 관할 경찰서장은 이를 확인한 후 시·도경찰청장에게 송부하여야 한다. 이 경우 담당 공무원은 「전자정부법」 제36조제1항에 따른 행정정보의 공동이용을 통하여 신청인의 운전면허정보를 확인하여야 하며, 신청인이 확인에 동의하지 아니하는 경우에는 그 사본을 첨부하도록 하여야 한다.
(2020.12.31 전단개정)
1~3. (2011.12.9 삭제)
② 시·도경찰청장은 제1항에 따른 신청서를 받은 때에는 제136조제1항에 따른 표시장수여대상의 해당여부를 확인하고 그 결과를 경찰청장에게 보고하여야 한다.
(2020.12.31 본항개정)
③ 제2항에 따른 보고를 받은 경찰청장이 제136조제1항에 따라 무사고운전자표시장을 수여하는 경우에는 별지 제150호의2서식의 휴대용 무사고운전자증과 별지 제150호의3서식의 무사고운전자증을 함께 수여하여야 한다.
(2016.2.12 본항개정)
(2011.12.9 본조제목개정)
제139조【위임규정】 ① 운전면허시험·정기적성검사·수시적성검사·교통안전교육·운전면허행정처분·통고처분 및 교통안전시설을 만드는 방식과 그 설치·관리기준에 관하여 이 규칙에 정하지 아니한 사항으로서 필요한 사항은 경찰청장이 정할 수 있다.(2019.6.14 본항개정)
② 도로교통공단은 운전면허시험·정기적성검사 및 수시적성검사에 관하여 이 규칙 또는 제1항에 따라 경찰청장이 정하지 아니한 사항으로서 필요한 사항을 정할 수 있다.
(2010.12.31 본조개정)
제140조【전자문서 등에 의한 민원처리】 ① 시·도경찰청장·경찰서장 또는 구청장 등은 이 규칙에 따라 처리할 민원사항 등에 대하여 민원인이 문서·서면·서류 등의 종이문서 외에 전자문서로 신청·신고 또는 제출하는 경우에도 이를 수리하여야 한다.
② 시·도경찰청장·경찰서장 또는 구청장 등은 제1항에 따라 전자문서로 수리한 민원사항 등을 처리한 후에는 그 처리결과를 전자공문서로 통지할 수 있다. 다만, 민원인이 원하는 경우에는 이를 문서·서면·서류 등의 종이문서로 통지하여야 한다.
(2020.12.31 본조개정)
제141조【교통안전심의위원회의 설치 등】 ① 도로교통안전에 관한 시책과 교통안전시설 관련 신기술 등을 심의하기 위하여 경찰청에 교통안전심의위원회(이하 "교통안전위원회"라 한다)를 둔다.
② 교통안전위원회는 위원장을 포함하여 25인 이상 30인 이내의 위원으로 구성하되, 위원장은 경찰청 소속 국장급 경찰공무원(자치경찰공무원은 제외한다)으로 하고, 위원은 도로교통안전 관련 분야의 지식과 경험이 풍부한 전문가 또는 공무원 중 경찰청장이 위촉 또는 임명하는 사람이 된다.(2020.12.31 본항개정)
③ 위원 중 공무원이 아닌 위원의 임기는 2년으로 하되, 연임할 수 있다.
④ 그 밖에 교통안전위원회의 운영 등에 관하여 필요한 사항은 경찰청장이 정한다.
제141조의2【규제의 재검토】 경찰청장은 다음 각 호의 사항에 대하여 해당 호에서 정하는 날을 기준일로 하여 3년마다(매 3년이 되는 해의 기준일과 같은 날 전까지를 말한다) 그 타당성을 검토하여 개선 등의 조치를 해야 한다.(2022.12.30 본문개정)
1. 제19조에 따른 자동차등의 운행속도 : 2014년 1월 1일
1의2. 제23조에 따른 대행법인등의 지정신청 등에 관한 첨부서류 : 2022년 1월 1일(2019.3.28 본호신설)
1의3. 제33조의3에 따른 개인형 이동장치 승차정원 : 2023년 1월 1일(2022.12.30 본호신설)
1의4. 제46조제1항 및 별표16에 따른 운전면허 취소·정지를 받은 사람에 대한 특별교통안전 의무교육 : 2023년 1월 1일(2022.12.30 본호신설)
1의5. 제46조의2제1항 및 별표16에 따른 긴급자동차 운전자에 대한 교통안전교육 : 2023년 1월 1일(2022.12.30 본호신설)
1의6. 제47조에 따른 교통안전교육기관의 지정신청 등에 관한 첨부서류 : 2014년 7월 1일(2014.12.31 본호신설)
1의7. 제91조제1항 및 별표28에 따른 속도위반 운전자에 대한 운전면허 취소·정지처분 기준 : 2023년 1월 1일(2022.12.30 본호신설)
2. 제99조에 따른 자동차운전학원의 등록신청에 관한 첨부서류 : 2014년 1월 1일
3. 제100조에 따른 자동차운전학원의 변경등록신청에 관한 첨부서류 : 2014년 1월 1일
4. (2020.2.28 삭제)
5. 제107조에 따른 자동차운전학원 교육과정의 운영기준 등 : 2014년 1월 1일
5의2. 제113조에 따른 전문학원의 지정신청 등에 관한 첨부서류 : 2014년 7월 1일(2014.12.31 본호신설)
6. (2020.2.28 삭제)
(2014.1.8 본조개정)

제11장 과태료 및 범칙행위의 처리

제142조【부득이한 사유】 법 제160조제4항제1호에서 "그 밖의 부득이한 사유"라 함은 당해 위반행위가 다음 각 호의 어느 하나에 해당하는 경우를 말한다.
1. 범죄의 예방·진압이나 그 밖에 긴급한 사건·사고의 조사를 위한 경우
2. 도로공사 또는 교통지도단속을 위한 경우
3. 응급환자의 수송 또는 치료를 위한 경우
4. 화재·수해·재해 등의 구난작업을 위한 경우
5. 「장애인 복지법」에 따른 장애인의 승·하차를 돕는 경우
6. 그 밖에 부득이한 사유라고 인정할 만한 상당한 이유가 있는 경우
제143조【과태료납부고지서 등】 ① 법 제160조, 법 제161조 및 영 제88조제1항에 따른 과태료의 부과는 다음 각 호의 서식에 따른다.
1. 우편으로 송부하는 경우 : 별지 제151호서식의 과태료납부고지서
2. 교부하는 경우
 가. 법 제160조제1항 및 제2항을 위반한 경우 : 별지 제152호서식의 과태료납부고지서
 나. 법 제160조제3항을 위반한 경우 : 별지 제153호서식의 과태료납부고지서
3. 인터넷을 이용하여 발행하는 경우 : 별지 제153호서식의 과태료납부고지서(2011.12.9 본호신설)
② 「질서위반행위규제법」 제16조제1항에 따른 과태료 부과 사전통지는 다음 각 호의 서식에 따른다.
1. 우편으로 송부하는 경우 : 별지 제154호서식의 과태료납부 사전통지서
2. 교부하는 경우(제3호에 해당하는 경우는 제외한다) : 별지 제155호서식의 과태료납부 사전통지서

3. 휴대용 컴퓨터 등을 이용하여 교부하는 경우 : 별지 제155호의2서식의 과태료납부 사전통지서
4. 인터넷을 이용하여 발행하는 경우 : 별지 제155호의2서식의 과태료부과사전통지서(2011.12.9 본호신설)
(2008.6.20 본조개정)

제144조【과태료의 납부 등】 ① 제143조제1항이나 제2항에 따른 과태료납부고지서 또는 과태료납부 사전통지서를 받은 사람이 과태료를 납부하고자 하는 때에는 과태료납부고지서 등을 수납기관에 제시하여야 한다.
② 제1항에 따라 과태료를 징수한 과태료수납기관은 과태료를 납부한 사람에게 과태료영수증을 교부하여야 한다.
③ 과태료수납기관이 과태료를 수납한 때에는 지체 없이 그 과태료납부고지서를 발행한 경찰서장, 특별시장·광역시장, 제주특별자치도지사 또는 구청장등에게 전자매체 등을 이용하여 과태료를 수납한 사실을 통보하여야 한다.
(2008.6.20 본조개정)

제145조【단속대장 등】 ① 영 제88조제1항에 따른 단속대장은 별지 제156호서식에 따른다.
② 영 제88조제1항에 따른 과태료부과대상자명부는 다음 각 호의 서식에 따른다.
1. 법 제160조제1항 및 제2항을 위반한 경우 : 별지 제157호서식
2. 법 제160조제3항을 위반한 경우 : 별지 제157호의2서식
③ 영 제88조제2항에 따른 과태료부과대상차 표지는 별지 제158호서식에 따른다.
(2008.6.20 본조개정)

제146조【과태료의 감경기준】 영 제88조제5항에 따른 과태료의 감경기준은 별표39와 같다.(2013.12.30 본조개정)

제147조【미납과태료의 징수의뢰절차】 ① 경찰서장, 특별시장·광역시장·제주특별자치도지사 또는 구청장등은 영 제88조제8항에 따라 미납과태료의 징수를 의뢰할 때에는 별지 제159호서식의 과태료미납자명부를 분기별로 차적지의 경찰서장, 특별시장·광역시장·제주특별자치도지사 또는 구청장등에게 송부하여야 한다.
(2013.12.30 본항개정)
② 제1항에 따른 과태료미납자명부를 송부받은 차적지의 경찰서장, 특별시장·광역시장·제주특별자치도지사 또는 구청장등은 송부받은 즉시 과태료징수의뢰인수서를 의뢰지 경찰서장, 특별시장·광역시장·제주특별자치도지사 또는 구청장등에게 송부하고, 과태료의 납부의무자에게는 과태료징수의뢰인수 사실통지서로 납부기한을 지정하여 통지하여야 하며, 과태료의 납부의무자가 그 관할구역 안에 거주하지 아니하거나 체납처분할 재산이 없어 징수를 할 수 없는 경우에는 의뢰지 경찰서장, 특별시장·광역시장·제주특별자치도지사 또는 구청장등에게 징수불능통지서를 송부하여야 한다.
③ 제2항에 따른 과태료징수의뢰인수서·과태료징수의뢰인수 사실통지서 및 징수불능통지서에 관하여는 「지방세징수법 시행규칙」 제12조제2항 및 제3항에 따른 별지 제14호서식부터 별지 제16호서식까지를 각각 준용한다.
(2022.10.20 본항개정)
(2010.12.31 본조개정)

제148조【과태료 징수수수료】 영 제88조제8항에 따라 과태료의 징수를 차적지의 특별시장·광역시장·제주특별자치도지사 또는 구청장등에게 의뢰한 경우의 징수수수료는 징수된 과태료의 100분의 30으로 한다.
(2013.12.30 본조개정)

제149조【범칙금납부통고서 등】 법 제163조·법 제164조 및 영 제94조에 따른 범칙금납부통고서 등의 서식은 다음 각 호의 구분에 따른다.(2011.12.9 본문개정)
1. 범칙금납부통고서 및 범칙금영수증서의 경우에는 다음 각 목의 서식. 다만, 휴대용 컴퓨터 등을 이용하여 범칙금의 납부를 통고하는 경우와 인터넷을 이용하여 서식을 발급하려는 경우에는 별지 제159호의2서식을 따른다.(2011.12.9 단서개정)
  가. 운전자 : 별지 제160호서식
  나. 보행자 등 : 별지 제161호서식
2. 범칙금납부고지서의 경우에는 다음 각 목의 서식
  가. 운전자 : 별지 제162호서식
  나. 보행자 등 : 별지 제163호서식
3. 범칙금납부고지서원부 및 범칙자적발보고서의 경우에는 다음 각 목의 서식
  가. 운전자 : 별지 제164호서식
  나. 보행자 등 : 별지 제165호서식

제150조【범칙금징수사항기록부】 영 제97조제1항에 따른 범칙금징수사항기록부는 별지 제166호서식에 의한다.

제151조【즉결심판청구서의 서식 등】 ① 영 제83조 및 영 제98조에 따른 즉결심판청구서·즉결심판출석통지서 및 즉결심판출석최고서는 각각 별지 제167호서식·별지 제168호서식 및 별지 제169호서식에 의한다.
② 경찰서장은 영 제83조제4항·영 제98조제3항 또는 영 제99조제3항에 따라 즉결심판 출석최고 불이행자에 대하여 운전면허의 효력을 일시 정지시킨 때에는 그 사람의 인적사항·면허번호 및 운전면허정지사유 등을 지체 없이 자동차운전면허대장에 전산입력하여 시·도경찰청장에게 보고되도록 하여야 한다.(2020.12.31 본항개정)
③ (2017.6.2 삭제)

제152조【즉결심판및범칙금등납부통지서 등】 영 제99조제1항에 따른 즉결심판및범칙금등납부통지서는 별지 제170호서식에 의한다.

부　칙 (2011.4.30)

제1조【시행일】 이 규칙은 2011년 6월 10일부터 시행한다. 다만, 제70조제1항, 별표2, 별표3 및 별표6의 개정규정은 공포한 날부터 시행하고, 제109조제2항의 개정규정은 공포한 날부터 6개월이 경과한 날부터 시행한다.

제2조【도로주행시험에 관한 특례】 별표26의 개정규정에도 불구하고 이 규칙 시행 전에 제1종 보통연습면허 또는 제2종 보통연습면허를 취득한 사람이 도로주행시험에 응시하는 경우에는 별표26 Ⅰ. 시험항목 및 채점기준의 11. 주차방법 중 평행주차 미숙(27)에 관하여는 실시하지 아니한다.

제3조【학원 또는 전문학원의 교육시간 변경에 관한 적용례】 제107조제2항·제4항의 개정규정은 이 규칙 시행 전에 학원 또는 전문학원에 등록한 사람에 대하여도 적용하고, 별표32의 개정규정은 이 규칙 시행 후에 학원 또는 전문학원에 등록한 사람부터 적용한다.

제4조【학원 또는 전문학원에 대한 행정처분 기준 변경에 따른 적용례】 별표35의 개정규정은 이 규칙시행 후 최초의 위반행위부터 적용한다.

제5조【정차·주차금지표시에 관한 경과조치】 이 규칙 시행 당시 종전의 규정에 따라 설치된 정차·주차금지표시(종전 별표6 Ⅱ. 개별기준 제5호 중 제516호란)는 이 규칙 시행 후 3년까지 효력을 가지며, 지방경찰청장 또는 경찰서장은 이 규칙 시행 후 3년 이내에 개정내용에 따른 정차·주차금지표시로 변경하여야 한다.(2012.4.26 본조개정)

부　칙 (2011.12.9)

제1조【시행일】 이 규칙은 2011년 12월 9일부터 시행한다. 다만, 제46조제3항, 제118조, 제120조, 제131조제3항, 별표33, 별표35, 별지 제24호서식 및 별지 제82호서식의 개정규정은 2012년 1월 1일부터 시행하고, 별표29, 별지 제144호의2서식, 별지 제144호의3서식 및 별지 제144호의4서식의 개정규정은 2012년 3월 1일부터 시행하며, 제98조, 별표16의 개정규정 중 음주운전자의 교육시간에 관한 부분, 제131조제1항 및 별표36의 개정규정 중 국제운전면허증 발급 수수료에 관한 부분, 별표26의 개정규정 중 신호대기 중 기어미중립에 관한 부분 및 별지 제25호서식은 2012년 6월 1일부터 시행하고, 제67조, 제68조 및 별표25의 개정규정 중 도로 주행시험 노선 및 도로 주행시험 채점 방식에 관한 부분은 2012년 11월 1일부터 시행한다.

제2조【도로 주행시험에 관한 적용례】 제67조 및 별표26의 개정 규정은 이 규칙 시행 후 최초로 도로 주행시험에 응시한 사람부터 적용한다.

제3조【특별교통안전교육에 따른 처분벌점 감경에 관한 적용례】 별표28 제1호라목(1)(나)의 개정규정은 이 규칙 시행 후 최초로 특별교통안전교육을 받은 사람부터 적용한다.

제4조【전문학원 강사 및 기능검정원 자격시험 유효기간에 관한 경과조치】 이 규칙 시행 전에 강사 및 기능검정원 자격시험에 합격한 사람에 대한 시험 유효기간은 제118조제4항의 개정규정에도 불구하고 이 규칙의 시행일부터 기산한다.

제5조【교통사고사실확인원 발급에 관한 경과조치】 이 규칙 시행 전에 발생한 교통사고에 대하여 제129조의3제2항에 따라 교통사고사실확인원을 발급하는 경우에는 별지 제144호의7서식의 뒤쪽 부분에 있는 사고현장약도 부분을 기재하지 아니한 상태로 발급할 수 있다.

제6조【음주운전자 특별교통안전교육 강화에 관한 경과조치】 별표16 제2호나목의 개정규정 중 음주운전자에 대한 특별교통안전교육의 교육시간을 적용하는 경우 음주운전의 횟수는 이 규칙 시행 후 최초로 법 제44조를 위반하여 음주운전한 경우부터 산정한다.

제7조【운전면허 취소·정지처분 기준 등에 관한 경과조치】 ① 별표28 제2호 및 제3호의 개정규정은 이 규칙 시행 후 최초의 위반행위부터 적용한다.
② 별표29의 개정규정에 따라 연습운전면허를 취소하는 경우 위반행위의 횟수는 이 규칙 시행 후 최초의 위반행위부터 산정한다.

제8조【서식에 관한 경과조치】 ① 이 규칙 시행 당시 종전의 규정에 의한 서식은 2012년 12월 31일까지 이 규칙에 의한 서식과 함께 사용하되, 이 규칙에 의하여 개정된 난은 수정하여 사용한다.
② 이 규칙 시행 전에 발급된 운전면허증은 이 규칙에 의하여 발급된 것으로 본다.

부　칙 (2014.7.2)

제1조【시행일】 이 규칙은 공포한 날부터 시행한다.

제2조【국제운전면허증 발급 수수료에 관한 적용례】 별표36의 개정 규정은 이 규칙 시행 후 국제운전면허증 발급을 신청하는 경우부터 적용한다.

제3조【운전면허번호 부여 등에 관한 경과조치】 ① 이 규칙 시행 전에 운전면허를 받은 사람이 이 규칙 시행 후 다른 종별의 운전면허시험에 합격하여 제76조제2항 단서에 따라 면허번호를 부여하는 경우에는 최초로 부여받은 면허번호의 지방경찰청 명칭을 지방경찰청 고유번호로 변경하여 면허번호를 부여한다.
② 이 규칙 시행 전에 면허번호를 부여받은 사람에 대하여 이 규칙 시행 후 운전면허증을 재발급하거나 갱신발급하는 경우에는 이미 부여받은 면허번호의 지방경찰청 명칭을 지방경찰청 고유번호로 변경하여 운전면허증을 발급한다.

제4조【종전의 노면표시에 관한 경과조치】 이 규칙 시행 당시 종전의 규정에 따라 도로에 표시된 노면표시는 이 규칙에 따라 바꾸어 표시될 때까지 이 규칙에 따라 표시된 것으로 본다.

부　칙 (2014.12.31)

제1조【시행일】 이 규칙은 공포한 날부터 시행한다. 다만, 제31조, 제34조, 제37조의2, 제37조의3, 별표28[제3호 가목 (주)제4호의 개정규정은 제외한다], 별표39, 별지 제20호의2서식부터 제20호의4서식까지, 별지 제151호서식부터 별지 제155호서식까지 및 별지 제155호의2서식의 개정규정은 2015년 1월 29일부터 시행한다.

제2조【운전면허취소·정지처분 기준에 관한 경과조치】 별표28 제3호의 개정규정은 이 규칙 시행 이후 발생한 위반행위부터 적용한다.

제3조【서식에 관한 경과조치】 이 규칙 시행 당시 종전의 규정에 따라 작성되어 인쇄된 서식은 계속하여 사용하되, 이 규칙에 따라 개정된 부분은 수정하여 사용한다.

부　칙 (2016.2.12)

제1조【시행일】 이 규칙은 2016년 2월 12일부터 시행한다.

제2조【행정처분에 관한 적용례】 별표28의 개정규정은 이 규칙 시행 이후 발생하는 위반행위부터 적용한다.

제3조【서식에 관한 경과조치 등】 ① 이 규칙 시행 당시 종전의 규정에 따라 작성되어 인쇄된 서식(별지 제55호서식 및 별지 제150호의2서식은 제외한다)은 계속하여 사용하되, 이 규칙에 따라 개정된 부분은 수정하여 사용한다.
② 이 규칙 시행 당시 종전의 규정에 따라 발급된 자동차운전면허증은 별지 제55호서식의 개정규정에 따라 발급된 자동차운전면허증으로 본다.

제4조【휴대용 무사고운전자증 발급에 관한 경과조치 등】 ① 이 규칙 시행 당시 종전의 규정에 따라 발급된 무사고운전자표시장수여증은 제138조제3항의 개정규정에 따라 발급된 휴대용 무사고운전자증으로 본다.
② 제138조제3항의 개정규정에 따른 무사고운전자증의 발급은 이 규칙 시행 이후 무사고운전자표시장을 수여하는 경우부터 적용한다.

부　칙 (2016.9.21)

제1조【시행일】 이 규칙은 공포 후 3개월이 경과한 날부터 시행한다. 다만, 별지 제42호서식의 개정규정은 공포한 날부터 시행한다.

제2조【전문학원의 교육과목 및 교육시간 변경에 따른 적용례】 별표32의 개정규정은 이 규칙 시행 전에 전문학원에 등록하여 교육 중인 사람에 대해서도 적용한다.

부　칙 (2016.11.29)

제1조【시행일】 이 규칙은 2016년 11월 30일부터 시행한다.

제2조【서식에 관한 경과조치】 ① 이 규칙 시행 당시 종전 별지 제42호서식, 별지 제56호서식, 별지 제59호서식, 별지 제64호서식, 별지 제74호서식, 별지 제105호서식, 별지 제107호서식, 별지 제144호의3서식 및 별지 제144호의4서식은 2017년 2월 28일까지 이 규칙에 따른 서식과 함께 사용할 수 있다.
② 이 규칙 시행 당시 종전 별지 제55호서식에 따라 발급된 운전면허증은 이 규칙에 따라 발급된 것으로 본다.

부　칙 (2017.6.2)

제1조【시행일】 이 규칙은 2017년 6월 3일부터 시행한다. 다만, 제40조제1항, 제2항, 별표15, 별표16 및 별지 제90호서식의 개정규정은 다음 각 호의 구분에 따른 날부터 시행한다.
1. 제40조제1항, 제2항 및 별표15의 개정규정 : 2018년 1월 10일
2. 별표16의 개정규정 : 공포 후 3개월이 경과한 날
3. 별지 제90호서식의 개정규정 : 공포한 날

제2조【고장자동차의 표지에 관한 경과조치】 제40조제1항제1호의 개정규정에도 불구하고 이 규칙 시행 당시 종전의 규정에 따라 제작된 고장자동차의 표지에 관하여는 종전의 규정을 적용한다.

부　칙 (2018.4.25)

제1조【시행일】 이 규칙은 2018년 4월 25일부터 시행한다. 다만, 별지 제154호서식의 개정규정은 공포 후 1개월이 경과한 날부터 시행한다.

제2조【서식에 관한 경과조치】 ① 이 규칙 시행 당시 종전의 규정에 따라 작성되어 인쇄된 서식(별지 제154호서

식은 제외한다)은 계속하여 사용하되, 이 규칙에 따라 개정된 부분은 수정하여 사용한다.
② 이 규칙 시행 당시 종전의 규정에 따라 발급된 어린이통학버스 신고필증, 교육확인증 및 특별교통안전교육 연기사실확인서는 각각 별지 제19호서식, 별지 제25호서식 및 별지 제28호서식의 개정규정에 따라 발급된 어린이통학버스 신고증명서, 교육확인증 및 특별교통안전교육 연기사실확인서로 본다.

부　칙 (2018.9.28)

제1조【시행일】 이 규칙은 2018년 9월 28일부터 시행한다.
제2조【서식에 관한 경과조치】 이 규칙 시행 당시 종전의 규정에 따라 작성되어 인쇄된 서식은 계속하여 사용하되, 이 규칙에 따라 개정된 부분은 수정하여 사용한다.

부　칙 (2019.3.28)

제1조【시행일】 이 규칙은 2019년 3월 28일부터 시행한다.
제2조【과태료의 감경기준에 관한 적용례】 별표39 제6호의2의 개정규정은 이 규칙 시행 이후 위반행위를 한 경우부터 적용한다.
제3조【서식에 관한 경과조치】 이 규칙 시행 당시 종전의 규정에 따라 작성되어 인쇄된 서식은 계속하여 사용하되, 이 규칙에 따라 개정된 부분은 수정하여 사용한다.

부　칙 (2019.4.17)

이 규칙은 2019년 4월 17일부터 시행한다. 다만, 제19조제1항제1호의 개정규정은 2021년 4월 17일부터 시행한다.

부　칙 (2019.4.30)

이 규칙은 공포한 날부터 시행한다.

부　칙 (2019.6.14)

제1조【시행일】 이 규칙은 공포한 날로부터 시행한다. 다만, 별표28 및 별표29의 개정규정은 2019년 6월 25일부터 시행한다.
제2조【벌점 공제 제한에 관한 적용례】 별표28 제1호나목(3)(나)의 개정규정은 부칙 제1조 단서에 따른 시행일 이후 교통사고로 사람을 사망에 이르게 하거나 법 제93조제1항제1호·제5호의2 및 제10호의2 중 어느 하나에 해당하는 위반행위를 한 경우부터 적용한다.
제3조【운전면허취소·정지처분 기준 등에 관한 경과조치】 부칙 제1조 단서에 따른 시행일 전에 법 제44조제1항 및 제2항을 위반한 경우에는 별표28 제1호바목·제2호·제3호가목 및 별표29의 개정규정에도 불구하고 종전의 규정에 따른다.

부　칙 (2019.8.26)

제1조【시행일】 이 규칙은 2019년 9월 16일부터 시행한다.
제2조【서식에 관한 경과조치 등】 ① 이 규칙 시행 당시 종전의 규정에 따라 작성되어 인쇄된 서식(별지 제55호서식은 제외한다)은 계속하여 사용하되, 이 규칙에 따라 개정된 부분은 수정하여 사용한다.
② 이 규칙 시행 당시 종전의 규정에 따라 발급된 자동차운전면허증은 별지 제55호서식의 개정규정에 따라 발급된 자동차운전면허증으로 본다.

부　칙 (2020.2.28)

이 규칙은 2020년 3월 2일부터 시행한다. 다만, 별표6 Ⅰ. 일반기준 제2호가목(1) 및 같은 호 아목의 개정규정은 2022년 1월 1일부터 시행한다.

부　칙 (2020.3.25)

이 규칙은 2020년 3월 25일부터 시행한다.

부　칙 (2020.9.25)

제1조【시행일】 이 규칙은 공포한 날부터 시행한다. 다만, 별지 제159호의2서식 앞쪽, 별지 제160호서식 앞쪽 및 별지 제161호서식 앞쪽의 개정규정은 공포 후 6개월이 경과한 날부터 시행한다.
제2조【벌점 공제 제한에 관한 적용례】 별표28 제1호나목(3)(나) 단서의 개정규정은 이 규칙 시행 이후 법 제93조제1항제11호 및 제12호 중 어느 하나에 해당하는 위반행위를 한 경우부터 적용한다.

부　칙 (2020.10.7)

제1조【시행일】 이 규칙은 2021년 4월 17일부터 시행한다.
제2조【노면표시의 색채에 관한 경과조치】 이 규칙 시행 당시 종전의 별표6 Ⅰ. 일반기준 제2호나목에 따라 도로에 표시된 노면표시에 대해서는 별표6 Ⅰ. 일반기준 제2호나목의 개정규정에도 불구하고 해당 노면표시가 바꾸어 표시될 때까지는 종전의 규정에 따른다.

부　칙 (2020.11.27)

제1조【시행일】 이 규칙은 2020년 11월 27일부터 시행한다. 다만, 별표39 제11호·제11호의2·제12호 및 같은 표 (주) 제2호의 개정규정은 2021년 5월 11일부터 시행한다.
제2조【운전면허 정지처분 기준에 관한 적용례】 별표28 제3호가목의 개정규정은 이 규칙 시행 이후 법 제53조의5를 위반한 경우부터 적용한다.
제3조【서식에 관한 경과조치】 이 규칙 시행 당시 종전의 별지 제20호의4서식에 따라 발급된 어린이통학버스 안전교육 확인증은 별지 제20호의5서식의 개정규정에 따라 발급된 것으로 본다.

부　칙 (2020.12.10)

제1조【시행일】 이 규칙은 2020년 12월 10일부터 시행한다. 다만, 제129조의3제1항 본문, 별지 제144호의6서식 및 별지 제144호의7서식 앞쪽의 개정규정은 공포 후 6개월이 경과한 날부터 시행한다.
제2조【운전면허 정지처분 기준에 관한 적용례】 별표28 제3호가목의 개정규정은 이 규칙 시행 이후 법 제17조제3항을 위반한 경우부터 적용한다.
제3조【개인형 이동장치에 관한 경과조치】 ① 2020년 2월 16일 전에 「전기용품 및 생활용품 안전관리법」 제15조제1항에 따른 안전확인의 신고(이하 이 조에서 "안전확인신고"라 한다)가 된 전동킥보드 및 전동이륜평행차는 제2조의2의 개정규정에도 불구하고 이 규칙 시행일부터 6개월까지만 개인형 이동장치의 기준에 적합한 것으로 본다. 다만, 국토교통부장관이 정하는 바에 따라 전동킥보드 및 전동이륜평행차의 안전기준에 적합한 것임을 확인받으면 그 확인받은 날부터 계속하여 제2조의2의 개정규정에 따른 개인형 이동장치의 기준에 적합한 것으로 본다.
② 2018년 3월 19일 전에 안전확인신고된 전동기의 동력만으로 움직일 수 있는 자전거는 제2조의2의 개정규정에도 불구하고 이 규칙 시행일부터 6개월까지만 개인형 이동장치의 기준에 적합한 것으로 본다. 다만, 행정안전부장관이 정하는 바에 따라 전동기의 동력만으로 움직일 수 있는 자전거의 안전기준에 적합한 것임을 확인받으면 그 확인받은 날부터 계속하여 제2조의2의 개정규정에 따른 개인형 이동장치의 기준에 적합한 것으로 본다.
③ 이 규칙 시행 전에 제조·수입·판매된 다음 각 호에 해당하는 것 중 안전확인신고가 되지 않은 것은 이 규칙 시행일부터 6개월이 되는 날까지 다음 각 호의 구분에 따라 개인형 이동장치의 기준에 적합한 것임을 확인받을 수 있다. 이 경우 그 확인받은 날부터 제2조의2의 개정규정에 따른 개인형 이동장치의 기준에 적합한 것으로 본다.
1. 전동킥보드 및 전동이륜평행차의 경우 : 국토교통부장관이 정하는 바에 따라 전동킥보드 및 전동이륜평행차의 안전기준에 적합한 것임을 확인받을 것
2. 전동기의 동력만으로 움직일 수 있는 자전거의 경우 : 행정안전부장관이 정하는 바에 따라 전동기의 동력만으로 움직일 수 있는 자전거의 안전기준에 적합한 것임을 확인받을 것

부　칙 (2020.12.31 행정안전부령223호)

제1조【시행일】 이 규칙은 2021년 1월 1일부터 시행한다.
제2조【행정처분 기준 등에 관한 적용례】 이 규칙은 이 규칙 시행 당시 사법경찰관이 수사 중인 사건에 대해서도 적용한다.

부　칙 (2020.12.31 행정안전부령224호)

제1조【시행일】 이 규칙은 2021년 1월 1일부터 시행한다. (이하 생략)

부　칙 (2021.1.21)

이 규칙은 2021년 3월 1일부터 시행한다.

부　칙 (2021.4.21)

이 규칙은 2021년 4월 21일부터 시행한다.

부　칙 (2021.5.13)

이 규칙은 2021년 5월 13일부터 시행한다.

부　칙 (2021.7.13)

이 규칙은 2021년 7월 13일부터 시행한다. 다만, 제57조제2항제3호, 제75조제2항, 별지 제42호서식 및 별지 제42호의2서식의 개정규정은 공포 후 3개월이 경과한 날부터 시행한다.

부　칙 (2021.10.21)

이 규칙은 2021년 10월 21일부터 시행한다. 다만, 별표 16의 개정규정은 2022년 7월 1일부터 시행한다.

부　칙 (2021.12.31)

이 규칙은 공포한 날부터 시행한다.

부　칙 (2022.1.21)

이 규칙은 공포한 날부터 시행한다. 다만, 별표2, 별표3 및 별표5의 개정규정은 공포 후 1년이 경과한 날부터 시행한다.

부　칙 (2022.3.30)

이 규칙은 공포한 날부터 시행한다.

부　칙 (2022.4.20)

이 규칙은 2022년 4월 20일부터 시행한다.

부　칙 (2022.7.11)

이 규칙은 2022년 7월 12일부터 시행한다.

부　칙 (2022.10.20)

이 규칙은 2022년 10월 20일부터 시행한다. 다만, 별표28 제3호가목의 개정규정(차로통행 준수의무 위반에 관한 부분만 해당한다)은 2023년 1월 1일부터 시행한다.

부　칙 (2022.12.30)

이 규칙은 2023년 1월 1일부터 시행한다.

부　칙 (2023.6.20)

이 규칙은 공포한 날부터 시행한다.

부　칙 (2023.7.4)

제1조【시행일】 이 규칙은 2023년 7월 4일부터 시행한다.
제2조【교통안전시설의 설치·관리기준 등에 관한 적용례】 별표1, 별표3, 별표4 및 별표6의 개정규정은 이 규칙 시행 이후 설치되는 교통안전시설부터 적용한다.

부　칙 (2023.10.19)

이 규칙은 공포 후 1년이 경과한 날부터 시행한다. 다만, 다음 각 호의 개정규정은 해당 호에서 정하는 날부터 시행한다.
1. 제2조 및 제2조의4의 개정규정 : 2023년 11월 17일
2. 제10조의2 및 별표8의2의 개정규정 : 공포한 날

[별표·별지서식] ➡ 「www.hyeonamsa.com」 참조

國 防 編

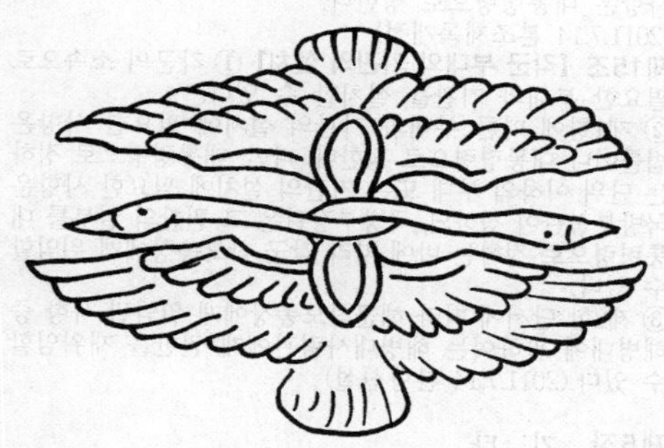

高麗 青磁象嵌双鶴文皿(紋様)

국군조직법

(1963년 5월 20일
전개법률 제1343호)

개정
1963.12.16법 1574호 1973.10.10법 2624호
1975.12.31법 2829호
1980.12.31법 3342호(군무원)
1987.12. 4법 3994호 1990. 8. 1법 4249호
1999. 1.21법 5645호 2010. 3.17법10102호
2011. 7.14법10821호

제1장 총 칙
(2010.3.17 본장개정)

제1조【목적】 이 법은 국방의 의무를 수행하기 위한 국군의 조직과 편성의 대강(大綱)을 규정함을 목적으로 한다.

제2조【국군의 조직】 ① 국군은 육군, 해군 및 공군(이하 "각군"이라 한다)으로 조직하며, 해군에 해병대를 둔다.
② 각군의 전투를 주임무로 하는 작전부대에 대한 작전지휘·감독 및 합동작전·연합작전을 수행하기 위하여 국방부에 합동참모본부를 둔다.
③ 군사상 필요할 때에는 대통령령으로 정하는 바에 따라 국방부장관의 지휘·감독하에 합동부대와 그 밖에 필요한 기관을 둘 수 있다.

제3조【각군의 주임무 등】 ① 육군은 지상작전을 주임무로 하고 이를 위하여 편성되고 장비를 갖추며 필요한 교육·훈련을 한다.
② 해군은 상륙작전을 포함한 해상작전을, 해병대는 상륙작전을 주임무로 하고 이를 위하여 편성되고 장비를 갖추며 필요한 교육·훈련을 한다.(2011.7.14 본항개정)
③ (1973.10.10 삭제)
④ 공군은 항공작전을 주임무로 하고 이를 위하여 편성되고 장비를 갖추며 필요한 교육·훈련을 한다.
(2011.7.14 본조제목개정)

제4조【군인의 신분 등】 ① "군인"이란 전시와 평시를 막론하고 군에 복무하는 사람을 말한다.
② 군인의 인사, 병역 복무 및 신분에 관한 사항은 따로 법률로 정한다.

제5조【군기】 ① 국군은 군기(軍旗)를 사용한다.
② 군기의 종류와 규격 및 그 밖에 필요한 사항은 대통령령으로 정한다.

제2장 군사권한
(2010.3.17 본장개정)

제6조【대통령의 지위와 권한】 대통령은 헌법, 이 법 및 그 밖의 법률에서 정하는 바에 따라 국군을 통수한다.

제7조 (1963.12.16 삭제)

제8조【국방부장관의 권한】 국방부장관은 대통령의 명을 받아 군사에 관한 사항을 관장하고 합동참모의장과 각군 참모총장을 지휘·감독한다.

제9조【합동참모의장의 권한】 ① 합동참모본부에 합동참모의장을 둔다.
② 합동참모의장은 군령(軍令)에 관하여 국방부장관을 보좌하며, 국방부장관의 명을 받아 전투를 주임무로 하는 각군의 작전부대를 작전지휘·감독하고, 합동작전 수행을 위하여 설치된 합동부대를 지휘·감독한다. 다만, 평시 독립전투여단급(獨立戰鬪旅團級) 이상의 부대이동 등 주요 군사사항은 국방부장관의 사전승인을 받아야 한다.
③ 제2항에 따른 전투를 주임무로 하는 각군의 작전부대 및 합동부대의 범위와 작전지휘·감독권의 범위는 대통령령으로 정한다.

제10조【각군 참모총장의 권한 등】 ① 육군에 육군참모총장, 해군에 해군참모총장, 공군에 공군참모총장을 둔다.
② 각군 참모총장은 국방부장관의 명을 받아 각각 해당 군을 지휘·감독한다. 다만, 전투를 주임무로 하는 작전부대에 대한 작전지휘·감독은 제외한다.
③ 해병대에 해병대사령관을 두며, 해병대사령관은 해군참모총장의 명을 받아 해병대를 지휘·감독한다.
(2011.7.14 본항개정)

제11조【소속 부서의 장의 권한】 각군의 부대 또는 기관의 장은 편제(編制) 또는 작전지휘·감독 계통상의 상급부대 또는 상급기관의 장의 명을 받아 그 소속 부대 또는 소관 기관을 지휘·감독한다.

제3장 합동참모본부
(2010.3.17 본장개정)

제12조【합동참모본부】 ① 합동참모본부에 합동참모의장 외에 소속 군이 다른 3명 이내의 합동참모차장과 필요한 참모 부서를 둔다.
② 합동참모차장은 합동참모의장을 보좌하며, 합동참모의장이 부득이한 사유로 직무를 수행할 수 없을 때에는 서열 순으로 그 직무를 대행한다.
③ 합동참모본부의 직제는 대통령령으로 정하되, 각군의 균형 발전과 합동작전 수행을 보장할 수 있도록 하여야 한다.

제13조【합동참모회의】 ① 군령에 관하여 국방부장관을 보좌하며, 주요 군사사항과 그 밖에 법령에서 정하는 사항을 심의하기 위하여 합동참모본부에 합동참모회의를 둔다.
② 합동참모회의는 합동참모의장과 각군 참모총장으로 구성하며, 합동참모의장이 그 의장이 된다. 다만, 해병대와 관련된 사항을 심의할 때에는 해병대사령관도 구성원으로 한다.(2011.7.14 단서개정)
③ 합동참모회의는 특정 작전부대와 관련된 사항을 심의할 때에는 해당 작전사령관을 배석시킬 수 있다.
(2011.7.14 본항신설)
④ 합동참모회의는 월 1회 이상 정례화하며 합동참모회의의 운영에 필요한 사항은 국방부장관이 정한다.

제4장 육군·해군·공군
(2010.3.17 본장개정)

제14조【각군본부 등의 설치 등】 ① 육군에 육군본부, 해군에 해군본부, 공군에 공군본부를 두고, 해병대에 해병대사령부를 둔다.(2011.7.14 본항개정)
② 각군본부에 참모총장 외에 참모차장 1명과 필요한 참모 부서를 두고, 해병대사령부에 사령관 외에 부사령관 1명과 필요한 참모 부서를 둔다.(2011.7.14 본항개정)
③ 각군 참모차장은 해당 군 참모총장을, 해병대부사령관은 해병대사령관을 각각 보좌하며, 해당 군 참모총장 또는 해병대사령관이 부득이한 사유로 직무를 수행할 수 없을 때에는 그 직무를 대행한다.(2011.7.14 본항개정)
④ (2011.7.14 삭제)
⑤ 각군본부 및 해병대사령부의 직제와 그 밖에 필요한 사항은 대통령령으로 정한다.
(2011.7.14 본조제목개정)

제15조【각군 부대와 기관의 설치】 ① 각군의 소속으로 필요한 부대와 기관을 설치할 수 있다.
② 제1항에 따른 부대와 기관의 설치에 필요한 사항은 법률이나 대통령령으로 정한다. 다만, 대통령령으로 정하는 단위 이하의 부대 또는 기관의 설치에 필요한 사항은 국방부장관이 정하되, 국방부장관은 그 권한의 일부를 대통령령으로 정하는 바에 따라 각군 참모총장에게 위임할 수 있다.
③ 제2항 단서에 따라 해군참모총장에게 위임된 사항 중 해병대에 관하여는 해병대사령관에게 권한을 재위임할 수 있다.(2011.7.14 본항신설)

제5장 기 타
(2010.3.17 본장개정)

제16조【군무원】 ① 국군에 군인 외에 군무원을 둔다.
② 제1항에 따른 군무원의 자격, 임면(任免), 복무, 그 밖에 신분에 관한 사항은 따로 법률로 정한다.

제17조【공표의 보류】 이 법에 따라 제정되는 명령으로서 군 기밀상 필요하다고 인정하는 것은 공표하지 아니할 수 있다.

부 칙 (2010.3.17)

이 법은 공포한 날부터 시행한다.

부 칙 (2011.7.14)

이 법은 공포 후 3개월이 경과한 날부터 시행한다.

국방개혁에 관한 법률
(약칭 : 국방개혁법)

(2006년 12월 28일
법 률 제8097호)

개정
2010. 3.31법10214호
2010. 3.31법10217호(군인사법)
2017. 3.21법14609호(군인사법)
2020.12.22법17684호(병역)
2022.12.13법19073호

제1장 총 칙

제1조【목적】 이 법은 지속적인 국방개혁을 통하여 우리 군이 북한의 핵실험 등 안보환경 및 국내외 여건 변화와 과학기술의 발전에 따른 전쟁양상의 변화에 능동적으로 대처할 수 있도록 국방운영체제, 군구조 개편 및 병영문화의 발전 등에 관한 기본적인 사항을 정함으로써 선진 정예 강군을 육성하는 것을 목적으로 한다.

제2조【기본이념】 국방개혁은 다음 각 호의 사항을 추진함으로써 국민과 함께하는 국민의 군대를 육성하여 국가안보를 튼튼히 하고 나아가 국제평화에 기여하는 것을 기본이념으로 한다.
1. 국방정책을 추진함에 있어서 문민기반의 확대
2. 미래전의 양상을 고려한 합동참모본부의 기능 강화 및 육군·해군·공군의 균형있는 발전
3. 군구조의 기술집약형으로의 개선
4. 저비용·고효율의 국방관리체제로의 혁신
5. 사회변화에 부합하는 새로운 병영문화의 정착

제3조【정의】 이 법에서 사용하는 용어의 정의는 다음과 같다.
1. "국방개혁"이라 함은 정보·과학 기술을 토대로 국군조직의 능률성·경제성·미래지향성을 강화해 나가는 지속적인 과정으로서 전반적인 국방운영체제를 개선·발전시켜 나가는 것을 말한다.
2. "국방운영체제"라 함은 군을 비롯하여 국방에 관련된 모든 조직을 관리·운영하는 법적·제도적 장치를 말한다.
3. "군구조"라 함은 국방 및 군사임무 수행에 관련되는 전반적인 군사력의 조직 및 구성관계로서 육군·해군·공군이 상호 관련되는 체계를 말한다.
4. "문민기반의 확대"라 함은 국방부가 효율적으로 군을 관리·지원하여야 한다는 원칙에 따라 국가의 국방정책을 군사적 측면에서 구현하고, 민간관료와 군인의 특수성·전문성이 상호균형과 조화를 이루는 가운데 국방정책결정 과정에 민간참여를 확대하는 것을 말한다.
5. "전력체계"라 함은 전쟁을 수행할 목적과 기능을 갖는 무력 또는 군사력으로서 국방인력, 군사무기 체계, 장비, 전술교리, 군사훈련체계 및 기반시설 등이 통합된 전체 구조를 말한다.
6. "합동성"이라 함은 첨단 과학기술이 동원되는 미래전쟁의 양상에 따라 총체적인 전투력의 상승효과를 극대화하기 위하여 육군·해군·공군의 전력을 효과적으로 통합·발전시키는 것을 말한다.

제4조【정부의 기본의무】 ① 정부는 국방개혁이 지속적이고 일관성 있게 추진될 수 있도록 기반과 환경을 조성하여야 한다.
② 정부는 제1항의 규정에 따른 국방개혁의 기반과 환경을 조성하기 위하여 국방개혁에 소요되는 재원을 안정적으로 확보하도록 노력하여야 하며 필요한 인적자원에 대하여 최적화 수준을 유지하도록 충원·관리하여야 한다.

제2장 국방개혁의 추진

제5조【국방개혁기본계획의 수립】 ① 국방부장관은 국방개혁을 효율적으로 추진하기 위하여 국방운영체제의 혁신, 군구조개편 및 병영문화의 개선 등에 관한 국방개혁기본계획을 대통령의 승인을 얻어 수립하여야 한다.
② 국방개혁기본계획에는 다음 각 호의 사항이 포함되어야 한다.
1. 국방개혁의 목표
2. 국방개혁의 분야별·과제별 추진계획
3. 국방개혁의 추진과 관련된 국방운영체제 및 재원에 관한 사항
4. 그 밖에 국방개혁을 추진하기 위하여 필요한 주요사항
③ 국방부장관은 국방개혁기본계획을 추진함에 있어서 5년 단위의 국방개혁추진계획을 수립·시행하되, 매 5년의 중간 및 기간 만료시점에 한미동맹 발전, 남북군사관계 변화추이 등 국내외 안보정세 및 국방개혁 추진 실적을 분석·평가하여 그 결과를 국방개혁기본계획에 반영하여야 한다.
④ 제3항의 규정에 따른 국방개혁추진계획의 수립에 관하여 필요한 사항은 대통령령으로 정한다.

제6조【국방개혁위원회】 지속적이고 일관된 국방개혁을 추진하고 국방개혁과 관련된 중요 정책사항을 심의하기 위하여 국방부장관 소속하에 국방개혁위원회(이하 "위원회"라 한다)를 둔다.

제7조【위원회의 기능】 위원회는 다음 각 호의 사항을 심의한다.
1. 국방개혁을 위한 국내외 안보정세의 평가
2. 제6조의 규정에 따른 국방개혁기본계획 및 국방개혁추진계획의 수립에 관한 사항
3. 국방개혁과 관련하여 소요되는 예산에 관한 사항
4. 국방개혁과 관련된 법령의 제·개정에 관한 사항
5. 상비병력 및 예비병력의 조정에 관한 사항
6. 그 밖에 국방개혁의 추진과 관련하여 위원장이 부의하는 사항

제8조【위원회의 구성】 ① 위원회는 위원장 1인을 포함한 20인 이내의 위원으로 구성한다.
② 위원회의 위원장은 국방부장관이 되고, 위원은 관계 중앙행정기관의 차관급 이상 공무원 중에서 위원장이 위촉하되, 필요한 때에는 국방·안보 관련 전문가를 포함할 수 있다.
③ 위원회의 운영 등에 관하여 필요한 사항은 대통령령으로 정한다.

제9조【보고 등】 ① 국방부장관은 매년 대통령 및 국회에 전년도 국방개혁의 추진실적 및 향후계획 등 국방개혁과 관련된 제반사항을 보고하여야 한다.
② 국방부장관은 국방개혁을 추진함에 있어서 범정부적인 협조와 지원을 위한 의사결정이 필요한 경우에는 국무회의 또는 국가안전보장회의에 이를 보고할 수 있다.

제3장 국방운영체제의 선진화

제10조【문민기반의 조성】 국방운영체제의 인력운영구조는 국가안보환경의 변화에 능동적으로 대처할 수 있도록 민간인력과 군인의 전문성 및 특수성이 상호 보완되도록 발전시켜야 한다.

제11조【국방부 소속 공무원의 구성】 ① 국방부장관은 현역군인의 전문성이 요구되는 직위를 제외한 국방부 직위에 군인이 아닌 공무원의 비율이 연차적으로 확대될 수 있도록 인사관리를 하여야 한다.
② 제1항의 규정에 따른 국방부 소속 공무원의 구성비율에 따라 군인이 아닌 공무원을 연도별·직급별로 충원하기 위하여 필요한 사항은 대통령령으로 정한다.

제12조【합동참모의장의 인사 청문】 대통령이 합동참모의장을 임명하는 때에는 국회의 인사 청문을 거쳐야 한다.

제13조【민간인력의 활용확대】 ① 국군의 부대와 기관은 국방 관련 업무의 전문성·연속성을 높이기 위하여 군무원 등을 포함한 민간인력의 활용을 확대하여야 한다.
② 국군의 부대와 기관에서 분야별·직급별 민간인력의 활용을 확대하기 위하여 필요한 사항은 대통령령으로 정한다.

제14조【국방인력 운용구조의 발전방향】 국가는 미래안보환경에 부응할 수 있도록 군구조를 기술집약형으로 개편하고, 기술집약형 군대의 원활한 운영 및 관리를 도모하며, 병역자원의 양적·질적 변화에 능동적으로 대처하기 위하여 국방인력 운영구조를 개선·발전시켜야 한다.

제15조【우수한 군 인력의 확보 및 전문성 향상】 ① 국방부장관은 우수한 군 인력을 확보하고, 군 인력의 전문성을 높이기 위한 인력양성 및 교육·훈련체계를 발전시켜야 한다.
② 국방부장관은 전문분야 또는 특수한 기술분야의 복무능력을 보유하거나, 격지·오지 또는 도서지역 등 특수한 지역에서 복무할 수 있는 지원병 모집을 확대하여야 한다.
③ 국방부장관은 우수한 숙련인력을 확보하기 위하여 임기제부사관제를 시행할 수 있다.(2020.12.22 본항개정)
④ 제3항의 규정에 따른 임기제부사관제의 시행 및 운영에 관하여 구체적인 사항은 따로 법률로 정한다.
(2020.12.22 본항개정)

제16조【여군 인력의 활용확대】 ① 국방부장관은 여성인력의 활용을 확대하고 우수한 여군 인력을 활용함으로써 전력을 강화하기 위하여 2020년까지 연차적으로 장교 정원의 100분의 7까지, 부사관 정원의 100분의 5까지 여군 인력을 확충하여야 한다.
② 여군 인력을 활용함에 있어서 각 군별·연도별 여군 인력의 비율확대를 위하여 필요한 사항은 대통령령으로 정한다.

제17조【책임운영기관 등의 확대】 ① 국방부장관은 국방업무의 전문성 및 효율성을 향상시키기 위하여 전투근무지원 분야의 업무를 분야별·기능별로 구분하여 책임운영기관으로 지정·운영하거나, 민간부문에 위탁하여 수행하게 할 수 있다.
② 제1항의 규정에 따른 전투근무지원 분야의 책임운영기관 지정·운영 및 업무위탁에 관하여 필요한 사항은 따로 법률로 정한다.

제18조【장교의 진급】 ① 장교의 진급에 대한 임용권자의 권한은 합리적인 절차에 따라 공정하게 행사되어야 한다.
② 국방부장관은 장교의 진급인원을 선발할 때에는 개인의 자질과 능력 및 군 기여도에 따라 선발하되, 장교 양성과정별 인력운영의 사정을 고려하여 균형있는 진급기회가 보장되고 안정적인 장교수급이 이루어지도록 노력하여야 한다.

제19조【국방부, 합동참모본부 등의 장교 보직】 ① 국방부, 합동참모본부 및 연합·합동부대에서 근무하는 장교의 직위에는 합동성 및 전문성 등 그 직위에 필요한 요건을 갖춘 장교가 보직되도록 하여야 한다.
② 국방부장관은 합동참모본부 및 연합·합동부대의 장교 직위 중 합동성·전문성 등이 요구되는 직위에 대하여 합동참모의장의 요청을 받아 합동직위로 지정한다.
③ 각군 참모총장은 제1항의 규정에 따른 요건을 갖춘 장교에 대하여 우선적으로 합동직위에 근무할 수 있는 합동특기 등의 전문자격을 부여하여야 한다.

제20조【참모총장 등에 대한 보직 추천】 국방부장관은 각군 참모총장 또는 참모차장의 직위에 다양한 분야의 경력을 갖춘 장교가 임명될 수 있도록 병과·특기 등을 균형 있게 고려하여 추천 또는 제청하여야 한다.

제21조 (2010.3.31 삭제)

제4장 군구조·전력체계 및 각 군의 균형 발전

제22조【발전방향】 국가는 병력 규모 위주의 양적·재래식 군사력 구조를 독자적인 정보 수집·관리, 첨단기술 및 현대화된 장비위주의 질적·기술집약형 군사력 구조로 개선하여 다양한 위협에 효율적으로 대응할 수 있도록 발전시켜야 한다.

제23조【군구조의 개선】 ① 국방부, 합동참모본부, 육군·해군·공군본부 등 군 상부 조직은 문민기반 위에서 통합전력이 최대한 발휘될 수 있도록 그 기능 및 조직을 개선·발전시켜야 한다.
② 국방부장관은 합동참모본부의 방위기획 및 작전수행능력을 배양하고 합동성을 향상시킬 수 있도록 그 기능 및 조직을 보강·발전시켜야 한다.
③ 합동참모의장은 합동작전능력 및 이와 관련된 합동군사 교육체계 등을 개발·발전시키고, 합동작전 지원분야에 있어서 각군 참모총장과 원활한 협의체계를 수립하여야 한다. 이 경우 필요한 때에는 국방부장관에게 합동작전 지원분야에 관하여 의견을 제시하고 이에 따른 육군·해군·공군의 기능 및 합동성에 관하여 조정을 건의할 수 있다.
④ 각군 참모총장은 각 군 고유의 전문성을 유지·발전시키되 합동성의 강화를 위하여 그 기능 및 조직을 정비하고, 중간 지휘제대의 단계를 점진적으로 축소·조정하여 단위부대의 전투능력과 작전의 효율성을 증대시켜야 한다.

제24조【무기 및 장비분야 전력체계 발전】 주요 무기 및 장비 등의 전력화는 단계별 추진계획에 따라 전략개념 및 군구조 개편과 연계하여 동시에 추진하여야 한다.

제25조【상비병력 규모의 조정】 ① 국군의 상비병력 규모는 군구조의 개편과 연계하여 2020년까지 50만명 수준을 목표로 한다.
② 제1항의 목표 수준을 달성하기 위한 단계별 목표수준을 정할 때에는 북한의 대량살상무기와 재래식 전력의 위협평가, 남북간 군사적 신뢰구축 및 평화상태의 진전 상황 등을 고려하여야 하고, 이를 매 3년 단위로 국방개혁기본계획에 반영한다.(2022.12.13 본항개정)
③ 제1항의 규정에 따른 상비병력은 각 군별로 최고의 전력체계를 유지하고, 육군·해군·공군의 균형적인 발전을 통하여 합동성을 극대화할 수 있는 적정수준의 구성비율을 유지하여야 한다.
④ 국가는 군구조 개편에 따라 전역하게 되는 장교·준사관 및 부사관에 대하여 적정한 보상을 시행하고 생활안정대책을 마련하도록 노력하여야 한다.
⑤ 제1항 및 제3항의 규정에 따른 연도별 상비병력의 규모, 각 군별 구성비율에 관하여 필요한 사항은 대통령령으로 정한다.

제26조【적정 간부비율의 유지】 ① 국군의 장교·준사관 및 부사관 등 간부의 규모는 2020년까지 기술집약형 군구조 개편과 연계하여 연차적으로 각 군별 상비병력의 100분의 40 이상 수준으로 편성하여야 한다.
② 제1항의 규정에 따른 장교·준사관 및 부사관 등 간부비율의 개편을 위한 군별·연도별 추진목표 등에 관하여 필요한 사항은 대통령령으로 정한다.

제27조【예비전력규모의 조정 및 정예화】 ① 국가는 예비군 조직을 정비하고 훈련체계를 개선하며, 무기·장비 및 전투 예비물자를 현대화하여 상비병력을 대체할 수 있는 정예화된 예비전력으로 발전시켜야 한다.
② 예비전력규모는 2020년까지 상비병력규모와 연동하여 개편·조정하여야 한다.
③ 연도별 예비전력의 규모 및 예비전력 발전에 관하여 필요한 사항은 대통령령으로 정한다.

제28조【해안 등에 대한 경계임무의 전환】 ① 군이 수행하고 있는 해안·항만·공항·국가시설 및 특정경비지역 등의 경계임무는 치안기관 또는 당해 시설을 관리·운영하는 기관으로 전환할 수 있도록 연차적으로 제도개편을 추진하여야 한다.
② 제1항의 규정에 따른 경계임무의 전환 등에 관하여 필요한 사항은 대통령령으로 정한다.

제29조【합동참모본부의 균형편성 등】 ① 합동참모본부의 각 군 인력은 균형편성 및 순환보직을 통하여 합동성 및 통합전력이 극대화될 수 있도록 하여야 한다.
② 합동참모의장과 합동참모차장은 각각 군을 달리하여 보직하되, 그 중 1인은 육군 소속 군인으로 보한다.
③ 합동참모본부에 두는 군인의 공통직위는 해군 및 공군은 같은 비율로, 육군은 해군 또는 공군의 2배수의 비율로 보하며, 대령 이상의 장교로 보직되는 공통직위는 각 군간 순환하여 보직하는 것을 원칙으로 한다.
(2010.3.31 본항개정)
④ 제1항의 규정에 따른 합동성 및 통합전력의 극대화를 위하여 합동참모본부에 두는 필수직위 및 공통직위의 지정과 공통직위의 보직에 관하여 필요한 사항은 대통령령으로 정한다.

제30조【국방부 직할부대 등의 균형편성】 ① 장성급(將星級) 장교가 지휘하는 국방부 직할부대 및 기관, 합동부대 지휘관은 해군 및 공군은 같은 수로, 육군은 해군 또는 공군의 3배수의 비율로 하여 순환보직함을 원칙으로 한다.(2017.3.21 본항개정)
② 순환보직 등에 관하여 필요한 사항은 대통령령으로 정한다.

제5장 병영문화의 개선·발전

제31조【발전방향】 국방부장관은 군에서 복무하는 장병에 대하여 기본권을 보장하고 군복무와 관련된 문화적 갈등요인을 최소화함으로써 군 복무에 대한 자긍심을 높이며, 군인으로서의 임무수행을 충실히 수행할 수 있도록 병영문화를 개선·발전시켜야 한다.

제32조【장병 기본권 등의 보장】 ① 국방부장관은 장병의 기본권이 보장될 수 있도록 군인의 복무에 관련된 제반 환경을 개선·발전시켜야 한다.
② 국방부장관은 장병이 민주시민으로서 건전한 가치관을 정립하고, 자기계발의 기회를 향유하며 군 복무에 대한 사회적 명예를 고양시킬 수 있는 제반 정책을 수립·시행하여야 한다.
③ 국방부장관은 장병이 군인으로서의 임무를 충실히 수행할 수 있도록 부대관리 체계를 발전시키고 복지수준을 향상시키기 위하여 종합적인 계획을 수립·시행하여야 한다.
④ 장병 기본권의 보장 및 복지수준의 향상을 위하여 필요한 사항은 따로 법률로 정한다.

부 칙

① **【시행일】** 이 법은 공포 후 3개월이 경과한 날부터 시행한다.
② **【중장 이상 보직관리에 관한 적용례】** 제21조의 규정에 따른 중장 이상 보직관리는 이 법 시행 후 최초로 중장 이상으로 진급하는 자부터 적용한다.

부 칙 (2010.3.31 법10214호)

이 법은 공포한 날부터 시행한다.

부 칙 (2017.3.21)

제1조【시행일】 이 법은 공포 후 3개월이 경과한 날부터 시행한다.(이하 생략)

부 칙 (2020.12.22)

제1조【시행일】 이 법은 공포한 날부터 시행한다.(이하 생략)

부 칙 (2022.12.13)

이 법은 공포한 날부터 시행한다.

통합방위법

(1997년 1월 13일
법 률 제5264호)

개정
1999. 1.21법 5681호(국가정보원법)
2001. 1.29법 6400호(정부조직)
2001.12.29법 6548호
2005. 3.24법 7413호(정부조직)
2006. 2.21법 7849호(제주자치법)
2006. 3. 3법 7853호
2007. 4.27법 8410호(비상대비자원관리)
2007. 5.11법 8420호(민방위)
2008. 2.29법 8852호(정부조직)
2009. 5.21법 9675호
2010. 1.18법 9932호(정부조직)
2010. 6. 4법 10339호(정부조직)
2013. 3.22법 11635호
2013. 3.23법 11690호(정부조직)
2014. 5. 9법 12566호
2014.11.19법 12844호(정부조직)
2016. 5.29법 14184호(예비군법)
2017. 7.26법 14839호(정부조직)
2020.12.22법 17686호
2020.12.22법 17689호(국가자치경찰)
2023. 3. 4법 19228호(정부조직)
2024. 1.16법 20026호

제1장 총 칙
(2009.5.21 본장제목삽입)

제1조【목적】 이 법은 적(敵)의 침투·도발이나 그 위협에 대응하기 위하여 국가 총력전(總力戰)의 개념을 바탕으로 국가방위요소를 통합·운용하기 위한 통합방위 대책을 수립·시행하기 위하여 필요한 사항을 규정함을 목적으로 한다.(2009.5.21 본조개정)

제2조【정의】 이 법에서 사용하는 용어의 뜻은 다음과 같다.
1. "통합방위"란 적의 침투·도발이나 그 위협에 대응하기 위하여 각종 국가방위요소를 통합하고 지휘체계를 일원화하여 국가를 방위하는 것을 말한다.
2. "국가방위요소"란 통합방위작전의 수행에 필요한 다음 각 목의 방위전력(防衛戰力) 또는 그 지원 요소를 말한다.
   가. 「국군조직법」 제2조에 따른 국군
   나. 경찰청·해양경찰청 및 그 소속 기관과 「제주특별자치도 설치 및 국제자유도시 조성을 위한 특별법」에 따른 자치경찰기구(2017.7.26 본목개정)
   다. 「소방기본법」 제2조제5호에 따른 소방대(2024.1.16 본목신설)
   라. 국가기관 및 지방자치단체(가목부터 다목까지의 경우는 제외한다)(2024.1.16 본목개정)
   마. 「예비군법」 제3조에 따른 예비군(2024.1.16 본목개정)
   바. 「민방위기본법」 제17조에 따른 민방위대
   사. 제6조에 따라 통합방위협의회를 두는 직장
3. "통합방위사태"란 적의 침투·도발이나 그 위협에 대응하여 제6호부터 제8호까지의 구분에 따라 선포하는 단계별 사태를 말한다.
4. "통합방위작전"이란 통합방위사태가 선포된 지역에서 제15조에 따라 통합방위본부장, 지역군사령관, 함대사령관 또는 시·도경찰청장(이하 "작전지휘관"이라 한다)이 국가방위요소를 통합하여 지휘·통제하는 방위작전을 말한다.(2020.12.22 본호개정)
5. "지역군사령관"이란 통합방위작전 관할구역에 있는 군부대의 장성급(將星級) 지휘관 중에서 통합방위본부장이 정하는 사람을 말한다. 다만, 통합방위본부장은 필요하다고 인정하는 때에는 대령급 지휘관 중에서 정할 수 있다.(2024.1.16 본호개정)
6. "갑종사태"란 일정한 조직체계를 갖춘 적의 대규모 병력 침투 또는 대량살상무기(大量殺傷武器) 공격 등의 도발로 발생한 비상사태로서 통합방위본부장 또는 지역군사령관의 지휘·통제 하에 통합방위작전을 수행해야 할 사태를 말한다.
7. "을종사태"란 일부 또는 여러 지역에서 적이 침투·도발하여 단기간 내에 치안이 회복되기 어려워 지역군사령관의 지휘·통제 하에 통합방위작전을 수행하여야 할 사태를 말한다.
8. "병종사태"란 적의 침투·도발 위협이 예상되거나 소규모의 적이 침투하였을 때에 시·도경찰청장, 지역군사령관 또는 함대사령관의 지휘·통제 하에 통합방위작전을 수행하여 단기간 내에 치안이 회복될 수 있는 사태를 말한다.(2020.12.22 본호개정)
9. "침투"란 적이 특정 임무를 수행하기 위하여 대한민국 영역을 침범한 상태를 말한다.
10. "도발"이란 적이 특정 임무를 수행하기 위하여 대한민국 국민 또는 영역에 위해(危害)를 가하는 모든 행위를 말한다.
11. "위협"이란 대한민국을 침투·도발할 것으로 예상되는 적의 침투·도발 능력과 기도(企圖)가 드러난 상태를 말한다.
12. "방호"란 적의 각종 도발과 위협으로부터 인원·시설 및 장비의 피해를 방지하고 모든 기능을 정상적으로 유지할 수 있도록 보호하는 작전 활동을 말한다.
13. "국가중요시설"이란 공공기관, 공항·항만, 주요 산업시설 등 적에 의하여 점령 또는 파괴되거나 기능이 마비될 경우 국가안보와 국민생활에 심각한 영향을 주게 되는 시설을 말한다.

(2009.5.21 본조개정)

제3조【통합방위태세의 확립 등】 ① 정부는 국가방위요소의 육성 및 통합방위태세의 확립을 위하여 필요한 시책을 마련하여야 한다.
② 각 지방자치단체의 장은 관할구역별 통합방위태세의 확립에 필요한 시책을 마련하여야 한다.
③ 각급 행정기관 및 군부대의 장은 통합방위작전을 원활하게 수행하기 위하여 서로 지원하고 협조하여야 한다.
④ 정부는 통합방위사태의 선포에 따른 국가방위요소의 동원 비용을 대통령령으로 정하는 바에 따라 예산의 범위에서 해당 지방자치단체에 지원할 수 있다.
(2009.5.21 본조개정)

제2장 통합방위기구 운용
(2009.5.21 본장제목삽입)

제4조【중앙 통합방위협의회】 ① 국무총리 소속으로 중앙 통합방위협의회(이하 "중앙협의회"라 한다)를 둔다.
② 중앙협의회의 의장은 국무총리가 되고, 위원은 기획재정부장관, 교육부장관, 과학기술정보통신부장관, 외교부장관, 통일부장관, 법무부장관, 국방부장관, 행정안전부장관, 국가보훈부장관, 문화체육관광부장관, 농림축산식품부장관, 산업통상자원부장관, 보건복지부장관, 환경부장관, 고용노동부장관, 여성가족부장관, 국토교통부장관, 해양수산부장관, 중소벤처기업부장관, 국무조정실장, 법제처장, 식품의약품안전처장, 국가정보원장 및 통합방위본부장과 그 밖에 대통령령으로 정하는 사람이 된다.
(2023.3.4 본항개정)
③ 중앙협의회에 간사 1명을 두고, 간사는 통합방위본부의 부본부장이 된다.
④ 중앙협의회는 다음 각 호의 사항을 심의한다.
1. 통합방위 정책
2. 통합방위작전·훈련 및 그에 관한 지침(2024.1.16 본호개정)
3. 통합방위사태의 선포 또는 해제
4. 그 밖에 통합방위에 관하여 대통령령으로 정하는 사항

⑤ 중앙협의회의 운영 등에 필요한 사항은 대통령령으로 정한다.
(2009.5.21 본조개정)

제5조【지역 통합방위협의회】 ① 특별시장·광역시장·특별자치시장·도지사·특별자치도지사(이하 "시·도지사"라 한다) 소속으로 특별시·광역시·특별자치시·도·특별자치도 통합방위협의회(이하 "시·도 협의회"라 한다)를 두고, 그 의장은 시·도지사가 된다.(2013.3.22 본항개정)
② 시장·군수·구청장(자치구의 구청장을 말한다. 이하 같다) 소속으로 시·군·구 통합방위협의회를 두고, 그 의장은 시장·군수·구청장이 된다.
③ 시·도 협의회와 시·군·구 통합방위협의회(이하 "지역협의회"라 한다)는 다음 각 호의 사항을 심의한다. 다만, 제1호 및 제3호의 사항은 시·도 협의회에 한한다.
1. 적이 침투하거나 숨어서 활동하기 쉬운 지역(이하 "취약지역"이라 한다)의 선정 또는 해제
2. 통합방위 대비책
3. 을종사태 및 병종사태의 선포 또는 해제
4. 통합방위작전·훈련의 지원 대책
5. 국가방위요소의 효율적 육성·운용 및 지원 대책
6. 그 밖에 통합방위에 관하여 대통령령으로 정하는 사항(2024.1.16 본호신설)

④ 지역협의회의 구성 및 운영 등에 필요한 사항은 대통령령으로 정하는 기준에 따라 조례로 정한다.
(2009.5.21 본조개정)

제6조【직장 통합방위협의회】 ① 직장에는 직장 통합방위협의회(이하 "직장협의회"라 한다)를 두고, 그 의장은 직장의 장이 된다.
② 직장협의회를 두어야 하는 직장의 범위와 직장협의회의 운영 등에 필요한 사항은 대통령령으로 정한다.
(2009.5.21 본조개정)

제7조【협의회의 통합·운영】 중앙협의회, 지역협의회 및 직장협의회는 대통령령으로 정하는 기준에 따라 각각 다음 각 호의 기구와 통합·운영할 수 있다.
1. 「예비군법」 제14조의3제2항에 따른 방위협의회(2016.5.29 본호개정)
2. 「민방위기본법」 제6조 또는 제7조에 따른 중앙민방위협의회 또는 지역민방위협의회

(2009.5.21 본조개정)

제8조【통합방위본부】 ① 합동참모본부에 통합방위본부를 둔다.
② 통합방위본부에는 본부장과 부본부장 1명씩을 두되, 통합방위본부장은 합동참모의장이 되고 부본부장은 합동참모본부에서 군사작전에 대한 기획 등 작전 업무를 총괄하는 참모 부서의 장이 된다.(2024.1.16 본항개정)
③ 통합방위본부는 다음 각 호의 사무를 분장한다.
1. 통합방위 정책의 수립·조정
2. 통합방위 대비태세의 확인·감독
3. 통합방위작전 상황의 종합 분석 및 대비책의 수립
4. 통합방위작전, 훈련지침 및 계획의 수립과 그 시행의 조정·통제
5. 통합방위 관계기관 간의 업무 협조 및 사업 집행사항의 협의·조정

④ 통합방위본부에 통합방위에 관한 정부 내 업무 협조와 그 밖에 통합방위 업무의 원활한 수행을 위하여 통합방위 실무위원회(이하 "실무위원회"라 한다)를 둔다.
⑤ 실무위원회의 구성 및 운영 등에 필요한 사항은 대통령령으로 정한다.
(2009.5.21 본조개정)

제9조【통합방위 지원본부】 ① 시·도지사 소속으로 시·도 통합방위 지원본부를 두고, 시장·군수·구청장·읍장·면장·동장 소속으로 시·군·구·읍·면·동 통합방위 지원본부를 둔다.
② 시·도 통합방위 지원본부와 시·군·구·읍·면·동 통합방위 지원본부(이하 "각 통합방위 지원본부"라 한다)는 관할지역별로 다음 각 호의 사무를 분장한다.
1. 통합방위작전 및 훈련에 대한 지원계획의 수립·시행
2. 통합방위 종합상황실의 설치·운영
3. 국가방위요소의 육성·지원
4. 통합방위 취약지역을 대상으로 한 주민신고 체제의 확립
5. 그 밖에 대통령령 또는 조례로 정하는 사항

③ 각 통합방위 지원본부의 조직과 운영에 필요한 사항은 대통령령으로 정하는 기준에 따라 조례로 정한다.
(2009.5.21 본조개정)

제9조의2【정보센터 및 합동정보조사팀의 운영】 ① 정부 각 기관의 대공(對共)정보업무를 조정·분담하고, 적의 침투·도발 및 적의 정황에 관한 첩보를 수집하며, 정보를 판단하여 지역 작전부대를 지원하기 위하여 국가정보원·군·경찰·지방자치단체 등으로 구성된 지역단위의 정보센터를 비상설 기구로 설치·운영할 수 있다.
② 적의 부대나 요원의 출현, 그 밖의 대공혐의 상황이 발생하였을 때에는 현지의 상황을 조사·분석하고, 체포된 포로에 대하여 일차적으로 신문(訊問)하기 위하여 국가정보원·군·경찰 등 관계 기관 정보요원으로 구성된 합동정보조사팀을 설치·운영할 수 있다.
③ 그 밖에 정보센터 및 합동정보조사팀의 설치·운영 등에 필요한 사항은 대통령령으로 정한다.
(2020.12.22 본조신설)

제10조【합동보도본부 등】 ① 작전지휘관은 대통령령으로 정하는 바에 따라 언론기관의 취재 활동을 지원하여야 한다.
② 작전지휘관은 통합방위 진행 상황 및 대국민 협조사항 등을 알리기 위하여 필요하면 합동보도본부를 설치·운영할 수 있다.
③ 통합방위작전을 수행할 때에 병력 또는 장비의 이동·배치·성능이나 작전계획에 관련된 사항은 공개하지 아니한다. 다만, 통합방위작전의 수행에 지장을 주지 아니하는 범위에서 국민이나 지역 주민에게 알릴 필요가 있는 사항은 그러하지 아니하다.
(2009.5.21 본조개정)

제3장 경계태세 및 통합방위사태
(2009.5.21 본장제목삽입)

제11조【경계태세】 ① 대통령령으로 정하는 군부대의 장 및 경찰관서의 장(이하 이 조에서 "발령권자"라 한다)은 적의 침투·도발이나 그 위협이 예상될 경우 통합방위작전을 준비하기 위하여 경계태세를 발령할 수 있다.
② 제1항에 따라 경계태세가 발령된 때에는 해당 지역의 국가방위요소는 적의 침투·도발이나 그 위협에 대응하기 위하여 필요한 지휘·협조체계를 구축하여야 한다.
③ 발령권자는 경계태세 상황이 종료되거나 상급 지휘관의 지시가 있는 경우 경계태세를 해제하여야 하고, 제12조에 따라 통합방위사태가 선포된 때에는 경계태세는 해제된 것으로 본다.
④ 경계태세의 종류, 발령·해제 절차 및 경계태세 발령 시 국가방위요소 간 지휘·협조체계 구축 등에 필요한 사항은 대통령령으로 정한다.
(2009.5.21 본조신설)

제12조【통합방위사태의 선포】 ① 통합방위사태는 갑종사태, 을종사태 또는 병종사태로 구분하여 선포한다.
② 제1항의 사태에 해당하는 상황이 발생하면 다음 각 호의 구분에 따라 해당하는 사람은 즉시 국무총리를 거쳐 대통령에게 통합방위사태의 선포를 건의하여야 한다.
1. 갑종사태에 해당하는 상황이 발생하였을 때 또는 둘 이상의 특별시·광역시·특별자치시·도·특별자치도(이하 "시·도"라 한다)에 걸쳐 을종사태에 해당하는 상황이 발생하였을 때 : 국방부장관(2013.3.22 본호개정)
2. 둘 이상의 시·도에 걸쳐 병종사태에 해당하는 상황이 발생하였을 때 : 행정안전부장관 또는 국방부장관(2017.7.26 본호개정)

③ 대통령은 제2항에 따른 건의를 받았을 때에는 중앙협의회와 국무회의의 심의를 거쳐 통합방위사태를 선포할 수 있다.
④ 시·도경찰청장, 지역군사령관 또는 함대사령관은 을종사태나 병종사태에 해당하는 상황이 발생한 때에는 즉시 시·도지사에게 통합방위사태의 선포를 건의하여야 한다.(2020.12.22 본항개정)
⑤ 시·도지사는 제4항에 따른 건의를 받은 때에는 시·도 협의회의 심의를 거쳐 을종사태 또는 병종사태를 선포할 수 있다.
⑥ 시·도지사는 제5항에 따라 을종사태 또는 병종사태를 선포한 때에는 지체 없이 행정안전부장관 및 국방부장관과 국무총리를 거쳐 대통령에게 그 사실을 보고하여야 한다.(2017.7.26 본항개정)
⑦ 제3항이나 제5항에 따라 통합방위사태를 선포할 때에는 그 이유, 종류, 선포 일시, 구역 및 작전지휘관에 관한 사항을 공고하여야 한다.
⑧ 시·도지사가 통합방위사태를 선포한 지역에 대하여 대통령이 통합방위사태를 선포한 때에는 그 때부터 시·도지사가 선포한 통합방위사태는 효력을 상실한다.
⑨ 제1항부터 제8항까지에서 규정한 사항 외에 통합방위사태의 구체적인 선포 요건·절차 및 공고 방법 등에 관하여 필요한 사항은 대통령령으로 정한다.
(2009.5.21 본조개정)

제13조【국회 또는 시·도의회에 대한 통고 등】 ① 대통령은 통합방위사태를 선포한 때에는 지체 없이 그 사실을 국회에 통고하여야 한다.
② 시·도지사는 통합방위사태를 선포한 때에는 지체 없이 그 사실을 시·도의회에 통고하여야 한다.
③ 대통령 또는 시·도지사는 제1항이나 제2항에 따른 통고를 할 때에 국회 또는 시·도의회가 폐회 중이면 그 소집을 요구하여야 한다.
(2009.5.21 본조개정)

제14조【통합방위사태의 해제】 ① 대통령은 통합방위사태가 평상 상태로 회복되거나 국회가 해제를 요구하면 지체 없이 그 통합방위사태를 해제하고 그 사실을 공고하여야 한다.
② 대통령은 제1항에 따라 통합방위사태를 해제하려면 중앙협의회와 국무회의의 심의를 거쳐야 한다. 다만, 국회가 해제를 요구한 경우에는 그러하지 아니한다.
③ 국방부장관 또는 행정안전부장관은 통합방위사태가 평상 상태로 회복된 때에는 국무총리를 거쳐 대통령에게 통합방위사태의 해제를 건의하여야 한다.(2017.7.26 본항개정)
④ 시·도지사는 통합방위사태가 평상 상태로 회복되거나 시·도의회에서 해제를 요구하면 지체 없이 통합방위사태를 해제하고 그 사실을 공고하여야 한다. 이 경우 시·도지사는 그 통합방위사태의 해제사실을 행정안전부장관 및 국방부장관과 국무총리를 거쳐 대통령에게 보고하여야 한다.(2017.7.26 후단개정)
⑤ 시·도지사는 제4항 전단에 따라 통합방위사태를 해제하려면 시·도 협의회의 심의를 거쳐야 한다. 다만, 시·도의회가 해제를 요구하였을 때에는 그러하지 아니한다.
⑥ 시·도경찰청장, 지역군사령관 또는 함대사령관은 통합방위사태가 평상 상태로 회복된 때에는 시·도지사에게 통합방위사태의 해제를 건의하여야 한다.(2020.12.22 본항개정)
(2009.5.21 본조개정)

제4장 통합방위작전 및 훈련
(2009.5.21 본장제목삽입)

제15조【통합방위작전】 ① 통합방위작전의 관할구역은 다음 각 호와 같이 구분한다.
1. 지상 관할구역 : 특정경비지역, 군관할지역 및 경찰관할지역
2. 해상 관할구역 : 특정경비해역 및 일반경비해역
3. 공중 관할구역 : 비행금지공역(空域) 및 일반공역
② 시·도경찰청장, 지역군사령관 또는 함대사령관은 통합방위사태가 선포된 때에는 즉시 다음 각 호의 구분에 따라 통합방위작전(공군작전사령관의 경우에는 통합방위 지원작전)을 신속하게 수행하여야 한다. 다만, 을종사태가 선포된 경우에는 지역군사령관이 통합방위작전을 수행하고, 갑종사태가 선포된 경우에는 통합방위본부장 또는 지역군사령관이 통합방위작전을 수행한다.
(2020.12.22 본문개정)
1. 경찰관할지역 : 시·도경찰청장(2020.12.22 본호개정)
2. 특정경비지역 및 군관할지역 : 지역군사령관
3. 특정경비해역 및 일반경비해역 : 함대사령관
4. 비행금지공역 및 일반공역 : 공군작전사령관
③ 통합방위사태가 선포된 때에는 해당 지역의 모든 국가방위요소는 대통령령으로 정하는 바에 따라 통합방위작전을 효율적으로 수행하기 위하여 필요한 지휘·협조체계를 구축하여야 한다.
④ 제1항부터 제3항까지에서 규정한 사항 외에 통합방위작전 관할구역의 세부 범위 및 통합방위작전의 시행 등에 필요한 사항은 실무위원회의 심의를 거쳐 통합방위본부장이 정한다.
⑤ 통합방위작전의 임무를 수행하는 사람은 그 작전지역에서 대통령령으로 정하는 바에 따라 임무 수행에 필요한 검문을 할 수 있다.
(2009.5.21 본조개정)

제16조【통제구역 등】 ① 시·도지사 또는 시장·군수·구청장은 다음 각 호의 어느 하나에 해당하면 대통령령으로 정하는 바에 따라 인명·신체에 대한 위해를 방지하기 위하여 필요한 통제구역을 설정하고, 통합방위작전 또는 경계태세 발령에 따른 군·경 합동작전에 관련되지 아니한 사람에 대하여는 출입을 금지·제한하거나 그 통제구역으로부터 퇴거할 것을 명할 수 있다.
(2013.3.22 본문개정)
1. 통합방위사태가 선포된 경우(2013.3.22 본호신설)
2. 적의 침투·도발 징후가 확실하여 경계태세 1급이 발령된 경우(2013.3.22 본호신설)
② 제1항에 따른 통제구역의 설정 기준·절차 및 공고 방법 등에 관하여 필요한 사항은 대통령령으로 정한다.
(2009.5.21 본조개정)

제17조【대피명령】 ① 시·도지사 또는 시장·군수·구청장은 통합방위사태가 선포된 때에는 인명·신체에 대한 위해를 방지하기 위하여 즉시 작전지역에 있는 주민이나 체류 중인 사람에게 대피할 것을 명할 수 있다.
② 제1항에 따른 대피명령(이하 "대피명령"이라 한다)은 방송·확성기·벽보, 그 밖에 대통령령으로 정하는 방법에 따라 공고하여야 한다.
③ 안전대피방법과 대피명령의 실시방법·절차 등에 관하여 필요한 사항은 대통령령으로 정한다.
(2009.5.21 본조개정)

제18조【검문소의 운용】 ① 시·도경찰청장, 지방해양경찰청장(대통령령으로 정하는 해양경찰서장을 포함한다. 이하 같다), 지역군사령관 및 함대사령관은 관할구역 중에서 적의 침투가 예상되는 곳 등에 검문소를 설치·운용할 수 있다. 다만, 지방해양경찰청장이 검문소를 설치하는 경우에는 미리 관할 함대사령관과 협의하여야 한다.
(2020.12.22 본문개정)
② 검문소의 지휘·통신체계 및 운용 등에 필요한 사항은 대통령령으로 정한다.
(2009.5.21 본조개정)

제19조【신고】 적의 침투 또는 출현이나 그러한 흔적을 발견한 사람은 누구든지 그 사실을 지체 없이 군부대 또는 행정기관에 신고하여야 한다.(2009.5.21 본조개정)

제20조【통합방위훈련】 통합방위본부장은 효율적인 통합방위작전 수행 및 지원에 대한 절차를 숙달하기 위하여 대통령이 정하는 바에 따라 국가방위요소가 참여하는 통합방위훈련을 실시한다.(2009.5.21 본조신설)

제5장 국가중요시설 및 취약지역 관리
(2009.5.21 본장제목삽입)

제21조【국가중요시설의 경비·보안 및 방호】 ① 국가중요시설의 관리자(소유자를 포함한다. 이하 같다)는 경비·보안 및 방호책임을 지며, 통합방위사태에 대비하여 자체방호계획을 수립하여야 한다. 이 경우 국가중요시설의 관리자는 자체방호계획을 수립하기 위하여 필요하면 시·도경찰청장 또는 지역군사령관에게 협조를 요청할 수 있다.(2020.12.22 후단개정)
② 시·도경찰청장 또는 지역군사령관은 통합방위사태에 대비하여 국가중요시설에 대한 방호지원계획을 수립·시행하여야 한다.(2020.12.22 본항개정)
③ 국가중요시설의 평시 경비·보안활동에 대한 지도·감독은 관계 행정기관의 장과 국가정보원장이 수행한다.
④ 국가중요시설은 국방부장관이 관계 행정기관의 장 및 국가정보원장과 협의하여 지정한다.
⑤ 국가중요시설의 자체방호, 방호지원계획, 그 밖에 필요한 사항은 대통령령으로 정한다.
(2009.5.21 본조개정)

제22조【취약지역의 선정 및 관리 등】 ① 시·도지사는 다음 각 호의 어느 하나에 해당하는 지역을 대통령령으로 정하는 바에 따라 연 1회 분석하여 시·도 협의회의 심의를 거쳐 취약지역으로 선정하거나 선정된 취약지역을 해제할 수 있다. 이 경우 선정하거나 해제한 결과를 통합방위본부장에게 통보하여야 한다.
1. 교통·통신시설이 낙후되어 즉각적인 통합방위작전이 어려운 오지(奧地) 또는 벽지(僻地)
2. 간첩이나 무장공비가 침투한 사실이 있거나 이들이 숨어서 활동하기 쉬운 지역
3. 적이 저공(低空) 침투하거나 저속 항공기가 착륙하기 쉬운 탁 트인 곳 또는 호수
4. 그 밖에 대통령령으로 정하는 지역
② 제1항에도 불구하고 통합방위본부장은 둘 이상의 시·도에 걸쳐 있거나 국가적인 통합방위 대비책이 필요한 지역을 실무위원회의 심의를 거쳐 취약지역으로 선정하거나 선정된 취약지역을 해제할 수 있다. 이 경우 선정하거나 해제한 결과를 관할 시·도지사에게 통보하여야 한다.
③ 시·도지사는 제1항과 제2항에 따라 선정된 취약지역에 장애물을 설치하는 등 취약지역의 통합방위를 위하여 필요한 대비책을 마련하여야 한다.
④ 지역군사령관은 취약지역 중 방호 활동이 필요하다고 인정되는 해안 또는 강안(江岸)에 철책 등 차단시설을 설치하고 대통령령으로 정하는 바에 따라 민간인의 출입을 제한할 수 있다.
⑤ 제3항에 따른 취약지역의 통합방위 대비책에 관하여 필요한 사항은 대통령령으로 정하는 기준에 따라 시·도의 조례로 정한다.
(2009.5.21 본조개정)

제6장 보 칙
(2009.5.21 본장제목삽입)

제23조【문책 및 시정요구 등】 ① 통합방위본부장은 통합방위 업무를 담당하는 공무원 또는 통합방위작전 및 훈련에 참여한 사람이 그 직무를 게을리하여 국가안전보장이나 통합방위 업무에 중대한 지장을 초래한 경우에는 그 소속 기관 또는 직장의 장에게 해당자의 명단을 통보할 수 있다.
② 제1항에 따른 통보를 받은 소속 기관 또는 직장의 장은 특별한 사유가 없으면 징계 등 적절한 조치를 하여야 하고, 그 결과를 통합방위본부장에게 통보하여야 한다.
③ 통합방위본부장은 국가중요시설에 대한 방호태세 유지를 위하여 필요하면 제21조제1항 및 제2항에 따라 수립된 국가중요시설의 자체방호계획 및 방호지원계획의 시정을 요구할 수 있다.
(2009.5.21 본조개정)

제7장 벌 칙
(2009.5.21 본장제목삽입)

제24조【벌칙】 ① 제16조제1항의 출입 금지·제한 또는 퇴거명령을 위반한 사람은 1년 이하의 징역 또는 1천만원 이하의 벌금에 처한다.(2014.5.9 본항개정)
② 제17조제1항의 대피명령을 위반한 사람은 300만원 이하의 벌금에 처한다.
(2009.5.21 본조개정)

부 칙 (2017.7.26)

제1조【시행일】 ① 이 법은 공포한 날부터 시행한다.(이하 생략)

부 칙 (2020.12.22 법17686호)

이 법은 공포 후 3개월이 경과한 날부터 시행한다.

부 칙 (2020.12.22 법17689호)

제1조【시행일】 이 법은 2021년 1월 1일부터 시행한다.(이하 생략)

부 칙 (2023.3.4)

제1조【시행일】 이 법은 공포 후 3개월이 경과한 날부터 시행한다.(이하 생략)

부 칙 (2024.1.16)

이 법은 공포한 날부터 시행한다.

병역법

(1993년 12월 31일
전개법률 제4685호)

개정
1994.12.31법 4840호 <중략>
2000.12.26법 6290호(군인사법)
2001. 8.14법 6502호 2001.12.29법 6547호
2002.12. 5법 6749호 2002.12.26법 6809호
2003. 9. 3법 6972호
2003.12.11법 6997호(농업 · 농촌기본법)
2004. 3.11법 7186호(정부조직)
2004.12.31법 7272호 2005. 3.31법 7430호
2005. 5.31법 7541호
2006. 1. 2법 7845호(방위사업법)
2006. 3.24법 7897호 2006. 9.22법 7977호
2006.10. 4법 8024호 2007. 1.19법 8243호
2007. 4.11법 8372호(근기)
2007. 5.11법 8422호(주민등록)
2007. 5.17법 8435호(가족관계등록)
2007. 5.17법 8447호 2007. 7.27법 8549호
2007.12.21법 8749호(농업 · 농촌및식품산업기본법)
2007.12.31법 8834호
2008. 2.29법 8852호(정부조직)
2009. 4. 1법 9620호(농어업경영체육성및지원에관한법)
2009. 6. 9법 9754호
2010. 1.18법 9932호(정부조직)
2010. 1.25법 9946호
2010. 1.25법 9955호(공중방역수의사에관한법)
2011. 5.24법10703호(군인사법)
2011. 5.24법10704호 2011. 7. 5법10814호
2011. 7.21법10866호(고등교육)
2011. 9.15법11042호(보훈보상대상자지원에관한법)
2011.11.22법11093호(농어업경영체육성및지원에관한법)
2012.12.11법11530호(국가공무원)
2013. 3.23법11690호(정부조직)
2013. 6. 4법11849호 2014. 5. 9법12560호
2014. 5.28법12684호
2014.11.19법12844호(정부조직)
2014.12.30법12906호
2015. 7.24법13425호(의무경찰대설치및운영에관한법)
2015.12.15법13566호 2016. 1.19법13778호
2016. 5.29법14170호(경비교도대폐지에따른보상등에관한법)
2016. 5.29법14183호
2016. 5.29법14184호(예비군법)
2017. 2. 8법14555호 2017. 3.21법14611호
2017. 7.26법14839호(정부조직)
2017.11.28법15054호
2017.12.19법15270호(장애인복지법)
2019. 1.15법16279호(비상사태등에대비하기위한해운및항만기능유지에관한법)
2019. 4.23법16356호 2019.12.31법16852호
2020. 2. 4법16928호(군인사법)
2020. 3.31법17163호(국방과학기술혁신촉진법)
2020. 3.31법17166호
2020. 5.19법17278호(후계농어업인및청년농어업인육성 · 지원에관한법)
2020.12. 8법17580호(국민체육진흥법)
2020.12.22법17684호 2021. 4.13법18003호
2021.12. 7법18540호 2022. 1. 4법18681호
2022. 1. 4법18682호(비상대비에관한법)
2022.12.13법19081호 2023. 6.20법19477호
2023. 8. 8법19584호 2023.10.31법19791호
2024. 1. 9법19950호→2024년 4월 10일 및 2024년 7월 10일 시행
2024. 2. 6법20191호→2024년 5월 7일 및 2024년 8월 7일 시행

國防

제1장 총 칙
(2009.6.9 본장개정)

제1조【목적】 이 법은 대한민국 국민의 병역의무에 관하여 규정함을 목적으로 한다.

제2조【정의 등】 ① 이 법에서 사용되는 용어의 뜻은 다음과 같다.
1. "징집"이란 국가가 병역의무자에게 현역(現役)에 복무할 의무를 부과하는 것을 말한다.
2. "소집"이란 국가가 병역의무자 또는 지원에 의한 병역복무자(제3조제1항 후단에 따라 지원에 의하여 현역에 복무한 여성을 말한다) 중 예비역(豫備役), 보충역(補充役), 전시근로역 또는 대체역에 대하여 현역 복무 외의 군복무(軍服務)의무 또는 공익 분야에서의 복무의무를 부과하는 것을 말한다.(2019.12.31 본호개정)
3. "입영"이란 병역의무자가 징집(徵集) · 소집(召集) 또는 지원(志願)에 의하여 군부대에 들어가는 것을 말한다.
4. "군간부후보생"이란 장교 · 준사관 · 부사관의 병적 편입을 위하여 군사교육기관 또는 수련기관 등에서 교육이나 수련 등을 받고 있는 사람을 말한다.(2016.5.29 본호개정)
5. "고용주"란 「근로기준법」의 적용을 받는 공 · 사 기업체나 공 · 사 단체의 장으로서 병역의무자를 고용하고 있는 자를 말한다.(2013.6.4 본호개정)
6. "병역판정검사전문의사"란 의사 또는 치과의사 자격을 가진 사람으로서 「국가공무원법」에 따라 대통령령으로 정하는 일반직공무원으로 채용되어 신체검사업무 등에 복무하는 사람을 말한다.(2016.5.29 본호개정)
7. "전환복무"란 현역병으로 복무 중인 사람이 의무경찰대원 또는 의무소방원의 임무에 복무하도록 군인으로서의 신분을 다른 신분으로 전환하는 것을 말한다.
(2016.5.29 본호개정)
8. "상근예비역"이란 징집에 의하여 현역병으로 입영(入營)한 사람이 일정기간을 현역병으로 복무하고 예비역에 편입된 후 지역방위(地域防衛)와 이와 관련된 업무를 지원하기 위하여 소집되어 복무하는 사람을 말한다.
(2021.4.13 본호개정)
9. "승선근무예비역"이란 「선박직원법」 제4조제2항제1호 및 제2호에 따른 항해사 또는 기관사로서 「비상대비에 관한 법률」 또는 「비상사태등에 대비하기 위한 해운 및 항만 기능 유지에 관한 법률」에 따라 전시 · 사변 또는 이에 준하는 비상시에 국민경제에 긴요한 물자와 군수물자를 수송하기 위한 업무 또는 이와 관련된 업무의 지원을 위하여 소집되어 승선근무하는 사람을 말한다.
(2022.1.4 본호개정)
10. "사회복무요원"(社會服務要員)이란 다음 각 목의 기관 등의 공익목적 수행에 필요한 사회복지, 보건 · 의료, 교육 · 문화, 환경 · 안전 등의 사회서비스업무 및 행정업무 등의 지원을 위하여 소집되어 공익 분야에 복무하는 사람을 말한다.(2013.6.4 본문개정)
가. 국가기관
나. 지방자치단체
다. 공공단체(公共團體)
라. 「사회복지사업법」 제2조에 따라 설치된 사회복지시설(이하 "사회복지시설"이라 한다)

10의2. (2016.1.19 삭제)

10의3. "예술 · 체육요원"이란 예술 · 체육 분야의 특기를 가진 사람으로서 제33조의7에 따라 편입되어 문화창달과 국위선양을 위한 예술 · 체육 분야의 업무에 복무하는 사람을 말한다.(2016.5.29 본호개정)

11. "공중보건의사"란 의사 · 치과의사 또는 한의사 자격을 가진 사람으로서 「농어촌 등 보건의료를 위한 특별조치법」에서 정하는 바에 따라 공중보건업무에 복무하는 사람을 말한다.(2016.5.29 본호개정)
12. (2016.1.19 삭제)
13. "공익법무관"이란 변호사 자격을 가진 사람으로서 「공익법무관에 관한 법률」에서 정하는 바에 따라 법률구조업무 또는 국가 · 지방자치단체의 공공목적의 업무수행에 필요한 법률사무에 복무하는 사람을 말한다.
14. "병역판정검사전담의사"란 의사 또는 치과의사 자격을 가진 사람으로서 제34조에 따라 병역판정검사전담의사로 편입되어 신체검사업무 등에 복무하는 사람을 말한다.
15. "공중방역수의사"란 수의사 자격을 가진 사람으로서 「공중방역수의사에 관한 법률」에서 정하는 바에 따라 가축방역업무에 복무하는 사람을 말한다.
16. "전문연구요원"이란 학문과 기술의 연구를 위하여 제36조에 따라 전문연구요원(專門研究要員)으로 편입되어 해당 전문 분야의 연구업무에 복무하는 사람을 말한다.
17. "산업기능요원"이란 산업을 육성하고 지원하기 위하여 제36조에 따라 산업기능요원(産業技能要員)으로 편입되어 해당 분야에 복무하는 사람을 말한다.

(2016.5.29 13호~17호개정)

17의2. "대체복무요원"이란 대체역으로 편입된 사람으로서 「대체역의 편입 및 복무 등에 관한 법률」에 따른 대체복무기관에 소집되어 공익 분야에 복무하는 사람을 말한다.(2019.12.31 본호신설)

18. "병역지정업체"란 전문연구요원이나 산업기능요원이 복무할 업체로서 다음 각 목의 업체를 말한다.
(2016.5.29 본문개정)
가. 제36조에 따라 병무청장이 선정한 연구기관, 기간산업체 및 방위산업체
나. 「농어업경영체 육성 및 지원에 관한 법률」 제19조에 따른 농업회사법인(이하 "농업회사법인"이라 한다)
다. 「농업기계화 촉진법」 제11조제2항에 따른 농업기계의 사후관리업체(이하 "사후관리업체"라 한다)
19. "공공단체"란 공익목적을 수행하기 위하여 법률에 따라 설치된 법인 또는 단체로서 대통령령으로 정하는 법인 또는 단체를 말한다.

② 이 법에서 병역의무의 이행시기를 연령으로 표시한 경우 "○○세부터"란 그 연령이 되는 해의 1월 1일부터를, "○○세까지"란 그 연령이 되는 해의 12월 31일까지를 말한다.

제3조【병역의무】 ① 대한민국 국민인 남성은 「대한민국헌법」과 이 법에서 정하는 바에 따라 병역의무를 성실히 수행하여야 한다. 여성은 지원에 의하여 현역 및 예비역으로만 복무할 수 있다.(2019.12.31 본항개정)
② 이 법에 따르지 아니하고는 병역의무에 대한 특례(特例)를 규정할 수 없다.
③ 제1항에 따른 병역의무 및 지원은 인종, 피부색 등을 이유로 차별하여서는 아니 된다.
④ 병역의무자로서 사형, 무기 또는 6년 이상의 징역이나 금고의 형(刑)을 선고받은 사람은 병역에 복무할 수 없으며 병적(兵籍)에서 제적된다.(2022.12.13 본항개정)

제4조【다른 법률과의 관계】 ① 징집 또는 소집되거나 지원에 의하여 입영한 사람의 복무 등에 관하여 이 법에서 규정된 것을 제외하고는 「군인사법」을 적용한다.
② 대체역의 편입 및 복무 등에 필요한 사항은 「대체역의 편입 및 복무 등에 관한 법률」에 따른다.(2019.12.31 본항신설)
(2019.12.31 본조제목개정)

제5조【병역의 종류】 ① 병역은 다음 각 호와 같이 구분한다.
1. 현역 : 다음 각 목의 어느 하나에 해당하는 사람
가. 징집이나 지원에 의하여 입영한 병(兵)
나. 이 법 또는 「군인사법」에 따라 현역으로 임용 또는 선발된 장교(將校) · 준사관(準士官) · 부사관(副士官) 및 군간부후보생(2016.5.29 본목개정)
2. 예비역 : 다음 각 목의 어느 하나에 해당하는 사람
가. 현역을 마친 사람
나. 그 밖에 이 법에 따라 예비역에 편입된 사람
3. 보충역 : 다음 각 목의 어느 하나에 해당하는 사람
가. 병역판정검사 결과 현역 복무를 할 수 있다고 판정된 사람 중에서 병력수급(兵力需給) 사정에 의하여 현역병입영 대상자로 결정되지 아니한 사람
(2016.5.29 본목개정)
나. 다음의 어느 하나에 해당하는 사람으로서 복무하고 있거나 그 복무를 마친 사람(2016.5.29 본문개정)
1) 사회복무요원
2) (2016.1.19 삭제)
3) 예술 · 체육요원
4) 공중보건의사
5) 병역판정검사전담의사(2016.5.29 개정)
6) (2016.1.19 삭제)
7) 공익법무관
8) 공중방역수의사
9) 전문연구요원
10) 산업기능요원
다. 그 밖에 이 법에 따라 보충역에 편입된 사람
4. 병역준비역 : 병역의무자로서 현역, 예비역, 보충역, 전시근로역 및 대체역이 아닌 사람(2019.12.31 본호개정)
5. 전시근로역 : 다음 각 목의 어느 하나에 해당하는 사람
가. 병역판정검사 또는 신체검사 결과 현역 또는 보충역 복무는 할 수 없으나 전시근로소집에 의한 군사지원 업무는 감당할 수 있다고 결정된 사람
나. 그 밖에 이 법에 따라 전시근로역에 편입된 사람
(2016.5.29 본호개정)
6. 대체역 : 병역의무자 중 「대한민국헌법」이 보장하는 양심의 자유를 이유로 현역, 보충역 또는 예비역의 복무를 대신하여 병역을 이행하고 있거나 이행할 의무가 있는 사람으로서 「대체역의 편입 및 복무 등에 관한 법률」에 따라 대체역에 편입된 사람(2019.12.31 본호신설)
(2013.6.4 본항개정)
② 예비역에 편입된 사람은 예비역의 장교 · 준사관 · 부사관 또는 병으로, 보충역에 편입된 사람은 보충역의 장교 · 준사관 · 부사관 또는 병으로, 전시근로역에 편입된 사람은 전시근로역의 부사관 또는 병으로 구분한다.
(2016.5.29 본항개정)
③ 병역의무자는 각각 그 병역의 병적에 편입되며, 병적관리에 필요한 사항은 대통령령으로 정한다.

판례 병역 종류 조항이 규정하고 있는 병역들(현역, 예비역, 보충역, 병역 준비역, 전시 근로역의 다섯 가지로 한정) 모두 군사훈련을 전제하고 있으므로, 양심적 병역거부자에게 그러한 병역을 부과하는 것은 양심의 자유에 대한 과도한 제한이다. 따라서 양심적 병역거부자에 대한 대체복무제를 규정하지 아니한 병역법 제5조제1항은 헌법에 합치되지 아니한다.(헌재결 2018.6.28, 2011헌바379 등)

제6조【병역의무부과 통지서의 송달】 ① 지방병무청장(병무지청장을 포함한다. 이하 이 조에서 같다)은 병역의무자에게 병역의무를 부과하는 통지서(이하 "병역의무부과 통지서"라 한다)를 우편 또는 교부의 방법이나 정보통신망을 이용하여 송달(이하 "전자송달"이라 한다)하여야 한다.(2010.1.25 본항개정)
② 병역의무부과 통지서는 병역의무를 이행하는 날부터 30일 전까지 송달되어야 한다. 다만, 병력동원훈련, 전시근로소집점검 등 대통령령으로 정하는 경우에는 7일 전까지 송달되어야 한다.(2017.11.28 본항신설)
③ 제2항에도 불구하고 천재지변이나 전시 · 사변, 그 밖에 불가피한 사유로 대통령령으로 정하는 경우에는 송달기한을 대통령령으로 달리 정할 수 있다.(2017.11.28 본항신설)
④ 지방병무청장은 제1항에 따라 병역의무부과 통지서를 송달한 경우에는 그 수령증을 받아야 한다. 다만, 병역의무부과 통지서를 등기우편으로 보낸 경우에는 수령사실의 확인으로, 전자송달인 경우에는 병역의무자가 지정한

전자우편주소에 입력하는 등 대통령령으로 정하는 방법으로 이를 갈음할 수 있다.(2017.11.28 단서개정)
⑤ 병역의무자가 없으면 세대주, 가족 중 성년자, 고용주(雇用主) 또는 본인이 선정한 통지서 수령인(受領人)에게 송달하여야 하며, 통지서를 받은 사람은 지체 없이 병역의무자에게 전달하여야 한다. 이 경우 병역의무부과 통지서는 전단에 규정된 사람에게 송달된 때에 병역의무자에게 송달된 것으로 본다.
⑥ 제1항부터 제5항까지의 규정에 따라 병역의무부과 통지서를 송달할 때에 특별히 필요하다고 인정되어 병무청장이 정하는 통지서와 반송된 통지서는 「민사소송법」 중 송달에 관한 규정을 준용하여 우편법령에 따른 특별한 송달의 방법으로 송달할 수 있다.(2017.11.28 본항개정)
⑦ 전자송달은 대통령령으로 정하는 바에 따라 병역의무부과 통지서의 송달을 받아야 할 자가 동의하는 경우에 한하여 송달한다.(2010.1.25 본항신설)
⑧ 제7항에도 불구하고 정보통신망의 장애로 전자송달이 불가능한 경우, 그 밖에 대통령령으로 정하는 사유가 있는 경우에는 우편 또는 교부의 방법으로 송달할 수 있다.(2017.11.28 본항개정)
⑨ 제1항에 따른 병역의무부과 통지서의 전자송달 절차 등에 필요한 사항은 대통령령으로 정한다.(2010.1.25 본항신설)

제6조의2【병역변경 등의 통지】 ① 지방병무청장(병무지청장을 포함한다. 이하 이 조에서 같다)은 병역준비역으로 편입된 사람에게 해당 병역으로 편입되었다는 사실과 다음 각 호의 사항에 관한 절차 등을 통지하여야 한다. 다만, 국외에 거주하거나 행방을 알 수 없는 경우 등으로 통지가 불가능한 경우는 제외한다.
1. 제5조제1항제1호가목에 따른 현역, 같은 항 제3호나목에 따른 보충역 및 같은 항 제6호에 따른 대체역의 복무
2. 제11조에 따른 병역판정검사
3. 제60조에 따른 병역판정검사 및 입영 등의 연기
4. 제61조에 따른 의무이행일의 연기
5. 그 밖에 대통령령으로 정하는 사항
② 병무청장 또는 지방병무청장은 예비역으로 편입된 사람, 보충역·대체복무요원 복무를 마친 사람 등 대통령령으로 정하는 사람에게 해당 병역으로 편입되었다는 사실과 다음 각 호의 사항에 관한 절차 등을 통지하여야 한다. 다만, 국외에 거주하거나 행방을 알 수 없는 경우 등으로 통지가 불가능한 경우는 제외한다.
1. 제46조에 따른 병력동원소집 및 제50조에 따른 병력동원훈련소집
2. 제65조제1항 및 제4항에 따른 병역처분 변경
3. 제65조의2제1항에 따른 대체역의 병역처분 변경
4. 「예비군법」 제3조의2에 따른 예비군의 편성
5. 「대체역의 편입 및 복무 등에 관한 법률」 제26조에 따른 예비군대체복무
6. 그 밖에 대통령령으로 정하는 사항
③ 제1항 및 제2항에 따른 통지 내용·방식, 그 밖에 필요한 사항은 대통령령으로 정한다.
(2022.1.4 본조신설)

제7조【병역증·전역증】 ① 거주지지방병무청장은 병역의무자로서 병역판정검사를 받은 사람에게 병역증을 교부하고, 소속부대장은 전역(轉役)하는 사람에게 전역증을 교부한다.(2016.5.29 본항개정)
② 병역증이나 전역증의 교부시기, 교부절차 및 그 밖에 필요한 사항은 대통령령으로 정한다.

제2장 병역준비역 편입

(2016.5.29 본장개정)

제8조【병역준비역 편입】 대한민국 국민인 남성은 18세부터 병역준비역에 편입된다.

제9조【병역준비역 편입자의 조사】 ① 행정안전부장관은 매년 18세가 되는 남성에 대하여 병역준비역 편입자의 조사에 필요한 주민등록 정보화자료를 병무청장에게 통보하여야 한다.(2017.7.26 본항개정)
② 병무청장은 주민등록이 되어 있지 아니하거나 국적을 이탈·상실한 사람 등에 대한 병역준비역 편입자의 조사를 위하여 다음 각 호의 구분에 따른 자료의 제공을 해당 기관의 장에게 요청할 수 있다. 이 경우 자료의 제공을 요청받은 기관의 장은 특별한 사유가 없으면 그 요청에 따라야 한다.
1. 매년 18세가 되는 남성의 가족관계등록 정보화자료 : 법원행정처장
2. 「국적법」에 따라 국적을 이탈하거나 상실한 남성 등 대통령령으로 정하는 국적 변동에 관한 자료 : 법무부장관
(2024.1.9 본항개정)
③ 제1항 및 제2항에 따른 자료의 통보 범위 및 절차 등에 필요한 사항과 병역준비역 편입자로서 국외출생(國外出生) 등의 사유로 주민등록이 되어 있지 아니한 사람의 조사 등에 필요한 사항은 대통령령으로 정한다.(2024.1.9 본항개정)
④ 제1항에 따른 병역준비역 편입자의 조사에 필요한 사항은 병무청장이 정한다.

제3장 병역판정검사

(2016.5.29 본장제목개정)

제10조【병역판정검사 대상자의 조사】 ① 지방병무청장은 매년 다음 해에 제11조에 따른 병역판정검사를 받아야 할 사람을 조사하고, 병적 데이터베이스를 작성하여 병역판정검사를 받게 하여야 한다. 주민등록의 기재 내용이 명백하게 잘못된 사람 또는 주민등록이 정정(訂正)된 사람으로서 병역판정검사를 받아야 할 사람에 대하여도 또한 같다.
② 제1항에 따른 병역판정검사 대상자의 조사 및 병적 데이터베이스의 작성·관리에 필요한 사항은 병무청장이 정한다.
(2016.5.29 본조개정)

제11조【병역판정검사】 ① 병역의무자는 19세가 되는 해에 병역을 감당할 수 있는지를 판정받기 위하여 지방병무청장이 지정하는 일시(日時)·장소에서 병역판정검사를 받아야 한다. 다만, 군(軍)에서 필요로 하는 인원과 병역자원의 수급(需給) 상황 등을 고려하여 19세가 되는 사람 중 일부를 20세가 되는 해에 병역판정검사를 받게 할 수 있다.(2016.5.29 본항개정)
② 병역판정검사를 받아야 하는데 받지 아니한 사람과 병역판정검사가 연기(延期)된 후 그 연기사유가 소멸된 사람은 그 해 또는 그 다음 해에 병역판정검사를 받아야 한다.(2016.5.29 본항개정)
③ 병역판정검사는 신체검사와 심리검사로 구분한다.(2016.5.29 본항개정)
④ 제3항에 따른 신체검사는 외과·내과 등 신체의 모든 부위를 검사하여야 하며, 필요한 경우에는 임상병리검사와 방사선촬영 등을 할 수 있다. 이 경우 질병 또는 심신장애의 정도를 확인하기 곤란한 경우에는 대통령령으로 정하는 바에 따라 「의료법」에 따른 의료기관에 검사를 위탁할 수 있다.
⑤ 제3항에 따른 심리검사는 언행관찰·면담 또는 서면검사 등을 통하여 개인의 정서, 성격 등을 평가하여야 하며, 필요한 경우에는 정신적, 심리적 상태 등을 구체적으로 확인하기 위한 정밀심리검사를 실시할 수 있다. 다만, 질병 또는 심신장애의 정도를 확인하기 곤란한 경우에는 대통령령으로 정하는 바에 따라 「의료법」에 따른 의료기관에 검사를 위탁할 수 있다.(2017.11.28 본항신설)
⑥ 병역판정검사를 받지 아니한 사람이 제20조제1항에 따라 병무청장이 실시하는 현역병지원 신체검사(이하 "현역병지원 신체검사"라 한다)를 받은 경우에는 제1항에 따른 병역판정검사를 받은 것으로 본다. 다만, 18세인 사람은 제12조제1항에 따른 신체등급의 판정결과가 5급이나 6급인 경우에만 해당한다.(2016.5.29 본항개정)
(2016.5.29 본조제목개정)
(2009.6.9 본조개정)

제11조의2【자료의 제출 요구 등】 ① 지방병무청장은 병역판정검사와 관련하여 병역판정검사전담의사, 병역판정검사전문의사 또는 제12조의2에 따라 신체검사를 위하여 파견된 군의관(軍醫官) 등이 질병이나 심신장애의 확인을 위하여 필요하다고 인정하는 경우 「의료법」에 따른 의료기관의 장, 「국민건강보험법」에 따른 국민건강보험공단의 장, 「초·중등교육법」에 따른 학교의 장 등에 대하여 병역판정검사 대상자의 진료기록·치료 관련 기록 내역, 학교생활기록부 및 학생건강기록부 등의 제출을 요구할 수 있다. 이 경우 자료 제출을 요구받은 사람은 특별한 사유가 없으면 요구에 따라야 한다.
(2017.3.21 전단개정)
② 누구든지 제1항에 따라 취득한 병역판정검사 대상자에 대한 정보·자료를 공개 또는 누설하거나 다른 사람에게 제공하는 등 병역판정검사 외의 목적으로 사용하여서는 아니 된다.
(2016.5.29 본조개정)

제12조【신체등급의 판정】 ① 신체검사(현역병지원 신체검사를 포함한다)를 한 병역판정검사전담의사, 병역판정검사전문의사 또는 제12조의2에 따른 군의관은 다음 각 호와 같이 신체등급을 판정한다.(2016.5.29 본문개정)
1. 신체 및 심리상태가 건강하여 현역 또는 보충역 복무를 할 수 있는 사람 : 신체 및 심리상태의 정도에 따라 1급·2급·3급 또는 4급
2. 현역 또는 보충역 복무를 할 수 없으나 전시근로역 복무는 할 수 있는 사람 : 5급(2016.5.29 본호개정)
3. 질병이나 심신장애로 병역을 감당할 수 없는 사람 : 6급
4. 질병이나 심신장애로 제1호부터 제3호까지의 판정이 어려운 사람 : 7급
② 제1항에 따른 신체등급판정의 정확성을 심의하기 위하여 병무청·지방병무청과 신체등급판정 사무를 담당하는 병무청 소속기관에 신체등급판정 심의위원회를 둘 수 있다.(2016.5.29 본항개정)
③ 지방병무청장은 제1항제4호에 따라 7급 판정을 받은 사람(현역병지원 신체검사를 받은 18세인 사람은 제외한다)에 대하여는 치유기간을 고려하여 다시 신체검사를 받게 하여야 한다. 이 경우 다시 신체검사를 받게 할 수 있는 기간은 신체검사 결과 7급 판정을 받은 날부터 2년 이내로 한다.(2011.5.24 후단개정)
④ 제1항에 따른 신체등급의 판정기준은 국방부령으로 정한다.(2016.5.29 본항개정)
⑤ 제2항에 따른 신체등급판정 심의위원회의 구성·운영 등에 필요한 사항은 병무청장이 정한다.(2016.5.29 본항개정)
(2016.5.29 본조제목개정)
(2009.6.9 본조개정)

제12조의2【군의관의 파견】 ① 병무청장은 병역판정검사전담의사와 병역판정검사전문의사만으로 신체검사 업무 등을 수행하기 어렵다고 인정하는 경우 신체검사 업무 등에 필요한 군의관의 파견을 국방부장관에게 요청할 수 있다.(2016.5.29 본항개정)
② 제1항에 따른 군의관의 파견 등에 필요한 사항은 대통령령으로 정한다.
(2009.6.9 본조개정)

제13조【적성의 분류·결정 등】 ① 지방병무청장은 신체검사(현역병지원 신체검사를 포함한다)의 결과 신체등급이 1급부터 4급까지로 판정된 사람에 대하여는 자격·면허·전공분야 등을 고려하여 군복무에 필요한 적성(適性)을 분류·결정하고, 각 군 참모총장은 적성에 적합한 병과(兵科)를 부여한다.(2017.3.21 본항개정)
② 제1항에 따른 적성의 분류·결정 등에 필요한 사항은 대통령령으로 정한다.
(2009.6.9 본조개정)

제13조의2【자격·면허 등 자료의 제출 요구 등】 ① 지방병무청장은 제13조에 따른 적성의 분류·결정과 관련하여 제11조에 따른 병역판정검사를 받아야 할 사람의 자격·면허 취득 또는 취소에 관한 자료의 제출을 다음 각 호의 자에게 요구할 수 있다. 이 경우 자료 제출을 요구받은 자는 특별한 사유가 없으면 이에 따라야 한다.
1. 국가기관 및 지방자치단체
2. 「공공기관의 운영에 관한 법률」 제4조제1항 각 호에 따른 공공기관의 장
3. 「자격기본법」 제19조제1항에 따라 주무부장관이 공인한 민간자격을 관리하는 법인
② 누구든지 제1항에 따라 취득한 정보·자료를 공개 또는 누설하거나 다른 사람에게 제공하는 등 적성 분류·결정 외의 목적으로 사용해서는 아니 된다.
(2017.3.21 본조신설)

제14조【병역처분】 ① 지방병무청장은 병역판정검사를 받은 사람(군병원에서 신체검사를 받은 사람을 포함한다) 또는 현역병지원 신체검사를 받은 사람에 대하여 다음 각 호와 같이 병역처분을 한다. 이 경우 현역병지원 신체검사를 받은 18세인 사람에 대하여는 신체등급 5급 또는 6급의 판정을 받은 경우에만 병역처분을 한다.
1. 신체등급이 1급부터 4급까지인 사람 : 학력·연령 등 자질을 고려하여 현역병입영 대상자, 보충역 또는 전시근로역
2. 신체등급이 5급인 사람 : 전시근로역
3. 신체등급이 6급인 사람 : 병역면제
4. 신체등급이 7급인 사람 : 재신체검사(再身體檢査)
(2016.5.29 본항개정)
② 제1항제4호에 따라 재신체검사의 처분을 받은 사람으로서 제12조제3항에 따라 다시 신체검사를 받고도 신체등급이 7급으로 판정된 사람은 대통령령으로 정하는 바에 따라 전시근로역으로 처분한다. 다만, 제65조제1항제2호 및 제3호의 전시근로역 편입에 해당하는 사람의 경우에는 다시 신체검사를 하지 아니하고 전시근로역에 편입할 수 있다.(2016.5.29 본항개정)
③ 제1항제1호에 규정된 사람 중 현역병입영 대상자 또는 보충역처분의 기준은 병무청장이 정한다.
④ 병무청장은 병역자원(兵役資源)의 수급(需給), 입영계획(入營計劃)의 변경 등에 따라 필요한 경우에는 제1항제1호에 따라 처분된 사람 중 현역병입영 대상자를 보충역으로 병역처분을 변경할 수 있다.
(2009.6.9 본조개정)

제14조의2【재병역판정검사】 ① 지방병무청장은 현역병입영 대상자 또는 보충역으로 병역처분을 받은 사람이 그 처분을 받은 다음 해부터 4년이 되는 해의 12월 31일까지 징집 또는 소집되지 아니한 경우에는 5년이 되는 해에 재병역판정검사를 한다.
② 재병역판정검사 제외 대상과 재병역판정검사 시기 등에 필요한 사항은 대통령령으로 정한다.
③ 재병역판정검사의 절차와 방법에 관하여는 제10조부터 제14조까지의 규정을 준용한다.
④ 재병역판정검사 결과 현역병입영 대상자나 보충역으로 병역처분을 받은 사람이 제60조제2항 또는 제61조제1항에 해당하는 경우에는 징집·소집 연기 또는 의무이행일 연기가 계속된 것으로 본다.
(2016.5.29 본조개정)

제14조의3【입영판정검사】 ① 지방병무청장은 현역병입영 또는 군사교육소집 통지서를 교부받은 사람(제55조제1항 단서 또는 같은 조 제2항에 따른 군사교육소집대상자는 제외한다)에 대하여 그 입영일 전 대통령령으로 정하는 일자에 다음 각 호에 해당하는 검사(이하 "입영판정검사"라 한다)를 실시하여야 하고, 입영판정검사를 받아야 할 사람에게 입영판정검사 통지서를 송달하여야 한다.
(2024.1.9 본문개정)
1. 신체검사

國防

2. 심리검사
3. 「마약류 관리에 관한 법률」 제2조제1호에 따른 마약류 투약·흡연·섭취 여부에 관한 검사
(2024.1.9 1호~3호신설)
② 제1항에 따른 입영판정검사 통지서를 받은 사람은 지방병무청장이 지정하는 일시 및 장소에서 입영판정검사를 받아야 한다.
③ 입영판정검사의 결과 신체 및 심리상태가 현역 복무 또는 군사교육에 적합하지 아니하다고 인정되는 사람에 대해서는 제12조 및 제14조에 따라 신체등급 또는 병역처분을 변경할 수 있다.
④ 입영판정검사의 결과 질병 또는 심신장애로 인하여 치료기간이 필요한 사람에 대해서는 대통령령으로 정하는 바에 따라 재신체검사를 한 후 신체등급에 따라 병역처분을 변경할 수 있다.
⑤ 입영판정검사의 절차와 방법에 관하여는 제6조, 제11조, 제11조의2, 제12조, 제12조의2, 제13조, 제13조의2 및 제14조를 준용한다.
⑥ 제1항에 따른 입영판정검사의 시기, 연기 및 제외 대상 등 그 밖에 필요한 사항은 대통령령으로 정한다.
⑦ 병무청장은 제1항에도 불구하고 병역판정검사장 수용능력 초과 등 대통령령으로 정한 사유로 지방병무청장이 입영판정검사를 실시하기 어렵다고 인정하는 경우에는 입영부대의 장이 입영신체검사(제1항제3호에 따른 검사를 포함한다. 이하 이 항에서 같다)를 하도록 국방부장관에게 요청할 수 있다. 이 경우 국방부장관은 입영부대의 장으로 하여금 입영신체검사를 실시하도록 하여야 한다.
(2024.1.9 전단개정)
(2020.12.22 본조신설)

제4장 현역병 등의 복무
(2009.6.9 본장개정)

제1절 현역병입영

제15조【현역병 징집순서의 결정】 ① 지방병무청장은 병역판정검사 결과 현역병입영 대상자로 처분된 사람에 대하여 시(구가 설치되지 아니한 시를 말한다. 이하 같다)·군·구별로 징집순서를 정한다.
② 제1항에 따른 징집순서 결정의 기준은 신체등급·학력·연령 등 자질을 고려하여 병무청장이 정한다.
(2016.5.29 본조개정)
제16조【현역병입영】 ① 병무청장 또는 지방병무청장은 현역병 징집순서가 결정된 사람에 대하여는 병역판정검사를 받은 해 또는 그 다음 해에 입영하게 하되, 입영시기를 정하는 경우에는 군(軍)별·적성별로 입영할 사람 간에 자질의 균형이 유지되도록 하여야 한다.
(2017.3.21 본항개정)
② 병무청장 또는 지방병무청장은 현역병입영이 연기된 사람으로서 그 사유가 소멸되는 사람 등 대통령령으로 정하는 사람에 대하여는 제1항에도 불구하고 따로 입영하게 할 수 있다.(2017.3.21 본항개정)
③ 현역병입영 대상자로 처분되어 징집순서가 결정된 사람이 다른 시·군·구로 거주지를 이동한 경우에도 병역판정검사 당시의 거주지인 시·군·구에서 입영하게 한다. 다만, 제60조제2항에 따라 입영이 연기된 사람의 경우에는 그러하지 아니하다.(2016.5.29 본문개정)
제17조 (2020.12.22 삭제)
제18조【현역의 복무】 ① 현역은 입영한 날부터 군부대에서 복무한다. 다만, 국방부장관이 허가한 사람은 군부대 밖에서 거주할 수 있다.
② 현역병(지원에 의하지 아니하고 임용된 하사를 포함한다. 이하 같다)의 복무기간은 다음과 같다.
1. 육군 : 2년
2. 해군 : 2년 2개월. 다만, 해병은 2년으로 한다.
3. 공군 : 2년 3개월(2020.3.31 본호개정)
③ 현역병이 징역·금고·구류의 형이나 군기교육처분을 받은 경우 또는 복무를 이탈한 경우에는 그 형의 집행일수, 군기교육처분일수 또는 복무이탈일수는 현역 복무기간에 산입(算入)하지 아니한다.(2020.2.4 본항개정)
④ 다음 각 호의 어느 하나에 해당하는 경우에는 현역병의 전역을 보류할 수 있다.
1. 형사사건으로 구속 중에 복무기간이 끝난 때에는 불기소처분 또는 재판 등으로 석방된 후 전역조치에 필요한 경우
2. 전상·공상 또는 공무상 질병으로 인하여 의학적으로 계속 입원치료할 필요가 있고 본인이 원하는 경우
3. 중요한 작전이나 훈련·연습 등의 수행으로 인하여 본인이 원하는 경우(2016.5.29 본호신설)
⑤ 제4항제2호에 따른 전역 보류기간은 의무복무 만료일 이후 6개월 이내로 하되, 6개월이 경과한 후에도 계속 입원치료가 필요하다는 의학적 소견이 있는 경우에는 6개월 이하의 기간 단위로 전역 보류기간을 계속 연장할 수 있다. 다만, 의사가 치료중지 판정을 하거나 본인이 다시 전역을 희망하는 경우에는 전역조치를 하여야 한다.
(2020.12.22 본항개정)
⑥ 제4항제3호에 따른 전역 보류기간은 의무복무 만료일 이후 3개월 이내로 한다. 다만, 전역 보류기간과 사유를 본인에게 통지하고 그 사유가 없어지는 즉시 전역조치를 하여야 한다.(2016.5.29 본항신설)
⑦ 국방부장관은 제4항제3호에 따른 전역 보류에 관한 권한을 각 군 참모총장에게 위임할 수 있다.(2016.5.29 본항신설)
⑧ 제4항에 따른 현역병의 전역 보류에 필요한 사항은 대통령령으로 정한다.
제19조【현역 복무기간의 조정】 ① 국방부장관은 현역의 복무기간을 다음 각 호와 같이 조정할 수 있다. 이 경우 제1호와 제3호의 경우에는 미리 국무회의의 심의를 거쳐 대통령의 승인을 받아야 한다.
1. 전시·사변에 준하는 사태가 발생한 경우, 「재난 및 안전관리 기본법」 제60조제1항에 따라 특별재난지역이 선포된 경우, 군부대가 증편·창설된 경우 또는 병역자원이 부족하여 병력 충원이 곤란한 경우에는 6개월 이내에서 연장
2. 항해 중이거나 파병 중인 경우에는 3개월 이내에서 연장(2016.5.29 본호개정)
3. 정원(定員) 조정의 경우 또는 병 지원율 저하로 복무기간의 조정이 필요한 경우에는 6개월 이내에서 단축
② 국방부장관은 제1항제2호에 따라 복무기간을 연장하려면 그 기간과 사유를 본인에게 통지하여야 하며, 연장사유가 없어지면 즉시 복무기간 연장조치를 해제하여야 한다.
③ 국방부장관은 제2항에 따른 복무기간의 연장 및 해제에 관한 권한을 각 군 참모총장에게 위임할 수 있다.
④ 국방부장관은 제1항제1호 및 제3호에 따라 복무기간을 연장하거나 단축하려면 미리 그 기간과 사유, 대책방안 등을 국회 소관 상임위원회에 보고하여야 한다. 다만, 전시·사변, 특별재난지역 선포 등의 경우에는 추후 보고할 수 있다.(2017.11.28 본항신설)
제20조【현역병의 모집】 ① 병무청장이나 각 군 참모총장은 18세 이상으로서 군에 복무할 것을 지원한 사람에 대하여 대통령령으로 정하는 바에 따라 병무청장이나 각 군 참모총장이 실시하는 현역병지원 신체검사(제14조의3제1항제3호에 따른 검사를 포함한다)를 거쳐 육군·해군 또는 공군의 현역병으로 선발할 수 있다. 이 경우 병무청장은 각 군 참모총장과 협의하여 체력검사·면접·필기·실기 등의 전형을 실시할 수 있다.
(2024.1.9 전단개정)
② 병무청장이나 각 군 참모총장은 제1항에 따라 현역병으로 선발한 사람에 대하여는 날짜를 정하여 입영하게 한다. 이 경우 현역병으로 선발된 사람이 입영 전에 그 선발 취소를 원하면 대통령령으로 정하는 사유가 있는 경우에만 허가할 수 있다.
제20조의2【임기제부사관제의 운영】 ① 병무청장이나 각 군 참모총장은 우수한 숙련인력을 확보하기 위하여 필요하다고 인정하는 경우에는 본인의 지원에 의하여 현역병의 복무를 마친 후 4년의 범위에서 정하여진 기간을 임기로 하는 부사관(이하 "임기제부사관"이라 한다)으로 복무할 사람을 선발할 수 있다.(2020.12.22 본항개정)
② 임기제부사관으로 복무할 사람은 다음 각 호의 어느 하나에 해당하는 사람 중에서 선발한다.(2020.12.22 본문개정)
1. 병역준비역에 편입된 사람(2016.5.29 본호개정)
2. 현역병으로 복무 중인 사람
③ 임기제부사관에게는 대통령령으로 정하는 바에 따라 보수를 지급한다.(2020.12.22 본항개정)
④ 제2항제1호에 따라 임기제부사관으로 선발된 사람의 입영에 관하여는 제20조제2항을 준용한다.(2020.12.22 본항개정)
⑤ 각 군 참모총장은 임기제부사관이 복무의 중단을 원하는 경우에는 질병·심신장애 등 대통령령으로 정하는 사유로 현역 복무에 적합하지 아니하다고 인정되는 경우에만 허가할 수 있다.(2020.12.22 본항개정)
⑥ 임기제부사관의 선발, 선발 취소 및 복무 등에 필요한 사항은 대통령령으로 정한다.(2020.12.22 본항개정)
(2020.12.22 본조제목개정)
제20조의3【임기제부사관 전문인력 양성기관의 지정 등】 ① 국방부장관은 임기제부사관을 안정적으로 확보하기 위하여 「초·중등교육법」에 따른 고등학교 중 특정분야의 인재양성을 목적으로 하는 교육을 전문적으로 실시하는 고등학교를 대통령령으로 정하는 바에 따라 임기제부사관 전문인력 양성기관(이하 "전문인력 양성기관"이라 한다)으로 지정할 수 있다.
② 국방부장관은 전문인력 양성기관에 대하여 임기제부사관의 교육·훈련 등에 필요한 비용의 전부 또는 일부를 지원할 수 있다.
③ 국방부장관은 전문인력 양성기관의 운영성과를 대통령령으로 정하는 바에 따라 평가할 수 있다.
④ 국방부장관은 전문인력 양성기관이 다음 각 호의 어느 하나에 해당하는 경우에는 그 지정을 취소할 수 있다. 다만, 제1호에 해당하는 경우에는 그 지정을 취소하여야 한다.
1. 거짓이나 그 밖의 부정한 방법으로 지정받은 경우
2. 제3항에 따른 운영성과 평가 결과가 대통령령으로 정하는 기준에 미치지 못한 경우
⑤ 국방부장관은 제4항에 따라 전문인력 양성기관의 지정을 취소하려면 청문을 하여야 한다.
⑥ 제1항부터 제5항까지에서 규정한 사항 외에 전문인력 양성기관의 지정 및 지원, 운영성과 평가, 지정 취소 등에 필요한 사항은 대통령령으로 정한다.
(2021.4.13 본조신설)
제20조의4【학교생활기록부의 제출요구 등】 ① 병무청장은 제20조와 제20조의2에 따라 군에 복무할 것을 지원한 사람의 전형 및 선발을 위하여 지원자의 동의를 받아 「초·중등교육법」에 따른 학교의 장에게 정보시스템을 통하여 지원자의 최종학교 학교생활기록부 제출을 요구할 수 있다. 이 경우 자료의 제출을 요구받은 사람은 특별한 사유가 없으면 요구에 따라야 한다.
② 누구든지 제1항에 따라 취득한 정보·자료를 공개 또는 누설하거나 다른 사람에게 제공하는 등 현역병 선발을 위한 전형 외의 목적으로 사용하여서는 아니 된다.
(2009.6.9 본조신설)

제2절 상근예비역소집 대상자의 입영·소집 및 승선근무예비역의 편입·복무

제21조【상근예비역소집의 대상 및 선발】 ① 상근예비역(常勤豫備役)소집은 징집에 의하여 상근예비역소집 대상으로 입영하여 1년의 기간 내에서 대통령령으로 정하는 현역 복무기간을 마치고 예비역에 편입된 사람과 제65조제3항에 따라 예비역에 편입된 사람을 대상으로 한다.
(2011.5.24 본항개정)
② 지방병무청장은 현역병으로 입영할 사람 중에서 징집에 의하여 상근예비역소집 대상자를 거주지별로 선발한다.
③ 제2항에 따른 상근예비역소집 대상자 선발기준은 거주지와 신체등급·학력·연령 등 자질을 고려하여 병무청장이 정한다.(2016.5.29 본항개정)
④ 지방병무청장은 제2항에 따라 상근예비역소집 대상자로 선발된 사람 중 신상변동 등으로 인하여 처음 선발된 지역에서 상근예비역으로 근무할 수 없는 사람에 대하여는 상근예비역소집 대상자의 선발을 취소할 수 있다. 다만, 제2항에 따라 상근예비역소집 대상자로 선발된 사람이 현역병으로 입영한 후에는 그 선발의 취소는 각 군 참모총장이 한다.
⑤ 제4항 본문에 따른 취소의 요건 및 절차 등에 필요한 사항은 병무청장이 정한다. 다만, 같은 항 단서의 경우에는 각 군 참모총장이 정한다.
제21조의2【승선근무예비역의 편입 등】 ① 다음 각 호의 어느 하나에 해당하는 사람으로서 「선박직원법」 제4조제2항제1호 및 제2호에 따른 항해사·기관사 면허가 있는 사람은 지원에 의하여 승선근무예비역(乘船勤務豫備役)에 편입할 수 있다.
1. 제57조제2항에 따른 고등학교 이상의 학교에 설치된 학생군사교육단 사관후보생 또는 부사관후보생 과정(해군만 해당한다)을 마치고 현역의 장교 또는 부사관의 병적에 편입되지 아니한 사람(2010.1.25 본호개정)
2. 현역병입영 대상자로서 「선박직원법」의 관련 규정에 따라 해양수산부장관이 지정하는 교육기관에서 정규교육과정을 마친 사람(2013.3.23 본호개정)
② 제1항에 따라 승선근무예비역에 편입된 사람은 다음 각 호의 구분에 따른 병적에 편입된다.
1. 예비역 장교의 병적 : 제1항제1호 중 학생군사교육단 사관후보생 과정을 마치고 현역 장교의 병적에 편입되지 아니한 사람
2. 예비역 부사관의 병적 : 제1항제1호 중 학생군사교육단 부사관후보생 과정을 마치고 현역 부사관의 병적에 편입되지 아니한 사람
3. 예비역 병의 병적 : 제1항제2호에 해당하는 사람
(2010.1.25 본항신설)
③ 병무청장은 군에서 필요로 하는 인원의 충원에 지장이 없는 범위에서 승선근무예비역으로 편입할 수 있는 인원을 결정하고 승선근무예비역이 복무할 수 있는 업체별 배정인원을 결정한다.(2010.1.25 본항신설)
④ 제1항 및 제3항에 따른 승선근무예비역의 편입 기준 및 절차, 필요인원의 통보 및 업체별 배정 기준 등에 필요한 사항은 대통령령으로 정한다.(2010.1.25 본항개정)
(2010.1.25 본조제목개정)
제22조【상근예비역소집 대상자의 입영 및 소집】 ① 지방병무청장은 상근예비역으로 소집될 사람을 거주지별 필요인원에 따라 현역병으로 입영하게 한다.
② 각 군 참모총장은 제1항에 따라 입영한 사람이 제21조제1항에서 정한 현역 복무기간을 마친 다음 날에 예비역에 편입시켜야 한다.(2011.5.24 본항개정)
③ 각 군 참모총장은 제2항 또는 제65조제3항에 따라 예비역에 편입된 사람을 예비역에 편입된 날부터 상근예비역으로 소집하여야 한다.(2011.5.24 본항신설)
제23조【상근예비역의 복무】 ① 상근예비역으로 소집된 사람의 복무기간은 2년 6개월 이내로 하며, 다음 각 호의 기간을 상근예비역의 복무기간에 산입한다.
(2011.5.24 본문개정)
1. 제21조제1항에 따른 현역 복무기간(2011.5.24 본호신설)
2. 제65조제3항에 따라 예비역에 편입되기 전에 현역병(제25조에 따라 복무 중인 사람을 포함한다)으로 복무한 기간(2016.5.29 본호개정)
② 상근예비역으로 소집된 사람이 제1항에 따른 복무기간을 마친 경우에는 징집에 의하여 입영한 현역병의 복무기간을 마친 것으로 본다.

國防

③ 상근예비역의 복무에 관하여는 이 법 또는 「군인사법」에 따른 현역병의 복무에 관한 규정을 준용한다.
④ 각 군 참모총장은 상근예비역으로 소집된 사람에 대하여 지역방위업무를 수행하는 군부대 또는 이를 지원하는 기관에 파견하여 근무하게 한다.(2021.4.13 본항개정)
⑤ 국방부장관은 상근예비역으로 소집된 사람에 대하여 군부대 밖에서 거주하게 할 수 있으며, 예산의 범위에서 급식 또는 실비 지급 등을 할 수 있다.
⑥ 상근예비역으로 소집된 사람이 징역·금고·구류의 형이나 군기교육처분을 받은 경우 또는 복무를 이탈한 경우에는 그 형의 집행일수, 군기교육처분일수 또는 복무이탈일수는 복무기간에 산입하지 아니한다.(2020.2.4 본항개정)
⑦ 상근예비역의 소집해제 보류에 관하여는 현역병 전역보류에 관한 제18조제4항부터 제8항까지의 규정을 준용한다.(2016.5.29 본항개정)
⑧ 제1항에 따른 상근예비역의 복무기간과 소집해제 등에 필요한 사항은 대통령령으로 정한다.

제23조의2【승선근무예비역의 복무】 ① 제21조의2에 따라 승선근무예비역에 편입된 사람은 대통령령으로 정하는 바에 따라 항해사·기관사로서 3년간 승선근무하여야 하며, 그 기간을 마친 경우에는 현역의 복무를 마친 것으로 본다.(2010.1.25 본항개정)
② 제21조의2제1항제2호에 해당하는 사람으로서 승선근무예비역에 편입된 사람에 대하여는 제55조에 따른 군사교육소집을 하며, 그 군사교육소집 기간은 제1항에 따른 승선근무기간에 산입한다.(2016.5.29 본항개정)
③ 승선근무예비역으로 편입될 사람은 제1항의 의무복무기간 중 성실히 복무하겠다는 서약서를 관할 지방병무청장에게 제출하여야 한다.(2020.3.31 본항신설)
④ 승선근무예비역의 소집, 승선근무기간의 계산, 소집해제, 서약, 그 밖에 복무에 필요한 사항은 대통령령으로 정한다.(2020.3.31 본항개정)

제23조의3【승선근무예비역의 신상변동 통보】 승선근무예비역이 복무하고 있는 해운업 또는 수산업 분야의 업체(이하 이 절에서 "해운업체등"이라 한다)의 장은 승선근무예비역 또는 그 해운업체등이 다음 각 호의 어느 하나에 해당하는 경우에는 해당 사유가 발생한 날부터 14일 이내에 관할 지방병무청장(해운업체등의 주된 사무소가 있는 행정구역을 관할하는 지방병무청장 또는 병무지청장을 말한다. 이하 이 절에서 같다)에게 통보하여야 한다.
1. 승선하여 복무하고 있던 업체에서 해고되거나 퇴직한 경우(2016.5.29 본호개정)
2. 승선하거나 하선한 경우
3. 항해사·기관사 면허가 취소되거나 정지된 경우
4. 본인이 승선근무예비역의 편입취소를 원하는 경우
5. 승선근무예비역 편입일부터 5년 이내에 제23조의2제1항에 따른 3년간의 승선근무기간(이하 "승선근무기간"이라 한다)을 마칠 수 없는 경우
6. 30세까지 승선근무기간을 마칠 수 없는 경우
7. 복무 중인 업체가 휴업·영업정지·직장폐쇄 또는 폐업한 경우(2016.5.29 본호개정)
8. 그 밖에 대통령령으로 정하는 사유가 발생한 경우
(2016.5.29 본조제목개정)
(2010.1.25 본조신설)

제23조의4【승선근무예비역의 편입취소 및 의무부과】
① 관할 지방병무청장은 승선근무예비역이 다음 각 호의 어느 하나에 해당하는 경우에는 그 편입을 취소하여야 한다.
1. 항해사·기관사의 면허가 취소된 경우
2. 본인이 승선근무예비역의 편입취소를 원하는 경우
3. 승선근무예비역 편입일부터 5년 이내에 승선근무기간을 마칠 수 없는 경우
4. 30세까지 승선근무기간을 마칠 수 없는 경우
② 제1항에 따라 승선근무예비역의 편입이 취소된 사람은 승선근무예비역에 편입되기 전의 신분으로 복귀하여 대통령령으로 정하는 기준에 따른 남은 복무기간을 현역병으로 입영하게 하거나 사회복무요원으로 소집하여야 한다. 이 경우 현역병으로 입영하게 하여야 할 사람 중 대통령령으로 정하는 기준에 따른 남은 복무기간이 6개월 미만인 사람에 대해서는 사회복무요원으로 소집하여 복무하게 할 수 있다.(2020.12.22 본항개정)
③ (2020.12.22 삭제)
④ 제1항에 따라 승선근무예비역의 편입이 취소된 사람은 승선근무예비역으로 다시 편입하여 병역의무를 이행하게 할 수 없다.(2020.12.22 본항신설)
(2010.1.25 본조신설)

제23조의5【승선근무예비역의 실태조사 등】 ① 해양수산부장관은 승선근무예비역 제도의 체계적인 운영을 위하여 대통령령으로 정하는 바에 따라 매년 운영계획을 수립하고 시행하여야 한다.(2021.4.13 본항신설)
② 관할 지방병무청장은 해운업체등과 승선근무예비역에 대하여 대통령령으로 정하는 바에 따라 복무관리 및 인권침해 등에 관한 실태조사를 연 1회 이상 실시하여야 한다. 이 경우 승선근무예비역이 해외 근무 등으로 실태조사가 어려운 경우에는 정보통신망 등을 이용한 방법으로 조사할 수 있다.
③ 관할 지방병무청장은 승선근무예비역이 제2항의 실태조사 등 대통령령으로 정하는 바에 따라 확인한 결과 인권침해를 입었다고 인정되는 경우에는 해당 승선근무예비역을 다른 해운업체등으로 이동하여 승선근무하게 할 수 있다.(2024.1.9 본항신설)
④ 병무청장은 제21조의2제3항에 따라 다음 해 승선근무예비역으로 편입할 수 있는 인원을 결정하는 경우 제2항에 따른 실태조사 결과 승선근무예비역의 복무관리가 부실하거나 인권침해 등이 발생한 해운업체등에 대하여 그 인원을 배정하지 아니하거나 제한할 수 있다.
(2021.4.13 본항개정)
(2020.3.31 본조개정)

제23조의6【해운업체등의 장의 서약서 제출 등】 ① 해운업체등의 장은 약정한 근로조건을 성실이 이행하겠다는 서약서를 대통령령으로 정하는 바에 따라 작성한 후 이를 관할 지방병무청장에게 제출하여야 한다.
② 해운업체등의 장은 제1항에 따른 서약서를 작성하는 경우 승선근무예비역에게 근로조건에 따른 권리와 권리침해 시 신고방법 등에 대하여 고지하여야 한다.
(2020.3.31 본조신설)

제3절 전환복무(轉換服務)

제24조 (2016.5.29 삭제)

제25조【추천에 의한 전환복무】 ① 국방부장관은 다음 각 호의 어느 하나에 해당할 경우에는 그 추천을 받은 사람을 현역병지원자로 보고 지방병무청장으로 하여금 이들을 입영하게 하여 정하여진 군사교육을 마치게 한 후 전환복무시킬 수 있다.
1. 소방청장으로부터 「의무소방대설치법」 제3조제2항에 따라 소방업무의 보조를 임무로 하는 의무소방원 임용예정자를 추천받은 경우(2017.7.26 본호개정)
2. 경찰청장 또는 해양경찰청장으로부터 「의무경찰대 설치 및 운영에 관한 법률」 제3조에 따라 대간첩작전 수행과 치안업무의 보조를 임무로 하는 의무경찰 임용예정자와 경찰대학 졸업예정자로서 의무경찰대에 복무할 사람을 추천받은 경우(2017.7.26 본호개정)
② 제1항에 따라 전환복무된 사람은 입영한 날부터 기산하여 현역병의 복무기간과 같은 기간 동안 복무를 하여야 한다.
③ 경찰청장, 소방청장 또는 해양경찰청장은 다음 각 호의 어느 하나에 해당하는 경우에는 제1항에 따라 전환복무된 사람의 복무기간을 6개월의 범위에서 연장할 수 있다. 이 경우 국방부장관과 협의하고 국무회의의 심의를 거쳐 대통령의 승인을 받아야 한다.(2017.7.26 전단개정)
1. 전시·사변에 준하는 사태
2. 「재난 및 안전관리기본법」 제60조제1항에 따라 특별재난지역이 선포된 경우
3. 전환복무 자원의 충원이 곤란한 경우
④ 제2항 및 제3항에 따른 전환복무기간과 연장된 전환복무기간은 현역병으로 복무한 기간으로 본다.
⑤ 국방부장관은 제1항에 따라 전환복무된 사람이 전환복무를 마친 경우 전환복무를 해제하고 예비역에 편입한다.(2016.5.29 본항개정)
⑥ 경찰청장, 소방청장 또는 해양경찰청장은 제1항에 따라 전환복무된 사람으로서 제65조제1항 각 호의 어느 하나에 해당하는 사람에 대해서는 국방부장관에게 전환복무 해제를 요청할 수 있다.(2017.7.26 본항개정)
⑦ 국방부장관은 제6항에 따른 전환복무 해제의 요청을 받으면 해당되는 사람의 전환복무를 해제하고 전역 또는 병역면제의 처분을 하여야 한다.(2016.5.29 본항신설)
⑧ 제1항에 따른 추천인원 배정과 전환복무에 필요한 사항은 대통령령으로 정한다.

제5장 보충역의 복무
(2009.6.9 본장개정)

제1절 사회복무요원의 복무
(2013.6.4 본절제목개정)

제26조【사회복무요원의 업무 및 소집 대상】 ① 사회복무요원은 다음 각 호의 어느 하나에 해당하는 업무에 복무하게 하여야 한다.(2013.6.4 본문개정)
1. 국가기관·지방자치단체·공공단체 및 사회복지시설의 공익목적에 필요한 사회복지, 보건·의료, 교육·문화, 환경·안전 등 사회서비스업무의 지원업무
2. 국가기관·지방자치단체·공공단체의 공익목적에 필요한 행정업무 등의 지원업무
3.~4. (2013.6.4 삭제)
② (2013.6.4 삭제)
③ 사회복무요원이 복무하여야 할 분야의 분류 등에 필요한 사항은 대통령령으로 정한다.(2013.6.4 본항개정)
④ 제1항제1호에 따라 사회복지시설에서 복무하여야 할 사회복무요원은 지방병무청장이 선발하되, 선발의 기준 및 절차 등에 필요한 사항은 병무청장이 정한다.
(2013.6.4 본항개정)
⑤ (2013.6.4 삭제)
(2013.6.4 본조제목개정)

제27조【사회복무요원의 배정인원 등 결정】 ① 지방병무청장은 사회복무요원을 필요로 하는 국가기관·지방자치단체 또는 공공단체의 장으로부터 다음 해에 필요한 인원의 배정을 요청받으면 복무기관·복무분야·복무형태 및 배정인원 등을 결정한다.
② (2013.6.4 삭제)
(2013.6.4 본조개정)

제28조【사회복무요원 소집 순서의 결정】 ① 지방병무청장은 사회복무요원 소집 대상자에 대하여 지역별로 소집순서를 결정한다.(2013.6.4 본항개정)
② 제1항에 따른 지역별 범위 및 소집순서의 결정기준은 신체등급·학력·연령 등의 자질을 고려하여 병무청장이 정한다.(2016.5.29 본항개정)
(2013.6.4 본조제목개정)

제29조【사회복무요원의 소집 등】 ① 지방병무청장은 사회복무요원 소집 순서가 결정된 사람을 대상으로 복무기관을 정하여 사회복무요원을 소집한다. 다만, 제26조제4항에 따라 선발한 사회복무요원은 복무기관과 복무분야를 정하여 따로 소집할 수 있다.
② 병무청장은 사회복무요원 소집이 연기된 사람으로서 그 사유가 없어진 사람 등 대통령령으로 정하는 사람에 대하여는 제1항에도 불구하고 지방병무청장으로 하여금 따로 사회복무요원 소집을 하게 할 수 있다.
③ 제1항과 제2항에 따라 사회복무요원으로 소집된 사람에 대하여는 제55조에 따른 군사교육소집을 하며, 그 군사교육소집 기간은 복무기간에 산입한다.(2016.5.29 본항개정)
④ 지방병무청장은 복무기관의 장이 사회복무요원의 임무 부여에 활용할 수 있도록 사회복무요원이 다음 각 호의 범죄로 인하여 형의 선고를 받은 경우 관련된 정보를 그 사회복무요원이 복무할 복무기관의 장에게 제공할 수 있으며, 정보 제공 절차 및 제공되는 정보의 범위는 병무청장이 정한다.
1. 「아동·청소년의 성보호에 관한 법률」 제2조제2호, 제3호 및 제3호의2에 따른 범죄
2. 「개인정보 보호법」 제70조부터 제73조까지에 따른 범죄
3. 「특정강력범죄의 처벌에 관한 특례법」 제2조의 특정강력범죄
4. 「형법」 제257조, 제258조, 제258조의2, 제259조부터 제265조까지에 따른 상해와 폭행의 죄, 제283조부터 제286조까지에 따른 협박의 죄
5. 「마약류 관리에 관한 법률」 제58조, 제58조의2, 제59조부터 제64조까지, 제65조의2에 따른 범죄(2024.1.9 본호신설)
(2020.12.22 본항신설)
(2020.12.22 본조제목개정)
(2013.6.4 본조개정)

제30조【사회복무요원의 복무기간 등】 ① 사회복무요원의 복무기간은 2년 2개월로 한다.
② 사회복무요원이 징역·금고 또는 구류의 형을 받거나 복무를 이탈한 경우에는 그 형의 집행일수나 복무이탈일수는 복무기간에 산입하지 아니한다.
③ 사회복무요원 소집해제의 보류에 관하여는 현역병 전역 보류에 관한 제18조제4항제1호를 준용한다.
④ 사회복무요원 복무기간의 계산과 소집해제 등 사회복무요원의 복무에 필요한 사항은 대통령령으로 정한다.
(2013.6.4 본조개정)

제31조【사회복무요원의 복무 및 보수 등】 ① 사회복무요원을 배정받은 기관의 장은 복무분야를 지정하여 복무하게 하여야 하며, 그 복무에 필요한 사항은 이 법에서 정하는 사항을 제외하고는 대통령령으로 정한다. 이 경우 사회복무요원의 직무상 행위는 공무수행으로 본다.
② 제1항에 따라 사회복무요원을 배정받은 기관의 장이 사회복무요원의 복무분야를 지정하거나 변경할 때에는 미리 관할 지방병무청장과 협의하여야 한다.
③ (2013.6.4 삭제)
④ 사회복무요원은 출퇴근 근무하며, 소속기관장의 지휘·감독을 받는다. 다만, 출퇴근 근무가 곤란하거나 업무수행의 특수성 등으로 인하여 필요한 경우에는 합숙근무를 하게 할 수 있다.
⑤ 국가기관·지방자치단체 또는 공공단체의 장은 사회복무요원에게 보수 및 직무수행에 필요한 여비 등을 지급하여야 하며, 그 기준 등에 필요한 사항은 대통령령으로 정한다. 다만, 제26조제1항제1호에 따른 사회서비스업무에 복무하는 사회복무요원에 대한 보수 및 직무수행에 필요한 여비 등은 국고에서 부담할 수 있다.
⑥~⑦ (2013.6.4 삭제)
(2013.6.4 본조개정)

제31조의2【사회복무요원 복무 관리·감독 등】 ① 사회복무요원이 복무하는 국가기관·지방자치단체·공공단체 또는 사회복지시설의 장은 사회복무요원 복무관리 담당직원을 지정하여야 한다. 다만, 사회복지시설에서 복무하는 사회복무요원에 대하여는 지방병무청장이 소속직원 중에서 복무관리 담당직원을 지정할 수 있다.
② 사회복무요원의 복무와 관련하여 병무청장은 대통령령으로 정하는 바에 따라 사회복무요원을 관리·감독할 수 있다. 이 경우 복무기관의 장은 이에 협조하여야 한다.
(2013.6.4 본조개정)

國防

제31조의3【사회복무요원의 분할복무】 ① 지방병무청장은 사회복무요원으로 복무 중인 사람이 다음 각 호의 어느 하나에 해당하는 경우에는 일정기간 복무를 중단한 후 다시 복무하게 할 수 있다.(2021.12.7 단서삭제)
1. 본인의 질병치료가 필요한 경우
2. 가족의 간병을 위하여 필요한 경우
3. 재난이나 그 밖의 가사사정으로 본인의 지원이 필요한 경우
② 제1항에 따른 복무중단기간은 다음 각 호의 구분에 따른 기간을 초과할 수 없다.
1. 제1항제1호에 해당하는 경우 : 통틀어 2년. 다만, 지방병무청장 또는 병무지청장이 입원 또는 거동 불편 등의 사유로 복무가 어렵다고 인정하는 경우에는 치료기간만큼 추가하여 복무를 중단할 수 있다.
2. 제1항제2호 또는 제3호에 해당하는 경우 : 통틀어 6개월
(2021.12.7 본항신설)
③ 제1항에 따른 분할복무의 구체적인 기준 및 절차 등에 필요한 사항은 대통령령으로 정한다.
(2013.6.4 본조제목개정)
제31조의4【사회복무요원의 성실의무】 사회복무요원은 직무상 명령을 준수하고, 성실하게 그 직무를 수행하여야 한다.(2023.10.31 본조신설)
제31조의5【복무기관 내 괴롭힘의 금지】 복무기관의 장 또는 소속 직원은 지위 또는 관계 등의 우위를 이용하여 업무상 적정범위를 넘어 사회복무요원에게 신체적·정신적 고통을 주거나 근무환경을 악화시키는 행위(이하 "복무기관 내 괴롭힘"이라 한다)를 하여서는 아니 된다.
(2023.10.31 본조신설)
제31조의6【복무기관 내 괴롭힘 발생 시 조치】 ① 누구든지 복무기관 내 괴롭힘 발생 사실을 알게 된 경우 그 사실을 복무기관의 장 또는 지방병무청장에게 신고할 수 있으며, 지방병무청장이 신고를 접수한 경우에는 지체 없이 이를 복무기관의 장에게 알려야 한다.
② 복무기관의 장은 제1항에 따른 신고를 접수하거나 복무기관 내 괴롭힘 발생 사실을 인지한 경우에는 그 사실 확인을 위하여 지체 없이 당사자 등을 대상으로 객관적으로 조사를 실시하여야 한다. 다만, 복무기관의 장이 조사를 실시하지 아니하거나 복무기관의 장이 당사자로서 복무기관 내 괴롭힘을 한 경우에는 지방병무청장이 조사할 수 있다.
③ 제2항 단서에 따라 지방병무청장이 조사한 경우 그 결과를 복무기관의 장에게 알려야 한다.
④ 복무기관의 장은 제2항에 따른 조사 기간 동안 복무기관 내 괴롭힘과 관련하여 피해를 입은 사회복무요원 또는 피해를 입었다고 주장하는 사회복무요원(이하 "피해사회복무요원등"이라 한다)을 보호하기 위하여 필요한 경우 해당 피해사회복무요원등에 대하여 근무장소의 변경, 휴가 명령 등 적절한 조치를 하여야 한다. 이 경우 복무기관의 장은 피해사회복무요원등의 의사에 반하는 조치를 하여서는 아니 된다.
⑤ 복무기관의 장은 제2항에 따른 조사 결과 복무기관 내 괴롭힘 발생 사실이 확인된 때에는 피해사회복무요원등이 요청하면 근무장소의 변경, 휴가 명령 등 적절한 조치를 하여야 한다.
⑥ 복무기관의 장은 제2항에 따른 조사 결과 복무기관 내 괴롭힘 발생 사실이 확인된 때에는 지체 없이 행위자에 대하여 징계, 근무장소의 변경 등 필요한 조치를 하여야 한다. 이 경우 복무기관의 장은 징계 등의 조치를 하기 전에 그 조치에 대하여 피해사회복무요원등의 의견을 들어야 한다.
⑦ 제2항에 따라 복무기관 내 괴롭힘 발생 사실을 조사한 사람, 조사 내용을 보고받은 사람 및 그 밖에 조사 과정에 참여한 사람은 해당 조사 과정에서 알게 된 비밀을 피해사회복무요원등의 의사에 반하여 다른 사람에게 누설하여서는 아니 된다. 다만, 조사와 관련된 내용을 복무기관의 장 등에게 보고하거나 관계 기관의 요청에 따라 필요한 정보를 제공하는 경우는 제외한다.
⑧ 복무기관의 장은 제2항, 제4항부터 제6항까지에 따른 조사 및 조치결과를 지방병무청장에게 알려야 한다.
⑨ 복무기관의 장은 복무기관 내 괴롭힘 발생 사실을 신고한 사회복무요원 및 피해사회복무요원등에게 불리한 처우를 하여서는 아니 된다.
⑩ 복무기관 내 괴롭힘 조사절차 및 방법 등에 필요한 사항은 대통령령으로 정한다.
(2023.10.31 본조신설)
제32조【사회복무요원의 신상변동 통보】 ① 사회복무요원을 배정받은 국가기관·지방자치단체 또는 공공단체의 장은 사회복무요원이 다음 각 호의 어느 하나에 해당하게 된 경우에는 14일 이내에 지방병무청장에게 그 사실을 통보하여야 한다.(2013.6.4 본문개정)
1. 정당한 사유 없이 복무를 이탈하거나 해당 분야에 복무하지 아니한 경우
2. 정당한 근무명령을 따르지 아니하여 제33조제2항에 따라 경고처분된 경우(2013.6.4 본호개정)
3. 동거 가족의 전부나 일부가 거주지를 이동하여 출퇴근 근무가 불가능하다고 인정한 경우(2011.5.24 본호개정)
4. 복무하고 있는 기관이 폐쇄되거나 이동한 경우
5. 복무기간 중 징역 또는 금고의 형을 선고받은 경우로서 정상적인 근무가 불가능하다고 인정되는 경우
6. 복무기간 중 질병이나 심신장애의 발생 또는 악화로 인하여 복무하고 있는 기관에서 계속 근무하는 것이 불가능하다고 인정한 경우
② 사회복무요원을 배정받은 사회복지시설의 장은 제26조제1항제1호에 따른 사회복무요원이 제1항 각 호의 어느 하나에 해당하게 된 경우에는 시장(특별자치시장 및 특별자치도지사를 포함한다. 이하 이 절에서 같다)·군수·구청장(자치구의 구청장을 말한다. 이하 같다)을 거쳐 14일 이내에 관할 지방병무청장에게 통보하여야 한다.
(2013.6.4 본항개정)
③ (2013.6.4 삭제)
④ 지방병무청장은 제1항제3호부터 제6호까지에 해당하는 사회복무요원의 신상변동을 통보받으면 대통령령으로 정하는 바에 따라 그 사회복무요원에 대하여 복무기관을 새로 지정할 수 있다. 이 경우 새로 지정된 복무기관의 장은 복무분야 및 근무지를 지정하여 복무하게 하고, 14일 이내에 관할 지방병무청장에게 그 사실을 통보하여야 한다.(2016.5.29 전단개정)
⑤ (2013.6.4 삭제)
(2016.5.29 본조제목개정)
제32조의2【수사기관의 수사 개시·종료 통보 등】 ① 수사기관은 사회복무요원의 제29조제4항 각 호의 범죄에 대하여 수사를 시작한 때와 이를 마친 때에는 10일 이내에 사회복무요원의 복무기관의 장 및 지방병무청장(병무지청장을 포함한다. 이하 이 조에서 같다)에게 해당 사실과 결과를 통보하여야 한다.
② 제1항에 따른 통보를 받은 복무기관의 장 및 지방병무청장은 그 내용을 임무부여 등 복무관리에 활용할 수 있다.
(2021.4.13 본조신설)
제32조의3【사회복무요원의 정치 운동 금지】 ① 사회복무요원은 정당의 결성에 관여하거나 이에 가입할 수 없다.
② 사회복무요원은 선거에서 특정 정당 또는 특정인을 지지 또는 반대하기 위한 다음의 행위를 하여서는 아니 된다.
1. 투표를 하거나 하지 아니하도록 권유 운동을 하는 것
2. 서명 운동을 기도(企圖)·주재(主宰)하거나 권유하는 것
3. 문서나 도서를 공공시설 등에 게시하거나 게시하게 하는 것
4. 기부금을 모집 또는 모집하게 하거나 공공자금을 이용 또는 이용하게 하는 것
5. 타인에게 정당에 가입하게 하거나 가입하지 아니하도록 권유 운동을 하는 것
③ 사회복무요원은 다른 사회복무요원에게 제1항 및 제2항에 위배되는 행위를 하도록 요구하거나 정치적 행위에 대한 보상 또는 보복으로서 이익 또는 불이익을 약속하여서는 아니 된다.
④ 제1항부터 제3항까지에서 규정한 사항 외에 정치적 행위의 금지에 관한 한계는 대통령령으로 정한다.
(2023.10.31 본조신설)
제33조【사회복무요원의 연장복무 등】 ① 사회복무요원이 정당한 사유 없이 복무를 이탈한 경우에는 그 이탈일수의 5배의 기간을 연장하여 복무하게 한다. 다만, 제89조의2제1호에 해당하는 사람의 경우에는 복무기간을 연장하지 아니한다.
② 사회복무요원이 다음 각 호의 어느 하나에 해당하는 경우에는 경고처분하되, 경고처분 횟수가 더하여질 때마다 5일을 연장하여 복무하게 한다. 다만, 제89조의3 각 호의 어느 하나에 해당하는 사람의 경우에는 복무기간을 연장하지 아니한다.
1. 다른 사람의 근무를 방해하거나 근무태만을 선동한 경우
2. 제32조의3에 따른 정치 운동 금지를 위반한 경우
(2023.10.31 본호개정)
3. 다른 사회복무요원에게 가혹행위를 한 경우
3의2. 복무기관에서 제공하는 사회서비스를 이용하는 사람에게 신체적·정서적·성적 폭력행위나 가혹행위를 한 경우(2019.4.23 본호신설)
4. 복무와 관련하여 영리행위를 하거나 복무기관의 장의 허가 없이 다른 직무를 겸하는 행위를 한 경우
5. 근무시간 중 음주, 도박, 풍기문란, 그 밖에 근무기강 문란행위를 한 경우(2020.12.22 본호신설)
6. 정당한 권한 없이 다른 사람의 정보를 검색 또는 열람한 경우(2020.12.22 본호신설)
7. 정당한 사유 없이 맡은 임무를 수행하지 아니하거나 지연하게 하는 등 대통령령으로 정하는 사유에 해당하는 경우
③ (2013.6.4 삭제)
④ 사회복무요원으로서 제89조의2제1호 또는 제89조의3에 따라 형을 선고받은 사람에 대하여는 대통령령으로 정하는 바에 따라 남은 복무기간을 사회복무요원으로 복무하게 한다. 다만, 제65조제1항제2호 및 제3호에 해당하는 사람의 경우에는 사회복무요원으로 소집하지 아니한다.(2016.1.19 단서개정)
⑤ (2013.6.4 삭제)
(2013.6.4 본조개정)

판례 사회복무요원의 겸직행위를 원칙적으로 금지하고 복무기관의 장으로부터 허가받은 경우에만 예외적으로 허용하는 것은 사회복무요원이 자신의 직무에만 전념하도록 함으로써 공정한 직무 수행과 충실한 병역의무 이행을 담보하기 위한 것이다. 일정한 기간 동안 병역의무 이행으로서 의무복무를 하는 사회복무요원의 특수한 지위를 감안할 때, 사회복무요원이 허가 없이 겸직행위를 한 경우 경고처분 및 복무기간 연장의 불이익을 부과하는 것이 과도한 제재라고 보기도 어렵다.(헌재결 2022.9.29, 2019헌마938)

제33조의2【복무기본교육 및 직무교육 등】 ① 병무청장 또는 지방병무청장은 사회복무요원에게 공무수행자로서 갖추어야 할 정신자세 확립을 위한 복무기본교육을 대통령령으로 정하는 바에 따라 실시할 수 있다.
(2016.5.29 본항개정)
② 관계 중앙행정기관의 장은 사회복무요원에게 담당직무를 효과적으로 수행할 수 있는 능력을 배양하는 데 필요한 직무교육을 대통령령으로 정하는 바에 따라 실시하여야 한다. 다만, 관계 중앙행정기관의 장이 직무교육을 실시하기 곤란한 경우에는 병무청장과 협의하여 병무청장 또는 지방병무청장이 직무교육을 실시할 수 있다.
③ 다음 각 호의 어느 하나에 해당하여 병무청장이 복무지도교육이 필요하다고 인정한 사회복무요원에 대하여는 대통령령으로 정하는 바에 따라 병무청장 또는 지방병무청장이 복무지도교육을 실시할 수 있다.
(2017.3.21 본문개정)
1. 정당한 사유 없이 복무를 이탈한 경우
2. 제33조제2항 각 호의 어느 하나에 해당하는 경우
3. 그 밖에 현역병 복무가 부적합하다고 판단되어 보충역으로 병역처분이 변경된 경우 등 대통령령으로 정하는 사유가 있는 경우
(2017.3.21 1호~3호신설)
(2016.5.29 본조제목개정)
(2013.6.4 본조개정)

제1절의2 예술·체육요원의 복무
(2016.1.19 본절제목개정)

제33조의3~제33조의6 (2016.1.19 삭제)
제33조의7【예술·체육요원의 편입】 ① 병무청장은 다음 각 호의 어느 하나에 해당하는 사람 중 대통령령으로 정하는 예술·체육 분야의 특기를 가진 사람으로서 문화체육관광부장관이 추천한 사람을 예술·체육요원으로 편입할 수 있다. 이 경우 제1호부터 제3호까지에 해당하는 사람은 보충역에 편입한다.
1. 현역병입영 대상자
2. 현역병으로 복무(제21조 및 제25조에 따라 복무 중인 사람을 포함한다) 중인 사람(2016.5.29 본호개정)
3. 승선근무예비역으로 복무 중인 사람
4. 사회복무요원 소집 대상인 보충역
5. 보충역으로 복무(사회복무요원, 공중보건의사, 병역판정검사전담의사, 공익법무관, 공중방역수의사, 전문연구요원 및 산업기능요원으로 복무하는 것을 말한다) 중인 사람(2016.5.29 본호개정)
(2016.1.19 본항개정)
② 예술·체육요원의 편입에 필요한 사항은 대통령령으로 정한다.
(2013.6.4 본조신설)
제33조의8【예술·체육요원의 의무복무기간 등】 ① 예술·체육요원의 의무복무기간은 2년 10개월로 하며, 그 기간을 마치면 사회복무요원의 복무를 마친 것으로 본다.
(2016.5.29 본항개정)
② 예술·체육요원에 편입된 사람에 대하여는 제55조에 따른 군사교육소집을 하며, 그 군사교육소집 기간은 의무복무기간에 산입한다.(2016.5.29 본항개정)
③ 예술·체육요원이 징역·금고 또는 구류의 형을 선고받거나 해당 분야에 복무하지 아니한 경우에는 그 형의 집행일수나 해당 분야에 복무하지 아니한 일수는 의무복무기간에 산입하지 아니한다.(2016.5.29 본항개정)
④ 예술·체육요원은 해당 분야의 특기계발 및 의무복무에 관하여 문화체육관광부장관의 지휘·감독을 받아야 한다.(2016.5.29 본항개정)
⑤ 예술·체육요원은 본인이 보유하고 있는 예술·체육 관련 특기를 활용하여 공익적인 업무에 복무(이하 "공익복무"라 한다)하여야 한다.(2021.4.13 본항개정)
⑥ 공익복무에 관한 다음 각 호의 사항은 대통령령으로 정한다.
1. 공익복무 시간
2. 공익복무 대상 및 기관
3. 분기별 공익복무 기준
4. 그 밖에 공익복무에 필요한 사항
(2021.4.13 본항신설)
⑦ 예술·체육요원 의무복무기간의 계산과 소집해제 등 예술·체육요원의 의무복무에 필요한 사항은 대통령령으로 정한다.(2016.5.29 본항개정)
(2016.5.29 본조제목개정)
제33조의9【예술·체육요원의 신상변동 통보】 문화체육관광부장관은 예술·체육요원이 해당 분야에 복무하지 아니한 경우에는 그 사유가 발생한 날부터 14일 이내에 병무청장에게 그 사실을 통보하여야 한다.
(2016.5.29 본조개정)

제33조의10【예술·체육요원의 연장복무 및 편입취소 등】 ① 예술·체육요원이 정당한 사유 없이 해당 분야에 복무하지 아니한 경우에는 그 복무하지 아니한 일수의 5배의 기간을 연장하여 복무하게 한다. 다만, 제89조의2제1호에 해당하여 형을 선고받은 사람의 경우에는 복무기간을 연장하지 아니한다.(2021.4.13 단서개정)

② 예술·체육요원이 다음 각 호의 어느 하나에 해당하는 경우에는 경고처분하되, 경고처분 횟수가 더하여질 때마다 5일을 연장하여 복무하게 한다. 다만, 제89조의3에 따라 형을 선고받은 사람의 경우에는 복무기간을 연장하지 아니한다.(2021.4.13 단서개정)

1. 다른 사람의 근무를 방해하거나 근무태만을 선동한 경우
2. 정치 운동 금지를 위반한 경우(2023.10.31 본호개정)
3. 다른 예술·체육요원에게 가혹행위를 한 경우
4. 해당 분야의 복무와 관련하여 복무기관의 장의 허가 없이 다른 직무를 겸하는 행위를 한 경우(2016.5.29 본호개정)
5. 정당한 사유없이 제33조의8제6항제3호에 따른 분기별 공익복무 기준을 충족하지 못한 경우
6. 허위로 공익복무 실적을 제출한 경우
7. 제33조의11제1항 또는 제2항에 따른 복무기본교육이나 직무교육을 받지 않은 경우

(2021.4.13 5호~7호신설)

8. 정당한 사유 없이 맡은 임무를 수행하지 아니하거나 지연하게 하는 등 대통령령으로 정하는 사유에 해당하는 경우

③ 예술·체육요원이 제2항제5호 또는 제6호에 해당하는 경우에는 대통령령으로 정하는 바에 따라 공익복무 시간을 2배 연장하여야 하고, 의무복무기간까지 공익복무를 마치지 못한 경우에는 공익복무를 모두 마칠 때까지 의무복무기간을 연장하여야 한다.(2021.4.13 본항개정)

④ 예술·체육요원이 다음 각 호의 어느 하나에 해당하는 경우에는 예술·체육요원의 편입을 취소한다. 이 경우 편입이 취소된 사람은 다시 예술·체육요원으로 편입될 수 없다.(2021.4.13 후단신설)

1. 제70조제1항 또는 제3항에 따른 국외여행허가 또는 기간연장허가를 받지 아니하고 출국하였거나 국외에 체류하고 있는 경우 또는 정당한 사유 없이 허가된 기간 내에 귀국하지 아니한 경우
2. 제83조제2항제10호에 따른 귀국명령을 위반하여 귀국하지 아니한 경우
3. 제89조의2제1호 또는 제89조의3에 따라 형을 선고받은 경우
4. 금품 수수 등 부정한 방법으로 편입된 경우
5. 승부조작 등 해당 분야 복무와 관련한 부정행위로 형을 선고받은 경우(2016.5.29 본호개정)
6. 의무복무기간 중의 범죄행위로 인하여 금고 이상의 실형을 선고받은 경우(제3호와 제5호에 해당하는 경우는 제외한다)(2017.3.21 본호신설)
7. 제3항에 따라 의무복무기간이 연장된 예술·체육요원이 정당한 사유 없이 연장된 날부터 1년 이내에 공익복무를 마치지 못한 경우(2021.4.13 본호신설)

⑤ 제4항에 따라 예술·체육요원으로의 편입이 취소된 사람은 편입되기 전의 신분으로 복귀하여 다음 각 호의 구분에 따른 복무기간을 현역병으로 입영하게 하거나 사회복무요원으로 소집하여야 한다. 이 경우 현역병으로 입영하게 하여야 할 사람 중 남은 복무기간이 6개월 미만인 사람에 대하여는 사회복무요원으로 소집하여 복무하게 할 수 있다.

1. 제4항제1호부터 제3호까지와 제5호부터 제7호까지의 사유로 편입취소된 경우 : 대통령령으로 정하는 기준에 따른 남은 복무기간
2. 제4항제4호의 사유로 편입취소된 경우 : 편입되기 전의 신분에 따른 복무기간에서 제55조제1항에 따른 군사교육을 받은 기간을 뺀 기간

(2024.1.9 본항개정)

⑥ 제2항제2호에 따른 정치 운동 금지에 관하여는 제32조의3을 준용한다. 이 경우 "사회복무요원"은 "예술·체육요원"으로 본다.(2023.10.31 본항신설)

(2013.6.4 본조신설)

제33조의11【예술·체육요원의 복무기본교육 등】 ① 병무청장은 예술·체육요원에게 대통령령으로 정하는 바에 따라 복무기본교육을 실시하여야 한다.

② 문화체육관광부장관은 예술·체육요원에게 해당 분야에서의 복무 및 공익복무에 필요한 직무교육을 실시하여야 한다.

③ 공익복무 기관의 장은 예술·체육요원 복무관리 담당 직원을 지정하여야 한다.

(2021.4.13 본조신설)

제2절 공중보건의사 등의 복무

제34조【공중보건의사 등의 편입】 ① 병무청장은 의사·치과의사 또는 한의사 자격이 있는 사람으로서 다음 각 호의 어느 하나에 해당하는 사람이 원할 경우 공중보건의사 또는 병역판정검사전담의사(한의사 자격이 있는 사람은 제외한다. 이하 같다)로 편입할 수 있다. 이 경우 현역병입영 대상자는 보충역에 편입한다.(2016.5.29 전단개정)

1. 현역병입영 대상자로서 제58조제1항제1호에 따른 의무 분야 현역장교의 병적 편입을 지원한 사람 중 편입이 되지 아니한 사람
2. 제58조제2항제1호에 따른 의무사관후보생의 병적에 편입된 사람으로서 의무 분야 현역장교 병적에 편입되지 아니한 사람
3. 의사·치과의사 또는 한의사 자격이 있는 사람으로서 사회복무요원 소집 대상인 보충역에 해당하는 사람

(2013.6.4 본호개정)

② 제1항에 따라 공중보건의사 또는 병역판정검사전담의사로 편입된 사람은 해당 분야에 3년간 복무하여야 하며, 그 기간을 마치면 사회복무요원의 복무를 마친 것으로 본다.(2016.5.29 본항개정)

③ 제1항에 따라 공중보건의사 또는 병역판정검사전담의사에 편입된 사람에 대하여는 제55조에 따른 군사교육소집을 하되, 군사교육소집 기간은 복무기간에 산입하지 아니한다.(2016.5.29 본항개정)

④ 공중보건의사 또는 병역판정검사전담의사의 편입·복무 등에 필요한 사항은 대통령령으로 정한다.

(2016.5.29 본항개정)

제34조의2【병역판정검사전담의사의 신분 및 보수 등】 ① 병역판정검사전담의사는 병무청에 소속된 「국가공무원법」 제26조의5에 따른 임기제공무원으로 하고, 군인보수의 범위에서 보수와 직무수행에 필요한 여비 등을 지급하며, 지급기준 등에 필요한 사항은 대통령령으로 정한다.

② 병무청장은 병역판정검사전담의사로 편입된 사람을 소집하여 직무에 필요한 교육 등을 하고 신체검사업무 등에 복무하게 하여야 하며, 병역판정검사를 하지 아니하는 기간 중 3개월의 범위에서 군병원 또는 병무청장이 지정하는 병원에서 직무와 관련된 수련을 실시할 수 있다.

③ 제2항에 따른 의무복무명령, 직무교육 및 수련 등에 필요한 사항은 대통령령으로 정한다.

④ 병역판정검사전담의사는 신체검사업무에 성실히 복무하여야 하며, 병무청장의 허가 또는 정당한 사유 없이 근무지를 이탈하여서는 아니 된다.

⑤ 병무청장은 병역판정검사전담의사의 복무에 대하여 지휘·감독한다.

⑥ 「국가공무원법」 제33조 각 호의 어느 하나에 해당하는 사람은 병역판정검사전담의사로 임용될 수 없고, 병역판정검사전담의사가 같은 법 제69조제1호에 해당하면 당연히 그 신분을 상실한다.

⑦ 병역판정검사전담의사의 복무에 관하여는 이 법에서 정한 것을 제외하고는 「국가공무원법」에 따른다.

(2016.5.29 본조개정)

제34조의3【병역판정검사전담의사의 신분 박탈】 병역판정검사전담의사가 다음 각 호의 어느 하나에 해당하는 경우에는 병무청장은 직권으로 그 신분을 박탈할 수 있다. 다만, 제1호부터 제3호까지의 어느 하나에 해당하는 경우에는 신분을 박탈하여야 한다.(2016.5.29 본문개정)

1. 의사·치과의사 면허가 취소되거나 자격이 정지된 경우
2. 병역판정검사전담의사로 임용된 사람이 정당한 사유 없이 임용 후의 직무교육소집명령에 응하지 아니한 경우(2016.5.29 본호개정)
3. 정당한 사유 없이 제34조의2제4항을 위반하여 통틀어 8일 이상 해당 직장을 이탈하거나 해당 분야의 업무에 복무하지 아니한 경우(2016.5.29 본호개정)
4. 신체 또는 정신상의 장애로 1년 이내 또는 생사(生死)나 행방을 알 수 없게 된 후 3개월 이내에 직무에 복귀할 수 없거나 직무를 감당할 수 없는 경우
5. 형사사건으로 기소되어 병역판정검사전담의사의 신분을 가지는 것이 부적당한 경우(2016.5.29 본호개정)
6. 신체등급판정 등 신체검사업무와 관련하여 부정행위를 한 경우(2016.5.29 본호개정)
7. 이 법 또는 이 법에 따른 명령이나 그 밖의 직무상 의무를 위반하거나 근무성적이 극히 불량하여 병역판정검사전담의사의 신분을 가지는 것이 부적당한 경우

(2016.5.29 본호개정)

(2016.5.29 본조제목개정)

제34조의4【병역판정검사전담의사의 복무기간 연장 등】 ① 병역판정검사전담의사는 복무기간 동안 제34조의2제2항에 따라 부여받은 신체검사업무 등 외의 업무에 종사해서는 아니 된다.(2017.3.21 본항신설)

② 병무청장은 병역판정검사전담의사가 제1항을 위반하여 신체검사업무 등 외의 업무에 종사하였을 때에는 그 업무에 종사한 일수의 5배의 기간을 연장하여 근무할 것을 명할 수 있다.(2017.3.21 본항신설)

③ 병무청장은 병역판정검사전담의사가 직무 외의 질병·부상 등의 사유로 인하여 1개월 이상 근무하지 못한 경우에는 그 기간에 상응하는 기간을 연장하여 복무하게 할 수 있다. 다만, 병역판정검사전담의사가 제34조의3제4호에 따른 사유로 신분을 박탈당한 경우에는 그러하지 아니하다.

④ 병무청장은 병역판정검사전담의사가 이 법 또는 이 법에 따른 명령이나 그 밖의 직무상 의무를 위반하거나 게을리 한 경우에는 병무청장은 그 사유에 상응하는 기간을 연장하여 복무하게 하거나 봉급의 3분의 1 이하를 감액하거나 견책할 수 있다. 다만, 병역판정검사전담의사가 제34조의3제2호·제3호·제5호·제6호 및 제7호에 따른 사유로 신분을 박탈당한 경우와 정당한 사유 없이 통틀어 7일 이내의 기간 동안 해당 직장을 이탈하거나 해당 분야의 업무에 복무하지 아니하여 제35조제2항에 따라 연장근무를 하게 된 경우에는 그러하지 아니하다.

(2016.5.29 본조개정)

제34조의5【청문】 병무청장은 제34조의3에 따라 병역판정검사전담의사의 신분을 박탈하려면 청문을 하여야 한다.(2016.5.29 본조개정)

제34조의6【공익법무관의 편입】 ① 병무청장은 변호사 자격이 있는 사람으로서 다음 각 호의 어느 하나에 해당하는 사람이 원할 경우 공익법무관으로 편입할 수 있다. 이 경우 현역병입영 대상자는 보충역에 편입한다.

1. 현역병입영 대상자로서 제58조제1항제2호에 따른 법무 분야 현역장교의 병적 편입을 지원한 사람 중 편입이 되지 아니한 사람
2. 제58조제2항제2호에 따른 법무사관후보생의 병적에 편입된 사람으로서 법무 분야 현역장교의 병적에 편입되지 아니한 사람
3. 변호사 자격이 있는 사람으로서 사회복무요원 소집 대상인 보충역에 해당하는 사람(2013.6.4 본호개정)

② 제1항에 따라 공익법무관에 편입된 사람은 해당 분야에서 3년간 복무하여야 하며, 그 기간을 마치면 사회복무요원의 복무를 마친 것으로 본다.(2016.5.29 본항개정)

③ 제1항에 따라 공익법무관에 편입된 사람에 대하여는 제55조에 따른 군사교육소집을 하되, 군사교육소집 기간은 복무기간에 산입하지 아니한다.(2016.5.29 본항개정)

④ 공익법무관으로의 편입 등에 필요한 사항은 대통령령으로 정한다.

제34조의7【공중방역수의사의 편입】 ① 병무청장은 수의사 자격을 가진 사람으로서 다음 각 호의 어느 하나에 해당하는 사람이 원할 경우 공중방역수의사로 편입시킬 수 있다. 이 경우 현역병입영 대상자는 보충역에 편입한다.(2010.1.25 전단개정)

1. 현역병입영 대상자로서 제58조제1항제4호에 따른 수의 분야 현역장교의 병적 편입을 지원한 사람 중 편입이 되지 아니한 사람
2. 제58조제2항제4호에 따른 수의사관후보생의 병적에 편입된 사람으로서 수의 분야 현역장교 병적에 편입되지 아니한 사람
3. 수의사 자격이 있는 사람으로서 사회복무요원 소집 대상인 보충역에 해당하는 사람(2013.6.4 본호개정)

② 제1항에 따라 공중방역수의사로 편입된 사람은 해당 분야에 3년간 복무하여야 하며, 그 기간을 마치면 사회복무요원의 복무를 마친 것으로 본다.(2016.5.29 본항개정)

③ 병무청장은 제1항에 따라 공중방역수의사로 편입된 사람에 대하여 제55조에 따른 군사교육소집을 한다. 이 경우 군사교육소집 기간은 제2항의 복무기간에 산입하지 아니한다.(2016.5.29 본항개정)

④ 그 밖에 공중방역수의사로의 편입·복무 등에 필요한 사항은 대통령령으로 정한다.(2010.1.25 본항개정)

(2010.1.25 본조제목개정)

제35조【공중보건의사 등의 신상변동 통보 및 처리】 ① 보건복지부장관 또는 지방병무청장은 공중보건의사 또는 병역판정검사전담의사가 다음 각 호의 어느 하나에 해당하게 된 경우에는 14일 이내에 병무청장에게 통보하여야 한다.(2016.5.29 본문개정)

1. 의사·치과의사 또는 한의사 면허가 취소되거나 정지된 경우
2. 「농어촌 등 보건의료를 위한 특별조치법」에 따른 직무교육명령에 응하지 아니한 경우(2016.1.19 본호개정)
3. 정당한 사유 없이 통틀어 8일 이상 근무지역을 이탈하거나 해당 분야의 업무에 복무하지 아니한 경우

(2016.5.29 본호개정)

4. 정당한 사유 없이 통틀어 7일 이내의 기간 동안 근무지역을 이탈하거나 해당 분야의 업무에 복무하지 아니한 경우(2016.5.29 본호개정)
5. (2016.1.19 삭제)
6. 「국가공무원법」 제33조 각 호의 어느 하나에 해당하게 된 경우. 다만, 「국가공무원법」 제33조제2호 및 제5호는 같은 법 제69조제1호 단서에 해당하는 경우에 한정한다.(2016.5.29 단서신설)

② 병무청장은 공중보건의사 또는 병역판정검사전담의사가 제1항제1호·제2호·제3호 및 제6호의 어느 하나에 해당하는 경우와 제34조의3에 해당하는 경우에는 편입을 취소하고, 제1항제4호에 해당하는 경우에는 이탈일수 또는 해당 업무에 복무하지 아니한 일수의 5배의 기간을 연장하여 근무하게 한다.(2016.5.29 본항개정)

③ 제2항에 따라 공중보건의사 또는 병역판정검사전담의사로의 편입이 취소된 사람은 편입되기 전의 신분으로 복귀하여 대통령령으로 정하는 기준에 따른 남은 복무기간을 현역병으로 입영하게 하거나 사회복무요원으로 소집하여야 한다. 이 경우 현역병으로 입영하게 하여야 할 사람 중 대통령령으로 정하는 기준에 따른 남은 복무기간이 6개월 미만인 사람에 대하여는 사회복무요원으로 소집하여 복무하게 할 수 있다.(2016.5.29 전단개정)

④ (2014.12.30 삭제)

(2016.5.29 본조제목개정)

제35조의2【공익법무관의 신상변동 통보 및 처리】 ① 법무부장관은 공익법무관에 편입된 사람이 다음 각 호의 어느 하나에 해당하는 경우에는 14일 이내에 병무청장에게 통보하여야 한다.

1. 정당한 사유 없이 「공익법무관에 관한 법률」에 따른 직무교육을 받지 아니한 경우
2. 「공익법무관에 관한 법률」에 따라 공익법무관으로 임명되지 못한 경우
3. 정당한 사유 없이 통틀어 8일 이상 해당 직장을 이탈하거나 해당 분야의 업무에 복무하지 아니하는 등의 사유로 「공익법무관에 관한 법률」에 따라 공익법무관의 신분을 박탈당하거나 상실한 경우(2016.5.29 본호개정)
4. 정당한 사유 없이 통틀어 7일 이내의 기간 동안 해당 직장을 이탈하거나 해당 분야의 업무에 복무하지 아니한 경우(2016.5.29 본호개정)
5. 「국가공무원법」 제33조 각 호의 어느 하나에 해당하게 된 경우. 다만, 「국가공무원법」 제33조제2호 및 제5호는 같은 법 제69조제1호 단서에 해당하는 경우에 한정한다.(2016.5.29 본호신설)

② 병무청장은 공익법무관으로 편입된 사람이 제1항제1호부터 제3호까지 및 제5호의 어느 하나에 해당하는 경우에는 편입을 취소하고, 제1항제4호에 해당하는 경우에는 이탈일수 또는 해당 업무에 복무하지 아니한 일수의 5배의 기간을 연장하여 근무하게 한다.(2016.5.29 본항개정)
③ 제2항에 따라 공익법무관으로의 편입이 취소된 사람은 편입되기 전의 신분으로 복귀하여 대통령령으로 정하는 기준에 따른 남은 복무기간을 현역병으로 입영하게 하거나 사회복무요원으로 소집하여야 한다. 이 경우 현역병으로 입영하게 하여야 할 사람 중 대통령령으로 정하는 기준에 따른 남은 복무기간이 6개월 미만인 사람에 대하여는 사회복무요원으로 소집하여 복무하게 할 수 있다.(2013.6.4 본항개정)
④ (2014.12.30 삭제)
(2016.5.29 본조제목개정)

제35조의3【공중방역수의사의 신상변동 통보 및 처리】
① 농림축산식품부장관은 공중방역수의사로 편입된 사람이 다음 각 호의 어느 하나에 해당하는 경우에는 해당 사유가 발생한 날부터 14일 이내에 병무청장에게 통보하여야 한다.(2013.3.23 본문개정)

1. 「수의사법」에 따라 수의사 면허가 취소되거나 효력이 정지된 경우
2. 정당한 사유 없이 「공중방역수의사에 관한 법률」에 따른 직무교육을 받지 아니한 경우
3. 「공중방역수의사에 관한 법률」에 따라 공중방역수의사로 임용되지 아니한 경우
4. 「공중방역수의사에 관한 법률」에 따라 공중방역수의사의 신분을 박탈당하거나 상실한 경우
(2010.1.25 2호~4호개정)
5. 「국가공무원법」 제33조 각 호의 어느 하나에 해당하게 된 경우. 다만, 「국가공무원법」 제33조제2호 및 제5호는 같은 법 제69조제1호 단서에 해당하는 경우에 한정한다.(2016.5.29 단서신설)
6. 정당한 사유 없이 통틀어 7일 이내의 기간 동안 근무기관 또는 근무지역을 이탈한 경우
7. 정당한 사유 없이 통틀어 7일 이내의 기간 동안 해당 분야의 업무에 복무하지 아니한 경우(2016.5.29 본호개정)

② 병무청장은 공중방역수의사로 편입된 사람이 제1항제1호부터 제5호까지의 어느 하나에 해당하는 경우에는 편입을 취소하고, 편입되기 전의 신분으로 복귀하여 대통령령으로 정하는 기준에 따른 남은 복무기간을 현역병으로 입영하게 하거나 사회복무요원으로 소집하여야 한다. 이 경우 현역병으로 입영하게 하여야 할 사람 중 대통령령으로 정하는 기준에 따른 남은 복무기간이 6개월 미만인 사람에 대하여는 사회복무요원으로 소집하여 복무하게 할 수 있다.(2013.6.4 본항개정)
③ 병무청장은 공중방역수의사로 편입된 사람이 제1항제6호 또는 제7호에 해당하는 경우에는 이탈일수 또는 해당 업무에 복무하지 아니한 일수의 5배의 기간을 연장하여 근무하게 한다.(2016.5.29 본항개정)
④ (2014.12.30 삭제)
(2016.5.29 본조제목개정)

제3절 전문연구요원 및 산업기능요원 복무

제36조【병역지정업체의 선정 등】 ① 병무청장은 연구기관·기간산업체 및 방위산업체 중에서 전문연구요원이나 산업기능요원이 복무할 병역지정업체(농업회사법인과 사후관리업체는 제외한다)를 대통령령으로 정하는 기준에 따라 선정한다.(2016.5.29 본항개정)
② 병역지정업체로 선정되지 아니한 연구기관·기간산업체 및 방위산업체가 제1항에 따라 선정된 병역지정업체를 인수하는 등 대통령령으로 정하는 사유에 해당하게 되면 병역지정업체로 선정된 것으로 본다.(2016.5.29 본항개정)
③ 병무청장은 제1항에 따라 선정된 병역지정업체가 폐업 등 대통령령으로 정하는 사유에 해당하게 되면 병역지정업체의 선정을 취소할 수 있다.(2016.5.29 본항개정)
④ 병무청장은 군(軍)에서 필요로 하는 인원의 충원에 지장이 없는 범위에서 전문연구요원이나 산업기능요원으로 편입할 수 있는 인원을 결정하고 대통령령으로 정하는 바에 따라 병역지정업체별 배정인원을 결정한다. 이 경우 산업기능요원의 편입 인원 결정 및 병역지정업체별 배정인원 결정과 관련하여 합리적인 이유 없이 학력 및 출신학교 등을 이유로 차별을 하여서는 아니 된다.
(2016.5.29 본항개정)
⑤ 관할 지방병무청장〔병역지정업체 또는 「후계농어업인 및 청년농어업인 육성·지원에 관한 법률」 제8조에 따른 후계농어업경영인등(이하 "후계농어업경영인"이라 한다)의 사업장이 있는 행정구역을 관할하는 지방병무청장을 말한다. 이하 이 절에서 같다〕은 다음 각 호의 어느 하나에 해당하는 사람으로서 제39조에 따른 의무복무기간을 35세(제37조제1항제3호에 해당하는 사람은 37세)까지 마칠 수 있는 사람에 대하여는 전문연구요원(제3호에 해당하는 사람은 제외한다) 또는 산업기능요원으로 편입시킬 수 있다. 이 경우 현역병입영 대상자는 보충역에 편입한다.(2020.5.19 전단개정)

1. 현역병입영 대상자
2. 사회복무요원 소집 대상인 보충역
3. 사회복무요원
(2013.6.4 2호~3호개정)

⑥ 병역지정업체의 장은 약정한 근로조건을 성실히 이행하겠다는 서약서를 지방병무청장(병무지청장을 포함한다)에게 제출하여야 한다.(2016.5.29 본항개정)
⑦ 제1항부터 제6항까지의 규정에 따른 병역지정업체의 선정·승계·선정취소, 전문연구요원 또는 산업기능요원으로의 편입 및 서약서의 제출에 필요한 사항은 대통령령으로 정한다.(2016.5.29 본항개정)
(2016.5.29 본조제목개정)

제37조【전문연구요원 편입 대상】 ① 다음 각 호의 어느 하나에 해당하는 사람은 원할 경우 제36조에 따른 전문연구요원으로 편입할 수 있다.

1. 석사 이상의 학위를 취득한 사람(석사학위 및 박사학위 과정이 통합된 과정을 수료한 사람을 포함한다)으로서 병역지정업체로 선정된 연구기관에 복무하고 있는 사람(사회복무요원 소집 대상인 보충역으로서 자연계 학사학위를 취득하고 병역지정업체로 선정된 연구기관 중 중소기업부설 연구기관에 복무하고 있는 사람을 포함한다)(2016.5.29 본호개정)
2. 병역지정업체로 선정된 자연계대학원에서 박사학위과정(석사학위 및 박사학위 과정이 통합된 과정을 포함한다. 이하 이 조에서 같다)을 수료한 사람
(2016.5.29 본호개정)
3. 의사, 치과의사 또는 한의사 자격이 있는 사람으로서 제58조제2항제1호에 따른 군전공의수련기관(軍專攻醫修鍊機關)에서 정하여진 과정을 마치고, 제2호의 자연계대학원에서 박사학위과정을 수료한 사람
(2013.6.4 본호개정)

② 제1항제2호 또는 제3호에 따른 자연계대학원의 박사학위과정을 수학 중인 사람의 경우에는 수료 전〔석사학위 및 박사학위 과정이 통합된 과정의 경우 「고등교육법」 제31조에 따른 석사학위 과정의 수업 연한(年限) 이상을 마치고 수학 중인 경우에 한한다〕에 미리 전문연구요원 편입 대상자로 선발할 수 있다.(2013.6.4 본항신설)
③ 제1항제2호 또는 제3호에 따라 전문연구요원으로 편입된 사람(이하 "박사과정 전문연구요원"이라 한다)은 편입된 날부터 2년 이내에 박사학위를 취득하여야 한다.
(2021.4.13 본항신설)
④ 병무청장은 박사과정 전문연구요원이 편입된 날부터 2년 이내에 박사학위를 취득하지 못한 경우에는 3년의 범위에서 대통령령으로 정하는 바에 따라 박사학위 취득의 유예기간을 부여할 수 있다.(2021.4.13 본항신설)
⑤ 제4항에 따른 유예기간은 의무복무기간에 산입하지 아니하며, 그 기간 동안 다음 각 호의 사항은 적용하지 아니한다.

1. 제40조제2호 또는 제3호에 따른 신상변동 통보
2. 제40조제2호 또는 제3호의 사유로 인한 편입취소
3. 그 밖에 병무청장이 적용하는 것이 적절하지 아니하다고 인정하는 사항

(2021.4.13 본항신설)

제38조【산업기능요원 편입 대상】 ① 다음 각 호의 어느 하나에 해당하는 사람은 원할 경우 제36조에 따른 산업기능요원으로 편입할 수 있다. 이 경우 제1호와 제2호에 해당하는 사람(사회복무요원과 사회복무요원 소집 대상인 보충역은 제외한다)과 제5호에 해당하는 사람은 대통령령으로 정하는 기술자격이나 면허를 갖추어야 한다.
(2013.6.4 후단개정)

1. 병역지정업체로 선정된 공업·광업·에너지산업·건설업·수산업 또는 해운업 분야의 기간산업체에 복무하고 있는 사람(수산업 또는 해운업 분야의 경우에는 승선하여 복무하고 있는 사람이나 승선하여 복무할 사람만 해당한다)(2016.5.29 본호개정)
2. 「방위사업법」 제3조제10호와 제35조에 따른 전문연구기관 및 방위산업체〔군정비부대(軍整備部隊)를 포함한다〕 중에서 병역지정업체로 선정된 전문연구기관 또는 방위산업체에 복무하고 있는 사람(2020.3.31 본호개정)
3. 국제적 수준의 기능을 가진 사람 중 국가이익을 위하여 특별히 필요하다고 인정하여 대통령령으로 정하는 사람
4. 후계농어업경영인으로서 관할 특별시장·광역시장·특별자치시장·도지사·특별자치도지사(특별시장·광역시장·도지사로부터 권한을 위임받은 시장·군수·구청장을 포함한다. 이하 이 절에서 같다)의 추천을 받은 사람(2013.6.4 본호개정)
5. 농업회사법인의 농업기계운전요원 및 사후관리업체에 복무하고 있는 사람으로서 관할 특별자치시장·특별자치도지사·시장·군수·구청장의 추천을 받은 사람
(2016.5.29 본호개정)

② 제1항에도 불구하고 제1항제1호의 공업 분야 기간산업체 및 제1항제2호의 방위산업체에서 정보처리 직무 분야에 복무하는 사람은 병무청장이 정하는 관련학과의 전공, 기술훈련과정의 수료 또는 해당 분야의 복무경력이 있어야 한다.(2016.5.29 본항개정)

제38조의2【전문연구요원 및 산업기능요원 편입 등의 제한】 병역지정업체(병역지정업체가 기업부설 연구기관인 경우에는 모기업을 말한다) 대표이사의 4촌 이내 혈족에 해당하는 사람은 그 병역지정업체에 제37조와 제38조에 따른 전문연구요원 또는 산업기능요원으로의 편입이나 제39조제3항 단서에 따른 전직을 할 수 없다.
(2016.5.29 본조개정)

제39조【전문연구요원 및 산업기능요원의 복무】 ① 전문연구요원과 산업기능요원은 해당 분야에서 다음 각 호의 구분에 따른 기간 동안 의무복무를 하여야 하며, 그 기간을 마치면 사회복무요원의 복무를 마친 것으로 본다.
(2016.5.29 본문개정)

1. 전문연구요원 : 3년
2. 산업기능요원 : 2년 10개월. 다만, 사회복무요원 소집 대상인 보충역에서 편입된 산업기능요원은 2년 2개월로 하고, 사회복무요원으로 복무하다가 편입된 사람은 대통령령으로 정하는 기준에 따라 산정한 남은 복무기간으로 한다.(2016.5.29 단서개정)

② 전문연구요원 및 산업기능요원에 대하여는 제55조에 따른 군사교육소집을 하며, 그 군사교육소집 기간은 의무복무기간에 산입한다.(2016.5.29 본항개정)
③ 전문연구요원이나 산업기능요원은 편입 당시 병역지정업체의 해당 분야에 복무하여야 한다. 다만, 제1호 또는 제2호에 해당하는 경우에는 기업 부설 연구소 등 대통령령으로 정하는 다른 병역지정업체로 옮겨 복무하여야 하고, 제3호에 해당하는 경우에는 관할 지방병무청장의 승인을 받아 다른 병역지정업체로 옮겨 복무할 수 있다.

1. 복무 중인 병역지정업체가 폐업하거나 병역지정업체의 선정이 취소되는 등 대통령령으로 정하는 사유가 발생한 경우
2. 박사과정 전문연구요원이 박사학위를 취득한 경우
3. 복무 중인 병역지정업체의 변경, 관련업무 수행을 위한 파견·교육훈련, 학문 및 기술의 지도, 그 밖에 부득이한 사유로 인하여 편입 당시 병역지정업체의 해당 분야에서 복무하는 것이 곤란한 경우

(2021.4.13 본항개정)
④ 전문연구요원과 산업기능요원으로 편입될 사람은 제1항의 의무복무기간 중 성실히 복무하겠다는 서약서를 제출하여야 한다.(2016.5.29 본항개정)
⑤ 전문연구요원과 산업기능요원이 복무하여야 할 해당 분야, 의무복무기간의 계산, 전직, 서약 등 복무에 필요한 사항은 대통령령으로 정한다.(2021.4.13 본항개정)

제40조【전문연구요원과 산업기능요원의 신상변동 통보】 병역지정업체의 장(병역지정업체의 장을 위하여 인사관리를 담당하고 있는 사람을 포함한다), 특별시장·광역시장·특별자치시장·도지사·특별자치도지사(후계농어업경영인의 경우만 해당한다)는 전문연구요원이나 산업기능요원 또는 그 병역지정업체가 다음 각 호의 어느 하나에 해당하는 경우에는 14일 이내에 관할 지방병무청장에게 통보하여야 한다. 다만, 농업 분야의 산업기능요원을 고용하고 있는 업체의 장은 관할 특별자치시장·특별자치도지사·시장·군수·구청장을 거쳐 관할 지방병무청장에게 통보하여야 한다.(2016.5.29 본문개정)

1. 복무하고 있는 병역지정업체에서 해고되거나 퇴직한 경우(2021.4.13 본호개정)
2. 편입 당시 병역지정업체(제39조제3항 단서에 따라 병역지정업체를 옮긴 경우에는 옮긴 후의 병역지정업체를 말한다)의 해당 분야에 복무하지 아니한 경우
(2021.4.13 본호개정)
3. 의무복무기간 중 통틀어 8일 이상을 무단결근한 경우
(2016.5.29 본호개정)
4. 해당 분야의 기술자격·면허가 취소되거나 정지된 경우 또는 후계농어업경영인의 자격이 상실된 경우
(2011.11.22 본호개정)
5. 휴직하거나 정직된 경우 또는 다른 병역지정업체로부터 전입한 경우(2016.5.29 본호개정)
6. 복무 중인 병역지정업체가 휴업·영업정지·직장폐쇄 또는 폐업한 경우(2016.5.29 본호개정)
7. 박사과정 전문연구요원이 다음 각 목의 어느 하나에 해당하는 경우
   가. 휴학하거나 제적된 경우
   나. 박사학위 취득을 포기한 경우
   다. 제37조제3항에 따른 기간(같은 조 제4항에 따라 유예기간이 부여된 경우에는 그 기간을 포함한다)내에 박사학위를 취득하지 못한 경우

(2021.4.13 본호신설)

國防

8. 그 밖에 대통령령으로 정하는 사유가 발생한 경우(2016.5.29 본조제목개정)

제41조【전문연구요원과 산업기능요원의 편입취소 및 의무부과】 ① 관할 지방병무청장은 전문연구요원이나 산업기능요원으로 편입된 사람이 다음 각 호의 어느 하나에 해당하는 경우에는 편입을 취소하여야 한다. 다만, 복무하고 있는 병역지정업체에서 해고된 사람이 「근로기준법」 제28조제1항에 따라 노동위원회에 구제신청을 하거나 법원에 해고의 효력을 다투는 소송을 제기하여 계류 중일 때에는 대통령령으로 정하는 바에 따라 그 결과가 확정될 때까지 편입의 취소를 유보할 수 있으며, 제40조제2호에 해당하는 사람이 대통령령으로 정하는 사유에 해당하는 경우에는 대통령령으로 정하는 바에 따라 편입을 취소하지 아니하고 해당 분야에 복무하지 아니한 기간만큼 의무복무기간을 연장하여 복무하게 할 수 있다.(2016.5.29 단서개정)

1. 거짓으로 진술하거나 자료를 제출하는 등 부정한 방법으로 제38조의2를 위반하여 편입하거나 전직한 경우
2. 금품 수수 등 부정한 방법으로 편입하거나 전직한 경우(제1호에 해당하는 경우는 제외한다)
3. 제39조제1항에 따른 의무복무기간을 35세(제37조제1항제3호에 해당하는 사람은 37세)까지 마칠 수 없는 경우(2016.5.29 본호개정)
4. 제40조제1호부터 제4호까지 및 제7호의 어느 하나에 해당한 경우(2021.4.13 본호개정)
5. 제55조에 따른 군사교육소집을 정당한 사유 없이 받지 아니한 경우(2016.5.29 본호개정)
6. 제39조제3항제1호 또는 제2호에 해당됨에도 불구하고 대통령령으로 정하는 기간 내에 다른 병역지정업체로 옮겨 복무하지 아니한 경우(2021.4.13 본호개정)
7. 제70조제1항 또는 제3항에 따른 국외여행허가 또는 기간연장허가를 받지 아니하고 출국하였거나 국외에 체류하고 있는 경우 또는 정당한 사유 없이 허가된 기간 이내에 귀국하지 아니한 경우
8. 제83조제2항제10호에 따른 귀국명령을 위반하여 귀국하지 아니한 경우

② 관할 지방병무청장은 전문연구요원이나 산업기능요원이 다음 각 호의 어느 하나에 해당하는 사유로 의무복무하지 아니한 기간은 대통령령으로 정하는 바에 따라 그 기간을 연장하여 복무하게 하여야 한다. 다만, 제3호에 해당하는 경우에는 그 기간의 5배의 기간을 연장하여 복무하게 하여야 한다.(2021.4.13 단서신설)

1. 병역지정업체의 휴업·영업정지 또는 직장폐쇄 등의 사유가 발생한 경우(2016.5.29 본호개정)
2. 휴직·정직 등 대통령령으로 정하는 사유가 발생한 경우
3. 통틀어 8일 미만 무단결근한 경우(2021.4.13 본호신설)

③ 제1항에 따라 전문연구요원이나 산업기능요원으로의 편입이 취소된 사람은 편입되기 전의 신분으로 복귀하여 다음 각 호의 구분에 따른 복무기간을 현역병으로 입영하게 하거나 사회복무요원으로 소집하여야 한다. 이 경우 현역병으로 입영하게 하여야 할 사람 중 남은 복무기간이 6개월 미만인 사람에 대해서는 사회복무요원으로 소집하여 복무하게 할 수 있다.(2023.8.8 본문개정)

1. 제1항제1호에 따른 부정한 방법으로 제38조의2를 위반하여 편입하거나 제1항제2호에 따른 부정한 방법으로 편입하여 편입취소된 경우 : 편입되기 전의 신분에 따른 복무기간에서 법 제55조제1항에 따른 군사교육을 받은 기간을 뺀 기간(2023.8.8 본호신설)
2. 제1항제1호에 따른 부정한 방법으로 제38조의2를 위반하여 전직하거나 제1항제2호에 따른 부정한 방법으로 전직하여 편입취소된 경우 및 제1항제3호부터 제8호까지에 해당하는 사유로 편입취소된 경우 : 대통령령으로 정하는 기준에 따른 남은 복무기간(2023.8.8 본호신설)

④ (2020.12.22 삭제)

제42조【사회복무요원 등의 복무기간 조정】 ① 국방부장관은 다음 각 호의 어느 하나에 해당하는 경우에는 병무청장의 요청에 따라 사회복무요원, 예술·체육요원, 전문연구요원 또는 산업기능요원의 복무기간을 1년의 범위에서 조정할 수 있다. 이 경우 사회복무요원 소집 대상인 보충역으로서 예술·체육요원, 전문연구요원 또는 산업기능요원으로 편입된 사람에 대하여는 그 복무기간의 조정 범위를 현역병입영 대상자로서 편입된 사람과 달리 정할 수 있다.(2016.5.29 본문개정)

1. 현역병의 복무기간 단축 또는 연장으로 복무기간의 조정이 필요한 경우(2016.5.29 본호개정)
2. 근무조건이나 작업환경이 나빠 복무기간의 단축이 필요한 경우(2016.5.29 본호개정)
3. 병역자원의 수급(需給)계획상 필요한 경우

② 국방부장관은 제1항에 따라 사회복무요원, 예술·체육요원, 전문연구요원 또는 산업기능요원의 복무기간을 조정하려면 미리 국무회의의 심의를 거쳐 대통령의 승인을 받아야 한다.(2016.5.29 본항개정)

③ 제33조의7제1항제2호·제3호·제5호에 따라 예술·체육요원에 편입된 사람과 제65조제1항에 따라 보충역에 편입된 사람에 대하여는 대통령령으로 정하는 기준에 따라 복무기간을 단축할 수 있다.(2016.1.19 본항개정)

(2013.6.4 본조제목개정)

제43조【사회복무요원 등의 실태조사 등】 ① 관계 중앙행정기관의 장은 전문연구요원 및 산업기능요원 제도의 체계적인 운영을 위하여 대통령령으로 정하는 바에 따라 매년 운영계획을 수립하고 시행하여야 한다.(2021.4.13 본항신설)

② 지방병무청장이나 관할 지방병무청장은 사회복무요원, 예술·체육요원, 전문연구요원 및 산업기능요원이 복무하고 있는 국가기관·지방자치단체·공공단체·사회복지시설 및 병역지정업체 등에 대하여 대통령령으로 정하는 바에 따라 복무 및 관리에 관한 실태조사를 할 수 있다.(2016.5.29 본항개정)

③ 병무청장은 관계 중앙행정기관의 장과 합동으로 공중보건의사, 공익법무관, 공중방역수의사 및 대체복무요원에 대하여 대통령령으로 정하는 바에 따라 복무에 관한 실태조사를 할 수 있다.(2019.12.31 본항개정)

(2021.4.13 본조제목개정)

제6장 병력동원소집 등 의무부과
(2009.6.9 본장개정)

제1절 병력동원소집

제44조【병력동원소집 대상】 병력동원소집은 전시·사변 또는 이에 준하는 국가비상사태에 부대편성이나 작전수요(作戰需要)를 위하여 다음 각 호의 사람(이하 "병력동원소집 대상자"라 한다)을 대상으로 한다.

1. 예비역
2. 군사교육소집을 마친 보충역(2016.5.29 본호개정)
3. 제66조에 따라 보충역에 편입된 사람

제45조【병력동원소집 대상자의 지정】 ① 지방병무청장은 병력동원소집 대상자에 대하여 입영부대별로 소집할 사람을 지정하여야 한다.

② 제1항에 따라 병력동원소집 대상자의 지정 등에 필요한 사항은 대통령령으로 정한다.

제46조【병력동원소집】 ① 지방병무청장은 전시·사변 또는 이에 준하는 국가비상사태에는 병력동원소집 대상자로 지정된 사람에 대하여 병력동원소집을 한다.

② 병무청장은 전시·사변 등의 긴급한 사태에 대비하여 지방병무청장으로 하여금 병력동원소집 통지서를 미리 송달하게 할 수 있다. 이 경우 병력동원소집 통지서를 미리 송달받은 사람은 병무청장이 신문·텔레비전 또는 라디오로 공고하는 일시에 입영하여야 한다.

제47조【병력동원소집 입영신체검사 및 귀가】 ① 입영부대의 장은 병력동원소집 대상자가 입영하면 입영한 날부터 2일 이내에 신체검사를 하여야 한다.

② 입영부대의 장은 입영신체검사의 결과 병력동원소집 복무에 적합하지 아니하거나 질병 또는 심신장애로 15일 이상의 치유기간이 필요하다고 인정되는 사람에 대하여는 신체등급 또는 치유기간을 명시하여 귀가시킬 수 있다.(2016.5.29 본항개정)

③ 지방병무청장은 제2항에 따라 귀가한 사람으로서 신체등급이 명시된 사람 중 병력동원소집 복무를 감당할 수 없는 사람은 보충역·전시근로역 또는 병역면제의 처분을 하고, 치유기간이 명시된 사람은 재소집하거나 재검사를 할 수 있다.(2016.5.29 본항개정)

제48조【병력동원소집된 사람의 복무 등】 ① 병력동원소집으로 입영한 사람의 복무와 처우는 현역과 같이 한다.

② 병력동원소집으로 입영한 사람에 대한 소집해제에 필요한 사항은 대통령령으로 정한다.

제2절 병력동원훈련소집

제49조【병력동원훈련소집 대상 등】 ① 병력동원훈련소집은 병력동원소집에 대비한 훈련이나 점검을 위하여 병력동원소집 대상자에 대하여 실시하며 기간은 연간 30일 이내로 한다. 다만, 「예비군법」 제3조의3에 따라 비상근 예비군으로 선발된 사람의 소집기간은 연간 180일 이내로 한다.(2021.12.7 단서신설)

② 제1항에도 불구하고 제55조제2항에 따라 예비역 진급교육을 이수한 사람 또는 「재난 및 안전관리 기본법」 제60조에 따라 특별재난지역으로 선포된 지역에 거주하는 사람 등에 대하여는 대통령령으로 정하는 바에 따라 해당 연도 또는 다음 연도의 병력동원훈련소집을 면제할 수 있다.(2016.1.19 본항신설)

제50조【병력동원훈련소집】 ① 지방병무청장은 병력동원소집 대상자로 지정된 사람에 대하여 병력동원훈련소집을 한다. 다만, 「예비군법」 제3조의3에 따른 비상근 예비군에 대하여는 입영부대의 장이 병력동원훈련소집을 한다.(2021.12.7 단서신설)

② 병무청장은 필요하다고 인정하면 지방병무청장으로 하여금 병력동원훈련소집 통지서를 미리 송달하게 할 수 있다. 이 경우 제46조제2항 후단을 준용한다.

③ 병력동원훈련소집 통지서를 받은 사람은 지정된 일시·장소에 입영하여야 한다.

④ 지방병무청장은 전시·사변 등의 긴급한 사태에 대비하여 병력동원소집 절차를 점검하려면 병력동원소집 대상자에게 병력동원훈련소집 통지서를 교부하지 아니하고, 제46조제2항 전단에 따라 미리 송달한 병력동원소집 통지서에 의하여 병무청장이 신문·텔레비전 또는 라디오 등으로 공고하는 일시에 입영하도록 병력동원훈련소집을 할 수 있다.

⑤ 지방병무청장은 「비상대비에 관한 법률」 제14조에 따른 비상대비훈련을 위하여 예고 없이 실시하는 병력동원훈련소집에서 병력동원훈련소집 통지서의 교부와 그에 따른 입영의 독려를 위하여 시장(특별자치시장·특별자치도지사를 포함한다. 이하 이 조에서 같다)·군수 또는 구청장에게 협조를 요청할 수 있으며, 협조 요청을 받은 시장·군수 또는 구청장은 지원을 하여야 한다. 이 경우 지방병무청장은 시장·군수 또는 구청장과 협의하여 그 비용을 지원할 수 있다.(2022.1.4 전단개정)

제51조【병력동원훈련소집 입영신체검사 및 귀가】 ① 입영부대의 장은 병력동원훈련소집으로 입영한 사람에 대하여는 입영한 날부터 2일 이내에 신체검사를 하여야 한다.

② 입영부대의 장은 입영신체검사 결과 질병 또는 심신장애로 병력동원 훈련이 곤란하다고 인정되는 사람은 귀가시킬 수 있다.

③ 지방병무청장은 제2항에 따라 귀가한 사람에 대하여는 재소집하거나 그 해의 병력동원훈련소집을 면제할 수 있다.

제52조【병력동원훈련소집된 사람의 복무】 ① 병력동원훈련소집으로 입영한 사람은 현역에 준하여 복무하며, 예산의 범위에서 급식 또는 실비 지급 등을 할 수 있다.

② 병력동원훈련소집으로 입영한 사람이 복무 중 범죄로 인하여 구속되거나 정당한 사유 없이 복무기간의 3분의 1 이상의 일수를 초과하여 훈련을 받지 못한 경우에는 재소집할 수 있다.

③ 병력동원훈련소집의 해제에 필요한 사항은 대통령령으로 정한다.

제3절 전시근로소집

제53조【전시근로소집 대상 등】 ① 전시근로소집은 전시·사변 또는 이에 준하는 국가비상사태에 군사업무를 지원하기 위하여 다음 각 호의 어느 하나에 해당하는 사람을 대상으로 한다.

1. 제44조제2호의 보충역 중 병력동원소집 지정에서 제외된 사람
2. 전시근로역(「국가기술자격법」이나 그 밖의 다른 법령에 따라 면허나 자격을 취득한 사람 및 외국의 법령에 따라 기술면허나 자격을 취득한 사람으로서 행정안전부장관이 인정하는 사람은 제외한다)(2017.7.26 본호개정)

2의2. 대체역(대체복무요원은 제외한다)(2019.12.31 본호신설)

3. 제55조제3항에 따라 군사교육소집에서 제외된 사람(2016.5.29 본호개정)

② 제1항에 따른 전시근로소집 대상자에 대하여는 전시근로소집에 대비한 점검을 할 수 있으며, 기간은 연간 2일 이내로 한다.

제54조【전시근로소집 및 입영신체검사 등】 ① 전시근로소집 대상자의 지정·소집·입영신체검사·귀가 및 복무 등에 관하여는 제45조부터 제48조까지의 규정을 준용한다. 이 경우 "병력동원소집"은 "전시근로소집"으로, "병력동원소집 복무"는 "전시근로소집 복무"로 본다.

② 국방부장관은 제53조제1항제2호의2에 따라 전시근로소집된 사람에 대해서는 「대체역의 편입 및 복무 등에 관한 법률」 제16조제2항 각 호에 따른 행위를 하도록 하여서는 아니 된다.(2019.12.31 본항신설)

③ 국방부장관은 전시근로소집된 사람에 대하여는 제1항에도 불구하고 군부대 밖에서 거주하게 할 수 있으며, 예산의 범위에서 급식 또는 실비 지급 등을 할 수 있다.

제4절 군사교육소집
(2016.5.29 본절개정)

제55조【군사교육소집 대상 등】 ① 군사교육소집은 군사교육을 위하여 보충역과 승선근무예비역에 대하여 60일 이내로 실시할 수 있으며, 그 시기·소집기간·소집해제 등에 필요한 사항은 대통령령으로 정한다. 다만, 전시근로역에 대하여는 군사교육이 필요한 경우 소집할 수 있다.

② 국방상 필요한 경우에는 대통령령으로 정하는 바에 따라 예비역·보충역 또는 전시근로역에 대하여 진급시키거나 장교 또는 부사관 임용에 필요한 자격을 부여하기 위하여 제1항의 소집을 할 수 있다. 이 경우 소집기간은 120일 이내로 한다.(2023.10.31 전단개정)

③ 제1항에도 불구하고 보충역에 대하여는 신체등급·학력·연령 등 자질을 고려하여 군사교육소집을 실시하지 아니할 수 있으며, 그 기준은 병무청장이 정한다.

제56조【입영신체검사 및 복무 등】 ① (2020.12.22 삭제)

② 제55조제1항 단서 또는 제2항에 따라 군사교육소집된 예비역·보충역 또는 전시근로역의 입영신체검사 및 귀가에 관하여는 제47조를 준용한다. 이 경우 "병력동원소집"은 "군사교육소집"으로, "15일 이상의 치유기간"은 "7일 이상의 치유기간"으로 본다.

③ 군사교육소집으로 입영한 사람의 복무와 처우는 현역의 경우와 같이 한다.

國防

제7장 학생군사교육 및 의무장교 등의 병적 편입
(2009.6.9 본장개정)

제57조【학생군사교육 등】 ① 고등학교 이상의 학교에 다니는 학생에 대하여는 대통령령으로 정하는 바에 따라 일반군사교육을 할 수 있으며, 그 군사교육을 받은 사람에 대하여는 현역병(제21조 및 제25조에 따라 복무 중인 사람을 포함한다) 또는 사회복무요원의 복무기간을 단축할 수 있다.(2016.5.29 본항개정)
② 고등학교 이상의 학교에 학생군사교육단 사관후보생 또는 부사관후보생과정을 둘 수 있으며 그 과정을 마친 사람은 현역의 장교 또는 부사관의 병적에 편입할 수 있다.(2016.5.29 본항개정)
③ 제1항과 제2항에 따른 군사교육을 받은 사람에 대하여는 대통령령으로 정하는 바에 따라 예산의 범위에서 보수, 급식 또는 실비 지급 등을 할 수 있다.

제58조【의무·법무·군종·수의장교 등의 병적 편입】
① 현역병입영 대상자로서 다음 각 호의 어느 하나에 해당하는 사람은 원할 경우 의무·법무·군종 또는 수의(獸醫) 분야의 현역장교 병적에 편입할 수 있다. 이 경우 제3호에 따른 군종(軍宗) 분야의 병적편입 대상 종교의 선정기준과 군종 분야의 현역장교 선발 기준 및 절차 등에 필요한 사항은 대통령령으로 정한다.(2013.6.4 후단개정)
1. 의사·치과의사 또는 한의사 자격이 있는 사람
2. 판사·검사 또는 변호사 자격이 있는 사람
3. 학사 이상의 학위를 가진 목사·신부·승려 또는 그 밖에 이와 동등한 직무를 수행하는 사람으로서 각 소속 종교단체에서 자격을 인정한 사람
4. 수의사 자격이 있는 사람

② 다음 각 호의 어느 하나에 해당하는 사람 중 의무·법무·군종·수의사관후보생을 지원한 사람은 의무·법무·군종·수의사관후보생의 병적에 편입할 수 있으며, 그 편입 대상, 제한연령, 선발 기준 및 절차 등에 필요한 사항은 대통령령으로 정한다.(2013.6.4 본문개정)
1. 의사·치과의사 또는 한의사 자격이 있는 사람으로서 군전공의수련기관에서 정하여진 과정을 이수하고 있는 사람
2. 판사·검사 또는 변호사 자격을 얻기 위하여 해당 연수기관이나 법학전문대학원에서 정하여진 과정을 이수하고 있는 사람
3. 목사·신부·승려 또는 그 밖에 이와 동등한 직무를 수행하는 사람의 자격을 얻기 위하여 신학대학·불교대학 또는 그 밖에 성직자의 양성을 목적으로 하는 대학에 다니고 있는 사람
4. 수의사 자격을 얻기 위하여 수의과대학(수의학과가 설치된 대학의 수의학과를 포함한다)에 다니고 있는 사람

③ 제2항에 따라 의무·법무·군종·수의사관후보생의 병적에 편입된 사람은 35세까지 특수병과(特殊兵科)의 현역장교 병적에 편입할 수 있으며, 의무·법무·군종·수의사관후보생의 병적에서 제적된 사람은 그 신체등급에 따라 현역병으로 입영하게 하거나 사회복무요원으로 소집할 수 있다.(2016.5.29 본항개정)
④ 제1항·제3항 및 제59조에 따라 현역장교의 병적에 편입할 사람에 대하여는 군부대에 입영시켜 군사교육을 받게 할 수 있다.
⑤ 입영부대의 장은 제4항에 따른 사람이 군부대에 입영한 경우에는 입영한 날부터 7일(토요일 및 공휴일을 포함한다) 이내에 신체검사를 하여야 하며, 신체검사의 결과 질병 또는 심신장애로 인하여 현역 복무에 적합하지 아니하거나 15일 이상의 치유기간이 필요하다고 인정되는 사람에 대하여는 그 질병 또는 심신장애의 정도와 치유기간(치유기간을 알 수 있는 경우만 해당한다)을 명시하여 귀가시켜야 한다. 군사교육 중 질병 또는 심신장애로 15일 이상의 치유기간이 필요하다고 인정되는 사람에 대하여도 또한 같다.(2016.1.19 전단개정)
⑥ 병무청장은 제5항에 따라 귀가한 사람에 대하여는 대통령령으로 정하는 바에 따라 재신체검사를 한 후 신체등급에 따라 병역처분을 변경하거나 다시 입영시켜야 한다. 다만, 치유기간이 3개월 미만으로 명시되어 귀가한 사람에 대하여는 재신체검사를 하지 아니하고 다시 입영시킬 수 있다.(2016.5.29 본문개정)
⑦ 제1항에 따른 군종 분야 병적편입 대상 종교의 선정 및 군종 분야 현역장교의 선발 등에 관한 사항을 심의하기 위하여 국방부에 군종장교운영심사위원회를 두며, 그 구성 및 운영 등에 필요한 사항은 대통령령으로 정한다.
⑧ 제2항에 따라 의무·법무·수의사관후보생의 병적에 편입된 사람에 대한 의무·법무·수의 분야의 현역장교 선발 기준 및 절차 등에 필요한 사항은 대통령령으로 정한다.(2013.6.4 본항개정)

제59조【5급 공개경쟁 채용시험 합격자 등의 기본병과장교 병적 편입】 현역병입영 대상자로서 다음 각 호의 어느 하나에 해당하는 사람은 원할 경우 기본병과(基本兵科) 분야의 현역장교 병적에 편입할 수 있다. 이 경우 제2호부터 제4호까지에 해당하는 사람의 편입은 29세까지로 한다.(2016.5.29 후단개정)
1. 다음 각 목의 어느 하나에 해당하는 사람으로서 법무분야의 현역장교 병적에 편입되지 아니한 사람
가. 제58조제1항제2호에 해당하는 사람
나. 제58조제2항제2호에 해당하는 사람으로서 법무사관후보생 병적에 편입되어 법무사관후보생과정을 마친 사람
2. 「국가공무원법」에 따른 5급공무원 공개경쟁 채용시험에 합격한 사람
3. 「지방공무원법」에 따른 5급공무원 공개경쟁 임용시험에 합격한 사람
4. 「외무공무원법」 제10조제1항 단서에 따라 5등급 외무공무원으로 채용이 결정된 사람(2016.5.29 본호신설)
(2013.6.4 본조개정)

제8장 병역의무의 연기 및 감면
(2009.6.9 본장개정)

제60조【병역판정검사 및 입영 등의 연기】 ① 지방병무청장은 병역판정검사 또는 재병역판정검사 대상자로서 다음 각 호의 어느 하나에 해당하는 사람에 대하여는 병역판정검사 또는 재병역판정검사를 연기할 수 있다.(2016.5.29 본문개정)
1. 국외를 왕래하는 선박의 선원
2. 국외에 체재(滯在)하거나 거주하고 있는 사람
3. 범죄로 인하여 구속되거나 형의 집행 중에 있는 사람

② 지방병무청장은 병역판정검사 또는 재병역판정검사를 받은 사람으로서 다음 각 호의 어느 하나에 해당하는 사람과 제1항제1호부터 제3호까지에 해당하는 사람에 대하여는 징집이나 소집을 연기할 수 있다.(2016.5.29 본문개정)
1. 고등학교 이상의 학교에 다니고 있는 학생
2. 연수기관에서 정하여진 과정을 이수 중에 있는 사람
3. 국위선양을 위한 체육·대중문화예술 분야 우수자(2020.12.22 본호개정)

③ 제1항 또는 제2항에 따라 병역판정검사, 재병역판정검사, 징집 또는 소집이 연기된 사람으로서 병역판정검사, 재병역판정검사, 징집 또는 소집을 원하는 사람과 그 연기사유가 끝나는 사람에 대하여는 그 해 또는 그 다음 해에 병역판정검사 또는 재병역판정검사를 받게 하거나 징집 또는 소집한다.(2016.5.29 본항개정)
④ 제2항제3호에 해당하여 징집 또는 소집이 연기된 사람이 체육·대중문화예술 분야 우수자로서 품위를 손상하는 행위를 하는 등 대통령령으로 정하는 사유에 해당하게 된 경우에는 징집이나 소집의 연기를 취소할 수 있다.(2020.12.22 본항신설)
⑤ 제2항에 따라 징집이나 소집이 연기된 사람이 다시 징집되거나 소집될 때에는 그 징집되거나 소집되는 해의 병역처분기준에 따라 병역처분을 변경할 수 있다.
⑥ 제2항에 따른 학교·연수기관 및 체육·대중문화예술 분야 우수자의 범위와 연기의 제한 등에 필요한 사항은 대통령령으로 정한다.(2020.12.22 본항개정)
(2016.5.29 본조제목개정)

제61조【의무이행일의 연기】 ① 병역판정검사, 재병역판정검사, 징집 또는 소집 통지서를 받은 사람 또는 받을 사람으로서 질병·심신장애·재난 또는 취업(「공직선거법」 제2조에 따른 국회의원선거, 지방의회의원 및 지방자치단체의 장의 선거에 의하여 취임하는 경우를 포함한다) 등 대통령령으로 정하는 사유로 의무이행일에 의무를 이행하기 어려운 사람은 원할 경우 그 날짜를 연기할 수 있다. 다만, 병역판정검사 대상자, 재병역판정검사 대상자, 현역병입영 대상자, 사회복무요원 소집 대상자 및 대체복무요원 소집 대상자의 의무이행일 연기는 30세를 초과할 수 없다.(2023.6.20 본문개정)
② 제1항에 따라 의무이행일이 연기된 사람에 대하여는 다시 날짜를 정하여 통지서를 송달하여야 한다. 다만, 징집 또는 소집 통지서를 받은 사람이나 받을 사람으로서 질병 또는 심신장애로 병역을 감당할 수 없다고 인정되는 사람에 대하여는 신체검사를 받게 하여 병역처분을 변경할 수 있다.
③ 제1항에도 불구하고 다음 각 호의 어느 하나에 해당하는 경우에는 지방병무청장이 그 사유 해소 시까지 직권으로 의무이행일을 연기할 수 있다. 다만, 제3호에 따른 연기기간은 1년을 초과할 수 없다.
1. 행방을 알 수 없는 경우
2. 재난 등 대통령령으로 정하는 사유로 입영일 등의 연기원서를 제출하기 곤란한 경우
3. 금고 이상의 형으로 처벌될 수 있는 범죄행위로 인하여 수사가 진행 중인 사람에 대하여 관할 수사기관의 장이 입영일 등의 연기를 요청한 경우
(2021.4.13 본항개정)
(2016.5.29 본조개정)

제62조【가사사정으로 인한 전시근로역 편입 등】 ① 현역병입영 대상자로서 제1호에 해당하는 사람은 원할 경우 전시근로역으로, 제2호에 해당하는 사람은 원할 경우 보충역으로 처분할 수 있다.(2016.5.29 본문개정)
1. 본인이 아니면 가족의 생계를 유지할 수 없는 사람
2. 부모·배우자 또는 형제자매 중 전사자·순직자가 있거나 전상(戰傷)이나 공상(公傷)으로 인한 장애인이 있는 경우의 1명

② 보충역으로서 제1항제1호에 해당하는 사람은 원할 경우 전시근로역에 편입할 수 있다.(2016.5.29 본항개정)
③ 제1항에 따른 가족의 범위, 생계유지곤란의 기준·출원시기, 전사자·순직자의 범위 및 전상·공상으로 인한 장애인의 범위 등에 필요한 사항은 대통령령으로 정한다.
(2016.5.29 본조제목개정)

제63조【가사사정으로 인한 전역 등】 ① 현역병(제21조 및 제25조에 따라 복무 중인 사람을 포함한다. 이하 이 조에서 같다)으로서 제62조제1항제1호에 해당하는 사람은 원할 경우 전시근로역에 편입할 수 있다.(2016.5.29 본항개정)
② 현역병 또는 사회복무요원으로 복무 중인 사람으로서 제62조제1항제2호에 해당하는 사람은 원할 경우 복무기간을 6개월로 단축할 수 있으며, 복무기간을 마친 사람은 보충역에 편입하거나 소집을 해제한다.(2013.6.4 본항개정)
③ 병력동원소집이나 전시근로소집에 의하여 복무 중인 병(소집 통지서를 받은 사람을 포함한다)으로서 제62조제1항제1호에 해당하는 사람은 원할 경우 전시근로역에 편입하거나 소집을 해제 또는 연기할 수 있다.
(2016.5.29 본항개정)

제63조의2【가사사정으로 인한 대체역의 소집해제 등】
① 대체역으로서 제62조제1항제1호에 해당하는 사람은 원할 경우 대체복무요원 소집을 하기 전이면 대체복무요원 소집을 면제할 수 있으며, 대체복무요원 복무 중이면 소집을 해제할 수 있다.
② 대체복무요원으로서 제62조제1항제2호에 해당하는 사람은 원할 경우 복무기간을 6개월로 단축할 수 있으며, 복무기간을 마친 사람은 소집을 해제한다.
(2019.12.31 본조신설)

제64조【병역준비역의 병역면제 등】 ① 지방병무청장은 병역준비역으로서 제1호(신체등급이 6급에 해당하는 사람만 해당한다) 또는 제2호에 해당하는 사람은 원할 경우 병역판정검사를 하지 아니하고 병역을 면제할 수 있고, 제1호에 해당하는 사람 중에서 신체등급이 5급에 해당하는 사람과 제3호에 해당하는 사람은 원할 경우 병역판정검사를 하지 아니하고 전시근로역에 편입할 수 있다. 다만, 제1호에 따라 병역을 면제받은 사람 또는 전시근로역으로 편입된 사람 중 19세 이전에 장애상태가 변하여 「장애인복지법」 제2조에 따른 장애 정도가 조정되거나 같은 법 제32조에 따른 장애인등록증 반환사유가 발생한 경우에는 그 처분을 취소하고 병역판정검사를 받게 할 수 있다.(2017.12.19 단서개정)
1. 전신기형, 질병, 심신장애 등으로 인하여 병역을 감당할 수 없는 사람(2010.1.25 본호개정)
2. 군사분계선 이북지역에서 이주하여 온 사람
3. 제65조제1항제2호 및 제3호의 사유에 해당되는 사람(2016.1.19 본호개정)

② 제1항에 해당하는 사람의 범위와 출원절차 등에 필요한 사항은 대통령령으로 정한다.(2010.1.25 본항개정)
(2016.5.29 본조제목개정)

제65조【병역처분 변경 등】 ① 현역병(제21조 및 제25조에 따라 복무 중인 사람과 현역병입영 대상자를 포함한다), 승선근무예비역 또는 보충역으로서 제1호에 해당하는 사람에 대하여는 신체검사를 거쳐 보충역 편입·전시근로역 편입 또는 병역면제 처분을 할 수 있고, 제2호 및 제3호에 해당하는 사람에 대하여는 보충역 편입 또는 전시근로역 편입을 할 수 있다.(2016.5.29 본문개정)
1. 전상·공상·질병 또는 심신장애로 인하여 병역을 감당할 수 없는 사람
2. 수형자(受刑者)로서 대통령령으로 정하는 사람(2016.1.19 본호개정)
3. 「국적법」에 따른 귀화 및 그 밖에 대통령령으로 정하는 사유로 병역에 적합하지 아니하다고 인정되는 사람(2016.1.19 본호신설)

② 현역병(제21조 및 제25조에 따라 복무 중인 사람을 포함한다), 승선근무예비역 또는 보충역으로 복무 중인 사람이 가족과 같이 국외로 이주하는 경우에는 대통령령으로 정하는 바에 따라 보충역에 편입하거나 사회복무요원 소집을 해제할 수 있다.(2016.5.29 본항개정)
③ 현역병(제25조에 따라 복무 중인 사람을 포함한다)으로 복무하고 있는 사람 중 자녀 출산으로 인하여 상근예비역으로 복무하기를 원하는 경우에는 대통령령으로 정하는 바에 따라 예비역에 편입할 수 있다.(2016.5.29 본항개정)
④ 예비역 또는 전시근로역으로서 제1항제1호에 따른 사유로 병역을 감당할 수 없는 사람은 원할 경우 신체검사를 거쳐 보충역·전시근로역에 편입하거나 병역면제의 처분을 할 수 있다.(2016.5.29 본항개정)
⑤ 예비역의 병 중 수형자(受刑者)에 대하여는 대통령령으로 정하는 바에 따라 전시근로역에 편입할 수 있다.
(2016.5.29 본항개정)
⑥ 제2항에 따라 가족과 같이 국외이주하는 사유로 보충역에 편입되거나 사회복무요원 소집이 해제된 사람이 국내에서 영주할 목적으로 귀국하는 등 대통령령으로 정하는 사유에 해당하는 경우에는 그 처분을 취소하고 병역의무를 부과할 수 있다.(2013.6.4 본항개정)
⑦ 지방병무청장은 사회복무요원 소집 대상인 보충역이면서 제60조제1항제1호에 따른 사유로 국외를 왕래하는 선박의 선원으로서 대통령령으로 정하는 날부터 3년 이상 사회복무요원 소집이 연기된 사람에 대하여는 제55조에 따른 군사교육소집을 하며, 그 군사교육소집을 마치면 사회복무요원의 복무를 마친 것으로 본다.(2016.5.29 본항개정)

⑧ 지방병무청장은 다음 각 호의 어느 하나에 해당하는 사람이 현역 또는 사회복무요원의 복무를 원하는 경우에는 대통령령으로 정하는 바에 따라 처분을 취소하고 병역처분을 변경할 수 있다.
1. 보충역(사회복무요원과 사회복무요원 소집 대상인 보충역만 해당하며, 제1항제2호에 따라 보충역으로 편입되거나 제11항 전단에 따라 병역처분이 변경된 사람은 제외한다)(2021.4.13 본호신설)
2. 전시근로역으로서 질병 또는 심신장애가 치유되었거나 학력이 변동된 사람(2021.4.13 본호개정)
3. 제64조제1항제2호에 해당되어 병역이 면제된 사람(2017.3.21 본항개정)
⑨ 지방병무청장은 사회복무요원 소집 대상자가 제27조에 따라 결정된 사회복무요원 배정인원보다 많은 경우에는 소집 대상자의 학력 또는 보충역 편입연도 등을 고려하여 대통령령으로 정하는 기준에 따라 그 중 일부를 전시근로역에 편입할 수 있다.(2016.5.29 본항개정)
⑩ 지방병무청장은 사회복무요원 소집 대상인 보충역이 대통령령으로 정하는 기간 내에 학력(「초·중등교육법」 제2조에 따른 학교를 졸업한 사람과 동등한 학력으로 인정받는 경우를 포함한다)이 변동되는 경우 변동되는 해의 병역처분기준에 따라 병역처분을 변경할 수 있다.(2017.3.21 본항신설)
⑪ 제1항 또는 제4항에도 불구하고 신체등급 판정이 곤란한 질병이 있거나 정신적 장애 등으로 인하여 계속 복무하는 것이 적합하지 아니하다고 인정되는 사람(현역병, 전환복무에 따라 복무 중인 사람, 상근예비역 또는 사회복무요원에 한정한다)과 외관상 명백한 신체적 장애가 있는 사람에 대하여는 신체검사를 거치지 아니하고 병역처분을 변경할 수 있다. 이 경우 처분변경의 기준, 방법, 절차 등에 필요한 사항은 대통령령으로 정한다.(2016.5.29 본항개정)
⑫ 제2항에 따른 가족의 범위에 관하여는 대통령령으로 정한다.
⑬ 사회복무요원으로 복무 중 제8항에 따라 병역처분이 변경되어 현역병으로 입영한 사람에 대해서는 대통령령으로 정하는 기준에 따라 복무기간을 단축할 수 있다.(2017.3.21 본항신설)
(2013.6.4 본조제목개정)

제65조의2【대체역의 병역처분 변경 등】 ① 대체역으로서 제65조제1항제1호에 해당하는 사람에 대해서는 신체검사를 거쳐 소집을 면제 또는 해제하거나 병역면제 처분을 할 수 있으며, 같은 항 제3호에 해당하는 사람에 대해서는 소집을 면제하거나 해제할 수 있다.
② 대체복무요원으로 복무 중인 사람이 가족과 같이 국외로 이주하는 경우에는 대통령령으로 정하는 바에 따라 대체복무요원 소집을 해제할 수 있다.
③ 제2항에 따라 대체복무요원 소집이 해제된 사람이 국내에서 영주할 목적으로 귀국하는 등 대통령령으로 정하는 사유에 해당하는 경우에는 그 처분을 취소하고 병역의무를 부과할 수 있다.
④ 제2항에 따른 가족의 범위는 대통령령으로 정한다.(2019.12.31 본조신설)

제66조【장교 등의 보충역 편입 및 취소】 ① 현역 및 예비역의 장교·준사관 또는 부사관이 「군인사법」에 따른 임용결격사유에 해당하여 제적되거나 그 신분이 상실된 경우에는 보충역의 장교·준사관 또는 부사관에 편입한다.
② 의무·법무·군종 및 수의 분야의 예비역장교는 그 자격을 상실하거나 면허가 취소된 경우에는 그 신분이 상실되며, 보충역에 편입한다.
③ 제1항과 제2항에 따라 보충역에 편입된 사람 중 보충역 편입사유가 소멸된 사람으로서 다음 각 호에 해당하는 사람에 대하여는 그 사람이 원할 경우 보충역 편입처분을 취소할 수 있다. 이 경우 그 취소처분의 효력은 소급하지 아니한다.
1. 사상이 건전할 것
2. 품행이 단정할 것
3. 체력이 강건할 것(제4항에 따른 퇴역(退役) 또는 면역(免役) 대상자의 경우는 제외한다)
④ 제3항에 따라 보충역 편입처분이 취소된 사람으로서 그 취소된 날에 보충역 편입 당시 계급이 「군인사법」의 연령정년을 초과하지 아니한 사람은 그 계급의 예비역에 편입하되, 심신장애로 인하여 예비역을 감당할 수 없는 사람과 연령정년을 초과한 사람은 퇴역시킨다.
⑤ 제3항에 따른 보충역 편입처분의 취소와 제4항에 따른 예비역 편입 등의 절차에 필요한 사항은 대통령령으로 정한다.

제67조【병력동원소집 또는 전시근로소집 순위의 후순위 조정】 ① 지방병무청장은 병력동원소집 또는 전시근로소집 대상자로서 전시 국가동원기능을 수행하는 국가기관이나 방위산업체 등에 복무하는 사람 중 특별히 필요하다고 인정되는 사람에 대하여는 대통령령으로 정하는 바에 따라 소집 순위를 후순위로 조정할 수 있다.(2016.5.29 본항개정)
② 고용주(고용주를 위하여 인사관리를 담당하는 사람을 포함한다. 이하 같다)는 제1항에 따라 소집 순위가 후순위로 조정된 사람이 퇴직 또는 보직변경 등으로 후순위 조정 대상에서 제외된 경우에는 14일 이내에 관할 지방병무청장에게 통보하여야 한다.

제68조【병역의무의 연기 및 감면의 제한】 제86조부터 제88조까지 또는 제94조에 규정된 죄를 지은 사람, 징집 또는 소집 후 복무를 이탈한 사람과 고의로 병역의무의 연기 또는 감면사유를 발생하게 한 사람에 대하여는 다음 각 호의 처분을 하지 아니한다. 다만, 본인이 아니면 가족의 생계를 유지할 수 없는 사람의 경우에는 고의로 그 사유를 발생하게 한 사람을 제외하고는 그러하지 아니하다.
1. 제21조의2, 제33조의7 및 제36조에 따른 승선근무예비역, 예술·체육요원, 전문연구요원 및 산업기능요원 편입(2016.1.19 본호개정)
2. 제60조제1항제1호·제2호 및 같은 조 제2항에 따른 병역판정검사, 재병역판정검사 및 징집 또는 소집의 연기(2016.5.29 본호개정)
3. 제62조에 따른 가사사정으로 인한 전시근로역 편입 또는 보충역 편입(2016.5.29 본호개정)
4. 제63조에 따른 가사사정으로 인한 현역병 또는 사회복무요원의 복무기간 단축(2013.6.4 본호개정)
5. 제63조의2에 따른 대체역의 소집면제, 소집해제 또는 복무기간 단축(2019.12.31 본호신설)

제9장 병역의무자의 거주지이동 및 국외여행 (2009.6.9 본장개정)

제69조【거주지이동 신고 등】 ① 병역의무자(현역 및 대체복무요원은 제외한다. 이하 이 조에서 같다)가 거주지를 이동한 경우에는 14일 이내에 「주민등록법」 제16조에 따라 전입신고를 하여야 한다.(2019.12.31 본항개정)
② 행정안전부장관은 병역의무자의 관리를 위하여 제1항에 따른 거주지이동 등 병역의무자의 신상변동사항을 병무청장에게 통보하여야 한다.(2017.7.26 본항개정)
③ 제2항에 따른 통보절차 등에 필요한 사항은 대통령령으로 정한다.

제69조의2【병역처분사항 등의 통보】 ① 병무청장은 병역의무자의 병역처분사항(변경처분사항을 포함한다. 이하 같다)과 입영·전역 또는 소집해제 등 주민등록표의 정리에 필요한 신상변동사항에 관한 자료를 행정안전부장관에게 통보하여야 한다.(2017.7.26 본항개정)
② 제1항에 따라 통보하는 자료의 내용·범위 및 절차 등에 필요한 사항은 대통령령으로 정한다.

제70조【국외여행의 허가 및 취소】 ① 병역의무자로서 다음 각 호의 어느 하나에 해당하는 사람이 국외여행을 하려면 병무청장의 허가를 받아야 한다.
1. 25세 이상인 병역준비역, 보충역 또는 대체역으로서 소집되지 아니한 사람(2019.12.31 본호개정)
2. 승선근무예비역, 보충역 또는 대체복무요원으로 복무 중인 사람(2019.12.31 본호개정)
② 병무청장은 정당한 사유 없이 병역판정검사, 재병역판정검사, 확인신체검사나 입영을 기피한 사실이 있거나 기피하고 있는 사람 등 대통령령으로 정하는 사람에 대하여는 다음 각 호의 기준에 따라 처리하여야 한다. 다만, 가족의 사망 등 불가피한 사유로서 대통령령으로 정하는 경우에는 그러하지 아니하다.(2016.5.29 본문개정)
1. 제1항에 따른 국외여행허가 대상자인 경우에는 국외여행허가를 하여서는 아니 된다.
2. 25세 미만으로 병역준비역, 보충역 또는 대체역으로서 소집되지 아니한 사람인 경우에는 국외여행이 제한되도록 필요한 조치를 취하여야 한다.(2019.12.31 본호개정)
③ 국외여행의 허가를 받은 사람이 허가기간에 귀국하기 어려운 경우에는 기간만료 15일 전까지, 25세가 되기 전에 출국한 사람은 25세가 되는 해의 1월 15일까지 병무청장의 기간연장허가 또는 국외여행허가를 받아야 한다.
④ 제1항 및 제3항에 따른 국외여행허가 또는 기간연장허가의 범위 및 절차에 관하여는 대통령령으로 정한다.
⑤ 병무청장은 국외여행허가 또는 기간연장허가를 한 경우에는 그 사실을 법무부장관에게 통보하여야 한다.
⑥ 병무청장은 제33조의10제3항에 따라 의무복무기간이 연장된 예술·체육요원에 대해서는 제1항에 따른 국외여행허가 및 제3항에 따른 기간연장 허가를 하여서는 아니된다.(2021.4.13 본항신설)
⑦ 제1항 및 제3항에 따라 국외여행허가 또는 기간연장허가를 받은 사람이 국내에서 영주할 목적으로 귀국하는 등 대통령령으로 정하는 사유에 해당하는 경우에는 국외여행허가 또는 기간연장허가를 취소하고 병역의무를 부과할 수 있다.

제10장 병역의무의 종료 (2009.6.9 본장개정)

제71조【입영의무 등의 감면】 ① 병역판정검사, 재병역판정검사, 확인신체검사, 현역병입영 또는 사회복무요원·대체복무요원 소집 의무는 36세부터 면제되며, 면제된 사람(대체복무요원 소집 의무가 면제된 사람은 제외한다)은 전시근로역에 편입한다. 다만, 다음 각 호의 어느 하나에 해당하는 사람은 38세부터 면제된다.(2019.12.31 본문개정)
1. 정당한 사유 없이 병역판정검사, 재병역판정검사, 확인신체검사, 현역병입영 또는 사회복무요원·대체복무요원 소집을 기피한 사실이 있거나 기피하고 있는 사람과 행방을 알 수 없었거나 알 수 없는 사람(2019.12.31 본호개정)
1의2. 제23조의4제1항에 따라 승선근무예비역의 편입이 취소된 사람(2010.1.25 본호신설)
2. 제33조의10제4항제3호부터 제7호까지의 규정에 따라 예술·체육요원의 편입이 취소된 사람(2021.4.13 본호개정)
3. 제35조제2항, 제35조의2제2항 또는 제35조의3제2항에 따라 공중보건의사·병역판정검사전담의사·공익법무관 또는 공중방역수의사의 편입이 취소된 사람(2016.5.29 본호개정)
4. 제41조제1항에 따라 전문연구요원 또는 산업기능요원의 편입이 취소된 사람
4의2. 「대체역의 편입 및 복무 등에 관한 법률」 제25조제1항에 따라 대체역 편입이 취소된 사람(2019.12.31 본호신설)
5. 제58조제3항에 따른 의무·법무·군종·수의사관후보생의 병적에서 제적된 사람
6. 제60조제1항제2호의 사유로 병역판정검사, 재병역판정검사 또는 입영 등이 연기된 사람(2016.5.29 본호개정)
7. 제65조제2항 또는 제65조의2제2항의 사유로 보충역에 편입되거나 사회복무요원·대체복무요원 소집이 해제된 사람(2019.12.31 본호개정)
8. 제65조제6항 또는 제65조의2제3항에 따라 보충역 편입처분이나 사회복무요원·대체복무요원 소집의 해제처분이 취소된 사람(2019.12.31 본호개정)
9. 제70조제1항 또는 제3항에 따른 허가를 받지 아니하고 출국한 사람, 국외에서 체류하고 있는 사람 또는 정당한 사유 없이 허가된 기간에 귀국하지 아니한 사람
10. 거짓이나 그 밖의 부정한 방법으로 병역면제·전시근로역 또는 보충역의 처분을 받고 그 처분이 취소된 사람(2016.5.29 본호개정)
11. 「국적법」 제9조에 따라 국적회복허가를 받아 대한민국의 국적을 취득한 사람. 다만, 귀화에 의하여 대한민국의 국적을 취득한 사람은 제외한다.
12. 29세 이후에 병무청장 또는 지방병무청장(병무지청장을 포함한다)을 피고로 행정소송을 제기하여 패소의 판결이 확정된 사람(2010.1.25 본호신설)
② 제1항 단서에 따라 현역병으로 입영하여야 할 사람 중 36세 이상인 사람은 사회복무요원으로 복무하게 할 수 있다.(2013.6.4 본항개정)
③ 제33조의10제4항제1호·제2호의 사유로 편입이 취소된 사람에 대하여는 제1항을 적용하지 아니한다.(2016.1.19 본항개정)

제72조【병역의무의 종료】 ① 현역·예비역·보충역의 병, 전시근로역 및 대체역의 병역의무는 40세까지로 하고, 예비역·보충역의 장교·준사관 및 부사관의 병역의무는 「군인사법」에 따른 그 계급의 연령정년이 되는 해까지로 한다.
② 제1항에 따른 병역의무기간을 마치면 장교·준사관 및 부사관의 경우는 퇴역이 되고, 병 및 대체역의 경우는 면역이 된다.
(2019.12.31 본조개정)

제11장 병역의무 이행자 등에 대한 권익보장 (2009.6.9 본장개정)

제73조【복학보장 및 군복무 중 학점취득 인정】 ① 고등학교 이상의 학교의 장은 징집·소집 또는 지원에 의하여 입영하거나 소집 등에 의한 승선근무예비역, 보충역 또는 대체복무요원 복무를 하는 학생에 대해서는 입영 또는 복무와 동시에 휴학하게 하고, 그 복무를 마쳤을 때에는 원할 경우 복학시켜야 한다. 등록기간이 지났어도 학사일정에 지장이 없는 사람은 원할 경우 복학시켜야 한다.(2019.12.31 전단개정)
② 제1항의 학교(고등학교 또는 이에 해당하는 학력인정을 받은 교육시설은 제외한다)의 장은 제1항에 따라 입영 또는 복무로 인하여 휴학 중인 사람이 방송·통신 또는 인터넷 등 정보통신망을 활용한 원격수업을 수강하여 학점을 취득하려는 경우 학칙으로 정하는 바에 따라 등록을 허용할 수 있다.
③ 입영부대 또는 복무기관의 장은 징집 또는 지원에 의한 복무로 휴학 중인 사람이 제2항에 따라 등록이 허용된 경우 복무에 지장이 없는 범위에서 원격수업을 수강할 수 있도록 하고, 원격수업의 수강에 필요한 통신장비 및 시설을 갖추도록 노력하여야 한다.(2013.6.4 본항신설)
④ 국방부장관은 교육부장관과 협의하여 병역의무를 이행 중인 사람의 학점취득 인정이 확대되도록 필요한 조치를 하여야 하고, 제2항에 따른 학교의 장과 협의하여 비용의 지원이나 그 밖에 학점취득 인정에 필요한 조치를 하도록 노력하여야 한다.(2014.5.9 본항신설)

제74조【복직보장 등】 ① 국가기관, 지방자치단체의 장 또는 고용주는 소속 공무원이나 임직원이 징집·소집 또는 지원에 의하여 입영하거나 소집 등에 의한 승선근무예비역, 보충역 또는 대체복무요원 복무(해당 기관 등에서 재직하면서 승선근무예비역 또는 보충역 복무를 하는 사람은 제외한다)를 하게 된 경우에는 휴직하게 하고, 그 복무를 마치면 복직시켜야 한다. 다만, 그 공무원이나 임직원이 복무 중 범죄행위로 인하여 제적·전역 또는 소

國防

집해제된 경우에는 그러하지 아니하다.(2019.12.31 본문개정)
② 국가기관, 지방자치단체의 장 또는 고용주는 제1항에 따라 휴직한 사람에 대하여는 승진에서 의무복무기간을 실제근무기간으로 산정(算定)하여야 하며, 군(軍)이나 의무복무기관에서 지급하는 보수와 입영 또는 소집 등에 의한 승선근무예비역, 보충역 또는 대체복무요원 복무 전(前) 보수의 차액의 범위에서 상당한 보수를 지급할 수 있다. 다만, 소집 등에 의한 승선근무예비역, 보충역 또는 대체복무요원의 의무복무기간을 마친 사람의 의무복무기간을 실제근무기간으로 산정하여야 할 기간은 징집에 의하여 입영한 육군 현역병의 복무기간의 범위에서 대통령령으로 정한다.(2019.12.31 본항개정)
③ 국가기관, 지방자치단체의 장 또는 고용주는 공무원이나 임직원의 임용·채용 및 승진에서 징집·소집 등 병역의무를 이행할 것, 이행하고 있는 것(재직하면서 승선근무예비역 또는 보충역 복무를 하는 사람만 해당한다) 또는 이행하였던 것을 이유로 불리한 처우를 하지 못한다.
(2010.1.25 본조개정)
제74조의2【채용 시의 우대 등】 ①「국가유공자 등 예우 및 지원에 관한 법률」제30조에 따른 취업지원 실시기관의 장은 소집 등에 의한 승선근무예비역, 보충역(사회복무요원은 제외한다. 이하 이 조에서 같다) 또는 대체복무요원 복무를 마친 사람이 채용시험에 응시하는 경우에는 대통령령으로 정하는 바에 따라 3세의 범위에서 응시상한연령을 연장하여야 한다.
② 승선근무예비역, 보충역 또는 대체복무요원 복무 중인 사람이 복무 만료 예정일 전 6개월 이내에 채용시험에 응시하는 경우에는 복무를 마친 사람으로 본다.
(2019.12.31 본조개정)
제74조의3【병력동원 및 훈련 관련 학업 보장】 고등학교 이상의 학교의 장은 다음 각 호에 따른 소집 등(이하 "병력동원소집등"이라 한다)에 응하여 의무를 이행하는 학생에 대해서는 그 소집된 기간을 결석으로 처리하거나 그 소집을 이유로 불리하게 처우하지 못한다.
(2019.12.31 본문개정)
1. 제44조부터 제54조까지의 규정에 따른 병력동원소집, 병력동원훈련소집, 전시근로소집 또는 전시근로소집점검(2019.12.31 본호신설)
2. 「대체역의 편입 및 복무 등에 관한 법률」제26조제1항에 따른 예비군대체복무(이하 "예비군대체복무"라 한다) 소집(2019.12.31 본호신설)
제74조의4【병력동원 및 훈련 관련 직장 보장】 국가기관·지방자치단체의 장 또는 고용주는 소속 공무원 또는 소속 임직원이 병력동원소집등에 응하여 그 의무를 이행하는 때에는 그 소집된 기간을 휴무로 처리하거나 그 소집을 이유로 불리하게 처우하지 못한다.(2015.12.15 본조신설)
제75조【보상 및 치료】 ① 다음 각 호의 어느 하나에 해당하는 사람은 「국가유공자 등 예우 및 지원에 관한 법률」 또는 「보훈보상대상자 지원에 관한 법률」에서 정하는 바에 따라 보상을 받을 수 있다.
1. 군복무(징집·소집되어 입영 중인 사람을 포함한다) 중 전사·순직한 사람의 유족과 전상·공상 또는 공무상 질병으로 인하여 전역하거나 병역이 면제된 사람 및 그 가족
2. 병력동원소집등(예비군대체복무 소집은 제외한다. 이하 이 호에서 같다)으로 임무수행 또는 훈련 중(병력동원소집등에 응하여 지정된 장소로 이동 중이거나 병력동원소집등의 해제 후 귀가 중인 경우를 포함한다. 이하 이 조와 제75조의2에서 같다)에 부상을 입거나 사망(부상으로 인하여 사망한 경우를 포함한다. 이하 이 조와 제75조의2에서 같다)한 사람 및 그 가족(2019.12.31 본호개정)
(2015.12.15 본항개정)
② 사회복무요원 또는 대체복무요원으로 복무하거나 예비군대체복무로 임무수행 또는 훈련 중(예비군대체복무 소집에 응하여 지정된 장소로 이동 중이거나 예비군대체복무 소집이 해제된 후 귀가 중인 경우를 포함한다) 순직한 사람(공상 또는 공무상 질병으로 사망한 사람을 포함한다. 이하 같다)의 유족과 공상(공무상 질병을 포함한다)을 입고 소집해제된 사람(전시근로역에 편입되거나 병역이 면제된 사람을 포함한다) 및 그 가족은 「국가유공자 등 예우 및 지원에 관한 법률」 또는 「보훈보상대상자 지원에 관한 법률」에서 정하는 바에 따라 보상을 받을 수 있다.(2019.12.31 본항개정)
③ 제2항의 경우 순직한 사람의 유족은 「국가유공자 등 예우 및 지원에 관한 법률」 제4조제1항제5호에 따른 순직군경의 유족 또는 「보훈보상대상자 지원에 관한 법률」 제2조제1항제1호에 따른 재해사망군경의 유족으로 보고, 공상(공무상 질병을 포함한다)을 입고 소집해제된 사람(전시근로역에 편입되거나 병역이 면제된 사람을 포함한다) 및 그 가족은 「국가유공자 등 예우 및 지원에 관한 법률」 제4조제1항제6호에 따른 공상군경과 그 가족 또는 「보훈보상대상자 지원에 관한 법률」 제2조제1항제2호에 따른 재해부상군경과 그 가족으로 본다.(2016.5.29 본항개정)
④ 사회복무요원 또는 대체복무요원으로 복무 중에 공상 또는 공무상 질병을 얻은 사람에 대하여는 대통령령으로 정하는 바에 따라 국가·지방자치단체 또는 공공단체 등의 부담으로 군의료시설이나 국가·지방자치단체 또는 민간 의료시설에서 치료한다.(2019.12.31 본항개정)
⑤ 제55조제1항에 따른 군사교육소집이나 제57조제1항 또는 제2항에 따른 학생군사교육 중 그 군사교육이 직접적인 원인이 되어 사망하거나 부상한 사람에 대하여는 제1항과 제4항을 준용한다.(2016.5.29 본항개정)
⑥ 다음 각 호의 어느 하나에 해당하는 사람에 대하여는 대통령령으로 정하는 바에 따라 국가의 부담으로 군의료시설이나 국가·지방자치단체의 의료시설 또는 민간의료시설에서 치료할 수 있다. 다만, 제3호에 해당하는 사람은 「예비군법」 제9조를 준용한다.(2016.5.29 단서개정)
1. 제11조, 제14조, 제14조의2, 제14조의3, 제20조제1항 또는 제77조의2에 따른 병역판정검사, 재병역판정검사, 입영판정검사, 신체검사(재신체검사를 포함한다), 체력검사 또는 확인신체검사(이하 "병역판정검사등"이라 한다)가 직접적인 원인이 되어 치료 등이 필요하게 된 사람(2023.6.20 본호개정)
2. 징집·소집되어 입영 중에 부상을 입은 사람
3. 병력동원소집등으로 임무수행 또는 훈련 중에 부상을 입은 사람
4. 병역판정검사등에 응하여 지정된 장소로 직접 이동 중이거나 검사 후 지체 없이 귀가 중에 부상을 입은 사람
(2023.6.20 본호신설)
(2015.12.15 본항개정)
제75조의2【재해 등에 대한 보상】 ① 사회복무요원 또는 대체복무요원으로 복무 중에 순직(공상 또는 공무상 질병으로 사망한 경우를 포함한다)하거나 공상 또는 공무상 질병을 얻은 경우에는 재해보상금을 지급한다. 다만, 다른 법령에 따라 국가·지방자치단체 또는 공공단체가 부담하는 같은 종류의 보상금을 받은 사람에 대하여는 그 보상금에 상당하는 금액은 지급하지 아니한다.
(2019.12.31 본문개정)
② 제1항에 따른 보상금은 국가·지방자치단체 또는 공공단체가 부담한다.
③ 제1항과 제2항에 따른 보상금의 액수와 지급 등에 필요한 사항은 대통령령으로 정한다.
④ 병력동원소집등으로 임무수행 또는 훈련 중에 부상을 입거나 사망한 사람에게는 재해보상금을 지급하고, 제75조제6항제3호에 따른 사람에게는 치료로 인하여 생업에 종사하지 못한 기간 동안의 휴업 보상금을 지급한다. 다만, 다른 법률에 따라 국가나 지방자치단체가 부담하는 같은 종류의 보상금을 받은 사람에게는 그 보상금에 상당하는 금액은 지급하지 아니한다.(2015.12.15 본항신설)
⑤ 제4항에 따른 재해보상금 및 휴업 보상금에 관하여는 「예비군법」 제8조의2를 준용한다.(2016.5.29 본항개정)
제75조의3【보험가입 등】 ① 국가·지방자치단체 또는 공공단체 등은 제75조제4항에 따른 치료비 또는 제75조의2제1항에 따른 재해보상금의 지급을 위한 보험에 가입할 수 있다.
② 국방부장관은 다음 각 호의 어느 하나에 해당하는 사람이 복무기간 동안 교육훈련 또는 업무수행 등으로 질병에 걸리거나 상해를 입은 경우 치료비 지급 등 적절한 치료를 지원하기 위하여 보험에 가입할 수 있다.
1. 상근예비역
2. 현역병
(2020.12.22 본항신설)
③ 국방부장관은 제2항의 보험가입과 관련하여 필요한 경우 「개인정보 보호법」 제19조에 불구하고 병무청 등 관계 행정기관에 성명, 주민등록번호, 병적번호, 입영일자 등을 포함한 개인정보의 제공을 요청할 수 있다. 이 경우 요청을 받은 자는 특별한 사유가 없으면 그 요청에 따라야 한다.(2020.12.22 본항신설)
④ 국방부장관은 제2항 및 제3항에 따른 보험가입 등 업무의 일부를 대통령령으로 정하는 관계 전문기관에 위탁할 수 있다.(2020.12.22 본항신설)
(2020.12.22 본조제목개정)
(2014.5.9 본조신설)
제76조【병역의무 불이행자에 대한 제재】 ① 국가기관, 지방자치단체의 장 또는 고용주는 다음 각 호의 어느 하나에 해당하는 사람을 공무원이나 임직원으로 임용하거나 채용할 수 없으며, 재직 중인 경우에는 해직하여야 한다.
1. 병역판정검사, 재병역판정검사 또는 확인신체검사를 기피하고 있는 사람(2016.5.29 본호개정)
2. 징집·소집을 기피하고 있는 사람
3. 군복무 및 사회복무요원 또는 대체복무요원 복무를 이탈하고 있는 사람(2019.12.31 본호개정)
② 국가기관 또는 지방자치단체의 장은 제1항 각 호의 어느 하나에 해당하는 사람에 대하여는 각종 관허업(官許業)의 특허·허가·인가·면허·등록 또는 지정 등(이하 이 조에서 "특허등"이라 한다)을 하여서는 아니 되며, 이미 이를 받은 사람에 대하여는 취소하여야 한다.
(2017.2.8 본항개정)
③ 병무청장은 제1항 각 호의 어느 하나에 해당하는 사람에 대하여 제2항에 따른 관허업(官許業)의 특허등의 소유여부를 확인할 수 있도록 하기 위하여 국세청장에게 사업자등록증명 정보의 제공을 요청할 수 있다. 이 경우 국세청장은 「전자정부법」 제39조에 따라 해당 정보를 제공한다.(2017.2.8 본항신설)
④ 병무청장은 제3항에 따라 국세청장으로부터 제공받은 정보와 병역의무 불이행 사실을 제2항에 따른 국가기관 또는 지방자치단체의 장에게 통보한다.(2017.2.8 본항신설)
⑤ 제70조제1항 또는 제3항에 따른 허가를 받지 아니하고 출국한 사람, 국외에 체류하고 있는 사람 또는 정당한 사유 없이 허가된 기간에 귀국하지 아니한 사람에 대하여는 40세까지 제1항과 제2항을 준용한다. 다만, 귀국하여 병역의무를 마친 경우에는 그러하지 아니하다.

제12장 병무행정
(2009.6.9 본장개정)

제77조【병무행정의 주관】 ① 징집·소집과 그 밖의 병무행정은 병무청장이 관장한다.
② 병무청장은 지방병무청장의 명령이나 처분이 위법 또는 부당하다고 인정할 때에는 그 명령이나 처분을 중지하거나 취소할 수 있다.
제77조의2【확인신체검사 등】 ① 지방병무청장(병무지청장을 포함한다. 이하 이 조에서 같다)은 다음 각 호의 어느 하나에 해당하는 사람이 병역의무를 감면받을 목적으로 속임수를 썼다고 인정할 만한 사유 등 대통령령으로 정하는 사유가 있는 경우에는 진료기록이나 치료내역 등 사실관계를 조사하고 확인신체검사를 할 수 있다.
1. 제12조제1항에 따른 신체등급 판정에서 질병 또는 심신장애로 4급부터 7급까지로 판정되어 병역처분을 받은 사람(2016.5.29 본호개정)
2. 제65조제1항제1호, 같은 조 제4항 및 제65조의2제1항에 따라 병역처분이 변경되거나 병역면제 처분을 받은 사람(2019.12.31 본호개정)
② 지방병무청장은 제1항에 따른 확인신체검사 결과 병역처분이 잘못되었다고 판단하면 대통령령으로 정하는 바에 따라 병역처분을 변경하여야 한다.
③ 제1항에 따른 확인신체검사의 방법 및 절차 등에 관하여 필요한 사항은 대통령령으로 정한다.
(2011.5.24 본조신설)
제77조의3【국민건강보험료의 정부지원】 ① 국가는 제21조제1항에 따라 소집된 상근예비역, 제26조에 따라 소집된 사회복무요원 및 「대체역의 편입 및 복무 등에 관한 법률」 제17조제1항에 따라 소집된 대체복무요원 중 다음 각 호에 해당하는 사람에 대하여 「국민건강보험법」 제69조에 따라 부담하여야 하는 보험료를 대통령령으로 정하는 범위에서 지원할 수 있다.
1. 「국민건강보험법」 제6조제1항에 따른 직장가입자(같은 법 제70조제2항에 따른 휴직이나 그 밖의 사유로 보수의 전부 또는 일부가 지급되지 아니하는 가입자인 경우로 한정한다)인 상근예비역, 사회복무요원 및 대체복무요원
2. 「국민건강보험법」 제6조제1항에 따른 지역가입자인 상근예비역, 사회복무요원 및 대체복무요원
(2019.12.31 본항개정)
② 제1항에 따른 보험료의 지원 대상에 대하여는 상근예비역, 사회복무요원 및 대체복무요원으로 소집된 날부터 해제되는 날까지 다음 각 호의 구분에 따른 보험료를 지원할 수 있다.(2019.12.31 본문개정)
1. 직장가입자의 경우 : 「국민건강보험법」 제69조제4항 제1호에 따른 보수월액보험료
2. 지역가입자의 경우 : 「국민건강보험법」 제69조제5항에 따른 월별 보험료
(2017.2.8 본항신설)
③ 제1항 및 제2항에 따른 보험료의 지원에 필요한 사항은 대통령령으로 정한다.
④ 제1항부터 제3항까지에 따라 연간 소요될 것으로 예상되는 보험료 지원비용의 정산방법 등은 국민건강보험 관계 법령에서 정한 절차에 따른다.
(2017.2.8 본조개정)
제77조의4【공직자 등의 병적 관리 등】 ① 제5조제3항에 따라 병적에 편입된 사람 중 다음 각 호의 어느 하나에 해당하는 사람에 대하여는 병무청장 또는 지방병무청장(병무지청장을 포함한다)이 병역준비역에 편입된 때부터 현역·보충역·대체역 복무를 마치거나, 전시근로역 편입 또는 병역면제될 때까지 병적을 따로 분류하여 관리할 수 있다. 이 경우 입영 후 제65조에 따라 병역처분이 변경된 사람에 대해서는 해당 병적 관리 기관의 장으로부터 병적 및 관련 자료를 송부 받아 관리할 수 있다.
(2019.12.31 전단개정)
1. 「공직자 등의 병역사항 신고 및 공개에 관한 법률」 제2조에 해당하는 신고의무자와 그 자녀(2017.3.21 본호신설)
2. 다음 각 목의 어느 하나에 해당하는 사람
가. 「국민체육진흥법」 제33조에 따른 대한체육회 또는 같은 법 제34조에 따른 대한장애인체육회(이하 "대한체육회등"이라 한다)에 가맹된 법인이나 단체에 선수로 등록된 사람
나. 문화체육관광부장관이 지정하는 프로스포츠 단체에 선수로 등록된 사람
다. 가목과 나목에 해당하는 경기종목에서 스포츠 활동을 하는 사람으로서 병무청장이 정하는 법인이나 단체에 선수로 등록된 사람
라. 「국민체육진흥법」 제2조제4호의2에 따른 국가대표선수와 국가대표선수였던 사람 중 해외에서 활동하는 사람
(2024.2.6 본호개정)

國防

3. 「대중문화예술산업발전법」 제2조제3호에 따른 대중문화예술인 중 대중문화예술용역을 제공할 의사를 가지고 대중문화예술사업자와 대중문화예술용역 계약을 맺은 사람(2017.3.21 본호신설)
4. 「소득세법」 제55조에 따라 종합소득과세표준별로 적용되는 세율 중 최고 세율 또는 최고 세율 다음으로 높은 세율을 적용받는 납세의무자로서 대통령령으로 정하는 사람 및 그 자녀(2023.6.20 본호개정)
② 병무청장 또는 지방병무청장은 제1항에 따른 병적 관리 대상자를 확인하기 위하여 필요한 경우에는 다음 각 호의 구분에 따라 자료의 제공을 해당 기관 또는 단체의 장에게 요청할 수 있다. 이 경우 자료의 제공을 요청받은 기관 또는 단체의 장은 정당한 사유가 없으면 그 요청에 따라야 한다.
1. 제1항제1호에 해당하는 신고의무자와 그 자녀 명단 : 신고의무자의 소속 기관의 장. 다만, 「공직자 등의 병역사항 신고 및 공개에 관한 법률」 제4조제3항에 따라 통보받은 자료로 확인할 수 있는 경우에는 그 자료로 갈음할 수 있다.
2. 제1항제2호에 해당하는 선수 명단 : 소속 경기단체의 장 또는 「국민체육진흥법」 제33조에 따른 대한체육회의 장(2020.12.8 본호개정)
3. 제1항제3호에 해당하는 대중문화예술인 및 대중문화예술사업자 명단 : 「대중문화예술산업발전법」 제2조제8호에 따른 대중문화예술사업자 및 문화체육관광부장관(2021.4.13 본호개정)
4. 제1항제4호에 해당하는 납세의무자 명단 및 병역의무자와 그 부모의 주민등록정보화 자료 : 국세청장 및 행정안전부장관(2021.4.13 본호개정)
(2017.3.21 본항신설)
③ 대중문화예술사업자는 제1항제3호에 따른 대중문화예술인과 새로이 계약을 맺거나 계약이 종료된 경우에는 병무청장에게 그 사유가 발생한 날부터 14일 이내에 그 변동사항을 통보하여야 한다.(2021.4.13 본항신설)
④ 병무청장은 제1항제2호다목에 따라 정하는 법인이나 단체를 문화체육관광부장관에게 통보하여야 한다.
(2024.2.6 본항신설)
⑤ 누구든지 제1항에 따라 관리하는 정보·자료를 공개·누설하거나 다른 사람에게 제공하여서는 아니 되며, 목적 외의 용도로 사용하여서는 아니 된다.
⑥ 제1항부터 제5항까지에서 규정한 사항 외에 병적의 관리, 자료의 제출방법 등에 관하여 필요한 사항은 대통령령으로 정한다.(2024.2.6 본항개정)
(2015.12.15 본조신설)

제77조의5【병역 정보의 기록·관리 등】 ① 병무청장 또는 지방병무청장(병무지청장을 포함한다)은 다음 각 호의 병역 정보를 기록하거나 관리하여야 한다.
1. 병역의무자의 병역준비역 편입, 병역판정검사, 보충역과 대체역의 편입·복무, 입영, 전시근로역 편입과 병역 면제 등에 관한 사항(2019.12.31 본호개정)
2. 의무복무를 마친 병역의무자의 복무와 교육·수련 기록 등의 관리에 관한 사항
② 병무청장은 제1항에 따른 병역 정보의 체계적인 기록·관리를 위하여 전자정보처리프로그램을 구축·운영하여야 한다.
③ 제1항에 따른 병역 정보의 기록·관리 및 확인·출력·증명과 제2항에 따른 전자정보처리프로그램의 구축·운영 등에 필요한 사항은 대통령령으로 정한다.
(2016.1.19 본조신설)

제77조의6【병역판정검사 결과 등의 공개】 ① 병무청장은 매년 6월 30일까지 전년도의 병역판정검사 결과, 병역처분 결과, 연도별 병역판정검사 대상자의 병역의무 이행현황 및 병역처분 변경 현황(이하 "병역판정검사 결과 등"이라 한다)에 관한 통계를 작성하여 공개하여야 한다.
② 제1항에 따른 병역판정검사 결과 등에 관한 통계에는 다음 각 호의 사항이 포함되어야 한다.
1. 병역판정검사 대상자 수
2. 병역판정검사를 받은 총 인원
3. 각 신체등급 판정자 수
4. 각 신체등급 판정에 따른 병역처분 인원 수
5. 연도별 병역판정검사를 받은 사람의 병역의무 이행 현황
6. 연도별 병역판정검사를 받은 사람의 병역처분 변경 현황
7. 연도별 병역판정검사 대상자 중 사유별 전시근로역, 대체역으로 병역처분을 받은 사람의 수 및 병역 면제자 수
③ 제1항의 통계작성 및 공개절차 등에 관하여 필요한 사항은 병무청장이 정한다.
(2021.4.13 본조신설)

제78조【병무행정사무의 위임】 ① 제20조, 제31조의2제2항, 제34조의2제5항, 제70조제1항·제3항, 제81조 및 제95조에 따른 병무청장의 권한은 대통령령으로 정하는 바에 따라 지방병무청장이나 지방병무청장 소속기관의 장에게 위임할 수 있다.
② 이 법에 따른 지방병무청장의 권한은 대통령령으로 정하는 바에 따라 그 일부를 소속기관의 장에게 위임할 수 있다.
③ 제70조제3항에 따른 병무청장의 권한과 제60조제1항제2호에 따른 지방병무청장의 권한은 대통령령으로 정하는 바에 따라 그 일부를 재외공관(在外公館)의 장에게 위임할 수 있다.

제79조【여비 등의 국고부담】 ① 다음 각 호의 비용은 국고에서 부담한다.
1. 병역판정검사, 재병역판정검사, 입영판정검사, 현역병지원 신체검사, 확인신체검사 및 대통령령으로 정하는 재신체검사·재검사를 받는 사람의 여비와 병무용진단서 및 신체검사 과정에서 필요한 의무·수술 기록지 등 보완서류 발급비용(2020.12.22 본호개정)
2. 제11조제4항 후단 또는 제5항 단서에 따른 위탁검사에 필요한 비용(2017.11.28 본호개정)
3. 제20조제1항 후단에 따른 체력검사·면접·필기·실기 등의 전형에 응시하는 사람의 여비(2014.5.28 본호신설)
4. 징집·소집에 의하여 또는 현역병을 지원하여 입영하거나 귀가하는 사람의 여비
② 제1항에 따른 비용의 지급 횟수 및 지급 기준 등에 필요한 사항은 대통령령으로 정한다.(2014.5.28 본항개정)
③ 지방병무청장, 병무지청장 또는 신체등급판정 사무를 담당하는 병무청 소속기관의 장은 제1항에 따른 비용을 받은 사람이 다음 각 호의 어느 하나에 해당하는 경우에는 그 비용의 전부 또는 일부를 환수하여야 한다.
1. 거짓이나 그 밖의 부정한 방법으로 비용을 지급받은 경우
2. 비용이 잘못 지급된 경우
3. 여비를 받은 후 입영통지가 취소되거나 입영일이 연기되거나 입영기피의 사유로 입영하지 아니한 경우
(2016.5.29 본항신설)
④ 제3항에 따른 환수의 구체적인 기준 및 환수절차 등 환수에 필요한 사항은 대통령령으로 정한다.
(2016.5.29 본항신설)
(2013.6.4 본조개정)

제79조의2【적금의 정부지원】 ① 국가는 현역병, 상근예비역, 사회복무요원, 대체복무요원 및 제25조에 따라 전환복무를 하는 사람이 「조세특례제한법」 제91조의19에 따른 장병내일준비적금에 가입하는 경우 예산의 범위에서 재정지원을 할 수 있다.
② 제1항에 따른 재정지원에 필요한 사항은 대통령령으로 정한다.
(2021.4.13 본조신설)

제80조【병무행정에 대한 협조】 ① 병무행정관서의 장은 직무를 수행할 때 필요하면 국가기관, 지방자치단체의 장 또는 정보처리·통신시설을 보유하는 기관의 장에게 병무행정에 대한 협조를 요청할 수 있다.
② 제1항의 요청을 받은 기관의 장은 이에 협조하여야 하며, 정당한 사유 없이 거부하지 못한다.

제80조의2【가족관계등록 전산정보의 공동이용】 병무청장, 지방병무청장 및 병무지청장은 대통령령으로 정하는 병무행정에 관한 사무를 수행하기 위하여 「전자정부법」에 따라 「가족관계의 등록 등에 관한 법률」 제11조제4항에 따른 전산정보자료를 공동이용(「개인정보 보호법」 제2조제2호에 따른 처리를 포함한다)할 수 있다.
(2014.5.9 본조신설)

제81조【병무사범의 예방 및 단속】 ① 병무청장은 병무사범의 예방과 단속을 위하여 필요하다고 인정하면 병역의무자의 병역이행사항 확인·점검 및 병역법령 위반사실 확인을 위한 자료를 수집할 수 있다.
② 병무청장은 국가기관·지방자치단체 및 공공기관에 대하여 제1항에 따른 병역이행사항 확인·점검에 필요한 자료의 제공을 대통령령으로 정하는 바에 따라 요청할 수 있다. 이 경우 자료제공을 요청받은 기관의 장은 특별한 사유가 없으면 그 요청에 따라야 한다.
③ 병무청장은 병역의무자를 고용하고 있는 고용주에 대하여 제1항에 따른 병역법령 위반사실 확인에 필요한 자료의 제출을 요구하거나 사실에 관하여 질문할 수 있다.
④ 병무청장은 제2항과 제3항에 따라 취득한 자료를 병무사범의 예방 및 단속 외의 목적으로 사용하거나 다른 기관에 제공하여서는 아니 된다.

제81조의2【병역의무 기피자의 인적사항 등의 공개】
① 병무청장은 다음 각 호의 어느 하나에 해당하는 사람에 대해서는 인적사항과 병역의무 미이행 사항 등을 인터넷 홈페이지 등에 공개할 수 있다. 다만, 질병, 수감 등 대통령령으로 정하는 사유가 있는 경우에는 그러하지 아니하다.
1. 제70조제1항 또는 제3항에 따른 허가를 받지 아니하고 출국한 사람, 국외에 체류하고 있는 사람 또는 정당한 사유 없이 허가된 기간에 귀국하지 아니한 사람(제83조제2항제10호에 따른 귀국명령을 위반하여 귀국하지 아니한 사람을 포함한다)
2. 정당한 사유 없이 병역판정검사, 재병역판정검사, 신체검사, 확인신체검사를 받지 아니하는 사람(2016.5.29 본호개정)
3. 정당한 사유 없이 현역 입영 또는 사회복무요원·대체복무요원 소집이나 군사교육소집에 응하지 아니하는 사람(2019.12.31 본호개정)
② 제1항에 따라 공개하는 인적사항과 병역의무 기피·면탈 및 감면 사항 등에 대한 공개 여부를 심의하기 위하여 관할 지방병무청(지방병무지청을 포함한다. 이하 이 조에서 같다)에 병역의무기피공개심의위원회(이하 이 조에서 "위원회"라 한다)를 둔다.
③ 관할 지방병무청장은 위원회의 심의를 거친 잠정 공개 대상자에게 제1항에 따른 인적사항 등의 공개 대상자임을 통지하여 소명 기회를 주어야 하며, 통지일부터 6개월이 지난 후 위원회로 하여금 잠정 공개 대상자의 병역의무 이행 상황을 고려하여 공개 여부를 재심의하게 한 후 공개 대상자를 결정한다.
④ 제1항부터 제3항까지의 규정에 따른 공개 사항, 공개 방법, 공개 절차 및 위원회의 구성·운영에 필요한 사항은 대통령령으로 정한다.
(2014.12.30 본조신설)

제81조의3【병역의무 기피·감면 등 관련 정보의 게시·유통금지】 ① 누구든지 「정보통신망 이용촉진 및 정보보호 등에 관한 법률」 제2조제1항제1호에 따른 정보통신망을 통하여 제86조 및 제87조제1항에 해당하는 행위를 조장하는 정보를 게시·유통하여서는 아니 된다.
② 제1항에 따라 게시·유통금지되는 정보의 종류 등 그 밖에 필요한 사항은 대통령령으로 정한다.
(2023.10.31 본조신설)

제82조【병역의무 이행의 장려】 병무청장은 자발적으로 병역의무를 이행하는 사회분위기를 조성하기 위한 홍보 및 교육을 실시하고 병역의무를 이행한 사람을 선양(宣揚)하는 사업 등을 할 수 있다.(2013.6.4 본조신설)

제82조의2 (2002.12.5 삭제)

제82조의3【병역명문가 선정 등】 ① 병무청장은 3대(1대부터 3대까지의 직계비속 남성)가 모두 대통령령으로 정하는 현역복무 등을 성실히 마친 가문을 병역명문가로 선정할 수 있다. 다만, 3대째 가족 중 남성이 없고 「군인사법」 제7조에 따른 군 의무복무기간을 마친 여성이 있는 가문의 경우를 포함한다.
② 병무청장은 제1항에 따른 병역명문가 선정대상 가문에 병역판정검사의 기피 등 대통령령으로 정하는 사항에 해당하는 사람이 있는 경우에는 병역명문가 선정에서 제외하며, 이미 병역명문가로 선정된 가문에 대해서는 그 선정을 취소할 수 있다.
③ 제1항 및 제2항에 따른 병역명문가 선정 및 선정 취소 절차 등에 필요한 사항은 대통령령으로 정한다.
(2023.10.31 본조신설)

제82조의4【병역명문가 포상 및 예우】 ① 병무청장 또는 지방병무청장(병무지청장을 포함한다)은 제82조의3 제1항에 따라 선정된 병역명문가에 대해 포상할 수 있으며 국가기관, 지방자치단체, 공공기관 및 민간단체 등의 장에게 병역명문가 예우에 필요한 지원 및 협조를 요청할 수 있다.
② 제1항에 따른 포상의 기준 및 절차 등에 필요한 사항은 대통령령으로 정한다.
(2023.10.31 본조신설)

제13장 전시특례

(2009.6.9 본장개정)

제83조【전시특례】 ① 국방부장관은 전시·사변이나 동원령이 선포된 경우에는 다음 각 호의 조치를 할 수 있으며, 국방상 필요한 경우에는 제6호의 조치를 할 수 있다.
1. 제18조제2항에 따른 현역병 복무기간의 연장
2. 제21조에 따른 상근예비역소집 대상자의 전역정지(轉役停止) 및 상근예비역으로 소집된 사람의 현역병으로의 전역(轉役)
3. 제23조의2에 따라 승선근무예비역의 복무를 마친 사람 중 40세 이하인 사람의 예비역장교 또는 부사관 병적편입
4. 제25조에 따른 의무경찰대원 및 의무소방원으로의 전환복무의 정지 또는 해제(2016.5.29 본호개정)
5. 제34조·제34조의6 및 제34조의7에 따른 공중보건의사·공익법무관 또는 공중방역수의사로의 편입의 정지 및 병력동원소집 대상으로의 전환(제55조제3항에 따라 군사교육소집을 받지 아니한 사람은 전시근로소집 대상으로의 전환을 말한다)(2016.5.29 본호개정)
6. 제38조제1항제1호에 따른 기간산업체 중 수산업 및 해운업 분야의 산업기능요원으로서 의무복무기간을 마친 사람 중 40세 이하인 사람의 예비역장교 또는 부사관 병적 편입(2016.5.29 본호개정)
7. 제58조제1항 각 호에 따른 의무·법무·군종·수의 분야의 자격을 가진 40세 이하인 사람의 예비역장교 병적 편입
7의2. 대체역 편입신청 접수 등 「대체역의 편입 및 복무 등에 관한 법률」에 따른 대체역 편입절차의 정지 및 대체복무요원 소집의 정지(2021.12.7 본호개정)
8. 제65조, 제65조의2 및 제66조제1항에 따른 병역처분변경 및 제적(除籍)의 정지(2019.12.31 본호개정)
9. 제72조제1항에 따른 현역·예비역·보충역의 병, 전시근로역 및 대체역의 병역의무기간을 45세까지로 연장(2019.12.31 본호개정)
② 병무청장은 전시·사변 또는 동원령이 선포된 경우에는 다음 각 호의 조치를 할 수 있다.
1. 제6조에 따른 병역의무부과 통지서의 송달방법을 신문·텔레비전 또는 라디오에 의한 공고의 방법으로 갈음하는 행위
2. 제11조에 따른 병역판정검사의 실시 대상자의 연령 변경, 심리검사 생략 및 외과·내과 위주의 신체검사 실시(2016.5.29 본호개정)

國防

3. 제14조제1항제1호에 따른 보충역 및 제36조에 따른 전문연구요원 또는 산업기능요원인 보충역 중 제55조에 따른 군사교육소집을 받지 아니한 사람을 현역병입영 대상으로의 전환, 군사교육소집을 마친 사람을 병력동원소집 대상으로의 전환(제55조제3항에 따라 군사교육소집을 받지 아니한 사람을 전시근로소집 대상으로의 전환을 말한다)(2016.5.29 본호개정)
4. 제26조, 제33조의7 및 제36조에 따른 사회복무요원, 예술·체육요원, 전문연구요원 및 산업기능요원의 소집 또는 편입의 정지(2016.1.19 본호개정)
5. 제60조제1항 및 제2항에 따른 병역판정검사 또는 재병역판정검사 연기 및 징집·소집 연기의 정지
6. 제61조제1항에 따른 의무이행일 연기의 제한
(2016.5.29 5호~6호개정)
7. 제69조에 따른 거주지이동 신고기간을 7일 이내로 단축
8. 예비역, 보충역, 병역준비역, 전시근로역 및 대체역 중 18세부터 45세까지의 사람을 국외여행허가 대상자로 변경(2019.12.31 본호개정)
9. 제71조제1항에 따른 병역판정검사, 재병역판정검사, 확인신체검사 및 현역병입영 의무를 37세까지로 연장(2016.5.29 본호개정)
10. 국외체재 중인 병역의무자에 대한 귀국명령
11. 전시·사변 또는 동원령이 선포되기 전에 허가한 국외여행허가의 취소
③ 지방병무청장(병무지청장을 포함한다. 이하 이 조에서 같다)은 전시·사변 또는 동원령이 선포된 경우에는 다음 각 호의 전시업무를 특별시장·광역시장·특별자치시장 또는 도지사·특별자치도지사(이하 "시·도지사"라 한다) 및 시장·군수 또는 구청장에게 위임한다.
(2014.5.9 본문개정)
1. 병역판정검사 통지서, 현역병입영 통지서, 병력동원소집 통지서 및 전시근로소집 통지서의 교부와 교부 결과의 통보
2. 병역판정검사 독려, 현역병입영, 병력동원소집 및 전시근로소집 대상자에 대한 입영의 독려
3. 병역판정검사, 현역병입영, 병력동원소집 및 전시근로소집 기피자에 대한 고발·색출 및 단속의 지원
(2016.5.29 1호~3호개정)
4. 병력동원에 따른 차량·급식 및 수용시설 등에 대한 지원
5. 그 밖에 병역자원 관리와 관련하여 지방병무청장이 지원을 요청하는 업무(2014.5.9 본호개정)
④ 제3항에 따라 권한을 위임받은 특별자치시장·특별자치도지사·시장·군수 또는 구청장은 거주지이동 등 병역의무자의 신상변동사항을 지방병무청장에게 지체 없이 통보하여야 한다.(2014.5.9 본항신설)
⑤ 시·도지사(제3항제4호만 해당한다) 및 시장·군수 또는 구청장은 전시업무를 전담하는 병무담당 직원을 두되, 평시에 임명하여야 한다.(2014.5.9 본항신설)
⑥ 지방병무청장은 시·도지사 및 시장·군수 또는 구청장이 제5항에 따라 임명한 병무담당 직원에 대하여 전시업무 수행능력 배양을 위한 교육을 평시에 실시하여야 한다.(2014.5.9 본항신설)
⑦ 시·도지사 및 시장·군수 또는 구청장에게 위임한 전시업무 수행 및 병무담당 직원에게 드는 경비는 국고에서 부담한다.(2014.5.9 본항신설)

제83조의2【병무사범방지대책위원회】 ① 전시·사변이나 동원령이 선포된 경우에는 제84조부터 제89조까지, 제89조의2, 제89조의3, 제90조부터 제92조까지, 제92조의2, 제93조 및 제94조에 규정된 죄를 지은 병역기피자, 행방불명자, 그 밖의 병무사범의 발생예방과 단속 등에 관련된 다음 각 호의 사항을 심의하기 위하여 병무청에 중앙병무사범방지대책위원회를 두고, 특별시·광역시 또는 도·특별자치도에 지방병무사범방지대책위원회를 둔다.
1. 병역기피 및 면탈행위(免脫行爲)의 예방과 단속
2. 병역의무자 중 행방불명자의 조사 및 처리
3. 전문연구요원 및 산업기능요원의 편입·복무의무 위반 등의 단속 및 점검(2016.5.29 본호개정)
4. 고용금지 및 복직보장 위반 등의 단속 및 지도
5. 병역의무와 관련되는 가족관계등록 및 주민등록에 관한 사항
6. 그 밖의 병무사범 예방·단속에 관한 사항
② 국가기관·지방자치단체의 장 또는 고용주는 제1항에 따른 병무사범방지대책위원회의 활동에 적극 협조하여야 한다.
③ 제1항에 따른 병무사범방지대책위원회의 구성과 운영 등에 필요한 사항은 대통령령으로 정한다.

제83조의3【병역증·전역증 소지의무】 전시·사변이나 동원령이 선포되면 병역의무자는 병역증 또는 전역증을 지니고 다녀야 한다.

제14장 벌 칙

(2009.6.9 본장개정)

제84조【신상변동 통보 불이행 등】 ① 다음 각 호의 어느 하나에 해당하는 경우에는 6개월 이하의 징역 또는 2천만원 이하의 벌금에 처한다.
1. 고용주가 정당한 사유 없이 제23조의3, 제40조 또는 제67조제2항에 따른 신상변동 통보를 하지 아니하거나 거짓으로 통보한 경우
2. 공공단체의 장 또는 사회복지시설의 장이 정당한 사유 없이 제32조제1항 또는 제2항에 따른 신상변동 통보를 하지 아니하거나 거짓으로 통보한 경우
(2016.5.29 1호~2호개정)
② 제69조제1항에 따른 전입신고를 정당한 사유 없이 하지 아니하거나 거짓으로 신고한 사람은 200만원 이하의 벌금 또는 구류에 처한다.
(2016.5.29 본조제목개정)

제85조【통지서 수령 거부 및 전달의무 태만】 제6조에 따라 병역의무부과 통지서를 수령하거나 전달할 의무가 있는 사람이 정당한 사유 없이 그 수령을 거부한 경우 또는 이를 전달하지 아니하거나 전달을 지체한 경우에는 6개월 이하의 징역 또는 100만원 이하의 벌금에 처한다.

제86조【도망·신체손상 등】 병역의무를 기피하거나 감면받을 목적으로 도망가거나 행방을 감춘 경우 또는 신체를 손상하거나 속임수를 쓴 사람은 1년 이상 5년 이하의 징역에 처한다.

제87조【병역판정검사의 기피 등】 ① 병역판정검사, 재병역판정검사, 입영판정검사, 신체검사 또는 확인신체검사를 받을 사람을 대리(代理)하여 병역판정검사, 재병역판정검사, 입영판정검사, 신체검사 또는 확인신체검사를 받은 사람은 1년 이상 3년 이하의 징역에 처한다.
② (2017.3.21 삭제)
③ 병역판정검사 통지서, 재병역판정검사 통지서, 입영판정검사 통지서, 신체검사 통지서 또는 확인신체검사 통지서를 받은 사람이 정당한 사유 없이 의무이행일에 병역판정검사, 재병역판정검사, 입영판정검사, 신체검사 또는 확인신체검사를 받지 아니하면 6개월 이하의 징역에 처한다.
(2020.12.22 본조개정)

제87조의2【병역의무 기피·감면 등 관련 정보의 게시·유통금지 위반】 제81조의3제1항을 위반한 사람은 2년 이하의 징역 또는 2천만원 이하의 벌금에 처한다.
(2023.10.31 본조신설)

제88조【입영의 기피 등】 ① 현역입영 또는 소집 통지서(모집에 의한 입영 통지서를 포함한다)를 받은 사람이 정당한 사유 없이 입영일이나 소집일부터 다음 각 호의 기간이 지나도 입영하지 아니하거나 소집에 응하지 아니한 경우에는 3년 이하의 징역에 처한다. 다만, 제53조제2항에 따라 전시근로소집에 대비한 점검통지서를 받은 사람이 정당한 사유 없이 지정된 일시의 점검에 참석하지 아니한 경우에는 6개월 이하의 징역이나 500만원 이하의 벌금 또는 구류에 처한다.(2016.5.29 본문개정)
1. 현역입영은 3일
2. 사회복무요원·대체복무요원 소집은 3일
(2019.12.31 본호개정)
3. 군사교육소집은 3일(2016.5.29 본호개정)
4. 병력동원소집 및 전시근로소집은 2일
② 제1항에 따른 통지서를 받고 입영할 사람 또는 소집될 사람을 대리하여 입영한 사람 또는 소집에 응한 사람은 1년 이상 3년 이하의 징역에 처한다. 다만, 제53조제2항에 따라 전시근로소집에 대비한 점검을 받아야 할 사람을 대리하여 출석한 사람은 1년 이하의 징역에 처한다.
③ (2017.3.21 삭제)

판례 장기간 치료가 필요한 정신질환 때문에 제대로 판단을 하지 못해 군사교육 소집통지를 받은 당시 안내받은 병역처분 변경 신청을 거부하고 군사교육 소집에 응하지 않은 사건에서, 이와 같이 장기간 치료를 요하는 정신질환은 입영이나 소집을 기피·거부할 수 있는 '정당한 사유'에 해당한다.
(대판 2021.9.30, 2020도16680)

판례 종교적 신념을 이유로 하는 병역거부자들에게 현역 입영을 강제함으로써 그들에게 종교적 신념상 감당하기 어려운 과도한 부담을 지우는 것은 헌법상 기본권 제한에 있어 최소침해의 원칙에 어긋난다. 따라서 진정한 종교적 신념에 따른 병역 거부는 병역법 제88조 제1항이 규정하는 정당한 사유에 해당한다고 보아야 한다.(대판 2018.11.1, 2016도10912 전원합의체)

제88조의2【대체역 편입의 허위】 대체역으로 편입될 목적으로 서류를 거짓으로 작성하여 제출하거나 거짓으로 진술한 사람은 1년 이상 5년 이하의 징역에 처한다.
(2019.12.31 본조신설)

제89조【사회복무요원 등의 대리복무】 사회복무요원, 예술·체육요원 또는 대체복무요원으로 복무할 사람을 대리하여 복무한 사람은 1년 이상 3년 이하의 징역에 처한다.(2019.12.31 본조개정)

제89조의2【사회복무요원 등의 복무이탈】 다음 각 호의 어느 하나에 해당하는 사람은 3년 이하의 징역에 처한다.
1. 사회복무요원, 예술·체육요원 또는 대체복무요원으로서 정당한 사유 없이 통틀어 8일 이상 복무를 이탈하거나 해당 분야에 복무하지 아니한 사람(2019.12.31 본호개정)
2. 공중보건의사 또는 병역판정검사전담의사로서 정당한 사유 없이 통틀어 8일 이상 근무지역을 이탈하거나 해당 분야의 업무에 복무하지 아니한 사람
3. 공익법무관으로서 정당한 사유 없이 통틀어 8일 이상 직장을 이탈하거나 해당 분야의 업무에 복무하지 아니한 사람
4. 공중방역수의사로서 정당한 사유 없이 통틀어 8일 이상 근무기관 또는 근무지역을 이탈하거나 해당 분야의 업무에 복무하지 아니한 사람
(2016.5.29 2호~4호개정)
5. 전문연구요원 또는 산업기능요원으로서 제40조제2호에 따른 편입 당시 병역지정업체(제39조제3항 단서에 따라 병역지정업체를 옮긴 경우에는 옮긴 후의 병역지정업체를 말한다)의 해당 분야에 복무하지 아니하여 편입이 취소된 사람 또는 같은 조 제3호의 의무복무기간 중 통틀어 8일 이상 무단결근하여 편입이 취소된 사람
(2021.4.13 본호개정)
(2013.6.4 본조제목개정)

제89조의3【사회복무요원 등의 복무의무 위반】 사회복무요원, 예술·체육요원 또는 대체복무요원이 다음 각 호의 어느 하나에 해당하는 경우에는 1년 이하의 징역에 처한다.
1. 제33조제2항제6호에 해당하는 사유로 통틀어 2회 이상 경고처분을 받은 경우(2020.12.22 본호신설)
2. 제33조제2항제1호부터 제3호까지, 제3호의2, 제4호, 제33조의10제2항제1호부터 제5호까지, 제7호 및 「대체역의 편입 및 복무 등에 관한 법률」 제24조제2항제1호부터 제4호까지의 어느 하나에 해당하는 사유로 통틀어 4회 이상 경고처분을 받은 경우. 다만, 경고처분을 받은 사유에 제33조제2항제3호의2가 포함되는 경우에는 3회로 한다.(2024.2.6 본호개정)
3. 제33조제2항제7호, 제33조의10제2항제8호 및 「대체역의 편입 및 복무 등에 관한 법률」 제24조제2항제5호에 해당하는 사유 중 정당한 사유 없이 일과 개시시간 후에 출근하거나, 허가 없이 무단으로 조퇴하거나 근무장소를 이탈한 사유로 통틀어 8회 이상 경고처분을 받은 경우
(2021.4.13 본호개정)
4. 제33조의10제2항제6호에 해당하는 사유로 경고처분을 받은 경우(2021.4.13 본호신설)
(2019.12.31 본조개정)

제89조의4【사회복무요원의 개인정보 유출 또는 이용】 사회복무요원이 복무 중 취득한 다른 사람의 정보를 무단으로 유출 또는 이용한 경우에는 5년 이하의 징역 또는 5천만원 이하의 벌금에 처한다.(2020.12.22 본조신설)

제90조【병력동원훈련소집 등의 기피】 ① 다음 각 호의 어느 하나에 해당하는 사람은 1년 이하의 징역 또는 1천만원 이하의 벌금이나 구류에 처한다.
1. 병력동원훈련소집 통지서를 받고 정당한 사유 없이 제50조제3항에 따라 지정된 일시에 입영하지 아니하거나 점검에 참석하지 아니한 사람
2. 예비군대체복무 소집 통지서를 받고 정당한 사유 없이 「대체역의 편입 및 복무 등에 관한 법률」 제26조제3항을 위반하여 지정된 일시에 소집에 응하지 아니한 사람
② 다음 각 호의 어느 하나에 해당하는 사람은 2년 이하의 징역에 처한다.
1. 병력동원훈련소집 통지서를 받고 제50조제3항에 따라 입영하거나 점검을 받아야 할 사람을 대리하여 입영하거나 점검을 받은 사람
2. 예비군대체복무 소집 통지서를 받고 「대체역의 편입 및 복무 등에 관한 법률」 제26조제3항에 따른 소집에 응하여야 할 사람을 대리하여 소집에 응한 사람
(2019.12.31 본조개정)

제90조의2【예비군대체복무 소집된 사람의 복무의무 위반】 예비군대체복무 소집된 사람이 다음 각 호의 어느 하나에 해당하는 경우에는 1년 이하의 징역, 1천만원 이하의 벌금, 구류 또는 과료에 처한다.
1. 정당한 사유 없이 복무를 이탈하거나 허가 없이 무단으로 근무장소를 이탈한 경우
2. 다른 사람의 근무를 방해하거나 근무태만을 선동한 경우
3. 복무 중 조직적인 정치운동에 관여한 경우
4. 정당한 사유 없이 맡은 대체업무를 수행하지 아니하거나 지연시키는 경우
(2021.12.7 본조신설)

제91조【허위증명서 등의 발급】 공무원·의사 또는 치과의사로서 병역의무를 연기 또는 면제시키거나 이 법에 따른 복무기간을 단축시킬 목적으로 거짓 서류·증명서 또는 진단서를 발급한 사람은 1년 이상 10년 이하의 징역에 처한다. 이 경우 10년 이하의 자격정지를 함께 과(科)할 수 있다.

제91조의2【대체역의 허위증명서 등의 발급】 ① 공무원·의사·변호사 또는 종교인 등으로서 다른 사람을 대체역으로 편입시킬 목적으로 증명서·진단서·확인서 등 서류를 거짓으로 발급하거나 거짓으로 진술한 사람은 1년 이상 10년 이하의 징역에 처한다. 이 경우 10년 이하의 자격정지를 함께 부과할 수 있다.
② 증인 또는 참고인 등으로서 다른 사람을 대체역으로 편입시킬 목적으로 서류를 거짓으로 작성하거나 거짓으로 진술한 사람은 1년 이상 5년 이하의 징역 또는 3천만원 이하의 벌금에 처한다.
(2019.12.31 본조신설)

제92조【전문연구요원 등의 편입 및 복무의무위반 등】 ① 고용주가 제38조의2를 위반하여 병역지정업체 대표이사의 4촌 이내 혈족에 해당하는 사람을 전문연구요원 또는 산업기능요원으로 편입하거나 전직하도록 한 경우와 제39조제3항을 위반하여 전문연구요원 또는 산업기능요원으로 의무복무 중인 사람을 그 병역지정업체의 해당 분야에 복무하게 하지 아니한 경우에는 200만원 이상 2천만원 이하의 벌금에 처한다.(2016.5.29 본항개정)

② 고용주나 국가기능검정 또는 면허사무를 취급하는 사람이 제67조에 따른 병력동원소집 또는 전시근로소집 순위의 후순위 조정에 관련하여 부정한 행위를 한 경우에는 3년 이하의 징역에 처한다.

③ 병역지정업체의 장이 제36조에 따른 전문연구요원 또는 산업기능요원의 편입을 목적으로 특정인이 복무할 수 있도록 청탁을 받고 그 대가로 금품 또는 재산상의 이익을 취득하는 등 부정한 행위를 한 경우에는 3년 이하의 징역에 처한다.(2016.5.29 본항개정)

④ 병역지정업체의 장이 아닌 사람이 제36조에 따른 전문연구요원 또는 산업기능요원의 편입을 목적으로 병역지정업체에 특정인이 복무할 수 있도록 청탁을 받고 그 대가로 금품 또는 재산상의 이익을 취득하는 등 부정한 행위를 한 경우에는 3년 이하의 징역 또는 3천만원 이하의 벌금에 처한다.(2016.5.29 본항개정)

⑤ 제3항과 제4항에 따른 금품 또는 재산상의 이익을 제공한 사람은 1년 이하의 징역 또는 1천만원 이하의 벌금에 처한다.

⑥ 제3항과 제4항에 따라 취득한 금품 또는 재산상의 이익은 몰수한다. 몰수할 수 없는 경우에는 그 가액을 추징한다.

(2016.5.29 본조제목개정)

제92조의2【복무기관의 복무관리 위반】 공공단체의 장 또는 사회복지시설의 장(법인의 대표자를 포함한다)이 정당한 사유 없이 사회복무요원을 공익목적 외의 분야에 복무하게 한 경우에는 6개월 이하의 징역 또는 2천만원 이하의 벌금에 처한다.(2013.6.4 본조개정)

제93조【고용금지 및 복직보장 위반 등】 ① 고용주가 제76조제1항 또는 제5항을 위반하여 병역의무를 이행하지 아니한 사람을 임직원으로 채용하거나 재직 중인 사람을 해직하지 아니한 경우에는 6개월 이하의 징역 또는 200만원 이상 2천만원 이하의 벌금에 처한다.

(2017.2.8 본항개정)

② 학교의 장 또는 고용주가 정당한 사유 없이 제73조 또는 제74조제1항을 위반하여 복학 또는 복직을 거부한 경우에도 제1항과 같은 형에 처한다.

③ 고용주가 정당한 사유 없이 제74조제2항 또는 제3항을 위반하여 의무복무기간을 실제근무기간으로 산정하지 아니하거나 징집·소집 등에 의한 병역의무를 이행할 것, 이행하고 있는 것(재직하면서 승선근무예비역 또는 보충역 복무를 하는 사람만 해당한다) 또는 이행하였던 것을 이유로 불리한 처우를 한 경우에는 300만원 이상 3천만원 이하의 벌금에 처한다.(2017.3.21 본항개정)

제93조의2【병력동원 및 훈련 관련 학업 및 직장 보장의 위반】 학교의 장 또는 고용주 등이 정당한 사유 없이 제74조의3 또는 제74조의4를 위반하여 불리한 처우를 한 경우에는 2년 이하의 징역 또는 2천만원 이하의 벌금에 처한다.(2015.12.15 본조신설)

제94조【국외여행허가 의무 위반】 ① 병역의무를 기피하거나 감면받을 목적으로 제70조제1항 또는 제3항에 따른 허가를 받지 아니하고 출국한 사람 또는 국외에 체류하고 있는 사람(제83조제2항제10호에 따른 귀국명령을 위반하여 귀국하지 아니한 사람을 포함한다)은 1년 이상 5년 이하의 징역에 처한다.

② 제70조제1항 또는 제3항에 따른 허가를 받지 아니하고 출국한 사람, 국외에 체류하고 있는 사람 또는 정당한 사유 없이 허가된 기간에 귀국하지 아니한 사람(제83조제2항제10호에 따른 귀국명령을 위반하여 귀국하지 아니한 사람을 포함한다)은 3년 이하의 징역에 처한다.

(2016.1.19 본조개정)

제95조【과태료】 ① 제37조제1항제2호 및 제3호에 따라 전문연구요원으로 편입된 사람을 관리하는 병역지정업체의 장(고용주는 제외한다)이 다음 각 호의 어느 하나에 해당하는 경우에는 2천만원 이하의 과태료를 부과한다.

1. 제39조제3항을 위반하여 전문연구요원으로 의무복무 중인 사람을 그 병역지정업체의 해당 분야에 복무하게 하지 아니한 경우
2. 정당한 사유 없이 제40조에 따른 신상변동 통보를 하지 아니하거나 거짓으로 통보한 경우

(2016.5.29 본항개정)

② 복무기관의 장이 제31조의5를 위반하여 사회복무요원에게 복무기관 내 괴롭힘을 한 경우에는 1천만원 이하의 과태료를 부과한다.(2023.10.31 본항신설)

③ 다음 각 호의 어느 하나에 해당하는 자에게는 500만원 이하의 과태료를 부과한다.

1. 제31조의6제2항·제5항·제6항·제7항·제9항을 위반한 자
2. 제77조의4제2항 또는 제3항을 위반하여 정당한 사유 없이 자료제공을 거부하거나 기한까지 변동사항을 통보하지 아니한 자

(2023.10.31 본항개정)

④ 고용주가 정당한 사유 없이 제81조제3항에 따른 자료제출 요구나 질문에 응하지 아니하는 경우에는 300만원 이하의 과태료를 부과한다.

⑤ 제1항부터 제4항까지에 따른 과태료는 대통령령으로 정하는 바에 따라 병무청장이 부과·징수한다.

(2023.10.31 본항개정)

⑥ 병무청장은 과태료를 부과받은 사람이 「질서위반행위규제법」에 따라 이의를 제기하지 아니하고 과태료를 납부하지 아니한 경우에는 관할 세무서장에게 위탁하여 징수한다.

제96조【양벌규정】 고용주나 병역지정업체의 장, 공공단체 또는 사회복지시설의 장이 법인의 업무에 관하여 다음 각 호의 어느 하나에 해당하면 그 행위자를 벌하는 외에 그 법인도 300만원 이상 3천만원 이하의 벌금에 처한다. 다만, 법인이 그 위반행위를 방지하기 위하여 해당 업무에 관하여 상당한 주의와 감독을 게을리하지 아니한 경우에는 그러하지 아니하다.(2016.5.29 본문개정)

1. 고용주나 병역지정업체의 장이 제84조제1항제1호, 제92조제1항부터 제3항까지 또는 제93조의 위반행위를 한 경우(2016.5.29 본호개정)
2. 공공단체 또는 사회복지시설의 장이 제84조제1항제2호 또는 제92조의2의 위반행위를 한 경우

제97조【전시 등에서의 형의 가중】 전시·사변 또는 동원령이 선포된 경우에 이 법에 규정된 죄를 지은 사람에 대하여는 각 해당 조문에서 정한 형의 기간 중 장기(長期)의 2분의 1까지 가중한다. 다만, 전시·사변 또는 동원령이 선포된 경우에 제88조제1항 본문에 규정된 죄를 지은 사람에 대해서는 7년 이하의 징역에 처한다.

(2016.5.29 단서신설)

부 칙 (2010.1.25 법9946호)

제1조【시행일】 이 법은 공포 후 6개월이 경과한 날부터 시행한다. 다만, 제61조제1항, 제65조제1항, 제71조제1항 각 호 외의 부분 및 제2항의 개정규정은 2011년 1월 1일부터 시행한다.

제2조【편입취소된 승선근무예비역의 복무기간 단축에 관한 적용례】 제23조의4제3항의 개정규정은 이 법 시행 전에 승선근무예비역의 편입이 취소되어 현역병으로 입영하였거나 공익근무요원으로 소집된 사람에 대하여도 적용한다.

제3조【인종·피부색 등으로 인한 보충역 또는 제2국민역 편입에 관한 적용례】 제65조제1항제3호의 개정규정은 1992년 1월 1일 이후 출생한 사람부터 적용한다.

제4조【국위선양 등에 따른 병역처분변경에 관한 적용례】 제42조제3항 및 제65조제9항의 개정규정은 이 법 시행 전에 대통령령으로 정하는 바에 따라 문화창달과 국위선양을 한 사람에 대하여도 적용한다.

제5조【입영의무 등의 면제 연령의 조정에 관한 적용례】 ① 제71조제1항제1호의2의 개정규정은 이 법 시행 후 최초로 승선근무예비역에 편입된 사람부터 적용한다.

② 제71조제1항제12호의 개정규정은 이 법 시행 후 최초로 행정소송을 제기한 사람부터 적용한다.

제6조【입영의무 등의 감면 등에 관한 경과조치】 1979년 12월 31일 이전에 출생한 사람에 대하여는 제71조의 개정규정에도 불구하고 종전의 규정에 따른다.

부 칙 (2011.5.24 법10704호)

제1조【시행일】 이 법은 공포 후 6개월이 경과한 날부터 시행한다. 다만, 제2조제1항제2호 및 제4호, 제3조제1항, 제8조, 제9조제1항 및 제2항의 개정규정은 공포한 날부터 시행한다.

제2조【신체등위 7급 판정에 관한 적용례】 제12조제3항의 개정규정은 2012년 1월 1일 이후 최초로 신체등위 7급 판정을 받은 사람부터 적용한다.

제3조【공익근무요원 복무의무 위반 등에 관한 적용례】 제89조의3제2호의 개정규정은 이 법 시행 후 최초로 정당한 사유 없이 일과 개시시간 후에 출근하거나, 허가 없이 무단으로 조퇴하거나 근무장소를 이탈한 사유로 받은 경고처분부터 적용한다.

부 칙 (2011.7.5)

제1조【시행일】 이 법은 공포한 날부터 시행한다.

제2조【공중보건의사 등에 대한 적용특례】 ① 제33조제3항 및 제5항, 제35조제3항, 제35조의2제3항 및 제35조의3제2항의 개정규정은 이 법 시행 전에 종전의 규정에 따라 소집·편입이 취소된 공익근무요원, 공중보건의사, 징병검사전담의사, 국제협력의사, 공익법무관 및 공중방역수의사에 대하여도 적용한다.

② 이 법 시행 당시 공익근무요원, 공중보건의사, 징병검사전담의사, 국제협력의사, 공익법무관 및 공중방역수의사의 소집·편입이 취소되어 현역병 또는 공익근무요원으로 근무하고 있는 사람 중 제33조제3항 및 제5항, 제35조제3항, 제35조의2제3항 및 제35조의3제2항의 개정규정에 따른 남은 복무기간을 초과하여 근무 중인 사람은 이 법 시행일에 전역하거나 소집해제된 것으로 본다.

부 칙 (2013.6.4)

제1조【시행일】 이 법은 공포 후 6개월이 경과한 날부터 시행한다. 다만, 제3조, 제23조의4제3항, 제32조제2항(사회복무요원에 관한 부분은 제외한다), 제36조제5항 각 호 외의 부분, 제38조제1항제4호·제5호, 제40조, 제41조제1항제3호 및 같은 조 제4항, 제50조제5항, 제60조, 제61조, 제68조제2호, 제70조, 제71조제1항 각 호 외의 부분 본문(재징병검사 및 확인신체검사에 관한 부분만 해당한다) 및 같은 항 제1호·제6호, 제73조제3항, 제75조제3항, 제76조제1항제1호, 제82조, 제83조제2항제2호·제5호·제9호, 같은 조 제3항 및 제87조제1항·제3항의 개정규정은 공포한 날부터 시행하고, 제37조제1항제2호·제3호, 같은 조 제2항, 제39조제1항 각 호 외의 부분 후단 및 제77조의3의 개정규정은 2014년 1월 1일부터 시행한다.

제2조【승선근무예비역 등의 복무기간 단축에 관한 적용례】 제23조의4제3항 및 제41조제4항의 개정규정은 같은 개정규정 시행 전에 승선근무예비역, 전문연구요원 또는 산업기능요원의 편입이 취소되어 현역병 또는 사회복무요원으로 복무 중인 사람에 대하여도 적용한다.

제3조【예술·체육요원의 편입취소에 관한 적용례】 제33조의10제3항제4호·제5호의 개정규정은 이 법 시행 후 위반행위를 한 경우부터 적용한다.

제4조【건강보험료 지원에 관한 적용례】 제77조의3의 개정규정은 이 법 시행 전에 소집되어 복무하고 있는 상근예비역 및 공익근무요원에게도 적용한다.

제5조【공익근무요원에 관한 경과조치】 ① 이 법 시행 당시 종전의 제26조제1항제1호 또는 제2호의 업무에 소집되거나 복무 중인 공익근무요원은 같은 규정에 따라 사회복무요원으로 소집되거나 복무 중인 것으로 본다.

② 이 법 시행 당시 종전의 제26조제1항제3호 또는 제4호의 업무에 소집되거나 복무 중인 공익근무요원은 제33조의3 및 제33조의7의 개정규정에 따라 국제협력봉사요원 또는 예술·체육요원에 편입되거나 의무종사 중인 것으로 본다.

제6조【전문연구요원의 의무종사기간에 관한 경과조치】 이 법 시행 전에 종전의 제37조제2호·제3호에 따라 전문연구요원으로 편입한 사람의 박사학위과정 수학기간의 의무종사기간 산입에 관하여는 제39조의 개정규정에도 불구하고 종전의 규정에 따른다.

제7조【다른 법률의 개정】 ①~⑲ ※(해당 법령에 가제정리 하였음)

부 칙 (2014.12.30)

제1조【시행일】 이 법은 공포 후 6개월이 경과한 날부터 시행한다.

제2조【예술·체육요원의 의무종사기간 중 특기 활용 봉사활동에 관한 적용례】 제33조의8 및 제33조의10의 개정규정은 이 법 시행 후 최초로 예술·체육요원으로 편입되는 사람부터 적용한다.

제3조【병역의무 기피자의 인적사항 등의 공개에 관한 적용례】 제81조의2의 개정규정은 이 법 시행 후 최초로 병역의무를 기피한 사람부터 적용한다.

부 칙 (2015.12.15)

제1조【시행일】 이 법은 공포 후 3개월이 경과한 날부터 시행한다. 다만, 제43조, 제75조제6항제2호, 제77조의4의 개정규정은 공포 후 6개월이 경과한 날부터 시행한다.

제2조【보상·치료 등에 관한 적용례】 제75조 및 제75조의2의 개정규정은 이 법 시행 당시 징집·소집되거나 병력동원소집등이 된 사람부터 적용한다.

제3조【벌칙에 관한 경과조치】 이 법 시행 전의 행위에 대한 벌칙을 적용할 때에는 종전의 규정에 따른다.

부 칙 (2016.1.19)

제1조【시행일】 이 법은 공포한 날부터 시행한다. 다만, 제17조·제58조 및 제94조의 개정규정은 공포 후 3개월이 경과한 날부터 시행하고, 제14조, 제33조, 제33조의7제1항, 제33조의10, 제42조제3항, 제49조, 제64조, 제65조제1항·제10항 및 제77조의5의 개정규정은 공포 후 6개월이 경과한 날부터 시행하며, 법률 제13566호 병역법 일부개정법률 제43조제2항의 개정규정은 2016년 6월 16일부터 시행한다.

제2조【예술·체육요원으로 편입된 사람의 복무기간 조정에 관한 적용례】 제42조제3항의 개정규정은 이 법 시행 당시 예술·체육요원으로 편입되어 복무 중인 사람에 대하여도 적용한다.

제3조【예비역 진급 관련 병력동원훈련소집에 관한 적용례】 제49조제2항의 개정규정은 이 법 시행 후 최초로 병력동원훈련에 소집되는 사람부터 적용한다.

제4조【국외여행허가 의무 위반에 관한 적용례】 제94조의 개정규정은 이 법 시행 후 최초로 발생되는 위반행위부터 적용한다.

제5조【국제협력봉사요원 또는 국제협력의사에 대한 경과조치】 이 법 시행 당시 국제협력봉사요원 또는 국제협력의사로 근무 중인 사람의 복무 등에 관하여는 종전의 규정에 따른다.

부 칙 (2016.5.29 법14183호)

제1조【시행일】 이 법은 공포 후 6개월이 경과한 날부터 시행한다. 다만, 제18조제4항제3호 및 같은 조 제6항, 제19조제1항제2호의 개정규정은 공포 후 3개월이 경과한 날부터 시행한다.

제2조【여비 등의 환수에 관한 적용례】 제79조제3항 및 제4항의 개정규정은 이 법 시행 후 같은 조 제1항 각 호에 따른 비용을 받는 사람부터 적용한다.

제3조【제1국민역 등의 용어변경에 따른 경과조치】 ① 이 법 시행 전에 종전의 규정에 따른 다음 표의 왼쪽 난에 적혀 있는 사항에 대한 처분은 각각 이 법에 따른 다음 표의 오른쪽 난에 적혀 있는 사항에 대한 처분으로 본다.

교육소집	군사교육소집
신체등위	신체등급
제1국민역	병역준비역
제2국민역	전시근로역
징병검사	병역판정검사
재징병검사	재병역판정검사

② 이 법 시행 당시 종전의 규정에 따른 징병검사전문의사 및 징병검사전담의사는 각각 이 법에 따른 병역판정검사전문의사 및 병역판정검사전담의사로 본다.

제4조【산업기능요원의 복무기간에 관한 경과조치】 이 법 시행 전에 사회복무요원으로 소집된 사람은 제39조제1항제2호 단서의 개정규정에도 불구하고 종전의 규정에 따른다.

제5조【다른 법률의 개정】 ①~㉒ ※(해당 법령에 가제정리 하였음)

부　칙 (2017.3.21)

제1조【시행일】 이 법은 공포 후 6개월이 경과한 날부터 시행한다.

제2조【예술·체육요원의 편입취소에 관한 적용례】 제33조의10제4항제6호의 개정규정은 이 법 시행 후 위반행위를 한 경우부터 적용한다.

제3조【병역판정검사전담의사의 병역복무 연장에 관한 적용례】 제34조의4제1항 및 제2항의 개정규정은 이 법 시행 후 병역판정검사전담의사가 신체검사업무 등 외의 업무에 종사하는 경우부터 적용한다.

제4조【보충역의 학력변동에 따른 병역처분변경에 관한 적용례】 제65조제10항의 개정규정은 사회복무요원 소집 대상인 보충역으로 병역처분을 받은 사람이 이 법 시행 후 「초·중등교육법」 제2조에 따른 학교를 졸업한 사람과 같은 수준의 학력이 있다고 인정받는 등 학력이 변동된 경우부터 적용한다.

제5조【의무·수술 기록지 등 보완서류의 발급비용에 관한 적용례】 제79조제1항제1호의 개정규정은 이 법 시행 후 신체검사 과정에서 필요한 의무·수술 기록지 등 보완서류를 발급받아 제출하는 경우부터 적용한다.

부　칙 (2017.11.28)

제1조【시행일】 이 법은 공포 후 6개월이 경과한 날부터 시행한다.

제2조【국회 보고에 대한 적용례】 제19조제4항의 개정규정은 이 법 시행 후 처음으로 국방부장관이 현역병의 복무기간을 조정하려는 경우부터 적용한다.

부　칙 (2020.3.31 법17163호)

제1조【시행일】 이 법은 공포 후 1년이 경과한 날부터 시행한다.(이하 생략)

부　칙 (2020.3.31 법17166호)

제1조【시행일】 이 법은 공포한 날부터 시행한다. 다만, 제23조의2제3항·제4항, 제23조의5 및 제23조의6의 개정규정은 공포 후 6개월이 경과한 날부터 시행한다.

제2조【공군 현역병의 복무기간에 관한 적용례】 제18조제2항제3호의 개정규정에 따른 공군 현역병의 복무기간은 이 법 시행 후 최초로 입영하는 사람부터 적용한다.

제3조【복무 중인 공군 현역병의 복무기간에 관한 특례】 이 법 시행 이전에 입영한 공군 현역병의 복무기간은 제18조제2항제3호의 개정규정과 병력수급사정 등을 고려하여 단축하되, 입영시기별 구체적인 단축기간은 국방부장관이 정하는 바에 따른다.

부　칙 (2020.12.8)

제1조【시행일】 이 법은 공포 후 6개월이 경과한 날부터 시행한다.(이하 생략)

부　칙 (2020.12.22)

제1조【시행일】 이 법은 공포한 날부터 시행한다. 다만, 제14조의3, 제17조, 제23조의4, 제41조, 제56조, 제60조, 제79조, 제87조의 개정규정은 공포 후 6개월이 경과한 날부터 시행한다.

제2조【입영판정검사에 대한 적용례】 제14조의3 및 제17조의 개정규정은 이 법 시행 이후 입영판정검사 통지서를 교부받은 사람부터 적용한다.

제3조【전역 보류기간 연장에 관한 적용례】 제18조제5항의 개정규정은 이 법 시행 당시 전상·공상 또는 공무상 질병으로 인하여 전역을 보류하고 있는 현역병에게도 적용한다.

제4조【임기제부사관제의 운영에 관한 적용례】 제20조의2제1항의 개정규정은 이 법 시행 전에 유급지원병으로 선발된 사람(복무 중인 유급지원병을 포함한다)에 대해서도 적용한다.

제5조【승선근무예비역, 전문연구요원 및 산업기능요원의 편입취소 및 의무부과에 관한 적용례】 제23조의4 및 제41조의 개정규정은 이 법 시행 이후 승선근무예비역, 전문연구요원 및 산업기능요원의 편입이 취소된 사람부터 적용한다.

제6조【범죄경력 정보 제공에 관한 적용례】 제29조제4항의 개정규정은 이 법 시행 이후 복무기관에 소집되는 사회복무요원부터 적용한다.

제7조【징집 또는 소집의 연기 취소에 관한 적용례】 제60조제4항의 개정규정은 이 법 시행 이후 징집 또는 소집이 연기된 체육·대중문화예술 분야 우수자부터 적용한다.

제8조【입영신체검사에 대한 경과조치】 제14조의3제7항의 개정규정에 따라 입영부대의 장이 입영신체검사를 실시하는 경우에는 종전의 제17조 및 제56조제1항의 규정에 따른다.

제9조【다른 법률의 개정】 ①~② ※(해당 법령에 가제정리 하였음)

부　칙 (2021.4.13)

제1조【시행일】 이 법은 공포 후 6개월이 경과한 날부터 시행한다. 다만, 제2조제1항, 제23조제4항, 제33조의10제4항, 제33조의11, 제41조제2항의 개정규정은 공포한 날부터 시행하고, 제61조제3항의 개정규정은 3개월이 경과한 날부터 시행한다.

제2조【사회복무요원의 수사 통보 등에 관한 적용례】 제32조의2의 개정규정은 이 법 시행 후 수사기관이 사회복무요원에 대한 수사를 시작한 때부터 적용한다.

제3조【예술·체육요원으로의 재편입 금지에 관한 적용례】 제33조의10제4항 각 호 외의 부분 후단의 개정규정은 부칙 제1조 단서에 따른 시행일 이후에 예술·체육요원의 편입이 취소된 사람부터 적용한다.

제4조【전문연구요원의 박사학위 취득 등에 관한 적용례】 제37조제3항부터 제5항까지, 제39조제3항제2호, 제40조제7호나목·다목의 개정규정은 2023년 1월 1일 이후에 전문연구요원으로 편입되는 사람부터 적용한다.

제5조【전문연구요원 등의 복무기간 연장에 관한 적용례】 제41조제2항 각 호 외의 부분 단서 및 같은 항 제3호의 개정규정은 부칙 제1조 단서에 따른 시행일 이후 전문연구요원이나 산업기능요원이 무단결근하는 경우부터 적용한다.

제6조【직권연기에 관한 적용례】 제61조제3항제3호의 개정규정은 이 법 시행 이후 금고 이상의 형으로 처벌될 수 있는 범죄 행위를 행한 사람부터 적용한다.

제7조【병역판정검사 결과 등 공개에 관한 적용례】 제77조의6의 개정규정은 이 법 시행일이 속한 연도의 다음 연도부터 적용한다.

제8조【적금 지원에 관한 적용례】 ① 제79조의2의 개정규정에 따른 재정지원은 이 법 시행 당시 장병내일준비적금에 가입한 사람에 대해서도 적용한다.

② 이 법 시행 당시 장병내일준비적금에 가입한 사람에 대한 제79조의2의 개정규정에 따른 재정지원은 최초 가입일부터 적용한다.

제9조【예술·체육요원의 편입취소 기산점에 관한 특례】 제33조의10제4항제7호의 개정규정에도 불구하고 부칙 제1조 단서에 따른 시행일 전에 종전의 제33조의10제3항에 따라 특기 활용 봉사활동을 마치지 못하여 의무복무기간이 연장된 예술·체육요원이 정당한 사유 없이 부칙 제1조 단서에 따른 시행일부터 1년 이내에 공익복무를 마치지 못하는 경우에는 예술·체육요원의 편입을 취소한다.

제10조【전문인력 양성기관 지정에 관한 경과조치】 이 법 시행 전에 국방부장관으로부터 전문인력 양성기관으로 지정받은 기관은 제20조의3의 개정규정에 따라 전문인력 양성기관으로 지정받은 것으로 본다.

제11조【예술·체육요원의 공익복무에 관한 경과조치】 이 법 시행 전에 종전의 규정에 따라 예술·체육요원이 한 봉사활동은 제33조의8제5항의 개정규정에 따른 공익복무로 본다.

부　칙 (2021.12.7)

제1조【시행일】 이 법은 공포한 날부터 시행한다. 다만, 제49조제1항 단서 및 제50조제1항 단서의 개정규정은 공포 후 3개월이 경과한 날부터 시행하고, 제31조의3의 개정규정은 공포 후 6개월이 경과한 날부터 시행한다.

제2조【사회복무요원의 분할복무에 관한 적용례】 제31조의3제2항의 개정규정은 이 법 시행 이후 본인의 질병치료를 위하여 복무를 중단하는 경우부터 적용한다.

부　칙 (2022.1.4 법18681호)

이 법은 공포 후 6개월이 경과한 날부터 시행한다.

부　칙 (2022.1.4 법18682호)

제1조【시행일】 이 법은 공포 후 6개월이 경과한 날부터 시행한다.(이하 생략)

부　칙 (2022.12.13)

이 법은 공포한 날부터 시행한다.

부　칙 (2023.6.20)

제1조【시행일】 이 법은 공포 후 6개월이 경과한 날부터 시행한다.

제2조【「공직선거법」에 따른 선거에 의하여 취임하는 자의 의무이행일 연기에 관한 적용례】 제61조제1항의 개정규정은 이 법 시행 당시 「공직선거법」 제2조에 따른 국회의원선거, 지방의회의원 및 지방자치단체의 장의 선거에 의하여 취임하여 재임 중인 사람에게도 적용한다.

제3조【국가부담 치료에 관한 적용례】 ① 제75조제6항제1호의 개정규정은 이 법 시행 이후 실시한 병역판정검사등이 직접적인 원인이 되어 치료 등이 필요한 사람부터 적용한다.

② 제75조제6항제4호의 개정규정은 이 법 시행 이후 병역판정검사등에 응하여 지정된 장소로 이동 중이거나 귀가 중에 부상을 입은 사람부터 적용한다.

부　칙 (2023.8.8)

제1조【시행일】 이 법은 공포 후 6개월이 경과한 날부터 시행한다.

제2조【편입취소된 예술·체육요원, 전문연구요원 및 산업기능요원의 의무부과에 관한 적용례】 제33조의10제5항 및 제41조제3항의 개정규정은 이 법 시행 이후 예술·체육요원, 전문연구요원 또는 산업기능요원의 편입이 취소되는 사람부터 적용한다.

부　칙 (2023.10.31)

제1조【시행일】 이 법은 공포 후 6개월이 경과한 날부터 시행한다. 다만, 제32조의3, 제33조제2항제2호, 제33조의10제2항제2호 및 같은 조 제6항의 개정규정은 3개월이 경과한 날부터 시행한다.

제2조【복무기관 내 괴롭힘 조치 등에 관한 적용례】 제31조의5, 제31조의6 및 제95조제2항 및 같은 조 제3항제1호의 개정규정은 이 법 시행 이후 복무기관 내 괴롭힘이 발생한 경우부터 적용한다.

제3조【사회복무요원 등의 정치 운동 금지에 관한 적용례】 제32조의3, 제33조제2항제2호, 제33조의10제2항제2호 및 같은 조 제6항의 개정규정은 부칙 제1조 단서에 따른 시행 이후 사회복무요원 또는 예술·체육요원이 정치 운동 금지를 위반한 경우부터 적용한다.

제4조【병역의무 기피·감면 등 관련 정보의 게시·유통금지 위반 등에 관한 적용례】 제81조의3 및 제87조의2의 개정규정은 이 법 시행 이후 병역의무 기피·감면 등 관련 정보의 게시·유통금지를 위반한 경우부터 적용한다.

부　칙 (2024.1.9)

제1조【시행일】 이 법은 공포 후 6개월이 경과한 날부터 시행한다. 다만, 제29조제4항제5호의 개정규정은 3개월이 경과한 날부터 시행한다.

제2조【입영판정검사 등에 관한 적용례】 제14조의3제1항·제7항 및 제20조제1항의 개정규정은 이 법 시행 이후 제14조의3제1항·제7항에 따른 현역병입영 또는 군사교육소집 통지서를 교부받거나 제20조제1항에 따라 군에 복무할 것을 지원한 사람부터 적용한다.

제3조【사회복무요원의 범죄 관련 정보 제공에 관한 적용례】 제29조제4항제5호의 개정규정은 같은 개정규정 시행 이후 형의 선고를 받은 경우부터 적용한다.

제4조【사회복무요원의 수사 개시 등 통보에 관한 적용례】 제29조제4항제5호의 개정규정에 따른 제32조의2의 수사 개시·종료 통보는 같은 개정규정 시행 이후 수사기관이 사회복무요원에 대한 수사를 시작한 때부터 적용한다.

제5조【예술·체육요원의 편입취소에 관한 적용례】 제33조의10제5항의 개정규정은 이 법 시행 이후 예술·체육요원이 제33조의10제4항 각 호의 어느 하나에 해당하는 경우부터 적용한다.

부　칙 (2024.2.6)

제1조【시행일】 이 법은 공포 후 6개월이 경과한 날부터 시행한다. 다만, 제89조의3제2호의 개정규정은 3개월이 경과한 날부터 시행한다.

제2조【사회복무요원 등의 복무의무 위반에 관한 적용례】 제89조의3제2호의 개정규정은 이 법 시행 이후 최초로 제33조제2항제1호부터 제3호까지, 제3호의2, 제4호, 제33조의10제2항제1호부터 제5호까지, 제7호 및 「대체역의 편입 및 복무 등에 관한 법률」 제24조제2항제1호부터 제4호까지의 어느 하나에 해당하는 사유로 경고처분을 받은 사람부터 적용한다.

병역법 시행령

(1994년 10월 6일 전개대통령령 제14397호)

개정
1994.12.23영14446호(직제) <중략>
2010. 7.12영22269호(직제)
2010. 7.21영22286호
2010. 7.21영22290호(공중방역수의사에관한법시)
2010.10. 1영22414호
2010.11. 2영22467호(행정정보이용감축개정령)
2010.12.29영22560호(문화재시)
2010.12.29영22564호(감염병시)
2011. 3. 2영22687호(향토예비군시)
2011. 3.29영22752호
2011. 6.24영22977호(기초연구진흥및기술개발지원에관한법시)
2011. 7.14영23026호 2011.11.23영23305호
2011.12.28영23419호
2012. 1. 6영23488호(민감정보고유식별정보)
2012. 2. 3영23620호(선원시)
2012. 5.22영23795호(농어업경영체육성및지원에관한법시)
2012. 6.29영23892호
2012. 8. 3영24018호(아동시)
2012. 8.31영24077호(국민보험시)
2012. 9.14영24102호(청소년보호법시)
2012. 9.19영24105호(군인급식규정)
2012.12.20영24238호
2013. 3.23영24413호(직제)
2013. 5.31영24553호
2013.11.20영24852호(공무원임용)
2013.12. 4영24890호
2014. 6.30영25435호(장애인비하용어개선)
2014.11. 4영25687호
2014.11.19영25751호(직제)
2015. 6.30영26348호
2015. 9.25영26551호(울산과학기술원법시)
2015.11.20영26659호(의무경찰대설치및운영에관한법시)
2016. 3.25영27056호(무형문화재보전및진흥에관한법시)
2016. 6.14영27220호
2016.11.29영27617호(경비교도대폐지에따른보상등에관한법시)
2016.11.29영27619호(예비군법시)
2016.11.29영27620호
2017. 5.29영28074호(정신건강증진및정신질환자복지서비스지원에관한법시)
2017. 7.26영28211호(직제)
2017. 9. 5영28266호(군인사법시)
2017. 9.22영28340호
2017.11.21영28440호(전문의의수련및자격인정등에관한규정)
2017.12.19영28473호(해외이주시)
2018. 5.28영28905호 2018.12.18영29373호
2019. 7. 2영29950호(법령용어정비)
2019.12.24영30256호(산업안전시)
2020. 1. 7영30323호
2020. 6. 9영30760호(군인재해보상법시)
2020. 6.30영30806호 2020. 9.29영31058호
2020.11.24영31169호(공공기관의운영에관한법시)
2020.12.29영31300호
2020.12.29영31337호(사법경찰관수사종결)
2020.12.31영31349호(자치경찰조직운영)
2021. 1. 5영31380호(법령용어정비)
2021. 2.17영31462호 2021. 6.22영31798호
2021.10.14영32038호 2021.12.28영32250호
2022. 6.30영32745호
2022.10. 4영32934호(행정기관정비일부개정령)
2022.11.22영33000호(전문의의수련및자격인정등에관한규정)
2022.12.13영33059호(직제)
2022.12.30영33184호
2023. 4. 5영33377호(직제)
2023.12.19영33970호 2024. 1.30영34168호

제1장 총 칙

(2009.12.7 본장개정)

제1조【목적】 이 영은 「병역법」에서 위임된 사항과 그 시행에 필요한 사항을 규정함을 목적으로 한다.

제2조【병적 관리】 ① 「병역법」(이하 "법"이라 한다) 제5조제3항에 따른 병역의무자의 병적(兵籍)은 다음 각 호의 구분에 따라 관리한다.

1. 징집(徵集)·소집(召集) 또는 지원에 의하여 군(軍)에 입영한 사람과 상근예비역으로 소집된 사람 : 해당 군 참모총장(해병대의 경우에는 해병대사령관을 말한다)
(2012.12.20 본호개정)
2. 전환복무되어 의무소방원 또는 의무경찰대원으로 복무 중인 사람 : 경찰청장, 소방청장 또는 해양경찰청장
(2017.9.22 본호개정)
3. 병역준비역, 전시근로역, 예비역, 보충역 및 대체역 : 거주지 지방병무청장이나 거주지 병무지청장
(2020.6.30 본호개정)

② 국외에 거주지를 정하거나 주민등록 신고의무 불이행 등으로 주민등록이 말소된 사람은 말소 당시의 주소지를, 주민등록이 없는 사람은 「가족관계의 등록 등에 관한 법률」에 따른 등록기준지(이하 "등록기준지"라 한다)를, 법 제16조제3항 본문에 해당하는 사람은 병역판정검사 당시의 주소지를 거주지로 보아 병적을 관리한다.
(2016.11.29 본항개정)

③ 제1항에 따른 병적관리기관의 장은 입영(入營)·전역(轉役)·소집해제 또는 거주지이동 등의 사유로 병역의무자의 병적관리기관이 변경되어 병적을 이관(移管)하여야 할 경우에는 병역의무자의 병적기록표(병적 데이터베이스를 포함한다. 이하 같다)를 지체 없이 해당 병적관리기관에 송부하여야 한다. 이 경우 전역이나 소집해제로 인한 경우에는 인사명령서를 함께 송부하여야 한다.

④ 전시근로역, 예비역, 의무복무를 마친 보충역·대체역, 퇴역된 사람, 면역(免役)된 사람 및 병역이 면제된 사람의 병적기록표의 관리에 필요한 사항은 병무청장이 정한다.(2020.6.30 본항개정)
(2012.12.20 본조제목개정)

제3조【병역에 관한 신고·출원 절차 등】 ① 병역에 관한 신고 또는 출원은 문서(전자문서를 포함한다. 이하 같다)로 하여야 한다. 다만, 병무청장이 정하는 경우에는 구술이나 전화·전신·팩스 등 정보통신망을 통하여 할 수 있다.

② 병역의무자가 질병이나 그 밖의 부득이한 사유로 병역에 관한 신고 또는 출원을 직접 할 수 없는 경우에는 세대주, 가족 중 성년자 또는 제4조에 따른 병역의무부과 통지서 수령인(受領人)에게 본인을 대리하여 신고 또는 출원을 하게 할 수 있다.

제3조의2【병역의무부과 통지서】 ① 법 제6조제1항에 따른 병역의무를 부과하는 통지서(이하 "병역의무부과 통지서"라 한다)에서 직인의 날인은 그 직인의 인영(印影 : 도장을 찍은 모양)을 인쇄하는 것으로 갈음할 수 있다.(2019.7.2 본항개정)

② 지방병무청장(병무지청장을 포함한다)은 법 제6조제1항에 따라 병역의무부과 통지서를 정보통신망을 이용하여 송달(이하 "전자송달"이라 한다)하는 경우 다음 각 호의 어느 하나에 해당하는 방법으로 송달하여야 한다.
1. 병역의무자가 지정한 전자우편주소로 송달
2. 이동통신단말장치에서 사용되는 애플리케이션(Application)을 통한 송달
(2018.5.28 본항신설)

제3조의3【병역의무부과 통지서 송달기한】 ① 법 제6조제2항 단서에서 "병력동원훈련, 전시근로소집점검 등 대통령령으로 정하는 경우"란 제9조제2항, 제21조제2항, 제29조제5항 단서, 제53조제1항 단서, 제65조의2제3항, 제66조제2항·제4항, 제101조제1항(제105조제2항에서 준용하는 경우를 포함한다), 제109조제2항, 제121조제3항 본문 및 제155조의2제3항 단서에 해당하는 경우를 말한다.
(2020.12.29 본항개정)

② 법 제6조제3항에서 "대통령령으로 정하는 경우"란 제21조제3항, 제53조제4항, 제101조제3항 및 제121조제3항 단서에 해당하는 경우를 말한다.
(2018.5.28 본조개정)

제3조의4【전자송달】 법 제6조제4항 단서에서 "병역의무자가 지정한 전자우편주소에 입력하는 등 대통령령으로 정하는 방법"이란 제3조의2제2항제1호에 따른 전자송달의 경우에는 병역의무자가 지정한 전자우편주소에 입력하는 것을 말하고, 같은 항 제2호에 따른 전자송달의 경우에는 병역의무자가 이동통신단말장치에서 사용되는 애플리케이션을 통하여 병역의무부과 통지서를 바로 확인할 수 있는 정보시스템에 저장하는 것을 말한다.
(2018.5.28 본조신설)

제4조【병역의무부과 통지서 수령인의 선정】 ① 법 제6조제5항에 따라 병역의무부과 통지서 수령인을 선정하거나 변경한 사람은 지방병무청장이나 병무지청장에게 병역의무부과 통지서 수령인 선정 또는 변경 신고서(전자문서로 된 신고서를 포함한다)를 제출하여야 한다.
(2018.5.28 본항개정)

② 제1항에 따른 병역의무부과 통지서의 수령인은 본인과 세대를 달리하는 성년자로서 지방병무청장이나 병무지청장의 병역의무부과 통지서를 본인에게 전달할 수 있는 사람이어야 한다.

제4조의2【전자송달에 대한 동의 등】 ① 지방병무청장(병무지청장을 포함한다)은 병역의무부과 통지서를 전자송달할 때 미리 병역의무자에게 병역의무부과 통지서의 종류를 알려주고, 전자우편 또는 이동통신단말장치 애플리케이션을 통한 수신에 대한 동의를 받아야 한다. 이 경우 전자송달할 병역의무부과 통지서의 종류는 병무청장이 정한다.

② 법 제6조제8항에서 "대통령령으로 정하는 사유"란 다음 각 호의 어느 하나에 해당하는 경우를 말한다.
1. 전자우편주소의 오기 또는 휴대전화 번호 변경 등으로 발송 오류가 발생한 경우
2. 병역의무자의 정보통신망 이용권한이 정지된 경우
3. 그 밖에 전자송달이 불가능한 경우로서 병무청장이 정하는 경우
(2018.5.28 본조신설)

제4조의3【병역준비역 편입 통지】 ① 지방병무청장(병무지청장을 포함한다)이 법 제6조의2제1항 각 호 외의 부분 본문에 따라 병역준비역으로 편입된 사람에게 병역준비역으로의 편입 사실과 병역이행 절차 등의 통지를 하는 경우에는 병역준비역으로 편입된 사람이 편입된 날부터 30일 이내에 우편송달 등의 방법으로 통지해야 한다.

② 법 제6조의2제1항제5호에서 "대통령령으로 정하는 사항"이란 다음 각 호의 사항을 말한다.
1. 법 제14조의2에 따른 재병역판정검사
2. 법 제14조의3에 따른 입영판정검사
3. 법 제62조에 따른 가사사정으로 인한 전시근로역 또는 보충역 편입
4. 법 제63조의2에 따른 가사사정으로 인한 대체복무요원 소집면제 또는 소집해제
5. 법 제64조에 따른 병역준비역의 병역면제 등
6. 법 제65조에 따른 병역처분 변경 등
7. 법 제65조의2에 따른 대체역의 병역처분 변경 등

③ 제1항 및 제2항에서 규정한 사항 외에 병역준비역으로의 편입 통지에 필요한 사항은 병무청장이 정한다.
(2022.6.30 본조신설)

제4조의4【예비역 편입 등 통지】 ① 법 제6조의2제2항 각 호 외의 부분 본문에서 "예비역으로 편입된 사람, 보충역·대체복무요원 복무를 마친 사람 등 대통령령으로 정하는 사람"이란 다음 각 호의 사람을 말한다.
1. 법 제5조제1항제2호가목의 예비역으로 편입된 사람
2. 법 제5조제1항제2호나목의 예비역으로 편입되어 법 제23조에 따른 상근예비역의 복무 또는 법 제23조의2에 따른 승선근무예비역의 복무를 마친 사람
3. 법 제5조제1항제3호나목의 보충역 중 그 복무를 마친 사람
4. 법 제5조제1항제6호의 대체역으로 편입되어 대체복무요원의 복무를 마친 사람
5. 제1호부터 제3호까지에서 규정한 사람으로서 대체역으로 편입된 사람

② 병무청장 또는 지방병무청장(병무지청장을 포함한다)이 법 제6조의2제2항 각 호 외의 부분 본문에 따라 제1항 각 호의 사람에게 해당 병역으로의 편입 사실과 병역이행 절차 등의 통지를 하는 경우에는 다음 각 호의 구분에 따른 기간 내에 우편송달이나 제3조의2제2항 각 호의 어느 하나에 해당하는 방법에 따른 전자송달(통지 대상자에게 전자송달에 대한 동의를 미리 받은 경우로 한정한다) 등의 방법으로 통지해야 한다.
1. 제1항제1호부터 제3호까지에서 규정한 사람 : 「예비군법」 제3조제1항에 따른 예비군으로 편성된 날부터 60일 이내
2. 제1항제4호의 사람 : 대체복무요원의 복무를 마친 날부터 60일 이내
3. 제1항제5호의 사람 : 대체역으로 편입된 날부터 60일 이내

③ 법 제6조의2제2항제6호에서 "대통령령으로 정하는 사항"이란 다음 각 호의 사항을 말한다.
1. 법 제61조에 따른 병력동원훈련소집 또는 예비군대체복무 소집의 연기
2. 법 제72조에 따른 병역의무의 종료

④ 제1항부터 제3항까지에서 규정한 사항 외에 통지에 필요한 사항은 병무청장이 정한다.
(2022.6.30 본조신설)

제5조【병역증 또는 전역증】 ① 지방병무청장은 병역판정검사를 받고 병역처분을 받은 사람(법 제64조제1항에 따라 병역판정검사를 받지 아니하고 병역처분을 받은 사람을 포함한다)에게 병역증을 교부하여야 한다.
(2016.11.29 본항개정)

② 소속부대장은 전역하는 사람에게 전역증을 교부하여야 한다.

③ 지방병무청장은 병역증이나 전역증을 잃어버리거나 못쓰게 된 경우에는 본인이 신청하면 병역증이나 전역증을 다시 교부할 수 있다.

④ 제1항 및 제2항에 따른 병역증 또는 전역증의 서식 및 세부적인 교부절차 등에 관하여 필요한 사항은 국방부령으로 정한다.(2016.6.14 본항신설)

제2장 병역준비역 편입

(2016.11.29 본장제목개정)

제6조 (1999.3.3 삭제)

제7조【병역준비역 편입자 조사】 ① 법 제9조에 따라 행정안전부장관은 다음 해에 18세가 되는 사람의 주민등록 정보화자료를 매년 6월 30일까지 병무청장에게 통보하고, 병무청장은 이를 각 지방병무청(병무지청을 포함한다. 이하 이 조에서 같다)별로 보내야 한다.
(2017.7.26 본항개정)

② 병무청장은 법 제9조제2항에 따라 다음 해에 18세가 되는 사람의 가족관계등록 정보화자료를 매년 6월 30일까지 법원행정처장으로부터 받아 제1항의 주민등록 정보화자료와 대조하여 주민등록이 설정되어 있지 아니한 사람의 가족관계등록 정보화자료를 각 등록기준지 지방병무청별로 보내야 한다.

③ 지방병무청장(병무지청장을 포함한다. 이하 이 조에서 같다)은 제1항 및 제2항에 따라 주민등록 정보화자료 및 가족관계등록 정보화자료를 받은 경우에는 다음 해에 18세가 되는 사람을 병역준비역 편입 대상자로 관리하여야 한다.(2016.11.29 본항개정)

④ 지방병무청장은 국외출생 등의 사유로 주민등록이 되어 있지 아니한 사람에 대해서는 제145조에 따른 국외여행허가 신청서 등과 관계 기관의 협조를 통하여 사실관계를 조사한 후 병역준비역 편입자로 관리하여야 한다.(2016.11.29 본항개정)

⑤ 병무청장은 병역의무의 부과에 필요한 주민등록 정보화자료 및 가족관계등록 정보화자료의 범위와 제공방법 등을 행정안전부장관 및 법원행정처장과 협의하여 결정하여야 한다.(2017.7.26 본항개정)

(2016.11.29 본조제목개정)

제3장 병역판정검사

(2016.11.29 본장제목개정)

제8조 【병역판정검사 대상자의 조사】 ① 지방병무청장은 병역준비역에 편입된 사람에 대하여 다음 해 병역판정검사에 필요한 사항을 매년 9월 15일까지 조사한 후 그 결과를 병역준비역 편입자 데이터베이스에 입력하여 정리하고 병역판정검사 대상자 현황서를 작성·관리하여야 한다.

② 지방병무청장은 제1항에 따른 병역판정검사 대상자의 조사를 마친 경우에는 병역판정검사 대상자 현황서를 9월 30일까지 병무청장에게 제출하여야 한다.

(2016.11.29 본조개정)

제9조 【병역판정검사 통지서 등의 송달】 ① 지방병무청장은 병역판정검사(제11조제1항에 따른 중앙신체검사기관 또는 군병원에서 하는 신체검사를 포함한다. 이하 같다) 대상자의 병역판정검사 통지서를 검사일 30일 전까지 본인에게 송달하여야 한다.(2018.5.28 본항개정)

② 제1항에도 불구하고 다음 각 호의 어느 하나에 해당하는 사람에 대해서는 검사일 7일 전까지 송달하여야 한다.(2018.5.28 본문개정)

1. 병역판정검사의 연기(延期)사유 또는 병역판정검사일의 연기사유가 해소되어 병역판정검사를 받아야 할 사람
2. 질병이나 심신장애로 입영일이 연기된 사람 또는 입영신체검사 결과 귀가된 사람으로서 다시 병역판정검사를 받아야 할 사람
3. 우선 병역판정검사원서를 제출한 사람
4. 병역판정검사 기피자로서 병역판정검사를 받아야 할 사람
5. 연령 정정, 신규 주민등록 등으로 병역판정검사를 받아야 할 사유가 발생한 사람

(2016.11.29 1호~5호개정)

6. 본인이 병역판정검사일을 선택한 사람(2018.5.28 본호신설)

(2016.11.29 본조제목개정)

제10조 【군 필요인원의 통보】 ① 각 군 참모총장은 매년 다음 다음 해에 징집에 의하여 현역병으로 입영하여야 할 사람의 적성별 필요인원을 10월 31일까지 병무청장에게 통보하여야 한다.

② 병무청장은 제1항에 따른 통보를 받으면 다음 해 병역판정검사에서 처분할 현역병입영 및 보충역 편입의 기준을 결정하고 지방병무청장에게 각 시·도별, 적성별 현역병입영 인원을 배분하여야 한다.(2016.11.29 본항개정)

③ 병무청장은 제2항에 따라 현역병입영 및 보충역 편입기준을 정한 경우에는 매년 12월 31일까지 각 군 참모총장에게 그 내용을 통보하여야 한다.

(2009.12.7 본조개정)

제11조 【병역판정검사장 등의 설치】 ① 법 제11조에 따른 병역판정검사를 실시하기 위하여 병무청장은 병무청에 신체검사를 담당하는 기관(이하 "중앙신체검사기관"이라 한다)을 설치·운영하고, 지방병무청장은 매년 지방병무청에 병역판정검사장을 설치·운영한다. 다만, 지방병무청장은 필요한 경우에는 군병원장과 협의하여 군병원에 병역판정검사장을 설치할 수 있다.

② 지방병무청장은 제1항에 따라 병역판정검사장을 설치·운영하려는 경우에는 병역판정검사를 받아야 할 사람, 설치기간 및 설치장소 등 필요한 사항을 공고하여야 한다. 다만, 필요한 경우에는 병무청장이 공고할 수 있다.

③ 제1항 단서에 따라 병역판정검사장이 설치되는 기관의 장은 징병검사장의 사무 집행에 필요한 설비를 하여야 하며, 그 밖에 병역판정검사업무의 수행을 위하여 필요한 협조를 하여야 한다.

④ 중앙신체검사기관 및 병역판정검사장의 설치·운영 및 병역판정검사의 업무 수행에 필요한 사항은 병무청장이 정한다.

(2016.11.29 본조개정)

제12조 【병역판정검사 직원】 ① 병역판정검사장에 근무하는 병역판정검사 직원의 구성, 임명권자 및 임무는 별표1과 같다.

② 병무청장이나 지방병무청장은 수석병역판정검사전담의사 및 병역판정검사전담의사(이하 "병역판정전담의사"라 한다), 수석병역판정검사전문의사 및 병역판정검사전문의사(이하 "병역판정전문의사"라 한다) 또는 군의관만으로 병역판정검사를 실시할 수 없을 때에는 의사면허를 받은 사람을 위촉하여 병역판정검사를 실시할 수 있다. 이 경우 지방병무청장은 병무청장의 승인을 받아야 한다.

③ 중앙신체검사기관에 근무하는 병역판정전담의사 및 병역판정전문의사의 구성, 임면권자 및 임무는 별표1의2와 같다.

(2016.11.29 본조개정)

제13조 【병역판정검사의 실시】 ① 병역판정검사 통지서를 받은 사람은 지정된 일시(日時)에 지정된 장소에서 병역판정검사를 받아야 한다.(2016.11.29 본항개정)

② 지방병무청장은 병역판정검사를 받아야 할 사람으로서 해당 병역판정검사장에서 병역판정검사를 받지 아니한 사람, 다시 병역판정검사를 받아야 할 사람 또는 교통여건 등을 고려하여 해당 병역판정검사장에서 병역판정검사를 받기 곤란하다고 인정되는 사람에 대해서는 다른 병역판정검사장이나 군병원에서 병역판정검사를 받게 할 수 있다.(2016.11.29 본항개정)

③ 지방병무청장은 19세 또는 20세가 되는 해에 병역판정검사를 받아야 할 사람 중 국외를 왕래하는 선박의 선원, 국외취업자, 산업기능요원의 편입을 지원한 사람, 그 밖에 병무청장이 정하는 사람으로서 우선 병역판정검사원서를 제출한 사람에 대해서는 미리 병역판정검사를 받게 할 수 있다.(2016.11.29 본항개정)

④ 중앙신체검사기관은 다음 각 호의 사람에 대한 신체등급의 판정사무를 수행한다.(2021.10.14 본문개정)

1. 지방병무청장이 실시한 신체검사 결과 법 제12조제1항제2호 또는 제3호에 해당하는 사람으로서 정밀신체검사나 재검사가 필요한 사람
2. 제18조의9제1항 각 호의 어느 하나에 해당하는 사람으로서 재검사가 필요한 사람(2021.6.22 본호개정)
3. 제135조제1항에 따라 병역처분변경원서를 제출한 사람 중 법 제12조제1항제2호 또는 제3호에 해당하는 사람으로서 신체검사가 필요한 사람
4. 법 제71조제1항제10호에 해당하는 사람으로서 신체검사가 필요한 사람
5. 지방병무청장이 실시한 신체검사 결과에 대하여 다툼이 있는 사람 등으로서 신체검사를 다시 실시할 필요가 있는 사람
6. 그 밖에 중앙신체검사기관에서 신체등급을 판정할 필요가 있다고 병무청장이 인정하는 사람(2021.10.14 본호신설)

(2016.11.29 본조제목개정)

(2009.12.7 본조개정)

제13조의2 【군의관의 파견】 ① 병무청장은 법 제12조의2에 따라 신체검사에 필요한 전문분야별 군의관의 파견을 국방부장관에게 요청할 수 있다.

② 국방부장관은 제1항에 따른 요청을 받은 경우에는 군의관을 파견하여야 한다.

(2009.12.7 본조개정)

제14조 【심리검사 및 적성 분류 등】 ① 법 제11조제3항에 따른 심리검사의 방법 및 절차 등에 관하여 필요한 사항은 병무청장이 정한다.(2018.5.28 본항개정)

② 법 제13조제1항에 따른 적성은 건축·토목, 전기, 전자·통신·전산, 중장비운전, 수송장비정비, 차량운전, 화학, 기계, 항공, 의무, 요리 및 공통으로 분류·결정하되, 분류·결정의 기준은 병무청장이 정한다.

(2009.12.7 본조개정)

제14조의2 【의료기관 위탁검사】 ① 법 제11조제4항 후단 또는 같은 조 제5항 단서에 따라 검사를 위탁하는 의료기관의 지정 등에 관하여는 제168조제2항 및 제3항을 준용한다.(2018.5.28 본항개정)

② 제1항에 따라 검사를 위탁받은 의료기관의 장은 위탁검사 대상자를 검사할 때 그 신분확인을 하여야 한다.

(2016.11.29 본항신설)

③ 제1항에 따라 검사를 위탁받은 의료기관의 장은 검사를 마친 경우 지체 없이 그 결과를 국방부령으로 정하는 서식에 따라 위탁검사를 의뢰한 기관의 장에게 송부하여야 한다.(2016.11.29 본항신설)

제15조 【병과 부여】 ① 법 제13조제1항에 따른 병과(兵科)는 「군인사법」 제5조에 따른 병과의 구분에 따른다.(2013.12.4 본항개정)

② 제1항에 따른 병과는 군사특기로 세분할 수 있으며, 군사특기는 각 군 참모총장이 부여한다. 다만, 병무청장이 선발하는 현역 복무 지원자 등 각 군 참모총장이 특별히 필요하다고 인정하는 경우에는 병무청장에게 병과와 군사특기의 부여를 요청할 수 있다.

③ 제1항과 제2항에 따른 병과와 군사특기의 부여기준은 각 군 참모총장이 병무청장과 협의하여 신체등급과 적성 등을 고려하여 정한다.(2016.11.29 본항개정)

(2011.11.23 본조개정)

제16조 【적성의 변경】 지방병무청장이나 병무지청장은 적성이 부여된 사람으로서 다음 각 호의 어느 하나에 해당하는 사람에 대해서는 적성을 변경할 수 있다.

1. 자격 또는 면허를 받거나 취소된 경우
2. 적성별 입영인원의 조정이 필요한 경우
3. 그 밖에 전공학과의 이수 등으로 적성 재분류가 필요한 경우

(2009.12.7 본조개정)

제17조 【병역처분 등】 ① 법 제14조제1항에 따른 병역처분은 병역판정검사나 현역병지원 신체검사를 한 날에 한다. 다만, 중앙신체검사기관 또는 군병원에서 신체검사를 받은 사람에 대해서는 그 결과를 통보받은 때에 병역처분을 한다.

② 법 제14조제2항에 따라 신체등급이 7급으로 판정된 사람에 대해서는 그 치유기간이 끝난 날부터 1개월 이내에 재신체검사를 한다. 이 경우 재신체검사를 할 때까지 치유되지 아니한 사람에 대해서는 다시 치유기간을 지정하고 그 기간이 끝난 날부터 1개월 이내에 다시 재신체검사를 한다.

③ 제2항에 따른 재신체검사 결과 같은 병명으로 치유기간이 최초 검사일부터 통틀어 24개월을 초과하게 될 것으로 인정되는 사람과 재신체검사를 4회 실시하여도 같은 병명으로 신체등급이 7급인 사람은 최초 검사일부터 통틀어 24개월이 되는 달에 재신체검사를 하고, 재신체검사 결과 신체등급이 7급인 사람은 전시근로역에 편입한다. 다만, 최초 검사일부터 21개월이 지나서 재신체검사를 한 결과 치유기간이 최초 검사일부터 통틀어 24개월을 초과하게 될 것으로 인정되는 사람의 경우에는 그 때에 전시근로역에 편입한다.

④ 제2항에도 불구하고 질병이나 심신장애가 치유되어 현역이나 보충역으로 복무하기를 원하는 사람에 대해서는 치유기간이 끝나기 전이라도 본인이 원하면 재신체검사를 할 수 있다. 이 경우 재신체검사 결과 신체등급이 7급에 해당하는 경우에는 병역처분을 하지 아니한다.

⑤ 지방병무청장은 징병검사를 받은 사람이 연령이 정정되어 병역판정검사 연령에 미달하게 되는 경우에는 병역처분을 취소할 수 있으며, 병역판정검사를 받은 해에 학력이 변동되어 변동된 학력에 따라 병역처분을 할 필요가 있다고 인정하는 경우에는 병역처분을 변경할 수 있고, 법 제60조제2항에 따른 징집이나 소집의 연기사유에 해당하는 경우에는 연기사유가 발생한 해의 학력에 따라 병역처분을 변경할 수 있다. 다만, 징집·소집 또는 지원에 의하여 복무 중에 있거나 그 복무를 마친 사람의 경우에는 그러하지 아니하다.

(2016.11.29 본조개정)

제18조 【병역판정검사업무의 종결】 ① 현역병입영 대상자 및 보충역 편입자 명부의 작성 등 병역판정검사의 종결에 필요한 업무는 병역판정검사 기간이 끝난 날부터 2개월 이내에 마쳐야 한다.

② 제1항에 따른 병역판정검사업무의 종결방법 및 절차 등에 관하여 필요한 사항은 병무청장이 정한다.

(2016.11.29 본조개정)

제18조의2 【재병역판정검사 제외 대상 등】 ① 법 제14조의2제2항에 따라 재병역판정검사에서 제외되는 사람은 다음 각 호와 같다.(2016.11.29 본문개정)

1. 법 제14조의2제1항에 따라 이미 재병역판정검사를 받은 사람(2016.11.29 본호개정)
2. 법 제14조의2제1항에 따라 재병역판정검사를 받아야 하는 해에 법 제60조제3항에 따른 징집이나 소집 등의 연기사유가 끝난 현역병입영 대상자로서 입영일이 결정된 사람이나 사회복무요원 소집 대상자로서 소집일이 결정된 사람. 다만, 입영일에 징집 또는 소집되지 아니한 사람은 제외한다.(2016.11.29 본호개정)
3. 법 제28조에 따라 병무청장이 소집 순서를 후순위로 조정한 사람
4. 법 제14조제1항제1호에 따라 학력을 고려하여 보충역으로 편입된 사람 및 법 제62조제1항제2호 또는 제65조제1항제2호에 따라 보충역으로 편입된 사람

(2020.12.29 본호개정)

② 법 제14조의2제2항에 따른 재병역판정검사 시기는 다음 각 호와 같다.(2016.11.29 본문개정)

1. 법 제60조제2항에 따라 국외에 체재(滯在)하거나 거주하고 있는 사유로 징집 또는 소집이 연기되었거나 법 제61조제1항에 따라 입영일 등을 연기받은 사람이 그 사유가 없어진 경우에는 지체 없이 실시한다.

(2016.11.29 본호개정)

2. 제1항제2호 단서에 해당하는 경우에는 지체 없이 실시한다.
3. 그 밖에 재병역판정검사 대상자에 대해서는 연간 병역판정검사일정 등을 고려하여 지방병무청장이 정하는 때에 실시한다.(2016.11.29 본호개정)

③ 다음 각 호에 해당하는 사람에 대해서는 변경된 병역처분이 확정된 다음 해부터 법 제14조의2제1항에 따른 기간이 지난 때에 재병역판정검사를 실시한다.

1. 법 제14조의3제3항 또는 제4항에 따라 보충역으로 병역처분이 변경된 사람
2. 법 제14조의3제7항에 따른 입영신체검사의 결과 제18조의8제3항에 따라 귀가된 사람으로서 제18조의9제1항에 따른 재신체검사를 받은 후 보충역으로 병역처분이 변경된 사람

3. 법 제65조제1항제1호 또는 이 영 제135조의2제2항에 따라 신체검사를 받은 후 병역처분이 변경된 사람
(2021.6.22 본항개정)
(2016.11.29 본조제목개정)
(2009.12.7 본조개정)

제18조의3【입영판정검사의 실시】 ① 지방병무청장은 법 제14조의3제1항에 따른 입영판정검사(이하 "입영판정검사"라 한다)를 입영일 30일 전부터 입영일 전일까지의 기간 내에 실시해야 한다.
② 법 제14조의3제1항에 따라 입영판정검사 통지서를 받은 사람은 지정된 일시(日時)에 지방병무청장이 지정하는 병역판정검사장에서 입영판정검사를 받아야 한다.
③ 지방병무청장은 입영판정검사를 받아야 할 사람으로서 교통여건 등으로 입영판정검사 통지서에 기재된 병역판정검사장에서 입영판정검사를 받기 곤란하다고 인정되는 사람에 대해서는 다른 병역판정검사장에서 입영판정검사를 받게 할 수 있다.
④ 지방병무청장은 제18조의7제1호에 따라 입영판정검사에서 제외된 사람이 입영판정검사를 받기 원하는 경우 입영판정검사를 실시할 수 있다.
⑤ 제1항부터 제4항까지에서 규정한 사항 외에 입영판정검사의 실시에 필요한 사항은 병무청장이 정한다.
(2021.6.22 본조신설)

제18조의4【입영판정검사 통지서의 송달】 ① 지방병무청장은 법 제14조의3제5항에서 준용하는 법 제6조제3항에 따라 다음 각 호의 사람에게는 입영판정검사 통지서를 입영판정검사일 3일 전까지 송달할 수 있다.
1. 제20조에 따른 현역병 별도 입영 대상자
2. 제52조에 따른 사회복무요원 별도 소집 대상자
3. 제109조제2항 각 호에 해당하는 사람
4. 군 필요인원에 미달하여 추가로 현역병으로 선발한 사람
② 지방병무청장은 제18조의6에 따라 입영판정검사가 연기된 사람에 대해서는 다시 날짜를 정하여 입영판정검사 통지서를 송달해야 한다.
③ 제1항 및 제2항에서 규정한 사항 외에 입영판정검사 통지서의 송달에 필요한 사항은 병무청장이 정한다.
(2021.6.22 본조신설)

제18조의5【입영판정검사에 따른 병역처분 등】 ① 법 제14조의3제5항에서 준용하는 법 제14조제1항에 따른 병역처분은 입영판정검사를 한 날에 한다. 다만, 제13조제4항제1호, 제5호 및 제6호에 해당하여 중앙신체검사기관에서 신체검사를 받은 사람에 대해서는 그 결과를 통보받은 때에 병역처분을 한다.(2021.10.14 단서개정)
② 지방병무청장은 법 제14조의3제1항에 따라 군사교육소집 대상자에 대한 입영판정검사를 실시한 결과 신체등급이 현역병입영 대상자의 병역처분 기준에 해당하더라도 종전의 병역처분은 변경하지 않는다.
③ 법 제14조의3제4항에 따른 입영판정검사의 결과 질병 또는 심신장애로 치료기간이 필요한 사람에 대한 재신체검사에 관하여는 제17조제2항부터 제4항까지의 규정을 준용한다.
(2021.6.22 본조신설)

제18조의6【입영판정검사의 연기】 ① 제129조제1항 각 호의 어느 하나에 해당하는 사람으로서 입영일 전에 연기 사유가 해소되어 입영판정검사를 받고 입영할 수 있는 사람은 법 제14조의3제6항에 따라 입영판정검사를 연기할 수 있다.
② 제1항에 따라 입영판정검사의 연기를 받으려는 사람은 입영판정검사일 전일까지 연기원서(전자문서로 된 원서를 포함한다)를 지방병무청장에게 제출해야 한다.
(2021.6.22 본조신설)

제18조의7【입영판정검사의 제외 대상】 다음 각 호의 어느 하나에 해당하는 사람은 법 제14조의3제6항에 따라 입영판정검사에서 제외된다.
1. 법 제11조제1항, 법 제14조의2제1항, 법 제14조의3제1항 또는 법 제20조제1항에 따라 병역판정검사, 재병역판정검사, 입영판정검사 또는 현역병지원 신체검사를 받은 날부터 6개월이 경과하지 않은 사람
2. 법 제20조제2항 후단에 따라 입영 전에 현역병 선발이 취소된 사람
3. 법 제61조제1항 또는 제3항에 따라 의무이행일이 연기된 사람
4. 입영판정검사 통지서를 받은 현역병입영 대상자로서 다음 각 목의 어느 하나에 해당하는 사람
   가. 법 제62조제1항제1호에 따라 전시근로역으로 처분된 사람
   나. 법 제62조제1항제2호에 따라 보충역으로 처분된 사람
   다. 법 제65조제1항제1호에 따라 보충역 또는 전시근로역으로 편입되거나 병역면제 처분을 받은 사람
   라. 법 제65조제1항제2호에 따라 보충역 또는 전시근로역으로 편입된 사람
5. 입영판정검사 통지서를 받은 군사교육소집 대상자로서 다음 각 목의 어느 하나에 해당하는 사람
   가. 법 제62조제2항에 따라 전시근로역으로 편입된 사람
   나. 법 제65조제1항제1호에 따라 전시근로역으로 편입되거나 병역면제 처분을 받은 사람
   다. 법 제65조제1항제2호에 따라 전시근로역으로 편입된 사람
6. 「임기제부사관제 운영규정」 제2조제1항에서 준용하는 제29조제3항 본문에 따라 신체검사를 받은 날부터 6개월이 경과하지 않은 사람(2021.10.14 본호신설)
(2021.6.22 본조신설)

제18조의8【입영신체검사의 실시】 ① 법 제14조의3제7항 전단에서 "병역판정검사장 수용 능력 초과 등 대통령령으로 정하는 사유"란 다음 각 호의 어느 하나에 해당하는 경우를 말한다.
1. 병역판정검사 및 입영판정검사 등의 검사인원 과다(過多)로 병역판정검사장 수용이 불가능한 경우
2. 재해, 재난 또는 감염병 등으로 병역판정검사장 운영이 곤란하거나 운영을 중단할 필요가 있는 경우
3. 전시·사변이나 동원령이 선포된 경우
4. 법 제71조제1항에 따른 병역의무가 면제될 우려가 있는 사람의 경우
② 입영부대의 장이 법 제14조의3제7항에 따라 입영신체검사를 실시하는 경우에는 입영일부터 7일(토요일 및 공휴일을 포함한다) 이내에 실시해야 한다. 이 경우 입영신체검사는 입영부대의 의료시설에서 실시한다.
③ 입영부대의 장은 제2항에 따른 입영신체검사의 결과 질병 또는 심신장애로 현역, 보충역 또는 승선근무예비역 등의 복무에 적합하지 않거나 15일 이상의 치유기간이 필요하다고 인정되는 사람에 대해서는 군병원에서 정밀신체검사를 실시한 후 그 결과에 따라 귀가시켜야 한다.
④ 입영부대의 장은 제3항에 따른 정밀신체검사 결과 귀가 대상자로 판정된 사람에 대해서는 병역증을 회수하고 귀가증을 교부하여 지체 없이 귀가시키고, 귀가시킨 날부터 2일 이내에 질병이나 심신장애의 정도와 치유기간(치유기간을 알 수 있는 경우만 해당한다)을 명시한 병적기록표, 정밀신체검사 판정서, 병역증 및 귀가자 명부를 지방병무청장[승선근무예비역의 경우에는 관할 지방병무청장(제40조의2제1항에 따른 해운업 또는 수산업 분야 업체의 주된 사무소가 있는 행정구역을 관할하는 지방병무청장이나 병무지청장을 말한다)]에게 송부해야 한다.
⑤ 입영부대의 장은 징집에 의하여 현역병으로 입영한 사람을 해당 군의 병적에 편입한 경우에는 현역 편입자 명부(인사명령서로 갈음할 수 있다)에 주소(시·군·구·읍·면·동까지를 기재한다), 성명, 주민등록번호, 입영통지서 일련번호 및 입영일을 명시하여 지체 없이 지방병무청장에게 송부해야 한다.
(2021.6.22 본조신설)

제18조의9【입영신체검사 후 귀가자 처리】 ① 지방병무청장은 제18조의8제3항에 따라 귀가된 사람에 대해서는 다음 각 호의 구분에 따라 병역판정검사장이나 중앙신체검사기관에서 재신체검사를 실시한 후 신체등급에 따라 병역처분을 하거나 다시 입영하게 해야 한다. 이 경우 제1호나목 및 제2호에 따른 재신체검사의 결과 신체등급이 7급으로 판정된 사람에 관하여는 제17조제2항 및 제3항을 준용하여 처리한다.
1. 치유기간이 명시된 경우. 이 경우 치유기간은 입영신체검사일(보충역으로 군사교육소집되어 입영한 사람의 경우에는 병역준비역에 편입된 이후 최초의 입영신체검사일을 말하고, 승선근무예비역으로 군사교육소집되어 입영하는 사람의 경우에는 승선근무예비역으로 편입된 이후 최초의 입영신체검사일을 말한다)부터 기산한다.
   가. 치유기간이 3개월 미만인 경우 : 치유기간이 지난 후 지체 없이 다시 입영
   나. 치유기간이 3개월 이상인 경우 : 치유기간이 지난 후 지체 없이 재신체검사를 실시하여 그 결과에 따라 병역처분. 이 경우 질병이나 심신장애가 치유되어 입영을 원하는 사람에 대해서는 치유기간이 끝나기 전이라도 재신체검사를 실시할 수 있으며, 재신체검사 결과 신체등급이 7급에 해당하는 경우에는 병역처분을 하지 않는다.
2. 치유기간이 명시되지 않은 경우 : 제18조의8제4항에 따른 병적기록표 등을 송부받은 후 지체 없이 재신체검사를 실시하여 그 결과에 따라 병역처분
② 입영부대의 장은 제1항 각 호 외의 부분 전단에 따라 재신체검사를 받고 다시 입영한 사람을 같은 질병 또는 심신장애를 이유로 귀가시켜서는 안 된다. 다만, 재신체검사를 받은 날부터 6개월이 경과된 사람에 대해서는 귀가시킬 수 있다.
③ 제1항제1호가목에 따라 다시 입영한 사람이 귀가된 경우에 치유기간이 명시된 경우에는 같은 호 나목에 따르고, 치유기간이 명시되지 않은 경우에는 제1항제2호에 따른다. 이 경우 같은 질병이나 심신장애로 귀가된 경우로서 치유기간이 명시된 경우 그 치유기간은 다시 입영하기 전의 입영신체검사일부터 기산한다.
④ 지방병무청장은 제17조제3항 본문(제135조제5항제2호에 따라 준용되는 경우를 포함한다)에 따라 최초 검사일부터 통틀어 24개월이 되는 달에 재신체검사를 받고 입영한 사람이 같은 질병이나 심신장애로 귀가한 경우에는 제1항에도 불구하고 지체 없이 병역판정검사장이나 중앙신체검사기관에서 재신체검사를 실시하여 그 신체등급에 따라 병역처분을 하되, 신체등급이 7급인 사람은 전시근로역에 편입한다.(2021.10.14 본항개정)
⑤ 제1항, 제3항 및 제4항에 따른 재신체검사, 병역처분 및 재입영 통지 등 귀가자의 처리에 필요한 사항은 병무청장이 정하여 고시(인터넷을 이용하여 일반인에게 알리는 것을 포함한다. 이하 같다)한다.
(2021.6.22 본조신설)

제4장 현역병 등의 복무
(2009.12.7 본장개정)

제1절 현역병입영

제19조【현역병입영 계획】 ① 각 군 참모총장은 매년 9월 30일까지 그 다음 해의 현역병입영 대상자의 입영부대별·입영일별·적성별 인원 등을 기재한 현역병 충원 계획서를 병무청장에게 송부하여야 한다. 이미 송부한 내용을 변경하려는 경우에는 입영일 60일 전까지 변경하려는 내용을 통보하여야 한다.(2016.11.29 후단개정)
② 각 군 참모총장은 매년 전시 현역병 충원 계획서를 제1항에 준하여 병무청장에게 송부하여야 한다.
③ 병무청장은 제1항이나 제2항에 따른 통보를 받은 경우에는 현역병입영 대상자의 인원을 고려하여 입영부대별로 입영일별·적성별 입영인원을 배분한 현역병입영 계획서를 작성하여 각 군 참모총장과 지방병무청장에게 각각 송부하여야 한다.
④ 지방병무청장은 제3항에 따른 현역병입영 계획서를 받은 경우에는 시(구가 설치되지 아니한 시를 말한다. 이하 같다)·군·구별로 입영일 및 집결지를 정한 현역병입영 집행 계획서를 작성하여 병무청장에게 보고하고 입영부대의 장에게 송부하여야 한다.

제20조【현역병 별도 입영 대상자】 법 제16조제2항에 따라 현역병 징집순서에 따르지 않고 따로 입영하게 할 수 있는 사람은 다음 각 호와 같다.(2021.6.22 본문개정)
1. 병역판정검사를 받고 그 해 입영을 희망하는 사람
(2016.11.29 본호개정)
2. 법 제14조의3제4항에 따른 재신체검사를 한 결과 현역병입영 대상자로 판정받아 다시 입영할 사람
(2021.6.22 본호신설)
3. 귀가된 사람으로서 다시 입영할 사람
4. 학군 군간부후보생 또는 의무·법무·군종·수의사관후보생으로서 해당 병적에서 제적된 사람
5. 병역판정검사나 입영이 연기된 사람(의무이행일 연기자를 포함한다)으로서 그 사유가 없어진 사람
(2016.11.29 4호~5호개정)
6. 국외에서 귀국한 사람으로서 입영할 사람
7. 현역병입영 기피의 죄를 범한 사람으로서 형사처분이 종료되거나 공소시효가 완성된 사람
8. 승선근무예비역, 예술·체육요원, 공중보건의사, 병역판정전담의사, 공익법무관, 공중방역수의사, 전문연구요원 또는 산업기능요원으로의 편입이 취소되어 입영할 사람(2016.11.29 본호개정)
9. 「대체역의 편입 및 복무 등에 관한 법률」(이하 "대체역법"이라 한다) 제25조제2항에 따라 대체역의 편입이 취소되어 입영할 사람(2020.6.30 본호신설)
10. 그 밖에 병무청장이 필요하다고 인정하는 사람

제21조【현역병입영 통지서의 송달 등】 ① 지방병무청장은 현역병입영 대상자의 입영 통지서를 입영일 30일 전까지 본인에게 송달하여야 한다.(2016.11.29 본항개정)
② 제1항에도 불구하고 제20조에 따른 별도 입영 대상자에게는 현역병입영 통지서를 입영일 7일 전까지 송달하여야 한다.(2018.5.28 본항개정)
③ 제1항 및 제2항에도 불구하고 법 제71조제1항에 따른 현역병 입영의무가 면제될 우려가 있는 사람에게는 현역병입영 통지서를 입영일 전날까지 송달할 수 있다.
(2018.5.28 본항신설)

제22조【현역병입영 사무소의 설치 및 운영】 ① 병무청장이나 입영부대의 장은 현역병입영 대상자의 인도(引導)·인접(引接)에 관한 사무를 처리하기 위하여 입영부대에 입영사무소를 설치하여야 한다. 다만, 현역병입영 대상자의 집결지가 입영부대가 아닌 지역인 경우에는 해당 지방병무청장이 입영사무소를 설치한다.
② 지방병무청장은 현역병입영 대상자를 인도할 인도관 및 인도관의 업무를 보조하는 직원을, 입영부대의 장은 입영 대상자를 인접할 인접관을 입영사무소에 파견하여야 한다. 다만, 병무청장이 입영사무소를 설치하는 경우에는 지방병무청장은 인도관을 파견하지 아니하고 인도관의 업무를 보조하는 직원만을 파견하며, 인도관의 업무는 입영사무소장이 수행한다.
③ 인도관은 현역병입영 대상자와 현역병입영 대상자의 명부 및 병적기록표를 인접관에게 인도하고, 인도·인접서를 2부 작성하여 1부를 인접관에게 교부하여야 한다. 인도·인접 업무를 마친 후 입영일부터 3일 이내에 입영부대에 도착한 사람에 대해서도 또한 같다.
(2016.11.29 후단개정)

제23조【집결지 신체검사 등】 ① 각 군 참모총장은 제19조제3항에 따른 현역병입영 계획서를 받은 경우에는 입영부대가 아닌 집결지를 거쳐 입영할 사람에 대한 수송 계획서를 작성하여 병무청장에게 송부하여야 한다.

② 지방병무청장은 입영부대가 아닌 집결지에서 질병이나 심신장애로 인하여 입영하기 어려운 사람이 있을 것을 고려하여 군부대의 장(군병원장을 포함한다)에게 군의관의 파견을 요청할 수 있으며, 그 요청을 받은 군부대의 장은 이에 따라야 한다.
③ 집결지입영사무소에 파견된 군의관은 지방병무청장의 명을 받아 질병이나 심신장애로 인하여 입영하기 어렵다고 인정되는 사람에 대하여 신체검사를 실시한 후 입영할 수 없다고 판단되는 사람 중 치유가 가능한 사람에 대해서는 치유기간을 명시하고, 치유가 불가능한 사람에 대해서는 병명을 명시한 진단서 2부와 귀가자(歸家者) 명부 2부를 작성하여 각 1부씩을 인도관에게 인계하여야 한다.
④ 제3항에 따른 진단서와 귀가자 명부를 받은 인도관은 귀가자에게 귀가증을 교부하여 귀가하게 하여야 한다.
⑤ 제4항에 따라 귀가된 사람 중 치유기간이 명시된 사람에 대해서는 제18조의9제1항제1호를 준용하여 처리하고, 병명만 명시된 사람에 대해서는 신체검사를 실시하여 그 결과에 따라 처분한다.(2021.6.22 본항개정)

제24조【지연입영 신고 등】 ① 현역병입영 대상자로서 천재지변, 교통 두절, 통지서 송달의 지연, 그 밖의 부득이한 사유로 입영일에 입영할 수 없는 사람은 입영일부터 3일 이내에 입영할 수 있다.(2016.11.29 본항개정)
② 제1항에 따라 지연입영을 하려는 사람은 지방병무청장에게 지연입영 신고를 하고 그 신고입영일에 입영하여야 하며, 부득이한 경우에는 전신·전화 등의 방법으로 신고할 수 있다.
③ 지방병무청장은 제1항에 따라 지연입영할 사람의 명단과 병적기록표를 입영부대의 장에게 송부하여야 한다.
④ 입영부대의 장은 제3항에 따라 지연입영할 사람의 명단과 병적기록표를 받은 경우에는 신고된 입영일에의 입영 여부를 확인한 후 입영하지 아니한 사람의 병적기록표를 지방병무청장에게 송부하여야 한다.(2016.11.29 본항개정)

제25조~제26조 (2021.6.22 삭제)

제27조【현역병의 복무기간 등】 ① 현역병의 복무기간은 입영한 날부터 기산하며, 입영한 날에 이등병이 된다. 다만, 입영부대에서 귀가된 사람은 입영하기 전의 신분으로 복귀된다.
② 제1항 단서에 따라 입영부대에서 귀가된 사람이 현역병으로 다시 입영하는 경우 귀가되기 전 입영부대에서 복무한 기간은 현역병의 복무기간에 산입한다.
(2016.11.29 본항신설)
③ 법 제18조제3항에 따라 현역병의 복무기간에 산입하지 아니하는 일수는 다음 각 호와 같다.
1. 형의 집행일수 : 확정판결에 따른 형의 집행일수[본형(本刑)에 산입된 미결구금일수는 포함하되, 가석방 중이거나 형의 집행정지 중인 일수는 제외한다]
2. 군기교육처분일수 : 징계에 의하여 군기교육처분을 받고 교육·훈련을 받은 일수(2020.6.30 본호개정)
3. 복무이탈일수 : 복무를 이탈한 날부터 자수하거나 체포된 날의 전날까지의 일수
④ 각 군 참모총장은 현역병으로 복무 중인 사람이 그 복무기간을 마친 경우에는 예비역에 편입하여야 한다. 이 경우 각 군 참모총장은 그 권한을 소속 군부대의 장에게 위임할 수 있다.
⑤ 법 제18조제4항제2호에 따라 현역병의 전역을 보류할 필요가 있는 경우에 해당 현역병이 입원치료 중인 군병원의 장이 해당 대상자 명단을 그 대상자의 의무복무 만료일 전에 각 군 참모총장에게 통보하면, 통보를 받은 각 군 참모총장은 국방부령으로 정하는 바에 따라 심사를 거쳐 전역의 보류를 결정한다.

제28조【현역병모집 계획서의 작성 및 송부 등】 ① 각 군 참모총장은 법 제20조에 따른 현역병의 모집을 위하여 매년 9월 30일까지 그 다음 해의 현역병 복무를 지원하는 사람(이하 "현역병복무지원자"라 한다)을 모집하기 위한 모집 분야별·날짜별 인원 등이 포함된 현역병모집 계획서를 작성하고 병무청장에게 송부하여야 한다. 이 경우 각 군 참모총장이 그 송부한 내용을 변경하려는 경우에는 모집일 60일 전까지 병무청장에게 그 변경된 내용을 통보하여야 한다.
② 병무청장은 제1항에 따라 현역병모집 계획서를 송부받은 경우에는 현역병복무지원자의 전형 및 선발을 위한 모집 분야별 지원자격 및 모집일정 등이 포함된 현역병모집 계획서를 작성하고 지방병무청장에게 송부하여야 한다.
③ 지방병무청장은 제2항에 따라 현역병모집 계획서를 송부받은 경우에는 모집 홍보와 신체검사·체력검사·면접·필기·실기 등의 전형 등을 위한 현역병모집 세부 계획을 수립하여 시행하여야 한다.
④ 병무청장 또는 지방병무청장은 현역병복무지원자의 전형을 위하여 해당 분야의 전문지식 및 능력이 있는 사람 중에서 전형위원을 임명하거나 위촉할 수 있으며, 전형위원에게 예산의 범위에서 수당을 지급할 수 있다.
(2011.11.23 본항신설)
⑤ 현역병복무지원자 선발의 기준 및 절차 등에 관하여 필요한 사항은 병무청장이 선발하는 경우에는 병무청장이 정하여 고시하고, 각 군 참모총장이 선발하는 경우에는 각 군 참모총장이 정하여 고시하여야 한다.

제29조【현역병 복무의 지원과 선발 등】 ① 현역병복무지원자는 지방병무청장(병무지청장을 포함한다. 이하 이 조에서 같다)이나 해당 군 참모총장에게 현역병 지원서(전자문서로 된 지원서를 포함한다)를 제출하여야 하며, 현역병 지원서를 접수한 지방병무청장이나 해당 군 참모총장은 현역병복무지원자에게 수험표 및 신체검사 통지서를 교부하여야 한다.
② 제1항에 따른 신체검사 통지서의 교부는 신체검사의 일시·장소를 기재한 수험표의 교부로 대신할 수 있으며, 인터넷을 통하여 병무청 및 각 군 홈페이지에서 현역병 지원서를 접수하고 수험표를 교부한 경우에는 병무청 및 각 군 홈페이지에 신체검사의 일시·장소를 게시하여 신체검사 통지서의 교부를 대신할 수 있다.
③ 지방병무청장이나 해당 군 참모총장은 제1항에 따라 현역병 지원서를 제출한 사람에 대해서는 병역판정검사장, 군병원 또는 입영부대에서 신체검사를 실시하여야 한다. 다만, 병역판정검사를 받은 사람에 대해서는 신체검사를 실시하지 아니할 수 있다.(2016.11.29 본항개정)
④ 병무청장이 현역병복무지원자를 선발한 경우에는 지방병무청장이 현역병복무지원자에게 현역병입영 통지서를 송달해야 하며, 각 군 참모총장이 현역병복무지원자를 선발한 경우에는 각 군 참모총장이 현역병복무지원자에게 현역병입영 통지서를 송달해야 한다.(2021.6.22 본항개정)
⑤ 지방병무청장과 각 군 참모총장은 제4항에 따라 현역병입영 통지서를 입영일 30일 전까지 본인에게 송달해야 한다. 다만, 군 필요인원에 미달하여 추가로 선발한 사람에게는 현역병입영 통지서를 입영일 7일 전까지 송달해야 한다.(2021.6.22 본항개정)
⑥ 제4항에 따른 현역병입영 통지서의 송달절차 등에 관하여 필요한 사항은 병무청장이나 각 군 참모총장이 정한다.
⑦ 법 제20조제2항 후단에 따라 현역병으로 선발된 사람이 입영 전에 그 선발의 취소를 원하면 질병·심신장애 또는 재난 등 부득이한 사유로 입영할 수 없다고 병무청장이나 각 군 참모총장이 인정하는 경우에만 허가할 수 있다.(2018.5.28 본항개정)
⑧ 제7항에 따른 사유로 지정된 입영일에 입영할 수 없는 사람은 입영일 5일 전까지 현역병선발 취소 신청서를 제출해야 한다.(2021.6.22 본항개정)
⑨ 각 군 참모총장은 법 제20조제2항 후단에 따라 현역병 선발을 취소한 경우에는 현역병선발 취소자 명부를 지방병무청장에게 지체 없이 송부하여야 한다.
⑩ 법 제20조제1항에 따라 현역병으로 선발된 사람으로서 다음 각 호의 어느 하나에 해당하는 사람은 현역병으로 선발되기 전의 신분으로 복귀된다.
1. 법 제20조제2항 후단에 따라 현역병선발이 취소된 사람
2. 입영판정검사 결과 신체등급이 7급으로 판정된 사람
(2021.6.22 본항신설)
⑪ 지방병무청장은 제10항제2호에 해당하는 사람이 법 제14조의3제4항에 따른 재신체검사 결과 현역병입영 대상자로 판정되어 다시 입영할 것을 희망하는 경우에는 현역병선발 시 부여된 군사특기를 필요로 하는 경우에만 다시 입영시킬 수 있다.(2021.6.22 본항신설)
⑫ 제7항부터 제11항까지에서 규정한 사항 외에 현역병 선발이 취소된 사람의 처리 및 재입영 등에 필요한 사항은 병무청장이 정하여 고시한다.(2021.6.22 본항신설)

제29조의2【현역병복무지원자의 입영 후 귀가】 ① 법 제20조에 따라 현역병으로 선발되어 입영한 사람이 제18조의8제3항에 따라 귀가된 경우 그 사람은 입영하기 전의 신분으로 복귀된다.(2021.6.22 본항개정)
② 제1항에 따라 귀가된 사람 중 제18조의9제1항제1호가목에 따른 치유기간이 3개월 미만인 경우로서 질병이 치유되어 다시 입영할 것을 희망하는 경우에는 현역병선발 시 부여된 군사특기를 필요로 하는 경우에만 다시 입영시킬 수 있다.(2021.6.22 본항개정)
③ 제1항에 따라 입영하기 전의 신분으로 복귀된 사람의 재입영시 복무기간에 관하여는 제27조제1항 및 제2항을 준용한다.(2021.6.22 본항개정)
④ 제1항부터 제3항까지에서 규정한 사항 외에 귀가자 처리에 필요한 사항은 병무청장이 정하여 고시한다.
(2021.6.22 본항신설)
⑤ 각 군 참모총장은 지원에 의하여 입영한 병(兵)과 「군인사법」 또는 「병역법」에 따라 현역으로 임용된 장교·준사관·부사관 및 군간부후보생을 해당 군의 병적에 편입한 경우에는 현역 편입자 명부(인사명령서로 대신할 수 있다)를 지방병무청장에게 송부하여야 하며, 이를 받은 지방병무청장은 현역의 병적에 편입된 사람의 병적기록표를 입영부대의 장에게 송부하여야 한다.
(2016.11.29 본항개정)

제29조의3【임기제부사관 전문인력 양성기관의 지정 기준 등】 ① 법 제20조의3제1항에 따른 임기제부사관 전문인력 양성기관(이하 "전문인력양성기관"이라 한다)의 지정기준은 별표1의3과 같다.
② 법 제20조의3제3항에 따른 전문인력양성기관의 운영성과 평가기준은 별표1의4와 같다.
③ 법 제20조의3제4항제2호에서 "대통령령으로 정하는 기준에 미치지 못한 경우"란 별표1의4의 평가기준에 따른 평정평균이 2년 연속 80점 미만인 경우로서 국방부장관이 사업수행이 곤란하다고 판단하는 경우를 말한다.
(2021.10.14 본조신설)

제30조【사관학교 등에서 퇴교된 사람의 처리】 ① 사관학교, 육군3사관학교, 그 밖의 군간부후보생 교육기관에서 교육을 받던 사람이 퇴교된 경우에는 입교하기 전의 신분으로 복귀된다.(2016.11.29 본항개정)
② 법 제58조제1항 또는 제2항에 해당하는 사람으로서 제1항의 교육기관에서 교육을 받던 중 질병이 아닌 사유로 퇴교된 사람은 의무·법무·군종 또는 수의장교의 병적 편입 대상에서 제적한 후 현역병입영 대상자 또는 사회복무요원 소집 대상자로 관리한다.(2013.12.4 본항개정)
③ 제1항에 따른 군간부후보생 교육기관의 장은 퇴교자의 명단(제7항에 따른 퇴교 전 교육기간을 포함한다)과 병적기록표를 지체 없이 병적관리기관에 송부하여야 한다.(2017.9.22 본항개정)
④ 각 군 참모총장은 사관학교나 육군3사관학교에서 1년 이상의 교육을 마치고 퇴교된 사람에 대해서는 제1항에도 불구하고 본인이 원하면 현역의 부사관으로 임용하거나, 병역판정검사를 하지 아니하고 현역병으로 복무하게 할 수 있다.(2016.11.29 본항개정)
⑤ 각 군 참모총장은 제4항에 따라 지원한 사람을 부사관이나 현역병으로 입영시킨 경우에는 그 사실을 지방병무청장에게 통보하여야 한다.
⑥ 법 제59조에 따라 기본병과 분야의 현역장교의 병적에 편입될 사람으로서 제1항의 교육기관에서 교육을 받던 중 질병이 아닌 사유로 퇴교된 사람은 현역병입영 대상자 또는 사회복무요원 소집 대상자로 관리한다.
(2013.12.4 본항개정)
⑦ 제1항의 교육기관에서 퇴교되어 다음 각 호의 어느 하나에 해당하는 사람에 대해서는 퇴교 전에 교육기관에서 받은 교육기간을 복무기간에 포함한다. 다만, 법 제63조제2항에 따라 복무기간이 6개월로 단축되는 사람은 예외로 한다.(2017.9.22 본문개정)
1. 제1항에 따라 입교 전의 신분으로 복귀된 사람으로서 다음 각 목의 어느 하나에 해당하는 사람
   가. 현역병으로 복귀된 사람
   나. 현역병 외의 신분으로 복귀된 후 현역병(법 제21조 및 제25조에 따라 복무 중인 사람을 포함한다. 이하 제9항에서 같다), 승선근무예비역, 사회복무요원, 예술·체육요원, 전문연구요원 또는 산업기능요원으로 복무하게 되는 사람(2017.9.22 본목개정)
2. 제4항에 따라 본인의 원에 따라 현역병으로 복무하게 되는 사람
⑧ 제7항에 따른 교육기간은 각 군 참모총장이 국방부장관의 승인을 받아 정하는 기준에 따라 제1항의 교육기관의 장이 정한다.(2017.9.22 본항개정)
⑨ 각 군 참모총장은 제1항의 교육기관에서 퇴교되어 다음 각 호의 어느 하나에 해당하는 사람에 대해서는 기본군사훈련 과정을 면제할 수 있으며, 현역병으로 복무하는 사람의 초임 계급은 국방부령으로 정한다. 다만, 제2호에 해당하는 사람이 퇴교 전에 받은 교육기간이 제108조에 따른 군사교육소집기간 미만인 경우에는 그러하지 아니한다.(2017.9.22 단서개정)
1. 제7항에 따라 복무기간에 포함되는 교육기간이 기본군사훈련기간 이상인 사람(2017.9.22 본호개정)
2. 현역병 외의 신분으로 복귀된 후 다음 각 목의 어느 하나에 해당하는 사람(2016.6.14 본문개정)
   가. 법 제63조제2항에 따라 복무기간이 6개월로 단축되어 사회복무요원으로 복무하게 되는 사람
   (2013.12.4 본목개정)
   나. 공중보건의사, 병역판정전담의사, 공익법무관 또는 공중방역수의사로 의무복무하게 되는 사람
   (2016.11.29 본목개정)

제2절 상근예비역소집 대상자의 입영·소집 및 승선근무예비역의 편입·복무

제31조【상근예비역소집 대상자의 입영계획】 ① 각 군 참모총장은 매년 9월 30일까지 국방부장관이 정하는 정원의 범위에서 그 다음 해의 상근예비역소집 대상자의 입영부대별, 입영일별, 지방병무청 및 병무지청별 필요인원 등을 기재한 상근예비역충원 계획서를 병무청장 및 입영·소집부대의 장에게 각각 송부하여야 하고, 송부한 계획을 변경하려는 경우에는 입영일 75일 전까지 변경 계획서를 송부하여야 한다. 이 경우 정원조정이 필요한 경우에는 국방부장관의 승인을 받아야 한다.
(2016.11.29 전단개정)
② 병무청장은 제1항에 따른 상근예비역충원 계획서를 통보받으면 상근예비역소집 대상 인원을 고려하여 입영부대별, 입영일별, 지방병무청 및 병무지청별 필요인원을 배분한 상근예비역입영 계획서를 작성하여 지체 없이(변경 계획서의 경우에는 입영일 60일 전까지) 각 군 참모총장과 지방병무청장에게 각각 송부하여야 한다.
(2016.11.29 본항개정)
③ 소집부대의 장은 제1항에 따른 상근예비역충원 계획서를 받은 경우에는 상근예비역소집 대상 인원의 입영부대별, 입영일별, 시·구·읍·면별 필요인원을 매년 10월 31일까지(변경 계획서의 경우에는 입영일 60일 전까지) 지방병무청장에게 통보하여야 한다. 다만, 도농복합형태의 시의 읍·면 지역은 읍·면별로, 동(洞) 지역은 동 지역 전체에 대하여 필요인원을 통보하여야 한다.
(2016.11.29 본문개정)

④ 지방병무청장은 제2항에 따른 상근예비역입영 계획서 및 제3항에 따른 필요인원의 통보를 받은 경우에는 상근예비역입영 집행 계획서를 작성하여 병무청장에게 보고하고, 소집부대의 장에게 송부하여야 한다.

제32조 【상근예비역소집 대상자의 선발 등의 통지】 지방병무청장은 법 제21조제2항에 따라 상근예비역소집 대상자를 선발하거나 같은 조 제4항에 따라 상근예비역소집 대상자의 선발을 취소한 경우에는 본인에게 지체 없이 그 사실을 통지하여야 한다.

제33조 【상근예비역소집 대상자 입영순서의 결정 등】 ① 지방병무청장은 법 제21조에 따라 상근예비역소집 대상자로 선발된 사람에 대하여 시·구·읍·면별로 입영순서를 정한다. 다만, 도농복합형태의 시의 읍·면 지역은 읍·면별로, 동 지역은 동 지역 전체에 대하여 입영순서를 정한다.
② 제1항에 따른 입영순서 결정의 기준은 입영희망시기, 생년월일 등을 고려하여 병무청장이 정한다.

제34조 【상근예비역소집 대상자의 입영 등】 ① 상근예비역소집 대상자의 현역병으로의 입영은 상근예비역소집 대상자의 시·구·읍·면 단위로 실시한다. 다만, 도농복합형태의 시의 읍·면 지역은 읍·면별로, 동 지역은 동 지역 전체에 대하여 실시한다.
② 상근예비역소집 대상자의 입영부대는 각 군 참모총장이 정한다.

제35조 【상근예비역입영 사무처리 등】 상근예비역소집 대상자에 대한 현역병입영 통지서의 송달, 입영사무소의 설치·운영 및 지연입영 신고 등에 관하여는 제21조, 제22조 및 제24조에 따른다.

제36조 【상근예비역소집 대상자의 집결지 신체검사 및 재입영시 복무기간】 상근예비역소집 대상자의 집결지 신체검사와 귀가자의 재입영시 복무기간에 관하여는 제23조, 제27조제1항 및 제2항을 준용한다.(2021.6.22 본조개정)

제37조 【상근예비역소집 대상자의 현역 복무기간 등】 ① 법 제21조제1항에 따라 상근예비역소집 대상으로 입영한 사람이 현역병으로 복무할 기간은 입영일부터 기본군사훈련 종료일까지로 한다.
② 법 제23조제1항에 따른 상근예비역으로 소집된 사람의 복무기간은 2년으로 하되, 현역병의 복무기간 단축 등으로 국방부장관이 필요하다고 인정하는 경우에는 6개월의 범위에서 단축할 수 있다.(2018.12.18 본항개정)
③ 상근예비역으로 소집된 사람의 복무기간은 소집된 날부터 기산하며 복무기간에 산입하지 아니하는 일수의 계산 등에 관하여는 제27조제3항을 준용한다.
(2016.11.29 본항개정)
④ 법 제65조제3항에 따라 예비역에 편입된 사람의 복무기간은 다음의 계산방식에 따라 산출된 기간으로 하되, 소수점 이하의 숫자는 계산하지 아니한다.

$$\frac{\text{현역병의 의무복무기간} - \text{현역병으로 복무한 일수}}{\text{현역병의 의무복무기간}} \times \text{상근예비역의 의무복무기간}$$

(2011.11.23 본항신설)

제38조 【상근예비역의 파견】 법 제23조제4항에 따라 각 군 참모총장이 상근예비역으로 소집된 사람을 군부대 외의 기관에 파견하려는 경우에는 국방부장관의 승인을 받아야 한다.

제39조 【파견된 상근예비역의 지휘·감독】 상근예비역으로 소집된 사람으로서 제38조에 따라 군부대 외의 기관에 파견된 상근예비역에 대해서는 복무형태에 따라 소속부대장이나 해당 기관의 장이 지휘·감독한다.

제40조 【상근예비역의 소집해제】 ① 각 군 참모총장은 상근예비역으로 소집되어 복무 중인 사람이 다음 각 호의 어느 하나에 해당하면 상근예비역소집을 해제하여야 한다. 이 경우 각 군 참모총장은 그 권한을 소속 군부대의 장에게 위임할 수 있다.
1. 제37조제2항에 따른 복무기간이 만료된 경우
2. 법 제83조제1항제2호에 따라 현역병으로 전역된 경우
3. 국방부장관이 정원조정 등으로 인하여 상근예비역소집을 실시할 필요가 있다고 인정하여 지역이나 대상자의 범위를 정하여 소집해제를 명한 경우
② 제1항제3호에 해당되어 소집이 해제된 사람은 상근예비역 복무를 마친 것으로 본다.

제40조의2 【승선근무예비역 필요인원의 통보 및 배정】 ① 유조선, 컨테이너선, 액화천연가스(LNG)선, 원양어선, 그 밖에 병무청장이 전시·사변 또는 이에 준하는 비상시에 동원할 수 있다고 정하는 병력이나 전략물자 등을 수송할 수 있는 선박을 보유하거나 관리하고 있는 다음 각 호의 사람은 다음 해의 승선근무예비역의 필요인원을 해양수산부장관에게 매년 6월 30일까지 알려야 한다.
(2013.3.23 본문개정)
1. 해운업 분야 : 총톤수 500톤 이상의 선박을 보유하거나 관리하고 해상 화물 운송사업 및 외항 선박관리업을 경영하는 업체의 장
2. 수산업 분야 : 총톤수 100톤 이상의 선박을 보유하거나 관리하고 원양어업이나 근해어업을 경영하는 업체의 장(2012.12.20 본호개정)
② 해양수산부장관은 제1항에 따른 해운업 또는 수산업 분야 업체(이하 이 절에서 "해운업체등"이라 한다)의 장으로부터 필요인원을 통보받은 경우에는 매년 7월 31일까지 병무청장에게 알려야 한다.(2013.3.23 본항개정)
③ 병무청장은 국방부장관이 정한 군 필요인원의 충원에 지장을 주지 않는 범위에서 해양수산부장관과 협의하여 다음 해 승선근무예비역으로 편입할 수 있는 인원을 결정하고 업체의 규모, 신청한 필요인원, 복무관리 실태 및 인권침해 발생 여부 등을 고려하여 업체별로 배정한다. 이 경우 업체별 배정 기준 및 방법, 복무관리가 부실하거나 인권침해 등이 발생한 해운업체등에 대한 인원 배정의 제한 기준 및 방법 등 승선근무예비역 인원의 배정에 관한 구체적인 사항은 병무청장이 정하여 고시한다.
(2020.9.29 본항개정)
④ 병무청장은 다음 해의 승선근무예비역 배정인원을 관할 지방병무청장(해운업체등의 주된 사무소가 있는 행정구역을 관할하는 지방병무청장이나 병무지청장을 말한다. 이하 이 절에서 같다)을 거쳐 해운업체등의 장에게 알려야 한다.

제40조의3 【승선근무예비역의 편입기준과 절차】 ① 승선근무예비역에 편입할 수 있는 사람은 항해사·기관사의 면허를 가진 사람으로서 법 제21조의2제1항제1호에 해당하는 사람 또는 같은 항 제2호에 해당하는 현역병입영 대상자 중에서 제40조의2제1항 각 호에 따른 선박에 승선하여 근무하는 사람 또는 승선하여 근무하기로 결정된 사람이어야 한다.
② 제1항에 따라 승선근무예비역에 편입하려는 사람은 승선근무예비역 편입원서(전자문서로 된 원서를 포함한다)에 법 제23조의2제3항에 따른 서약서 및 국방부령으로 정하는 서류를 첨부하여 해운업체등의 장에게 제출해야 한다.(2020.9.29 본항개정)
③ 제2항에 따른 승선근무예비역 편입원서(이하 이 항에서 "편입원서"라 한다)를 제출받은 해운업체등의 장은 제40조의2제3항에 따라 업체별로 배정한 인원의 범위에서 추천 대상자를 결정하여 편입원서를 제출받은 날부터 7일 이내에(입영 통지를 받은 사람의 경우에는 그 입영일 5일 전까지) 다음 각 호의 서류를 관할 지방병무청장에게 제출해야 한다.(2020.9.29 본문개정)
1. 추천 대상자가 제출한 편입원서 및 첨부서류
2. 법 제23조의6제1항에 따른 서약서
(2020.9.29 1호~2호신설)
④ 제3항 각 호의 서류를 제출받은 관할 지방병무청장은 추천 대상자의 편입자격 및 업체별 배정인원 등을 확인하여 승선근무예비역 편입 결정을 하고, 그 내용을 해운업체등의 장을 거쳐 해당 추천 대상자에게 알려야 한다.
(2020.9.29 본항개정)
⑤ 제4항에 따라 승선근무예비역으로 편입된 사람은 제40조의2제1항 각 호에 따른 선박에 승선한 때부터 소집된 것으로 본다. 다만, 이미 해당 선박에 승선한 사람은 편입이 결정된 날부터 소집된 것으로 본다.
⑥ (2010.7.21 삭제)
⑦ 해양수산부장관은 법 제21조의2제1항제2호의 교육기관을 지정하거나 변경하는 경우에는 국방부장관에게 통보하여야 한다.(2013.3.23 본항개정)

제40조의4 【승선근무예비역의 복무】 ① 승선근무예비역에 편입된 사람은 편입된 날부터 5년 이내에 제40조의2제1항에 따른 업체의 선박(해운업 분야의 경우에는 총톤수 500톤 이상, 수산업 분야의 경우에는 총톤수 100톤 이상의 선박을 말한다)에서 「선박직원법」 제2조제3호에 따른 선박직원으로 3년간 승선근무를 하여야 한다.
(2012.12.20 본항개정)
② 승선근무예비역에 편입된 사람은 제40조의2제1항 각 호에 따른 선박을 보유한 업체로 이동하여 해당 규모의 선박에서 승선근무할 수 있다. 이 경우 승선근무예비역이 이동하여 근무하려는 해운업체등의 장은 해당 승선근무예비역이 이동하여 근무하는 해의 업체별 배정인원의 범위에서 승선근무예비역으로서 근무하게 할 수 있다.
(2011.11.23 후단개정)
③ 제2항 후단에도 불구하고 다음 각 호의 어느 하나에 해당하는 사유가 발생하여 승선근무예비역에 편입된 사람이 다른 업체로 이동하여 승선근무하려는 경우에는 해당 인원을 이동하려는 업체의 배정인원으로 본다. 다만, 제3호부터 제5호까지의 경우에는 관할 지방병무청장의 승인을 받아야 하며, 승인절차 등에 관하여 필요한 사항은 병무청장이 정한다.(2016.6.14 단서개정)
1. 복무 중인 업체가 휴업·영업정지·직장폐쇄 또는 폐업한 경우
2. 복무 중인 업체가 감선 등의 사유로 제40조의2제1항 각 호에 해당하는 선박을 보유하지 않게 된 경우
(2016.11.29 1호~2호개정)
3. 해운업체등의 장(해운업체등의 장을 대신하여 복무관리를 담당하는 사람을 포함한다)의 「근로기준법」 또는 「선원법」 위반 행위로 피해를 입은 승선근무예비역이 「선원법」 제129조에 따른 해양항만관청, 선원근로감독관 또는 선원노동위원회에 그 위반 행위를 신고하여 그 위반 행위가 위법하거나 부당한 행위로 확인된 경우
4. 승선근무예비역이 「선원법」 제94조제1항에 따른 직무상 부상을 당하거나 질병에 걸린 경우
(2016.6.14 3호~4호신설)
5. 승선근무 중인 선박의 매각 등으로 복무 중인 업체의 선박에서 승선근무를 할 수 없는 부득이한 사유가 발생한 경우(2016.11.29 본호개정)
④ 승선근무예비역의 승선근무기간은 「선원법」 제44조제3항에 따라 해양항만관청에서 공인받은 선원명부에 기재된 승선일부터 하선일(下船日) 또는 같은 법 제45조제3항 단서에 따른 공인받은 선원수첩이나 신원보증서의 하선일까지를 말한다. 이 경우 제2항에 따라 이동하여 승선근무한 사람에 대해서는 각 업체에서 승선근무한 기간을 합산한다.(2012.2.3 전단개정)
⑤ 승선근무예비역의 휴가에 대해서는 「선원법」 제62조제5항, 제69조부터 제71조까지 및 제74조에 따른 휴가 규정을 준용한다. 이 경우 휴가일수는 승선근무기간에 산입한다.(2012.12.20 전단개정)
⑥ 승선근무예비역이 「선원법」 제94조제1항 또는 제97조에 해당하는 업무상 부상·질병 또는 장애로 휴직한 경우에는 그 휴직기간은 승선근무기간에 산입한다.
(2012.2.3 본항개정)
⑦ 승선근무예비역으로 소집된 사람은 승선근무 외에 영리를 목적으로 하는 업무를 하지 못하고 다른 직무를 겸할 수 없다. 다만, 제6항에 따른 사유 외의 사유로 휴직한 기간 등 승선근무기간에 산입하지 아니하는 기간 중에는 「선원법」에 따른 선원으로서의 업무를 제외한 영리활동을 할 수 있다.(2018.5.28 본항개정)
⑧ 관할 지방병무청장은 승선근무예비역에 대하여 승선근무예비역 제도와 관련된 교육을 실시할 수 있으며, 교육의 원활한 시행을 위하여 해운업체등의 장에게 협조를 요청할 수 있다.
⑨ 제1항부터 제8항까지에서 규정한 사항 외에 복무관리에 관한 구체적인 사항은 병무청장이 정한다.
(2010.7.21 본항개정)

제40조의5 【승선근무예비역의 자원관리】 ① 관할 지방병무청장은 승선근무예비역에 편입된 사람에 대한 승선근무예비역 명부 및 병적기록표를 작성하여 관리하여야 한다.
② 승선근무예비역이 복무하고 있는 해운업체등의 장은 승선근무예비역의 복무를 관리하여야 한다.
③ 제2항에 따라 복무를 관리하는 해운업체등의 장은 해당 업체의 승선근무예비역 명부와 복무기록표를 관리하여야 한다. 이 경우 해운업체등의 장은 승선근무예비역의 복무기록표에 승선, 하선, 휴가 및 군사교육소집 등 복무와 관련된 사항을 기재하여 정리하고, 승선근무예비역이 제40조의4제2항에 따라 다른 업체 소유의 선박으로 이동하여 승선하게 된 경우에는 새로 복무하는 해운업체등의 장에게 복무기록표를 송부하여야 한다.(2016.11.29 후단개정)
④ 제1항부터 제3항까지에서 규정한 사항 외에 승선근무예비역의 자원관리에 필요한 사항은 병무청장이 정한다.

제40조의6 【신상변동 통보】 ① 법 제23조의3제8호에서 "대통령령으로 정하는 사유"란 다음 각 호의 어느 하나에 해당하는 경우를 말한다.
1. 해운업체등의 명칭 변경 또는 소재지가 이전된 경우
2. 감선 등의 사유로 제40조의2제1항 각 호에 해당하는 선박을 보유하지 않게 된 경우
3. 제40조의4제2항에 따라 이동하여 근무하는 경우
4. 제40조의4제5항에 따라 휴가를 준 경우
5. 제40조의4제7항 본문을 위반하여 영리를 목적으로 하는 업무를 하거나 다른 직무를 겸한 경우 또는 같은 항 단서를 위반하여 승선근무기간에 산입하지 아니하는 기간 중에 선원으로서 영리활동을 한 경우(2018.5.28 본호신설)
6. 「선원법」 제94조제1항 또는 제97조에 해당하는 업무상 부상·질병 또는 장애로 휴직하는 경우(2012.2.3 본호개정)
② 관할 지방병무청장은 해운업체등의 장으로부터 제1항 제1호·제2호 또는 법 제23조의3제7호에 해당하는 통보를 받았을 때에는 7일 이내에 병무청장에게 보고하여야 한다.
(2016.11.29 본조제목개정)
(2010.7.21 본조개정)

제40조의7 【승선근무예비역의 편입취소자 처리】 ① 관할 지방병무청장은 법 제23조의4제1항에 따라 승선근무예비역의 편입을 취소하였을 때에는 그 사실을 해당 해운업체등의 장에게 통보하여야 한다.(2010.7.21 본항개정)
② 제1항에 따라 통보를 받은 해운업체등의 장은 해당 승선근무예비역의 복무기록표를 관할 지방병무청장에게 송부하여야 한다.(2010.7.21 본항개정)
③ 관할 지방병무청장은 법 제23조의4제1항에 따라 승선근무예비역 편입이 취소된 사람의 병적기록표를 승선근무예비역에 편입되기 전의 지방병무청장에게 송부해야 한다. 이 경우 관할 지방병무청장은 병적기록표에 제5항에 따라 산출된 복무기간을 명시하여 송부해야 한다.
(2021.6.22 본항개정)
④ (2010.7.21 삭제)
⑤ 승선근무예비역이 법 제23조의4제2항 전단에 따라 현역병으로 입영하게 되거나 사회복무요원으로 소집되어 복무할 기간은 다음 각 호의 계산방식에 따라 산출된 기간으로 한다. 이 경우 소수점 이하의 숫자는 계산하지 않는다.
1. 현역병으로 입영하게 될 사람의 복무기간

$$\frac{\text{종전의 의무복무기간} - \text{복무한 일수}}{\text{종전의 의무복무기간}} \times \text{현역병 의무복무기간}$$

2. 사회복무요원으로 소집될 사람의 복무기간

$$\frac{\text{종전의 의무복무기간} - \text{복무한 일수}}{\text{종전의 의무복무기간}} \times \text{사회복무요원 의무복무기간}$$

(2021.6.22 본항개정)

⑥ 법 제23조의4제2항 후단에서 "대통령령으로 정하는 기준에 따른 남은 복무기간이 6개월 미만인 사람"이란 제5항제1호의 계산방식에 따라 산출된 복무기간이 6개월 미만인 사람을 말한다.(2021.6.22 본항신설)

(2010.7.21 본조제목개정)

제40조의8【복무기간의 만료 등】 ① 해운업체등의 장은 소속 승선근무예비역으로서 복무기간이 만료되는 사람의 명단과 복무기록표를 복무기간이 만료되는 달의 전(前)달 10일까지 관할 지방병무청장에게 송부하여야 한다.

② 관할 지방병무청장은 승선근무예비역이 복무기간을 마치게 되면 복무기간이 만료되는 달의 1일에 복무만료일을 명시하여 복무만료 처분을 하고, 그 내용을 지방병무청장과 승선근무예비역이 근무 중인 해운업체등의 장에게 알려야 한다. 이 경우 그 처분 내용을 기재하여 정리한 병역증을 해운업체등의 장을 거쳐 본인에게 전달하여야 한다.

③ 제2항에 따른 승선근무예비역 복무만료 처분의 대상인 사람은 복무기간이 만료된 날에 소집이 해제된 것으로 본다.

제40조의9【승선근무예비역의 실태조사 등】 ① 법 제23조의5제1항에 따른 운영계획(이하 이 조에서 "운영계획"이라 한다)에는 다음 각 호의 사항이 포함되어야 한다.
1. 제40조의2제1항에 따른 승선근무예비역 필요인원의 산정 기준
2. 승선근무예비역의 복무지침
3. 그 밖에 승선근무예비역 제도의 체계적 운영을 위하여 필요한 사항

(2021.10.14 본항신설)

② 해양수산부장관은 운영계획의 추진 실적을 평가하고, 그 결과를 제40조의2제2항에 따라 병무청장에게 통보하는 승선근무예비역 필요인원에 반영할 수 있다.

(2021.10.14 본항신설)

③ 법 제23조의5제2항에 따른 실태조사의 범위는 다음 각 호와 같다.(2021.10.14 본문개정)
1. 제40조의2제1항 각 호에 따른 선박의 보유·관리 상태
2. 제40조의5에 따른 승선근무예비역의 자원관리 상태
3. 법 제23조의3에 따른 신상변동 통보 이행 상태

(2016.11.29 본호개정)
4. 승선근무예비역의 복무와 관련된 관계 서류의 비치 상태(2020.9.29 본호개정)
5. 승선근무예비역에 대한 인권침해 발생 여부 등

(2020.9.29 본호신설)

④ 관할 지방병무청장은 실태조사를 다음 각 호의 구분에 따라 실시한다.(2020.9.29 단서삭제)
1. 정기조사 : 1년마다 정기적으로 실시하는 조사
2. 수시조사 : 관할 지방병무청장이 필요하다고 인정하는 경우 실시하는 조사

⑤ 제4항에 따른 실태조사를 받아야 할 해운업체등의 장은 실태조사에 적극 협조해야 한다.(2021.10.14 본항개정)

⑥ 관할 지방병무청장은 제4항에 따른 실태조사를 실시했을 때에는 그 결과를 병무청장에게 보고해야 한다.

(2021.10.14 본항개정)

⑦ 관할 지방병무청장은 해운업체등에 대하여 실태조사 결과에 따라 복무관리 실태 등을 평가할 수 있다.

⑧ 제7항에 따른 해운업체등의 평가 방법 및 기준, 우수 해운업체등에 대한 우대 등 평가결과의 활용에 관한 사항은 병무청장이 정한다.(2021.10.14 본항개정)

(2010.7.21 본조신설)

제40조의10【해운업체등의 장의 서약서 작성】 해운업체등의 장은 법 제23조의6제1항에 따라 서약서를 작성하는 경우 승선근무예비역이 복무해야 할 업무, 근로시간, 휴가, 임금 지급방법 등의 근로조건을 기재해야 한다.

(2020.9.29 본조신설)

제3절 전환복무

제41조【전환복무자의 추천인원의 협의】 ① 경찰청장, 소방청장 또는 해양경찰청장은 법 제25조에 따른 의무소방원 또는 의무경찰대원의 추천인원을 정하려는 경우에는 국방부장관과 미리 협의하여야 한다.(2017.9.22 본항개정)

② 국방부장관은 제1항에 따른 협의요청을 받은 경우에는 군에서 필요로 하는 인원의 충원에 지장이 없는 범위에서 협의에 응하여야 한다.

(2017.9.22 본조제목개정)

제42조 (2016.11.29 삭제)

제43조【추천에 의한 전환복무】 ① 경찰청장, 소방청장 또는 해양경찰청장은 법 제25조제1항에 따라 다음 해의 의무소방원이나 의무경찰대원을 추천하려는 경우에는 2월 말일까지 국방부장관에게 그 추천인원의 배정을 요청하여야 한다.(2017.9.22 본항개정)

② 경찰청장, 소방청장 또는 해양경찰청장은 법 제25조제1항에 따라 의무소방원이나 의무경찰대원으로 추천하는 사람의 명단을 입영일 50일 전(경찰대학 졸업예정자로서 졸업 후 의무경찰대에 복무할 사람의 경우에는 졸업하는 해의 1월 15일)까지 병무청장에게 송부하여야 한다.

(2017.9.22 본항개정)

③ 병무청장은 제2항에 따라 경찰청장, 소방청장 또는 해양경찰청장이 추천한 사람의 명단을 받은 경우에는 입영일 45일 전까지 지방병무청장에게 이를 송부하고, 지방병무청장은 입영일 30일 전까지 본인에게 현역병입영 통지서를 송달한 후 입영부대의 장에게 입영 대상자 명부 및 병적기록표를 송부하여야 한다.(2017.7.26 본항개정)

④ 제3항에 따라 입영 대상자 명부를 받은 입영부대의 장은 입영 대상자가 입영한 경우에는 제18조의8제2항에 따른 입영신체검사(입영판정검사를 받지 않은 사람만 해당한다)를 한 후 지방병무청장에게 입영한 사람의 명부(인사명령서로 갈음할 수 있다)와 입영하지 않은 사람(귀가자를 포함한다)의 명부 및 병적기록표를 송부해야 한다.(2021.6.22 본항개정)

⑤ 국방부장관은 제4항에 따른 입영자에 대해서는 정해진 군사교육을 마치게 한 후에 전환복무를 시키고, 경찰청장, 소방청장 또는 해양경찰청장에게 전환복무의 예정기간을 명시한 전환복무자 명부와 병적기록표를 송부하여야 한다.(2017.7.26 본항개정)

⑥ 지방병무청장은 제3항에 따라 현역병입영 통지서를 받은 사람이 입영판정검사에서 신체등급이 7급으로 판정되거나 제18조의8제3항에 따라 귀가된 경우에는 추천 전의 신분으로 관리해야 한다. 이 경우 귀가자의 재입영시 복무기간에 관하여는 제27조제1항 및 제2항을 준용한다.

(2021.6.22 본항개정)

⑦ 지방병무청장은 제3항에 따라 현역병입영 통지서를 받은 사람으로서 제129조에 따라 입영일이 연기된 사람은 추천 전의 신분으로 관리하여야 한다.(2016.11.29 본항신설)

제44조【전환복무자의 병적관리】 경찰청장, 소방청장 또는 해양경찰청장은 제43조제5항에 따라 병적기록표를 받은 경우에는 전환복무된 사람의 복무, 진급, 상벌 및 신상변동 등을 기재·정리하여야 한다.(2017.9.22 본조개정)

제45조【병역처분변경 대상자의 전환복무 해제】 ① 경찰청장, 소방청장 또는 해양경찰청장은 의무소방원 또는 의무경찰대원으로 전환복무된 사람으로서 법 제33조의7제1항(제2호만 해당한다), 제65조제1항부터 제3항까지 및 제11항에 따른 병역처분변경 사유에 해당하는 사람에 대해서는 지체 없이 국방부장관에게 전환복무 해제를 요청하여야 한다.(2017.9.22 본항개정)

② 국방부장관은 제1항에 따라 전환복무의 해제를 요청받은 경우에는 병역처분변경 사유에 해당하는 사람에 대해서는 전환복무를 해제하고, 제137조제1항에 따라 병역처분을 변경하여야 한다.

제46조【전환복무기간 만료자의 전역】 ① 경찰청장, 소방청장 또는 해양경찰청장은 의무소방원 또는 의무경찰대원으로서 전환복무 기간이 만료될 사람의 명단을 전환복무기간이 만료되는 달의 전달 15일까지 국방부장관에게 통보하여야 한다.(2017.7.26 본항개정)

② 국방부장관은 제1항에 따른 통보를 받으면 전환복무기간이 만료되는 날에 전환복무를 해제하고 예비역에 편입하되, 전역일 10일 전까지 그 명단을 경찰청장, 소방청장 또는 해양경찰청장과 지방병무청장에게 통보하여야 한다.(2017.7.26 본항개정)

③ 국방부장관은 제2항에 따라 예비역에 편입된 사람에 대해서는 「의무소방대 설치법 시행령」 또는 「의무경찰대 설치 및 운영에 관한 법률 시행령」에 따라 부여된 계급에 따라 다음 각 호와 같이 군의 계급을 부여한다.

(2016.11.29 본문개정)
1. 이방 및 이경 : 이등병
2. 일방 및 일경 : 일등병
3. 상방 및 상경 : 상등병
4. 수방·수경 및 경찰대학 졸업자 : 병장
5. 특방 및 특경 : 하사

(2017.9.22 1호~5호개정)

④ 국방부장관은 제43조, 제45조 및 이 조 제2항에 따른 전환복무, 전환복무 해제, 병역처분변경 및 전환복무기간 만료자의 예비역 편입 등에 관한 권한을 각 군 참모총장 또는 소속 군부대의 장에게 위임할 수 있다.(2017.9.22 본항개정)

제5장 보충역의 복무

(2009.12.7 본장개정)

제1절 사회복무요원의 복무

(2013.12.4 본절제목개정)

제47조【공공단체의 범위】 법 제26조제1항제1호 및 제2호에 따른 공공단체는 다음 각 호와 같다.
1. 「공공기관의 운영에 관한 법률」 제5조제4항에 따른 공기업과 준정부기관 중 병무청장이 정하여 고시하는 기관(2020.12.29 본호개정)
2. 「지방공기업법」 제49조 및 제76조에 따른 지방공사 및 지방공단과 「지방의료원의 설립 및 운영에 관한 법률」 제4조에 따른 지방의료원
3. 어업정보통신국
4. 「사립학교법」 제3조에 따른 사립학교 및 「유아교육법」 제7조제3호에 따른 사립유치원 중 비영리법인이 설립·경영하는 유치원(2018.5.28 본호개정)
5. 그 밖에 국가나 지방자치단체로부터 직접 또는 간접적으로 재정지원을 받는 공익목적의 비영리 기관 중 병무청장이 정하여 고시하는 기관(2020.12.29 본호개정)

제47조의2 (2013.12.4 삭제)

제47조의3【사회복무요원의 복무분야 분류 등】 ① 법 제26조제3항에 따른 사회복무요원의 업무별 복무분야는 다음 각 호와 같다.(2013.12.4 본문개정)
1. 사회복지업무 : 사회복지시설 운영 지원, 지방자치단체 사회복지 업무 지원 등
2. 보건·의료업무 : 방역·식품위생 등 국민건강 보호·증진 업무 지원, 응급구조·환자이동 등 환자구호 업무 지원 등
3. 교육·문화업무 : 교과·특기적성 지도 등 학습 지원, 유치원 장애유아 및 초등학교·중학교·고등학교 장애학생 활동 지원, 궁(宮)·능(陵) 등 문화재 관리 지원 등(2018.5.28 본호개정)
4. 환경·안전업무 : 환경 보호·감시 지원, 재난 안전관리 지원, 행정기관 경비 지원 등(2022.6.30 본호개정)
5. 행정업무 : 일반행정 지원 등(2022.6.30 본호개정)

② 제1항에 따른 복무분야별 임무 및 복무형태 등에 관하여 필요한 사항은 병무청장이 정한다.

(2013.12.4 본조제목개정)

(2009.12.7 본조신설)

제48조【사회복무요원의 배정 요청】 ① 사회복무요원을 필요로 하는 국가기관, 지방자치단체의 장 또는 공공단체의 장(이하 "복무기관의 장"이라 한다)은 매년 2월 말일까지 지방병무청장에게 그 다음 해의 필요인원의 배정을 요청하여야 한다. 이 경우 사회복지시설의 사회복무요원 필요인원은 특별자치시장·특별자치도지사·시장·군수·구청장(자치구의 구청장을 말한다. 이하 같다)이 배정을 요청하여야 한다.(2016.11.29 전단개정)

② 복무기관의 장이 제1항에 따라 사회복무요원의 배정을 요청하려는 경우에는 근무지별 필요인원, 복무분야, 복무형태 등을 기재한 사회복무요원 활용 계획서를 제출하여야 한다.

③ (2013.12.4 삭제)

(2013.12.4 본조개정)

제49조【사회복무요원 등의 배정】 ① 지방병무청장은 제48조제1항에 따라 사회복무요원의 배정을 요청받은 경우에는 공익상 필요성, 근무조건 등 필요한 사항을 조사하여 매년 3월 31일까지 복무기관·복무분야·복무형태별 배정인원을 결정하고 병무청장에게 보고하여야 하며, 그 결과를 매년 4월 20일까지 복무기관의 장에게 통보하여야 한다.(2016.11.29 본항개정)

② 제1항에 따라 지방병무청장이 배정인원을 결정함에 있어 해당 연도까지의 복무기관의 사회복무요원 운영 실태 등을 고려하여 배정인원을 제한할 수 있으며, 결정된 배정인원이 복무하기 전까지는 배정을 취소할 수 있다.

③ 제1항과 제2항에 따른 사회복무요원의 인원배정 기준 및 방법 등 필요한 사항은 병무청장이 정하여 고시한다.

④ (2013.12.4 삭제)

(2013.12.4 본조개정)

제50조【사회복무요원 소집 계획 등】 ① 병무청장은 사회복무요원에 대하여 월별 소집인원 등을 기재한 그 다음 해의 사회복무요원 소집 계획서를 작성하여 매년 10월 31일까지 지방병무청장에게 송부하여야 한다.

② 지방병무청장은 제1항에 따른 사회복무요원 소집 계획서를 받은 경우에는 사회복무요원 소집 대상 인원의 시·군·구별, 복무기관·복무분야·복무형태별, 월별 소집인원을 기재한 사회복무요원 소집 집행 계획서를 작성하여 매년 11월 10일까지 병무청장에게 보고하여야 하며, 사회복무요원의 필요인원이 배정된 복무기관의 장에게 계획인원을 통보하여야 한다.

(2013.12.4 본조개정)

제51조【사회복무요원 소집 실시】 ① 지방병무청장이 법 제28조제1항에 따라 사회복무요원 소집 순서를 결정한 경우에는 시·군·구별 사회복무요원 소집 순서 명부를 작성하여야 한다.

② 사회복무요원의 소집은 사회복무요원 소집 순서가 결정된 사람에 대하여 복무기관을 정하여 실시한다. 다만, 법 제26조제4항에 따라 선발한 사회복무요원과 법 제55조제3항에 따라 군사교육소집을 실시하지 아니한 보충역에 대해서는 복무기관·복무형태 및 복무분야를 정하여 그 소집을 실시할 수 있다.(2016.11.29 단서개정)

③ 지방병무청장은 사회복무요원의 합숙근무시설을 갖추고 있는 복무기관의 장이 법 제31조제4항 단서에 따른 합숙근무를 요청하는 경우에는 합숙근무를 하게 할 수 있다.

④ 지방병무청장은 사회복무요원 소집 통지서를 받은 사람으로서 홀로 거주하는 사람에 대해서는 본인이 원하면 부모나 그 밖의 가족이 거주하고 있는 지역에서 소집할 수 있다.

(2013.12.4 본조개정)

제52조【사회복무요원 별도 소집 대상자】 법 제29조제2항에 따라 사회복무요원 소집 순서에 따르지 않고 따로 사회복무요원 소집을 할 수 있는 사람은 다음 각 호와 같다.(2021.10.14 본문개정)
1. 병역판정검사를 받고 그 해 소집을 희망하는 사람
2. 학군 군간부후보생 또는 의무·법무·군종·수의사관후보생으로서 해당 병적에서 제적되어 소집할 사람

(2016.11.29 본호개정)

3. 사회복무요원 소집이 연기된 사람으로서 그 사유가 없어진 사람(2013.12.4 본호개정)
4. 국외에서 귀국한 사람으로서 소집할 사람
5. 사회복무요원 소집 기피의 죄를 범한 사람으로서 형사처분이 종료된 사람 및 공소시효가 완성된 사람(2013.12.4 본호개정)
6. 예술·체육요원, 공중보건의사, 병역판정전담의사, 공익법무관, 공중방역수의사, 전문연구요원 또는 산업기능요원으로의 편입이 취소되어 소집할 사람(2020.6.30 본호개정)
7. 제137조제7항에 따라 보충역으로 편입된 사람(2021.10.14 본호개정)
8. 대체역법 제25조제2항에 따라 대체역의 편입이 취소되어 소집할 사람(2020.6.30 본호신설)
9. 그 밖에 병무청장이 필요하다고 인정하는 사람
(2013.12.4 본조제목개정)

제53조【사회복무요원 소집 통지서의 송달 등】 ① 지방병무청장은 사회복무요원 소집 대상자의 소집 통지서를 소집일 30일 전까지 본인에게 송달하여야 한다. 다만, 제52조에 따른 사회복무요원 별도 소집 대상자에게는 소집 통지서를 소집일 7일 전까지 송달하여야 한다.
(2018.5.28 단서신설)
② (2013.12.4 삭제)
③ 지방병무청장은 제1항에 따라 사회복무요원 소집 통지를 한 경우에는 사회복무요원이 복무할 복무기관의 장에게 해당 기관에서 복무 등을 할 소집 대상자 명부를 송부하여야 한다.
④ 제1항에도 불구하고 법 제71조제1항에 따른 사회복무요원 소집의무가 면제될 우려가 있는 사람에게는 소집 통지서를 소집일 전날까지 송달할 수 있다.(2018.5.28 본항개정)
(2013.12.4 본조개정)

제54조【사회복무요원 인도·인접사무소의 설치 및 운영】 ① 지방병무청장은 사회복무요원 소집 대상자의 인도·인접에 관한 사무를 처리하기 위하여 사회복무요원이 복무할 복무기관의 장과 협의하여 인도·인접사무소를 설치할 수 있다.
② 지방병무청장은 사회복무요원 소집 대상자를 인도할 인도관을, 복무기관의 장은 소집 대상자를 인접할 인접관을 파견하여야 한다.
③ 제53조제1항 및 제3항에 따른 사회복무요원 소집 대상자 명부에 따라 인도관은 사회복무요원 소집 대상자를 인접관에게 인도하고, 인도·인접서를 2부 작성하여 그 중 1부를 인접관에게 교부하여야 한다.
(2013.12.4 본조개정)

제55조【지연도착의 신고 등】 ① 사회복무요원 소집 대상자로서 천재지변, 교통 두절, 통지서 송달의 지연, 그 밖의 부득이한 사유로 소집일에 응할 수 없는 사람은 소집일부터 3일 이내에 지연도착할 수 있다.
② 제1항에 따라 지연도착을 하려는 사람은 지방병무청장에게 지연도착 신고를 하고, 그 신고응소일에 소집에 응하여야 하며, 부득이한 경우에는 전신·전화 등의 방법으로 신고할 수 있다.
③ 지방병무청장은 제1항에 따라 지연도착할 사람의 명단을 해당 사회복무요원이 복무할 복무기관의 장에게 통보하여야 한다.
④ 복무기관의 장이 제3항에 따라 지연도착할 사람의 명단을 통보받은 경우에는 신고된 신고일에 응소 여부를 확인하고 응소하지 아니한 사람의 명단을 지방병무청장에게 통보하여야 한다.
(2019.7.2 본조개정)

제56조【사회복무요원의 복무기간 등】 ① 사회복무요원의 복무기간은 법 제29조에 따라 사회복무요원으로 소집된 날부터 기산한다.
② 법 제30조제2항에 따라 사회복무요원의 복무기간에 산입하지 아니하는 일수의 계산에 관하여는 제27조제3항을 준용한다.(2016.11.29 본항개정)
③ (2013.12.4 삭제)
(2013.12.4 본조개정)

제57조【사회복무요원의 소집해제】 ① 사회복무요원의 복무기관의 장은 제56조에 따른 복무기간이 만료될 사람의 명단, 보충역 복무기록표 및 병역증을 복무기간이 만료되는 달의 전달 10일까지 지방병무청장에게 송부하여야 한다.
② 지방병무청장은 소집해제되는 달의 1일에 소집해제일을 명시하여 소집해제처분을 하고, 사회복무요원 소집해제 처분서와 그 사실을 기재·정리한 병역증을 제1항에 따른 복무기관의 장에게 송부하여 소집해제일 당일 본인에게 병역증이 교부되도록 하여야 한다.
(2013.12.4 본조개정)

제58조【사회복무요원의 근무시간】 ① 사회복무요원의 근무시간에 관하여는 「국가공무원 복무규정」 제9조를 준용한다.(2013.12.4 본항개정)
② 복무기관의 장은 복무형태, 업무의 성질, 지역 또는 기관의 특수성을 고려하여 필요하다고 인정하는 경우에는 지방병무청장과 협의하여 근무시간을 변경할 수 있다.
③ 제2항에 따른 근무시간의 변경에 따른 복무일수의 계산기준은 병무청장이 정한다.
(2013.12.4 본조제목개정)

제59조【사회복무요원의 휴가】 ① 복무기관의 장은 다음 각 호의 구분에 따라 사회복무요원에게 휴가를 허가할 수 있다.(2013.12.4 본문개정)
1. 연가 : 복무기간에 따라 통틀어 31일 이내(2011.3.29 본호개정)
2. 청원휴가
가. 본인이 결혼하는 경우 : 5일 이내(2011.3.29 본목개정)
나. 배우자가 사망하거나 본인 및 배우자의 부모가 사망한 경우 : 5일 이내
다. 부모, 형제자매 또는 배우자가 위독한 경우에 간호할 사람이 없는 경우 : 3일 이내(2011.3.29 본목개정)
라. 직계비속이 사망하거나 본인 또는 배우자의 조부모·외조부모가 사망한 경우 : 3일 이내(2020.1.7 본목개정)
마. 본인 또는 배우자의 형제자매가 사망한 경우 : 1일(2011.3.29 본목신설)
바. 배우자가 출산한 경우 : 10일 이내(2020.1.7 본목개정)
사. 배우자가 유산하거나 사산한 경우 : 3일
아. 자녀가 있는 사람으로서 다음의 어느 하나에 해당하는 경우 : 연 10일 이내
1) 「영유아보육법」에 따른 어린이집, 「유아교육법」에 따른 유치원 및 「초·중등교육법」 제2조 각 호의 학교(이하 이 항에서 "어린이집등"이라 한다)의 휴업·휴원·휴교, 그 밖에 이에 준하는 사유로 자녀를 돌봐야 하는 경우
2) 자녀가 다니는 어린이집등의 공식 행사나 교사와의 상담에 참여하는 경우
3) 미성년자 또는 「장애인복지법」 제2조제2항에 따른 장애인인 자녀의 병원 진료(「국민건강보험법」 제52조에 따른 건강검진과 「감염병의 예방 및 관리에 관한 법률」 제24조 및 제25조에 따른 예방접종을 포함한다)에 동행하는 경우
자. 5세 이하의 자녀가 있는 경우 : 1일 최대 2시간의 육아시간. 이 경우 육아시간의 사용 기준 및 절차 등에 필요한 사항은 병무청장이 정한다.
(2021.10.14 사목~자목신설)
3. 병가
가. 공무상 질병 또는 부상으로 인하여 직무를 수행할 수 없을 경우 해당 기간
나. 공무 외의 질병 또는 부상으로 인하여 직무를 수행할 수 없을 경우 해당 기간
4. 공가 : 다음 각 목의 어느 하나에 해당하는 경우에는 필요한 기간
가. 공무에 관하여 국회, 법원, 검찰, 그 밖의 국가기관에 소환된 경우
나. 법률의 규정에 따라 투표에 참가하려는 경우
다. 천재지변, 교통 두절, 그 밖의 사유로 출근이 불가능한 경우
5. 특별휴가
가. 근무성적이 극히 우수하여 모범이 된 경우 : 연 5일 이내
나. 선행행위 등으로 표창을 받은 경우 : 연 5일 이내
다. 「사회복지사업법」에 따른 사회복지시설 또는 「장애인 등에 대한 특수교육법」에 따른 특수교육대상자의 활동을 지원하기 위하여 유치원이나 초·중·고등학교 등에서 근무하는 경우 : 연 10일 이내(2022.6.30 본목개정)
라. 다목 외에 특별한 근무 분야 또는 근무형편이 열악한 분야의 복무자를 위로할 필요성이 있는 경우 : 연 5일 이내(2016.11.29 본호신설)
② 제1항제3호나목에 따른 병가기간이 통틀어 30일을 초과하는 경우 그 초과일수는 복무기간에 산입하지 아니한다.
③ 복무기관의 장은 사회복무요원이 제65조의5제4호 단서에 따른 방송통신에 의한 수업이나 원격수업으로 수학하는 과정에서 출석수업이 필요한 경우에는 특별한 사유가 없으면 제1항제1호에 따른 연가를 허용해야 한다.
(2024.1.30 본항개정)
④ 제1항제1호에 따른 복무기간별 연가일수 등에 관하여 필요한 사항은 국방부령으로 정한다.
⑤ 제1항제1호에도 불구하고 복무기관의 장은 결근, 복무이탈 등 복무의무 위반 사실이 없는 사회복무요원이 소집일부터 소집해제 30일 전까지의 기간 동안 제1항제3호나목에 따른 병가를 받지 않거나 통틀어 2일 이내로 받은 경우에는 제4항에 따른 복무기간별 연가일수 외에 다음 각 호의 구분에 따른 일수의 연가를 허가할 수 있다.
1. 병가를 받지 않은 경우 : 5일
2. 병가를 통틀어 2일 이내로 받은 경우 : 2일
(2021.10.14 본항개정)
(2013.12.4 본조제목개정)

제60조 (2013.12.4 삭제)

제61조【출퇴근 근무가 곤란한 지역의 범위】 법 제31조제4항에 따른 출퇴근 근무가 곤란하다고 인정되는 지역의 범위는 다음 각 호와 같다.
1. 정기선편을 이용하여 출퇴근할 수 없는 낙도지역
2. 정기노선 차량이 없어 도보로 출퇴근하는 거리가 편도 8km를 초과하는 지역
3. 정기노선 차량 및 선박을 이용하여 출퇴근 시 왕복 3시간 이상이 걸리는 지역
4. 그 밖에 병무청장이 출퇴근 근무가 곤란하다고 인정하는 지역

제62조【사회복무요원의 보수 등】 ① 사회복무요원에게는 복무기관의 장이 소집일부터 현역병의 봉급에 해당하는 보수를 다음 각 호의 기준에 따라 지급한다.
(2021.10.14 본문개정)
1. 소집월부터 2개월까지 : 이등병의 보수
2. 소집월부터 3개월에서 8개월까지 : 일등병의 보수
3. 소집월부터 9개월에서 14개월까지 : 상등병의 보수
4. 소집월부터 15개월 이상 : 병장의 보수
(2020.1.7 본항개정)
② 제1항에도 불구하고 다음 각 호의 사람의 경우에는 각 호의 구분에 따른 기간을 제1항 각 호의 계급별 보수 산정의 기준 기간에 합산한다.
1. 법 제23조의4제1항에 따라 승선근무예비역의 편입이 취소된 사람 중 사회복무요원으로 소집된 사람 : 사회복무요원의 의무복무기간에서 제40조의7제5항제2호에 따라 산출된 복무기간을 뺀 기간
2. 법 제33조의10제4항에 따라 예술·체육요원의 편입이 취소된 사람 중 사회복무요원으로 소집된 사람 : 사회복무요원의 의무복무기간에서 제68조의19제4항제2호에 따라 산출된 복무기간을 뺀 기간
3. 법 제35조제2항, 제35조의2제2항 및 제35조의3제2항에 따라 공중보건의사, 병역판정검사전담의사, 공익법무관 및 공중방역수의사의 편입이 취소된 사람 중 사회복무요원으로 소집된 사람 : 사회복무요원의 의무복무기간에서 제70조의2제5항제2호에 따라 산출된 복무기간을 뺀 기간
4. 법 제41조제1항 각 호 외의 부분 본문에 따라 전문연구요원이나 산업기능요원의 편입이 취소된 사람 중 사회복무요원으로 소집된 사람 : 사회복무요원의 의무복무기간에서 제92조제3항제2호 또는 같은 조 제4항제2호에 따라 산출된 복무기간을 뺀 기간(2023.12.19 본호개정)
5. 제30조제1항에 따라 입교 전의 신분으로 복귀된 사람 중 사회복무요원으로 소집된 사람 : 퇴교 전에 교육기관에서 받은 교육기간
6. 제137조제7항에 따라 보충역으로 편입된 사람 중 사회복무요원으로 소집된 사람 : 사회복무요원의 의무복무기간에서 제92조의2제2호에 따라 산출된 복무기간을 뺀 기간
7. 대체역법 제25조제1항에 따라 대체역의 편입이 취소된 사람 중 사회복무요원으로 소집된 사람 : 사회복무요원의 의무복무기간에서 같은 법 시행령 제39조제3항제2호에 따라 산출된 복무기간을 뺀 기간
(2021.10.14 본항신설)
③ 사회복무요원에게는 제1항에 따른 보수 외에 직무수행에 필요한 여비, 급식비 등 실비를 지급하여야 하며, 합숙근무를 하는 경우에는 그에 따른 숙식과 일상용품을 제공하여야 한다.
④ 병무청장은 사회복무요원의 제복·이름표·모자 등 복제(服制)에 관한 기준을 정해야 한다. 다만, 복무기관의 장이 업무 특성상 별도의 복제 기준을 정할 필요가 있는 경우에는 병무청장과 협의하여 따로 정할 수 있다.
(2021.1.5 본문개정)
⑤ 복무기관의 장은 그 기관의 부담으로 제4항의 복제 기준에 따른 제복·이름표·모자 등을 사회복무요원에게 지급하여 착용하거나 달게 해야 한다.(2021.10.14 본항개정)
⑥ 병무청장이나 복무기관을 관장하는 중앙행정기관의 장은 법 제31조제5항 단서에 해당하는 사회서비스업무에 복무하는 사회복무요원에게 제1항부터 제3항까지 및 제5항에도 불구하고 복무기관의 장이 지급하는 보수 및 직무수행에 필요한 여비 등을 예산의 범위에서 지급할 수 있다.(2021.10.14 본항개정)
(2013.12.4 본조개정)

제63조【사회복무요원의 복무관리·감독 범위】 병무청장은 법 제31조의2제2항에 따라 사회복무요원에 대해서는 다음 각 호의 사항을 관리·감독할 수 있다.
(2013.12.4 본문개정)
1. 현장 복무실태 점검 및 교정지도 등을 통한 복무부실 예방활동에 관한 사항
2. 상담 및 고충처리 등을 통한 권익보호에 관한 사항
3. 복무의무 위반자 등의 고발에 관한 사항
4. 그 밖에 복무와 관련하여 병무청장이 필요하다고 인정하는 사항
(2013.12.4 본조제목개정)

제64조【사회복무요원의 고충처리】 ① 사회복무요원은 신상문제 등에 관하여 상담이나 고충의 심사를 복무기관의 장에게 청구할 수 있으며, 복무기관의 장은 이를 이유로 불이익한 처우를 해서는 아니 된다.
② 제1항에 따라 청구를 받은 복무기관의 장은 정당한 절차에 따라 심사하거나 상담을 거쳐 고충을 해소하는 등 공정한 처리를 하여야 한다.
③ 제2항에 따른 고충의 심사는 청구서를 접수한 날부터 30일 이내에 처리하여야 한다. 다만, 부득이한 사유가 있는 경우에는 30일의 범위에서 그 기간을 연장할 수 있다.
(2014.11.4 본항신설)

④ 제3항 단서에 따라 처리기간을 연장하는 경우에는 그 사유를 청구인에게 통보하여야 한다.(2014.11.4 본항신설)
(2013.12.4 본조개정)
제64조의2【사회복무요원의 자원관리 등】 ① 지방병무청장은 사회복무요원으로 소집되는 사람에 대한 사회복무요원 소집 순서 명부 및 병적기록표 등을 관리하여야 한다.
② 사회복무요원의 복무기관의 장은 사회복무요원 명부, 보충역 복무기록표 및 일일 복무 상황부를 비치·관리하여야 하고, 보충역 복무기록표에 법 제32조에 따른 신상변동 통보사항, 복무분야·복무형태·근무지·근무시간의 변경사항, 휴가, 군사교육소집, 직무교육 실시 여부 등 복무와 관련된 사항을 기재·정리하여야 한다. 다만, 사회복지시설의 사회복무요원에 대한 인력관리는 보건복지부장관이 총괄하되, 복무와 관련된 사항에 대해서는 특별자치시장·특별자치도지사·시장·군수·구청장이 지휘·감독한다.
(2016.11.29 본문개정)
③ 제2항에 따른 복무기관의 장은 사회복무요원에게 30일 이상의 병가나 범죄로 인한 구속 등의 사유가 발생한 경우에는 지체 없이 지방병무청장에게 통보하여야 한다.
④ 제1항부터 제3항까지에서 규정한 사항 외에 사회복무요원의 자원관리 등에 필요한 사항은 병무청장이 정한다.
(2013.12.4 본조개정)
제65조【사회복무요원의 분할복무】 ① 법 제31조의3제1항에 따라 복무를 중단한 후 재복무 할 수 있는 경우의 구체적인 기준은 다음 각 호와 같다.
1. 1개월 이상 본인의 질병치료가 필요한 경우
2. 본인 외에는 생계를 같이하는 가족이 없거나, 가족이 있더라도 심신장애 등으로 사실상 병간호가 어려운 경우
3. 다음 각 목의 어느 하나에 해당하는 경우
가. 「자연재해대책법」 제2조제3호에 따른 풍수해로 가옥·농경지가 유실되어 복구 등이 필요한 경우
나. 가족 중 생계를 책임지는 사람의 사망 또는 실직 등으로 생계 지원이 필요한 경우
다. 그 밖에 지방병무청장(병무지청장을 포함한다. 이하 이 조에서 같다)이 인정하는 경우
② 사회복무요원은 제1항 각 호의 사유가 있는 경우 복무기관의 장에게 사회복무요원 분할복무 신청서를 제출할 수 있다. 이 경우 복무기관의 장은 지체 없이 지방병무청장에게 이를 송부하여야 한다.(2013.12.4 전단개정)
③ 지방병무청장은 제2항에 따른 사회복무요원 분할복무 신청서를 받으면 법 제31조의3제1항 및 제2항에 따른 분할복무 사유 및 복무중단기간 등을 확인하여 복무중단 여부 및 복무중단기간을 결정한 뒤 사회복무요원 분할복무 통지서를 복무기관의 장을 거쳐 사회복무요원에게 내주어야 한다.(2022.6.30 본항개정)
④ 제3항에 따른 복무중단기간이 끝난 사회복무요원은 그 종료일의 다음날에 복무기관의 장에게 재복무 신고를 하여야 한다. 이 경우 사회복무요원은 의무복무기간에서 복무한 기간을 공제한 기간 동안 복무하여야 한다.
(2013.12.4 본항개정)
⑤ 복무기관의 장은 복무가 중단된 사회복무요원이 복무중단 만료 이전에 재복무하기를 바라는 경우에는 즉시 지방병무청장에게 알려야 한다. 이 경우 해당 지방병무청장은 복무중단을 취소하고 그 사실을 복무기관의 장에게 통보한다.(2013.12.4 전단개정)
⑥ 제3항에 따라 복무중단 중인 사회복무요원 중 법 제36조제5항제3호에 따라 산업기능요원으로 편입하려는 사람의 산업기능요원 편입원서를 제출받은 지방병무청장은 산업기능요원으로 편입하는 것이 타당하다고 인정되는 사회복무요원에 대하여 복무중단을 취소하고 그 사실을 복무기관의 장에게 알려야 한다.(2013.12.4 본항개정)
(2013.12.4 본조제목개정)
제65조의2【복무기관 등의 재지정】 ① 사회복무요원이 법 제32조제1항제3호 또는 제6호에 해당하는 경우에는 복무기관 등 재지정원서(전자문서로 된 원서를 포함한다)에 국방부령으로 정하는 서류를 첨부하여 복무기관의 장에게 제출할 수 있다.(2013.12.4 본항개정)
② 제1항에 따라 복무기관 등 재지정원서를 제출받은 복무기관의 장은 법 제32조제1항제3호 또는 제6호에 해당하는지를 확인한 후 그 복무기관 등 재지정원서를 지체 없이 지방병무청장에게 송부하여야 한다.
③ 제2항에 따라 복무기관 등 재지정원서를 송부받은 지방병무청장은 복무기관을 새로 지정하고 복무기관 등 재지정 통지서를 복무기관의 장을 거쳐 해당 사회복무요원에게 새로 지정된 복무기관에서 근무를 시작하는 날 7일 전까지 통지해야 하며, 새로 지정된 복무기관의 장에게 그 사실을 통보해야 한다.(2020.12.29 본항개정)
④ 제3항에 따라 복무기관 등 재지정 통지서를 교부받은 사회복무요원은 지정된 날에 새로 지정된 복무기관에 도착하여야 한다. 이 경우 도착에 필요한 기간은 2일로 하고, 그 기간은 복무기간에 산입한다.(2013.12.4 전단개정)
⑤ 복무기관의 장은 새로 복무기관을 지정받은 사회복무요원의 보충역 복무기록표 및 일일 복무 상황부를 지체 없이 새로 지정된 복무기관의 장에게 송부하여야 한다.
(2013.12.4 본항개정)
⑥ 법 제32조제1항제4호·제5호에 해당하는 사회복무요원의 명단을 통보받은 지방병무청장은 새로 복무기관을 지정한다. 이 경우 복무기관 등 재지정 통지서의 교부 등에 관하여는 제3항부터 제5항까지의 규정을 준용한다.
(2013.12.4 전단개정)
⑦ 지방병무청장은 법 제32조제1항제5호에 해당하는 사회복무요원의 명단을 통보받은 경우에는 출퇴근 근무 가능지역 범위, 재지정 대상 복무기관의 특수성 및 배정인원 등을 고려하여 재지정할 수 없는 사유가 인정되는 경우에는 제6항에도 불구하고 현재의 복무기관에서 계속 복무하게 할 수 있다.(2013.12.4 본항개정)
제65조의3【복무기관 등의 재지정에 대한 이의신청 및 처리】 ① 사회복무요원은 제65조의2제1항에 따라 제출한 복무기관 등 재지정원서의 처리결과에 이의가 있는 경우에는 지방병무청장에게 이의를 신청할 수 있다. 다만, 다음 각 호의 어느 하나에 해당하는 경우에는 이의를 신청할 수 없다.
1. 복무이탈로 복무가 중단된 경우
2. 법 제89조의2제1호 또는 제89조의3 각 호의 어느 하나에 해당하여 고발된 경우로서 그에 대한 형사처분이 종료되지 않은 경우
3. 소집해제 예정일까지 남은 기간이 3개월 이하인 경우(자살·폭력 등의 사고발생이 우려되는 경우는 제외한다)
② 지방병무청장은 제1항에 따라 이의신청을 접수한 경우 접수일부터 30일 이내에 복무기관 재지정 여부를 결정하여 그 결과를 신청인에게 통보해야 한다. 다만, 부득이한 사유가 있는 경우에는 30일의 범위에서 그 처리기간을 연장할 수 있다.
③ 제1항 및 제2항에서 규정한 사항 외에 이의신청의 절차 및 방법에 관하여 필요한 사항은 국방부령으로 정한다.
(2020.12.29 본조신설)
제65조의4【정치적 행위】 ① 법 제32조의3의 정치적 행위는 다음 각 호의 어느 하나에 해당하는 정치적 목적을 가진 것을 말한다.
1. 정당의 조직, 조직의 확장, 그 밖에 그 목적 달성을 위한 것
2. 특정 정당을 지지하거나 반대하는 것
3. 법률에 따른 공직선거에서 특정 후보자를 당선하게 하거나 낙선하게 하기 위한 것
② 제1항에 규정된 정치적 행위의 한계는 제1항에 따른 정치적 목적을 가지고 다음 각 호의 어느 하나에 해당하는 행위를 하는 것을 말한다.
1. 시위운동을 기획·조직·지휘하거나 이에 참가하거나 원조하는 행위
2. 정당의 기관지인 신문과 간행물을 발행·편집·배부하거나 이와 같은 행위를 원조하거나 방해하는 행위
3. 특정 정당을 지지 또는 반대하거나 공직선거에서 특정 후보자를 지지 또는 반대하는 의견을 집회나 그 밖에 여럿이 모인 장소에서 발표하거나 문서·도서·신문 또는 그 밖의 간행물에 싣거나 「정보통신망 이용촉진 및 정보보호 등에 관한 법률」 제2조제1호에 따른 정보통신망에 게시하는 행위
4. 정당의 표지로 사용되는 기(旗)·완장·복식 등을 제작·배부·착용하거나 착용을 권유 또는 방해하는 행위
5. 그 밖에 어떠한 명목으로든 금전이나 물질로 특정 정당을 지지하거나 반대하는 행위
(2024.1.30 본조신설)
제65조의5【임무수행 태만 등의 범위】 법 제33조제2항제7호에서 "정당한 사유 없이 맡은 임무를 수행하지 아니하거나 지연하게 하는 등 대통령령으로 정하는 사유에 해당하는 경우"란 다음 각 호의 어느 하나에 해당하는 경우를 말한다.(2021.6.22 본문개정)
1. 정당한 사유 없이 일과 시작시간 후에 출근한 경우
(2019.7.2 본호개정)
2. 허가 없이 무단으로 조퇴하거나 근무지를 이탈한 경우
3. (2021.6.22 삭제)
4. 「초·중등교육법」 또는 「고등교육법」 등에 따른 학교에서 수학하는 행위를 한 경우. 다만, 근무시간 후에 방송통신에 의한 수업이나 원격수업으로 수학하는 행위를 한 경우는 제외한다.
5. 법 제33조의2에 따른 복무기본교육, 직무교육 및 복무지도교육 중 대리참석 하거나 무단으로 지각·결석하는 등 교육을 태만이 한 경우(2016.11.29 본호개정)
제66조【복무이탈 등으로 인한 사회복무요원의 잔여복무 등】 ① 사회복무요원의 복무기관의 장은 법 제89조의2제1호 또는 제89조의3에 해당하는 사회복무요원을 제165조제2항 및 제3항에 따라 수사기관의 장에게 고발하여 다음 각 호의 경우에 해당하면 해당 사회복무요원의 복무를 중단하게 하여야 한다.
1. 사회복무요원이 구속된 경우
2. 사회복무요원이 형의 선고(집행유예 또는 선고유예는 제외한다)를 받은 경우
3. 사회복무요원이 고발된 후 불송치 또는 불기소를 받거나 형의 선고를 받기 전에 통틀어 3일 이상의 기간을 복무이탈한 경우(2020.12.29 본호개정)
② 사회복무요원의 복무기관의 장은 제1항에 따라 복무가 중단된 사회복무요원 중 형의 선고를 받아 형의 집행이 종료 또는 유예되거나 집행이 면제된 사람에 대해서는 남은 복무기간의 복무통지서를 근무시작일 7일 전까지 통지해야 한다.(2023.12.19 본항개정)
③ (2013.12.4 삭제)
④ 지방병무청장은 제1항에 따라 복무가 중단된 사회복무요원 중 형의 선고를 받지 않기로 확정된 사람에 대해서는 남은 복무기간의 복무통지서를 근무시작일 7일 전까지 통지하여 의무복무기간에서 복무한 기간을 공제한 기간 동안 해당 의무복무 분야에서 각각 복무하게 하여야 한다. 다만, 죄가 되지 않거나 혐의 사실이 인정되지 않아 불송치 또는 불기소를 받은 사람과 무죄선고를 받은 사람은 그 복무중단기간을 복무한 것으로 본다.
(2020.12.29 본항개정)
⑤~⑥ (2013.12.4 삭제)
(2013.12.4 본조개정)
제67조【사회복무요원의 복무기본교육 및 직무교육 등】 ① 병무청장, 지방병무청장 또는 관계 중앙행정기관의 장은 사회복무요원에 대하여 법 제33조의2제1항 및 제2항에 따른 복무기본교육 및 직무교육을 각각 1회 이상 실시하여야 한다. 이 경우 최초의 복무기본교육 및 직무교육은 법 제29조에 따라 사회복무요원을 소집한 날(법 제55조제1항에 따른 군사교육소집을 한 경우에는 군사교육소집을 해제한 날을 말한다)부터 3개월 이내에 실시하여야 한다.(2016.11.29 본항개정)
② 법 제33조의2제3항제3호에서 "현역병 복무가 부적합하다고 판단되어 보충역으로 병역처분이 변경된 경우 등 대통령령으로 정하는 사유"란 다음 각 호의 경우를 말한다.
1. 법 제33조의2제3항제1호 및 제2호 외의 사유로 벌금 이상의 형을 선고받고 복무 중인 경우
2. 군 복무 적응 곤란으로 현역병 복무가 부적합하다고 판단되어 보충역으로 병역처분이 변경된 경우
(2017.9.22 본항신설)
③ 법 제33조의2제1항 및 제2항 본문에 따른 복무기본교육과 직무교육의 교육기간은 30일 이내로 하고, 같은 조 제3항에 따른 복무지도교육의 교육기간은 15일 이내로 한다. 이 경우 교육기간은 복무기간에 산입한다.
(2016.11.29 전단개정)
④ 관계 중앙행정기관의 장은 법 제33조의2제2항 본문에 따라 관계 중앙행정기관의 장이 실시하는 직무교육을 전문교육기관에 위탁하여 실시할 수 있다.
⑤ 법 제33조의2에 따른 교육의 학사관리 및 교육절차 등에 관한 구체적인 사항은 병무청장이 정한다. 다만, 관계 중앙행정기관의 장이 실시하는 직무교육에 관한 사항은 관계 중앙행정기관의 장이 따로 정할 수 있다.
(2016.11.29 본조제목개정)
제68조【교육 통지서의 교부 및 교육일 연기 등】 ① 병무청장, 지방병무청장 또는 관계 중앙행정기관의 장은 법 제33조의2에 따른 교육의 대상자에 대하여 교육 통지서를 교육일 14일 전까지 다음 각 호의 어느 하나의 방법으로 교육 통지서를 보내야 한다.(2020.12.29 본문개정)
1. 직접 교부 또는 복무기관의 장을 통한 교부
2. 우편송달
3. 제3조의2제2항 각 호의 방법에 따른 전자송달(미리 교육 대상자에게 전자송달에 대한 동의를 받은 경우로 한정한다)
(2020.12.29 1호~3호신설)
② 병무청장, 지방병무청장 또는 관계 중앙행정기관의 장은 제1항에 따른 교육 통지서를 받은 사람이 다음 각 호의 어느 하나에 해당하는 경우에는 그 사유가 없어질 때까지 신청에 따라 교육일을 연기할 수 있다.
(2016.11.29 본문개정)
1. 질병이나 심신장애로 교육을 충실하게 이행하는 것이 어려운 경우
2. 본인의 직계존속·직계비속, 배우자, 형제자매 또는 가족 중 세대를 같이하는 사람이 위독하거나 사망하여 본인이 아니면 간호 또는 장례 등 가사(家事)의 정리가 어려운 경우
3. 천재지변이나 그 밖의 재난을 당하여 본인이 아니면 이를 처리하기 어려운 경우
4. 그 밖에 부득이한 사유로 교육을 받기 어려운 경우
③ 병무청장, 지방병무청장 또는 관계 중앙행정기관의 장은 법 제33조의2에 따른 교육의 대상자에 대하여 교육여비를 예산의 범위에서 실비로 지급하여야 한다.
④ 제1항부터 제3항까지에 따른 교육 통지서의 교부, 교육일 연기 및 교육여비 지급 등에 필요한 사항은 병무청장이 정한다. 다만, 관계 중앙행정기관의 장이 실시하는 직무교육에 관한 사항은 관계 중앙행정기관의 장이 따로 정할 수 있다.(2016.11.29 본문개정)
(2016.11.29 본조제목개정)

제1절의2 예술·체육요원의 복무
(2016.6.14 본절제목개정)

제68조의2~제68조의10 (2016.6.14 삭제)
제68조의11【예술·체육요원의 추천 등】 ① 법 제33조의7제1항 전단에서 "대통령령으로 정하는 예술·체육 분야의 특기를 가진 사람"이란 다음 각 호의 어느 하나에 해당하는 사람을 말한다.
1. 병무청장이 정하는 국제예술경연대회의 경쟁부문에서 입상한 사람으로서 다음 각 목의 요건을 모두 충족하는 사람. 다만, 한국인의 참가비율과 입상비율 등을 고려하여 병무청장이 정하는 국제예술경연대회의 경우에는

경쟁부문에서 1위로 입상한 사람으로서 입상성적이 가장 높은 사람으로 하며, 입상성적이 같거나 입상성적을 확인할 수 없는 경우에는 병무청장이 정하는 추천기준에 해당하는 사람으로 한다.(2021.10.14 단서신설)

가. 2위 이상으로 입상한 사람일 것

나. 입상성적 순으로 2명 이내에 해당하는 사람일 것. 다만, 1위로 입상한 사람이 없는 경우에는 입상성적이 가장 높은 사람으로 한정하며, 입상성적이 같거나 입상성적을 확인할 수 없는 경우에는 병무청장이 정하는 추천기준에 해당하는 사람으로 한다.

2. 병무청장이 정하는 국내예술경연대회(국악 등 국제대회가 없는 분야의 대회로 한정한다)의 경쟁부문에서 1위로 입상한 사람으로서 입상성적이 가장 높은 사람. 다만, 입상성적이 같거나 입상성적을 확인할 수 없는 경우에는 병무청장이 정하는 추천기준에 해당하는 사람으로 한다.(2020.12.29 본문개정)

3.「무형문화재 보전 및 진흥에 관한 법률」제12조에 따라 국가무형문화재로 지정된 분야에서 5년 이상 국가무형문화재 전수교육을 받은 사람으로서 병무청장이 정하는 분야의 자격을 취득한 사람(2016.3.25 본호개정)

4. 올림픽대회에서 3위 이상으로 입상한 사람

5. 아시아경기대회에서 1위로 입상한 사람

(2020.6.30 4호~5호개정)

② 제1항 각 호의 어느 하나에 해당하는 사람으로서 예술·체육요원으로 복무하기를 원하는 사람은 예술·체육요원 추천원서(전자문서로 된 원서를 포함한다)에 입상 확인서 등 필요한 서류를 첨부하여 문화체육관광부장관에게 제출하여야 한다.(2016.11.29 본항개정)

③ 제2항에 따른 예술·체육요원 추천원서를 받은 문화체육관광부장관은 원서를 받은 날부터 14일 이내에 추천자 명단을 병무청장에게 통보하여야 한다.

④ 예술·체육요원은 병무청장이 정하는 분야에 복무하여야 한다.(2016.11.29 본항개정)

(2013.12.4 본조신설)

제68조의12【예술·체육요원의 공익복무】 ① 법 제33조의8제5항에 따라 예술·체육요원이 본인이 보유하고 있는 예술·체육 관련 특기를 활용하여 공익적인 업무에 복무(이하 "공익복무"라 한다)해야 하는 시간은 의무복무기간 중 총544시간(법 제42조제3항에 따라 복무기간이 단축된 경우에는 단축된 1개월(단축기간 계산 시 15일 이상은 1개월로 계산하고, 15일 미만은 산입하지 않는다)마다 16시간을 공제한 잔여시간)으로 한다.(2021.10.14 본항신설)

② 법 제33조의8제6항제2호의 공익복무 대상은 다음 각 호와 같다.(2021.10.14 본문개정)

1. 사회적 취약계층의 권익 증진을 위한 문화예술 및 체육 활동

2. 미취학 아동 및 청소년을 대상으로 하는 문화예술 및 체육 지도·교육 활동

3. 그 밖에 문화체육관광부장관이 병무청장과 협의하여 인정하는 공연, 강습, 교육 및 공익 캠페인 등 특기활용 봉사활동

③ 법 제33조의8제6항제2호의 공익복무 기관은 다음 각 호의 기관 중에서 문화체육관광부장관이 지정하는 기관으로 한다. 이 경우 문화체육관광부장관은 제5호에 해당하는 기관을 지정하려는 때에는 병무청장과 협의해야 한다.

1.「초·중등교육법」제2조 각 호의 학교 중「도서·벽지 교육진흥법」제2조의 도서·벽지에 위치한 학교

2.「초·중등교육법」제2조제4호의 특수학교

3.「보호소년 등의 처우에 관한 법률」제3조제1항의 소년원

4.「아동복지법」제52조제1항 각 호의 아동복지시설

5. 그 밖에 예술·체육요원의 특기를 활용하여 공익적인 역할을 수행할 수 있는 기관

(2021.10.14 본항신설)

④ 법 제33조의8제6항제3호의 분기별 공익복무 기준은 최소 24시간으로 한다.(2021.10.14 본항신설)

⑤ 문화체육관광부장관은 예술·체육요원의 공익복무의 일정 및 장소 등을 포함한 연간 운영계획을 매년 1월 31일까지 수립하여야 한다.(2021.10.14 본항개정)

⑥ 문화체육관광부장관은 예술·체육요원의 개인별 공익복무 실적을 공익복무를 실시한 달의 다음 달 20일까지 병무청장에게 통보하여야 한다.(2021.10.14 본항개정)

⑦ 공익복무 실적으로 인정하는 기준 등 공익복무의 세부적인 이행절차는 문화체육관광부장관이 병무청장과 협의하여 정한다.(2021.10.14 본항개정)

(2021.10.14 본조제목개정)

(2015.6.30 본조신설)

제68조의13【예술·체육요원의 의무복무기간의 계산】 ① 예술·체육요원의 의무복무기간은 법 제33조의7제1항에 따라 예술·체육요원으로 편입한 날부터 기산한다.

② 법 제33조의8제3항에 따라 예술·체육요원의 의무복무기간에 산입하지 아니하는 일수에 관하여는 제27조제3항을 준용한다.

(2016.11.29 본조개정)

제68조의14【예술·체육요원의 의무복무기간 만료】 ① 문화체육관광부장관은 예술·체육요원으로서 의무복무기간이 만료될 사람의 명단과 보충역 복무기록표, 공익복무 실적부 및 병역증을 의무복무기간이 만료되는 달의 전달 10일까지 지방병무청장에게 보내야 한다.(2021.10.14 본항개정)

② 지방병무청장은 의무복무기간이 만료되는 달의 1일에 의무복무를 마치는 날을 명시하여 의무복무만료처분을 하고, 그 내용을 기재·정리한 병역증을 문화체육관광부장관에게 보내어 의무복무 만료일 당일 본인에게 병역증이 교부되도록 하여야 한다.

③ 예술·체육요원이 국외복무 등의 사유로 의무복무기간 내에 군사교육소집을 받지 아니한 경우에는 의무복무만료처분을 보류하고, 군사교육소집을 마친 후에 의무복무만료처분을 하여야 한다.

(2016.11.29 본조개정)

제68조의15【예술·체육요원의 복무기준】 문화체육관광부장관은 예술·체육요원의 의무복무기준 및 공익복무기준을 정하여 그 기준에 따라 예술·체육요원을 지휘·감독해야 한다.(2021.10.14 본조개정)

제68조의16【예술·체육요원의 고충처리】 ① 예술·체육요원은 신상문제 등에 관하여 상담이나 고충의 심사를 문화체육관광부장관에게 청구할 수 있으며, 문화체육관광부장관은 이를 이유로 불이익한 처우를 해서는 아니 된다.

② 제1항에 따라 청구를 받은 문화체육관광부장관은 정당한 절차에 따라 심사하거나 상담을 거쳐 고충을 해소하는 등 공정한 처리를 하여야 한다.

(2013.12.4 본조신설)

제68조의17【예술·체육요원의 자원관리 등】 ① 문화체육관광부장관은 예술·체육요원 명부, 보충역 복무기록표 및 공익복무 실적부를 비치·관리하여야 한다.(2021.10.14 본항개정)

② 제1항에 따른 보충역 복무기록표 및 공익복무 실적부에 기재·정리해야 할 내용은 다음 각 호와 같다.(2021.10.14 본문개정)

1. 보충역 복무기록표 : 법 제33조의9에 따른 신상변동 통보사항, 복무분야·복무형태·근무지의 변경사항, 군사교육소집, 직무교육 실시 여부 등 의무복무와 관련된 사항(2016.11.29 본호개정)

2. 공익복무 실적부 : 공익복무의 실시 일자, 인정시간, 대상기관 등 공익복무 실시와 관련된 사항(2021.10.14 본호개정)

③ 문화체육관광부장관은 예술·체육요원에게 법 제33조의10제4항 각 호의 어느 하나에 해당하는 사유가 발생한 경우에는 지체 없이 지방병무청장에게 통보하여야 한다.(2017.9.22 본항개정)

④ 제1항부터 제3항까지에서 규정한 사항 외에 예술·체육요원의 자원관리 등에 필요한 사항은 병무청장이 정한다.(2017.9.22 본항개정)

제68조의18【임무수행 태만 등의 범위】 ① 법 제33조의10제2항제8호에서 "정당한 사유 없이 맡은 임무를 수행하지 아니하거나 지연하게 하는 등 대통령령으로 정하는 사유에 해당하는 경우"란 다음 각 호의 어느 하나에 해당하는 경우를 말한다.(2021.10.14 본문개정)

1.~2. (2015.6.30 삭제)

3. 근무시간 중 음주, 풍기문란 행위, 그 밖에 근무기강을 문란하게 하는 행위를 한 경우

4. 법 제33조의11제1항 또는 제2항에 따른 복무기본교육 또는 직무교육 중 대리참석하거나 무단으로 지각·조퇴하는 등 교육을 게을리한 경우(2021.10.14 본호개정)

② 예술·체육요원이 법 제33조의10제2항제5호 또는 제6호에 해당하는 경우에는 같은 조 제3항에 따라 분기별 공익복무 기준에 미달되는 시간이나 허위로 제출한 시간의 2배만큼 공익복무 시간을 연장해야 한다.

(2021.10.14 본항신설)

(2013.12.4 본조신설)

제68조의19【복무이탈로 인한 예술·체육요원의 잔여복무】 ① 문화체육관광부장관은 법 제89조의2제1호 또는 제89조의3에 해당하는 예술·체육요원을 제165조제2항 및 제3항에 따라 수사기관의 장에게 고발하여 다음 각 호의 어느 하나에 해당하면 해당 예술·체육요원의 복무를 중단하게 하여야 한다.

1. 예술·체육요원이 구속된 경우

2. 예술·체육요원이 형의 선고(집행유예 또는 선고유예는 제외한다)를 받은 경우

3. 예술·체육요원이 고발된 후 불송치 또는 불기소를 받거나 형의 선고를 받기 전에 통틀어 3일 이상의 기간을 복무이탈한 경우(2020.12.29 본호개정)

② 지방병무청장은 제1항에 따라 고발된 예술·체육요원 중 형의 선고를 받아 형의 집행이 종료 또는 유예되거나 집행이 면제된 예술·체육요원에 대해서는 예술·체육요원의 편입을 취소하고 사회복무요원으로 소집하여 복무하게 하여야 한다.(2023.12.19 본항개정)

③ 지방병무청장은 제1항에 따라 복무가 중단된 예술·체육요원 중 형의 선고를 받지 않기로 확정된 사람에 대해서는 의무복무기간에서 복무한 기간을 뺀 기간 동안 해당 분야에서 복무하게 하여야 한다. 다만, 죄가 되지 않거나 혐의 사실이 인정되지 않아 불송치 또는 불기소를 받은 사람과 무죄선고를 받은 사람은 그 복무중단기간을 복무한 것으로 본다.(2020.12.29 본항개정)

④ 법 제33조의10제5항제1호 및 제2호에서 "대통령령으로 정하는 기준에 따른 남은 복무기간"이란 각각 다음 각 호의 계산방식에 따라 산출된 복무기간을 말하며, 소수점 이하의 숫자는 계산하지 아니한다. 이 경우 복무한 일수를 계산할 때에는 예술·체육요원으로 복무한 1개월마다 16시간을 공익복무를 해야 할 시간으로 산정하여 이에 미달하는 경우에는 미달하는 16시간(미달 시간 계산 시 8시간 이상은 16시간으로 계산하고, 8시간 미만은 산입하지 않는다)마다 1개월을 복무한 일수에서 공제한다.(2023.12.19 전단개정)

1. 현역병으로 입영하게 될 사람의 복무기간

$$\frac{\text{종전의 의무복무기간} - \text{복무한 일수}}{\text{종전의 의무복무기간}} \times \text{현역병 의무복무기간}$$

2. 사회복무요원으로 소집될 사람의 복무기간

$$\frac{\text{종전의 의무복무기간} - \text{복무한 일수}}{\text{종전의 의무복무기간}} \times \text{사회복무요원 의무복무기간}$$

(2016.11.29 1호~2호개정)

⑤~⑥ (2023.12.19 삭제)

(2013.12.4 본조신설)

제68조의20【예술·체육요원의 복무기본교육 등】 ① 병무청장 및 문화체육관광부장관은 예술·체육요원에게 법 제33조의11제1항 및 제2항에 따른 복무기본교육 및 직무교육을 각각 1회 이상 실시해야 한다.

② 병무청장 및 문화체육관광부장관은 제1항에 따라 복무기본교육 및 직무교육을 실시하는 경우 최초의 복무기본교육 및 직무교육은 법 제33조의7에 따라 예술·체육요원으로 편입한 날부터 3개월(제4항에 따라 교육일을 연기한 예술·체육요원의 경우에는 병무청장 및 문화체육관광부장관이 별도로 정하는 기간) 이내에 실시해야 한다.

③ 병무청장 및 문화체육관광부장관은 제1항에 따라 복무기본교육 및 직무교육을 실시하려는 경우 교육일 14일 전까지 교육 대상자에게 다음 각 호의 방법으로 교육 통지서를 보내야 한다.

1. 직접 교부

2. 우편송달

3. 제3조의2제2항 각 호의 방법에 따른 전자송달(미리 교육 대상자에게 전자송달에 대한 동의를 받은 경우로 한정한다)

④ 병무청장 및 문화체육관광부장관은 제3항에 따른 교육 통지서를 받은 사람이 제68조제2항 각 호의 어느 하나에 해당하는 경우에는 그 사유가 없어질 때까지 신청에 따라 교육일을 연기할 수 있다.

⑤ 병무청장 및 문화체육관광부장관은 제1항에 따라 복무기본교육 및 직무교육을 실시하는 경우 교육 대상자에게 교육여비를 예산의 범위에서 실비로 지급해야 한다.

⑥ 제1항부터 제5항까지에서 규정한 사항 외에 복무기본교육에 필요한 사항은 병무청장이 정하고, 직무교육에 필요한 사항은 문화체육관광부장관이 정한다.

(2021.10.14 본조신설)

제2절 공중보건의사 등의 복무

제69조【공중보건의사 등의 편입】 ① 보건복지부장관·법무부장관 또는 농림축산식품부장관은 다음 해의 공중보건의사·공익법무관 또는 공중방역수의사의 필요인원 등 인력수급계획을 매년 9월 30일까지 병무청장과 협의하여야 한다. 다만, 공중방역수의사의 인력수급계획 중 공중방역수의사의 필요인원에 대해서는 국방부장관의 동의를 받아야 한다.(2016.11.29 본문개정)

② 다음 각 호의 어느 하나에 해당하는 사람은 공중보건의사·병역판정전담의사·공익법무관 또는 공중방역수의사 편입 지원서(전자문서로 된 지원서를 포함한다)를 편입되는 해의 2월 10일(제1호에 해당하는 사람 중「의료법」에 따라 긴급하게 의료인력을 충원할 필요가 있어 실시하는 의사 국가시험에 응시하여 합격한 사람은 합격자 발표일부터 15일이 되는 날, 제3호에 해당하는 사람은 변호사시험 합격자 발표일부터 15일이 되는 날)까지 병무청장에게 제출해야 한다. 다만, 제118조제2항 또는 제119조제2항 후단에 따라 의무·법무·수의 분야 현역장교 편입 지원서나 의무·법무·수의사관후보생 편입 지원서에 의무·법무·수의 분야 현역장교의 병적에 편입되지 않는 경우에는 공중보건의사·병역판정전담의사·공익법무관 또는 공중방역수의사로 편입되기를 원한다는 뜻을 기재한 사람은 공중보건의사·병역판정전담의사·공익법무관 또는 공중방역수의사 편입 지원서를 제출한 것으로 본다.(2021.10.14 단서개정)

1. 법 제34조제1항 각 호의 어느 하나에 해당하는 사람으로서 공중보건의사 편입을 원하는 사람

2. 법 제34조제1항제2호에 해당하는 사람으로서 병역판정전담의사 편입을 원하는 사람(2016.11.29 본호개정)

3. 법 제34조의6제1항 각 호의 어느 하나에 해당하는 사람으로서 공익법무관 편입을 원하는 사람

4. 법 제34조의7제1항 각 호의 어느 하나에 해당하는 사람으로서 공중방역수의사 편입을 원하는 사람

(2010.7.21 본호개정)

③ 병무청장은 공중보건의사·공익법무관 또는 공중방역수의사의 편입에 있어서 법 제34조제1항제2호, 제34조의6제1항제2호 또는 제34조의7제1항제2호에 해당하는 사람을 우선적으로 편입한다.(2010.7.21 본항개정)

④ 병무청장은 병역판정전담의사의 전공분야별 필요인원을 결정하고, 법 제34조제1항제2호에 해당하는 사람을 우선적으로 병역판정전담의사에 편입한다.(2016.11.29 본항개정)
⑤ (2016.6.14 삭제)
⑥ 병무청장은 법 제34조제1항, 제34조의6제1항 및 제34조의7제1항에 따라 공중보건의사·공익법무관 또는 공중방역수의사에 편입된 사람의 명단을 보건복지부장관·법무부장관 또는 농림축산식품부장관에게 통보하여야 한다.(2016.6.14 본항개정)
⑦ 제6항에 따른 명단을 통보받은 보건복지부장관·법무부장관 또는 농림축산식품부장관은 근무지를 정하여 공중보건의사·공익법무관 또는 공중방역수의사를 배치한 후 그 근무지 및 명단을 지체 없이 병무청장에게 통보하여야 한다.(2016.6.14 본항개정)
⑧ 공중보건의사·병역판정전담의사·공익법무관 또는 공중방역수의사의 편입기준에 관하여 필요한 사항은 병무청장이 정한다.(2016.11.29 본항개정)

제69조의2【병역판정전담의사의 복무 등】 ① 병무청장은 병역판정전담의사에 편입된 사람에 대하여 법 제34조의2제2항에 따라 신체검사업무 등에 복무할 수 있도록 근무지 및 해당 분야를 지정한 의무복무명령서를 작성하여 의무복무를 명하고 직무에 필요한 교육을 실시하여야 한다.
② 병역판정전담의사는 제1항에 따른 의무복무명령서에 기재된 날짜에 채용된 것으로 본다. 이 경우 병무청장이 발령하는 의무복무명령은 임기제공무원 임용발령으로 본다.
③ 병무청장은 제1항에 따른 의무복무명령서가 의무복무개시일 전에 병역판정전담의사로 채용될 사람에게 도달될 수 있도록 의무복무명령을 발령하고, 그 발령 사실을 해당 지방병무청장에게 통보하여야 한다.
④ 제3항에 따른 통보를 받은 지방병무청장은 국방부령으로 정하는 병역판정전담의사 인사관리부를 비치하고 병역판정전담의사의 신상변동, 근무 상황, 그 밖에 병역판정전담의사의 관리에 관한 사항을 기록하여야 한다.
⑤ 지방병무청장은 국방부령으로 정하는 병역판정전담의사 근무 상황 평가서에 의하여 병역판정전담의사의 근무 상황을 평가한 후 매 반기 종료 후 15일 이내에 병무청장에게 보고하여야 한다.
⑥ 법 제34조의2제1항에 따라 병역판정전담의사에게 지급하는 보수는 「농어촌 등 보건의료를 위한 특별조치법 시행령」 제8조에 따른 공중보건의사의 보수에 준한다.
(2016.11.29 본조개정)

제69조의3【병역판정전담의사의 직무교육 및 수련】 ① 병무청장은 법 제34조의2제2항에 따라 병역판정전담의사로 편입된 사람에 대하여 1개월의 범위에서 병역처분의 기준 또는 병역판정신체검사 등에 관한 사항을 정하고 있는 국방부령의 적용 등에 관한 직무교육을 실시한다.(2016.11.29 본항개정)
② 병무청장은 제1항에 따른 직무교육을 실시하기 위하여 해당 병역판정전담의사를 소집하는 경우에는 소집일 3일 전까지 소집 대상자의 인적사항, 소집 일시 및 장소 등 필요한 사항을 기재한 문서가 당사자에게 도달되도록 하여야 한다.(2016.11.29 본항개정)
③ 법 제34조의2제2항에 따라 수련을 실시하는 군병원 등의 장은 수련기간 동안 수련에 필요한 편의를 제공하고, 병역판정전담의사에 대하여 해당 부대의 군의관 근무기준에 따라 복무감독을 실시하여야 하며, 수련종료 후 그 결과를 병무청장에게 통보하여야 한다.
(2016.11.29 본항개정)
④ 제1항과 제3항에 따른 직무교육과 수련의 실시기간, 직무교육과정 및 수련과정은 병무청장이 정한다.
⑤ 병무청장은 제1항과 제3항에 따른 직무교육기간과 수련기간 동안 예산의 범위에서 병역판정전담의사에게 여비를 지급할 수 있다.(2016.11.29 본항개정)
(2016.11.29 본조제목개정)

제69조의4【병역판정전담의사의 근무지 이탈 등】 ① 지방병무청장은 병역판정전담의사가 법 제34조의2제4항을 위반하여 근무지를 이탈하거나 병역판정검사업무 외의 업무에 종사한 경우에는 그 사실을 병무청장에게 보고하여야 한다.
② 지방병무청장은 병역판정전담의사가 장기입원 또는 요양 등 직무 외의 사유로 1개월 이상 근무하지 못한 경우에는 그 사유를 명시하여 병무청장에게 보고하여야 한다.
(2016.11.29 본조개정)

제69조의5【복무기간의 연장명령】 병무청장은 법 제34조의4 및 제35조제2항에 따라 병역판정전담의사의 복무기간을 연장한 경우에는 연장된 복무기간, 연장사유 등을 명시한 복무기간 연장명령서를 지체 없이 본인에게 송부하고, 그 사실을 해당 지방병무청장에게 통보하여야 한다.(2016.11.29 본조개정)

제70조【공중보건의사 등의 의무복무기간의 계산】 ① 공중보건의사·병역판정전담의사·공익법무관 또는 공중방역수의사의 의무복무기간은 해당 분야에 복무하는 날부터 기산한다.(2016.11.29 본항개정)
② 공중보건의사 또는 병역판정전담의사의 의무복무기간 중 다음 각 호의 어느 하나에 해당하는 기간은 의무복무기간에 산입하지 아니한다. 이 경우 보건복지부장관이나 지방병무청장은 그 사유가 발생한 날부터 14일 이내에 병무청장에게 통보하여야 한다.(2016.11.29 전단개정)
1. 전공의 수련기간
2. 입원이나 요양 등 직무 외의 사유로 통틀어 30일 이상 근무하지 못한 기간
③ (2016.6.14 삭제)
④ 공익법무관의 의무복무기간 중 입원이나 요양 등 직무 외의 사유로 통틀어 30일 이상 근무하지 못한 기간은 의무복무기간에 산입하지 아니한다. 이 경우 법무부장관은 그 사유가 발생한 날부터 14일 이내에 병무청장에게 통보하여야 한다.(2016.11.29 전단개정)
⑤ 공중방역수의사의 의무복무기간 중 입원이나 요양 등 직무 외의 사유로 통틀어 30일 이상 근무하지 못한 기간은 공중방역수의사의 의무복무기간에 산입하지 아니한다. 이 경우 농림축산식품부장관은 그 사유가 발생한 날부터 14일 이내에 병무청장에게 통보하여야 한다.
(2016.11.29 전단개정)
(2016.11.29 본조제목개정)

제70조의2【복무이탈 등으로 인한 공중보건의사 등의 잔여복무 등】 ① 보건복지부장관·병무청장·법무부장관 또는 농림축산식품부장관은 법 제89조의2제2호부터 제4호까지의 규정에 해당하는 공중보건의사·병역판정전담의사·공익법무관 또는 공중방역수의사를 제165조제2항에 따라 수사기관의 장에게 고발한 경우에는 그 복무를 중단하게 하여야 한다.(2016.11.29 본항개정)
② 병무청장은 제1항에 따라 복무가 중단된 사람에 대하여 법 제35조제2항, 제35조의2제2항 및 제35조의3제2항에 따라 공중보건의사·병역판정전담의사·공익법무관 또는 공중방역수의사의 편입을 취소한 경우에는 그 사실을 해당 지방병무청장에게 통보하여야 한다.
(2016.11.29 본항개정)
③ 지방병무청장은 법 제35조제2항, 제35조의2제2항 및 제35조의3제2항에 따라 편입이 취소된 사람 중 형의 선고를 받지 아니하기로 확정된 사람, 형의 선고를 받고 형의 집행이 종료 또는 유예되거나 집행이 면제된 사람에 대해서는 현역병으로 입영하게 하거나 사회복무요원으로 소집하여 복무하게 하여야 한다.(2023.12.19 본항개정)
④ (2015.6.30 삭제)
⑤ 공중보건의사, 병역판정전담의사, 공익법무관 또는 공중방역수의사가 법 제35조제3항, 제35조의2제3항 및 제35조의3제2항에 따라 현역병으로 입영하게 되거나 사회복무요원으로 소집되어 복무할 기간은 다음 각 호의 계산방식에 따라 산출된 기간으로 하되, 소수점 이하의 숫자는 계산하지 않는다. 다만, 제1항에 따라 고발된 사람 중 죄가 되지 않거나 혐의사실이 인정되지 않아 불송치 또는 불기소를 받은 사람과 무죄선고를 받은 사람은 그 복무중단기간을 현역병으로 입영하거나 사회복무요원으로 소집되기 전의 해당 복무분야에서 각각 복무한 것으로 본다.(2020.12.29 본문개정)
1. 현역병으로 입영하게 될 사람의 복무기간

$$\frac{\text{종전의 의무복무기간} - \text{복무한 일수}}{\text{종전의 의무복무기간}} \times \text{현역병의 의무복무기간}$$

2. 사회복무요원으로 소집될 사람의 복무기간

$$\frac{\text{종전의 의무복무기간} - \text{복무한 일수}}{\text{종전의 의무복무기간}} \times \text{사회복무요원 의무복무기간}$$

(2013.12.4 본호개정)
(2011.7.14 본항신설)
⑥ 법 제35조제3항 후단, 제35조의2제3항 후단 및 제35조의3제2항 후단에서 "대통령령으로 정하는 기준에 따른 남은 복무기간이 6개월 미만인 사람"이란 각각 제5항제1호의 계산방식에 따라 산출된 복무기간이 6개월 미만인 사람을 말한다.(2013.12.4 본항신설)
(2011.7.14 본조제목개정)

제71조【공중보건의사 등의 복무 만료】 ① 보건복지부장관·법무부장관 또는 농림축산식품부장관은 공중보건의사·공익법무관 또는 공중방역수의사가 복무기간을 마치는 경우에는 복무기간 만료 대상자의 명단, 보충역 복무기록표 및 병역증을 복무기간이 만료되는 달의 전달 10일까지 병무청장에게 송부하여야 한다.
② 병무청장은 복무기간이 만료되는 달의 1일에 의무복무를 마치는 날을 명시한 복무만료 처분서와 만료처분 사실을 기재·정리한 병역증을 보건복지부장관·지방병무청장·법무부장관 또는 농림축산식품부장관에게 송부하여 의무복무 만료일 당일 본인에게 병역증이 교부되도록 하여야 한다.
(2016.6.14 본조개정)

제3절 전문연구요원 및 산업기능요원 복무

제72조【연구기관 등 병역지정업체의 선정기준】 ① 전문연구요원이 복무할 연구기관의 선정기준은 다음 각 호와 같다.(2016.11.29 본문개정)
1. 자연계 분야 석사 이상의 학위를 가진 연구전담요원 5명 이상을 확보하고 있는 자연계 연구기관. 다만, 연구기관이 「중소기업기본법」 제2조에 따른 중소기업(이하 "중소기업"이라 한다)의 부설 연구기관인 경우에는 다음 각 목의 구분에 따른다.
가. 「중소기업창업 지원법」 제2조에 따른 창업기업의 부설 연구기관 : 자연계 분야 석사 이상의 학위를 가진 연구전담요원 1명 이상을 확보하고 있을 것
나. 가목 외의 중소기업의 부설 연구기관 : 자연계 분야 석사 이상의 학위를 가진 연구전담요원 2명 이상을 확보하고 있을 것
(2022.12.30 본호개정)
2. 인문사회계 분야 석사 이상의 학위를 가진 연구전담요원 10명 이상을 확보하고 있는 인문사회계 연구기관
3. 「특정연구기관 육성법」에 따라 지정된 연구기관(한국과학기술원, 광주과학기술원, 대구경북과학기술원 및 울산과학기술원의 경우에는 자연계 박사학위과정과 부설 연구소를 포함한다. 이하 같다)(2015.9.25 본호개정)
4. 「기초연구진흥 및 기술개발지원에 관한 법률」에 따른 우수연구집단인 연구기관(2011.6.24 본호개정)
5. 「고등교육법」에 따라 설치된 자연계대학원 및 교육부장관이 인정하는 대학부설 연구기관(이하 "대학연구기관"이라 한다)(2013.3.23 본호개정)
6. 「정부출연연구기관 등의 설립·운영 및 육성에 관한 법률」 또는 「과학기술분야 정부출연연구기관 등의 설립·운영 및 육성에 관한 법률」에 따라 설립된 연구기관
7. 「산업기술혁신 촉진법」 제19조에 따른 산업기술기반조성사업 실시 연구기관
② 산업기능요원이 복무할 기간산업체의 선정기준은 다음 각 호와 같다.(2016.11.29 본문개정)
1. 공업 분야 : 제조업을 경영하는 업체나 정보처리 관련업을 경영하는 업체
2. 에너지산업 분야 : 발전 및 발전보수업 또는 정유·가스업을 경영하는 업체
3. 광업 분야 : 광물(석탄은 제외한다)의 채굴사업을 경영하는 종업원 수 10명 이상인 업체, 선광·제련사업을 경영하는 업체나 연간 1만2천톤 이상의 석탄채굴업체
4. 건설업 분야 : 종업원 수가 100명 이상인 업체로서 건설업 또는 해외건설업의 면허를 받거나 등록을 하여 건설업 또는 해외건설업을 경영하는 업체
5. 수산업 분야 : 어선(임차선박을 포함한다) 5척 이상 또는 총톤수 합계 500톤 이상의 선박을 보유하고 원양어업이나 근해어업을 경영하는 업체
6. 해운업 분야 : 총톤수 합계 1천500톤 이상의 선박을 보유하고 해상화물 운송사업을 경영하는 업체나 총톤수 5천톤 이상의 외항선박 관리업체
③ 전문연구요원이나 산업기능요원이 복무할 방위산업 분야의 연구기관 및 방위산업체의 선정기준은 다음 각 호와 같다.(2016.11.29 본문개정)
1. 방위산업 연구기관 : 「방위사업법」에 따라 위촉된 연구기관
2. 방위산업체 : 「방위사업법」에 따라 지정된 업체(군정비부대를 포함한다. 이하 같다)
④ 제1항부터 제3항까지의 규정에 따른 전문연구요원 및 산업기능요원이 복무할 병역지정업체의 세부 선정기준에 관한 사항은 병무청장이 정한다.(2016.11.29 본항개정)
(2016.11.29 본조제목개정)

제73조【병역지정업체의 선정 추천 등】 ① 연구기관 또는 업체의 장(법인의 경우에는 그 대표자를 말한다. 이하 같다)은 법 제36조제1항에 따른 병역지정업체(연구기관의 경우에는 연구소 또는 연구분소, 공업 분야의 기간산업체 또는 방위산업체의 경우에는 공장 또는 사업장, 그 외의 분야는 업체를 말한다. 이하 같다)로 선정받으려는 경우에는 다음 각 호의 구분에 따른 추천을 받아야 한다.
(2016.11.29 본문개정)
1. 자연계 연구기관, 「특정연구기관 육성법」에 따라 지정된 연구기관, 「기초연구진흥 및 기술개발지원에 관한 법률」에 따른 우수연구집단인 연구기관 및 「과학기술분야 정부출연연구기관 등의 설립·운영 및 육성에 관한 법률」에 따라 설립된 연구기관 : 과학기술정보통신부장관(2017.7.26 본호개정)
2. 인문사회계 연구기관 : 소관 중앙행정기관의 장
3. 대학연구기관 : 교육부장관
4. 「정부출연연구기관 등의 설립·운영 및 육성에 관한 법률」에 따라 설립된 연구기관 : 국무조정실장
5. 「산업기술혁신 촉진법」 제19조에 따른 산업기술기반조성사업 실시 연구기관 : 산업통상자원부장관
(2013.3.23 3호~5호개정)
6. 방위산업 연구기관 : 국방과학연구소장
7. 기간산업체 : 소관 중앙행정기관의 장
8. 방위산업체(법 제38조제1항제2호에 따른 산업기능요원만이 복무할 방위산업 연구기관을 포함한다) : 방위산업진흥회장(2016.11.29 본호개정)
② 병역지정업체로 선정받으려는 연구기관 또는 업체의 장은 병역지정업체 선정원서(전자문서로 된 원서를 포함한다)에 구비서류를 첨부하여 매년 6월 30일까지 제1항에 따른 병역지정업체의 선정 추천권자(이하 "병역지정업체선정추천권자"라 한다)에게 제출하여야 한다. 다만, 중소기업의 부설 연구기관의 장은 매년 1월 31일 및 6월 30일까지 제출할 수 있다.(2016.11.29 본문개정)
③ 제2항에 따라 병역지정업체 선정원서를 제출받은 병역지정업체선정추천권자는 제72조에 따른 선정기준에 해당되는 연구기관 또는 업체만을 대상으로 병역지정업체 선정 추천 명부를 작성하여 매년 7월 31일까지(중소기업의 부설 연구기관의 장이 매년 1월 31일까지 병역지정

업체 선정원서를 제출하는 경우에는 매년 2월 말일까지) 병무청장에게 제출하여야 한다.(2016.11.29 본항개정)
④ 제2항에 따른 병역지정업체 선정원서를 제출받은 병역지정업체선정추천권자는 「전자정부법」 제36조제1항에 따른 행정정보의 공동이용을 통하여 법인 등기사항증명서를 확인하여야 한다.(2016.11.29 본항개정)
(2016.11.29 본조제목개정)

제74조【병역지정업체의 선정】 ① 병무청장은 제73조제3항에 따라 병역지정업체 선정 추천 명부를 제출받아 병역지정업체를 선정하여야 한다.
② 병무청장은 제1항에 따른 병역지정업체 선정 결과를 병역지정업체선정추천권자 및 관할 지방병무청장(병역지정업체 또는 사업장이 있는 행정구역을 관할하는 지방병무청장 또는 병무지청장을 말한다. 이하 같다)에게 통보하여야 한다.
(2016.11.29 본조개정)

제75조【병역지정업체의 승계】 ① 병역지정업체로 선정되지 아니한 업체 또는 연구기관이 다음 각 호의 어느 하나에 해당하게 된 경우에는 병역지정업체로 선정된 것으로 본다.
1. 병역지정업체를 인수하거나 병역지정업체와 합병한 경우
2. 병역지정업체로부터 5척 이상의 어선 또는 총톤수 합계 500톤 이상의 어선이나 총톤수 합계 1천500톤 이상의 해상화물운송선박을 인수한 경우
② 제1항에 따라 병역지정업체로 선정된 것으로 보는 업체는 인수 또는 합병의 등기를 마친 날부터 14일 이내에 국방부령으로 정하는 서류(전자문서를 포함한다)를 관할 지방병무청장에게 제출하여야 한다. 다만, 관할 지방병무청장은 「전자정부법」 제36조제1항에 따른 행정정보의 공동이용을 통하여 제출서류에 대한 정보를 확인할 수 있는 경우에는 그 확인으로 첨부서류를 갈음하여야 한다.
(2016.11.29 본조개정)

제76조【병역지정업체의 선정취소 등】 ① 병무청장은 병역지정업체가 다음 각 호의 어느 하나에 해당하게 된 경우에는 병역지정업체의 선정을 취소할 수 있다. 다만, 제1호에 해당하는 경우는 그 선정을 취소해야 한다.
(2022.6.30 단서신설)
1. 거짓이나 그 밖의 부정한 방법으로 병역지정업체로 선정된 경우(2022.6.30 본호신설)
2. 병역지정업체가 폐업하거나 부도 발생으로 조업이 중단된 경우(2016.11.29 본호개정)
3. 병역지정업체가 6개월 이상 휴업하거나 영업정지처분을 받은 경우(2016.11.29 본호개정)
4. 연구기관이 관계 법령에 따라 연구소의 인정·지정 등이 취소된 경우
5. 방위산업 분야의 병역지정업체가 「방위사업법」에 따른 연구기관의 위촉이 해지되거나 방위산업체의 지정이 취소된 경우(2016.11.29 본호개정)
6. 제72조제1항 또는 제2항에 따른 병역지정업체가 2년 이상 계속하여 배정을 받지 못하거나 채용하지 아니하여 전문연구요원이나 산업기능요원이 복무하고 있지 아니한 경우(2016.11.29 본호개정)
7. 병역지정업체가 제72조에 따른 선정기준에 미달된 후 1년이 지나도록 선정기준을 충족하지 아니하고 전문연구요원이나 산업기능요원이 복무하고 있지 아니한 경우(2016.11.29 본호개정)
8. 병역지정업체나 병역지정업체의 장이 법 제84조제1항제1호, 제85조, 제92조제1항부터 제3항까지, 제93조제3항 또는 제96조제1호에 따라 벌금 이상의 형을 선고받고, 그 형이 확정된 경우(2016.11.29 본호개정)
9. 병역지정업체의 장(병역지정업체의 장을 대신하여 복무관리를 담당하는 사람을 포함한다)이 전문연구요원이나 산업기능요원에게 「근로기준법」 위반 행위를 하여 같은 법에 따라 벌금 이상의 형을 선고받고 그 형이 확정된 경우(2016.11.29 본호개정)
② 병역지정업체선정추천권자는 병역지정업체가 폐업하거나 제72조에 따른 선정기준에 미달하게 된 경우에는 그 사유가 발생한 날부터 30일 이내에 병무청장에게 통보하여야 한다.(2016.11.29 본항개정)
(2016.11.29 본조제목개정)

제77조【필요인원의 통보 및 배정】 ① 병역지정업체의 장 또는 지방자치단체의 장은 다음 각 호의 구분에 따라 전문연구요원 또는 산업기능요원의 필요인원을 병역지정업체선정추천권자, 농림축산식품부장관 또는 해양수산부장관에게 매년 6월 30일까지 통보하여야 한다.
(2016.11.29 본문개정)
1. 전문연구요원 또는 법 제38조제1항제1호·제2호에 따른 산업기능요원 필요인원 : 병역지정업체의 장이 병역지정업체선정추천권자에게 통보(2016.11.29 본호개정)
2. 후계농업경영인(後繼農業經營人) 산업기능요원 필요인원 : 관할 특별시장·광역시장·특별자치시장·도지사·특별자치도지사(특별시장·광역시장·도지사로부터 권한을 위임받은 시장·군수·구청장을 포함한다. 이하 이 절에서 같다)가 농림축산식품부장관에게 통보
3. 다음 각 목의 농업 분야 산업기능요원 필요인원 : 관할 특별자치시장·특별자치도지사·시장·군수·구청장이 농림축산식품부장관에게 통보
가. 농업회사법인의 농업기계운전요원
나. 농업기계의 사후관리업 분야에 복무하는 농업기계수리요원(2016.11.29 본목개정)
4. 후계어업경영인(後繼漁業經營人) 산업기능요원 필요인원 : 관할 특별시장·광역시장·특별자치시장·도지사·특별자치도지사가 해양수산부장관에게 통보
② 병역지정업체선정추천권자는 다음 해의 병역지정업체별 필요인원을, 농림축산식품부장관은 농업 분야 산업기능요원의 시·군·구별 필요인원을, 해양수산부장관은 어업 분야 산업기능요원의 시·군·구별 필요인원을 매년 7월 31일까지 병무청장에게 각각 통보하여야 한다. 다만, 제73조제3항에 따라 그 해에 병역지정업체로 선정을 추천하는 연구기관 또는 업체의 경우에는 병역지정업체 선정 추천 명부를 제출할 때에 함께 통보할 수 있다.
(2016.11.29 본항개정)
③ 병무청장은 전문연구요원이나 산업기능요원으로 편입할 수 있는 인원을 병역지정업체별 또는 시·군·구별로 배정하되, 연구기관의 경우 1개 법인에 여러 병역지정업체가 있는 경우에는 법인별 배정인원을 정한 후 법인 대표의 의견을 들어 병역지정업체별로 배정한다. 이 경우 복무관리가 부실한 업체, 장기간 병역지정업체로 선정된 업체와 대기업에 대해서는 인원의 배정을 제한할 수 있으며, 그 제한의 기준 및 방법 등 인원의 배정에 관한 구체적인 사항은 병무청장이 정하여 고시한다.
(2016.11.29 본항개정)
④ 병무청장은 다음 해의 전문연구요원 및 산업기능요원의 배정인원을 관할 지방병무청장을 거쳐 병역지정업체의 장 또는 관할 지방자치단체의 장(후계농어업경영인 산업기능요원의 경우에는 특별시장·광역시장·특별자치시장·도지사·특별자치도지사를 말하고, 그 밖의 농업 분야 산업기능요원의 경우에는 특별자치시장·특별자치도지사·시장·군수·구청장을 말한다. 이하 이 절에서 같다)에게 통보하여야 한다. 이 경우 병무청장은 전문연구요원의 배정인원 중 법인별 배정인원은 법인의 대표에게 통보하여야 한다.(2016.11.29 전단개정)
(2013.12.4 본조개정)

제77조의2【병역지정업체의 장의 서약서 제출】 병역지정업체의 장은 법 제36조제7항에 따라 전문연구요원 또는 산업기능요원 편입을 신청하는 경우에 국방부령으로 정하는 서약서(전자문서로 된 서약서를 포함한다)를 관할 지방병무청장(병무지청장을 포함한다)에게 제출하여야 한다.(2016.11.29 본조개정)

제78조【전문연구요원의 편입절차 등】 ① 법 제37조제1항제1호에 따른 석사 이상의 학위를 취득한 사람과 같은 항 제2호에 따른 자연계대학원의 박사학위과정(한국과학기술원, 광주과학기술원, 대구경북과학기술원 및 울산과학기술원의 자연계 박사학위과정을 포함하며, 이하 "자연계대학원 박사학위과정"이라 한다)을 수료한 사람 등 같은 항에 따라 전문연구요원으로 편입할 수 있는 사람의 전공 및 학위 등에 관한 구체적인 편입기준은 병무청장이 정하여 고시한다.(2015.9.25 본항개정)
② (2013.12.4 삭제)
③ 제1항에 따른 전문연구요원에 편입을 원하는 사람은 전문연구요원 편입원서(전자문서로 된 원서를 포함한다)에 국방부령으로 정하는 구비서류를 첨부하여 병역지정업체의 장에게 제출하여야 한다.(2016.11.29 본항개정)
④ 제3항에 따른 전문연구요원 편입원서를 제출받은 병역지정업체의 장은 제77조제3항에 따른 배정인원의 범위에서 추천 대상자를 결정하여 접수일부터 7일 이내에(입영 또는 소집의 통지를 받은 사람의 경우에는 그 입영일이나 소집일 5일 전까지) 관할 지방병무청장에게 제출하여야 한다.(2016.11.29 본항개정)
⑤ 제4항에 따라 전문연구요원 편입원서를 송부받은 관할 지방병무청장은 전문연구요원 편입 여부를 결정하고, 그 결과를 병역지정업체의 장을 거쳐 출원인에게 통지하여야 한다.(2016.11.29 본항개정)

제78조의2【자연계대학원 박사학위과정의 전문연구요원 편입 대상자 필요인원 통보 및 배정】 ① 병역지정업체의 장은 법 제37조제2항에 따른 전문연구요원 편입 대상자(이하 "전문연구요원편입대상자"라 한다)의 필요인원을 병역지정업체선정추천권자에게 매년 6월 30일까지 통보하여야 한다.
② 병역지정업체선정추천권자는 다음 해의 병역지정업체별 전문연구요원편입대상자 필요인원(「고등교육법」에 따라 설치된 자연계대학원의 경우에는 이공계와 의학계를 구분한 필요인원을 말한다)을 병무청장에게 매년 7월 31일까지 통보하여야 한다. 다만, 제73조제3항에 따라 그 해에 병역지정업체로 선정을 추천하는 연구기관의 경우에는 병역지정업체 선정 추천 명부를 제출할 때에 함께 통보할 수 있다.
③ 병무청장은 전문연구요원편입대상자로 선발할 수 있는 인원을 병역지정업체별로 배정한다. 다만, 「고등교육법」에 따라 설치된 자연계대학원의 경우에는 이공계와 의학계로 구분하여 대학원별로 배정하거나 총괄 배정한다.
④ 병무청장은 다음 해의 전문연구요원편입대상자의 배정인원을 관할 지방병무청장을 거쳐 병역지정업체의 장에게 통보하여야 한다. 다만, 「고등교육법」에 따라 설치된 자연계대학원의 배정인원은 교육부장관에게 통보하여야 한다.
(2016.11.29 본조개정)

제78조의3【전문연구요원편입대상자의 선발 및 복무관리 등】 ① 전문연구요원편입대상자로 선발할 수 있는 사람의 전공 및 학위 등에 관한 구체적인 선발기준은 병무청장이 정하여 고시한다.
② 병역지정업체의 장 및 교육부장관(「고등교육법」에 따라 설치된 자연계대학원 전문연구요원편입대상자의 경우만 해당한다)은 전문연구요원편입대상자를 선발하고, 그 명단을 병무청장에게 통보하여야 하며, 병무청장은 관할 지방병무청장 및 병적을 관리하는 지방병무청장에게 통보하여야 한다.(2016.11.29 본항개정)
③ 관할 지방병무청장은 제2항에 따라 전문연구요원편입대상자로 선발된 사람의 명단을 병역지정업체의 장에게 통보하고, 전문연구요원편입대상자 명부를 관리하여야 한다.(2016.11.29 본항개정)
④ 병역지정업체의 장은 전문연구요원편입대상자 명부를 관리하고, 전문연구요원편입대상자가 다음 각 호의 어느 하나에 해당하는 경우에는 14일 이내에 관할 지방병무청장에게 통보하여야 한다.(2016.11.29 본문개정)
1. 퇴학 또는 제적된 경우
2. 휴학 등의 사유로 전문연구요원의 의무복무기간을 35세(법 제37조제1항제3호에 따른 전문연구요원의 경우에는 37세)까지 마칠 수 없는 경우(2016.11.29 본호개정)
3. 전문연구요원편입대상자로 선발되어 박사학위과정 수학기간(「고등교육법 시행령」 제50조제2항에 따른 학위과정을 수료한 사람에 해당할 때까지의 기간을 말한다. 이하 이 절에서 같다)이 3년 6개월을 초과할 경우
4. 전문연구요원편입대상자로 선발된 사람이 그 선발의 취소를 원하는 경우
⑤ 관할 지방병무청장은 전문연구요원편입대상자가 제4항 각 호의 어느 하나에 해당하거나 법 제68조에 해당하는 경우에는 전문연구요원편입대상자 선발을 취소하고, 이를 본인 및 병적을 관리하는 지방병무청장에게 통보하여야 한다.
⑥ 전문연구요원편입대상자는 자연계대학원 박사학위과정을 수료하는 날의 14일 전까지 전문연구요원 편입원서를 병역지정업체의 장에게 제출하여야 한다.
(2016.11.29 본항개정)
⑦ 제6항에 따라 편입원서를 제출받은 병역지정업체의 장은 접수일부터 7일 이내에 관할 지방병무청장에게 제출하여야 한다.(2016.11.29 본항개정)
⑧ 제7항에 따라 전문연구요원 편입원서를 제출받은 관할 지방병무청장은 전문연구요원 편입 여부를 결정하고, 그 결과를 병역지정업체의 장을 거쳐 출원인에게 통지하여야 한다.(2016.11.29 본항개정)
(2013.12.4 본조신설)

제78조의4【전문연구요원의 박사학위 취득 유예기간】 ① 법 제37조제1항제2호 또는 제3호에 따라 전문연구요원으로 편입된 사람(이하 "박사과정전문연구요원"이라 한다)이 같은 조 제4항에 따라 박사학위 취득의 유예기간을 부여받으려는 경우에는 복무하고 있는 병역지정업체의 장에게 유예기간 부여 신청서를 제출해야 한다.
② 제1항에 따른 신청서를 받은 병역지정업체의 장은 신청서를 받은 날부터 14일 이내에 이를 병무청장에게 보내야 한다.
③ 제2항에 따라 병역지정업체의 장으로부터 신청서를 받은 병무청장은 해당 박사과정전문연구요원이 35세(법 제37조제1항제3호에 해당하는 사람은 37세)까지 의무복무를 마칠 수 있는지 등을 고려하여 유예기간 승인 여부와 유예기간을 결정한다.
④ 병무청장은 제3항에 따른 결정 내용을 해당 병역지정업체의 장에게 통보하고, 해당 병역지정업체의 장은 신청인에게 그 내용을 통보해야 한다.
⑤ 제1항부터 제4항까지에서 규정한 사항 외에 유예기간 신청 방법 및 절차 등에 관하여 필요한 사항은 병무청장이 정한다.
(2021.10.14 본조신설)

제79조【기간산업 분야 복무자 등의 산업기능요원 편입】 ① 법 제38조제1항제1호 및 제2호에 따라 산업기능요원에 편입할 수 있는 사람은 병역지정업체에 복무하는 사람으로서 다음 각 호의 구분에 따른 기준에 해당하는 사람으로 하되, 분야별 및 업종별 편입 대상과 부족한 군 필요적성 등 세부 편입기준에 관한 사항은 병무청장이 정한다.(2016.11.29 본문개정)
1. 현역병입영 대상자 : 별표2의 학력별 기술자격 등급기준에 해당하는 사람
2. 사회복무요원으로 복무 중인 사람 및 사회복무요원 소집 대상인 보충역 : 제83조제1항제2호부터 제4호까지의 규정에 따른 분야에 복무하는 사람(2016.11.29 본호개정)
② 제1항에 따른 산업기능요원에 편입을 원하는 사람은 산업기능요원 편입원서(전자문서로 된 원서를 포함한다)에 국방부령으로 정하는 구비서류를 첨부하여 병역지정업체의 장에게 제출하여야 한다.(2016.11.29 본항개정)
③ 제2항에 따라 산업기능요원 편입원서를 제출받은 병역지정업체의 장은 제77조제3항에 따른 배정인원의 범위에서 추천 대상자를 결정하여 접수일부터 7일 이내에(입영 통지나 소집 통지를 받은 사람의 경우에는 그 입영일이나 소집일 5일 전까지) 관할 지방병무청장에게 제출하여야 한다.(2016.11.29 본항개정)

④ 제3항에 따른 산업기능요원 편입원서를 제출받은 관할 지방병무청장은 제83조제1항제2호부터 제4호까지의 규정에 따른 해당 분야에 복무하고 있는 사람(수산업 또는 해운업 분야의 경우에는 승선하여 복무하고 있는 사람이나 승선하여 종사할 사람만 해당한다)에 대해서는 산업기능요원에 편입하고, 그 사실을 병역지정업체의 장 및 복무기관의 장을 거쳐 출원인에게 통지하여야 한다.(2016.11.29 본항개정)
(2016.11.29 본조제목개정)

제80조【기능특기자의 산업기능요원 편입】 ① 법 제38조제1항제3호에 따라 국제적 수준의 기능을 가진 사람(이하 "기능특기자"라 한다) 중 산업기능요원에 편입할 수 있는 사람은 국제기능올림픽대회에서 3위 이상으로 입상한 사람으로 한다.
② 제1항에 따른 기능특기자로서 산업기능요원 편입을 원하는 사람은 산업기능요원 편입원서(전자문서로 된 원서를 포함한다)를 관할 지방병무청장(병역지정업체에 복무하지 아니하는 기능특기자의 경우에는 지방병무청장을 말한다. 이하 같다)에게 입영일이나 소집일 5일 전까지 제출하여야 한다.(2016.11.29 본항개정)
③ 제2항에 따른 산업기능요원 편입원서를 받은 관할 지방병무청장은 해당 출원인을 산업기능요원에 편입하고, 그 사실을 출원인에게 통지하여야 한다.
④ 고용노동부장관은 국제기능올림픽대회에서 3위 이상으로 입상한 사람에 대해서는 그 명단을 그 대회가 끝나는 날부터 30일 이내에 병무청장에게 통보하여야 하며, 병무청장은 통보받은 명단을 지체 없이 관할 지방병무청장에게 통보하여야 한다.(2010.7.12 본항개정)

제81조【농어업 분야 복무자의 산업기능요원 편입】 ① 법 제38조제1항제4호 및 제5호에 따른 농어업 분야의 산업기능요원에 편입할 수 있는 사람은 다음 각 호의 어느 하나에 해당하는 사람으로 한다.(2013.12.4 본문개정)
1. 후계농업경영인 및 후계어업경영인 : 「농어업경영체 육성 및 지원에 관한 법률」에 따른 후계농업경영인 및 후계어업경영인(이하 "후계농어업경영인"이라 한다)으로서 농어업에 복무하는 사람. 다만, 가족 중 제131조제1호에 따른 가족이 동일 시·군·구에 있는 사업장에서 후계농어업경영인 산업기능요원으로 편입되어 있는 경우는 제외한다.
2. 농업회사법인의 농업기계운전요원 : 국가기술자격법령에 따른 운전·운송, 건설기계운전, 기계 또는 재료 직무 분야의 국가기술자격을 가진 사람으로서 「농어업경영체 육성 및 지원에 관한 법률」에 따른 농업회사법인(農業會社法人)의 농업기계운전요원으로 복무하는 사람
3. 농업기계의 사후관리업 분야에 복무하는 농업기계수리요원 : 국가기술자격법령에 따른 운전·운송, 건설기계운전, 기계 또는 재료 직무 분야의 국가기술자격을 가진 사람으로서 「농업기계화 촉진법」에 따른 농업기계 사후관리업체의 농업기계수리요원으로 복무하는 사람
(2016.11.29 1호~3호개정)
② 제1항에 따른 산업기능요원에 편입을 원하는 사람은 산업기능요원 편입원서(전자문서로 된 원서를 포함한다)에 국방부령으로 정하는 구비서류를 첨부하여 관할 지방자치단체의 장에게 제출하여야 한다. 이 경우 제1항제2호 및 제3호에 따른 산업기능요원에 편입을 원하는 사람은 병역지정업체의 장을 거쳐 특별자치시장·특별자치도지사·시장·군수·구청장에게 제출하여야 한다.
(2016.11.29 후단개정)
③ 제2항에 따라 산업기능요원 편입원서를 제출받은 관할 지방자치단체의 장은 제77조제3항에 따른 배정인원의 범위에서 추천 대상자를 결정하여 접수일부터 7일 이내에(입영 통지나 소집 통지를 받은 사람의 경우에는 입영일이나 소집일 5일 전까지) 관할 지방병무청장에게 제출하여야 한다. 이 경우 농업기계운전요원 및 농업기계수리요원에 대해서는 업체 현황 조사서를 작성·첨부하되, 산업기능요원의 고용 및 자원관리 능력이 있는 업체에 복무하는 사람을 추천하여야 한다.(2016.11.29 본항개정)
④ 제3항에 따른 산업기능요원 편입원서를 제출받은 관할 지방병무청장은 제1항부터 제3항까지의 규정에 해당하는 사람에 대해서는 산업기능요원에 편입하고, 그 사실을 병역지정업체의 장, 특별시장·광역시장·특별자치시장·도지사·특별자치도지사(후계농어업경영인의 경우만 해당한다) 또는 복무 중인 사회복무요원은 복무기관의 장을 거쳐 출원인에게 통지하여야 한다.(2016.11.29 본항개정)
(2016.11.29 본조제목개정)

제81조의2【전문연구요원 및 산업기능요원의 편입 제한】 ① 병역지정업체의 장은 제78조, 제79조 및 제81조에 따른 전문연구요원 편입원서나 산업기능요원 편입원서를 제출받은 경우 또는 제85조에 따라 다른 병역지정업체로부터 전문연구요원이나 산업기능요원의 전직 신청을 받은 경우에는 법 제38조의2에 따른 4촌 이내의 혈족에 해당하는 사람(이하 이 조에서 "제한대상자"라 한다)인지를 확인하여야 한다.(2016.11.29 본항개정)
② 병역지정업체의 장은 제1항에 따른 확인 결과 제한대상자가 아닌 사람에 한정하여 전문연구요원이나 산업기능요원으로 편입 또는 전직을 위한 신청서를 관할 지방병무청장에게 제출하여야 한다.(2016.11.29 본항개정)
③ 관할 지방병무청장은 제2항에 따라 신청서를 제출받은 경우로서 제한대상자인지를 확인하기 위하여 필요한 경우에는 병역지정업체의 장에게 병역지정업체의 장의 가족관계기록사항에 관한 증명서 등 관련 서류의 제출과 의견진술을 요구할 수 있으며, 요구를 받은 병역지정업체의 장은 이에 따라야 한다. 이 경우 관할 지방병무청장은 「전자정부법」 제36조제1항에 따른 행정정보의 공동이용을 통하여 법인 등기사항증명서를 확인하여야 한다.
(2016.11.29 전단개정)
④ 제3항에 따른 관련 서류의 제출 및 관리와 의견진술의 시기 및 방법 등에 관하여 필요한 사항은 병무청장이 정하여 고시한다.

제82조【전문연구요원 등의 자원관리】 ① 관할 지방병무청장은 제78조부터 제81조까지의 규정에 따라 전문연구요원 및 산업기능요원에 편입된 사람에 대하여 전문연구(산업기능)요원 명부 및 병적기록표를 관리하여야 한다.
② 병역지정업체의 장 또는 관할 특별시장·광역시장·특별자치시장·도지사·특별자치도지사(후계농어업경영인의 경우만 해당한다)는 해당 업체 또는 관할 지역 안에서 전문연구요원 및 산업기능요원에 편입되어 의무복무 중인 사람에 대하여 복무를 관리하여야 한다. 다만, 수산업 및 해운업 분야 병역지정업체의 경우에는 항만지역에 있는 병역지정업체의 지사나 지점 단위로 그 복무를 관리할 수 있다.(2016.11.29 본항개정)
③ 제2항에 따라 복무를 관리하는 병역지정업체의 장 또는 관할 특별시장·광역시장·특별자치시장·도지사·특별자치도지사는 전문연구요원 또는 산업기능요원의 명부 및 복무기록표를 관리하여야 하며, 전문연구요원 또는 산업기능요원 복무기록표(이하 "복무기록표"라 한다)에는 병역지정업체의 휴업·영업정지·직장폐쇄 또는 전문연구요원 및 산업기능요원의 다른 병역지정업체나 지역으로부터의 전입, 휴직, 정직, 파견, 보직변경, 교육훈련, 승선·하선, 병가, 국외여행, 박사과정 수학 및 군사교육소집 등 복무와 관련된 사항을 기재·정리하여야 한다.
(2016.11.29 본항개정)
④ 관할 지방자치단체의 장은 제81조에 따라 농어업 분야 산업기능요원으로 편입된 사람에 대하여 산업기능요원 명부를 관리하고, 농어업 분야 산업기능요원 복무실태 점검표에 따라 다음 각 호의 구분에 따른 사항을 매월 1회 이상 점검하여야 한다.
1. 후계농어업경영인 산업기능요원 복무실태 점검사항
가. 편입 당시의 해당 분야 복무 여부(2016.11.29 본목개정)
나. 후계농어업경영인의 자격상실 여부
다. 후계농어업경영인의 사업장소 변경 여부
라. 그 밖에 후계농어업경영인 산업기능요원의 의무복무와 관련된 사항(2016.11.29 본목개정)
2. 농업기계운전요원 및 농업기계수리요원 산업기능요원 복무실태 점검사항
가. 농업기계운전요원 및 농업기계수리요원 산업기능요원의 해고나 퇴직 여부
나. 편입 당시의 해당 분야 복무 여부(2016.11.29 본목개정)
다. 기술자격·면허의 취소·정지
라. 병역지정업체의 휴업·폐업 또는 영업정지 등 조업의 중단 여부
마. 병역지정업체의 명칭 변경, 소재지 이전
바. 병역지정업체의 장의 신상변동 통보 및 자원관리 실태
사. 그 밖에 농업기계운전요원 및 농업기계수리요원 산업기능요원의 의무복무와 관련된 사항
(2016.11.29 라목~사목개정)
(2013.12.4 본항개정)
⑤ 관할 지방자치단체의 장은 제4항에 따른 농어업 분야 산업기능요원에 대한 복무실태 점검 결과를 매 분기 말일을 기준으로 작성하여 다음 달 15일까지 관할 지방병무청장에게 통보하여야 한다.(2013.12.4 본항개정)

제83조【전문연구요원 및 산업기능요원이 복무할 해당 분야 등】 ① 법 제39조에 따른 전문연구요원 및 산업기능요원은 다음 각 호의 분야에 복무하여야 하며, 다른 직무를 겸할 수 없다.(2016.11.29 본문개정)
1. 전문연구요원 : 전문연구요원 편입 당시의 연구 분야 또는 병무청장이 인정한 분야. 다만, 대학 연구기관에 복무하는 전문연구요원의 경우에는 조교를 겸직할 수 있다.(2016.11.29 단서개정)
2. 공업·광업·에너지산업 분야의 기간산업체나 방위산업 분야에 복무하는 산업기능요원(2016.11.29 본문개정)
가. 현역병입영 대상자 : 산업기능요원 편입 당시 국가기술자격법령에 따른 국가기술자격의 해당 직무 분야(법 제38조제2항에 따라 정보처리 직무 분야에 복무하는 사람은 편입 당시 해당 국가기술자격 분야를 말한다). 다만, 지방병무청장의 승인을 받은 경우에는 위 직무 분야 외의 생산·제조 분야에 복무할 수 있다.
(2016.11.29 본목개정)
나. 사회복무요원으로 복무 중인 사람 및 사회복무요원 소집 대상인 보충역 : 생산·제조 분야 또는 원재료·제품·생산품의 운송 분야(2013.12.4 본목개정)
3. 건설업 분야의 기간산업체에 복무하는 산업기능요원 : 국내 또는 해외 건설업의 국가기술자격법령에 따른 해당 국가기술자격 분야. 다만, 사회복무요원으로 복무 중인 사람 및 사회복무요원 소집 대상인 보충역으로서 산업기능요원에 편입된 사람은 국내 또는 해외 건설업의 건설공사 현장 분야(2016.11.29 본문개정)
4. 수산업 및 해운업 분야의 기간산업체에 복무하는 산업기능요원 : 원양·근해어선 또는 해운업의 선박승선 관련 분야 중 「선박직원법」에 따른 해기사의 면허 분야 또는 국가기술자격법령에 따른 해당 국가기술자격 분야(사회복무요원으로 복무 중인 사람 및 사회복무요원 소집 대상인 보충역으로서 산업기능요원에 편입된 사람은 선박승선 분야). 이 경우 승선복무 중 하선한 경우에는 3개월(「선원법」에 따른 유급 휴가기간은 포함하지 아니한다) 이내에 복무 중인 업체의 선박에 승선하여야 하며, 하선기간은 부득이한 사정이 없으면 의무복무기간 1년마다 통틀어 3개월을 초과할 수 없다.
(2016.11.29 본호개정)
5. 기능특기자인 산업기능요원 : 산업기능요원 편입 당시의 해당 기능 분야
6. 농어업 분야에 복무하는 산업기능요원 : 산업기능요원 편입 당시의 농어업 분야, 농업기계 운전 또는 농업기계 사후관리 분야(2016.11.29 본호개정)
② 전문연구요원이나 산업기능요원은 의무복무기간 중 병역지정업체가 경영악화 등으로 3개월 이상 임금이 체불되거나 부도발생 등으로 인하여 조업이 중단되어 제1항에 따른 해당 분야에 복무할 수 없을 때에는 그 사유가 발생한 날부터 30일 이내에 관할 지방병무청장에게 신고하여야 한다.(2016.11.29 본항개정)
③ 법 제39조제1항제2호에 따라 사회복무요원으로 복무하다가 산업기능요원으로 편입된 사람의 복무할 기간은 다음의 계산방식에 따라 산출된 기간으로 하되, 소수점 이하의 숫자는 계산하지 아니한다.

$$\frac{\text{종전의 의무복무기간} - \text{복무한 일수}}{\text{종전의 의무복무기간}} \times \text{산업기능요원 의무복무기간}$$

(2016.11.29 본항신설)
④ 전문연구요원이나 산업기능요원으로 편입되는 사람은 국방부령으로 정하는 바에 따라 법 제39조제4항에 따른 성실복무 서약서(전자문서로 된 서약서를 포함한다)를 관할 지방병무청장에게 제출하여야 한다.
(2016.11.29 본항개정)
⑤ 관할 지방병무청장은 전문연구요원이나 산업기능요원에 대하여 병무청장이 정하는 바에 따라 의무복무기간 중 준수하여야 하는 사항 등 전문연구요원 또는 산업기능요원 제도와 관련된 교육을 실시할 수 있으며, 교육의 원활한 시행을 위하여 병역지정업체의 장에게 협조를 요청할 수 있다.(2016.11.29 본항개정)
(2016.11.29 본조제목개정)

제84조 (1997.5.27 삭제)

제85조【전문연구요원 및 산업기능요원의 전직】 ① 법 제39조제3항제1호에서 "복무 중인 병역지정업체가 폐업하거나 병역지정업체의 선정이 취소되는 등 대통령령으로 정하는 사유가 발생한 경우"란 다음 각 호의 경우를 말한다.
1. 복무 중인 병역지정업체가 폐업하거나 병역지정업체의 선정이 취소된 경우
2. 복무 중인 병역지정업체가 6개월 이상 휴업하거나 영업정지처분을 받은 경우
3. 농업기계의 사후관리업체의 인정이 취소된 경우
(2021.10.14 본항개정)
② 법 제39조제3항 각 호 외의 부분 단서에서 "기업 부설연구소 등 대통령령으로 정하는 다른 병역지정업체"란 제72조에 따른 기준을 충족하는 병역지정업체로서 제83조제1항 각 호에 따른 해당 분야의 병역지정업체를 말한다. 다만, 다음 각 호의 병역지정업체는 제외한다.
1. 제72조제1항제3호의 한국과학기술원, 광주과학기술원, 대구경북과학기술원 및 울산과학기술원의 자연계 박사학위과정
2. 제72조제1항제5호의 자연계대학원
3. 병무청장이 정하여 고시하는 대기업 연구기관
(2021.10.14 본항신설)
③ 전문연구요원이나 산업기능요원이 법 제39조제3항제3호에 따라 다음 각 호의 어느 하나에 해당하는 경우에는 관할 지방병무청장의 승인을 받아 해당 분야의 다른 병역지정업체(병무청장이 정하여 고시하는 대기업 연구기관은 제외한다)에 옮겨 복무할 수 있다. 이 경우 제1호나목에 따른 병역지정업체의 변경은 의무복무기간을 통틀어 2회로 한정한다.(2021.10.14 전단개정)
1. 전문연구요원(박사과정전문연구요원은 제외한다)이나 산업기능요원에 편입된 때(병역지정업체를 옮겨 복무하고 있는 경우에는 병역지정업체를 옮긴 때를 말한다)부터 다음 각 목의 구분에 따른 기간이 지난 경우
(2021.10.14 본문개정)
가. 전문연구요원 : 1년 6개월
나. 산업기능요원 : 6개월(2014.11.4 본목개정)
2. 박사과정전문연구요원이 병역지정업체인 다른 연구기관에 복무를 원하는 경우(2021.10.14 본호개정)
3. 방위산업물자의 생산을 위하여 필요한 경우와 연구 분야 또는 생산설비의 폐쇄·이전·축소 등으로 병역지정업체의 해당 분야에 복무할 수 없는 부득이한 사유가 발생한 경우

4. 승선복무 중 고용계약기간이 만료되어 하선한 경우 또는 선박 수리 등으로 제83조제1항제4호 후단의 기간 내에 재승선이 어려운 경우
5. 복무 중인 병역지정업체가 경영악화 등으로 통틀어 3개월 이상 임금이 체불된 경우 또는 휴업하거나 영업정지처분을 받은 경우
6. 병역지정업체에서 해고된 사람이 노동위원회에 구제신청을 하거나 법원에 해고의 효력을 다투는 소송을 제기하여 그 결과 해고가 위법하거나 부당하다고 확정된 경우
7. 중소기업의 부설 연구기관 외의 연구기관에 복무 중인 전문연구요원이 중소기업의 부설 연구기관으로 옮겨 복무하려는 경우
8. 병역지정업체의 장의 지시로 부득이하게 위반행위를 한 사람이 제91조의3제3항에 따라 그 사실을 신고한 경우(전직은 신고자의 경우만 해당한다)
9. 병역지정업체의 장(병역지정업체의 장을 대신하여 복무관리를 담당하는 사람을 포함한다)의 「근로기준법」 위반 행위로 피해를 입은 사람이 「근로기준법」 제104조제1항에 따라 고용노동부장관이나 근로감독관에게 통보하여 그 위반 행위가 위법하거나 부당한 행위로 확인된 경우
(2016.11.29 3호~9호개정)
10. 「산업재해보상보험법」 제37조에 따른 업무상의 재해를 입은 경우(2011.3.29 본호신설)
11. 복무 중인 병역지정업체에서 「산업재해보상보험법」 제37조에 따른 업무상의 재해(사망에 이른 경우만을 말한다)가 발생한 경우(2016.11.29 본호개정)
12. 복무 중인 병역지정업체가 「산업안전보건법」 제10조 및 같은 법 시행령 제10조에 따라 고용노동부장관이 산업재해 발생건수 등을 공표한 사업장에 포함된 경우(2019.12.24 본호개정)
13. 그 밖에 안전상의 문제가 발생하는 등 병무청장이 고시하는 부득이한 사유가 있는 경우(2014.11.4 본호신설)
④ 제3항 각 호 외의 부분 전단에도 불구하고 동일 법인 내의 병역지정업체로 옮기는 경우에는 제91조제1항제8호에 따른 신상변동 통보로 지방병무청장의 승인을 갈음한다.(2021.10.14 본항개정)
⑤ 법 제39조제3항 각 호 외의 부분 단서에 따라 병역지정업체를 변경하려는 전문연구요원 또는 산업기능요원은 그 사유가 발생한 날이나 승인을 받은 날(승선복무자의 경우는 하선한 날)부터 3개월(제3항제1호·제2호 및 제7호의 경우에는 14일) 이내에 다른 병역지정업체로 옮겨 복무해야 하며, 병역지정업체 변경을 위한 대기기간은 해당 분야에 복무한 기간으로 본다. 다만, 관할 지방병무청장은 부득이한 사유로 병역지정업체 변경을 위한 대기기간의 연장이 필요하다고 인정되는 경우에는 3개월의 범위에서 대기기간을 연장할 수 있다.(2021.10.14 본문개정)
⑥ 병역지정업체의 장은 전문연구요원이나 산업기능요원이 법 제39조제3항 각 호 외의 부분 단서에 따라 다른 병역지정업체로 옮겨 복무하게 되는 경우에는 복무기록표를 새로 복무하는 병역지정업체의 장에게 송부해야 한다. 다만, 전문연구요원이나 산업기능요원이 옮겨 복무할 병역지정업체가 결정되지 않은 경우에는 복무기록표를 관할 지방병무청장에게 송부해야 한다.(2021.10.14 본항개정)
⑦ 전문연구요원이나 산업기능요원이 제3항에 따라 병역지정업체를 옮겨 복무하려는 경우에는 복무하고 있는 병역지정업체의 장에게 전직승인 신청서를 제출해야 한다. 다만, 제3항제6호 또는 제8호부터 제13호까지의 규정에 따라 병역지정업체를 옮겨 복무하려는 경우에는 관할 지방병무청장에게 직접 제출할 수 있다.(2021.10.14 본항개정)
⑧ 병역지정업체의 장은 제7항 본문에 따라 전직승인 신청서(전자문서로 된 신청서를 포함한다)를 받은 경우에는 전직승인 신청서(전자문서로 된 신청서를 포함한다)에 전직에 관한 의견을 기재하여 관할 지방병무청장에게 제출해야 한다.(2021.10.14 본항개정)
⑨ 관할 지방병무청장은 제7항 단서에 따라 전직승인 신청서를 받은 경우에는 그 승인 여부를 복무하고 있는 병역지정업체의 장과 본인에게 통보해야 하며, 제8항에 따라 전직승인 신청서를 받은 경우에는 그 승인 여부를 복무하고 있는 병역지정업체의 장에게 통보하고, 병역지정업체의 장은 그 사실을 본인에게 통보해야 한다. 이 경우 관할 지방병무청장은 관할 지역 밖에 있는 병역지정업체로의 전직을 승인한 경우에는 해당 지방병무청장에게 그 사실을 통보해야 한다.(2021.10.14 본항개정)
⑩ 제3항에 따른 관할 지방병무청장의 승인에 관한 세부적인 절차 및 방법 등에 관하여 필요한 사항은 병무청장이 정한다.(2021.10.14 본항개정)

제86조【산업기능요원의 의무복무의 예외】 ① 기능특기자로서 법 제38조제1항제3호에 따라 산업기능요원에 편입된 사람은 제85조에도 불구하고 병역지정업체를 옮겨 복무하거나 편입 당시의 기능 분야에서 개별복무(병역지정업체가 아닌 업체에 복무하는 것을 포함한다)할 수 있으며, 개별복무하는 경우에는 제91조에 따른 신상변동 사항에 관하여 기능특기자 신상변동 신고서(전자문서로 된 신고서를 포함한다)를 그 사유가 발생한 날부터 14일 이내에 본인이 산업기능요원 편입 당시의 관할 지방병무청장에게 제출하여야 한다.
② 제81조제1항제1호 및 제2호에 따라 산업기능요원에 편입된 후계농어업경영인 또는 농업회사법인의 농업기계운전요원으로 복무 중인 사람은 제83조에도 불구하고 농한기에 한정하여 다음 각 호의 어느 하나에 해당하는 분야에 복무할 수 있으며, 그 기간은 해당 분야에 복무한 것으로 본다.
1. 후계농어업경영인이 농외 소득사업에 복무하는 경우
2. 농업회사법인의 농업기계운전요원이 농업기계 운전 외에 해당 회사가 그 설립목적의 범위에서 하는 사업에 복무하는 경우
(2016.11.29 본조개정)

제87조【교육훈련 및 파견근무 등】 ① 병역지정업체의 장 또는 관할 특별시장·광역시장·특별자치시장·도지사·특별자치도지사(후계농어업경영인의 경우만 해당한다)가 전문연구요원 및 산업기능요원에 대하여 의무복무 중에 해당 분야와 관련되는 국내교육훈련 및 관련 업무수행을 위한 국내파견(출장을 포함한다. 이하 이 절에서 같다)근무를 시키려는 경우에는 교육훈련승인 신청서 또는 파견근무승인 신청서에 복무기록표 사본을 첨부하여 다음 각 호의 범위에서 관할 지방병무청장의 승인을 받아야 하며, 그 국내교육훈련 및 국내파견근무기간은 병역지정업체의 해당 분야에 복무한 것으로 본다. 다만, 3개월 미만의 국내교육훈련 및 국내파견근무와 병역지정업체 간의 파견근무의 경우에는 제91조에 따른 신상변동 통보로 승인에 갈음한다.
1. 국내교육훈련 : 의무복무기간 중 통틀어 6개월
2. 국내파견근무 : 의무복무기간 중 통틀어 2년. 다만, 산업기능요원의 경우에는 통틀어 1년
(2016.11.29 본항개정)
② 제1항에 따른 관할 지방병무청장의 국내파견근무의 승인은 다음 각 호의 구분에 의한 파견에만 한정한다.
1. 전문연구요원의 경우에는 다음 각 목의 어느 하나에 해당하는 파견. 다만, 법 제39조제3항제2호에 해당하여 다른 병역지정업체로 옮겨 복무하는 전문연구요원의 경우에는 제85조제2항 각 호에 해당하는 병역지정업체로의 파견은 제외한다.(2023.12.19 단서신설)
가. 관련 업무수행을 위한 동일 법인 내 병역지정업체 간의 파견
나. 공동연구를 위한 병역지정업체 간 또는 동일 법인이나 다른 법인의 병역지정업체가 아닌 연구소로의 파견
(2016.11.29 가목~나목개정)
다. 그 밖에 연구개발 분야에 대한 시험가동 또는 기술지도 등 병무청장이 필요하다고 인정하는 파견
2. 산업기능요원의 경우에는 다음 각 목의 어느 하나에 해당하는 파견
가. 동일 업종 또는 분야의 병역지정업체 상호간의 파견
나. 동일 법인 내 병역지정업체가 아닌 업체의 제조·생산공장(「산업집적활성화 및 공장설립에 관한 법률」 제16조에 따라 등록된 공장만 해당한다)에의 파견
(2016.11.29 가목~나목개정)
다. 그 밖에 제조·생산한 기계·장비 등의 설치 또는 시험운영에 따른 기술지도 등 병무청장이 필요하다고 인정하는 파견
③ 관할 지방병무청장은 제1항에 따른 교육훈련승인 신청서 또는 파견근무승인 신청서를 받은 경우에는 그 승인 여부를 해당 병역지정업체의 장 또는 관할 특별시장·광역시장·특별자치시장·도지사·특별자치도지사(후계농어업경영인의 경우만 해당한다)에게 통보하여야 하며, 이 경우 병역지정업체의 장 또는 관할 특별시장·광역시장·특별자치시장·도지사·특별자치도지사(후계농어업경영인의 경우만 해당한다)는 그 사실을 본인에게 통지하여야 한다.(2016.11.29 본항개정)
④ 전문연구요원 및 산업기능요원이 의무복무기간 중 해당 분야와 관련되는 국외연수 및 업무수행을 위한 출장 등 국외여행을 하려는 경우에는 제145조와 제147조에 따라 병무청장의 국외여행허가 또는 국외여행기간 연장허가를 받아야 하며, 그 기간은 의무복무기간 중 통틀어 1년 이내로 한다. 이 경우 의무복무기간 중 통틀어 3개월 이내의 국외여행기간은 해당 분야에 복무한 기간으로 보되, 전문연구요원이 해당 분야와 관련되는 공동연구·기술연수·기술지도 등 병무청장이 정하는 사유에 해당하여 국외여행허가를 받은 경우에는 그 국외여행기간은 모두 해당 분야에 복무한 기간으로 본다.(2016.11.29 본항개정)

제88조【전문연구요원 및 산업기능요원의 수학】 ① 전문연구요원 및 산업기능요원은 의무복무기간 중 교육기관에서 수학(「고등교육법 시행령」 제50조제2항에 따른 학위과정을 수료한 사람으로 인정받기 위하여 수업을 듣는 등 학점을 취득하기 위한 행위를 말한다. 이하 같다)할 수 없다. 다만, 다음 각 호의 어느 하나에 해당하는 경우에는 그러하지 아니하다.(2016.11.29 본문개정)
1. 야간수업 또는 방송통신에 의한 수업으로 수학하는 경우
2. 전문연구요원이 국내교육기관에서 박사과정을 수학하는 경우. 다만, 그 대상은 35세까지 의무복무기간을 마칠 수 있는 사람에 한정하며, 그 수학기간은 3년 6개월을 넘지 못한다.(2016.11.29 단서개정)
② 전문연구요원이 제1항제2호에 따른 박사과정을 수학하려는 경우에는 병역지정업체의 장에게 수학신청을 하여야 하며, 신청을 받은 병역지정업체의 장은 수학기간을 정한 후 제91조에 따라 관할 지방병무청장에게 신상변동 통보를 하여야 한다.(2016.11.29 본항개정)
③ 전문연구요원이 제1항과 제2항을 위반하여 수학하거나 산업기능요원이 제1항을 위반하여 수학한 경우에는 법 제40조제2호에 따른 편입 당시 병역지정업체의 해당 분야에 복무하지 아니한 것으로 본다.(2016.11.29 본항개정)

제89조【의무복무기간의 계산】 ① 전문연구요원 및 산업기능요원의 의무복무기간은 전문연구요원 및 산업기능요원에 편입한 날(수산업 또는 해운업 분야 승선예정자로 산업기능요원에 편입된 사람은 그 승선하는 날)부터 기산한다.(2016.11.29 본항개정)
② 전문연구요원 및 산업기능요원의 의무복무기간 중 다음 각 호의 기간은 의무복무기간에 산입하지 않는다. 다만, 제3호의 경우 산업기능요원이 시설장비의 운용 등을 위하여 실제로 근무한 기간과 제4호의 경우 전문연구요원이 해당 분야와 관련되는 공동연구·기술연수·기술지도 등 병무청장이 정하는 사유에 해당하여 국외여행허가를 받은 경우에 그 국외여행기간은 의무복무기간에 산입한다.(2021.10.14 본문개정)
1. 박사학위과정의 수학기간
2. 휴직(「근로기준법」 제78조제1항 또는 제80조에 따른 업무상 부상·질병 또는 장해로 인하여 휴직한 기간은 제외한다) 또는 정직기간
3. 병역지정업체의 휴업·직장폐쇄 또는 영업정지기간
4. 의무복무기간 중 통틀어 30일을 초과하는 국외여행기간 또는 통틀어 30일을 초과하는 질병으로 인한 휴가·휴직 및 결근기간
5. 승선복무자로서 부득이한 사유로 제83조제1항제4호 후단에 따른 승선대기기간을 초과한 기간
6. 병역지정업체에서 해고된 사람이 노동위원회에 구제신청을 하거나 법원에 해고의 효력을 다투는 소송을 제기하였으나 해고가 정당하다고 확정된 경우 그 진행기간
(2016.11.29 3호~6호개정)
7. 병역지정업체 변경을 위한 대기기간 중 3개월(제85조제3항제1호, 제2호 및 제7호의 경우에는 14일)을 초과하는 기간(법 제37조제4항에 따른 유예기간 중에 있는 박사과정전문연구요원이 법 제39조제3항제2호 또는 이 영 제85조제3항제2호에 해당하여 다른 병역지정업체로 옮기는 경우에는 대기기간 전부)(2021.10.14 본호개정)
8. 법 제41조제1항 단서에 따른 편입 당시 병역지정업체의 해당 분야에 복무하지 아니한 기간
9. 의무복무기간 중 통틀어 8일 미만의 무단결근 기간
(2016.11.29 8호~9호개정)
③ 박사과정전문연구요원의 경우 제2항제9호에 따른 무단결근 판단 기준 등에 관하여 필요한 사항은 병무청장이 정하여 고시한다.(2021.10.14 본항신설)
(2016.11.29 본조제목개정)

제90조【의무복무기간의 만료】 ① 병역지정업체의 장 또는 특별시장·광역시장·특별자치시장·도지사·특별자치도지사(후계농어업경영인의 경우만 해당한다)는 전문연구요원 및 산업기능요원으로서 의무복무기간이 만료되는 사람의 명단과 병역증 및 복무기록표를 의무복무기간이 만료되는 달의 전달 10일까지 관할 지방병무청장에게 송부하여야 한다. 이 경우 농업기계운전요원 또는 농업기계수리요원인 산업기능요원을 고용하고 있는 병역지정업체의 장은 관할 특별자치시장·특별자치도지사·시장·군수·구청장을 거쳐 관할 지방병무청장에게 송부하여야 한다.
② 관할 지방병무청장은 전문연구요원 및 산업기능요원이 의무복무기간을 마치게 되는 경우에는 의무복무기간이 만료되는 달의 1일에 의무복무기간을 마치는 날을 명시하여 복무만료처분을 하고, 그 내용을 지방병무청장 및 병역지정업체의 장에게 각각 통보하여야 하며, 그 처분 내용을 기재·정리한 병역증을 병역지정업체의 장 또는 관할 특별시장·광역시장·특별자치시장·도지사·특별자치도지사(후계농어업경영인의 경우만 해당한다)를 거쳐 본인에게 송달하여야 한다.
③ 전문연구요원 및 산업기능요원이 국외근무나 승선복무 등의 사유로 의무복무기간 내에 군사교육소집을 받지 아니한 경우에는 복무만료처분을 보류하고, 군사교육소집을 마친 후에 복무만료 처분을 하여야 한다.
(2016.11.29 본조개정)

제91조【신상변동 통보 등】 ① 병역지정업체의 장이나 관할 특별시장·광역시장·특별자치시장·도지사·특별자치도지사(후계농어업경영인의 경우만 해당한다)는 전문연구요원 또는 산업기능요원이나 그 병역지정업체가 법 제40조에 규정된 사유와 다음 각 호의 어느 하나에 해당하는 사유가 발생한 경우에는 14일 이내에 관할 지방병무청장(농업기계운전요원 또는 농업기계수리요원인 산업기능요원을 고용하고 있는 병역지정업체의 장은 관할 특별자치시장·특별자치도지사·시장·군수·구청장을 거쳐야 한다)에게 통보해야 한다. 이 경우 법 제40조제6호에 해당되는 사유와 이 항 제5호부터 제7호까지의 규정 중 어느 하나에 해당하는 사유가 발생한 경우에는 병역지정업체선정추천권자에게도 통보해야 한다.
(2021.10.14 본문개정)
1. 후계농어업경영인의 사업장소가 변경된 경우
(2013.12.4 본호개정)
2. 의무복무기간 중 질병으로 인하여 통틀어 30일을 초과하는 휴가·휴직 및 결근을 한 경우(2016.11.29 본호개정)
3. 의무복무기간 중 3개월 미만의 해당 분야와 관련되는 국내교육훈련 및 관련 업무수행을 위한 파견근무를 실시하게 된 경우(2016.11.29 본호개정)

4. 박사과정전문연구요원이 해당 대학원에서 박사학위를 취득한 경우(2021.10.14 본호개정)
5. 병역지정업체가 부도 발생으로 조업이 중단된 경우(2016.11.29 본호개정)
6. 병역지정업체로서 제72조에 따른 선정기준에 미달하게 된 경우 또는 공업 분야 제조업체로서 「산업집적활성화 및 공장설립에 관한 법률」에 따른 공장의 등록이 취소된 경우(2016.11.29 본호개정)
7. 병역지정업체의 명칭, 업종 또는 규모의 변경, 연구기관의 연구분야의 변경, 소재지의 이전 또는 농업기계의 사후관리업체의 인정이 취소된 경우(2021.10.14 본호개정)
8. 동일 법인 내 병역지정업체로 전직하게 된 경우(2016.11.29 본호개정)
9. 무단결근한 경우
10. 병역지정업체 간에 파견근무를 하게 된 경우(2016.11.29 본호개정)
11. 제88조제1항제2호에 따라 전문연구요원이 박사학위과정에 수학하는 경우
② 관할 지방병무청장은 병역지정업체가 휴업·영업정지·직장폐쇄 또는 폐업하거나 제1항제5호부터 제7호까지의 규정에 따른 병역지정업체 변경사항에 관한 통보를 받은 경우에는 7일 이내에 병무청장에게 보고하여야 한다.(2016.11.29 본항개정)
③ 제1항제3호 및 제10호에도 불구하고 국내교육훈련기간 또는 파견근무기간이 7일 이내인 경우에는 복무기록표의 기재·정리로 신상변동 통보를 갈음한다.
(2016.11.29 본항개정)
(2016.11.29 본조제목개정)

제91조의2【전문연구요원 등의 편입취소 유보】 ① 전문연구요원이나 산업기능요원으로 편입되어 의무복무를 하다가 해고된 사람이 법 제41조제1항 단서에 따라 편입취소의 유보(留保)를 원하는 경우에는 병역지정업체에서 해고된 날부터 30일 이내에 관할 지방병무청장에게 전문연구요원 또는 산업기능요원 편입취소 유보원서(전자문서로 된 원서를 포함한다)를 제출하여야 한다.
(2016.11.29 본항개정)
② 관할 지방병무청장은 제1항에 따라 전문연구요원 또는 산업기능요원의 편입취소 유보원서를 받은 경우에는 편입취소의 유보 여부를 결정하고 그 결과를 본인에게 통지하여야 한다.

제91조의3【전문연구요원 등의 연장복무 등】 ① 법 제41조제1항 단서에서 "대통령령으로 정하는 사유"란 법 제40조제2호에 해당하는 사람이 병역지정업체의 장의 지시로 부득이하게 위반행위를 한 경우를 말한다.
② 법 제41조제1항 단서에 따른 의무복무기간 연장에 관한 기준은 별표3과 같다.
③ 병역지정업체의 장의 지시로 부득이하게 위반행위를 하게 된 사람이 위반행위를 한 날부터 30일 이내에 그 사실을 관할 지방병무청장에게 신고한 경우에는 제2항에도 불구하고 의무복무기간을 연장하지 아니할 수 있다.
(2016.11.29 본조개정)

제92조【전문연구요원 등의 편입취소자 처리】 ① 병역지정업체의 장은 전문연구요원이나 산업기능요원이 법 제41조제1항에 따라 편입이 취소되는 경우에는 복무기록표를 관할 지방병무청장에게 송부하여야 한다.
(2016.11.29 본항개정)
② 관할 지방병무청장은 전문연구요원 및 산업기능요원의 편입이 취소된 사람에 대하여 법 제41조제3항에 따라 병역의무를 부과할 수 있도록 전문연구요원이나 산업기능요원에 편입되기 전의 지방병무청장에게 병적을 이관해야 한다. 이 경우 관할 지방병무청장은 병적기록표에 제3항에 따라 산출된 복무기간을 명시하여 이관해야 한다.(2021.6.22 본항개정)
③ 전문연구요원 및 산업기능요원이 법 제41조제1항제1호에 따른 부정한 방법으로 법 제38조의2를 위반하여 전직하거나 법 제41조제1항제2호에 따른 부정한 방법으로 전직하여 편입취소된 경우 같은 조 제3항에 따라 현역병으로 입영하게 되거나 사회복무요원으로 소집되어 복무하는 기간은 다음 각 호의 계산방식에 따라 산출된 복무기간으로 한다. 이 경우 소수점 이하의 숫자는 계산하지 않으며, 부정한 방법으로 전직한 이후에 법 제55조제1항에 따른 군사교육을 받은 경우에는 군사교육을 받은 기간은 그 전직 전까지 복무한 일수에 포함하여 산출한다.
1. 현역병으로 입영하게 될 사람의 복무기간

$$\frac{\text{종전의 의무복무기간} - \text{부정한 방법으로 전직하기 전까지 복무한 일수}}{\text{종전의 의무복무기간}} \times \text{현역병 의무복무기간}$$

2. 사회복무요원으로 소집될 사람의 복무기간

$$\frac{\text{종전의 의무복무기간} - \text{부정한 방법으로 전직하기 전까지 복무한 일수}}{\text{종전의 의무복무기간}} \times \text{사회복무요원 의무복무기간}$$

(2023.12.19 본항개정)
④ 전문연구요원 및 산업기능요원이 법 제41조제1항제3호부터 제8호까지에 해당하는 사유로 편입취소된 경우 같은 조 제3항에 따라 현역병으로 입영하게 되거나 사회복무요원으로 소집되어 복무하는 기간은 다음 각 호의 계산방식에 따라 산출된 복무기간으로 한다. 이 경우 소수점 이하의 숫자는 계산하지 않는다.
1. 현역병으로 입영하게 될 사람의 복무기간

$$\frac{\text{종전의 의무복무기간} - \text{복무한 일수}}{\text{종전의 의무복무기간}} \times \text{현역병 의무복무기간}$$

2. 사회복무요원으로 소집될 사람의 복무기간

$$\frac{\text{종전의 의무복무기간} - \text{복무한 일수}}{\text{종전의 의무복무기간}} \times \text{사회복무요원 의무복무기간}$$

(2023.12.19 본항개정)
⑤ (2023.12.19 삭제)

제92조의2【현역병 등 복무 중 보충역 편입자의 복무기간】 법 제42조제3항에 따라 예술·체육요원이나 보충역으로 편입된 사람의 복무기간은 다음 각 호의 구분에 따른 계산 방식에 따라 산출된 기간으로 하되, 소수점 이하의 숫자는 계산하지 아니한다.
1. 법 제33조의7제1항제2호·제3호 및 제5호에 따라 예술·체육요원으로 편입된 사람

$$\frac{\text{종전의 의무복무기간} - \text{복무한 일수}}{\text{종전의 의무복무기간}} \times \text{예술·체육요원 의무복무기간}$$

(2016.11.29 본호개정)
2. 법 제65조제1항에 따라 현역병 복무 중 보충역에 편입된 사람

$$\frac{\text{현역병의 의무복무기간} - \text{현역병으로 복무한 일수}}{\text{현역병의 의무복무기간}} \times \text{보충역의 의무복무기간}$$

(2016.6.14 본조개정)

제4절 사회복무요원 등의 실태조사
(2013.12.4 본절제목개정)

제93조【사회복무요원 등의 실태조사】 ① 법 제43조제1항에 따른 운영계획(이하 이 조에서 "운영계획"이라 한다)에는 다음 각 호의 사항이 포함되어야 한다.
1. 제73조제3항에 따른 병역지정업체 선정 추천 명부의 작성 기준
2. 제77조제1항에 따른 전문연구요원 및 산업기능요원 필요인원의 산정 기준
3. 전문연구요원 및 산업기능요원의 복무지침
4. 그 밖에 전문연구요원 및 산업기능요원 제도의 체계적 운영을 위하여 필요한 사항
(2021.10.14 본항신설)
② 관계 중앙행정기관의 장은 운영계획의 추진 실적을 평가하고, 그 결과를 제73조제3항에 따른 병역지정업체 선정 추천 명부와 제77조제2항에 따라 병무청장에게 통보하는 전문연구요원 및 산업기능요원 필요인원에 반영할 수 있다.(2021.10.14 본항신설)
③ 지방병무청장이나 관할 지방병무청장은 법 제43조제2항에 따라 사회복무요원, 예술·체육요원, 전문연구요원 및 산업기능요원의 복무실태, 신상변동 통보 등 자원관리 실태, 병역지정업체의 선정취소 사유 해당 여부, 관계 서류의 비치상태 등의 점검을 위하여 복무기관별 또는 병역지정업체별로 매년 1회 정기 실태조사를 실시하고, 필요한 경우(전문연구요원이 파견근무 중인 경우에는 그 연구소에 대한 실태조사를 포함한다)에는 수시로 실시할 수 있으며 그 결과를 병무청장에게 보고해야 한다. 다만, 정기실태조사 결과 복무관리 실태가 우수하다고 인정되는 복무기관이나 병역지정업체에 대해서는 다음 해의 실태조사를 면제할 수 있다.(2021.10.14 본문개정)
④ 지방병무청장은 제3항에 따른 실태조사 시 복무기관이나 병역지정업체의 복무관리 실태 등을 평가할 수 있다.(2021.10.14 본항개정)
⑤ 제4항에 따른 복무기관 및 병역지정업체의 평가방법·평가기준, 우수복무기관이나 우수병역지정업체에 대한 우대 등 평가결과의 활용에 관한 사항은 병무청장이 정한다.(2021.10.14 본항개정)
⑥ 제3항에 따라 실태조사를 받아야 할 복무기관, 병역지정업체 및 전문연구요원이 파견근무 중인 연구소의 장은 실태조사에 적극 협조해야 한다.(2021.10.14 본항개정)
⑦ 관할 지방병무청장은 전문연구요원이 파견근무 중인 업체나 연구소의 장이 제3항에 따른 복무관리 실태조사를 위한 자료제출 요구나 질문에 불응하는 경우 파견승인을 취소할 수 있다.(2021.10.14 본항개정)
⑧ 병무청장은 법 제43조제3항에 따라 관계 중앙행정기관의 장과 합동으로 공중보건의사, 공익법무관, 공중방역수의사 및 대체복무요원에 대하여 매년 다음 각 호의 구분에 따른 실태조사를 실시할 수 있다.(2021.10.14 본문개정)
1. 공중보건의사, 공익법무관 및 공중방역수의사
가. 근무시간 중 「농어촌 등 보건의료를 위한 특별조치법」, 「공익법무관에 관한 법률」 및 「공중방역수의사에 관한 법률」에서 정하고 있는 해당 업무에 복무했는지 여부
나. 근무시간 외에 가목에 따른 해당 업무 외의 업무를 수행했는지 여부
2. 대체복무요원 : 대체역법 제16조제2항 각 호에 따른 대체업무에 포함되어서는 안 되는 업무를 수행했는지 여부
(2020.6.30 본항개정)
⑨ 제8항에 따른 복무 실태조사의 방법·시기 등에 관하여 필요한 사항은 병무청장이 관계 중앙행정기관의 장과 협의하여 정한다.(2021.10.14 본항개정)
(2013.12.4 본조제목개정)

제6장 병력동원소집 등 의무부과
(2009.12.7 본장개정)

제1절 병력동원소집

제94조【병력동원계획】 ① 각 군 참모총장은 매년 7월 31일까지 그 다음 해의 병력동원소집 대상자의 입영부대별·계급별·병과별·군사특기별 필요인원 및 동원시기 등을 기재한 병력동원 운영 계획서를 국방부장관에게 제출하여 승인을 받아야 한다.
② 국방부장관은 제1항에 따라 승인한 병력동원 운영 계획서를 매년 8월 31일까지 병무청장 및 각 군 참모총장에게 각각 송부하여야 하고 이를 받은 병무청장은 병력동원소집 계획서를 작성하여 병력동원 운영 계획서와 함께 지방병무청장에게, 각 군 참모총장은 병력동원 운영 계획서를 입영부대의 장에게 각각 매년 9월 15일까지 송부하여야 하며, 입영부대의 장은 부대별 동원소요표를 지방병무청장에게 매년 9월 30일까지 송부하여야 한다.
③ 지방병무청장은 제2항에 따라 병력동원 운영 계획서 및 병력동원소집 계획서를 받은 경우에는 병력동원소집 집행 계획서를 작성하여 매년 11월 30일까지 병무청장에게 보고하고 「예비군법 시행령」 제2조제2호에 따른 수임군부대의 장에게 송부하여야 한다.(2016.11.29 본항개정)

제95조【병력동원소집 대상자의 지정】 ① 지방병무청장은 법 제45조에 따라 병력동원소집 대상자를 지정하려는 경우에는 지역별 소집 대상자 중에서 계급·병과 및 군사특기 등 입영부대의 소집에 필요한 소요를 고려하여 지정하여야 한다.
② 제1항에 따른 병력동원소집 대상자의 역종별 지정순서 및 지정범위, 그 밖의 필요한 사항은 병무청장이 정한다.

제96조【병력동원소집 통지서의 송달 등】 지방병무청장은 법 제46조제1항에 따라 병력동원소집을 하려는 경우에는 병력동원소집 통지서를 본인에게 송달하여야 한다.

제97조【병력동원소집 입영사무소의 설치 및 운영】 ① 입영부대의 장은 지방병무청장과 협의하여 인도·인접지를 선정하고 병력동원소집에 의하여 입영할 사람의 인도·인접에 관한 사무를 처리하기 위하여 입영사무소를 설치하여야 한다. 다만, 입영할 사람의 인도·인접지가 입영부대가 아닌 경우에는 해당 지방병무청장이 입영사무소를 설치한다.
② 인도·인접시간 및 절차 등 입영사무의 처리에 필요한 사항은 각 군 참모총장과 협의하여 병무청장이 정한다.

제98조【병력동원소집 입영신체검사 및 귀가자 처리 등】 ① 법 제47조에 따른 병력동원소집 입영신체검사 등에 관하여는 제18조의8제2항 후단 및 같은 조 제3항부터 제5항까지의 규정을 준용한다. 이 경우 "현역 편입자 명부"는 "병력동원소집자 명부"로 본다.(2021.6.22 전단개정)
② 지방병무청장은 법 제47조제2항에 따라 귀가된 사람으로서 신체등급이 명시된 사람에 대해서는 그 신체등급에 따라 병역처분을 하고, 치유기간이 명시된 사람에 대해서는 병무청장이 정하는 기준에 따라 소집하거나 재검사할 수 있다.(2016.11.29 본항개정)

제99조【병력동원소집의 해제】 국방부장관은 다음 각 호의 어느 하나에 해당하는 경우에는 각 군 참모총장으로 하여금 병력동원소집의 해제를 명하게 할 수 있다. 이 경우 각 군 참모총장은 그 권한을 소속 군부대의 장에게 위임할 수 있다.
1. 전시·사변이 끝난 경우
2. 동원령이 해제된 경우
3. 정원 조정이 필요하다고 인정한 경우

제2절 병력동원훈련소집

제100조【병력동원훈련계획】 ① 각 군 참모총장은 매년 10월 31일까지 그 다음 해의 병력동원훈련소집 대상자의 병력동원훈련 또는 점검의 횟수, 부대별·입영일별 필요인원 등을 기재한 병력동원훈련 운영 계획서를 국방부장관에게 제출하여 승인을 받아야 한다. 이미 승인된 계획을 변경하려는 경우에는 입영일 60일 전까지 변경 계획서를 제출하여 승인을 받아야 한다.(2016.11.29 후단개정)
② 국방부장관은 제1항에 따라 승인한 병력동원훈련 운영 계획서를 매년 11월 20일까지(변경 계획서의 경우에는 입영일 40일 전까지) 병무청장 및 각 군 참모총장에게 각각 송부하여야 하며, 이를 받은 병무청장은 병력동원훈련소집 계획서를 작성하여 지방병무청장에게, 각 군 참모총장은 병력동원훈련 운영 계획서를 입영부대의 장에게 각각 매년 12월 10일까지(변경계획서의 경우에는 입영일 30일 전까지) 송부하여야 한다.(2016.11.29 본항개정)
③ 지방병무청장은 제2항에 따른 병력동원훈련소집 계획서를 받은 경우에는 병력동원훈련소집 집행 계획서를 작성하여 매년 12월 31일까지(변경 계획서의 경우에는 지체 없이) 병무청장에게 보고하고, 입영부대의 장에게 송부하여야 한다.

④ 지방병무청장은 제3항에 따라 병력동원훈련소집 집행 계획서를 작성·보고한 경우에는 수송 및 급식 등 각종의 지원에 관한 대책이 포함된 병력동원훈련소집 세부 집행 계획서를 작성하여 매년 2월 말일까지 입영부대의 장에게 송부하여야 한다.
⑤ 병력동원소집에 대비한 불시훈련 또는 점검의 경우에는 제1항부터 제3항까지의 규정에도 불구하고 병력동원훈련 운영 계획서 등을 작성하여 송부하는 날짜를 단축할 수 있다.(2016.11.29 본항개정)
제100조의2【병력동원훈련소집의 면제】 ① 법 제49조제2항에 따라 병력동원훈련소집을 면제받으려는 사람은 다음 각 호의 어느 하나에 해당하는 사실관계를 확인할 수 있는 서류를 지방병무청장에게 제출하여야 한다. 다만, 지방병무청장이 해당 사실관계를 확인할 수 있는 경우에는 그 서류의 제출을 생략할 수 있다.
1. 법 제55조제2항에 따른 예비역 진급교육 이수 여부
2. 「재난 및 안전관리 기본법」 제60조에 따라 특별재난지역으로 선포된 지역에 거주 여부
② 제1항에 따른 병력동원훈련소집 면제 절차 등에 관하여 필요한 사항은 국방부장관이 정한다.
(2016.6.14 본조신설)
제101조【병력동원훈련소집 통지서의 송달 등】 ① 지방병무청장은 병력동원훈련소집 대상자에 대하여 병력동원훈련소집을 하려는 경우에는 병력동원훈련소집 통지서를 입영일 7일 전까지 본인에게 송달하여야 한다.
(2016.11.29 본항개정)
② 병력동원훈련소집 대상자로서 거주지를 이전하기 전에 병력동원훈련소집 통지서를 받은 사람은 거주지를 이전한 후에도 그 통지서에 지정된 바에 따라 입영하여야 하고, 법 제50조제4항에 따른 병력동원훈련소집 공고가 있는 경우에는 공고된 바에 따라 입영하여야 한다. 다만, 주민등록표상 세대를 같이 하는 모든 가족과 함께 거주지를 이전한 사람 중 병무청장이 정하는 사람은 지방병무청장이 입영부대 및 입영일시를 다시 지정하여 입영하게 할 수 있다.
③ 병력동원훈련 운영 계획서 등에 의하여 사전에 입영일을 지정하지 아니하고 실시하는 병력동원훈련소집 등의 경우에는 제1항에도 불구하고 병력동원훈련소집 통지서를 입영일 전날까지 송달할 수 있다.(2018.5.28 본항개정)
제102조【병력동원훈련소집 입영사무소의 설치 및 운영】 병력동원훈련소집에 따라 입영할 사람의 인도·인접 시간 및 절차 등 입영사무의 처리에 관하여는 제97조를 준용한다.
제103조【병력동원훈련소집 입영신체검사 및 귀가자 처리 등】 ① 법 제51조에 따른 병력동원훈련소집 입영신체검사 등에 관하여는 제18조의8제2항 후단 및 같은 조 제3항부터 제5항까지의 규정을 준용한다. 이 경우 "현역편입자 명부"는 "병력동원훈련소집자 명부"로 본다.
(2021.6.22 전단개정)
② 지방병무청장은 법 제51조제2항에 따라 귀가된 사람을 해당 입영부대의 다음 입영일시에 재소집하거나 그 해의 훈련소집을 면제할 수 있다.
제104조【병력동원훈련소집의 해제】 소속 군부대의 장은 병력동원훈련소집으로 복무 중인 사람이 다음 각 호의 어느 하나에 해당하는 경우에는 병력동원훈련소집을 해제하여야 한다.
1. 법 제49조에 따른 소집기간이 만료된 경우
2. 병력동원소집된 경우
3. 국방부장관이 병력동원훈련소집을 실시할 필요가 없다고 인정한 경우

제3절 전시근로소집

제105조【전시근로소집 계획 등】 ① 법 제53조에 따른 전시근로소집의 계획, 소집 대상자의 지정, 통지서의 송달, 입영사무소의 설치·운영, 입영신체검사, 귀가자 처리 및 소집해제 등에 관하여는 제94조부터 제99조까지의 규정을 준용한다. 이 경우 "병력동원소집 대상자"는 "전시근로소집 대상자"로, "병력동원 운영 계획서"는 "전시근로소집 운영 계획서"로, "병력동원소집 계획서"는 "전시근로소집 계획서"로, "병력동원소집 집행 계획서"는 "전시근로소집 집행 계획서"로, "병력동원소집 통지서"는 "전시근로소집 통지서"로, "병력동원소집 입영사무소"는 "전시근로소집 입영사무소"로, "병력동원소집 입영신체검사"는 "전시근로소집 입영신체검사"로, "병력동원소집 해제"는 "전시근로소집 해제"로 본다.
② 법 제53조제2항의 전시근로소집에 대비한 점검을 실시함에 있어서는 제100조부터 제104조까지의 규정을 준용한다. 이 경우 "병력동원훈련소집 대상자"는 "전시근로소집점검 대상자"로, "병력동원훈련 운영 계획서"는 "전시근로소집점검 운영 계획서"로, "병력동원훈련소집 계획서"는 "전시근로소집점검 계획서"로, "병력동원훈련소집 집행 계획서"는 "전시근로소집점검 집행 계획서"로, "병력동원훈련소집 통지서"는 "전시근로소집점검 통지서"로, "병력동원훈련소집 입영사무소"는 "전시근로소집점검 입영사무소"로, "병력동원훈련소집 입영신체검사"는 "전시근로소집점검 입영신체검사"로, "병력동원훈련소집 해제"는 "전시근로소집점검 해제"로 본다.

제4절 군사교육소집

(2016.11.29 본절제목개정)

제106조【보충역의 군사교육소집】 ① 지방병무청장은 매년 7월 31일까지 그 다음 해에 실시하려는 보충역의 군사교육소집 대상 인원을 병무청장에게 보고하여야 한다.
② 병무청장은 제1항에 따른 보고를 받은 경우에는 이를 종합하여 각 군 참모총장에게 통보하여야 하며, 그 통보를 받은 각 군 참모총장은 군사교육소집 대상자의 입영부대별·입영일별 필요인원 등을 기재한 군사교육소집 운영 계획서를 작성하여 매년 9월 30일까지 국방부장관의 승인을 받아야 한다.
③ 국방부장관은 제2항에 따라 승인한 군사교육소집 운영 계획서를 매년 10월 15일까지 병무청장 및 각 군 참모총장에게 각각 송부하여야 하며, 이를 받은 병무청장은 군사교육소집 입영 계획서를 작성하여 지방병무청장에게, 각 군 참모총장은 군사교육소집 운영 계획서를 입영부대의 장에게 지체 없이 송부하여야 한다.
④ 입영부대의 장은 제3항에 따른 군사교육소집 운영 계획서를 받은 경우에는 입영일별 군사교육소집 계획인원을 매년 11월 30일까지 지방병무청장에게 통보하여야 한다.
⑤ 지방병무청장은 제3항에 따른 군사교육소집 입영 계획서를 받은 경우에는 군사교육소집 입영 집행 계획서를 작성하여 병무청장에게 보고하고, 입영부대의 장에게 송부하여야 한다.
(2016.11.29 본조개정)
제107조【군사교육소집 실시】 보충역의 군사교육소집은 거주지·직장소재지 또는 소속기관별로 다음 각 호의 구분에 따라 실시한다.(2021.10.14 본문개정)
1. 사회복무요원 : 사회복무요원 소집과 동시에 실시하며, 부득이한 경우에는 사회복무요원 소집일부터 1년 이내. 다만, 사회복무요원으로 소집되기 전에 법 제55조에 따른 군사교육소집을 마친 사람과 현역병으로 입영하여 제137조제7항에 따라 보충역으로 편입된 사람은 다시 군사교육소집을 실시하지 않는다.(2021.10.14 본호개정)
1의2. (2016.6.14 삭제)
1의3. 예술·체육요원 : 예술·체육요원 편입일부터 1년 이내. 다만, 예술·체육요원으로 편입되기 전에 법 제55조에 따른 군사교육소집을 마친 사람과 현역병으로 입영하여 제137조제1항제6호에 따라 보충역으로 편입된 사람은 다시 군사교육소집을 실시하지 않는다.
(2021.10.14 단서개정)
2. 공중보건의사·병역판정전담의사·공익법무관 또는 공중방역수의사 : 공중보건의사·병역판정전담의사·공익법무관 또는 공중방역수의사의 병적에 편입되어 복무기관에 배치되기 전. 다만, 공익상 필요가 있는 경우에는 국방부장관과 관계 중앙행정기관의 장이 협의하여 복무기관에 배치된 이후에 실시할 수 있다.
(2020.6.30 단서신설)
3. 전문연구요원 및 산업기능요원 : 의무복무기간 중에 실시. 다만, 국외근무 또는 승선 등의 사유로 의무복무기간 중에 군사교육소집을 받지 못하는 경우에는 그 사유가 없어진 때(2016.11.29 본호개정)
4. 국외를 왕래하는 선박의 선원으로서 3년 이상 사회복무요원 소집이 연기된 사람 : 연기사유가 없어진 때
(2013.12.4 본호개정)
(2016.11.29 본조제목개정)
제108조【군사교육소집 기간】 법 제55조제1항에 따른 보충역의 군사교육소집 기간은 30일 이내로 한다. 다만, 국방부장관이 필요하다고 인정하는 경우에는 30일의 범위에서 그 기간을 연장할 수 있다.(2016.11.29 본조개정)
제109조【군사교육소집 통지서의 송달】 ① 지방병무청장은 보충역에게는 군사교육소집 통지서를 입영일 30일 전까지 송달하여야 한다.(2018.5.28 본항개정)
② 제1항에도 불구하고 다음 각 호의 어느 하나에 해당하는 사람에게는 군사교육소집 통지서를 입영일 7일 전까지 송달하여야 한다.
1. 제107조제1호에 따라 소집과 동시에 군사교육소집되지 아니하는 사회복무요원
2. 제107조제1호의3에 따른 예술·체육요원
3. 제107조제2호에 따른 공중보건의사·병역판정전담의사·공익법무관 또는 공중방역수의사
4. 제107조제3호에 따른 전문연구요원 및 산업기능요원 중 복무만료 예정일까지 남은 의무복무기간이 6개월 미만인 사람(2022.6.30 본호신설)
(2018.5.28 본항신설)
③ 제107조제1호에 따라 사회복무요원 소집과 동시에 군사교육소집되는 사람에 대하여 사회복무요원 소집 통지서가 송달된 경우에는 제1항에 따른 군사교육소집 통지서가 송달된 것으로 본다. 이 경우 사회복무요원 소집 통지서에는 군사교육소집 통지에 관한 사항이 기재되어야 한다.(2016.11.29 본항개정)
④ 입영부대의 장은 입영대상자 명부 및 병적기록표를 받은 경우에는 입영한 사람의 명부(인사명령서로 갈음할 수 있다)와 입영하지 아니한 사람(귀가자를 포함한다)의 명부 및 병적기록표를 지체 없이 지방병무청장에게 송부하여야 한다.
(2016.11.29 본조제목개정)
제110조【군사교육소집 입영사무소의 설치 및 운영 등】 ① 보충역으로 군사교육소집 입영하는 사람의 인도·인접을 위한 군사교육소집 입영사무소의 설치와 운영, 집결지 신체검사, 지연입영 신고, 귀가자의 재입영시 복무기간에 관하여는 제22조부터 제24조까지, 제27조제1항 및 제2항의 규정을 준용한다. 이 경우 "병무청장"은 "지방병무청장"으로, "현역병입영 대상자"는 "군사교육소집 입영 대상자"로 본다.(2021.6.22 전단개정)
② (2021.6.22 삭제)
제111조【군사교육소집 중 퇴영자 등의 처리】 ① 입영부대의 장은 질병 등 부득이한 사유로 군사교육소집을 마치지 못할 것으로 인정되는 사람에 대해서는 다음 각 호의 구분에 따른 때에 퇴영(退營)시킬 수 있으며, 지방병무청장은 퇴영한 사람에 대하여 그 사유가 없어진 후에 다시 군사교육소집을 실시해야 한다. 다만, 군병원에서 정밀신체검사를 실시한 결과 질병 사유로 퇴영한 경우에는 제18조의9를 준용하여 처리한다.(2021.6.22 본문개정)
1. 입영판정검사를 받고 입영하는 사람(제18조의7제1호에 따라 입영판정검사를 받지 않고 입영한 사람을 포함한다) : 입영일이 지난 때(2021.6.22 본호신설)
2. 법 제14조의3제7항에 따른 입영신체검사를 받은 사람 : 입영한 날부터 7일(토요일 및 공휴일을 포함한다)이 지난 때(2021.6.22 본호신설)
② 제107조제1호에 따라 군사교육소집된 사람이 퇴영한 경우 입영한 날부터 퇴영한 날까지의 기간은 복무기간에 산입한다.
③ 입영부대의 장은 군사교육소집 중 공상을 입은 사람이 원하는 경우에는 제1항에도 불구하고 퇴영시키지 아니하고 치료 후 다시 군사교육소집을 할 수 있다.
④ 제3항에 따라 다시 군사교육소집을 하는 경우 입영한 날부터 다시 군사교육소집된 날의 전날까지의 기간은 복무기간에 포함한다.
(2016.11.29 본조개정)
제112조【군사교육소집의 해제 등】 ① 입영부대의 장은 군사교육소집된 사람이 다음 각 호의 어느 하나에 해당하는 경우에는 군사교육소집을 해제하여야 한다.
1. 제108조에 따른 군사교육소집 기간이 만료된 경우
2. 국방부장관이 군사교육소집을 실시할 필요가 없다고 인정한 경우
② 입영부대의 장은 군사교육소집을 해제한 경우에는 해제자 명부(인사명령서로 갈음할 수 있다) 및 병적기록표를 지방병무청장에게 송부하여야 한다.
③ 제1항제1호에 따라 군사교육소집이 해제된 사회복무요원 또는 예술·체육요원에 대한 인도·인접은 입영부대에서 입영부대의 장, 지방병무청장 및 복무기관의 장(예술·체육요원의 경우에는 문화체육관광부장관을 말한다)이 한다. 다만, 군사교육소집 해제자의 복무기관의 장에게의 인도는 사회복무요원 또는 예술·체육요원 소집자 명부 등의 송부로 갈음할 수 있다.
(2016.11.29 본조개정)
제113조【군번 및 계급 등의 부여】 입영부대의 장은 법 제55조제1항에 따라 군사교육소집된 보충역에 대하여 군번·계급 및 군사특기를 부여하여야 한다.(2016.11.29 본조개정)
제113조의2【승선근무예비역의 군사교육소집】 ① 법 제21조의2제1항제2호에 해당하는 사람으로서 승선근무예비역에 편입된 사람에 대해서는 편입된 후 최초로 승선근무를 하기 전에 군사교육소집을 실시한다. 다만, 이미 제40조의2제1항 각 호에 따른 선박에서 승선근무 중인 사람은 하선한 때에 군사교육소집을 실시한다.
② 법 제55조제1항 본문에 따른 승선근무예비역의 군사교육소집에 대해서는 제106조, 제108조 및 제111조부터 제113조까지의 규정을 준용한다. 이 경우 제106조, 제111조제1항 각 호 외의 부분 본문 및 제112조 중 "지방병무청장"은 "관할 지방병무청장"으로 본다.(2021.6.22 후단개정)
③ 승선근무예비역에 대한 군사교육소집 통지서는 관할 지방병무청장이 군사교육소집 30일 전까지 본인에게 송달하여야 하고, 군사교육소집 통지에 관한 그 밖의 사항에 관하여는 제109조제4항을 준용한다. 이 경우 제109조제4항 중 "지방병무청장"은 "관할 지방병무청장"으로 본다.(2018.5.28 본항개정)
④ 승선근무예비역으로 군사교육소집 입영하는 사람의 인도·인접을 위한 군사교육소집 입영사무소의 설치와 운영, 집결지 신체검사, 지연입영 신고, 귀가자의 재입영시 복무기간에 관하여는 제22조부터 제24조까지, 제27조제1항 및 제2항의 규정을 준용한다. 이 경우 "병무청장"은 "관할 지방병무청장"으로, "현역병입영 대상자"는 "군사교육소집입영 대상자"로 본다.(2021.6.22 전단개정)
⑤ (2021.6.22 삭제)
(2016.11.29 본조개정)
제114조【전시근로역의 군사교육소집】 법 제55조제1항 단서에 따른 전시근로역의 군사교육소집에 관하여는 제106조, 제107조 각 호 외의 부분 및 제108조부터 제113조까지의 규정을 준용한다.(2016.11.29 본조개정)
제115조【예비역 등의 군사교육소집】 ① 각 군 참모총장은 예비역, 보충역 또는 전시근로역을 진급시키거나 장

교임용에 필요한 자격을 부여하기 위하여 법 제55조제2항에 따른 군사교육소집을 실시하려는 경우에는 입영일 60일 전까지 군사교육소집 운영 계획서를 작성하여 국방부장관의 승인을 받아야 한다.
② 국방부장관은 제1항에 따라 승인한 군사교육소집 운영 계획서를 입영일 40일 전까지 각 군 참모총장에게 송부하여야 하며, 이를 받은 각 군 참모총장은 군사교육소집 운영 계획서를 군사교육소집 부대의 장에게 지체 없이 송부하여야 한다.
③ 군사교육소집 대상자의 선발, 소집통지서 송달, 교육훈련의 기간과 내용 및 자격부여 등에 필요한 사항은 국방부장관이 정한다.
(2016.11.29 본조개정)
제115조의2【예비역의 진급】 ① 예비역의 장교·부사관 또는 병으로서 제2항 및 제3항에 따른 진급에 필요한 진급예정 계급별 최저 복무기간을 경과하고 제115조제1항에 따른 군사교육소집을 마친 사람이 원하는 경우에는 진급시킬 수 있다.(2016.11.29 본항개정)
② 예비역장교의 진급에 필요한 진급예정 계급별 최저 복무기간(전역 당시 계급의 현역 복무기간을 포함한다)은 다음과 같다.

진급예정 계급	최저 복무기간
대령	중령으로서 7년
중령	소령으로서 7년
소령	대위로서 7년
대위	중위로서 6년
중위	소위로서 2년

③ 예비역의 부사관 및 병의 진급에 필요한 진급예정 계급별 최저 복무기간은 국방부장관이 정한다.
(2012.6.29 본조신설)
제115조의3【예비역장교의 임용】 예비역의 부사관 또는 병 중 다음 각 호의 요건을 모두 갖춘 사람으로서 제115조제1항에 따른 군사교육소집을 마치고 검정에 합격한 사람이 원하는 경우에는 예비역장교로 임용할 수 있다.(2016.11.29 본문개정)
1. 2년 이상의 현역복무를 마친 사람 또는 소집되어 2년 이상의 군복무를 마친 사람
2. 고등학교를 졸업한 사람 또는 이와 같은 수준 이상의 학력이 있다고 인정되는 사람
(2012.6.29 본조신설)
제115조의4【예비역의 진급권자·임용권자】 ① 예비역장교의 진급과 예비역의 부사관 및 병의 예비역장교 임용은 각 군 참모총장의 추천에 의하여 국방부장관이 행한다.
② 예비역의 부사관 및 병의 진급은 각 군 참모총장이 행하되, 각 군 참모총장은 필요한 경우 그 권한의 일부를 장성급(將星級) 장교를 지휘관으로 하는 부대의 장에게 위임할 수 있다.(2017.9.5 본항개정)
(2012.6.29 본조신설)

제7장 학생군사교육 및 의무장교 등의 병적 편입
(2009.12.7 본장개정)

제116조【학생군사교육】 ① 법 제57조에 따른 군사교육의 실시 및 군사교육을 받은 사람의 군복무기간 또는 사회복무요원의 복무기간 단축과 현역의 장교 또는 부사관으로의 병적 편입 등에 관하여 필요한 사항은 따로 대통령령으로 정한다.(2013.12.4 본항개정)
② 각 군 참모총장은 제1항에 따라 현역의 병적에 편입된 사람에 대해서는 현역 편입자 명부(인사명령서로 갈음할 수 있다)를 지방병무청장(병무지청장을 포함한다. 이하 이 장에서 같다)에게 송부하여야 하며, 이를 받은 지방병무청장은 병적기록표를 입영부대의 장에게 송부하여야 한다.
제117조【학군 군간부후보생 제적자의 처리】 ① 각 군 참모총장은 법 제57조제2항에 따른 학군 군간부후보생을 「학생군사교육실시령」 제6조에 따라 제적한 경우에는 14일 이내에 그 사유와 명단을 병무청장에게 송부하여야 하며, 이를 송부받은 병무청장은 지체 없이 지방병무청장에게 송부하여 편입되기 전의 신분으로 복귀시켜 현역병 입영 또는 사회복무요원으로 소집하게 하여야 한다. 다만, 19세 이하의 사람에 대해서는 학군 군간부후보생으로 편입되기 전의 신분으로 관리하여야 한다.
② 지방병무청장은 제1항에 따른 제적자 명단을 받은 경우에는 「군인사법」 제10조에 따른 장교·부사관 임용결격사유에 해당되는 사람, 정해진 군사교육을 받지 않거나 군사교육 평가에 불합격된 사람, 정해진 군사교육 과정을 모두 이수할 때까지 졸업할 수 없는 사람으로서 제적된 사람에 대해서는 학교별 제한연령까지 입영이나 소집을 계속 연기할 수 있으며, 제적된 사람에게 질병이나 심신장애가 있는 경우에는 병역판정검사장 또는 군병원에서 신체검사를 거쳐 제135조제5항을 준용하여 병역처분을 할 수 있다.(2021.10.14 본항개정)
(2016.11.29 본조개정)
제118조【의무·법무·군종·수의장교 등의 지원】 ① 법 제58조제1항에 따라 의무·법무·군종·수의 분야의 현역장교 병적 편입을 지원하려는 사람은 편입 지원서(전자문서로 된 지원서를 포함한다)를 편입되는 연도의 전년도 10월 31일까지 재학 중인 학교의 장, 연수기관의 장 또는 종교단체의 장을 거쳐 병무청장에게 제출하고, 학교, 연수기관 또는 종교단체에 소속되어 있지 않은 사람은 병무청장에게 직접 제출해야 한다.(2021.10.14 본항개정)
② 의무·법무·수의 분야 현역장교 병적 편입을 지원하려는 사람은 제1항에 따른 편입 지원서에 의무·법무·수의 분야 현역장교 병적에 편입되지 않을 경우 공중보건의사·병역판정전담의사·공익법무관 또는 공중방역수의사의 편입을 원한다는 뜻을 기재할 수 있다.
(2021.10.14 본항신설)
제118조의2【군종 분야 병적 편입 대상 종교의 선정기준】 법 제58조제1항에 따른 군종 분야 병적 편입 대상 종교의 선정기준은 다음 각 호와 같다.
1. 사회통념상 종교로서 인정되는 교리와 조직을 갖추고 성직의 승인·취소 및 성직자 양성교육이 제도화되어 있을 것
2. 교리의 내용 및 종교의식 등이 장병의 올바른 가치관의 확립, 도덕심 및 준법성의 함양과 정신전력의 강화에 이바지할 수 있을 것
3. 국민 전체 및 군내 신자의 수, 종교 의식·행사의 원활한 수행 가능성 등을 고려할 때 선정의 필요성이 있다고 인정될 것
제118조의3【군종 분야 현역장교의 선발기준 및 절차】 ① 법 제58조제1항에 따른 군종 분야의 현역장교는 다음 각 호의 어느 하나에 해당하는 사람 중에서 선발한다.
1. 학사 이상의 학위를 가진 사람으로서 목사·신부·승려 또는 그 밖에 이와 동등한 직무를 수행하는 사람의 자격을 가진 사람
2. 입영일 전에 제1호에 따른 자격을 취득할 수 있는 사람(2016.11.29 본호개정)
3. 법 제58조제2항에 따라 군종사관후보생의 병적에 편입된 사람
② 국방부장관은 제1항 각 호의 어느 하나에 해당하는 사람 중에서 군종 분야의 현역장교를 선발하려는 경우에는 해당 종교단체에 선발대상자의 추천을 의뢰하고 그 추천을 받아 선발한다.
③ 제1항과 제2항에서 규정한 사항 외에 군종 분야 현역장교의 선발에 필요한 구체적인 사항은 국방부령으로 정한다.
제118조의4【의무·법무·수의사관후보생 선발인원 결정】 ① 국방부장관, 보건복지부장관, 법무부장관 또는 농림축산식품부장관은 다음 각 호의 구분에 따른 필요인원을 매년 1월 31일까지 병무청장에게 통보하여야 한다.
(2016.6.14 본문개정)
1. 국방부장관 : 다음 각 목의 필요인원
가. 의무 분야의 현역장교 5년 후 필요인원
나. 법무 분야의 현역장교 2년 후 필요인원
다. 수의 분야의 현역장교 2년 후 필요인원(2018.5.28 본목개정)
2. 보건복지부장관 : 공중보건의사 5년 후 필요인원
3. (2016.6.14 삭제)
4. 법무부장관 : 공익법무관 2년 후 필요인원
5. 농림축산식품부장관 : 공중방역수의사 2년 후 필요인원(2018.5.28 본호개정)
② 병무청장은 제1항에 따른 통보를 받으면 의무·법무·수의 분야의 현역장교 충원율 등을 고려하여 의무·법무·수의사관후보생 선발인원을 결정한다.
(2013.12.4 본조신설)
제119조【의무·법무·군종·수의사관후보생의 병적 편입】 ① 법 제58조제2항에 따라 의무·법무·군종·수의사관후보생의 병적에 편입할 수 있는 사람은 병역판정검사 대상자, 현역병입영 대상자 및 사회복무요원 소집 대상자 중 다음 각 호의 어느 하나에 해당하는 사람으로 한다.(2016.11.29 본문개정)
1. 의무 분야는 국방부장관이 지정하는 군전공의 수련기관에서 정해진 과정을 이수하고 있는 사람(이하 "군전공의요원"이라 한다)으로서 33세까지 그 과정을 마칠 수 있는 사람
2. 법무 분야는 사법연수원에서 정해진 과정을 이수하고 있는 사람으로서 30세까지 그 과정을 마칠 수 있는 사람 또는 법학전문대학원에서 정해진 과정을 이수하고 있는 사람으로서 30세까지 판사, 검사 또는 변호사의 자격을 취득할 수 있는 사람(2011.11.23 본호개정)
3. 군종 분야는 국방부장관이 지정하는 신학대학·불교대학이나 그 밖에 성직자의 양성을 목적으로 하는 대학에 재학 중인 사람으로서 28세까지 그 과정을 마칠 수 있는 사람
4. 수의 분야는 수의과대학(수의학과가 설치된 대학을 포함한다)에 재학 중인 사람으로서 28세까지 그 과정을 마칠 수 있는 사람
② 제1항에 해당하는 사람으로서 의무사관후보생을 지원하려는 사람은 군전공의요원으로 채용되는 해의 2월 10일(「의료법」에 따라 긴급하게 의료인력을 충원할 필요가 있어 실시하는 의사 국가시험에 응시하여 합격한 사람은 합격자 발표일부터 15일이 되는 날)까지, 법무사관후보생을 지원하는 사람은 사법연수원에 입교한 해 또는 법학전문대학원 2학년이 되는 해의 3월 31일까지, 수의사관후보생을 지원하는 사람은 수의과대학 본과 3학년이 되는 해의 5월 31일까지 의무·법무·수의사관후보생 지원서(전자문서로 된 지원서를 포함한다)를 해당 수련기관, 사법연수원, 법학전문대학원 또는 수의과대학의 장을 거쳐 병무청장에게 제출해야 하며, 군종사관후보생을 지원하려는 사람은 국방부장관이 정하는 출원 및 선발 등의 절차에 따라 군종사관후보생 지원서(전자문서로 된 지원서를 포함한다)를 제출해야 한다. 이 경우 의무·법무 또는 수의 분야 현역장교 병적에 편입되지 않는 경우에는 공중보건의사·병역판정전담의사·공익법무관 또는 공중방역수의사의 편입을 원한다는 뜻을 지원서에 기재할 수 있다.(2021.2.17 본항개정)
③ 제118조제1항에 따라 의무·법무·수의 분야 현역장교 편입 지원서를 제출한 사람이 제2항에 따른 의무·법무·수의사관후보생 지원서를 제출한 경우에는 의무·법무·수의 분야 현역장교 병적 편입 지원서를 철회한 것으로 본다.(2021.10.14 본항신설)
④ 병무청장은 제2항에 따른 지원자 중에서 의무·법무·수의사관후보생을 선발할 때에는 법 제12조제1항에 따른 신체등급을 100점 만점으로 환산한 점수에 다음 각 호의 구분에 따른 점수를 합산한 점수가 높은 순으로 선발(「군인사법」 제10조제2항에 따른 임용결격사유에 해당하는 사람은 제외한다)하되, 선발예정인원을 초과한 동점자가 있을 때에는 신체등급이 높은 순, 다음 각 호의 구분에 따른 점수가 높은 순, 생년월일이 빠른 순으로 선발한다. 이 경우 신체등급을 100점 만점으로 환산한 점수는 신체등급 1급부터 3급까지는 100점, 신체등급 4급은 90점으로 한다.(2018.5.28 전단개정)
1. 의무사관후보생의 경우 : 의사·치과의사 또는 한의사 면허시험 성적을 100점 만점으로 환산한 점수
2. 법무사관후보생의 경우 : 다음 각 목의 구분에 따른 점수
가. 사법연수원생의 경우 : 사법시험 성적을 100점 만점으로 환산한 점수
나. 법학전문대학원생의 경우 : 해당 법학전문대학원 입학 시 법학적성시험 성적을 50점 만점으로 환산한 점수와 법학전문대학원 1학년 성적을 50점 만점으로 환산한 점수를 합산한 점수
3. 수의사관후보생의 경우 : 수의과대학 본과 1·2학년 평균 성적을 100점 만점으로 환산한 점수(2018.5.28 본호개정)
(2013.12.4 본항신설)
⑤ 병무청장은 제4항에 따라 의무·법무·수의사관후보생을 선발한 경우에는 그 명단을 해당 수련기관, 사법연수원, 법학전문대학원 또는 수의과대학의 장 및 지방병무청장에게 각각 송부해야 하며, 선발자 명단을 송부받은 지방병무청장은 의무·법무·수의사관후보생 병적에 편입해야 한다.(2021.10.14 본항개정)
⑥ 병무청장은 국방부장관으로부터 군종사관후보생 선발자 명단을 송부받은 경우에는 이를 해당 지방병무청장에게 송부하고, 선발자 명단을 송부받은 지방병무청장은 군종사관후보생 병적에 편입하여야 한다.(2011.11.23 본항개정)
⑦ 의무·법무·군종·수의사관후보생으로서 제1항에 따른 제한연령에 이르기 전에 정해진 과정은 마쳤으나 법 제58조제1항 각 호에 따른 자격을 얻지 못한 사람에 대해서는 제한연령에 이를 때까지 계속 의무·법무·군종·수의사관후보생으로 관리할 수 있다.
⑧ 제1항부터 제7항까지에서 규정한 사항 외에 군종사관후보생의 선발 및 의무사관후보생 수련에 필요한 사항은 국방부령으로 정한다.(2021.10.14 본항개정)
제119조의2【군종장교운영심사위원회】 ① 법 제58조제7항에 따른 군종장교운영심사위원회(이하 이 조에서 "위원회"라 한다)는 위원장 1명을 포함한 8명 이상 11명 이하의 위원으로 구성한다. 이 경우 특정종교의 신자 비율이 3분의 1 미만이 되도록 하여야 한다.
② 위원장은 국방부 인사복지실장이 되고, 위원은 다음 각 호의 사람이 된다.
1. 국방부 인사기획관
2. 국방부의 군종업무를 담당하는 과장
3. 대령 이상의 현역장교, 국방부 소속 4급 이상 일반직공무원 또는 이에 상응하는 별정직공무원(고위공무원단에 속하는 공무원을 포함한다)으로서 국방부장관이 지정하는 사람
4. 육군·해군·공군 본부 인사참모부장
③ 위원장은 위원회의 공정한 심의·의결을 위하여 필요하다고 인정되는 경우에는 관계 전문가 등을 참석시켜 발언하게 할 수 있다. 다만, 제4항제1호의 사항을 심의·의결하는 경우에는 해당 종교단체의 관계자를 참석시켜 그 의견을 들어야 한다.
④ 위원회는 다음 각 호의 사항을 심의·의결한다.
1. 제118조의2 각 호의 기준에 따른 군종 분야 병적 편입 대상 종교의 선정 또는 취소에 관한 사항
2. 군종 분야 현역장교의 선발에 관한 사항
3. 그 밖에 군종장교제도의 운영에 관한 사항
⑤ 위원회의 회의는 재적위원 3분의 2 이상의 출석으로 개의(開議)하고, 출석위원 과반수의 찬성으로 의결한다.
⑥ 위원회의 사무를 처리하기 위하여 간사 1명을 두되, 간사는 국방부 소속 공무원 중에서 위원장이 임명한다.
⑦ 제4항제1호의 사항에 대한 사전검토를 위하여 위원회에 전문위원회를 둘 수 있다.

⑧ 제7항에 따른 전문위원회의 구성 및 운영에 필요한 사항은 위원회의 의결을 거쳐 위원장이 정한다.
⑨ 위원회 및 전문위원회의 회의에 참석하는 민간위원 및 관계 전문가 등에 대해서는 예산의 범위에서 수당과 여비를 지급할 수 있다.

제119조의3【의무·법무·수의 분야 현역장교의 선발기준 및 절차】 ① 법 제58조제8항에 따른 의무·법무·수의 분야의 현역장교는 다음 각 호의 어느 하나에 해당하는 사람 중에서 선발한다.(2013.12.4 본문개정)
1. 의무 분야 현역장교 : 다음 각 목의 어느 하나에 해당하는 사람
 가. 법 제58조제2항에 따라 의무사관후보생의 병적에 편입되어 정해진 과정을 마친 사람
 나. 제120조제1항제2호에 해당하는 의무사관후보생
 다. 제120조제1항제4호 및 제6호에 해당하는 의무사관후보생
1의2. 법무 분야 현역장교 : 법 제58조제2항에 따라 법무사관후보생의 병적에 편입되어 정해진 과정을 마치고 판사, 검사 또는 변호사의 자격을 취득한 사람
(2013.12.4 본호신설)
2. 수의 분야 현역장교 : 법 제58조제2항에 따라 수의사관후보생의 병적에 편입되어 정해진 과정을 마치고 수의사 자격을 취득한 사람
② 병무청장은 제1항에 해당하는 사람의 명단을 국방부장관에게 통보하여야 한다.
③ 제1항과 제2항에서 규정한 사항 외에 의무·법무·수의 분야 현역장교의 선발에 필요한 구체적인 사항은 국방부령으로 정한다.(2013.12.4 본항개정)
(2013.12.4 본조제목개정)

제120조【의무·법무·군종·수의사관후보생의 신상변동 통보 및 처리】 ① 의무·법무·군종·수의사관후보생이 다음 각 호의 어느 하나에 해당하게 된 경우에는 해당 수련기관, 사법연수원, 법학전문대학원 또는 학교의 장은 14일 이내에 관할 지방병무청장(해당 수련기관, 사법연수원, 법학전문대학원 또는 학교의 장이 있는 행정구역을 관할하는 지방병무청장 또는 병무지청장을 말하며, 군종사관후보생의 경우에는 국방부장관을 말한다)에게 통보해야 한다.(2021.10.14 본문개정)
1. 퇴교 또는 제적된 경우
2. 제119조제1항 각 호에 따른 제한연령까지 정해진 과정을 마칠 수 없거나 졸업할 수 없는 경우
3. 제119조제1항제2호에 따라 법무사관후보생의 병적에 편입된 법학전문대학원 재학생으로서 정해진 과정을 마치고 30세까지 판사, 검사 또는 변호사의 자격을 취득할 수 없는 경우(2011.11.23 본호개정)
3의2. 제119조제1항제4호에 따라 수의사관후보생의 병적에 편입된 수의과대학 재학생으로서 정해진 과정을 마치고 28세까지 수의사의 자격을 취득할 수 없는 경우
(2017.9.22 본호신설)
4. 군전공의요원으로서 병무청장의 허가 없이 지정된 수련기관 또는 전공과목을 임의로 변경한 경우
5. 법 제62조제1항 각 호의 어느 하나에 해당하게 된 경우
6. 군전공의요원으로서 수련기관에서 퇴직한 경우
7. 군종사관후보생이 다른 학교로 전학하거나 소속 종교단체에서 이탈한 경우
8. 군종사관후보생에 대하여 소속 종교단체의 대표자가 성직취득 보장을 철회한 경우
9. 본인이 병무청장이 정하는 기간 이내에 법무·군종·수의사관후보생 신분을 포기하기를 원하는 경우
(2021.10.14 본호개정)
10. 의무·법무·수의사관후보생이 정해진 과정을 마치는 연도 또는 월이 변경되는 경우(2017.9.22 본호신설)
② 국방부장관은 제1항제1호, 제2호, 제5호 및 제7호부터 제9호까지의 규정에 해당하는 군종사관후보생의 신상변동사항을 통보받은 경우에는 그 명단을 병무청장에게 통보하여야 하고, 병무청장은 그 통보받은 사항을 관할 지방병무청장에게 통보하여야 한다.(2017.9.22 본항개정)
③ 지방병무청장은 제1항 및 제2항에 따른 통보를 받은 경우에는 다음 각 호의 구분에 따라 처리하고 그 결과를 병무청장에게 보고하여야 한다.(2017.9.22 본문개정)
1. 제1항제1호부터 제3호까지, 제3호의2 및 제7호부터 제9호까지의 규정에 해당하는 사람 : 의무·법무·군종·수의사관후보생의 병적에서 제적하고 편입되기 전의 신분으로 복귀하여 현역병으로 입영 또는 사회복무요원으로 소집. 다만, 군전공의요원으로서 제1항제2호에 해당하는 사람은 해당 병적에서 제적하지 아니하고 의무사관후보생으로 입영(2017.9.22 본문개정)
2. 제1항제4호 또는 제6호에 해당하는 사람 : 해당 병적에서 제적하지 아니하고 의무사관후보생으로 입영
3. 제1항제5호에 해당하는 사람 : 해당 병적에서 제적하고 법 제62조제1항제1호에 해당하는 사람은 전시근로역에, 법 제62조제1항제2호에 해당하는 사람은 보충역에 편입(2016.11.29 본호개정)
4. 제1항제10호에 해당하는 사람 : 입영 연도의 변경 여부를 확인하여 해당 연도의 입영 대상자로 관리
(2017.9.22 본호신설)
(2016.11.29 본조제목개정)

제121조【의무·법무·군종·수의장교 등의 입영】 ① 국방부장관은 법 제58조 및 제59조에 따라 의무·법무·군종·수의 분야의 현역장교(의무·법무·군종·수의사관후보생을 포함하며, 이하 "의무·법무·군종·수의장교"라 한다) 및 기본병과 분야의 현역장교(이하 "기본병과장교"라 한다)의 병적에 편입할 사람의 입영기본 계획서를 입영일 40일 전까지 병무청장 및 해당 군 참모총장에게 송부하여야 하며, 이를 받은 병무청장은 입영 계획서를 작성하여 지방병무청장에게, 해당 군 참모총장은 교육 계획서를 작성하여 입영부대의 장에게 각각 송부하여야 한다.(2016.11.29 본항개정)
② 의무·법무·군종·수의장교 및 기본병과장교의 병적 편입을 지원한 사람에 대해서는 국방부장관이 병무청장으로부터 그 명단을 받아 현역장교 병적 편입 대상자로 입영할 사람의 명단을 입영일 20일 전까지 병무청장을 거쳐 지방병무청장에게 송부하여야 한다.(2016.11.29 본항개정)
③ 지방병무청장은 제1항에 따른 입영 계획서에 의하여 의무·법무·군종·수의장교 및 기본병과현역장교의 병적 편입 대상자의 현역입영 통지서를 본인에게 입영일 7일 전까지 송달하여 개별입영하게 하고 입영자 명부와 병적기록표를 입영부대의 장에게 송부하여야 한다. 다만, 「의료법」 제77조 및 「전문의의 수련 및 자격 인정 등에 관한 규정」 제18조에 따라 보건복지부장관이 실시하는 전문의 자격시험의 합격 여부를 확인할 수 없는 의무·수의장교 편입 대상자에게는 현역입영 통지서를 입영일 전날까지 송달할 수 있다.(2018.5.28 본항개정)
④ 입영부대의 장은 제3항에 따라 입영한 사람에 대하여 정해진 군사교육을 실시하고 교육수료 10일 전까지 그 명단을 소속 군 참모총장을 거쳐 국방부장관에게 보고하여야 한다.
⑤ 국방부장관은 제4항에 따른 보고를 받은 경우에는 의무·법무·군종·수의장교 및 기본병과장교의 병적에 편입될 사람이 군사교육을 마치는 날의 다음날에 현역장교 병적에 편입하여야 한다.

제122조【의무·법무·군종·수의장교의 입영신체검사 등】 ① 제121조에 따라 입영한 사람에 대한 입영신체검사 등에 관하여는 제18조의8제2항 후단, 같은 조 제4항 및 제5항을 준용하되, 신체등급의 판정기준에 관한 사항은 국방부령으로 정한다.(2021.6.22 본항개정)
② 지방병무청장은 법 제58조제5항에 따라 귀가된 사람에 대해서는 같은 조 제6항에 따라 다음 각 호의 구분에 따라 병역판정검사장이나 중앙신체검사소에서 재신체검사를 실시하여 신체등급에 따라 병역처분을 하거나 다시 입영하게 하여야 한다. 이 경우 제1호나목 및 제2호에 따른 재신체검사 결과 신체등급이 7급으로 판정된 사람은 제17조제2항 및 제3항을 준용하여 처리한다.
(2016.11.29 본문개정)
1. 치유기간이 명시된 경우. 이 경우 치유기간은 입영신체검사일부터 기산한다.
 가. 치유기간이 3개월 미만인 경우 : 치유기간이 지난 후 다음 입영일에 다시 입영
 나. 치유기간이 3개월 이상인 경우 : 치유기간이 지난 후 지체 없이 재신체검사를 실시하여 그 결과에 따라 병역처분
2. 치유기간이 명시되지 아니한 경우 : 지체 없이 재신체검사를 실시하여 그 결과에 따라 병역처분
③ 제2항제1호가목에 따른 치유기간이 3개월 미만인 사람과 같은 항 제1호나목 및 제2호에 따른 재신체검사의 결과 신체등급이 1급부터 4급까지에 해당하는 사람은 다음 입영일에 다시 입영시키되, 다시 입영한 사람이 귀가될 경우에는 제2항을 준용하여 처리한다. 이 경우 같은 질병 또는 심신장애로 귀가된 경우로서 치유기간이 명시된 경우 그 치유기간은 다시 입영한 후의 입영신체검사일부터 기산한다.(2016.11.29 전단개정)
④ 입영부대의 장은 의무·법무·군종·수의장교 또는 기본병과현역장교 편입 대상자로 입영한 사람으로서 군사교육 중 질병 또는 심신장애로 15일 이상의 치유기간이 필요하다고 인정되는 사람에 대해서는 제1항 및 제2항에 따라 처리한다.
⑤ 병무청장은 법 제58조 및 제59조에 따른 의무·법무·수의 등의 현역장교 병적 편입 대상자로 입영할 사람에 대해서는 「군인사법」 제10조에 따른 장교 임용결격사유에 해당하는지를 해당 관서에 조회하여 확인한 후 임용결격사유에 해당하는 사람에 대해서는 그 명단을 지방병무청장에게 송부하여야 하고 그 병적에서 제적하고 편입되기 전의 신분으로 복귀시켜 현역병으로 입영하게 하거나 사회복무요원으로 소집하여야 한다.(2013.12.4 본항개정)

제123조【5급공무원 공개경쟁 채용시험 합격자의 현역장교 편입 지원 등】 ①「공무원임용 시험령」 등에 따른 5급공무원 공개경쟁 채용시험 합격자, 5급공무원 공개경쟁 임용시험 합격자 또는 5등급 외무공무원으로 채용이 결정된 자 중 현역장교의 병적 편입을 원하는 사람은 기본병과 분야의 현역장교 편입 지원서(전자문서로 된 지원서를 포함한다)를 채용후보자 명부 등재일부터 14일 이내에 해당 국회사무총장·법원행정처장·인사혁신처장 또는 외교부장관(이하 "시험실시기관의 장"이라 한다)을 거쳐 병무청장에게 제출하여야 한다.
(2016.11.29 본항개정)
② 병무청장은 제1항에 따른 지원서를 받은 경우에는 그 병역사항을 확인하여 기본병과장교의 병적 편입 대상자 명단을 시험실시기관의 장에게 송부하여야 한다.
③ 시험실시기관의 장은 제2항에 따른 명단을 받은 경우에는 채용후보자 명부의 비고란에 장교편입 대상자임을 기재하고 장교편입 대상자 중 공무원 임용결격사유의 발생 또는 그 밖의 사유로 채용후보자의 자격을 상실한 사람이 있는 경우에는 지체 없이 병무청장에게 통보하여야 하며, 통보를 받은 병무청장은 채용후보자 자격을 상실한 사람을 현역병으로 입영하게 하여야 한다.
④ 병무청장은 필요한 경우 의료·법조·종교 및 수의 분야의 기관 또는 단체의 장에게 법 제58조제1항 각 호에 따른 자격을 가진 사람(40세 이하의 남성만 해당한다)의 명단 제출을 요구할 수 있다.(2011.11.23 본항개정)

제8장 병역의무의 연기 및 감면

제124조【학교별 제한연령 등】 ① 법 제60조제2항제1호 또는 제2호에 해당되는 사람은 다음 각 호의 연령까지 징집이나 소집(이하 제124조의2, 제124조의3, 제125조부터 제127조까지, 제127조의2, 제128조, 제128조의2 및 제129조에서 "입영등"이라 한다)을 연기할 수 있다.
(2013.12.4 본문개정)
1. 고등학교는 28세
2. 전문대학 및 「평생교육법」 제31조제4항에 따른 전공대학(이하 "전공대학"이라 한다)의 2년제 과정은 22세, 3년제 과정은 23세, 학위심화과정은 24세
3. 대학의 4년제 과정은 24세, 5년제 과정은 25세, 6년제 과정은 26세(의과대학, 치과대학, 한의과대학, 수의과대학 또는 약학대학은 27세)(2015.6.30 본호개정)
4. 대학원의 석사학위과정 중 2년제 과정은 26세, 2년을 초과하는 과정은 27세(일반대학원의 의학과·치의학과·한의학과·수의학과·약학과 및 의학전문대학원·치의학전문대학원은 28세), 박사학위과정은 28세
(2014.11.4 본호개정)
5. 연수기관은 26세
② 제1항에 따른 학교 또는 연수기관의 범위는 다음 각 호와 같다.
1. 고등학교 : 다음 각 목의 학교
 가. 「초·중등교육법」 제2조에 따른 고등학교, 3년제 고등기술학교 및 각종학교(고등학교 또는 수업연한이 3년인 고등기술학교와 유사한 교육기관만 해당한다) 중 상급학교 입학 학력이 인정되는 학교
 나. 「평생교육법」 제31조에 따른 고등학교과정에 상응하는 과정을 교육하는 평생교육시설 중 상급학교 입학학력이 인정되는 학교
 다. 「경제자유구역 및 제주국제자유도시의 외국교육기관 설립·운영에 관한 특별법」에 근거하여 설립·운영되는 외국교육기관 중 「초·중등교육법」 제2조에 따른 고등학교에 상응하는 외국교육기관
 (2015.6.30 본목신설)
2. 전문대학 및 대학 등 : 다음 각 목의 학교 또는 시설
 가. 「고등교육법」 제2조에 따른 대학, 산업대학(입학한 때부터 대학에 상응하는 교육과정을 출석수업으로 마치는 경우만 해당한다), 교육대학, 전문대학, 원격대학, 기술대학, 각종학교 및 특별법에 근거하여 설립·운영되는 대학(「고등교육법」 제2조제1호의 대학 및 같은 조 제4호의 전문대학에 상응하는 외국 대학을 포함한다)(2021.10.14 본목개정)
 나. 「경찰대학 설치법」에 따른 경찰대학
 다. 「한국과학기술원법」 제14조제3항에 따라 한국과학기술원에 설치한 대학
 라. 「평생교육법」 제33조제3항에 따른 원격대학 형태의 평생교육시설 중 전문대학 또는 대학의 졸업자와 동등한 학력·학위가 인정되는 시설 및 전공대학
3. 대학원 : 석사 이상의 학위를 수여하는 학교(한국과학기술원, 광주과학기술원, 대구경북과학기술원, 울산과학기술원, 대학원과정에 상응하는 교육과정을 운영하는 한국예술종합학교와 「고등교육법」 제29조에 따른 대학원에 상응하는 외국 대학원을 포함한다)(2021.10.14 본호개정)
4. 연수기관 : 사법연수원

제124조의2【전문연구요원편입대상자의 입영등 연기】 전문연구요원편입대상자로 선발된 사람에 대해서는 전문연구요원으로 편입될 때까지 법 제60조제2항제1호에 따라 입영등을 연기할 수 있다. 다만, 그 연기기간은 3년 6개월을 넘지 못한다.(2013.12.4 본조신설)

제124조의3【체육·대중문화예술 분야 우수자의 입영등 연기】 ① 법 제60조제2항제3호에 따라 입영등을 연기받을 수 있는 사람은 다음 각 호와 같다.
1. 경기단체에 선수로 등록된 사람으로서 「국민체육진흥법」 제33조에 따른 대한체육회의 장(이하 이 조에서 "대한체육회장"이라 한다)이 추천한 국가대표선수
(2021.6.22 본호개정)
2. 「국민체육진흥법 시행령」 제2조제2호에 따른 우수 선수 중 국내 전국대회에서 한국신기록을 수립한 선수 또는 국위선양에 현저한 공이 있는 선수로서 문화체육관광부장관이 추천한 사람
3. 「대중문화예술산업발전법」 제2조제3호의 대중문화예술인 중 「상훈법」 제17조의3의 문화훈장 또는 같은 법 제19조제10호의 문화포장을 받은 사람으로서 문화체육관광부장관이 국위선양에 현저한 공이 있다고 인정하여 추천한 사람(2021.6.22 본호신설)

② 법 제60조제2항제3호에 따라 입영등을 연기받으려는 사람은 추천 신청서에 국방부령으로 정하는 서류를 첨부하여 문화체육관광부장관(제1항제1호의 경우에는 대한체육회장을 말한다. 이하 이 조에서 같다)에게 제출해야 한다.(2021.6.22 본항개정)
③ 제2항에 따른 추천 신청서를 받은 문화체육관광부장관은 추천 신청서를 제출한 사람이 체육·대중문화예술 분야 우수자로서 입영등의 연기가 필요하다고 판단되는 경우에는 지방병무청장에게 입영등의 연기를 추천할 수 있다. 이 경우 다음 각 호의 서류를 첨부해야 한다.
1. 입영등의 연기 추천서
2. 추천 대상자가 제출한 추천 신청서 및 첨부서류
(2021.6.22 본항개정)
④ 제3항에 따른 추천을 받은 지방병무청장은 다음 각 호의 구분에 따른 연령의 범위에서 연기 사유 등을 고려하여 입영등의 연기 여부를 결정하고, 그 결과를 추천 대상자에게 통보해야 한다.
1. 제1항제1호 또는 제2호에 해당하는 사람 : 27세까지
2. 제1항제3호에 해당하는 사람 : 30세까지
(2021.6.22 본항신설)
⑤ 법 제60조제4항에서 "품위를 손상하는 행위를 하는 등 대통령령으로 정하는 사유"란 다음 각 호의 어느 하나에 해당하는 사유를 말한다.
1. 국가대표선수에서 제외된 경우(제1항제1호의 경우로 한정한다)
2. 「상훈법」 제8조제1항에 따라 문화훈장 또는 문화포장이 취소된 경우(제1항제3호의 경우로 한정한다)
3. 본인이 입영등 연기의 취소를 원하는 경우
4. 음주운전, 도박, 성범죄 등 품위를 손상하는 행위를 했다고 지방병무청장이 인정하는 경우
(2021.6.22 본항신설)
(2021.6.22 본조제목개정)

제125조【재학생 입영등 연기】 ① 제124조제2항에 따른 학교(외국의 대학 및 대학원은 제외한다. 이하 이 조에서 같다) 또는 연수기관의 장은 학적보유자 명부(고등학교의 경우에는 재학생 입영등 연기대상자 명부, 연수기관의 경우에는 연수생 명부를 말한다. 이하 같다)를 시·군·구별로 작성하여 매년 3월 31일(2학기 학적보유자 명부는 9월 30일)까지 지방병무청장에게 송부해야 한다.
(2021.10.14 본항개정)
② 외국의 대학 또는 대학원에 재학 중인 사람이 제124조제1항에 따라 입영등의 연기를 원하는 경우에는 입영등의 연기원서(전자문서로 된 원서를 포함한다)를 지방병무청장에게 제출해야 한다.(2021.10.14 본항신설)
③ 지방병무청장은 제1항에 따른 학적보유자 명부를 받거나 제2항에 따른 입영등의 연기원서를 받은 경우에는 학교별 제한연령 안에서 연기사유가 종료될 때까지 입영등을 연기하고, 연기할 수 없는 사람에 대해서는 그 사유를 해당 학교, 연수기관의 장 또는 신청인에게 통보해야 한다.(2021.10.14 본항개정)
④ 학적보유자 명부의 작성 및 관리에 필요한 사항은 병무청장이 교육부장관과 협의하여 정한다.(2013.3.23 본항개정)

제126조【재학생 입영등 원서의 처리】 ① 제125조제3항에 따라 입영등이 연기된 사람으로서 재학 중 입영등을 원하는 사람은 지방병무청장에게 입영등의 원서(전자문서로 된 원서를 포함한다)를 제출해야 한다.
(2021.10.14 본항개정)
② 지방병무청장은 제1항에 따른 입영등의 원서를 제출한 사람으로서 현역병입영 대상자, 보충역으로 처분된 사람 또는 대체복무요원 소집 대상자에 대해서는 그 해 또는 그 다음 해에 우선하여 입영등을 하게 할 수 있다.
(2020.6.30 본항개정)

제127조【학적변동자의 처리】 ① 제124조에 따른 학교(외국의 대학 및 대학원은 제외한다) 또는 연수기관의 장은 학적보유자 명부에 올라있는 사람으로서 다음 각 호의 어느 하나에 해당하는 사람(이하 "학적변동자"라 한다)이 발생한 경우에는 14일 이내에 지방병무청장에게 그 사실을 통보해야 한다.(2021.10.14 본문개정)
1. 퇴학 또는 제적된 사람
2. 전학 및 편입학한 사람
② 병무청장은 필요하다고 인정할 때에는 제1항에 따른 학적변동통보에 관하여 그 실태를 확인할 수 있다.
③ 병무청장은 필요하다고 인정하는 경우 외국의 대학 또는 대학원에 재학 중인 사람으로서 제125조제3항에 따라 입영등이 연기된 사람의 재학 여부를 확인할 수 있다.
(2021.10.14 본항신설)

제127조의2【체육선수 신상변동자의 처리】 제124조의3에 따라 입영등이 연기된 사람에게 다음 각 호의 어느 하나에 해당하는 사유가 발생한 경우에는 추천기관의 장은 14일 이내에 병적을 관리하는 지방병무청장 또는 병무지청장에게 통보하여야 한다.(2013.12.4 본문개정)
1. 국가대표선수에서 제외된 경우
2. 추천된 체육 분야에서 활동하지 아니한 경우
3. 그 밖에 신상변동 사유가 발생한 경우

제128조【병역판정검사 등의 연기】 ① 다음 각 호의 어느 하나에 해당하는 사람이 국외를 왕래하는 선박에 선원으로 승선하고 있거나 국외에 거주 또는 병무청장이 정하는 기간 이상 국외에 체재하고 있는 경우에는 법 제60조제1항제1호·제2호 또는 제2항에 따른 병역판정검사, 재병역판정검사 또는 입영등이 연기된 것으로 본다. 다만, 입영등의 날짜가 결정되어 있는 사람의 입영연기에 관하여는 병무청장이 따로 정하는 바에 따른다.
(2018.5.28 본문개정)
1. 법 제70조제1항 또는 제3항에 따라 국외여행허가 또는 국외여행기간 연장허가를 받은 사람
2. 25세 미만으로 병역준비역, 보충역 또는 대체복무요원으로 소집되지 아니한 사람(2020.6.30 본호개정)
② 국외에서 출생한 사람 또는 「해외이주법」에 따른 해외이주신고를 하고 국외에 거주하고 있는 사람은 재외공관의 장, 법무부 출입국관리사무소의 장이나 법무부 출입국관리사무소 출장소의 장의 사실확인에 의하여 병역판정검사, 재병역판정검사 또는 입영등을 연기할 수 있다.
(2016.11.29 본항개정)
③ 범죄로 인하여 구속되거나 형의 집행 중에 있는 사람은 병역판정검사, 재병역판정검사 또는 입영등이 연기된 것으로 본다.(2016.11.29 본항개정)
④ 제2항에 따라 병역판정검사, 재병역판정검사 또는 입영등의 연기처분을 받은 사람이 제147조의2제1항제1호 각 목의 어느 하나에 해당하는 경우에는 병역판정검사, 재병역판정검사 또는 입영등의 연기처분과 국외여행허가 또는 국외여행기간 연장허가를 취소하고 병역의무를 부과하되, 제147조의2제1항제1호다목 및 마목에 해당하는 사람이 재외국민 2세에 해당하는 기간 동안은 그러하지 아니하다. 이 경우 병역의무를 부과하는 경우에는 제147조의2제2항을 적용한다.(2018.5.28 전단개정)
⑤ 제4항에서 "재외국민 2세"란 국외에서 출생한 사람(6세 이전에 국외로 출국한 사람을 포함한다)으로서 17세까지 본인과 부모가 계속하여 국외에서 거주하면서 다음 각 호의 어느 하나에 해당하게 된 사람을 말한다. 이 경우 17세 이전에 국내에서 「초·중등교육법」 제2조에 따른 학교에서 통틀어 3년 이내 수학하였거나 17세까지 본인 또는 부모가 1년의 기간 중 통틀어 90일 이내의 기간 동안 국내에서 체재(국내체재기간은 산정일부터 거꾸로 계산하여 합산하되, 입국일은 포함하고 출국일은 제외한다)한 경우에도 계속 국외에서 거주한 것으로 본다.
(2019.7.2 후단개정)
1. 외국 정부로부터 국적·시민권 또는 영주권(조건부 영주권은 제외한다)을 얻은 사람
2. 영주권 제도가 없는 국가에서 무기한 체류자격(5년 이상 장기 체류자격을 포함한다)을 얻은 사람
3. 5년 미만의 단기 체류자격만을 부여하는 국가에서 「해외이주법」 제6조에 따른 해외이주신고를 하고 계속 거주하고 있는 사람(2017.12.19 본호개정)
⑥ 병무청장, 지방병무청장 또는 재외공관의 장은 가족관계기록사항에 관한 증명서, 영주권(국적, 시민권 및 5년 이상 장기체류자격을 포함한다), 출입국기록 등을 통하여 제5항에 따른 재외국민 2세임을 확인하여야 한다. 이 경우 재외공관의 장은 확인된 명단과 이를 증명하는 서류를 지방병무청장에게 즉시 송부하여야 한다.
⑦ 제5항에 따른 "재외국민 2세"가 다음 각 호의 어느 하나에 해당하는 경우에는 "재외국민 2세"로 보지 아니한다.
1. 본인, 부 또는 모가 「해외이주법」 제12조에 따라 재외동포청장에게 영주귀국 신고를 한 경우(2023.4.5 본호개정)
2. 본인이 18세 이후 통틀어 3년을 초과하여 국내에 체재한 경우
(2011.11.23 본항신설)
(2016.11.29 본조제목개정)

제128조의2【국외체재자의 병역판정검사 신청 등】 ① 제128조제1항에 따라 병역판정검사, 재병역판정검사 또는 입영등이 연기된 사람이 병역판정검사, 재병역판정검사 또는 입영등을 원하는 경우에는 지방병무청장에게 병역판정검사, 재병역판정검사 또는 입영등의 원서(전자문서에 의한 원서를 포함한다)를 제출하여야 한다.
(2016.11.29 본항개정)
② 제1항에 따른 입영등의 원서를 제출한 사람으로서 현역병입영 대상자, 보충역으로 처분된 사람 또는 대체복무요원 소집 대상자에 대해서는 그 해 또는 그 다음 해에 우선하여 입영등을 하게 할 수 있다.(2020.6.30 본항개정)
(2016.11.29 본조제목개정)

제129조【입영일 등의 연기】 ① 법 제61조제1항에 따라 병역의무이행일을 연기할 수 있는 사람은 다음 각 호와 같다.(2016.11.29 본문개정)
1. 질병이나 심신장애로 병역의무의 이행이 어려운 사람
2. 본인의 직계존속·직계비속, 배우자, 형제자매 또는 가족 중 세대를 같이하는 사람이 위독하거나 사망하여 본인이 아니면 간호 또는 장례 등 가사정리가 어려운 사람
3. 천재지변이나 그 밖의 재난을 당하여 본인이 아니면 이를 처리하기 어려운 사람
4. 행방을 알 수 없는 사람
5. 각 군의 모집 또는 전환복무에 지원하여 그 결과를 기다리고 있는 사람. 다만, 현역병 입영일이 결정된 사람은 입영일 30일 전까지 지원한 경우로 한정한다.
(2016.11.29 단서개정)
6. 국외여행허가 또는 국외여행기간 연장허가를 받거나 25세가 되지 아니한 사람으로서 다음 각 목의 어느 하나에 해당하는 사람(2018.5.28 본문개정)
가. 출국을 기다리고 있는 사람
나. 제128조제1항에 따라 병역판정검사, 재병역판정검사 또는 입영등이 연기되지 아니한 사람으로서 국외에 체재 중인 사람
(2018.5.28 가목~나목신설)
7. 각급 학교 입학시험에 응시하려는 사람
8. 그 밖의 부득이한 사유로 병역의무를 이행하기 어려운 사람
② 제1항 각 호의 어느 하나에 해당하는 사람에 대해서는 통틀어 2년의 범위에서 그 의무이행일을 연기할 수 있다.
(2016.11.29 본항개정)
③ 법 제61조제3항제2호에서 "재난 등 대통령령으로 정하는 사유"란 다음 각 호의 경우를 말한다.
(2021.6.22 본문개정)
1. 「감염병의 예방 및 관리에 관한 법률」에 따른 감염병에 걸린 경우(2010.12.29 본호개정)
2. 「재난 및 안전관리 기본법」에 따른 특별재난지역에 거주하는 경우
3. 「주민등록법」에 따라 주민등록사항이 말소되거나 거주불명으로 등록된 경우
(2010.7.21 본항신설)
④ 제1항 각 호의 어느 하나에 해당하는 사람으로서 병역판정검사, 재병역판정검사 또는 입영등의 의무이행일의 연기를 받으려는 사람은 그 날짜 5일 전까지 연기원서(전자문서로 된 원서를 포함한다)를 지방병무청장에게 제출하여야 한다. 다만, 그 사유가 갑자기 발생하여 연기원서(전자문서로 된 원서를 포함한다)를 제출할 시간적 여유가 없는 경우에는 지방병무청장에게 전신·전화 등의 방법으로 신고한 후 3일 이내에 연기원서(전자문서로 된 원서를 포함한다)를 제출하여야 한다.(2016.11.29 본문개정)
⑤ 지방병무청장은 제4항에 따라 입영일 등의 연기원서(전자문서로된 원서를 포함한다)를 받은 경우 그 연기 여부를 결정하여야 한다.(2016.11.29 본항개정)
⑥ 지방병무청장은 제1항제1호의 사유로 인하여 병역의무이행일이 연기된 사람으로서 법 제65조제1항제1호 및 같은 조 제4항에 따라 질병 또는 심신장애로 인하여 해당 병역을 감당할 수 없다고 인정되는 사람에 대해서는 병역판정검사장이나 군병원에서의 신체검사를 거쳐 병역처분을 변경할 수 있다. 이 경우 제134조제1항 각 호의 어느 하나에 해당하는 전신기형, 질병, 심신장애 등으로 인하여 병역을 감당할 수 없는 사람에 대해서는 신체검사를 하지 아니하고 병역처분을 변경할 수 있으며, 사회복무요원 소집일이 연기된 사람 중 정신질환으로 1년 이상 병원이나 요양시설에 입원 또는 수용된 사실이 있는 사람에 대해서는 신체검사를 하지 아니하고 전시근로역에 편입할 수 있다.(2016.11.29 본항개정)
⑦ 제2항에 따른 연기사유별 연기기간 및 연기횟수·연령의 제한 등에 관하여 필요한 사항은 병무청장이 정한다.(2018.5.28 본항개정)
(2016.11.29 본조제목개정)

제129조의2【산업체 등에 취업한 사람의 병역의무이행일 연기】 ① 법 제61조제1항에 따라 국가기관·지방자치단체·공공기관 및 산업체 등에 취업하여 복무하고 있는 사람은 24세까지 병역의무이행일을 연기할 수 있으며, 그 기간은 제129조제2항에 따른 연기기간에 포함하지 아니한다. 다만, 「청소년 보호법」 제2조제5호에 따른 청소년유해업소 등 병무청장이 병역의무이행일을 연기하는 것이 적절하지 않다고 인정하여 고시하는 업종에 취업하여 복무하는 경우에는 그렇지 않다.(2021.10.14 본항개정)
② 법 제61조제1항에 따라 「공직선거법」 제2조에 따른 국회의원선거, 지방의회의원 및 지방자치단체의 장의 선거에 의하여 취임하여 재임하고 있는 사람은 30세까지 병역의무이행일을 연기할 수 있으며, 그 기간은 제129조제2항에 따른 연기기간에 포함하지 않는다.(2023.12.19 본항신설)
③ 제1항 및 제2항에 따른 병역의무이행일의 연기 신청 및 처리절차 등에 관하여는 제129조제4항·제5항 및 제7항을 준용한다.(2023.12.19 본항개정)

제130조【가사사정으로 인한 전시근로역 편입 및 대체역의 소집해제 등】 ① 법 제62조제1항제1호에 따른 본인이 아니면 가족의 생계를 유지할 수 없는 사람의 범위는 가족(본인을 포함한다. 이하 이 조에서 같다)을 다음 제1호부터 제3호까지, 제5호 및 제6호에 따른 기준에 따라 부양의무자·피부양자 또는 자활가능자로 구분한 후 그 가족 중 부양의무자가 없고 피부양자만 있는 경우 또는 부양의무자가 있더라도 제4호에 따른 부양능력을 초과하는 경우로서 제7호에 따른 재산 및 수입의 범위에 해당하는 사람으로 한다.(2010.10.1 본문개정)
1. 19세 이상 59세 이하인 사람(19세로서 고등학교 이하의 학교에 재학 중인 사람은 제외한다)은 부양의무자로 본다.
2. 19세 미만인 사람, 19세로서 고등학교 이하의 학교에 재학 중인 사람과 65세 이상인 사람은 피부양자로 본다.
3. 60세 이상 64세 이하인 사람은 부양의무자 또는 피부양자가 아닌 자활가능자로 본다.
4. 부양의무자 1명의 부양능력을 초과하는 피부양자의 범위는 부양의무자가 남성인 경우에는 3명 이상으로 하고, 여성인 경우에는 2명 이상으로 한다.
5. 부양의무자 또는 자활가능자 중 질병이나 심신장애로

인하여 6개월 이상 치료가 필요한 사람으로서 병무청장이 정하는 근로능력 기준에 미달한다고 인정되는 사람은 피부양자로 본다.
(2013.12.4 1호~5호개정)
6. 상근예비역(상근예비역 소집대상자로 현역병입영 통지서를 받은 사람을 포함한다) 또는 사회복무요원으로 소집된 사람(사회복무요원 소집 통지서를 받은 사람 및 사회복무요원 소집 통지서를 받지 아니한 사람으로서 제132조에 따른 생계유지곤란사유 병역감면원서를 제출한 사람을 포함한다)은 피부양자로 보며, 현역병(현역병입영 통지서를 받은 사람을 포함하되, 상근예비역 소집대상자로 현역병입영 통지서를 받은 사람은 제외한다) 또는 대체복무요원(대체복무요원소집 통지서를 받은 사람을 포함한다)은 자활가능자로 본다.
(2020.6.30 본호개정)
7. 생계를 유지할 수 없는 사람의 재산 또는 수입 등의 범위와 기준은 가족의 재산 또는 수입과 본인의 학력, 직업, 생계유지방법 등을 고려하여 병무청장이 정한다.
② 지방병무청장은 제1항에 따른 기준에 해당되지 않는 경우에도 사실상 생계를 유지할 수 없다고 인정되는 사람에 대해서는 그 사실을 확인한 후 법 제62조제1항제1호 또는 제63조의2제1항에 따라 전시근로역에 편입하거나 대체복무요원 소집을 면제 또는 해제(이하 이 조와 130조의2, 제132조, 제135조 및 제155조의2에서 "전시근로역편입·소집해제등"이라 한다)할 수 있다. 이 경우 전시근로역편입·소집해제등의 기준 등은 병무청장이 정한다.
(2020.6.30 본항개정)
③ 현역병(법 제21조 및 제25조에 따라 복무 중인 사람과 현역병입영 대상자를 포함한다), 보충역 또는 대체역으로서 법 제62조제1항제1호에 해당하는 사람에 대한 전시근로역편입·소집해제등의 처분은 다음 각 호의 구분에 따른다.
1. 가족 중 1명은 징집 또는 소집 대상자이고 1명은 군복무(사회복무요원·대체복무요원 소집 복무를 포함한다. 이하 이 조에서 같다) 중인 경우 : 군 복무 중인 사람의 남은 복무기간이 6개월 미만인 경우에는 군복무 중인 사람에 대하여 전시근로역편입·소집해제등 처분을 하고, 남은 복무기간이 6개월 이상인 경우에는 그 가족이 원하는 1명에 대하여 전시근로역편입·소집해제등 처분을 한다.
2. 가족 중 2명 이상이 동시에 군복무 중인 경우 : 그 가족이 원하는 1명에 대하여 전시근로역편입·소집해제등 처분을 한다. 다만, 남은 복무기간이 6개월 미만인 사람이 있는 경우에는 그 사람에 대하여 전시근로역편입·소집해제등 처분을 한다.
(2020.6.30 본항개정)
④ 법 제62조제1항제2호를 적용할 때 양자(養子)는 13세 이전에 입양된 사람으로서 「민법」에 따른 친양자 또는 「입양특례법」에 따라 입양된 사람에게만 적용하며, 같은 호에 따른 전사자·순직자가 있거나 전상·공상으로 인한 장애인이 있는 경우는 다음 각 호의 어느 하나에 해당하는 사람이 있는 경우로 한다.(2020.1.7 본문개정)
1. 「국가유공자 등 예우 및 지원에 관한 법률」에 따른 전몰군경·순직군인 및 상이(傷痍) 정도가 6급 이상인 전상군경·공상군인
2. 예비역·보충역·전시근로역·대체역으로서 법, 「예비군법」 또는 대체역법에 따라 소집 또는 동원되어 전사·순직한 사람 및 상이 정도가 6급 이상인 전상자·공상자(2020.6.30 본호개정)
3. 법 제25조에 따른 의무소방원 또는 의무경찰대원으로서 전환복무기간 중 전사·순직한 사람 및 상이 정도가 6급 이상인 전상자·공상자(2016.11.29 본호개정)
4. 「경비교도대 폐지에 따른 보상 등에 관한 법률」 제2조의 경비교도로서 전환복무기간 중 전사·순직한 사람과 상이 정도가 6급 이상인 전상자·공상자
(2021.10.14 본호신설)
⑤ (2020.6.30 삭제)
(2020.6.30 본조제목개정)

제130조의2【생계곤란 심의위원회】 ① 법 제62조제1항제1호와 이 영 제130조에 따른 생계곤란자에 대한 전시근로역편입·소집해제등 처분에 관한 심의를 통하여 그 처분이 공정하고 객관적으로 이루어지도록 하기 위하여 지방병무청 및 병무지청에 생계곤란 심의위원회를 둔다.
(2020.6.30 본항개정)
② 생계곤란 심의위원회는 위원장 1명을 포함한 10명 이내의 위원으로 구성한다.
③ 생계곤란 심의위원회의 위원장은 지방병무청이나 병무지청의 병역판정관, 징집·소집 관련 업무 또는 병역감면 관련 업무를 담당하는 과장급 공무원 중 지방병무청장이나 병무지청장이 지명하는 사람이 되고, 위원은 지방병무청이나 병무지청의 과장급 공무원, 병역감면 관련 업무를 담당하는 6급 또는 7급 공무원과 그 밖에 병역처분의 공정성 및 객관성을 위하여 필요하다고 인정되는 사람 중 지방병무청장이나 병무지청장이 지명 또는 위촉하는 사람이 된다.(2022.6.30 본항개정)
④ 생계곤란 심의위원회의 구성 및 운영 등에 필요한 사항은 병무청장이 정한다.

제131조【가족의 범위 등】 법 제62조제1항제1호, 제65조제2항 및 제65조의2제2항에 따른 가족의 범위는 다음 각 호와 같다.(2020.6.30 본문개정)
1. 법 제62조제1항제1호에 따른 가족의 범위는 부모, 배우자, 직계비속 및 미혼의 형제자매(생모, 부모의 직계존속, 배우자의 직계존속, 기혼의 형제자매나 그의 배우자 또는 직계비속 등 사실상 생계를 같이하고 있는 사람을 포함한다)로 한다. 이 경우 생계를 같이하는지 여부의 판단기준은 병무청장이 정한다.
2. 법 제65조제2항 및 제65조의2제2항에 따른 가족의 범위는 가족관계등록부에 기록된 부모(양부모를 포함한다), 배우자 및 직계비속으로 한다. 다만, 다음 각 목의 어느 하나에 해당하는 사람은 가족에서 제외한다.
(2020.6.30 본문개정)
가. 복무 중인 사람이 혼인하거나 혼인하였던 경우 그 부모
나. 복무 중인 사람이 양자인 경우에는 그 친생부모
다. 부모가 이혼한 경우 함께 이주하지 아니한 부 또는 모

제132조【가사사정으로 인한 병역감면원서 등의 제출】 ① 법 제62조제1항제1호, 같은 조 제2항 또는 제63조의2 제1항에 따라 전시근로역편입·소집해제등을 원하는 사람은 지방병무청장에게 생계유지곤란사유 병역감면원서(전자문서로 된 원서를 포함한다)를 제출하여야 하며, 이를 받은 지방병무청장은 제130조제1항제7호에 따른 병역감면 대상자의 가족관계, 재산 및 수입 등을 확인하여야 한다. 이 경우 법 제80조에 따라 토지·건축물 등의 재산자료, 「국민기초생활 보장법」에 따른 급여 수급사항, 「장애인복지법」에 따른 장애인 등록사항 등은 관할 지방자치단체의 장에게, 예금 등 금융자산은 관련 금융기관의 장에게, 소득 등은 관할 세무서 및 국민연금공단의 장에게 각각 협조를 받아 확인하고, 협조 요청을 할 때에는 관계 법령에 따라 병역의무자와 가족의 동의서가 필요한 경우에는 이를 첨부하여야 한다.
② 제1항에 따른 생계유지곤란사유 병역감면원서는 다음 각 호의 구분에 따른 기간에 제출한다.
1. 현역병입영 대상자 : 현역병입영통지를 받은 후부터 입영일 5일 전까지
2. 대체복무요원 소집 대상자 : 대체복무요원 소집 통지를 받은 후부터 소집일 5일 전까지
3. 보충역 : 병역판정검사를 받은 다음 해부터
③ 법 제62조제1항제2호에 따라 보충역 편입을 원하는 사람은 보충역 편입원서(전자문서로 된 원서를 포함한다)와 전사·전상 등에 관한 사실확인서(전자문서로 된 확인서를 포함한다)를 지방병무청장에게 제출해야 한다. 이 경우 전사·전상 등에 관한 사실확인서 발급을 요청받은 지방보훈청장 또는 보훈지청장은 이에 따라야 한다.
(2020.6.30 본조개정)

제133조【가사사정으로 인한 전역 등】 ① 법 제63조제1항에 따라 전시근로역의 편입을 원하는 사람의 병역감면원서 제출에 관하여는 제132조제1항을 준용하고, 법 제63조제2항 및 제63조의2제2항에 따라 복무기간 단축을 원하는 사람의 병역감면원서 제출에 관하여는 제132조제3항을 준용한다.(2020.6.30 본항개정)
② 지방병무청장은 제1항에 따른 병역감면원서를 제출받은 경우 다음 각 호의 기준에 따라 처리한다.
1. 현역병(법 제21조 및 제25조에 따라 복무 중인 사람을 포함한다. 이하 이 조에서 같다) : 법 제62조제1항제1호 또는 제2호에 해당하는 경우에는 해당 군 참모총장 또는 소속 군부대의 장에게 전시근로역에 편입하거나 복무기간을 6개월로 단축할 것을 의뢰하고, 복무기간이 단축된 경우 복무기간을 마치면 보충역으로 편입을 의뢰
2. 사회복무요원·대체복무요원 : 법 제62조제1항제2호에 해당하는 경우에는 복무기간을 6개월로 단축하고, 복무기간을 마치면 소집을 해제
(2020.6.30 본항개정)
③ 해당 군 참모총장 또는 소속 군부대의 장이 제2항에 따른 의뢰를 받은 경우에는 법 제62조제1항제1호에 해당하는 사람에 대해서는 1개월 이내에 전시근로역 편입을, 법 제62조제1항제2호에 해당하는 사람에 대해서는 법 제63조제2항에 따른 복무기간이 만료되는 날의 다음날에(복무기간이 이미 지난 사람은 지체 없이) 보충역에 편입하여야 한다.
④ 법 제63조제3항에 따라 전시근로역 편입을 원하는 사람과 병력동원소집 또는 전시근로소집의 해제나 연기를 원하는 사람은 생계유지곤란사유 병역감면원서(전자문서로 된 원서를 포함한다)를 제출하여야 하며, 그 제출 및 처리절차에 관하여는 제1항부터 제3항까지의 규정 중 현역병의 병역감면원서 제출 및 처리절차에 관한 규정을 준용한다.
⑤ 제2항부터 제4항까지의 규정에 따라 전시근로역 또는 보충역에 편입되거나 소집이 해제된 사람으로서 출원 내용에 허위사실이 발견되어 처분에 잘못이 있는 경우에는 지방병무청장은 지체 없이 현역병·병력동원소집 또는 전시근로소집에 따라 복무 중인 병이었던 사람의 경우에는 해당 군 참모총장 또는 소속 군부대의 장에게 그 처분의 취소와 재복무를 요청하여 남은 복무기간을 마치도록 하고, 사회복무요원·대체복무요원으로 복무 중이던 사람의 경우에는 그 처분을 취소하고 남은 복무기간을 마치도록 하여야 한다.(2020.6.30 본항개정)
(2016.11.29 본조개정)

제134조【병역준비역의 병역면제 등】 ① 법 제64조제1항제1호의 전신기형, 질병, 심신장애 등으로 병역을 감당할 수 없는 사람은 다음 각 호의 사람으로 한다.
(2021.10.14 본문개정)
1. 발병한 지 2년 이상이 지난 난치의 정신질환이나 지적장애로 인하여 보호자나 감시자가 있어야 하는 사람
(2019.7.2 본호개정)
2. 왜소증이 있는 사람, 척추변형이 심한 사람, 코가 없는 사람 또는 양쪽 귀가 없는 사람(2013.12.4 본호개정)
3. 말을 하지 못하는 사람, 듣지 못하는 사람 또는 앞을 못 보는 사람(한쪽 눈이 보이지 아니하는 사람을 포함한다)
4. 사지(四肢)의 마비나 단축으로 운동장애가 심한 사람
5. 보건소에 한센병 환자 또는 인체면역결핍바이러스 감염인으로 등록된 사람(2010.7.21 본호개정)
6. 손가락이나 발가락 중 3개 이상이 없는 사람
7. 악성 혈액질환〔재생불량성 빈혈, 백혈병, 골수이형성증후군, 악성 림프종 또는 관해(寬解) 후 5년 이상 경과한 혈액암으로 한정한다〕, 선천성 면역결핍질환, 애디슨씨병 또는 랑게르한스조직구증(전신적 항암치료로 치료한 경우로 한정한다)으로 확진된 사람
(2021.10.14 본호개정)
8. 「장애인복지법」에 따라 장애인으로 등록된 사람. 다만, 「장애인복지법」에 따른 장애 정도가 법 제12조제4항에 따른 신체등급 판정기준과 일치하지 아니하는 등 병역판정검사가 필요하다고 인정되어 국방부령으로 정하는 사람은 제외한다.(2020.1.7 본호개정)
② 법 제64조제1항제1호 또는 제2호에 따라 병역면제를 받으려는 사람은 병역판정검사일 전날까지 병역면제원서(전자문서로 된 원서를 포함한다)를 지방병무청장에게 제출하여야 한다.(2016.11.29 본항개정)
③ 지방병무청장은 제2항에 따른 병역면제원서를 받은 경우에는 그 사실 여부를 확인하여야 한다.
④ 제1항제8호 본문에 규정된 사람에 대해서는 제2항 및 제3항에도 불구하고 본인의 출원 없이 지방병무청장이 그 등록 사실을 확인하여야 한다.(2020.1.7 본항개정)
⑤ 지방병무청장은 제3항에 따라 병역면제 사유를 확인한 경우와 제4항에 따라 등록 사실을 확인한 경우에는 법 제12조제4항에 따른 신체등급의 판정기준에 의하여 병역을 면제하거나 전시근로역에 편입할 수 있다.
(2016.11.29 본항개정)
⑥ (2014.11.4 삭제)
⑦ 법 제64조제1항제3호에 따라 전시근로역에 편입되려는 사람은 병역판정검사일 전날까지 전시근로역 편입원서(전자문서로 된 원서를 포함한다)를 지방병무청장에게 제출하여야 한다.(2016.11.29 본항개정)
⑧ 지방병무청장은 제7항에 따라 전시근로역 편입원서를 받은 경우에는 병역판정검사를 하지 아니하고 전시근로역에 편입할 수 있다.(2016.11.29 본항개정)
(2016.11.29 본조제목개정)

제135조【현역병입영 대상자 등의 병역처분변경】 ① 현역병입영 대상자, 승선근무예비역, 의무·법무·군종·수의사관후보생 및 기본병과장교 편입 대상자, 보충역(병력동원소집으로 군복무 중인 사람은 제외한다), 대체역(전시근로소집으로 복무중인 사람은 제외한다), 예비역(상근예비역으로 소집되어 복무 중인 사람과 병력동원소집으로 군에서 복무 중인 사람은 제외한다) 또는 전시근로역(전시근로소집으로 복무 중인 사람은 제외한다)으로서 법 제65조제1항제1호, 같은 조 제4항 및 제65조의2 제1항에 따라 공상·질병 또는 심신장애로 병역처분을 변경받으려는 사람은 병역처분변경원서를 지방병무청장에게 제출해야 한다.(2021.10.14 본항개정)
② 현역병입영 통지 또는 사회복무요원·대체복무요원 소집 통지를 받은 사람은 제1항에 따른 병역처분변경원서를 입영일 또는 소집일 전날까지 제출해야 하며, 의무·법무·군종·수의사관후보생은 수련기관, 사법연수원, 법학전문대학원 또는 학교의 장을 거쳐, 사회복무요원, 대체복무요원, 예술·체육요원, 공중보건의사, 공익법무관 또는 공중방역수의사로 복무 중인 사람은 소속기관의 장을 거쳐 제출해야 한다. 다만, 본인이 원하는 경우에는 소속기관의 장을 거치지 않고 지방병무청장에게 제출할 수 있다.(2021.10.14 본항신설)
③ 제2항 단서에 따라 병역처분변경원서를 제출받은 지방병무청장은 소속기관의 장에게 병역처분변경원서의 접수 사실과 처리결과를 통보해야 한다.(2021.10.14 본항신설)
④ 제1항에도 불구하고 지방병무청장은 보충역 또는 대체역으로 복무 중인 사람으로서 제134조제1항제5호에 따른 인체면역결핍바이러스 감염인으로 등록된 사람에 대해서는 병역처분변경원서를 제출받지 아니하고 직권으로 병역면제 처분을 할 수 있다.(2020.6.30 본항개정)
⑤ 지방병무청장은 제1항에 따른 병역처분변경원서를 받은 경우에는 중앙신체검사기관·병역판정검사장 또는 군병원에서 신체검사를 실시하여 다음 각 호와 같이 처리한다. 다만, 제134조제1항에 따른 전신기형, 질병, 심신장애 등으로 인하여 병역을 감당할 수 없는 사람(병역판정검사, 재병역판정검사 또는 신체검사를 받은 후 병역판정검사, 재병역판정검사 또는 신체검사에서 확인된 질병과 같은 질병으로 「장애인복지법」에 따라 신체적 장애

정도가 심하지 않은 장애인으로 등록된 사람 또는 정신적 장애인으로 등록된 사람 등 병무청장이 정하는 사람은 제외한다)과 「국가유공자 등 예우 및 지원에 관한 법률」에 따른 전상 또는 공상 국가유공자로서 같은 법 제6조의4에 따른 상이등급 1급부터 7급까지로 결정된 사람에 대해서는 신체검사를 하지 아니하고 처리할 수 있다.(2020.1.7 단서개정)
1. 신체등급이 5급인 사람은 전시근로역편입·소집해제 등, 6급인 사람은 병역면제(2020.6.30 본호개정)
2. 현역병입영 대상자, 승선근무예비역, 보충역 또는 대체역으로서 신체등급이 7급인 사람은 제17조제2항 및 제3항을 준용하여 처분(2020.6.30 본호개정)
3. 현역병입영 대상자로서 신체등급이 2급부터 4급까지인 사람은 그 해의 병역처분기준에 따라 병역처분을 변경(2016.11.29 본항개정)
⑥ 제5항에도 불구하고 다음 각 호의 어느 하나에 해당하는 사람에 대해서는 병무청장이 질병의 정도, 신청 횟수·기간 등을 고려하여 병역처분 변경의 기준을 별도로 정할 수 있다.(2021.10.14 본문개정)
1. 종전에도 병역처분변경 신청을 하여 제5항 각 호 외의 부분 본문에 따른 신체검사를 받았던 사람(2022.6.30 본호개정)
2. 제129조제2항에 따른 2년의 연기기간을 모두 사용한 사람(2020.1.7 본항신설)
⑦ 지방병무청장은 보충역 또는 대체역으로서 그 복무 또는 의무복무를 마친 사람과 예비역 중 「국민건강보험법 시행령」 제19조제1항 및 별표2 제3호마목에 따라 보건복지부장관이 정하여 고시하는 중증환자 산정특례대상에 해당하는 상병명으로 인하여 몸을 일으켜 움직이기 어려운 사람으로부터 제1항에 따른 병역처분변경원서를 제출받은 경우에는 신체검사를 하지 아니하고 서류 검토와 현장조사 등으로 신체등급을 판정하고 이에 따라 병역처분을 변경할 수 있다. 이 경우 신체등급 판정에 필요한 요건 및 절차 등에 관한 사항은 병무청장이 정한다.(2020.6.30 전단개정)
⑧ 지방병무청장은 사회복무요원 또는 대체복무요원으로 복무 중인 사람이 가족과 같이 국외이주(「해외이주법」에 따른 해외이주와 국외에서 영주가 가능하다고 병무청장이 인정하는 경우를 말한다. 이하 같다)하는 경우에는 법 제65조제2항 및 제65조의2제2항에 따라 사회복무요원·대체복무요원 소집을 해제한다.(2020.6.30 본항개정)
⑨ 제8항에 따라 사회복무요원·대체복무요원 소집의 해제처분을 받은 사람으로서 정당한 사유 없이 1년 6개월 이내에 출국하지 않거나 제147조의2제1항제1호 각 목의 어느 하나에 해당하는 사람에 대해서는 사회복무요원·대체복무요원 소집의 해제처분 및 국외여행허가를 취소하고 남은 복무기간을 마칠 때까지 재복무하게 한다.(2021.10.14 본항개정)
⑩ 법 제65조제9항에 따라 전시근로역으로 편입할 수 있는 사람은 보충역에 편입된 해부터 대기기간이 2년 이상 경과된 사람 중에서 학력 등을 고려하여 결정하되, 학력별 처분기준, 대기기간 산정기준 등에 관하여 필요한 사항은 병무청장이 정한다.(2020.1.7 본항개정)
⑪ 지방병무청장이 제5항에 따라 군종사관후보생의 병역처분을 변경한 경우에는 그 명단을 병무청장을 거쳐 국방부장관에게 통보해야 한다.(2021.10.14 본항개정)
⑫ 법 제65조제10항에서 "대통령령으로 정하는 기간"이란 24세까지를 말한다.(2017.9.22 본항신설)

제135조의2【현역 등 입영희망자의 처리】 ① 법 제65조제8항에 따라 현역 또는 사회복무요원 복무를 원하는 사람은 병역처분변경원서(전자문서로 된 원서를 포함한다)를 지방병무청장에게 제출해야 한다. 이 경우 사회복무요원으로 복무 중인 사람으로서 현역복무를 원하는 사람은 복무기관의 장을 거쳐 제출할 수 있다.(2021.10.14 본항개정)
② 지방병무청장은 제1항에 따른 병역처분변경원서를 받은 경우에는 다음 각 호의 처분기준에 따라 처리한다.
1. 전시근로역 또는 법 제64조제1항제2호에 해당되어 병역이 면제된 사람으로서 현역복무를 원하는 사람이 신체검사 결과 신체등급이 1급부터 4급까지에 해당하는 경우에는 현역병입영 대상자로 병역처분 변경
2. 전시근로역 또는 법 제64조제1항제2호에 해당되어 병역이 면제된 사람으로서 사회복무요원 복무를 원하는 사람이 신체검사 결과 신체등급이 1급부터 4급까지에 해당하는 경우에는 보충역으로 병역처분 변경
3. 전시근로역 또는 법 제64조제1항제2호에 해당되어 병역이 면제된 사람으로서 신체검사 결과 신체등급이 7급에 해당하는 경우에는 병역처분 불변경
4. 전시근로역으로서 학력이 변동된 사람에 대해서는 변동된 학력에 따라 병역처분을 변경하되, 현역에 해당하는 학력으로 변동된 사람이 사회복무요원 복무를 원하는 경우에는 보충역으로 병역처분 변경
5. 법 제65조제8항제1호에 해당하는 사람으로서 현역복무를 원하는 사람의 경우에는 현역병입영 대상자로 병역처분 변경. 다만, 제5항의 계산방식에 따라 산출된 현역복무기간이 6개월 미만인 경우에는 병역처분을 변경하지 않는다.
6. 제1호부터 제5호까지의 규정 외의 경우에는 제135조제5항을 준용하여 처리
(2021.10.14 1호~6호개정)
③ 제1항 전단에 따른 병역처분변경원서를 제출받은 지방병무청장은 복무기관의 장에게 병역처분변경원서의 접수사실과 처리결과를 통보해야 한다.(2021.10.14 본항신설)
④ 제2항에 따라 병역처분이 변경된 사람이 입영판정검사에서 신체등급이 7급으로 판정되거나 제18조의8제3항에 따라 귀가한 경우에는 병역처분변경 전의 신분으로 복귀된다. 다만, 본인이 병역처분변경 전의 신분으로 복귀하는 것을 원하지 않는 경우에는 그렇지 않다.(2021.6.22 본문개정)
⑤ 법 제65조제8항제1호의 사람이 현역병으로 입영한 경우 복무기간은 다음의 계산방식에 따라 산출된 기간으로 하되, 소수점 이하의 숫자는 계산하지 아니한다.

$$\frac{\text{종전의 의무복무기간} - \text{복무한 일수}}{\text{종전의 의무복무기간}} \times \text{현역병의 의무복무기간}$$

(2022.6.30 본항개정)

제135조의3【사회복무요원 복무에 적합하지 아니한 사람의 소집해제】 ① 법 제65조제11항 본문에 따라 사회복무요원으로 계속 복무하는 것이 적합하지 아니한 사람은 다음 각 호와 같다.
1. 같은 질병이나 심신장애로 6개월 이상 지속적인 치료에도 불구하고 치유되지 아니하여 정상적인 직무 수행이 곤란한 사람
2. 「정신건강증진 및 정신질환자 복지서비스 지원에 관한 법률」 제3조제1호의 정신질환자로서 근무시간 중 다른 사람의 생명 또는 신체에 중대한 위해(危害)를 입힐 우려가 있는 사람(2017.5.29 본호개정)
3. 지능 정도가 현저히 낮거나 발달장애 등으로 다른 사람의 도움 없이는 단순한 직무 수행도 곤란한 사람
4. 마약·대마·향정신성의약품 또는 알코올에 중독되어 치료 등을 받았으나 치유되지 아니하여 지속적인 치료가 필요하다고 인정되는 사람으로서 정상적인 직무 수행이 곤란한 사람
5. 그 밖의 중대한 질병 또는 심신장애로 정상적인 직무 수행이 곤란하다고 인정되는 사람
② 복무기관의 장은 사회복무요원이 제1항 각 호의 어느 하나에 해당하는 사람으로 판단되는 경우에는 사회복무요원 소집해제 신청서를 지방병무청장에게 제출하여야 한다.
③ 지방병무청장은 제2항에 따라 사회복무요원 소집해제 신청서를 받은 경우에는 그 사실 여부를 확인하기 위한 조사를 실시하여야 한다.
④ 제3항에 따른 조사의 방법 및 절차 등에 필요한 사항은 병무청장이 정한다.
⑤ 지방병무청장은 제3항에 따른 사실조사 결과 제1항 각 호의 어느 하나에 해당하는 사람에 대해서는 국방부령으로 정하는 심사를 거쳐 전시근로역에 편입할 수 있다.
⑥ 지방병무청장은 제2항에도 불구하고 법 제31조의2제2항에 따른 복무관리·감독이나 법 제43조제2항에 따른 실태조사 과정에서 제1항 각 호에 해당하는 사람을 확인한 경우에는 제5항의 심사를 거쳐 전시근로역에 편입할 수 있다.(2021.10.14 본항개정)
⑦ 지방병무청장은 제5항 및 제6항에 따라 병역처분을 변경한 경우에는 그 사실을 기재한 병역증을 복무기관의 장을 통하여 본인에게 교부하여야 한다.
(2016.11.29 본조신설)

제136조【수형자 등의 병역처분】 ① 현역병입영 대상자, 승선근무예비역 또는 보충역(보충역의 장교·준사관·부사관 및 보충역의 복무를 마친 사람은 제외한다)으로서 법 제65조제1항제2호 및 제3호에 따라 보충역 또는 전시근로역으로 편입할 수 있는 사람과 대체역으로서 법 제65조의2제1항에 따라 소집을 면제 또는 해제할 수 있는 사람은 다음 각 호에 따른다. 이 경우 형이 부정기형으로서 장기와 단기를 정하여 선고된 경우에는 장기를 적용하고, 금고 이상의 형에 처한 판결이 확정된 죄와 그 판결 확정 전에 범한 죄를 「형법」 제37조에 따라 경합범으로 하여 각 죄에 대하여 각각 징역 또는 금고의 형이 선고된 경우에는 그 형기를 합산하여 적용하되, 징역과 금고는 같은 종류의 형으로 보고 각 형기를 합산한다.(2023.12.19 후단개정)
1. 보충역 편입 대상은 다음 각 목의 어느 하나에 해당하는 사람. 다만, 법 제86조에 따라 병역의무를 기피하거나 감면받을 목적으로 신체를 손상하거나 속임수를 써서 징역형을 선고받은 사람은 제외한다.
가. 6개월 이상 1년 6개월 미만의 징역 또는 금고의 실형을 선고받은 사람
나. 1년 이상의 징역이나 금고의 형의 집행유예를 선고받은 사람
2. 전시근로역 편입 대상은 다음 각 목의 어느 하나에 해당하는 사람
가. 1년 6개월 이상의 징역 또는 금고의 실형을 선고받은 사람. 다만, 법 제86조에 따라 병역의무를 기피하거나 감면받을 목적으로 신체를 손상하거나 속임수를 써서 징역형을 선고받은 사람은 제외한다.
나. 가족관계등록부상 부모를 알 수 없는 사람
다. 13세 이전에 부모가 사망하고 부양할 가족(「민법」 제779조 및 제974조에 따른 가족을 말한다)이 없는 사람
라. 18세 미만의 아동으로 「아동복지법」 제52조제1항에 따른 아동양육시설·아동보호치료시설 또는 공동생활가정에 5년 이상 보호된 사실이 있는 사람
마. 「국적법」 제5조부터 제8조까지의 규정에 따라 대한민국국적을 취득한 사람
바. 성을 전환하여 가족관계등록부상 여성에서 남성으로 성별이 정정된 사람
3. 대체복무요원 소집면제 또는 해제 처분 대상 : 제2호나목부터 바목까지의 어느 하나에 해당하는 사람(2020.6.30 본항개정)
② 지방병무청장은 사회복무요원으로 복무 중인 사람으로서 징역 또는 금고의 형의 선고를 받은 사람(법 제86조에 따라 병역의무를 기피하거나 감면받을 목적으로 신체를 손상하거나 속임수를 써서 징역형을 선고받은 사람은 제외한다)이나 법 제33조제1항 본문, 같은 조 제2항제3호·제3호의2 또는 제5호에 해당하는 사람 중 복무기관의 장이 정상적인 직무수행이 곤란하다고 인정하는 사람은 국방부령으로 정하는 심사를 거쳐 전시근로역에 편입할 수 있다. 이 경우 병역처분변경의 방법, 절차 등에 관하여는 제135조의3제2항부터 제7항까지를 준용한다.(2021.10.14 전단개정)
③ 보충역으로서 복무를 마친 사람과 예비역의 병 중 제1항제2호가목에 해당하는 사람은 법 제65조제1항 및 제5항에 따라 전시근로역에 편입할 수 있다.(2016.11.29 본항개정)
④ 제1항 및 제3항에 따라 병역처분변경을 원하는 사람은 병역처분변경원서를 지방병무청장에게 제출하되, 현역입영 통지 또는 사회복무요원·대체복무요원 소집 통지를 받은 사람은 입영일이나 소집일 전날까지 제출하여야 한다. 다만, 제1항제1호 및 제2호가목에 해당하는 사람에 대해서는 지방병무청장의 사실확인에 의하여 처리할 수 있다.(2020.6.30 본문개정)
⑤ 지방병무청장은 병역판정검사 당시 제1항 각 호의 어느 하나에 해당하는 사람에 대해서는 법 제14조제1항제1호에 따라 보충역 또는 전시근로역에 편입할 수 있다. 다만, 제1항제2호나목부터 마목까지에 해당하는 사람이 현역이나 사회복무요원의 복무를 원하는 경우에는 제135조의2를 준용하여 병역처분을 변경할 수 있다.(2020.6.30 단서개정)
⑥ 지방병무청장은 병역판정검사 대상자로서 제1항제2호에 해당하는 사람은 법 제64조제1항에 따라 병역판정검사를 실시하지 아니하고 전시근로역에 편입할 수 있다.(2016.11.29 본항개정)
⑦ 제1항제2호라목에 따라 병역처분의 변경을 받으려는 사람은 그가 보호받았던 아동복지시설의 장을 거쳐 관할 특별자치시장·특별자치도지사·시장·군수·구청장의 확인을 받아야 한다.(2020.6.30 본항개정)

제137조【현역병 등의 병역처분변경】 ① 법 제65조제1항·제2항·제3항 및 제11항에 따른 현역병(법 제21조 및 제25조에 따라 복무 중인 사람을 포함한다. 이하 이 조에서 같다)의 병역처분변경은 각 군 참모총장이 다음 각 호의 구분에 따라 한다. 이 경우 금고 이상의 형에 처한 판결이 확정된 죄와 그 판결 확정 전에 범한 죄를 「형법」 제37조에 따라 경합범으로 하여 각 죄에 대하여 각각 징역 또는 금고의 형이 선고된 경우에는 그 형기를 합산하여 적용하되, 징역과 금고는 같은 종류의 형으로 보고 각 형기를 합산한다.(2023.12.19 후단신설)
1. 전상·공상·질병 또는 심신장애인 경우 군병원에서 신체검사를 하여 5급 또는 6급에 해당되는 사람은 심사를 거쳐 신체등급이 5급인 경우에는 전시근로역에 편입하고, 6급인 경우에는 병역면제 처분을 한다. 다만, 신체등급이 5급 또는 6급에 해당하더라도 군복무 중 입원기간이 통틀어 3개월 이내이고 의무복무 만료일 기준으로 남은 복무기간이 6개월 이내인 사람으로서 군복무에 지장이 없고 본인이 원하는 경우에는 국방부령으로 정하는 바에 따라 심사를 거쳐 계속 복무하게 할 수 있다.(2016.11.29 본호개정)
2. 1년 6개월 이상의 징역 또는 금고의 실형을 선고받은 사람은 전시근로역에 편입한다. 다만, 법 제86조에 따라 병역의무를 기피하거나 감면받을 목적으로 신체를 손상하거나 속임수를 써서 징역형을 선고받은 사람은 제외한다.(2016.11.29 본문개정)
3. (2016.11.29 삭제)
4. 징역 또는 금고의 형의 선고를 받은 사람으로서 제2호에 해당하지 아니하는 사람(법 제86조에 따라 병역의무를 기피하거나 감면받을 목적으로 신체를 손상하거나 속임수를 써서 징역형을 선고받은 사람은 제외한다)과 제136조제1항제2호나목부터 바목 중 어느 하나에 해당하는 사람은 국방부령으로 정하는 바에 따라 심사를 거쳐 전시근로역에 편입할 수 있다.(2020.6.30 본호개정)
5. 「해외이주법」에 따라 가족과 같이 국외로 이주하는 사람이 원하면 보충역에 편입하거나 상근예비역소집 해제를 할 수 있다. 다만, 보충역 편입 또는 소집해제처분을 받은 사람이 정당한 사유 없이 1년 6개월 이내에 출국하지 아니하거나 제147조의2제1항제1호 각 목의 어느 하나에 해당하면서 37세 이하인 경우에는 보충역 편입 또는 상근예비역 소집해제처분을 취소하고 남은 복무기간을 마칠 때까지 재복무하게 한다.(2010.7.21 단서개정)

5의2. 현역병(법 제25조에 따라 복무 중인 사람을 포함한다)으로 복무 중인 사람 중 자녀 출산으로 인하여 상근예비역으로 복무하기를 원하는 사람은 법 제21조제3항에 따라 병무청장이 정한 상근예비역소집대상자 선발기준에 따라 예비역에 편입할 수 있다. 이 경우 상근예비역으로의 병역처분변경 절차는 국방부령으로 정한다.(2017.9.22 전단개정)
6. 제68조의11제1항 각 호의 어느 하나에 해당하는 사람은 보충역으로 편입할 수 있다. 이 경우 예술·체육요원 지원절차에 관하여는 제68조의11제2항부터 제4항까지의 규정을 준용한다.(2013.12.4 본호개정)
② 병력동원소집이나 전시근로소집으로 군에 복무 중인 예비역·보충역·대체역(대체복무요원은 제외한다. 이하 이 항에서 같다) 또는 전시근로역에 대한 법 제65조제1항제1호, 같은 조 제4항 및 제65조의2제1항에 따른 병역처분변경에 관하여는 제1항제1호(장교, 준사관 또는 부사관에 대해서는 「군인사법 시행령」에 따라 현역의 장교, 준사관 또는 부사관에게 적용되는 장애인의 전역기준)를 준용한다. 다만, 대체역은 신체등급이 6급인 경우에만 병역처분을 변경한다.(2020.6.30 본항개정)
③ 각 군 참모총장은 제1항 및 제2항에 따른 처분권한을 군사령관이나 군교도소장에게 위임할 수 있다.
(2011.11.23 본항개정)
④ 법 제65조제11항에 따라 현역병으로 계속 복무하는 것이 적합하지 아니한 사람은 제135조의3제1항 각 호의 어느 하나에 해당하는 사람으로 한다.(2016.11.29 본항신설)
⑤ 각 군 참모총장은 제4항에 따른 현역병에 대하여 그 사실 여부를 확인하기 위한 조사를 실시하여야 한다.
(2016.11.29 본항신설)
⑥ 제5항에 따른 조사의 방법 및 절차 등에 필요한 사항은 국방부령으로 정한다.(2016.11.29 본항신설)
⑦ 각 군 참모총장은 제5항에 따른 사실조사 결과 제4항에 따른 계속 복무하는 것이 적합하지 아니한 현역병에 대해서는 국방부령으로 정하는 심사를 거쳐 보충역 또는 전시근로역으로 편입할 수 있다.(2016.11.29 본항신설)

제138조【선원의 연기처분 기준일 등】 ① 법 제65조제7항에서 "대통령령으로 정하는 날"이란 병역판정검사 또는 재병역판정검사 결과 사회복무요원 소집 대상인 보충역으로 처분된 이후 최초의 승선출국일을 말한다.
(2016.11.29 본항개정)
② 법 제65조제7항에 따른 선원의 연기사유는 그 사회복무요원 소집 연기기간 중에 계속되어야 한다. 이 경우 하선 후 6개월 이내에 재승선한 경우에는 계속 승선한 것으로 보아 연기사유가 계속된 것으로 보되, 연기사유가 계속된 것으로 보는 하선기간은 1년의 기간 내에 통틀어 6개월을 초과할 수 없고, 1년의 기간 내에 통틀어 3개월을 초과하는 하선기간은 연기기간에 산입하지 아니한다.
③ 제2항 후단에 위반하여 하선기간이 1년의 기간 내에 통틀어 6개월을 초과하는 경우에는 지방병무청장은 선원의 연기처분을 취소하고 사회복무요원으로 소집하여야 한다.
(2013.12.4 본조개정)

제139조【예비역장교 등의 퇴역】 ① 법 제65조제1항제1호에 해당하는 예비역 및 보충역의 장교·준사관 또는 부사관에 대한 퇴역처분은 「군인사법 시행령」에 따라 현역의 장교·준사관 또는 부사관에게 적용되는 장애인의 전역기준을 준용하여 지방병무청장이 한다. 다만, 예비역의 의무·법무·군종·수의장교의 퇴역처분은 제122조제1항에 따라 국방부령으로 정하는 신체등급의 판정기준을 준용한다.(2016.11.29 단서개정)
② 예비역 및 보충역의 장교·준사관 또는 부사관으로서 제1항에 따라 퇴역처분을 받으려는 사람은 퇴역원서(전자문서로 된 원서를 포함한다)를 지방병무청장에게 제출하여야 한다.
③ 지방병무청장은 제2항에 따른 퇴역원서를 받은 경우에는 병역판정검사장이나 지방병무청장이 지정하는 군병원에서 신체검사를 실시하여야 한다. 다만, 제134조제1항에 따른 전신기형, 질병, 심신장애 등으로 인하여 병역을 감당할 수 없는 사람에 대해서는 신체검사를 하지 아니하고 처리할 수 있다.(2016.11.29 본문개정)

제140조【장교 등의 보충역 편입 및 계급 부여】 ① 지방병무청장은 예비역의 장교, 준사관 또는 부사관으로서 「군인사법」에 따른 임용결격사유에 해당되어 그 신분이 상실된 사람이 있는 경우에는 법 제66조제1항 및 제2항에 따라 보충역의 장교·준사관 또는 부사관으로 처분하고 그 명단을 해당 군 참모총장에게 송부하여야 한다.
② 국방부장관은 법 제66조제1항에 따라 현역의 장교·준사관 또는 부사관으로서 제적되어 보충역에 편입되는 사람에 대해서는 보충역의 장교·준사관 또는 부사관의 계급을 부여한다. 이 경우 국방부장관은 그 권한을 각 군 참모총장 또는 소속 군부대의 장에게 위임할 수 있다.

제141조【장교 등의 보충역 편입처분 취소 등】 ① 법 제66조제3항에 따른 보충역 편입처분의 취소처분과 같은 조 제4항에 따른 예비역 편입 및 퇴역 처분은 국방부장관이 한다. 이 경우 국방부장관은 처분 대상자가 보충역 편입 당시 그 계급이 대령 이하였던 장교이거나 준사관 및 부사관인 경우에는 그 권한을 각 군 참모총장에게 위임할 수 있다.
② 법 제66조제3항에 따른 보충역 편입처분의 취소처분을 함에 있어서 같은 항 각 호에의 해당 여부에 관하여는 「군인사법」에 따른 현역의 장교·준사관 또는 부사관의 임용에 관한 기준을 적용한다.
③ 법 제66조제4항에 따른 연령정년을 초과하지 아니한 장애인의 퇴역처분은 「군인사법」에 따른 현역의 장교·준사관 또는 부사관에게 적용되는 장애인의 전역기준을 준용하여 한다.
④ 법 제66조제3항에 따라 보충역 편입처분이 취소된 사람에 대한 제140조제2항에 따른 보충역의 장교·준사관 또는 부사관의 계급 부여 처분은 그 보충역 편입처분이 취소된 날에 효력을 잃는다.

제142조【병력동원소집 또는 전시근로소집 순위의 후순위 조정】 ① 법 제67조제1항에 따라 병력동원소집 또는 전시근로소집의 순위를 후순위로 조정할 수 있는 사람은 다음 각 호와 같다.
1. 전시동원업무와 관련된 분야에 복무하는 공무원
(2016.11.29 본호개정)
2. 군무원
3. 주한 외국공관에 재직하고 있는 사람 중 필수요원
4. 방위산업체나 동원업체의 필수요원
5. 그 밖에 국가기관·공공기관, 전쟁수행 또는 지원과 관련된 업체의 필수요원
② 제1항에 따라 소집 순위가 후순위로 조정된 사람의 소속기관이나 업체의 장이 법 제67조제2항에 따른 신상변동 통보를 할 때에는 퇴직 또는 보직변경의 날짜 및 사유를 명시한 신상변동자 명부를 관할 지방병무청장에게 제출하여야 한다.(2016.11.29 본항개정)
③ 제1항에 따라 소집 순위가 후순위로 조정된 사람인 경우에도 군 필요인원의 충원에 지장이 있는 경우에는 지방병무청장은 소집 순위의 후순위 조정을 취소할 수 있으며, 후순위 조정을 취소한 경우에는 지체 없이 해당 기관 또는 업체의 장에게 통보하여야 한다.
④ 제1항에 따른 공무원 및 필수요원의 범위, 소집 순위 후순위 조정 신청, 그 밖에 필요한 사항은 병무청장이 정한다.

제9장 병역의무자의 거주지 이동 및 국외여행 (2009.12.7 본장개정)

제143조【거주지이동 신고 및 처리 등】 ① 법 제69조에 따라 행정안전부장관은 병역의무자로서 거주지이동 등 신상변동자(전입자, 말소자, 재등록자, 재외국민, 국적편입자·상실자, 사망자·실종자, 성명·주민등록번호·계급·군번·성별 정정자 및 신규설정자 등을 말한다. 이하 같다)의 정보화자료를 매주 1회 이상 병무청장에게 통보하여야 한다.(2017.7.26 본항개정)
② 병무청장은 제1항에 따라 행정안전부장관으로부터 통보받은 사람들에 대하여 병적을 관리하고 있는 지방병무청장(병무지청장을 포함한다. 이하 이 조에서 같다)에게 송부하여 정리하게 하여야 한다.(2017.7.26 본항개정)
③ 지방병무청장은 관할 구역에 거주하는 병역의무자로서 병적이 없는 사람을 발견한 경우에는 지체 없이 등록기준지나 전 거주지 등에 조회하여 병적을 정리하여 관리하거나 병적을 관리하여야 할 지방병무청장에게 그 사실을 통보하여야 한다.

제143조의2【병역처분사항 등의 통보】 ① 병무청장이 법 제69조의2제1항에 따라 행정안전부장관에게 통보할 병역처분사항과 입영·전역·소집해제 등 신상변동사항은 다음 각 호와 같다.(2017.7.26 본문개정)
1. 병역판정검사 : 처분일, 신체등급, 병역처분사항 등
(2016.11.29 본호개정)
2. 현역병입영 : 입영일, 입영부대 등
3. 사회복무요원 : 소집일, 입영부대, 소집해제일, 예비군편성대상 등(2013.12.4 본호개정)
4. 예술·체육요원, 전문연구요원 및 산업기능요원 : 편입일, 소집일, 소집해제일, 예비군 편성 대상 등
(2016.6.14 본호개정)
4의2. 대체복무요원 : 대체역 편입일, 소집일, 소집해제일 및 대체역법 제26조제1항에 따른 예비군대체복무 소집대상에 해당하는지 여부 등(2020.6.30 본호신설)
5. 전역자 : 역종, 계급, 군번, 주특기, 입영일 및 전역일, 예비군 편성내용
6. 병역처분변경자 : 신체등급·역종의 변경사유 및 변경일 등
7. 면역자 또는 퇴역자 : 면역일 또는 퇴역일, 면역사유 또는 퇴역사유
8. 그 밖에 예비군 복무자의 전시동원 등 필요한 사항
② 병무청장은 병역처분사항 등을 제1항 각 호의 구분에 따라 종합하여 매주 1회 이상 행정안전부장관에게 정보화자료를 송부한다.(2017.7.26 본항개정)

제144조 (1999.12.31 삭제)

제145조【국외여행허가 등】 ① 법 제70조제1항 또는 제3항에 따라 국외여행허가를 받으려는 사람은 출국 예정일 2일 전까지 병무청장에게, 25세가 되기 전에 출국한 사람은 25세가 되는 해의 1월 15일까지 재외공관의 장을 거쳐 병무청장에게 국외여행허가 신청서(전자문서로 된 신청서를 포함한다)를 제출하여야 한다. 다만, 제146조제1항제7호 및 제9호 외의 사유로 국외여행허가를 받으려는 사람은 재외공관의 장을 거치지 아니하고 병무청장에게 제출할 수 있다.
② 제1항에 따른 국외여행허가 신청서에는 국방부령으로 정하는 서류를 첨부하여야 한다.
③ 병역준비역에 편입되기 전에 「해외이주법」 제6조에 따른 해외이주신고를 한 사람이 일시 귀국하여 다시 출국하는 경우에는 국외여행허가를 받은 것으로 본다.
(2017.12.19 본항개정)
④ 법 제70조제2항 본문에 따라 국외여행허가 등이 제한되는 사람은 다음 각 호와 같다. 다만, 승선근무예비역, 보충역 또는 대체복무요원으로 복무 중인 사람은 제외한다.(2020.6.30 단서개정)
1. 법 제87조 및 제88조에 따른 병역판정검사, 재병역판정검사, 입영판정검사, 확인신체검사 또는 입영·소집을 기피하고 있거나 기피한 사실이 있는 사람(2021.6.22 본호개정)
2. 법 제89조의2에 따른 사회복무요원 등의 복무를 이탈하고 있거나 이탈한 사실이 있는 사람(2013.12.4 본호개정)
3. 법 제94조에 따른 국외여행허가 의무를 위반한 사실이 있는 사람
4. 제147조의2제1항제1호다목부터 마목까지의 규정 중 어느 하나에 해당하는 사유로 병역판정검사 연기, 재병역판정검사, 입영·소집 연기 또는 사회복무요원·대체복무요원 소집 해제처분이 취소된 사람. 다만, 「해외이주법」 제12조에 따라 영주귀국 신고를 한 사람은 제외한다.(2020.6.30 본문개정)
5. 병역의무를 기피하거나 감면받을 목적으로 도망가거나 행방을 감춘 경우 또는 신체를 손상하거나 속임수를 쓴 사람
⑤ 법 제70조제2항 단서에 따른 국외여행허가 등을 제한할 수 없는 사유는 다음 각 호의 어느 하나에 해당하는 경우로 한다.
1. 국외에 거주하는 배우자, 본인이나 배우자의 형제자매·직계존속·직계비속의 사망
2. 국내에서 치료가 곤란한 본인 질병의 치료
3. 입영·소집을 위한 가사의 정리(2020.6.30 본호개정)

제146조【국외여행의 허가 범위 및 기간】 ① 법 제70조제1항 또는 제3항에 따른 국외여행허가는 다음 각 호의 어느 하나에 해당하는 경우에만 한다.
1. 국제회의 및 국제경기(전지훈련을 포함한다)
2. 훈련·연수·견학 또는 문화교류
3. 수출시장개척 또는 수출입계약
4. 국외를 왕래하는 선박의 선원(해양 및 수산계 고등학교 이상의 학교에 재학 중인 학생의 승선 실습을 포함한다)
5. 국외를 왕래하는 항공기의 승무원
6. 국외파견 공무원 및 취재기자
7. 국외취업자
8. 국내에서 치료가 곤란한 질병의 치료
9. 국외이주
10. 유학(고등학교에 수학하기 위한 유학은 제외한다). 이 경우 국외여행허가기간은 제124조에 따른 학교별 제한 연령까지로 하되, 이미 외국의 학교에 재학 중인 사람에 대해서는 제147조제2항 단서 및 같은 조 제3항에서 규정하고 있는 연령까지로 한다.(2016.6.14 후단개정)
11. 친척이나 친지의 방문 등 병무청장이 특히 필요하다고 인정하는 경우
② 제1항에 따른 국외여행허가의 대상, 세부적인 허가기준 및 기간은 병역사항, 여행목적, 여행기간 등을 고려하여 병역의무부과에 지장이 없다고 인정되는 범위에서 병무청장이 정한다.

제147조【국외여행기간 연장허가 등】 ① 법 제70조제3항에 따라 국외여행기간 연장허가를 받으려는 사람은 병무청장이 정하는 체재목적을 증명하는 서류와 국외여행기간 연장허가 신청서(전자문서로 된 신청서를 포함한다)를 재외공관의 장을 거쳐 병무청장에게 제출하여야 한다. 다만, 제146조제1항제7호 및 제9호 외의 사유로 국외여행기간 연장허가를 받으려는 사람은 재외공관의 장을 거치지 아니하고 병무청장에게 제출할 수 있다.
② 병무청장은 제1항에 따른 국외여행기간 연장허가 신청서를 받은 경우에는 국외체재 목적을 고려하여 병역의무부과에 지장이 없다고 인정되는 범위에서 허가할 수 있다. 다만, 외국의 학교(고등학교는 제외한다)에 재학 중인 사람은 제124조에 따른 학교별 제한연령까지 허가하되, 학교별 제한연령 내에 졸업이나 학위취득이 곤란한 사람에 대해서는 29세를 초과하지 아니하는 범위에서 학교별 제한연령에 1년을 더한 기간까지 허가할 수 있다.(2012.12.20 단서개정)
③ 병무청장은 제2항 단서에도 불구하고 외국의 대학원에 재학 중인 사람이 30세가 되는 해의 6월 이전에 박사학위를 취득할 수 있는 경우에는 30세가 되는 해의 6월 30일까지 허가할 수 있다.(2012.12.20 본항개정)
④ 병무청장은 제2항 및 제3항에 따라 국외여행기간 연장허가 여부를 결정한 경우에는 그 결과를 지체 없이 재외공관의 장에게 통보하여 본인에게 통지하도록 하여야 한다.

제147조의2【국외여행허가의 취소】 ① 법 제70조제7항에 따라 국외여행허가 또는 국외여행기간 연장허가를 취소하고 병역의무를 부과할 수 있는 경우는 다음 각 호와 같다. 다만, 제1호다목 및 마목의 경우 해당 목에 해당하는 사람이 제128조제5항의 재외국민 2세인 기간 동안에 있는 경우는 제외한다.(2021.10.14 본문개정)

1. 국외이주 목적으로 국외여행허가를 받고 출국하거나 국외이주사유로 국외여행기간 연장허가를 받은 사람이 다음 각 목의 어느 하나에 해당하는 경우. 이 경우 부 또는 모와 거주하는 것을 요건으로 국외여행허가 또는 국외여행기간 연장허가를 받은 사람은 부 또는 모가 가목부터 다목까지의 사유에 해당하는 경우에도 적용한다.
(2010.10.1 후단신설)
가. 「해외이주법」 제12조에 따라 영주귀국 신고를 한 경우
나. (2011.11.23 삭제)
다. 1년의 기간 내에 통틀어 6개월 이상 국내에서 체재하고 있는 경우. 이 경우 국내체재기간(입국일은 포함하고 출국일은 제외한다. 이하 같다)은 산정일부터 거꾸로 계산하여 합산하되, 1) 또는 2)의 사유로 국내에서 60일 이내의 기간 동안 체재하는 경우와 부·모나 배우자가 국내에 체재하지 아니한 상태에서 3) 또는 4)의 사유로 국내에 체재하는 경우에는 그 기간을 합산하지 아니한다.(2019.7.2 후단개정)
1) 본인의 혼인, 배우자의 출산, 본인이나 배우자의 형제자매·직계존속·직계비속의 장례나 회갑 또는 혼인에의 참석
2) 대한체육회 산하 경기단체에서 주관하는 운동경기에 선수 또는 임원으로의 참가
3) 제124조에서 정한 국내교육기관(고등학교는 제외한다)에서 학교별 제한연령에 1년을 더한 기간까지(박사과정의 경우 30세가 되는 해의 6월 이전에 학위를 취득할 수 있는 경우에는 30세가 되는 해의 6월 30일까지)의 범위에서 재학(2016.6.14 신설)
4) 재외국민을 위한 국내교육과정에서 일정기간 동안의 재학. 이 경우 해당 교육과정 및 기간은 제124조에서 정한 학교별 제한연령 및 해당 교육과정의 성격 등을 고려하여 병무청장이 정한다.(2016.6.14 신설)
라. (2016.6.14 삭제)
마. 국내취업 등 병무청장이 고시하는 영리활동을 하는 경우
2. 국외이주 목적으로 국외여행허가를 받아 병역판정검사, 재병역판정검사 또는 입영·소집일이 연기된 사람이 정당한 사유 없이 연기받은 날부터 1년 6개월 이내에 출국하지 아니하는 경우(2020.6.30 본호개정)
3. 국외이주 외의 목적으로 국외여행허가를 받고 정당한 사유 없이 허가받은 날부터 1년 이내에 출국하지 아니하거나 법 제70조제1항제1호에 해당하는 사람이 국외여행허가기간 내에 귀국하여 3개월 이상 계속하여 국내에 체재하는 경우(2012.12.20 본호개정)
4. 제145조 및 제147조에 따른 국외여행허가 또는 국외여행기간 연장허가를 받은 사람이 허가기간이나 연장허가기간이 종료되기 전에 귀국하여 병역의무를 이행하려는 경우
5. 제146조제1항 각 호의 어느 하나에 해당되어 국외여행허가를 받은 사람이 그 허가요건을 유지하지 못하게 된 경우
6. 본인이 국외여행허가나 국외여행기간 연장허가의 취소를 원하는 경우(2021.10.14 본호신설)
② 병무청장은 제1항에도 불구하고 제1항제1호다목 및 마목에 해당되는 사람에 대해서는 한 번만 3개월의 허가취소 유예기간을 주고, 그 기간 내에 출국하지 아니하는 경우에는 국외여행허가나 국외여행기간 연장허가를 취소하고 병역의무를 부과할 수 있다.(2018.5.28 본항개정)
제147조의3 (2008.10.20 삭제)
제148조【국외여행허가 등 사실 통보】 병무청장은 국외여행허가 또는 기간연장허가를 한 경우에는 그 사실을 정보통신망 등을 이용하여 법무부장관에게 통보하여야 한다.
제149조【국외이주자 등의 처리】 ① 국외에 거주하고 있는 병역의무자가 25세가 되기 전에 본인이나 그 부모가 다음 각 호의 어느 하나에 해당하는 경우에는 37세까지를 허가기간으로 하는 국외여행허가를 받은 것으로 본다.
1. 본인이나 그 부모가 국외에서 영주권(조건부 영주권은 제외한다)을 얻거나 영주권제도가 없는 국가에서 무기한 체류자격 또는 5년 이상 장기 체류자격을 얻어 국외에 계속 거주하고 있는 경우
2. 본인이나 그 부모가 일본의 특별영주자 또는 영주자의 체류자격을 얻어 국외에 계속 거주하고 있는 경우
3. 본인이 외국에서 출생하여 해당 국가로부터 국적 또는 시민권을 받아 부모와 같이 국외에 계속 거주하고 있는 경우
4. 본인이나 그 부모가 「해외이주법」에 따라 해외이주하여 국외에 계속 거주하고 있는 경우
5. 본인이 18세가 되기 전에 국외 주재원이 아닌 부모와 같이 출국하여 그 부모와 같이 국외에 계속 거주하고 있는 경우(2011.11.23 본호신설)
(2011.11.23 본항개정)
② 제1항 각 호에 해당하는 사람이 여권을 발급받으려는 경우에는 그 사실을 증명하는 서류(전자문서를 포함한다)를 재외공관의 장을 거쳐 병무청장에게 제출하여야 한다. 이 경우 병무청장은 제1항제5호에 따른 병역의무자의 부모가 국외 주재원인지 여부를 확인하기 위하여 법 제80조에 따라 병역의무자 부모의 연금 가입 관련 자료를 관계 기관의 장에게 요청할 수 있다.(2017.9.22 후단신설)
③ 제1항에 따라 국외여행허가를 받은 것으로 보는 사람이 제147조의2제1항제1호 각 목의 어느 하나에 해당하는 경우에는 국외여행허가가 취소된 것으로 보아 병역의무를 부과할 수 있다. 이 경우 제147조의2제1항 각 호 외의 부분 단서 및 같은 조 제2항을 적용한다.
제149조의2【영주권취득자 등의 임기제공무원 임용자의 병역의무부과 유보】 ① 병무청장은 중앙행정기관의 장이 국외이주 목적으로 국외여행허가를 받고 국외체류 중인 사람(제149조제1항에 따른 국외여행허가를 받은 것으로 보는 사람을 포함한다)으로서 경제 또는 과학기술 분야 박사학위 취득 후 3년 이상 해당 분야에 복무한 경력을 가진 사람을 임기제공무원으로 임용하는 경우 그 사람의 재직기간 동안 제147조의2제1항제1호 다목부터 마목까지의 사유로 인한 국외여행허가취소 및 병역의무부과를 유보할 수 있다.(2016.11.29 본항개정)
② 중앙행정기관의 장은 제1항에 해당하는 임기제공무원을 임용한 경우에는 다음 각 호의 서류를 첨부한 추천자 명단을 임용 후 14일 이내에 병무청장에게 통보하여야 한다.(2013.11.20 본문개정)
1. 영주권증명서 사본
2. 박사학위 취득증명서
3. 3년 이상 해당 분야 복무 경력증명서(2016.11.29 본호개정)
4. 재직 분야, 임기가 구체적으로 기재된 임기제공무원 임용발령서 사본(2013.11.20 본호개정)
③ 병무청장은 제2항에 따른 추천자 명단을 통보받은 경우에는 국외여행허가취소 및 병역의무부과 유보 여부를 결정한 후 그 결과를 해당 중앙행정기관의 장에게 통보하여야 한다.
(2013.11.20 본조제목개정)

제10장 병역의무 이행자 등에 대한 권익보장
(2009.12.7 본장개정)

제150조【복학보장이나 복직보장을 받을 사람의 신고】 고등학교 이상의 학교에 다니는 학생, 국가 또는 지방자치단체의 공무원과 공·사기업체(公·私企業體) 또는 공·사단체(公·私團體)의 임직원이 다음 각 호의 어느 하나에 해당하게 된 경우에는 해당 학교의 장, 소속기관의 장 또는 고용주에게 신고하여야 한다.
1. 병역의무부과 통지서 또는 현역선발 통지서를 받은 경우
2. 의무복무 중 전역, 소집해제, 복무만료 또는 병역이 면제된 경우
제151조【승선근무예비역 복무 등의 실제근무기간 산정】 법 제74조제2항 단서에 따라 승선근무예비역, 보충역 또는 대체복무요원의 의무복무기간을 마친 사람의 실제근무기간으로 산정하여야 할 기간은 18개월로 한다. 다만, 복무기간이 18개월 미만인 사람에 대해서는 실제복무기간으로 한다.(2020.12.29 본조개정)
제151조의2【응시상한연령의 연장 범위】 소집 등에 의한 승선근무예비역, 보충역 또는 대체복무요원 복무를 마친 사람이 「국가유공자 등 예우 및 지원에 관한 법률」 제30조에 따른 취업지원 실시기관의 채용시험에 응시하는 경우 법 제74조의2에 따른 채용시험 응시상한연령의 연장 범위는 다음 각 호와 같다.(2020.6.30 본문개정)
1. 2년 이상의 복무기간을 마친 사람 : 3세
2. 1년 이상 2년 미만의 복무기간을 마친 사람 : 2세
3. 1년 미만의 복무기간을 마친 사람 : 1세
제152조【사회복무요원 등의 보상】 법 제75조제2항에 따른 보상을 받으려는 사람은 「국가유공자 등 예우 및 지원에 관한 법률」 제6조 또는 「보훈보상대상자 지원에 관한 법률」 제4조에 따라 국가유공자 또는 보훈보상대상자와 그 유족 또는 가족으로 등록을 신청하여야 한다.
(2020.6.30 본조제목개정)
(2013.12.4 본조개정)
제153조【사회복무요원 등의 치료】 ① 법 제75조제4항에 따라 사회복무요원 또는 대체복무요원이 치료를 받으려는 경우에는 복무기관의 장(사회복무요원이 법 제33조의2에 따른 복무기본교육, 직무교육 또는 복무지도교육 중인 경우에는 해당 교육실시기관의 장을 복무기관의 장으로 본다. 이하 제153조의5제6항에 따른 복무기관의 장을 제외하고 이 장에서 같다)의 부상확인서 또는 질병확인서를 첨부한 치료 신청서(전자문서로 된 신청서를 포함한다)를 복무기관의 인근에 있는 국가·지방자치단체 또는 공공단체의 의료기관의 장에게 제출하여야 한다. 다만, 복무기관의 소재지나 인근에 국가·지방자치단체 또는 공공단체의 의료시설이 없고 응급조치를 위하여 치료 신청서를 제출할 시간적인 여유가 없는 경우에는 복무기관의 장은 인근에 있는 민간의료시설을 지정하여 응급치료를 하게 할 수 있다.(2020.6.30 본문개정)
② 제1항에 따른 치료 신청서를 제출받은 국가·지방자치단체 또는 공공단체의 의료기관의 장은 지체 없이 치료에 필요한 조치를 하여야 한다. 다만, 의료시설의 미비, 기술능력의 부족, 그 밖의 부득이한 사유가 있는 경우에는 복무기관의 장과 협의하여 민간 의료시설을 지정하여 치료하게 할 수 있다.(2019.7.2 본문개정)
③ 법 제75조제5항에 따른 군사교육소집 중 그 군사교육이 직접적인 원인이 되어 부상한 사람에 대한 치료 절차 등에 필요한 사항은 국방부장관이 정하고, 법 제75조제5항에 따른 학생군사교육 중 그 군사교육이 직접적인 원인이 되어 부상한 사람에 대한 치료 절차 등은 「학생군사교육실시령」 제11조의3에 따른다.(2016.11.29 본항개정)
④ 법 제75조제6항제1호·제2호 또는 제4호에 해당하는 사람에 대해서는 제1항, 제2항 및 제5항(법 제75조제6항제2호에 해당하는 사람으로 한정한다)을 준용한다. 이 경우 "복무기관의 장"은 "병무청장, 지방병무청장(병무지청장을 포함한다) 또는 중앙병역판정검사소장"으로, "복무기관"은 "병무청, 지방병무청(병무지청을 포함한다) 또는 중앙병역판정검사소"로 본다.(2023.12.19 본항개정)
⑤ 제1항 및 제2항에 따른 치료비용은 복무기관의 장이 부담하며, 이미 사회복무요원 또는 대체복무요원이 그 비용을 지급한 경우에는 치료일부터 최대 3년의 기간 동안 그 치료에 소요된 금액을 보상받을 수 있다. 다만, 「국가유공자 등 예우 및 지원에 관한 법률」 제6조제3항 또는 「보훈보상대상자 지원에 관한 법률」 제4조제3항에 따라 국가유공자 또는 보훈보상대상자로 등록이 결정되거나 「제대군인지원에 관한 법률」 제20조에 따른 의료 지원을 받은 경우는 제외한다.(2020.6.30 본문개정)
⑥ 법 제75조제4항에 따른 공상 및 공무상 질병의 분류기준과 범위 및 제4항에 따른 치료비 지급기준과 지급절차는 병무청장이 정한다.(2016.6.14 본항개정)
제153조의2【재해보상금의 종류 등】 ① 법 제75조의2에 따른 재해보상금은 사망보상금과 장애보상금으로 나눈다.
② 법 제75조의2제2항에 따라 재해보상금은 순직하거나 공상 또는 공무상 질병을 얻은 사회복무요원 또는 대체복무요원의 복무기관이 국가기관인 경우에는 국가가, 지방자치단체의 기관인 경우에는 해당 지방자치단체가, 공공단체인 경우에는 해당 공공단체가 부담한다. 이 경우 순직, 공상 및 공무상 질병의 분류 기준과 범위는 병무청장이 정한다.(2020.6.30 전단개정)
제153조의3【사망보상금】 ① 사망보상금은 복무 중에 순직한 사회복무요원 또는 대체복무요원의 유족에게 지급하되, 사망보상금의 지급액에 관하여는 「군인 재해보상법」 제39조를 준용한다.(2020.6.30 본항개정)
② 제1항에 따른 사망보상금을 받으려는 사람은 복무기관의 장에게 청구하여야 하며, 청구를 받은 복무기관의 장은 복무 중에 순직하였는지를 확인하여 사망보상금을 지급한다.
③ 제1항에 따른 유족의 우선순위 등에 관하여는 「군인 재해보상법」 제10조를 준용한다.(2020.6.9 본항개정)
제153조의4【장애보상금】 ① 장애보상금은 복무 중에 공상 또는 공무상 질병을 얻은 사회복무요원 또는 대체복무요원에게 지급한다. 이 경우 지급기준 및 지급액에 관하여는 「군인 재해보상법」 제33조제1항 및 제3항을 준용한다.(2020.6.30 전단개정)
② (2013.12.4 삭제)
③ 제1항에 따른 장애보상금을 받으려는 사람은 복무기관의 장에게 청구하여야 하며, 청구를 받은 복무기관의 장은 청구의 원인이 되는 장애가 공상 또는 공무상 질병으로 인한 것인지를 확인하여 복무기관의 소재지를 관할하는 지방병무청장(병무지청장을 포함한다. 이하 이 장에서 같다)에게 신체장애등급을 결정하여 줄 것을 요청하여야 한다.
④ 제3항에 따른 요청을 받은 지방병무청장은 청구의 원인이 되는 장애 정도를 확인하기 위하여 병역판정검사장 또는 지방병무청장이 지정하는 군병원 등에 신체검사를 의뢰하여야 한다. 이 경우 신체검사에 드는 비용은 복무기관의 장이 부담한다.(2016.11.29 전단개정)
⑤ 제4항에 따른 신체검사의 결과를 통보받은 지방병무청장은 제153조의5에 따른 보상심의위원회의 심의를 거쳐 신체장애등급을 결정하고 지체 없이 청구인과 복무기관의 장에게 통보하여야 한다.
⑥ 복무기관의 장은 제5항에 따라 지방병무청장으로부터 통보받은 신체장애등급에 따라 장애보상금을 지급한다.
⑦ 장애보상금을 받은 사람이 그 공상 또는 공무상 질병으로 사망한 경우에는 이미 지급한 장애보상금을 공제한 금액의 사망보상금을 지급한다.
제153조의5【보상심의위원회】 ① 장애보상금의 청구가 있는 경우 청구의 원인이 되는 장애등급을 심의하기 위하여 각 지방병무청장 소속으로 보상심의위원회(이하 이 조에서 "위원회"라 한다)를 두되, 위원회는 필요한 경우에 구성한다.
② 위원회는 위원장 1명을 포함한 5명 이상 10명 이하의 위원으로 구성한다.
③ 위원회의 위원장은 지방병무청장이 되며, 필요한 경우에는 소속 공무원으로 하여금 그 직무를 대행하게 할 수 있다.
④ 위원회의 위원은 의사·치과의사 또는 한의사의 자격이 있는 사람 및 소속 공무원 중에서 해당 지방병무청장이 위촉하거나 지명한다.
⑤ 위원회의 회의는 재적위원 과반수의 출석으로 개의하고, 출석위원 과반수의 찬성으로 의결한다.
⑥ 위원장은 신체장애등급의 심의에 필요한 자료를 복무기관의 장, 법 제33조의2에 따른 교육실시기관의 장 또는 청구인에게 요청할 수 있다. 이 경우 요청을 받은 복무기관의 장, 법 제33조의2에 따른 교육실시기관의 장

또는 청구인은 특별한 사유가 없으면 요청에 협조하여야 한다.
⑦ 위원회의 회의에 출석한 위원 중 공무원이 아닌 위원에게는 예산의 범위에서 수당을 지급할 수 있다.
⑧ 제1항부터 제7항까지에서 규정한 사항 외에 위원회의 운영에 필요한 사항은 병무청장이 정한다.

제154조【병역의무자 채용 시의 병적 확인】① 국가기관·지방자치단체의 장 또는 고용주가 병역의무자를 공무원이나 임직원으로 채용하거나 각종 관허업의 특허·허가·인가·면허·등록·지정 등을 하려는 경우에는 병역기피 또는 군복무 및 사회복무요원·대체복무요원 등의 복무이탈 사실이 없는지를 확인하여야 한다. 이 경우 국가기관·지방자치단체의 장 또는 고용주는 다음 각 호의 방법으로 사실을 확인한다.(2020.6.30 전단개정)
1. 「전자정부법」 제36조제1항 또는 제2항에 따른 행정정보의 공동이용을 통하여 병적증명서를 확인할 수 있는 경우에는 그에 따른 행정정보의 공동이용(2010.5.4 본호개정)
2. 제1호에 따른 사실 확인을 할 수 없거나 제1호에 따른 사실 확인에 대하여 채용대상자 또는 각종 관허업의 특허·허가·인가·면허·등록·지정 등을 받으려는 사람이 동의하지 아니하는 경우에는 지방병무청장에 대한 병적조회 또는 병역의무자의 병역증·전역증 또는 병적증명서의 제출
② 지방병무청장은 제1항제2호에 따라 병적의 조회를 받은 경우에는 지체 없이 그 결과를 회답하여야 한다.
③ 국가기관·지방자치단체의 장 또는 고용주가 제1항제2호에 따라 사실을 확인한 경우에는 소속 공무원이나 임직원의 병역 관계 서류를 따로 비치·관리하여야 한다.

제11장 병무행정
(2009.12.7 본장개정)

제155조【처분의 취소】지방병무청장은 병무지청장, 병역판정전담의사 또는 군의관이 법 또는 이 영에 따라 행한 통지·처분이 위법하거나 부당하다고 인정하는 경우에는 이를 중지시키거나 취소 또는 변경할 수 있다.
(2016.11.29 본조개정)

제155조의2【확인신체검사 대상 등】① 법 제77조의2제1항에서 "속임수를 썼다고 인정할 만한 사유 등 대통령령으로 정하는 사유가 있는 경우"란 다음 각 호와 같다.
1. 안과 또는 정신건강의학과 질환을 사유로 전시근로역편입·소집해제등 또는 병역면제 처분을 받은 사람이 신규로 운전면허를 취득하였거나 운전면허 수시 적성검사에 합격한 경우(2020.6.30 본호개정)
2. 정신건강의학과 질환을 사유로 전시근로역편입·소집해제등 또는 병역면제 처분을 받은 사람이 관련 법령에 따라 취득할 수 없는 각종 자격·면허를 취득한 경우(2020.6.30 본호개정)
3. 병역처분 이후 계속 치료를 받아야 하는 질병임에도 불구하고 필수적인 치료를 중단한 경우
4. 그 밖에 진단서 위조 등 병역면탈의 증거가 있거나 가능성이 높다고 인정되는 경우
② 지방병무청장(병무지청장을 포함한다. 이하 이 조에서 같다)은 법 제77조의2제1항 각 호의 어느 하나에 해당하는 사람이 제1항 각 호의 어느 하나에 해당하면 진료기록이나 치료내역 등의 확인과 본인이나 관련자 면담 등을 통하여 사실관계를 조사한 후 확인신체검사가 필요하다고 인정되면 확인신체검사를 하여야 한다. 이 경우 진료기록이나 치료내역 등의 확인에 관하여는 법 제11조의2제1항에 따른다.
③ 지방병무청장은 제2항에 따라 확인신체검사를 하려면 국방부령으로 정하는 확인신체검사 통지서를 검사일 30일 전까지 본인에게 송달하여야 한다. 다만, 병역면탈의 증거 인멸이나 도주가 우려되는 경우에는 확인신체검사 통지서를 검사일 7일 전까지 송달하여야 한다.
(2018.5.28 본항개정)
④ 지방병무청장은 제2항에 따라 확인신체검사를 할 때에는 병역면탈이 의심되는 병역처분 당시의 신체등급 판정기준을 적용하여야 하며, 제2항의 사실관계 조사내용을 고려하여 병역면탈 여부를 확인하여야 한다.
(2016.11.29 본항개정)
⑤ 지방병무청장은 제4항에 따른 확인신체검사 결과 신체등급이 변경되는 등 병역면탈이 의심되는 사람에게는 소명기회를 주어야 하며, 소명에도 불구하고 병역면탈이 인정되면 관할 수사기관에 고발해야 한다.(2021.10.14 본항개정)
⑥ 지방병무청장은 제5항의 고발에 따라 병역면탈행위가 위법하다고 확정된 경우에는 그 병역면탈행위를 한 사람에 대하여 다음 각 호의 구분에 따라 병역처분을 하여야 한다.
1. 다음 각 목의 어느 하나에 해당하게 된 후 법 제65조제1항제1호, 같은 조 제4항 또는 제65조의2제1항에 따라 병역처분이 변경되거나 병역면제 처분을 받은 사람인 경우에는 병역면탈행위에 근거한 병역처분 직전의 신분으로 병역처분을 변경할 것(2020.6.30 본문개정)
가. 현역의 복무를 마친 후 예비역에 편입된 경우
나. 보충역의 복무를 마친 경우(2016.11.29 본목개정)
다. 전시근로역에 편입된 경우(2016.11.29 본목개정)
라. 대체복무요원의 복무를 마친 경우(2020.6.30 본목신설)
2. 제1호의 요건에 해당하지 아니하는 사람인 경우에는 병역면탈행위에 근거한 병역처분을 취소하고, 법 제11조부터 제14조까지의 규정에 따라 다시 병역판정검사를 한 후 그 결과에 따라 병역처분을 할 것(2016.11.29 본호개정)
⑦ 제1항부터 제6항까지에서 규정한 사항 외에 확인신체검사에 필요한 사항은 병무청장이 정한다.
(2011.11.23 본조신설)

제155조의3【국민건강보험료의 지원】① 법 제77조의3제1항 각 호에 따른 상근예비역, 사회복무요원 및 대체복무요원에 대한 국민건강보험료(「국민건강보험법」 제69조에 따라 부담하여야 하는 보험료를 말하며, 이하 "보험료"라 한다) 지원범위는 다음 각 호의 기간에 해당하는 보험료를 제외한 금액으로서 상근예비역은 국방부장관이, 사회복무요원은 병무청장이, 대체복무요원은 대체역법 제16조제1항에 따른 대체복무기관을 소관하는 중앙행정기관의 장(이하 "소관중앙행정기관의 장"이라 한다)이 각각 기획재정부장관과 협의하여 정하는 금액으로 한다.
(2020.6.30 본문개정)
1. 상근예비역의 경우 : 다음 각 목의 어느 하나에 해당하는 기간
가. 법 제21조제1항에 따른 상근예비역의 현역 복무기간
나. 법 제23조제6항에 따라 상근예비역의 복무기간에 산입하지 아니하는 기간
2. 사회복무요원의 경우 : 다음 각 목의 어느 하나에 해당하는 기간
가. 법 제29조제3항에 따른 사회복무요원의 군사교육소집 기간
나. 법 제30조제2항에 따라 사회복무요원의 복무기간에 산입하지 아니하는 기간
다. 법 제31조의3에 따른 사회복무요원의 복무중단기간
3. 대체복무요원의 경우 : 대체역법 제18조제2항에 따라 대체복무요원의 복무기간에 산입하지 아니하는 기간
(2020.6.30 본호신설)
② 국방부장관, 병무청장 및 소관중앙행정기관의 장은 법 제77조의3에 따라 상근예비역, 사회복무요원 및 대체복무요원의 보험료를 지원하는 경우 매월 지급한다. 다만, 「국민건강보험법」 제79조제5항에 따라 보험료의 납입 고지를 유예하는 경우 등 국방부장관, 병무청장 및 소관중앙행정기관의 장이 각각 정하는 사유에 해당하는 경우에는 일시금으로 지급할 수 있다.(2020.6.30 본항개정)
③ 제1항 및 제2항에서 규정한 사항 외에 상근예비역, 사회복무요원 및 대체복무요원의 보험료 지원에 필요한 세부 사항은 국방부장관, 병무청장 및 소관중앙행정기관의 장이 각각 정한다.(2020.6.30 본항개정)
(2017.9.22 본조개정)

제155조의4【공직자 등의 병적 관리 등】① 법 제77조의4제1항제4호에서 "대통령령으로 정하는 사람"이란 「소득세법」 제55조제1항에 따라 종합소득과세표준별로 적용되는 세율 중 최고 세율 또는 최고 세율 다음으로 높은 세율을 적용받는 사람을 말한다.(2023.12.19 본항개정)
② 병무청장 또는 지방병무청장은 법 제77조의4에 따른 병적 관리 대상자 관리 및 변동사항 확인을 위하여 같은 조 제2항 각 호의 자료를 해당 기관 또는 단체의 장에게 우편 또는 정보통신망 등을 이용하거나 방문하여 요청할 수 있다. 이 경우 자료의 제공을 요청받은 기관 또는 단체의 장은 14일 이내에 해당 자료를 병무청장 또는 지방병무청장에게 제출하여야 한다.(2017.9.22 본항신설)
③ 병무청장은 법 제77조의4에 따른 병적 관리를 위하여 따로 데이터베이스를 구축·운영할 수 있다.
(2017.9.22 본항신설)
④ 제1항부터 제3항까지의 규정 및 제155조의5 외에 법 제77조의4에 따른 공직자 등의 병적 관리의 세부 절차 및 방법 등에 관하여 필요한 사항은 병무청장이 정한다.
(2017.9.22 본조개정)

제155조의5【공정병역심의위원회의 구성 및 운영】① 병무청장은 법 제77조의4에 따른 병적 관리에 관한 다음 각 호의 사항을 심의하기 위하여 필요한 경우 공정병역심의위원회(이하 이 조에서 "위원회"라 한다)를 구성·운영할 수 있다.(2022.10.4 본문개정)
1. 법 제77조의4제1항 각 호에 해당하는 병적 관리 대상자의 선정
2. 병적 관리 대상자의 병역처분 및 처분과정의 적정성 검증
3. 그 밖에 병무청장이 공정한 병적 관리를 위하여 필요하다고 인정하는 사항
② 위원회는 위원장 1명을 포함하여 7명 이내의 위원으로 구성한다.(2022.10.4 본항개정)
③ 위원회의 위원장은 병무청 소속 국장급 공무원 중에서 병무청장이 지명하고, 위원은 병무청 소속 과장급 공무원 중에서 병무청장이 지명한다.(2022.10.4 본문개정)
1.~2. (2022.10.4 삭제)
④ 병무청장은 제1항의 심의를 할 때 법학·행정학 또는 의학 등에 관한 전문적 자문이 필요하다고 인정하는 경우에는 관계 전문가로 구성된 자문단을 운영할 수 있다.
(2022.10.4 본항개정)
⑤ 위원회의 회의는 위원장이 소집하며, 긴급한 경우를 제외하고는 회의의 일시·장소 및 안건을 정하여 회의 개최 7일 전까지 각 위원에게 통지하여야 한다.
⑥ 위원회의 회의는 재적위원 과반수의 출석으로 개의하고, 출석위원 과반수의 찬성으로 의결한다.
⑦ 제1항부터 제6항까지에서 규정한 사항 외에 위원회의 위원 구성 및 운영에 필요한 사항은 병무청장이 정한다.
(2022.6.30 본항개정)
(2017.9.22 본조신설)

제155조의6【병역 정보의 기록·관리 등】① 병무청장 또는 지방병무청장(병무지청장을 포함한다. 이하 이 조 및 제155조의7에서 같다)은 법 제77조의5제1항제2호에 따라 의무복무를 마친 병역의무자의 병역 정보를 관리하기 위하여 제2조제1항제1호 및 제2호에 따른 병적관리기관의 장으로부터 복무 및 교육·수련 기록 등의 사항이 포함된 병역 정보를 송부받아 관리하여야 한다.
(2017.9.22 본항개정)
② 제1항에 따른 병역 정보는 전자정보처리프로그램에 기록·관리하여야 하며, 세부적인 전자정보처리프로그램의 운영 및 처리절차 등에 관하여 필요한 사항은 병무청장이 정한다.
(2016.6.14 본조신설)

제155조의7【병역 정보의 확인·출력·증명 등】① 병역 정보의 주체는 법 제77조의5에 따른 자신의 병역 정보에 대한 확인·증명을 지방병무청장에게 요구할 수 있다.
② 지방병무청장은 제1항에 따른 확인·출력·증명을 요구받은 때에는 병역 정보의 주체에게 병적증명서 또는 병적기록표를 발급하여야 한다.(2022.6.30 본항개정)
③ 제1항 및 제2항에 따른 병적증명서 및 병적기록표의 신청, 발급 등에 필요한 사항은 국방부령으로 정한다.
(2022.6.30 본항개정)
(2016.6.14 본조신설)

제156조【병무행정사무의 위임】① 병무청장은 법 제78조제1항에 따라 다음 각 호의 권한을 지방병무청장이나 병무지청장에게 위임한다.
1. 법 제20조제1항에 따른 현역병복무 지원자의 선발 권한 중 신체검사, 체력검사, 면접평가, 실기시험·필기시험 및 서류심사 등의 전형(선발 결정권은 제외한다)
2. 법 제20조제2항 후단에 따른 현역병으로 선발된 사람의 선발 취소 허가
3. 법 제31조의2제2항에 따른 사회복무요원에 대한 관리·감독(2013.12.4 본호개정)
4. 법 제70조제1항에 따른 국외여행허가. 다만, 다음 각 목의 구분에 따라 해당 지방병무청장 또는 병무지청장도 허가할 수 있다.
가. 5개월 이하 국외여행에 대한 국외여행허가의 경우에는 국외여행허가 신청서 접수지 지방병무청장 또는 병무지청장
나. 전문연구요원 또는 산업기능요원의 국외여행허가와 국제경기 참가나 전지훈련 등을 목적으로 하는 단체의 국외여행에 대한 국외여행허가의 경우에는 그 직장이나 단체의 소재지 지방병무청장 또는 병무지청장
다. 1975년 이전에 출생한 사람에 대한 국외여행허가의 경우에는 등록기준지 지방병무청장 또는 병무지청장
5. 법 제70조제3항에 따른 국외여행허가 또는 기간연장허가
6. 법 제81조제1항부터 제3항까지의 규정에 따른 병역이행사항 확인·점검 및 병역법령 위반사실 확인에 필요한 자료의 수집
7. 법 제95조에 따른 과태료의 부과·징수와 이의신청의 접수
② 지방병무청장은 법 제78조제2항에 따라 다음 각 호의 권한을 병무지청장에게 위임한다.
1. 법 제7조제1항에 따른 병역증·전역증의 교부·재교부
2. 법 제10조제1항에 따른 병역판정검사 대상자의 조사, 병적 데이터베이스의 작성·관리 및 법 제11조, 제14조의2, 제77조의2에 따른 병역판정검사, 재병역판정검사, 확인신체검사 통지서의 송부(2016.11.29 본호개정)
3. 법 제13조에 따른 적성의 분류·결정
4. 법 제14조에 따른 병역처분
4의2. 법 제14조의3제1항에 따른 입영판정검사
4의3. 법 제14조의3제3항에 따른 병역처분의 변경
4의4. 법 제14조의3제4항에 따른 재신체검사
4의5. 법 제14조의3제6항에 따른 입영판정검사의 제외 결정
4의6. 법 제14조의3제7항에 따른 입영신체검사의 결과 제18조의9에 따라 귀가된 사람에 대한 재신체검사, 병역처분 및 재입영
(2021.6.22 4호의2~4호의6신설)
5. 법 제15조제1항에 따른 현역병 징집순서의 결정
6. 법 제16조에 따른 현역병입영
7. (2021.6.22 삭제)
8. 법 제21조에 따른 상근예비역소집 대상자의 선발 및 그 취소
9. 법 제22조제1항에 따른 상근예비역소집 대상자의 현역병으로의 입영

10. 법 제25조제1항에 따른 의무소방원 및 의무경찰대원으로의 전환복무 대상자의 입영(2015.11.20 본호개정)
11. 법 제26조제4항에 따른 사회복무요원의 선발 및 법 제27조에 따른 사회복무요원 배정인원 등의 결정
12. 법 제28조에 따른 사회복무요원 소집 순서의 결정
13. 법 제29조에 따른 사회복무요원의 소집
14. 법 제31조에 따른 사회복무요원의 복무분야 지정 및 변경에 대한 협의
(2013.12.4 11호~14호개정)
15. 법 제32조제1항·제2항·제4항에 따른 사회복무요원의 신상변동사항 접수 및 복무기관 재지정
(2016.11.29 본호개정)
16. 법 제33조제4항 및 제33조의10제5항제2호에 따른 사회복무요원 및 예술·체육요원의 남은 복무 실시
(2016.6.14 본호개정)
17. 법 제36조제5항에 따른 전문연구요원 및 산업기능요원의 편입
18. 법 제39조제3항 각 호 외의 부분 단서에 따른 전문연구요원 및 산업기능요원에 대한 편입 당시 병역지정업체의 해당 분야 외 분야의 복무 승인(2021.10.14 본호개정)
19. 법 제40조에 따른 전문연구요원 및 산업기능요원의 신상변동 통보의 접수(2016.11.29 본호개정)
20. 법 제41조에 따른 전문연구요원 및 산업기능요원의 편입취소, 연장 복무 및 편입취소자 처리
21. 법 제43조제2항 및 제3항에 따른 사회복무요원 등에 대한 실태조사(2021.10.14 본호개정)
22. 법 제45조제1항(법 제54조제1항에서 준용하는 경우를 포함한다)에 따른 병력동원소집 대상자의 지정
23. 법 제46조(법 제54조제1항에서 준용하는 경우를 포함한다)에 따른 병력동원소집
24. 법 제47조제3항(법 제54조제1항 및 제56조제2항에서 준용하는 경우를 포함한다)에 따른 귀가한 사람에 대한 병역처분·재소집 및 재신체검사
25. 법 제50조에 따른 병력동원훈련소집
26. 법 제51조제3항에 따라 귀가한 사람에 대한 재소집 및 병력동원훈련소집의 면제
27. 법 제60조제1항부터 제3항까지의 규정에 따른 병역판정검사·재병역판정검사·징집 및 소집의 연기 및 실시
28. 법 제61조에 따른 병역판정검사일, 재병역판정검사일, 징집(모집을 포함한다)일 및 소집일의 연기 및 의무이행일 연기자에 대한 병역처분변경
29. 법 제62조제1항에 따른 전시근로역 또는 보충역 편입
(2016.11.29 27호~29호개정)
30. 법 제63조에 따른 전역
30의2. 법 제63조의2제1항에 따른 소집면제 또는 해제
(2020.6.30 본호신설)
31. 법 제64조에 따른 병역준비역의 병역면제 및 법 제64조제1항 각 호에 해당하는 사람에 대한 전시근로역 편입(2016.11.29 본호개정)
32. 법 제65조에 따른 병역처분변경
32의2. 법 제65조의2제1항·제2항에 따른 소집면제 또는 해제, 제65조의2제3항에 따른 처분의 취소(2020.6.30 본호신설)
33. 법 제67조에 따른 병력동원소집 또는 전시근로소집 순위의 후순위 조정
34. 법 제83조제3항에 따른 전시업무에 관한 특별시장·광역시장·특별자치시장 또는 도지사·특별자치도지사(이하 "시·도지사"라 한다)에 대한 협조요구
(2013.12.4 본호개정)
③ 병무청장은 법 제78조제3항에 따라 다음 각 호의 권한을 재외공관의 장에게 위임한다.
1. 재외공관의 관할 구역에 체재하거나 거주하는 병역의무자의 조사 및 관리
2. 국외여행기간 연장허가 신청서의 출원 안내·접수 및 지방병무청 송부(전자문서에 의한 송부를 포함한다)
3. 병역의무자에 대한 국외여행기간 연장허가 신청서 처리결과 통보
4. 국외여행허가 기간만료자 및 국외여행허가 의무위반자에 대한 귀국조치
5. 제128조제6항에 따른 재외국민 2세의 확인
6. 전시·사변 또는 동원령이 선포된 경우 관할 구역 안에 거주하는 병역의무자에 대한 귀국조치
④ 재외공관의 장은 제3항에 따라 위임받은 병무행정사무를 처리하기 위하여 소속 공무원 중에서 병무 담당 직원을 지정하여야 하며, 병무 담당 직원을 지정하거나 교체한 경우에는 병무청장에게 통보하여야 한다.
제157조【민감정보 및 고유식별정보의 처리】 ① 국방부장관은 제118조의3 및 제119조의3에 따른 군종·의무·법무·수의 분야 현역장교의 선발에 관한 사무와 제119조에 따른 군종사관후보생 선발에 관한 사무를 수행하기 위하여 불가피한 경우 「개인정보 보호법 시행령」 제19조제1호에 따른 주민등록번호가 포함된 자료를 처리할 수 있다.(2015.6.30 본항개정)
② 병무행정관서의 장은 법에서 정한 병역의무자의 병역준비역 편입, 병역판정검사(재병역판정검사 및 확인신체검사를 포함한다), 입영판정검사, 징집, 모집, 소집, 입영, 복무 및 전역 등 병무행정에 관한 사무를 수행하기 위하여 불가피한 경우 「개인정보 보호법」 제23조에 따른 건강에 관한 정보 또는 같은 법 시행령 제18조제2호에 따른 범죄경력자료에 해당하는 정보나 같은 영 제19조제1호, 제2호 또는 제4호에 따른 주민등록번호, 여권번호 또는 외국인등록번호가 포함된 자료를 처리할 수 있다.
(2021.10.14 본항개정)
③ 법 제80조제2항에 따른 병무행정에 대한 협조 또는 법 제81조제2항 후단에 따른 자료제공을 요청받은 기관의 장은 그 협조 또는 자료제공을 위하여 불가피한 경우 제2항에 따른 개인정보가 포함된 자료를 처리할 수 있다.
(2012.1.6 본조신설)
제158조【여비 등의 지급 및 급식 등】 ① 법 제79조제1항제1호에서 "대통령령으로 정하는 재신체검사·재검사"란 다음 각 호의 검사를 말한다.(2021.6.22 본문개정)
1. 법 제14조제1항제4호에 따른 재신체검사
2. 법 제14조의3제4항에 따른 재신체검사(2021.6.22 본호개정)
3. 법 제14조의3제7항에 따른 입영신체검사의 결과 제18조의9에 따라 귀가한 사람에 대한 재신체검사
(2021.6.22 본호신설)
4. 법 제47조제3항[법 제54조제1항 및 제56조제2항(법 제55조제1항 단서에 관한 사항으로 한정한다)에 따라 준용되는 경우를 포함한다]에 따른 귀가한 사람에 대한 재검사
5. 법 제58조제6항 본문에 따른 귀가한 사람에 대한 재신체검사(2021.6.22 본호신설)
6. 법 제65조제1항, 제4항, 제8항 및 제65조의2제1항에 따른 병역처분변경에 관한 신체검사로서 다음 각 목의 어느 하나에 해당하는 사람에 대한 신체검사
(2020.12.29 본문개정)
가. 「국민기초생활보장법」 제2조제1호에 따른 수급권자 및 같은 조 제10호에 따른 차상위계층
나. 「한부모가족지원법」 제5조 및 제5조의2에 따른 지원대상자
다. 신체검사 결과 병역처분이 변경된 사람
(2020.12.29 가목~다목신설)
(2013.12.4 본항신설)
② 법 제79조제1항에 따라 병역의무자에게 지급하는 여비와 병무용진단서 및 신체검사 과정에서 필요한 의무(醫務)·수술 기록지 등 보완서류 발급비용은 예산의 범위에서 실비로 지급하되, 지급 범위, 지급액, 지급시기, 지급방법 및 지급절차 등에 관한 사항은 병무청장 또는 각 군 참모총장(각 군 참모총장의 현역병 모집에 선발되어 입영하는 사람과 귀가한 사람에게 지급하는 여비에 관한 사항으로 한정한다)이 정한다. 다만, 법 제79조제1항제3호에 따른 체력검사·면접·필기·실기 등의 전형에 응시하는 사람의 여비에 대해서는 비용 지출의 규모 및 전형 횟수 등을 고려하여 병무청장이 정하는 바에 따라 여비의 지급 횟수를 제한할 수 있다.(2019.7.2 본문개정)
③ 병력동원훈련소집이나 군사교육소집으로 입영한 사람과 학군 군간부후보생으로서 재학 중 입영교육을 받는 사람에 대해서는 피복류를 지급할 수 있으며, 그 종류와 지급범위, 지급기준 및 지급절차 등에 관하여는 국방부장관이 정한다.(2016.11.29 본항개정)
④ 제3항에 규정된 사람에 대해서는 예산의 범위에서 급식, 실비 변상 등을 할 수 있으며, 급식을 하는 경우에는 「군인 급식 규정」을 준용한다.(2013.12.4 본항개정)
⑤ 법 제79조제1항제2호에 따라 검사가 위탁된 의료기관에 지급하는 검사비 등의 비용은 「국민건강보험법」 제45조제4항에서 정하는 범위 이내로 한다. 다만, 이에 포함되지 아니하는 사항 및 지급절차 등에 관하여는 병무청장이 정한다.(2013.12.4 본문개정)
제158조의2【적금의 정부지원】 ① 법 제79조의2제1항에 따라 「조세특례제한법」 제91조의19에 따른 장병내일준비적금(이하 "장병내일준비적금"이라 한다)에 가입하는 사람에게 지원하는 재정지원금은 입금일부터 만기일(장병내일준비적금의 가입자가 계약의 만기일 전에 전역하는 경우에는 복무기간 종료일로 한다. 이하 이 조에서 같다) 전날까지의 장병내일준비적금 입금액의 100퍼센트에 해당하는 금액으로 한다.(2023.12.19 본항개정)
② 장병내일준비적금의 가입자가 계약의 만기일 전에 계약을 해지하는 경우에는 제1항에 따른 재정지원금을 지원하지 않는다.
③ 장병내일준비적금의 가입자가 제1항에 따른 재정지원금을 지원받으려는 경우에는 해당 적금을 취급하는 「금융실명거래 및 비밀보장에 관한 법률」에 따른 금융회사등에 제5조에 따른 병역증 또는 전역증이나 제155조의7에 따른 병적증명서[대체복무요원으로 복무 중인 사람의 경우에는 대체역법 제16조제1항에 따른 대체복무기관(이하 "대체복무기관"이라 한다)의 장이 발급하는 복무사실 확인서로 한다]를 제출해야 한다.(2023.12.19 본항개정)
④ 제1항부터 제3항까지에서 규정한 사항 외에 재정지원에 필요한 사항은 법무부장관·국방부장관·병무청장·경찰청장·소방청장·해양경찰청장이 협의하여 정하는 바에 따른다.
(2021.10.14 본조신설)
제158조의3【가족관계등록 전산정보의 공동이용】 법 제80조의2에서 "대통령령으로 정하는 병무행정에 관한 사무"란 다음 각 호의 사무를 말한다.
1. 법 제21조에 따른 상근예비역소집 대상자의 선발 및 취소
2. 제2조에 따른 병적관리
3. 제29조에 따른 현역병 복무의 지원과 선발 등
4. 제119조에 따른 의무·법무·수의사관후보생의 병적 편입
5. 제129조에 따른 입영일 등의 연기
6. 제130조에 따른 가사사정으로 인한 전시근로역 편입 등
7. 제134조에 따른 병역준비역의 병역면제 등
(2016.11.29 5호~7호개정)
8. 제135조에 따른 현역병입영 대상자 등의 병역처분변경
9. 제136조에 따른 수형자 등의 병역처분
10. 제145조에 따른 국외여행허가 등
11. 제147조에 따른 국외여행기간 연장허가 등
12. 법 제82조에 따른 병역의무 이행자에 대한 선양(宣揚)사업(2015.6.30 본호신설)
(2014.11.4 본조신설)
제158조의4【여비 등의 환수】 지방병무청장, 병무지청장 또는 신체등급판정 사무를 담당하는 병무청 소속기관의 장은 법 제79조제3항에 따라 환수할 비용이 발생하면 그 대상자에게 환수사유, 발생사실, 환수금액, 반납기한, 반납기관 및 이의신청방법 등을 서면으로 통지하여야 한다. 이 경우 반납기한은 통지일부터 30일 이상으로 한다.
(2016.11.29 본조신설)
제159조【병무사범의 예방 및 단속】 ① 병무청장은 법 제81조에 따른 병무사범의 예방 및 단속을 위하여 병무청과 지방병무청(병무지청을 포함한다)에 병무사범조사반을 둘 수 있다.
② 병무청장이 법 제81조제2항 및 제3항에 따라 요청 또는 요구할 수 있는 자료는 다음 각 호와 같다.
1. 법 제73조, 제74조 및 제76조에 규정된 사항의 이행 여부 확인에 필요한 자료
2. 제93조제3항에 따른 사회복무요원, 예술·체육요원, 전문연구요원 또는 산업기능요원의 복무 및 관리 실태에 관한 자료(2021.10.14 본호개정)
3. 제135조제1항 및 제5항에 따른 병역처분변경에 필요한 질병 또는 심신장애 사실의 확인을 위한 자료
(2021.10.14 본호개정)
4. 제147조의2제1항제1호마목에 규정된 영리활동 여부의 확인에 필요한 자료
5. 제154조제3항에 따라 비치·관리하고 있는 병역관계 자료
6. 그 밖에 병역관계 법령에 규정된 병역의무 이행 여부의 확인·점검에 필요한 자료
③ 제1항에 따른 병무사범조사반의 구성 및 운영 등에 필요한 사항은 병무청장이 정한다.
제160조【병역의무 기피자의 인적사항 등의 공개】 ① 법 제81조의2제1항 각 호 외의 부분 단서에서 "질병, 수감 등 대통령령으로 정하는 사유가 있는 경우"란 다음 각 호의 어느 하나에 해당하는 경우를 말한다.
1. 법 제81조의2제2항에 따른 병역의무기피공개심의위원회(이하 이 조 및 제161조에서 "위원회"라 한다)가 질병, 수감 또는 천재지변 등의 사유로 병역의무를 이행하기 어려운 부득이한 사유가 있다고 인정하는 경우
2. 위원회가 법 제81조의2제1항 각 호의 어느 하나에 해당하는 사람(이하 이 조에서 "병역의무 기피자"라 한다)을 공개할 실익이 없거나 공개하는 것이 부적절하다고 인정하는 경우
② 관할 지방병무청장(지방병무청지청장을 포함한다. 이하 이 조 및 제161조에서 같다)은 법 제81조의2제3항에 따라 잠정 공개 대상자에게 같은 조 제1항에 따른 인적사항 등의 공개 대상자임을 통지할 때에는 병역의무를 이행하도록 촉구하고 병역의무를 이행하지 못한 부득이한 사유가 있는 경우에는 그에 관한 소명자료를 제출하도록 안내하여야 한다.
③ 법 제81조의2제1항에 따라 공개하는 병역의무 기피자의 인적사항과 병역의무 미이행 사항 등(이하 이 조에서 "인적사항등"이라 한다)은 다음 각 호와 같다.
1. 병역의무 기피자의 성명, 연령, 주소
2. 기피일자 및 기피요지
3. 법 위반 조항
④ 법 제81조의2제1항에 따른 공개는 병무청 인터넷 홈페이지 또는 관할 지방병무청(지방병무청지청을 포함한다. 이하 이 조 및 제161조에서 같다) 인터넷 홈페이지에 게시하는 방법으로 한다.
⑤ 병무청장은 법 제81조의2제1항에 따라 병무청 인터넷 홈페이지에 게시된 병역의무 기피자가 병역의무를 이행하는 등 그 인적사항등을 공개할 실익이 없는 경우에는 제3항 각 호의 인적사항등을 삭제하여야 하며, 관할 지방병무청 인터넷 홈페이지에 게시된 경우에는 관할 지방병무청장으로 하여금 제3항 각 호의 인적사항등을 삭제하도록 하여야 한다.
⑥ 제5항에 따른 인적사항등을 삭제하는 기준과 절차 등 세부사항은 병무청장이 정한다.
(2015.6.30 본조신설)
제161조【위원회의 구성 및 운영】 ① 위원회는 위원장 1명과 제2항 각 호에 따른 위원 10명으로 구성한다.
(2020.12.29 본항개정)
② 위원회의 위원장은 관할 지방병무청의 병역판정관 또

는 징집·소집 등의 업무를 담당하는 과장급 공무원 중에서 관할 지방병무청장이 지명하는 사람이 되고, 위원은 다음 각 호의 사람이 된다.(2016.11.29 본문개정)
1. 관할 지방병무청의 과장급 공무원 또는 병역의무 기피 관련 업무를 담당하는 6급 공무원 중에서 관할 지방병무청장이 임명하는 사람 4명
2. 병무 관련 법령 또는 행정에 관한 학식과 경험이 풍부한 사람 중에서 관할 지방병무청장이 위촉하는 사람 6명
③ 제2항제2호에 따른 위촉위원의 임기는 2년으로 한다.
④ 위원회의 회의는 재적위원 과반수의 출석으로 개의(開議)하고, 출석위원 과반수의 찬성으로 의결한다.
⑤ 제1항부터 제4항까지에서 규정한 사항 외에 위원회의 구성 및 운영에 필요한 사항은 병무청장이 정한다.
(2015.6.30 본조신설)
제162조 (1999.12.31 삭제)
제163조~제163조의3 (2004.2.9 삭제)
제164조【행방불명자의 조사】 ① 지방병무청장은 병역의무자 중 행방불명으로 인하여 병역의무부과 통지서를 교부할 수 없는 사람이 있는 경우에는 그 소재를 조사하여야 한다.
② 지방병무청장은 필요한 경우에는 관할 경찰관서의 장에게 행방불명자의 소재조사를 의뢰할 수 있으며, 의뢰를 받은 경찰관서의 장은 30일 이내에 그 조사결과를 통보하여야 한다.
제165조【병역기피자의 고발】 ① 지방병무청장은 관할 구역에 있는 병역의무자로서 정당한 사유없이 병역판정검사, 재병역판정검사, 입영판정검사, 확인신체검사, 징집 또는 소집(점검을 포함한다)을 기피한 사람이 있는 경우에는 지체 없이 관할 수사기관의 장에게 고발해야 한다. 다만, 지원에 의하여 현역선발 통지서를 받은 사람이 입영을 기피한 경우에는 각 군 참모총장이 선발한 경우에는 해당 참모총장이, 병무청장이 선발한 경우에는 지방병무청장이 고발한다.(2021.6.22 본문개정)
② 사회복무요원의 복무기관의 장(예술·체육요원의 경우에는 문화체육관광부장관, 공중보건의사의 경우에는 보건복지부장관, 병역판정전담의사의 경우에는 병무청장, 공익법무관의 경우에는 법무부장관, 공중방역수의사의 경우에는 농림축산식품부장관을 말한다)은 사회복무요원, 예술·체육요원, 공중보건의사, 병역판정전담의사, 공익법무관 또는 공중방역수의사가 정당한 사유 없이 통틀어 8일 이상 복무를 이탈하거나 해당 분야에 복무하지 아니한 경우에는 지체 없이 관할 수사기관의 장에게 고발하여야 한다. 다만, 복무기관의 장이 고발하지 아니하는 경우에는 병무청장이 고발하여야 한다.(2016.11.29 본문개정)
③ 복무기관의 장은 사회복무요원 또는 예술·체육요원이 법 제33조제2항 각 호 또는 제33조의10제2항 각 호의 어느 하나에 해당하는 경우에는 일시·장소 및 사유 등을 기재한 경고장을 발부하여야 하고, 법 제89조의3 각 호의 어느 하나에 해당되는 경우에는 지체 없이 관할 수사기관의 장에게 고발하여야 한다. 다만, 복무기관의 장이 경고장을 발부하지 아니하거나 고발하지 아니하는 경우에는 병무청장이 경고장을 발부하거나 고발하여야 한다.(2016.6.14 본문개정)
④ 대체복무기관의 장은 대체복무요원이 정당한 사유 없이 통틀어 8일 이상 복무를 이탈하거나 해당 분야에 복무하지 않은 경우에는 지체 없이 관할 수사기관의 장에게 고발해야 한다. 다만, 대체복무기관의 장이 고발하지 않는 경우에는 병무청장이 고발해야 한다.(2021.10.14 본항개정)
⑤ 대체복무기관의 장은 대체복무요원이 대체역법 제24조제2항 각 호의 어느 하나에 해당하는 경우에는 일시·장소 및 사유 등을 기재한 경고장을 발부해야 하고, 법 제89조의3 각 호의 어느 하나에 해당되는 경우에는 지체 없이 관할 수사기관의 장에게 고발해야 한다. 다만, 대체복무기관의 장이 경고장을 발부하지 않거나 고발하지 않는 경우에는 병무청장이 경고장을 발부하거나 고발해야 한다.(2021.10.14 본항개정)
⑥ 제1항부터 제5항까지의 규정에 따라 고발을 받은 수사기관의 장은 그 처리결과를 지체 없이 고발기관의 장에게 통보해야 한다.(2020.6.30 본항개정)
⑦ 제1항부터 제5항까지의 규정에 따른 고발기관의 장은 제1항부터 제6항까지의 규정에 따른 고발 및 그 처리결과를 지체 없이 지방병무청장에게 보고하거나 통보해야 한다.(2020.6.30 본항개정)
⑧ 지방병무청장은 제2항부터 제5항까지의 규정에 따라 경고장을 발부하거나 고발한 경우에는 지체 없이 해당 복무기관의 장에게 알려야 한다.(2020.6.30 본항개정)
제166조【포상금 지급】 ① 법 제86조부터 제88조까지, 제88조의2, 제89조, 제89조의2, 제89조의3 및 제90조에 규정된 죄를 지은 사람을 신고하거나 검거에 협조한 사람과 위법·부당한 병역처분의 사실이나 병역면탈을 조장하는 정보를 신고한 사람에 대해서는 예산의 범위에서 포상금을 지급할 수 있다. 다만, 공무원이 그 직무와 관련하여 신고하거나 검거에 협조한 경우에는 포상금을 지급하지 않는다.(2021.10.14 본항개정)
② 포상금의 지급기준·지급방법, 그 밖에 필요한 사항은 병무청장이 정한다.
제167조 (2005.6.30 삭제)
제168조【의료시설의 지정 등】 ① 지방병무청장(병무지청장을 포함한다. 이하 이 조에서 같다)은 병역판정신체검사, 병역준비역의 병역면제 처분 및 병역처분변경 등에 참조할 수 있는 병무용진단서 발급의료기관을 지정할 수 있다.(2016.11.29 본항개정)
② 지방병무청장이 제1항에 따른 의료시설을 지정하려는 경우에는 병역의무자의 수, 교통상의 거리 및 병원의 시설 등을 고려하여야 한다.
③ 지방병무청장은 제1항에 따른 의료시설을 지정한 경우에는 위촉장을 교부하고 그 명칭과 위치 등을 공고하여야 한다.

제12장 전시특례

제169조【전시특례】 ① 국방부장관이나 병무청장은 법 제83조제1항 또는 제2항에 따른 전시특례조치를 하려는 경우에는 신문·텔레비전 또는 라디오 방송으로 공고하여야 한다.
② 법 제83조제2항제1호에 따라 병역의무부과 통지서의 송달을 공고의 방법으로 갈음하려는 경우에는 다음 각 호의 방법에 따르되, 병역의무자가 본인임을 알 수 있도록 성명과 주소 등을 공고내용에 포함하여야 한다.
1. 2개 이상의 일간신문에 의한 두 차례 이상의 공고
2. 국영이나 공영의 텔레비전 또는 라디오 방송과 1개 이상의 민영 텔레비전 또는 라디오 방송을 통한 두 차례 이상의 공고
③ 국방부장관은 전시·사변 또는 동원령이 선포된 경우에는 병력동원훈련소집 중에 있는 사람 또는 다른 법률에 따라 군부대에 동원된 사람 중 병력동원소집 대상자를 법 제46조에 따른 병력동원소집으로 전환할 수 있다. 이 경우 해당 군부대의 장은 지체 없이 그 명부를 지방병무청장이나 병무지청장에게 통보하여야 한다.
④ 국방부장관은 법 제25조에 따른 의무소방원 또는 의무경찰대원으로의 전환복무를 정지 또는 해제하려는 경우에는 경찰청장, 소방청장 또는 해양경찰청장과 각각 협의하여야 한다.(2017.7.26 본항개정)
⑤ 법 제83조제2항제3호 및 제4호에 따른 사회복무요원 예술·체육요원, 전문연구요원 및 산업기능요원의 소집 또는 편입의 정지, 전시자원의 전환은 의무복무 분야별로 우선순위를 정하여 단계적으로 실시할 수 있다.
(2016.11.29 본항개정)
⑥ 법 제83조제2항제7호에 따라 병역의무자가 거주지이동 신고를 하려는 경우에는 병역증·전역증 등 병역관계 증서를 제시하여야 한다.
⑦ 병무청장은 전시·사변 또는 동원령이 선포된 경우에는 법 제14조의3제1항, 이 영 제9조제1항, 제21조제1항 및 제155조의2제3항에 따른 입영판정검사, 병역판정검사, 재병역판정검사, 현역병입영, 확인신체검사 통지서의 송달기간 또는 교부기간을 단축할 수 있다.(2021.6.22 본항신설)
제169조의2【병무사범방지대책위원회의 구성】 ① 법 제83조의2제1항에 따른 중앙병무사범방지대책위원회는 위원장 1명, 부위원장 2명과 위원 10명으로 구성하되, 위원장은 병무청장이 되고, 부위원장은 병무청 차장 및 대검찰청 형사부장이 되며, 위원은 국회사무처·법원행정처·외교부·행정안전부·보건복지부·고용노동부·경찰청·국세청 및 병무청의 3급 공무원 또는 고위공무원단에 속하는 일반직공무원(이에 상응하는 특정직 및 별정직공무원을 포함한다) 중 소속기관의 장이 지정하는 사람 각 1명과 병무사범의 발생예방 및 단속을 위하여 위원장이 필요하다고 인정하여 위촉하는 사람 1명이 된다.(2017.7.26 본항개정)
② 법 제83조의2제1항에 따른 지방병무사범방지대책위원회는 위원장 1명, 부위원장 2명 및 위원 6명으로 구성하되, 위원장은 시·도지사가 되고, 부위원장은 해당 특별시·광역시·도·특별자치도(이하 "시·도"라 한다)를 관할하는 지방병무청장 및 지방검찰청 차장검사(서울중앙지방검찰청·부산지방검찰청·대구지방검찰청·인천지방검찰청 및 수원지방검찰청의 경우에는 제2차장검사)가 되며, 위원은 다음 각 호의 사람이 된다.
1. 지방법원장(서울특별시 지방병무사범방지대책위원회의 경우에는 서울가정법원장)이 지정하는 2급 또는 3급 공무원(제주특별자치도 지방병무사범방지대책위원회의 경우에는 3급 또는 4급 공무원)
2. 시·도지사가 지정하는 국장급 공무원
3. 시·도경찰청 수사담당 부장(서울특별시 지방병무사범방지대책위원회의 경우에는 서울특별시경찰청 2차장)
(2020.12.31 본호개정)
4. 위원장이 관할 지방검찰청 검사 중에서 위촉하는 사람 1명
5. 위원장이 병무사범 발생의 예방 및 단속을 위하여 필요하다고 인정하여 위촉하는 사람 2명
제169조의3【병무사범방지대책위원회의 운영】 ① 중앙병무사범방지대책위원회 및 지방병무사범방지대책위원회(이하 "각 위원회"라 한다)의 위원장은 각 위원회의 사무를 총괄하고, 각 위원회를 대표하며, 각 위원회의 회의를 소집하고 그 회의의 의장이 된다.
② 각 위원회의 부위원장은 위원장을 보좌하며, 위원장이 부득이한 사유로 직무를 수행할 수 없는 경우에는 위원장이 지명한 부위원장이 그 직무를 대행한다.
③ 각 위원회의 회의는 재적위원 과반수의 출석으로 개의하고, 출석위원 과반수의 찬성으로 의결한다.
④ 이 영에서 규정된 사항 외에 각 위원회의 운영에 필요한 사항은 각 위원회의 의결을 거쳐 각 위원회의 위원장이 정한다.
제169조의4【병무사범단속반의 편성 등】 ① 병무사범 발생의 예방과 그 단속을 위하여 지방병무사범방지대책위원회에 병무사범단속반을 편성·운영한다.
② 병무사범단속반은 지방검찰청·지청 단위로 편성하고, 반장은 소속 지방검찰청 검사장 또는 지청장이 추천한 검사로 하며, 반원은 지방병무청장이나 병무지청장이 지정한 담당 공무원과 시·도경찰청장이 지정한 경찰공무원으로 합동 편성하고, 단속 등의 활동은 반장의 지휘·감독을 받아서 실시한다.(2020.12.31 본항개정)
③ 병무사범단속반의 편성 및 운영 등에 관한 구체적인 사항은 병무청장이 정한다.

제13장 벌 칙

제170조 (2005.6.30 삭제)
제171조【과태료의 부과기준】 법 제95조제1항부터 제3항까지의 규정에 따른 과태료의 부과기준은 별표4와 같다.(2017.9.22 본조개정)
제172조 (2008.10.8 삭제)

부 칙 (2012.6.29)

제1조【시행일】 이 영은 공포한 날부터 시행한다.
제2조【다른 법령의 폐지】 예비역의진급및장교임용에관한규정을 폐지한다.
제3조【진급하거나 장교로 임용된 예비역에 대한 경과조치】 이 영 시행 당시 종전의 「예비역의 진급 및 장교임용에 관한 규정」에 따라 진급한 예비역과 예비역장교로 임용된 사람은 이 영에 따라 진급하거나 예비역장교로 임용된 것으로 본다.

부 칙 (2012.12.20)

제1조【시행일】 이 영은 공포한 날부터 시행한다. 다만, 제134조제6항의 개정규정은 2013년 1월 1일부터 시행한다.
제2조【승선근무예비역 등의 복무기간 단축에 관한 적용례】 ① 제40조의7제5항 및 제92조제3항의 개정규정은 이 영 시행 전에 승선근무예비역, 전문연구요원 또는 산업기능요원의 편입이 취소되어 현역병 또는 공익근무요원으로 복무하는 사람에 대해서도 적용한다.
② 이 영 시행 당시 승선근무예비역, 전문연구요원 또는 산업기능요원의 편입이 취소되어 현역병 또는 공익근무요원으로 복무 중인 사람 중 제40조의7제5항 및 제92조제3항의 개정규정에 따라 단축하여야 할 복무기간이 종전의 규정에 따른 남은 복무기간보다 긴 사람에 대해서는 종전의 규정에 따른 남은 복무기간에 해당하는 기간을 그 복무기간에서 단축한다.
제3조【국내 체재 중인 국외여행허가자 등에 관한 적용례】 이 영 시행 전에 국외여행허가 또는 국외여행기간 연장허가를 받은 사람으로서 국내에 체재하고 있는 사람에 대하여 제147조의2제1항제3호의 개정규정을 적용할 때에는 이 영 시행일을 기산일로 하여 국내에 체재하는 기간을 산정한다.
제4조【제1국민역의 병역면제 등 취소에 관한 경과조치】 제134조제6항의 개정규정에도 불구하고 이 영 시행 전에 종전의 제134조제5항에 따라 병역이 면제되거나 제2국민역에 편입된 사람에 대해서는 종전의 규정에 따른다.

부 칙 (2013.12.4)

제1조【시행일】 이 영은 2013년 12월 5일부터 시행한다. 다만, 제52조제1호, 제77조, 제78조, 제78조의2, 제78조의3, 제85조, 제88조, 제89조, 제91조제1항제4호, 제124조의2, 제130조제1항제1호부터 제5호까지, 제135조제3항 및 제155조의3의 개정규정은 2014년 1월 1일부터 시행한다.
제2조【「근로기준법」 위반 행위로 인한 지정업체의 선정취소에 관한 적용례】 제76조제1항제8호의 개정규정은 이 영 시행 후 「근로기준법」 위반 행위를 한 경우부터 적용한다.
제3조【법학전문대학원생의 법무사관후보생 지원서 제출시기 변경에 관한 적용례】 제119조제2항의 개정규정에 따른 법학전문대학원생의 법무사관후보생 지원서 제출시기 변경에 관한 사항은 이 영 시행 후 법학전문대학원에 입학하는 사람부터 적용한다.
제4조【등록 장애인의 병역처분변경 시 신체검사 실시에 관한 적용례】 제135조제3항의 개정규정은 부칙 제1조 단서에 따른 시행일 이후 병역처분변경원서를 제출한 사람부터 적용한다.

제5조【국민건강보험료 지원에 관한 적용례】 제155조의3의 개정규정은 부칙 제1조 단서에 따른 시행일 이후에 고지되는 국민건강보험료부터 적용한다.
제6조【자연계대학원 박사학위과정 전문연구요원에 관한 경과조치】 부칙 제1조 단서에 따른 시행일 전에 종전의 법 제37조제2호·제3호에 따라 전문연구요원으로 편입한 사람의 전직, 박사과정 수학(受學)에 관한 통보, 의무종사기간의 계산 및 신상이동 통보에 관하여는 제85조, 제88조제2항, 제89조 및 제91조제1항제4호의 개정규정에도 불구하고 종전의 규정에 따른다.
제7조【부양의무자 등 인정기준 변경에 관한 경과조치】 부칙 제1조 단서에 따른 시행일 전에 제132조제1항에 따라 생계유지곤란사유 병역감면원서를 제출한 사람의 부양의무자, 피부양자, 자활가능자 등의 인정기준에 관하여는 제130조제1항제1호부터 제5호까지의 개정규정에도 불구하고 종전의 규정에 따른다.
제8조【다른 법령의 개정】 ①~⑲ ※(해당 법령에 가제정리 하였음)

부 칙 (2014.11.4)

제1조【시행일】 이 영은 2014년 11월 10일부터 시행한다. 다만, 제158조, 제171조 및 별표4의 개정규정은 2014년 11월 29일부터 시행한다.
제2조【고충처리기간에 관한 적용례】 제64조제3항 및 제4항의 개정규정은 이 영 시행 후에 고충심사 청구서를 접수하는 경우부터 적용한다.
제3조【산업기능요원의 전직에 관한 적용례】 제85조제2항 각 호 외의 부분 후단의 개정규정은 이 영 시행 전에 종전의 제85조제2항제1호나목에 따라 전직한 사람에 대해서도 적용한다.

부 칙 (2015.6.30)

제1조【시행일】 이 영은 2015년 7월 1일부터 시행한다.
제2조【전문연구요원 및 산업기능요원의 국외여행허가 등에 관한 경과조치】 이 영 시행 전에 전문연구요원 및 산업기능요원으로 편입된 사람은 제87조제4항 및 제89조제2항제4호의 개정규정에도 불구하고 종전의 규정에 따른다.

부 칙 (2016.6.14)

제1조【시행일】 이 영은 공포한 날부터 시행한다. 다만, 제93조제6항 및 제7항, 제153조제4항·제6항 및 제155조의4의 개정규정은 2016년 6월 16일부터 시행하고, 제92조의2, 제100조의2, 제136조제1항, 제155조의5 및 제155조의6의 개정규정은 2016년 7월 20일부터 시행한다.
제2조【사관학교 등 퇴교자의 복무기간 등에 관한 적용례】 제30조제7항 및 제9항의 개정규정은 사관학교 등에서 퇴교한 후 퇴교일부터 2년을 초과한 사람이 이 영 시행 당시 현역병, 상근예비역, 전환복무, 승선근무예비역, 사회복무요원, 예술·체육요원, 전문연구요원, 산업기능요원, 공중보건의사, 징병전담의사, 공익법무관 또는 공중방역수의사로 입영 또는 소집되어 근무하는 경우에도 적용한다. 이 경우 이 영 시행 당시 현역병, 상근예비역, 전환복무, 승선근무예비역, 사회복무요원, 예술·체육요원, 전문연구요원 또는 산업기능요원으로 근무하고 있는 사람 중 제30조제7항의 개정규정에 따라 퇴교 전 교육기관에서 받은 군사훈련기간을 복무기간에 산입하는 경우에 남은 복무기간을 초과하여 근무 중인 사람은 이 영 시행일에 복무기간이 만료된 것으로 본다.
제3조【전문연구요원 및 산업기능요원의 전직에 관한 경과조치】 이 영 시행 전에 전문연구요원 및 산업기능요원의 전직에 관하여 관할지방병무청장의 승인을 받았거나 신상이동통보를 한 경우에는 제85조제4항의 개정규정에도 불구하고 종전의 규정에 따른다.
제4조【전문연구요원 및 산업기능요원의 의무종사기간 불산입 등에 관한 경과조치】 이 영 시행 전에 전문연구요원 및 산업기능요원으로 편입된 사람에 대해서는 제89조제2항 및 제91조제1항의 개정규정에도 불구하고 종전의 규정에 따른다.
제5조【국외이주자의 국내 교육기간 등에 관한 경과조치】 이 영 시행 당시 제124조에 따른 국내교육기관에 재학 중인 사람에 대해서는 제147조의2제1항제1호 다목 및 라목의 개정규정에도 불구하고 종전의 규정에 따른다.
제6조【다른 법령의 개정】 ①~③ ※(해당 법령에 가제정리 하였음)

부 칙 (2017.9.22)

제1조【시행일】 이 영은 2017년 9월 22일부터 시행한다.
제2조【사관학교 등 퇴교자의 복무기간 등에 관한 적용례】 제30조의 개정규정은 이 영 시행 전에 같은 조 제1항의 교육기관에서 퇴교되어 이 영 시행 이후 입영 또는 소집되어 복무하게 되는 사람부터 적용한다.
제3조【사회복무요원의 복무기본교육 및 직무교육 등에 관한 적용례】 제67조제2항의 개정규정은 이 영 시행 이후 법 제33조의2제3항제1호 및 제2호 외의 사유로 벌금 이상의 형을 선고받거나 군 복무 적응 곤란으로 현역병 복무가 부적합하다고 판단되어 보충역으로 병역처분이 변경되는 경우부터 적용한다.
제4조【다른 법령의 개정】 ※(해당 법령에 가제정리 하였음)

부 칙 (2018.5.28)

제1조【시행일】 이 영은 2018년 5월 29일부터 시행한다.
제2조【재외국민 2세에 관한 적용례】 1993년 12월 31일 이전에 출생한 재외국민 2세에 대하여 제128조제4항 전단의 개정규정을 적용하는 경우 같은 조 제7항제2호에 따른 국내체재기간의 계산은 이 영 시행 이후 국내에 체재한 기간부터 기산한다.
제3조【사회복무요원 소집 대상자의 전시근로역 편입에 관한 적용례】 제135조제8항의 개정규정은 이 영 시행 당시 보충역에 편입된 다음 해의 1월 1일부터 2년 이상 경과한 사회복무요원 소집 대상자에 대해서도 적용한다.
제4조【수의사관후보생 선발기준에 관한 경과조치】 제119조제2항 및 제3항의 개정규정에도 불구하고 2017년 12월 31일 이전에 수의과대학에 입학한 사람에 대해서는 종전의 규정에 따른다.

부 칙 (2018.12.18)

제1조【시행일】 이 영은 공포한 날부터 시행한다.
제2조【상근예비역의 복무기간 단축에 관한 적용례】 제37조제2항의 개정규정은 국방부장관이 정하는 바에 따라 이 영 시행 당시 상근예비역으로 복무 중인 사람에 대해서도 적용한다.

부 칙 (2020.1.7)

제1조【시행일】 이 영은 공포한 날부터 시행한다.
제2조【치유기간이 3개월 이상인 경우의 재신체검사에 관한 적용례】 제26조제1항제1호나목 후단의 개정규정은 이 영 시행 당시 치유기간이 진행 중인 사람에 대해서도 적용한다.
제3조【사회복무요원의 청원휴가에 관한 적용례】 ① 제59조제1항제2호라목의 개정규정은 이 영 시행 이후 직계비속이 사망하거나 본인 또는 배우자의 조부모·외조부모가 사망하는 경우부터 적용한다.
② 제59조제1항제2호바목의 개정규정은 이 영 시행 이후 배우자가 출산하는 경우부터 적용한다.
제4조【사회복무요원의 연가일수 가산에 관한 적용례】 제59조제5항의 개정규정은 이 영 시행 당시 소집해제일이 30일 이상 남은 사람부터 적용한다.
제5조【사회복무요원의 보수에 관한 적용례】 제62조제1항의 개정규정은 2020년 1월의 보수 지급분부터 적용한다.

부 칙 (2020.6.9)

제1조【시행일】 이 영은 2020년 6월 11일부터 시행한다. (이하 생략)

부 칙 (2020.6.30)

제1조【시행일】 이 영은 2020년 6월 30일부터 시행한다. 다만, 제27조제3항제2호의 개정규정은 2020년 8월 5일부터 시행한다.
제2조【공중보건의사 등의 군사교육 소집시기에 관한 적용례】 제107조제2호의 개정규정은 이 영 시행 당시 코로나바이러스감염증-19 재난관리를 위하여 복무기관에 배치된 공중보건의사에 대해서도 적용한다.
제3조【현역병의 복무기간 산입 제외에 관한 경과조치】 이 영 시행 당시 종전의 규정에 따라 영창처분을 받고 영창, 그 밖의 구금장에 감금 중이거나 감금되었던 사람의 현역병 복무기간 산입에 대해서는 제27조제3항제2호의 개정규정에도 불구하고 종전의 규정에 따른다.

부 칙 (2020.9.29)

이 영은 2020년 10월 1일부터 시행한다.

부 칙 (2020.11.24)

제1조【시행일】 이 영은 2021년 1월 1일부터 시행한다. (이하 생략)

부 칙 (2020.12.29 법31300호)

제1조【시행일】 이 영은 공포한 날부터 시행한다.
제2조【복무기관 등의 재지정에 대한 이의신청 및 처리에 관한 적용례】 제65조의3의 개정규정은 이 영 시행 이후에 제65조의2제1항에 따라 복무기관 등 재지정원서를 제출한 사회복무요원부터 적용한다.
제3조【전문연구요원 전직 제한에 관한 적용례】 제85조제1항 및 제2항의 개정규정은 2021년 1월 1일 이후에 최초로 편입되는 전문연구요원부터 적용한다.
제4조【승선근무예비역 복무 등의 실제근무기간 산정에 관한 적용례】 제151조의 개정규정은 2020년 6월 2일 이후 편입된 승선근무예비역 등의 의무복무기간을 실제근무기간으로 산정하는 경우부터 적용한다.
제5조【병역처분변경에 관한 신체검사를 받는 사람의 여비 등 지급에 관한 적용례】 제158조제1항제4호의 개정규정은 이 영 시행 이후에 병역처분변경에 관한 신체검사를 받는 사람부터 적용한다.

부 칙 (2020.12.29 법31337호)
(2020.12.31)

제1조【시행일】 이 영은 2021년 1월 1일부터 시행한다. (이하 생략)

부 칙 (2021.1.5)

이 영은 공포한 날부터 시행한다.(이하 생략)

부 칙 (2021.2.17)

이 영은 공포한 날부터 시행한다.

부 칙 (2021.6.22)

제1조【시행일】 이 영은 2021년 6월 23일부터 시행한다. 다만, 제129조제3항의 개정규정은 2021년 7월 14일부터 시행한다.
제2조【승선근무예비역, 전문연구요원 및 산업기능요원의 편입취소 시 남은 복무기간의 계산방식에 관한 적용례】 ① 제40조의7제5항 및 제92조제3항의 개정규정은 이 영 시행 전에 승선근무예비역, 전문연구요원 또는 산업기능요원의 편입이 취소되어 현역병 또는 사회복무요원으로 복무하고 있는 사람(복무 예정인 사람을 포함한다)의 남은 복무기간을 산출하는 경우에도 적용한다. 다만, 제40조의7제5항 및 제92조제3항의 개정규정에 따른 남은 복무기간이 종전의 규정에 따른 남은 복무기간보다 더 긴 경우에는 종전의 규정에 따른다.
② 이 영 시행 전에 승선근무예비역, 전문연구요원 또는 산업기능요원의 편입이 취소되어 현역병 또는 사회복무요원으로 복무하고 있는 사람 중 제40조의7제5항 및 제92조제3항의 개정규정에 따른 남은 복무기간을 초과하여 복무 중인 사람은 이 영 시행일에 전역하거나 소집이 해제된 것으로 본다.

부 칙 (2021.10.14)

제1조【시행일】 이 영은 2021년 10월 14일부터 시행한다. 다만, 제68조의20의 개정규정은 공포한 날부터 시행한다.
제2조【사회복무요원의 보수 산정 기준 변경에 따른 보수지급에 관한 적용례】 ① 제62조제2항의 개정규정은 이 영 시행 전에 승선근무예비역, 예술·체육요원, 공중보건의사, 병역판정검사전담의사, 공익법무관, 공중방역수의사, 전문연구요원, 산업기능요원 또는 대체역의 편입이 취소되어 이 영 시행 당시 사회복무요원으로 복무하고 있는 사람, 이 영 시행 전에 사관학교, 육군3사관학교나 그 밖의 군간부후보생 교육기관에서 퇴교되어 이 영 시행 당시 사회복무요원으로 복무하고 있는 사람에 대해서도 적용한다.
② 제62조제2항의 개정규정은 2021년 10월의 보수 지급분부터 적용한다. 이 경우 2021년 10월의 보수 지급분은 이 영 시행일을 기준으로 그 월액을 일할계산한다.
제3조【예술·체육요원의 추천에 관한 적용례】 제68조의11제1항제1호 단서의 개정규정은 2022년 1월 1일 이후 시행되는 국제예술경연대회에서 입상하는 사람부터 적용한다.
제4조【예술·체육요원의 잔여복무기간 계산에 관한 적용례】 ① 제68조의19제4항 후단의 개정규정은 2022년 4월 13일 이후 예술·체육요원의 편입이 취소되는 사람부터 적용한다.
② 제68조의19제5항 및 제6항의 개정규정은 이 영 시행 이후 예술·체육요원의 편입이 취소되는 사람부터 적용한다.
제5조【의무·법무·수의 분야 현역장교 편입 지원에 관한 적용례】 제69조제2항 단서, 제118조제1항·제2항 및 제119조제3항의 개정규정은 이 영 시행 당시 의무·법무·수의 분야 현역장교 편입 지원 절차가 진행 중인 경우에 대해서도 적용한다.
제6조【전문연구요원 등의 의무복무기간 계산에 관한 적용례】 ① 제89조제2항제7호의 개정규정은 2023년 1월 1일 이후 전문연구요원으로 편입되는 사람부터 적용한다.
② 제92조제4항의 개정규정은 이 영 시행 이후 전문연구요원 또는 산업기능요원의 편입이 취소되는 사람부터 적용한다.

제7조【포상금 지급에 관한 적용례】 제166조의 개정규정은 이 영 시행 이후 신고하거나 검거에 협조하는 경우부터 적용한다.
제8조【사회복무요원의 연가 가산에 관한 경과조치】 이 영 시행 당시 사회복무요원으로 복무하고 있는 사람에게 추가로 허가할 수 있는 연가 일수에 관하여는 제59조제5항의 개정규정에도 불구하고 종전의 규정에 따른다.

부 칙 (2021.12.28)

제1조【시행일】 이 영은 2022년 1월 1일부터 시행한다.
제2조【장병내일준비적금의 재정지원금에 관한 경과조치】 이 영 시행 전에 장병내일준비적금에 입금한 입금액분에 대한 재정지원금은 제158조의2제1항의 개정규정에도 불구하고 종전의 규정에 따른다.

부 칙 (2022.6.30)

이 영은 2022년 7월 5일부터 시행한다.

부 칙 (2022.10.4)

제1조【시행일】 이 영은 공포한 날부터 시행한다.
제2조【「병역법 시행령」의 개정에 관한 경과조치】 이 영 시행 전에 종전의 「병역법 시행령」 제155조의5에 따라 위촉된 위원으로서 임기 중에 있는 위원은 이 영 시행일에 그 임기가 만료된 것으로 본다.

부 칙 (2022.11.22)

제1조【시행일】 이 영은 공포한 날부터 시행한다.(이하 생략)

부 칙 (2022.12.13)

제1조【시행일】 이 영은 2022년 12월 31일부터 시행한다.(이하 생략)

부 칙 (2022.12.30)

제1조【시행일】 이 영은 2023년 1월 1일부터 시행한다.
제2조【장병내일준비적금의 재정지원금에 관한 경과조치】 이 영 시행 전에 입금한 장병내일준비적금의 입금액분에 대한 재정지원금은 제158조의2제1항의 개정규정에도 불구하고 종전의 규정에 따른다.

부 칙 (2023.4.5)

제1조【시행일】 이 영은 2023년 6월 5일부터 시행한다.(이하 생략)

부 칙 (2023.12.19)

제1조【시행일】 이 영은 공포한 날부터 시행한다. 다음 각 호의 개정규정은 해당 호에서 정하는 날부터 시행한다.
1. 제62조제2항, 제68조의19제4항부터 제6항까지 및 제92조제3항부터 제5항까지의 개정규정 : 2024년 2월 9일
2. 제129조의2, 제153조 및 제155조의4의 개정규정 : 2023년 12월 21일
3. 제158조의2의 개정규정 : 2024년 1월 1일

제2조【전문연구요원의 파견에 관한 경과조치】 이 영 시행 당시 파견근무 중인 전문연구요원은 제87조제2항제1호 단서의 개정규정에도 불구하고 종전의 규정에 따른다.
제3조【장병내일준비적금의 재정지원금에 관한 경과조치】 부칙 제1조제3호에 따른 시행일 전에 입금한 장병내일준비적금의 입금액분에 대한 재정지원금은 제158조의2제1항의 개정규정에도 불구하고 종전의 규정에 따른다.

부 칙 (2024.1.30)

이 영은 2024년 2월 1일부터 시행한다.

〔별표〕 ➡ 「法典 別册」 參照

(舊 : 징병 신체검사 등 검사규칙)

병역판정 신체검사 등 검사규칙

(약칭 : 병역신체검사규칙)

(1984년 3월 6일
전개국방부령 제361호)

개정
1986. 2.11국방부령 377호 1990. 1. 3국방부령 408호
1992. 1. 7국방부령 428호 1994. 1.29국방부령 441호
1995. 2.10국방부령 454호 1996. 2. 1국방부령 466호
1999. 1.30국방부령 493호
2001. 5.19국방부령 527호(군인사법시규)
2002. 2. 1국방부령 534호 2004. 2. 2국방부령 556호
2006. 1.26국방부령 590호 2008. 2.14국방부령 645호
2009. 1.28국방부령 670호 2010. 2.17국방부령 702호
2011. 2.14국방부령 728호 2012. 2. 8국방부령 757호
2014.12. 1국방부령 840호(장애인비하용어개선)
2015. 1.21국방부령 851호 2015.10.19국방부령 872호
2016.11.29국방부령 907호(병역시규)
2018. 2. 1국방부령 950호 2018. 9.17국방부령 968호
2021. 2. 1국방부령1043호 2021. 7.29국방부령1061호
2024. 2. 1국방부령1139호

제1장 총 칙

제1조【목적】 이 규칙은 「병역법」 및 「병역법 시행령」에 따른 병역판정 신체검사, 재병역판정검사, 입영판정검사, 입영신체검사, 지원병신체검사, 확인신체검사, 병역처분변경 대상자에 대한 신체검사와 질병 또는 심신장애로 입영일이 연기된 자에 대한 신체검사에 관하여 필요한 사항을 규정함을 목적으로 한다.(2021.7.29 본조개정)
제2조【적용배제】 이 규칙은 현역 또는 예비역의 장교, 준사관 및 지원에 의하여 임용되는 부사관에 대하여는 적용하지 아니한다.(2001.5.19 본조개정)

제2장 병역판정 신체검사
(2016.11.29 본장제목개정)

제3조【병역판정관 등의 직무】 ① 병역판정관은 병역판정 신체검사(재병역판정 신체검사를 포함하며, 이하 이 장에서 "신체검사"라 한다)를 실시할 때 신체검사직원〔병역판정검사전담의사(이하 "병역판정전담의사"라 한다), 병역판정검사전문의사 및 군의관을 포함한다. 이하 같다〕을 지휘, 감독한다.(2021.2.1 본항개정)
② 수석병역판정전담의사, 수석병역판정검사전문의사 또는 수석군의관은 신체검사를 실시함에 있어 각 과별 병역판정전담의사, 병역판정검사전문의사 또는 군의관에 대하여 임무를 지정하고, 그 집행을 지휘, 감독하며 병역판정전담의사, 병역판정검사전문의사 또는 군의관의 검진소견 또는 신장, 체중측정자의 측정결과에 대하여 현저한 의견의 차이가 있는 경우에는 이를 조정할 수 있다.
③ 제2항에 따른 수석병역판정전담의사, 수석병역판정검사전문의사 또는 수석군의관의 임명에 필요한 사항은 병무청장이 정한다.
(2021.2.1 본조제목개정)
(2016.11.29 본조개정)
제4조【검사업무의 분장 등】 ① 신체검사에 있어서의 분담업무의 구분 및 그 담당자는 별표1과 같다.
(2018.2.1 본항개정)
② 신체검사에 있어 신체의 기형 등으로 인하여 신장·체중을 측정하기 곤란한 자에 대하여는 신장, 체중의 측정을 생략하고 병적기록표의 질병정도란에 그 사유를 기재한다.
제5조 (1994.1.29 삭제)
제6조【검사장의 설비 등】 ① 신체검사를 실시할 때에는 수검자로 하여금 반바지 등을 착용하게 하되, 병역판정전담의사, 병역판정검사전문의사 또는 군의관이 필요하다고 인정하는 부위에 대한 검사를 위하여는 별실 또는 칸막이안에서 나체로 검사할 수 있다.
(2016.11.29 본항개정)
② 신체검사장은 신체검사대상인원을 고려한 적당한 면적으로 주위가 조용하며 조명이 충분한 장소를 선정하고 암실과 칸막이를 준비하여야 한다.(1999.1.30 본항개정)
③ 안경, 보청기, 의안, 의치 등(이하 "안경등"이라 한다)을 사용하고 있는 신체검사대상자에 대한 신체검사는 안경등을 사용하고 있는 상태로 실시한다.(2024.2.1 본항개정)
④ 신체검사직원은 신체검사를 시작하기 전에 미리 신체검사대상자에게 신체검사의 순서 및 주의사항 등을 설명하되, 다음 각 호의 사항을 포함하여 설명해야 한다.
1. 안경등을 사용하고 있는 경우 이를 담당 병역판정전담의사, 담당 병역판정검사전문의사 또는 담당 군의관에게 알려야 한다는 것
2. 혈압측정 전 30분 이내에는 흡연, 알코올 및 카페인 섭취를 하지 말아야 하며, 혈압 측정 중에는 말하지 않아야 한다는 것

(2024.2.1 본항신설)
제7조【검사의 일부생략】 ① 신체검사대상자 전원에게 기본검사(신장·체중 측정, 시력검사, 혈압측정, 심리검사, 흉부방사선 촬영, 병리검사를 말한다)를 하되, 신체검사대상자에게 외관상 명백히 5급 또는 6급에 해당하는 질병 또는 심신장애가 있는 경우나 악성종양(악성암)이 객관적으로 증명되는 경우에는 기본검사를 생략하고 해당 부분에 대한 신체검사를 실시한 후 신체등급을 판정할 수 있다.
② 다음 각 호의 어느 하나에 해당하는 사람에 대하여 신체검사를 하는 경우에는 해당 부분 검사만으로 신체등급을 판정한다. 다만, 다른 부분에 이상이 있음을 발견하거나 진술한 때에는 그 부분에 대해서도 검사할 수 있다.
1. 「병역법」(이하 "법"이라 한다) 제12조제1항제4호에 따라 신체등급이 7급에 해당하는 사람(2021.7.29 본호개정)
2.~3. (2021.7.29 삭제)
4. 법 제77조의2에 따라 확인신체검사를 받는 사람
4의2. 「병역법 시행령」(이하 "영"이라 한다) 제18조의8제3항에 따라 귀가된 사람(2021.7.29 본호신설)
5. 영 제135조 또는 영 제135조의2에 따라 병역처분변경원서를 제출한 사람

(2021.2.1 본조개정)
제8조【검사의 방법 등】 ① 신체검사는 먼저 신장·체중·시력 및 혈압을 측정하고, 안과·정신건강의학과·내과·외과·이비인후과·피부과·비뇨의학과 및 치과의 순서로 검사하되, 신체검사장의 사정에 따라 검사순서를 조정할 수 있다.(2018.9.17 본항개정)
② 제1항의 검사는 다음 각 호의 방법에 의한다.
(2008.2.14 본문개정)
1. 신장은 신체검사대상자로 하여금 맨발인 상태로 신장·체중 측정기의 표시된 위치에 올라가게 하여 눈과 귀를 연결하는 선이 수평이 되게 하고 차려자세로 바르게 서게 한 후 측정한다. 이 경우 측정단위는 센티미터로 하되, 소수점 둘째자리 이하는 버린다.(2024.2.1 후단개정)
2. 체중은 신체검사대상자를 수검복을 착용한 상태에서 신장·체중 측정기의 표시된 위치에 서게 한 후 측정한다. 이 경우 수검복 및 수검자의 체내에 존재하는 삽입물(금속 내고정장치 등)은 체중에 포함되며, 측정단위는 킬로그램으로 하되, 소수점 둘째자리 이하는 버린다.(2024.2.1 후단개정)
3. 시력은 신체검사대상자를 시력표(조도는 200룩스로 한다)에 정하여진 거리 앞에 맨눈 상태로 서게 한 후 먼저 오른쪽 눈을 눈가리개로 가리고 왼쪽 눈부터 검사하되, 시력표의 1.0(20/20)부터 시작하여 점차 큰 표를 가리켜 측정하며, 왼쪽 눈의 검사가 끝나면 오른쪽 눈을 같은 방법으로 검사한다. 이 경우 시력측정을 위해 영상시력측정기를 사용할 수 있다.(2021.2.1 본호개정)
4. 혈압은 신체검사대상자가 5분 이상 안정하여 긴장을 해소한 후 바른 자세(등을 바르게 펴고 다리·발을 꼬지 않은 채로 평평한 땅에 양 발을 닿게 한 상태를 말한다)로 의자에 앉은 상태에서 신체검사대상자의 맨팔 또는 얇은 옷을 입은 팔을 자동혈압측정기에 넣어 측정하되, 자동혈압측정기로 측정한 결과가 고혈압으로 의심되는 경우에는 수동혈압기로 다시 측정한다.(2024.2.1 본호개정)
5. 안과의 검사는 먼저 신체검사대상자의 시력측정결과를 확인한 후 교정시력 0.6 이하인 사람, 나안시력 0.3 이하인 사람 및 안과적으로 이상이 있는 사람은 정밀검사를 하되, 부동시(不同視)로 확인된 사람은 시력교정 수술 여부 및 콘택트렌즈착용 여부를 확인한다.
(2018.2.1 전단개정)
6. 정신건강의학과 및 신경과의 검사는 심리검사를 실시한 결과 이상이 있는 사람이나 관련 질환을 호소하는 사람에 대하여 실시하고, 성별불일치를 보이는 사람에 대하여는 개인별로 칸막이를 하고 검사할 수 있다.
(2021.2.1 본호개정)
7. 내과의 검사는 먼저 신체검사대상자의 흉부방사선 촬영 결과, 병리검사 결과 및 혈압측정 결과를 확인하고 이상이 있는 사람이나 관련 질환을 호소하는 사람에 대하여 정밀검사한다.(2021.2.1 본호개정)
8. 외과의 검사는 이상이 있는 사람이나 관련 질환을 호소하는 사람에 대하여 정밀검사한다. 신체검사대상자를 정밀검사하기 위해 최소인원 단위로 담당 병역판정전담의사, 담당 병역판정검사전문의사 또는 담당 군의관으로부터 2미터 앞에 서게 한 후 손가락·몸통 및 팔다리 운동을 하게 하여 검사할 수 있다. 특히 항문·수술흔적 및 화상 등 수치를 느끼는 부위의 검사는 개인별로 칸막이를 하고 검사한다.(2021.2.1 본호개정)
9. 이비인후과의 검사는 이상이 있는 사람이나 관련 질환을 호소하는 사람에 대하여 정밀검사하며, 난청 등을 감별하기 위한 청력검사가 필요한 경우 순음청력검사계기를 사용하여 회화음역에 속하는 주파수인 500헤르츠(a), 1000헤르츠(b), 2000헤르츠(c) 및 4000헤르츠(d)에 대한 기도청력역치의 6분법〔(a+2b+2c+d)/6〕에 따라 청력장애의 정도를 판정한다.(2021.2.1 본호개정)
10. 피부과 및 비뇨의학과의 검사는 이상이 있는 사람이나 관련 질환을 호소하는 사람에 대하여 정밀검사하고, 수치를 느끼는 부위의 검사는 개인별로 칸막이를 하고 검사한다. 다만, 성전환자인 경우에는 법원 결정서, 성전환자임을 알 수 있는 신체검사 결과 또는 영상의학적 검사결과 등으로 해당 검사를 대체한다.(2021.2.1 본호개정)
11. 치과의 검사는 이상이 있는 사람이나 관련 질환을 호소하는 사람에 대하여 치아·잇몸 등 구강검사를 하고, 필요한 경우 방사선 촬영 등으로 정밀검사할 수 있다.
(2021.2.1 본호개정)
③ 신체검사직원은 제2항제1호부터 제4호까지에 따라 측정한 신장·체중·시력 및 혈압 수치를 신체검사대상자에게 알려줘야 한다.(2024.2.1 본항개정)

④ 신체검사직원은 제2항에 따라 실시한 신체검사 결과로 질병 또는 심신장애 여부나 그 정도의 평가가 곤란한 경우에는 수석병역판정전담의사나 수석병역판정검사전문의사 또는 수석군의관과 협의하여 중앙병역판정검사소 또는 군병원 등에 해당 질병 또는 심신장애에 관한 정밀검사를 의뢰할 수 있으며, 정밀검사를 의뢰한 경우에는 그 결과에 따라 평가한다.(2024.2.1 본항신설)

제9조【임상검사 등】 ① 방사선사는 신체검사대상자 전원에 대하여 흉부에 대한 방사선 촬영을 실시하고, 흉부에 대한 방사선 사진을 영상의학과 병역판정전담의사, 병역판정검사전문의사 또는 군의관에게 인계한다. 이 경우 영상의학과 병역판정전담의사, 병역판정검사전문의사 또는 군의관은 촬영 당일에 방사선 사진을 판독해야 하며, 흉부 촬영한 영상의 판독이 곤란한 사람에 대해서는 재촬영을 실시한다.

② 각 과 병역판정전담의사, 병역판정검사전문의사 또는 군의관은 필요한 경우 판정하려는 질병부위에 대하여 영상의학적 검사 등을 방사선사에 의뢰할 수 있다. 이 경우 의뢰한 부위와 영상의학과 검사 결과를 대조하여 판정해야 한다.

③ 담당 병역판정전담의사, 담당 병역판정검사전문의사 또는 담당 군의관은 영상의학적 검사결과 등을 판독할 때 오차범위를 고려하여 치료이력·수술 전후 상태 등을 종합적으로 고려하여 판정할 수 있다.

④ 각 과별 담당 병역판정전담의사, 담당 병역판정검사전문의사 또는 담당 군의관은 신체검사대상자가 다음 각 호의 어느 하나에 해당하는 경우에는 임상병리사에게 병리검사를 의뢰할 수 있으며, 병리검사를 의뢰한 경우에는 그 결과를 참고하여 평가하되, 병리검사 결과 약물중독 양성반응이 나온 신체검사대상자에 대해서는 정밀검사를 실시하여 그 결과에 따라 평가한다.

1. 간염, 당뇨 및 약물중독 등에 해당하여 병리검사가 필요하다고 판단되는 경우
2. 고혈압, 경련성질환 및 정신질환 등으로 약물을 복용하고 있는지를 확인하기 위해 약물농도검사가 필요한 경우

(2024.2.1 본항개정)

⑤ 제4항에 따른 정밀검사는 병무청이나 군병원에서 실시하되, 병무청이나 군병원에서 정밀검사가 곤란한 경우 등에는 전문 검사기관에 의뢰하여 실시할 수 있다.

(2024.2.1 본항신설)
(2024.2.1 본조제목개정)
(2021.2.1 본조개정)

제10조【신장·체중에 따른 신체등급의 판정기준】 ① 신체검사대상자의 신장·체중에 따른 신체등급의 판정기준은 별표2와 같다.

② 체중측정결과 그 판정기준등급이 4급에 해당하는 사람으로서 체중조절에 의한 체중 변동등의 사유로 정확한 측정이 특히 필요하다고 인정되는 사람에 대해서는 신체등급의 판정을 보류하고 체중을 재측정할 수 있다.

(2021.2.1 본항개정)

③ 신장·체중 재측정 대상자 중에서 현역병입영을 희망하는 사람에 대해서는 재측정을 실시하지 않고 바로 위 신체등급으로 판정할 수 있다.(2021.2.1 본항신설)

(2016.11.29 본조제목개정)
(2018.2.1 본조개정)

제11조【질병·심신장애의 정도 및 평가기준】 ① 신체검사대상자의 질병 또는 심신장애의 정도는 1급·2급·3급·4급·5급·6급·7급으로 구분하되, 그 평가기준은 별표3과 같다.

② 담당 병역판정전담의사, 담당 병역판정검사전문의사 또는 담당 군의관은 질병 또는 심신장애에 대하여 임상적인 기능·장애 수준을 종합적으로 고려하여 별표3의 평가기준에 따라 평가한다. 다만, 별표3에 열거되지 않은 질병 또는 심신장애에 대해서는 별표3의 평가기준을 준용하여 평가할 수 있다.(2021.2.1 본항개정)

③ 수술을 한 사람에 대하여 별표3의 평가기준을 적용함에 있어 별표3에서 달리 규정하지 않는 한 수술 후 신체검사 당시 상태에 따라 평가한다.(2024.2.1 본항신설)

(2018.2.1 본조개정)

제12조【질병·심신장애의 정도에 따른 신체등급의 판정기준】 제11조의 규정에 의한 질병·심신장애의 정도에 따른 신체등급의 판정기준은 다음 표와 같다.

신체등위	판 정 기 준
1급	질병·심신장애가 없거나 질병·심신장애의 정도에 따른 평가기준이 모두 1급인 사람
2급	질병·심신장애의 정도에 따른 평가기준 중 가장 낮은 등급이 2급인 사람
3급	질병·심신장애의 정도에 따른 평가기준 중 가장 낮은 등급이 3급인 사람
4급	질병·심신장애의 정도에 따른 평가기준 중 가장 낮은 등급이 4급인 사람
5급	질병·심신장애의 정도에 따른 평가기준 중 가장 낮은 등급이 5급인 사람
6급	질병·심신장애의 정도에 따른 평가기준 중 가장 낮은 등급이 6급인 사람
7급	질병·심신장애의 정도에 따른 평가기준 중 7급이 있는 사람. 다만, 5급 또는 6급이 함께 있는 경우에는 당해 등급에 의하여 등급을 판정한다.

(2016.11.29 본조개정)

제13조【질병·심신장애의 정도 등의 기재】 ① 신체검사 결과 질병·심신장애 정도의 등급 판정에서 신체에 이상이 있는 사람(안과 시력검사 결과 그 평가기준 등급이 1급인 사람의 경우에는 안과적으로 이상이 있어 그 원인을 검사한 사람의 경우로 한정한다)에 대해서는 담당 병역판정전담의사, 담당 병역판정검사전문의사 또는 담당 군의관이 병적기록표에 별표3에 따른 질병·심신장애의 정도 및 신체등급을 기재하고, 신장·체중의 측정결과는 측정한 사람이 기재한다. 이 경우 신체등급이 7급인 사람에 대해서는 치유기간을 함께 기재해야 한다.

② 병역판정전담의사, 병역판정검사전문의사 또는 군의관은 다음 각 호의 어느 하나에 해당하는 사람에 대해서는 병적기록표의 질병명도란에 그 사유와 의견을 기재해야 한다.

1. 신체검사 당시 부상한 상처가 치유되지 않은 사람으로서 장차 치유될 가능성이 있다고 인정되어 2급 내지 4급의 신체등급 판정을 받은 사람
2. 신체검사대상자가 심신장애를 호소하나 그 진위 여부의 판정이 곤란한 사람
3. 법 제11조제6항에 따라 현역병지원 신체검사를 받은 18세인 사람

(2021.2.1 본조개정)

제14조【신체등급의 최종 판정】 ① 신체검사에서 신체등급의 최종 판정은 제10조에 따른 신장·체중에 따른 신체등급 또는 제12조에 따른 질병·심신장애의 정도에 따른 신체등급에 따라 판정한다. 이 경우 그 등급이 서로 같을 때에는 해당 등급으로 판정하고, 그 등급이 서로 다른 때에는 하위의 등급으로 판정한다.

② 수석병역판정전담의사·수석병역판정검사전문의사 또는 수석군의관은 신체검사대상자가 다음 각 호의 어느 하나에 해당하는 경우에는 신체등급 판정을 보류하고, 치료력 등을 확인하거나 치료가 끝난 후 재검사를 실시하여 신체등급을 판정할 수 있다.

1. 신체등급이 4급·5급 또는 6급에 해당될 것으로 판단되는 사람으로서 치료력 등에 대한 확인이 필요한 사람
2. 질병·심신장애 등의 사유로 너스수술 등의 수술이나 교정술을 받아 계속 치료가 필요한 사람으로서 치료가 완료되면 상태가 좋아질 여지가 있는 사람

(2024.2.1 본항개정)
(2016.11.29 본조개정)

제15조【참고사항의 기재 등】 수석병역판정전담의사, 수석병역판정검사전문의사 또는 수석군의관은 신체검사 결과 병과(兵科) 선정에 있어 참고가 되는 사항이나 입영 후의 교육 및 복무에 참고가 되는 사항이 있는 때에는 병적기록표의 비고란에 "참고"라 명시하고 그 의견을 기재해야 한다.(2021.2.1 본조개정)

제16조【사위행위자의 처리】 ① 수석병역판정전담의사, 수석병역판정검사전문의사 또는 수석군의관은 수검사중 고의로 신체를 훼손하거나 질병을 조작하거나 기타의 사행행위를 하였다고 인정되는 자를 발견한 때에는 그 의견서를 첨부하여 병역판정관에게 보고하여야 한다.

② 제1항의 규정에 의한 보고를 받은 병역판정관은 지체없이 「사법경찰관리의 직무를 수행할 자와 그 직무범위에 관한 법률」 제5조제41호에 따른 관할구역의 특별사법경찰관에게 수사를 의뢰하여야 한다.(2018.2.1 본항개정)

제3장 입영판정검사 및 입영신체검사
(2021.7.29 본장제목개정)

제17조【입영판정검사】 법 제14조의3제1항에 따른 입영판정검사에 관하여는 제2장(제10조는 제외한다)을 준용한다.(2021.7.29 본조신설)

제17조의2【입영신체검사】 ① 다음 각 호의 어느 하나에 해당하는 신체검사에 관하여는 제2장(제10조, 제12조 및 제14조는 제외한다)을 준용한다. 다만, 제6조, 제8조 및 제9조에도 불구하고 입영부대의 장은 입영부대의 시설 등을 고려하여 각 군 참모총장이 정한 기준에 따라 신체검사를 실시할 수 있다.(2021.7.29 본문개정)

1. 법 제14조의3제7항에 따른 입영신체검사
2. 법 제47조(법 제56조제2항에서 준용하는 경우를 포함한다)에 따른 병력동원소집 입영신체검사

(2021.7.29 1호~2호개정)

3. 법 제51조에 따른 병력동원훈련소집 입영신체검사
4. 법 제54조에 따른 전시근로소집 입영신체검사
5. (2021.7.29 삭제)
6. 법 제58조제5항에 따른 의무·법무·군종·수의사관후보생의 입영신체검사(2015.1.21 본호신설)
7.~8. (2015.10.19 삭제)

② 제1항에 따른 신체검사에 있어서는 제11조에 따른 질병·심신장애의 정도와 치유기간을 기재하며, 신체등급을 기재하지 않는다.(2021.2.1 본항개정)

③ (2015.10.19 삭제)

(2021.7.29 본조제목개정)
(2009.1.28 본조개정)

제4장 지원병신체검사

제18조【지원병신체검사】 지원병에 대한 신체검사에 관하여는 제2장의 규정을 준용한다. 이 경우 다음 각호에 해당하는 자 중에서 합격자를 선발한다.

1. 신장·체중에 따른 신체등급이 1급부터 4급까지에 해당하는 자(2016.11.29 본호개정)
2. 질병·심신장애의 정도에 따른 신체등급이 1급부터 4급까지에 해당하는 자(2016.11.29 본호개정)

제19조【합격판정의 기준에 대한 특례】 병무청장 또는 각군 참모총장은 지원병에 대한 신체검사에 있어 특히 필요하다고 인정할 때에는 국방부장관의 승인을 얻어 제18조의 규정에 의한 합격기준과 다른 기준을 정하여 시행할 수 있다.

제5장 병역처분변경 등 신체검사
(2021.7.29 본장제목개정)

제20조【병역처분변경 등의 신체검사】 ① 법 제61조제2항, 제65조, 영 제135조 및 제135조의2에 따라 병역처분변경을 하거나 법 제77조의2에 따라 확인신체검사를 하기 위하여 행하는 신체검사에 관하여는 제2장을 준용한다. 다만, 법 제65조제8항에 따른 병역처분변경을 원하는 사람을 제외하고는 제8조제2항제1호 및 제2호에 따른 신장·체중 측정은 하지 않고, 제10조에 따른 신체등급도 판정하지 않는다.(2021.2.1 본항개정)

② 담당 병역판정전담의사, 담당 병역판정검사전문의사 또는 담당 군의관은 병역처분의 변경을 원하는 사람으로서 병역처분변경원서 제출일을 기준으로 과거 5년 내에 질병이나 심신장애 등의 사유로 수술을 받은 사람에 대하여 수술 전의 질병상태 및 수술내용 등을 확인할 수 있는 각종 영상자료, 의무기록지, 진단서 또는 자체 의료장치를 이용한 검사 자료를 확인하고 신체등급을 판정한다.

(2016.11.29 본항개정)
(2021.2.1 본조제목개정)

제6장 보 칙

제21조【전시특례】 국방부장관은 전시, 사변 또는 이에 준하는 국가비상사태에 있어서 특히 필요하다고 인정하는 경우에는 제2장부터 제5장까지의 규정에 따른 병역판정 신체검사·입영판정검사·입영신체검사·지원병신체검사 및 병역처분변경 등 신체검사에 있어 별표3 중 전시 평가기준에 의하여 질병·심신장애의 정도에 따른 신체등급의 판정을 할 수 있다.(2021.7.29 본조개정)

부 칙 (2011.2.14)

제1조【시행일】 이 규칙은 공포한 날부터 시행한다.

제2조【경과조치】 이 규칙 시행 전에 다음 각 호의 어느 하나에 해당하는 사람에 대한 재신체검사 또는 병역처분변경 신체검사는 별표2의 개정 규정에도 불구하고 종전의 규정에 따른다.

1. 현역병으로 입영하거나 보충역으로 교육소집된 사람으로서 입영신체검사에서 귀가조치된 사람
2. 신체등위가 7급으로 판정된 사람
3. 병역처분변경원서를 제출한 사람

부 칙 (2012.2.8)

제1조【시행일】 이 규칙은 공포한 날부터 시행한다.

제2조【경과조치】 이 규칙 시행 전에 다음 각 호의 어느 하나에 해당하는 사람에 대한 재신체검사 또는 병역처분변경 신체검사는 별표2의 개정 규정에도 불구하고 종전의 규정에 따른다.

1. 현역병으로 입영하거나 보충역으로 교육소집된 사람으로서 입영신체검사에서 귀가 조치된 사람
2. 신체등위가 7급으로 판정된 사람
3. 병역처분변경원서를 제출한 사람

부 칙 (2015.1.21)

제1조【시행일】 이 규칙은 공포한 날부터 시행한다.

제2조【질병·심신장애의 정도 및 평가기준에 관한 경과조치】 이 규칙 시행 전에 다음 각 호의 어느 하나에 해당하는 사람에 대한 재신체검사 또는 병역처분변경 신체검사는 별표2의 개정규정에도 불구하고 종전의 규정에 따른다.

1. 현역병으로 입영하거나 보충역으로 교육소집된 사람으로서 입영신체검사에서 귀가 조치된 사람
2. 신체등위가 7급으로 판정된 사람
3. 병역처분변경원서를 제출한 사람

부 칙 (2015.10.19)

제1조【시행일】 이 규칙은 공포한 날부터 시행한다.

제2조【경과조치】 이 규칙 시행 전에 다음 각 호의 어느 하나에 해당하는 사람에 대한 재신체검사 또는 병역처분변경 신체검사는 제8조제2항, 제17조제1항·제3항, 제20조제1항, 별표1 및 별표2의 개정규정에도 불구하고 종전의 규정에 따른다.

1. 현역병으로 입영하거나 보충역으로 교육소집된 사람으로서 입영신체검사에서 귀가조치된 사람
2. 신체등위가 7급으로 판정된 사람
3. 병역처분변경원서를 제출한 사람

부 칙 (2018.2.1)

제1조【시행일】 이 규칙은 공포한 날부터 시행한다.
제2조【병역처분변경 등의 신체검사 시 신장·체중 측정에 관한 경과조치】 제20조제1항 단서의 개정규정에도 불구하고 이 규칙 시행 전에 실시한 병역판정 신체검사 결과 별표2의 BMI 지수가 14 미만 또는 50 이상에 해당하는 사람으로서 영 제135조제1항에 따른 병역처분변경원서를 이 규칙 시행 이후 2018년 12월 31일까지 제출한 사람에 대해서는 종전의 규정에 따른다.
제3조【병역판정 신체검사 등에 관한 경과조치】 제20조제1항 단서, 별표2 및 별표3의 개정규정에도 불구하고 이 규칙 시행 전에 다음 각 호의 어느 하나에 해당하는 사람에 대한 병역판정 신체검사, 재신체검사 또는 병역처분변경 신체검사에 관하여는 종전의 규정에 따른다.
1. 현역병으로 입영하거나 보충역으로 교육소집된 사람으로서 입영신체검사에서 귀가 조치된 사람
2. 신체등급이 7급으로 판정된 사람
3. 병역처분변경원서를 제출한 사람
4. 제14조제2항에 따라 신체등급 판정이 보류된 사람

부 칙 (2018.9.17)

이 규칙은 공포한 날부터 시행한다.

부 칙 (2021.2.1)

제1조【시행일】 이 규칙은 2021년 2월 1일부터 시행한다.
제2조【병역판정 신체검사 등에 관한 경과조치】 별표2 및 별표3의 개정 규정에도 불구하고 이 규칙 시행 전에 다음 각 호의 어느 하나에 해당하는 사람에 대한 신체검사는 종전의 규정에 따른다.
1. 법 제12조제1항제4호에 따라 신체등급이 7급에 해당하는 사람
2. 법 제17조제2항에 따라 현역병 입영 후 귀가 조치된 사람
3. 법 제56조제1항에 따라 군사교육소집 후 귀가 조치된 사람
4. 영 제135조 또는 영 제135조의2에 따라 병역처분변경원서를 제출한 사람
5. 제10조제2항 또는 제14조제2항에 따라 신체등급 판정이 보류된 사람

부 칙 (2021.7.29)

제1조【시행일】 이 규칙은 공포한 날부터 시행한다.
제2조【질병·심신장애의 정도 및 평가기준에 관한 경과조치】 이 규칙 시행 전에 다음 각 호의 어느 하나에 해당하는 사람에 대한 신체검사는 별표3의 개정규정에도 불구하고 종전의 규정에 따른다.
1. 법 제12조제1항제4호에 따라 신체등급이 7급으로 판정된 사람
2. 영 제18조의8제3항에 따라 귀가된 사람
3. 영 제135조 또는 영 제135조의2에 따라 병역처분변경원서를 제출한 사람
4. 제14조제2항에 따라 신체등급 판정이 보류된 사람

부 칙 (2024.2.1)

제1조【시행일】 이 규칙은 2024년 2월 1일부터 시행한다.
제2조【병역판정 신체검사 등에 관한 경과조치】 이 규칙 시행 전에 다음 각 호의 어느 하나에 해당하는 사람에 대하여 이 규칙 시행 이후 신체검사를 실시하는 경우 신장·체중에 따른 신체등급의 판정기준과 질병·심신장애의 정도 및 평가기준은 각각 별표2 및 별표3의 개정규정에도 불구하고 종전의 규정에 따른다.
1. 법 제12조제1항제4호에 따라 신체등급이 7급으로 판정된 사람
2. 법 제14조의3제7항에 따라 입영부대의 장이 실시하는 입영신체검사 대상에 해당하게 된 사람
3. 영 제18조의8제3항에 따라 귀가한 사람
4. 영 제135조제1항 또는 영 제135조의2제1항에 따라 병역처분변경원서를 제출한 사람
5. 영 제137조제1항제1호·제4호 또는 같은 조 제7항에 따라 병역처분변경을 위한 심사 중인 사람
6. 제10조제2항 또는 제14조제2항에 따라 신체등급의 판정이 보류된 사람

〔별표〕 ➡「www.hyeonamsa.com」참조

(舊 : 향토예비군 설치법)

예비군법

(1968년 5월 29일
전개법률 제2017호)

개정
1970. 8. 3법 2207호 <중략>
2000.12.26법 6290호(군인사법)
2004.12.31법 7270호
2007. 5.11법 8422호(주민등록)
2009. 4. 1법 9574호(주민등록)
2010. 1.25법 9945호 2011. 5.19법10650호
2011. 9.15법11042호(보훈보상대상자지원에관한법)
2013. 3.22법11636호 2013. 5.22법11777호
2013. 6. 4법11849호(병역)
2014. 3.11법12405호 2014.10.15법12791호
2014.11.19법12844호(정부조직)
2014.12.30법12909호 2015.12.15법13567호
2016. 1.19법13780호
2016. 5.29법14183호(병역)
2016. 5.29법14184호
2017. 7.26법14839호(정부조직)
2019.11.26법16585호 2021. 4.13법18006호
2021.12. 7법18541호
2022. 1. 4법18682호(비상대비에관한법)
2022.12.13법19082호

제1조【목적】 이 법은 국가를 방위하기 위하여 예비군(豫備軍)의 설치·조직·편성 및 동원(動員) 등에 관한 사항을 정함을 목적으로 한다.(2016.5.29 본조개정)
제2조【임무】 예비군의 임무는 다음 각 호와 같다.(2016.5.29 본문개정)
1. 전시(戰時), 사변, 그 밖에 이에 준하는 국가비상사태 하에서 현역 군부대의 편성이나 작전에 필요한 동원을 위한 대비
2. 적(敵) 또는 반국가단체의 지령을 받아 무기를 지니고 있는 사람(이하 "무장공비"라 한다)이 침투하거나 침투할 우려가 있는 지역에서 적이나 무장공비의 소멸(掃滅)
3. 무장 소요(騷擾)가 있거나 소요의 우려가 있는 지역에서 무장 소요 진압(경찰력만으로 그 소요를 진압하거나 대처할 수 없는 경우만 해당한다)
4. 제2호 및 제3호의 지역에 있는 중요시설·무기고 및 병참선(兵站線) 등의 경비
5. 「민방위기본법」에 따른 민방위 업무의 지원
(2010.1.25 본조개정)
제3조【예비군의 조직】 ① 예비군은 「병역법」에 따른 다음 각 호의 사람과 대한민국 국민으로서 지원한 사람 중에서 선발된 사람으로 조직한다. 다만, 국가비상사태 등 특별히 필요한 경우로서 대통령령으로 정하는 경우에는 제2호 또는 제3호에 규정된 기간이 지난 예비역(豫備役) 및 보충역의 병(兵)도 예비군으로 조직할 수 있다.(2013.3.22 단서개정)
1. 예비역인 장교, 준사관(準士官) 및 부사관(副士官)(2013.6.4 본호개정)
2. 현역 또는 상근예비역(常勤豫備役)의 복무를 마친 사람(현역 복무를 마친 것으로 보는 사람을 포함한다)으로서 그 복무를 마친 날의 다음 날부터 8년이 되는 해의 12월 31일까지의 기간에 있는 예비역의 병
3. 사회복무요원, 국제협력봉사요원, 예술·체육요원, 공중보건의사, 병역판정검사전담의사, 국제협력의사, 공익법무관, 공중방역수의사〔공익수의사로서 의무복무를 마친 사람을 포함한다〕, 전문연구요원, 산업기능요원의 복무를 마친 사람(「병역법」 제63조제2항에 따라 현역병 또는 사회복무요원으로서 보충역에 편입되거나 소집이 해제된 사람을 포함한다)으로서 그 복무를 마친 날의 다음 날부터 8년이 되는 해의 12월 31일까지의 기간에 있는 보충역의 병(2016.5.29 본호개정)
② 제1항 본문에도 불구하고 「병역법」 제65조제1항에 따라 현역병(같은 법 제21조 및 제25조에 따라 복무 중인 사람을 포함한다), 승선근무예비역 또는 사회복무요원으로서 보충역에 편입되거나 소집이 해제된 사람은 예비군 조직에서 제외한다. 다만, 제1항 단서에 규정된 사유로 조직하는 경우에는 그러하지 아니하다.(2019.11.26 본문개정)
(2010.1.25 본조개정)
제3조의2【예비군의 편성 및 해체 등】 ① 예비군은 예비군대원의 거주지나 직장을 단위로 하여 지역예비군이나 직장예비군을 편성하되, 대통령령으로 정하는 규모 이상의 예비군자원이 있는 직장의 장(長)은 직장예비군을 편성·운영하여야 한다.
② 예비군의 설치 및 편성의 기준과 관할구역, 그 밖에 필요한 사항은 대통령령으로 정한다.
③ 예비군 조직대상자는 다음 각 호의 구분에 따라 예비군으로 편성한다.
1. 제3조제1항제1호 및 제2호에 따른 예비군 조직대상자 : 육군참모총장, 해군참모총장, 공군참모총장, 법무부장관, 경찰청장, 소방청장 및 해양경찰청장이 소속 군 또는 기관에서 복무를 마친 예비군 조직대상자를 병무청장에게 통보한 후 그 거주지를 관할하는 지방병무청장(병무지청장을 포함한다. 이하 "관할지방병무청장"이라 한다)이 편성(2017.7.26 본호개정)
2. 제3조제1항제3호에 따른 예비군 조직대상자 : 관할지방병무청장이 편성
④ 제3항에 따른 예비군 편성에 필요한 사항은 대통령령으로 정한다.
⑤ 지역예비군대원이 거주지를 옮기면 「주민등록법」 제16조제1항에 따라 전입신고를 한 신거주지의 관할지방병무청장이 해당 지역예비군에 편성한다.
⑥ 직장예비군이 편성되어 있는 직장의 장은 예비군 편성대상자를 채용하는 경우 그 직장예비군에 편성하여야 하고, 그 직장예비군대원의 관할지방병무청장에게 직장예비군에 편성된 사실을 통보하여야 한다.
⑦ 직장예비군이 편성되어 있는 직장의 장은 직장예비군대원이 그 직장에서 퇴직하거나 전출하는 등의 사유로 그 직장예비군의 편성에서 제외된 경우에는 그 예비군대원의 관할지방병무청장에게 그 사실을 통보하여야 하고, 관할지방병무청장은 그 예비군대원을 지역예비군에 편성한다.
⑧ 예비군의 편성 및 자원 관리를 위한 예비군 편성카드 및 명부(名簿)의 작성·관리·송부 등에 필요한 사항은 대통령령으로 정한다.
⑨ 관할지방병무청장은 직장예비군이 그 편성 기준을 위반하여 운영되는 등 대통령령으로 정하는 사유에 해당하는 경우에는 그 직장의 장에게 직장예비군을 해체하도록 명할 수 있다.
(2010.1.25 본조개정)
제3조의3【비상근 예비군 제도】 ① 국방부장관은 평시에 일정기간 소집할 수 있는 예비군(이하 "비상근 예비군"이라 한다) 제도를 시행할 수 있다.
② 국방부장관은 예비역인 장교, 준사관, 부사관 및 병에 해당하는 사람 중에서 지원을 받아 비상근 예비군을 선발한다.
③ 그 밖에 비상근 예비군의 정원, 소집 분야, 소집 기간, 선발, 소집 중단, 보상 등은 대통령령으로 정한다.
(2021.12.7 본조신설)
제4조【업무 관장】 예비군에 관한 업무는 국방부장관이 관장한다.(2010.1.25 본조개정)
제5조【동원】 ① 국방부장관은 예비군이 그 임무수행을 위하여 출동할 필요가 있다고 인정할 때에는 예비군대원에게 대통령령으로 정하는 시간 이내에 지정된 장소에서 소집에 응하도록 동원을 명령할 수 있다. 다만, 국회의원, 외국에 여행 중이거나 체류 중인 사람, 국외를 왕래하는 선박의 선원 또는 항공기의 조종사와 승무원, 그 밖에 대통령령으로 정하는 사람에 대하여는 동원을 보류할 수 있다.
② 동원명령을 받은 사람이 다음 각 호의 어느 하나에 해당하는 사유가 있을 때에는 그 사람이 원할 경우 동원을 연기할 수 있다. 다만, 고의로 그 사유를 발생하게 한 사람은 그러하지 아니하다.
1. 질병이나 심신의 장애로 인하여 동원명령에 응할 수 없을 때
2. 법률에 따라 구속 중일 때
3. 관혼상제, 재해, 그 밖의 부득이한 사유로 인하여 동원명령에 응할 수 없을 때
③ 제1항에 따라 동원명령이 발령된 지역에 거주하는 예비군대원이 다른 지역으로 거주지를 옮길 때에는 대통령령으로 정하는 바에 따라 소속 예비군부대의 지휘관에게 신고하여야 한다.
④ 예비군대원은 제1항에 따라 동원되었을 때에는 지휘관(예비군 여단·연대·대대·중대·소대 및 분대의 장을 포함한다)의 정당한 명령에 복종하여야 한다.
⑤ 국방부장관은 예비군대원을 동원한 경우 그 동원 사유가 없어지면 지체 없이 동원을 해제하여야 한다.
(2010.1.25 본조개정)
제6조【훈련】 ① 국방부장관은 대통령령으로 정하는 바에 따라 연간 20일의 한도에서 예비군대원을 훈련할 수 있다. 이 경우 국회의원과 대통령령으로 정하는 사람은 훈련하여야 한다. 다만, 법률에 따라 국민이 직접 선거하는 공직 선거기간 중에는 훈련을 하지 아니한다.(2014.12.30 본항개정)
② 예비군대원은 제1항에 따른 훈련을 위하여 소집되었을 때에는 지휘관(훈련을 담당하는 교관을 포함한다)의 정당한 명령에 복종하여야 한다.
③ 제1항에도 불구하고 외국에 여행 중이거나 체류 중인 사람, 국외를 왕래하는 선박의 선원 또는 항공기의 조종사와 승무원, 그 밖에 대통령령으로 정하는 사람에 대하여는 훈련을 보류할 수 있다.(2014.12.30 본항개정)
④ 훈련명령을 받은 사람의 훈련 연기에 관하여는 제5조제2항을 준용한다.(2014.12.30 본항신설)
⑤ 국방부장관은 예비군 훈련 시 「미세먼지 저감 및 관리에 관한 특별법」 제2조제1호에 따른 미세먼지 농도가 「대기환경보전법」 제8조에 따른 대기오염경보 발령 기준 이상일 경우 실내훈련, 훈련시간 조정 등 필요한 조치를 취하도록 노력하여야 한다.(2019.11.26 본항신설)
⑥ 국방부장관은 관계 중앙행정기관의 장에게 제5항에 따른 미세먼지에 관한 정보를 제공하여 줄 것을 요청할 수 있다.(2019.11.26 본항신설)
(2010.1.25 본조개정)
제6조의2【소집통지서의 전달 등】 ① 예비군대원을 훈련할 때에는 대통령령으로 정하는 바에 따라 사전에 소집통지서를 본인에게 전달하여야 한다. 다만, 동원에 대비한 불시(不時) 훈련이나 점검을 할 때에는 소집통지서를 전달하지 아니하고 대통령령으로 정하는 방법으로 통지하여 소집할 수 있다.
② 제1항 본문에도 불구하고 예비군대원 본인이 없을 때에는 같은 세대 내의 세대주나 가족 중 성년자, 본인의

고용주나 본인이 선정한 소집통지서 수령인(이하 "세대주등"이라 한다)에게 제1항의 소집통지서를 전달하여야 한다.(2022.12.13 본항개정)
③ 제2항에 따라 세대주등에게 소집통지서를 전달하는 경우로서 소집통지서를 전달받는 자가 본인이 선정한 소집통지서 수령인인 경우에는 소집통지서 전달 전에 수령에 관한 동의를 받아야 한다.(2022.12.13 본항신설)
④ 제2항에 따라 소집통지서를 전달받은 세대주등은 소집통지서를 지체 없이 예비군대원 본인에게 직접 전달하거나 휴대전화 문자메시지 등 대통령령으로 정하는 방법으로 전달하여야 한다.(2022.12.13 본항신설)
⑤ 제2항에 따라 소집통지서가 세대주등에게 전달된 때에는 예비군대원 본인에게 전달된 것으로 본다.
(2022.12.13 본항신설)
⑥ 제1항이나 제2항에 따라 소집통지서를 전달함에 있어서 특히 필요하다고 인정되어 국방부장관이 정하는 경우에는 「민사소송법」 중 송달에 관한 규정(같은 법 제189조는 제외한다)을 준용하여 우편법령에 따른 특별한 송달의 방법으로 이를 전달할 수 있다.
⑦ 제1항에 따른 소집통지서는 본인으로부터 동의를 받았을 때에는 대통령령으로 정하는 바에 따라 「정보통신망 이용촉진 및 정보보호 등에 관한 법률」 제2조제1항제5호에 따른 전자문서로 전달할 수 있다.
(2010.1.25 본조개정)

제6조의3【동원 등 보류원서의 제출 등】 ① 제5조제1항 단서 또는 제6조제3항에 따라 동원이나 훈련을 보류받으려는 사람은 보류원서(保留願書)를 소속 예비군중대장에게 제출하여야 한다.
② 제1항에 따라 보류원서를 제출한 사람은 면직·퇴직·제적 등으로 그 보류 사유가 없어지면 그 날부터 14일 이내에 거주지의 지역예비군중대장(직장예비군이 편성되어 있는 직장에 근무하는 사람 또는 근무하게 될 사람은 그 직장예비군중대장)에게 그 사실을 신고하여야 한다.
③ (2013.3.22 삭제)
(2010.1.25 본조개정)

제7조【무장】 ① 예비군은 그 임무수행을 위하여 필요한 무장을 할 수 있다.
② 예비군이 출동한 경우에는 제2조제2호부터 제4호까지의 임무수행을 위하여 무기를 사용할 수 있다. 다만, 제2조제3호의 임무를 수행하거나 같은 호에 따른 지역에서 같은 조 제4호의 임무를 수행할 때에는 무기를 사용하지 아니하고는 무장 소요를 진압하거나 중요시설 등을 경비할 수단이 없다고 인정되는 경우에만 필요한 최소한도에서 무기를 사용할 수 있다.
③ 제1항에 따른 무장을 위한 무기·탄약·장비 및 그 밖의 부속품 등의 유지와 관리에 관한 사항은 군부대의 장이 수행한다. 다만, 필요한 경우에는 대통령령으로 정하는 바에 따라 그 임무를 경찰서장에게 위탁할 수 있고, 경찰서장은 직장예비군부대의 지휘관에게 다시 위탁할 수 있다.
(2010.1.25 본조개정)

제7조의2【복장】 예비군대원은 동원되어 임무수행 중이거나 소집되어 훈련 중일 때에는 대통령령으로 정하는 예비군대원 복장을 착용하거나 표지장(標識章)을 달아야 한다.(2010.1.25 본조개정)

제8조【긴급조치 및 보상】 ① 국방부장관은 예비군의 임무수행을 위하여 필요하다고 인정하면 대통령령으로 정하는 바에 따라 필요한 범위에서 다음 각 호의 조치를 할 수 있다.
1. 주민의 소개(疏開) 또는 피난 명령
2. 교통, 조명(照明) 또는 출입의 제한 등의 명령
3. 임무수행에 지장을 주는 주민의 재산 제거
② 예비군은 작전상 필요하다고 인정하는 경우에만 작전지역을 출입하는 사람을 검문할 수 있다.
③ 국가는 제1항의 조치로 인하여 재산상의 손해를 입은 사람에게 대통령령으로 정하는 바에 따라 정당한 보상을 한다.
(2010.1.25 본조개정)

제8조의2【재해 등에 대한 보상】 ① 예비군대원으로 동원되어 임무수행 또는 훈련 중(동원명령 또는 훈련소집에 응하여 지정된 장소로 이동 중이거나 동원 해제 또는 훈련종료 후 귀가 중인 경우를 포함한다)에 부상을 입거나 사망(부상으로 인하여 사망한 경우를 포함한다)한 경우에는 재해보상금을 지급하고, 제9조제2항에 따른 치료로 인하여 생업에 종사하지 못한 경우에는 그 기간 동안 휴업 보상금을 지급한다. 다만, 다른 법령에 따라 국가나 지방자치단체가 부담하는 같은 종류의 보상금을 받은 사람에게는 그 보상금에 상당하는 금액은 지급하지 아니한다.(2015.12.15 본문개정)
② 제1항에 따른 보상금의 금액과 지급에 필요한 사항은 대통령령으로 정한다.
(2010.1.25 본조개정)

제9조【보상 및 치료】 ① 예비군대원으로 동원되어 임무수행 또는 훈련 중(동원명령 또는 훈련소집에 응하여 지정된 장소로 이동 중이거나 동원 해제 또는 훈련종료 후 귀가 중인 경우를 포함한다. 이하 이 조에서 같다)에 부상을 입은 사람과 그 가족 및 사망(부상으로 인하여 사망한 경우를 포함한다)한 사람의 유족은 대통령령으로 정하는 바에 따라 「국가유공자 등 예우 및 지원에 관한 법률」 또는 「보훈보상대상자 지원에 관한 법률」에 따른 보상 대상자로 한다.(2015.12.15 본항개정)
② 예비군대원은 임무수행이나 훈련 중에 부상을 입으면 대통령령으로 정하는 바에 따라 국가나 지방자치단체의 의료시설 또는 민간의료시설에서 치료를 받을 수 있다.
(2021.4.13 본항개정)
③ 제2항에 따른 치료비용은 국가가 부담한다.
(2022.12.13 본항개정)

제10조【직장 보장】 다른 사람을 사용하는 자는 그가 고용한 사람이 예비군대원으로 동원되거나 훈련을 받을 때에는 그 기간을 휴무로 처리하거나 그 동원이나 훈련을 이유로 불리한 처우를 하여서는 아니 된다.
(2010.1.25 본조개정)

제10조의2【예비군 동원 또는 훈련 관련 학업 보장】 고등학교 이상의 학교의 장은 예비군대원으로 동원되거나 훈련을 받는 학생에 대하여 그 기간을 결석으로 처리하거나 그 동원이나 훈련을 이유로 불리하게 처우하지 못한다.(2015.12.15 본조신설)

제11조【실비 변상】 예비군부대의 지휘관 및 동원 또는 훈련소집된 예비군대원에게는 대통령령으로 정하는 바에 따라 급식과 그 밖의 실비(實費) 변상을 할 수 있다.
(2010.1.25 본조개정)

제12조【정치운동 등의 금지】 ① 예비군부대의 지휘관 또는 예비군훈련 중 외부강사의 자격으로 교육이나 강의를 하는 사람은 소속 예비군대원을 상대로 그 지위를 이용하여 다음 각 호의 어느 하나의 행위를 하여서는 아니 된다.
1. 이 법에 규정된 임무 외의 업무를 하게 하는 행위
2. 예비군대원의 권리 행사를 방해하는 행위
3. 특정 정당이나 후보를 지지 또는 반대하는 행위
(2013.5.22 본항개정)
② 예비군은 편성된 조직체로서 정치운동에 관여할 수 없다.
(2010.1.25 본조개정)

제13조【「병역법」과의 관계】 제5조에 따라 동원된 사람에게는 동원된 기간에는 「병역법」에 규정된 현역입영, 병력동원소집 및 전시근로소집 외의 소집은 하지 아니한다.(2010.1.25 본조개정)

제14조【권한의 위임·위탁】 ① 국방부장관은 필요하다고 인정하면 대통령령으로 정하는 바에 따라 그 권한의 전부 또는 일부를 예하(隷下) 군부대의 장에게 위임할 수 있다. 이 경우 위임을 받은 군부대의 장은 군 편제(編制)에 의한 지휘 계통에 따라 그 권한을 행사한다.
② 국방부장관 또는 제1항에 따라 위임을 받은 군부대의 장은 필요한 경우에는 다음 각 호의 권한을 대통령령으로 정하는 바에 따라 해당 지역을 관할하는 경찰서장에게 위탁할 수 있다.
1. 제5조제1항에 따른 예비군대원의 동원
2. 제1호에 따라 동원된 예비군부대의 작전지휘 및 작전상 필요한 제8조제1항·제2항에 따른 조치
③ 제2항에 따른 위탁을 받지 아니한 경우라 하더라도 사태가 긴박하여 국방부장관이나 그 위임을 받은 군부대의 장에 의한 예비군 동원을 기다릴 여유가 없을 때에는 경찰서장은 그 임무수행을 위하여 예비군을 동원할 수 있다. 이 경우에는 지체 없이 군부대의 장에게 그 사실을 보고하여 승인을 받아야 한다.
④ 제2항의 경우에는 국방부장관 또는 그 위임을 받은 군부대의 장은 그 위임 또는 위탁한 사항에 관하여 경찰서장을 지휘·감독한다.
⑤ 예비군이 출동한 지역에 군이 출동하여 작전하는 경우 제2항에 따라 군부대의 장으로부터 권한을 위탁받은 경찰서장은 그 군부대의 장의 지휘를 받아야 한다.
(2010.1.25 본조개정)

제14조의2【예비군부대 지휘관의 임무 및 결격사유】 ① 예비군부대의 지휘관은 지휘계통에 따라 동원되거나 소집된 대원을 지휘·통솔하고, 예비군대원·장비의 관리 및 「비상대비에 관한 법률」 제10조제1항·제3항에 따른 자원조사 참여, 그 밖에 국방부령으로 정하는 임무를 수행한다.(2022.1.4 본항개정)
② 「국가공무원법」 제33조 각 호의 결격사유 중 어느 하나에 해당하는 사람은 예비군부대의 지휘관이 될 수 없다.
(2010.1.25 본조개정)

제14조의3【예비군의 육성 및 지원 책임】 ① 국가기관 및 지방자치단체의 장과 직장예비군이 편성된 직장의 장은 그 관할구역 또는 그 직장의 예비군을 육성·지원하여야 한다.
② 예비군의 육성·지원을 위하여 각급 행정구역 및 직장 단위로 방위협의회를 설치·운영하여야 하고, 그 구체적 범위 및 운영에 필요한 사항은 대통령령으로 정한다.
③ 제5조제1항에 따라 군부대의 장이 예비군의 동원을 하는 때에는 경찰서장은 동원이 원활히 될 수 있도록 지원하여야 한다.
(2010.1.25 본조개정)

제15조【벌칙】 ① 제8조제2항에 따른 작전지역에서 동원된 예비군의 작전상 검문에 정당한 사유 없이 응하지 아니한 사람 또는 검문하는 예비군대원을 폭행하거나 협박한 사람은 3년 이하의 징역에 처한다. 다만, 전시·사변이거나 적 또는 무장공비와 교전 중일 때에는 5년 이하의 징역에 처한다.
② 제6조의2에 따른 소집통지서를 전달할 수 없도록 정당한 사유 없이 「주민등록법」 제10조에 따른 신고를 하지 아니하거나 사실과 다르게 신고하여 같은 법 제8조 또는 제20조에 따라 주민등록이 말소되도록 하거나 거주불명 등록이 되도록 한 사람은 3년 이하의 징역 또는 3천만원 이하의 벌금에 처한다.(2014.10.15 본항개정)
③ 제12조제2항을 위반하여 정치운동에 관여한 사람은 3년 이하의 징역 또는 3천만원 이하의 벌금에 처한다.
(2014.10.15 본항개정)
④ 제5조제1항에 따른 동원에 정당한 사유 없이 응하지 아니한 사람과 동원을 기피할 목적으로 거짓으로 거주지를 변경한 사람은 3년 이하의 징역이나 3천만원 이하의 벌금에 처한다. 다만, 전시·사변일 때에는 5년 이하의 징역에 처한다.(2014.10.15 본문개정)
⑤ 예비군의 무기·탄약·장비 및 그 밖의 부속품의 경비 임무를 수행하는 사람 또는 보관할 책임이 있는 사람이 과실로 이를 분실하거나 탈취당한 경우에는 3년 이하의 징역 또는 3천만원 이하의 벌금에 처한다.
(2014.10.15 본항개정)
⑥ 제12조제1항을 위반한 예비군부대의 지휘관은 2년 이하의 징역 또는 2천만원 이하의 벌금에 처한다.
(2014.10.15 본항개정)
⑦ 제5조제4항에 따른 지휘관의 정당한 명령에 반항하거나 복종하지 아니한 사람은 2년 이하의 징역, 2천만원 이하의 벌금이나 구류 또는 과료에 처한다. 다만, 전시·사변이거나 적 또는 무장공비와 교전 중일 때에는 5년 이하의 징역에 처한다.(2014.10.15 본문개정)
⑧ 제10조 및 제10조의2를 위반하여 예비군대원으로 동원되거나 훈련을 받는 사람에 대하여 정당한 사유 없이 불리한 처우를 한 사람은 2년 이하의 징역 또는 2천만원 이하의 벌금에 처한다.(2015.12.15 본항개정)
⑨ 다음 각 호의 어느 하나에 해당하는 사람은 1년 이하의 징역, 1천만원 이하의 벌금, 구류 또는 과료에 처한다.
(2014.10.15 본문개정)
1. 제6조제1항에 따른 훈련을 정당한 사유 없이 받지 아니한 사람이나 훈련받을 사람을 대신하여 훈련받은 사람
2. 제6조제2항에 따른 지휘관의 정당한 명령에 반항하거나 복종하지 아니한 사람
3. 제8조제1항에 따른 예비군의 임무수행에 필요한 명령을 이행하지 아니한 사람
⑩ 예비군대원이 제6조의2제1항 본문 및 같은 조 제4항에 따른 소집통지서의 수령을 거부하는 경우에는 6개월 이하의 징역 또는 500만원 이하의 벌금에 처한다.
(2022.12.13 본항개정)
⑪ 다음 각 호의 어느 하나에 해당하는 사람은 3개월 이하의 징역 또는 300만원 이하의 벌금이나 구류에 처한다.
1. 제5조제1항 단서 및 제6조제3항에 따른 동원 또는 훈련의 보류를 받기 위하여 그 사유를 고의로 발생하게 하거나 거짓된 행위를 한 사람
2. 제5조제2항(제6조제4항에서 준용하는 경우를 포함한다)에 따라 동원 또는 훈련을 연기할 때 그 사유를 고의로 발생하게 하거나 거짓된 행위를 한 사람
(2022.12.13 본항개정)
⑫ 제5조제3항 또는 제6조의3제2항에 따른 신고를 정당한 사유 없이 하지 아니한 사람은 200만원 이하의 벌금이나 구류에 처한다.
(2010.1.25 본조개정)

제15조의2【과태료】 ① 제6조의2제4항에 따라 소집통지서를 전달할 의무가 있는 사람이 정당한 사유 없이 전달하지 아니하거나 지연 또는 파기하였을 때에는 100만원 이하의 과태료를 부과한다.
② 제1항에 따른 과태료는 대통령령으로 정하는 바에 따라 국방부장관이 부과·징수한다.
(2022.12.13 본조신설)

제16조 (2010.1.25 삭제)

부 칙 (2015.12.15)

제1조【시행일】 이 법은 공포 후 3개월이 경과한 날부터 시행한다.

제2조【벌칙에 관한 경과조치】 이 법 시행 전의 행위에 대한 벌칙을 적용할 때에는 종전의 규정에 따른다.

부 칙 (2019.11.26)

이 법은 공포 후 6개월이 경과한 날부터 시행한다. 다만, 제3조제2항의 개정규정은 공포한 날부터 시행한다.

부 칙 (2021.4.13)

이 법은 공포 후 6개월이 경과한 날부터 시행한다.

부 칙 (2021.12.7)

이 법은 공포 후 3개월이 경과한 날부터 시행한다.

부 칙 (2022.1.4)

제1조【시행일】 이 법은 공포 후 6개월이 경과한 날부터 시행한다.(이하 생략)

부 칙 (2022.12.13)

이 법은 공포 후 6개월이 경과한 날부터 시행한다. 다만, 제9조제3항의 개정규정은 공포한 날부터 시행한다.

군인사법

(1962년 1월 20일
법 률 제1006호)

개정

1962. 1.29법 1016호	<중략>
1985.12.31법 3802호	1989. 3.22법 4085호
1989.12.30법 4158호	1991. 5.31법 4374호
1992.12. 2법 4506호	
1993.12.31법 4685호(병역)	
1993.12.31법 4695호	1994.12.31법 4839호
1995.12.29법 5060호	1997. 1.13법 5267호
1997.12.13법 5454호(정부부처명)	
1999. 1.29법 5703호	1999. 9. 7법 6016호
1999. 9. 7법 6017호(국방대학교설치법)	
2000.12.26법 6290호	
2000.12.26법 6291호(군법무관임용등에관한법)	
2002. 8.26법 6719호	2002.12. 5법 6748호
2002.12.26법 6808호	2004. 1.20법 7085호
2004.12.31법 7269호(육군3사관학교설치법)	
2005. 3.31법 7428호(채무자회생파산)	
2005. 3.31법 7429호	2006. 3. 3법 7852호
2006. 4.28법 7932호	2006. 9.22법 7976호
2007. 8. 3법 8584호	2007.12.21법 8732호
2008.12.31법 9293호	2010. 2. 4법 9996호
2010. 3.31법 10217호	2011. 5.24법 10703호
2011. 7.14법 10824호	2011. 7.25법 10928호
2012. 3.21법 11390호	2012.12.18법 11560호
2013. 6. 4법 11849호(병역)	
2014. 1.14법 12231호	2014. 3.11법 12403호
2014. 6.11법 12747호	2014.12.30법 12904호
2015. 6.22법 13352호	2015. 9. 1법 13505호
2015.12.29법 13631호(군인의지위및복무에관한기본법)	
2016. 1.19법 13775호	2016. 5.29법 14180호
2016.12.20법 14421호	2017. 3.21법 14609호
2018. 1.16법 15345호	2019. 1.15법 16224호
2019. 4.23법 16354호	2020. 2. 4법 16928호
2020.12.22법 17684호(병역)	
2021. 4.13법 18000호	2022. 1. 4법 18680호
2022.12.13법 19078호	2023. 6.20법 19475호
2023.10.31법 19787호	

2024. 1.16법 20018호→2026년 1월 17일 시행이므로 「法典 別冊」 보유편 수록

2024년 1월 25일 제412회 국회 본회의 통과→「法典 別冊」 보유편 수록

제1장 총 칙

(2011.5.24 본장개정)

제1조【목적】 이 법은 군인의 책임 및 직무의 중요성과 신분 및 근무조건의 특수성을 고려하여 그 임용, 복무, 교육훈련, 사기 및 신분보장 등에 관하여 「국가공무원법」에 대한 특례를 규정함을 목적으로 한다.

제2조【적용 범위】 이 법은 다음 각 호의 사람에게 적용한다.
1. 현역에 복무하는 장교, 준사관(準士官), 부사관(副士官) 및 병(兵)(2013.6.4 본호개정)
2. 사관생도(士官生徒), 사관후보생, 준사관후보생 및 부사관후보생(2017.3.21 본호개정)
3. 소집되어 군에 복무하는 예비역 및 보충역

제2조의2【기본원칙】 군인은 이 법을 적용할 때에 평등하게 대우받아야 하며 합리적인 사유 없이 차별받지 아니한다.(2015.9.1 본조신설)

제2장 계급 및 병과(兵科)

(2011.5.24 본장개정)

제3조【계급】 ① 장교는 다음 각 호와 같이 구분한다.
1. 장성(將星) : 원수(元帥), 대장, 중장, 소장 및 준장 (2017.3.21 본호개정)
2. 영관(領官) : 대령, 중령 및 소령
3. 위관(尉官) : 대위, 중위 및 소위

② 준사관은 준위(准尉)로 한다.

③ 부사관은 원사(元士), 상사, 중사 및 하사로 한다.

④ 병은 병장, 상등병, 일등병 및 이등병으로 한다.

제4조【서열】 ① 군인의 서열은 제3조에 규정된 계급의 순위에 따른다.

② 제1항의 사항 외에 서열에 관하여 필요한 사항은 대통령령으로 정한다.

제5조【병과】 ① 군인의 병과는 각 군별로 기본병과와 특수병과로 구분하되, 특수병과는 다음 각 호와 같이 구분한다.
1. 육군
 가. 의무과(醫務科) : 군의과, 치의과, 수의과(獸醫科), 의정과(醫政科) 및 간호과
 나. 법무과
 다. 군종과(軍宗科)
2. 해군 : 의무과, 법무과 및 군종과
3. 공군 : 의무과, 법무과 및 군종과

② 제1항에 따른 각 군별 기본병과의 종류는 대통령령으로 정한다.

(2014.3.11 본조개정)

제5조의2【전군】 ① 국방부장관은 전시·사변 등의 국가비상시 또는 군 조직의 개편으로 군 간에 인력 조정이 필요할 때에는 해당 군인이 소속한 군을 변경〔이하 "전군"(轉軍)이라 한다〕하여 복무하게 할 수 있다.

② 제1항에 따라 전군되어 복무하는 사람은 전군되었다는 이유로 불리한 처우를 받지 아니한다.

③ 전군되어 복무하는 사람의 의무복무기간은 전군되기 전의 의무복무기간으로 한다. 다만, 전군되기 전의 의무복무기간이 전군된 후의 의무복무기간보다 긴 경우에는 전군된 후의 의무복무기간을 그의 의무복무기간으로 한다.

제3장 복 무

(2011.5.24 본장개정)

제6조【복무의 구분】 ① 장교는 장기복무와 단기복무로 구분하여 복무한다.

② 장기복무 장교는 다음 각 호의 어느 하나에 해당하는 사람으로 한다.
1. 사관학교를 졸업한 사람
2. 「군법무관임용 등에 관한 법률」 제3조제1호에 따른 군법무관과 같은 조 제2호 또는 제3호에 해당하는 사람으로서 장기복무를 지원하여 임용된 군법무관
3. 단기복무 장교 중 장기복무 장교로 선발된 사람
4. 해군의 장교 또는 공군의 장교로서 비행훈련과정을 수료하여 비행자격을 취득한 사람(2014.3.11 본호개정)

③ 단기복무 장교는 다음 각 호의 어느 하나에 해당하는 사람으로 한다.
1. 육군3사관학교나 국군간호사관학교를 졸업한 사람
2. 사관후보생과정 출신 장교(2012.12.18 본호개정)
3. 「병역법」 제57조제2항에 따른 학생군사교육단 사관후보생과정 출신 장교

3의2. 예비역 장교로서 전역 당시의 계급에 재임용된 중위 이상의 장교(2012.12.18 본호신설)

4. 제2항의 장기복무 장교에 속하지 아니하는 장교

④ 단기복무 장교로서 장기복무를 원하거나 복무기간을 연장하려는 사람은 대통령령으로 정하는 바에 따라 전형(銓衡)을 거쳐야 한다.

⑤ 부사관은 장기복무와 단기복무로 구분하여 복무한다.

⑥ 장기복무 부사관은 군 교육기관에서 고등학교 교육과정을 마친 사람과 지원에 의하여 전형에 합격한 사람으로 한다.

⑦ 단기복무 부사관은 다음 각 호의 어느 하나에 해당하는 사람으로 한다.
1. 제6항에 따른 장기복무 부사관이 아닌 사람으로서 지원에 의하여 전형에 합격한 사람
2. 제62조제1항에 따라 선발되어 군(軍) 가산복무 지원금(제7조제4항에 따라 의무복무기간에 가산하여 복무할 것을 조건으로 지급하는 지원금을 말한다. 이하 같다)을 받은 사람으로서 고등학교 이상의 교육과정을 마친 사람(2017.3.21 본호개정)
3. 「병역법」 제20조의2에 따른 임기제부사관(2020.12.22 본호개정)
4. 「병역법」 제57조제2항에 따른 학생군사교육단 부사관후보생과정 출신 부사관
5. 사관학교, 육군3사관학교 또는 국군간호사관학교에서 1년 이상의 교육을 마치고 중퇴한 사람 또는 사관후보생과정을 중퇴한 사람으로서 지원에 의하여 전형을 거쳐 부사관으로 임용된 사람(2018.1.16 본호개정)
6. 예비역 부사관으로서 전역 당시의 계급에 재임용된 중사 이상의 부사관(2012.12.18 본호신설)

⑧ 단기복무 부사관으로서 장기복무를 원하거나 복무기간을 연장하려는 사람은 대통령령으로 정하는 바에 따라 전형을 거쳐야 한다.

제7조【의무복무기간】 ① 장교, 준사관 및 부사관(지원에 의하지 아니하고 임용된 하사는 제외한다)의 의무복무기간은 다음 각 호와 같다. 다만, 전시·사변 등의 국가비상시에는 예외로 한다.
1. 장기복무 장교의 의무복무기간은 10년으로 한다. 다만, 장기복무 장교로 임용된 날부터 5년이 되는 해에 한 차례 전역(轉役)을 지원할 수 있다.
2. 제1호에도 불구하고 해군의 장교 또는 공군의 장교로서 비행훈련과정을 수료하여 비행자격을 취득한 사람〔회전익(回轉翼)항공기로 기종이 분류된 사람은 제외한다〕 중 해군사관학교 또는 공군사관학교를 졸업한 사람의 의무복무기간은 15년, 그 외의 사람의 의무복무기간은 13년으로 한다. 다만, 장교로 임용된 날부터 5년이 되는 해에 한 차례 전역을 지원할 수 있다. (2014.3.11 본문개정)
3. 국방부장관은 인력 운영을 위하여 필요하다고 인정하는 경우에는 2년의 범위에서 제2호에 따른 의무복무기간을 단축할 수 있다.
4. 단기복무 장교의 의무복무기간은 3년으로 한다. 다만, 육군3사관학교나 국군간호사관학교를 졸업한 사람은 6년으로 하고, 「병역법」 제57조제2항에 따른 학생군사교육단 사관후보생과정 출신 장교, 여군(女軍) 중 간호과 장교(국군간호사관학교를 졸업한 간호과 장교는 제외한다) 및 예비역 장교로서 전역 당시의 계급에 재임용된 중위 이상의 장교에 대하여는 국방부장관이 각 군의 인력 운영을 위하여 필요하다고 인정하는 경우 1년의 범위에서 그 복무기간을 단축할 수 있다.(2012.12.18 단서개정)
5. 준사관의 의무복무기간은 5년으로 한다. 다만, 대통령령으로 정하는 군의 필수 기술 분야에 종사하는 준사관(상사와 원사에서 준사관으로 임용된 사람은 제외한다)은 10년으로 하되, 임용된 날부터 7년이 되는 해에 한 차례 전역을 지원할 수 있다.
6. 장기복무 부사관의 의무복무기간은 7년으로 한다. 다만, 대통령령으로 정하는 군의 필수 기술 분야에 종사하는 장기복무 부사관은 10년으로 하되, 장기복무 부사관으로 임용된 날부터 7년이 되는 해에 한 차례 전역을 지원할 수 있다.
7. 단기복무 부사관의 의무복무기간은 4년으로 하되, 다음 각 목의 어느 하나에 해당하는 단기복무 부사관의 의무복무기간은 다음 각 목의 구분에 따른다.
 가. 제6조제7항제3호의 단기복무 부사관 : 「병역법」 제20조의2제1항에 따른 임기(2020.12.22 본목개정)
 나. (2016.12.20 삭제)
 다. 제6조제7항제5호의 단기복무 부사관 : 「병역법」 제18조 및 제19조에 따른 병의 복무기간
 라. 제6조제7항제6호의 단기복무 부사관 : 3년. 다만, 국방부장관은 인력 운영을 위하여 필요하다고 인정하는 경우에는 1년의 범위에서 그 복무기간을 단축할 수 있다.

(2012.12.18 본호개정)

② 군인으로서 위탁교육이나 그 밖의 교육을 받은 사람은 다음 각 호의 구분에 따른 기간을 의무복무기간에 가산(加算)하여 복무한다. 이 경우 가산하여 복무할 기간은 의무복무 연한(年限) 내에 교육을 마친 경우에는 그 의무복무 연한 만료일의 다음 날부터 계산하고, 의무복무 연한이 지난 후에 교육을 마친 경우에는 그 교육이 끝난 날의 다음 날부터 계산한다.
1. 외국에서 6개월 이상 위탁교육을 받은 사람 : 그 교육기간의 2배에 상당하는 기간
2. 국내의 군 외의 교육기관에서 6개월 이상 위탁교육을 받은 사람 : 그 교육기간에 상당하는 기간
3. 국내의 군 교육기관에서 학위과정의 교육을 6개월 이상 받은 사람 : 그 교육기간에 상당하는 기간
4. 국내에서 주간 근무를 하면서 일과 후 6개월 이상 또는 주말에 6개월 이상 위탁교육을 받은 사람 : 그 교육기간의 2분의 1에 상당하는 기간(2023.10.31 본호개정)

③ 의무장교로서 기초의학과정이나 전문의학과정을 수습(修習)한 사람은 그 수습기간에 상당하는 기간을 의무복무기간에 가산하여 복무한다.

④ 제62조제1항에 따라 선발되어 군 가산복무 지원금을 받은 사람으로서 단기복무 장교로 임용된 사람은 군 가산복무 지원금을 받은 기간에 상당하는 기간을 의무복무기간에 가산하여 복무한다. 다만, 국방부장관은 제62조제1항에 따라 선발되어 군 가산복무 지원금을 받은 사람으로서 부사관으로 임용된 사람에게는 그 의무복무기간에 군 가산복무 지원금을 받은 기간 이내의 기간을 가산하여 복무하도록 할 수 있다.(2017.3.21 본항개정)

⑤ 국방부장관은 특수장비를 운용하기 위하여 외국에서 위탁교육을 받은 사람에게는 다음 각 호의 구분에 따른 기간을 의무복무기간에 가산하여 복무하도록 할 수 있다. 이 경우 그 가산 방법은 제2항에 따른다.
1. 그 이수기간의 2배에 해당하는 기간이 3년 미만인 경우 : 3년까지
2. 그 이수기간의 2배에 해당하는 기간이 3년을 넘는 경우 : 그 교육기간의 2배에 해당하는 기간

⑥ 제6조제4항 또는 제8항에 따라 전형을 거쳐 복무기간이 연장된 단기복무 장교 또는 단기복무 부사관은 그 연장된 복무기간을 의무복무기간에 가산하여 복무한다.

(2021.4.13 본항신설)

제8조【현역정년】 ① 현역에서 복무할 정년(停年)은 다음 각 호와 같다. 다만, 전시·사변 등의 국가비상시에는 예외로 한다.
1. 연령정년
 원수 : 종신(終身)
 대장 : 63세
 중장 : 61세
 소장 : 59세
 준장 : 58세
 대령 : 56세
 중령 : 53세
 소령 : 50세
 대위, 중위, 소위 : 43세
 준위 : 55세
 원사 : 55세
 상사 : 53세
 중사 : 45세
 하사 : 40세
 (2023.6.20 본호개정)
2. 근속정년
 대령 : 35년
 중령 : 32년

소령 : 24년
대위, 중위, 소위 : 15년
준위 : 32년
3. 계급정년
중장 : 4년
소장 : 6년
준장 : 6년
② 제1항제1호에도 불구하고 사관학교 교수요원으로 근무 중인 장교와 국방대학교의 교수로서 「고등교육법」 제16조에 따른 자격이 있는 장교(이하 "교수등"이라 한다) 및 군의과·치의과 장교의 연령정년은 60세로 하며, 제1항제2호 및 제3호에 따른 근속정년 및 계급정년은 적용하지 아니한다. 다만, 교수등과 군의과·치의과 장교는 다음 각 호의 구분에 따른 계급과 연령에 재임용 심사를 거쳐야 하고, 그 심사 결과 재임용되지 아니한 장교에 대해서는 제1항에 따른 정년을 적용한다.(2014.12.30 본문개정)
1. 교수등에 대한 재임용의 심사
가. 대령
1) 제1차 재임용 심사 대상 연령 : 54세에서 55세 사이. 다만, 중령으로 근무 중 나목에 따라 제1차 재임용 심사를 거치고 대령으로 진급한 경우에는 대령으로서의 제1차 재임용 심사를 면제한다.
2) 제2차 재임용 심사 대상 연령 : 57세에서 58세 사이
나. 중령
1) 제1차 재임용 심사 대상 연령 : 51세에서 52세 사이
2) 제2차 재임용 심사 대상 연령 : 56세에서 57세 사이
2. 군의과·치의과 장교에 대한 재임용의 심사
가. 대령 : 54세에서 55세 사이. 다만, 중령으로 근무 중 나목에 따라 재임용 심사를 거치고 대령으로 진급한 사람은 제외한다.
나. 중령 : 51세에서 52세 사이
(2014.12.30 1호~2호신설)
③ 제1항제1호 및 제2호에도 불구하고 국방부장관은 군의 구조 개편, 직제 개편, 인력 조정 및 적체(積滯) 인력의 해소 등 육군, 해군 및 공군〔이하 "각군"(各軍)이라 한다〕의 인력을 관리하기 위하여 필요할 때에는 각군 참모총장(이하 "참모총장"이라 한다)의 제청을 받아 영관급(領官級) 장교의 정년을 2년 이내의 범위에서 각군별로 단축할 수 있다.
④ 제1항제3호에도 불구하고 대통령은 국방을 위하여 필요할 때에는 국방부장관의 제청으로 장성급(將星級) 장교의 계급정년을 1년 이내의 범위에서 각군별로 단축하거나 연장할 수 있다.(2017.3.21 본항개정)
⑤ 제1항부터 제4항까지에서 규정한 사항 외에 현역정년의 계산 등에 필요한 사항과 제2항 단서의 교수등에 대한 재임용 심사 및 군의과·치의과 장교에 대한 재임용 심사를 위하여 필요한 사항은 대통령령으로 정한다.
(2014.12.30 본항개정)
판례 군법무관 A는 위법한 파면·정직 등 징계처분과 현역복무 부적합 전역명령 등으로 약 9년 동안 복무의 기회를 박탈당하였으며, 이처럼 줄어든 직무수행기간 때문에 진급심사를 받을 기회를 실질적으로 상실했고 그 결과 해당 계급이 예정한 정상적인 직무수행의 기회를 제공받지 못한 상태에서 계급별 연령정년에 이르러 결국 진급할 수 없게 됐다. 임용권자의 거듭된 위법한 불이익처분 등으로 A의 귀책 없이 초래된 비정상적인 상황에서 도래한 계급별 연령정년을 A에게 기계적으로 적용할 경우 군인사법상 계급별 연령정년의 입법취지는 물론 헌법 제7조제2항에서 정한 공무원의 신분보장 취지를 근본적으로 훼손하게 될 것이다. 이에 A는 군인사법에 따른 공식적인 정년 전역 및 퇴역 처리에도 불구하고 진급심사에 필요한 실질적인 직무수행의 기회를 상실한 기간만큼 여전히 현역의 지위에 있다고 볼 수 있다.(대판 2023.3.13, 2020두53545)

제4장 보임(補任)
(2011.5.24 본장개정)

제9조【임용】 ① 장교, 준사관 및 부사관은 학력과 자격에 기초를 두고 공개경쟁시험으로 임용한다. 다만, 공개경쟁시험 외에 능력의 실증(實證)에 기초를 둘 때에는 전형에 의하여 임용할 수 있다.
② 공개경쟁시험이나 전형은 직무 수행에 필요한 능력을 검정(檢定)하는 것을 목적으로 한다.
제10조【결격사유 등】 ① 장교, 준사관 및 부사관은 사상이 건전하고 품행이 단정하며 체력이 강건한 사람 중에서 임용한다.
② 다음 각 호의 어느 하나에 해당하는 사람은 장교, 준사관 및 부사관으로 임용될 수 없다.
1. 대한민국의 국적을 가지지 아니한 사람
1의2. 대한민국 국적과 외국 국적을 함께 가지고 있는 사람
2. 피성년후견인(2023.10.31 본호개정)
3. 파산선고를 받은 사람으로서 복권되지 아니한 사람
4. 금고 이상의 형을 선고받고 그 집행이 종료되거나 집행을 받지 아니하기로 확정된 후 5년이 지나지 아니한 사람
5. 금고 이상의 형의 집행유예를 선고받고 그 유예기간 중에 있거나 그 유예기간이 종료된 날부터 2년이 지나지 아니한 사람
6. 자격정지 이상의 형의 선고유예를 받고 그 유예기간 중에 있는 사람
6의2. 공무원 재직기간 중 직무와 관련하여 「형법」 제355조 또는 제356조에 규정된 죄를 범한 사람으로서 300만원 이상의 벌금형을 선고받고 그 형이 확정된 후 2년이 지나지 아니한 사람(2018.1.16 본호신설)
6의3. 「성폭력범죄의 처벌 등에 관한 특례법」 제2조에 따른 성폭력범죄로 100만원 이상의 벌금형을 선고받고 그 형이 확정된 후 3년이 지나지 아니한 사람(2019.1.15 본호개정)
6의4. 미성년자에 대한 다음 각 목의 어느 하나에 해당하는 죄를 저질러 파면·해임되거나 형 또는 치료감호를 선고받아 그 형 또는 치료감호가 확정된 사람(집행유예를 선고받은 후 그 집행유예기간이 경과한 사람을 포함한다)
가. 「성폭력범죄의 처벌 등에 관한 특례법」 제2조에 따른 성폭력범죄
나. 「아동·청소년의 성보호에 관한 법률」 제2조제2호에 따른 아동·청소년대상 성범죄
<2022.11.24 헌법재판소 헌법불합치결정으로 이 목 중 아동복지법 제17조제2호 가운데 '아동에게 성적 수치심을 주는 성희롱 등의 성적 학대행위로 형을 선고받아 그 형이 확정된 사람은 부사관으로 임용될 수 없도록 한 것'에 관한 부분은 2024.5.31을 시한으로 입법자가 개정할 때까지 계속 적용>
(2019.1.15 본호신설)
7. 탄핵이나 징계에 의하여 파면되거나 해임처분을 받은 날부터 5년이 지나지 아니한 사람
8. 법원의 판결 또는 다른 법률에 따라 자격이 정지되거나 상실된 사람(2016.1.19 본호개정)
③ 제2항의 결격사유에 해당하는데도 불구하고 임용되었던 장교, 준사관 및 부사관이 수행한 직무행위 및 군복무기간은 그 효력을 잃지 아니하며 이미 지급된 보수는 환수(還收)되지 아니한다.
제10조의2【벌금형의 분리 선고】 「형법」 제38조에도 불구하고 제10조제2항제6호의2 또는 제6호의3에 규정된 죄와 다른 죄의 경합범(競合犯)에 대하여 벌금형을 선고하는 경우에는 이를 분리 선고하여야 한다.(2018.1.16 본조신설)
제11조【장교의 임용】 ① 장교는 다음 각 호의 어느 하나에 해당하는 사람 중에서 임용한다.
1. 사관학교나 육군3사관학교를 졸업한 사람
2. 국군간호사관학교를 졸업하고 간호사 국가시험에 합격한 사람
3. 사관후보생과정을 마친 사람
4. 「병역법」 제57조제2항에 따른 학생군사교육단 사관후보생과정을 마친 사람 중에서 선발된 사람
5. 전문 분야나 기술 분야에 대한 지식과 경험이 풍부하며 전형에 합격한 사람으로서 해당 분야의 정하여진 과정을 마친 사람
6. 전시에 탁월한 통솔력을 발휘한 준사관 및 부사관으로서 장성급 지휘관으로부터 현지임관(現地任官)의 추천을 받은 사람(2017.3.21 본호개정)
7. 외국 장교양성학교의 모든 과정을 마친 사람
7의2. 중위 이상의 계급으로 전역한 날부터 3년을 넘지 아니한 사람 중에서 전형으로 선발된 사람
(2012.12.18 본호신설)
8. 그 밖에 법령에서 정하는 바에 따라 장교로서의 자격이 있다고 인정되는 사람
② 전시에는 다음 각 호의 어느 하나에 해당하는 사람을 장교로 임용할 수 있다.
1. 사관학교의 제4학년생
2. 육군3사관학교의 제2학년생
3. 국군간호사관학교의 제4학년생(2018.1.16 단서삭제)
4. 「병역법」 제57조제2항에 따른 학생군사교육단 사관후보생과정에 있는 대학·교육대학 및 사범대학의 제4학년생. 다만, 「병역법」 제83조제2항제5호에 따라 재학생 입영의 연기가 정지된 사람만 해당한다.
제11조의2【예비장교후보생】 ① 각군은 인력 운영상 우수한 장교를 확보하기 위하여 필요한 경우에는 4년제 대학이나 전문대학에 재학하고 있는 학생 중에서 대통령령으로 정하는 바에 따라 시험을 거쳐 예비 장교후보생(이하 "예비장교후보생"이라 한다)을 선발할 수 있다.
② 예비장교후보생으로 선발된 사람은 대통령령으로 정하는 바에 따라 심사를 거쳐 사관생도·사관후보생 또는 학생군사교육단 사관후보생이 될 수 있다.
(2014.12.30 본조신설)
제11조의3【사관후보생의 결격사유 등】 ① 제10조제2항 각 호의 어느 하나에 해당하는 사람은 사관후보생으로 선발될 수 없다.
② 각군은 사관후보생에게 필요한 교육을 하기 위하여 각군별로 교육훈련기관을 둘 수 있다.(2022.1.4 본항신설)
③ 제2항에 따른 교육훈련기관의 장은 사관후보생이 교육기간 중 품행이 극히 불량하여 교육을 지속하기 어렵다고 판단하는 경우 등에는 해당 사관후보생을 퇴교시킬 수 있다. 이 경우 구체적인 퇴교사유 및 퇴교절차 등에 관하여 필요한 사항은 대통령령으로 정한다.
(2022.1.4 본항신설)
(2022.1.4 본조제목개정)
(2019.1.15 본조신설)
제12조【장교의 초임계급 등】 ① 장교의 초임계급은 소위로 한다. 다만, 제11조제1항제7호의2에 따라 임용될 사람의 계급은 전역 당시의 계급으로 한다.(2012.12.18 단서신설)
② 제11조제1항제1호·제2호·제5호 또는 제7호에 따라 임용될 사람으로서 다음 각 호의 어느 하나에 해당하는 사람과 같은 항 제8호에 해당하는 사람의 초임계급은 중위 이상으로 할 수 있다.
1. 사법연수원 과정을 마치거나 법학전문대학원을 졸업하고 변호사시험에 합격한 후 법무과의 장교로 임용되는 사람(2012.12.18 본호개정)
2. 의사·치과의사·한의사·수의사 또는 약사 국가시험에 합격하여 의무장교로 임용되는 사람(2014.3.11 본호개정)
3. 학사 이상의 학위를 가진 목사, 신부, 승려, 그 밖에 이와 동등한 직무를 수행하는 사람으로서 군종장교로 임용되는 사람
4. 다음 각 목의 어느 하나에 해당하는 사람으로서 총 교육기간이 5년 이상인 사람
가. 사관학교, 육군3사관학교 또는 국군간호사관학교를 졸업한 사람으로서 그 재학기간 중에 외국 장교양성학교에서 위탁교육을 받은 사람
나. 외국 장교양성학교의 모든 과정을 마친 사람으로서 그 재학기간 중에 사관학교, 육군3사관학교 또는 국군간호사관학교에서 위탁교육을 받은 사람
4의2. 다음 각 목에 따른 공무원으로 임용된 사람. 이 경우 기본병과 중 대통령령으로 정하는 병과에 임용된 사람으로 한정한다.
가. 국가기관에서 주관하는 5급 공무원 공개경쟁 채용시험에 합격하고 시보임용을 거친 후 공무원으로 임용된 사람
나. 「외무공무원법」 제10조제1항 단서에 따라 5등급 외무공무원으로 임용된 사람
(2014.12.30 본호개정)
5. 그 밖에 전문 분야나 기술 분야에 종사한 사람으로서 해당 전공 분야와 직접 관련이 있는 병과의 장교로 임용되는 사람
③ 제6조제2항제2호에 따라 장기복무를 지원하여 군법무관으로 임용되는 사람의 초임계급은 대위 이상으로 할 수 있다.(2012.12.18 본항개정)
④ 제2항 및 제3항에 따라 임용되는 사람에 대하여는 제26조제1항에 따른 중위 또는 대위의 진급에 필요한 최저근속기간에 해당하는 기간을 군에 복무한 것으로 볼 수 있다. 다만, 해당 부문에 종사한 기간이 있는 사람으로서 그 종사기간이 중위 또는 대위의 진급에 필요한 최저근속기간에 해당하는 기간을 초과하는 경우에는 그 종사기간의 전부 또는 일부를 군에 복무한 것으로 볼 수 있다.
⑤ 제4항 단서에 따른 해당 부문에 종사한 기간 및 환산방법은 대통령령으로 정한다.
제13조【임용권자 및 임용권의 위임】 ① 장교는 참모총장의 추천을 받아 국방부장관의 제청으로 대통령이 임용한다. 다만, 대령 이하의 장교는 대통령의 위임을 받아 국방부장관이 임용할 수 있으며 이 경우 국방부장관은 제11조제1항제6호 및 같은 조 제2항에 따른 장교의 임용을 참모총장으로 하여금 하게 할 수 있다.
② 준사관은 국방부장관이 임용한다. 다만, 국방부장관은 참모총장에게 임용권을 위임할 수 있다.(2011.7.14 단서개정)
③ 부사관은 참모총장이 임용한다. 다만, 참모총장은 장성급 지휘관에게 임용권을 위임할 수 있다.
(2017.3.21 단서개정)
제14조【준사관 및 부사관의 임용】 준사관과 부사관의 임용에 관한 사항은 국방부령으로 정한다.
제14조의2【준사관후보생 및 부사관후보생의 결격사유 등】 ① 제10조제2항 각 호의 어느 하나에 해당하는 사람은 준사관후보생 또는 부사관후보생으로 선발될 수 없다.
② 각군은 준사관후보생 또는 부사관후보생에게 필요한 교육을 하기 위하여 각군별로 교육훈련기관을 둘 수 있다.(2022.1.4 본항신설)
③ 제2항에 따른 교육훈련기관의 장은 준사관후보생 또는 부사관후보생이 교육기간 중 품행이 극히 불량하여 교육을 지속하기 어렵다고 판단하는 경우 등에는 해당 준사관후보생 또는 부사관후보생을 퇴교시킬 수 있다. 이 경우 구체적인 퇴교사유 및 퇴교절차 등에 관하여 필요한 사항은 대통령령으로 정한다.(2022.1.4 본항신설)
(2022.1.4 본조제목개정)
(2019.1.15 본조신설)
제15조【임용연령 제한】 ① 장교, 준사관 및 부사관에 최초로 임용되는 사람의 최저연령과 최고연령은 다음과 같다.

초임계급	최저연령	최고연령
소령		38세
대위		34세
중위		31세
소위	20세	29세
준위	20세	50세
부사관	18세	29세

(2023.6.20 본항개정)

② 제1항에도 불구하고 준사관이나 부사관 출신으로 임용되는 소위의 최고연령은 35세로 할 수 있고, 박사학위과정을 수료한 후 임용되는 소위의 최고연령은 29세로 할 수 있다. 다만, 「제대군인지원에 관한 법률」 제16조제1항 및 제2항에 따른 제대군인에 해당하는 경우에는 대통령령으로 정하는 바에 따라 임용 최고연령을 연장한다.(2022.12.13 단서신설)
③ 제1항에도 불구하고 법무·의무 및 군종 장교로서 임용되는 사람과 판사·검사 또는 변호사 자격이 있거나 5급 공무원 공개경쟁 채용시험에 합격하여 기본병과 장교로 임용되는 사람은 「병역법」 제58조제3항 및 제59조에 따른 병적(兵籍) 편입 제한연령이 될 때까지 임용할 수 있다. 다만, 병역을 마친 사람이 군의과·치의과 장교로 임용되는 경우에는 최고연령을 37세로 한다.(2012.12.18 본문개정)
④ 제1항부터 제3항까지의 규정은 제6조제3항제3호의2 또는 제7항제6호에 따른 단기복무 장교 또는 단기복무 부사관으로 임용되는 경우에는 적용하지 아니한다.(2012.12.18 본항신설)
⑤ 제1항부터 제3항까지의 규정은 전시·사변 등의 국가비상시에는 예외로 할 수 있다.

제16조【보직】 ① 장교, 준사관 및 부사관의 보직(補職)은 그 직위에 필요한 계급, 병과 및 경력상의 자격을 갖춘 사람으로 한다.(2015.9.1 본항개정)
② 전투를 주된 임무로 하는 여단급(旅團級) 이상 부대의 장은 대통령령으로 정하는 바에 따라 제1항에 따른 보직상의 자격을 갖춘 전투병과(戰鬪兵科) 출신 장교로 임명한다.
③ 특수병과에 임용된 장교는 기본병과에 속하는 직위에 보직되지 아니한다.
④ 보직에 관하여 이 법에 규정된 것을 제외하고는 대통령령으로 정한다.

제16조의2【장성급 장교의 보직 등】 ① 장성급 장교는 정원에 따라 지정된 직위에 보직되어야 한다. 다만, 외국 파견 부대의 직위 등 인력운영상 필요하다고 인정되어 대통령령으로 정하는 직위에 한하여 그 직위에 보직될 수 있다.
② 장성급 장교는 직위에서 해제되거나 보직기간이 종료된 후 같은 계급 이상의 다른 직위에 보직되지 아니하는 경우에는 현역에서 전역된다.
③ 제1항 단서에 따라 장성급 장교가 6개월 이상 외국에 파견되는 경우 등 대통령령으로 정하는 사유가 있을 때에는 해당 장교의 계급에 해당하는 정원이 따로 있는 것으로 보고 결원을 보충할 수 있다.(2021.4.13 본항신설)
④ 제3항에 따른 정원은 대통령령으로 정한 사유가 없어진 이후 그 직급·직위에 최초 결원이 발생한 때에 각각 소멸된 것으로 본다.(2021.4.13 본항신설)
(2017.3.21 본조개정)

제17조【임기】 ① 장교, 준사관 및 부사관은 임기가 끝나기 전에는 보직이 변경되지 아니한다. 다만, 다음 각 호의 어느 하나에 해당하는 경우에는 그러하지 아니하다.(2023.10.31 본문개정)
1. 상위의 직위에 보직되는 경우
2. 심신장애로 인하여 직무를 수행하지 못하게 되었을 경우
3. 전투작전상 필요한 경우
② 군의 중요 부서의 장 및 전문인력 직위에 보직되는 사람의 임기에 관하여 이 법에 규정된 것을 제외하고는 대통령령으로 정한다.

제17조의2【보직해임】 ① 장교, 준사관 및 부사관은 임기가 끝나기 전에는 보직에서 해임되지 아니한다. 다만, 다음 각 호의 어느 하나에 해당하는 경우에는 그러하지 아니하다.
1. 직무수행 능력이 부족하여 정상적인 업무수행을 기대하기 현저히 어려운 경우
2. 징계위원회에 중징계에 해당하는 사유로 징계의결이 요구 중인 경우
3. 금품비위, 성범죄 등 대통령령으로 정하는 비위행위로 인하여 감사원 및 군검찰·군사경찰 등 수사기관에서 조사나 수사 중인 사람으로서 비위의 정도가 중대하고 이로 인하여 정상적인 업무수행을 기대하기 현저히 어려운 경우
4. 그 밖에 부대관리 측면에서 해당 보직을 유지하는 것이 적절하지 아니하다고 판단되는 경우
② 장교, 준사관 및 부사관의 보직해임에 관한 사항을 심의하기 위하여 보직해임심의위원회를 둔다.
③ 제1항 단서에 따라 장교, 준사관 및 부사관을 보직에서 해임할 때에는 보직해임심의위원회의 의결을 거쳐야 한다. 다만, 대통령령으로 정하는 불가피한 사유가 있다고 인정하는 경우에는 보직에서 해임한 날부터 7일 이내에 보직해임심의위원회의 의결을 거쳐야 한다.
④ 제1항 단서에 따라 보직해임된 장교, 준사관 및 부사관에게는 대통령령으로 정하는 바에 따라 보직해임 기간 동안 봉급을 감액한다. 다만, 제1항제4호에 해당하는 사유로 보직해임된 경우에는 봉급을 감액하지 아니한다.
⑤ 보직해임심의위원회의 구성·운영·심의 등에 필요한 사항은 대통령령으로 정한다.
(2023.10.31 본조신설)

제17조의3【원수 임명】 ① 원수(元帥)는 국가에 뚜렷한 공적이 있는 대장 중에서 임명한다.
② 원수는 국방부장관의 추천과 국무회의의 심의를 거쳐 국회의 동의를 받아 대통령이 임명한다.
(2011.5.24 본조신설)

제18조【합동참모의장 임명】 ① 합동참모의장(이하 "합참의장"이라 한다)은 참모총장을 역임한 사람이나 장성급 장교 중에서 국방부장관의 추천을 받아 국무회의의 심의를 거쳐 대통령이 임명한다. 이 경우 국회의 인사청문회를 거쳐야 한다.(2017.3.21 전단개정)
② 합참의장은 재임기간 동안 군에서 복무하는 현역장교 중 최고의 서열을 가진다.
③ 합참의장의 임기는 2년으로 한다. 다만, 전시·사변 또는 국방상 필요할 때에는 1년 이내의 범위에서 그 임기를 연장할 수 있다.
④ 합참의장에 대하여는 임기 동안 제8조제1항제1호에 따른 연령정년을 적용하지 아니하며, 그 직위에서 해임 또는 면직되거나 그 임기가 끝났을 때에는 현역에서 전역된다.

제19조【참모총장 등의 임명】 ① 참모총장은 해당 군의 장성급 장교 중에서 국방부장관의 추천을 받아 국무회의의 심의를 거쳐 대통령이 임명하며, 해병대사령관은 해병대 장성급 장교 중에서 해군참모총장의 추천을 받아 국방부장관의 제청으로 대통령이 임명한다.(2017.3.21 본항개정)
② 참모총장은 재임기간 동안 해당 군에서 복무하는 현역장교 중 최고의 서열을 가지며, 해병대사령관은 재임기간 동안 해병대에서 복무하는 현역장교 중 최고의 서열을 가진다.
③ 참모총장의 임기는 2년으로 하며, 해병대사령관의 임기는 2년으로 한다. 다만, 전시·사변시에는 한 차례 연임할 수 있다.
④ 참모총장은 그 직위에서 해임 또는 면직되거나 그 임기가 끝난 후 합참의장으로 전직(轉職)되지 아니하면 전역되며, 해병대사령관은 그 직위에서 해임 또는 면직되거나 그 임기가 끝난 후에도 진급하거나 다른 직위로 전직되지 아니하면 전역된다.(2019.4.23 본항개정)
(2011.7.14 본조개정)

제20조【중요 부서의 장의 임명 등】 ① 다음 각 호의 어느 하나에 해당하는 직위의 보직은 해당 군의 장성급 장교 중에서 참모총장이 추천심의위원회의 심의를 거쳐 국방부장관에게 추천하고, 국방부장관은 제청심의위원회의 심의를 거쳐 제청하며, 대통령이 임명한다.(2017.3.21 본문개정)
1. 각군 참모차장
2. 전투를 주된 임무로 하는 부대의 장
3. 그 밖에 법령으로 정하는 중요 부서의 장
② 참모총장은 해당 군의 장성급 장교 중에서 합동참모본부의 장성급 장교의 보직과 「국군조직법」 제9조제3항에 따른 작전부대 및 합동부대의 장(長)의 보직을 국방부장관에게 추천할 때에는 미리 합참의장과 협의하여야 한다.(2017.3.21 본항개정)
③ 중장 이상으로서 제1항 각 호의 어느 하나에 해당하는 직위에 있는 사람은 그 직위에서 해임 또는 면직되거나 그 보임기간이 끝난 후 다른 직위로 전직되지 아니하면 현역에서 전역된다.
④ 제1항에 따른 추천심의위원회 및 제청심의위원회의 구성과 운영에 관한 사항은 대통령령으로 정한다.

제21조【병과장 임명】 ① 병과장(兵科長)이란 각군 해당 병과 출신 장교 중에서 참모총장이 임명한다.
② 병과장의 임기는 2년으로 한다. 다만, 전시·사변시에는 한 차례 연임할 수 있다.
③ 병과장은 그 직위에서 해임 또는 면직되거나 그 임기(제2항 단서에 따라 연임된 경우에는 그 연임된 임기를 포함한다)를 마쳤을 때에는 다시 그 직위에 임명되지 아니하며 유사한 계통의 직위로 전직되지 아니하면 전역된다. 다만, 유사 직위에 전직된 경우에는 전직 후 2년이 지났을 때에 전역된다.
④ 제1항에 따라 병과장으로 임명하는 병과의 종류는 대통령령으로 정한다.(2014.3.11 본항개정)
⑤ 제1항부터 제4항까지의 규정에서 병과장이란 각군 해당 병과 출신 장교 중에서 병과의 장으로 임명된 사람을 말한다.(2014.3.11 본항신설)

제5장 능 률

(2011.5.24 본장개정)

제22조【능률 증진】 ① 군인의 직무수행 능률은 충분히 증진될 수 있도록 하여야 한다.
② 제1항의 능률 증진을 위하여 교육과 훈련을 실시하고 정기적으로 근무성적을 평정하여야 한다.
③ 참모총장은 소속 군인에 대한 근무성적을 평정하고 그 결과에 대한 적당한 조치를 마련하여야 한다.
④ 능률 증진과 근무성적의 평정의 방법 등에 관한 사항은 대통령령으로 정한다.

제23조【공정한 교육기회의 부여】 군인에게는 기본교육, 보수교육(補修敎育), 전문교육 등의 교육훈련을 받기 위하여 교육시설에 참가할 기회가 공정하게 주어져야 한다.

제23조의2【상훈】 군인의 상훈(賞勳)에 관한 사항은 법률에서 정한 것을 제외하고는 대통령령으로 정한다.

제6장 진 급

(2011.5.24 본장개정)

제24조【진급】 장교 및 부사관으로서 제26조제1항에 따른 최저근속기간과 계급별 최저복무기간(이하 "진급 최저복무기간"이라 한다)의 복무를 각각 마치고 상위의 직책을 감당할 능력이 있다고 인정된 사람은 한 단계씩 진급시킨다. 다만, 제39조제4항에 따라 전역이 보류된 사람은 진급시키지 아니한다.

제24조의2【임기제 진급】 ① 진급 최저복무기간의 복무를 마친 영관급 장교 이상인 사람은 인력 운영을 위하여 필요하거나 전문인력이 필요한 분야로서 대통령령으로 정하는 직위에 보임하기 위하여 필요한 경우에는 임기를 정하여 1계급 진급시킬 수 있다.
② 제1항에 따라 진급된 사람의 임기는 2년으로 하고, 그 임기가 끝나면 전역된다. 다만, 그 직위에 다시 보직되거나 유사한 계통의 직위로 전직된 경우에는 다시 보직되거나 전직된 때부터 2년의 범위에서 국방부장관이 정하는 기간이 지났을 때에 전역된다.
③ 제1항에 따른 진급과 제2항 단서에 따른 재보직(再補職) 및 전직은 제29조제1항에 따른 진급 예정 인원의 범위에서 한다.

제24조의3【근속진급】 ① 부사관 중 하사로서 5년 이상, 중사로서 11년 이상 재직한 사람은 중사 및 상사로 각각 근속진급시킬 수 있다. 다만, 참모총장은 인력 운용의 여건을 고려하여 병과의 계급별로 1년의 범위에서 그 기간을 단축하거나 2년의 범위에서 연장할 수 있으며, 징계 중이거나 징계절차가 진행 중인 사람 등 대통령령으로 정하는 근무성적이 불량한 사람의 근속진급을 제한할 수 있다.(2014.6.11 단서개정)
② 제1항에 따라 근속진급된 중사나 상사가 복무하는 기간 동안에는 그에 해당하는 계급의 정원이 따로 있는 것으로 보고 그 계급의 정원은 줄어든 것으로 본다.

제24조의4【명예진급】 ① 복무 중에 특히 뚜렷한 공적이 있는 사람이 제53조의2제1항에 따라 명예전역하는 경우에는 명예진급시킬 수 있다.
② 제1항에 따라 명예진급된 사람의 연금, 명예전역수당 등 각종 급여는 명예진급 전의 계급에 따라 지급하고, 그 밖의 예우는 명예진급된 계급에 따라서 한다.
③ 명예진급의 요건이나 그 밖에 필요한 사항은 대통령령으로 정한다.

제25조【진급권자】 ① 장교의 진급은 제29조에 따른 장교진급 선발위원회의 심의를 거쳐 참모총장의 추천을 받아 국방부장관의 제청으로 대통령이 행한다.
② 국방부장관은 제1항에 따라 제청을 하는 경우에는 제25조에 따른 제청심의위원회의 심의를 거쳐 대통령에게 제청한다.
③ 대장의 진급은 제1항에도 불구하고 국방부장관의 추천을 받아 국무회의의 심의를 거쳐야 한다.
④ 대령 이하의 장교의 진급은 제1항에도 불구하고 국방부장관이 행할 수 있다. 이 경우 전시·사변 등 국가비상시에는 전사자와 순직자의 진급을 참모총장으로 하여금 행하게 할 수 있다.
⑤ 부사관의 진급은 국방부령으로 정하는 절차에 따라 부사관진급 선발위원회의 심의를 거쳐 참모총장 또는 참모총장으로부터 위임을 받은 장성급 지휘관이 행한다.
(2017.3.21 본항개정)

제26조【진급 최저복무기간】 ① 진급에 필요한 최저복무기간은 다음과 같다. 다만, 군의과·치의과 및 법무과 장교의 경우에는 계급별 최저복무기간만 적용한다.

진급될 계급	최저 근속기간	계급별 최저복무기간
소장	28년	준장으로서 1년
준장	26년	대령으로서 3년
대령	22년	중령으로서 4년
중령	17년	소령으로서 5년
소령	11년	대위로서 6년
대위	3년	중위로서 2년
중위	1년	소위로서 1년
원사		상사로서 7년
상사		중사로서 5년
중사		하사로서 2년

② 진급권자는 인력 운영을 위하여 필요할 때에는 제1항에도 불구하고 장성급 장교와 영관급 장교의 진급 최저복무기간을 1년 이내의 범위에서 단축하거나 2년 이내의 범위에서 연장할 수 있다.(2017.3.21 본항개정)
③ 제12조제4항에 따라 군에 복무한 것으로 보는 기간은 진급 최저복무기간에 산입(算入)한다.
④ 제1항에도 불구하고 다음 각 호의 어느 하나에 해당하는 과정을 이수하던 중에 제11조제1항제7호에 해당하여 임용된 장교의 진급은 대통령령으로 정하는 바에 따라 국내 장교양성과정을 같은 기(期)에서 이수하였던 사람의 진급과 균형을 맞추어 할 수 있다.
1. 사관학교과정
2. 육군3사관학교과정
3. 사관후보생과정
4. 「병역법」 제57조제2항에 따른 학생군사교육단 사관후보생과정

⑤ 진급권자는 예비역장교·준사관·부사관 및 사관학교 제4학년에 재학 중이던 사람이 하사로 임용된 경우에는 제1항에 따른 중사 진급에 필요한 최저복무기간을 2분의 1로 단축할 수 있다.
⑥ 제6조제3항제3호의2 또는 제7항제6호에 따라 재임용된 장교나 부사관이 재임용된 날부터 진급심사일까지 12개월 이상 복무한 경우에는 재임용 전후 해당 계급의 각 복무기간을 더하여 제1항에 따른 진급 최저복무기간에 산입한다.(2012.12.18 본항신설)
제27조 (2011.5.24 삭제)
제28조【특정 직위의 계급 부여】 제18조에 따른 합참의장이나 제19조에 따른 참모총장의 직위에 보직되는 사람에게는 제26조제1항 및 제29조제1항에도 불구하고 그 승인된 계급을 부여할 수 있다. 다만, 2계급 이상 진급시킬 필요가 있는 경우에는 보직과 동시에 1계급을 진급시키고 보직 후 1년이 지났을 때에 승인된 계급을 부여할 수 있다.
제29조【장교진급 선발위원회】 ① 장교의 진급은 국방부장관이 승인한 진급 예정 인원의 범위에서 장교진급 선발위원회(이하 "장교진급 선발위원회"라 한다)에 의하여 선발된 사람을 시켜야 한다.(2021.4.13 본항개정)
② 장교진급 선발위원회는 각 계급별로 각군 본부에 설치한다. 다만, 해병대는 해병대사령부에 설치한다.
③ 장교진급 선발위원회의 위원은 진급 선발 대상자보다 상급자인 장교나 선임(先任)인 장교 중에서 참모총장이 임명한다. 다만, 제2항 단서에 따라 해병대사령부에 설치하는 장교진급 선발위원회의 위원은 해병대사령관이 임명한다.
④ 장교진급 선발위원회의 위원은 부득이한 경우를 제외하고는 같은 계급의 위원으로 2회 이상 계속 임명되지 못한다.
⑤ 장교진급 선발위원회의 구성과 운영 등에 필요한 사항은 대통령령으로 정한다.
제30조【전사자·순직자 및 전투유공자의 진급】 ① 전사자와 순직자에 대하여는 제26조와 제29조에도 불구하고 진급시킬 수 있다. 다만, 장성급 장교로 진급시킬 때에는 장교진급 선발위원회의 심사를 거쳐야 한다.
(2017.3.21 단서개정)
② 전투, 전시·사변 또는 이에 준하는 국가비상사태에서 국가에 뚜렷한 공적이 있는 사람은 진급 최저복무기간에도 불구하고 장교진급 선발위원회의 심사를 거쳐 1계급 진급시킬 수 있다. 다만, 소령 이상으로 진급시킬 때에는 진급 최저복무기간의 3분의 2에 도달하여야 한다.
③ 제2항 단서에 해당하는 사람이 진급 최저복무기간의 3분의 2에 도달하기 전에 전역하거나 퇴역(退役)하는 경우에는 장교진급 선발위원회의 심사를 거쳐 1계급 진급시킬 수 있다.
제30조의2【전사·순직한 진급 예정자의 진급】 제24조에 따른 진급 예정자가 진급 발령 전에 전사·순직한 경우 그 사망일 전날을 진급일로 하여 진급 예정 계급으로 진급한 것으로 본다.(2020.2.4 본조신설)
제31조【진급 발령 및 진급 예정자 명단에서의 삭제】
① 장교진급 선발위원회에 의하여 선발된 사람은 추천권자, 제청권자 또는 진급권자에 의하여 취소되지 아니하는 한 진급권자가 해당 전군(全軍)에 그 명단을 공표하고 궐원(闕員)에 따라 선임(先任)의 순으로 수시로 진급 발령한다.
② 제1항에 따라 공표된 사람일지라도 진급 발령 전에 진급시킬 수 없는 사유가 발생하였을 때에는 진급권자는 그 사람을 진급 예정자 명단에서 삭제할 수 있다.
제32조【진급 낙천】 진급 선발 대상권에 포함된 대령 이하의 장교로서 장교진급 선발위원회에서 진급될 자격이 없다고 인정하여 진급 심사 대상에서 제외된 사람 및 제31조제2항에 따라 진급예정자 명단에서 삭제된 사람은 진급 낙천자(落薦者)로 한다.
제33조【장교 및 부사관의 임시계급 부여】 전시·사변, 국가비상시 또는 군의 증편(增編)으로 인하여 제26조에 따른 진급으로는 상위 계급의 궐원을 보충할 수 없을 때에는 그 상급 직위에 보직된 장교 및 부사관에게 1계급만 올려서 임시계급을 부여할 수 있다.(2022.12.13 본조개정)
제34조【원계급으로의 복귀】 제33조에 따라 임시계급을 부여받은 사람이 하위 직위에 보직되거나 대통령령으로 정하는 사유에 해당하게 된 경우에는 당연히 원계급(原階級)으로 복귀한다.

제7장 전역 및 제적
(2011.5.24 본장개정)

제35조【본인의 의사에 따른 전역】 ① 제7조에 따른 의무복무기간을 마친 장기복무자는 전역을 원하면 현역에서 전역할 수 있다. 다만, 전시·사변 등의 국가비상시에는 예외로 한다.
② 30년 이상 현역에 복무한 사람은 제1항 단서에도 불구하고 전역을 원하면 전역할 수 있다.
③ 예비역의 장교·준사관 또는 부사관으로서 소집되어 군에 복무 중인 사람은 본인이 지원하면 국방부령으로 정하는 바에 따라 현역에 편입할 수 있다.
제35조의2【지원 또는 본인의 의사에 따른 전역의 제한】 ① 임용권자 또는 임용권을 위임받은 자(이하 이 조에서 "임용권자등"이라 한다)는 제7조제1항에 따라 의무복무기간을 마치기 전에 전역을 지원하거나 제35조제1항 및 제2항에 따라 전역을 원하는 장교, 준사관 및 부사관(지원에 의하지 아니하고 임용된 하사는 제외한다. 이하 이 조에서 같다)이 다음 각 호의 어느 하나에 해당하는 때에는 전역시켜서는 아니 된다. 다만, 제1호, 제3호 및 제4호의 경우에는 그 비위의 정도가 제57조제1항후단에 따른 중징계에 해당한다고 판단되는 경우로 한정한다.
1. 비위(非違)와 관련하여 형사사건으로 기소된 때
2. 제58조의2에 따른 징계위원회에 중징계에 해당하는 사유로 징계의결이 요구 중인 때(2021.4.13 본호개정)
3. 감사원이나 군검찰, 군사법경찰관, 그 밖의 수사기관(이하 이 조에서 "수사기관등"이라 한다)에서 비위와 관련하여 조사 또는 수사 중인 때
4. 각급 부대 및 기관의 감사부서 등에서 비위와 관련하여 내부 감사 또는 조사가 진행 중인 때
② 임용권자등은 장교, 준사관 및 부사관이 제7조제1항에 따라 의무복무기간을 마치기 전에 전역을 지원하거나 제35조제1항 및 제2항에 따라 전역을 원하는 때에는 해당 장교, 준사관 및 부사관이 제1항에 따른 전역 제한 대상에 해당하는지를 수사기관등의 장에게 확인하여야 한다. 이 경우 확인요청을 받은 수사기관등의 장은 요청받은 날부터 10일 이내에 해당 사실을 통보하여야 한다.
③ 그 밖에 장교, 준사관 및 부사관에 대한 의무복무기간을 마치기 전의 전역 및 본인의 의사에 따른 전역의 제한에 필요한 사항은 대통령령으로 정한다.
(2016.1.19 본조신설)
제36조【정년 전역 등】 ① 제8조에 따른 현역정년에 도달한 사람은 정년이 되는 달의 다음 달 말일에 당연히 전역된다. 다만, 제8조제2항 단서에 따른 재임용 심사의 결과 재임용되지 아니한 장교로서 제8조제1항에 따른 정년을 초과한 교수등의 경우에는 그 재임용하지 아니하는 처분의 통지를 받은 날부터 3개월이 되는 날이 속한 달의 말일에 당연히 전역된다.(2014.12.30 단서신설)
② 제7조제1항제4호 및 제7호에 따른 의무복무기간을 마친 단기복무 장교 및 단기복무 부사관은 제6조제4항·제8항에 따른 전형에 합격하지 못한 경우에는 복무기간의 만료일에 전역되고, 복무기간이 연장(재연장을 포함한다)된 경우에는 연장된 복무기간의 만료일에 전역된다. 다만, 전시·사변 등의 국가비상시에는 예외로 한다.
(2021.4.13 본문개정)
제37조【본인의 의사에 따르지 아니한 전역 및 제적】
① 다음 각 호의 어느 하나에 해당하는 사람은 각군 전역심사위원회의 심의를 거쳐 현역에서 전역시킬 수 있다.
1. 심신장애로 인하여 현역으로 복무하는 것이 적합하지 아니한 사람
2. 제32조에 따라 같은 계급에서 두 번 진급 낙천된 장교. 다만, 소위의 경우에는 한 번 진급 낙천된 사람
3. 병력(兵力)을 줄이거나 복원(復員)할 때에 병력을 조정하기 위하여 전역시킬 필요가 있다고 인정된 사람
4. 그 밖에 대통령령으로 정하는 사유에 해당하여 현역복무에 적합하지 아니한 사람
② 제1항제1호에 해당하는 사람으로서 전상(戰傷)·공상(公傷)에 의하지 아니한 사람은 제적(除籍)시킬 수 있다.
③ 전투 또는 작전 관련 훈련 중 다른 군인에게 본보기가 될만한 행위로 인하여 신체장애인이 된 사람은 제1항제1호에도 불구하고 전역심사위원회의 심의를 거쳐 현역으로 계속 복무하게 할 수 있다.
판례 군종장교운영심사위원회는 불교 종단 중 조계종만을 군종 분야 병적편입 대상 종교로 선정하고 있다. 그러므로 조계종 승적이 박탈되면 법회 주관 등 군종장교로서의 종교 활동을 할 수 없으므로 군종장교로서의 업무 수행에 장애가 생긴다. 따라서 조계종 승적을 갖고 군종장교로 임관한 후 혼인을 이유로 제적당하자 태고종으로 전종한 사람에게 국방부가 현역복무 부적합 전역 처분을 내린 것은 정당하다.
(대판 2019.12.27, 2019두39659)
판례 부사관인 갑은 병사들에게 대한 상습적 언어폭력과 가혹행위 등으로 정직 3개월의 중징계처분을 받았으며 육군본부에서는 이를 이유로 전역심사위원회를 개최, 현역복무부적합전역명령을 발하였다. 이후 위 정직처분이 특별사면되자 갑은 특별사면을 받아 효력이 상실된 정직 3개월의 징계처분을 근거로 한 현역복무부적합전역은 위법하다고 주장하였다. 그러나 현역복무부적합전역은 갑이 중징계처분을 받았다는 사실을 원인으로 한 것이 아니라 그 징계처분의 기초가 된 비위사실로 인하여 이루어진 것이므로, 설령 징계처분이 특별사면되었다고 하더라도 이 사건 처분이 위법하다고 할 수 없다.
(대판 2012.1.12, 2011두18649)
제38조【전역심사위원회】 ① 제37조 및 제39조에 해당하는 사람을 심사하게 하기 위하여 각군 본부, 해병대사령부나 임용권이 위임된 부대에 전역심사위원회를 설치한다.(2011.7.14 본항개정)
② 전역심사위원회의 위원은 심사 대상자보다 선임인 장교와 준사관 및 부사관 중에서 제1항의 설치권자가 임명한다.
③ 전역심사위원회의 구성과 운영 등에 필요한 사항은 대통령령으로 정한다.
제39조【전역 보류】 ① 제8조제1항에 규정된 현역정년에 도달한 영관급 장교로서 다음 각 호의 어느 하나에 해당하는 사람에 대하여는 제36조에도 불구하고 전역심사위원회의 심사를 거쳐 3년의 범위에서 전역을 보류할 수 있다.
1. 박사학위 소지자
2. 정밀장비 기술자
3. 대통령령으로 정하는 외국어에 능통한 사람
4. 정책 관리, 전산, 연구개발, 특수정보 분야 등의 전문지식 및 특수기술을 가진 사람으로서 대통령령으로 정하는 특수전문요원 및 기술·기능전문요원
② 제8조제1항제2호에 규정된 근속정년에 도달한 대위로서 대통령령으로 정하는 기술직이나 전문직에 보직된 사람에 대하여는 제36조에도 불구하고 전역심사위원회의 심사를 거쳐 연령정년에 도달할 때까지는 매 3년을 단위로 전역을 보류할 수 있고, 연령정년 이후에는 3년의 범위에서 1년을 단위로 전역을 보류할 수 있다.
③ 제8조제1항제1호 및 제2호에 규정된 연령정년 또는 근속정년에 도달한 준사관이나 부사관으로서 대통령령으로 정하는 군의 필수 기술 분야에 종사하는 사람에 대하여는 제36조에도 불구하고 전역심사위원회의 심사를 거쳐 3년의 범위에서 전역을 보류할 수 있다.
④ 이 법에 따라 전역할 사람으로서 2년 이내에 퇴역연금을 받을 수 있는 사람에 대하여는 제36조에도 불구하고 전역심사위원회의 심사를 거쳐 퇴역연금을 받을 수 있는 날까지 전역을 보류할 수 있다.
⑤ 제7조제2항 및 제5항에 따른 가산복무 대상자가 정년에 도달한 경우에는 전역심사위원회의 심사를 거쳐 남은 가산복무기간의 범위에서 전역을 보류할 수 있다.
⑥ 포로에 대하여는 제8조에도 불구하고 제40조제1항제6호에 따라 제적될 때까지는 전역을 보류할 수 있다.
⑦ 제6조제3항 또는 제7항에 해당하는 사람이 중요한 작전이나 훈련·연습 등의 수행으로 인하여 본인이 전역보류를 신청하는 경우에는 제36조에도 불구하고 전역심사위원회의 심사를 거쳐 3개월의 범위에서 전역을 보류할 수 있다. 다만, 전역 보류 사유가 없어지면 즉시 전역 보류 조치를 해제하여야 한다.(2016.5.29 본항신설)
제40조【제적】 ① 장교, 준사관 및 부사관이 다음 각 호의 어느 하나에 해당하면 제적된다.
1. 사망하였을 때
2. 실종선고를 받았을 때
3. 파면되었을 때
4. 제10조제2항의 결격사유 중 어느 하나에 해당하게 되었을 때. 다만, 제10조제2항제6호는 다음 각 목의 어느 하나에 해당하는 죄를 범한 사람으로서 자격정지 이상의 형의 선고유예를 받은 경우만 해당한다.
(2018.1.16 단서개정)
가. 「형법」 제129조부터 제132조까지에 규정된 죄
(2018.1.16 본목신설)
나. 「성폭력범죄의 처벌 등에 관한 특례법」 제2조에 따른 성폭력범죄 및 「아동·청소년의 성보호에 관한 법률」 제2조제2호에 따른 아동·청소년대상 성범죄
(2019.1.15 본목개정)
다. 직무와 관련하여 「형법」 제355조 또는 제356조에 규정된 죄(2018.1.16 본목신설)
5. 제37조제2항에 따라 제적결의가 있을 때
6. 포로나 행방불명자로서 국방부령으로 정하는 사유에 해당하게 되었을 때
② 제1항제6호에 따라 제적된 행방불명자에 대하여는 국방부령으로 정하는 바에 따라 그 제적된 날짜에 전사, 순직 또는 사망한 것으로 처분할 수 있다.
③ 제1항제6호 및 제2항에 따라 행방불명자에 대하여 제적 등의 처분을 한 후 생존한 사실이 확인되거나 그 처분과 다른 사실이 확인된 경우에는 그 처분을 취소하거나 변경하여야 한다.
제41조【퇴역】 다음 각 호의 어느 하나에 해당하는 장교, 준사관 및 부사관은 퇴역된다. 다만, 제4호에 해당하는 여군이 퇴역을 원하지 아니하는 경우에는 예비역에 지원할 수 있다.
1. 20년 이상 현역에 복무하고 퇴역을 원하는 사람
2. 연령정년에 도달한 사람
3. 전상·공상으로 인하여 군에 복무할 수 없는 사람
4. 여군으로서 복무를 마친 사람
제42조【예비역 편입】 현역에서 전역되는 사람으로서 퇴역되지 아니하는 사람은 예비역에 편입한다.
제43조【전역 및 제적의 권한】 ① 장교, 준사관 및 부사관의 전역이나 제적은 임용권자가 명한다. 다만, 대령 이하의 장교에 대하여는 임용권자의 위임을 받아 국방부장관이 명할 수 있다.
② 국방부장관은 제1항 단서의 경우 전시·사변 등의 국가비상시에는 제40조에 따른 제적만을 참모총장으로 하여금 명하게 할 수 있다.

제8장 권리 및 의무
(2011.5.24 본장개정)

제44조【신분보장】 ① 군인은 법률에서 정하는 바에 따라 신분이 보장되며, 그 계급에 걸맞은 예우를 받는다.
② 군인은 이 법에 따른 경우 외에는 그 의사(意思)에 반(反)하여 휴직되거나 현역에서 전역되거나 제적되지 아니한다.
제45조 (2015.9.1 삭제)
제46조 (2015.12.29 삭제)
제46조의2【전직지원교육】 군인으로서 복무한 후 전역하는 사람에 대하여는 취업을 지원하기 위하여 대통령령으로 정하는 바에 따라 전직지원교육(轉職支援教育)을 할 수 있다.
제46조의3 (2011.5.24 삭제)
제46조의4【군 특수기술 직무분야에 대한 국가자격 운영】 ① 국방부장관은 군인으로서 복무한 사람에 대한 취

업기회를 확대하기 위하여 복무기간 중 습득한 특정기술과 사회·산업현장의 연계성이 제고될 수 있도록 필요한 정책을 수립·시행하여야 한다.
② 국방부장관은 군인의 병과 중 특수기술 직무분야를 「자격기본법」에 따라 국가직무능력표준으로 개발하고 자격정책심의회의 심의를 거쳐 소관 분야의 국가자격을 신설·운영할 수 있다.
③ 국방부장관은 제2항에 따른 국가자격체계를 관리·운영함에 있어 필요한 교육훈련을 군 교육과정에 반영하여 수행하여야 한다.
④ 국방부장관은 제3항에 따른 교육 수료 후 대통령령으로 정하는 국가자격의 취득 요건을 갖춘 사람에게 국가자격의 취득을 증명하는 증서(이하 "국가자격증"이라 한다)를 교부하여야 한다.(2023.10.31 본항개정)
⑤ 누구든지 국가자격증을 다른 사람에게 빌리거나 빌려주거나 이를 알선하는 행위를 하여서는 아니 된다.
(2023.10.31 본항신설)
⑥ 그 밖에 국방분야 국가자격개발 및 운영 등에 필요한 사항은 대통령령으로 정한다.
(2012.12.18 본조신설)

제46조의5【군 특수기술 직무분야에 대한 국가자격의 취소 등】 ① 국방부장관은 제46조의4제2항에 따른 국가자격을 취득한 사람이 다음 각 호의 어느 하나에 해당하면 그 국가자격을 취소하거나 3년 이내의 기간을 정하여 그 국가자격의 정지를 명할 수 있다. 다만, 제1호에 해당하면 그 국가자격을 취소하여야 한다.
1. 거짓이나 그 밖의 부정한 방법으로 국가자격을 취득한 경우
2. 자신이 취득한 국가자격증을 다른 사람에게 빌려준 경우
② 제1항에 따라 국가자격이 취소된 사람은 자격이 취소된 날부터 3년간 제46조의4제2항에 따른 동일한 국가자격의 검정에 응시할 수 없다.
③ 국방부장관은 제1항에 따라 국가자격을 취소하거나 정지하려는 경우에는 청문을 하여야 한다.
④ 제1항에 따른 국가자격의 취소 또는 정지에 관한 기준은 그 처분의 사유와 위반 정도 등을 고려하여 국방부령으로 정한다.
(2014.6.11 본조신설)

제46조의6【군인의 자격취득 등 지원】 ① 국방부장관은 군인이 국가자격, 민간자격, 학점 등을 취득하는데 필요한 지원 정책을 관계 중앙행정기관의 장과 협의하여 수립·시행하여야 한다.
② 제1항에 따른 지원 대상은 다음 각 호와 같다.
1. 「자격기본법」에 따른 국가자격 및 민간자격의 취득
2. 「고등교육법」 제23조에 따른 학점의 취득
3. 그 밖에 전역 후 취업 또는 학업에 활용하거나 일상생활을 영위하는 데 필요하다고 인정되는 능력 검정 등으로서 대통령령으로 정하는 것의 취득
③ 제1항에 따른 지원에 관하여 필요한 사항은 대통령령으로 정한다.
(2016.12.20 본조신설)

제47조~제47조의2 (2015.12.29 삭제)

제47조의3【복제 및 예식】 ① 군인은 제복을 입어야 한다. 다만, 근무의 특수성으로 인하여 국방부장관이 허가하는 경우에는 그러하지 아니하다.
② 군인은 국가에 충성하고 굳게 단결하며 엄정한 군기(軍紀)를 유지하기 위하여 군예식(軍禮式)을 거행한다.
③ 제1항 및 제2항에 따른 군인의 복제(服制) 및 예식에 관하여 필요한 사항은 대통령령으로 정한다.

제48조【휴직】 ① 장교, 준사관 및 부사관이 다음 각 호의 어느 하나에 해당하면 임용권자는 휴직을 명하여야 한다.
1. 전상·공상을 제외한 심신장애로 인하여 6개월 이상 근무하지 못하게 되었을 때
2. 행방불명되었을 때
3. 불임·난임으로 장기간의 치료가 필요하여 휴직을 신청한 때(2015.6.22 본호신설)
4. 「성폭력방지 및 피해자보호 등에 관한 법률」 제2조제3호에 따른 성폭력피해자로서 치료가 필요하여 휴직을 신청한 때(2016.1.19 본호신설)
② 장교, 준사관 및 부사관이 사형, 무기 또는 장기 2년 이상의 징역이나 금고에 해당하는 사건으로 기소되거나 〔약식명령(略式命令)이 청구된 경우는 제외한다〕 제1심에서 금고 이상의 형을 선고 받은 때에는 임용권자는 직권으로 또는 해당 장교, 준사관 및 부사관의 요청에 따라 휴직을 명할 수 있다.(2014.1.14 본항개정)
③ 임용권자는 장기복무 장교, 준사관 및 장기복무 부사관이 다음 각 호의 어느 하나에 해당하는 사유로 휴직을 원하는 경우와 단기복무 중인 여군 및 제6조제4항 또는 제8항에 따라 전형을 거쳐 복무기간이 연장된 단기복무 장교 또는 단기복무 부사관이 제4호의 사유로 휴직을 원하는 경우에는 업무수행 및 인력 운영에 지장을 주지 아니하는 범위에서 휴직을 명할 수 있다. 다만, 제4호에 해당하는 사유로 휴직을 신청한 경우에는 대통령령으로 정하는 특별한 사정이 없으면 휴직을 명하여야 한다.(2021.4.13 본문개정)
1. 국제기구나 외국기관에 임시로 채용된 경우
2. 자기 비용으로 해외유학을 하게 된 경우
3. 참모총장이 지정하는 연구기관이나 교육기관 등에서 자기 비용으로 연수하게 된 경우
4. 만 8세 이하 또는 초등학교 2학년 이하의 자녀를 양육하거나 여군이 임신 또는 출산하게 되어 필요한 경우(2016.12.20 본호개정)
5. 사고나 질병 등으로 장기간의 요양이 필요한 조부모, 부모(배우자의 부모를 포함한다), 배우자, 자녀 또는 손자녀를 간호하기 위하여 필요한 경우. 다만, 조부모 또는 손자녀의 간호를 위하여 휴직할 수 있는 경우는 본인 외에는 간호할 수 있는 사람이 없는 등 대통령령으로 정하는 요건을 갖춘 경우로 한정한다.(2019.1.15 본호개정)
6. 외국에서 근무·유학 또는 연수하는 배우자와 동반하게 되는 경우(2021.4.13 본호신설)
④ 제1항과 제2항에 따라 휴직된 사람에게는 휴직기간 동안 다음 각 호의 구분에 따라 봉급을 지급하고, 제3항에 따라 휴직된 사람에게는 휴직기간 동안 봉급을 지급하지 아니한다. 다만, 제2항에 해당되어 휴직된 사람이 무죄를 선고받은 경우에는 봉급의 차액(差額)을 소급하여 지급한다.(2015.6.22 본문개정)
1. 제1항제1호, 제3호 및 제4호에 따라 휴직된 사람
가. 휴직기간이 1년 이하인 사람 : 봉급의 100분의 70
나. 휴직기간이 1년 초과 2년 이하인 사람 : 봉급의 100분의 50(2016.1.19 본호개정)
2. 제1항제2호(공무수행 중 행방불명되어 휴직된 사람으로 한정한다) 및 제2항에 따라 휴직된 사람 : 봉급의 100분의 50(2016.1.19 본호개정)
⑤ 제2항에 따라 휴직된 사람이 무죄를 선고받은 경우에는 휴직을 이유로 진급, 보직 등에서 이 법 적용 시 불리한 처우를 받지 아니한다.
⑥ 임용권자는 제3항제4호에 따른 휴직을 이유로 인사상 불리한 처우를 하여서는 아니 된다.
⑦ 군인이 제3항제4호에 따라 6개월 이상 휴직한 경우에는 휴직일부터 해당 휴직자의 계급에 해당하는 정원이 따로 있는 것으로 보고 결원을 보충할 수 있다. 다만, 대통령령으로 정하는 경우에는 3개월 이상 휴직하는 경우에도 결원을 보충할 수 있다.
⑧ 제7항에 따른 정원은 휴직자가 복직한 후 해당 계급에 최초로 결원이 발생한 때에 소멸된 것으로 본다.

제49조【휴직기간】 ① 제48조제1항제1호, 제3호 및 제4호에 따른 휴직기간은 1년으로 하되, 부득이한 경우 1년의 범위에서 연장할 수 있다. 이 경우 제48조제1항제1호에 따라 휴직된 사람이 휴직기간이 끝날 때까지 복직되지 아니하면 전역된다.(2016.1.19 전단개정)
② 제48조제2항에 따른 휴직기간은 해당 사건의 계속기간(繫屬期間)으로 한다. 다만, 해당 사건이 계속 중임에도 불구하고 무죄판결, 공소기각 결정·판결 또는 그 밖의 사유로 임용권자로부터 복직명령을 받은 경우 그 휴직기간은 복직일의 전날까지로 한다.
③ 제48조제3항 각 호에 따른 휴직기간은 다음 각 호와 같이 한다.(2016.12.20 단서삭제)
1. 제48조제3항제1호 : 채용기간
2. 제48조제3항제2호 및 제3호 : 2년 이내
3. 제48조제3항제4호 : 자녀 1명당 3년 이내
(2016.12.20 본호개정)
4. 제48조제3항제5호 : 1년 이내(2016.12.20 본호신설)
5. 제48조제3항제6호 : 3년 이내. 다만, 부득이한 경우에는 2년의 범위에서 연장할 수 있다.(2021.4.13 본호신설)
④ 제48조제3항에 따른 휴직기간은 제7조에 따른 의무복무기간과 진급 최저복무기간에 산입하지 아니한다. 다만, 다음 각 호에 따른 기간은 진급 최저복무기간에 산입한다.
(2021.4.13 단서개정)
1. 제48조제3항제1호에 따른 휴직기간
2. 제48조제3항제4호에 따른 휴직기간. 다만, 자녀 1명에 대한 총 휴직기간이 1년을 넘는 경우에는 최초의 1년으로 하되, 다음 각 목의 어느 하나에 해당하는 경우에는 그 휴직기간 전부로 한다.
가. 첫째 자녀에 대하여 부모가 모두 휴직을 하는 경우로서 각 휴직기간이 6개월 이상인 경우
나. 둘째 자녀 이후에 대하여 휴직을 하는 경우
(2021.4.13 1호~2호신설)

제49조의2【휴직 및 복직 권한의 위임】 ① 장교, 준사관 및 부사관의 휴직이나 복직은 임용권자가 명한다.
② 제1항에 따른 임용권자의 휴직 및 복직 권한은 다음 각 호의 구분에 따른 사람에게 위임할 수 있다.
1. 장성급 장교에 대한 휴직 및 복직 : 국방부장관. 이 경우 국방부장관은 참모총장의 건의에 따라 명한다.
2. 대령 이하 장교에 대한 휴직 및 복직 : 국방부장관. 이 경우 국방부장관은 그 권한을 참모총장에게 재위임할 수 있다.
3. 준사관에 대한 휴직 및 복직 : 참모총장
4. 부사관에 대한 휴직 및 복직 : 장성급 지휘관
(2022.12.13 본조신설)

제50조【위법·부당한 전역 및 제적 등에 대한 소청】 군인은 위법·부당한 전역, 제적 및 휴직 등 그 의사에 반한 불리한 처분(징계처분 및 징계부가금 부과처분은 제외한다)에 불복하는 경우에는 그 처분이 있음을 안 날부터 30일 이내에 이에 대한 심사를 소청(訴請)할 수 있다.(2014.12.30 본조개정)

제51조【인사소청심사위원회】 ① 제50조에 따른 소청을 심사하기 위하여 다음 각 호의 구분에 따라 중앙 군인사소청심사위원회와 군인사소청심사위원회를 둔다.
1. 장교, 준사관의 소청 심사 : 국방부에 두는 중앙 군인사소청심사위원회
2. 부사관의 소청 심사 : 각군 본부에 두는 군인사소청심사위원회
3. 병의 소청 심사 : 장성급 장교 지휘 부대에 두는 군인사소청심사위원회(2017.3.21 본호개정)
(2014.12.30 본항개정)
② 중앙 군인사소청심사위원회 및 군인사소청심사위원회(이하 "소청심사위원회"라 한다)는 다음 각 호의 어느 하나에 해당하는 사람으로서 군사행정에 관한 식견이 풍부한 5명 이상 9명 이하의 위원으로 구성한다. 이 경우 군인사소청심사위원회 위원 중 1명 이상은 부사관으로 한다.
1. 법관, 검사 또는 변호사로 5년 이상 근무한 사람
2. 영관급 이상의 군인. 다만, 군인사소청심사위원회는 부사관 이상의 군인으로 한다.
3. 군법무관으로 5년 이상 근무한 사람
4. 군사행정과 관련된 분야에서 4급 이상 공무원으로 근무한 사람
③ 소청심사위원회의 구성, 운영, 심사, 판정 방법 및 소청제기 절차 등에 필요한 사항은 대통령령으로 정한다.

제51조의2【행정소송과의 관계】 전역 또는 제적과 징계 및 휴직, 그 밖에 본인의 의사에 반한 불리한 처분에 관한 행정소송은 소청심사위원회나 제60조의2에 따른 항고심사위원회의 심사·결정을 거치지 아니하면 제기할 수 없다.

제51조의3~제51조의4 (2015.12.29 삭제)

제9장 보 수
(2011.5.24 본장개정)

제52조【보수】 군인의 보수는 계급과 복무연한에 걸맞도록 법률로 정한다.

제53조【실비변상】 군인은 보수를 받는 것 외에 법령에서 정하는 바에 따라 직무 수행에 드는 실비(實費)에 대한 변상을 받는다.

제53조의2【명예전역】 ① 군인으로서 20년 이상 근속한 사람이 정년 전에 스스로 명예롭게 전역하는 경우에는 예산의 범위에서 명예전역수당을 지급할 수 있다.
② 제19조제4항에 따라 전역되는 해병대사령관, 제21조제3항 또는 제24조의2제2항에 따라 전역되는 사람으로서 현역정년의 남은 기간이 1년 이상인 사람에 대하여는 제1항을 준용한다.(2014.12.30 본항개정)
③ 제8조제3항 또는 제4항에 따라 같은 조 제1항에 따른 정년보다 단축된 정년으로 명예전역하는 군인의 명예전역수당에 관하여는 같은 항에 따른 정년을 적용하여 지급 대상과 지급액을 정한다.
④ 제1항부터 제3항까지의 규정에 따라 명예전역수당을 지급한 기관의 장은 명예전역수당을 지급받은 사람이 다음 각 호의 어느 하나에 해당하면 명예전역수당을 환수하여야 한다. 다만, 제2호에 해당하는 경우로서 국가공무원으로 재임용된 경우에는 재임용한 국가기관의 장이 환수하여야 한다.(2012.12.18 단서신설)
1. 현역 복무 중의 사유로 금고 이상의 형을 받은 경우
1의2. 현역 복무 중에 「형법」 제129조부터 제132조까지에 규정된 죄를 범하여 금고 이상의 형의 선고유예를 받은 경우(2014.12.30 본호신설)
1의3. 현역 복무 중에 직무와 관련하여 「형법」 제355조 또는 제356조에 규정된 죄를 범하여 300만원 이상의 벌금형을 선고받고 그 형이 확정되거나 금고 이상의 형의 선고유예를 받은 경우(2014.12.30 본호신설)
2. 경력직공무원이나 그 밖에 국회규칙, 대법원규칙, 헌법재판소규칙, 중앙선거관리위원회규칙 또는 대통령령으로 정하는 공무원으로 재임용되는 경우
3. 명예전역수당을 초과하여 지급받거나 지급 대상이 아닌 사람이 지급받은 경우
⑤ 제4항에 따른 환수금을 내야 할 사람이 납부기한까지 내지 아니하면 국세 체납처분의 예에 따라 환수금을 징수할 수 있다.(2012.12.18 본항개정)
⑥ 제1항부터 제3항까지의 규정에 따른 명예전역수당의 지급 대상 범위, 지급액, 지급 절차 및 환수에 관한 사항은 대통령령으로 정하고, 제4항 및 제5항에 따른 명예전역수당의 환수액, 환수 절차 등에 필요한 사항은 국회규칙, 대법원규칙, 헌법재판소규칙, 중앙선거관리위원회규칙 또는 대통령령으로 정한다.(2014.12.30 본항개정)

제54조【보상】 군인이 다음 각 호의 어느 하나에 해당하게 되면 법률에서 정하는 바에 따라 본인이나 그 유족은 그에 대한 상당한 보상을 받는다.
1. 전사 또는 전상
2. 공무(公務)로 인한 질병·부상 또는 사망

제54조의2【전사자등의 구분】 ① 군인이 사망하거나 상이를 입게 되면 다음 각 호의 기준에 따라 전사자·순직자·일반사망자·전상자·공상자 및 비전공상자(이하 "전사자등"이라 한다)로 구분한다.
1. 전사자
가. 적과의 교전(交戰) 또는 적의 행위로 인하여 사망한 사람
나. 무장폭동, 반란 또는 그 밖의 치안교란을 방지하기 위한 행위로 인하여 사망한 사람

2. 순직자
가. 순직Ⅰ형 : 타의 귀감이 되는 고도의 위험을 무릅쓴 직무 수행 중 사망한 사람
나. 순직Ⅱ형 : 국가의 수호·안전보장 또는 국민의 생명·재산 보호와 직접적인 관련이 있는 직무수행이나 교육훈련 중 사망한 사람(질병 포함)
다. 순직Ⅲ형 : 국가의 수호·안전보장 또는 국민의 생명·재산 보호와 직접적인 관련이 없는 직무수행이나 교육훈련 중 사망한 사람(질병 포함)
3. 일반사망자
제1호 또는 제2호에 해당하지 아니한 행위로 인하여 사망한 사람
4. 전상자
적과의 교전이나 무장폭동 또는 반란을 진압하기 위한 행위로 인하여 상이를 입은 사람
5. 공상자
교육·훈련 또는 그 밖의 공무로 인하여 상이를 입은 사람
6. 비전공상자
제4호 또는 제5호에 해당하지 아니한 행위로 인하여 상이를 입은 사람
② 군인이 의무복무기간 중 사망한 경우 제1항제2호에 해당하는 순직자로 분류한다. 다만, 고의 또는 중과실로 사망하거나 위법행위를 원인으로 사망한 경우 등 대통령령으로 정하는 사유에 해당하는 경우에는 일반사망자로 분류할 수 있다.(2022.1.4 본항신설)
③ 제1항에 따른 전사자등의 구체적인 구분 기준·방법 등에 필요한 사항은 대통령령으로 정한다.
(2015.6.22 본조신설)

제54조의3 【보통전공사상심사위원회】 ① 전사자등의 사망 또는 상이에 관한 사항을 심사하기 위하여 각군 본부에 보통전공사상심사위원회를 둔다.
② 보통전공사상심사위원회는 위원장 1명을 포함하여 13명 이상 50명 이내의 위원으로 구성한다. 이 경우 위원 총수의 과반수를 외부전문가로 하여야 한다.(2020.2.4 본항개정)
③ 보통전공사상심사위원회의 위원은 다음 각 호의 어느 하나에 해당하는 사람 중에서 각군 참모총장이 위촉하거나 임명한다.
1. 「고등교육법」 제2조제1호 또는 제3호에 따른 학교에서 법의학 관련 분야의 조교수 이상의 직에 재직하고 있거나 재직하였던 사람
2. 「고등교육법」 제2조제1호 또는 제3호에 따른 학교에서 부교수 이상의 직에 3년 이상 재직하고 있거나 재직하였던 사람
3. 「의료법」에 따른 전문의로서 6년 이상 종사하고 있거나 종사하였던 사람
4. 판사·검사 또는 변호사로 6년 이상 재직하고 있거나 재직하였던 사람
5. 전사자등의 사망 또는 상이 관련 업무를 담당하거나 담당한 경력이 있는 군인
6. 그 밖에 전사자등의 사망 또는 상이에 관하여 학식과 경험이 풍부한 사람
(2020.2.4 본항개정)
④ 보통전공사상심사위원회의 위원장은 위원 중에서 각군 참모총장이 임명한다.(2020.2.4 본항개정)
⑤ 위원의 임기는 2년으로 하며, 한 차례만 연임할 수 있다.(2020.2.4 본항개정)
⑥ 보통전공사상심사위원회의 회의는 위원장을 포함하여 각군 참모총장이 회의 시마다 지정하는 9명의 위원으로 구성한다. 이 경우 외부전문가인 위원의 수는 5명 이상이어야 하며, 위원장을 제외한 위원 중 4명은 직전 회의에서 각군 참모총장이 지정하지 않은 위원으로 구성하여야 한다.(2020.2.4 본항신설)
⑦ 보통전공사상심사위원회는 제6항에 따라 지정된 위원 6명 이상의 출석으로 개의하고, 출석위원 과반수의 찬성으로 의결한다.(2020.2.4 본항신설)
⑧ 그 밖에 보통전공사상심사위원회의 설치·구성 및 운영에 필요한 사항은 대통령령으로 정한다.(2020.2.4 본항신설)
(2020.2.4 본조제목개정)
(2015.6.22 본조신설)

제54조의4 【전공사상 재심사 및 중앙전공사상심사위원회】 ① 보통전공사상심사위원회의 심사에 관하여 다음 각 호의 어느 하나에 해당하는 경우에는 재심사를 하여야 한다.
1. 당사자 또는 당사자의 「민법」 상 재산상속인이 재심사를 청구하는 경우
2. 대통령령으로 정하는 바에 따라 조사권한을 가지는 타국가기관이 보통전공사상심사위원회의 심사와 다른 권고 또는 결정을 한 경우
② 제1항에 따른 전사자등의 사망 또는 상이에 관한 재심사를 하기 위하여 국방부에 중앙전공사상심사위원회를 둔다.
③ 중앙전공사상심사위원회는 위원장 1명을 포함하여 13명 이상 80명 이내의 위원으로 구성한다. 이 경우 위원 총수의 3분의 2 이상을 외부전문가로 하여야 한다.
④ 중앙전공사상심사위원회의 위원은 다음 각 호의 어느 하나에 해당하는 사람 중에서 국방부장관이 위촉하거나 임명한다.
1. 「고등교육법」 제2조제1호 또는 제3호에 따른 학교에서 법의학 관련 분야의 조교수 이상의 직에 재직하고 있거나 재직하였던 사람
2. 「고등교육법」 제2조제1호 또는 제3호에 따른 학교에서 부교수 이상의 직에 3년 이상 재직하고 있거나 재직하였던 사람
3. 「의료법」에 따른 전문의로서 6년 이상 종사하고 있거나 종사하였던 사람
4. 판사·검사 또는 변호사로 6년 이상 재직하고 있거나 재직하였던 사람
5. 전사자등의 사망 또는 상이 관련 업무를 담당한 경력이 있는 사람으로서 고위공무원단에 속하는 공무원의 직에 있거나 있었던 사람
6. 전사자등의 사망 또는 상이 관련 업무를 담당하는 국방부 소속 고위공무원(장관급 장교를 포함한다)
7. 그 밖에 전사자등의 사망 또는 상이에 관하여 학식과 경험이 풍부한 사람
⑤ 중앙전공사상심사위원회 위원장의 임명, 위원의 임기 및 위원회의 운영에 있어서는 제54조의3제4항부터 제7항까지를 준용한다. 이 경우 "보통전공사상심사위원회"는 "중앙전공사상심사위원회"로, "각군 참모총장"은 "국방부장관"으로 본다.
⑥ 그 밖에 중앙전공사상심사위원회의 설치·구성 및 운영에 필요한 사항은 대통령령으로 정한다.
(2020.2.4 본조신설)

제54조의5 【회의록의 작성 및 공개】 ① 보통전공사상심사위원회 및 중앙전공사상심사위원회는 회의의 진행 내용과 결과, 출석위원의 수와 성명 등을 기재한 회의록을 작성하여야 한다.
② 제1항의 회의록은 전사자등이나 그 유족의 공개 요청이 있는 경우 대통령령으로 정하는 바에 따라 공개하여야 한다. 다만, 제54조의3제6항 또는 제54조의4제5항에 따라 지정된 위원 중 5명 이상이 출석하고 출석위원 과반수가 찬성하는 경우에는 회의록에 포함되어 있는 이름, 주민등록번호 등 개인에 관한 사항으로서 공개될 경우 개인의 사생활의 비밀 또는 자유를 침해할 우려가 있다고 인정하는 사항은 공개하지 아니할 수 있다.
(2020.2.4 본조신설)

제54조의6 【자료의 요청】 중앙전공사상심사위원회 및 보통전공사상심사위원회는 전사자등의 사망 또는 상이 여부를 심사하기 위하여 필요한 경우 대통령령으로 정하는 바에 따라 전사자등(전사자등이 사망하거나 의식불명 등으로 전사자등의 동의를 받을 수 없는 등 대통령령으로 정하는 사유에 해당하는 경우 「의료법」 제21조제3항제3호에 따른 친족관계에 있는 사람을 포함한다)의 동의를 받아 「의료법」에 따른 의료기관에 전사자등의 해당 진료에 관한 사항의 열람 또는 사본 교부를 요청할 수 있다. 이 경우 요청을 받은 의료기관은 특별한 사유가 없으면 요청에 따라야 한다.(2023.10.31 본조신설)

제54조의7 【전공사상심사의 특례】 ① 전상자 또는 공상자가 제37조제1항제1호에 따라 전역한 후 치료 중 그 전역의 원인이 된 상이(질병을 포함한다)가 직접적인 원인이 되어 사망한 경우에는 제54조의3에 따른 보통전공사상심사위원회의 심사를 거쳐 전사자 또는 순직자로 인정할 수 있다.
② 제1항에 따른 전사자 또는 순직자 구분의 구체적인 판단 기준·방법 등에 필요한 사항은 대통령령으로 정한다.
(2023.10.31 본조신설)

제55조 【연금】 장교, 준사관 및 부사관으로서 상당한 기간 성실히 근무하고 전역되었거나 제54조 각 호에 해당하는 사유로 전역되거나 제적되었을 때에는 법률에서 정하는 바에 따라 본인이나 그 유족에게 연금을 지급한다.

제10장 징 계

(2011.5.24 본장개정)

제56조 【징계 사유】 제58조에 따른 징계권자(이하 "징계권자"라 한다)는 군인이 다음 각 호의 어느 하나에 해당하는 경우에는 제58조의2에 따른 징계위원회에 징계의결을 요구하고, 그 징계의결의 결과에 따라 징계처분을 하여야 한다.(2021.4.13 본문개정)
1. 이 법 또는 이 법에 따른 명령을 위반한 경우
2. 품위를 손상하는 행위를 한 경우
3. 직무상의 의무(다른 법령에서 군인의 신분으로 인하여 부과된 의무를 포함한다)를 위반하거나 직무를 게을리한 경우(2021.4.13 본호개정)

제56조의2 【징계부가금】 ① 징계권자는 제56조에 따라 군인의 징계의결을 요구하는 경우 그 징계 사유가 다음 각 호의 어느 하나에 해당하면 해당 징계 외에 다음 각 호의 행위로 취득하거나 제공한 금전 또는 재산상 이득(금전이 아닌 재산상 이득의 경우에는 금전으로 환산한 금액을 말한다)의 5배 이내의 징계부가금 부과 의결을 제58조의2에 따른 징계위원회에 요구하여야 한다.
1. 금전, 물품, 부동산, 향응 또는 그 밖에 대통령령으로 정하는 재산상 이익을 취득하거나 제공한 경우
2. 다음 각 목에 해당하는 것을 횡령(橫領), 배임(背任), 절도, 사기 또는 유용(流用)한 경우
가. 「국가재정법」에 따른 예산 및 기금
나. 「지방재정법」에 따른 예산 및 「지방자치단체 기금관리기본법」에 따른 기금
다. 「국고금 관리법」 제2조제1호에 따른 국고금
라. 「보조금 관리에 관한 법률」 제2조제1호에 따른 보조금
마. 「국유재산법」 제2조제1호에 따른 국유재산, 「물품관리법」 제2조제1항에 따른 물품 및 「군수품관리법」 제2조에 따른 군수품
바. 「공유재산 및 물품 관리법」 제2조제1호 및 제2호에 따른 공유재산 및 물품
사. 그 밖에 가목부터 바목까지에 준하는 것으로서 대통령령으로 정하는 것
② 제58조의2에 따른 징계위원회는 징계부가금 부과 의결을 하기 전에 징계부가금 부과 대상자가 제1항 각 호의 어느 하나에 해당하는 사유로 다른 법률에 따라 형사처벌을 받거나 변상책임 등을 이행한 경우(몰수나 추징을 당한 경우를 포함한다) 또는 다른 법령에 따른 환수나 가산징수 절차에 따라 환수금이나 가산징수금을 납부한 경우에는 대통령령으로 정하는 바에 따라 조정된 범위에서 징계부가금 부과를 의결하여야 한다.
③ 제58조의2에 따른 징계위원회는 징계부가금 부과 의결을 한 후에 징계부가금 부과 대상자가 형사처벌을 받거나 변상책임 등을 이행한 경우(몰수나 추징을 당한 경우를 포함한다) 또는 환수금이나 가산징수금을 납부한 경우에는 대통령령으로 정하는 바에 따라 이미 의결된 징계부가금의 감면 등의 조치를 하여야 한다.
(2021.4.13 본항신설)
④ 제1항에 따라 징계부가금 부과처분을 받은 사람이 납부기간 내에 그 부가금을 납부하지 아니한 때에는 징계권자(징계권자가 대통령령으로 정하는 규모 이하의 부대 또는 기관의 장인 경우 그 상급 부대 또는 기관의 장을 말한다. 이하 이 조에서 같다)는 국세 강제징수의 예에 따라 징수할 수 있다. 다만, 전역 등으로 체납액의 징수가 사실상 곤란하다고 판단되는 경우에는 징수 대상자의 주소지를 관할하는 세무서장에게 징수를 위탁한다.
⑤ 징계권자는 제4항 단서에 따라 관할 세무서장에게 징계부가금 징수를 위탁한 후 체납일로부터 5년이 지난 후에도 징수가 불가능하다고 인정될 때에는 제58조의2에 따른 징계위원회에 징계부가금 감면 의결을 요청할 수 있다.(2021.4.13 본항신설)
(2021.4.13 본조개정)

제57조 【징계의 종류】 ① 장교, 준사관 및 부사관에 대한 징계처분은 중징계(重懲戒)와 경징계(輕懲戒)로 나눈다. 이 경우 중징계는 파면·해임·강등(降等) 또는 정직(停職)으로 하며, 경징계는 감봉·근신 또는 견책(譴責)으로 하되 징계의 종류에 따른 구체적인 내용은 다음 각 호와 같다.
1. 파면이나 해임은 장교·준사관 또는 부사관의 신분을 박탈하는 것을 말한다.
2. 강등은 해당 계급에서 1계급 낮추는 것을 말한다. 다만, 장교에서 준사관으로 강등시키거나 부사관에서 병으로는 강등시키지 못한다.
3. 정직은 그 직책은 유지하나 직무에 종사하지 못하고 일정한 장소에서 근신하게 하는 것을 말하며, 그 기간은 1개월 이상 3개월 이하로 한다. 정직기간에는 보수의 3분의 2에 해당하는 금액을 감액(減額)한다.
4. 감봉은 보수의 3분의 1에 해당하는 금액을 감액하는 것을 말하며, 그 기간은 1개월 이상 3개월 이하로 한다.
5. 근신은 평상 근무 후 징계권자가 지정한 영내(營內)의 일정한 장소에서 비행(非行)을 반성하게 하는 것을 말하며, 그 기간은 10일 이내로 한다.
6. 견책은 비행을 규명하여 앞으로 비행을 저지르지 아니하도록 훈계하는 것을 말한다.
② 병에 대한 징계처분은 강등, 군기교육, 감봉, 휴가단축, 근신 및 견책으로 구분하되 징계의 종류에 따른 구체적인 내용은 다음 각 호와 같다.(2020.2.4 본문개정)
1. 강등은 해당 계급에서 1계급 낮추는 것을 말한다.
2. 군기교육은 국방부령으로 정하는 기관에서 군인 정신과 복무 태도 등에 관하여 교육·훈련하는 것을 말하며, 그 기간은 15일 이내로 한다.(2020.2.4 본호개정)
3. 감봉은 보수의 5분의 1에 해당하는 금액을 감액하는 것을 말하며, 그 기간은 1개월 이상 3개월 이하로 한다.(2020.2.4 본호개정)
4. 휴가단축은 복무기간 중 정해진 휴가일수를 줄이는 것을 말하며, 단축일수는 1회에 5일 이내로 하고 복무기간 중 총 15일을 초과하지 못한다.(2020.2.4 본호신설)
5. 근신은 훈련이나 교육의 경우를 제외하고는 평상 근무에 복무하는 것을 금하고 일정한 장소에서 비행을 반성하게 하는 것을 말하며, 그 기간은 15일 이내로 한다.
6. 견책은 비행 또는 과오를 규명하여 앞으로 그러한 행위를 하지 아니하도록 하는 훈계를 말한다.(2020.2.4 본호신설)
③ 병은 이 법 또는 이 법에 따른 명령이나 다른 법률에 따르지 아니하고는 신체의 구금을 당하지 아니한다.
(2020.2.4 본항신설)
④ 제2항에 따른 징계의 사유에 대하여는 국방부령으로 정한다.(2020.2.4 본항신설)

제58조 【징계권자】 ① 국방부장관과 각급 부대 또는 기관의 장은 군인인 소속 부하나 그의 감독을 받는 군인에 대하여 다음 각 호의 구분에 따라 징계권을 가진다.
1. 장성급 장교에 대한 징계 : 국방부장관, 합참의장 및 참모총장

2. 장성급 장교 외의 장교, 준사관, 부사관 및 병에 대한 징계 : 사단장(여단장을 포함한다), 전단사령관, 비행단장 및 그와 같은 급 이상의 부대 또는 기관의 장
3. 장성급 장교 외의 장교 및 준사관에 대한 경징계와 부사관 및 병에 대한 징계 : 연대장, 함정장(艦艇長), 전대장(戰隊長) 및 이에 준하는 부대 또는 기관의 장
(2017.3.21 1호~3호개정)
4. 부사관에 대한 경징계와 병에 대한 징계 : 대대장 및 이에 준하는 부대 또는 기관의 장
5. 병에 대한 징계 : 중대장 및 이에 준하는 부대 또는 기관의 장

② 국방부장관은 방위사업청 소속 장성급 장교에 대하여 징계권을 가지며, 방위사업청장은 소속 장성급 장교 외의 장교와 준사관 및 부사관에 대하여 징계권을 가진다.
(2017.3.21 본항개정)
③ 징계권자가 제1항과 제2항에 따라 징계 중 파면·해임 또는 강등처분을 하는 경우에는 다음 각 호의 구분에 따른 사람의 승인을 받아야 한다. 다만, 징계권자가 임용권자보다 상급자인 경우에는 그러하지 아니하다.
1. 장교의 파면·해임 및 장성급 장교의 강등 : 임용권자
2. 준사관의 파면·해임 및 장성급 장교 외의 장교의 강등 : 국방부장관
(2017.3.21 1호~2호개정)
3. 부사관의 파면·해임 : 참모총장
4. 병의 강등 : 연대장, 함정장 및 전대장

④ 국방부장관이 제2항에 따라 방위사업청 소속 장성급 장교에 대한 징계를 하는 경우에는 방위사업청장의 요청이 있어야 한다. 징계요청 절차에 필요한 사항은 대통령령으로 정한다.(2017.3.21 전단개정)

제58조의2【징계위원회】 ① 군인의 징계처분 또는 징계부가금 부과처분(이하 "징계처분등"이라 한다)을 심의하기 위하여 해당 징계권자의 부대 또는 기관에 징계위원회(이하 "징계위원회"라 한다)를 둔다.(2021.4.13 본항개정)
② 징계위원회는 징계처분등의 심의 대상자보다 선임인 장교·준사관 또는 부사관 중에서 3명 이상으로 구성하되, 장교가 1명 이상 포함되어야 한다. 다만, 징계처분등의 심의 대상자가 병인 경우에는 부사관만으로도 징계위원회를 구성할 수 있다.
(2015.9.1 본조신설)

제58조의3【위원의 제척·기피·회피】 ① 징계위원회의 위원이 다음 각 호의 어느 하나에 해당하는 경우에는 해당 안건의 심의·의결에서 제척된다.
1. 심의대상자와 친족(「민법」 제777조에 따른 친족을 말한다) 관계에 있거나 있었던 경우
2. 위원과 직접적인 이해관계가 있는 안건인 경우

② 심의대상자는 징계위원회의 위원에게 심의·의결의 공정을 기대하기 어려운 사정이 있는 경우에는 징계위원회에 기피신청을 할 수 있고, 징계위원회는 의결로 이를 결정한다.
③ 징계위원회의 위원이 제1항 또는 제2항의 사유에 해당하는 경우에는 스스로 해당 안건의 심의·의결에서 회피할 수 있다.
(2020.2.4 본조신설)

제59조【징계의 절차 등】 ① 징계처분등은 징계위원회의 심의를 거쳐 한다.
② 징계위원회는 심의 전에 심의대상자에게 심의 일시 등을 고지하고, 심의대상자를 출석시켜 의견을 들은 후 심의를 개시한다. 다만, 심의대상자가 출석할 수 없는 부득이한 사정이 있는 경우에는 그러하지 아니하다.
(2020.2.4 본항신설)
③ 징계위원회는 징계처분등의 심의 대상자에게 서면이나 구술로 충분한 진술 기회를 주어야 한다.
④ 징계위원회는 징계권자가 징계의결 또는 징계부가금 부과 의결(이하 "징계의결등"이라 한다)을 요구한 날부터 30일 이내에 심의·의결하여 징계권자와 심의대상자에게 결과를 지체 없이 송부하여야 한다. 다만, 부득이한 사유가 있을 때에는 징계위원회의 결정으로 30일의 범위에서 그 기간을 연장할 수 있다.(2020.2.4 본문개정)
⑤ 징계권자는 제4항에 따라 징계의결등을 요구한 때에는 심의대상자에게 다음 각 호의 사항을 기재한 서면으로 고지하여야 한다.
1. 징계의결등을 요구한 날짜
2. 징계위원회의 심의가 개시될 것으로 예상되는 날짜. 다만, 특별한 사정으로 그 날짜를 예상할 수 없을 때에는 그러하지 아니하다.
3. 징계권자가 요구한 징계처분등의 구체적인 내용
4. 심의대상자가 심의 전 및 심의 도중에 의견을 진술 또는 제출할 수 있는 권리
5. 심의대상자가 「군인의 지위 및 복무에 관한 기본법」 제42조에 따른 군인권보호관 및 제59조의2제1항에 따른 인권담당 군법무관과 상담을 받을 수 있는 권리
6. 심의대상자가 징계의결등에 불복하는 경우의 절차
7. 그 밖에 징계 심의 및 의결을 위하여 국방부령으로 정하는 사항
(2020.2.4 본항신설)

⑥ 징계권자는 제4항에 따라 징계위원회로부터 징계의결등의 결과를 송부받은 때에는 그 날부터 15일 이내에 징계처분등을 하여야 한다. 다만, 제59조의2제1항에 따라 인권보호를 담당하는 군법무관으로부터 군기교육처분의 적법성에 관한 의견을 통보받은 때에는 그 날부터 15일 이내에 징계처분등을 하여야 한다.(2020.2.4 본항개정)
⑦ 징계권자는 징계위원회의 의결 결과가 가볍다고 인정되면 징계처분등을 하기 전에 법무장교가 배치된 징계권자의 차상급(次上級) 부대 또는 기관에 설치된 징계위원회(국방부에 설치된 징계위원회의 의결에 대하여는 그 징계위원회)에 심사 또는 재심사를 청구할 수 있다. 이 경우 징계권자는 심사 또는 재심사의 의결 결과에 따라 징계처분등을 한다.
⑧ 징계권자는 「성폭력범죄의 처벌 등에 관한 특례법」 제2조에 따른 성폭력범죄 및 「양성평등기본법」 제3조제2호에 따른 성희롱에 해당하는 사유로 징계처분등을 할 때에는 피해자가 요청하는 경우 그 징계처분등의 결과를 피해자에게 통보하여야 한다.(2023.10.31 본항신설)
(2015.9.1 본조개정)

제59조의2【인권담당 군법무관】 ① 군인의 인권을 보호하고 법적인 조력을 받게 하기 위하여 국방부와 그 직할부대 또는 기관 및 각군에 인권보호를 담당하는 군법무관(이하 "인권담당 군법무관"이라 한다)을 둔다.
(2020.2.4 본항개정)
② (2020.2.4 삭제)
③ 인권담당 군법무관은 징계 사유, 징계 절차 및 징계 정도의 적정성 등 군기교육처분의 적법성에 관한 심사를 하고 그 의견을 징계권자에게 통보하여야 한다.
(2020.2.4 본항개정)
④ 인권담당 군법무관은 국방부와 그 직할 부대 또는 기관의 경우에는 국방부장관이 그 소속 군법무관 중에서 임명하고, 각군의 경우에는 참모총장이 그 소속 군법무관 중에서 임명한다.
⑤ 제3항에 따른 심사의견을 통보받은 징계권자는 그 의견을 존중하여야 한다. 이 경우 징계위원회의 징계의결 사유가 제56조에 따른 징계사유에 해당되지 아니한다는 의견인 경우에는 해당 군기교육처분을 하여서는 아니 되고, 징계 대상자에게 진술할 기회를 주지 아니한 경우 등 절차에 중대한 흠이 있다고 인정한 의견인 경우에는 다시 징계위원회에 회부(回附)할 수 있다.(2020.2.4 후단개정)
⑥ (2020.2.4 삭제)
(2020.2.4 본조제목개정)

제59조의3【감사원의 조사와의 관계 등】 ① 감사원이나 군검찰, 군사법경찰관, 그 밖의 수사기관은 군인의 비행사실에 대한 조사나 수사를 시작한 때와 마친 때에는 10일 이내에 그 군인의 소속 또는 감독 부대나 기관의 장에게 그 사실을 통보하여야 한다.
② 감사원에서 조사 중인 사건에 대하여는 제1항에 따른 조사 개시 통보를 받은 날부터 징계의결등의 요구나 그 밖의 징계처분 절차를 진행하지 못한다.
③ 군검찰, 군사법경찰관, 그 밖에 수사기관이 수사 중인 사건에 대하여는 제1항에 따른 수사 개시 통보를 받은 날부터 징계의결등의 요구나 그 밖의 징계처분 절차를 진행하지 아니할 수 있다.
(2015.9.1 본조신설)

제59조의4【징계 및 징계부가금의 양정 등】 ① 징계위원회가 징계의결등을 할 때에는 징계대상 행위의 경중, 심의대상자의 소행·근무성적·공적(功績)·뉘우치는 정도 및 그 밖의 정상을 참작하여야 한다.
② 징계 및 징계부가금의 양정(量定)에 관한 세부기준은 국방부령으로 정한다.
(2016.5.29 본조신설)

제60조【항고】 ① 징계처분등을 받은 사람은 인권담당 군법무관의 도움을 받아 그 처분을 통지받은 날부터 30일 이내에 장성급 장교가 지휘하는 징계권자의 차상급 부대 또는 기관의 장에게 항고할 수 있다. 다만, 국방부장관이 징계권자이거나 장성급 장교가 지휘하는 징계권자의 차상급 부대 또는 기관이 없는 경우에는 국방부장관에게 항고할 수 있다.(2017.3.21 본항개정)
② 제1항 본문에도 불구하고 중징계를 받은 장교 및 준사관은 국방부장관에게 항고할 수 있고, 중징계를 받은 부사관은 소속 참모총장에게 항고할 수 있다.
③ 방위사업청장이 징계권을 가지는 방위사업청 소속 군인이 징계처분등을 받은 경우에는 국방부장관에게 항고할 수 있다.(2014.6.11 본항개정)
④ 제1항 본문에 따른 항고를 할 때에 징계처분등을 받은 사람의 소속이 변경된 경우에는 항고 당시의 소속 부대나 소속 기관의 차상급 부대 또는 기관의 장에게 항고하여야 한다. 이 경우 차상급 부대 또는 기관의 장은 장성급 장교로서 징계처분등을 한 사람보다 상급자이어야 한다.
(2017.3.21 후단개정)
⑤ (2020.2.4 삭제)
⑥ 제1항부터 제4항까지의 규정에 따라 항고를 받은 국방부장관과 부대 또는 기관의 장은 제60조의2에 따른 항고심사위원회의 심사를 거쳐 원래의 징계처분등을 취소하거나 감경(減輕)할 수 있다. 다만, 원징계처분보다 무겁게 징계하거나 원징계부가금 부과처분보다 무거운 징계부가금을 부과하는 결정을 하지 못한다.(2014.6.11 본항개정)

제60조의2【항고심사위원회】 ① 징계처분등에 대한 항고를 심사하기 위하여 장성급 장교가 지휘하는 징계권자의 차상급 부대 또는 기관에 항고심사위원회를 둔다. 다만, 국방부장관이 징계권자인 경우와 제60조제2항에 따라 국방부장관에게 항고한 경우에 이를 심사하기 위한 항고심사위원회는 국방부에 둔다.(2017.3.21 본문개정)
② 항고심사위원회는 장교 5명 이상 9명 이내의 위원으로 구성한다. 이 경우 위원 중 1명은 군법무관이나 법률에 소양(素養)이 있는 장교로 하여야 한다.
③ 항고심사위원회의 항고심사에 관하여는 그 성질에 반하는 경우 외에는 제58조의3 및 제59조를 준용한다.
(2020.2.4 본항개정)

제60조의3【징계 및 징계부가금 부과 사유의 시효】 ① 징계 및 징계부가금 부과 의결의 요구는 징계사유가 발생한 날부터 3년[제56조의2제1항 각 호의 어느 하나에 해당하는 경우에는 5년]이 지났을 때에는 할 수 없다.
(2021.4.13 본항개정)
② 징계위원회의 구성, 징계 및 징계부가금 부과 의결, 그 밖에 절차상의 흠 또는 징계 정도 및 징계부가금의 과다를 이유로 항고심사위원회나 법원에서 징계처분등의 무효 또는 취소의 결정이나 판결을 하였을 때에는 제1항의 기간이 지났거나 그 남은 기간이 3개월 미만인 경우에도 그 결정이나 판결이 확정된 날부터 3개월 이내에는 다시 징계 및 징계부가금 부과 의결을 요구할 수 있다.
(2014.6.11 본항개정)
③ 「국가공무원법」 제83조제1항 및 제2항에 따라 징계절차를 진행하지 못하여 제1항의 기간이 지났거나 그 남은 기간이 1개월 미만인 경우 제1항의 기간은 같은법 제83조제3항에 따른 조사나 수사의 종료를 통보받은 날부터 1개월이 지난 날에 끝난 것으로 본다.
(2014.6.11 본조제목개정)

제61조【위임규정】 징계위원회 및 항고심사위원회의 구성·운영과 징계절차, 징계부가금 부과절차 및 항고 절차, 그 밖에 징계처분등의 시행 등을 위하여 필요한 사항은 대통령령으로 정한다.(2014.6.11 본조개정)

제11장 보 칙

(2011.5.24 본장개정)

제62조【군 가산복무 지원금의 지급】 ① 국방부장관은 우수한 군인을 확보하기 위하여 필요하다고 인정하면 「초·중등교육법」 및 「고등교육법」이나 그 밖의 다른 법률에 따라 설치된 각급 학교(기능대학과 학위과정이 설치된 교육기관을 포함한다)의 재학생으로서 장교나 부사관으로 임용되기를 원하는 사람을 선발하여 군 가산복무 지원금을 지급하고 졸업 후 장교나 부사관으로 복무하게 할 수 있다.
② 제1항에 따라 군 가산복무 지원금을 지급받은 사람이 본인에게 책임이 있는 사유로 선발이 취소되거나 제7조제3항 또는 제4항에 따른 가산복무기간을 복무하지 아니하고 전역 또는 제적된 경우에는 본인이나 연대보증인에게 지급한 군 가산복무 지원금의 전부 또는 일부를 반납할 것을 명할 수 있으며, 이를 반납하지 아니하면 국세 체납처분의 예에 따라 징수할 수 있다. 다만, 대통령령으로 정하는 불가피한 사유가 있는 경우에는 그러하지 아니하다.
③ 제1항에 따른 사람의 선발·취소, 군 가산복무 지원금의 지급 범위·방법, 의무를 이행하지 아니하였을 경우 환수할 금액 등에 필요한 사항은 대통령령으로 정한다.
(2017.3.21 본조개정)

제62조의2【장려금의 지급】 ① 각군은 우수한 인력을 확보하기 위하여 다음 각 호의 어느 하나에 해당하는 사람에게 장려금을 지급할 수 있다. 다만, 제62조에 따라 군 가산복무 지원금을 지급받은 경우에는 그러하지 아니하다.(2017.3.21 단서개정)
1. 사관후보생이 될 예비장교후보생
2. 「병역법」 제57조제2항에 따라 실시하는 학생군사교육단 사관후보생과정의 학생
3. 예비장교후보생이 아닌 대학 재학생으로서 지원에 따라 사관후보생이 될 학생(군의 인력 운영상 필요한 경우로 한정한다)

② 제1항에 따른 장려금의 지급에 필요한 사항은 대통령령으로 정한다.
(2014.12.30 본조신설)

제63조【인사기록】 ① 국방부장관은 군인의 인사기록(병적을 포함한다. 이하 이 조에서 같다)을 작성·유지·보관하여야 한다.
② 국방부장관은 제1항에 따른 군인의 인사기록을 데이터베이스화하여 관리하고 인사 업무를 전자적으로 처리할 수 있는 시스템을 구축하여 운영할 수 있다.
③ 제1항 및 제2항에 따른 인사기록의 작성·유지·보관 및 시스템의 구축·운영 등에 필요한 사항은 국방부령으로 정한다.
(2017.3.21 본조개정)

제64조【해군참모총장의 권한 위임】 해군참모총장은 제8조제3항, 제13조, 제20조, 제21조제1항, 제22조제3항, 제25조, 제43조, 제49조의2, 제58조 및 제63조에 규정된 사항 중 해병대에 관하여는 해병대사령관에게 권한을 위임할 수 있다.(2022.12.13 본조개정)

제65조 (2011.5.24 삭제)

제66조【벌칙 적용에서 공무원 의제】 보통전공사상심사위원회 또는 중앙전공사상심사위원회의 위원 중 공무원이 아닌 사람은 「형법」 제127조 및 제129조부터 제132조까지의 규정을 적용할 때에는 공무원으로 본다.
(2016.1.19 본조신설)

제12장 벌 칙

(2023.10.31 본장신설)

제67조【벌칙】 제46조의4제5항을 위반하여 국가자격증을 다른 사람에게 빌리거나 빌려주거나 이를 알선한 사람은 1년 이하의 징역이나 1천만원 이하의 벌금에 처한다.

부 칙 (1993.12.31 법4695호)

제1조【시행일】 이 법은 공포한 날부터 시행한다.(이하 생략)

제2조【현역정년에 관한 경과조치】(생략)

제3조【연령정년에 관한 경과조치】 ① 제8조제1항제1호의 개정규정에 의한 영관급장교의 연령정년은 1999년 12월 31일까지는 대령에 대하여는 54세, 중령에 대하여는 50세로, 2002년 12월 31일까지는 대령에 대하여는 55세, 중령에 대하여는 51세로, 2005년 12월 31일까지는 중령에 대하여는 52세로 각각 단축하여 적용한다.

② 제8조제1항제1호의 개정규정에 의한 준사관 및 하사관의 연령정년은 1996년 12월 31일까지는 준사관 및 원사에 대하여는 54세, 상사에 대하여는 51세로, 1999년 12월 31일까지는 상사에 대하여는 52세로 각각 단축하여 적용한다.

제4조【근속정년에 관한 경과조치 및 근속정년제의 한시적 적용】 ① 제8조제1항제2호의 개정규정에 의한 영관급장교의 근속정년은 1999년 12월 31일까지는 대령에 대하여는 31년, 중령에 대하여는 27년, 소령에 대하여는 21년으로, 2002년 12월 31일까지는 대령에 대하여는 32년, 중령에 대하여는 28년, 소령에 대하여는 22년으로, 2005년 12월 31일까지는 대령에 대하여는 33년, 중령에 대하여는 29년, 소령에 대하여는 23년으로, 2008년 12월 31일까지는 대령에 대하여는 34년, 중령에 대하여는 30년으로, 2011년 12월 31일까지는 중령에 대하여는 31년으로 각각 단축하여 적용한다.

② 제8조제1항제2호의 개정규정에 의한 준사관의 근속정년은 1996년 12월 31일까지는 31년으로 단축하여 적용한다.

③ 제8조제1항제2호(대위이하의 근속정년에 관한 규정은 제외한다)의 개정규정은 대령의 경우에는 2011년 12월 31일까지, 중령의 경우에는 2014년 12월 31일까지, 소령의 경우에는 2008년 12월 31일까지, 준사관의 경우에는 1999년 12월 31일까지 각각 한시적으로 적용한다.

제5조【상사계급에 관한 경과조치】 이 법 시행당시 일등상사는 원사로, 이등상사는 상사로 본다.

제6조【진급최저복무기간에 관한 경과조치】(생략)

제7조【진급최저복무기간에 관한 경과조치】 ① 이 법 시행일부터 1997년 12월 31일까지의 장교진급예정자(대위를 제외한다)에 대한 진급에 필요한 최저복무기간은 제26조제1항의 개정규정 및 이 법 부칙 제1조 단서의 규정에 불구하고 종전의 규정에 의한다.

② 이 법 시행일부터 1994년 12월 31일까지의 원사진급예정자에 대한 진급에 필요한 최저복무기간은 제26조제1항의 개정규정 및 이 법 부칙 제1조 단서의 규정에 불구하고 종전의 규정에 의한다.

부 칙 (2007.8.3)

①【시행일】 이 법은 공포한 날부터 시행한다. 다만, 제8조의 개정규정은 2009년 1월 1일부터 시행하고, 제24조의3의 개정규정은 공포 후 6개월이 경과한 날부터 시행한다.

②【사관학교 및 국방대학교 교수재임용심사제 도입에 따른 경과조치】 2009년 1월 1일 현재 제8조제3항 본문에 해당하는 교수 중 56세를 초과한 대령과 53세를 초과한 중령에 대하여는 같은 항 단서에 따른 교수재임용심사를 거쳐 재임용된 것으로 본다.

③【합동참모의장 임명 예정자에 대한 인사청문에 관한 적용례】 제18조제1항의 개정규정은 법률 제8097호 국방개혁에 관한 법률 제12조 및 법률 제8134호 국회법 제65조의2제2항에 따라 합동참모의장을 임명하기 위하여 국회인사청문을 실시하는 때부터 적용한다.

④【중장 이상 장관급장교의 전역에 관한 적용례】 제20조제3항의 개정규정은 법률 제8097호 국방개혁에 관한 법률 부칙 제2항에 따라 2007년 3월 29일 이후 중장으로 진급하는 자부터 적용한다.

부 칙 (2011.5.24)

제1조【시행일】 이 법은 공포한 날부터 시행한다.

제2조【의무복무기간에 관한 적용례】 제7조제1항제2호 및 제3호의 개정규정은 2015년 7월 1일 이후 임용되는 사람부터 적용한다. 다만, 해군사관학교를 졸업한 해군의 항공과 장교의 의무복무기간에 대하여는 이 법 시행 후 최초로 비행훈련과정을 지원하는 사람부터 제7조제1항제2호 본문의 개정규정을 적용하고, 이 법 시행 당시 회전익 항공기로 기종이 분류되어 복무 중인 공군의 조종과 장교에 대하여는 이 법 시행과 동시에 적용한다.

제3조【전역지원에 관한 특례】 공군사관학교를 졸업하고 회전익 항공기로 기종이 분류되어 복무하고 있는 공군의 조종과 장교 중 이 법 시행일 당시에 임용된 날부터 5년에서 9년이 되는 해에 해당하는 사람에 대하여는 제7조제1항제1호의 개정규정에도 불구하고 2011년에 한 차례 전역을 지원할 수 있다.

제4조【휴직기간에 관한 적용례】 제49조제2항 단서의 개정 규정은 이 법 시행 당시 사건이 계속 중인 사람에 대하여도 적용한다.

제5조【다른 법률의 개정】 ①~③ ※(해당 법령에 가제정리 하였음)

부 칙 (2012.3.21)

제1조【시행일】 이 법은 공포한 날부터 시행한다. 다만, 제8조제2항 및 제5항의 개정규정은 공포 후 2년이 경과한 날부터 시행한다.

제2조【군장학금 지급에 따른 가산복무기간에 관한 적용례】 제7조제4항의 개정규정은 이 법 시행 후 최초로 군장학생으로 선발되어 부사관으로 임용된 사람부터 적용한다.

제3조【군의과·치의과 장교의 연령정년 연장에 관한 경과조치】 이 법 시행 당시 대령인 군의과·치의과 장교의 연령정년은 제8조제2항의 개정규정에도 불구하고 같은 개정규정 시행일부터 1년이 되는 날까지는 57세로, 1년을 초과한 날부터 2년이 되는 날까지는 58세로, 2년을 초과한 날부터 3년이 되는 날까지는 59세로, 3년을 초과한 날부터는 60세로 한다.

부 칙 (2012.12.18)

제1조【시행일】 이 법은 공포한 날부터 시행한다. 다만, 제6조제3항제3호의2·같은 조 제7항제6호, 제7조제1항제4호 단서·같은 항 제7호, 제11조제1항제7호의2, 제12조제1항 단서, 제15조제4항, 제26조제6항, 제46조의4, 제51조의4, 제53조의2제4항 각 호 외의 부분 단서 및 같은 조 제5항의 개정규정은 공포 후 6개월이 경과한 날부터 시행하고, 제12조제2항제4호의2의 개정규정은 2014년 1월 1일부터 시행한다.

제2조【장교의 초임계급에 관한 적용례】 제12조제2항제4호의2의 개정규정은 같은 개정규정 시행 후 장교로 임용되는 사람부터 적용한다.

제3조【명예전역수당 환수권자의 조정에 따른 적용례】 제53조의2제4항 각 호 외의 부분 단서의 개정규정은 같은 개정규정 시행 후 같은 항 제2호에 따른 경력직공무원 등으로 재임용되는 사람에 대하여 그 명예전역수당을 환수하는 경우부터 적용한다.

제4조【병과에 관한 경과조치】 ① 이 법 시행 당시 종전의 제5조제1항제1호에 따른 다음 표의 왼쪽 난에 적혀 있는 병과의 장교는 제5조제1항제1호의 개정규정에 따른 다음 표의 오른쪽 난에 적혀 있는 병과에 속한 것으로 본다.

육군의 경리과	육군의 재정과
해군의 항해과, 기관과 및 정보과	해군의 함정과
해군의 경리과	해군의 재정과
공군의 항공무기정비과 및 보급수송과	공군의 군수과
공군의 관리과	공군의 재정과

② 이 법 시행 당시 제1항에 따른 표의 왼쪽 난의 병과의 장교로 임용절차가 진행 중인 경우에는 같은 표의 오른쪽 난의 병과의 장교로 임용절차가 진행 중인 것으로 본다.

제5조【병과장의 전역에 관한 경과조치】 이 법 시행 당시 종전의 규정에 따라 임명된 해군의 기관과 및 정보과의 병과장은 제21조제3항에도 불구하고 본인의 의사에 따르지 아니하고는 그 임기의 남은 기간까지는 전역되지 아니한다.

제6조【병과장의 임기에 관한 경과조치】 제21조제4항 제1호 및 제2호의 개정규정에 따라 변경되는 육군의 재정과의 병과장과 해군의 재정과의 병과장으로 최초로 임명되는 사람의 임기는 이 법 시행 전에 종전의 규정에 따라 육군의 경리과의 병과장과 해군의 경리과의 병과장으로 재임한 기간이 있는 경우 그 기간을 제외하고 남은 기간으로 한다.

부 칙 (2014.3.11)

제1조【시행일】 이 법은 공포 후 6개월이 경과한 날부터 시행한다. 다만, 제49조제4항 단서의 개정규정은 공포한 날부터 시행한다.

제2조【진급 최저복무기간 산입에 관한 적용례】 제49조제4항 단서의 개정규정은 같은 개정규정 시행 당시 제48조제3항제4호에 따라 휴직 중인 군인과 같은 사유로 휴직 후 복직한 군인의 셋째 이후 자녀에 대한 휴직기간을 계산할 때에도 적용한다.

제3조【병과에 관한 경과조치】 ① 이 법 시행 당시 종전의 규정에 따라 기본병과에서 복무하는 군인은 이 법 시행일에 대통령령으로 정하는 병과에 속한 것으로 본다.

② 이 법 시행 당시 종전의 규정에 따라 기본병과에 임용절차가 진행 중인 군인에 대해서는 대통령령으로 정하는 병과로 임용절차가 진행 중인 것으로 본다.

제4조【병과장의 임명 및 임기에 관한 경과조치】 이 법 시행 당시 종전의 규정에 따라 병과장으로 임명된 사람은 대통령령으로 정하는 바에 따라 이 법 시행일에 병과장으로 임명된 것으로 본다. 이 경우 병과장의 임기는 종전의 규정에 따라 병과장으로 재임한 기간을 제외하고 남은 기간으로 한다.

제5조【병과장의 전역에 관한 경과조치】 이 법 시행 당시 종전의 규정에 따라 병과장으로 임명된 사람은 제21조제3항에도 불구하고 본인의 의사에 따르지 아니하고는 그 임기의 남은 기간까지는 전역되지 아니한다.

부 칙 (2014.6.11)

제1조【시행일】 이 법은 공포 후 6개월이 경과한 날부터 시행한다. 다만, 제24조의3제1항 단서의 개정규정은 공포 후 1년이 경과한 날부터 시행한다.

제2조【제적에 관한 적용례】 제40조제1항제4호 단서의 개정규정은 이 법 시행 후 발생한 범죄행위로 자격정지 이상의 형의 선고유예를 받은 사람부터 적용한다.

제3조【징계부가금에 관한 적용례】 제56조의2의 개정 규정은 이 법 시행 후 최초로 징계 사유가 발생한 경우부터 적용한다.

제4조【징계시효 연장에 관한 적용례】 제60조의3제1항의 개정규정은 이 법 시행 후 최초로 징계사유가 발생한 경우부터 적용한다.

부 칙 (2014.12.30)

제1조【시행일】 이 법은 공포 후 3개월이 경과한 날부터 시행한다.

제2조【소청에 관한 적용례】 제50조 및 제51조제1항의 개정규정은 이 법 시행 후 최초로 제기하는 소청부터 적용한다.

제3조【명예전역수당의 환수에 관한 적용례】 제53조의2제4항제1호의2 및 제1호의3의 개정규정은 이 법 시행 후 명예전역수당을 지급받는 사람부터 적용한다.

제4조【장려금 지급에 관한 적용례】 제62조의2제1항 단서의 개정규정은 이 법 시행 후 최초로 제62조제1항에 따라 장학금을 지급받는 사람부터 적용한다.

제5조【교수등에 대한 재임용 심사에 관한 경과조치】 이 법 시행 전에 종전의 제8조제2항 단서에 따라 재임용 심사를 거친 교수등에 대해서는 제8조제2항 단서의 개정규정에도 불구하고 종전의 규정에 따른다.

제6조【금치산자 등에 대한 경과조치】 제10조제2항제2호의 개정규정에 따른 피성년후견인 또는 피한정후견인에는 법률 제10429호 민법 일부개정법률 부칙 제2조에 따라 금치산 또는 한정치산 선고의 효력이 유지되는 사람을 포함하는 것으로 본다.

부 칙 (2016.1.19)

제1조【시행일】 이 법은 공포 후 3개월이 경과한 날부터 시행한다.

제2조【결격사유에 관한 적용례】 제10조제2항제6호의2의 개정규정은 이 법 시행 후 최초로 발생한 범죄행위로 형벌을 받는 사람부터 적용한다.

제3조【지원 또는 본인의 의사에 따른 전역의 제한에 관한 적용례】 제35조의2의 개정규정은 이 법 시행 후 최초로 의무복무기간을 마치기 전에 전역을 지원하거나 의무복무기간을 마치고 전역을 원하는 장교, 준사관 및 부사관(지원에 의하지 아니하고 임용된 하사는 제외한다)부터 적용한다.

제4조【휴직기간 중의 봉급에 관한 적용례】 제48조제4항의 개정규정은 이 법 시행 당시 휴직 중인 장교, 준사관 및 부사관에 대해서도 적용한다.

부 칙 (2016.12.20)

제1조【시행일】 이 법은 공포 후 6개월이 경과한 날부터 시행한다. 다만, 제48조 및 제49조의 개정규정은 공포한 날부터 시행한다.

제2조【육아휴직에 관한 적용례】 제49조제3항제3호의 개정규정은 이 법 시행 전에 휴직하였거나 이 법 시행 당시 휴직 중인 사람에 대해서도 적용한다.

제3조【의무복무기간에 관한 경과조치】 이 법 시행 당시 종전의 규정에 따라 임용된 여성 단기복무 부사관이나 여성 단기복무 부사관후보생과정에 있는 사람과 「병역법」 제57조제2항에 따른 학생군사교육단 부사관후보생과정을 마쳤거나 그 과정에 있는 사람에 대한 의무복무기간은 제7조제1항제7호의 개정규정에도 불구하고 종전의 규정에 따른다.

부 칙 (2017.3.21)

제1조【시행일】 이 법은 공포 후 3개월이 경과한 날부터 시행한다. 다만, 제2조제2호의 개정규정은 공포한 날부터 시행하고, 제63조의 개정규정은 공포 후 6개월이 경과한 날부터 시행하며, 부칙 제2조제10항은 2017년 7월 7일부터 시행한다.

제2조【다른 법률의 개정】 ①~⑲ ※(해당 법령에 가제정리 하였음)

제3조【다른 법령과의 관계】 이 법 시행 당시 다른 법령에서 장관급(將官級) 장교 또는 장관급 장교를 인용하고 있는 경우에는 종전의 규정을 갈음하여 이 법의 장성급(將星級) 장교 또는 장성급 장교를 인용한 것으로 본다.

부　칙 (2018.1.16)

제1조【시행일】 이 법은 공포한 날부터 시행한다.
제2조【단기복무 부사관 임용에 관한 적용례】 제6조제7항제5호의 개정규정은 이 법 시행 전에 국군간호사관학교에서 1년 이상의 교육을 마치고 중퇴한 사람으로서 이 법 시행 당시 입영하지 아니한 사람에 대해서도 적용한다.
제3조【벌금형의 분리 선고에 관한 적용례】 제10조의2의 개정규정은 이 법 시행 후 발생한 범죄행위로 형벌을 받는 경우부터 적용한다.
제4조【제적에 관한 적용례】 제40조제1항제4호나목의 개정규정은 이 법 시행 후 범한 「성폭력범죄의 처벌 등에 관한 특례법」 제2조에 따른 성폭력범죄로 자격정지 이상의 형의 선고유예를 받는 경우부터 적용한다.
제5조【휴직기간에 관한 적용례】 제49조제4항 단서의 개정규정은 이 법 시행 당시 제48조제3항제4호에 따라 휴직 중인 군인과 같은 사유로 휴직 후 복직한 군인의 둘째 이후 자녀에 대한 휴직기간을 계산할 때에도 적용한다.

부　칙 (2019.1.15)

제1조【시행일】 이 법은 공포한 날부터 시행한다. 다만, 제10조제2항제6호의3·제6호의4 및 제40조제1항제4호의 개정규정은 공포 후 3개월이 경과한 날부터 시행하며, 제48조제3항제5호의 개정규정은 공포 후 6개월이 경과한 날부터 시행한다.
제2조【결격사유 및 제적사유에 관한 적용례】 ① 제10조제2항제6호의3·제6호의4 및 제40조제1항제4호의 개정규정은 이 법 시행 후 저지른 죄로 형 또는 치료감호를 받거나 파면·해임된 사람부터 적용한다.
② 제11조의3 및 제14조의2의 개정규정은 이 법 시행 후 최초로 공고된 선발공고에 따라 선발하는 사관후보생·준사관후보생 및 부사관후보생에 대하여 적용한다.

부　칙 (2020.2.4)

제1조【시행일】 이 법은 공포 후 6개월이 경과한 날부터 시행한다. 다만, 제30조의2의 개정규정은 공포한 날부터 시행한다.
제2조【징계처분에 관한 적용례】 제57조, 제58조의3, 제59조 및 제59조의2의 개정규정은 이 법 시행 당시 징계절차가 진행 중인 사람부터 적용한다.
제3조【전공사상심사위원회의 위원 구성 및 운영 등에 관한 경과조치】 이 법 시행 당시 전공사상심사위원회의 위원인 사람은 제54조의3제3항 및 제54조의4제4항의 개정규정에 따라 위촉 또는 임명된 것으로 본다.
제4조【다른 법률의 개정】 ①~④ ※(해당 법령에 가제정리 하였음)

부　칙 (2021.4.13)

제1조【시행일】 이 법은 공포한 날부터 시행한다. 다만, 제16조의2, 제56조의2 및 제60조의3의 개정규정은 공포 후 6개월이 경과한 날부터 시행한다.
제2조【의무복무기간에 관한 적용례】 제7조제6항의 개정규정은 이 법 시행 이후 제6조제4항 및 제8항에 따라 복무기간이 연장되는 단기복무 장교 및 단기복무 부사관부터 적용한다. 이 경우 이 법 시행일 이전 육아휴직 중에 있는 자 중에서 연장을 희망하는 경우에도 이 법을 적용한다.
제3조【배우자와 동반하게 되는 휴직에 관한 적용례】 제48조제3항제6호의 개정규정은 이 법 시행 이후 배우자와 동반하게 되는 휴직을 신청하는 경우부터 적용한다.
제4조【휴직기간의 진급 최저복무기간 산입에 관한 적용례】 제49조제4항제2호가목의 개정규정은 이 법 시행 전에 임신 또는 출산하거나 자녀를 양육하기 위하여 휴직한 장교, 준사관 및 부사관의 휴직기간에 대해서도 적용한다.
제5조【징계부가금에 관한 적용례】 ① 제56조의2제1항의 개정규정은 부칙 제1조 단서에 따른 시행일 이후 징계사유가 발생하는 경우부터 적용한다.
② 제56조의2제3항부터 제5항까지의 개정규정은 부칙 제1조 단서에 따른 시행일 전에 징계부가금 부과 의결이 된 경우에 대해서도 적용한다.

부　칙 (2022.1.4)

제1조【시행일】 이 법은 공포 후 6개월이 경과한 날부터 시행한다.
제2조【사관후보생, 준사관후보생 및 부사관후보생의 퇴교에 관한 적용례】 제11조의3 및 제14조의2의 개정규정은 이 법 시행 후 퇴교사유가 발생한 사관후보생, 준사관후보생 및 부사관후보생부터 적용한다.
제3조【의무복무기간 중 사망한 군인의 순직자 분류에 관한 적용례】 제54조의2제2항의 개정규정은 이 법 시행 당시 심사 중이거나 심사 예정인 군인에 대해서도 적용한다.

부　칙 (2022.12.13)

이 법은 공포 후 6개월이 경과한 날부터 시행한다. 다만, 제49조의2 및 제64조의 개정규정은 공포한 날부터 시행한다.

부　칙 (2023.6.20)

제1조【시행일】 이 법은 2024년 1월 1일부터 시행한다.
제2조【소령 정년 연장에 관한 특례】 소령의 정년은 제8조제1항제1호의 개정규정에 따라 연장하되, 하위계급의 진급에 미치는 영향, 재정에 미치는 영향 등을 고려하여 연장시기 및 연장기간은 대통령령으로 정한다. 다만, 국방부장관은 장교, 준사관 및 부사관에 대한 정년을 이 법 시행일부터 5년 이내에 검토한다.

부　칙 (2023.10.31)

제1조【시행일】 이 법은 공포 후 6개월이 경과한 날부터 시행한다. 다만, 제7조제2항제4호 및 제10조제2항제2호의 개정규정은 공포한 날부터 시행하고, 제54조의7의 개정규정은 공포 후 3개월이 경과한 날부터 시행한다.
제2조【보직해임 시 봉급 감액에 관한 적용례】 제17조의2제4항의 개정규정은 이 법 시행 이후 보직해임 사유가 발생하는 경우부터 적용한다.
제3조【전공사상심사 특례에 관한 적용례】 제54조의7의 개정규정은 같은 개정규정 시행 이후 치료 중 전역의 원인이 된 상이가 직접적인 원인이 되어 사망한 사람부터 적용한다.
제4조【징계처분등의 결과의 통보에 관한 적용례】 제59조제8항의 개정규정은 이 법 시행 이후 「성폭력범죄의 처벌 등에 관한 특례법」 제2조에 따른 성폭력범죄 및 「양성평등기본법」 제3조제2호에 따른 성희롱에 해당하는 사유로 징계처분등을 하는 경우부터 적용한다.

군인사법 시행령

(1970년 4월 20일 전개대통령령 제4922호)

개정
1971. 2.15영 5528호　　<중략>
2010. 6.28영22215호
2010. 7.12영22269호(직제)
2011. 2.22영22672호(직제)
2011. 3.29영22751호　　2011. 7. 1영23005호
2012. 1.31영23569호
2012. 2.29영23644호(대학교원자격기준등에관한규정)
2012. 6.27영23881호(공군전투사령부령)
2013. 1.16영24317호(민감정보고유식별정보)
2013. 3.23영24413호(직제)
2013. 5.22영24536호
2013. 6.11영24579호(공군방공관제사령부령)
2013. 6.11영24580호(공군방공유도탄사령부령)
2013. 6.17영24607호
2013.11.20영24852호(공무원임용)
2013.12.30영25038호
2014. 6.11영25377호(육군미사일사령부령)
2014. 6.27영25402호　　2014. 7.18영25484호
2014.11.19영25732호
2014.11.19영25751호(직제)
2014.12.30영25908호(해군잠수함사령부령)
2015. 3.30영26168호　　2015. 9.22영26537호
2015.12.30영26773호(공군공중전투사령부령)
2016. 1.12영26880호
2016. 6.28영27263호(군인의지위및복무에관한기본법시)
2017. 3.27영27960호(주민등록번호처리제한일부개정령)
2017. 5. 8영28017호　　2017. 6.20영28116호
2017. 9. 5영28266호　　2018. 2.13영28652호
2018. 8.21영29114호(군사안보지원사령부령)
2018.12. 4영29321호(작전사령부령)
2019. 6.25영29894호
2019. 6.25영29930호(공무원의명예퇴직에따른특별승진관리를강화하기위한일부개정령등)
2019. 7. 2영29950호(법령용어정비)
2020. 2. 4영30384호　　2020. 8. 4영30891호
2021. 3.16영31540호
2021.11.30영32154호(육군항공사령부령)
2021.12.31영32312호(군인의지위및복무에관한기본법시)
2022. 4. 1영32560호(육군미사일전략사령부령)
2022. 4. 1영32561호(공군미사일방어사령부령)
2022. 6.30영32744호
2022. 7.14영32799호(해군항공사령부령)
2022.11. 1영32968호(국군방첩사령부령)
2022.12. 6영33020호
2023. 4.11영33382호(직제)
2023. 6. 7영33501호
2023. 8.30영33692호(공무원임용)
2023.12.19영33969호　　2024. 1.30영34167호

제1장 총　칙
(2012.1.31 본장개정)

제1조【목적】 이 영은 「군인사법」의 시행에 필요한 사항을 규정함을 목적으로 한다.
제2조【서열】 ① 군인의 서열에 관하여는 「군인사법」(이하 "법"이라 한다) 제4조와 다음 각 호의 순위에 따른다.
1. 사관생도 및 사관후보생의 서열은 준사관 다음으로, 부사관후보생은 부사관 다음 순위로 한다.
2. 같은 계급에서는 제36조에 따른 차상위 계급으로의 진급 예정자가 우선하고, 그 다음에는 그 계급에 진급된 날짜 순으로 한다.
3. 제2호의 순위가 같을 때에는 차하위 계급에 진급된 날짜 순으로 하되, 그 순위 또한 같을 때에는 하위 계급에 진급된 날짜 순에 따르고, 그 순위에 따르기 어려울 때에는 임용된 날짜 순에 따른다. 이 경우 임용일이 같을 때에는 육군, 해군 및 공군 참모총장(이하 "참모총장"이라 한다)이 정한다.
② 법 제4조에 규정된 계급의 순위에는 임시계급을 포함하고, 제1항제2호 및 제3호에 따른 서열 순위에는 임시계급을 포함하지 아니한다.
③ 제1항제2호 및 제3호에도 불구하고 참모총장의 서열은 다른 군의 장성급 장교(참모총장은 제외한다)보다 우선한다.(2019.6.25 본항신설)
④ 법 제21조에 따라 임명된 병과장(兵科長)은 해당 군, 해당 병과에서 복무하는 장교 중 최고의 서열을 가진다.
⑤ 부사관 및 병(兵)의 서열에 관하여는 참모총장이 정한다.
제2조의2【병과】 ① 법 제5조제2항에 따른 기본병과는 다음 각 호와 같이 구분한다.
1. 육군 : 보병과(步兵科), 기갑과(機甲科), 포병과(砲兵科), 방공과(防空科), 정보과, 공병과(工兵科), 정보통신과, 항공과, 화생방과, 병기과(兵器科), 병참과(兵站科), 수송과, 인사과, 군사경찰과, 재정과, 정훈과(精訓科) 및 군수과(2024.1.30 본호개정)
2. 해군 : 함정과(艦艇科), 항공과, 정보과, 정보통신과, 병기과, 보급과, 공병과, 조함과(造艦科), 재정과, 정훈과 및 군사경찰과. 다만, 해병대는 보병과, 포병과, 기갑과, 항공과, 정보과, 공병과, 정보통신과, 군수과, 재정과, 정훈과 및 군사경찰과로 구분한다.(2024.1.30 본호개정)
3. 공군 : 조종과(操縱科), 항공통제과, 방공포병과, 정보과, 군수과, 정보통신과, 기상과, 공병과, 재정과, 정훈과, 군사경찰과 및 인사교육과(2024.1.30 본호개정)
② 국방부장관은 전시(戰時)·사변 등의 국가비상시 필요할 때에는 기본병과의 일부를 신설하거나 폐지 또는 병합할 수 있다.
(2014.7.18 본조신설)

제2장 복 무
(2012.1.31 본장개정)

제3조【단기복무 장교 또는 부사관의 장기복무 등 전형】 ① 법 제6조제4항 및 제8항에 따라 단기복무 장교 또는 단기복무 부사관으로서 장기복무 또는 복무기간 연장을 원하는 사람은 장기복무 지원서 또는 복무기간 연장 지원서를 제출하고 정해진 전형을 거쳐야 한다. 이 경우 단기복무자의 복무 연장기간은 의무복무기간의 만료일을 기준으로 하여 1년 단위로 정할 수 있다.
(2020.2.4 전단개정)
② 제1항에 따른 전형은 신체조건, 연령, 경력, 근무성적과 군사교육과정 및 그 성적에 따라 실시하되, 필요할 때에는 면접시험 또는 필기시험을 실시할 수 있다. 다만, 전투에서 큰 공을 세웠거나 사관후보생과정 또는 「병역법」 제57조제2항에 따라 실시하는 학생군사교육단 사관후보생과정을 우수한 성적으로 이수한 사람으로서 장기복무를 원하는 사람에 대해서는 전형의 일부를 면제할 수 있다.
③ 제2항에 따른 전형에 관한 세부 사항은 국방부령으로 정한다.
(2020.2.4 본조제목개정)

제4조【단기복무 장교의 복무 등】 제3조에 따른 전형에 합격하지 못한 단기복무 장교 및 단기복무 부사관은 의무복무기간을 초과하여 복무할 수 없다.

제5조【장기복무 장교 등의 전역지원 등】 ① 법 제7조제1항제1호 단서, 제2호 단서, 제5호 단서 및 제6호 단서에 따라 장기복무 장교와 군의 필수 기술 분야에 종사하는 준사관 및 장기복무 부사관이 의무복무기간이 끝나기 전에 전역을 지원할 경우에는 한 차례 전역지원을 할 수 있는 해의 전년도 12월 31일까지 전역지원서를 참모총장에게 제출하여야 한다. 다만, 군의 필수 기술 분야에 종사하는 장기복무 부사관의 경우에는 법 제13조제3항에 따라 임용권이 위임된 장성급(將星級) 지휘관에게 전역지원서를 제출하여야 한다.(2017.9.5 단서개정)
② 참모총장(장기복무 부사관의 경우에는 임용권이 위임된 장성급 지휘관)은 제1항에 따른 전역지원서를 제출받았을 때에는 군인력 운영 현황 등을 고려하여 전역심사를 하여야 한다.(2017.9.5 본항개정)
③ 제1항에 따른 전역지원서를 제출한 사람에 대한 전역 허가 여부 및 전역시기의 결정은 법 제43조제1항에 따라 전역 권한이 있는 사람이 한다.

제5조의2【군의 필수 기술 분야에 종사하는 사람의 범위】 법 제7조제1항제5호 단서 및 제6호 단서에 따른 군의 필수 기술 분야에 종사하는 준사관 또는 장기복무 부사관은 별표5 제1호부터 제4호까지 및 제6호부터 제10호까지의 분야에 종사하는 사람으로서 참모총장이 정하는 기준에 해당하는 준사관 또는 장기복무 부사관으로 한다.
(2013.6.17 본조개정)

제6조【현역복무기간 계산】 ① 법 제7조에 규정된 의무복무기간 및 법 제8조제1항제2호에 규정된 근속정년을 계산할 때에는 장교·준사관 및 부사관에 임용된 날부터 기산(起算)하고, 전역하는 날을 포함한다. 이 경우 장교·준사관 또는 부사관의 복무기간은 서로 합산하지 아니한다.
② 법 제8조제1항제3호에 규정된 계급정년을 계산할 때에는 해당 계급에 임용되거나 진급된 날부터 기산한다. 다만, 강등된 사람의 경우에는 그 강등된 계급에서 전에 복무하였던 기간을 합산하며, 그 강등되기 전의 계급에서 복무한 기간은 산입(算入)하지 아니한다.
③ 제36조에 규정된 진급 예정자 명단에 있는 사람의 현역정년은 진급될 계급을 기준으로 한다.
④ 다음 각 호의 기간은 법 제7조제1항에 따른 의무복무기간에 산입하지 아니한다. 다만, 법 제48조제2항에 따른 사유로 휴직된 사람이 무죄를 선고받았을 때에 그 휴직기간은 의무복무기간에 산입한다.
1. 군무이탈 또는 무단이탈 기간
2. 휴직 또는 정직 기간
3. 구류기간
⑤ 제4항 각 호의 기간은 법 제8조제1항에 따른 근속정년 및 계급정년을 산출하기 위한 복무기간에 산입한다. 다만, 법 제48조제3항제1호에 따라 국제기구나 외국기관에 임시로 채용되어 휴직한 사람이 다음 각 호의 어느 하나에 해당하는 경우에는 최초에 그 국제기구 또는 외국기관에 채용되어 휴직한 기간(휴직한 기간이 1년 이상인 경우에는 1년으로 한다)은 소급하여 복무기간의 산입에서 제외(산입에서 제외할 수 있는 횟수는 한 차례로 한정한다)할 수 있다.
1. 해당 국제기구 또는 외국기관에 다시 채용되는 경우로서 최초에 그 국제기구 또는 외국기관에 채용되어 휴직한 기간 중에 계급정년 또는 근속정년에 이른 경우
2. 해당 국제기구 또는 외국기관에 다시 채용되는 경우로서 그 채용에 따른 휴직기간 중에 계급정년 또는 근속정년에 이른 경우

제7조【교육기간】 법 제7조제2항제1호에 따른 외국에서 위탁교육을 받은 사람의 교육기간은 그 교육기간 또는 파견기간으로 한다.

제7조의2【교수 또는 군의과·치의과 장교의 재임용 심사】 ① 국방부장관은 법 제8조제2항 단서에 따른 교수 재임용 심사 또는 군의과·치의과 장교 재임용 심사(이하 "재임용심사"라 한다)를 하려는 경우 해당 연도 3월 31일까지 재임용심사 대상자를 선정하고 그 사실을 대상자에게 통보하여야 한다.
② 국방부장관은 제7조의3에 따른 재임용심사위원회의 심의를 거쳐 재임용심사를 하고 교수 또는 군의과·치의과 장교의 재임용 여부를 결정한다.
③ 국방부장관은 다음 각 호의 재임용심사 대상자별로 해당하는 사항에 관한 객관적인 기준에 따라 재임용심사를 하여야 한다.
1. 교수 재임용심사
  가. 교육 실적
  나. 연구 실적
  다. 그 밖에 국방정책 및 해당 학교의 발전에 대한 기여도와 교수로서의 자질 및 품성
2. 군의과·치의과 장교 재임용심사
  가. 임상 실적
  나. 근무성적 평정
  다. 그 밖에 국방의료정책 및 해당 전문분야 발전에 대한 기여도와 군의과·치의과 장교로서의 자질 및 품성
④ 국방부장관은 재임용심사를 하는 경우 미리 재임용심사 대상자로 하여금 제3항에 따른 재임용심사에 필요한 실적, 의견 등을 제출하게 할 수 있다.
⑤ 국방부장관은 재임용심사를 마친 경우 그 결과를 지체 없이 재임용심사 대상자에게 통보하여야 한다.
(2013.12.30 본조개정)

제7조의3【재임용심사위원회의 설치 등】 ① 재임용심사 대상자에 대하여 제7조의2제3항 각 호의 구분에 따른 사항을 심사하기 위하여 국방부장관 소속으로 교수 재임용심사위원회 및 군의과·치의과 장교 재임용심사위원회(이하 "재임용심사위원회"라 한다)를 각각 둔다.
② 재임용심사위원회는 위원장 1명을 포함한 10명 이상 13명 이하의 위원으로 구성한다.
③ 재임용심사위원회의 위원장은 국방부의 실장급 직위에 있는 고위공무원단에 속하는 공무원 또는 장성급 장교 중에서 국방부장관이 지명하고, 위원은 국방부의 고위공무원단에 속하는 공무원 또는 장성급 장교 중에서 국방부장관이 지명하는 8명 이내의 사람과 다음 각 호의 구분에 따른 사람이 된다.(2017.9.5 본문개정)
1. 교수 재임용심사위원회의 경우 : 「고등교육법」 제2조에 따른 학교의 교원으로서 교수 재임용심사 대상자의 연구 실적 등을 평가하기 위하여 국방부장관이 위촉하는 사람 3명 또는 4명
2. 군의과·치의과 장교 재임용심사위원회의 경우 : 의사면허 보유자로서 군의과·치의과 장교 재임용심사 대상자의 경력 및 임상 실적 등을 평가하기 위하여 국방부장관이 위촉하는 사람 3명 또는 4명
④ 제3항제1호 및 제2호에 따른 위원의 임기는 1년으로 한다.
(2013.12.30 본조개정)

제7조의4【재임용심사위원회의 회의 등】 ① 위원장은 재임용심사위원회를 소집하고, 그 의장이 된다.
② 재임용심사위원회의 회의는 재적위원 3분의 2 이상의 출석으로 개의(開議)하고, 출석위원 과반수의 찬성으로 의결한다.
③ 재임용심사위원회의 회의는 비공개로 한다.
④ 재임용심사위원회는 재임용심사 대상자에게 재임용심사위원회에 출석하여 의견을 진술하거나 서면으로 의견을 제출할 기회를 주어야 한다.
⑤ 이 영에서 규정한 사항 외에 재임용심사위원회의 구성·운영 및 재임용심사에 필요한 사항은 국방부장관이 정한다.
(2013.12.30 본조개정)

제3장 임 용
(2012.1.31 본장개정)

제8조【응시자의 자격】 사관생도, 사관후보생 및 「병역법」 제57조제2항에 따라 실시하는 학생군사교육단 사관후보생과정(이하 "장교후보생"이라 한다)을 지원할 수 있는 사람은 다음 각 호의 어느 하나에 해당하는 사람으로 한다.
1. 사관학교 및 국군간호사관학교의 생도 : 고등학교 졸업자 및 이와 같은 수준 이상의 학력을 가진 사람
2. 육군3사관학교의 생도 : 전문대학 졸업자 또는 이와 같은 수준 이상의 학력이 있다고 인정되는 사람이나 대학에서 2년 이상의 과정을 수료한 사람
3. 사관후보생 : 4년제 대학 졸업자 또는 법령에 따라 이와 같은 수준 이상의 학력이 있다고 인정된 사람. 다만, 4년제 대학 졸업자 또는 법령에 따라 이와 같은 수준 이상의 학력이 있다고 인정된 사람만으로는 군의 수요를 충족할 수 없을 때에는 고등학교 졸업자 또는 이와 같은 수준 이상의 학력을 가진 사람이나 준사관·부사관으로서 군 복무 경력이 5년 이상인 사람으로 할 수 있다.
4. 「병역법」 제57조제2항에 따라 실시하는 학생군사교육단 사관후보생과정의 학생 : 대학 재학 중인 사람

제8조의2【예비 장교후보생의 선발 등】 ① 육군, 해군 및 공군(이하 "각군"이라 한다)의 참모총장은 법 제11조의2제1항에 따라 4년제 대학이나 전문대학에 재학하고 있는 학생 중에서 제9조에 따른 임용시험을 거쳐 예비 장교후보생(이하 "예비장교후보생"이라 한다)을 선발할 수 있다.
② 예비장교후보생으로 선발된 사람은 법 제11조의2제2항에 따라 학업성적, 신체검사 및 체력검정 등의 심사를 거쳐 다음 각 호의 구분에 따라 육군3사관학교의 생도 등이 될 수 있다.
1. 4년제 대학에서 2년 이상의 과정을 수료하거나 전문대학을 졸업한 경우 : 육군3사관학교의 생도
2. 4년제 대학을 졸업한 경우 : 사관후보생
3. 「병역법」 제57조제2항에 따라 실시하는 학생군사교육단 사관후보생과정이 설치된 4년제 대학에서 2년 이상의 과정을 수료한 경우 : 학생군사교육단 사관후보생과정의 학생
(2015.3.30 본조개정)

제9조【시험】 ① 장교후보생 및 예비 장교후보생의 임용시험은 필기시험·신체검사 및 면접시험으로 한다.
② 국방부장관은 필요하다고 인정할 때에는 제1항의 시험과 검사 외에 실기시험을 실시할 수 있다.
③ 법무·의무 및 군종 장교후보생과 법 제12조제2항제4호의2 및 제5호에 해당하는 사람의 임용에서는 제1항의 필기시험을 면제할 수 있다.(2013.12.30 본항개정)
④ 장교후보생 및 예비 장교후보생의 임용시험에 관한 세부 사항은 국방부령으로 정한다.

제9조의2【부정행위자 등에 대한 조치】 ① 장교, 장교후보생, 예비 장교후보생, 준사관 및 부사관 임용시험에서 다음 각 호의 어느 하나에 해당하는 행위를 한 사람에 대해서는 그 시험을 정지 또는 무효로 하거나 합격을 취소하고, 그 처분이 있은 날부터 5년간 장교, 장교후보생, 예비 장교후보생, 준사관 및 부사관 임용시험의 응시자격을 정지한다.
1. 다른 수험생의 답안지를 보거나 본인의 답안지를 보여주는 행위
2. 대리 시험을 의뢰하거나 대리로 시험에 응시하는 행위
3. 통신기기, 그 밖의 신호 등을 이용하여 해당 시험 내용에 관하여 다른 사람과 의사소통을 하는 행위
4. 부정한 자료를 가지고 있거나 이용하는 행위
5. 병역, 가점, 영어능력검정시험 및 한국사능력검정시험 성적에 관한 사항 등 시험에 관한 증명서류에 거짓 사실을 적거나 그 서류를 위조·변조하여 시험결과에 부당한 영향을 주는 행위
6. 그 밖에 부정한 수단으로 본인 또는 다른 사람의 시험결과에 영향을 미치는 행위
② 장교, 장교후보생, 예비 장교후보생, 준사관 및 부사관 임용시험에서 다음 각 호의 어느 하나에 해당하는 행위를 한 사람에 대해서는 그 시험을 정지하거나 무효로 한다.
1. 시험 시작 전에 시험문제를 열람하는 행위
2. 시험 시작 전 또는 종료 후에 답안을 작성하는 행위
3. 허용되지 아니한 통신기기 또는 전자계산기기를 가지고 있는 행위
4. 그 밖에 시험의 공정한 관리에 영향을 미치는 행위로서 시험실시기관의 장이 시험의 정지 또는 무효 처리기준으로 정하여 공고한 행위
③ 다른 법령에 의한 국가공무원 또는 지방공무원의 임용시험에서 부정한 행위를 하여 응시자격이 정지된 사람은 그 정지기간에는 장교, 장교후보생, 예비 장교후보생, 준사관 및 부사관 임용시험에 응시할 수 없다.
④ 시험실시기관의 장은 제1항에 따른 처분을 하였을 때에는 지체 없이 그 이유를 붙여 처분을 받은 사람에게 알리고, 그 명단을 관보에 게재하여야 한다.
⑤ 부정행위를 한 사람이 공무원인 경우 시험실시기관의 장은 관할 징계위원회에 징계의결을 요구하거나 그 공무원의 소속기관의 장에게 징계를 요구하여야 한다.
(2014.11.19 본조신설)

제9조의3【퇴교사유】 ① 법 제11조의3제3항 및 제14조의2제3항에 따라 교육훈련기관의 장은 사관후보생, 준사관후보생 및 부사관후보생이 다음 각 호의 퇴교사유에 해당하는 경우 해당 교육훈련기관에 두는 퇴교심의위원회의 심의를 거쳐 퇴교시킬 수 있다.
1. 교육훈련기관의 학칙 등을 위반한 경우
2. 교육성적이 교육훈련기관의 학칙 등에서 정한 수료기준을 충족하지 못한 경우
3. 질병으로 교육훈련을 계속 받을 수 없게 된 경우
4. 그 밖에 사관후보생, 준사관후보생 및 부사관후보생으로서 지켜야 할 의무나 명령을 위반하여 후보생으로서의 품위를 손상한 경우
② 교육훈련기관의 장이 제1항에 따라 사관후보생, 준사관후보생 및 부사관후보생을 퇴교시키려는 경우에는 그 사실을 사관후보생 등에게 지체 없이 통보해야 한다.
③ 제2항에 따라 통보를 받은 사관후보생, 준사관후보생 및 부사관후보생은 제1항에 따른 퇴교심의위원회에 출석하여 소명(疏明)을 하거나 소명에 관한 의견서를 제출할 수 있다. 다만, 사관후보생 등이 정당한 사유 없이 소명기일에 출석하지 않거나 의견서를 제출하지 않은 경우에는 소명기회를 주지 않고 의결할 수 있다.
④ 제1항에 따른 퇴교심의위원회의 구성 등에 관한 사항은 각 군 참모총장이 정한다.
(2022.6.30 본조신설)

제10조【해당 부문 종사기간 및 그 환산방법 등】 ① 법 제12조제5항에서 "해당 부문에 종사한 기간"이란 법 제12조제2항 및 제3항에 따라 장교로 임용되기 전에 전문분야 또는 기술 분야에 종사한 기간 및 그 분야와 관련된 연수기간을 말한다.

② 제1항에 따른 해당 부문에 종사한 기간은 그 학력, 학위, 연구 실적 및 실무경험, 종사하거나 연수한 기간의 계속, 실제 증명된 성과 등을 고려하여 환산한다.
③ 제2항에 따른 해당 부문에 종사한 기간은 1년을 단위로 하여 군복무기간으로 환산하되, 그 환산한 전체 기간은 11년을 초과할 수 없으며, 1년 미만의 기간은 환산하지 아니한다. 다만, 해당 부문에 종사한 기간이 11개월 이상 1년 미만인 경우로서 관계 중앙행정기관의 장이 1년으로 인정하는 기간은 군복무기간 1년으로 환산한다.
④ 제3항에 따라 환산된 군복무기간은 임용 시와 진급 시에 적용한다.
⑤ 초임계급은 제3항에 따라 환산된 기간과 법 제26조제1항에 규정된 진급 최저복무기간을 기준으로 하여 부여하고, 그 환산된 기간이 남을 때에는 다음 진급기간에 가산(加算)한다.

제11조【장교 임용자격】 법 제11조제1항제8호에서 "장교로서의 자격이 있다고 인정되는 사람"이란 국방부령으로 정하는 바에 따라 외국군 장교의 경력을 가졌던 사람 또는 북한의 장교였던 사람으로서 국군에 편입되기를 희망하는 북한이탈주민 중 법 제10조에 규정된 임용자격을 갖춘 사람으로서 전형에 합격한 사람을 말한다.

제12조【5급 공무원을 중위 이상으로 임용할 수 있는 병과의 범위】 법 제12조제2항제4호의2에서 "대통령령으로 정하는 병과"란 제2조의2제1항 각 호에 따른 각군별 기본병과를 말한다. 다만, 법 제12조제2항제4호의2에 따른 공무원 중 과학기술직군 또는 기술직군 공무원으로 임용된 사람의 경우에는 인사과, 군사경찰과, 재정과 및 정훈과를 제외한 각군별 기본병과로 한정한다.
(2024.1.30 단서개정)

제12조의2【임용 최고연령 상한 연장】 법 제15조제2항 단서에 따라 「제대군인지원에 관한 법률」 제16조제1항 및 제2항에 따른 제대군인(이하 "제대군인"이라 한다)에 대한 소위의 임용 최고연령 상한을 다음 각 호와 같이 연장한다.
1. 2년 이상의 복무기간을 마치고 전역한 제대군인 : 3세
2. 1년 이상 2년 미만의 복무기간을 마치고 전역한 제대군인 : 2세
3. 1년 미만의 복무기간을 마치고 전역한 제대군인 : 1세
(2023.6.7 본조신설)

제4장 보 임
(2012.1.31 본장개정)

제1절 중요 부서의 장

제13조【중요 부서의 장】 ① 법 제20조제1항제2호 및 제3호에 따른 "전투를 주된 임무로 하는 부대의 장" 및 "그 밖에 법령으로 정하는 중요 부서의 장"은 다음 각 호의 어느 하나에 해당하는 사람과 다른 법령에 따라 이에 준하는 사람으로 한다.
1. 전투를 주된 임무로 하는 부대의 장
  가. 육군 : 지상작전사령관, 육군제2작전사령관, 군단장, 육군특수전사령관, 수도방위사령관, 육군항공사령관, 육군미사일전략사령관 및 사단장(「병역법」 제44조에 따라 병력동원소집된 사람으로 그 대부분의 병력을 충원하여야 할 사단의 사단장은 평시에 한하여 제외한다)(2022.4.1 본목개정)
  나. 해군 : 해군작전사령관, 해군함대사령관, 해군잠수함사령관, 해군항공사령관 및 사단장(2022.7.14 본목개정)
  다. 공군 : 공군작전사령관, 공군공중전투사령관, 공군공중기동정찰사령관, 공군미사일방어사령관, 공군방공관제사령관 및 공군전투비행단장(2022.4.1 본목개정)
2. 그 밖에 법령으로 정하는 중요 부서의 장
  가. 국방부 : 한미연합사령부 부사령관, 국군방첩사령관, 국방대학교 총장, 국방정보본부장, 제777사령관, 국군정보사령관 및 국방부 군사보좌관(2022.11.1 본목개정)
  나. 합동참모본부 : 합동참모차장, 작전본부장, 전략기획본부장, 군사지원본부장
  다. 육군 : 육군교육사령관, 육군사관학교장, 육군인사사령관, 육군군수사령관 및 육군제3사관학교장
  (2013.5.22 본목개정)
  라. 해군 : 해군군수사령관, 해군사관학교장 및 해군교육사령관
  마. 공군 : 공군사관학교장, 공군군수사령관 및 공군교육사령관
② 법 제20조제1항 각 호에 규정된 중요 부서의 장의 그 직위에서의 보임기간은 2년을 기준으로 한다.

제13조의2【추천심의위원회】 ① 법 제20조제1항에 따른 추천심의위원회(이하 "추천심의위원회"라 한다)는 위원장 1명을 포함한 3명 이상 7명 이하의 위원으로 구성한다.
② 추천심의위원회의 위원은 추천 대상자보다 상급자이거나 선임(先任)인 장성급 장교 중에서 참모총장이 임명하며, 위원장은 위원 중 가장 선임인 사람으로 한다.
(2017.9.5 본항개정)
③ 추천심의위원회의 회의는 위원 전원의 출석으로 개의하고, 출석위원 과반수의 찬성으로 의결하며, 위원장은 표결권을 가진다.
④ 이 영에서 규정한 사항 외에 추천심의위원회 운영에 필요한 사항은 참모총장이 정한다.

제13조의3【제청심의위원회】 ① 법 제20조제1항 및 제25조제2항에 따른 제청심의위원회(이하 "제청심의위원회"라 한다)는 위원장 1명을 포함한 5명 이상 7명 이하의 위원으로 구성한다. 이 경우 위원은 각군별로 1명 이상이 포함되어야 하며, 같은 군의 위원이 과반수가 되어서는 아니 된다.
② 제청심의위원회의 위원장 및 위원은 다음 각 호의 사람 중에서 국방부장관이 임명한다.
1. 국방부차관
2. 국방부의 고위공무원단에 속하는 일반직공무원 또는 이에 상응하는 공무원
3. 제청 대상자보다 상급자이거나 선임인 장성급 장교
(2017.9.5 본호개정)
③ 제청심의위원회는 참모총장이 추천한 사람에 대하여 제22조에 따른 계급별 진급 예정 인원의 초과 여부, 제33조제1항 각 호에 따른 기준, 제33조제2항에 따른 합동참모의장의 의견 및 윤리성 등을 고려하여 추천 결과의 적절성을 심의한다. 이 경우 해당 군의 관계관을 출석시켜 의견을 들을 수 있다.
④ 제청심의위원회의 회의는 위원 전원의 출석으로 개의하고, 출석위원 과반수의 찬성으로 의결하며, 위원장은 표결권을 가진다.
⑤ 국방부장관은 제청심의위원회의 심의 결과 참모총장의 추천 결과가 부적절하다고 인정되는 경우에는 참모총장에게 그 사유를 통보하고 다시 추천할 것을 요구할 수 있다. 다만, 제청심의위원회의 심의 결과 진급 추천자 중에서 부적격자가 발생하였을 때에는 진급 예정 인원보다 부족한 인원을 보충하기 위하여 법 제29조에 따른 장교진급 선발위원회가 제32조제3항 후단에 따라 진급 추천자 외에 따로 선발한 후보자를 진급 추천자에 포함하여 심의하여야 한다.
⑥ 제청심의위원회의 회의는 공개하지 아니한다.
⑦ 제청심의위원회 운영을 위하여 간사 1명을 둔다.
⑧ 이 영에서 규정한 사항 외에 제청심의위원회 운영에 필요한 사항은 국방부장관이 정한다.

제14조【전투를 주된 임무로 하는 부대의 장의 출신 병과】 ① 법 제16조제2항에 따라 전투를 주된 임무로 하는 여단급 이상 부대의 장으로 보직(補職)될 수 있는 사람은 다음 각 호의 구분에 따른 전투병과 출신 장교로 한다.
1. 육군 : 보병과 · 기갑과 · 포병과 · 방공과 · 정보과 · 공병과 · 정보통신과 또는 항공과
2. 해군
  가. 해상전투부대 : 함정과 · 항공과 또는 정보과
  (2017.9.5 본목개정)
  나. 상륙전부대 : 보병과 · 포병과 · 기갑과 · 항공과 또는 정보과(2020.2.4 본목개정)
3. 공군
  가. 미사일방어부대 외의 부대 : 조종과 또는 항공통제과(2022.4.1 본목개정)
  나. 미사일방어부대 : 방공포병과(2022.4.1 본목개정)
② 국방부장관은 전시 · 사변 등의 국가비상시 필요할 때에는 제1항의 전투병과를 기본병과 중에서 다시 조정할 수 있다.

제14조의2【보직에 관한 그 밖의 사항 등】 법 제16조제4항에 따라 군인의 보직에 관하여 법 및 이 영에서 규정한 사항을 제외하고는 참모총장이 정하는 바에 따른다. 다만, 국방부 및 그 직할기관과 방위사업청에 근무하는 사람에 대해서는 국방부장관이 정하는 바에 따른다.

제14조의3【장성급 장교의 보직 등】 ① 법 제16조의2 제1항 단서에서 "대통령령으로 정하는 직위"란 다음 각 호의 직위를 말한다.
1. 외국파견 부대의 직위
2. 국제기구 또는 외국기관에 임시로 채용되는 직위
3. 다른 국가기관에 파견되는 직위
4. 전시작전권 전환 및 건군기념사업 등 특수 목적을 위하여 한시적으로 조직된 기구의 직위
5. 군의 구조 개편 등 국방개혁 추진을 위하여 필요하다고 인정되는 직위
6. 국내외 교육기관이나 연구기관에 연수 및 교육을 위하여 파견되는 직위
7. 전역준비를 위한 3개월 이내의 임시 직위
② 제1항 각 호에 따른 직위의 세부 직위는 국방부장관이 정한다.
(2017.9.5 본조제목개정)

제2절 전문인력 직위 등

제15조【전문인력 직위】 ① 법 제17조제5항에서 "전문인력 직위"란 다음 각 호의 어느 하나에 해당하는 직위를 말한다.
1. 정책부서의 직위 중 야전경험과 학문적 지식을 바탕으로 정책을 수립하고 집행할 필요가 있다고 인정되어 국방부장관 또는 참모총장이 정하는 직위(이하 "정책전문직위"라 한다)
2. 외국정부 또는 국제기구와의 협상 · 교류 · 협력 업무와 관련되는 직위 중 국제관계에 관한 전문지식과 외국어능력이 필요하다고 인정되어 국방부장관이 정하는 직위와 군수무관(軍需武官)을 제외한 외국 주재 무관(이하 "국제전문직위"라 한다)
3. 전산 및 연구개발 분야의 직위 중 국방부장관 또는 참모총장이 정하는 특수전문 분야에 속하는 직위와 다음 각 목의 직위(이하 "특수전문직위"라 한다)
  가. 국방대학교 교수(「고등교육법」 제16조에 따른 자격이 있는 교수 · 부교수 및 조교수와 기본과정의 교육을 담당하는 영관급 이상의 장교를 말한다)
  나. 사관학교 · 육군3사관학교 및 국군간호사관학교의 교수(「고등교육법」 제16조에 따른 자격이 있는 교수 · 부교수 및 조교수를 말한다)
  (2012.2.29 가목~나목개정)
4. 전문적인 기술 또는 기능이 요구되는 직위 중 국방부장관 또는 참모총장이 정하는 기술 · 기능 전문 분야에 속하는 직위(이하 "기술 · 기능전문직위"라 한다)
5. 군사력 개선을 위하여 군수품 획득에 관한 전문적 기획능력과 사업기법 및 관리 기술이 필요하다고 인정되어 국방부장관, 참모총장 또는 방위사업청장이 정하는 획득 전문 분야에 속하는 직위와 외국 주재 군수무관(이하 "획득전문직위"라 한다)
② 제1항에 따른 전문인력 직위의 범위, 기준, 그 밖에 필요한 사항은 국방부장관이 정한다.
③ 국방부와 국방부 직할부대의 전문인력 직위는 국방부장관이, 각군의 전문인력 직위는 참모총장이, 방위사업청의 전문인력 직위는 방위사업청장이 지정하되, 각군 및 방위사업청의 전문인력 직위를 지정할 때에는 국방부장관의 승인을 받아야 한다.

제16조【전문인력 직위에 보직되는 사람의 임명】 전문인력 직위에 보직되는 사람은 다른 법령에 특별한 규정이 있는 경우를 제외하고는 국방부장관이 정하는 바에 따라 참모총장이 임명한다. 다만, 국제전문직위 및 획득전문직위 중 외국 주재 무관 또는 군수무관은 참모총장 또는 방위사업청장의 추천을 받아 국방부장관이 임명하고, 특수전문직위 중 국방대학교의 교수 · 부교수 및 조교수는 「국방대학교 설치법」 제9조제1항에 따라 임명하며, 국방대학교의 기본과정 및 특별과정의 교육을 전담하는 사람은 「국방대학교 설치법 시행령」 제13조 각 호의 어느 하나에 해당하는 자격이 있는 사람 중에서 국방부장관이 임명한다.(2012.2.29 단서개정)

제17조【전문인력 직위에 보직되는 사람의 임기】 ① 법 제17조제5항에 따른 전문인력 직위에 보직되는 사람의 임기는 국방부장관이 정하는 기준에 따라 국방부장관, 참모총장 또는 방위사업청장이 정하는 기간으로 한다. 다만, 다음 각 호의 직위에 보직되는 사람의 임기는 다음 각 호에서 정하는 기간으로 한다.
1. 국제전문직위 및 획득전문직위 중 외국 주재 무관 또는 군수무관 : 3년
2. 특수전문직위 중 국방대학교의 교수 · 부교수 및 조교수 : 「국방대학교 설치법」 제9조제4항에 따른 기간(기본과정 및 특별과정의 교육을 전담하는 사람의 임기는 2년)(2012.2.29 본호개정)
② 임용권자는 제1항에도 불구하고 필요하다고 인정되는 경우에는 전문인력 직위에 보직되는 사람의 임기를 조정할 수 있다.

제17조의2【보직해임된 사람에 대한 조치】 법 제17조제1항제3호에 따라 임기가 끝나기 전에 보직에서 해임된 장교, 준사관 및 부사관으로서 3개월이 지나도 보직되지 못하거나 2회 이상 보직해임된 사람에 대해서는 제49조에 따른 현역 복무에 적합하지 아니한 사람에 해당하는지를 조사하고, 그 조사 결과 이에 해당하지 아니한다고 인정되는 사람에 대해서는 지체 없이 보직하여야 한다.
(2016.1.12 본조개정)

제17조의3【보직해임 심의위원회의 구성 등】 ① 법 제17조제2항에 따른 보직해임 심의위원회는 보직해임 심의 대상자의 소속별로 다음 각 호의 구분에 따른 기관 또는 부대에 설치한다.
1. 국방부 소속 장교, 준사관 및 부사관의 경우 : 국방부
2. 방위사업청 소속 장교, 준사관 및 부사관의 경우 : 방위사업청
(2016.1.12 1호~2호개정)
3. 국방부 소속기관 · 직할기관 또는 직할부대 소속 장교, 준사관 및 부사관의 경우 : 국방부 소속기관 · 직할기관 또는 직할부대. 다만, 다음 각 목의 어느 하나에 해당하는 장교의 경우에는 국방부에 설치한다.(2016.1.12 본문개정)
  가. 국방부 소속기관 · 직할기관 또는 직할부대의 장
  나. 국방부 직할기관의 부기관장 또는 국방부 직할부대의 부지휘관
  다. 국방부 직할부대의 참모장
  라. 국방부 소속기관에 설치된 부서 · 기관 또는 부대의 장
  마. 국방부 직할기관에 설치된 부서 · 기관 또는 부대의 장
4. 각군 본부 또는 해병대사령부 소속 장교, 준사관 및 부사관의 경우 : 각군 본부 또는 해병대사령부. 다만, 장성급 장교의 경우에는 국방부에 설치한다.(2017.9.5 단서개정)
5. 각군 부대 또는 해병대 부대의 소속 장교, 준사관 및 부사관의 경우 : 보직해임 심의 대상자보다 2단계 이상의 상급 지휘관인 대령급 이상의 장교가 지휘하는 부대. 다만, 다음 각 목의 어느 하나에 해당하는 장교, 준사관 및 부사관의 경우에는 1단계 이상의 상급 지휘관인 대령급 이상의 장교가 지휘하는 부대에 설치한다.
(2016.1.12 본문개정)
  가. 각군 부대 또는 해병대 부대의 참모부서 소속 장교, 준사관 및 부사관(참모장은 제외한다)(2016.1.12 본목개정)

나. 각군 부대 또는 해병대 부대에 설치된 직할부대의 장(2014.11.19 본항개정)
② 보직해임 심의위원회는 위원장 1명을 포함한 3명 이상 7명 이하의 위원으로 구성하며, 법무장교가 보직되어 있는 기관 또는 부대에서는 위원 중 1명을 법무장교로 한다.(2014.11.19 본항개정)
③ 보직해임 심의위원회의 위원은 보직해임 심의 대상자보다 상급자 또는 선임자 중에서 보직해임 심의위원회가 설치된 기관 또는 부대의 장이 임명하고, 위원장은 위원 중 선임자가 된다. 다만, 법무장교를 위원으로 임명하는 경우에는 보직해임 심의 대상자보다 상급자 또는 선임자가 아니더라도 위원으로 임명할 수 있다.(2014.11.19 본문개정)
④ 보직해임 심의위원회는 재적위원 3분의 2 이상의 출석과 무기명 투표에 의한 출석위원 과반수의 찬성으로 의결한다.
⑤ 보직해임 심의위원회 운영에 필요한 사항은 국방부, 국방부 소속기관·직할기관 및 직할부대의 경우에는 국방부장관이, 방위사업청의 경우에는 방위사업청장이, 각 군의 경우에는 각군 참모총장이, 해병대의 경우에는 해병대사령관이 정한다.(2014.11.19 본항개정)
제17조의4【보직해임 심의위원회 의결 전 보직해임의 사유】 법 제17조제3항 단서에서 "대통령령으로 정하는 불가피한 사유"란 다음 각 호의 어느 하나에 해당하는 경우를 말한다.
1. 직무와 관련된 부정행위로 구속되어 직무를 수행할 수 없는 경우
2. 감사 결과 중대한 직무유기 또는 부정행위가 발견되어 즉시 보직에서 해임할 필요가 있는 경우
3. 중대한 군 기강 문란, 도덕적 결함 등으로 즉시 보직에서 해임할 필요가 있는 경우
제17조의5【소명기회 부여 등】 ① 보직해임 심의위원회는 회의 개최 전에 회의 일시, 장소 및 심의 사유 등을 심의 대상자에게 통보해야 하고, 심의 대상자는 보직해임 심의위원회에 출석하여 소명을 하거나 소명에 관한 의견서를 제출할 수 있다. 다만, 심의 대상자가 정당한 사유 없이 소명기일에 출석하지 않거나 의견서를 제출하지 않은 경우에는 소명기회를 주지 않고 의결할 수 있다.(2022.6.30 본항개정)
② 보직해임 심의위원회는 필요하다고 인정하는 경우에는 관계인의 출석 또는 증거물의 제출을 요구할 수 있다.
③ 보직해임 심의위원회가 제1항에 따른 의결을 한 경우에는 그 내용을 심의 대상자에게 서면으로 통보하여야 한다.
제18조【병과장 보직】 ① 참모총장은 법 제21조제3항에 따른 전직(轉職)을 위하여 전직 인원 등이 포함된 전직계획을 수립하여야 한다.
② 법 제21조제3항에 따른 전직은 제22조제2항에 따라 승인된 진급 예정 인원의 범위에서 제1항의 전직계획에 따라 한다.
③ 법 제21조제3항에 따른 전직은 1회로 한정하며, 같은 항 단서에 따라 병과장이 유사한 직위에 전직되는 경우에는 현재 직위보다 낮은 직위에 보직될 수 없다.
④ 법 제21조제3항 본문에 따른 "유사한 계통의 직위"는 해당 병과장의 전공 분야와 같은 계통의 직무 분야로 한다.
제18조의2【병과장 임명】 법 제21조제4항에 따라 병과장으로 임명하는 병과는 다음 각 호와 같다.
1. 육군 : 항공과, 공병과, 정보통신과, 항공과, 화생방과, 병기과, 병참과, 수송과, 인사과, 군사경찰과, 재정과, 정훈과, 의무과, 법무과 및 군종과(2024.1.30 본호개정)
2. 해군 : 항공과, 정보과, 정보통신과, 병기과, 보급과, 공병과, 조함과, 재정과, 정훈과, 군사경찰과, 의무과, 법무과 및 군종과. 다만, 해병대는 기갑과, 항공과, 정보과, 공병과, 정보통신과, 군수과, 재정과, 정훈과 및 군사경찰과로 한다.(2024.1.30 본호개정)
3. 공군 : 정보통신과, 기상과, 공병과, 정훈과, 군사경찰과, 의무과, 법무과 및 군종과(2024.1.30 본호개정)
(2014.7.18 본조신설)

제5장 진 급
(2012.1.31 본장개정)

제1절 통 칙

제19조【진급 최저복무기간】 ① 법 제26조에 따른 진급 최저복무기간의 계산은 제6조제2항 및 제4항을 준용하며, 진급 선발을 하는 해의 다음 해 12월 31일을 기준으로 한다.
② 법 제26조제2항에 따른 "인력 운영을 위하여 필요할 때"는 다음 각 호의 어느 하나에 해당하는 경우로 한다.
1. 감군(減軍), 증군(增軍) 또는 편제 개편으로 인하여 제21조제1항의 장교진급 선발 대상권을 축소하거나 확대할 필요가 있는 경우
2. 인력 수급(需給) 사정으로 인하여 선발 대상자가 부족하거나 남는 경우
③ 법 제26조제4항에 따라 외국 장교양성학교의 모든 과정을 이수함으로써 임용된 장교의 진급 최저복무기간은 소위에서 중위로 진급할 때에는 법 제26조제1항에 규정된 진급 최저복무기간의 2분의 1로 하고, 대위 이상 계급으로 진급할 때에는 국내 장교양성과정을 그와 같은 기(期)에서 이수하였던 사람의 진급과 균형을 유지하도록 단축할 수 있다.
제20조【진급연도】 이 영에서 진급연도는 1월 1일부터 12월 31일까지로 한다.
제21조【장교진급 선발 대상권】 ① 장교진급 선발 대상권(이하 "선발대상권"이라 한다)은 참모총장이 법 제29조에 따른 장교진급 선발위원회 회의에 부칠 대상자의 범위를 말하며, 그 대상자는 진급 발령이 있는 날에 법 제26조제1항 또는 제2항에 규정된 진급 최저복무기간에 이른 사람으로 한다. 다만, 참모총장은 진급 경쟁 비율을 조절하기 위하여 법 제26조제1항에 규정된 진급 최저복무기간이 지난 사람 중에서 선임 순에 따라 선발대상권의 범위를 정할 수 있다.
② 해병대 장교의 선발대상권에 관하여는 해군참모총장이 해병대사령관의 건의를 받아 정한다.
제22조【진급 예정 인원】 ① 참모총장은 매년 다음 진급연도의 계급별 진급 예정 인원을 국방부장관의 승인을 받아 정하되, 해군참모총장은 해군과 해병대 장교를 구분하여 국방부장관의 승인을 받아 정한다. 이 경우 준장 이하의 장교에 대해서는 각군 장교진급 선발위원회 개최 30일 전까지, 소장 이상의 장성급 장교에 대해서는 특별한 사유가 없으면 각군 장교진급 선발위원회 개최 7일 전까지 각각 승인을 받아야 한다.(2017.9.5 후단개정)
② 참모총장은 제1항에 따른 계급별 진급 예정 인원의 승인을 받으려는 경우에는 제18조제1항 및 제25조의2제4항에 따라 수립한 전직 또는 재보직 계획을 국방부장관에게 보고하여야 하며, 국방부장관이 그 진급 예정 인원을 승인할 때에는 전직 또는 재보직 계획을 고려하여야 한다.
③ 참모총장은 국방부장관이 승인한 계급별 진급 예정 인원의 범위에서 계급별·병과별 진급 예정 인원을 정하되, 해군참모총장은 해병대 장교의 계급별·병과별 진급 예정 인원을 해병대사령관으로 하여금 정하게 할 수 있다. 다만, 제15조제1항제1호 및 제3호에 따른 전문인력 직위에 대한 진급 예정 인원은 계급별 진급 예정 인원의 범위에서 병과와 관계없이 따로 정할 수 있다.
④ 매 연도의 계급별 진급 예정 인원은 특별한 사유가 없으면 안정적인 인력 운영을 고려하여 일정 인원으로 정한다. 다만, 소장 이상의 장성급 장교의 계급별 진급 예정 인원은 궐원(闕員)에 따라 정한다.(2017.9.5 단서개정)
⑤ 제3항에도 불구하고 획득전문직위에 대한 진급 예정 인원은 군별·계급별 정원에 대한 궐원을 고려하여 병과와 관계없이 따로 정한다.
제23조【궐원 및 일정 인원】 ① 궐원이란 1진급연도 내에서 계급별 정원에 대한 부족 인원을 말한다.
② 일정 인원이란 5진급연도를 기준으로 국방부장관이 계급별 정원의 범위에서 수립하는 국방중기인력운영계획기간 중의 계급별 연평균 궐원을 말한다.
제24조【선임 순】 법 제31조제1항에 따른 "선임(先任)의 순"은 선발대상권에 포함된 사람의 명단 순위로 하며, 그 순위는 제2조에 규정된 서열에서 임시계급을 포함하지 아니한 순서로 한다.
제25조【승인된 계급】 법 제28조에 따른 "승인된 계급"은 해당 연도의 승인된 계급별 인원 범위에서 참모총장이 그 직위의 임무수행에 필요하다고 인정하여 배정하기로 명시한 계급으로 한다.
제25조의2【임기제 진급 대상 직위 등】 ① 법 제24조의2 제1항에서 "인력 운영을 위하여 필요하거나 전문인력이 필요한 분야로서 대통령령으로 정하는 직위"란 다음 각 호의 어느 하나에 해당하는 직위를 말한다.
1. 별표1에서 정하는 직위
2. 그 밖에 인력 운영을 위하여 필요하거나 전문인력이 필요한 분야로서 임기제 진급 대상 직위로 정해야 할 불가피한 사유가 있다고 판단되어 국방부장관이 기획재정부장관 및 인사혁신처장과 협의하여 정하는 직위(2014.11.19 본호개정)
② 장성급 장교의 임기제 대상 직위로의 진급은 「국방조직 및 정원에 관한 통칙」 제6조제3항에 따라 국방부장관이 배정한 해당 연도 장성급 장교의 정원표상의 직위와 일치되는 경우에만 실시한다.(2017.9.5 본항개정)
③ 제1항의 직위에 보직하기 위하여 법 제24조의2에 따라 진급되는 사람에 대해서는 임기제 진급자임을 표시하여 관리하여야 한다.
④ 참모총장은 법 제24조의2제2항 단서에 따른 전직 또는 재보직을 위하여 전직 또는 재보직 인원 등이 포함된 전직 또는 재보직 계획을 수립하여야 한다.
⑤ 법 제24조의2제2항 단서에 따른 전직 또는 재보직은 제22조제2항에 따라 승인된 진급 예정 인원의 범위에서 제4항의 전직 또는 재보직 계획에 따라 한다.
⑥ 법 제24조의2제2항 단서에 따른 전직 또는 재보직은 한 차례만 할 수 있으며, 참모총장의 추천을 받아 한다.
⑦ 법 제24조의2제2항 단서에 따른 "유사한 계통의 직위"는 해당 임기제 진급자와 병과가 같거나 같은 전문 분야의 직무를 수행하는 직위로 한다.
⑧ 임기제 진급자는 진급 후 최초로 보직된 직위에서 진급일을 기준으로 2년이 지나면 전역이 되는 것으로 하고, 직제 개편이나 그 밖의 불가피한 사유로 그 보직이 변경된 경우에도 임기 만료일은 진급일을 기준으로 한다.
제25조의3【근속진급 제한 대상】 법 제24조의3제1항 단서에서 "징계 중이거나 징계절차가 진행 중인 사람 등 대통령령으로 정하는 근무성적이 불량한 사람"이란 해당 계급에서 다음 각 호의 어느 하나에 해당하는 사람을 말한다.(2022.6.30 본문개정)
1. 군복무 중 유죄판결을 받은 사람(2022.6.30 본호개정)
2. 중징계 처분을 받았거나 중징계 처분이 집행 중인 사람
3. 2회 이상 경징계 처분을 받은 사람 또는 1회 이상의 경징계 처분을 받고 다시 경징계 처분이 집행 중인 사람
4. 군사교육과정 또는 위탁교육과정에서 낙제하거나 불명예스럽게 퇴교된 사람
5. 근무성적 평정에서 2회 이상 최하위 등급으로 평가받은 사람
6. 그 밖에 근무성적 불량으로 참모총장(해병대의 경우에는 해병대사령관을 말한다)이 정하는 기준에 미치지 못하는 사람
제25조의4【명예진급 대상 등】 ① 법 제24조의4에 따른 명예진급은 다음 각 호의 어느 하나에 해당하는 경우에 한다.
1. 중령에서 대령으로 진급시키는 경우
2. 소령에서 중령으로 진급시키는 경우
3. 상사에서 원사로 진급시키는 경우
② 명예진급의 대상이 되는 사람은 법 제26조에 따른 진급 최저복무기간이 지난 사람으로서 법 제42조에 따라 예비역에 편입되는 사람으로 한다. 다만, 현역 복무기간 중 중징계 처분 또는 다음 각 호의 어느 하나에 해당하는 사유로 경징계 처분을 받은 사실이 없어야 한다.
1. 「국가공무원법」 제78조의2제1항 각 호의 징계 사유
2. 「성폭력범죄의 처벌 등에 관한 특례법」 제2조에 따른 성폭력범죄
3. 「군형법」 제15장 강간과 추행의 죄
4. 「성매매알선 등 행위의 처벌에 관한 법률」 제2조제1항 제1호에 따른 성매매
5. 「양성평등기본법」 제3조제2호에 따른 성희롱
6. 「도로교통법」 제44조제1항에 따른 음주운전 또는 같은 조 제2항에 따른 음주측정에 대한 불응
7. 「군사기밀 보호법」 위반의 죄
8. 「군형법」 제80조에 따른 군사기밀 누설
(2019.6.25 본항개정)
③ 제1항제1호 및 제2호의 경우 국방부장관은 법 제25조 제1항에 따라 참모총장이 법 제29조에 따른 장교진급 선발위원회의 심의를 거쳐 추천한 명예진급 대상인 사람에 대하여 그 전역일에 1계급을 진급시킬 수 있다.
④ 제1항제3호의 경우 참모총장은 법 제25조제5항에 따라 부사관진급 선발위원회의 심의를 거쳐 명예진급 대상인 사람에 대하여 그 전역일에 1계급을 진급시킬 수 있다.
⑤ 명예진급된 사람이 법 제53조의2제4항제1호·제1호의2 또는 제1호의3에 해당하여 명예전역수당을 환수하는 경우에는 명예진급을 취소해야 한다. 이 경우 명예진급이 취소된 사람은 그 명예진급 전의 계급으로 전역한 것으로 본다.(2019.6.25 본항신설)
제25조의5【대우군인의 선발 등】 ① 임용권자는 소속 군인 중 해당 계급에서 법 제26조에 따른 진급 최저복무기간 이상을 복무하고 진급의 제한사유가 없으며 복무실적이 우수한 사람을 바로 상위 계급의 대우군인(이하 "대우군인"이라 한다)으로 선발할 수 있다.
② 대우군인의 선발에 필요한 사항은 국방부장관이 정한다.
③ 대우군인에게는 「공무원수당 등에 관한 규정」에 따라 수당을 지급할 수 있다.
(2019.6.25 본조신설)
제26조【위임규정】 부사관진급 선발위원회와 부사관의 진급 선발 기준 및 절차에 관한 사항은 국방부령으로 정한다.

제2절 장교진급 선발위원회

제27조【설치】 법 제29조에 따른 장교진급 선발위원회(이하 "선발위원회"라 한다)는 계급별로 설치하되, 특수병과 대령급 이하의 장교를 심사하기 위하여 필요할 때에는 그 병과의 장교인 선발위원을 포함할 수 있다.
제28조【구성 등】 ① 선발위원회는 3명 이상 21명 이하의 위원으로 구성한다.
② 선발위원회 위원장은 위원 중 가장 선임인 사람으로 한다.
③ 법 제29조제4항에 따른 "부득이한 경우"는 해당 군에서 위원후보자가 부족하여 같은 계급의 위원으로 2회 이상 계속 임명하지 아니하면 선발위원회를 구성할 수 없는 경우로 한다.
④ 선발위원회의 사무를 처리하기 위하여 선발위원회에 간사 1명을 둘 수 있다.
제29조【소집】 참모총장(해병대는 해병대사령관)은 해당 진급연도의 전년도에 선발위원회를 소집한다. 다만, 특별한 사유가 있을 때에는 선발위원회를 해당 진급연도에 임시로 소집할 수 있다.
제30조【회의】 ① 선발위원회의 회의는 위원 과반수의 찬성으로 의결한다.
② 위원장은 표결권을 가진다.
③ 선발위원회의 회의는 비공개로 한다. 그 토의된 내용은 법 또는 이 영에서 특별히 규정한 것을 제외하고는 발표할 수 없다.
④ 진급 선발을 하는 경우 대상자의 임관(任官) 구분이나 전년도의 낙천 사실 등에 의한 차별 없이 심사하여야 하며, 같은 선발 원칙을 적용하여야 한다.

제31조【해명서 등】 ① 진급 선발 대상자로서 자신의 기록에 대하여 해명하려는 사람은 선발위원회에 해명서를 제출할 수 있다.
② 제1항의 해명서에는 추천서나 다른 진급 대상자에게 영향을 미칠 내용을 포함하지 못한다.

제3절 장교진급 선발

제32조【선발 절차】 ① 선발위원회는 진급 선발 대상자 중에서 진급 예정 인원에도 불구하고 차상위 계급에 진급될 자격을 갖춘 사람을 선발한다.
② 제1항에 따라 선발된 진급 자격자가 진급 예정 인원보다 적더라도 그 부족 인원을 보충하지 아니한다.
③ 제1항에 따라 선발된 진급 자격자가 진급 예정 인원보다 많을 때에는 그 중에서 다시 진급 예정 인원을 선발하여야 한다. 이 경우 장성급 장교에 대한 진급 추천자를 선발할 때에는 진급 예정 인원 외에 후보자를 선발하여야 한다.(2017.9.5 후단개정)
제32조의2【후보자의 선발 등】 ① 제32조제3항 후단에 따른 후보자(이하 "후보자"라 한다)는 후보자 간 순위를 부여하여 선발하되, 각군의 특성에 따른 병과 또는 장성급 장교의 인력수급계획 등을 고려하여 순위를 부여하지 아니하고 선발할 수 있다. 이 경우 후보자로 선발된 사람은 해당 진급연도의 진급 예정자 공표 시까지 후보자로서의 자격을 가진다.(2017.9.5 전단개정)
② 제34조제3항에 따라 작성된 후보자 명단은 제청심의위원회의 심의 결과 부적격자가 발생한 경우에만 제청심의위원회에 제출·공개한다.
③ 제13조의3제5항 단서에 따라 제청심의위원회에서 부적격자를 후보자로 교체하여 심의할 때에는 제1항에 따른 후보자 순위에 따라 심의하여야 한다. 다만, 순위가 부여되지 아니한 경우에는 부적격자의 병과 등을 고려하여 심의할 수 있다.
제33조【선발기준】 ① 선발위원회는 진급 대상자가 진급될 계급에서 받을 직책을 수행할 수 있는 능력이 있는지를 심사하기 위하여 다음 각 호의 사항을 종합평가하고 그 결과에 따라 진급 대상자를 선발한다.
1. 경력
  가. 경험한 직책
  나. 군사교육
  다. 군사적 전문기능
  라. 진급기록
2. 복무성과
  가. 근무성적 평정기록
  나. 군사교육성적
  다. 상벌사항
3. 그 밖의 사항
  가. 품격
  나. 신체조건
  다. 민간에서의 학력 및 경력
  라. 무보직기록, 입원기록 및 그 밖에 필요한 사항
② 합동참모의장은 장성급 장교의 진급 대상자 선발에 관한 의견서를, 방위사업청장 및 대령급 또는 3급 이상의 지휘관·부서장·기관장 중 국방부장관이 정하는 자는 소속 장교의 진급에 관한 추천서를 선발위원회에 제출할 수 있다. 이 경우 선발위원회는 해당 의견서 및 추천서의 내용을 제1항에 따른 선발기준에 추가하여 심사하여야 한다.(2024.1.30 전단개정)
③ 제2항에 따른 의견서 및 추천서의 작성에 관한 세부사항은 국방부장관이 정한다.(2024.1.30 본항신설)
제34조【추천자, 후보자 및 낙천자의 명단】 ① 선발위원회는 선발된 진급 추천자 및 후보자 명단과 법 제32조에 따른 진급 낙천자의 명단을 작성한다.
② 진급 추천자 또는 진급 낙천자의 명단은 각각 선임 순으로 작성한다.
③ 후보자 명단은 후보자 간 순위가 부여된 경우에는 그 순위에 따라, 후보자 간 순위가 부여되지 아니한 경우에는 선임 순으로 작성한다.
제35조【진급 낙천】 ① 참모총장(해병대는 해병대사령관)은 진급 낙천자에게 그 사실을 알린다.
② 같은 계급에서 두 번 이상 진급 낙천된 사람은 진급 선발 대상이 될 수 없다.

제4절 장교진급 발령

제36조【진급 예정자 명단】 ① 제34조에 따라 진급 추천자 명단의 작성이 완료되었을 때에는 참모총장은 지체 없이 진급권자의 승인을 받아 법 제31조에 따른 진급 예정자 명단을 해당 전군(全軍)에 공표하여야 한다.
② 제1항의 진급 예정자 명단의 순위는 법 제31조에 따라 취소 또는 삭제되지 아니하는 한 진급 추천자 명단의 순위와 같다.
제37조【발령】 ① 진급 발령은 수시로 하며, 그 인원은 진급시킬 당시의 궐원에 따른다.
② 진급 예정자로서 해당 연도에 진급되지 못한 사람은 그 순위에 따라 다음 진급연도의 진급 예정자보다 우선하여 진급시킨다.
③ 진급 예정자 명단의 순위상 진급 발령될 사람으로서 법 제26조제1항 및 제2항에 따른 진급 최저복무기간에 이르지 아니한 사람은 그 진급 최저복무기간에 이를 때까지 발령을 보류한다.
제37조의2【임명장 수여】 ① 진급권자는 영관급 이상으로 진급하는 장교에게 임명장을 수여한다. 이 경우 국방부장관이 대리 수여할 수 있다.
② 임명장에는 진급권자의 직인을 날인한다. 이 경우 대통령이 진급권을 행사하는 장교의 임명장에는 국새(國璽)를 함께 날인한다.
③ 제2항에도 불구하고 법 제25조제4항 전단에 따라 대통령이 국방부장관에게 진급권을 위임한 영관급 장교의 임명장에는 진급권자의 직인을 갈음하여 대통령의 직인과 국새를 날인한다.
(2014.6.27 본조신설)
제38조【발령의 보류 및 진급 예정자 명단 삭제 등】 ① 진급권자는 법 제31조제1항에 따라 진급이 공표된 사람 중 진급 전에 다음 각 호의 어느 하나에 해당하는 사람에 대해서는 그 진급 발령을 보류해야 한다.
1. 형사사건으로 기소된 경우(약식명령이 청구된 경우는 제외하되, 약식명령 청구 후 「군사법원법」 제501조의4에 따라 공판절차로 심판하거나 같은 법 제501조의7제1항 본문에 따라 군검사가 정식재판을 청구한 경우는 포함한다)
2. 중징계 사유로 징계의결이 요구된 경우
3. 법 제37조제1항제1호 또는 제4호에 해당하는 사람이 전역심사위원회 회의에 부쳐질 경우
② 진급권자는 제1항에 따라 진급 발령이 보류된 사람이 다음 각 호의 어느 하나에 해당하는 경우에는 예정대로 진급시키되, 진급 예정일이 지났을 때에는 다음 각 호의 사유가 발생한 날 이후 첫 진급 발령 시에 진급시킨다.
1. 제1항제1호의 경우 : 법원의 무죄·면소·공소기각 판결 또는 공소기각 결정을 받은 경우
2. 제1항제2호의 경우 : 다음 각 목의 어느 하나에 해당하는 경우
  가. 징계위원회에서 징계하지 않기로 의결하거나 경징계로 의결한 경우
  나. 징계위원회의 징계의결에 따라 중징계 처분을 받은 후 법 제60조제1항에 따른 항고를 하여 항고심사위원회에서 중징계 처분을 취소하거나 경징계로 감경하여 의결한 경우
3. 제1항제3호의 경우 : 다음 각 목의 어느 하나에 해당하는 경우
  가. 전역심사위원회에서 전역시키지 않기로 의결한 경우
  나. 전역심사위원회에서 전역으로 의결하여 전역 처분을 받은 후 법 제50조에 따른 소청을 제기하여 중앙군인사소청심사위원회 또는 군인사소청심사위원회(이하 "소청심사위원회"라 한다)에서 전역 처분을 취소하기로 의결한 경우
③ 법 제37조제2항에서 "진급 발령 전에 진급시킬 수 없는 사유"란 다음 각 호의 어느 하나에 해당하는 사유를 말한다.
1. 형사사건으로 유죄판결을 선고받고 그 형이 확정된 경우(약식명령 청구에 따라 그 형이 확정된 경우는 제외하되, 약식명령으로 청구한 형보다 무거운 형을 선고받고 그 형이 확정된 경우는 포함한다)
2. 중징계 처분을 받은 후 다음 각 목의 어느 하나에 해당하는 경우
  가. 중징계 처분을 통지받은 날부터 30일 이내에 항고심사위원회에 법 제60조제1항에 따른 항고를 하지 않은 경우
  나. 중징계 처분에 대하여 법 제60조제1항에 따른 항고를 하였으나 항고심사위원회에서 각하, 기각 또는 중징계 처분을 유지하는 의결을 한 경우
3. 법 제37조제1항제1호 또는 제4호에 해당하는 사람으로서 전역심사위원회에서 전역으로 의결되어 전역 처분을 받은 후 다음 각 목의 어느 하나에 해당하는 경우
  가. 전역 처분이 있음을 안 날부터 30일 이내에 소청심사위원회에 법 제50조에 따른 소청을 제기하지 않은 경우
  나. 전역 처분에 대하여 법 제50조에 따른 소청을 제기하였으나 소청심사위원회에서 각하 또는 기각 결정을 한 경우
④ 진급권자는 법 제31조제2항에 따라 진급 예정자 명단에서 삭제된 사람이 다음 각 호의 어느 하나에 해당하는 경우에는 진급 예정자 명단에 다시 포함하여 예정대로 진급시키되, 진급 예정일이 지났을 때에는 다음 각 호의 사유가 발생한 날 이후 첫 진급 발령 시에 진급시킨다.
1. 제3항제1호의 경우 : 재심에서 무죄판결을 선고받고 확정된 경우
2. 제3항제2호의 경우 : 다음 각 목의 어느 하나에 해당하는 경우
  가. 징계처분에 대한 무효확인소송 또는 취소소송에서 비위사실이 징계사유에 해당하지 않거나 징계시효가 지났다는 사유로 징계처분의 무효 또는 취소판결을 선고받고 확정된 경우
  나. 징계처분에 대한 무효확인소송 또는 취소소송에서 절차상의 흠이나 징계양정 등 가목 외의 사유로 징계처분의 무효 또는 취소판결을 선고받은 후 징계위원회에서 경징계 이하로 의결된 경우
  다. 징계처분에 대한 재심에서 징계처분의 무효 또는 취소판결을 선고받고 확정된 경우
3. 제3항제3호의 경우: 전역 처분에 대한 무효확인소송 또는 취소소송에서 전역 처분의 무효 또는 취소판결을 선고받고 확정된 경우
⑤ 참모총장(해병대의 경우에는 해병대사령관을 말한다)은 제1항에 따라 진급 발령을 보류하거나 제3항에 따라 진급 예정자 명단에서 삭제할 필요가 있는 사람에 대해서는 그 명단을 진급권자에게 보고해야 한다.
(2024.1.30 본조개정)
제39조【진급 추천 및 제청의 취소】 법 제31조제1항에 규정된 추천권자 또는 제청권자는 선발위원회에 의하여 선발된 사람을 취소할 경우에는 그 사유를 진급권자에게 보고하여야 한다.
제40조【휴직자에 대한 진급 발령의 보류】 ① 진급 예정자가 휴직(진급 예정일 전에 복직하는 경우는 제외한다)되었을 때에는 복직될 때까지 진급 발령을 보류한다.
② 진급권자는 제1항에 따라 진급 발령이 보류된 사람이 복직한 경우 복직한 날이 속하는 달의 다음 달부터 궐원이 발생한 달에 진급을 발령해야 한다.(2024.1.30 본항신설)
(2024.1.30 본조개정)
제41조【증편】 ① 법 제33조에 따른 "증편(增編)"은 해당 군의 총병력이 증가되고 부대가 증설 또는 확장되어 각 계급에 심한 불균형이 발생한 경우로 한다.
② 제1항의 경우에 임시계급을 부여할 수 있는 인원은 해당 증편으로 인하여 증가된 인원 범위 내로 한다.
제42조【원계급 복귀】 ① 법 제34조에 따른 "하위 직위"는 부여된 임시계급보다 낮은 계급인 직위로 한다.
② 임시계급을 부여받은 사람이 다음 각 호의 어느 하나에 해당할 때에는 원계급(原階級)으로 복귀한다.
1. 휴직되었을 때
2. 중징계 처분을 받았을 때
3. 군무이탈 또는 무단이탈을 하였을 때
4. 전역될 때
5. 제적될 때
③ 원계급 복귀일은 그 복귀 사유가 발생한 날로 한다.

제5절 전사자 및 순직자 등의 진급

제43조【전사자·순직자 및 전투유공자 등의 진급】 ① 법 제30조에 따라 전사자 및 순직자와 전투, 전시·사변 또는 이에 준하는 국가비상사태에서 국가에 뚜렷한 공적이 있는 사람에 대해서는 그 신분에 따라 다음 각 호와 같이 진급시키거나 임용할 수 있다.
1. 장교 : 1계급
2. 장교후보생 : 소위
3. 원사 : 준위
4. 상사·중사 및 하사 : 1계급
5. 부사관후보생 및 병장 : 하사
6. 상등병·1등병 및 2등병 : 1계급
② 제1항에 규정된 "전투, 전시·사변 또는 이에 준하는 국가비상사태에서 국가에 뚜렷한 공적이 있는 사람"은 다음 각 호의 어느 하나에 해당하는 사람으로 한다.
1. 전투에서 전군의 본보기가 되는 큰 공을 세운 사람
2. 전시·사변 또는 이에 준하는 국가비상사태 시 생명의 위험을 무릅쓰고 임무를 완수하여 전군의 본보기가 되는 사람
제43조의2 (2020.8.4 삭제)

제6장 전역 및 제적
(2012.1.31 본장개정)

제44조【전역 보류】 ① 법 제39조제1항제2호에 따른 정밀장비 기술자의 범위는 별표2와 같다.
② 법 제39조제1항제3호에서 "대통령령으로 정하는 외국어에 능통한 사람"의 범위는 별표3과 같다.
③ 법 제39조제1항제4호에서 "대통령령으로 정하는 특수전문요원 및 기술·기능전문요원"이란 특수전문직위 또는 기술·기능전문직위에 보직된 사람을 말한다.
④ 법 제39조제2항에서 "대통령령으로 정하는 기술직이나 전문직에 보직된 사람"의 범위는 별표4와 같다.
⑤ 법 제39조제3항에서 "대통령령으로 정하는 군의 필수 기술 분야에 종사하는 사람"의 범위는 별표5와 같다.
⑥ 법 제39조제4항에 따른 전역의 보류는 본인의 신청에 따른다.
제45조【장기복무 장교 등의 전역지원】 법 제35조제1항·제2항 및 제41조제1호에 따라 전역을 원하는 사람은 본인이 원하는 전역일부터 1년 전까지의 기간에 지휘계통을 거쳐 전역권자에게 전역지원서를 제출하여야 한다.
(2019.6.25 단서삭제)
제45조의2【전역장 수여】 10년 이상 근속하고 전역하는 사람에게는 임용권자가 전역장을 수여할 수 있다. 다만, 제49조에 해당되는 사람과 제적된 사람에게는 전역장을 수여하지 아니한다.
제46조 (1982.5.29 삭제)
제47조【본인의 의사에 따르지 아니한 전역】 ① 법 제37조제1항제1호·제2호 및 제4호에 해당하는 사람은 전역심사위원회가 전역을 의결한 날부터 3개월 이내에 전역하고, 법 제37조제1항제3호에 해당하는 사람은 1년 이내에 전역한다.
② 제1항에 규정된 기간 내에서 전역일은 전역권자가 정한다.
제48조【심신장애인의 전역 등】 법 제37조제1항제1호에 따른 현역 복무에 적합하지 아니한 심신장애 및 같은 조 제3항에 따른 계속 복무할 수 있는 신체장애의 기준, 심사방법, 전역 절차 등 필요한 사항은 국방부령으로 정한다.

제49조【현역 복무에 적합하지 아니한 사람의 전역】 ① 법 제37조제1항제4호에서 "대통령령으로 정하는 사유에 해당하여 현역 복무에 적합하지 아니한 사람"이란 다음 각 호의 어느 하나에 해당하는 사람을 말한다.
1. 능력 부족으로 해당 계급에 해당하는 직무를 수행할 수 없는 사람
2. 성격상의 결함으로 현역에 복무할 수 없다고 인정되는 사람
3. 직무수행에 성의가 없거나 직무수행을 포기하는 사람
4. 그 밖에 군 발전에 방해가 되는 능력 또는 도덕적 결함이 있는 사람

② 현역 복무에 적합하지 아니한 사람의 기준 및 심사, 그 밖에 필요한 사항은 국방부령으로 정한다.

제50조【전역심사위원회】 ① 장교 및 준사관의 전역과 법 제37조제3항에 따른 신체장애인의 계속 복무 여부를 심사하기 위하여 각군 본부(해병대는 해병대 사령부)에 본부전역심사위원회(해병대는 해병대사령부전역심사위원회를 말한다. 이하 같다)를 둔다.

② 부사관의 전역을 심사하게 하기 위하여 부사관에 대한 전역권이 위임된 부대에 부사관 전역심사위원회를 둔다.

제51조【전역심사위원회 구성 등】 ① 전역심사위원회는 3명 이상 7명 이하의 위원으로 구성하며, 위원은 그 전역심사위원회가 설치된 부대의 장이 임명한다.

② 전역심사위원회 위원은 심사 대상자보다 선임인 장교와 준사관 및 부사관 중에서 임명하되, 본부전역심사위원회 위원은 대령급 이상의 장교로 임명한다.

③ 전역심사위원회 위원장은 위원 중 가장 선임인 사람으로 한다.

④ 전역심사위원회의 사무를 처리하기 위하여 전역심사위원회에 간사 1명을 둘 수 있다.

제52조【회의】 ① 전역심사위원회는 기록서류에 의하여 심사하되, 필요할 때에는 전역심사 대상자 또는 증인을 소환할 수 있다.

② 전역심사위원회의 회의는 비공개로 하며, 재적위원 과반수의 찬성으로 의결한다.

③ 위원장은 표결권을 가진다.

제7장 권리 및 의무
(2012.1.31 본장개정)

제1절 휴직 및 복직

제53조 (2023.6.7 삭제)

제53조의2【업무를 대행하는 군인 등】 ① 임용권자나 임용제청권자는 군인이 「군인의 지위 및 복무에 관한 기본법 시행령」 제12조제1항제1호에 따른 청원휴가(이하 "병가"라 한다), 같은 조 제2항에 따른 출산휴가(이하 "출산휴가"라 한다), 같은 조 제3항에 따른 유산휴가·사산휴가(이하 "유산·사산휴가"라 한다) 또는 법 제48조제3항제4호에 따른 휴직(이하 "육아휴직"이라 한다)을 하였을 때에는 그 군인의 업무를 소속 군인(직무 특성 등을 고려하여 필요하다고 인정하는 경우에는 관련 업무를 담당하는 군무원 또는 일반직공무원을 포함할 수 있다. 이하 이 조에서 같다)에게 대행하도록 명할 수 있다. 다만, 군인의 육아휴직에 따라 결원을 보충한 경우에는 그러하지 아니하다.(2021.12.31 본문개정)

② 제1항에 따라 병가, 출산휴가, 유산·사산휴가 또는 육아휴직 중인 군인의 업무를 대행하는 소속 군인에게는 예산의 범위에서 「공무원수당 등에 관한 규정」에서 정하는 바에 따라 수당을 지급할 수 있다.

(2019.6.25 본조개정)

제54조【복직 및 권리회복】 ① 법 제48조제1항제1호 및 같은 조 제3항에 따라 휴직되었던 사람은 그 휴직 사유가 해소되었을 때에는 당연히 복직된다.

② 법 제48조제2항에 따라 휴직되었던 사람은 무죄판결을 받았거나 공소가 기각되었을 때에는 당연히 복직된다.

제54조의2【육아휴직의 적용 제외】 법 제48조제3항 각 호 외의 부분 단서에서 "대통령령으로 정하는 특별한 사정"이란 전시·사변 또는 이에 준하는 국가비상사태의 경우를 말한다.

제54조의3【육아휴직의 분할 사용】 임용권자는 육아휴직을 명하는 경우에는 국방부장관이 정하는 바에 따라 해당 군인이 원하는 경우 그 휴직기간을 분할하여 명할 수 있다.(2019.6.25 본조개정)

제54조의4【육아휴직으로 인한 결원 보충】 출산휴가와 연계하여 3개월 이상 육아휴직을 하는 경우에는 법 제48조제7항 단서에 따라 정원이 따로 있는 것으로 보고 결원을 보충할 수 있다.(2019.6.25 본조개정)

제54조의5【간호휴직】 법 제48조제3항제5호 단서에서 "본인 외에는 간호할 수 있는 사람이 없는 등 대통령령으로 정하는 요건을 갖춘 경우"란 다음 각 호의 어느 하나에 해당하는 경우를 말한다.
1. 다음 각 목의 어느 하나에 해당하여 조부모를 간호하는 경우
  가. 본인 외에는 조부모의 직계비속이 없는 경우
  나. 본인 외에 조부모의 다른 직계비속이 있으나 질병, 고령(高齡), 장애 또는 미성년 등의 사유로 본인이 간호할 수밖에 없는 경우
2. 다음 각 목의 어느 하나에 해당하여 손자녀를 간호하는 경우
  가. 본인 외에는 손자녀의 직계존속 및 형제자매가 없는 경우
  나. 본인 외에 손자녀의 다른 직계존속 또는 형제자매가 있으나 질병, 고령, 장애 또는 미성년 등의 사유로 본인이 간호할 수밖에 없는 경우

(2019.6.25 본조신설)

제54조의6【휴직자의 복무관리】 ① 임용권자는 법 제48조에 따라 휴직 중인 군인이 휴직기간 중 휴직사유와 달리 「군인의 지위 및 복무에 관한 기본법」 제30조에 따른 영리행위 및 겸직 금지 의무를 위반하는 등 휴직의 목적 달성에 현저히 위배되는 행위를 하는 경우에는 복직을 명할 수 있다.

② 법 제48조(제1항제2호는 제외한다)에 따라 휴직 중인 군인은 국방부장관 또는 참모총장(해병대의 경우에는 해병대사령관을 말한다)에게 복무상황에 대한 보고를 해야 한다.

③ 제1항 및 제2항에 따른 휴직자의 복무관리에 관한 세부 사항은 국방부장관이 정한다.

(2024.1.30 본조신설)

제2절 인사소청심사위원회

제55조【인사소청심사위원회 구성 등】 ① 법 제51조제1항에 따른 중앙 군인사소청심사위원회의 위원은 국방부장관이, 군인사소청심사위원회의 위원은 해당 군 참모총장이 각각 임명하되, 위원 중 군인은 소청인보다 상급자인 장교로 한다. 다만, 군법무관인 장교를 위원으로 임명하는 경우에는 그러하지 아니하다.

② 소청심사위원회의 위원장은 위원 중 가장 선임인 장교로 한다.(2024.1.30 본항개정)

③ 소청심사위원회 운영은 법무업무를 담당하는 부서에서 관장하며, 위원회별로 간사 1명씩을 둔다.

제56조 (2012.1.31 삭제)

제57조【소청장】 ① 소청장에는 불복의 요지 및 이유와 소청인의 주소, 종전 소속, 계급, 군번 및 생년월일을 적고, 서명하거나 날인하여야 한다.

② 소청장에는 소청인에게 유리한 참고자료나 불복의 요지 및 이유를 증명하는 데에 필요한 문서를 첨부할 수 있다.

제58조【소청심사위원회의 심사 및 결정】 ① 소청심사위원회는 필요한 경우 관계관으로 하여금 사실조사를 하게 하거나 관계 부대 또는 기관의 장에게 관련 서류의 제출을 명할 수 있다.

② 소청심사위원회의 결정은 재적위원 3분의 2 이상의 출석과 출석위원 과반수의 합의에 따르되, 의견이 나뉘어 출석위원 과반수의 합의에 이르지 못하였을 때에는 출석위원 과반수가 되기까지 소청인에게 가장 불리한 의견에 차례로 유리한 의견을 더하여 가장 유리한 의견을 합의된 의견으로 본다.

③ 소청심사위원회는 소청장을 접수한 날부터 특별한 사유가 없으면 30일 이내에 소청에 대한 결정을 하여야 한다.

④ 소청심사위원회의 결정은 다음 각 호와 같이 구분하며, 그 이유를 분명히 밝힌 결정서로 하여야 한다.
1. 심사청구가 적법하지 아니할 때에는 청구를 각하한다.
2. 심사청구가 이유 없다고 인정할 때에는 청구를 기각한다.
3. 처분의 취소 또는 변경을 요구하는 심사청구가 이유 있다고 인정할 때에는 처분을 취소하거나 변경할 것을 처분부대 또는 기관의 장에게 명한다.

제58조의2【원격영상회의 방식의 활용】 ① 소청심사위원회는 위원과 소청인, 그 밖의 사건관계인 등 회의에 출석하는 사람(이하 이 항에서 "출석자"라 한다)이 동영상과 음성이 동시에 송수신되는 장치가 갖추어진 서로 다른 장소에 출석하여 진행하는 원격영상회의 방식으로 심사·결정할 수 있다. 이 경우 소청심사위원회의 위원 및 출석자는 동일한 회의장에 출석한 것으로 본다.

② 소청심사위원회는 제1항에 따라 원격영상회의 방식으로 심사를 진행하는 경우 소청인 등 사건관계인의 신상정보, 회의 내용·결과 등이 유출되지 않도록 보안에 필요한 조치를 해야 한다.

③ 제1항 및 제2항에서 규정한 사항 외에 원격영상회의의 운영에 필요한 사항은 국방부장관이 정한다.

(2021.3.16 본조신설)

제59조【위원회 결정의 효력】 ① 소청심사위원회가 전역, 제적, 휴직명령, 그 밖에 불리한 처분의 취소 또는 변경 결정을 하였을 때에는 처분부대 또는 기관의 장은 30일 이내에 소청인을 현역에 복귀 또는 복직시키거나, 불리한 처분을 취소 또는 변경하여야 한다.

② 소청의 사유가 법에 적합하지 아니하거나 심사청구가 이유 없다고 결정되었을 때에는 15일 이내에 소청인에게 알림으로써 그 소청은 종료한다.

제59조의2【재심】 ① 처분부대 또는 기관의 장은 소청심사위원회의 결정이 부당하다고 인정할 때에는 그 결정 통지를 받은 날부터 10일 이내에 그 이유를 분명히 밝혀 재심을 요구할 수 있으며, 재심 요구가 없을 때에는 그 기간이 지나면 소청심사위원회의 결정이 확정된다.

② 제1항에 따른 재심 요구에도 불구하고 소청심사위원회가 전과 같은 결정을 하였을 때에는 그 결정이 소청심사위원회의 결정으로 확정된다.

제60조【위임규정】 소청에 관하여 이 영에서 규정한 사항 외에 특별히 필요한 사항은 국방부령으로 정한다.

제3절 전직지원교육

제60조의2【전직지원교육 대상 등】 ① 법 제46조의2에 따라 전직지원교육(轉職支援敎育)을 하는 경우 그 교육 대상은 장교, 준사관, 부사관 또는 병으로서 전역 후의 취업을 위하여 전역 전 전직지원교육을 원하는 사람으로 한다. 다만, 전역 후 취업을 하는 데 필요한 자격요건을 이미 갖추고 있다고 인정되는 사람은 교육 대상에서 제외할 수 있다.(2019.6.25 본문개정)

② 제1항에 따른 전직지원교육의 기간은 전역 전 1년의 범위에서 예산과 복무부대의 여건 등을 고려하여 국방부장관이 정하며, 전직지원교육기간이 6개월 이상인 전직지원교육 인원에 대해서는 정원이 따로 있는 것으로 보고 기획재정부장관과 협의하여 결원을 보충할 수 있다.

③ 제1항에 따른 전직지원교육은 개인의 희망에 따라 군내교육과 위탁교육으로 구분하여 실시할 수 있다.

④ 전직지원교육 대상자의 선발기준·교육기간 및 교육과정의 운영 등에 관하여 필요한 사항은 국방부장관이 정한다.

⑤ 국방부장관은 전직지원교육 관련 업무를 전직지원교육에 필요한 인력, 조직 등을 갖춘 기관 또는 단체 중 국방부장관이 지정·고시하는 기관 또는 단체에 대행시킬 수 있다.

⑥ 제5항에 따라 전직지원교육 관련 업무를 대행하는 기관 또는 단체는 취업을 지원하기 위하여 필요한 경우 국가보훈부장관 및 고용노동부장관으로부터 고용에 관한 정보 등을 지원받아 전직지원교육 대상자의 취업지원업무에 활용할 수 있다.(2023.4.11 본항개정)

제60조의3【전직지원교육비의 지원】 ① 제60조의2에 따라 전직지원교육 대상자로 선발된 사람에게는 예산의 범위에서 교육비를 지원할 수 있다.

② 제1항에 따른 교육비의 지급 요건 및 방법 등에 관하여 필요한 사항은 국방부장관이 정한다.

제3절의2 국방분야 국가자격의 개발 및 운영
(2013.6.17 본절신설)

제60조의4【국방자격발전기본계획】 ① 국방부장관은 법 제46조의4에 따른 국방분야 국가자격(이하 "국방자격"이라 한다)의 개발과 국방자격 제도의 효율적인 운영을 위하여 국방자격발전기본계획을 5년마다 수립·시행하여야 한다.

② 제1항에 따른 국방자격발전기본계획에는 다음 각 호의 사항이 포함되어야 한다.
1. 국방자격 제도의 중장기 정책 목표 및 방향에 관한 사항
2. 군 특수기술 직무분야에 대한 산업현장의 인력 수급(需給) 동향에 관한 사항
3. 국방자격 종목의 신설·변경 및 폐지에 관한 사항
4. 국방자격 취득자의 취업 및 활용 증진에 관한 사항
5. 국방자격 제도의 운영 성과 및 평가에 관한 사항
6. 그 밖에 국방자격 제도의 발전에 필요한 사항

제60조의5【국방자격의 종목과 등급】 국방자격의 종목과 등급은 「자격기본법」 제8조제1항에 따른 자격정책심의회의 심의를 거쳐 국방부령으로 정한다.

제60조의6【국방자격의 취득 요건】 법 제46조의4제4항에서 "교육 수료 후 대통령령으로 정하는 국가자격의 취득 요건을 갖춘 사람"이란 국방자격별로 국방부령으로 정하는 교육과정 및 근무경력 등의 응시자격을 갖춘 사람으로서 제60조의7에 따른 국방자격 검정(檢定)에 합격한 사람을 말한다.

제60조의7【국방자격의 검정】 ① 국방부장관은 매년 1회 이상 국방자격 검정을 시행하여야 한다.

② 제1항에 따른 국방자격 검정의 기준·방법 및 절차에 관하여 필요한 사항은 국방부령으로 정한다.

제60조의8【국방자격증】 ① 국방부장관은 제60조의7에 따른 국방자격 검정에 합격한 사람에게 법 제46조의4제4항에 따른 국가자격의 취득을 증명하는 증서(이하 "국방자격증"이라 한다)를 발급한다.

② 국방자격증을 발급받은 사람은 국방자격증을 잃어버리거나 국방자격증이 헐어 못 쓰게 된 경우에는 국방부령으로 정하는 바에 따라 재발급받을 수 있다.

제60조의9【군인의 자격취득 등 지원】 ① 법 제46조의6제2항제3호에 따른 자격취득 지원 대상은 다음 각 호와 같다.
1. 고등학교 졸업학력 미만 입대자에 대한 검정고시를 통한 학력 인정
2. 「독학에 의한 학위취득에 관한 법률」에 따른 학위 취득
3. 그 밖에 각종 언어능력 및 직무능력 인증 등 국방부장관이 필요하다고 인정하는 능력 검정

② 국방부장관은 법 제46조의6에 따른 군인의 자격취득 등의 지원을 위하여 다음 각 호의 조치를 할 수 있다.
1. 자격취득 등에 관한 안내
2. 자격취득 등을 위한 검정 및 시험 응시 기회의 제공
3. 자격취득 등을 위한 사이버 또는 소집 교육과정의 제공
4. 자격취득 등을 위한 시설·장비의 지원
5. 자격취득 등에 필요한 비용의 지원

(2017.6.20 본조개정)

제60조의10 (2017.6.20 삭제)

제4절 고충심사위원회

제60조의11～제60조의16 (2016.6.28 삭제)

제5절 병영생활 전문상담관

제60조의17～제60조의22 (2016.6.28 삭제)

제6절 전사자등의 구분 및 전공사상심사위원회
(2015.9.22 본절신설)

제60조의23【전사자등의 구분】 ① 법 제54조의2제1항에 따른 전사자·순직자·일반사망자·전상자·공상자 및 비전공상자(이하 "전사자등"이라 한다)의 구분에 관한 기준은 다음 각 호와 같다.(2022.6.30 본문개정)
1. 법 제54조의2제1항제1호에 따른 전사자 : 별표7의 어느 하나에 해당하는 사망자
2. 법 제54조의2제1항제2호에 따른 순직자
  가. 순직Ⅰ형에 해당하는 순직자 : 별표8의 2-1-1부터 2-1-17까지의 어느 하나에 해당하는 사망자
  나. 순직Ⅱ형에 해당하는 순직자 : 별표8의 2-2-1부터 2-2-7까지의 어느 하나에 해당하는 사망자
  (2022.6.30 본목개정)
  다. 순직Ⅲ형에 해당하는 순직자 : 별표8의 2-3-1부터 2-3-14까지의 어느 하나에 해당하는 사망자
  (2020.8.4 본목개정)
3. 법 제54조의2제1항제3호에 따른 일반사망자 : 별표7 및 별표8의 어느 하나에 해당하지 아니하는 사망자
4. 법 제54조의2제1항제4호에 따른 전상자 : 별표9의 어느 하나에 해당하는 상이자
5. 법 제54조의2제1항제5호에 따른 공상자 : 별표10의 어느 하나에 해당하는 상이자
6. 법 제54조의2제1항제6호에 따른 비전공상자 : 별표9 및 별표10의 어느 하나에 해당하지 아니하는 상이자

② 법 제54조의2제2항 단서에서 "고의 또는 중과실로 사망하거나 위법행위를 원인으로 사망한 경우 등 대통령령으로 정하는 사유에 해당하는 경우"란 다음 각 호의 어느 하나에 해당하는 경우를 말한다.
1. 고의 또는 중과실로 사망한 경우
2. 위법행위를 원인으로 사망한 경우
3. 군무이탈 또는 무단이탈 중 사망한 경우
4. 그 밖에 직무수행과 관련 없는 개인적 행위를 원인으로 사망한 경우

(2022.6.30 본항신설)

제60조의24【보통전공사상심사위원회의 구성 및 운영】 ① 법 제54조의3제1항에 따른 보통전공사상심사위원회(이하 "보통심사위원회"라 한다)의 위원장은 보통심사위원회를 대표하며, 그 업무를 총괄한다.

② 보통심사위원회의 위원장이 부득이한 사유로 그 직무를 수행할 수 없을 때에는 해당 위원장이 미리 지명한 위원이 그 직무를 대행한다.

③ 보통심사위원회에 참석한 위원 중 공무원이 아닌 위원에게는 예산의 범위에서 수당 및 여비를 지급할 수 있다.

④ 제1항부터 제3항까지에서 규정한 사항 외에 보통심사위원회의 구성 및 운영에 필요한 사항은 참모총장이 정한다.

(2020.8.4 본조개정)

제60조의25【전공사상 재심사 및 중앙전공사상심사위원회의 구성 등】 ① 법 제54조의4제1항제2호에 따른 조사권한을 가지는 타 국가기관은 국민권익위원회와 국가인권위원회로 한다.

② 당사자 또는 당사자의 「민법」상 재산상속인은 법 제54조의4제2항에 따른 중앙전공사상심사위원회(이하 "중앙심사위원회"라 한다)가 재심사를 한 동일한 청구 사항에 대하여 1회에 한정하여 중앙심사위원회에 다시 재심사를 청구할 수 있다.

③ 중앙심사위원회의 위원장은 중앙심사위원회를 대표하며, 그 업무를 총괄한다.

④ 중앙심사위원회의 위원장이 부득이한 사유로 그 직무를 수행할 수 없을 때에는 해당 위원장이 미리 지명한 위원이 그 직무를 대행한다.

⑤ 중앙심사위원회에 참석한 위원 중 공무원이 아닌 위원에게는 예산의 범위에서 수당 및 여비를 지급할 수 있다.

⑥ 제3항부터 제5항까지에서 규정한 사항 외에 중앙심사위원회의 구성 및 운영에 필요한 사항은 국방부장관이 정한다.

(2020.8.4 본조개정)

제60조의26 (2020.8.4 삭제)

제60조의27【위원의 제척·기피·회피 등】 ① 중앙심사위원회 및 보통심사위원회(이하 "전공사상심사위원회"라 한다)의 위원은 다음 각 호의 어느 하나에 해당하는 경우에는 해당 안건의 심의·의결에서 제척된다.
1. 위원 또는 그 배우자나 배우자였던 사람이 해당 안건의 당사자 또는 당사자의 「민법」상 재산상속인(이하 이 조에서 "당사자등"이라 한다)이 되거나 그 안건의 당사자등과 공동권리자인 경우
2. 위원이 해당 안건의 당사자등과 친족이거나 친족이었던 경우
3. 위원이 해당 안건에 관하여 자문, 연구, 용역(하도급을 포함한다), 감정 또는 조사를 한 경우
4. 위원이 해당 안건에 관하여 당사자등의 대리인으로서 관여하거나 관여하였던 경우

② 해당 안건의 당사자등은 위원에게 공정한 심의·의결을 기대하기 어려운 사정이 있는 경우에는 전공사상심사위원회에 기피 신청을 할 수 있고, 전공사상심사위원회는 의결로 이를 결정한다. 이 경우 기피 신청의 대상인 위원은 그 의결에 참석하지 못한다.

③ 위원이 제1항 각 호에 따른 제척 사유에 해당하는 경우에는 전공사상심사위원회에 그 사실을 알리고, 스스로 해당 안건의 심의·의결에서 회피하여야 한다.

④ 전공사상심사위원회의 위원의 위촉권자 또는 임명권자는 전공사상심사위원회의 위원이 제1항 각 호의 어느 하나에 해당함에도 불구하고 회피하지 아니한 경우에는 해당 위원을 해임하거나 해촉할 수 있다.

제60조의28【간사】 ① 중앙심사위원회 및 보통심사위원회의 사무 처리를 위하여 중앙심사위원회 및 보통심사위원회에 각각 간사 1명을 둔다.

② 간사는 중앙심사위원회의 경우에는 국방부장관이, 보통심사위원회의 경우에는 각군 참모총장이 각각 지명한다.

제60조의29【회의록의 공개】 ① 법 제54조의5제2항 본문에 따라 전사자등이나 그 유족이 보통심사위원회 또는 중앙심사위원회 회의록의 공개를 요청한 경우 보통심사위원회 또는 중앙심사위원회는 그 요청일부터 3개월 이내에 공개를 요청한 사람에게 열람 또는 사본을 제공하는 방식으로 공개해야 한다.

② 제1항에 따라 공개를 요청받은 회의록에 공개 가능한 사항과 이름, 주민등록번호 등 개인에 관한 사항이 혼합되어 있는 경우로서 공개 요청의 취지에 어긋나지 않는 범위에서 두 부분을 분리할 수 있는 경우에는 이를 분리하여 공개해야 한다.

(2020.8.4 본조개정)

제60조의30【전공사상심사의 특례에 따른 전사자 등의 구분】 법 제54조의7제1항에 따른 전사자 또는 순직자 인정에 관한 기준은 다음 각 호와 같다.
1. 법 제54조의7제1항에 따른 전사자 : 별표9의 어느 하나에 해당하는 상이자로 인정되어 전역한 후 치료 중 그 상이가 직접적인 원인이 되어 사망한 사람
2. 법 제54조의7제1항에 따른 순직자
  가. 순직Ⅰ형에 해당하는 순직자 : 별표10의 2-1-1부터 2-1-17까지의 어느 하나에 해당하는 공상자로 인정되어 전역한 후 치료 중 그 상이가 직접적인 원인이 되어 사망한 사람
  나. 순직Ⅱ형에 해당하는 순직자 : 별표10의 2-2-1부터 2-2-6까지의 어느 하나에 해당하는 공상자로 인정되어 전역한 후 치료 중 그 상이 또는 질병이 직접적인 원인이 되어 사망한 사람
  다. 순직Ⅲ형에 해당하는 순직자 : 별표10의 2-3-1부터 2-3-14까지의 어느 하나에 해당하는 공상자로 인정되어 전역한 후 치료 중 그 상이 또는 질병이 직접적인 원인이 되어 사망한 사람

(2024.1.30 본조신설)

제8장 보 칙
(2012.1.31 본장개정)

제60조의31【장려금 지급 대상자의 선발 등】 ① 각군의 참모총장은 법 제62조의2제1항에 따라 같은 항 각 호의 어느 하나에 해당하는 사람 중에서 필기시험 성적과 체력검정 및 군사훈련 결과 등을 평가하여 장려금을 지급받을 사람을 선발할 수 있다.

② 장려금의 지급액은 수업료 및 수학보조금(修學補助金) 등 학교생활에 필요한 경비를 한도로 하여 국방부장관이 정한다.

③ 제1항 및 제2항에서 규정한 사항 외에 장려금의 지급방법 및 지급 시기 등에 관한 사항은 국방부령으로 정한다.

(2015.3.30 본조신설)

제61조【계급정년이 연장된 사람의 선발대상권】 선발대상권에는 법률 제1006호 군인사법 부칙 제8조 및 법률 제1406호 군인사법중개정법률 부칙 제3조에 따라 계급정년이 연장된 사람도 포함한다.

제61조의2【소령의 연령정년에 관한 특례】 법률 제19475호 군인사법 일부개정법률 부칙 제2조에 따라 소령의 연령정년은 2024년부터 2026년까지는 46세로, 2027년부터 2029년까지는 47세로, 2030년부터 2032년까지는 48세로, 2033년부터 2035년까지는 49세로 한다. 다만, 법률 제19475호 군인사법 일부개정법률의 시행일인 2024년 1월 1일 전에 종전의 법(법률 제19475호 군인사법 일부개정법률로 개정되기 전의 것을 말한다. 이하 이 조에서 같다)에 따라 연령정년에 도달한 사람에 대해서는 종전의 법에 따른 연령정년을 적용한다.(2023.12.19 본조신설)

제62조【민감정보 및 고유식별정보의 처리】 국방부장관 및 각군 참모총장(해병대의 경우에는 해병대사령관을 말한다)은 다음 각 호의 사무를 수행하기 위하여 불가피한 경우 「개인정보 보호법 시행령」 제18조제2호에 따른 범죄경력자료에 해당하는 정보 및 같은 영 제19조제1호에 따른 주민등록번호가 포함된 자료를 처리할 수 있다.
(2014.7.18 본문개정)
1. 법 제6조제4항 및 제8항에 따른 장기복무의 전형에 관한 사무(2016.1.12 본호신설)
2. 법 제9조부터 제11조까지 및 제14조에 따른 장교, 준사관 및 부사관의 임용에 관한 사무
3. 법 제24조에 따른 진급에 관한 사무
4. 법 제35조에 따른 전역에 관한 사무
5. 법 제37조제1항제1호에 따른 심신장애로 인하여 현역복무가 적합하지 아니한 사람의 전역 여부에 대한 심의에 관한 사무(2017.3.27 본호신설)
5의2. 법 제46조의2에 따른 전직지원교육에 관한 사무(2019.6.25 본호신설)
6. 법 제53조의2에 따른 명예전역에 관한 사무
7. 법 제54조의2부터 제54조의4까지의 규정에 따른 전사자등의 사망 또는 상이에 관한 사항의 심사(2020.8.4 본호개정)

(2014.7.18 본조제목개정)
(2013.1.16 본조신설)

부 칙 (2014.7.18)

제1조【시행일】 이 영은 2014년 9월 12일부터 시행한다. 다만, 제62조 및 별표1의 개정규정은 공포한 날부터 시행한다.

제2조【기본병과에 관한 경과조치】 ① 이 영 시행 당시 종전의 「군인사법」(법률 제12403호로 개정되기 전의 것을 말한다. 이하 같다) 제5조제1항제1호에 따른 병과에서 복무하는 군인은 제2조의2제1항 각 호의 개정규정에 따른 병과에 속한 것으로 본다. 다만, 종전의 「군인사법」 제5조제1항제1호에 따른 다음 표의 왼쪽 난에 적혀 있는 병과에서 복무하는 군인은 제2조의2제1항 각 호의 개정규정에 따른 다음 표의 오른쪽 난에 적혀 있는 병과에 속한 것으로 본다.

육군의 부사관	육군의 인사행정과
해병대의 기갑과	해병대의 보병과
해병대의 보급과 및 수송과	해병대의 보급수송과

② 이 영 시행 당시 종전의 「군인사법」 제5조제1항제1호에 따른 병과에 임용절차가 진행 중인 군인에 대해서는 제2조의2제1항 각 호의 개정규정에 따른 병과로 임용절차가 진행 중인 것으로 본다. 다만, 제1항에 따른 표의 왼쪽 난의 병과에 임용절차가 진행 중인 군인에 대해서는 같은 표의 오른 쪽 난의 병과로 임용절차가 진행 중인 것으로 본다.

제3조【병과장 임명에 관한 경과조치】 ① 이 영 시행 당시 종전의 「군인사법」 제21조제4항 각 호에 따른 병과의 병과장으로 임명된 사람은 제18조의2 각 호의 개정규정에 따른 병과의 병과장으로 임명된 것으로 본다.

② 제1항에도 불구하고 종전의 「군인사법」 제21조제4항제1호 중 부관과의 병과장으로 임명된 사람은 제18조의2제1호의 개정규정 중 인사행정과의 병과장으로 임명된 것으로 보며, 종전의 「군인사법」 제21조제4항제2호 단서 중 수송과 및 보급과의 병과장으로 임명된 사람의 경우에는 그 중 해병대사령관이 지정하는 사람을 제18조의2제2호 단서의 개정규정 중 보급수송과의 병과장으로 임명된 것으로 본다.

부 칙 (2016.1.12)

제1조【시행일】 이 영은 공포한 날부터 시행한다. 다만, 제17조의2 및 제17조의3의 개정규정은 2016년 3월 2일부터 시행한다.

제2조【병과에 관한 경과조치】 ① 이 영 시행 당시 종전의 제2조의2제1항제3호에 따른 공군의 인사행정과 및 교육과에서 복무하는 군인은 제2조의2제1항제3호의 개정규정에 따른 공군의 인사교육과에 속한 것으로 본다.

② 이 영 시행 당시 공군의 인사행정과 및 교육과에 임용절차가 진행 중인 군인에 대해서는 공군의 인사교육과로 임용절차가 진행 중인 것으로 본다.

제3조【보직해임 횟수 산정에 관한 경과조치】 ① 이 영 시행 전에 법 제17조제1항제3호에 따라 임기가 끝나기 전에 장교에 대하여 한 보직해임은 제17조의2의 개정규정을 적용할 때 보직해임 횟수 산정에 산입하지 아니한다.

② 제1항에도 불구하고 이 영 시행 당시의 계급에서 이 영 시행 전에 법 제17조제1항제3호에 따라 임기가 끝나기 전에 보직에서 해임된 장교가 그 계급에서 복무할 때까지는 제17조의2의 개정규정에도 불구하고 종전의 규정을 따른다.

제4조【임기제 진급 대상 직위에 관한 경과조치】 별표1의 개정규정에 따라 임기제 진급 대상 직위에서 제외되는 직위는 별표1의 개정규정에도 불구하고 이 영 시행 당시 해당 직위에 재직하는 임기제 진급 대상자의 근무기간이 만료되거나 면직 등으로 해당 직위에 결원이 발생할 때까지 임기제 진급 대상으로 보할 수 있는 직위로 본다.

부 칙 (2017.6.20)

제1조【시행일】 이 영은 공포한 날부터 시행한다. 다만, 제60조의9의 개정규정은 2017년 6월 21일부터 시행한다.

제2조【중앙심사위원회의 재심사에 관한 적용례】 제60조의26제2항의 개정규정은 이 영 시행 전에 중앙심사위원회가 재심사를 한 청구사항에 대해서도 적용한다.

제3조【순직자 분류에 관한 적용례】 별표8의 개정규정은 이 영 시행 전에 정신질환으로 인하여 자해행위를 하여 사망한 사람에 대해서도 적용한다.

부　칙 (2017.9.5)

제1조【시행일】 이 영은 공포한 날부터 시행한다. 다만, 제2조의2제1항제2호 단서, 제14조제1항제2호나목 및 제18조의2제2호 단서의 개정규정은 2018년 1월 1일부터 시행한다.
제2조【병과에 관한 경과조치】 ① 이 영 시행 당시 종전의 제2조의2제1항제2호 본문에 따른 해군 함정과에서 복무하는 군인 중 정보특기를 부여받은 군인은 제2조의2제1항제2호 본문의 개정규정에 따른 정보과에 속한 것으로 본다.
② 부칙 제1조 단서에 따른 시행일 당시 종전의 제2조의2제1항제2호 단서에 따른 해병대 보병과에서 복무하는 군인 중 기갑특기를 부여받은 군인은 제2조의2제1항제2호 단서의 개정규정에 따른 기갑과에 속한 것으로 본다.
③ 부칙 제1조 단서에 따른 시행일 당시 종전의 제2조의2제1항제2호 단서에 따른 해병대 병기과 및 보급수송과에서 복무하는 군인은 제2조의2제1항제2호 단서의 개정규정에 따른 군수과에 속한 것으로 본다.
제3조【병과장의 임기에 관한 경과조치】 부칙 제1조 단서에 따른 시행일 전에 종전의 제18조의2제2호 단서에 따른 해병대 병기과 또는 보급수송과의 병과장으로 임명된 군인이 제18조의2제2호 단서의 개정규정에 따라 해병대 군수과의 병과장으로 임명되는 경우에는 군수과 병과장의 임기를 계산함에 있어 부칙 제1조 단서에 따른 시행일 전에 병기과 또는 보급수송과의 병과장으로 직무를 수행한 기간을 포함한다.
제4조【다른 법령의 개정】 ①~㊿ ※(해당 법령에 가제정리 하였음)

부　칙 (2018.2.13)

제1조【시행일】 이 영은 공포한 날부터 시행한다.
제2조【순직자 분류에 관한 적용례】 별표8의 개정규정은 이 영 시행 전에 직무수행이나 교육훈련 중 사망한 사람에 대해서도 적용한다.
제3조【공상자 분류에 관한 적용례】 별표10의 개정규정은 이 영 시행 전에 직무수행이나 교육훈련 중 상이를 입은 사람 또는 질병이 발생하거나 악화된 사람에 대해서도 적용한다.

부　칙 (2019.6.25 영29930호)

제1조【시행일】 이 영은 2019년 7월 1일부터 시행한다.
제2조【특별승진임용의 제한에 관한 적용례 등】 ① 징계로 인한 특별승진임용, 명예진급(군인에 한정한다) 또는 특별임용(잠사관급 외무공무원에 한정한다) 제한에 관한 이 영의 개정규정은 이 영 시행 전에 징계 처분을 받은 사실이 있는 사람에 대해서도 적용한다.
② 이 영 시행 전에 「국가인권위원회법」 제2조제3호라목에 따른 성희롱을 사유로 경징계 처분을 받은 사실이 있는 사람은 이 영의 개정규정에 따라 「양성평등기본법」 제3조제2호에 따른 성희롱을 사유로 경징계 처분을 받은 사실이 있는 것으로 본다.
제3조【특별승진임용 취소에 관한 적용례】 명예퇴직수당의 환수로 인한 특별승진임용, 명예진급(군인에 한정한다) 또는 특별임용(잠사관급 외무공무원에 한정한다) 취소에 관한 이 영의 개정규정은 이 영 시행 이후 특별승진임용되는 사람부터 적용한다.

부　칙 (2020.2.4)

제1조【시행일】 이 영은 공포한 날부터 시행한다.
제2조【병과에 관한 경과조치】 이 영 시행 당시 종전의 제2조의2제1항제2호 단서에 따른 해병대 보병과에서 복무하는 군인 중 정보특기를 부여받은 군인은 제2조의2제1항제2호 단서의 개정규정에 따른 정보과에 속한 것으로 본다.
제3조【다른 법령의 개정】 ①~⑭ ※(해당 법령에 가제정리 하였음)
제4조【다른 법령과의 관계】 이 영 시행 당시 다른 법령에서 "헌병"을 인용한 경우에는 "군사경찰"을, "헌병과"를 인용한 경우에는 "군사경찰과"를 각각 인용한 것으로 본다.

부　칙 (2020.8.4)

제1조【시행일】 이 영은 2020년 8월 5일부터 시행한다.
제2조【순직자 분류에 관한 적용례】 제60조의23제1항제2호다목 및 별표8의 개정규정은 이 영 시행 당시 보통심사위원회 또는 중앙심사위원회에서 심사 또는 재심사가 진행 중인 경우에 대해서도 적용한다.
제3조【공상자 분류에 관한 적용례】 별표10의 개정규정은 이 영 시행 당시 보통심사위원회 또는 중앙심사위원회에서 심사 또는 재심사가 진행 중인 경우에 대해서도 적용한다.

부　칙 (2021.3.16)

이 영은 공포한 날부터 시행한다.

부　칙 (2021.11.30)

제1조【시행일】 이 영은 공포한 날부터 시행한다.(이하 생략)

부　칙 (2021.12.31)

제1조【시행일】 이 영은 2022년 1월 1일부터 시행한다.(이하 생략)

부　칙 (2022.4.1 영32560호)
(2022.4.1 영32561호)

제1조【시행일】 이 영은 공포한 날부터 시행한다.(이하 생략)

부　칙 (2022.6.30)

제1조【시행일】 이 영은 공포한 날부터 시행한다. 다만 제25조의3제1호 및 제38조제1항제1호 본문의 개정규정은 2022년 7월 1일부터 시행하고, 제9조의3 및 제60조의23제2항의 개정규정은 2022년 7월 5일부터 시행한다.
제2조【순직자 분류에 관한 적용례】 제60조의23제1항제2호나목, 별표8의 순직Ⅱ형란 및 순직Ⅲ형의 2-3-9의 기준 및 범위란의 개정규정은 이 영 시행 전에 사망한 군인에 대해서도 적용한다.
제3조【공상자 분류에 관한 적용례】 별표10의 2-3-6의 기준 및 범위란의 개정규정은 이 영 시행 전에 상이를 입은 군인에 대해서도 적용한다.

부　칙 (2022.7.14)

제1조【시행일】 이 영은 2022년 7월 15일부터 시행한다.(이하 생략)

부　칙 (2022.11.1)

제1조【시행일】 이 영은 공포한 날부터 시행한다.(이하 생략)

부　칙 (2022.12.6)

제1조【시행일】 이 영은 공포한 날부터 시행한다.
제2조【임기제 진급 대상 직위에 관한 경과조치】 별표1의 개정규정에 따라 임기제 진급 대상 직위에서 제외되는 공군군수사령부 항공자원관리단장 직위는 별표1의 개정규정에도 불구하고 이 영 시행 당시 해당 직위에 재직하는 임기제 진급 대상자의 근무기간이 만료되거나 면직 등으로 해당 직위에 결원이 발생할 때까지 임기제 진급 대상으로 보할 수 있는 직위로 본다.

부　칙 (2023.4.11)

제1조【시행일】 이 영은 2023년 6월 5일부터 시행한다.(이하 생략)

부　칙 (2023.6.7)

이 영은 2023년 6월 14일부터 시행한다.

부　칙 (2023.8.30)

제1조【시행일】 이 영은 공포한 날부터 시행한다.(이하 생략)

부　칙 (2023.12.19)

이 영은 2024년 1월 1일부터 시행한다.

부　칙 (2024.1.30)

제1조【시행일】 이 영은 공포한 날부터 시행한다. 다만, 제60조의30의 개정규정은 2024년 2월 1일부터 시행한다.
제2조【진급 예정자 명단에서의 삭제 및 진급 발령에 관한 경과조치】 이 영 시행 전에 종전의 제38조제1항제1호 본문, 같은 항 제2호 본문 및 같은 항 제3호 본문에 따른 사유가 발생하여 이 영 시행 당시 진급 예정자 명단에서 삭제된 경우의 진급 발령에 관하여는 제38조제1항 및 제2항의 개정규정에도 불구하고 종전의 제38조제1항제1호 단서, 같은 항 제2호 단서 및 같은 항 제3호 단서에 따른다.
제3조【다른 법령의 개정】 ①~④ ※(해당 법령에 가제정리 하였음)

〔별표〕 ➡ 「法典 別冊」 참조

군복 및 군용장구의 단속에 관한 법률(약칭 : 군복단속법)

(2006년 4월 28일
전부개정법률 제7933호)

개정
2010. 3.17법10106호　2014. 5. 9법12555호
2015. 7.20법13395호　2016. 1.19법13772호
2018. 3.20법15497호

제1조【목적】 이 법은 군복 및 군용장구의 제조·판매와 그 착용·사용을 규제함으로써 군수품의 유출을 방지하고, 군의 품위를 유지하며 나아가 군의 임무를 효과적으로 수행하는데 기여함을 목적으로 한다.
제2조【정의】 이 법에서 사용하는 용어의 정의는 다음과 같다.
1. "군복"이라 함은 「군인사법」 제47조의3의 규정에 따른 군모·제복·군화·계급장·표지장·피아식별띠 및 국방부령이 정하는 특수군복을 말한다.(2015.7.20 본호개정)
2. "군용장구"라 함은 군용표지가 있는 물품으로서 「군수품관리법」에 따른 일반물자의 장구류 중 국방부령이 정하는 것을 말한다.
3. "유사군복"이라 함은 군복과 형태·색상 및 구조 등이 유사하여 외관상으로는 식별이 극히 곤란한 물품으로서 국방부령이 정하는 것을 말한다.

제3조【제조·판매의 허가】 ① 군복 또는 군용장구의 제조 또는 판매업(이하 "제조·판매업"이라 한다)을 하고자 하는 자는 대통령령이 정하는 시설을 갖추고, 제조 또는 판매하고자 하는 군복 또는 군용장구의 종류를 정하여 국방부장관의 허가를 받아야 한다. 허가받은 군복 또는 군용장구의 종류를 변경하는 경우도 또한 같다.
② 국방부장관은 제1항에 따른 허가 또는 변경허가의 신청을 받은 날부터 40일 이내에 허가 여부를 신청인에게 통지하여야 한다.(2018.3.20 본항신설)
③ 국방부장관이 제2항에서 정한 기간 내에 허가 여부 또는 민원 처리 관련 법령에 따른 처리기간의 연장을 신청인에게 통지하지 아니하면 그 기간(민원 처리 관련 법령에 따라 처리기간이 연장 또는 재연장된 경우에는 해당 처리기간을 말한다)이 끝난 날의 다음 날에 허가를 한 것으로 본다.(2018.3.20 본항신설)
④ 제1항에 따른 허가에는 필요한 조건을 붙일 수 있다.(2018.3.20 본항개정)
⑤ 제4항에 따른 조건, 그 밖에 허가 등에 관하여 필요한 사항은 대통령령으로 정한다.(2018.3.20 본항개정)
제4조【결격사유】 다음 각 호의 어느 하나에 해당하는 자는 제조·판매업의 허가를 받을 수 없다.
1. 이 법의 규정에 위반하여 징역의 실형을 선고받고 그 집행이 종료(집행이 종료된 것으로 보는 경우를 포함한다)되거나 집행이 면제된 날부터 3년이 경과되지 아니한 자 또는 그 형의 집행유예를 선고받고 그 유예기간 중에 있는 자
2. 피성년후견인 또는 피한정후견인(2016.1.19 본호개정)
3. (2016.1.19 삭제)
4. 제5조의 규정에 따라 허가가 취소된 날부터 3년이 경과되지 아니한 자. 다만, 이 조 제2호에 해당하여 허가가 취소된 경우는 제외한다.(2016.1.19 단서신설)
5. 임원 중 제1호 내지 제3호의 어느 하나에 해당하는 자가 있는 법인
제5조【허가의 취소 등】 ① 국방부장관은 제조·판매업자가 다음 각 호의 어느 하나에 해당하는 경우에는 제조·판매업의 허가를 취소하거나 6월 이내의 기간을 정하여 영업을 정지시킬 수 있다. 다만 제1호·제2호 또는 제5호에 해당하는 경우에는 허가를 취소하여야 한다.
1. 허가받은 날부터 1년 이내에 영업을 시작하지 아니하거나 1년 이상 계속하여 영업을 하지 아니한 경우
2. 허위 그 밖의 부정한 방법으로 허가 또는 변경허가를 받은 경우
3. 허가조건을 위반한 경우
4. 허가의 시설기준을 유지하지 못하는 경우
5. 제4조 각 호의 어느 하나에 해당하게 된 경우. 다만, 같은 조제5호의 법인이 3월 이내에 그 임원을 해임하거나 개임한 경우에는 그러하지 아니하다.
6. 제6조 내지 제8조의 규정을 위반한 경우
7. 제10조의 규정에 따른 보고·자료제출을 거부하거나 검사를 방해 또는 기피한 경우
② 국방부장관은 제1항의 규정에 따라 허가를 취소하고자 할 때에는 청문을 실시하여야 한다.
제6조【장부의 기재·비치】 ① 제조·판매업자는 사업장에 다음 각 호의 사항을 기재한 제조·판매 장부를 비치하여야 한다.
1. 제조·판매 연월일
2. 제조·판매 품목과 수량
3. 구매자의 주소·성명·연령·주민등록번호(군인은 소속·계급·군번·성명·연령을 말한다)
4. 그 밖에 대통령령으로 정하는 사항
② 제1항의 규정에 따른 장부의 기재·비치 등에 관하여 필요한 사항은 국방부령으로 정한다.
제7조【명의대여의 금지】 제조·판매업자는 자기의 영업명의를 타인에게 대여하여서는 아니 된다.

제8조【군복 등의 제조·판매의 금지】 ① 누구든지 군복이나 군용장구를 착용 또는 사용할 수 없는 자를 위하여 이를 제조·판매하거나 판매할 목적으로 소지하여서는 아니 된다.
② 누구든지 유사군복을 제조 또는 판매하거나 판매할 목적으로 소지하여서는 아니 된다. 다만, 다음 각 호의 어느 하나의 경우에 사용하기 위한 때에는 그러하지 아니한다.
1. 문화·예술활동 또는 국방부령이 정하는 의식행사를 하는 경우
2. 다른 법령에 따라 착용·사용 또는 휴대가 허용된 경우
3. 국가기관 또는 지방자치단체의 시책에 따른 활동 등 공익을 위한 활동으로 국방부령이 정하는 경우

제9조【군복 등의 착용·사용금지】 ① 군인이 아닌 자는 군복을 착용하거나 군용장구를 사용 또는 휴대하여서는 아니 된다.
② 누구든지 유사군복을 착용하여 군인과 식별이 곤란하도록 하여서는 아니 된다.
③ 제1항 및 제2항의 규정은 제8조제2항 각 호의 경우에 착용·사용 또는 휴대하는 경우에는 이를 적용하지 아니한다.

제10조【보고 및 검사】 ① 국방부장관은 필요하다고 인정하는 때에는 제조·판매업자에 대하여 대통령령이 정하는 바에 따라 필요한 보고를 명하거나 자료를 제출하게 할 수 있으며 관계 공무원으로 하여금 제조·판매업자의 사무실·사업장 그 밖의 필요한 장소에 출입하여 시설·장부·서류 그 밖의 물건을 검사하거나 관계인에게 질문하게 할 수 있다.
② 제1항의 규정에 따라 출입·검사를 하는 공무원은 그 권한을 표시하는 증표를 지니고 이를 관계인에게 내보여야 한다.

제11조【권한의 위임·위탁】 ① 이 법에 따른 국방부장관의 권한은 대통령령이 정하는 바에 따라 그 소속 기관의 장이나 지방자치단체장에게 위임할 수 있다.
② 이 법에 따른 국방부장관의 권한은 대통령령이 정하는 바에 따라 다른 행정기관의 장이나 관련 법인·단체에 위탁할 수 있다.

제12조 (2010.3.17 삭제)

제13조【벌칙】 ① 다음 각 호의 어느 하나에 해당하는 자는 1년 이하의 징역 또는 1천만원 이하의 벌금에 처한다.(2014.5.9 본문개정)
1. 제3조제1항의 규정에 따른 허가를 받지 아니하고 군복 또는 군용장구를 제조 또는 판매하거나 판매할 목적으로 소지한 자
2. 제8조의 규정을 위반한 자
② 제9조의 규정을 위반한 자는 10만원 이하의 벌금이나 구류 또는 과료에 처한다.

제13조의2【벌칙 적용에서 공무원 의제】 국방부장관이 제11조제2항에 따라 위탁한 업무에 종사하는 관련 법인 또는 단체의 임직원은 「형법」 제129조부터 제132조까지의 규정에 따른 벌칙을 적용할 때에는 공무원으로 본다.(2018.3.20 본조신설)

제14조【양벌규정】 법인의 대표자나 법인 또는 개인의 대리인, 사용인, 그 밖의 종업원이 그 법인 또는 개인의 업무에 관하여 제13조의 위반행위를 하면 그 행위자를 벌하는 외에 그 법인 또는 개인에게도 해당 조문의 벌금형을 과(科)한다. 다만, 법인 또는 개인이 그 위반행위를 방지하기 위하여 해당 업무에 관하여 상당한 주의와 감독을 게을리하지 아니한 경우에는 그러하지 아니하다.(2010.3.17 본조개정)

부 칙

①**【시행일】** 이 법은 공포 후 6개월이 경과한 날부터 시행한다.
②**【제조·판매업의 허가에 관한 경과조치】** 이 법 시행 당시 종전의 규정에 의하여 제조·판매업의 허가를 받은 자는 제3조의 규정에 따른 허가를 받은 것으로 본다.

부 칙 (2016.1.19)

제1조【시행일】 이 법은 공포한 날부터 시행한다.
제2조【금치산자 등에 대한 경과조치】 제4조제2호의 개정규정에 따른 피성년후견인 또는 피한정후견인에는 법률 제10429호 민법 일부개정법률 부칙 제2조에 따라 금치산 또는 한정치산 선고의 효력이 유지되는 사람을 포함하는 것으로 본다.

부 칙 (2018.3.20)

제1조【시행일】 이 법은 공포 후 1개월이 경과한 날부터 시행한다.
제2조【군복 또는 군용장구의 제조·판매업의 허가에 관한 적용례】 제3조제2항 및 제3항의 개정규정은 이 법 시행 후 허가를 신청하는 경우부터 적용한다.

군무원인사법

(1989년 12월 30일 전개법률 제4159호)

개정
1992.12. 2법 4507호
1993.12. 9법 4582호
1995.12.29법 5061호
1999. 1.21법 5646호
2002.12.18법 6784호
2004. 1.20법 7086호
2006. 3.24법 7898호
2008.12.31법 9291호
2009. 4. 1법 9558호
2010. 3.26법10192호
2011. 7.25법10927호
2013. 3.22법11639호
2014. 5.20법12598호
2014.10.15법12785호
2015. 9. 1법13501호
2016. 1.19법13771호
2016.12.20법14420호
2017. 3.21법14609호(군인사법)
2019. 4.16법16315호
2020.12.22법17679호
2021. 4.13법17996호
2022. 2. 3법18801호
2022.12.13법19074호
2024. 1.16법20013호
2024. 2. 6법20187호
2024년 1월 25일 제412회 국회 본회의 통과→「法典 別冊」 보유편 수록

제1장 총 칙
(2009.4.1 본장개정)

제1조【목적】 이 법은 군무원(軍務員)의 책임·직무·신분 및 근무조건의 특수성을 고려하여 그 자격·임용·복무·보수 및 신분보장 등에 관하여 「국가공무원법」에 대한 특례를 규정함을 목적으로 한다.

제2조 (2016.12.20 삭제)

제3조【일반군무원의 계급 및 분류 등】 ① 기술·연구·예비전력관리 분야 또는 행정관리 분야에 대한 업무를 수행하는 군무원(이하 "일반군무원"이라 한다)의 계급은 1급부터 9급까지로 한다.
② 일반군무원은 직군과 직렬별로 분류한다.
③ 특수업무 분야에 종사하는 일반군무원에 대해서는 제1항에 따른 계급 구분이나 제2항에 따른 직군 및 직렬의 분류를 적용하지 아니할 수 있다. 이 경우 계급 구분이나 직군 및 직렬의 분류는 대통령령으로 정한다.
④ 제1항부터 제3항까지의 규정에 따른 각 계급의 직군 및 직렬별 명칭은 대통령령으로 정한다.
(2016.12.20 본조개정)

제4조【대우】 군무원은 군인에 준하는 대우를 하며 그 계급별 기준은 대통령령으로 정한다.

제5조【군무원인사위원회】 ① 군무원인사제도의 개선과 공정한 인사관리 등 인사에 관한 사항을 심의하기 위하여 다음 각 호의 기관 또는 부대에 군무원인사위원회(이하 "인사위원회"라 한다)를 둔다.
1. 국방부
2. 제6조제2항 각 호 외의 부분 단서 또는 제13조제1항 단서에 따라 임용권이나 보직권이 위임된 경우에는 그 위임받은 사람을 장으로 하는 기관 또는 부대
② 인사위원회의 구성·운영과 그 밖에 필요한 사항은 대통령령으로 정한다.

제2장 임 용
(2009.4.1 본장개정)

제6조【임용권자】 ① 5급 이상의 일반군무원(제3조제3항에 따라 같은 조 제1항 및 제2항에 따른 계급 구분이나 직군 및 직렬의 분류를 적용하지 아니하는 일반군무원 중 이에 상당하다고 대통령령으로 정하는 일반군무원을 포함한다. 이하 같다)은 국방부장관의 제청으로 대통령이 임용한다. 다만, 대통령으로부터 그 권한을 위임받은 경우에는 국방부장관이 임용할 수 있다.(2016.12.20 본문개정)
② 6급 이하의 일반군무원(제3조제3항에 따라 같은 조 제1항 및 제2항에 따른 계급 구분이나 직군 및 직렬의 분류를 적용하지 아니하는 일반군무원 중 이에 상당하다고 대통령령으로 정하는 일반군무원을 포함한다. 이하 같다)은 국방부장관이 임용한다. 다만, 국방부장관의 위임에 따라 다음 각 호의 사람이 임용할 수 있다.(2016.12.20 본문개정)
1. 육군·해군·공군 참모총장(해병대의 경우 해병대사령관을 말하며, 이하 "참모총장"이라 한다)
(2020.12.22 본호개정)
2. 국방부 직할부대·기관의 장(이하 "국방부직할부대장"이라 한다)
3. 장성급(將星級) 장교인 부대·기관의 장(이하 "장성급부대장"이라 한다)(2017.3.21 본호개정)

제7조【신규 채용】 ① 군무원은 공개경쟁시험으로 채용한다.
② 제1항에도 불구하고 다음 각 호의 어느 하나에 해당하는 경우에는 경력 등 응시요건을 정하여 같은 사유에 해당하는 다수인을 대상으로 경쟁의 방법으로 채용하는 시험(이하 "경력경쟁채용시험"이라 한다)으로 군무원을 채용할 수 있다.(2015.9.1 본문개정)
1. 다음 각 목의 어느 하나에 해당하는 사람을 퇴직한 날부터 3년 이내에 퇴직 당시에 재직한 직급(「국가공무원법」 제5조제2호에 따른 직급을 말한다. 이하 같다)의 군무원으로 다시 채용하는 경우
가. 제28조제1항제3호에 따라 직제의 개정 또는 폐지로 인한 인원 초과로 퇴직한 사람
나. 「국가공무원법」 제71조제1항제1호에 따라 신체·정신상의 장애로 장기 요양을 위하여 휴직하여 휴직기간 만료로 퇴직한 사람
2. (2016.12.20 삭제)
3. 법령에 따른 자격증·면허증 소지자를 그 자격증·면허증과 관련된 직무의 군무원으로 채용하는 경우
4. 1급 일반군무원을 채용하는 경우
5. 채용 예정 분야의 해당 직급·직위에 근무한 실적이 있는 군인을 전역한 날부터 3년 이내에 채용하는 경우
(2016.12.20 본호개정)
6. 채용예정직에 상응한 근무실적 또는 연구실적이 2년 이상인 사람을 채용하는 경우
7. 도서·벽지 등 특수한 지역·환경을 고려하여 연고지 등 일정한 지역에 거주하는 사람을 그 지역에 있는 부대 또는 기관에 근무할 군무원으로 채용하는 경우
8. 「북한이탈주민의 보호 및 정착지원에 관한 법률」 제2조제1호에 따른 북한이탈주민을 채용하는 경우
(2015.9.1 본호신설)
9. 복무 중에 「군인사법」 제37조제3항의 행위를 한 군인(예비역 군인을 포함한다)을 군무원으로 채용하는 경우
(2022.2.3 본호개정)
10. 「군인사법」 제54조의2에 따라 전사자 또는 순직자로 결정된 군인의 유족(사망한 군인의 배우자·자녀·부모·성년인 직계비속이 없는 조부모를 말한다)을 채용하는 경우(2021.4.13 본호신설)
③ 제2항에 따른 경력경쟁채용시험에 필요한 사항은 대통령령으로 정한다.(2015.9.1 본항개정)
④ 제2항제7호에 따라 경력경쟁채용시험을 통하여 채용된 사람은 채용 후 5년간 전직(轉職)되거나 해당 부대나 기관이 아닌 다른 부대나 기관으로 전보(轉補)되지 아니한다.(2015.9.1 본항개정)
⑤ 국방부장관은 군무원의 신규채용 대상자에 대하여 「국가정보원법」 제4조제4항의 위임에 따른 보안업무에 관한 대통령령에 근거한 신원조사를 국가정보원장에게 의뢰한다. 신규채용 후 재계약을 하는 경우에도 이와 같다.
(2024.2.6 본항신설)

제8조【시험 실시기관】 ① 군무원의 채용시험·승진시험 및 전직시험은 국방부장관이 실시한다. 다만, 국방부장관은 참모총장·장성급부대장 또는 대령급 장교인 부대의 장(이하 "대령급부대장"이라 한다)에게 위임하여 실시할 수 있다.(2017.3.21 단서개정)
② 제1항에도 불구하고 국방부장관은 필요하다고 인정하면 공개경쟁시험을 다른 국가기관에 위탁하여 실시할 수 있다.

제9조【응시 자격】 각종 시험의 응시에 필요한 최소한도의 학력, 경력, 연령, 그 밖에 필요한 자격요건은 대통령령으로 정한다.

제10조【결격사유】 다음 각 호의 어느 하나에 해당하는 사람은 군무원에 임용될 수 없다.
1. 대한민국의 국적을 가지지 아니한 사람
2. 대한민국 국적과 외국 국적을 함께 가지고 있는 사람
3. 「국가공무원법」 제33조 각 호의 어느 하나에 해당하는 사람
(2011.7.25 본조개정)

제11조【채용후보자 명부】 ① 제8조에 따른 시험 실시기관의 장은 군무원 채용시험에 합격한 사람을 대통령령으로 정하는 바에 따라 채용후보자 명부에 등록하여야 한다.
② 제1항에 따른 공개경쟁채용시험에 합격한 사람의 채용후보자 명부의 유효기간은 2년으로 한다.
③ 공개경쟁채용시험 합격자가 채용후보자 명부에 등록된 후에는 다음 각 호의 기간은 제2항의 기간에 넣어 계산하지 아니한다.
1. 「병역법」이나 그 밖의 법률에 따라 징집 또는 소집된 기간
2. 대통령령으로 정하는 사유로 임용되지 못한 기간

제12조【시보 임용】 ① 신규 채용한 사람은 다음 각 호의 기간 동안 시보(試補)로 임용하고, 그 기간 중 근무성적이 좋으면 정규 군무원으로 임용한다. 다만, 대통령령으로 정하는 경우에는 시보 임용을 면제하거나 그 기간을 단축할 수 있다.
1. 5급 일반군무원을 신규 채용하는 경우 : 6개월
2. 6급 이하의 일반군무원을 신규 채용하는 경우 : 3개월
(2016.12.20 본항개정)
② 시보임용기간 중에 있는 군무원의 근무성적이나 교육훈련성적이 나쁜 경우에는 제26조 또는 제28조에도 불구하고 임용권자(제6조제1항 단서 및 같은 조 제2항 각 호 외의 부분 단서에 따라 임용권을 위임받은 사람을 포함한다. 이하 같다)는 그를 면직시킬 수 있다.
③ 휴직기간, 직위해제기간 및 징계에 따른 정직·감봉처분을 받은 기간은 제1항의 시보임용기간에 넣어 계산하지 아니한다.
④ 시보임용기간 중에 있는 군무원의 교육훈련과 근무성적평정 등에 필요한 사항은 대통령령으로 정한다.

제13조【보직】 ① 군무원의 보직은 국방부장관이 행한다. 다만, 국방부장관의 위임에 따라 참모총장·장성급부대장 또는 대령급부대장이 행할 수 있다.(2017.3.21 단서개정)
② 군무원의 보직에 필요한 사항은 대통령령으로 정한다.

제14조【휴직자·장기파견자 등의 결원 보충】 ① 군무원이 다음 각 호의 어느 하나에 해당하는 경우에는 해당 직급·직위의 정원이 따로 있는 것으로 보고 그 결원을 보충할 수 있다. 다만, 제2호부터 제4호까지에 따른 파견

기간이 만료되기 2개월 전 이후에는 그러하지 아니하다.
(2016.12.20 본문개정)
1. 「국가공무원법」 제71조에 따라 6개월 이상 휴직한 경우. 다만, 「국가공무원법」 제71조제2항제4호에 따라 휴직하는 경우에는 대통령령으로 정하는 경우에 한정하여 3개월 이상 휴직하는 경우에도 결원을 보충할 수 있고, 출산휴가와 육아휴직을 연속하여 사용하는 경우에는 출산휴가일부터 후임자를 보충할 수 있다.
(2020.12.22 단서신설)
2. 중앙행정기관에 6개월 이상 파견된 경우
3. 교육훈련기관의 6개월 이상 과정에 파견된 경우
4. 정년이 될 때까지 남은 기간이 1년 이내인 군무원이 퇴직 후의 사회적응능력을 배양하기 위한 연수(硏修)를 목적으로 파견된 경우(2013.3.22 본호신설)
② 군무원이 파면·해임 또는 면직된 후 제35조에 따른 군무원인사소청심사위원회나 제43조에 따른 군무원항고심사위원회 또는 법원에서 그 처분의 무효·취소의 결정 또는 판결을 하면 그 결원이 보충되었던 날부터 파면·해임 또는 면직 처분을 받은 사람의 직급·직위에 해당하는 정원이 따로 있는 것으로 본다.(2016.12.20 본항개정)
③ 제1항과 제2항에 따른 정원은 다음 각 호의 어느 하나에 해당하는 사유가 발생한 이후 해당 직급·직위에 최초로 결원이 발생한 때에 각각 소멸된 것으로 본다.
(2016.12.20 본문개정)
1. 휴직자의 복직
2. 파견된 사람의 복귀
3. 파면·해임 또는 면직된 사람의 복귀

제15조【승진】 ① 군무원의 계급 간 승진은 근무성적평정, 경력평정, 그 밖의 능력의 실증(實證)에 따른다. 다만, 1급부터 3급까지의 일반군무원으로의 승진은 능력과 경력 등을 고려하여야 하며, 5급 일반군무원으로의 승진임용에 있어서는 승진시험을 거치도록 하되, 필요하다고 인정하는 경우에는 대통령령으로 정하는 바에 따라 인사위원회의 심사를 거쳐 임용할 수 있다.(2010.3.26 단서개정)
② 직무수행에 현저한 공적이 있는 우수 군무원으로서 대통령령으로 정하는 요건에 해당하는 사람에 대하여는 제1항에도 불구하고 특별승진임용을 하거나 일반군무원 승진시험에 우선 응시하게 할 수 있다.(2010.3.26 본항개정)
③ 계급별 승진소요최저연수(昇進所要最低年數), 승진의 제한, 그 밖에 승진에 필요한 사항은 대통령령으로 정한다.
④ 국방부장관은 군무원의 승진 대상자에 대하여 「국가정보원법」 제4조제4항의 위임에 따른 보안업무에 관한 대통령령에 근거한 신원조사를 국가정보원장에게 의뢰한다.(2024.2.6 본항신설)

제3장 복 무

(2009.4.1 본장개정)

제16조【성실 의무】 ① 군무원은 법령을 준수하며 직무를 성실히 수행하여야 한다.
② 군무원은 직무를 수행할 때에 직무상의 위험 또는 책임을 회피하거나 소속 상관의 허가 없이 직무를 이탈하여서는 아니 된다.

제17조【비밀 엄수 의무】 군무원은 직무상 알게 된 비밀을 재직 중이나 퇴직 후에 누설하여서는 아니 된다.

제18조【위탁교육자 등의 복무】 국비나 초청국의 부담으로 외국에 유학하거나 국내 교육훈련기관에서 위탁교육을 받은 군무원은 6년의 범위에서 대통령령으로 정하는 기간을 복무하여야 한다.

제19조【군무원의 복무에 관한 위임】 군무원의 복무에 관하여 이 법 또는 「국가공무원법」에서 규정한 것 외에는 대통령령으로 정한다.

제4장 능 률

(2009.4.1 본장개정)

제20조【능률 증진】 ① 군무원은 직무를 수행할 때에 능률이 충분히 발휘되고 증진되도록 노력하여야 한다.
② 국방부장관은 군무원의 근무능률을 증진시키기 위하여 보건·휴양·안전·후생, 그 밖에 필요한 사항에 대한 기준을 정하여 실시하여야 한다.

제21조【교육훈련】 ① 군무원은 담당 직무와 관련된 학식·기술 및 응용능력을 기르기 위하여 필요한 교육훈련을 받아야 한다.
② 군무원의 교육훈련에 필요한 사항은 대통령령으로 정한다.

제22조【근무성적평정】 군무원에 대한 근무성적평정은 대통령령으로 정하는 바에 따라 객관적이고 엄정하게 하여 인사관리에 반영하여야 한다.

제23조【상훈】 군무원의 상훈(賞勳)에 관한 사항은 법률로 정한 것 외에는 대통령령으로 정한다.

제5장 보 수

(2009.4.1 본장개정)

제24조【보수】 ① 군무원의 봉급에 관한 사항은 대통령령으로 정한다.
② 군무원은 봉급 외에 대통령령으로 정하는 바에 따라 수당을 받을 수 있다.

제25조【실비 변상】 군무원은 대통령령으로 정하는 바에 따라 직무수행에 드는 실비(實費)를 변상받을 수 있다.

제6장 신분보장

제26조【의사에 반한 신분조치】 군무원은 형의 선고나 이 법 또는 「국가공무원법」에서 정한 사유에 따르지 아니하고는 본인의 의사(意思)에 반하여 휴직·직위해제·강임(降任) 또는 면직을 당하지 아니한다. 다만, 1급 군무원은 그러하지 아니하다.(2009.4.1 본조개정)

제27조【당연 퇴직】 군무원이 제10조에 따른 결격사유에 해당하게 된 경우에는 당연히 퇴직한다. 다만, 「국가공무원법」 제33조제5호는 「형법」 제129조부터 제132조까지 및 직무와 관련하여 같은 법 제355조 또는 제356조에 규정된 죄를 범한 사람으로서 금고 이상의 형의 선고유예를 받은 경우만 해당한다.(2014.10.15 단서개정)

제28조【직권 면직】 ① 임용권자는 군무원이 다음 각 호의 어느 하나에 해당하면 직권으로 면직시킬 수 있다.
1. 신체·정신상의 장애로 직무를 감당할 수 없는 경우
2. 근무성적이 매우 나쁜 경우
3. 직제가 개정 또는 폐지되어 정원이나 예산의 감소 등으로 인원이 정원을 초과한 경우
4. 휴직기간이 끝나거나 휴직사유가 소멸된 후에도 직무에 복귀하지 아니하거나 직무를 감당할 수 없는 경우
5. 제29조제2항에 따라 대기명령을 받은 사람이 그 기간 중 직무수행 능력을 향상시키거나 근무태도를 개선하려는 뜻이 없다고 인정되는 경우
6. 전직시험에서 두 차례 이상 불합격한 사람으로서 직무수행 능력이 부족하다고 인정되는 경우
② 제1항에 따른 직권 면직은 인사위원회의 심의를 거쳐야 한다.
(2009.4.1 본조개정)

제29조【직위해제】 ① 임용권자는 다음 각 호의 어느 하나에 해당하는 군무원에 대하여는 직위(「국가공무원법」 제5조제1호에 따른 직위를 말한다. 이하 같다)를 해제할 수 있다.
1. 직무수행 능력이 부족하거나 근무성적이 극히 나쁜 사람
2. 파면·해임·강등 또는 정직에 해당하는 징계의결이 요구 중인 사람(2020.12.22 본호개정)
3. 형사사건으로 기소된 사람(약식명령이 청구된 사람은 제외한다)(2020.12.22 본호개정)
4. 「국가공무원법」 제73조의3제1항제6호에 해당하는 사람(2020.12.22 본호개정)
② 제1항제1호에 해당하는 사람의 직위를 해제하는 경우에는 3개월 이내의 기간 동안 대기를 명하고, 대기기간 중 직무수행 능력 회복 또는 근무성적 향상을 위한 교육훈련을 실시하거나 특별한 연구과제를 주는 등 필요한 조치를 하여야 한다.
③ 제1항제1호의 직위해제 사유와 같은 항 제2호부터 제4호까지의 직위해제 사유가 겹치는 경우에는 같은 항 제2호부터 제4호까지의 규정에 따라 직위해제를 하여야 한다.
(2020.12.22 본항개정)
④ 임용권자는 제1항제2호부터 제4호까지에 해당하는 사람에 대한 직위해제에 관한 권한을 참모총장에게 위임할 수 있다. 이 경우 제1항제3호에 해당하는 사람에 대한 직위해제에 관한 권한을 국방부직할부대장 또는 장성급부대장에게도 위임할 수 있다.(2020.12.22 본항개정)
⑤ 제1항에 따라 직위해제를 한 경우 그 사유가 소멸된 때에는 임용권자(제4항에 따라 직위해제에 관한 권한을 위임받는 사람을 포함한다)는 지체 없이 직위를 부여하여야 한다.
(2009.4.1 본조개정)

제30조【강임】 ① 임용권자는 다음 각 호의 어느 하나의 경우에는 해당 군무원을 강임할 수 있다.
1. 직제 또는 정원의 변경 등으로 직위가 없어지거나 강등되어 인원이 정원을 초과한 경우
2. 본인이 동의한 경우
② 제1항에 따라 강임된 군무원은 상위 직급에 결원이 생긴 경우에는 제15조에도 불구하고 우선 승진임용된다. 다만, 본인이 동의하여 강임된 군무원은 본인의 경력과 해당 기관의 인력 사정 등을 고려하여 우선 승진임용될 수 있다.(2022.2.3 단서신설)
(2009.4.1 본조개정)

제31조【정년】 군무원의 정년은 60세로 한다. 다만, 전시·사변 등의 국가비상 시에는 예외로 한다.
(2008.12.31 본조개정)

제32조【정년퇴직】 제31조에 따라 정년에 도달한 사람은 다음 각 호의 구분에 따른 날에 당연히 퇴직한다.
1. 정년에 해당하는 날이 1월에서 6월 사이에 있는 경우 : 6월 30일
2. 정년에 해당하는 날이 7월에서 12월 사이에 있는 경우 : 12월 31일
(2009.4.1 본조개정)

제33조【의원면직】 군무원은 본인의 의사에 따라 그 직을 면할 수 있다. 다만, 전시·사변 등의 국가비상 시에는 예외로 한다.(2009.4.1 본조개정)

제33조의2【의원면직의 제한】 ① 임용권자 또는 임용권을 위임받은 자(이하 이 조에서 "임용권자등"이라 한다)는 제33조에 따라 의원면직을 신청한 군무원이 다음 각 호의 어느 하나에 해당하는 때에는 의원면직을 허용하여서는 아니 된다. 다만, 제1호, 제3호 및 제4호의 경우에는 그 비위(非違) 정도가 파면·해임·강등 또는 정직의 징계에 해당한다고 판단되는 경우로 한정한다.
1. 비위와 관련하여 형사사건으로 기소된 때
2. 제39조의2제1항에 따른 군무원징계위원회에 파면·해임·강등 또는 정직에 해당하는 사유로 징계의결이 요구 중인 때(2020.12.22 본호개정)
3. 감사원이나 군검찰, 군사법경찰관, 그 밖의 수사기관(이하 이 조에서 "수사기관등"이라 한다)에서 비위와 관련하여 조사 또는 수사 중인 때
4. 각급 부대 및 기관의 감사부서 등에서 비위와 관련하여 내부 감사 또는 조사가 진행 중인 때
② 임용권자등은 재직 중인 군무원이 의원면직을 신청한 경우에는 해당 군무원이 제1항에 따른 의원면직 제한 대상에 해당하는지를 수사기관등의 장에게 확인하여야 한다. 이 경우 확인요청을 받은 수사기관등의 장은 요청받은 날부터 10일 이내에 해당 사실을 통보하여야 한다.
③ 그 밖에 군무원에 대한 의원면직의 제한에 필요한 사항은 대통령령으로 정한다.
(2016.1.19 본조신설)

제34조【인사소청】 군무원은 위법 또는 부당하게 휴직, 직위해제, 강임 또는 면직되었다고 판단하면 이에 대한 심사를 청구할 수 있다.(2009.4.1 본조개정)

제35조【군무원인사소청심사위원회】 ① 제34조에 따른 인사소청 청구를 심사하기 위하여 국방부에 군무원인사소청심사위원회를 둔다.
② 제1항에 따른 군무원인사소청심사위원회의 구성·운영·심사절차, 그 밖에 필요한 사항은 대통령령으로 정한다.
(2009.4.1 본조개정)

제35조의2【행정소송과의 관계】 휴직·직위해제·강임·면직·징계, 그 밖에 군무원 본인의 의사에 반하는 불리한 처분에 관한 행정소송은 제35조에 따른 군무원인사소청심사위원회 또는 제43조에 따른 군무원항고심사위원회의 심사·결정을 거치지 아니하면 제기할 수 없다.(2009.4.1 본조개정)

제36조【고충처리】 ① 군무원은 누구나 인사·조직·처우 등 각종 직무 조건과 그 밖의 신상문제에 대하여 인사 상담이나 고충 심사를 청구할 수 있으며, 이를 이유로 불이익한 처분이나 대우를 받지 아니한다.
② 제1항에 따른 청구를 받은 부대 또는 기관의 장은 이를 제3항에 따른 군무원고충심사위원회에 부쳐 심사하게 하고, 그 결과에 따라 고충의 해소 등 공정한 처리를 위하여 노력하여야 한다.
③ 제1항에 따른 청구를 받은 고충을 심사하기 위하여 국방부, 육군·해군·공군 본부(해병대의 경우 해병대사령부를 말한다), 국방부 직할부대·기관 및 장성급 지휘관(장성급 지휘관 직위가 군무원 직위로 전환된 경우를 포함한다. 이하 이 조에서 같다)이 지휘하는 부대·기관에 군무원고충심사위원회를 둔다.(2024.1.16 본항개정)
④ 군무원고충심사위원회를 거친 재심청구는 제35조에 따른 군무원인사소청심사위원회에서 심사한다.
⑤ 군무원고충심사위원회의 구성·운영과 심사절차 등에 관하여 필요한 사항은 대통령령으로 정한다.
(2009.4.1 본조개정)

제7장 징 계

(2009.4.1 본장개정)

제37조【징계사유】 군무원에 대한 징계는 다음 각 호의 어느 하나에 해당하는 경우에 행한다.
1. 이 법 및 이 법에 따른 명령을 위반한 경우
2. 직무상의 의무(다른 법령에서 군무원의 신분으로 인하여 부과된 의무를 포함한다)를 위반하거나 직무를 게을리한 경우(2021.4.13 본호개정)
3. 직무 관련 유무와 상관없이 그 품위를 손상하는 행위를 한 경우
4. 그 밖에 군율(軍律)을 위반한 경우

제37조의2【징계부가금】 ① 징계권자는 제37조에 따른 군무원의 징계사유가 다음 각 호의 어느 하나에 해당하는 경우에는 해당 징계 외에 다음 각 호의 행위로 취득하거나 제공한 금전 또는 재산상 이득(금전이 아닌 재산상 이득의 경우에는 금전으로 환산한 금액을 말한다)의 5배 내의 징계부가금 부과 의결을 제39조의2제1항에 따른 군무원징계위원회에 요구하여야 한다.
1. 금전, 물품, 부동산, 향응 또는 그 밖에 대통령령으로 정하는 재산상 이익을 취득하거나 제공한 경우
2. 다음 각 목의 어느 하나에 해당하는 것을 횡령(橫領), 배임(背任), 절도, 사기 또는 유용(流用)한 경우
가. 「국가재정법」에 따른 예산 및 기금
나. 「지방재정법」에 따른 예산 및 「지방자치단체 기금관리기본법」에 따른 기금
다. 「국고금 관리법」 제2조제1호에 따른 국고금
라. 「보조금 관리에 관한 법률」 제2조제1호에 따른 보조금
마. 「국유재산법」 제2조제1호에 따른 국유재산, 「물품관리법」 제2조제1항에 따른 물품 및 「군수품관리법」 제2조에 따른 군수품

바. 「공유재산 및 물품 관리법」 제2조제1호 및 제2호에 따른 공유재산 및 물품
사. 그 밖에 가목부터 바목까지에 준하는 것으로서 대통령령으로 정하는 것
② 제39조의2제1항에 따른 군무원징계위원회는 징계부가금 부과 의결을 하기 전에 징계부가금 부과 대상자가 제1항 각 호의 어느 하나에 해당하는 사유로 다른 법률에 따라 형사처벌을 받거나 변상책임 등을 이행한 경우(몰수나 추징을 당한 경우를 포함한다) 또는 다른 법령에 따른 환수나 가산징수 절차에 따라 환수금이나 가산징수금을 납부한 경우에는 대통령령으로 정하는 바에 따라 조정된 범위에서 징계부가금 부과를 의결하여야 한다.
③ 제39조의2제1항에 따른 군무원징계위원회는 징계부가금 부과 의결을 한 후에 징계부가금 부과 대상자가 형사처벌을 받거나 변상책임 등을 이행한 경우(몰수나 추징을 당한 경우를 포함한다) 또는 환수금이나 가산징수금을 납부한 경우에는 대통령령으로 정하는 바에 따라 이미 의결된 징계부가금의 감면 등의 조치를 하여야 한다. (2020.12.22 본항신설)
④ 제1항에 따라 징계부가금 부과처분을 받은 사람이 납부기간 내에 그 징계부가금을 납부하지 아니한 때에는 징계권자(징계권자가 대통령령으로 정하는 규모 이하의 부대 또는 기관의 장인 경우 그 상급 부대 또는 기관의 장을 말한다. 이하 이 조에서 같다)는 「국세징수법」에 따른 강제징수의 예에 따라 징수할 수 있다. 다만, 퇴직 등으로 체납액의 징수가 사실상 곤란하다고 판단되는 경우에는 징수 대상자의 주소지를 관할하는 세무서장에게 징수를 위탁한다.(2021.4.13 본항개정)
⑤ 징계권자는 제4항 단서에 따라 관할 세무서장에게 징계부가금 징수를 의뢰한 후 체납일부터 5년이 지난 후에도 징수가 불가능하다고 인정되는 경우에는 제39조의2제1항에 따른 군무원징계위원회에 징계부가금 감면 의결을 요청할 수 있다.(2020.12.22 본항신설)
(2020.12.22 본조개정)
제38조 【징계권자】 ① 군무원에 대한 징계권자에 관하여는 「군인사법」 제58조제1항을 준용하되, 군인과의 계급 대비(對比)는 제4조에 따른다.
② 징계권자가 징계를 하려면 제39조의2제1항에 따른 군무원징계위원회의 심의를 거쳐야 하고, 파면·해임·강등 또는 정직 처분을 하려면 임용권자의 승인을 받아야 한다.(2015.9.1 본항개정)
③ 징계권자가 징계처분 및 징계부가금 부과처분(이하 "징계처분등"이라 한다)을 한 때에는 대통령령으로 정하는 바에 따라 해당 군무원에게 알려야 한다.
(2014.10.15 본항개정)
제39조 【징계의 종류와 효력】 ① 징계는 파면, 해임, 강등, 정직, 감봉 및 견책으로 구분한다. 다만, 제45조제1항에 따른 임기제일반군무원의 경우에는 강등은 제외한다.
(2020.12.22 단서신설)
② 강등은 해당 계급에서 1계급을 내리고, 강등처분을 받은 사람은 군무원의 신분은 보유하나 3개월 동안 직무에 종사할 수 없으며, 그 기간 중 보수는 전액을 삭감한다.
(2020.12.22 본항개정)
③ 정직은 1개월 이상 3개월 이하의 기간으로 하고, 정직처분을 받은 사람은 그 기간 중 군무원의 신분은 보유하나 직무에 종사할 수 없으며, 그 기간 중 보수는 전액을 삭감한다.(2020.12.22 본항개정)
④ 감봉은 1개월 이상 3개월 이하의 기간 동안 보수의 3분의 1에 해당하는 금액을 감액한다.
⑤ 견책은 과오(過誤)에 관하여 훈계하고 반성하게 한다.
제39조의2 【군무원징계위원회】 ① 군무원의 징계 및 징계부가금 부과사건을 심의하기 위하여 제38조제1항에 따른 징계권자의 부대 또는 기관에 군무원징계위원회(이하 "징계위원회"라 한다)를 둔다.
② 징계위원회는 징계처분등의 심의 대상자보다 상위직에 있는 장교·군무원 또는 공무원 중에서 5명 이상으로 구성한다.
(2015.9.1 본조신설)
제40조 【징계의 절차 등】 ① 징계처분등은 징계위원회의 심의를 거쳐 한다.
② 징계위원회는 징계처분등의 심의 대상자에게 서면이나 구술로 충분한 진술 기회를 주어야 한다.
③ 징계위원회는 징계권자가 징계의결 또는 징계부가금 부과 의결(이하 "징계의결등"이라 한다)을 요구한 날부터 30일 이내에 심의·의결하여야 한다. 다만, 부득이한 사유가 있을 때에는 징계위원회의 결정으로 30일의 범위에서 그 기간을 연장할 수 있다.(2015.9.1 본항신설)
④ 징계권자는 제3항에 따라 징계위원회로부터 징계의결등의 결과를 송부받은 때에는 그 날부터 15일 이내에 징계처분등을 하여야 한다.(2015.9.1 본항신설)
⑤ 징계권자는 징계위원회의 징계의결등이 가볍다고 인정하는 경우에는 그 징계처분등을 하기 전에 법무장교가 배치된 징계권자의 차상급 부대 또는 기관에 설치된 징계위원회(국방부에 설치된 징계위원회의 징계의결등에 대하여는 그 징계위원회를 말한다)에 심사나 재심사를 청구할 수 있다. 이 경우 징계권자는 심사나 재심사에 따른 징계의결등의 결과에 따라 징계처분등을 하여야 한다.
⑥ 징계권자는 「성폭력범죄의 처벌 등에 관한 특례법」 제2조에 따른 성폭력범죄 및 「양성평등기본법」 제3조제2호에 따른 성희롱에 해당하는 사유로 징계처분등을 할 때에는 피해자가 요청하는 경우 그 징계처분등의 결과를 피해자에게 통보하여야 한다.(2020.12.22 본항신설)
(2015.9.1 본조개정)
제41조 【징계 및 징계부가금 부과 사유의 시효】 ① 징계의결등의 요구는 징계사유가 발생한 날부터 다음 각 호의 구분에 따른 기간이 지나면 하지 못한다.
1. 징계사유가 다음 각 목의 어느 하나에 해당하는 경우 : 10년
가. 「성매매알선 등 행위의 처벌에 관한 법률」 제4조에 따른 금지행위
나. 「성폭력범죄의 처벌 등에 관한 특례법」 제2조에 따른 성폭력범죄
다. 「아동·청소년의 성보호에 관한 법률」 제2조제2호에 따른 아동·청소년대상 성범죄
라. 「양성평등기본법」 제3조제2호에 따른 성희롱
2. 징계사유가 제37조의2제1항 각 호의 어느 하나에 해당하는 경우 : 5년
3. 그 밖의 징계사유에 해당하는 경우 : 3년
(2022.12.13 본항개정)
② 징계위원회의 구성, 그 밖에 절차상의 흠이나 징계 정도 및 징계부가금의 과다(過多)를 이유로 제43조에 따른 군무원항고심사위원회나 법원에서 징계처분등의 무효 또는 취소의 결정이나 판결을 한 경우에는 제1항의 시효기간이 지나거나 남은 시효기간이 3개월 미만인 경우에도 그 결정 또는 판결이 확정된 날부터 3개월 이내에 다시 징계의결등을 요구할 수 있다.(2022.12.13 본항개정)
③ 「국가공무원법」 제83조제1항 및 제2항에 따라 징계절차를 진행하지 못하여 제1항의 시효기간이 지나거나 남은 시효기간이 1개월 미만인 경우 제1항의 기간은 같은 법 제83조제3항에 따른 조사나 수사의 종료를 통보받은 날부터 1개월이 지난 날에 끝나는 것으로 본다.
(2014.10.15 본조제목개정)
제42조 【항고】 ① 징계처분등을 받은 사람은 그 처분을 통지받은 날부터 30일 이내에 장성급 장교가 지휘하는 징계권자의 차상급 부대 또는 기관의 장에게 항고할 수 있다. 다만, 국방부장관이 징계권자인 경우에는 국방부장관에게 항고할 수 있다.(2017.3.21 본문개정)
② 제1항 본문에도 불구하고 파면·해임·강등 또는 정직 처분을 받은 5급 이상의 일반군무원은 처분의 통지를 받은 날부터 30일 이내에 직접 국방부장관에게 항고할 수 있다.
③ 제1항 본문에 따른 항고를 할 때에 징계처분등을 받은 사람의 소속이 변경된 경우에는 항고 당시의 소속 부대 또는 기관의 차상급 부대 또는 기관의 장에게 항고하여야 한다. 이 경우 항고를 받은 차상급 부대 또는 기관의 장은 장성급 장교로서 징계처분등을 한 사람보다 상급자이어야 한다.(2017.3.21 후단개정)
④ 제1항부터 제3항까지의 규정에 따라 항고를 받은 국방부장관과 부대 또는 기관의 장은 제43조에 따른 군무원항고심사위원회의 심사를 거쳐 원래의 징계처분등을 취소하거나 감경할 수 있으나 원징계처분보다 무겁게 징계하거나 원징계부가금 부과처분보다 무거운 징계부가금을 부과하는 결정을 하지 못한다.(2014.10.15 본항개정)
제43조 【군무원항고심사위원회】 ① 군무원의 징계처분등에 대한 항고를 심사하기 위하여 장성급 장교가 지휘하는 징계권자의 차상급 부대 또는 기관에 군무원항고심사위원회를 둔다. 다만, 국방부장관이 징계권자인 경우와 제42조제2항에 따라 국방부장관에게 항고한 경우에 이를 심사하기 위한 군무원항고심사위원회는 국방부에 둔다.
(2017.3.21 본문개정)
② 제1항에 따른 군무원항고심사위원회는 장교·군무원 또는 공무원 중에서 5명 이상으로 구성한다. 이 경우 위원 중 군법무관 또는 법률지식이 풍부한 사람 1명과 군무원 또는 공무원 2명 이상이 포함되어야 한다.
(2021.4.13 본항개정)
③ 군무원항고심사위원회의 항고심사에 관하여는 제40조제2항을 준용한다.(2015.9.1 본항신설)
제43조의2 【위임규정】 징계위원회 및 군무원항고심사위원회의 구성·운영과 징계절차, 징계부가금 부과절차 및 항고절차, 그 밖에 징계처분등의 시행 등을 위하여 필요한 사항은 대통령령으로 정한다.(2015.9.1 본조신설)

제8장 보 칙
(2016.12.20 본장개정)

제44조 【국가비상 시 군무원 임용에 관한 특례】 전시·사변 등의 국가비상 시에 임용되는 군무원에 대해서는 이 법의 규정에도 불구하고 임용·복무·보수 및 그 밖에 필요한 사항에 대하여 대통령령으로 따로 정할 수 있다.
제45조 【근무기간을 정하여 임용하는 일반군무원 등】
① 임용권자는 전문 지식·기술이 요구되거나 임용 관리에 특수성이 요구되는 업무를 담당하게 하기 위하여 일반군무원을 임용할 때에 일정기간을 정하여 근무하는 군무원(이하 "임기제일반군무원"이라 한다)을 임용할 수 있다.
② 임기제일반군무원에 대해서는 이 법 또는 다른 법률에 특별한 규정이 없으면 제15조(승진), 제18조(위탁교육자 등의 복무), 제30조(강임), 제31조(정년) 및 제32조(정년퇴직)를 적용하지 아니한다.
③ 임기제일반군무원은 「국가공무원법」 제26조의5에 따른 임기제공무원으로 본다. 다만, 임기제일반군무원의 임용요건, 임용절차, 근무상한연령 및 그 밖에 필요한 사항은 대통령령으로 정한다.

부 칙 (2008.12.31)

① **【시행일】** 이 법은 2009년 1월 1일부터 시행한다. 다만, 제41조제1항의 개정규정은 공포 후 3개월이 경과한 날부터 시행한다.
② **【4급 이하 군무원의 정년 연장에 관한 경과조치】** 4급 이하 일반군무원 및 기능군무원의 정년은 제31조의 개정규정에 불구하고 2009년부터 2010년까지는 58세로, 2011년부터 2012년까지는 59세로, 2013년부터 60세로 한다.
③ **【징계시효 연장에 관한 경과조치】** 이 법 시행 전에 징계사유가 발생한 자에 대하여는 제41조제1항의 개정규정에도 불구하고 종전의 규정에 따른다.

부 칙 (2014.5.20)

제1조 【시행일】 이 법은 공포한 날부터 시행한다. 다만, 제2조제2항의 개정규정은 공포 후 3개월이 경과한 날부터 시행한다.
제2조 【직위해제에 관한 적용례】 제29조제1항제3호 및 제4호의 개정규정은 이 법 시행 후 최초로 형사사건에 기소된 사람부터 적용한다.
제3조 【일반군무원으로 전환된 별정군무원의 정년에 관한 특례】 부칙 제4조 및 제5조에 따라 예비전력관리 업무를 담당하는 별정군무원에서 일반군무원으로 전환된 사람의 정년은 제31조 본문에도 불구하고, 2015년까지는 57세, 2016년부터 2017년까지는 58세, 2018년부터 2019년까지는 59세, 2020년부터는 60세로 한다.
제4조 【군무원 구분 변경에 따른 경과조치】 제2조제2항의 개정규정 시행 당시 재직 중인 별정군무원과 계약에 따라 임용된 군무원 중 예비전력관리 업무를 담당하는 군무원은 같은 개정규정 시행일에 일반군무원으로 임용된 것으로 본다. 이 경우 임용되는 계급, 직급, 직위 및 근무형태, 인사관리 등에 관한 사항은 대통령령으로 정한다.
제5조 【진행 중인 시험에 관한 경과조치】 ① 제2조제2항의 개정규정 시행 당시 진행 중인 예비전력관리 업무를 담당하는 군무원 채용시험 또는 임용시험에 합격한 사람은 일반군무원 임용시험에 합격한 사람으로 본다.
② 제2조제2항의 개정규정 시행 전에 제1항에 따른 시험에 합격하였으나 같은 개정규정 시행 당시 아직 임용되지 아니한 사람은 일반군무원 임용시험에 합격한 것으로 본다. 이 경우 임용되는 사항에 대하여는 부칙 제4조 후단을 준용한다.

부 칙 (2015.9.1)

제1조 【시행일】 이 법은 공포 후 3개월이 경과한 날부터 시행한다. 다만, 제7조의 개정규정은 공포 후 6개월이 경과한 날부터 시행한다.
제2조 【북한이탈주민의 군무원 경력경쟁채용에 관한 적용례】 제7조제2항제8호의 개정규정은 이 법 시행 후 최초로 실시하는 경력경쟁채용시험부터 적용한다.

부 칙 (2016.1.19)

제1조 【시행일】 이 법은 공포 후 3개월이 경과한 날부터 시행한다.
제2조 【의원면직의 제한에 관한 적용례】 제33조의2의 개정규정은 이 법 시행 후 최초로 의원면직을 신청하는 군무원부터 적용한다.

부 칙 (2016.12.20)

제1조 【시행일】 이 법은 공포 후 1년이 경과한 날부터 시행한다.
제2조 【일반군무원으로 전환된 별정군무원의 정년에 관한 특례】 부칙 제3조제1항 및 제4조제1항에 따라 이 법 시행일에 별정군무원에서 일반군무원으로 전환된 군무원의 정년은 제31조 본문에도 불구하고 2017년까지는 58세, 2018년부터 2019년까지는 59세, 2020년부터는 60세로 한다. 다만, 3급 상당 이상의 교수·교관 직무를 담당하는 군무원의 정년은 그러하지 아니하다.
제3조 【군무원의 구분 변경에 관한 경과조치】 ① 이 법 시행 당시 재직 중인 기능군무원과 별정군무원은 이 법 시행일에 일반군무원으로 임용된 것으로 본다. 이 경우 임용되는 직군, 직렬, 계급 및 직급 등에 관한 사항은 대통령령으로 정한다.
② 이 법 시행 전의 계약에 따라 임용된 군무원(이하 "계약군무원"이라 한다)으로서 이 법 시행 당시 재직 중인 계약군무원은 대통령령으로 정하는 임용예정 직군, 직렬,

계급 및 직급 등 인사 관계 규정에 따라 이 법 시행일에 제45조의 개정규정에 따른 임기제일반군무원으로 임용된 것으로 본다. 이 경우 임기제일반군무원으로서의 근무기간은 계약군무원으로 채용될 당시에 계약한 기간의 잔여기간으로 하고, 해당 기간 동안의 보수는 채용될 당시의 계약에 따른다.

제4조【진행 중인 시험에 관한 경과조치】 ① 다음 각 호의 어느 하나에 해당하는 사람은 일반군무원 임용시험에 합격한 사람으로 본다. 이 경우 임용되는 직군, 직렬, 계급 및 직급 등에 관한 사항은 대통령령으로 정한다.
1. 이 법 시행 당시 진행 중인 기능군무원 또는 별정군무원 임용시험에 합격한 사람
2. 이 법 시행 전에 기능군무원 또는 별정군무원 임용시험에 합격하였으나 이 법 시행 당시 아직 임용되지 아니한 사람

② 다음 각 호의 어느 하나에 해당하는 사람은 임기제일반군무원 임용시험에 합격한 사람으로 본다. 이 경우 임용되는 직군, 직렬, 계급 및 직급 등에 관한 사항은 대통령령으로 정한다.
1. 이 법 시행 당시 진행 중인 계약군무원 채용시험에 합격한 사람
2. 이 법 시행 전에 계약군무원 채용시험에 합격하였으나 이 법 시행 당시 아직 채용되지 아니한 사람

제5조【다른 법률의 개정】 ①~⑤ ※(해당 법령에 가제정리 하였음)

부 칙 (2019.4.16)

이 법은 공포 후 6개월이 경과한 날부터 시행한다.

부 칙 (2020.12.22)

제1조【시행일】 이 법은 공포 후 6개월이 경과한 날부터 시행한다.

제2조【육아휴직자의 결원 보충에 관한 적용례】 제14조제1항제1호 단서의 개정규정은 이 법 시행 당시 출산휴가 중인 사람에 대해서도 적용한다.

제3조【직위해제 대상에 관한 적용례】 ① 제29조제1항제2호의 개정규정은 이 법 시행 이후 강등의 징계의결을 요구하는 경우부터 적용한다.

② 제29조제1항제3호의 개정규정은 이 법 시행 이후 형사사건으로 기소되는 경우부터 적용한다.

③ 제29조제1항제4호의 개정규정은 이 법 시행 이후 발생하는 비위행위에 대하여 감사원 및 검찰·경찰 등 수사기관에서 조사나 수사를 하는 경우부터 적용한다.

제4조【징계부가금에 관한 적용례】 ① 제37조의2제1항의 개정규정은 이 법 시행 이후 징계사유가 발생하는 경우부터 적용한다.

② 제37조의2제3항부터 제5항까지의 개정규정은 이 법 시행 전에 징계부가금 부과 의결이 된 경우에 대해서도 적용한다.

제5조【징계처분등의 결과의 통보에 관한 적용례】 제40조제6항의 개정규정은 이 법 시행 이후 「성폭력범죄의 처벌 등에 관한 특례법」 제2조에 따른 성폭력범죄 및 「양성평등기본법」 제3조제2호에 따른 성희롱에 해당하는 사유로 징계처분등을 하는 경우부터 적용한다.

제6조【장기 2년 이상의 징역 등에 해당하는 사건으로 기소된 사람에 대한 직위해제에 관한 경과조치】 이 법 시행 전에 사형, 무기 또는 장기 2년 이상의 징역이나 금고에 해당하는 사건으로 기소된 사람(약식명령이 청구된 사람은 제외한다)에 대해서는 제29조제1항제3호의 개정규정에도 불구하고 종전의 규정에 따른다.

제7조【징계의 효력에 관한 경과조치】 이 법 시행 전에 발생한 사유로 강등 또는 정직의 징계를 받은 사람에 대해서는 제39조제2항 및 제3항의 개정규정에도 불구하고 종전의 규정에 따른다.

부 칙 (2021.4.13)
(2022.2.3)

이 법은 공포 후 6개월이 경과한 날부터 시행한다.

부 칙 (2022.12.13)

제1조【시행일】 이 법은 공포한 날부터 시행한다.

제2조【징계시효 연장에 관한 경과조치】 이 법 시행 전에 징계사유가 발생한 경우 그 징계시효에 관하여는 제41조제1항의 개정규정에도 불구하고 종전의 규정에 따른다.

부 칙 (2024.1.16)
(2024.2.6)

이 법은 공포한 날부터 시행한다.

군법무관 임용 등에 관한 법률(약칭 : 군법무관법)

(2000년 12월 26일
전개법률 제6291호)

개정
2001. 3.28법 6436호(사법시험법)
2012. 1.17법11165호

제1조【목적】 이 법은 군법무관(軍法務官)으로 임용될 사람의 자격 및 임용시험과 군법무관의 보수 및 변호사 자격 등에 관하여 필요한 사항을 규정함을 목적으로 한다.(2012.1.17 본조개정)

제2조【정의】 이 법에서 "군법무관"이란 육군·해군·공군의 법무과(法務科) 장교를 말한다.(2012.1.17 본조개정)

제3조【임용 자격】 군법무관은 다음 각 호의 어느 하나에 해당하는 사람 중에서 임용한다.
1. 군법무관 임용시험에 합격하여 사법연수원의 정하여진 과정을 마친 사람
2. 판사, 검사 또는 변호사 자격이 있는 사람
3. 사법시험에 합격하여 사법연수원의 정하여진 과정을 마친 사람

(2012.1.17 본조개정)

제4조【결격사유】 다음 각 호의 어느 하나에 해당하는 사람은 군법무관으로 임용될 수 없다.
1. 「군인사법」 제10조제2항 각 호의 어느 하나에 해당하는 사람
2. 금고 이상의 형을 선고받은 사람

(2012.1.17 본조개정)

제5조【군법무관 임용시험 등】 ① 군법무관 임용시험은 사법시험에 관한 법령에서 정하는 바에 따라 실시하되, 연령의 제한 및 신체검사에 필요한 사항은 대통령령으로 정한다.

② 군법무관 시보(試補)는 군법무관 임용시험에 합격한 사람 중에서 임명하고, 군법무관 시보의 임명 등에 필요한 사항은 대통령령으로 정한다.

(2012.1.17 본조개정)

제6조【군법무관의 보수】 군법무관의 봉급과 그 밖의 보수는 법관과 검사의 예에 준하여 대통령령으로 정한다.(2012.1.17 본조개정)

제7조【군법무관의 변호사 자격】 군법무관은 군법무관으로 임용된 때부터 「변호사법」 제4조에 따른 변호사의 자격이 있다. 다만, 제3조제1호에 따라 군법무관으로 임용된 사람이 군법무관 시보로 임용된 날부터 10년을 복무하지 아니하고 전역(轉役)한 때(현역 복무에 부적합한 사람으로서 「군인사법」 제37조제1항제1호에 해당하여 각군 전역심사위원회의 심의를 거쳐 현역에서 전역하는 경우로서, 공무상 질병·부상으로 인한 전역임을 국방부장관이 확인한 경우는 제외한다)에는 그 때부터 그 자격을 상실한다.(2012.1.17 본조개정)

부 칙

① **【시행일】** 이 법은 공포후 3월이 경과한 날부터 시행한다.

② **【다른 법률의 개정】** ※(해당 법령에 가제정리 하였음)

③ **【다른 법령과의 관계】** 이 법 시행당시 다른 법령에서 군법무관임용법을 인용한 경우에는 군법무관임용등에관한법률을 인용한 것으로 본다.

부 칙 (2012.1.17)

이 법은 공포한 날부터 시행한다.

대체역의 편입 및 복무 등에 관한 법률(약칭 : 대체역법)

(2019년 12월 31일
법 률 제16851호)

개정
2021. 4.13법18001호
2023.10.31법19789호
2023. 5.16법19404호

제1장 총 칙

제1조【목적】 이 법은 「대한민국헌법」이 보장하는 양심의 자유를 이유로 현역, 예비역 또는 보충역의 복무를 대신하여 병역을 이행하기 위한 대체역의 편입 및 복무 등에 관한 사항을 규정함을 목적으로 한다.

제2조【다른 법률과의 관계】 대체역의 편입 및 복무 등에 필요한 사항은 이 법에서 규정한 것을 제외하고는 「병역법」에 따른다.

제2장 대체역 편입

제3조【대체역 편입신청】 ① 「대한민국헌법」이 보장하는 양심의 자유를 이유로 현역, 예비역 또는 보충역의 복무를 대신하여 병역을 이행하려는 사람으로서 다음 각 호의 어느 하나에 해당하는 사람은 입영일 또는 소집일의 5일 전까지 제4조에 따른 대체역 심사위원회에 「병역법」 제5조제1항제6호에 따른 대체역(이하 "대체역"이라 한다)으로 편입을 신청(이하 "편입신청"이라 한다)할 수 있다.
1. 현역병입영 대상자
2. 사회복무요원 소집 대상인 보충역
3. 「예비군법」 제3조제1항 각 호의 어느 하나에 해당하는 예비역 또는 보충역 중 그 복무를 마친 날의 다음 날부터 8년이 되는 해의 12월 31일까지의 기간에 있는 사람

② 제1항제1호 또는 제2호의 규정에 해당하는 사람 중 30세를 초과하는 사람은 편입신청을 할 수 없다.

③ 제1항 각 호의 어느 하나에 해당하여 편입신청을 한 사람(이하 "신청인"이라 한다)은 제13조제1항에 따른 결정이 있을 때까지 징집 또는 소집(「병역법」 제2조제1항제1호 또는 제2호에 따른 징집 또는 소집을 말한다. 이하 같다)이 연기된다.

④ 제3항에도 불구하고 2회 이상 편입신청을 하는 경우에는 징집 또는 소집이 연기되지 아니한다. 다만, 제4조에 따른 대체역 심사위원회가 신청인이 병역의무를 기피하려는 의도가 없음이 명백한 경우 등의 이유로 연기가 필요하다고 인정하는 경우에는 징집 또는 소집을 연기할 수 있다.

⑤ 제1항부터 제4항까지에서 규정한 사항 외에 편입신청 및 징집 또는 소집 연기 절차 등에 관하여 필요한 사항은 대통령령으로 정한다.

제4조【대체역 심사위원회】 ① 편입신청 등을 심사·의결하기 위하여 병무청장 소속으로 대체역 심사위원회(이하 "위원회"라 한다)를 둔다.

② 위원회는 다음 각 호의 사항을 심사·의결한다.
1. 편입신청에 대한 인용·기각 또는 각하 결정
2. 대체역 제도 개선에 관한 연구·조사 및 제안
3. 그 밖에 대체역 제도와 관련하여 위원회의 위원장(이하 "위원장"이라 한다)이 회의에 부치는 사항

③ 위원회는 그 권한에 속하는 업무를 독립하여 수행한다.

제5조【위원회의 구성 및 운영】 ① 위원회는 위원장을 포함한 13명의 위원으로 구성하며, 상임위원은 위원장을 포함하여 3명 이내로 한다.(2023.5.16 본항개정)

② 위원은 다음 각 호의 어느 하나에 해당하는 자격을 갖추어야 한다. 이 경우 다음 각 호 중 둘 이상의 직에 재직한 사람에 대해서는 그 연수를 합산한다.
1. 판사, 검사, 헌법연구관 또는 변호사로 10년 이상 재직하거나 재직하였던 사람
2. 법학, 정치학, 사회학, 심리학, 철학 또는 종교학 등을 전공하고 대학이나 공인된 연구기관에서 10년 이상 근무한 사람으로서 부교수 이상 또는 이에 상당하는 직위로 재직하거나 재직하였던 사람
3. 정신건강의학과 전문의로서 관련 업무에 10년 이상 근무한 경력이 있는 사람
4. 「비영리민간단체 지원법」에 따라 등록된 비영리민간단체에서 인권분야에 10년 이상 근무하거나 근무하였던 사람
5. 4급 이상의 일반직 공무원(고위공무원단에 속하는 공무원을 포함한다) 또는 이에 상당하는 특정직 공무원으로 10년 이상 재직하거나 재직하였던 사람
6. 그 밖에 대체복무에 관한 학식과 경험이 풍부한 사람

③ 위원장 및 상임위원은 다음 각 호의 사람 중에서 국방부장관의 제청에 따라 대통령이 임명하고, 그 밖의 위원은 국방부장관이 다음 각 호의 사람을 위원으로 위촉한다. 이 경우 위원장 및 상임위원은 고위공무원단에 속하는 일반직공무원으로서 「국가공무원법」 제26조의5에 따른 임기제공무원으로 보한다.
1. 국가인권위원회 위원장이 추천하는 사람 2명
2. 법무부장관이 추천하는 사람 2명
3. 국방부장관이 추천하는 사람 3명

4. 병무청장이 추천하는 사람 2명
5. 국회 국방위원회에서 추천하는 사람 2명
6. 대한변호사협회의 장이 추천하는 사람 2명
(2023.5.16 1호~6호개정)
④ 위원장은 위원회를 대표하고 위원회의 업무를 총괄한다.
⑤ 위원회의 회의는 재적위원 과반수의 출석으로 개의하고, 출석위원 과반수의 찬성으로 의결한다.
⑥ 제1항부터 제5항까지에서 규정한 사항 외에 위원회의 구성, 기능 및 운영에 필요한 사항은 대통령령으로 정한다.
제6조【위원장 및 위원의 임기】 위원장과 위원의 임기는 3년으로 하며, 한 차례만 연임할 수 있다.
제7조【사전심사 위원회】 ① 위원회는 제4조제2항제1호에 따른 사항에 대한 사전심사를 위하여 위원회 내에 사전심사 위원회를 둘 수 있다.
② 제1항에 따른 사전심사 위원회의 구성 및 운영에 필요한 사항은 대통령령으로 정한다.
제8조【위원의 결격 사유】 ① 「국가공무원법」 제33조 각 호의 어느 하나에 해당하는 사람은 위원이 될 수 없다.
② 위원이 제1항에 해당하게 된 경우에는 당연히 면직되거나 해촉된다.
제9조【위원의 제척 · 기피 · 회피】 ① 위원이 다음 각 호의 어느 하나에 해당하는 경우에는 해당 안건에 대한 심사 · 의결에서 제척된다.
1. 위원 또는 그 배우자나 배우자였던 사람이 해당 안건의 신청인인 경우
2. 위원이 해당 안건의 신청인과 친족이거나 친족이었던 경우
3. 위원이 해당 안건에 관하여 증언, 진술, 자문 또는 감정을 한 경우
4. 위원이나 위원이 속한 법인, 단체, 기관 또는 법률사무소가 해당 안건 신청인의 대리인이거나 대리인이었던 경우
5. 위원이 해당 안건의 신청인과 같은 종교단체나 법인 또는 기관에 속하거나 속하였던 경우
② 신청인은 위원이 제1항 각 호에 따른 제척사유가 있거나 위원에게 공정한 심사 · 의결을 기대하기 어려운 경우에는 위원회에 기피신청을 할 수 있으며, 위원회는 의결로써 기피 여부를 결정한다. 이 경우 기피 신청의 대상인 위원은 그 의결에 참여할 수 없다.
③ 위원이 제1항 각 호에 따른 제척 사유에 해당하는 경우에는 스스로 해당 안건의 심사 · 의결에서 회피하여야 한다.
제10조【사무기구의 설치】 ① 위원회의 사무를 처리하기 위하여 위원회에 사무기구를 둔다.
② 사무기구의 구성 및 정원에 관하여 필요한 사항은 대통령령으로 정한다.
제11조【사실조사】 ① 위원회(사전심사 위원회를 포함한다. 이하 같다)는 심사를 위하여 필요한 사실을 조사(이하 "사실조사"라 한다)할 수 있다.
② 위원회는 사실조사를 위하여 신청인의 진술을 들어야 한다. 다만, 위원회의 의결이 있으면 생략할 수 있다.
③ 위원회는 사실조사에 필요하다고 인정하면 다음 각 호의 요구를 할 수 있다. 이 경우 요구를 받은 사람 및 법인 · 기관 · 단체는 정당한 사유가 없으면 이에 협조하여야 한다.
1. 신청인, 증인, 참고인 또는 해당 안건과 관련된 법인 · 기관 · 단체에 대한 관련 자료 제출의 요구
2. 증인이나 참고인에 대한 출석 · 진술 또는 진술서 제출의 요구
제12조【신청인에 대한 변호사 조력권 등】 ① 신청인은 변호사의 조력을 받을 권리를 가진다.
② 위원회는 신청인이 신청하는 경우에는 심사 · 의결의 공정성에 지장을 초래하지 아니하는 범위에서 신청인이 신뢰하는 사람의 동석을 허용할 수 있다.
③ 신청인은 전과기록 및 수사경력자료를 본인의 주소지를 관할하는 경찰관서의 장에게 조회할 수 있으며, 해당 경찰관서의 장은 지체 없이 자료 등을 회보하여야 한다.
제13조【위원회의 결정】 ① 위원회는 편입신청을 받은 날부터 90일 이내에 인용, 기각 또는 각하 결정을 하여야 한다. 다만, 그 기간 내에 결정을 할 수 없는 부득이한 사유가 있을 때에는 의결을 거쳐 60일 이내에서 기간을 연장할 수 있다.
② 위원회는 편입신청이 이유 있다고 인정할 때에는 인용 결정을 하며, 이유 없다고 인정할 때에는 기각 결정을 한다.
③ 위원회는 제1항에 따라 인용, 기각 또는 각하 결정을 하면 지체 없이 신청인에게 결정서를 송달하여야 한다.
④ 제3항에 따른 결정서의 송달에 관하여는 「행정절차법」의 송달에 관한 규정을 준용한다.
⑤ 신청인이 제1항에 따른 결정에 불복하는 경우에는 「행정심판법」에 따른 심판청구 또는 「행정소송법」에 따른 행정소송(이하 "행정심판 또는 행정소송"이라 한다)을 제기할 수 있다.
제14조【위원회의 각하 결정】 ① 위원회는 편입신청이 다음 각 호의 어느 하나에 해당하는 경우 편입신청을 각하하여야 한다.
1. 제3조제1항 각 호 외의 부분에 따른 편입신청 기한이 지난 경우
2. 제3조제1항 각 호 및 같은 조 제2항에 따른 편입신청 자격에 해당하지 아니하는 경우
3. 이미 편입신청을 하여 제13조제1항에 따른 인용, 기각 또는 각하 결정을 받은 사실이 있는 경우. 다만, 이미 받은 각하 결정의 사유가 명백히 해소된 경우 등 타당한 사유가 있다고 위원회가 인정하는 경우는 제외한다.
4. 제25조제1항에 따라 대체역 편입이 취소된 경우
5. 「병역법」 제83조제1항제7호의2에 따라 대체역 편입절차가 정지된 경우
6. 편입신청 서류에 대한 보완 요구나 사실조사에 대하여 합리적 이유 없이 응하지 아니하는 것이 명백한 경우
7. 합리적 이유 없이 편입신청을 철회하고 다시 편입신청한 것이 명백한 경우
8. 편입신청 내용이 그 자체로서 거짓이거나 이유 없음이 명백한 경우
② 위원회는 사실조사를 시작한 후에도 제1항 각 호의 어느 하나에 해당하는 경우에는 편입신청을 각하할 수 있다.
제15조【대체역 편입】 ① 신청인은 제13조제1항에 따라 위원회가 인용 결정을 하는 날에 대체역으로 편입된다.
② 신청인이 행정심판 또는 행정소송에 따른 구제절차를 거쳐 대체역 편입이 인정된 경우에는 행정심판 또는 행정소송이 확정된 날에 대체역으로 편입된다.

제3장 대체역 복무 등

제16조【대체복무기관 및 대체복무요원의 업무】 ① 「병역법」 제2조제17호의2에 따른 대체복무요원(이하 "대체복무요원"이라 한다)은 교정시설 등 대통령령으로 정하는 대체복무기관(이하 "대체복무기관"이라 한다)에서 공익에 필요한 업무(이하 "대체업무"라 한다)에 복무하여야 한다.
② 다음 각 호에 따른 행위는 대체업무에 포함되어서는 아니 된다.
1. 무기 · 흉기를 사용하거나 이를 관리 · 단속하는 행위
2. 인명살상 또는 시설파괴가 수반되거나 그러한 능력 향상을 위한 행위
3. 그 밖에 제1호 또는 제2호에 따른 행위와 유사한 행위
③ 대체복무요원의 대체업무 수행은 공무 수행으로 본다.
제17조【대체복무요원의 소집】 ① 병무청장은 제3조제1항제1호 또는 제2호의 규정에 해당하는 사람으로서 대체역으로 편입된 사람을 대체복무요원으로 소집한다.
② 제1항에 따른 대체복무요원 소집을 위한 통지서의 송달에 관하여는 「병역법」 제6조에 따른다.
③ 제2항에 따라 통지서를 받은 사람은 지정된 일시 · 장소로 소집에 응하여야 한다.
④ 대체복무기관을 소관하는 중앙행정기관의 장(이하 "소관중앙행정기관의 장"이라 한다)은 제3항에 따라 소집된 사람을 대체복무기관에 배치한다.
⑤ 소관중앙행정기관의 장은 대체복무요원의 연간 소집인원을 국방부장관과 미리 협의하여야 한다.
⑥ 제1항부터 제5항까지에서 규정한 사항 외에 대체복무요원의 소집 및 배치에 필요한 사항은 대통령령으로 정한다.
제18조【대체복무요원의 복무기간】 ① 대체복무요원의 복무기간은 36개월로 한다.
② 대체복무요원이 징역 · 금고 또는 구류의 형을 받거나 복무를 이탈한 경우에는 그 형의 집행일수 또는 복무이탈일수는 복무기간에 산입하지 아니한다.
③ 제2항에도 불구하고 대체복무요원이 형사사건으로 구속 중에 복무기간이 끝나고 사법경찰관의 불송치결정 또는 검사의 불기소처분이나 법원의 재판 등으로 석방된 경우에는 그 구속일수를 복무기간에 산입하여 소집해제를 할 수 있다.(2021.4.13 본항개정)
④ 제1항부터 제3항까지에서 규정한 사항 외에 복무기간의 산정 및 소집해제의 절차 등에 필요한 사항은 대통령령으로 정한다.
제19조【대체복무요원의 복무기간 조정】 국방부장관은 현역병의 복무기간이 조정되는 경우에는 병무청장의 요청에 따라 국무회의의 심의를 거치고 대통령의 승인을 받아 대체복무요원의 복무기간을 6개월의 범위에서 조정할 수 있다.
제20조【대체복무요원의 교육】 소관중앙행정기관의 장은 대통령령으로 정하는 바에 따라 대체복무요원에게 다음 각 호에 따른 교육을 할 수 있다. 이 경우 그 교육기간은 복무기간에 산입한다.
1. 공무수행자로서 갖춰야 할 정신자세를 확립하기 위한 기본교육
2. 담당 대체업무의 효과적인 수행능력을 기르기 위한 직무교육
제21조【대체복무요원의 복무 및 보수 등】 ① 대체복무기관의 장은 배치된 대체복무요원에게 대체업무를 부여하여 복무하게 하여야 한다.
② 대체복무요원은 합숙하여 복무한다.
③ 대체복무기관의 장은 대체복무요원에게 보수 및 대체업무 수행에 필요한 여비 등을 지급하여야 한다.
④ 제1항부터 제3항까지에서 규정한 사항 외에 대체복무요원의 복무 방법 및 보수 · 여비 지급 등에 필요한 사항은 대통령령으로 정한다.
제22조【대체복무요원 복무 관리 · 감독 등】 ① 소관중앙행정기관의 장은 대체복무요원의 복무 전반에 대하여 지휘 · 감독한다.
② 대체복무기관의 장은 배치받은 대체복무요원을 지휘 · 감독하되, 대체복무요원의 복무 관리를 담당하는 직원을 정하여 대체복무요원의 복무를 관리하도록 하여야 한다.
제23조【대체복무요원의 신상변동 통지】 소관중앙행정기관의 장은 대체복무요원이 다음 각 호의 어느 하나에 해당하는 경우에는 14일 이내에 병무청장에게 해당 사실을 통지하여야 한다.
1. 정당한 사유 없이 복무를 이탈하거나 대체업무에 복무하지 아니한 경우
2. 정당한 근무명령을 따르지 아니하여 제24조제2항에 따라 경고를 받은 경우
3. 제25조제1항 각 호에 따른 대체역 편입 취소 사유에 해당하는 경우
제24조【대체복무요원의 연장복무 등】 ① 대체복무요원이 정당한 사유 없이 복무를 이탈한 경우에는 이탈한 일수의 5배에 해당하는 기간을 연장하여 복무하게 한다. 다만, 「병역법」 제89조의2제1호에 해당하는 사람의 경우에는 복무기간을 연장하지 아니한다.
② 대체복무요원이 다음 각 호의 어느 하나에 해당하는 경우에는 경고하여야 하며, 경고 횟수가 더하여질 때마다 5일을 연장하여 복무하게 한다. 다만, 「병역법」 제89조의3 각 호의 어느 하나에 해당하는 사람의 경우에는 복무기간을 연장하지 아니한다.
1. 다른 사람의 근무를 방해하거나 근무태만을 선동한 경우
2. 제24조의2에 따른 정치 운동 금지를 위반한 경우
(2023.10.31 본호개정)
3. 다른 사람에게 가혹행위를 한 경우
4. 복무와 관련하여 영리행위를 하거나 소속 대체복무기관의 장의 허가 없이 다른 직무를 겸직한 경우
5. 정당한 사유 없이 맡은 대체업무를 수행하지 아니하거나 지연시키는 등 대통령령으로 정하는 사유에 해당하는 경우
③ 제2항에 따른 경고에 필요한 절차 등은 대통령령으로 정한다.
제24조의2【대체복무요원의 정치 운동 금지】 ① 대체복무요원은 정당의 결성에 관여하거나 이에 가입할 수 없다.
② 대체복무요원은 선거에서 특정 정당 또는 특정인을 지지 또는 반대하기 위한 다음의 행위를 하여서는 아니 된다.
1. 투표를 하거나 하지 아니하도록 권유 운동을 하는 것
2. 서명 운동을 기도(企圖) · 주재(主宰)하거나 권유하는 것
3. 문서나 도서를 공공시설 등에 게시하거나 게시하게 하는 것
4. 기부금을 모집 또는 모집하게 하거나 공공자금을 이용 또는 이용하게 하는 것
5. 타인에게 정당에 가입하게 하거나 가입하지 아니하도록 권유 운동을 하는 것
③ 대체복무요원은 다른 대체복무요원에게 제1항 및 제2항에 위배되는 행위를 하도록 요구하거나 정치적 행위에 대한 보상 또는 보복으로서 이익 또는 불이익을 약속하여서는 아니 된다.
④ 제1항부터 제3항까지에서 규정한 사항 외에 정치적 행위의 금지에 관한 한계는 대통령령으로 정한다.
(2023.10.31 본조신설)
제25조【대체역 편입 취소】 ① 병무청장은 대체역으로 편입된 사람이 다음 각 호의 어느 하나에 해당하는 경우에는 그 편입을 취소하여야 한다.
1. 거짓으로 진술하거나 자료를 제출하는 등 부정한 방법으로 편입된 경우
2. 정당한 사유 없이 통틀어 8일 이상 복무를 이탈하거나 해당 분야에 복무하지 아니한 경우
3. 제24조제2항제1호부터 제4호까지의 어느 하나에 해당하는 사유로 통틀어 4회 이상 경고처분을 받거나 제5호에 해당하는 사유 중 일과 개시시간 후에 출근하거나, 허가 없이 무단으로 조퇴하거나 근무장소를 이탈한 사유로 통틀어 8회 이상 경고처분을 받은 경우
4. 편입된 때부터 제26조제1항에 따른 예비군대체복무를 마칠 때까지의 기간 중에 저지른 범죄행위로 인하여 금고 이상의 형을 선고받은 경우(집행유예 또는 선고유예를 포함한다)
5. 「병역법」 제70조제1항 및 제3항에 따른 국외여행허가 또는 기간연장허가를 받지 아니하고 출국하였거나 국외에 체류하고 있는 경우 또는 정당한 사유 없이 그 허가 기간 내에 귀국하지 아니한 경우
6. 「병역법」 제83조제2항제10호에 따른 귀국명령을 위반하여 귀국하지 아니한 경우
7. 대체역으로 편입된 사람이 편입 취소를 원하는 경우
② 제1항에 따라 대체역 편입이 취소된 사람은 대체역의 병적에서 제적되며, 편입되기 전 병역의 종류로 돌아가 병역의무를 이행하여야 한다.
③ 대체복무요원으로 복무하다가 제1항 및 제2항에 따라 편입이 취소되어 현역병으로 입영하거나 사회복무요원으로 소집되는 사람에 대해서는 대통령령으로 정하는 기준에 따라 복무기간을 단축할 수 있다.
④ 제1항 및 제2항에 따른 대체역 편입 취소의 절차에 필요한 사항은 대통령령으로 정한다.

제26조【예비군대체복무】 ① 병무청장은 다음 각 호의 어느 하나에 해당하는 사람에 대해서는 「예비군법」에 따른 예비군으로서의 임무수행 또는 훈련을 대신하여 대체복무기관에서 복무(이하 "예비군대체복무"라 한다)하도록 소집하며 기간은 연간 30일 이내로 한다.
1. 대체복무요원의 복무를 마친 사람으로서 그 복무를 마친 날의 다음 날부터 8년이 되는 해의 12월 31일까지의 기간에 있는 사람
2. 제3조제1항제3호에 해당하는 사람으로서 대체역에 편입된 사람

② 제1항에 따른 예비군대체복무 소집을 위한 통지서의 송달에 관하여는 「병역법」 제6조에 따른다.
③ 제2항에 따라 통지서를 받은 사람은 지정된 일시·장소로 소집에 응하여야 한다.
④ 제1항부터 제3항까지에서 규정한 사항 외에 소집 절차·기간 및 복무 내용 등에 관하여 필요한 사항은 대통령령으로 정한다.

제4장 보 칙

제27조【벌칙 적용 시 공무원 의제】 위원회의 위원 중 공무원이 아닌 위원은 「형법」 제127조 및 제129조부터 제132조까지의 규정에 따른 벌칙을 적용할 때에는 공무원으로 본다.

부 칙

제1조【시행일】 이 법은 2020년 1월 1일부터 시행한다. 다만, 제3조는 이 법이 공포된 날부터 6개월이 넘지 아니하는 범위에서 대통령령으로 정하는 날부터 시행한다.
제2조【대체역 편입에 관한 특례】 ① 「대한민국헌법」이 보장하는 양심의 자유를 이유로 「병역법」 제88조제1항을 위반하여 형의 선고를 받고 그 집행이 종료되지 아니한 사람이 편입신청을 하는 경우에 위원회는 제13조제1항에도 불구하고 지체 없이 인용 결정을 하여야 하며, 그 결정한 날에 대체역으로 편입된다.
② 제1항의 경우 형을 선고한 법원에 대응한 검찰청 검사 또는 형의 선고를 받은 사람의 현재지를 관할하는 검찰청 검사의 지휘에 따라 형의 집행을 정지하며, 이미 집행된 형기는 복무기간에 산입한다. 이 경우 형의 집행이 정지된 사람이 대체복무요원 복무를 마친 경우에는 정지된 형의 집행이 종료된 것으로 본다.
③ 「대한민국헌법」이 보장하는 양심의 자유를 이유로 「병역법」 제88조제1항, 제90조제1항 또는 「예비군법」 제15조제9항제1호를 위반한 혐의로 공소가 제기된 사람으로서 공소가 취소되었거나 무죄의 판결을 받고 확정되어 편입신청을 하는 경우에 위원회는 제13조제1항에도 불구하고 지체 없이 인용 결정을 하여야 하며, 그 결정한 날에 대체역으로 편입된다. 이 경우 미결구금일수는 복무기간에 산입한다.
④ 「대한민국헌법」이 보장하는 양심의 자유를 이유로 「병역법」 제88조제1항을 위반한 혐의로 공소가 제기된 사람으로서 공소가 취소되었거나 무죄의 판결을 받은 사람 및 위반하여 형의 선고를 받고 그 집행이 종료되지 아니한 사람에 대해서는 「병역법」 제71조에도 불구하고 현역병입영 또는 사회복무요원·대체복무요원 소집 의무가 38세부터 면제된다.
제3조【편입신청의 연령 제한에 관한 특례】 제3조제1항제1호 또는 제2호의 규정에 해당하는 사람으로서 다음 각 호의 어느 하나에 해당하는 사람은 같은 조 제2항에도 불구하고 30세를 초과하는 경우에도 편입신청을 할 수 있다.
1. 부칙 제2조제1항 또는 제3항에 해당하는 사람
2. 1989년 12월 31일 이전에 출생한 사람

제4조【위원회 결정기간에 대한 특례】 이 법 제3조 시행일로부터 1년 이내 편입신청한 사람에 대해서는 제13조제1항 본문 중 "90일 이내"를 "240일 이내"로 하고 같은 항 단서 중 "60일 이내"를 "120일 이내"로 한다.
제5조【다른 법률의 개정】 ①~⑬ ※(해당 법령에 가제정리 하였음)

부 칙 (2021.4.13)

이 법은 공포한 날부터 시행한다.

부 칙 (2023.5.16)

제1조【시행일】 이 법은 2023년 6월 29일부터 시행한다.
제2조【대체역 심사위원회 위원 구성 및 임기에 관한 경과조치】 이 법 시행 당시 종전의 규정에 따라 임명 또는 위촉된 위원은 제5조의 개정규정에 따라 임명 또는 위촉된 것으로 본다. 이 경우 해당 위원의 임기는 종전 임기의 남은 기간으로 한다.

부 칙 (2023.10.31)

제1조【시행일】 이 법은 공포 후 3개월이 경과한 날부터 시행한다.
제2조【대체복무요원의 정치 운동 금지에 관한 적용례】 제24조제2항제2호 및 제24조의2의 개정규정은 이 법 시행 이후 대체복무요원이 정치 운동 금지를 위반한 경우부터 적용한다.

방위사업법

(2006년 1월 2일
법 률 제7845호)

개정
2007. 5.25법 8486호(산업표준화법)
2008. 2.29법 8852호(정부조직)
2009. 1.30법 9401호(국유재산)
2009. 4. 1법 9561호 2010. 3.31법10218호
2011. 7.25법10907호(산업교육진흥및산학연협력촉진에관한법)
2013. 3.23법11690호(정부조직)
2013. 3.23법11713호(과학기술기본법)
2014. 5. 9법12559호 2014. 6.11법12748호
2015. 1. 6법12960호(총포·도검·화약류등의안전관리에관한법)
2015. 3.27법13243호 2015. 9. 1법13507호
2016. 1.19법13777호
2016. 1.27법13854호(외국인투자)
2016. 5.29법14182호 2016.12.20법14422호
2017. 3.21법14609호(군인사법)
2017. 3.21법14610호
2017. 7.26법14839호(정부조직)
2017.11.28법15051호
2018. 1.16법15344호(과학기술기본법)
2019.12. 3법16671호(공직자윤리)
2020. 2. 4법16929호(방위산업발전및지원에관한법)
2020. 3.31법17165호 2022. 2. 3법18805호
2023. 5.16법19405호 2023. 6.20법19476호
2023.10.31법19790호
2024. 1.16법20023호→2024년 1월 16일 및 2024년 7월 17일 시행
2024. 2. 6법20190호→시행일 부칙 참조

제1장 총 칙

제1조【목적】 이 법은 자주국방의 기반을 마련하기 위한 방위력 개선, 방위산업육성 및 군수품 조달 등 방위사업의 수행에 관한 사항을 규정함으로써 방위산업의 경쟁력 강화를 도모하며 궁극적으로는 선진강군(先進强軍)의 육성과 국가경제의 발전에 이바지하는 것을 목적으로 한다.(2010.3.31 본조개정)
제2조【기본이념】 이 법은 국가의 안전보장을 위하여 방위사업에 대한 제도와 능력을 확충하고, 방위사업의 투명성·전문성 및 효율성을 증진하여 방위산업의 경쟁력을 강화함으로써 자주국방 태세를 구축하고 경제성장 잠재력을 확충함을 기본이념으로 한다.(2010.3.31 본조개정)
제3조【정의】 이 법에서 사용하는 용어의 정의는 다음과 같다.
1. "방위력개선사업"이라 함은 군사력을 개선하기 위한 무기체계의 구매 및 신규개발·성능개량 등을 포함한 연구개발과 이에 수반되는 시설의 설치 등을 행하는 사업을 말한다.
2. "군수품"이라 함은 국방부 및 그 직할부대·직할기관과 육·해·공군(이하 "각군"이라 한다)이 사용·관리하기 위하여 획득하는 물품으로서 무기체계 및 전력지원체계로 구분한다.(2014.5.9 본호개정)
3. "무기체계"라 함은 유도무기·항공기·함정 등 전장(戰場)에서 전투력을 발휘하기 위한 무기와 이를 운영하는데 필요한 장비·부품·시설·소프트웨어 등 제반요소를 통합한 것으로서 대통령령이 정하는 것을 말한다.
4. "전력지원체계"라 함은 무기체계 외의 장비·부품·시설·소프트웨어 그 밖의 물품 등 제반요소를 말한다.(2014.5.9 본호개정)
5. "획득"이라 함은 군수품을 구매(임차를 포함한다. 이하 같다)하여 조달하거나 연구개발·생산하여 조달하는 것을 말한다.
6. "절충교역"이라 함은 국외로부터 무기 또는 장비 등을 구매할 때 국외의 계약상대방으로부터 관련 지식 또는 기술 등을 이전받거나 국외로 국산무기·장비 또는 부품 등을 수출하는 등 일정한 반대급부를 제공받을 것을 조건으로 하는 교역을 말한다.
7. "방위산업물자"라 함은 군수품 중 제34조의 규정에 의하여 지정된 물자를 말한다.
8. "방위산업"이라 함은 「방위산업 발전 및 지원에 관한 법률」 제2조제2호에 따른 방위산업을 말한다.(2020.2.4 본호개정)
9. "방위산업체"라 함은 방위산업물자를 생산하는 업체로서 제35조의 규정에 의하여 지정된 업체를 말한다.

9의2. "일반업체"란 방위산업과 관련된 업체로서 방위산업체가 아닌 업체를 말한다.(2017.3.21 본호신설)
9의3. "방위산업과 관련없는 일반업체"란 군수품을 납품하는 업체로서 방위산업체 또는 일반업체가 아닌 업체를 말한다.(2017.3.21 본호신설)
10. "전문연구기관"이라 함은 방위산업물자의 연구개발·시험·측정, 방위산업물자의 시험 등을 위한 기계·기구의 제작·검정, 방위산업체의 경영분석 또는 방위산업과 관련되는 소프트웨어의 개발을 위하여 방위사업청장의 위촉을 받은 기관을 말한다.
10의2. "일반연구기관"이란 전문연구기관이 아닌 연구기관을 말한다.(2017.3.21 본호신설)
11. "방위산업시설"이라 함은 방위산업체 및 전문연구기관에서 방위산업물자의 연구개발 또는 생산에 제공하는 토지 및 그 토지상의 정착물(장비 및 기기를 포함한다)을 말한다.
12. "군수품무역대리업"이란 외국기업과 방위사업청장 간의 계약체결을 위하여 계약체결의 제반과정 및 계약이행과정에서 외국기업을 위해 중개 또는 대리하는 행위를 하는 업을 말한다.(2016.1.19 본호신설)
13. "전력화지원요소"란 무기체계가 획득되어 배치됨과 동시에 운용될 수 있도록 무기체계의 전력화를 위하여 확보되어야 하는 다음 각 목의 요소를 말한다.
가. 획득된 무기체계가 전장에서 즉시 전투력을 발휘할 수 있도록 하기 위한 다음의 전투발전지원요소
1) 부대시설, 무기체계의 상호운용에 필요한 하드웨어 및 소프트웨어 등
2) 군사교리(軍事敎理), 부대편성을 위한 조직·장비, 교육훈련 및 주파수
나. 획득된 무기체계를 전체 수명주기에 걸쳐 체계적으로 관리하는 데 필요한 수리부속품 및 사용설명서 등의 통합체계지원요소
(2023.10.31 본호신설)
14. "국방조달계약"이란 군수품 획득에 관한 계약을 말한다.(2023.10.31 본호신설)
15. "방위사업계약"이란 국방조달계약 중 다음 각 목과 관련하여 체결하는 계약을 말한다.
가. 「국방과학기술혁신 촉진법」 제2조제5호에 따른 국방연구개발
나. 무기체계의 양산 및 운용에 필수적인 전력화지원요소(부대시설, 군사교리, 부대편성을 위한 조직·장비, 교육훈련 및 주파수는 제외한다), 정비 관련 장비 또는 정비 용역
다. 방위산업물자(이하 "방산물자"라 한다)
라. 심각한 안보 위협, 테러 등의 긴급사태에 대응하기 위한 군수품으로서 대통령령으로 정하는 물품
마. 장병의 생명 및 안전과 직결되는 군수품으로서 대통령령으로 정하는 물품
(2023.10.31 본호신설)
16. "장기계약"이란 계약기간이 2회계연도 이상의 기간에 걸치는 국방조달계약으로서 대통령령으로 정하는 계약을 말한다.(2023.10.31 본호신설)
17. "방위사업계약상대자"란 국가와 방위사업계약을 체결하는 사람, 법인 또는 단체를 말한다.(2023.10.31 본호신설)

제4조【다른 법률과의 관계】 방위사업에 관하여 다른 법률에 특별한 규정이 있는 경우를 제외하고는 이 법이 정하는 바에 의한다.

제2장 방위사업수행의 투명화 및 전문화

제5조【정책실명제 및 정보공개】 ① 국방부장관 및 방위사업청장은 방위사업에 대한 주요정책의 결정 또는 집행과 관련하여 이에 참여한 자의 소속·직급·성명 및 의견, 각종 계획서·보고서, 회의·공청회 등의 토의내용 및 결정내용 등에 관한 사항을 기록·보존하는 정책실명제를 실시하여야 한다.
② 국방부장관 및 방위사업청장은 방위사업을 추진함에 있어서 의사결정 과정 및 내용에 관한 정보를 공개하여야 한다. 이 경우 정보공개에 관하여는 「공공기관의 정보공개에 관한 법률」이 정하는 바에 의한다.
③ 제1항의 규정에 의한 정책실명제의 실시방법 등에 관하여 필요한 사항은 대통령령으로 정한다.
④ 국방부장관 및 방위사업청장은 제23조 및 제24조에 따라 실시한 분석·평가 결과 중 총사업비 5천억원(연구개발의 경우 500억원) 이상의 방위력개선사업에 대한 분석·평가 결과 및 정책반영 결과를 지체 없이 국회 해당 상임위원회에 제출하여야 한다.(2014.5.9 본항개정)
제6조【청렴서약제 및 옴부즈만제도】 ① 국방부장관 및 방위사업청장은 대통령령이 정하는 바에 따라 방위사업의 수행에 있어서 투명성 및 공정성을 높이기 위하여 다음 각 호의 자에 대하여는 청렴서약서를 제출하도록 하여야 한다. 이 경우 제6호의 자에 대하여는 하도급계약 또는 재하도급계약을 체결하는 때 청렴서약서를 각각 제출하도록 하여야 한다.(2017.3.21 후단신설)
1. 국방부에 소속된 공무원 중 국방부장관이 정하는 사람과 방위사업청에 소속된 공무원(2014.5.9 본호개정)
2. 다음 각 호의 어느 하나에 해당하는 위원회의 위원
가. 제9조에 따른 방위사업추진위원회
나. 제10조에 따른 분과위원회·실무위원회
다. 방위사업계약과 관련된 입찰·낙찰 또는 계약의 체결·이행에 관한 사전심사 및 자문 업무를 수행하는 대통령령으로 정하는 위원회
(2023.10.31 본호개정)

3. 「국방과학연구소법」에 의한 국방과학연구소(이하 "국방과학연구소"라 한다) 및 제32조의 규정에 의한 국방기술품질원의 임·직원
4. 해당 방위사업에 참가하는 다음 각 목의 업체 또는 연구기관의 대표 및 임원(2016.1.19 본문개정)
가. 방위산업체(이하 "방산업체"라 한다)
나. 일반업체(2017.3.21 본목개정)
다. 방위산업과 관련없는 일반업체(2017.3.21 본목개정)
라. 전문연구기관
마. 일반연구기관(2017.3.21 본목개정)
5. 군수품무역대리업체의 대표 및 임원(2016.1.19 본호신설)
6. 국방조달계약을 체결하는 방산업체, 일반업체, 방위산업과 관련없는 일반업체, 전문연구기관 또는 일반연구기관과 국방조달계약에 관한 하도급계약(매매계약을 포함하고 계약금액이 10억원 이상으로서 대통령령으로 정하는 금액 이상인 경우에 한정한다)을 체결하는 수급업체(매매계약의 경우에는 공급업체를 말하며, 이하 "하도급자"라 한다)의 대표와 임원 및 그 업체와 국방조달계약에 관한 재하도급계약(매매계약을 포함하고 계약금액이 10억원 이상으로서 대통령령으로 정하는 금액 이상인 경우에 한정한다)을 체결하는 수급업체(매매계약의 경우에는 공급업체)의 대표와 임원(2023.10.31 본호개정)
② 제1항의 규정에 의한 청렴서약서에는 다음 각 호의 사항이 포함되어야 한다.
1. 금품·향응 등의 요구·약속 및 수수 금지 등에 관한 사항
2. 입찰가격의 사전공개 및 특정인의 낙찰을 위한 담합 등 입찰의 자유경쟁을 부당하게 저해하는 일체의 불공정행위 금지 등에 관한 사항(2023.10.31 본호신설)
3. 공정한 직무 수행을 저해하는 알선·청탁의 금지에 관한 사항(2023.10.31 본호개정)
4. 방위사업과 관련된 정보의 제공 금지 등에 관한 사항으로서 대통령령으로 정하는 사항(2023.10.31 본호개정)
5. 본인의 직위를 이용한 본인 또는 제3자에 대한 부당이익 취득 금지에 관한 사항(2023.10.31 본호신설)
6. 불공정한 하도급의 금지에 관한 사항(2023.10.31 본호신설)
7. 「방위산업기술 보호법」 및 「군사기밀 보호법」에 따른 의무 위반 금지에 관한 사항(2023.10.31 본호신설)
③ 국방부장관 또는 방위사업청장은 제1항제2호에 따른 위원회의 위원으로 위촉된 자가 청렴서약서의 내용을 지키지 아니하는 경우에는 해촉하여야 한다.(2023.10.31 본항개정)
④ 국방부장관 또는 방위사업청장은 제1항제4호 또는 제5호에 해당하는 자가 청렴서약서의 내용을 위반한 경우에는 해당 입찰·낙찰을 취소하거나 계약을 해제·해지하여야 한다. 다만, 금품·향응 제공 등 부정행위의 경중, 해당 계약의 이행 정도, 계약이행 중단으로 인한 국가의 손실 규모 등 제반 사정을 고려하여 공익을 현저히 해친다고 인정되는 경우에는 대통령령으로 정하는 바에 따라 해당 입찰·낙찰 또는 계약을 계속하여 이행하게 할 수 있다.(2023.10.31 본항신설)
⑤ 방위사업청장은 방위사업수행에 있어 투명성 및 공정성을 높이기 위하여 방위사업수행과정에서 제기된 민원사항에 대하여 조사하고 시정 또는 감사요구 등을 할 수 있는 옴부즈만제도를 운영할 수 있다.
⑥ 옴부즈만이 될 수 있는 자는 다음 각 호의 어느 하나에 해당하는 자격을 갖추어야 한다. 다만, 옴부즈만으로 위촉을 받기 전 2년 이내에 본인·배우자 또는 직계존비속이 방산업체, 일반업체, 방위산업과 관련없는 일반업체, 전문연구기관, 일반연구기관 또는 군수품무역대리업체의 임직원으로 재직한 경우에는 옴부즈만이 될 수 없다.(2016.1.19 단서개정)
1. 「고등교육법」 제2조에 따른 학교에서 방위사업 관련 학과, 회계학과, 법학과 또는 행정학과의 부교수 이상의 직에 있거나 있었던 자
2. 변호사·회계사·기술사 또는 변리사 자격이 있는 자로서 3년 이상 해당 분야의 실무 경험이 있는 자
3. 중앙행정기관의 4급 이상 공무원(고위공무원단에 속하는 공무원을 포함한다)으로 있었던 자로서 청렴성이 높은 자
4. 그 밖에 방위사업 분야에 전문지식 및 경험이 풍부하고 학식과 덕망을 갖춘 자
(2010.3.31 본항신설)
⑦ 옴부즈만은 제5항에 따라 민원사항을 조사하고 방위사업청장에게 시정 또는 감사요구 등을 할 수 있다. 다만, 다음 각 호의 어느 하나에 해당하는 사항에 대하여는 조사할 수 없다.(2023.10.31 본문개정)
1. 행정심판, 행정소송, 헌법재판소의 심판 등 다른 법률에 따라 불복·구제 절차가 진행 중인 사항
2. 판결·결정·재결·화해·조정 또는 중재 등에 의하여 확정된 사항
3. 감사원 등 국가기관에서 감사를 하였거나 감사 중인 사항
4. 수사기관에 의하여 수사가 진행 중인 사항
(2010.3.31 본항신설)
⑧ 옴부즈만이 제7항에 따라 조사를 하려면 관계 직원에 대한 진술청취, 관계 서류의 열람 또는 현장확인 등을 할 수 있다. 다만, 관계서류 등이 「공공기관의 정보공개에 관한 법률」 제9조제1항제2호 및 제5호에 해당되어 열람을 할 수 없는 경우 관계 직원에게 의견진술이나 설명을 요구할 수 있다.(2023.10.31 본문개정)
⑨ 옴부즈만은 다음 각 호의 어느 하나에 해당하는 직을 겸할 수 없다.
1. 국회의원 또는 지방의회의원
2. 정당의 당원이나 정치활동을 주된 목적으로 하는 단체의 구성원
3. 방산업체, 일반업체, 방위산업과 관련없는 일반업체, 전문연구기관, 일반연구기관 또는 군수품무역대리업체의 임직원(2016.1.19 본호개정)
(2010.3.31 본항신설)
⑩ 옴부즈만의 구성 등 제5항에 따른 옴부즈만제도의 운영에 필요한 사항은 대통령령으로 정한다.(2023.10.31 본항개정)

제6조의2【방산업체 지정취소 확인 등을 위한 범죄경력조회의 요청】 ① 국방부장관 또는 방위사업청장은 제6조제1항제4호에 해당하는 사람이 「군사기밀 보호법」 또는 「방위산업기술 보호법」 위반 행위에 해당하는 죄를 범하여 다음 각 호의 어느 하나의 사유에 해당하는지를 확인하기 위하여 범죄경력조회를 관계 기관의 장(군 관계기관의 장을 포함한다. 이하 이 조에서 같다)에게 요청할 수 있다.
1. 제6조제4항 본문에 따른 입찰·낙찰의 취소 및 계약의 해제·해지
2. 제48조제1항제1호에 따른 방산업체 지정취소
3. 제59조제1항제6호에 따른 입찰참가자격 제한
② 제1항에 따라 범죄경력조회를 요청받은 관계 기관의 장은 정당한 사유가 없으면 이에 따라야 한다.
③ 제1항 및 제2항에 따른 범죄경력조회의 절차·범위 등에 필요한 사항은 대통령령으로 정한다.
(2024.1.16 본조신설)

제7조【보직자격제】 ① 방위사업청장은 방위사업의 수행에 있어 효율성 및 전문성을 향상하기 위하여 특별히 전문성이 필요하다고 인정되는 직위에는 이에 상응한 자격을 갖춘 자를 임명하여야 한다.
② 제1항의 규정에 의한 직위의 범위 및 자격기준 그 밖에 필요한 사항은 대통령령으로 정한다.

제8조【방위사업에 대한 법률적 문제 등 검토】 방위사업청장은 방위사업을 수행함에 있어 국가에 재정적인 손해를 끼칠 수 있는 행위를 사전에 방지하고 방위사업의 원활한 수행을 위하여 계약 또는 협상 등 대통령령이 정하는 사항에 대하여는 미리 법률전문가 등으로 하여금 법률적 문제 등에 대한 검토를 거치게 한 후 추진하여야 한다.

제9조【방위사업추진위원회】 ① 국방부장관 소속하에 방위사업의 추진을 위한 주요정책과 재원의 운용 등을 심의·조정하기 위하여 방위사업추진위원회(이하 "위원회"라 한다)를 둔다.
② 위원회는 다음 각 호의 사항을 심의·조정한다.
1. 방위사업과 관련된 주요 정책 및 계획에 관한 사항
2. 제13조제3항의 규정에 의한 방위력개선사업분야의 중기계획수립에 관한 사항(2014.5.9 본호개정)
3. 제14조제1항의 규정에 의한 방위력개선사업의 예산편성에 관한 사항
4. 제17조의 규정에 의한 방위력개선사업의 추진방법결정에 관한 사항
5. 구매하는 무기체계 및 장비 등의 기종결정에 관한 사항
6. 제20조의 규정에 의한 절충교역에 관한 사항
7. 제23조 및 제24조의 규정에 의한 분석·평가 및 그 결과의 활용에 관한 사항
8. 제26조 및 제28조의 규정에 의한 군수품의 표준화 및 품질보증에 관한 사항
9. 군수품의 조달계약에 관한 사항
10. 「국방과학기술혁신 촉진법」 제6조제1항에 따른 국방과학기술혁신 기본계획의 수립에 관한 사항(2020.3.31 본호개정)
11. 「방위산업 발전 및 지원에 관한 법률」 제5조에 따른 방위산업발전 기본계획의 수립에 관한 사항(2020.2.4 본호개정)
11의2. 「방위산업 발전 및 지원에 관한 법률」 제8조에 따른 방위산업 국가정책사업의 지정에 관한 사항(2023.5.16 본호신설)
12. 제34조에 따른 방산물자의 지정에 관한 사항(2023.10.31 본호개정)
13. 「방위산업 발전 및 지원에 관한 법률」 제11조의 규정에 의한 사업조정 및 조치요구에 관한 사항(2020.2.4 본호개정)
14. 그 밖에 국방부장관 및 방위사업청장이 위원회의 심의·조정이 필요하다고 인정하는 사항
③ 위원회는 위원장 1명을 포함한 25명 이내의 위원으로 구성한다. 이 경우 제4항제5호에 해당하는 사람 4명 이내와 제4항제6호에 해당하는 사람 3명이 각각 포함되어야 한다.(2017.11.28 본항개정)
④ 위원회의 위원장은 국방부장관이 되고, 부위원장은 방위사업청장이 되며, 위원은 다음 각 호의 자가 된다.
1. 국방부차관(2014.5.9 본호개정)
2. 국방부·방위사업청·합동참모본부 및 각군의 실·국장급 공무원 또는 장성급(將星級) 장교 중에서 대통령령으로 정하는 사람(2017.3.21 본호개정)
3. 기획재정부·과학기술정보통신부·산업통상자원부의 고위공무원단에 속하는 일반직공무원 중 소속 기관의 장이 지명하는 사람(2017.7.26 본호개정)
4. 국방과학연구소장, 제32조에 따른 국방기술품질원의 장 및 「한국국방연구원법」에 따른 한국국방연구원의 장
5. 국회 해당 상임위원회에서 추천한 사람 중에서 국방부장관이 위촉하는 사람
6. 방위사업에 관한 전문지식과 경험이 풍부하거나 학식과 덕망을 갖춘 사람으로서 방위사업청장이 추천하는 사람 중에서 국방부장관이 위촉하는 사람
(2014.5.9 4호~6호개정)
⑤ 위원회의 구성·운영과 위원의 임기 등에 관하여 필요한 사항은 대통령령으로 정한다.

제10조【분과위원회, 실무위원회 및 전문위원】 ① 위원회의 업무를 효율적으로 수행하기 위하여 분야별로 분과위원회를 둔다.
② 분과위원회가 위원회로부터 위임받은 사항 또는 대통령령이 분과위원회의 소관사항으로 정한 사항에 관하여 심의·조정을 한 경우에 위원회가 필요하다고 판단되는 사안에 대하여는 재심의·조정을 할 수 있다.
③ 분과위원회에 그 업무를 지원하기 위하여 실무위원회를 둘 수 있다.(2016.12.20 본항신설)
④ 위원회와 분과위원회의 주요 심의사항에 관한 자문을 구하기 위하여 위원회의 위원장은 방위사업에 관한 전문지식 및 경험이 있는 사람 중에서 전문위원을 위촉할 수 있다.(2016.12.20 본항개정)
⑤ 전문위원은 위원회 및 분과위원회에 출석하여 발언할 수 있으며, 필요한 경우 위원회에 서면으로 의견서를 제출할 수 있다.
⑥ 분과위원회 및 실무위원회의 구성·운영 및 전문위원의 임기 등에 관하여 필요한 사항은 대통령령으로 정한다.(2016.12.20 본항개정)
(2016.12.20 본조제목개정)

제3장 방위력개선사업

제1절 방위력개선사업 수행의 원칙

제11조【방위력개선사업 수행의 기본원칙】 방위사업청장은 방위력개선사업을 수행하는 경우 다음 각 호의 원칙을 준수하여야 한다.
1. 국방과학기술발전을 통한 자주국방의 달성을 위한 무기체계의 연구개발 및 국산화 추진
2. 각군이 요구하는 최적의 성능을 가진 무기체계를 적기에 획득함으로써 전투력 발휘의 극대화 추진
3. 무기체계의 효율적인 운영을 위한 안정적인 종합군수지원책의 강구
4. 방위력개선사업을 추진하는 전 과정의 투명성 및 전문성 확보
5.~6. (2020.3.31 삭제)

제12조【통합사업관리제】 ① 방위사업청장은 방위력개선사업의 효율적인 수행을 위하여 필요한 경우 단위사업별로 그 단위사업을 관리하는 자로 하여금 계획수립·예산편성·기종결정·협상·계약관리·품질보증관리 및 기술관리 등 각 기능별 전문인력을 통합구성하여 그 단위사업의 모든 과정을 관리하는 통합사업관리제를 시행하도록 하여야 한다.
② 제1항의 규정에 의한 통합사업관리제의 운영방법·절차 등에 관하여 필요한 사항은 방위사업청장이 정한다.

제2절 국방중기계획 및 예산

제13조【국방중기계획 등】 ① 국방부장관은 합리적인 군사력 건설을 위하여 방위력개선사업분야 및 전력운영분야 등에 관한 중기계획(이하 "국방중기계획"이라 한다)을 대통령의 승인을 얻어 수립한다.
② 방위사업청장은 무기체계에 대한 소요의 우선순위와 국가재정운용계획 등을 고려하여 방위력개선사업에 대한 중기계획 요구서를 작성하고 국방부장관에게 제출하여야 한다. 이 경우 국회 해당 상임위원회가 중기계획 요구서에 대한 보고요구를 한 때에는 이를 보고하여야 한다.
③ 국방부장관은 방위사업청장으로부터 방위력개선사업에 관한 중기계획 요구서를 제출받아 무기체계 등에 대한 소요의 적절성을 검증하여 미리 위원회의 심의·조정을 거쳐 국방중기계획을 수립한다.
④ 국방부장관은 국방중기계획을 수립하였을 때에는 즉시 그 내용을 국회 해당 상임위원회에 보고하여야 한다.
⑤ 제1항 및 제3항에 따른 국방중기계획의 수립 및 소요의 검증 등에 필요한 사항은 대통령령으로 정한다.
(2014.5.9 본항신설)
(2014.5.9 본조개정)

제14조【예산편성 및 집행】 ① 방위사업청장은 국방중기계획 및 국방부장관의 예산편성지침을 근거로 방위력개선사업분야 예산을 편성하고 국방부장관에게 보고한다.
② 방위사업청장은 방위력개선사업분야 예산의 효율적인 집행 및 관리를 위하여 예산집행계획과 운용방안을 수립하여야 한다.
③ 제1항 및 제2항의 규정에 의한 예산편성 및 집행에 관하여 필요한 사항은 대통령령으로 정한다.

제14조의2【사업타당성조사】 ① 국방부장관 및 방위사업청장은 대통령령으로 정하는 대규모 신규사업으로서 다음 각 호의 어느 하나에 해당하는 사업에 대한 예산을 편성하기 위하여 사업 착수 이전에 사업 추진과 관련된 사항을 투명하고 공정하게 점검하는 사업타당성조사를 실시하여야 한다.
1. 제3조제4호에 따른 전력지원체계사업
2. 제19조에 따른 무기체계 구매사업
3. 「국방과학기술혁신 촉진법」 제2조제5호에 따른 국방연구개발사업

② 제1항에도 불구하고 국방부장관 및 방위사업청장은 다음 각 호의 어느 하나에 해당하는 사업을 기획재정부장관이 정하는 절차에 따라 사업타당성조사 대상에서 제외할 수 있다.
1. 국가안전보장과 관련되어 극도의 보안이 요구되는 사업
2. 제17조제1항 단서에 따라 긴급한 무기체계 등의 소요가 결정된 사업으로서 전시, 사변, 해외파병, 적의 침투나 도발 또는 테러 등 긴급한 사정이 있는 사업
3. 그 밖에 사업 추진 방법이나 예산 산정이 명백한 사업 등과 같이 사업타당성조사의 실익이 없다고 인정되는 사업

(2024.2.6 본항신설)
③ 국방부장관 및 방위사업청장은 다음 각 호의 자를 수행기관으로 지정하여 제1항에 따른 사업타당성조사 관련 연구를 수행하게 하여야 한다. 다만, 효율적인 조사를 위하여 필요한 경우 국방부장관 및 방위사업청장은 기획재정부장관과 협의하여 수행기관을 변경하거나 추가로 지정할 수 있다.
1. 「한국국방연구원법」에 따라 설립된 한국국방연구원
2. 「과학기술기본법」에 따른 한국과학기술기획평가원

④ 국방부장관 및 방위사업청장은 제3항에 따른 연구수행을 위하여 수행기관과 협약을 체결하여 연구의 수행에 드는 비용을 예산의 범위에서 출연할 수 있다.
(2024.2.6 본항개정)
⑤ 제1항에 따른 사업타당성조사의 대상사업·선정기준·조사방법·절차 및 제3항에 따른 수행기관의 지정 등에 관한 사항은 기획재정부장관이 정한다.(2024.2.6 본항개정)
(2022.2.3 본조신설)

제3절 소요의 결정 및 수정

제15조【소요결정】 ① 합동참모의장은 각군, 국방부 직할부대, 관련 기관에서 제기한 방위력개선사업의 소요에 대하여 합동참모회의의 심의를 거쳐 무기체계 등의 소요를 결정하며, 합동참모의장이 합동성, 전력소요의 중복성 및 사업규모 등을 검토하여 타당하다고 인정한 경우 각군 참모총장 및 해병대사령관이 소요를 결정할 수 있다. 이 경우 합동참모의장은 방위사업청장의 의견을 들어야 하며, 민간전문가 및 이해관계인의 의견을 대통령령으로 정하는 바에 따라 수렴하여야 한다.(2024.2.6 전단개정)
② 합동참모의장은 제1항에 따른 소요의 결정이 객관적·합리적으로 이루어질 수 있도록 이와 관련된 업무를 수행하는 인력이 각군별로 균형있게 편성되도록 하여야 한다.
③ 제1항에 따른 소요 결정의 절차 등은 대통령령으로 정한다.
(2014.5.9 본조개정)

제15조의2【신속소요의 결정 등】 ① 합동참모의장은 민간의 성숙된 기술을 적용한 무기체계의 신속한 전력화가 필요하다고 판단하는 경우에는 합동참모회의의 심의를 거쳐 신속소요를 결정한다. 이 경우 합동참모의장은 방위사업청장의 의견을 들어야 하며, 신속소요가 결정된 때에는 이를 지체 없이 국회 소관 상임위원회에 보고하여야 한다.
② 제1항에 따른 신속소요의 결정에 관한 절차는 대통령령으로 정한다.
(2023.5.16 본조신설)

제15조의3【사전개념연구의 수행】 ① 합동참모의장은 제15조제1항 또는 제15조의2제1항에 따른 소요의 결정이 신속하고 합리적으로 이루어질 수 있도록 국방과학연구소에 무기체계 등의 필요성, 운영개념 및 작전운용성능 등에 관한 연구(이하 "사전개념연구"라 한다)를 수행하도록 할 수 있다. 다만, 효율적인 연구를 위하여 필요한 경우 합동참모의장은 방위사업청장과 협의하여 수행기관을 변경하거나 추가로 지정할 수 있다.
② 방위사업청장은 예산의 범위에서 사전개념연구의 수행에 드는 비용의 전부 또는 일부를 출연할 수 있다.
③ 사전개념연구의 수행에 관한 절차는 대통령령으로 정한다.
(2023.5.16 본조신설)

제16조【소요의 수정】 ① 합동참모의장은 제15조제1항 또는 제15조의2제1항의 규정에 의하여 결정된 무기체계 등의 소요를 합동참모회의의 심의를 거쳐 수정할 수 있다. 다만, 제15조제1항에 따라 각군 참모총장 및 해병대사령관이 소요를 결정한 경우에는 합동참모의장과 협의하여 해당 군에서 자체심의를 거쳐 소요를 수정할 수 있다.
(2024.2.6 단서신설)
② 제1항의 규정에 의하여 무기체계 등의 소요를 수정하는 경우에는 제15조제1항 또는 제15조의2제1항의 규정을 준용한다. 다만, 대통령령이 정하는 경미한 사항을 수정하는 경우에는 그러하지 아니하다.
(2023.5.16 본조개정)

제4절 방위력개선사업의 수행

제17조【방위력개선사업의 추진방법 등】 ① 방위사업청장은 제15조제1항의 규정에 의하여 방위력개선사업을 위한 무기체계 등의 소요가 결정된 경우에는 당해 무기체계에 대한 연구개발의 가능성·소요시기 및 소요량, 국방과학기술수준, 방위산업육성효과, 기술적·경제적 타당성, 비용(무기체계의 획득부터 운영유지까지 소요되는 수명주기비용을 포함한다)대비 효과 등에 대한 조사·분석을 한 선행연구(先行硏究)를 거친 후 방위력개선사업의 추진방법을 결정하여야 한다. 다만, 전시·사변·해외파병 등 방위력개선사업에 대한 긴급한 무기체계 등의 소요가 있거나 제17조의2제1항에 따라 시범사업을 실시한 경우에는 그러하지 아니하며, 방위사업청장은 같은 항에 따라 시범사업을 실시한 이후 선행연구를 거치지 아니하고 방위력개선사업의 추진방법을 결정한 때에는 이를 지체 없이 국회 소관 상임위원회에 보고하여야 한다.
(2024.1.16 본문개정)
② 제1항의 규정에 의한 선행연구를 함에 있어서 필요한 경우에는 국방과학연구소, 각군 및 관계 부처 등의 의견을 반영하여야 한다.
③ 제1항의 규정에 의한 방위력개선사업의 추진방법은 제19조에 따른 구매 또는 「국방과학기술혁신 촉진법」 제8조에 따른 연구개발로 구분하여 수행한다.(2020.3.31 본항개정)

제17조의2【시범사업의 실시 등】 ① 방위사업청장, 각군 참모총장 및 해병대사령관은 「국방과학기술혁신 촉진법」 제2조제5호라목에서 규정하는 신기술의 활용을 위하여 제15조제1항 또는 제15조의2제1항에 따른 소요가 결정되지 않은 무기체계 등에 대하여 시범사업을 실시할 수 있다.
② 각군 참모총장 및 해병대사령관은 제1항에 따른 시범사업의 성과를 객관적·합리적으로 평가하기 위하여 제1호·제2호의 기관 소속 공무원 및 직원과 제3호의 민간전문가로 구성된 성능입증시험팀을 구성·운영할 수 있다.
1. 국방부, 합동참모본부, 방위사업청, 각군
2. 국방과학연구소, 제32조에 따라 설립된 국방기술품질원
3. 제21조제6항에 따른 민간전문가

③ 제1항에 따른 시범사업의 절차 및 제2항에 따른 성능입증시험팀의 구성·운영 절차 등은 대통령령으로 정한다.
(2023.5.16 본조신설)

제18조 (2020.3.31 삭제)

제19조【구매】 ① 방위사업청장은 국내에서 생산된 군수품을 우선적으로 구매한다. 다만, 국내구매가 곤란한 경우에는 국외에서 생산된 군수품을 구매할 수 있다.
② 방위사업청장은 구매사업의 효율적인 수행을 위하여 필요한 경우에는 위원회의 추천을 받아 국제계약관련 분야에서 근무한 경력이 있는 자 등 대통령령이 정하는 민간전문가를 구매절차에 참여하게 할 수 있다.
③ 방위력개선사업의 추진을 위한 구매절차 등에 관하여 필요한 사항은 대통령령으로 정한다.

제20조【절충교역】 ① 방위사업청장은 제19조제1항의 규정에 의하여 국외로부터 군수품을 구매하는 경우(외국정부와 계약을 체결하여 군수품을 구매하는 경우를 포함한다) 대통령령으로 정하는 금액 이상의 단위사업에 대하여는 절충교역을 추진하는 것을 원칙으로 한다.
(2024.1.16 본항개정)
② 방위사업청장은 절충교역을 통하여 확보할 수 있는 기술 등을 선정하고자 하는 경우에는 「국방과학기술혁신 촉진법」 제6조에 따른 국방과학기술혁신 기본계획 및 국방과학기술혁신 시행계획과 연계되도록 하여야 한다.
(2020.3.31 본항개정)
③ 방위사업청장이 절충교역을 추진하고자 하는 경우에는 다음 각 호의 어느 하나에 해당하는 조건을 충족하여야 한다.
1. 방위력개선사업에 필요한 기술의 확보
2. 구매하는 무기체계에 대한 군수지원능력의 확보
3. 계약상대국에서 생산하는 무기체계의 개발 및 생산에의 참여
4. 방산물자 등 군수품의 수출
5. 계약상대국의 무기체계에 대한 정비물량의 확보
6. 군수품 외의 물자의 연계 수출 등 대통령령으로 정하는 사항의 추진(제1호부터 제5호까지의 어느 하나에 해당하는 조건을 충족한 경우에 한한다)(2009.4.1 본호신설)

제21조【시험평가】 ① 국방부장관은 무기체계 및 핵심기술의 시험평가를 위하여 평가의 기준·항목·방법 및 시기 등이 포함된 시험평가계획을 수립하여야 한다.
(2014.5.9 본항개정)
② 각군과 각 기관(국방과학연구소·방산업체·일반업체·전문연구기관 및 일반연구기관을 말한다. 이하 이 조에서 같다)은 제1항의 규정에 의한 시험평가계획에 따라 무기체계 및 핵심기술의 시험평가를 실시한다. 이 경우 시험평가 결과를 국방부장관에게 통보하여야 한다.
(2014.5.9 후단개정)
③ 제1항 및 제2항에 따른 무기체계 및 핵심기술의 시험평가 중 연구개발에 대한 시험평가는 개발시험평가와 운용시험평가로 구분하여 실시한다. 다만, 제15조의2제1항에 따라 신속소요로 결정된 경우에는 개발시험평가와 운용시험평가를 통합하여 실시할 수 있다.(2023.5.16 단서신설)
1. 개발시험평가 : 개발장비의 시제품에 대하여 요구성능 및 개발목표 등의 충족 여부를 검증하기 위한 시험평가
2. 운용시험평가 : 개발장비의 시제품에 대하여 작전운용성능 충족 여부 및 군 운용 적합 여부를 확인하기 위한 시험평가

(2016.1.19 본항신설)
④ 제1항 및 제2항에 따른 무기체계의 시험평가 중 무기체계의 구매를 위한 시험평가는 다음 각 호의 어느 하나를 실시하거나 각 호의 방법을 상호 보완하여 실시할 수 있다. 이 경우 제1호에 의한 방법을 실시하는 것을 원칙으로 하되, 무기체계가 개발 중인 경우 등 대통령령으로 정하는 바에 따라서는 제2호에 의한 방법을 실시할 수 있다.
1. 실물에 의한 시험평가 : 개발이 완료된 무기체계 또는 시제품을 대상으로 하는 시험평가
2. 자료에 의한 시험평가 : 제안한 성능에 대하여 업체가 제시한 자료를 대상으로 하는 시험평가

(2016.1.19 본항신설)
⑤ 국방부장관은 제17조의2제1항에 따라 시범사업을 거친 무기체계를 구매하는 경우에는 성능입증시험 결과로 제4항의 시험평가를 대체할 수 있다.(2023.5.16 본항신설)
⑥ 국방부장관은 시험평가의 전문성과 투명성을 높이기 위하여 필요한 경우에는 위원회의 추천을 받아 민간전문가를 시험평가에 참여하게 할 수 있다.(2014.5.9 본항개정)
⑦ 국방부장관은 제2항의 규정에 따라 통보받은 시험평가 결과를 근거로 당해 무기체계 및 핵심기술이 시험평가기준 등을 충족하는지 여부를 판정하고, 위원회에 보고한다.(2014.5.9 본항개정)
⑧ 그 밖에 시험평가계획의 수립과 시험평가의 방법 및 절차 등에 관하여 필요한 사항은 대통령령으로 정한다.
(2016.1.19 본항개정)

제22조【성능개량】 ① 방위사업청장은 운용 중인 무기체계 또는 생산단계에 있는 무기체계의 성능 및 품질향상을 위하여 성능개량을 추진할 수 있다.
② 제1항의 규정에 불구하고 무기체계의 운용환경이 현저히 변경되거나 무기체계의 중대한 운용성능이 변경되는 경우에는 제15조의 규정에 의한 소요결정절차에 따라 추진한다.
③ 제1항의 규정에 의한 성능개량의 추진절차 등에 관하여 필요한 사항은 국방부령으로 정한다.

제5절 분석·평가

제23조【분석·평가의 실시】 ① 방위력개선사업을 수행함에 있어서 의사결정의 합리성을 도모하고 재원을 효율적으로 사용하기 위하여 방위력개선사업의 분석·평가체계를 확립하고, 이에 따라 분석·평가를 실시하여야 한다.(2010.3.31 단서삭제)
② 방위사업청장은 다음 각 호에 관한 분석·평가를 실시한다.
1. 당해 사업의 예산이 집행되기 전까지의 방위력개선사업분야의 중기계획 요구서 작성 및 예산편성 등에 필요한 분석·평가(2014.5.9 본호개정)
2. 당해 사업의 예산이 집행되고 있는 과정에서 사업의 중간성과 등에 관한 분석·평가
3. 당해 사업의 예산집행이 완료된 후 사업의 집행성과 등에 관한 분석·평가

③ 국방부장관은 제2항 각 호에 규정된 것 외에 방위력개선사업에 대한 소요결정, 중기계획수립 및 배치된 무기체계의 전력화 등에 관한 분석·평가를 실시한다. 이 경우 합동참모의장 또는 각군 참모총장으로 하여금 실시하게 할 수 있다.(2014.5.9 전단개정)
④ 국방부장관 및 방위사업청장은 분석·평가의 신뢰성을 높이기 위하여 필요한 경우에는 민간전문기관을 분석·평가에 참여하게 할 수 있다.
⑤ 제2항 내지 제4항의 규정에 의한 분석·평가의 방법 및 절차 등은 국방부령으로 정한다.

제24조【분석·평가 결과의 활용】 ① 방위사업청장은 방위력개선사업을 효율적으로 수행하기 위하여 제23조제2항제1호 및 제2호의 규정에 의한 분석·평가의 결과가 당해 방위력개선사업의 추진단계별 의사결정에 활용되도록 하여야 한다.
② 방위사업청장은 제23조제2항제3호의 규정에 의한 분석·평가의 결과가 방위력개선사업의 정책결정에 활용되도록 하여야 한다.
③ 국방부장관은 제23조제3항의 규정에 의한 분석·평가의 결과가 방위력개선사업의 소요결정 등에 활용되도록 하여야 하며, 제23조제2항의 규정에 의한 분석·평가 결과에 대하여 군의 작전환경 및 기술변화 등을 고려하여 필요한 경우 방위사업청장에게 재분석·평가 또는 시정조치를 요구할 수 있다.

제4장 조달 및 품질관리

제25조【조달계획 및 방법】 ① 방위사업청장은 국방부장관의 지침에 의하여 군수품의 조달계획을 수립하고 이에 따라 군수품을 조달한다.
② 군수품은 국방예산의 효율적인 집행을 위하여 방위사업청에서 일괄적으로 조달한다. 다만, 대통령령이 정하는 바에 따라 각군에서 직접 조달하거나 조달청에 요청하여 구매할 수 있다.
제26조【표준화】 ① 방위사업청장은 군수품을 효율적으로 획득하기 위하여 군수품의 표준화에 대한 계획을 수립하여야 한다. 이 경우 「산업표준화법」 제12조에 따른 한국산업표준을 적용할 수 있는 사항에 대하여는 이를 반영하여야 한다.(2007.5.25 후단개정)
② 방위사업청장은 제1항의 규정에 의하여 수립된 계획에 따라 표준품목을 지정 또는 해제하고, 군수품의 규격을 제정·개정 또는 폐지하며, 군수품의 물리적 또는 기능적 특성을 식별하여 관리하여야 한다.
③ 제2항의 규정에 의한 표준품목의 지정 또는 해제, 군수품 규격의 제정·개정 또는 폐지와 군수품의 물리적 또는 기능적 특성에 따른 관리에 관하여 필요한 사항은 대통령령으로 정한다.
제27조【군수품목록정보】 ① 방위사업청장은 제26조의 규정에 의한 표준화에 따라 군수품을 분류하여 품명 및 재고번호를 부여하고 특성 등을 작성하여 이를 군수품목록정보로 관리하여야 한다.
② 방위사업청장은 제1항의 규정에 의한 군수품목록정보를 관리하고 이용하기 위한 계획을 수립·시행하여야 하며, 군수품목록정보의 국제교류를 위하여 노력하여야 한다.
제28조【품질보증】 ① 방위사업청장은 군수품을 획득하고자 하는 때에는 연구개발 및 구매의 각 단계별로 당초 사용자가 요구한 조건에 부합하는지 여부를 확인하기 위하여 군수품의 품질을 검사하고 그에 따른 미비점에 대한 수정·보완방안이 포함된 품질보증에 대한 계획을 수립·시행한다.
② 제1항의 규정에 의한 각 단계별 품질보증에 대한 구체적인 방법 등은 국방부령으로 정한다.
제28조의2【위조부품등의 정의 및 취급 금지】 ① 이 법에서 "위조부품등"이라 함은 이 법에 따른 계약에 사용하는 물품으로서 다음 각 호의 어느 하나에 해당하는 경우를 말한다.
1. 「상표법」 제108조에 따른 상표권을 침해하는 물품
2. 「부정경쟁방지 및 영업비밀보호에 관한 법률」 제2조제1호에 따른 부정경쟁행위에 해당하는 물품
3. 「대외무역법」 제33조를 위반한 물품
4. 「대외무역법」 제38조를 위반한 물품
② 누구든지 제1항의 위조부품등을 생산, 제조, 가공하거나 위조부품등임을 알면서 수입, 판매 및 사용하여서는 아니 된다.
(2024.1.16 본조신설)
제29조【품질경영】 ① 방위사업청장은 산업통상자원부장관과 협의하여 방산물자의 생산에 있어서 그 품질을 보장하기 위하여 방산업체 또는 전문연구기관의 책임경영 및 자원관리 등에 관한 기준을 정한다.(2013.3.23 본항개정)
② 방산업체 또는 전문연구기관은 제1항의 규정에 의한 기준에 따라 방산물자의 품질경영에 필요한 조치를 하여야 한다.
③ 산업통상자원부장관과 방위사업청장은 협의하여 방산물자의 연구개발·구매 및 생산을 함에 있어서 필요한 경우에는 방산업체 또는 전문연구기관으로부터 보고를 받거나, 방위산업시설(이하 "방산시설"이라 한다) 그 밖에 필요한 장소에 관계 공무원 등을 파견하여 품질경영 또는 기술지도를 하게 할 수 있다.(2013.3.23 본항개정)
④ 제3항의 규정에 의하여 파견된 관계 공무원 등은 방산업체 또는 전문연구기관의 경영자에게 방산물자의 품질경영 등에 대한 필요한 조치를 요구할 수 있다.
제29조의2【품질경영체제인증】 ① 방위사업청장은 다음 각 호의 어느 하나에 해당하는 업체(이하 "방산업체등"이라 한다)가 국방부령으로 정하는 품질경영체제인증기준(이하 "품질경영인증기준"이라 한다)에 따라 군수품의 품질을 보장할 수 있는 품질경영체제를 구축한 경우 그 방산업체등에 대하여 품질경영체제인증(이하 "품질경영인증"이라 한다)을 할 수 있다.
1. 방산업체
2. 일반업체
3. 방위산업과 관련 없는 일반업체(제26조제2항에 따른 군수품의 규격에 따라 군수품을 납품하는 경우로 한정한다)
② 품질경영인증을 받으려는 방산업체등은 방위사업청장에게 신청하여야 한다.
③ 품질경영인증의 유효기간은 그 인증을 받은 날부터 4년으로 하고, 품질경영인증을 받은 방산업체등이 그 인증을 유지하려는 경우에는 유효기간이 끝나기 전에 인증을 갱신하여야 한다.(2024.2.6 본항개정)
④ 방위사업청장은 제3항에 따른 유효기간 중에 품질경영인증을 받은 방산업체등이 품질경영인증기준에 적합한지 여부를 심사(이하 "사후관리심사"라 한다) 할 수 있고, 심사결과가 품질경영인증기준에 맞지 아니하다고 인정할 때에는 시정에 필요한 조치를 명할 수 있다.
⑤ 품질경영인증의 신청·심사·갱신 및 사후관리심사 등에 대한 방법 및 절차 등에 관하여 필요한 사항은 국방부령으로 정한다.
(2016.12.20 본조신설)
제29조의3【품질경영인증의 취소】 방위사업청장은 품질경영인증을 받은 방산업체등이 다음 각 호의 어느 하나에 해당하는 경우에는 그 인증을 취소할 수 있다. 다만, 제1호에 해당하는 경우에는 그 인증을 취소하여야 한다.
1. 거짓이나 그 밖의 부정한 방법으로 품질경영인증을 받은 경우
2. 품질경영인증기준에 적합하지 아니하게 된 경우
3. 사후관리심사를 정당한 사유 없이 받지 아니하거나 심사결과에 따른 시정조치 명령을 이행하지 아니한 경우
4. 폐업 등의 사유로 방산물자 등의 생산이 불가능하다고 판단되는 경우
(2016.12.20 본조신설)
제29조의4【인증업체에 대한 인센티브 부여】 ① 방위사업청장은 품질경영인증을 받은 방산업체등에 대하여 군수품의 조달 또는 방산물자의 연구개발 등을 위한 계약을 체결하는 경우 가산점 부여 등의 인센티브를 부여할 수 있다.
② 제1항에 따른 인센티브 부여의 내용, 방법 및 절차 등에 관하여 필요한 사항은 방위사업청장이 정한다.
(2016.12.20 본조신설)

제5장 국방과학기술의 진흥

제30조~제31조의2 (2020.3.31 삭제)
제32조【국방기술품질원의 설립】 ① 국방과학기술 및 군수품에 관한 정보의 확보·유통·관리와 품질보증 등의 업무를 효율적으로 수행하기 위하여 국방기술품질원을 설립한다.(2014.5.9 본항개정)
② 국방기술품질원은 법인으로 한다.
③ 국방기술품질원은 그 주된 사무소가 있는 곳에서 설립등기를 함으로써 성립한다.
④ 국방기술품질원의 정관에는 다음 각 호의 사항을 기재하여야 한다.
1. 목적
2. 명칭
3. 주된 사무소의 소재지
4. 사업 및 재정에 관한 사항
5. 임원에 관한 사항
6. 이사회에 관한 사항
7. 정관변경에 관한 사항
8. 해산에 관한 사항
⑤ 국방기술품질원이 정관을 작성 또는 변경하고자 하는 때에는 방위사업청장의 인가를 받아야 한다. 이 경우 방위사업청장은 인가를 하기 전에 국방부장관의 승인을 얻어야 한다.
⑥ 국방기술품질원은 다음 각 호의 사업을 수행한다.
1.~4. (2020.3.31 삭제)
5. 군수품의 품질보증 및 방산물자의 품질경영 등에 대한 업무지원과 이에 관하여 방위사업청장이 위탁하는 사업
6. 군수품의 수명, 내구성 등에 대한 신뢰성 분석·평가 및 연구(2023.6.20 본호신설)
7. 군수품의 품질보증 등을 위한 시험의 수행(2023.6.20 본호신설)
8. 방위사업을 수행하는 과정에서 요구되는 군수품의 표준화 등에 대한 업무지원(2020.3.31 본호개정)
9. 군수품에 대한 수입가격정보의 수집 및 제공에 관한 사항(2020.2.4 본호개정)
10. 그 밖에 군수품의 품질관리 등과 관련하여 대통령령이 정하는 사항(2020.3.31 본호개정)
⑦ 정부는 국방기술품질원의 설립·운영에 필요한 경비를 출연한다.
⑧ 국방기술품질원의 운영 및 감독 등에 필요한 사항은 대통령령으로 정한다.
⑨ 국방기술품질원에 관하여 이 법에 규정되지 아니한 사항에 대하여는 「민법」 중 재단법인에 관한 규정을 준용한다.
제32조의2【국유재산의 양도 또는 대부 등】 정부는 국방기술품질원의 운영을 위하여 필요한 경우 국방기술품질원에 대하여 「군수품관리법」 또는 「국유재산법」에도 불구하고 군수품 또는 국유재산을 대통령령으로 정하는 바에 따라 무상으로 사용허가·대부 또는 양여할 수 있다.(2015.9.1 본조신설)

제6장 방위산업육성

제33조 (2020.2.4 삭제)
제34조【방산물자의 지정】 ① 방위사업청장은 산업통상자원부장관과 협의하여 무기체계로 분류된 물자중에서 안정적인 조달원 확보 및 엄격한 품질보증 등을 위하여 필요한 물자를 방산물자로 지정할 수 있다. 다만, 무기체계로 분류되지 아니한 물자로서 대통령령이 정하는 물자에 대하여는 이를 방산물자로 지정할 수 있다.
(2013.3.23 본문개정)
② 방산물자는 주요방산물자와 일반방산물자로 구분하여 지정한다.
③ 제2항의 규정에 의한 주요방산물자와 일반방산물자의 구분 그 밖에 방산물자의 지정에 관하여 필요한 사항은 대통령령으로 정한다.
제35조【방산업체의 지정 등】 ① 방산물자를 생산하고자 하는 자는 대통령령이 정하는 시설기준과 보안요건 등을 갖추어 산업통상자원부장관으로부터 방산업체의 지정을 받아야 한다. 이 경우 산업통상자원부장관은 방산업체를 지정함에 있어서 미리 방위사업청장과 협의하여야 한다.(2013.3.23 본항개정)
② 산업통상자원부장관은 제1항의 규정에 의하여 방산업체를 지정하는 경우에는 주요방산업체와 일반방산업체로 구분하여 지정한다. 다음 각 호의 어느 하나에 해당하는 방산물자를 생산하는 업체를 주요방산업체로, 그 외의 방산물자를 생산하는 업체를 일반방산업체로 지정한다.
(2013.3.23 전단개정)
1. 총포류 그 밖의 화력장비
2. 유도무기
3. 항공기
4. 함정
5. 탄약
6. 전차·장갑차 그 밖의 전투기동장비
7. 레이더·피아식별기 그 밖의 통신·전자장비
8. 야간투시경 그 밖의 광학·열상장비
9. 전투공병장비
10. 화생방장비
11. 지휘 및 통제장비
12. 그 밖에 방위사업청장이 군사전략 또는 전술운용에서 중요하다고 인정하여 지정하는 물자
③ 방산업체의 매매·경매 또는 인수·합병, 그 밖의 사유로 경영 지배권의 실질적인 변화가 예상되는 경우로서 대통령령이 정하는 기준에 해당되는 때에는 당해 방산업체와 경영상 지배권을 실질적으로 취득하고자 하는 자는 대통령령이 정하는 바에 따라 관계 서류를 제출하여 미리 산업통상자원부장관의 승인을 얻어야 한다. 다만, 「외국인투자 촉진법」 제6조제1항부터 제4항까지의 규정에 의하여 산업통상자원부장관의 허가를 받은 경우에는 그러하지 아니하다.(2016.1.27 단서개정)
④ 산업통상자원부장관은 제3항 본문의 규정에 의한 승인을 하고자 하는 때에는 미리 방위사업청장과 협의하여야 한다.(2013.3.23 본항개정)
⑤ 제1항 및 제2항의 규정에 의한 지정에 관하여 필요한 사항은 대통령령으로 정한다.
제36조 (2020.2.4 삭제)
제37조【보호육성】 ① 방산업체는 정부로부터 방산물자의 생산 및 조달에 관한 보장을 받는다.
② 정부는 주요방산물자를 생산하는 방산업체에 대하여는 다음 각 호의 사항을 우선적으로 지원한다.
1. 「국방과학기술혁신 촉진법」 제8조제1항 및 제4항에 따른 국방연구개발사업의 수행(2020.3.31 본호개정)
2. 「방위산업 발전 및 지원에 관한 법률」 제12조제1항에 따른 자금의 융자(2020.2.4 본호개정)
3. 그 밖에 방산업체를 보호육성하기 위하여 대통령령으로 정하는 사항
제38조~제39조 (2020.2.4 삭제)
제40조 (2020.3.31 삭제)
제41조【방위산업지원】 ① 방위사업청·각군·국방과학연구소·국방기술품질원 및 군정비부대는 방산물자의 연구개발 또는 생산을 위하여 방산업체 또는 전문연구기관의 비용부담으로 방산업체 또는 전문연구기관에 대한 기술지원 및 생산지원을 할 수 있다.
② 국방부장관 및 방위사업청장은 방산업체·일반업체·전문연구기관 및 일반연구기관의 무기체계 및 그와 연관된 기술의 연구개발에 필요하다고 인정할 때에는 방위사업청장이 정하는 방법과 절차에 따라 방산업체·일반업체·전문연구기관 및 일반연구기관이 국방과학연구소의 시험평가 관련 시설·설비 및 정보를 공동으로 활용하게 할 수 있다.(2017.3.21 본항신설)
제42조 (2020.2.4 삭제)
제43조【보증기관의 지정】 ① 방위사업청장은 방산업체 등의 재정적인 부담을 경감하고 방산업체 등이 보증기관을 편리하게 이용할 수 있도록 하기 위하여 방위사업과 관련된 제2항 각 호의 규정에 의한 보증업무를 수행하는 기관(이하 "보증기관"이라 한다)을 지정할 수 있다.
② 보증기관의 보증업무의 범위는 다음 각 호와 같다.
1. 「방위산업 발전 및 지원에 관한 법률」 제12조제1항에 따른 자금융자에 대한 지급보증(2020.2.4 본호개정)
2. 방산물자의 조달·연구 및 시제품생산계약의 입찰보증금·계약보증금 및 하자보증금에 대한 지급보증
(2023.10.31 본호개정)
3. 제46조의2제1항의 규정에 의한 착수금 및 중도금에 대한 지급보증(2023.10.31 본호개정)
4. 「군수품관리법」 제24조의 규정에 의한 관급품에 대한 지급보증
5. 제55조의 규정에 의한 원자재의 비축을 위하여 필요한 자금의 대부보증
6. 그 밖에 방산업체 등이 방위사업을 수행함에 있어 필요한 보증

③ 보증기관의 지정요건·지정방법 및 지정절차 등에 관하여 필요한 사항은 대통령령으로 정한다.

제44조 (2020.2.4 삭제)

제45조【국유재산의 양여 또는 대부 등】 ① 정부는 방위사업의 수행을 위하여 필요한 국유재산과 물품(군수품을 포함한다. 이하 같다)에 대해서는 「국유재산법」, 「물품관리법」 및 「군수품관리법」에도 불구하고 다음 각 호의 구분에 따라 매각, 대부 또는 사용허가를 할 수 있다.
1. 일반재산과 물품 : 수의계약의 방법으로 방산업체에 매각하거나 유상 또는 무상으로 대부
2. 행정재산 : 대통령령으로 정하는 바에 따라 무상으로 사용허가

(2015.3.27 본항개정)

② 정부는 방산업체 또는 전문연구기관에 대하여 방산물자의 생산·연구·시제품생산을 위하여 필요한 때에는 「물품관리법」에도 불구하고 대통령령이 정하는 바에 따라 필요한 전용기기 또는 물품을 유상 또는 무상으로 대부 또는 양여할 수 있다.(2015.3.27 본항개정)

③ 방산업체 또는 전문연구기관은 제1항 또는 제2항의 규정에 의하여 유상 또는 무상으로 양여·대부 또는 사용허가를 받은 국유재산이나 물품을 그 용도 외로 사용하여서는 아니된다.(2015.3.27 본항개정)

④ 정부는 방산업체가 수출을 목적으로 국가가 보유한 방산시설 또는 방산물자의 양여·대부·사용허가 또는 교환 등을 요청하는 경우에는 다른 법령의 규정에 불구하고 군 작전 및 전력유지에 지장이 없는 범위 안에서 그 방산시설 또는 방산물자를 유상 또는 무상으로 양여·대부 또는 사용허가를 하거나 방산업체 소유의 방산물자와 교환 등을 할 수 있다.(2015.3.27 본항개정)

⑤ 제4항의 규정에 의하여 방산시설이나 방산물자의 교환 등을 하는 경우에 그 가격이 서로 동일하지 아니한 때에는 그 차액을 금전으로 정산하여야 한다.

⑥ 중앙관서의 장은 제4항에 따라 국유재산에 해당하는 방산시설을 양여하려는 때에는 미리 기획재정부장관과 협의하여야 한다.(2015.3.27 본항신설)

⑦ 제4항 및 제5항의 규정에 의한 방산시설 또는 방산물자의 양여·대부·사용허가 또는 교환 등에 관하여 필요한 사항은 대통령령으로 정한다.(2015.3.27 본항개정)

(2015.3.27 본조제목개정)

제46조【계약의 특례 등】 ① 정부는 단기계약·장기계약·확정계약 또는 개산계약 등의 방법으로 방위사업계약을 체결할 수 있다. 이 경우 제46조 및 제46조의2부터 제46조의5까지는 다른 법률에 우선하여 적용하고, 방위사업계약의 종류·내용·방법 및 그 밖에 필요한 사항은 대통령령으로 정한다.(2023.10.31 본항개정)

② 제1항에 따른 방위사업계약에 대하여 이 법에 규정되지 아니한 사항에 대하여는 「국가를 당사자로 하는 계약에 관한 법률」에 따른다.(2023.10.31 본항개정)

③ 방위사업계약의 체결을 위한 경쟁입찰에서는 계약의 특수성·성질·규모 등을 고려하여 대통령령으로 정한 기준에 따라 낙찰자를 결정할 수 있다.(2023.10.31 본항개정)

④ 방위사업계약을 체결함에 있어 예정가격을 정할 필요가 있는 경우 예정가격의 결정 기준 및 방법은 대통령령으로 정한다.(2023.10.31 본항개정)

⑤ 방위사업계약을 개산계약으로 체결하는 경우 정산에 따른 계약금액은 실제 발생된 원가에 기초하여 정한다. 이 경우 개산계약의 정산기준 및 정산범위 등은 대통령령으로 정한다.(2023.10.31 본항신설)

⑥ 정부는 국가안보 확립을 위하여 방위사업계약을 체결하는 경우 대통령령으로 정하는 바에 따라 국내에서 생산한 원자재, 소재, 부품, 제품 등을 우선 획득할 수 있다.

(2023.10.31 본항신설)

⑦ 방위사업청장은 국방부 및 그 직할부대·직할기관과 각군이 필요로 하는 전력지원체계를 구매·공급하기 위하여 필요한 경우에는 대통령령으로 정하는 바에 따라 품질·성능 등이 같거나 비슷한 물품을 공급하는 둘 이상을 계약상대자로 하는 단가계약을 체결할 수 있다.

(2023.5.16 본항개정)

⑧ 방위사업청장은 제17조의2제1항에 따라 시범사업을 실시하기 위하여 필요한 경우 둘 이상을 계약상대자로 하는 계약을 체결할 수 있다.(2023.5.16 본항신설)

제46조의2【착수금 및 중도금】 ① 방위사업계약의 원활한 이행을 위하여 착수금 및 중도금을 지급할 필요가 있다고 인정되는 경우에는 해당 연도의 예산에 계상된 범위에서 착수금 및 중도금을 지급할 수 있다. 이 경우 지급된 금액은 해당 계약의 수행을 위한 용도 외로 사용되어서는 아니 된다.

② 제46조제1항에 따라 장기계약을 체결한 경우 지급되는 착수금 및 중도금에 대하여는 계약 물품을 최종납품할 때까지 정산을 유예할 수 있다.

③ 국방부장관 또는 방위사업청장은 방위사업계약상대자가 제59조제1항 및 「국가를 당사자로 하는 계약에 관한 법률」 제27조제1항에 따라 국방부장관 또는 방위사업청장으로부터 입찰참가자격 제한을 받은 경우에도, 입찰참가자격 제한을 받기 전에 체결한 다른 방위사업계약에 대하여는 계약의 원활한 이행을 위하여 대통령령으로 정하는 바에 따라 착수금 및 중도금을 지급할 수 있다. 다만, 입찰참가자격 제한 사유의 종류와 경중 등을 고려하여 대통령령으로 정하는 바에 따라 착수금 및 중도금을 차등 지급할 수 있다.

④ 제1항 및 제2항에 따른 착수금 및 중도금의 지급 기준·방법·절차 등은 대통령령으로 정한다.

(2023.10.31 본조신설)

제46조의3【핵심기술 등의 적용에 대한 인센티브】 ① 국방부장관 또는 방위사업청장은 입찰자가 「국방과학기술혁신 촉진법」 제2조제5호나목부터 라목까지에 따른 핵심기술, 미래도전국방기술 또는 신기술 등을 계약목적물에 적용하는 경우에는 낙찰자 결정 시 가산점 등의 인센티브를 부여할 수 있다.

② 제1항에 따른 인센티브의 내용, 부여 기준·방법·절차 등에 필요한 사항은 대통령령으로 정한다.

(2023.10.31 본조신설)

제46조의4【지체상금의 부과 및 감면】 ① 국방부장관 또는 방위사업청장은 정당한 이유 없이 방위사업계약의 이행을 지체한 방위사업계약상대자에게 지체상금을 부과하여야 한다.

② 국방부장관 또는 방위사업청장은 다음 각 호의 어느 하나에 해당하는 사유로 인하여 이행이 지체된 경우에는 지체상금의 전부 또는 일부를 감면할 수 있다.
1. 방위사업계약상대자의 책임이 없는 사유로서 대통령령으로 정한 경우
2. 고도의 기술수준이 요구되는 제3조제15호가목의 국방연구개발계약으로서 방위사업계약상대자가 계약을 성실하게 이행 완료한 것으로 인정되는 경우
3. 다음 각 목의 어느 하나에 해당하는 사유로 이행의 지체에 따른 지체상금 전부를 방위사업계약상대자에게 부과하는 것이 적절하지 아니하다고 인정되는 경우
   가. 지체의 원인이 방위사업계약상대자와 정부 또는 하도급자에게 함께 있는 경우
   나. 지체의 원인이 하도급자에게만 있는 경우
   다. 지체의 원인이 가혹한 시험조건인 경우

③ 제1항 및 제2항에 따른 지체상금의 부과 및 감면에 관한 기준, 방법 및 절차 등에 필요한 사항은 대통령령으로 정한다.

(2023.10.31 본조신설)

제46조의5【계약의 변경】 계약당사자 간에 대등한 입장에서 합의하고 신의성실의 원칙에 따라 이행할 것을 전제로 성립된 당초의 방위사업계약은 원칙적으로 변경할 수 없다. 다만, 다음 각 호의 어느 하나에 해당하는 경우에는 대통령령으로 정하는 바에 따라 계약의 기간, 금액 또는 조건 등을 변경할 수 있다.
1. 「국가를 당사자로 하는 계약에 관한 법률」 및 관계 법령에서 계약의 변경을 허용하고 있는 경우
2. 고도의 기술수준이 요구되는 제3조제15호가목의 국방연구개발계약으로서 방위사업계약상대자가 계약을 성실하게 이행하여도 계약의 목적을 달성하기 어렵다고 인정되는 경우
3. 그 밖에 물가 변동으로 인하여 계약금액을 조정하지 아니하고는 당초 계약된 금액으로 계약의 목적을 달성할 수 없다고 인정되는 경우

(2023.10.31 본조신설)

제47조【방산업체 지정의 결격사유】 다음 각 호의 어느 하나에 해당하는 경우에는 방산업체의 지정을 받을 수 없다.
1. 제48조제1항의 규정에 의하여 방산업체 지정의 취소를 받은 방산업체의 임원(임원의 배우자 및 직계존비속을 포함한다)이었던 자가 그 취소를 받은 날부터 3년이 경과하지 아니하고 지정을 받고자 하는 업체의 임원인 경우
2. 제48조제1항의 규정에 의하여 방산업체 지정의 취소를 받은 날부터 6월이 경과하지 아니하고 동일한 장소에서 동일한 시설을 이용하여 방산업체로 지정을 받고자 하는 경우

제48조【지정의 취소 등】 ① 산업통상자원부장관은 방산업체가 다음 각 호의 어느 하나에 해당된 때에는 방위사업청장과 협의하여 그 지정을 취소할 수 있다.

(2013.3.23 본문개정)
1. 방산업체의 대표 및 임원이 제6조의 규정에 의한 청렴서약서의 내용을 위반한 때
2. 제35조제1항의 규정에 의한 시설기준 및 보안요건에 미달하게 된 때
3. 제35조제3항의 규정에 의한 승인을 얻지 못한 때
4. 정당한 사유없이 정부에 대한 방산물자의 공급계약을 거부 또는 기피하거나 이행하지 아니한 때
5. 「방위산업 발전 및 지원에 관한 법률」 제11조제5항의 규정에 의한 이행명령을 이행하지 아니한 때
6. 거짓 또는 부정한 방법으로 「방위산업 발전 및 지원에 관한 법률」 제12조제1항에 따른 자금융자를 받거나 융자받은 자금을 그 용도 외에 사용한 때
7. 거짓 또는 부정한 방법으로 「방위산업 발전 및 지원에 관한 법률」 제13조제1항의 규정에 의한 보조금을 지급받거나 지급받은 보조금을 그 용도 외에 사용한 때
8. 「방위산업 발전 및 지원에 관한 법률」 제13조제2항의 규정에 의한 승인을 얻지 아니하고 재산을 처분한 때

(2020.2.4 5호~8호개정)
9. 제45조제3항의 규정을 위반하여 국유재산이나 물품을 용도 외에 사용한 때
10. 제49조제1항의 규정에 의한 시설의 개체·보완·확장 또는 이전에 필요한 조치명령을 이행하지 아니한 때
11. 제53조제1항의 규정에 의한 명령에 위반한 때
12. 허위 그 밖에 부정한 내용의 원가자료를 정부에 제출하여 공급계약을 체결한 때
13. 제59조의2제2항을 위반하여 취업이 제한되거나 취업승인을 받지 아니한 취업심사대상자를 고용한 때

(2016.12.20 본호신설)
14. 방위사업체가 부도·파산 그 밖의 불가피한 경영상의 사유로 정상적인 영업이 불가능한 경우에 관련 서류를 첨부하여 산업통상자원부장관에게 방산업체 지정의 취소를 요청한 때(2013.3.23 본호개정)

② 방위사업청장은 방산업체가 제1항제1호 내지 제12호의 어느 하나에 해당된 때에는 산업통상자원부장관에게 그 지정의 취소를 요청할 수 있다.(2013.3.23 본항개정)

③ 방위사업청장은 방산물자가 다음 각 호의 어느 하나에 해당하게 된 때에는 산업통상자원부장관과 협의하여 그 지정을 취소할 수 있다.(2013.3.23 본문개정)
1. 2개 이상의 업체에서 조달이 용이하고 품질을 보증할 수 있다고 인정된 때
2. 군의 소요가 없거나 편제장비가 삭제된 때
3. 비밀등급이 저하되어 「군사기밀보호법」 제2조의 규정에 의한 군사기밀이 요구되지 아니하게 된 때
4. 연구개발 또는 구매의 계획변경·취소 등으로 방산물자지정의 취소가 필요하거나 방산물자지정을 계속 유지할 필요가 없는 때

④ 방위사업청장은 보증기관이 정관에 정한 목적 외의 사업을 하거나, 지정조건을 위반하는 행위를 하는 때에는 보증기관의 지정을 취소할 수 있다.

⑤ 산업통상자원부장관 및 방위사업청장은 제1항 및 제4항의 규정에 의하여 방산업체 및 보증기관의 지정을 취소하고자 하는 경우에는 청문을 실시하여야 한다.

(2013.3.23 본항개정)

⑥ 제1항·제3항 및 제4항의 규정에 의한 지정취소의 절차 등에 관하여 필요한 사항은 대통령령으로 정한다.

제7장 보 칙

제49조【시설의 개체·보완·확장 또는 이전】 ① 산업통상자원부장관은 전시·사변 또는 이에 준하는 비상시에 있어서 국방상 긴요한 필요가 있는 때에는 방위사업청장의 요청에 의하여 방산업체를 경영하는 자에 대하여 그 방산업체가 방산물자의 생산에 직접 제공하는 시설의 개체·보완·확장 또는 이전에 필요한 조치를 할 것을 명할 수 있다.(2013.3.23 본항개정)

② 산업통상자원부장관은 제1항의 명령에 의한 시설의 개체·보완·확장 또는 이전으로 인하여 발생하는 손실에 대하여는 이를 보상하여야 한다.(2013.3.23 본항개정)

③ 제1항의 규정에 의한 개체·보완·확장 또는 이전의 명령이 있는 시설이 속하는 사업을 승계한 자는 그 명령에 따른 제1항 및 제2항의 권리·의무를 승계한다.

제50조【비밀의 엄수】 다음 각 호의 어느 하나에 해당하는 자는 방위사업과 관련하여 그 업무수행 중 알게 된 비밀을 누설하거나 도용하여서는 아니된다.
1. 제6조제1항제1호·제2호의 자 및 그 직에 있었던 자
2. 제6조제10항에 따라 옴부즈만으로 위촉된 자

(2023.10.31 본호개정)
3. 국방기술품질원·방산업체·일반업체·전문연구기관 또는 일반연구기관의 대표, 임·직원 및 그 직에 있었던 자
4. 국방기술품질원·방산업체·일반업체·전문연구기관 또는 일반연구기관에서 방산물자의 생산 및 연구에 종사하거나 종사하였던 자
5. 방위사업계약상대자, 하도급자 및 하도급자와 재하도급계약을 체결하는 수급업체의 대표, 임직원 및 그 직에 있었던 자(2023.10.31 본호신설)

제50조의2【국가 전략무기사업 등 참여의 승인】 ① 국방과학기술의 해외유출을 방지하기 위하여 외국기업 또는 외국인이 경영상 지배권을 실질적으로 취득한 업체가 국가 전략무기사업 또는 그에 준하는 사업에 참여하고자 할 때에는 미리 방위사업청장의 승인을 받아야 한다.

② 제1항에 따른 승인대상 사업의 종류, 승인 절차 및 시기, 경영상 지배권의 실질적 취득에 대한 기준 등은 대통령령으로 정한다.

(2010.3.31 본조신설)

제51조【방산물자의 생산 및 매매계약에 관한 협의 등】 ① 정부기관 또는 정부기관 외의 자가 국내치안유지·경계·연구·시험 또는 검사 등의 목적에 사용하기 위하여 방산물자를 필요로 하는 경우에는 방산업체와 방산물자의 생산·매매계약을 체결하여 구매할 수 있다.

② 정부기관은 제1항에 따라 방산물자를 구매하는 경우 미리 방위사업청장과 협의하여야 하며, 정부기관 외의 자는 관계 중앙행정기관의 장의 추천을 거쳐 방위사업청장의 승인을 받아야 한다. 다만, 제53조제1항에 따라 군용총포·도검·화약류 등에 대한 제조업 허가를 받은 업체 및 방산업체의 경우에는 관계 중앙행정기관의 장의 추천을 필요로 하지 아니한다.

(2009.4.1 본조개정)

제51조의2【수수료】 ① 다음 각 호의 어느 하나에 해당하는 자는 수수료를 납부하여야 한다.
1. 제29조의2제2항에 따라 품질경영인증을 받고자 하는 자
2. 제29조의2제3항에 따라 품질경영인증을 갱신하고자 하는 자
② 제1항에 따른 수수료의 부과대상, 금액, 납부방법 및 납부기간 등에 필요한 사항은 방위사업청장이 정한다.
(2016.12.20 본조신설)
제52조 (2020.3.31 삭제)
제53조【군용총포·도검·화약류 등의 제조 등에 관한 특례】 ① 군용총포·도검·화약류 등에 대하여는 다른 법령의 규정에 불구하고 대통령령이 정하는 바에 따라 방위사업청장이 그 제조·수입·수출·양도·양수·소지·사용·저장·운반 및 폐기 등에 관한 허가와 감독을 행하며, 이에 필요한 명령을 발하거나 조치를 한다.
② 군용총포·도검·화약류 등에 대하여 제1항에 규정된 사항을 제외하고는 「총포·도검·화약류 등의 안전관리에 관한 법률」을 준용한다.(2015.1.6 본항개정)
제54조【매도명령 등】 ① 방위사업청장은 전시·사변 또는 이에 준하는 비상시에 국방상 긴요한 필요가 있거나, 방산업체를 경영하는 자 또는 판매를 위하여 방산물자를 소유하고 있는 자가 정당한 이유없이 방산물자의 생산 또는 판매를 거부하여 국가의 안전보장에 중대한 위협을 초래하는 경우 등에는 방산업체를 경영하는 자 또는 판매를 위하여 방산물자를 소유하고 있는 자에 대하여 양도의 시기·가격, 대가의 지급시기·지급방법 그 밖에 필요한 사항을 정하여 방산물자를 정부에 양도할 것을 명할 수 있다.
② 방위사업청장은 방산물자의 소유자를 알 수 없어 제1항의 규정에 의한 양도명령을 할 수 없는 경우에는 정당한 권리에 의하여 당해 방산물자를 점유하는 자에게 인도의 시기·가격, 대가의 지급시기·지급방법 그 밖에 필요한 사항을 정하여 이의 인도를 명할 수 있다.
③ 제1항의 규정에 의한 양도가격을 정하는 경우에는 생산원가 및 기업이윤 등을 참작하여야 한다.
제55조【원자재의 비축】 ① 방산업체는 방산물자의 생산을 위한 원자재를 비축하여야 한다.
② 제1항의 규정에 의한 원자재의 비축관리 그 밖에 필요한 사항은 대통령령으로 정한다.
제56조【휴업 및 폐업】 ① 방산업체가 해당 업을 휴업 또는 폐업하고자 하는 때에는 미리 산업통상자원부장관의 승인을 얻어야 한다. 다만, 방산업체가 부도·파산 및 그 밖의 불가피한 경영상의 사유로 정상적인 영업이 불가능하여 휴업 또는 폐업하려는 때에는 산업통상자원부장관에게 신고하여야 한다.(2024.1.16 본항개정)
② 산업통상자원부장관은 제1항 본문에 따른 승인을 하려는 때에는 방위사업청장과 협의하여야 한다.
(2024.1.16 본항신설)
제57조【수출 허가 등】 ① 방산물자 및 국방과학기술을 국외로 수출하거나 그 거래를 중개(제3국간의 중개를 포함한다)하는 것을 업으로 하고자 하는 자는 대통령령이 정하는 바에 따라 방위사업청장에게 신고하여야 한다.
(2015.3.27 본항개정)
② 방산물자 및 국방과학기술을 국외로 수출하거나 그 거래를 중개하고자 하는 경우에는 대통령령이 정하는 바에 따라 방위사업청장의 허가를 받아야 한다. 다만, 방산물자 및 국방과학기술을 국외로 수출하는 경우로서 해외에 파병된 국군에 제공하는 등 대통령령으로 정하는 경우에는 그러하지 아니하다.(2016.12.20 단서신설)
③ 주요방산물자 및 국방과학기술의 수출허가를 받기 전에 수출상담을 하고자 하는 자는 국방부령이 정하는 바에 따라 방위사업청장의 수출예비승인을 얻어야 하며, 국제입찰에 참가하고자 하는 자는 국방부령이 정하는 바에 따라 방위사업청장의 국제입찰참가승인을 얻어야 한다.
④ 방위사업청장은 대통령령이 정하는 바에 따라 관계 행정기관의 장과 협의하여 방산물자 및 국방과학기술의 수출을 제한하거나 조정을 명할 수 있다.(2015.3.27 본항개정)
⑤ 제2항 단서에 따라 방위사업청장의 허가를 받지 아니하고 방산물자 및 국방과학기술을 수출한 자는 수출 후 7일 이내에 방위사업청장에게 수출거래 현황을 제출하여야 한다.(2016.12.20 본항개정)
(2015.3.27 본조제목개정)
제57조의2【군수품무역대리업의 등록】 ① 군수품무역대리업을 하려는 자는 대통령령으로 정하는 바에 따라 방위사업청장에게 군수품무역대리업의 등록을 하여야 한다. 다만, 다음 각 호의 어느 하나에 해당하는 자는 등록을 할 수 없다.
1. 미성년자·피성년후견인 또는 피한정후견인
2. 금고 이상의 실형을 선고받고 그 집행이 끝나거나(집행이 끝난 것으로 보는 경우를 포함한다) 면제된 날부터 5년이 지나지 아니한 자
3. 금고 이상의 형의 집행유예 또는 선고유예를 받고 그 유예기간 중에 있는 자
4. 제57조의3제1항에 해당되어 등록이 취소된 지 2년이 경과하지 아니한 자
② 제1항에 따라 군수품무역대리업의 등록을 한 자가 대통령령으로 정하는 중요사항을 변경하고자 하는 경우에는 변경등록을 하여야 한다.
③ 제1항 및 제2항에 따른 등록 및 변경등록을 하는 경우 방위사업청장은 신청인에게 등록증을 교부하여야 한다.
④ 제1항에 따른 등록의 유효기간은 등록일부터 3년으로 한다.
⑤ 제1항부터 제3항까지의 규정에 따른 등록 및 변경등록의 절차 및 방법, 등록증의 교부 등에 관하여 필요한 사항은 대통령령으로 정한다.
(2016.5.29 본조신설)
제57조의3【군수품무역대리업의 등록취소】 ① 방위사업청장은 군수품무역대리업을 등록한 자가 다음 각 호의 어느 하나에 해당하는 경우에는 군수품무역대리업의 등록을 취소할 수 있다. 다만, 제1호에 해당하는 경우에는 그 등록을 취소하여야 한다.
1. 거짓이나 그 밖의 부정한 방법으로 등록 또는 변경등록을 한 경우
2. 등록한 사항 중 제57조의2제2항에 따른 중요한 사항이 변동되었는데도 이를 변경하여 등록하지 아니하고 군수품무역대리업을 한 경우
3. 제6조제1항에 따라 제출한 청렴서약서의 내용을 지키지 아니한 경우
4. 제57조의4제1항 또는 제2항을 위반하여 중개수수료 신고 또는 변경 신고를 하지 아니하거나 거짓으로 신고 또는 변경 신고한 경우(2016.12.20 본호신설)
② 제1항에 따라 군수품무역대리업의 등록이 취소되는 경우라도 이미 해당 군수품무역대리업자가 계약의 이행과정에서 군수품무역대리업자로 참여하고 있는 경우에는 그 계약이 종결하는 범위에서 군수품무역대리업자로 본다.
③ 제1항 및 제2항에서 정한 사항 외에 군수품무역대리업의 등록 취소에 필요한 사항은 대통령령으로 정한다.
(2016.5.29 본조신설)
제57조의4【중개수수료의 신고 등】 ① 군수품무역대리업을 하는 자는 대통령령으로 정하는 규모 이상의 사업에 대하여 중개 또는 대리 행위를 통하여 외국기업과 수수료 등의 대가(이하 "중개수수료"라 한다)에 관한 계약을 체결한 경우에는 중개수수료를 방위사업청장에게 신고하여야 한다.
② 제1항에 따라 신고를 한 자는 신고한 내용이 변경된 경우에는 그 변경사항을 방위사업청장에게 신고하여야 한다.
③ 방위사업청 소속 직원 또는 소속 직원이었던 사람은 직무상 알게 된 중개수수료 정보를 직무상 목적 외에 부정한 목적을 위하여 사용해서는 아니 된다.
④ 중개수수료 신고의 방법 및 절차, 신고기한 등에 필요한 사항은 대통령령으로 정한다.
(2016.12.20 본조신설)
제58조【부당이득의 환수 등】 ① 방위사업청장은 방산업체·일반업체, 방위산업과 관련없는 일반업체, 전문연구기관 또는 일반연구기관이 허위 그 밖에 부정한 내용의 원가계산자료를 정부에 제출하여 부당이득을 얻은 때에는 대통령령이 정하는 바에 따라 부당이득금과 부당이득금의 2배 이내에 해당하는 가산금을 환수하여야 한다.
② 제1항에 따른 가산금의 산정 기준 및 방법은 부정한 행위의 정도와 자진신고 여부 등을 고려하여 대통령령으로 정한다.(2016.12.20 본항신설)
(2016.12.20 본조개정)
제59조【입찰참가자격 제한 등】 ① 국방부장관과 방위사업청장은 제6조제1항제4호에 해당하는 자가 다음 각 호의 어느 하나에 해당하는 경우에는 5년 이내의 범위에서 대통령령으로 정하는 바에 따라 입찰참가자격을 제한하여야 한다.
1. 의사결정·입찰·낙찰 및 계약의 체결·이행 업무를 담당하는 관계공무원(제6조제1항제2호에 따른 위원을 포함한다)에게 금품·향응 등을 제공하기로 약속하거나 제공한 경우
2. 경쟁입찰, 계약체결 또는 이행 과정에서 입찰자 또는 계약상대자 간에 서로 상의하여 미리 입찰가격, 수주물량 또는 계약의 내용을 협정하였거나 특정인의 낙찰 또는 납품대상자 선정을 위하여 담합한 경우
3. 공정한 직무 수행을 저해하는 알선·청탁을 한 경우
4. 방위사업과 관련된 정보의 제공을 관계공무원에게 요구하거나 받은 사실이 있는 경우 또는 계약 이행 과정에서 알게 된 연구성과물 등 정보를 임의로 제3자에게 제공하거나 누설한 경우
5. 방위사업과 관련된 하도급계약을 체결하거나 이행하면서 원도급자의 우월한 지위를 이용하여 하도급자로부터 금품을 수수하거나 부당행위 또는 불공정행위를 한 경우
6. 「방위산업기술 보호법」, 「군사기밀 보호법」에 따라 방위산업기술 유출·침해 사고 및 보안사고가 발생한 경우
② 국방부장관 또는 방위사업청장은 제1항에 따라 입찰참가자격을 제한받은 자와 수의계약을 체결할 수 없다. 다만, 제1항에 따라 입찰참가자격을 제한받은 자 외에는 적합한 제조자 등이 존재하지 아니하는 등 부득이한 사유가 있는 경우에는 그러하지 아니하다.
③ 국방부장관 또는 방위사업청장은 제1항제1호 및 제2호에 따라 입찰참가자격을 제한하는 경우에는 그 제한 사실을 즉시 다른 중앙관서의 장에게 통보하여야 한다. 다만, 입찰참가자격 제한 기간이 2년을 초과하는 경우에는 2년으로 통보한다.
④ 제1항에도 불구하고 국방부장관 또는 방위사업청장은 제1항 각 호에 따른 행위가 종료된 때부터 5년이 지난 경우에는 입찰참가자격을 제한할 수 없다. 다만, 제1항제1호 및 제2호의 행위에 대한 입찰참가자격 제한 기간은 위반행위 종료일부터 7년으로 한다.
⑤ 국방부장관 또는 방위사업청장은 제1항에 따라 입찰참가자격을 제한할 경우에는 그 내용을 대통령령으로 정하는 바에 따라 공개하여야 한다.
(2023.10.31 본조개정)
제59조의2【방산업체 취업심사대상자에 대한 확인 등】 ① 「공직자윤리법」 제17조제1항제1호 또는 제12호에 해당하는 방산업체는 방위사업청 퇴직자로서 같은 법에 따른 등록의무자 중 같은 법 제17조제1항에 따른 취업제한 기간을 적용 받는 사람(이하 "취업심사대상자"라 한다)을 고용하려는 경우에는 취업심사대상자로부터 같은 법 제18조에 따른 취업제한 여부의 확인 요청 또는 취업승인의 신청에 대한 심사 결과를 제출받아 확인하여야 한다.
② 제1항에 따른 방산업체는 「공직자윤리법」 제17조제1항 각 호 외의 부분 본문에 따라 취업이 제한되거나 같은 항 각 호 외의 부분 단서에 따른 밀접한 관련성이 없다는 확인을 받거나 취업승인을 받지 아니한 취업심사대상자를 고용해서는 아니 된다.
(2019.12.3 본조개정)
제60조【공무원 의제 등】 ① 다음 각 호의 어느 하나에 해당하는 사람 중 공무원이 아닌 사람은 「형법」 그 밖의 법률에 의한 벌칙의 적용에 있어서는 이를 공무원으로 본다.
1. 위원회, 분과위원회, 실무위원회의 위원
2. 제6조제10항에 따라 옴부즈만으로 위촉된 자
3. 방위사업계약과 관련된 입찰·낙찰 또는 계약의 체결·이행에 관한 사전심사 및 자문 업무를 수행하는 대통령령으로 정하는 위원회의 위원
(2023.10.31 본항개정)
② 국방기술품질원의 임원 및 직원에 대하여는 「국가공무원법」 제7장 복무에 관한 규정 및 「공무원직장협의회의 설립·운영에 관한 법률」을 준용하며, 「형법」 그 밖의 법률에 의한 벌칙의 적용에 있어서는 이를 공무원으로 본다.
제61조【권한의 위임·위탁】 ① 국방부장관은 이 법에 의한 권한의 일부를 대통령령이 정하는 바에 의하여 방위사업청장에게 위임할 수 있다.
② 방위사업청장은 이 법에 의한 권한의 일부를 대통령령이 정하는 바에 의하여 국방과학연구소장 및 국방기술품질원의 장에게 위탁할 수 있다.
③ (2020.2.4 삭제)

제8장 벌 칙

제62조【벌칙】 ① (2020.2.4 삭제)
② 다음 각 호의 어느 하나에 해당하는 자는 10년 이하의 징역이나 금고 또는 1억원 이하의 벌금에 처한다.
(2024.1.16 본문개정)
1. 제28조의2제2항을 위반하여 위조부품등을 생산, 제조, 가공하거나 위조부품등임을 알면서 수입, 판매 및 사용한 자(2024.1.16 본호신설)
2. 거짓 또는 부정한 방법으로 제53조 또는 제57조제2항 본문에 따른 허가를 받은 자(2024.1.16 본호신설)
3. 제53조 또는 제57조제2항 본문에 따른 허가를 받지 아니하고 해당 행위를 한 자(2024.1.16 본호신설)
③ 제50조의 규정을 위반하여 그 업무수행중 알게 된 비밀을 누설하거나 도용한 자는 5년 이하의 징역이나 금고 또는 5천만원 이하의 벌금에 처한다.(2014.5.9 본항개정)
④ 다음 각 호의 어느 하나에 해당하는 자는 3년 이하의 징역이나 금고 또는 3천만원 이하의 벌금에 처한다.
(2014.5.9 본문개정)
1. (2020.2.4 삭제)
2. 제46조의2제1항의 규정에 의하여 지급받은 착수금 또는 중도금을 그 용도 외에 사용한 자(2023.10.31 본항개정)
3. 제48조제1항제12호의 행위를 한 자
4. 제49조제1항·제53조 또는 제54조의 규정에 의한 명령에 위반한 자
⑤ 다음 각 호의 어느 하나에 해당하는 자는 1년 이하의 징역 또는 1천만원 이하의 벌금에 처한다.(2014.5.9 본문개정)
1. 제35조제3항 본문의 규정에 의한 승인을 얻지 아니하고 경영상 지배권을 실질적으로 취득한 자
2. 제45조제3항의 규정을 위반하여 국유재산이나 물품을 용도 외에 사용한 자
3. 제51조제1항에 따라 생산·매매계약을 체결하여 구매한 방산물자를 그 목적 외에 사용한 자(2009.4.1 본호개정)
4. 제56조제1항 본문에 따른 승인을 얻지 아니하고 휴업·폐업한 자(2024.1.16 본호개정)
5. 제57조의2제1항 또는 제2항을 위반하여 등록 또는 변경등록을 하지 아니하고 군수품무역대리업을 하거나, 거짓이나 그 밖의 부정한 방법으로 등록 또는 변경등록을 한 자(2016.5.29 본호신설)
6. 제57조의4제1항 또는 제2항을 위반하여 중개수수료 신고 또는 변경 신고를 하지 아니하거나 거짓으로 신고 또는 변경 신고한 자(2016.12.20 본호신설)

7. 제57조의4제3항을 위반하여 중개수수료 정보를 부정한 목적으로 사용한 사람(2016.12.20 본호신설)
⑥ 다음 각 호의 어느 하나에 해당하는 자는 500만원 이하의 벌금에 처한다.
1. 정당한 사유없이 제55조의 규정에 의한 방산물자의 생산을 위한 원자재를 비축하지 아니한 자
2. 제57조제1항의 규정에 의한 신고를 하지 아니하고 방산물자의 수출업을 영위하거나 허위 그 밖에 부정한 방법으로 방산물자의 수출업의 신고를 한 자
(2015.3.27 본호개정)
제63조【양벌규정】 법인의 대표자나 법인 또는 개인의 대리인, 사용인, 그 밖의 종업원이 그 법인 또는 개인의 업무에 관하여 제62조의 위반행위를 하면 그 행위자를 벌하는 외에 그 법인 또는 개인에게도 해당 조문의 벌금형을 과(科)한다. 다만, 법인 또는 개인이 그 위반행위를 방지하기 위하여 해당 업무에 관하여 상당한 주의와 감독을 게을리하지 아니한 경우에는 그러하지 아니하다.
(2009.4.1 본조개정)
제64조【과태료】 ① 다음 각 호의 어느 하나에 해당하는 자에게는 500만원 이하의 과태료를 부과한다.
(2024.1.16 본문개정)
1. 제56조제1항 단서에 따른 신고를 하지 아니하고 휴업 또는 폐업을 한 자(2024.1.16 본호신설)
2. 제59조의2제1항을 위반하여 심사 결과를 확인하지 아니한 자(2024.1.16 본호신설)
② 제1항에 따른 과태료는 대통령령으로 정하는 바에 따라 방위사업청장이 부과·징수한다.
(2016.12.20 본조신설)

부 칙

제1조【시행일】 이 법은 공포한 날부터 시행한다. 다만, 제32조의 규정은 공포 후 1월이 경과한 날부터 시행한다.
제2조【다른 법률의 폐지】 방위산업에관한특별조치법은 이를 폐지한다.
제3조【국방기술품질원의 설립준비】 ① 방위사업청장은 이 법 공포일부터 30일 이내에 5인 이하의 설립위원을 위촉하여 국방기술품질원의 설립에 관한 사무를 처리하게 하여야 한다.
② 설립위원은 국방기술품질원의 정관을 작성하여 방위사업청장의 인가를 받아 국방기술품질원의 설립등기를 하여야 한다.
③ 설립위원은 국방기술품질원의 설립등기를 완료한 때에는 지체 없이 국방기술품질원의 장에게 사무를 인계하여야 하며, 사무인계가 끝난 때에는 해촉된 것으로 본다.
제4조【방산업체지정의 결격사유에 관한 적용례】 제47조의 규정은 이 법 시행 후 최초로 방산업체 지정의 취소를 받은 경우부터 적용한다.
제5조【처분 등에 관한 경과조치】 이 법 시행 당시 종전의 「방위산업에 관한 특별조치법」의 규정에 의하여 행정기관이 행한 처분과 행정기관에 대하여 행한 신청 또는 신고 등에 대하여 이 법에 그에 관한 규정이 있는 경우에는 이 법의 규정에 의하여 행한 처분·신청 또는 신고 등으로 본다.
제6조【전문화·계열화업체 등에 관한 경과조치】 이 법 시행 당시 종전의 「방위산업에 관한 특별조치법」의 규정에 의하여 전문화·계열화된 업체 및 물자에 대하여는 이 법 시행일부터 2008년 12월 31일까지는 종전의 「방위산업에 관한 특별조치법」의 규정을 적용한다.
제7조【방위산업육성기금에 관한 경과조치】 ① 이 법 시행 당시 종전의 「방위산업에 관한 특별조치법」에 의하여 설치된 방위산업육성기금은 이 법 시행일부터 2006년 12월 31까지는 종전의 「방위산업에 관한 특별조치법」의 규정을 적용한다. 종전의 「방위산업에 관한 특별조치법」 제7조의2제5항의 규정에 의한 국방부장관의 권한은 이를 방위사업청장이 행한다.
② 제1항의 규정에 의한 방위산업육성기금의 자산과 채권·채무는 2007년 1월 1일부터 국가의 일반회계가 이를 승계한다.
제8조【전문연구기관의 지정에 관한 경과조치】 이 법 시행 당시 종전의 「방위산업에 관한 특별조치법」에 의하여 연구기관으로 지정받은 기관은 이 법에 의하여 지정을 받은 것으로 본다.
제9조【방산업체 등의 지정에 관한 경과조치】 이 법 시행 당시 종전의 「방위산업에 관한 특별조치법」에 의하여 방산업체 또는 방산물자로 지정받은 업체 또는 물자에 대하여는 이 법에 의하여 지정받은 것으로 본다.
제10조【방위산업진흥회에 관한 경과조치】 ① 이 법 시행 당시 종전의 「방위산업에 관한 특별조치법」에 의하여 설립인가를 받은 방위산업진흥회는 제42조의 규정에 의하여 설립허가를 받은 단체로 본다.
② 제1항의 규정에 의한 방위산업진흥회는 제43조의 규정에 의하여 보증기관으로 지정받은 것으로 본다.
③ 이 법 시행 당시 종전의 「방위산업에 관한 특별조치법」 제22조의3제7항의 규정에 의하여 방위산업진흥회가 대행하고 있는 업무는 방위사업청장이 이를 승계한다.
제11조【국방부조달본부 및 각군의 행위에 관한 경과조치】 이 법 시행 전에 시험평가·협약 등 방위사업과 관련하여 국방부조달본부 및 각군이 행한 행위는 이 법에 의하여 방위사업청장이 행한 것으로 본다.
제12조【국방품질관리소의 채권·채무 및 직원 등에 관한 경과조치】 ① 이 법 시행당시 국방과학연구소가 소속기구인 국방품질관리소의 장의 명의로 한 행위와 관련된 채권·채무와 국방과학연구소의 자산 중 국방품질관리소의 장이 사용·관리하고 있는 자산은 국방기술품질원이 승계한다.
② 국방기술품질원의 설립 당시 국방품질관리소에 근무하고 있는 직원에 대하여는 국방기술품질원의 설립과 동시에 정관이 정하는 기능·조직 및 정원의 범위 안에서 국방기술품질원이 이를 승계한다.
③ 이 법 시행 전에 국방품질관리소의 장이 행한 행위 중 방위사업청의 업무에 속하는 행위는 방위사업청장이 한 것으로 보고, 국방기술품질원의 업무에 속하는 행위는 국방기술품질원장이 한 것으로 본다.
제13조【벌칙에 관한 경과조치】 이 법 시행 전 종전의 「방위산업에 관한 특별조치법」의 위반행위에 관한 벌칙의 적용에 있어서는 동법의 규정에 의한다.
제14조【특별채용 등의 특례】 ① 이 법 시행당시 방위사업을 효율적으로 추진하고 그 업무의 연속성을 유지하기 위하여 방위사업과 관련한 업무를 수행하거나 수행하던 군무원을 2006년 6월 30일까지 방위사업청 소속 공무원으로 특별채용할 수 있다. 이 경우 「국가공무원법」 제28조제2항제3호의 규정에 불구하고 임용예정직급에 상응한 소요근무기간을 단축할 수 있다.
② 제1항의 규정에 의하여 특별채용된 자에 대하여는 「국가공무원법」 제29조제1항 본문의 규정에 불구하고 시보임용을 면제할 수 있으며, 동법 제40조의 규정에 불구하고 대통령령이 정하는 바에 의하여 승진임용할 수 있다.
③ 제1항의 규정에 의하여 특별채용된 자의 봉급액이 특별채용되기 전의 봉급액보다 적은 경우에는 「국가공무원법」 제47조제1항의 규정에 불구하고 대통령령이 정하는 바에 의하여 봉급차액의 전부 또는 일부를 보전할 수 있다.
④ 제1항의 규정에 의하여 특별채용된 군무원 중 30년 이상 군무원으로 재직(군인 및 다른 공무원으로 재직한 기간을 포함한다)한 자에 대하여 「상훈법」 제15조의 규정에 의한 훈장을 수여하기 위하여 재직기간을 산정할 경우 방위사업청에 근무한 기간은 군무원으로 계속 근무한 것으로 본다.
⑤ 제1항의 규정에 의한 특별채용에 있어서의 응시자격 및 시험방법 등에 관하여는 대통령령으로 정한다.
제15조【다른 법률의 개정】 ①~⑦ ※(해당 법령에 가제정리 하였음)
제16조【다른 법령과의 관계】 이 법 시행 당시 다른 법령에서 종전의 「방위산업에 관한 특별조치법」의 규정을 인용하고 있는 경우에 이 법 중 그에 해당하는 규정이 있는 때에는 종전의 규정에 갈음하여 이 법 또는 이 법의 해당 규정을 인용한 것으로 본다.

부 칙 (2015.3.27)

제1조【시행일】 이 법은 공포 후 6개월이 경과한 날부터 시행한다.
제2조【연구개발에 따른 지식재산권에 관한 적용례】 제31조의2의 개정규정은 이 법 시행 후 연구개발 수행과정에서 얻어지는 지식재산권부터 적용한다.
제3조【일반방산물자 수출업 또는 중개업의 신고에 관한 경과조치】 이 법 시행 당시 일반방산물자를 국외로 수출하거나 그 거래를 중개하는 것을 업으로 하는 자는 이 법 시행 후 6개월 내에 제57조제1항의 개정규정에 따른 신고를 하여야 한다.
제4조【일반방산물자의 수출 또는 그 거래의 중개 허가에 관한 경과조치】 이 법 시행 전 산업통상자원부장관에게 일반방산물자의 수출 또는 그 거래의 중개 허가를 신청한 경우에는 제57조제2항의 개정규정에도 불구하고 종전의 규정에 따른다.

부 칙 (2016.5.29)

제1조【시행일】 이 법은 공포 후 6개월이 경과한 날부터 시행한다.
제2조【군수품무역대리업자에 대한 경과조치】 이 법 시행 당시 제25조 및 관계 법령에 따라 방위사업청에 업체정보가 등록·관리되고 있는 자로서 군수품무역대리업을 영위하던 자는 제57조의2의 개정규정에 따라 등록된 것으로 본다.

부 칙 (2016.12.20)

제1조【시행일】 이 법은 공포 후 6개월이 경과한 날부터 시행한다. 다만, 제9조제3항의 개정규정은 공포한 날부터 시행한다.
제2조【중개수수료 신고에 관한 적용례】 제57조의4의 개정규정은 이 법 시행 후 최초로 중개수수료에 관한 계약을 체결하는 경우부터 적용한다.
제3조【청렴서약위반에 대한 제재에 관한 적용례】 제59조의 개정규정은 이 법 시행 후 최초로 청렴서약서의 내용을 지키지 아니한 경우부터 적용한다.
제4조【취업심사대상자 고용에 관한 적용례】 제59조의2의 개정규정은 이 법 시행 후 최초로 취업심사대상자를 고용하는 경우부터 적용한다.
제5조【품질경영인증에 관한 경과조치】 이 법 시행 당시 제29조제1항 및 관계 법령에 따라 방위사업청장으로부터 품질인증을 받은 방산업체등은 제29조의2의 개정규정에 따라 품질경영인증을 받은 것으로 본다.
제6조【가산금에 관한 경과조치】 이 법 시행 전에 체결된 계약에 대해서는 제58조의 개정규정에도 불구하고 종전의 규정에 따른다.

부 칙 (2017.3.21 법14610호)

제1조【시행일】 이 법은 공포 후 6개월이 경과한 날부터 시행한다. 다만, 제41조의 개정규정은 공포 후 3개월이 경과한 날부터 시행한다.
제2조【청렴서약서 제출에 관한 적용례】 제6조제1항 후단의 개정규정은 이 법 시행 후에 방위사업계약을 체결하는 경우부터 적용한다.
제3조【성실한 연구개발 수행의 인정에 관한 적용례】 제46조의2의 개정규정은 이 법 시행 후에 핵심기술의 연구개발에 관한 계약을 체결하는 경우부터 적용한다.

부 칙 (2020.2.4)

제1조【시행일】 이 법은 공포 후 1년이 경과한 날부터 시행한다.(이하 생략)

부 칙 (2020.3.31)

이 법은 공포 후 1년이 경과한 날부터 시행한다.

부 칙 (2022.2.3)
(2023.5.16)
(2023.6.20)

이 법은 공포 후 3개월이 경과한 날부터 시행한다.

부 칙 (2023.10.31)

제1조【시행일】 이 법은 공포 후 6개월이 경과한 날부터 시행한다.
제2조【지체상금의 부과 및 감면에 관한 적용례】 제46조의4의 개정규정은 이 법 시행 이후 국방부장관 또는 방위사업청장이 지체상금의 부과 또는 감면을 최종 결정하는 경우부터 적용한다.
제3조【계약의 변경에 관한 적용례】 제46조의5의 개정규정은 이 법 시행 이후 계약의 변경 사유가 발생하는 경우부터 적용한다.
제4조【입찰참가자격 제한에 관한 적용례】 제59조의 개정규정은 이 법 시행 이후 입찰참가자격 제한 사유가 발생하는 경우부터 적용한다.
제5조【일반적 경과조치】 이 법 시행 전에 입찰공고되거나 체결된 계약에 대하여는 종전의 규정에 따른다.
제6조【다른 법률의 개정】 ※(해당 법령에 가제정리 하였음)

부 칙 (2024.1.16)

제1조【시행일】 이 법은 공포 후 6개월이 경과한 날부터 시행한다. 다만, 제17조의 개정규정은 공포한 날부터 시행한다.
제2조【범죄경력조회에 관한 적용례】 제6조의2의 개정규정은 이 법 시행 이후 방위사업에 참가하는 제6조제1항제4호에 해당하는 사람에 대하여 적용한다.
제3조【방위력개선사업 추진방법의 결정에 관한 경과조치】 제17조제1항의 개정규정 시행 당시 종전의 규정에 따라 선행연구가 완료된 경우에는 같은 개정규정에도 불구하고 종전의 규정에 따라 추진방법을 결정한다.
제4조【벌칙에 관한 경과조치】 이 법 시행 전의 위반행위에 대하여 벌칙을 적용할 때에는 제56조제1항 단서 및 제62조제5항제4호의 개정규정에도 불구하고 종전의 규정에 따른다.

부 칙 (2024.2.6)

제1조【시행일】 이 법은 공포 후 3개월이 경과한 날부터 시행한다. 다만, 제15조 및 제16조의 개정규정은 공포 후 6개월이 경과한 날부터 시행하고, 제29조의2의 개정규정은 공포한 날부터 시행한다.
제2조【사업타당성조사 대상 제외에 관한 적용례】 제14조의2제2항의 개정규정은 이 법 시행 이후 제14조의2제5항에 따라 기획재정부장관이 사업타당성조사 대상사업을 선정하기 위하여 국방부장관 또는 방위사업청장이 요구하는 사업을 검토하는 사업부터 적용한다.

방위산업 발전 및 지원에 관한 법률(약칭 : 방위산업발전법)

(2020년 2월 4일 법 률 제16929호)

개정
2020. 3.31법17163호(국방과학기술혁신촉진법)
2020.12.29법17799호(독점)
2021. 4.13법18002호
2023. 8. 8법19583호→2023년 11월 9일 및 2024년 8월 9일 시행
2023.10.31법19790호(방위사업법)
2024. 1. 9법19990호(벤처기업육성에관한특별법)→2024년 7월 10일 시행
2024. 1.16법20025호→2024년 7월 17일 시행

제1장 총 칙

제1조【목적】 이 법은 방위산업의 발전 및 지원에 필요한 사항을 규정함으로써 방위산업의 발전기반을 조성하고 경쟁력을 강화하여 자주국방의 기반을 마련하며 나아가 국가경제의 발전에 이바지함을 목적으로 한다.

제2조【정의】 ① 이 법에서 사용하는 용어의 뜻은 다음과 같다.
1. "방위산업물자등"이란 다음 각 목의 어느 하나에 해당하는 물자를 말한다.
가. 「방위사업법」 제3조제7호에 따른 방위산업물자
나. 「방위사업법」 제3조제3호에 따른 무기체계
다. 「대외무역법」 제19조에 따라 지정·고시된 전략물자 중 방위사업청장의 수출허가대상 전략물자
라. 그 밖에 방위사업청장이 방위산업의 투자촉진과 수출시장의 확대를 위하여 지정·고시한 물자
2. "방위산업"이란 방위산업물자등(이하 "방산물자등"이라 한다)의 연구개발 또는 생산(제조·수리·가공·조립·시험·정비·재생·개량 또는 개조를 말한다. 이하 같다)과 관련된 산업을 말한다.
3. "방위산업체등"이란 다음 각 목의 어느 하나에 해당하는 업체를 말한다.
가. 「방위사업법」 제3조제9호에 따른 방위산업체
나. 「방위사업법」 제3조제9호의2에 따른 일반업체
4. "국방중소·벤처기업"이란 방위산업을 영위하는 기업 중 「중소기업기본법」 제2조제1항에 따른 중소기업 또는 「벤처기업육성에 관한 특별법」 제2조에 따른 벤처기업에 해당하는 자를 말한다.(2024.1.9 본호개정)
5. "수출산업협력"이란 「방위사업법」 제3조제9호에 따른 방위산업체(이하 "방산업체"라 한다)가 국외에 방산물자등을 수출할 때 계약상대자에게 관련 지식 또는 기술 등을 이전하거나, 계약상대자로부터 무기·장비 또는 부품 등을 수입하거나, 계약상대국과 경제협력을 하는 등 일정한 반대급부를 제공할 것을 조건으로 하는 협력관계를 말한다.

② 제1항에 규정된 것 외의 용어에 관하여는 이 법에서 특별히 정하는 경우를 제외하고는 「방위사업법」 제3조에 따른 용어의 예에 따른다.

제3조【국가의 책무】 ① 국가는 방위산업의 발전을 지원하기 위하여 필요한 종합적인 시책을 수립·시행하여야 한다.
② 국가는 제1항에 따른 책무를 다하기 위하여 필요한 예산을 확보하는 등 행정적·재정적 지원방안을 마련하여야 한다.

제4조【다른 법률과의 관계】 방위산업의 발전 및 지원에 관하여 다른 법률에 특별한 규정이 있는 경우를 제외하고는 이 법에서 정하는 바에 따른다.

제2장 방위산업 발전을 위한 기반조성 등

제5조【방위산업발전 기본계획 등의 수립】 ① 방위사업청장은 방위산업의 발전 및 지원을 위하여 5년마다 방위산업발전 기본계획(이하 "기본계획"이라 한다)을 수립하여야 한다.
② 기본계획에는 다음 각 호의 사항이 포함되어야 한다.
1. 방위산업발전의 기본정책에 관한 사항
2. 방위산업의 국내·외 동향, 현황 및 전망에 관한 사항
3. 방위산업정보의 관리 및 활용 촉진에 관한 사항
4. 방위산업 국가정책사업의 지정기준 및 지원에 관한 사항
5. 방산물자등의 연구개발 및 국산화에 관한 사항
6. 「방위사업법」 제3조제7호에 따른 방위산업물자(이하 "방산물자"라 한다)의 생산능력 판단에 관한 사항
7. 국방중소·벤처기업의 육성·지원에 관한 사항
8. 제14조에 따른 방위산업 전문인력의 양성에 관한 사항
9. 방위산업의 국제협력 및 수출에 관한 사항
10. 그 밖에 방위사업청장이 방위산업의 발전을 위하여 필요하다고 인정하는 사항

③ 방위사업청장은 기본계획에 따라 매년 방위산업발전 시행계획(이하 "시행계획"이라 한다)을 수립·시행하여야 한다.
④ 방위사업청장이 기본계획 및 시행계획을 수립할 경우에는 「방위사업법」 제9조에 따른 방위사업추진위원회(이하 "위원회"라 한다)의 심의를 거쳐야 한다.
⑤ 방위사업청장은 시행계획의 추진상황을 매년 점검·평가하여 다음 기본계획을 수립할 때 그 결과를 반영하여야 한다.(2024.1.16 본항신설)
⑥ 방위사업청장은 기본계획 및 시행계획을 수립한 때에는 국회 소관 상임위원회에 제출하고 이를 공표하여야 한다. 다만, 「방위산업기술 보호법」 제7조제4항에 따라 방위사업청장이 고시하는 방위산업기술 및 군사기밀에 해당하는 사항은 공표하지 아니한다.(2024.1.16 본항신설)
⑦ 기본계획 및 시행계획의 수립에 관한 사항은 대통령령으로 정한다.

제6조【방위산업 실태조사】 ① 방위사업청장은 기본계획을 효과적으로 수립하기 위하여 다음 각 호의 사항에 대한 방위산업 실태조사(이하 "실태조사"라 한다)를 할 수 있다.
1. 국내외 방위산업의 시장동향 및 경쟁력에 관한 사항
2. 방위산업의 인적 자원, 설비투자·기술수준 및 연구개발에 관한 사항
3. 방위산업체등(이하 "방산업체등"이라 한다)의 수주·생산·매출 및 수출·수입에 관한 사항
4. 부품 국산화개발 대상품목에 관한 사항
5. 그 밖에 방위사업청장이 실태조사가 필요하다고 인정하는 사항

② 방위사업청장은 관계 중앙행정기관, 지방자치단체, 방산업체등, 「방위사업법」 제3조제10호에 따른 전문연구기관 및 제3조제10호의2에 따른 일반연구기관, 이 법 제19조에 따라 설립된 협회 또는 단체, 제20조에 따라 설립된 공제조합, 「국방과학연구소법」에 따른 국방과학연구소, 「방위사업법」 제32조에 따른 국방기술품질원 및 그 밖의 관련 기관에 실태조사에 필요한 자료제출, 의견진술 등을 요청할 수 있다. 이 경우 요청을 받은 자는 특별한 사정이 없으면 이에 협조하여야 한다.
③ 제1항 및 제2항에서 규정한 사항 외에 실태조사의 시기 및 방법에 관한 사항은 대통령령으로 정한다.

제7조【방위산업정보의 관리 및 활용촉진 등】 ① 방위사업청장은 실태조사 결과를 체계적으로 관리하고 방위산업 관련 정보가 효과적으로 활용될 수 있도록 정보제공시스템을 구축·운영할 수 있다.
② 방위사업청장은 방산업체등의 경쟁력을 강화하고 우수한 기술을 보유한 업체의 방위산업 진입을 촉진하기 위하여 방위산업 관련 정보를 「공공기관의 정보공개에 관한 법률」에 따라 공개할 수 있다.
③ 제1항에 따른 정보제공시스템의 구축·운영 및 제2항에 따른 정보공개에 관하여 필요한 사항은 대통령령으로 정한다.

제3장 방위산업 경쟁력 강화를 위한 지원제도 등

제8조【방위산업 국가정책사업의 지정】 ① 방위사업청장은 「국방과학기술혁신 촉진법」 제8조에 따른 연구개발을 수행하는 데에 필요하다고 판단되는 경우 고난이도 기술개발 또는 대규모 투자가 필요하여 방산업체의 참여 위험도가 큰 사업을 위원회의 심의를 거쳐 방위산업 국가정책사업으로 지정할 수 있다.(2020.3.31 본항개정)
② 방위사업청장은 제1항에 따라 방위산업 국가정책사업으로 지정된 사업을 수행하는 자에 대하여 「국가를 당사자로 하는 계약에 관한 법률」 제26조 및 제27조제1항제1호(계약을 이행함에 있어서 부실·조잡하게 한 경우에 한정한다)에도 불구하고 지체상금 또는 입찰 참가자격 제한을 감면하거나, 연구개발 기간을 연장하는 등 혜택을 부여할 수 있다.
③ 방위산업 국가정책사업의 지정 절차 및 제2항에 따른 혜택 등에 관한 사항은 대통령령으로 정한다.

제9조【부품관리 정책 수립 및 부품 국산화개발 촉진 등】 ① 국방부장관은 무기체계의 안정적인 운용 및 전투준비태세 확립에 필요한 무기체계 부품관리 정책을 수립하여야 하며, 방위사업청장 및 각군 참모총장은 무기체계의 연구개발과 운용에 필요한 부품의 개발소요를 발굴하여야 한다.
② 방위사업청장은 제1항에 따라 발굴된 부품의 개발을 위하여 다음 각 호의 어느 하나에 해당하는 자를 부품 국산화개발 사업자로 선정하여 부품 국산화개발 사업을 실시하게 할 수 있다.
1. 방산업체등
2. 국·공립연구기관
3. 「과학기술분야 정부출연연구기관 등의 설립·운영 및 육성에 관한 법률」에 따라 설립된 정부출연연구기관
4. 「산업기술혁신 촉진법」 제42조에 따른 전문생산기술연구소
5. 그 밖에 대통령령으로 정하는 연구기관이나 단체

③ 방위사업청장은 제2항에 따라 부품 국산화개발 사업자로 선정된 자(이하 "부품국산화개발사업자"라 한다)가 실시하는 부품 국산화개발 사업에 소요되는 자금의 전부 또는 일부를 예산의 범위에서 출연할 수 있다.
④ 방위사업청장은 제2항에 따라 부품국산화개발사업자를 선정하는 경우 국방중소·벤처기업을 우선하여 고려하여야 한다.
⑤ 국방부장관·방위사업청장·각군 참모총장·국방과학연구소장·국방기술품질원장은 부품국산화개발사업자가 요청할 때에는 요청한 자의 부담으로 다음 각 호의 지원을 할 수 있다.
1. 기술지원
2. 부품 국산화개발 결과에 대한 시험평가 지원

⑥ 방위사업청장·각군 참모총장·국방과학연구소장 및 방산업체등은 제2항에 따라 국산화개발된 부품에 대하여 무기체계 적용을 우선 고려하여야 한다.
⑦ 부품국산화개발사업자의 선정요건·절차 등에 관한 사항과 제3항에 따른 출연금의 지급·사용·관리 등에 관한 사항은 대통령령으로 정한다.

제10조【국방중소·벤처기업 성장지원】 ① 방위사업청장은 국방중소·벤처기업의 성장을 지원하기 위하여 필요한 시책을 수립하여야 한다.
② 방위사업청장은 제1항에 따른 국방중소·벤처기업의 성장지원을 위하여 필요한 때에는 다음 각 호의 사업을 추진할 수 있다.
1. 창업 활성화 및 경영 지원
2. 연구개발 촉진 및 연구개발 성과의 사업화
3. 대기업과의 상생협력 촉진
4. 그 밖에 국방중소·벤처기업의 성장지원을 위하여 대통령령으로 정하는 사항

제11조【사업조정제도 등】 ① 방위사업청장은 방위사업과 관련된 업체로서 「대·중소기업 상생협력 촉진에 관한 법률」 제2조제2호에 따른 대기업(이하 "대기업자"라 한다)이 「중소기업기본법」 제2조에 따른 중소기업(이하 "중소기업자"라 한다)을 인수·합병하려고 하거나 방산업체 간에 중복투자가 발생하는 경우로서 다음 각 호의 어느 하나에 해당하는 경우에는 산업통상자원부장관과 협의하여 대기업자와 중소기업자 간 또는 방산업체 간 사업을 조정할 수 있다. 이 경우 방위사업청장은 당사자 간 합의를 권고할 수 있다.
1. 방위사업청장이 인수·합병 또는 중복투자가 방위산업의 효율성을 현저히 해칠 우려가 있다고 판단하는 경우
2. 인수·합병 대상 중소기업자의 사업조정 신청이 있는 경우

② 방위사업청장은 제1항에 따라 사업조정을 하는 경우 위원회의 심의를 거쳐 다음 각 호의 사항을 권고할 수 있다.
1. 대기업자에 대하여 사업의 인수·개시 또는 확장의 시기를 3년 이하의 기간을 정하여 연기하거나 생산품목·생산수량 또는 생산시설 등의 축소
2. 방산업체에 대하여 투자의 시기 또는 규모를 조정하거나 중복투자의 제한

③ 방위사업청장은 대기업자가 「독점규제 및 공정거래에 관한 법률」 제45조제1항에 따른 불공정거래행위를 하였다고 인정하는 때에는 위원회의 심의를 거쳐 산업통상자원부장관에게 이를 통보하고, 같은 법 제81조에 따른 조사 및 같은 같은 법 제49조 및 제50조에 따라 필요한 조치를 하여 줄 것을 공정거래위원회에 요구할 수 있다. 이 경우 공정거래위원회는 지체 없이 조사 및 필요한 조치를 하여야 한다.(2020.12.29 전단개정)
④ 방위사업청장은 제1항에 따른 사업조정을 하려는 경우에는 사실조사를 하고, 그 결과를 위원회에 보고하여야 한다.
⑤ 방위사업청장이 제2항에 따른 권고를 하였음에도 해당 대기업자 또는 방산업체가 정당한 사유 없이 권고사항을 이행하지 아니하는 경우에는 그 내용을 공표하고, 공표 후 3개월이 경과하여도 권고사항을 이행하지 아니하는 경우에는 해당 대기업자 또는 방산업체에 그 이행을 명할 수 있다.
⑥ 제5항에 따른 이행권고 사항의 공표내용은 다음 각 호와 같다.
1. 이행권고의 대상이 되는 업체의 명칭
2. 이행권고의 내용
3. 이행권고 불이행에 따른 후속조치
4. 그 밖에 권고의 이행 등을 위하여 필요한 사항

⑦ 방위사업청장은 제5항에 따른 이행명령을 한 후 그 이행 전에 그 사유가 변경되었거나 소멸되었다고 인정할 때에는 위원회의 심의를 거쳐 조정내용의 전부 또는 일부를 철회하여야 한다.
⑧ 방위사업청장은 제1항에 따른 사업조정을 하고자 하는 경우에는 해당 대기업자 또는 방산업체로 하여금 위원회의 심의를 거칠 때까지 해당 사업의 인수·개시·확장 또는 투자를 일시 정지할 것을 권고할 수 있다.
⑨ 제4항 및 제5항에 따른 사실조사 및 공표의 방법·절차 등에 관하여 필요한 사항은 대통령령으로 정한다.

제12조【자금융자】 ① 정부는 방위산업의 발전을 위하여 필요한 때에는 방산업체등에 대하여 다음 각 호의 어느 하나에 해당하는 자금을 장기 저금리로 융자(방산업체등이 금융기관으로부터 자금융자를 받는 경우에는 그 이자와 방위사업청장이 정하는 이자의 차액을 지원하는 것을 포함한다. 이하 같다)할 수 있다.(2021.4.13 본문개정)
1. 방산시설의 설치·이전·교체·보완 또는 확장에 필요한 자금
2. 원자재의 구매 및 비축에 필요한 자금
3. 방산물자 및 그 밖의 군수품의 국산화를 위한 개발자금
4. 방산물자등의 수출을 위한 자금
5. 핵심기술 및 부품 개발에 필요한 자금
6. 연구개발 및 유휴시설 유지를 위하여 필요한 자금
7. 국방중소·벤처기업의 운영 및 시설 등에 필요한 자금
8. 그 밖에 방산업체등의 운영에 필요한 자금

② 제1항에 따른 자금융자 신청절차 등에 필요한 사항은 대통령령으로 정한다.

제13조【보조금의 교부 등】 ① 방위사업청장은 방위산업의 발전을 위하여 필요하다고 인정되는 때에는 방산업체등 또는 전문연구기관에 대하여 다음 각 호의 사항에 소요되는 비용의 전부 또는 일부를 예산의 범위에서 보조할 수 있다.
1. 방위산업 전용기기의 구매 또는 설치
2. 연구개발 또는 기술도입
3. 군수품의 품질검사 또는 방산물자의 품질경영
4. 그 밖에 방위산업의 발전을 위하여 대통령령으로 정하는 사항
② 방산업체등 또는 전문연구기관은 제1항에 따른 보조금에 의하여 취득하거나 그 효용이 증가된 재산을 방위사업청장의 승인을 받지 아니하고 양도·교환 또는 대부하여서는 아니 된다.
제14조【전문인력의 양성 등】 ① 방위사업청장은 방위산업 발전에 필요한 전문인력(이하 "방위산업 전문인력"이라 한다)의 양성을 위하여 다음 각 호의 시책을 추진할 수 있다.
1. 방위산업 전문인력 양성 교육프로그램의 개발 및 보급 지원
2. 방위산업 전문인력의 양성을 위한 학계, 산업체 및 공공기관과의 협력 강화
3. 그 밖에 방위산업 전문인력의 양성을 위하여 필요하다고 인정하는 사업
② 방위사업청장은 제1항의 시책을 추진하기 위하여 연구기관, 대학, 그 밖에 대통령령으로 정하는 기관·단체 등을 방위산업 전문인력 양성기관으로 지정하여 교육 및 훈련을 실시하게 할 수 있으며, 이에 필요한 예산을 지원할 수 있다.
③ 제2항에 따른 방위산업 전문인력 양성기관의 지정에 관하여 필요한 사항은 대통령령으로 정한다.
제15조【수출지원 등】 ① 방위사업청장은 국방부장관의 승인을 받아 방산물자등 및 국방과학기술의 수출진흥을 위하여 필요하다고 인정하는 때에는 대통령령으로 정하는 바에 따라 방위산업의 투자촉진과 수출시장의 확대 등을 위하여 다음 각 호의 조치를 취하거나 관계 행정기관 등의 장에게 필요한 조치를 하여 줄 것을 요청할 수 있다.
1. 방산물자등의 수출에 따라 구매국이 반대급부로 요구하는 대응구매 및 기술이전
2. 「방위사업법」 제20조에 따른 절충교역 또는 수출산업협력 협상방안으로 수출업체 지원 사항 반영
3. 해외진출 방산업체 및 방산물자등 생산업체의 애로사항 조사와 그 해결을 위한 지원
4. 민간통상협력 및 산업협력
5. 교육훈련 및 홍보지원
6. 그 밖에 방위산업의 투자촉진과 수출시장의 확대 등을 위하여 필요한 조치로서 대통령령으로 정하는 조치
② 방위사업청장은 제1항에 따른 수출진흥을 위하여 필요하다고 인정하는 때에는 다음 각 호의 어느 하나에 해당하는 자(법인 및 단체로 한정한다)에게 대통령령으로 정하는 바에 따라 예산의 범위에서 재정적인 지원을 하거나 물적·인적 지원을 할 수 있다.
1. 방산물자등의 수출을 추진하는 자
2. 수출진흥을 위한 자문·지도·대외홍보·전시·연수 또는 상담알선 등을 업으로 하는 자
3. 국내·외에서 방산물자등과 관련한 전시장을 설치·운영하거나 전시장에 방산물자등을 출품하는 자
4. 방산물자등의 수출을 위한 국제협력을 추진하는 자
③ 방위사업청장은 제1항에 따라 조치를 하는 경우 외국정부 및 방산물자등을 수출하는 자가 요청할 때에는 대통령령으로 정하는 바에 따라 요청하는 자의 부담으로 다음 각 호의 어느 하나에 해당하는 조치를 할 수 있다.
1. 방산물자등의 수출에 따른 후속군수지원 업무지원
2. 수출용 방산물자등의 개조·개발에 대한 기술지원
3. 수출을 위한 시험평가
4. 수출을 위한 품질인증지원
④ 방위사업청장은 제2항 및 제3항에 따른 업무를 추진하기 위하여 필요한 경우 주요 수출대상국에 수출협력을 위하여 관련 법령에 따라 소속 공무원을 파견할 수 있다.
⑤ 방위사업청장은 「방위사업법」 제46조제4항에 따라 예정가격을 작성하는 경우 국방부령으로 정하는 바에 따라 수출 경쟁력 확보를 위하여 책정된 수출 실적가격을 반영하지 아니할 수 있다.(2023.10.31 본항개정)
제16조【수출산업협력 지원】 ① 방위사업청장은 방위산업 수출 확대를 위하여 필요하다고 인정하는 때에는 국방부장관의 승인을 받아 수출산업협력을 하는 방산업체를 위하여 다음 각 호의 조치를 할 수 있다.
1. 국방과학기술의 이전
2. 구매국으로 「방위사업법」 제20조에 따른 절충교역이 발생하는 경우 구매국과의 협의를 통한 반대급부 간의 상호 감면 또는 면제
3. 「방위사업법」 제20조에 따른 절충교역 계약상대방이 수출산업협력을 방산업체를 대신하여 구매국에 이행하도록 하는 행위와 그와 관련한 구매국과의 협의
② 제1항에 따른 조치의 기준 및 절차 등에 관한 사항은 대통령령으로 정한다.
제17조【국제협력 등】 국방부장관 및 방위사업청장은 방위산업의 수출증진을 위하여 방위산업에 관한 국제협력을 촉진하여야 하며, 방산업체등에 관련 정보의 제공, 상담·지도, 관련 기술 및 인력의 국제교류 등을 할 수 있다.
제17조의2【방위산업의 날】 ① 방위산업의 중요성을 국민에게 알리고, 방위산업계 종사자의 긍지와 자부심을 고취하기 위하여 매년 7월 8일을 방위산업의 날로 정한다.
② 국가와 지방자치단체는 방위산업의 날의 취지에 적합한 기념행사를 개최할 수 있다.
③ 제2항에 따른 방위산업의 날 기념행사에 필요한 사항은 국방부령으로 정한다.
(2023.8.8 본조신설)

제4장 전문기관 및 협회 등의 설립

제18조【방위산업 발전의 지원 등】 ① 방위사업청장은 방위산업 발전을 효율적으로 지원하기 위하여 국방기술품질원에 다음 각 호의 사업을 수행하도록 할 수 있다.
1. 기본계획의 수립을 위한 조사·연구
2. 방위산업 전문인력 양성을 위한 사업
3. 부품 국산화에 대한 기술지원 및 사업관리
4. 부품 국산화개발 대상품목 조사·분석 및 공개
5. 민간개발 장비·부품에 대한 기술지원 및 성능시험 지원
6. 국방중소·벤처기업 기술지원 및 육성사업에 대한 업무지원
7. 중소기업 우선선정 대상 품목에 대한 조사·분석
8. 컨설팅 및 자금융자 사업에 대한 업무지원
9. 방위사업청장의 방위산업 수출진흥 업무에 대한 지원
10. 제2호부터 제9호까지의 사업에 대한 성과 분석·평가 및 사후관리
11. 그 밖에 방위산업의 발전과 관련하여 국방부장관 및 방위사업청장이 위탁하는 업무
② 방위사업청장은 예산의 범위에서 제1항 각 호의 사업을 수행하는 데 드는 비용의 전부 또는 일부를 출연할 수 있다.
제19조【협회 등의 설립】 ① 방산업체등, 전문연구기관, 일반연구기관 및 방위산업 관련 학회 등은 방위산업의 건전한 발전을 위하여 대통령령으로 정하는 바에 따라 협회 또는 단체를 설립할 수 있다.
② 제1항에 따라 설립되는 협회 또는 단체는 법인으로 한다.
③ 제1항에 따른 협회 또는 단체를 설립하고자 하는 자는 방위사업청장의 허가를 받아야 한다.
④ 제1항에 따른 협회 또는 단체에 대하여 이 법에 규정되지 아니한 사항에 관하여는 「민법」 중 사단법인에 관한 규정을 준용한다.
⑤ 제1항에 따른 협회 또는 단체의 기능 및 감독 등에 관하여 필요한 사항은 대통령령으로 정한다.
제20조【공제조합의 설립 등】 ① 방산업체등은 자율적인 경제활동을 도모하고 방위산업의 건전한 발전을 위하여 방위사업청장의 인가를 받아 방위산업 공제조합(이하 "공제조합"이라 한다)을 설립할 수 있다.
② 공제조합은 법인으로 하고, 주된 사무소의 소재지에서 설립등기를 함으로써 성립한다.
③ 다음 각 호의 어느 하나에 해당하는 업체 또는 기관은 공제조합의 정관으로 정하는 바에 따라 공제조합에 가입할 수 있다.(2023.8.8 본문개정)
1. 방산업체 및 일반업체(2023.8.8 본호신설)
2. 「방위사업법」 제3조제10호에 따른 전문연구기관 및 같은 조 제10호의2에 따른 일반연구기관(2023.8.8 본호신설)
④ 공제조합은 조합원의 자격, 임원에 관한 사항, 출자에 관한 사항 및 공제조합의 운영 등에 관한 사항을 정관으로 정하고, 정관을 변경하려면 이사회 의결을 거쳐 방위사업청장의 인가를 받아야 한다.
⑤ 공제조합의 정관 기재사항, 운영 및 감독 등에 관한 사항은 대통령령으로 정한다.
⑥ 공제조합에 관하여는 이 법에서 규정한 사항 외에는 「민법」 중 사단법인에 관한 규정과 「상법」 중 주식회사의 회계에 관한 규정을 준용한다.
제21조【공제조합의 사업】 ① 공제조합은 다음 각 호의 사업을 수행한다.
1. 조합원의 방위사업 수행 및 방위산업 관련 수출에 필요한 보증
2. 조합원의 방위사업 수행에 필요한 제조·생산·연구시설 및 장비 등에 관한 공제사업
3. 조합원이 방위사업을 수행하기 위하여 고용한 자의 복지향상과 업무상 재해로 인한 손실을 보상하는 공제사업
4. 조합원의 방위사업 수행에 따른 손해배상책임을 보장하는 공제사업
5. 조합원의 방위사업 수행에 필요한 자금의 융자 및 기자재 등의 구매알선
6. 방위사업과 관련한 연구 및 교육
7. 조합원이 공동으로 이용하는 시설의 설치·운영 및 조합원의 편익 증진을 위한 사업
8. 조합원이 수행하는 방위사업에 관한 정보의 처리
9. 공제조합의 목적 달성에 필요한 관련 사업에 투자
10. 국가, 지방자치단체 또는 정관으로 정하는 공공기관이 위탁하는 사업
11. 그 밖에 대통령령으로 정하는 사업
12. 제1호부터 제11호까지의 사업에 부대되는 사업으로서 정관으로 정하는 사업
② 제1항제1호부터 제5호까지에서 규정하는 공제조합의 사업에 대하여는 「보험업법」(제193조는 제외한다) 및 「여신전문금융업법」을 적용하지 아니한다.
제22조【보증규정 및 공제규정】 ① 공제조합은 제21조제1항제1호에 따른 보증사업을 하려면 보증규정을 정하여 방위사업청장에게 제출하여야 한다.
② 제1항의 보증규정에는 보증사업의 범위, 보증계약의 내용, 보증수수료, 보증에 충당하기 위한 책임준비금 등 보증사업의 수행에 필요한 사항이 포함되어야 한다.
③ 공제조합은 제21조제1항제2호부터 제4호까지의 규정에 따른 공제사업을 하려면 공제규정을 정하여 방위사업청장에게 제출하여야 한다.
④ 제3항의 공제규정에는 공제사업의 범위, 공제계약의 내용, 공제료, 공제금, 공제금에 충당하기 위한 책임준비금 등 공제사업의 운영에 필요한 사항이 포함되어야 한다.
제23조【공제조합의 지분양도 등】 ① 조합원 또는 조합원이었던 자는 대통령령으로 정하는 바에 따라 그 지분을 다른 조합원이나 조합원이 되고자 하는 자에게 양도할 수 있다.
② 제1항에 따라 지분을 인수한 자는 그 지분에 관한 양도인의 권리 및 의무를 승계한다.
③ 지분의 양도 및 질권 설정은 「상법」에 따른 주식의 양도 및 질권 설정의 방법에 따른다.
④ 민사집행 절차나 국세 등의 체납처분 절차에 따른 지분의 가압류 또는 압류는 「민사집행법」 제233조에 따른 지시채권의 가압류 또는 압류의 방법으로 한다.
제24조【공제조합의 지분취득 등】 ① 공제조합은 다음 각 호의 어느 하나에 해당하는 사유가 있을 때에는 조합원 또는 조합원이었던 자의 지분을 취득할 수 있다. 다만, 제1호 또는 제3호에 해당하는 때에는 그 지분을 취득하여야 한다.
1. 자본금을 감소하려는 경우
2. 조합원에 대하여 공제조합이 권리자로서 담보권을 실행하기 위하여 필요한 경우
3. 탈퇴하려는 조합원이 자기 출자액을 회수하기 위하여 공제조합에 지분양수를 요구한 경우
4. 준비금의 출자전입 시 단좌가 발생한 경우
② 공제조합이 제1항에 따라 지분을 취득한 때에는 지체 없이 다음 각 호의 조치를 이행하여야 한다.
1. 제1항제1호의 사유로 지분을 취득한 경우 : 자본금의 감소절차
2. 제1항제2호부터 제4호까지의 사유로 지분을 취득한 경우 : 다른 조합원 또는 조합원이 되고자 하는 자에게 처분
③ 조합원의 지분은 공제조합에 대한 채무의 담보로 제공되는 경우 외에는 질권 설정의 대상으로 할 수 없다.
④ 공제조합은 제1항에 따라 지분을 취득한 경우 조합원이거나 조합원이었던 자에게 지급할 금액을 지체 없이 지급하여야 한다.
⑤ 제1항에 따른 공제조합의 지분취득으로 조합원 또는 조합원이었던 자가 가지는 청산금(清算金) 청구권은 그 지분을 취득한 날부터 5년간 행사하지 아니하면 시효로 인하여 소멸한다.
제25조【조사 및 검사】 ① 방위사업청장은 공제조합의 재무건전성 유지 등을 위하여 필요하다고 인정하면 그 업무에 관한 사항을 보고하게 하거나 자료의 제출을 명할 수 있으며, 소속 공무원으로 하여금 공제조합의 업무상황 또는 회계 상황을 조사하게 하거나 장부 또는 그 밖의 서류를 검사하게 할 수 있다.
② 제1항에 따라 조사 또는 검사를 하는 공무원은 그 권한을 표시하는 증표를 지니고 관계인이 요구하면 그 증표를 보여 주어야 한다.

제5장 보 칙

제26조【권한의 위임·위탁】 ① 국방부장관은 이 법에 따른 권한의 일부를 대통령령으로 정하는 바에 따라 방위사업청장에게 위임할 수 있다.
② 방위사업청장은 이 법에 따른 권한의 일부를 국방기술품질원의 장 또는 대통령령으로 정하는 「공공기관의 운영에 관한 법률」 제4조에 따른 방위산업과 관련된 정부출연기관에 위탁할 수 있다.
③ 방위사업청장은 제19조에 따라 설립된 협회 또는 단체에 다음 각 호의 업무를 위탁할 수 있다.
1. 「방위사업법」 제26조에 따른 표준화 및 같은 법 제27조에 따른 군수품목록정보 관리와 관련한 조사·분석
2. 기본계획의 수립과 관련한 조사
3. 제12조에 따른 자금융자 지원대상에 대한 분석
제27조【벌칙】 ① 거짓 또는 부정한 방법으로 제12조제1항 또는 제13조제1항에 따른 융자금 또는 보조금을 받거나 융자금 또는 보조금을 그 용도 외에 사용한 자는 10년 이하의 징역이나 금고에 처하거나 융자 또는 보조받은 금액의 10배 이하에 상당하는 벌금에 처한다.
② 제13조제2항을 위반하여 방위사업청장의 승인을 받지 아니하고 재산을 양도·교환 또는 대부한 자는 3년 이하의 징역 또는 3천만원 이하의 벌금에 처한다.
제28조【양벌규정】 법인의 대표자나 법인 또는 개인의 대리인, 사용인, 그 밖의 종업원이 그 법인 또는 개인의 업무에 관하여 제27조의 위반행위를 하면 그 행위자를 벌하는 외에 그 법인 또는 개인에게도 해당 조문의 벌금형을 과(科)한다. 다만, 법인 또는 개인이 그 위반행위를 방지하기 위하여 해당 업무에 관하여 상당한 주의와 감독을 게을리하지 아니한 경우에는 그러하지 아니하다.

부 칙

제1조【시행일】 이 법은 공포 후 1년이 경과한 날부터 시행한다.
제2조【일반적 경과조치】 ① 이 법 시행 전에 종전의 「방위사업법」에 따라 한 신청 · 신고 · 보고 및 그 밖에 행정기관에 대하여 한 행위는 그에 해당하는 이 법의 규정에 따라 행한 것으로 본다.
② 이 법 시행 전에 종전의 「방위사업법」에 따라 행한 방위산업육성기본계획 수립 · 사업조정제도 · 자금융자 · 보조금의 교부 · 협회 등의 설립 및 방산물자 등의 수출 지원 행위는 그에 해당하는 이 법의 규정에 따라 행한 것으로 본다.
제3조【벌금 및 양벌규정에 관한 경과조치】 이 법 시행 전의 행위에 대하여 벌칙이나 양벌규정을 적용할 때에는 종전의 「방위사업법」의 규정에 따른다.
제4조【한국방위산업진흥회의 보증사업에 관한 경과조치】 ① 이 법 시행 당시 「방위사업법」 제43조에 따라 보증기관으로 지정받은 한국방위산업진흥회는 제20조에 따른 공제조합이 설립되기 전까지는 제20조에 따른 공제조합으로 본다. 이 경우 이 법 시행 후 6개월 이내에 제20조에 따라 방위사업청장에게 공제조합 설립 인가를 받아야 한다.
② 이 법 시행 당시 「방위사업법」 제43조와 제1항 전단에 따라 한국방위산업진흥회가 행하는 보증사업과 관련된 모든 재산과 권리 · 의무는 제20조에 따라 설립되는 공제조합이 승계한다.
③ 한국방위산업진흥회의 보증사업과 관련하여 제2항에 따른 공제조합의 재산, 권리 · 의무의 승계 전에 한국방위산업진흥회에 대하여 한 행위 및 한국방위산업진흥회가 한 행위는 각각 제20조에 따라 설립되는 공제조합에 대하여 한 행위 및 공제조합이 한 행위로 본다.
④ 한국방위산업진흥회의 보증사업과 관련하여 한국방위산업진흥회에 보증기금을 출자한 조합원은 제20조에 따라 설립된 공제조합에 보증기금을 출자한 조합원으로 본다.
⑤ 한국방위산업진흥회의 보증사업과 관련하여 한국방위산업진흥회에 출자한 보증기금은 제20조에 따라 설립된 공제조합에 출자한 보증기금으로 본다.
제5조【다른 법률의 개정】 ①~③ ※(해당 법령에 가제정리 하였음)
제6조【다른 법령과의 관계】 이 법 시행 당시 다른 법령에서 종전의 「방위사업법」 또는 그 규정을 인용한 경우 이 법 중 그에 해당하는 규정이 있는 때에는 종전의 「방위사업법」 또는 그 규정을 갈음하여 이 법 또는 이 법의 해당 조항을 인용한 것으로 본다.

부 칙 (2020.3.31)

제1조【시행일】 이 법은 공포 후 1년이 경과한 날부터 시행한다.(이하 생략)

부 칙 (2020.12.29)

제1조【시행일】 이 법은 공포 후 1년이 경과한 날부터 시행한다.(이하 생략)

부 칙 (2021.4.13)

이 법은 공포한 날부터 시행한다.

부 칙 (2023.8.8)

이 법은 공포 후 3개월이 경과한 날부터 시행한다. 다만, 제17조의2의 개정규정은 공포 후 1년이 경과한 날부터 시행한다.

부 칙 (2023.10.31)

제1조【시행일】 이 법은 공포 후 6개월이 경과한 날부터 시행한다.(이하 생략)

부 칙 (2024.1.9)

제1조【시행일】 이 법은 공포 후 6개월이 경과한 날부터 시행한다.(이하 생략)

부 칙 (2024.1.16)

제1조【시행일】 이 법은 공포 후 6개월이 경과한 날부터 시행한다.
제2조【기본계획 및 시행계획 제출 및 공표에 관한 적용례】 제5조제6항의 개정규정은 이 법 시행 이후 수립하는 기본계획 및 시행계획부터 적용한다.

군수품관리법

(1963년 3월 23일 법 률 제1310호)

개정
1973.10.10법 2631호
1987.11.28법 3947호(물품관리법)
1990. 8. 1법 4248호
1997.12.13법 5454호(정부부처명)
2002.12.30법 6836호(국고금관리법)
2008. 2.29법 8852호(정부조직)
2009. 4. 1법 9559호
2011. 7.14법10822호
2014. 3.11법12401호
2015. 3.27법13240호
2021. 4.13법17997호

제1장 총 칙
(2009.4.1 본장개정)

제1조【목적】 이 법은 「물품관리법」 제3조에 따라 군수품 관리에 관한 기본적 사항을 규정함으로써 군수품을 효율적이고 적절하게 관리하는 것을 목적으로 한다.
제2조【정의】 이 법에서 "군수품"이란 「물품관리법」 제2조제1항 본문에 따른 물품 중 국방부 및 그 직할기관, 합동참모본부(이하 "국방관서"라 한다)와 육군 · 해군 · 공군(이하 "각군"이라 한다)에서 관리하는 물품을 말한다. 다만, 다음 각 호의 동산은 제외한다.
(2014.3.11 본문개정)
1. 현금
2. 법령에 따라 한국은행에 기탁하여야 할 유가증권
3. 「국유재산법」 제5조제1항제1호
(2014.3.11 1호~3호신설)
제2조의2【총수명주기 관리의 원칙】 국방부장관은 군수품의 성능 발휘 보장과 수명주기비용 절감을 위하여 소요결정 · 획득 · 사용 · 보관 및 처분과 관련된 모든 활동을 총수명주기 측면에서 경제적이고 효율적으로 수행하여야 한다.(2011.7.14 본조신설)
제3조【군수품의 구분】 군수품은 대통령령으로 정하는 바에 따라 전비품(戰備品)과 통상품(通常品)으로 구분한다.
제4조【준용규정】 군수품 관리에 관하여는 이 법에 규정하는 것 외에 「물품관리법」 제9조제3항, 제10조부터 제12조까지, 제26조부터 제28조까지, 제30조, 제32조부터 제34조까지, 제36조, 제42조 및 제44조를 준용한다.

제2장 군수품의 관리기관과 통제
(2009.4.1 본장개정)

제5조【관리사무의 통제】 국방부장관은 국방관서와 각군의 소관에 속하는 군수품 관리에 관한 제도와 사무를 통제한다.
제6조【관리기관】 ① 국방관서의 장과 각군 참모총장은 그 소관에 속하는 군수품을 관리한다. 다만, 해군참모총장이 관리하는 군수품 중 해병대의 군수품에 대하여는 해병대사령관이 대통령령으로 정하는 바에 따라 다음 각 호의 사무를 관리한다.
1. 관리전환, 불용의 결정 등에 관한 사무
2. 대여, 양도 및 교환에 관한 사무
3. 재물조사, 재물조정, 감사에 관한 사무
(2011.7.14 본항개정)
② 국방관서의 장과 각군 참모총장(해병대사령관을 포함한다. 이하 같다)은 대통령령으로 정하는 바에 따라 그 소속 공무원 또는 다른 국방관서나 군 또는 다른 중앙관서의 소속 공무원에게 그 소관에 속하는 군수품 관리에 관한 사무를 위임할 수 있다.(2011.7.14 본항개정)
③ 제2항에 따라 국방관서의 장 또는 각군 참모총장으로부터 군수품 관리에 관한 사무를 위임받은 공무원을 물품관리관이라 한다.
제7조【관리사무의 분임과 대리】 국방관서의 장과 각군 참모총장은 물품관리관이 부득이한 사유로 직무를 수행할 수 없거나 필요하다고 인정하는 때에는 대통령령으로 정하는 바에 따라 그 소속 공무원 또는 다른 국방관서나 군 또는 다른 중앙관서의 소속 공무원에게 그 물품관리관의 사무를 대리하게 하거나 그 사무 일부를 분장하게 할 수 있다.
제8조【군수품출납사무 등의 위임특례】 ① 물품관리관은 필요한 경우에는 제4조에 따라 준용되는 「물품관리법」 제10조 및 제11조 외에 대통령령으로 정하는 바에 따라 그가 소속되지 아니한 다른 부대나 군 또는 국방관서의 소속 공무원 중에서 물품출납공무원 또는 물품운용관(物品運用官)을 지정하여 그 관리하는 군수품의 출납, 보관 또는 사용에 관한 사무를 위임할 수 있다.
② 물품관리관은 제1항에 따라 지정한 물품출납공무원 또는 물품운용관이 부득이한 사유로 직무를 수행할 수 없거나 필요하다고 인정하는 때에는 그 물품출납공무원이나 물품운용관이 소속된 부대나 군 또는 국방관서의 소속 공무원에게 물품출납공무원 또는 물품운용관의 사무를 대리하게 하거나 물품출납공무원의 사무 일부를 분장하게 할 수 있다.
제9조【물품관리공무원의 자격 및 재정보증】 물품관리관, 물품출납공무원 및 물품운용관과 그 분임자(分任者) 또는 대리자의 자격과 재정보증(財政保證)에 관한 사항은 대통령령으로 정한다.

제3장 군수품의 관리
(2009.4.1 본장개정)

제1절 통 칙

제10조【관리전환】 ① 물품관리관은 군수품의 효율적인 사용과 처분을 위하여 필요한 때에는 대통령령으로 정하는 바에 따라 소속 국방관서의 장 또는 각군 참모총장의 승인을 받아 그 관리하는 군수품을 다른 물품관리관의 소관으로 관리의 전환(이하 "관리전환"이라 한다)을 할 수 있다. 다만, 대통령령으로 정하는 군수품은 승인을 받지 아니하고 관리전환을 할 수 있다.
② 국방부장관 외의 국방관서의 장과 각군 참모총장은 다른 중앙관서와의 관리전환에 대하여 제1항에 따른 승인을 하려면 대통령령으로 정하는 군수품을 제외하고는 미리 국방부장관의 승인을 받아야 한다.
③ 제1항에 따른 군수품의 관리전환에 관하여는 「물품관리법」 제22조제2항을 준용한다.
④ 「방위사업법」에 따라 방위사업청장이 획득하여 국방관서 및 각군에서 사용하거나 관리하도록 납품하는 물품은 국방관서 및 각군에 납품이 완료된 때에 방위사업청에서 국방관서 및 각군으로 관리전환된 것으로 본다.

제2절 획 득

제11조【획득】 군수품 획득에 관하여는 제4조에 따라 준용되는 「물품관리법」 제28조 및 대통령령으로 정하는 바에 따른다.

제3절 출 납

제12조【출납】 ① 물품관리관은 군수품을 출납하게 할 때에는 물품출납공무원(분임물품출납공무원을 포함한다. 이하 같다)에게 출납하여야 할 군수품의 내용을 명백히 하여 그 출납을 명하여야 한다.
② 물품출납공무원은 제1항에 따른 명령이 없이는 군수품을 출납할 수 없다.

제4절 처 분

제13조【불용의 결정 등】 ① 국방관서의 장과 각군 참모총장은 다음 각 호의 어느 하나에 해당하는 군수품에 대하여 불용(不用)의 결정을 할 수 있다. 다만, 대통령령으로 정하는 군수품에 대하여는 물품관리관이 그 결정을 할 수 있다.
1. 사용할 필요성이 없어진 군수품
2. 국방관서나 각군이 예측할 수 있는 장래의 수요를 초과하는 재고가 있는 군수품 중 관리전환에 따라 적절하게 처분할 수 없는 군수품
3. 사용할 수 없거나 수리할 가치가 없는 군수품
② 국방부장관 외의 국방관서의 장과 각군 참모총장은 제1항에 따른 불용의 결정을 할 때에는 대통령령으로 정하는 바에 따라 미리 국방부장관의 승인을 받아야 한다.
③ 국방관서의 장, 각군 참모총장 또는 물품관리관은 제1항에 따라 불용의 결정을 한 군수품이 다음 각 호의 어느 하나에 해당하는 경우에 이를 폐기할 수 있다.
1. 매각하는 것이 국가에 불리하다고 인정되는 경우
2. 매각하는 것이 부적당하다고 인정되는 경우
3. 매각할 수 없는 경우
제13조의2【탄약의 폐기】 ① 국방부장관은 탄약의 수명, 성능평가 결과 및 무기체계 변경 등을 고려하여 탄약의 폐기 여부를 결정하여야 한다.
② 국방부장관은 탄종별 특성, 수량, 폭발 위험성 및 환경오염 가능성 등을 고려하여 탄약의 폐기를 위한 탄약 비군사화(본래의 군사목적에 사용할 수 없도록 절단 · 파괴 · 변형 또는 마멸 등을 통하여 원형을 변경하거나 군용표지 등을 제거하는 조치를 말한다. 이하 같다) 기준과 탄약 비군사화 장소를 정하여야 한다.
③ 국방부장관은 안전하고 친환경적인 탄약의 폐기를 위하여 탄약 비군사화 시설을 설치 · 운영하여야 한다.
④ 국방부장관은 제3항에 따라 설치한 탄약 비군사화 시설의 효율적인 관리 · 운영을 위하여 필요하다고 인정하면 대통령령으로 정하는 바에 따라 그 관리 · 운영을 맡을 능력이 있는 자에게 위탁할 수 있다.(2011.7.14 본항신설)
⑤ 국방부장관과 제4항에 따라 탄약 비군사화 시설의 관리 · 운영을 위탁받은 자는 탄약 비군사화 기준에 따라 탄약 비군사화 시설에서 탄약을 폐기하여야 한다. 다만, 탄약 비군사화 시설에서 폐기하는 것이 부적절한 경우로서 대통령령으로 정하는 경우에는 탄약 비군사화 장소에서 탄약을 폐기할 수 있다.(2011.7.14 본문개정)
⑥ 국방부장관은 제5항에도 불구하고 폐기하려는 탄약 중 화약류 · 자탄류 및 추진제(이하 이 조에서 "화약류등"이라 한다)는 「방위사업법」 제53조에 따라 군용화약류의 제조 등의 허가를 받은 자에게 위탁하여 폐기할 수 있다.
(2015.3.27 본항개정)
⑦ 제6항에 따라 국방부장관이 화약류등의 폐기를 위탁할 경우 국방부장관은 화약류등의 위탁 처리 절차 · 방법 · 시설기준 및 탄약 안전처리기준을 따로 정하고, 화약류등을 위탁받아 폐기하려는 자는 국방부장관이 정한 탄약 비군사화기준과 탄약 안전처리기준에 맞게 시설을 운

용하며, 그 처리결과를 국방부장관에게 보고하여야 한다. (2015.3.27 본항개정)
⑧ 국방부장관은 제6항에 따른 위탁업체에 의한 폐기가 모두 종료될 때까지 관련 군인, 군무원 또는 공무원이 참관하여 감독하도록 하는 등 화약류등이 유출되지 아니하도록 필요한 조치를 취하여야 한다.(2021.4.13 본항개정)
⑨ 국방부장관은 탄약 비군사화 장소에 대하여 매 3년마다 환경오염조사를 실시하여야 한다. 다만, 탄약의 폐기에 더 이상 사용하지 아니하는 탄약 비군사화 장소의 경우에는 그 장소를 폐쇄하여 환경오염조사를 실시한 후 그 결과에 따라 환경오염정화를 하여야 한다.
(2009.4.1 본조신설)
제14조【대여】 ① 국방관서의 장, 각군 참모총장 또는 물품관리관은 군수품의 제조, 수리, 그 밖의 시공(施工)에 관한 계약으로 군수품을 대여할 것을 약정(約定)한 경우에는 군수품을 대여할 수 있고, 국방부장관 또는 각군의 운영이나 작전에 특별한 지장이 없다고 인정될 때에도 대통령령으로 정하는 바에 따라 군수품을 무상 또는 유상으로 대여할 수 있다.
② 국방부장관 외의 국방관서의 장, 각군 참모총장 또는 물품관리관은 제1항에 따라 군수품을 대여하려면 대통령령으로 정하는 경우에는 미리 국방부장관의 승인을 받아야 한다.
③ 제2항에도 불구하고 국방부장관 외의 국방관서의 장과 각군 참모총장은 다음 각 호의 어느 하나에 해당하는 경우에는 군수품을 대여할 수 있으며, 대여한 때에는 그 결과를 국방부장관에게 보고하여야 한다. 다만, 주요완성장비 및 주요편제(編制)장비의 초도보급수리부속품(初度補給修理附屬品)의 경우에는 그러하지 아니하다.
1. 외국군과의 연합훈련 및 작전, 그 밖의 연합임무를 수행할 때 해당 국가와 체결한 조약·협정 등에 따라 대여할 경우
2. 「재난 및 안전관리기본법」 제36조에 따른 재난사태 또는 같은 법 제60조에 따른 특별재난지역이 선포된 때에 필요한 물자를 대여할 경우
제15조【양도】 군수품을 국가 외의 자(외국 정부를 포함한다. 이하 같다)에게 무상 또는 유상으로 양도하는 경우에는 제14조를 준용한다.
제16조【교환】 국방관서의 장, 각군 참모총장 또는 물품관리관은 그 소관에 속하거나 관리하는 군수품을 국가 외의 자가 소유하는 물품과 교환할 수 없다. 다만, 국방관서 또는 각군의 운영이나 작전 또는 국가의 사업에 특히 유리하거나 필요할 때에는 대통령령으로 정하는 바에 따라 군수품을 교환할 수 있다.

제5절 재물조사와 조정

제17조【재물조사】 국방관서의 장, 각군 참모총장 또는 물품관리관은 대통령령으로 정하는 바에 따라 정기 또는 수시로 그 관리하는 군수품에 대하여 재물조사(在物調査)를 하여야 한다.
제18조【재물조정】 국방관서의 장, 각군 참모총장 또는 물품관리관은 제17조에 따른 재물조사를 한 결과 발견된 군수품의 증감이 사무상 착오 또는 이에 준하는 사유로 인한 것이면 대통령령으로 정하는 바에 따라 조정하여야 한다. 다만, 물품관리관이 재물조정을 하는 경우에는 소속 국방관서의 장 또는 각군 참모총장의 승인을 받아야 한다.
제19조【재물조정에 대한 사후보고】 국방부장관 외의 국방관서의 장, 각군 참모총장 또는 물품관리관은 제18조에 따라 재물조정을 한 경우에는 대통령령으로 정하는 바에 따라 국방부장관에게 보고하여야 한다.
제20조 (2009.4.1 삭제)
제21조【내용연수】 국방부장관은 감가상각(減價償却) 등이 필요한 군수품에 대하여 그 기준이 되는 내용연수(耐用年數)를 정하여 관리하여야 한다.

제6절 자연감모와 손·망실처리

제22조【자연감모】 ① 군수품의 장기보관이나 운송, 그 밖의 불가피한 사유로 인하여 생기는 감모는 자연감모(自然減耗)로 하여 정리할 수 있다.
② 제1항에 따라 자연감모로 정리할 수 있는 군수품의 범위와 비율은 대통령령으로 정한다.
③ 국방부장관은 그 소관에 속하는 군수품이 자연감모되면 대통령령으로 정하는 바에 따라 감사원에 통보하여야 한다.
제23조【손·망실처리】 물품관리관은 그 관리하는 군수품을 잃어버리거나 훼손(毁損)하였을 때에는 대통령령으로 정하는 바에 따라 조정하여야 한다.

제7절 군수품의 관급

제24조【관급품에 대한 위험보증】 계약담당공무원은 대통령령으로 정하는 바에 따라 계약상대방으로 하여금 관급(官給) 군수품을 잃어버리거나 훼손될 위험을 막기 위하여 필요한 보증조치를 하게 하여야 한다.
제25조【관급품의 수득률】 관급하는 군수품에 대하여는 적당량의 손모(損耗)를 인정하며, 제조·수리 또는 시공 후의 수득률(收得率)에 관하여는 대통령령으로 정한다.

제4장 군수품관리의 특례
(2009.4.1 본장개정)

제1절 군사원조품

제26조【군사원조품】 「대한민국 정부와 미합중국 정부 간의 상호방위원조협정」에 따라 미합중국으로부터 무상으로 제공받은 군수품과 그 밖의 외국으로부터 무상으로 제공받은 군수품의 관리에 관하여는 그 협정에 특별한 규정이 있는 것을 제외하고는 이 법을 준용한다.

제2절 전시 등의 특례

제27조【전시 특례】 전시 또는 사변일 때의 군수품 관리에 관하여는 따로 법률로 정한다.
제27조의2【군수품 대여 및 양도의 특례】 외국군과의 연합훈련이나 작전, 그 밖의 임무를 수행하는 경우 해당 국가와 체결한 조약·협정 등에 따라 군수품을 대여하거나 양도하여 받은 대금은 외국군에게 제공된 군수품과 동일한 물품을 구매하는 경우에 한하여 직접 사용할 수 있다.

제5장 책 임
(2009.4.1 본장개정)

제28조【물품관리공무원의 책임】 ① 물품관리관, 물품운용관과 그 분임자 또는 대리자는 그 직무를 수행할 때 임무를 위배하여 고의 또는 중대한 과실로 국가에 손해를 끼친 경우에는 따로 법률에서 정하는 바에 따라 변상(辨償)할 책임을 진다.
② 물품출납공무원과 그 분임자 또는 대리자는 보관하는 군수품을 잃어버리거나 훼손한 경우에 선량한 관리자의 주의를 게을리하지 아니하였음을 증명하지 못하면 따로 법률에서 정하는 바에 따라 변상할 책임을 진다.
제29조【물품사용공무원 등의 책임】 군수품을 사용하거나 대여받은 공무원은 고의 또는 중대한 과실로 그 군수품을 잃어버리거나 훼손하면 따로 법률에서 정하는 바에 따라 변상할 책임을 진다.

제6장 기록과 보고
(2009.4.1 본장개정)

제30조【장부의 비치】 물품관리관, 물품출납공무원 및 물품운용관은 국방부령으로 정하는 바에 따라 장부를 비치하고 필요한 사항을 기록하여야 한다.
제31조【물품관리운용보고서의 작성】 국방부장관은 대통령령으로 정하는 중요한 통상품에 대하여는 국방관서와 각군별로 물품관리운용보고서를 작성하여 다음 연도 2월 20일까지 기획재정부장관에게 제출하여야 한다.

제7장 감 사
(2009.4.1 본장개정)

제32조【감사】 국방부장관과 각군 참모총장은 국방부령으로 정하는 바에 따라 정기 또는 수시로 군수품의 관리에 관한 감사(監査)를 하여야 한다.
제33조 (2009.4.1 삭제)

제8장 보 칙
(2009.4.1 본장개정)

제34조【이 법을 준용하는 물품】 군수품 외의 물품으로서 국방관서와 각군이 보관하는 것에 대하여는 이 법을 준용하며 그 범위와 그 밖에 필요한 사항은 대통령령으로 정한다.
제35조【적용배제】 ① 전비품(戰備品)은 국방부장관의 책임으로 검사를 실시하며 「감사원법」을 적용하지 아니한다.
② 「국고금관리법」 제24조에 따른 관서운영경비로 획득한 군수품과 그 밖에 대통령령으로 정한 물품의 관리에 관하여는 대통령령으로 정하는 바에 따라 이 법의 일부를 적용하지 아니할 수 있다.
제36조 (2009.4.1 삭제)

부 칙 (2009.4.1)

① **【시행일】** 이 법은 공포 후 6개월이 경과한 날부터 시행한다.
② **【물품관리운용보고서 작성에 관한 경과조치】** 물품관리운용보고서 작성에 관하여는 「국가회계법」 제11조에 따른 국가회계기준이 시행될 때까지는 제31조의 개정규정에도 불구하고 종전의 규정에 따른다.

부 칙 (2015.3.27)

이 법은 공포 후 6개월이 경과한 날부터 시행한다.

부 칙 (2021.4.13)

이 법은 공포한 날부터 시행한다.

(舊 : 비상대비자원 관리법)

비상대비에 관한 법률

(1984년 8월 4일 법 률 제3745호)

개정
1993. 6.11법 4561호(건설기계관리법)
1997. 1.13법 5291호(국가유공자등예우)
1997.12.13법 5454호(정부부처명)
1998. 5.25법 5543호(국가안보)
2001. 1.16법 6373호
2004. 9.23법 7217호(정부조직)
2007. 4.27법 8410호
2008. 2.29법 8876호
2009. 4. 1법 9571호
2011. 8. 4법10988호
2011. 9.15법11042호(보훈보상대상자지원에관한법)
2012. 2.22법11340호
2013. 3.23법11690호(정부조직)
2013. 8. 6법11994호(재난및안전관리기본법)
2014. 1. 7법12205호
2014.11.19법12844호(정부조직)
2015. 1.20법13061호
2016. 5.29법14183호(병역)
2016. 5.29법14184호(예비군법)
2017. 3.21법14750호
2017. 7.26법14839호(정부조직)
2022. 1. 4법18682호

제1장 총 칙

제1조【목적】 이 법은 전시·사변이나 이에 준하는 비상 시에 국민의 생명과 재산을 보호하기 위하여 국가차원의 비상대비에 관한 계획의 수립, 인력·물자 등 자원의 관리 및 교육·훈련의 실시 등에 필요한 사항을 규정함을 목적으로 한다.(2022.1.4 본조개정)
제2조【정의】 이 법에서 사용하는 용어의 뜻은 다음과 같다.
1. "인력자원"이란 다음 각 목의 사람을 말한다.
  가. 대한민국 국민으로서 제11조에 따라 중점관리대상으로 지정된 업체에 종사하는 사람
  나. 「국가기술자격법」이나 그 밖의 법령(외국의 법령을 포함한다)에 따른 기술면허 또는 자격을 취득한 사람이나 과학기술인인 대한민국 국민으로서 19세가 되는 해의 1월 1일부터 60세가 되는 해의 12월 31일까지의 사람
2. "물적자원"이란 전시·사변이나 이에 준하는 비상 시(이하 "비상사태"라 한다)에 활용하기 위한 물자와 업체로서 별표에서 정한 물자와 업체를 말한다.
(2022.1.4 본조개정)
제3조【비상대비의무】 정부는 비상사태에 효과적으로 대비하기 위하여 이 법 또는 다른 법령에서 정하는 바에 따라 필요한 계획을 수립하고 실시하여야 한다.
(2022.1.4 본조개정)

제2장 비상대비기관

제4조【총괄기관】 행정안전부장관은 국무총리를 보좌하여 비상대비업무에 관한 사항을 총괄·조정한다.
(2017.7.26 본조개정)
제4조의2~제4조의5 (2008.2.29 삭제)
제5조【집행기관】 비상대비업무는 중앙행정기관, 중앙행정기관 소속 지방행정기관 및 지방자치단체(「제주특별자치도 설치 및 국제자유도시 조성을 위한 특별법」 제10조제2항에 따른 행정시를 포함하며, 이하 "비상대비책임기관"이라 한다)의 장이 집행하며, 인력자원 및 물적자원에 관한 업무는 해당 자원의 소관 중앙행정기관(이하 "자원관리주관기관"이라 한다)의 장이 집행한다.
(2022.1.4 본조개정)
제6조【권한의 위탁 또는 위임】 이 법에 따른 자원관리주관기관의 장의 권한은 대통령령으로 정하는 바에 따라 그 일부를 다른 중앙행정기관의 장이나 특별시장·광역시장·특별자치시장·도지사·특별자치도지사(이하 "시·도지사"라 한다) 또는 소속 지방행정기관의 장에게 위탁하거나 위임할 수 있다.(2022.1.4 본조개정)

제3장 비상대비계획
(2022.1.4 본장제목개정)

제6조의2【비상대비업무에 관한 기본지침의 수립】 ① 국무총리는 5년의 범위에서 대통령령으로 정하는 기간마다 비상대비업무의 기본적인 사항에 관한 지침(이하 "기본지침"이라 한다)을 작성하여 대통령의 승인을 받아 중앙행정기관의 장에게 통보하여야 한다. 기본지침을 변경하는 경우에도 또한 같다.(2017.3.21 전단개정)
② 기본지침에는 다음 각 호의 사항이 포함되어야 한다.
1. 비상사태와 관련되는 중기적 관점에서의 국내외 환경 변화 분석 및 예측
2. 비상사태에 대비한 효율적 대응 전략
3. 제7조에 따른 기본계획을 수립할 때 고려하여야 할 사항
4. 그 밖에 비상대비업무와 관련하여 대통령령으로 정하는 사항
③ 국무총리는 비상대비 여건의 중대한 변화가 발생하여 새로운 기본지침을 수립할 필요가 있다고 인정하는 경우

에는 제1항에 따른 기간이 지나기 전이라도 기본지침을 다시 수립할 수 있다. 이 경우 기본지침의 수립절차와 같은 절차를 거쳐야 한다.(2022.1.4 본항신설)
(2011.8.4 본조신설)

제7조【기본계획】 ① 중앙행정기관의 장은 기본지침과 인력자원 및 물적자원의 변동 상황 등을 고려하여 그 소관 업무에 관한 기본계획안을 작성하여 행정안전부장관과 협의를 거쳐 국무총리에게 제출하여야 한다.
(2017.7.26 본항개정)
② 국무총리는 제1항에 따라 중앙행정기관의 장이 제출한 기본계획안을 종합하여 기본계획을 작성하고 국무회의의 심의를 거쳐 대통령의 승인을 받아 확정한다.
③ 국무총리는 확정된 기본계획을 지체 없이 중앙행정기관의 장에게 통보하고 국회에 통고하여야 한다. 제9조의3에 따라 기본계획을 변경한 때에도 또한 같다.
(2017.3.21 본조개정)

제8조【집행계획】 ① 중앙행정기관의 장은 제7조제3항에 따라 통보된 기본계획에 따라 그 소관 업무에 관한 집행계획을 작성하여 행정안전부장관과 협의를 거쳐 국무총리의 승인을 받아 확정한다.(2017.7.26 본항개정)
② 중앙행정기관의 장은 확정된 집행계획을 관계 중앙행정기관의 장, 시·도지사 및 소속 지방행정기관의 장에게 통보하여야 한다. 제9조의3에 따라 집행계획을 변경한 때에도 또한 같다.
(2017.3.21 본조개정)

제9조【시행계획】 ① 시·도지사와 중앙행정기관 소속 지방행정기관의 장은 제8조제2항에 따라 통보된 집행계획에 따라 그 소관 업무에 관한 시행계획을 작성하여 해당 중앙행정기관의 장의 승인을 받아 확정한다.
(2017.3.21 본항개정)
② 시·도지사는 제1항에 따라 확정된 시행계획을 시장(「제주특별자치도 설치 및 국제자유도시 조성을 위한 특별법」 제11조제1항에 따른 행정시장을 포함한다. 이하 같다)·군수·구청장(자치구의 구청장을 말한다. 이하 같다)에게 통보하여야 한다. 제9조의3에 따라 시행계획을 변경한 때에도 또한 같다.(2022.1.4 전단개정)

제9조의2【실시계획】 ① 시장·군수 및 구청장은 제9조제2항에 따라 통보된 시행계획에 따라 그 소관 업무에 관한 실시계획을 작성하여 시·도지사의 승인을 받아 확정한다.
② 제11조제1항에 따라 지정된 중점관리대상업체(이하 "중점관리대상업체"라 한다)의 장은 고지된 임무에 관한 실시계획을 작성하여 자원관리주관기관의 장의 승인을 받아야 한다.
(2022.1.4 본조개정)

제9조의3【기본계획등의 변경】 ① 계획 여건의 변동, 그 밖의 사유로 제7조에 따른 기본계획, 제8조에 따른 집행계획, 제9조에 따른 시행계획 또는 제9조의2제1항에 따른 실시계획(이하 이 조에서 "기본계획등"이라 한다)을 변경할 필요가 있는 경우에는 변경안을 작성하여 기본계획등에 대한 승인권자의 승인을 받아야 한다. 이 경우 기본계획등의 수립절차와 같은 절차를 거쳐야 한다.
② 국무총리는 제1항에도 불구하고 중앙행정기관의 장의 요청이 있거나 직권으로 기본계획 중 대통령령으로 정하는 경미한 사항을 변경하는 경우에는 국무회의 심의 및 대통령의 승인을 거치거나 받지 아니하고 변경할 수 있다. 이 경우 중앙행정기관의 장이 경미한 사항의 변경을 요청하는 때에는 미리 행정안전부장관과의 협의를 거쳐야 한다.(2017.7.26 후단개정)
③ 제8조, 제9조 또는 제9조의2제1항에 따른 집행계획, 시행계획 또는 실시계획의 수립권자는 제1항에도 불구하고 해당 계획 중 대통령령으로 정하는 경미한 사항을 변경하는 경우에는 그 승인권자의 승인을 받지 아니하고 변경할 수 있다.
④ 기본계획등의 수립권자는 제2항 및 제3항에 따라 기본계획등을 변경한 때에는 지체 없이 그 승인권자에게 보고하여야 한다.
⑤ 중점관리대상업체의 장은 자원관리주관기관의 장의 실시계획 변경명령이 있거나 그 밖의 사유로 제9조의2제2항에 따라 작성한 실시계획을 변경할 필요가 있는 경우에는 변경안을 작성하여 자원관리주관기관의 장의 승인을 받아야 한다.(2022.1.4 본항개정)
(2011.8.4 본조신설)

제3장의2 비상대비자원관리
(2022.1.4 본장제목신설)

제10조【자원조사 등】 ① 비상대비책임기관의 장(시장·군수·구청장은 제외한다. 이하 이 조에서 같다)은 인력자원 및 물적자원의 활용에 관한 계획의 수립과 준비 및 시행을 위하여 필요하다고 인정하면 대통령령으로 정하는 바에 따라 다음 각 호의 구분에 따른 자에게 해당 업무를 하게 할 수 있다.(2022.1.4 본문개정)
1. 소속 공무원 : 인력자원 또는 물적자원의 실태를 파악하기 위한 조사
2. 인력자원대상자, 관리대상물자의 소유자〔소유자를 알 수 없는 경우에는 권원(權原)에 의하여 점유하는 자를 포함한다. 이하 같다〕 및 업체의 장 : 필요한 사항의 신고
② 「국가기술자격법」 또는 다른 법령에 따라 기술에 관한 자격이나 면허를 발급하거나 취소한 행정기관의 장은 그 발급 또는 취소 사실을 본인이 거주하는 읍·면·동의 장에게 지체 없이 통보하여야 한다. 다만, 「국가기술자격법」 또는 다른 법령에 따라 대통령령으로 정하는 기관·단체가 자격이나 면허의 검정·관리 등의 업무를 위탁받은 경우에는 그 기관·단체의 장이 통보하여야 한다.
(2017.3.21 본항개정)
③ 비상대비책임기관의 장은 관계 기관의 장이 요청하였을 때에는 제1항제1호에 따른 조사에 그 소속 공무원을 참여하게 할 수 있다.(2022.1.4 본항개정)
④ 제1항제1호에 따른 조사는 국민의 생업 또는 기업활동에 지장을 주지 아니하는 방법으로 하여야 한다.
(2017.3.21 본항개정)
⑤ 제1항제1호의 경우에 조사업무를 행하는 관계 공무원은 그 권한을 표시하는 증표를 미리 관계인에게 내보여야 한다.(2017.3.21 본항개정)

제10조의2【비상대비자원 관리의 전자화】 ① 행정안전부장관은 인력자원과 물적자원의 효율적인 관리 및 활용을 위하여 필요하다고 인정하는 경우에는 정보시스템을 구축·운영할 수 있다.(2017.7.26 본항개정)
② 행정안전부장관은 제1항에 따른 정보시스템을 구축·운영하는 데에 필요한 자료를 수집·관리·보유할 수 있으며, 이를 위하여 다음 각 호의 기관 중 인력자원 및 물적자원에 관련된 자료를 관리 또는 보유하고 있는 기관 및 업체에 관련 정보의 제공을 요청할 수 있다. 이 경우 정보의 제공 요청을 받은 기관 및 업체는 정당한 사유가 없으면 이에 따라야 한다.(2017.7.26 전단개정)
1. 비상대비책임기관(2022.1.4 본호개정)
2. (2022.1.4 삭제)
3. 중점관리대상업체(2022.1.4 본호개정)
4. 「전자정부법」 제2조제3호에 따른 공공기관
③ 행정안전부장관은 제1항에 따른 정보시스템의 정보 훼손 및 유출을 방지하고 신뢰성을 확보하기 위하여 국가정보원장이 안전성을 확인한 보안조치를 하여야 하며, 국가정보원장은 그 이행 여부를 확인할 수 있다.
(2017.7.26 본항개정)
(2011.8.4 본조신설)

제11조【중점관리대상자원의 지정·관리】 ① 자원관리주관기관의 장은 효율적인 비상대비업무를 수행하기 위하여 필요하다고 인정하면 대통령령으로 정하는 바에 따라 인력자원·물적자원 중에서 중점 관리하여야 할 인력·물자 또는 업체를 지정할 수 있다.
② 자원관리주관기관의 장은 제1항에 따라 중점관리대상 인력·물자 또는 업체를 지정하였을 때에는 그 지정된 자와 물자의 소유자 또는 업체의 장에게 지정된 사실과 그에 따른 임무를 기재한 고지서를 송달하여야 한다. 이 경우 고지서의 송달에 관하여는 「행정절차법」의 송달에 관한 규정을 준용한다.
③ 자원관리주관기관의 장은 제1항에 따라 중점관리대상으로 지정된 인력·물자 또는 업체가 사망·노후화·도산 등으로 비상대비업무를 수행하기에 적합하지 아니하게 된 때에는 대통령령으로 정하는 바에 따라 그 지정을 해제하고 다른 인력·물자 또는 업체를 대체 지정하여야 한다.
④ 비상대비책임기관의 장(시장·군수·구청장은 제외한다)은 제1항에 따라 중점관리대상으로 지정된 소관 인력·물자 또는 업체가 비상대비업무를 수행하기에 적합한지를 대통령령으로 정하는 바에 따라 확인·점검하여야 한다.
(2017.3.21 본조제목개정)
(2022.1.4 본조개정)

제12조【지정업체 등에 대한 준비조치】 자원관리주관기관의 장은 제11조에 따라 지정된 물자의 소유자 또는 업체의 장에 대하여 대통령령으로 정하는 바에 따라 비상대비업무수행에 필요한 범위에서 부담능력을 고려하여 다음 각 호의 준비조치를 하게 할 수 있다.
(2022.1.4 본문개정)
1. 시설의 보강 및 확장
2. 기술인력의 양성과 기술의 개발(시험제품의 제작을 포함한다)
(2012.2.22 본조제목개정)

제12조의2【비상대비업무담당자의 임명 등】 ① 다음 각 호의 기관은 비상사태에 대비하기 위하여 비상대비업무담당자를 두어야 한다.
1. 국회·법원·헌법재판소·중앙선거관리위원회의 행정사무를 처리하는 기관
2. 중앙행정기관 및 소속 지방행정기관, 대통령 소속 기관 및 국무총리 소속 기관
3. 특별시·광역시·특별자치시·도·특별자치도(이하 "시·도"라 한다) 및 시·도 교육청
② 국무총리는 필요하다고 인정하면 중점관리대상업체를 대통령령으로 정하는 바에 따라 비상대비업무담당자 임명대상 업체로 지정할 수 있다.(2022.1.4 본항개정)
③ 제2항에 따라 지정된 업체의 장은 비상대비업무담당자를 임명하고, 그 업무 수행에 필요한 여건을 충분히 보장하여야 한다.
④ 비상대비업무담당자(제1항 각 호의 기관 중 대통령령으로 정하는 기관에 두는 비상대비업무담당자는 제외한다)는 대통령령으로 정하는 자격요건을 갖추고 행정안전부장관이 실시하는 시험에 합격한 사람 중에서 임명하여야 한다.(2017.7.26 본항개정)
⑤ 국무총리는 제2항에 따라 지정된 업체에 도산 또는 합병 등 대통령령으로 정하는 사유가 발생한 경우에는 그 지정을 해제할 수 있다.
⑥ 비상대비업무담당자의 선발시험 및 임명 등에 필요한 사항은 대통령령으로 정한다.
(2012.2.22 본조신설)

제12조의3【비상대비업무담당자의 지도·심사】 ① 행정안전부장관은 제12조의2제1항제2호 및 제3호의 기관에 두는 비상대비업무담당자에게, 자원관리주관기관의 장은 소관 업체의 비상대비업무담당자에게 그 업무 수행에 관한 지도를 할 수 있다.(2022.1.4 본항개정)
② 비상대비업무담당자를 둔 기관의 장은 행정안전부장관에게 소속 비상대비업무담당자가 그 임무에 적합하게 업무를 수행하고 있는지에 대하여 심사를 요청할 수 있다. 다만, 업체의 비상대비업무담당자에 대해서는 자원관리주관기관의 장은 행정안전부장관에게, 업체의 장은 자원관리주관기관의 장을 거쳐 행정안전부장관에게 심사를 요청하여야 한다.(2022.1.4 단서개정)
③ 제1항 및 제2항에 따른 지도 및 심사에 필요한 사항은 대통령령으로 정한다.
(2012.2.22 본조신설)

제13조【비축】 ① 정부는 비상사태에 대비하여 필요한 물자를 비축하여야 한다.
② 자원관리주관기관의 장은 효율적인 비상대비를 위하여 필요하다고 인정하면 제11조에 따라 지정된 물자의 소유자 또는 업체의 장에 대하여 자체 부담능력을 고려하여 국무총리의 승인을 받아 3개월분의 범위에서 필요한 물자를 비축하게 할 수 있다.(2022.1.4 본항개정)
③ 자원관리주관기관의 장은 제1항 및 제2항에 따라 비축한 물자가 그 기능이 상실되거나 성능이 더욱 우수한 대체품의 개발 또는 기술개발 등의 사유로 비축목적에 적합하지 아니하게 된 때에는 그 비축을 해제할 수 있다.
(2022.1.4 본항개정)
④ 제2항에 따라 비축하는 물자의 소유자나 업체의 장은 그 비축물자의 품목·규격·수량·대체 및 관리상황과 그 밖의 비축에 관한 사항을 자원관리주관기관의 장에게 보고하여야 한다.(2022.1.4 본항개정)
⑤ 자원관리주관기관의 장은 제1항 및 제2항에 따른 비축물자의 품목·규격·수량·대체 및 관리상황과 그 밖의 비축에 관한 사항을 국무총리에게 보고하여야 한다.
(2022.1.4 본항개정)
⑥ 국무총리 또는 자원관리주관기관의 장은 제1항 및 제2항에 따라 비축된 물자의 비축 및 관리실태에 대하여 확인·점검할 수 있으며, 확인·점검 결과 시정이나 보완이 필요한 사항에 대하여 그 조치를 요구하고 결과를 확인할 수 있다.(2022.1.4 본항개정)
⑦ 제1항부터 제6항까지의 규정에 따른 비축대상물자와 비축된 물자의 관리, 비축해제, 실태보고 및 확인·점검 등에 필요한 사항은 대통령령으로 정한다.

제13조의2【인력의 참여 및 물자의 사용】 ① 자원관리주관기관의 장은 「통합방위법」 제12조에 따른 통합방위사태가 선포된 경우 국민의 생명·신체 및 재산에 대한 피해로부터의 보호에 필요한 경우에는 제11조에 따라 지정된 자 및 물자의 소유자에게 참여 또는 사용 협력을 요청할 수 있다.(2022.1.4 본항개정)
② 제1항에 따른 요청은 제11조에 따른 지정 당시에 미리 그 참여 및 사용 협력에 동의를 받은 인력·물자를 대상으로 한다.
③ 제1항 및 제2항에서 규정한 사항 외에 인력의 참여 및 물자의 사용에 필요한 사항은 대통령령으로 정한다.
(2012.2.22 본조신설)

제13조의3【비축물자 사용】 ① 제13조제1항 및 제2항에 따라 비축한 물자는 이 법에 따른 비상사태가 발생한 경우, 「재난 및 안전관리기본법」 제36조에 따른 재난사태 또는 같은 법 제60조에 따른 특별재난지역이 선포된 경우에만 사용할 수 있다.
② 제1항에 따른 비축물자의 사용에 관하여 필요한 사항은 대통령령으로 정한다.
(2009.4.1 본조신설)

제13조의4【보상】 제13조의2에 따른 인력의 참여 및 물자의 사용, 제13조의3에 따른 비축물자의 사용에 대하여는 대통령령으로 정하는 바에 따라 정당한 보상을 하여야 한다.(2012.2.22 본조신설)

제4장 비상대비 교육·훈련
(2009.4.1 본장개정)

제13조의5【비상대비교육】 ① 행정안전부장관은 중앙행정기관의 장, 시·도지사 및 교육감과 협조하여 비상대비교육을 할 수 있다.(2022.1.4 본항개정)
② 비상대비교육의 대상자는 다음 각 호와 같다.
1. 중앙행정기관 및 소속 지방행정기관, 시·도 및 시·도 교육청의 비상대비업무담당자(2012.2.22 본호개정)
2. 공무원교육기관의 비상대비교육 담당 교수요원
3. 중점관리대상업체의 비상대비업무담당자
4. 제1호의 기관 외의 기관에 두는 비상대비업무담당자(교육 참여를 요청하는 경우에만 해당한다)
(2012.2.22 본호신설)

③ 제1항 및 제2항에서 규정한 사항 외에 비상대비교육에 관하여 필요한 사항은 대통령령으로 정한다.
(2009.4.1 본조신설)
제14조【훈련의 실시】 ① 정부는 비상대비업무를 효율적으로 수행하기 위하여 필요하다고 인정하면 대통령령으로 정하는 바에 따라 전국 또는 지역이나 부문별로 훈련을 실시할 수 있다.
② 2개 부처 이상의 부문에 관련되는 전국 또는 지역별 훈련의 실시명령은 국무총리가 그 훈련의 방법·기간 등에 대하여 대통령의 승인을 받아 발령한다.
③ 1개 부처의 부문에 관련되는 전국 또는 지역의 훈련실시명령은 자원관리주관기관의 장이 그 훈련의 방법·기간 등에 대하여 국무총리의 승인을 받아 발령한다.
(2022.1.4 본항개정)
④ 제1항부터 제3항까지의 규정에 따른 훈련은 효율적인 실시를 위하여 「재난 및 안전관리 기본법」 제35조에 따른 재난대비훈련과 「민방위기본법」 제25조에 따른 민방위훈련 등과 연계하여 실시할 수 있다.(2013.8.6 본항개정)
제15조【훈련실시대상】 훈련실시대상은 제11조에 따라 지정된 인력·물자 및 업체로 한다. 다만, 대통령령으로 정하는 자에 대하여는 훈련을 면제할 수 있다.
제16조【훈련의 방법 및 기간 등】 ① 훈련은 실제훈련과 문서에 의한 도상훈련으로 구분하여 실시한다.
② 훈련의 기간은 연(年) 7일을 초과할 수 없다. 다만, 시험제품 생산훈련과 도상훈련의 경우에는 그러하지 아니하다.
③ 훈련은 대통령선거, 임기만료에 의한 국회의원선거·지방의회의원선거 및 지방자치단체의 장 선거의 선거기간 중에는 실시하지 아니한다.
제17조【훈련통지서의 전달 등】 ① 시·도지사 또는 자원관리주관기관의 장 소속 지방행정기관의 장은 제14조에 따른 훈련실시명령이 발령된 경우에는 대통령령으로 정하는 바에 따라 훈련대상자·훈련대상물자의 소유자 또는 업체의 장에게 훈련통지서를 사전에 직접 교부 또는 등기우편의 방법이나 본인의 동의를 받아 「정보통신망 이용촉진 및 정보보호 등에 관한 법률」 제2조제1항제5호에 따른 전자문서로 송달하여야 한다.
② 제1항에 따라 훈련통지서를 직접 교부하는 경우 본인이 없으면 동일 세대의 세대주나 가족 중 성년자, 물자의 관리인이나 업체의 임직원에게 교부하여야 한다. 이 경우 본인을 갈음하여 훈련통지서를 받은 사람은 이를 지체 없이 본인에게 전달하여야 한다.
(2022.1.4 본조개정)
제18조【동시관리훈련】 ① 정부는 비상대비업무를 효율적으로 수행하기 위하여 필요하다고 인정하면 다음 각 호의 물적자원과 이에 종사하는 인력자원에 대하여 동시에 훈련을 실시할 수 있다.
1. 물자의 생산·수리 및 가공 시설
2. 자동차·선박·항공기·건설기계·준설선 및 하역장비
3. 자가전기통신설비 및 사업용전기통신설비
4. 방송 및 인쇄에 관한 시설
5. 의료시설
② 제1항의 경우에는 물적자원의 관리에 관한 업무를 관장하는 자원관리주관기관의 장이 국무총리의 승인을 받아 훈련실시명령을 발령한다.(2022.1.4 본항개정)
③ 시·도지사 또는 자원관리주관기관 소속 지방행정기관의 장은 제2항에 따른 훈련실시명령이 발령된 경우에는 대통령령으로 정하는 바에 따라 훈련통지서를 사전에 교부하여야 한다.(2022.1.4 본항개정)
제19조【출석 등의 의무】 ① 인력훈련통지서를 교부받은 사람은 다음 각 호의 어느 하나에 해당하는 사유가 있는 경우가 아니면 훈련통지서에 적힌 바에 따라 지정된 일시와 장소에 출석하여 관계 공무원의 직무상 지시에 따라야 한다.
1. 질병 또는 심신의 장애로 출석할 수 없는 경우
2. 「재난 및 안전관리기본법」 제3조제1호에 따른 재난으로 본인이 거주하는 주택이 유실 또는 붕괴되거나 가산(家産)에 중대한 재해를 입어 본인이 아니면 그 사태를 수습하기 어려운 경우
3. 구속 또는 감호 중에 있거나 형의 집행 중에 있는 경우
4. 직계 존속·비속, 배우자 또는 동거 가족이 위독하거나 사망하여 본인이 아니면 그 간호 또는 장의(葬儀), 그 밖에 사후처리를 하기 어려운 경우
5. 국외여행 중인 경우
6. 「병역법」에 따른 병력동원훈련·군사교육소집 또는 「예비군법」에 따른 예비군의 동원·훈련이 있는 경우
(2016.5.29 본호개정)
7. 제1호부터 제6호까지에서 규정한 사항 외에 부득이한 사유로 출석할 수 없는 경우
② 물적자원의 훈련통지서를 교부받은 사람은 다음 각 호의 어느 하나에 해당하는 사유가 있는 경우가 아니면 훈련통지서에 적힌 바에 따라 지정된 일시와 장소에서 물자를 지정된 사람에게 제출하여야 한다. 다만, 부동산과 권리인 물자의 경우 지정된 날까지 훈련통지서에 지정된 사람에게 문서를 지참하고 열람하게 하여야 한다.
1. 「재난 및 안전관리기본법」 제3조제1호에 따른 재난 등으로 훈련대상물자 또는 업체의 장이 유실·멸실·훼손되거나 업체가 휴업 및 폐업하게 되어 훈련에 응할 수 없는 경우
2. 훈련대상물자의 소유자 또는 업체의 장이 법원으로부터 파산선고를 받은 경우
3. 천재지변, 도로·다리 등의 파괴 또는 그 밖의 사유로 인하여 교통이 마비되어 지정된 일시와 장소에 훈련대상물자를 제출하기 어려운 경우
4. 제1호부터 제3호까지에서 규정한 사항 외에 부득이한 사유로 물자를 제출할 수 없거나 문서를 지참할 수 없는 경우

제5장 보 칙
(2009.4.1 본장개정)

제20조【직장보장】 사용자는 그가 고용한 사람이 훈련에 참가하였을 때에는 그 기간을 휴무로 하거나 훈련 참가를 이유로 불리한 처우를 하여서는 아니 된다.
제21조【보상 및 의료지원】 훈련에 참가하여 임무수행 중 부상을 입은 사람과 사망(부상으로 인하여 사망한 사람을 포함한다)한 사람의 유족에게는 대통령령으로 정하는 바에 따라 「국가유공자 등 예우 및 지원에 관한 법률」 또는 「보훈보상대상자 지원에 관한 법률」을 적용하여 보상하거나 의료지원을 한다.(2011.9.15 본조개정)
제22조【실비변상】 훈련에 참가한 자에 대하여는 대통령령으로 정하는 바에 따라 여비나 그 밖에 필요한 실비를 지급한다.
제23조【보상 및 보상청구권 소멸시효】 ① 정부는 훈련으로 인하여 재산상의 손실을 입은 자에게 대통령령으로 정하는 바에 따라 정당한 보상을 한다. 다만, 국유 또는 공유재산인 훈련대상물자가 유실·멸실 또는 훼손된 경우에는 그 소유권자에게 보상을 하지 아니한다.
② 제1항에 따른 보상청구권은 손실을 입은 날부터 5년간 행사하지 아니하면 시효의 완성으로 소멸한다.
제24조【보조 등】 정부는 물자의 소유자 또는 업체의 장이 이 법에 따른 필요한 조치를 할 때 드는 경비의 전부 또는 일부를 대통령령으로 정하는 바에 따라 보조하거나 대여할 수 있다.
제25조【관계 기관의 협조】 ① 비상대비업무를 수행하는 기관 또는 업체의 장은 업무수행상 필요한 경우에는 관계 행정기관이나 공공단체 등에 대하여 자료제출 등 협조를 요청할 수 있다.
② 행정안전부장관은 비상대비업무를 수행하기 위하여 필요하다고 인정하면 비상대비 관계 기관의 장과 협의하여 훈련기간 및 훈련기간을 전후하여 대통령령으로 정하는 기간 중 소속 직원의 파견을 요청할 수 있다.
(2022.1.4 본항개정)
③ 제1항 및 제2항에 따른 요청을 받은 관계 행정기관이나 공공단체 등은 특별한 사유가 없으면 협조하여야 한다.
제25조의2【확인·평가】 ① 행정안전부장관 또는 자원관리주관기관의 장은 비상대비책임기관 및 중점관리대상업체에 대하여 비상대비업무 수행 실태를 확인·평가할 수 있다.
② 행정안전부장관 또는 자원관리주관기관의 장은 비상대비업무 확인·평가 결과 시정이 필요하다고 인정되는 사항이 있으면 비상대비책임기관과 중점관리대상업체의 장에게 시정조치나 보완을 요구할 수 있다.
③ 행정안전부장관 또는 자원관리주관기관의 장은 확인·평가 결과 우수한 기관에 대하여 포상 등 필요한 조치를 할 수 있다.(2022.1.4 본항신설)
④ 제1항부터 제3항까지에서 규정한 사항 외에 비상대비업무 확인·평가와 포상 등에 관하여 필요한 사항은 대통령령으로 정한다.
(2022.1.4 본조개정)
제26조【비밀엄수의무】 이 법에 따른 비상대비업무에 종사하거나 종사하였던 사람은 그가 직무상 알게 된 비밀을 누설하거나 이 법의 시행을 위한 목적 외의 용도에 이용하여서는 아니 된다.
제27조【다른 훈련과의 관계】 ① 인력자원에 대한 「병역법」에 따른 병력동원훈련과 군사교육소집 등은 이 법에 따른 훈련에 우선한다.(2022.1.4 본항개정)
② 이 법에 따른 훈련은 「민방위기본법」에 따른 교육 및 훈련에 우선한다.
③ 「예비군법」에 따른 예비군의 동원 및 훈련은 이 법에 따른 훈련에 우선한다. 다만, 제18조에 따른 동시관리훈련은 「예비군법」에 따른 예비군의 동원 및 훈련에 우선한다.(2016.5.29 본항개정)
제28조 (2001.1.16 삭제)

제6장 벌 칙
(2009.4.1 본장개정)

제29조【벌칙】 제26조를 위반한 사람은 3년 이하의 징역이나 5년 이하의 자격정지 또는 3천만원 이하의 벌금에 처한다.(2015.1.20 본조개정)
제30조【벌칙】 다음 각 호의 어느 하나에 해당하는 사람은 1년 이하의 징역 또는 1천만원 이하의 벌금에 처한다.
(2015.1.20 본문개정)
1. 제19조제1항 및 제2항 각 호에 해당하는 사유가 없음에도 불구하고 출석 등의 의무를 이행하지 아니한 사람
2. 제20조를 위반한 사람
제31조【벌칙】 다음 각 호의 어느 하나에 해당하는 사람은 6개월 이하의 징역 또는 500만원 이하의 벌금에 처한다.(2015.1.20 본문개정)
1. 제10조제1항에 따른 조사를 거부·방해·기피한 사람 또는 신고를 하지 아니하거나 거짓 신고를 한 사람
2. 제11조제2항에 따른 중점관리대상업체의 지정사실 및 임무가 적힌 고지서를 정당한 사유 없이 수령하지 아니한 사람 또는 고지서를 손상하거나 그 밖의 방법으로 그 효용을 훼손한 사람
3. 제17조에 따라 훈련통지서를 수령하거나 전달할 의무가 있음에도 불구하고 정당한 사유 없이 수령 또는 전달하지 아니한 사람(전달을 제때에 하지 아니하거나 늦게 한 경우를 포함한다) 또는 통지서를 손상하거나 그 밖의 방법으로 그 효용을 훼손한 사람
제31조의2【벌칙】 제12조의2제3항을 위반하여 비상대비업무담당자를 두지 아니한 사람은 1천만원 이하의 벌금에 처한다.(2017.3.21 본조신설)
제32조【벌칙】 다음 각 호의 어느 하나에 해당하는 사람은 500만원 이하의 벌금에 처한다.(2012.2.22 본문개정)
1. 제12조에 따른 준비조치명령을 위반한 사람
(2012.2.22 본호개정)
2. (2017.3.21 삭제)
3. 제13조제2항에 따른 비축명령을 위반한 사람
제33조【과태료】 ① 다음 각 호의 어느 하나에 해당하는 사람에게는 100만원 이하의 과태료를 부과한다.
1. 정당한 사유 없이 제13조제4항에 따른 보고를 하지 아니한 사람
2. 정당한 사유 없이 제13조제6항에 따른 확인·점검이나 그 결과에 따른 시정 및 보완조치를 거부·방해 또는 기피한 사람
② 제1항에 따른 과태료는 자원관리주관기관의 장이 부과·징수한다.(2022.1.4 본항개정)
(2009.4.1 본조신설)

부 칙 (2009.4.1)

① **【시행일】** 이 법은 공포 후 3개월이 경과한 날부터 시행한다.
② **【적용례】** 제23조제1항 단서와 같은 조 제2항의 개정규정은 이 법 시행 후 최초로 훈련으로 인하여 재산상의 손실을 입은 자부터 적용한다.

부 칙 (2011.8.4)

제1조【시행일】 이 법은 공포 후 6개월이 경과한 날부터 시행한다.
제2조【기본계획 등에 관한 경과조치】 이 법 시행 당시 종전의 제7조에 따른 기본계획지침과 기본계획은 제6조의2 및 제7조의 개정규정에 따른 기본지침과 기본계획으로 본다.

부 칙 (2012.2.22)

제1조【시행일】 이 법은 공포 후 6개월이 경과한 날부터 시행한다.
제2조【비상대비업무담당자에 대한 경과조치】 이 법 시행 당시 재직 중인 비상대비업무담당자는 제12조의2의 개정규정에 따라 임명된 것으로 본다.

부 칙 (2017.3.21)

이 법은 공포 후 6개월이 경과한 날부터 시행한다.

부 칙 (2022.1.4)

제1조【시행일】 이 법은 공포 후 6개월이 경과한 날부터 시행한다.
제2조【다른 법률의 개정】 ①~⑪ ※(해당 법령에 가제정리 하였음)
제3조【다른 법령과의 관계】 이 법 시행 당시 다른 법령에서 종전의 「비상대비자원 관리법」 또는 그 규정을 인용하고 있는 경우 이 법 중 그에 해당하는 규정이 있을 때에는 종전의 「비상대비자원 관리법」 또는 그 규정을 갈음하여 이 법 또는 이 법의 해당 규정을 인용한 것으로 본다.

〔별표〕 ➡ 「www.hyeonamsa.com」 참조

방어해면법

(1963년 3월 23일
전개법률 제1311호)

개정
1963.12.16법 1581호 1973.12.31법 2668호
1993.12.27법 4615호 2008.12.31법 9294호
2014. 5. 9법12558호

제1조【목적】 이 법은 군사상 방어가 필요한 해면구역(海面區域)을 지정하고, 그 구역에서의 항행(航行)·어로(漁撈), 그 밖의 행위를 통제하여 해상작전을 원활하게 수행하게 함을 목적으로 한다.(2008.12.31 본조개정)

제2조【지정과 고시 등】 ① 대통령은 군사상 방어가 필요한 해면에 대하여 전시·사변이나 그 밖에 군사상 특히 필요할 때에는 국무회의의 심의를 거쳐 영해의 전부 또는 일부를 방어해면구역(防禦海面區域)으로 지정하거나 그 지정을 변경할 수 있다.
② 대통령은 방어해면구역이 군사상 필요가 없게 되었을 때에는 국무회의의 심의를 거쳐 그 지정을 해제한다.
③ 대통령이 제1항 및 제2항에 따라 방어해면구역을 지정·변경 또는 해제하였을 때에는 국방부장관은 지체 없이 이를 고시하여야 한다.
(2008.12.31 본조개정)

제3조【긴급지정】 ① 대비정규전(對非正規戰)·해상전투·대상륙방어전 등을 위한 군사작전상 긴급한 사유로 제2조제1항에 따른 방어해면구역 지정을 기다릴 여유가 없을 때에는 합동참모의장·해군작전사령관 또는 함대사령관이 임시로 그 구역을 지정하여 고시할 수 있다.
② 제1항에 따라 임시로 방어해면구역을 지정한 자는 지체 없이 국방부장관을 거쳐 대통령의 승인을 받아야 한다.
③ 대통령이 제2항에 따라 승인을 하려면 국무회의의 심의를 거쳐야 한다.
④ 제2항의 경우 대통령의 승인을 받지 못하였을 때에는 그때부터 그 방어해면구역 지정은 효력을 상실하며, 국방부장관은 지체 없이 이를 고시하여야 한다.
(2008.12.31 본조개정)

제4조【출입과 항행의 허가】 제2조 및 제3조에 따라 지정된 방어해면구역(이하 "방어해면구역"이라 한다)을 출입하거나 항행하려는 모든 선박은 해군작전사령관 또는 함대사령관(이하 "관할통제권자"라 한다)의 허가를 받아야 한다.(2008.12.31 본조개정)

제5조【선박의 의무】 방어해면구역에 있는 모든 선박은 관할통제권자가 군사작전상 필요하여 내리는 다음 각 호의 사항에 관한 명령을 따라야 한다.
1. 기적(汽笛)·기류(旗類)·발광·등화·무선통신이나 그 밖의 선박 신호·통신에 관한 사항
2. 출발·정지·정박·항로변경이나 그 밖의 선박 항행에 관한 사항
(2008.12.31 본조개정)

제6조【행위의 제한 등】 ① 관할통제권자는 군사작전상 필요할 경우에는 방어해면구역에서 다음 각 호의 행위를 제한하거나 금지할 수 있다.
1. 해안의 굴착(掘鑿)
2. 해면의 매립 또는 준설(浚渫)
3. 시설물의 설치 또는 변경
4. 해상운송
5. 어로 또는 해조(海藻)의 채취
6. 부표(浮漂)·입표(立標)나 그 밖의 표지의 설치 또는 변경
7. 각종 총포의 발사 또는 폭발물의 파열
8. 광물·토석 또는 토사(土砂)의 채취
9. 표류물 또는 침몰물의 습득
10. 그 밖에 군사작전 수행에 심한 장해를 초래할 우려가 있는 행위
② 관할통제권자는 제1항에 따라 행위를 제한 또는 금지하려면 이를 고시하여야 한다. 이 경우 제1항제10호에 해당하는 행위에 관하여는 구체적으로 고시하여야 한다.
③ 제1항에 따라 제한 또는 금지된 행위를 하려는 자는 관할통제권자의 허가를 받아야 한다.
④ 관할통제권자는 제1항에 따른 행위의 제한 또는 금지가 필요 없게 되었을 때에는 지체 없이 이를 해제 또는 완화하고, 그 사실을 고시하여야 한다.
⑤ 관계 행정기관의 장은 관할통제권자에게 제1항에 따른 행위의 제한 또는 금지의 해제나 완화를 요청할 수 있다.
(2008.12.31 본조개정)

제7조【퇴거의 강제 등】 관할통제권자는 다음 각 호의 어느 하나에 해당하는 자 또는 선박에 대하여는 방어해면구역에서 퇴거하도록 명령하거나 강제로 퇴거시키거나, 시설물의 철거 등 원상회복에 필요한 조치를 명할 수 있다.
1. 제4조에 따른 허가를 받지 아니하고 방어해면구역을 출입 또는 항행한 선박(외국의 군함 및 비상업용 정부선박은 제외한다. 이하 같다)
2. 제5조에 따른 명령을 따르지 아니한 선박
3. 제6조제3항에 따른 허가를 받지 아니하고 제한 또는 금지된 행위를 한 자
(2008.12.31 본조개정)

제8조【벌칙】 ① 제4조에 따른 허가를 받지 아니하고 방어해면구역을 출입하거나 항행한 선박의 선장 또는 그 직무대행자는 3년 이하의 징역 또는 3천만원 이하의 벌금에 처한다.
② 과실로 제1항의 죄를 범한 자는 300만원 이하의 벌금에 처한다.
(2014.5.9 본조개정)

제9조【벌칙】 다음 각 호의 어느 하나에 해당하는 자(선박의 경우에는 선장 또는 그 직무대행자)는 1년 이하의 징역 또는 1천만원 이하의 벌금에 처한다.(2014.5.9 본문개정)
1. 제5조 또는 제7조에 따른 명령이나 강제 또는 조치명령을 따르지 아니한 자
2. 제6조제3항에 따른 허가를 받지 아니하고 제한 또는 금지된 행위를 한 자
(2008.12.31 본조개정)

제10조【양벌규정】 법인의 대표자나 법인 또는 개인의 대리인, 사용인, 그 밖의 종업원이 그 법인 또는 개인의 업무에 관하여 제8조 또는 제9조의 위반행위를 하면 그 행위자를 벌하는 외에 그 법인 또는 개인에게도 해당 조문의 벌금형을 과(科)한다. 다만, 법인 또는 개인이 그 위반행위를 방지하기 위하여 해당 업무에 관하여 상당한 주의와 감독을 게을리하지 아니한 경우에는 그러하지 아니하다.(2008.12.31 본조개정)

제11조【외국의 군함 등에 관한 특례】 관할통제권자는 외국의 군함 및 비상업용 정부선박이 이 법을 위반한 때에는 시정을 요구하거나 방어해면구역에서의 퇴거를 요구할 수 있다.(2008.12.31 본조개정)

부 칙 (2008.12.31)

이 법은 공포한 날부터 시행한다.

부 칙 (2014.5.9)

이 법은 공포 후 3개월이 경과한 날부터 시행한다.

군용전기통신법

(1961년 12월 30일
법 률 제901호)

개정
1991. 3. 8법 4346호
1991. 8.10법 4394호(전기통신사업법)
2007.12.21법 8733호(군사기지및군사시설보호법)
2008. 3.21법 8926호 2010. 3.17법10104호
2011. 6. 9법10793호
2024. 1.23법20073호(행정법제혁신을위한일부개정법령등)

제1조【목적】 이 법은 군용전기통신설비의 관리와 운용 및 설치에 관한 사항을 정하여 군사통신의 기능을 보전함으로써 군사행정 및 작전 수행에 이바지함을 목적으로 한다.(2011.6.9 본조개정)

제2조【정의】 이 법에서 사용하는 용어의 뜻은 다음과 같다.
1. "군용전기통신"이란 군사적 목적에 사용하기 위하여 유선, 무선, 광선이나 그 밖의 전자적 방식으로 모든 종류의 부호·문언·음향 또는 영상을 송신하거나 수신하는 것을 말한다.
2. "군용전기통신설비"란 군용전기통신(이하 "군용통신"이라 한다)을 하기 위한 기계, 기구, 선로(線路)와 그 밖에 군용통신에 관련된 설비를 말한다.
(2011.6.9 본조개정)

제3조【관리주체】 군용전기통신설비(이하 "군용통신설비"라 한다)의 관리·운용은 국방부장관이 한다.
(2011.6.9 본조개정)

제4조【군용통신의 설치 장소】 군용통신은 군사상 필요한 장소에 설비를 갖추어 운용한다.(2011.6.9 본조개정)

제5조【설비의 접속 등】 ① 군용통신설비는 「전기통신사업법」에 따른 사업용전기통신설비 또는 자가전기통신설비에 접속시킬 수 있다.
② 군용통신 선로의 전기도체(電氣導體)는 제1항에 따른 전기통신설비의 통신선로와 전기사업 선로의 전기도체 지지물(支持物)에 첨가(添架)할 수 있다.
③ 제1항 및 제2항에 따라 접속 또는 첨가하는 경우에 국방부장관은 해당 통신설비의 경영자 또는 설치자와 미리 협의하여야 한다. 다만, 전시·사변 등의 국가 비상사태 시에 작전상 긴급하여 미리 협의를 할 수 없을 때에는 사후에 통보하여야 한다.
(2011.6.9 본조개정)

제6조【건물과 토지에의 출입】 ① 군용통신 선로의 설치, 보수 또는 측량에 종사하는 사람은 그 공사나 측량을 위하여 필요할 때에는 타인의 건물 또는 토지에 출입하거나 그 토지에 측량표를 설치할 수 있다. 다만, 주택에 출입하려는 경우에는 미리 거주자에게 통지하고 승낙을 받아야 한다.
② 제1항에 따라 타인의 건물, 토지 또는 주택에 출입하는 사람은 그 권한을 표시하는 증표를 지니고 이를 점유자나 관계인에게 보여주어야 한다.
(2011.6.9 본조개정)

제7조【토지등의 사용】 ① 국방부장관은 군용통신의 선로 및 그 부속시설(이하 "선로등"이라 한다)을 설치하거나 보수하는 데에 필요한 경우에는 국유, 공유 또는 사유(私有)의 토지와 그 토지에 붙어 있는 인공구조물이나 수면, 수저(水底) 또는 공공시설물(이하 "토지등"이라 한다)을 사용할 수 있다.
② 제1항에 따라 토지등을 사용할 때에는 토지등의 관할관청, 소유자 또는 점유자에게 미리 통지하여야 한다. 다만, 부득이한 사유로 미리 통지할 수 없을 때에는 사용 중 또는 사용 후에 지체 없이 통지하여야 한다.
③ 제2항의 경우에 토지등의 소유자 또는 점유자의 주소나 거소가 분명하지 아니하여 통지할 수 없을 때에는 그 사용 목적과 사용 기간, 그 밖에 필요한 사항을 공고하여야 한다.
(2011.6.9 본조개정)

제8조【장애물의 제거 등】 ① 국방부장관은 이동할 수 있는 인공구조물, 매설물(埋設物), 기기(器機), 죽목(竹木)이나 그 밖의 식물(이하 "인공구조물등"이라 한다)이 군용통신의 선로등을 설치하는 데에 장애가 되거나 군용통신의 전파장애를 일으키는 경우에는 그 소유자 또는 점유자에게 철거, 상태 변경, 벌채(伐採) 또는 이식(이하 "제거"라 한다)을 요구할 수 있다.
② 국방부장관은 인공구조물등의 소유자 또는 점유자가 제1항에 따른 요구에 따르지 아니하거나 인공구조물등을 제거할 수 없는 부득이한 사유가 있을 때에는 그 소유자 또는 점유자에게 미리 통지하고 인공구조물등을 제거할 수 있다. 이 경우 대통령령으로 정하는 인공구조물등에 대하여는 미리 관계 중앙행정기관의 장과 협의하여야 한다.
③ 제1항과 제2항의 경우에 인공구조물등의 소유자 또는 점유자의 주소나 거소가 분명하지 아니할 때에는 인공구조물등의 제거에 관한 사항을 대통령령으로 정하는 바에 따라 공고하여야 한다.
(2011.6.9 본조개정)

제9조~제10조 (2007.12.21 삭제)

제11조【손실보상】 ① 국방부장관은 다음 각 호의 어느 하나에 해당하는 손실에 대하여 정당한 보상금을 지급하여야 한다.

1. 제5조에 따른 접속 또는 첨가로 인하여 발생한 손실
2. 제6조제1항에 따른 출입 또는 측량표의 설치로 인하여 발생한 손실
3. 제7조제1항에 따른 토지등의 사용으로 인하여 발생한 손실
4. 제8조에 따른 인공구조물등의 제거로 인하여 발생한 손실

② 제1항에 따른 손실보상금을 받으려는 자는 대통령령으로 정하는 바에 따라 손실보상 청구서에 손실 산출서와 그 밖에 필요한 서류를 첨부하여 국방부장관에게 청구하여야 한다.
(2011.6.9 본조개정)

제12조【손실보상 청구기간】 제11조제2항에 따른 손실보상 청구는 청구의 원인이 된 사유가 발생한 날부터 1년 이내에 하여야 한다.(2011.6.9 본조개정)

제13조【보상금액의 결정 통지 및 이의신청】 ① 국방부장관은 제11조제2항에 따른 보상 청구를 받았을 때에는 청구를 받은 날부터 3개월 이내에 보상금액을 결정하여 청구인에게 서면으로 통지하여야 한다.
② 제1항에 따른 보상금액 결정에 대한 이의신청에 관한 사항은 「행정기본법」 제36조에 따른다.(2024.1.23 본항신설)
(2024.1.23 본조제목개정)
(2011.6.9 본조개정)

제14조 (2024.1.23 삭제)

제15조【군용통신에 의한 전기통신역무 취급】 ① 국방부장관은 필요하다고 인정할 때에는 군용통신을 「전기통신사업법」에 따른 전기통신역무에 제공할 수 있다.
② 군용통신에 의한 공중통신(公衆通信)의 취급에 필요한 사항은 대통령령으로 정한다.
(2011.6.9 본조개정)

제16조【통신방해죄】 군용통신설비를 파손하여 그 기능에 장애를 일으키거나 군용통신을 방해한 자는 10년 이하의 징역 또는 5천만원 이하의 벌금에 처한다.
(2011.6.9 본조개정)

제17조【비밀침해죄】 ① 군용통신사무에 종사하는 사람 또는 종사하였던 사람이 직무상 알게 된 비밀을 누설하였을 때에는 5년 이하의 징역 또는 3천만원 이하의 벌금에 처한다.
② 군용통신의 비밀을 침해하거나 누설한 자는 3년 이하의 징역 또는 2천만원 이하의 벌금에 처한다.
(2011.6.9 본조개정)

제18조【전보의 개봉 · 훼손 · 은닉 · 방기죄】 군용통신사무에 종사하는 사람이 군용통신으로 받은 전보를 정당한 사유 없이 개봉, 훼손, 숨기거나, 내버려 두거나 고의로 수취인이 아닌 사람에게 준 경우에는 3년 이하의 징역 또는 2천만원 이하의 벌금에 처한다.(2011.6.9 본조개정)

제19조【통신역무의 제공거부 및 허위통신죄】 군용통신사무에 종사하는 사람이 정당한 사유 없이 통신역무의 제공을 거부하거나 통신을 지연시켰을 때 또는 거짓으로 통신하였을 때에는 3년 이하의 징역 또는 2천만원 이하의 벌금에 처한다.(2011.6.9 본조개정)

제20조【통신선로의 설치, 보수 및 측량 방해죄】 군용통신 선로의 설치, 보수, 측량 또는 감시를 방해한 사람은 3년 이하의 징역 또는 2천만원 이하의 벌금에 처한다.
(2011.6.9 본조개정)

제21조【그 밖의 죄】 다음 각 호의 어느 하나에 해당하는 사람은 300만원 이하의 벌금 또는 과료(科料)에 처한다.
1. 군용통신설비 또는 이를 표시한 표지에 물품을 걸거나 던지거나, 이에 동물 · 배 또는 뗏목을 매거나, 이를 더럽히거나 손상시킨 사람
2. 군용통신의 수저선로 구역에서 선박을 매어 두거나, 고기를 잡거나, 수산물을 채집하거나, 흙과 모래를 굴착(掘鑿)한 사람
3. 군용통신의 수저선로를 설치하거나 수리하고 있는 선박으로부터 지정된 거리 안에서 제2호의 행위를 하거나 항행(航行)한 사람

(2011.6.9 본조개정)

제22조【미수범】 제16조부터 제18조까지 및 제20조의 미수범은 처벌한다.(2011.6.9 본조개정)

제23조【양벌규정】 법인의 대표자나 법인 또는 개인의 대리인, 사용인, 그 밖의 종업원이 그 법인 또는 개인의 업무에 관하여 제20조 또는 제21조의 위반행위를 하면 그 행위자를 벌하는 외에 그 법인 또는 개인에게도 해당 조문의 벌금형을 과(科)한다. 다만, 법인 또는 개인이 그 위반행위를 방지하기 위하여 해당 업무에 관하여 상당한 주의와 감독을 게을리하지 아니한 경우에는 그러하지 아니하다.(2010.3.17 본조개정)

부 칙 (2010.3.17)
(2011.6.9)

이 법은 공포한 날부터 시행한다.

부 칙 (2024.1.23)

제1조【시행일】 이 법은 공포한 날부터 시행한다.

제2조【이의신청에 관한 일반적 적용례】 이의신청에 관한 개정규정은 이 법 시행 이후 하는 처분부터 적용한다.
(이하 생략)

군사기밀 보호법

(1993년 12월 27일
전개법률 제4616호)

개정
2005. 7.22법 7613호(정부조직)
2011. 6. 9법10792호　2014. 3.11법12400호
2014. 5. 9법12556호　2015. 3.27법13239호
2015. 9. 1법13503호　2022.12.13법19076호

제1조【목적】 이 법은 군사기밀을 보호하여 국가안전보장에 이바지함을 목적으로 한다.(2011.6.9 본조개정)

제2조【정의】 이 법에서 사용하는 용어의 뜻은 다음과 같다.
1. "군사기밀"이란 일반인에게 알려지지 아니한 것으로서 그 내용이 누설되면 국가안전보장에 명백한 위험을 초래할 우려가 있는 군(軍) 관련 문서, 도화(圖畵), 전자기록 등 특수매체기록 또는 물건으로서 군사기밀이라는 뜻이 표시 또는 고지되거나 보호에 필요한 조치가 이루어진 것과 그 내용을 말한다.
2. "군사기밀의 공개"란 군사기밀 내용을 적법한 절차에 따라 공개할 것을 결정하여 비밀 취급이 인가되지 아니한 일반인에게 성명(聲明) · 언론 · 집회 등을 통하여 공표하는 것을 말한다.
3. "군사기밀의 제공 또는 설명"이란 제8조에 따라 군사기밀의 제공 또는 설명의 요구를 받았을 때에 그 요청자 등에게 적법한 절차에 따라 군사기밀을 인도(전자적 수단에 의한 송부를 포함한다) 또는 열람하게 하거나 군사기밀의 내용을 말로 전달하는 것을 말한다.

(2015.9.1 본조개정)

제3조【군사기밀의 구분】 ① 군사기밀은 그 내용이 누설되는 경우 국가안전보장에 미치는 영향의 정도에 따라 Ⅰ급비밀, Ⅱ급비밀, Ⅲ급비밀로 등급을 구분한다.
② 제1항에 따른 군사기밀의 등급 구분에 관한 세부 기준은 대통령령으로 정한다.
(2011.6.9 본조개정)

제4조【군사기밀의 지정 원칙 및 지정권자】 ① 군사기밀은 그 내용과 가치의 정도에 따라 적절히 보호할 수 있는 최저등급으로 지정하여야 한다.
② 군사기밀의 등급별 지정권자는 대통령령으로 정한다.
(2011.6.9 본조개정)

제5조【군사기밀의 보호조치 등】 ① 군사기밀을 취급하는 자는 제4조에 따라 지정된 군사기밀에 대하여 군사기밀이라는 뜻을 표시하거나 고지하여야 한다. 다만, 군사기밀의 표시 또는 고지가 불가능하거나 부적당한 것은 그 군사기밀에 대한 접근을 방지하거나 그 군사기밀이 있는 곳을 은폐하는 등 군사기밀의 보호에 필요한 조치를 하여야 한다.
② 군사기밀을 관리하거나 취급하는 부대 또는 기관의 장은 군사기밀의 보호를 위하여 군사보호구역을 설정할 수 있다.
③ 군사기밀의 관리 · 취급 · 표시 · 고지, 그 밖에 군사기밀의 보호조치와 군사보호구역의 설정 등에 필요한 사항은 대통령령으로 정한다.
(2011.6.9 본조개정)

제6조【군사기밀의 해제】 군사기밀을 지정한 자는 군사기밀로 지정된 사항이 군사기밀로서 계속 보호할 필요가 없어졌을 때에는 지체 없이 그 지정을 해제하여야 한다.
(2011.6.9 본조개정)

제7조【군사기밀의 공개】 국방부장관 또는 방위사업청장은 다음 각 호의 어느 하나에 해당하는 사유가 있을 때에는 대통령령으로 정하는 바에 따라 군사기밀을 공개할 수 있다.
1. 국민에게 알릴 필요가 있을 때
2. 공개함으로써 국가안전보장에 현저한 이익이 있다고 판단될 때

(2011.6.9 본조개정)

제8조【군사기밀의 제공 및 설명】 국방부장관 또는 방위사업청장은 다음 각 호의 어느 하나에 해당하는 사유가 있을 때에는 대통령령으로 정하는 바에 따라 군사기밀을 제공하거나 설명할 수 있다.
1. 법률에 따라 군사기밀의 제출 또는 설명을 요구받았을 때
2. 군사외교상 필요할 때
3. 군사에 관한 조약이나 그 밖의 국제협정에 따라 외국 또는 국제기구의 요청을 받았을 때
4. 기술개발, 학문연구 등을 목적으로 연구기관 등이 요청할 때

(2011.6.9 본조개정)

제9조【공개 요청】 ① 모든 국민은 군사기밀의 공개를 국방부장관 또는 방위사업청장에게 문서로써 요청할 수 있다.
② 제1항의 공개 요청에 따른 군사기밀의 공개에 관하여는 제7조를 준용한다.
③ 제1항에 따른 군사기밀의 공개 요청 및 처리의 절차 등에 관하여 필요한 사항은 대통령령으로 정한다.
(2011.6.9 본조개정)

제10조【군사기밀 보호조치의 불이행 등】 ① 군사기밀을 취급하는 사람이 정당한 사유 없이 제5조제1항에 따른 표시, 고지나 그 밖에 군사기밀 보호에 필요한 조치를 하지 아니한 경우에는 2년 이하의 징역에 처한다.
② 군사기밀을 취급하는 사람이 정당한 사유 없이 군사기밀을 손괴 · 은닉하거나 그 밖의 방법으로 그 효용을 해친 경우에는 1년 이상의 유기징역에 처한다.
(2011.6.9 본조개정)

제11조【탐지 · 수집】 군사기밀을 적법한 절차에 의하지 아니한 방법으로 탐지하거나 수집한 사람은 10년 이하의 징역에 처한다.(2011.6.9 본조개정)

제11조의2【비인가자의 군사기밀 점유】 업무상 군사기밀을 취급하였던 사람이 그 취급 인가가 해제된 이후에도 군사기밀을 점유하고 있는 경우에는 2년 이하의 징역 또는 2천만원 이하의 벌금에 처한다.(2015.9.1 본조신설)

제12조【누설】 ① 군사기밀을 탐지하거나 수집한 사람이 이를 타인에게 누설한 경우에는 1년 이상의 유기징역에 처한다.
② 우연히 군사기밀을 알게 되거나 점유한 사람이 군사기밀임을 알면서도 이를 타인에게 누설한 경우에는 5년 이하의 징역 또는 5천만원 이하의 벌금에 처한다.
(2014.5.9 본항개정)
(2011.6.9 본조개정)

제13조【업무상 군사기밀 누설】 ① 업무상 군사기밀을 취급하는 사람 또는 취급하였던 사람이 그 업무상 알게 되거나 점유한 군사기밀을 타인에게 누설한 경우에는 3년 이상의 유기징역에 처한다.
② 제1항에 따른 사람 외의 사람이 업무상 알게 되거나 점유한 군사기밀을 타인에게 누설한 경우에는 7년 이하의 징역에 처한다.
(2011.6.9 본조개정)

제13조의2【군사기밀 불법 거래에 관한 가중처벌】 ① 제11조부터 제13조까지에 따른 죄를 범한 자가 금품이나 이익을 수수, 요구, 약속 또는 공여한 경우 그 죄에 해당하는 형의 2분의 1까지 가중처벌한다.
② (2015.3.27 삭제)
(2015.3.27 본조제목개정)
(2014.3.11 본조신설)

제14조【과실로 인한 군사기밀 누설】 과실로 제13조제1항의 죄를 범한 사람은 2년 이하의 징역 또는 2천만원 이하의 벌금에 처한다.(2014.5.9 본조개정)

제15조【외국 또는 외국인을 위한 죄에 관한 가중처벌】 외국 또는 외국인(외국단체를 포함한다)을 위하여 제11조부터 제13조까지에 규정된 죄를 범한 경우에는 그 죄에 해당하는 형의 2분의 1까지 가중처벌한다.
(2014.3.11 본조개정)

제16조【신고 · 제출 · 삭제의 불이행】 ① 군사기밀을 보관하는 사람이 이를 분실하거나 도난당한 경우에 지체 없이 그 사실을 소속 기관 또는 감독 기관의 장에게 신고하지 아니한 경우에는 3년 이하의 징역 또는 3천만원 이하의 벌금에 처한다.
② 군사기밀을 습득하거나 타인으로부터 제공받아 점유한 사람이 수사기관이나 군부대로부터 제출요구를 받고 즉시 이를 제출하지 아니한 경우 2년 이하의 징역 또는 2천만원 이하의 벌금에 처한다.
③ 압수의 목적물인 군사기밀이 「형사소송법」 제106조제3항 또는 같은 법 제219조에 따라 출력이나 복제의 방법으로 제출된 경우 그 점유자가 검사(군검사를 포함한다) 또는 그 지휘를 받은 사법경찰관(군사법경찰관을 포함한다)으로부터 컴퓨터용디스크, 그 밖에 이와 비슷한 정보저장매체에 남아 있는 군사기밀의 삭제 요구를 받고 즉시 이를 삭제하지 아니한 때에는 2년 이하의 징역 또는 2천만원 이하의 벌금에 처한다.(2022.12.13 본항개정)
(2015.9.1 본조제목개정)
(2014.5.9 본조개정)

제17조【군사보호구역 침입 등】 ① 군사보호구역을 침입한 사람은 2년 이하의 징역 또는 2천만원 이하의 벌금에 처한다.(2014.5.9 본항개정)
② 군사보호구역을 침입하여 군사기밀을 훔친 사람 또는 군사기밀을 손괴 · 은닉하거나 그 밖의 방법으로 그 효용을 해친 사람은 1년 이상의 유기징역에 처한다.
(2011.6.9 본조개정)

제18조【미수범】 제11조부터 제13조까지, 제15조 및 제17조의 미수범은 처벌한다.(2011.6.9 본조개정)

제19조【자수 감면】 이 법에 규정된 죄를 범한 사람이 자수하였을 때에는 그 형을 감경하거나 면제한다.
(2011.6.9 본조개정)

제20조【자격정지】 이 법에 규정된 죄에 관하여 징역형을 선고할 때에는 그 형의 장기 이하의 자격정지를 병과(倂科)할 수 있다.(2011.6.9 본조개정)

제20조의2【몰수 및 추징 등】 ① 이 법에 따른 죄를 범한 자 또는 그 정을 아는 제3자가 받은 해당 재산이나 이익은 몰수한다. 다만, 몰수가 불가능한 때에는 그 가액을 추징한다.
② 검사 또는 군검사는 이 법에 따른 죄를 범한 자에 대하여 소추를 하지 아니할 때에는 압수물 중 군사기밀에 해당하는 부분의 삭제나 폐기 또는 국고귀속을 명할 수 있다.
(2022.12.13 본항개정)
(2015.3.27 본조신설)

제21조【국제연합군 및 외국에서 제공받은 기밀 등에 대한 적용】 이 법은 우리나라에 주둔하고 있는 국제연합군의 기밀, 국군과 연합작전을 수행하고 있는 외국군의 기밀 및 군사에 관한 조약이나 그 밖의 국제협정 등에 따라 외국으로부터 제공받은 기밀로서 군사기밀에 해당하는 것에 대하여도 적용한다.(2011.6.9 본조개정)

제22조【검사의 수사 지휘 등】 ① 「군사법원법」 제43조제2호 및 제46조제2호에 따른 군사법경찰관리는 이 법에 규정된 범죄에 관하여 「사법경찰관리의 직무를 수행할 자와 그 직무범위에 관한 법률」에서 정하는 바에 따라 사법경찰관리의 직무를 수행한다.

② 제1항에 따라 사법경찰관리의 직무를 수행하는 사람은 「군형법」의 적용을 받지 아니하는 피의자(이하 "피의자"라 한다)의 범죄를 수사할 때에는 미리 검사의 지휘를 받아야 하며, 검사가 직무상 내린 명령에 복종하여야 한다. 다만, 현행범인 경우와 긴급하여 미리 검사의 지휘를 받을 수 없는 경우에는 사후에 지체 없이 그 지휘를 받아야 한다.

③ 지방검찰청 검사장 또는 지청장은 피의자에 대한 불법구속 여부를 조사하기 위하여 필요하다고 인정할 때에는 소속 검사에게 관할구역 내에 위치한 군 수사기관의 피의자 구속장소를 감찰하게 하며, 감찰하는 검사는 피의자를 자세히 신문(訊問)하고 구속에 관한 서류를 조사할 수 있다.

④ 검사는 피의자가 불법으로 구속된 것이라고 의심할 만한 상당한 이유가 있으면 즉시 피의자에 관한 사건을 검찰에 송치할 것을 명하여야 한다.
(2011.6.9 본조개정)

부 칙 (2014.5.9)

이 법은 공포 후 3개월이 경과한 날부터 시행한다.

부 칙 (2015.3.27)
(2015.9.1)
(2022.12.13)

이 법은 공포한 날부터 시행한다.

군사기밀 보호법 시행령

(1994년 7월 20일 전개대통령령 제14328호)

개정
1999. 3.31영16211호(국가정보원직원법시)
2006. 2. 8영19321호(방위사업법시)
2012. 9.21영24113호
2015. 3.11영26140호(보안업무규정)
2017. 9. 5영28266호(군인사법시)
2018. 8.21영29114호(군사안보지원사령부령)
2022.11. 1영32968호(국군방첩사령부령)

제1조【목적】 이 영은 「군사기밀 보호법」에서 위임된 사항과 그 시행에 필요한 사항을 규정함을 목적으로 한다.(2012.9.21 본조개정)

제2조【정의】 이 영에서 사용하는 용어의 뜻은 다음과 같다.
1. "군사기밀의 공개"란 군사기밀 내용을 적법한 절차에 따라 공개할 것을 결정하여 비밀 취급이 인가되지 아니한 일반인에게 성명(聲明)·언론·집회 등을 통하여 공표하는 것을 말한다.
2. "군사기밀의 제공 또는 설명"이란 「군사기밀 보호법」(이하 "법"이라 한다) 제8조에 따라 군사기밀의 제공 또는 설명의 요구를 받았을 때에 그 요청자 등에게 적법한 절차에 따라 군사기밀을 인도 또는 열람하게 하거나 군사기밀의 내용을 말로 전달하는 것을 말한다.
(2012.9.21 본조개정)

제3조【군사기밀의 등급 구분】 ① 법 제3조제1항에 따라 군사기밀의 등급을 다음 각 호와 같이 구분한다.
1. 군사 Ⅰ급비밀 : 군사기밀 중 누설될 경우 국가안전보장에 치명적인 위험을 끼칠 것으로 명백히 인정되는 가치를 지닌 것
2. 군사 Ⅱ급비밀 : 군사기밀 중 누설될 경우 국가안전보장에 현저한 위험을 끼칠 것으로 명백히 인정되는 가치를 지닌 것
3. 군사 Ⅲ급비밀 : 군사기밀 중 누설될 경우 국가안전보장에 상당한 위험을 끼칠 것으로 명백히 인정되는 가치를 지닌 것

② 제1항에 따른 등급 구분에 관한 세부 기준은 별표1과 같다.
(2012.9.21 본조개정)

제4조【군사기밀의 지정권자】 ① 법 제4조제2항에 따른 군사Ⅰ급비밀 지정권자는 다음 각 호와 같다.
1. 「보안업무규정」 제9조제1항제1호부터 제12호까지의 Ⅰ급비밀 취급 인가권자 및 그가 지정하는 사람(2015.3.11 본호개정)
2. 방위사업청장
3. 국방정보본부장
4. 해군작전사령관, 해병대사령관, 공군작전사령관
5. 국군방첩사령관, 국군정보사령관(2022.11.1 본호개정)
6. 「국방과학연구소법」에 따른 국방과학연구소장
7. 그 밖에 국방부장관이 지정하는 사람

② 법 제4조제2항에 따른 군사 Ⅱ급비밀 및 군사 Ⅲ급비밀 지정권자는 다음 각 호와 같다.
1. 군사 Ⅰ급비밀 지정권자 및 그가 지정하는 사람
2. 「보안업무규정」 제9조제2항제2호부터 제4호까지의 Ⅱ급비밀 및 Ⅲ급비밀 취급 인가권자 및 그가 지정하는 사람(2015.3.11 본호개정)
3. 국방부, 합동참모본부 및 국방정보본부의 장성급(將星級) 장교
4. 국방부 직할부대 및 기관의 장, 편제상 장성급 장교인 참모
5. 육군·해군·공군(이하 "각군"이라 한다) 본부의 장성급 장교 및 그 직할부대장
6. 각군 예하(隷下) 부대 중 편제상 장성급 장교가 지휘하는 부대의 장, 장성급 장교인 참모
(2017.9.5 3호~6호개정)
7. 그 밖에 국방부장관이 지정하는 사람
(2012.9.21 본조개정)

제5조【군사기밀의 보호조치 등】 ① 법 제5조제1항 및 제3항에 따라 군사기밀을 취급하는 자는 군사기밀에 대하여 다음 각 호의 보호조치를 하여야 한다.
1. 군사기밀은 도난·분실·화재 또는 파괴 등으로부터 보호되고, 그 생산과정과 전파경로를 확인할 수 있도록 대책을 마련할 것
2. 군사기밀은 해당 등급의 비밀취급 인가를 받은 사람으로서 업무상 관련이 있는 사람에게만 취급하게 할 것
3. 군사기밀은 그 내용과 가치의 정도에 따라 결재선상의 최초 지정권자가 군사기밀로 지정할 것
4. 군사기밀에 대한 비밀취급 비인가자의 접근을 방지하고 그 취급자에게 경고하기 위하여 최초 생산 시부터 군사기밀의 표시 방법에 따라 표시하거나 이를 고지하도록 할 것
5. 군사기밀의 표시 또는 고지 방법은 별표2의 방법에 따를 것

② 법 제5조제2항에 따른 군사보호구역은 군사기밀의 표시 또는 고지가 불가능하거나 부적절한 군사기밀에 대하여 접근을 방지하거나 기밀이 있는 곳을 은폐하기 위하여 일정한 범위를 정하여 설정하여야 한다.

③ 제2항에 따른 군사보호구역의 구분, 설정대상 및 설정방법은 별표3과 같다.

④ 군사기밀을 취급하는 부대의 장(기관의 장을 포함한다. 이하 같다)은 설정된 군사보호구역에 대하여 다음 각 호의 보호조치를 하여야 한다.
1. 군사기밀 보호를 위한 경비
2. 출입인가자의 한계 설정과 비인가자 출입 통제
3. 보관용기 또는 보관시설의 잠금장치 설치

⑤ 군사기밀을 취급하는 부대의 장은 전역자 및 퇴직자가 군사기밀을 누설하지 않도록 전역 또는 퇴직 전에 다음 각 호의 조치를 하여야 한다.
1. 보안점검 및 보안교육 실시
2. 정보체계 계정 삭제
3. 비밀 인계·인수 실태 확인
4. 비밀보호 서약의 집행
(2012.9.21 본조개정)

제6조【해제】 ① 법 제6조에 따른 군사기밀의 해제는 해제를 예고한 날이 되어 군사기밀의 지정이 해제되는 예고문에 의한 해제와 공개 등의 사유로 군사기밀로서 계속 보호할 필요가 없게 되어 군사기밀의 지정이 해제되는 긴급해제로 구분한다.

② 제1항에 따른 긴급해제 시에는 해당 군사기밀의 지정권자는 해제사실을 해당 군사기밀 취급 부서에 신속하게 통보하여야 한다.

③ 제1항에 따른 군사기밀의 해제절차 등에 관하여 필요한 사항은 국방부장관이나 방위사업청장이 소관 사무에 따라 각각 정한다.
(2012.9.21 본조개정)

제7조【공개】 ① 국방부장관이나 방위사업청장이 법 제7조에 따라 군사기밀을 공개할 때에는 보안정책회의를 거쳐 공개하되, 중요 군사기밀의 공개에 관하여는 국가정보원장의 승인을 받아야 한다.

② 제1항에 따라 공개되는 군사기밀은 공개한 때부터 군사기밀의 지정이 해제된 것으로 본다.

③ 제1항에 따른 보안정책회의의 구성과 운영에 필요한 사항은 국방부장관이나 방위사업청장이 소관 사무에 따라 각각 정한다.
(2012.9.21 본조개정)

제8조【제공 및 설명】 ① 국방부장관이나 방위사업청장이 법 제8조에 따라 군사기밀을 제공하거나 설명할 때에는 다음 각 호의 방법에 따라야 한다.
1. 비밀보호 서약 등 보안조치를 마련할 것
2. 군사기밀을 제공하거나 설명하기 전에 다음 각 목의 사항을 고지할 것
  가. 군사기밀의 기밀등급
  나. 군사기밀에 대한 녹음·메모·촬영·발췌 및 복사 등의 금지
  다. 제3자에 대한 군사기밀의 제공 또는 설명의 금지
  라. 군사기밀을 제3자에게 누설할 경우 법 제12조부터 제15조까지와 제18조에 따라 처벌받는다는 사실
  마. 제공받은 군사기밀에 대한 도난·분실·화재 또는 파괴 등으로부터의 보호 의무
3. 군사기밀을 설명하는 경우 제3자의 출입제한 등의 보안조치가 이루어진 장소에서 할 것

② 제1항에 따른 군사기밀의 제공 또는 설명의 절차 및 보안조치 등을 위하여 필요한 사항은 국방부장관이나 방위사업청장이 소관 사무에 따라 각각 정한다.
(2012.9.21 본조개정)

제9조【공개 요청】 ① 법 제9조에 따라 군사기밀의 공개를 요청하려는 자는 별지 서식의 군사기밀 공개 요청서에 그 사유를 적어 방위사업청장이나 그 군사기밀을 취급하는 부대의 장에게 제출하여야 한다.

② 제1항에 따른 군사기밀 공개 요청서를 접수한 부대의 장은 그 기밀의 공개에 대한 자체 검토의견서를 첨부하여 국방부장관에게 제출하여야 한다.

③ 제1항에 따른 군사기밀 공개 요청에 따른 국방부장관이나 방위사업청장의 군사기밀 공개에 관하여는 제7조를 준용한다.

④ 국방부장관은 제1항에 따른 군사기밀 공개 요청서에 대한 처리 결과를 그 군사기밀을 취급하는 부대장을 거쳐 그 요청인에게 서면으로 통보하여야 하고, 방위사업청장은 직접 그 요청인에게 서면으로 통보하여야 한다.
(2012.9.21 본조개정)

제10조【「보안업무규정」의 적용】 군사기밀 보호에 관하여 이 영에서 규정한 사항을 제외하고는 「보안업무규정」에서 정하는 바에 따른다.(2012.9.21 본조개정)

부 칙 (2012.9.21)

이 영은 공포한 날부터 시행한다.

부 칙 (2017.9.5)

제1조【시행일】 이 영은 공포한 날부터 시행한다.(이하 생략)

부 칙 (2018.8.21)

제1조【시행일】 이 영은 2018년 9월 1일부터 시행한다.(이하 생략)

부 칙 (2022.11.1)

제1조【시행일】 이 영은 공포한 날부터 시행한다.(이하 생략)

〔별표〕 ➡ 「法典 別册」 참조

〔별지서식〕 ➡ 「www.hyeonamsa.com」 참조

국방·군사시설 사업에 관한 법률(약칭 : 국방시설사업법)

(2011년 7월 25일 전부개정법률 제10926호)

개정
2014. 1.14법12248호(도로법)
2016. 1.19법13770호
2016. 3.29법14113호(공항시설법)
2016.12.20법14418호
2017. 1.17법14532호(물환경보전법)
2019. 4.23법16350호
2019. 8.27법16568호(양식산업발전법)
2020. 1.29법16902호(항만법)
2020. 3.31법17171호(전기안전관리법)
2024. 1.16법20010호→2024년 7월 17일 시행
2024. 1.23법20073호(행정법제혁신을위한일부개정법령등)

제1조【목적】 이 법은 국방·군사시설사업을 시행함에 있어서 원활한 사업수행을 도모하며 국토의 합리적 이용과 국민의 재산권 보장에 이바지함을 목적으로 한다.

제2조【정의】 이 법에서 사용하는 용어의 뜻은 다음과 같다.
1. "국방·군사시설"이란 다음 각 목의 어느 하나에 해당하는 시설을 말한다.
가. 군사작전, 전투준비, 교육·훈련, 병영생활 등에 필요한 시설
나. 국방·군사에 관한 연구 및 시험 시설
다. 군용 유류(油類) 및 폭발물의 저장·처리 시설
라. 진지(陣地) 구축시설
마. 군사 목적을 위한 장애물 또는 폭발물에 관한 시설
바. 대한민국에 주둔하는 외국군대의 부대시설(部隊施設)과 그 구성원·군무원·가족의 거주를 위한 주택시설 등 군사 목적을 위하여 필요한 시설
사. 그 밖에 군부대에 부속된 시설로서 군인의 주거·복지·체육 또는 휴양 등을 위하여 필요한 시설
2. "국방·군사시설사업"이란 다음 각 목의 어느 하나에 해당하는 사업을 말한다.
가. 국방·군사시설의 설치·이전 및 변경에 관한 사업
나. 국방·군사시설 또는 가목의 사업으로 인하여 이주하게 되는 이주민의 이주대책사업
3. "토지등"이란 다음 각 목의 물건 또는 권리를 말한다.
가. 토지
나. 토지에 관한 소유권 외의 권리
다. 토지와 함께 국방·군사시설사업을 위하여 필요한 입목(立木)·건물과 그 밖에 토지에 정착한 물건 및 이에 관한 소유권 외의 권리
라. 광업권, 어업권 및 양식업권 또는 물의 사용에 관한 권리(2019.8.27 본목개정)
마. 토지에 속한 흙·돌·모래 또는 자갈에 관한 권리
4. "군부대주둔지"란 「국군조직법」에 따른 국군의 부대와 기관 및 대한민국에 주둔하는 외국군대가 군사상의 임무를 수행하기 위하여 주둔하는 곳(제4조제1항 각 호 외의 부분 전단에 따른 국방·군사시설사업계획 또는 제6조제1항 각 호 외의 부분 본문에 따른 국방·군사시설사업 실시계획의 승인을 받아 군부대주둔지로 예정된 곳을 포함한다)을 말한다.(2024.1.16 본호개정)
5. "군부대부지"란 국방·군사시설이 설치된 부지 및 국방·군사시설의 이용·유지·관리에 필요한 부지로서 국방부장관이 「국유재산법」에 따라 관리하거나 총괄청의 승인을 받아 사용하는 토지를 말한다.

제3조【국방·군사시설사업의 시행자】 국방·군사시설사업을 시행할 수 있는 자는 다음 각 호의 어느 하나에 해당하는 자(이하 "사업시행자"라 한다)로 한다.
1. 국방부 소속 기관장(국방부 직할 부대장을 포함한다)
2. 육군참모총장, 해군참모총장, 공군참모총장 또는 해병대사령관(2016.1.19 본호개정)
3. 다른 법률에 따라 국방·군사시설사업을 시행하는 자
4. 다음 각 목의 어느 하나에 해당하는 자 중 대통령령으로 정하는 바에 따라 국방부장관이 지정하는 자
가. 지방자치단체
나. 「공공기관의 운영에 관한 법률」에 따른 공공기관
다. 「지방공기업법」에 따른 지방공기업
라. 「공익사업을 위한 토지 등의 취득 및 보상에 관한 법률」 제4조에 따른 공익사업을 시행하는 자
마. 그 밖에 국방·군사시설사업의 원활한 수행을 위하여 필요하다고 인정되는 자

제4조【국방·군사시설사업계획의 승인】 ① 사업시행자는 다음 각 호의 국방·군사시설사업을 시행하려는 경우에는 국방·군사시설사업계획(이하 "사업계획"이라 한다)을 작성하여 국방부장관의 승인을 받아야 한다. 사업계획을 변경(대통령령으로 정하는 경미한 사항을 변경하는 경우는 제외한다)하거나 폐지하려는 경우에도 또한 같다.
1. 토지등의 소유자가 50인 이상인 사업
2. 사업 시행면적이 33만 제곱미터 이상인 사업
3. 그 밖에 국방부장관이나 사업시행자가 국민의 재산권 보호, 국방 및 군사 목적의 달성을 위하여 필요하다고 인정하는 사업

② 사업계획에는 다음 각 호의 사항이 포함되어야 한다.
1. 사업의 개요, 규모 및 범위
2. 사업예정지역의 위치 및 면적
3. 제5조에 따라 토지등을 수용 또는 사용하려는 경우에는 수용 또는 사용할 토지등의 소재지, 지번 및 지목, 면적, 소유권 및 소유권 외의 권리의 명세와 그 소유자 및 권리자의 성명·주소
4. 사업시행자
5. 사업의 시행 시기 및 기간
6. 사업비용에 관한 사항
7. 토지이용에 관한 사항
8. 주요 기반시설의 설치계획
9. 사업예정지역 안에 건물이나 주요 시설이 있는 경우 그에 대한 물건조서
10. 사업예정지역 안에 「공익사업을 위한 토지 등의 취득 및 보상에 관한 법률」에 따라 수용 또는 사용되고 있는 토지가 있는 경우에는 그 토지에 관한 조서·도면 및 해당 토지관리자의 의견서
11. 그 밖에 사업의 시행방법 등 대통령령으로 정하는 사항

③ 국방부장관은 토지등의 수용 또는 사용에 관한 내용을 포함하는 사업계획을 승인하려는 경우에는 대통령령으로 정하는 바에 따라 사업계획을 공고하여 사업예정지역의 토지소유자 및 이해관계인의 의견을 듣고, 관계 중앙행정기관의 장 및 지방자치단체의 장과 협의하여야 한다.

④ 국방부장관은 제1항에 따라 사업계획을 승인하였을 때에는 이를 관보에 고시하고, 관계 중앙행정기관의 장 및 관할 특별시장·광역시장·특별자치시장·도지사·특별자치도지사(이하 "시·도지사"라 한다) 및 시장·군수·구청장(자치구의 구청장을 말한다. 이하 같다)에게 통보하여야 한다. 다만, 국방상 기밀에 관한 사항은 고시·통보하지 아니하거나 다른 적절한 표현으로 바꾸어 고시·통보할 수 있다.(2016.1.19 본문개정)

⑤ 제4항에 따른 통보를 받은 관할 특별자치시장·특별자치도지사·시장·군수 또는 구청장은 14일 이상의 기간을 정하여 사업계획을 주민이 열람할 수 있도록 하여야 한다.(2016.1.19 본항개정)

제5조【수용 및 사용】 ① 토지등의 수용 또는 사용에 관한 내용을 포함하는 사업계획을 승인받은 사업시행자는 제4조제4항에 따른 사업계획 고시구역에서 국방·군사시설사업에 필요한 토지등을 수용하거나 사용할 수 있다.

② 제1항에 따른 수용 또는 사용에 관하여는 이 법에 특별한 규정이 있는 경우를 제외하고는 「공익사업을 위한 토지 등의 취득 및 보상에 관한 법률」을 적용한다.

③ 제2항에 따라 「공익사업을 위한 토지 등의 취득 및 보상에 관한 법률」을 적용할 때에는 이 법에 따른 사업계획 승인은 같은 법 제20조제1항에 따른 사업인정으로 보고, 이 법에 따른 사업계획 승인의 고시 및 통보는 같은 법 제22조제1항 및 제2항에 따른 고시 및 통지로 보며, 재결신청은 같은 법 제23조제1항 및 제28조제1항에도 불구하고 이 법에 따른 사업계획 승인의 고시에서 정한 시행기간 내에 하여야 한다.

제6조【국방·군사시설사업 실시계획의 승인】 ① 건축물의 건축, 공작물의 설치, 토지의 형질변경을 내용으로 하는 국방·군사시설사업의 사업시행자는 국방·군사시설사업 실시계획(이하 "실시계획"이라 한다)을 작성하여 국방부장관의 승인을 받아야 한다. 다만, 다음 각 호의 국방·군사시설사업에 대해서는 그러하지 아니하다.(2024.1.16 단서개정)
1. 제7조제1항 각 호의 인가·허가 등이 필요하지 아니한 국방·군사시설사업(2024.1.16 본호신설)
2. 제10조제2호부터 제5호까지의 어느 하나에 해당하는 국방·군사시설사업(2024.1.16 본호신설)
3. 군부대주둔지 안에서 시행되는 건축물의 건축을 내용으로 하는 사업 중 건축물의 용도, 규모 등을 고려할 때 주민의 생활에 미치는 영향이 경미한 사업으로서 대통령령으로 정하는 소규모의 국방·군사시설사업(2024.1.16 본호신설)

② 사업시행자가 제1항 각 호 외의 부분 본문에 따라 승인받은 실시계획을 변경하거나 폐지하려는 경우에는 국방부장관의 승인을 받아야 한다. 다만, 대통령령으로 정하는 경미한 사항을 변경하려는 경우에는 그러하지 아니하다.(2024.1.16 본문개정)

③ 실시계획에는 다음 각 호의 사항이 포함되어야 한다.
1. 사업의 개요, 규모 및 범위
2. 사업예정지역의 위치 및 면적
3. 사업시행자
4. 사업의 시행방법
5. 사업의 시행 시기 및 기간
6. 사업비용에 관한 사항
7. 계획평면도 및 개략 설계도서
8. 공사 세부 시행계획
9. 제7호 및 제8호의 내용이 관련 법령에 적합한지에 대한 검토서
10. 제7조제1항 각 호에 따른 인가·허가 등 의제사항(擬制事項)이 있는 경우에는 그 내용 및 해당 법령에서 정하는 관련 서류
11. 그 밖에 공사 시행에 관한 사항 등 대통령령으로 정하는 사항

④ 국방부장관이 제1항 각 호 외의 부분 본문 또는 제2항 본문에 따라 실시계획을 승인·변경승인 또는 폐지승인하였을 때에는 이를 관보에 고시하고, 관계 중앙행정기관의 장 및 관할 시·도지사 및 시장·군수·구청장에게 통보하여야 한다. 다만, 국방상 기밀에 관한 사항은 고시·통보하지 아니하거나 다른 적절한 표현으로 바꾸어 고시·통보할 수 있다.(2024.1.16 본문개정)

⑤ 제4항에 따른 통보를 받은 관할 특별자치시장·특별자치도지사·시장·군수 또는 구청장은 14일 이상의 기간을 정하여 실시계획을 주민이 열람할 수 있도록 하여야 한다.(2016.1.19 본항개정)

제7조【인가·허가등의 의제】 ① 국방부장관이 제6조제1항 각 호 외의 부분 본문 또는 같은 조 제2항 본문에 따른 실시계획의 승인 또는 변경승인을 할 때에 다음 각 호의 허가·인가·지정·승인·협의·신고·해제·결정·동의 및 계획의 수립·변경 등(이하 "인가·허가등"이라 한다)에 관하여 인가·허가등의 관계 행정기관의 장과 미리 협의한 사항에 대해서는 해당 인가·허가등을 받은 것으로 보며, 제6조제4항에 따라 실시계획이 고시된 경우에는 다음 각 호의 법률에 따른 인가·허가등이 고시되거나 공고된 것으로 본다. 다만, 제15호의 「자연공원법」 제23조에 따른 공원구역에서의 행위허가에 대해서는 제2조제1호가목부터 마목까지에서 규정한 국방·군사시설사업에 한정한다.(2024.1.23 본문개정)
1. 「공유수면 관리 및 매립에 관한 법률」 제8조에 따른 공유수면 점용·사용의 허가, 같은 법 제17조에 따른 공유수면 점용·사용 실시계획의 승인 또는 신고, 같은 법 제28조에 따른 공유수면 매립면허 및 같은 법 제38조에 따른 공유수면매립실시계획의 승인
2. 「국토의 계획 및 이용에 관한 법률」 제56조에 따른 개발행위의 허가
3. 「농지법」 제34조에 따른 농지 전용의 허가·협의 및 같은 법 제36조에 따른 농지의 타용도 일시사용의 허가·협의
4. 「대기환경보전법」 제23조에 따른 배출시설 설치의 허가 및 신고
5. 「도로법」 제36조에 따른 도로관리청이 아닌 자에 대한 도로공사 시행의 허가 및 같은 법 제61조에 따른 도로의 점용 허가(2014.1.14 본호개정)
6. 「사도법」 제4조에 따른 사도 개설의 허가
7. 「사방사업법」 제14조에 따른 벌채 등의 허가 및 같은 법 제20조에 따른 사방지 지정의 해제
8. 「산림보호법」 제9조제2항에 따른 산림보호구역에서의 행위의 허가·신고 및 같은 법 제11조에 따른 산림보호구역 지정의 해제
9. 「산림자원의 조성 및 관리에 관한 법률」 제36조에 따른 입목벌채등의 허가 및 신고
10. 「산지관리법」 제14조에 따른 산지전용허가 및 같은 법 제15조의2에 따른 산지일시사용허가·신고
11. 「소음·진동관리법」 제8조에 따른 배출시설 설치의 허가 및 신고
12. 「소하천정비법」 제14조에 따른 소하천등의 점용 등의 허가(2024.1.16 본호개정)
13. 「물환경보전법」 제33조에 따른 배출시설 설치의 허가 및 신고(2017.1.17 본호개정)
14. 「수도법」 제52조에 따른 전용상수도 설치의 인가
15. 「자연공원법」 제23조에 따른 공원구역에서의 행위허가
16. 「장사 등에 관한 법률」 제27조에 따른 분묘의 개장허가
17. 「전기안전관리법」 제8조에 따른 자가용전기설비의 공사계획의 인가 또는 신고(2020.3.31 본호개정)
18. 「초지법」 제23조에 따른 초지의 전용허가
19. 「폐기물관리법」 제29조에 따른 폐기물처리시설의 설치 승인 또는 신고
20. 「하수도법」 제16조에 따른 공공하수도에 관한 공사 허가, 같은 법 제24조에 따른 공공하수도 점용허가 및 같은 법 제34조제2항에 따른 개인하수처리시설의 설치신고
21. 「하천법」 제33조에 따른 하천의 점용허가
22. 「항만법」 제9조제2항에 따른 항만개발사업 시행의 허가 및 같은 법 제10조제2항에 따른 항만개발사업실시계획의 승인(2020.1.29 본호개정)
23. 「공항시설법」 제6조제2항에 따른 개발사업 시행허가 및 같은 법 제7조제3항에 따른 실시계획의 승인(2016.3.29 본호개정)

② 국방부장관이 제6조제1항 각 호 외의 부분 본문 또는 같은 조 제2항 본문에 따라 실시계획을 승인 또는 변경승인을 할 때 그 내용에 제1항 각 호의 어느 하나에 해당하는 사항이 포함되어 있는 경우에는 관계 행정기관의 장과 미리 협의하여야 한다.(2024.1.16 본항개정)

③ 제1항에서 규정한 사항 외에 인가·허가등 의제의 기준 및 효과 등에 관하여는 「행정기본법」 제24조부터 제26조까지를 준용한다.(2024.1.23 본항개정)

제8조【국방·군사시설의 건축등의 특례】 ① 국방·군사시설의 건축·축조·대수선·용도변경 또는 해체(이하 "건축등"이라 한다)를 하려는 사업시행자는 「건축법」 제11조(제5항 및 제6항은 제외한다), 제14조, 제19조, 제20조, 제29조제1항, 제83조 및 「건축물관리법」 제30조에도 불구하고 대통령령으로 정하는 바에 따라 국방부장관의 승인을 받아야 한다.(2024.1.16 본항개정)

② 국방부장관은 제1항에 따라 승인을 하면 이에 관한 사항을 해당 특별자치시장·특별자치도지사·시장·군수 또는 구청장(「건축법」 제11조제1항 단서에 해당하는 경우에는 특별시장이나 광역시장을 말한다. 이하 이 조에서 같다)에게 통보하여야 한다.(2016.1.19 본항개정)

③ 제2항에 따라 국방부장관이 국방·군사시설의 건축등에 관한 사항을 특별자치시장·특별자치도지사·시장·군수 또는 구청장에게 통보한 경우에는 「건축법」 제11조, 제14조, 제19조, 제20조, 제83조 또는 「건축물관리법」 제30조에 따른 건축허가, 건축신고, 용도변경 허가·신고, 가설건축물 건축 허가·축조 신고, 공작물 축조 신고 또는 건축물 해체의 허가·신고(이하 이 조에서 "허가·신고"라 한다)가 있거나 「건축법」 제29조제1항에 따라 협의한 것으로 본다.(2024.1.16 본항개정)

④ 제3항에 따른 허가·신고가 있거나 협의한 것으로 보는 국방·군사시설에 대해서는 「건축법」 제16조, 제17조, 제21조제1항, 제25조, 제27조, 제79조 및 「건축물관리법」 제30조에도 불구하고 국방부장관이 해당 규정에 따른 허가 등을 한다.(2024.1.16 본항개정)

⑤ 국방부장관은 제1항에 따라 승인한 국방·군사시설에 대하여 이 법, 「건축법」 및 「건축물관리법」을 위반하였는지 조사하여 필요하다고 인정하는 경우에는 사업시행자에게 시정에 필요한 조치를 명하고, 그 결과를 특별자치시장·특별자치도지사·시장·군수 또는 구청장에게 통보하여야 한다.(2024.1.16 본항개정)

제9조【국방·군사시설의 준공검사 등의 특례】 ① 사업시행자는 국방·군사시설사업을 마치면 대통령령으로 정하는 바에 따라 국방부장관에게 준공검사를 신청하여야 한다.

② 국방부장관은 제1항에 따라 준공검사 신청을 받은 경우 대통령령으로 정하는 바에 따라 준공검사를 하고, 준공검사에 합격한 국방·군사시설에 대하여는 그 결과를 특별자치시장·특별자치도지사·시장·군수 또는 구청장에게 대통령령으로 정하는 바에 따라 통보하여야 한다. 다만, 준공검사에 합격한 국방·군사시설이 「건축법」 제11조제1항 단서에 해당하는 건축물일 경우에는 특별시장이나 광역시장에게 통보하여야 하며, 통보를 받은 특별시장이나 광역시장은 그 사실을 군수 또는 구청장에게 통보하여야 한다.(2016.1.19 본문개정)

③ 국방부장관이 제2항에 따라 준공검사 결과를 통보하면 해당 국방·군사시설은 「건축법」 제22조에 따른 사용승인을 받은 것으로 보거나 「건축법」 제29조제3항 단서에 따라 통보를 한 것으로 본다.

④ 특별자치시장·특별자치도지사·시장·군수 또는 구청장은 제2항에 따라 통보를 받으면 건축 관계 법령에 따른 건축물대장 또는 공작물관리대장에 해당 사항을 지체 없이 적어야 한다.(2016.1.19 본항개정)

제10조【건축승인 및 준공검사 특례의 적용 제외】 국방·군사시설 중 다음 각 호의 어느 하나에 해당하는 시설의 건축등에는 제8조 및 제9조를 적용하지 아니한다.

1. 군부대주둔지 바깥에서 시행하는 군인·군무원·가족의 주거·복지·체육 또는 휴양 등을 위하여 필요한 시설
2. 「국토의 계획 및 이용에 관한 법률」에 따른 도시·군관리계획에 따라 도시·군계획시설로 결정되어 건축되는 시설
3. 「국토의 계획 및 이용에 관한 법률」에 따른 도시·군관리계획에 따라 지구단위계획구역으로 지정된 구역에서 건축되는 시설
4. 「개발제한구역의 지정 및 관리에 관한 특별조치법」에 따른 개발제한구역으로 지정된 구역에서 건축되는 시설
5. 「사회기반시설에 대한 민간투자법」에 따라 건축되는 시설

(2016.1.19 본조개정)

제11조【타인의 토지 등에의 출입 등】 ① 사업시행자는 다음 각 호의 행위를 하기 위하여 필요할 때에는 타인의 토지에 출입하거나 타인의 토지를 재료적치장 또는 임시도로로 일시 사용할 수 있으며, 특히 필요한 경우에는 나무·흙·돌·모래·자갈 또는 그 밖의 장애물을 변경하거나 제거할 수 있다.

1. 지가의 동향 및 토지거래의 상황에 관한 조사
2. 사업계획 또는 실시계획에 관한 조사·측량 또는 시행

② 제1항의 경우에는 「국토의 계획 및 이용에 관한 법률」 제130조제2항부터 제9항까지의 규정을 준용한다. 이 경우 "도시·군계획시설사업의 시행자"는 이 법에 따른 "사업시행자"로 본다.

③ 제1항에 따른 행위로 손실을 입은 자(국가 및 지방자치단체는 제외한다)가 있는 경우 사업시행자는 그 손실을 보상하여야 하며, 손실을 보상할 때에는 손실을 입은 자와 협의하여야 한다.

④ 손실을 보상할 자나 손실을 입은 자는 제3항에 따른 손실보상의 협의가 성립되지 아니하거나 대통령령으로 정하는 사유로 협의를 할 수 없는 경우에는 「공익사업을 위한 토지 등의 취득 및 보상에 관한 법률」 제49조에 따라 설치되는 관할 토지수용위원회에 재결(裁決)을 신청할 수 있다.

⑤ 제4항에 따른 관할 토지수용위원회의 재결에 관하여는 「공익사업을 위한 토지 등의 취득 및 보상에 관한 법률」 제83조부터 제87조까지의 규정을 준용한다.

제12조【기부 및 양여의 특례】 ① 제3조제4호에 따라 지정된 사업시행자는 기존의 국방·군사시설을 이전하기 위하여 새로 설치한 국방·군사시설(해당 시설의 이용·유지 또는 관리에 필요한 물품을 포함한다)을 국가에 기부할 수 있다.(2016.1.19 본항개정)

② 국가는 제1항에 따라 기존 국방·군사시설의 대체시설을 기부한 자에게 그 기능이 대체되어 용도폐지된 일반재산을 「국유재산법」에 따라 양여할 수 있다.

③ 국방부장관은 제1항 및 제2항에 따라 국가에 대체시설을 기부하고 용도폐지된 일반재산을 양여받는 방식으로 추진하는 국방·군사시설사업에 대하여 제4조 및 제6조에 따라 승인받은 해당 국방·군사시설사업계획 및 국방·군사시설사업 실시계획과 그 국방·군사시설사업의 현황을 매년 5월 31일까지 국회 소관 상임위원회에 보고하여야 한다.(2016.12.20 본항신설)

제13조【이주 택지의 양도】 제2조제2호나목에 따른 이주민의 이주대책사업으로 조성한 택지는 「국유재산법」과 「공유재산 및 물품 관리법」에도 불구하고 이주민에게 수의계약으로 양도할 수 있다.

제14조【군부대부지에 대한 도시·군관리계획 결정 등의 협의】 군부대부지를 포함하는 지역에 대하여 관계 중앙행정기관의 장 또는 시·도지사가 「국토의 계획 및 이용에 관한 법률」 제30조에 따른 도시·군관리계획의 결정(같은 조 제7항에 따라 대도시 시장에게 준용되는 경우를 포함한다) 또는 같은 법 제43조에 따른 도시·군계획시설의 설치 결정을 하려는 경우에는 미리 국방부장관과 협의하여야 한다.(2016.1.19 본조개정)

제14조의2【벌점 부과 및 입찰 참가자격 제한】 ① 국방부장관은 국방·군사시설사업에 관하여 계약이나 하도급계약을 체결한 자 등 대통령령으로 정하는 국방·군사시설사업에 참여한 자(이하 "국방·군사시설사업 참여자"라 한다) 또는 국방·군사시설사업 참여자의 대리인, 사용인, 그 밖의 종업원이 국방·군사시설사업과 관련하여 「군사기밀 보호법」을 위반하는 경우에는 대통령령으로 정하는 바에 따라 위반 행위의 내용 및 정도를 고려하여 국방·군사시설사업 참여자에게 벌점을 부과할 수 있다. 다만, 국방·군사시설사업 참여자가 군사기밀을 보호하기 위하여 상당한 주의와 감독을 게을리 하지 아니한 경우 등 대통령령으로 정하는 사유가 있는 경우에는 그러하지 아니하다.

② 국방부장관 또는 사업시행자는 국방·군사시설사업을 시행하기 위한 입찰을 실시할 때 제1항에 따라 벌점을 받은 자에 대해서는 그 벌점이 대통령령으로 정하는 기준 이상인 경우에는 2년 이내의 범위에서 대통령령으로 정하는 바에 따라 입찰 참가자격을 제한할 수 있다.

(2024.1.16 본조신설)

제14조의3【실태조사 등】 ① 국방부장관은 2년마다 국방·군사시설의 설치 및 이용 현황에 관한 실태조사를 실시하고, 그 결과를 국회 소관 상임위원회에 보고하여야 한다.

② 제1항에 따른 실태조사에는 다음 각 호의 사항이 포함되어야 한다.

1. 사유지에 설치된 국방·군사시설에 관한 사항
2. 관계 행정기관의 장과 협의를 거치지 아니하고 설치된 국방·군사시설에 관한 사항
3. 유휴 국방·군사시설의 현황에 관한 사항
4. 그 밖에 국방·군사시설에 관한 사항으로서 국방부장관이 필요하다고 인정하는 사항

③ 국방부장관은 제1항에 따른 실태조사 결과 국가가 국방·군사시설로서 사용·점유하고 있는 토지에 대하여 소유권, 사용권 등 권원(權原)을 확보하지 못한 것으로 확인된 경우 이를 인터넷 홈페이지에 게시하는 등의 방법으로 공고하여야 한다.

④ 그 밖에 실태조사와 공고의 방법 및 절차 등에 필요한 사항은 대통령령으로 정한다.

(2019.4.23 본조신설)

제15조【권한의 위임】 이 법에 따른 국방부장관의 권한은 대통령령으로 정하는 바에 따라 그 일부를 국방부 소속 기관장(국방부 직할 부대장을 포함한다) 또는 각 군 참모총장에게 위임할 수 있다.

부　칙

제1조【시행일】 이 법은 공포 후 6개월이 경과한 날부터 시행한다.

제2조【기존의 국방·군사시설에 대한 「국토의 계획 및 이용에 관한 법률」 및 「건축법」 적용에 관한 특례】 ① 2012년 1월 25일 이전 국방·군사 시설 중 「건축법」 제11조·제14조·제22조 및 제29조에 따른 건축허가·건축신고·사용승인 또는 협의 없이 건축된 국방·군사시설로서 제2항부터 제4항에 따라 다음 각 호의 기준에 적합하다고 확인된 것은 「건축법」의 각 해당 규정에 적합하게 설치되거나 건축된 시설로 본다.

1. 국유지(관계 법률에 따라 그 처분 등이 제한되어 있지 아니한 경우에 한정한다)에 건축한 시설일 것
2. 「건축법」 제48조, 제48조의2, 제49조, 제50조, 제50조의2, 제51조, 제52조, 제52조의2, 제52조의3 및 제53조의 안전 및 피난 규정에 적합한 시설일 것

② 제1항에 해당하는 국방·군사시설을 사용하고 있는 국방부 소속 기관장이나 각 군 참모총장은 국방부장관이 정하는 적합확인신청서에 해당 국방·군사시설에 관한 현황도면 및 현장조사서를 첨부하여 국방부장관에게 적합확인을 신청하여야 한다.

③ 국방부장관은 제2항에 따라 적합확인이 신청된 국방·군사시설이 제1항 각 호의 기준에 적합하다고 확인하는 때에는 이에 관한 사항을 제7조제1항 각 호에 해당하는 사항의 소관 행정기관의 장 및 시장·군수·구청장에게 시설배치도, 건축목록조서, 건축물의 현황도면 및 토지의 소유권 또는 사용권을 증명할 수 있는 서류를 첨부하여 각각 통보하고 이를 고시하여야 한다.

④ 제3항에 따른 고시가 있는 경우에는 해당 국방·군사시설은 「건축법」의 해당 규정에도 불구하고 「건축법」 제22조에 따른 사용이 승인된 것으로 본다.

(2016.1.19 본조신설)

제3조【진행 중인 사업에 관한 경과조치】 ① 이 법 시행 당시 종전의 제4조에 따라 실시계획의 승인을 받은 경우에는 제4조제1항의 개정규정에 따른 국방·군사시설사업계획의 승인과 제6조제1항 또는 제2항의 개정규정에 따른 국방·군사시설사업 실시계획의 승인을 받은 것으로 본다.

② 이 법 시행 당시 「건축법」 제11조, 제14조, 제16조, 제17조, 제19조, 제20조제1항·제2항, 제21조제1항, 제22조, 제25조, 제27조, 제29조제1항·제3항, 제36조제1항, 제79조에 따라 허가, 신고, 승인, 협의, 통보 등이 진행 중인 국방·군사시설의 경우에는 제8조 및 제9조의 개정규정에도 불구하고 「건축법」의 해당 규정에서 정하는 바에 따라 해당 허가, 신고, 승인, 협의, 통보 등을 완료한다.

③ 제2항에 따라 건축허가·신고 또는 협의가 완료된 국방·군사시설과 이 법 시행 당시 「건축법」 제11조, 제14조, 제16조, 제29조제1항에 따라 건축허가·신고 또는 협의가 완료된 국방·군사시설의 경우에는 제8조 및 제9조의 개정규정에도 불구하고 해당 시설의 완공 시까지 「건축법」 제16조, 제21조제1항, 제22조, 제25조, 제27조, 제29조에서 정하는 바에 따라 해당 허가, 신고, 승인, 통보 등을 한다.

제4조【토지매수업무 등의 위탁수수료에 관한 경과조치】 법률 제8446호 국방·군사시설 사업에 관한 법률 일부개정법률 시행 전에 토지등의 매수업무와 손실보상업무를 위탁한 경우 그 위탁수수료에 관하여는 같은 법 제8조의 개정규정에도 불구하고 종전의 규정에 따른다.

제5조【「국토의 계획 및 이용에 관한 법률」의 시행일에 따른 경과조치】 제11조제2항 후단 및 제14조의 개정규정 중 "도시·군계획시설사업", "도시·군관리계획" 또는 "도시·군계획시설"은 2012년 4월 14일까지는 각각 "도시계획시설사업", "도시관리계획" 또는 "도시계획시설"로 본다.

제6조【다른 법률의 개정】 ※(해당 법령에 가제정리 하였음)

제7조【다른 법령과의 관계】 이 법 시행 당시 다른 법령에서 종전의 「국방·군사시설 사업에 관한 법률」의 규정을 인용하고 있는 경우 이 법 가운데 그에 해당하는 규정이 있을 때에는 종전의 규정을 갈음하여 이 법의 해당 규정을 인용한 것으로 본다.

부　칙 (2019.4.23)

이 법은 공포 후 6개월이 경과한 날부터 시행한다.

부　칙 (2019.8.27)

제1조【시행일】 이 법은 공포 후 1년이 경과한 날부터 시행한다.(이하 생략)

부　칙 (2020.1.29)

제1조【시행일】 이 법은 공포 후 6개월이 경과한 날부터 시행한다.(이하 생략)

부　칙 (2020.3.31)

제1조【시행일】 이 법은 공포 후 1년이 경과한 날부터 시행한다.(이하 생략)

부　칙 (2024.1.16)

제1조【시행일】 이 법은 공포 후 6개월이 경과한 날부터 시행한다.

제2조【실시계획의 승인에 관한 적용례】 제6조제1항의 개정규정은 이 법 시행 당시 종전의 규정에 따라 승인을 신청하여 그 승인 절차가 진행 중인 국방·군사시설사업에 대해서도 적용한다.

제3조【벌점 부과 및 입찰 참가자격 제한에 관한 적용례】 제14조의2의 개정규정은 이 법 시행 이후 국방·군사시설사업과 관련하여 「군사기밀 보호법」을 위반하는 자부터 적용한다.

제4조【국방·군사시설의 건축등의 특례에 관한 경과조치】 이 법 시행 당시 「건축법」 제20조 및 「건축물관리법」 제30조에 따라 가설건축물 건축·축조 및 건축물 해체에 대한 허가 및 신고 수리 절차가 진행 중인 경우에는 제8조제1항 및 제3항의 개정규정에도 불구하고 「건축법」 제20조 및 「건축물관리법」 제30조에 따른다.

부　칙 (2024.1.23)

제1조【시행일】 이 법은 공포한 날부터 시행한다.

제2조【이의신청에 관한 일반적 적용례】 이의신청에 관한 개정규정은 이 법 시행 이후 하는 처분부터 적용한다.

제3조【「국방·군사시설 사업에 관한 법률」의 개정에 관한 적용례】 인가·허가등의 의제를 위한 행정청 간 협의 기간 및 협의 간주에 관한 개정규정은 이 법 시행 이후 인가·허가등의 의제에 관한 협의를 요청하는 경우부터 적용한다.(이하 생략)

군용물 등 범죄에 관한 특별조치법(약칭 : 군용물범죄법)

(1966년 3월 29일 법 률 제1769호)

개정
2009.12.29법 9842호
2016. 1. 6법13719호(형법)

제1조【목적】 이 법은 군용물(軍用物) 등에 대한 범죄의 처벌 등에 관한 사항을 규정함을 목적으로 한다.
(2009.12.29 본조개정)

제2조【적용 범위】 ① 이 법은 국군 및 국군과 공동작전에 종사하고 있는 외국군의 군용물 등에 대한 범죄에 적용한다.
② 이 법이 적용되는 군용물의 범위는 군용(軍用)으로 사용되는 물건으로서 다음 각 호의 어느 하나에 해당하는 것으로 한다.
1. 별표에 열거된 것
2. 「군사기밀보호법」에 따른 군사기밀에 속하는 것(비밀도서, 비밀지도 및 비밀연구기재를 포함한다)
3. 제1호에 따른 군용물을 운용하는 데 필요한 보조장비(탑재 또는 장착되는 장비를 포함한다), 수리부속품, 구성품(構成品), 부분품 및 원료로서 군용 표지(標識)가 있는 것
4. 제1호에 따른 군용물의 검사, 시험 및 정비용 장비로서 군용에 공하기 위하여 특수제작된 것
(2009.12.29 본조개정)

제3조【군용물범죄에 대한 형의 가중】 ① 군용물에 관하여 다음 각 호의 죄를 범한 사람은 무기 또는 1년 이상의 징역에 처한다.
1. 「형법」 제2편제38장 중 제329조부터 제331조까지, 제331조의2, 제332조, 제333조, 제335조(제333조의 예에 따르는 경우에 한정한다. 이하 이 호에서 같다), 제336조, 제342조(제329조부터 제331조까지, 제331조의2, 제332조, 제333조, 제335조 및 제336조의 미수범에 한정한다) 및 제343조의 죄
2. 「형법」 제2편제39장 중 제347조, 제350조, 제350조의2, 제351조(제347조, 제350조 및 제350조의2의 상습범에 한정한다. 이하 이 호에서 같다) 및 제352조(제347조, 제350조, 제350조의2 및 제351조의 미수범에 한정한다)의 죄(2016.1.6 본조개정)
3. 「형법」 제2편제40장 중 제355조제1항, 제356조(업무상 임무에 위배하여 제355조제1항의 죄를 범한 경우에 한정한다. 이하 이 호에서 같다), 제357조, 제359조(제355조제1항, 제356조 및 제357조의 미수범에 한정한다) 및 제360조의 죄
4. 「형법」 제2편제41장 중 제362조, 제363조제1항 및 제364조의 죄
② 제1항에도 불구하고 군용물 중 별표에 따른 군용 식량, 군복류 및 군용 유류(油類)에 관하여 제1항 각 호의 죄를 범한 사람은 다음 각 호의 어느 하나에 해당하는 경우에만 제1항에 따른 형을 적용한다.
1. 집단적 또는 상습적으로 범행한 경우
2. 물품의 가액(價額)이 1천만원 이상인 경우
3. 1천킬로그램 이상의 물품 또는 2천리터 이상의 유류인 경우
③ 제1항 및 제2항의 죄에 대하여는 10년 이하의 자격정지(유기징역을 선고하는 경우만 해당한다) 또는 3천만원 이하의 벌금을 병과(倂科)할 수 있다.
(2009.12.29 본조개정)

제4조【군용시설 등에의 침입】 ① 군의 요새(要塞)·진영(陣營) 또는 군용에 공하는 함선, 항공기, 공장, 건조물, 설비와 군용 표지가 있는 장소에 침입한 사람은 5년 이하의 징역 또는 1천만원 이하의 벌금에 처한다.
② 제1항의 장소에서 퇴거 요구를 받고 이에 따르지 아니한 사람도 제1항에 따른 형을 적용한다.
③ 제1항 및 제2항에 따른 죄의 미수범은 처벌한다.
(2009.12.29 본조개정)

제5조【다른 법률과의 관계】 이 법에 규정된 형보다 무거운 형이 다른 법에 규정되어 있을 때에는 그 무거운 형으로 처벌한다.(2009.12.29 본조개정)

제6조【검사의 수사지휘 등】 ① 「사법경찰관리의 직무를 수행할 자와 그 직무범위에 관한 법률」 제9조제1항에 따라 사법경찰관리의 직무를 하는 사람은 「군형법」의 적용대상자가 아닌 이 법 위반 피의자(이하 "피의자"라 한다)에 대한 범죄수사를 할 때에는 미리 검사의 지휘를 받아야 하며 검사의 직무상 명령에 복종하여야 한다. 다만, 현행범인 경우와 긴급한 조치가 필요하여 미리 지휘를 받을 수 없는 경우에는 사후(事後)에 지체 없이 검사의 지휘를 받아야 한다.
② 지방검찰청 검사장 또는 지청장은 피의자에 대한 불법 구속의 여부를 조사하기 위하여 필요하다고 인정하면 소속 검사로 하여금 관하(管下) 군 수사기관의 피의자 구속장소를 감찰하게 하며, 감찰하는 검사는 피의자를 심문(審問)하고 구속에 관한 서류를 조사할 수 있다.
③ 검사는 피의자가 불법으로 구속된 것이라고 의심할 만한 충분한 이유가 있는 경우에는 즉시 피의자에 관한 사건을 검찰에 송치할 것을 명할 수 있다.
(2009.12.29 본조개정)

부 칙 (2009.12.29)

이 법은 공포 후 3개월이 경과한 날부터 시행한다.

부 칙 (2016.1.6)

제1조【시행일】 이 법은 공포한 날부터 시행한다.(이하 생략)

〔별표〕 ➡ 「法典 別冊」 참조

군사기지 및 군사시설 보호법

(약칭 : 군사기지법)

(2007년 12월 21일 법 률 제8733호)

개정
2008. 3.21법 8976호(도로법)
2009. 6. 9법 9780호(항공법)
2014. 5. 9법12557호 2014.12.30법12902호
2015. 9. 1법13504호 2016. 1.19법13773호
2016. 1.19법13796호(부동산가격공시에관한법)
2018.12.24법16030호 2019. 4.23법16352호
2019. 8.27법16568호(양식산업발전법)
2020. 3.31법17164호 2022.12.13법19077호
2024. 1.16법20015호→2024년 7월 17일 시행
2024. 1.23법20073호(행정법제혁신을위한일부개정법령등)
2024. 2. 6법20188호

제1장 총 칙

제1조【목적】 이 법은 군사기지 및 군사시설을 보호하고 군사작전을 원활히 수행하기 위하여 필요한 사항을 규정함으로써 국가안전보장에 이바지함을 목적으로 한다.

제2조【정의】 이 법에서 사용하는 용어의 정의는 다음과 같다.
1. "군사기지"란 군사시설이 위치한 군부대의 주둔지·해군기지·항공작전기지·방공(防空)기지·군용전기통신기지, 그 밖에 군사작전을 수행하기 위한 근거지를 말한다.
2. "군사시설"이란 전투진지, 군사목적을 위한 장애물, 폭발물 관련 시설, 사격장, 훈련장, 군용전기통신설비, 군사목적을 위한 연구시설 및 시험시설·시험장, 그 밖에 군사목적에 직접 공용(供用)되는 시설로서 대통령령으로 정하는 것을 말한다.(2019.4.23 본호개정)
3. "해군기지"란 군의 해상작전의 근거지로서 다음 각 목의 것을 말한다.
가. 군항 : 해군 주세력의 근거지
나. 해군작전기지 : 함대별 작전근거지
4. "항공작전기지"란 군의 항공작전의 근거지로서 다음 각 목의 것을 말한다.
가. 전술항공작전기지 : 군의 전술항공기를 운용할 수 있는 기지
나. 지원항공작전기지 : 군의 지원항공기를 운용할 수 있는 기지
다. 헬기전용작전기지 : 군의 회전익항공기(回轉翼航空機)를 운용할 수 있는 기지
라. 예비항공작전기지 : 전시·사변 또는 이에 준하는 비상시에 항공작전기지로 활용할 수 있는 비상활주로, 헬기예비작전기지 및 민간비행장
5. "군용항공기"란 군이 사용하는 비행기·회전익항공기·비행선(飛行船)·활공기(滑空機), 그 밖의 항공기기를 말한다.
6. "군사기지 및 군사시설 보호구역"이란 군사기지 및 군사시설을 보호하고 군사작전을 원활히 수행하기 위하여 국방부장관이 제4조 및 제5조에 따라 지정하는 구역으로서 다음 각 목의 것을 말한다.
가. 통제보호구역 : 군사기지 및 군사시설 보호구역(이하 "보호구역"이라 한다) 중 고도의 군사활동 보장이 요구되는 군사분계선의 인접지역과 중요한 군사기지 및 군사시설의 기능보전이 요구되는 구역
나. 제한보호구역 : 보호구역 중 군사작전의 원활한 수행을 위하여 필요한 지역과 군사기지 및 군사시설의 보호 또는 지역주민의 안전이 요구되는 구역
7. "민간인통제선"이란 고도의 군사활동 보장이 요구되는 군사분계선의 인접지역에서 군사작전상 민간인의 출입을 통제하기 위하여 국방부장관이 제4조 및 제5조에 따라 지정하는 선을 말한다.
8. "비행안전구역"이란 군용항공기의 이착륙에 있어서의 안전비행을 위하여 국방부장관이 제4조 및 제6조에 따라 지정하는 구역을 말한다.
9. "대공방어협조구역"이란 대공(對空)방어작전을 보장하기 위하여 국방부장관이 제4조 및 제7조에 따라 지정하는 구역을 말한다.
10. "착륙대(着陸帶)"란 활주로와 항공기가 활주로를 이탈하는 경우에 항공기와 탑승자의 피해를 감소시키기 위하여 활주로 주변에 설치하는 안전지대로서 별표1에 따른 항공작전기지별 제1구역의 지표면을 말한다.
11. "기본표면"이란 착륙대의 긴 방향 중심선의 최상부에 접하는 일직선에 중심을 둔 직사각형의 표면(수직투영면이 착륙대와 같은 표면을 말한다)을 말한다.
(2022.12.13 본호개정)
12. "표면높이"란 비행안전구역 안에서의 고도제한 높이로서 별표1에 따라 산정되는 것을 말한다.
13. "최고장애물"이란 비행안전구역 안에서 각 구역의 표면높이를 초과하는 자연상태의 가장 높은 장애물로서 활주로를 중심으로 전·후·좌·우 지역별로 구분하여 제14호의 관할부대장이 정하는 것을 말한다.
14. "관할부대장"이란 작전책임지역 안의 군사기지 및 군사시설을 보호·관리하거나 비행안전 또는 대공방어 등에 관한 사항을 관장하는 대통령령으로 정하는 부대의 장을 말한다.

15. “관리부대장”이란 관할부대장의 작전책임지역 안에 주둔하고 있으나 지휘계통이 달라 당해 지역의 관할 부대와 독립하여 일정한 범위의 군사기지 및 군사시설을 보호·관리하거나 비행안전 및 대공방어 등에 관한 사항을 관장하는 대통령령으로 정하는 부대의 장을 말한다.

제2장 보호구역등의 지정

제3조【보호구역등의 지정 원칙】 보호구역, 민간인통제선, 비행안전구역 및 대공방어협조구역(이하 “보호구역등”이라 한다)은 군사기지 및 군사시설의 보호, 군사작전의 원활한 수행 및 군용항공기의 비행안전에 필요한 최소한의 범위 안에서 지정되어야 한다.

제4조【보호구역등의 지정권자 등】 ① 국방부장관은 합동참모의장(이하 “합참의장”이라 한다)의 건의(관계 행정기관의 장과 미리 협의한 후 관계 행정기관의 장의 의견서를 첨부하여야 한다)에 따라 보호구역등을 지정하거나 이를 변경 또는 해제할 수 있다.

② 국방부장관은 군사기지의 용도 해제, 군사시설의 철거, 작전환경의 변화, 그 밖의 사유로 보호구역등을 유지할 필요가 없게 된 때에는 지체 없이 이를 해제하여야 한다.

③ 제2항에도 불구하고 「주한미군 공여구역주변지역 등 지원 특별법」에 따른 반환공여구역(제5조제1항제1호가목과 같은 항 제2호가목의 보호구역에 위치한 경우와 국방·군사시설로 활용할 계획이 있는 경우를 제외한다)은 반환이 완료된 때에 보호구역의 지정이 해제된 것으로 본다. 이 경우 국방부장관은 제8조제1항에 따라 지체 없이 그 사실을 고시하여야 한다.(2019.4.23 본항신설)

④ 국방부장관은 제1항 및 제2항에 따라 보호구역등을 지정·변경 또는 해제하려는 때에는 제15조제1항에 따른 국방부 군사기지 및 군사시설 보호 심의위원회의 심의를 거쳐야 한다.

⑤ 국방부장관은 제1항 및 제2항에 따라 보호구역등을 지정·변경 또는 해제한 때에는 이를 지체 없이 관계 행정기관의 장에게 통보하여야 한다.

제5조【보호구역 및 민간인통제선의 지정범위 등】 ① 보호구역의 지정범위는 다음 각 호와 같다.

1. 통제보호구역
 가. 민간인통제선 이북(以北)지역. 다만, 통일정책의 추진에 필요한 지역, 취락지역 또는 안보관광지역 등으로서 대통령령으로 정하는 기준에 해당하는 지역은 제한보호구역으로 지정할 수 있다.
 나. 가목 외의 지역에 위치한 중요한 군사기지 및 군사시설의 최외곽경계선으로부터 300미터 범위 이내의 지역. 다만, 방공기지[대공(對空)방어임무를 수행하기 위하여 지대공(地對空) 무기 등을 운용하는 기지를 말한다. 이하 이 조에서 같다]의 경우에는 최외곽경계선으로부터 500미터 범위 이내의 지역으로 한다.
2. 제한보호구역
 가. 군사분계선의 이남(以南) 25킬로미터 범위 이내의 지역 중 민간인통제선 이남지역. 다만, 중요한 군사기지 및 군사시설이 없거나 군사작전상 장애가 되지 아니하는 지역으로서 대통령령으로 정하는 기준에 해당하는 지역은 제한보호구역의 지정에서 제외하여야 한다.
 나. 가목 외의 지역에 위치한 군사기지 및 군사시설의 최외곽 경계선으로부터 500미터 범위 이내의 지역. 다만, 취락지역에 위치한 군사기지 및 군사시설의 경우에는 당해 군사기지 및 군사시설의 최외곽경계선으로부터 300미터 범위 이내의 지역으로 한다.
 다. 폭발물 관련 시설, 방공기지, 사격장 및 훈련장은 당해 군사기지 및 군사시설의 최외곽경계선으로부터 1킬로미터 범위 이내의 지역
 라. 전술항공작전기지는 당해 군사기지 최외곽경계선으로부터 5킬로미터 범위 이내의 지역, 지원항공작전기지 및 헬기전용작전기지는 당해 군사기지 최외곽경계선으로부터 2킬로미터 범위 이내의 지역
 마. 군용전기통신기지는 군용전기통신설비 설치장소의 중심으로부터 반지름 2킬로미터 범위 이내의 지역

② 민간인통제선은 군사분계선의 이남 10킬로미터 범위 이내에서 지정할 수 있다.

③ 제1항에도 불구하고 해군기지 중 군항의 보호구역의 범위는 대통령령으로 정하고, 해군작전기지의 수역(水域)에 대한 보호구역은 항만의 경계 안에서 지정한다.

④ 제1항 및 제2항에 따른 보호구역 및 민간인통제선의 경계, 지정절차, 그 밖에 필요한 사항은 대통령령으로 정한다.

제6조【비행안전구역의 지정범위 등】 ① 비행안전구역은 항공작전기지의 종류별로 구분하되, 그 지정범위는 별표1과 같다.

② 제1항에 따른 항공작전기지의 종류별 위치, 비행안전구역의 지정절차 등에 관하여 필요한 사항은 대통령령으로 정한다.

제7조【대공방어협조구역의 지정범위 등】 ① 대공방어협조구역은 특별시·광역시·특별자치시·특별자치도·시·군 관할 구역을 기준으로 하여 지정한다.
(2014.5.9 본항개정)

② 대공방어협조구역의 지정절차 등에 관하여 필요한 사항은 대통령령으로 정한다.

제8조【보호구역등의 고시 및 표지】 ① 국방부장관은 제4조부터 제7조까지의 규정에 따라 보호구역등을 지정·변경 또는 해제한 때에는 이를 고시하여야 한다.

② 국방부장관은 제4조 및 제5조에 따라 보호구역 또는 민간인통제선을 지정한 때에는 보호구역 또는 민간인통제선의 지정사실, 관할부대장 또는 관리부대장(이하 “관할부대장등”이라 한다), 보호구역에서의 제한 또는 금지사항 및 그 위반자에 대한 처벌의 취지, 그 밖에 필요한 사항을 알리는 표지를 설치하여야 한다. 다만, 민간인통제선의 경우에는 제1항에 따른 고시로써 이에 갈음할 수 있다.

③ 제1항 및 제2항에 따른 고시 및 표지의 설치에 관하여 필요한 사항은 대통령령으로 정한다.

제3장 행위의 제한

제9조【보호구역에서의 금지 또는 제한】 ① 누구든지 보호구역 안에서 다음 각 호의 어느 하나에 해당하는 행위를 하여서는 아니 된다. 다만, 제1호, 제3호, 제7호, 제8호, 제11호 또는 제12호의 경우 미리 관할부대장등(제1호의 경우에는 주둔지부대장을 포함한다)의 허가를 받은 자에 대하여는 그러하지 아니하다.

1. 다음 각 목의 어느 하나에 해당하는 구역 또는 군사기지 및 군사시설에의 출입. 다만, 군사작전상 장애가 되지 아니하는 범위에서 대통령령으로 정하는 지역의 경우에는 허가를 받지 아니하고 출입할 수 있다.
 가. 통제보호구역
 나. 울타리 또는 출입통제표찰이 설치된 군사기지 및 군사시설
2. 통제보호구역 안에서의 건축물의 신축. 다만, 군사작전에 지장이 없는 범위에서 대통령령으로 정하는 사항은 그러하지 아니하다.(2014.12.30 본문개정)
3. 통제보호구역 안에서의 수산동식물의 포획 또는 채취
4. 군사기지 또는 군사시설의 촬영·묘사·녹취·측량 또는 이에 관한 문서나 도서 등의 발간·복제. 다만, 국가기관 또는 지방자치단체, 그 밖의 공공단체가 공공사업을 위하여 미리 관할부대장등의 승인을 받은 경우는 그러하지 아니하다.
5. 보호구역등의 표지(보호구역등임을 나타내는 표본·표석·부표·출입통제표찰 또는 수중부설물을 포함한다)의 이전 또는 훼손
6. 군함의 항로 방해
7. 표류물, 침몰물의 습득 또는 군사작전이나 항해에 장애가 될 우려가 있는 대통령령으로 정하는 유해물의 유기(遺棄)
8. 군용항공기를 제외한 항공기의 항공작전기지에의 착륙
9. 군사시설 또는 군용항공기를 손괴하거나 그 기능을 손상시키는 행위
10. 군용항공기를 향하여 물건을 던지거나 군용항공기 운항에 위험을 일으킬 우려가 있는 행위
11. 제5조제1항제2호라목에 따른 제한보호구역 안에서의 각종 총포의 발사, 폭발물의 폭발 등의 행위
12. 제5조제1항제2호마목에 따른 제한보호구역 안에서의 군용통신에 장애가 되는 것으로서 대통령령으로 정하는 건축물의 건축, 공작물·매설물 등(이하 “장애설비등”이라 한다)의 설치

② 국방부장관 또는 관할부대장등은 보호구역 안에서 군용통신에 장애가 되는 장애설비등의 사용을 제한할 수 있다.

제10조【비행안전구역에서의 금지 또는 제한】 ① 누구든지 비행안전구역(예비항공작전기지 중 민간비행장의 비행안전구역을 제외한다) 안에서는 다음 각 호의 어느 하나에 해당하는 행위를 하여서는 아니 된다. 다만, 제3호의 경우 미리 관할부대장등의 허가를 받은 자에 대하여는 그러하지 아니하다.

1. 제1구역에서 군사시설(민간항공기의 항행을 지원하기 위한 항행안전시설을 포함한다)을 제외한 건축물의 건축, 공작물·식물이나 그 밖의 장애물의 설치·재배 또는 방치. 다만, 가장 높은 표면의 높이가 제1구역의 기본표면 표고를 초과하지 않고 군용항공기(민간항공기도 포함한다)의 이륙·착륙 및 비행에 방해 또는 장애가 되지 아니하는 범위에서 설치되는 다음 각 목의 어느 하나에 해당하는 시설물 등에 대하여는 관할부대장과 협의하여 제외한다.(2020.3.31 단서개정)
 가. 「도로법」 제2조제1호에 따른 도로로서 같은 법 제2조제6호에 따른 도로구역의 수평 확장, 이설 등으로 도로구역이 제1구역의 일부와 중첩되는 경우에 그 중첩되는 부분 중 도로 및 그 부속물(2020.3.31 본목신설)
 나. 「공익사업을 위한 토지 등의 취득 및 보상에 관한 법률」 제4조제2호에 따른 하수종말처리 및 폐기물처리에 관한 사업의 시행을 위하여 지하에 매설하는 시설물 및 그 부속물(2020.3.31 본목신설)
2. 제2구역부터 제6구역까지에서 그 구역의 표면높이(이들의 투영면이 일치되는 부분에 관하여는 이들 중 가장 낮은 표면으로 한다) 이상인 건축물의 건축, 공작물·식물이나 그 밖의 장애물의 설치·재배 또는 방치
3. 군용항공기를 제외한 항공기의 비행안전구역 상공의 비행
4. 항공등화의 명료한 인지를 방해하거나 항공등화로 오인할 우려가 있는 유사등화의 설치
5. 비행장애를 일으킬 우려가 있는 연막·증기의 발산 또는 색채유리나 그 밖의 반사물체의 진열

② 제1항제2호에도 불구하고 비행안전구역 중 전술항공작전기지의 제3구역, 제5구역 또는 제6구역과 지원항공작전기지의 제4구역 또는 제5구역 안에서는 각 구역별로 최고장애물 지표면 중 가장 높은 지표면의 높이를 초과하지 아니하는 범위 안에서 일정 구역의 지표면으로부터 45미터 높이 이내에서 그 구역의 표면높이 이상인 건축물의 건축, 공작물·식물이나 그 밖의 장애물을 설치 또는 재배할 수 있다. 다만, 지원항공작전기지의 제4구역·제5구역의 경계부분이 연속적으로 상승하거나 하강하는 능선형태로 되어 있어서 그 경계부분의 높이가 최고장애물의 지표면 높이의 기준이 됨으로써 본문에 따른 높이까지 건축물의 건축 또는 공작물의 설치를 할 수 없게 되는 경우에는 최고장애물의 지표면 높이가 높은 구역의 최고장애물을 기준으로 하여 적용한다.

③ 제2항을 적용함에 있어서 각 구역 간의 경계부분에서의 표면높이는 다음 각 호의 구분에 따른다.

1. 전술항공작전기지 비행안전구역 제2구역과 제3구역이 접하는 부분에서는 제3구역의 바깥쪽 상방향으로 50분의 1의 경사면을 초과하지 아니하는 범위로 한다.
2. 전술항공작전기지 비행안전구역의 제4구역이 제5구역과 접하는 부분 및 지원항공작전기지 비행안전구역의 제3구역이 제4구역과 접하는 부분에서는 각각의 경계부분으로부터 상방향으로 7분의 1의 경사면을 초과하지 아니하는 범위로 한다.
3. 전술항공작전기지 비행안전구역의 제2구역이 제6구역과 접하는 부분 및 지원항공작전기지 비행안전구역의 제2구역이 제5구역과 접하는 부분에서는 제2구역의 긴 변으로부터 상방향으로 7분의 1의 경사면을 초과하지 아니하는 범위로 한다.

④ 관할부대장등은 제1항제1호에도 불구하고 비행안전에 지장을 초래하지 아니하는 범위 안에서 비상활주로의 비행안전구역에 식물 재배 및 이와 관련되는 임시시설물의 설치를 허용할 수 있다.

⑤ 관할부대장등은 제1항제2호에도 불구하고 비행안전에 지장을 초래하지 아니하는 범위 안에서 각 기지별 지역의 특수성을 고려하여 항공작전기지의 비행안전구역에 있어서 그 구역의 표면높이 이상인 건축물의 건축, 공작물·식물이나 그 밖의 장애물의 설치 또는 재배를 허용할 수 있다.

제11조【장애물 등에 대한 조치 등】 ① 관할부대장등(제9조제1항제1호의 경우에는 주둔지부대장을 포함한다. 이하 이 조 및 제21조에서 같다)은 제9조·제10조를 위반한 자 또는 그 위반으로 인한 장애물의 소유자와 그 밖의 권리를 가진 자(이하 “소유자등”이라 한다)에게 퇴거를 강제하거나 장애물의 제거, 그 밖에 필요한 조치를 명할 수 있다.

② 관할부대장등은 제1항에 따른 장애물의 제거, 그 밖에 필요한 조치명령을 받은 자가 이를 이행하지 아니하는 경우에는 「행정대집행법」에 따라 직접 또는 제3자로 하여금 이를 제거 또는 이전하게 할 수 있다.

③ 관할부대장등은 제1항에 따른 소유자등을 알 수 없거나 급박한 위험이 존재하는 등 긴급을 요하는 경우에는 제1항에 따른 명령 없이 직접 이를 제거 또는 이전할 수 있다. 이 경우 그 소유자등에게 이에 사용된 비용을 징수할 수 있다.

④ 관할부대장등은 제10조제1항제2호, 제2항 및 제5항에 따른 장애물 외의 건축물·공작물·식물 등으로서 항공기의 비행안전에 위해를 끼칠 우려가 있는 장애물에 대하여는 소유자등에게 대통령령으로 정하는 바에 따라 소요비용을 지급하고 항공장애등 및 주간장애표지의 설치를 명할 수 있다.

⑤ 관할부대장등은 제4항에 따른 항공장애등 및 주간장애표지의 설치명령을 받은 소유자등이 이를 이행하지 아니하는 경우에는 이를 직접 설치할 수 있다.

제12조【선박의 정박지 제한과 입항시 선박명 표시】 ① 선박은 보호구역 안에서 군의 작전이나 항해에 장애가 되지 아니하도록 정박하여야 한다.

② 관할부대장등은 보호구역 안에 정박 중인 선박에 대하여 필요한 경우에는 그 정박지를 지정 또는 변경하거나 퇴거의 강제 등 필요한 조치를 할 수 있다.

③ 해군기지에 입항하는 선박은 보호구역 외곽의 3해리 지점으로부터 정박지점에 이르기까지 만국선박식별 신호에 따라 그 선박명을 표시하여야 한다.

제13조【행정기관의 처분에 관한 협의 등】 ① 관계 행정기관의 장은 보호구역 안에서 다음 각 호의 어느 하나에 해당하는 사항에 관한 허가나 그 밖의 처분(이하 “허가등”이라 한다)을 하려는 때에는 대통령령으로 정하는 협의절차와 국방부장관이 정하는 작전성 검토 등 협의기준에 따라 국방부장관 또는 관할부대장등과 협의하여야 한다. 국가기관 또는 지방자치단체가 다음 각 호에 해당하는 행위를 하려는 경우에도 이와 같다. 다만, 보호구역의 보호·관리 및 군사작전에 지장이 없는 범위 안에서 대통령령으로 정하는 사항은 그러하지 아니하다.
(2016.1.19 본문개정)

1. 건축물의 신축·증축 또는 공작물의 설치와 건축물의 용도변경(2014.12.30 본호개정)

2. 도로·철도·교량·운하·터널·수로·매설물 등과 그 부속 공작물의 설치 또는 변경
3. 하천 또는 해면의 매립·준설(浚渫)과 항만의 축조 또는 변경
4. 광물·토석(土石) 또는 토사(土砂)의 채취
5. 해안의 굴착
6. 조림 또는 임목(林木)의 벌채
7. 토지의 개간 또는 지형의 변경
8. 해저시설물의 부설 또는 변경
9. 통신시설의 설치와 그 사용
10. 총포의 발사 또는 폭발물의 폭발
11. 해운의 영위
12. 어업권 또는 양식업권의 설정, 수산동식물의 포획 또는 채취(2019.8.27 본호개정)
13. 부표(浮標)·입표(立標), 그 밖의 표지의 설치 또는 변경
② 관계 행정기관의 장이 다음 각 호의 어느 하나에 해당하는 사항에 관한 허가등을 하려는 때에도 제1항을 적용한다.
1. 비행안전구역 안에서 제10조제1항제2호·제4호 및 제2항에 저촉될 우려가 있는 건축물의 건축, 공작물·등화의 설치·변경 또는 식물의 재배
2. 대공방어협조구역 안에서 대통령령으로 정하는 일정 높이 이상의 건축물의 건축 및 공작물의 설치
③ 허가등을 받으려는 자(이하 이 조에서 "허가등의 신청인"이라 한다)는 허가등을 신청하기 전에 관할부대장등에게 제1항 각 호 또는 제2항 각 호의 어느 하나에 해당하는 사항이 보호구역의 보호·관리나 군사작전 등에 지장이 없는지 등에 관하여 대통령령으로 정하는 바에 따라 사전상담을 요청할 수 있다. 이 경우 관할부대장등은 요청을 받은 날부터 10일 이내에 사전상담 결과를 요청인에게 알려주어야 한다.(2015.9.1 본항신설)
④ 국방부장관 또는 관할부대장등은 제1항 또는 제2항에 따른 협의요청을 받은 경우 제15조에 따른 소관 군사기지 및 군사시설 보호 심의위원회의 심의를 거쳐 30일(제3항에 따른 사전상담 결과를 요청인에게 알려준 경우에는 20일) 이내에 그 의견을 관계 행정기관의 장에게 통보하여야 한다. 이 경우 그 의견에 대한 구체적인 사유를 명시하여야 한다.(2015.9.1 전단개정)
⑤ 국방부장관 또는 관할부대장등은 제4항에 따른 통보기한을 1회에 한하여 10일의 범위 안에서 연장할 수 있다. 이 경우 미리 그 연장 사유, 처리현황, 연장 기한을 명시하여 알려주어야 한다.(2015.9.1 전단개정)
⑥ 제4항에 따라 의견을 통보하는 국방부장관 또는 관할부대장등은 허가등의 신청인이 대체 시설의 설치 등 대통령령으로 정하는 사항을 이행하는 것이 군사적인 장애요소를 해소하기 위하여 필요한 경우에 한하여 해당 사항을 이행하도록 하는 조건을 붙여 동의할 수 있다. 이 경우 다음 각 호의 어느 하나에 해당하는 사항을 요구하거나 재협의를 제한하여서는 아니 된다.
1. 부대 복지시설의 설치 또는 비품의 제공 등 해당 협의 사안과 직접 관련이 없는 사항
2. 군사적인 장애 요소 해소에 필요한 수준 이상의 과다한 물자 및 장비
3. 그 밖에 불합리하거나 과다한 조건으로서 대통령령으로 정하는 사항
(2018.12.24 본항신설)
⑦ 제4항 및 제5항에 따라 의견을 통보받은 관계 행정기관의 장은 그 의견에 이의가 있는 경우 대통령령으로 정하는 절차에 따라 국방부장관 또는 관할부대장등(당초 협의기관의 직근상급기관을 말하되, 제10조제5항의 사항에 대하여는 국방부장관을 말한다. 이하 제8항 및 제9항에서 같다)에게 재협의를 요청할 수 있다.(2018.12.24 본항개정)
⑧ 제4항 및 제5항에 따른 협의결과에 이의가 있는 허가등의 신청인은 대통령령으로 정하는 절차에 따라 관계 행정기관의 장에게 국방부장관 또는 관할부대장등과 재협의하여 줄 것을 요청할 수 있다. 이 경우 관계 행정기관의 장은 특별할 사유가 없는 한 이에 따라야 한다.
(2015.9.1 전단개정)
⑨ 국방부장관 또는 관할부대장등이 제7항 및 제8항에 따라 재협의 요청을 받은 경우에는 제4항 및 제5항을 준용한다. 다만, 국방부장관이 제10조제5항의 사항에 대하여 재협의하는 경우에는 제15조제1항에 따른 국방부 군사기지 및 군사시설 보호 심의위원회의 심의에 갈음하여 같은 조 제2항에 따른 합동참모본부 군사기지 및 군사시설 보호 심의위원회의 심의를 거쳐야 한다.(2018.12.24 본문개정)
⑩ 국방부장관 또는 관할부대장등은 관계 행정기관의 장이 제1항 또는 제2항에 따른 협의를 거치지 아니하거나 협의조건을 이행하지 아니하고 제1항 또는 제2항에 해당하는 사항에 관한 허가등을 한 경우에는 당해 행정기관의 장에게 그 허가등의 취소, 행위의 중지, 시설물의 철거 등 원상회복에 필요한 조치를 할 것을 요청할 수 있고, 그 요청을 받은 행정기관의 장은 특별한 사유가 없는 한 이에 응하여야 한다.
⑪ 지방자치단체가 제6항에 따라 대체 시설 설치 등 대통령령으로 정하는 사항을 이행하는 경우, 「공유재산 및 물품 관리법」 제19조 및 제40조에도 불구하고 해당 대체 시설 등을 국가에 양여할 수 있다.(2024.2.6 본항신설)

제13조의2 【민군 간 전술항공작전기지 사용 협의】 ① 국방부장관은 국토교통부장관과 협의하여 전술항공작전기지 시설의 일부를 민간에서 사용하게 할 수 있다.
② 제1항에 따라 협의를 하는 경우에 포함하여야 할 사항 및 절차 등 필요한 사항은 대통령령으로 정한다.
(2024.1.16 본조신설)

제14조 【보호구역등에서의 협의업무의 위탁 등】 ① 국방부장관 또는 관할부대장등은 도시 지역 안의 보호구역, 농공 단지 등 작전에 미치는 영향이 경미하면서 지역사회발전 및 주민 편익을 도모할 수 있는 지역으로 대통령령으로 정하는 일정한 보호구역, 비행안전구역 또는 대공방어협조구역에 있어서의 제13조에 따른 협의업무를 제15조에 따른 소관 군사기지 및 군사시설 보호 심의위원회의 심의를 거쳐 관계 행정기관의 장에게 위탁할 수 있다. 다만, 관할부대장등이 협의업무를 위탁하려는 때에는 제15조제3항에 따른 관할부대 또는 관리부대 군사기지 및 군사시설 보호 심의위원회의 심의를 거친 후 합참의장의 승인을 받아야 한다.
② 제1항에 따라 위탁할 협의업무의 범위와 위탁절차 등에 관하여 필요한 사항은 대통령령으로 정한다.

제4장 심의위원회 및 관리기본계획 등

제15조 【군사기지 및 군사시설 보호 심의위원회】 ① 다음 각 호의 어느 하나에 해당하는 사항을 심의하기 위하여 국방부장관 소속으로 국방부 군사기지 및 군사시설 보호 심의위원회(이하 "국방부심의위원회"라 한다)를 둔다. 다만, 국방부장관은 필요하다고 인정하는 경우 제2호에 해당하는 사항을 제2항에 따른 합동참모본부 군사기지 및 군사시설 보호 심의위원회로 하여금 심의하게 할 수 있다.
1. 보호구역등의 지정·변경 또는 해제에 관한 사항
2. 제13조에 따른 국방부장관 소관 협의에 관한 사항
3. 제14조에 따른 국방부장관 소관 협의업무의 위탁에 관한 사항
4. 제16조제1항 및 제2항에 따른 보호구역등 관리기본계획의 수립 및 변경에 관한 사항
5. 그 밖에 군사기지 및 군사시설 보호와 관련된 중요한 사항으로서 국방부장관이 심의에 부치는 사항
② 다음 각 호의 어느 하나에 해당하는 사항을 심의하기 위하여 합참의장 소속으로 합동참모본부 군사기지 및 군사시설 보호 심의위원회(이하 "합참심의위원회"라 한다)를 둔다.
1. 제4조제1항에 따른 합참의장의 건의사항
2. 제13조제9항 단서에 따른 심의사항(2018.12.24 본호개정)
3. 제14조제1항 단서에 따른 합참의장의 승인에 관한 사항
4. 제1항 단서에 따라 국방부장관이 심의에 부치는 사항
5. 그 밖에 군사기지 및 군사시설의 보호와 관련된 중요한 사항으로서 합참의장이 심의에 부치는 사항
③ 작전책임지역 또는 관리책임지역과 관련된 다음 각 호의 사항을 심의하기 위하여 관할부대장등 소속으로 관할부대 또는 관리부대 군사기지 및 군사시설 보호 심의위원회(이하 "관할부대심의위원회"라 한다)를 둔다.
1. 제13조에 따른 관할부대장등 소관 협의에 관한 사항
2. 제14조에 따른 관할부대장등 소관 협의업무의 위탁에 관한 사항
3. 제16조제3항에 따른 보호구역등 관리계획의 수립에 관한 사항
4. 그 밖에 군사기지 및 군사시설 보호와 관련된 중요한 사항으로서 관할부대장등이 심의에 부치는 사항
④ 국방부심의위원회는 관계 행정기관에서 추천하는 자 2인 이상을 포함한 9인 이상 11인 이하의 위원으로 구성하고, 합참심의위원회 및 관할부대심의위원회는 합참의장 및 관할부대장등이 지명하는 5인 이상 9인 이하의 위원(허가 등 신청인이 제13조제3항에 따른 사전상담 결과를 동의하지 아니하는 사항과 관계 행정기관의 장이 제13조제7항에 따라 재협의를 요청하는 사항에 대하여 심의하는 경우에는 관계 행정기관에서 추천하는 2인 이하의 사람을 포함한다)으로 구성한다. 다만, 합참심의위원회의 심의사항 중 제2항제2호의 사항을 심의하려는 경우에는 민간 항공전문가를 포함하여야 한다.(2018.12.24 본문개정)
⑤ 국방부심의위원회, 합참심의위원회 및 관할부대심의위원회의 구성 및 운영 등에 관하여 필요한 사항은 대통령령으로 정한다.

제16조 【보호구역등 관리기본계획의 수립 등】 ① 국방부장관은 보호구역등을 체계적으로 관리하기 위하여 군사기지 및 군사시설 보호에 관한 기본방향, 보호구역등의 관리에 관한 사항 등이 포함된 보호구역등 관리기본계획(이하 이 조에서 "기본계획"이라 한다)을 5년마다 수립하여야 한다.
② 국방부장관은 제1항에 따라 기본계획을 수립할 때에는 국방부심의위원회의 심의를 거쳐 확정한다. 기본계획 중 보호구역등의 지정·변경·해제에 관한 사항, 피해보상에 관한 사항 등 대통령령으로 정하는 중요 사항을 변경하려는 때에도 또한 같다.
③ 관할부대장은 제1항에 따라 수립된 기본계획에 따라 소관 관할부대의 보호구역등 관리계획(이하 이 조에서 "관리계획"이라 한다)을 5년마다 수립·추진하여야 한다. 관리계획을 수립할 때에는 관할부대심의위원회의 심의를 거쳐야 한다.
④ 기본계획 및 관리계획의 수립 등에 관하여 필요한 사항은 대통령령으로 정한다.

제5장 토지 매수 청구 및 손실보상청구 등

제17조 【토지의 매수청구 등】 ① 제4조부터 제7조까지의 규정에 따른 보호구역등의 지정으로 인하여 그 구역 안의 토지를 종래의 용도로 사용할 수 없어 그 효용이 현저하게 감소한 토지 또는 당해 토지의 사용·수익이 사실상 불가능한 토지(이하 이 조에서 "매수대상토지"라 한다)의 소유자로서 다음 각 호의 어느 하나에 해당하는 자는 국방부장관에게 당해 토지의 매수를 청구할 수 있다.
1. 보호구역등의 지정 당시부터 당해 토지를 계속 소유한 자
2. 토지의 사용·수익이 사실상 불가능하게 되기 전에 당해 토지를 취득하여 계속 소유한 자
3. 제1호 또는 제2호에 해당하는 자로부터 당해 토지를 상속받아 계속 소유한 자
② 국방부장관은 제1항에 따라 매수청구를 받은 토지가 제3항에 따른 기준에 해당되는 때에는 예산의 범위 내에서 매수하여야 한다.
③ 매수대상토지의 범위 및 구체적인 판정기준은 대통령령으로 정한다.
④ 제1항에 따라 매수청구를 받은 토지의 매수가격은 「부동산 가격공시에 관한 법률」에 따라 공시지가를 기준으로 당해 토지의 위치·형상·환경 및 이용 상황 등을 고려하여 평가한 금액으로 한다.(2016.1.19 본항개정)
⑤ 제1항부터 제4항까지의 규정에 따라 토지를 매수하는 경우 매수가격의 산정시기, 방법 및 매수청구의 절차, 그 밖에 필요한 사항은 대통령령으로 정한다.

제18조 【비용의 부담】 ① 국방부장관은 제17조제4항에 따른 매수가격의 산정을 위한 감정평가 등에 사용되는 비용을 부담한다.
② 국방부장관은 제1항에도 불구하고 매수청구인이 정당한 사유 없이 매수청구를 철회하는 경우에는 감정평가에 따르는 비용의 전부 또는 일부를 매수청구인에게 부담하게 할 수 있다. 다만, 다음 각 호의 어느 하나에 해당하는 경우에는 그러하지 아니하다.
1. 매수예상가격에 비하여 매수가격이 30퍼센트 비율 이상 하락한 경우
2. 법령의 개정 또는 폐지 등으로 인하여 매수청구의 사유가 소멸된 경우(2022.12.13 본호개정)
③ 매수청구인이 제2항 각 호 외의 부분 본문에 따라 부담하여야 하는 비용을 납부하지 아니한 경우에는 국세체납처분의 예에 따라 징수할 수 있다.

제19조 【협의에 따른 토지등의 매수】 ① 국방부장관은 보호구역등의 지정목적을 달성하기 위하여 필요한 경우에는 토지소유자와 협의하여 그 구역 안의 토지 및 그 토지의 정착물(이하 이 조에서 "토지등"이라 한다)을 매수할 수 있다.
② 제1항에 따라 토지등을 협의 매수하는 경우 가격의 산정시기·방법 및 기준에 관하여는 「공익사업을 위한 토지 등의 취득 및 보상에 관한 법률」 제67조제1항, 제70조, 제71조, 제74조부터 제77조까지와 제78조제5항부터 제7항까지의 규정을 준용한다.

제20조 【손실보상】 ① 국방부장관은 다음 각 호의 어느 하나에 해당하는 손실에 대하여 정당한 보상을 하여야 한다. 다만, 그 소유자 및 그 밖의 권리를 가진 자에게 귀책사유가 있을 때에는 그러하지 아니하다.
1. 제9조제2항에 따른 장애설비등의 사용제한으로 인하여 발생한 손실
2. 제10조제1항제1호 또는 제2호에 해당하는 장애물을 제11조제1항에 따라 제거함으로써 발생한 손실
② 제1항에 따른 손실보상을 받으려는 자는 그 청구의 원인이 되는 사유가 발생한 날부터 1년 이내에 국방부장관에게 청구하여야 한다.
③ 국방부장관은 제2항에 따른 보상청구를 받은 때에는 그 청구를 받은 날부터 90일 이내에 손실보상금의 지급 여부를 결정하여 청구인에게 통지하여야 한다.
④ 제1항에 따른 보상금의 산정방법·산정절차, 그 밖에 필요한 사항은 대통령령으로 정한다.

제6장 보 칙

제21조 【이의신청 특례】 ① 이 법에 따른 처분에 이의가 있는 자는 그 처분을 받은 날부터 60일 이내에 대통령령으로 정하는 바에 따라 국방부장관 또는 관할부대장등에게 이의신청을 할 수 있다.
② 제1항에 따른 이의신청을 받은 국방부장관 또는 관할부대장등은 30일 이내에 이의신청에 대하여 결정하고 신청인에게 지체 없이 그 결과를 통보하여야 한다.
③ (2024.1.23 삭제)
④ 이의신청의 절차 등에 관하여 필요한 사항은 국방부령으로 정한다.
⑤ 제1항, 제2항 및 제4항에서 규정한 사항 외에 이의신청에 관한 사항은 「행정기본법」 제36조(제2항 단서는 제외한다)에 따른다.(2024.1.23 본항신설)
(2024.1.23 본조제목개정)

제22조【군사기지 및 군사시설관리의 협조】 ① 관할부대장등은 군이 상주하지 아니하는 군사기지 및 군사시설을 보호할 필요가 있다고 인정하는 때에는 그 군사기지 및 군사시설의 소재지를 관할하는 경찰서장에게 그 군사기지 및 군사시설의 관리에 필요한 사항의 협조를 요청할 수 있다.

② 제1항에 따라 협조를 요청받은 경찰서장은 그 시설의 보호·관리를 위하여 필요한 협조를 하여야 한다.

제23조【외국군 군사기지 및 군사시설에의 적용】 이 법은 「헌법」에 규정된 절차에 따라 대한민국에 주류(駐留)하는 외국군의 군사기지 및 군사시설에 대하여도 적용한다.

제7장 벌 칙

제24조【벌칙】 ① 제9조제1항제9호를 위반하여 군사시설 또는 군용 항공기를 손괴하거나 그 기능을 손상시킨 자는 3년 이상의 유기징역에 처한다.

② 다음 각 호의 어느 하나에 해당하는 자는 5년 이하의 징역 또는 5천만원 이하의 벌금에 처한다.(2014.5.9 본문개정)

1. 제9조제1항 단서에 따른 허가를 받지 아니하고 같은 항 제11호에 해당하는 행위를 한 자
2. 제9조제1항제6호, 제10호 또는 제10조제1항제5호를 위반한 자

③ 제9조제1항 단서에 따른 허가를 받지 아니하고 같은 항 제3호에 해당하는 행위를 한 자는 3년 이하의 징역 또는 200만원 이상 3천만원 이하의 벌금에 처한다.(2014.5.9 본항개정)

④ 제9조제1항제4호 또는 제5호를 위반한 자는 3년 이하의 징역 또는 3천만원 이하의 벌금에 처한다.(2014.5.9 본항개정)

⑤ 다음 각 호의 어느 하나에 해당하는 자는 2년 이하의 징역 또는 2천만원 이하의 벌금에 처한다.(2014.5.9 본문개정)

1. 제9조제1항제2호를 위반하여 건축물을 신축한 자(2015.9.1 본호개정)
2. 제11조제1항에 따른 장애물의 제거, 그 밖의 조치명령(제10조제1항제1호 또는 제2호에 해당하여 명령하는 경우에 한한다)에 따르지 아니한 자

⑥ 다음 각 호의 어느 하나에 해당하는 자는 1년 이하의 징역 또는 1천만원 이하의 벌금에 처한다.(2014.5.9 본문개정)

1. 제9조제1항 단서에 따른 허가를 받지 아니하고 같은 항 제1호·제7호·제8호 또는 제12호에 해당하는 행위를 한 자
2. 제9조제2항을 위반하여 장애설비등을 사용한 자
3. 제10조제1항 단서에 따른 허가를 받지 아니하고 같은 항 제3호에 해당하는 행위를 한 자
4. 제11조제1항에 따른 장애물의 제거, 그 밖의 조치 명령(제10조제1항제4호에 해당하여 명령하는 경우에 한한다)에 따르지 아니한 자
5. 제12조제2항에 따른 관할부대장등의 조치에 따르지 아니한 자

⑦ 제12조제3항을 위반한 선박의 장 또는 그 직무를 대행하는 자는 100만원 이하의 벌금에 처한다.

⑧ 제1항의 미수범은 처벌한다.

제25조【몰수】 ① 제9조제1항 단서에 따른 허가를 받지 아니하고 같은 항 제3호의 행위를 한 자가 소유하는 어획물·제품·어선 또는 어구는 몰수할 수 있다. 다만, 어선몰수의 경우에는 최근 5년 이내에 제9조제1항제3호를 위반하여 2회 이상 처벌을 받은 경우에 한한다.

② 제1항에 따른 어획물·제품·어선 또는 어구의 전부 또는 일부를 몰수할 수 없을 때에는 그 가액을 추징할 수 있다.

부 칙

제1조【시행일】 이 법은 공포 후 9개월이 경과한 날부터 시행한다. 다만, 제17조부터 제19조까지의 규정은 2009년 1월 1일부터 시행한다.

제2조【다른 법률의 폐지】 「군사시설보호법」, 「해군기지법」 및 「군용항공기지법」은 각각 폐지한다.

제3조【보호구역등 관리기본계획 등에 관한 적용례】 ① 이 법 시행 후 제16조제1항에 따른 최초의 보호구역등 관리기본계획은 2009년 6월 30일까지 수립하여야 한다.

② 이 법 시행 후 제16조제3항에 따른 최초의 보호구역등 관리계획은 2009년 12월 31일까지 수립하여야 한다.

제4조【손실보상청구 기간에 관한 적용례】 제20조제2항(같은 조 제1항제2호에 해당하는 경우에 한한다)은 이 법 시행 후 손실보상금의 지급사유가 발생하는 것부터 적용한다.

제5조【일반적 경과조치】 ① 이 법 시행 당시 종전의 「군사시설보호법」, 「해군기지법」 및 「군용항공기지법」에 따라 행하여진 처분·절차, 그 밖의 행위는 이 법에 따라 행하여진 것으로 본다.

② 이 법 시행 당시 「군용전기통신법」에서 규정하고 있는 특별보호구역과 관련된 처분·절차, 그 밖의 행위는 이 법에 따라 행하여진 것으로 본다.

제6조【보호구역등에 관한 경과조치】 ① 이 법 시행 당시 종전의 「군사시설보호법」, 「해군기지법」, 「군용항공기지법」 및 「군용전기통신법」에 따라 설정되거나 지정된 군사시설보호구역, 민간인통제선, 해군기지구역, 기지보호구역 및 특별보호구역은 각각 이 법에 따른 군사기지 및 군사시설 보호구역과 민간인통제선으로 지정·고시된 것으로 보되, 제5조에 따른 지정범위를 초과하는 구역 및 민간인통제선은 이 법 시행일 이전에 이 법의 규정에 적합하도록 변경하여야 한다. 다만, 지뢰지대 등 안전과 관련한 지역의 변경은 관할 행정기관과 협의를 거쳐 변경시기를 1년 이내에서 연장할 수 있다.

② 이 법 시행 당시 종전의 「군사시설보호법」 및 「군용항공기지법」에 따라 지정·고시된 대공방어협조구역 및 비행안전구역은 각각 이 법에 따른 대공방어협조구역 및 비행안전구역으로 지정·고시된 것으로 본다.

제7조【토지매수 청구에 관한 경과조치】 이 법 시행 당시 종전의 규정에 따라 토지매수를 청구한 자에 대하여는 종전의 「군용항공기지법」에 따른다.

제8조【손실보상에 관한 경과조치】 이 법 시행 당시 종전의 규정에 따라 손실보상을 청구한 자에 대하여는 「군용전기통신법」 및 「군용항공기지법」의 종전 규정에 따른다.

제9조【벌칙에 관한 경과조치】 이 법 시행 전의 행위에 대한 벌칙의 적용에 있어서는 종전의 「군사시설보호법」, 「해군기지법」, 「군용항공기지법」 및 「군용전기통신법」에 따른다.

제10조【다른 법률의 개정】 ①~㉚ ※(해당 법령에 가제정리 하였음)

제11조【다른 법률과의 관계】 이 법 시행 당시 다른 법률에서 종전의 「군사시설보호법」, 「해군기지법」 또는 「군용항공기지법」 및 그 규정을 인용하고 있는 경우 이 법 중 그에 해당하는 규정이 있는 때에는 종전의 규정에 갈음하여 이 법 또는 이 법의 해당 규정을 인용한 것으로 본다.

부 칙 (2014.12.30)

제1조【시행일】 이 법은 공포 후 3개월이 경과한 날부터 시행한다.

제2조【비행안전구역과 중첩되는 도로구역의 도로에 관한 적용례】 제10조제1항제1호 단서의 개정규정은 이 법 시행 당시 「도로법」 제2조제5호의 도로관리청이 도로구역의 변경을 고시 또는 공고한 도로부터 적용한다.

부 칙 (2018.12.24)

제1조【시행일】 이 법은 공포 후 6개월이 경과한 날부터 시행한다.

제2조【조건부 동의에 관한 적용례】 제13조제6항의 개정규정은 이 법 시행 후 최초로 국방부장관 또는 관할부대장등이 협의요청을 받는 경우부터 적용한다.

부 칙 (2019.4.23)

제1조【시행일】 이 법은 공포 후 6개월이 경과한 날부터 시행한다.

제2조【보호구역의 지정 해제에 관한 적용례】 제4조제3항의 개정규정에 따른 보호구역의 지정 해제는 이 법 시행 후 최초로 미합중국이 대한민국에 반환하는 반환공여구역부터 적용한다.

부 칙 (2020.3.31)

이 법은 공포 후 3개월이 경과한 날부터 시행한다.

부 칙 (2022.12.13)

이 법은 공포한 날부터 시행한다.

부 칙 (2024.1.16)

제1조【시행일】 이 법은 공포 후 6개월이 경과한 날부터 시행한다.

제2조【민간이 사용 중인 전술항공작전기지에 관한 경과조치】 이 법 시행 당시 국방부장관과 국토교통부장관이 협의하여 민간이 사용 중인 전술항공작전기지는 이 법 제13조의2의 개정규정에 따라 협의를 한 것으로 본다.

부 칙 (2024.1.23)

제1조【시행일】 이 법은 공포한 날부터 시행한다.

제2조【이의신청에 관한 일반적 적용례】 이의신청에 관한 개정규정은 이 법 시행 이후 하는 처분부터 적용한다.
(이하 생략)

부 칙 (2024.2.6)

제1조【시행일】 이 법은 공포한 날부터 시행한다.

제2조【대체 시설 등의 양여에 관한 적용례】 제13조제11항의 개정규정은 이 법 시행 당시 설치되어 있는 대체 시설 등에 대하여도 적용한다.

〔별표〕 ➡ 「法典 別冊」 참조

군형법

(1962년 1월 20일
법 률 제1003호)

개정
1963.12.16법 1620호
1970.12.31법 2261호
1973. 2.17법 2538호
1975. 4. 4법 2749호
1981. 4.17법 3443호
1983.12.31법 3696호(병역)
1983.12.31법 3699호(방위산업에관한특별조치법)
1987.12. 4법 3993호(군사법원)
1993.12.31법 4685호(병역)
1994. 1. 5법 4703호
1999. 2. 5법 5757호(병역)
2000.12.26법 6290호(군인사법)
2006. 1. 2법 7845호(방위사업법)
2009.11. 2법 9820호
2013. 4. 5법11734호
2014. 1.14법12232호
2016. 5.29법14181호
2016. 5.29법14183호(병역)
2021. 9.24법18465호(군사법원)

제1편 총 칙

(2009.11.2 본편개정)

제1조【적용대상자】 ① 이 법은 이 법에 규정된 죄를 범한 대한민국 군인에게 적용한다.

② 제1항에서 "군인"이란 현역에 복무하는 장교, 준사관, 부사관 및 병(兵)을 말한다. 다만, 전환복무(轉換服務) 중인 병은 제외한다.

③ 다음 각 호의 어느 하나에 해당하는 사람에 대하여는 군인에 준하여 이 법을 적용한다.

1. 군무원
2. 군적(軍籍)을 가진 군(軍)의 학교의 학생·생도와 사관후보생·부사관후보생 및 「병역법」 제57조에 따른 군적을 가지는 재영(在營) 중인 학생
3. 소집되어 복무하고 있는 예비역·보충역 및 전시근로역인 군인(2016.5.29 본호개정)

④ 다음 각 호의 어느 하나에 해당하는 죄를 범한 내국인·외국인에 대하여도 군인에 준하여 이 법을 적용한다.

1. 제13조제2항 및 제3항의 죄
2. 제42조의 죄
3. 제54조부터 제56조까지, 제58조, 제58조의2부터 제58조의6까지 및 제59조의 죄
4. 제66조부터 제71조까지의 죄
5. 제75조제1항제1호의 죄
6. 제77조의 죄
7. 제78조의 죄
8. 제87조부터 제90조까지의 죄
9. 제13조제2항 및 제3항의 미수범
10. 제58조의2부터 제58조의4까지의 미수범
11. 제59조제1항의 미수범
12. 제66조부터 제70조까지 및 제71조제1항·제2항의 미수범
13. 제87조부터 제90조까지의 미수범

⑤ 제1항부터 제3항까지에 규정된 사람이 군복무 중이나 재학 또는 재영 중에 이 법에서 정한 죄를 범한 경우에는 전역·소집해제·퇴직 또는 퇴교나 퇴영 후에도 이 법을 적용한다.

참조 [형법피적용자]형2-6, [형법총칙의 적용]형8, [다른 법의 적용례]4, [본법피적용자에 대한 신분적 재판권]군사법원2, [군인]국군조직4, [현역]병역2①·15이하, [군무원]국군조직16, [소집되어 실역에 복무중인 군인]병역15이하, 헌11·25, [간첩]13, [유해 음식물 공급]42, [초병에 대한 죄]54-59, [초소침범]78, [포로에 관한 죄]87-91

판례 현역병입영대상자로의 병역처분에 흠이 있는 경우, 현역병입영자가 군형법의 적용 대상이 되는지 여부 : 동조와 병역법 제2조 제1항 제1호·제3호, 제5조 제1항 제1호 등을 종합해 보면, 병역의 무자가 소정의 절차에 따라 현역병입영대상자로 병역처분을 받고 징집되어 군부대에 들어갔다면, 설령 그 병역처분에 흠이 있다고 하더라도 그 흠이 당연무효에 해당하는 것이 아닌 이상, 그 사람은 입영한 때부터 현역의 군인으로서 군형법의 적용대상이 되는 것으로 보아야 한다.(대판 2002.4.26, 2002도740)

제1조의2【장소적 적용범위】 이 법은 제1조에 규정된 사람이 대한민국의 영역 밖에서 이 법에 규정된 죄(제1조 제4항의 적용을 받는 사람에 대하여는 같은 항 각 호에 정한 죄만 해당한다)를 범한 경우에도 적용한다.
(2009.11.2 본조신설)

제2조【용어의 정의】 이 법에서 사용하는 용어의 뜻은 다음과 같다.
1. "상관"이란 명령복종 관계에서 명령권을 가진 사람을 말한다. 명령복종 관계가 없는 경우의 상위 계급자와 상위 서열자는 상관에 준한다.
2. "지휘관"이란 중대 이상 단위부대의 장과 함선(艦船)부대의 장 또는 함정(艦艇) 및 항공기를 지휘하는 사람을 말한다.
3. "초병(哨兵)"이란 경계를 그 고유의 임무로 하여 지상, 해상 또는 공중에 책임 범위를 정하여 배치된 사람을 말한다.
4. "부대"란 군대, 군의 기관 및 학교와 전시(戰時) 또는 사변 시에 이에 준하여 특별히 설치하는 기관을 말한다.
5. "적전(敵前)"이란 적에 대하여 공격·방어의 전투행동을 개시하기 직전과 개시 후의 상태 또는 적과 직접 대치하여 적의 습격을 경계하는 상태를 말한다.
6. "전시"란 상대국이나 교전단체에 대하여 선전포고나 대적(對敵)행위를 한 때부터 그 상대국이나 교전단체와 휴전협정이 성립된 때까지의 기간을 말한다.
7. "사변"이란 전시에 준하는 동란(動亂)상태로서 전국 또는 지역별로 계엄이 선포된 기간을 말한다.

제3조【사형 집행】 사형은 소속 군 참모총장이 지정한 장소에서 총살로써 집행한다.(2021.9.24 본조개정)

참조 [사형의 집행]군사법원506-512, 군에서의형의집행및군수용자의처우에관한법78, 형의집행수용자91, [형법의 경우]형66

제4조【다른 법의 적용례】 제1조에 따른 이 법의 적용대상자가 범한 죄에 관하여 이 법에 특별한 규정이 없으면 다른 법령에서 정하는 바에 따른다.

제2편 각 칙

제1장 반란의 죄
(2009.11.2 본장개정)

제5조【반란】 작당(作黨)하여 병기를 휴대하고 반란을 일으킨 사람은 다음 각 호의 구분에 따라 처벌한다.
1. 수괴(首魁) : 사형
2. 반란 모의에 참여하거나 반란을 지휘하거나 그 밖에 반란에서 중요한 임무에 종사한 사람과 반란 시 살상, 파괴 또는 약탈 행위를 한 사람 : 사형, 무기 또는 7년 이상의 징역이나 금고
3. 반란에 부화뇌동(附和雷同)하거나 단순히 폭동에만 관여한 사람 : 7년 이하의 징역이나 금고

참조 [특례]헌정질서파괴범죄의공소시효등에관한특례법4, [미수범]7, [예비·음모·선동·선전]8, [동맹국에 대한 행위]10, [내란죄]형87

판례 군형법상 반란죄는 군인이 작당하여 병기를 휴대하고 군 지휘계통이나 국가기관에 반항하는 경우에 성립하는 범죄이고, 군 지휘계통에 대한 반란은 군의 지휘통수계통에서 군의 일부가 이탈하여 지휘통수권에 반항하는 것을 그 본질로 하고 있다 할 것이므로, 5·18 내란 과정에서 군의 최고통수권자인 대통령의 재가나 승인 혹은 묵인 하에 내란행위자들에 의하여 이루어진 병력의 배치·이동은 군형법상의 반란죄에 해당하지 아니한다.(대판 1997.4.17, 96도3376)

제6조【반란 목적의 군용물 탈취】 반란을 목적으로 작당하여 병기, 탄약 또는 그 밖에 군용에 공(供)하는 물건을 탈취한 사람은 제5조의 예에 따라 처벌한다.

참조 [반란]5, [미수범]7, [예비·음모·선동·선전]8, [동맹국에 대한 행위]10

제7조【미수범】 제5조와 제6조의 미수범은 처벌한다.

참조 [미수범]형25, [동맹국에 대한 행위]10

제8조【예비, 음모, 선동, 선전】 ① 제5조 또는 제6조의 죄를 범할 목적으로 예비 또는 음모를 한 사람은 5년 이상의 유기징역이나 유기금고에 처한다. 다만, 그 목적한 죄의 실행에 이르기 전에 자수한 경우에는 그 형을 감경하거나 면제한다.
② 제5조 또는 제6조의 죄를 범할 것을 선동하거나 선전한 사람도 제1항의 형에 처한다.

참조 [음모·예비]형28, [자수절차]군사법원279, [자수감면]형52①, [동맹국에 대한 행위]10, [자수 준용규정]군사법원282

제9조【반란 불보고】 ① 반란을 알고도 이를 상관 또는 그 밖의 관계관에게 지체 없이 보고하지 아니한 사람은 2년 이하의 징역이나 금고에 처한다.
② 제1항의 경우에 적을 이롭게 할 목적으로 보고하지 아니한 사람은 7년 이하의 징역이나 금고에 처한다.

참조 [반란]5, [동맹국에 대한 행위]10

제10조【동맹국에 대한 행위】 이 장의 규정은 대한민국의 동맹국에 대한 행위에도 적용한다.

참조 [동맹국에 대한 행위]17

제2장 이적(利敵)의 죄
(2009.11.2 본장개정)

제11조【군대 및 군용시설 제공】 ① 군대 요새(要塞), 진영(陣營) 또는 군용에 공하는 함선이나 항공기 또는 그 밖의 장소, 설비 또는 건조물을 적에게 제공한 사람은 사형에 처한다.
② 병기, 탄약 또는 그 밖에 군용에 공하는 물건을 적에게 제공한 사람도 제1항의 형에 처한다.

참조 [미수범]15, [예비·음모·선동·선전]16, [동맹국에 대한 행위]17, [외환죄]형95

제12조【군용시설 등 파괴】 적을 위하여 제11조에 규정된 군용시설 또는 그 밖의 물건을 파괴하거나 사용할 수 없게 한 사람은 사형에 처한다.

참조 [미수범]15, [예비·음모·선동·선전]16, [동맹국에 대한 행위]17, [외환죄]형96

제13조【간첩】 ① 적을 위하여 간첩행위를 한 사람은 사형에 처하고, 적의 간첩을 방조한 사람은 사형 또는 무기징역에 처한다.
② 군사상 기밀을 적에게 누설한 사람도 제1항의 형에 처한다.
③ 다음 각 호의 어느 하나에 해당하는 지역 또는 기관에서 제1항 및 제2항의 죄를 범한 사람도 제1항의 형에 처한다.
1. 부대·기지·군항(軍港)지역 또는 그 밖에 군사시설 보호를 위한 법령에 따라 고시되거나 공고된 지역
2. 부대이동지역·부대훈련지역·대간첩작전지역 또는 그 밖에 군이 특수작전을 수행하는 지역
3. 「방위사업법」에 따라 지정되거나 위촉된 방위산업체와 연구기관

참조 [제3항의 죄와 군형법피적용자]1④, [군사상 기밀]군사기밀2, [미수범]15, [예비·음모·선동·선전]16, [동맹국에 대한 행위]17, [외환죄]형98, [재범자의 특수가중]국가보안13

제14조【일반이적】 제11조부터 제13조까지의 행위 외에 다음 각 호의 어느 하나에 해당하는 행위를 한 사람은 사형, 무기 또는 5년 이상의 징역에 처한다.
1. 적을 위하여 진로를 인도하거나 지리를 알려준 사람
2. 적에게 항복하게 하기 위하여 지휘관에게 이를 강요한 사람
3. 적을 숨기거나 비호(庇護)한 사람
4. 적을 위하여 통로, 교량, 등대, 표지 또는 그 밖의 교통시설을 손괴하거나 불통하게 하거나 그 밖의 방법으로 부대 또는 군용에 공하는 함선, 항공기 또는 차량의 왕래를 방해한 사람
5. 적을 위하여 암호 또는 신호를 사용하거나 명령, 통보 또는 보고의 내용을 고쳐서 전달하거나 전달을 게을리하거나 거짓 명령, 통보나 보고를 한 사람
6. 적을 위하여 부대, 함대(艦隊), 편대(編隊) 또는 대원을 해산시키거나 혼란을 일으키게 하거나 그 연락이나 집합을 방해한 사람
7. 군용에 공하지 아니하는 병기, 탄약 또는 전투용에 공할 수 있는 물건을 적에게 제공한 사람
8. 그 밖에 대한민국의 군사상 이익을 해하거나 적에게 군사상 이익을 제공한 사람

참조 [미수범]15, [예비·음모·선동·선전]16, [동맹국에 대한 행위]17, [외환죄]형99

제15조【미수범】 제11조부터 제14조까지의 미수범은 처벌한다.

참조 [미수범]형25, [동맹국에 대한 행위]17, [재범자의 특수가중]국가보안13

제16조【예비, 음모, 선동, 선전】 ① 제11조부터 제14조까지의 죄를 범할 목적으로 예비 또는 음모를 한 사람은 3년 이상의 유기징역에 처한다. 다만, 그 목적한 죄의 실행에 이르기 전에 자수한 경우에는 그 형을 감경하거나 면제한다.
② 제11조부터 제14조까지의 죄를 범할 것을 선동하거나 선전한 사람도 제1항의 형에 처한다.

참조 [음모·예비]형28, [자수 준용규정]군사법원282, [자수감면]형52①, [동맹국에 대한 행위]17

제17조【동맹국에 대한 행위】 이 장의 규정은 대한민국의 동맹국에 대한 행위에도 적용한다.

참조 [동맹국에 대한 행위]10

제3장 지휘권 남용의 죄
(2009.11.2 본장개정)

제18조【불법 전투 개시】 지휘관이 정당한 사유 없이 외국에 대하여 전투를 개시한 경우에는 사형에 처한다.

참조 [지휘관]2, [미수범]21

제19조【불법 전투 계속】 지휘관이 휴전 또는 강화(講和)의 고지를 받고도 정당한 사유 없이 전투를 계속한 경우에는 사형에 처한다.

참조 [지휘관]2, [미수범]21

제20조【불법 진퇴】 전시, 사변 시 또는 계엄지역에서 지휘관이 권한을 남용하여 부득이한 사유 없이 부대, 함선 또는 항공기를 진퇴(進退)시킨 경우에는 사형, 무기 또는 7년 이상의 징역이나 금고에 처한다.

참조 [전시]2, [사변]2, [계엄지역]계엄2·3, [지휘관]2, [부대]2, [미수범]21

제21조【미수범】 이 장의 미수범은 처벌한다.

참조 [미수범]형25

제4장 지휘관의 항복과 도피의 죄
(2009.11.2 본장개정)

제22조【항복】 지휘관이 그 할 바를 다하지 아니하고 적에게 항복하거나 부대, 요새, 진영, 함선 또는 항공기를 적에게 방임(放任)한 경우에는 사형에 처한다.

참조 [지휘관]2, [부대]2, [미수범]25, [예비·음모]26

제23조【부대 인솔 도피】 지휘관이 적전에서 그 할 바를 다하지 아니하고 부대를 인솔하여 도피한 경우에는 사형에 처한다.

참조 [지휘관]2, [적전]2, [부대]2, [미수범]25, [예비·음모]26

제24조【직무유기】 지휘관이 정당한 사유 없이 직무수행을 거부하거나 직무를 유기(遺棄)한 경우에는 다음 각 호의 구분에 따라 처벌한다.
1. 적전인 경우 : 사형
2. 전시, 사변 시 또는 계엄지역인 경우 : 5년 이상의 유기징역 또는 유기금고
3. 그 밖의 경우 : 3년 이하의 징역 또는 금고

참조 [지휘관]2, (1)[적전]2, (2)[전시]2, [사변]2, [계엄지역]계엄2·3, [공무원의 직무유기죄]형122

판례 지휘관의 직무유기죄가 성립하려면 주관적으로는 직무를 버린다는 인식과 객관적으로는 직무 또는 직장을 유기하는 행위가 있어야 하며 다만, 직무집행의 내용이 적정하지 못하였기 때문에 부당한 결과가 초래되었다 하여 그 사유만으로 직무유기죄의 성립을 인정할 수는 없다.(대판 1983.4.26, 83도188)

제25조【미수범】 제22조 및 제23조의 미수범은 처벌한다.

참조 [미수범]형25

제26조【예비, 음모】 제22조 또는 제23조의 죄를 범할 목적으로 예비 또는 음모를 한 사람은 3년 이상의 유기징역에 처한다.

참조 [예비·음모]형28

제5장 수소(守所) 이탈의 죄
(2009.11.2 본장개정)

제27조【지휘관의 수소 이탈】 지휘관이 정당한 사유 없이 부대를 인솔하여 수소를 이탈하거나 배치구역에 임하지 아니한 경우에는 다음 각 호의 구분에 따라 처벌한다.
1. 적전인 경우 : 사형
2. 전시, 사변 시 또는 계엄지역인 경우 : 사형, 무기 또는 5년 이상의 징역 또는 금고
3. 그 밖의 경우 : 3년 이하의 징역 또는 금고

참조 [지휘관]2, [부대]2, [미수범]29, [초병의 수소이탈]28

제28조【초병의 수소 이탈】 초병이 정당한 사유 없이 수소를 이탈하거나 지정된 시간까지 수소에 임하지 아니한 경우에는 다음 각 호의 구분에 따라 처벌한다.
1. 적전인 경우 : 사형, 무기 또는 10년 이상의 징역
2. 전시, 사변 시 또는 계엄지역인 경우 : 1년 이상의 유기징역
3. 그 밖의 경우 : 2년 이하의 징역

참조 [미수범]29, [지휘관의 수소이탈]27

판례 초병의 수소이탈죄에서 말하는 초병의 의미 : 군형법 제28조 초병의 수소이탈죄에서 말하는 초병에는 실제로 수소에 배치되어 근무하는 자는 물론이고, 초병근무명령을 받아 경계근무감독자에게 신고하고 근무시간에 임박하여 경계근무의 복장을 갖춘 자도 포함된다.(대판 2006.6.30, 2005도8933)

제29조【미수범】 이 장의 미수범은 처벌한다.

참조 [미수범]형25

제6장 군무 이탈의 죄
(2009.11.2 본장개정)

제30조【군무 이탈】 ① 군무를 기피할 목적으로 부대 또는 직무를 이탈한 사람은 다음 각 호의 구분에 따라 처벌한다.
1. 적전인 경우 : 사형, 무기 또는 10년 이상의 징역
2. 전시, 사변 시 또는 계엄지역인 경우 : 5년 이상의 유기징역
3. 그 밖의 경우 : 1년 이상 10년 이하의 징역
② 부대 또는 직무에서 이탈된 사람으로서 정당한 사유 없이 상당한 기간 내에 부대 또는 직무에 복귀하지 아니한 사람도 제1항의 형에 처한다.

참조 [부대]23, [미수범]34, [특수군무이탈]31

판례 군무이탈죄가 군무를 기피할 목적이 있음을 요하는 목적범임은 논하는 바와 같으나, 군인이 소속 부대에서 무단이탈하였다면 다른 사정이 없는 한 그에게 군무기피의 목적이 있었던 것으로 추정된다 할 것이고, 군무이탈죄는 그 이탈행위가 있음과 동시에 완성되는 것이므로, 그 이후의 사정 여하는 범죄의 성립 여부에 영향이 없다 할 것이다.(대판 1995.7.11, 95도910)

제31조【특수 군무 이탈】 위험하거나 중요한 임무를 회피할 목적으로 배치지 또는 직무를 이탈한 사람도 제30조의 예에 따른다.

참조 [미수범]34

제32조【이탈자 비호】 제30조 또는 제31조의 죄를 범한 사람을 숨기거나 비호한 사람은 다음 각 호의 구분에 따라 처벌한다.
1. 전시, 사변 시 또는 계엄지역인 경우 : 5년 이하의 징역
2. 그 밖의 경우 : 3년 이하의 징역

참조 [미수범]34

제33조【적진으로의 도주】 적진으로 도주한 사람은 사형에 처한다.

참조 [미수범]34

제34조【미수범】 이 장의 미수범은 처벌한다.

참조 [미수범]형25

제7장 군무 태만의 죄
(2009.11.2 본장개정)

제35조【근무 태만】 근무를 게을리하여 다음 각 호의 어느 하나에 해당하는 사람은 무기 또는 1년 이상의 징역에 처한다.
1. 지휘관 또는 이에 준하는 장교로서 그 임무를 수행하면서 적과의 교전이 예측되는 경우에 전투준비를 게을리한 사람
2. 장교로서 부대 또는 병원(兵員)을 인솔하여 그 임무를 수행하면서 적을 만나거나 그 밖의 위난(危難)에 처하여 정당한 사유 없이 부대 또는 병원을 유기한 사람

3. 직무상 공격하여야 할 적을 정당한 사유 없이 공격하지 아니하거나 직무상 당연히 감당하여야 할 위난으로부터 이탈한 사람
4. 군사기밀인 문서 또는 물건을 보관하는 사람으로서 위급한 경우에 있어서 부득이한 사유 없이 적에게 이를 방임한 사람
5. 전시, 사변 시 또는 계엄지역에서 병기, 탄약, 식량, 피복 또는 그 밖에 군용에 공하는 물건을 운반 또는 공급하는 사람으로서 부득이한 사유 없이 이를 없애거나 모자라게 한 사람

판례 제1호의 전투준비태만죄는 작전에 실패하였다는 결과에 의하여 성립하는 것이 아니고 통상적인 능력을 갖춘 지휘관으로서 마땅히 하여야 할 전투준비를 태만히 한 경우에 성립하는 것이므로 불가능한 전투준비 또는 부적당한 전투준비를 태만히 한 경우는 성립되지 아니한다.(대판 1980.3.11, 80도141)

제36조【비행군기 문란】 비행(飛行)에 관한 법규 또는 명령을 위반하여 항공기를 조종함으로써 비행군기를 문란하게 한 사람은 다음 각 호의 구분에 따라 처벌한다.
1. 적전인 경우 : 1년 이상의 유기징역 또는 유기금고
2. 전시, 사변 시 또는 계엄지역인 경우 : 3년 이하의 징역 또는 금고
3. 그 밖의 경우 : 1년 이하의 징역 또는 금고

제37조【위계로 인한 항행 위험】 거짓 신호를 하거나 그 밖의 방법으로 군용에 공하는 함선 또는 항공기의 항행(航行)에 위험을 발생시킨 사람은 다음 각 호의 구분에 따라 처벌한다.
1. 전시, 사변 시 또는 계엄지역인 경우 : 사형, 무기 또는 5년 이상의 징역
2. 그 밖의 경우 : 무기 또는 2년 이상의 징역

제38조【거짓 명령, 통보, 보고】 ① 군사(軍事)에 관하여 거짓 명령, 통보 또는 보고를 한 사람은 다음 각 호의 구분에 따라 처벌한다.
1. 적전인 경우 : 사형, 무기 또는 5년 이상의 징역
2. 전시, 사변 시 또는 계엄지역인 경우 : 7년 이하의 징역
3. 그 밖의 경우 : 1년 이하의 징역

② 군사에 관한 명령, 통보 또는 보고를 할 의무가 있는 사람이 제1항의 죄를 범한 경우에는 제1항 각 호에서 정한 형의 2분의 1까지 가중한다.

판례 군인 사이에 구타로 인하여 상해가 발생하였음에도 불구하고 그 상해의 원인이 물건에 부딪혀 일어난 것이라고 허위로 보고한 것은 병력에 대한 관리 작용에 해당하는 군행정절차를 방해하는 결과를 초래한 것으로서 군 본연의 임무수행에 중대한 장애가 초래되거나 이를 예견할 수 있는 사안에 관한 것이므로, 군형법 제38조의 '군사에 관한' 허위의 보고에 해당한다.(대판 2006.8.25, 2006도620)

제39조【명령 등의 거짓 전달】 전시, 사변 시 또는 계엄지역에서 군사에 관한 명령, 통보 또는 보고를 전달하는 사람이 거짓으로 전달하거나 전달하지 아니한 경우에는 제38조의 예에 따른다.

참조 [사변]27, [계엄지역]계엄2 · 3

제40조【초령 위반】 ① 정당한 사유 없이 정하여진 규칙에 따르지 아니하고 초병을 교체하게 하거나 교체한 사람은 다음 각 호의 구분에 따라 처벌한다.
1. 적전인 경우 : 사형, 무기 또는 2년 이상의 징역
2. 전시, 사변 시 또는 계엄지역인 경우 : 5년 이하의 징역
3. 그 밖의 경우 : 2년 이하의 징역

② 초병이 잠을 자거나 술을 마신 경우에도 제1항의 형에 처한다.

참조 [초병]28

제41조【근무 기피 목적의 사술】 ① 근무를 기피할 목적으로 신체를 상해한 사람은 다음 각 호의 구분에 따라 처벌한다.
1. 적전인 경우 : 사형, 무기 또는 5년 이상의 징역
2. 그 밖의 경우 : 3년 이하의 징역

② 근무를 기피할 목적으로 질병을 가장하거나 그 밖의 위계(僞計)를 한 사람은 다음 각 호의 구분에 따라 처벌한다.
1. 적전인 경우 : 10년 이하의 징역
2. 그 밖의 경우 : 1년 이하의 징역

제42조【유해 음식물 공급】 ① 독성이 있는 음식물을 군에 공급한 사람은 10년 이하의 징역에 처한다.
② 제1항의 죄를 범하여 사람을 사망 또는 상해에 이르게 한 사람은 사형, 무기 또는 5년 이상의 징역에 처한다.
③ 과실로 인하여 제1항의 죄를 범한 사람은 5년 이하의 징역이나 금고에 처한다.
④ 적을 이롭게 하기 위하여 제1항의 죄를 범한 사람은 사형, 무기 또는 5년 이상의 징역에 처한다.

참조 [본조의 죄와 군형법 피적용자]1④

제43조【출병 거부】 지휘관이 출병(出兵)을 요구할 수 있는 권한을 가진 사람으로부터 그 요구를 받고 상당한 이유 없이 이에 응하지 아니한 경우에는 7년 이하의 징역이나 금고에 처한다.

참조 [지휘관]22 · 24 · 27 · 35

제8장 항명의 죄
(2009.11.2 본장개정)

제44조【항명】 상관의 정당한 명령에 반항하거나 복종하지 아니한 사람은 다음 각 호의 구분에 따라 처벌한다.
1. 적전인 경우 : 사형, 무기 또는 10년 이상의 징역
2. 전시, 사변 시 또는 계엄지역인 경우 : 1년 이상 7년 이하의 징역
3. 그 밖의 경우 : 3년 이하의 징역

참조 [집단항명]45, [명령위반]47

판례 국군병원장이 그 병원에 입원한 사병인 피고인에게 한 골종을 제거하는 수술을 받으라는 명령은, 피고인이 그 수술 없이도 군복무를 지장 없이 수행할 수 있다는 특단의 사정이 없는 한, 소속대 지휘관인 병원장이 질병이 있거나 부상당한 군인을 치료하여 원대로 복귀시킴으로써 군의 전투력을 보호함을 임무로 하고 있는 자신의 권한 범위 내에서 발한 것으로서, 군의 사기, 군기 및 피지휘자의 유용성을 보호 내지 증진하기 위해 적합하고 필요하며 군의 질서를 유지하는데 직접적으로 연관된 행동, 즉 군사상의 의무를 부과하는 것을 내용으로 하고 있는 명령으로서, 그 명령이 군사상의 필요성을 넘어 지나치게 개인의 기본권을 침해하는 것이라고 볼 수 없으므로, 이는 군형법 제44조 소정의 상관의 정당한 명령에 해당한다.
(대판 1996.10.25, 96도2233)

제45조【집단 항명】 집단을 이루어 제44조의 죄를 범한 사람은 다음 각 호의 구분에 따라 처벌한다.
1. 적전인 경우 : 수괴는 사형, 그 밖의 사람은 사형 또는 무기징역
2. 전시, 사변 시 또는 계엄지역인 경우 : 수괴는 무기 또는 7년 이상의 징역, 그 밖의 사람은 1년 이상의 유기징역
3. 그 밖의 경우 : 수괴는 3년 이상의 유기징역, 그 밖의 사람은 7년 이하의 징역

제46조【상관의 제지 불복종】 폭행을 하는 사람이 상관의 제지에 복종하지 아니한 경우에는 3년 이하의 징역에 처한다.

제47조【명령 위반】 정당한 명령 또는 규칙을 준수할 의무가 있는 사람이 이를 위반하거나 준수하지 아니한 경우에는 2년 이하의 징역이나 금고에 처한다.

참조 [항명]44

판례 동조 '정당한 명령 또는 규칙'의 의미 : 죄형법정주의와 군통수권의 특수성에 비추어 볼 때 '정당한 명령 또는 규칙'이라 함은, 통수권을 담당하는 기관이, 입법기관인 국회가 동조에 위임한 것으로 해석되는 군통수작용상 중요하고도 구체성 있는 특정의 사항에 관하여 발하는, 본질적으로는 입법사항인 형벌의 실질적 내용에 해당하는 사항에 관한 명령을 뜻하고, 군인의 일상행동의 준칙을 정하는 사항 등은 이에 해당하지 아니하는 바, 휴전선 20km 이내 부대에서 개인이동전화의 사용을 금지한 군사보안업무시행규칙에 위반하여 개인이동전화를 사용한 경우 동조의 명령위반죄에 해당하지 않는다.
(대판 2002.6.14, 2002도1282)

판례 통문개폐에 관한 지.오.피(G.O.P) 근무지침은 적과 대치하고 있는 상황하에서 통문개폐관리를 신중히 하고 엄격히 하여 적의 침투와 아군의 병력손실을 예방하기 위한 군통수 작전상 중요하고도 구체성있는 특정상황에 관한 것으로서 군형법 제47조 소정의 "정당한 명령"에 해당한다.(대판 1984.10.10, 84도239)

판례 군형법 제47조에 규정된 "정당한 명령 또는 규칙"이라 함은 통수권을 담당하는 기관이 법률의 위임에 따라 통수작용상 필요한 중요하고도 구체성있는 특정의 사항에 관하여 제정하는 것으로서 본질상 입법사항에 속하는 형벌의 실질적 내용에 해당하는 명령 또는 규칙을 말하므로 예비군보급지원규정, 총기안전관리규정, 예비군교육 및 훈련장관리내규 등은 이에 해당한다고 볼 수 없다.
(대판 1984.3.27, 83도3260)

제9장 폭행, 협박, 상해 및 살인의 죄
(2009.11.2 본장개정)

제48조【상관에 대한 폭행, 협박】 상관을 폭행하거나 협박한 사람은 다음 각 호의 구분에 따라 처벌한다.
1. 적전인 경우 : 1년 이상 10년 이하의 징역
2. 그 밖의 경우 : 5년 이하의 징역

참조 [상관에 대한 집단폭행 · 협박]49, [상관에 대한 특수폭행 · 협박]50, [상관에 대한 폭행치사상]52, [초병에 대한 폭행 · 협박]54 · 60①, [특수폭행]형261, [폭행치사상]형262

판례 상관에 대한 폭행죄는 범인이 폭행의 상대자가 자기의 상관인 정을 알고 이에 대하여 폭행을 가함으로써 성립되는 것이고 그 폭행의 장소가 공무집행의 장소임을 필요로 하지 아니한다.
(대판 1970.11.30, 70도2034)

제49조【상관에 대한 집단 폭행, 협박 등】 ① 집단을 이루어 제48조의 죄를 범한 사람은 다음 각 호의 구분에 따라 처벌한다.
1. 적전인 경우 : 수괴는 무기 또는 10년 이상의 징역, 그 밖의 사람은 3년 이상의 유기징역
2. 그 밖의 경우 : 수괴는 무기 또는 5년 이상의 징역, 그 밖의 사람은 1년 이상의 유기징역

② 집단을 이루지 아니하고 2명 이상이 공동하여 제48조의 죄를 범한 경우에는 제48조에서 정한 형의 2분의 1까지 가중한다.

참조 [상관에 대한 폭행치사상]52, [초병에 대한 집단 폭행 · 협박]55 · 60②, [협박]형283

제50조【상관에 대한 특수 폭행, 협박】 흉기나 그 밖의 위험한 물건을 휴대하고 제48조의 죄를 범한 사람은 다음 각 호의 구분에 따라 처벌한다.
1. 적전인 경우 : 사형, 무기 또는 5년 이상의 징역
2. 그 밖의 경우 : 무기 또는 2년 이상의 징역

참조 [상관에 대한 폭행치사상]52, [초병에 대한 특수 폭행 · 협박]56 · 60②, [특수폭행]형261, [특수협박]형284

제51조 (2009.11.2 삭제)

제52조【상관에 대한 폭행치사상】 ① 제48조부터 제50조까지의 죄를 범하여 상관을 사망에 이르게 한 사람은 다음 각 호의 구분에 따라 처벌한다.
1. 적전인 경우 : 사형, 무기 또는 10년 이상의 징역
2. 전시, 사변 시 또는 계엄지역인 경우 : 사형, 무기 또는 5년 이상의 징역
3. 그 밖의 경우 : 무기 또는 5년 이상의 징역

② 제48조 또는 제49조의 죄를 범하여 상관을 상해에 이르게 한 사람(제49조제1항 각 호의 죄를 범한 사람 중 수괴는 제외한다)은 다음 각 호의 구분에 따라 처벌한다.
1. 적전인 경우 : 무기 또는 3년 이상의 징역
2. 그 밖의 경우 : 1년 이상의 유기징역

참조 [상관에 대한 중상해]52의5, [초병에 대한 폭행치사상]58, [폭행치사상]형262

판례 군형법 제52조 소정의 상관에 대한 폭행치사상죄는 결과적 가중책임에 관한 규정이니만큼, 폭행과 치사상과의 사이에 상당인과관계가 인정되는 경우라면, 폭행에 관한 인식이 있는 행위자로서는 치사상의 결과발생에 대한 예견유무를 불문하고 발생된 그 결과에 대한 책임을 지게 되는 것이라고 할 것이다.
(대판 1968.4.30, 68도365)

제52조의2【상관에 대한 상해】 상관의 신체를 상해한 사람은 다음 각 호의 구분에 따라 처벌한다.
1. 적전인 경우 : 무기 또는 3년 이상의 징역
2. 그 밖의 경우 : 1년 이상의 유기징역

참조 [미수범]63, [상관에 대한 중상해]52의5, [상관에 대한 상해치사]52의6, [초병에 대한 상해]58의2, [직무수행 중인 군인등에 대한 상해]60의2

제52조의3【상관에 대한 집단상해 등】 ① 집단을 이루어 제52조의2의 죄를 범한 사람은 다음 각 호의 구분에 따라 처벌한다.
1. 적전인 경우 : 수괴는 무기 또는 10년 이상의 징역, 그 밖의 사람은 무기 또는 5년 이상의 징역
2. 그 밖의 경우 : 수괴는 무기 또는 7년 이상의 징역, 그 밖의 사람은 3년 이상의 유기징역

② 집단을 이루지 아니하고 2명 이상이 공동하여 제52조의2의 죄를 범한 경우에는 제52조의2에서 정한 형의 2분의 1까지 가중한다.
(2009.11.2 본조신설)

참조 [초병에 대한 집단상해]58의3, [직무수행 중인 군인등에 대한 집단상해 등]60의3

제52조의4【상관에 대한 특수상해】 흉기나 그 밖의 위험한 물건을 휴대하고 제52조의2의 죄를 범한 사람은 다음 각 호의 구분에 따라 처벌한다.
1. 적전인 경우 : 사형, 무기 또는 10년 이상의 징역
2. 그 밖의 경우 : 무기 또는 3년 이상의 징역
(2009.11.2 본조신설)

참조 [초병에 대한 특수상해]58의4, [직무수행 중인 군인등에 대한 집단상해 등]60의3

제52조의5【상관에 대한 중상해】 제52조제2항 및 제52조의2부터 제52조의4까지의 죄를 범하여 상관의 생명에 위험을 발생하게 하거나 불구 또는 불치나 난치의 질병에 이르게 한 사람은 다음 각 호의 구분에 따라 처벌한다.
1. 적전인 경우 : 사형, 무기 또는 10년 이상의 징역
2. 전시, 사변 시 또는 계엄지역인 경우 : 사형, 무기 또는 3년 이상의 징역. 다만, 제52조의3제1항제2호의 죄를 범한 사람 중 수괴는 사형, 무기 또는 7년 이상의 징역에 처한다.
3. 그 밖의 경우(제52조의3제1항제2호의 죄를 범한 사람 중 수괴는 제외한다) : 무기 또는 3년 이상의 징역

참조 [상관에 대한 상해치사]52의6, [초병에 대한 중상해]58의5, [중상해]형258

제52조의6【상관에 대한 상해치사】 제52조의2부터 제52조의5까지의 죄를 범하여 상관을 사망에 이르게 한 사람은 다음 각 호의 구분에 따라 처벌한다.
1. 적전인 경우 : 사형, 무기 또는 10년 이상의 징역
2. 전시, 사변 시 또는 계엄지역인 경우 : 사형, 무기 또는 5년 이상의 징역
3. 그 밖의 경우(제52조의3제1항제2호의 죄를 범한 사람 중 수괴는 제외한다) : 무기 또는 5년 이상의 징역

참조 [초병에 대한 상해치사]58의6, [상해치사]형259

제53조【상관 살해와 예비, 음모】 ① 상관을 살해한 사람은 사형 또는 무기징역에 처한다.
② 제1항의 죄를 범할 목적으로 예비 또는 음모를 한 사람은 1년 이상의 유기징역에 처한다.

참조 [미수범]63, [예비 · 음모]형28, [초병살해]59

제54조【초병에 대한 폭행, 협박】 초병에게 폭행 또는 협박을 한 사람은 다음 각 호의 구분에 따라 처벌한다.
1. 적전인 경우 : 7년 이하의 징역
2. 그 밖의 경우 : 5년 이하의 징역

참조 [본조의 죄와 군형법 피적용자]1④, [초병에 대한 집단 폭행 · 협박 등]55, [초병에 대한 특수 폭행 · 협박]56, [초병에 대한 폭행치사상]58, [상관에 대한 폭행 · 협박]48, [직무수행 중인 군인등에 대한 폭행 · 협박]60

제55조【초병에 대한 집단 폭행, 협박 등】 ① 집단을 이루어 제54조의 죄를 범한 사람은 다음 각 호의 구분에 따라 처벌한다.
1. 적전인 경우 : 수괴는 5년 이상의 유기징역, 그 밖의 사람은 3년 이상의 유기징역
2. 그 밖의 경우 : 수괴는 2년 이상의 유기징역, 그 밖의 사람은 1년 이상의 유기징역

② 집단을 이루지 아니하고 2명 이상이 공동하여 제54조의 죄를 범한 경우에는 제54조에서 정한 형의 2분의 1까지 가중한다.

참조 [본조의 죄와 군형법 피적용자]1④, [초병에 대한 폭행치사상]58, [상관에 대한 집단 폭행 · 협박]49, [직무수행 중인 군인등에 대한 집단상해 등]60의3

제56조【초병에 대한 특수 폭행, 협박】 흉기나 그 밖의 위험한 물건을 휴대하고 제54조의 죄를 범한 사람은 다음 각 호의 구분에 따라 처벌한다.
1. 적전인 경우 : 사형, 무기 또는 3년 이상의 징역
2. 그 밖의 경우 : 1년 이상의 유기징역

참조 [본조의 죄와 군형법 피적용자]1④, [초병에 대한 폭행치사상]58, [상관에 대한 특수폭행·협박]50, [직무수행 중인 자에 대한 특수폭행·협박]60②, [특수폭행]형261

제57조 (2009.11.2 삭제)

제58조【초병에 대한 폭행치사상】 ① 제54조부터 제56조까지의 죄를 범하여 초병을 사망에 이르게 한 사람은 다음 각 호의 구분에 따라 처벌한다.
1. 적전인 경우 : 사형, 무기 또는 5년 이상의 징역
2. 전시, 사변 시 또는 계엄지역인 경우 : 제54조의 죄를 범한 사람은 사형, 무기 또는 3년 이상의 징역, 제55조 또는 제56조의 죄를 범한 사람은 사형, 무기 또는 5년 이상의 징역
3. 그 밖의 경우 : 제54조의 죄를 범한 사람은 무기 또는 3년 이상의 징역, 제55조 또는 제56조의 죄를 범한 사람은 무기 또는 5년 이상의 징역

② 제54조 또는 제55조의 죄를 범하여 초병을 상해에 이르게 한 사람은 다음 각 호의 구분에 따라 처벌한다.
1. 적전인 경우 : 무기 또는 3년 이상의 징역. 다만, 제55조제1항제1호의 죄를 범한 사람 중 수괴는 무기 또는 5년 이상의 징역에 처한다.
2. 그 밖의 경우(제55조제1항제2호의 죄를 범한 사람 중 수괴는 제외한다) : 1년 이상의 유기징역

참조 [본조의 죄와 군형법 피적용자]1④, [초병에 대한 중상해]58의5, [상관에 대한 폭행치사상]52, [직무수행 중인 군인등에 대한 상해치사]60의5, [폭행치사상]형262

제58조의2【초병에 대한 상해】 초병의 신체를 상해한 사람은 다음 각 호의 구분에 따라 처벌한다.
1. 적전인 경우 : 무기 또는 3년 이상의 징역
2. 그 밖의 경우 : 1년 이상의 유기징역

참조 [본조의 죄와 군형법 피적용자]1④, [미수범]63, [초병에 대한 중상해]58의5, [초병에 대한 상해치사]58의6, [상관에 대한 상해]52의2, [직무수행 중인 군인등에 대한 상해]60의2

제58조의3【초병에 대한 집단상해 등】 ① 집단을 이루어 제58조의2의 죄를 범한 사람은 다음 각 호의 구분에 따라 처벌한다.
1. 적전인 경우 : 수괴는 무기 또는 7년 이상의 징역, 그 밖의 사람은 무기 또는 5년 이상의 징역
2. 그 밖의 경우 : 수괴는 5년 이상의 유기징역, 그 밖의 사람은 3년 이상의 유기징역

② 집단을 이루지 아니하고 2명 이상이 공동하여 제58조의2의 죄를 범한 경우에는 제58조의2에서 정한 형의 2분의 1까지 가중한다.
(2009.11.2 본조신설)

참조 [상관에 대한 집단상해]52의3, [직무수행 중인 군인등에 대한 집단상해 등]60의3

제58조의4【초병에 대한 특수상해】 흉기나 그 밖의 위험한 물건을 휴대하고 제58조의2의 죄를 범한 사람은 다음 각 호의 구분에 따라 처벌한다.
1. 적전인 경우 : 사형, 무기 또는 5년 이상의 징역
2. 그 밖의 경우 : 3년 이상의 유기징역
(2009.11.2 본조신설)

참조 [상관에 대한 특수상해]52의4, [직무수행 중인 군인등에 대한 집단상해 등]60의3

제58조의5【초병에 대한 중상해】 제58조제2항, 제58조의2 및 제58조의3제2항의 죄를 범하여 초병의 생명에 대한 위험을 발생하게 하거나 불구 또는 불치나 난치의 질병에 이르게 한 사람은 다음 각 호의 구분에 따라 처벌한다.
1. 적전인 경우 : 무기 또는 5년 이상의 징역
2. 그 밖의 경우 : 2년 이상의 유기징역

참조 [본조의 죄와 군형법 피적용자]1④, [초병에 대한 상해치사]58의6, [상관에 대한 중상해]52의5, [직무수행 중인 군인등에 대한 중상해]60의4, [중상해]형258

제58조의6【초병에 대한 상해치사】 제58조의2부터 제58조의5까지의 죄를 범하여 초병을 사망에 이르게 한 사람은 다음 각 호의 구분에 따라 처벌한다.
1. 적전인 경우 : 사형, 무기 또는 5년 이상의 징역
2. 전시, 사변 시 또는 계엄지역인 경우 : 제58조의2의 죄를 범한 사람은 사형, 무기 또는 3년 이상의 징역, 제58조의3부터 제58조의5까지의 죄를 범한 사람은 사형, 무기 또는 5년 이상의 징역
3. 그 밖의 경우 : 제58조의2의 죄를 범한 사람은 무기 또는 3년 이상의 징역, 제58조의3부터 제58조의5까지의 죄를 범한 사람은 무기 또는 5년 이상의 징역

참조 [본조의 죄와 군형법 피적용자]1④, [상관에 대한 상해치사]52의6, [직무수행 중인 군인등에 대한 상해치사]60의5, [상해치사]형259

제59조【초병살해와 예비, 음모】 ① 초병을 살해한 사람은 사형 또는 무기징역에 처한다.
② 제1항의 죄를 범할 목적으로 예비 또는 음모를 한 사람은 1년 이상 10년 이하의 징역에 처한다.

참조 [본조의 죄와 군형법 피적용자]1④, [미수범]63, [예비·음모]형28, [상관살해]53

제60조【직무수행 중인 군인등에 대한 폭행, 협박 등】 ① 상관 또는 초병 외의 직무수행 중인 사람(군인 또는 제1조제3항 각 호의 어느 하나에 해당하는 사람에 한한다. 이하 "군인등"이라 한다)에게 폭행 또는 협박을 한 사람은 다음 각 호의 구분에 따라 처벌한다.
1. 적전인 경우 : 7년 이하의 징역
2. 그 밖의 경우 : 5년 이하의 징역 또는 1천만원 이하의 벌금

② 집단을 이루거나 흉기나 그 밖의 위험한 물건을 휴대하고 제1항의 죄를 범한 사람은 다음 각 호의 구분에 따라 처벌한다.
1. 적전인 경우 : 3년 이상의 유기징역
2. 그 밖의 경우 : 1년 이상의 유기징역

③ 집단을 이루지 아니하고 2명 이상이 공동하여 제1항의 죄를 범한 경우에는 제1항에서 정한 형의 2분의 1까지 가중한다.
④ 제1항부터 제3항까지의 죄를 범하여 상관 또는 초병 외의 직무수행 중인 군인등을 사망에 이르게 한 사람은 다음 각 호의 구분에 따라 처벌한다.
1. 적전인 경우 : 사형, 무기 또는 5년 이상의 징역
2. 전시, 사변 시 또는 계엄지역인 경우 : 제1항의 죄를 범한 사람은 사형, 무기 또는 3년 이상의 징역, 제2항 또는 제3항의 죄를 범한 사람은 사형, 무기 또는 5년 이상의 징역
3. 그 밖의 경우 : 제1항의 죄를 범한 사람은 무기 또는 3년 이상의 징역, 제2항 또는 제3항의 죄를 범한 사람은 무기 또는 5년 이상의 징역

⑤ 제1항부터 제3항까지의 죄를 범하여 상관 또는 초병 외의 직무수행 중인 군인등을 상해에 이르게 한 사람은 다음 각 호의 구분에 따라 처벌한다.
1. 적전인 경우 : 무기 또는 3년 이상의 징역
2. 그 밖의 경우 : 1년 이상의 유기징역

참조 [직무수행 중인 군인등에 대한 중상해]60의4, [상관에 대한 폭행·협박등]48－52, [초병에 대한 폭행·협박 등]54－58

제60조의2【직무수행 중인 군인등에 대한 상해】 상관 또는 초병 외의 직무수행 중인 군인등의 신체를 상해한 사람은 다음 각 호의 구분에 따라 처벌한다.
1. 적전인 경우 : 무기 또는 3년 이상의 징역
2. 그 밖의 경우 : 1년 이상의 유기징역

참조 [미수범]63, [직무수행 중인 군인등에 대한 중상해]60의4, [직무수행 중인 군인등에 대한 상해치사]60의5, [상관에 대한 상해]52의2, [초병에 대한 상해]58의2

제60조의3【직무수행 중인 군인등에 대한 집단상해 등】 ① 집단을 이루거나 흉기나 그 밖의 위험한 물건을 휴대하고 제60조의2의 죄를 범한 사람은 다음 각 호의 구분에 따라 처벌한다.
1. 적전인 경우 : 무기 또는 5년 이상의 징역
2. 그 밖의 경우 : 3년 이상의 유기징역

② 집단을 이루지 아니하고 2명 이상이 공동하여 제60조의2의 죄를 범한 경우에는 제60조의2에서 정한 형의 2분의 1까지 가중한다.
(2009.11.2 본조신설)

참조 [직무수행 중인 군인등에 대한 중상해]60의4, [직무수행 중인 군인등에 대한 상해치사]60의5, [상관에 대한 집단상해]52의3, [초병에 대한 집단상해]58의3

제60조의4【직무수행 중인 군인등에 대한 중상해】 제60조제5항, 제60조의2 및 제60조의3제2항의 죄를 범하여 상관 또는 초병 외의 직무수행 중인 군인등의 생명에 대한 위험을 발생하게 하거나 불구 또는 불치나 난치의 질병에 이르게 한 사람은 다음 각 호의 구분에 따라 처벌한다.
1. 적전인 경우 : 무기 또는 5년 이상의 징역
2. 그 밖의 경우 : 2년 이상의 유기징역

참조 [직무수행 중인 군인등에 대한 상해치사]60의5, [상관에 대한 중상해]52의5, [초병에 대한 중상해]58의5, [중상해]형258

제60조의5【직무수행 중인 군인등에 대한 상해치사】 제60조의2부터 제60조의4까지의 죄를 범하여 상관 또는 초병 외의 직무수행 중인 군인등을 사망에 이르게 한 사람은 다음 각 호의 구분에 따라 처벌한다.
1. 적전인 경우 : 사형, 무기 또는 5년 이상의 징역
2. 전시, 사변 시 또는 계엄지역인 경우 : 제60조의2의 죄를 범한 사람은 사형, 무기 또는 3년 이상의 징역, 제60조의3 또는 제60조의4의 죄를 범한 사람은 사형, 무기 또는 5년 이상의 징역
3. 그 밖의 경우 : 제60조의2의 죄를 범한 사람은 무기 또는 3년 이상의 징역, 제60조의3 또는 제60조의4의 죄를 범한 사람은 무기 또는 5년 이상의 징역

참조 [상관에 대한 상해치사]52의6, [초병에 대한 상해치사]58의6, [상해치사]형259

제60조의6【군인등에 대한 폭행죄, 협박죄의 특례】 군인등이 다음 각 호의 어느 하나에 해당하는 장소에서 군인등을 폭행 또는 협박한 경우에는 「형법」 제260조제3항 및 제283조제3항을 적용하지 아니한다.
1. 「군사기지 및 군사시설 보호법」 제2조제1호의 군사기지
2. 「군사기지 및 군사시설 보호법」 제2조제2호의 군사시설
3. 「군사기지 및 군사시설 보호법」 제2조제5호의 군용항공기
4. 군용에 공하는 함선
(2016.5.29 본조신설)

판례 「군사기지 및 군사시설 보호법」 제2조제1호는 군사기지에 대하여 대한민국의 영토 내일 것을 요한다거나 외국군의 군사기지여서는 안 된다고 규정하고 있지 않다. 주한미군 기지도 대한민국의 국군이 군사작전을 수행하기 위한 근거지가 되는 이상 이는 군사기지에 해당된다. 따라서 주한미군 기지에서 발생한 대한민국 군인 등 사이의 폭행에도 군형법이 적용되어야 하며 형법 제260조제3항(반의사불벌죄)의 적용이 배제되어야 한다.(대판 2023.6.15, 2020도927)

제61조【특수소요】 집단을 이루어 흉기나 그 밖의 위험한 물건을 휴대하고 폭행, 협박 또는 손괴의 행위를 한 사람은 다음 각 호의 구분에 따라 처벌한다.
1. 수괴 : 3년 이상의 유기징역
2. 다른 사람을 지휘하거나, 세력을 확장 또는 유지하는 데 솔선한 사람 : 1년 이상 10년 이하의 징역
3. 부화뇌동한 사람 : 2년 이하의 징역

참조 [소요죄]형115

제62조【가혹행위】 ① 직권을 남용하여 학대 또는 가혹한 행위를 한 사람은 5년 이하의 징역에 처한다.
② 위력을 행사하여 학대 또는 가혹한 행위를 한 사람은 3년 이하의 징역 또는 700만원 이하의 벌금에 처한다.

제63조【미수범】 제52조의2부터 제52조의4까지, 제53조제1항, 제58조의2부터 제58조의4까지, 제59조제1항, 제60조의2 및 제60조의3의 미수범은 처벌한다.

참조 [미수범]형25, [상관에 대한 상해]52의2, [상관살해]53①, [초병에 대한 상해]58의2, [초병살해]59①, [직무수행 중인 군인등에 대한 상해]60의2

제10장 모욕의 죄
(2009.11.2 본장개정)

제64조【상관 모욕 등】 ① 상관을 그 면전에서 모욕한 사람은 2년 이하의 징역이나 금고에 처한다.
② 문서, 도화(圖畫) 또는 우상(偶像)을 공시(公示)하거나 연설 또는 그 밖의 공연(公然)한 방법으로 상관을 모욕한 사람은 3년 이하의 징역이나 금고에 처한다.
③ 공연히 사실을 적시하여 상관의 명예를 훼손한 사람은 3년 이하의 징역이나 금고에 처한다.
④ 공연히 거짓 사실을 적시하여 상관의 명예를 훼손한 사람은 5년 이하의 징역이나 금고에 처한다.

참조 [모욕죄]형311, [명예훼손죄]형307

판례 전화를 통하여 상관을 모욕한 경우 상관면전모욕죄가 성립하는지 여부 : 동조 제1항의 상관면전모욕죄의 구성요건은 '상관을 면전에서 모욕하는' 것인데, 여기에서 '면전에서'라 함은 얼굴을 마주 대한 상태를 의미하는 것이므로, 전화 통화를 면전에서의 대화라고는 할 수 없다.(대판 2002.12.27, 2002도2539)

제65조【초병 모욕】 초병을 그 면전에서 모욕한 사람은 1년 이하의 징역이나 금고에 처한다.

제11장 군용물에 관한 죄
(2009.11.2 본장개정)

제66조【군용시설 등에 대한 방화】 ① 불을 놓아 군의 공장, 함선, 항공기 또는 전투용으로 공하는 시설, 기차, 전차, 자동차, 교량을 소훼(燒燬)한 사람은 사형, 무기 또는 10년 이상의 징역에 처한다.
② 불을 놓아 군용에 공하는 물건을 저장하는 창고를 소훼한 사람은 다음 각 호의 구분에 따라 처벌한다.
1. 군용에 공하는 물건이 현존하는 경우 : 사형, 무기 또는 7년 이상의 징역
2. 군용에 공하는 물건이 현존하지 아니하는 경우 : 무기 또는 5년 이상의 징역

참조 [미수범]72, [과실범]73, [예비·음모]76, [외국의 군용시설 또는 군용물에 대한 행위]77

제67조【노적 군용물에 대한 방화】 불을 놓아 노적(露積)한 병기, 탄약, 차량, 장구(裝具), 기재(器材), 식량, 피복 또는 그 밖에 군용에 공하는 물건을 소훼한 사람은 다음 각 호의 구분에 따라 처벌한다.
1. 전시, 사변 시 또는 계엄지역인 경우 : 사형, 무기 또는 7년 이상의 징역
2. 그 밖의 경우 : 무기 또는 3년 이상의 징역

참조 [미수범]72, [과실범]73, [예비·음모]76, [외국의 군용시설 또는 군용물에 대한 행위]77

제68조【폭발물 파열】 화약, 기관(汽罐) 또는 그 밖의 폭발성 있는 물건을 파열하게 하여 제66조와 제67조에 규정된 물건을 손괴한 사람도 제66조 및 제67조의 예에 따른다.

참조 [미수범]72, [과실범]73, [예비·음모]76, [외국의 군용시설 또는 군용물에 대한 행위]77

제69조【군용시설 등 손괴】 제66조에 규정된 물건 또는 군용에 공하는 철도, 전선 또는 그 밖의 시설이나 물건을 손괴하거나 그 밖의 방법으로 그 효용을 해한 사람은 무기 또는 2년 이상의 징역에 처한다.

참조 [미수범]72, [과실범]73, [예비·음모]76, [외국의 군용시설 또는 군용물에 대한 행위]77

제70조【노획물 훼손】 적과 싸워서 얻은 물건을 횡령하거나 소훼 또는 손괴한 사람은 1년 이상 10년 이하의 징역에 처한다.

참조 [미수범]72, [과실범]73, [외국의 군용시설 또는 군용물에 대한 행위]77

제71조【함선·항공기의 복몰 또는 손괴】 ① 취역(就役) 중에 있는 함선을 충돌 또는 좌초시키거나 위험한 곳을 항행하게 하여 함선을 복몰(覆沒) 또는 손괴한 사람은 사형, 무기 또는 5년 이상의 징역에 처한다.
② 취역 중에 있는 항공기를 추락시키거나 손괴한 사람도 제1항의 형에 처한다.
③ 제1항 또는 제2항의 죄를 범하여 사람을 사망 또는 상해에 이르게 한 사람은 사형, 무기 또는 10년 이상의 징역에 처한다.

참조 [미수범]72, [과실범]73, [예비·음모]76, [외국의 군용시설 또는 군용물에 대한 행위]77

제72조【미수범】 제66조부터 제70조까지 및 제71조제1항·제2항의 미수범은 처벌한다.

참조 [미수범]형25, [외국의 군용시설 또는 군용물에 대한 행위]77

제73조【과실범】 ① 과실로 인하여 제66조부터 제71조까지의 죄를 범한 사람은 5년 이하의 징역 또는 300만원 이하의 벌금에 처한다.

② 업무상 과실 또는 중대한 과실로 인하여 제1항의 죄를 범한 사람은 7년 이하의 징역 또는 500만원 이하의 벌금에 처한다.

참조 [과실]형14, [외국의 군용시설 또는 군용물에 대한 행위]77

제74조【군용물 분실】 총포, 탄약, 폭발물, 차량, 장구, 기재, 식량, 피복 또는 그 밖에 군용에 공하는 물건을 보관할 책임이 있는 사람으로서 이를 분실한 사람은 5년 이하의 징역 또는 300만원 이하의 벌금에 처한다.

제75조【군용물 등 범죄에 대한 형의 가중】 ① 총포, 탄약, 폭발물, 차량, 장구, 기재, 식량, 피복 또는 그 밖에 군용에 공하는 물건 또는 군의 재산상 이익에 관하여 「형법」 제2편제38장부터 제41장까지의 죄를 범한 경우에는 다음 각 호의 구분에 따라 처벌한다.

1. 총포, 탄약 또는 폭발물의 경우 : 사형, 무기 또는 5년 이상의 징역
2. 그 밖의 경우 : 사형, 무기 또는 1년 이상의 징역

② 제1항의 경우에는 「형법」에 정한 형과 비교하여 중한 형으로 처벌한다.

③ 제1항의 죄에 대하여는 3천만원 이하의 벌금을 병과(併科)할 수 있다.

참조 [절도와 강도의 죄, 사기와 공갈의 죄, 횡령과 배임의 죄, 장물에 관한 죄]형38장~41장(329~365), [외국의 군용시설 또는 군용물에 대한 행위]77

판례 직무상 보관하고 있던 군용물을 임의로 매도처분한 이상, 그 대금의 일부를 부대의 경비로 사용하였다 하여 부정영득의 의사가 없었다 할 수 없다.(대판 1970.2.10, 69도2356)

판례 군용물에 관한 횡령죄에 있어서는 업무상횡령이든 단순횡령이든 간에 그 법정형이 동일하게 되어 양죄 사이에 형의 경중이 없게 되었으므로, 법률적용에 있어서 형법 제33조 단서의 적용을 받지 않는다.(대판 1965.8.24, 65도493)

제76조【예비, 음모】 제66조부터 제69조까지와 제71조의 죄를 범할 목적으로 예비 또는 음모를 한 사람은 7년 이하의 징역이나 금고에 처한다. 다만, 그 목적한 죄의 실행에 이르기 전에 자수한 경우에는 그 형을 감경하거나 면제한다.

참조 [예비·음모]형28, [외국의 군용시설 또는 군용물에 대한 행위]77

제77조【외국의 군용시설 또는 군용물에 대한 행위】 이 장의 규정은 국군과 공동작전에 종사하고 있는 외국군의 군용시설 또는 군용에 공하는 물건에 대한 행위에도 적용한다.

참조 [동맹국에 대한 행위]10·17

제12장 위령(違令)의 죄
(2009.11.2 본장개정)

제78조【초소 침범】 초병을 속여서 초소를 통과하거나 초병의 제지에 불응한 사람은 다음 각 호의 구분에 따라 처벌한다.

1. 적전인 경우 : 1년 이상 5년 이하의 징역 또는 금고
2. 전시, 사변 시 또는 계엄지역인 경우 : 3년 이하의 징역 또는 금고
3. 그 밖의 경우 : 1년 이하의 징역 또는 금고

참조 [본조의 죄와 군형법 피적용자]1④, [초병]28

제79조【무단 이탈】 허가 없이 근무장소 또는 지정장소를 일시적으로 이탈하거나 지정한 시간까지 지정한 장소에 도달하지 못한 사람은 1년 이하의 징역이나 금고 또는 300만원 이하의 벌금에 처한다.

참조 [군무이탈]30

판례 군형법 제79조에 규정된 무단이탈죄는 즉시범으로서 허가없이 근무장소 또는 지정장소를 일시 이탈함과 동시에 완성되고 그 후의 사정인 이탈 기간의 장단 등은 무단이탈죄의 성립에 아무런 영향이 없다.(대판 1983.11.8, 83도2450)

제80조【군사기밀 누설】 ① 군사상 기밀을 누설한 사람은 10년 이하의 징역이나 금고에 처한다.

② 업무상 과실 또는 중대한 과실로 인하여 제1항의 죄를 범한 경우에는 3년 이하의 징역이나 금고 또는 700만원 이하의 벌금에 처한다.

참조 [군사상의 기밀]군사기밀2, [누설]군사기밀12, [업무상 누설]군사기밀13, [과실 누설]군사기밀14, [국제연합군 및 외국에서 제공받은 기밀등에 대한 적용]군사기밀21

판례 군사상의 기밀이란 반드시 법령에 의하여 기밀사항으로 규정되었거나 기밀로 분류 명시된 사항에 한하지 아니하고, 객관적, 일반적인 입장에서 외부에 알려지지 않는 것에 상당한 이익이 있는 사항도 포함한다고 할 것이나, 그 이익 여부는 자료의 작성 경위 및 과정, 누설된 자료의 구체적인 내용, 자료가 외부에 알려질 경우 군사목적상 위해한 결과를 초래할 가능성, 자료가 실무적으로 활용되고 있는 현황, 자료가 외부에 공개된 정도, 국민의 알권리와의 관계 등을 종합적으로 고려하여 판단하여야 한다.(대판 2007.12.13, 2007도3450,99도4022)

제81조【암호 부정사용】 다음 각 호의 어느 하나에 해당하는 사람은 2년 이상의 유기징역이나 유기금고에 처한다.

1. 암호를 허가 없이 발신한 사람
2. 암호를 수신(受信)할 자격이 없는 사람에게 수신하게 한 사람
3. 자기가 수신한 암호를 전달하지 아니하거나 거짓으로 전달한 사람

제13장 약탈의 죄
(2009.11.2 본장개정)

제82조【약탈】 ① 전투지역 또는 점령지역에서 군의 위력 또는 전투의 공포를 이용하여 주민의 재물을 약취(掠取)한 사람은 무기 또는 3년 이상의 징역에 처한다.

② 전투지역에서 전사자 또는 전상병자의 의류나 그 밖의 재물을 약취한 사람은 1년 이상의 유기징역에 처한다.

참조 [미수범]85, [치사상]83

제83조【약탈로 인한 치사상】 ① 제82조의 죄를 범하여 사람을 살해하거나 사망에 이르게 한 사람은 사형 또는 무기징역에 처한다.

② 제82조의 죄를 범하여 사람을 상해하거나 상해에 이르게 한 사람은 무기 또는 7년 이상의 징역에 처한다.

참조 [미수범]85

제84조【전지 강간】 ① 전투지역 또는 점령지역에서 사람을 강간한 사람은 사형에 처한다.(2013.4.5 본항개정)

② (2013.4.5 삭제)

참조 [미수범]85, [강간죄]형297, [공소]군사법원382, [고소]군사법원265·275·278·281

판례 전지(戰地) 강간행위는 폭행 또는 협박을 사용하는 경우뿐만 아니라, 심신상실이나 항거불능의 상태를 이용하는 행위도 포함한다.(대판 1970.4.28, 70도449)

제85조【미수범】 이 장의 미수범은 처벌한다.

참조 [미수범]형25

제14장 포로에 관한 죄
(2009.11.2 본장개정)

제86조【포로】 적에게 포로가 된 사람이 우군(友軍)부대 또는 진지로 귀환할 수 있는데도 귀환할 적절한 행동을 하지 아니하거나 다른 우군포로가 귀환하지 못하게 한 사람은 2년 이하의 징역에 처한다.

제87조【간수자의 포로 도주 원조】 포로를 간수 또는 호송하는 사람이 그 포로를 도주하게 한 경우에는 3년 이상의 유기징역에 처한다.

참조 [본조의 죄와 군형법 피적용자]1④, [미수범]91

제88조【포로 도주 원조】 ① 포로를 도주하게 한 사람은 10년 이하의 징역에 처한다.

② 포로를 도주시킬 목적으로 포로에게 기구를 제공하거나 그 밖에 그 도주를 용이하게 하는 행위를 한 사람은 7년 이하의 징역에 처한다.

참조 [본조의 죄와 군형법 피적용자]1④, [미수범]91

제89조【포로 탈취】 포로를 탈취한 사람은 2년 이상의 유기징역에 처한다.

참조 [본조의 죄와 군형법 피적용자]1④, [미수범]91

제90조【도주포로 비호】 도주한 포로를 숨기거나 비호한 사람은 5년 이하의 징역에 처한다.

참조 [본조의 죄와 군형법 피적용자]1④, [미수범]91, [이탈자 비호]32

제91조【미수범】 제87조부터 제90조까지의 미수범은 처벌한다.

참조 [본조의 죄와 군형법 피적용자]1④, [미수범]형25

제15장 강간과 추행의 죄
(2009.11.2 본장제목개정)

제92조【강간】 폭행이나 협박으로 제1조제1항부터 제3항까지에 규정된 사람을 강간한 사람은 5년 이상의 유기징역에 처한다.(2013.4.5 본조개정)

제92조의2【유사강간】 폭행이나 협박으로 제1조제1항부터 제3항까지에 규정된 사람에 대하여 구강, 항문 등 신체(성기는 제외한다)의 내부에 성기를 넣거나 성기, 항문에 손가락 등 신체(성기는 제외한다)의 일부 또는 도구를 넣는 행위를 한 사람은 3년 이상의 유기징역에 처한다.(2013.4.5 본조신설)

제92조의3【강제추행】 폭행이나 협박으로 제1조제1항부터 제3항까지에 규정된 사람에 대하여 추행을 한 사람은 1년 이상의 유기징역에 처한다.(2009.11.2 본조신설)

제92조의4【준강간, 준강제추행】 제1조제1항부터 제3항까지에 규정된 사람의 심신상실 또는 항거불능 상태를 이용하여 간음 또는 추행을 한 사람은 제92조, 제92조의2 및 제92조의3의 예에 따른다.(2013.4.5 본조개정)

제92조의5【미수범】 제92조, 제92조의2부터 제92조의4까지의 미수범은 처벌한다.(2013.4.5 본조개정)

제92조의6【추행】 제1조제1항부터 제3항까지에 규정된 사람에 대하여 항문성교나 그 밖의 추행을 한 사람은 2년 이하의 징역에 처한다.(2013.4.5 본조개정)

판례 동성인 군인들이 영외의 사적 공간에서 자발적 의사 합치에 따라 항문성교를 비롯한 성행위를 한 경우, 군인의 성적자기결정권이라는 법익은 물론, 군이라는 공동사회의 건전한 생활과 군기를 직접적·구체적으로 침해한 것으로 볼 수 없다.(대판 2022.4.21, 2019도3047 전원합의체)

제92조의7【강간 등 상해·치상】 제92조 및 제92조의2부터 제92조의5까지의 죄를 범한 사람이 제1조제1항부터 제3항까지에 규정된 사람을 상해하거나 상해에 이르게 한 때에는 무기 또는 7년 이상의 징역에 처한다.(2013.4.5 본조개정)

제92조의8【강간 등 살인·치사】 제92조 및 제92조의2부터 제92조의5까지의 죄를 범한 사람이 제1조제1항부터 제3항까지에 규정된 사람을 살해한 때에는 사형 또는 무기징역에 처하고, 사망에 이르게 한 때에는 사형, 무기 또는 10년 이상의 징역에 처한다.(2013.4.5 본조개정)

제16장 그 밖의 죄
(2009.11.2 본장제목삽입)

제93조【부하범죄 부진정】 부하가 다수 공동하여 죄를 범함을 알고도 그 진정(鎭定)을 위하여 필요한 방법을 다하지 아니한 사람은 3년 이하의 징역이나 금고에 처한다.(2009.11.2 본조개정)

제94조【정치 관여】 ① 정당이나 정치단체에 가입하거나 다음 각 호의 어느 하나에 해당하는 행위를 한 사람은 5년 이하의 징역과 5년 이하의 자격정지에 처한다.

1. 정당이나 정치단체의 결성 또는 가입을 지원하거나 방해하는 행위
2. 그 직위를 이용하여 특정 정당이나 특정 정치인에 대하여 지지 또는 반대 의견을 유포하거나, 그러한 여론을 조성할 목적으로 특정 정당이나 특정 정치인에 대하여 찬양하거나 비방하는 내용의 의견 또는 사실을 유포하는 행위
3. 특정 정당이나 특정 정치인을 위하여 기부금 모집을 지원하거나 방해하는 행위 또는 국가·지방자치단체 및 「공공기관의 운영에 관한 법률」에 따른 공공기관의 자금을 이용하거나 이용하게 하는 행위
4. 특정 정당이나 특정인의 선거운동을 하거나 선거 관련 대책회의에 관여하는 행위
5. 「정보통신망 이용촉진 및 정보보호 등에 관한 법률」에 따른 정보통신망을 이용한 제1호부터 제4호에 해당하는 행위
6. 제1조제1항부터 제3항까지에 규정된 사람이나 다른 공무원에 대하여 제1호부터 제5호까지의 행위를 하도록 요구하거나 그 행위와 관련한 보상 또는 보복으로서 이익 또는 불이익을 주거나 이를 약속 또는 고지(告知)하는 행위

② 제1항에 규정된 죄에 대한 공소시효의 기간은 「군사법원법」 제291조제1항에도 불구하고 10년으로 한다.(2014.1.14 본조개정)

부 칙 (2013.4.5)

제1조【시행일】 이 법은 2013년 6월 19일부터 시행한다.

제2조【친고죄에 관한 경과조치】 이 법 시행 전에 행하여진 종전의 제92조 및 제92조의2부터 제92조의4까지의 죄에 대하여는 종전의 제92조의8을 적용한다.

부 칙 (2016.5.29 법14181호)

제1조【시행일】 이 법은 공포 후 6개월이 경과한 날부터 시행한다.

제2조【군인등에 대한 폭행죄, 협박죄의 특례에 관한 적용례】 이 법 시행 전에 행하여진 군인등의 군인등에 대한 폭행 또는 협박행위에 대하여는 「형법」 제260조제3항 및 제283조제3항을 적용한다.

부 칙 (2016.5.29 법14183호)

제1조【시행일】 이 법은 공포 후 6개월이 경과한 날부터 시행한다.(이하 생략)

부 칙 (2021.9.24)

제1조【시행일】 이 법은 2022년 7월 1일부터 시행한다.(이하 생략)

군사법원법

(1987년 12월 4일 전개법률 제3993호)

개정
1993.12.27법 4616호(군사기밀)
1994. 1. 5법 4704호
1999. 1.21법 5681호(국가안전기획부법)
1999.12.28법 6037호
1999.12.31법 6082호(형사소송비용법)
2000.12.26법 6290호(군인사법)
2002. 1.26법 6627호(민사집행법)
2004. 1.20법 7078호(검찰)
2004.10.16법 7229호
2004.12.31법 7289호(디자인보호)
2005. 3.31법 7427호(민법)
2007. 5.17법 8435호(가족관계등록)
2008. 1.17법 8842호
2009. 6. 9법 9765호(아동·청소년의성보호에관한법)
2009.12.29법 9841호
2011. 8. 4법11002호(아동)
2012.12.18법11572호(아동·청소년의성보호에관한법)
2013. 4. 5법11731호(형법)
2014. 1. 7법12199호　　2015. 2. 3법13126호
2016. 1. 6법13722호
2017. 3.21법14609호(군인사법)
2017.12.12법15165호　　2018.12.18법15983호
2020. 2. 4법16926호　　2020. 6. 9법17367호
2020.12.15법17646호(국가정보원법)
2021. 9.24법18465호　　2023.10.24법19744호
2023.12.26법19839호(전북특별자치도설치및글로벌생명경제도시조성을위한특별법)

제1편 군사법원 및 군검찰

제1장 총 칙
(2009.12.29 본장개정)

제1조【목적】 이 법은 「대한민국헌법」 제110조에 따라 군사재판을 관할할 군사법원의 조직, 권한, 재판관의 자격 및 심판절차와 군검찰의 조직, 권한 및 수사절차를 정함을 목적으로 한다.

참조 [군사재판]헌27·110

제2조【신분적 재판권】 ① 군사법원은 다음 각 호의 어느 하나에 해당하는 사람이 범한 죄에 대하여 재판권을 가진다.

1. 「군형법」 제1조제1항부터 제4항까지에 규정된 사람. 다만, 「군형법」 제1조제4항에 규정된 사람 중 다음 각 목의 어느 하나에 해당하는 내국인·외국인은 제외한다.(2015.2.3 단서신설)
 가. 군의 공장, 전투용으로 공하는 시설, 교량 또는 군용에 공하는 물건을 저장하는 창고에 대하여 「군형법」 제66조의 죄를 범한 내국인·외국인
 나. 군의 공장, 전투용으로 공하는 시설, 교량 또는 군용에 공하는 물건을 저장하는 창고에 대하여 「군형법」 제68조의 죄를 범한 내국인·외국인
 다. 군의 공장, 전투용으로 공하는 시설, 교량, 군용에 공하는 물건을 저장하는 창고, 군용에 공하는 철도, 전선 또는 그 밖의 시설에 대하여 「군형법」 제69조의 죄를 범한 내국인·외국인
 라. 가목부터 다목까지의 규정에 따른 죄의 미수범인 내국인·외국인
 마. 국군과 공동작전에 종사하고 있는 외국군의 군용시설에 대하여 가목부터 다목까지의 규정에 따른 죄를 범한 내국인·외국인
 (2015.2.3 가목～마목신설)
2. 국군부대가 관리하고 있는 포로

② 제1항에도 불구하고 법원은 다음 각 호에 해당하는 범죄 및 그 경합범 관계에 있는 죄에 대하여 재판권을 가진다. 다만, 전시·사변 또는 이에 준하는 국가비상사태 시에는 그러하지 아니하다.
1. 「군형법」 제1조제1항부터 제3항까지에 규정된 사람이 범한 「성폭력범죄의 처벌 등에 관한 특례법」 제2조의 성폭력범죄 및 같은 법 제15조의2의 죄, 「아동·청소년의 성보호에 관한 법률」 제2조제2호의 죄
2. 「군형법」 제1조제1항부터 제3항까지에 규정된 사람이 사망하거나 사망에 이른 경우 그 원인이 되는 범죄
3. 「군형법」 제1조제1항부터 제3항까지에 규정된 사람이 그 신분취득 전에 범한 죄
(2021.9.24 본항개정)

③ 군사법원은 공소(公訴)가 제기된 사건에 대하여 군사법원이 재판권을 가지지 아니하게 되었거나 재판권을 가지지 아니하였음이 밝혀진 경우에는 결정으로 사건을 재판권이 있는 같은 심급의 법원으로 이송(移送)한다. 이 경우 이송 전에 한 소송행위는 이송 후에도 그 효력에 영향이 없다.(2021.9.24 전단개정)

④ 국방부장관은 제2항에 해당하는 죄의 경우에도 국가안전보장, 군사기밀보호, 그 밖에 이에 준하는 사정이 있는 때에는 해당 사건을 군사법원에 기소하도록 결정할 수 있다. 다만, 해당 사건이 법원에 기소된 이후에는 그러하지 아니하다.(2021.9.24 본항신설)

⑤ 검찰총장 및 고소권자는 제4항 본문의 결정에 대하여 7일 이내에 대법원에 그 취소를 구하는 신청을 할 수 있다.(2021.9.24 본항신설)

⑥ 제5항의 신청에 따른 심리와 절차에 관하여는 그 성질에 반하지 아니하는 범위에서 제3조의2부터 제3조의7까지의 규정을 준용한다.(2021.9.24 본항신설)

참조 [군형법 피적용자]군형1, [사건의 군사법원 이송]형소16의2

판례 군인으로서 군법회의에서 군용물특수절도죄로 확정판결을 받고 군에서 제적된 자에 대하여 군법회의는 재판권이 없으므로, 그 자가 제기한, 보통군법회의 판결에 대한 재심청구에 대하여는 그에 대응하는 심급으로서 피고인의 현재지를 관할하는 일반법원이 재판권 및 재심관할권을 갖는다.(대판 1981.11.24, 81초69)

제3조【그 밖의 재판권】 ① 군사법원은 「계엄법」에 따른 재판권을 가진다.

② 군사법원은 「군사기밀보호법」 제13조의 죄와 그 미수범에 대하여 재판권을 가진다.

참조 [계엄과 군사재판]헌27·77·110, 계엄10

제3조의2【재판권 쟁의에 대한 재정의 신청】 ① 법원과 군사법원 사이에서 재판권에 대한 쟁의(爭議)가 발생한 때에는 해당 사건이 계속(繫屬)되어 있는 법원 또는 군사법원이나 이 법과 「형사소송법」에 따른 해당 사건의 상소권자는 대법원에 재판권의 유무에 대한 재정(裁定)을 신청할 수 있다.(2021.9.24 본항개정)

② 사건이 계속된 법원 또는 군사법원은 제1항의 신청을 하는 경우에 이유를 갖춘 신청서와 해당 사건의 기록을 대법원에 제출한다.

③ 상소권자가 제1항의 신청을 할 때에는 그 이유를 갖춘 신청서를 해당 사건이 계속되어 있는 법원 또는 군사법원에 제출하고, 신청서를 받은 법원 또는 군사법원은 이를 받은 날부터 7일 이내에 신청서와 해당 사건의 기록을 대법원에 보내야 한다.

④ 재판권 쟁의에 대한 재정의 신청이 있을 때에는 해당 사건에 대한 소송절차는 그 신청에 대한 대법원의 재정이 있을 때까지 정지된다.

⑤ 제2항 및 제3항의 절차를 마친 법원 또는 군사법원은 그 사실을 7일 이내에 검찰총장에게 통보하여야 한다.
(2009.12.29 본조신설)

제3조의3【재판권 쟁의에 대한 재정의 심리】 ① 대법원은 「공직선거법」 제270조에도 불구하고 제3조의2에 따른 재판권 쟁의에 대한 재정신청사건을 다른 사건에 우선하여 심리하여야 한다.

② 재판권의 유무는 해당 사건의 공소장에 적힌 공소사실과 소송기록에 근거하여 판단한다.
(2009.12.29 본조신설)

제3조의4【검찰총장의 의견서 제출】 검찰총장은 제3조의2에 따른 재판권 쟁의에 대한 의견서를 제출할 수 있다.
(2009.12.29 본조신설)

제3조의5【재정서의 송부 등】 ① 제3조의2에 따른 재판권 쟁의에 대한 대법원의 재정서의 정본과 해당 사건의 기록은 결정일부터 2일 이내에 해당 사건이 계속된 법원 또는 군사법원에 보내야 한다.

② 계속되어 있는 해당 사건에 대하여 재판권이 없다는 재정서의 정본과 해당 사건의 기록을 받은 법원 또는 군사법원은 3일 이내에 해당 사건에 관한 기록과 증거물을 재판권이 있는 관할 법원 또는 군사법원에 보내야 한다.
(2009.12.29 본조신설)

제3조의6【재정신청 전 소송행위의 효력】 재판권이 없다는 재정결정은 해당 사건이 계속된 법원 또는 군사법원에서 제3조의2제1항의 재정이 신청되기 전에 행하여진 모든 소송행위의 효력을 상실시키지 아니한다.
(2009.12.29 본조신설)

제3조의7【피고인의 구속에 대한 처분】 재판권 쟁의에 대한 재정으로 인하여 경과되는 기간 중 피고인의 구속에 대한 처분은 해당 사건의 기록이 있는 대법원, 그 밖의 법원 또는 군사법원이 결정을 하여야 한다.(2009.12.29 본조신설)

제4조【대법원의 규칙제정권】 대법원은 제4조의2에 따른 군사법원운영위원회의 의결을 거쳐 군사법원의 재판에 관한 내부규율과 사무처리에 관한 사항을 군사법원규칙으로 정한다.(2021.9.24 본조개정)

참조 [대법원의 규칙 제정권]헌108, [군사법원운영위원회]4의2

제4조의2【군사법원운영위원회】 ① 군사법원 운영에 관한 다음 각 호의 사항을 심의·의결하기 위하여 국방부에 군사법원운영위원회를 둔다.
1. 군판사의 임명 및 연임 동의에 관한 사항
2. 제4조에 따른 군사법원규칙의 제정과 개정 등에 관한 사항
3. 판례의 수집·간행에 관한 사항
4. 다른 법령에 따라 군사법원운영위원회의 권한에 속하는 사항
5. 군사법원 운영과 관련하여 특히 중요하다고 인정되는 사항으로서 국방부장관이 회의에 부치는 사항

② 제1항에 따른 군사법원운영위원회(이하 "군사법원운영위원회"라 한다)의 위원장은 국방부장관이 되고, 군사법원운영위원회의 위원은 다음 각 호의 사람이 된다.
1. 국방부장관이 지정하는 변호사 자격이 있는 고위공무원 1명
2. 군사법원장 5명
3. 「군인사법」 제21조에 따라 각 군 참모총장이 임명한 법무병과장 각 1명

③ 군사법원운영위원회는 재적위원 3분의 2 이상의 출석으로 개의(開議)하고, 출석위원 과반수의 찬성으로 의결한다.

④ 제1항부터 제3항까지에 규정한 사항 외에 군사법원운영위원회의 운영에 필요한 사항은 대통령령으로 정한다.
(2021.9.24 본조신설)

제2장 군사법원의 설치 및 관할
(2009.12.29 본장개정)

제5조 (2021.9.24 삭제)

제6조【군사법원의 설치 및 관할구역】 ① 군사법원은 국방부장관 소속으로 하며, 중앙지역군사법원·제1지역군사법원·제2지역군사법원·제3지역군사법원 및 제4지역군사법원으로 구분하여 설치하되, 그 소재지는 별표1과 같다.

② 군사법원의 관할구역은 별표2와 같다.
(2021.9.24 본조개정)

제6조의2【행정구역의 변경과 관할구역】 군사법원의 관할구역의 기준이 되는 행정구역이 변경된 경우에는 이 법에 따라 군사법원의 관할구역이 정하여질 때까지 그 변경으로 인한 관할구역을 대통령령으로 정할 수 있다.
(2021.9.24 본조신설)

제7조【군사법원장】 ① 군사법원에 군사법원장을 둔다.

② 군사법원장은 군판사로 한다.

③ 중앙지역군사법원장은 국방부장관의 명을 받아 군사법원의 사법행정사무를 총괄하고, 각 군사법원의 사법행정사무에 관하여 직원을 지휘·감독한다.

④ 군사법원장은 그 군사법원의 사법행정사무를 관장하며, 소속 직원을 지휘·감독한다.

⑤ 군사법원장이 궐위되거나 부득이한 사유로 직무를 수행할 수 없을 때에는 그 군사법원의 선임(先任) 군판사의 순서로 그 권한을 대행한다.
(2021.9.24 본조개정)

제8조【부의 설치】 ① 군사법원에 부(部)를 둔다.

② 부에 부장(部長)군판사를 둔다. 이 경우 군사법원장은 부장군판사를 겸할 수 있다.

③ 부장군판사는 그 부의 재판에서 재판장이 되며, 군사법원장의 지휘에 따라 그 부의 사무를 감독한다.
(2021.9.24 본조개정)

제9조【대법원의 심판사항】 대법원은 고등법원(제11조에 따라 군사법원에 재판권이 있는 사건을 심판하는 고등법원으로 한정한다. 이하 같다) 판결의 상고사건 및 결정·명령에 대한 재항고사건에 대하여 심판한다.
(2021.9.24 본조개정)

참조 [상고심의 관할]헌110

제10조【고등법원의 심판사항】 ① 고등법원은 군사법원의 재판에 대한 항소사건, 항고사건 및 그 밖에 다른 법률에 따라 고등법원의 권한에 속하는 사건에 대하여 심판한다.

② 제1항의 고등법원은 「각급 법원의 설치와 관할구역에 관한 법률」 별표1에 따른 서울고등법원에 둔다.
(2021.9.24 본조개정)

제11조【군사법원의 심판사항】 군사법원은 다음 각 호의 사건을 제1심으로 심판한다.

1. 제2조 또는 제3조에 따라 군사법원이 재판권을 가지는 사건
2. 그 밖에 다른 법률에 따라 군사법원의 권한에 속하는 사건
(2021.9.24 본조개정)

제12조【계엄지역의 관할】 계엄지역에서는 국방부장관이 지정하는 군사법원이 「계엄법」에 따른 재판권을 가진다.

참조 계엄10

제12조의2【관할의 직권조사】 군사법원은 직권으로 관할을 조사하여야 한다.(2021.9.24 본조신설)

제12조의3【관할구역 밖에서의 직무 수행】 ① 군사법원은 사실발견을 위하여 필요하거나 긴급을 요하는 때에는 관할구역 밖에서 직무를 행하거나 사실조사에 필요한 처분을 할 수 있다.
② 제1항은 수명군판사(受命軍判事)에게 준용한다.
(2021.9.24 본조신설)

제12조의4【군사법원의 관할】 ① 군사법원의 관할은 범죄지, 피고인의 근무지나 피고인이 소속된 부대 또는 기관[국방부, 국방부 직할부대, 각 군 본부나 편제상 장성급(將星級) 장교가 지휘하는 부대 또는 기관을 말한다. 이하 "부대"라 한다]의 소재지, 피고인의 현재지로 한다.
② 국외에 있는 대한민국 선박 내에서 범한 죄에 관하여는 제1항에서 규정한 관할 외에 선적지 또는 범죄 후의 선착지도 관할로 한다.
③ 국외에 있는 대한민국 항공기 내에서 범한 죄에 관하여는 제2항을 준용한다.
④ 중앙지역군사법원은 제1항에도 불구하고 장성급 장교가 피고인인 사건과 그 밖의 중요 사건을 심판할 수 있다.
(2021.9.24 본조신설)

제13조【관련사건 관할의 병합과 예외】 관할을 달리하는 여러 개의 사건이 관련된 경우 1개의 사건에 관하여 관할권이 있는 군사법원은 다른 사건까지 관할할 수 있다. 다만, 제12조에 따른 사건은 관련되었다는 이유로 병합관할할 수 없다.(2021.9.24 본조개정)

참조 [관련사건의 정의]16

제14조【관련사건의 심리분리】 관할을 달리하는 여러 개의 관련사건이 같은 군사법원에 계속된 경우 병합심리할 필요가 없을 때에는 그 군사법원은 군검사의 신청에 따라 결정으로 이를 분리하여 관할권이 있는 다른 군사법원에 이송할 수 있다.(2021.9.24 본조개정)

제14조의2【사건의 직권이송】 군사법원은 피고인이 그 관할구역 내에 현재(現在)하지 아니하는 경우에 특별한 사정이 있으면 결정으로 사건을 피고인의 현재지를 관할하는 군사법원에 이송할 수 있다.(2021.9.24 본조신설)

제15조【관련사건의 병합심리】 관련사건이 각각 다른 군사법원에 계속된 경우 중앙지역군사법원은 군검사 또는 피고인의 신청에 따라 결정으로 해당 사건을 1개 군사법원이 병합심리하게 할 수 있다.(2021.9.24 본조개정)

제16조【관련사건의 정의】 이 법에서 "관련사건"이란 다음 각 호의 어느 하나에 해당하는 것을 말한다.
1. 1명이 범한 여러 건의 죄
2. 여러 사람이 공동으로 범한 죄
3. 여러 사람이 동시에 같은 장소에서 범한 죄
4. 범인은닉죄, 증거인멸죄, 위증죄, 허위의 감정이나 통역 및 번역죄, 장물에 관한 죄, 반란불보고죄 및 이탈자 비호죄와 그 본범(本犯)의 죄

참조 [관련사건과 관할]13－15, [수죄]형37, [공동으로 범한 죄]형30－34, [범인은닉죄]형151, [증거인멸죄]형155, [위증죄]형152, [허위감정, 통역·번역죄]형154, [장물죄]형362, [반란불보고죄]군형9, [이탈자비호죄]군형32

제17조【관할의 경합】 같은 사건이 여러 개의 군사법원에 계속된 경우에는 먼저 공소를 받은 군사법원이 심판한다. 다만, 중앙지역군사법원은 군검사 또는 피고인의 신청에 따라 결정으로 나중에 공소를 받은 군사법원으로 하여금 심판하게 할 수 있다.(2021.9.24 단서개정)

참조 [본조와 공소기각]383

제18조 (2021.9.24 삭제)

제19조【관할이전의 신청】 ① 군검사는 다음 각 호의 어느 하나에 해당할 때에는 중앙지역군사법원에 관할이전을 신청할 수 있다.(2021.9.24 본문개정)
1. 관할 군사법원이 법률상 이유 또는 특별한 사정으로 재판권을 행사할 수 없을 때
2. 범죄의 성질, 피고인의 지위, 피고인의 소속 부대의 실정, 소송의 상황 및 그 밖의 사정으로 인하여 재판의 공정성을 유지하기 어렵거나 공공의 안녕과 질서를 해칠 우려가 있을 때(2021.9.24 본호개정)
② 제1항제2호의 경우에는 피고인도 관할이전을 신청할 수 있다.
③ 제1항 및 제2항에 따른 신청을 받은 중앙지역군사법원은 지체 없이 이에 대한 결정을 하여야 한다.
(2021.9.24 본항개정)

제19조의2【관할지정의 신청】 군검사는 다음 각 호의 어느 하나에 해당할 때에는 중앙지역군사법원에 관할지정을 신청하여야 한다.
1. 군사법원의 관할이 명확하지 아니할 때
2. 관할위반을 선고한 재판이 확정된 사건에 관하여 다른 관할 군사법원이 없을 때
(2021.9.24 본조신설)

제19조의3【관할의 지정 또는 이전 신청의 방식】 ① 관할의 지정 또는 이전을 신청하는 경우에는 그 사유를 기재한 신청서를 중앙지역군사법원에 제출하여야 한다.
② 공소를 제기한 후 관할의 지정 또는 이전을 신청하는 경우에는 즉시 공소를 접수한 군사법원에 통지하여야 한다.
(2021.9.24 본조신설)

참조 [관할이전의 신청]19, [관할지정의 신청]19의2

제20조【관할위반과 소송행위의 효력】 소송행위는 관할위반인 경우에도 효력에 영향을 받지 아니한다.

참조 [군사법원 이송 전의 소송행위의 효력]형소16의2

제3장 군사법원의 심판기관 및 직원
(2009.12.29 본장개정)

제21조【재판관의 독립】 ① 군사법원의 재판관은 헌법과 법률에 의하여 그 양심에 따라 독립하여 심판한다.
② 재판관은 재판에 관한 직무상의 행위로 인하여 징계나 그 밖의 어떠한 불리한 처분도 받지 아니한다.
(2021.9.24 본항개정)

참조 헌103·107

제22조【군사법원의 재판관】 ① 군사법원에서는 군판사 3명을 재판관으로 한다.
② 제1항에도 불구하고 약식절차에서는 군판사 1명을 재판관으로 한다.
(2021.9.24 본조개정)

참조 [군판사의 임명]23, [서기·법정경위·통역·기사]32－35

판례 심리에 관여하지 아니한 재판관이 판결에 관여함은 형사소송법상 직접심리주의에 위배될 뿐 아니라 판결법원의 구성이 법률에 위반한 것이라 할 것이다.(대판 1963.7.25, 63도73)

제22조의2【군판사인사위원회】 ① 군판사의 인사에 관한 중요한 사항을 심의하기 위하여 국방부에 군판사인사위원회를 둔다.
② 제1항에 따른 군판사인사위원회(이하 "군판사인사위원회"라 한다)는 다음 각 호의 사항을 심의한다.
1. 군판사의 인사에 관한 기본계획의 수립에 관한 사항
2. 제23조에 따른 군판사의 임명에 관한 사항
3. 제27조에 따른 군판사의 연임에 관한 사항
4. 제28조에 따른 군판사의 해임에 관한 사항
5. 제29조에 따른 군판사에 대한 징계의결 요구에 관한 사항
6. 제30조에 따른 군판사에 대한 본인의 의사에 따르지 아니한 전역에 관한 사항
7. 군판사에 대한 진급 추천에 관한 사항
8. 그 밖에 군판사 인사에 관하여 국방부장관이 중요하다고 인정하여 회의에 부치는 사항
③ 군판사인사위원회는 위원장 1명을 포함한 11명의 위원으로 구성한다.
④ 군판사인사위원회의 위원은 다음 각 호에 해당하는 사람을 국방부장관이 임명하거나 위촉한다.
1. 군판사 1명
2. 대법원장이 추천하는 법관 1명
3. 법무부장관이 추천하는 검사 1명
4. 대한변호사협회의 장이 추천하는 변호사 1명
5. 사단법인 한국법학교수회 회장과 사단법인 법학전문대학원협의회 이사장이 각각 1명씩 추천하는 법학교수 2명
6. 각 군 참모총장이 각각 1명씩 추천하는 장교 3명
7. 학식과 덕망이 있고 각계 전문 분야에서 경험이 풍부한 사람으로서 변호사의 자격이 없는 사람 2명. 이 경우 1명 이상은 여성이어야 한다.
⑤ 군판사인사위원회의 위원장은 위원 중에서 국방부장관이 임명하거나 위촉한다.
⑥ 군판사인사위원회는 재적위원 과반수의 출석으로 개의하고, 출석위원 과반수의 찬성으로 의결한다.
⑦ 제1항부터 제6항까지에서 규정한 사항 외에 군판사인사위원회의 구성과 운영 등에 필요한 사항은 대통령령으로 정한다.
(2021.9.24 본조신설)

제23조【군판사의 임명 및 소속】 ① 군판사는 군판사인사위원회의 심의를 거치고 군사법원운영위원회의 동의를 받아 국방부장관이 임명한다.
② 군판사의 소속은 국방부로 한다.
(2021.9.24 본조개정)

참조 [군사법원운영위원회]4의2

제24조【군판사의 임용자격】 ① 군사법원장은 군법무관으로서 15년 이상 복무한 영관급 이상의 장교 중에서 임명한다.
② 군판사는 군법무관으로서 10년 이상 복무한 영관급 이상의 장교 중에서 임명한다. 이 경우 「군인사법」 제33조에 따른 임시계급을 포함한다.
(2021.9.24 본조개정)

제25조【군판사의 결격사유】 다음 각 호의 어느 하나에 해당하는 사람은 군판사로 임용할 수 없다.
1. 「군인사법」 제10조제2항의 결격사유에 해당하는 사람
2. 금고 이상의 형을 선고받은 사람
(2021.9.24 본조개정)

제26조【군판사의 임기·연임·정년 등】 ① 군사법원장의 임기는 2년으로 하며, 연임할 수 있다.
② 군사법원장이 아닌 군판사의 임기는 5년으로 하며, 연임할 수 있다.
③ 군판사의 정년은 다음 각 호의 구분에 따른다. 이 경우 「군인사법」 제8조제1항에 따른 정년은 적용하지 아니하되, 군판사가 제27조에 따라 연임되지 아니하거나 제28조에 따라 해임된 경우에는 그러하지 아니한다.
1. 군사법원장 : 58세
2. 군사법원장이 아닌 군판사 : 56세
④ 군판사는 군검사 등 군사법원 외의 다른 부대의 직위로 보직되지 아니한다.
(2021.9.24 본조개정)

제27조【군판사의 연임】 ① 국방부장관은 임기가 끝난 군판사를 군판사인사위원회의 심의를 거치고 군사법원운영위원회의 동의를 받아 연임발령한다.
② 군판사는 다음 각 호의 어느 하나에 해당하는 경우에는 연임할 수 없다.
1. 신체상 또는 정신상의 장해로 군판사로서 정상적인 직무를 수행할 수 없는 경우
2. 근무성적이 현저히 불량하여 군판사로서 정상적인 직무를 수행할 수 없는 경우
3. 군판사로서의 품위를 유지하는 것이 현저히 곤란한 경우
③ 군판사의 연임절차에 관하여 필요한 사항은 대통령령으로 정한다.
(2021.9.24 본조개정)

제27조의2 (2021.9.24 삭제)

제28조【군판사 직에서의 해임】 ① 국방부장관은 군판사가 스스로 직무를 수행하는 것이 곤란하다고 의사를 밝히는 경우 군판사인사위원회의 심의를 거쳐 해당 군판사의 직에서 해임할 수 있다.
② 국방부장관은 군판사가 제27조제2항 각 호의 어느 하나에 해당한다고 인정하는 경우에는 군판사인사위원회의 심의를 거쳐 해당 군판사의 직에서 해임할 수 있다.
③ 「군인사법」 제17조는 군판사에 대해서는 적용하지 아니한다.
(2021.9.24 본조개정)

제29조【군판사에 대한 징계】 군판사에 대한 징계는 군판사인사위원회의 심의를 거친 후 「군인사법」에 따라 국방부장관이 한다.(2021.9.24 본조개정)

제30조【군판사에 대한 본인의 의사에 따르지 아니한 전역】 군판사에 대한 본인의 의사에 따르지 아니한 전역은 군판사인사위원회의 심의를 거친 후 「군인사법」에 따라 국방부장관이 한다.(2021.9.24 본조개정)

제30조의2【「군인사법」의 적용】 군판사의 인사관리에 대하여 이 법에 규정이 없는 경우에는 「군인사법」을 적용한다.(2021.9.24 본조신설)

제30조의3【군판사의 정원】 ① 군판사의 정원은 대통령령으로 정한다.
② 각 군사법원에 배치할 군판사의 계급과 수는 대통령령으로 정한다.
(2021.9.24 본조신설)

제31조【직원】 ① 군사법원에 서기와 법정경위를 둔다.
(2021.9.24 본항개정)
② 군사법원에 통역인과 기사(技士)를 둘 수 있다.
③ 제1항 및 제2항의 직원은 국방부 소속으로 한다.
(2021.9.24 본항신설)

제32조【서기】 ① 서기는 국방부장관이 장교, 준사관, 부사관 및 군무원 중에서 임명한다.(2021.9.24 본항개정)
② 서기는 재판에 참여하여 재판기록과 그 밖의 서류를 작성·보관하고 법령에 따른 직무를 집행하며 상관(上官)의 명령을 받아 군사법원의 서무에 종사한다.

제33조【법정경위】 ① 법정경위는 군무원, 부사관 또는 병(兵) 중에서 국방부장관이 임명한다.
② 법정경위는 재판장의 명령을 받아 소송관계자의 인도, 법정의 정돈 및 그 밖에 소송진행에 필요한 사무를 집행한다.
(2021.9.24 본조개정)

제34조【통역인】 ① 통역인은 장교 또는 군무원 중에서 군사법원장이 임명한다. 다만, 특히 필요하다고 인정하면 장교 또는 군무원 외의 사람 중에서 임명할 수 있다.
(2021.9.24 본문개정)
② 통역인은 재판장의 명령을 받아 통역과 번역에 관한 사무에 종사한다.

제35조【기사】 ① 기사는 장교 또는 군무원 중에서 국방부장관이 임명한다.(2021.9.24 본항개정)
② 기사는 재판장의 명령을 받아 기술에 관한 사무에 종사한다.

제35조의2【위임규정】 제2장 및 제3장에서 규정한 사항 외에 군사법원의 조직과 운영에 필요한 사항은 대통령령으로 정한다.(2021.9.24 본조신설)

제4장 검찰기관
(2009.12.29 본장개정)

제36조【군검찰단】 ① 군검사의 사무를 관장하기 위하여 국방부장관과 각 군 참모총장 소속으로 검찰단을 설치한다.
② 국방부검찰단 및 각 군 검찰단에 각각 고등검찰부와 보통검찰부를 설치하고, 보통검찰부는 제6조에 따른 군사법원에 대응하여 둔다. 다만, 필요한 경우 보통검찰부를 통합하여 둘 수 있다.

③ 국방부검찰단장은 국방부장관이 장성급 장교인 군법무관 중에서 임명한다.
④ 고등검찰부의 관할은 보통검찰부의 관할사건에 대한 항소사건·항고사건 및 그 밖에 법률에 따라 고등검찰부의 권한에 속하는 사건으로 한다. 다만, 각 군 검찰단 고등검찰부는 필요한 경우 그 권한의 일부를 국방부검찰단 고등검찰부에 위탁할 수 있다.
⑤ 국방부검찰단 및 각 군 검찰단의 보통검찰부의 관할은 다음 각 호와 같다.
1. 국방부검찰단 : 국방부 본부, 국방부 직할부대 소속의 군인 또는 군무원이 피의자인 사건. 다만, 국방부검찰단장은 필요한 경우 관할의 일부를 각 군 검찰단에 위임할 수 있다.
2. 각 군 검찰단 : 다음 각 목의 사건
가. 각 군 본부, 각 군 직할부대 소속의 군인, 군무원이 피의자인 사건
나. 각 군 부대의 작전지역·관할지역 또는 경비지역에 있는 자군(自軍)부대에 속하는 사람과 그 부대의 장의 감독을 받는 사람이 피의자인 사건
다. 각 군 부대의 작전지역·관할지역 또는 경비지역에 현존하는 사람과 그 지역에서 죄를 범한 「군형법」 제1조에 해당하는 사람이 피의자인 사건
⑥ 제5항에도 불구하고 국방부검찰단장은 범죄의 성질, 피의자의 지위 또는 소속 부대의 실정, 수사의 상황 및 그 밖의 사정으로 인하여 수사의 공정을 유지하기 어렵다고 판단되는 경우에는 직권으로 또는 각 군 검찰단 소속의 군검사의 신청에 의하여 국방부검찰단으로 그 사건의 관할을 이전할 수 있다.
⑦ 국방부검찰단은 제5항 및 제6항에도 불구하고 장성급 장교가 피의자인 사건과 그 밖의 중요 사건을 관할할 수 있다.
⑧ 국방부검찰단 및 각 군 검찰단의 조직 및 운영 등에 필요한 사항은 대통령령으로 정한다.
(2021.9.24 본조개정)

참조 [군사법원의 심판사항]11, 군검찰단의조직에관한규정, 군검찰사무운영규정2의2, 군검찰사건사무규칙2

제37조【군검사의 직무】 ① 군검사는 다음 각 호의 직무와 권한이 있다.(2021.9.24 본문개정)
1. 범죄 수사와 공소제기 및 그 유지(항소심을 포함한다)에 필요한 행위(2021.9.24 본호개정)
1의2. 군사법원 및 고등법원에 대한 법령의 정당한 적용 청구(2021.9.24 본호신설)
2. 군사법원 및 고등법원 재판집행의 지휘·감독 (2021.9.24 본호개정)
3. 다른 법령에 따라 그 권한에 속하는 사항
② 군검사는 그 직무를 수행할 때에는 국민 전체에 대한 봉사자로서 정치적 중립을 지켜야 하며, 부여된 권한을 남용하여서는 아니 된다.(2021.9.24 본항신설)
(2016.1.6 본조제목개정)

참조 [공소제기]289, [재판집행지휘]503, [검사의 직무]검찰4

제38조【국방부장관의 군검찰사무 지휘·감독】 국방부장관은 군검찰사무의 최고감독자로서 일반적으로 군검사를 지휘·감독한다. 다만, 구체적 사건에 관하여는 각 군 참모총장과 국방부검찰단장만을 지휘·감독한다.
(2021.9.24 단서개정)

참조 [법무부장관의 검찰사무지휘·감독]검찰8

제39조【각 군 참모총장의 검찰사무 지휘·감독】 각 군 참모총장은 각 군 검찰사무의 지휘·감독자로서 일반적으로 소속 군검사를 지휘·감독한다. 다만, 구체적 사건에 관하여는 소속 검찰단장만을 지휘·감독한다.
(2021.9.24 본조개정)

제40조【군검찰사무에 대한 지휘·감독】 ① 군검사는 군검찰사무에 관하여 소속 상급자의 지휘·감독에 따른다.
② 군검사는 구체적인 사건과 관련하여 제1항에 따른 지휘·감독의 적법성 또는 정당성 여부에 대하여 이견이 있는 때에는 이의를 제기할 수 있다.
③ 검찰단장은 소속 군검사로 하여금 그 권한에 속하는 직무의 일부를 처리하게 할 수 있다.
④ 검찰단장은 소속 군검사의 직무를 자신이 처리하거나 다른 군검사로 하여금 처리하게 할 수 있다.
(2021.9.24 본조개정)

제41조【군검사의 임명】 ① 군검사는 각 군 참모총장이 소속 군법무관 중에서 임명한다. 다만, 국방부검찰단의 군검사는 국방부장관이 소속 군법무관 중에서 임명한다.
(2021.9.24 단서개정)
② 국방부장관은 제1항 본문에도 불구하고 각 군 참모총장의 의견을 들어 각 군 소속 군법무관 중에서 국방부와 각 군의 군검사를 임명할 수 있다.
(2016.1.6 본조개정)

참조 [군법무관과 그 임용자격]군법무관임용등에관한법2·3, [군판사의 임명]23

제41조의2【군검사의 정원】 ① 군검사의 정원은 대통령령으로 정한다.
② 각 검찰단에 배치할 군검사의 계급과 수는 대통령령으로 정한다.
(2021.9.24 본조신설)

제42조【군검사 직무대행】 각 군 참모총장은 군법무관 시보로 하여금 군검사의 직무를 대행하게 할 수 있다.
(2016.1.6 본조개정)

참조 [군법무관시보]군법무관임용등에관한법5②, [검사직무대리]검찰32

제43조【군사법경찰관】 다음 각 호의 어느 하나에 해당하는 사람은 군사법경찰관으로서 범죄를 수사한다.
1. 「군인사법」 제5조제2항에 따른 기본병과 중 수사 및 교정업무 등을 주로 담당하는 병과(이하 "군사경찰과"라 한다)의 장교, 준사관 및 부사관과 법령에 따라 범죄수사업무를 관장하는 부대에 소속된 군무원 중 국방부장관 또는 각 군 참모총장이 군사법경찰관으로 임명하는 사람(2021.9.24 본호개정)
2. 「국군조직법」 제2조제3항에 따라 설치된 부대 중 군사보안 업무 등을 수행하는 부대로서 국군조직 관련 법령으로 정하는 부대(이하 "군사안보지원부대"라 한다)에 소속된 장교, 준사관 및 부사관과 군무원 중 국방부장관이 군사법경찰관으로 임명하는 사람(2021.9.24 본호개정)
3. (2020.12.15 삭제)
4. 검찰수사관

참조 [사법경찰관리]형소197

제44조【군사법경찰관의 직무범위】 군사법경찰관은 군사법원 관할사건을 다음 각 호의 구분에 따라 수사한다.
1. 제43조제1호에 규정된 사람 : 제2호 및 제3호에 규정하는 죄 외의 죄
2. 제43조제2호에 규정된 사람 : 「형법」 제2편제1장 및 제2장의 죄, 「군형법」 제2편제1장 및 제2장의 죄, 「군형법」 제80조 및 제81조의 죄와 「국가보안법」, 「군사기밀보호법」, 「남북교류협력에 관한 법률」 및 「집회 및 시위에 관한 법률」(「국가보안법」에 규정된 죄를 범한 사람이 「집회 및 시위에 관한 법률」에 규정된 죄를 범한 경우만 해당된다)에 규정된 죄
3. (2020.12.15 삭제)
(2021.9.24 본조제목개정)

제45조【군사법경찰관과 상관의 명령】 군사법경찰관은 범죄 수사에 관하여 직무상 상관의 명령에 복종하여야 한다.

제46조【군사법경찰리】 다음 각 호의 어느 하나에 해당하는 사람은 군사법경찰리(軍司法警察吏)로서 군검사 또는 군사법경찰관의 명령을 받아 수사를 보조한다.
(2016.1.6 본문개정)
1. 군사경찰과의 부사관과 법령에 따라 범죄수사업무를 관장하는 부대에 소속된 군무원 중 국방부장관 또는 각 군 참모총장이 군사법경찰리로 임명하는 사람
2. 군사안보지원부대에 소속된 부사관과 군무원 중 국방부장관이 군사법경찰리로 임명하는 사람
(2021.9.24 1호~2호개정)
3. 국가정보원장이 군사법경찰리로 지명하는 국가정보원 직원

참조 [사법경찰관리]형소197

제47조【군검찰단 직원·직무】 ① 군검찰단에 검찰수사관과 검찰서기를 둔다.(2021.9.24 본항개정)
② 검찰수사관 및 검찰서기는 각 군 참모총장이 소속 장교, 준사관, 부사관 및 군무원 중에서 임명한다. 다만, 국방부검찰단의 검찰수사관 및 검찰서기는 국방부장관이 임명한다.(2021.9.24 본항개정)
③ 검찰수사관은 군검사를 보좌하며, 군검사의 지휘를 받아 범죄를 수사한다.(2016.1.6 본항개정)
④ 검찰서기는 군검사의 명령을 받아 다음 각 호의 사무에 종사한다.(2016.1.6 본문개정)
1. 수사에 관한 사무
2. 형사기록의 작성과 보존
3. 재판집행에 관한 사무
4. 그 밖의 검찰행정에 관한 사무
(2021.9.24 본조제목개정)

제2편 소송절차

제1장 총 칙

제1절 제척·기피·회피
(2009.12.29 본절개정)

제48조【제척의 원인】 재판관이 다음 각 호의 어느 하나에 해당하는 경우에는 그 직무집행에서 제척된다.
1. 재판관이 피해자인 경우
2. 재판관이 피고인이나 피해자의 친족이거나 친족이었던 경우
3. 재판관이 피고인이나 피해자의 법정대리인이거나 후견감독인인 경우(2021.9.24 본호개정)
4. 재판관이 해당 사건에 관하여 증인, 감정인, 피해자의 대리인이 된 경우
5. 재판관이 해당 사건에 관하여 피고인의 대리인, 변호인, 보조인이 된 경우
6. 재판관이 해당 사건에 관하여 군검사, 검사, 군사법경찰관 또는 사법경찰관의 직무를 수행한 경우
7. 재판관이 해당 사건에 관하여 전심(前審)재판 또는 그 기초가 되는 조사, 심리에 관여한 경우
(2021.9.24 6호~7호개정)

참조 [제척재판관의 심판관여와 항소이유]414, [친족]민767이하, [가족]민779, [법정대리인]민911·938, [증인]187이하, [감정인]210이하, [변호인]59~62·466, [보조인]66

판례 환송판결전의 재판관이 환송후의 재판관으로 관여하였다 하여 위법하다 할 수 없다.(대판 1968.12.6, 67도1112)

제49조【기피의 원인과 신청권자】 ① 군검사나 피고인은 다음 각 호의 어느 하나의 경우에 재판관의 기피를 신청할 수 있다.(2016.1.6 본문개정)
1. 재판관이 제48조 각 호의 어느 하나에 해당될 때
2. 재판관이 불공평한 재판을 할 우려가 있을 때
② 변호인은 피고인이 명시한 의사에 반하지 아니할 때에만 재판관에 대한 기피를 신청할 수 있다.

제50조 (2020.6.9 삭제)

제51조【기피신청의 관할】 ① 재판관에 대한 기피는 그 재판관이 소속된 군사법원에 신청하고 수명재판관(受命裁判官) 또는 수탁재판관(受託裁判官)에 대한 기피는 해당 재판관에게 신청하여야 한다.
② 기피사유는 신청한 날부터 3일 이내에 서면으로 소명하여야 한다.(2020.6.9 본항개정)

제52조【기피신청 기각과 처리】 ① 기피신청이 소송 지연을 목적으로 함이 명백하거나 제51조에 위반되는 때에는 신청을 받은 군사법원 또는 재판관은 결정으로 이를 기각한다.(2020.6.9 본항개정)
② 기피를 당한 재판관은 제1항의 경우를 제외하고는 지체 없이 기피신청에 대한 의견서를 제출하여야 한다.
③ 제2항의 경우에 기피를 당한 재판관이 기피신청을 이유 있다고 인정하면 그 신청이 이유 있다는 결정이 있는 것으로 본다.

제53조【기피신청에 대한 재판】 ① 기피신청에 대한 재판은 기피를 당한 재판관의 소속 군사법원에서 결정으로 하여야 한다.
② 기피를 당한 재판관은 제1항에 따른 결정에 관여하지 못한다.
③ 기피를 당한 재판관의 소속 군사법원이 군사법원을 구성하지 못할 때에는 중앙지역군사법원이 아닌 군사법원의 경우에는 중앙지역군사법원이, 중앙지역군사법원의 경우에는 고등법원이 결정하여야 한다.(2021.9.24 본항개정)

제54조【기피신청과 소송의 정지】 기피신청을 받으면 제52조제1항의 경우를 제외하고는 소송진행을 정지하여야 한다. 다만, 긴급히 진행하여야 하는 경우에는 그러하지 아니하다.

제55조【기피신청 기각과 즉시항고】 ① 기피신청을 기각한 결정에 대하여는 즉시항고(卽時抗告)를 할 수 있다.
② 제52조제1항의 기각결정에 대한 즉시항고는 재판의 집행을 정지하는 효력이 없다.

참조 454~456

제56조 (2021.9.24 삭제)

제57조【회피의 원인 등】 ① 재판관은 제49조제1항 각 호의 어느 하나에 해당하는 사유가 있다고 생각할 때에는 회피하여야 한다.
② 회피는 소속 군사법원에 서면으로 신청하여야 한다.
③ 회피의 결정에 관하여는 제53조를 준용한다.
(2021.9.24 본항신설)
(2021.9.24 본조개정)

제58조【서기 등에 대한 제척·기피·회피】 ① 군사법원의 서기와 통역인에 관하여는 이 절의 규정(제48조제7호는 제외한다)을 준용한다.
② 제1항에 따른 서기와 통역인에 대한 기피의 재판은 그 소속 군사법원이 결정으로 하여야 한다.

참조 [제척]48

제2절 변호와 보조
(2009.12.29 본절개정)

제59조【변호인 선임권자】 ① 피고인이나 피의자는 변호인을 선임(選任)할 수 있다.
② 피고인이나 피의자의 법정대리인, 배우자, 직계친족 및 형제자매는 독립하여 변호인을 선임할 수 있다.

참조 [변호인선임권]헌12, [선임권의 고지]112·127·128·246, [변호인의 권한]64·134·204·205, [선임절차]130·246, [구속이유를 가족에 통지]헌12

제60조【변호인의 자격과 특별변호인】 변호인은 변호사 중에서 선임하여야 한다. 다만, 특별한 사정이 있을 때에는 관할 군사법원의 허가를 받아 변호사가 아닌 사람을 변호인으로 선임할 수 있다.

참조 [변호사]변호사3~5·7

제61조【변호인 선임의 효력】 ① 변호인의 선임은 심급마다 변호인과 연명(連名)하여 날인한 서면으로 제출하여야 한다.
② 공소제기 전의 변호인 선임은 제1심에도 그 효력이 있다.

참조 [공소제기]289·296

판례 환송전 원심에서 선임된 변호인의 변호권은 사건이 환송된 뒤에는 항소심에서 다시 생긴다.(대판 1968.2.27, 68도64)

제61조의2【대표변호인】 ① 재판장은 변호인이 여러 명일 때에는 피고인, 피의자 또는 변호인의 신청에 따라 대표변호인을 지정할 수 있고 그 지정을 철회하거나 변경할 수 있다.
② 재판장은 제1항의 신청이 없을 때에는 직권으로 대표변호인을 지정할 수 있고 그 지정을 철회하거나 변경할 수 있다.
③ 대표변호인은 3명을 초과할 수 없다.
④ 대표변호인에 대한 통지 또는 서류의 송달은 모든 변호인에게 효력이 있다.

⑤ 피의자에게 변호인이 여러 명일 때에 군검사가 대표변호인을 지정하는 경우에는 제1항부터 제4항까지의 규정을 준용한다.(2016.1.6 본항개정)

제62조【국선변호인】 ① 피고인에게 변호인이 없을 때에는 군사법원 또는 상소법원은 직권으로 변호인을 선정하여야 한다.

② 제1항에 따라 선정하는 변호인은 변호사나 변호사 자격이 있는 장교 또는 군법무관시보로서 해당 사건에 관여하지 아니한 사람 중에서 선정하여야 한다.

(2021.9.24 본조개정)

참조 [변호인선임]59, [국선변호인]헌12, [변호사]변호사3－5·7, [변호사자격]변호사4, [군법무관시보]군법무관임용등에관한법5②

판례 고등군법회의에서 변호인이 출석하지 않은 채 공판을 열고 그 변론을 듣지도 않고 피고인에게 유죄판결을 선고한 것은 위법하다 할 것이다.(대판 1963.7.25, 63도185)

제63조【피고인·피의자와의 접견 등】 변호인 또는 변호인이 되려는 사람은 구속을 당한 피고인 또는 피의자와 접견하고 서류나 물건을 주고받을 수 있으며 의사로 하여금 진료하게 할 수 있다.

참조 [구속을 당한 피고인]110, [피의자]238·247, [피고인과의 접견·서신수수·의사진료]129, 군에서의형의집행및군수용자의처우에관한법73, [접견등의 제한]131

제64조【서류·증거물의 열람 및 복사】 ① 피고인과 변호인은 소송계속 중의 관계 서류 또는 증거물을 열람하거나 복사할 수 있다.

② 피고인의 법정대리인, 제60조에 따른 특별변호인, 제66조에 따른 보조인 또는 피고인의 배우자·직계친족·형제자매로서 피고인의 위임장과 신분관계를 증명하는 문서를 제출한 사람도 제1항과 같다.

③ 재판장은 피해자, 증인 등 사건관계인의 생명 또는 신체의 안전을 현저히 해칠 우려가 있는 경우에는 제1항 및 제2항에 따른 열람·복사에 앞서 사건관계인의 성명 등 개인정보가 공개되지 아니하도록 보호조치를 할 수 있다.(2020.6.9 본항신설)

④ 제3항에 따른 개인정보 보호조치의 방법과 절차, 그 밖에 필요한 사항은 대법원규칙으로 정한다.(2020.6.9 본항신설)

참조 [증거보전·열람 등]226·227

제65조【변호인의 독립소송행위권】 변호인은 독립하여 소송행위를 할 수 있다. 다만, 법률에 다른 규정이 있을 때에는 그러하지 아니하다.

참조 [독립행위권]49·63·64·133·134·162·186·204·218·226·227·313·337·350·398

제66조【보조인】 ① 피고인 또는 피의자의 법정대리인, 배우자, 직계친족 및 형제자매는 보조인이 될 수 있다.

② 보조인이 될 수 있는 사람이 없거나 장애 등의 사유로 보조인으로서 역할을 할 수 없는 경우에는 피고인 또는 피의자와 신뢰관계가 있는 사람이 보조인이 될 수 있다.

(2020.6.9 본항신설)

③ 보조인이 되려는 사람은 심급별로 그 취지를 신고하여야 한다.

④ 보조인은 독립하여 피고인 또는 피의자가 명시한 의사에 반하지 아니하는 소송행위를 할 수 있다. 다만, 법률에 다른 규정이 있을 때에는 그러하지 아니하다.

참조 [다른 규정]408

제3절 재 판

(2009.12.29 본절개정)

제67조【재판의 공개】 ① 재판의 심리와 판결은 공개한다. 다만, 공공의 안녕과 질서를 해칠 우려가 있을 때 또는 군사기밀을 보호할 필요가 있을 때에는 군사법원의 결정으로 재판의 심리만은 공개하지 아니할 수 있다.

② 제1항 단서의 결정은 구체적인 이유를 밝혀 선고한다.

(2021.9.24 본항개정)

③ 제1항 단서에도 불구하고 재판장은 적당한 사람이 법정에 있도록 허가할 수 있다.

참조 [재판공개의 원칙]헌109, 법원조직57

제67조의2【개정의 장소】 ① 공판은 법정에서 한다.

② 공판은 해당 사건이 계속되어 있는 군사법원의 관할 구역 안에 설치된 법정 중에서 군사법원장이 정하는 곳을 순회하여 한다.(2021.9.24 본항신설)

③ 제2항에도 불구하고 군사법원장은 필요에 따라 관할 구역 밖이나 법정 외의 장소에서 개정하게 할 수 있다.

(2021.9.24 본항개정)

④ 제1항부터 제3항까지에 따른 순회재판에 관한 사항은 국방부장관이 정한다.(2021.9.24 본항신설)

(2016.1.6 본조신설)

제68조【법정의 질서유지】 ① 법정의 질서유지는 재판장이 한다.

② 재판장은 법정의 존엄과 질서를 해칠 우려가 있는 사람의 입정(入廷)을 금지하거나 퇴정(退廷)을 명령하며 그 밖에 법정의 질서유지에 필요한 명령을 할 수 있다.

참조 [일반법원의 법정질서]법원조직58

제68조의2【녹화 등의 금지】 누구든지 법정에서는 재판장의 허가 없이 녹화, 촬영, 중계방송 등의 행위를 하지 못한다.(2009.12.29 본조신설)

제68조의3【군사경찰의 파견요구】 ① 재판장은 법정에 있어서의 질서유지를 위하여 필요하다고 인정할 때에는 개정 전후를 불문하고 관할 군사경찰부대의 장에게 군사경찰과에 속하는 군인(이하 "군사경찰"이라 한다)의 파견을 요구할 수 있다.(2021.9.24 본항개정)

② 제1항의 요구에 의하여 파견된 군사경찰은 법정 내외의 질서유지에 관하여 재판장의 지휘를 받는다.

(2020.2.4 본조개정)

제68조의4【감치 등】 ① 군사법원은 직권으로 법정 내외에서 제68조제2항의 금지 및 명령 또는 제68조의2를 위반하는 행위를 하거나 폭언, 소란 등의 행위로 법원의 심리를 방해하거나 재판의 위신을 현저하게 훼손한 사람에 대하여 결정으로 20일 이내의 감치에 처하거나 100만원 이하의 과태료를 부과하거나 이를 병과할 수 있다.

② 군사법원은 제1항의 감치를 위하여 군사법원 직원, 법정경위 또는 군사경찰로 하여금 즉시 행위자를 구속하게 할 수 있으며, 구속한 때부터 24시간 이내에 감치에 처하는 재판을 하여야 하고 이를 하지 아니하면 즉시 석방을 명령하여야 한다.(2021.9.24 본항개정)

③ 감치는 군교도소 또는 군미결수용실에 유치하여 집행한다.

④ 감치는 피감치인에 대한 다른 사건으로 인한 구속 및 형에 우선하여 집행하며, 감치의 집행 중에는 피감치인에 대한 다른 사건으로 인한 구속 및 형의 집행이 정지되고 피감치인이 당사자로 되어 있는 본래의 심판사건의 소송절차는 정지된다. 다만, 군사법원은 상당한 이유가 있는 때에는 소송절차의 속행을 명령할 수 있다.

⑤ 제1항의 재판에 대하여는 항고 또는 특별항고를 할 수 있다.

⑥ 제1항의 재판에 관한 절차와 그 밖에 필요한 사항은 대법원규칙으로 정한다.

(2009.12.29 본조신설)

제69조【재판의 합의】 ① 재판의 합의는 공개하지 아니한다.

② 재판의 합의는 법률에 다른 규정이 없으면 재판관 과반수의 의견에 따른다.

③ 재판관의 의견이 3설(說) 이상 나누어져 각각 과반수에 이르지 못하는 경우에는 과반수에 이르기까지 피고인에게 가장 불리한 의견의 수에 차례로 유리한 의견을 더하여 그 중 가장 유리한 의견에 따른다.

참조 [일반법원의 합의 방법]법원조직66

제70조【의견진술의무 등】 ① 재판관은 재판할 사항에 관한 자신의 의견진술을 거부할 수 없다.

② 재판관이 의견을 진술하는 순서는 계급이 낮은 재판관부터 한다. 다만, 재판할 사항에 따라 특별한 필요가 있을 때에는 재판장이 따로 정할 수 있다.

제71조【판결·결정·명령】 ① 판결은 법률에 다른 규정이 없으면 구두변론(口頭辯論)을 거쳐 하여야 한다.

② 결정 또는 명령은 구두변론을 거치지 아니하고 할 수 있다.

③ 결정 또는 명령을 하는 경우 필요하면 사실을 조사할 수 있다.

④ 제3항에 따른 조사는 군판사에게 명할 수 있고 다른 군사법원의 군판사 또는 지방법원의 판사에게 촉탁할 수 있다.

참조 [다른 규정]325·357·385·426·446·447·452, [결정]137·140·145·174·175·357·383·404·405·417·422·438

제72조【재판서의 방식】 재판은 재판관인 군판사가 작성한 재판서(裁判書)로 하여야 한다. 다만, 결정 또는 명령을 고지하는 경우에는 재판서를 작성하지 아니하고 조서에만 적을 수 있다.

제73조【재판의 이유】 재판에는 이유를 구체적으로 밝혀야 한다. 다만, 상소가 허용되지 아니하는 결정 또는 명령은 그러하지 아니하다.

참조 [유죄판결의 이유]377, [이유를 붙이지 아니한 때]414, [상소를 불허하는 결정·명령]454·464·466

제73조의2【대법원 양형기준의 효력 등】 ① 재판관은 형의 종류를 선택하고 형량을 정함에 있어서 「법원조직법」 제8편에 따른 양형기준을 존중하여야 한다. 다만, 양형기준은 법적 구속력을 갖지 아니한다.

② 군사법원이 양형기준을 벗어난 판결을 하는 경우에는 판결서에 양형의 이유를 기재하여야 한다. 다만, 약식절차 및 즉결심판절차에 따라 심판하는 경우에는 그러하지 아니하다.

(2016.1.6 본조신설)

제74조【재판서의 기재요건】 ① 재판서에는 법률에 다른 규정이 없으면 재판을 받는 사람의 성명, 연령, 계급, 군번, 주민등록번호, 소속 또는 직업 및 주거(住居)를 적어야 한다.

② 판결서에는 기소한 군검사와 공판에 관여한 군검사의 관직, 계급 및 성명과 변호인의 성명을 적어야 한다.

(2021.9.24 본항개정)

참조 [공판정의 심리]322

제75조【재판서의 서명 등】 ① 재판서에는 재판한 재판관이 서명날인하여야 한다.

② 재판장이 서명날인할 수 없을 때에는 다른 재판관이 그 사유를 부기(附記)하고 서명날인하여야 하고, 재판장 외의 재판관이 서명날인할 수 없을 때에는 재판장이 그 사유를 부기하고 서명날인하여야 한다.

③ 판결서와 그 밖에 대법원규칙으로 정하는 재판서를 제외한 재판서에는 제1항과 제2항의 서명날인을 갈음하여 기명날인할 수 있다.

판례 재판장의 서명날인이 누락되어 있고 재판장이 서명날인을 할 수 없는 사유의 부기도 없는 재판서에 의한 판결은 형사소송법 제383조 제1호 소정의 판결에 영향을 미친 법률위반으로서 파기사유가 된다.(대판 1990.2.27, 90도145)

제76조【재판의 선고·고지의 방식】 재판의 선고 또는 고지는 공판정에서는 재판서로 하여야 하고, 그 밖의 경우에는 재판서 등본의 송달 또는 다른 적당한 방법으로 하여야 한다. 다만, 법률에 다른 규정이 있을 때에는 그러하지 아니하다.

참조 [공판정]322, [송달]94이하

제77조【재판의 선고·고지】 ① 재판의 선고 또는 고지는 재판장이 한다.

② 판결을 선고할 때에는 주문(主文)을 낭독하고 이유의 요지를 설명하여야 한다.

제78조【군검사의 집행 지휘가 필요한 사건】 군검사의 집행 지휘가 필요한 재판은 재판서 또는 재판을 적은 조서의 등본이나 초본을 재판의 선고 또는 고지를 한 때부터 10일 이내에 군검사에게 보내야 한다. 다만, 법률에 다른 규정이 있을 때에는 그러하지 아니하다.

(2016.1.6 본조개정)

참조 [군검사의 집행지휘]37

제79조【재판서 등의 등본·초본의 청구】 피고인과 그 밖의 소송관계인은 비용을 내고 재판서 또는 재판을 적은 조서의 등본이나 초본의 발급을 청구할 수 있다.

제80조【재판서 등의 등본·초본의 작성】 재판서 또는 재판을 적은 조서의 등본이나 초본은 원본에 따라 작성하여야 한다. 다만, 부득이한 사유가 있을 때에는 등본에 따라 작성할 수 있다.

제4절 서 류

(2009.12.29 본절제목개정)

제81조【소송서류의 비공개】 소송에 관한 서류는 공판의 개정(開廷) 전에는 공익상 필요하거나 그 밖의 상당한 이유가 없으면 공개하지 못한다.(2009.12.29 본조개정)

참조 [공개의 금지]형126, 형소47

제82조【조서의 작성방법】 ① 피고인, 피의자, 증인, 감정인, 통역인 또는 번역인을 신문(訊問)하는 때에는 참여한 서기가 조서를 작성하여야 한다.

② 조서에는 다음 각 호의 사항을 적어야 한다.

1. 피고인, 피의자, 증인, 감정인, 통역인 또는 번역인의 진술
2. 증인, 감정인, 통역인 또는 번역인이 선서를 하지 아니한 경우에는 그 이유

③ 조서는 진술자에게 읽어주거나 열람하게 하여 적힌 내용이 정확한지 물어야 한다.

④ 진술자가 진술 내용의 증감·변경을 청구하면 그 진술을 조서에 적어야 한다.

⑤ 신문에 참여한 군검사, 피고인, 피의자 또는 변호인이 조서에 적힌 내용의 정확성에 대하여 이의를 진술하면 그 진술의 요지를 조서에 적어야 한다.(2016.1.6 본항개정)

⑥ 제5항의 경우 재판장이나 신문한 군판사는 그 진술에 대한 의견을 적게 할 수 있다.(2021.9.24 본항개정)

⑦ 조서에는 진술자가 간인(間印)한 후 서명날인하도록 하여야 한다. 다만, 진술자가 서명날인을 거부할 때에는 그 사유를 적어야 한다.

(2009.12.29 본조개정)

참조 [피고인신문]332, [피의자신문]233－236, [증인신문]187이하, [감정]210이하, [통역·번역]222이하, [공무원의 서류]91·92, [조서의 기재요건]84, [공판조서 작성상의 특례]86

제83조【검증 등의 조서】 ① 검증, 압수 또는 수색에 관하여는 조서를 작성하여야 한다.

② 검증조서에는 검증목적물의 현상(現狀)을 명확하게 하기 위하여 그림, 도면 또는 사진을 첨부할 수 있다.

③ 압수조서에는 품종, 외형상의 특징 및 수량을 적어야 한다.

(2009.12.29 본조개정)

참조 [검증]180이하, [압수·수색]146이하

제84조【각종 조서의 기재요건】 제82조와 제83조에 따른 조서에는 조사나 처분을 한 연월일시와 장소를 적고 그 조사 또는 처분을 한 사람과 참여한 서기가 기명날인하거나 서명하여야 한다. 다만, 공판기일(公判期日)이 아닌 날에 군사법원이 조사나 처분을 한 때에는 재판장 또는 군판사와 참여한 서기가 기명날인하거나 서명하여야 한다.(2009.12.29 본조개정)

제85조【공판조서의 기재요건】 ① 공판기일의 소송절차에 관하여는 참여한 서기가 공판조서를 작성하여야 한다.

② 공판조서에는 다음 각 호의 사항과 그 밖의 모든 소송절차를 적어야 한다.

1. 공판을 한 일시와 군사법원
2. 재판관, 군검사 및 서기의 관직, 계급 및 성명
(2016.1.6 본호개정)
3. 피고인, 대리인, 변호인, 보조인 및 통역인의 성명
4. 피고인의 출석 여부
5. 공개 여부와 공개를 금지한 경우에는 그 이유
6. 공소사실의 진술 또는 그를 변경하는 서면의 낭독
7. 피고인에게 그 권리 보호에 필요한 진술의 기회를 준 사실과 그 진술 사실
8. 제82조제2항 각 호에 규정된 사항

9. 증거조사를 한 경우에는 증거가 될 서류, 증거물 및 증거조사의 방법
10. 공판정에서 한 검증 또는 압수
11. 변론의 요지
12. 재판장 또는 군판사가 적도록 명령한 사항 또는 소송관계인의 청구를 받아 적도록 허가한 사항
13. 피고인이나 변호인에게 최종진술할 기회를 준 사실과 그 진술한 사실
14. 판결이나 그 밖의 재판을 선고 또는 고지한 사실
(2009.12.29 본조개정)

참조 [공판기일]310, [공판정의 구성]322, [대리인]325단서, [변호인]59 · 62, [보조인]66, [번역인 · 통역인]222~224, [출석여부]325 · 326 · 357 · 426, [공개여부]헌109, 법원조직57, [공소사실의 진술]330, [피고인의 진술권]331, [증거조사]334이하, [검증]180이하, [압수]146이하, [변론]353 · 354 · 356 · 445, [최종진술]354, [선고 · 고지]76 · 77

제86조【공판조서 작성상의 특례】 공판조서 및 공판기일 외의 증인신문조서를 작성할 때에는 제82조제3항부터 제7항까지의 규정에 따르지 아니한다. 다만, 진술자의 청구가 있을 때에는 그 진술에 관한 부분을 읽어주고, 증감 · 변경의 청구가 있을 때에는 그 진술을 적어야 한다.
(2009.12.29 본조개정)

판례 검찰관의 공소장변경신청서는 공판기일에 낭독되어야 그 신청의 효력이 있는 것이다.(대판 1969.4.22, 69도355)

판례 검찰관과 변호인의 출석여부는 공판조서의 기재요건이 아니다.(대판 1968.11.5, 68도1208)

판례 공판조서와 판결선고조서가 간인으로 연결되어 있는 경우에는 사실심리조서와 판결선고조서가 한 통의 조서로 되어 있다고 볼 수 있으므로 재판장 및 서기의 서명날인이 공판조서에만 있고 판결선고조서에 없다 하여 위법하다 할 수 없다.
(대판 1964.9.22, 64도290)

제87조【공판조서의 서명 등】 ① 공판조서에는 재판장, 군판사 및 참여한 서기가 기명날인하거나 서명하여야 한다.
② 재판장 또는 군판사가 기명날인하거나 서명할 수 없을 때에는 다른 재판관이 그 사유를 부기하고 기명날인하거나 서명하여야 하며, 재판관 전원이 기명날인하거나 서명할 수 없을 때에는 참여한 서기가 그 사유를 부기하고 기명날인하거나 서명하여야 한다.
③ 서기가 기명날인하거나 서명할 수 없을 때에는 제1항과 제2항에 따라 기명날인하거나 서명하는 사람이 그 사유를 부기하고 기명날인하거나 서명하여야 한다.
(2009.12.29 본조개정)

참조 [재판서의 서명날인]75

판례 공판조서에 서명날인할 재판장은 당해 공판기일에 열석한 재판장이어야 하므로 당해 공판기일에 열석하지 아니한 판사가 재판장으로서 서명날인한 공판조서는 적식의 공판조서라고 할 수 없어 이와 같은 공판조서는 소송법상 무효라 할 것이므로 공판기일에 있어서의 소송절차를 증명할 공판조서로서의 증명력이 없다.
(대판 1983.2.8, 82도2940)

제87조의2【공판조서의 정리 등】 ① 공판조서는 각 공판기일 후 신속히 정리하여야 한다.
② 다음 회의 공판기일에는 전회(前回)의 공판심리에 관한 주요 사항의 요지를 조서에 따라 고지하여야 한다. 다만, 다음 회의 공판기일까지 전회의 공판조서가 정리되지 아니한 경우에는 조서에 따르지 아니하고 고지할 수 있다.
③ 군검사, 피고인 또는 변호인은 공판조서에 적힌 내용에 대하여 변경을 청구하거나 이의를 제기할 수 있다.
(2016.1.6 본항개정)
④ 제3항에 따른 청구나 이의가 있을 때에는 그 취지와 이에 대한 재판장의 의견을 적은 조서를 그 공판조서에 첨부하여야 한다.
(2009.12.29 본조개정)

제87조의3【공판정에서의 속기 · 녹음 및 영상녹화】
① 군사법원은 군검사, 피고인 또는 변호인의 신청이 있는 때에는 특별한 사정이 없는 한 공판정에서의 심리의 전부 또는 일부를 속기사로 하여금 속기하게 하거나 녹음장치 또는 영상녹화장치를 사용하여 녹음 또는 영상녹화(녹음이 포함된 것을 말한다. 이하 같다)하여야 하며, 필요하다고 인정하는 때에는 직권으로 이를 명할 수 있다.
(2016.1.6 본항개정)
② 군사법원은 속기록 · 녹음물 또는 영상녹화물을 공판조서와 별도로 보관하여야 한다.
③ 군검사, 피고인 또는 변호인은 비용을 부담하고 제2항에 따른 속기록 · 녹음물 또는 영상녹화물의 사본을 청구할 수 있다.(2016.1.6 본항개정)
(2008.1.17 본조신설)

제88조 (2020.6.9 삭제)

제88조의2【피고인의 공판조서 열람권 등】 ① 피고인은 공판조서의 열람 또는 복사를 청구할 수 있다.
② 피고인이 공판조서를 읽지 못할 때에는 공판조서의 낭독을 청구할 수 있다.
③ 제1항과 제2항의 청구에 따르지 아니한 때에는 그 공판조서를 유죄의 증거로 할 수 없다.
(2009.12.29 본조개정)

제89조【공판조서의 증명력】 공판기일의 소송절차로서 공판조서에 적힌 것은 그 조서만으로 증명한다.
(2009.12.29 본조개정)

제90조 (2020.6.9 삭제)

제91조【공무원의 서류 작성 시 기명날인 등】 ① 공무원이 작성하는 서류에는 법률에 다른 규정이 없으면 작성 연월일과 소속 관공서를 적고 기명날인하거나 서명하여야 한다.
② 서류에는 간인하거나 이에 준하는 조치를 하여야 한다.
(2009.12.29 본조개정)

제92조【공무원의 서류 작성】 ① 공무원은 서류를 작성할 때 글자를 고치지 못한다.
② 삽입 또는 삭제를 하거나 난을 벗어나 적은 때에는 그 곳에 날인하고 그 글자 수를 적어야 한다. 다만, 삭제한 부분은 알아볼 수 있도록 글자를 그대로 두어야 한다.
(2009.12.29 본조개정)

제93조【공무원 아닌 사람의 서류 작성】 공무원이 아닌 사람이 작성하는 서류에는 작성 연월일을 적고 기명날인 또는 서명하여야 한다. 도장이 없으면 손도장으로 한다.
(2018.12.18 전단개정)

참조 [외국인의 경우]외국인의서명날인에관한법

제93조의2【재판확정기록의 열람 · 복사】 ① 누구든지 권리구제, 학술연구 또는 공익적 목적으로 재판이 확정된 사건의 소송기록을 보관하고 있는 군검찰부에 그 소송기록의 열람 또는 복사를 신청할 수 있다.
② 군검사는 다음 각 호의 어느 하나에 해당하는 경우에는 소송기록의 전부 또는 일부의 열람 또는 복사를 제한할 수 있다. 다만, 소송관계인이나 이해관계 있는 제3자가 열람 또는 복사를 할 정당한 사유가 있다고 인정되는 경우에는 그러하지 아니하다.(2016.1.6 본문개정)
1. 심리가 비공개로 진행된 경우
2. 소송기록을 공개하면 국가의 안전보장, 선량한 풍속, 공공의 질서유지 또는 공공복리를 현저히 해칠 우려가 있는 경우
3. 소송기록을 공개하면 사건관계인의 명예, 사생활의 비밀, 생명 · 신체의 안전이나 생활의 평온을 현저히 해칠 우려가 있는 경우
4. 소송기록을 공개하면 공범관계에 있는 사람 등의 증거인멸 또는 도주를 쉽게 하거나 관련 사건의 재판에 중대한 영향을 미칠 우려가 있는 경우
5. 소송기록을 공개하면 피고인의 개선이나 갱생에 현저한 지장을 줄 우려가 있는 경우
6. 소송기록을 공개하면 사건관계인의 영업비밀(「부정경쟁방지 및 영업비밀보호에 관한 법률」 제2조제2호의 영업비밀을 말한다)이 크게 침해될 우려가 있는 경우
7. 소송기록의 공개에 해당 소송관계인이 동의하지 아니하는 경우
③ 군검사는 제2항에 따라 소송기록의 열람 또는 복사를 제한하는 경우에는 신청인에게 그 사유를 밝혀 통지하여야 한다.(2016.1.6 본항개정)
④ 군검사는 소송기록의 보존을 위하여 필요하다고 인정하면 그 소송기록의 등본을 열람하거나 복사하게 할 수 있다. 다만, 원본의 열람 또는 복사가 필요한 경우에는 그러하지 아니하다.(2016.1.6 본문개정)
⑤ 소송기록을 열람하거나 복사한 사람은 열람 또는 복사를 통하여 알게 된 사항을 이용하여 다음 각 호의 행위를 하여서는 아니 된다.
1. 공공의 질서 또는 선량한 풍속을 해치는 행위
2. 피고인의 개선 및 갱생을 방해하는 행위
3. 사건관계인의 명예 또는 생활의 평온을 해치는 행위
⑥ 제1항에 따라 소송기록의 열람 또는 복사를 신청한 사람이 열람 또는 복사에 관한 군검사의 처분에 불복할 때에는 중앙지역군사법원 또는 제1지역군사법원에 그 처분의 취소 또는 변경을 신청할 수 있다.(2021.9.24 본항개정)
⑦ 제6항의 불복신청에 관하여는 제467조와 제468조를 준용한다.
(2009.12.29 본조개정)

제93조의3【확정 판결서 등의 열람 · 복사】 ① 누구든지 판결이 확정된 사건의 판결서 또는 그 등본, 증거목록 또는 그 등본, 그 밖에 군검사 · 피고인 또는 변호인이 군사법원에 제출한 서류 · 물건의 명칭 · 목록 또는 이에 해당하는 정보(이하 "판결서등"이라 한다)를 보관하고 있는 군사법원에서 판결서등을 열람 및 복사(인터넷이나 그 밖의 전산정보처리시스템을 통한 전자적 방법의 열람 및 복사를 포함한다. 이하 이 조에서 같다)할 수 있다. 다만, 군사법원은 다음 각 호의 어느 하나에 해당하는 경우에는 판결서등의 열람 및 복사를 제한할 수 있다.
(2016.1.6 본문개정)
1. 심리가 비공개로 진행된 경우
2. 「소년법」 제2조에 따른 소년에 관한 사건인 경우
3. 판결서등을 공개하면 공범관계에 있는 사람 등의 증거인멸 또는 도주를 쉽게 하거나 관련 사건의 재판에 중대한 영향을 미칠 우려가 있는 경우
4. 판결서등을 공개하면 국가의 안전보장을 현저히 해칠 우려가 명백하게 있는 경우
5. 소송관계인이 공개 제한신청을 한 경우로서 다음 각 목의 어느 하나에 해당하는 경우
가. 판결서등을 공개하면 사건관계인의 명예, 사생활의 비밀, 생명 · 신체의 안전이나 생활의 평온을 현저히 해칠 우려가 있는 경우
나. 판결서등을 공개하면 사건관계인의 영업비밀(「부정경쟁방지 및 영업비밀보호에 관한 법률」 제2조제2호의 영업비밀을 말한다)이 크게 침해될 우려가 있는 경우
② 열람 및 복사에 관하여 정당한 사유가 있는 소송관계인이나 이해관계가 있는 제3자는 제1항 단서에도 불구하고 판결서등을 보관하고 있는 군사법원의 서기에게 그 열람 및 복사를 신청할 수 있다.
③ 제2항에 따라 판결서등의 열람 및 복사를 신청한 사람이 열람 및 복사에 관한 서기의 처분에 불복하는 경우에는 판결서등을 보관하고 있는 군사법원에 서면으로 그 처분의 취소 또는 변경을 신청할 수 있다.
④ 제3항의 불복신청에 관하여는 제466조 및 제467조를 준용한다.
⑤ 서기는 제1항 및 제2항에 따른 열람 및 복사에 앞서 판결서등에 기재된 성명 등 개인정보가 공개되지 아니하도록 대법원규칙으로 정하는 보호조치를 하여야 한다.
⑥ 제5항에 따른 개인정보 보호조치를 한 서기는 고의 또는 중대한 과실이 없으면 제1항 및 제2항에 따른 열람 및 복사에 관하여 민사상 또는 형사상 책임을 지지 아니한다.
⑦ 판결서등의 열람 및 복사의 방법과 절차, 소송관계인의 공개 제한신청의 방법과 절차, 개인정보 보호조치의 방법과 절차, 그 밖에 필요한 사항은 대법원규칙으로 정한다.
(2014.1.7 본조신설)

제5절 송 달
(2009.12.29 본절개정)

제94조【서기에 의한 송달】 송달에 관한 사무는 서기가 처리하며, 군사법경찰리에게 촉탁할 수 있다. 다만, 군사법경찰관이 발송하는 서류는 그 서류를 작성한 사람이 송달하게 한다.

참조 [서기]32, [군사법경찰관리]43 · 46

제95조【우편에 의한 송달】 송달은 우편으로 할 수 있다. 이 경우 서류가 도달한 때 송달된 것으로 본다.

참조 [민사소송법의 준용]102, 민소187

제96조【송달의 촉탁】 송달은 이를 시행할 지역을 관할하는 군사법원의 서기, 법원의 법원서기관 · 법원사무관 · 법원주사 또는 법원주사보(이하 "법원사무관등"이라 한다)에게 촉탁하여 할 수 있다.(2020.6.9 본조개정)

제97조【병영 등에 있는 사람에 대한 송달】 ① 병영이나 그 밖의 군사용 청사나 함선에 있는 사람에 대한 송달은 그 병영, 청사 또는 함선의 장이나 그를 대리하는 사람에게 촉탁하여야 한다.
② 제2조제1항에 규정된 사람 중 제1항에 규정된 장소 외의 장소에 있는 사람에 대한 송달은 그 소속의 장, 감독자 또는 이에 준하는 사람에게 촉탁하여 할 수 있다.
③ 제1항과 제2항에 따른 송달은 서류를 본인에게 전달하였음을 표시한 증서로 증명한다.

제98조【송달을 받기 위한 신고】 ① 제2조제1항에 규정된 사람 외의 사람이 피고인, 대리인, 변호인 또는 보조인인 경우에 군사법원 소재지에 서류를 송달받을 수 있는 주거나 사무소가 없을 때에는 군사법원 소재지에 주거나 사무소가 있는 사람을 송달영수인으로 선임하여 연명한 서면으로 신고하여야 한다.
② 송달영수인은 송달에 관하여 본인으로 보고 그 주거나 사무소는 본인의 주거나 사무소로 본다.
③ 제1항과 제2항은 신체를 구속당한 사람에게는 적용하지 아니한다.

제99조【군검사에 대한 송달】 군검사에게 송달하는 서류는 소속 검찰부에 보내야 한다.(2021.9.24 본조개정)

참조 [소속검찰부]36

제100조【공시송달의 원인】 ① 피고인의 주거, 사무소 및 현재지를 알 수 없을 때에는 공시송달을 할 수 있다.
② 피고인이 재판권이 미치지 아니하는 장소에 있는 경우에 다른 방법으로 송달할 수 없을 때에도 제1항과 같다.

제101조【공시송달의 방법】 ① 공시송달은 군사법원이 명령한 경우에만 할 수 있다.
② 공시송달은 서기가 송달할 서류를 보관하고 그 사유를 군사법원 게시장에 공시하여야 한다.
③ 군사법원은 제2항에 따른 사유를 일간신문 또는 관보에 공고할 수 있다.
④ 최초의 공시송달은 제2항에 따른 공시를 한 날부터 2주일이 지나면 효력이 생긴다. 다만, 제2회 이후의 공시송달은 5일이 지나면 효력이 생긴다.

제102조【「민사소송법」의 준용】 서류의 송달에 관하여 법률에 다른 규정이 없을 때에는 「민사소송법」을 준용한다.

참조 [준용규정]민소174이하

제6절 기 간
(2009.12.29 본절개정)

제103조【기간의 계산】 ① 기간을 계산할 때에는 시(時)로 계산하는 것은 즉시부터 기산(起算)하고, 일 · 월 또는 연(年)으로 계산하는 것은 첫 날을 산입(算入)하지 아니한다. 다만, 시효와 구속기간을 계산할 때에는 첫 날은 시간을 계산하지 아니하고 1일로 계산한다.
② 연 또는 월로 정한 기간은 역(曆)에 따라 계산한다.
③ 기간이 끝나는 날이 공휴일 또는 토요일에 해당할 때에는 그 날은 기간에 산입하지 아니한다. 다만, 시효와 구속기간을 계산할 때에는 기간에 산입한다.

참조 [시효]291~293, [공휴일]관공서의공휴일에관한규정

제104조【법정기간의 연장】 법정기간은 소송행위를 할 사람의 주거 또는 사무소의 소재지와 군사법원 소재지 간의 거리 및 교통통신이 불편한 정도에 따라 대법원규칙으로 연장할 수 있다.

제7절 피고인의 소환·구속
(2009.12.29 본절개정)

제105조【소환】 군사법원은 피고인을 소환할 수 있다.

제106조【소환장의 발부】 피고인을 소환할 때에는 소환장을 발부하여야 한다.

참조 [소환장의 방식·송달]107·108, [구속영장의 발부]113, [긴급처분]118

제107조【소환장의 방식】 소환장에는 피고인의 성명, 소속, 계급, 군번, 주민등록번호, 주거, 죄명, 출석일시 및 장소와 정당한 사유 없이 출석하지 아니할 때에는 도주할 우려가 있다고 인정하여 구속영장을 발부할 수 있음을 적고 재판장, 군판사, 수탁군판사 또는 수탁판사가 기명날인 또는 서명하여야 한다.(2018.12.18 본조개정)

참조 [구속영장]113·114

제108조【소환장의 송달】 ① 소환장은 송달하여야 한다.

② 피고인이 기일에 출석한다는 서면을 제출하거나 출석한 피고인에게 다음 번 기일을 정하여 출석을 명령한 경우에는 소환장을 송달한 것과 같은 효력이 있다.

③ 제2항에 따른 출석을 명령한 경우에는 그 요지를 조서에 적어야 한다.

④ 병영이나 그 밖의 군사용 청사 또는 함선에 있는 피고인은 그 병영, 청사 또는 함선의 장이나 그를 대리하는 사람에게 통지하여 소환한다.

⑤ 구속된 피고인은 교도관에게 통지하여 소환한다.

⑥ 제4항과 제5항의 경우 피고인이 그 병영, 청사 또는 함선의 장이나 그를 대리하는 사람 또는 교도관으로부터 소환통지를 받은 경우에는 소환장을 송달받은 것과 동일한 효력이 있다.

참조 [송달]94이하, [긴급처분]118

제109조【구속의 정의】 이 법에서 "구속"이란 구인(拘引)과 구금(拘禁)을 포함한다.

참조 [구인의 효력]111, [구속]헌12

제110조【구속의 사유】 ① 군사법원은 피고인이 죄를 범하였다고 의심할 만한 상당한 이유가 있고 다음 각 호의 어느 하나의 사유가 있을 때에는 피고인을 구속할 수 있다.

1. 피고인에게 일정한 주거가 없을 때
2. 피고인이 증거를 없앨 우려가 있을 때
3. 피고인이 도주하거나 도주할 우려가 있을 때

② 군사법원이 제1항의 구속사유를 심사할 때에는 범죄의 중대성, 재범의 위험성 및 피해자와 중요 참고인 등에 대한 위해(危害) 우려 등을 고려하여야 한다.

③ 다액 50만원 이하의 벌금, 구류 또는 과료에 해당하는 사건에서는 제1항제1호의 경우를 제외하고는 구속할 수 없다.

참조 [긴급처분]118, [피의자의 구속]238, [기간의 계산]103, [구속이유의 통지]헌12⑤

제111조【구인의 효력】 구인한 피고인을 군사법원에 인치(引致)한 경우 구금할 필요가 없다고 인정하면 인치한 때부터 24시간 이내에 석방하여야 한다.

참조 [인치]123, [긴급처분]118

제111조의2【구인 후의 유치】 군사법원은 인치한 피고인을 유치할 필요가 있을 때에는 군교도소 또는 군미결수용실에 유치(留置)할 수 있다. 이 경우 유치기간은 인치한 때부터 24시간을 초과할 수 없다.

제112조【구속과 이유의 고지 등】 피고인에게 범죄사실의 요지, 구속이유 및 변호인을 선임할 수 있음을 말하고 변명할 기회를 주기 전에는 구속할 수 없다. 다만, 피고인이 도주한 경우에는 구속할 수 있다.

참조 [변호인의 선임]59·130, [긴급처분]118

제112조의2【수명군판사】 군사법원은 군판사로 하여금 제112조의 절차를 이행하게 할 수 있다.(2020.6.9 본조신설)

제113조【구속영장의 발부】 피고인을 구인하거나 구금할 때에는 구속영장을 발부하여야 한다.

참조 [구인·구금]109, [구속영장]119·123, 헌12③, [긴급처분]118

제114조【구속영장의 방식】 ① 구속영장에는 피고인의 성명, 소속, 계급, 직업, 군번, 주민등록번호, 주거, 죄명, 공소사실의 요지, 인치하거나 구금할 장소, 발부 연월일 및 유효기간과 그 기간이 지나면 집행을 시작하지 못하며 영장을 반환하여야 한다는 취지를 적고 재판장이나 군판사가 서명날인하여야 한다.

② 피고인의 성명이 분명하지 아니할 때에는 인상, 체격, 그 밖에 피고인을 특정할 수 있는 사항으로 피고인을 표시할 수 있다.

③ 피고인의 주거가 분명하지 아니할 때에는 주거를 적지 아니할 수 있다.

제115조【구속의 촉탁】 ① 군사법원은 피고인의 현재지의 군사법원 군판사 또는 지방법원 판사에게 피고인의 구속을 촉탁할 수 있다.

② 수탁군판사 또는 수탁판사는 피고인이 관할구역에 현재하지 아니할 때에는 그 현재지의 군사법원 군판사 또는 지방법원 판사에게 다시 촉탁할 수 있다.(2021.9.24 본항개정)

③ 수탁군판사 또는 수탁판사는 구속영장을 발부하여야 한다.

④ 제3항의 구속영장에 관하여는 제114조를 준용한다.

제116조【촉탁에 따른 구속절차】 ① 제115조의 경우 촉탁을 받아 구속영장을 발부한 군판사 또는 지방법원 판사는 피고인을 인치한 때부터 24시간 이내에 그 피고인임이 틀림없는지 조사하여야 한다.

② 피고인임이 틀림없을 때에는 신속히 지정된 장소에 송치하여야 한다.

참조 [인치]123, [인정신문]329

제117조【출석 또는 동행명령】 군사법원은 필요하면 피고인에게 지정한 장소에 출석하거나 동행할 것을 명령할 수 있다.

참조 [동행명령]207

제118조【긴급처분】 재판장 또는 군판사는 긴급한 경우에는 제105조·제106조·제108조·제110조·제111조·제111조의2·제113조·제115조 및 제117조에 규정된 처분을 할 수 있다.(2020.6.9 본조개정)

참조 [소환]105, [소환장의 발부]106, [소환장의 송달]108, [구속의 사유, 구인의 효력]110-113, [구속과 이유의 고지]112, [구속영장의 발부]113, [구속의 촉탁]115, [출석·동행명령]117

제119조【구속영장의 집행】 ① 구속영장은 군검사의 지휘에 따라 군사법경찰관리가 집행한다. 다만, 긴급한 경우에는 재판장, 군판사, 수탁군판사 또는 수탁판사가 집행을 지휘할 수 있다.(2016.1.6 본문개정)

② 제1항 단서의 경우 재판장, 군판사 또는 수탁판사는 군사법원의 서기에게, 수탁판사는 법원사무관등에게 집행을 명령할 수 있다. 이 경우 군사법원의 서기나 법원사무관등은 그 집행을 위하여 필요하면 군사법경찰관리 또는 사법경찰관리에게 보조를 요구할 수 있으며 관할구역 밖에서도 집행할 수 있다.

③ 교도소에 있는 피고인에 대하여 발부된 구속영장은 군검사의 지휘에 따라 교도관리가 집행한다.(2016.1.6 본항개정)

④ 구속영장은 필요하면 사법경찰관리로 하여금 집행하게 할 수 있다.

참조 [구속영장]113, [집행]123·178·179·255, [지휘]503·504, [군사법경찰관리]43·46

제120조【여러 통의 구속영장의 작성】 ① 구속영장은 여러 통을 작성하여 군사법경찰관리 또는 사법경찰관리 여러 명에게 줄 수 있다.

② 제1항의 경우 그 사유를 구속영장에 적어야 한다.

제121조【관할구역 밖에서의 구속영장 집행과 그 촉탁】 ① 군검사는 필요하면 관할구역 밖에서 구속영장 집행을 지휘할 수 있고, 그 구역을 관할하는 군검사 또는 지방검찰청 검사에게 집행 지휘를 촉탁할 수 있다.(2016.1.6 본항개정)

② 군사법경찰관리 또는 사법경찰관리는 필요하면 관할구역 밖에서 구속영장을 집행할 수 있고, 그 구역을 관할하는 군사법경찰관리 또는 사법경찰관리에게 집행을 촉탁할 수 있다.

제122조【검사장에 대한 수사 등 촉탁】 피고인의 현재지가 분명하지 아니할 때에는 재판장이나 군판사는 고등검찰청 검사장 또는 지방검찰청 검사장에게 그 수사와 구속영장의 집행을 촉탁할 수 있다.

참조 [검찰사무 지휘·감독]검찰7, [구속영장의 집행]119

제123조【구속영장의 집행절차】 ① 구속영장을 집행할 때에는 피고인에게 반드시 구속영장을 제시하여야 하며 신속히 지정된 군사법원이나 그 밖의 장소에 인치하여야 한다.

② 제115조제3항에 따른 구속영장을 집행하였을 때에는 구속영장을 발부한 군판사 또는 지방법원 판사에게 인치하여야 한다.

③ 구속영장을 지니지 아니한 경우 긴급할 때에는 피고인에 대하여 공소사실의 요지와 영장이 발부되었음을 말하고 집행할 수 있다.

④ 제3항에 따른 집행을 마친 후에는 신속히 구속영장을 제시하여야 한다.

참조 [지정된 장소]116, [수탁군판사·수탁판사에 의한 발부]115③

제124조【병영 등에 있는 사람에 대한 영장의 집행절차】 ① 병영이나 그 밖의 군사용 청사나 함선에 있는 사람에 대하여 구속영장을 집행하는 경우에는 그 병영·청사 또는 함선의 장이나 그를 대리하는 사람에게 구속영장을 제시하고 인도를 요구하여야 한다.

② 군사용 청사나 함선 밖에 있는 사람이라도 현재 근무 중인 사람에 대하여 구속영장을 집행할 때에는 그 소속의 장 또는 그를 대리하는 사람에게 구속영장을 제시하고 인도를 요구하여야 한다.

③ 제1항과 제2항의 요구를 받은 사람은 지체 없이 이에 협조하여야 한다.

제125조【호송 중의 임시유치】 구속영장의 집행을 받은 피고인을 호송할 경우 필요하면 가장 가까운 교도소에 임시로 유치할 수 있다.

제126조【피고인의 이감】 군검사는 군사법원(항소심의 경우에는 고등법원을 말한다)의 허가를 받아 구속된 피고인을 다른 교도소에 이감(移監)할 수 있다.(2021.9.24 본조개정)

제127조【구속의 통지】 ① 피고인을 구속한 경우에는 소속 부대장과 변호인이 있으면 변호인에게, 변호인이 없으면 제59조제2항에 규정된 사람 중 피고인이 지정하는 사람에게 피고사건명, 구속일시, 장소, 범죄사실의 요지 및 구속이유와 변호인을 선임할 수 있음을 알려야 한다.

② 제1항의 통지는 지체 없이 서면으로 하여야 한다.

참조 [변호인의 선임]59·130, 헌12

제128조【구속과 공소사실 등의 고지】 피고인을 구속한 경우에는 즉시 공소사실의 요지와 변호인을 선임할 수 있음을 알려야 한다.

참조 [변호인의 선임]59·130, 헌12, [가족에의 통지]헌12⑤

제129조【구속된 피고인과의 접견 등】 구속된 피고인은 법률에서 정하는 범위에서 다른 사람과 접견하고 서류 또는 물건을 주고받으며 의사의 진료를 받을 수 있다.

참조 [접견·서신수수]군에서의형의집행및군수용자의처우에관한법42·44

제130조【변호인의 의뢰】 ① 구속된 피고인은 군판사, 교도소장 또는 그 대리인에게 변호사를 지정하여 변호인의 선임을 의뢰할 수 있다.

② 제1항의 의뢰를 받은 군판사, 교도소장 또는 그 대리인은 지체 없이 피고인이 지정한 변호사에게 그 요지를 통지하여야 한다.

참조 [변호인의 선임]59

제131조【변호인 아닌 사람과의 접견 등의 제한】 군사법원은 도주하거나 범죄증거를 없애거나 군사상 기밀을 누설할 우려가 있다고 인정할 만한 상당한 이유가 있을 때에는 직권으로 또는 군검사의 청구에 따라 결정으로 구속된 피고인과 제63조에 규정된 사람 외의 사람과의 접견을 금하거나 주고받을 서류나 그 밖의 물건의 검열, 주고받는 물건의 금지 또는 압수를 할 수 있다. 다만, 의류·양식 또는 의료품은 주고받는 행위를 금지하거나 압수할 수 없다.(2016.1.6 본문개정)

참조 [피고인·피의자와의 접견 등]63

제132조【구속기간과 갱신】 ① 구속기간은 2개월로 한다.

② 제1항에도 불구하고 특히 구속을 계속할 필요가 있을 때에는 심급마다 2개월 단위로 두 차례만 결정으로 갱신할 수 있다. 다만, 상소심은 피고인이나 변호인이 신청한 증거의 조사, 상소이유를 보충하는 서면의 제출 등으로 추가 심리가 필요한 부득이한 경우에는 세 차례까지 갱신할 수 있다.

③ 제54조, 제355조제4항 및 제357조제1항·제2항에 따라 공판절차가 정지된 기간과 공소제기 전에 체포·구인·구금된 기간은 제1항과 제2항의 기간에 산입하지 아니한다.

참조 [기간의 계산]103, [상소와 갱신]145, [공판절차의 정지]357

판례 군법회의법 제132조의 제한을 넘어 구속기간을 갱신한 경우에 있어서도 불법구속한 자에 대한 형법상 민법상 책임은 별문제로 하고 구속영장의 효력이 당연히 실효되는 것은 아니다.(대판 1964.11.17, 64도428)

판례 제1, 2심 군법회의에서 군법회의법 제132조, 제145조 소정의 제한을 넘어 구속기간을 갱신하여 불법구속을 하였다 하더라도 그 구속자에 대하여 민형사상 책임은 묻거나 불법구속기간중에 수집한 증거의 증거능력을 부인함은 모르되 동법 제110조 소정의 구속사유가 있는 이상 동법 제133조의 구속취소사유에 해당하지 아니한다.(대판 1963.9.24, 63도256)

제133조【구속의 취소】 구속의 사유가 없거나 소멸된 경우에는 군사법원은 직권으로 또는 군검사, 피고인, 변호인이나 제59조제2항에 규정된 사람의 청구에 따라 결정으로 구속을 취소하여야 한다.(2016.1.6 본조개정)

참조 [구속의 사유]110, [변호인선임권자]59, [즉시항고]454·455, [상소와 구속의 취소]145

제134조【보석의 청구】 피고인과 피고인의 변호인, 법정대리인, 배우자, 직계친족, 형제자매, 가족, 동거인 또는 고용주는 군사법원에 구속된 피고인의 보석을 청구할 수 있다.

참조 [변호인선임권자]59, [필요적 보석]135, [임의적 보석]136, [상소와 구속]145

제135조【필요적 보석】 군사법원은 보석 청구가 있을 때에는 다음 각 호의 경우를 제외하고는 보석을 허가하여야 한다.

1. 피고인이 사형, 무기 또는 장기 10년이 넘는 징역이나 금고에 해당하는 죄를 범한 경우(2020.6.9 본호개정)
2. 피고인이 누범에 해당하거나 상습범인 경우
3. 피고인이 범죄증거를 없애거나 없앨 우려가 있다고 믿을만한 충분한 이유가 있는 경우
4. 피고인이 도주하거나 도주할 우려가 있다고 믿을만한 충분한 이유가 있는 경우
5. 피고인의 주거가 분명하지 아니한 경우
6. 피고인이 피해자, 해당 사건의 재판에 필요한 사실을 알고 있다고 인정되는 사람 또는 그 친족의 생명·신체나 재산에 해를 끼치거나 그럴 우려가 있다고 믿을 만한 충분한 이유가 있는 경우

참조 [보석의 청구]134, [임의적 보석]136, [상소와 구속]145, [보석의 취소]142

제136조【임의적 보석】 군사법원은 제135조에도 불구하고 상당한 이유가 있을 때에는 직권으로 또는 제134조에 규정된 사람의 청구에 따라 결정으로 보석을 허가할 수 있다.

참조 [변호인선임권자]59, [상소와 구속]145, [보석의 취소]142

제137조【보석, 구속의 취소와 군검사의 의견】 ① 보석에 관한 결정을 할 때에는 군검사의 의견을 물어야 한다.
② 구속의 취소에 관한 결정을 할 때에도 제1항과 같다. 다만, 군검사의 청구가 있거나 긴급한 경우는 제외한다.
③ 군검사는 제1항과 제2항에 따른 의견요청에 대하여 지체 없이 의견을 표명하여야 한다.
④ 구속을 취소하는 결정에 대하여는 군검사는 즉시항고를 할 수 있다.
(2016.1.6 본조개정)

참조 [보석에 관한 결정]135 · 136, [구속의 취소]133, [즉시항고]454 · 455

제138조【보석조건의 결정 시 고려사항】 ① 군사법원은 제139조의 조건을 정할 때 다음 각 호의 사항을 고려하여야 한다.
1. 범죄의 성질 · 죄상(罪狀)
2. 증거의 증명력
3. 피고인의 전과 · 성격 · 환경 및 자산
4. 피해자에 대한 배상 등 범행 후의 정황에 관련된 사항
② 군사법원은 피고인의 자금 능력 또는 자산 정도로는 이행할 수 없는 조건을 정할 수 없다.

참조 [보증금의 몰취]253의2, [보증금의 환부]144, [보증서]140

제139조【보석의 조건】 군사법원은 보석을 허가하는 경우에는 필요하고 상당한 범위에서 다음 각 호의 조건 중 하나 이상의 조건을 정하여야 한다.
1. 군사법원이 지정하는 일시 · 장소에 출석하고 증거를 없애지 아니하겠다는 서약서를 제출할 것
2. 군사법원이 정하는 보증금에 상당하는 금액을 낼 것을 약속하는 약정서를 제출할 것
3. 군사법원이 지정하는 장소로 주거를 제한하고 이를 변경할 필요가 있을 때에는 군사법원의 허가를 받는 등 도주를 방지하기 위하여 하는 조치를 받아들일 것
4. 피해자, 해당 사건의 재판에 필요한 사실을 알고 있다고 인정되는 사람 또는 그 친족의 생명 · 신체 · 재산에 해를 끼치지 아니하고 주거 · 직장 등 그 주변에 접근하지 아니할 것
5. 피고인이 아닌 사람이 작성한 출석보증서를 제출할 것
6. 군사법원의 허가 없이 외국으로 출국하지 아니할 것을 서약할 것
7. 군사법원이 지정하는 방법으로 피해자의 권리회복에 필요한 금전을 공탁하거나 그에 상당하는 담보를 제공할 것
8. 피고인 또는 군사법원이 지정하는 사람이 보증금을 내거나 담보를 제공할 것
9. 그 밖에 피고인의 출석을 보증하기 위하여 군사법원이 정하는 적당한 조건을 이행할 것

참조 [보석허가]135 · 136, [조건의 변경과 이행 유예]142①

제140조【보석의 집행절차】 ① 제139조제1호 · 제2호 · 제5호 · 제7호 및 제8호의 조건을 이행하지 아니하면 보석허가결정을 집행하지 못하며, 군사법원은 필요하다고 인정하면 다른 조건에 관하여도 그 이행 이후 보석허가결정을 집행하도록 정할 수 있다.
② 군사법원은 보석청구자가 아닌 사람에게 보증금의 납입을 허가할 수 있다.
③ 군사법원은 유가증권 또는 피고인이 아닌 사람이 제출한 보증서로 보증금을 갈음함을 허가할 수 있다.
④ 제3항의 보증서에는 그 보증금을 언제든지 낼 것을 적어야 한다.
⑤ 군사법원은 보석허가결정에 따라 석방된 피고인이 보석조건을 지키기 위하여 필요한 범위에서 관공서나 그 밖의 공사단체(公私團體)에 대하여 적절한 조치를 할 것을 요구할 수 있다.

제140조의2【출석보증인에 대한 과태료】 ① 군사법원은 제139조제5호의 조건을 정한 보석허가결정에 따라 석방된 피고인이 정당한 사유 없이 기일에 출석하지 아니하는 경우에는 결정으로 출석보증인에게 500만원 이하의 과태료를 부과할 수 있다.
② 제1항의 결정에 대하여는 즉시항고를 할 수 있다.

제141조【구속의 집행정지】 ① 군사법원은 상당한 이유가 있을 때에는 결정으로 구속된 피고인에 대하여 구속 집행을 정지할 수 있다.
② 제1항의 경우 피고인이 영내거주자이면 그 소속 부대장에게 부탁하고, 영내거주자가 아니면 친족, 보호단체, 그 밖의 적당한 사람에게 부탁하거나 피고인의 주거를 제한하여 구속 집행을 정지하여야 한다.
③ 제1항의 결정을 할 때에는 군검사의 의견을 물어야 한다. 다만, 긴급한 경우에는 그러하지 아니하다.
(2016.1.6 본문개정)
④ (2020.6.9 삭제)
⑤ 「대한민국헌법」 제44조에 따라 구속된 국회의원에 대한 석방요구가 있으면 당연히 구속영장의 집행이 정지된다.
⑥ 제5항의 석방요구를 통고받은 고등검찰부 군검사는 즉시 석방을 지휘하고 그 사유를 수소(受訴) 군사법원에 통지하여야 한다.(2016.1.6 본항개정)

참조 [상소와 구속의 집행정지]145, [집행정지의 취소]142, [주거제한 위반의 경우]142, [즉시항고]454 · 455, [국회의원의 불체포특권]헌44

제142조【보석조건의 변경과 취소 등】 ① 군사법원은 직권으로 또는 제134조에 규정된 사람의 신청에 따라 결정으로 피고인의 보석조건을 변경하거나 일정 기간 동안 그 조건의 이행을 유예할 수 있다.
② 피고인이 다음 각 호의 어느 하나에 해당하는 경우에는 군사법원은 직권으로 또는 군검사의 청구에 따라 결정으로 보석 또는 구속의 집행정지를 취소할 수 있다. 다만, 제141조제5항에 따른 구속영장의 집행정지는 그 회기(會期) 중에는 취소하지 못한다.(2016.1.6 본문개정)
1. 도주한 경우
2. 도주하거나 범죄증거를 없앨 우려가 있다고 믿을 만한 충분한 이유가 있는 경우
3. 소환을 받고 정당한 사유 없이 출석하지 아니한 경우
4. 피해자, 해당 사건의 재판에 필요한 사실을 알고 있다고 인정되는 사람 또는 그 친족의 생명 · 신체나 재산에 해를 끼치거나 그럴 우려가 있다고 믿을 만한 충분한 이유가 있는 경우
5. 주거의 제한이나 그 밖에 군사법원이 정한 조건을 위반한 경우
③ 군사법원은 피고인이 정당한 사유 없이 보석조건을 위반한 경우에는 결정으로 피고인에게 1천만원 이하의 과태료를 부과하거나 20일 이내의 감치에 처할 수 있다.
④ 제3항의 결정에 대하여는 즉시항고를 할 수 있다.

참조 [보석]135 · 136, [구속의 집행정지]141, [주거제한 기타 조건]139 · 141, [보증금]139, [상소와 구속의 집행정지의 취소]145

제143조【보증금 등의 몰취】 ① 군사법원은 보석을 취소하는 때에는 직권으로 또는 군검사의 청구에 따라 결정으로 보증금이나 담보의 전부 또는 일부를 몰취(沒取)할 수 있다.
② 군사법원은 보증금 납입 또는 담보제공을 조건으로 석방된 피고인이 같은 범죄사실에 관하여 형을 선고받고 그 판결이 확정된 후 집행하기 위한 소환을 받고도 정당한 사유 없이 출석하지 아니하거나 도주한 경우에는 직권으로 또는 군검사의 청구에 따라 결정으로 보증금이나 담보의 전부 또는 일부를 몰취하여야 한다.
(2016.1.6 본조개정)

참조 [보석]135 · 136, [형의 선고]375, [집행하기 위한 소환]515

제144조【보증금의 반환】 구속 또는 보석을 취소하거나 구속영장의 효력이 소멸된 경우에는 몰취하지 아니한 보증금 또는 담보는 청구한 날부터 7일 이내에 이를 반환하여야 한다.

참조 [구속의 취소]133, [보석의 취소]142, [구속영장의 효력소멸]114 · 388

제144조의2【보석조건의 효력상실 등】 ① 구속영장의 효력이 소멸하면 보석조건은 즉시 그 효력을 상실한다.
② 보석이 취소된 경우에도 제1항과 같다. 다만, 제139조제8호의 조건은 예외로 한다.

제145조【상소와 구속에 관한 결정】 상소기간 중이거나 상소 중인 사건에 관한 구속기간 갱신, 구속의 취소, 보석, 구속의 집행정지 및 그 정지의 취소에 대한 결정은 소송기록이 원심군사법원(상고의 경우에는 고등법원을 말한다. 이하 이 조에서 같다)에 있을 때에는 원심군사법원이 하여야 한다.(2021.9.24 본조개정)

참조 [상소제기기간]400 · 415 · 444, [구속기간의 갱신]132, [구속의 취소]133, [보석]135 · 136, [구속의 집행정지]141, [구속의 집행정지의 취소]142

제8절 압수와 수색
(2009.12.29 본절개정)

제146조【압수 등】 ① 군사법원은 필요한 때에는 피고사건과 관계가 있다고 인정할 수 있는 것에 한정하여 증거물 또는 몰수할 것으로 생각되는 물건을 압수할 수 있다. 다만, 법률에 다른 규정이 있을 때에는 그러하지 아니하다.(2017.12.12 본문개정)
② 군사법원은 압수할 물건을 지정하여 소유자 · 소지자 또는 보관자에게 제출을 명령할 수 있다.
③ 군사법원은 압수의 목적물이 컴퓨터용 디스크, 그 밖에 이와 비슷한 정보저장매체(이하 "정보저장매체등"이라 한다)인 경우에는 기억된 정보의 범위를 정하여 출력하거나 복제하여 제출받아야 한다. 다만, 범위를 정하여 출력 또는 복제하는 방법이 불가능하거나 압수의 목적을 달성하기에 현저히 곤란하다고 인정되는 때에는 정보저장매체등을 압수할 수 있다.(2017.12.12 본항신설)
④ 군사법원은 제3항에 따라 정보를 제공받은 경우 「개인정보 보호법」 제2조제3호에 따른 정보주체에게 해당 사실을 지체 없이 알려야 한다.(2017.12.12 본항신설)

참조 [압수]헌12, [증거물]347 · 348, [몰수할 물건]형48, [몰수선고 없는 압수물]389, [다른 규정]150 ~ 152

제147조【우편물의 압수】 ① 군사법원은 우체물 또는 「통신비밀보호법」 제2조제3호에 따른 전기통신(이하 "전기통신"이라 한다)에 관한 것으로서 필요한 때에는 피고사건과 관계가 있다고 인정할 수 있는 것에 한정하여 체신관서나 그 밖의 관계 기관 등이 지니거나 보관하는 물건의 제출을 명령하거나 압수를 할 수 있다.
② (2017.12.12 삭제)
③ 제1항에 따른 처분을 할 때에는 발신인이나 수신인에게 그 취지를 통지하여야 한다. 다만, 심리에 방해가 될 우려가 있는 경우에는 그러하지 아니하다.
(2017.12.12 본조개정)

제148조【임의제출물 등의 압수】 소유자, 소지자 또는 보관자가 임의로 제출한 물건 또는 유류(遺留)한 물건은 영장 없이 압수할 수 있다.

제149조【수색】 ① 군사법원은 필요한 때에는 피고사건과 관계가 있다고 인정할 수 있는 것에 한정하여 피고인의 신체, 물건 또는 주거나 그 밖의 장소를 수색할 수 있다.(2017.12.12 본항개정)
② 피고인 아닌 사람의 신체, 물건 또는 주거나 그 밖의 장소에 관하여는 압수할 물건이 있음을 인정할 수 있는 경우에만 수색할 수 있다.

참조 [수색]153 · 178, 헌12, [여자의 신체수색]165, [수색의 제한]166 · 167, [명예의 보전]158

제150조【군사상 기밀과 압수 · 수색】 ① 군사상 기밀이 요구되는 장소에는 그 장 또는 그를 대리하는 사람의 승낙 없이는 압수하거나 수색할 수 없다.
② 제1항에 따른 책임자는 국가의 중대한 이익을 해치는 경우를 제외하고는 승낙을 거부하지 못한다.

참조 [군사상 기밀]군사기밀2

제151조【공무상 비밀과 압수】 ① 공무원이거나 공무원이었던 사람이 지니거나 보관하는 물건에 관하여는 본인 또는 해당 관공서의 장이 직무상 비밀에 관한 것임을 신고한 경우에는 그 소속 관공서 또는 그 감독 관공서의 장의 승낙 없이는 압수하지 못한다.
② 제1항에 따른 소속 관공서 또는 감독 관공서의 장은 국가의 중대한 이익을 해치는 경우를 제외하고는 승낙을 거부하지 못한다.

참조 [직무상의 비밀]국가공무원60

제152조【업무상 비밀과 압수】 변호사, 변리사, 공증인, 공인회계사, 세무사, 관세사, 감정평가사, 법무사, 행정사, 의사, 약종상, 한약사, 치과의사, 약사, 한약업사, 조산사, 간호사, 종교의 직에 있는 사람 또는 이러한 직에 있었던 사람이 그 업무상 위탁을 받아 지니거나 보관하는 물건으로서 타인의 비밀에 관한 것은 압수를 거부할 수 있다. 다만, 그 타인의 승낙이 있거나 중대한 공익상 필요가 있을 때에는 그러하지 아니하다.

참조 [업무상의 비밀]형317

제153조【압수 · 수색영장】 공판정 밖에서의 압수 또는 수색은 영장을 발부하여 하여야 한다.

참조 [압수]146 ~ 148, 헌12, [수색]149 · 178, [영장의 방식]154, [예외]255

제154조【영장의 방식】 ① 압수 · 수색영장에는 피고인의 성명, 죄명, 압수할 물건, 수색할 장소 · 신체 · 물건, 발부 연월일 및 유효기간과 그 기간이 지나면 집행을 시작하지 못하며 영장을 반환하여야 한다는 취지를 적고 재판장이나 군판사가 서명날인하여야 한다.
② 제1항의 압수 · 수색영장에 관하여는 제114조제2항을 준용한다.

참조 [압수 · 수색]146 ~ 149, [성명불명의 경우]114②

제155조 (2020.6.9 삭제)

제156조【영장과 집행】 ① 압수 · 수색영장은 군검사의 지휘에 따라 군사법경찰관리가 집행한다. 다만, 필요할 때에는 재판장이나 군판사는 서기에게 집행을 명령할 수 있다.(2016.1.6 본문개정)
② 압수 · 수색영장의 집행에 관하여는 제121조를 준용한다.
③ 압수 · 수색영장은 필요할 때에는 사법경찰관리로 하여금 집행하게 할 수 있다.

참조 [지휘]503 · 504, [군사법경찰관리]43 · 46, [군판사 임명과 자격]24, [관할구역]121, [사법경찰관리]형소197

제157조【집행의 보조】 서기는 압수 · 수색영장의 집행에 필요할 때에는 군사법경찰관리에게 보조를 요구할 수 있다.

제158조【집행상의 주의】 압수 · 수색영장을 집행할 때에는 타인의 비밀을 지켜야 하며 처분받는 사람의 명예를 해치지 아니하도록 주의하여야 한다.

제159조【영장의 제시】 압수 · 수색영장은 처분을 받는 사람에게 반드시 제시하여야 한다.

제160조【집행 중의 출입금지】 ① 압수 · 수색영장의 집행 중에는 다른 사람의 출입을 금지할 수 있다.
② 제1항을 위반한 사람에 대하여는 퇴거하게 하거나 집행을 마칠 때까지 감시인을 붙일 수 있다.

참조 [집행중지와 필요한 처분]168, [본조의 준용]179

제161조【집행과 필요한 처분】 ① 압수 · 수색영장을 집행할 때에는 자물쇠를 열거나 개봉, 그 밖에 필요한 처분을 할 수 있다.
② 제1항의 처분은 압수물에 대하여도 할 수 있다.

참조 [본조의 준용]179

제162조【당사자의 참여】 군검사, 피고인 또는 변호인은 압수 · 수색영장의 집행에 참여할 수 있다.
(2016.1.6 본조개정)

참조 [압수 · 수색영장의 집행]156, [참여권자에의 통지]163, [증인신문의 참여]204

제163조【영장집행과 참여권자에 대한 통지】 압수 · 수색영장을 집행할 때에는 미리 집행일시와 장소를 제162조에 규정된 사람에게 통지하여야 한다. 다만, 제162조에 규정된 사람이 참여하지 아니한다는 의사를 표명하거나 긴급한 경우에는 그러하지 아니하다.

제164조【영장의 집행과 책임자의 참여】 ① 관공서나 병영, 그 밖의 군사용 청사, 항공기 또는 함선에서 압수 · 수색영장을 집행할 때에는 그 장 또는 그를 대리하는 사람에게 참여할 것을 통지하여야 한다.
② 제1항에 규정된 장소가 아닌 다른 사람의 주거나 관리

자가 있는 가옥, 건조물, 항공기, 선박 또는 차량에서 압수·수색영장을 집행할 때에는 주거주(住居主)·관리자 또는 이에 준하는 사람을 참여하게 하여야 한다.
③ 제2항의 사람이 참여하지 못할 때에는 이웃사람 또는 지방공공단체의 직원을 참여하게 하여야 한다.
참조 [본조의 준용]179

제165조【여자의 수색과 참여】 여자의 신체에 대하여 수색할 때에는 성년 여자를 참여하게 하여야 한다.
참조 [신체의 수색]149, [신체검사의 참여]182

제166조【야간집행의 제한】 일출 전과 일몰 후에는 압수·수색영장에 야간집행을 할 수 있다고 적혀있지 아니하면 그 영장을 집행하기 위하여 다른 사람의 주거나 관리자 있는 가옥, 건조물, 항공기, 선박 또는 차량에 들어가지 못한다.
참조 [예외]167, [검증의 제한]184

제167조【야간집행 제한의 예외】 다음 각 호의 어느 하나에 해당하는 장소에서 압수·수색영장을 집행할 때에는 제166조의 제한을 받지 아니한다.
1. 도박이나 그 밖에 풍속을 해치는 행위에 상시 이용된다고 인정되는 장소
2. 여관, 음식점, 그 밖에 야간에 일반인이 출입할 수 있는 장소. 다만, 공개된 시간에만 집행할 수 있다.
참조 [도박]형246·247

제168조【집행중지와 필요한 처분】 압수·수색영장의 집행을 중지한 경우 필요하면 집행이 끝날 때까지 그 장소를 폐쇄하거나 감시인을 둘 수 있다.
참조 [집행 중의 출입금지]160, [본조의 준용]179

제169조【증명서의 발급】 수색한 경우에 증거물 또는 몰수할 물건이 없을 때에는 그 취지의 증명서를 발급하여야 한다.

제170조【압수목록의 발급】 압수한 경우에는 목록을 작성하여 소유자, 소지자, 보관자 또는 그 밖에 이에 준하는 사람에게 주어야 한다.

제171조【압수물의 보관과 폐기】 ① 운반하거나 보관하기 불편한 압수물에 관하여는 관리자를 두거나 소유자 또는 적당한 사람의 승낙을 받아 보관하게 할 수 있다.
② 위험이 발생할 우려가 있는 압수물은 폐기하거나 그 밖에 필요한 처분을 할 수 있다.
③ 법령상 생산·제조·소지·소유 또는 유통이 금지된 압수물로서 부패할 우려가 있거나 보관하기 어려운 것은 소유자 등 권한 있는 사람의 동의를 받아 폐기할 수 있다.

제172조【압수물 상실 등의 방지】 압수물에 대하여는 그 상실 또는 파손 등의 방지를 위하여 적절한 조치를 하여야 한다.

제173조【압수물의 대가보관】 ① 몰수하여야 할 압수물이 멸실, 파손, 부패 또는 현저한 가치 감소의 우려가 있거나 보관하기 어려운 경우에는 매각하여 대가(代價)를 보관할 수 있다.
② 환부하여야 할 압수물 중 환부받을 자가 누구인지 알 수 없거나 그 소재가 분명하지 아니한 경우로서 멸실, 파손, 부패 또는 현저한 가치 감소의 우려가 있거나 보관하기 어려운 것은 매각하여 대가를 보관할 수 있다.
참조 [당사자에의 통지]176

제174조【압수물의 환부·가환부】 ① 압수를 계속할 필요가 없다고 인정되는 압수물은 피고사건이 종결되기 전이라도 결정으로 환부하여야 하며, 증거로 제공할 압수물은 소유자, 소지자, 보관자 또는 제출인의 청구에 따라 가환부(假還付)할 수 있다.
② 증거에만 제공할 목적으로 압수한 물건으로서 그 소유자 또는 소지자가 계속 사용하여야 할 물건은 사진촬영 또는 그 밖의 원형보존 조치를 하고 지체 없이 결정으로 가환부하여야 한다.
참조 [사건종결후의 환부]390, [당사자에의 통지]176

제175조【피해자에 대한 압수장물 환부】 압수장물은 피해자에게 환부할 이유가 명백할 때에는 피고사건이 종결되기 전이라도 결정으로 피해자에게 환부할 수 있다.
참조 [사건종결후의 환부]390, [당사자에의 통지]176

제176조【압수물 처분과 당사자에 대한 통지】 제173조부터 제175조까지의 결정을 할 때에는 군검사, 피해자, 피고인 또는 변호인에게 미리 통지하고 의견을 물어야 한다.
(2016.1.6 본조개정)

제177조【수명군판사 등에 대한 압수·수색 촉탁】 ① 군사법원은 압수 또는 수색을 군판사에게 명령할 수 있고 그 목적물이 있는 곳을 관할하는 군사법원의 군판사 또는 지방법원의 판사에게 촉탁할 수 있다.
② 수탁군판사 또는 수탁판사는 압수 또는 수색의 목적물이 그 관할구역에 없을 때에는 그 목적물이 있는 곳을 관할하는 군사법원의 군판사 또는 지방법원의 판사에게 다시 촉탁할 수 있다.
③ 수명군판사·수탁군판사 또는 수탁판사가 하는 압수 또는 수색에 관하여는 군사법원이 하는 압수 또는 수색에 관한 규정을 준용한다.

제178조【구속영장 집행과 수색】 군검사, 지방검찰청 검사, 군사법경찰관리, 사법경찰관리와 제119조제2항에 따른 군사법원의 서기, 법원사무관등이 구속영장을 집행할 경우 필요하면 다른 사람의 주거나 관리자가 있는 가옥, 건조물, 항공기, 선박 또는 차량에 들어가 피고인을 수색할 수 있다.(2016.1.6 본조개정)
참조 [구속영장의 집행]119·123, [야간집행의 제한]166·167, [집행현장에서의 수색]255

제179조【준용규정】 제178조에 따른 군검사, 지방검찰청 검사, 군사법경찰관리, 사법경찰관리, 군사법원의 서기, 법원사무관등의 수색에 관하여는 제160조·제161조·제164조 및 제168조를 준용한다.(2016.1.6 본조개정)
참조 [집행 중의 출입금지]160, [집행과 필요한 처분]161, [책임자의 참여]164, [집행중지와 필요한 처분]168

제9절 검 증
(2009.12.29 본절개정)

제180조【검증】 군사법원은 사실 발견을 위하여 필요하면 검증을 할 수 있다.
참조 [검증물의 제한]150·186, [군검사·군사법경찰관의 검증]254–256
판례 수명법무사의 서증검증에 있어 각 서증일부의 기재부분만을 증첨으로 발취하고 위 법무사의 의견판단의 요지를 기재한 것은 적법한 검증조서로서의 증거능력이 없다.
(대판 1969.9.23, 69도1235)

제181조【검증과 필요한 처분】 검증을 할 때에는 신체검사, 사체 해부, 무덤 발굴, 물건 파괴 또는 그 밖에 필요한 처분을 할 수 있다.
참조 [신체의 검사]182·183, [사체의 해부]시체해부및보존에관한법2, [분묘의 발굴]형160·161, [물건의 파괴]215, [수사에의 준용]258

제182조【신체 검사에 관한 주의】 ① 신체를 검사할 때에는 검사를 받는 사람의 성별, 연령 및 건강상태와 그 밖의 사정을 고려하여 그 사람의 건강과 명예를 해치지 아니하도록 주의하여야 한다.
② 피고인이 아닌 사람의 신체 검사는 증거 흔적의 존재를 확인할 수 있는 현저한 사유가 있는 경우에만 할 수 있다.
③ 여자의 신체를 검사하는 경우에는 의사나 성년 여자를 참여하게 하여야 한다.
④ 사체 해부 또는 무덤 발굴을 할 때에는 예(禮)를 잃지 아니하도록 주의하고 미리 유족에게 통지하여야 한다.
참조 [여자의 수색과 참여]165, [성년]민4, [수사에의 준용]258

제183조【신체 검사와 소환】 군사법원은 신체를 검사하기 위하여 피고인이 아닌 사람을 군사법원이나 그 밖의 지정된 장소에 소환할 수 있다.

제184조【시각의 제한】 ① 일출 전과 일몰 후에는 집주인, 관리자 또는 이에 준하는 사람의 승낙이 없으면 검증을 하기 위하여 다른 사람의 주거나 관리자가 있는 가옥, 건조물, 항공기, 선박 또는 차량에 들어가지 못한다. 다만, 일출 후에는 검증의 목적을 달성할 수 없을 우려가 있는 경우에는 그러하지 아니하다.
② 일몰 전에 검증을 시작한 경우에는 일몰 후라도 검증을 계속할 수 있다.
③ 제167조 각 호에 규정된 장소에서는 제1항의 제한을 받지 아니한다.
참조 [압수·수색의 제한]166

제185조【검증의 보조】 검증을 할 때 필요하면 군사법경찰관리에게 보조를 명령할 수 있다.
참조 [군사법경찰관리]43·46

제186조【준용규정】 검증에 관하여는 제150조, 제160조부터 제164조까지, 제168조 및 제177조를 준용한다.
참조 [군사상 기밀과 압수·수색]150, [집행 중의 출입금지, 집행과 필요한 처분, 당사자의 참여, 참여권자에의 통지, 책임자의 참여]160–164, [집행중지와 필요한 처분]168, [수명·수탁법무사등]177

제10절 증인신문
(2009.12.29 본절제목개정)

제187조【증인의 자격】 군사법원은 법률에 다른 규정이 없으면 누구든지 증인으로 신문할 수 있다.
(2009.12.29 본조개정)

제188조【공무상 비밀과 증인자격】 ① 공무원이거나 공무원이었던 사람이 그 직무에 관하여 알게 된 사실에 관하여 본인 또는 해당 관공서가 직무상 비밀에 속한 사항임을 신고한 경우에는 그 소속 관공서 또는 그 감독 관공서의 장의 승낙 없이는 증인으로 신문하지 못한다.
② 제1항에 따른 소속 관공서 또는 감독 관공서의 장은 국가의 중대한 이익을 해치는 경우를 제외하고는 승낙을 거부하지 못한다.
(2009.12.29 본조개정)
참조 [직무상의 비밀]국가공무원60

제189조【근친자의 형사책임과 증언거부】 누구든지 자기나 다음 각 호의 어느 하나에 해당하는 관계가 있는 사람이 형사소추 또는 공소제기를 당하거나 유죄판결을 받을 사실이 드러날 우려가 있는 증언을 거부할 수 있다.
1. 친족이거나 친족이었던 사람
2. 법정대리인, 후견인
(2009.12.29 본조개정)
참조 [증언거부사유의 소명]191

제190조【업무상 비밀과 증언거부】 제152조에 규정된 사람이 그 업무상 위탁을 받은 관계로 알게 된 사실로서 타인의 비밀에 관한 것은 증언을 거부할 수 있다. 다만, 본인의 승낙이 있거나 중대한 공익상 필요가 있을 때에는 그러하지 아니하다.(2009.12.29 본조개정)
참조 [업무상의 비밀]형317

제191조【증언거부사유의 소명】 증언을 거부하는 사람은 거부사유를 소명하여야 한다.(2009.12.29 본조개정)

제192조【증인의 소환】 ① 군사법원은 소환장의 송달, 전화, 전자우편, 그 밖의 적절한 방법으로 증인을 소환한다. 다만, 증인이 군사법원의 구내에 있을 때에는 소환하지 아니하고 신문할 수 있다.
② 증인의 소환에 관하여는 제106조부터 제108조까지의 규정을 준용한다.
③ 증인을 신청한 사람은 증인이 출석하도록 합리적인 노력을 할 의무가 있다.
(2009.12.29 본조개정)
참조 [소환장의 발부·방식·송달]106–108

제193조【증인이 출석하지 아니한 경우의 과태료 등】 ① 군사법원은 소환장을 송달받은 증인이 정당한 사유 없이 출석하지 아니하면 결정으로 그 불출석으로 인한 소송비용을 증인이 부담하도록 명령하고, 500만원 이하의 과태료를 부과할 수 있다. 제192조제2항에 따라 준용되는 제108조제2항·제6항에 따라 소환장의 송달과 같은 효력이 있는 경우에도 또한 같다.
② 군사법원은 증인이 제1항에 따른 과태료 재판을 받고도 정당한 사유 없이 다시 출석하지 아니하면 결정으로 증인을 7일 이내의 감치(監置)에 처한다.
③ 군사법원은 감치재판기일에 증인을 소환하여 제2항에 따른 정당한 사유가 있는지 심리하여야 한다.
④ 감치는 그 재판을 한 군사법원의 재판장의 명령에 따라 군사법경찰관리, 교도관, 법정경위 또는 법원서기 등이 군교도소 또는 군미결수용실에 유치하여 집행한다.
(2021.9.24 본항개정)
⑤ 감치에 처하는 재판을 받은 증인이 제4항에 따른 감치시설에 유치된 경우 그 감치시설의 장은 즉시 그 사실을 군사법원에 통보하여야 한다.
⑥ 군사법원은 제5항의 통보를 받으면 지체 없이 증인신문기일을 열어야 한다.
⑦ 군사법원은 감치의 재판을 받은 증인이 감치의 집행중에 증언을 한 경우에는 즉시 감치결정을 취소하고 그 증인을 석방하도록 명령하여야 한다.
⑧ 제1항과 제2항의 결정에 대하여는 즉시항고를 할 수 있다. 이 경우 제459조는 적용하지 아니한다.
(2009.12.29 본조개정)
참조 [결정]71, [과태료]520, [즉시항고]454·455, [준항고]465

제194조【소환불응과 구인】 정당한 사유 없이 소환에 따르지 아니하는 증인은 구인할 수 있다.(2009.12.29 본조개정)

제195조【준용규정】 증인의 구인에 관하여는 제113조부터 제116조까지, 제119조부터 제121조까지, 제123조제1항·제2항 및 제124조를 준용한다.(2009.12.29 본조개정)
참조 [구속영장의 발부·방식, 구속의 촉탁]113–116, [구속영장의 집행, 관할구역 외에서의 집행]119–121, [구속영장의 집행절차]123, [재영자등에 대한 집행]124

제196조【증인의 선서】 증인에게는 신문 전에 선서하게 하여야 한다. 다만, 법률에 다른 규정이 있는 경우에는 그러하지 아니하다.(2009.12.29 본조개정)
참조 [선서거부의 제재]201, [위증죄]형152

제197조【선서의 방식】 ① 선서는 선서서(宣誓書)에 따라 하여야 한다.
② 선서서에는 「양심에 따라 숨김과 보탬이 없이 사실대로 말하고 만일 거짓말이 있으면 위증의 벌을 받기로 맹세합니다」라고 적어야 한다.
③ 재판장은 증인으로 하여금 선서서를 낭독하고 서명날인하게 하여야 한다. 다만, 증인이 선서서를 낭독하지 못하거나 서명을 하지 못하는 경우에는 참여한 서기가 대행한다.
④ 선서는 일어서서 엄숙하게 하여야 한다.
(2009.12.29 본조개정)
참조 [위증의 죄]형152

제198조【선서할 증인에 대한 경고】 재판장이나 군판사는 선서할 증인에게 선서 전에 위증의 벌에 대하여 경고하여야 한다.(2009.12.29 본조개정)
참조 [위증의 벌]형152

제199조【선서무능력】 증인이 다음 각 호의 어느 하나에 해당할 때에는 선서하게 하지 아니하고 신문하여야 한다.
1. 16세 미만인 사람
2. 선서의 취지를 이해하지 못하는 사람
(2009.12.29 본조개정)

제200조【증언거부권의 고지】 증인이 제189조나 제190조에 해당하는 경우에는 재판장 또는 군판사는 신문 전에 증언을 거부할 수 있음을 설명하여야 한다.
(2009.12.29 본조개정)
참조 [근친자의 형사책임과 증언거부]189, [업무상 비밀과 증언거부]190

제201조【선서·증언의 거부와 과태료】 ① 증인이 정당한 사유 없이 선서나 증언을 거부하면 결정으로 50만원 이하의 과태료를 부과할 수 있다.
② 제1항의 결정에 대하여는 즉시항고를 할 수 있다.
(2009.12.29 본조개정)
참조 [결정]71·73, [즉시항고]454·455, [준항고]465

제202조【증인신문의 방식】 ① 증인신문은 증인을 신청한 군검사, 변호인 또는 피고인이 먼저 하고 다음에 다른 군검사, 변호인 또는 피고인이 한다.(2016.1.6 본항개정)
② 재판장은 제1항의 신문이 끝난 다음에 신문한다.
③ 재판장은 필요하다고 인정하면 제1항과 제2항에도 불구하고 어느 때나 신문할 수 있으며 제1항의 신문순서를 변경할 수 있다.

④ 군사법원이 직권으로 신문할 증인이나 제338조제1항에 따라 증인으로 신문할 피해자등에 대한 신문방식은 재판장이 정하는 바에 따른다.
⑤ 다른 재판관은 재판장에게 말하고 증인을 직접 신문할 수 있다.
(2009.12.29 본조개정)
참조 [피고인신문의 방식]332

제203조【개별신문과 대질】 ① 증인은 개인별로 신문하여야 한다.
② 신문하지 아니한 증인이 법정에 있을 때에는 퇴정을 명령하여야 한다.
③ 신문에 필요할 때에는 증인과 다른 증인 또는 피고인을 대질하게 할 수 있다.
(2009.12.29 본조개정)
참조 [피고인등의 퇴정]352

제204조【당사자의 참여권】 ① 군검사, 피고인 또는 변호인은 증인신문에 참여할 수 있다.(2016.1.6 본항개정)
② 증인신문의 일시와 장소는 제1항에 따라 참여할 수 있는 사람에게 미리 통지하여야 한다. 다만, 참여하지 아니한다는 의사를 표명한 경우에는 그러하지 아니하다.
(2009.12.29 본조개정)
참조 [압수·수색과 당사자참여]162·163

제204조의2【신뢰관계에 있는 사람의 동석】 ① 군사법원은 범죄의 피해자를 증인으로 신문하는 경우 증인의 연령, 심신 상태, 그 밖의 사정을 고려하여 증인이 현저하게 불안 또는 긴장을 느낄 우려가 있다고 인정하면 직권으로 또는 피해자·법정대리인·군검사의 신청에 따라 피해자와 신뢰관계에 있는 사람을 동석하게 할 수 있다.
(2016.1.6 본항개정)
② 군사법원은 범죄의 피해자가 13세 미만이거나 신체적 또는 정신적 장애로 사물을 변별하거나 의사를 결정할 능력이 미약한 경우에 재판에 지장을 줄 우려가 있는 등 부득이한 경우가 아니면 피해자와 신뢰관계에 있는 사람을 동석하게 하여야 한다.
③ 제1항이나 제2항에 따라 동석한 사람은 군사법원·소송관계인의 신문 또는 증인의 진술을 방해하거나 그 진술의 내용에 부당한 영향을 미칠 수 있는 행위를 하여서는 아니 된다.
④ 제1항이나 제2항에 따라 동석할 수 있는 신뢰관계에 있는 사람의 범위, 동석의 절차 및 방법 등에 필요한 사항은 대법원규칙으로 정한다.
(2009.12.29 본조개정)

제205조【신문의 청구】 ① 군검사, 피고인 또는 변호인이 증인신문에 참여하지 아니할 때에는 군사법원에 필요한 사항의 신문을 청구할 수 있다.(2016.1.6 본항개정)
② 피고인이나 변호인의 참여 없이 증인을 신문할 때 피고인에게 예기하지 아니한 불이익한 증언이 진술된 경우에는 반드시 진술내용을 피고인 또는 변호인에게 알려주어야 한다.
(2009.12.29 본조개정)

제206조【법정이 아닌 곳에서의 증인신문】 군사법원은 증인의 연령, 직업 및 건강상태와 그 밖의 사정을 고려하여 군검사·피고인 또는 변호인의 의견을 묻고 법정이 아닌 곳에 소환하거나 현재지에서 신문할 수 있다.
(2016.1.6 본조개정)
참조 [군사법원의 구내에 있을 때 증인 신문]192

제206조의2【비디오 등 중계장치 등에 의한 증인신문】 군사법원은 다음 각 호의 어느 하나에 해당하는 자를 증인으로 신문하는 경우 상당하다고 인정하는 때에는 군검사와 피고인 또는 변호인의 의견을 들어 비디오 등 중계장치에 의한 중계시설을 통하여 신문하거나 차폐(遮蔽)시설 등을 설치하고 신문할 수 있다.(2016.1.6 본문개정)
1. 「아동복지법」 제71조제1항제1호부터 제3호까지의 규정에 해당하는 죄의 피해자(2011.8.4 본호개정)
2. 「아동·청소년의 성보호에 관한 법률」 제7조, 제8조, 제11조부터 제15조까지 및 제17조제1항의 규정에 해당하는 죄의 대상이 되는 아동·청소년 또는 피해자
(2012.12.18 본호개정)
3. 범죄의 성질, 증인의 연령, 심신의 상태, 피고인과의 관계, 그 밖의 사정으로 인하여 피고인 등과 대면하여 진술하는 경우 심리적인 부담으로 정신의 평온을 현저하게 잃을 우려가 있다고 인정되는 자
(2008.1.17 본조신설)

제207조【동행명령과 구인】 ① 군사법원은 필요할 때에는 결정으로 지정된 장소에 증인의 동행을 명령할 수 있다.
② 증인이 정당한 사유 없이 동행을 거부할 때에는 구인할 수 있다.
(2009.12.29 본조개정)
참조 [구인]195

제208조【수명군판사 등에 대한 증인신문 촉탁】 ① 군사법원은 군판사에게 법정이 아닌 곳에서 증인을 신문할 것을 명령할 수 있고 또한 증인의 현재지를 관할하는 군사법원의 군판사 또는 지방법원의 판사에게 그 신문을 촉탁할 수 있다.
② 수탁군판사 또는 수탁판사는 증인이 관할구역에 있지 아니한 경우에는 증인의 현재지를 관할하는 군사법원의 군판사 또는 지방법원의 판사에게 다시 촉탁할 수 있다.
③ 수명군판사, 수탁군판사 또는 수탁판사는 증인의 신문에 관하여 군사법원의 재판장 또는 군판사의 권한에 속하는 처분을 할 수 있다.
(2009.12.29 본조개정)
참조 [법정 외의 증인신문]206

제209조【증인의 여비·일당·숙박료】 소환받은 증인은 법률에서 정하는 바에 따라 여비, 일당 및 숙박료를 청구할 수 있다. 다만, 정당한 사유 없이 선서 또는 증언을 거부한 사람은 그러하지 아니하다.(2009.12.29 본조개정)
참조 [법률]형사소송비용등에관한법3-5, [선서·증언거부]201

제11절 감 정
(2009.12.29 본절개정)

제210조【감정】 군사법원은 학식과 경험이 있는 사람에게 감정을 명령할 수 있다.
참조 [감정보고]212, [군검사 등의 감정위촉]260

제211조【선서】 ① 감정인에게는 감정 전에 선서하게 하여야 한다.
② 선서는 선서서에 따라 하여야 한다.
③ 선서서에는 「양심에 따라 성실히 감정하고 만일 거짓이 있으면 허위감정의 벌을 받기로 맹세합니다」라고 적어야 한다.
④ 감정인의 선서에 관하여는 제197조제3항·제4항 및 제198조를 준용한다.
참조 [허위감정의 벌]형154

제212조【감정결과의 보고】 ① 감정 결과에 관한 보고는 감정인이 서면으로 제출하게 하여야 한다.
② 감정인이 여러 사람인 때에는 각각 또는 공동으로 제1항의 보고를 제출하게 할 수 있다.
③ 감정 결과에 관한 보고에는 그 판단의 이유를 밝혀야 한다.
④ 필요할 때에는 감정인에게 설명하게 할 수 있다.

제213조【법정이 아닌 곳에서의 감정】 ① 군사법원은 필요할 때에는 감정인에게 법정이 아닌 곳에서 감정하게 할 수 있다.
② 제1항의 경우 감정이 필요한 물건을 감정인에게 내줄 수 있다.
③ 군사법원은 피고인의 정신 또는 신체에 관한 감정에 필요할 때에는 기간을 정하여 병원이나 그 밖의 적당한 장소에 피고인을 유치하게 할 수 있고 감정이 끝나면 즉시 유치를 해제하여야 한다.
④ 제3항의 유치를 할 때에는 감정유치장(鑑定留置狀)을 발부하여야 한다.
⑤ 제3항의 유치를 할 때 필요하면 군사법원은 직권으로 또는 피고인을 수용할 병원, 그 밖의 장소의 관리자의 신청에 따라 군사법경찰관리에게 피고인을 감시하도록 명령할 수 있다.
⑥ 군사법원은 필요할 때에는 유치기간을 연장하거나 단축할 수 있다.
⑦ 이 법에 특별한 규정이 없으면 제3항의 유치에 관하여는 구속에 관한 규정을 준용한다. 다만, 보석에 관한 규정은 그러하지 아니하다.
⑧ 제3항의 유치는 미결구금일수를 계산할 때 구속으로 본다.
참조 [법정 외의 증언]206, [준항고]465, [구속에 관한 규정]110-133, [미결구금일수의 산입]524, 형57

제214조【감정유치와 구속】 ① 구속 중인 피고인에 대하여 감정유치장이 집행되었을 때에는 피고인이 유치되어 있는 기간 동안 구속의 집행이 정지된 것으로 본다.
② 제1항의 경우 제213조제3항의 유치처분이 취소되거나 유치기간이 끝나면 구속의 집행정지가 취소된 것으로 본다.
참조 [구속의 집행정지]141

제215조【감정에 필요한 처분】 ① 감정인은 감정에 필요하면 군사법원의 허가를 받아 다른 사람의 주거나 관리자가 있는 가옥, 건조물, 항공기, 선박 또는 차량에 들어갈 수 있고, 신체 검사, 사체 해부, 무덤 발굴 또는 물건 파괴를 할 수 있다.
② 제1항의 허가를 할 때에는 피고인의 성명, 죄명, 들어갈 장소, 검사할 신체, 해부할 사체, 발굴할 무덤, 파괴할 물건, 감정인의 성명 및 유효기간을 적은 허가장을 발급하여야 한다.
③ 감정인은 제1항의 처분을 받는 사람에게 허가장을 보여주어야 한다.
④ 제2항과 제3항은 감정인이 공판정에서 하는 제1항의 처분에는 적용하지 아니한다.
⑤ 제1항의 경우에는 제182조 및 제184조를 준용한다.
참조 [신체검사상의 주의]182, [시각의 제한]184

제216조【감정인의 참여권·신문권】 ① 감정인은 감정에 필요하면 재판장이나 군판사의 허가를 받아 서류와 증거물을 열람하거나 복사하고 피고인 또는 증인의 신문에 참여할 수 있다.
② 감정인은 피고인이나 증인의 신문을 요구하거나 재판장의 허가를 받아 직접 신문할 수 있다.

제217조【수명군판사】 군사법원은 군판사로 하여금 감정에 필요한 처분을 하게 할 수 있다.

제218조【당사자의 참여】 ① 군검사, 피고인 또는 변호인은 감정에 참여할 수 있다.(2016.1.6 본항개정)
② 제1항의 경우에는 제163조를 준용한다.

제219조【준용규정】 감정에 관하여는 이 장 제10절 증인신문에 관한 규정(구인에 관한 규정은 제외한다)을 준용한다.
참조 [구인에 관한 규정]194·195·207

제220조【여비·감정료 등】 감정인은 법률에서 정하는 바에 따라 여비, 일당, 숙박료 외에 감정료와 체당금(替當金)의 지급을 청구할 수 있다.
참조 [법률]형사소송비용등에관한법3-5·7

제221조【감정증인】 특별한 지식을 통하여 알게 된 과거의 사실을 신문하는 경우에는 이 절의 규정에 따르지 아니하고 이 장 제10절 증인신문에 관한 규정에 따른다.
참조 [증인과 감정인의 취급상의 차이]219, [감정료·체당금의 청구]220

제221조의2【감정의 촉탁】 ① 군사법원은 필요하다고 인정하면 관공서, 학교, 병원, 그 밖에 적당한 설비가 있는 단체 또는 기관에 감정을 촉탁할 수 있다. 이 경우 선서에 관한 규정은 적용하지 아니한다.
② 제1항의 경우 군사법원은 해당 관공서, 학교, 병원, 단체 또는 기관이 정한 사람이 감정서를 설명하게 할 수 있다.

제12절 통역과 번역
(2009.12.29 본절개정)

제222조【통역】 국어가 통하지 아니하는 사람의 진술은 통역인이 통역하게 하여야 한다.
참조 [국어]법원조직62

제223조【청각 또는 언어 장애인의 통역】 듣지 못하거나 말하지 못하는 사람의 진술은 통역인이 통역하게 할 수 있다.

제224조【번역】 국어 아닌 문자 또는 부호는 번역하게 하여야 한다.
참조 [국어]법원조직62

제225조【준용규정】 통역과 번역에 관하여는 이 장 제11절 감정에 관한 규정을 준용한다.

제13절 증거보전
(2009.12.29 본절개정)

제226조【증거보전의 청구와 그 절차】 ① 군검사, 피고인, 피의자 또는 변호인은 미리 증거를 보전하지 아니하면 그 증거를 사용하기 어려운 사정이 있을 때에는 제1회 공판기일 전이라도 군판사에게 압수, 수색, 검증, 증인신문 또는 감정을 청구할 수 있다.(2016.1.6 본항개정)
② 제1항의 청구를 받은 군판사는 그 처분에 관하여 군사법원이나 재판장과 동일한 권한이 있다.
③ 제1항의 청구를 할 때에는 서면으로 그 사유를 소명하여야 한다.
④ 제1항의 청구를 기각하는 결정에 대하여는 3일 이내에 항고할 수 있다.

제227조【서류의 열람 등】 군검사, 피고인, 피의자 또는 변호인은 군판사의 허가를 받아 제226조에 따른 처분에 관한 서류와 증거물을 열람하거나 복사할 수 있다.
(2016.1.6 본조개정)

제14절 소송비용
(2009.12.29 본절개정)

제227조의2【피고인의 소송비용 부담】 ① 형을 선고할 때에는 피고인에게 소송비용의 전부 또는 일부를 부담하게 할 수 있다. 다만, 피고인이 경제적 사정으로 소송비용을 낼 수 없을 때에는 그러하지 아니하다.
② 피고인이 책임질 사유로 발생된 비용은 형을 선고하지 아니하는 경우에도 피고인에게 부담하게 할 수 있다.

제227조의3【공범의 소송비용】 공범의 소송비용은 공범들이 연대부담하게 할 수 있다.

제227조의4【고소인 등의 소송비용 부담】 고소 또는 고발에 따라 공소를 제기한 사건에 관하여 피고인이 무죄 또는 면소(免訴)의 판결을 받은 경우에 고소인 또는 고발인에게 고의 또는 중대한 과실이 있으면 그 고소인 또는 고발인에게 소송비용의 전부 또는 일부를 부담하게 할 수 있다.

제227조의5【군검사의 상소 취하 등과 소송비용 부담】 군검사만이 상소 또는 재심청구를 한 경우에 상소 또는 재심청구가 기각되거나 취하되면 피고인에게 소송비용을 부담하게 하지 못한다.(2016.1.6 본조개정)

제227조의6【제3자의 소송비용 부담】 ① 군검사가 아닌 사람이 상소 또는 재심청구를 한 경우에 상소 또는 재심청구가 기각되거나 취하되면 그 사람에게 소송비용을 부담하게 할 수 있다.(2016.1.6 본항개정)
② 피고인이 아닌 사람이 피고인이 제기한 상소 또는 재심청구를 취하한 경우에도 제1항과 같다.

제227조의7【소송비용 부담의 재판】 ① 재판으로 소송절차가 끝나는 경우 피고인에게 소송비용을 부담하게 할 때에는 직권으로 재판하여야 한다.
② 제1항의 재판에 대하여는 본안의 재판에 관하여 상소하는 경우에만 불복할 수 있다.

제227조의8【제3자 부담의 재판】 ① 재판으로 소송절차가 끝나는 경우 피고인이 아닌 사람에게 소송비용을 부담하게 할 때에는 직권으로 결정하여야 한다.
② 제1항의 결정에 대하여는 즉시항고를 할 수 있다.

제227조의9【재판 외의 사유에 따른 절차 종료】① 재판 외의 사유로 소송절차가 끝나는 경우 소송비용을 부담하게 할 때에는 사건이 최종 계속된 군사법원 또는 상소법원이 직권으로 결정하여야 한다.(2021.9.24 본항개정)
② 제1항의 결정에 대하여는 즉시항고를 할 수 있다.
제227조의10【부담액의 산정】소송비용의 부담을 명령하는 재판에 그 금액이 표시되지 아니한 경우에는 집행을 지휘하는 군검사가 금액을 계산하여 정한다.
(2016.1.6 본조개정)
제227조의11【무죄판결과 비용보상】① 국가는 무죄판결이 확정된 경우에는 해당 사건의 피고인이었던 사람에게 그 재판에 사용된 비용을 보상하여야 한다.
② 다음 각 호의 어느 하나에 해당하는 경우에는 제1항에 따른 비용의 전부 또는 일부를 보상하지 아니할 수 있다.
1. 피고인이었던 사람이 수사 또는 재판을 그르칠 목적으로 거짓 자백을 하거나 다른 유죄의 증거를 만들어 기소된 것으로 인정된 경우
2. 1개의 재판으로써 경합범의 일부에 대하여 무죄판결이 확정되고 다른 부분에 대하여 유죄판결이 확정된 경우
3. 「형법」 제9조 및 제10조제1항의 사유에 따른 무죄판결이 확정된 경우
4. 그 비용이 피고인이었던 사람이 책임질 사유로 발생한 경우
제227조의12【비용보상의 절차 등】① 제227조의11제1항에 따른 비용의 보상은 피고인이었던 사람의 청구에 따라 무죄판결을 선고한 군사법원에서 결정으로 한다.
② 제1항에 따른 청구는 무죄판결이 확정된 사실을 안 날부터 3년, 무죄판결이 확정된 날부터 5년 이내에 하여야 한다.(2020.6.9 본항개정)
③ 제1항의 결정에 대하여는 즉시항고를 할 수 있다.
제227조의13【비용보상의 범위】① 제227조의11에 따른 비용보상의 범위는 피고인이었던 사람 또는 그 변호인이었던 사람이 공판준비 및 공판기일에 출석하기 위하여 사용한 여비, 일당, 숙박료와 변호인이었던 사람에 대한 보수로 한정한다. 이 경우 보상금액에 관하여는 「형사소송비용 등에 관한 법률」을 준용하되, 피고인이었던 사람에게는 증인에 관한 규정을 준용하고, 변호인이었던 사람에게는 국선변호인에 관한 규정을 준용한다.
② 군사법원은 공판준비 또는 공판기일에 출석한 변호인이 2명 이상이었던 경우에는 사건의 성질, 심리 상황, 그 밖의 사정을 고려하여 변호인이었던 사람의 여비, 일당 및 숙박료를 대표변호인이나 그 밖의 일부 변호인의 비용만으로 한정할 수 있다.
제227조의14【준용규정】비용보상청구, 비용보상절차, 비용보상과 다른 법률에 따른 손해배상과의 관계, 보상을 받을 권리의 양도·압류 또는 피고인이었던 사람의 상속인에 대한 비용보상에 관하여 이 법에서 규정한 것을 제외하고는 「형사보상 및 명예회복에 관한 법률」에 따른 보상의 예를 따른다.(2016.1.6 본조개정)

제2장 제1심

제1절 수 사
(2009.12.29 본절제목개정)

제228조【군검사, 군사법경찰관의 수사】① 군검사와 군사법경찰관은 범죄 혐의가 있다고 생각될 때에는 범인, 범죄사실 및 증거를 수사하여야 한다.(2016.1.6 본항개정)
② 군사법경찰관이 수사를 시작하여 입건하였거나 입건된 사건을 이첩받은 경우에는 정당한 사유가 없으면 48시간 이내에 관할 검찰단에 통보하여야 한다.(2021.9.24 본항개정)
③ 군검사와 군사법경찰관은 제286조에도 불구하고 범죄를 수사하는 과정에서 재판권이 군사법원에 있지 아니한 범죄를 인지한 경우 그 사건을 대검찰청, 고위공직자범죄수사처, 경찰청 또는 해양경찰청에 이첩하여야 한다.
(2023.10.24 본항개정)
④ 제3항에 따라 이첩받은 사건에 관하여 검사 또는 사법경찰관은 다음 각 호의 어느 하나에 해당하는 경우에 군검사 또는 군사법경찰관에게 수사 및 영장의 집행 또는 집행지휘를 촉탁할 수 있다.
1. 공소제기 여부 결정 또는 공소의 유지에 관하여 필요한 경우
2. 영장의 신청·청구 여부 결정이나 영장의 집행을 위하여 필요한 경우
(2021.9.24 본항신설)
⑤ 군검사 또는 군사법경찰관은 제4항의 촉탁이 있는 때에는 정당한 사유가 없으면 지체 없이 이를 이행하고, 그 결과를 통보하여야 한다.(2021.9.24 본항신설)
(2016.1.6 본조제목개정)
참조 [군사법경찰관]43−45, [군사법경찰리]46
제228조의2【군검사와 군사법경찰관의 협조 의무】① 군검사와 군사법경찰관은 구체적 사건의 범죄수사 및 공소유지를 위하여 상호 간에 성실히 협력하여야 한다.
② 군검사와 군사법경찰관의 협조 의무에 관한 구체적인 사항은 대통령령으로 정한다.
(2021.9.24 본조신설)
제229조【준수사항】① 피의자에 대한 수사는 불구속 상태에서 함을 원칙으로 한다.
② 군검사, 군사법경찰관리, 그 밖에 직무상 수사와 관계있는 사람은 비밀을 엄수하며 피의자 또는 다른 사람의 인권을 존중하고 수사에 방해되는 일이 없도록 주의하여야 한다.(2016.1.6 본항개정)
③ 군검사·군사법경찰관리와 그 밖에 직무상 수사에 관계있는 사람은 수사과정에서 수사와 관련하여 작성하거나 취득한 서류 또는 물건에 대한 목록을 빠짐없이 작성하여야 한다.(2020.6.9 본항신설)
(2009.12.29 본조개정)
제230조【군검사의 체포·구속장소 감찰】① 군검사는 불법체포·구속 여부를 조사하기 위하여 매월 1회 이상 관하 수사기관의 피의자 체포·구속장소를 감찰하여야 한다. 감찰하는 군검사는 체포되거나 구속된 사람을 심문(審問)하고 관련 서류를 조사하여야 한다.
② 군검사는 적법한 절차에 따르지 아니하고 체포되거나 구속된 것이라고 의심할 만한 상당한 이유가 있는 경우에는 즉시 체포되거나 구속된 사람을 석방하거나 사건을 검찰기관에 송치할 것을 명령하여야 한다.
(2016.1.6 본조개정)
제231조【수사와 필요한 조사】① 수사의 목적을 달성하기 위하여 필요한 조사를 할 수 있다. 다만, 강제처분은 이 법에 특별한 규정이 있는 경우에만 하며, 필요한 최소한도의 범위에서만 하여야 한다.
② 수사를 할 때에는 관공서나 그 밖의 공사단체에 수사에 필요한 사항을 조회하여 보고를 요구할 수 있다.
(2009.12.29 본조개정)
참조 [특별한 규정]238−240·248·251·254·261·263, [조회]315
제232조【피의자의 출석 요구】군검사나 군사법경찰관은 수사에 필요할 때에는 피의자의 출석을 요구하여 진술을 들을 수 있다.(2016.1.6 본조개정)
참조 [피고인의 진술거부권의 고지]331
제232조의2【영장에 의한 체포】① 피의자가 죄를 범하였다고 의심할 만한 상당한 이유가 있고, 정당한 사유 없이 제232조에 따른 출석 요구에 따르지 아니하거나 그러할 우려가 있을 때에는 군검사는 관할 군사법원 군판사에게 청구하여 체포영장을 발부받아 피의자를 체포할 수 있고, 군사법경찰관은 군검사에게 신청하여 군검사의 청구로 관할 군사법원 군판사의 체포영장을 발부받아 피의자를 체포할 수 있다. 다만, 다액 50만원 이하의 벌금, 구류 또는 과료에 해당하는 사건에 관하여는 피의자가 일정한 주거가 없는 경우 또는 정당한 사유 없이 제232조에 따른 출석 요구에 따르지 아니한 경우로 한정한다.
(2021.9.24 본문개정)
② 제1항의 청구를 받은 군사법원 군판사는 타당하다고 인정하면 체포영장을 발부한다. 다만, 체포의 필요가 명백히 인정되지 아니하는 경우에는 그러하지 아니하다.
(2021.9.24 본문개정)
③ 제1항의 청구를 받은 군사법원 군판사가 체포영장을 발부하지 아니할 때에는 청구서에 그 취지와 이유를 적고 서명날인하여 청구한 군검사에게 준다.(2021.9.24 본항개정)
④ 군검사는 제1항의 청구를 할 때 같은 범죄사실에 관하여 그 피의자에 대하여 전에 체포영장을 청구하였거나 발부받은 사실이 있을 때에는 다시 체포영장을 청구하는 취지와 이유를 적어야 한다.(2016.1.6 본항개정)
⑤ 체포한 피의자를 구속하려면 체포한 때부터 48시간 이내에 제238조에 따라 구속영장을 청구하여야 하고, 그 기간에 구속영장을 청구하지 아니할 때에는 피의자를 즉시 석방하여야 한다.
(2009.12.29 본조개정)
제232조의3【긴급체포】① 군검사나 군사법경찰관은 피의자가 사형, 무기 또는 장기 3년 이상의 징역이나 금고에 해당하는 죄를 범하였다고 의심할 만한 상당한 이유가 있고, 다음 각 호의 어느 하나에 해당하는 사유가 있을 때 상황이 긴급하여 군사법원 군판사의 체포영장을 받을 수 없을 때에는 그 사유를 알리고 영장 없이 피의자를 체포할 수 있다. 이 경우 "상황이 긴급하여"란 피의자를 우연히 발견한 경우 등과 같이 체포영장을 받을 시간적 여유가 없는 경우를 말한다.(2021.9.24 전단개정)
1. 피의자가 증거를 없앨 우려가 있을 때
2. 피의자가 도주하거나 도주할 우려가 있을 때
② 군사법경찰관은 제1항에 따라 피의자를 체포한 경우에는 즉시 군검사의 승인을 받아야 한다.(2016.1.6 본항개정)
③ 군검사나 군사법경찰관은 제1항에 따라 피의자를 체포한 경우에는 즉시 긴급체포서를 작성하여야 한다.
(2016.1.6 본항개정)
④ 제3항에 따른 긴급체포서에는 범죄사실의 요지, 긴급체포의 사유 등을 적어야 한다.
(2009.12.29 본조개정)
제232조의4【긴급체포와 영장청구기간】① 군검사나 군사법경찰관은 제232조의3에 따라 피의자를 체포한 경우 피의자를 구속하려면 지체 없이 군검사는 관할 군사법원 군판사에게 구속영장을 청구하여야 하고, 군사법경찰관은 군검사에게 신청하여 군검사의 청구로 관할 군사법원 군판사에게 구속영장을 청구하여야 한다. 이 경우 구속영장은 피의자를 체포한 때부터 48시간 이내에 청구하여야 하며, 제232조의3제3항에 따른 긴급체포서를 첨부하여야 한다.(2021.9.24 전단개정)
② 제1항에 따라 구속영장을 청구하지 아니하거나 발부받지 못하였을 때에는 피의자를 즉시 석방하여야 한다.
③ 제2항에 따라 석방된 사람은 영장 없이는 같은 범죄사실로 체포하지 못한다.
④ 군검사는 제1항에 따른 구속영장을 청구하지 아니하고 피의자를 석방한 경우에는 석방한 날부터 30일 이내에 서면으로 다음 각 호의 사항을 군사법원에 통지하여야 한다. 이 경우 긴급체포서의 사본을 첨부하여야 한다.
(2016.1.6 전단개정)
1. 긴급체포 후 석방된 사람의 인적사항
2. 긴급체포의 일시·장소와 긴급체포하게 된 구체적 이유
3. 석방의 일시·장소 및 사유
4. 긴급체포 및 석방한 군검사 또는 군사법경찰관의 성명
(2016.1.6 본호개정)
⑤ 긴급체포 후 석방된 사람 또는 그 변호인, 법정대리인, 배우자, 직계친족, 형제자매는 통지서와 관련 서류를 열람하거나 복사할 수 있다.
⑥ 군사법경찰관은 긴급체포한 피의자에 대하여 구속영장을 신청하지 아니하고 석방한 경우에는 즉시 군검사에게 보고하여야 한다.(2016.1.6 본항개정)
(2009.12.29 본조개정)
제232조의5【체포와 피의사실 등의 고지】군검사나 군사법경찰관은 피의자를 체포하는 경우 피의사실의 요지, 체포의 이유 및 변호인을 선임할 수 있음을 말하고 변명할 기회를 주어야 한다.(2016.1.6 본조개정)
제232조의6【준용규정】군검사 또는 군사법경찰관이 피의자를 체포하는 경우에는 제114조, 제119조제1항 본문, 같은 조 제3항, 제120조, 제121조, 제123조제1항·제3항·제4항, 제124조부터 제127조까지, 제129조부터 제131조까지, 제133조, 제141조제5항 및 제142조제2항 단서를 준용한다. 이 경우 "구속"은 "체포"로, "구속영장"은 "체포영장"으로, "피고인"은 "피의자"로 본다.
(2016.1.6 전단개정)
제233조【피의자신문】군검사나 군사법경찰관은 피의자를 신문할 때 먼저 그 성명, 연령, 등록기준지, 소속, 계급, 군번, 주민등록번호, 주거 및 직업을 물어 피의자임이 틀림없는지 확인하여야 한다.(2016.1.6 본조개정)
제234조【피의자신문사항】군검사나 군사법경찰관은 피의자에 대하여 범죄사실과 정상(情狀)에 관한 사항을 신문하여야 하며 그 이익이 되는 사실을 진술할 기회를 주어야 한다.(2016.1.6 본조개정)
제235조【피의자신문과 참여자】군검사가 피의자를 신문할 때에는 군검찰부의 검찰수사관 또는 검찰서기를 참여하게 하여야 하고, 군사법경찰관이 피의자를 신문할 때에는 군사법경찰관리를 참여하게 하여야 한다.
(2016.1.6 본조개정)
제235조의2【변호인의 참여 등】① 군검사나 군사법경찰관은 피의자 또는 그 변호인, 법정대리인, 배우자, 직계친족, 형제자매의 신청에 따라 변호인을 피의자와 접견하게 하거나 정당한 사유가 없으면 피의자신문에 참여하게 하여야 한다.(2016.1.6 본항개정)
② 신문에 참여하려는 변호인이 2명 이상일 때에는 피의자가 신문에 참여할 변호인 1명을 지정한다. 피의자가 지정하지 아니하는 경우에는 군검사나 군사법경찰관이 지정할 수 있다.(2016.1.6 후단개정)
③ 신문에 참여한 변호인은 신문 후 의견을 진술할 수 있다. 다만, 신문 중이라도 부당한 신문방법에 대하여 이의를 제기할 수 있고, 군검사나 군사법경찰관의 승인을 받아 의견을 진술할 수 있다.(2016.1.6 단서개정)
④ 제3항에 따른 변호인의 의견이 적힌 피의자신문조서는 변호인에게 열람 후 기명날인 또는 서명하도록 하여야 한다.
⑤ 군검사나 군사법경찰관은 변호인의 신문참여 및 그 제한에 관한 사항을 피의자신문조서에 적어야 한다.
(2016.1.6 본항개정)
(2009.12.29 본조개정)
제236조【피의자신문조서의 작성】① 피의자의 진술은 조서에 적어야 한다.
② 제1항의 조서는 피의자에게 열람하게 하거나 읽어주어야 하며, 진술한 대로 적지 아니한 부분이나 사실과 다른 부분이 있는지 물어 피의자가 증감 또는 변경의 청구 등 이의를 제기하거나 의견을 진술하였을 때에는 조서에 추가로 적어야 한다. 이 경우 피의자가 이의를 제기한 부분은 읽을 수 있도록 남겨두어야 한다.
③ 피의자가 조서에 대하여 이의나 의견이 없음을 진술하였을 때에는 피의자에게 그 취지를 자필로 적게 하고 조서에 간인한 후 기명날인 또는 서명하게 한다.
(2009.12.29 본조개정)
참조 [조서의 작성]82·84, [조서의 증거력]365·371·372
제236조의2【피의자진술의 영상녹화】① 피의자의 진술은 영상녹화할 수 있다. 이 경우 미리 영상녹화사실을 알려주어야 하며, 조사의 개시부터 종료까지의 전 과정 및 객관적 정황을 영상녹화하여야 한다.
② 제1항에 따른 영상녹화가 완료된 때에는 피의자 또는 변호인 앞에서 지체 없이 그 원본을 봉인하고 피의자로 하여금 기명날인 또는 서명하게 하여야 한다.

③ 제2항의 경우에 피의자 또는 변호인의 요구가 있는 때에는 영상녹화물을 재생하여 시청하게 하여야 한다. 이 경우 그 내용에 대하여 이의를 진술하는 때에는 그 취지를 기재한 서면을 첨부하여야 한다.
(2008.1.17 본조신설)

제236조의3【진술거부권 등의 고지】 ① 군검사나 군사법경찰관은 피의자를 신문하기 전에 다음 각 호의 사항을 알려주어야 한다.(2016.1.6 본문개정)

1. 어떤 진술도 하지 아니하거나 각각의 질문에 대하여 진술하지 아니할 수 있다는 것
2. 진술하지 아니하더라도 불이익을 받지 아니한다는 것
3. 진술을 거부할 권리를 포기하고 한 진술은 법정에서 유죄의 증거로 사용될 수 있다는 것
4. 신문을 받을 때에는 변호인을 참여하게 하는 등 변호인의 도움을 받을 수 있다는 것

② 군검사나 군사법경찰관은 제1항에 따라 알려준 후 피의자가 진술을 거부할 권리와 변호인의 도움을 받을 권리를 행사할 것인지를 묻고, 이에 대한 피의자의 답변을 조서에 적어야 한다. 이 경우 피의자의 답변은 피의자에게 자필로 적게 하거나 군검사 또는 군사법경찰관이 피의자의 답변을 적고 그 부분에 피의자가 기명날인 또는 서명하게 하여야 한다.(2016.1.6 본항개정)
(2009.12.29 본조개정)

제236조의4【수사과정의 기록】 ① 군검사나 군사법경찰관은 피의자가 조사장소에 도착한 시각, 조사를 시작하고 마친 시각, 그 밖에 조사과정의 진행경과를 확인하기 위하여 필요한 사항을 피의자신문조서에 적거나 별도의 서면에 적은 후 수사기록에 철하여야 한다.(2016.1.6 본항개정)
② 제1항의 조서 또는 서면에 관하여는 제236조제2항과 제3항을 준용한다.
③ 피의자가 아닌 사람을 조사하는 경우에는 제1항과 제2항을 준용한다.
(2009.12.29 본조개정)

제236조의5【장애인 등 특별히 보호하여야 할 사람에 대한 특칙】 군검사나 군사법경찰관은 피의자를 신문하는 경우 다음 각 호의 어느 하나에 해당할 때에는 직권으로 또는 피의자·법정대리인의 신청에 따라 피의자와 신뢰관계에 있는 사람을 동석하게 할 수 있다.(2016.1.6 본문개정)

1. 피의자가 신체적 또는 정신적 장애로 사물을 변별하거나 의사를 결정·전달할 능력이 미약한 때
2. 피의자의 연령·성별·국적 등의 사정을 고려하여 심리적 안정과 원활한 의사소통을 위하여 필요할 때

(2009.12.29 본조개정)

제237조【참고인과의 대질】 군검사나 군사법경찰관은 사실 발견을 위하여 필요할 때에는 피의자와 다른 피의자 또는 피의자 아닌 사람을 대질하게 할 수 있다.
(2016.1.6 본조개정)
참조 [대질]203

제238조【구속】 ① 피의자가 죄를 범하였다고 의심할 만한 상당한 이유가 있고 제110조제1항 각 호의 어느 하나에 해당하는 사유가 있을 때에 군검사는 관할 군사법원 군판사에게 청구하여 구속영장을 받아 피의자를 구속할 수 있고, 군사법경찰관은 군검사에게 신청하여 군검사의 청구로 관할 군사법원 군판사의 구속영장을 받아 피의자를 구속할 수 있다. 다만, 다액 50만원 이하의 벌금, 구류 또는 과료에 해당하는 범죄의 경우에는 피의자가 일정한 주거가 없는 경우로 한정한다.(2021.9.24 본문개정)
② 구속영장을 청구할 때에는 구속의 필요를 인정할 수 있는 자료를 제출하여야 한다.
③ (2021.9.24 삭제)
④ 제1항의 청구를 받은 관할 군사법원 군판사는 신속히 구속영장 발부 여부를 결정하여야 한다.(2021.9.24 본항개정)
⑤ 군검사로부터 제1항의 청구를 받은 관할 군사법원 군판사는 상당하다고 인정하면 구속영장을 발부한다. 구속영장을 발부하지 아니할 때에는 청구서에 그 취지 및 이유를 적고 서명날인하여 청구한 군검사에게 준다.
(2021.9.24 전단개정)
⑥ 군검사가 제1항의 청구를 할 때 같은 범죄사실에 관하여 그 피의자에 대하여 전에 구속영장을 청구하거나 발부받은 사실이 있으면 다시 구속영장을 청구하는 취지 및 이유를 적어야 한다.(2016.1.6 본항개정)
(2009.12.29 본조개정)
참조 [구속의 사유]110, [구속영장]113·114, [구속의 경우의 압수 등]255

제238조의2【구속영장청구와 피의자심문】 ① 제232조의2·제232조의3 또는 제248조에 따라 체포된 피의자에 대하여 구속영장을 청구받은 군사법원 군판사는 지체 없이 피의자를 심문하여야 한다. 이 경우 특별한 사정이 없으면 구속영장이 청구된 날의 다음 날까지 심문하여야 한다.(2021.9.24 전단개정)
② 제1항 외의 피의자에 대하여 구속영장을 청구받은 군사법원 군판사는 피의자가 죄를 범하였다고 의심할 만한 이유가 있는 경우에 구인을 위한 구속영장을 발부하여 피의자를 구인한 후 심문하여야 한다. 다만, 피의자가 도주하는 등의 사유로 심문할 수 없는 경우에는 그러하지 아니하다.(2021.9.24 본문개정)
③ 군사법원 군판사는 제1항의 경우에는 즉시, 제2항의 경우에는 피의자를 인치한 후 즉시 군검사, 피의자 및 변호인에게 심문기일과 장소를 통지하여야 한다. 이 경우 군검사는 피의자가 체포되어 있으면 심문기일에 피의자를 출석시켜야 한다.(2021.9.24 전단개정)
④ 군검사와 변호인은 제3항의 심문기일에 출석하여 의견을 진술할 수 있다.(2016.1.6 본항개정)
⑤ 군사법원 군판사는 제1항 또는 제2항에 따라 심문할 때에는 공범의 분리심문이나 그 밖에 수사상의 비밀보호를 위한 적절한 조치를 하여야 한다.(2021.9.24 본항개정)
⑥ 제1항 또는 제2항에 따라 피의자를 심문하는 경우 서기는 심문의 요지 등을 조서로 작성하여야 한다.
⑦ 피의자심문을 하는 경우 군사법원이 구속영장청구서·수사 관계 서류 및 증거물을 접수한 날부터 구속영장을 발부하여 군검찰부에 반환한 날까지의 기간은 제239조와 제240조를 적용할 때 구속기간에 산입하지 아니한다.
⑧ 심문할 피의자에게 변호인이 없을 때에는 군사법원 군판사는 직권으로 변호인을 선정하여야 한다. 이 경우 변호인 선정은 피의자에 대한 구속영장 청구가 기각되어 효력이 소멸한 경우를 제외하고는 제1심까지 효력이 있다.(2021.9.24 전단개정)
⑨ 군사법원은 변호인의 사정이나 그 밖의 사유로 변호인 선정결정이 취소되어 변호인이 없게 되었을 때에는 직권으로 변호인을 다시 선정할 수 있다.
⑩ 제2항에 따라 구인을 하는 경우에는 제111조, 제111조의2, 제114조, 제119조부터 제121조까지, 제123조제1항·제3항·제4항, 제124조, 제125조, 제127조제1항, 제129조부터 제131조까지 및 제232조의5를 준용하고, 피의자를 심문하는 경우에는 제82조·제85조·제87조·제87조의3 및 제326조의2를 준용한다.
(2009.12.29 본조개정)

제238조의3【소속 부대장의 의견진술권】 피의자가 소속된 부대의 장은 제238조에 따른 구속영장이 청구되었을 경우 구속에 대한 의견을 서면으로 군판사에게 제출할 수 있다.(2021.9.24 본조신설)

제239조【군사법경찰관의 구속기간】 군사법경찰관은 피의자를 구속한 경우 10일 이내에 피의자를 군검사에게 인치하지 아니하면 석방하여야 한다.(2016.1.6 본조개정)

제240조【군검사의 구속기간】 군검사는 피의자를 구속하거나 군사법경찰관으로부터 피의자의 인치를 받았을 때에는 10일 이내에 공소를 제기하지 아니하면 석방하여야 한다.(2016.1.6 본조개정)
참조 [기간]103, [공소의 제기]289·296

제240조의2【구속기간의 계산】 피의자가 제232조의2, 제232조의3, 제238조의2제2항 또는 제248조에 따라 체포 또는 구인된 경우에는 제239조 또는 제240조의 구속기간은 피의자를 체포 또는 구인한 날부터 기산한다.
(2009.12.29 본조개정)

제241조【영장발부와 군사법원에 대한 통지】 군검사는 체포영장 또는 구속영장의 발부를 받은 후 피의자를 체포 또는 구속하지 아니하거나 체포 또는 구속한 피의자를 석방하였을 때에는 지체 없이 영장을 발부한 군사법원에 그 사유를 서면으로 통지하여야 한다.
(2016.1.6 본조개정)
참조 [구속영장의 발부]238, [피의자의 석방]239·240

제242조【구속기간의 연장】 ① 군사법원 군판사는 군검사의 신청에 따라 수사를 계속함에 상당한 이유가 있다고 인정하면 10일을 초과하지 아니하는 범위에서 제240조의 구속기간의 연장을 한 차례만 허가할 수 있다.
(2021.9.24 본항개정)
② 제1항의 신청을 할 때에는 구속기간 연장의 필요를 인정할 수 있는 자료를 제출하여야 한다.
③ (2021.9.24 삭제)
(2009.12.29 본조개정)
참조 [자료의 제출]238

제243조~제244조 (1999.12.28 삭제)

제245조【재구속의 제한】 ① 군검사나 군사법경찰관에게 구속되었다가 석방된 사람은 다른 중요한 증거를 발견한 경우를 제외하고는 같은 범죄사실로 다시 구속하지 못한다.(2016.1.6 본항개정)
② 제1항의 경우 1개의 목적을 위하여 동시 또는 수단·결과의 관계에서 한 행위는 같은 범죄사실로 본다.
(2009.12.29 본조개정)
참조 [피의자의 석방]239·240

제246조【준용규정】 군검사 또는 군사법경찰관의 피의자 구속에 관하여는 제110조제2항, 제111조, 제114조, 제119조제1항 본문, 같은 조 제3항·제4항, 제120조부터 제127조까지, 제129조부터 제131조까지, 제133조, 제141조제1항·제2항, 제142조제2항 본문(보석의 취소에 관한 부분은 제외한다) 및 제232조의5를 준용하되, 제122조에 따른 수사와 구속영장집행의 촉탁은 군검사만이 할 수 있다.(2016.1.6 본조개정)

제247조【현행범과 준현행범】 ① 범죄 실행 중이거나 실행 직후의 사람을 현행범이라 한다.
② 다음 각 호의 어느 하나에 해당하는 사람은 현행범으로 본다.

1. 범인으로 불리어 추적되고 있는 사람
2. 장물이나 범죄에 사용되었다고 인정하기에 충분한 흉기 또는 그 밖의 물건을 지니고 있는 사람
3. 신체 또는 의복류에 뚜렷한 증거 흔적이 있는 사람
4. 누구인지 물었더니 도주하려는 사람

(2009.12.29 본조개정)
참조 [현행범인의 체포]248, 헌12③

제248조【현행범 체포】 현행범은 누구든지 영장 없이 체포할 수 있다.(2009.12.29 본조개정)
참조 [체포의 경우의 압수·수색·검증]255, [체포후의 절차]249

제249조【체포된 현행범의 인도】 ① 군검사 또는 군사법경찰관리가 아닌 사람이 현행범을 체포한 경우에는 즉시 군검사나 군사법경찰관리에게 인도하여야 한다.
(2016.1.6 본항개정)
② 군사법경찰관리는 현행범을 인도받았을 때에는 체포한 사람의 성명·주거 및 체포의 사유를 물어야 하고 필요하면 체포한 사람에게 군사법경찰관서에 동행할 것을 요구할 수 있다.
(2009.12.29 본조개정)

제250조【준용규정】 군검사나 군사법경찰관리가 현행범을 체포하거나 현행범을 인도받은 경우에는 제127조, 제129조, 제130조, 제232조의2제5항 및 제232조의5를 준용한다.(2016.1.6 본조개정)

제251조【경미한 사건과 현행범의 체포】 다액 50만원 이하의 벌금, 구류 또는 과료에 해당하는 죄의 현행범에 대하여는 범인의 주거가 분명하지 아니할 때에만 제248조부터 제250조까지의 규정을 적용한다.(2009.12.29 본조개정)
참조 [현행범인]247, [구속에 관한 제한]110

제252조【체포와 구속의 적부심사】 ① 체포되거나 구속된 피의자 또는 그 변호인, 법정대리인, 배우자, 직계친족, 형제자매, 가족, 동거인 또는 고용주는 관할 군사법원에 체포 또는 구속의 적부심사를 청구할 수 있다.
(2021.9.24 본항개정)
② 피의자를 체포하거나 구속한 군검사 또는 군사법경찰관은 체포되거나 구속된 피의자와 제1항에 규정된 사람 중에서 피의자가 지정하는 사람에게 제1항에 따른 적부심사를 청구할 수 있음을 알려야 한다.(2016.1.6 본항개정)
③ 군사법원은 제1항에 따른 청구가 다음 각 호의 어느 하나에 해당할 때에는 제4항에 따른 심문 없이 결정으로 청구를 기각할 수 있다.

1. 청구권자가 아닌 사람이 청구하거나 같은 체포영장 또는 구속영장의 발부에 대하여 재청구하였을 때
2. 공범 또는 공동피의자가 차례로 청구한 것이 수사를 방해할 목적임이 명백할 때

④ 제1항의 청구를 받은 군사법원은 청구서가 접수된 때부터 48시간 이내에 체포 또는 구속된 피의자를 심문하고 수사 관계 서류 및 증거물을 조사하여 그 청구가 이유 없다고 인정하면 결정으로 기각하고, 이유 있다고 인정하면 결정으로 체포 또는 구속된 피의자의 석방을 명령하여야 한다. 심사청구 후 피의자에 대하여 공소가 제기된 경우에도 또한 같다.
⑤ 군사법원은 구속된 피의자(심사청구 후 공소제기된 사람을 포함한다)에 대하여 피의자의 출석을 보증할 만한 보증금의 납입을 조건으로 하여 결정으로 제4항의 석방을 명령할 수 있다. 다만, 다음 각 호의 어느 하나에 해당하는 경우에는 그러하지 아니하다.

1. 범죄증거를 없앨 우려가 있다고 믿을 만한 충분한 이유가 있는 경우
2. 피해자, 해당 사건의 재판에 필요한 사실을 알고 있다고 인정되는 사람 또는 그 친족의 생명·신체·재산에 해를 끼치거나 그럴 우려가 있다고 믿을 만한 충분한 이유가 있는 경우

⑥ 제5항의 석방결정을 하는 경우에는 주거의 제한, 군사법원 또는 군검사가 지정하는 일시·장소에 출석할 의무, 그 밖의 적당한 조건을 부가할 수 있다.(2016.1.6 본항개정)
⑦ 제5항에 따라 보증금 납입을 조건으로 석방하는 경우에는 제138조와 제140조를 준용한다.
⑧ 제3항과 제4항의 결정에 대하여는 항고하지 못한다.
⑨ 군검사, 변호인 또는 청구인은 제4항의 심문기일에 출석하여 의견을 진술할 수 있다.(2016.1.6 본항개정)
⑩ 체포되거나 구속된 피의자에게 변호인이 없을 때에는 제62조를 준용한다.
⑪ 군사법원은 제4항의 심문을 하는 경우 공범의 분리심문이나 그 밖에 수사상의 비밀 보호를 위한 적절한 조치를 하여야 한다.
⑫ 체포영장이나 구속영장을 발부한 군판사는 제4항부터 제6항까지의 규정에 따른 심문, 조사 및 결정에 관여하지 못한다. 다만, 체포영장이나 구속영장을 발부한 군판사 외에는 심문, 조사 및 결정을 할 군판사가 없는 경우에는 그러하지 아니하다.
⑬ 군사법원이 수사 관계 서류와 증거물을 접수한 때부터 결정 후 군검찰부에 반환할 때까지의 기간은 제232조의2제5항(제250조에 따라 준용되는 경우를 포함한다) 및 제232조의4제1항을 적용할 때에는 그 제한기간에 산입하지 아니하고, 제239조·제240조 및 제242조를 적용할 때에는 그 구속기간에 산입하지 아니한다.

⑭ 제4항에 따라 피의자를 심문하는 경우에는 제238조의2제6항을 준용한다.
(2009.12.29 본조개정)

제253조【재체포 및 재구속의 제한】 ① 제252조제4항에 따른 체포 또는 구속적부심사 결정에 따라 석방된 피의자가 도주하거나 범죄증거를 없애는 경우를 제외하고는 같은 범죄사실로 다시 체포하거나 구속하지 못한다.
② 제252조제5항에 따라 석방된 피의자에게 다음 각 호의 어느 하나에 해당하는 사유가 있는 때를 제외하고는 같은 범죄사실로 다시 체포하거나 구속하지 못한다.
1. 도주한 때
2. 도주하거나 범죄증거를 없앨 우려가 있다고 믿을 만한 충분한 이유가 있는 때
3. 출석요구를 받고 정당한 사유 없이 출석하지 아니한 때
4. 주거의 제한 또는 그 밖에 군사법원이 정한 조건을 위반한 때
(2009.12.29 본조개정)

제253조의2【보증금의 몰취】 ① 군사법원은 다음 각 호의 어느 하나에 해당하는 경우 직권으로 또는 군검사의 청구에 따라 결정으로 제252조제5항에 따라 납입된 보증금의 전부 또는 일부를 몰취할 수 있다.(2016.1.6 본문개정)
1. 제252조제5항에 따라 석방된 사람을 제253조제2항에 열거된 사유로 다시 구속할 때
2. 공소가 제기된 후 군사법원이 제252조제5항에 따라 석방된 사람을 같은 범죄사실로 다시 구속할 때
② 군사법원은 제252조제5항에 따라 석방된 사람이 같은 범죄사실로 형을 선고받고 그 판결이 확정된 후, 집행하기 위한 소환을 받고 정당한 사유 없이 출석하지 아니하거나 도주한 경우에는 직권으로 또는 군검사의 청구에 따라 결정으로 보증금의 전부 또는 일부를 몰취하여야 한다.(2016.1.6 본항개정)
(2009.12.29 본조개정)

제254조【압수·수색·검증】 ① 군검사는 범죄수사에 필요할 때에는 피의자가 죄를 범하였다고 의심할 만한 정황이 있고 해당 사건과 관계가 있다고 인정할 수 있는 것에 한정하여 관할 군사법원 군판사가 발부한 영장에 따라 압수·수색 또는 검증을 할 수 있다.
② 군사법경찰관은 범죄수사에 필요할 때에는 피의자가 죄를 범하였다고 의심할 만한 정황이 있고 해당 사건과 관계가 있다고 인정할 수 있는 것에 한정하여 군검사에게 신청하여 군검사의 청구로 관할 군사법원 군판사가 발부한 압수·수색영장에 따라 압수·수색 또는 검증을 할 수 있다.
(2021.9.24 본조개정)
참조 [영장의 제시]159, [영장의 방식]154

제255조【영장 없이 하는 강제처분】 ① 군검사나 군사법경찰관은 제232조의2·제232조의3·제238조 또는 제248조에 따라 피의자를 체포하거나 구속하는 경우에 필요하면 영장 없이 다음 각 호의 처분을 할 수 있다.
(2016.1.6 본문개정)
1. 다른 사람의 주거나 다른 사람이 관리하는 가옥, 건조물, 항공기, 선박 또는 차량에서의 피의자 수사
2. 체포현장에서의 압수·수색·검증
② 군검사나 군사법경찰관이 피고인에 대한 구속영장을 집행하는 경우에는 제1항제2호를 준용한다.(2016.1.6 본항개정)
③ 범행 중 또는 범행 직후의 범죄장소에서 상황이 긴급하여 관할 군사법원 군판사의 영장을 받을 수 없을 때에는 영장 없이 압수·수색 또는 검증을 할 수 있다. 이 경우에는 사후에 지체 없이 영장을 발부받아야 한다.
(2021.9.24 전단개정)
(2009.12.29 본조개정)
참조 [대질]237, [현행범인의 체포]248, [구속영장의 집행]119·123

제256조【영장 없이 하는 강제처분】 ① 군검사나 군사법경찰관은 제232조의3에 따라 체포된 사람이 소유·소지 또는 보관하는 물건을 긴급히 압수할 필요가 있는 경우에는 체포한 때부터 24시간 이내에만 영장 없이 압수·수색 또는 검증을 할 수 있다.
② 군검사나 군사법경찰관은 제1항 또는 제255조제1항제2호에 따라 압수한 물건을 계속 압수할 필요가 있으면 지체 없이 압수수색영장을 청구하여야 한다. 이 경우 압수수색영장의 청구는 체포한 때부터 48시간 이내에 하여야 한다.
③ 군검사나 군사법경찰관은 제2항에 따라 청구한 압수수색영장을 발부받지 못하였을 때에는 압수한 물건을 즉시 반환하여야 한다.(2020.6.9 본항개정)
(2016.1.6 본조개정)

제257조【영장 없이 하는 압수】 군검사나 군사법경찰관은 피의자 또는 그 밖의 사람의 유류품이나 소유자, 소지자 또는 보관자가 임의로 제출한 물건을 영장 없이 압수할 수 있다.(2016.1.6 본조개정)
참조 [영장에 의하지 아니한 압수]148

제257조의2【압수물의 환부, 가환부】 ① 군검사는 사본을 확보한 경우 등 압수를 계속할 필요가 없다고 인정되는 압수물 및 증거에 사용할 압수물에 대하여 공소제기 전이라도 소유자, 소지자, 보관자 또는 제출인의 청구가 있는 때에는 환부 또는 가환부하여야 한다.
② 제1항의 청구에 대하여 군검사가 이를 거부하는 경우에는 신청인은 해당 군검사의 소속 보통검찰부에 대응한 군사법원에 압수물의 환부 또는 가환부 결정을 청구할 수 있다.
③ 제2항의 청구에 대하여 군사법원이 환부 또는 가환부를 결정하면 군검사는 신청인에게 압수물을 환부 또는 가환부하여야 한다.
④ 군사법경찰관의 환부 또는 가환부 처분에 관하여는 제1항부터 제3항까지의 규정을 준용한다. 이 경우 군사법경찰관은 군검사의 동의를 받아야 한다.
(2020.6.9 본조신설)

제258조【준용규정】 군검사나 군사법경찰관이 이 장의 규정에 따라 압수·수색 또는 검증을 하는 경우에는 제146조, 제147조, 제149조부터 제152조까지, 제154조, 제156조제1항 본문, 같은 조 제2항·제3항, 제159조부터 제173조까지, 제175조, 제176조, 제181조, 제182조, 제390조제2항 및 제528조를 준용한다. 다만, 군사법경찰관이 제171조, 제173조 및 제175조에 따른 처분을 할 때에는 군검사의 동의를 받아야 한다.(2020.6.9 본조개정)
참조 [압수와 수색]146·147·149-152·154·156·159-176, [검증과 필요한 처분]181, [신체검사상의 주의]182, [압수·수색영장의 방식]154, [압수물의 대가보관, 압수물의 환부·가환부, 압수장물의 피해자에의 환부]173-175

제259조【긴급처분】 제255조에 따른 처분을 할 때에 긴급한 경우에는 제164조제2항과 제166조에 따르지 아니할 수 있다.(2009.12.29 본조개정)
참조 [영장에 의하지 아니한 강제처분]255, [영장의 집행과 주거주·간수자등의 참여]164②, [야간집행의 제한]166

제260조【제3자의 출석요구 등】 ① 군검사나 군사법경찰관은 수사에 필요할 때에는 피의자 아닌 사람의 출석을 요구하여 진술을 들을 수 있다. 이 경우 그의 동의를 받아 영상녹화할 수 있다.
② 군검사 또는 군사법경찰관은 수사에 필요할 때에는 감정, 통역 또는 번역을 위촉할 수 있다.
③ 군검사나 군사법경찰관이 범죄의 피해자를 조사하는 경우에는 제204조의2제1항부터 제3항까지의 규정을 준용한다.
(2016.1.6 본조개정)
참조 [감정유치의 요구]262, [감정에 필요한 처분]263

제260조의2【군인 등 사이에 발생한 범죄의 피해군인 등에 대한 변호사 선임의 특례】 ①「군형법」 제1조제1항부터 제3항까지에 규정된 사람 사이에 발생한 범죄의 피해자 및 그 법정대리인(이하 이 조에서 "피해자등"이라 한다)은 형사절차상 입을 수 있는 피해를 방어하고 법률적 조력을 보장받기 위하여 변호사를 선임할 수 있다.
② 제1항에 따른 변호사는 군검사 또는 군사법경찰관의 피해자등에 대한 조사에 참여하여 의견을 진술할 수 있다. 다만, 조사 도중에는 군검사 또는 군사법경찰관의 승인을 받아 의견을 진술할 수 있다.
③ 제1항에 따른 변호사는 피의자에 대한 구속 전 피의자심문, 증거보전절차, 공판준비기일 및 공판절차에 출석하여 의견을 진술할 수 있다. 이 경우 필요한 절차에 관한 구체적 사항은 대법원규칙으로 정한다.
④ 제1항에 따른 변호사는 증거보전 후 관계 서류나 증거물, 소송계속 중의 관계 서류나 증거물을 열람하거나 등사할 수 있다.
⑤ 제1항에 따른 변호사는 형사절차에서 피해자등의 대리가 허용될 수 있는 모든 소송행위에 대한 포괄적인 대리권을 가진다.
⑥ 군검사는 피해자(「군형법」 제1조제1항부터 제3항까지에 규정된 사람으로 한정한다)에게 변호사가 없는 경우 국선변호사를 선정하여 형사절차에서 피해자의 권익을 보호할 수 있다.
(2020.6.9 본조신설)

제261조【증인신문의 청구】 ① 범죄 수사에 없어서는 아니 될 사실을 안다고 명백히 인정되는 사람이 제260조에 따른 출석 또는 진술을 거부한 경우 군검사는 제1회 공판기일 전까지만 군판사에게 그에 대한 증인신문을 청구할 수 있다.(2016.1.6 본항개정)
② 제1항의 청구를 할 때에는 서면으로 그 사유를 소명하여야 한다.
③ 제1항의 청구를 받은 군판사는 증인신문에 관하여 군사법원과 같은 권한이 있다.
④ 군판사는 제1항의 청구에 따라 증인신문기일을 정한 경우에는 피고인, 피의자 또는 변호인에게 통지하여 증인신문에 참여할 수 있도록 하여야 한다.
⑤ 군판사는 제1항의 청구에 따른 증인신문을 하였을 때에는 지체 없이 이에 관한 서류를 군검사에게 보내야 한다.(2016.1.6 본항개정)
(2009.12.29 본조개정)
참조 [본조에 의하여 작성한 조서의 증거능력]364, [피고인등의 참여권]204

제262조【감정의 위촉과 감정유치의 청구】 ① 군검사는 제260조에 따라 감정을 위촉하는 경우 제213조제3항의 유치처분이 필요하면 군판사에게 청구하여야 한다.
(2016.1.6 본항개정)
② 군판사는 제1항의 청구가 상당하다고 인정하면 유치처분을 하여야 한다. 이 경우 제213조와 제214조를 준용한다.
(2009.12.29 본조개정)
참조 [제3자의 출석요구]260, [감정유치와 구속]213③·214

제263조【감정에 필요한 처분허가장】 ① 제260조에 따라 감정을 위촉받은 사람은 군판사의 허가를 받아 제215조제1항에 규정된 처분을 할 수 있다.
② 제1항의 허가의 청구는 군검사가 하여야 한다.
(2016.1.6 본항개정)
③ 군판사는 제2항의 청구가 상당하다고 인정하면 허가장을 발급하여야 한다.
④ 제3항의 허가장에 관하여는 제215조제2항·제3항 및 제5항을 준용한다.
(2009.12.29 본조개정)
참조 [제3자의 출석요구]260, [감정에 필요한 처분]215①

제264조【변사자의 검시】 ① 변사자 또는 변사한 것으로 의심되는 사체가 제2조에 해당하는 사람의 사체일 때에는 군검사가 검시(檢視)하여야 한다.(2016.1.6 본항개정)
② 변사자 또는 변사한 것으로 의심되는 사체가 제2조에 해당하지 아니하는 사람의 사체일지라도 병영이나 그 밖의 군사용 청사, 차량, 함선 또는 항공기에서 발견되었을 때에는 군검사가 검시하여야 한다.(2016.1.6 본항개정)
③ 제1항 또는 제2항의 검시로 범죄의 혐의가 인정되고 긴급할 때에는 영장 없이 검증을 할 수 있다.
④ 군검사는 군사법경찰관이나 사법경찰관에게 제1항부터 제3항까지의 처분을 하게 할 수 있다.(2016.1.6 본항개정)
(2009.12.29 본조개정)
참조 [검시]형163

제265조【고소권자】 범죄의 피해자는 고소할 수 있다.
(2009.12.29 본조개정)
참조 [고소의 제한]266, [피해자 아닌 고소권자]267-269, [고소의 절차]278-281

제266조【고소의 제한】 자기 자신이나 배우자의 직계존속을 고소하지 못한다.(2009.12.29 본조개정)
참조 [고발에의 준용]277

제267조【피해자 아닌 고소권자】 ① 피해자의 법정대리인은 독립하여 고소할 수 있다.
② 피해자가 사망하였을 때에는 그 배우자, 직계친족 또는 형제자매는 고소할 수 있다. 다만, 피해자가 명시한 의사에 반하여 고소하지 못한다.
(2009.12.29 본조개정)
참조 [법정대리인]민911·938, [고소의 방식]279

제268조【피해자 아닌 고소권자】 피해자의 법정대리인이나 법정대리인의 친족이 피의자일 때에는 피해자의 친족은 독립하여 고소할 수 있다.(2009.12.29 본조개정)
참조 [법정대리인]민911·938, [고소의 방식]279

제269조【피해자 아닌 고소권자】 죽은 사람의 명예를 훼손한 범죄에 대하여는 그 친족 또는 자손은 고소할 수 있다.(2009.12.29 본조개정)
참조 [사자의 명예훼손죄]형308

제270조【고소권자의 지정】 친고죄에 대하여 고소할 사람이 없는 경우 이해관계인의 신청이 있을 때에는 군검사는 10일 이내에 고소할 수 있는 사람을 지정하여야 한다.(2016.1.6 본조개정)
참조 [친고죄]형308·311·312·316-318·323·328-332·344·347-352·354-357·359-365

제271조 (2016.1.6 삭제)

제272조【고소기간】 ① 친고죄에 대하여는 범인을 알게 된 날부터 6개월이 지나면 고소하지 못한다. 다만, 고소할 수 없는 불가항력의 사유가 있을 때에는 그 사유가 없어진 날부터 기산한다.
② (2013.4.5 삭제)
(2009.12.29 본조개정)
참조 [친고죄]제270조 참조조문, [기간]103, [결혼을 위한 약취·유인]형291, [혼인의 무효·취소]민815-825

제273조【여러 명의 고소권자】 고소할 수 있는 사람이 여러 명인 경우 1명이 고소기간을 지키지 못하더라도 다른 사람의 고소에 영향이 없다.(2009.12.29 본조개정)
참조 [고소권자]265·267-270, [기간의 계산]103

제274조【고소의 취소】 ① 고소는 제1심판결 선고 전까지 취소할 수 있다.
② 고소를 취소한 사람은 다시 고소하지 못한다.
③ 피해자가 명시한 의사에 반하여 죄를 물을 수 없는 사건에서 처벌을 희망하는 의사표시의 철회에 관하여도 제1항과 제2항을 준용한다.
(2009.12.29 본조개정)
참조 [취소의 절차]278·281, [고소취소의 불가분]275, [제1심판결선고]375·376·380-382, [피해자의 명시한 의사]형110·260③·266②·283③·312②

제275조【고소의 불가분】 친고죄의 공범 중 1명 또는 여러 명에 대한 고소 또는 그 취소는 다른 공범에 대하여도 효력이 있다.(2009.12.29 본조개정)
참조 [친고죄]제270조 참조조문, [공범]형30-34

제276조【고발】 ① 누구든지 범죄가 있다고 생각될 때에는 고발할 수 있다.
② 공무원은 그 직무를 수행할 때 범죄가 있다고 생각되면 고발하여야 한다.
(2009.12.29 본조개정)

제277조【고발의 제한】 고발에 관하여는 제266조를 준용한다.(2009.12.29 본조개정)
참조 [고소의 제한]266

제278조【대리고소】 고소 또는 그 취소는 대리인이 하도록 할 수 있다.(2009.12.29 본조개정)
참조 [고소권자]265·267-270, [고소의 취소]274

제279조【고소·고발의 방식】 ① 고소나 고발은 서면 또는 말로 군검사나 군사법경찰관에게 하여야 한다.

② 군검사나 군사법경찰관은 말로 한 고소 또는 고발을 받았을 때에는 조서를 작성하여야 한다.
(2016.1.6 본조개정)

참조 [피의자신문과 참여자]235, [피의자신문조서작성]236, [고소·고발의 취소에의 준용]281, [자수 준용규정]282

제280조【고소·고발과 군사법경찰관의 조치】 군사법경찰관은 고소나 고발을 받으면 신속히 조사하여 관계 서류와 증거물을 군검사에게 보내야 한다.(2016.1.6 본조개정)

참조 [고소·고발의 취소에의 준용]281, [자수 준용규정]282

제281조【고소·고발 취소와 준용규정】 고소나 고발의 취소에 관하여는 제279조와 제280조를 준용한다.
(2009.12.29 본조개정)

참조 [고소의 취소]274·278

제282조【자수와 준용규정】 자수(自首)에 관하여는 제279조와 제280조를 준용한다.(2009.12.29 본조개정)

참조 [고소·고발의 방식]279, [고소·고발과 군사법경찰관의 조치]280, [자수]형52

제283조【군사법경찰관의 사건송치】 ① 군사법경찰관은 수사를 하였을 때에는 서류와 증거물을 첨부하여 군검사에게 사건을 송치하여야 한다.
② 군검사는 다음 각 호의 어느 하나에 해당하는 경우 군사법경찰관에게 보완수사를 요구할 수 있다.
1. 송치사건의 공소제기 여부 결정 또는 공소의 유지에 관하여 필요한 경우
2. 군사법경찰관이 신청한 영장의 청구 여부 결정에 관하여 필요한 경우
(2021.9.24 본항신설)
③ 군사법경찰관은 제2항의 요구가 있는 때에는 정당한 사유가 없으면 지체 없이 이를 이행하고, 그 결과를 군검사에게 통보하여야 한다.(2021.9.24 본항신설)
(2016.1.6 본조개정)

제284조【군검사의 사건통보】 군검사는 수사를 하였거나 제283조에 따라 사건의 송치를 받았을 때에는 의견을 붙여 해당 피의자의 소속 부대의 장에게 사건의 내용을 통보하여야 한다.(2021.9.24 본조개정)

제285조【군검사의 사건처리】 군검사는 사건의 수사를 마쳤을 때에는 다음 각 호의 어느 하나에 해당하는 처분을 하여야 한다.(2016.1.6 본문개정)
1. 공소를 제기함이 상당하다고 인정할 때에는 공소의 제기
2. 범인이 체포되지 아니하였거나 공소권 또는 범죄혐의가 없다고 인정될 때 또는 「형법」 제51조 각 호의 사항을 참작하여 공소를 제기하지 아니하는 것이 상당하다고 인정할 때에는 불기소의 처분
3. 그 군검찰부에 대응하는 군사법원에 관할권이 있지 아니하거나 관할권이 있더라도 다른 관할 군사법원에서 심리하는 것이 상당하다고 인정할 때에는 관할 군사법원에 대응하는 군검찰부에 송치
(2016.1.6 본조제목개정)
(2009.12.29 본조개정)

참조 [공소제기]289·296, [이송의 통지]299

제286조【검사 또는 사법경찰관에의 사건송치】 군검사는 사건에 대한 재판권이 군사법원에 있지 아니할 때에는 사건을 서류·증거물과 함께 재판권을 가진 관할 법원에 대응하는 검찰청의 검사, 고위공직자범죄수사처의 수사처검사, 경찰청 또는 해양경찰청의 사법경찰관에게 송치하여야 한다. 이 경우 송치 전에 한 소송행위의 효력은 송치 후에도 영향이 없다.(2023.10.24 전단개정)

참조 [검사]검찰4

제287조【사건처리 결과의 통지】 군검사는 군사법경찰관으로부터 송치받은 사건의 처리 결과를 해당 군사법경찰관에게 통지하여야 한다.(2016.1.6 본조개정)

참조 [송치받은 사건]283

제288조【피의자 석방과 압수물 반환】 군검사는 불기소처분을 하였을 때에는 지체 없이 구금된 피의자를 석방하고 압수된 물건을 환부하여야 한다. 다만, 필요한 경우에는 공소시효가 완성될 때까지 압수한 물건을 환부하지 아니할 수 있다.(2016.1.6 본문개정)

참조 [불기소처분]285, [피의자의 석방]239·240, [압수물의 환부]174, [공소시효의 완성]291

제2절 공 소
(2009.12.29 본절제목개정)

제289조【국가소추주의】 공소는 군검사가 제기하여 수행한다.(2016.1.6 본조개정)

참조 [군검사의 직무]37, [공소제기의 방식]296, [예외]304-306

제289조의2【기소편의주의】 군검사는 「형법」 제51조의 사항을 참작하여 공소를 제기하지 아니할 수 있다.
(2016.1.6 본조개정)

제290조【공소의 효력】 ① 공소는 군검사가 피고인으로 지정한 사람 외의 사람에게는 효력이 미치지 아니한다.(2016.1.6 본항개정)
② 범죄사실의 일부에 대한 공소는 그 효력이 전부에 미친다.
(2009.12.29 본조개정)

참조 [피고인의 지정, 범죄사실]296, [공범과의 관계]295, [공동피고인과의 관계]432·450

제291조【공소시효의 기간】 ① 공소시효는 다음 각 호의 기간이 지나면 완성된다.
1. 사형에 해당하는 범죄 : 25년
2. 무기징역 또는 무기금고에 해당하는 범죄 : 15년
3. 장기 10년 이상의 징역 또는 금고에 해당하는 범죄 : 10년
4. 장기 10년 미만의 징역 또는 금고에 해당하는 범죄 : 7년
5. 장기 5년 미만의 징역 또는 금고, 장기 10년 이상의 자격정지 또는 벌금에 해당하는 범죄 : 5년(2020.6.9 본호개정)
6. 장기 5년 이상의 자격정지에 해당하는 범죄 : 3년
7. 장기 5년 미만의 자격정지, 구류, 과료 또는 몰수에 해당하는 범죄 : 1년(2020.6.9 본호개정)
② 공소가 제기된 범죄는 판결이 확정되지 아니하고 공소를 제기한 때부터 25년이 지나면 공소시효가 완성된 것으로 본다.
(2009.12.29 본조개정)

참조 [특례]헌정질서파괴범죄의공소시효등에관한특례법, [적용의 기준]292·293, [기간의 계산]103, [시효완성과 면소]227의4

제292조【둘 이상의 형과 시효기간】 둘 이상의 형을 병과(併科)하거나 둘 이상의 형에서 하나를 과할 범죄에는 무거운 형에 따라 제291조를 적용한다.(2009.12.29 본조개정)

참조 [형의 종류]형41, [형의 병과]형38·44·117·131·204·209·220·237·238·249·256·265·270·282·295·345·353·358·363, [중한 형]형50

제293조【형의 가중·감경과 시효기간】 「형법」에 따라 형을 가중하거나 감경할 경우에는 가중하거나 감경하지 아니한 형에 따라 제291조를 적용한다.(2009.12.29 본조개정)

참조 [가중]형34·35·38·42·135·144·203·264·278·279·285·305의2·332·351, [감경]형21-23·25-27·32·39·52-56·90·101·111·114·120·153·157·175·213·259의2·324의6·365

제294조【시효의 기산점】 ① 시효는 범죄행위가 끝난 때부터 진행한다.
② 공범의 경우에는 최종행위가 끝난 때부터 모든 공범에 대한 시효기간을 기산한다.
(2009.12.29 본조개정)

참조 [시효의 기간]103·291, [공범]295, 형30-34

제295조【시효의 정지와 효력】 ① 시효는 공소의 제기로 진행이 정지되고 관할위반 또는 공소기각의 재판이 확정된 때부터 진행한다.
② 공범 중 1명에 대한 제1항의 시효정지는 다른 공범에게 효력이 미치고 그 재판이 확정된 때부터 진행한다.
③ 범인이 형사처분을 면할 목적으로 국외에 있는 경우 그 기간 동안 공소시효는 정지된다.
(2009.12.29 본조개정)

참조 [공소제기]289·296, [관할위반]20·373, [공소기각]382·383, [공범]형30-34

제295조의2【공소시효의 적용 배제】 사람을 살해한 범죄(종범은 제외한다)로 사형에 해당하는 범죄에 대하여는 제291조부터 제295조까지에 규정된 공소시효를 적용하지 아니한다.(2016.1.6 본조신설)

제296조【공소제기의 방식과 공소장】 ① 공소를 제기할 때에는 공소장을 관할 군사법원에 제출하여야 한다.
② 공소장에는 피고인의 수에 맞추어 부본을 첨부하여야 한다.
③ 공소장에는 다음 각 호의 사항을 적어야 한다.
1. 피고인의 성명이나 그 밖에 피고인을 특정할 수 있는 사항
2. 죄명
3. 공소사실
4. 적용법조
④ 공소사실은 범죄의 일시, 장소와 방법을 구체적으로 밝혀 사실을 특정할 수 있도록 적어야 한다.
⑤ 여러 개의 범죄사실과 적용법조를 예비적 또는 택일적으로 적을 수 있다.
⑥ 공소장에는 재판관에게 예단(豫斷)을 하게 할 우려가 있는 서류나 그 밖의 물건을 첨부하거나 그 내용을 인용하지 못한다.
(2009.12.29 본조개정)

참조 [공소제기]289, [공소장부본의 송달]308, [공소사실·적용법조의 추가·철회·변경]355, [범죄될 사실]377, [예단의 방지]335

판례 공소사실의 기재에 있어서 범죄의 일시, 장소, 방법을 명시하여 공소사실을 특정하도록 한 법의 취지는 법원에 대하여 심판의 대상을 한정하고 피고인에게 방어의 범위를 특정하여 그 방어권 행사를 쉽게 해 주기 위한 데에 있는 것이므로, 공소사실은 이러한 요소를 종합하여 구성요건 해당사실을 다른 사실과 구별할 수 있을 정도로 기재하면 족하고, 공소장에 범죄의 일시, 장소, 방법 등이 구체적으로 지적되지 않았더라도 위와 같이 공소사실을 특정하도록 한 법의 취지에 반하지 아니하고, 공소범죄의 성격에 비추어 그 개괄적 표시가 부득이한 경우에는, 그 공소내용이 특정되지 않아 공소제기가 위법하다고 할 수 없으며, 포괄일죄에 있어서는 그 전체 범행의 시기와 종기, 범행방법, 피해자나 상대방, 범행횟수나 피해액의 합계 등을 명시하면 이로써 그 범죄사실은 특정되는 것이다.
(대판 2006.10.12, 2004도4896)

판례 공소장에 적용법조를 기재하는 이유는 공소사실의 법률적 평가를 명확히 하여 피고인의 방어권을 보장하고자 함에 있는 것이므로, 적용법조의 기재에 오기나 누락이 있는 경우라 할지라도 이로 인하여 피고인의 방어에 실질적인 불이익을 주지 않는 한 공소제기의 효력에는 영향이 없고, 법원으로서도 공소장 변경의 절차를 거침이 없이 곧바로 공소장에 기재되어 있지 않은 법조를 적용할 수 있다.
(대판 2006.4.28, 2005도4085)

제297조【공소의 취소】 ① 공소는 제1심판결이 선고되기 전까지 취소할 수 있다.
② 공소의 취소는 이유를 적은 서면으로 하여야 한다. 다만, 공판정에서는 말로 할 수 있다.
(2009.12.29 본조개정)

참조 [제1심판결선고]375·376·380-382, [공소취소와 공소기각]383, [고소인·고발인에 대한 통지]299, [재기소]384

제298조【고소 등에 따른 사건의 처리】 군검사는 고소나 고발에 따라 범죄를 수사할 때에는 고소나 고발을 접수한 날부터 3개월 이내에 수사를 마치고 공소제기 여부를 결정하여야 한다.(2016.1.6 본조개정)

참조 [고소·고발]265-270·276, [군검사의 사건처리]285, [기간의 계산]103

제299조【고소인 등에 대한 처분통지】 ① 군검사는 고소 또는 고발이 된 사건에 관하여 공소를 제기하거나 제기하지 아니하는 처분을 한 경우, 공소를 취소한 경우 또는 제285조제3호의 송치를 한 경우에는 그 처분을 한 날부터 7일 이내에 서면으로 고소인이나 고발인에게 그 취지를 통지하여야 한다.
② 군검사는 불기소 또는 제285조제3호의 송치를 한 경우에는 피의자에게 즉시 그 취지를 통지하여야 한다.
(2016.1.6 본조개정)

참조 [공소제기·불제기]285·289, [공소의 취소]297, [관할군사법원에의 이송]285, [고소인·고발인]265-270·276

제300조【고소인 등에 대한 불기소 이유 설명】 군검사는 고소 또는 고발이 된 사건에 관하여 공소를 제기하지 아니하는 처분을 한 경우에 고소인 또는 고발인의 청구를 받으면 7일 이내에 고소인 또는 고발인에게 그 이유를 서면으로 설명하여야 한다.(2016.1.6 본조개정)

참조 [공소를 제기하지 아니하는 처분]285, [고소인·고발인]265-270·276

제300조의2【피해자 등에 대한 통지】 군검사는 범죄의 피해자 또는 그 법정대리인(피해자가 사망한 경우에는 그 배우자, 직계친족, 형제자매를 포함한다)의 신청을 받으면 해당 사건의 공소제기 여부, 공판의 일시·장소, 재판 결과, 피의자·피고인의 구속·석방 등 구금에 관한 사실 등을 신속하게 통지하여야 한다.(2016.1.6 본조개정)

제301조【재정신청】 ① 고소나 고발을 한 사람은 군검사의 불기소처분에 불복할 때에는 고등법원에 그 당부(當否)에 관한 재정을 신청할 수 있다.(2021.9.24 본항개정)
② 제1항의 신청은 제299조제1항에 따른 통지를 받은 날부터 30일 이내에 서면으로 그 군검사가 소속된 보통검찰부의 장에게 제출하여야 한다.(2021.9.24 본항개정)
③ 재정신청서에는 재정신청의 대상이 되는 사건의 범죄사실 및 증거 등 재정신청을 이유 있게 하는 사유를 적어야 한다.
(2009.12.29 본조개정)

참조 [공소를 제기하지 아니하는 처분]285, [고등법원의 권한]10, [고소인·고발인에 대한 처분통지]299, [기간의 계산]103, [재정신청의 취소]302, [재정신청에 대한 결정]304

제302조【대리인의 신청과 1명의 신청의 효력 및 취소】 ① 재정신청은 대리인이 할 수 있고, 공동신청권자 중 1명의 신청은 모두에게 효력이 있다.
② 재정신청은 제304조제2항에 따른 결정이 있을 때까지 취소할 수 있고, 취소한 사람은 다시 재정신청을 할 수 없다.
③ 제2항에 따른 취소는 다른 공동신청권자에게는 효력을 미치지 아니한다.
(2009.12.29 본조개정)

제303조【군검사 소속 군검찰부의 장의 처리】 ① 재정신청을 접수한 군검사 소속 보통검찰부의 장은 군검사의 의견을 듣고 다음 각 호와 같이 처리한다.
1. 신청이 이유 있는 것으로 인정할 때 : 즉시 공소제기를 명령하고 그 취지를 고등법원과 재정신청인에게 통지하여야 한다.
2. 신청이 이유 없는 것으로 인정할 때 : 그 기록에 의견서를 첨부하여 7일 이내에 고등검찰부의 장에게 송치한다.
② 제1항제2호에 따른 기록을 접수한 고등검찰부의 장은 다음 각 호와 같이 처리한다.
1. 신청이 이유 있는 것으로 인정할 때 : 그 기록에 공소제기 명령서를 첨부하여 공소를 제기하지 아니한 군검사 소속 보통검찰부의 장에게 송치하고 그 취지를 고등법원과 재정신청인에게 통지하여야 한다.
2. 신청이 이유 없는 것으로 인정할 때 : 30일 이내에 그 기록을 고등법원에 송치한다.
(2021.9.24 본조개정)

참조 [공소제기]289, [재정신청인]301, [기간]103

제304조【심리와 결정】 ① 고등법원은 재정신청서를 받으면 받은 날부터 10일 이내에 피의자에게 그 사실을 통지하여야 한다.(2021.9.24 본항개정)
② 고등법원은 재정신청서를 받은 날부터 3개월 이내에 항고의 절차에 준하여 다음 각 호의 구분에 따라 결정한다. 이 경우 필요할 때에는 증거를 조사할 수 있다.
(2021.9.24 전단개정)
1. 신청이 법률상의 방식에 위배되거나 이유 없을 때 : 신청을 기각한다.
2. 신청이 이유 있을 때 : 해당 사건에 대한 공소제기를 결정한다.
③ 재정신청사건의 심리는 특별한 사정이 없으면 공개하지 아니한다.
④ 제2항제1호의 결정에 대하여는 제464조에 따른 즉시항고를 할 수 있고, 제2항제2호의 결정에 대하여는 불복할 수 없다. 제2항제1호의 결정이 확정된 사건에 대하여는 다른 중요한 증거를 발견한 경우를 제외하고는 소추(訴追)할 수 없다.(2016.1.6 본항개정)
⑤ 고등법원은 제2항의 결정을 하였을 때에는 즉시 그 정본을 재정신청인, 피의자 및 관할 군검사 소속 보통검

찰부의 장에게 보내야 한다. 이 경우 제2항제2호의 결정을 하였을 때에는 군검사 소속 보통검찰부의 장에게 사건기록을 함께 보내야 한다.(2021.9.24 본항개정)
⑥ 제2항제2호의 결정에 따른 재정결정서를 받은 군검사 소속 보통검찰부의 장은 지체 없이 담당 군검사를 지정하고, 지정받은 군검사는 공소를 제기하여야 한다.
(2021.9.24 본항개정)
(2009.12.29 본조개정)
참조 [법률상의 방식]301, [공소제기의 의제]305, [공소장기재사항]296, [재판서의 등본]80, [공소시효의 정지]295

제305조【공소시효의 정지 등】 ① 제301조에 따른 재정신청이 있으면 제304조에 따른 재정결정이 확정될 때까지 공소시효의 진행이 정지된다.(2016.1.6 본항개정)
② 제304조제2항제2호의 결정을 하였을 때에는 공소시효에 관하여 그 결정을 한 날에 공소가 제기된 것으로 본다.
(2009.12.29 본조개정)
참조 [공소제기]289

제306조【공소취소의 제한】 군검사가 제304조제2항제2호의 결정에 따라 공소를 제기한 경우에는 공소를 취소할 수 없다.(2016.1.6 본조개정)

제306조의2【재정신청사건 기록의 열람·복사 제한】 재정신청사건의 심리 중에는 관련 서류 및 증거물을 열람하거나 복사할 수 없다. 다만, 고등법원은 제304조제2항 각 호 외의 부분 후단에 따른 증거조사 과정에서 작성된 서류의 전부 또는 일부의 열람이나 복사를 허가할 수 있다.(2021.9.24 단서개정)

제306조의3【비용부담 등】 ① 고등법원은 제304조제2항제1호의 결정 또는 제302조제2항의 취소가 있는 경우에는 결정으로 재정신청인에게 신청절차에 따라 생긴 비용의 전부 또는 일부를 부담하게 할 수 있다.
(2021.9.24 본항개정)
② 고등법원은 직권으로 또는 피의자의 신청에 따라 재정신청인에게 피의자가 재정신청절차에서 부담하였거나 부담할 변호인 선임료 등 비용의 전부 또는 일부를 지급할 것을 명령할 수 있다.(2021.9.24 본항개정)
③ 제1항과 제2항의 결정에 대하여는 즉시항고를 할 수 있다.
④ 제1항과 제2항에 따른 비용의 지급 범위와 절차 등에 관하여는 대법원규칙으로 정한다.
(2009.12.29 본조개정)

제307조【군검사의 서류·증거물의 열람 및 복사】 군검사는 공소를 제기한 후에는 공소에 관한 서류나 증거물을 열람하거나 복사할 수 있다.(2016.1.6 본조개정)
참조 [공소제기]289, [변호인의 권리]64

제3절 공 판
(2009.12.29 본절제목개정)

제1관 공판준비와 공판절차
(2009.12.29 본관제목개정)

제308조【공소장 부본의 송달】 군사법원은 공소가 제기되었을 때에는 제1회 공판기일 5일 전까지 공소장 부본을 피고인과 변호인에게 송달하여야 한다.(2009.12.29 본조개정)
참조 [공소제기]289·296, [공소장의 부본]296, [송달]102

제309조【변호인 선임에 관한 고지】 군판사는 공소가 제기되었을 때에는 지체 없이 피고인에게 변호인을 선임할 수 있다는 취지와 변호인을 선임하지 아니하면 군사법원이 변호인을 선임한다는 취지를 고지하여야 한다. 다만, 피고인에게 변호인이 있을 때에는 그러하지 아니하다.(2009.12.29 본조개정)
참조 [변호인선임권]헌12·59, [국선변호인]62

제309조의2【의견서의 제출】 ① 피고인이나 변호인은 공소장 부본을 송달받은 날부터 7일 이내에 공소사실에 대한 인정 여부, 공판준비절차에 관한 의견 등을 적은 의견서를 군사법원에 제출하여야 한다. 다만, 피고인이 진술을 거부하는 경우에는 그 취지를 적은 의견서를 제출할 수 있다.
② 군사법원은 제1항의 의견서를 받으면 군검사에게 보내야 한다.(2016.1.6 본항개정)
(2009.12.29 본조개정)

제309조의3【공소제기 후 군검사가 보관하고 있는 서류 등의 열람·복사】 ① 피고인이나 변호인은 군검사에게 공소가 제기된 사건에 관한 서류 또는 물건(이하 "서류등"이라 한다)의 목록과 공소사실의 인정 또는 양형(量刑)에 영향을 미칠 수 있는 다음 각 호의 서류등의 열람, 복사 또는 서면의 발급을 신청할 수 있다. 다만, 피고인에게 변호인이 있는 경우에는 피고인은 열람만을 신청할 수 있다.(2016.1.6 본문개정)
1. 군검사가 증거로 신청할 서류등(2016.1.6 본호개정)
2. 군검사가 증인으로 신청할 사람의 성명, 사건과의 관계 등을 적은 서면 또는 그 사람이 공판기일 전에 한 진술을 적은 서류등(2016.1.6 본호개정)
3. 제1호나 제2호의 서면 또는 서류등의 증명력과 관련된 서류등
4. 피고인이나 변호인이 한 법률상·사실상 주장과 관련된 서류등(관련 형사재판 확정기록, 불기소처분기록 등을 포함한다)

② 군검사는 국가안보, 증인보호의 필요성, 증거인멸의 우려, 관련 사건의 수사에 장애가 될 것으로 예상되는 구체적인 사유 등 상당한 이유가 있다고 인정하면 열람·복사 또는 서면의 발급을 거부하거나 그 범위를 제한할 수 있다.(2016.1.6 본항개정)
③ 군검사는 열람·복사 또는 서면의 발급을 거부하거나 그 범위를 제한할 때에는 지체 없이 그 이유를 서면으로 통지하여야 한다.(2016.1.6 본항개정)
④ 피고인이나 변호인은 군검사가 제1항의 신청을 받은 때부터 48시간 이내에 제3항의 통지를 하지 아니하면 제309조의4제1항의 신청을 할 수 있다.(2016.1.6 본항개정)
⑤ 군검사는 제2항에도 불구하고 서류등의 목록의 열람 또는 복사는 거부할 수 없다.(2016.1.6 본항개정)
⑥ 서류등은 도면, 사진, 녹음테이프, 비디오테이프, 컴퓨터용 디스크, 그 밖에 정보를 담기 위하여 만들어진 물건으로서 문서가 아닌 특수매체를 포함한다. 이 경우 특수매체에 대한 복사는 필요 최소한의 범위로 한정한다.
(2016.1.6 본조제목개정)
(2009.12.29 본조개정)

제309조의4【군사법원의 열람·복사 등에 관한 결정】 ① 피고인이나 변호인은 군검사가 서류등의 열람·복사 또는 서면의 발급을 거부하거나 그 범위를 제한하였을 때에는 군사법원에 그 서류등의 열람·복사 또는 서면의 발급을 허용하도록 할 것을 신청할 수 있다.
② 군사법원은 제1항의 신청을 받으면 열람·복사 또는 서면의 발급을 허용하는 경우에 생길 폐해의 유형·정도, 피고인의 방어 또는 재판의 신속한 진행을 위한 필요성 및 해당 서류등의 중요성 등을 고려하여 군검사에게 열람·복사 또는 서면의 발급을 허용할 것을 명령할 수 있다. 이 경우 열람 또는 복사의 시기와 방법을 지정하거나 조건 또는 의무를 부과할 수 있다.
③ 군사법원은 제2항의 결정을 할 때에는 군검사에게 의견을 제시할 수 있는 기회를 주어야 한다.
④ 군사법원은 필요하다고 인정하면 군검사에게 해당 서류등의 제시를 요구할 수 있고, 피고인이나 그 밖의 이해관계인을 심문할 수 있다.
⑤ 군검사는 제2항의 열람·복사 또는 서면의 발급에 관한 군사법원의 결정을 지체 없이 이행하지 아니하면 해당 증인 및 서류등에 대한 증거신청을 할 수 없다.
(2016.1.6 본조개정)

제309조의5【공판준비절차】 ① 재판장은 효율적이고 집중적인 심리를 위하여 사건을 공판준비절차에 부칠 수 있다.
② 공판준비절차는 주장 및 입증계획 등을 서면으로 준비하게 하거나 공판준비기일을 열어 진행한다.
③ 군검사, 피고인 또는 변호인은 증거를 미리 수집·정리하는 등 공판준비절차가 원활하게 진행될 수 있도록 협력하여야 한다.(2016.1.6 본항개정)
(2009.12.29 본조개정)

제309조의6【공판준비를 위한 서면의 제출】 ① 군검사, 피고인 또는 변호인은 법률상·사실상 주장의 요지 및 입증취지 등을 적은 서면을 군사법원에 제출할 수 있다.(2016.1.6 본항개정)
② 재판장은 군검사, 피고인 또는 변호인에게 제1항에 따른 서면의 제출을 명령할 수 있다.(2016.1.6 본항개정)
③ 군사법원은 제1항 또는 제2항에 따라 서면이 제출된 경우 그 부본을 상대방에게 송달하여야 한다.
④ 재판장은 군검사, 피고인 또는 변호인에게 공소장 등 군사법원에 제출된 서면에 대한 설명을 요구하거나 그 밖에 공판준비에 필요한 명령을 할 수 있다.(2016.1.6 본항개정)
(2009.12.29 본조개정)

제309조의7【공판준비기일】 ① 군사법원은 군검사, 피고인 또는 변호인의 의견을 들어 공판준비기일을 지정할 수 있다.(2016.1.6 본항개정)
② 군검사, 피고인 또는 변호인은 군사법원에 대하여 공판준비기일의 지정을 신청할 수 있다. 이 경우 그 신청에 관한 군사법원의 결정에 대하여는 불복할 수 없다.
(2016.1.6 전단개정)
③ 군사법원은 합의부원으로 하여금 공판준비기일을 진행하게 할 수 있다. 이 경우 수명재판관은 공판준비기일에 관하여 군사법원이나 재판장과 같은 권한이 있다.
④ 공판준비기일은 공개한다. 다만, 공개하면 절차의 진행이 방해될 우려가 있을 때에는 공개하지 아니할 수 있다.
(2009.12.29 본조개정)

제309조의8【군검사와 변호인 등의 출석】 ① 공판준비기일에는 군검사와 변호인이 출석하여야 한다.
(2016.1.6 본항개정)
② 공판준비기일에는 서기가 참여한다.
③ 군사법원은 군검사, 피고인 및 변호인에게 공판준비기일을 통지하여야 한다.(2016.1.6 본항개정)
④ 군사법원은 공판준비기일이 지정된 사건에 관하여 변호인이 없을 때에는 직권으로 변호인을 선정하여야 한다.
⑤ 군사법원은 필요하다고 인정하면 피고인을 소환할 수 있으며, 피고인은 군사법원에서 소환하지 아니하더라도 공판준비기일에 출석할 수 있다.
⑥ 재판장은 출석한 피고인에게 진술을 거부할 수 있음을 알려주어야 한다.
(2016.1.6 본조제목개정)
(2009.12.29 본조개정)

제309조의9【공판준비에 관한 사항】 ① 군사법원은 공판준비절차에서 다음 각 호의 행위를 할 수 있다.
1. 공소사실 또는 적용법조를 명확하게 하는 행위
2. 공소사실 또는 적용법조의 추가·철회 또는 변경을 허가하는 행위
3. 공소사실과 관련하여 주장할 내용을 명확히 하여 사건의 쟁점을 정리하는 행위
4. 계산이 어렵거나 그 밖의 복잡한 내용에 관하여 설명하도록 하는 행위
5. 증거신청을 하도록 하는 행위
6. 신청된 증거와 관련하여 입증취지 및 내용 등을 명확하게 하는 행위
7. 증거신청에 관한 의견을 확인하는 행위
8. 증거 채택 여부를 결정하는 행위
9. 증거조사의 순서 및 방법을 정하는 행위
10. 서류등의 열람 또는 복사와 관련된 신청이 타당한지를 결정하는 행위
11. 공판기일을 지정하거나 변경하는 행위
12. 그 밖에 공판절차의 진행에 필요한 사항을 정하는 행위
② 공판준비절차에 관하여는 제350조를 준용한다.
(2009.12.29 본조개정)

제309조의10【공판준비기일 결과의 확인】 ① 군사법원은 공판준비기일을 종료할 때에는 군검사, 피고인 또는 변호인에게 쟁점 및 증거에 관한 정리 결과를 고지하고, 이의가 있는지를 확인하여야 한다.(2016.1.6 본항개정)
② 군사법원은 쟁점 및 증거에 관한 정리 결과를 공판준비기일조서에 적어야 한다.
(2009.12.29 본조개정)

제309조의11【피고인이나 변호인이 보관하고 있는 서류등의 열람·복사 등】 ① 군검사는 피고인 또는 변호인이 공판기일 또는 공판준비절차에서 현장부재, 심신상실 또는 심신미약 등 법률상·사실상의 주장을 하였을 때에는 피고인이나 변호인에게 다음 각 호의 서류등의 열람·복사 또는 서면의 제출을 요구할 수 있다.
(2016.1.6 본문개정)
1. 피고인이나 변호인이 증거로 신청할 서류등
2. 피고인이나 변호인이 증인으로 신청할 사람의 성명, 사건과의 관계 등을 적은 서면
3. 제1호의 서류등 또는 제2호의 서면의 증명력과 관련된 서류등
4. 피고인이나 변호인이 한 법률상·사실상의 주장과 관련된 서류등
② 피고인이나 변호인은 군검사가 제309조의3제1항에 따른 서류등의 열람·복사 또는 서면의 발급을 거부하면 제1항에 따른 서류등의 열람·복사 또는 서면의 제출을 거부할 수 있다. 다만, 군사법원이 제309조의4제1항에 따른 신청을 기각하는 결정을 하였을 때에는 그러하지 아니하다.(2016.1.6 본문개정)
③ 군검사는 피고인이나 변호인이 제1항에 따른 요구를 거부하면 군사법원에 그 서류등의 열람·복사 또는 서면의 제출을 허용할 것을 신청할 수 있다.(2016.1.6 본항개정)
④ 제3항의 신청이 있는 경우에는 제309조의4제2항부터 제5항까지의 규정을 준용한다.
⑤ 제1항에 따른 서류등에 관하여는 제309조의3제6항을 준용한다.
(2009.12.29 본조개정)

제309조의12【공판준비절차의 종결 사유】 군사법원은 다음 각 호의 어느 하나에 해당하는 사유가 있을 때에는 공판준비절차를 종결하여야 한다. 다만, 제2호 또는 제3호에 해당하는 경우로서 공판의 준비를 계속하여야 할 상당한 이유가 있을 때에는 그러하지 아니하다.
1. 쟁점 및 증거의 정리가 끝났을 때
2. 사건을 공판준비절차에 부친 뒤 3개월이 지났을 때
3. 군검사, 변호인 또는 소환된 피고인이 출석하지 아니하였을 때(2016.1.6 본호개정)
(2009.12.29 본조개정)

제309조의13【공판준비기일 종결의 효과】 ① 공판준비기일에 신청하지 못한 증거는 다음 각 호의 어느 하나에 해당하는 경우에만 공판기일에 신청할 수 있다.
1. 그 신청으로 소송이 현저히 지연되지 아니할 때
2. 중대한 과실 없이 공판준비기일에 제출하지 못하는 등 부득이한 사유를 소명하였을 때
② 제1항에도 불구하고 군사법원은 직권으로 증거를 조사할 수 있다.
(2009.12.29 본조개정)

제309조의14【준용규정】 공판준비기일의 재개에 관하여는 제356조를 준용한다.(2009.12.29 본조개정)

제309조의15【기일 간 공판준비절차】 군사법원은 쟁점과 증거를 정리하기 위하여 필요하면 제1회 공판기일 후에도 사건을 공판준비절차에 부칠 수 있다. 이 경우 기일 전 공판준비절차에 관한 규정을 준용한다.
(2009.12.29 본조개정)

제309조의16【열람·복사된 서류등의 남용 금지】 ① 피고인이나 변호인(피고인이나 변호인이었던 사람을 포함한다. 이하 이 조에서 같다)은 군검사가 열람 또는 복사하도록 한 서류등의 사본을 해당 사건 또는 관련 소송의 준비에 사용할 목적이 아닌 다른 목적으로 다른 사람에

게 주거나 제시(전기통신설비를 이용하여 제공하는 것을 포함한다)하여서는 아니 된다.(2016.1.6 본항개정)
② 피고인이나 변호인이 제1항을 위반하면 1년 이하의 징역 또는 1천만원 이하의 벌금에 처한다.(2014.1.7 본항개정)

제310조【공판기일의 지정】 ① 재판장은 공판기일을 정하여야 한다.
② 공판기일에는 피고인이나 대리인을 소환하여야 한다.
③ 공판기일은 군검사, 변호인 및 보조인에게 통지하여야 한다.(2016.1.6 본항개정)
(2009.12.29 본조개정)
참조 [제1회공판기일]312, [공판기일의 변경]313, [피고인의 소환]106·107·311·312, [보조인]66

제310조의2【집중심리】 ① 공판기일의 심리는 집중되어야 한다.
② 심리에 2일 이상이 필요한 경우에는 부득이한 사정이 없으면 매일 계속 개정하여야 한다.
③ 재판장은 여러 공판기일을 일괄하여 지정할 수 있다.
④ 재판장은 부득이한 사정으로 매일 계속 개정하지 못하는 경우에도 특별한 사정이 없으면 전회의 공판기일부터 14일 이내로 다음 공판기일을 지정하여야 한다.
⑤ 소송관계인은 기일을 준수하고 심리에 지장을 주지 아니하도록 하여야 하며, 재판장은 이에 필요한 조치를 할 수 있다.
(2009.12.29 본조개정)

제311조【소환장 송달의 의제】 군사법원 구내에 있는 피고인에게 공판기일을 통지하면 소환장 송달의 효력이 있다.(2009.12.29 본조개정)
참조 [소환장의 송달과 동일한 효력이 있는 경우]108

제312조【제1회 공판기일과 유예기간】 ① 제1회 공판기일은 소환장 송달 후 5일 이상의 유예기간을 두어야 한다.
② 피고인의 이의가 없으면 제1항의 유예기간을 두지 아니할 수 있다.
(2009.12.29 본조개정)
참조 [소환장의 송달]108, [공판기일의 지정]310

제313조【공판기일의 변경】 ① 재판장은 직권으로 또는 군검사, 피고인이나 변호인의 신청을 받아 공판기일을 변경할 수 있다.(2016.1.6 본항개정)
② 공판기일의 변경은 직권으로 하는 경우에는 군검사, 피고인 또는 변호인의 의견을 물어야 하고, 신청에 따라 하는 경우에는 상대방이나 변호인의 의견을 물어야 한다. 다만, 긴급히 변경하여야 하는 경우에는 그러하지 아니하다.(2016.1.6 본문개정)
③ 공판기일 변경신청을 기각하는 명령은 송달하지 아니한다.
(2009.12.29 본조개정)
참조 [공판기일의 지정]310

제314조【불출석과 자료의 제출】 소환이나 통지서를 받은 사람이 질병이나 그 밖의 이유로 공판기일에 출석하지 못할 때에는 의사의 진단서나 그 밖의 자료를 제출하여야 한다.(2009.12.29 본조개정)
참조 [피고인이 질병으로 출정할 수 없는 경우의 조치]357

제315조【관공서 등에 대한 조회】 ① 군사법원은 직권으로 또는 군검사, 피고인이나 변호인의 신청에 따라 관공서나 공사단체에 조회하여 필요한 사항을 보고하거나 보관 서류를 보낼 것을 요구할 수 있다.(2016.1.6 본항개정)
② 제1항의 신청의 기각은 결정으로 하여야 한다.
(2009.12.29 본조개정)
참조 [수사상 필요한 보고]231②

제316조【공판기일 전의 증거조사】 ① 군사법원은 군검사, 피고인 또는 변호인의 신청을 받고 공판준비에 필요하다고 인정하면 공판기일 전에 피고인 또는 증인의 신문이나 검증을 할 수 있고 감정 또는 번역을 명령할 수 있다.(2016.1.6 본항개정)
② 군사법원은 군판사로 하여금 제1항의 행위를 하게 할 수 있다.
③ 제1항의 신청의 기각은 결정으로 하여야 한다.
(2009.12.29 본조개정)
참조 [공판기일]310·313, [피고인신문]332, [증인신문]202, [검증]180, [감정]210, [번역]224

제316조의2【당사자의 공판기일 전 증거 제출】 군검사, 피고인 또는 변호인은 공판기일 전에 서류나 물건을 증거로 군사법원에 제출할 수 있다.(2020.6.9 본조신설)

제317조~제321조 (2008.1.17 삭제)

제322조【공판정의 심리】 ① 공판기일에서의 심리는 공판정에서 한다.
② 공판정은 재판관, 군검사, 변호인 및 서기가 출석하여 개정한다.(2016.1.6 본항개정)
③ 군검사의 좌석과 피고인 및 변호인의 좌석은 대등하게 법대(法臺)의 좌우측에 마주보고 있어야 하고, 증인의 좌석은 법대의 정면에 있어야 한다. 다만, 피고인 신문을 할 때에 피고인은 증인석에 앉는다.(2016.1.6 본문개정)
(2009.12.29 본조개정)
참조 [공판기일]310·313, [서기]32, [군검사]37, [변호인]59·62·65

제323조【피고인의 무죄추정】 피고인은 유죄의 판결이 확정될 때까지는 무죄로 추정된다.(2009.12.29 본조개정)

제323조의2【구두변론주의】 공판정에서의 변론은 구두로 하여야 한다.(2008.1.17 본조신설)

제324조【재판장의 소송지휘권】 공판기일에 소송의 지휘는 재판장이 한다.(2009.12.29 본조개정)
참조 [재판장]22, [불필요한 신문·진술의 제한]353

제325조【경미사건 등과 피고인의 불출석】 다음 각 호의 어느 하나에 해당하는 사건에 관하여는 피고인이 출석할 필요가 없다. 이 경우 피고인은 대리인을 출석하게 할 수 있다.
1. 다액 500만원 이하의 벌금 또는 과료에 해당하는 사건
2. 공소기각 또는 면소의 재판을 할 것이 명백한 사건
3. 장기 3년 이하의 징역 또는 금고, 다액 500만원을 초과하는 벌금 또는 구류에 해당하는 사건에서 피고인의 불출석허가신청을 하였고 군사법원이 피고인이 출석하지 아니하여도 그의 권리 보호에 지장이 없다고 인정하여 불출석을 허가한 사건. 다만, 제329조에 따른 절차를 진행하거나 판결을 선고하는 공판기일에는 출석하여야 한다.
4. 제501조의7에 따라 피고인만이 정식재판을 청구하여 판결을 선고하는 사건
(2009.12.29 본조개정)

제325조의2【피고인의 출석 거부와 공판절차】 ① 피고인이 출석하지 아니하면 개정하지 못하는 경우에 구속된 피고인이 정당한 사유 없이 출석을 거부하고 교도관에 의한 인치가 불가능하거나 현저히 곤란하다고 인정될 때에는 피고인의 출석 없이 공판절차를 진행할 수 있다.
② 제1항에 따라 공판절차를 진행하는 경우에는 출석한 군검사와 변호인의 의견을 들어야 한다.(2016.1.6 본항개정)
(2009.12.29 본조개정)

제326조【피고인의 출석과 개정】 제325조의 경우를 제외하고는 피고인이 공판기일에 출석하지 아니하면 개정하지 못한다.(2009.12.29 본조개정)
참조 [피고인의 출석을 요하지 아니하는 경우]325·357·385·426·488, [피고인이 출정할 수 없는 때]357, [공판조서에의 기재]85②

제326조의2【장애인 등 특별히 보호하여야 할 사람에 대한 특칙】 ① 재판장이나 재판관이 피고인을 신문할 때 다음 각 호의 어느 하나에 해당하는 경우에는 직권으로 또는 피고인, 법정대리인이나 군검사의 신청에 따라 피고인과 신뢰관계에 있는 사람을 동석하게 할 수 있다.(2016.1.6 본문개정)
1. 피고인이 신체적 또는 정신적 장애로 사물을 변별하거나 의사를 결정하고 전달할 능력이 미약한 경우
2. 피고인의 연령·성별·국적 등의 사정을 고려하여 그 심리적 안정의 도모와 원활한 의사소통을 위하여 필요한 경우
② 제1항에 따라 동석할 수 있는 신뢰관계에 있는 사람의 범위, 동석의 절차 및 방법 등에 필요한 사항은 대법원규칙으로 정한다.
(2009.12.29 본조개정)

제326조의3【군검사의 불출석】 군검사가 공판기일의 통지를 2회 이상 받고 출석하지 아니하거나 판결만을 선고하는 때에는 군검사의 출석 없이 개정할 수 있다.(2020.6.9 본조신설)

제327조【공판정에서의 신체구속 금지】 ① 공판정에서는 피고인의 신체를 구속하지 못한다. 다만, 피고인이 폭행을 하거나 도주하려고 한 경우에는 그러하지 아니하다.
② 피고인의 신체를 구속하지 아니하는 경우에도 감시인을 붙일 수 있다.
(2009.12.29 본조개정)

제328조【피고인의 재정의무, 법정경찰권】 ① 피고인은 재판장의 허가 없이 퇴정하지 못한다.
② 재판장은 피고인의 퇴정을 제지하거나 법정 질서를 유지하기 위하여 필요한 처분을 할 수 있다.
(2009.12.29 본조개정)
참조 [피고인의 퇴정]352·385, [처분에 대한 이의의 신청]350

제328조의2【피고인의 진술거부권 등】 ① 피고인은 진술하지 아니하거나 각각의 질문에 대하여 진술을 거부할 수 있다.
② 재판장은 피고인에게 제1항과 같이 진술을 거부할 수 있음과 그 밖에 피고인의 권리 보호에 필요한 사항을 고지하고 피고인이나 변호인에게 유리한 사실을 진술할 기회를 주어야 한다.
(2009.12.29 본조개정)

제329조【인정신문】 재판장은 피고인의 성명, 연령, 등록기준지, 주거, 직업, 소속 및 계급 등을 물어 피고인이 틀림없는지 확인하여야 한다.(2009.12.29 본조개정)

제330조【군검사의 모두진술】 군검사는 공소장에 따라 공소사실, 죄명 및 적용법조를 낭독하여야 한다. 다만, 재판장은 필요하다고 인정하면 군검사에게 공소의 요지를 진술하게 할 수 있다.(2016.1.6 본조개정)

제331조【피고인의 모두진술】 ① 피고인은 군검사의 모두진술(冒頭陳述)이 끝난 뒤에 공소사실을 인정하는지를 진술하여야 한다. 다만, 피고인이 진술거부권을 행사하는 경우에는 그러하지 아니하다.(2016.1.6 본문개정)
② 피고인과 변호인은 유리한 사실 등을 진술할 수 있다.
(2009.12.29 본조개정)
참조 [피고인의 진술거부권]328의2, [피의자의 진술거부권의 고지]232, [공판조서에의 기재]85

제332조【재판장의 쟁점 정리 및 군검사·변호인의 증거관계 등에 대한 진술】 ① 재판장은 피고인의 모두진술이 끝난 다음에 피고인이나 변호인에게 쟁점 정리를 위하여 필요한 질문을 할 수 있다.
② 재판장은 증거조사를 하기에 앞서 군검사와 변호인으로 하여금 공소사실 등의 증명과 관련된 주장 및 입증계획 등을 진술하게 할 수 있다. 다만, 증거로 할 수 없거나 증거로 신청할 의사가 없는 자료를 바탕으로 군사법원에 사건에 대한 예단 또는 편견을 발생하게 할 우려가 있는 사항은 진술할 수 없다.(2016.1.6 본문개정)
(2016.1.6 본조제목개정)
(2009.12.29 본조개정)
참조 [공소사실]296, [양형]형51

제333조 (2008.1.17 삭제)

제334조【증거조사】 증거조사는 제332조에 따른 절차가 끝난 후에 한다.(2009.12.29 본조개정)

제335조【군검사의 입증사항 제시】 증거조사에 즈음하여 군검사는 증거에 따라 증명할 사실을 밝혀야 한다. 다만, 증거조사를 신청할 수 없거나 증거조사를 신청할 의사가 없는 자료로서 재판관에게 사건에 대한 편견이나 예단을 가지게 할 우려가 있는 사항은 진술하지 못한다.(2016.1.6 본조개정)
참조 [예단의 방지]296·332, [피고인측의 입증사항 제시]336

제336조【피고인측의 입증사항 제시】 ① 피고인이나 변호인은 군검사의 모두진술이 끝난 후 증거에 따라 증명할 사실을 밝힐 수 있다.(2016.1.6 본항개정)
② 제1항의 진술에 관하여는 제335조 단서를 준용한다.
(2009.12.29 본조개정)
참조 [모두진술]330, [군검사의 입증사항 제시]335

제337조【당사자의 증거신청】 ① 군검사, 피고인 또는 변호인은 서류나 물건을 증거로 제출할 수 있고 증인, 감정인, 통역인 또는 번역인의 신문을 신청할 수 있다.
② 군사법원은 군검사, 피고인 또는 변호인이 고의로 증거를 뒤늦게 신청함으로써 공판의 완결을 지연하는 것으로 인정하면 직권으로 또는 상대방의 신청에 따라 결정으로 신청을 각하할 수 있다.
(2016.1.6 본조개정)
참조 [신청의 순서]339, [신청방식]340·341, [증거조사결정]343, [직권에 의한 증거조사]344

제338조【피해자등의 진술권】 ① 군사법원은 범죄의 피해자 또는 그 법정대리인(피해자가 사망한 경우에는 배우자, 직계친족, 형제자매를 포함한다. 이하 이 조에서 "피해자등"이라 한다)의 신청을 받았을 때에는 그 피해자등을 증인으로 신문하여야 한다. 다만, 다음 각 호의 어느 하나에 해당하는 경우에는 그러하지 아니하다.
1. 피해자등이 이미 해당 사건에 관하여 공판절차에서 충분히 진술하여 다시 진술할 필요가 없다고 인정되는 경우
2. 피해자등의 진술로 인하여 공판절차가 현저하게 지연될 우려가 있는 경우
② 군사법원은 제1항에 따라 피해자등을 신문하는 경우에는 피해의 정도 및 결과, 피고인의 처벌에 관한 의견, 그 밖에 해당 사건에 관한 의견을 진술할 기회를 주어야 한다.
③ 군사법원은 같은 범죄사실에서 제1항에 따른 신청인이 여러 명인 경우에는 진술할 사람의 수를 제한할 수 있다.
④ 제1항에 따른 신청인이 출석통지를 받고도 정당한 사유 없이 출석하지 아니한 경우에는 그 신청을 철회한 것으로 본다.
(2009.12.29 본조개정)

제338조의2【피해자 진술의 비공개】 ① 군사법원은 범죄의 피해자를 증인으로 신문하는 경우 그 피해자, 법정대리인 또는 군검사의 신청에 따라 피해자의 사생활의 비밀이나 신변 보호를 위하여 필요하다고 인정하면 결정으로 심리를 공개하지 아니할 수 있다.(2016.1.6 본항개정)
② 제1항의 결정은 이유를 붙여 고지한다.
③ 군사법원은 제1항의 결정을 한 경우에도 적당하다고 인정되는 사람이 법정에 있도록 허가할 수 있다.
(2009.12.29 본조개정)

제338조의3【피해자 등의 공판기록 열람·복사】 ① 소송이 계속되어 있는 사건의 피해자(피해자가 사망하거나 심신에 중대한 장애가 있는 경우에는 배우자, 직계친족 및 형제자매를 포함한다), 피해자 본인의 법정대리인 또는 이들로부터 위임을 받은 피해자 본인의 배우자·직계친족·형제자매·변호사는 소송기록의 열람 또는 복사를 재판장에게 신청할 수 있다.
② 재판장은 제1항의 신청을 받으면 지체 없이 군검사, 피고인 또는 변호인에게 그 취지를 통지하여야 한다.(2016.1.6 본항개정)
③ 재판장은 피해자 등의 권리구제를 위하여 필요하다고 인정되거나 그 밖에 정당한 사유가 있는 경우에 범죄의 성질, 심리(審理) 상황, 그 밖의 사정을 고려하여 타당하다고 인정하면 열람 또는 복사를 허가할 수 있다.
④ 재판장은 제3항에 따라 복사를 허가하는 경우 복사한 소송기록의 사용 목적을 제한하거나 적당하다고 인정하는 조건을 붙일 수 있다.
⑤ 제1항에 따라 소송기록을 열람하거나 복사한 사람은 열람 또는 복사를 통하여 알게 된 사항을 사용할 때 부당하게 관계인의 명예나 생활의 평온을 해치거나 수사와 재판에 지장을 주지 아니하도록 하여야 한다.
⑥ 제3항과 제4항에 관한 재판에 대하여는 불복할 수 없다.
(2009.12.29 본조개정)

제339조【증거조사 신청의 순서】 ① 군검사는 먼저 사건의 심판에 필요하다고 인정하는 모든 증거의 조사를 신청하여야 한다.(2016.1.6 본항개정)
② 피고인이나 변호인은 제1항의 신청이 끝난 후 사건의 심판에 필요하다고 인정하는 증거의 조사를 신청할 수 있다.
(2009.12.29 본조개정)

제340조【증거조사 신청방식】 ① 증거조사를 신청할 때에는 증거와 증명할 사실의 관계를 구체적으로 밝혀야 한다.
② 증거물이 서류인 경우 조사를 신청할 때에는 특히 조사할 부분을 명확하게 하여야 한다.
(2009.12.29 본조개정)
참조 [증거물의 제시]348

제341조【증거조사 신청방식】 군검사, 피고인 또는 변호인이 증거물 또는 증거 될 서류의 조사를 신청할 때에는 미리 상대방에게 열람할 기회를 주어야 한다. 다만, 상대방의 이의가 없을 때에는 그러하지 아니하다.
(2016.1.6 본문개정)

제342조【자백과 증거조사 신청의 제한】 피고인의 자백을 내용으로 하는 서류는 범죄사실에 관한 다른 증거를 조사하지 아니하였을 때에는 조사를 신청할 수 없다.
(2009.12.29 본조개정)
참조 [자백]361·362

제343조【증거조사의 결정】 증거조사의 결정 또는 증거조사 신청의 기각은 상대방 또는 그 변호인의 의견을 물은 후 군판사가 정한다.(2009.12.29 본조개정)
참조 [증거조사신청]337

제344조【직권에 의한 증거조사】 ① 군사법원은 필요하다고 인정하면 직권으로 증거조사를 할 수 있다.
② 제1항의 증거조사의 결정을 할 때에는 군검사, 피고인 또는 변호인의 의견을 물어야 한다.(2016.1.6 본항개정)
(2009.12.29 본조개정)
참조 [신청에 의한 증거조사]337·343

제345조【증거조사의 순서】 ① 증거조사는 군검사가 신청한 증거를 조사한 후에 피고인이나 변호인이 신청한 증거를 조사하여야 한다.(2016.1.6 본항개정)
② 제1항의 증거조사가 끝난 후에 군사법원은 필요하다고 인정하는 증거조사를 할 수 있다.
③ 군사법원은 직권으로 또는 군검사, 피고인이나 변호인의 신청에 따라 제1항과 제2항의 순서를 변경할 수 있다.
(2016.1.6 본항개정)
(2009.12.29 본조개정)
참조 [당사자가 신청한 증거]337, [직권에 의한 증거조사]344

제346조【공판준비의 결과와 증거조사의 필요】 군사법원은 공판준비절차에서 한 피고인 또는 피고인이 아닌 사람에 대한 신문·검증·감정·번역·압수 또는 수색의 결과를 적은 서류와 제315조제1항에 따라 보내온 서류 또는 압수물에 대하여는 공판정에서 증거가 된 서류나 증거물로서 조사하여야 한다.(2009.12.29 본조개정)
참조 [검증]180, [감정]210, [번역]224, [압수]146~148, [수색]149, [공무소등에 대한 조회]308, [공판정]322, [증거서류의 조사]347, [증거물의 조사]348

제347조【증거서류에 대한 조사방식】 ① 군검사, 피고인 또는 변호인의 신청에 따라 증거서류를 조사할 때에는 신청인이 증거서류를 낭독하여야 한다.(2016.1.6 본항개정)
② 군사법원이 직권으로 증거서류를 조사할 때에는 소지인 또는 재판장이 증거서류를 낭독하여야 한다.
③ 피고인이 청구하였을 때에는 재판장은 증거서류를 열람 또는 복사하게 하거나 서기로 하여금 낭독하게 할 수 있다.
④ 재판장은 필요하다고 인정하면 제1항과 제2항에도 불구하고 내용을 고지하는 방법으로 조사할 수 있다.
⑤ 재판장은 서기로 하여금 제1항부터 제4항까지의 규정에 따른 낭독이나 고지를 하게 할 수 있다.
⑥ 재판장은 다른 방법보다 열람이 적절하다고 인정하면 증거서류를 제시하여 열람하게 하는 방법으로 조사할 수 있다.
(2009.12.29 본조개정)
참조 [증거조사신청]337, [직권에 의한 증거조사]344

제348조【증거물에 대한 조사방식】 ① 군검사, 피고인 또는 변호인의 신청에 따라 증거물을 조사할 때에는 신청한 사람이 증거물을 제시하여야 한다.(2016.1.6 본항개정)
② 군사법원이 직권으로 증거물을 조사할 때에는 소지인 또는 재판장이 증거물을 제시하여야 한다.
③ 재판장은 서기로 하여금 제1항과 제2항에 따른 제시를 하게 할 수 있다.
(2009.12.29 본조개정)
참조 [증거조사신청]337, [직권에 의한 증거조사]344

제348조의2【그 밖의 증거에 대한 조사방식】 도면, 사진, 녹음테이프, 비디오테이프, 컴퓨터용 디스크, 그 밖에 정보를 담기 위하여 만들어진 물건으로서 문서가 아닌 증거의 조사에 필요한 사항은 대법원규칙으로 정한다.
(2009.12.29 본조개정)

제348조의3【증거조사 결과와 피고인의 의견】 재판장은 피고인에게 각 증거조사의 결과에 대한 의견을 묻고 권리를 보호하는 데 필요한 증거조사를 신청할 수 있음을 고지하여야 한다.(2020.6.9 본조신설)

제349조【증명력을 다투는 권리】 군판사는 군검사, 피고인 또는 변호인에게 반증(反證)의 조사신청, 그 밖의 방법으로 증거의 증명력을 다투기 위하여 필요하다고 인정하는 적당한 기회를 주어야 한다.(2016.1.6 본조개정)
참조 [증명력을 다투기 위한 증거]372

제350조【이의신청의 사유】 ① 군검사, 피고인 또는 변호인은 증거조사에 대하여 법령위반 또는 부당함을 이유로 이의를 신청할 수 있다. 다만, 증거조사에 관한 결정에 대하여는 부당함을 이유로 이의신청을 할 수 없다.
(2016.1.6 본문개정)
② 군검사, 피고인 또는 변호인은 제1항의 경우 외에 재판장 또는 군판사의 처분에 대하여 법령위반을 이유로 이의를 신청할 수 있다.(2016.1.6 본항개정)
③ 군사법원은 제1항과 제2항의 이의신청에 대하여 결정을 하여야 한다.
(2009.12.29 본조개정)
참조 [증거조사결정]343·344

제351조【증거의 제출】 증거조사가 끝난 증거 된 서류 또는 증거물은 지체 없이 군사법원에 제출하여야 한다. 다만, 군사법원의 허가를 받은 경우에는 등본을 제출할 수 있다.(2009.12.29 본조개정)
참조 [증거서류·증거물의 증거조사]347·348, [압수증거물의 환부]174·175·389·390

제351조의2【피고인 신문】 ① 군검사나 변호인은 증거조사가 끝난 후에 차례로 피고인에게 공소사실 및 정상에 관한 사항을 신문할 수 있다. 다만, 재판장은 필요하다고 인정하면 증거조사가 끝나기 전이라도 신문을 허가할 수 있다.(2016.1.6 본문개정)
② 재판장은 필요하다고 인정하면 피고인을 신문할 수 있다.
③ 제1항의 신문에 관하여는 제202조제1항부터 제3항까지 및 제5항을 준용한다.
(2009.12.29 본조개정)

제352조【피고인 등의 퇴정】 ① 재판장은 직권으로 또는 군검사, 피고인이나 변호인의 신청에 따라 피고인, 증인, 감정인 또는 통역인이 어떤 방청인의 면전에서 충분한 진술을 할 수 없다고 인정하면 그를 퇴정시킨 후 진술하게 할 수 있다.(2016.1.6 본항개정)
② 재판장은 직권으로 또는 군검사, 피고인이나 변호인의 신청에 따라 피고인이 다른 피고인의 면전에서 또는 증인이 피고인의 면전에서 충분한 진술을 할 수 없다고 인정하면 그 피고인을 퇴정시킨 후 진술하게 할 수 있다.
(2016.1.6 본항개정)
③ 제2항에 따라 피고인을 퇴정하게 한 경우 피고인 또는 증인의 진술이 끝나면 퇴정한 피고인을 입정하게 한 후 서기로 하여금 진술의 요지를 고지하게 하여야 한다. 이 경우 피고인은 재판장에게 말한 후 그 증인 또는 다른 피고인을 신문할 수 있다.
(2009.12.29 본조개정)
참조 [증인신문]187, [피고인의 재정의무]328

제353조【불필요한 신문·진술의 제한】 재판장이나 군판사는 소송관계인의 신문 또는 진술이 중복되거나 그 사건에 관계없는 사항인 경우나 그 밖에 적절하지 아니한 경우에는 소송관계인의 본질적 권리를 해치지 아니하는 한도에서 제한할 수 있다.(2009.12.29 본조개정)
참조 [소송지휘권]324

제354조【변론】 ① 군검사는 피고인 신문과 증거조사가 끝난 후 사실과 법률 적용에 관하여 의견을 진술하여야 한다. 다만, 제326조의3의 경우에는 공소장의 기재사항에 의하여 군검사의 의견진술이 있는 것으로 본다.
(2020.6.9 단서신설)
② 피고인과 변호인은 의견을 진술할 수 있고 최종적으로 진술할 기회를 가진다.
(2009.12.29 본조개정)
참조 [진술의 제한]353, [공판조서에의 기재]85

제355조【공소장의 변경】 ① 군검사는 군사법원의 허가를 받아 공소장에 적은 공소사실 또는 적용법조의 추가·철회 또는 변경을 할 수 있다. 이 경우 군사법원은 공소사실의 동일성을 해치지 아니하는 한도에서 허가하여야 한다.(2016.1.6 전단개정)
② 군사법원은 심리의 경과에 비추어 상당하다고 인정하면 공소사실 또는 적용법조의 추가 또는 변경을 요구하여야 한다.
③ 군사법원은 공소사실 또는 적용법조의 추가·철회 또는 변경을 할 때에는 그 사유를 신속히 피고인이나 변호인에게 고지하여야 한다.
④ 군사법원은 제1항부터 제3항까지의 규정에 따른 공소사실 또는 적용법조의 추가·철회 또는 변경이 피고인의 불이익을 증가시킬 우려가 있다고 인정하면 직권으로 또는 피고인이나 변호인의 청구에 따라 피고인이 필요한 방어 준비를 하게 하기 위하여 결정으로 필요한 기간 동안 공판절차를 정지할 수 있다.
(2009.12.29 본조개정)
참조 [공소장]296, [공판절차의 정지]357

제356조【변론의 분리·병합·재개】 군사법원은 필요하다고 인정하면 직권으로 또는 군검사, 피고인이나 변호인의 신청에 따라 결정으로 변론을 분리 또는 병합하거나 종결한 변론을 재개할 수 있다.(2016.1.6 본조개정)

제357조【공판절차의 정지】 ① 피고인이 사물식별능력 또는 의사결정 능력이 없는 상태에 있을 때에는 군사법원은 군검사와 변호인의 의견을 들어 결정으로 그 상태가 계속되는 동안 공판절차를 정지하여야 한다.
(2016.1.6 본항개정)
② 피고인이 질병으로 인하여 공판기일에 출석할 수 없을 때에는 군사법원은 군검사와 변호인의 의견을 들어 결정으로 출석할 수 있을 때까지 공판절차를 정지하여야 한다.(2016.1.6 본항개정)
③ 제2항에 따라 공판절차를 정지할 때에는 의사의 의견을 들어야 한다.
④ 피고사건에 대하여 무죄, 면소, 형의 면제 또는 공소기각의 재판을 할 것이 명백할 때에는 제1항이나 제2항의 사유가 있는 경우에도 피고인의 출석 없이 재판할 수 있다.
⑤ 제325조 각 호 외의 부분 후단에 따라 대리인이 출석할 수 있는 경우에는 제1항이나 제2항을 적용하지 아니한다.
(2009.12.29 본조개정)
참조 [심신장애인]형10, [피고인의 출정]326, [무죄]380, [면소]381, [형의 면제]형21~23·26·27·52·90·101·111·120·153·157·175·213, 군형8①·16①, [공소기각]382·383

제358조【공판절차의 갱신】 공판개정 후 재판관이 바뀌었을 때에는 공판절차를 갱신하여야 한다. 다만, 판결의 선고만을 하는 경우에는 그러하지 아니하다.
(2009.12.29 본조개정)

제2관 증 거
(2009.12.29 본관개정)

제359조【증거재판주의】 ① 사실의 인정은 증거에 따라야 한다.
② 범죄사실의 인정은 합리적인 의심이 없는 정도로 증명되어야 한다.
참조 [사실]296·377, [증거]361~372

제359조의2【위법수집 증거의 배제】 적법한 절차에 따르지 아니하고 수집한 증거는 증거로 할 수 없다.

제360조【자유심증주의】 증거의 증명력은 재판관의 자유판단에 따른다.
참조 [증명력을 다투는 권리]349, [예외]362

제361조【강제 등 자백의 증거능력】 피고인의 자백이 고문, 폭행, 협박, 구속의 부당한 장기화 또는 속임수, 그 밖의 방법에 따라 임의로 진술한 것이 아니라고 의심할 만한 이유가 있을 때에는 유죄의 증거로 하지 못한다.
참조 [진술의 임의성]370

제362조【불리한 자백의 증거능력】 피고인의 자백이 피고인에게 불리한 유일한 증거일 때에는 유죄의 증거로 하지 못한다.

제363조【전문증거와 증거능력의 제한】 제364조부터 제369조까지에 규정된 것 외에는 공판준비기일 또는 공판기일의 진술을 갈음하여 진술을 기록한 서류나 공판준비기일 또는 공판기일 외에서의 다른 사람의 진술을 내용으로 하는 진술은 증거로 할 수 없다.

제364조【군사법원 또는 군판사의 조서】 공판준비기일 또는 공판기일에 피고인이나 피고인이 아닌 사람의 진술을 적은 조서와 군사법원 또는 군판사의 검증 결과를 적은 조서는 증거로 할 수 있다. 제226조와 제261조에 따라 작성한 조서도 또한 같다.
참조 [조서]82·83, [증거보전의 청구와 그 절차]226, [증인신문의 청구]261

제365조【군검사 또는 군사법경찰관의 조서】 ① 군검사가 피고인이 된 피의자의 진술을 적은 조서는 적법한 절차와 방식에 따라 작성된 것으로서 피고인이 진술한 내용과 같게 적혀 있음이 공판준비기일 또는 공판기일에 피고인이 한 진술에 따라 인정되고, 그 조서에 적힌 진술이 특히 신빙(信憑)할 수 있는 상태에서 이루어졌음이 증명되었을 때에만 증거로 할 수 있다.(2016.1.6 본항개정)
② 제1항에도 불구하고 피고인이 그 조서 성립의 진정(眞正)을 부인하는 경우에는 그 조서에 적힌 진술이 피고인이 진술한 내용과 같게 적혀 있음이 영상녹화물이나 그 밖의 객관적인 방법으로 증명되고, 그 조서에 적힌 진술이 특히 신빙할 수 있는 상태에서 이루어졌음이 증명되었을 때에만 증거로 할 수 있다.
③ 군검사 외의 수사기관이 작성한 피의자신문조서는 적법한 절차와 방식에 따라 작성된 것으로서 공판준비기일 또는 공판기일에 피의자였던 피고인이나 변호인이 그 내용을 인정할 때에만 증거로 할 수 있다.(2016.1.6 본항개정)
④ 군검사나 군사법경찰관이 피고인이 아닌 사람의 진술을 적은 조서는 적법한 절차와 방식에 따라 작성된 것으로서 그 조서가 군검사나 군사법경찰관 앞에서 진술한 내용과 같게 적혀 있음이 원진술자가 공판준비기일 또는 공판기일에 한 진술이나 영상녹화물 또는 그 밖의 객관적인 방법으로 증명되고, 피고인이나 변호인이 공판준비기일 또는 공판기일에 그 적힌 내용에 관하여 원진술자를 신문할 수 있었던 경우에는 증거로 할 수 있다. 다만, 그 조서에 적힌 진술이 특별히 신빙할 수 있는 상태에서 이루어졌음이 증명된 경우로 한정한다.(2016.1.6 본문개정)
⑤ 피고인 또는 피고인이 아닌 사람이 수사과정에서 작성한 진술서에 관하여는 제1항부터 제4항까지의 규정을 준용한다.
⑥ 군검사나 군사법경찰관이 검증 결과를 적은 조서는 적법한 절차와 방식에 따라 작성된 것으로서 공판준비기

일 또는 공판기일에 작성자가 한 진술에 따라 성립의 진정이 증명된 경우에는 증거로 할 수 있다.(2016.1.6 본항개정)

(2016.1.6 본조제목개정)

참조 [조서]82 · 83, [증거능력에 대한 예외]367, [신빙할 수 있는 상태하의 진술]367 · 369

제366조【진술서 등】 ① 제364조 및 제365조 외에 피고인 또는 피고인이 아닌 사람이 작성한 진술서나 그 진술을 적은 서류로서 작성자나 진술자의 자필이거나 서명 또는 날인이 있는 것(피고인 또는 피고인이 아닌 자가 작성하였거나 진술한 내용이 포함된 문자 · 사진 · 영상 등의 정보로서 정보저장매체등에 저장된 것을 포함한다. 이하 이 조에서 같다)은 공판준비기일 또는 공판기일에 그 작성자 또는 진술자가 한 진술에 따라 성립의 진정이 증명된 경우에는 증거로 할 수 있다. 다만, 피고인의 진술을 적은 서류는 공판준비기일 또는 공판기일에 작성자가 한 진술에 따라 성립의 진정이 증명되고 그 진술이 특히 신빙할 수 있는 상태에서 이루어진 경우에만 피고인이 공판준비기일 또는 공판기일에 한 진술에도 불구하고 증거로 할 수 있다.

② 제1항 본문에도 불구하고 진술서의 작성자가 공판준비기일 또는 공판기일에 그 성립의 진정을 부인하는 경우 과학적 분석결과에 기초한 디지털포렌식 자료, 감정 등 객관적 방법으로 성립의 진정함이 증명되는 때에는 증거로 할 수 있다. 다만, 피고인이 아닌 자가 작성한 진술서는 피고인 또는 변호인이 공판준비기일 또는 공판기일에 그 기재 내용에 관하여 작성자를 신문할 수 있었을 때에만 증거로 할 수 있다.(2017.12.12 본항신설)

③ 감정의 경과와 결과를 기재한 서류도 제1항 및 제2항과 같다.

(2017.12.12 본조개정)

참조 [증거능력에 대한 예외]367, [신빙할 수 있는 상태하의 진술]365① · 367 · 369

제367조【증거능력에 대한 예외】 제365조와 제366조의 경우 공판준비기일 또는 공판기일에 진술을 하여야 할 사람이 사망, 질병, 국외거주, 소재불명, 그 밖에 이에 준하는 사유로 인하여 진술할 수 없을 때에는 그 조서나 그 밖의 서류(피고인 또는 피고인이 아닌 자가 작성하였거나 진술한 내용이 포함된 문자 · 사진 · 영상 등의 정보로서 정보저장매체등에 저장된 것을 포함한다. 이하 이 조에서 같다)를 증거로 할 수 있다. 다만, 그 조서나 서류는 진술 또는 작성이 특별히 신빙할 수 있는 상태에서 이루어졌을 때에만 증거로 할 수 있다.(2017.12.12 본문개정)

참조 [신빙할 수 있는 상태하의 진술]365① · 369

제368조【당연히 증거능력이 있는 서류】 다음 각 호의 서류는 증거로 할 수 있다.

1. 가족관계기록사항에 관한 증명서, 공정증서등본, 그 밖에 공무원이나 외국공무원이 직무상 증명할 수 있는 사항에 관하여 작성한 문서
2. 상업장부, 항해일지, 그 밖에 업무상 필요로 작성한 통상문서
3. 그 밖에 특히 신빙할 만한 정황에 따라 작성된 문서

참조 [전문증거금지의 원칙]363, [증명서의 종류]가족관계등록15, [공정증서등본]공증50 · 51, [상업장부]상29－33, [항해일지]선원20

제369조【전문의 진술】 ① 피고인이 아닌 사람(공소제기 전에 피고인을 피의자로 조사하였거나 그 조사에 참여하였던 사람을 포함한다. 이하 이 조 및 제372조에서 같다)이 공판준비기일 또는 공판기일에 한 진술이 피고인의 진술을 내용으로 하는 것일 때에는 그 진술이 특별히 신빙할 수 있는 상태에서 이루어졌을 때에만 증거로 할 수 있다.

② 피고인이 아닌 사람이 공판준비기일 또는 공판기일에 한 진술이 피고인이 아닌 다른 사람의 진술을 그 내용으로 하는 것일 때에는 원진술자가 사망, 질병, 국외거주, 소재불명, 그 밖에 이에 준하는 사유로 진술할 수 없고 그 진술이 특별히 신빙할 수 있는 상태에서 이루어졌을 때에만 증거로 할 수 있다.

참조 [전문증거금지의 원칙]363, [신빙할 수 있는 상태하의 진술]365① · 367

제370조【진술의 임의성】 ① 피고인 또는 피고인이 아닌 사람의 진술이 임의로 된 것이 아닌 것은 증거로 할 수 없다.

② 제1항의 진술을 적은 서류는 그 작성 또는 내용인 진술이 임의로 되었다는 것이 증명된 것이 아니면 증거로 할 수 없다.

③ 검증조서의 일부가 피고인 또는 피고인이 아닌 사람의 진술을 적은 것일 때에는 그 부분에만 제1항과 제2항을 적용한다.

참조 [임의의 진술]361, [검증조서]83

제371조【당사자의 동의와 증거능력】 ① 군검사와 피고인이 증거로 할 수 있음에 동의한 서류나 물건은 진정한 것으로 인정하였을 때에는 증거로 할 수 있다.

(2020.6.9 본항개정)

② 피고인의 출석 없이 증거조사를 할 수 있는 경우에 피고인이 출석하지 아니하면 제1항의 동의가 있는 것으로 본다. 다만, 대리인 또는 변호인이 출석하였을 때에는 그러하지 아니하다.

참조 [전문증거금지의 원칙]363, [피고인의 출정불요]325 · 357 · 426 · 488

제372조【증명력을 다투기 위한 증거】 ① 제365조부터 제369조까지의 규정에 따라 증거로 할 수 없는 서류나 진술이라도 공판준비기일 또는 공판기일에 피고인 또는 피고인이 아닌 사람이 한 진술의 증명력을 다투기 위한 증거로는 할 수 있다.

② 제1항에도 불구하고 피고인 또는 피고인이 아닌 사람의 진술을 내용으로 하는 영상녹화물은 공판준비기일 또는 공판기일에 피고인 또는 피고인이 아닌 사람이 진술할 때 기억이 명백하지 아니한 사항에 관하여 기억을 환기시켜야 할 필요가 있다고 인정될 때에만 피고인 또는 피고인이 아닌 사람에게 재생하여 시청하게 할 수 있다.

참조 [증명력을 다투는 권리]349

제3관 공판의 재판
(2009.12.29 본관개정)

제372조의2【판결선고기일】 ① 판결의 선고는 변론을 종결한 기일에 하여야 한다. 다만, 특별한 사정이 있을 때에는 따로 선고기일을 지정할 수 있다.

② 변론을 종결한 기일에 판결을 선고하는 경우에는 판결 선고 후에 판결서를 작성할 수 있다.

③ 제1항 단서의 선고기일은 변론 종결 후 14일 이내로 지정되어야 한다.

제373조【관할위반의 재판】 피고사건에 대한 관할권이 그 군사법원에 있지 아니할 때에는 판결로 관할위반의 선고를 하여야 한다.

참조 [관할위반과 소송행위의 효력]20, [관할위반선고의 제한]374, [항소사유]414, [재판의 확정과 시효의 진행]295

제374조【관할위반의 예외】 ① 군사법원은 피고인의 신청이 없으면 다른 군사법원에 관할권이 있는 사건에 대하여 관할위반의 선고를 하지 못한다.(2021.9.24 본항개정)

② 관할위반의 신청은 피고사건에 대한 진술 전에 하여야 한다.

제375조【형의 선고와 동시에 선고될 사항】 ① 피고사건에 대하여 범죄가 증명되었을 때에는 형의 면제 또는 선고유예의 경우를 제외하고는 판결로 형을 선고하여야 한다.

② 형의 집행유예, 판결 전 구금의 산입일수 및 노역장의 유치기간은 형의 선고와 동시에 판결로 선고하여야 한다.

참조 [범죄의 증명]359 · 360 · 362, [형의 면제 · 선고유예의 판결]376, [형의 선고]388, [판결]71① · 73 · 377, [면소의 판결]381, [형의 집행유예]형62, [판결전구금의 산입일수]형57, [노역장의 유치기간]형70

제376조【형의 면제 또는 선고유예의 판결】 피고사건에 대하여 형의 면제 또는 선고유예를 할 때에는 판결로 선고하여야 한다.

참조 [형의 면제]형21－23 · 26 · 27 · 52 · 90 · 101 · 111 · 120 · 153 · 157 · 175 · 213, 군형16①, [선고유예]형59, [형의 면제 선고와 구속영장의 실효]388

제377조【유죄판결에 밝힐 이유】 ① 형을 선고할 때에는 판결이유에 범죄가 될 사실, 증거의 요지 및 법령의 적용을 밝혀야 한다.

② 법률상 범죄의 성립을 조각(阻却)하는 이유 또는 형의 가중 · 감면의 이유가 되는 사실이 진술되었을 때에는 이에 대한 판단을 밝혀야 한다.

참조 [형의 선고]375, [범죄될 사실]296 · 355, [기피원인과 신청권자]49, [법령의 적용]296 · 355, [범죄의 불성립]형9 · 10 · 12－17 · 20－24, [형의 가중]형34 · 35 · 38 · 42 · 135 · 144 · 203 · 264 · 278 · 279 · 285 · 305의2 · 332 · 351, 군형38 · 39 · 49 · 52의3 · 55 · 58의3 · 60 · 60의3, [형의 감경]형21－23 · 29 · 32 · 52－56 · 90 · 101 · 111 · 114 · 120 · 153 · 157 · 175 · 213 · 295의2 · 324의6 · 365, 군형8 · 16 · 76, [형의 면제]형21－23 · 26 · 27 · 52 · 90 · 101 · 111 · 120 · 153 · 157 · 175 · 213, 군형8 · 16 · 76

판례 판결에 범죄사실에 대한 증거를 설시함에 있어 어느 증거의 어느 부분에 의하여 어느 범죄사실을 인정한다고 구체적으로 설시하지 아니하였다 하더라도 그 적시한 증거들에 의하여 판시 범죄사실을 인정할 수 있으면 이를 위법한 증거설시라고 할 수 없다.(대판 2001.7.27, 2000도4298)

판례 군법회의법 제368조제2항에서 말하는 법률상 형의 감면이유라 함은 필요적 감면사유만을 의미하는 것이고 자수의 경우처럼 그 감면이 임의적으로 되어 있는 경우는 이에 포함되지 않는다.(대판 1964.5.12, 64도126)

제378조【상소에 대한 고지】 형을 선고하는 경우에는 재판장은 피고인에게 상소할 기간과 상소할 법원을 고지하여야 한다.(2021.9.24 본조개정)

제379조 (2021.9.24 삭제)

제380조【무죄의 판결】 피고사건이 범죄가 되지 아니하거나 범죄사실이 증명되지 아니할 때에는 판결로 무죄를 선고하여야 한다.

참조 [공소장기재사실이 범죄로 되지 아니할 때]383①(4), [피고인에게 거증책임이 있는 경우]형263 · 310, [상소고지]378, [보상]형사보상및명예회복에관한법1

판례 항소심이 제1심 유죄판결을 파기하고 그 중 일부 사실에 대하여 무죄라는 판단을 하면서 주문에 이에 대한 아무런 표시를 하지 않은 것은 위법이다.(대판 1963.2.7, 62도270)

제381조【면소의 판결】 다음 각 호의 어느 하나에 해당할 때에는 판결로 면소를 선고하여야 한다.

1. 확정판결이 있은 때
2. 사면이 있은 때
3. 공소시효가 완성되었을 때
4. 범죄 후에 법령의 개정 · 폐지로 형이 폐지되었을 때

참조 [면소와 구속영장의 실효]388, [보상]형사보상및명예회복에관한법25, [판결]375 · 376 · 380, [재판의 확정]415 · 444, [사면]헌79, 사면3 · 5, [시효]291－295, [형의 면제]형1

판례 병역법 부칙 제30조에 의하여 공소권이 소멸한 경우에 군법회의법 제371조에 의하여 면소판결을 하였음은 적법하다.(대판 1963.3.21, 63도22)

제382조【공소기각의 판결】 다음 각 호의 어느 하나에 해당하는 경우에는 판결로 공소기각을 선고하여야 한다.

1. 피고인에 대하여 재판권이 없을 때
2. 공소제기의 절차가 법률의 규정을 위반하여 무효일 때
3. 공소가 제기된 사건에 대하여 다시 공소가 제기되었을 때
4. 제384조를 위반하여 공소가 제기되었을 때
5. 고소가 있어야 공소를 제기할 수 있는 사건에 대하여 고소가 취소되었을 때
6. 피해자가 명시한 의사에 반하여 공소를 제기할 수 없는 사건에 대하여 처벌을 희망하지 아니하는 의사 표시가 있거나 처벌을 희망하는 의사 표시가 철회되었을 때

참조 [공소기각과 구속영장의 실효]388, [시효]295, [보상]형사보상및명예회복에관한법25, [재판권]2 · 3, [공소제기의 절차]296, [일사부재리]헌13, [고소가 있어야 죄를 논할 사건]형312① · 318 · 328 · 344 · 354 · 361 · 365, [고소의 취소]274, [피해자의 의사]형110 · 260 · 266 · 283 · 312, [처벌을 희망하는 의사표시의 철회]274

제383조【공소기각의 결정】 ① 다음 각 호의 어느 하나에 해당할 때에는 결정으로 공소를 기각하여야 한다.

1. 공소가 취소되었을 때
2. 피고인이 사망하였을 때
3. 제17조에 따라 재판할 수 없을 때
4. 공소장에 적힌 사실이 진실하다 하더라도 범죄가 될 만한 사실이 포함되지 아니하였을 때

② 제1항의 결정에 대하여는 즉시항고를 할 수 있다.

참조 [결정]71 · 73, [보상]형사보상및명예회복에관한법25, [구속영장의 실효]388, [확정과 공소시효의 진행]295, [공소의 취소]297, [피고인의 사망]473, [관할의 경합]17, [공소장의 기재]296, [즉시항고]454 · 455

제384조【공소취소와 재기소】 공소취소에 따른 공소기각의 결정이 확정되었을 때에는 공소취소 후 그 범죄사실에 대한 다른 중요한 증거를 발견한 경우에만 다시 공소를 제기할 수 있다.

참조 [공소의 취소]297 · 383

제385조【피고인의 진술 없이 하는 판결】 피고인이 진술하지 아니하거나 재판장의 허가 없이 퇴정하거나 재판장의 질서유지를 위한 퇴정명령을 받았을 때에는 피고인의 진술 없이 판결할 수 있다.

참조 [판결의 원칙]71①, [퇴정의 허가]328

제386조～제387조 (2020.6.9 삭제)

제388조【무죄 등 선고와 구속영장의 효력】 무죄, 면소, 형의 면제, 형의 선고유예, 형의 집행유예, 공소기각 또는 벌금이나 과료를 과하는 판결이 선고되거나 형의 집행이 면제된 경우에는 구속영장은 효력을 잃는다.

참조 [무죄]380, [면소]381, [형의 면제등]376, [형의 집행유예]375, [공소기각]382 · 383, [구속영장]113 · 114

제389조【몰수의 선고와 압수물】 압수한 서류 또는 물품에 대하여 몰수가 선고되지 아니하였을 때에는 압수를 해제한 것으로 본다.

참조 [압수]146, [몰수]형48

제390조【압수장물의 환부】 ① 압수한 장물로서 피해자에게 환부할 이유가 명백한 것은 판결로 피해자에게 환부하는 선고를 하여야 한다.

② 제1항의 경우 장물을 처분하였을 때에는 판결로 그 대가로 취득한 것을 피해자에게 교부하는 선고를 하여야 한다.

③ 가환부한 장물에 대하여 별도의 선고가 없을 때에는 환부를 선고한 것으로 본다.

④ 제1항부터 제3항까지의 규정은 이해관계인이 민사소송절차에 따라 그 권리를 주장할 때 영향을 미치지 아니한다.

참조 [장물의 환부]175, [가환부]174

판례 형사소송법 제333조 제2항의 규정취지는 범인이 장물을 처분하여 버림으로써 피해자가 장물의 반환을 받을 수 없게 되는 경우, 그 대가로 취득한 것을 피해자에게 교부함으로써 전부 또는 일부의 피해회복을 받도록 하고자하는 피해자보호의 견지에서 제정된 것이라 할 것이므로 이미 장물을 환부받은 피해자에게 그 장물의 처분대가마저 교부할 수는 없다.(대판 1985.1.29, 84도2941)

제391조【재산형의 가납판결】 ① 군사법원은 벌금, 과료 또는 추징(追徵)을 선고하는 경우 판결 확정 후에는 집행할 수 없거나 집행하기 곤란할 우려가 있다고 인정하면 직권으로 또는 군검사의 청구에 따라 피고인에게 벌금, 과료 또는 추징에 상당한 금액의 가납(假納)을 명령할 수 있다.(2016.1.6 본항개정)

② 제1항의 재판은 형의 선고와 동시에 판결로 선고하여야 한다.

③ 제2항의 판결은 즉시 집행할 수 있다.

참조 [재판의 집행]502, [가납의 집행]520 · 522 · 523

제392조【형의 집행유예의 취소절차】 ① 형의 집행유예를 취소할 경우에는 군검사가 피고인의 현재지나 소속부대의 소재지를 관할하는 군사법원에 청구하여야 한다. 다만, 고등법원에서 형을 선고한 사건의 경우 관할 고등검찰부 군검사가 고등법원에 청구하여야 한다.

(2021.9.24 본항개정)

② 제1항의 청구를 받은 군사법원 또는 고등법원은 피고인이나 대리인의 의견을 물은 후에 결정하여야 한다.

(2021.9.24 본항개정)

③ 제2항의 결정에 대하여는 즉시항고를 할 수 있다.

④ 유예한 형을 선고하는 경우에는 제2항과 제3항을 준용한다.

참조 [집행유예의 취소]형64, [즉시항고]454 · 455

제393조【경합범 중 다시 형을 정하는 절차】 ①「형법」 제36조, 제39조제3항 또는 제61조에 따라 형을 정할 경우에는 군검사는 그 범죄사실에 대한 최종판결을 한 군사법원에 청구하여야 한다. 다만, 「형법」 제61조에 따라 유예한 형을 선고할 때에는 제377조에 따라야 하고 선고유예를 해제하는 이유를 밝혀야 한다.(2016.1.6 본문개정)
② 제1항의 경우에는 제392조제2항을 준용한다.
참조 [판결선고후의 누범발각]형36, [경합범과 사면등]형39③, [선고유예의 실효]형61, [유죄판결에 명시될 이유]377

제394조【형의 소멸의 재판】 ①「형법」 제81조 또는 제82조에 따른 선고는 그 사건에 관한 기록이 보관되어 있는 군사법원에 신청하여야 한다.
② 제1항의 신청에 대한 선고는 결정으로 한다.
③ 제1항의 신청을 기각하는 결정에 대하여는 즉시항고를 할 수 있다.
참조 [형의 실효]형81, [복권]형82, [결정]71·73, [즉시항고]454·455

제3장 상 소
(2009.12.29 본장제목개정)

제1절 통 칙
(2009.12.29 본절개정)

제395조【상소권자】 군검사나 피고인은 상소를 할 수 있다.(2016.1.6 본조개정)
참조 [다른 상소권자]396－398, [상소의 종류]414·442·454, [재소자의 상소]401

제396조【항고권자】 군검사 또는 피고인이 아닌 사람이 결정을 받았을 때에는 항고를 할 수 있다.
(2016.1.6 본조개정)
참조 [결정]71·73, [항고할 수 있는 재판]454, [상대방에의 통지]413

제397조【당사자 외의 상소권자】 피고인의 법정대리인은 피고인을 위하여 상소할 수 있다.

제398조【당사자 외의 상소권자】 ① 피고인의 배우자, 직계친족, 형제자매 또는 원심의 대리인이나 변호인은 피고인을 위하여 상소할 수 있다.
② 제1항의 상소는 피고인이 명시한 의사에 반하여 하지 못한다.
참조 [대리인]325후단, [불이익변경의 금지]437, [상대방에의 통지]413

제399조【일부상소】 ① 상소는 재판의 일부에 대하여 할 수 있다.
② 일부에 대한 상소는 그 일부와 불가분의 관계에 있는 부분에 대하여도 효력이 미친다.
③ 부분을 한정하지 아니하고 상소하였을 때에는 재판의 전부에 대하여 한 것으로 본다.

제400조【상소 제기기간】 ① 상소의 제기는 그 기간 내에 서면으로 한다.
② 상소 제기기간은 재판을 선고하거나 고지한 날부터 진행된다.(2021.9.24 단서삭제)
참조 [항소제기기간]415, [상고제기기간]444, [항고제기기간]455, [준항고]465, [기간의 계산]103, [상소권회복]402·404

제401조【재소자에 대한 특칙】 ① 교도소에 있는 피고인이 상소 제기기간 내에 상소장을 교도소장 또는 그 직무를 대리하는 사람에게 제출하였을 때에는 상소 제기기간 내에 상소한 것으로 본다.
② 제1항의 경우 피고인이 상소장을 작성할 수 없을 때에는 교도소장 또는 그 직무를 대리하는 사람은 이를 대서(代書)하거나 소속 공무원으로 하여금 대서하게 한다.
③ 교도소장 또는 그 직무를 대리하는 사람은 상소장을 원심군사법원(상고의 경우에는 고등법원을 말한다. 이하 이 절에서 같다)에 보내고, 상소장을 접수한 연월일을 원심군사법원에 통지하여야 한다.(2021.9.24 본항개정)
참조 [상소제기기간]400, [항소제기기간]415, [상고제기기간]444, [항고제기기간]455, [준항고]465

제402조【상소권회복 청구권자】 제395조부터 제398조까지의 규정에 따라 상소할 수 있는 사람은 본인 또는 대리인이 책임질 수 없는 사유로 상소 제기기간 내에 상소하지 못하였을 때에는 상소권회복 청구를 할 수 있다.
참조 [상소제기기간]400, [항소제기기간]415, [상고제기기간]444, [항고제기기간]455, [준항고]465, [청구절차]403·412, [청구에 대한 결정]404, [상대방에의 통지]413

제403조【상소권회복 청구의 방식】 ① 상소권회복 청구는 그 사유가 소멸한 날부터 상소 제기기간에 해당하는 기간 내에 서면으로 원심군사법원에 제출하여야 한다.
② 상소권회복의 청구를 할 때에는 원인이 된 사유를 소명하여야 한다.
③ 상소권회복의 청구를 한 사람은 청구와 동시에 상소를 제기하여야 한다.
참조 [상소제기기간]400, [항소제기기간]415, [상고제기기간]444, [항고제기기간]455, [준항고]465, [재소자의 상소권 회복청구]412

제404조【상소권회복 청구에 대한 결정】 ① 상소권회복 청구를 받은 군사법원 또는 고등법원은 청구 허가 여부에 관한 결정을 하여야 한다.(2021.9.24 본항개정)
② 제1항의 결정에 대하여는 즉시항고를 할 수 있다.
참조 [즉시항고]454·455

제405조【상소권회복 청구와 집행정지】 ① 군사법원 또는 고등법원은 상소권회복 청구를 받으면 제404조제1항의 결정을 할 때까지 재판의 집행을 정지하는 결정을 하여야 한다.(2021.9.24 본항개정)
② 제1항의 집행정지 결정을 한 경우에 피고인을 구금할 필요가 있을 때에는 구속영장을 발부하여야 한다. 다만, 제110조의 요건이 갖추어졌을 때에만 발부한다.
참조 [구속영장]113·114·124, [구속사유]110

제406조【상소의 포기·취하】 군검사, 피고인 또는 제396조에 규정된 사람은 상소의 포기 또는 취하를 할 수 있다. 다만, 피고인 또는 제398조에 규정된 사람은 사형, 무기징역 또는 무기금고가 선고된 판결에 대하여 상소의 포기를 할 수 없다.(2020.6.9 단서개정)
참조 [포기·취하절차]409, [재소자의 포기·취하]412, [포기·취하의 관할]410, [포기·취하의 효력]411, [상대방에의 통지]413

제407조【상소의 포기 등과 법정대리인의 동의】 법정대리인이 있는 피고인이 상소의 포기 또는 취하를 할 때에는 법정대리인의 동의를 받아야 한다. 다만, 법정대리인의 사망, 그 밖의 사유로 인하여 동의를 받을 수 없을 때에는 그러하지 아니하다.

제408조【상소의 취하와 피고인의 동의】 피고인의 법정대리인 또는 제398조에 규정된 사람은 피고인의 동의를 받아 상소를 취하할 수 있다.
참조 [당사자 외의 상소권자]398, [취하절차]409, [상대방에의 통지]413

제409조【상소포기 등의 방식】 ① 상소의 포기 또는 취하는 서면으로 하여야 한다. 다만, 공판정에서는 말로 할 수 있다.
② 말로 상소의 포기 또는 취하를 한 경우에는 그 사유를 조서에 적어야 한다.

제410조【상소포기 등의 관할】 상소의 포기는 원심군사법원에, 상소의 취하는 상소법원에 하여야 한다. 다만, 소송기록을 상소법원에 보내지 아니하였을 때에는 상소의 취하를 원심군사법원에 할 수 있다.(2021.9.24 본조개정)

제411조【상소포기 후의 재상소 금지】 상소를 포기하거나 취하한 사람 또는 상소의 포기나 취하에 동의한 사람은 그 사건에 대하여 다시 상소를 하지 못한다.
참조 [포기·취하한 자]406·408, [동의한 자]407·408

제412조【재소자에 대한 특칙】 교도소에 있는 피고인이 상소권회복의 청구 또는 상소의 포기나 취하를 하는 경우에는 제401조를 준용한다.
참조 [재소자의 상소]401, [상소권회복의 청구]402, [상소의 포기·취하]406

제413조【상소포기 등의 상대방에의 통지】 상소, 상소의 포기나 취하 또는 상소권회복의 청구가 있을 때에는 군사법원 또는 상소법원은 지체 없이 상대방에게 그 사실을 통지하여야 한다.(2021.9.24 본조개정)
참조 [상소]395－398, [상소의 포기·취하]406, [상소권회복의 청구]402

제2절 항 소
(2009.12.29 본절개정)

제414조【항소할 수 있는 판결】 군사법원의 판결에 대해서는 다음 각 호의 어느 하나에 해당하는 사유가 있음을 이유로 고등법원에 항소할 수 있다.(2021.9.24 본문개정)
1. 헌법·법률·명령 또는 규칙의 위반이 판결에 영향을 미쳤을 때
2. (2020.6.9 삭제)
3. 판결 후 형의 폐지나 변경 또는 사면이 있을 때
4. 관할 또는 관할위반의 인정이 법률을 위반하였을 때
5. 판결을 한 군사법원의 구성이 법률을 위반하였을 때
6. 법률상 그 재판에 관여하지 못할 재판관이 그 사건의 심판에 관여하였을 때
7. 사건의 심리에 관여하지 아니한 재판관이 그 사건의 판결에 관여하였을 때
8. 공판의 공개에 관한 규정을 위반하였을 때
9. 판결에 이유를 붙이지 아니하거나 이유에 모순이 있을 때
10. 재심청구의 사유가 있을 때
11. 사실의 오인(誤認)이 있어 판결에 영향을 미쳤을 때
12. 형의 양정(量定)이 부당하다고 인정할 사유가 있을 때
참조 [상소권자]395·397·398, [군사법원]11, [고등법원]10, [본조의 사유가 없는 때의 항소기각]430, [본조의 사유가 있는 때의 원심판결파기]431, [상고이유]442, [형의 면제·변경]형1, [사면]헌79·89, 사면3·5, [관할위반]373·374, [군사법원의 구성]29－33·322, [제척·기피·회피]48·49·57, [공판의 공개]헌109, [이유]73·377, [재심청구의 사유]469·470, [판결이유에 범죄가 될 사실]377, [형의 양정]형51이하

제415조【항소 제기기간】 항소의 제기기간은 7일로 한다.
참조 [기간의 계산]103, [기산점]409, [상고제기기간]444, [구속에 관한 결정]145

제416조【항소 제기방식】 항소를 할 때에는 항소장을 원심군사법원에 제출하여야 한다.
참조 [재소자의 항소]401, [소송기록의 송부]418

제417조【원심군사법원에서의 기각결정】 ① 항소의 제기가 법률상의 방식을 위반하거나 항소권 소멸 후인 것이 명백할 때 원심군사법원은 결정으로 항소를 기각하여야 한다.
② 제1항의 결정에 대하여는 즉시항고를 할 수 있다.
참조 [법률상 방식]416, [항소권소멸]411·415, [결정]71·73, [고등법원에서의 기각결정]422, [즉시항고]454·455

제418조【소송기록과 증거물의 송부】 제417조의 경우를 제외하고 원심군사법원은 항소장을 받은 날부터 14일 이내에 소송기록과 증거물을 고등법원에 보내야 한다.
(2021.9.24 본조개정)

제419조【소송기록 등의 접수와 통지】 ① 고등법원은 소송기록과 증거물을 받으면 즉시 항소인과 상대방에게 그 사실을 통지하여야 한다.
② 제1항의 통지 전에 변호인이 선임되었을 때에는 변호인에게도 제1항의 통지를 하여야 하며, 변호인이 선임되지 아니하였을 때에는 고등법원은 지체 없이 국선변호인을 선정하고 제1항의 통지를 하여야 한다.
(2021.9.24 본조개정)
참조 [항소인]395·397·398, [국선변호인]62, 헌12

제420조【항소이유서】 ① 항소인이나 변호인은 제419조에 따른 통지를 받은 날부터 20일 이내에 항소이유서를 고등법원에 제출하여야 한다. 이 경우 제401조를 준용한다.
(2021.9.24 전단개정)
② 항소이유서에는 다음 각 호의 구분에 따라 항소의 이유를 밝혀야 한다.
1. 제414조제1호를 이유로 항소한 경우 : 그 사유가 있음을 구체적으로 표시
2. (2020.6.9 삭제)
3. 제414조제3호·제10호를 이유로 항소한 경우 : 그 사유가 있음을 증명할 수 있는 자료를 첨부
4. 제414조제4호·제9호·제11호·제12호를 이유로 항소한 경우 : 소송기록과 원심군사법원의 증거조사에 표시된 사실을 인용
5. 제414조제5호부터 제8호까지를 이유로 항소한 경우 : 그 사유가 있음을 충분히 증명할 수 있다는 취지의 군검사 또는 변호인의 보증서를 첨부(2016.1.6 본호개정)
참조 [항소이유서]425·427·428, [기간의 계산]103, [본조위반의 항소기각]422, [답변서]421
판례 형사소송법 제361조의4, 제361조의3, 제361조의2에 의하면, 항소인이나 변호인이 항소법원으로부터 소송기록송부통지를 받은 때로부터 20일 이내에 항소이유서를 제출하지 아니하고 항소장에 항소이유의 기재가 없는 경우에는 결정으로 항소를 기각할 수 있도록 규정되어 있으나, 이와 같이 항소이유서 부제출을 이유로 항소기각의 결정을 할 수 있기 위하여는 항소인이 적법한 소송기록송부통지를 받고도 정당한 이유 없이 20일 이내에 항소이유서를 제출하지 아니한 경우이어야 한다.(대결 2002.8.16, 2002모99)
판례 항소이유서는 적법한 기간 내에 항소법원에 도달하면 되는 것으로, 그 도달은 항소법원의 지배권 안에 들어가 사회통념상 일반적으로 알 수 있는 상태에 있으면 되고 나아가 항소법원의 내부적인 업무처리에 따른 문서의 접수, 결재과정 등을 필요로 하는 것은 아니다.(대판 1997.4.25, 96도3325)

제421조【답변서】 ① 항소이유서를 받은 고등법원은 지체 없이 그 부본 또는 등본을 상대방에게 송달하여야 한다.
② 상대방은 제1항의 송달을 받은 날부터 10일 이내에 답변서를 고등법원에 제출할 수 있다.
③ 답변서를 받은 고등법원은 지체 없이 그 부본 또는 등본을 항소인이나 변호인에게 송달하여야 한다.
(2021.9.24 본조개정)

제422조【항소기각의 결정】 ① 다음 각 호의 어느 하나에 해당할 때에는 고등법원은 결정으로 항소를 기각하여야 한다.(2021.9.24 본문개정)
1. 제417조에 해당하는 경우에 원심군사법원이 항소기각의 결정을 하지 아니할 때
2. 제420조제1항의 기간 내에 항소이유서를 제출하지 아니할 때. 다만, 항소장에 이유가 적혀 있거나 직권조사의 사유가 있을 때에는 그러하지 아니하다.
② 제1항의 결정에 대하여는 즉시항고를 할 수 있다.
참조 [결정]71·73, [항소장]416, [직권조사사유]428, [즉시항고]454·455

제423조【변호인의 자격과 변론능력】 ① 항소심에는 변호사 또는 변호사 자격이 있는 장교가 아니면 변호인으로 선임할 수 없다.
② 항소심에서는 변호인이 아니면 피고인을 위하여 변론하지 못한다.
참조 [변호인의 자격]60, [변호사]변호사2·3·7, [변호사의 자격]변호사3·5, [변호인의 선임]59·60

제424조 (2021.9.24 삭제)

제425조【변론방식】 군검사와 변호인은 항소이유서에 따라 변론하여야 한다.(2016.1.6 본조개정)
참조 [항소이유서]420, [상고심의 변론방식]445

제426조【피고인의 출석】 ① 피고인이 공판기일에 출석하지 아니하면 다시 기일을 정하여야 한다.
② 피고인이 정당한 사유 없이 다시 정한 기일에 출석하지 아니하면 피고인의 진술 없이 판결할 수 있다.

제427조【조사범위】 고등법원은 항소이유서에 포함된 사유에 관하여 조사하여야 한다.(2021.9.24 본조개정)
참조 [항소이유서]420, [사실의 조사]429, [직권조사사유]428

제428조【직권조사 사유】 고등법원은 판결에 영향을 미친 사유가 항소이유서에 포함되어 있지 아니한 경우에도 직권으로 그 사유를 조사할 수 있다.(2021.9.24 본조개정)
참조 [항소이유서]420, [사실의 조사]429, [조사범위]427

제429조【사실의 조사】 ① 고등법원은 제427조와 제428조의 조사를 할 때 필요하면 직권으로 또는 군검사, 피고인이나 변호인의 신청에 따라 사실을 조사할 수 있다. 다만, 제1심의 변론 종결 전에 조사를 신청하지 못한 증거

로서 그 사유가 소명된 것에 관하여는 형의 양정의 부당함 또는 사실의 오인이 판결에 영향을 미쳤음을 증명하는데 필요할 때에만 조사하여야 한다.
② 제1항의 조사는 합의부원이 하게 하거나 다른 군사법원의 군판사 또는 다른 지방법원의 판사에게 촉탁할 수 있다. 이 경우 수명법관 또는 수탁군판사, 수탁판사는 고등법원 또는 재판장과 같은 권한을 가진다.
(2021.9.24 본조개정)
참조 [형의 양정의 부당, 사실의 오인]414

제430조【항소기각의 판결】 ① 제414조 각 호의 어느 하나에 해당하는 사유가 없을 때에는 판결로 항소를 기각하여야 한다.
② 항소이유가 없음이 명백할 때에는 항소장, 항소이유서, 그 밖의 항소기록에 따라 변론 없이 판결로 항소를 기각할 수 있다.
참조 [항소할 수 있는 판결, 항소이유]414, [항소장]416, [항소이유서]420, [소송기록]418, [변론 없이 하는 판결]446

제431조【파기의 판결】 제414조 각 호의 어느 하나에 해당하는 사유가 있을 때에는 판결로 원심판결을 파기하여야 한다.
참조 [항소할 수 있는 판결]414, [파기의 경우의 조치]433－436, [공동피고인을 위한 파기]432, [공소기각]438
판례 고등군법회의가 항소이유있다고 인정하면서 징역 1년을 선고한 제1심판결을 파기하지 않고 면소의 판결을 선고한 것은 군법회의법 제421조, 형사소송법 제364조 제6항에 저촉되므로 타당하다고 볼 수 없으나 유죄선고를 한 제1심판결이 있음에도 불구하고 면소의 선고를 한 것은 제1심판결을 파기한 취지로 인정할 수 있으므로 이를 이유로 하여 원판결을 파기할 것은 아니라 할 것이다.
(대판 1963.5.9, 63도24)

제432조【공동피고인을 위한 파기】 피고인의 이익을 위하여 원심판결을 파기하는 경우에 파기의 사유가 항소한 공동피고인에게 공통될 때에는 공동피고인에 대하여도 원심판결을 파기하여야 한다.

제433조【파기환송】 적법한 공소를 기각하였거나 관할 위반의 인정이 법률을 위반하였음을 이유로 원심판결을 파기할 때에는 판결로 사건을 원심군사법원에 돌려보내야 한다.
참조 [관할위반]414, [원심판결의 파기]431, [항소심 재판의 기속력]440

제434조【파기이송】 관할 인정이 법률을 위반하였음을 이유로 원심판결을 파기할 때에는 판결로 사건을 관할 군사법원에 이송하여야 한다.
참조 [위법된 관할인정]414, [원심판결의 파기]431, [항소심 재판의 기속력]440

제435조【파기자판】 고등법원은 원심판결을 파기하는 경우에 그 소송기록과 원심군사법원 또는 고등법원에서 조사한 증거에 따라 판결하기 충분하다고 인정하면 피고사건에 대하여 직접 판결할 수 있다.(2021.9.24 본조개정)
참조 [원심판결의 파기]431, [조사한 증거]429, [준용규정]441
판례 군법회의법에 있어서의 항소심은 사후심이므로 항소심이 군법회의법 제425조에 의하여 파기자판하는 경우에 있어서도 1심공판에 관한 규정을 준용하여 사실심리, 증거조사등 변론을 되풀이 하고 피고인 또는 변호인에게 최종으로 진술할 기회를 반드시 주어야 할 필요는 없다.(대판 1963.10.10, 63도256)

제436조【환송 또는 이송】 제433조부터 제435조까지의 경우 외에 원심판결을 파기한 경우에는 판결로 사건을 원심군사법원에 돌려보내거나 관할권이 있는 다른 군사법원에 이송하여야 한다.(2021.9.24 본조개정)
참조 [원심판결의 파기]431, [환송·이송]433·434

제437조【불이익변경의 금지】 피고인이 항소한 사건과 피고인을 위하여 항소한 사건에 대하여는 원심판결의 형보다 무거운 형을 선고하지 못한다.
참조 [피고인의 항소]395, [피고인을 위한 항소]388·397·398, [형의 경중]형50

제438조【공소기각의 결정】 ① 제383조제1항 각 호의 어느 하나에 해당하는 사유가 있을 때에는 고등법원은 결정으로 공소를 기각하여야 한다.(2021.9.24 본항개정)
② 제1항의 결정에 대하여는 즉시항고를 할 수 있다.
참조 [공소기각]383, [즉시항고]454·455

제439조【재판서의 기재방법】 재판서에는 항소의 이유에 관한 판단을 적어야 하며 원심판결에 적힌 사실과 증거를 인용(引用)할 수 있다.
참조 [재판서]72, [항소이유]414, [사실과 증거의 명시]377

제440조【항소심 재판의 기속력】 사건의 환송 또는 이송을 받은 군사법원은 그 사건에 관하여 고등법원의 심판에서 판시된 법령의 해석에 기속된다.(2021.9.24 본조개정)
참조 [환송·이송]433·434·436

제441조【준용규정】 ① 이 절에 특별한 규정이 없으면 항소의 심판에 관하여는 제2편제2장제3절 공판에 관한 규정을 준용한다. 이 경우 "군사법원"은 "법원"으로, "재판관"은 "법관"으로, "군판사"는 "판사"로 본다.
(2021.9.24 본항개정)
② 항소심의 절차에 관하여 이 절에 특별한 규정이 없으면 「형사소송법」 중 항소심에 관한 규정에 따른다.
(2021.9.24 본항신설)
참조 [특별한 규정]426
판례 형사소송법 제298조 제4항은 공소사실의 변경 등이 피고인의 불이익을 증가할 염려가 있다고 인정될 때에는 피고인으로 하여금 필요한 방어의 준비를 하게 하기 위하여 공판절차를 정지할 수 있도록 규정하고 있는바, 공소사실의 일부 변경이 있고 법원이 그 변경을 이유로 공판절차를 정지하지 않았다고 하더라도 공판절차의 진행상황에 비추어 그 변경이 피고인의 방어권 행사에 실질적 불이익을 주지 않는 것으로 인정되는 경우에는 이를 위법하다고 할 수는 없다.(대판 2005.12.23, 2005도6402)

제3절 상 고
(2009.12.29 본절개정)

제442조【상고할 수 있는 판결】 고등법원의 판결에 대해서는 다음 각 호의 어느 하나에 해당하는 사유가 있음을 이유로 대법원에 상고할 수 있다.(2021.9.24 본문개정)
1. 헌법·법률·명령 또는 규칙의 위반이 판결에 영향을 미쳤을 때
2.~3. (2020.6.9 삭제)
4. 판결 후 형의 폐지나 변경 또는 사면이 있을 때
5. 재심청구의 사유가 있을 때
6. (2021.9.24 삭제)
7. 사형, 무기 또는 10년 이상의 징역이나 금고가 선고된 사건에서 중대한 사실의 오인이 있어 판결에 영향을 미쳤을 때 또는 형의 양정이 매우 부당하다고 인정할 현저한 사유가 있을 때
참조 [고등법원]10, [대법원]9, 헌110, [상고권자]395·397·398, [대법원이 판시한 법령해석의 기속력]법원조직8, [형의 면제·변경]형1, [사면]헌79, 사면3·5, [재심청구사유]469·470
판례 군사법원법 제442조 제7호의 해석상 검찰관은 원심의 형의 양정이 가볍다는 사유를 상고이유로 주장할 수 없다.
(대판 2006.5.26, 2005도7528)

제443조【비약적 상고】 ① 다음 각 호의 어느 하나에 해당하는 경우에는 군사법원의 판결에 대하여 항소를 제기하지 아니하고 상고를 할 수 있다.
1. 군사법원이 인정한 사실에 대하여 법령을 적용하지 아니하였거나 법령의 적용에 착오가 있을 때
2. 군사법원의 판결 후 형의 폐지나 변경 또는 사면이 있을 때
3. 군사법원에 대한 재판권의 인정이 법률을 위반하였을 때
(2021.9.24 본항개정)
② 제1심판결에 대한 제1항의 상고를 한 사람이 그 사건에 대하여 항소를 하면 그 상고는 효력을 잃는다. 다만, 항소의 취하 또는 항소기각의 결정이 있을 때에는 그러하지 아니하다.
참조 [대법원]9, 헌110, [항소의 취하]406·408, [항소기각의 결정]417·422
판례 군사법원법 제443조 제1항 제1호에 정한 비약적 상고이유의 내용 : 군사법원법 제443조 제1항 제1호는 보통군사법원의 판결에 대하여 비약적 상고를 제기할 수 있는 사유의 하나로 "보통군사법원이 인정한 사실에 대하여 법령을 적용하지 아니하였거나 법령의 적용에 착오가 있는 때"를 규정하고 있는바, 이는 원심이 인정한 사실이 옳은 것을 전제로 하여 볼 때 그에 대한 법령을 적용하지 아니하였거나 법령의 적용을 잘못한 경우를 뜻한다.
(대판 2006.10.27, 2006도619)

제444조【상고의 제기 기간】 상고의 제기 기간은 7일로 한다.
참조 [기간의 계산]103, [기산점]390②, [구속에 관한 결정]145

제445조【변론방식】 ① 검사와 변호인은 상고이유서와 답변서에 따라 변론하여야 한다.
② 대법원은 필요하다고 인정하면 직권으로 또는 검사, 피고인이나 변호인의 신청에 따라 군검사 또는 원심 변호인에게 의견을 진술하게 할 수 있다.(2021.9.24 본항개정)
참조 [상고이유서·답변서]450, 형소379

제446조【서면심리에 의한 판결】 ① 대법원은 상고장, 상고이유서, 그 밖의 소송기록에 따라 변론 없이 판결할 수 있다.
② 대법원은 필요한 경우에는 특정한 사항에 관하여 변론을 열어 참고인의 진술을 들을 수 있다.
참조 [상고장·상고이유서]450, 형소375·379④⑤, [소송기록]418·450, [구두변론에 의거한 판결]71①

제447조【상고기각의 판결】 상고이유가 없는 것이 명백할 때에는 변론 없이 판결로 상고를 기각할 수 있다.
참조 [상고이유]442·443, [구두변론에 의거한 판결]71①

제448조【원심판결의 파기】 대법원은 제442조 각 호와 제443조제1항 각 호에 규정된 사유가 있을 때에는 판결로 원심판결을 파기하여야 한다.(2020.6.9 본조개정)
참조 [상고할 수 있는 판결]442, [비약적 상고]443, [파기이송·환송]449, [판례의 변경]법원조직7①

제449조【파기이송·환송】 ① 제443조제1항 각 호에 규정된 사유가 있음을 이유로 원심판결을 파기하는 경우에는 판결로 사건을 재판권이 있는 관할 군사법원 또는 관할 법원에 이송하여야 한다.
② 제1항에 규정된 이유 외의 이유로 원심판결을 파기하는 경우에는 판결로 사건을 원심법원에 돌려보내야 한다.
(2021.9.24 본조개정)
참조 [비약적 상고]443, [원심판결의 파기]448

제450조【준용규정】 ① 이 절에 특별한 규정이 없으면 상고의 심판에 관하여는 이 장 제2절 항소에 관한 규정을 준용한다.
② 상고심의 절차에 관하여 이 절에 특별한 규정이 없으면 「형사소송법」 중 상고심에 관한 규정에 따른다.
참조 [상고심에 관한 규정]형소371－401

제451조【판결정정의 신청】 ① 대법원은 그 판결의 내용에 오류가 있음을 발견하였을 때에는 직권으로 또는 검사, 상고인이나 변호인의 신청에 따라 판결로 오류를 정정(訂正)할 수 있다.
② 제1항의 신청은 판결이 선고된 날부터 10일 이내에 하여야 한다.
③ 제1항의 신청은 이유를 적은 서면으로 하여야 한다.

제452조【정정판결】 ① 정정의 판결은 변론 없이 할 수 있다.
② 정정할 필요가 없다고 인정하면 지체 없이 결정으로 신청을 기각하여야 한다.
참조 [구두변론에 의거한 판결]71①, [결정]71·73

제453조【소송기록 등의 환송】 대법원은 상고기각의 판결 또는 결정을 하였을 때에는 소송기록과 증거물을 원심법원에 돌려보내야 한다.(2021.9.24 본조개정)
참조 [상고기각]447·450, 형소380－382, [소송기록·증거물]418·450

제4절 항 고
(2009.12.29 본절개정)

제454조【항고할 수 있는 재판】 군사법원의 결정에 대하여 불복할 때에는 항고를 할 수 있다. 다만, 이 법에 특별한 규정이 있는 경우에는 그러하지 아니하다.
(2020.6.9 본조개정)
참조 [결정]71·73, [즉시항고의 규정이 있는 경우]55·137·140의2·383·392·394·404·417·422·438·457·464·486, [항고 제기 기간]455

제454조의2【판결 전의 결정에 대한 항고】 ① 군사법원의 관할 또는 판결 전의 소송절차에 관한 결정에 대해서는 특히 즉시항고를 할 수 있는 경우 외에는 항고하지 못한다.
② 제1항은 구금, 보석, 압수나 압수물의 환부에 관한 결정 또는 감정하기 위한 피고인의 유치에 관한 결정에 적용하지 아니한다.
(2020.6.9 본조신설)

제454조의3【보통항고의 시기】 항고는 즉시항고 외에는 언제든지 할 수 있다. 다만, 원심결정을 취소하여도 실익이 없게 된 때에는 예외로 한다.(2020.6.9 본조신설)

제455조【즉시항고 제기 기간】 즉시항고의 제기 기간은 7일로 한다.(2020.2.4 본조개정)
(2020.6.9 본조제목개정)
참조 [기간의 계산]103

제456조【항고의 절차】 항고를 할 때에는 항고장을 원심군사법원에 제출하여야 한다.

제457조【원심군사법원의 항고기각결정】 ① 항고의 제기가 법률상의 방식을 위반하거나 항고권 소멸 후인 것이 명백할 때 원심군사법원은 결정으로 항고를 기각하여야 한다.
② 제1항의 결정에 대하여는 즉시항고를 할 수 있다.
참조 [법률상의 방식]456, [항고권소멸]411·455, [결정]71·73, [항고법원 항고기각 결정]462, [즉시항고]455·456

제458조【원심군사법원의 경정결정】 ① 원심군사법원은 항고가 이유 있다고 인정하면 결정을 경정하여야 한다.
② 항고의 전부 또는 일부가 이유 없다고 인정하면 항고장을 받은 날부터 3일 이내에 의견서를 첨부하여 항고법원에 보내야 한다.(2021.9.24 본항개정)
참조 [결정]71·73, [항고장]456

제459조【즉시항고와 집행정지】 즉시항고의 제기 기간 내와 그 제기가 있는 때에는 재판의 집행은 정지된다.
(2020.6.9 본조개정)
참조 [즉시항고제기기간]455

제459조의2【보통항고와 집행정지】 항고는 즉시항고 외에는 재판의 집행을 정지하는 효력이 없다. 다만, 원심군사법원 또는 항고법원은 결정으로 항고에 대한 결정이 있을 때까지 집행을 정지할 수 있다.(2021.9.24 단서개정)

제460조【소송기록 등의 송부】 ① 원심군사법원은 필요하다고 인정하면 소송기록과 증거물을 항고법원에 보내야 한다.
② 항고법원은 소송기록과 증거물의 송부를 요구할 수 있다.
③ 제1항 및 제2항의 경우에 항고법원이 소송기록과 증거물의 송부를 받은 날부터 5일 이내에 당사자에게 그 사유를 통지하여야 한다.
(2021.9.24 본조개정)

제461조【군검사의 의견진술】 군검사는 항고사건에 대하여 의견을 진술할 수 있다.(2016.1.6 본조개정)

제462조【항고기각의 결정】 제457조에 해당하는 경우 원심군사법원이 항고기각의 결정을 하지 아니할 때에는 항고법원은 결정으로 항고를 기각하여야 한다.
(2021.9.24 본조개정)
참조 [원심군사법원의 항고기각결정]457, [본조의 준용]468

제463조【항고기각과 항고이유 인정】 ① 항고가 이유 없다고 인정하면 결정으로 항고를 기각하여야 한다.
② 항고가 이유 있다고 인정하면 결정으로 원심결정을 취소하고 필요하면 항고사건에 대하여 직접 재판을 하여야 한다.
참조 [본조의 준용]468

제464조【재항고】 항고법원이나 고등법원의 결정에 대해서는 헌법, 법률, 명령 또는 규칙의 위반이 재판에 영향을 미쳤음을 이유로 할 때에만 대법원에 즉시항고를 할 수 있다.(2021.9.24 본조개정)
참조 [재판에 영향을 미친 법령위반]414·442, [즉시항고]454·455, [본조의 준용]468

제465조【준항고】 ① 재판장이나 수명재판관·수명법관이 다음 각 호의 어느 하나에 해당하는 재판을 고지한 경우에 불복이 있으면 그 재판관 소속의 군사법원 또는 법원에 재판의 취소 또는 변경을 청구할 수 있다.
(2021.9.24 본문개정)
1. 기피신청을 기각한 재판
2. 구류, 보석, 압수 또는 압수물 환부에 관한 재판

3. 감정하기 위하여 피고인의 유치를 명령한 재판
4. 증인, 감정인 또는 통역인에게 과태료 또는 비용의 배상을 명령한 재판
② 군사법원 또는 법원은 제1항의 청구를 받으면 결정을 하여야 한다.(2021.9.24 본항개정)
③ 제1항의 청구는 재판이 고지된 날부터 7일 이내에 하여야 한다.(2020.2.4 본항개정)
④ 제1항제4호의 경우 제3항의 청구기간 내와 그 청구가 있는 때에는 재판의 집행은 정지된다.(2020.6.9 본항개정)
제466조【준항고】 군검사나 군사법경찰관의 구금, 압수 또는 압수물 환부에 관한 처분과 제235조의2에 따른 변호인의 참여 등에 관한 처분에 불복할 때에는 그 직무집행지의 관할 군사법원 또는 군검사 소속 보통검찰부에 대응하는 군사법원에 그 처분의 취소 또는 변경을 청구할 수 있다.(2021.9.24 본조개정)
참조 [재판의 고지]76·77, [청구절차]457·458, [압수]146-148·177, [압수물환부]174·175·177
제467조【준항고의 방식】 제465조와 제466조에 따른 청구는 서면으로 관할 군사법원 또는 법원에 제출하여야 한다.(2021.9.24 본조개정)
제468조【준용규정】 제465조와 제466조에 따른 청구가 있는 경우에는 제459조의2 및 제462조부터 제464조까지의 규정을 준용한다.(2020.6.9 본조개정)

제3편 특별소송절차

(2009.12.29 본편개정)

제1장 재 심

제469조【재심이유】 재심은 다음 각 호의 어느 하나에 해당하는 사유가 있을 때에 유죄의 확정판결에 대하여 그 선고를 받은 사람의 이익을 위하여 청구할 수 있다.
1. 원판결의 증거가 된 서류 또는 증거물이 확정판결에 따라 위조 또는 변조된 것이 증명되었을 때
2. 원판결의 증거가 된 증언·감정·통역 또는 번역이 확정판결에 따라 거짓인 것이 증명되었을 때
3. 무고(誣告)로 인하여 유죄를 선고받은 경우에 그 무고의 죄가 확정판결에 따라 증명되었을 때
4. 원판결의 증거가 된 재판이 확정재판에 따라 변경되었을 때
5. 유죄를 선고받은 사람에게 무죄 또는 면소를, 형을 선고받은 사람에게 형의 면제 또는 원판결이 인정한 죄보다 가벼운 죄를 인정한 명백한 증거가 새로 발견되었을 때
6. 저작권, 특허권, 실용신안권, 디자인권 또는 상표권을 침해한 죄로 유죄를 선고받은 사건에 관하여 그 권리에 대한 무효의 심결 또는 무효의 판결이 확정되었을 때
7. 원판결, 전심판결 또는 그 판결의 기초가 된 조사에 관여한 재판관이나 법관, 공소의 제기 또는 그 공소의 기초가 된 수사에 관여한 군검사, 검사, 군사법경찰관 또는 사법경찰관이 그 직무에 관한 죄를 범한 것이 확정판결에 따라 증명되었을 때. 다만, 원판결의 선고 전에 재판관, 법관, 군검사, 검사, 군사법경찰관 또는 사법경찰관에 대하여 공소가 제기된 경우에는 원판결을 한 군사법원이나 상소법원이 그 사유를 알지 못하였을 때에만 재심을 청구할 수 있다.(2021.9.24 단서개정)
제470조【재심사유】 ① 항소나 상고를 기각한 확정판결에 대하여는 제469조제1호·제2호 및 제7호의 사유가 있는 경우에만 그 선고를 받은 사람의 이익을 위하여 재심을 청구할 수 있다.
② 제1심 확정판결에 대한 재심청구사건의 판결이 있은 후에는 항소기각의 판결에 대하여 다시 재심을 청구하지 못한다.
③ 제1심 또는 제2심의 확정판결에 대한 재심청구사건의 판결이 있은 후에는 상고기각의 판결에 대하여 다시 재심을 청구하지 못한다.
참조 [재심청구권자]473, [항소기각판결]430, [상고기각판결]447·450, [재심청구의 기각]485
제471조【확정판결을 갈음하는 증명】 제469조와 제470조에 따라 확정판결로써 범죄가 증명됨을 재심청구의 이유로 할 경우 그 확정판결을 얻을 수 없을 때에는 그 사실을 증명하여 재심청구를 할 수 있다. 다만, 증거가 없다는 이유로 확정판결을 얻을 수 없을 때에는 그러하지 아니하다.
참조 [증거가 없다는 이유]380
제472조【재심의 관할】 재심청구는 원판결을 한 군사법원이나 상소법원이 관할한다.(2021.9.24 본조개정)
판례 재심청구인이 군법회의에서 군용물횡령죄로 유죄판결을 받고 군에서 제적되었다 하더라도 동 군법회의 판결에 대한 재심관할권은 일반법원이 아니라 군법회의에 있다.
(대판 1982.6.8, 81모43)
제473조【재심청구권자】 다음 각 호의 어느 하나에 해당하는 사람은 재심청구를 할 수 있다.
1. 대검찰청 검사·군검사(2016.1.6 본호개정)
2. 유죄를 선고받은 사람
3. 유죄를 선고받은 사람의 법정대리인
4. 유죄를 선고받은 사람이 사망하거나 심신장애가 있는 경우에는 그 배우자, 직계친족 또는 형제자매
참조 [군검사만이 청구할 수 있는 재심]474
제474조【군검사만이 청구할 수 있는 재심】 제469조제7호의 사유에 따른 재심청구는 유죄를 선고받은 사람이 그 죄를 범하게 한 경우에는 대검찰청 검사 또는 군검사가 아니면 하지 못한다.(2016.1.6 본조개정)
참조 [직무범죄]469, [여타의 경우의 재심청구권자]473
제475조【변호인의 선임】 ① 대검찰청 검사 또는 군검사가 아닌 사람이 재심청구를 하는 경우에는 변호인을 선임할 수 있다.(2016.1.6 본항개정)
② 제1항에 따른 변호인 선임은 재심의 판결이 있을 때까지 효력이 있다.
참조 [군검사 이외의 재심청구권자]473, [변호인의 선임]59·60
제476조【재심청구의 시기】 재심청구는 형의 집행이 끝나거나 형의 집행을 받지 아니하게 되었을 때에도 할 수 있다.
참조 [집행을 받지 아니하게 된 때]형77, 사면5①
제477조【재심청구와 집행부정지】 재심청구는 형의 집행을 정지하는 효력이 없다. 다만, 관할 군사법원에 대응하는 보통검찰부의 군검사는 재심청구에 대한 재판이 있을 때까지 형의 집행을 정지할 수 있다.(2021.9.24 단서개정)
참조 [재심청구에 대한 재판]482·484
제478조【재심청구의 취하】 ① 재심청구는 취하할 수 있다.
② 재심청구를 취하한 사람은 같은 이유로 다시 재심을 청구하지 못한다.
참조 [상소취하후의 재상소의 금지]411
제479조【재소자에 대한 특칙】 재심청구와 그 취하에 관하여는 제401조를 준용한다.
제480조【사실조사】 ① 재심청구를 받은 군사법원이나 상소법원은 필요하다고 인정하면 합의부원 또는 수명군판사에게 재심청구의 이유에 대한 사실조사를 명령하거나 다른 법원의 판사 또는 다른 군사법원의 군판사에게 조사를 촉탁할 수 있다.(2021.9.24 본항개정)
② 제1항의 경우에 수명법관, 수명군판사, 수탁판사 또는 수탁군판사는 법원이나 군사법원 또는 재판장과 같은 권한이 있다.
제481조【재심에 대한 결정과 당사자의 의견】 재심청구에 대하여 결정을 할 때에는 청구한 사람과 상대방의 의견을 들어야 한다. 다만, 유죄를 선고받은 사람의 법정대리인이 청구한 경우에는 유죄를 선고받은 사람의 의견을 들어야 한다.
참조 [유죄의 선고]375·376
제482조【청구기각 결정】 재심청구가 법률상의 방식을 위반하거나 청구권 소멸 후인 것이 명백할 때에는 결정으로 기각하여야 한다.
참조 [청구권의 소멸]470·478·483, [의견의 청취]481, [즉시항고]486
제483조【청구기각 결정】 ① 재심청구가 이유 없다고 인정하면 결정으로 기각하여야 한다.
② 제1항의 결정이 있으면 누구든지 같은 이유로 다시 재심을 청구하지 못한다.
참조 [재심청구의 이유]469·470, [의견의 청취]481, [즉시항고]486
제484조【재심개시의 결정】 ① 재심청구가 이유 있다고 인정하면 재심개시의 결정을 하여야 한다.
② 제1항의 결정을 한 때에는 결정으로 형의 집행을 정지할 수 있다.
참조 [재심청구의 이유]469·470, [의견의 청취]481, [즉시항고]486
제485조【청구의 경합과 청구기각의 결정】 ① 항소기각의 확정판결과 그 판결에 따라 확정된 제1심판결에 대하여 재심이 청구된 경우에 제1심 군사법원이 재심판결을 하면 고등법원은 결정으로 재심청구를 기각하여야 한다.
② 제1심 또는 제2심의 판결에 대한 상고기각의 확정판결과 그 판결에 따라 확정된 제1심 또는 제2심의 판결에 대하여 재심이 청구된 경우에 제1심의 군사법원 또는 제2심의 고등법원이 재심판결을 하면 대법원은 결정으로 재심청구를 기각하여야 한다.
(2021.9.24 본조개정)
참조 [항소기각판결]430, [상고기각판결]447, [즉시항고]486
제486조【즉시항고】 제482조, 제483조제1항, 제484조제1항 및 제485조제1항의 결정에 대하여는 즉시항고를 할 수 있다.
참조 [즉시항고]454·455
제487조【국선변호인의 선정】 재심개시가 결정된 사건에 대하여 재심을 청구한 사람이 변호인을 선임하지 아니하였을 때에는 상소법원이나 관할 군사법원은 제62조에 따라 국선변호인을 선정한다.(2021.9.24 본조개정)
참조 [재심개시의 결정]484, [변호인의 선임]59, [국선변호인]62, 헌12
제488조【재심의 심판】 ① 재심개시 결정이 확정된 사건에 대하여는 제485조의 경우 외에는 군사법원이나 상소법원은 그 심급에 따라 다시 심판하여야 한다.
(2021.9.24 본항개정)
② 다음 각 호의 어느 하나에 해당하는 경우에는 제357조제1항과 제383조제1항제2호를 제1항의 심판에 적용하지 아니한다.
1. 사망자나 회복할 수 없는 심신장애인을 위하여 재심이 청구되었을 때
2. 유죄를 선고받은 사람이 재심판결 전에 사망하거나 회복할 수 없는 심신장애인이 되었을 때
③ 제2항의 경우에는 피고인이 출석하지 아니하여도 심판할 수 있다. 다만, 변호인이 출석하지 아니하면 개정하지 못한다.
참조 [재심개시의 결정]484, [공판절차의 정지]357①, [피고인의 사망에 의한 공소기각]383①, [피고인의 출석]326, [변호인의 출석]322
제489조【불이익 변경의 금지】 재심에서는 원판결의 형보다 무거운 형을 선고하지 못한다.
참조 [불이익변경의 금지]437, [형의 경중]형50
제490조【무죄판결의 공시】 재심에서 무죄를 선고하였을 때에는 그 판결을 관보와 일간신문에 실어 공시하여야 한다. 다만, 다음 각 호의 어느 하나에 해당하는 사람이 이를 원하지 아니하는 의사를 표시한 경우에는 그러하지 아니하다.(2018.12.18 단서신설)
1. 제473조제1호부터 제3호까지의 어느 하나에 해당하는 사람이 재심을 청구한 때에는 재심에서 무죄의 선고를 받은 사람(2018.12.18 본호신설)
2. 제473조제4호에 해당하는 사람이 재심을 청구한 때에는 재심을 청구한 그 사람(2018.12.18 본호신설)
참조 [무죄의 선고]380·435·441·450, [보상결정의 공시]형사보상및명예회복에관한법25
제491조【준용규정】 대법원이 이 장의 규정에 따른 재판을 하였을 경우에는 제453조를 준용한다.
(2020.6.9 본조개정)

제2장 비상상고

제492조【비상상고 이유】 검찰총장은 군사법원의 판결 또는 이 법에 따른 상소법원의 판결이 확정된 후 그 사건의 심판이 법률을 위반한 것을 발견하였을 때에는 대법원에 비상상고를 할 수 있다.(2021.9.24 본조개정)
참조 [검찰총장]검찰6, [판결확정]415·444, [대법원]9, 헌101, 법원조직11이하
판례 기록에 의하면, 피고인이 2003.11.25. 사기죄로 수원지방법원에 기소된 후 피고인에 대하여 송달이 되지 아니하고 그 소재도 확인할 수 없게 되자 위 법원은 소송촉진 등에 관한 특례법에 의하여 공시송달로 공판을 진행하여 2005.12.14. 피고인이 불출석한 상태에서 징역 6월의 형을 선고하고 그 판결이 항소기간 도과로 확정된 사실, 그런데 피고인은 2005.11.29. 306보충대에 입영하여 위 판결 선고 당시 군복무 중이었던 사실이 인정된다. 그렇다면 피고인에 대하여는 공소가 제기된 후 군사법원법 제2조 제2항에 의하여 군사법원이 재판권을 가지게 되었으므로 위 법원으로서는 형사소송법 제16조의2에 의하여 사건을 관할군사법원에 이송하였어야 함에도 피고인에 대하여 재판권을 행사한 것은 위법하다 할 것이므로, 이 비상상고는 이유 있다.(대판 2006.4.14, 2006오1)
제493조【비상상고의 제기 청구】 고등검찰부 군검사는 제492조에 규정된 이유를 서면으로 제출하여 검찰총장에게 비상상고의 제기를 청구할 수 있다.
(2016.1.6 본조개정)
제494조【비상상고의 방식】 비상상고를 제기할 때에는 그 이유를 적은 신청서를 대법원에 제출하여야 한다.
제495조【공판기일】 공판기일에는 검사나 고등검찰부 군검사는 신청서에 따라 진술하여야 한다.(2016.1.6 본조개정)
제496조【조사의 범위】 ① 대법원은 신청서에 포함된 사항에 대하여만 조사하여야 한다.
② 재판관, 공소의 수리(受理) 및 소송절차에 관하여는 사실조사를 할 수 있다.
③ 제2항의 경우에는 제480조를 준용한다.
참조 [신청서]494, [재심청구의 이유에 대한 사실조사]480
제497조【기각의 판결】 비상상고가 이유 없다고 인정하면 판결로 기각하여야 한다.
참조 [비상상고의 이유]492, [소송기록 등의 환송]453·501
제498조【파기의 판결】 비상상고가 이유 있다고 인정하면 다음 각 호의 구분에 따라야 한다.
1. 원판결이 법령을 위반한 경우에는 그 위반한 부분을 파기하여야 한다. 다만, 원판결이 피고인에게 불이익한 때에는 원판결을 파기하고 피고사건에 대하여 다시 판결을 한다.(2021.9.24 본호개정)
2. 원심소송절차가 법령을 위반한 경우에는 위반한 절차를 파기한다.
참조 [비상상고의 이유]492, [판결의 효력]500, [소송기록 등의 환송]453·501
판례 제1호 단서에 의하여 원판결을 파기하고 사건을 다시 고등군법회의에 환송 또는 이송한 경우에 환송 또는 이송을 받은 고등군법회의는 대법원이 판시한 법령의 해석에 따라야 하나, 사실의 점에 있어 변경이 생겼다면 이 점도 고려하여 판결하여야 한다.
(대판 1963.10.10, 63도224)
제499조 (2021.9.24 삭제)
제500조【판결의 효력】 제498조제1호 단서에 따른 판결을 제외한 비상상고의 판결은 그 효력이 피고인에게 미치지 아니한다.(2021.9.24 본조개정)
제501조【준용규정】 대법원이 제497조와 제498조제1호 본문 및 제2호의 판결을 하였을 경우에는 제453조를 준용한다.
참조 [소송기록 등의 환송]453

제3장 약식절차

제501조의2【약식명령을 할 수 있는 사건】 ① 군사법원은 그 관할에 속하는 사건에 대하여 군검사가 청구를 하였을 때에는 공판절차 없이 약식명령으로 피고인을 벌금, 과료 또는 몰수에 처할 수 있다.(2021.9.24 본항개정)
② 제1항의 경우에는 추징이나 그 밖의 부수적인 처분을 할 수 있다.
제501조의3【약식명령의 청구】 약식명령의 청구는 공소제기와 동시에 서면으로 하여야 한다.
제501조의4【보통의 심판】 약식명령의 청구가 있는 경우에 그 사건이 약식명령으로 할 수 없거나 약식명령으로 하는 것이 적당하지 아니하다고 인정하면 공판절차에 따라 심판하여야 한다.

제501조의5【약식명령의 방식】 약식명령에는 범죄사실, 적용법령, 주형(主刑), 부수 처분 및 약식명령을 고지받은 날부터 7일 이내에 정식재판을 청구할 수 있음을 밝혀야 한다.

제501조의6【약식명령의 고지】 약식명령의 고지는 군검사와 피고인에 대한 재판서의 송달로 하여야 한다.
(2016.1.6 본조개정)

제501조의7【정식재판의 청구】 ① 군검사나 피고인은 약식명령을 고지받은 날부터 7일 이내에 정식재판을 청구할 수 있다. 다만, 피고인은 정식재판의 청구를 포기할 수 없다.(2016.1.6 본문개정)
② 정식재판의 청구는 약식명령을 한 군사법원에 서면으로 하여야 한다.
③ 정식재판의 청구가 있을 때에는 군사법원은 지체 없이 군검사나 피고인에게 그 사유를 통지하여야 한다.
(2016.1.6 본항개정)

제501조의8【정식재판 청구의 취하】 정식재판의 청구는 제1심판결 선고 전까지 취하할 수 있다.

제501조의9【기각의 결정】 ① 정식재판의 청구가 법령상의 방식을 위반하거나 청구권 소멸 후인 것이 명백할 때에는 결정으로 기각하여야 한다.
② 제1항의 결정에 대하여는 즉시항고를 할 수 있다.
③ 정식재판의 청구가 적법할 때에는 공판절차에 따라 심판하여야 한다.

제501조의10【약식명령의 실효】 약식명령은 정식재판의 청구에 따른 판결이 있을 때에는 효력을 잃는다.

제501조의11【약식명령의 효력】 약식명령은 정식재판의 청구기간이 지나거나 청구의 취하 또는 청구기각의 결정이 확정되었을 때에는 확정판결과 같은 효력이 있다.

제501조의12【불이익 변경의 금지】 피고인이 정식재판을 청구한 사건에 대하여는 약식명령의 형보다 무거운 형을 선고하지 못한다.

제501조의13【상소 규정의 준용】 ① 정식재판의 청구 또는 그 취하에 관하여는 제397조부터 제399조까지, 제402조부터 제409조까지 및 제411조를 준용한다.
② 정식재판을 청구한 피고인이 정식재판절차의 공판기일에 출석하지 아니한 경우에는 제426조를 준용한다.
③ 즉결심판을 청구할 때에는 사전에 피고인에게 즉결심판의 절차를 이해하는 데 필요한 사항을 서면 또는 구두로 알려주어야 한다.(2020.6.9 본항신설)

제4장 즉결심판절차

제501조의14【즉결심판의 대상】 군사법원 군판사(이하 "군판사"라 한다)는 범죄의 증거가 명백하고 죄질이 경미한 범죄사건을 신속·적정한 절차로 심판하기 위하여 이 장에서 정한 즉결심판절차에 따라 피고인에게 20만원 이하의 벌금 또는 과료에 처할 수 있다.
(2021.9.24 본조개정)

제501조의15【즉결심판 청구】 ① 즉결심판은 국방부장관 또는 소속 군 참모총장의 승인을 받아 관할 군사법원에 청구한다.(2021.9.24 본항개정)
② 즉결심판을 청구할 때에는 즉결심판 청구서를 제출하여야 하며, 즉결심판 청구서에는 피고인의 성명이나 그 밖에 피고인을 특정할 수 있는 사항, 죄명, 범죄사실 및 적용법조를 적어야 한다.
③ 즉결심판을 청구할 때에는 사전에 피고인에게 즉결심판의 절차를 이해하는 데 필요한 사항을 서면 또는 구두로 알려주어야 한다.(2020.6.9 본항개정)

제501조의16【서류·증거물의 제출】 관할 군사경찰부대의 장은 즉결심판의 청구와 동시에 즉결심판에 필요한 서류 또는 증거물을 군판사에게 제출하여야 한다.
(2020.2.4 본조개정)

제501조의17【청구의 기각 등】 ① 군판사는 사건이 즉결심판을 할 수 없거나 즉결심판절차에 따라 심판함이 적당하지 아니하다고 인정하면 결정으로 즉결심판의 청구를 기각하여야 한다.
② 제1항의 결정이 있을 때에는 관할 군사경찰부대의 장은 지체 없이 사건을 관할 보통검찰부에 송치하여야 한다.(2020.2.4 본항개정)

제501조의18【심판】 즉결심판이 청구되었을 때에는 군판사는 제501조의17제1항의 경우를 제외하고 즉시 심판을 하여야 한다.

제501조의19【개정】 ① 즉결심판절차에 따른 심리와 재판의 선고는 공개된 법정에서 하되, 법정은 군사경찰부대 외의 장소에 설치하여야 한다.(2020.2.4 본항개정)
② 법정은 군판사와 서기가 참석하여 개정한다.
③ 제1항과 제2항에도 불구하고 군판사는 상당한 이유가 있는 경우에는 개정하지 아니하고 피고인의 진술서와 제501조의16의 서류 또는 증거물에 따라 심판할 수 있다.

제501조의20【피고인의 출석】 피고인이 기일에 출석하지 아니한 때에는 이 법 또는 다른 법률에 특별한 규정이 있는 경우를 제외하고는 개정할 수 없다.

제501조의21【불출석심판】 ① 피고인이나 즉결심판 출석통지서를 받은 사람(이하 "피고인등"이라 한다)은 군사법원에 불출석심판을 청구할 수 있고, 군사법원이 이를 허가하였을 때에는 피고인이 출석하지 아니하더라도 심판할 수 있다.
② 제1항에 따른 불출석심판의 청구와 그 허가절차에 필요한 사항은 대법원규칙으로 정한다.

제501조의22【기일의 심리】 ① 군판사는 피고인에게 피고사건의 내용과 제328조의2에 규정된 진술거부권이 있음을 알리고 변명할 기회를 주어야 한다.
② 군판사는 필요하다고 인정하면 적당한 방법으로 법정에 있는 증거만을 조사할 수 있다.
③ 변호인은 기일에 출석하여 제2항의 증거조사에 참여하고 의견을 진술할 수 있다.

제501조의23【증거능력】 즉결심판절차에 대하여는 제362조, 제365조제2항 및 제366조를 적용하지 아니한다.

제501조의24【즉결심판의 선고】 ① 즉결심판으로 유죄를 선고할 때에는 형, 범죄사실 및 적용법조를 밝히고 피고인은 7일 이내에 정식재판을 청구할 수 있다는 것을 고지하여야 한다.
② 참여한 서기는 제1항의 선고 내용을 기록하여야 한다.
③ 피고인이 군판사에게 정식재판을 청구할 의사를 표시하였을 때에는 제2항의 기록에 분명히 적어두어야 한다.
④ 제501조의19제3항 또는 제501조의21의 경우에는 서기는 7일 이내에 정식재판을 청구할 수 있음을 부기한 즉결심판서의 등본을 피고인에게 송달하여 고지한다. 다만, 제501조의21제1항의 경우에 피고인등이 미리 즉결심판서의 등본 송달이 필요하지 아니하다는 뜻을 표시하였을 때에는 송달하지 아니한다.
⑤ 군판사는 사건이 무죄, 면소 또는 공소기각을 함이 명백하다고 인정하면 이를 선고·고지할 수 있다.

제501조의25【즉결심판서】 ① 유죄의 즉결심판서에는 피고인의 성명이나 그 밖에 피고인을 특정할 수 있는 사항, 주문, 범죄사실 및 적용법조를 밝히고 군판사가 서명날인하여야 한다.
② 피고인이 범죄 사실을 자백하고 정식재판의 청구를 포기한 경우에는 제501조의24의 기록 작성을 생략하고 즉결심판서에 선고한 주문과 적용법조를 밝히고 군판사가 기명날인한다.

제501조의26【즉결심판서 등의 보존】 즉결심판의 판결이 확정되었을 때에는 즉결심판서 및 관계 서류와 증거는 관할 군사경찰부대가 보존한다.(2020.2.4 본조개정)

제501조의27【정식재판의 청구】 ① 정식재판을 청구하려는 피고인은 즉결심판의 선고·고지를 받은 날부터 7일 이내에 정식재판 청구서를 관할 군사경찰부대의 장에게 제출하여야 한다. 이 경우 군사경찰부대의 장은 지체 없이 정식재판 청구서를 군판사에게 보내야 한다.
(2020.2.4 본항개정)
② 관할 군사경찰부대의 장은 제501조의24제5항의 경우 그 선고·고지를 한 날부터 7일 이내에 정식재판을 청구할 수 있다. 이 경우 군사경찰부대의 장은 관할 검찰부 군검사의의견을 물어 정식재판 청구서를 군판사에게 제출하여야 한다.(2020.2.4 본항개정)
③ 군판사는 정식재판 청구서를 받은 날부터 7일 이내에 관할 군사경찰부대의 장에게 정식재판 청구서를 첨부한 사건기록과 증거물을 보내고, 군사경찰부대의 장은 지체 없이 관할 검찰부에 이를 보내야 하며, 검찰부는 지체 없이 관할 군사법원에 이를 보내야 한다.(2020.2.4 본항개정)
④ 정식재판의 청구 또는 그 포기·취하에 관하여는 제397조부터 제399조까지, 제401조제1항·제2항, 제402조부터 제409조까지, 제411조, 제501조의8 및 제501조의9를 준용한다.

제501조의28【즉결심판의 실효】 즉결심판은 정식재판의 청구에 따른 판결이 있으면 효력을 잃는다.

제501조의29【즉결심판의 효력】 즉결심판은 정식재판의 청구기간의 경과, 정식재판 청구권의 포기 또는 그 청구의 취하에 따라 확정판결과 같은 효력이 생긴다. 정식재판 청구를 기각하는 재판이 확정되었을 때에도 같다.

제501조의30【가납명령】 군판사가 즉결심판으로 유죄를 선고할 때에는 제391조를 준용한다.

제501조의31【형의 집행】 ① 형의 집행은 관할 군사경찰부대의 장이 하고 그 집행 결과를 군검사에게 통보하여야 한다.(2020.2.4 본항개정)
② 벌금, 과료, 몰수는 그 집행을 마치면 지체 없이 군검사에게 이를 인계하여야 한다. 다만, 즉결심판 확정 후 상당 기간 내에 집행할 수 없을 때에는 군검사에게 통지하여야 하고, 통지를 받은 군검사는 제520조에 따라 집행할 수 있다.
(2016.1.6 본조개정)

제501조의32【즉결심판 처리결과의 통보】 관할 군사경찰부대의 장은 제501조의15에 따라 즉결심판을 청구한 사건에 대하여 그 처리 결과를 군검사에게 통보하여야 한다.(2020.2.4 본조개정)

제501조의33 (2021.9.24 삭제)

제501조의34【준용】 즉결심판절차에 대하여 이 장에 특별한 규정이 없으면 그 성질에 반하지 아니한 것은 이 장 외의 규정을 준용한다.

제4편 재판의 집행
(2009.12.29 본편개정)

제502조【재판의 확정과 집행】 재판은 이 법에 특별한 규정이 없으면 확정된 후에 집행한다.
참조 [특별한 규정]391·520·522·524, [재판의 확정]415·444

제503조【집행 지휘】 ① 재판의 집행은 그 재판을 한 군사법원에 대응하는 보통검찰부의 군검사가 지휘한다. 다만, 재판의 성질상 군사법원이나 재판관이 지휘할 경우에는 그러하지 아니하다.
② 상소의 재판 또는 상소의 취하로 인하여 원심군사법원 또는 원심법원의 재판을 집행할 경우에는 관할 고등검찰부 군검사가 지휘한다. 다만, 소송기록이 군사법원에 있을 때에는 그 군사법원에 대응하는 보통검찰부의 군검사가 지휘한다.
③「군형법」제1조제1항부터 제3항까지에 규정된 사람으로서 그 신분 취득 전에 법원에서 형을 선고받고 그 형이 집행되지 아니하고 있는 사람의 재판의 집행은 검사의 촉탁에 따라 군검사가 한다. 이 경우 검사는 판결서 등본을 군사법원에 대응하는 보통검찰부의 군검사에게 송달하여야 한다.
(2021.9.24 본조개정)
참조 [사형의 집행지휘]506, [상소의 재판]422-447·450·463①, [상소의 취하]406·408·411, [피적용자]군형1①③

제504조【집행 지휘의 방식】 재판의 집행 지휘는 재판서 또는 재판을 적은 조서의 등본이나 초본을 첨부한 서면으로 하여야 한다. 다만, 형의 집행을 지휘하는 경우가 아니면 재판서의 원본, 등본이나 초본 또는 조서의 등본이나 초본에 이를 인정하는 날인으로 할 수 있다.
참조 [재판서 또는 재판을 기재한 조서의 등본·초본]78

제505조【형 집행의 순서】 둘 이상의 형의 집행은 자격상실, 자격정지, 벌금, 과료 및 몰수 외에는 무거운 형을 먼저 집행한다. 다만, 군검사는 국방부장관 또는 소속 군 참모총장의 허가를 받아 무거운 형의 집행을 정지하고 다른 형의 집행을 할 수 있다.(2021.9.24 단서개정)
참조 [형의 종류]형41, [형의 경중]형50, [경합범의 형의 집행]형39, [형의 집행정지]형79

제506조【사형의 집행】 사형은 국방부장관의 명령에 따라 집행한다.
참조 [집행명령의 기간]508, [집행의 시기]509

제507조【사형판결 확정과 소송기록의 제출】 사형을 선고한 판결이 확정되었을 때에는 군검사는 지체 없이 소송기록을 국방부장관에게 제출하여야 한다.
(2016.1.6 본조개정)

제508조【사형집행명령의 기간】 ① 사형집행의 명령은 판결이 확정된 날부터 6개월 이내에 하여야 한다.
② 상소권회복의 청구, 재심청구 또는 비상상고의 신청이 있을 때에는 그 절차가 끝날 때까지의 기간은 제1항의 기간에 산입하지 아니한다.
참조 [집행명령]506, [상소권회복청구]402, [재심청구]469·470, [비상상고신청]492·493

제509조【사형집행의 시기】 국방부장관이 사형의 집행을 명령하였을 때에는 5일 이내에 집행하여야 한다.
참조 [집행명령]506, [사형집행]형66

제510조【사형집행 참여】 ① 사형의 집행에는 군검사, 검찰서기, 군의관 및 교도소장이나 그 대리자가 참여하여야 한다.
② 군검사 또는 교도소장의 허가가 없으면 누구든지 형의 집행장소에 들어가지 못한다.
(2016.1.6 본조개정)
참조 [집행장소]군형3

제511조【사형집행조서】 사형의 집행에 참여한 검찰서기는 집행조서를 작성하고 군검사, 군의관 및 교도소장이나 그 대리인과 함께 기명날인 또는 서명하여야 한다.(2016.1.6 본조개정)

제512조【사형집행의 정지】 ① 사형을 선고받은 사람이 심신장애로 인하여 의사능력이 없는 상태에 있거나 임신 중인 여자일 때에는 국방부장관의 명령으로 집행을 정지한다.
② 제1항에 따라 형의 집행을 정지한 경우에는 심신장애의 회복 또는 출산 후 국방부장관의 명령에 따라 형을 집행한다.
참조 [집행정지와 시효]형79

제513조【자유형집행의 정지】 ① 징역, 금고 또는 구류를 선고받은 사람이 심신장애로 인하여 의사능력이 없는 상태에 있을 때에는 형을 선고한 군사법원(상소법원을 포함한다. 이하 이 편에서 같다)에 대응하는 군검찰부의 군검사 또는 형을 선고받은 사람의 현재지를 관할하는 군검찰부의 군검사의 지휘에 따라 심신장애가 회복될 때까지 형의 집행을 정지한다. 다만, 형을 선고받은 사람의 현재지를 관할하는 군검찰부가 여러 개 있는 경우에는 국방부장관이 지정하는 군검찰부의 군검사가 형 집행을 지휘한다.(2021.9.24 본항개정)
② 제1항에 따라 형의 집행을 정지한 경우에 군검사는 형을 선고받은 사람을 감호의무자, 지방공공단체 또는 군병원장에게 인도하여 병원이나 그 밖의 적당한 장소에 수용하게 할 수 있다.(2016.1.6 본항개정)
③ 형의 집행이 정지된 사람은 제2항의 처분이 있을 때까지 교도소에 구치하고 그 기간을 형기에 산입한다.
참조 [집행정지와 시효]형79

제514조【자유형집행의 정지】 ① 징역, 금고 또는 구류를 선고받은 사람에게 다음 각 호의 어느 하나에 해당하는 사유가 있을 때에는 형을 선고한 군사법원에 대응하는 군검찰부의 군검사 또는 형을 선고받은 사람의 현재지를 관할하는 군검찰부 군검사의 지휘에 따라 형의 집행을 정지할 수 있다.(2021.9.24 본문개정)

1. 형의 집행으로 인하여 건강을 현저히 해치거나 생명을 보전할 수 없을 우려가 있을 때
2. 70세 이상일 때
3. 임신 후 6개월 이상일 때
4. 출산 후 60일이 지나지 아니하였을 때
5. 직계존속이 70세 이상이거나 중병에 걸렸거나 신체장애인으로서 보호할 다른 친족이 없을 때
6. 직계비속이 어린아이로서 보호할 다른 친족이 없을 때
7. 그 밖에 중대한 사유가 있을 때

② 군검사는 제1항의 지휘를 할 때에는 소속 검찰단장의 허가를 받아야 한다.(2021.9.24 본항개정)

참조 [집행정지와 시효]형79, 군에서의형의집행및군수용자의처우에관한법99

제515조【집행하기 위한 소환】 ① 사형, 징역, 금고 또는 구류를 선고받은 사람이 구금되지 아니한 때에 군검사는 형 집행을 위하여 소환하여야 한다. 다만, 형의 집행정지 중에 있는 사람의 형 집행을 위하여 소환할 때에는 해당 군검사 소속 검찰단장의 허가를 받아야 한다.(2021.9.24 단서개정)

② 소환에 따르지 아니할 때에는 군검사는 형집행장(刑執行狀)을 발부하여 구인하여야 한다.

③ 제1항의 경우 선고를 받은 사람이 도주하거나 도주할 우려가 있을 때 또는 현재지를 알 수 없을 때에는 군검사는 소환하지 아니하고 형집행장을 발부하여 구인할 수 있다.(2016.1.6 본조개정)

참조 [집행을 위한 소환]143, [형집행장]516–518

제516조【형집행장의 방식】 제515조의 형집행장에는 형을 선고받은 사람의 성명, 소속, 계급, 군번, 주민등록번호, 주거, 연령, 형명, 형기 및 그 밖에 필요한 사항을 적어 군검사가 서명날인하여야 한다.(2016.1.6 본조개정)

제517조【형집행장의 효력】 형집행장은 구속영장과 같은 효력을 가진다.

참조 [구속영장]113 · 123 · 178

제518조【형집행장의 집행】 제515조와 제516조에 따른 형집행장의 집행에 관하여는 제2편제1장제7절 중 피고인의 구속에 관한 규정을 준용한다.

참조 [구속영장의 집행]119 · 121–125

제519조【자격형의 집행】 자격상실 또는 자격정지를 선고받은 사람에 대하여는 수형인명부에 그 사실을 적고 지체 없이 수형인명표를 형을 선고받은 사람의 등록기준지와 주거지의 시(구가 설치되지 아니한 시와 특별자치도의 행정시를 말한다) · 구 · 읍 · 면장(도농복합형태의 시에 있어서는 동지역인 경우에는 시 · 구의 장, 읍 · 면지역인 경우에는 읍 · 면의 장으로 한다)에게 보내야 한다.

참조 [자격상실 · 자격정지]형43 · 44

제520조【재산형 등의 집행】 ① 벌금, 과료, 몰수, 추징, 과태료 또는 가납의 재판은 군검사의 명령에 따라 집행한다.(2016.1.6 본항개정)

② 제1항의 집행에 관하여 강제집행을 할 필요가 있을 때에는 병영이나 그 밖의 군사용 청사, 함선 또는 항공기에서 하는 경우를 제외하고는 군검사의 촉탁에 따라 민사재판의 강제집행을 할 권한을 가진 기관이 한다.(2016.1.6 본항개정)

③ 제1항의 경우 군검사의 명령은 집행력 있는 채무명의와 같은 효력이 있다.(2016.1.6 본항개정)

④ 제2항에 따른 재판의 집행에 대하여는 「민사집행법」의 집행에 관한 규정을 준용한다. 다만, 집행 전에 재판의 송달을 할 필요는 없다.

⑤ 제4항에도 불구하고 제1항의 재판은 「국세징수법」에 따른 국세 체납처분의 예에 따라 집행할 수 있다.

⑥ 군검사는 제1항의 재판을 집행하기 위하여 필요한 조사를 할 수 있다. 이 경우 제231조제2항을 준용한다.(2016.1.6 전단개정)

참조 [벌금 · 과료 · 몰수 · 추징]형45 · 47–49, 벌금3, [과태료]193 · 201 · 219 · 225, [가납의 재판]391, [형의 시효의 중단]형80

제521조【상속재산에 대한 집행】 몰수 또는 조세, 전매, 그 밖의 공과(公課)에 관한 법령에 따라 재판한 벌금 또는 추징은 그 재판을 받은 사람이 재판 확정 후 사망한 경우에는 그 상속재산에 대하여 집행할 수 있다.

참조 [사망]민997, [상속재산]민1005 · 1006등

제522조【가납집행의 조정】 제1심의 가납재판을 집행한 후에 제2심의 가납재판이 있을 때에는 제1심 재판의 집행은 제2심의 가납 금액의 한도에서 제2심 재판의 집행으로 본다.

참조 [가납의 재판]391 · 441 · 520

제523조【가납집행과 본형의 집행】 가납의 재판을 집행한 후 벌금, 과료 또는 추징의 재판이 확정된 경우에는 그 금액의 한도에서 형이 집행된 것으로 본다.

참조 [가납의 재판]391 · 441 · 520

제524조【판결확정 전 구금일수 등의 산입】 ① 판결선고 후 판결확정 전 구금일수(판결선고 당일의 구금일수를 포함한다)는 전부를 본형에 산입한다.(2020.6.9 본항개정)

② (2020.6.9 삭제)

③ 상소기각 결정 시에 송달기간이나 즉시항고기간 중의 미결구금일수는 전부를 본형에 산입한다.

④ 제1항 및 제3항의 경우에는 구금일수의 1일을 형기의 1일 또는 벌금이나 과료에 관한 유치기간의 1일로 계산한다.(2020.6.9 본항개정)

⑤ (2020.6.9 삭제)

(2020.6.9 본조제목개정)

참조 [판결선고전 구금]110, [이의신청]530, [판결선고전 구금일수의 통산]형57, [군검사의 상소]395, [군검사가 아닌 자의 상소]395 · 397 · 398, [파기판결]431–436 · 448–450

제525조【몰수물의 처분】 몰수물은 군검사가 처분하여야 한다.(2016.1.6 본조개정)

참조 [몰수물]389 · 520, 형48 · 49

제526조【몰수물의 교부】 ① 몰수를 집행한 후 3개월 이내에 몰수물에 대하여 정당한 권리가 있는 사람이 몰수물을 내줄 것을 청구한 경우에는 군검사는 파괴하거나 폐기할 것이 아니면 내주어야 한다.

② 몰수물을 처분한 후 제1항의 청구를 받은 경우 군검사는 공매를 통하여 취득한 대가를 내주어야 한다.(2016.1.6 본조개정)

참조 [몰수의 집행]520, [몰수물의 처분]525

제527조【위조 등의 표시】 ① 위조하거나 변조한 물건을 환부하는 경우에는 그 물건의 전부 또는 일부에 위조나 변조인 것을 표시하여야 한다.

② 위조하거나 변조한 물건이 압수되지 아니한 경우에는 그 물건을 제출하게 하여 제1항의 처분을 하여야 한다. 다만, 물건이 관공서에 속한 경우에는 위조나 변조의 사실을 관공서에 통지하여 적당한 처분을 하게 하여야 한다.

참조 [압수]146–148

제528조【환부 불능과 공고】 ① 압수물을 환부받을 사람의 소재가 분명하지 아니하거나 그 밖의 사유로 환부할 수 없는 경우에는 군검사는 그 사유를 관보에 공고하여야 한다.(2016.1.6 본항개정)

② 공고한 후 3개월 이내에 환부청구가 없을 때에는 그 물건은 국고에 귀속한다.

③ 제2항에 따른 기간 내라도 가치 없는 물건은 폐기할 수 있고 보관하기 곤란한 물건은 공매하여 그 대가를 보관할 수 있다.

참조 [압수의 해제 · 환부]174 · 175 · 389 · 390, [기간의 계산]103

제529조【의의신청】 형을 선고받은 사람은 집행에 관하여 재판의 해석에 의의(疑義)가 있을 때에는 재판을 선고한 군사법원에 의의신청을 할 수 있다.

참조 [형의 선고]375 · 435 · 441 · 450, [신청의 취하]531, [신청에 대한 결정]532

제530조【이의신청】 재판의 집행을 받은 사람, 그 법정대리인 또는 배우자는 집행에 관한 군검사의 처분이 부당함을 이유로 재판을 선고한 군사법원에 이의(異議)신청을 할 수 있다.(2016.1.6 본조개정)

참조 [신청에 대한 결정]532

제531조【신청의 취하】 ① 제529조와 제530조에 따른 신청은 군사법원의 결정이 있을 때까지 취하할 수 있다.

② 제529조와 제530조의 신청과 그 취하에 관하여는 제401조를 준용한다.

참조 [재소자에 대한 특칙]401

제532조【신청에 대한 결정】 제529조와 제530조에 따른 신청이 있을 때에는 군사법원은 결정을 하여야 한다.

참조 [결정]71 · 73

제533조【노역장 유치의 집행】 벌금 또는 과료를 다 내지 못한 사람에 대한 노역장 유치의 집행에는 형의 집행에 관한 규정을 준용한다.

참조 [노역장유치]형70, [형의 집행에 관한 규정]513–518

제5편 전시 · 사변 시의 특례

(2009.12.29 본편개정)

제534조【특례규정】 비상계엄이 선포된 지역에서는 다음 각 호의 어느 하나에 해당하는 사람에게는 제2편제3장 상소에 관한 규정을 적용하지 아니한다. 다만, 사형을 선고한 경우에는 그러하지 아니한다.
1. 「군형법」 제1조제1항부터 제3항까지에 규정된 사람
2. 「군형법」 제13조제3항의 죄를 범한 사람과 그 미수범
3. 「군형법」 제42조의 죄를 범한 사람
4. 「군형법」 제54조부터 제56조까지, 제58조, 제58조의2부터 제58조의6까지, 제59조 및 제78조의 죄를 범한 사람과 같은 법 제58조의2 및 제59조제1항의 미수범
5. 「군형법」 제87조부터 제90조까지의 죄를 범한 사람과 그 미수범

참조 [비상계엄]헌77, 계엄2, [피적용자]군형1①–③

제534조의2【전시 군사법원의 종류】 전시 · 사변 또는 이에 준하는 국가비상사태 시의 군사법원(이하 "전시 군사법원"이라 한다)은 다음 각 호의 두 종류로 한다.
1. 고등군사법원
2. 보통군사법원

(2021.9.24 본조신설)

제534조의3【전시 군사법원의 설치】 ① 고등군사법원은 국방부에 설치한다.

② 국방부장관은 제6조에도 불구하고 편제상 장성급 장교가 지휘하는 부대 또는 기관에 보통군사법원을 설치할 수 있다.

(2021.9.24 본조신설)

제534조의4【전시 군사법원의 관할관】 ① 전시 군사법원의 행정사무를 관장하는 관할관(이하 "관할관"이라 한다)을 둔다.

② 고등군사법원의 관할관은 국방부장관으로 한다.

③ 보통군사법원의 관할관은 그 설치되는 부대와 지역의 사령관, 장 또는 책임지휘관으로 한다. 다만, 국방부 보통군사법원의 관할관은 고등군사법원의 관할관이 겸임한다.

④ 고등군사법원의 관할관은 국방부와 각 군 본부 보통군사법원의 행정사무를 지휘 · 감독하고, 각 군 본부 보통군사법원의 관할관은 예하부대 보통군사법원의 행정사무를 지휘 · 감독한다.

(2021.9.24 본조신설)

제534조의5【전시 군사법원의 심판사항】 ① 보통군사법원은 다음 각 호의 사건을 제1심으로 심판한다.
1. 전시 군사법원이 설치되는 부대의 장의 직속부하와 직접 감독을 받는 사람이 피고인인 사건. 다만, 그 예하부대에 군사법원이 설치된 경우에는 그러하지 아니하다.
2. 전시 군사법원이 설치되는 부대의 작전지역 · 관할지역 또는 경비지역에 있는 자군부대에 속하는 사람과 그 부대의 장의 감독을 받는 사람이 피고인인 사건. 다만, 그 부대에 군사법원이 설치된 경우에는 그러하지 아니하다.
3. 전시 군사법원이 설치되는 부대의 작전지역 · 관할지역 또는 경비지역에 현존하는 사람과 그 지역에서 죄를 범한 「군형법」 제1조에 해당하는 사람이 피고인인 사건. 다만, 피고인의 소속 부대의 군사법원이 그 지역에 있거나 그 사건에 대한 관할권이 타군(他軍) 군사법원에 있는 경우에는 그러하지 아니하다.

② 국방부 또는 각 군 본부의 보통군사법원은 제1항에도 불구하고 장성급 장교가 피고인인 사건과 그 밖의 중요사건을 심판할 수 있다.

③ 고등군사법원은 보통군사법원의 재판에 대한 항소사건, 항고사건 및 그 밖에 법률에 따라 고등군사법원의 권한에 속하는 사건에 대하여 심판한다.

(2021.9.24 본조신설)

제534조의6【전시 관련사건 관할의 병합과 예외】 ① 장성급 장교가 피고인인 사건 및 타군 전시 군사법원에 관할권이 있는 사건은 제13조에도 불구하고 서로 관련되었다는 이유로 병합관할할 수 없다.

② 고등군사법원 관할관은 제1항 및 제13조 단서에 해당하는 사건으로서 타군의 본부 보통군사법원 관할관으로부터 그 병합관할에 관한 신청을 받았을 때에는 제1항 및 제13조 단서에도 불구하고 관계 군의 본부 보통군사법원 관할관의 의견을 물어 1개의 전시 군사법원을 지정하여 병합관할하게 할 수 있다.

(2021.9.24 본조신설)

제534조의7【보통군사법원의 판결에 대한 관할관의 확인조치】 ① 관할관은 무죄, 면소, 공소기각, 형의 면제, 형의 선고유예, 형의 집행유예의 판결을 제외한 보통군사법원의 판결을 확인하여야 하며, 「형법」 제51조 각 호의 사항을 참작하여 형이 과중하다고 인정할 만한 사유가 있을 때에는 그 형을 감경할 수 있다.

② 제1항의 확인조치는 판결이 선고된 날부터 10일 이내에 하여야 하며, 확인조치 후 5일 이내에 피고인과 군검사에게 송달하여야 한다. 이 경우 확인조치 기간을 넘기면 선고한 판결대로 확인한 것으로 본다.

③ 제2항에 따른 관할관의 확인조치와 그 송달에 걸린 기간은 형집행기간에 산입한다.

④ 제1항에 따라 관할관이 확인하는 판결에 대한 상소제기기간은 제400조제2항에도 불구하고 제2항에 따른 관할관의 확인조치서가 피고인 및 군검사에 대하여 송달된 날부터 각각 진행된다.

(2021.9.24 본조신설)

제534조의8【전시 군사법원의 구성】 ① 보통군사법원은 재판관 1명 또는 3명으로 구성한다.

② 고등군사법원은 재판관 3명 또는 5명으로 구성한다.

③ 재판관은 군판사와 심판관으로 하고, 재판장은 선임 군판사가 된다.

(2021.9.24 본조신설)

제534조의9【전시 군판사의 임명 및 소속】 ① 각 군의 군판사는 각 군 참모총장이 영관급 이상의 소속 군법무관 중에서 임명하고, 국방부의 군판사는 국방부장관이 영관급 이상의 소속 군법무관 중에서 임명한다. 이 경우 제23조제1항 및 제2항에 따른 군판사인사위원회의 심의 또는 군사법원운영위원회의 동의 등의 절차를 거치지 아니할 수 있다.

② 군판사의 소속은 국방부 또는 각 군 본부로 하고, 군판사의 파견 · 겸임 · 순회재판 등의 기준은 재판의 공정성 확보 및 군판사의 인력수급 사정 등을 고려하여 대통령령으로 정한다.

(2021.9.24 본조신설)

제534조의10【심판관의 임명과 자격】 ① 심판관은 다음 각 호의 자격을 갖춘 영관급 이상의 장교 중에서 관할관이 임명한다.
1. 법에 관한 소양이 있는 사람
2. 재판관으로서의 인격과 학식이 충분한 사람

② 관할관의 부하가 아닌 장교를 심판관으로 할 때에는 해당 군 참모총장이 임명한다.

(2021.9.24 본조신설)

제534조의11【재판관의 지정】 ① 재판관은 관할관이 지정한다.

② 국방부장관, 각 군 참모총장 이외의 관할관이 심판관인 재판관을 지정하는 경우에는 각 군 참모총장의 승인을 받아야 하고, 각 군 참모총장인 관할관이 심판관인 재판관을 지정하는 경우에는 국방부장관의 승인을 받아야 한다.

(2021.9.24 본조신설)

제534조의12【전시 군사법원의 재판관】① 보통군사법원에서는 군판사 3명을 재판관으로 한다. 다만, 관할관이 지정한 사건에서는 군판사 2명과 심판관 1명을 재판관으로 한다.
② 제1항에도 불구하고 약식절차에서는 군판사 1명을 재판관으로 한다.
③ 고등군사법원에서는 군판사 3명을 재판관으로 한다. 다만, 관할관이 지정한 사건의 경우 군판사 3명과 심판관 2명을 재판관으로 한다.
④ 관할관은 군판사인 재판관 중 1명을 주심군판사로 지정한다.
(2021.9.24 본조신설)

제534조의13【관할관이 지정한 사건의 정의】제534조의12제1항 단서 및 같은 조 제3항 단서에서 "관할관이 지정한 사건"이란 각각 관할관이 다음 각 호의 어느 하나에 해당하는 죄로만 공소제기 된 사건 중 고도의 군사적 전문지식과 경험이 필요한 사건으로서 심판관을 재판관으로 임명할 필요가 있다고 지정한 사건을 말한다.
1. 「군형법」에 규정된 죄(제2편제15장의 강간과 추행의 죄는 제외한다)
2. 「군사기밀 보호법」에 규정된 죄
(2021.9.24 본조신설)

제534조의14【재판관의 계급】① 재판관은 피고인보다 동급(同級) 이상인 사람이어야 한다. 다만, 군판사인 재판관은 그러하지 아니하다.
② 피고인이 군무원일 때에는 그 등급에 따라 제1항에 준한다.
③ 피고인이 포로일 때에는 제1항 및 제2항에 준한다.
④ 계급 또는 등급을 달리하는 공동피고인에 대해서는 그 계급 또는 등급이 최상급인 사람을 기준으로 재판관의 계급을 정한다.
⑤ 재판관의 계급은 피고인의 신분이동으로 인하여 영향을 받지 아니한다.
⑥ 항소 또는 재심의 심판에서 재판장은 원심군사법원의 재판장보다 동급 이상인 사람이어야 한다. 다만, 재판관이 군판사만으로 구성되는 경우에는 그러하지 아니하다.
(2021.9.24 본조신설)

제534조의15【전시의 서기 등】① 전시 군사법원서기는 각 군 참모총장이 소속 장교, 준사관, 부사관 및 군무원 중에서 임명한다. 다만, 국방부의 전시 군사법원서기는 국방부장관이 임명한다.
② 법정경위는 군무원, 부사관 또는 병 중에서 관할관이 임명한다.
③ 통역인과 기사는 장교 또는 군무원 중에서 관할관이 임명한다.
(2021.9.24 본조신설)

제534조의16【전시 군검찰부】① 전시·사변 또는 이에 준하는 국가비상사태 시의 검찰사무를 관장하는 군검찰부(이하 "전시 군검찰부"라 한다)는 고등검찰부와 보통검찰부로 한다.
② 고등검찰부는 국방부와 각 군 본부에 설치하고, 보통검찰부는 보통군사법원이 설치되어 있는 부대와 편제상 장성급 장교가 지휘하는 부대에 설치한다. 다만, 국방부장관은 필요할 때에는 전시 군검찰부의 설치를 보류할 수 있다.
③ 보통검찰부의 관할은 대응하는 보통군사법원의 관할에 따른다. 다만, 전시 군사법원이 설치되어 있지 아니한 부대에 설치된 보통검찰부의 관할은 다음 각 호와 같다.
1. 전시 군검찰부가 설치되는 부대의 장의 직속부하와 직접 감독을 받는 사람이 피의자인 사건
2. 전시 군검찰부가 설치되는 부대의 작전지역·관할지역 또는 경비지역에 있는 자군부대에 속하는 사람과 그 부대의 장의 감독을 받는 사람이 피의자인 사건
3. 전시 군검찰부가 설치되는 부대의 작전지역·관할지역 또는 경비지역에 현존하는 사람과 그 지역에서 죄를 범한 「군형법」 제1조에 해당하는 사람이 피의자인 사건
(2021.9.24 본조신설)

제534조의17【군검찰사무 지휘·감독】① 국방부장관은 군검찰사무의 최고감독자로서 일반적으로 군검사를 지휘·감독한다. 다만, 구체적 사건에 관하여는 각 군 참모총장만을 지휘·감독한다.
② 각 군 참모총장은 각 군 검찰사무의 지휘·감독자로서 예하부대 보통검찰부에 관할권이 있는 군검찰사무를 총괄하며, 소속 군검사를 지휘·감독한다.
③ 전시 군검찰부가 설치되어 있는 부대의 장은 소관 군검찰사무를 관장하고, 소속 군검사를 지휘·감독한다.
(2021.9.24 본조신설)

제534조의18【전시 군판사·군검사의 정원과 수】국방부장관은 전시·사변 또는 이에 준하는 국가비상사태 시에 군 사법의 원활한 운영을 위하여 제30조의3 및 제41조의2에도 불구하고 군판사·군검사의 정원, 각 전시 군사법원과 전시 군검찰부에 배치할 군판사·군검사의 계급 및 그 수를 따로 정할 수 있다.(2021.9.24 본조신설)

제535조【관할관의 조치권】① 제534조의 재판을 집행할 때에는 해당 군사법원 관할관의 확인을 받아야 한다.
② 제1항의 확인은 해당 소송기록을 심사하여 하되, 그 양형이 과중하다고 인정할 만한 사유가 있는 경우에는 그 형을 감경하거나 형의 집행을 면제할 수 있다.
참조 [관할관]7·8, [판결에 대한 확인]379, [양형]형51이하, [양형부당]379·414

제535조의2【간주규정】이 편에서는 이 법 중 "고등법원"은 "고등군사법원"으로, "군사법원"은 "보통군사법원"으로, "상소법원"은 "고등군사법원 또는 대법원"으로, "항고법원"은 "항고군사법원"으로, "관할 검찰단"·"군사법원에 대응하는 보통검찰부"는 "관할 군검찰부"·"전시 군사법원이 설치된 부대"로, "군사법원장"·"고등검찰부의 장" 및 "보통검찰부의 장"은 각 "관할관"·"국방부장관 또는 각 군 참모총장" 및 "관할 군검찰부가 설치되어 있는 부대의 장"으로, 제501조의15제1항·제505조·제513조제1항·제514조·제515조 중 "국방부장관 또는 소속 군 참모총장"·"검찰단장"은 각 "관할 군검찰부가 설치되어 있는 부대의 장"으로 간주한다.
(2021.9.24 본조신설)

제6편 보 칙
(2009.12.29 본편개정)

제536조【준용】군사법원에서의 국선변호인, 증인, 감정인 및 통역인에 대한 일당, 여비 및 그 밖의 급여 지급에 관하여는 「형사소송비용 등에 관한 법률」을 준용한다.
참조 [국선변호인]62, 헌12, [증인]187, [감정인]210, [통역인]222~224

부 칙 (2009.12.29)

제1조【시행일】이 법은 공포 후 6개월이 경과한 날부터 시행한다. 다만, 제238조의2제10항의 개정규정 중 제87조의3에 관한 사항은 2010년 1월 18일부터 시행한다.
제2조【다른 법률의 폐지】軍事法院의裁判權에關한法律은 폐지한다.
제3조【재판권 쟁의에 관한 경과조치】이 법 시행 당시 종전의 「군사법원의 재판권에 관한 법률」에 따라 재판권 쟁의에 관한 재정이 진행 중인 경우에는 종전의 규정에 따르되, 재판권이 결정된 경우에는 이 법에 따라 재판권이 결정된 것으로 본다.
제4조【일반적 경과조치】이 법은 이 법 시행 당시 수사 중이거나 군사법원에 계속 중인 사건에도 적용한다. 다만, 이 법 시행 전에 종전의 규정에 따라 행한 행위의 효력에는 영향을 미치지 아니한다.

부 칙 (2014.1.7)

제1조【시행일】이 법은 공포 후 6개월이 경과한 날부터 시행한다. 다만, 제309조의16제2항의 개정규정은 공포한 날부터 시행하고, 제93조의3제1항 본문 및 같은 조 제2항의 개정규정에 따른 판결서등의 열람 및 복사의 방법 중 인터넷이나 그 밖의 전산정보처리시스템을 통한 전자적 방법에 의한 판결서등의 열람 및 복사에 관한 사항은 2016년 3월 1일부터 시행한다.
제2조【판결서등의 열람·복사에 관한 적용례】제93조의3의 개정규정은 이 법 시행 후 판결이 확정되는 사건의 판결서등부터 적용한다.

부 칙 (2015.2.3)

제1조【시행일】이 법은 공포한 날부터 시행한다.
제2조【재판권의 변경에 관한 적용례 등】제2조제1항제1호의 개정규정은 이 법 시행 당시 수사 중이거나 군사법원에 계속 중인 사건에도 적용한다. 다만, 이 법 시행 전에 종전의 규정에 따라 행한 행위의 효력에는 영향을 미치지 아니한다.

부 칙 (2016.1.6)

제1조【시행일】이 법은 공포 후 1년 6개월이 경과한 날부터 시행한다. 다만, 제295조의2의 개정규정은 공포한 날부터 시행한다.
제2조【재정신청사건에 관한 적용례】제304조제4항 및 제305조제1항의 개정규정은 이 법 시행 후 최초로 제301조제2항의 개정규정에 따라 그 군검사가 소속된 부대의 장에게 재정신청서를 제출한 사건부터 적용한다.
제3조【군판사 임기에 관한 특례】국방부장관은 제23조제4항의 개정규정 시행일부터 5년 동안 군의 인력수급 사정 등 대통령령으로 정하는 사유를 고려하여 같은 항의 개정규정에 따른 임기를 1년 이상 3년 이내 범위에서 달리 정할 수 있다.
제4조【계속사건에 관한 경과조치】이 법 시행 당시 제6조제2항의 개정규정에 따라 폐지되는 보통군사법원에 계속(繫屬) 중인 사건은 상급부대·기관(제6조제2항의 개정규정에 따라 보통군사법원이 설치되는 부대·기관 중 폐지된 보통군사법원이 설치되었던 부대·기관의 상급부대·기관을 말한다)에 설치되는 보통군사법원으로 이관된 것으로 본다. 이 경우 이미 행하여진 소송행위는 영향을 받지 아니한다.
제5조【군검사 명칭에 관한 경과조치】이 법 시행 당시 검찰관은 군검사로 본다.
제6조【군판사 임명에 관한 경과조치】이 법 시행 당시 영관급 이상이 아닌 군판사 및 심판관에 대한 그 임명 및 지정은 효력을 잃는다. 다만, 이 법 시행 당시 이미 행하여진 소송행위는 영향을 받지 아니한다.

제7조【공소시효의 적용 배제에 관한 경과조치】제295조의2의 개정규정은 같은 개정규정 시행 전에 범한 범죄로 아직 공소시효가 완성되지 아니한 범죄에 대하여도 적용한다.
제8조【판결에 대한 관할관의 확인조치에 관한 경과조치】이 법 시행 전에 행하여진 죄에 대해서는 제379조의 개정규정에도 불구하고 종전의 규정에 따른다.
제9조【다른 법률의 개정】①~⑯ ※(해당 법령에 가제정리 하였음)
제10조【다른 법률과의 관계】이 법 시행 당시 다른 법률에서 "검찰관"을 인용하는 경우에는 종전의 규정을 갈음하여 "군검사"를 인용한 것으로 본다.

부 칙 (2017.3.21)

제1조【시행일】이 법은 공포 후 3개월이 경과한 날부터 시행한다. 다만, 법률 제13722호 군사법원법 일부개정법률 제6조제3항제1호, 같은 항 제2호, 제36조제3항 및 제8항은 2017년 7월 7일부터 시행한다.(이하 생략)

부 칙 (2017.12.12)

제1조【시행일】이 법은 공포 후 3개월이 경과한 날부터 시행한다.
제2조【진술서 등의 증거능력에 관한 적용례】제366조 및 제367조 본문의 개정규정은 이 법 시행 후 최초로 공소제기되는 사건부터 적용한다.

부 칙 (2018.12.18)

제1조【시행일】이 법은 공포한 날부터 시행한다. 다만, 별표 중 개정 내용은 2019년 1월 1일부터 시행한다.
제2조【서명에 관한 적용례】제93조 및 제107조의 개정규정은 이 법 시행 후 최초로 공무원 아닌 사람이 이 법에 따라 서류를 작성하거나 군사법원이 피고인에게 소환장을 발부하는 경우부터 적용한다.
제3조【사건 관할에 관한 경과조치】이 법 시행 당시 종전의 규정에 따라 육군 제1야전군사령부 보통군사법원 및 육군 제3야전군사령부 보통군사법원에 계속 중인 사건은 각각 이 법에 따른 육군 지상작전사령부 보통군사법원에 계속된 것으로 본다.

부 칙 (2020.2.4)

제1조【시행일】이 법은 공포한 날부터 시행한다.
제2조【즉시항고 및 준항고 제기 기간에 관한 적용례】제455조 및 제465조제3항의 개정규정은 이 법 시행 당시 종전의 규정에 따른 즉시항고 및 준항고의 제기 기간이 지나지 아니한 경우에도 적용한다.

부 칙 (2020.6.9)

제1조【시행일】이 법은 공포 후 6개월이 경과한 날부터 시행한다.
제2조【보상청구의 기간에 관한 적용례】제227조의12제2항의 개정규정은 이 법 시행 이후 확정된 무죄판결부터 적용한다.
제3조【재정신청기한에 관한 적용례】제301조제2항의 개정규정은 이 법 시행 이후 제299조제1항에 따라 통지를 한 사건부터 적용한다.
제4조【소송기록 등 송부에 관한 적용례】제460조제3항의 개정규정은 이 법 시행 이후 항고가 제기된 사건부터 적용한다.
제5조【공소시효의 기간에 관한 경과조치】이 법 시행 전에 범한 죄의 공소시효에 대하여는 제291조의 개정규정에도 불구하고 종전의 규정을 적용한다.

부 칙 (2020.12.15)

제1조【시행일】이 법은 2024년 1월 1일부터 시행한다.(이하 생략)

부 칙 (2021.9.24)

제1조【시행일】이 법은 2022년 7월 1일부터 시행한다.
제2조【법 시행을 위한 준비행위】국방부장관은 군사법원운영위원회와 군판사인사위원회의 구성·운영, 군사법원장 및 군판사 임명 등을 위한 준비를 이 법 시행 전에 할 수 있다.
제3조【군사법원의 재판권 등에 관한 적용례】제2조제2항의 개정규정은 이 법 시행 이후 저지른 범죄부터 적용한다.
제4조【군법무관인 군판사의 임명에 관한 특례】국방부장관은 이 법 시행일부터 3년까지는 제24조제2항의 개정규정에도 불구하고 군법무관으로 7년 이상 복무 중인 영관급 이상의 장교 중에서 군판사를 임명할 수 있다.
제5조【일반적 경과조치】이 법 시행 전에 종전의 「군사법원법」의 규정에 따라 행한 처분·절차, 그 밖의 행위는 그에 해당하는 이 법의 규정에 따라 행한 것으로 본다.

제6조【계속사건에 대한 경과조치】① 이 법 시행 당시 종전의 「군사법원법」에 따라 고등군사법원에 계속 중인 사건은 제10조의 개정규정에 따른 고등법원에 이관한다. 이 경우 이미 행하여진 소송행위에는 영향을 미치지 아니한다.
② 이 법 시행 당시 종전의 「군사법원법」에 따라 보통군사법원에 계속 중인 사건은 제12조의4의 개정규정에서 정하고 있는 범죄지, 피고인의 근무지나 피고인이 소속된 부대의 소재지, 피고인의 현재지를 기준으로 제6조의 개정규정에 따른 군사법원에 이관한다. 이 경우 이미 행하여진 소송행위에는 영향을 미치지 아니한다.
③ 이 법 시행 당시 종전의 「군사법원법」에 따라 고등검찰부에 계속 중인 사건은 제36조의 개정규정에 따른 국방부검찰단 또는 각 군 검찰단 고등검찰부에 이관한다. 이 경우 이미 행하여진 검찰사무에는 영향을 미치지 아니한다.
④ 이 법 시행 당시 종전의 「군사법원법」에 따라 보통검찰부에 계속 중인 사건은 제12조의4의 개정규정에서 정하고 있는 범죄지, 피고인의 근무지나 피고인이 소속된 부대의 소재지, 피고인의 현재지를 기준으로 제36조의 개정규정에 따른 국방부검찰단 또는 각 군 검찰단 보통검찰부에 이관한다. 이 경우 이미 행하여진 검찰사무에는 영향을 미치지 아니한다.
제7조【군사법경찰관리 임명에 관한 경과조치】① 이 법 시행 당시 종전의 규정에 따라 임명된 군사법경찰관리를 제43조 및 제46조의 개정규정에 따라 군사법경찰관리로 임명하려는 경우 국방부장관 또는 각 군 참모총장은 이 법 시행 이후 30일 이내에 임명하여야 한다.
② 종전의 규정에 따라 임명된 군사법경찰관리 중 제1항에 따라 국방부장관 또는 각 군 참모총장의 임명을 받지 아니한 사람은 이 법 시행 이후 30일이 경과한 날에 군사법경찰관리에서 해임된 것으로 본다.
제8조【다른 법률의 개정】①~⑨ ※(해당 법령에 가제정리 하였음)
제9조【다른 법령과의 관계】이 법 시행 당시 다른 법령에서 종전의 「군사법원법」의 규정을 인용한 경우 이 법 중 그에 해당하는 규정이 있는 때에는 종전의 규정을 갈음하여 이 법의 해당 규정을 인용한 것으로 본다.

부 칙 (2023.10.24)

이 법은 공포한 날부터 시행한다.

부 칙 (2023.12.26)

제1조【시행일】이 법은 2024년 1월 18일부터 시행한다.(이하 생략)

〔별표〕➡ 「法典 別册」 참조

군검사와 군사법경찰관의 수사준칙에 관한 규정

(2022년 3월 8일
대통령령 제32519호)

제1장 총 칙

제1조【목적】이 영은 「군사법원법」 제228조에 따라 군검사와 군사법경찰관이 수사를 할 때 지켜야 하는 수사준칙에 관한 사항과 같은 법 제228조의2에 따른 군검사와 군사법경찰관의 협조 의무에 관한 구체적 사항을 규정함으로써 수사과정에서 군인 등의 인권을 보호하고, 수사절차의 투명성과 수사의 효율성을 보장함을 목적으로 한다.
제2조【군 수사기관의 인권보호 책무】① 군검사와 군사법경찰관은 모든 수사과정에서 헌법과 법률에 따라 보장되는 피의자와 그 밖의 피해자·참고인 등(이하 "사건관계인"이라 한다)의 인권을 보호해야 할 책임이 있다.
② 군검사와 군사법경찰관은 예단이나 편견 없이 적법한 절차에 따라 신속하게 수사해야 하고, 주어진 권한을 자의적으로 행사하거나 남용해서는 안 된다.
③ 군검사와 군사법경찰관은 다른 사건의 수사를 통해 확보된 증거 또는 자료를 내세워 관련이 없는 사건에 대한 자백이나 진술을 강요해서는 안 된다.
제3조【불이익 금지】군검사와 군사법경찰관은 피의자나 사건관계인이 인권침해 신고나 그 밖에 인권 구제를 위한 신고, 진정, 고소, 고발 등의 행위를 하였다는 이유로 부당한 대우를 하거나 불이익을 주어서는 안 된다.
제4조【형사사건의 공개금지 등】① 군검사와 군사법경찰관은 공소제기 전의 형사사건에 관한 내용을 공개해서는 안 된다.
② 군검사와 군사법경찰관은 수사의 전(全) 과정에서 피의자와 사건관계인의 사생활의 비밀을 보호하고 그들의 명예나 신용이 훼손되지 않도록 노력해야 한다.
③ 제1항에도 불구하고 국방부장관은 무죄추정의 원칙과 국민의 알권리 등을 종합적으로 고려하여 형사사건 공개에 관한 준칙을 정할 수 있다.

제2장 수 사

제1절 통 칙

제5조【임의수사 우선의 원칙과 강제수사 시 유의사항】① 군검사와 군사법경찰관은 수사를 할 때 상대방의 자유로운 의사에 따른 임의수사를 원칙으로 해야 하고, 강제수사는 법률에서 정한 바에 따라 필요한 경우에만 최소한의 범위에서 하되, 수사 대상자의 권익이 가장 적게 침해되는 절차와 방법을 선택해야 한다.
② 군검사와 군사법경찰관은 피의자를 체포·구속하는 과정에서 피의자 및 현장에 있는 가족 등 지인들의 인격과 명예를 침해하지 않도록 유의해야 한다.
③ 군검사와 군사법경찰관은 압수·수색 과정에서 사생활의 비밀, 주거의 평온을 최대한 보장하고, 피의자 및 현장에 있는 가족 등 지인들의 인격과 명예를 침해하지 않도록 유의해야 한다.
제6조【회피】군검사 또는 군사법경찰관리는 피의자나 사건관계인과 친족관계 또는 이에 준하는 관계가 있거나 그 밖에 수사의 공정성을 의심 받을 염려가 있는 사건에 대해서는 소속 검찰단장 또는 해당 군사법경찰관리의 소속 부대·기관의 장의 허가를 받아 그 수사를 회피해야 한다.
제7조【수사 진행상황 통지】① 군검사 또는 군사법경찰관은 수사의 진행상황을 사건관계인에게 적절히 통지하도록 노력해야 한다.
② 군검사 또는 군사법경찰관은 제1항에 따른 통지를 할 때에는 해당 사건의 피의자 및 사건관계인의 명예나 권리 등이 부당하게 침해되지 않도록 주의해야 한다.
③ 제1항에 따른 통지의 구체적인 방법·절차 등은 국방부장관이 정한다.
제8조【변호인의 피의자신문 등 참여·조력】① 군검사 또는 군사법경찰관은 피의자신문에 참여한 변호인이 피의자의 옆자리 등 실질적인 조력을 할 수 있는 위치에 앉도록 해야 하고, 정당한 사유가 없으면 피의자에 대한 법적인 조언·상담을 보장해야 하며, 법적인 조언·상담을 위한 변호인의 메모를 허용해야 한다.
② 군검사 또는 군사법경찰관은 피의자에 대한 신문이 아닌 단순 면담 등이라는 이유로 변호인의 참여·조력을 제한해서는 안 된다.
③ 제1항 및 제2항은 군검사 또는 군사법경찰관의 사건관계인에 대한 조사·면담 등의 경우에도 적용한다.
제9조【변호인의 의견진술·이의제기】① 피의자신문에 참여한 변호인은 군검사 또는 군사법경찰관의 신문 후 조서를 열람하고 의견을 진술할 수 있다. 이 경우 변호인은 별도의 서면으로 의견을 제출할 수 있으며, 군검사 또는 군사법경찰관은 해당 서면을 사건기록에 편철해야 한다.
② 피의자신문에 참여한 변호인은 신문 중이라도 군검사 또는 군사법경찰관의 승인을 받아 의견을 진술할 수 있다. 이 경우 군검사 또는 군사법경찰관은 정당한 사유가 있는 경우를 제외하고는 변호인의 의견진술 요청을 승인해야 한다.
③ 제2항에도 불구하고 피의자신문에 참여한 변호인은 부당한 신문 방법에 대해서는 군검사 또는 군사법경찰관의 승인 없이 이의를 제기할 수 있다.
④ 군검사 또는 군사법경찰관은 제1항부터 제3항까지의 규정에 따른 의견진술 또는 이의제기가 있는 경우 해당 내용을 조서에 적어야 한다.
제10조【피해자 보호】① 군검사 또는 군사법경찰관은 피해자의 명예와 사생활의 평온을 보호하기 위해 「범죄피해자 보호법」 등 피해자 보호 관련 법령의 규정을 준수해야 한다.
② 군검사 또는 군사법경찰관은 피의자의 범죄 수법, 범행 동기, 피해자와의 관계, 언동, 그 밖의 상황으로 보아 피해자가 피의자 또는 그 밖의 사람으로부터 생명·신체에 위해를 입거나 입을 염려가 있다고 인정하는 경우에는 직권이나 피해자의 신청에 따라 신변보호에 필요한 조치를 마련해야 한다.

제2절 수사의 개시

제11조【수사의 개시】① 군검사 또는 군사법경찰관이 다음 각 호의 행위에 착수한 때에는 수사를 개시한 것으로 본다. 이 경우 군검사 또는 군사법경찰관은 해당 사건을 즉시 입건해야 한다.
1. 피혐의자의 군 수사기관 출석조사
2. 피의자신문조서 작성
3. 긴급체포
4. 체포·구속영장 청구 또는 신청
5. 사람의 신체, 주거, 관리하는 건조물, 자동차, 선박, 항공기 또는 점유하는 방실(房室)에 대한 압수·수색 또는 검증영장(부검을 위한 검증영장은 제외한다)의 청구 또는 신청
② 군검사 또는 군사법경찰관은 수사 중인 사건의 범죄혐의를 밝히기 위해 관련 없는 사건의 수사를 개시하거나 수사기간을 부당하게 연장해서는 안 된다.
③ 군검사 또는 군사법경찰관은 입건 전에 범죄를 의심할 만한 정황이 있어 수사 개시 여부를 결정하기 위한 사실관계 확인 등 필요한 조사를 할 때에는 적법절차를 준수하고 사건관계인의 인권을 존중하며, 조사가 부당하게 장기화되지 않도록 신속하게 진행해야 한다.
④ 군검사 또는 군사법경찰관은 제3항에 따른 조사 결과 입건하지 않는 결정을 한 때에는 피해자에 대한 보복범죄나 2차 피해가 우려되는 경우 등을 제외하고는 결정 내용을 피혐의자와 사건관계인에게 통지해야 한다.
⑤ 제3항에 따른 조사와 관련한 서류 등의 열람 및 복사에 관하여는 제41조제1항·제3항·제5항(같은 조 제1항 및 제3항에 따라 열람·복사를 신청하는 부분으로 한정한다. 이하 이 항에서 같다) 및 제6항(같은 조 제1항·제3항 및 제5항에 따른 신청을 받은 경우로 한정한다)을 준용한다.
⑥ 제4항에 따른 통지의 구체적인 방법 및 절차 등은 국방부장관이 정한다.
제12조【수사개시 통보와 의견제시】군검사와 군사법경찰관은 「군사법원법」(이하 "법"이라 한다) 제228조제2항에 따라 통보한 때부터 법 제283조제1항에 따라 군검사에게 사건을 송치하기 전까지 수사와 관련하여 서로 의견을 제시·교환할 수 있다.

제3절 임의수사

제13조【출석요구】① 군검사 또는 군사법경찰관은 피의자에게 출석을 요구하려는 경우 피의자와 조사 일시·장소에 관하여 협의해야 한다. 이 경우 피의자에게 변호인이 있으면 변호인과도 협의해야 한다.
② 군검사 또는 군사법경찰관은 피의자에게 출석을 요구하려는 경우 피의사실의 요지 등 출석요구의 취지를 구체적으로 적은 출석요구서를 발송해야 한다. 다만, 신속한 출석요구가 필요한 경우 등 부득이한 사정이 있는 경우에는 전화, 문자메시지 또는 그 밖의 적절한 방법으로 출석요구를 할 수 있다.
③ 군검사 또는 군사법경찰관은 제2항 본문에 따른 방법으로 출석요구를 했을 때에는 출석요구서 사본을, 같은 항 단서에 따른 방법으로 출석요구를 했을 때에는 그 취지를 적은 수사보고서를 각각 사건기록에 편철해야 한다.
④ 제1항부터 제3항까지의 규정은 피의자 외의 사람에게 출석을 요구하는 경우에도 적용한다.
제14조【수사상 임의동행 시 고지】군검사 또는 군사법경찰관은 임의동행을 요구하는 경우 상대방에게 동행을 거부할 수 있다는 것과 동행하는 경우에도 언제든지 자유롭게 동행 과정에서 이탈하거나 동행 장소에서 퇴거할 수 있다는 것을 알려야 한다.
제15조【심야조사 제한】① 군검사 또는 군사법경찰관은 조사, 신문, 면담 등 그 명칭에 상관없이 피의자나 사건관계인을 오후 9시부터 오전 6시까지 사이에 조사(이하 이 조에서 "심야조사"라 한다)해서는 안 된다. 다만, 이미 작성된 조서의 열람을 위한 절차는 자정 이전까지 진행할 수 있다.

② 제1항에도 불구하고 군검사 또는 군사법경찰관은 다음 각 호의 경우에는 심야조사를 할 수 있다. 이 경우 심야조사의 사유를 조서에 명확하게 적어야 한다.
1. 피의자를 체포한 후 48시간 이내에 구속영장 청구 또는 신청 여부를 판단하기 위해 불가피한 경우
2. 공소시효가 임박한 경우
3. 피의자나 사건관계인이 출국, 입원, 원거리 거주, 임무수행, 직업상 사유 등 재출석이 곤란한 구체적 사유를 들어 심야조사를 요청한 경우(변호인이 심야조사에 동의하지 않는다는 의사를 명시한 경우는 제외한다)로서 해당 요청에 상당한 이유가 있다고 인정되는 경우

제16조【장시간 조사 제한】 ① 군검사 또는 군사법경찰관은 조사, 신문, 면담 등 그 명칭에 상관없이 피의자나 사건관계인을 조사하는 경우에는 대기시간, 휴식시간, 식사시간 등 모든 시간을 합산한 조사시간(이하 이 조에서 "총조사시간"이라 한다)이 12시간을 넘지 않도록 해야 한다. 다만, 다음 각 호의 경우는 예외로 한다.
1. 피의자나 사건관계인이 서면으로 요청하여 조서를 열람하는 경우
2. 제15조제2항 각 호의 경우
② 군검사 또는 군사법경찰관은 특별한 사정이 없으면 총조사시간 중 식사시간, 휴식시간 및 조서의 열람시간을 제외한 실제 조사시간이 8시간을 넘지 않도록 해야 한다.
③ 군검사 또는 군사법경찰관은 피의자나 사건관계인에 대한 조사를 마친 때부터 8시간이 지나기 전에는 다시 조사할 수 없다. 다만, 제1항제2호의 경우는 예외로 한다.

제17조【휴식시간 부여】 ① 군검사 또는 군사법경찰관은 조사에 상당한 시간이 걸리는 경우에는 특별한 사정이 없으면 피의자나 사건관계인에게 조사 도중 최소 2시간마다 10분 이상 휴식시간을 주어야 한다.
② 군검사 또는 군사법경찰관은 조사 도중 피의자, 사건관계인이나 그 변호인이 휴식을 요청하는 경우 그때까지 조사하는 데 걸린 시간, 피의자 또는 사건관계인의 건강상태 등을 고려하여 적정하다고 판단될 경우 휴식시간을 주어야 한다.
③ 군검사 또는 군사법경찰관은 조사 중인 피의자 또는 사건관계인의 건강상태에 이상 징후가 발견되면 의사의 진료를 받게 하거나 휴식하게 하는 등 필요한 조치를 해야 한다.

제18조【신뢰관계인의 동석】 ① 법 제236조의5에 따라 피의자와 동석할 수 있는 신뢰관계에 있는 사람과 법 제260조제3항에서 준용하는 법 제204조의2에 따라 피해자와 동석할 수 있는 신뢰관계에 있는 사람은 피의자 또는 피해자의 직계친족, 형제자매, 배우자, 가족, 동거인, 보호·교육시설의 보호·교육담당자 등 피의자 또는 피해자의 심리적 안정과 원활한 의사소통에 도움을 줄 수 있는 사람으로 한다.
② 피의자, 피해자나 그 법정대리인이 제1항에 따른 신뢰관계에 있는 사람의 동석을 신청한 경우 군검사 또는 군사법경찰관은 그 관계를 적은 동석신청서를 제출받거나 조서 또는 수사보고서에 그 관계를 적어야 한다.

제19조【자료·의견의 제출기회 보장】 ① 군검사 또는 군사법경찰관은 조사과정에서 피의자, 사건관계인이나 그 변호인이 사실관계 등의 확인을 위해 자료를 제출하는 경우 그 자료를 수사기록에 편철해야 한다.
② 군검사 또는 군사법경찰관은 조사를 종결하기 전에 피의자, 사건관계인이나 그 변호인에게 자료 또는 의견을 제출할 의사가 있는지 확인하고, 자료 또는 의견을 제출받은 경우에는 해당 자료 및 의견을 수사기록에 편철해야 한다.

제20조【수사과정의 기록】 군검사 또는 군사법경찰관은 법 제236조의4에 따른 조사(신문, 면담 등 명칭에 상관없으며, 이하 이 조에서 같다) 과정의 진행경과를 다음 각 호의 구분에 따른 방법으로 기록해야 한다.
1. 조서를 작성하는 경우 : 조서에 다음 각 목의 사항을 구체적으로 기록(별도의 서면에 기록한 후 조서의 끝부분에 편철하는 것을 포함한다)
  가. 조사 대상자가 조사장소에 도착한 시각
  나. 조사의 시작 및 종료 시각
  다. 조사 대상자가 조사장소에 도착한 시각과 조사를 시작한 시각에 상당한 시간적 차이가 있는 경우에는 그 이유
  라. 조사가 중단되었다가 재개된 경우에는 그 이유와 중단 시각 및 재개 시각
2. 조서를 작성하지 않는 경우 : 별도의 서면에 다음 각 목의 사항을 구체적으로 기록한 후 수사기록에 편철
  가. 조사 대상자가 조사장소에 도착한 시각
  나. 조사 대상자가 조사장소를 떠난 시각
  다. 조서를 작성하지 않는 이유
  라. 조사 외에 실시한 활동
  마. 변호인 참여 여부

제4절 강제수사

제21조【긴급체포】 ① 군사법경찰관은 법 제232조의3 제2항에 따라 긴급체포 후 12시간 내에 군검사에게 긴급체포의 승인을 요청해야 한다.
② 제1항에 따라 긴급체포의 승인을 요청할 때에는 다음 각 호의 사항이 포함된 긴급체포 승인요청서로 요청해야 한다. 다만, 긴급한 경우에는 팩스 또는 그 밖의 방법으로 긴급체포의 승인을 요청할 수 있다.
1. 범죄사실의 요지
2. 긴급체포의 일시·장소
3. 긴급체포의 사유
4. 체포를 계속해야 하는 사유
5. 그 밖에 필요한 사항
③ 군검사는 제1항에 따른 군사법경찰관의 긴급체포 승인 요청이 이유 있다고 인정하는 경우에는 지체 없이 긴급체포 승인서를 군사법경찰관에게 송부해야 한다.
④ 군검사는 제1항에 따른 군사법경찰관의 긴급체포 승인 요청이 이유 없다고 인정하는 경우에는 지체 없이 군사법경찰관에게 불승인 통보를 해야 한다. 이 경우 군사법경찰관은 긴급체포된 피의자를 즉시 석방하고 그 석방 일시와 사유 등을 군검사에게 보고해야 한다.

제22조【현행범인 조사 및 석방】 ① 군검사 또는 군사법경찰관은 법 제248조 또는 제249조에 따라 현행범인을 체포하거나 체포된 현행범인을 인도받았을 때에는 조사가 현저히 곤란하다고 인정되는 경우가 아니면 지체 없이 조사해야 한다.
② 군검사 또는 군사법경찰관은 제1항에 따른 조사 결과 계속 구금할 필요가 없다고 인정할 때에는 현행범인을 즉시 석방해야 한다.
③ 군검사 또는 군사법경찰관은 제2항에 따라 현행범인을 석방했을 때에는 석방 일시 및 사유 등을 적은 피의자 석방서를 작성하여 사건기록에 편철해야 하며, 군사법경찰관은 석방 후 지체 없이 군검사에게 석방 사실을 보고해야 한다.

제23조【구속영장의 청구·신청】 ① 군검사 또는 군사법경찰관은 구속영장을 청구하거나 신청하는 경우에 법 제246조에 따라 준용되는 법 제110조제2항의 필요적 고려사항이 있을 때에는 구속영장 청구서 또는 신청서에 그 내용을 적어야 한다.
② 군검사 또는 군사법경찰관은 체포한 피의자에 대해 구속영장을 청구하거나 신청할 때에는 구속영장 청구서 또는 신청서에 체포영장, 긴급체포서, 현행범인 체포서 또는 현행범인 인수서를 첨부해야 한다.

제24조【구속 전 피의자 심문】 군사법경찰관은 법 제238조의2제3항 및 같은 조 제10항에서 준용하는 법 제119조제1항에 따라 군판사가 통지한 피의자 심문 기일과 장소에 피의자를 출석시켜야 한다.

제25조【체포·구속영장의 재청구·재신청】 군검사 또는 군사법경찰관은 동일한 범죄사실로 다시 체포·구속영장을 청구하거나 신청하는 경우(체포·구속영장의 청구 또는 신청이 기각된 후 다시 체포·구속영장을 청구하거나 신청하는 경우와 이미 발부받은 체포·구속영장과 동일한 범죄사실로 다시 체포·구속영장을 청구하거나 신청하는 경우를 말한다)에는 그 취지를 체포·구속영장 청구서 또는 신청서에 적어야 한다.

제26조【체포·구속영장의 집행 시의 권리 고지】 ① 군검사 또는 군사법경찰관은 피의자를 체포하거나 구속할 때에는 법 제232조의5(법 제246조에서 준용하는 경우를 포함한다)에 따라 피의자에게 피의사실의 요지, 체포·구속의 이유와 변호인을 선임할 수 있음을 말하고, 변명할 기회를 주어야 하며, 진술거부권이 있음을 알려주어야 한다.
② 제1항에 따라 피의자에게 알려주어야 하는 진술거부권의 내용은 법 제236조의3제1항제1호부터 제3호까지의 사항으로 한다.
③ 군검사와 군사법경찰관은 제1항에 따라 피의자에게 그 권리를 알려준 경우에는 피의자로부터 권리 고지 확인서를 받아 사건기록에 편철해야 한다.

제27조【체포·구속 등의 통지】 ① 군검사 또는 군사법경찰관은 피의자를 체포하거나 구속하였을 때에는 법 제232조의6 또는 제246조에서 준용하는 법 제127조에 따라 소속 부대장과 변호인이 있으면 변호인에게, 변호인이 없으면 법 제59조제2항에 따른 사람 중 피의자가 지정한 사람에게 24시간 이내에 서면으로 다음 각 호의 사항을 통지해야 한다.
1. 사건명
2. 체포·구속의 일시·장소
3. 범죄사실의 요지
4. 체포·구속의 이유
5. 변호인 선임권
② 군검사 또는 군사법경찰관은 제1항에 따른 통지를 하였을 때에는 그 통지서 사본을 사건기록에 편철해야 한다. 다만, 변호인 및 법 제59조제2항에 규정된 사람이 없어서 체포·구속의 통지를 할 수 없을 때에는 그 취지를 수사보고서에 적어 사건기록에 편철해야 한다.
③ 제1항 및 제2항은 법 제252조제2항에 따라 군검사 또는 군사법경찰관이 같은 조 제1항에 따른 사람 중에서 피의자가 지정한 사람에게 체포 또는 구속 적부심사를 청구할 수 있음을 통지하는 경우에도 준용한다.

제28조【체포·구속영장 등본의 교부】 군검사 또는 군사법경찰관은 법 제252조제1항에 따른 사람이 체포·구속영장 등본의 교부를 청구하면 그 등본을 교부해야 한다.

제29조【체포·구속영장의 반환】 ① 군검사 또는 군사법경찰관은 체포·구속영장의 유효기간 내에 영장의 집행에 착수하지 못했거나 그 밖의 사유로 영장의 집행이 불가능하거나 불필요하게 되었을 때에는 즉시 해당 영장을 군사법원에 반환해야 한다. 이 경우 체포·구속영장이 여러 통 발부된 경우에는 모두 반환해야 한다.
② 군검사 또는 군사법경찰관은 제1항에 따라 체포·구속영장을 반환하는 경우에는 반환사유 등을 적은 영장반환서에 해당 영장을 첨부하여 반환하고, 그 사본을 사건기록에 편철해야 한다.
③ 제1항에 따라 군사법경찰관이 체포·구속영장을 반환하는 경우에는 그 영장을 청구한 군검사에게 반환하고, 군검사는 군사법경찰관이 반환한 영장을 군사법원에 반환해야 한다.

제30조【피의자의 석방】 ① 군검사 또는 군사법경찰관은 법 제232조의2제5항 또는 제232조의4제2항에 따라 구속영장을 청구하거나 신청하지 않고 체포 또는 긴급체포한 피의자를 석방하려는 경우에는 다음 각 호의 구분에 따른 사항이 포함된 피의자 석방서를 작성해야 한다.
1. 체포한 피의자를 석방하려는 경우 : 체포 일시·장소, 체포 사유, 석방 일시·장소, 석방 사유 등
2. 긴급체포한 피의자를 석방하려는 경우 : 법 제232조의4 제4항 각 호의 사항
② 군사법경찰관은 제1항에 따라 피의자를 석방한 경우 다음 각 호의 구분에 따라 처리한다.
1. 체포한 피의자를 석방한 경우 : 지체 없이 군검사에게 석방사실을 통보하고, 그 통보서 사본을 사건기록에 편철
2. 긴급체포한 피의자를 석방한 경우 : 법 제232조의4제6항에 따라 즉시 군검사에게 석방사실을 보고하고, 그 보고서 사본을 사건기록에 편철

제31조【압수·수색 또는 검증영장의 청구·신청】 군검사 또는 군사법경찰관은 압수·수색 또는 검증영장을 청구하거나 신청할 때에는 압수·수색 또는 검증의 범위를 범죄 혐의의 소명에 필요한 최소한으로 정해야 하고, 수색 또는 검증할 장소·신체·물건 및 압수할 물건 등을 구체적으로 특정해야 한다.

제32조【압수·수색 또는 검증영장의 제시】 ① 군검사 또는 군사법경찰관은 법 제258조에서 준용하는 법 제159조에 따라 영장을 제시할 때에는 피압수자에게 군판사가 발부한 영장에 따른 압수·수색 또는 검증이라는 사실과 영장에 기재된 범죄사실 및 수색 또는 검증할 장소·신체·물건, 압수할 물건 등을 명확히 알리고, 피압수자가 해당 영장을 열람할 수 있도록 해야 한다.
② 압수·수색 또는 검증의 처분을 받는 자가 여럿인 경우에는 모두에게 개별적으로 영장을 제시해야 한다.

제33조【압수·수색 또는 검증영장의 재청구·재신청 등】 압수·수색 또는 검증영장의 재청구·재신청(압수·수색 또는 검증영장의 청구 또는 신청이 기각된 후 다시 압수·수색 또는 검증영장을 청구하거나 신청하는 경우와 이미 발부받은 압수·수색 또는 검증영장과 동일한 범죄사실로 다시 압수·수색 또는 검증영장을 청구하거나 신청하는 경우를 말한다)과 반환에 관하여는 제25조 및 제29조를 준용한다.

제34조【압수조서와 압수목록】 군검사 또는 군사법경찰관은 증거물 또는 몰수할 물건을 압수했을 때에는 압수의 일시·장소, 압수 경위 등을 적은 압수조서와 압수물건의 품종·수량 등을 적은 압수목록을 작성해야 한다. 다만, 피의자신문조서, 진술조서, 검증조서에 압수의 취지를 적은 경우에는 예외로 한다.

제35조【전자정보의 압수·수색 또는 검증 방법】 ① 군검사 또는 군사법경찰관은 법 제258조에서 준용하는 법 제146조제3항에 따라 컴퓨터용디스크 또는 그 밖에 이와 비슷한 정보저장매체(이하 이 조에서 "정보저장매체등"이라 한다)에 기억된 정보(이하 "전자정보"라 한다)를 압수할 때에는 해당 정보저장매체등의 소재지에서 수색 또는 검증한 후 범죄사실과 관련된 전자정보의 범위를 정하여 출력하거나 복제하는 방법으로 해야 한다.
② 제1항에도 불구하고 제1항에 따른 방법으로는 압수가 불가능하거나 압수의 목적을 달성하는 것이 현저히 곤란한 경우에는 압수·수색 또는 검증 현장에서 정보저장매체등에 들어있는 전자정보 전부를 복제하여 그 복제본을 정보저장매체등의 소재지 외의 장소로 반출할 수 있다.
③ 제1항 및 제2항에도 불구하고 제1항 및 제2항에 따른 방법으로는 압수가 불가능하거나 압수의 목적을 달성하는 것이 현저히 곤란한 경우에는 피압수자 또는 법 제164조에 따라 압수·수색영장을 집행할 때 참여하게 해야 하는 사람(이하 "피압수자등"이라 한다)이 참여한 상태에서 정보저장매체등의 원본을 봉인(封印)하여 정보저장매체등의 소재지 외의 장소로 반출할 수 있다.

제36조【전자정보의 압수·수색 또는 검증 시 유의사항】 ① 군검사 또는 군사법경찰관은 전자정보의 탐색·복제·출력을 완료한 경우에는 지체 없이 피압수자등에게 압수한 전자정보의 목록을 교부해야 한다.
② 군검사 또는 군사법경찰관은 제1항의 목록에 포함되지 않은 전자정보가 있는 경우에는 해당 전자정보를 지체 없이 삭제 또는 폐기하거나 반환해야 한다. 이 경우 삭제·폐기 또는 반환확인서를 작성하여 피압수자등에게 교부해야 한다.

③ 군검사 또는 군사법경찰관은 전자정보의 복제본을 취득하거나 전자정보를 복제할 때에는 해시값(파일의 고유값으로서 전자지문의 일종을 말한다)을 확인하거나 압수·수색 또는 검증의 과정을 촬영하는 등 전자적 증거의 동일성과 무결성(無缺性)을 보장할 수 있는 적절한 방법과 조치를 해야 한다.
④ 군검사 또는 군사법경찰관은 압수·수색 또는 검증의 전 과정에 걸쳐 피압수자등이나 변호인의 참여권을 보장해야 하며, 피압수자등과 변호인이 참여를 거부하는 경우에는 신뢰성과 전문성을 담보할 수 있는 적절한 방법으로 압수·수색 또는 검증을 해야 한다.
⑤ 군검사 또는 군사법경찰관은 제4항에 따라 참여한 피압수자등이나 변호인이 압수 대상 전자정보와 사건의 관련성에 관하여 의견을 제시한 경우에는 그 의견을 조서에 적어야 한다.
제37조【검증조서】 군검사 또는 군사법경찰관은 검증을 한 경우에는 검증의 일시·장소, 검증경위 등을 적은 검증조서를 작성해야 한다.

제3장 사건송치와 보완수사요구

제38조【군사법경찰관의 사건송치】 ① 군사법경찰관은 관계 법령에 따라 군검사에게 사건을 송치할 때에는 다음 각 호의 서류 등을 함께 송부해야 한다.
1. 송치의 이유와 범위를 적은 송치 의견서
2. 압수물 총목록, 기록목록, 범죄경력 조회 회보서, 수사경력 조회 회보서 등 관계서류
3. 증거물
② 군사법경찰관은 피의자 또는 사건관계인에 대한 조사과정을 영상녹화한 경우에는 해당 영상녹화물을 봉인한 후 군검사에게 사건을 송치할 때 봉인된 영상녹화물의 종류와 개수를 표시하여 사건기록과 함께 송부해야 한다.
③ 군사법경찰관은 사건을 송치한 후에 새로운 증거물, 서류 또는 그 밖의 자료를 추가로 송부할 때에는 이전에 송치한 사건명, 송치 연월일, 피의자의 성명과 추가로 송부하는 서류 및 증거물 등을 적은 추가송부서를 첨부해야 한다.
제39조【보완수사요구의 대상과 범위】 ① 군검사는 법 제283조제2항제1호에 따라 군사법경찰관에게 송치사건 및 관련사건(법 제16조에 따른 관련사건 및 법 제245조제2항에 따라 간주되는 같은 범죄사실에 관한 사건을 말하되, 법 제16조제1호의 경우는 수사기록에 명백히 드러나 있는 사건으로 한정한다)에 대해 다음 각 호의 사항에 관한 보완수사를 요구할 수 있다.
1. 범인에 관한 사항
2. 증거 또는 범죄사실 증명에 관한 사항
3. 소송조건 또는 처벌조건에 관한 사항
4. 양형 자료에 관한 사항
5. 죄명 및 범죄사실의 구성에 관한 사항
6. 그 밖에 송치받은 사건의 공소제기 여부를 결정하는 데 필요하거나 공소유지와 관련하여 필요한 사항
② 군검사는 군사법경찰관이 신청한 영장(「통신비밀보호법」 제6조 및 제8조에 따른 통신제한조치허가서 및 같은 법 제13조에 따른 통신사실 확인자료 제공 요청 허가서를 포함한다. 이하 이 항에서 같다)의 청구 여부를 결정하기 위해 필요한 경우 법 제283조제2항제2호에 따라 군사법경찰관에게 보완수사를 요구할 수 있다. 이 경우 보완수사를 요구할 수 있는 범위는 다음 각 호와 같다.
1. 범인에 관한 사항
2. 증거 또는 범죄사실 소명에 관한 사항
3. 소송조건 또는 처벌조건에 관한 사항
4. 해당 영장이 필요한 사유에 관한 사항
5. 죄명 및 범죄사실의 구성에 관한 사항
6. 법 제16조(같은 조 제1호의 경우는 수사기록에 명백히 드러나 있는 사건으로 한정한다)와 관련된 사항
7. 그 밖에 군사법경찰관이 신청한 영장의 청구 여부를 결정하기 위해 필요한 사항
제40조【보완수사요구의 방법과 절차】 ① 군검사는 법 제283조제2항에 따라 보완수사를 요구할 때에는 그 이유와 내용 등을 구체적으로 적은 서면으로 해야 한다.
② 군사법경찰관은 법 제283조제3항에 따른 보완수사요구에 대한 이행 결과를 군검사에게 서면으로 통보해야 한다.
③ 군사법경찰관은 제1항에 따른 보완수사요구의 내용과 방법에 의견이 있는 경우 군검사에게 서면으로 이를 제시할 수 있다.
④ 각 군 검찰부대·기관의 장은 군사법경찰관이 정당한 이유 없이 제1항에 따른 보완수사요구를 이행하지 않는 경우 해당 군사법경찰관의 소속 부대·기관의 장에게 보완수사의 이행을 요구할 수 있으며, 해당 군사법경찰관에 대하여 「군인사법」 또는 「군무원인사법」에 따른 적절한 조치를 요청할 수 있다.
⑤ 제4항에 따른 요구 또는 요청을 받은 소속 부대·기관의 장은 그 요구 또는 요청의 처리결과와 이유를 제4항에 따른 요구 또는 요청을 한 검찰부대·기관의 장에게 통보해야 한다.

제4장 보 칙

제41조【수사서류 등의 열람·복사】 ① 피의자, 사건관계인이나 그 변호인은 군검사 또는 군사법경찰관이 수사 중인 사건의 경우 본인의 진술이 기재된 부분 및 본인이 제출한 서류의 전부 또는 일부에 대해 열람·복사를 신청할 수 있다.
② 피의자, 사건관계인이나 그 변호인은 군검사가 불기소처분을 한 사건에 관한 기록의 전부 또는 일부에 대해 열람·복사를 신청할 수 있다.
③ 피의자 또는 그 변호인은 필요한 사유를 소명하고 고소장, 고발장, 이의신청서, 항고장, 재항고장(이하 이 항에서 "고소장등"이라 한다)의 열람·복사를 신청할 수 있다. 이 경우 열람·복사의 대상은 피의자에 대한 혐의사실 부분으로 한정하고, 그 밖에 사건관계인에 관한 사실이나 개인정보, 증거방법 또는 고소장등에 첨부된 서류등은 제외한다.
④ 체포·구속된 피의자 또는 그 변호인은 현행범인체포서, 긴급체포서, 체포영장, 구속영장의 열람·복사를 신청할 수 있다.
⑤ 피의자 또는 사건관계인의 법정대리인, 배우자, 직계친족, 형제자매로서 피의자 또는 사건관계인의 위임장 및 신분관계를 증명하는 문서를 제출한 사람도 제1항부터 제4항까지의 규정에 따라 열람·복사를 신청할 수 있다.
⑥ 군검사 또는 군사법경찰관은 제1항부터 제5항까지의 규정에 따른 신청을 받은 경우에는 해당 서류의 공개로 사건관계인의 개인정보나 영업비밀이 침해될 우려가 있거나 범인의 증거인멸·도주를 용이하게 할 우려가 있는 경우 등 정당한 사유가 있는 경우를 제외하고는 열람·복사를 허용해야 한다.

부 칙

제1조【시행일】 이 영은 2022년 7월 1일부터 시행한다.
제2조【일반적 적용례】 이 영은 이 영 시행 당시 수사 중이거나 군사법원에 계속 중인 사건에도 적용한다.

법원이 재판권을 가지는 군인 등의 범죄에 대한 수사절차 등에 관한 규정

(2022년 3월 8일
대통령령 제32520호)

제1조【목적】 이 영은 「군사법원법」 제2조제2항 본문에 따라 법원이 재판권을 가지는 군인 등의 범죄를 수사하기 위한 절차 및 방법과 상호협력 등에 관한 사항을 규정함으로써 군인 등의 인권을 보호하고, 수사절차의 투명성과 수사의 효율성을 보장함을 목적으로 한다.
제2조【적용범위】 「군사법원법」(이하 "법"이라 한다) 제2조제2항 본문에 따라 법원이 재판권을 가지는 범죄(이하 "법원이 재판권을 가지는 범죄"라 한다)의 수사절차와 이를 위한 군검사, 군사법경찰관, 검사 및 사법경찰관 간의 상호협력 등에 관하여는 다른 법령에 특별한 규정이 있는 경우를 제외하고는 이 영에서 정하는 바에 따른다.
제3조【상호협력의 원칙】 ① 군검사, 군사법경찰관, 검사 및 사법경찰관은 법원이 재판권을 가지는 범죄의 수사, 공소제기 및 공소유지와 관련하여 협력해야 한다.
② 군검사, 군사법경찰관, 검사 및 사법경찰관은 법원이 재판권을 가지는 범죄의 수사, 공소제기 및 공소유지를 위하여 필요한 경우 수사, 기소 또는 재판 관련 자료의 제공을 서로 요청할 수 있다.
③ 군검사, 군사법경찰관, 검사 및 사법경찰관의 협의는 신속히 이루어져야 하며, 협의의 지연 등으로 수사 또는 관련 절차가 지연되지 않도록 해야 한다.
제4조【부대장등의 수사협조】 ① 다음 각 호의 사람(이하 "부대장등"이라 한다)은 검사 또는 사법경찰관이 법원이 재판권을 가지는 범죄의 수사와 관련하여 요청하는 군사기지 및 군사시설 등에의 출입, 피의자와 그 밖의 피해자·참고인 등(이하 "사건관계인"이라 한다)의 출석이나 「형사소송법」 제199조제2항에 따른 보고 등(이하 이 조에서 "출입등"이라 한다)에 관하여 지체 없이 협조해야 한다.
1. 피의자 또는 사건관계인이 소속된 각급 부대·기관의 장
2. 「군사기지 및 군사시설 보호법」에 따른 관할부대장·관리부대장(같은 법 제9조제1항제1호의 경우에는 주둔지부대장을 포함한다)
② 부대장등은 국가안전보장, 군사기밀보호나 그 밖에 이에 준하는 사정으로 제1항의 요청에 즉시 협조하기 어려운 경우에는 다음 각 호의 사항을 검사 또는 사법경찰관과 신속히 협의하여 수사가 원활히 진행되도록 해야 한다.
1. 부대 일정 등을 고려한 출입등 일정의 조정
2. 사전 보안조치 및 보안교육 등 출입등에 필요한 행정사항
3. 그 밖에 원활한 수사를 위하여 필요한 조치
③ 부대장등은 검사 또는 사법경찰관이 법원이 재판권을 가지는 범죄를 신속하게 수사할 필요가 있거나 이와 관련된 신고를 받아 긴급하게 군사기지 및 군사시설 등에 출입을 요청하는 경우 국방부장관이 정하는 간이한 절차를 통하여 해당 기지 및 시설 등에 출입하게 할 수 있다.
제5조【수사협의회】 ① 국방부, 대검찰청, 고위공직자범죄수사처, 경찰청 또는 해양경찰청은 법원이 재판권을 가지는 범죄의 수사 절차와 방법 등에 관하여 협의 또는 조정이 필요한 경우 기관 상호 간 수사협의회의 개최를 요청할 수 있다.
② 제1항에 따른 요청을 받은 기관은 특별한 사정이 없으면 그 요청에 따라야 한다.
제6조【국방부장관의 기소 결정 등】 ① 국방부장관은 법 제2조제4항 본문에 따라 해당 사건을 군사법원에 기소하도록 결정한 경우에는 검찰총장 및 고소권자에게 그 취지와 이유를 서면으로 통보해야 한다.
② 국방부장관은 제1항의 결정 전에 검찰총장의 의견을 들을 수 있다.
③ 검찰총장은 제2항에 따라 의견을 제시하거나 법 제2조제5항에 따라 국방부장관의 기소 결정에 대하여 대법원에 취소를 구하는 신청을 하는 경우 고위공직자범죄수사처장, 경찰청장 또는 해양경찰청장의 의견을 들을 수 있다.
제7조【사건 이첩】 ① 군검사 또는 군사법경찰관은 법원이 재판권을 가지는 범죄에 대한 고소·고발·진정·신고 등을 접수하거나 해당 범죄가 발생했다고 의심할 만한 정황을 발견하는 등 범죄를 인지한 경우 법 제228조제3항에 따라 지체 없이 대검찰청, 고위공직자범죄수사처 또는 경찰청에 사건을 이첩해야 한다.
② 제1항에 따라 사건을 이첩받은 기관은 이첩된 사건 중 해양 관련 사건을 해양경찰청에 이첩할 수 있다.
③ 군검사 또는 군사법경찰관은 제1항에 따라 사건을 이첩하는 경우 대검찰청 또는 경찰청이 지정하는 사건 관할 지방검찰청(지방검찰청 지청을 포함한다)이나 경찰관서로 관계 서류와 증거물 등을 송부할 수 있다.
④ 제2항에 따라 해양경찰청으로 사건이 이첩된 경우에는 군검사 또는 군사법경찰관은 해양경찰청이 지정하는 사건 관할 해양경찰관서로 관계 서류와 증거물 등을 송부할 수 있다.

제8조【성폭력범죄 피해자 보호】 ① 부대장등은 그 부대 또는 기관에서 법 제2조제2항제1호의 범죄(이하 이 조에서 "성폭력범죄"라 한다)가 발생한 경우 지체 없이 다음 각 호의 조치를 해야 한다.
1. 현장 출입 통제 또는 현장 보존 등 현장에서 필요한 조치
2. 피해자 구조 · 구급 조치
3. 가해자와 피해자 분리 조치
4. 그 밖에 피해자를 위한 보호 조치

② 군검사 또는 군사법경찰관은 제7조제1항에 따라 성폭력범죄 사건을 이첩하는 과정에서 피해자가 성적 불쾌감 또는 공포감을 느끼게 해서는 안 되며, 피해자에게 추가 피해가 발생하지 않도록 다음 각 호의 사항을 준수해야 한다.
1. 피해자를 특정할 수 있는 인적 사항 등이 공개되거나 타인에게 누설되지 않도록 할 것
2. 해당 성폭력범죄와 무관한 피해자의 사생활 등을 질문하거나 진술이 이루어지지 않도록 할 것

제9조【변사사건의 통보 등】 ① 군검사 또는 군사법경찰관은 변사자나 변사한 것으로 의심되는 사체를 발견한 때에는 검사 및 사법경찰관에게 변사사건 발생 사실을 지체 없이 통보해야 한다.
② 군검사 또는 군사법경찰관은 법 제264조에 따른 검시 또는 검증을 하는 경우 검사 및 사법경찰관에게 일정을 미리 통보하고 참여하게 할 수 있다.
③ 군검사 또는 군사법경찰관은 제2항에 따라 통보한 검시 일정 전에 변사자 등의 위치와 상태 등이 변경되지 않도록 현장을 보존해야 한다. 다만, 증거가 유실될 우려가 있는 등 긴급한 경우에는 최소한의 범위에서 그에 필요한 조치를 할 수 있다.
④ 제2항에 따라 검시 또는 검증에 참여한 검사 또는 사법경찰관은 필요한 경우 의견을 제시할 수 있다.

제10조【변사사건 처리】 군검사는 변사자 등을 검시 또는 검증한 결과 법 제2조제2항제2호의 범죄 혐의가 있다고 생각하는 경우 제9조제4항에 따라 제시받은 의견을 고려하여 검사 또는 사법경찰관에게 해당 변사사건을 인계할 수 있다.

제11조【체포 · 구속영장 집행】 ① 검사 또는 사법경찰관은 「군형법」 제1조제1항부터 제3항까지에 해당하는 군인 등(이하 "군인등"이라 한다)이 병영이나 그 밖의 군사용 청사 · 함선에 있는 경우 그 군인등에 대하여 체포영장 또는 구속영장을 집행할 때에는 부대장등이나 부대장등을 대리하는 사람에게 체포영장 또는 구속영장 집행 사실을 고지하고 그 군인등의 인도 등 영장 집행을 위한 협조를 요청할 수 있다.
② 검사 또는 사법경찰관은 병영이나 군사용 청사 · 함선 밖에서 근무하고 있는 군인등에 대하여 체포영장 또는 구속영장을 집행할 때에도 제1항과 같이 협조를 요청할 수 있다.
③ 제1항이나 제2항에 따른 요청을 받은 사람은 지체 없이 이에 협조해야 한다.

제12조【체포 · 구속 통지】 ① 검사 또는 사법경찰관은 군인등을 체포하거나 구속한 경우 군인등이 소속된 부대 · 기관의 장에게 지체 없이 체포 또는 구속의 일시와 장소를 통지해야 한다.
② 제1항에 따른 통지는 문서, 전화, 팩스, 전자우편이나 그 밖의 방법으로 할 수 있다. 다만, 문서 외의 방법으로 통지한 경우에는 사후에 지체 없이 문서로 통지해야 한다.

제13조【석방 통지】 검사 또는 사법경찰관은 체포 또는 구속한 군인등을 석방하는 경우 군인등이 소속된 부대 · 기관의 장에게 지체 없이 석방 사실을 통지해야 한다.

제14조【수사 등 촉탁】 ① 검사 또는 사법경찰관은 법 제228조제4항에 따라 촉탁을 하는 경우에는 수사절차의 신뢰성, 수사의 효율성, 사건관계인의 편의 등을 고려하여 필요한 최소한의 범위에서 해야 한다.
② 제1항에 따른 촉탁은 문서로 해야 한다. 다만, 긴급한 경우에는 전화, 팩스, 전자우편이나 그 밖의 방법으로 먼저 통지하고, 가능한 가장 빠른 일자에 해당 문서를 송부해야 한다.
③ 제1항의 촉탁을 받은 군검사 또는 군사법경찰관은 지체 없이 촉탁받은 사항을 이행하고 그 결과를 관계 서류 및 증거물과 함께 서면으로 검사 또는 사법경찰관에게 송부해야 한다.

부 칙

이 영은 2022년 7월 1일부터 시행한다.

군사법원의 소송절차에 관한 규칙

(1989년 8월 5일 전개대법원규칙 제1080호)

개정
1994. 8. 3대법원규칙1313호 2000. 4.29대법원규칙1649호
2008. 2.20대법원규칙2164호 2009. 9.30대법원규칙2254호
2010. 6.30대법원규칙2293호 2013.12.10대법원규칙2502호
2020.11.26대법원규칙2922호 2022. 6.30대법원규칙3054호

제1편 군사법원의 관할 및 심판기관
(1994.8.3 본편제목개정)

제1장 총 칙

제1조【목적】 이 규칙은 「군사법원법」이 대법원규칙에 위임한 사항, 그 밖에 군사법원의 소송절차에 관하여 필요한 사항을 규정함을 목적으로 한다.(2022.6.30 본조개정)

제2장 군사법원의 관할
(1994.8.3 본장제목개정)

제1조의2【중요사건의 심판】 「군사법원법」(다음부터 "법"이라 한다) 제12조의4제4항의 규정에 의하여 중앙지역군사법원이 심판할 수 있는 그 밖의 중요사건이라 함은 법 제36조제7항의 규정에 의하여 국방부검찰단의 보통검찰부가 관할한 사건을 말한다.(2022.6.30 본조개정)

제1조의3【취소 신청기간의 기산점】 법 제2조제5항에 따른 신청기간은 국방부장관이 법 제2조제4항 본문에 따라 해당 사건을 군사법원에 기소하도록 결정한 후 그 취지와 이유를 기재한 서면이 도달한 날부터 기산한다.
(2022.6.30 본조신설)

제2조【관련사건의 병합심리신청】 ① 법 제15조에 따른 신청을 하려는 군검사 또는 피고인은 그 사유를 기재한 신청서를 중앙지역군사법원에 제출하여야 한다.
② 군검사의 신청서에는 피고인의 수에 상응한 부본을, 피고인의 신청서에는 부본 1통을 각 첨부하여야 한다.
③ 제1항의 신청을 받은 중앙지역군사법원은 지체 없이 각 사건계속 군사법원에 그 취지를 통지하고, 제2항의 신청서 부본을 신청인의 상대방에게 송달하여야 한다.
④ 사건계속 군사법원과 신청인의 상대방은 제3항의 송달을 받은 날로부터 3일 이내에 의견서를 중앙지역군사법원에 제출할 수 있다.
(2022.6.30 본조개정)

제3조【관련사건의 병합심리절차】 ① 법 제15조의 규정에 의한 신청을 받은 중앙지역군사법원이 신청을 이유있다고 인정한 때에는 관련사건을 병합심리할 군사법원을 지정하여 그 군사법원으로 하여금 병합심리하게 하는 취지의 결정을, 이유없다고 인정한 때에는 신청을 기각하는 취지의 결정을 하고, 그 결정등본을 신청인과 그 상대방에게 송달하고, 사건계속 군사법원에 송부하여야 한다.
② 제1항의 결정에 의하여 병합심리하게 된 군사법원 이외의 군사법원은 그 결정등본을 송부받은 날로부터 7일 이내에 소송기록과 증거물을 병합심리하게 된 군사법원에 송부하여야 한다.
(2022.6.30 본조개정)

제4조【관할의 경합】 ① 법 제17조에서 먼저 공소를 받은 군사법원이라 함은 공소장접수일시가 먼저인 군사법원을 말한다.
② 법 제17조 단서의 규정에 의한 신청은 사건명, 피고인의 인적사항, 기소된 군사법원, 그 순위 및 신청사유를 기재한 신청서에 의한다. 이 경우 신청 및 심리에 대한 절차는 제2조 및 제3조를 준용한다.(2022.6.30 후단신설)

제4조의2【항소사건의 병합심리】 ① 군사법원이 재판권을 가지는 사건과 그렇지 않은 사건이 관련사건에 해당하고 그 각 항소사건이 각각 고등법원과 지방법원 본원 합의부에 계속된 때에는 고등법원은 결정으로 지방법원 본원 합의부에 계속한 사건을 병합하여 심리할 수 있다. 수개의 관련항소사건이 토지관할을 달리하는 경우에도 같다.
② 지방법원 본원 합의부의 재판장은 그 부에서 심리 중인 항소사건과 관련된 사건이 고등법원에 계속된 사실을 알게 된 때에는 즉시 고등법원의 재판장에게 그 사실을 통지하여야 한다.
③ 고등법원이 제1항의 규정에 의한 병합심리결정을 한 때에는 즉시 그 결정등본을 지방법원 본원 합의부에 송부하여야 하고, 지방법원 본원 합의부는 그 결정등본을 송부받은 날로부터 7일 이내에 소송기록과 증거물을 고등법원에 송부하여야 한다.
④ 제1항에 따라 병합하여 심리하는 경우 공소유지는 군사법원이 재판권을 가지는 사건의 항소사건에 관하여는 군검사가, 그렇지 않은 항소사건에 관하여는 검사가 담당한다. 이 경우 군검사와 검사는 공소유지에 관하여 서로 협력하여야 한다.
(2022.6.30 본조신설)

제5조【관할이전 또는 지정의 신청 등】 ① 법 제19조제1항, 제2항 및 제19조의2의 규정에 의하여 관할의 이전 또는 지정을 신청함에는 사건명, 관할을 이전 또는 지정하고자 하는 군사법원, 피고인 또는 피의자의 인적사항 및 법 제19조의3제1항에 따른 신청사유를 기재한 신청서를 중앙지역군사법원에 제출하여야 한다.(2022.6.30 본항개정)
② 제1항의 규정에 의하여 군검사가 신청서를 제출할 때에는 피고인 또는 피의자의 수에 상응하는 부본을, 피고인이 신청서를 제출할 때에는 부본 1통을 각 첨부하여야 한다.
(2020.11.26 본항개정)
③ 제1항의 신청서를 제출받은 중앙지역군사법원은 지체 없이 군검사의 신청서부본을 피고인이나 피의자 또는 변호인에게 송달하여야 하고, 피고인의 신청서부본은 군검사에게 송달함과 함께 공소를 접수한 군사법원에 그 취지를 통지하여야 한다.(2022.6.30 본항개정)
④ 군검사, 피고인이나 피의자 또는 변호인은 제3항의 신청서부본을 송부받은 날로부터 3일 이내에 의견서를 중앙지역군사법원에 제출할 수 있다.(2022.6.30 본항개정)
(2022.6.30 본조제목개정)

제6조【관할이전 또는 지정의 결정에 의한 처리절차】
① 공소제기전의 사건에 관하여 관할이전 또는 지정의 결정을 한 경우 중앙지역군사법원은 결정등본을 군검사와 피의자 또는 변호인에게 송부하여야 하며, 군검사가 그 사건에 관하여 공소를 제기할 때에는 공소장에 그 결정등본을 첨부하여야 한다.
② 공소가 제기된 사건에 관하여 관할이전 또는 지정의 결정을 한 경우 중앙지역군사법원은 결정등본을 군검사와 피고인 또는 변호인 및 사건계속 군사법원에 송부하여야 한다.
③ 제2항의 경우 사건계속 군사법원은 지체 없이 소송기록과 증거물을 제2항의 결정등본과 함께 그 이전 또는 지정된 군사법원에 송부하여야 한다. 다만, 사건계속 군사법원이 관할법원으로 지정된 경우에는 그러하지 아니하다.
(2022.6.30 본조개정)

제7조【소송절차의 정지】 군사법원은 그 계속 중인 사건에 관하여 병합심리신청, 관할이전 또는 관할지정신청이 제기된 경우에는 그 신청에 대한 결정이 있기까지 소송절차를 정지하여야 한다. 다만, 급속을 요하는 경우에는 그러하지 아니하다.(2022.6.30 본조개정)

제8조【소송기록등의 송부방법】 ① 제3조제2항, 제6조제3항 또는 법 제14조의2의 각 규정에 의하여 소송기록과 증거물을 다른 군사법원으로 송부할 때에는 이를 송부받을 군사법원으로 직접 송부한다.
② 제1항의 송부를 한 군사법원 및 송부를 받은 군사법원은 각각 그 군사법원에 대응하는 보통검찰부의 군검사에게 그 사실을 통지하여야 한다.
(2022.6.30 본조개정)

제3장 군사법원의 직원
(2022.6.30 본장제목개정)

제9조 (2022.6.30 삭제)

제10조【서기의 임명】 법 제32조의 규정에 의한 서기는 국방부령이 정하는 바에 의하여 전형을 거쳐 임명한다.
(1994.8.3 본조개정)

제11조 (1994.8.3 삭제)

제11조의2 (2022.6.30 삭제)

제12조~제13조 (2022.6.30 삭제)

제2편 소송절차

제1장 총 칙

제1절 군사법원직원의 기피

제14조【기피신청의 방식등】 ① 법 제49조의 규정에 의한 기피신청을 함에 있어서는 기피의 원인이 되는 사실을 구체적으로 명시하여야 한다.
② 제1항에 위배된 기피신청의 처리는 법 제52조제1항의 규정에 의한다.

제2절 변호와 보조

제15조【변호인 선임】 ① 법 제61조제1항의 규정에 의한 서면은 기소전에는 피의자가 수사를 받고 있는 기관에 제출한다.
② 법 제59조제2항에 규정된 자가 변호인을 선임하는 때에는 그 자와 피고인 또는 피의자와의 신분관계를 소명하는 서면을 제1항의 서면에 첨부하여 제출하여야 한다.
③ 선임을 받은 변호인은 제1항의 서면을 제출한 때로부터 변호인의 권리를 행사할 수 있다.
제16조【특별변호인】 ① 법 제60조 단서에 따라 변호사 아닌 자를 변호인으로 선임하고자 하는 자는 관할군사법원에 서면으로 신청하여야 한다.
② 제1항의 신청서에는 변호인이 될 자의 인적사항 및 신청사유를 기재하고 변호인이 될 자와 변호인을 선임하고자 하는 자가 연명날인한다.
(2022.6.30 본조개정)
제17조【변호인선임후 다른 사건이 병합되었을 경우의 효력】 하나의 사건에 관하여 한 변호인선임은 동일 군사법원의 동일 피고인에 대하여 병합된 다른 사건에 관하여도 그 효력이 있다. 다만, 피고인 또는 변호인이 이와 다른 의사표시를 한 때에는 그러하지 아니하다.
(2000.4.29 본조개정)
제17조의2【대표변호인의 지정 등의 통지】 대표변호인의 지정, 지정의 철회 또는 변경은 피고인 또는 피의자의 신청에 의한 때에는 군검사 및 대표변호인에게, 변호인의 신청에 의하거나 직권에 의한 때에는 피고인 또는 피의자 및 군검사에게 이를 통지하여야 한다.(2020.11.26 본조개정)
제17조의3【대표변호인지정서등의 제출】 대표변호인의 지정, 철회 또는 변경의 신청은 그 사유를 기재한 서면으로 한다. 다만, 공판기일에서는 구술로 할 수 있다.
(2000.4.29 본조개정)
제17조의4【기소전 대표변호인 지정의 효력】 법 제61조의2제5항에 의한 대표변호인의 지정은 기소 후에도 그 효력이 있다.(2000.4.29 본조개정)
제18조【국선변호인의 수】 ① 국선변호인은 피고인 또는 피의자마다 1인을 선정한다. 다만, 사건의 특수성에 비추어 필요하다고 인정할 때에는 1인의 피고인 또는 피의자에게 수인의 국선변호인을 선정할 수 있다.
(2022.6.30 본항개정)
② 다수의 피고인 또는 피의자간에 이해가 상반되지 아니할 때에는 그 다수의 피고인 또는 피의자를 위하여 동일한 국선변호인을 선정할 수 있다.
제19조【국선변호인의 선정 등】 ① 공소제기된 피고인에게 변호인이 없는 경우 또는 법 제238조의2에 따라 심문할 피의자에게 변호인이 없거나 법 제252조에 따라 체포 또는 구속의 적부심사가 청구된 피의자에게 변호인이 없는 때에는 군사법원 또는 군판사는 지체 없이 국선변호인을 선정하고 피고인 또는 피의자와 변호인에게 그 뜻을 고지하여야 한다.
② 제1항의 경우 공소제기 전에는 구속영장 청구서 사본 또는 피의사실의 요지 및 피의자의 연락처 등을, 공소제기 후에는 공소장 부본 및 피고인의 연락처 등을 함께 고지할 수 있다.(2022.6.30 본항개정)
③ 제1항의 고지는 서면으로 하여야 한다. 다만, 공소제기 전에는 서면 이외에 구술·전화·모사전송·전자우편·휴대전화 문자전송 그 밖에 적당한 방법으로 할 수 있다.
(2022.6.30 본항개정)
④ 공소제기가 된 후 및 구속영장이 청구된 후 또는 체포·구속의 적부심사를 청구한 후에 변호인이 없게 된 때에도 제1항 및 제2항의 규정을 준용한다.(2008.2.20 본항신설)
(2022.6.30 본조제목개정)
(2008.2.20 본조개정)
제20조【국선변호인 예정자명부의 작성】 ① 각 지역군사법원은 국선변호를 담당할 것으로 예정한 변호사, 변호사 자격이 있는 장교 등을 일괄 등재한 국선변호인 예정자명부(이하 "명부"라 한다)를 작성할 수 있다. 이 경우 국선변호 업무의 내용 및 국선변호 예정일자를 미리 지정할 수 있다.
② 군사법원장은 제1항의 명부 작성에 관하여 관할구역 또는 인접한 지역군사법원의 관할구역 안에 있는 지방변호사회장에게 협조를 요청할 수 있다.
③ 제1항의 명부가 작성된 경우 군사법원은 특별한 사정이 없는 한 명부의 기재에 따라 국선변호인을 선정하여야 한다.
(2022.6.30 본조개정)
제21조【선정취소】 ① 군사법원은 다음 각 호의 어느 하나에 해당하는 때에는 국선변호인의 선정을 취소하여야 한다.(2022.6.30 본문개정)
1. 피고인 또는 피의자에게 변호인이 선임된 때
2. 군사법원이 제23조의 규정에 의하여 국선변호인의 사임을 허가한 때
② 군사법원은 국선변호인이 그 직무를 성실히 수행하지 아니하거나 기타 상당한 이유가 있는 때에는 국선변호인의 선정을 취소할 수 있다.
③ 군사법원이 국선변호인의 선정을 취소한 때에는 지체없이 그 뜻을 해당하는 국선변호인과 피고인 또는 피의자에게 통지하여야 한다.(2022.6.30 본항개정)
제22조【법정에서의 선정등】 ① 공판기일 또는 피의자심문기일에 이미 선임된 변호인 또는 선정된 국선변호인이 출석하지 아니하거나 퇴정한 경우에 부득이한 때에는 피고인 또는 피의자의 의견을 들어 법 제62조제2항에 정해진 자 중 재정중인 자를 국선변호인으로 선정할 수 있다.
② 제1항의 경우에는 이미 선정되었던 국선변호인에 대하여 그 선정을 취소할 수 있다.
③ 국선변호인이 공판기일 또는 피의자 심문기일에 출석할 수 없는 사유가 발생한 때에는 그 기일 전날까지 군사법원에 그 사유를 소명하여 통지하여야 한다.
(2022.6.30 본조개정)
제23조【사임】 국선변호인은 다음 각 호의 어느 하나에 해당하는 경우에는 군사법원의 허가를 얻어 사임할 수 있다.(2022.6.30 본문개정)
1. 질병 또는 장기여행으로 인하여 국선변호인의 직무를 수행하기 곤란할 때
2. 피고인 또는 피의자로부터 폭행, 협박 또는 모욕을 당하여 신뢰관계를 지속할 수 없을 때
3. 피고인 또는 피의자로부터 부정한 행위를 할 것을 종용받았을 때
4. 기타 국선변호인으로서의 직무를 수행할 수 없다고 인정할 만한 상당한 사유가 있을 때(2022.6.30 본호개정)
제24조【감독】 군사법원은 국선변호인이 그 임무를 게을리하여 현저히 불성실하다고 인정할 때에는 그 사유를 소속지방변호사회장, 소속 군 본부 법무실장에게 통지하여야 한다.(2022.6.30 본조개정)
제25조 (2008.2.20 삭제)
제26조【보조인의 신고】 ① 법 제66조제3항에 따라 심급별로 하는 보조인의 신고는 보조인이 되고자 하는 자와 피고인 또는 피의자 사이의 신분관계를 소명하는 서면을 첨부하여야 한다.
② 공소제기 전에 한 보조인의 신고는 제1심에도 그 효력이 있다.
(2022.6.30 본조개정)

제3절 재 판

제27조【결정, 명령을 위한 사실조사】 ① 결정 또는 명령을 함에 있어 법 제71조제3항의 규정에 의한 사실조사를 위하여 필요한 경우에는 법 및 이 규칙이 정하는 바에 따라 증인을 신문하거나 감정을 명할 수 있다.
② 제1항의 경우에는 군검사, 피고인, 피의자 또는 변호인을 참여하게 할 수 있다.
(2022.6.30 본조개정)
제28조【재판서의 경정】 ① 재판서에 잘못된 계산이나 기재, 그 밖에 이와 비슷한 잘못이 있음이 분명한 때에는 군사법원은 직권으로 또는 당사자의 신청에 따라 경정결정을 할 수 있다.(2008.2.20 본항개정)
② 경정결정은 재판서의 원본과 등본에 이를 덧붙여 적어야 한다. 다만, 등본에 덧붙여 적을 수 없을 때에는 경정결정의 등본을 작성하여 재판서의 등본을 송달받은 자에게 송달하여야 한다.(2008.2.20 본항개정)
③ 경정결정에 대하여는 즉시 항고를 할 수 있다. 다만, 재판에 대하여 적법한 상소가 있는 때에는 그러하지 아니하다.
제28조의2【기명날인할 수 없는 재판서】 법 제75조제3항에 따라 서명날인에 갈음하여 기명날인할 수 없는 재판서는 판결과 각종 영장(감정유치장 및 감정처분허가장을 포함한다)을 말한다.(2008.2.20 본조신설)
제29조【재판서의 등본, 초본 청구권자의 범위】 ① 법 제79조에 규정된 그 밖의 소송관계인이라 함은 군검사, 변호인, 보조인, 법 제397조 및 제398조제1항의 규정에 의한 상소권자 등을 말한다.
② 고소인, 고발인 또는 피해자는 비용을 납입하고 재판서 또는 재판을 기재한 조서의 등본 또는 초본의 교부를 청구할 수 있다. 이 경우 그 청구하는 사유를 소명하여야 한다.
(2022.6.30 본조개정)
제30조【소송에 관한 사항의 증명서의 청구】 피고인과 제29조제1항에 규정된 소송관계인 및 고소인, 고발인 또는 피해자는 소송에 관한 사항의 증명서의 교부를 청구할 수 있다. 다만, 고소인, 고발인 또는 피해자의 청구에 관하여는 제29조제2항 단서의 규정을 준용한다.
제31조【등본, 초본등의 작성방법】 법 제79조에 규정된 등본, 초본(제29조제2항에 규정된 등본, 초본을 포함한다) 또는 제30조에 규정된 증명서를 작성함에 있어서는 담당서기가 등본, 초본 또는 소송에 관한 사항의 증명서라는 취지를 기재하고 기명날인하여야 한다.

제4절 서 류

제32조【조서에의 인용과 조서의 작성】 ① 조서에는 서면, 사진, 속기록, 녹음물, 영상녹화물, 녹취서 등 군사법원이 적당하다고 인정한 것을 인용하고 소송기록에 첨부하거나 전자적 형태로 보관하여 조서의 일부로 할 수 있다.
② 제1항에 따라 속기록, 녹음물, 영상녹화물, 녹취서를 조서의 일부로 한 경우라도 재판장은 서기로 하여금 피고인, 증인, 그 밖의 소송관계인의 진술 중 중요한 사항을 요약하여 조서의 일부로 기재하게 할 수 있다.
(2020.11.26 본항신설)
(2020.11.26 본조제목개정)
(2013.12.10 본조개정)
제32조의2【변경청구나 이의제기가 있는 경우의 처리】 공판조서의 기재에 대하여 법 제87조의2제3항에 따른 변경청구나 이의제기가 있는 경우, 서기는 신청의 연월일 및 그 요지와 그에 대한 재판장의 의견을 기재하여 조서를 작성한 후 당해 공판조서 뒤에 이를 첨부하여야 한다.(2022.6.30 본조개정)
제32조의3【공판조서의 낭독 등】 법 제88조의2제2항에 따른 피고인의 낭독청구가 있는 때에는 재판장의 명에 의하여 서기가 낭독하거나 녹음물 또는 영상녹화물을 재생한다.(2022.6.30 본조개정)
제32조의4【속기 등의 신청】 ① 법 제87조의3제1항에 따른 속기, 녹음 또는 영상녹화(녹음이 포함된 것을 말한다. 이하 같다)의 신청은 공판기일·공판준비기일을 열기 전까지 하여야 한다.
② 피고인, 변호인 또는 군검사의 신청이 있음에도 불구하고 특별한 사정이 있는 때에는 속기, 녹음 또는 영상녹화를 하지 아니하거나 신청하는 것과 다른 방법으로 속기, 녹음 또는 영상녹화를 할 수 있다. 이 경우 재판장은 공판기일에 그 취지를 고지하여야 한다.
(2022.6.30 본조개정)
제33조~제34조 (2008.2.20 삭제)
제35조【속기록등에 대한 조치】 재판장은 법 제87조의3제1항에 따라 속기를 하게 한 경우에는 서기로 하여금 속기록의 전부 또는 일부를 조서에 인용하고 소송기록에 첨부하여 조서의 일부로 하게 할 수 있다.(2022.6.30 본문개정)
1.~3. (2022.6.30 삭제)
제36조【진술자에 대한 확인 등】 속기를 하게 한 경우 법 제82조제3항 또는 법 제86조 단서에 따른 절차의 이행은 서기 또는 군사법원에 소속되어 있거나 군사법원이 선정한 속기능력소지자(다음부터 "속기사 등"이라고 한다)로 하여금 속기록의 내용을 읽어주게 하거나 진술자에게 속기록을 열람하도록 하는 방법에 의한다.
(2008.2.20 본조개정)
제37조~제39조 (2008.2.20 삭제)
제40조【녹취서의 작성등】 ① 재판장은 필요하다고 인정하는 때에는 서기 또는 속기사 등에게 녹음 또는 영상녹화된 내용의 전부 또는 일부를 녹취할 것을 명할 수 있다.
② 재판장은 서기로 하여금 제1항에 따라 작성된 녹취서의 전부 또는 일부를 조서에 인용하고 소송기록에 첨부하여 조서의 일부로 하게 할 수 있다.
(2008.2.20 본조개정)
제40조의2【속기록, 녹음물 또는 영상녹화물의 사본 교부】 ① 재판장은 법 제87조의3제3항에도 불구하고 피해자 또는 그 밖의 소송관계인의 사생활에 관한 비밀 보호 또는 신변에 대한 위해 방지 등을 위하여 특히 필요하다고 인정하는 경우에는 속기록, 녹음물 또는 영상녹화물의 사본의 교부를 불허하거나 그 범위를 제한할 수 있다.
② 법 제87조의3제3항에 따라 속기록, 녹음물 또는 영상녹화물의 사본을 교부받은 사람은 그 사본을 당해 사건 또는 관련 소송의 수행과 관계 없는 용도로 사용하여서는 아니 된다.
(2022.6.30 본조개정)
제41조【속기록 등의 보관과 폐기】 속기록, 녹음물, 영상녹화물 또는 녹취서는 전자적 형태로 이를 보관할 수 있으며, 재판이 확정되면 폐기한다. 다만, 속기록, 녹음물, 영상녹화물 또는 녹취서가 조서의 일부가 된 경우에는 그러하지 아니하다.(2013.12.10 본조개정)
제42조 (2022.6.30 삭제)
제42조의2 (2008.2.20 삭제)
제43조【서명날인의 특칙】 공무원이 아닌 자가 서명날인을 하여야 할 경우에 서명을 할 수 없으면 타인이 대서한다. 이 경우에는 대서한 자가 그 사유를 기재하고 기명날인 또는 서명하여야 한다.(2008.2.20 본조개정)

제5절 송 달

제44조 (2022.6.30 삭제)
제45조【공시송달을 명하는 재판】 군사법원은 공시송달의 사유가 있다고 인정한 때에는 직권으로 결정에 의하여 공시송달을 명한다.

제6절 기 간

제46조【법정기간의 연장】 ① 소송행위를 할 자가 국내에 있는 경우 주거 또는 사무소의 소재지와 군사법원 또는 군검찰부 소재지와의 거리에 따라 해로는 100킬로미터, 육로는 200킬로미터마다 각 1일을 부가한다. 그 거리의 전부

또는 잔여가 기준에 미달할지라도 50킬로미터 이상이면 1일을 부가한다. 다만, 군사법원은 홍수, 천재지변 등 불가피한 사정이 있거나 교통통신의 불편정도를 고려하여 법정기간을 연장함이 상당한 때에는 이를 연장할 수 있다.
(2022.6.30 본항개정)
② 소송행위를 할 자가 외국에 있는 경우의 법정기간에는 그 거주국의 위치에 따라 다음 각호의 기간을 부가한다.
1. 아시아주 및 오세아니아주 : 15일
2. 북아메리카 및 유럽주 : 20일
3. 중남아메리카 및 아프리카주 : 30일
(2000.4.29 본조개정)

제7절 피고인의 소환과 구속

제47조【소환의 유예기간】 피고인에 대한 소환장은 법 제312조의 경우를 제외하고는 늦어도 출석할 일시 12시간 이전에 송달하여야 한다. 다만, 피고인이 이의를 하지 아니하는 때에는 그러하지 아니하다.
제48조【구속영장의 기재사항】 구속영장에는 법 제114조에 규정된 사항외에 법 제110조제1항 각 호에 규정된 구속의 사유를 기재하여야 한다.(2022.6.30 본조개정)
제49조【구속의 촉탁】 ① 법 제115조제1항의 규정에 의하여 피고인의 구속을 촉탁할 경우에는 촉탁서에 피고인의 인적사항, 공소사실의 요지 및 인치할 장소를 기재하고 재판장 또는 군판사가 서명날인하여야 한다.
② 법 제115조제1항 또는 제2항의 규정에 의하여 구속의 촉탁 또는 전촉을 받은 자가 피고인을 구속하지 못하였을 때에는 그 사유를 촉탁자에게 통지하여야 한다.
제50조【수탁군판사등의 구속영장등의 기재요건】 수탁군판사 또는 수탁판사가 법 제115조제3항의 규정에 의하여 구속영장을 발부하는 때나 재판장 또는 군판사가 법 제118조의 규정에 의하여 소환장 또는 구속영장을 발부하는 때에는 그 취지를 소환장 또는 구속영장에 기재하여야 한다.(1994.8.3 본조개정)
제51조【검찰관에 대한 구속영장의 송부】 군검사의 지휘에 의하여 구속영장을 집행하는 경우에는 구속영장을 발부한 군사법원이 그 원본을 군검사에게 송부하여야 한다.(2020.11.26 본조개정)
제52조【구속영장 집행후의 조치】 ① 구속영장 집행사무를 담당한 자가 구속영장을 집행한 때에는 구속영장에 집행일시와 장소를, 집행할 수 없었을 때에는 그 사유를 기재하고 서명날인하여야 한다.
② 구속영장의 집행에 관한 서류는 집행을 지휘한 군검사 또는 법 제119조제1항 단서에 규정된 자를 경유하여 구속영장을 발부한 군사법원이나 수탁군판사 또는 수탁판사에게 제출하여야 한다.(2020.11.26 본항개정)
③ (2008.2.20 삭제)
제52조의2【구인을 위한 구속영장의 집행후의 조치】 구인을 위한 구속영장의 집행에 관한 서류를 제출받은 군사법원의 재판장은 서기에게 피고인이 인치된 일시를 구속영장에 기재하게 하여야 하고, 법 제111조의2에 따라 피고인을 유치할 경우에는 유치할 장소를 구속영장에 기재하고 서명날인 하여야 한다.(2008.2.20 본조신설)
제53조【구속영장등본의 교부청구】 ① 피고인, 변호인, 피고인의 법정대리인, 배우자, 직계친족, 형제자매는 구속영장을 발부한 군사법원에 구속영장등본의 교부를 청구할 수 있다.(2008.2.20 본항개정)
② 제1항의 경우에 고소인, 고발인 또는 피해자에 대하여는 제29조제2항의 규정을 준용한다.(2022.6.30 본항개정)
제53조의2【구속의 통지】 ① 피고인을 구속한 때에 그 변호인이나 법 제59조제2항에 규정된 자가 없는 경우에는 피고인이 지정하는 자 1인에게 법 제127조제1항에 규정한 사항을 통지하여야 한다.
② 구속의 통지는 구속을 한 때로부터 늦어도 24시간 이내에 서면으로 하여야 한다.
③ 급속을 요하는 경우에는 구속되었다는 취지 및 구속의 일시, 장소를 전화 또는 모사전송기 기타 상당한 방법에 의하여 통지할 수 있다. 다만 이 경우에도 구속통지는 다시 서면으로 하여야 한다.
(2000.4.29 본조신설)
제54조【구속과 공소사실 등의 고지】 군사법원 또는 군판사는 법 제112조 및 법 제128조의 규정에 의한 고지를 할 때에는 서기를 참여시켜 조서를 작성하게 하거나, 피고인 또는 피의자로 하여금 확인서 그 밖의 서면을 작성하게 하여야 한다.(2022.6.30 본조개정)
제55조【보석등의 청구】 ① 보석청구서 또는 구속취소청구서에는 다음 사항을 기재하여야 한다.
1. 사건번호
2. 구속된 피고인의 성명, 주민등록번호(외국인인 경우에는 외국인등록번호, 위 번호들이 없거나 이를 알 수 없는 경우에는 생년월일 및 성별, 다음부터 '주민등록번호 등'이라 한다), 소속, 계급, 군번, 주거
3. 청구의 취지 및 청구의 이유
4. 청구인의 성명 및 구속된 피고인과의 관계
(2008.2.20 본항신설)
② 보석의 청구 또는 군검사 아닌 자가 구속취소의 청구를 할 때에는 그 청구서의 부본을 첨부하여야 한다.
(2020.11.26 본항개정)
③ 군사법원은 제1항의 보석 또는 구속취소에 관하여 군검사의 의견을 물을 때에는 제2항의 부본을 첨부하여야 한다.(2020.11.26 본항개정)

제55조의2【진술서 등의 제출】 ① 보석의 청구인은 적합한 보석조건에 관한 의견을 밝히고 이에 관한 소명자료를 낼 수 있다.
② 보석의 청구인은 보석조건을 결정함에 있어 법 제138조제2항에 따른 이행가능한 조건인지 여부를 판단하기 위하여 필요한 범위 내에서 피고인(피고인이 미성년자인 경우에는 그 법정대리인 등)의 자력 또는 자산 정도에 관한 서면을 제출하여야 한다.
(2008.2.20 본조신설)
제56조【기록 등의 제출】 ① 군검사는 군사법원으로부터 보석, 구속취소 또는 구속집행정지에 관한 의견요청이 있을 때에는 의견서와 소송서류 및 증거물을 지체 없이 군사법원에 제출하여야 한다. 이 경우 특별한 사정이 없는 한 의견요청을 받은 날의 다음날까지 제출하여야 한다.
(2020.11.26 본항개정)
② 보석에 대한 의견 요청을 받은 군검사는 보석허가가 상당하지 아니하다는 의견일 때에는 그 사유를 명시하여야 한다.(2020.11.26 본항개정)
③ 제2항의 경우 보석허가가 상당하다는 의견일 때에는 보석조건에 대하여 의견을 나타낼 수 있다.
(2008.2.20 본조개정)
제57조【보석의 심리】 ① 보석의 청구를 받은 군사법원은 지체 없이 심문기일을 정하여 구속된 피고인을 심문하여야 한다. 다만, 다음 각 호의 어느 하나에 해당하는 때에는 그러하지 아니하다.(2022.6.30 본문개정)
1. 법 제134조에 규정된 청구권자 이외의 사람이 보석을 청구한 때
2. 동일한 피고인에 대하여 중복하여 보석을 청구하거나 재청구한 때
3. 공판준비 또는 공판기일에 피고인에게 그 이익되는 사실을 진술할 기회를 준 때(2008.2.20 본호개정)
4. 이미 제출된 자료만으로 보석을 허가하거나 불허가할 것이 명백한 때
② 제1항의 규정에 의하여 심문기일을 정한 군사법원은 즉시 군검사, 변호인, 보석청구인에게 심문기일과 장소를 통지하여야 하고, 군검사는 위 심문기일에 피고인을 출석시켜야 한다.(2020.11.26 본항개정)
③ 제2항의 통지는 서면 외에 전화·모사전송·전자우편·휴대전화 문자전송 그 밖에 적당한 방법으로 이를 할 수 있다. 이 경우 통지의 증명은 그 취지를 심문조서에 기재함으로써 할 수 있다.(2008.2.20 전단개정)
④ 피고인, 변호인, 보석청구인은 피고인에게 유리한 자료를 낼 수 있다.(2008.2.20 본항개정)
⑤ 군검사, 변호인, 보석청구인은 제1항의 심문기일에 출석하여 의견을 진술할 수 있다.(2020.11.26 본항개정)
⑥ 군사법원은 피고인, 변호인 또는 보석청구인에게 보석조건을 결정함에 있어 필요한 자료의 제출을 요구할 수 있다.(2008.2.20 본항신설)
⑦ 군사법원은 피고인의 심문을 합의부원에게 명할 수 있다.
(2000.4.29 본조개정)
제58조【보석 등의 결정기한】 군사법원은 특별한 사정이 없는 한 보석 또는 구속취소의 청구를 받은 날부터 7일 이내에 그에 관한 결정을 하여야 한다.(2008.2.20 본조개정)
제59조【불허가 결정의 이유】 보석을 허가하지 아니하는 결정을 하는 때에는 결정이유에 법 제135조 각 호 중의 어느 사유에 해당하는지를 명시하여야 한다.
(2022.6.30 본조개정)
제59조의2【보석석방 후의 조치】 ① 군사법원은 법 제139조제3호의 보석조건으로 석방된 피고인이 보석조건을 이행함에 있어 피고인이 소속된 부대의 장 또는 피고인의 주거지를 관할하는 경찰서장에게 피고인이 주거제한을 준수하고 있는지 여부 등에 관하여 조사할 것을 요구하는 등 보석조건의 준수를 위하여 적절한 조치를 취할 것을 요구할 수 있다.(2022.6.30 본항개정)
② 군사법원은 법 제139조제6호의 보석조건을 정한 경우 출입국사무를 관리하는 관서의 장에게 피고인에 대한 출국을 금지하는 조치를 취할 것을 요구할 수 있다.
(2022.6.30 본항개정)
③ 법 제140조제5항에 따라 보석조건 준수에 필요한 조치를 요구받은 관공서 그 밖에 공사단체의 장은 그 조치의 내용과 경과 등을 군사법원에 통지하여야 한다.
(2008.2.20 본조신설)
제59조의3【보석조건 변경의 통지】 군사법원은 보석을 허가한 후에 보석의 조건을 변경하거나 보석조건의 이행을 유예하는 결정을 한 경우에는 그 취지를 군검사에게 지체 없이 통지하여야 한다.(2020.11.26 본조개정)
제59조의4【보석조건의 위반과 피고인에 대한 과태료 등】 ① 법 제142조제3항·제4항에 따른 과태료 재판의 절차에 관하여는 비송사건절차법 제248조, 제250조(다만, 검사에 관한 부분을 제외한다)를 준용한다.
② 법 제142조제3항에 따른 감치재판절차는 군사법원의 감치재판개시결정에 따라 개시된다. 이 경우 감치사유가 있은 날부터 20일이 지난 때에는 감치재판개시결정을 할 수 없다.
③ 군사법원은 감치재판절차를 개시한 이후에도 감치에 처함이 상당하지 아니하다고 인정되는 때에는 불처벌의 결정을 할 수 있다.
④ 제2항의 감치재판개시결정과 제3항의 불처벌결정에 대하여는 불복할 수 없다.

⑤ 제2항부터 제4항까지 및 법 제142조제3항·제4항에 따른 감치절차에 관하여는 「군사법원 법정 등의 질서유지를 위한 재판에 관한 규칙」 제3조, 제6조, 제8조, 제9조, 제11조, 제12조, 제14조, 제16조, 제18조, 제20조, 제21조, 제23조부터 제25조까지, 제26조제1항을 준용한다.
(2022.6.30 본항개정)
(2008.2.20 본조신설)
제60조【보석등의 취소에 의한 재구금절차】 ① 법 제142조제2항에 따른 보석취소 또는 구속집행정지취소의 결정이 있는 때 또는 기간을 정한 구속집행정지결정의 기간이 만료된 때에는 군검사는 그 취소결정의 등본 또는 기간을 정한 구속집행정지결정의 등본에 의하여 피고인을 재구금하여야 한다. 다만, 급속을 요하는 경우에는 재판장, 수탁군판사가 직접 재구금을 지휘할 수 있다.
(2020.11.26 본항개정)
② 제1항 단서의 경우에는 군사법원 서기에게 집행을 명할 수 있다. 이 경우에 군사법원 서기는 그 집행에 관하여 필요한 때에는 군사법경찰관리 또는 교도관에게 보조를 요구할 수 있으며 관할 구역 외에서도 집행할 수 있다.
(2000.4.29 본조개정)
제61조【상소등과 구속에 관한 결정】 ① 상소기간중 또는 상소중의 사건에 관한 피고인의 구속, 구속기간갱신, 구속취소, 보석, 보석의 취소, 구속집행정지 및 그 정지의 취소의 결정은 소송기록이 상소법원에 도달하기까지는 원심군사법원(상고의 경우에는 고등법원을 말한다)이 이를 하여야 한다.
② 이송, 파기환송 또는 파기이송의 사건에 관한 제1항의 결정은 소송기록이 관할 군사법원 또는 관할 법원에 도달하기까지는 이송 또는 환송한 군사법원이나 상소법원이 이를 하여야 한다.
(2022.6.30 본조개정)

제8절 압수와 수색

제62조【압수물의 제출명령】 법 제146조제2항의 규정에 의하여 군사법원이 압수할 물건의 제출을 명하는 경우에는 피고인의 성명, 사건명, 압수할 물건 및 제출시기를 기재한 서면으로 하여야 한다.
제63조【압수·수색영장의 기재사항】 압수·수색영장에는 압수·수색의 사유를 기재하여야 한다.
(2000.4.29 본조개정)
제64조【준용규정】 제51조의 규정은 압수·수색영장에 이를 준용한다.
제65조【압수·수색의 참여】 ① 군사법원이 압수·수색을 할 때에는 서기를 참여하게 하여야 한다.
② 서기가 압수·수색영장에 의하여 압수·수색을 할 때에는 다른 서기 또는 군사법경찰관리를 참여하게 하여야 한다.
③ 군사법경찰관리가 압수·수색영장에 의하여 압수·수색을 할 때에는 다른 군사법경찰관리를 참여하게 하여야 한다.
제66조【수색증명서, 압수목록의 작성등】 법 제169조에 규정된 증명서 또는 법 제170조에 규정된 목록은 제65조제1항의 규정에 의한 압수·수색을 한 때에는 참여한 서기가, 제65조제2항 및 제3항의 규정에 의한 압수·수색을 한 때에는 그 집행을 한 자가 이를 작성교부한다.
제67조【압수·수색조서의 기재】 압수·수색에 있어서 제66조의 규정에 의한 증명서 또는 목록을 교부하거나, 법 제171조의 규정에 의한 처분을 한 경우에는 압수·수색의 조서에 그 취지를 기재하여야 한다.
제68조【압수·수색영장 집행후의 조치】 압수·수색영장의 집행에 관한 서류와 압수한 물건은 압수·수색영장을 발부한 군사법원에 이를 제출하여야 한다. 다만, 군검사의 지휘에 의하여 집행한 경우에는 군검사를 경유하여야 한다.(2020.11.26 단서개정)

제9절 검 증

제69조【피고인의 신체검사 소환장의 기재사항】 피고인에 대한 신체검사를 하기 위한 소환장에는 신체검사를 하기 위하여 소환한다는 취지를 기재하여야 한다.
제70조【피고인 아닌 자의 신체검사 소환장의 기재사항】 피고인이 아닌 자에 대한 신체검사를 하기 위한 소환장에는 그 성명 및 주거, 피고인의 성명, 죄명, 출석일시 및 장소와 신체검사를 하기 위하여 소환한다는 취지를 기재하고 재판장 또는 수명군판사가 서명날인하여야 한다.
(2022.6.30 본조개정)

제10절 증인신문

제71조【신문사항등】 재판장은 피해자·증인의 인적사항의 공개 또는 누설을 방지하거나 그 밖에 피해자·증인의 안전을 위하여 필요하다고 인정할 때에는 증인의 신문을 청구한 자에 대하여 사전에 신문사항을 기재한 서면의 제출을 명할 수 있다.(2008.2.20 본조개정)
제72조【결정의 취소】 군사법원은 제71조의 명을 받은 자가 신속히 그 서면을 제출하지 아니한 경우에는 증거결정을 취소할 수 있다.(2008.2.20 본조개정)
제72조의2【증인의 소환방법】 ① 법 제192조제1항에 따른 증인의 소환은 소환장의 송달, 전화, 전자우편, 모사전송, 휴대전화 문자전송 그 밖에 적당한 방법으로 할 수 있다.

② 증인을 신청하는 자는 증인의 소재, 연락처와 출석 가능성 및 출석 가능 일시 그 밖에 증인의 소환에 필요한 사항을 미리 확인하는 등 증인 출석을 위한 합리적인 노력을 다하여야 한다.
(2008.2.20 본조신설)

제73조【소환장 및 구속영장의 기재사항】 ① 증인에 대한 소환장에는 그 성명, 피고인의 성명, 죄명, 출석일시 및 장소와 정당한 이유없이 출석하지 아니할 경우에는 과태료에 처하거나 출석하지 아니함으로써 생긴 비용의 배상을 명할 수 있고 또 구인할 수 있음을 기재하고 재판장 또는 군판사가 기명날인하여야 한다.

② 증인에 대한 구속영장에는 그 성명, 주민등록번호(주민등록번호가 없거나 이를 할 수 없는 경우에는 생년월일), 직업 및 주거, 피고인의 성명, 죄명, 인치할 일시 및 장소, 발부연월일 및 유효기간과 그 기간이 경과한 후에는 집행에 착수하지 못하고 구속영장을 반환하여야 한다는 취지를 기재하고 재판장 또는 군판사가 서명날인하여야 한다.
(2000.4.29 본조개정)

제73조의2【불출석의 신고】 증인이 출석요구를 받고 기일에 출석할 수 없을 경우에는 군사법원에 바로 그 사유를 밝혀 신고하여야 한다.(2008.2.20 본조신설)

제73조의3【증인에 대한 과태료 등】 법 제193조제1항에 따른 과태료와 소송비용 부담의 재판절차에 관하여는 비송사건절차법 제248조와 제250조(다만, 제248조제3항 후문과 검사에 관한 부분을 제외한다)를 준용한다.
(2008.2.20 본조신설)

제73조의4【증인에 대한 감치】 ① 법 제193조제2항부터 제8항까지의 감치재판절차는 군사법원의 감치재판개시결정에 따라 개시된다. 이 경우 감치사유가 발생한 날부터 20일이 지난 때에는 감치재판개시결정을 할 수 없다.

② 감치재판절차를 개시한 후 감치결정전에 그 증인이 증언을 하거나 그 밖에 감치에 처하는 것이 상당하지 아니하다고 인정되는 때에는 군사법원은 불처벌의 결정을 하여야 한다.

③ 제1항의 감치재판개시결정과 제2항의 불처벌결정에 대하여는 불복할 수 없다.

④ 법 제193조제7항의 규정에 따라 증인을 석방한 때에는 재판장은 바로 감치시설의 장에게 그 취지를 서면으로 통보하여야 한다.

⑤ 제1항부터 제4항 및 법 제193조제2항부터 제8항까지에 따른 감치재판절차에 관하여는 「군사법원 법정 등의 질서유지를 위한 재판에 관한 규칙」 제3조, 제6조부터 제9조까지, 제11조, 제12조, 제14조, 제16조부터 제21조까지, 제23조부터 제25조까지, 제26조제1항(다만, 제25조제8항 중 "감치의 집행을 한 날"은 "법 제193조제5항의 규정에 따른 통보를 받은 날"로 고쳐 적용한다)을 준용한다.
(2022.6.30 본항개정)
(2008.2.20 본조신설)

제74조【준용규정】 제51조 및 제52조의 규정은 증인의 구인에 이를 준용한다.

제75조【소환의 유예기간】 법 제192조에 따른 증인에 대한 소환장은 늦어도 출석할 일시 24시간 이전에 송달하여야 한다. 다만, 급속을 요하는 경우에는 그러하지 아니하다.(2022.6.30 본문개정)

제75조의2【소환장이 송달불능된 때의 조치】 제73조에 따른 증인에 대한 소환장이 송달불능 된 경우 증인을 신청한 자는 재판장의 명에 의하여 증인의 주소를 서면으로 보정하여야 하고, 이 때 증인의 소재, 연락처와 출석가능성 등을 충분히 조사하여 성실하게 기재하여야 한다.
(2008.2.20 본조개정)

제75조의3【인정신문】 재판장은 증인으로부터 주민등록증 등 신분증을 제시받거나 그 밖의 적당한 방법으로 증인임이 틀림없음을 확인하여야 한다.(2008.2.20 본조신설)

제76조【선서취지의 설명】 증인이 선서의 취지를 이해할 수 있는가에 대하여 의문이 있는 때에는 선서 전에 그 점에 대하여 신문하고, 필요하다고 인정할 때에는 선서의 취지를 설명하여야 한다.(2022.6.30 본조개정)

제77조【서면에 의한 신문】 증인이 들을 수 없는 때에는 서면으로 묻고, 말할 수 없는 때에는 서면으로 답하게 할 수 있다.

제78조【증인신문의 방법】 ① 재판장은 증인신문을 행함에 있어서 증명할 사항에 관하여 가능한 한 증인으로 하여금 개별적이고 구체적인 내용을 진술하게 하여야 한다.(2000.4.29 본항개정)

② 다음 각 호의 어느 하나에 규정된 신문을 하여서는 아니된다. 다만, 제2호 내지 제4호의 신문에 관하여 정당한 사유가 있는 경우에는 그러하지 아니하다.
(2022.6.30 본문개정)
1. 위협적이나 모욕적인 신문
2. 전의 신문과 중복되는 신문
3. 의견을 묻거나 의논에 해당하는 신문
4. 증인이 직접 경험하지 아니한 사항에 해당되는 신문

제79조【주신문】 ① 법 제202조제1항 전단의 규정에 의한 신문(이하 "주신문"이라 한다)은 증명할 사항과 이에 관련된 사항에 관하여 한다.

② 주신문에 있어서는 유도신문을 하여서는 아니된다. 다만, 다음 각 호의 어느 하나에 해당하는 경우에는 그러하지 아니하다.(2022.6.30 본문개정)
1. 증인과 피고인과의 관계, 증인의 경력, 교우관계등 실질적인 신문에 앞서 미리 밝혀둘 필요가 있는 준비적인 사항에 관한 신문의 경우
2. 군검사, 피고인 및 변호인 사이에 다툼이 없는 명백한 사항에 관한 신문의 경우(2020.11.26 본호개정)
3. 증인이 주신문을 하는 자에 대하여 적의 또는 반감을 보일 경우
4. 증인이 종전의 진술과 상반되는 진술을 하는 때에 그 종전진술에 관한 신문의 경우
5. 기타 유도신문을 필요로 하는 특별한 사정이 있는 경우

③ 재판장은 제2항 단서의 각호에 해당하지 아니하는 경우의 유도신문은 이를 제지하여야 하고, 유도신문의 방법이 상당하지 아니하다고 인정할 때에는 이를 제한할 수 있다.

제80조【반대신문】 ① 법 제202조제1항 후단의 규정에 의한 신문(이하 "반대신문"이라 한다)은 주신문에 나타난 사항과 이에 관련된 사항에 관하여 한다.

② 반대신문에 있어서 필요할 때에는 유도신문을 할 수 있다.

③ 재판장은 유도신문의 방법이 상당하지 아니하다고 인정할 때에는 이를 제한할 수 있다.

④ 반대신문의 기회에 주신문에 나타나지 아니한 새로운 사항에 관하여 신문하고자 할 때에는 재판장의 허가를 받아야 한다.

⑤ 제4항의 신문은 그 사항에 관하여는 주신문으로 본다.

제81조【증언의 증명력을 다투기 위하여 필요한 사항의 신문】 ① 주신문 또는 반대신문의 경우에는 증언의 증명력을 다투기 위하여 필요한 사항에 관한 신문을 할 수 있다.

② 제1항의 신문은 증인의 경험, 기억 또는 표현의 정확성등 증언의 신빙성에 관한 사항 및 증인의 이해관계, 편견 또는 예단등 증인의 신용성에 관한 사항에 관하여 한다. 다만, 증인의 명예를 해치는 내용의 신문을 하여서는 아니된다.

제82조【재주신문】 ① 주신문을 한 군검사, 피고인 또는 변호인은 반대신문이 끝난 후 반대신문에 나타난 사항과 이와 관련된 사항에 관하여 다시 신문(이하 "재주신문"이라 한다)을 할 수 있다.

② 재주신문은 주신문의 예에 의한다.

③ 제80조제4항, 제5항의 규정은 재주신문의 경우에 이를 준용한다.
(2022.6.30 본조개정)

제83조【재판장의 허가에 의한 재신문】 군검사, 피고인 또는 변호인은 주신문, 반대신문 및 재 주신문이 끝난 후에도 재판장의 허가를 얻어 다시 신문을 할 수 있다.
(2020.11.26 본조개정)

제84조【재판장에 의한 신문순서 변경의 경우】 ① 재판장이 법 제202조제3항에 따라 군검사, 피고인 및 변호인에 앞서 신문을 할 경우에 있어서 그 후에 하는 군검사, 피고인 및 변호인의 신문에 관하여는 이를 신청한 자와 상대방의 구별에 따라 제79조 내지 제83조의 규정을 각각 준용한다.

② 재판장이 법 제202조제3항에 따라 신문순서를 변경한 경우의 신문방법은 재판장이 정하는 바에 의한다.
(2022.6.30 본조개정)

제85조【직권에 의한 증인의 신문】 법 제202조제4항에 규정된 증인에 대하여 재판장이 신문한 후 군검사, 피고인 또는 변호인이 신문하는 때에는 반대신문의 예에 의한다.
(2020.11.26 본조개정)

제86조【서류 또는 물건에 관한 신문】 ① 증인에 대하여 서류 또는 물건의 성립, 동일성 기타 이에 준하는 사항에 관한 신문을 할 때에는 그 서류 또는 물건을 제시할 수 있다.

② 제1항의 서류 또는 물건이 증거조사를 마치지 아니한 것일 때에는 먼저 상대방에게 이를 열람할 기회를 주어야 한다. 다만, 상대방이 이의하지 아니할 때에는 그러하지 아니하다.

제87조【기억의 환기가 필요한 경우】 ① 증인의 기억이 명백하지 아니한 사항에 관하여 기억을 환기시켜야 할 필요가 있을 때에는 재판장의 허가를 얻어 서류 또는 물건을 제시하면서 신문할 수 있다.

② 제1항의 경우에는 제시하는 서류의 내용이 증인의 진술에 부당한 영향을 미치지 아니하도록 하여야 한다.

③ 제86조제2항의 규정은 제1항의 경우에 이를 준용한다.

제88조【증언을 명확히 할 필요가 있는 경우】 ① 증인의 진술을 명확히 할 필요가 있을 때에는 도면, 사진, 모형, 장치등을 이용하여 신문할 수 있다.

② 제86조제2항 및 제87조제2항 규정은 제1항의 경우에 이를 준용한다.(2022.6.30 본항개정)

제88조의2【증인의 증인신문조서 열람 등】 증인은 자신에 대한 증인신문조서 및 그 일부로 인용된 속기록, 녹음물, 영상녹화물 또는 녹취서의 열람, 복사 또는 사본을 청구할 수 있다.(2020.11.26 본조개정)

제88조의3【신뢰관계에 있는 사람의 동석】 ① 법 제204조의2에 따라 피해자와 동석할 수 있는 신뢰관계에 있는 사람은 피해자의 배우자, 직계친족, 형제자매, 가족, 동거인, 고용주, 변호사 그 밖에 피해자의 심리적 안정과 원활한 의사소통에 도움을 줄 수 있는 사람을 말한다.
(2013.12.10 본항개정)

② 법 제204조의2제1항에 따른 동석신청에는 동석하고자 하는 자와 피해자 사이의 관계, 동석이 필요한 사유 등을 명시하여야 한다.(2022.6.30 본항개정)

③ 재판장은 법 제204조의2제1항 또는 제2항에 따라 동석한 자가 부당하게 재판의 진행을 방해하는 때에는 동석을 중지시킬 수 있다.(2022.6.30 본항개정)
(2013.12.10 본조제목개정)

제88조의4【비디오 등 중계장치 등에 의한 신문 여부의 결정】 ① 군사법원은 신문할 증인이 법 제206조의2제1호부터 제3호까지에서 정한 자에 해당한다고 인정될 경우, 증인으로 신문하는 결정을 할 때 비디오 등 중계장치에 의한 중계시설 또는 차폐시설을 통한 신문 여부를 함께 결정하여야 한다. 이 경우 증인의 연령, 증언할 당시의 정신적·심리적 상태, 범행의 수단과 결과 및 범행 후의 피고인이나 사건관계인의 태도 등을 고려하여 판단하여야 한다.
(2022.6.30 본항개정)

② 제1항의 증인신문 전 또는 증인신문 중에도 비디오 등 중계장치에 의한 중계시설 또는 차폐시설을 통하여 신문할 것을 결정할 수 있다.
(2008.2.20 본조신설)

제88조의5【중계방법 및 증언실의 위치】 ① 군사법원은 제88조의4에 따라 비디오 등 중계장치에 의한 중계시설을 통하여 증인신문을 할 때 증인을 법정 외의 장소로서 비디오 등 중계장치가 설치된 증언실에 출석하게 하고, 영상과 음향의 송수신에 의하여 법정의 재판장, 군검사, 피고인, 변호인과 증언실의 증인이 상대방을 인식할 수 있는 방법으로 증인신문을 한다. 다만, 중계장치를 통하여 증인이 피고인을 대면하거나 피고인이 증인을 대면하는 것이 증인의 보호를 위하여 상당하지 않다고 인정되는 경우 재판장은 군검사, 변호인의 의견을 들어 증인 또는 피고인이 상대방을 영상으로 인식할 수 있는 장치의 작동을 중지시킬 수 있다.(2020.11.26 본항개정)

② 제1항의 증언실은 군사법원 내에 설치하고, 필요한 경우 군사법원 외의 적당한 장소에 설치할 수 있다.
(2008.2.20 본조신설)

제88조의6【심리의 비공개】 ① 군사법원은 비디오 등 중계장치에 의한 중계시설 또는 차폐시설을 통하여 증인을 신문하는 경우, 증인의 보호를 위하여 필요하다고 인정하는 경우에는 결정으로 이를 공개하지 아니할 수 있다.

② 증인으로 소환받은 증인과 그 가족은 증인보호 등의 사유로 증인신문의 비공개를 신청할 수 있다.

③ 재판장은 제2항의 신청이 있는 때에는 그 허가 여부 및 공개, 법정외의 장소에서의 신문 등 증인의 신문방식 및 장소에 관하여 결정하여야 한다.

④ 제1항의 결정을 한 경우에도 재판장은 적당하다고 인정되는 자의 재정을 허가할 수 있다.
(2008.2.20 본조신설)

제88조의7【증언실의 동석 등】 ① 군사법원은 비디오 등 중계장치에 의한 중계시설을 통하여 증인신문을 하는 경우, 법 제204조의2의 규정에 의하여 신뢰관계에 있는 자를 동석하게 할 때에는 제88조의5에 정한 증언실에 동석하게 한다.

② 군사법원은 군사법원 직원으로 하여금 증언실에서 중계장치의 조작과 증인신문 절차를 보조하게 하여야 한다.
(2008.2.20 본조신설)

제88조의8【증인을 위한 배려】 ① 법 제206조의2에 따라 증인신문을 하는 경우, 증인은 증언을 보조할 수 있는 인형, 그림 그 밖에 적절한 도구를 사용할 수 있다.

② 제1항의 증인은 증언을 하는 동안 담요, 장난감, 인형 등 증인이 선택하는 물품을 소지할 수 있다.
(2008.2.20 본조신설)

제88조의9【차폐시설】 군사법원은 법 제206조의2에 따라 차폐시설을 설치함에 있어 피고인과 증인이 서로의 모습을 볼 수 없도록 필요한 조치를 취하여야 한다.
(2008.2.20 본조신설)

제88조의10【증인지원시설의 설치 및 운영】 ① 군사법원은 특별한 사정이 없는 한 예산의 범위 안에서 증인의 보호 및 지원에 필요한 시설을 설치한다.

② 군사법원은 제1항의 시설을 설치한 경우, 예산의 범위 안에서 그 시설을 관리·운영하고 증인의 보호 및 지원을 담당하는 직원을 둔다.
(2013.12.10 본조신설)

제11절 감정 등
(2022.6.30 본절제목개정)

제89조【감정유치장의 기재사항등】 ① 감정유치장에는 피고인의 성명, 소속, 계급, 군번, 생년월일, 주민등록번호, 직업, 주거, 죄명, 공소사실의 요지, 유치할 장소, 유치기간, 감정의 목적 및 유효기간과 그 기간 경과후에는 집행에 착수하지 못하고 영장을 반환하여야 한다는 취지를 기재하고 재판장 또는 수명군판사가 서명날인하여야 한다.

② 감정유치기간의 연장이나 단축 또는 유치할 장소의 변경 등은 결정으로 한다.(2022.6.30 본항개정)

제90조【감시의 신청방법】 법 제213조제5항의 규정에 의한 신청은 감시를 필요로 하는 사유를 명시하여 서면으로 하여야 한다.(2022.6.30 본조개정)

제91조【비용의 지급】 ① 군사법원은 감정하기 위하여 피고인을 군사시설 아닌 병원 기타 장소에 유치한 때에는 그 관리자의 청구에 의하여 입원료 기타 수용에 필요한 비용을 지급하여야 한다.

② 제1항의 비용은 군사법원이 결정으로 정한다.

제92조【준용규정】 구속에 관한 규정은 이 규칙에 특별한 규정이 없는 경우에는 감정하기 위한 피고인의 유치에 이를 준용한다. 다만, 보석에 관한 규정은 그러하지 아니하다.

제93조【감정허가장의 기재사항】 ① 감정에 필요한 처분의 허가장에는 법 제215조제2항에 규정된 사항외에 감정인

의 직업, 유효기간을 경과하면 허가된 처분에 착수하지 못하며 허가장을 반환하여야 한다는 취지 및 발부연월일을 기재하고 재판장 또는 수명군판사가 서명날인하여야 한다.
② 군사법원이 감정에 필요한 처분의 허가에 관하여 조건을 붙인 경우에는 제1항의 허가장에 이를 기재하여야 한다.

제93조의2【감정자료의 제공】 재판장은 필요하다고 인정하는 때에는 감정인에게 소송기록에 있는 감정에 참고가 될 자료를 제공할 수 있다.(2008.2.20 본조신설)

제93조의3【감정서의 설명】 ① 군사법원은 법 제221조의2제2항에 따라 감정서의 설명을 하게 할 때에는 군검사, 피고인 또는 변호인을 참여하게 하여야 한다.
(2022.6.30 본항개정)
② 제1항의 설명의 요지는 조서에 기재하여야 한다.
(2000.4.29 본조신설)

제94조【준용규정】 제10절의 규정은 구인에 관한 규정을 제외하고는 감정, 통역과 번역에 이를 준용한다.
(2022.6.30 본조개정)

제12절 증거보전

제95조【증거보전처분을 하여야 할 군판사】 ① 법 제226조제1항에 따른 증거보전의 청구는 다음 지역을 관할하는 군사법원 군판사에게 하여야 한다.(2022.6.30 본문개정)
1. 압수에 관하여는 압수할 물건의 소재지
2. 수색 또는 검증에 관하여는 수색 또는 검증할 장소, 신체 또는 물건의 소재지
3. 증인신문에 관하여는 증인의 주거지 또는 현재지
4. 감정에 관하여는 감정대상의 소재지 또는 현재지
② 감정의 청구는 제1항제4호의 규정에 불구하고 감정함에 편리한 군사법원 군판사에게 할 수 있다.(2022.6.30 본항개정)

제96조【청구의 방식】 ① 법 제226조제1항에 따른 증거보전청구서에는 다음 사항을 기재하여야 한다.
(2022.6.30 본문개정)
1. 사건의 개요
2. 증명할 사실
3. 증거 및 보전의 방법
4. 증거보전을 필요로 하는 사유
② (2000.4.29 삭제)

제13절 소송비용
(2020.11.26 본절신설)

제96조의2【듣거나 말하는 데 장애가 있는 사람을 위한 비용 등】 듣거나 말하는 데 장애가 있는 사람을 위한 통역·속기·녹음·녹화 등에 드는 비용은 국고에서 부담하고, 법 제227조의2부터 제227조의10까지에 따라 피고인 등에게 부담하게 할 소송비용에 산입하지 아니한다.

제2장 제1심

제1절 수 사

제97조【영장청구의 방식】 ① 영장의 청구는 서면으로 하여야 한다.
② 체포영장 및 구속영장의 청구서에는 범죄사실의 요지를 따로 기재한 서면1통(수통의 영장을 청구하는 때에는 그에 상응하는 통수)을 첨부하여야 한다.(2008.2.20 본항개정)
③ 압수·수색·검증영장의 청구서에는 범죄사실의 요지, 압수·수색·검증의 장소 및 대상을 따로 기재한 서면 1통(수통의 영장을 청구하는 때에는 그에 상응하는 통수)을 첨부하여야 한다.(2008.2.20 본항신설)
(1994.8.3 본조개정)

제98조【영장의 방식】 군검사의 청구에 의하여 발부하는 영장에는 그 영장을 청구한 군검사의 계급, 성명과 그 군검사의 청구에 의하여 발부한다는 취지를 기재하여야 한다.(2020.11.26 본조개정)

제99조【체포영장청구서의 기재사항】 체포영장의 청구서에는 다음 각 호의 사항을 기재하여야 한다.
1. 피의자의 성명(분명하지 아니할 때에는 인상, 체격, 기타 피의자를 특정할 수 있는 사항), 주민등록번호 등, 소속, 계급, 군번, 주거
2. 피의자에게 변호인이 있는 때에는 그 성명
3. 죄명 및 범죄사실의 요지
4. 7일을 넘는 유효기간을 정한 때에는 그 취지 및 사유
5. 수통의 영장을 청구하는 때에는 그 취지 및 사유
6. 인치·구금할 장소
7. 법 제232조의2제1항에 규정한 체포의 사유
(2022.6.30 본호개정)
8. 동일한 범죄사실에 관하여 그 피의자에 대하여 전에 체포영장을 청구하였거나 발부받은 사실이 있는 때에는 다시 체포영장을 청구하는 취지 및 이유
9. 현재 수사 중인 다른 범죄사실에 관하여 그 피의자에 대하여 발부된 유효한 체포영장이 있는 경우에는 그 취지 및 범죄사실
(2008.2.20 본조개정)

제99조의2【구속영장청구서의 기재사항】 구속영장의 청구서에는 다음 각 호의 사항을 기재하여야 한다.
1. 제99조제1호부터 제6호까지 규정한 사항(2022.6.30 본호개정)
2. 법 제110조제1항 각 호에 규정한 구속의 사유
3. 피의자의 체포여부 및 체포된 경우에는 그 형식
4. 법 제232조의6에 따라 준용되는 법 제127조에 의하여 피의자가 지정한 사람에게 체포이유 등을 알린 경우에는 그 사람의 성명과 연락처(2022.6.30 본호개정)
(2008.2.20 본조신설)

제100조【자료의 제출 등】 ① 체포영장의 청구에는 체포의 사유 및 그 필요를 인정할 수 있는 자료를 제출하여야 한다.
② 체포영장에 의하여 체포된 자 또는 현행범인으로 체포된 자에 대하여 구속영장을 청구하는 경우에는 법 제238조제2항에 규정한 자료 외에 다음 각 호의 자료를 제출하여야 한다.(2022.6.30 본문개정)
1. 피의자가 체포영장에 의하여 체포된 자인 때에는 체포영장
2. 피의자가 현행범인으로 체포된 자인 때에는 그 취지와 체포의 일시 및 장소가 기재된 서류
③ 법 제252조제1항에 규정한 자는 체포영장 또는 구속영장의 청구를 받은 군판사에게 유리한 자료를 제출할 수 있다.(2022.6.30 본항개정)
④ 군판사는 영장청구서의 기재사항에 흠결이 있는 경우에는 전화 기타 신속한 방법으로 영장을 청구한 군검사에게 보정을 요구할 수 있다.(2020.11.26 본항개정)
(2022.6.30 본조제목개정)
(2000.4.29 본조개정)

제100조의2【체포의 필요】 체포영장의 청구를 받은 군판사는 체포의 사유가 있다고 인정되는 경우에도 피의자의 연령과 경력, 가족관계나 교우관계, 범죄의 경중, 기타 제반사정에 비추어 피의자가 도망할 염려가 없는 등 체포의 필요가 명백히 인정되지 아니하는 경우에는 법 제232조의2제2항 단서에 따라 체포영장의 청구를 기각하여야 한다.(2022.6.30 본조개정)

제100조의3【인치·구금할 장소의 변경】 군검사는 체포영장을 발부받은 후 피의자를 체포하기 이전에 체포영장을 첨부하여 군판사에게 인치·구금할 장소의 변경을 청구할 수 있다.(2020.11.26 본조개정)

제100조의4【체포영장의 갱신】 군검사는 체포영장의 유효기간을 연장할 필요가 있다고 인정하는 때에는 그 사유를 소명하여 다시 체포영장을 청구하여야 한다.
(2020.11.26 본조개정)

제100조의5【영장전담군판사의 지정】 군사법원장은 구속영장청구에 대한 심사를 위한 전담군판사를 지정할 수 있다.(2022.6.30 본조개정)

제100조의6～제100조의10 (2008.2.20 삭제)

제100조의11【구인 피의자의 유치등】 ① 구인을 위한 구속영장의 집행을 받아 인치된 피의자를 군사법원에 유치한 경우에 군사법원 서기는 피의자의 도망을 방지하기 위한 적절한 조치를 취하여야 한다.
② 제1항의 피의자를 군사법원외의 장소에 유치하는 경우에 군판사는 구인을 위한 구속영장에 유치할 장소를 기재하고 서명날인하여 이를 교부하여야 한다.
(2000.4.29 본조신설)

제100조의12【심문기일의 지정, 통지】 ① (2008.2.20 삭제)
② 체포된 피의자외의 피의자에 대한 심문기일은 관계인에 대한 심문기일의 통지 및 그 출석에 소요되는 시간등을 고려하여 피의자가 군사법원에 인치된 때로부터 가능한 한 빠른 일시로 지정하여야 한다.
③ 심문기일의 통지는 서면 이외에 구술·전화·모사전송·전자우편·휴대전화 문자전송 그 밖에 적당한 방법으로 신속하게 하여야 한다. 이 경우 통지의 증명은 그 취지를 심문조서에 기재함으로써 할 수 있다.
(2008.2.20 전단개정)
(2000.4.29 본조신설)

제100조의13【피의자의 출석거부와 심문절차】 ① 군판사는 피의자가 심문기일에의 출석을 거부하거나 질병 그 밖의 사유로 출석이 현저하게 곤란하고, 피의자를 심문법정에 인치할 수 없다고 인정되는 때에는 피의자의 출석 없이 심문절차를 진행할 수 있다.(2008.2.20 본항개정)
② 군검사는 피의자가 심문기일에의 출석을 거부하는 때에는 그 취지 및 사유를 기재한 서면을 작성하여 군판사에게 제출하여야 한다.(2020.11.26 본항개정)
③ 제1항의 규정에 의하여 심문절차를 진행할 경우에는 출석한 군검사 및 변호인의 의견을 듣고, 수사기록 기타 적당하다고 인정하는 방법으로 구속사유의 유무를 조사할 수 있다.(2020.11.26 본항개정)

제100조의14【심문의 비공개】 피의자에 대한 심문절차는 공개하지 아니한다. 다만, 군판사는 상당하다고 인정하는 경우에는 피의자의 친족, 피해자 등 이해관계인의 방청을 허가할 수 있다.(2000.4.29 본조신설)

제100조의15【심문장소】 피의자에 대한 심문은 군사법원 청사내에서 하여야 한다. 다만, 피의자가 출석을 거부하거나 질병 기타 부득이한 사유로 군사법원에 출석할 수 없는 때에는 군사경찰부대, 구치소 기타 적당한 장소에서 심문할 수 있다.(2020.11.26 단서개정)

제100조의16【심문기일의 절차】 ① 군판사는 피의자에게 구속영장청구서에 기재된 범죄사실의 요지를 고지하고, 피의자에게 일체의 진술을 하지 아니하거나 개개의 질문에 대하여 진술을 거부할 수 있으며, 이익 되는 사실을 진술할 수 있음을 알려주어야 한다.(2008.2.20 본항개정)
② 군판사는 구속 여부를 판단하기 위하여 필요한 사항에 관하여 신속하고 간결하게 심문하여야 한다. 증거인멸 또는 도망의 염려를 판단하기 위하여 필요한 때에는 피의자의 경력, 가족관계나 교우관계 등 개인적인 사항에 관하여 심문할 수 있다.(2008.2.20 본항개정)
③ 군검사와 변호인은 군판사의 심문이 끝난 후에 의견을 진술할 수 있다. 다만, 필요한 경우에는 심문 도중에도 군판사의 허가를 얻어 의견을 진술할 수 있다.
(2020.11.26 본항개정)
④ 피의자는 군판사의 심문 도중에도 변호인에게 조력을 구할 수 있다.(2008.2.20 본항개정)
⑤ 군판사는 구속 여부의 판단을 위하여 필요하다고 인정하는 때에는 심문장소에 출석한 피해자 그 밖의 제3자를 심문할 수 있다.(2008.2.20 본항개정)
⑥ 구속영장이 청구된 피의자의 법정대리인, 배우자, 직계친족, 형제자매나 가족, 동거인 또는 고용주는 군판사의 허가를 얻어 사건에 관한 의견을 진술할 수 있다.
(2008.2.20 본항개정)
⑦ 군판사는 심문을 위하여 필요하다고 인정하는 경우에는 호송군사경찰 기타의 자를 퇴실하게 하고 심문을 진행할 수 있다.(2020.11.26 본항개정)

제100조의17 (2008.2.20 삭제)

제100조의18【처리시각의 기재】 구속영장을 청구받은 군판사가 피의자심문을 한 경우 군사법원 서기는 구속영장에 구속영장청구서·수사관계서류 및 증거물을 접수한 시각과 이를 반환한 시각을 기재하여야 한다. 다만, 체포된 피의자 외의 피의자에 대하여는 그 반환 시각을 기재한다.(2000.4.29 본조신설)

제100조의19【영장발부와 통지】 ① 법 제241조의 규정에 의한 통지는 다음 각 호의 어느 하나에 해당하는 사유가 발생한 경우에 이를 하여야 한다.(2022.6.30 본문개정)
1. 피의자를 체포 또는 구속하지 아니하거나 못한 경우
2. 체포 후 구속영장 청구기간이 만료하거나 구속 후 구속기간이 만료하여 피의자를 석방한 경우
3. 체포 또는 구속의 취소로 피의자를 석방한 경우
4. 구속집행정지의 경우
② 제1항의 통지서에는 다음 각 호의 사항을 기재하여야 한다.(2022.6.30 본문개정)
1. 피의자의 성명
2. 제1항 각 호의 사유 및 제1항제2호 내지 제4호에 해당하는 경우에는 그 사유발생일(2022.6.30 본호개정)
3. 영장발부 연월일 및 영장번호
③ 제1항제1호에 해당하는 경우에는 체포영장 또는 구속영장의 원본을 첨부하여야 한다.(2022.6.30 본항개정)
(2000.4.29 본조신설)

제100조의20【변호인의 접견 등】 ① 변호인은 구속영장이 청구된 피의자에 대한 심문 시작전에 피의자와 접견 할 수 있다.
② 군판사는 심문할 피의자의 수, 사건의 성격 등을 고려하여 변호인과 피의자의 접견 시간을 정할 수 있다.
③ 군판사는 군검사 또는 군사법경찰관에게 제1항의 접견에 필요한 조치를 요구할 수 있다.(2020.11.26 본항개정)
(2008.2.20 본조신설)

제100조의21【구속영장청구서 및 소명자료의 열람】
① 피의자 심문에 참여할 변호인은 군판사에게 제출된 구속영장청구서 및 그에 첨부된 고소·고발장, 피의자의 진술을 기재한 서류와 피의자가 제출한 서류를 열람할 수 있다.
② 군검사는 증거인멸 또는 피의자나 공범 관계에 있는 자가 도망할 염려가 있는 등 수사에 방해가 될 염려가 있는 때에는 군판사에게 제1항에 규정된 서류(구속영장청구서는 제외한다)의 열람 제한에 관한 의견을 제출할 수 있고, 군판사는 군검사의 의견이 상당하다고 인정하는 때에는 제1항에 규정된 서류의 전부 또는 일부의 열람을 제한할 수 있다.(2020.11.26 본항개정)
③ 군판사는 제1항의 열람에 관하여 그 일시, 장소를 지정할 수 있다.
(2008.2.20 본조신설)

제100조의22【심문기일의 변경】 군판사는 지정된 심문기일에 피의자를 심문할 수 없는 특별한 사정이 있는 경우에는 그 심문기일을 변경할 수 있다.(2008.2.20 본조신설)

제101조【구속기간연장의 신청】 ① 구속기간연장의 신청은 서면으로 하여야 한다.
② 제1항의 신청서에는 수사를 계속하여야 할 상당한 이유와 연장을 구하는 기간을 기재하여야 한다.
(2022.6.30 본항개정)

제102조【구속기간연장기간의 계산】 구속기간연장 허가결정이 있은 경우 그 연장기간은 법 제240조의 규정에 의한 구속기간만료 다음날로부터 기산한다.(2022.6.30 본조개정)

제103조【재체포·재구속영장의 청구】 ① 재체포영장의 청구서에는 재체포영장의 청구라는 취지와 법 제232조의2제4항에 규정한 재체포의 이유 및 법 제253조에 규정한 재체포사유를 기재하여야 한다.(2022.6.30 본항개정)
② 재구속영장의 청구서에는 재구속영장의 청구라는 취지와 법 제245조제1항 또는 법 제253조에 규정한 재구속의 사유를 기재하여야 한다.(2022.6.30 본항개정)

③ 제99조, 제99조의2, 제100조, 제100조의2, 제100조의4의 규정은 재체포 또는 재구속의 영장의 청구 및 심사에 이를 준용한다.(2008.2.20 본항개정)

제104조【준용규정】 ① 제48조, 제52조제1항, 제53조의2의 규정은 군검사 또는 군사법경찰관의 피의자체포 또는 구속에 이를 준용한다. 다만, 체포영장에는 법 제232조의2제1항에서 규정한 체포의 사유를 기재하여야 한다.
② 체포영장에 의하여 체포되었거나 현행범으로 체포된 피의자에 대하여 구속영장청구가 기각된 경우에는 법 제232조의4제2항의 규정을 준용한다.
③ 제100조의3의 규정은 구속영장의 인치·구금할 장소의 변경 청구에 준용한다.(2022.6.30 본항신설)
(2022.6.30 본조개정)

제105조【체포·구속적부심사청구권자의 체포, 구속영장등본 교부청구】 구속영장이 청구되거나, 체포 또는 구속된 피의자, 그 변호인, 법정대리인, 배우자, 직계친족, 형제자매나 동거인 또는 고용주는 긴급체포서, 현행범인체포서, 체포영장, 구속영장 또는 그 청구서를 보관하고 있는 군검사, 군사법경찰관 또는 군사법원 서기에게 그 등본의 교부를 청구할 수 있다.
(2022.6.30 본조제목개정)
(2020.11.26 본조개정)

제106조【체포·구속적부심사청구서의 기재사항】 체포 또는 구속적부심사청구서에는 다음 사항을 기재하여야 한다.
1. 체포 또는 구속된 피의자의 성명, 주민등록번호 등, 소속, 계급, 군번, 주거(2008.2.20 본호개정)
2. 체포 또는 구속된 일자(2008.2.20 본호개정)
3. 청구의 취지 및 이유
4. 청구인의 성명 및 체포 또는 구속된 피의자와의 관계
(2022.6.30 본조제목개정)
(2000.4.29 본조개정)

제106조의2 (2008.2.20 삭제)

제106조의3【심문기일의 통지 및 수사관계서류등의 제출】 ① 체포 또는 구속의 적부심사의 청구를 받은 군사법원은 지체 없이 청구인, 변호인, 군검사 및 피의자를 구금하고 있는 관서(군사경찰부대, 교도소등)의 장에게 심문기일과 장소를 통지하여야 한다.(2020.11.26 본항개정)
② 사건을 수사중인 군검사 또는 군사법경찰관은 제1항의 심문기일까지 수사관계 서류와 증거물을 군사법원에 제출하여야 하고, 피의자를 구금하고 있는 관서의 장은 위 심문기일에 피의자를 출석시켜야 한다. 군사법원 서기는 체포적부심사청구사건의 기록표지에 수사관계서류와 증거물의 접수 및 반환의 시각을 기재하여야 한다.
(2020.11.26 본항개정)
③ 제57조제3항의 규정은 제1항에 따른 통지에 이를 준용한다.(2008.2.20 본항개정)

제106조의4【준용규정】 제100조의21의 규정은 체포·구속의 적부심사를 청구한 피의자의 변호인에게 이를 준용한다.(2008.2.20 본조신설)

제107조【심문기일의 절차】 ① 법 제252조제9항에 따라 심문기일에 출석한 군검사, 변호인, 청구인은 군사법원의 심문이 끝난 후 의견을 진술할 수 있다. 다만, 필요한 경우에는 심문 도중에도 군판사의 허가를 얻어 의견을 진술할 수 있다.(2022.6.30 단서개정)
② 피의자는 재판관의 심문 도중에도 변호인에게 조력을 구할 수 있다.(2008.2.20 본항신설)
③ 체포 또는 구속된 피의자, 변호인 또는 청구인은 피의자에게 유리한 자료를 제출할 수 있다.
④ 군사법원은 피의자의 심문을 군판사에게 명할 수 있다.(2008.2.20 본항신설)
(2000.4.29 본조개정)

제108조【결정의 기한】 체포 또는 구속적부심사청구에 대한 결정은 체포 또는 구속된 피의자에 대한 심문이 종료된 때로부터 24시간 이내에 이를 하여야 한다.
(2022.6.30 본조개정)

제109조 (1994.8.3 삭제)

제110조【압수·수색·검증을 위한 영장청구서의 기재사항】 ① 압수·수색 또는 검증을 위한 영장의 청구서에는 다음 각 호의 사항을 기재하여야 한다.(2022.6.30 본문개정)
1. 제99조제1호부터 제5호까지에 규정한 사항
(2008.2.20 본호개정)
2. 압수할 물건, 수색 또는 검증할 장소, 신체나 물건
3. 압수, 수색 또는 검증의 사유
4. 일출전 또는 일몰후에 압수, 수색 또는 검증을 할 필요가 있는 때에는 그 취지 및 사유
5. 법 제255조제3항에 따라 청구하는 경우에는 영장없이 압수, 수색 또는 검증을 한 일시(2008.2.20 본호신설)
6. 법 제256조제2항에 따라 청구하는 경우에는 체포한 일시 및 장소와 영장 없이 압수, 수색 또는 검증을 한 일시 및 장소(2008.2.20 본호신설)
7. 「통신비밀보호법」 제2조제3호에 따른 전기통신을 압수·수색하고자 할 경우 그 작성기간(2022.6.30 본호신설)
(2000.4.29 본항개정)
② 신체검사를 내용으로 하는 검증을 위한 영장의 청구서에는 제1항 각 호의 사항 외에 신체검사를 필요로 하는 이유와 신체검사를 받을 자의 성별 및 건강상태를 기재하여야 한다.(2022.6.30 본항개정)
(1994.8.3 본조제목개정)

제111조【자료의 제출】 ① 법 제254조의 규정에 의한 청구를 할 때에는 피의자에게 범죄의 혐의가 있다고 인정되는 자료와 압수·수색 또는 검증의 필요를 인정할 수 있는 자료를 제출하여야 한다.
② 피의자 아닌 자의 신체, 물건, 주거 기타 장소의 수색을 위한 영장의 청구를 할 때에는 압수하여야 할 물건이 있다고 인정될 만한 자료를 제출하여야 한다.
(1994.8.3 본조개정)

제112조【준용규정】 제63조 및 제67조의 규정은 군검사 또는 군사법경찰관의 압수·수색에, 제69조 및 제70조의 규정은 군검사 또는 군사법경찰관의 검증에 이를 준용한다.(2020.11.26 본조개정)

제113조【압수·수색·검증의 참여】 군검사 또는 군사법경찰관이 압수·수색 또는 검증을 하는 때에는 법 제235조에 규정된 자를 참여하게 하여야 한다.
(2020.11.26 본조개정)

제114조【증인신문청구서의 기재사항】 법 제261조제1항의 규정에 의한 증인신문청구서에는 다음 각 호의 사항을 기재하여야 한다.(2022.6.30 본문개정)
1. 증인의 성명, 직업 및 주거(증인이 군인인 경우 소속, 계급, 군번)
2. 피의자 또는 피고인의 성명
3. 죄명 및 범죄사실의 요지
4. 증명할 사실
5. 신문사항
6. 증인신문청구의 요건이 되는 사실
7. 피의자 또는 피고인에게 변호인이 있는 때에는 그 성명
(2008.2.20 본조개정)

제115조【증인신문기일등의 통지】 군판사가 법 제261조에 따른 증인신문을 함에 있어서 피고인, 피의자 또는 변호인을 참여시키고자 할 때에는 그 자에게 신문기일과 장소 및 증인신문에 참여할 수 있다는 취지를 통지하여야 한다.(2008.2.20 본조개정)

제116조【감정유치청구서의 기재사항】 법 제262조제1항의 규정에 의한 감정유치청구서에는 다음 각 호의 사항을 기재하여야 한다.(2022.6.30 본문개정)
1. 제99조제1호부터 제5호까지에 규정한 사항
(2008.2.20 본호개정)
2. 유치할 장소 및 유치기간
3. 감정의 목적 및 이유
4. 감정인의 성명, 직업
(2000.4.29 본조개정)

제117조【감정에 필요한 처분허가청구서의 기재사항】 법 제263조의 규정에 의한 처분허가청구서에는 같은 조제4항에 따라 준용되는 법 제215조제2항에 따라 그 허가장에 기재하여야 할 사항 외에 다음 각 호의 사항을 기재하고 청구하는 군검사가 서명날인하여야 한다.
(2022.6.30 본문개정)
1. 피의사실의 요지
2. 청구하는 유효기간

제118조【준용규정】 제89조, 제90조 및 제92조의 규정은 법 제262조에 규정된 유치처분에, 제93조의 규정은 법 제263조에 규정된 허가장에 이를 준용한다.

제119조【고소인의 신분관계자료 제출】 ① 법 제267조 내지 제269조의 규정에 따른 고소권자가 고소할 때에는 고소인과 피해자의 신분관계를 소명하는 서면을 제출하여야 한다.(2022.6.30 본항개정)
② 법 제270조의 규정에 의하여 군검사의 지정을 받은 고소인이 고소할 때에는 그 지정받은 사실을 소명하는 서면을 제출하여야 한다.(2020.11.26 본항개정)

제2절 공 소

제120조【공소장의 기재요건】 ① 공소장에는 법 제296조제3항에 규정된 사항 외에 다음 각 호의 사항을 기재하여야 한다.(2022.6.30 본문개정)
1. 피고인의 소속, 계급, 주민등록번호 등, 군번, 주거 및 등록기준지(2008.2.20 본호개정)
2. 피고인이 구속되어 있는지 여부
② 제1항제1호의 사항이 명백하지 아니할 때에는 그 취지를 기재하여야 한다.

제121조【공소장의 첨부서류】 ① 공소장에는 공소제기전에 변호인이 선임되거나 보조인의 신고가 있는 경우 그 변호인선임서 또는 보조인 신고서를, 공소제기 당시 피고인이 구속되어 있거나, 체포 또는 구속되었다가 석방된 경우 체포영장, 긴급체포서, 구속영장 기타 구속에 관한 서류를 첨부하여야 한다.(2022.6.30 본항개정)
② 공소장에는 제1항에 규정한 서류 외에 사건에 관하여 군사법원에 예단이 생기게 할 수 있는 서류 기타 물건을 첨부하거나 그 내용을 인용하여서는 아니된다.
(2000.4.29 본조개정)

제122조【재정신청서의 기재사항】 법 제301조의 규정에 의한 재정신청서에는 재정신청의 대상이 되는 사건의 범죄사실과 증거 등 재정신청을 이유있게 하는 사유를 기재하여야 한다.(2022.6.30 본조개정)

제123조【재정신청 등의 수리통지】 고등법원은 재정신청서를 송부받은 때에는 송부받은 날로부터 10일 이내에 피의자 이외에 재정신청인에게도 그 사유를 통지하여야 한다.(2022.6.30 본조개정)

제124조【재정신청의 취소방식 및 취소의 통지】 ① 법 제302조제2항에 규정된 취소는 고등법원에 서면으로 하여야 한다. 다만, 기록이 고등법원에 송부되기 전에는 그 기록이 있는 군검사 소속 보통검찰부의 장에게 하여야 한다.
② 제1항 본문에 따라 취소서를 제출받은 고등법원의 법원사무관 등은 즉시 법 제303조제2항에 규정된 고등검찰부의 장 및 피의자에게 그 사유를 통지하여야 한다.
(2022.6.30 본조개정)

제124조의2【재정신청에 대한 결정과 이유의 기재】 고등법원은 법 제304조제2항제2호에 따라 공소제기를 결정하는 때에는 죄명과 공소사실이 특정될 수 있도록 이유를 명시하여야 한다.(2022.6.30 본조개정)

제124조의3~제125조 (2010.6.30 삭제)

제125조의2【국가에 대한 비용부담의 범위】 법 제306조의3제1항에 따른 비용은 다음 각 호에 해당하는 것으로 한다.(2010.6.30 본문개정)
1. 증인·감정인·통역인(듣거나 말하는 데 장애가 있는 사람을 위한 통역인을 제외한다)·번역인에게 지급되는 일당·여비·숙박료·감정료·통역료·번역료
(2020.11.26 본호개정)
2. 현장검증 등을 위한 재판관, 서기의 출장경비
3. 그 밖에 재정신청 사건의 심리를 위하여 고등법원이 지출한 송달료 등 절차진행에 필요한 비용(2022.6.30 본호개정)
(2008.2.20 본조신설)

제125조의3【국가에 대한 비용부담의 절차】 ① 법 제306조의3제1항에 따른 재판의 집행에 관하여는 법 제520조의 규정을 준용한다.(2010.6.30 본항개정)
② 제1항의 비용의 부담을 명하는 재판에 그 금액을 표시하지 아니한 때에는 집행을 지휘하는 군검사가 산정한다.(2020.11.26 본항개정)

제125조의4【피의자에 대한 비용지급의 범위】 ① 법 제306조의3제2항과 관련한 비용은 다음 각 호에 해당하는 것으로 한다.(2010.6.30 본문개정)
1. 피의자 또는 변호인이 출석함에 필요한 일당·여비·숙박료
2. 피의자가 변호인에게 부담하였거나 부담하여야 할 선임료
3. 기타 재정신청 사건의 절차에서 피의자가 지출한 비용으로 고등법원이 피의자의 방어권행사에 필요하다고 인정한 비용(2022.6.30 본호개정)
② 제1항제2호의 비용을 계산함에 있어 선임료를 부담하였거나 부담할 변호인이 여러 명이 있은 경우에는 그 중 가장 고액의 선임료를 상한으로 한다.(2022.6.30 본항개정)
③ 제1항제2호의 변호사 선임료는 사안의 성격·난이도, 조사에 소요된 기간 그 밖에 변호인의 변론활동에 소요된 노력의 정도 등을 종합적으로 고려하여 상당하다고 인정되는 금액으로 정한다.(2022.6.30 본항개정)
(2008.2.20 본조신설)

제125조의5【피의자에 대한 비용지급의 절차】 ① 피의자가 법 제306조의3제2항에 따른 신청을 할 때에는 다음 각 호의 사항을 기재한 서면을 고등법원에 제출하여야 한다.(2022.6.30 본문개정)
1. 재정신청 사건번호
2. 피의자 및 재정신청인
3. 피의자가 재정신청절차에서 실제 지출하였거나 지출하여야 할 금액 및 그 용도
4. 재정신청인에게 지급을 구하는 금액 및 그 이유
② 피의자는 제1항의 서면을 제출함에 있어 비용명세서 그 밖에 비용액을 소명하는 데 필요한 서면과 고소인 수에 상응하는 부본을 함께 제출하여야 한다.
③ 고등법원은 제1항 및 제2항의 서면의 부본을 재정신청인에게 송달하여야 하고, 재정신청인은 위 서면을 송달받은 날로부터 10일 이내에 이에 대한 의견을 서면으로 고등법원에 낼 수 있다.(2022.6.30 본항개정)
④ 고등법원은 필요하다고 인정하는 경우에는 피의자 또는 변호인에게 비용액의 심리를 위하여 필요한 자료의 제출 등을 요구할 수 있고, 재정신청인, 피의자 또는 변호인을 심문할 수 있다.(2022.6.30 본항개정)
⑤ 비용지급명령에는 피의자 및 재정신청인, 지급을 명하는 금액을 표시하여야 한다. 비용지급명령의 이유는 특히 필요하다고 인정되는 경우가 아니면 이를 기재하지 아니한다.
⑥ 비용지급명령은 피의자 및 재정신청인에게 송달하여야 하고, 법 제306조의3제3항에 따른 즉시항고기간은 피의자 또는 재정신청인이 비용지급명령서를 송달받은 날부터 진행한다.(2010.6.30 본항개정)
⑦ 확정된 비용지급명령정본은 「민사집행법」에 따른 강제집행에 관하여는 민사절차에서의 집행력 있는 판결정본과 동일한 효력이 있다.
(2008.2.20 본조신설)

제3절 공 판

제1관 공판준비와 공판절차

제126조【제1회 공판기일소환장의 송달시기】 피고인에 대한 제1회 공판기일소환장은 법 제308조의 규정에 의한 공소장부본의 송달전에는 이를 송달하여서는 아니된다.

제126조의2【공소제기 후 군검사가 보관하는 서류 등의 열람·복사 신청】 법 제309조의3제1항의 신청은 다음 사항을 기재한 서면으로 하여야 한다.(2022.6.30 본문개정)

1. 사건번호, 사건명, 피고인
2. 신청인 및 피고인과의 관계
3. 열람 또는 복사할 대상(2020.11.26 본호개정)
(2020.11.26 본조제목개정)
(2008.2.20 본조신설)

제126조의3【영상녹화물과 열람·복사】 법 제260조·법 제236조의2에 따라 작성된 영상녹화물에 대한 법 제309조의3의 열람·복사는 원본과 함께 작성된 부본에 의하여 이를 행할 수 있다.(2022.6.30 본조개정)

제126조의4【군사법원에 대한 열람·복사 신청】 ① 법 제309조의4제1항의 신청은 다음 사항을 기재한 서면으로 하여야 한다.(2022.6.30 본문개정)
1. 열람 또는 복사를 구하는 서류 등의 표목
2. 열람 또는 복사를 필요로 하는 사유
(2020.11.26 1호~2호개정)
② 제1항의 신청서에는 다음 각 호의 서류를 첨부하여야 한다.
1. 제126조의2의 신청서 사본
2. 군검사의 열람·복사 불허 또는 범위 제한 통지서. 다만 군검사가 서면으로 통지하지 않은 경우에는 그 사유를 기재한 서면(2020.11.26 본호개정)
3. 신청서 부본 1부
③ 군사법원은 제1항의 신청이 있는 경우, 즉시 신청서 부본을 군검사에게 송부하여야 하고, 군검사는 이에 대한 의견을 제시할 수 있다.(2020.11.26 본항개정)
④ 제1항, 제2항제1호·제3호의 규정은 법 제309조의11제3항에 따른 군검사의 신청에 이를 준용한다. 이 경우 군 검사의 신청을 받은 군사법원은 즉시 신청서 부본을 피고인 또는 변호인에게 송부하여야 하고, 피고인 또는 변호인은 이에 대한 의견을 제시할 수 있다.(2022.6.30 본항개정)
(2020.11.26 본조제목개정)
(2008.2.20 본조신설)

제126조의5【공판준비기일 또는 공판기일에서의 열람·복사】 ① 군검사, 피고인 또는 변호인은 공판준비 또는 공판기일에서 군사법원의 허가를 얻어 구두로 상대방에게 법 제309조의3·제309조의11에 따른 서류 등의 열람 또는 복사를 신청할 수 있다.(2020.11.26 본항개정)
② 상대방이 공판준비 또는 공판기일에서 서류 등의 열람 또는 복사를 거부하거나 그 범위를 제한한 때에는 군사법원은 법 제309조의4제2항(제309조의11제4항에 따라 준용되는 경우를 포함한다)의 결정을 할 수 있다.
(2022.6.30 본항개정)
③ 제1항, 제2항에 따른 신청과 결정은 공판준비 또는 공판기일의 조서에 기재하여야 한다.
(2020.11.26 본조제목개정)
(2008.2.20 본조신설)

제126조의6【재판의 고지 등에 관한 특례】 군사법원은 서면 이외에 전화·모사전송·전자우편·휴대전화 문자전송 그 밖에 적당한 방법으로 군검사·피고인 또는 변호인에게 공판준비와 관련된 의견을 요청하거나 결정을 고지할 수 있다.(2020.11.26 본조개정)

제126조의7【쟁점의 정리】 ① 사건이 공판준비절차에 부쳐진 때에는 군검사는 증명하려는 사실을 밝히고 이를 증명하는 데 사용할 증거를 신청하여야 한다.
② 피고인 또는 변호인은 군검사의 증명사실과 증거신청에 대한 의견을 밝히고, 공소사실에 관한 사실상·법률상 주장과 그에 대한 증거를 신청하여야 한다.
③ 군검사·피고인 또는 변호인은 필요한 경우 상대방의 주장 및 증거신청에 대하여 필요한 의견을 밝히고, 그에 관한 증거를 신청할 수 있다.
(2020.11.26 본조개정)

제126조의8【심리계획의 수립】 ① 군사법원은 사건을 공판준비절차에 부칠 때에는 집중심리를 하는 데 필요한 심리계획을 수립하여야 한다.
② 군검사·피고인 또는 변호인은 특별한 사정이 없는 한 필요한 증거를 공판준비절차에서 일괄하여 신청하여야 한다.(2020.11.26 본항개정)
③ 군사법원은 증인을 신청한 자에게 증인의 소재, 연락처, 출석 가능성 및 출석이 가능한 일시 등 증인의 신문에 필요한 사항의 준비를 명할 수 있다.
(2008.2.20 본조신설)

제126조의9【기일외 공판준비】 ① 재판장은 군검사·피고인 또는 변호인에게 기한을 정하여 공판준비절차의 진행에 필요한 사항을 미리 준비하게 하거나 그 밖에 공판준비에 필요한 명령을 할 수 있다.(2020.11.26 본항개정)
② 재판장은 기한을 정하여 법 제309조의6제2항에 규정된 서면의 제출을 명할 수 있다.(2022.6.30 본항개정)
③ 제2항에 따른 서면에는 필요한 사항을 구체적이고 간결하게 기재하여야 하고, 증거로 할 수 없거나 증거로 신청할 의사가 없는 자료에 기초하여 군사법원에 사건에 대한 예단 또는 편견을 발생하게 할 염려가 있는 사항을 기재하여서는 아니 된다.
④ 피고인이 제2항에 따른 서면을 낼 때에는 1통의 부본을, 군검사가 제2항에 따른 서면을 낼 때에는 피고인의 수에 1을 더한 수에 해당하는 부본을 함께 제출하여야 한다. 다만, 여러 명의 피고인에 대하여 동일한 변호인이 선임된 경우에는 군검사는 변호인의 수에 1을 더한 수에 해당하는 부본만을 낼 수 있다.(2020.11.26 본항개정)
(2008.2.20 본조신설)

제126조의10【공판준비기일의 변경】 군검사·피고인 또는 변호인은 부득이한 사유로 공판준비기일을 변경할 필요가 있는 때에는 그 사유와 기간 등을 구체적으로 명시하여 공판준비기일의 변경을 신청할 수 있다.
(2020.11.26 본조개정)

제126조의11【공판준비기일이 지정된 사건의 국선변호인 선정】 ① 법 제309조의7에 따라 공판준비기일이 지정된 사건에 관하여 피고인에게 변호인이 없는 때에는 군사법원은 지체 없이 국선변호인을 선정하고, 피고인 및 변호인에게 그 뜻을 고지하여야 한다.
② 공판준비기일이 지정된 후에 변호인이 없게 된 때에도 제1항을 준용한다.
(2008.2.20 본조신설)

제126조의12【공판준비기일조서】 ① 군사법원이 공판준비기일을 진행한 경우에는 참여한 서기가 조서를 작성하여야 한다.
② 제1항의 조서에는 피고인, 증인, 감정인, 통역인 또는 번역인의 진술의 요지와 쟁점 및 증거에 관한 정리결과 그 밖에 필요한 사항을 기재하여야 한다.
③ 제1항, 제2항의 조서에는 재판장 또는 군판사와 참여한 서기가 기명날인 또는 서명하여야 한다.
(2008.2.20 본조신설)

제127조【공판개정시간의 구분지정】 재판장은 가능한 한 각 사건에 대한 공판개정시간을 구분하여 지정하여야 한다.

제127조의2【일괄 기일 지정과 당사자의 의견 청취】 재판장은 법 제310조의2제3항의 규정에 의하여 여러 공판기일을 일괄하여 지정할 경우에는 군검사, 피고인 또는 변호인의 의견을 들어야 한다.(2022.6.30 본조개정)

제128조【공판기일변경신청】 법 제313조제1항에 규정된 공판기일변경신청에는 공판기일의 변경을 필요로 하는 사유와 그 사유가 계속되리라고 예상되는 기간을 명시하여야 하며, 진단서 기타의 자료로써 이를 소명하여야 한다.

제128조의2【변론의 방식】 공판정에서의 변론은 구체적이고 명료하게 하여야 한다.(2008.2.20 본조신설)

제129조【피고인의 대리인의 대리권】 피고인이 법 제325조 후단의 규정에 의하여 공판기일에 대리인을 출석하게 할 때에는 그 대리인에게 대리권을 수여한 사실을 증명하는 서면을 군사법원에 제출하여야 한다.
(2022.6.30 본조개정)

제129조의2【신뢰관계 있는 자의 동석】 ① 법 제326조의2제1항에 따라 피고인과 동석할 수 있는 신뢰관계에 있는 자는 피고인의 배우자, 직계친족, 형제자매, 가족, 동거인, 고용주 그 밖에 피고인의 심리적 안정과 원활한 의사소통에 도움을 줄 수 있는 자를 말한다.(2022.6.30 본항개정)
② 법 제326조의2제1항에 따른 동석신청에는 동석하고자 하는 자와 피고인 사이의 관계, 동석이 필요한 사유 등을 밝혀야 한다.(2022.6.30 본항개정)
③ 피고인과 동석한 신뢰관계에 있는 자는 재판의 진행을 방해하여서는 아니 되며, 재판장은 동석한 신뢰관계 있는 자가 부당하게 재판의 진행을 방해하는 때에는 동석을 중지시킬 수 있다.
(2008.2.20 본조신설)

제129조의3【불출석의 허가와 취소】 ① 법 제325조제3호 본문에 따른 불출석 허가신청은 공판기일에 출석하여 구술로 하거나 공판기일 외에서 서면으로 할 수 있다.
(2022.6.30 본항개정)
② 군사법원은 피고인의 불출석허가신청에 대한 허가 여부를 결정하여야 한다.
③ 군사법원은 피고인의 불출석을 허가한 경우에도 피고인의 권리보호 등을 위하여 그 출석이 필요하다고 인정되는 때에는 불출석 허가를 취소할 수 있다.
(2008.2.20 본조신설)

제129조의4【출석거부의 통지】 법 제325조의2의 사유가 발생하는 경우에는 피고인을 구금하고 있는 관서의 장은 즉시 그 취지를 군사법원에 통지하여야 한다.
(2000.4.29 본조신설)

제129조의5【출석거부에 관한 조사】 ① 군사법원이 법 제325조의2에 따라 피고인의 출석 없이 공판절차를 진행하고자 하는 경우에는 미리 그 사유가 존재하는가의 여부를 조사하여야 한다.
② 군사법원이 제1항의 조사를 함에 있어서 필요하다고 인정하는 경우에는 교도관리 기타 관계자의 출석을 명하여 진술을 듣거나 그들로 하여금 보고서를 제출하도록 명할 수 있다.
③ 군사법원은 군판사로 하여금 제1항의 조사를 하게 할 수 있다.
(2008.2.20 본조신설)

제129조의6【피고인의 출석 없이 공판절차를 진행한다는 취지의 고지】 법 제325조의2의 규정에 의하여 피고인의 출석 없이 공판절차를 진행하는 경우에는 재판장은 공판정에서 소송관계인에게 그 취지를 고지하여야 한다.
(2008.2.20 본조신설)

제129조의7【피고인에 대한 진술거부권 등의 고지】 재판장은 법 제329조에 따른 인정신문을 하기 전에 피고인에게 진술을 하지 아니하거나 개개의 질문에 대하여 진술을 거부할 수 있고, 이익 되는 사실을 진술할 수 있음을 알려 주어야 한다.(2008.2.20 본조신설)

제129조의8【피고인의 모두진술】 ① 재판장은 법 제330조에 따른 군검사의 모두진술 절차를 마친 뒤에 피고인에게 공소사실을 인정하는지 여부에 관하여 물어야 한다.
(2020.11.26 본항개정)
② 피고인 및 변호인은 공소에 관한 의견 그 밖에 이익이 되는 사실 등을 진술할 수 있다.
(2008.2.20 본조신설)

제130조 (2008.2.20 삭제)

제131조【피해자등의 진술권】 ① 법 제338조제1항에서 정한 피해자등(이하 이 조부터 제131조의3까지 '피해자등'이라 한다)의 진술에 관한 신청은 서면으로 하여야 한다.(2022.6.30 본항개정)
② 제1항의 신청서에는 사건명, 피고인의 성명, 신청인의 인적사항, 신청사유, 진술하고자 하는 사항 및 기타 필요한 사항을 기재하여야 한다.
③ 법 제338조제1항 단서 및 제3항의 규정에 의하여 신청인을 증인으로 신문하지 아니하는 경우에는 신청인에게 그 취지를 통지하여야 한다.
(2022.6.30 본조제목개정)

제131조의2【피해자등의 의견진술】 ① 군사법원은 필요하다고 인정하는 경우에는 직권으로 또는 피해자등의 신청에 따라 피해자등을 공판기일에 출석하게 하여 법 제338조제2항에 정한 사항으로서 범죄사실의 인정에 해당하지 않는 사항에 관하여 증인신문에 의하지 아니하고 의견을 진술하게 할 수 있다.(2022.6.30 본항개정)
② 재판장은 재판의 진행상황 등을 고려하여 피해자등의 의견진술에 관한 사항과 그 시간을 미리 정할 수 있다.
③ 재판장은 피해자등의 의견진술에 대하여 그 취지를 명확하게 하기 위하여 피해자등에게 질문할 수 있고, 설명을 촉구할 수 있다.
④ 합의부원은 재판장에게 알리고 제3항의 행위를 할 수 있다.
⑤ 군검사, 피고인 또는 변호인은 피해자등이 의견을 진술한 후 그 취지를 명확하게 하기 위하여 재판장의 허가를 받아 피해자등에게 질문할 수 있다.
⑥ 재판장은 다음 각 호의 어느 하나에 해당하는 경우에는 피해자등의 의견진술이나 군검사, 피고인 또는 변호인의 피해자등에 대한 질문을 제한할 수 있다.
1. 피해자등이나 피해자 변호사가 이미 해당 사건에 관하여 충분히 진술하여 다시 진술할 필요가 없다고 인정되는 경우
2. 의견진술 또는 질문으로 인하여 공판절차가 현저하게 지연될 우려가 있다고 인정되는 경우
3. 의견진술과 질문이 해당 사건과 관계없는 사항에 해당된다고 인정되는 경우
4. 범죄사실의 인정에 관한 것이거나, 그 밖의 사유로 피해자등의 의견진술로서 상당하지 아니하다고 인정되는 경우
⑦ 제1항의 경우 법 제204조의2제1항, 제3항 및 제88조의3을 준용한다.
(2020.11.26 본조신설)

제131조의3【의견진술에 갈음한 서면의 제출】 ① 재판장은 재판의 진행상황, 그 밖의 사정을 고려하여 피해자등에게 제131조의2제1항의 의견진술에 갈음하여 의견을 기재한 서면을 제출하게 할 수 있다.
② 피해자등의 의견진술에 갈음하는 서면이 군사법원에 제출된 때에는 군검사 및 피고인 또는 변호인에게 그 취지를 통지하여야 한다.
③ 제1항에 따라 서면이 제출된 경우 재판장은 공판기일에서 의견진술에 갈음하는 서면의 취지를 명확하게 하여야 한다. 이 경우 재판장은 상당하다고 인정하는 때에는 그 서면을 낭독하거나 요지를 고지할 수 있다.
④ 제2항의 통지는 서면, 전화, 전자우편, 모사전송, 휴대전화 문자전송 그 밖에 적당한 방법으로 할 수 있다.
(2020.11.26 본조신설)

제131조의4【의견진술·의견진술에 갈음한 서면】 제131조의2제1항에 따른 진술과 제131조의3제1항에 따른 서면은 범죄사실의 인정을 위한 증거로 할 수 없다.
(2020.11.26 본조신설)

제131조의5【피해자 변호사에 대한 공판기일의 통지】 ① 군사법원은 법 제260조의2제1항에 정한 피해자등이 변호사를 선임하거나 군검사가 피해자를 위하여 국선변호사를 선정한 경우, 그 변호사(이하 "피해자 변호사"라 한다)의 선임 등을 증명할 수 있는 서류가 제출된 때에는 피해자 변호사에게 공판기일을 통지한다.
② 제1항의 통지는 서면, 전화, 전자우편, 모사전송, 휴대전화 문자전송 그 밖에 적당한 방법으로 할 수 있다.
(2020.11.26 본조신설)

제131조의6【피해자 변호사의 좌석】 피해자 변호사는 군판사의 정면에 위치한다.(2020.11.26 본조신설)

제131조의7【피해자 변호사의 의견진술】 ① 군사법원은 공판절차에서 피해자 변호사로부터 피해의 정도 및 결과, 피고인의 처벌에 관한 의견, 그 밖에 당해 사건에 관한 의견진술의 신청이 있는 때에는 공판기일에서 그 의견을 진술하게 한다.
② 제1항에 따른 의견진술의 신청은 제131조의5제1항에서 정한 서류가 법원에 제출된 이후 또는 제출과 함께 할 수 있다.
③ 재판장은 재판의 진행상황 등을 고려하여 상당한 범위 내에서 피해자 변호사의 의견진술의 순서와 시간을 정할 수 있다.
④ 재판장은 다음 각 호의 어느 하나에 해당하는 경우에

는 피해자 변호사의 의견진술이나 군검사, 피고인 또는 변호인의 피해자 변호사에 대한 질문을 제한할 수 있다.
1. 이미 해당 사건에 관하여 충분히 진술하여 다시 진술할 필요가 없다고 인정되는 경우
2. 의견진술 또는 질문으로 인하여 공판절차가 현저하게 지연될 우려가 있다고 인정되는 경우
3. 의견진술과 질문이 해당사건과 관계없는 사항에 해당된다고 인정되는 경우
4. 기타 피해자 변호사의 의견진술로서 상당하지 아니하다고 인정되는 경우
⑤ 피해자 변호사의 의견진술 절차에 관하여는 제131조의2제3항부터 제5항까지의 규정을 준용한다.
(2020.11.26 본조신설)

제131조의8【피해자 변호사에 대한 의견진술 기일의 통지】 ① 제131조의7제1항의 신청을 받은 군사법원은 의견진술을 신청한 피해자 변호사에게 의견진술을 할 기일을 통지하여야 한다.
② 제1항의 통지를 한 때에는 군검사 및 피고인 또는 변호인에게도 해당 기일에 피해자 변호사의 의견진술이 있을 예정이라는 취지를 통지하여야 한다.
③ 제131조의7제1항에 따른 의견진술 신청인이 의견진술을 할 기일을 통지받고도 정당한 이유 없이 출석하지 아니한 때에는 그 신청을 철회한 것으로 본다.
④ 제131조의5제2항의 규정은 제1항 및 제2항의 통지에 준용한다.
(2020.11.26 본조신설)

제131조의9【피해자 변호사의 의견진술에 갈음한 서면의 제출】 ① 재판장은 제131조의7제4항의 사유가 있거나 재판의 진행상황 기타의 사정을 고려하여 의견의 진술이 상당하지 아니하다고 인정하는 때에는 피해자 변호사에게 의견의 진술에 갈음하여 의견을 기재한 서면을 제출하도록 할 수 있다.
② 피해자 변호사의 의견진술에 갈음하는 서면의 제출에 관하여는 제131조의3제2항부터 제4항까지의 규정을 준용한다.
(2020.11.26 본조신설)

제131조의10【피해자 변호사의 의견진술·의견진술에 갈음한 서면】 제131조의7제1항에 따른 진술과 제131조의9제1항에 따른 서면은 범죄사실의 인정을 위한 증거로 할 수 없다.(2020.11.26 본조신설)

제131조의11【국선변호사 선정의 취소요청】 재판장은 법 제260조의2제6항에 따라 선정된 국선변호사가 그 업무를 성실하게 수행하지 아니하거나 그 밖의 사유로 공판절차에 계속 관여하는 것이 적절하지 아니하다고 인정하는 때에는 피해자 보호를 위하여 군검사에게 그 국선변호사 선정의 취소를 요청할 수 있다.(2020.11.26 본조신설)

제131조의12【구속 전 피의자심문, 증거보전절차, 공판준비기일에의 준용】 제131조의5부터 제131조의11까지의 규정은 피의자에 대한 구속 전 피의자심문, 증거보전절차, 공판준비기일의 절차에 준용한다.(2020.11.26 본조신설)

제131조의13【피해자 변호사의 열람·등사의 신청】
① 법 제260조의2제4항에 따른 피해자 변호사의 관계 서류나 증거물에 대한 열람·등사의 신청은 서면으로 하여야 한다.
② 제1항의 신청을 할 때에는 열람·등사할 서류나 증거물을 특정하고, 그 서류나 증거물의 열람·등사가 피해자 등의 피해 방어와 피해자 등에 대한 법률적 조력을 위하여 필요한 사유를 소명하여야 한다.
(2020.11.26 본조신설)

제131조의14【증거의 신청】 군검사·피고인 또는 변호인은 특별한 사정이 없는 한 필요한 증거를 일괄하여 신청하여야 한다.(2020.11.26 본조개정)

제132조【증거신청의 방식】 ① 군검사, 피고인 또는 변호인이 증거신청을 함에 있어서는 그 증거와 증명하고자 하는 사실과의 관계를 구체적으로 명시하여야 한다.
(2020.11.26 본항개정)
② 피고인의 자백을 보강하는 증거나 정상에 관한 증거는 보강증거 또는 정상에 관한 증거라는 취지를 특히 명시하여 그 조사를 신청하여야 한다.
③ 서류나 물건의 일부에 대한 증거신청을 함에 있어서는 증거로 할 부분을 특정하여 명시하여야 한다.
④ 군사법원은 필요하다고 인정할 때에는 증거신청을 한 자에게, 신문할 증인, 감정인, 통역인 또는 번역인의 성명, 주소, 서류나 물건의 표목 및 제1항부터 제3항에 규정된 사항을 기재한 서면의 제출을 명할 수 있다.(2008.2.20 본항신설)
⑤ 제1항부터 제4항까지의 규정에 위반한 증거신청은 이를 기각할 수 있다.(2008.2.20 본항신설)
(2008.2.20 본조개정)

제133조【수사기록의 일부에 대한 증거신청방식】 ① 법 제364조부터 제368조까지 또는 제371조에 따라 증거로 할 수 있는 서류나 물건이 수사기록의 일부인 때에는 군검사는 이를 특정하여 개별적으로 제출함으로써 그 조사를 신청하여야 한다. 수사기록의 일부인 서류나 물건을 자백에 대한 보강증거나 피고인의 정상에 관한 증거로 제출할 경우에도 이와 같다.(2020.11.26 본문개정)
② 제1항의 규정에 위반한 증거신청은 이를 기각할 수 있다.

제133조의2【보관서류에 대한 송부요구】 ① 법 제315조의 규정에 의한 보관서류의 송부요구신청은 군사법원, 군검찰단, 법원, 검찰청, 고위공직자범죄수사처, 경찰청, 그 밖의 공무소 또는 공사단체(이하 "법원 등"이라고 한다)가 보관하고 있는 서류의 일부에 대하여도 할 수 있다.
(2022.6.30 본항개정)
② 제1항의 신청을 받은 군사법원이 송부요구신청을 채택하는 경우에는 서류를 보관하고 있는 법원 등에 대하여 그 서류중 신청인 또는 변호인이 지정하는 부분의 인증등본을 송부하여 줄 것을 요구할 수 있다.
③ 제2항의 규정에 의한 요구를 받은 법원 등은 당해 서류를 보관하고 있지 아니하거나 기타 송부요구에 응할 수 없는 사정이 있는 경우를 제외하고는 신청인 또는 변호인에게 당해 서류를 열람하게 하여 필요한 부분을 지정할 수 있도록 하여야 하며 정당한 이유 없이 이에 대한 협력을 거절하지 못한다.
④ 서류의 송부요구를 받은 법원 등이 당해 서류를 보관하고 있지 아니하거나 기타 송부요구에 응할 수 없는 사정이 있는 때에는 그 사유를 군사법원에 통지하여야 한다.
(2000.4.29 본조신설)

제133조의3【민감정보 등의 처리】 ① 군사법원은 재판업무 및 그에 부수하는 업무의 수행을 위하여 필요한 경우 「개인정보 보호법」 제23조의 민감정보, 제24조의 고유식별정보, 제24조의2의 주민등록번호 및 그 밖의 개인정보를 처리할 수 있다.(2020.11.26 본항개정)
② 군사법원은 필요하다고 인정하는 경우 법 제315조에 따라 법원 등에 대하여 제1항의 민감정보, 고유식별정보, 주민등록번호 및 그 밖의 개인정보가 포함된 자료의 송부를 요구할 수 있다.(2020.11.26 본항개정)
③ 제2항에 따른 송부에 관하여는 제133조의2제2항부터 제4항까지의 규정을 준용한다.
(2013.12.10 본조신설)

제134조【증거결정의 절차】 ① 군사법원은 증거결정을 함에 있어서 필요하다고 인정할 때에는 그 증거에 대한 군검사, 피고인 또는 변호인의 의견을 들을 수 있다.
(2020.11.26 본항개정)
② 군사법원은 서류 또는 물건이 증거로 제출된 경우에 이에 관한 증거결정을 함에 있어서는 제출한 자로 하여금 그 서류 또는 물건을 상대방에게 제시하게 하여 상대방으로 하여금 그 서류 또는 물건의 증거능력 유무에 관한 의견을 진술하게 하여야 한다.
③ 피고인 또는 변호인이 군검사 작성의 피고인에 대한 피의자신문조서에 기재된 내용이 피고인이 진술한 내용과 다르다고 진술할 경우, 피고인 또는 변호인은 당해 조서 중 피고인이 진술한 부분과 같게 기재되어 있는 부분과 다르게 기재되어 있는 부분을 구체적으로 특정하여야 한다.
(2020.11.26 본항개정)
④ 군사법원은 증거신청을 기각·각하하거나, 증거신청에 대한 결정을 보류하는 경우, 증거신청인으로부터 당해 증거서류 또는 증거물을 제출받아서는 아니 된다.
(2008.2.20 본조개정)

제134조의2【영상녹화물의 조사 신청】 ① 군검사는 피고인이 된 피의자의 진술을 영상녹화한 사건에서 피고인이 그 조서에 기재된 내용이 피고인이 진술한 내용과 동일하게 기재되어 있음을 인정하지 아니하는 경우 그 부분의 성립의 진정을 증명하기 위하여 영상녹화물의 조사를 신청할 수 있다.(2020.11.26 본항개정)
② 군검사는 제1항에 따른 신청을 함에 있어 다음 각 호의 사항을 기재한 서면을 제출하여야 한다.(2020.11.26 본문개정)
1. 영상녹화를 시작하고 마친 시각과 조사 장소
2. 피고인 또는 변호인이 진술과 조서 기재내용의 동일성을 다투는 부분의 영상을 구체적으로 특정할 수 있는 시각
③ 제1항의 영상녹화물은 조사가 개시된 시점부터 조사가 종료되어 피의자가 조서에 기명날인 또는 서명을 마치는 시점까지 전과정이 영상녹화된 것으로 다음 각 호의 내용을 포함하는 것이어야 한다.
1. 피의자의 신문이 영상녹화되고 있다는 취지의 고지
2. 영상녹화를 시작하고 마친 시각 및 장소의 고지
3. 신문하는 군검사와 참여한 자의 성명과 직급의 고지
(2020.11.26 본호개정)
4. 진술거부권·변호인의 참여를 요청할 수 있다는 점 등의 고지
5. 조사를 중단·재개하는 경우 중단 이유와 중단 시각, 중단 후 재개하는 시각
6. 조사를 종료하는 시각
④ 제1항의 영상녹화물은 조사가 행해지는 동안 조사실 전체를 확인할 수 있도록 녹화된 것으로 진술자의 얼굴을 식별할 수 있는 것이어야 한다.
⑤ 제1항의 영상녹화물의 재생 화면에는 녹화 당시의 날짜와 시간이 실시간으로 표시되어야 한다.(2022.6.30 본항신설)
⑥ 제1항, 제3항부터 제5항은 군검사가 피고인이 아닌 피의자 진술에 대한 영상녹화물의 조사를 신청하는 경우에 준용한다.(2020.11.26 본항개정)
(2008.2.20 본조신설)

제134조의3【제3자의 진술과 영상녹화물】 ① 군검사는 피의자가 아닌 자가 공판준비 또는 공판기일에서 조서가 자신이 군검사 또는 군사법경찰관 앞에서 진술한 내용과 동일하게 기재되어 있음을 인정하지 아니하는 경우 그 부분의 성립의 진정을 증명하기 위하여 영상녹화물의 조사를 신청할 수 있다.
② 군검사는 제1항에 따라 영상녹화물의 조사를 신청하는 때에는 피의자가 아닌 자가 영상녹화에 동의하였다는 취지로 기재하고 기명날인 또는 서명한 서면을 첨부하여야 한다.
③ 제134조의2제3항제1호부터 제3호·제5호·제6호, 제4항 및 제5항은 군검사가 피의자가 아닌 자에 대한 영상녹화물의 조사를 신청하는 경우에 준용한다.(2022.6.30 본항개정)
(2020.11.26 본조개정)

제134조의4【영상녹화물의 조사】 ① 군사법원은 군검사가 영상녹화물의 조사를 신청한 경우 이에 관한 결정을 함에 있어 피고인 또는 변호인으로 하여금 그 영상녹화물이 적법한 절차와 방식에 따라 작성되어 봉인된 것인지 여부에 관한 의견을 진술하게 하여야 한다.
(2020.11.26 본항개정)
② 제1항의 영상녹화물이 피고인 아닌 자의 진술에 관한 것인 때에는 원진술자인 피고인 아닌 자도 제1항과 같은 의견을 진술하여야 한다.
③ 군사법원은 공판준비 또는 공판기일에서 봉인을 해체하고 영상녹화물의 전부 또는 일부를 재생하는 방법으로 조사하여야 한다. 이 때 영상녹화물은 그 재생과 조사에 필요한 전자적 설비를 갖춘 법정 외의 장소에서 이를 재생할 수 있다.
④ 재판장은 조사를 마친 후 지체 없이 서기로 하여금 다시 원본을 봉인하도록 하고, 원진술자와 함께 피고인 또는 변호인에게 기명날인 또는 서명하도록 하여 군검사에게 반환한다. 다만, 피고인의 출석 없이 개정하는 사건에서 변호인의 기명날인 또는 서명을 요하지 아니한다.
(2020.11.26 본문개정)
(2008.2.20 본조신설)

제134조의5【기억 환기를 위한 영상녹화물의 조사】 ① 법 제372조제2항에 따른 영상녹화물의 재생은 군검사의 신청이 있는 경우에 한하고, 기억의 환기가 필요한 피고인 또는 피고인 아닌 자에게만 이를 재생하여 시청하게 하여야 한다.
② 제134조의2제3항부터 제5항까지와 제134조의4는 군검사가 법 제372조제2항에 의하여 영상녹화물의 재생을 신청하는 경우에 준용한다.(2022.6.30 본항개정)
(2020.11.26 본조개정)

제134조의6【증거서류에 대한 조사방법】 ① 법 제347조제4항에 따른 증거서류 내용의 고지는 그 요지를 고지하는 방법으로 한다.
② 재판장은 필요하다고 인정하는 때에는 법 제347조제1항·제2항·제5항의 낭독에 갈음하여 그 요지를 진술하게 할 수 있다.
(2022.6.30 본조개정)

제134조의7【컴퓨터용 디스크 등에 기억된 문자정보 등에 대한 증거조사】 ① 컴퓨터용 디스크 그 밖에 이와 비슷한 정보저장매체(다음부터 이 조문 안에서 이 모두를 "컴퓨터디스크 등"이라 한다)에 기억된 문자정보를 증거자료로 하는 경우에는 읽을 수 있도록 출력하여 인증한 등본을 낼 수 있다.
② 컴퓨터디스크 등에 기억된 문자정보를 증거로 하는 경우에 증거조사를 신청한 당사자는 군사법원이 명하거나 상대방이 요구한 때에는 컴퓨터디스크 등에 입력한 사람과 입력한 일시, 출력한 사람과 출력한 일시를 밝혀야 한다.
③ 컴퓨터디스크 등에 기억된 정보가 도면·사진 등에 관한 것인 때에는 제1항과 제2항의 규정을 준용한다.
(2008.2.20 본조신설)

제134조의8【음성·영상자료 등에 대한 증거조사】 ① 녹음·녹화테이프, 컴퓨터용 디스크, 그 밖에 이와 비슷한 방법으로 음성이나 영상을 녹음 또는 녹화(다음부터 이 조문 안에서 "녹음·녹화 등"이라 한다)하여 재생할 수 있는 매체(다음부터 이 조문 안에서 "녹음·녹화매체 등"이라 한다)에 대한 증거조사를 신청하는 때에는 음성이나 영상이 녹음·녹화 등이 된 사람, 녹음·녹화 등을 한 사람 및 녹음·녹화 등을 한 일시·장소를 밝혀야 한다.
② 녹음·녹화매체 등에 대한 증거조사를 신청한 당사자는 군사법원이 명하거나 상대방이 요구한 때에는 녹음·녹음매체 등의 녹취서, 그 밖에 그 내용을 설명하는 서면을 제출하여야 한다.
③ 녹음·녹화매체 등에 대한 증거조사는 녹음·녹화매체 등을 재생하여 청취 또는 시청하는 방법으로 한다.
(2008.2.20 본조신설)

제134조의9【준용규정】 도면·사진 그 밖에 정보를 담기 위하여 만들어진 물건으로서 문서가 아닌 증거의 조사에 관하여는 특별한 규정이 없으면 법 제347조, 법 제348조의 규정을 준용한다.(2008.2.20 본조신설)

제134조의10【자백의 시기】 법 제365조 및 법 제366조에 따라 증거로 할 수 있는 피고인 또는 피고인 아닌 자의 진술을 기재한 조서 또는 서류가 피고인의 자백 진술을 내용으로 하는 경우에는 범죄사실에 관한 다른 증거를 조사한 후에 이를 조사하여야 한다.(2008.2.20 본조신설)

제134조의11【증거조사에 관한 이의신청의 사유】 법 제350조제1항의 규정에 의한 이의신청은 법령의 위반이 있거나 상당하지 아니함을 이유로 하여 이를 할 수 있다. 다만, 법 제350조제3항의 규정에 의한 결정에 대한 이의

신청은 법령의 위반이 있음을 이유로 하여서만 이를 할 수 있다.(2008.2.20 본조신설)

제135조【이의신청의 방식과 시기】 법 제350조제1항, 제2항의 규정에 의한 이의신청(이하 이 절에서는 "이의신청"이라 한다)은 개개의 행위, 처분 또는 결정시마다 그 이유를 간결하게 명시하여 즉시 이를 하여야 한다.

제136조【이의신청에 대한 결정의 시기】 이의신청에 대한 법 제350조제3항의 규정에 의한 결정은 이의신청이 있은 후 즉시 하여야 한다.(2022.6.30 본조개정)

제137조【이의신청에 대한 결정의 방식】 ① 시기에 늦거나 소송지연만을 목적으로 하는 것임이 명백한 이의신청은 결정으로 이를 기각하여야 한다. 다만, 시기에 늦은 이의신청이 중요한 사항을 대상으로 하고 있는 경우에는 시기에 늦은 것만을 이유로 하여 기각하여서는 아니된다.
② 이의신청이 이유없다고 인정되는 경우에는 결정으로 이를 기각하여야 한다.
③ 이의신청이 이유있다고 인정되는 경우에는 결정으로 이의신청의 대상이 된 행위, 처분 또는 결정을 중지, 철회, 취소, 변경하는 등 그 이의신청에 상응하는 조치를 취하여야 한다.
④ 증거조사를 마친 증거가 증거능력이 없음을 이유로 한 이의신청을 이유있다고 인정할 경우에는 그 증거의 전부 또는 일부를 배제한다는 취지의 결정을 하여야 한다.

제138조【중복된 이의신청의 금지】 이의신청에 대한 결정에 의하여 판단이 된 사항에 대하여는 다시 이의신청을 할 수 없다.

제138조의2【피고인신문의 방법】 피고인을 신문함에 있어서 그 진술을 강요하거나 답변을 유도하거나 그 밖에 위압적·모욕적 신문을 하여서는 아니 된다.
(2008.2.20 본조신설)

제138조의3【재정인의 퇴정】 재판장은 피고인이 어떤 재정인의 앞에서 충분한 진술을 할 수 없다고 인정한 때에는 그 재정인을 퇴정하게 하고 진술하게 할 수 있다.
(2008.2.20 본조신설)

제139조【석명권등】 ① 재판장은 소송관계를 명료하게 하기 위하여 군검사, 피고인 또는 변호인에게 사실상과 법률상의 사항에 관하여 석명을 구하거나 입증을 촉구할 수 있다.(2020.11.26 본항개정)
② 합의부원은 재판장에게 고하고 제1항의 조치를 할 수 있다.(2022.6.30 본항개정)
③ 군검사, 피고인 또는 변호인은 재판장에 대하여 제1항의 석명을 위한 발문을 요구할 수 있다.(2020.11.26 본항개정)

제140조【공소장의 변경】 ① 군검사가 법 제355조제1항의 규정에 의하여 공소장에 기재한 공소사실 또는 적용법조의 추가, 철회 또는 변경(이하 "공소장의 변경"이라 한다)을 하고자 하는 때에는 그 취지를 기재한 공소장변경신청서를 군사법원에 제출하여야 한다.
(2020.11.26 본항개정)
② 제1항의 공소장변경허가신청에는 피고인의 수에 상응한 부본을 첨부하여야 한다.
③ 군사법원은 제2항의 부본을 피고인 또는 변호인에게 즉시 송달하여야 한다.
④ 공소장의 변경이 허가된 때에는 군검사는 공판기일에 제1항의 공소장변경신청서에 의하여 변경된 공소사실·죄명 및 적용법조를 낭독하여야 한다. 다만, 재판장은 필요하다고 인정하는 때에는 공소장변경의 요지를 진술하게 할 수 있다.(2020.11.26 본항개정)
⑤ 군사법원은 제1항의 규정에도 불구하고 피고인이 재정하는 공판정에서는 피고인에게 이익이 되거나 피고인이 동의하는 경우 구술에 의한 공소장변경을 허가할 수 있다.(2008.2.20 본항신설)

제140조의2【공판절차정지후의 공판절차의 갱신】 공판개정후 법 제357조제1항에 따라 공판절차가 정지된 경우에는 그 정지사유가 소멸한 후의 공판기일에 공판절차를 갱신하여야 한다.(2008.2.20 본조신설)

제141조【공판절차의 갱신절차】 ① 법 제358조 또는 제140조의2에 따른 공판절차의 갱신은 다음 각 호의 규정에 의한다.
1. 재판장은 법 제328조의2에 따라 피고인에게 진술거부권 등을 고지한 후 법 제329조의 규정에 의한 인정신문을 하여 피고인임에 틀림없음을 확인하여야 한다.
2. 재판장은 군검사로 하여금 공소장 또는 공소장변경신청서에 의하여 공소사실, 죄명 및 적용법조를 낭독하게 하거나 그 요지를 진술하게 하여야 한다.(2020.11.26 본호개정)
3. 재판장은 피고인에게 공소사실의 인정 여부 및 정상에 관하여 진술할 기회를 주어야 한다.
4. 재판장은 갱신전의 공판기일에서의 피고인이나 피고인 아닌 자의 진술 또는 군사법원의 검증결과를 기재한 조서에 관하여 증거조사를 하여야 한다.
5. 재판장은 갱신전의 공판기일에서 증거조사된 서류 또는 물건에 관하여 다시 증거조사를 하여야 한다. 다만, 증거능력이 없다고 인정되는 서류 또는 물건과 증거로 함이 상당하지 아니하다고 인정되고, 군검사, 피고인 및 변호인이 이의를 하지 아니하는 서류 또는 물건에 대하여는 그러하지 아니하다.(2020.11.26 단서개정)
② 재판장은 제1항제4호 및 제5호의 서류 또는 물건에 관하여 증거조사를 함에 있어서 군검사, 피고인 및 변호인의 동의가 있는 때에는 그 전부 또는 일부에 관하여 법 제347조, 법 제348조 및 법 제348조의2에 규정된 방법에 갈음하여 상당하다고 인정하는 방법으로 이를 할 수 있다.
(2022.6.30 본항개정)
(2008.2.20 본조개정)

제142조【변론시간의 제한】 재판장은 필요하다고 인정하는 경우 군검사, 피고인 또는 변호인의 본질적인 권리를 해치지 아니하는 범위내에서 법 제354조의 규정에 의한 의견진술의 시간을 제한할 수 있다.(2020.11.26 본조개정)

제2관 공판의 재판

제143조【판결서의 작성】 변론을 종결한 기일에 판결을 선고하는 경우에는 선고 후 5일 내에 판결서를 작성하여야 한다.(2008.2.20 본조개정)

제144조【판결의 선고】 ① 재판장은 판결을 선고할 때 피고인에게 이유의 요지를 말이나 판결서 등본 또는 판결서 초본의 교부 등 적절한 방법으로 설명한다.
② 재판장은 판결을 선고하면서 피고인에게 적절한 훈계를 할 수 있다.
(2020.11.26 본조개정)

제144조의2～제144조의4 (2022.6.30 삭제)

제145조 (2022.6.30 삭제)

제145조의2【피고인에 대한 판결서 등본 등의 송달】 군사법원은 피고인에 대하여 판결을 선고한 때에는 선고일부터 14일 이내에 피고인에게 그 판결서 등본을 송달하여야 한다. 다만, 피고인이 동의하는 경우에는 그 판결서 초본을 송달할 수 있다.(2020.11.26 본조개정)

제146조【집행유예취소청구의 방식】 법 제392조제1항의 규정에 의한 형의 집행유예취소청구는 취소의 사유를 구체적으로 기재한 서면으로 하여야 한다.

제146조의2【자료의 제출】 형의 집행유예취소청구를 한 때에는 취소의 사유가 있다는 것을 인정할 수 있는 자료를 제출하여야 한다.(2000.4.29 본조신설)

제146조의3【청구서부본의 제출과 송달】 ① 형법 제64조제2항의 규정에 의한 집행유예취소청구를 한 때에는 군검사는 청구와 동시에 청구서의 부본을 군사법원 또는 고등법원에 제출하여야 한다.
② 군사법원 또는 고등법원은 제1항의 부본을 받은 때에는 지체 없이 집행유예의 선고를 받은 자에게 송달하여야 한다.
(2022.6.30 본조개정)

제147조【출석명령】 형의 집행유예취소청구를 받은 군사법원 또는 고등법원이 법 제392조제2항의 규정에 의하여 피고인 또는 그 대리인의 의견을 묻기 위하여 필요하다고 인정할 경우에는 피고인 또는 그 대리인의 출석을 명할 수 있다.(2022.6.30 본조개정)

제147조의2【준용규정】 제146조 내지 제147조의 규정은 형법 제61조제2항의 규정에 의하여 유예한 형을 선고하는 경우에 준용한다.(2022.6.30 본조개정)

제148조【경합범중 다시 형을 정하는 절차등에의 준용】 제146조 및 제147조의 규정은 법 제393조에 규정된 절차에 이를 준용한다.

제3장 상 소

제1절 통 칙

제149조【재소자의 상소장등의 처리】 ① 교도소장 또는 그 직무를 대리하는 자가 법 제401조제1항의 규정에 의하여 상소장을 제출받은 때에는 그 제출받은 연월일을 상소장에 부기하여 즉시 이를 원심법원(상고의 경우에는 고등법원을 말한다. 이하 이 장에서 같다)에 송부하여야 한다.
(2022.6.30 본항개정)
② 제1항의 규정은 교도소장 또는 그 직무를 대리하는 자가 법 제412조에 따라 정식재판청구나 상소권회복청구 또는 상소의 포기나 취하의 서면 및 상소이유서를 제출받은 때 및 법 제529조 및 제530조의 신청과 그 취하에 이를 준용한다.
(2008.2.20 본조신설)

제149조의2【상소의 포기 또는 취하에 관한 동의서의 제출】 ① 법 제407조에 규정된 피고인이 상소의 포기 또는 취하를 할 때에는 법정대리인이 이에 동의하는 취지의 서면을 제출하여야 한다.
② 피고인의 법정대리인 또는 법 제398조에 규정된 자가 상소의 취하를 할 때에는 피고인이 이에 동의하는 취지의 서면을 제출하여야 한다.

제150조【상소의 포기 또는 취하의 효력을 다투는 절차】 ① 상소의 포기 또는 취하가 부존재 또는 무효임을 주장하는 자는 그 포기 또는 취하 당시 소송기록이 있었던 원심군사법원 또는 상소법원에 절차속행의 신청을 할 수 있다.(2022.6.30 본항개정)
② 제1항의 신청을 받은 원심군사법원 또는 상소법원은 신청이 이유있다고 인정하는 때에는 신청을 인용하는 결정을 하고 절차를 속행하여야 하며, 신청이 이유없다고 인정하는 때에는 결정으로 신청을 기각하여야 한다.
(2022.6.30 본항개정)
③ 제2항 후단의 신청기각결정에 대하여는 즉시 항고할 수 있다.

제2절 항 소

제151조【항소이유서, 답변서의 기재】 항소이유서 또는 답변서에는 항소이유 또는 답변내용을 구체적으로 간결하게 명시하여야 한다.(2000.4.29 본조개정)

제151조의2【국선변호인의 선정 및 소송기록접수통지】 ① 기록의 송부를 받은 고등법원은 변호인이 없는 경우에는 지체 없이 국선변호인을 선정한 후 그 변호인에게 소송기록접수통지를 하여야 한다.
② 국선변호인 선정결정을 한 후 항소이유서 제출기간 내에 피고인이 책임질 수 없는 사유로 그 선정결정을 취소하고 새로운 국선변호인을 선정한 경우에도 그 변호인에게 소송기록접수통지를 하여야 한다.
(2022.6.30 본조신설)

제152조【항소이유서, 답변서의 부본제출】 항소이유서 또는 답변서에는 상대방의 수에 5를 더한 수의 부본을 첨부하여야 한다.

제152조의2【항소이유 및 답변의 진술】 ① 항소인은 그 항소이유를 구체적으로 진술하여야 한다.(2022.6.30 본항개정)
② 상대방은 항소인의 항소이유 진술이 끝난 뒤에 항소이유에 대한 답변을 구체적으로 진술하여야 한다.
③ 피고인 및 변호인은 이익이 되는 사실 등을 진술할 수 있다.
(2008.2.20 본조신설)

제152조의3【쟁점의 정리】 고등법원은 항소이유와 답변에 터잡아 해당 사건의 사실상·법률상 쟁점을 정리하여 밝히고 그 증명되어야 하는 사실을 명확히 하여야 한다.(2022.6.30 본조개정)

제152조의4【항소심과 증거조사】 ① 재판장은 증거조사절차에 들어가기에 앞서 제1심의 증거관계와 증거조사결과의 요지를 고지하여야 한다.
② 고등법원은 다음 각 호의 어느 하나에 해당하는 경우에 한하여 증인을 신문할 수 있다.(2022.6.30 본문개정)
1. 제1심에서 조사되지 아니한 데에 대하여 고의나 중대한 과실이 없고, 그 신청으로 인하여 소송을 현저하게 지연시키지 아니하는 경우
2. 제1심에서 증인으로 신문하였으나 새로운 중요한 증거의 발견 등으로 항소심에서 다시 신문하는 것이 부득이하다고 인정되는 경우
3. 그 밖에 항소의 당부에 관한 판단을 위하여 반드시 필요하다고 인정되는 경우
(2008.2.20 본조신설)

제152조의5【항소심에서의 피고인 신문】 ① 군검사 또는 변호인은 항소심의 증거조사가 종료한 후 항소이유의 당부를 판단함에 필요한 사항에 한하여 피고인을 신문할 수 있다.(2020.11.26 본항개정)
② 재판장은 제1항에 따라 피고인 신문을 실시하는 경우에도 제1심의 피고인 신문과 중복되거나 항소이유의 당부를 판단하는 데 필요 없다고 인정하는 때에는 그 신문의 전부 또는 일부를 제한할 수 있다.
③ 재판장은 필요하다고 인정하는 때에는 피고인을 신문할 수 있다.
(2008.2.20 본조신설)

제152조의6【항소심에서의 의견진술】 ① 항소심의 증거조사와 피고인 신문절차가 종료한 때에는 군검사는 원심 판결의 당부와 항소이유에 대한 의견을 구체적으로 진술하여야 한다.
② 재판장은 군검사의 의견을 들은 후 피고인과 변호인에게도 제1항의 의견을 진술할 기회를 주어야 한다.
(2020.11.26 본조개정)

제153조【환송 또는 이송판결이 확정된 경우 소송기록등의 송부】 법 제433조, 법 제434조 또는 법 제436조의 규정에 의한 환송 또는 이송판결이 확정된 경우에는 다음 각 호의 규정에 의하여 처리하여야 한다.(2022.6.30 본문개정)
1. 고등법원은 판결확정일로부터 7일 이내에 소송기록과 증거물을 환송 또는 이송받을 군사법원에 송부하고, 고등검찰부 군검사에게 그 사실을 통지하여야 한다.
(2022.6.30 본호개정)
2. 제1호의 송부를 받은 군사법원은 지체 없이 그 군사법원에 대응한 군검찰부 군검사에게 그 사실을 통지하여야 한다.(2022.6.30 본호개정)
3. 피고인이 군교도소, 그 지소 또는 미결수용실에 있는 경우에는 고등검찰부 군검사는 제1호의 통지를 받은 날로부터 10일 이내에 피고인을 환송 또는 이송받을 군사법원 소재지의 군교도소, 그 지소 또는 미결수용실에 이감한다.(2020.11.26 본호개정)

제154조【변호인선임의 효력】 원심군사법원에서의 변호인선임은 법 제433조, 법 제434조 또는 법 제436조의 규정에 의한 환송 또는 이송이 있은 후에도 효력이 있다.

제155조【준용규정】 제2편 제2장 중 공판에 관한 규정은 고등법원의 공판절차에 이를 준용한다.(2022.6.30 본조개정)

제155조의2【신분상실과 재판권】 항소심 진행 중에 피고인이 법 제2조제1항의 신분을 상실한 경우 고등법원이 계속하여 해당 사건에 대하여 심판한다.(2022.6.30 본조신설)

제3절 상 고

제156조【상고이유서, 답변서의 부본제출】 상고이유서 또는 답변서에는 상대방의 수에 4를 더한 수의 부본을 첨부하여야 한다.(2000.4.29 본조개정)

제157조【피고인의 불출석등】 ① 대법원의 공판기일에는 피고인의 출석을 요하지 아니한다. 다만, 법원사무관등은 피고인에게 공판기일통지서를 송달하여야 한다.
② 구속된 피고인에 대하여 대법원에서 파기환송의 판결이 선고된 때에는 법원사무관등은 선고일로부터 14일 이내에 피고인에게 그 판결서등본을 송부하여야 한다.
(2022.6.30 본항개정)

제158조【대법관전원합의체사건에 관하여 부에서 할 수 있는 재판】 대법관전원합의체에서 본안재판을 하는 사건에 관하여 구속, 구속기간의 갱신, 구속의 취소, 보석, 보석의 취소, 구속의 집행정지, 구속의 집행정지의 취소를 함에는 대법관 3인 이상으로 구성된 부에서 재판할 수 있다.
(2022.6.30 본조개정)

제159조【판결정정신청의 통지】 법 제451조제1항에 규정된 판결정정의 신청이 있는 때에는 즉시 그 취지를 상대방에게 통지하여야 한다.

제160조【준용규정】 제151조 및 제153조제1호, 제2호의 규정은 상고심의 절차에 이를 준용한다.

제4절 항 고

제161조【항고법원의 결정등본의 송부】 항고법원이 법 제462조 또는 법 제463조에 규정된 결정을 한 때에는 즉시 그 결정등본을 원심군사법원에 송부하여야 한다.
(2022.6.30 본조개정)

제3편 특별소송절차

제1장 재 심

제162조【재심청구의 방식】 재심의 청구를 함에는 재심청구의 취지 및 이유를 구체적으로 기재한 재심청구서에 원판결의 등본 및 증거자료를 첨부하여 제출하여야 한다.

제162조의2【신분상실과 재심관할】 군사법원이 한 원판결이 확정된 후 피고인이 법 제2조제1항의 신분을 상실한 때에는 그 원판결에 대한 재심청구는 같은 심급의 법원이 관할한다.(2022.6.30 본조신설)

제163조【재심청구취하의 방식】 ① 재심청구의 취하는 서면으로 하여야 한다. 다만, 공판정에서는 구술로 할 수 있다.
② 구술로 재심청구의 취하를 한 경우에는 그 사유를 조서에 기재하여야 한다.

제163조의2【준용규정】 제149조의 규정은 재심의 청구와 취하에 이를 준용한다.(2022.6.30 본조신설)

제164조【재심개시 결정】 관할군사법원 또는 상소법원이 법 제484조제1항의 규정에 의하여 재심개시의 결정을 하였을 때에는 원심군사법원과 재심법원에 대응하는 군검찰부 또는 대검찰청에 그 결정등본을 송부하여야 한다.(2022.6.30 본조개정)

제165조【청구의 경합과 공판절차의 정지】 ① 항소기각의 확정판결과 그 판결에 의하여 확정된 제1심판결에 대하여 각각 재심의 청구가 있는 경우에 고등법원은 결정으로 제1심 군사법원의 소송절차가 종료할 때까지 소송절차를 정지하여야 한다.
② 상고기각의 판결과 그 판결에 의하여 확정된 제1심 또는 제2심의 판결에 대하여 각각 재심의 청구가 있는 경우에 대법원은 결정으로 제1심의 군사법원 또는 제2심의 고등법원의 소송절차가 종료할 때까지 소송절차를 정지하여야 한다.
(2022.6.30 본조개정)

제2장 약식절차
(1994.8.3 본장신설)

제165조의2【서류등의 제출】 군검사는 약식명령의 청구와 동시에 약식명령을 하는데 필요한 증거서류 및 증거물을 군사법원에 제출하여야 한다.(2020.11.26 본조개정)

제165조의3【약식명령의 시기】 약식명령은 그 청구가 있는 날로부터 14일 이내에 이를 하여야 한다.
(2022.6.30 본조개정)

제165조의4【보통의 심판】 ① 군사법원은 약식명령의 청구가 있는 사건을 법 제501조의4의 규정에 따라 공판절차에 의하여 심판하기로 한 때에는 즉시 그 취지를 군검사에게 통지하여야 한다.(2020.11.26 본항개정)
② 제1항의 통지를 받은 군검사는 즉시 피고인의 수에 상응한 공소장부본을 군사법원에 제출하여야 한다.
(2022.6.30 본항개정)
③ 군사법원은 제2항의 공소장부본에 관하여 법 제308조에 규정한 조치를 취하여야 한다.

제165조의5【준용규정】 제149조의 규정은 정식재판청구의 취하에 이를 준용한다.

제165조의6【불출석심판을 청구할 수 있는 자의 범위】 법 제501조의21제1항의 규정에 의한 불출석심판청구는 다음 각 호의 어느 하나에 해당하는 자에 한하여 이를 할 수 있다.
1. 경범죄 처벌법 제8조제2항의 규정에 의한 납부기간내에 범칙금을 납부하지 아니하여 관할 군사경찰부대의 장으로부터 즉결심판출석통지를 받은 자
2. 도로교통법 제164조제1항의 규정에 의한 납부기간내에 범칙금을 납부하지 아니하여 관할 군사경찰부대의 장으로부터 즉결심판출석통지를 받은 자
3. 경범죄 처벌법 제6조의 규정에 의한 범칙행위를 한 범칙자 또는 도로교통법 제162조의 규정에 의한 범칙행위를 한 범칙자로서 통고처분을 받지 아니하고 관할 군사경찰부대의 장으로부터 즉결심판출석통지를 받은 자
(2022.6.30 본조개정)

제165조의7【불출석심판청구의 방식등】 ① 법 제501조의21제1항의 규정에 의하여 불출석심판을 청구하고자 하는 자는 즉결심판을 청구할 관할 군사경찰부대의 장에게 통고처분에 의하여 납부하였어야 할 범칙금(도로교통법 위반의 경우에는 도로교통법 제163조의 규정에 의한 범칙금을 말한다) 또는 각 범칙행위에 대하여 경범죄 처벌법시행령 또는 도로교통법시행령에 정하여진 범칙금의 1.5배액을 예납하고, 별지 제1호 서식에 의한 불출석심판청구서를 제출하여야 한다.(2022.6.30 본항개정)
② 제1항의 규정에 의하여 예납하여야 할 금액에 1,000 미만의 단수(端數)가 있는 때에는 그 단수는 이를 계산하지 아니한다. 제1항의 규정에 의하여 예납하여야 할 금액이 100,000원을 초과하는 때에는 이를 100,000원으로 본다.
③ 불출석심판청구인이 제1항 및 제2항의 규정에 의한 예납액을 예납한 때에는 이를 수령한 군사법경찰관이 별지 제1호 서식의 불출석심판청구서의 해당란에 그 취지를 기재하고 기명날인하여야 한다.(2022.6.30 본항개정)
④ 관할 군사경찰부대의 장이 즉결심판을 청구함에는 제1항의 규정에 의하여 제출받은 불출석심판청구서를 사건기록과 함께 군사법원에 제출하여야 한다.(2020.11.26 본항개정)
(2022.6.30 본조제목개정)
(2000.4.29 본조신설)

제165조의8【허부의 결정등】 ① 제165조의7의 규정에 의한 불출석심판청구가 있는 때에는 군사법원은 특별한 사정이 없는 한 그 불출석심판청구를 허가하여야 한다.
② 불출석심판청구에 대한 허부의 결정은 법정에서 선고할 수 있다. 이 경우에는 불출석심판청구서의 오른쪽 윗부분의 여백에 그 취지를 기재하고 군판사가 날인하여야 한다.
(2000.4.29 본조신설)

제165조의9【허부의 결정에 따른 조치】 ① 불출석심판청구를 허가하여 피고인의 출석 없이 즉결심판을 한 때에는 군사법원 서기는 즉결심판서의 오른쪽 위의 여백과 즉결심판사건부의 비고란에 각각 "불출석심판"이라고 주인하여 놓아야 한다.
② 불출석심판청구를 허가하지 아니한 때에는 다시 즉결심판기일을 정하여 피고인을 소환하여야 한다.
(2000.4.29 본조신설)

제4편 재판의 집행

제166조【의의·이의의 신청등】 법 제529조 또는 법 제530조의 규정에 의한 신청 및 그 취하는 서면으로 하여야 한다.

제167조【의의·이의의 신청등의 통지】 군사법원은 제166조에 규정된 신청 또는 그 취하의 서면을 제출받은 경우에는 즉시 그 취지를 군검사에게 통지하여야 한다.
(2020.11.26 본조개정)

제5편 전시·사변 시의 특례
(2022.6.30 본편신설)

제168조【중요사건의 심판】 법 제534조의5제2항의 규정에 의하여 국방부 또는 각 군 본부의 보통군사법원이 심판할 수 있는 그 밖의 중요사건이라 함은 법 제36조제7항의 규정에서 정한 그 밖의 중요사건을 말한다.

제169조【심판관의 임명】 법 제534조의4에 따른 관할관은 전시 군사법원이 재판사무를 처리할 수 있도록 법 제534조의10의 규정에 의한 심판관을 미리 임명하여야 한다.

제170조【전시 고등군사법원의 구성】 법 제534조의12제3항 단서에 의하여 관할관이 지정한 사건의 경우에는 군판사 3인 외에 심판관 2인을 재판관으로 임명할 수 있다.

제171조【재판관의 지정】 ① 관할관은 전시 군사법원에 계속되는 사건의 전부 또는 일부를 처리할 수 있도록 법 제534조의11에 따라 재판관을 미리 지정하여야 한다.
② 고등군사법원 관할관이 재판관을 지정할 경우에는 순차적으로 주심을 행하도록 군판사의 순위를 정하여야 한다.

제172조【재판관의 계급】 ① 피고인이 장교 또는 동등이상의 군무원, 군적을 가진 사관학교 또는 동등이상의 군소속기관의 학생, 생도와 사관후보생, 민간인, 외국인일 경우에는 그 전시 군사법원의 재판장은 영관급이상의 장교이어야 한다.
② 고등군사법원의 재판관은 영관급이상의 장교이어야 한다.
③ 법 제534조의14의 규정은 소집중에 있는 예비역군인에 대하여도 그 계급에 따라 준용한다.

제173조【관할관의 확인조치】 ① 법 제534조의7제1항에 따른 판결의 확인은 별지 제2호 서식에 따른 판결확인서로 한다.
② 법 제534조의7제2항에 따라 선고된 판결대로 확인한 것으로 보게 된 경우 전시 군사법원은 별지 제3호 서식에 따른 관할관 확인기간 도과서를 작성하여 소송기록에 편철하여야 한다.

제174조【간주규정】 이 편에서는 이 규칙 중 "고등법원"은 "고등군사법원"으로, "군사법원"은 "보통군사법원"으로, "상소법원"은 "고등군사법원 또는 대법원"으로, "항고법원"은 "항고군사법원"으로 간주한다.

제6편 보 칙

제175조【신청 기타 진술의 방식】 ① 군사법원 또는 군판사에 대한 신청 기타 진술은 법 및 이 규칙에 따른 규정이 없으면 서면 또는 구술로 할 수 있다.
② 구술에 의하여 신청 기타의 진술을 할 때에는 서기의 면전에서 하여야 한다.
③ 제2항의 경우에는 서기는 조서를 작성하고 서명날인하여야 한다.

제176조【재소자의 신청 기타 진술】 교도소장 또는 그 직무를 대리하는 자는 교도소에 있는 피고인이나 피의자가 상소법원, 군사법원 또는 군판사에 대한 신청, 그 밖의 진술에 관한 서면을 작성하고자 할 때에는 그 편의를 도모하여야 하고, 특히 피고인이나 피의자가 그 서명을 작성할 수 없을 때에는 법 제401조제2항의 규정에 준하는 조치를 취하여야 한다.(2022.6.30 본조개정)

제176조의2【기일 외 주장 등의 금지】 ① 소송관계인은 기일 외에 구술, 전화, 휴대전화 문자전송, 그 밖에 이와 유사한 방법으로 신체구속, 공소사실 또는 양형에 관하여 법률상·사실상 주장을 하는 등 법령이나 재판장의 지휘에 어긋나는 절차와 방식으로 소송행위를 하여서는 아니 된다.
② 재판장은 제1항을 어긴 소송관계인에게 주의를 촉구하고 기일에서 그 위반사실을 알릴 수 있다.
(2020.11.26 본조신설)

제177조【공판정의 좌석 등 배치】 공판정에서의 재판관·서기·군검사·피고인 및 변호인의 좌석과 증언대의 위치에 관하여는 「법정 좌석에 관한 규칙」을 준용한다.
(2022.6.30 본조개정)

부 칙 (2008.2.20)

제1조【시행일】 이 규칙은 공포한 날부터 시행한다. 다만, 제40조의2, 제88조의4부터 제88조의9까지의 규정은 2010년 1월 17일부터 시행한다.

제2조【일반적 경과조치】 이 규칙은 이 규칙 시행 당시 수사 중이거나 군사법원에 계속 중인 사건에도 적용한다. 다만, 이 규칙 시행전에 종전의 규정에 따라 행한 행위의 효력에는 영향을 미치지 아니한다.

부 칙 (2010.6.30)

제1조【시행일】 이 규칙은 2010년 6월 30일부터 시행한다.

제2조【경과조치】 이 규칙은 이 규칙 시행 당시 수사 중이거나 군사법원에 계속 중인 사건에도 적용한다. 다만, 이 규칙 시행 전에 종전의 규정에 따라 행한 행위의 효력에는 영향을 미치지 아니한다.

부 칙 (2013.12.10)

제1조【시행일】 이 규칙은 공포한 날부터 시행한다. 다만, 제88조의10의 개정규정은 2014년 1월 1일부터 시행한다.

제2조【경과조치】 이 규칙은 이 규칙 시행 당시 수사 중이거나 군사법원에 계속 중인 사건에도 적용한다. 다만, 이 규칙 시행 전에 종전의 규정에 따라 행한 행위의 효력에는 영향을 미치지 아니한다.

부 칙 (2020.11.26)

이 규칙은 2020년 12월 10일부터 시행한다.

부 칙 (2022.6.30)

제1조【시행일】 이 규칙은 2022년 7월 1일부터 시행한다.

제2조【경과조치】 이 규칙은 이 규칙 시행 당시 군사법원에 계속 중인 사건에도 적용한다. 다만, 이 규칙 시행전에 종전의 규정에 따라 행한 행위의 효력에는 영향을 미치지 아니한다.

제3조【다른 규칙과의 관계】 이 규칙 시행 당시 다른 법령에서 종전의 규칙 또는 그 규정을 인용하고 있는 경우 이 규칙 중 그에 해당하는 규정이 있는 때에는 종전의 규정에 갈음하여 이 규칙 또는 이 규칙의 해당 규정을 인용한 것으로 본다.

[별지서식] ➡「www.hyeonamsa.com」참조

군사법원 사무규칙

(2022년 6월 30일
전부개정대법원규칙 제3058호)

제1장 총 칙

제1조【목적】 이 규칙은 「군사법원법」 제4조에 따라 군사법원의 재판사무 기타 이와 관련된 사무의 처리에 관한 사항을 정함을 목적으로 한다.

제2조【적용범위】 군사법원의 재판사무 기타 이와 관련된 사무(이하 "재판사무등"이라 한다)의 처리에 관하여는 다른 법령에 특별한 규정이 있는 경우를 제외하고는 이 규칙이 정하는 바에 의한다.

제3조【사무분담】 ① 각 군사법원의 재판사무등에 관한 사무분담은 해당 군사법원장이 정한다.
② 군사법원장은 제1항의 사무분담을 정함에 있어서는 재판관 기타 직원들 상호 간의 업무분담이 공평하도록 하여야 하고, 사무분담을 자주 변경함으로써 업무수행에 지장을 초래하는 일이 없도록 하여야 한다.
③ 중앙지역군사법원장은 군사법원간 사무분담에 관하여 각 군사법원장의 의견을 청취하고 조정·통제할 수 있다.

제4조【재판사무등에 관한 보고】 중앙지역군사법원장은 재판사무등의 처리에 필요한 사항에 관하여 수시로 직원으로 하여금 각 군사법원의 사무를 감사, 보고하게 할 수 있다.

제5조【민감정보 등의 처리】 군사법원은 다음 각 호의 사무를 수행하기 위하여 필요한 범위 내에서 「개인정보 보호법」 제23조의 민감정보, 같은 법 제24조의 고유식별정보, 그 밖의 개인정보를 처리할 수 있다.
1. 「군사법원법」(이하 '법'이라 한다) 제11조에 따른 일체의 심판사무
2. 「계엄법」상의 재판사무
3. 사건의 접수, 관련 증명서 발급, 기록 열람, 정보제공, 인터넷 홈페이지 이용 및 운영 등 제1호 및 제2호의 사무와 관련되거나 이를 수행하기 위하여 부수적으로 필요한 사무

제2장 문서관리

제6조【문서의 양식 등】 ① 재판서 기타 재판사무등에 관한 문서의 양식, 비치 및 사용 등에 관한 사항은 군사법원 예규로 정한다.
② 재판사무등에 관한 문서는 용지의 위로부터 45밀리미터, 왼쪽 및 오른쪽으로부터 각 20밀리미터, 아래로부터 30밀리미터의 여백을 둔다.

제7조【문서 등의 접수, 처리】 ① 재판사무등에 관하여 접수한 문서에는 접수담당자가 문서의 첫면 좌측 하단(좌측 하단에 여백이 없을 때에는 첫면 적당한 부위에, 첫면에 여백이 없을 때에는 끝면 좌측 하단)에 문서접수인(별지 제1호 서식)을 찍어 접수연월일과 번호를 기입하고 접수담당자가 위 문서접수인 접수과명 우측에 날인하며 물건에는 종이조각 기타 표찰을 붙인다.
② 접수담당자는 제1항에 따라 재판사무시스템의 문서건명부에 등록할 문서에 금전이나 유가증권, 우표, 인지 기타의 물건을 첨부한 것이 있는 때에는 그 금액과 품목, 수량 등을 문서의 여백에 기입하고 재판사무시스템의 문서건명부에 입력하여야 한다.
③ 전화로 조회하거나 그 회답 또는 보고를 받았을 경우에 중요한 사항에 관하여는 전화청취서를 작성하고 이를 재판사무시스템의 문서건명부에 입력하여야 한다.
④ 접수담당자는 제1항 및 제2항의 문서 또는 물건을 그 종류에 따라 해당 사건기록 또는 재판사무시스템의 문서건명부에 등록한 후 사건 담당 법원서기(이하 "담임서기"라 한다)에게 교부하여야 한다.
⑤ 제4항에 의하여 담임서기가 교부받은 문서 또는 물건은 지체 없이 이를 재판장에게 제출하여 서명 또는 날인을 받아야 한다. 그러나 서명 또는 날인을 받을 필요가 없다고 인정되는 경우에는 그러하지 아니하다.

제8조【번역문 첨부】 재판사무등에 관한 문서 중 국어를 이해하지 못하는 외국인에게 교부 또는 제시할 문서로서 필요하다고 인정되는 것과 외국어로 된 문서를 접수할 때에는 그 문서의 제출자로 하여금 번역문을 붙이도록 하여야 한다.

제9조【문서 등의 발송】 ① 재판사무등에 관한 문서의 원본을 송부한 경우에는 그 부본이나 사본을, 부본이나 사본을 송부한 경우에는 그 원본을 사건기록 그 밖의 관계서류에 편철한다. 다만, 다른 자료에 의하여 그 처리상황이 객관적으로 명백하거나 이를 편철할 필요가 없다고 인정되는 경우에는 그러하지 아니하다.
② 재판사무등에 관한 문서와 기록 또는 물건의 발송은 특별한 규정이 있는 경우를 제외하고는 인편, 등기우편, 그 밖의 발송사실을 증명할 수 있는 방법으로 하여야 하고, 문서사송부(별지 제2호 서식) 등으로써 이를 명백히 하여야 한다.
③ 물건을 발송함에는 그 물건에 관계문서번호를 기입한 종이조각이나 그 밖의 표찰을 붙이고 송부문서의 여백에 물건 첨부의 기호를 붙여야 한다.

제10조【문서 등의 군사법원 외 반출】 재판사무등에 관한 문서와 기록 또는 물건은 군사법원장 또는 재판장의 허가를 얻지 아니하고는 이를 관할 군사법원 밖으로 반출하지 못한다.

제3장 사무처리

제11조【열람·복사】 재판사무등에 관한 문서·기록·증거물 그 밖의 관계서류의 열람 또는 복사는 일정한 장소에서 상당한 감시하에 이를 하게 하여야 한다.

제12조【공탁서의 처리】 공탁서의 제출이 있을 때에는 그 사본을 받아 원본과 대조한 후 담임서기가 사본의 여백에 원본과 대조하여 틀림이 없다는 뜻을 기재하고 서명 또는 날인한 다음 재판장의 확인을 받아 기록에 편철하고 원본은 제출자에게 반환한다.

제13조【압수물건의 처리】 ① 군사법원이 압수한 물건은 압수표에 등록하고 재판장과 담임서기가 서명 또는 날인한 후, 그 물건에 압수번호, 사건번호, 피고인의 성명 및 물건번호 등을 표시한 종이조각 또는 그 밖의 표찰을 붙여 지체 없이 이를 압수물취급담임자에게 교부하여야 한다.
② 동일 사건에 관하여 수사기관에 의하여 압수된 물건이 있을 때에는 제1항의 압수번호는 전후 일련번호로 한다.
③ 수사기관에 의하여 압수된 물건을 송부받았을 때의 압수물의 처리에 관하여도 제1항 및 제2항의 규정을 준용한다.

제14조【압수물의 보관, 출납】 ① 담임서기가 압수물의 교부를 받았을 때에는 이를 압수물대장에 등록하고 그의 책임 하에 보관하여야 한다.
② 압수물은 주심군판사의 명에 의하여 출납한다. 이 경우 압수물 가출의 명에 의하여 이를 가출할 때에는 압수물가출부에 기재하고, 영수인의 서명 또는 날인을 받거나 압수물수령표를 교부받아야 한다.
③ 제2항 후단에 따라 가출한 압수물을 반환받았을 때에는 압수물가출부에 그 취지를 기재하고, 전에 교부받은 압수물수령표가 있으면 이를 반환하여야 한다.

제15조【형사판결 등 결과 통지】 형사판결 또는 감호판결이 있을 때에는 담임서기는 지체 없이 재판장의 확인을 받아 판결 결과를 군검찰부 또는 고위공직자범죄수사처에 통지하여야 한다.

제16조【변호인의 선임 등 통지】 구속 중인 피고인에 대하여 변호인의 선임, 취소 또는 사임이 있을 때에는 지체 없이 교도소장에게 통지하여야 한다.

제4장 기 록

제17조【사건기록】 사건기록은 매 사건마다 별책으로 편성한다. 다만, 군사법원의 판결 또는 소송절차에 관하여 판결 전에 한 재판사건, 구속취소, 보석 또는 구속집행정지의 신청, 형을 정하는 청구, 기피 또는 제척의 신청, 형의 집행유예취소의 청구, 형의 선고에 대한 의의와 형의 집행에 대한 이의에 관한 기록은 본안기록에, 형사보상청구에 관한 기록은 무죄 또는 면소로 된 기록에 첨철한다.

제18조【사건번호 등】 ① 사건기록에는 사건번호를 붙여야 한다.
② 사건번호는 서기 연수의 네 자리 아라비아 숫자, 사건별 부호문자와 진행번호인 아라비아 숫자로 표시한다.
③ 사건별 부호는 별표와 같다. 다만, 모든 재심사건은 재심대상 재판서의 사건부호 앞에 "재"를 삽입한다.
④ 사건에 관하여 최초에 붙인 사건번호와 사건명은 그 사건이 종국에 이르기까지 사용한다. 다만, 사건명은 잘못이 있음이 분명한 때에는 제1심 종국에 이르기까지 재판장의 허가를 받아 정정할 수 있다.

제19조【환송 및 이송사건】 대법원, 고등법원, 그 밖의 법원 또는 군사법원으로부터 환송 및 이송된 사건은 사건번호를 붙여서 이를 사건부에 등록하여야 한다.

제20조【기록의 편철방법, 목록】 ① 기록을 접수하거나 작성하는 때에는 표지를 붙여 편철하며, 그 뒤에 접수 또는 작성한 것은 순서에 따라 이를 가철하되, 기록의 장수가 많은 것은 500매 내외를 기준으로 하여 분책한다. 다만, 군사법원 예규로써 이와 다른 방법을 정할 수 있다.
② 기록의 매장 표면 하단 중앙에는 장수를 표시하고 심리가 종결된 때에는 목록을 작성하여야 한다. 재판에 의하지 아니하고 사건이 종국된 때에는 그 종국 후에 목록을 작성한다. 그러나 기록의 장수가 적은 것은 목록 작성을 생략할 수 있다.
③ 기록의 일부가 된 물건으로서 통상의 방법으로 편철할 수 없는 것은 그 제출시기에 따라 목록에 명칭과 수량 등을 적고 목록의 비고란에 보관의 방법 등을 기재하여야 한다.

제21조【기록의 공람】 ① 기록의 접수공람은 하지 아니한다.
② 기록의 완결공람은 다음 각 호에 따라 하고, 담임서기는 공람란에 담임이라고 표시한다.
1. 확정된 기록의 완결공람은 담임서기, 재판사무과장이 한다.
2. 상소된 기록의 완결공람은 담임서기, 재판사무과장, 재판장이 한다.
③ 공람은 제2항의 공람권자가 해당 공람란에 날인하는 방식으로 하고, 날인 시에 "전결" 표시는 하지 아니한다. 이 경우 공람권자가 아닌 공람란은 빈칸으로 둔다.

제22조【형사소송기록 등 송부】 형사사건 또는 치료감호사건이 완결된 때에는 담임서기는 지체 없이 사건기록과 재판서를 그 군사법원에 대응하는 군검찰부에 송부하여야 한다.

제5장 장 부

제23조【장부의 종류】 군사법원은 다음 각 호의 장부를 비치하여야 한다. 다만, 재판사무시스템에 입력함으로써 장부의 기재를 갈음하는 경우에는 장부를 비치하지 아니한다.
1. 문서건명부
2. 공판사건부
3. 신청사건부
4. 재심사건부
5. 재판결과통지부
6. 확인결과통지부
7. 상소결과부
8. 판결문 등본 신청서철
9. 열람 및 복사신청서철
10. 보존기록장부출입부
11. 구속·압수·수색·체포영장청구서철
12. 구속·압수·수색·체포영장원부
13. 범죄수사를 위한 통신제한조치상황처리카드
14. 통신사실확인자료제공요청서철
15. 통신제한조치허가청구원부
16. 통신제한조치허가청구서철
17. 그 밖의 필요한 장부

제6장 보 존

제24조【기록 등의 보존】 ① 재판서와 그 밖에 이에 준하는 문서의 종류별 보존기간은 다음과 같다.
1. 영구 보존
  가. 판결등본
  나. 「형법」 제36조, 제39조제3항에 따라 다시 형을 정하는 결정, 형의 집행유예취소의 결정 및 공소기각의 결정의 각 등본
2. 5년 보존
  「군사법원 법정 등의 질서유지를 위한 재판에 관한 규칙」에 의한 감치·과태료사건의 재판원본
② 사건기록 및 장부의 종류별 보존기간과 재판서, 사건기록 및 장부 등의 보존절차와 방법 등에 관한 사항은 이 장에서 특별히 정한 경우를 제외하고는 군사법원 예규로 정한다.

제25조【형사사건의 판결등본 보존의 특칙】 ① 제24조의 규정에도 불구하고 형사사건에 관한 판결의 전자파일이 재판사무시스템에 등록되어 있고, 그 전자파일이 판결원본과 일치하는 때에는 판결등본을 보존하지 아니할 수 있다.
② 제1항에 따라 판결등본을 보존하지 아니하는 때에는 해당 판결서에 대한 경정결정의 전자파일도 재판사무시스템에 등록하여야 한다.
③ 제1항 및 제2항의 전자파일은 영구 보관하고, 위조·변조·훼손·유출 등을 방지하기 위한 보안조치를 하여야 한다.

제26조【기간의 기산】 ① 사건기록 및 장부의 보존기간 기산일은 사건의 종국, 완결 또는 기입을 마친 날이 속하는 해의 다음해 1월 1일로 한다.
② 보존기간을 달리한 관련서류는 그 기간의 긴 것에 따른다.

제27조【보존기간 경과 후의 보존】 제24조에도 불구하고 역사적 가치가 있거나 특별한 사유에 의하여 보존의 필요가 있는 사건기록 및 장부는 보존기간이 경과하더라도 그 사유가 존속하는 날까지 이를 보존하여야 한다.

제28조【재판등본의 보존】 군사법원은 그 심급의 재판등본과 상소심의 재판등본을 같이 보존한다.

제29조【보존과 전산입력】 ① 사건기록은 사건별 부호문자에 따라 분류한 다음 기록의 인계순서에 따라 사건번호순으로 재판사무시스템의 사건보존항목에 전산입력하여야 한다.
② 보존 중인 기록과 부책을 관할 군사법원 외에 교부 또는 송부한 때와 그 반환을 받은 때에는 재판사무시스템의 보존기록장부출입부에 등록하여야 한다.

제30조【보존종료연도 등 표시】 ① 보존한 기록 및 장부에는 그 표지에 붉은 글씨로 보존종료연도를 기재하여야 한다.
② 한 질로 만든 사건기록에는 그 질의 번호와 순차번호를 표시하여야 한다.

부 칙

제1조【시행일】 이 규칙은 2022년 7월 1일부터 시행한다.

제2조【경과조치】 이 규칙은 이 규칙 시행 당시 군사법원에 계속 중인 사건에도 적용한다. 다만, 이 규칙 시행 전에 종전의 규정에 따라 행한 행위의 효력에는 영향을 미치지 아니한다.

제3조【다른 법령과의 관계】 이 규칙 시행 당시 다른 법령에서 종전의 「군사법원 사무규칙」을 인용한 경우에 이 규칙 중 그에 해당하는 규정이 있는 경우에는 이 규칙의 해당 규정을 인용한 것으로 본다.

[별표] ➡ 「法典 別冊」 참조

[별지서식] ➡ 「www.hyeonamsa.com」 참조

재산형 등에 관한 군검찰 집행사무규칙

(2010년 2월 17일
국방부령 제703호)

개정
2021.10.25국방부령1068호(법령용어정비)
2023. 4.27국방부령1116호

제1장 총 칙

제1조【목적】 이 규칙은 군검찰에서 「군사법원법」에 규정된 벌금, 과료(科料), 추징(追徵), 과태료, 가납(假納), 소송비용 부담 및 비용배상의 재판 집행에 필요한 사항을 정함을 목적으로 한다.

제2조【정의】 이 규칙에서 사용하는 용어의 뜻은 다음과 같다.

1. "재산형 등"이란 벌금, 과료, 추징, 과태료, 소송비용 부담 및 비용배상을 말한다.
2. "벌과금(罰科金) 등"이란 재산형 등의 확정 판결에 따라 내야 하는 금액을 말한다.
3. "가납금(假納金)"이란 「군사법원법」(이하 "법"이라 한다) 제391조에 따른 재산형의 가납판결에 따라 내야 하는 금액을 말한다.
4. "납부의무자"란 벌과금 등 또는 가납금을 낼 의무를 지는 사람을 말한다.
5. "조정(調定)"이란 납부의무자가 내야 하는 벌과금 등 또는 가납금의 액수를 조사하여 결정하는 것을 말한다.
6. "보관금"이란 제15조제1항 및 제2항에 따라 벌과금 등이 조정되기 전이나 벌과금 등에 대한 재판의 선고 또는 고지가 있기 전에 수납한 벌과금 등에 해당하는 금액을 말한다.

제3조【집행순위】 벌과금 등과 그 집행비용의 집행순위는 다음과 같다.

1. 집행비용
2. 소송비용
3. 비용배상
4. 추징
5. 과태료
6. 과료
7. 벌금

제4조【사무연도】 벌과금 등에 관한 사무연도는 매년 1월 1일에 시작하여 12월 31일에 종료한다.

제2장 재산형 등 집행

제5조【재판의 파악 등】 ① 검찰서기는 벌과금 등에 관한 재판의 선고 또는 고지가 있으면 판결결과 통지표, 약식명령 또는 그 밖의 결정의 정본(正本) 또는 등본(謄本)에 따라 다음 각 호의 구분에 따른 장부 또는 서류에 그 내용을 적고, 벌과금 등에 관한 재판 상황을 항상 파악하고 있어야 한다.

1. 벌금·과료·추징 : 별지 제1호서식의 재산형 판결결과 처리부
2. 약식명령 : 별지 제2호서식의 약식명령 결과 처리부
3. 과태료, 소송비용 부담 및 비용배상에 관한 재판 : 별지 제3호서식의 과태료 등 처리부

② 검찰서기는 관할 군사경찰부대로서 범죄수사업무를 관장하는 부대(이하 "수사부대"라 한다)의 장으로부터 법 제501조의31제1항에 따른 집행결과 통보를 받았을 때에는 별지 제4호서식의 즉결심판 집행결과 처리부에, 같은 조 제2항 단서에 따른 집행불능의 통지를 받았을 때에는 별지 제5호서식의 즉결심판 미집행 처리부에 필요한 사항을 적고 그 내용을 파악하고 있어야 한다.
(2023.4.27 본항개정)

제6조【벌과금 등의 조정】 ① 검찰서기는 벌과금 등에 관한 재판이 확정되었을 때에는 지체 없이 벌과금 등을 조정하여야 한다.

② 벌과금 등을 조정할 때에는 별지 제6호서식의 벌과금 등 원표를 작성하여야 한다.

③ 벌과금 등 원표에는 재판서의 등본 또는 초본을 첨부하여야 한다. 이 경우 재판서에 2명 이상의 피고인이 있으면 1명의 피고인의 벌과금 등 원표에만 재판서의 등본 또는 초본을 첨부하고, 나머지 피고인의 벌과금 등 원표에는 다른 벌과금 등 원표에 재판서의 등본 또는 초본이 첨부되어 있다는 사실을 적는다.

④ 벌금 또는 과료에 관한 재판에 산입(算入)할 구금일수가 있을 때에는 벌과금 등에서 산입할 구금일수를 환산한 금액을 공제한 금액을 벌과금 등 원표의 집행할 액란에 적어야 한다.

⑤ 검찰서기는 벌과금 등을 조정하였을 때에는 재판서 원본의 사건번호란과 피고인란 오른쪽 여백에 재판확정 및 벌과금 등 조정 확인인(確認印)을 찍고, 징수번호를 적은 후 군검사의 확인을 받아야 한다.(2023.4.27 본항개정)

⑥ 항소심 또는 상고심에서 확정된 벌과금 등은 관할 고등검찰부에서 조정한다. 이 경우 벌과금 등 원표의 징수번호란의 상단에 확정된 심급에 따라 "항" 또는 "상"이라고 구분하여 표시하고, 원심 보통검찰부의 가납 또는 제35조에 따른 보관 여부를 확인한 후 즉시 원심 보통검찰부에 집행을 촉탁하여야 한다.

⑦ 검찰서기는 2명 이상의 피고인에 대한 즉결심판사건의 벌금·과료·몰수를 1건으로 조정할 수 있다. 이 경우 벌과금 등 원표에 관한 수사부대의 장의 즉결벌과금 집행결과 보고서를 첨부하여야 한다.(2023.4.27 후단개정)

제7조【벌과금 등 조정 원부의 관리】 검찰서기는 벌과금 등을 조정하였을 때에는 별지 제7호서식의 벌과금 등 조정 원부에 필요한 사항을 적은 후 군검사의 지휘인(指揮印)을 받아야 한다.(2023.4.27 본조개정)

제8조【공동 납부의무자의 벌과금 등 원표 관리】 ① 2명 이상의 납부의무자에 대한 재판을 공동으로 집행할 때에는 같은 징수번호를 부여하여 벌과금 등 원표를 1건으로 관리하여야 한다. 이 경우 납부의무자별로 벌과금 등을 조정하고, 벌과금 등 원표의 집행할 금액란에는 집행할 금액의 전액을, 비고란에는 납부의무자별 분담책임금액을 적는다.

② 제1항의 경우 납부의무자 중 일부가 상소를 제기한 경우에는 먼저 확정된 사람에 대하여 벌과금 등을 조정하되, 벌과금 등 원표의 집행할 금액란에는 집행할 금액의 전액을 적고 비고란에는 납부의무자별 분담책임금액을 적어야 한다.

③ 2명 이상의 납부의무자에 관하여 공동으로 벌과금 등을 집행하는 재판이 심급을 달리하는 여러 개의 법원에서 확정된 경우에는 확정된 납부의무자의 벌과금 등 원표는 하급심에 대응하는 검찰부에서 작성하여야 한다.

④ 제3항의 경우 상급심에 대응하는 검찰부의 검찰서기는 지체 없이 하급심에 대응하는 검찰부의 검찰서기에게 별지 제8호서식의 재산형 등 재판 확정통지서에 따라 통지하여야 한다.

제9조【벌과금 등 미집행 원부의 작성】 검찰서기는 매연도 말에 벌과금 등을 집행하지 못한 부분에 대하여 별지 제9호서식의 벌과금 등 미집행 원부를 작성하고, 벌과금 통계 등과 대조·확인하여야 한다.

제10조【납부명령】 ① 검찰서기가 벌과금 등의 조정을 완료하면 군검사는 납부의무자에게 별지 제10호서식의 벌과금 등 납부명령서에 따라 벌과금 등을 납부할 것을 명하여야 한다.(2023.4.27 본항개정)

② 제1항의 경우 검찰서기는 수입금출납공무원에게 벌과금 등 납입고지서의 발부를 의뢰하여 벌과금 등 납부명령서에 첨부하여야 한다.

③ 법 제521조에 따라 상속인에게 제1항의 납부명령을 할 때에는 벌과금 등 납부명령서에 그 뜻을 명확하게 적어야 한다.

④ 제1항에 따라 군검사가 납부명령을 하였을 때에는 검찰서기는 벌과금 등 원표에 명령일 등 필요한 사항을 적어야 한다.(2023.4.27 본항개정)

제11조【납부 독촉】 ① 군검사는 납부의무자가 벌과금 등을 납부기한까지 납부하지 않았을 때에는 별지 제11호서식의 벌과금 등 납부독촉서에 따라 벌과금 등 납부독촉서(1차)를 발급하고, 그 기한까지 납부하지 않았을 때에는 별지 제11호의2서식의 벌과금 등 납부독촉서(2차)를 발급하여 벌과금 등의 납부를 독촉해야 한다. 다만, 주소불명 등으로 인하여 벌과금 등 납부독촉서를 발급하기 어려운 경우에는 공시송달 등 그 밖의 적당한 방법으로 벌과금 등의 납부를 독촉할 수 있다.

② 제1항에 따른 벌과금 등의 납부독촉을 한 경우 검찰서기는 벌과금 등 원표에 독촉일 등 필요한 사항을 적어야 한다.
(2023.4.27 본조개정)

제12조【분할납부 등】 ① 군검사는 납부의무자가 다음 각 호의 어느 하나에 해당하는 경우에는 납부의무자의 경제적 능력, 벌과금 등의 액수, 분할납부 또는 납부연기 시 이행의 가능성, 노역장 유치(留置) 집행의 타당성 등을 고려하여 벌과금 등을 분할하여 납부하도록 하거나 납부를 일정기간 유예할 수 있다.(2023.4.27 본문개정)

1. 「국민기초생활 보장법」에 따른 수급권자
2. 「국민기초생활 보장법」에 따른 차상위계층 중 다음 각 목의 어느 하나에 해당하는 사람
   가. 「의료급여법」에 따른 수급권자
   나. 「한부모가족지원법」에 따른 보호대상자
   다. 자활사업 참여자
3. 장애인
4. 본인 외에는 가족을 부양할 사람이 없는 사람
5. 불의의 재난피해자
6. 납부의무자 또는 그 동거 가족이 질병이나 중상해(重傷害)로 1개월 이상 장기 치료를 받아야 하는 경우 그 납부의무자
7. 「채무자 회생 및 파산에 관한 법률」에 따른 개인회생절차 개시결정자(2023.4.27 본호신설)
8. 「고용보험법」에 따른 실업급여수급자(2023.4.27 본호신설)
9. 그 밖의 부득이한 사유가 있는 사람

② 제1항에 따른 벌과금 등의 분할납부 또는 납부연기를 받으려는 사람은 별지 제12호서식의 분할납부(납부연기) 신청서를 제출하여야 한다.

③ 검찰서기는 분할납부 또는 납부연기를 신청한 사람이 제1항 각 호의 어느 하나에 해당하는지를 조사하고, 관련 자료를 첨부하여 군검사에게 보고하여야 한다.
(2023.4.27 본항개정)

④ 군검사는 벌과금 등의 액수가 500만원 이하인 경우로서 납부의무자의 신체적·정신적인 건강상태가 질병·음주 등으로 인하여 즉각적인 노역장 유치 집행을 하기 어려운 상태로 판단되는 경우에는 직권으로 벌과금 등의 분할납부 또는 납부연기를 결정할 수 있다.(2023.4.27 본항신설)

⑤ 제1항에 따른 분할납부 또는 납부연기 기한은 6개월 이내로 한다. 다만, 분할납부 또는 납부연기 기한까지 해당 분할납부 또는 납부연기의 사유가 소멸되지 아니하면 3개월의 범위에서 그 기한을 2회에 한정하여 연장할 수 있다.(2023.4.27 단서개정)

⑥ 군검사는 분할납부 또는 납부연기를 받은 사람이 정당한 사유 없이 2회에 걸쳐 분할납부 또는 납부연기에 대한 내용을 이행하지 아니하거나 분할납부 또는 납부연기의 사유가 소멸된 경우에는 분할납부 또는 납부연기를 취소하고 벌과금 등을 한꺼번에 집행할 수 있다.
(2023.4.27 본항개정)

⑦ 검찰서기는 군검사가 납부의무자에 대하여 벌과금 등의 분할납부 또는 납부연기를 하였을 때에는 납부 시기 및 방법 등 필요한 내용을 벌과금 등 원표에 적어야 한다.(2023.4.27 본항개정)

제13조【관계기관에 대한 조회】 ① 군검사는 법 제520조제6항(법 제231조제2항을 준용하는 경우에만 해당한다)에 따라 사실조회를 할 때에는 별지 제13호서식의 사실조회서에 따른다.

② 검찰서기는 군검사가 제1항에 따라 사실조회를 하거나 사실조회에 대한 회답을 받았을 때에는 그 내용을 벌과금 등 원표에 적어야 한다.
(2023.4.27 본조개정)

제3장 수 납

제14조【벌과금 등의 국고수납 후의 절차】 ① 수입금출납공무원은 매일 1회 이상 국고에 수납된 벌과금 등의 내용을 별지 제14호서식의 벌과금 등 입금사실 통보서에 따라 검찰서기에게 통보하여야 한다.(2023.4.27 본항개정)

② 검찰서기는 제1항에 따라 통보받은 내용과 벌과금 등 원표를 대조·확인하고, 수납 내용을 정리하여 군검사의 확인을 받아야 한다.(2023.4.27 본항개정)

③ 검찰서기는 매월 벌과금 등의 집행실적을 소속 검찰부의 장에게 보고하여야 한다.

제15조【조정 전 벌과금 등의 납부】 ① 검찰서기는 벌과금 등에 관한 재판의 선고 또는 고지가 있은 후 벌과금 등이 조정되기 전에 납부의무자가 벌과금 등의 납부신청을 하였을 때에는 벌과금 등 원표에 필요한 사항을 적고, 세입세출외현금출납공무원에게 통보하여 벌과금 등을 납부하게 할 수 있다.

② 검찰서기는 납부의무자가 벌과금 등에 대한 재판이 확정되기 전에 출국하여야 하는 등의 특별한 사정이 있을 때에는 재판의 선고 또는 고지가 있기 전이라도 그 벌과금 등에 상당하는 금액을 납부하게 할 수 있다.

③ 보관금의 수납 및 환급 절차 등에 관하여는 제32조·제33조 및 제35조를 준용한다.

제4장 강제집행

제16조【강제집행의 명령 등】 ① 군검사는 벌과금 등을 강제집행할 필요가 있을 때에는 「민사집행법」의 집행에 관한 규정에 따라 필요한 조치를 하여야 한다. 이 경우 집행관에게 집행을 촉탁할 때에는 별지 제15호서식의 집행촉탁서에 따른다.

② 검찰서기는 군검사가 제1항에 따른 조치를 하였거나 법원 또는 집행관으로부터 강제집행에 관한 통보를 받았을 때에는 그 내용을 벌과금 등 원표에 적어야 한다.
(2023.4.27 본조개정)

제17조【체납처분】 ① 군검사는 납부의무자가 제11조에 따른 납부독촉이나 제31조에 따른 가납금의 독촉을 받고도 지정된 기한까지 벌과금 등이나 가납금을 내지 아니하였을 때에는 법 제520조제5항에 따라 납부의무자의 재산을 압류할 수 있다.(2023.4.27 본항개정)

② 제1항에 따라 압류한 재산은 「국세징수법 시행령」에서 정하는 바에 따라 공매(公賣)에 부친다. 다만, 군검사는 압류한 재산의 공매에 전문 지식이 필요하거나 그 밖에 특수한 사정이 있어 직접 공매하기에 적당하지 아니하다고 인정될 때에는 별지 제16호서식의 공매대행 의뢰서에 따라 「금융기관부실자산 등의 효율적 처리 및 한국자산관리공사의 설립에 관한 법률」에 따라 설립된 한국자산관리공사(이하 "한국자산관리공사"라 한다)로 하여금 공매를 대행하게 할 수 있다.(2023.4.27 단서개정)

③ 제1항에 따라 압류한 재산 중 동산에 대해서는 별지 제17호서식의 압류재산 집행촉탁서에 따라 집행관에게 그 집행을 촉탁할 수 있다.

④ 군검사는 제2항 단서에 따라 한국자산관리공사가 공매를 대행하는 경우 「국세징수법 시행규칙」 제78조에 따른 수수료를 지급할 수 있다.(2023.4.27 본항개정)

제18조【강제집행명령 후의 납부】 군검사는 제16조에 따른 강제집행절차의 진행 중에 납부의무자로부터 벌과금 등의 전부 또는 일부를 납부받았을 때에는 별지 제18호서식의 강제집행절차 취소(변경)서에 따라 지체 없이 강제집행절차를 취소하거나 변경하여야 한다.
(2023.4.27 본조개정)

제19조【체납처분 중의 납부】 군검사는 제17조에 따른 체납처분의 진행 중에 납부의무자로부터 벌과금 등의 전부를 납부받았을 때에는 압류를 해제하여야 하고, 일부를 납부받았을 때에는 압류재산의 전부 또는 일부에 대하여 압류를 해제할 수 있다. 다만, 한국자산관리공사에 공매대행을 의뢰한 경우에는 별지 제19호서식의 공매대행 취소(변경)의뢰서에 따라, 집행관이 집행 중인 경우에는 별지 제20호서식의 압류재산 집행취소(변경) 의뢰서에 따라 지체 없이 체납처분절차를 취소하거나 변경하여야 한다.
(2023.4.27 본문개정)

제20조【강제집행된 벌과금 등의 수납】 ① 법원, 집행관 또는 한국자산관리공사로부터 배당금의 지급에 관한 통지를 받았을 때에는 검찰서기는 수납하여야 할 금액 등을 확인하여 벌과금 등 원표에 필요한 사항을 적은 후 수입금출납공무원에게 통보하여야 한다.
② 벌과금 등을 수납한 수입금출납공무원은 납부자에게 수납영수증을 내주고 검찰서기에게 수납 사실을 통보하여야 한다.

제5장 노역장 유치 집행

제21조【노역장 유치 집행 지휘】 ① 군검사가 법 제533조에 따라 노역장 유치를 집행할 때에는 별지 제21호서식의 노역장 유치 집행지휘서에 따른다.(2023.4.27 본항개정)
② 노역장 유치 집행 지휘를 받은 미결구금시설 또는 군교도소의 장은 다음 각 호의 어느 하나에 해당하는 사유가 있을 때에는 해당 서식에 따라 지체 없이 군검사에게 보고하거나 통보하여야 한다.(2023.4.27 본문개정)
1. 노역장 유치 집행을 마쳤을 때 : 별지 제22호서식의 노역장 유치 집행 종료 보고서
2. 집행기산일이 특정되지 아니한 집행지휘서에 따라 노역장 유치 집행을 시작하였을 때 : 별지 제23호서식의 노역장 유치 집행개시(예정) 보고서
3. 노역장 유치 대상자를 다른 미결구금시설 또는 군교도소로 이송하거나 다른 미결구금시설 또는 군교도소로부터 이송받아 수감하였을 때 : 별지 제24호서식의 노역장 유치 집행자 이감(수감) 보고서
4. 노역장 유치 대상자의 미집행 수형사실이 발견되었을 때 : 별지 제25호서식의 미집행 수형사실 보고서
③ 검찰서기는 제1항에 따른 노역장 유치 집행 지휘가 있거나 제2항에 따른 보고가 있을 때에는 별지 제26호서식의 노역장 유치 집행지휘부를 작성하여야 한다. 이 경우 제2항제1호에 따른 보고서는 군검사의 확인을 받아야 한다.(2023.4.27 후단개정)

제22조【형집행장의 발부】 군검사가 벌금 또는 과료의 납부의무자에게 법 제515조제2항 또는 제3항에 따라 형집행장(刑執行狀)을 발부하였을 때에는 검찰서기는 별지 제27호서식의 형집행장 발부부를 작성하여야 한다.
(2023.4.27 본조개정)

제23조【노역장 유치 집행 지휘 후의 납부】 ① 제21조제1항에 따라 노역장 유치의 집행을 지휘한 후 그 집행을 시작하기 전에 납부의무자가 벌금 또는 과료를 완납하였을 때에는 군검사는 별지 제28호서식의 노역장 유치 지휘 취소서에 따라 집행지휘를 취소하여야 한다.
(2023.4.27 본항개정)
② 군검사는 납부의무자가 노역장 유치의 집행 중에 벌금 또는 과료를 완납한 때에는 석방지휘서에 따라 석방을 지휘하여야 한다.(2023.4.27 본항개정)
③ 노역장 유치의 집행 중인 납부의무자가 그 집행을 지휘한 군검사가 소속된 검찰부(이하 "원검찰부"라 한다)의 관할구역 밖에 있는 미결구금시설 또는 군교도소로 이송된 경우에는 유치 중인 미결구금시설 또는 군교도소 소재지를 관할하는 군검찰부에 벌금 또는 과료를 납부할 수 있다. 이 경우 군검사는 원검찰부의 군검사에게 지체 없이 그 사실을 통보하여야 하고, 원검찰부 군검사는 즉시 벌과금 등 집행 및 석방 지휘를 촉탁하여야 하며, 수탁군검찰부의 군검사는 벌과금 등을 조정한 후 즉시 석방 지휘를 하여야 한다.(2023.4.27 본항개정)
④ 노역장 유치를 집행할 때에는 유치기간 1일로 환산되는 벌금 또는 과료액에 미달하는 잔액에 대해서는 집행하지 아니한다. 다만, 노역장에 유치 중인 사람이 그 집행을 면하려고 남은 유치기간에 해당하는 벌금 또는 과료액을 납부하려는 경우에는 유치기간 1일로 환산되는 벌금 또는 과료액에 미달되는 잔액도 납부하여야 한다.
⑤ 제1항부터 제4항까지의 규정에 대한 노역장 유치 집행지휘부의 작성에 관하여는 제21조제3항을 준용한다.

제24조【노역장 유치 집행 지휘의 변경】 군검사는 노역장 유치의 집행을 지휘한 후 벌금 또는 과료의 일부가 납부되었을 때에는 별지 제29호서식의 노역장 유치 변경지휘서에 따라 변경 지휘를 하여야 한다. 이 경우 노역장 유치 집행지휘부의 작성에 관하여는 제21조제3항을 준용한다.(2023.4.27 전단개정)

제25조【전화·팩스 등에 의한 촉탁】 군검사는 긴급을 요하는 경우에는 전화·팩스 또는 그 밖의 방법으로 제16조, 제17조제3항, 제23조제3항, 제36조제1항 및 제38조에 따른 촉탁을 할 수 있다. 이 경우 지체 없이 서면으로도 통보를 하여야 한다.(2023.4.27 본조개정)

제6장 재산형 등의 집행절차 정지 및 집행불능의 결정

제26조【재산형 등의 집행절차 정지】 ① 군검사는 제6조에 따라 벌과금 등을 조정한 날부터 1년이 지난 벌과금 등(벌과금 과료는 제외한다)에 대하여 다음 각 호의 어느 하나에 해당하는 사유가 있는 경우에는 별지 제30호서식의 재산형 등 집행절차 정지처분서에 따라 재산형 등의 집행절차를 정지할 수 있다.(2023.4.27 본문개정)
1. 「민사집행법」 제195조 및 제246조에 따른 압류금지물 및 압류금지채권 외에 달리 강제집행할 재산이 없거나, 같은 법 제188조제3항에 따라 압류물을 현금화하여도 집행비용 외에 남을 것이 없을 것으로 예상되는 경우
2. 납부의무자의 소재불명으로 강제집행할 수 있는 재산의 유무를 확인할 수 없는 경우
② 군검사는 제6조에 따라 벌과금 등을 조정한 날부터 1년이 지난 벌금 또는 과료에 대하여 제1항제1호에 해당하는 경우로서 법 제513조 및 제514조에 따른 형집행 정지사유가 있을 때에는 재산형 등의 집행절차를 정지할 수 있다.(2023.4.27 본항개정)
③ 제1항 및 제2항의 경우 정지의 사유가 계속될 기간을 예측하기 어려울 때에는 기간을 정하지 아니하고 재산형 등의 집행절차를 정지할 수 있다.
④ 검찰서기는 군검사가 재산형 등의 집행절차를 정지하였을 때에는 별지 제31호서식의 재산형 등 집행절차 정지처분 관리부를 작성하여야 한다. 이 경우 벌과금 등 원표의 비고란에 그 취지를 적고, 관계 서류를 첨부하여야 하며, 왼쪽 상단 여백에 "정지 제○○호"라고 붉은 글씨로 표시하여 따로 관리하여야 한다.(2023.4.27 전단개정)
⑤ 재산형 등의 집행절차가 정지된 벌과금 등에 대해서는 제11조·제16조·제21조 및 제36조에 따른 절차를 진행하지 아니한다. 이 경우 검찰서기는 제13조에 따라 시효가 완성되기 6개월 전에 납부의무자의 소재 및 자력(資力) 유무에 관한 조사를 1회 실시하여야 한다.

제27조【재산형 등의 집행절차 정지의 취소】 ① 군검사는 제26조제1항 또는 제2항에 따라 재산형 등의 집행절차가 정지된 후 다음 각 호의 어느 하나에 해당하는 사유가 있을 때에는 별지 제32호서식의 재산형 등 집행절차 정지 취소처분서에 따라 재산형 등의 집행절차의 정지를 취소하여야 한다.(2023.4.27 본문개정)
1. 재산형 등의 집행절차 정지사유가 소멸한 경우
2. 납부의무자가 납부신청을 한 경우
3. 재산형 등의 집행절차 정지기간이 만료된 경우
4. 제28조에 따른 재산형 등 집행불능결정의 사유가 발생한 경우
② 재산형 등의 집행절차 정지처분을 취소할 때에는 검찰서기는 벌과금 등 원표의 비고란에 그 취지를 적고 관계서류 등을 첨부하여야 한다.

제28조【재산형 등 집행불능의 결정】 ① 군검사는 제6조에 따라 벌과금 등을 조정한 후 다음 각 호의 어느 하나에 해당하는 사유가 발생하였을 때에는 별지 제33호서식의 재산형 등 집행불능 결정서에 관련자료를 첨부하여 재산형 등 집행불능 결정을 하여야 한다.(2023.4.27 본문개정)
1. 재산형의 시효가 완성된 경우
2. 납부의무자가 사망한 경우(법 제521조에 따라 상속재산에 관하여 집행할 수 있는 경우는 제외한다)
3. 벌금·과료 또는 추징을 선고받은 사람에 대하여 사면이 있는 경우
4. 소송비용에 관한 재판의 집행 면제 결정이 확정된 경우
② 검찰서기는 재산형 등 집행불능 결정이 있을 때에는 벌과금 등 원표에 재산형 등 집행불능결정서 및 관련 자료를 첨부하여 군검사의 확인을 받아야 한다.(2023.4.27 본항개정)

제7장 가 납

제29조【가납금의 조정】 ① 검찰서기는 벌금·과료 또는 추징에 상당하는 금액의 가납을 명하는 재판이 있을 때에는 지체 없이 가납금을 조정하고 벌과금 등 원표를 작성하여야 한다. 다만, 항소심에서 가납을 명하는 재판이 제1심과 같은 경우에는 그러하지 아니하다.
② 가납금에 대한 조정 원부의 관리에 관하여는 제7조를 준용한다.
③ 가납금을 조정한 후 해당 사건에 관하여 상소가 제기되거나 재판이 확정되었을 때에는 검찰서기는 벌과금 등 원표의 비고란에 상소제기일·상소사건번호 및 확정사유 등을 적어야 한다.

제30조【가납의 명령】 군검사는 가납을 명하는 재판이 있을 때에는 즉시 납부기한을 정하여 납부의무자에게 구두로 또는 별지 제34호서식의 가납벌과금 등 납부명령서에 따라 가납금을 납부할 것을 명하여야 한다.
(2023.4.27 본조개정)

제31조【가납의 독촉 등】 가납금의 독촉은 별지 제35호서식의 가납벌과금 등 납부독촉서에 따른다. 이 경우 제10조제4항, 제12조 및 제13조를 준용한다.(2023.4.27 후단개정)

제32조【가납금의 수납절차】 ① 검찰서기는 납부의무자가 가납금의 납부신청을 하였을 때에는 수납하여야 할 금액 등을 확인하여 벌과금 등 원표에 필요한 사항을 적은 후 세입세출외현금출납공무원에게 통보하여야 한다.
② 제1항에 따라 통보받은 세입세출외현금출납공무원은 가납금을 수납하고, 납부자에게 가납금영수증을 발급한 후 검찰서기에게 수납 사실을 통보하여야 한다.
③ 제2항에 따라 통보받은 검찰서기는 통보받은 내용과 벌과금 등 원표를 대조·확인한 후 군검사의 확인을 받아야 한다.(2023.4.27 본항개정)

제33조【가납재판의 확정】 ① 가납재판이 확정된 가납금의 조정에 관하여는 제6조를 준용한다.
② 가납금이 조정되면 검찰서기는 별지 제36호서식의 가납금(보관금) 세입조치 의뢰서에 별지 제37호서식의 가납금(보관금) 세입조치 명세서를 첨부하여 세입세출외현금출납공무원에게 세입조치를 의뢰하여야 한다.
③ 제2항의 경우 검찰서기는 가납금(보관금) 세입조치 의뢰서와 수납공무원이 국고수납 대리점으로부터 받은 납부서 및 영수증을 대조·확인하여야 한다.

제34조【가납재판의 상급심의 처리】 ① 제1심에서 가납이 명하여진 재판이 상급심에서 재산형으로 확정되었을 때에는 상급심에 대응하는 군검찰부의 군검사는 검찰서기로 하여금 지체 없이 벌과금 등을 조정하게 한 후, 별지 제38호서식의 벌과금 등 집행촉탁서에 따라 제1심에 대응하는 군검찰부 군검사에게 집행을 촉탁할 수 있다.
② 제1심에서 가납이 명하여진 재판이 상급심에서 다른 종류의 형, 무죄·면소(免訴), 형의 면제, 형의 선고유예 또는 공소기각 등으로 변경되어 선고되었을 때에는 상급심에 대응하는 군검찰부의 군검사는 제1심에 대응하는 군검찰부의 군검사에게 별지 제39호서식의 가납재판 변경통지서에 따라 통지하여야 한다.
③ 제1심에서 가납이 명하여진 재판이 상급심에서 확정되었으나 제1심에 대응하는 군검찰부의 군검사에게 벌과금 등의 집행촉탁을 하지 아니하고 상급심 대응 군검찰부에서 완결처리한 경우에는 상급심에 대응하는 군검찰부의 군검사는 제1심에 대응하는 군검찰부의 군검사에게 별지 제40호서식의 가납재판 완결통지서에 따라 통지하여야 한다.
(2023.4.27 본조개정)

제35조【가납금의 환급】 ① 검찰서기는 제1심에서 가납이 명하여진 재판이 상급심에서 변경되어 집행할 금액이 없거나 가납된 금액이 확정된 금액을 초과하는 등 환급사유가 발생하였을 때에는 별지 제41호서식의 가납금(보관금) 환급처리부에 필요한 내용을 적고, 군검사의 지휘를 받아 환급받을 사람에게 구두로 또는 별지 제42호서식의 가납금(보관금) 환급안내서에 따라 환급통지를 한 후, 세입세출외현금출납공무원에게 별지 제43호서식의 가납금(보관금) 환급의뢰서에 따라 환급을 의뢰하여야 한다.(2023.4.27 본항개정)
② 제1항에 따라 가납금을 환급할 때에는 세입세출외현금출납공무원은 납부의무자로부터 별지 제44호서식의 가납금(보관금) 환급청구서를 받아 가납금(보관금) 환급시서를 금융기관에 교부하여 환급하도록 한 후 금융기관으로부터 가납금(보관금) 환급통지서를 받아 가납금(보관금) 환급의뢰서에 편철하여 보관하여야 한다.
③ 검찰서기는 가납금을 환급받을 사람이 본인 명의의 은행예금계좌번호를 적어 환급금의 무통장입금을 청구하였을 때에는 별지 제43호서식의 가납금(보관금) 환급의뢰서에 무통장입금청구서를 첨부하여 세입세출외현금출납공무원에게 환급을 의뢰하고, 가납금(보관금) 환급처리부의 해당란에 그 날짜를 적어야 한다.
④ 제3항에 따른 의뢰를 받은 세입세출외현금출납공무원은 가납금(보관금) 환급시서를 금융기관에 교부하여 무통장입금하도록 한 후 금융기관으로부터 가납금(보관금) 환급통지서를 받아 가납금(보관금) 환급의뢰서에 편철하여 보관하여야 한다.

제8장 촉 탁

제36조【벌과금 등 집행의 촉탁】 ① 군검사는 벌과금 등의 납부명령을 받고도 납부하지 아니한 납부의무자가 다른 군검찰부 관할로 전출되거나 전역(轉役) 또는 제적되었을 때에는 납부의무자의 소속 부대 또는 기관의 소재지를 관할하는 군검찰부 군검사나 현재지·주거지 또는 재산소재지를 관할하는 지방검찰청 또는 지방검찰청 지청(支廳)의 검사에게 별지 제38호 서식의 벌과금 등 집행촉탁서에 재판서, 재판을 적은 조서의 등본 또는 초본, 벌과금 등 원표 등 관계 자료를 첨부하여 벌과금 등의 집행을 촉탁할 수 있다.(2023.4.27 본항개정)
② 제1항에 따라 군검사가 벌과금 등의 집행을 촉탁한 경우 검찰서기는 별지 제45호서식의 벌과금 등 집행촉탁부에 필요한 사항을 적어야 한다.(2023.4.27 본항개정)
③ 제1항에 따른 집행의 촉탁은 징수금의 시효가 완성되기 3개월 전까지 하여야 한다. 다만, 시효가 완성되기 직전까지 집행할 수 있는 명백한 사정이 있는 경우에는 그러하지 아니하다.

제37조【벌과금 등 집행의 수탁】 ① 제36조에 따라 벌과금 등의 집행을 촉탁받은 군검찰부의 검찰서기는 별지 제46호서식의 벌과금 등 집행촉탁 접수부에 그 내용을 적고, 제6조, 제7조 및 제9조에 준하여 벌과금 등을 조정하여 관련 서류를 작성하는 등 필요한 조치를 하여야 한다.
② 제1항의 경우 군검사는 지체 없이 별지 제47호서식의 벌과금 등 집행촉탁 접수통지서를 벌과금 등 집행을 촉탁한 군검찰부의 군검사에게 송부하여야 한다.
(2023.4.27 본조개정)

제38조【군교도소장 등에 대한 벌과금 등의 집행 촉탁】 군검사는 납부의무자가 미결구금시설 또는 군교도소 등에 수용되었을 때에는 미결구금시설의 장 또는 군교도소 등의 장에게 별지 제48호서식의 벌과금 등 집행촉탁서에 따라 벌과금 등의 집행을 촉탁할 수 있다.
(2023.4.27 본조개정)

제9장 서류의 정리

제39조【벌과금 등 원표의 정리】 재산형 등의 집행이 완료된 벌과금 등 원표는 수납·처리일별로 구분하여 작성연도별, 징수번호의 순서로 편철·보존하여야 한다.

제40조【관계 서류의 정리】 검찰서기는 재산형 등의 집행을 위하여 작성된 서류를 벌과금 등 원표에 편철하여 보관하여야 한다. 다만, 재산형 등 집행이 끝난 경우에는 수납보고서 또는 노역장 유치 종료보고서를 따로 보관하고, 그 밖의 서류는 정해진 절차를 거쳐 폐기 처리하며, 재산형 등의 집행이 불가능한 경우에는 재산형 등 집행불능결정서와 소재 수사 결과보고서 등 관련 자료 전부를 벌과금 등 원표에 편철하여 보관하여야 한다.

제41조【이월】 검찰서기는 해당 사무연도에 집행하지 못한 재산형 등의 집행을 다음 사무연도로 이월할 때에는 벌과금 등 원표의 뒷면 해당 사무연도 마지막 기재 다음의 빈칸에 "○○년도 이월"이라고 붉은 글씨로 적고 날인하여 집행이 완료될 때까지 계속 사용해야 한다.
(2021.10.25 본조개정)

제10장 통계 및 보고 등

제42조【벌과금 등에 관한 통계보고】 검찰서기는 월별 벌과금 등 집행실적을 다음 달 5일까지, 연도별 벌과금 등 집행실적을 다음 사무연도 1월 7일까지 소속 군검찰부의 장에게 보고하여야 한다.

제43조【감사】 국방부 검찰단장 및 각 군 검찰단장은 매년 1회 이상 소속 직원으로 하여금 예하(隷下) 군검찰부의 벌과금 등에 관한 장부 및 서류의 감사와 그 결과에 관한 보고를 하게 하여야 한다.(2023.4.27 본조개정)

제11장 보 칙

제44조【오기의 정정】 ① 검찰서기는 벌과금 등의 금액이 잘못 적혔음이 판명되었을 때에는 군검사의 지휘를 받아 해당 벌과금 등 원표에 그 요지를 표시하고 벌과금 등의 금액을 정정하며, 벌과금 등의 초과액이나 부족액에 대하여 환급 또는 추가집행의 조치를 하여야 한다. 이 경우 통계상의 초과액이나 부족액에 관하여는 붉은 글씨로 정정표시를 하고 그 사유를 부기(附記)한다.
② 군검사는 제1항에 따라 벌과금 등의 초과액을 환급하여야 할 때에는 관계 서류를 첨부하여 수입징수관에게 통지하여야 한다.
③ 검찰서기는 벌과금 등의 종류가 잘못 적혔음이 판명되었을 때에는 군검사의 지휘를 받아 해당 벌과금 등 원표에 그 요지를 표시하고 벌과금 등의 종류를 정정한다. 이 경우 잘못 표기한 벌과금 등으로 수납한 금액은 초과액으로 하고, 정정한 벌과금 등으로 집행하여야 할 금액은 부족액으로 하여 정정한 내용과 관계 서류를 첨부하여 수입징수관에게 통지하여야 한다.
(2023.4.27 본조개정)

부 칙

이 규칙은 공포한 날부터 시행한다.

부 칙 (2021.10.25)
(2023.4.27)

이 규칙은 공포한 날부터 시행한다.

〔별지서식〕 ➡ 「www.hyeonamsa.com」 참조

군검찰사무 운영규정

(1988년 9월 19일
전개대통령령 제12516호)

개정
1994. 8.31영14371호 2000. 4.22영16793호
2012. 3.30영23690호
2017. 9. 5영28266호(군인사법시)
2019. 7. 2영29950호(법령용어정비)
2022. 6.30영32737호

제1조【목적】 이 영은 「군사법원법」에 규정된 군검찰사무의 운영에 필요한 사항을 규정함을 목적으로 한다.
(2012.3.30 본조개정)

제2조 (2022.6.30 삭제)

제2조의2【각 군 검찰단의 권한 위탁】 각 군 검찰단 고등검찰부는 「군사법원법」(이하 "법"이라 한다) 제36조제4항 단서에 따라 다음 각 호의 권한의 전부 또는 일부를 국방부검찰단 고등검찰부에 위탁할 수 있다.
1. 법 제141조제6항에 따른 석방의 지휘 및 통지
2. 법 제303조제2항에 따른 재정신청에 관한 처리
3. 법 제392조제1항 단서에 따른 형의 집행유예의 취소 청구
4. 법 제2편제3장에 따른 상소
5. 법 제493조 및 제495조에 따른 비상상고의 제기 청구 및 진술
6. 법 제503조제2항 본문에 따른 원심군사법원의 재판집행 지휘
(2022.6.30 본조개정)

제2조의3【중요 사건】 법 제36조제7항에 따라 국방부검찰단에서 관할할 수 있는 중요 사건은 다음 각 호의 어느 하나에 해당하는 사건으로 한다.(2022.6.30 본문개정)
1. 장성급(將星級) 장교가 피의자인 사건(2017.9.5 본호개정)
2. 「형법」 제129조부터 제132조까지 또는 제355조부터 제357조까지에 규정된 죄를 범한 대령이 피의자인 사건
3. 군판사, 군검사, 군사법경찰관리, 군사법원 직원 또는 군검찰단 직원이 피의자인 사건(2022.6.30 본호개정)
4. 사형·무기 또는 단기 5년 이상의 징역이나 금고에 해당하는 사건
5. 범죄의 성질, 피의자의 지위, 그 밖의 사정을 고려하여 국방부장관이 중요하다고 인정하는 사건(2022.6.30 본호개정)
6. 제1호부터 제5호까지의 사건의 공범이 피의자인 사건
(2012.3.30 본조개정)

제3조【군검사의 사무처리】 ① 군검사가 그 권한에 속하거나 그와 관련되는 사무를 처리하는 경우에는 법령에 다른 규정이 없으면 그 군검사의 이름으로 사무를 처리한다.
② 법 제42조에 따라 군검사의 직무를 대행하는 군법무관시보는 군검사의 직무대행임을 표시하여 군검사의 권한을 행사한다.
(2022.6.30 본조개정)

제4조【군사법경찰관리의 파견】 군검사는 군사법경찰관에게 수사를 보조할 군사법경찰관리의 파견을 요구할 수 있다.(2022.6.30 본조개정)

제5조【검찰수사관 및 검찰서기】 법 제47조에 따른 검찰수사관과 검찰서기는 국방부령으로 정하는 바에 따라 전형(銓衡)을 거쳐 임명한다.(2012.3.30 본조개정)

제6조【군검사의 체포·구속장소 감찰】 ① 보통검찰부장은 법 제230조제1항에 따라 매월 초에 피의자 체포·구속장소를 감찰할 군검사를 지정해야 한다.
② 제1항에 따라 지정된 군검사는 다음 각 호의 사항을 조사하고, 그 감찰 결과를 소속 검찰단장에게 보고해야 한다.
1. 체포·구속영장에 의한 체포·구속 여부
2. 체포·구속사유
3. 체포·구속일시와 체포·구속영장 집행일시가 같은지 여부
4. 체포되거나 구속된 사람의 처우
5. 그 밖에 필요한 사항
③ 군검사는 법 제230조제2항에 따라 석방명령 또는 송치명령을 했을 때에는 그 사실을 소속 검찰단장에게 보고해야 한다.
④ 제2항 및 제3항에 따라 보고를 받은 검찰단장은 이를 국방부장관 또는 소속 군 참모총장에게 보고해야 한다.
⑤ 제4항에 따라 보고를 받은 국방부장관 또는 소속 군 참모총장은 검찰단장에게 해당 수사기관에 필요한 사항을 지시하게 할 수 있다.
(2022.6.30 본조개정)

제7조【군검사의 체포·구속영장 청구】 ① 군검사가 체포·구속영장을 발부받으려는 경우에는 체포·구속영장 청구서를 작성해야 한다.
② 제1항에 따른 체포·구속영장 청구서에는 체포·구속의 필요를 인정할 수 있는 자료를 붙여야 한다.
③ 군판사는 군검사의 청구 사유와 붙여진 자료를 심사하여 체포·구속영장 발부 여부를 결정해야 한다.
④ 군판사가 체포·구속영장을 발부하려는 경우에는 체포·구속영장에 필요한 사항을 적고 서명날인해야 한다.
⑤ 군판사가 체포·구속영장 청구를 기각하려는 경우에는 그 청구서에 기각한다는 뜻과 기각 이유를 적고 서명날인해야 한다.
⑥ 군검사는 군판사로부터 체포·구속영장을 발부받았을 때에는 지체 없이 영장 집행에 필요한 지휘를 해야 한다.
(2022.6.30 본조개정)

제8조【군사법경찰관의 체포·구속영장 신청】 ① 군검사는 군사법경찰관으로부터 체포·구속영장의 신청을 받았을 때에는 신청 이유와 붙여진 자료를 심사하여 군판사에게 체포·구속영장을 청구할지를 결정해야 한다.
② 군검사는 체포·구속영장의 신청이 이유 있다고 인정할 때에는 체포·구속영장 청구서를 작성해야 하며, 그 신청이 이유 없다고 인정할 때에는 기각한다는 뜻과 기각 이유를 적고 서명날인하여, 신청한 군사법경찰관에게 내주어야 한다.
(2022.6.30 본조개정)

제9조【체포·구속영장 재청구 등의 제한】 ① 법 제232조의2제3항 및 제238조제5항 후단에 따라 체포·구속영장 청구에 대하여 기각결정을 받은 군검사는 같은 범죄사실에 관하여 그 피의자에 대하여 다시 체포·구속영장을 청구할 때에는 체포·구속영장 청구서에 그 취지 및 이유를 적고 새로운 자료를 붙여야 한다.
② 제8조제2항에 따라 체포·구속영장 신청에 대하여 기각결정을 받은 군사법경찰관은 같은 범죄사실에 관하여 그 피의자에 대하여 다시 체포·구속영장을 신청할 때에는 체포·구속영장 신청서에 그 취지 및 이유를 적고 새로운 자료를 붙여야 한다.
(2022.6.30 본조개정)

제10조 (2022.6.30 삭제)

제11조【체포·구속영장의 집행】 ① 체포·구속영장의 집행을 지휘하는 사람은 그 영장의 집행 지휘란에 서명날인하고 이를 집행할 사람에게 내주어야 한다.
② 제1항에 따라 체포·구속영장을 집행하는 사람은 필요한 처분을 한 후 그 집행 결과를 지휘하는 사람에게 지체 없이 보고해야 하며, 집행하지 못했을 때에는 그 사유를 지휘하는 사람에게 지체 없이 보고해야 한다.
(2022.6.30 본항개정)
③ 제1항에 따라 체포·구속영장을 집행했을 때에는 체포·구속영장의 해당란에 체포·구속한 일시·장소 및 영장 집행자의 성명·소속·직책 및 계급을 적고 서명날인해야 한다.(2022.6.30 본항개정)
(2012.3.30 본조개정)

제12조【체포·구속영장의 반환 등】 ① 군검사 또는 군사법경찰관이 체포·구속영장을 집행하지 않았거나 집행할 수 없을 때에는 그 영장을 군판사에게 반환해야 한다. 다만, 군사법경찰관은 군검사를 거쳐야 한다.
(2022.6.30 본항개정)
② 군판사에게 반환된 체포·구속영장은 군사법원에서 보관한다.(2022.6.30 본항개정)
③ 압수·수색영장을 집행하는 경우에는 제1항과 제2항을 준용한다.
(2012.3.30 본조개정)

제13조【구속된 사람의 이감】 ① 군검사는 법 제126조(법 제246조에서 준용하는 경우를 포함한다)에 따라 구속된 사람을 다른 교도소로 이감하려는 경우에는 이감지휘서를 작성하여 교도소장에게 발급해야 한다.
② 제1항에 따른 이감지휘서에는 이감될 사람의 인적사항과 이감할 교도소명을 적고 군검사가 서명날인해야 한다.
③ 제1항에 따라 이감지휘서를 받은 교도소장은 지체 없이 이감에 필요한 처분을 해야 한다.
(2022.6.30 본조개정)

제14조【변호인 아닌 사람과의 접견 등의 제한】 ① 군검사는 법 제131조에 따른 청구를 하거나 법 제246조에 따라 준용되는 법 제131조에 따라 구속된 피의자와 법 제63조에 규정된 사람 외의 사람과의 접견 제한, 주고 받을 서류나 그 밖의 물건의 검열, 주고 받는 행위의 금지 또는 압수의 처분을 결정하는 경우에는 문서로 해야 한다.
② 제1항에 따른 청구서 또는 결정서에는 구속된 사람의 인적사항·죄명 및 처분할 내용과 청구 이유 또는 결정 이유를 적고 서명날인해야 한다.
③ 군검사가 제1항에 규정된 처분을 결정하거나 군사법원의 결정을 받았을 때에는 교도소장에게 그 결정에 따른 처분을 할 것을 문서로 명해야 하며, 교도소장은 지체 없이 필요한 처분을 하고 그 결과를 군검사에게 보고해야 한다.
(2022.6.30 본조개정)

제15조【구속의 취소】 ① 군검사는 법 제133조에 따른 청구를 하거나 법 제246조에 따라 준용되는 법 제133조에 따라 구속의 취소를 결정할 때에는 문서로 해야 한다.
② 제1항에 따른 청구서 또는 결정서에는 구속이 취소될 사람의 인적사항·죄명·구속일시 및 장소와 청구 이유 또는 결정 이유를 적고 서명날인해야 한다.
③ 법 제133조에 규정된 군검사 외의 청구권자가 청구하는 경우에는 제1항과 제2항을 준용한다.

④ 군검사는 구속의 취소를 결정했을 때에는 지체 없이 석방을 지휘해야 하며, 군사법원으로부터 구속취소 결정 등본을 송달받았을 때에는 즉시항고를 하는 경우를 제외하고는 지체 없이 석방을 지휘해야 한다.
(2022.6.30 본조개정)

제16조【보석】 ① 군검사는 법 제135조 및 제136조에 따른 보석 허가의 결정 등본을 송달받았을 때에는 즉시항고를 하는 경우를 제외하고는 지체 없이 석방을 지휘해야 한다.
② 군검사는 제1항에 따라 석방을 지휘하는 경우 석방된 사람이 거주할 지역의 군사법경찰관에게 그에 대한 관찰을 명하거나 사법경찰관에게 그에 대한 관찰을 요청할 수 있다. 이 경우 요청을 받은 사법경찰관은 특별한 사정이 없으면 요청에 따라야 한다.
③ 제2항에 따라 관찰명령 또는 관찰요청을 받은 군사법경찰관 또는 사법경찰관은 석방된 사람이 석방조건을 위반한 사실을 발견했을 때에는 지체 없이 군검사에게 보고하거나 통보해야 한다.
④ 군검사는 법 제142조제2항에 따른 보석취소 사유가 있는 경우에는 지체 없이 군사법원에 그 사유를 통보해야 한다.
(2022.6.30 본조개정)

제17조【구속의 집행정지】 ① 군검사는 법 제246조에 따라 준용되는 법 제141조제1항에 따라 구속의 집행정지를 결정하는 경우에는 문서로 해야 한다.(2022.6.30 본항개정)
② 제1항에 따른 결정서에는 구속의 집행이 정지될 사람의 인적사항·죄명·구속일시 및 장소와 결정 이유를 적고 서명날인해야 한다.(2022.6.30 본항개정)
③ 군검사는 구속의 집행정지결정을 했을 때에는 지체 없이 석방을 지휘해야 하며, 법 제141조에 따른 군사법원의 구속 집행정지의 결정 등본을 송달받았을 때에는 즉시항고를 하는 경우를 제외하고는 지체 없이 석방을 지휘해야 한다.(2022.6.30 본항개정)
④ 제3항에 따라 석방을 지휘하는 경우에는 제16조제2항부터 제4항까지의 규정을 준용한다.
(2012.3.30 본조개정)

제18조【구속기간의 연장】 ① 군검사가 구속기간의 연장을 신청하려는 경우에는 연장신청 이유를 적은 구속기간 연장신청서에 연장에 필요한 자료를 붙여야 한다.
② (2022.6.30 삭제)
③ 군판사는 신청 이유와 붙여진 자료를 심사하여 연장이 이유 있다고 인정할 때에는 구속기간 연장허가서에 필요한 사항과 연장기간을 적고 서명날인해야 하며, 신청이 이유 없다고 인정할 때에는 기각한다는 뜻과 기각 이유를 적고 서명날인하여 군검사에게 내주어야 한다.
④ (2022.6.30 삭제)
(2022.6.30 본조개정)

제19조【긴급체포】 ① 군검사 또는 군사법경찰관은 피의자를 긴급체포하려는 경우에는 긴급체포서를 작성해야 한다.
② 법 제232조의3제2항에 따라 군사법경찰관이 군검사의 긴급체포 승인을 받으려는 경우에는 긴급체포서와 긴급체포의 필요를 인정할 수 있는 자료를 제출해야 한다.
(2022.6.30 본조개정)

제20조【체포된 현행범의 인도】 ① 법 제249조제1항에 따라 군검사 또는 군사법경찰관리가 현행범을 인도받았을 때에는 지체 없이 심문(審問)하여 구속 필요 여부를 결정해야 한다.
② 군검사는 법 제249조제1항에 따라 현행범을 인도받은 경우에는 직접 수사를 하거나 군사법경찰관에게 수사하게 할 수 있다.
(2022.6.30 본조개정)

제21조【체포 또는 구속의 적부심사】 ① 법 제252조제1항에 따라 체포 또는 구속의 적부심사를 청구하려는 사람은 체포 또는 구속 적부심사 청구서를 작성하여 관할 군사법원에 제출하여야 한다.(2022.6.30 본항개정)
② 제1항에 따른 청구서에는 체포되거나 구속된 사람의 인적사항·죄명·구속일시 및 장소와 청구 이유를 적고 서명날인하여야 한다.
③ 군사법경찰관이 체포하거나 구속한 피의자에 대하여 체포 또는 구속 적부심사 청구가 있으면 군검사는 군사법경찰관에게 의견을 붙여 기록과 증거물을 보낼 것을 명해야 한다.(2022.6.30 본항개정)
④ 제3항에 따라 명을 받은 군사법경찰관은 지체 없이 체포되거나 구속된 사람을 군검사에게 인도하고 군검사의 지시를 받아야 한다.(2022.6.30 본항개정)
⑤ 군검사는 체포 또는 구속 적부심사 청구에 대하여 군사법원의 석방결정이 있으면 지체 없이 석방을 지휘해야 한다.(2022.6.30 본항개정)
(2012.3.30 본조개정)

제22조【압수물 처분에 대한 동의】 ① 군사법경찰관은 법 제258조 단서에 따라 군검사의 동의를 받으려는 경우에는 동의요청서를 작성하여 군검사에게 제출해야 한다.
② 제1항에 따른 동의요청서에는 피의자의 인적사항, 사건명, 처분할 물품 및 종류와 처분 이유를 적고 서명날인해야 한다.
③ 제1항에 따라 동의 요청을 받은 군검사는 지체 없이 동의 여부를 결정하여 동의요청서의 해당란에 적고 서명날인하여 군사법경찰관에게 내주어야 한다.
(2022.6.30 본조개정)

제23조【제3자의 출석요구】 ① 군검사 또는 군사법경찰관은 법 제260조에 따라 피의자 아닌 사람의 출석을 요구하려는 경우에는 피의자가 아니라는 뜻과 피의사건명을 적고 서명날인한 출석요구서를 송달해야 한다.
② 제1항에 따라 피의자 아닌 사람이 출석했을 때에는 지체 없이 진술을 듣고 조서를 작성해야 한다.
③ 군검사 또는 군사법경찰관은 감정·통역 및 번역을 위촉하려는 경우에는 위촉하려는 사람에게 위촉서를 송달해야 한다.
④ 제3항에 따른 위촉서에는 위촉받을 사람의 인적사항, 감정 및 번역할 물건 또는 통역할 사항, 그 밖에 필요한 사항을 적고 서명날인해야 한다.
(2022.6.30 본조개정)

제24조【변사자 등의 검시】 ① 군검사는 법 제264조에 따라 검시(檢視)를 했을 때에는 검시조서를 작성해야 한다.
② 군사법경찰관은 변사자 또는 변사한 것으로 의심되는 사체를 발견했을 때에는 지체 없이 군검사에게 구두 또는 문서로 보고하고, 현장을 보존하기 위하여 필요한 조치를 해야 한다.
③ 법 제264조제4항에 따라 군사법경찰관 또는 사법경찰관이 검시를 했을 때에는 검시조서를 붙여 그 결과를 군검사에게 보고하거나 통보해야 하며, 군검사의 지시에 따라 필요한 처분을 해야 한다.
④ 군검사는 법 제264조제3항에 따라 검증할 필요가 있다고 인정할 때에는 직접 검증을 하거나 군사법경찰관에게 검증을 하게 할 수 있다.
⑤ 군검사는 검시 결과 법 제2조제1항에 해당하는 사람이 아닌이 판명되었을 때에는 지체 없이 관할 지방검찰청 검사 또는 사법경찰관에게 통보해야 한다.
(2022.6.30 본조개정)

제25조【고소권자의 지정】 ① 법 제270조에 따라 이해관계인이 고소권자 지정신청을 하려는 경우에는 고소권자 지정신청서를 작성하여 군검사에게 제출해야 한다.
② 제1항에 따른 신청서에는 피고소인이 될 사람 및 고소할 수 있는 사람의 인적사항과 신청 사유를 적고 신청인이 서명날인해야 한다.
③ 제1항에 따라 신청서를 받은 군검사는 고소권자를 지정해야 하며, 고소권자 지정서에 고소권자로 지정된 사람의 인적사항, 고소할 사건명 및 지정 사유를 적고 서명날인하여, 고소권자로 지정된 사람에게 송달해야 한다.
④ 고소권자로 지정된 사람은 고소권자가 될 것을 수락했을 때에는 지체 없이 고소에 필요한 절차를 밟아야 한다.
(2022.6.30 본조개정)

제26조 (2022.6.30 삭제)

제27조【고소·고발에 대한 조치】 ① 군검사는 고소 또는 고발을 받았을 때에는 직접 수사를 하거나 군사법경찰관에게 수사를 하게 할 수 있다.
② 군사법경찰관은 고소 또는 고발을 받았거나 제1항에 따라 수사를 지휘받았을 때에는 2개월 내에 수사를 마쳐 수사기록 등을 군검사에게 보내야 한다.
(2022.6.30 본조개정)

제28조【불기소처분과 압수물의 계속 보관】 ① 군검사는 구속된 피의자에 대하여 불기소처분을 했을 때에는 지체 없이 석방을 지휘해야 하며, 석방을 지휘받은 사람은 지체 없이 석방에 필요한 조치를 해야 한다.
② 군검사는 법 제288조 단서에 따라 압수물을 환부하지 않을 때에는 계속 보관의 결정을 해야 한다.
(2022.6.30 본조개정)

제29조【재정신청】 ① 법 제301조제1항에 따라 재정(裁定)을 신청하려는 사람은 재정신청서를 작성하여 불기소처분을 한 군검사가 소속된 보통검찰부의 장에게 제출해야 한다.
② 법 제303조제1항제2호에 따른 기록의 송치는 관할 고등검찰부의 장에게 해야 한다.
(2022.6.30 본조개정)

제30조【군사법경찰관의 증거보전청구 요청】 ① 군사법경찰관이 증거보전의 필요가 있다고 인정할 때에는 증거보전청구 요청서를 작성하여 군검사에게 제출해야 한다.
② 제1항에 따른 요청서에는 피고인 또는 피의자의 인적사항·사건명·요청취지 및 이유를 적고 서명날인해야 한다.
(2022.6.30 본조개정)

제31조 (2022.6.30 삭제)

제32조【비상상고 제기의 청구】 ① 보통검찰부 군검사는 군사법원의 판결로써 확정된 사건 중 법 제492조에 따라 비상상고를 제기하는 것이 타당하다고 인정하는 사건을 발견했을 때에는 이유를 붙여 그 기록을 고등검찰부 군검사에게 보내야 한다.
② 고등검찰부 군검사는 제1항에 따른 이유와 기록을 심사하여 비상상고를 제기하는 것이 타당하다고 인정할 때에는 지체 없이 이유를 적은 비상상고 제기 청구서와 기록을 검찰총장에게 보내야 하며, 비상상고를 제기하는 것이 타당하지 않다고 인정할 때에는 이유를 붙여 기록을 보통검찰부 군검사에게 보내야 한다.
③ 검찰총장은 비상상고를 제기했을 때에는 비상상고의 제기를 청구한 고등검찰부 군검사에게 그 사실을 통지하고 공판기일에 출석하여 진술할 것을 요구할 수 있다.
(2022.6.30 본조개정)

제32조의2【약식명령의 청구】 ① 군검사는 법 제501조의3에 따른 약식명령을 청구하는 경우에는 공소장(公訴狀)에 사건기록을 편철하여 군사법원에 제출해야 한다.
② 군검사는 구속 중인 피의자에 관하여 제1항에 따른 청구를 하는 경우에는 석방을 지휘해야 한다.
(2022.6.30 본조개정)

제33조【사형집행의 정지】 ① 군검사는 사형을 선고받은 사람에게 법 제512조제1항에 해당하는 사유가 있음을 발견했을 때에는 지체 없이 소속 검찰단장에게 문서로 보고해야 하며, 검찰단장은 소속 군 참모총장과 국방부장관에게 보고해야 한다.
② 교도소장은 사형을 선고받은 사람에게 법 제512조제1항에 해당하는 사유가 있음을 발견했을 때에는 지체 없이 군검사에게 보고해야 한다.
(2022.6.30 본조개정)

제34조【자유형집행의 정지】 ① 군검사는 법 제513조제1항 및 제514조제1항에 따라 자유형집행의 정지처분을 하려는 경우에는 결정서를 작성해야 한다.
② 제1항에 따른 결정서에는 집행정지될 사람의 인적사항, 판결 내용 및 결정 내용을 적고 서명날인해야 한다.
③ 군검사는 법 제513조제2항에 따라 처분을 할 때에는 감호지휘서 또는 수용지휘서를 작성하여 감호의무자, 지방공공단체의 장 또는 군병원장에게 송달해야 한다.
④ 제3항에 따라 지휘서를 송달받은 사람은 지휘받은 사항을 성실하게 이행해야 하며, 필요한 경우에는 군검사에게 상황을 보고하고 군검사의 지시를 받아야 한다.
(2022.6.30 본조개정)

제35조【재산형 등의 집행】 ① 군검사는 법 제520조제1항에 따라 재산형을 집행하려는 경우에는 재산형집행 명령서를 발부해야 한다.
② 제1항에 따른 명령서에는 형을 선고받은 사람의 인적사항·형명 및 내용을 적고 서명날인해야 한다.
(2022.6.30 본조개정)

제36조【몰수물의 처분】 ① 군검사는 법 제525조 및 제526조제1항에 따라 몰수물을 공매·파괴·폐기 등의 방법으로 처분하거나 내주었을 때에는 몰수물 처분조서를 작성해야 한다.
② 제1항에 따른 처분조서에는 처분한 일시 및 장소, 처분한 몰수물, 처분 방법 및 이유, 처분 후의 조치와 그 밖에 필요한 사항을 적고, 군검사와 처분에 참여한 사람이 서명날인해야 한다.
③ 군검사는 법 제526조제2항에 따라 몰수물의 대가를 내주었을 때에는 처분조서에 그 사실을 부기(附記)해야 한다.
(2022.6.30 본조개정)

제37조【관할관의 확인 조치】 법 제535조제2항에 따라 관할관이 형을 감경하는 경우에는 형의 종류를 변경할 수 없다. 다만, 사형을 징역형으로 감경하는 경우에는 그렇지 않다.(2022.6.30 본조개정)

제38조 (2012.3.30 삭제)

부 칙 (2017.9.5)

제1조【시행일】 이 영은 공포한 날부터 시행한다.(이하 생략)

부 칙 (2019.7.2)

이 영은 공포한 날부터 시행한다.(이하 생략)

부 칙 (2022.6.30)

제1조【시행일】 이 영은 2022년 7월 1일부터 시행한다.

제2조【다른 법령의 개정】 ①~⑪ ※(해당 법령에 가제정리 하였음)

군에서의 형의 집행 및 군수용자의 처우에 관한 법률

(약칭 : 군형집행법)

(2009년 11월 2일 전부개정법률 제9819호)

개정
2009.12.29법 9847호(감염병)
2011. 8. 4법11005호(의료법)
2014. 5.20법12599호
2016. 1. 6법13722호(군사법원)
2017. 3.21법14609호(군인사법)
2017.12.12법15166호
2020. 2. 4법16927호

제1편 총 칙

제1조【목적】 이 법은 군수형자의 교정·교화와 건전한 사회복귀를 도모하고, 군수용자의 처우와 권리 및 군교정시설의 운영에 필요한 사항을 규정함을 목적으로 한다.

제2조【용어의 정의】 이 법에서 사용하는 용어의 뜻은 다음과 같다.
1. "군수형자"란 「군사법원법」에 따라 징역형, 금고형 또는 구류형을 선고받아 그 형이 확정된 사람과 벌금이나 과료를 완납하지 아니하여 같은 법 제533조에 따라 노역장유치 명령을 받은 사람을 말한다.
2. "군미결수용자"란 「군사법원법」에 따라 형사피의자 또는 형사피고인으로서 체포되거나 구속영장의 집행을 받은 사람을 말한다.
3. "사형확정자"란 「군사법원법」에 따라 사형을 선고받아 그 형이 확정되었으나 형이 집행되지 아니한 사람을 말한다.
4. "군수용자"란 군수형자, 군미결수용자, 사형확정자, 그 밖에 법률과 적법한 절차에 따라 군교도소, 군교도소 지소(支所) 및 군미결수용실(이하 "군교정시설"이라 한다)에 수용된 사람을 말한다.
5. "소장"이란 군교도소장, 군교도소 지소의 장 및 군미결수용실이 설치된 부대의 장을 말한다.
6. "군교도관"이란 군교정시설에서 군수용자의 계호(戒護), 군교정시설의 운영 및 경비 등의 업무를 담당하는 장교, 준사관, 부사관 및 군무원을 말한다.

제3조【적용 범위】 이 법은 군교정시설의 구내와 군교도관(이하 "교도관"이라 한다)이 군수용자를 계호하고 있는 그 밖의 장소로서 교도관의 통제가 필요한 공간에 대하여 적용한다.

제4조【군교정시설의 설치 등】 ① 국방부장관은 군수형자에 대한 형의 집행에 관한 사무를 관장하기 위하여 군교도소(이하 "교도소"라 한다)를 설치·운영하고, 필요하다고 인정하는 경우 교도소에 지소를 설치·운영할 수 있다.
② 국방부장관은 군미결수용자를 수용하기 위하여 교도소와 대통령령으로 정하는 부대에 군미결수용실(이하 "미결수용실"이라 한다)을 설치·운영할 수 있다.
③~④ (2014.5.20 삭제)
(2014.5.20 본조개정)

제5조【인권의 존중】 이 법을 집행할 때 군수용자의 인권을 최대한 존중하여야 한다.

제6조【차별금지】 군수용자는 합리적인 이유 없이 성별, 종교, 장애, 나이, 사회적 신분, 출신지역, 용모 등 신체조건, 병력(病歷), 혼인 여부, 정치적 의견 및 성적(性的) 지향 등을 이유로 차별받지 아니한다.

제7조【군교정시설의 순회점검】 국방부장관은 군교정시설의 운영, 교도관의 복무, 군수용자의 처우 및 인권실태 등을 파악하기 위하여 매년 한 번 이상 군교정시설을 순회점검하거나 소속 공무원으로 하여금 순회점검하게 하여야 한다.(2014.5.20 본조개정)

제8조【군교정시설의 시찰 및 참관】 ① 군판사와 군검사는 직무상 필요하면 군교정시설을 시찰할 수 있다.(2016.1.6 본항개정)
② 군판사와 군검사 외의 사람은 군교정시설을 참관하려면 학술연구 등 정당한 사유를 구체적으로 밝혀 소장의 허가를 받아야 한다.(2016.1.6 본항개정)
③ 제1항 및 제2항에 따른 시찰 및 참관에 관하여 필요한 사항은 대통령령으로 정한다.

제9조【교도관의 직무】 이 법에서 규정한 사항 외에 교도관의 직무에 관하여는 국방부령으로 정한다.

제2편 군수용자의 처우

제1장 수 용

제10조【구분수용】 군수용자는 다음 각 호에 따라 구분하여 수용한다.
1. 교도소(지소를 포함한다. 이하 같다) : 군수형자
2. 미결수용실 : 군미결수용자

제11조【구분수용의 예외】 ① 다음 각 호의 어느 하나에 해당하면 교도소에 군미결수용자를 수용할 수 있다.
1. 미결수용실의 수용 인원이 정원을 훨씬 초과하여 미결수용실의 정상적인 운영이 어려울 때
2. 범죄의 증거 인멸을 방지하기 위하여 필요하거나 그 밖에 특별한 사정이 있을 때
② 미결수용실이 설치된 부대의 장은 특별한 사정이 있을 때에는 교도소로 이송(移送)하여야 할 군수형자를 3개월을 초과하지 아니하는 범위에서 계속하여 수용할 수 있다.

제12조【분리수용】 ① 남성과 여성은 분리하여 수용한다.
② 군수형자와 군미결수용자를 같은 군교정시설에 수용할 때에는 서로 분리하여 수용한다.

제13조【독거수용】 ① 군수용자는 독거수용한다. 다만, 다음 각 호의 어느 하나에 해당하면 혼거(混居)수용할 수 있다.
1. 독거실 부족 등 시설이 충분하지 아니할 때
2. 군수용자의 생명이나 신체의 보호, 정서적 안정을 위하여 필요할 때
3. 군수형자의 교화 또는 건전한 사회복귀를 위하여 필요할 때
② 제1항에서 규정한 사항 외에 독거수용의 구분 등 독거수용에 관하여 필요한 사항은 대통령령으로 정한다.

제14조【혼거수용】 ① 혼거수용하는 경우에는 다음 각 호의 구분에 따라 거실(居室)을 구분하여 수용한다. 다만, 군수용자의 죄질·성격·범죄전력·나이·경력 및 수용생활 태도, 그 밖에 군수용자의 개인적 특성을 고려하여 거실을 별도로 구분하여 수용할 수 있다.
1. 장성급(將星級) 장교 및 이와 같은 대우를 받는 군무원
2. 장성급 장교 외의 장교, 준사관, 부사관 및 이와 같은 대우를 받는 군무원 또는 사관후보생
(2017.3.21 1호~2호개정)
3. 병(兵)
4. 제1호부터 제3호까지에서 규정한 사람이 아닌 사람
② 제1항에서 규정한 사항 외에 혼거수용 인원의 기준, 혼거수용의 제한 등에 관하여 필요한 사항은 대통령령으로 정한다.

제15조【신입자의 수용 등】 ① 소장은 군수용자로서 군교정시설에 처음으로 수용되는 사람(이하 "신입자"라 한다)에 대하여는 집행지휘서, 재판서, 그 밖에 수용에 필요한 서류를 조사한 후 수용한다.
② 소장은 대통령령으로 정하는 바에 따라 신입자에게 군의관이 실시하는 건강진단을 받게 하여야 한다.

제16조【감염병환자의 수용】 ① 소장은 다른 사람의 건강에 위해(危害)를 끼칠 우려가 있는 감염병(「감염병의 예방 및 관리에 관한 법률」 제2조제1호에 따른 감염병을 말한다. 이하 같다)에 걸린 사람이 있으면, 지체 없이 수용지휘기관과 관할 보건소장에게 통보하고 국방부장관에게 보고한 후 국방부장관의 조치에 따라 수용을 중단할 수 있다.
② 제1항에 따라 보고를 받은 국방부장관은 지체 없이 「감염병의 예방 및 관리에 관한 법률」에서 정하는 바에 따라 필요한 조치를 하여야 한다. 이 경우 군교정시설이 아닌 곳에 수용된 사람에 대하여는 제38조제2항 및 제3항을 준용한다.
(2009.12.29 본조개정)

제17조【고지사항】 소장은 교도관으로 하여금 신입자와 다른 군교정시설에서 이송되어 온 사람에게 말이나 글로 다음 각 호의 사항을 알려주도록 하여야 한다.
1. 형기의 기산일 및 종료일
2. 접견·서신수수, 그 밖의 군수용자의 권리에 관한 사항
3. 청원, 「국가인권위원회법」에 따른 진정, 그 밖의 권리구제에 관한 사항
4. 징벌·규율, 그 밖의 군수용자의 의무에 관한 사항
5. 일과(日課) 및 그 밖에 수용생활에 필요한 기본적인 사항

제18조【사진촬영 등】 ① 소장은 신입자와 다른 군교정시설에서 이송되어 온 사람을 식별하기 위하여 필요한 한도에서 사진촬영, 지문채취, 군수용자 번호지정, 그 밖에 대통령령으로 정하는 조치를 하여야 한다.
② 소장은 수용목적상 필요하면 수용 중인 사람에 대하여도 제1항의 조치를 할 수 있다.

제19조【군수용자의 이송】 소장은 군수용자의 수용·작업·교화·의료, 그 밖의 처우를 위하여 필요하거나 시설이 부족하거나 시설의 안전과 질서유지를 위하여 필요하다고 인정하면 국방부장관의 승인을 받아 군수용자를 다른 군교정시설로 이송할 수 있다.(2014.5.20 본조개정)

제20조【군수용자의 일반교도소 등으로의 이송】 ① 국방부장관은 필요하면 법무부장관의 동의를 받아 군수용자를 일반교도소나 구치소에 수용할 수 있다. 다만, 여성 군수용자는 특별한 사유가 없으면 일반교도소나 구치소에 수용하여야 한다.
② 제1항에 따라 일반교도소나 구치소에 수용된 군수용자에게는 「형의 집행 및 수용자의 처우에 관한 법률」을 적용한다.

제21조【수용사실의 가족 통지】 소장은 신입자나 다른 군교정시설에서 이송되어 온 사람이 있으면 그 사실을 군수용자의 가족(배우자, 직계 존속·비속 또는 형제자매를 말한다. 이하 같다)에게 지체 없이 통지하여야 한다. 다만, 군수용자가 통지를 원하지 아니하면 그러하지 아니하다.

제2장 물품 지급

제22조【의류 및 침구 등의 지급】 ① 소장은 군수용자의 건강, 계절 등을 고려하여 군수용자에게 건강 유지에 적합한 의류·침구, 그 밖의 생활용품을 지급한다.
② 제1항에 따른 의류·침구, 그 밖의 생활용품의 지급기준 등에 관하여 필요한 사항은 국방부령으로 정한다.

제23조【음식물의 지급】 ① 소장은 군수용자에게 건강상태, 나이, 부과된 작업의 종류, 그 밖의 개인적 특성을 고려하여 건강 및 체력을 유지하는 데에 필요한 음식물을 지급한다.
② 제1항에 따라 지급하는 음식물의 구분 및 지급 방법 등에 관하여 필요한 사항은 대통령령으로 정하고, 구체적인 음식물의 지급기준 등에 관하여 필요한 사항은 국방부령으로 정한다.

제24조【물품의 자비구매】 ① 군수용자는 소장의 허가를 받아 자신의 비용으로 음식물·의류·침구, 그 밖에 수용생활에 필요한 물품을 구매할 수 있다.
② 제1항에 따른 물품의 자비구매 허가의 기준에 관한 사항은 대통령령으로 정하고, 자비구매 물품의 종류, 공급 및 검수 등에 관한 사항은 국방부령으로 정한다.

제3장 금품 관리

제25조【휴대금품의 영치 등】 ① 소장은 군수용자의 휴대금품(군수용자가 군교정시설에 수용될 때 지니고 있는 현금·자기앞수표, 그 밖의 휴대품을 말한다. 이하 같다)을 군교정시설에 영치(領置)한다. 다만, 휴대품이 다음 각 호의 어느 하나에 해당하는 것이면 군수용자로 하여금 자신이 지정하는 사람에게 보내게 하거나 그 밖의 적당한 방법으로 처분하게 할 수 있다.
1. 부패하거나 없어질 우려가 있는 것
2. 물품의 종류·크기 등을 고려할 때 보관하기에 적당하지 아니한 것
3. 사람의 생명이나 신체에 위험을 초래할 우려가 있는 것
4. 시설의 안전이나 질서를 해칠 우려가 있는 것
5. 그 밖에 영치할 가치가 없는 것
② 소장은 군수용자가 제1항 단서에 따라 처분하여야 할 휴대품을 상당한 기간 내에 처분하지 아니하면 폐기할 수 있다.
③ 군수용자 휴대금품의 영치·사용, 영치의 예외 등에 관하여 필요한 사항은 대통령령으로 정한다.

제26조【군수용자의 물품 소지 등】 ① 군수용자는 서신·도서, 그 밖에 수용생활에 필요한 물품을 국방부장관이 정하는 범위에서 소지할 수 있다.
② 소장은 제1항에 따른 소지범위를 벗어난 물품으로서 특별히 군교정시설에 영치할 필요가 있다고 인정하지 아니하는 물품은 군수용자로 하여금 자신이 지정하는 사람에게 보내게 하거나 그 밖의 적당한 방법으로 처분하게 할 수 있다.
③ 소장은 군수용자가 제2항에 따라 처분하여야 할 물품을 상당한 기간 내에 처분하지 아니하면 폐기할 수 있다.

제27조【군수용자에 대한 금품 교부】 ① 군수용자 외의 사람이 군수용자에게 금품을 교부하려고 신청하면 소장은 다음 각 호의 어느 하나에 해당할 때를 제외하고는 이를 허가하여야 한다.
1. 군수형자의 교화 또는 건전한 사회복귀를 해칠 우려가 있을 때
2. 시설의 안전이나 질서를 해칠 우려가 있을 때
② 소장은 제1항에 따라 교부를 허가한 금품을 대통령령으로 정하는 바에 따라 검사한 후 군수용자에게 사용하게 하여야 한다.
③ 소장은 군수용자에게 보내온 금품을 본인이 받기를 거부하거나 제1항 각 호의 어느 하나에 해당하면 보낸 사람에게 돌려보내야 한다.

④ 소장은 제3항의 경우에 금품을 보낸 사람을 알 수 없거나 보낸 사람의 주소가 분명하지 아니할 때에는 그 사실을 공고하여야 하고, 공고한 날부터 6개월이 지나도 금품 교부를 청구하는 사람이 없으면 그 금품은 국고에 귀속된다.
⑤ 소장은 제3항이나 제4항에 따른 조치를 하였으면 그 사실을 군수용자에게 알려주어야 한다.
⑥ 제1항부터 제5항까지에서 규정한 사항 외에 군수용자에 대한 금품 교부의 허가에 관하여 필요한 사항은 국방부령으로 정한다.
제28조【유류금품의 교부】 ① 소장은 사망자나 도주자가 남겨둔 금품이 있으면 사망자의 상속인이나 도주자의 가족에게 그 내용 및 교부 청구절차 등을 알려주어야 한다. 다만, 부패하거나 없어질 우려가 있는 것은 폐기할 수 있다.
② 소장은 상속인이나 가족이 제1항의 금품을 청구하면 지체 없이 교부하여야 한다. 다만, 제1항에 따른 고지를 받은 날(알려줄 수가 없는 경우에는 청구사유가 발생한 날을 말한다)부터 1년이 지나도 청구하지 아니하면 그 금품은 국고에 귀속된다.
③ 소장은 제2항 본문에도 불구하고 제1항의 금품을 그대로 교부하기 어려운 특별한 사정이 있으면 그 금품을 팔아 대가를 상속인이나 가족에게 교부할 수 있다.
제29조【영치금품의 사용허가】 소장은 군수용자가 영치금품으로 부모·배우자 또는 자녀의 생계부조, 그 밖의 정당한 용도에 사용할 것을 신청하면 대통령령으로 정하는 기준과 절차에 따라 허가할 수 있다.
제30조【영치금품의 반환】 군수용자의 영치금품은 석방할 때 본인에게 돌려주어야 한다.

제4장 위생과 의료

제31조【위생·의료 조치의무】 소장은 군수용자가 건강한 생활을 하는 데에 필요한 위생상 및 의료상 적절한 조치를 하여야 한다.
제32조【청결 유지】 소장은 군수용자가 사용하는 모든 설비와 기구가 항상 청결하게 유지되도록 하여야 한다.
제33조【청결의무】 ① 군수용자는 자신의 신체와 의류를 청결히 하여야 하고, 자신이 사용하는 거실·작업장, 그 밖의 수용시설의 청결 유지에 협력하여야 한다.
② 군수용자는 위생을 위하여 머리나 수염을 단정하게 하여야 한다.
제34조【운동 및 목욕】 ① 소장은 군수용자가 건강 유지에 필요한 운동과 목욕을 정기적으로 할 수 있도록 하여야 한다.
② 제1항에 따른 운동시간, 목욕횟수 등에 관하여 필요한 사항은 대통령령으로 정한다.
제35조【건강검진】 ① 소장은 군수용자에 대하여 건강검진을 정기적으로 실시하여야 한다.
② 제1항에 따른 건강검진의 횟수 등에 관하여 필요한 사항은 대통령령으로 정한다.
제36조【감염병 등에 관한 조치】 ① 소장은 감염병이나 그 밖에 전염 또는 감염의 우려가 있는 질병의 발생과 확산을 방지하기 위하여 필요하다고 인정하면 군수용자에 대하여 예방접종, 격리수용, 이송, 그 밖에 필요한 조치를 하여야 한다.(2009.12.29 본항개정)
② 제1항에 따른 소장의 조치에 관하여 필요한 사항은 대통령령으로 정한다.
(2009.12.29 본조제목개정)
제37조【부상자 등 치료】 소장은 군수용자가 부상을 당하거나 질병에 걸리면 적절한 치료를 받도록 하여야 하고, 그 밖에 대통령령으로 정하는 바에 따라 필요한 조치를 할 수 있다.
제38조【군병원 및 외부의료시설 진료 등】 ① 소장은 군수용자에 대한 적절한 치료를 위하여 필요하다고 인정하면 군수용자를 군병원이나 군병원이 아닌 의료시설(이하 "외부의료시설"이라 한다)에서 진료를 받게 할 수 있다.
② 제1항에 따라 군병원이나 외부의료시설에서 진료를 받게 된 사람은 군수용자에 준하여 처우한다.
③ 소장은 제1항에 따라 군수용자가 군병원이나 외부의료시설에서 진료를 받게 되면 그 사실을 그 가족(가족이 없을 때에는 군수용자가 지정하는 사람을 말한다)에게 지체 없이 통지하여야 한다. 다만, 군수용자가 통지를 원하지 아니하면 그러하지 아니하다.
④ 소장은 군수용자가 자신의 고의 또는 중대한 과실로 부상 등을 입어 외부의료시설에서 진료를 받았을 때에는 그 진료비의 전부 또는 일부를 그 군수용자에게 부담시킬 수 있다.
제39조【자비치료】 소장은 군수용자가 자신의 비용으로 외부의료시설에서 근무하는 의사(이하 "외부의사"라 한다)에게 치료받기를 원하면 군의관의 의견을 참고하여 치료를 허가할 수 있다.
제40조【진료환경 등】 ① 군교정시설에는 군수용자의 진료를 위하여 필요한 의료 인력과 설비를 갖추어야 한다.
② 소장은 정신질환이 있다고 의심되는 군수용자가 있으면 정신건강의학과 군의관의 진료를 받게 하여야 한다.
(2011.8.4 본항개정)
③ 외부의사는 군수용자를 진료할 때에는 국방부장관이 정하는 사항을 준수하여야 한다.
제41조【군수용자의 의사에 반하는 의료조치】 ① 소장은 군수용자가 진료나 음식물의 섭취를 거부하면 군의관으로 하여금 관찰·조언 또는 설득을 하게 하여야 한다.
② 소장은 제1항의 조치에도 불구하고 군수용자가 진료나 음식물의 섭취를 계속 거부하여 그 생명에 위험을 가져올 급박한 우려가 있으면 군의관으로 하여금 적당한 진료나 영양보급 등의 조치를 하게 할 수 있다.

제5장 접견, 서신수수 및 전화통화

제42조【접견】 ① 군수용자는 군교정시설의 외부에 있는 사람과 접견할 수 있다. 다만, 다음 각 호의 어느 하나에 해당하면 그러하지 아니하다.
1. 형사 법령에 저촉되는 행위를 할 우려가 있을 때
2. 「군사법원법」이나 다른 법률에 따른 접견금지 결정이 있을 때
3. 군수형자의 교화나 건전한 사회복귀를 해칠 우려가 있을 때
4. 시설의 안전이나 질서를 해칠 우려가 있을 때
② 소장은 다음 각 호의 어느 하나에 해당하면 교도관으로 하여금 군수용자의 접견내용을 청취·기록·녹음 또는 녹화하게 할 수 있다. 이 경우 접견을 하는 군수용자와 군수용자가 아닌 사람은 국어로 의사소통을 하기 어려운 사정이 있는 경우 외에는 외국어를 사용하여서는 아니된다.
1. 범죄의 증거를 없애거나 형사 법령에 저촉되는 행위를 할 우려가 있을 때
2. 군수형자의 교화나 건전한 사회복귀를 위하여 필요할 때
3. 시설의 안전과 질서유지를 위하여 필요할 때
③ 제2항에 따라 녹음·녹화하는 경우에는 미리 군수용자와 그 상대방에게 그 사실을 알려주어야 한다.
④ 군수용자의 구분에 따른 접견의 횟수·시간·장소·방법 및 제2항에 따른 접견내용의 청취·기록·녹음·녹화, 접견기록물 등의 관리 등에 관하여 필요한 사항은 대통령령으로 정한다.
제43조【접견의 중지 등】 교도관은 접견 중인 군수용자나 그 상대방이 다음 각 호의 어느 하나에 해당하면 접견을 중지할 수 있다.
1. 범죄의 증거를 없애거나 없애려고 할 때
2. 제79조에 따른 금지물품을 주고받거나 주고받으려고 할 때
3. 형사 법령에 저촉되는 행위를 하거나 하려고 할 때
4. 군수용자의 처우 또는 군교정시설의 운영에 관하여 거짓 사실을 퍼뜨릴 때
5. 군수형자의 교화나 건전한 사회복귀를 해칠 우려가 있는 행위를 하거나 하려고 할 때
6. 시설의 안전이나 질서를 해치는 행위를 하거나 하려고 할 때
제44조【서신수수】 ① 군수용자는 다른 사람에게 서신을 보내거나 다른 사람으로부터 서신을 받을 수 있다. 다만, 다음 각 호의 어느 하나에 해당하면 그러하지 아니하다.
1. 「군사법원법」이나 다른 법률에 따른 서신의 수수 금지 및 압수의 결정이 있을 때
2. 군수형자의 교화나 건전한 사회복귀를 해칠 우려가 있을 때
3. 시설의 안전이나 질서를 해칠 우려가 있을 때
② 제1항 본문에도 불구하고 같은 군교정시설에 수용되어 있는 군수용자 사이에 서신을 주고받으려면 소장의 허가를 받아야 한다.
③ 소장은 군수용자가 주고받는 서신에 법령에서 금지한 물품이 들어 있는지 확인할 수 있다.
④ 군수용자가 주고받는 서신의 내용은 검열받지 아니한다. 다만, 다음 각 호의 어느 하나에 해당하면 그러하지 아니하다.
1. 서신의 상대방이 누구인지 확인할 수 없을 때
2. 「군사법원법」이나 다른 법률에 따른 서신검열의 결정이 있을 때
3. 제1항제2호 또는 제3호에 해당하는 내용이나 형사 법령에 저촉되는 내용이 적혀 있다고 의심할 만한 충분한 이유가 있을 때
4. 대통령령으로 정하는 군수용자 사이의 서신일 때
⑤ 소장은 제3항 또는 제4항 단서에 따라 확인하거나 검열한 결과 군수용자의 서신에 법령에서 금지한 물품이 들어 있거나 서신의 내용이 다음 각 호의 어느 하나에 해당하면 그 서신을 보내거나 받는 것을 금지할 수 있다.
1. 암호·기호 등 이해할 수 없는 특수문자로 작성되어 있을 때
2. 범죄의 증거를 없앨 우려가 있을 때
3. 형사 법령에 저촉되는 내용이 적혀 있을 때
4. 군수용자의 처우나 교정시설의 운영에 관하여 명백한 거짓 사실을 포함하고 있을 때
5. 사생활의 비밀이나 자유를 침해할 우려가 있을 때
6. 군수형자의 교화나 건전한 사회복귀를 해칠 우려가 있을 때
7. 시설의 안전이나 질서를 해칠 우려가 있을 때
⑥ 소장은 제3항에 따라 확인을 하거나 제4항 단서에 따라 검열을 한 뒤 그 서신이 제1항 각 호 또는 제5항 각 호의 어느 하나에 해당하지 아니하는 경우에는 지체 없이 군수용자의 서신을 발송하거나 교부하여야 한다.
⑦ 소장은 제1항 단서 또는 제5항에 따라 보내거나 받는 것이 금지된 서신은 군수용자에게 그 사유를 알린 후 군교정시설에 영치한다. 다만, 군수용자가 동의하면 폐기할 수 있다.
⑧ 제1항부터 제5항까지의 규정에 따른 서신 발송의 횟수, 서신 내용물의 확인방법 및 서신 내용의 검열절차 등에 관하여 필요한 사항은 대통령령으로 정한다.
제45조【전화통화】 ① 군수용자는 소장의 허가를 받아 군교정시설의 외부에 있는 사람과 전화통화를 할 수 있다.
② 제1항에 따른 허가에는 통화내용의 청취 또는 녹음을 조건으로 붙일 수 있다.
③ 군수용자의 전화통화에 관하여는 제42조제2항 후단 및 제43조를 준용한다.
④ 제2항에 따라 통화내용을 청취하거나 녹음하려면 미리 군수용자와 상대방에게 그 사실을 알려주어야 한다.
⑤ 제1항과 제2항에 따른 전화통화의 허가범위, 통화내용의 청취·녹음 등에 관하여 필요한 사항은 대통령령으로 정한다.

제6장 종교와 문화

제46조【종교행사의 참석 등】 ① 군수용자는 군교정시설에서 실시되는 종교의식이나 행사에 참석할 수 있으며, 개별적인 종교상담을 받을 수 있다.
② 군수용자는 자신의 신앙생활에 필요한 서적이나 물품을 소지할 수 있다.
③ 소장은 다음 각 호의 어느 하나에 해당하면 제1항과 제2항에서 규정하고 있는 사항을 제한할 수 있다.
1. 군수형자의 교화나 건전한 사회복귀를 위하여 필요할 때
2. 시설의 안전과 질서유지를 위하여 필요할 때
④ 제1항부터 제3항까지의 규정에 따라 군수용시설에서 실시하는 종교행사의 종류와 참석 대상·방법, 종교상담의 대상·방법 및 종교 서적·물품의 소지범위 등에 관하여 필요한 사항은 국방부령으로 정한다.
제47조【도서비치 및 이용】 소장은 군수용자의 지식 함양과 교양 습득에 필요한 도서를 갖추어 두고 군수용자가 이용할 수 있도록 하여야 한다.
제48조【신문 등의 구독】 ① 군수용자는 자신의 비용으로 신문·잡지 또는 도서(이하 "신문등"이라 한다)의 구독을 신청할 수 있다.
② 소장은 제1항에 따라 구독을 신청한 신문등이 「출판문화산업 진흥법」에 따른 유해간행물인 경우를 제외하고는 구독을 허가하여야 한다.
③ 제1항에 따라 구독을 신청할 수 있는 신문등의 범위와 수량, 구독허가의 취소 등에 관하여 필요한 사항은 국방부령으로 정한다.
제49조【라디오 청취와 텔레비전 시청】 ① 군수용자는 정서 안정과 교양 습득을 위하여 대통령령으로 정하는 바에 따라 라디오 청취와 텔레비전 시청을 할 수 있다.
② 소장은 다음 각 호의 어느 하나에 해당하면 군수용자에 대하여 라디오 청취 및 텔레비전 시청을 일시 중단시키거나 개별 군수용자에 대하여 라디오 청취 또는 텔레비전 시청을 금지할 수 있다.
1. 군수형자의 교화나 건전한 사회복귀를 해칠 우려가 있을 때
2. 시설의 안전과 질서유지를 위하여 필요할 때
③ 제1항 및 제2항에 따른 방송설비, 방송프로그램, 방송시간 등에 관하여 필요한 사항은 국방부령으로 정한다.
제50조【집필】 ① 군수용자는 문서나 도화를 작성하거나 문예·학술, 그 밖의 사항에 관하여 집필할 수 있다. 다만, 소장이 시설의 안전이나 질서를 해칠 명백한 위험이 있다고 인정하는 경우에는 그러하지 아니하다.
② 제1항에 따라 작성 또는 집필한 문서나 도화의 소지와 처분에 관하여는 제26조를 준용한다.
③ 제1항에 따라 작성 또는 집필한 문서나 도화가 제44조제5항 각 호의 어느 하나에 해당하는 경우에는 같은 조 제7항을 준용한다.
④ 제1항부터 제3항까지의 규정에 따른 집필용구의 관리, 집필의 시간·장소, 집필한 문서 또는 도화의 외부반출 등에 관하여 필요한 사항은 대통령령으로 정한다.

제7장 군수형자의 처우

제1절 통 칙

제51조【군수형자 처우의 원칙】 ① 군수형자에 대하여는 교육, 교화프로그램, 작업, 직업훈련 등을 통하여 교정·교화를 도모하고 사회생활에 적응하는 능력을 기르도록 처우하여야 한다.
② 소장은 국방부령으로 정하는 바에 따라 군수형자의 인성, 행동 특성 및 자질, 뉘우침의 정도, 상벌 실적, 작업 실적 및 교육·훈련 실적 등을 측정·평가하고, 그 결과를 군수형자의 처우에 반영할 수 있다.
제52조【외부전문가의 상담 등】 소장은 군수형자의 교화나 건전한 사회복귀를 위하여 필요하면 교육학, 교정

학, 범죄학, 사회학, 심리학, 의학 등에 관한 학식 또는 교정에 관한 경험이 풍부한 외부전문가로 하여금 군수형자에 대한 상담·심리치료 또는 생활지도 등을 하게 할 수 있다.

제2절 교육과 교화프로그램

제53조【교육】 ① 소장은 군수형자가 건전한 사회복귀에 필요한 지식과 소양을 습득하도록 교육할 수 있다.
② 소장은 제1항에 따른 교육을 위하여 필요하면 군수형자를 외부의 교육기관에 통학하게 하거나 위탁하여 교육받게 할 수 있다.
③ 교육대상자인 군수형자는 교육과 관련된 관계 법령, 학칙 및 소장이 정하는 교육관리지침 등을 성실하게 준수하여야 한다.
④ 제1항 및 제2항에 따른 교육대상자의 선발 및 선발 취소, 교육과정, 외부통학, 위탁교육 등에 관하여 필요한 사항은 국방부령으로 정한다.
제54조【교화프로그램】 ① 소장은 군수형자의 교정·교화를 위하여 상담·심리치료, 그 밖의 교화프로그램을 실시하여야 한다.
② 제1항에 따른 교화프로그램의 종류·내용 등에 관하여 필요한 사항은 국방부령으로 정한다.

제3절 작업과 직업훈련

제55조【작업의 부과】 ① 군수형자에게 부과하는 작업은 건전한 사회복귀를 위하여 기술을 습득하고, 근로의욕을 고취하는 데에 적합하여야 한다.
② 소장은 군수형자에게 작업을 부과하려면 나이·형기·건강상태·기술·성격·취미·경력·장래생계, 그 밖의 군수형자의 사정을 고려하여야 한다.
제56조【작업의무】 군수형자는 자신에게 부과된 작업과 그 밖의 노역을 수행하여야 할 의무가 있다.
제57조【신청에 따른 작업】 소장은 금고형이나 구류형의 집행 중에 있는 사람에 대하여는 신청에 따라 작업을 부과할 수 있다.
제58조【외부 통근 작업 등】 ① 소장은 군수형자의 건전한 사회복귀와 기술 습득을 촉진하기 위하여 필요하면 군수형자를 외부기업체 등에 통근하며 작업하게 할 수 있다.
② 제1항에 따른 외부 통근 작업 대상자 및 외부기업체 등의 선정기준, 선정 취소 등에 관하여 필요한 사항은 국방부령으로 정하고, 그 밖에 외부 통근 작업의 운영에 관하여 필요한 사항은 국방부장관이 정한다.
제59조【직업능력개발훈련】 ① 소장은 군수형자의 건전한 사회복귀를 위하여 기술 습득 및 향상을 위한 직업능력개발훈련(이하 "직업훈련"이라 한다)을 실시할 수 있다.
② 소장은 군수형자의 직업훈련을 위하여 필요하면 외부의 기관이나 단체에서 훈련을 받게 할 수 있다.
③ 제1항 및 제2항에 따른 직업훈련 대상자의 선정기준 등에 관하여 필요한 사항은 국방부령으로 정한다.
제60조【집중근로에 따른 처우】 ① 소장은 군수형자의 신청에 따라 제58조의 작업, 제59조제2항의 훈련, 그 밖에 집중적인 근로가 필요한 작업을 부과하는 경우에는 접견, 전화통화, 교육 및 공동행사 참가 등의 처우를 제한할 수 있다. 다만, 접견이나 전화통화를 제한할 때에는 공휴일, 토요일과 그 밖에 대통령령으로 정하는 휴일과 그 군수형자의 작업이 없는 날에 접견이나 전화통화를 할 수 있게 하여야 한다.
② 소장은 제1항에 따라 작업을 부과하거나 훈련을 받게 하기 전에 해당 군수형자에게 제한되는 처우의 내용을 충분히 설명하여야 한다.
제61조【휴일의 작업】 공휴일, 토요일과 그 밖에 대통령령으로 정하는 휴일에는 작업을 부과하지 아니한다. 다만, 취사, 청소, 간호, 그 밖에 특별히 필요한 작업은 그러하지 아니하다.
제62조【작업의 면제】 ① 소장은 군수형자의 가족이나 배우자의 직계존속이 사망하면 2일간, 부모나 배우자의 기일(忌日)을 맞이하면 1일간 해당 군수형자의 작업을 면제한다. 다만, 군수형자가 작업을 계속하기를 원하는 경우에는 그러하지 아니하다.
② 소장은 군수형자에게 부상, 질병, 그 밖에 작업을 계속하기 어려운 특별한 사정이 있으면 그 사유가 없어질 때까지 작업을 면제할 수 있다.
제63조【작업수입 등】 ① 작업수입은 국고수입으로 한다.
② 소장은 군수형자의 근로의욕을 고취하고 건전한 사회복귀를 지원하기 위하여 국방부장관이 정하는 바에 따라 작업의 종류, 작업성적, 교정성적, 그 밖의 사정을 고려하여 군수형자에게 작업장려금을 지급할 수 있다.
③ 제2항의 작업장려금은 석방할 때 본인에게 지급한다. 다만, 본인의 가족생활 부조, 교화 또는 건전한 사회복귀를 위하여 특별히 필요하면 석방 전이라도 그 전부 또는 일부를 지급할 수 있다.
제64조【위로금·조위금】 ① 소장은 군수형자가 다음 각 호의 어느 하나에 해당하면 국방부장관이 정하는 바에 따라 위로금이나 조위금을 지급할 수 있다.
1. 작업이나 직업훈련으로 인한 부상 또는 질병으로 신체에 장해가 발생하였을 때
2. 작업이나 직업훈련 중에 사망하거나 그로 인하여 사망하였을 때
② 위로금은 석방할 때 본인에게 지급하고, 조위금은 그 상속인에게 지급한다.
제65조【다른 보상·배상과의 관계】 제64조에 따른 위로금이나 조위금을 받을 사람이 국가로부터 동일한 사유로 「민법」이나 그 밖의 법령에 따라 해당 위로금이나 조위금에 상당하는 금액을 받았을 때에는 그 금액은 위로금이나 조위금으로 지급하지 아니한다.

제4절 귀 휴

제66조【귀휴】 ① 소장은 6개월 이상 복역한 군수형자로서 그 형기의 3분의 1(21년 이상의 유기형 또는 무기형의 경우에는 7년을 말한다)이 지나고 교정성적이 우수한 사람이 다음 각 호의 어느 하나에 해당하면 1년 중 20일 이내의 귀휴(기간과 행선지를 정하여 외출·외박할 수 있도록 하는 것을 말한다. 이하 같다)를 허가할 수 있다.
1. 가족이나 배우자의 직계존속이 위독할 때
2. 질병이나 사고로 외부의료시설에 입원할 필요가 있을 때
3. 천재지변이나 그 밖의 재해로 가족, 배우자의 직계존속 또는 군수형자 본인에게 회복할 수 없는 중대한 재산상의 손해가 발생하였거나 발생할 우려가 있을 때
4. 그 밖에 교화나 건전한 사회복귀를 위하여 국방부령으로 정하는 사유가 있을 때
② 소장은 다음 각 호의 어느 하나에 해당하는 사유가 있는 군수형자에 대하여는 제1항에도 불구하고 5일 이내의 특별귀휴를 허가할 수 있다.
1. 가족이나 배우자의 직계존속이 사망하였을 때
2. 직계비속의 혼례가 있을 때
③ 소장은 귀휴를 허가하는 경우에 국방부령으로 정하는 바에 따라 거소의 제한이나 그 밖에 필요한 조건을 붙일 수 있다.
④ 제1항 및 제2항의 귀휴기간은 형 집행기간에 포함한다.
제67조【귀휴의 취소】 소장은 귀휴 중인 군수형자가 다음 각 호의 어느 하나에 해당하면 귀휴를 취소할 수 있다.
1. 귀휴의 허가사유가 없는 것으로 밝혀졌을 때
2. 거소의 제한이나 그 밖에 귀휴허가에 붙인 조건을 위반하였을 때

제8장 군미결수용자의 처우

제68조【군미결수용자 처우의 원칙】 군미결수용자는 무죄의 추정을 받으며 그에 합당한 처우를 받는다.
제69조【참관 금지】 군판사, 군검사, 소장, 교도관 및 교도병(군교정시설에서 교도관의 업무를 보조하는 병을 말한다. 이하 같다)이 아닌 사람은 군미결수용자가 수용된 거실은 참관할 수 없다.(2016.1.6 본조개정)
제70조【분리수용】 소장은 군미결수용자로서 사건에 서로 관련이 있는 사람은 분리수용하고 서로 간의 접촉을 금지하여야 한다.
제71조【군복 착용 등】 ① 군인인 군미결수용자는 수사·재판 또는 법률로 정하는 조사에 참석할 때에는 군복을 착용하여야 한다.
② 군무원과 민간인인 군미결수용자는 수사·재판 또는 법률에서 정하는 조사에 참석할 때에는 사복을 착용할 수 있다.
제72조【이발】 군미결수용자의 머리나 수염은 특별히 필요한 경우가 아니면 본인의 의사에 반하여 짧게 깎지 못한다. 다만, 군인이나 군무원인 군미결수용자의 머리나 수염에 관하여는 일반 군인이나 군무원에 준하여 깎도록 할 수 있다.
제73조【변호인과의 접견 및 서신수수】 ① 제42조제2항에도 불구하고 군미결수용자와 변호인(변호인이 되려고 하는 사람을 포함한다. 이하 같다)의 접견에는 교도관이 참여하지 못하며 그 내용을 청취 또는 녹취하지 못한다. 다만, 보이는 거리에서 군미결수용자를 관찰할 수 있다.
② 군미결수용자와 변호인의 접견은 시간과 횟수를 제한하지 아니한다.
③ 제44조제4항 단서에도 불구하고 군미결수용자와 변호인 사이의 서신은 군교정시설에서 상대방이 변호인임을 확인할 수 없는 경우를 제외하고는 검열할 수 없다.
제74조【조사 등에서의 특칙】 소장은 군미결수용자가 징벌대상자로서 조사받고 있거나 징벌 집행 중인 경우에도 소송서류의 작성, 변호인과의 접견·서신수수, 그 밖의 수사 및 재판 과정에서의 권리행사를 보장하여야 한다.
제75조【작업과 교화】 ① 소장은 군미결수용자에 대하여는 신청에 따라 교육 또는 교화프로그램을 실시하거나 작업을 부과할 수 있다.
② 제1항에 따라 군미결수용자에게 교육 또는 교화프로그램을 실시하거나 작업을 부과하는 경우에는 제53조부터 제55조까지 및 제60조부터 제65조까지의 규정을 준용한다.
제76조【준용규정】 형사사건으로 수사 또는 재판을 받고 있는 군수형자와 사형확정자에 대하여는 제73조 및 제74조를 준용한다.

제9장 사형확정자

제77조【사형확정자의 수용과 심리상담 등】 ① 사형확정자는 미결수용실에 수용한다.
② 사형확정자는 독거수용한다. 다만, 자살방지 또는 교화, 작업 등을 위하여 필요한 경우에는 국방부령으로 정하는 바에 따라 혼거수용할 수 있다.
③ 소장은 사형확정자의 심리적 안정 및 원만한 수용생활을 위하여 본인의 신청에 따라 심리상담 또는 종교상담을 받게 하거나 작업을 부과할 수 있다.
제78조【공휴일 등의 사형 집행 금지】 공휴일과 토요일에는 사형을 집행하지 아니한다.(2014.5.20 본조개정)

제10장 안전과 질서

제79조【금지물품】 군수용자는 다음 각 호의 물품을 소지하여서는 아니 된다.
1. 마약·총기·도검·폭발물·흉기·독극물, 그 밖에 범죄의 도구로 이용될 우려가 있는 물품
2. 주류(酒類)·담배·화기(火器)·현금·수표, 그 밖에 시설의 안전 또는 질서를 해칠 우려가 있는 물품
3. 음란물, 사행(射倖)행위에 사용되는 물품, 그 밖에 군수형자의 교화나 건전한 사회복귀를 해칠 우려가 있는 물품
제80조【신체검사 등】 ① 교도관은 시설의 안전과 질서유지를 위하여 필요하면 대통령령으로 정하는 바에 따라 군수용자의 신체·의류·휴대품·거실 및 작업장 등을 검사할 수 있다.
② 제1항에 따라 교도관이 군수용자의 신체를 검사할 때에는 불필요한 고통이나 수치심을 느끼지 아니하도록 유의하여야 하고, 특히 신체를 면밀하게 검사할 필요가 있으면 다른 군수용자가 볼 수 없는 차단된 장소에서 하여야 한다.
③ 교도관은 시설의 안전과 질서유지를 위하여 필요하면 군교정시설을 출입하는 군수용자 외의 사람에 대하여 의류와 휴대품을 검사할 수 있다. 이 경우 출입자가 제79조의 금지물품을 소지하고 있으면 군교정시설에 맡기도록 하여야 하고, 이에 따르지 아니하면 출입을 금지할 수 있다.
④ 여성의 의류와 휴대품에 대한 검사는 여성 교도관이 하여야 한다.
⑤ 소장은 제1항에 따라 검사한 결과 제79조의 금지물품이 발견되면 형사 법령에서 정하는 절차에 따라 처리할 물품을 제외하고는 군수용자에게 알린 후 폐기한다. 다만, 폐기하는 것이 적당하지 아니한 물품은 군교정시설에 영치하거나 군수용자로 하여금 자신이 지정하는 사람에게 보내게 할 수 있다.
제81조【전자장비를 이용한 계호】 ① 교도관은 자살·자해·도주·폭행·손괴, 그 밖에 군수용자의 생명·신체를 해치거나 시설의 안전이나 질서를 해치는 행위(이하 "자살등"이라 한다)를 방지하기 위하여 필요한 범위에서 전자장비를 이용하여 군수용자나 시설을 계호할 수 있다. 다만, 전자영상장비로 거실에 있는 군수용자를 계호하는 것은 자살등의 우려가 클 때에만 할 수 있다.
② 제1항 단서에 따라 거실에 있는 군수용자를 전자영상장비로 계호할 때에는 계호직원·계호시간 및 계호대상 등을 기록하여야 한다.
③ 제1항과 제2항에 따라 계호하는 경우에는 계호를 받는 군수용자의 인권이 침해되지 아니하도록 유의하여야 한다.
④ 제1항과 제2항에 따른 전자장비의 종류·설치장소·사용방법 및 녹화기록물의 관리 등에 관하여 필요한 사항은 국방부령으로 정한다.
제82조【보호실 수용】 ① 소장은 군수용자가 다음 각 호의 어느 하나에 해당하면 군의관의 의견을 참고하여 보호실(자살 및 자해 방지 등의 설비를 갖춘 거실을 말한다. 이하 같다)에 수용할 수 있다.
1. 자살이나 자해의 우려가 있을 때
2. 신체적·정신적 질병으로 인하여 특별한 보호가 필요할 때
② 군수용자를 보호실에 수용하는 기간은 15일 이내로 한다. 다만, 소장은 특별히 계속하여 군수용자를 보호실에 수용할 필요가 있으면 군의관의 의견을 참고하여 그 기간을 연장할 수 있다.
③ 제2항 단서에 따른 기간 연장은 7일 이내로 하되, 계속하여 3개월을 초과할 수 없다.
④ 소장은 군수용자를 보호실에 수용하거나 수용기간을 연장할 때에는 그 사유를 본인에게 알려주어야 한다.
⑤ 군의관은 보호실에 수용된 군수용자의 건강상태를 수시로 확인하여야 한다.
⑥ 소장은 군수용자를 보호실에 수용할 사유가 소멸하면 보호실 수용을 즉시 중단하여야 한다.
제83조【진정실 수용】 ① 소장은 군수용자가 다음 각 호의 어느 하나에 해당하는 때에 강제력을 행사하거나

제85조의 보호장비를 사용하여도 그 목적을 달성할 수 없는 경우에만 진정실(일반 거실과 격리되어 있고, 방음설비 등을 갖춘 거실을 말한다. 이하 같다)에 수용할 수 있다.
1. 군교정시설의 설비나 기구 등을 손괴하거나 손괴하려고 할 때
2. 교도관과 교도병(이하 "교도관등"이라 한다)의 제지에도 불구하고 소란행위를 계속하여 다른 군수용자의 평온한 수용생활을 방해할 때
② 군수용자의 진정실 수용기간은 24시간 이내로 한다. 다만, 소장은 특별히 계속하여 군수용자를 진정실에 수용할 필요가 있으면 군의관의 의견을 참고하여 그 시간을 연장할 수 있다.
③ 제2항 단서에 따른 시간 연장은 12시간 이내로 하되, 계속하여 3일을 초과할 수 없다.
④ 진정실에 수용된 군수용자에 대하여는 제82조제4항부터 제6항까지의 규정을 준용한다.
제84조【보호장비의 사용】 ① 교도관은 군수용자가 다음 각 호의 어느 하나에 해당하면 보호장비를 사용할 수 있다.
1. 이송, 출정(出廷), 그 밖에 군교정시설 밖의 장소로 군수용자를 호송할 때
2. 도주·자살·자해 또는 다른 사람에 대한 위해의 우려가 클 때
3. 위력으로 교도관등의 정당한 직무집행을 방해할 때
4. 군교정시설의 설비·기구 등을 손괴하거나 그 밖에 시설의 안전이나 질서를 해칠 우려가 클 때
② 군수용자에 대하여 보호장비를 사용할 때에는 군수용자의 나이, 건강상태 및 수용생활 태도 등을 고려하여야 한다.
③ 교도관이 군교정시설에서 군수용자에 대하여 보호장비를 사용한 경우에는 군의관은 그 군수용자의 건강상태를 수시로 확인하여야 한다.
제85조【보호장비의 종류 및 사용요건】 ① 보호장비의 종류는 다음 각 호와 같다.
1. 수갑
2. 머리보호 장비
3. 발목보호 장비
4. 보호대(保護帶)
5. 보호의자
6. 보호침대
7. 보호복
8. 포승(捕繩)
② 보호장비의 종류별 사용요건은 다음 각 호와 같다.
1. 수갑·포승 : 제84조제1항 각 호의 어느 하나에 해당할 때
2. 머리보호 장비 : 머리부분을 자해할 우려가 클 때
3. 발목보호 장비·보호대·보호의자 : 제84조제1항제2호부터 제4호까지의 어느 하나에 해당할 때
4. 보호침대·보호복 : 자살하거나 자해할 우려가 클 때
③ 제1항 및 제2항에 따른 보호장비의 사용절차 등에 관하여 필요한 사항은 대통령령으로 정하고, 보호장비의 규격 및 종류별 사용 방법은 국방부령으로 정한다.
제86조【보호장비의 남용 금지】 ① 교도관은 필요한 최소한의 범위에서 보호장비를 사용하여야 하고, 그 사유가 없어지면 지체 없이 사용을 중단하여야 한다.
② 보호장비는 징벌의 수단으로 사용되어서는 아니 된다.
제87조【강제력의 행사】 ① 교도관등은 군수용자가 다음 각 호의 어느 하나에 해당하면 강제력을 행사할 수 있다.
1. 도주하거나 도주하려고 할 때
2. 자살하려고 할 때
3. 자해하거나 자해하려고 할 때
4. 다른 사람에게 위해를 끼치거나 끼치려고 할 때
5. 위력으로 교도관등의 정당한 직무집행을 방해할 때
6. 군교정시설의 설비·기구 등을 손괴하거나 손괴하려고 할 때
7. 그 밖에 시설의 안전이나 질서를 크게 해치는 행위를 하거나 하려고 할 때
② 교도관등은 군수용자가 아닌 사람이 다음 각 호의 어느 하나에 해당하면 강제력을 행사할 수 있다.
1. 군수용자를 도주시키려고 할 때
2. 교도관등이나 군수용자에게 위해를 끼치거나 끼치려고 할 때
3. 위력으로 교도관등의 정당한 직무집행을 방해할 때
4. 군교정시설의 설비·기구 등을 손괴하거나 손괴하려고 할 때
5. 군교정시설에 침입하거나 침입하려고 할 때
6. 군교정시설(교도관이 군교정시설 밖에서 군수용자를 계호하고 있는 경우 그 장소를 포함한다)에서 교도관등의 퇴거 요구를 받고도 요구에 따르지 아니할 때
③ 제1항과 제2항에 따라 강제력을 행사할 때에는 보안장비를 사용할 수 있다.
④ 제3항에서 "보안장비"란 교도봉, 가스분사기, 가스총, 최루탄 등 사람의 생명과 신체 보호, 군수용자의 도주 방지 및 시설의 안전과 질서유지를 위하여 교도관등이 사용하는 장비와 기구를 말한다.
⑤ 제1항과 제2항에 따라 강제력을 행사하려면 미리 상대방에게 경고하여야 한다. 다만, 상황이 급박하여 경고할 시간적인 여유가 없을 때에는 그러하지 아니하다.
⑥ 강제력의 행사는 필요한 최소한도에 그쳐야 한다.
⑦ 제3항에 따른 보안장비의 종류, 종류별 사용요건 및 사용절차 등에 관하여 필요한 사항은 국방부령으로 정한다.
제88조【무기의 사용】 ① 교도관등은 다음 각 호의 어느 하나에 해당하면 군수용자에 대하여 무기를 사용할 수 있다.
1. 군수용자가 다른 사람에게 중대한 위해를 끼치거나 끼치려고 하여 그 사태가 위급할 때
2. 군수용자가 폭행이나 협박에 사용할 위험물을 소지하고 있고, 교도관등이 그 위험물을 버리도록 명령하였는데도 명령에 따르지 아니할 때
3. 군수용자가 폭동을 일으키거나 일으키려고 하여 신속하게 제지하지 아니하면 그 확산을 방지하기 어렵다고 인정될 때
4. 도주하는 군수용자에게 교도관등이 정지할 것을 명령하였는데도 계속하여 도주할 때
5. 군수용자가 교도관등의 무기를 탈취하거나 탈취하려고 할 때
6. 그 밖에 사람의 생명·신체 및 설비에 대한 중대하고도 뚜렷한 위험을 방지하기 위하여 무기의 사용을 피할 수 없을 때
② 교도관등은 군교정시설(교도관이 군교정시설 밖에서 군수용자를 계호하고 있는 경우 그 장소를 포함한다)에서 자신이나 다른 사람의 생명·신체를 보호하거나 군수용자의 탈취를 저지하거나 건물 또는 그 밖의 시설과 무기에 대한 위험을 방지하기 위하여 급박하다고 인정되는 충분한 이유가 있으면 군수용자가 아닌 사람에 대하여도 무기를 사용할 수 있다.
③ 교도관등은 소장이나 그 직무를 대행하는 사람의 명령을 받아 무기를 사용한다. 다만, 그 명령을 받을 시간적인 여유가 없으면 그러하지 아니하다.
④ 제1항과 제2항에 따라 무기를 사용하려면 공포탄을 발사하거나 그 밖의 적당한 방법으로 미리 상대방에게 무기 사용을 경고하여야 한다.
⑤ 무기의 사용은 필요한 최소한도에 그쳐야 하며, 최후의 수단이어야 한다.
⑥ 제1항 및 제2항에 따라 사용할 수 있는 무기의 종류, 무기의 종류별 사용요건 및 사용절차 등에 관하여 필요한 사항은 국방부령으로 정한다.
제89조【재난 시의 조치】 ① 천재지변이나 그 밖의 재해가 발생하여 시설의 안전과 질서유지를 위하여 긴급한 조치가 필요하면 소장은 군수용자로 하여금 피해의 복구나 그 밖의 응급용무를 보조하게 할 수 있다.
② 소장은 군교정시설에서 천재지변이나 그 밖의 사변에 대한 피난 방법이 없을 때에는 군수용자를 다른 장소로 이송할 수 있다.
③ 소장은 제2항에 따른 이송을 할 수 없으면 수용자를 일시적으로 석방할 수 있다.
④ 제3항에 따라 석방된 사람은 석방 후 24시간 이내에 군교정시설 또는 「군인사법」 제5조제2항에 따른 기본병과 중 수사 및 교정업무 등을 주로 담당하는 병과(이하 "군사경찰과"라 한다)에 속하는 군인으로 편성된 부대(이하 "군사경찰부대"라 한다)나 경찰관서에 출석하여야 한다.(2020.2.4 본항개정)
제90조【수용을 위한 체포】 ① 교도관은 군수용자가 도주하거나 제117조 각 호의 어느 하나에 해당하는 행위(이하 "도주등"이라 한다)를 하였을 때에는 도주 후 또는 출석기한이 지난 후 72시간 이내에만 그를 체포할 수 있다.
② 교도관은 제1항에 따른 체포를 위하여 긴급히 필요하면 도주등을 하였다고 의심할 만한 충분한 이유가 있는 사람이나 도주등을 한 사람의 이동경로나 소재를 안다고 인정되는 사람을 정지시켜 질문할 수 있다.
③ 교도관은 제2항에 따라 질문을 할 때에는 그 신분을 표시하는 증표를 보여주고 질문의 목적과 이유를 설명하여야 한다.
④ 교도관은 제1항에 따른 체포를 위하여 영업시간 내에 흥행장·여관·음식점·역, 그 밖에 많은 사람이 출입하는 장소의 관리자나 관계인에게 그 장소의 출입이나 그 밖에 특별히 필요한 사항에 관하여 협조를 요구할 수 있다.
⑤ 교도관은 제4항에 따라 필요한 장소에 출입하는 경우 그 신분을 표시하는 증표를 보여주어야 하고, 그 장소의 관리자나 관계인의 정당한 업무를 방해하여서는 아니 된다.

제11장 규율과 상벌

제91조【규율 등】 ① 군수용자는 군교정시설의 안전과 질서유지를 위하여 국방부장관이 정하는 규율을 준수하여야 한다.
② 군수용자는 소장이 정하는 일과시간표를 준수하여야 한다.
③ 군수용자는 교도관의 직무상 지시에 복종하여야 한다.
제92조【포상】 소장은 군수용자가 다음 각 호의 어느 하나에 해당하면 국방부령으로 정하는 바에 따라 포상할 수 있다.
1. 사람의 생명을 구조하거나 도주를 방지하였을 때
2. 제89조제1항에 따른 응급용무에 공로가 있을 때
3. 시설의 안전과 질서유지에 뚜렷한 공이 인정될 때
4. 수용생활에 모범을 보이거나 건설적이고 창의적인 제안을 하는 등 특별히 포상할 필요가 있다고 인정될 때
제93조【징벌】 소장은 군수용자가 다음 각 호의 어느 하나에 해당하는 행위를 하면 제97조에 따른 징벌위원회의 의결에 따라 징벌을 부과할 수 있다.
1. 「형법」, 「폭력행위 등 처벌에 관한 법률」, 그 밖의 형사 법률에 저촉되는 행위
2. 수용생활의 편의 등 자신의 요구를 관철할 목적으로 자해하는 행위
3. 정당한 사유 없이 작업·교육 등을 거부하거나 게을리하는 행위
4. 제79조의 금지물품을 반입·제작·소지·사용·수수·교환하거나 숨기는 행위
5. 다른 사람을 처벌받게 하거나 교도관의 직무집행을 방해할 목적으로 거짓 사실을 신고하는 행위
6. 그 밖에 시설의 안전과 질서유지를 위하여 국방부령으로 정하는 규율을 위반하는 행위
제94조【징벌의 종류】 징벌의 종류는 다음 각 호와 같다.
1. 경고
2. 50시간 이내의 근로봉사
3. 3개월 이내의 작업장려금 삭감
4. 30일 이내의 공동행사 참가 정지
5. 30일 이내의 신문 열람 제한
6. 30일 이내의 텔레비전 시청 제한
7. 30일 이내의 자비구매 물품(군의관과 외부의사가 치료를 위하여 처방한 의약품은 제외한다) 사용 제한
8. 30일 이내의 작업 정지
9. 30일 이내의 전화통화 제한
10. 30일 이내의 집필 제한
11. 30일 이내의 서신수수 제한
12. 30일 이내의 접견 제한
13. 30일 이내의 실외운동 정지
14. 30일 이내의 금치(禁置)
제95조【징벌의 부과】 ① 제94조제4호부터 제13호까지의 징벌은 함께 부과할 수 있다.
② 군수용자에게 징벌을 부과하는 경우에는 다음 각 호의 구분에 따라 징벌을 가중할 수 있다.
1. 둘 이상의 징벌사유가 경합할 때 : 국방부령으로 정하는 징벌의 경중에 따라 가장 중한 징벌의 2분의 1까지 가중
2. 징벌이 집행 중이거나 징벌 집행이 끝난 후 또는 집행이 면제된 후 6개월 내에 다시 징벌사유에 해당하는 행위를 하였을 때 : 제94조제2호부터 제14호까지의 징벌의 기간을 장기의 2분의 1까지 가중
③ 다른 군수용자를 교사(敎唆)하여 징벌대상 행위를 하게 한 군수용자나 다른 군수용자의 징벌대상 행위를 방조(幇助)한 군수용자에게는 그 징벌대상 행위를 한 군수용자와 같은 징벌을 부과하되, 징벌대상 행위를 방조한 군수용자에게는 정황을 고려하여 징벌을 2분의 1까지 감경할 수 있다.
④ 징벌은 같은 행위에 대하여 거듭하여 부과할 수 없으며, 행위의 동기 및 경중, 행위 후의 정황, 그 밖의 사정을 고려하여 수용목적 달성에 필요한 최소한도에 그쳐야 한다.
⑤ 징벌사유가 발생한 날부터 2년이 지나면 그 사유로 징벌을 부과하지 못한다.
⑥ 제1항부터 제5항까지에서 규정한 사항 외에 징벌의 부과기준, 징벌 부과 시의 고려사항 등 징벌의 부과에 관하여 필요한 사항은 국방부령으로 정한다.
제96조【징벌대상자의 조사】 ① 소장은 징벌사유에 해당하는 행위를 하였다고 의심할 만한 충분한 이유가 있는 군수용자(이하 "징벌대상자"라 한다) 또는 참고인을 국방부령으로 정하는 바에 따라 조사할 수 있다.
② 징벌대상자가 다음 각 호의 어느 하나에 해당하면 조사기간 중 분리하여 수용할 수 있다.
1. 증거를 없앨 우려가 있을 때
2. 다른 사람에게 위해를 끼칠 우려가 있거나 다른 군수용자의 위해로부터 보호할 필요가 있을 때
③ 소장은 징벌대상자가 제2항 각 호의 어느 하나에 해당하면 접견, 서신수수, 전화통화, 실외운동, 작업, 교육훈련, 공동행사 참가 등 다른 사람과 접촉할 수 있는 처우의 전부 또는 일부를 제한할 수 있다.
제97조【징벌위원회】 ① 징벌대상자의 징벌을 결정하기 위하여 군교정시설에 징벌위원회(이하 이 조에서 "위원회"라 한다)를 둔다.
② 위원회는 위원장을 포함한 5명 이상 7명 이하의 위원으로 구성하되, 위원장은 소장이 되고, 위원은 소장이 소속 부대의 장교, 군법무관 및 교정에 관한 학식과 경험이 풍부한 외부인사 중에서 임명하거나 위촉한다. 이 경우 외부인사인 위원과 군법무관은 각각 1명 이상으로 한다.
③ 위원회는 소장의 징벌 요구에 따라 개최하며, 징벌은 그 의결로 정한다.
④ 징벌위원회는 재적위원 과반수의 출석으로 개의하고, 출석위원 과반수의 찬성으로 의결한다.
⑤ 위원회의 위원이 징벌대상자의 친족이거나 그 밖에 공정한 심의·의결을 기대할 수 없는 특별한 사유가 있을 때에는 위원회에 참석할 수 없다.

⑥ 징벌대상자는 위원회의 위원에 대하여 기피(忌避) 신청을 할 수 있다. 이 경우 위원회는 의결로 기피 여부를 결정하여야 한다.
⑦ 위원회는 징벌대상자가 위원회에 출석하여 충분한 진술을 할 수 있는 기회를 주어야 하며, 징벌대상자는 서면이나 말로써 자기에게 유리한 사실을 진술하거나 증거를 제출할 수 있다.
⑧ 제1항부터 제7항까지에서 규정한 사항 외에 위원회의 구성 및 운영에 관하여 필요한 사항은 대통령령으로 정한다.
제98조【징벌의 집행】 ① 징벌은 소장이 집행한다.
② 소장은 징벌 집행을 위하여 필요하다고 인정하면 군수용자를 분리하여 수용할 수 있다.
③ 제94조제14호의 징벌을 받은 사람에게는 그 기간 중 같은 조 제4호부터 제13호까지의 징벌이 함께 부과된다. 다만, 소장은 군수용자의 권리구제, 군수형자의 교화나 건전한 사회복귀를 위하여 특별히 필요하다고 인정하면 집필, 서신수수, 접견 또는 실외운동을 허가할 수 있다.
④ 소장은 제94조제13호 또는 제14호의 징벌을 집행할 때에는 군의관으로 하여금 미리 군수용자의 건강을 확인하도록 하여야 하고, 징벌이 집행 중일 때에도 징벌을 받고 있는 군수용자의 건강상태를 수시로 확인하여야 한다.
⑤ 제1항부터 제4항까지에서 규정한 사항 외에 징벌기간의 계산 등 징벌의 집행에 관하여 필요한 사항은 대통령령으로 정한다.
제99조【징벌 집행의 정지·면제】 ① 소장은 질병이나 그 밖의 사유로 징벌 집행이 곤란하면 그 사유가 없어질 때까지 그 집행을 일시적으로 정지할 수 있다.
② 소장은 징벌 집행 중인 군수용자가 뉘우치는 빛이 뚜렷한 경우에는 그 징벌을 감경하거나 남은 기간의 징벌 집행을 면제할 수 있다.
제100조【징벌 집행의 유예 등】 ① 징벌위원회가 징벌을 의결하는 때에는 징벌의 원인이 된 행위의 동기 및 정황, 교정성적, 뉘우치는 정도 등 그 사정을 고려할 만한 사유가 있는 군수용자에 대하여 2개월 이상 6개월 이하의 기간 동안 징벌의 집행을 유예할 것을 의결할 수 있다.
② 소장은 징벌 집행의 유예기간 중에 있는 군수용자가 다시 제93조의 징벌대상 행위를 하여 징벌이 결정되면 그 유예한 징벌을 함께 집행한다.
③ 군수용자가 징벌 집행을 유예받은 후 징벌을 받지 아니하고 유예기간이 지나면 그 징벌의 집행은 끝난 것으로 본다.
④ 이 법에서 규정한 사항 외에 징벌의 결정 및 집행에 관하여 필요한 사항은 국방부령으로 정한다.

제12장 권리구제

제101조【소장 면담】 ① 군수용자는 그 처우에 관하여 소장에게 면담을 신청할 수 있다.
② 소장은 군수용자의 면담신청을 받으면 다음 각 호의 어느 하나에 해당하는 때를 제외하고는 면담에 응하여야 한다.
1. 정당한 사유 없이 면담사유를 밝히지 아니할 때
2. 면담목적이 법령에 명백히 위배되는 사항을 요구하는 것일 때
3. 같은 사유로 면담한 사실이 있음에도 불구하고 정당한 사유 없이 반복하여 면담을 신청할 때
4. 교도관의 직무집행을 방해할 목적이라고 인정되는 충분한 이유가 있을 때
③ 소장은 특별한 사정이 있으면 소속 교도관으로 하여금 그 면담을 대리하게 할 수 있다. 이 경우 면담을 대리한 사람은 그 결과를 소장에게 지체 없이 보고하여야 한다.
④ 소장은 면담한 결과 처리가 필요한 사항이 있으면 그 처리결과를 군수용자에게 통지하여야 한다.
제102조【청원】 ① 군수용자는 그 처우에 관하여 불복할 경우 국방부장관 또는 제7조에 따른 순회점검 공무원에게 청원할 수 있다.(2014.5.20 본항개정)
② 제1항에 따라 청원하려는 군수용자는 청원서를 작성하여 봉한 후 소장에게 제출하여야 한다. 다만, 순회점검 공무원에 대한 청원은 말로도 할 수 있다.
③ 소장은 청원서를 개봉하여서는 아니 되며, 이를 지체 없이 국방부장관 또는 순회점검 공무원에게 전달하여야 한다.(2014.5.20 본항개정)
④ 제2항 단서에 따라 순회점검 공무원이 군수용자의 청원을 청취하는 경우에는 해당 군교정시설의 교도관등이 참여하여서는 아니 된다.
⑤ 청원을 받은 국방부장관은 청원에 대하여 지체 없이 문서로써 결정하여야 한다.(2014.5.20 본항개정)
⑥ 소장은 청원에 관한 결정서를 접수하면 청원인에게 지체 없이 전달하여야 한다.
제103조【불이익처우 금지】 군수용자는 청원, 진정, 소장과의 면담, 그 밖에 권리구제를 위한 행위를 하였다는 이유로 불리한 처우를 받지 아니한다.

제3편 수용의 종료

제1장 가석방

제104조【가석방심사위원회】 「형법」 제72조에 따른 가석방의 적격 여부를 심사하기 위하여 교도소에 가석방심사위원회(이하 이 장에서 "위원회"라 한다)를 둔다.
제105조【위원회의 구성】 ① 위원회는 위원장을 포함한 5명 이상 9명 이하의 위원으로 구성한다.
② 위원장은 교도소의 장이 되고, 위원은 위원장이 군법무관, 군사경찰과 장교, 교정에 관한 학식과 경험이 풍부한 사람 중에서 위촉한다.(2020.2.4 본항개정)
③ 이 법에서 규정한 사항 외에 위원회의 구성 및 운영에 관하여 필요한 사항은 국방부령으로 정한다.
제106조【가석방 적격심사】 ① 위원회는 군수형자의 나이, 범죄동기, 죄명, 형기, 교정성적, 건강상태, 가석방 후의 생계능력, 생활환경, 재범의 위험성, 그 밖에 필요한 사정을 고려하여 가석방의 적격 여부를 결정한다.
② 위원회는 재적위원 과반수의 출석으로 개의하고, 출석위원 과반수의 찬성으로 의결한다.
③ 가석방 적격 여부의 심사절차 및 조사, 그 밖에 가석방 적격심사에 관하여 필요한 사항은 국방부령으로 정한다.
제107조【가석방 허가】 ① 위원회는 가석방 적격결정을 하였으면 5일 이내에 국방부장관에게 가석방 허가를 신청하여야 한다.
② 국방부장관은 제1항에 따른 위원회의 가석방 허가신청이 적정하다고 인정하면 가석방을 허가할 수 있다.

제2장 석방

제108조【석방】 군수용자의 석방은 사면(赦免)이나 형기 종료 또는 권한 있는 사람의 명령에 따라 소장이 한다.
제109조【석방시기】 ① 사면, 가석방, 형의 집행면제, 감형에 따른 석방은 그 서류가 도달한 후 12시간 이내에 하여야 한다. 다만, 그 서류에서 석방일시를 지정하고 있으면 그 일시에 한다.
② 형기종료에 따른 석방은 형기종료일에 하여야 한다.
③ 권한 있는 사람의 명령에 따른 석방은 서류가 도달한 후 5시간 이내에 하여야 한다.
제110조【석방된 사람의 일시 수용】 소장은 석방된 사람이 질병이나 그 밖에 피할 수 없는 사정으로 귀가하기 어려울 때 본인이 신청하면 일시적으로 군교정시설에 수용할 수 있다.
제111조【귀가 여비 등의 대여】 소장은 석방된 사람에게 귀가에 필요한 여비나 의류가 없으면 빌려줄 수 있다.

제3장 사망

제112조【검시 및 사망 통지】 소장은 군수용자가 사망하였을 때에는 즉시 그 시신을 검시하고, 사망 사실을 사망한 사람의 가족(가족이 없을 때에는 다른 친족을 말한다)에게 통지하여야 한다.
제113조【시신의 인도 등】 ① 소장은 사망한 군수용자의 친족이나 군수용자와 특별한 연고가 있는 사람이 그 시신이나 유골의 인도를 청구하면 인도하여야 한다. 다만, 제3항에 따라 합장(合葬)을 한 뒤에는 그러하지 아니하다.
② 소장은 제112조에 따라 사망 통지를 받은 사람이 통지를 받은 날부터 3일 이내에 그 시신을 인수하지 아니하거나 시신을 인수할 사람이 없으면 임시로 매장하여야 한다. 다만, 감염병 예방 등을 위하여 필요하면 즉시 화장(火葬)을 하는 등 필요한 조치를 할 수 있다.
(2009.12.29 단서개정)
③ 소장은 제2항에 따라 시신을 임시로 매장한 후 2년이 지나도 시신의 인도를 청구하는 사람이 없으면 합장하거나 화장할 수 있다.
④ 소장은 병원이나 그 밖의 연구기관이 학술연구상 필요하여 군수용자의 시신 인도를 신청하면 본인의 유언이나 상속인의 승낙이 있는 경우에만 병원이나 그 밖의 연구기관에 시신을 인도할 수 있다.

제4편 보칙

(2014.5.20 본편제목개정)

제114조【교정위원】 ① 군수용자의 교육·교화, 의료지원, 그 밖에 군수용자의 처우를 후원하기 위하여 군교정시설에 교정위원을 둘 수 있다.
② 교정위원은 명예직으로 하며 소장의 추천을 받아 국방부장관이 위촉한다.(2014.5.20 본항개정)
③ 교정위원은 교정위원으로 활동 중에 알게 된 군수용자의 신상에 관한 사항이나 군교정시설의 안전과 관련된 사실을 누설하거나 공개하여서는 아니 된다.
제115조【기부금품의 접수】 ① 소장은 기관·단체 또는 개인이 군수용자의 교화 등을 위하여 군교정시설에 자발적으로 기탁하는 금품을 받을 수 있다.
② 제1항에 따른 기부금품의 접수방법, 처리절차, 기부금품의 공개 등에 관하여 필요한 사항은 대통령령으로 정한다.
제115조의2【권한의 위임】 이 법에 따른 국방부장관의 권한은 대통령령으로 정하는 바에 따라 그 일부를 각 군의 참모총장 또는 국방부장관 소속 기관의 장에게 위임할 수 있다.(2014.5.20 본조신설)
제115조의3【벌칙 적용에서 공무원 의제】 징벌위원회 또는 가석방심사위원회의 위원 중 공무원이 아닌 사람은 「형법」 제127조 및 제129조부터 제132조까지의 규정을 적용할 때에는 공무원으로 본다.(2017.12.12 본조신설)

제5편 벌칙

제116조【주류의 반입 등】 ① 다음 각 호의 어느 하나에 해당하는 행위를 한 사람은 6개월 이하의 징역 또는 200만원 이하의 벌금에 처한다.
1. 주류·담배·현금·수표를 군교정시설에 반입하거나 소지·사용·수수·교환하거나 숨기는 행위
2. 군수용자에게 전달할 목적으로 주류·담배·현금·수표를 허가 없이 군교정시설에 반입하거나 군수용자와 주고받거나 교환하는 행위
② 제1항의 미수범은 처벌한다.
③ 제1항의 금지물품은 몰수한다.
제117조【출석의무의 위반 등】 다음 각 호의 어느 하나에 해당하는 행위를 한 군수용자는 1년 이하의 징역에 처한다.
1. 정당한 사유 없이 제89조제4항을 위반하여 일시 석방 후 24시간 이내에 군교정시설 또는 군사경찰부대나 경찰관서에 출석하지 아니하는 행위(2020.2.4 본호개정)
2. 귀휴, 외부통근, 그 밖의 사유로 소장의 허가를 받아 교도관의 계호 없이 군교정시설 밖으로 나간 후 정당한 사유 없이 정하여진 기한까지 돌아오지 아니하는 행위

부칙

제1조【시행일】 이 법은 공포 후 6개월이 경과한 날부터 시행한다.
제2조【유류금품의 교부에 관한 경과조치】 이 법 시행 당시 사망자 또는 도주자가 남겨둔 금품이 있을 때에는 제28조의 개정규정에도 불구하고 종전의 규정에 따른다.
제3조【징벌에 관한 경과조치】 ① 이 법 시행 전의 행위에 대한 징벌에 대하여는 종전의 규정에 따른다. 다만, 이 법의 규정이 행위자에게 유리한 경우에는 이 법에 따른다.
② 징벌사유에 해당하는 1개의 행위가 이 법 시행 전후에 걸쳐 이루어진 경우에는 이 법 시행 후에 한 것으로 본다.
③ 이 법 시행 전에 종전의 규정에 따라 부과된 징벌은 이 법에 따라 부과된 것으로 본다.
④ 제3항에도 불구하고 이 법 시행 전에 종전의 규정에 따라 부과된 징벌이 이 법에 따른 징벌의 부과범위를 초과하여 부과한 경우에는 그 초과부분 중 이 법 시행 당시 집행되지 아니한 부분의 집행을 면제하고, 이 법에 규정하지 아니한 징벌을 부과하여 이 법 시행 당시 집행되지 아니한 부분에 대하여는 그 집행을 면제한다.
제4조【가석방 심사에 관한 경과조치】 이 법 시행 당시 종전의 규정에 따라 진행 중이던 가석방 심사 및 가석방 허가에 관하여는 종전의 규정에 따른다.
제5조【다른 법률의 개정】 ①~③ ※(해당 법령에 가제정리 하였음)
제6조【다른 법령과의 관계】 이 법 시행 당시 다른 법령에서 종전의 「군행형법」 또는 그 규정을 인용한 경우 이 법에서 그에 해당하는 규정이 있을 때에는 종전의 규정을 갈음하여 이 법 또는 이 법의 해당 조항을 인용한 것으로 본다.

부칙 (2014.5.20)

제1조【시행일】 이 법은 공포 후 6개월이 경과한 날부터 시행한다.
제2조【청원에 관한 경과조치】 이 법 시행 전에 종전의 규정에 따라 군수용자가 참모총장에게 한 청원은 제102조제1항의 개정규정에 따라 국방부장관에게 한 청원으로 본다.

부칙 (2016.1.6)

제1조【시행일】 이 법은 공포 후 1년 6개월이 경과한 날부터 시행한다.(이하 생략)

부칙 (2017.3.21)

제1조【시행일】 이 법은 공포 후 3개월이 경과한 날부터 시행한다.(이하 생략)

부칙 (2017.12.12) (2020.2.4)

이 법은 공포한 날부터 시행한다.

군에서의 형의 집행 및 군수용자의 처우에 관한 법률 시행령

(2010년 4월 29일
전부개정대통령령 제22137호)

개정
2010.12.29영22564호(감염병시)
2012. 2.29영23644호(대학교원자격기준등에관한규정)
2013. 9.26영24765호 2014.10.28영25671호
2017. 9. 5영28266호(군인사법시)
2019.11.26영30213호
2020. 2. 4영30384호(군인사법시)
2022. 6.30영32737호(군검찰사무운영규정)

제1편 총 칙

제1조【목적】 이 영은 「군에서의 형의 집행 및 군수용자의 처우에 관한 법률」에서 위임된 사항과 그 시행에 필요한 사항을 규정함을 목적으로 한다.

제2조【군미결수용실의 설치】 「군에서의 형의 집행 및 군수용자의 처우에 관한 법률」(이하 "법"이라 한다) 제4조제2항에서 "대통령령으로 정하는 부대"란 장성급(將星級) 장교 또는 2급 이상 군무원이 지휘하는 부대를 말한다.(2019.11.26 본조개정)

제3조【군판사 등의 시찰】 ① 군판사와 군검사가 법 제8조제1항에 따라 군교도소, 군교도소 지소(支所) 및 군미결수용실(이하 "군교정시설"이라 한다)을 시찰하려면 신분을 나타내는 증표를 소장에게 보여주고 시찰부에 서명 또는 날인하여야 한다.

② 소장은 군교도관에게 군판사나 군검사를 시찰하려는 장소로 안내하게 하고, 시찰한 시간을 시찰부에 기록하여야 한다.
(2022.6.30 본조개정)

제4조【참관】 ① 군판사와 군검사 외의 사람이 법 제8조제2항에 따라 군교정시설을 참관하려면 다음 각 호의 사항을 적은 신청서를 소장에게 제출하여야 한다.
(2022.6.30 본문개정)

1. 성명
2. 나이
3. 성별
4. 직업
5. 주소
6. 참관하려는 목적

② 제1항에 따라 신청서를 받은 소장은 참관하려는 사람의 신분과 참관 목적 등을 확인한 후 허가 여부를 결정하여야 한다.

③ 소장은 외국인에게 참관을 허가하려면 국방부장관의 승인을 받아야 한다.(2014.10.28 본항개정)

④ 소장은 참관을 허가한 사람에게 미리 참관할 때의 주의사항을 알려주어야 한다.

제2편 군수용자의 처우

제1장 수 용

제5조【수용거실의 설치】 군교정시설의 수용거실(이하 "거실"이라 한다)은 법 제13조에 따라 군수용자를 수용할 수 있도록 독거실(獨居室)과 혼거실(混居室)을 적정 비율로 설치하여야 한다.

제6조【독거수용의 구분】 법 제13조에 따른 독거수용은 다음 각 호의 구분에 따른다.

1. 처우상 독거수용 : 일과(日課)시간에는 교육·작업 등의 처우를 위하여 일과에 따른 공동생활을 하게 하면서 휴업일과 일과시간 이후에는 독거수용하는 것
2. 계호(戒護)상 독거수용 : 군수용자의 생명과 신체의 보호 또는 군교정시설의 안전과 질서유지를 위하여 항상 독거수용하여 다른 군수용자와의 접촉을 금지하는 것. 다만, 수사·재판·목욕·접견·진료 등을 위하여 필요한 경우는 제외한다.

제7조【계호독거자의 시찰】 ① 군교도관은 제6조제2호의 계호상 독거수용을 한 군수용자(이하 "계호독거자"라 한다)를 수시로 시찰하여 건강과 교화에 이상이 없는지 살펴야 한다.

② 군교도관은 계호독거자가 건강에 이상이 있다고 보일 때에는 즉시 해당 군교정시설을 담당하는 군의관에게 그 사실을 알려야 하고, 교화에 문제가 있다고 인정되면 즉시 소장에게 보고하여야 한다.

③ 제2항에 따라 통보받은 군의관은 즉시 계호독거자를 상담·진찰하는 등 적절한 의료조치를 하여야 하고, 독거수용을 계속하게 되면 건강을 해치게 된다고 판단될 때에는 그 사실을 즉시 소장에게 보고하여야 한다.

④ 소장은 계호독거자를 계속 독거수용하는 것이 건강이나 교화에 해롭다고 인정되면 즉시 독거수용을 중단하여야 한다.

제8조【여성 군수용자의 시찰】 소장은 여성 군수용자의 생명과 신체의 보호 또는 군교정시설의 안전과 질서유지를 위하여 특히 필요하다고 인정하는 경우가 아니면 야간에 남성 군교도관이 여성 군수용자가 있는 거실을 시찰하게 해서는 아니 된다.

제9조【혼거수용 인원의 기준】 법 제14조에 따른 혼거수용 인원은 3명 이상으로 한다. 다만, 요양이나 교화, 그 밖에 부득이한 사정이 있는 경우에는 2명으로 할 수 있다.

제10조【혼거수용의 제한】 소장은 노역장 유치명령을 받은 군수형자와 징역·금고 또는 구류의 형이 확정된 군수형자를 혼거수용해서는 아니 된다. 다만, 징역·금고 또는 구류의 형 집행을 마친 군수형자에 대한 노역장 유치명령을 집행하는 경우나, 수용시설이 부족한 경우 등 부득이한 사정이 있는 경우에는 그러하지 아니하다.

제11조【군수용자의 자리 지정】 소장은 군수용자의 생명과 신체의 보호, 증거인멸의 방지 및 군교정시설의 안전과 질서유지를 위하여 필요하다고 인정하면 거실, 교육실, 강당, 작업장, 그 밖에 군수용자들이 서로 접촉할 수 있는 장소에서 군수용자의 자리를 지정할 수 있다.

제12조【거실의 대체 사용 금지】 소장은 거실을 작업장으로 사용해서는 아니 된다. 다만, 군수용자의 심리적 안정, 교정·교화 또는 사회 적응 능력을 높이기 위하여 필요한 경우에는 그러하지 아니하다.

제13조【현황표 등의 부착 등】 ① 소장은 거실에 면적, 정원 및 현재인원을 적은 현황표를 붙여야 한다.

② 소장은 거실 앞에 군수용자의 이름표를 붙여야 한다. 이 경우 이름표 윗부분에는 군수용자의 성명, 출생연도, 죄명, 형명(刑名) 및 형기(刑期)를 적고, 아랫부분에는 군수용자 번호와 입소한 날짜를 적되, 윗부분의 내용은 보이지 않도록 하여야 한다.(2014.10.28 후단개정)

③ 소장은 군수용자가 법령에 따라 지켜야 할 사항과 군수용자의 권리구제 절차에 관한 사항을 거실 안 군수용자가 보기 쉬운 곳에 붙이는 등의 방법으로 비치하여야 한다.(2014.10.28 본항개정)

제14조【신입자 등의 인수】 ① 소장은 군사법원, 군검찰부, 군사경찰부대 등에서 처음으로 군교정시설에 수용되는 사람(이하 "신입자"라 한다)이나 다른 군교정시설로부터 이송(移送)되어 온 사람(이하 "이입자"라 한다)을 인수하였을 때에는 호송인(護送人)에게 인수서를 써 주어야 한다. 이 경우 신입자나 이입자에게 부상이나 질병, 그 밖에 건강에 이상이 있을 때에는 호송인으로부터 그 사실에 대한 확인서를 받아야 한다.(2020.2.4 전단개정)

② 신입자나 이입자를 인수한 군교도관은 제1항 전단의 인수서에 성명, 나이 및 인수 일시를 적고 서명 또는 날인하여야 한다.

③ 소장은 제1항 후단에 따라 확인서를 받았을 때에는 호송인에게 신입자나 이입자의 성명, 나이, 인계 일시 및 부상의 정도나 질병의 상태 등에 관한 사실을 적고 서명 또는 날인하도록 하여야 한다.

④ 소장은 신입자나 이입자가 감염병(「감염병의 예방 및 관리에 관한 법률」 제2조제2호에 따른 감염병을 말한다. 이하 같다)에 걸린 때에는 인수를 거부할 수 있다. 이 경우 수용을 지휘한 군검사와 소속 부대장 또는 이송 보낸 소장에게 즉시 그 사유를 통보하고 국방부장관에게 보고하여야 한다.(2022.6.30 후단개정)

⑤ 소장은 제4항에도 불구하고 감염병에 걸린 신입자나 이입자가 위독하여 다른 곳으로 이송할 만한 시간적 여유가 없을 때에는 그를 격리수용하고 즉시 필요한 조치를 하여야 한다.(2010.12.29 본항개정)

제15조【신입자 등의 신체 등 검사】 소장은 신입자나 이입자를 인수하였을 때에는 즉시 군교도관에게 신입자나 이입자의 신체, 의류 및 휴대품을 검사하게 하여야 한다.

제16조【신입자 등의 목욕】 소장은 신입자나 이입자가 질병에 걸렸거나 그 밖에 부득이한 사정이 있는 경우가 아니면 지체 없이 목욕을 하게 하여야 한다.

제17조【신입자 등의 건강진단】 소장은 법 제15조제2항에 따라 신입자나 이입자가 수용된 날부터 3일 이내에 건강진단을 실시하여야 한다. 다만, 휴무일이 연속되는 등 부득이한 사정이 있는 경우에는 그러하지 아니하다.

제18조【신입자 등의 신체 특징 기록 등】 ① 소장은 신입자의 키, 용모, 문신, 흉터 등 신체의 특징과 가족이나 보호자 등의 연락처를 제19조에 따른 수용기록부에 기록하여야 한다.

② 소장은 업무상 필요한 경우가 아니면 군교도관이 제1항의 수용기록부를 열람하지 못하도록 하여야 한다.

③ 소장은 신입자와 이입자에게 군수용자 번호를 지정하고, 상의 왼쪽 가슴 부위에 번호표를 붙이게 하여야 한다. 다만, 군수용자의 교화 또는 건전한 사회복귀를 위하여 특히 필요하다고 인정하면 번호표를 붙이지 아니할 수 있다.

제19조【수용기록부 등의 작성】 소장은 신입자와 이입자를 수용한 날부터 3일 이내에 수용기록부, 군수용자명부 및 형기종료부를 작성하고 필요한 사항을 적어야 한다.

제20조【신입자거실 등】 ① 소장은 신입자 또는 이입자가 환자이거나 그 밖에 부득이한 사정이 있는 경우가 아니면 수용된 날부터 7일 동안 신입자만을 수용하는 거실(이하 "신입자거실"이라 한다)에 수용하여야 한다.

② 소장은 신입자거실에 수용된 사람에게는 작업을 부과해서는 아니 된다.

③ 소장은 신입자나 이입자의 처우를 위하여 특히 필요하다고 인정하면 제1항의 기간을 30일까지 연장할 수 있다.

제21조【신입자의 신원조사】 소장은 신입자의 신원에 관한 사항을 조사하여 제19조에 따른 수용기록부에 기록하여야 한다.

제22조【형 또는 구속의 집행정지 사유의 통보】 소장은 군수용자에 대하여 건강상의 사유로 형의 집행정지나 구속의 집행정지를 할 필요가 있다고 인정하면 군의관의 진단서와 군수용자를 인수할 사람에 대한 확인서류를 첨부하여 군검사에게 통보하여야 한다. 이 경우 기소된 군수용자에 대하여 구속의 집행정지를 할 때에는 군사법원에도 통보하여야 한다.(2022.6.30 전단개정)

제23조【이송 중지】 소장은 군의관으로부터 군수용자의 건강상태가 다른 교정시설로 이송하는 것을 감당하기 어렵다는 보고를 받은 경우에는 이송을 중지하고 그 사실을 이송받을 소장에게 알려야 한다.

제24조【차량호송 시 군수용자의 분리】 이송이나 출정(出廷), 그 밖의 사유로 차량을 이용하여 군수용자를 호송하는 경우에는 군수형자와 군미결수용자, 여성 군수용자와 남성 군수용자의 좌석을 지정하는 등의 방법으로 분리하여 서로 접촉하지 못하도록 하여야 한다.

제2장 물품 지급

제25조【의류 등의 지급】 소장은 법 제22조제1항에 따라 군수용자에게 의류, 침구, 그 밖의 생활용품(이하 "의류등"이라 한다)을 지급하는 경우에는 다른 사람이 사용한 의류등은 세탁하거나 소독하여 지급하여야 하고, 식기는 청결하게 관리할 수 있는 재질로 된 것으로 지급하여야 한다.

제26조【생활기구의 비치】 ① 소장은 거실, 작업장, 그 밖에 군수용자가 생활하는 장소(이하 "거실등"이라 한다)에 수용생활에 필요한 기구를 갖춰 두어야 한다.

② 거실등에는 제1항에 따라 갖춰 둔 기구의 품목과 수량을 기록한 품목표를 붙여 두어야 한다.

제27조【음식물의 구분】 법 제23조에 따라 군수용자에게 지급하는 음식물은 주식, 부식, 음료와 그 밖의 영양물로 한다.

제28조【주식의 지급기준】 군수용자에게 지급하는 주식은 현역 군인에 준하여 지급한다.

제29조【특식의 지급】 소장은 국경일이나 그 밖에 이에 준하는 날에는 특별한 음식물을 그 소속 현역 군인에 준하여 지급할 수 있다.(2014.10.28 본조개정)

제30조【환자의 음식물】 소장은 군의관의 의견을 고려하여 환자에게 지급하는 음식물의 종류 또는 정도를 달리 정할 수 있다.

제31조【자비구매 허가의 기준】 소장은 법 제24조에 따라 군수용자의 교화나 건전한 사회복귀에 적합하고 군교정시설의 안전이나 질서를 해칠 우려가 없다고 인정되는 음식물과 의류등을 군수용자 자신의 비용으로 구매하도록 허가할 수 있다.

제32조【자비구매 의류등의 사용】 소장은 군수용자가 자신의 비용으로 구매한 의류등을 영치(領置)한 후 그 군수용자가 사용하게 할 수 있다.

제33조【의류등의 세탁 등】 ① 소장은 군수용자가 사용하는 의류등을 적당한 시기에 세탁, 수선 또는 교체하여야 한다.

② 자신의 비용으로 구매한 의류등의 세탁이나 수선에 필요한 비용은 군수용자가 부담한다.

제3장 금품 관리

제34조【휴대품의 사용 등】 ① 법 제25조제1항 각 호의 어느 하나에 해당하지 아니하는 휴대품은 영치한 후 사용하게 할 수 있다.

② 소장은 법 제25조제1항 단서에 따라 군수용자의 휴대품을 팔 경우에는 그 비용을 제외한 나머지 대금을 영치할 수 있다.

③ 소장은 법 제25조제1항 각 호의 어느 하나에 해당하는 휴대품을 국방부장관이 정한 기간 내에 처분하지 아니하면 폐기한다는 사실을 군수용자에게 알리고, 군수용자가 그 기간이 지날 때까지 처분하지 아니하면 이를 폐기하여야 한다.

제35조【금품의 영치】 군수용자의 현금(자기앞수표를 포함한다. 이하 같다)을 영치하는 경우에는 영치금대장에 금액을 적고, 군수용자의 물품을 영치하는 경우에는 영치품대장에 품목, 수량 및 규격을 적어야 한다.

제36조【귀중품의 보관】 소장은 영치하는 물품이 금, 은, 보석, 유가증권, 도장, 그 밖에 특별히 보관할 필요가 있는 귀중품인 경우에는 잠금장치가 되어 있는 견고한 용기에 넣어 보관하여야 한다.

제37조【영치품 매각대금의 영치】 소장은 군수용자의 신청에 따라 영치품을 팔았을 때에는 판매 비용을 제외한 나머지 대금을 영치할 수 있다.

제38조【소지범위 초과 물품의 처리】 법 제26조제2항 및 제3항에 따른 소지범위를 벗어난 물품의 처분과 폐기에 관하여는 제34조제2항 및 제3항을 준용한다.

제39조【폐기 물품의 기록】 군수용자의 물품을 폐기하였을 때에는 그 품목, 수량, 이유 및 일시를 관계 장부에 기록하여야 한다.

제40조【금품 교부 신청자의 확인】 소장은 법 제27조제1항에 따른 군수용자에 대한 금품 교부를 허가하기 전에 교부를 신청한 사람의 성명, 주소 및 군수용자와의 관계를 확인하여야 한다.

제41조【교부 허가 금품의 검사 등】 ① 소장은 법 제27조제1항에 따라 교부를 허가한 금품의 내용이나 용도가 분명하여 검사할 필요가 없다고 인정되는 경우 외에는 군교도관에게 위해성(危害性)이나 안전성 등에 대하여 검사하게 하여야 한다. 이 경우 물품이 의약품인 경우에는 군의관에게 검사하게 하여야 한다.

② 소장은 제1항에 따라 검사를 마친 금품을 영치한 후 사용하게 할 수 있다.

제42조【유류금품의 교부 비용】 법 제28조제2항 또는 제3항에 따라 사망자나 도주자의 금품 또는 매각대금을 보내는 데에 드는 비용은 그 교부를 청구한 사람이 부담한다.

제43조【영치금의 사용 등】 ① 소장은 법 제29조에 따라 군수용자가 영치금 사용을 신청한 경우에는 영치금이 정당한 용도에 사용되는지를 확인하고 허가할 수 있다.

② 제1항에 따라 영치금을 사용하는 경우 발생하는 비용은 군수용자가 부담한다.

③ 영치금의 출납, 예탁(預託), 영치금품의 보관 등에 필요한 사항은 국방부장관이 정한다.

제4장 위생과 의료

제44조【보건·위생관리계획의 수립 등】 소장은 군수용자의 건강, 계절 및 시설 여건 등을 고려하여 보건·위생관리계획을 정기적으로 수립하여 시행하여야 한다.

제45조【시설의 청소·소독】 ① 소장은 거실등과 목욕탕, 취사장, 주식·부식 저장고, 그 밖에 음식물 공급과 관련된 시설을 수시로 청소·소독하여야 한다.

② 소장은 저수조(貯水槽) 등 급수시설을 6개월에 1회 이상 청소·소독하여야 한다.

제46조【청결의무】 군수용자는 법 제33조제1항에 따라 자신이 사용하는 거실, 작업장, 그 밖의 수용시설의 청결을 유지하기 위한 군교도관의 지시에 따라야 한다.

제47조【실외운동】 소장은 법 제34조에 따라 군수용자가 매일(공휴일 및 국방부장관이 정하는 날은 제외한다) 군(軍) 표준일과표에 따른 근무시간에 1시간 이내의 실외운동을 할 수 있도록 하여야 한다. 다만, 다음 각 호의 어느 하나에 해당하는 경우에는 실외운동을 실시하지 아니할 수 있다.

1. 작업의 특성상 실외운동이 필요 없다고 인정되는 경우
2. 질병 등으로 실외운동이 군수용자의 건강에 해롭다고 인정되는 경우
3. 눈 또는 비가 오거나, 수사, 재판, 그 밖의 부득이한 사정으로 실외운동을 하기 어려운 경우

제48조【목욕 횟수】 소장은 법 제34조에 따라 작업의 특성, 계절, 그 밖의 사정을 고려하여 군수용자의 목욕 횟수를 정하되, 특별한 사정이 없으면 매주 1회 이상이 되도록 한다.

제49조【건강검진 횟수】 ① 소장은 법 제35조에 따라 군수용자에 대하여 1년에 1회 이상 건강검진을 하여야 한다. 다만, 계호독거자에 대해서는 6개월에 1회 이상 하여야 한다.

② 제1항의 건강검진은 「건강검진기본법」 제14조에 따라 지정된 건강검진기관에 의뢰하여 할 수 있다.

제50조【감염병에 관한 조치】 ① 소장은 법 제36조에 따라 군수용자가 감염병에 걸렸다고 의심되는 경우에는 1주 이상 격리수용하고, 그의 휴대품을 소독하여야 한다.

② 소장은 감염병이 유행하고 있을 때에는 군수용자가 자신의 비용으로 구매한 음식물의 공급을 중지할 수 있다.

③ 소장은 군수용자가 감염병에 걸렸을 때에는 즉시 격리수용하고, 그가 사용하였던 물품과 설비를 철저히 소독하여야 한다.

④ 제3항의 경우 소장은 군수용자가 감염병에 걸린 사실을 지체 없이 국방부장관에게 보고하고, 관할 보건기관의 장에게 알려야 한다.
(2010.12.29 본조개정)

제51조【의료용 거실에의 수용 등】 ① 소장은 법 제37조에 따라 군수용자가 부상을 당하거나 질병에 걸렸을 때에는 의료용 거실에 수용하거나 다른 군수용자에게 그를 간병(看病)하게 할 수 있다.

② 소장은 특히 필요하다고 인정하면 군병원이 아닌 의료시설(이하 "외부의료시설"이라 한다)에서 근무하는 의사에게 군수용자를 치료하게 할 수 있다.

③ 소장은 군수용자가 위독한 경우에는 그 사실을 가족에게 지체 없이 알려야 한다.

제52조【외부의료시설 진료 등】 ① 소장은 법 제38조제1항에 따라 군수용자를 외부의료시설에서 진료를 받도록 결정하기 전에 미리 군의관의 의견을 들어야 한다.

② 소장은 법 제38조제1항에 따라 군수용자를 외부의료시설에 입원시키거나 입원 중인 군수용자를 군교정시설로 데려왔을 때에는 그 사실을 국방부장관에게 지체 없이 보고하여야 한다.

제5장 접견, 서신수수 및 전화통화

제53조【접견】 ① 법 제42조제1항에 따른 군수용자의 접견은 매일(공휴일 및 국방부장관이 정한 날은 제외한다) 군 표준일과표에 따른 근무시간에 한다.

② 군수용자의 접견시간은 1회당 30분 이내로 한다. 다만, 군미결수용자가 변호인과 접견하는 경우에는 접견시간을 제한하지 아니한다.

③ 군수형자의 접견 횟수는 매월 4회 이상으로 하되, 제77조제2항에 따라 부여한 처우등급별 접견 횟수는 국방부령으로 정한다.

④ 군수용자의 접견은 접촉 차단시설이 설치된 장소(이하 "접견실"이라 한다)에서 하게 한다. 다만, 다음 각 호의 어느 하나에 해당하는 경우에는 그러하지 아니하다.
(2014.10.28 단서개정)

1. 군미결수용자(형사사건으로 수사 또는 재판을 받고 있는 군수형자와 사형확정자를 포함한다)가 변호인과 접견하는 경우
2. 군수용자가 소송사건의 대리인인 변호사와 접견하는 경우로서 군교정시설의 안전 또는 질서를 해칠 우려가 없는 경우

(2014.10.28 1호~2호신설)

⑤ 법 및 이 영에서 규정한 사항 외에 군수형자, 사형확정자 및 군미결수용자 외의 군수용자에 대한 접견 횟수·시간·장소 등에 관하여 필요한 사항은 국방부장관이 정한다.

제54조【접견의 예외】 ① 소장은 제53조제1항 및 제2항에도 불구하고 군수형자의 교화 또는 건전한 사회복귀를 위하여 특히 필요하다고 인정하면 군 표준일과표에 따른 근무시간 외의 시간에도 접견하게 할 수 있고, 접견시간을 연장할 수 있다.

② 소장은 제53조제3항에도 불구하고 군수형자가 다음 각 호의 어느 하나에 해당하는 경우에는 접견 횟수를 늘릴 수 있다.

1. 교정성적이 우수한 경우
2. 교화나 건전한 사회복귀를 위하여 특히 필요하다고 인정되는 경우

③ 소장은 제53조제4항 본문에도 불구하고 군수형자가 제2항 각 호에 해당하는 경우에는 접견실 외의 장소에서 접견하게 할 수 있다.

제55조【접견 시 유의사항 고지】 소장은 법 제42조에 따라 접견하게 하는 경우에는 군수용자와 그 상대방에게 접견할 때의 유의사항을 방송이나 게시물 부착 등의 적절한 방법으로 알려주어야 한다.

제56조【접견내용의 청취 등】 ① 소장은 법 제42조제2항에 따라 접견내용을 청취·기록하기 위하여 군교도관이나 교도병(군교정시설에서 군교도관의 업무를 보조하는 병을 말한다. 이하 같다)을 접견에 참여하게 할 수 있다. 다만, 군미결수용자가 변호인과 접견하는 경우는 제외한다.

② 소장은 법 제42조제2항 후단에 따라 군수용자와 군수용자가 아닌 사람에게 외국어를 사용하게 할 때에는 군교도관이나 통역인으로 하여금 통역하게 할 수 있다.

③ 소장은 법 제42조제3항에 따라 군수용자와 그 상대방에게 접견실에 들어가기 전에 미리 접견내용을 청취·녹음 또는 녹화한다는 사실을 말이나 서면 등 적절한 방법으로 알려주어야 한다.

제57조【접견기록물의 관리 등】 ① 소장은 접견내용을 청취·기록·녹음 및 녹화한 경우의 접견기록물에 대한 보호·관리를 위하여 접견정보 취급자를 지정하여야 한다.

② 제1항에 따라 지정된 접견정보 취급자는 직무상 알게 된 접견정보를 누설하거나, 권한 없이 처리하거나, 다른 사람이 이용하도록 제공하는 등 부당한 목적을 위하여 사용해서는 아니 된다.

③ 소장은 다음 각 호의 어느 하나에 해당하는 경우에는 접견기록물을 관계 기관에 제공할 수 있다.

1. 군사법원의 재판업무 수행을 위하여 필요한 경우
2. 범죄의 수사와 공소의 제기 및 유지에 필요한 경우

④ 소장은 제3항에 따라 접견기록물을 제공할 때에는 제1항에 따라 지정된 접견정보 취급자에게 접견기록물을 요청한 기관의 명칭, 받으려는 목적, 제공 근거, 제공을 요청한 범위, 그 밖에 필요한 사항을 접견기록물 관리부에 기록하게 하고, 따로 이동식 저장매체에 옮겨 담아 제공하여야 한다.

제58조【접견 중지 사유의 고지】 군교도관이 법 제43조에 따라 군수용자의 접견을 중지하였을 때에는 그 사유를 즉시 알려주어야 한다.

제59조【서신수수의 횟수】 군수용자가 법 제44조에 따라 보내거나 받을 수 있는 서신의 횟수는 제한하지 아니한다.

제60조【서신 내용물의 확인】 ① 군수용자는 서신을 보내려는 경우 해당 서신을 봉합하여 군교정시설에 제출한다. 다만, 소장은 다음 각 호의 어느 하나에 해당하는 경우로서 법 제44조제3항에 따른 금지물품의 확인을 위하여 필요한 경우에는 서신을 봉합하지 아니한 상태로 제출하게 할 수 있다.

1. 마약류사범이나 조직폭력사범 등 국방부령으로 정하는 군수용자가 변호인 외의 자에게 서신을 보내려는 경우
2. 군수용자가 같은 군교정시설에 수용 중인 다른 군수용자에게 서신을 보내려는 경우
3. 규율 위반으로 조사 중이거나 징벌 집행 중인 군수용자가 다른 군수용자에게 서신을 보내려는 경우

(2013.9.26 본항개정)

② 소장은 군수용자에게 온 서신에 법령에서 금지한 물품이 들어 있는지를 개봉하여 확인할 수 있다.

제61조【서신 내용의 검열】 ① 법 제44조제4항제4호에서 "대통령령으로 정하는 군수용자 사이의 서신"이란 다음 각 호의 어느 하나에 해당하는 군수용자가 다른 군수용자와 주고받는 서신을 말한다.

1. 서신을 주고받으려는 대상이 같은 군교정시설에 수용 중인 군수용자
2. 규율 위반으로 조사 중이거나 징벌 집행 중인 군수용자
3. 범죄의 증거를 인멸할 우려가 있는 군수용자
4. 마약류사범이나 조직폭력사범 등 국방부령으로 정하는 군수용자

② 군수용자 사이에 오가는 서신에 대한 검열은 서신을 보내는 군교정시설에서 한다. 다만, 특히 필요하다고 인정되는 경우에는 서신을 받는 군교정시설에서도 할 수 있다.

③ 소장은 군수용자가 주고받는 서신이 법 제44조제4항 각 호의 어느 하나에 해당하면 이를 개봉한 후 검열할 수 있다.(2013.9.26 본항신설)

④ 소장은 제3항에 따라 서신을 검열한 결과 그 내용이 법 제44조제5항의 발신 또는 수신 금지사유에 해당하지 아니하면 발신서신은 봉합한 후 발송하고, 수신서신은 군수용자에게 교부한다.(2013.9.26 본항신설)

⑤ 소장은 서신의 내용을 검열하였을 때에는 그 사실을 해당 군수용자에게 지체 없이 알려 주어야 한다.
(2013.9.26 본항신설)

제62조【관계 기관 송부문서】 소장은 군사법원, 군사경찰부대, 그 밖의 관계 기관에서 군수용자에게 보내온 문서는 다른 법령에 특별한 규정이 없으면 열람한 후 본인에게 전달하여야 한다.(2020.2.4 본조개정)

제63조【서신 등의 대서】 소장은 군수용자가 서신, 소송서류, 그 밖의 문서를 스스로 작성할 수 없어 대신 써 달라고 요청하는 경우에는 군교도관으로 하여금 대신 쓰게 할 수 있다.

제64조【서신 등 발송비용의 부담】 군수용자의 서신, 소송서류, 그 밖의 문서를 보내는 데에 드는 비용은 군수용자가 부담한다. 다만, 소장은 군수용자가 그 비용을 부담할 수 없는 경우에는 예산의 범위에서 해당 비용을 부담할 수 있다.(2014.10.28 단서개정)

제65조【전화통화의 허가 범위】 ① 군수용자는 법 제45조에 따라 전화통화를 허가받으려면 미리 전화번호와 수신자를 지정하여 신청하여야 한다.

② 전화통화는 발신(發信)으로 한정하고, 통화시간은 특별한 사정이 없으면 3분 이내로 한다.

제66조【전화통화 시간】 ① 법 제45조에 따른 전화통화는 매일(공휴일 및 국방부장관이 정한 날은 제외한다) 군 표준일과표에 따른 근무시간에 할 수 있다.

② 소장은 제1항에도 불구하고 평일에 전화통화가 곤란한 특별한 사유가 있는 군수용자에 대해서는 전화통화 시간을 따로 정할 수 있다.

제67조【통화내용의 청취·녹음】 ① 소장은 법 제45조제2항에 따라 전화통화를 허가할 때에는 법 제42조제2항 각 호의 어느 하나에 해당하지 아니한다고 명백히 인정되는 경우 외에는 군수용자의 통화내용을 청취 또는 녹음하는 것을 조건으로 붙여야 한다.

② 소장은 제45조제4항에 따라 군수용자에게 전화통화를 하기 전에 미리 통화내용을 청취하거나 녹음한다는 사실을 말이나 서면 등 적절한 방법으로 알려주어야 한다.

③ 제1항에 따라 녹음한 기록물은 「공공기록물 관리에 관한 법률」에 따라 관리하고, 특히 녹음한 기록물이 손상되지 않도록 그 보존에 주의하여야 한다.

④ 군교도관은 군수용자 전화통화의 청취·녹음을 통하여 알게 된 내용을 누설하거나, 권한 없이 처리하거나, 타인의 이용에 제공하는 등 부당한 목적으로 사용해서는 아니 된다.

⑤ 제1항에 따라 녹음한 기록물을 관계 기관에 제공하는 것에 관하여는 제57조제3항 및 제4항을 준용한다.
제68조【통화요금의 부담】 ① 군수용자의 전화통화 요금은 군수용자의 부담으로 한다.
② 소장은 군수용자가 교정성적이 양호하거나 영치금이 없는 등 특히 필요하다고 인정하는 경우에는 예산의 범위에서 요금을 부담할 수 있다.
제69조【준용】 전화통화 시 외국어의 사용 및 전화통화의 중지에 관하여는 제56조제2항 및 제58조를 준용한다.
제70조【참고사항의 기록】 군교도관은 군수용자의 접견, 서신수수, 전화통화 등의 과정에서 군수용자의 처우에 특히 참고할 사항을 알게 된 경우에는 그 요지를 수용기록부에 기록하여야 한다.

제6장 도서 · 방송 및 집필

제71조【비치도서의 이용】 ① 소장은 법 제47조에 따라 군수용자가 쉽게 이용할 수 있도록 도서를 갖춰 두고 그 목록을 정기적으로 공개하여야 한다.
② 제1항에 따라 갖춰 둔 도서의 열람방법, 열람기간 등에 관하여 필요한 사항은 국방부장관이 정한다.
제72조【라디오 청취 등의 방법】 법 제49조제1항에 따른 군수용자의 라디오 청취와 텔레비전 시청은 군교정시설에 설치된 방송설비를 통하여 할 수 있다.
제73조【집필용구의 관리 등】 ① 법 제50조에 따른 집필에 필요한 집필용구는 거실의 집필용구 보관함에 보관하여 관리한다.
② 거실에는 집필용구의 품목과 수량을 기록한 집필용구 품목표를 붙여 두어야 한다.
③ 집필용구의 구입비용은 군수용자가 부담한다. 다만, 소장은 군수용자가 그 비용을 부담할 수 없는 경우에는 필요한 집필용구를 지급할 수 있다.
제74조【집필의 시간 등】 ① 군수용자는 휴업일과 휴게시간에 시간의 제한 없이 집필할 수 있다. 다만, 부득이한 사정이 있는 경우에는 그러하지 아니하다.
② 군수용자는 거실, 작업장, 그 밖에 지정된 장소에서 집필할 수 있다.
제75조【문서 · 도화의 외부 발송 등】 ① 소장은 군수용자가 자신이 작성하거나 집필한 문서 또는 도화를 외부로 보내거나 내가려고 하는 경우에는 그 내용을 확인하여 법 제44조제5항 각 호의 어느 하나에 해당하지 아니하면 허가하여야 한다.
② 제1항에 따라 문서 또는 도화를 외부로 보내거나 내가는 데에 드는 비용은 군수용자가 부담한다.
③ 법 및 이 영에서 규정한 사항 외에 군수용자의 집필에 필요한 사항은 국방부장관이 정한다.

제7장 군수형자의 처우

제1절 통 칙

제76조【군수형자로서의 처우 개시】 ① 소장은 자유형(自由刑)이 확정된 군미결수용자에 대해서는 군검사의 집행 지휘서가 도달된 때부터 군수형자로 처우하여야 한다.
② 군검사는 집행 지휘를 한 날부터 10일 이내에 재판서(裁判書)나 그 밖에 적법한 서류를 소장에게 보내야 한다.
(2022.6.30 본조개정)
제77조【군수형자의 처우등급 부여 등】 ① 소장은 법 제51조에 따른 군수형자의 처우를 위하여 개별처우계획을 수립하여야 한다.
② 소장은 제1항에 따른 개별처우계획의 시행에 적합하게 정하거나 조정하기 위하여 교정성적에 따라 처우등급을 부여할 수 있다.
③ 군수형자에게 부여하는 처우등급에 관하여 필요한 사항은 국방부령으로 정한다.
제78조【군수형자 취업알선 등】 소장은 군수형자의 건전한 사회복귀를 지원하기 위하여 취업알선 및 창업지원을 위해 노력하여야 한다.

제2절 교육과 교화프로그램

제79조【교육】 ① 소장은 법 제53조에 따른 교육을 효과적으로 시행하기 위하여 교육실을 설치하는 등 교육에 적합한 환경을 조성하여야 한다.
② 소장은 교육 대상자, 시설 여건 등을 고려하여 교육계획을 수립하여 시행하여야 한다.
제80조【정서교육】 소장은 군수형자의 정서 함양을 위하여 필요하다고 인정하면 연극 · 영화관람, 체육행사, 그 밖의 문화예술활동을 하게 할 수 있다.

제3절 작업과 직업훈련

제81조【작업】 ① 소장은 법 제55조에 따라 군수형자에게 작업을 부과하는 경우에는 작업의 종류와 작업과정을 정하여 알려야 한다.
② 제1항의 작업과정은 작업성적, 작업시간, 작업의 난이도 및 숙련도를 고려하여 정한다. 이 경우 작업과정을 정하기 어려우면 작업시간을 작업과정으로 본다.
③ 군수형자에게 부과하는 작업의 종류, 작업과정 및 작업시간 등의 세부 사항은 국방부령으로 정한다.
제82조【작업실적의 확인】 소장은 군교도관에게 매일 군수형자의 작업실적을 확인하게 하여야 한다.
제83조【신청 작업의 취소】 소장은 법 제57조에 따라 작업이 부과된 군수형자가 작업의 취소를 요청하는 경우에는 그 군수형자의 의사(意思), 건강 및 군교도관의 의견 등을 고려하여 작업을 취소할 수 있다.
제84조【직업능력개발훈련 설비 등의 구비】 소장은 법 제59조에 따른 직업능력개발훈련을 하는 경우에는 그에 필요한 설비 및 실습 자재를 갖추어야 한다.
제85조【휴업일】 법 제60조제1항 및 제61조에서 "대통령령으로 정하는 휴일"이란 12월 31일, 「각종 기념일 등에 관한 규정」에 따른 교정의 날 및 소장이 지정하는 날을 말한다.

제4절 귀 휴

제86조【귀휴자에 대한 조치】 ① 소장은 법 제66조에 따라 2일 이상의 귀휴(歸休)를 허가하였을 때에는 귀휴를 허가받은 군수형자의 귀휴지(법 제66조제1항에 따라 정한 행선지를 말한다)를 관할하는 군사경찰부대나 국가경찰관서의 장에게 그 사실을 통보하여야 한다.
② 귀휴 중인 군수형자는 천재지변이나 그 밖의 사유로 자신의 신상에 중대한 사고가 발생하였을 때에는 가까운 군교정시설, 군사경찰부대 또는 국가경찰관서에 신고하여야 하고, 필요한 보호를 요청할 수 있다.
③ 제2항에 따른 보호 요청을 받은 군교정시설, 군사경찰부대 또는 국가경찰관서의 장은 귀휴를 허가한 소장에게 그 사실을 지체 없이 통보하고 적절한 보호조치를 하여야 한다.
(2020.2.4 본조개정)

제8장 군미결수용자의 처우

제87조【법률구조 지원】 소장은 군미결수용자가 빈곤하거나 무지하여 수사나 재판 과정에서 권리를 충분히 행사하지 못한다고 인정하는 경우에는 법률구조에 필요한 지원을 할 수 있다.
제88조【공범 분리】 소장은 이송이나 출정, 그 밖의 사유로 군미결수용자를 군교정시설 밖으로 호송하는 경우에는 해당 사건에 관련된 사람과 호송 차량의 좌석을 분리하는 등의 방법으로 서로 접촉하지 못하게 하여야 한다.
제89조【접견 횟수】 군미결수용자의 접견 횟수는 매일 1회로 한다. 이 경우 변호인과의 접견은 그 횟수에 포함하지 아니한다.
제90조【접견의 예외】 소장은 군미결수용자의 처우를 위하여 특히 필요하다고 인정하면 제53조제1항 · 제2항 · 제4항 및 제89조에도 불구하고 접견시간 외의 시간에도 접견하게 할 수 있고, 접견시간을 연장하거나 접견 횟수를 늘릴 수 있으며, 접견실 외의 장소에서 접견하게 할 수 있다.
제91조【교육 · 교화와 작업】 ① 법 제75조제1항에 따른 군미결수용자에 대한 교육 · 교화 프로그램이나 작업은 군교정시설 밖에서 실시하거나 부과하지 아니한다.
② 소장은 법 제75조제1항에 따라 작업이 부과된 군미결수용자가 작업의 취소를 요청하는 경우에는 그 군미결수용자의 의사, 건강 및 군교도관의 의견 등을 고려하여 작업을 취소할 수 있다.
제92조【도주 등 통보】 소장은 군미결수용자가 도주하거나 도주한 군미결수용자를 체포한 경우에는 그 사실을 즉시 군검사에게 통보하여야 한다. 이 경우 군미결수용자가 기소된 때에는 군사법원에도 통보하여야 한다.
(2022.6.30 전단개정)
제93조【사망 등 통보】 소장은 군미결수용자가 위독하거나 사망한 경우에는 그 사실을 즉시 군검사에게 통보하여야 한다. 이 경우 군미결수용자가 기소된 때에는 군사법원에도 통보하여야 한다.(2022.6.30 전단개정)
제94조【군의관이나 외부의사의 진찰 등】 군미결수용자가 「군사법원법」 제63조, 제129조 및 제246조에 따라 군의관이나 외부의사에게 진료를 받을 때에는 군교도관이 참여하여 그 경과를 제19조에 따른 수용기록부에 기록하여야 한다.

제9장 사형확정자의 처우

제95조【접견 횟수】 사형확정자의 접견 횟수는 매월 4회로 한다.
제96조【접견의 예외】 소장은 사형확정자의 교화나 심리적 안정을 도모하기 위하여 특히 필요하다고 인정하면 제53조제1항 · 제2항 · 제4항 및 제95조에도 불구하고 접견시간 외의 시간에도 접견을 하게 할 수 있고, 접견시간을 연장하거나 접견 횟수를 늘릴 수 있으며, 접견실 외의 장소에서 접견하게 할 수 있다.
제97조【사형 집행 후의 검시 등】 ① 소장은 사형을 집행하였을 때에는 군의관에게 시신을 검사하게 하여 사망하였음을 확인한 후가 아니면 시신의 이전 등 다른 조치를 하지 못한다.(2014.10.28 본항개정)
② 사형 집행 시 군검사는 사형확정자의 유언을 기록하고 날인한 후 친족 또는 친지에게 전달하여야 한다.
(2022.6.30 본항개정)

제10장 안전과 질서

제98조【거실등에 대한 검사】 소장은 법 제80조에 따라 군교도관에게 거실등을 정기적으로 검사하게 하여야 한다. 다만, 법 제79조의 금지물품을 숨기고 있다고 의심되는 군수용자의 거실등은 수시로 검사하게 할 수 있다.
제99조【신체 등에 대한 검사】 소장은 법 제80조에 따라 군교도관에게 작업장이나 실외에서 거실로 돌아오는 군수용자의 신체, 의류 및 휴대품을 검사하게 하여야 한다. 다만, 교정성적 등을 고려하여 그 검사가 필요하지 아니하다고 인정되는 경우에는 예외로 할 수 있다.
제100조【검사장비의 이용】 군교도관은 법 제80조에 따른 검사를 위하여 탐지견(探知犬), 금속탐지기, 그 밖의 장비를 이용할 수 있다.
제101조【외부인의 출입】 군교도관 외의 사람은 군 표준일과표에 따른 근무시간 외에는 소장의 허가 없이 군교정시설에 출입하지 못한다.
제102조【외부와의 차단】 ① 군교정시설의 바깥문, 출입구, 거실, 작업장, 그 밖에 군수용자를 수용하고 있는 장소는 외부와 차단하여야 한다. 다만, 필요에 따라 일시 개방하는 경우에는 그 장소를 경비하여야 한다.
② 군교도관은 접견, 상담, 진료, 그 밖에 군수용자의 처우를 위하여 필요한 경우가 아니면 군수용자와 외부인이 접촉하게 해서는 아니 된다.
제103조【거실의 개방 금지】 군교도관은 수사, 재판, 운동, 접견, 진료 등 군수용자의 처우를 위한 경우나 자살방지, 화재진압 등 군교정시설의 안전과 질서유지를 위하여 필요한 경우가 아니면 거실문을 열거나 군수용자를 거실 밖으로 나오게 해서는 아니 된다.
제104조【장애물 방치 금지】 군교정시설의 구내에는 시야를 가리거나 그 밖에 계호상 장애가 되는 물건을 두어서는 아니 된다.
제105조【보호실 등 수용 중지】 ① 법 제82조제5항 및 제83조제4항에 따라 군의관이 보호실이나 진정실에 수용된 군수용자의 건강을 확인한 결과 보호실이나 진정실에 계속 수용하는 것이 부적당하다고 인정하는 경우에는 소장에게 즉시 보고하여야 한다. 이 경우 소장은 특별한 사유가 없으면 보호실이나 진정실에 수용하는 것을 즉시 중지하여야 한다.
② 소장은 군의관이 출장, 휴가, 그 밖의 부득이한 사유로 법 제82조제5항 또는 제83조제4항의 직무를 수행할 수 없을 때에는 군교정시설에 근무하는 의료 관계자에게 그 직무를 대행하게 할 수 있다.
제106조【보호장비의 사용 등】 ① 군교도관은 소장의 명령 없이 군수용자에게 법 제85조제1항에 따른 보호장비를 사용해서는 아니 된다. 다만, 소장의 명령을 받을 시간적 여유가 없는 경우에는 보호장비를 사용한 후 소장에게 즉시 보고하여야 한다.
② 군교도관이 보호장비를 사용할 때에는 군수용자에게 그 사유를 알려주어야 한다.
③ 군의관은 군수용자에게 보호장비를 계속 사용하는 것이 건강상 부적당하다고 인정하는 경우에는 소장에게 즉시 보고하여야 한다. 이 경우 소장은 특별한 사유가 없으면 보호장비 사용을 즉시 중지하여야 한다.
④ 군의관이 출장, 휴가, 그 밖의 부득이한 사유로 법 제84조제3항의 직무를 수행할 수 없을 때에는 군교정시설에 근무하는 의료관계자에게 그 직무를 대행하게 할 수 있다.
제107조【보호장비 착용 군수용자의 거실 지정】 보호장비를 착용 중인 군수용자는 특별한 사정이 없으면 계호상 독거수용을 하여야 한다.
제108조【보호장비 사용의 감독】 ① 소장은 제106조제1항에 따라 보호장비의 사용을 명령한 경우에는 수시로 그 사용 실태를 확인 · 점검하여야 한다.
② 국방부장관은 군교정시설의 보호장비 사용 실태를 정기적으로 점검하여야 한다.(2014.10.28 본항개정)
제109조【강제력의 행사】 군교도관과 교도병은 소장의 명령 없이 법 제87조에 따른 강제력을 행사해서는 아니 된다. 다만, 그 명령을 받을 시간적 여유가 없는 경우에는 강제력을 행사한 후 소장에게 즉시 보고하여야 한다.
제110조【무기사용 보고】 군교도관과 교도병은 법 제88조에 따라 무기를 사용하였을 때에는 즉시 소장에게 보고하여야 하고, 보고를 받은 소장은 그 사실을 국방부장관에게 즉시 보고하여야 한다.
제111조【재난 시의 조치】 ① 소장은 교정성적이 우수한 군수형자를 선정하여 법 제89조제1항에 따른 응급용무의 보조에 필요한 훈련을 시킬 수 있다.
② 소장은 법 제89조제3항에 따라 군수용자를 일시 석방할 때에는 출석하여야 할 시한과 출석할 장소를 미리 알려주어야 한다.
제112조【도주 등에 따른 조치】 ① 소장은 군수용자가 도주하거나 법 제117조 각 호의 어느 하나에 해당하는 행위(이하 이 조에서 "도주등"이라 한다)를 하였을 때에는 군교정시설의 소재지와 그 인접 지역 또는 도주등을 한 사람(이하 이 조에서 "도주자등"이라 한다)이 숨을 만한 지역의 군사경찰부대나 국가경찰관서에 도주자등의 사진이나 인상착의를 기록한 서면을 첨부하여 그 사실을 지체 없이 통보하여야 한다.(2020.2.4 본항개정)
② 소장은 군수용자가 도주등을 하거나 도주자등을 체포한 경우에는 국방부장관에게 지체 없이 보고하여야 한다.

제11장 징 벌

제113조【징벌위원회 기능】 법 제97조에 따른 징벌위원회(이하 이 장에서 "위원회"라 한다)는 다음 각 호에 관한 사항을 심의·의결한다.
1. 징벌사유에 해당하는 행위의 사실 여부
2. 징벌의 종류와 양정
3. 징벌기간의 산정
4. 법 제97조제6항에 따른 위원회 위원에 대한 기피 여부 결정
5. 법 제100조제1항에 따른 징벌 집행의 유예 여부와 그 기간
6. 「형법」 제75조에 따른 가석방 취소 결정
7. 그 밖에 징벌과 관련하여 위원장이 심의를 요청하는 사항

제114조【징벌위원회 외부 위원】 ① 위원회의 외부인사인 위원은 다음 각 호의 어느 하나에 해당하는 사람 중에서 소장이 위촉한다.
1. 변호사
2. 「법학전문대학원 설치·운영에 관한 법률」에 따른 법학대학원 또는 「고등교육법」 제2조제1호의 대학에서 법률학을 가르치는 조교수 이상의 직(職)에 있는 사람 (2012.2.29 본호개정)
3. 그 밖에 교정에 관한 학식과 경험이 풍부한 사람

② 제1항에 따라 위촉된 위원의 임기는 2년으로 한다.
③ 소장은 제1항에 따라 위촉된 위원이 직무를 게을리하거나, 품위를 손상하였거나, 특정한 종파나 특정한 사상에 치우쳐 징벌의 공정성을 해칠 우려가 있다고 인정되면 그 위원을 해촉할 수 있다.

제115조【위원장의 직무】 ① 위원장은 위원회를 대표하고, 위원회의 업무를 총괄한다.
② 위원장이 부득이한 사유로 직무를 수행할 수 없을 때에는 위원장이 미리 지명한 위원이 그 직무를 대행한다.

제116조【간사】 ① 위원회에 위원회의 사무를 처리할 간사 1명을 둔다.
② 간사는 군교도관 중에서 소장이 임명한다.

제117조【수당 등】 위원회의 위원 등에 대해서는 예산의 범위에서 수당, 여비, 그 밖의 필요한 경비를 지급할 수 있다. 다만, 공무원인 위원이 그 소관 업무와 직접적으로 관련되어 위원회에 출석하는 경우에는 그러하지 아니하다.

제118조【운영세칙】 이 영에서 규정한 사항 외에 위원회의 운영에 필요한 사항은 위원회의 의결을 거쳐 위원장이 정한다.

제119조【징벌의 집행】 ① 소장은 법 제98조에 따라 위원회가 의결한 징벌을 지체 없이 집행하여야 한다.
② 소장은 군수용자에 대하여 법 제94조제9호의 전화통화 제한, 같은 조 제11호의 서신수수 제한 또는 같은 조 제12호의 접견 제한 징벌을 부과하였을 때에는 군수용자의 가족에게 그 사실을 알려야 한다. 다만, 군수용자가 통지를 원하지 아니하면 그러하지 아니하다.
③ 소장은 법 제94조제14호의 금치(禁置) 징벌을 집행할 때에도 군수용자의 기본적인 건강유지를 위하여 필요하다고 인정하면 실외운동을 허가할 수 있다.
④ 소장은 법 제98조제13호의 실외운동 정지나 같은 조 제14호의 금치 징벌의 집행을 마쳤을 때에는 군의관에게 해당 군수용자의 건강 상태를 지체 없이 확인하게 하여야 한다.
⑤ 군의관이 출장, 휴가, 그 밖의 부득이한 사유로 법 제98조제4항이나 이 조 제4항의 직무를 수행할 수 없을 때에는 군교정시설에 근무하는 의료 관계자에게 그 직무를 대행하게 할 수 있다.

제120조【징벌 집행의 계속】 법 제94조제4호부터 제14호까지의 징벌 집행 중에 있는 군수용자가 다른 군교정시설로 이송되거나 군사법원 또는 군검찰부 등에 출석하는 경우에도 징벌집행이 계속되는 것으로 본다.

제121조【징벌기간의 계산】 소장은 법 제99조제1항에 따라 징벌 집행을 일시 정지한 경우 그 정지사유가 해소되었을 때에는 지체 없이 징벌 집행을 재개하여야 한다. 이 경우 집행을 정지한 다음 날부터 집행을 재개(再開)한 전날까지의 일수는 징벌기간으로 계산하지 아니한다.

제122조【이송된 사람의 징벌】 군수용자가 이송 중에 징벌 부과의 대상이 되는 행위를 하였거나 다른 군교정시설에서 징벌 부과의 대상이 되는 행위를 한 사실이 이송 후에 발각되었을 때에는 그 군수용자를 인수한 소장이 징벌을 부과한다.

제123조【징벌사항의 기록】 소장은 군수용자의 징벌에 관한 사항을 징벌집행부 및 제19조에 따른 수용기록부에 기록하여야 한다.

제12장 권리구제

제124조【소장 면담】 ① 소장은 법 제101조제1항에 따라 군수용자가 면담을 신청하였을 때에는 군수용자의 인적사항을 면담부에 적고, 특별한 사정이 없으면 신청한 순서에 따라 면담하여야 한다.
② 소장은 제1항에 따라 군수용자를 면담하였을 때에는 그 요지를 면담부에 적어야 한다.
③ 소장은 법 제101조제2항 각 호의 어느 하나에 해당하여 군수용자의 면담 신청을 받아들이지 아니하였을 때에는 그 사유를 해당 군수용자에게 알려주어야 한다.

제125조【순회점검공무원에 대한 청원】 ① 소장은 군수용자가 법 제102조제1항에 따라 순회점검공무원(법 제7조에 따라 국방부장관으로부터 순회점검의 명을 받은 공무원을 말한다. 이하 같다)에게 청원하는 경우에는 그 인적사항을 청원부에 기록하여야 한다.(2014.10.28 본항개정)
② 순회점검공무원은 법 제102조제2항 단서에 따라 군수용자가 말로 청원하는 경우에는 그 요지를 청원부에 기록하여야 한다.(2014.10.28 본항개정)
③ 순회점검공무원은 법 제102조에 따른 군수용자의 청원에 대하여 결정하였을 때에는 그 요지를 청원부에 기록하여야 한다.(2014.10.28 본항개정)
④ 순회점검공무원은 법 제102조에 따른 군수용자의 청원에 대하여 스스로 결정하는 것이 부적당하다고 인정하는 경우에는 그 내용을 국방부장관에게 보고하여야 한다. (2014.10.28 본항개정)
⑤ 군수용자의 청원 처리의 기준·절차 등에 관하여 필요한 사항은 국방부장관이 정한다.
(2014.10.28 본조제목개정)

제3편 수용의 종료

제1장 가석방

제126조【가석방 허가 신청의 절차】 법 제107조제1항에 따라 가석방 허가를 신청하는 경우에는 다음 각 호의 서류를 첨부하여 군수형자가 소속되어 있거나 소속되었던 군의 법무실장을 거쳐 국방부장관에게 신청하여야 한다.
1. 법 제106조에 따른 가석방 적격심사 결정서
2. 가석방 심사 및 신상조사표(2014.10.28 본호개정)
3. 판결문 등본
4. 형 집행지휘서 등본
5. (2014.10.28 삭제)
6. 범죄경력 조회서

제127조【가석방자 교육 등】 소장은 법 제107조제2항에 따라 가석방을 허가받은 군수형자에 대하여 가석방자 교육을 하고, 가석방자가 지켜야 할 준수사항을 알려주어야 하며, 가석방 증서를 발급한 후 석방하여야 한다.

제2장 석 방

제128조【석방 예정자에 대한 상담 등】 소장은 군수형자의 건전한 사회복귀를 위하여 필요하다고 인정하면 석방 전 3일 이내의 범위에서 석방 예정자를 별도의 거실에 수용하여 장래에 관한 상담과 지도를 할 수 있다.

제129조【형기 종료 석방 예정자의 사전조사】 소장은 형기 종료로 석방될 군수형자에 대해서는 석방 10일 전까지 석방 후 보호에 관한 사항을 조사하여야 한다.

제130조【석방 예정자의 교정성적 등 통보】 소장은 석방될 군수형자의 재범 방지 등을 위하여 필요하다고 인정하면 군수형자의 성격, 교정성적 또는 보호에 관한 의견을 군수형자의 거주지를 관할하는 국가경찰관서나 군수형자를 인수하여 보호할 법인 또는 개인에게 통보할 수 있다. 다만, 법인 또는 개인에게 통보하는 경우에는 해당 군수형자의 동의를 받아야 한다.

제131조【석방된 사람의 보호】 소장은 군수형자를 석방할 때 필요하다고 인정하면 「보호관찰 등에 관한 법률」 제71조에 따른 한국법무보호복지공단에 석방된 사람의 보호를 요청할 수 있다.

제132조【귀가 여비 등의 회수】 소장은 법 제111조에 따라 석방된 사람에게 귀가 여비나 의류를 빌려주었을 때에는 특별한 사유가 없으면 이를 회수하여야 한다.

제3장 사 망

제133조【사망 통지】 소장은 법 제112조에 따라 군수용자의 사망을 알리는 경우에는 사망 일시, 장소, 사유 및 법 제28조의 유류금품, 법 제63조제2항의 작업장려금, 법 제64조제2항의 조위금에 관한 사항도 같이 알려야 한다.

제134조【사망기록부】 ① 군의관은 군수용자가 질병으로 사망한 경우에는 사망기록부에 병명, 병력(病歷), 사인 및 사망 일시를 기록하고 서명하여야 한다.
② 소장은 군수용자가 자살하거나 변사(變事)한 경우에는 그 사실을 즉시 군검사(기소된 군수용자인 경우에는 군사법원을 포함한다)에게 통보하고, 그 시신을 검사한 후 사망기록부에 검시자와 참여자의 성명, 신분 및 검시 결과를 기록하여야 한다.(2022.6.30 본항개정)
③ 소장은 법 제78조에 따라 사형을 집행하였을 때에는 사망기록부에 집행일시, 집행장소, 검시자와 참여자의 성명 및 유언이 있었는지를 기록하여야 한다.
④ 소장은 법 제113조에 따라 시신을 인도(引渡)하거나, 화장(火葬), 임시 매장 또는 합장(合葬)한 경우에는 그 사실을 사망기록부에 기록하여야 한다.

제135조【화장한 유골의 처리】 ① 소장은 법 제113조제2항 단서에 따라 시신을 화장하였을 때에는 유골을 인수할 사람이 없으면 임시 매장하고, 임시 매장 후 2년이 지나도 인도를 청구하는 사람이 없으면 합장할 수 있다.
② 소장은 법 제113조제3항에 따라 시신을 화장한 경우에는 그 유골을 합장할 수 있다.

제136조【임시 매장지의 표지 등】 ① 소장은 법 제113조제2항에 따라 시신을 임시 매장한 경우에는 그 장소에 사망자의 가족관계등록기준지, 성명, 사망 일시를 적은 표지를 세워야 한다.
② 소장은 법 제113조제3항에 따라 시신 또는 유골을 합장한 경우에는 합장된 사람의 가족관계등록기준지, 성명, 사망 일시를 합장기록부에 기록하고 그 장소에 묘비를 세워야 한다.

제4편 보 칙
(2014.10.28 본편제목개정)

제137조【교정위원】 ① 소장은 군수용자의 안정된 수용생활과 교화를 위하여 법 제114조에 따른 교정위원에게 군수용자를 교화상담하게 할 수 있다.
② 교정위원은 군수용자의 고충 처리나 교정·교화를 위하여 필요한 의견을 소장에게 건의할 수 있다.

제138조【기부금품의 접수 등】 ① 소장은 법 제115조에 따라 기부금품을 접수하였을 때에는 기부금품 접수대장에 등록하고, 기부한 기관, 단체 또는 개인(이하 이 조에서 "기부자"라 한다)에게 영수증을 발급하여야 한다. 다만, 익명으로 기부하거나 기부자를 알 수 없는 경우에는 영수증을 발급하지 아니한다.
② 소장은 기부자가 용도를 지정하여 금품을 기부한 경우에는 기부금품을 그 용도에 사용하여야 한다. 다만, 지정한 용도로 사용하기 어려운 특별한 사유가 있는 경우에는 기부자의 동의를 받아 다른 용도로 사용할 수 있다.
③ 소장은 기부금품 접수대장과 기부금품의 사용결과를 기록한 장부를 갖춰 두고, 기부자가 열람할 수 있도록 하여야 한다.
④ 제1항부터 제3항까지에서 규정한 사항 외에 군교정시설의 기부금품 접수·사용 등에 필요한 사항은 국방부장관이 정한다.

제139조【권한의 위임】 ① 국방부장관은 법 제115조의2에 따라 다음 각 호의 업무에 관한 권한을 각 군의 참모총장에게 위임한다.
1. 법 제7조에 따른 군미결수용실(제2조에 따라 각 군의 부대에 설치하는 군미결수용실을 말한다. 이하 이 항에서 같다)에 대한 순회점검
2. 법 제19조에 따른 군미결수용실에 수용된 군미결수용자의 이송 승인
3. 법 제102조 및 이 영 제125조제4항에 따른 군미결수용실에 수용된 군미결수용자의 청원에 대한 결정 등
4. 법 제114조제2항에 따른 군미결수용실에 두는 교정위원의 위촉
5. 제4조제3항에 따른 군미결수용실에 대한 외국인의 참관 승인
6. 제108조제2항에 따른 군미결수용실에 대한 보호장비 사용 실태의 점검
7. 그 밖에 제4조제2항에 따른 군미결수용실의 시설·인력 및 예산 등의 운영에 관한 업무 중 법 및 이 영에 따른 소장의 권한에 속하지 아니하는 업무

② 국방부장관은 법 제115조의2에 따라 다음 각 호의 업무에 관한 권한을 국방부조사본부장에게 위임한다.
1. 법 제19조에 따른 군교도소(법 제4조제2항에 따라 군교도소에 설치하는 군미결수용실을 포함한다. 이하 이 항에서 같다)에 수용된 군수용자의 이송 승인
2. 법 제114조제2항에 따른 군교도소에 두는 교정위원의 위촉
3. 제4조제3항에 따른 군교도소에 대한 외국인의 참관 승인
4. 제108조제2항에 따른 군교도소에 대한 보호장비 사용 실태의 점검
5. 그 밖에 법 제4조제1항 및 제2항에 따른 군교도소의 시설·인력 및 예산 등의 운영에 관한 업무 중 법 및 이 영에 따른 소장의 권한에 속하지 아니하는 업무

(2014.10.28 본조신설)

부 칙

제1조【시행일】 이 영은 2010년 5월 3일부터 시행한다.

제2조【다른 법령과의 관계】 이 영 시행 당시 다른 법령에서 종전의 「군행형법 시행령」 또는 그 규정을 인용한 경우 이 영 중 그에 해당하는 규정이 있을 때에는 종전의 「군행형법 시행령」 또는 그 규정을 갈음하여 이 영 또는 이 영의 해당 조항을 인용한 것으로 본다.

부 칙 (2020.2.4)

제1조【시행일】 이 영은 공포한 날부터 시행한다.(이하 생략)

부 칙 (2022.6.30)

제1조【시행일】 이 영은 2022년 7월 1일부터 시행한다. (이하 생략)

군사경찰의 직무수행에 관한 법률(약칭 : 군사경찰직무법)

(2020년 12월 22일
법 률 제17680호)

개정
2022.12.13법19075호
2023. 7.25법19573호(해상교통안전법)

제1조【목적】 이 법은 군사경찰의 직무수행에 필요한 사항을 규정함으로써 적법한 직무의 집행을 보장하고 직무를 수행하면서 발생할 수 있는 인권 침해를 방지함을 목적으로 한다.

제2조【직무수행의 기본원칙】 ① 이 법에 규정된 군사경찰의 직권은 그 직무수행에 필요한 최소한도에서 행사되어야 하며 남용되어서는 아니 된다.
② 군사경찰은 이 법에서 정하는 정당한 직무범위를 벗어나 정보를 수집하거나 활용하여서는 아니 된다.

제3조【정의】 이 법에서 사용하는 용어의 뜻은 다음과 같다.
1. "군사경찰"이란 「군사법원법」 제43조제1호에 따른 병과의 장교·준사관·부사관·병(兵)과 「군무원인사법」에 따른 군무원으로서 군사경찰부대에 소속되어 군사에 관한 경찰의 직무를 수행하는 사람 중 대통령령으로 정하는 사람을 말한다.(2022.12.13 본호개정)
2. "군사지역"이란 「군사기지 및 군사시설 보호법」 제2조제1호·제2호에 따른 군사기지 및 군사시설과 같은 법 제5조제1항제1호가목의 민간인통제선 이북(以北)지역을 말한다.
3. "군사경찰장비"란 군사경찰의 직무수행을 위하여 필요한 것으로서 무기, 군사경찰장구, 최루제와 그 발사장치, 음주측정기, 속도측정기, 감식기구, 해안 감시기구, 통신기기, 차량·선박·항공기 등의 장치와 기구를 말한다.
4. "위해성 군사경찰장비"란 군사경찰장비 중 다른 사람의 생명이나 신체에 위해를 끼칠 수 있는 군사경찰장비를 말한다.
5. "군사경찰장구"란 군사경찰이 휴대하여 범인검거와 범죄 진압 등의 직무수행에 사용하는 수갑·포승(捕繩)·경찰봉·전자충격기·전자충격총 및 방패 등 대통령령으로 정하는 장치와 기구를 말한다.
6. "분사기등"이란 「총포·도검·화약류 등의 안전관리에 관한 법률」에 따른 분사기와 그에 사용하는 최루 등의 작용제 및 최루탄을 말한다.
7. "무기"란 사람의 생명이나 신체에 위해를 끼칠 수 있도록 제작된 권총·소총·도검 등을 말한다.

제4조【적용대상】 ① 이 법에 따른 군사경찰의 직무는 원칙적으로 「군인사법」 및 「군무원인사법」의 적용을 받는 군인, 군무원에 대하여 적용한다.
② 제1항에도 불구하고 제7조 및 제8조는 군사지역에 거주하거나 일시적으로 방문하는 민간인(외국인을 포함한다)에게도 적용한다.
③ 제1항에도 불구하고 제11조부터 제14조까지는 「군형법」 제1조제4항에 해당하는 죄를 범한 내국인·외국인에게도 적용한다.

제5조【군사경찰의 직무범위와 지휘·감독】 ① 군사경찰은 군사경찰부대가 설치되어 있는 부대의 장의 지휘·감독 하에 다음 각 호의 직무를 수행한다.
1. 군사상 주요 인사(人士)와 시설에 대한 경호·경비 및 테러 대응
2. 군사상 교통·운항·항행 질서의 유지 및 위해의 방지
3. 「군사법원법」 제44조제1호에 규정된 범죄의 정보수집·예방·제지 및 수사
4. 「군에서의 형의 집행 및 군수용자의 처우에 관한 법률」에 따른 군수용자 관리
5. 군 범죄 피해자 보호
6. 경찰, 검찰, 그 밖의 수사기관과 상호 협력
(2022.12.13 본호개정)
7. 주한미군 및 외국군 군사경찰과 국제 협력
8. 그 밖에 군 기강 확립·질서 유지를 위한 활동
② 국방부장관은 군사경찰 직무의 최고 지휘자·감독자로서 군사경찰에 관한 정책을 총괄하기 위하여 국방부 소속으로 조사본부를 둔다.
③ 각 군 참모총장은 각 군 군사경찰 직무의 지휘자·감독자로서 각 군 소속 부대의 군사경찰 직무를 총괄하기 위하여 군사경찰실이나 군사경찰단을 둔다.
④ 군사경찰부대가 설치되어 있는 부대의 장은 소관 군사경찰 직무를 관장하고 소속 군사경찰을 지휘·감독한다.
⑤ 군사경찰인 병은 소속 군사경찰부대 간부(제3조제1호에 규정된 장교·준사관·부사관 및 군무원을 말한다)의 지시를 받아 군사에 관한 경찰의 직무를 보조한다.
⑥ 그 밖에 군사경찰의 직무범위와 지휘·감독에 관한 구체적 사항은 대통령령으로 정한다.

제6조【군인권보호관에 대한 협조】 군사경찰은 「군인의 지위 및 복무에 관한 기본법」 제42조에 따른 군인권보호관(이하 "군인권보호관"이라 한다)이 그 직무수행을 목적으로 요청하는 사항에 대하여 특별한 사정이 없으면 협조하여야 한다.

제7조【직무질문 및 동행요구】 ① 군사경찰은 군사지역에서 다음 각 호의 어느 하나에 해당하는 사람을 정지시켜 질문(이하 이 조에서 "직무질문"이라 한다)할 수 있으며, 이 경우 신분증명서의 제시 등 신원확인에 필요한 조치를 취할 수 있다.
1. 수상한 행동, 그 밖의 주위의 사정을 합리적으로 판단하여 볼 때 어떠한 죄를 범하였거나 범하려 하고 있다고 의심할만한 상당한 이유가 있는 사람
2. 이미 행하여진 범죄나 행하여지려고 하는 범죄에 관하여 그 사실을 안다고 인정되는 사람
② 군사경찰은 제1항에 따라 같은 항 각 호의 사람을 정지시킨 장소에서 직무질문을 하는 것이 그 사람에게 불리하거나 교통에 방해가 된다고 인정될 때에는 질문을 하기 위하여 가까운 군사경찰부대, 검문소 등(이하 이 조에서 "군사경찰부대등"이라 한다)에 동행할 것을 요구할 수 있다. 이 경우 동행을 요구받은 사람은 군사경찰의 그 요구를 거절할 수 있다. 다만, 제4조제1항에 규정되지 아니한 사람은 「군형법」 제1조제4항에 해당되는 범죄를 저질렀다고 명백히 인정되지 아니하면 가까운 경찰서·지구대·파출소 또는 출장소(지방해양경찰관서를 포함한다. 이하 이 조에서 "경찰관서"라 한다)로 동행할 것을 요구할 수 있다.
③ 군사경찰은 직무질문을 하는 때에 무기 또는 흉기를 가지고 있는 지를 조사할 수 있다.
④ 군사경찰은 직무질문을 하거나 동행을 요구하는 때에는 자신의 신분을 표시하는 증표를 제시하면서 소속과 성명을 밝히고 질문이나 동행의 목적과 이유를 설명하여야 하며, 동행을 요구하는 경우에는 동행 장소를 밝혀야 한다.
⑤ 군사경찰은 제2항에 따라 동행한 사람의 소속 부대장과 가족 또는 친지, 그 밖의 연고자에게 동행한 군사경찰의 신분, 동행 장소 및 동행 목적과 이유를 직접 알리거나 본인으로 하여금 가족이나 친지 등 연고자에게 즉시 연락할 수 있는 기회를 주어야 하며, 변호인의 도움을 받을 권리가 있음을 알려야 한다.
⑥ 군사경찰은 동행한 사람을 6시간을 초과하여 군사경찰부대등 또는 경찰관서에 머물게 할 수 없으며, 당사자의 요청이 있을 경우에는 즉시 동행을 해제하여야 한다.
⑦ 제1항부터 제3항까지의 규정에 따라 질문을 받거나 동행을 요구받은 사람은 군사법원의 소송절차에 관한 법률에 따르지 아니하고는 신체를 구속당하지 아니하며, 그 의사에 반하여 답변을 강요당하지 아니한다.

제8조【범죄의 예방과 제지】 군사경찰은 군사지역에서 범죄행위가 목전(目前)에 행하여지려고 하고 있다고 인정될 때에는 이를 예방하기 위하여 관계인에게 필요한 경고를 하고, 그 행위로 인하여 사람의 생명·신체에 위해를 끼치거나 재산에 중대한 손해를 끼칠 우려가 있는 긴급한 경우에는 그 행위를 제지할 수 있다.

제9조【위험방지를 위한 출입】 ① 군사경찰은 군사지역에서 위험한 사태가 발생하여 사람의 생명·신체 또는 재산에 대한 위해가 임박한 때에 그 위해를 방지하거나 피해자를 구조하기 위하여 부득이하다고 인정하면 합리적으로 판단하여 필요한 한도에서 다른 사람의 토지·건물·배 또는 차에 출입할 수 있다.
② 군사경찰이 제1항에 따라 출입할 때에는 그 신분을 표시하는 증표를 제시하여야 하며, 함부로 관계인의 정당한 업무를 방해하여서는 아니 된다.

제10조【교통·운항·항행 질서 유지 등】 ① 군사경찰은 군사지역에서 안전하고 원활한 교통·운항·항행 질서를 유지하기 위하여 교통·운항·항행 상의 위험과 장해를 방지 및 제거하여야 하며, 「도로교통법」 제44조 및 제45조, 「해상교통안전법」 제39조 및 제40조, 「항공안전법」 제57조에 따라 금지된 행위를 단속할 수 있다.
(본항개정 2023.7.25)
② 군사경찰은 제1항에 따른 단속행위를 할 때 술에 취하였는지를 호흡조사로 측정할 수 있다. 이 경우 단속을 받는 사람은 군사경찰의 측정 요구에 따라야 한다.
③ 제2항에 따른 측정 결과에 불복하는 사람에 대해서는 본인의 동의를 받아 혈액 채취 등의 방법으로 다시 측정할 수 있다.
④ 제1항부터 제3항까지의 직무수행에 관한 구체적 사항은 대통령령으로 정한다.

제11조【군사경찰장비의 사용】 ① 군사경찰은 직무수행 중 군사경찰장비를 사용할 수 있다. 다만, 위해성 군사경찰장비를 사용할 때에는 필요한 안전교육과 안전검사를 받은 후 사용하여야 한다.
② 군사경찰은 군사경찰장비를 함부로 개조하거나 군사경찰장비에 임의의 장비를 부착하여 일반적인 사용법과 달리 사용함으로써 다른 사람의 생명·신체에 위해를 끼쳐서는 아니 된다.
③ 위해성 군사경찰장비는 필요한 최소한도에서 사용하여야 한다.
④ 국방부장관은 위해성 군사경찰장비를 새로 도입하려는 경우에는 대통령령으로 정하는 바에 따라 안전성 검사를 실시하여 그 안전성 검사의 결과보고서를 국회 소관 상임위원회에 제출하여야 한다. 이 경우 안전성 검사에는 외부 전문가를 참여시켜야 한다.
⑤ 위해성 군사경찰장비의 종류·사용기준 및 안전교육·안전검사의 기준 등은 대통령령으로 정한다.

제12조【군사경찰장구의 사용】 군사경찰은 다음 각 호의 직무를 수행하기 위하여 필요하다고 인정되는 상당한 이유가 있을 때에는 그 사태를 합리적으로 판단하여 최소한의 범위에서 군사경찰장구를 사용할 수 있다.
1. 현행범이나 사형·무기 또는 장기 3년 이상의 징역이나 금고에 해당하는 죄를 범한 범인의 체포 또는 도주 방지
2. 자신이나 다른 사람의 생명·신체에 대한 방어 및 보호
3. 공무집행에 대한 항거(抗拒)의 제지

제13조【분사기등의 사용】 군사경찰은 다음 각 호의 직무를 수행하기 위하여 부득이한 경우 현장책임자의 판단으로 필요한 최소한의 범위에서 분사기등을 사용할 수 있다.
1. 범인의 체포 또는 범인의 도주 방지
2. 자신이나 다른 사람의 생명·신체·재산 또는 군사지역에 대한 현저한 위해의 발생 억제

제14조【무기의 사용】 ① 군사경찰은 범인의 체포, 도주 방지, 자신이나 다른 사람의 생명·신체에 대한 방어 및 보호, 공무집행에 대한 항거의 제지를 위하여 필요하다고 인정되는 상당한 이유가 있을 때에는 그 사태를 합리적으로 판단하여 최소한의 범위에서 무기를 사용할 수 있다. 다만, 다음 각 호의 어느 하나에 해당하는 때를 제외하고는 사람에게 위해를 끼쳐서는 아니 된다.
1. 「형법」 제21조 및 제22조에 따른 정당방위와 긴급피난에 해당할 때
2. 다음 각 목의 어느 하나에 해당하는 때에 그 행위를 방지하거나 그 행위자를 체포하기 위하여 무기를 사용하지 아니하고는 다른 수단이 없다고 인정되는 상당한 이유가 있을 때
 가. 사형·무기 또는 장기 3년 이상의 징역이나 금고에 해당하는 죄를 범하거나 범하였다고 의심할만한 상당한 이유가 있는 사람이 군사경찰의 직무집행에 대하여 항거하거나 도주하려고 할 때
 나. 체포·구속영장과 압수·수색영장을 집행하는 과정에서 군사경찰의 직무집행에 대하여 항거하거나 도주하려고 할 때
 다. 제3자가 가목 또는 나목에 해당하는 사람을 도주시키려고 군사경찰에게 항거할 때
 라. 범인이나 소요를 일으킨 사람이 무기·흉기 등 위험한 물건을 지니고 군사경찰로부터 3회 이상 물건을 버리라는 명령이나 항복하라는 명령을 받고도 따르지 아니하면서 계속 항거할 때
② 군사경찰은 무기를 사용할 때 무기 사용을 야기한 자와 관계없는 자에게 피해가 발생하지 아니하도록 하여야 하며, 주위의 정황상 무기의 사용이 필요하지 아니하게 된 때에는 즉시 그 사용을 중지하여야 한다.
③ 군사경찰은 제1항에 따라 무기를 사용한 때에는 그 사유 및 상황을 지체 없이 소속 군사경찰부대의 지휘관에게 보고하고, 소속 군사경찰부대의 지휘관은 그 상급부대의 지휘관에게 지체 없이 보고하여야 한다.

제15조【군사경찰장비에 대한 안전교육 등】 ① 군사경찰부대의 지휘관은 군사경찰장비의 사용방법·관리 및 안전 등에 관하여 교육을 실시하여야 한다.
② 군사경찰부대의 지휘관은 위해성 군사경찰장비에 대하여 정기적인 안전검사를 실시하여야 한다.
③ 군사경찰부대의 지휘관은 제1항에 따른 안전교육을 받지 아니한 자에게 군사경찰의 직무를 수행하도록 하거나 제2항에 따른 안전검사를 받지 아니한 위해성 군사경찰장비를 사용하게 하여서는 아니 된다.
④ 제1항에 따른 군사경찰장비의 사용방법·관리 및 안전 등에 관한 교육의 방법과 제2항에 따른 안전검사의 기준 등 구체적인 사항에 관하여는 대통령령으로 정한다.

제16조【사용기록의 보관】 전자충격기, 전자충격총, 분사기등 또는 무기를 사용한 경우 그 사용자가 소속된 군사경찰부대의 지휘관은 사용일시·장소·대상·현장책임자·종류 및 수량 등을 기록하여 보관하여야 한다.

제17조【손실보상】 ① 국가는 군사경찰의 적법한 직무집행으로 인하여 다음 각 호의 어느 하나에 해당하는 손실을 입은 사람에게 정당한 보상을 하여야 한다.
1. 손실발생의 원인에 대하여 책임이 없는 사람이 생명·신체 또는 재산상의 손실을 입은 경우(손실발생의 원인에 대하여 책임이 없는 사람이 군사경찰의 직무집행에 자발적으로 협조하거나 물건을 제공하여 생명·신체 또는 재산상의 손실을 입은 경우를 포함한다)
2. 손실발생의 원인에 대하여 책임이 있는 사람이 자신의 책임에 상응하는 정도를 초과하는 생명·신체 또는 재산상의 손실을 입은 경우

② 제1항에 따른 보상을 청구할 수 있는 권리는 손실이 있음을 안 날부터 3년, 손실이 발생한 날부터 5년간 행사하지 아니하면 시효의 완성으로 소멸한다.
③ 제1항에 따른 손실보상신청 사건을 심의하기 위하여 국방부장관 소속으로 손실보상심의위원회를 둔다.
④ 손실보상의 기준, 보상금액, 지급절차 및 방법, 손실보상심의위원회의 구성 및 운영, 그 밖에 필요한 사항은 대통령령으로 정한다.
제18조【인권지도 및 감독】 군사경찰부대의 지휘관은 소속 군사경찰이 직무를 수행하는 과정에서 인권을 침해하지 아니하도록 지도하고 인권을 침해하였는지 여부를 감독할 책임이 있으며 인권침해와 관련된 사실을 인지할 경우 이를 군인권보호관 또는 「군인사법」 제59조의2에 따른 인권담당 군법무관에게 통보하고 적절한 조치를 취하여야 한다.
제19조【벌칙】 ① 이 법에 규정된 군사경찰의 의무를 위반하거나 직권을 남용하여 다른 사람에게 피해를 끼친 군사경찰에 대해서는 1년 이하의 징역 또는 1천만원 이하의 벌금에 처한다.
② 술에 취한 상태에 있다고 인정할 만한 상당한 이유가 있는 사람으로서 제10조제2항에 따른 군사경찰의 측정 요구에 따르지 아니한 사람은 1년 이상 5년 이하의 징역이나 500만원 이상 2천만원 이하의 벌금에 처한다.
③ 제10조제2항을 위반하여 군사경찰의 측정 요구에 따르지 아니한 「선박직원법」 제2조제1호에 따른 선박(같은 호 각 목의 어느 하나에 해당하는 외국선박을 포함한다)의 조타기를 조작하거나 그 조작을 지시한 운항자 또는 도선을 한 자와 「항공안전법」 제2조제1호에 따른 항공기를 조작한 항공종사자는 3년 이하의 징역 또는 3천만원 이하의 벌금에 처한다.

부 칙

제1조【시행일】 이 법은 공포 후 6개월이 경과한 날부터 시행한다.
제2조【기존 조직 및 소관사무 등에 관한 경과조치】 이 법 시행 당시 종전의 다른 법령에 따라 제5조제1항 각 호의 직무를 수행하는 부대의 사무는 군사경찰부대가 승계하고, 해당 부대의 소속 군인 및 군무원은 군사경찰로 본다.
제3조【직무수행 행위에 관한 경과조치】 이 법 시행 당시 종전의 다른 법령에 따라 제5조제1항 각 호의 직무를 수행하는 부대의 소속 군인 및 군무원이 행한 수사·경호·경비·군수용자 관리 등 직무수행 행위는 이 법에 따른 군사경찰이 한 것으로 본다.

부 칙 (2022.12.13)

이 법은 공포한 날부터 시행한다.

부 칙 (2023.7.25)

제1조【시행일】 이 법은 공포 후 6개월이 경과한 날부터 시행한다.(이하 생략)

계엄법

(1981년 4월 17일
전개법률 제3442호)

개정
1987.12. 4법 3993호(군사법원)
1997.12.13법 5454호(정부부처명)
2006.10. 4법 8021호
2008. 2.29법 8852호(정부조직)
2011. 6. 9법10791호
2013. 3.23법11690호(정부조직)
2014.11.19법12844호(정부조직)
2015. 1. 6법12960호(총포·도검·화약류등의안전관리에관한법)
2017. 3.21법14609호(군인사법)
2017. 7.26법14839호(정부조직)

제1조【목적】 이 법은 계엄(戒嚴)의 선포와 그 시행 및 해제 등에 필요한 사항을 정함을 목적으로 한다.
(2011.6.9 본조개정)
제2조【계엄의 종류와 선포 등】 ① 계엄은 비상계엄과 경비계엄으로 구분한다.
② 비상계엄은 대통령이 전시·사변 또는 이에 준하는 국가비상사태 시 적과 교전(交戰) 상태에 있거나 사회질서가 극도로 교란(攪亂)되어 행정 및 사법(司法) 기능의 수행이 현저히 곤란한 경우에 군사상 필요에 따르거나 공공의 안녕질서를 유지하기 위하여 선포한다.
③ 경비계엄은 대통령이 전시·사변 또는 이에 준하는 국가비상사태 시 사회질서가 교란되어 일반 행정기관만으로는 치안을 확보할 수 없는 경우에 공공의 안녕질서를 유지하기 위하여 선포한다.
④ 대통령은 계엄의 종류, 시행지역 또는 계엄사령관을 변경할 수 있다.
⑤ 대통령이 계엄을 선포하거나 변경하고자 할 때에는 국무회의의 심의를 거쳐야 한다.
⑥ 국방부장관 또는 행정안전부장관은 제2항 또는 제3항에 해당하는 사유가 발생한 경우에는 국무총리를 거쳐 대통령에게 계엄의 선포를 건의할 수 있다.
(2017.7.26 본항개정)
제3조【계엄 선포의 공고】 대통령이 계엄을 선포할 때에는 그 이유, 종류, 시행일시, 시행지역 및 계엄사령관을 공고하여야 한다.(2011.6.9 본조개정)
제4조【계엄 선포의 통고】 ① 대통령이 계엄을 선포하였을 때에는 지체 없이 국회에 통고(通告)하여야 한다.
② 제1항의 경우에 국회가 폐회 중일 때에는 대통령은 지체 없이 국회에 집회(集會)를 요구하여야 한다.
(2011.6.9 본조개정)
제5조【계엄사령관의 임명 및 계엄사령부의 설치 등】 ① 계엄사령관은 현역 장성급(將星級) 장교 중에서 국방부장관이 추천한 사람을 국무회의의 심의를 거쳐 대통령이 임명한다.(2017.3.21 본항개정)
② 계엄사령관의 계엄업무를 시행하기 위하여 계엄사령부를 둔다. 이 경우 계엄사령관은 계엄사령부의 장이 된다.
③ 계엄사령관은 계엄지역이 2개 이상의 도(특별시, 광역시 및 특별자치도를 포함한다)에 걸치는 경우에는 그 직무를 보조할 지구계엄사령부(地區戒嚴司令部)와 지구계엄사령부의 직무를 보조하는 지역계엄사령부를 둘 수 있다.
④ 계엄사령부의 직제는 대통령령으로 정한다.
(2011.6.9 본조개정)
제6조【계엄사령관에 대한 지휘·감독】 ① 계엄사령관은 계엄의 시행에 관하여 국방부장관의 지휘·감독을 받는다. 다만, 전국을 계엄지역으로 하는 경우와 대통령이 직접 지휘·감독을 할 필요가 있는 경우에는 대통령의 지휘·감독을 받는다.
② 제1항에 따라 계엄사령관을 지휘·감독할 때 국가정책에 관계되는 사항은 국무회의의 심의를 거쳐야 한다.
(2011.6.9 본조개정)
제7조【계엄사령관의 관장사항】 ① 비상계엄의 선포와 동시에 계엄사령관은 계엄지역의 모든 행정사무와 사법사무를 관장한다.
② 경비계엄의 선포와 동시에 계엄사령관은 계엄지역의 군사에 관한 행정사무와 사법사무를 관장한다.
(2011.6.9 본조개정)
제8조【계엄사령관의 지휘·감독】 ① 계엄지역의 행정기관(정보 및 보안 업무를 관장하는 기관을 포함한다. 이하 같다) 및 사법기관은 지체 없이 계엄사령관의 지휘·감독을 받아야 한다.
② 계엄사령관이 계엄지역의 행정기관 및 사법기관을 지휘·감독할 때 그 지역이 1개의 행정구역에 국한될 때에는 그 구역의 최고책임자를 통하여 하고, 2개 이상의 행정구역에 해당될 때에는 해당 구역의 최고책임자 또는 주무부처의 장(법원의 경우에는 법원행정처장)을 통하여 하여야 한다.
(2011.6.9 본조개정)
제9조【계엄사령관의 특별조치권】 ① 비상계엄지역에서 계엄사령관은 군사상 필요할 때에는 체포·구금(拘禁)·압수·수색·거주·이전·언론·출판·집회·결사 또는 단체행동에 대하여 특별한 조치를 할 수 있다. 이 경우 계엄사령관은 그 조치내용을 미리 공고하여야 한다.
② 비상계엄지역에서 계엄사령관은 법률에서 정하는 바에 따라 동원(動員) 또는 징발을 할 수 있으며, 필요한 경우에는 군수(軍需)로 제공할 물품의 조사·등록과 반출금지를 명할 수 있다.
③ 비상계엄지역에서 계엄사령관은 작전상 부득이한 경우에는 국민의 재산을 파괴 또는 소각(燒却)할 수 있다.
④ 계엄사령관이 제3항에 따라 국민의 재산을 파괴 또는 소각하려는 경우에는 미리 그 사유, 지역, 대상 등 필요한 사항을 그 재산의 소재지를 관할하는 행정기관과 그 재산의 소유자, 점유자 또는 관리자에게 통보하거나 공고하여야 한다.
(2011.6.9 본조개정)
제9조의2【재산의 파괴 또는 소각에 대한 보상】 ① 제9조제3항에 따라 발생한 손실에 대하여는 정당한 보상을 하여야 한다. 다만, 그 손실이 교전 상태에서 발생한 경우에는 그러하지 아니하다.
② 국방부장관은 미리 보상청구의 기간 및 절차 등 보상청구에 필요한 사항을 10일 이상의 기간을 정하여 공고하여야 한다.
③ 국방부장관은 보상금 지급결정을 하였을 때에는 지체 없이 보상대상자에게 보상금 지급통지서를 송부하여야 한다.
④ 관할 행정기관의 장은 재산의 파괴 또는 소각으로 인한 손실액을 판단하는 데에 필요한 조사서, 확인서, 사진 등 증명자료를 기록·유지하여야 한다.
⑤ 이 법에서 규정한 사항 외에 보상금 지급 등에 필요한 사항은 대통령령으로 정한다.
(2011.6.9 본조개정)
제9조의3【보상기준 등】 ① 제9조의2제1항에 따른 손실보상은 다른 법률에 특별한 규정이 있는 경우를 제외하고는 현금으로 지급하여야 한다.
② 손실액의 산정은 파괴 또는 소각으로 인하여 재산이 멸실될 당시의 과세표준을 기준으로 한다.
③ 제2항에 따른 과세표준은 대통령령으로 정한다.
(2011.6.9 본조개정)
제9조의4【보상 제외】 파괴 또는 소각으로 인하여 멸실된 재산이 국유재산이거나 공유재산인 경우에는 제9조의2제1항에도 불구하고 보상을 하지 아니한다.
(2011.6.9 본조개정)
제9조의5【공탁】 국방부장관은 다음 각 호의 어느 하나에 해당하게 되어 보상대상자에게 보상금을 지급할 수 없을 때에는 해당 보상금을 보상대상자의 주소지를 관할하는 지방법원 또는 그 지원(支院)에 공탁(供託)하여야 한다.
1. 보상대상자가 보상금의 수령을 거부하는 경우
2. 대통령령으로 정하는 기간 이내에 제9조의2제3항에 따른 보상금 지급통지서에 응답하지 아니한 경우
(2011.6.9 본조개정)
제9조의6【보상청구권의 소멸시효】 보상청구권은 제9조의2제2항에 따른 공고기간 만료일부터 5년간 행사하지 아니하면 시효의 완성으로 소멸한다. 다만, 공고 사실을 알지 못한 경우에는 그 사실을 안 날부터 계산한다.
(2011.6.9 본조개정)
제10조【비상계엄하의 군사법원 재판권】 ① 비상계엄지역에서 제14조 또는 다음 각 호의 어느 하나에 해당하는 죄를 범한 사람에 대한 재판은 군사법원이 한다. 다만, 계엄사령관은 필요한 경우에는 해당 관할법원이 재판하게 할 수 있다.
1. 내란(內亂)의 죄
2. 외환(外患)의 죄
3. 국교(國交)에 관한 죄
4. 공안(公安)을 해치는 죄
5. 폭발물에 관한 죄
6. 공무방해(公務妨害)에 관한 죄
7. 방화(放火)의 죄
8. 통화(通貨)에 관한 죄
9. 살인의 죄
10. 강도의 죄
11. 「국가보안법」에 규정된 죄
12. 「총포·도검·화약류 등의 안전관리에 관한 법률」에 규정된 죄(2015.1.6 본호개정)
13. 군사상 필요에 의하여 제정한 법령에 규정된 죄
② 비상계엄지역에 법원이 없거나 해당 관할법원과의 교통이 차단된 경우에는 제1항에도 불구하고 모든 형사사건에 대한 재판은 군사법원이 한다.
(2011.6.9 본조개정)
제11조【계엄의 해제】 ① 대통령은 제2조제2항 또는 제3항에 따른 계엄 상황이 평상상태로 회복되거나 국회가 계엄의 해제를 요구한 경우에는 지체 없이 계엄을 해제하고 이를 공고하여야 한다.
② 대통령이 제1항에 따라 계엄을 해제하려는 경우에는 국무회의의 심의를 거쳐야 한다.
③ 국방부장관 또는 행정안전부장관은 제2조제2항 또는 제3항에 따른 계엄 상황이 평상상태로 회복된 경우에는 국무총리를 거쳐 대통령에게 계엄의 해제를 건의할 수 있다.(2017.7.26 본항개정)
(2011.6.9 본조개정)

제12조【행정·사법 사무의 평상화】 ① 계엄이 해제된 날부터 모든 행정사무와 사법사무는 평상상태로 복귀한다.
② 비상계엄 시행 중 제10조에 따라 군사법원에 계속(係屬) 중인 재판사건의 관할은 비상계엄 해제와 동시에 일반법원에 속한다. 다만, 대통령이 필요하다고 인정할 때에는 군사법원의 재판권을 1개월의 범위에서 연기할 수 있다.
(2011.6.9 본조개정)
제13조【국회의원의 불체포특권】 계엄 시행 중 국회의원은 현행범인인 경우를 제외하고는 체포 또는 구금되지 아니한다.(2011.6.9 본조개정)
제14조【벌칙】 ① 거짓이나 그 밖의 부정한 방법으로 이 법에 따른 보상금을 받은 자 또는 그 사실을 알면서 보상금을 지급한 자는 5년 이하의 징역 또는 3천만원 이하의 벌금에 처한다. 다만, 해당 보상금의 3배의 금액이 3천만원을 초과할 때에는 그 초과 금액까지 벌금을 과(科)할 수 있다.
② 제8조제1항에 따른 계엄사령관의 지시나 제9조제1항 또는 제2항에 따른 계엄사령관의 조치에 따르지 아니하거나 이를 위반한 자는 3년 이하의 징역에 처한다.
③ 제1항에 규정된 죄의 미수범은 처벌한다.
④ 제1항의 징역형과 벌금형은 병과(倂科)할 수 있다.
(2011.6.9 본조개정)

부　칙 (2017.3.21)

제1조【시행일】 이 법은 공포 후 3개월이 경과한 날부터 시행한다.(이하 생략)

부　칙 (2017.7.26)

제1조【시행일】 ① 이 법은 공포한 날부터 시행한다.(이하 생략)

계엄법 시행령

(1981년 12월 19일 전개대통령령 제10645호)

개정
2007. 5.16영20052호
2010. 9.20영22395호(지방세시)
2019. 7. 2영29950호(법령용어정비)
2020. 2. 4영30384호(군인사법시)
2021.12.31영32293호(지방세시)
2022.12.20영33084호(인감증명서대체서류의명시를위한일부개정령)

제1조【목적】 이 영은 계엄법(이하 "법"이라 한다)에서 위임된 사항과 그 시행에 관하여 필요한 사항을 규정함을 목적으로 한다.
제2조【지휘·감독을 위한 소속직원의 파견 등】 계엄사령관은 법 제8조의 규정에 의하여 계엄지역안의 행정기관 및 사법기관을 지휘·감독함에 있어서 필요하다고 인정하는 경우에는 소속직원을 당해 기관에 파견하거나, 당해 기관 소속 공무원의 파견을 요청할 수 있으며, 이 경우 당해 기관은 특별한 사정이 없는 한 이에 응하여야 한다.
(2007.5.16 본조개정)
제3조【군사경찰기관에 대한 지휘·감독등】 ① 계엄사령관은 계엄지역안의 군사경찰기관을 지휘·감독한다.
(2020.2.4 본항개정)
② 계엄사령관은 계엄업무의 시행을 위하여 관할외의 군부대와 행정기관 및 사법기관의 지원이 필요한 경우에는 법 제6조제1항의 규정에 의하여 국방부장관의 지휘·감독을 받는 경우에는 국방부장관에게, 대통령의 지휘·감독을 받는 경우에는 대통령에게 이를 건의하여야 한다.
(2020.2.4 본조제목개정)
제4조【계엄사령관의 특별조치등】 ① 계엄사령관이 법 제9조제1항의 규정에 의하여 특별조치를 하고자 할 때에는 미리 그 내용에 관하여 법 제6조제1항의 규정에 따라 국방부장관의 지휘·감독을 받는 경우에는 국방부장관의, 대통령의 지휘·감독을 받는 경우에는 대통령의 승인을 얻어야 한다. 다만, 사태가 긴급하여 미리 승인을 얻을 수 없는 때에는 먼저 조치한 후 지체없이 추인을 얻어야 하며, 추인을 얻지 못한 때에는 지체없이 그 특별조치를 해제하고 이를 공고하여야 한다.
② 계엄사령관이 법 제9조제2항의 규정에 의하여 군수에 공할 물품의 조사·등록과 반출금지를 명하고자 할 때에는 미리 그 사유·기간·대상물품등 필요한 사항을 공고하여야 한다.
제5조【보상공고】 국방부장관은 법 제9조의2제2항에 따라 보상청구개시일 30일 전에 다음 각 호의 사항을 관보 및 2개 이상의 일간신문(계엄지역이 1개의 특별시·광역시·도·특별자치도 또는 시·군·자치구에 국한될 경우에는 당해 지역을 주된 보급지역으로 하는 1개 이상의 일간신문을 포함하여야 한다)에 공고하여야 한다.
1. 보상금의 지급대상
2. 보상청구인의 자격
3. 보상청구서의 접수기간 및 장소
4. 구비서류
5. 보상금의 지급절차
6. 그 밖에 보상금의 지급에 관한 사항
(2007.5.16 본조개정)
제6조【보상금의 청구】 법 제9조의2에 따라 보상을 청구하고자 하는 자는 별지 제1호서식의 보상청구서에 다음 각 호의 서류를 첨부하여 국방부장관에게 제출하여야 한다.
1. 재산상 손실을 입었음을 입증할 수 있는 증빙서류 또는 경위서 1부
2. 보상청구금액의 산출기초자료 1부
(2007.5.16 본조신설)
제7조【보상심의회의 설치 등】 ① 법 제9조의2에 따른 보상금의 지급에 관한 다음 각 호의 사항을 심의하기 위하여 국방부장관 소속하에 보상심의회를 둔다.
1. 보상금의 지급대상자에 해당하는지 여부의 심사
2. 보상금액 산정 및 금액 결정
3. 그 밖의 보상금 지급에 관한 사항
② 보상심의회는 위원장 1인을 포함하여 15인 이내의 위원으로 구성한다.
③ 보상심의회의 위원장(이하 "위원장"이라 한다)은 고위공무원단에 속하는 국방부 소속 공무원 중에서 국방부장관이 지명하는 자로 한다.
④ 보상심의회의 위원(이하 "위원"이라 한다)은 국방부 소속 영관급 장교 또는 다음 각 호의 어느 하나에 해당하는 사람 중에서 국방부장관이 임명 또는 위촉하는 자로 한다.
1. 변호사 또는 세무사의 자격이 있는 사람
2.「고등교육법」제2조제1호 또는 제3호에 따른 학교에서 법률학·회계학 또는 재정학 등을 가르치는 부교수 이상의 직에 있거나 있었던 사람
3. 행정기관의 4급 이상 공무원 또는 고위공무원단에 속하는 일반직 공무원이거나 이었던 사람
4. 그 밖에 보상업무에 관한 경험과 식견을 갖춘 자로서 제1호부터 제3호까지의 사람에 준하는 전문성이 있다고 국방부장관이 인정하는 사람
⑤ 민간위촉위원의 임기는 3년으로 하되, 1차에 한하여 연임할 수 있다.
⑥「국가공무원법」제33조제1항 각 호의 어느 하나에 해당하는 자는 위원이 될 수 없다.
(2007.5.16 본조신설)
제8조【보상심의회의 운영】 ① 위원장은 보상심의회의 회의를 소집하고, 회무를 통할한다.
② 위원장이 부득이한 사유로 직무를 수행할 수 없는 때에는 위원장이 미리 지명한 위원이 그 직무를 대행한다.
③ 보상심의회의 회의는 위원장을 포함한 재적위원 과반수의 출석으로 개의하고, 출석위원 과반수의 찬성으로 의결한다.
④ 심의회의 사무를 처리하기 위하여 간사 1인과 실무직원 약간인을 두며, 간사는 국방부 소속 공무원 중 위원장이 지명한다.
⑤ 간사는 회의록을 작성하여야 하며, 회의명·일시·장소·참석자 명단·상정안건·발언요지 및 의결사항 등에 관한 내용을 기록하여야 한다.
(2007.5.16 본조신설)
제9조【위원의 제척·기피·회피】 ① 위원은 다음 각 호의 어느 하나에 해당하는 경우에는 해당 보상심의회의 회의에 참석할 수 없다.
1. 위원 또는 그 배우자나 배우자이었던 자가 보상 대상이 되는 재산의 소유자인 경우
2. 위원이 보상 대상이 되는 재산의 소유자와 친족관계에 있거나 있었던 경우
3. 위원이 보상 대상이 되는 재산에 관하여 감정을 하거나 증언 등을 한 경우
4. 위원이 보상 대상이 되는 재산과 관련된 쟁송에서 대리인으로 관여하고 있거나 관여하였던 경우
② 보상 대상이 되는 재산의 소유자 또는 관계인은 위원에게 심의의 공정을 기대하기 어려운 사정이 있는 경우에는 그 사유를 기재하여 기피신청을 할 수 있다. 이 경우 위원장은 기피신청에 대하여 위원회의 의결을 거치지 아니하고 기피여부를 결정할 수 있다.
③ 위원이 제1항 또는 제2항의 사유에 해당하는 때에는 스스로 그 사건의 심의에서 회피할 수 있다.
(2007.5.16 본조신설)
제10조【사실조사 및 협조의무】 ① 보상심의위원회는 업무수행을 위하여 필요한 경우에는 관련자, 증인 또는 참고인으로부터 진술을 듣거나, 검증 또는 조사 등을 할 수 있으며, 행정기관 그 밖의 관계기관에 대하여 사실조회 또는 자료의 제출 등을 요청할 수 있다.
② 제1항에 따른 행정기관 등은 보상심의위원회의 조사나 요구 등에 협조하여야 한다.
(2007.5.16 본조신설)
제11조【보상기준】 법 제9조의3제3항에 따른 과세표준은 다음 각 호와 같다.
1. 동산이 멸실된 경우에는 멸실될 당시의「지방세법」제10조의2부터 제10조의6까지의 규정에 따른 취득세의 과세표준에 따른다.(2021.12.31 본호개정)
2. 토지, 건물 그 밖의 토지의 정착물이 멸실된 경우에는 멸실될 당시의「지방세법」제27조에 따른 등록면허세의 과세표준에 따른다.(2010.9.20 본호개정)
(2007.5.16 본조신설)
제12조【결정 및 통지】 ① 국방부장관은 제6조에 따라 보상청구서를 받은 때에는 이를 확인하여 보상심의회에 회부하여야 한다.
② 국방부장관은 보상심의회의 심의결과를 통보받은 때에는 청구인이 보상대상에 해당하는지의 여부 및 보상금액을 결정하여 통보하여야 한다. 이 경우 보상금을 지급하기로 결정한 청구인에 대하여는 별지 제2호서식의 보상금지급통지서를 송부함으로써 이에 갈음한다.
③ 국방부장관은 청구서를 받은 날부터 90일 이내에 보상금지급 여부 등을 결정하여야 하되, 1차에 한하여 30일의 범위에서 그 기간을 연장할 수 있다.
(2007.5.16 본조신설)
제13조【재심신청】 ① 제12조제2항에 따른 국방부장관의 결정에 대하여 이의가 있는 청구인은 통지서 등을 받은 날부터 30일 이내에 별지 제3호서식의 재심신청서에 다음 각 호의 서류를 첨부하여 국방부장관에게 제출하여야 한다.
1. 국방부장관의 통지서 사본 1부
2. 재산상 손실을 입었음을 입증할 수 있는 증빙서류 또는 경위서 1부
3. 보상청구금액의 산출기초자료 1부
② 국방부장관은 제1항에 따른 신청이 있는 때에는 보상심의회의 심의를 거쳐 신청일부터 60일 이내에 결정을 하여야 하며, 별지 제4호서식의 재심결정통지서를 신청인에게 송부하여야 한다.
(2007.5.16 본조신설)
제14조【보상금의 지급절차】 ① 제12조제2항에 따라 보상금 지급결정을 받은 자(재심결정에 따라 보상금 지급결정을 받은 자를 포함한다. 이하 같다)가 보상금을 지급받고자 할 때에는 별지 제5호서식의 보상금지급청구서에 다음 각 호의 서류를 첨부하여 국방부장관에게 제출하여야 한다.
1. 보상금지급통지서(재심결정에 따라 보상금이 지급결정 된 경우에는 재심결정통지서) 정본 1부
2. 보상청구인의 인감증명서나「본인서명사실확인 등에 관한 법률」제2조제3호에 따른 본인서명사실확인서(이하 "본인서명사실확인서"라 한다) 또는 같은 법 제7조제7항에 따른 전자본인서명확인서 발급증(이하 "전자본인서명확인서 발급증"이라 한다) 1부(2022.12.20 본호개정)
3. 보상청구인의 금융기관 또는 체신관서 예금통장(계좌번호가 기재된 면을 말한다) 사본 1부
② 보상금은 청구인의 예금계좌를 이용하여 지급하며, 그 예금계좌에 보상금이 입금된 때에 청구인은 이를 수령한 것으로 본다.
(2007.5.16 본조신설)
제15조【공탁】 법 제9조의5에서 "대통령이 정하는 기간"이라 함은 보상금지급통지서가 송부된 날부터 90일을 말한다.(2007.5.16 본조신설)

부　칙 (2019.7.2)

이 영은 공포한 날부터 시행한다.(이하 생략)

부　칙 (2020.2.4)

제1조【시행일】 이 영은 공포한 날부터 시행한다.(이하 생략)

부　칙 (2021.12.31)

제1조【시행일】 이 영은 2023년 1월 1일부터 시행한다.(이하 생략)

부　칙 (2022.12.20)

이 영은 공포한 날부터 시행한다.

[별지서식] ➡「www.hyeonamsa.com」참조

징발법

(1963년 5월 1일 법 률 제1336호)

개정
1966.10. 5법 1838호 1970.12.31법 2263호
1972.10. 7법 2345호 1972.12.26법 2386호
1981.12.31법 3527호
1997.12.13법 5454호(정부부처명)
2007. 3.29법 8319호(공탁)
2010. 3.17법10100호 2014. 5. 9법12565호

제1장 총 칙

(2010.3.17 본장개정)

제1조【목적】 이 법은 전시·사변 또는 이에 준하는 비상사태하에서 군작전을 수행하기 위하여 필요한 토지, 물자, 시설 또는 권리의 징발(徵發)과 그 보상에 관한 사항을 규정함을 목적으로 한다.

제2조【정의】 이 법에서 사용하는 용어의 뜻은 다음과 같다.

1. "징발관"이란 징발영장을 발부하여 이를 집행하게 할 수 있는 권한이 있는 사람을 말한다.
2. "징발집행관"이란 징발영장에 의하여 징발을 집행하는 사람을 말한다.

제2장 징발 및 해제

(2010.3.17 본장개정)

제3조【징발관】 ① 징발관은 국방부장관이 된다. 다만, 비상계엄이 선포된 지역에서는 그 지역을 관할하는 계엄사령관이 징발관이 된다.
② 징발관은 그 권한을 대통령령으로 정하는 사람에게 위임할 수 있다.

제4조【징발집행관】 징발집행관은 징발목적물의 소재지 또는 소유자·점유자의 거주지를 관할하는 특별시장, 광역시장, 도지사, 특별자치도지사, 시장, 군수 또는 경찰서장이 된다. 다만, 군 작전상 부득이한 경우에는 징발관이 현역 장교 중에서 임명할 수 있다.

제5조【징발목적물】 징발목적물은 다음 각 호의 어느 하나에 해당하는 동산·부동산 및 권리로 구분하며, 동산은 소모품인 동산과 비소모품인 동산으로 구분한다.

1. 소모품인 동산
   가. 식량, 식료품, 음료수
   나. 의약품
   다. 건축용 및 축성용(築城用) 재료
   라. 화학용품
   마. 연료
   바. 통신용품
   사. 그 밖에 군 작전상 긴요한 소모성 물품
2. 비소모품인 동산
   가. 선박, 항공기, 차량, 그 밖의 수송기기 및 그 부속품
   나. 의료기기 및 그 부속품
   다. 인쇄기기 및 그 부속품
   라. 통신기기 및 그 부속품
   마. 의복제조가공기기 및 그 부속품
   바. 건축기기 및 그 부속품
   사. 동물
   아. 그 밖에 군 작전상 긴요한 시설, 설비 등 비소모성 물품
3. 부동산
   가. 토지
   나. 건물
   다. 인공구조물
4. 권리
   가. 군 작전상 긴요한 특허권
   나. 그 밖에 대통령령으로 정하는 재산에 관한 권리

제6조【종물】 징발목적물의 종물(從物)은 목적물과 함께 징발할 수 있다.

제7조【징발 집행절차】 ① 징발관이 징발을 하려는 경우에는 징발영장을 발행하여 징발집행관에게 교부하고 집행하게 한다.
② 제1항에 따른 징발영장을 받은 징발집행관은 징발집행통지서를 징발목적물의 소유자·점유자 또는 관리자(이하 "징발대상자"라 한다)에게 교부하여야 한다. 제8조에 따른 전신(電信)을 받은 경우에도 또한 같다.
③ 제2항에 따라 징발집행통지서를 받은 자는 징발목적물의 표시가 사실과 다른 경우에는 해당 징발목적물에 대한 제12조제1항에 따른 징발증이 교부되기 전까지 징발집행관을 거쳐 징발관에게 그 정정을 요구할 수 있다.

제8조【원격지 징발 등】 ① 징발관은 사태가 급박하여 징발영장을 발행할 여유가 없거나 원격지(遠隔地)여서 징발영장이 필요한 기일까지 도달하지 못할 것으로 인정될 때에는 제7조에도 불구하고 전신으로 징발을 집행하게 할 수 있다.
② 징발집행관이 제1항에 따른 전신을 받았을 때에는 즉시 징발을 집행하여야 한다.
③ 제1항의 경우 징발관은 그 징발을 집행하게 한 후 지체 없이 징발영장을 발행하여 징발집행관에게 교부하여야 한다.

제9조【징발목적물 제출의무】 ① 징발대상자가 제7조제2항에 따른 징발집행통지서를 받았을 때에는 그 목적물을 지정 기일까지 지정 장소에 제출하여야 한다. 다만, 징발목적물이 부동산이나 권리인 경우에는 지정 기일까지 징발집행관에게 인계하여야 한다.
② 제1항에 따른 징발목적물의 제출 또는 인계에 드는 비용은 국가가 부담한다.

제10조【징발목적물의 대여·양도 또는 원상 변경의 제한】 징발목적물은 징발집행통지서가 교부된 날부터 제11조에 따라 징발관에게 인계를 마칠 때까지는 징발관의 허가 없이 대여 또는 양도하거나 그 원상(原狀)을 변경하지 못한다.

제11조【징발물인수증】 징발집행관은 징발목적물을 제출받았거나 인계받았을 때에는 즉시 그 징발대상자에게 징발물인수증을 교부하고 그 징발목적물을 징발관에게 인계하여야 한다.

제12조【징발증 교부 등】 ① 징발관이 제11조에 따라 징발집행관으로부터 징발목적물을 받았을 때에는 대통령령으로 정하는 바에 따라 지체 없이 그 형상(形狀), 과세기준, 가격, 그 밖에 필요한 사항을 조사하고 그에 대한 징발증을 그 징발대상자에게 교부하여야 한다.
② 징발관은 제7조제3항에 따른 정정요구가 이유 있다고 인정하는 경우에는 이를 정정하여 징발목적물에 대한 징발증을 교부하여야 한다.

제13조【징발보고】 징발집행관은 징발영장의 집행 결과를 징발관에게 보고하여야 한다.

제14조【원상회복】 징발물은 소모품인 동산을 제외하고는 원상을 유지하여야 하며, 징발이 해제되어 징발대상자에게 반환할 때에는 원상으로 반환하여야 한다. 다만, 징발대상자가 원상회복을 원하지 아니하거나 멸실, 그 밖의 사유로 원상회복을 할 수 없을 때에는 예외로 한다.

제15조【징발 해제】 ① 징발관은 징발물을 사용할 필요가 없게 되었거나 징발물이 멸실된 경우에는 지체 없이 징발을 해제하여야 한다.
② 계속 사용할 필요가 있는 징발물이라 하더라도 징발된 날부터 10년이 지났을 때에는 징발대상자는 국방부장관에게 징발물의 매수에 관하여 협의할 것을 요청할 수 있다.

제16조【해제 절차】 ① 징발관이 제15조에 따라 징발을 해제할 때에는 징발해제통지서와 징발해제증을 발행하여 징발집행관에게 교부하고 징발물을 징발대상자에게 반환하게 한다. 다만, 징발물이 멸실되어 반환할 수 없을 때에는 반환불능통지서를 발행하여 교부하게 한다.
② 제1항에 따라 징발집행관이 징발물을 징발대상자에게 반환할 때에는 징발해제증을 교부하여야 한다.
③ 징발관은 징발물을 보호하기 위하여 필요하다고 인정하면 직접 징발대상자에게 징발해제증을 교부하고 징발물을 반환할 수 있다. 이 경우 징발관은 지체 없이 징발집행관에게 그 뜻을 통고하여야 한다.
④ 제2항과 제3항에 따른 징발물의 반환에 드는 비용은 국가가 부담한다.

제17조【징발목적물의 사전 조사】 ① 국방부장관은 대통령령으로 정하는 바에 따라 징발목적물에 관하여 필요한 조사를 할 수 있다.
② 누구든지 정당한 이유 없이 제1항의 조사를 거부하거나 방해하지 못한다.

제18조【강제집행의 제한】 징발물에 대한 강제집행은 징발물의 사용에 영향을 미치지 아니하는 경우에만 할 수 있다.

제3장 징발물에 대한 보상

(2010.3.17 본장개정)

제19조【보상】 ① 소모품인 동산을 징발하였을 때에는 정당한 대가를 징발대상자에게 보상한다.
② 비소모품인 동산이나 부동산을 징발하였을 때에는 정당한 사용료를 지급한다.
③ 제14조 단서의 경우, 징발대상자에게 손실이 있을 때에는 그 손실을 보상한다. 다만, 그 손실이 천재지변, 전쟁, 그 밖의 불가항력으로 인한 경우에는 예외로 한다.
④ 권리를 징발하였을 때에도 정당한 사용료를 지급한다.
⑤ 제2항과 제4항에 따른 사용료는 매 사용연도분을 그 다음 해에 지급하고, 제3항에 따른 보상은 징발이 해제되는 날부터 2년 이내에 지급한다. 다만, 보상금 지급이 지연되는 경우에는 대통령령으로 정하는 법정이자율 이상의 이율에 따른 이자를 더하여 지급하여야 한다.

제20조【보상 제외】 징발물이 국유재산 또는 공유재산인 경우에는 제19조에도 불구하고 보상을 하지 아니한다.

제21조【보상기준】 ① 징발물에 대한 사용료 등은 해당 사용연도나 징발 해제 당시의 표준지의 공시지가 또는 실제 거래가격 등을 기준으로 평가한 적정 가격으로 정한다.
② 제1항에서 정하는 보상기준에 관한 세부사항은 대통령령으로 정한다.

제22조【보상시행 공고 등】 ① 국방부장관은 징발물에 대한 보상을 할 때에는 대통령령으로 정하는 바에 따라 보상의 범위와 일시, 청구 절차, 그 밖에 필요한 사항을 미리 공고하여야 한다. 다만, 공고기간은 10일 이상으로 하여야 한다.
② 국방부장관은 징발보상금의 지급을 결정하였을 때에는 즉시 징발대상자에게 징발보상금지급통지서를 보내야 한다.

제22조의2【보상금의 지급】 ① 징발재산에 대한 보상금은 현금으로 지급하되 국가의 재정 형편상 부득이한 경우에는 국무회의의 심의를 거쳐 징발보상증권(이하 "증권"이라 한다)으로 지급할 수 있다. 다만, 보상금액 또는 그 끝수가 증권의 액면가액 미만인 경우에는 현금으로 지급한다.
② 제1항에 따라 증권으로 지급하는 경우에는 10년의 범위에서 기간을 정하여 일시 또는 분할 상환하여야 하며, 상환금에 대한 이율과 지급 절차 및 증권의 액면가액은 대통령령으로 정하되 상환금에 대한 이율은 법정이자율 이상으로 한다.

제22조의3【보상금의 지급 절차】 ① 제22조제2항 또는 제24조제4항에 따른 징발보상금지급통지서를 받은 징발대상자는 현금보상의 경우에는 그 통지서를 국방부장관에게 제출하고 국방부장관으로부터 현금을 지급받으며, 증권보상의 경우(제22조의2제1항 단서에 따른 현금보상의 경우를 포함한다)에는 그 통지서를 한국은행에 제출하고 한국은행으로부터 증권을 교부받거나 현금을 지급받는다.
② 한국은행은 제1항에 따라 증권 또는 현금을 징발대상자에게 교부 또는 지급하였을 때에는 지체 없이 지급대장 2부를 작성하여 1부는 한국은행에 갖추어 두고 1부는 국방부장관에게 보내야 한다.

제22조의4【공탁】 ① 징발대상자가 현금 또는 증권을 수령하기를 거부하거나 대통령령으로 정하는 기간 내에 제22조제2항 또는 제24조제4항에 따른 징발보상금지급통지서를 국방부장관이나 한국은행에 제출하지 아니하여 징발대상자에게 현금 또는 증권을 지급 또는 교부할 수 없을 때에는 해당 현금이나 증권을 공탁관에게 공탁하여야 한다. 이 경우 현금보상일 때에는 국방부장관이 공탁하고, 증권보상일 때(제22조의2제1항 단서에 따른 현금보상의 경우를 포함한다)에는 한국은행이 공탁한다.
② 제1항에 따라 공탁한 증권 중 그 상환금을 지급하지 못한 것이 있을 때에는 그 상환금에 대하여도 제1항과 같은 방식으로 공탁한다.

제22조의5【증권의 소각】 이 법에 따라 발행된 증권이 징발대상자에게 교부되기 전에 징발보상금으로 지급되지 아니하기로 확정된 경우에는 정부는 그 금액에 해당하는 증권을 소각한다.

제22조의6【준용규정】 이 법에 따라 발행된 증권에 대하여는 제22조의2부터 제22조의5까지의 규정에 따르는 외에 「국채법」을 준용한다.

제23조【보상청구권의 소멸시효】 보상청구권은 제22조제1항에 따른 공고기간이 끝난 날부터 5년간 행사하지 아니하면 소멸시효가 완성된다.

제24조【징발보상심의회】 ① 보상요율의 사정(查定)과 그 조정을 하기 위하여 국방부에 징발보상심의회를 둔다.
② 징발보상심의회의 구성·운영에 관한 사항과 그 밖에 필요한 사항은 대통령령으로 정한다.
③ 보상에 관하여 이의가 있는 자는 대통령령으로 정하는 바에 따라 징발보상심의회에 재심을 청구할 수 있다. 다만, 징발보상심의회는 재심 청구를 받은 날부터 60일 이내에 재심 결정을 하여야 한다.
④ 제3항에 따른 재심 결정이 있는 경우에도 제22조제2항을 준용한다.

제24조의2【전치주의】 징발보상금지급청구의 소(訴)는 국방부장관의 징발보상금 지급 결정의 통지를 받고 제24조제3항에 따른 재심 절차를 거친 후가 아니면 제기할 수 없다. 다만, 제19조제5항 본문에서 규정하는 기한까지 징발보상금 지급 결정의 통지가 없거나 재심 청구를 한 날부터 60일이 지난 경우에는 그러하지 아니하다.

제24조의3 (2010.3.17 삭제)

제24조의4【재판상 화해 성립의 의제】 다음 각 호의 어느 하나에 해당하는 경우에는 징발보상금의 지급에 관하여 징발대상자와 국가 사이에 「민사소송법」에 따른 재판상의 화해가 성립된 것으로 본다.

1. 제22조의3제1항에 따라 현금을 지급받거나 증권을 교부받은 때
2. 제22조의4제1항에 따라 공탁된 현금이나 증권을 공탁관으로부터 받은 때

제25조 (2010.3.17 삭제)

제4장 벌 칙

(2010.3.17 본장개정)

제26조【벌칙】 ① 거짓이나 그 밖의 부정한 수단으로 이 법에 따른 보상을 받은 자는 7년 이하의 징역에 처한다. (2014.5.9 본항개정)
② 제1항의 미수범은 처벌한다.
③ 제1항의 경우에는 보상받은 금액의 3배 이내의 벌금을 병과(倂科)할 수 있다.

제27조【벌칙】 제9조제1항 및 제17조제2항을 위반한 자는 3년 이하의 징역 또는 3천만원 이하의 벌금에 처한다.(2014.5.9 본조개정)

제28조【벌칙】 ① 제10조를 위반한 자는 2년 이하의 징역 또는 2천만원 이하의 벌금에 처한다.(2014.5.9 본항개정)
② 제1항의 미수범은 처벌한다.

부 칙 (2010.3.17)

이 법은 공포한 날부터 시행한다.

부 칙 (2014.5.9)

이 법은 공포 후 3개월이 경과한 날부터 시행한다.

군인연금법

(2019년 12월 10일 전부개정법률 제16760호)

개정
2022. 2. 3법18803호 2023. 7.11법19521호
2023.10.31법19788호
2024. 1.16법20019호→2024년 7월 17일 시행

제1장 총 칙

제1조【목적】 이 법은 군인이 상당한 기간을 성실히 복무하고 퇴직하거나 사망한 경우에 본인이나 그 유족에게 적절한 급여를 지급함으로써 본인 및 그 유족의 생활 안정과 복리 향상에 이바지함을 목적으로 한다.

제2조【적용 범위】 이 법은 부사관 이상의 현역 군인에게 적용한다. 다만, 지원에 의하지 아니하고 임용된 부사관은 제외한다.

제3조【정의】 ① 이 법에서 사용하는 용어의 뜻은 다음과 같다.

1. "기준소득월액"이란 기여금 및 급여 산정의 기준이 되는 것으로서 일정 기간 복무하고 얻은 소득 중 과세소득의 연지급합계액을 12개월로 평균한 금액을 말한다. 이 경우 기준소득월액에 포함하는 과세소득의 범위, 기준소득월액의 결정방법 및 적용기간 등에 관한 사항은 대통령령으로 정한다.
2. "평균기준소득월액"이란 복무기간 중 매년 기준소득월액을 군인보수인상률 등을 고려하여 대통령령으로 정하는 바에 따라 급여의 사유가 발생한 날(퇴직으로 급여의 사유가 발생하거나 퇴직 후에 급여의 사유가 발생한 경우에는 퇴직한 날의 전날을 말한다. 이하 같다)의 현재가치로 환산한 후 합한 금액을 복무기간으로 나눈 금액을 말한다.
3. "퇴직"이란 전역(轉役), 퇴역(退役) 및 제적(除籍)의 경우를 말한다.
4. "유족"이란 군인 또는 군인이었던 사람의 사망 당시 그가 부양하고 있던 다음 각 목의 어느 하나에 해당하는 사람을 말한다.
 가. 배우자(사실상 혼인관계에 있던 사람을 포함하며, 퇴직 후 61세 이후에 혼인한 배우자는 제외한다. 다만, 군 복무 당시 혼인관계에 있던 사람은 그러하지 아니하다. 이하 같다)
 나. 자녀(퇴직 후 61세 이후에 출생하거나 입양한 자녀는 제외하되, 퇴직 후 60세 당시의 태아는 복무 중 출생한 자녀로 본다. 이하 같다)
 다. 부모(퇴직일 이후에 입양된 경우의 부모는 제외한다)
 라. 손자녀(퇴직 후 61세 이후에 출생하거나 입양한 손자녀는 제외하되, 퇴직 후 60세 당시의 태아는 복무 중 출생한 손자녀로 본다. 이하 같다)
 마. 조부모(퇴직일 이후에 입양된 경우의 조부모는 제외한다)
5. "기여금"이란 급여에 드는 비용으로서 제42조에 따라 군인이 부담하는 금액을 말한다.
6. "부담금"이란 급여에 드는 비용으로서 국가가 부담하는 금액을 말한다.

② 제1항제4호나목의 자녀는 25세 미만인 자녀와 「군인재해보상법」 제27조제1항에 따른 상이연금의 등급(이하 "상이등급"이라 한다)에 해당하는 장해(같은 법 제3조제4호에 따른 장해를 말한다. 이하 같다)가 있는 25세 이상인 자녀로 한정한다.(2022.2.3 본항개정)

③ 제1항제4호라목의 손자녀는 아버지가 없거나 아버지가 상이등급에 해당하는 장해가 있는 경우로서 다음 각 호의 어느 하나에 해당하는 손자녀로 한정한다.

1. 25세 미만인 손자녀
2. 상이등급에 해당하는 장해가 있는 25세 이상인 손자녀

(2022.2.3 1호~2호개정)

④ 군인 또는 군인이었던 사람의 사망 당시의 태아는 이 법에 따른 급여를 지급할 때에 이미 출생한 것으로 본다.

제4조【기여금의 반환】 군인이었던 사람으로서 이 법에 따른 급여를 받을 권리가 없는 사람 또는 그 유족에 대해서는 그 군인이 복무할 때 낸 기여금에 대통령령으로 정하는 이자를 합한 금액을 반환한다.

제2장 복무기간

제5조【복무기간의 계산】 ① 군인의 복무기간은 그 임용된 날이 속하는 달부터 퇴직한 날의 전날 또는 사망한 날이 속하는 달까지의 연월수(年月數)로 계산한다.

② 부사관(지원에 의하지 아니하고 임용된 부사관은 제외한다)에서 준사관 또는 장교로 임용된 사람 및 준사관에서 장교로 임용된 사람의 복무기간은 상호 합산하되, 준사관 또는 부사관(지원에 의하지 아니하고 임용된 부사관은 제외한다)으로 복무 중에 군간부후보생에 지원한 경우에는 군간부후보생 기간을 포함한다.

③ 전투에 참가한 기간은 3배로 계산한다.

④ 이 법의 적용을 받는 군인으로 임용되기 전의 「병역법」에 따른 현역병 또는 지원에 의하지 아니하고 임용된 부사관의 복무기간(방위소집·상근예비역소집 또는 보충역소집에 따라 복무한 기간 중 대통령령으로 정하는 복무기간을 포함한다)은 본인이 원하는 바에 따라 제1항의 복무기간에 산입(算入)할 수 있다. 이 경우 복무기간을 산입하려는 사람은 복무기간 산입신청서를 국방부장관에게 제출하여야 한다.

⑤ 퇴직한 군인·공무원 또는 사립학교교직원(이 법, 「공무원연금법」 또는 「사립학교교직원 연금법」의 적용을 받지 아니하였던 사람은 제외한다)이 군인으로 복무하게 된 경우에는 본인이 원하는 바에 따라 종전의 해당 연금법에 따른 복무기간 또는 재직기간을 제1항의 복무기간에 합산할 수 있다.

⑥ 복무기간을 계산할 때 19년 6개월 이상 20년 미만으로 복무한 사람의 복무기간은 20년으로 한다.

⑦ 복무기간의 계산은 정부수립연도 이전으로 소급하지 못한다.

⑧ 제3항 및 제6항에 따라 가산(加算)된 기간 또는 제4항 및 제5항에 따른 복무기간은 제37조에 따른 퇴직수당(이하 "퇴직수당"이라 한다)을 지급할 때에는 제1항의 복무기간에 합산하거나 산입하지 아니한다.

⑨ 퇴직수당 지급과 관련하여 복무기간을 계산할 때에는 다음 각 호의 사유로 인한 휴직기간을 제외한 휴직기간, 직위해제기간 및 정직기간은 그 기간의 2분의 1을 각각 뺀다.

1. 공무상 부상 또는 질병으로 인한 휴직
2. 국제기구, 외국기관, 국내외 대학 또는 국내외 연구기관에 임시채용됨으로 인한 휴직
3. 자녀의 양육 또는 여성군인의 임신이나 출산으로 인한 휴직
4. 그 밖에 법률에 따른 의무를 수행하기 위한 휴직

제6조【복무기간의 합산방법】 ① 제5조제5항에 따라 복무기간 또는 재직기간을 합산(이하 "복무기간 합산"이라 한다)하려는 사람은 복무기간 합산신청서를 국방부장관에게 제출하여야 한다.

② 제1항에 따라 복무기간 합산을 신청하여 합산을 인정받은 사람은 퇴직 당시에 받은 퇴직급여액〔제38조 또는 「공무원연금법」 제65조(「사립학교교직원 연금법」 제42조에서 준용하는 경우를 포함한다)에 따라 급여액에 제한을 받았을 때에는 그 제한이 없는 경우에 받았어야 할 급여액으로 한다〕에 대통령령으로 정하는 이자를 합한 금액(이하 "반납금"이라 한다)을 제47조에 따른 군인연금기금에 반납하여야 한다. 다만, 복무기간 합산을 인정받은 사람이 제21조에 따른 퇴역연금(이하 "퇴역연금"이라 한다), 「공무원연금법」 제43조 또는 「사립학교교직원 연금법」 제42조에 따른 퇴직연금(이하 "퇴직연금"이라 한다) 또는 조기퇴직연금(이하 "조기퇴직연금"이라 한다)의 수급자인 경우에는 연금인 급여는 반납하지 아니한다.

③ 제2항에 따라 반납하여야 할 반납금은 대통령령으로 정하는 바에 따라 분할하여 내게 할 수 있다. 이 경우 대통령령으로 정하는 이자를 가산한다.

④ 국방부장관은 복무기간 합산을 인정받은 사람이 합산이 인정된 기간의 전부 또는 일부의 합산 제외를 신청하거나 반납금을 6개월 이상 체납한 경우에는 합산 제외를 신청한 기간 또는 복무기간 합산이 승인된 기간에서 반납금을 내지 아니한 기간에 상당하는 기간은 복무기간 합산에서 제외할 수 있다.

제3장 급 여

제1절 통 칙

제7조【급여의 종류】 이 법에 따른 급여의 종류는 다음 각 호와 같다.

1. 퇴직급여
 가. 퇴역연금
 나. 퇴역연금일시금
 다. 퇴역연금공제일시금
 라. 퇴직일시금
2. 퇴직유족급여
 가. 퇴역유족연금
 나. 퇴역유족연금부가금
 다. 퇴역유족연금특별부가금
 라. 퇴역유족연금일시금
 마. 퇴직유족일시금
3. 퇴직수당

제8조【급여 사유의 확인 및 급여의 결정】 제7조에 따른 급여는 그 급여를 받을 권리를 가진 사람의 청구에 따라 국방부장관이 결정하여 지급한다.

제9조【급여액 산정의 기초】 이 법에 따른 급여의 산정은 다음 각 호의 구분에 따른다.

1. 퇴역연금 및 제30조에 따른 퇴역유족연금(이하 "퇴역유족연금"이라 한다) : 평균기준소득월액을 기초로 산정. 이 경우 평균기준소득월액 산정의 기초가 되는 기준소득월액은 「공무원연금법」 제30조제3항에 따라 산정되는 공무원 전체의 기준소득월액 평균액(이하 "공무원 전체의 기준소득월액 평균액"이라 한다)의 180퍼센트를 초과할 수 없다.
2. 제1호에 따른 급여 외의 급여 : 해당 급여의 사유가 발생한 날이 속하는 달의 기준소득월액을 기초로 산정

제10조【유족의 우선순위】 급여를 받을 유족의 순위는 「민법」에 따른 상속의 순위에 따른다.

제11조【같은 순위자의 경합】 유족 중 같은 순위자가 2명 이상 있을 때에는 그 급여를 똑같이 나누어 지급하되, 그 지급방법은 대통령령으로 정한다.

제12조【급여의 수급자에 대한 특례】 ① 군인 또는 군인이었던 사람이 사망한 경우에 급여를 받을 유족이 없을 때에는 대통령령으로 정하는 한도의 금액을 유족이 아닌 직계비속 또는 직계존속에게 지급하고, 직계비속 또는 직계존속도 없을 때에는 그 사망한 군인을 위하여 사용할 수 있다.

② 제1항에 따른 유족이 아닌 직계비속 또는 직계존속이 2명 이상 있을 때에 그 급여의 지급에 관하여는 제10조 및 제11조를 준용한다.

제13조【연금의 지급기간 및 지급시기】 ① 연금인 급여는 그 급여의 사유가 발생한 날이 속하는 달의 다음 달부터 그 사유가 소멸된 날이 속하는 달까지의 급여분을 지급한다.

② 연금인 급여의 지급을 정지할 사유가 생겼을 때에는 그 사유가 발생한 날이 속하는 달의 다음 달부터 그 사유가 소멸된 날이 속하는 달까지 그 지급을 정지한다. 다만, 정지 사유가 발생한 날과 그 사유가 소멸된 날이 같은 달에 속하는 경우에는 그 지급을 정지하지 아니한다.

③ 연금인 급여는 대통령령으로 정하는 바에 따라 매월 지급한다.

제14조【연금액의 조정】 ① 연금인 급여는 「통계법」 제3조에 따라 통계청장이 매년 고시하는 전전년도와 대비한 전년도 전국소비자물가변동률에 해당하는 금액을 매년 증액하거나 감액한다.

② 제1항에 따라 조정된 금액은 해당 연도 1월부터 12월까지 적용한다.

③ 국방부장관은 제1항에 따라 조정된 금액을 연금 수급자에게 알려야 한다.

제15조【연금 지급의 특례】 ① 연금인 급여를 받을 권리가 있는 사람이 외국으로 이주하게 된 경우에는 본인이 원하는 바에 따라 연금인 급여를 갈음하여 출국하는 달의 다음 달을 기준으로 한 4년분의 연금에 상당하는 금액을 지급받을 수 있다.

② 연금인 급여를 받을 권리가 있는 사람이 국적을 상실한 경우에는 본인이 원하는 바에 따라 연금인 급여를 갈음하여 국적을 상실한 달의 다음 달을 기준으로 한 4년분의 연금에 상당하는 금액을 지급받을 수 있다.

제16조【급여의 환수 등】 ① 국방부장관은 급여를 받은 사람(상속인을 포함한다)이 다음 각 호의 어느 하나에 해당하는 경우에는 그 급여액을 환수하여야 하고, 제1호 또는 제2호에 해당하면 급여액에 대통령령으로 정하는 이자 및 환수비용을 가산하여 징수하여야 한다. 다만, 제1호 또는 제2호의 경우에도 납부 의무자의 귀책사유가 없을 때에는 이자 및 환수비용을 가산하지 아니한다.

1. 거짓이나 그 밖의 부정한 방법으로 급여를 받은 경우
2. 제55조의 신고사항에 대하여 늦게 신고하거나 신고하지 아니하여 급여를 과다하게 지급받은 경우
3. 급여를 받은 후 그 급여의 사유가 소급하여 소멸된 경우
4. 그 밖에 급여가 잘못 지급된 경우

② 국방부장관은 제1항에 따라 급여액을 환수할 때에 환수금을 내야 할 사람이 기한까지 내지 아니하면 대통령령으로 정하는 이자를 가산하여 징수하여야 한다.

③ 국방부장관은 제1항 또는 제2항에 따라 급여액을 환수할 때에 환수금 또는 이자를 내야 할 사람이 기한까지 내지 아니하면 국세체납처분의 예에 따라 징수할 수 있다.

④ 국방부장관은 제1항에 따라 급여를 환수하는 경우에 다음 각 호의 어느 하나에 해당하는 사유가 있을 때에는 결손처분할 수 있다. 다만, 제1호 및 제3호의 경우에 결손처분을 한 후 압류할 수 있는 재산을 발견하였을 때에는 지체 없이 그 처분을 취소하고 국세체납처분의 예에 따라 징수하여야 한다.

1. 체납처분이 종결되고 체납액에 충당된 배분금액이 그 체납액보다 적은 경우
2. 해당 권리에 대한 소멸시효가 완성된 경우
3. 그 밖에 징수할 가능성이 없는 경우로서 대통령령으로 정하는 사유에 해당하는 경우

⑤ 국방부장관은 법원의 판결 등의 사유로 급여를 소급하여 지급하는 경우에는 그 급여액에 대통령령으로 정하는 이자를 가산하여 지급한다.(2024.1.16 본항신설)

(2024.1.16 본조제목개정)

제17조【미납금의 공제지급】 군인, 군인이었던 사람 또는 제7조제2호에 따른 퇴직유족급여(이하 "퇴직유족급여"라 한다)를 지급받는 사람이 다음 각 호의 어느 하나에 해당하는 채무가 있을 때에는 이 법에 따른 급여에서 공제하고 지급할 수 있다. 다만, 연금인 급여에 대해서는 매월 지급되는 연금에서 2분의 1을 초과하여 공제하지 아니한다.

1. 제6조제2항 및 제3항에 따른 반납금의 원리금
2. 제16조에 따른 환수금의 원리금
3. 제27조제3항에 따른 지급정지액의 정산(「소득세법」에 따라 소득금액이 확정된 경우의 지급정지액의 정산을 말한다)과 관련된 채무
4. 제42조에 따른 기여금을 미납한 경우의 미납기여금
5. 「군인복지기금법」 제4조의2에 따른 대부금 및 제4조의3에 따른 지원금의 미상환 원리금 및 상환지연이자

제18조【권리의 보호】 ① 급여를 받을 권리는 양도 또는 압류하거나 담보로 제공할 수 없다. 다만, 다음 각 호의 어느 하나에 해당하는 경우에는 그러하지 아니하다.
1. 대통령령으로 정하는 바에 따라 「금융실명거래 및 비밀보장에 관한 법률」 제2조제1호에 따른 금융회사등(이하 "금융회사등"이라 한다)에 담보로 제공하는 경우
2. 「국가유공자 등 예우 및 지원에 관한 법률」 제46조 및 「제대군인지원에 관한 법률」 제21조에 따른 대부를 받기 위하여 국가에 담보로 제공하는 경우
3. 「국세징수법」이나 「지방세징수법」에 따라 체납처분을 하는 경우
② 수급권자에게 지급된 급여 중 「민사집행법」 제195조제3호에서 정하는 금액 이하의 급여는 압류할 수 없다.
제19조【급여의 조정】 ① 퇴역연금을 받을 권리가 있는 사람이 본인의 퇴역연금 외에 퇴역유족연금을 함께 받게 된 경우에는 퇴역유족연금액의 2분의 1을 빼고 지급한다.
② 퇴역연금·퇴직연금 또는 조기퇴직연금을 받던 사람이 제5조 및 제6조에 따른 복무기간 합산을 받았다가 다시 퇴직하거나 사망한 경우에는 퇴역연금〔제21조에 따른 퇴역연금공제일시금(이하 "퇴역연금공제일시금"이라 한다)을 포함한다〕 또는 퇴역유족연금〔제33조에 따른 퇴역유족연금부가금(이하 "퇴역유족연금부가금"이라 한다)을 포함한다〕만을 받을 수 있으며, 이를 갈음하여 제21조에 따른 퇴역연금일시금(이하 "퇴역연금일시금"이라 한다) 또는 제34조에 따른 퇴역유족연금일시금(이하 "퇴역유족연금일시금"이라 한다)을 받을 수 없다.
제20조【다른 법령에 따른 급여와의 조정】 ① 다른 법령에 따라 국가나 지방자치단체의 부담으로 이 법에 따른 급여와 같은 종류의 급여(「국가유공자 등 예우 및 지원에 관한 법률」 제11조 또는 「보훈보상대상자 지원에 관한 법률」 제10조에 따른 보훈급여금은 제외한다)를 받은 사람에게는 그 급여금에 상당하는 금액에 대해서는 이 법에 따른 급여를 지급하지 아니한다.
② 퇴직연금 또는 조기퇴직연금, 「군인 재해보상법」 제26조에 따른 상이연금(이하 "상이연금"이라 한다)을 받을 권리가 있는 사람이 이 법에 따른 퇴역유족연금을 함께 받게 된 경우에는 퇴역유족연금액의 2분의 1을 빼고 지급한다.
③ 동일인에게 퇴역연금과 상이연금을 지급할 사유가 발생한 경우에는 본인에게 유리한 급여를 하나만 선택하게 하여 지급한다.
④ 상이연금을 받을 권리가 있는 사람에게는 제28조에 따른 퇴직일시금(이하 "퇴직일시금"이라 한다)을 지급하지 아니한다.
⑤ 퇴역연금을 받을 권리가 있는 군인이 사망한 경우 해당 유족이 「군인 재해보상법」 제35조에 따른 순직유족연금(순직유족연금을 갈음하여 「군인 재해보상법」 제36조에 따른 순직유족연금일시금을 받는 경우를 포함한다. 이하 이 조에서 같다) 수급권을 갖게 되었을 때에는 퇴역유족연금과 「군인 재해보상법」 제35조에 따른 순직유족연금(이하 "순직유족연금"이라 한다) 중 하나를 선택하여 받을 수 있다.
⑥ 제5항에도 불구하고 20년 이상 재직한 군인이 재직 중 사망한 후 그 유족이 퇴역유족연금일시금을 선택한 경우 해당 유족이 순직유족연금 수급권을 갖게 되었을 때에는 퇴역유족연금일시금과 순직유족연금 중 하나를 선택하여 받을 수 있다.
⑦ 20년 미만 재직한 군인이 재직 중 사망한 경우 해당 유족이 순직유족연금 수급권을 갖게 되었을 때에는 제35조제1항에 따른 퇴직유족일시금과 순직유족연금 중 하나를 선택하여 받을 수 있다.

제2절 퇴직급여

제21조【퇴역연금 또는 퇴역연금일시금 등】 ① 군인이 20년 이상 복무하고 퇴직한 경우에는 그때부터 사망할 때까지 퇴역연금을 지급한다. 다만, 본인이 원하는 경우에는 퇴역연금을 갈음하여 퇴역연금일시금을 지급하거나, 20년(퇴역연금·퇴직연금 또는 조기퇴직연금을 받던 사람이 제5조 및 제6조에 따른 복무기간 합산을 받은 경우에는 그 합산받은 복무기간을 포함한다)을 초과하는 복무기간 중 본인이 원하는 기간에 대해서는 그 기간에 해당하는 퇴역연금을 갈음하여 퇴역연금공제일시금을 지급할 수 있다.
② 퇴역연금의 금액은 복무기간(퇴역연금공제일시금을 지급받는 경우에는 복무기간에서 퇴역연금공제일시금 지급 계산에 산입된 복무기간을 공제하고 남은 복무기간을 말한다) 매 1년(1년 미만의 기간은 1개월을 12분의 1년으로 계산한다. 이하 같다)에 대하여 평균기준소득월액의 1.9퍼센트에 해당하는 금액으로 한다. 이 경우 퇴역연금의 금액은 평균기준소득월액의 62.7퍼센트를 초과하지 못한다.
③ 퇴역연금일시금은 다음의 계산식에 따라 산출한다. 이 경우 복무연수에서 1년 미만의 기간은 1개월을 12분의 1년으로 계산하고, 33년이 넘은 기간은 33년으로 한다.

$$\text{퇴직한 날의 전날이 속하는 달의 기준소득월액} \times \text{복무연수} \times \left[\frac{975}{1,000} + \frac{65}{10,000}(\text{복무연수} - 5)\right]$$

④ 퇴역연금공제일시금은 다음의 계산식에 따라 산출한다. 이 경우 공제복무연수는 퇴직하는 군인이 퇴역연금공제일시금 계산에 산입할 것을 원하는 복무연수로 하며, 1년 미만의 기간은 1개월을 12분의 1년으로 계산하고, 13년을 초과하지 못한다.

$$\text{퇴직한 날의 전날이 속하는 달의 기준소득월액} \times \text{공제복무연수} \times \left(\frac{975}{1,000} + \frac{65}{10,000} \times \text{공제복무연수}\right)$$

제22조【분할연금 수급권자 등】 ① 혼인기간(배우자가 군인으로서 재직한 기간 중의 별거 또는 가출 등으로 실질적인 혼인관계가 존재하지 않았던 기간은 제외한다. 이하 같다)이 5년 이상인 사람이 다음 각 호의 요건을 모두 갖추면 그 때부터 그가 생존하는 동안 배우자였던 사람의 퇴역연금을 분할한 일정한 금액의 연금(이하 "분할연금"이라 한다)을 받을 수 있다.
1. 배우자와 이혼하였을 것
2. 배우자였던 사람이 퇴역연금 수급권자일 것
② 분할연금액은 배우자였던 사람의 퇴역연금액 중 혼인기간에 해당하는 연금액을 균등하게 나눈 금액으로 한다.
③ 분할연금은 제1항 각 호의 요건을 모두 갖추게 된 때부터 5년 이내에 청구하여야 한다.
④ 제1항부터 제3항까지의 규정에 따른 분할연금의 청구, 혼인기간의 인정기준 및 방법 등에 필요한 사항은 대통령령으로 정한다.
제23조【분할연금 지급의 특례】 제22조제2항에도 불구하고 「민법」 제839조의2 또는 제843조에 따라 연금 분할이 별도로 결정된 경우에는 그에 따른다.
제24조【분할연금과 퇴역연금과의 관계】 ① 제22조에 따른 분할연금 수급권은 그 수급권을 취득한 후에 배우자였던 사람에게 생긴 사유로 퇴역연금의 수급권이 소멸·정지되어도 영향을 받지 아니한다. 다만, 형벌 등에 따른 사유로 배우자였던 사람의 퇴역연금액이 감액되거나 그 지급이 정지된 경우에는 제38조를 준용한다.
② 수급권자에게 둘 이상의 분할연금 수급권이 생기면 둘 이상의 분할연금액을 합하여 지급한다.
③ 분할연금 수급권자는 퇴역유족연금을 지급할 때 퇴역연금 수급권자로 보지 아니한다.
④ 분할연금 수급권자에게 퇴역연금 수급권이 발생한 경우에는 분할연금액과 퇴역연금액을 합하여 지급한다.
⑤ 분할연금 수급권이 소멸된 경우에는 그 사유가 발생한 다음 달부터 배우자였던 사람에게 분할되기 전의 금액을 지급한다.
⑥ 분할연금 수급권자와 그 배우자였던 사람이 모두 퇴역연금 수급권자인 경우에는 당사자들의 합의에 따라 각각의 분할연금을 지급하지 아니할 수 있다.
제25조【분할연금 청구의 특례 등】 ① 제22조제3항에도 불구하고 같은 조 제1항제2호의 요건을 갖추기 전에 이혼하는 경우에는 이혼의 효력이 발생하는 때부터 분할연금을 미리 청구(이하 "분할연금 선청구"라 한다)할 수 있다.
② 분할연금 선청구를 한 경우 제22조제3항에 따른 청구를 한 것으로 본다. 다만, 분할연금 선청구를 하고 제3항에 따른 분할연금 선청구의 취소를 하지 아니한 경우만 해당한다.
③ 분할연금 선청구는 이혼의 효력이 발생하는 때부터 5년 이내에 하여야 하며, 제22조제1항제2호의 요건을 갖추기 전에 분할연금 선청구를 취소할 수 있다. 이 경우 분할연금 선청구 및 선청구의 취소는 각각 1회로 한정한다.
④ 분할연금 선청구를 한 경우에도 제22조제1항 각 호의 요건을 모두 갖추게 된 때에 분할연금을 지급한다.
⑤ 제1항부터 제3항까지의 규정에 따른 분할연금 선청구와 그 취소의 방법 및 절차 등에 필요한 사항은 대통령령으로 정한다.
제26조【퇴역연금일시금 등의 분할】 ① 다음 각 호의 어느 하나에 해당하는 군인의 배우자였던 사람(혼인기간이 5년 이상이고, 군인이었던 배우자의 퇴직급여 청구 전에 이혼한 경우에 한정한다)에게는 청구에 따라 해당 호에 따른 급여를 분할하여 지급한다. 이 경우 이미 분할연금 선청구를 한 경우는 해당 호의 급여에 대한 선청구로 본다.
1. 제21조제1항에 따라 퇴역연금 대신 퇴역연금일시금을 청구하는 군인
2. 제21조제1항에 따라 퇴역연금 대신 퇴역연금공제일시금을 청구하는 군인
3. 퇴직일시금을 청구하는 군인
② 제1항에 따른 퇴역연금일시금·퇴역연금공제일시금·퇴직일시금의 분할 청구는 퇴역연금일시금·퇴역연금공제일시금·퇴직일시금(이하 이 조에서 "퇴역연금일시금등"이라 한다)의 청구일부터 5년 이내에 하여야 한다.
③ 제1항에 따라 분할되는 금액과 청구방법은 제22조제2항, 제23조, 제24조제1항 단서, 같은 조 제2항·제4항·제6항 및 제25조제1항·제2항·제4항을 준용한다. 이 경우 "분할연금"은 "분할연금일시금", "분할연금공제일시금" 또는 "분할일시금"으로 본다.
④ 제1항부터 제3항까지의 규정에 따른 퇴역연금일시금등의 분할 지급에 필요한 사항은 대통령령으로 정한다.
제27조【퇴역연금의 지급정지 등】 ① 퇴역연금의 수급자가 다음 각 호의 어느 하나에 해당하는 경우에는 그 재직기간 중 해당 퇴역연금 전부의 지급을 정지한다. 다만, 제2호에 해당하는 지방의회의원의 경우로서 「소득세법」 제20조제2항에 따른 근로소득금액의 월평균금액(이하 "근로소득월액"이라 한다)이 본인의 퇴역연금액 미만인 경우에는 그 근로소득월액만큼 해당 연금 일부의 지급을 정지하고, 제3호부터 제5호까지의 어느 하나에 해당하는 경우로서 근로소득월액이 전년도 공무원 전체의 기준소득월액 평균액의 160퍼센트 미만인 경우에는 제3항에 따라 해당 연금 일부의 지급을 정지한다.
(2023.7.11 단서개정)
1. 이 법이나 「공무원연금법」 또는 「사립학교교직원 연금법」의 적용을 받는 군인·공무원 또는 사립학교교직원으로 임용된 경우
2. 선거에 의한 선출직 공무원에 취임한 경우
3. 「공공기관의 운영에 관한 법률」 제4조에 따른 공공기관 중 국가가 전액 출자·출연한 기관에 임직원으로 채용된 경우
4. 「지방공기업법」 제2조에 따른 지방직영기업·지방공사 및 지방공단 중 지방자치단체가 전액 출자·출연한 기관에 임직원으로 채용된 경우
5. 「지방자치단체 출자·출연 기관의 운영에 관한 법률」 제2조제1항에 따른 출자·출연 기관 중 지방자치단체가 전액 출자·출연한 기관에 임직원으로 채용된 경우
② 제1항제3호부터 제5호까지의 규정에 해당하는 기관은 「공무원연금법」 제50조제2항에 따라 지정·고시하는 기관으로 한다.
③ 퇴역연금 수급자가 연금 외의 「소득세법」 제19조제2항에 따른 사업소득금액(대통령령으로 정하는 사업소득금액은 제외한다) 또는 같은 법 제20조제2항에 따른 근로소득금액이 있고, 각 소득금액 또는 이를 합산한 소득금액의 월평균금액(이하 이 조에서 "소득월액"이라 한다)이 전년도 평균임금월액을 초과한 경우에는 퇴역연금에서 다음 표의 구분에 따른 금액의 지급을 정지한다. 이 경우 지급정지액은 퇴역연금의 2분의 1을 초과할 수 없다.

전년도 평균임금월액을 초과한 소득월액(초과소득월액)	지급정지액
50만원 미만	50만원 미만의 초과소득월액의 10퍼센트
50만원 이상 100만원 미만	5만원 + 50만원 초과소득월액의 20퍼센트
100만원 이상 150만원 미만	15만원 + 100만원 초과소득월액의 30퍼센트
150만원 이상 200만원 미만	30만원 + 150만원 초과소득월액의 40퍼센트
200만원 이상	50만원 + 200만원 초과소득월액의 50퍼센트

④ 제3항의 평균임금월액은 상시 5명 이상의 근로자를 사용하는 사업 또는 사업장(농업·임업 및 수산업은 제외한다)을 기준으로 「통계법」에 따라 고용노동부장관이 작성하는 매월 노동통계보고서의 근로자 1명의 임금총액의 연평균금액으로 한다.
⑤ 제3항에 따른 소득월액 및 평균임금월액의 산정과 지급정지방법 등에 관하여 필요한 사항은 대통령령으로 정한다.
제28조【퇴직일시금】 ① 군인이 20년 미만 복무하고 퇴직한 경우에는 퇴직일시금을 지급한다.
② 복무기간이 5년 이상 20년 미만인 사람의 퇴직일시금의 금액은 제21조제3항에 따라 산정되는 금액으로 한다.
③ 복무기간이 1개월 이상 5년 미만인 사람의 퇴직일시금의 금액은 다음의 계산식에 따라 산출한다. 이 경우 복무연수에서 1년 미만의 기간은 1개월을 12분의 1년으로 한다.

$$\text{퇴직한 날의 전날이 속하는 달의 기준소득월액} \times \text{복무연수} \times \frac{78}{100}$$

④ 제2항 또는 제3항에 따라 산정한 금액이 이미 낸 기여금에 「민법」 제379조에 따른 이자를 가산한 금액보다 적을 경우에는 제2항 또는 제3항에도 불구하고 제2항 또는 제3항에 따라 산정한 금액을 갈음하여 기여금에 「민법」 제379조에 따른 이자를 가산한 금액을 퇴직일시금의 금액으로 한다.
제29조【행방불명자 등에 대한 퇴직급여 등】 ① 제7조제1호에 따른 퇴직급여(이하 "퇴직급여"라 한다)를 받을 권리가 있는 사람이 1년 이상 행방불명인 경우에는 그의 상속인(유족의 범위에 해당하여야 한다. 이하 이 조에서 같다)이 될 사람의 청구에 의하여 그 퇴직급여를 그 상속인에게 지급할 수 있다.
② 제1항에 따라 상속인이 행방불명자의 퇴역연금을 청구하는 경우에는 그 행방불명자가 이 법에 따라 퇴역연금을 받을 권리가 있는 때부터의 해당 퇴역연금을 지급하고, 퇴역연금을 받을 권리가 있는 때부터 3년이 지나도 행방불명된 사람의 소재가 확인되지 아니하면 그 다음 달부터 해당 퇴역연금액의 60퍼센트를 지급한다.
③ 제2항에 따른 급여를 지급한 후 행방불명되었던 사람이 사망한 사실이 확인된 경우에는 사망한 사실이 확인된 날이 속하는 달의 다음 달부터 그 상속인에게 퇴역유족연금을 지급한다. 다만, 행방불명되었던 사람이 사망한 날이 제1항에 따른 급여를 지급한 날부터 3년 이내인 경우에는 사망한 날이 속하는 달의 다음 달부터 그 3년이 되는 날이 속하는 달까지 상속인이 받을 수 있는 퇴역유족연금과 실제 받은 급여의 차액에 대통령령으로 정하는

이자를 가산한 금액을 제47조에 따른 군인연금기금에 반납하여야 한다.
④ 행방불명되었던 사람이 생존한 사실이 확인된 경우에는 그 생존한 사실이 확인된 날이 속하는 달의 다음 달부터 그 행방불명되었던 사람에게 퇴역연금을 지급하여야 한다. 이 경우 제2항에 따라 퇴역연금의 60퍼센트를 상속인에게 지급한 경우에는 그 지급한 기간의 급여액과 지급하여야 할 급여액의 차액에 대통령령으로 정하는 이자를 가산한 금액을 지급하여야 한다.
⑤ 제1항에 따른 상속인이 2명 이상인 경우 상속인의 순위 및 퇴직급여의 지급에 관하여는 제10조 및 제11조를 준용하고, 제2항에 따라 급여를 받는 상속인의 수급권 상실 및 이전에 관하여는 제32조를 준용한다.

제3절 퇴직유족급여

제30조【퇴역유족연금】 ① 퇴역연금을 받을 권리가 있는 사람이 사망한 경우에는 그 유족에게 퇴역유족연금을 지급한다.
② 퇴역유족연금의 금액은 군인 또는 군인이었던 사람이 받을 수 있는 퇴역연금액의 60퍼센트로 한다.
③ 제2항에도 불구하고 유족 중 제3조제2항 또는 제3항에 해당하는 사람(그 사람을 부양하고 있는 제3조제1항제4호가목에 따른 군인 또는 군인이었던 사람의 배우자를 포함한다)에게는 군인 또는 군인이었던 사람이 받을 수 있는 퇴역연금액의 70퍼센트를 지급한다.
제31조【행방불명자에게 지급할 퇴역유족연금】 퇴역유족연금을 받을 권리가 있는 사람이 1년 이상 행방불명인 경우에는 같은 순위자가 있을 때에는 같은 순위자의 청구에 의하여 그 행방불명된 기간에 해당하는 연금을 같은 순위자에게 지급할 수 있고, 같은 순위자가 없을 때에는 다음 순위자의 청구에 의하여 그 행방불명된 기간에 해당하는 연금을 다음 순위자에게 지급할 수 있다.
제32조【퇴역유족연금의 수급권 상실 및 이전】 ① 퇴역유족연금을 받을 권리가 있는 사람이 다음 각 호의 어느 하나에 해당하는 경우에는 그 권리를 상실한다.
1. 사망한 경우
2. 재혼한 경우(사실상 혼인관계에 있는 경우를 포함한다)
3. 사망한 군인과의 친족관계가 종료된 경우
4. 상이등급에 해당하는 장해가 있지 아니한 자녀 또는 손자녀가 25세가 된 경우(2022.2.3 본호개정)
5. 상이등급에 해당하는 장해로 인하여 퇴역유족연금을 받고 있던 사람의 장해가 해소된 경우
② 퇴역유족연금을 받을 권리가 있는 사람이 그 권리를 상실한 경우에 같은 순위자가 있을 때에는 그 같은 순위자에게 그 권리가 이전되고, 같은 순위자가 없을 때에는 다음 순위자에게 그 권리가 이전된다.
제33조【퇴역유족연금부가금】 ① 군인이 20년 이상 복무 중 사망한 경우에는 그 유족에게 퇴역유족연금(「군인 재해보상법」 제35조에 따라 순직유족연금을 받는 경우를 포함한다. 이하 이 조에서 같다) 외에 퇴역유족연금부가금을 추가로 지급한다.
② 퇴역유족연금부가금의 금액은 제21조제3항에 따라 계산한 금액의 25퍼센트로 한다. 이 경우 그 복무연수는 33년을 초과하지 못한다.
③ 퇴역유족연금부가금의 지급에 관하여는 제31조 및 제32조를 준용한다.
제34조【퇴역유족연금일시금】 ① 퇴역연금을 받을 권리가 있는 사람이 군 복무 중 사망한 경우 유족이 원할 때에는 그 유족에게 퇴역유족연금과 퇴역유족연금부가금을 갈음하여 퇴역유족연금일시금을 지급한다.
② 퇴역유족연금일시금의 금액에 관하여는 제21조제3항을 준용한다.
③ 퇴역유족연금일시금의 지급에 관하여는 제31조 및 제32조를 준용한다.
제35조【퇴직유족일시금】 ① 군인이 20년 미만 복무하고 사망한 경우에는 그 유족에게 퇴직유족일시금(이하 "퇴직유족일시금"이라 한다)을 지급한다.
② 퇴직유족일시금의 금액에 관하여는 제28조제2항부터 제4항까지의 규정을 준용한다.
③ 퇴직유족일시금의 지급에 관하여는 제31조 및 제32조를 준용한다.
제36조【퇴역유족연금특별부가금】 ① 퇴역연금 또는 상이연금을 받을 권리가 있는 사람(20년 이상 복무한 사람으로 한정한다)이 퇴직한 날의 전날이 속하는 달의 다음 달부터 3년 이내에 사망한 경우에는 퇴역유족연금(「군인 재해보상법」 제34조에 따른 상이유족연금을 받는 경우를 포함한다) 외에 퇴역유족연금특별부가금(이하 "퇴역유족연금특별부가금"이라 한다)을 추가로 지급한다.
② 퇴역유족연금특별부가금의 금액은 퇴직 당시의 퇴역연금일시금(퇴역연금공제일시금을 받는 경우에는 연금을 선택한 기간에 해당하는 퇴역연금일시금을 말한다)에 해당하는 금액의 25퍼센트에 다음 비율을 곱한 금액으로 한다.

$$\frac{36 - \text{제13조제1항에 따라 사망 시까지 퇴역연금을 받을 수 있는 개월 수}}{1} \times \frac{1}{36}$$

제4절 퇴직수당

제37조【퇴직수당】 ① 군인이 1년 이상 복무하고 퇴직하거나 사망한 경우에는 퇴직수당을 지급한다.
② 퇴직수당은 다음의 계산식에 따라 산출한다.

복무기간 × 기준소득월액 × 대통령령으로 정하는 비율

③ 퇴직수당의 지급에 관하여는 제29조를 준용한다.

제5절 급여의 제한

제38조【형벌 등에 의한 급여의 제한】 ① 군인 또는 군인이었던 사람이 다음 각 호의 어느 하나에 해당하는 경우에는 대통령령으로 정하는 바에 따라 퇴직급여 및 퇴직수당의 일부를 감액하여 지급한다. 이 경우 퇴직급여액은 이미 낸 기여금의 총액에 「민법」 제379조에 따른 이자를 가산한 금액 이하로 감액할 수 없다.
1. 복무 중의 사유(직무와 관련이 없는 과실 또는 소속상관의 정당한 명령에 따르다가 생긴 과실로 인한 사유는 제외한다)로 금고 이상의 형이 확정된 경우
2. 징계에 의하여 파면된 경우
3. 금품 및 향응수수(饗應授受) 또는 공금의 횡령·유용으로 징계 해임된 경우
② 제1항 각 호에 해당하는 급여의 제한 사유가 확정판결에 대한 재심 등으로 소급하여 소멸한 때에는 제1항에 따라 지급하지 아니한 차액에 대통령령으로 정하는 이자를 가산하여 지급한다.
③ 복무 중의 사유(직무와 관련이 없는 과실 또는 소속상관의 정당한 명령에 따르다가 생긴 과실로 인한 사유는 제외한다)로 금고 이상의 형에 처할 범죄행위로 인하여 수사가 진행 중이거나 형사재판이 계속 중일 때에는 대통령령으로 정하는 바에 따라 퇴직급여 및 퇴직수당의 일부를 지급정지할 수 있다. 이 경우 급여의 제한 사유에 해당하지 아니하게 되었을 때에는 그 잔여금에 대통령령으로 정하는 이자를 가산하여 지급한다.
④ 복무 중의 사유로 「형법」 제2편제1장(내란의 죄)·제2장(외환의 죄), 「군형법」 제2편제1장(반란의 죄)·제2장〔이적(利敵)의 죄〕, 「국가보안법」(제10조는 제외한다), 「군사기밀 보호법」(제13조의2와 제15조에 한정한다)에 규정된 죄를 범하여 금고 이상의 형이 확정된 경우에는 이미 낸 기여금의 총액에 「민법」 제379조에 따른 이자를 가산한 금액을 반환하되, 급여는 지급하지 아니한다.
제39조【고의 등에 의한 급여의 제한】 ① 퇴직유족급여를 받을 수 있는 사람이 군인, 군인이었던 사람 또는 퇴직유족급여를 받고 있는 사람을 고의로 사망하게 한 경우에는 그 사람에 대한 퇴직유족급여를 지급하지 아니한다. 군인 또는 군인이었던 사람의 사망 전에 그 사람의 사망으로 인하여 퇴직유족급여를 받을 수 있는 사람이 자신과 같은 순위자 또는 앞선 순위자를 고의로 사망하게 한 경우에도 또한 같다.
② 이 법에 따른 급여를 받을 수 있는 사람이 고의로 장해를 악화시키거나, 그 회복을 방해한 경우에는 대통령령으로 정하는 바에 따라 그에 대한 급여의 전부 또는 일부를 지급하지 아니할 수 있다. 다만, 그 악화나 방해가 정상적인 인식능력 등이 뚜렷하게 저하된 상태에서 한 행위로 이루어진 경우로서 대통령령으로 정하는 사유가 있는 경우는 제외한다.
③ 퇴직유족급여를 받을 수 있는 사람 중 군인이거나 군인이었던 사람에 대하여 양육책임이 있었던 사람이 이를 이행하지 아니하였던 경우에는 「군인 재해보상법」 제5조에 따른 군인재해보상심의회의 심의를 거쳐 양육책임을 이행하지 아니한 기간, 정도 등을 고려하여 대통령령으로 정하는 바에 따라 해당 급여의 전부 또는 일부를 지급하지 아니할 수 있다.(2023.10.31 본항신설)
(2023.10.31 본조제목개정)
제40조【신체의 진단 불응에 의한 급여의 제한】 이 법에 따른 급여의 지급에 관하여 신체의 진단을 받아야 할 경우에 정당한 사유 없이 진단을 받지 아니할 때에는 대통령령으로 정하는 바에 따라 그에 대한 급여의 일부 또는 전부를 지급하지 아니할 수 있다.

제4장 비용 부담

제41조【비용 부담의 원칙】 ① 퇴직급여 및 퇴직유족급여에 드는 비용은 군인과 국가가 부담한다. 이 경우 급여에 드는 비용은 적어도 5년마다 다시 계산하여 재정적 균형이 유지되도록 하여야 한다.
② 퇴직수당 지급에 드는 비용은 국가가 부담한다.
③ 제5조제3항에 따라 드는 비용은 국가가 부담한다.
④ 연금 업무처리에 드는 비용은 국가가 부담한다.
제42조【기여금】 ① 군인은 군인으로 임용된 날이 속하는 달부터 퇴직한 날의 전날 또는 사망한 날이 속하는 달까지 월별로 기여금을 내야 하며, 그 납부 방법 및 절차는 대통령령으로 정한다.
② 기여금은 기준소득월액의 7퍼센트로 한다. 이 경우 기준소득월액은 공무원 전체의 기준소득월액 평균액의 180퍼센트를 초과할 수 없다.
③ 제5조제4항에 따라 복무기간이 산입되는 사람은 그 산입기간에 대하여 국방부장관이 산입을 승인한 날이 속하는 달의 다음 달부터 해당 월분의 기여금과 같은 금액의 소급기여금을 내야 한다. 이 경우 해당 군인이 그 소급기여금의 납부 중 퇴직하거나 사망하였을 때에는 퇴직 또는 사망 당시의 기준소득월액을 기준으로 남은 소급기여금을 계산하여 이를 해당 퇴직급여 또는 퇴직유족급여에서 공제한다.
④ 제3항 전단에 따라 소급기여금을 내는 사람이 그 소급기여금을 한꺼번에 내려는 경우에는 내려는 달의 해당 월분의 기여금액을 기준으로 남은 소급기여금을 계산하여 한꺼번에 낼 수 있다.
제43조【과납 또는 미납된 기여금의 처리】 더 내거나 덜 낸 기여금은 대통령령으로 정하는 바에 따라 다음 번 기여금을 징수할 때에 가감할 수 있다.
제44조【부담금】 제41조제1항에 따라 국가가 부담하는 금액은 대통령령으로 정하는 매 회계연도 보수예산의 7퍼센트로 하며, 그 납부 방법 및 절차는 대통령령으로 정한다.
제45조【보전금】 이 법에 따른 급여에 드는 비용을 기여금 및 부담금으로 충당할 수 없는 경우에는 그 부족한 금액을 국가에서 부담한다.
제46조【연금액의 이체】 ① 퇴직연금 또는 조기퇴직연금의 수급권자가 군인으로 임용되어 제5조 및 제6조에 따라 복무기간 합산을 받은 후 퇴직하거나 사망한 경우에는 공무원연금공단 또는 사립학교교직원연금공단은 그 퇴직자 또는 유족(제12조에 따라 급여를 받을 수 있는 사람을 포함한다)이 「공무원연금법」 또는 「사립학교교직원 연금법」에 따라 받을 수 있는 퇴직연금·조기퇴직연금 또는 퇴직유족연금(제12조에 따라 지급받을 수 있는 금액과 퇴역유족연금부가금 및 퇴역유족연금특별부가금을 포함한다)에 상당하는 금액을 제47조에 따른 군인연금기금에 이체하여야 한다.
② 제1항에 따른 이체금액의 산정방법 및 이체기한 등에 관하여 필요한 사항은 대통령령으로 정한다.

제5장 군인연금기금

제47조【군인연금기금의 설치 및 조성】 ① 이 법에 따른 군인연금제도의 운영에 필요한 재원(財源)에 충당하기 위하여 군인연금기금(이하 "기금"이라 한다)을 설치한다.
② 기금은 이 법에 따른 기여금·부담금·보전금·책임준비금, 기금운용수익금, 다른 기금 또는 회계로부터의 차입금·전입금과 그 밖의 수입으로 조성한다.
제48조【책임준비금의 적립】 ① 국가는 군인연금재정의 안정을 위하여 예산의 범위에서 책임준비금을 기금에 적립하여야 한다.
② 매 회계연도에 기금의 결산상 잉여금이 있을 때에는 이를 책임준비금으로 적립한다.
③ 이 법에 따른 급여의 지급과 관련하여 다음 각 호의 어느 하나에 해당하는 자금부족 상황이 발생하였을 때에는 책임준비금을 사용할 수 있다.
1. 국가 예산이 부족하게 배정되었을 때
2. 전역자 또는 퇴역연금일시금 청구자의 수가 처음 예산을 편성할 때의 예상인원을 초과하였을 때
3. 그 밖에 대통령령으로 정하는 예상하지 못한 사유가 발생하였을 때
④ 제3항에 따라 사용한 책임준비금은 다음다음 연도 보전금에 반영하여 다시 적립하여야 한다.
제49조【기금의 관리·운용】 ① 기금은 국방부장관이 관리·운용한다.
② 기금은 다음 각 호의 어느 하나에 해당하는 방법으로 운용하되, 그 수익을 최대한으로 확보하여야 한다.
1. 군인의 복리증진을 위한 재산의 취득·처분 또는 복지사업의 경영
2. 금융회사등에의 예입 또는 재정자금에의 예탁
3. 국가, 지방자치단체 또는 금융회사등이 발행하거나 채무이행을 보증한 유가증권의 매입
4. 그 밖에 대통령령으로 정하는 기금증식을 위한 사업
제50조【기금의 용도】 기금은 다음 각 호의 용도에 사용하여야 한다.
1. 이 법에 따른 급여금·환급금의 지급 및 기여금의 반환
2. 「군인 재해보상법」에 따른 급여금의 지급
3. 차입금의 상환과 그 이자의 지급
4. 그 밖에 군인연금제도의 운영에 필요한 경비

제6장 심사의 청구

제51조【심사의 청구】 ① 급여에 관한 결정, 기여금의 징수, 그 밖에 이 법에 따른 급여에 관하여 이의가 있는 사람은 「군인 재해보상법」 제48조에 따른 군인재해보상연금재심위원회에 심사를 청구할 수 있다.
② 제1항의 심사 청구는 급여에 관한 결정 등이 있은 날부터 180일, 그 사실을 안 날부터 90일 이내에 하여야 한다. 다만, 그 기간 내에 정당한 사유가 있어 심사 청구를 할 수 없었던 것을 증명한 경우에는 예외로 한다.
③ 급여에 관한 결정, 기여금의 징수, 그 밖에 이 법에 따른 급여에 관하여는 「행정심판법」에 따른 행정심판을 청구할 수 없다.

제7장 보 칙

제52조【시효】 ① 이 법에 따른 급여를 받을 권리는 그 급여의 사유가 발생한 날부터 5년간 행사하지 아니하면 시효의 완성으로 소멸한다.
② 제1항에도 불구하고 「군인사법」 제54조의3제2항에 따라 전공사상심사위원회의 재심사를 통하여 순직으로 인정된 경우에 순직 결정일부터 퇴직수당의 급여를 받을 권리는 5년간 행사하지 아니하면 시효의 완성으로 소멸한다.
③ 기여금을 반환받을 권리는 그 급여의 사유가 발생한 날부터 5년간 행사하지 아니하면 시효의 완성으로 소멸한다.
④ 전시, 사변 또는 그 밖의 부득이한 사유로 제1항부터 제3항까지의 권리를 행사할 수 없는 경우에는 대통령령으로 정하는 바에 따라 2년의 범위에서 그 기간을 연장할 수 있다.
⑤ 이 법에 따른 기여금과 환수금, 그 밖의 징수금을 징수하거나 환수할 국방부장관의 권리는 징수 및 환수 사유가 발생한 날부터 5년간 행사하지 아니하면 시효의 완성으로 소멸한다.
⑥ 이 법에 따른 기여금과 환수금, 그 밖의 징수금의 납입 고지 및 독촉과 급여의 지급 청구 또는 과납금 등의 반환 청구는 소멸시효 중단의 효력을 가진다.
⑦ 제6항에 따라 중단된 소멸시효는 납입의 고지 또는 독촉에 따른 납입기간이 지난 때부터 새로 진행한다.
⑧ 이 법에 따른 급여의 결정에 대하여 소를 제기하여 승소한 경우에 그에 관련되는 급여를 받을 권리는 그 판결이 확정된 날부터 5년간 행사하지 아니하면 시효의 완성으로 소멸한다.

판례 구 군인연금법 제8조제1항은 "급여를 받을 권리는 그 급여의 사유가 발생한 날로부터 5년간 이를 행사하지 아니할 때에는 시효로 인하여 소멸된다."고 규정하고 있는바, 유족연금에 있어서 '급여의 사유가 발생한 날'이라 함은 구 군인연금법 제26조제1항제1호에서 규정하는 '퇴역연금을 받을 권리가 있는 자가 사망한 때'를 말한다고 할 것이다. 위 법리와 기록에 비추어 살펴보면, 원심이 제1심판결의 이유를 인용하여, 1983.2.28. 전역 후 구 군인연금법에 의한 퇴역연금을 받아오던 소외인이 1990.4.7. 사망하였음에도 2002.11. 무렵까지 원고가 망인 명의의 예금계좌로 망인의 퇴역연금을 수령하여 온 사실, 피고가 망인의 사망사실을 확인하고 2003.2.18. 원고가 수령한 퇴역연금을 환수하는 한편, 원고의 유족연금수급권이 시효로 소멸되었음을 통보하자 원고가 2006.5.19. 피고에게 유족연금의 지급을 청구한 사실 등을 인정한 다음, 원고의 유족연금수급권은 소외인이 사망하여 급여의 사유가 발생한 때로부터 5년이 경과함으로써 이미 시효로 인하여 소멸하였다고 판단한 조치는 정당하고, 거기에 유족연금수급권의 소멸시효에 대한 법리오해 등의 위법이 없다.
(대판 2008.8.21, 2007두18314)

제53조【효력발생기간】 이 법에 따른 급여 또는 심사청구에 관한 기간을 계산할 때 그 서류가 시효 완성 전에 우편으로 보낸 것일 때에는 이에 걸린 일수(日數)는 그 기간에 산입(算入)하지 아니한다.

제54조【서류의 제출요구권 등】 ① 국방부장관은 이 법에 따른 급여를 지급받을 권리가 있는 사람에게 신분상의 이동, 장해 정도, 그 밖에 급여의 지급에 관하여 필요한 서류 또는 물건의 제출을 요구할 수 있다.
② 국방부장관은 이 법에 따른 급여와 그 밖에 군인연금 제도의 적정한 운영을 위하여 필요하다고 인정할 때에는 국가기관, 지방자치단체, 「국민건강보험법」 제42조제1항에 따른 요양기관, 그 밖에 대통령령으로 정하는 단체나 기관에 제27조제3항에 따른 소득 등의 조사나 그 밖에 군인연금업무에 필요한 주민등록 · 가족관계등록 · 국세 · 지방세 · 토지 · 건물 · 건강보험 · 장애인등록 등 대통령령으로 정하는 자료의 제출을 요청할 수 있다. 이 경우 자료의 제공을 요청받은 단체나 기관은 특별한 사유가 없으면 그 요청에 따라야 한다.(2023.10.31 전단개정)
③ 제2항에 따라 제공되는 자료에 대해서는 사용료 · 수수료 등을 면제한다.
④ 제1항의 경우에 급여를 받을 권리가 있는 사람이 정당한 사유 없이 그 요구에 따르지 아니하면 이에 따를 때까지 그 사람에 대한 급여의 지급을 중지할 수 있다.

제55조【신고사항】 다음 각 호의 어느 하나에 해당하는 사유나 사실이 있는 경우에는 대통령령으로 정하는 바에 따라 국방부장관에게 신고하여야 한다.
1. 제27조제1항의 연금지급 정지 사유
2. 제30조의 연금수급권자 사망 사실
3. 제32조의 연금수급권 상실 사유
4. 제38조의 급여 제한 사유

제56조【급여의 결정 및 지급의 위임 · 위탁】 ① 국방부장관은 제8조에 따른 급여의 결정과 지급에 관한 권한의 일부를 대통령령으로 정하는 바에 따라 국방부 직할부대장에게 위임할 수 있다.
② 국방부장관(제1항에 따라 위임받은 사람을 포함한다)은 급여의 지급에 관한 업무를 대통령령으로 정하는 바에 따라 체신관서(遞信官署) 또는 금융회사등의 장에게 위탁할 수 있다.

부 칙

제1조【시행일】 이 법은 공포 후 6개월이 경과한 날부터 시행한다.

제2조【퇴역연금 등의 분할 지급에 관한 적용례】 제22조부터 제26조까지의 개정규정에 따른 퇴역연금 등의 분할 지급은 이 법 시행 이후 이혼하는 경우부터 적용한다. 이 경우 퇴역연금 등의 분할 지급 대상 혼인기간에는 이 법 시행 전에 배우자 또는 배우자였던 사람이 군인으로서 재직한 기간 중의 실질적인 혼인관계가 존재한 기간을 포함한다.

제3조【퇴직수당 지급에 관한 적용례】 제52조제2항은 2012년 7월 1일부터 이 법 시행일 전에 전공사상심사위원회의 재심사를 통하여 순직으로 인정된 사람에게도 적용한다.

제4조【퇴직수당을 지급받을 권리의 시효에 관한 특례】 부칙 제3조에 따른 급여를 받을 권리는 제52조에도 불구하고 법률 제16355호 군인연금법 일부개정법률 시행일인 2019년 4월 23일부터 5년간 행사하지 아니하면 시효의 완성으로 소멸한다.

제5조【급여 사유 발생에 관한 경과조치】 ① 이 법 시행 전에 급여의 사유가 발생한 사람에 대한 급여에 관하여는 종전의 규정에 따른다.
② 제1항에도 불구하고 법률 제3587호 군인연금법중개정법률 시행일인 1983년 1월 1일(같은 법 제16조제5항 및 제38조제2항의 개정규정은 1984년 10월 1일을 말한다) 전에 급여의 사유가 발생한 사람에 대한 급여에 관하여는 같은 법으로 개정되기 전의 규정에 따른다.
③ 제1항에도 불구하고 법률 제3759호 군인연금법중개정법률 시행일인 1985년 1월 1일 전에 급여의 사유가 발생한 사람에 대한 급여에 관하여는 같은 법으로 개정되기 전의 규정에 따른다.
④ 제1항에도 불구하고 법률 제4034호 군인연금법중개정법률 시행일인 1988년 12월 29일 전에 급여의 사유가 발생한 사람에 대한 급여에 관하여는 같은 법 제41조의 개정규정을 제외하고는 같은 법으로 개정되기 전의 규정에 따른다.
⑤ 제1항에도 불구하고 법률 제4318호 군인연금법중개정법률 시행일인 1991년 10월 1일 전에 급여의 사유가 발생한 사람에 대한 급여에 관하여는 같은 법으로 개정되기 전의 규정에 따른다.
⑥ 제1항에도 불구하고 법률 제4705호 군인연금법중개정법률 시행일인 1994년 7월 1일(같은 법 제30조의5부터 제30조의9까지의 개정규정은 군인이 같은 법 시행 당시의 「공무원및사립학교교직원의료보험법」에 따라 요양급여를 받게 된 날을 말한다) 전에 급여의 사유가 발생한 사람에 대한 급여에 관하여는 같은 법으로 개정되기 전의 규정에 따른다.
⑦ 제1항에도 불구하고 법률 제5063호 군인연금법중개정법률 시행일인 1996년 1월 1일(같은 법 제21조제5항의 개정규정은 2000년 1월 1일을 말한다) 전에 급여의 사유가 발생한 사람에 대한 급여에 관하여는 같은 법으로 개정되기 전의 규정에 따른다.
⑧ 제1항에도 불구하고 법률 제6327호 군인연금법중개정법률 시행일인 2001년 1월 1일(같은 법 제30조의7의 개정규정은 2002년 1월 1일을 말한다) 전에 급여의 사유가 발생한 사람에 대한 급여에 관하여는 같은 법으로 개정되기 전의 규정에 따른다.
⑨ 제1항에도 불구하고 법률 제8023호 군인연금법 일부개정법률 시행일인 2006년 10월 4일 전에 급여의 지급사유가 발생한 사람에 대한 급여에 관하여는 같은 법으로 개정되기 전의 규정에 따른다. 다만, 같은 법 제21조의2의 개정규정은 같은 규정의 시행일인 2006년 10월 4일 전에 급여의 사유가 발생한 사람에 대해서도 적용한다.
⑩ 제1항에도 불구하고 법률 제11632호 군인연금법 일부개정법률 시행일인 2013년 7월 1일 전에 지급사유가 발생한 사람에 대한 급여에 관하여는 같은 법으로 개정되기 전의 규정에 따른다.

제6조【급여 및 급여수급자에 관한 경과조치】 이 법 시행 전에 다음 표의 왼쪽 란에 기재된 급여 및 해당 급여의 수급자는 각각 같은 표의 오른쪽 란에 기재된 급여 및 해당 급여의 수급자로 본다.

종전의 제6조제1호에 따른 퇴역연금	제7조제1호가목 및 제21조의 개정규정에 따른 퇴역연금
종전의 제6조제2호에 따른 퇴역연금일시금	제7조제1호나목 및 제21조의 개정규정에 따른 퇴역연금일시금
종전의 제6조제3호에 따른 퇴역연금공제일시금	제7조제1호다목 및 제21조의 개정규정에 따른 퇴역연금공제일시금
종전의 제6조제4호에 따른 퇴직일시금	제7조제1호라목 및 제28조의 개정규정에 따른 퇴직일시금
종전의 제6조제6호 및 제26조제1항제1호에 따른 유족연금	제7조제2호가목 및 제30조의 개정규정에 따른 퇴역유족연금
종전의 제6조제7호에 따른 유족연금부가금	제7조제2호나목 및 제33조의 개정규정에 따른 퇴역유족연금부가금
종전의 제6조제8호에 따른 유족연금특별부가금	제7조제2호다목 및 제36조의 개정규정에 따른 퇴역유족연금특별부가금
종전의 제6조제9호에 따른 유족연금일시금	제7조제2호라목 및 제34조의 개정규정에 따른 퇴역유족연금일시금
종전의 제6조제10호에 따른 유족일시금	제7조제2호마목 및 제35조의 개정규정에 따른 퇴직유족일시금
종전의 제6조제15호에 따른 퇴직수당	제7조제3호 및 제37조의 개정규정에 따른 퇴직수당

제7조【처분 등에 관한 일반적 경과조치】 이 법 시행 전에 종전의 국방부장관 및 군인연금급여재심위원회(이하 "국방부장관등"이라 한다)가 한 행위나 국방부장관등에 대한 행위(법률 제4705호 군인연금법중개정법률 시행일인 1994년 7월 1일 전에 종전의 군인연금급여심사위원회가 한 행위나 같은 위원회에 대한 행위를 포함한다)는 이 법에 따라 국방부장관 및 「군인 재해보상법」 제48조에 따른 군인재해보상연금재심위원회(이하 "재심위원회"라 한다)가 한 행위나 국방부장관 및 재심위원회에 대한 행위로 본다.

제8조【복무 중 지원 군간부후보생 기간의 복무기간 합산에 관한 경과조치】 ① 이 법 시행 전의 준사관 또는 부사관(지원에 의하지 아니하고 임용된 부사관은 제외한다)으로 복무 중에 군간부후보생에 지원한 사람의 복무기간 합산에 관하여는 제2조 및 제5조제2항의 개정규정에도 불구하고 종전의 제2조제3호 및 제16조제2항에 따른다.
② 제1항의 경우 법률 제11632호 군인연금법 일부개정법률 제2조제3호 및 제16조제2항의 개정규정은 같은 법 시행일인 2013년 7월 1일 당시 복무 중인 군인으로서 같은 법 시행일인 2013년 7월 1일 전에 준사관 또는 부사관(지원에 의하지 아니하고 임용된 부사관은 제외한다)으로 복무 중에 무관후보생에 지원한 사람이나 같은 법 시행일인 2013년 7월 1일 당시 준사관 또는 부사관(지원에 의하지 아니하고 임용된 부사관은 제외한다)으로 복무 중에 무관후보생에 지원한 사람에 대해서도 적용한다.

제9조【평균기준소득월액 적용 특례에 관한 경과조치】 ① 이 법 시행 전의 평균기준소득월액 적용 특례에 관하여는 제3조제1항제2호의 개정규정에도 불구하고 종전의 제3조제1항제2호에 따른다.
② 제1항에도 불구하고 법률 제6327호 군인연금법중개정법률 제3조제1항제2호의 개정규정에 따른 평균보수월액은 같은 법 시행일인 2001년 1월 1일 이후의 복무기간 및 같은 법 시행일인 2001년 1월 1일 이후에 같은 법 제16조제6항에 따라 통산된 복무기간 또는 재직기간을 기초로 산정한다.
③ 제1항에도 불구하고 법률 제11632호 군인연금법 일부개정법률 시행일인 2013년 7월 1일 이후의 복무기간에 대한 같은 법 제3조제1항제2호의 개정규정에 따른 급여액 산정을 위한 평균기준소득월액은 같은 법 제3조제1항제2호의 개정규정에도 불구하고 복무기간별로 급여액의 과도한 차이를 조정하기 위하여 같은 법 부칙 제6조제3항에 따라 산정한 평균기준소득월액에 복무기간별로 대통령령으로 정하는 비율을 곱한 금액으로 한다.

제10조【배우자 범위에 관한 경과조치】 이 법 시행 전의 유족의 대상이 되는 배우자의 범위에 관하여는 제3조제1항제4호가목의 개정규정에도 불구하고 종전의 제3조제1항제4호가목에 따른다. 이 경우 법률 제12788호 군인연금법 일부개정법률 제3조제1항제4호가목의 개정규정은 같은 법 시행일인 2014년 10월 15일 이후 군인 또는 군인이었던 사람이 사망한 경우부터 적용한다.

제11조【유족의 범위에 관한 경과조치】 1995년 12월 31일 이전에 퇴직하여 법률 제5063호 군인연금법중개정법률 시행일인 1996년 1월 1일 전에 혼인 또는 출생하거나 입양관계가 성립된 배우자, 자녀(1995년 12월 31일 현재의 태아를 포함한다), 부모, 손자녀(1995년 12월 31일 현재의 태아를 포함한다) 및 조부모에 대해서는 같은 법 제3조제1항제4호의 개정규정에도 불구하고 같은 법으로 개정되기 전의 규정에 따른다.

제12조【임용 전 군복무기간의 산입에 관한 경과조치】 ① 이 법 시행 전의 임용 전 군복무기간의 산입에 관하여는 제5조제4항의 개정규정에도 불구하고 종전의 제16조제5항에 따른다.
② 제1항에도 불구하고 2000년 12월 31일 현재 재직 중인 사람의 임용 전 군복무기간 산입에 관하여는 법률 제6327호 군인연금법중개정법률 제16조제5항의 개정규정에도 불구하고 같은 법으로 개정되기 전의 규정에 따른다.

제13조【퇴직수당 지급 시 복무기간의 계산에 관한 경과조치】 ① 이 법 시행 전의 퇴직수당 지급에 관하여는 제5조제9항제3호의 개정규정에도 불구하고 종전의 제16조제11항제3호에 따른다.
② 제1항에도 불구하고 법률 제4318호 군인연금법중개정법률 시행일인 1991년 10월 1일 당시 복무 중인 자에 대한 퇴직수당을 지급할 때에는 같은 법 제16조제10항 및 제11항의 개정규정을 적용하지 아니한다.
③ 제1항에도 불구하고 법률 제8081호 군인연금법 일부개정법률 제16조제11항제2호의2의 개정규정은 같은 법 시행일인 2006년 12월 26일 이후 최초로 신청하는 휴직부터 적용한다.

제14조【급여 지급 시 복무기간 합산에 관한 경과조치】 ① 법률 제11632호 군인연금법 일부개정법률 시행일인 2013년 7월 1일 전의 복무기간(같은 법 시행일인 2013년 7월 1일 후에 같은 법 제16조제6항, 제16조의2의 개정규정 및 같은 법 부칙 제2조에 따라 합산한 기간 중 같은 법 시행일인 2013년 7월 1일 전의 재직기간 및 복무기간

을 포함한다. 이하 "종전기간"이라 한다)에 해당하는 급여의 산정은 같은 법으로 개정되기 전의 규정에 따른다.
② 법률 제11632호 군인연금법 일부개정법률 제3조제1항제2호의 개정규정에 따른 평균기준소득월액은 같은 법 시행일인 2013년 7월 1일 이후의 복무기간(같은 법 시행일인 2013년 7월 1일 이후 같은 법 제16조제6항 및 제16조의2의 개정규정 및 같은 법 부칙 제2조에 따라 합산한 기간 중 같은 법 시행일인 2013년 7월 1일 이후 재직기간 및 복무기간을 포함한다. 이하 "이후기간"이라 한다)을 기초로 산정한다.
③ 제1항에 따른 종전기간에 대한 급여액은 다음 각 호의 방법으로 산정한다.
1. 급여 산정의 기초가 되는 보수월액 또는 평균보수월액은 법률 제11632호 군인연금법 일부개정법률 시행일인 2013년 7월 1일 전날이 속하는 달의 보수월액 또는 같은 법 시행일인 2013년 7월 1일 전날이 속하는 달을 기준으로 산정한 평균보수월액을 급여 사유가 발생한 날이 속하는 시점의 현재가치로 환산한 금액으로 한다.
2. 종전기간이 20년 이하인 경우 종전기간에 대한 연금액은 복무기간 매 1년에 대하여 제1호에 따른 평균보수월액에 1천분의 25를 곱한 금액으로 한다.
3. 종전기간이 20년을 초과하는 경우 종전기간에 대한 연금액은 제1호에 따른 평균보수월액의 1천분의 500에 상당하는 금액에, 20년을 초과하는 복무기간 매 1년에 대하여 제1호에 따른 평균보수월액의 1천분의 20에 상당하는 금액을 가산한 금액으로 한다. 이 경우 종전기간에 대한 퇴역연금의 금액은 제1호에 따른 평균보수월액의 1천분의 760을 초과하지 못한다.
④ 법률 제11632호 군인연금법 일부개정법률 시행일인 2013년 7월 1일 당시 군복무 중인 사람으로서 같은 법 시행일인 2013년 7월 1일 이후에 종전기간과 이후기간을 합한 기간이 33년을 초과하는 사람에 대하여 퇴역연금 또는 같은 법 제26조제1항제1호에 해당하는 유족연금을 산정하는 경우에는 종전기간이 시작되는 달부터 33년이 되는 달까지의 기간을 같은 법이 적용되는 복무기간으로 보아 그 금액을 산정한다.
⑤ 법률 제11632호 군인연금법 일부개정법률 시행일인 2013년 7월 1일 당시 군복무 중인 사람(같은 법 시행일인 2013년 7월 1일 이후 같은 법 제16조제6항 및 제16조의2의 개정규정과 같은 법 부칙 제2조에 따라 복무기간 합산을 받은 사람을 포함한다)으로서 같은 법 시행일인 2013년 7월 1일 이후에 급여 사유가 발생한 사람의 퇴역연금일시금(유족연금일시금을 산정하는 경우를 포함한다), 퇴역연금 및 공제일시금(공제일시금을 선택한 사람에 한정한다), 퇴직일시금(유족일시금을 산정하는 경우를 포함한다) 또는 퇴직수당은 다음 각 호의 금액을 합산하여 산정한다.
1. 급여 사유 발생 당시의 기준소득월액을 기초로 하여 총 복무기간에 대하여 같은 법 제21조제3항·제4항, 제22조 또는 제30조의4의 개정규정에 따라 산정한 해당 급여의 금액에 총 복무기간(공제일시금을 선택한 사람에 대하여 퇴역연금을 산정하는 경우에는 총 복무기간 중 공제복무연수를 제외한 기간을 말하고, 공제일시금을 산정하는 경우에는 공제복무연수를 말한다. 이하 제2호에서 같다)에 대한 이후기간의 비율을 곱한 금액
2. 같은 법 시행일인 2013년 7월 1일 전날이 속하는 달의 보수월액을 제3항제1호에 따라 현재가치로 환산한 금액을 기초로 하여 총 복무기간에 대하여 종전의 제21조제3항·제4항, 종전의 제22조 또는 종전의 제30조의4에 따라 산정한 해당 급여의 금액에 총 복무기간에 대한 종전기간의 비율을 곱한 금액

제15조【급여환수에 관한 경과조치】 이 법 시행 전에 급여의 환수 사유가 발생한 경우의 환수 요건, 환수 절차, 환수금 및 이자의 가산, 결손처분, 체납처분 등에 관하여는 제16조의 개정규정에도 불구하고 종전의 제15조에 따른다.

제16조【퇴역유족연금 지급에 관한 경과조치】 ① 이 법 시행 전의 퇴역유족연금 지급에 관하여는 제19조제1항 및 제20조제2항의 개정규정에도 불구하고 종전의 제19조제4항 또는 제19조의3에 따른다.
② 제1항의 경우 법률 제11632호 군인연금법 일부개정법률 제19조제4항 또는 제19조의3의 개정규정은 같은 법 시행일인 2013년 7월 1일 당시 종전의 제26조제1항제3호에 따라 유족연금을 지급받는 사람으로서 종전의 제19조제4항 또는 제19조의3에 따라 유족연금을 2분의 1만 지급받고 있던 사람에게 같은 법 시행일인 2013년 7월 1일 이후 유족연금을 지급하는 경우에도 적용한다.
③ 제1항의 경우 법률 제11632호 군인연금법 일부개정법률 제19조의2제2항·제3항 및 제26조제2항제1호(퇴역연금만 해당한다)의 개정규정에도 불구하고 같은 법 시행일인 2013년 7월 1일 전부터 복무 중인 군인이거나 같은 법 시행일인 2013년 7월 1일 전에 퇴직한 군인이 사망 또는 행방불명 등이 된 경우 유족에 대한 연금액은 군인 또는 군인이었던 사람이 받을 수 있었던 퇴역연금액의 100분의 70에 상당하는 금액으로 한다.

제17조【급여제한사유 소멸에 따른 급여 및 이자 지급에 관한 경과조치】 ① 이 법 시행 전의 급여제한사유 소멸에 따른 급여 및 이자 지급에 관하여는 제38조제2항의 개정규정에도 불구하고 종전의 제33조제2항에 따른다.
② 제1항의 경우 법률 제15050호 군인연금법 일부개정법률 제33조제2항의 개정규정은 같은 법 시행일인 2017년 11월 28일 전에 급여의 제한 사유가 소급하여 소멸한 사람에게도 적용한다. 이 경우 같은 법 제8조에도 불구하고 같은 법 시행일인 2017년 11월 28일 후 5년이 지나면 같은 법 제33조제2항의 개정규정에 따른 금액의 지급을 청구할 수 없다.

제18조【연금액의 조정에 관한 경과조치】 연금인 급여는 법률 제11632호 군인연금법 일부개정법률 제17조의2의 개정규정 및 같은 법 부칙 제6조제1항에도 불구하고 2014년도부터 2018년도까지는 연도별로 종전의 제17조의2제1항에 따른 전국소비자물가변동률과 해당 연도 군인보수변동률 간에 3퍼센트포인트 이상의 차이가 발생할 경우에는 각 연도별 전국소비자물가변동률과 해당 연도 군인보수변동률 간의 차이가 3퍼센트포인트를 초과하지 아니하도록 조정한다.

제19조【형벌 등에 의한 급여의 제한에 관한 경과조치】 ① 이 법 시행 전의 형벌 등에 의한 급여의 제한에 관하여는 제38조제4항의 개정규정에도 불구하고 종전의 제33조제4항에 따른다.
② 제1항의 경우 법률 제15050호 군인연금법 일부개정법률 시행일인 2018년 5월 29일 전에 「군사기밀 보호법」을 위반한 사람의 급여의 제한에 대해서는 법률 제15050호 군인연금법 일부개정법률 제33조제4항의 개정규정에도 불구하고 같은 법으로 개정되기 전의 규정에 따른다.

제20조【다른 법률의 개정】 ①~⑤ ※(해당 법령에 가제정리 하였음)

제21조【다른 법령과의 관계】 이 법 시행 당시 다른 법령에서 종전의 「군인연금법」의 규정을 인용한 경우에 이 법 가운데 그에 해당하는 규정이 있으면 종전의 규정을 갈음하여 이 법의 해당 조항을 인용한 것으로 본다.

부 칙 (2022.2.3)

제1조【시행일】 이 법은 공포한 날부터 시행한다.

제2조【퇴역유족연금 수급자격의 적용례】 제32조제1항제4호의 개정규정은 이 법 시행 당시에 퇴역유족연금을 지급받고 있던 사람에게도 적용한다.

부 칙 (2023.7.11)

이 법은 공포한 날부터 시행한다.

부 칙 (2023.10.31)

제1조【시행일】 이 법은 공포 후 6개월이 경과한 날부터 시행한다.

제2조【급여의 지급 제한에 관한 적용례】 ① 제39조제3항의 개정규정은 이 법 시행 전에 퇴직유족급여 사유가 발생한 사람에 대해서도 적용한다.
② 제1항에 따른 급여의 제한은 이 법 시행 후 최초로 도래하는 급여분부터 적용한다.

부 칙 (2024.1.16)

제1조【시행일】 이 법은 공포 후 6개월이 경과한 날부터 시행한다.

제2조【법원의 판결 등의 사유로 급여를 소급 지급할 경우 이자 지급에 관한 특례】 제16조제5항의 개정규정은 이 법 시행 전에 법원의 판결 등의 사유로 급여의 소급 지급 사유가 발생한 사람에게도 적용한다. 이 경우 제52조에도 불구하고 이 법 시행 후 5년이 지나면 제16조제5항의 개정규정에 따른 금액의 지급을 청구할 수 없다.

군인의 지위 및 복무에 관한 기본법(약칭 : 군인복무기본법)

(2015년 12월 29일
법 률 제13631호)

개정
2017. 3.21법14609호(군인사법)
2018.12.24법16034호 2019.11.26법16584호
2022.12.13법19079호
2024. 1.16법20020호→2024년 7월 17일 시행
2024. 2. 6법20189호→2024년 8월 7일 시행

제1장 총 칙

제1조【목적】 이 법은 국가방위와 국민의 보호를 사명으로 하는 군인의 기본권을 보장하고, 군인의 의무 및 병영생활에 대한 기본사항을 정함으로써 선진 정예 강군 육성에 이바지하는 것을 목적으로 한다.

제2조【정의】 이 법에서 사용하는 용어의 뜻은 다음과 같다.
1. "군인"이란 현역에 복무하는 장교·준사관·부사관 및 병(兵)을 말한다.
2. "지휘관"이란 중대급 이상의 단위부대의 장, 함선부대의 장 또는 함정, 항공기를 지휘하는 자를 말한다.
3. "상관"이란 명령복종관계에 있는 사람 사이에서 명령권을 가진 사람으로서 국군통수권자부터 당사자의 바로 위 상급자까지를 말한다.
4. "명령"이란 상관이 직무상 내리는 지시를 말한다.
5. "병영생활"이란 내무생활, 근무, 교육훈련, 그 밖의 병영을 중심으로 이루어지는 모든 활동을 말한다.
6. "내무생활"이란 영내 거주의무가 있는 군인의 생활관을 중심으로 이루어지는 일상활동을 말한다.

제3조【적용범위】 이 법은 군인에게 적용하되, 다음 각 호의 사람에게는 군인에 준하여 이 법을 적용한다.
1. 사관생도·사관후보생·준사관후보생 및 부사관후보생
2. 소집되어 군에 복무하는 예비역 및 보충역
3. 군무원

제4조【국가의 책무】 ① 국가는 군인의 기본권을 보장하기 위하여 필요한 제도를 마련하여야 하며 이를 위한 시책을 적극적으로 추진하여야 한다.
② 국가는 군인이 임무를 충실히 수행하고 군 복무에 대한 자긍심을 높일 수 있도록 복무여건을 개선하고 군인의 삶의 질 향상을 위하여 노력하여야 한다.

제5조【국군의 강령】 ① 국군은 국민의 군대로서 국가를 방위하고 자유 민주주의를 수호하며 조국의 통일에 이바지함을 그 이념으로 한다.
② 국군은 대한민국의 자유와 독립을 보전하고 국토를 방위하며 국민의 생명과 재산을 보호하고 나아가 국제평화의 유지에 이바지함을 그 사명으로 한다.
③ 군인은 명예를 존중하고 투철한 충성심, 진정한 용기, 필승의 신념, 임전무퇴의 기상과 죽음을 무릅쓰고 책임을 완수하는 숭고한 애국애족의 정신을 굳게 지녀야 한다.

제6조【다른 법률과의 관계】 군인의 복무에 관한 다른 법률을 제정 또는 개정하는 경우에는 이 법의 목적과 기본이념에 맞도록 하여야 한다.

제2장 군인복무기본정책 등

제7조【군인복무기본정책】 ① 국방부장관은 군인복무기본정책(이하 "기본정책"이라 한다)을 5년마다 수립하여야 한다.
② 기본정책에는 다음 각 호의 사항이 포함되어야 한다.
1. 기본목표
2. 연도별·과제별 추진계획
3. 재원(財源) 확보에 관한 사항
4. 그 밖에 군인의 복무에 관하여 중요한 사항
③ 기본정책은 제8조에 따른 군인복무정책심의위원회의 심의를 거쳐 확정한다.
④ 국방부장관은 기본정책에 따라 그 시행계획을 수립하고 시행하여야 한다.
⑤ 국방부장관은 기본정책 및 시행계획을 수립한 때에는 국회 소관 상임위원회에 제출하고 이를 공표하여야 한다. 다만, 군사기밀에 해당하는 사항은 공표하지 아니한다. (2024.1.16 본항신설)
⑥ 기본정책과 제4항에 따른 시행계획의 수립에 필요한 사항은 대통령령으로 정한다.

제8조【군인복무정책심의위원회의 설치】 다음 각 호의 사항을 심의하기 위하여 국방부장관 소속으로 군인복무정책심의위원회(이하 "위원회"라 한다)를 둔다.
1. 군인의 기본권 보장에 관한 사항
2. 군인의 의무에 관한 사항
3. 기본정책의 수립에 관한 사항
4. 군인복무와 관련한 법령과 제도의 개선에 관한 사항
5. 그 밖에 군인복무와 관련하여 위원장이 심의에 부치는 사항

제9조【위원회의 구성 등】 ① 위원회는 위원장 1명을 포함한 12명 이내의 위원으로 구성한다.
② 위원장은 국방부장관으로 하고, 위원은 다음 각 호의 사람으로 한다.

1. 합참의장, 각 군 참모총장 및 해병대 사령관
2. 국회 소관 상임위원회에서 추천하는 사람 중에서 국방부장관이 위촉하는 사람 3명
3. 군인의 기본권 보장 등에 관하여 전문적 학식과 경험이 풍부한 사람 중에서 국방부장관이 위촉하는 사람 3명
③ 제2항제2호 및 제3호에 따라 위촉된 위원의 임기는 2년으로 하고, 한 차례만 연임할 수 있다.
④ 국방부장관은 제2항제2호 및 제3호에 따라 위촉된 위원이 다음 각 호의 어느 하나에 해당하는 경우에는 해당 위원을 해촉(解囑)할 수 있다.
1. 심신장애로 인하여 직무를 수행할 수 없게 된 경우
2. 직무와 관련된 비위 사실이 있는 경우
3. 직무태만, 품위손상, 군의 정치적 중립성 훼손이나 그 밖의 사유로 인하여 위원으로 적합하지 아니하다고 인정되는 경우
4. 위원 스스로 직무를 수행하는 것이 곤란하다고 의사를 밝히는 경우
(2019.11.26 본항신설)
⑤ 그 밖에 위원회의 운영에 필요한 사항은 대통령령으로 정한다.

제3장 군인의 기본권

제10조【군인의 기본권과 제한】 ① 군인은 대한민국 국민으로서 일반 국민과 동일하게 헌법상 보장된 권리를 가진다.
② 제1항에 따른 권리는 법률에서 정한 군인의 의무에 따라 군사적 직무의 필요성 범위에서 제한될 수 있다.
제11조【평등대우의 원칙】 군인은 이 법의 적용에 있어 평등하게 대우받아야 하며 차별을 받지 아니한다.
제12조【영내대기의 금지】 ① 지휘관은 영내 거주 의무가 없는 군인을 근무시간 외에 영내에 대기하도록 하여서는 아니 된다. 다만, 다음 각 호의 어느 하나에 해당하는 경우에는 그러하지 아니하다.
1. 전시·사변 또는 이에 준하는 국가비상사태가 발생한 경우
2. 침투 및 국지도발(局地挑發) 상황 등 작전상황이 발생한 경우
3. 경계태세의 강화가 필요한 경우
4. 천재지변이나 그 밖의 재난이 발생한 경우
5. 소속 부대의 교육훈련·평가·검열이 실시 중인 경우
② 제1항 단서에 따라 영내대기를 시킬 수 있는 세부기준 등 필요한 사항은 대통령령으로 정한다.
제13조【사생활의 비밀과 자유】 국가는 병영생활에서 군인의 사생활의 비밀과 자유가 최대한 보장되도록 하여야 한다.
제14조【통신의 비밀보장】 ① 군인은 서신 및 통신의 비밀을 침해받지 아니한다.
② 군인은 작전 등 주요임무수행과 관련된 부대편성·이동·배치와 주요직위자에 관한 사항 등 군사보안에 저촉되는 사항을 통신수단 및 우편물 등을 이용하여 누설하여서는 아니 된다.
제15조【종교생활의 보장】 ① 지휘관은 부대의 임무 수행에 지장이 없는 범위에서 군인의 종교생활을 보장하여야 한다.
② 영내 거주 의무가 있는 군인은 지휘관이 지정하는 종교시설 및 그 밖의 장소(이하 "종교시설등"이라 한다)에서 행하는 종교의식에 참여할 수 있으며, 종교시설등 외에서 행하는 종교의식에 참여하고자 할 때에는 지휘관의 허가를 받아야 한다.
③ 모든 군인은 자기의 의사에 반하여 종교의식에 참여하도록 강요받거나 참여를 제한받지 아니한다.
(2018.12.24 본항신설)
제16조【대외발표 및 활동】 군인이 국방 및 군사에 관한 사항을 군 외부에 발표하거나, 군을 대표하여 또는 군인의 신분으로 대외활동을 하고자 할 때에는 국방부장관의 허가를 받아야 한다. 다만, 순수한 학술·문화·체육 등의 분야에서 개인적으로 대외활동을 하는 경우로서 직무수행에 지장이 없는 경우에는 그러하지 아니하다.
제17조【의료권의 보장】 군인은 건강을 유지하고 복무 중에 발생한 질병이나 부상을 치료하기 위하여 적절하고 효과적인 의료처우를 받을 권리가 있다.
제17조의2【미세먼지에 따른 외부활동 제한 등】 ① 지휘관은 그 부대가 활동하는 지역의 「미세먼지 저감 및 관리에 관한 특별법」 제2조제1호에 따른 미세먼지 농도가 「대기환경보전법」 제8조에 따른 대기오염경보 발령기준 이상일 경우 작전임무수행을 제외한 외부활동을 제한하고 개인보호장구를 지급하는 등 필요한 조치를 취하도록 노력하여야 한다.
② 국방부장관은 병영생활에 필요한 시설의 실내공기질 실태를 파악하고 이를 관리하기 위하여 대통령령으로 정하는 바에 따라 필요한 조치를 취하도록 노력하여야 한다.
③ 국방부장관은 관계 중앙행정기관의 장에게 제1항에 따른 미세먼지에 관한 정보를 제공하여 줄 것을 요청할 수 있다.
(2019.11.26 본조신설)
제18조【휴가 등의 보장】 ① 군인은 대통령령으로 정하는 바에 따라 휴가·외출·외박을 보장받는다.
② 지휘관은 다음 각 호의 어느 하나에 해당하는 경우에는 군인의 휴가·외출·외박을 제한하거나 보류할 수 있다.
1. 전시·사변 또는 이에 준하는 국가비상사태가 발생한 경우
2. 침투 및 국지도발 상황 등 작전상황이 발생한 경우
3. 천재지변이나 그 밖의 재난이 발생한 경우
4. 소속부대의 교육훈련·평가·검열이 실시 중이거나 실시되기 직전인 경우
5. 형사피의자·피고인 또는 징계심의대상자인 경우
6. 환자로서 휴가를 받기에 적절하지 아니한 경우
7. 전투준비 등 부대임무수행을 위해 부대병력유지가 필요한 경우
제18조의2【생활여건의 보장】 국가는 군인의 생활여건을 보장하기 위하여 병영생활과 밀접한 급식, 피복, 주거 등에 필요한 물품에 대해서는 군인의 복지를 우선 고려하여 조달 및 보급하여야 한다.(2022.12.13 본조신설)
제18조의3【양성평등을 위한 복무여건 조성 등】 ① 국가는 군의 양성평등을 구현하기 위하여 각 군인의 성별을 고려하여 피복, 주거 및 위생시설 등 일상적인 복무에 필요한 여건을 조성하여야 한다.
② 국가는 각 군인의 성별을 고려하여 개인전투체계(군인의 개인 장비·피복 등 전투 장구류를 개선하여 군인 각각의 임무 수행 능력을 극대화시키는 체계를 말한다)를 우선적으로 개발하거나 조달하되, 향후 맞춤형 개인전투체계 발전을 위하여 노력하여야 한다.
(2024.2.6 본조신설)

제4장 군인의 의무 등

제19조【선서】 군인은 입영하거나 임관할 때에는 대통령령으로 정하는 바에 따라 선서하여야 한다.
제20조【충성의 의무】 군인은 국군의 사명인 국가의 안전보장과 국토방위의 의무를 수행하고, 국민의 생명·신체 및 재산을 보호하여 국가와 국민에게 충성을 다하여야 한다.
제21조【성실의 의무】 군인은 직무 수행에 따르는 위험과 책임을 회피하지 아니하고 성실하게 그 직무를 수행하여야 한다.
제22조【정직의 의무】 군인은 명령의 하달이나 전달, 보고 및 통보를 할 때에 정직하여야 한다.
제23조【청렴의 의무】 ① 군인은 직무와 관련하여 직접 또는 간접을 불문하고 사례·증여 또는 향응을 주거나 받아서는 아니 된다.
② 군인은 직무상의 관계 여하를 불문하고 그 소속 상관에게 증여하거나 소속 부하로부터 증여를 받아서는 아니 된다.
제24조【명령 발령자의 의무】 ① 군인은 직무와 관계가 없거나 법규 및 상관의 직무상 명령에 반하는 사항 또는 자신의 권한 밖의 사항에 관하여 명령을 발하여서는 아니 된다.
② 명령은 지휘계통에 따라 하달하여야 한다. 다만, 부득이한 경우에는 지휘계통에 따르지 아니하고 하달할 수 있고, 이 경우 명령자와 수명자는 이를 지체 없이 지휘계통의 중간지휘관에게 알려야 한다.
③ 명령의 하달은 신속·정확하게 이루어져야 한다.
④ 군인은 자신이 내린 명령의 이행 결과에 대하여 책임을 진다.
제25조【명령 복종의 의무】 군인은 직무를 수행할 때 상관의 직무상 명령에 복종하여야 한다.
제26조【사적 제재 및 직권남용의 금지】 군인은 어떠한 경우에도 구타, 폭언, 가혹행위 및 집단 따돌림 등 사적 제재를 하거나 직권을 남용하여서는 아니 된다.
제27조【군기문란 행위 등의 금지】 ① 군인은 다음 각 호의 행위를 하여서는 아니 된다.
1. 성희롱·성추행 및 성폭력 등의 행위
2. 상급자·하급자나 동료를 음해(陰害)하거나 유언비어를 유포하는 행위
3. 의견 건의 또는 고충처리 등을 고의로 방해하거나 부당한 영향을 주는 행위
4. 그 밖에 군기를 문란하게 하는 행위
② 제1항에 따른 금지행위에 관한 세부기준은 국방부령으로 정한다.
제28조【비밀 엄수의 의무】 ① 군인은 복무 중일 때뿐만 아니라 전역 후에도 복무 중 알게 된 비밀을 엄격히 지켜야 한다.
② 군인은 직무상 알게 된 비밀을 공무 외의 목적으로 사용하여서는 아니 된다.
제29조【직무이탈 금지】 군인은 상관의 허가 또는 정당한 사유 없이 직무를 이탈하여서는 아니 된다.
제30조【영리행위 및 겸직 금지】 ① 군인은 군무(軍務) 외에 영리를 목적으로 하는 업무에 종사하지 못하며 국방부장관의 허가를 받지 아니하고는 다른 직무를 겸할 수 없다.
② 제1항에 따른 영리를 목적으로 하는 업무의 범위 등에 관한 사항은 대통령령으로 정한다.
제31조【집단행위의 금지】 ① 군인은 다음 각 호에 해당하는 집단행위를 하여서는 아니 된다.
1. 노동단체의 결성, 단체교섭 및 단체행동
2. 군무에 영향을 주기 위한 목적의 결사 및 단체행동
3. 집단으로 상관에게 항의하는 행위
4. 집단으로 정당한 지시를 거부하거나 위반하는 행위
5. 군무와 관련된 고충사항을 집단으로 진정 또는 서명하는 행위
② 군인은 사회단체에 가입하고자 하는 경우에는 국방부장관의 허가를 받아야 한다. 다만, 순수한 학술·문화·체육·친목·종교 활동을 목적으로 하는 단체 등 대통령령으로 정하는 단체의 경우에는 그러하지 아니하다.
③ 국방부장관은 제2항 단서에 따른 단체의 목적이나 활동이 군인의 의무에 위반되거나 직무 수행에 지장을 준다고 인정하는 경우에는 그 단체의 가입을 제한하거나 탈퇴를 명할 수 있다.
제32조【불온표현물 소지·전파 등의 금지】 군인은 불온 유인물·도서·도화, 그 밖의 표현물을 제작·복사·소지·운반·전파 또는 취득하여서는 아니 되며, 이를 취득한 때에는 즉시 상관 또는 수사기관 등에 신고하여야 한다.
제33조【정치 운동의 금지】 ① 군인은 정당이나 그 밖의 정치단체의 결성에 관여하거나 이에 가입할 수 없다.
② 군인은 선거에서 특정 정당 또는 특정인을 지지 또는 반대하기 위한 다음 각 호의 행위를 하여서는 아니 된다.
1. 투표를 하거나 하지 아니하도록 권유 운동을 하는 것
2. 서명 운동을 기도·주재하거나 권유하는 것
3. 문서나 도서를 공공시설 등에 게시하거나 게시하게 하는 것
4. 기부금을 모집 또는 모집하게 하거나, 공공자금을 이용 또는 이용하게 하는 것
5. 타인에게 정당이나 그 밖의 정치단체에 가입하게 하거나 가입하지 아니하도록 권유 운동을 하는 것
③ 군인은 다른 군인에게 제1항과 제2항에 위배되는 행위를 하도록 요구하거나, 정치적 행위에 대한 보상 또는 보복으로서 이익 또는 불이익을 약속하여서는 아니 된다.
제34조【전쟁법 준수의 의무】 ① 군인은 무력충돌 행위에 관련된 모든 국제법 중에서 대한민국이 당사자로서 가입한 조약과 일반적으로 승인된 국제법규(이하 "전쟁법"이라 한다)를 준수하여야 한다.
② 군인은 전쟁법을 숙지하여야 하며, 국방부장관은 대통령령으로 정하는 바에 따라 군인에게 전쟁법에 대한 교육을 실시하여야 한다.

제5장 병영생활

제35조【군인 상호간의 관계】 ① 군인은 동료의 인격과 명예, 권리를 존중하며, 전우애에 기초하여 동료를 곤경과 위험으로부터 보호하여야 한다.
② 군인은 동료의 가치관을 존중하고 배려하여야 한다.
③ 병 상호간에는 직무에 관한 권한이 부여된 경우 이외에는 명령, 지시 등을 하여서는 아니 된다.
제36조【상관의 책무】 ① 상관은 직무수행 시는 물론 직무 외에서도 부하에게 모범을 보여야 한다.
② 상관은 직무에 관하여 부하를 지휘·감독하여야 한다.
③ 상관은 부하의 인격을 존중하고 배려하여야 한다.
④ 상관은 직무와 관계가 없거나 법규 및 상관의 직무상 명령에 반하는 사항 또는 자신의 권한 밖의 사항 등을 명령하여서는 아니 된다.
제37조【다문화 존중】 ① 군인은 다문화적 가치를 존중하여야 한다.
② 국방부장관은 군인에게 다문화적 가치의 존중과 이해를 위한 교육을 매년 1회 이상 실시하여야 한다.
(2019.11.26 본항개정)
제38조【기본권교육 및 성인지교육등】 ① 국방부장관은 「대한민국헌법」과 이 법에서 보장하고 있는 군인의 기본권과 의무 및 기본권 침해시 구제절차 등에 관한 교육(이하 "기본권교육"이라 한다)을 매년 4회 이상 실시하여야 한다.(2019.11.26 본항개정)
② 국방부장관은 「양성평등기본법」 제18조제1항에 따른 성인지 교육, 같은 법 제31조제1항에 따른 성희롱 예방교육, 「성매매방지 및 피해자보호 등에 관한 법률」 제5조제1항에 따른 성매매 예방교육, 「성폭력방지 및 피해자보호 등에 관한 법률」 제5조제1항에 따른 성폭력 예방교육 및 「가정폭력방지 및 피해자보호 등에 관한 법률」 제4조의3 제1항에 따른 가정폭력 예방교육(이하 "성인지교육등"이라 한다)을 매년 1회 이상 실시하여야 한다.(2024.1.16 본항신설)
③ 국방부장관은 다음 각 호에 해당하는 사람에 대하여 대통령령으로 정하는 바에 따라 기본권교육 및 성인지교육등을 실시하여야 한다. 이 경우 제3호 및 제4호에 해당하는 사람에 대하여는 신병기본군사훈련기간 또는 군사교육소집기간 중에 기본권교육 및 성인지교육등을 실시하여야 한다.(2024.1.16 본문개정)
1. 중대급 이상의 부대 또는 중대급 이상의 부대에 상응하는 조직의 지휘관 또는 책임자로 임명이 예정된 사람 (2019.11.26 본호개정)
2. 이 법 제3조제1호 및 제3호에 따른 사람(2024.1.16 본호개정)
3. 현역병으로 입영한 사람(2019.11.26 본호신설)
4. 「병역법」 제55조제1항에 따라 군사교육을 위하여 소집된 사람(2019.11.26 본호신설)
④ 각 군 참모총장 및 해병대사령관은 기본권교육 및 성인지교육등을 위한 세부 실시 사항을 수립하여 시행하여

야 한다. 이 경우 성인지교육등은 각 군 및 계급별 특성에 맞도록 세분화하여 수립·시행하여야 한다.(2024.1.16 본항개정)
⑤ 각 군 참모총장 및 해병대사령관은 매년 2월 말까지 전년도 기본권교육 및 성인지교육등 시행 결과를 국방부장관에게 보고하여야 한다.(2024.1.16 본항개정)
⑥ 국방부장관은 2년마다 각 군의 기본권교육 및 성인지교육등의 효과를 점검하고 개선방안을 검토·마련하여 다음 교육에 반영할 수 있도록 노력하여야 한다.
(2024.1.16 본항신설)
⑦ 제1항부터 제6항까지 외에 기본권교육 및 성인지교육등의 실시에 필요한 사항은 대통령령으로 정한다.
(2024.1.16 본항개정)
(2024.1.16 본조제목개정)
제38조의2【군기훈련】 ① 지휘관은 군기의 확립을 위하여 필요한 경우 다음 각 호에 해당하는 사람을 대상으로 군기훈련을 실시할 수 있다. 이 경우 군기훈련은 공개된 장소에서 훈련대상자의 신체상태를 고려하여 체력을 증진시키거나 정신을 수양하는 등의 방법으로 실시하여야 한다.
1. 현역에 복무하는 군인
2. 사관생도·사관후보생·준사관후보생 및 부사관후보생
3. 소집되어 군에 복무하는 예비역 및 보충역
② 제1항에 따른 군기훈련은 지휘관의 명령을 받은 장교·준사관 및 부사관이 실시할 수 있다.
③ 제1항에 따른 군기훈련을 실시한 지휘관은 매년 2월 말까지 전년도 군기훈련 실시 결과를 장성급 지휘관에게 보고하여야 한다. 이 경우 군기훈련 실시 사유 및 횟수 등 대통령령으로 정하는 사항을 포함하여야 한다.
④ 군기훈련의 종류 및 방법, 군기훈련 실시 결과 보고의 절차, 그 밖에 군기훈련의 실시에 필요한 사항은 대통령령으로 정한다.
(2019.11.26 본조신설)
제38조의3【마약류 투약 등 검사】 제38조의3(마약류 투약 등 검사) ① 국방부장관은 군인의 안전하고 건강한 병영생활을 위하여 「마약류 관리에 관한 법률」에 따른 마약류 투약, 흡연 및 섭취 여부에 관하여 검사할 수 있다.
② 국방부장관은 제1항에 따른 마약류 검사를 하는 경우 지정된 군보건의료기관에서 검사를 받도록 할 수 있다.
③ 제1항 및 제2항에 따른 마약류 검사의 대상, 시기, 방법, 절차, 그 밖에 필요한 사항은 대통령령으로 정한다.
(2024.2.6 본조신설)

제6장 군인의 권리구제

제39조【의견 건의】 ① 군인은 군과 관련된 제도의 개선 등 군에 유익한 의견이나 복무와 관련된 정당한 의견이 있는 경우에는 지휘계통에 따라 단독으로 상관에게 건의할 수 있다.
② 군인은 제1항에 따른 의견 건의를 이유로 불이익한 처분이나 대우를 받지 아니한다.
③ 제1항에 따른 건의를 접수한 상관은 그 내용을 검토한 후 검토 결과를 14일 이내에 건의한 당사자에게 서면이나 구술 등의 방법으로 통보하여야 한다.
④ 제1항에 따른 건의를 접수한 상관은 건의사항이 제41조제1항에 따른 병영생활 전문상담관 또는 같은 조 제2항에 따른 성고충 전문상담관의 상담사항에 해당한다고 판단하는 경우 지체 없이 건의한 당사자가 해당 전문상담관의 상담을 받을 수 있도록 하여야 한다.(2018.12.24 본항신설)
제40조【고충 처리】 ① 군인은 근무여건·인사관리 및 신상문제 등에 관하여 군인고충심사위원회에 고충의 심사를 청구할 수 있다.
② 군인은 제1항에 따른 고충심사 청구를 이유로 불이익한 처분이나 대우를 받지 아니한다.
③ 제1항에 따라 청구된 고충을 심사하기 위하여 국방부, 각 군 본부 및 장성급(將星級) 지휘관(장성급 지휘관 직위가 군무원 직위로 전환된 경우를 포함한다. 이하 이 조에서 같다)이 지휘하는 부대에 군인고충심사위원회를 둔다.(2024.1.16 본항개정)
④ 청구인은 심사 결과에 이의가 있는 경우에는 다음 각 호에 따른 위원회에 재심(再審)을 청구할 수 있다.
1. 장교·준사관·부사관 : 「군인사법」 제51조에 따른 중앙 군인사소청심사위원회
2. 병 : 차상급 장성급 지휘관 지휘 부대에 설치된 군인고충심사위원회(2024.1.16 본호개정)
⑤ 군인고충심사위원회의 구성·운영과 심사절차에 필요한 사항은 대통령령으로 정한다.
제41조【전문상담관】 ① 군인이 다음 각 호의 사항으로 군 생활의 고충이나 어려움을 호소하는 경우에 이에 대한 상담 등을 하기 위하여 대통령령으로 정하는 규모 이상의 부대 또는 기관에 병영생활 전문상담관을 둔다.
1. 군 생활에 따른 부적응에 관한 사항
2. 가족관계 및 개인 신상에 관한 사항
3. 구타, 폭언, 가혹행위 및 집단 따돌림 등 군 내 기본권 침해에 관한 사항
4. 질병·질환 및 건강 악화 등 신체에 관한 사항
5. 장기복무 군인가족의 자녀교육 및 현지생활 부적응 등 사회복지에 관한 사항
6. 그 밖에 군 생활로 인하여 발생하는 고충이나 어려움에 관한 사항
② 성희롱, 성폭력, 성차별 등 성(性)관련 고충 상담을 전담하기 위하여 대통령령으로 정하는 규모 이상의 부대 또는 기관에 성(性)고충 전문상담관을 둔다.
③ 제1항에 따른 병영생활 전문상담관과 제2항에 따른 성고충 전문상담관(이하 "전문상담관"이라 한다)은 군 생활 또는 개인 신상문제 등으로 인한 어려움을 겪고 있는 군인에 대하여 상담을 실시하고, 전문상담관이 배치되어 있는 부대 또는 기관의 장에게 피해자의 보호 등 필요한 조치를 요청할 수 있다.(2018.12.24 본항개정)
④ 제3항에 따라 조치를 요청받은 부대 또는 기관의 장은 조치 계획 또는 결과를 3일 이내에 상담을 실시한 당사자에게 통보하여야 한다.(2018.12.24 본항신설)
⑤ 전문상담관은 다음 각 호의 어느 하나에 해당하는 사람 중에서 국방부장관이 임명한다.
1. 대통령령으로 정하는 심리상담 또는 사회복지분야 관련 자격증을 소지하고 일정 기간 이상의 상담경험이 있는 사람
2. 대통령령으로 정하는 자격을 갖추고 일정 기간 이상의 군 복무 경력이 있는 사람
⑥ 전문상담관의 구체적 자격기준, 채용절차, 신분, 업무 및 그 운영 등에 관한 사항은 대통령령으로 정한다.
제42조【군인권보호관】 ① 군인의 기본권 보장 및 기본권 침해에 대한 권리구제를 위하여 군인권보호관을 두도록 한다.
② 제1항에 따른 군인권보호관의 조직과 업무 및 운영 등에 관하여는 따로 법률로 정한다.
제43조【신고의무 등】 ① 군인은 병영생활에서 다른 군인이 구타, 폭언, 가혹행위 및 집단 따돌림 등 사적 제재를 하거나, 성추행 및 성폭력 행위를 한 사실을 알게 된 경우에는 즉시 상관에게 보고하거나 제42조제1항에 따른 군인권보호관 또는 군 수사기관 등에 신고하여야 한다.
② 군인은 제1항과 관련된 사항에 대하여 별도로 「국가인권위원회법」, 「부패방지 및 국민권익위원회의 설치와 운영에 관한 법률」 또는 그 밖에 다른 법령에서 정하는 방법에 따라 국가인권위원회 등에 진정을 할 수 있다.
제44조【신고자에 대한 비밀보장】 누구든지 제43조에 따른 보고, 신고 또는 진정 등(이하 "신고등"이라 한다)을 한 사람(이하 "신고자"라 한다)이라는 사정을 알면서 그의 인적사항이나 그가 신고자임을 미루어 알 수 있는 사실을 다른 사람에게 알려주거나 공개 또는 보도하여서는 아니 된다. 다만, 신고자가 동의한 때에는 그러하지 아니하다.
제45조【신고자 보호】 ① 누구든지 신고등을 이유로 신고자에게 징계조치 등 어떠한 신분상 불이익이나 근무조건상의 차별대우(이하 "불이익조치"라 한다)를 하여서는 아니 된다.
② 국방부장관은 신고자와 신고등의 내용에 대한 비밀을 보장하고 신고자가 신고등을 이유로 불이익조치를 받지 않도록 하여야 한다.
③ 국방부장관은 신고자가 신고등을 이유로 불이익조치를 받은 경우에는 원상회복 또는 시정을 위하여 필요한 조치를 취하여야 한다.
제45조의2【군복무 중 사망한 군인의 유족에 대한 변호사 선임의 특례】 ① 군복무 중 사망한 군인의 유족(「군인연금법」 제3조제1항제4호에 해당하는 사람을 말한다. 이하 같다)은 사망사고 처리 과정에서 유족의 연금·보상 및 국가유공·국가보훈의 대상 등에 관한 법률적 조력을 보장받기 위하여 변호사를 선임할 수 있다.
② 제1항에 따른 변호사는 사망한 군인과 관련하여 군검사 또는 군사법경찰관의 검시(檢視) 및 유족에 대한 조사에 참여하여 의견을 진술할 수 있다. 다만, 검시·조사 도중에는 군검사 또는 군사법경찰관의 승인을 받아 의견을 진술할 수 있다.
③ 군검사는 유족에게 변호사가 없는 경우 국선변호사를 선정하여 사망사고 처리 과정에서 유족의 권익을 보호할 수 있다.
(2019.11.26 본조신설)

제7장 특별근무 등

제46조【특별근무】 ① 부대의 인원과 재산을 보호하고 규율과 보안을 유지하며 각종 사고를 예방하고 비상사태에 대비하기 위하여 부대별로 당직근무·영내위병근무 등 특별근무를 실시한다.
② 특별근무는 계급과 직책에 따라 공정하게 배정하여야 한다.
③ 특별근무의 구분 및 실시 등에 필요한 사항은 대통령령으로 정한다.
제47조【비상소집 등】 ① 군인은 대통령령으로 정하는 비상소집이 발령된 때에는 지체 없이 소속 부대에 집결하여야 한다.
② 장성급 지휘관은 전시·사변 또는 이에 준하는 국가비상사태에 신속히 대응하기 위하여 필요한 경우에는 대통령령으로 정하는 바에 따라 소속 부대원의 휴가·외박·외출 등에 있어 이동지역을 제한할 수 있다.
(2017.3.21 본항개정)
제48조【초병의 무기사용 등】 ① 초병은 다음 각 호의 어느 하나에 해당하는 경우에 한정하여 필요한 최소한의 범위에서 휴대하고 있는 무기(초병이 임무수행을 위해 휴대한 소총, 도검 등 모든 장비를 말한다. 이하 같다)를 사용할 수 있다.
1. 책임구역 내 인원의 생명·신체 또는 재산을 보호함에 있어서 그 상황이 급박하여 무기를 사용하지 아니하면 보호할 방법이 없을 때
2. 국방부장관이 정하는 방법에 따라 수하(誰何)하여도 이에 불응하여 대답이 없거나, 도주하거나 또는 초병에게 접근할 때
3. 초병이 폭행을 당하거나 또는 당할 우려가 있는 경우 그 상황이 급박하여 자위상 부득이할 때
② 초병은 지휘계통상의 상관의 명령이나 지시 없이 휴대하고 있는 무기나 탄약을 타인에게 넘겨주어서는 아니된다.

제8장 보칙 및 벌칙

제49조【권한의 위임】 이 법에 따른 국방부장관의 권한은 대통령령으로 정하는 바에 따라 그 일부를 각 군 참모총장에게 위임할 수 있다.
제50조【복무규정】 군인의 복무에 관하여 이 법에 규정한 것을 제외하고는 따로 대통령령으로 정한다.
제51조【벌칙 적용에서 공무원 의제】 위원회 위원 중 공무원이 아닌 사람은 「형법」 제129조부터 제132조까지를 적용할 때에는 공무원으로 본다.
제52조【벌칙】 ① 제44조를 위반하여 신고자의 인적사항이나 신고자임을 미루어 알 수 있는 사실을 다른 사람에게 알려주거나 공개 또는 보도한 자는 3년 이하의 징역 또는 3천만원 이하의 벌금에 처한다.
② 제39조제2항 또는 제40조제2항을 위반하여 의견 건의 또는 고충심사 청구를 이유로 불이익한 처분이나 대우를 한 자는 1년 이하의 징역 또는 1천만원 이하의 벌금에 처한다.

부 칙

제1조【시행일】 이 법은 공포 후 6개월이 경과한 날부터 시행한다.
제2조【휴가에 관한 경과조치】 이 법 시행 당시 종전의 「군인사법」 제46조에 따라 군인이 받은 휴가는 이 법 제18조에 따라 받은 것으로 본다.
제3조【군인고충심사위원회에 관한 경과조치】 ① 이 법 시행 당시 종전의 「군인사법」에 따라 설치된 군인고충심사위원회는 이 법에 따른 군인고충심사위원회로 본다.
② 이 법 시행 당시 종전의 「군인사법」 제51조의3에 따라 심사 청구된 고충은 이 법 제40조에 따라 심사 청구된 것으로 본다.
제4조【다른 법률의 개정】 ※(해당 법령에 가제정리 하였음)

부 칙 (2018.12.24)

이 법은 공포한 날부터 시행한다.

부 칙 (2019.11.26)

제1조【시행일】 이 법은 공포 후 6개월이 경과한 날부터 시행한다. 다만, 제9조제4항의 개정규정은 공포 후 3개월이 경과한 날부터 시행한다.
제2조【기본권교육 이수에 관한 적용례】 제38조제2항 후단의 개정규정은 이 법 시행 이후 최초로 입영하거나 소집된 사람부터 적용한다.
제3조【군복무 중 사망한 군인의 유족에 대한 변호사 선임의 특례에 관한 적용례】 제45조의2의 개정규정은 이 법 시행 이후 군인이 사망한 경우부터 적용한다.

부 칙 (2022.12.13)

이 법은 공포한 날부터 시행한다.

부 칙 (2024.1.16)

제1조【시행일】 이 법은 공포 후 6개월이 경과한 날부터 시행한다.
제2조【계획 공표에 관한 적용례】 제7조제5항의 개정규정은 이 법 시행 이후 수립하는 군인복무기본정책 및 시행계획부터 적용한다.

부 칙 (2024.2.6)

이 법은 공포 후 6개월이 경과한 날부터 시행한다.

군인 재해보상법

(2019년 12월 10일 법 률 제16761호)

개정
2022. 2. 3법18804호 2022.12.13법19080호
2023. 3. 4법19228호(정부조직)
2023.10.31법19786호
2024. 1.16법20021호→2025년 1월 17일 시행이므로 「法典 別冊」 보유편 수록

제1장 총 칙

제1조【목적】 이 법은 군인의 공무로 인한 부상·질병·장해·사망에 대하여 적합한 보상을 함으로써 군인 및 그 유족의 복지 향상에 이바지함을 목적으로 한다.

제2조【적용 범위】 이 법은 현역 또는 소집되어 군에 복무하는 군인에게 적용한다. 다만, 다음 각 호의 어느 하나에 해당하는 사람(이하 "지원에 의하지 아니하고 임용된 부사관등"이라 한다)에게는 제33조에 따른 장애보상금과 제39조에 따른 사망보상금만 적용한다.
1. 지원에 의하지 아니하고 임용된 부사관
2. 병(兵)
3. 군간부후보생. 다만, 준사관 또는 부사관(제1호의 부사관은 제외한다)으로 복무 중에 군간부후보생에 지원한 사람은 제외한다.

제3조【정의】 이 법에서 사용하는 용어의 뜻은 다음과 같다.
1. "공무상 재해"란 적과의 교전이나 무장폭동 또는 반란을 진압하기 위한 직무, 생명과 신체에 대한 고도의 위험을 무릅쓴 직무 등을 포함한 군인의 공무(公務)상 부상 또는 공무상 질병이나 그로 인한 장해 및 공무상 사망을 말한다.
2. "유족"이란 군인 또는 군인이었던 사람의 사망 당시 그가 부양하고 있던 「군인연금법」 제3조제1항제4호 및 제2항부터 제4항까지의 규정에 해당하는 사람을 말한다. 다만, 제39조에 따른 사망보상금을 지급하는 경우에는 부양 여부를 가리지 아니하고 유족으로 본다.
3. "치유"란 부상 또는 질병이 완치되거나 치료의 효과를 더 이상 기대할 수 없고 그 증상이 고정된 상태에 이르게 된 것을 말한다.
4. "장해"란 부상 또는 질병이 치유되었으나 정신적 또는 신체적 결손으로 인하여 노동능력이 상실되거나 감소된 상태를 말한다.

제4조【공무상 재해의 인정기준】 ① 군인이 다음 각 호의 어느 하나에 해당하는 경우에는 공무상 재해로 본다. 다만, 공무와 재해 사이에 상당한 인과관계가 없는 경우에는 공무상 재해로 보지 아니한다.
1. 공무상 부상 : 다음 각 목의 어느 하나에 해당하는 사고(이하 "공무상 사고"라 한다)로 인한 부상
   가. 공무수행 또는 그에 따르는 행위를 하던 중 발생한 사고
   나. 통상적인 경로와 방법으로 출퇴근하던 중 발생한 사고
   다. 그 밖에 공무수행과 관련하여 발생한 사고
2. 공무상 질병 : 다음 각 목의 어느 하나에 해당하는 질병
   가. 공무수행 과정에서 물리적·화학적·생물학적 요인에 의하여 발생한 질병
   나. 공무수행 과정에서 신체적·정신적 부담을 주는 업무가 원인이 되어 발생한 질병
   다. 공무상 부상이 원인이 되어 발생한 질병
   라. 그 밖에 공무수행과 관련하여 발생한 질병
3. 공무상 부상 또는 공무상 질병으로 인한 장해
4. 공무상 사망 : 다음 각 목의 어느 하나에 해당하는 사망
   가. 공무수행 중 사망
   나. 공무상 사고로 인한 사망
   다. 공무상 부상 또는 공무상 질병으로 인한 사망

② 군인이 고의로 부상·질병·장해를 입거나 사망한 경우 공무상 재해로 보지 아니한다. 다만, 공무와 관련한 사유로 정상적인 인식능력 등이 뚜렷하게 저하된 상태에서 고의로 한 행위로서 대통령령으로 정하는 행위의 경우에는 공무상 재해로 본다.
③ 공무상 재해로 요양 중인 군인에게 그 공무상 재해로 인한 부상이나 질병이 추가로 발견되어 요양이 필요한 경우 그 추가로 발견된 부상이나 질병은 공무상 재해로 본다.
④ 공무상 부상이나 질병의 치료과정에서 그 부상이나 질병이 주된 원인이 되어 합병증이 유발된 경우 그 합병증은 공무상 질병으로 본다. 다만, 합병증이 기초 질환이나 체질적 원인에 의하여 자연적으로 유발되었거나 악화된 경우에는 공무상 질병으로 보지 아니한다.
⑤ 공무상 질병에 대한 결정을 하는 경우에는 군인 또는 군인이었던 사람의 업무 특성, 성별, 나이, 체질, 평소의 건강상태, 기존의 질병 유무, 병가, 휴직, 퇴직 등을 고려하여야 한다.
⑥ 제1항부터 제5항까지에서 규정한 사항 외에 공무상 재해의 구체적인 인정기준은 대통령령으로 정한다.

제5조【군인재해보상심의회】 다음 각 호의 사항을 심의하기 위하여 국방부에 군인재해보상심의회(이하 "심의회"라 한다)를 둔다.
1. 다음 각 목의 결정에 관한 사항
   가. 유족 중 「군인연금법」 제3조제2항 및 제3항에 따른 장해의 해당 여부
   나. 제19조제1항 단서에 따른 손해배상청구권의 전부 또는 일부 불행사 여부 및 같은 조 제2항에 따른 급여 조정에 관한 사항
   다. 제20조에 따른 공무상요양비 또는 제26조에 따른 상이연금에 관한 공무상 부상 또는 공무상 질병의 해당 여부
   라. 제20조에 따른 요양기간 연장 승인 여부
   마. 제21조에 따른 재요양 인정 여부
   바. 제27조 및 제28조에 따른 상이연금에 관한 상이등급의 결정 및 개정
   사. 제35조에 따른 순직유족연금에 관한 공무상 사망의 해당 여부
   아. 제43조에 따른 고의 또는 중과실 등에 의한 급여의 제한 여부
2. 다른 법령에서 심의회의 심의를 거치도록 한 사항
3. 그 밖에 군인 재해보상제도의 운영과 관련하여 대통령령으로 정하는 사항

제6조【심의회의 구성 등】 ① 심의회는 위원장 1명을 포함한 20명 이내의 위원으로 구성한다.
② 위원장은 위원 중에서 호선한다.
③ 위원은 다음 각 호의 어느 하나에 해당하는 사람 중에서 성별을 고려하여 국방부장관이 임명하거나 위촉한다.
1. 의료 또는 법무 업무 등을 담당하는 국방부 소속 공무원(군인을 포함한다)
2. 의료 또는 법무 분야의 외부 전문가
④ 위원의 임기는 3년으로 한다. 다만, 제3항제1호의 위원은 그 직(職)에 있는 동안 재임(在任)한다.
⑤ 심의회의 회의는 위원장과 위원장이 회의 시마다 지정하는 위원을 포함하여 7명으로 구성하되, 제3항제2호에 따라 위촉된 위원이 3명 이상 포함되어야 한다.
⑥ 심의회는 심의를 위하여 필요할 때에는 각 군 참모총장, 국방부 직할부대장 또는 직할기관장 및 요양기관의 장, 그 밖의 관계자·기관 등에 자료의 제출을 요구할 수 있다.
⑦ 제1항부터 제6항까지에서 규정한 사항 외에 심의회의 구성 및 운영에 필요한 사항은 대통령령으로 정한다.

제2장 급 여

제1절 통 칙

제7조【급여】 이 법에 따른 급여의 종류는 다음 각 호와 같다.
1. 공무상요양비
2. 장해급여
   가. 상이연금(傷痍年金)
   나. 장애보상금
3. 재해유족급여
   가. 상이유족연금
   나. 순직유족연금
   다. 순직유족연금일시금
   라. 사망보상금
4. 부조급여
   가. 재난부조금
   나. 사망조위금
      1) 군인사망조위금
      2) 가족사망조위금

제8조【급여 사유의 확인 및 급여의 결정】 ① 제7조에 따른 급여를 받으려면 그 급여를 받을 권리를 가진 사람이 국방부장관에게 지급청구를 하여야 한다.
② 국방부장관은 제1항에 따른 급여의 청구를 받으면 급여의 요건을 확인한 후 급여를 결정하고 지급한다. 다만, 제20조에 따른 공무상요양비, 제26조에 따른 상이연금 및 제35조에 따른 순직유족연금을 결정할 때에는 심의회의 심의를 거쳐야 한다.

제9조【급여액 산정의 기초】 ① 다음 각 호의 급여의 산정은 해당 급여의 사유가 발생한 날이 속하는 달의 「군인연금법」 제3조제1항제1호에 따른 기준소득월액(이하 "기준소득월액"이라 한다)을 기초로 한다.
1. 제26조에 따른 상이연금(이하 "상이연금"이라 한다) 및 제34조에 따른 상이유족연금(이하 "상이유족연금"이라 한다)
2. 제35조에 따른 순직유족연금(이하 "순직유족연금"이라 한다) 및 제36조에 따른 순직유족연금일시금(이하 "순직유족연금일시금"이라 한다)
3. 제41조제2항에 따른 군인사망조위금(이하 "군인사망조위금"이라 한다)

② 제1항에 따른 급여 중 순직유족연금 및 군인사망조위금의 경우에는 해당 군인의 기준소득월액이 급여의 사유가 발생한 날이 속하는 달의 「공무원연금법」 제30조제3항에 따라 산정되는 공무원 전체의 기준소득월액 평균액(이하 "공무원 전체의 기준소득월액 평균액"이라 한다)의 180퍼센트(이하 "최고 보상기준 금액"이라 한다)를 초과하거나, 50퍼센트(이하 "최저 보상기준 금액"이라 한다) 미만이면 그 최고 보상기준 금액이나 최저 보상기준 금액을 각각 해당 군인의 기준소득월액으로 한다.
③ 다음 각 호의 급여의 산정은 해당 급여의 사유가 발생한 날이 속하는 달의 공무원 전체의 기준소득월액 평균액을 기초로 한다.
1. 제33조에 따른 장애보상금(이하 "장애보상금"이라 한다)
2. 제39조에 따른 사망보상금(이하 "사망보상금"이라 한다)
3. 제40조에 따른 재난부조금(이하 "재난부조금"이라 한다)
4. 제41조제1항에 따른 가족사망조위금(이하 "가족사망조위금"이라 한다)

④ 제20조에 따른 공무상요양비(이하 "공무상요양비"라 한다)는 제23조에 따라 산정한다.

제10조【유족의 우선순위 등】 ① 급여를 받을 유족의 순위는 「민법」에 따른 상속의 순위에 따른다.
② 유족 중 같은 순위자가 2명 이상 있을 때에는 급여를 똑같이 나누어 지급하되, 그 지급방법은 대통령령으로 정한다.

제11조【급여의 수급자에 대한 특례】 ① 군인 또는 군인이었던 사람이 사망한 경우에 급여를 받을 유족이 없을 때에는 대통령령으로 정하는 한도의 금액을 유족이 아닌 직계비속 또는 직계존속에게 지급하고, 직계비속 또는 직계존속도 없을 때에는 그 사망한 군인을 위하여 사용할 수 있다.
② 제1항에 따른 유족이 아닌 직계비속 또는 직계존속이 2명 이상 있을 때에 그 급여의 지급에 관하여는 제10조를 준용한다.

제12조【연금의 지급기간 및 지급시기】 ① 연금인 급여는 그 급여의 사유(제28조에 따른 상이등급의 개정사유를 포함한다)가 발생한 날이 속하는 달의 다음 달부터 그 사유가 소멸된 날이 속하는 달까지의 급여분을 지급한다.
② 연금인 급여의 지급을 정지할 사유가 생겼을 때에는 그 사유가 발생한 날이 속하는 달의 다음 달부터 그 사유가 소멸된 날이 속하는 달까지 그 지급을 정지한다. 다만, 정지 사유가 발생한 날과 그 사유가 소멸된 날이 같은 달에 속하는 경우에는 지급을 정지하지 아니한다.
③ 연금인 급여는 매월 대통령령으로 정하는 바에 따라 지급한다.

제13조【연금액의 조정】 연금인 급여의 조정에 관하여는 「군인연금법」 제14조를 준용한다.

제14조【연금 지급의 특례】 연금인 급여를 받을 권리가 있는 사람이 외국으로 이주하거나 국적을 상실한 경우의 연금 지급에 관하여는 「군인연금법」 제15조를 준용한다.

제15조【급여의 환수】 ① 국방부장관은 급여를 받은 사람(상속인을 포함한다)이 다음 각 호의 어느 하나에 해당하는 경우에는 그 급여액을 환수하여야 하고, 제1호 또는 제2호에 해당하면 급여액에 대통령령으로 정하는 이자 및 환수비용을 가산(加算)하여 징수하여야 한다. 다만, 제1호 또는 제2호의 경우에도 납부 의무자의 귀책사유가 없을 때에는 이자 및 환수비용을 가산하지 아니한다.
1. 거짓이나 그 밖의 부정한 방법으로 급여를 받은 경우
2. 제53조의 신고사항에 대하여 늦게 신고하거나 신고하지 아니하여 급여를 과다하게 지급받은 경우
3. 급여를 받은 후 그 급여의 사유가 소급하여 소멸된 경우
4. 그 밖에 급여가 잘못 지급된 경우

② 국방부장관은 제1항에 따라 급여액을 환수할 때에 환수금을 내야 할 사람이 기한까지 내지 아니하면 대통령령으로 정하는 이자를 가산하여 징수하여야 한다.
③ 국방부장관은 제1항 또는 제2항에 따라 급여액을 환수할 때에 환수금 또는 이자를 내야 할 사람이 기한까지 내지 아니하면 국세체납처분의 예에 따라 징수할 수 있다.
④ 국방부장관은 제1항에 따라 급여를 환수하는 경우에 다음 각 호의 어느 하나에 해당하는 사유가 있을 때에는 결손처분할 수 있다. 다만, 제1호 및 제3호의 경우에 결손처분을 한 후 압류할 수 있는 재산을 발견하였을 때에는 지체 없이 그 처분을 취소하고 국세체납처분의 예에 따라 징수하여야 한다.
1. 체납처분이 종결되고 체납액에 충당된 배분금액이 그 체납액보다 적은 경우
2. 해당 권리에 대한 소멸시효가 완성된 경우
3. 그 밖에 징수할 가능성이 없는 경우로서 대통령령으로 정하는 사유에 해당하는 경우

제16조【미납금의 공제지급】 ① 군인, 군인이었던 사람이나 상이유족연금 또는 순직유족연금을 지급받는 사람이 다음 각 호의 어느 하나에 해당하는 채무가 있을 때에는 상이연금, 상이유족연금, 순직유족연금 및 순직유족연금일시금에서 이를 공제하고 지급할 수 있다. 다만, 연금인 급여에 대해서는 매월 지급되는 연금에서 2분의 1을 초과하여 공제하지 아니한다.
1. 제15조에 따른 환수금의 원리금
2. 제30조에 따른 지급정지금액의 정산과 관련된 차액

② 군인, 군인이었던 사람이나 상이유족연금 또는 순직유족연금을 지급받는 사람이 「군인연금법」 제30조에 따른 퇴역유족연금(이하 "퇴역유족연금"이라 한다), 같은 법 제34조에 따른 퇴역유족연금일시금(이하 "퇴역유족연금일시금"이라 한다), 같은 법 제35조에 따른 퇴직유족일시금(이하 "퇴직유족일시금"이라 한다)과 관련하여 다음 각 호의 어느 하나에 해당하는 채무가 있을 때에는 순직유족연금 및 순직유족연금일시금에서 이를 공제하고 지급할 수 있다. 다만, 연금인 급여에 대해서는 매월 지급되는 연금에서 2분의 1을 초과하여 공제하지 아니한다.

1. 「군인연금법」 제6조제2항 및 제3항에 따른 반납금의 원리금
2. 「군인연금법」 제27조제3항에 따른 지급정지액(「소득세법」에 따라 소득금액이 확정된 경우의 지급정지액을 말한다)의 정산과 관련된 차액
3. 「군인연금법」 제42조에 따른 기여금을 미납한 경우의 미납기여금
4. 「군인복지기금법」 제4조의2에 따른 대부금 및 제4조의3에 따른 지원금의 미상환 원리금 및 상환지연이자

제17조【권리의 보호】 ① 급여를 받을 권리는 양도 또는 압류하거나 담보로 제공할 수 없다. 다만, 다음 각 호의 어느 하나에 해당하는 경우에는 그러하지 아니하다.
1. 대통령령으로 정하는 바에 따라 「금융실명거래 및 비밀보장에 관한 법률」 제2조제1호에 따른 금융회사등(이하 "금융회사등"이라 한다)에 담보로 제공하는 경우
2. 「국가유공자 등 예우 및 지원에 관한 법률」 제46조 및 「제대군인지원에 관한 법률」 제21조에 따른 대부를 받기 위하여 국가에 담보로 제공하는 경우
3. 「국세징수법」이나 「지방세징수법」에 따라 체납처분을 하는 경우

② 수급권자에게 지급된 급여 중 「민사집행법」 제195조제3호에서 정하는 금액 이하의 급여는 압류할 수 없다.

제18조【다른 법령에 따른 급여와의 조정】 ① 순직유족연금(순직유족연금을 갈음하여 순직유족연금일시금을 받는 경우를 포함한다. 이하 이 조에서 같다)의 수급권자는 다음 각 호의 어느 하나에 해당하는 급여의 수급권을 갖게 된 경우 순직유족연금과 해당 급여 중 하나를 선택하여 받을 수 있다.
1. 퇴역유족연금
2. 퇴역유족연금일시금
3. 퇴직유족일시금

② 순직유족연금 수급권자에게 퇴역유족연금, 퇴역유족연금일시금 또는 퇴직유족일시금을 이미 지급하였을 때에는 순직유족연금에서 그 지급액만큼을 빼고 지급한다.

③ 다른 법령에 따라 국가나 지방자치단체의 부담으로 이 법에 따른 급여와 같은 종류의 급여(「국가유공자 등 예우 및 지원에 관한 법률」 제11조 또는 「보훈보상대상자 지원에 관한 법률」 제10조에 따른 보훈급여금은 제외한다)를 받은 사람에게는 그 급여금에 상당하는 금액에 대해서는 이 법에 따른 급여를 지급하지 아니한다.

④ 「공무원연금법」 제43조 또는 「사립학교교직원 연금법」 제42조에 따른 퇴직연금 또는 조기퇴직연금, 「군인연금법」 제21조에 따른 퇴역연금(이하 "퇴역연금"이라 한다)의 수급자가 상이유족연금을 함께 받게 된 경우에는 상이유족연금액의 2분의 1을 빼고 지급한다.

⑤ 동일인에게 상이연금과 퇴역연금을 지급할 사유가 발생한 경우에는 본인에게 유리한 급여를 하나만 선택하게 하여 지급한다.

제19조【제3자에 대한 손해배상청구권】 ① 국방부장관은 제3자의 행위로 인하여 급여의 사유가 발생하여 급여를 지급할 때에는 그 급여액 중 대통령령으로 정하는 금액의 범위에서 수급권자가 제3자에 대하여 가지는 손해배상청구권을 취득한다. 다만, 제3자가 해당 군인 또는 군인이었던 사람의 배우자, 직계비속, 직계존속 또는 공무수행 중인 군인인 경우에는 심의회의 심의를 거쳐 손해배상청구권의 전부 또는 일부를 행사하지 아니할 수 있다.

② 제1항의 수급권자가 제3자로부터 같은 사유로 이미 손해배상을 받았을 때에는 그 배상액의 범위에서 급여를 지급하지 아니한다.

제2절 공무상요양비

제20조【공무상요양비】 ① 군인이 공무상 부상 또는 공무상 질병으로 인하여 다음 각 호의 요양을 하는 경우에는 공무상요양비를 지급한다.
1. 진단
2. 약제(藥劑)·치료재(治療材) 및 보조기구(補助器具)의 지급(2022.12.13 본호개정)
3. 처치·수술이나 그 밖의 치료
4. 병원이나 요양소에의 수용
5. 간호
6. 이송

② 공무상요양비는 동일한 질병 또는 부상에 대하여 실제요양기간이 2년을 넘지 아니하는 범위에서 그 요양에 필요한 금액으로 한다. 다만, 실제요양기간이 2년을 경과한 후에도 계속 치료가 필요하다는 의학적 소견이 있는 경우에는 대통령령으로 정하는 바에 따라 1년 이하의 기간을 단위로 요양기간을 연장할 수 있다.

제21조【재요양】 ① 공무상요양비를 지급받은 군인이 치유된 후 요양의 대상이 되었던 공무상 부상 또는 공무상 질병이 재발하거나 치유 당시보다 상태가 악화되어 이를 치유하기 위한 치료가 필요하다는 의학적 소견이 있는 경우에는 재요양을 신청할 수 있다.

② 제1항에 따라 재요양을 신청한 군인은 심의회의 심의를 거쳐 다시 제20조에 따른 공무상요양(이하 "공무상요양"이라 한다)을 할 수 있다.

③ 제1항 및 제2항에 따른 재요양의 기간 및 그 연장에 관하여는 제20조제2항을 준용한다.

④ 제1항부터 제3항까지에서 규정한 사항 외에 재요양에 필요한 사항은 대통령령으로 정한다.

제22조【요양기관】 공무상요양은 「국민건강보험법」 제42조에 따른 요양기관(이하 "요양기관"이라 한다)에서 받아야 한다.

제23조【공무상요양비의 산정】 ① 공무상요양비는 「국민건강보험법」 제45조에 따라 산정하는 요양비 중 국민건강보험공단(같은 법 제13조에 따른 건강보험의 보험자를 말한다)이 부담하는 금액으로 한다.

② 제1항에도 불구하고 대통령령으로 정하는 사유에 해당하여 군병원에서 공무상요양을 할 수 없는 경우의 공무상요양비는 다음 각 호의 구분에 따라 산정하는 금액으로 한다.
1. 「국민건강보험법」 제45조에 따라 산정하는 요양비
2. 「국민건강보험법」 제45조에 따라 산정한 요양비를 초과하거나 같은 조에 따른 요양 외의 요양에 드는 비용으로서 「산업재해보상보험법」 제40조에 따라 산정하는 요양비
3. 제1호와 제2호에 따라 산정한 요양비를 초과하거나 그 범위 외의 요양에 드는 비용으로서 대통령령으로 정하는 요양비

제24조【공무상요양비의 청구 및 지급】 ① 요양기관이 공무상요양을 실시한 경우에는 제23조에 따라 산정한 공무상요양비를 국방부장관에게 청구하여야 한다.

② 제1항에 따라 공무상요양비 청구를 받은 국방부장관은 이를 요양기관에 지급하여야 한다.

③ 제1항 및 제2항에도 불구하고 대통령령으로 정하는 공무상요양비는 본인에게 직접 지급할 수 있다.

제25조【공무상요양비 지급의 특례】 ① 제22조에도 불구하고 군인이 긴급한 필요 또는 그 밖의 부득이한 사정으로 요양기관이 아닌 의료기관에서 공무상요양을 받는 경우에는 국방부장관이 인정하는 경우에만 공무상요양비를 지급할 수 있다.

② 제1항의 공무상요양비의 산정에 관하여는 제23조를 준용한다.

제3절 상이연금

제26조【상이연금】 군인이 다음 각 호의 어느 하나에 해당하는 경우에는 상이연금을 지급한다.
1. 공무상 부상 또는 공무상 질병으로 인하여 장해가 되어 퇴직하였을 경우
2. 퇴직 후에 퇴직 전의 공무상 부상 또는 공무상 질병으로 인하여 장해가 된 경우

제27조【상이연금의 금액】 ① 상이연금의 금액은 기준소득월액에 다음 각 호의 등급에 따른 비율을 곱한 금액으로 한다.
1. 제1급 : 52퍼센트
2. 제2급 : 48.75퍼센트
3. 제3급 : 45.5퍼센트
4. 제4급 : 42.25퍼센트
5. 제5급 : 39퍼센트
6. 제6급 : 35.75퍼센트
7. 제7급 : 32.5퍼센트

② 제1항에 따른 상이연금의 등급(이하 "상이등급"이라 한다)은 심의회의 심의를 거쳐 결정하며, 그 세부적인 기준은 대통령령으로 정한다.

제27조의2【외모의 흉터로 인한 상이에 대한 상이등급 및 상이연금에 관한 특례】 다음 각 호의 어느 하나에 해당하는 남성에 대해서는 해당 상이연금 지급 사유가 발생한 날에 여성에 대하여 인정한 것과 동일한 상이등급을 인정하고, 동일한 기준을 적용한 상이연금을 지급한다.
1. 공무상 부상 또는 공무상 질병으로 인하여 외모에 뚜렷한 흉터가 남아 1994년 7월 1일부터 2006년 10월 22일까지의 사이에 퇴직한 사람
2. 퇴직 후에 퇴직 전의 공무상 부상 또는 공무상 질병으로 인하여 1994년 7월 1일부터 2006년 10월 22일까지의 사이에 외모에 뚜렷한 흉터가 남은 사람

(2022.2.3 본조신설)

제28조【상이등급의 개정 등】 ① 상이연금을 받을 권리가 있는 사람의 장해의 정도가 호전되거나 악화된 경우에 본인이 청구하거나 국방부장관이 인정하면 심의회의 심의를 거쳐 상이등급을 다시 정한다. 이 경우 국방부장관은 대상자의 장해 정도를 확인하기 위하여 대통령령으로 정하는 바에 따라 신체검사를 실시할 수 있다.

② 상이연금을 받을 권리가 있는 사람의 장해 정도가 상이등급에 해당하지 아니하게 된 때에는 그 권리는 소멸된다.

③ 퇴역연금을 받을 권리가 있는 사람이 상이연금을 지급받던 중 제1항에 따라 상이등급이 다시 정하여진 경우에는 그 다음 달부터 퇴역연금과 다시 정한 상이등급에 따른 상이연금 중 유리한 급여를 선택하여 지급받을 수 있으며, 제2항에 따라 그 권리가 소멸된 때에는 그 다음 달부터 퇴역연금을 지급받는다.

④ 복무기간(「군인연금법」 제5조에 따른 복무기간을 말한다. 이하 같다)이 20년 미만으로서 상이연금을 받을 권리가 있는 사람이 제2항에 따라 상이연금을 받지 못하게 된 경우에 이미 지급받은 상이연금의 총액이 그 사람이 퇴직할 때에 받을 수 있었던 「군인연금법」 제28조에 따른 퇴직일시금(이하 "퇴직일시금"이라 한다)의 금액보다 적을 때에는 그 차액을 지급한다. 이 경우 지급된 차액은 퇴직일시금으로 본다.

⑤ 제26조에 따라 상이연금을 받게 되는 사람 중에 이미 퇴직일시금, 「군인연금법」 제21조에 따른 퇴역연금일시금(이하 "퇴역연금일시금"이라 한다) 및 퇴역연금공제일시금(이하 "퇴역연금공제일시금"이라 한다)을 받은 사람은 퇴직하면서 받은 퇴직일시금, 퇴역연금일시금 및 퇴역연금공제일시금에 이자를 가산하여 「군인연금법」 제47조에 따른 군인연금기금(이하 "군인연금기금"이라 한다)에 반납하여야 한다.

⑥ 제5항에 따른 반납 이자 및 절차에 관하여는 「군인연금법」 제6조제2항 및 제3항을 준용한다.

제29조【둘 이상의 장해가 있는 경우의 처리】 군인 또는 군인이었던 사람에게 동시에 둘 이상의 장해가 있을 때에는 대통령령으로 정하는 바에 따라 그 장해를 병합 처리한다.

제30조【상이연금의 지급정지】 상이연금의 지급정지 등에 관하여는 「군인연금법」 제27조를 준용한다.

제31조【행방불명자 등에 대한 상이연금 등】 ① 상이연금을 받을 권리가 있는 사람이 1년 이상 행방불명인 경우에는 그 상속인(유족의 범위에 해당하여야 한다. 이하 이 조에서 같다)이 될 사람의 청구에 의하여 그 상이연금을 그 상속인에게 지급할 수 있다.

② 제1항에 따라 상속인이 행방불명자의 상이연금을 청구한 경우에는 그 행방불명자가 이 법에 따라 상이연금을 받을 권리가 있는 때부터의 해당 상이연금을 지급하고, 상이연금을 받을 권리가 있는 때부터 3년이 지나도 행방불명된 사람의 소재가 확인되지 아니하면 그 다음 달부터 해당 상이연금액의 60퍼센트를 지급한다.

③ 제2항에 따른 급여를 지급한 후 행방불명되었던 사람이 사망한 사실이 확인된 경우에는 사망한 사실이 확인된 날이 속하는 달의 다음 달부터 그 상속인에게 상이유족연금을 지급한다. 다만, 행방불명되었던 사람이 사망한 날이 제1항에 따른 급여를 지급한 날부터 3년 이내인 경우에는 사망한 날이 속하는 달의 다음 달부터 그 3년이 되는 날이 속하는 달까지 상속인이 받을 수 있는 상이유족연금과 실제 받은 급여의 차액에 대통령령으로 정하는 이자를 가산한 금액을 군인연금기금에 반납하여야 한다.

④ 행방불명되었던 사람이 생존한 사실이 확인된 경우에는 그 생존한 사실이 확인된 날이 속하는 달의 다음 달부터 그 행방불명되었던 사람에게 상이연금을 지급하여야 한다. 이 경우 제2항에 따라 상이연금의 60퍼센트를 상속인에게 지급한 경우에는 그 지급한 기간의 급여액과 지급하여야 할 급여액의 차액에 대통령령으로 정하는 이자를 가산한 금액을 지급하여야 한다.

⑤ 제1항에 따른 상속인이 2명 이상인 경우 상속인의 순위 및 상이연금의 지급에 관하여는 제10조를 준용하고, 제2항에 따라 급여를 받는 상속인의 수급권 상실 및 이전에 관하여는 제37조를 준용한다.

제32조【상이연금의 분할】 ① 혼인기간(배우자가 군인으로서 재직한 기간 중의 혼인기간으로서 별거, 가출 등의 사유로 인하여 실질적인 혼인관계가 존재하지 않았던 기간을 제외한 기간을 말한다. 이하 같다)이 5년 이상인 사람이 다음 각 호의 요건을 모두 갖추면 그 때부터 그가 생존하는 동안 배우자였던 사람의 상이연금을 분할한 일정한 금액의 연금(이하 "분할연금"이라 한다) 또는 일시금(이하 "분할일시금"이라 한다)을 받을 수 있다.
1. 배우자와 이혼하였을 것
2. 배우자였던 사람이 상이연금 수급권자일 것

② 제1항의 요건을 갖춘 사람은 배우자였던 사람의 복무기간이 20년 이상인 경우에는 분할연금을, 20년 미만인 경우에는 분할일시금을 신청할 수 있다. 이 경우 분할연금 및 분할일시금은 다음 각 호의 방법으로 산정한다.
1. 분할연금의 금액 : 배우자였던 사람의 「군인연금법」 제21조제2항에 따른 퇴역연금액 중 혼인기간에 해당하는 금액을 균등하게 나눈 금액
2. 분할일시금의 금액 : 배우자였던 사람의 「군인연금법」 제28조제3항에 따른 퇴직일시금액 중 혼인기간에 해당하는 금액을 균등하게 나눈 금액. 다만, 「군인연금법」 제28조제3항에 따른 퇴직일시금액이 이미 낸 기여금에 「민법」 제379조에 따른 이자를 가산한 금액보다 적을 경우에는 기여금에 「민법」 제379조에 따른 이자를 가산한 금액 중 혼인기간에 해당하는 금액을 균등하게 나눈 금액으로 한다.

③ 제1항에 따른 분할연금을 지급하는 경우 배우자였던 사람에게는 제27조에 따라 산정한 상이연금액에서 분할연금액을 빼고 지급한다.

④ 제1항에 따른 분할일시금을 지급하는 경우 배우자였던 사람에게는 분할일시금의 총액에 도달할 때까지 제27조에 따라 산정한 상이연금액의 2분의 1을 빼고 지급한다.

⑤ 배우자였던 사람이 제26조에 따라 상이연금을 받게 되는 경우 이미 퇴역연금일시금 또는 퇴역연금공제일시금을 분할 지급받은 사람은 퇴역연금일시금 또는 퇴역연금공제일시금을 분할하여 지급받은 그 금액에 이자를 가산하여 군인연금기금에 반납하여야 한다.

⑥ 제1항에 따른 상이연금의 분할 지급에 관하여는 「군인연금법」 제22조제3항 및 제4항, 제23조부터 제25조까지의 규정을 준용한다.

⑦ 제1항부터 제6항까지에서 규정한 사항 외에 상이연금의 분할 지급에 필요한 사항은 대통령령으로 정한다.

제4절 장애보상금

제33조【장애보상금】 ① 지원에 의하지 아니하고 임용된 부사관등이 군 복무 중 부상 또는 질병으로 인한 심신장애 판정을 받고 퇴직하거나 퇴직 후 6개월 이내에 군복무 중 부상 또는 질병으로 인한 심신장애 판정을 받은 경우에는 다음 각 호의 구분에 따른 장애보상금을 지급한다. 다만, 다음 각 호의 장애보상금 중 제4급은 「군인사법」 제54조의3에 따른 전공사상심사위원회(이하 "전공사상심사위원회"라 한다)의 심사를 거쳐 공무상 부상 또는 공무상 질병으로 인정되는 경우에만 지급한다.
1. 적과의 교전(交戰)이나 무장폭동 또는 반란을 진압하기 위한 직무 수행과 관련된 부상 또는 질병(이하 "전상"이라 한다)으로 인한 심신장애 : 제3호 각 목의 금액의 2.5배
2. 생명과 신체에 대한 고도의 위험을 무릅쓴 직무 수행으로서 대통령령으로 정하는 직무 수행과 관련된 부상 또는 질병(이하 "특수직무공상"이라 한다)으로 인한 심신장애 : 제3호 각 목의 금액의 1.88배
3. 그 밖의 심신장애 : 다음 각 목의 등급에 따른 금액. 이 경우 각 등급의 결정 기준은 국방부령으로 정한다.
가. 제1급 : 공무원 전체의 기준소득월액 평균액의 9배
나. 제2급 : 공무원 전체의 기준소득월액 평균액의 6배
다. 제3급 : 공무원 전체의 기준소득월액 평균액의 4.5배
라. 제4급 : 공무원 전체의 기준소득월액 평균액의 3배
② 지원에 의하지 아니하고 임용된 부사관등 외의 군인이 전상 또는 특수직무공상으로 인한 심신장애 판정을 받고 퇴직하거나 퇴직 후 6개월 이내에 전상 또는 특수직무공상으로 인한 심신장애 판정을 받은 경우에는 제1항 제1호 또는 제2호의 장애보상금을 지급한다.
③ 외국 근무(대통령령으로 정하는 해외 파견기간 중의 근무를 말한다. 이하 같다) 중 부상 또는 질병으로 인하여 제1항 및 제2항에 따른 장애보상금을 지급하게 된 경우에는 대통령령으로 정하는 금액을 가산하여 지급한다.
④ 제1항 및 제2항에 따른 심신장애 판정은 대통령령으로 정하는 바에 따라 군병원에서 실시한다.
⑤ 제1항부터 제4항까지에서 규정한 사항 외에 장애보상금의 지급에 필요한 사항은 대통령령으로 정한다.

제5절 재해유족급여

제34조【상이유족연금】 ① 상이연금을 받을 권리가 있는 군인 또는 군인이었던 사람이 사망한 경우에는 그 유족에게 상이유족연금을 지급한다.
② 상이유족연금은 군인 또는 군인이었던 사람이 받을 수 있는 상이연금액의 60퍼센트로 한다.
③ 제2항에도 불구하고 유족 중 「군인연금법」 제3조제2항 또는 제3항에 해당하는 사람(그 사람을 부양하고 있는 같은 조 제1항제4호가목에 따른 군인 또는 군인이었던 사람의 배우자를 포함한다)에게는 군인 또는 군인이었던 사람이 받을 수 있는 상이연금액의 70퍼센트를 지급한다.
제35조【순직유족연금】 ① 군인이 공무상 사망한 경우에는 유족에게 심의회의 심의를 거쳐 순직유족연금을 지급한다.
② 순직유족연금은 다음 각 호의 금액을 더한 금액으로 한다.
1. 해당 군인의 사망 당시 기준소득월액의 43퍼센트에 해당하는 금액
2. 순직군인의 유족 1명당 해당 군인의 사망 당시 기준소득월액의 5퍼센트에 해당하는 금액. 다만, 해당 금액의 합은 해당 군인의 사망 당시 기준소득월액의 20퍼센트를 초과할 수 없다.
제36조【순직유족연금일시금】 ① 순직유족연금을 받을 권리가 있는 유족이 원할 때에는 그 유족에게 순직유족연금을 갈음하여 순직유족연금일시금을 지급한다.
② 제1항에 따른 순직유족연금일시금의 금액 및 지급에 관하여는 「군인연금법」 제34조를 준용한다.
제37조【상이유족연금 및 순직유족연금의 수급권 상실 및 이전】 ① 상이유족연금 또는 순직유족연금을 받을 권리가 있는 사람이 다음 각 호의 어느 하나에 해당하는 경우에는 그 권리를 상실한다.
1. 사망한 경우
2. 재혼한 경우(사실상 혼인관계에 있는 경우를 포함한다)
3. 사망한 군인과의 친족관계가 종료된 경우
4. 상이등급에 해당하는 장해가 있지 아니한 자녀 또는 손자녀가 25세가 된 경우(2022.2.3 본호개정)
5. 상이등급에 해당하는 장해로 상이유족연금 또는 순직유족연금을 받고 있던 사람의 장해가 해소된 경우
② 상이유족연금 또는 순직유족연금을 받을 권리가 있는 사람이 그 권리를 상실한 경우에 같은 순위자가 있을 때에는 그 같은 순위자에게 그 권리가 이전되고, 같은 순위자가 없을 때에는 다음 순위자에게 그 권리가 이전된다.
제38조【행방불명자에게 지급할 상이유족연금 및 순직유족연금】 상이유족연금 또는 순직유족연금을 받을 권리가 있는 사람이 1년 이상 행방불명인 경우에는 같은 순위자의 청구에 의하여 그 행방불명된 기간에 해당하는 연금을 같은 순위자에게 지급할 수 있고, 같은 순위자가 없을 때에는 다음 순위자의 청구에 의하여 그 행방불명된 기간에 해당하는 연금을 다음 순위자에게 지급할 수 있다.
제39조【사망보상금】 ① 군인이 공무상 사망한 경우에는 유족에게 전공사상심사위원회의 심사를 거쳐 사망보상금을 지급한다.
② 제1항에 따른 사망보상금의 지급액은 다음 각 호의 구분에 따른다.
1. 전사(적과의 교전 또는 적의 행위로 인한 사망이나 무장폭동, 반란 또는 그 밖의 치안교란을 방지하기 위한 행위가 직접적인 원인이 되어 사망한 경우를 말한다) : 공무원 전체의 기준소득월액 평균액의 60배에 해당하는 금액
2. 특수직무순직(생명과 신체에 대한 고도의 위험을 무릅쓰고 대통령령으로 정하는 직무를 수행하다가 사망한 경우를 말한다) : 공무원 전체의 기준소득월액 평균액의 45배에 해당하는 금액
3. 그 밖의 공무상 사망 : 공무원 전체의 기준소득월액 평균액의 24배에 해당하는 금액
③ 외국 근무 중 공무상 사망한 경우에는 대통령령으로 정하는 금액을 가산하여 지급한다.

제6절 부조급여

제40조【재난부조금】 ① 군인이 화재나 수재(水災) 또는 그 밖의 재난으로 인하여 재산에 손해를 입었을 때에는 공무원 전체의 기준소득월액 평균액의 4배의 범위에서 재난부조금을 지급한다.
② 제1항에 따른 재난으로 인한 피해의 범위 및 피해 정도별 재난부조금의 지급금액 등은 대통령령으로 정한다.
제41조【사망조위금】 ① 군인의 배우자나 부모(배우자의 부모를 포함한다) 또는 자녀가 사망한 경우에는 그 군인에게 가족사망조위금을 지급한다. 이 경우 가족사망조위금 지급 대상이 되는 군인이 2명 이상일 때에는 대통령령으로 정하는 1명의 군인에게 지급하되, 부양하던 군인이 따로 있으면 그 군인에게 지급한다.
② 군인이 사망한 경우에는 그 배우자에게 군인사망조위금을 지급하되, 배우자가 없는 경우에는 대통령령으로 정하는 바에 따라 장례를 치르고 제사를 모시는 사람에게 지급한다.
③ 가족사망조위금은 공무원 전체의 기준소득월액 평균액의 65퍼센트로 하고, 군인사망조위금은 해당 군인의 기준소득월액의 2배로 한다.

제7절 급여의 제한

제42조【형벌 등에 의한 급여의 제한】 형벌 등에 의한 상이연금의 제한에 관하여는 「군인연금법」 제38조를 준용한다. 이 경우 "퇴직급여 및 퇴직수당"은 "상이연금"으로, "퇴직급여액"은 "상이연금액"으로 본다.
제43조【고의 또는 중과실 등에 의한 급여의 제한】 ① 이 법의 적용대상자로서 고의로 부상·질병·장해 또는 재해를 발생하게 하여 급여를 받을 수 있는 권리를 취득한 사람에게는 해당 급여를 지급하지 아니한다. 다만, 그 부상·질병·장해 또는 재해가 정상적인 인식능력 등이 뚜렷하게 저하된 상태에서 한 행위로 발생한 경우로서 대통령령으로 정하는 사유가 있는 경우에는 해당 급여를 지급한다.
② 재해유족급여를 받을 수 있는 사람이 군인, 군인이었던 사람 또는 재해유족급여를 받고 있는 사람을 고의로 사망하게 한 경우에는 그 사람에 대한 재해유족급여를 지급하지 아니한다. 군인 또는 군인이었던 사람의 사망 전에 그 사람의 사망으로 인하여 재해유족급여를 받을 수 있는 사람이 자신과 같은 순위자 또는 앞선 순위자를 고의로 사망하게 한 경우에도 또한 같다.
③ 이 법에 따른 급여를 받을 수 있는 사람이 다음 각 호의 어느 하나에 해당하는 경우에는 대통령령으로 정하는 바에 따라 그에 대한 급여의 전부 또는 일부를 지급하지 아니할 수 있다. 다만, 공무수행 중의 사고로 인한 부상·질병에 대해서는 본인이 고의로 그 사고를 발생하게 한 경우가 아니면 그 부상·질병에 대한 요양비는 전액을 지급하되, 본인이 고의로 그 사고를 발생하게 한 경우에도 해당 사고가 정상적인 인식능력 등이 뚜렷하게 저하된 상태에서 한 행위로 발생한 경우로서 대통령령으로 정하는 사유가 있는 경우에는 그 부상·질병에 대한 요양비를 전액 지급한다.
1. 중대한 과실에 의하여 또는 정당한 사유 없이 요양에 관한 지시를 따르지 아니하여 다음 각 목의 어느 하나에 해당하게 된 경우
가. 부상·질병 또는 장해를 발생하게 한 경우
나. 부상·질병 또는 장해의 정도를 악화시킨 경우
다. 부상·질병 또는 장해의 회복을 방해한 경우
라. 사망한 경우
2. 고의로 부상·질병 또는 장해의 정도를 악화시키거나, 그 회복을 방해한 경우. 다만, 그 악화나 방해가 정상적인 인식능력 등이 뚜렷하게 저하된 상태에서 한 행위로 이루어진 경우로서 대통령령으로 정하는 사유가 있는 경우는 제외한다.
④ 재해유족급여를 받을 수 있는 사람 중 군인이거나 군인이었던 사람에 대하여 양육책임이 있었던 사람이 이를 이행하지 아니하였던 경우에는 심의회의 심의를 거쳐 양육책임을 이행하지 아니한 기간, 정도 등을 고려하여 대통령령으로 정하는 바에 따라 해당 급여의 전부 또는 일부를 지급하지 아니할 수 있다.(2023.10.31 본항신설)
제44조【신체의 진단 불응에 의한 급여의 제한】 신체의 진단 불응에 의한 급여의 제한에 관하여는 「군인연금법」 제40조를 준용한다.
제45조【사망보상금 및 장애보상금의 급여 제한】 다음 각 호의 어느 하나에 해당하는 사람에게는 사망보상금 및 장애보상금을 지급하지 아니한다.
1. 제42조에 따라 준용되는 「군인연금법」 제38조제1항 또는 제4항에 해당하는 사람
2. 본인의 고의 또는 중대한 과실로 인하여 사망보상금이나 장애보상금의 지급 사유가 발생한 사람. 다만, 그 지급 사유가 정상적인 인식능력 등이 뚜렷하게 저하된 상태에서 한 행위로 발생한 경우로서 대통령령으로 정하는 사유에 해당하는 사람은 제외한다.
3. 「군형법」 제30조에 따른 군무(軍務) 이탈 또는 같은 법 제79조에 따른 무단 이탈 중에 질병에 걸리거나 부상을 당하거나 사망한 사람
4. 복무기간(입원기간은 제외한다)이 1년 미만인 사람으로서 공무 외의 원인으로 질병에 걸리거나 부상을 당한 사람
5. 외국 근무 중 질병에 걸리거나 부상을 당하거나 사망한 사람 중 정부로부터 장애보상금 및 사망보상금 외의 다른 보상금을 받게 된 사람

제3장 비용 부담

제46조【비용 부담의 원칙】 이 법에 따른 급여에 드는 비용 및 재해보상 업무처리에 드는 비용은 국가가 부담한다.

제4장 심사의 청구

제47조【심사의 청구】 ① 급여에 관한 결정, 그 밖에 이 법에 따른 급여에 관하여 이의가 있는 사람은 대통령령으로 정하는 바에 따라 제48조에 따른 군인재해보상연금재심위원회에 심사를 청구할 수 있다.
② 제1항의 심사 청구는 급여에 관한 결정 등이 있은 날부터 180일, 그 사실을 안 날부터 90일 이내에 하여야 한다. 다만, 그 기간 내에 정당한 사유가 있어 심사 청구를 할 수 없었던 것을 증명한 경우에는 예외로 한다.
③ 급여에 관한 결정, 그 밖에 이 법에 따른 급여에 관하여는 「행정심판법」에 따른 행정심판을 청구할 수 없다.
④ 제1항부터 제3항까지에서 규정한 사항 외에 심사 청구에 필요한 사항은 대통령령으로 정한다.
제48조【군인재해보상연금재심위원회】 ① 다음 각 호의 사항을 심사하기 위하여 국방부에 군인재해보상연금재심위원회(이하 "재심위원회"라 한다)를 둔다.
1. 제47조에 따른 심사 청구에 관한 사항
2. 다른 법률에서 재심위원회의 심사 사항으로 정한 사항
② 재심위원회는 위원장 1명을 포함하여 7명 이상 15명 이내의 위원으로 구성한다.
③ 위원장은 위원 중에서 호선한다.
④ 위원은 다음 각 호의 어느 하나에 해당하는 사람 중에서 성별을 고려하여 국방부장관이 임명하거나 위촉한다.
1. 국방부 소속 공무원(군인을 포함한다)
2. 의료 분야, 법무 분야 또는 사회보장 분야에 관한 학식과 경험이 풍부한 사람
⑤ 위원의 임기는 3년으로 한다. 다만, 제4항제1호의 위원은 그 직(職)에 있는 동안 재임(在任)한다.
⑥ 재심위원회는 심사를 위하여 필요할 때에는 다음 각 호의 조치를 할 수 있다.
1. 심사 청구인 또는 그 청구인이 지정하는 사람, 관계 공무원 및 그 밖의 이해관계인 등에 대한 출석 요구 및 의견 청취
2. 각 군 참모총장, 국방부 직할부대장 또는 직할기관장 및 요양기관의 장, 그 밖의 관계자·기관 등에 대한 자료 제출 요구
⑦ 제1항부터 제6항까지에서 규정한 사항 외에 재심위원회의 구성 및 운영에 필요한 사항은 대통령령으로 정한다.

제5장 보 칙

제49조【시효】 ① 이 법에 따른 급여를 받을 권리는 그 급여의 사유가 발생한 날부터 5년간 행사하지 아니하면 시효의 완성으로 소멸된다. 다만, 공무상요양비, 재난부조금 및 사망조위금을 받을 권리는 그 급여의 사유가 발생한 날부터 3년간 행사하지 아니하면 시효의 완성으로 소멸한다.
② 제1항에도 불구하고 「군인사법」 제54조의3제2항에 따라 전공사상심사위원회의 재심사를 통하여 순직으로 인정된 경우에는 순직 결정일부터 순직유족연금과 사망보상금의 급여를 받을 권리는 5년간, 사망조위금의 급여를 받을 권리는 3년간 행사하지 아니하면 시효의 완성으로 소멸한다.
③ 전시, 사변 또는 그 밖의 부득이한 사유로 제1항 및 제2항의 권리를 행사할 수 없는 경우에는 대통령령으로 정하는 바에 따라 2년의 범위에서 그 기간을 연장할 수 있다.

④ 이 법에 따른 환수금, 그 밖의 징수금을 환수하거나 징수할 국방부장관의 권리는 환수 및 징수 사유가 발생한 날부터 5년간 행사하지 아니하면 시효의 완성으로 소멸한다.
⑤ 이 법에 따른 환수금, 그 밖의 징수금의 납입 고지 및 독촉과 급여의 지급 청구 또는 과납금 등의 반환 청구는 소멸시효 중단의 효력을 가진다.
⑥ 제5항에 따라 중단된 소멸시효는 납입의 고지 또는 독촉에 따른 납입기간이 지난 때부터 새로 진행한다.
⑦ 이 법에 따른 급여의 결정에 대하여 소를 제기하여 승소한 경우에 그에 관련되는 급여를 받을 권리는 그 판결이 확정된 날부터 공무상요양비, 재난부조금 및 사망조위금을 받을 권리는 3년간, 그 밖의 급여는 5년간 행사하지 아니하면 시효의 완성으로 소멸한다.
제50조【효력발생기간】 이 법에 따른 급여 또는 심사청구에 관한 기간을 계산할 때 그 서류가 시효 완성 전에 우편으로 보낸 것일 때에는 이에 걸린 일수(日數)는 그 기간에 산입(算入)하지 아니한다.
제51조【조사·보고 등】 국방부장관은 이 법에 따른 급여와 그 밖에 재해보상제도를 적정하게 운영하기 위하여 필요하다고 인정할 때에는 각 군 참모총장, 국방부 직할부대장 또는 직할기관장 및 요양기관의 장, 그 밖의 관계자에게 다음 각 호의 사항을 요구할 수 있으며, 소속 공무원 또는 기관으로 하여금 장부, 서류 또는 그 밖의 물건을 검사하게 할 수 있다.
1. 필요한 보고·통보
2. 장부, 서류, 그 밖의 물건의 제시·제출
3. 일정한 장소에의 출석과 의견의 진술 또는 설명
제52조【서류의 제출요구권 등】 ① 국방부장관은 이 법에 따른 급여를 지급받을 권리가 있는 사람에게 신분상의 이동, 장해 정도, 그 밖에 급여에 관하여 필요한 서류 또는 물건의 제출을 요구할 수 있다.
② 국방부장관은 이 법에 따른 급여와 그 밖에 군인재해보상제도의 적정한 운영을 위하여 필요하다고 인정할 때에는 국가기관, 지방자치단체, 요양기관, 그 밖에 대통령령으로 정하는 단체나 기관에 「군인연금법」 제27조제3항에 따른 소득 등의 조사나 그 밖에 군인재해보상업무에 필요한 주민등록·가족관계등록·국세·지방세·토지·건물·건강보험·장애인등록 등 대통령령으로 정하는 자료를 요청할 수 있다. 이 경우 자료의 제공 등을 요청받은 단체나 기관은 특별한 사유가 없으면 그 요청에 따라야 한다.(2023.10.31 전단개정)
③ 제2항에 따라 제공되는 자료에 대해서는 사용료·수수료 등을 면제한다.
④ 제1항의 경우에 급여를 받을 권리가 있는 사람이 정당한 사유 없이 그 요구에 따르지 아니하면 이에 따를 때까지 그 사람에 대한 급여의 지급을 중지할 수 있다.
제53조【신고사항】 다음 각 호의 어느 하나에 해당하는 사유나 사실이 있는 경우에는 대통령령으로 정하는 바에 따라 국방부장관에게 신고하여야 한다.
1. 제30조에 따라 준용되는 「군인연금법」 제27조제1항의 상이연금 지급 정지 사유
2. 제34조 및 제35조에 따른 연금수급권자 사망 사실
3. 제37조에 따른 연금수급권 상실 사유
4. 제42조에 따라 준용되는 「군인연금법」 제38조에 따른 급여 제한 사유
제54조【급여의 결정 및 지급의 위임·위탁 등】 ① 국방부장관은 제8조제1항에 따른 급여의 결정 및 지급에 관한 권한을 대통령령으로 정하는 바에 따라 각 군 참모총장, 국방부 직할부대장 또는 직할기관장에게 위임할 수 있다.
② 국방부장관(제1항에 따라 위임받은 사람을 포함한다)은 급여에 관한 업무를 대통령령으로 정하는 바에 따라 다음 각 호의 구분에 따른 기관의 장에게 위탁할 수 있다.
1. 사망보상금의 지급 및 환수에 관한 업무 : 국가보훈부(2023.3.4 본호개정)
2. 공무상요양비 지급에 관한 업무 : 국민건강보험공단
3. 그 밖의 급여의 지급에 관한 업무 : 체신관서(遞信官署) 또는 금융회사등
제55조【벌칙 적용에서 공무원 의제】 심의회 및 재심위원회의 위원 중 공무원이 아닌 위원은 「형법」 제127조 및 제129조부터 제132조까지의 규정을 적용할 때에는 공무원으로 본다.

부 칙

제1조【시행일】 이 법은 공포 후 6개월이 경과한 날부터 시행한다. 다만, 제9조제2항(순직유족연금의 급여액을 산정하는 경우만 해당한다), 제35조제2항 및 제36조제2항은 공포한 날부터 시행한다.
제2조【순직유족연금에 관한 적용례】 ① 부칙 제7조에도 불구하고 제9조제2항(최저 보상기준 금액에 관한 사항만 해당한다) 및 제35조제2항은 부칙 제1조 단서에 따른 시행일 전에 사망하여 순직유족연금의 급여 사유가 발생한 사람〔종전의 「군인연금법」(법률 제16760호로 전부개정되기 전의 것을 말한다. 이하 같다) 제26조제1항제3호에 따라 순직유족연금을 지급받고 있는 사람을 포함한다〕에게도 적용한다.
② 제1항에 따른 순직유족연금은 부칙 제1조 단서에 따른 시행일 이후 도래하는 순직유족연금 지급일부터 적용한다.
제3조【상이연금의 분할 지급에 관한 적용례】 제32조에 따른 상이연금의 분할 지급은 이 법 시행 이후 이혼하는 경우부터 적용한다. 이 경우 상이연금의 분할 지급 대상 혼인기간에는 이 법 시행 전에 배우자 또는 배우자였던 사람이 군인으로서 재직한 기간 중의 실질적인 혼인관계가 존재한 기간을 포함한다.
제4조【순직유족연금, 사망보상금 및 사망조위금 지급에 관한 적용례】 제49조제2항은 2012년 7월 1일부터 법률 제16355호 군인연금법 일부개정법률 시행일인 2019년 4월 23일 전에 전공사상심사위원회의 재심사를 통하여 순직으로 인정된 사람에게도 적용한다.
제5조【벌칙 적용에서 공무원 의제에 관한 적용례】 제55조는 이 법 시행 후 최초로 「형법」 제127조 및 제129조부터 제132조까지에 해당하는 행위를 한 경우부터 적용한다.
제6조【순직유족연금, 사망보상금 및 사망조위금을 지급받을 권리의 시효에 관한 특례】 부칙 제4조에 따른 급여를 받을 권리는 제49조제2항에도 불구하고 법률 제16355호 군인연금법 일부개정법률 시행일인 2019년 4월 23일부터 순직유족연금 및 사망보상금은 5년간, 사망조위금은 3년간 행사하지 아니하면 시효의 완성으로 소멸한다.
제7조【급여 사유 발생에 관한 경과조치】 ① 이 법 시행 전에 급여의 사유가 발생한 사람에 대한 급여에 관하여는 종전의 「군인연금법」에 따른다.
② 제1항에도 불구하고 법률 제3587호 군인연금법중개정법률 시행일인 1983년 1월 1일(같은 법 제16조제5항 및 제38조제2항의 개정규정은 1984년 10월 1일을 말한다) 전에 급여의 사유가 발생한 사람에 대한 급여에 관하여는 같은 법으로 개정되기 전의 규정에 따른다.
③ 제1항에도 불구하고 법률 제3759호 군인연금법중개정법률 시행일인 1985년 1월 1일 전에 급여의 사유가 발생한 사람에 대한 급여에 관하여는 같은 법으로 개정되기 전의 규정에 따른다.
④ 제1항에도 불구하고 법률 제4034호 군인연금법중개정법률 시행일인 1988년 12월 29일 전에 급여의 사유가 발생한 사람에 대한 급여에 관하여는 같은 법 제41조의 개정규정을 제외하고는 같은 법으로 개정되기 전의 규정에 따른다.
⑤ 제1항에도 불구하고 법률 제4318호 군인연금법중개정법률 시행일인 1991년 10월 1일 전에 급여의 사유가 발생한 사람에 대한 급여에 관하여는 같은 법으로 개정되기 전의 규정에 따른다.
⑥ 제1항에도 불구하고 법률 제4705호 군인연금법중개정법률 시행일인 1994년 7월 1일(같은 법 제30조의5부터 제30조의9까지의 개정규정은 군인이 같은 법 시행 당시의 「공무원및사립학교교직원의료보험법」에 따라 요양급여를 받게 된 날을 말한다) 전에 급여의 사유가 발생한 사람에 대한 급여에 관하여는 같은 법으로 개정되기 전의 규정에 따른다.
⑦ 제1항에도 불구하고 법률 제5063호 군인연금법중개정법률 시행일인 1996년 1월 1일(같은 법 제21조제5항의 개정규정은 2000년 1월 1일을 말한다) 전에 급여의 사유가 발생한 사람에 대한 급여에 관하여는 같은 법으로 개정되기 전의 규정에 따른다.
⑧ 제1항에도 불구하고 법률 제6327호 군인연금법중개정법률 시행일인 2001년 1월 1일(같은 법 제30조의7의 개정규정은 2002년 1월 1일을 말한다) 전에 급여의 사유가 발생한 사람에 대한 급여에 관하여는 같은 법으로 개정되기 전의 규정에 따른다.
⑨ 제1항에도 불구하고 법률 제8023호 군인연금법 일부개정법률 시행일인 2006년 10월 4일 전에 급여의 지급사유가 발생한 사람에 대한 급여에 관하여는 같은 법으로 개정되기 전의 규정에 따른다. 다만, 같은 법 제21조의2의 개정규정은 같은 규정의 시행일인 2006년 10월 4일 전에 급여의 사유가 발생한 사람에 대해서도 적용한다.
⑩ 제1항에도 불구하고 법률 제11632호 군인연금법 일부개정법률 시행일인 2013년 7월 1일 전에 지급 사유가 발생한 급여의 지급은 같은 법으로 개정되기 전의 규정에 따른다.
제8조【급여 및 급여수급자에 관한 경과조치】 이 법 시행 전에 다음 표의 왼쪽 란에 기재된 급여 및 해당 급여의 수급자는 각각 같은 표의 오른쪽 란에 기재된 급여 및 해당 급여의 수급자로 본다.

종전의 「군인연금법」 제6조제5호에 따른 상이연금	제7조제2호가목 및 제26조에 따른 상이연금
종전의 「군인연금법」 제6조제6호 및 제26조제1항제2호에 따른 유족연금	제7조제3호가목 및 제34조에 따른 상이유족연금
종전의 「군인연금법」 제6조제6호 및 제26조제1항제3호에 따른 유족연금	제7조제3호나목 및 제35조에 따른 순직유족연금
종전의 「군인연금법」 제6조제9호 및 제29조의3에 따른 유족연금일시금	제7조제3호다목 및 제36조에 따른 순직유족연금일시금
종전의 「군인연금법」 제6조제11호 및 제31조제2항에 따른 사망보상금	제7조제3호라목 및 제39조제2항에 따른 사망보상금
종전의 「군인연금법」 제6조제12호에 따른 장애보상금	제7조제2호나목 및 제33조에 따른 장애보상금
종전의 「군인연금법」 제6조제13호 및 제32조의2제1항에 따른 사망조위금	제7조제4호나목2) 및 제41조제1항에 따른 가족사망조위금
종전의 「군인연금법」 제6조제13호 및 제32조의2제2항에 따른 사망조위금	제7조제4호나목1) 및 제41조제2항에 따른 군인사망조위금
종전의 「군인연금법」 제6조제14호에 따른 재해부조금	제7조제4호가목 및 제40조에 따른 재난부조금
종전의 「군인연금법」 제6조제16호에 따른 공무상요양비	제7조제1호 및 제20조에 따른 공무상요양비

제9조【처분 등에 관한 일반적 경과조치】 공무상 재해에 관한 급여와 관련하여 이 법 시행 당시 종전의 「군인연금법」에 따라 국방부장관, 군인연금급여심의회 및 군인연금급여재심위원회(이하 "국방부장관등"이라 한다)에 한 행위와 국방부장관등이 한 행위(법률 제4705호 군인연금법중개정법률 시행일인 1994년 7월 1일 전에 종전의 군인연금급여심사위원회에 한 행위나 같은 위원회가 한 행위를 포함한다)는 이 법에 따라 국방부장관, 심의회 및 재심위원회에 한 행위 또는 국방부장관, 심의회 및 재심위원회가 한 행위로 본다.
제10조【배우자의 범위에 관한 경과조치】 이 법 시행 전에 유족의 대상이 되는 배우자의 범위에 관하여는 제3조제2호에도 불구하고 종전의 「군인연금법」 제3조제1항제4호가목에 따른다. 이 경우 법률 제12788호 군인연금법 일부개정법률 제3조제1항제4호가목의 개정규정은 같은 법 시행일인 2014년 10월 15일 이후 군인 또는 군인이었던 사람이 사망한 경우부터 적용한다.
제11조【유족의 범위에 관한 경과조치】 1995년 12월 31일 이전에 퇴직하여 법률 제5063호 군인연금법중개정법률 시행일인 1996년 1월 1일 전에 혼인 또는 출생하거나 입양관계가 성립된 배우자, 자녀(1995년 12월 31일 현재의 태아를 포함한다), 부모, 손자녀(1995년 12월 31일 현재의 태아를 포함한다) 및 조부모에 대해서는 같은 법 제3조제1항제4호의 개정규정에도 불구하고 같은 법으로 개정되기 전의 규정에 따른다.
제12조【연금액의 조정에 관한 경과조치】 연금인 급여는 법률 제11632호 군인연금법 일부개정법률 제17조의2의 개정규정 및 같은 법 부칙 제6조제1항에도 불구하고 2014년도부터 2018년도까지는 연도별로 같은 법으로 개정되기 전의 제17조의2제1항에 따른 전국소비자물가변동률과 해당 연도 군인보수변동률 간에 3퍼센트포인트 이상의 차이가 발생할 경우에는 각 연도별 전국소비자물가변동률과 해당 연도 군인보수변동률 간의 차이가 3퍼센트포인트를 초과하지 아니하도록 조정한다.
제13조【급여 환수에 관한 경과조치】 이 법 시행 전에 급여의 환수 사유가 발생한 경우의 환수 요건, 환수 절차, 환수금 및 이자의 가산, 결손처분, 체납처분 등에 관하여는 제15조에도 불구하고 종전의 「군인연금법」 제15조에 따른다.
제14조【상이유족연금 및 순직유족연금 지급에 관한 경과조치】 ① 이 법 시행 전에 상이유족연금 및 순직유족연금을 받을 권리가 있는 사람에 대해서는 제18조제4항에도 불구하고 종전의 「군인연금법」 제19조제4항 또는 제19조의3에 따른다.
② 제1항의 경우 법률 제11632호 군인연금법 일부개정법률 제19조제4항 또는 제19조의3의 개정규정은 같은 법 시행일인 2013년 7월 1일 당시 종전의 제26조제1항제3호에 따라 유족연금을 지급받는 사람으로서 종전의 제19조제4항 또는 제19조의3에 따라 유족연금을 2분의 1만 지급받고 있던 사람에게 같은 법 시행일인 2013년 7월 1일 이후 유족연금을 지급하는 경우에도 적용한다.
③ 제1항의 경우 법률 제11632호 군인연금법 일부개정법률 제26조제2항제1호(상이연금만 해당한다)의 개정규정에도 불구하고 같은 법 시행일인 2013년 7월 1일 전부터 복무 중인 군인이거나 같은 법 시행일인 2013년 7월 1일 전에 퇴직한 군인이 사망 또는 행방불명 등이 된 경우 유족에 대한 상이유족연금액은 군인 또는 군인이었던 사람이 받을 수 있었던 상이연금액의 100분의 70에 상당하는 금액으로 한다.
제15조【공무상요양비 지급에 관한 경과조치】 ① 이 법 시행 전에 공무상요양비를 받을 권리가 있는 사람에 대해서는 제20조 및 제23조에도 불구하고 종전의 「군인연금법」 제30조의5 및 제30조의8제2항에 따른다.
② 제1항의 경우 법률 제13630호 군인연금법 일부개정법률 제30조의5제2항의 개정규정은 같은 법 시행일인 2016년 3월 30일 전에 지급 사유가 발생한 급여로서 같은 법 제30조의7에 따라 공무상요양비를 청구(같은 법 제8조제1항에 따른 시효가 소멸되지 아니한 경우를 말한다)할 수 있거나 같은 법 시행일인 2016년 3월 30일 당시 공무상 질병 또는 부상으로 요양기관에서 요양 중인 경우에 대해서도 적용한다.
③ 제1항의 경우 법률 제15050호 군인연금법 일부개정법률 제30조의5제1항 및 제30조의8제2항의 개정규정은 같은 법 시행일인 2018년 3월 1일 전에 지급사유가 발생한 급여로서 같은 법 제30조의7제1항에 따라 공무상요양비를 청구(같은 법 제8조제1항에 따른 시효가 소멸되지 아니한 경우를 말한다)할 수 있는 경우에 대해서도 적용한다.
제16조【재요양에 관한 경과조치】 ① 이 법 시행 전에 공무상요양비를 지급받은 사람의 재요양에 관하여는 제21조에도 불구하고 종전의 「군인연금법」 제30조의10에 따른다.
② 제1항의 경우 법률 제13630호 군인연금법 일부개정법률 제30조의10의 개정규정은 같은 법으로 개정되기 전의

규정에 따라 공무상요양비를 지급받은 군인에게도 적용한다. 이 경우 같은 법 시행일인 2016년 3월 30일 이후 신청한 재요양부터 공무상요양비를 지급한다.

제17조【상이연금 지급에 관한 경과조치】 ① 이 법 시행 전에 상이연금을 받을 권리가 있는 사람에 대해서는 제26조 및 제27조에도 불구하고 종전의 「군인연금법」 제23조제1항에 따른다.

② 제1항의 경우 법률 제10649호 군인연금법 일부개정법률 제23조제1항의 개정규정은 퇴직 후 같은 법 시행일인 2011년 5월 19일 전에 장애 상태가 된 사람에게도 적용한다. 이 경우 같은 법 제23조제1항의 개정규정에 따른 상이연금은 같은 법 제17조에도 불구하고 같은 법 시행일인 2011년 5월 19일 이후 발생한 급여부터 지급한다.

③ 제2항의 경우 법률 제10649호 군인연금법 일부개정법률 부칙 제2조의 개정규정에 따른 상이연금을 받을 권리는 법률 제15050호 군인연금법 일부개정법률 부칙 제3조에 따라 같은 법 제8조에도 불구하고 같은 법 시행일인 2017년 11월 28일 이후 5년간 행사하지 아니하면 시효의 완성으로 소멸한다.

제18조【장애보상금 지급에 관한 경과조치】 ① 이 법 시행 전에 장애보상금을 받을 권리가 있는 사람에 대해서는 제33조에도 불구하고 종전의 「군인연금법」 제32조에 따른다.

② 제1항의 경우 법률 제11632호 군인연금법 일부개정법률 제32조의 개정규정에 따른 장애보상금의 지급은 같은 법 시행일인 2013년 7월 1일 이후 퇴직한 군인부터 적용한다.

제19조【급여제한사유 소멸에 따른 급여 및 이자 지급에 관한 경과조치】 ① 이 법 시행 전의 급여제한사유 소멸에 따른 급여 및 이자 지급에 관하여는 제42조에도 불구하고 종전의 「군인연금법」 제33조제2항에 따른다.

② 제1항의 경우 법률 제15050호 군인연금법 일부개정법률 제33조제2항의 개정규정은 같은 법 시행일인 2017년 11월 28일 전에 급여의 제한 사유가 소급하여 소멸한 사람에게도 적용한다. 이 경우 같은 법 제8조에도 불구하고 같은 법 시행일인 2017년 11월 28일 이후 5년이 지나면 같은 법 제33조제2항의 개정규정에 따른 금액의 지급을 청구할 수 없다.

제20조【형벌 등에 의한 급여의 제한에 관한 경과조치】 ① 이 법 시행 전의 형벌 등에 의한 급여의 제한에 관하여는 제42조에도 불구하고 종전의 「군인연금법」 제33조제4항에 따른다.

② 제1항의 경우 법률 제15050호 군인연금법 일부개정법률 시행일인 2018년 5월 29일 전에 「군사기밀 보호법」을 위반한 사람의 급여의 제한에 대해서는 법률 제15050호 군인연금법 일부개정법률 제33조제4항에도 불구하고 같은 법으로 개정되기 전의 규정에 따른다.

제21조【다른 법률의 개정】 ①~⑧ ※(해당 법령에 가제정리 하였음)

제22조【다른 법령과의 관계】 이 법 시행 당시 다른 법령에서 종전의 「군인연금법」의 규정을 인용한 경우에 이 법 가운데 그에 해당하는 규정이 있으면 종전의 규정을 갈음하여 이 법의 해당 조항을 인용한 것으로 본다.

부　칙 (2022.2.3)

제1조【시행일】 이 법은 공포한 날부터 시행한다.

제2조【상이유족연금 및 순직유족연금 수급자격의 적용례】 제37조제1항의 개정규정은 이 법 시행 당시에 상이유족연금 및 순직유족연금을 지급받고 있던 사람에게도 적용한다.

제3조【상이연금을 지급받을 권리의 시효 기산일에 관한 특례】 제27조의2의 개정규정에 따른 급여를 받을 권리는 제49조제1항에도 불구하고 이 법 시행일부터 기산한다.

부　칙 (2022.12.13)

이 법은 공포한 날부터 시행한다.

부　칙 (2023.3.4)

제1조【시행일】 이 법은 공포 후 3개월이 경과한 날부터 시행한다.(이하 생략)

부　칙 (2023.10.31)

제1조【시행일】 이 법은 공포 후 6개월이 경과한 날부터 시행한다.

제2조【급여의 제한에 관한 적용례】 ① 제43조제4항의 개정규정은 이 법 시행 전에 재해유족급여 사유가 발생한 사람(법률 제16761호 「군인 재해보상법」 시행 전에 급여 사유가 발생하여 같은 법 부칙 제7조의 적용을 받는 사람을 포함한다)에 대해서도 적용한다.

② 제1항에 따른 급여의 제한은 이 법 시행 후 최초로 도래하는 급여분부터 적용한다.

국가유공자 등 예우 및 지원에 관한 법률(약칭 : 국가유공자법)

(1984년 8월 2일
법　률 제3742호)

개정
1988.12.31법 4072호　<중략>
2000.12.26법 6290호(군인사법)
2000.12.30법 6339호
2001. 1.16법 6372호(한국보훈복지공단법)
2001. 1.29법 6400호(정부조직)
2002. 1.26법 6627호(민사집행법)
2002. 1.26법 6648호　2003. 5.29법 6920호
2004. 1.20법 7104호
2004. 1.20법 7106호(보훈기금법)
2005. 7.29법 7646호
2005. 7.29법 7649호(국립묘지의설치및운영에관한법)
2006. 3. 3법 7873호　2006.12.28법 8131호
2007. 3.29법 8327호
2007. 4.11법 8366호(의료법)
2007. 7.27법 8566호(특수임무수행자지원및단체설립에관한법)
2008. 2.29법 8852호(정부조직)
2008. 3.28법 9079호　2009. 2. 6법 9462호
2009. 6. 9법 9754호(병역)
2010. 4.15법10258호(성폭력범죄의처벌등에관한특례법)
2010. 5.17법10303호(은행법)
2010. 5.31법10337호(근로자직업능력개발법)
2010. 6. 4법10339호(정부조직)
2011. 3.29법10471호
2011. 8. 4법11029호(특수임무유공자예우및단체설립에관한법)
2011. 9.15법11041호
2011.12.31법11141호(국민보험)
2012. 2.17법11330호　2012. 5.23법11452호
2012.12.18법11556호(성폭력범죄의처벌등에관한특례법)
2012.12.18법11572호(아동·청소년의성보호에관한법)
2013. 3.23법11690호(정부조직)
2013. 4. 5법11731호(형법)
2013. 5.22법11817호
2013. 6. 4법11849호(병역)
2013. 7.26법11945호　2014. 1.28법12386호
2015. 2. 3법13196호
2015. 7.24법13425호(의무경찰대설치및운영에관한법)
2015.12.22법13605호(고엽제후유의증등환자지원및단체설립에관한법)
2015.12.22법13606호
2015.12.22법13609호(참전유공자예우및단체설립에관한법)
2015.12.29법13697호
2016. 1. 6법13717호(특정범죄가중처벌등에관한법)
2016. 1. 6법13718호(폭력행위등처벌에관한법)
2016. 5.29법14170호(경비교도대폐지에따른보상등에관한법)
2016. 5.29법14255호
2016.12.20법14420호(군무원)
2017.10.31법15028호　2018. 1.16법15363호
2018. 6.12법15702호　2018.12.31법16192호
2019. 4.30법16426호　2019.11.26법16659호
2019.12.31법16851호(대체역의편입및복무등에관한법)
2020. 3.24법17114호
2021. 1. 5법17883호(5·18민주유공자예우및단체설립에관한법)
2021. 4.20법18135호　2021. 6. 8법18232호
2021. 8.17법18425호(국민평생직업능력개발법)
2022. 1. 4법18716호　2022.12.16법19092호
2023. 3. 4법19228호(정부조직)
2023. 7.11법19523호
2024년 1월 25일 제412회 국회 본회의 통과→「法典 別册」 보유편 수록

제1장 총　칙
(2008.3.28 본장개정)

제1조【목적】 이 법은 국가를 위하여 희생하거나 공헌한 국가유공자, 그 유족 또는 가족을 합당하게 예우(禮遇)하고 지원함으로써 이들의 생활안정과 복지향상을 도모하고 국민의 애국정신을 기르는 데에 이바지함을 목적으로 한다.(2011.9.15 본조개정)

제2조【예우의 기본이념】 대한민국의 오늘은 온 국민의 애국정신을 바탕으로 전몰군경(戰歿軍警)과 전상군경(戰傷軍警)을 비롯한 국가유공자의 희생과 공헌 위에 이룩된 것이므로 이러한 희생과 공헌이 우리와 우리의 자손들에게 숭고한 애국정신의 귀감(龜鑑)으로서 항구적으로 존중되고, 그 희생과 공헌의 정도에 상응하여 국가유공자와 그 유족의 영예(榮譽)로운 생활이 유지·보장되도록 실질적인 보상이 이루어져야 한다.

제3조【정부의 시책】 국가와 지방자치단체는 국가유공자의 애국정신을 기리고 이를 계승·발전시키며, 제2조의 기본이념을 구현하기 위한 시책을 마련한다.

제4조【적용 대상 국가유공자】 ① 다음 각 호의 어느 하나에 해당하는 국가유공자, 그 유족 또는 가족(다른 법률에서 이 법에 규정된 예우 등을 받도록 규정된 사람을 포함한다)은 이 법에 따른 예우를 받는다.

1. 순국선열 : 「독립유공자예우에 관한 법률」 제4조제1호에 따른 순국선열
2. 애국지사 : 「독립유공자예우에 관한 법률」 제4조제2호에 따른 애국지사
3. 전몰군경(戰歿軍警) : 군인이나 경찰공무원으로서 전투 또는 이에 준하는 직무수행 중 사망한 사람(군무원으로서 1959년 12월 31일 이전에 전투 또는 이에 준하는 직무수행 중 사망한 사람을 포함한다)
4. 전상군경(戰傷軍警) : 군인이나 경찰공무원으로서 전투 또는 이에 준하는 직무수행 중 상이를 입고 전역(퇴역·면역 또는 상근예비역 소집해제를 포함한다. 이하 같다)하거나 퇴직(면직을 포함한다. 이하 같다)한 사람(군무원으로서 1959년 12월 31일 이전에 전투 또는 이에 준하는 직무수행 중 상이를 입고 퇴직한 사람을 포함한다) 또는 6개월 이내에 전역이나 퇴직하는 사람으로서 그 상이정도가 국가보훈부장관이 실시하는 신체검사에서 제6조의4에 따른 상이등급(이하 "상이등급"이라 한다)으로 판정된 사람(2023.3.4 본호개정)
5. 순직군경(殉職軍警) : 군인이나 경찰·소방 공무원으로서 국가의 수호·안전보장 또는 국민의 생명·재산 보호와 직접적인 관련이 있는 직무수행이나 교육훈련 중 사망한 사람(질병으로 사망한 사람을 포함한다)
6. 공상군경(公傷軍警) : 군인이나 경찰·소방 공무원으로서 국가의 수호·안전보장 또는 국민의 생명·재산 보호와 직접적인 관련이 있는 직무수행이나 교육훈련 중 상이(질병을 포함한다)를 입고 전역하거나 퇴직한 사람 또는 6개월 이내에 전역이나 퇴직하는 사람으로서 그 상이정도가 국가보훈부장관이 실시하는 신체검사에서 상이등급으로 판정된 사람(2023.3.4 본호개정)
7. 무공수훈자(武功受勳者) : 무공훈장(武功勳章)을 받은 사람. 다만, 「국가공무원법」 제2조 및 「지방공무원법」 제2조에 따른 공무원과 국가나 지방자치단체에서 일상적으로 공무에 종사하는 대통령령으로 정하는 직원이 무공훈장을 받은 경우에는 전역하거나 퇴직한 사람만 해당한다.
8. 보국수훈자(保國受勳者) : 다음 각 목의 어느 하나에 해당하는 사람
　가. 군인으로서 보국훈장을 받고 전역한 사람
　나. 군인 외의 사람으로서 간첩체포, 무기개발 및 그 밖에 대통령령으로 정하는 사유(이하 "간첩체포등의 사유"라 한다)로 보국훈장을 받은 사람. 다만, 「국가공무원법」 제2조 및 「지방공무원법」 제2조에 따른 공무원(군인은 제외한다)과 국가나 지방자치단체에서 일상적으로 공무에 종사하는 대통령령으로 정하는 직원이 간첩체포등의 사유로 보국훈장을 받은 경우에는 퇴직한 사람만 해당한다.
9. 6·25참전 재일학도의용군인(在日學徒義勇軍人)(이하 "재일학도의용군인"이라 한다) : 대한민국 국민으로서 일본에 거주하던 사람으로서 1950년 6월 25일부터 1953년 7월 27일까지의 사이에 국군이나 유엔군에 지원 입대하여 6·25전쟁에 참전하고 제대한 사람(파면된 사람이나 형을 선고받고 제대된 사람은 제외한다)
10. 참전유공자 : 「참전유공자 예우 및 단체설립에 관한 법률」 제2조제2호에 해당하는 사람 중 다음 각 목의 어느 하나에 해당하는 사람
　가. 「참전유공자 예우 및 단체설립에 관한 법률」 제5조에 따라 등록된 사람
　나. 「고엽제후유의증 등 환자지원 및 단체설립에 관한 법률」 제4조 또는 제7조에 따라 등록된 사람
(2015.12.22 본호개정)
11. 4·19혁명사망자 : 1960년 4월 19일을 전후한 혁명에 참가하여 사망한 사람
12. 4·19혁명부상자 : 1960년 4월 19일을 전후한 혁명에 참가하여 상이를 입은 사람으로서 그 상이정도가 국가보훈부장관이 실시하는 신체검사에서 상이등급으로 판정된 사람(2023.3.4 본호개정)
13. 4·19혁명공로자 : 1960년 4월 19일을 전후한 혁명에 참가한 사람 중 제11호와 제12호에 해당하지 아니하는 사람으로서 건국포장(建國褒章)을 받은 사람
14. 순직공무원 : 「국가공무원법」 제2조 및 「지방공무원법」 제2조에 따른 공무원(군인과 경찰·소방 공무원은 제외한다)과 국가나 지방자치단체에서 일상적으로 공무에 종사하는 대통령령으로 정하는 직원으로서 국민의 생명·재산 보호와 직접적인 관련이 있는 직무수행이나 교육훈련 중 사망한 사람(질병으로 사망한 사람을 포함한다)(2020.3.24 본호개정)
15. 공상공무원 : 「국가공무원법」 제2조 및 「지방공무원법」 제2조에 따른 공무원(군인과 경찰·소방 공무원은 제외한다)과 국가나 지방자치단체에서 일상적으로 공무에 종사하는 대통령령으로 정하는 직원으로서 국민의 생명·재산 보호와 직접적인 관련이 있는 직무수행이나 교육훈련 중 상이(질병을 포함한다)를 입고 퇴직하거나 6개월 이내에 퇴직하는 사람으로서 그 상이정도가 국가보훈부장관이 실시하는 신체검사에서 상이등급으로 판정된 사람(2023.3.4 본호개정)
16. 국가사회발전 특별공로순직자(이하 "특별공로순직자"라 한다) : 국가사회발전에 현저한 공이 있는 사람 중 그 공로와 관련되어 순직한 사람으로서 국무회의에서 이 법의 적용 대상자로 의결된 사람
17. 국가사회발전 특별공로상이자(이하 "특별공로상이자"라 한다) : 국가사회발전에 현저한 공이 있는 사람 중 그

공로와 관련되어 상이를 입은 사람으로서 그 상이정도가 국가보훈부장관이 실시하는 신체검사에서 상이등급으로 판정되어 국무회의에서 이 법의 적용 대상자로 의결된 사람(2023.3.4 본호개정)
18. 국가사회발전 특별공로자(이하 "특별공로자"라 한다) : 국가사회발전에 현저한 공이 있는 사람 중 제16호와 제17호에 해당하지 아니하는 사람으로서 국무회의에서 이 법의 적용 대상자로 의결된 사람
② 제1항제3호부터 제6호까지, 제14호 및 제15호에 따른 국가유공자의 요건에 해당되는지에 대한 구체적인 기준과 범위는 다음 각 호의 사항 등을 종합적으로 고려하여 대통령령으로 정한다.
1. 전투 또는 이에 준하는 직무수행의 범위
2. 직무수행이나 교육훈련과 국가의 수호·안전보장 또는 국민의 생명·재산 보호와의 관련 정도
3. 사망하거나 상이(질병을 포함한다)를 입게 된 경위 및 본인 과실의 유무와 정도
③ 제1항에도 불구하고 제1항제1호 및 제2호에 따른 순국선열·애국지사의 예우에 관하여는 「독립유공자예우에 관한 법률」에서 정한다.
④ 제1항에도 불구하고 제1항제10호가목에 해당하는 사람의 예우에 관하여는 「참전유공자 예우 및 단체설립에 관한 법률」에서 정한다.(2015.12.22 본항개정)
⑤ 제1항에도 불구하고 제1항제10호나목에 해당하는 사람의 지원에 관하여는 「고엽제후유의증 등 환자지원 및 단체설립에 관한 법률」에서 정한다.(2015.12.22 본항개정)
⑥ 제1항제3호부터 제6호까지, 제14호 또는 제15호에 따른 요건에 해당되는 사람이 다음 각 호의 어느 하나에 해당되는 원인으로 사망하거나 상이(질병을 포함한다)를 입으면 제1항 및 제6조에 따라 등록되는 국가유공자, 그 유족 또는 가족에서 제외한다.
1. 불가피한 사유 없이 본인의 고의 또는 중대한 과실로 인한 것이거나 관련 법령 또는 소속 상관의 명령을 현저히 위반하여 발생한 경우
2. 공무를 이탈한 상태에서의 사고나 재해로 인한 경우
3. 장난·싸움 등 직무수행으로 볼 수 없는 사적(私的)인 행위가 원인이 된 경우
(2011.9.15 본조개정)

제5조【유족 또는 가족의 범위】 ① 이 법에 따라 보상을 받는 국가유공자의 유족이나 가족의 범위는 다음 각 호와 같다.(2011.9.15 본문개정)
1. 배우자(2011.9.15 본호개정)
2. 자녀
3. 부모
4. 성년인 직계비속(直系卑屬)이 없는 조부모
5. 60세 미만의 직계존속(直系尊屬)과 성년인 형제자매가 없는 미성년 제매(弟妹)
② 제1항제1호의 배우자의 경우, 사실혼 관계에 있는 사람을 포함한다. 다만, 배우자 및 사실혼 관계에 있는 사람이 국가유공자와 혼인 또는 사실혼 후 그 국가유공자가 아닌 다른 사람과 사실혼 관계에 있거나 있었던 경우는 제외한다.(2011.9.15 본항신설)
③ 제1항제2호의 자녀의 경우, 양자(養子)는 국가유공자가 직계비속이 없어 입양한 사람 1명만을 자녀로 본다.(2011.9.15 본항개정)
④ 제1항제3호의 부모의 경우, 생부 또는 생모 외에 국가유공자를 양육하거나 부양한 사실이 있는 부 또는 모의 배우자가 있는 때에는 국가유공자를 주로 양육하거나 부양한 사람 1명을 부 또는 모로 본다.(2011.9.15 본항개정)
⑤ 제1항제4호의 조부모의 경우, 성년인 직계비속이 대통령령으로 정하는 생활능력이 없는 정도의 장애인이거나 다음 각 호의 어느 하나에 해당하는 사람으로서 의무복무 중인 경우에는 성년인 직계비속이 없는 것으로 본다.
1. 「병역법」 제16조 또는 제20조에 따라 입영된 현역병(본인이 지원하지 아니하고 임용된 부사관을 포함한다)
2. 「병역법」 제22조에 따라 소집된 상근예비역
3. 「병역법」 제25조에 따라 전환복무된 의무경찰 및 의무소방원(2016.5.29 본호개정)
4. 「병역법」 제2조에 따른 사회복무요원 및 대체복무요원으로 소집된 사람(2019.12.31 본호개정)
(2011.9.15 본항개정)
⑥ 제1항제5호의 미성년 제매의 경우, 60세 미만의 직계존속과 성년인 형제자매가 있더라도 대통령령으로 정하는 생활능력이 없는 정도의 장애인이거나 제5항 각 호의 어느 하나에 해당하는 사람으로서 의무복무 중인 경우에는 60세 미만의 직계존속과 성년인 형제자매가 없는 것으로 본다.(2011.9.15 본항개정)
⑦ (1994.12.31 삭제)
⑧ (2000.12.30 삭제)
(2011.9.15 본조제목개정)

제6조【등록 및 결정】 ① 국가유공자, 그 유족 또는 가족이 되려는 사람(이하 이 조에서 "신청 대상자"라 한다)은 대통령령으로 정하는 바에 따라 국가보훈부장관에게 등록을 신청하여야 한다. 다만, 신청 대상자가 다음 각 호의 어느 하나에 해당하는 경우에는 대통령령으로 정하는 바에 따라 국가보훈부 소속 공무원이 신청 대상자의 동의를 받아 등록을 신청할 수 있고, 그 동의를 받은 경우에는 신청 대상자가 등록을 신청한 것으로 본다.(2023.3.4 본문개정)
1. 「국가보훈 기본법」 제23조제1항제3호의2에 따라 발굴된 희생·공헌자의 경우
2. 전투 또는 이에 준하는 직무수행 중 상이를 입거나 사망한 경우
3. 그 밖에 대통령령으로 정하는 사유로 직접 등록을 신청할 수 없는 경우
(2013.5.22 1호~3호신설)
② 「보훈보상대상자 지원에 관한 법률」 제4조제1항에 따라 등록을 신청하는 사람에 대하여는 그 등록신청을 한 날에 제1항에 따른 등록을 신청한 것으로 본다.(2011.9.15 본항신설)
③ 국가보훈부장관은 제1항에 따른 등록신청을 받으면 대통령령으로 정하는 바에 따라 제4조 또는 제5조에 따른 요건을 확인한 후 국가유공자, 그 유족 또는 가족에 해당하는지를 결정한다. 이 경우 제4조제1항제3호부터 제6호까지, 제8호, 제14호 및 제15호의 국가유공자(이하 "전몰군경등"이라 한다)가 되기 위하여 등록을 신청하는 경우에는 그 소속하였던 기관의 장에게 그 요건과 관련된 사실의 확인을 요청하여야 하며, 그 소속하였던 기관의 장은 관련 사실을 조사한 후 대통령령으로 정하는 바에 따라 그 요건과 관련된 사실을 확인하여 국가보훈부장관에게 통보하여야 한다.(2023.3.4 본항개정)
④ 국가보훈부장관은 제3항 전단에 따라 국가유공자, 그 유족 또는 가족에 해당하는 사람으로 결정할 때에는 제74조의5에 따른 보훈심사위원회(이하 "보훈심사위원회"라 한다)의 심의·의결을 거쳐야 한다. 다만, 국가유공자, 그 유족 또는 가족의 요건이 객관적인 사실에 의하여 확인된 경우로서 대통령령으로 정하는 경우에는 보훈심사위원회의 심의·의결을 거치지 아니할 수 있다.(2023.3.4 본문개정)
⑤ 국가보훈부장관은 제4조제1항 각 호(제1호, 제2호 및 제10호는 제외한다)의 어느 하나에 해당하는 적용 대상 국가유공자임에도 불구하고 신청 대상자가 없어 등록신청을 할 수 없는 사람에 대해서는 보훈심사위원회의 심의·의결을 거쳐 국가유공자로 기록하고 예우 및 관리를 할 수 있다.(2023.3.4 본항개정)
⑥ 제1항부터 제4항까지의 규정은 다른 법률에서 이 법의 예우 등을 받도록 규정된 사람에 대하여도 적용한다.
(2011.9.15 본조개정)

제6조의2【국가유공자 등의 변동신고 등】 ① 제6조제1항에 따른 등록신청 대상자는 국가유공자, 그 유족 또는 가족이 다음 각 호의 어느 하나에 해당하면 국가보훈부령으로 정하는 바에 따라 지체 없이 국가보훈부장관에게 신고하여야 한다.(2023.3.4 본문개정)
1. 사망한 경우
2. 국적을 상실한 경우
3. 제5조에 따른 유족 또는 가족에 해당하지 아니하게 된 경우
4. 제5조에 따른 유족 또는 가족에 해당하게 된 경우
5. 제78조제2항에 해당하는 사람이 된 경우
6. 제79조제1항제1호부터 제4호까지 또는 같은 조 제2항의 어느 하나에 해당하는 사람이 된 경우
(2011.9.15 3호~6호개정)
7. 1년 이상 계속하여 행방불명이거나 그 행방불명 사유가 소멸된 경우
8. 성명, 주소 또는 생년월일이 변동된 경우
9. 그 밖에 국가보훈부령으로 정하는 신상(身上) 변동이 있는 경우(2023.3.4 본호개정)
② 국가보훈부장관은 제1항에 따른 신고를 받으면 유족의 순위변경, 등록결정의 취소, 추가등록결정 등의 조치사항을 그 신고인에게 통보하여야 한다.(2023.3.4 본항개정)

제6조의3【신체검사】 ① 국가보훈부장관은 제4조제1항제4호·제6호·제12호·제15호 및 제17호에 따라 이 법의 적용 대상자로 될 상이를 입은 사람의 판정과 그가 입은 상이정도 또는 상이처의 변경 등으로 인한 상이등급을 판정하기 위하여 신체검사를 실시한다. 이 경우 대통령령으로 정하는 사유가 있는 사람의 상이등급 판정을 위한 신체검사는 서면심사(書面審査)로 할 수 있다.
(2023.3.4 전단개정)
② 제1항에 따라 실시하는 신체검사는 다음 각 호의 구분에 따른다.
1. 신규신체검사 : 제6조제1항에 따라 등록을 신청한 사람에 대하여 보훈심사위원회가 심의·의결한 경우에 실시하는 신체검사
2. 재심신체검사 : 신규신체검사의 판정에 이의가 있는 사람에 대하여 실시하는 신체검사
3. 재확인신체검사 : 신규신체검사나 재심신체검사에서 상이등급의 판정을 받지 못한 사람에 대하여 실시하는 신체검사
4. 재판정(再判定)신체검사 : 신규신체검사, 재심신체검사 또는 재확인신체검사에서 상이등급의 판정을 받아 이 법의 적용 대상이 된 사람 중 본인의 신청 또는 국가보훈부장관의 직권에 의하여 상이등급을 재판정할 필요가 있다고 인정되는 사람에 대하여 실시하는 신체검사
(2023.3.4 본호개정)
(2011.9.15 본항개정)
③ 제2항에 따른 신체검사에서 다음 각 호의 어느 하나에 해당하는 경우에는 그 등록신청이나 신체검사신청은 기각된 것으로 본다.
1. 신규신체검사·재심신체검사 또는 재확인신체검사에서 상이등급의 판정을 받지 못한 경우
2. 재심신체검사나 재판정신체검사의 결과 상이등급의 변동이 없는 경우(2011.9.15 본호개정)
3. 대통령령으로 정하는 특별한 사유 없이 본인이 신청한 신체검사를 받지 아니하는 경우
④ 국가보훈부장관은 다음 각 호의 어느 하나에 해당하는 경우 직권으로 재판정신체검사를 실시할 수 있다.
(2023.3.4 본문개정)
1. 상이(질병을 포함한다)의 특성상 일정한 기간이 지난 후 상이등급을 재판정할 필요가 있다고 인정되는 경우
2. 그 밖에 상이등급을 재판정할 필요가 있다고 국가보훈부장관이 인정하는 경우(2023.3.4 본호개정)
(2011.9.15 본항신설)
⑤ 제4항제1호에 따라 직권으로 실시하는 재판정신체검사는 1회에 한하여 실시하되 상이(질병을 포함한다)가 호전되거나 악화된 정도 등을 고려하여 이를 달리할 수 있다.(2011.9.15 본항신설)
⑥ 직권에 의한 재판정신체검사의 실시를 통보받은 사람은 대통령령으로 정하는 특별한 사유가 없으면 이를 받아야 한다.(2011.9.15 본항개정)
⑦ 재판정신체검사에서 상이등급 재판정의 효력은 본인이 신청하거나 국가보훈부장관이 직권에 의하여 재판정신체검사를 받도록 통지한 날이 속하는 달부터 발생한다. 다만, 상이등급이 하락(下落)한 경우에는 다음 각 호의 구분에 따른다.(2023.3.4 본문개정)
1. 본인의 신청에 의한 재판정신체검사의 경우 : 상이등급의 판정을 받은 날이 속하는 달의 다음 달
2. 직권에 의한 재판정신체검사의 경우 : 재판정신체검사를 받도록 통지한 날이 속하는 달의 다음 달
(2011.9.15 1호~2호신설)
⑧ 제1항에 따른 신체검사 대상자가 「의료법」 제3조의4에 따른 상급종합병원이나 그 밖에 대통령령으로 정하는 병원급 이상의 의료기관이 국가보훈부령으로 정하는 바에 따라 발급하는 국가보훈 장해진단서를 제출한 경우에는 제2항의 신체검사(제4항에 따라 직권으로 실시하는 재판정신체검사는 제외한다)를 실시한 것으로 본다.
(2023.3.4 본항개정)
⑨ 제1항부터 제7항까지에서 규정한 사항 외에 신체검사 실시일, 직권에 의한 재판정신체검사 대상자의 선정기준 등 신체검사에 필요한 사항은 대통령령으로 정한다.
(2011.9.15 본항개정)

제6조의4【상이등급의 구분과 판정】 ① 제6조의3제1항에 따른 신체검사 대상자의 상이등급은 그 상이정도에 따라 1급·2급·3급·4급·5급·6급 및 7급으로 구분하여 판정한다. 이 경우 보훈심사위원회의 심의·의결을 거쳐야 한다.(2011.9.15 후단신설)
② 제1항에 따른 상이등급의 기준은 상이 부위 및 양태, 사회생활의 제약을 받는 정도 등을 종합적으로 고려하여 정한다.(2011.9.15 본항신설)
③ 제1항에 따른 상이등급의 구분과 판정 등에 필요한 사항은 대통령령으로 정한다.
(2022.12.16 본조제목개정)

제6조의5【상이의 추가인정】 ① 국가보훈부장관은 국가유공자가 상이의 추가인정을 신청하면 보훈심사위원회의 심의·의결을 거쳐 그 인정 여부를 결정한다.
(2023.3.4 본항개정)
② 제1항에 따라 상이를 추가로 인정받은 사람은 그 추가인정을 신청한 날에 재판정신체검사를 신청한 것으로 본다.
(2011.9.15 본조개정)

제6조의6【상이등급 판정 등에 대한 특례】 ① 다음 각 호의 어느 하나에 해당하는 사람에 대한 상이정도는 제6조의4에 따른 상이등급과 「보훈보상대상자 지원에 관한 법률」 제6조에 따른 상이등급을 종합하여 판정한다.
1. 전상군경 또는 공상군경으로서 「보훈보상대상자 지원에 관한 법률」에 따른 재해부상군경에 해당하는 사람
2. 공상공무원으로서 「보훈보상대상자 지원에 관한 법률」에 따른 재해부상공무원에 해당하는 사람
② 제1항 각 호의 어느 하나에 해당하는 사람에 대한 보상의 금액, 보상기준 등에 관하여 필요한 사항은 대통령령으로 정한다.
(2011.9.15 본조신설)

제6조의7【6·25 전사자의 유족이 없는 경우에 대한 등록 및 결정의 특례】 국가보훈부장관은 「6·25 전사자유해의 발굴 등에 관한 법률」에 따라 국방부장관이 전사자 유해로 인정한 경우로서 그 전사자의 유족(제5조에 따른 유족을 말한다)이 없는 경우에는 제6조에 따른 절차를 거치지 아니하고 그 전사자를 국가유공자로 결정한다.
(2023.3.4 본조개정)

제7조【보상 원칙】 ① 국가유공자, 그 유족 또는 가족에게는 국가유공자의 희생과 공헌의 정도에 따라 보상하되, 그 생활수준과 연령 등을 고려하여 보상의 정도를 달리할 수 있다.
② (2011.9.15 삭제)
(2011.9.15 본조개정)

제7조의2【상이등급에 따라 등록된 국가유공자 등에 대한 보상 특례】 법률 제6011호 국가유공자등예우및지원에관한법률중개정법률 제6조의4의 개정규정에 따른 상이등급에 따라 등록된 전상군경, 공상군경, 4·19혁명부

상자, 공상공무원, 특별공로상이자, 6·18자유상이자 및 전투종사군무원 등과 그 유족 또는 가족에 대하여는 대통령령으로 정하는 바에 따라 해당 상이등급에 따라 제11조에 따른 보훈급여금(이하 "보훈급여금"이라 한다)을 지급한다.(2011.9.15 본조신설)

제7조의3【외국국적동포 등에 대한 보상 특례】 제9조제3항 후단에도 불구하고 「재외동포의 출입국과 법적 지위에 관한 법률」 제16조에 따라 보훈급여금을 받는 외국국적동포인 국가유공자가 대한민국 국적을 상실한 상태로 사망한 경우에도 대한민국 국적을 보유하고 있거나 회복한 그 유족에 대하여 보훈급여금을 지급한다.
(2020.3.24 본조개정)

제8조 (2011.9.15 삭제)

제9조【보상받을 권리의 발생시기 및 소멸시기 등】 ① 이 법에 따라 보상을 받을 권리는 제6조제1항에 따른 등록신청을 한 날이 속하는 달부터 발생한다. 다만, 제4조제1항제4호·제6호 또는 제15호에 해당하는 사람으로서 전역·퇴직 전 제6조제1항에 따라 등록을 신청하는 경우에는 전역일·퇴직일 다음 날이 속하는 달부터 해당 보상을 받을 권리가 발생한다.(2020.3.24 단서개정)

② 제1항에도 불구하고 제14조의2제1항, 제22조제4항 및 제63조의2제2항에 따라 생활조정수당 지급, 교육지원 및 보조금 지급을 신청하는 경우에는 그 신청한 날이 속하는 달부터 해당 보상을 받을 권리가 발생한다. 다만, 제4조제1항제4호·제6호 또는 제15호에 해당하는 사람으로서 전역·퇴직 전 제14조의2제1항, 제22조제4항 및 제63조의2제2항에 따라 생활조정수당 지급, 교육지원 및 보조금 지급을 신청하는 경우에는 전역일·퇴직일 다음 날이 속하는 달부터 해당 보상을 받을 권리가 발생한다.
(2020.3.24 본항신설)

③ 국가유공자, 그 유족 또는 가족이 제6조의2제1항제1호부터 제3호까지, 제79조제1항 및 제2항의 어느 하나에 해당하게 되면 그 해당되는 사유가 발생한 날이 속하는 달의 다음 달부터 이 법에 따라 보상을 받을 권리가 소멸된다. 이 경우 국가유공자 본인이 제6조의2제1항제2호 또는 제79조제1항에 해당하게 되는 경우에는 그 가족이 보상을 받을 권리도 함께 소멸된다.(2011.9.15 본항개정)

④ 국가유공자, 그 유족 또는 가족이 다음 각 호의 어느 하나에 해당하면 이 법에 따라 보상을 받을 권리가 발생하였던 날로 소급하여 그 권리가 소멸된다. 이 경우 국가유공자 본인이 보상을 받을 권리가 소멸된 경우에는 그의 유족 또는 가족이 보상을 받을 권리도 함께 소멸된다.
(2011.9.15 본문개정)

1. 거짓이나 그 밖의 부정한 방법으로 등록결정을 받은 사실이 밝혀진 경우
2. 제6조제3항 후단에 따라 소속하였던 기관의 장이 통보한 국가유공자 등의 요건 관련 사실에 중대한 흠결(欠缺)이 있어 국가유공자 등의 등록요건에 해당되지 아니하는 것으로 밝혀진 경우(2011.9.15 본호개정)

⑤ 국가보훈부장관은 제4항 각 호의 어느 하나에 해당하는지를 판정할 때에는 그와 관련된 사실을 조사·확인하여 보훈심사위원회의 심의·의결을 거쳐야 한다.
(2023.3.4 본항개정)

⑥ 제6조제3항 후단에 따른 소속하였던 기관의 장은 제4항 각 호의 어느 하나에 해당하는 사실을 알게 되면 지체 없이 그 내용을 국가보훈부장관에게 통보하여야 한다.
(2023.3.4 본항개정)

제10조【품위유지 의무】 국가유공자, 그 유족 또는 가족은 국가유공자의 품위를 손상하는 행위를 하여서는 아니 된다.

제2장 보훈급여금

(2008.3.28 본장개정)

제11조【보훈급여금의 종류】 ① 보훈급여금(報勳給與金)은 보상금(報償金), 수당 및 사망일시금(死亡一時金)으로 구분한다.

② 제1항에 따른 수당은 다음 각 호와 같다.(2011.9.15 본문개정)

1. 생활조정수당
2. 간호수당
3. 무공영예수당
4. 6·25전몰군경자녀수당
5. 부양가족수당(2011.9.15 본호신설)
6. 중상이(重傷痍)부가수당(2011.9.15 본호신설)
7. 4·19혁명공로수당(2018.1.16 본호신설)
8. 그 밖에 대통령령으로 정하는 수당(2011.9.15 본호개정)

제12조【보상금】 ① 다음 각 호에 해당하는 사람에게는 보상금을 지급한다. 다만, 이 법 또는 다른 법률에 따라 보상금지급대상에서 제외되는 사람은 그러하지 아니하다.

1. 전상군경, 공상군경, 4·19혁명부상자 및 특별공로상이자(2018.1.16 본호개정)
2. 재일학도의용군인 및 그가 사망한 경우 그 유족 중 선순위자 1명
3. 전몰군경, 순직군경, 4·19혁명사망자 및 특별공로순직자의 유족 중 선순위자 1명(2011.9.15 본호신설)
4. 제1호에 해당하는 사람 중 대통령령으로 정하는 상이등급 이상으로 판정된 사람이 사망한 경우 그 유족 중 선순위자 1명(2011.9.15 본호신설)

(2011.9.15 본항개정)

② 제1항제2호부터 제4호까지에 해당하는 유족 중 자녀는 25세 미만인 자녀로 한정하되, 그 자녀가 대통령령으로 정하는 생활능력이 없는 정도의 장애가 있으면 25세가 된 이후에도 25세 미만인 자녀의 예에 따라 지급한다. 대통령령으로 정하는 생활능력이 없는 정도의 장애가 있는 미성년 제매가 성년이 된 경우에도 또한 같다.
(2022.1.4 전단개정)

③ 제1항제1호에 해당하는 사람의 보상금은 상이등급별로 구분하여 지급한다.(2018.1.16 본항개정)

④ 보상금의 지급수준은 「통계법」 제3조제2호에 따라 통계청장이 지정하여 고시(告示)하는 통계 중 가계조사통계의 전국가구(全國家口) 가계소비지출액 등을 고려하여 국가유공자의 희생과 공헌의 정도에 상응하게 결정하여야 한다.

⑤ 보상금은 월액(月額)으로 하고, 그 지급액, 지급방법, 그 밖에 지급에 필요한 사항은 대통령령으로 정한다.

제12조의2 (2022.1.4 삭제)

제13조【보상금 지급순위】 ① 보상금을 받을 유족의 순위는 제5조제1항 각 호의 순위로 한다.

② 제1항에 따라 보상금을 받을 유족 중 같은 순위자가 2명 이상이면 다음 각 호의 순서에 따라 보상금을 지급한다.

1. 같은 순위 유족 간 협의에 의하여 같은 순위 유족 중 1명을 보상금을 받을 사람으로 지정한 경우에는 그 사람에게 보상금을 지급한다. 이 경우 유족 간 협의의 방법 및 효력 등에 관하여 필요한 사항은 대통령령으로 정한다.
2. 제1호에 해당하는 사람이 없는 경우에는 국가유공자를 주로 부양하거나 양육한 사람에게 보상금을 지급한다.
3. 제1호 및 제2호에 해당하는 사람이 없는 경우에는 나이가 많은 사람에게 보상금을 지급하되, 같은 순위자가 국가유공자의 부모인 때에는 제12조제1항에도 불구하고 보상금을 균등하게 분할하여 지급한다. 이 경우 보상금의 분할 지급방법 등에 필요한 사항은 대통령령으로 정한다.(2019.11.26 본호신설)

(2019.11.26 본항개정)

③ 보상금을 받을 유족이 다음 각 호의 어느 하나에 해당하면 그 다음 순위의 유족에게 대통령령으로 정하는 바에 따라 보상금을 지급한다.

1. 사망한 경우
2. 제5조제1항 각 호의 어느 하나에 해당하지 아니하게 된 경우
3. 1년 이상 계속하여 행방불명인 경우

④ 제2항제3호에 따라 분할하여 보상금을 지급받는 사람이 제3항 각 호의 어느 하나에 해당하는 경우에는 남아 있는 부 또는 모에게 보상금 전액을 지급한다.
(2019.11.26 본항신설)

제14조【생활조정수당】 ① 다음 각 호에 해당하는 사람에게는 대통령령으로 정하는 바에 따라 생활수준을 고려하여 생활조정수당을 지급할 수 있다.

1. 국가유공자
2. 국가유공자의 유족 중 보상금을 받는 사람
3. 국가유공자의 유족 중 보상금을 받는 사람이 없는 경우에는 제5조제1항 각 호의 순위에 따른 선순위자 1명

② 제1항제3호를 적용할 때 유족 중 같은 순위자가 2명 이상이면 제13조제2항을 준용한다.

③ 생활조정수당은 월액(月額)으로 하며, 그 지급액, 지급방법, 그 밖에 지급에 필요한 사항은 대통령령으로 정한다.

(2011.9.15 본조개정)

제14조의2【생활조정수당 지급 신청】 ① 제14조에 따라 생활조정수당을 받으려는 사람(이하 "생활조정수당수급희망자"라 한다)은 국가보훈부장관에게 생활조정수당 지급을 신청하여야 한다. 이 경우 국가보훈부장관은 제14조의3에 따른 조사 결과에 따라 생활조정수당을 지급할지를 결정하여야 한다.(2023.3.4 본항개정)

② 생활조정수당수급희망자가 제1항에 따라 신청을 할 경우 본인과 그 부양의무자(부양의무가 있는 배우자, 부모, 자녀 및 그 배우자를 말한다. 이하 같다)는 다음 각 호의 자료 또는 정보 제공에 동의한다는 서면을 제출하여야 한다.(2015.12.22 본문개정)

1. 「금융실명거래 및 비밀보장에 관한 법률」 제2조제2호 및 제3호에 따른 금융자산 및 금융거래의 내용에 대한 자료 또는 정보 중 예금의 평균잔액과 그 밖에 대통령령으로 정하는 자료 또는 정보(이하 "금융정보"라 한다)
2. 「신용정보의 이용 및 보호에 관한 법률」 제2조제1호에 따른 신용정보 중 채무액과 그 밖에 대통령령으로 정하는 자료 또는 정보(이하 "신용정보"라 한다)
3. 「보험업법」 제4조제1항 각 호에 따른 보험에 가입하여 납부한 보험료와 그 밖에 대통령령으로 정하는 자료 또는 정보(이하 "보험정보"라 한다)

③ 제1항에 따른 생활조정수당 지급의 신청방법·절차 및 제2항에 따른 동의의 방법·절차 등에 관하여 필요한 사항은 대통령령으로 정한다.

(2011.9.15 본조신설)

제14조의3【조사·질문 등】 ① 국가보훈부장관은 생활조정수당 수급권의 발생 또는 상실을 확인하기 위하여 생활조정수당수급희망자 및 생활조정수당수급자(제14조제1항 각 호의 어느 하나에 해당하는 사람으로서 생활조정수당을 받고 있는 사람을 말한다. 이하 같다)와 그 부양의무자에 대하여 필요한 서류나 그 밖에 소득·재산 등에 관한 자료의 제출을 요구할 수 있으며, 소속 공무원으로 하여금 생활조정수당수급희망자 및 생활조정수당수급자와 그 부양의무자의 주거, 그 밖에 필요한 장소에 출입하여 서류 등을 조사하게 하거나 관계인에게 필요한 질문을 하게 할 수 있다.(2023.3.4 본항개정)

② (2017.10.31 삭제)

③ 제1항에 따라 출입·조사·질문을 하는 사람은 그 권한을 표시하는 증표를 지니고 이를 관계인에게 내보여야 한다.

④ 국가보훈부장관은 생활조정수당수급희망자 및 생활조정수당수급자와 그 부양의무자가 제1항에 따른 서류 또는 자료의 제출을 거부하거나 조사·질문을 거부·방해 또는 기피하는 경우에는 생활조정수당 지급 신청을 각하하거나 생활조정수당 지급을 중지할 수 있다.
(2023.3.4 본항개정)

⑤ 제1항에 따른 조사·질문의 범위·시기 및 내용에 관하여 필요한 사항은 대통령령으로 정한다.

(2011.9.15 본조신설)

제14조의4【금융정보등의 제공】 ① 국가보훈부장관은 「금융실명거래 및 비밀보장에 관한 법률」 제4조제1항 및 「신용정보의 이용 및 보호에 관한 법률」 제32조제1항에도 불구하고 생활조정수당수급희망자와 그 부양의무자가 제14조의2제2항에 따라 제출한 동의 서면을 전자적 형태로 바꾼 문서에 의하여 금융회사 등(「금융실명거래 및 비밀보장에 관한 법률」 제2조제1호에 따른 금융회사 등 및 「신용정보의 이용 및 보호에 관한 법률」 제25조에 따른 신용정보집중기관을 말한다. 이하 같다)의 장에게 금융정보·신용정보 또는 보험정보(이하 "금융정보등"이라 한다)의 제공을 요청할 수 있다.(2023.3.4 본항개정)

② 국가보훈부장관은 생활조정수당수급자와 그 부양의무자의 수급권 심사를 위하여 필요하다고 인정하는 경우 「금융실명거래 및 비밀보장에 관한 법률」 제4조제1항과 「신용정보의 이용 및 보호에 관한 법률」 제32조제1항에도 불구하고 대통령령으로 정하는 기준에 따라 인적사항을 기재한 문서 또는 정보통신망으로 금융회사 등의 장에게 금융정보등을 제공하도록 요청할 수 있다.
(2023.3.4 본항개정)

③ 제1항 및 제2항에 따라 금융정보등의 제공을 요청받은 금융회사 등의 장은 「금융실명거래 및 비밀보장에 관한 법률」 제4조제1항과 「신용정보의 이용 및 보호에 관한 법률」 제32조제1항에도 불구하고 이를 국가보훈부장관에게 제공하여야 한다.(2023.3.4 본항개정)

④ 제3항에 따라 금융정보등을 제공하는 금융회사 등의 장은 금융정보등의 제공 사실을 명의인에게 통보하여야 한다. 다만, 명의인의 동의가 있는 경우에는 「금융실명거래 및 비밀보장에 관한 법률」 제4조의2제1항에도 불구하고 통보하지 아니할 수 있다.

⑤ 제1항부터 제3항까지의 규정에 따른 금융정보등의 제공 요청 및 제공은 「정보통신망 이용촉진 및 정보보호 등에 관한 법률」 제2조제1항제1호에 따른 정보통신망(이하 "정보통신망"이라 한다)을 이용하여야 한다. 다만, 정보통신망의 손상 등 불가피한 경우에는 그러하지 아니하다.
(2015.12.22 본문개정)

⑥ 제1항 및 제2항에 따른 업무에 종사하고 있거나 종사하였던 사람은 업무를 수행하면서 취득한 금융정보등을 이 법에서 정한 목적 외의 다른 용도로 사용하거나 다른 사람 또는 기관에 제공하거나 누설하여서는 아니 된다.

⑦ 제1항부터 제3항까지 및 제5항에 따른 금융정보등의 제공 요청 및 제공 등에 필요한 사항은 대통령령으로 정한다.

(2011.9.15 본조신설)

제14조의5【생활조정수당 신청의 촉진】 ① 국가보훈부장관은 제14조제1항에 해당하는 사람 중 대통령령으로 정하는 사람에 대하여 제14조에 따른 생활조정수당의 수급 요건 및 제14조의2에 따른 생활조정수당 지급 신청의 방법 등을 매년 1회 이상 정기적으로 안내·홍보하여야 한다.(2023.3.4 본항개정)

② 국가보훈부장관은 제1항에 따른 사람이 「국민기초생활 보장법」에 따른 수급자에 해당하는 경우 그 사람에게 제14조의2에 따라 생활조정수당 지급을 신청하도록 안내하여야 하며 필요한 편의를 제공할 수 있다.(2023.3.4 본항개정)

③ 제1항 및 제2항에 따른 안내의 방법·시기 등에 필요한 사항은 대통령령으로 정한다.

(2018.12.31 본조신설)

제15조【간호수당】 ① 전상군경, 공상군경, 4·19혁명부상자, 공상공무원 및 특별공로상이자로서 상이정도가 심하여 다른 사람의 보호 없이는 활동이 어려운 사람에게는 간호수당을 지급한다.

② 간호수당은 월액으로 하며, 그 지급기준, 지급액, 지급방법, 그 밖에 지급에 필요한 사항은 대통령령으로 정한다.

(2011.9.15 본조개정)

제15조의2【부양가족수당】 ① 다음 각 호의 어느 하나에 해당하는 사람으로서 부양가족이 있는 경우에는 그 수에 따라 부양가족수당을 지급한다.
1. 전상군경, 공상군경, 4·19혁명부상자 및 특별공로상이자 중 대통령령으로 정하는 상이등급 이상으로 판정된 사람 및 재일학도의용군인
2. 전몰군경·순직군경·4·19혁명사망자 및 특별공로순직자의 배우자 및 제1호에 해당하는 사람이 사망한 경우 그 배우자
3. 전몰군경·순직군경·4·19혁명사망자 및 특별공로순직자의 자녀와 제1호에 해당하는 사람이 사망한 경우 그 자녀. 다만, 보상금을 받는 자녀에 한정한다.
② 제1항에 따른 부양가족의 범위는 다음 각 호의 구분에 따른다.
1. 제1항제1호에 해당하는 사람의 경우 : 국가유공자의 배우자 및 미성년 자녀
2. 제1항제2호 및 제3호에 해당하는 사람의 경우 : 국가유공자의 미성년 자녀
③ 제2항에도 불구하고 국가유공자의 미성년 자녀가 대통령령으로 정하는 생활능력이 없는 정도의 장애가 있으면 그가 성년이 된 경우에도 부양가족의 범위에 포함한다.
④ 부양가족수당은 월액으로 하며, 그 지급액, 지급방법, 그 밖에 지급에 필요한 사항은 대통령령으로 정한다.
(2011.9.15 본조신설)
제16조【중상이부가수당】 ① 전상군경, 공상군경, 4·19혁명부상자 및 특별공로상이자 중 대통령령으로 정하는 상이등급 이상으로 판정된 사람에게는 중상이부가수당을 지급한다.
② 중상이부가수당은 월액으로 하며, 그 지급액, 지급방법, 그 밖에 지급에 필요한 사항은 대통령령으로 정한다.
(2011.9.15 본조신설)
제16조의2【무공영예수당】 ① 60세 이상 무공수훈자에게는 무공의 영예를 기리기 위하여 무공영예수당을 지급한다. 이 경우 60세 이상인 무공수훈자가 제4조제1항제4호·제6호·제9호, 제73조 및 제74조(상이를 입은 사람만 해당한다)의 어느 하나에 해당하여 제12조에 따른 보상금의 지급대상, 「보훈보상대상자 지원에 관한 법률」 제2조제1항제2호에 해당하여 같은 법 제11조에 따른 보상금의 지급대상 또는 「참전유공자 예우 및 단체설립에 관한 법률」 제6조제1항에 따른 참전명예수당의 지급대상에 해당하는 경우에는 본인의 선택에 따라 무공영예수당과 보상금·참전명예수당 중 어느 하나를 지급한다.
(2015.12.22 후단개정)
② 무공영예수당은 「상훈법」에 따른 무공훈장의 등급별로 구분하여 지급하되, 2개 이상의 무공훈장을 받은 사람에 대하여는 그중 가장 높은 등급에 해당하는 1개의 무공훈장을 기준으로 한다.(2012.5.23 본항신설)
③ 무공영예수당은 월액으로 하며, 그 지급액, 지급방법, 그 밖에 지급에 필요한 사항은 대통령령으로 정한다.
제16조의3【6·25전몰군경자녀수당】 ① 1953년 7월 27일 이전 및 「참전유공자 예우 및 단체설립에 관한 법률」 별표에 따른 전투기간 중에 전사하거나 순직한 전몰군경 또는 순직군경의 자녀에게 6·25전몰군경자녀수당을 지급하되, 자녀가 2명 이상이면 다음 각 호의 순서에 따라 지급한다. 다만, 유족 중 한 사람이 보상금을 지급받고 있는 전몰군경이나 순직군경의 자녀에게는 지급하지 아니한다.(2022.12.16 본문개정)
1. 자녀 간 협의에 의하여 자녀 중 1명을 6·25전몰군경자녀수당을 받을 사람으로 지정한 경우에는 그 사람에게 6·25전몰군경자녀수당을 지급한다. 이 경우 자녀 간 협의의 방법 및 효력 등에 관하여 필요한 사항은 대통령령으로 정한다.
2. 제1호에 해당하는 사람이 없는 경우에는 전사하거나 순직한 전몰군경 또는 순직군경을 주로 부양한 자녀에게 6·25전몰군경자녀수당을 지급한다.
3. 제1호 및 제2호에 해당하는 사람이 없는 경우에는 6·25전몰군경자녀수당을 자녀에게 균등하게 분할하여 지급한다. 이 경우 수당의 분할 지급방법 등에 필요한 사항은 대통령령으로 정한다.
(2022.12.16 1호~3호신설)
② 제1항제3호에 따라 분할하여 6·25전몰군경자녀수당을 지급받는 사람이 제13조제3항 각 호의 어느 하나에 해당하는 경우에는 그 사람이 지급받던 수당에 해당하는 금액을 남아 있는 자녀에게 균등하게 분할하여 지급한다.
(2022.12.16 본항신설)
③ 6·25전몰군경자녀수당은 월액으로 하며, 그 지급액, 지급방법, 그 밖에 지급에 필요한 사항은 대통령령으로 정한다.
제16조의4【4·19혁명공로수당】 ① 4·19혁명공로자에게는 4·19민주이념을 기리기 위하여 4·19혁명공로수당을 지급한다.
② 4·19혁명공로수당은 월액으로 하며, 그 지급액, 지급방법, 그 밖에 지급에 필요한 사항은 대통령령으로 정한다.
(2018.1.16 본조신설)
제17조【사망일시금】 ① 보상금을 받고 있는 국가유공자가 사망한 경우에는 그 유족에게 제13조의 보상금 지급 순위에 따라 사망일시금을 지급한다. 이 경우 유족이 없으면 사망 당시 생활을 같이 하고 있던 친족 중 상속인이 될 자의 신청에 따라 그 상속인에게 지급한다.
② 보상금을 받고 있는 국가유공자의 유족이 사망한 경우에 지급하는 사망일시금은 그 보상금을 받을 수 있는 다른 유족이 없는 경우에만 지급하되, 사망 당시 생활을 같이 하고 있던 친족 중 상속인이 될 자의 신청에 따라 그 상속인에게 지급한다.
③ 제1항과 제2항의 경우 상속인이 될 자도 없는 경우에는 장제(葬祭)를 행하는 자에게 사망일시금을 지급할 수 있다.
④ 사망일시금의 지급액과 그 밖에 지급에 필요한 사항은 대통령령으로 정한다.
제17조의2【보훈급여금의 지급】 ① 보훈급여금은 보훈급여금을 받을 사람이 지정하는 예금계좌[「우체국예금·보험에 관한 법률」에 따른 체신관서(이하 "체신관서"라 한다) 또는 「은행법」에 따른 은행(이하 "은행"이라 한다)의 계좌를 말한다. 이하 같다]에 입금하는 방법으로 지급한다. 다만, 정보통신망의 손상 등 대통령령으로 정하는 부득이한 사유가 있는 경우에는 해당 보훈급여금을 받을 사람의 신청에 따라 현금으로 지급할 수 있다.
② 제1항 본문에 따라 보훈급여금을 지급하는 경우 보훈급여금을 받을 사람이 본인 명의로 보훈급여금만 입금될 수 있는 예금계좌를 개설하여 지정한 경우에는 해당 예금계좌로 보훈급여금을 입금하여야 한다.
(2015.12.22 본조신설)
제18조【미지급 보훈급여금의 지급】 보상금과 수당을 받을 자가 제13조제3항제1호 또는 제3호의 어느 하나에 해당하면 그 지급이 확정된 보상금과 수당은 제17조제1항 또는 제2항에 따른 사망일시금 지급의 예에 따라 지급한다.
제19조【권리의 보호】 ① 보훈급여금을 받을 권리는 양도하거나 압류할 수 없으며, 담보로 제공할 수 없다.
② 제1항에도 불구하고 제46조, 「독립유공자예우에 관한 법률」 제18조, 「보훈보상대상자 지원에 관한 법률」 제55조, 「5·18민주유공자예우 및 단체설립에 관한 법률」 제39조 또는 「특수임무유공자 예우 및 단체설립에 관한 법률」 제38조에 따라 대부를 받으려는 경우에는 보훈급여금을 담보로 제공할 수 있다.(2021.1.5 본항개정)
③ 제17조의2제2항에 따라 입금된 월 보훈급여금 중 「국민기초생활 보장법」 제2조제11호에 따른 기준 중위소득과 보훈급여금 등을 고려하여 대통령령으로 정하는 액수 이하의 금액에 관한 채권은 압류할 수 없다.
(2015.12.22 본항신설)
④ 제1항 및 제3항에도 불구하고 제75조에 따라 보훈급여금 등을 환수하는 경우에는 보훈급여금을 압류할 수 있다.(2015.12.22 본항개정)
(2011.9.15 본조개정)
제20조【보훈급여금의 지급정지】 보훈급여금을 받고 있거나 받을 사람이 「한국보훈복지의료공단법」 제2조에 따른 한국보훈복지의료공단(이하 "공단"이라 한다)에서 운영하는 양로시설이나 양육시설에서 국가의 부담으로 지원을 받고 있으면 그 지원을 받게 된 날이 속하는 달의 다음 달부터 그 지원을 받지 아니하게 된 날이 속하는 달까지는 보상금 중 대통령령으로 정하는 금액과 수당(무공영예수당은 제외한다)은 지급하지 아니한다.
(2011.9.15 본조개정)

제3장 교육지원
(2008.3.28 본장개정)

제21조【교육지원】 국가는 국가유공자와 그 유족 또는 가족이 제22조의2 각 호의 어느 하나에 해당하는 학교 등(이하 "교육기관"이라 한다)에서 필요한 교육을 받음으로써 건전한 사회인으로 자립할 수 있도록 교육지원을 실시한다.(2011.9.15 본조개정)
제22조【교육지원 대상자 등】 ① 교육지원을 받을 수 있는 사람(이하 "교육지원 대상자"라 한다)은 다음 각 호와 같다.
1. 전상군경, 공상군경, 무공수훈자, 보국수훈자, 재일학도의용군인, 4·19혁명부상자, 4·19혁명공로자, 공상공무원, 특별공로상이자 및 특별공로자
2. 전몰군경, 순직군경, 4·19혁명사망자, 순직공무원 및 특별공로순직자의 배우자
3. 제1호에 해당하는 사람의 자녀
4. 전몰군경, 순직군경, 4·19혁명사망자, 순직공무원, 특별공로순직자의 자녀, 미성년 제매 및 제1호에 해당하는 사람이 사망한 경우의 그 미성년 제매
② 제1항제3호 및 제4호에 해당하는 사람에 대한 교육지원은 그 사람이 30세 이전에 교육기관에 취학(입학·재입학·편입학 또는 전입학하는 경우를 포함한다. 이하 같다)하는 경우에만 실시한다.
③ 교육지원 대상자 중 다음 각 호의 어느 하나에 해당하는 사람에게는 대통령령으로 정하는 바에 따라 생활수준을 고려하여 교육지원을 실시할 수 있다.
1. 무공수훈자, 보국수훈자, 4·19혁명공로자 및 특별공로자
2. 제1호에 해당하는 사람의 자녀
3. 전상군경, 공상군경, 4·19혁명부상자, 공상공무원 및 특별공로상이자 중 대통령령으로 정하는 상이등급 미만으로 판정된 사람의 자녀
④ 제3항 각 호에 해당하는 사람이 교육지원을 받으려는 경우에는 국가보훈부장관에게 교육지원을 신청하여야 한다. 이 경우 신청인의 생활수준 파악을 위한 절차 등에 관하여는 제14조의2부터 제14조의4까지의 규정을 준용한다.
(2023.3.4 전단개정)
(2011.9.15 본조개정)
제22조의2【교육기관】 교육지원 대상자에게 교육지원을 실시하는 교육기관은 다음 각 호와 같다.
1. 「초·중등교육법」 제2조에 따른 중학교, 고등학교 및 그 밖에 이에 준하는 학교. 다만, 같은 법 제60조의2에 따른 외국인학교는 제외한다.
2. 「고등교육법」 제2조에 따른 대학(산업대학·교육대학·전문대학·원격대학 및 기술대학을 포함한다. 이하 "대학"이라 한다) 및 그 밖에 이에 준하는 학교. 다만, 같은 법 제29조의2의 대학원과 같은 법 제30조의 대학원대학은 제외한다.
3. 「평생교육법」에 따라 학력이 인정되는 평생교육시설
4. 「학점인정 등에 관한 법률」에 따라 평가인정을 받은 학습과정을 운영하는 교육훈련기관
(2011.9.15 본조신설)
제23조【취학시킬 의무】 ① 제22조의2제1호에 해당하는 교육기관은 학년별로 그 학생정원의 3퍼센트의 범위에서 대통령령으로 정하는 바에 따라 교육지원 대상자를 취학시켜야 한다.(2011.9.15 본항개정)
② 교육부장관은 교육지원 대상자의 지역별 분포 상태를 고려하여 필요하다고 인정하면 대통령령으로 정하는 바에 따라 지역별로 제1항에 따른 취학비율을 6퍼센트까지 확대할 수 있다.(2013.3.23 본항개정)
제24조【입학절차】 제22조의2제1호에 해당하는 교육기관에 취학할 교육지원 대상자에 대한 입학고사, 입학결정, 그 밖에 입학에 필요한 사항은 대통령령으로 정한다.
(2011.9.15 본조개정)
제25조【수업료등의 면제 등】 ① 교육기관은 교육지원 대상자에 대하여 교육에 필요한 수업료, 입학금 및 그 밖의 학비(이하 "수업료등"이라 한다)를 면제한다.
(2016.5.29 본항개정)
② 수업료등의 면제는 교육지원 대상자가 제6조제3항에 따라 국가유공자, 그 유족 또는 가족으로 등록결정된 후 교육기관의 장에게 수업료등을 면제하여 줄 것을 신청한 날이 속하는 달부터 실시한다. 다만, 교육기관 중 대학, 원격대학 형태의 평생교육시설 및 전문대학 이상의 학위 취득에 필요한 학점이 인정되는 학습과정을 운영하는 교육훈련기관(이하 "대학등"이라 한다)의 경우에는 교육지원 대상자가 수업료등의 면제를 신청한 이후 최초로 납부기한이 도래(到來)하는 수업료등부터 면제한다.
(2011.9.15 본항개정)
③ 사립인 대학등이 제22조제1항제3호 또는 제4호에 해당하는 교육지원 대상자에 대하여 제1항과 제2항에 따라 수업료등을 면제한 경우 국가는 그 면제금액의 절반을 보조한다.
④ 국가는 교육지원 대상자가 국가유공자, 그 유족 또는 가족으로 등록을 신청한 후 제2항에 따라 수업료등의 면제를 받기 전까지 실제로 부담한 수업료등에 해당하는 금액을 지원할 수 있다. 다만, 다른 법령에 따라 수업료등에 해당하는 금액을 국고보조(國庫補助) 받는 등 대통령령으로 정하는 사유가 있는 경우에는 그에 해당하는 금액은 지원하지 아니한다.(2011.9.15 본문개정)
⑤ 제1항부터 제4항까지의 규정에 따른 교육지원 대상자에게 수업료등을 면제하거나 지원하는 연한(年限), 기준 및 교육지원을 하는 교육기관에 대한 보조 등에 필요한 사항은 대통령령으로 정한다.
제25조의2【외국인학교 등에 다니는 교육지원 대상자에 대한 지원】 ① 교육지원 대상자가 다음 각 호의 어느 하나에 해당하는 외국인학교 등에 취학하는 경우 예산의 범위에서 수업료등의 일부를 보조할 수 있다.
1. 「초·중등교육법」 제60조의2에 따른 외국인학교 중 같은 법 제2조에 따른 중학교 또는 고등학교에 상응하는 외국인학교
2. 「경제자유구역 및 제주국제자유도시의 외국교육기관 설립·운영에 관한 특별법」 제2조제2호에 따른 외국교육기관 중 「초·중등교육법」 제2조에 따른 중학교 또는 고등학교에 상응하는 외국교육기관과 대학에 상응하는 외국교육기관
② 제1항에 따라 교육지원 대상자에게 지급하는 보조금의 지급기준·지급액, 지원 연한 및 지급절차 등은 대통령령으로 정한다.
(2011.9.15 본조신설)
제26조【학습보조비의 지급】 ① 국가보훈부장관은 다음 각 호의 어느 하나에 해당하는 교육지원 대상자에게 학습보조비를 지급할 수 있다.(2023.3.4 본문개정)
1. 「장애인 등에 대한 특수교육법」 제2조제1호에 따른 특수교육을 받고 있는 교육지원 대상자
2. 그 밖에 학습보조비 지급이 필요하다고 대통령령으로 정하는 교육지원 대상자
② 제1항에 따른 학습보조비의 지급액, 지급방법, 그 밖에 지급에 필요한 사항은 대통령령으로 정한다.
(2011.9.15 본조개정)
제27조 (2011.9.15 삭제)

제4장 취업지원
(2008.3.28 본장개정)

제28조【취업지원】 국가는 국가유공자와 그 유족 등의 생활안정 및 자아실현을 위하여 취업지원을 한다.

제29조【취업지원 대상자 등】 ① 취업지원을 받을 수 있는 사람(이하 "취업지원 대상자"라 한다)은 다음 각 호와 같다.
1. 전상군경, 공상군경, 무공수훈자, 보국수훈자, 재일학도의용군인, 4·19혁명부상자, 4·19혁명공로자, 공상공무원, 특별공로상이자 및 특별공로자
2. 전몰군경, 순직군경, 4·19혁명사망자, 순직공무원 및 특별공로순직자의 배우자
3. 제1호에 해당하는 사람의 배우자
4. 전몰군경, 순직군경, 4·19혁명사망자, 순직공무원 및 특별공로순직자의 자녀
5. 전상군경, 공상군경, 4·19혁명부상자, 공상공무원 및 특별공로상이자 중 대통령령으로 정하는 상이등급 이상으로 판정된 사람의 자녀 및 재일학도의용군인의 자녀

② 제32조 및 제34조에 따른 취업지원을 실시할 경우 제1항제4호 및 제5호에 해당하는 사람에 대하여는 1명에게만 실시한다.
③ 취업지원 대상자는 제32조 및 제34조에 따른 취업지원과 관련하여 제32조제2항에 따라 채용되는 횟수와 제34조에 따라 고용되는 횟수를 합하여 대통령령으로 정하는 횟수 이내에서 취업지원을 받을 수 있다.
(2011.9.15 본조개정)

제30조【취업지원 실시기관】 취업지원을 실시할 취업지원 실시기관은 다음과 같다.
1. 국가기관, 지방자치단체, 군부대, 국립학교와 공립학교
2. 일상적으로 하루에 20명 이상을 고용하는 공·사기업체(公·私企業體) 또는 공·사단체(公·私團體). 다만, 대통령령으로 정하는 제조업체로서 200명 미만을 고용하는 기업체는 제외한다.
3. 사립학교

제31조【채용시험의 가점 등】 ① 취업지원 실시기관이 그 직원을 채용하기 위하여 채용시험을 실시하는 경우에는 그 채용시험에 응시한 취업지원 대상자의 점수에 다음 각 호의 구분에 따라 가점(加點)하여야 한다.
1. 만점의 10퍼센트를 가점하는 취업지원 대상자
   가. 제29조제1항제1호에 해당하는 사람
   나. 제29조제1항제2호 및 제4호에 해당하는 사람
   (2011.9.15 가목~나목개정)
2. 만점의 5퍼센트를 가점하는 취업지원 대상자
   가. 제29조제1항제3호에 해당하는 사람
   나. 제29조제1항제5호에 해당하는 사람
   (2011.9.15 가목~나목개정)

② 제1항의 채용시험이 필기·실기·면접시험 등으로 구분되어 실시되는 경우에는 각 시험마다 제1항 각 호의 구분에 따라 가점하여야 하며, 둘 이상의 과목으로 실시되는 시험에서는 각 과목별로 제1항 각 호의 구분에 따라 가점하여야 한다. 다만, 취업지원 대상자의 점수가 만점의 40퍼센트 미만인 과목이 있거나 점수로 환산(換算)할 수 없는 시험인 경우에는 그러하지 아니하다.
(2011.9.15 단서개정)
③ 제1항과 제2항에 따라 가점을 받아 채용시험에 합격하는 사람(「독립유공자예우에 관한 법률」 제16조, 「보훈보상대상자 지원에 관한 법률」 제35조, 「고엽제후유의증 등 환자지원 및 단체설립에 관한 법률」 제7조의9, 「5·18민주유공자예우 및 단체설립에 관한 법률」 제22조 또는 「특수임무유공자 예우 및 단체설립에 관한 법률」 제24조에 따라 채용시험에서 가점을 받아 합격하는 사람을 포함한다)은 그 채용시험 선발예정인원의 30퍼센트(가점에 따른 선발 인원을 산정하는 경우 소수점 이하는 버린다)를 초과할 수 없다. 다만, 응시자의 수가 선발예정인원과 같거나 그보다 적은 경우에는 그러하지 아니하다.
(2021.1.5 본문개정)
④ 채용시험의 합격자를 결정할 때 선발예정인원을 초과하여 동점자가 있으면 동점자 중 취업지원 대상자를 우선하여 합격자로 결정하여야 한다.
⑤ 제1항과 제2항에 따른 채용시험 가점 대상의 계급·직급·직위와 그 밖에 채용시험의 가점에 관하여 필요한 사항은 대통령령으로 정한다.

제31조의2【취업지원의 신청】 취업지원(제31조에 따른 취업지원은 제외한다. 이하 이 조에서 같다)을 받으려는 취업지원 대상자는 대통령령으로 정하는 바에 따라 국가보훈부장관에게 취업지원을 신청하여야 한다.
(2023.3.4 본조개정)

제32조【국가기관등의 채용 의무】 ① 제30조제1호에 해당하는 취업지원 실시기관으로서 기관장이 대통령령으로 정하는 일반직공무원과 일반군무원(이하 "일반직공무원등"이라 한다)의 임용권을 가지고 있고 일반직공무원등의 정원이 5명 이상인 기관(이하 "국가기관등"이라 한다)은 일반직공무원등의 정원에 대하여 대통령령으로 정하는 채용비율(이하 "채용비율"이라 한다) 이상으로 취업지원 대상자를 일반직공무원등으로 채용하여야 한다. 이 경우 일반직공무원등의 정원은 그 일반직공무원등에 대한 임용권을 가지는 국가기관등에 포함된 것으로 본다.
(2016.12.20 전단개정)
② 제1항에 따른 채용비율 이상으로 취업지원 대상자를 일반직공무원등으로 채용하지 아니한 국가기관등의 장은 일반직공무원등을 신규로 채용할 때 일반직공무원등의 채용에 관한 다른 법령의 규정에도 불구하고 국가보훈부장관으로부터 취업지원 대상자를 추천받은 경우 그 추천받은 취업지원 대상자 중에서 선택하여 특별 채용하여야 한다.(2023.3.4 본항개정)
③ 국가보훈부장관은 제2항에 따른 취업지원 대상자를 추천할 때 복수로 하여야 한다. 다만, 추천대상자가 채용예정인원과 같거나 그 보다 적은 경우에는 복수로 추천하지 아니한다.(2023.3.4 본문개정)
④ 제2항에 따른 취업지원 대상자의 추천의뢰절차, 추천기준, 특별 채용 등에 필요한 사항은 대통령령으로 정한다.
(2011.9.15 본조제목개정)

제33조【국가기관등에 대한 채용실태 확인】 ① 국가기관등은 대통령령으로 정하는 바에 따라 소속 공무원 중 일반직공무원등의 정원과 채용에 관한 사항을 국가보훈부장관에게 통보하여야 한다.
② 국가보훈부장관은 국가기관등의 일반직공무원등 채용실태 등을 확인·점검할 필요가 있다고 인정되면 해당 국가기관등에 관련 자료를 제출하도록 요청하거나 그 밖의 방법으로 확인·점검할 수 있으며, 확인·점검 결과 시정(是正)이나 보완이 필요하다고 인정되는 경우에는 해당 국가기관등의 장에게 시정이나 보완을 요구할 수 있다.
③ 제2항에 따라 시정이나 보완을 요구받은 국가기관등의 장은 필요한 조치를 취하고, 그 결과를 국가보훈부장관에게 통보하여야 한다.
(2023.3.4 본조개정)

제33조의2【기업체 등의 우선고용 의무 등】 ① 제30조제2호에 해당하는 취업지원 실시기관은 전체 고용인원의 3퍼센트 이상 8퍼센트 이하의 범위에서 대통령령으로 정하는 대상업체별 고용비율 이상으로 취업지원 대상자를 우선하여 고용하여야 한다.
② 국가보훈부장관은 제1항에도 불구하고 취업지원 대상자가 그 능력에 상응한 직종에 취업할 수 있도록 하기 위하여 필요하면 대통령령으로 정하는 바에 따라 다음 각 호의 취업지원 실시기관에 대하여 제1항에 따른 고용비율을 9퍼센트까지 확대할 수 있다.(2023.3.4 본문개정)
1. 「공공기관의 운영에 관한 법률」 제4조부터 제6조까지의 규정에 따라 지정·고시된 공공기관
2. 「지방공기업법」 제49조에 따른 지방공사 및 같은 법 제76조에 따른 지방공단
3. 그 밖에 제30조제2호에 해당하는 취업지원 실시기관으로 대통령령으로 정하는 기업체 또는 단체

③ 제30조제3호에 해당하는 취업지원 실시기관 중 교원을 제외한 교직원의 정원이 5명 이상인 사립학교는 교원을 제외한 고용인원의 10퍼센트 이상으로 취업지원 대상자를 우선하여 고용하여야 한다.

제33조의3【업체등의 신고】 ① 제30조제2호 및 제3호에 해당하는 취업지원 실시기관(이하 "업체등"이라 한다)은 대통령령으로 정하는 바에 따라 사업의 종류, 고용직종, 고용인원, 고용기준, 그 밖에 고용에 관한 사항을 국가보훈부장관에게 신고하여야 한다.(2023.3.4 본항개정)
② 국가보훈부장관은 제1항에 따른 신고내용이 미흡하거나 실태파악을 위하여 필요하다고 인정되면 관계 공무원에게 업체등 및 이에 해당된다고 인정되는 업체등에 출입하여 필요한 설명이나 관련 자료의 제출을 요구하게 할 수 있다.(2023.3.4 본항개정)
③ 제2항의 경우 관계 공무원은 그 권한을 표시하는 증표를 지니고 이를 관계인에게 내보여야 한다.

제34조【보훈특별고용】 ① 국가보훈부장관은 제33조의2에 따른 고용비율에 미달한 업체등에 그 업체등이 고용할 사람을 선택할 수 있도록 대통령령으로 정하는 바에 따라 취업지원 대상자를 복수로 추천하여야 한다. 다만, 다음 각 호의 어느 하나에 해당하면 취업지원 대상자를 복수로 추천하지 아니할 수 있다.(2023.3.4 본문개정)
1. 취업지원 대상자가 제29조제1항제1호부터 제3호까지에 해당하는 사람인 경우(2011.9.15 본호개정)
2. (2011.9.15 삭제)
3. 취업지원을 신청한 취업지원 대상자 중 해당 업체등에 추천할 수 있는 사람이 고용할 것을 명할 인원과 같거나 그보다 적은 경우
4. 업체등과 복수 추천을 하지 아니하기로 협의한 경우
5. 그 밖에 복수 추천이 곤란하다고 국가보훈부장관이 인정하는 경우(2023.3.4 본호개정)

② 제1항에 따라 취업지원 대상자를 복수로 추천받은 업체등은 대통령령으로 정하는 바에 따라 추천받은 사람 중에서 고용할 사람을 선택하여 국가보훈부장관에게 통보하여야 한다.(2023.3.4 본항개정)
③ 국가보훈부장관은 다음 각 호의 구분에 따라 취업지원 대상자를 대통령령으로 정하는 바에 따라 업체등에 고용할 것을 명할 수 있다.(2023.3.4 본문개정)
1. 업체등이 제2항에 따른 통보를 한 경우 : 업체등이 선택한 취업지원 대상자
2. 업체등이 대통령령으로 정하는 정당한 사유 없이 제2항에 따른 통보를 하지 아니한 경우(고용할 것을 명할 인원보다 적은 취업지원 대상자를 선택하여 통보한 경우를 포함한다) : 국가보훈부장관이 복수로 추천한 취업지원 대상자 중 선택한 사람(2023.3.4 본호개정)
3. 제1항 단서에 따라 복수로 추천하지 아니한 경우 : 국가보훈부장관이 지정한 취업지원 대상자(2023.3.4 본호개정)
(2009.2.6 본항신설)

④ 국가보훈부장관은 제3항에 따라 고용할 것을 명하는 경우에는 업체등을 지정하여 대통령령으로 정하는 바에 따라 해당 취업지원 대상자에게 취업할 것을 통지하여야 한다.(2023.3.4 본항개정)
⑤ 제29조제1항제4호 및 제5호에 해당하는 사람을 제3항에 따라 업체등에 고용할 것을 명하는 경우 그 취업지원 연령의 상한 등은 대통령령으로 정한다.(2011.9.15 본항개정)
(2009.2.6 본조개정)

제34조의2【취업지원 제한】 ① 이 법에 따라 취업한 취업지원 대상자는 성실하게 근무하여야 한다.
② 국가보훈부장관은 취업지원 대상자가 다음 각 호의 어느 하나에 해당하면 대통령령으로 정하는 바에 따라 제32조 또는 제34조에 따른 취업지원을 일정 기간 제한하거나 그 횟수를 제한할 수 있다.(2023.3.4 본문개정)
1. 제34조제4항에 따른 취업통지를 받고 정당한 사유 없이 취업을 하지 아니한 경우(2009.2.6 본호개정)
2. 제32조 또는 제34조에 따라 취업한 후 정당한 사유 없이 대통령령으로 정하는 기간 미만을 근무하고 퇴직한 경우(2011.9.15 본호개정)
3. 근무태만·직무유기(職務遺棄) 또는 부정행위(不正行爲)의 사유로 징계에 의하여 면직된 경우

제35조【신체검사의 합격기준】 취업지원 대상자인 전상군경, 공상군경, 4·19혁명부상자, 공상공무원 및 특별공로상이자의 신체검사의 합격기준은 그가 채용될 직종에서 직무를 수행할 수 있는 정도로 하며, 그 합격판정은 대통령령으로 정하는 의료기관에서 한다.

제35조의2【경력기간의 합산】 업체등은 우선고용한 취업지원 대상자의 군복무경력을 대통령령으로 정하는 바에 따라 호봉획정(號俸劃定)을 위한 경력기간에 합산(合算)할 수 있다.

제36조【차별대우 금지】 ① 취업지원 실시기관은 이 법에 따른 취업자(신규로 채용된 자를 포함한다. 이하 같다)에 대하여 직급의 부여·보직(補職)·승진·승급(昇給) 등 모든 처우에서 채용의무에 따라 채용한 것을 사유로 다른 직원보다 불리한 대우를 하여서는 아니 된다.
② 국가보훈부장관은 취업지원 실시기관이 제1항을 위반하여 이 법에 따른 취업자에게 차별대우를 한 것으로 인정되면 그 시정을 요구할 수 있다.(2023.3.4 본항개정)
③ 제2항에 따라 시정을 요구받은 취업지원 실시기관은 이에 따른 시정조치를 하여야 하며 그 결과를 국가보훈부장관에게 통보하여야 한다.(2023.3.4 본항개정)

제37조【취업사실 등의 통보】 취업지원 실시기관은 다음 각 호의 어느 하나에 해당하면 그 내용을 국가보훈부장관에게 통보하여야 한다.(2023.3.4 본문개정)
1. 취업지원 대상자가 취업한 경우
2. 이 법에 따른 취업자가 퇴직하거나 해임 또는 해고된 경우

제37조의2【채용 또는 고용인원의 산정】 ① 제32조제1항 및 제33조의2제1항부터 제3항까지의 규정에 따른 비율에 따라 산출된 인원이 1명 미만이면 1명으로 하고, 1명 이상이면 소수점 이하는 버린다.
② 제31조 또는 제32조제2항에 따라 일반직공무원등으로 채용되거나 제31조·제33조의2 또는 제34조에 따라 고용(교원으로 고용된 경우는 제외한다)된 취업지원 대상자가 취업지원대상에서 제외되었다 하더라도 그가 계속 취업 중이면 그 취업지원 실시기관의 채용비율이나 고용비율로 산정된 인원에 그를 포함시켜야 한다.(2014.1.28 본항개정)
③ 취업지원 대상자가 제31조, 제32조, 제33조의2 또는 제34조에 따른 취업지원 외의 방법으로 채용되거나 고용된 경우 그 취업지원 대상자는 취업지원 실시기관의 채용비율이나 고용비율로 산정된 인원에 포함되지 아니한다.(2011.9.15 본항신설)
④ 제32조제1항, 제33조의2 및 이 조 제2항에 따라 채용 또는 고용 인원을 산정하는 경우 제29조제1항제1호에 해당하는 취업지원 대상자로서 1급·2급·3급·4급 또는 5급의 상이등급을 판정받은 사람에 대한 채용 또는 고용은 그 인원의 2배에 해당하는 인원의 채용 또는 고용으로 본다.(2017.10.31 본항신설)<2022.12.31까지 유효>

제38조【직업훈련】 ① 국가보훈부장관은 전상군경, 공상군경, 4·19혁명부상자, 공상공무원 및 특별공로상이자가 취업에 필요한 기술을 습득할 수 있도록 대통령령으로 정하는 바에 따라 직업재활훈련을 실시할 수 있다.
(2023.3.4 본항개정)
② 국가보훈부장관은 「국민 평생 직업능력 개발법」에 따른 직업능력개발훈련시설에 취업지원 대상자를 추천하여 직업능력개발훈련을 받게 하여야 한다. 이 경우 추천할 취업지원 대상자의 수는 「직업교육훈련 촉진법」 제10조에 따른 우선실시비율의 범위에서 고용노동부장관과 협의하여 정한다.(2023.3.4 전단개정)
③ 제1항에 따른 직업재활훈련과 제2항에 따른 직업능력개발훈련에 필요한 비용은 국가가 부담한다.
(2011.9.15 본항개정)

제39조【능력개발 장려금의 지급 등】 ① 국가보훈부장관은 취업에 필요한 자격이나 능력 등을 개발하려는 취업지원 대상자에게 예산의 범위에서 그 비용의 전부 또는 일부를 지원하거나 장려금을 지급할 수 있다.(2023.3.4 본항개정)
② 제1항에 따라 비용을 지원하거나 장려금을 지급할 때 그 기준·범위 및 절차 등에 관하여 필요한 사항은 대통령령으로 정한다.
제40조 (2004.1.20 삭제)

제5장 의료지원
(2008.3.28 본장개정)

제41조【의료지원】 국가는 국가유공자와 그 유족 등이 건강한 생활을 유지하고 필요한 진료 등을 받을 수 있도록 의료지원을 한다.
제42조【진료】 ① 전상군경, 공상군경, 4·19혁명부상자, 공상공무원 및 특별공로상이자가 그 상이처에 대한 진료를 필요로 하거나 질병(부상을 포함한다. 이하 이 조에서 같다)에 걸린 경우에는 대통령령으로 정하는 바에 따라 국가의 의료시설[「한국보훈복지의료공단법」 제7조에 따른 보훈병원(이하 "보훈병원"이라 한다)을 포함한다] 또는 지방자치단체의 의료시설에서 진료한다. 다만, 본인의 고의에 의하여 생긴 질병의 경우에는 그러하지 아니하다.(2021.4.20 본문개정)
② 국가는 제1항에 따른 진료를 국가나 지방자치단체 외의 의료시설에 위탁할 수 있다.
③ 제1항과 제2항에 따른 진료비용(약제비용을 포함한다. 이하 이 조 및 제42조의2 후단에서 같다)은 국가가 부담한다. 다만, 지방자치단체의 의료시설에서 진료한 경우에는 대통령령으로 정하는 바에 따라 지방자치단체가 그 일부를 부담할 수 있다.(2023.7.11 본문개정)
④ 전상군경, 공상군경, 4·19혁명부상자, 공상공무원 및 특별공로상이자 중 대통령령으로 정하는 상이등급 미만으로 판정된 사람이 그 상이처 외에 질병에 걸려 제1항에 따른 의료시설 및 제2항에 따라 진료를 위탁받은 의료시설에서 진료를 받는 경우에는 제3항에도 불구하고 대통령령으로 정하는 바에 따라 그 진료비용의 일부를 본인에게 부담하게 할 수 있다.(2023.7.11 본항개정)
⑤ 다음 각 호의 어느 하나에 해당하는 사람에 대하여는 보훈병원에서 진료한다. 이 경우 그 진료비용은 대통령령으로 정하는 바에 따라 감면(減免)하며, 그 감면된 비용은 국가보훈부장관이 예산의 범위에서 해당 보훈병원에 지급할 수 있다.(2023.7.11 후단개정)
1. 제1항에 따른 의료지원 대상자가 아닌 국가유공자
2. 국가유공자의 가족 중 배우자
3. 국가유공자의 유족 중 제5조제1항 각 호의 순위에 따른 선순위자 1명. 이 경우 선순위자가 국가유공자의 부 또는 모인 때에는 선순위자가 아닌 모 또는 부를 포함한다.(2011.9.15 본항개정)
⑥ 제5항제3호를 적용할 때 유족 중 같은 순위가 2명 이상이면 제13조제2항을 준용한다.(2011.9.15 본항신설)
⑦ 다음 각 호의 어느 하나에 해당하는 사람은 보훈병원 외에 국가보훈부장관이 지정하여 진료를 위탁한 의료기관에서 진료를 받을 수 있다. 이 경우 그 진료비용은 대통령령으로 정하는 바에 따라 감면하며, 그 감면된 비용은 국가가 부담한다.(2023.7.11 전단개정)
1. 제4조제1항제7호의 무공수훈자
2. 재일학도의용군인
3. 제12조제1항제2호부터 제4호까지에 따른 선순위자로서 75세 이상인 사람 1명. 이 경우 선순위자가 제13조제2항제3호에 따른 부모인 경우에는 협의 등에 의하여 1명을 지정하며, 협의 및 지정 등에 관하여 필요한 사항은 대통령령으로 정한다.(2023.7.11 전단개정)
4. 제16조의3제1항의 6·25전몰군경자녀수당을 지급받는 사람 중 선순위자로서 75세 이상인 사람. 이 경우 같은 순위가 2명 이상이면 제13조제2항을 준용한다.(2023.7.11 본호개정)
(2009.2.6 본항신설)
⑧ 제1항부터 제7항까지의 규정에 따른 진료 또는 진료비용 지원의 방법·절차·범위 및 상한 등 의료지원의 기준은 대통령령으로 정한다.(2023.7.11 본항개정)
제42조의2【재난상황에서의 진료】 국가는 제42조제5항 각 호 외의 부분 전단에도 불구하고 「재난 및 안전관리 기본법」 제3조제1호의 재난이 발생하여 보훈병원에서의 진료에 중대한 차질이 발생하거나 발생할 우려가 있는 경우에는 보훈병원 외의 의료기관에 제42조제5항에 따른 진료를 위탁할 수 있다. 이 경우 그 진료비용은 대통령령으로 정하는 바에 따라 감면하며, 그 감면된 비용은 국가가 부담한다.(2023.7.11 후단개정)
제43조 (2011.9.15 삭제)
제43조의2【보철구의 지급】 전상군경, 공상군경, 4·19혁명부상자, 공상공무원 및 특별공로상이자로서 신체장애로 보철구(補綴具)가 필요한 사람에게는 대통령령으로 정하는 바에 따라 보철구를 지급한다.(2011.9.15 본조개정)
제44조【의학적 재활 등】 ① 국가보훈부장관은 전상군경, 공상군경, 4·19혁명부상자, 공상공무원 및 특별공로상이자의 신체기능 퇴화를 방지하고 그 기능을 회복하게 하기 위하여 의학적 재활과 재활체육에 관한 시책을 마련하고, 그 사업을 수행한다.
② 국가보훈부장관은 의학적 재활과 재활체육을 진흥하기 위하여 필요하다고 인정되면 공단과 「국가유공자 등 단체설립에 관한 법률」에 따른 단체에 그 사업을 위탁할 수 있다. 이 경우 국가보훈부장관은 그 사업을 위탁받은 공단 등에 예산의 범위에서 그 경비의 전부 또는 일부를 보조할 수 있다.
(2023.3.4 본조개정)
제44조의2【심리적 재활 등】 ① 국가보훈부장관은 국가유공자, 그 유족 또는 가족의 심리적 안정과 사회 적응을 위하여 심리상담 등 심리재활서비스에 관한 시책을 마련하고, 그 사업을 수행하여야 한다.(2023.3.4 본항개정)
② 제1항에 따른 지원의 내용·방법 등에 필요한 사항은 대통령령으로 정한다.
(2021.4.20 본조신설)
제45조【의료시설의 확보 비용 등의 보조】 국가보훈부장관은 이 법에 따른 의료지원에 필요한 시설 등의 확보 비용과 그 유지·관리 비용을 예산의 범위에서 공단에 보조할 수 있다.(2023.3.4 본조개정)

제6장 대 부
(2008.3.28 본장개정)

제46조【대부】 국가는 국가유공자와 그 유족 등의 자립과 생활안정을 위하여 장기저리(長期低利)로 대부(貸付)를 한다.
제47조【대부 대상자】 ① 대부 대상자는 다음 각 호와 같다.
1. 국가유공자
2. 국가유공자의 유족 중 보상금을 받는 자
3. 국가유공자의 유족 중 보상금을 받는 자가 없는 경우에는 제5조제1항 각 호에 따른 선순위자
② 제1항제3호를 적용할 때 유족 중 같은 순위가 2명 이상이면 제13조제2항을 준용한다.
제48조【대부의 재원】 대부의 재원은 「보훈기금법」 제6조에 따른 국가유공자지원자금으로 한다.
제49조【대부의 종류】 대부의 종류는 다음 각 호와 같다.
1. 농토구입대부
2. 주택대부(주택구입대부, 대지구입대부, 주택신축대부, 주택개량대부, 주택임차대부를 말한다. 이하 같다)
3. 사업대부
4. 생활안정대부
제50조【대부의 한도액】 ① 대부의 종류별 한도액은 대부 재원의 범위에서 국가보훈부장관이 정한다.
(2023.3.4 본항개정)
② 국가보훈부장관은 제49조제1호 및 제2호의 대부를 할 때에는 다음 각 호의 범위에서 하여야 한다.(2023.3.4 본문개정)
1. 농토구입대부 : 해당 농토의 평가액 이내
2. 주택구입대부·대지구입대부 또는 주택신축대부 : 해당 주택이나 대지의 평가액 이내
3. 주택개량대부 : 주택개량에 드는 비용 이내
4. 주택임차대부 : 임차금액 이내
제51조【대부금의 이율】 대부금의 이율(利率)은 대통령령으로 정한다.
제52조【대부의 신청 등】 ① 대부를 받으려는 자는 대통령령으로 정하는 바에 따라 국가보훈부장관에게 대부신청을 하여야 하되, 대부를 받으려는 자가 둘 이상의 대부 대상자 요건에 해당하면 그 중 하나를 선택하여 대부신청을 하여야 한다. 대부를 받은 후 다시 대부신청을 하는 경우에도 그 선택은 변경할 수 없다.
② 국가보훈부장관은 제1항에 따른 대부신청을 받으면 대부결정기준을 마련하고 이에 따라 대부를 한다.
(2023.3.4 본조개정)
제53조【대부금의 상환기간】 ① 대부금은 다음 각 호의 기간의 범위에서 대통령령으로 정하는 바에 따라 분할상환(分割償還)하여야 한다.
1. 농토구입대부 : 3년 거치(据置) 후 12년
2. 주택대부 : 20년
3. 사업대부 : 15년
4. 생활안정대부 : 5년
② 국가보훈부장관은 대부를 받은 자가 대부금을 상환하기 곤란하다고 인정되면 3년의 범위에서 그 상환기간을 연장할 수 있다.(2023.3.4 본항개정)
③ 국가보훈부장관은 대부를 받은 사람이 대부금을 그 목적 외의 용도에 사용한 경우에는 제1항의 상환기간에도 불구하고 대통령령으로 정하는 바에 따라 대부금을 상환하게 할 수 있다.(2023.3.4 본항개정)
제54조【주택의 분양 등】 ① 국가보훈부장관은 대부 대상자에게 주택을 공급하기 위하여 필요하면 제48조에 따른 재원으로 주택을 건축하여 분양·임대 또는 관리할 수 있다. 다만, 주택의 수급(需給) 사정에 따라 특히 필요하다고 인정되는 경우에는 대부 대상자가 아닌 자에게도 분양하거나 임대할 수 있다.(2023.3.4 본문개정)
② 제1항에 따른 주택의 분양·임대 또는 관리에 필요한 사항은 「국유재산법」에도 불구하고 대통령령으로 정한다.
제55조【보조금의 지급】 대부 대상자 중 농토구입대부나 주택대부(대지구입대부 및 주택개량대부는 제외한다)를 받는 자에게는 대통령령으로 정하는 바에 따라 예산의 범위에서 보조금을 지급할 수 있다.
제56조【담보 등】 ① 국가보훈부장관은 농토구입대부나 주택대부(주택개량대부 및 주택임차대부는 제외한다)를 받을 자에게는 그 농지나 주택의 매수(買受) 등을 쉽게 할 수 있도록 대통령령으로 정하는 바에 따라 해당 대부금의 지급에 관한 지급보증을 할 수 있다.
(2023.3.4 본항개정)
② 농토구입대부나 주택대부(주택개량대부 및 주택임차대부는 제외한다)를 받는 자는 그 대부금으로 취득할 재산을 대부금의 상환이 끝날 때까지 국가에 담보로 제공하여야 한다.
③ 국가보훈부장관은 제2항에도 불구하고 아파트 등 공동주택의 구입을 위한 주택구입대부를 하는 경우에 대부받을 자가 책임을 져야 할 사유 없이 소유권에 관한 등기가 상당 기간 지연될 것이 예상되면 해당 주택을 담보로 제공할 수 있을 때까지 그 주택을 담보로 하지 아니하고 제5항을 준용하여 담보를 제공하게 할 수 있다.
(2023.3.4 본항개정)
④ (2008.3.28 삭제)
⑤ 주택개량대부·주택임차대부·사업대부 또는 생활안정대부를 받는 사람은 부동산 또는 보훈급여금(생활조정수당 및 사망일시금은 제외한다. 이하 이 항에서 같다)을 국가에 담보로 제공하여야 한다. 다만, 대부를 받는 사람이 담보로 제공할 부동산이 없거나 보훈급여금을 받을 수 있는 사람이 아닌 경우에는 국가보훈부장관은 보증인을 세우게 하거나 그 밖의 담보를 제공하게 할 수 있다.
(2023.3.4 단서개정)
⑥ 국가보훈부장관은 제2항·제3항 및 제5항에 따른 담보만으로 채권보전(債權保全)이 곤란하다고 인정할 때에는 그 보전에 필요한 조치를 할 수 있다.(2023.3.4 본항개정)
⑦ 농토구입대부나 주택대부(주택개량대부 및 주택임차대부는 제외한다)를 받은 자는 다음 각 호의 어느 하나에 해당하는 사유가 있으면 국가보훈부장관의 승인을 받아 이미 담보로 제공한 부동산을 갈음하여 그가 상환하지 아니한 채무액 이상의 가치가 있는 부동산을 국가에 담보로 제공하여야 한다. 다만, 제3호의 경우에는 새로 매입한 부동산을 국가에 담보로 제공하여야 한다.
(2023.3.4 본문개정)
1. 담보재산이 법률에 따라 수용(收用)된 경우(부분 수용으로 채권보전에 지장이 없는 경우는 제외한다)
2. 담보재산이 천재지변·재해 또는 이에 준하는 사유로 인하여 대체가 불가피하게 된 경우
3. 대부금으로 취득한 농토나 주택의 매각이 불가피하여 같은 용도의 부동산을 매입하게 된 경우
⑧ 주택개량대부, 주택임차대부, 사업대부 또는 생활안정대부를 받은 자가 담보로 제공한 부동산이 사업 운영상 또는 그 밖의 부득이한 사유로 대체가 불가피하게 된 경우에는 그가 상환하지 아니한 채무액 이상의 가치가 있는 부동산이나 국가보훈부장관이 정하는 담보를 국가에 제공하여야 한다. 다만, 부동산 외의 담보 제공은 그가 상환하지 아니한 채무액이 국가보훈부장관이 정하는 금액 이하인 경우에만 가능하다.(2023.3.4 본항개정)
⑨ 국가보훈부장관은 대부금의 상환이 끝나면 저당권(抵當權)의 말소(抹消)를 위한 절차를 밟아야 한다.
(2023.3.4 본항개정)
제57조 (2009.2.6 삭제)
제58조 (2008.3.28 삭제)
제59조【상계】 국가보훈부장관은 다음 각 호의 대부원리금(貸付元利金) 등을 보훈급여금(사망일시금은 제외한다)과 상계(相計)할 수 있다.(2023.3.4 본문개정)
1. 상환일이 도래한 대부원리금
2. 제54조제1항에 따라 건축한 주택을 분양하거나 임대한 경우에 그 납입일이 도래한 분양금 또는 임차료(賃借料)
3. 제61조제1항에 따라 매수한 재산을 매각하거나 임대한 경우에 그 납입일이 도래한 매수대금 또는 임차료
제60조【채무의 인수】 ① 국가보훈부장관은 담보재산에 대한 저당권이 실행되어 그 담보재산이 경매에 부쳐진 경우에, 경락인(競落人)이 제47조에 따른 대부 대상자이면 국가가 받을 수 있는 경락대금(競落代金)의 배당금 한도안에서 그 경락인의 신청에 의하여 해당 매수대금을 내는 대신 종전 대부금의 상환에 관한 채무를 경락인으로 하여금 인수하게 할 수 있다.(2023.3.4 본항개정)
② 제1항에 따라 채무를 인수한 자는 이 법에 따른 대부를 받은 것으로 보고 제56조제2항을 준용한다.
제61조【담보재산의 매수 등】 ① 국가보훈부장관은 담보재산에 대한 저당권이 실행되어 그 담보재산이 경매에 부쳐진 경우에는 「민사집행법」의 절차에 따라 그 담보재산을 매수할 수 있다. 이 경우 「민사집행법」 제113조는 적용하지 아니한다.(2023.3.4 전단개정)
② 제1항에 따라 매수한 재산은 「국유재산법」에도 불구하고 국가보훈부장관이 관리·처분할 수 있다. 이 경우 매수재산이 농지이면 「농지법」에 따른 농업인이나 농업법인에 매각하여야 한다.(2023.3.4 전단개정)
③ 제1항에 따라 담보재산을 매수할 경우의 매수가격 및 제2항에 따라 처분하는 재산에 대한 처분가격의 기준은 대통령령으로 정한다.

제62조【대부의 승계】 ① 대부를 받은 자가 그 대부금의 상환기간 중에 사망하면 그 대부에 관한 채무는 그 상속인에게 승계(承繼)된다.
② 제1항에 따라 대부에 관한 채무를 승계한 자는 국가보훈부장관에게 신고하여야 한다. 이 경우 대부에 관한 채무를 승계한 자가 여러 사람이면 그 대부금으로 취득한 부동산을 관리할 대표자 1명을 선정하여 함께 신고하여야 한다.(2023.3.4 전단개정)

제7장 그 밖의 지원
(2008.3.28 본장개정)

제63조【양로지원】 국가유공자나 그 유족(자녀는 제외한다)으로서 65세 이상의 남성 또는 60세 이상의 여성(전상군경, 공상군경, 4·19혁명부상자, 공상공무원 및 특별공로상이자인 남성은 60세 이상, 여성은 55세 이상을 말한다) 중 부양의무자가 없는 자(부양의무자가 있으나 대통령령으로 정하는 부양능력이 없는 경우를 포함한다)에 대하여는 국가의 양로시설에서 지원할 수 있다. 이 경우 국가유공자의 배우자는 국가보훈부장관이 정하는 바에 따라 양로지원을 받게 되는 국가유공자와 함께 지원할 수 있다.(2023.3.4 후단개정)
제63조의2【요양지원에 대한 보조】 ① 다음 각 호에 해당하는 사람 중 「노인장기요양보험법」 제23조제1항제1호 또는 제2호에 따른 재가급여나 시설급여를 받는 사람에게는 대통령령으로 정하는 바에 따라 생활수준을 고려하여 본인이 부담하여야 할 비용의 일부를 보조할 수 있다.
1. 국가유공자
2. 국가유공자의 배우자
3. 국가유공자의 유족 중 부모
② 제1항에 따라 보조금을 받으려는 사람은 국가보훈부장관에게 그 보조금의 지급을 신청하여야 한다. 이 경우 신청인의 생활수준 파악을 위한 절차 등에 관하여는 제14조의2부터 제14조의4까지의 규정을 준용한다.
(2023.3.4 전단개정)
③ 제1항 및 제2항에 따른 보조금 지급 대상자의 선정기준, 그 지급액 등 필요한 사항은 대통령령으로 정한다.
(2011.9.15 본조신설)
제63조의3【보훈재가복지서비스】 ① 국가보훈부장관은 국가유공자와 그 유족 또는 가족의 원활한 일상생활을 위하여 가정에서 가사활동, 건강관리 및 정서활동 등을 지원하는 보훈재가복지서비스를 제공할 수 있다.
② 제1항에 따른 지원을 받으려는 사람은 국가보훈부장관에게 그 지원을 신청하여야 한다.
③ 제1항에 따른 서비스 및 지원 대상의 구체적인 선정기준은 국가보훈부장관이 정한다.
(2023.3.4 본조개정)
제64조【양육지원】 국가유공자의 미성년 자녀와 미성년 제매 중 부양의무자가 없는 사람(부양의무자가 있으나 대통령령으로 정하는 부양능력이 없는 경우를 포함한다) 또는 부양의무자가 양로지원을 받고 있는 사람에 대해서는 국가의 양육시설에서 지원할 수 있다. 다만, 양육지원을 받고 있는 사람으로서 19세가 된 사람이 고등학교·대학 또는 이에 준하는 학교에 재학 중이거나 19세가 되는 해에 고등학교·대학 또는 이에 준하는 학교에 입학하게 되는 경우에는 그 학교를 졸업할 때까지 계속 지원할 수 있다.(2016.5.29 본조개정)
제65조【양로지원 등의 위탁】 ① 국가보훈부장관은 양로지원과 양육지원을 할 때 필요하다고 인정되면 노인복지시설·아동복지시설 등 사회복지시설에 지원을 위탁할 수 있다.(2023.3.4 본항개정)
② 양로지원과 양육지원에 드는 비용은 국가가 부담한다.
제66조【수송시설의 이용지원】 ① 다음 각 호에 해당하는 자에게는 대통령령으로 정하는 바에 따라 국가·지방자치단체 및 대통령령으로 정하는 공공기관의 수송시설(輸送施設) 이용료를 받지 아니하거나 할인할 수 있다.
1. 전상군경, 공상군경, 4·19혁명부상자, 공상공무원 및 특별공로상이자
2. 제1호에 해당하는 자가 다른 사람의 보호 없이 활동이 어려운 경우 이들을 직접 보호하여 수송시설을 이용하는 자
② 국가는 제1항 각 호의 어느 하나에 해당하는 자에게 수송시설을 무료로 또는 할인하여 이용할 수 있도록 제공하는 자에게는 예산의 범위에서 보조금을 지급할 수 있다.(2016.5.29 본항개정)
제67조【고궁 등의 이용지원】 국가유공자, 그 유족 또는 가족에게는 대통령령으로 정하는 바에 따라 국가나 지방자치단체가 관리하는 고궁과 공원 등의 시설 이용료를 받지 아니하거나 할인할 수 있다.
제68조【주택의 우선 공급】 ① 국가나 지방자치단체는 국가유공자와 그 유족 중 제47조에 따른 대부 대상자에게 국가나 지방자치단체에 의하여 건설되거나 국가 또는 지방자치단체의 재정이나 「주택도시기금법」에 따른 주택도시기금의 지원을 받아 건설·공급되는 주택을 무주택기간, 생활수준 등을 고려하여 대통령령으로 정하는 바에 따라 우선 공급할 수 있다.
② 「주택법」 제54조에 따라 민영주택을 건설·공급하는 사업주체는 국가유공자와 그 유족 중 제47조에 따른 대부 대상자에게 그 민영주택 건설·공급량의 일부를 우선 공급할 수 있다.(2017.10.31 본항신설)
③ 제1항 또는 제2항에 따라 주택을 공급받으려는 사람은 국가보훈부장관에게 신청하여야 한다. 이 경우 주택 공급의 신청, 신청인의 생활수준 파악을 위한 방법·절차 등에 관하여는 제14조의2부터 제14조의4까지의 규정을 준용한다.(2023.3.4 전단개정)
(2017.10.31 본조개정)
제68조의2【생업지원】 ① 국가와 지방자치단체, 그 밖의 공공단체는 소관 공공시설 안에 식료품·사무용품·신문 등 일상생활용품의 판매를 위한 매점의 운영이나 자동판매기 등의 설치를 허가 또는 위탁하는 경우 제6조에 따라 등록·결정된 국가유공자와 그 유족 등의 신청이 있는 때에는 이를 우선적으로 반영하여야 한다. 이 경우 공공단체의 범위, 매점의 규모 등에 필요한 사항은 대통령령으로 정한다.
② 제1항에 따른 허가 또는 위탁을 받은 자는 중대한 질병 등 특별한 사유가 없는 한 직접 그 사업에 종사하여야 한다.
(2008.3.28 본조신설)
제69조【국가유공자 등에 대한 연수교육】 ① 국가보훈부장관은 국가유공자, 그 유족 또는 가족의 자긍심과 자활 의욕을 높이기 위하여 국가유공자, 그 유족 또는 가족을 대상으로 연수교육을 실시할 수 있다.
② 국가보훈부장관은 대통령령으로 정하는 바에 따라 제1항에 따른 연수교육에 관한 업무를 공단에 위탁할 수 있다.
(2023.3.4 본조개정)

제8장 국가유공자에 준하는 군경 등에 대한 지원

제70조~제72조의3 (1997.12.31 삭제)
제73조【6·18자유상이자에 대한 준용】 북한의 군인 또는 군무원으로서 1950년 6월 25일부터 1953년 7월 23일까지의 사이에 국군이나 유엔군에 포로가 된 사람 중 다음 각 호의 어느 하나에 해당하는 사람이 보훈심사위원회에서 6·18자유상이자로 의결되면 공상군경에 준하여 보상한다.
1. 포로수용소에서 수용 중 대한민국을 지지하다가 북한을 지지하는 사람으로부터 상이를 입은 사람으로서 그 상이정도가 국가보훈부장관이 실시하는 신체검사에서 상이등급으로 판정된 사람(2023.3.4 본호개정)
2. 대한민국에 귀순할 목적으로 포로수용소를 탈출하는 과정에서 상이를 입은 사람으로서 그 상이정도가 국가보훈부장관이 실시하는 신체검사에서 상이등급으로 판정된 사람(2023.3.4 본호개정)
(2011.9.15 본조개정)
제73조의2【상이등급의 판정을 받지 못한 경찰·소방공무원 등에 대한 의료지원】 국가는 국민의 생명·재산 보호와 직접적인 관련이 있는 직무수행이나 교육훈련 중에 상이를 입고 퇴직하였으나 상이등급의 판정을 받지 못한 경찰·소방공무원 등 대통령령으로 정하는 사람에 대하여 보훈병원 또는 국가보훈부장관이 지정하여 진료를 위탁한 의료기관에서 그 상이처(본인의 고의로 악화된 경우는 제외한다)에 대한 진료를 받게 할 수 있다. 이 경우 그 진료비용은 국가가 부담한다.(2023.3.4 전단개정)
제74조【전투종사군무원 등에 대한 보상】 ① 다음 각 호의 어느 하나에 해당하는 사람은 그 사망 또는 상이등급에 따라 전몰군경·전상군경·순직군경 또는 공상군경으로 보고 보상한다.
1. 군사적 목적으로 외국에 파견된 군무원이나 공무원으로서 전투 또는 이에 준하는 직무수행 중 사망한 사람과 상이를 입은 사람(국가보훈부장관이 실시하는 신체검사에서 상이등급으로 판정된 사람을 말한다. 이하 이 조에서 같다)(2023.3.4 본호개정)
2. 정부의 승인을 받아 전투나 군 작전에 종군(從軍)하는 기자로서 그 종군 중 사망한 사람과 상이를 입은 사람
3. 「전시근로동원법」(1999년 2월 8일 법률 제5846호에 따라 폐지되기 전의 것)에 따라 동원된 사람, 청년단원·향토방위대원·소방관·의용소방관·학도병, 그 밖의 애국단체원으로서 전투, 이에 준하는 행위 또는 이와 관련된 교육훈련 중 사망한 사람과 상이를 입은 사람
② 제1항을 적용할 때 다음 각 호 중 제1호부터 제3호까지의 규정에 관한 구체적인 기준과 범위에 관하여는 제4조제2항을 준용하고, 제4호에 관한 구체적인 기준과 범위에 관하여는 대통령령으로 정한다.
1. 제1항제1호에 따른 전투 또는 이에 준하는 직무수행 중 사망한 사람과 상이를 입은 사람
2. 제1항제2호에 따른 전투나 군 작전에 종군 중 사망한 사람과 상이를 입은 사람
3. 제1항제3호에 따른 전투, 이에 준하는 행위 또는 이와 관련된 교육훈련 중 사망한 사람과 상이를 입은 사람
4. 제1항제3호에 따른 동원된 사람, 청년단원·향토방위대원·소방관·의용소방관·학도병, 그 밖의 애국단체원
(2011.9.15 본조개정)

제8장의2 현충시설
(2008.3.28 본장개정)

제74조의2【현충시설의 지정】 ① 국가보훈부장관은 국가유공자 또는 이들의 공훈과 희생정신을 기리기 위한 건축물·조형물·사적지(史跡地) 또는 국가유공자의 공헌이나 희생이 있었던 일정한 구역 등(이하 "시설등"이라 한다)으로서 국민의 애국심을 기르는 데에 상당한 가치가 있다고 인정되는 것을 현충시설(顯忠施設)로 지정할 수 있다.(2023.3.4 본항개정)
② 현충시설은 다음 각 호와 같이 구분하여 지정한다.
1. 독립운동 관련 시설
2. 국가수호 관련 시설
③ 제1항에 해당하는 시설등의 소유자나 관리자는 그 시설등에 대하여 현충시설로 지정하여 줄 것을 국가보훈부장관에게 요청할 수 있다.(2023.3.4 본항개정)
④ 국가보훈부장관은 현충시설로 지정된 시설등이 그 가치가 없어지거나 그 밖에 현충시설로 관리하는 것이 적절하지 아니하다고 인정되면 그 지정을 해제할 수 있다.
(2023.3.4 본항개정)
⑤ 현충시설의 지정과 해제, 현충시설의 구분 등에 관하여 필요한 사항은 대통령령으로 정한다.
제74조의3【현충시설의 관리】 ① 국가보훈부장관은 제74조의2제1항에 따라 현충시설을 지정할 때 대통령령으로 정하는 바에 따라 현충시설 관리자를 함께 지정하여야 한다.(2023.3.4 본항개정)
② 현충시설 관리자는 그 시설을 성실히 관리하여야 하고, 시설의 훼손·멸실 등을 방지하기 위하여 필요한 노력을 하여야 한다.
③ 국가와 지방자치단체는 현충시설의 관리 비용의 일부를 대통령령으로 정하는 바에 따라 예산의 범위에서 보조할 수 있다.
제74조의4【현충시설의 건립 지원】 ① 국가나 지방자치단체 외의 자로서 현충시설을 건립하려는 자는 현충시설건립사업계획(이하 "사업계획"이라 한다)을 수립하여 국가보훈부장관의 승인을 받을 수 있다.(2023.3.4 본항개정)
② 제1항에 따른 사업계획의 승인을 받은 자에게는 그 사업에 드는 비용의 일부를 대통령령으로 정하는 바에 따라 예산의 범위에서 보조할 수 있다.

제8장의3 보훈심사위원회
(2011.9.15 본장신설)

제74조의5【보훈심사위원회의 설치】 ① 이 법에 따른 보상 등에 관련된 다음 각 호의 사항을 심의·의결하기 위하여 국가보훈부장관 소속으로 보훈심사위원회를 둔다.
(2023.3.4 본문개정)
1. 「국가보훈 기본법」 제3조제2호에 따른 국가보훈대상자 중 보훈심사위원회의 심의·의결을 거치도록 규정된 사람의 등록 요건의 인정 여부에 관한 사항
2. 제6조의4에 따른 상이정도의 판정에 관한 사항
3. 제6조의5제1항에 따른 상이의 추가인정 여부에 관한 사항
4. 제9조에 따른 권리소멸의 확인에 관한 사항
5. 제13조제2항제2호에 따른 국가유공자를 주로 부양하거나 양육한 사람의 확인에 관한 사항(2019.11.26 본호개정)
6. 제74조의10에 따른 재심의에 관한 사항
7. 제74조의11에 따른 행위규범과 그 운영에 관한 사항
8. 제74조의14제2항에 따른 위원의 기피에 관한 사항
9. 제74조의18에 따른 이의신청에 관한 사항
10. 제75조제4항에 따른 보훈급여금 등의 결손처분에 관한 사항(2022.12.16 본호개정)
11. 제76조에 따른 보훈급여금 등의 반환의무 면제에 관한 사항
12. 제78조제1항에 따른 보상정지 기간 및 보상의 정도에 관한 사항
13. 제79조제1항제5호에 해당하는 사람에 대한 법 적용 대상 제외 여부 및 같은 조 제3항에 따른 법 적용 대상자로의 결정 여부에 관한 사항
14. 국가유공자 등의 등록 요건에 관한 심사 기준의 정립에 관한 사항
15. 그 밖에 다른 법령에서 보훈심사위원회의 소관으로 규정한 사항
② 보훈심사위원회는 심사 업무의 전문성을 강화하고, 심사와 관련된 조사·연구 등의 업무를 수행하기 위하여 필요한 전문 인력을 둘 수 있다.
제74조의6【보훈심사위원회의 구성과 임명 등】 ① 보훈심사위원회는 위원장 1명을 포함하여 210명 이내의 위원으로 구성하고, 보훈심사위원회의 위원(이하 "위원"이라 한다) 중 상임위원은 5명 이내로 한다.(2021.6.8 본항개정)
② 보훈심사위원회의 위원장(이하 "위원장"이라 한다)과 상임위원은 다음 각 호의 어느 하나에 해당하는 사람 중에서 국가보훈부장관의 제청에 따라 대통령이 임명하고 비상임위원은 다음 각 호의 어느 하나에 해당하는 사람

중에서 국가보훈부장관이 임명 또는 위촉한다.(2023.3.4 본문개정)
1. 국가보훈 관련 업무에 5년 이상 종사한 자 중에서 4급 이상 공무원의 직(職)에 있거나 있었던 사람
2. 3급 이상 공무원 또는 고위공무원단에 속하는 공무원, 경무관 이상의 경찰공무원, 소방준감 이상의 소방공무원이나 대령 이상의 장교의 직에 있거나 있었던 사람(2021.6.8 본호개정)
3. 판사·검사 또는 변호사로 6년 이상 재직하고 있거나 재직하였던 사람
4. 「의료법」 제77조에 따른 전문의로서 의사의 업무에 6년 이상 종사하고 있거나 종사하였던 사람
5. 대학이나 법률에 따라 설립된 연구기관에서 부교수 이상 또는 이에 상당하는 직에 3년 이상 재직하고 있거나 재직하였던 사람(2021.6.8 본호개정)
6. 공무원이 아닌 사람으로서 국방·경찰·소방 관련 분야에서 10년 이상 종사하고 있거나 종사하였던 사람
7. 그 밖에 사회적 신망이 높고 독립·호국·민주 등 보훈 분야에 관한 지식과 경험이 풍부한 사람

(2021.6.8 6호~7호신설)

③ 위원장과 위원의 임기는 각각 3년으로 하되 한 차례만 연임할 수 있다.

제74조의7【분과위원회 및 전문위원회】 ① 보훈심사위원회는 제74조의5제1항제1호부터 제5호까지, 제10호부터 제13호까지 및 제15호의 사항에 관한 업무를 효율적으로 수행하기 위하여 분야별로 6개 이내의 분과위원회를 둘 수 있다.

② 분과위원회에서 심의하여 위원 전원의 합의로 의결한 사항은 보훈심사위원회가 심의·의결한 것으로 본다.

③ 보훈심사위원회는 제74조의5제1항제14호에 따른 업무를 효율적으로 수행하기 위하여 필요한 경우 전문위원회를 구성하여 운영할 수 있다.

④ 전문위원회가 심의한 사항은 위원장에게 보고하고 보훈심사위원회의 심의·의결을 거쳐야 한다.

제74조의8【자료제출 요구권 등】 ① 보훈심사위원회는 제74조의5제1항 각 호의 사항에 대한 심의·의결과 관련하여 필요하다고 인정하면 다음 각 호에 해당하는 자에게 관련 자료의 제출을 요구하거나 이미 제출된 자료에 대하여 보완 또는 추가를 요구할 수 있다. 이 경우 자료의 제출 등을 요구받은 자는 특별한 사유가 없으면 이에 응하여야 한다.
1. 신청인
2. 제6조제3항 후단에 따른 소속하였던 기관의 장
3. 병무청장
4. 「국민건강보험법」 제13조에 따른 국민건강보험공단의 장(2011.12.31 본호개정)
5. 「산업재해보상보험법」 제10조에 따른 근로복지공단의 장
6. 「보험업법」 제176조에 따른 보험요율 산출기관의 장
7. 「의료법」 제3조에 따른 의료기관의 장
8. 그 밖에 대통령령으로 정하는 사람

② 보훈심사위원회는 제74조의5제1항 각 호의 사항에 대한 심의·의결과 관련하여 필요하다고 인정하면 심의 안건과 관련되는 분야의 관계 공무원, 전문가 및 증인을 보훈심사위원회에 출석하게 하여 그 의견을 들을 수 있고 위원 또는 소속 직원에게 증인과 증거에 대하여 조사하게 하거나 현지 확인을 하게 할 수 있다.

③ 제2항에 따라 조사하거나 현지 확인을 하는 위원 또는 소속 직원은 그 권한을 표시하는 증표를 관계인에게 보여주어야 한다.

제74조의9【사실규명 요구】 ① 보훈심사위원회는 전몰군경등이 되기 위하여 등록을 신청한 사람에 대한 등록 요건의 심사와 관련하여 해당 전몰군경등이 사망하거나 상이(공무상의 질병을 포함한다)를 입게 된 경위를 정확하게 파악하기 위하여 필요하다고 인정하면 제6조제3항 후단에 따른 소속하였던 기관의 장에게 등록 요건과 관련된 사실의 규명을 요구할 수 있다.

② 제1항에 따른 사실규명의 요구는 제74조의8제1항 및 제2항에 따른 자료의 제출 등의 요구와 의견 청취 및 증거 조사를 통하여 그 경위를 정확하게 파악하기 어렵거나 현지 확인이 곤란한 경우에만 할 수 있다.

③ 제1항에 따라 사실규명을 요구받은 기관의 장은 자체 감사 업무를 담당하는 부서로 하여금 관련 사실을 구체적으로 확인하게 한 후 국가보훈부령으로 정하는 바에 따라 그 결과를 보훈심사위원회에 제출하여야 한다.

(2023.3.4 본항개정)

제74조의10【재심의 요구】 국가보훈부장관은 다음 각 호의 어느 하나에 해당하는 경우 보훈심사위원회가 심의·의결한 사항에 대하여 재심의를 요구할 수 있다.

(2023.3.4 본문개정)
1. 제74조의5제1항 각 호의 사항과 관련된 국가보훈부장관의 처분에 대한 행정소송의 진행 중 법원의 담당재판부가 분쟁의 신속한 해결 등을 위하여 국가보훈부장관에게 조정을 권고한 경우(2023.3.4 본호개정)
2. 제74조의5제1항 각 호의 사항과 관련된 국가보훈부장관의 처분에 대하여 감사원이나 국민권익위원회 등 국가기관이 국가보훈부장관에게 시정을 권고한 경우

(2023.3.4 본호개정)
3. 그 밖에 보훈심사위원회가 심의·의결한 사항에 대하여 재심의할 필요가 있다고 판단되는 경우

제74조의11【위원의 행위규범】 ① 위원은 법과 양심에 따라 공정하고 성실하게 업무를 수행하여야 한다.

② 보훈심사위원회는 위원이 제1항에 따라 업무를 수행하기 위하여 준수하여야 할 행위규범과 그 운영에 관한 사항을 보훈심사위원회의 의결을 거쳐 정한다.

③ 제2항에 따른 행위규범에는 다음 각 호의 사항이 포함되어야 한다.
1. 위원의 업무수행과 관련하여 향응·금품 등을 받는 행위의 금지에 관한 사항
2. 위원의 업무수행과 관련하여 공정성과 중립성을 훼손하는 행위의 금지·제한에 관한 사항
3. 보훈심사위원회 회의 또는 분과위원회 회의의 출석 및 안건 검토 등 성실한 업무수행과 관련된 사항
4. 그 밖에 위원의 품위유지 등을 위하여 필요한 사항

제74조의12【결격사유】 「국가공무원법」 제33조 각 호의 어느 하나에 해당하는 사람은 위원이 될 수 없다.

제74조의13【위원의 신분보장】 ① 위원은 다음 각 호의 어느 하나에 해당하는 경우를 제외하고는 그 의사에 반하여 면직 또는 해촉되지 아니한다.
1. 장기간의 심신쇠약으로 직무를 수행할 수 없게 된 경우
2. 직무와 관련된 비위사실이 있거나 위원의 직을 유지하기에 적합하지 아니하다고 인정되는 비위사실이 있는 경우
3. 제74조의11에 따른 행위규범을 위반하여 위원으로서 직무를 수행하기 곤란한 경우

② 위원이 「국가공무원법」 제33조 각 호의 어느 하나에 해당하게 된 경우에는 당연히 면직 또는 해촉된다.

제74조의14【위원의 제척·기피 등】 ① 위원은 다음 각 호의 어느 하나에 해당하는 경우에는 그 안건의 심의·의결에서 제척된다.
1. 위원 또는 그 친족관계이거나 친족관계였던 사람이 해당 안건의 당사자가 되거나 그 안건과 관련하여 이해관계가 있는 경우
2. 위원이 해당 안건에 관하여 진술이나 감정을 한 경우
3. 위원이 해당 안건에 관하여 당사자의 대리인으로서 관여하거나 관여하였던 경우
4. 위원이 해당 안건의 원인이 된 처분이나 부작위에 관여한 경우

② 당사자는 위원에게 심의·의결의 공정을 기대하기 어려운 사정이 있는 경우에는 기피신청을 할 수 있다. 이 경우 보훈심사위원회는 의결로 해당 위원의 기피 여부를 결정하여야 하되 기피신청을 받은 위원은 그 의결에 참여하지 못한다.

③ 위원은 제1항 또는 제2항의 사유에 해당하는 경우 스스로 그 안건의 심의·의결에서 회피할 수 있다.

④ 보훈심사위원회의 심사절차에 관여하는 소속 직원에 대하여는 제1항부터 제3항까지의 규정을 준용한다.

제74조의15【비밀엄수의 의무】 위원이나 위원이었던 사람은 그 직무에 관하여 알게 된 비밀을 누설하여서는 아니 된다.

제74조의16【벌칙 적용 시의 공무원 의제】 위원 중 공무원이 아닌 위원은 「형법」 제127조 및 제129조부터 제132조까지의 규정에 따른 벌칙을 적용할 때에는 공무원으로 본다.

제74조의17【보훈심사위원회 등의 구성·운영에 관한 세부사항】 보훈심사위원회, 분과위원회 및 전문위원회의 구성·운영에 관한 세부사항과 그 밖에 보훈심사위원회의 활동에 필요한 사항은 대통령령으로 정한다.

제74조의18【이의신청】 ① 제74조의5제1항제1호, 제3호부터 제5호까지, 제11호부터 제13호까지 및 제15호의 사항과 관련된 국가보훈부장관의 처분에 이의가 있는 자는 다음 각 호의 어느 하나에 해당하는 경우 국가보훈부장관에게 이의신청을 할 수 있다.(2023.3.4 본문개정)
1. 해당 처분이 법령 적용의 착오에 기초하였다고 판단되는 경우
2. 국가보훈부장관이 해당 처분을 할 때에 중요한 증거자료를 검토하지 아니하였다고 판단되는 경우

(2023.3.4 본호개정)
3. 해당 처분이 있은 후 그와 관련된 새로운 증거자료가 발견된 경우

② 제1항에 따른 이의신청은 국가보훈부장관의 처분을 받은 날부터 30일 이내에 국가보훈부령으로 정하는 바에 따라 하여야 한다.(2023.3.4 본항개정)

③ 국가보훈부장관은 제1항에 따른 이의신청에 대하여 보훈심사위원회의 심의·의결을 거쳐 결정하고 그 결과를 이의신청을 한 자에게 통보하여야 한다.(2023.3.4 본항개정)

④ 제1항에 따라 이의신청을 한 자는 그 이의신청과 관계없이 「행정심판법」에 따른 행정심판을 청구할 수 있다. 이 경우 이의신청을 하여 그 결과를 통보받은 자는 통보받은 날부터 90일 이내에 「행정심판법」에 따른 행정심판을 청구할 수 있다.

제74조의19【보훈심사 국민참여제도】 ① 보훈심사위원회는 심의·의결의 공정성과 투명성을 높이기 위하여 제74조의5제1항 각 호의 사항에 관한 심의 과정에 국민을 참여시킬 수 있다.

② 보훈심사위원회는 제1항에 따른 국민참여를 활성화하기 위하여 국민으로 구성된 참여단을 운영할 수 있다.

③ 제2항에 따른 참여단의 구성 및 운영 등에 필요한 사항은 대통령령으로 정한다.

(2021.6.8 본조신설)

제9장 보 칙

(2008.3.28 본장개정)

제75조【보훈급여금 등의 환수】 ① 국가보훈부장관은 이 법에 따라 보상받은 사람(상속인을 포함한다)이 다음 각 호의 어느 하나에 해당하면 그가 받은 보훈급여금·학습보조비(제25조 및 제25조의2에 따라 보조받은 수업료등을 포함한다), 제38조에 따른 직업재활훈련비·직업능력개발훈련비, 제39조에 따른 능력개발 장려금·지원비, 제42조 및 제42조의2에 따른 의료지원비, 제55조에 따른 보조금 및 제63조의2에 따른 요양지원에 대한 보조금(이하 "보훈급여금등"이라 한다)을 환수하되, 제1호에 해당하는 경우 납부 의무자의 귀책사유가 있는 때에는 그가 받은 보훈급여금등에 대통령령으로 정하는 이자를 붙여 환수하여야 한다. 다만, 상속인의 경우 상속으로 받은 재산의 한도에서 납부할 의무를 진다.(2023.3.4 본문개정)
1. 거짓이나 그 밖의 부정한 방법으로 보상을 받은 경우
2. 보상을 받은 후 그 보상을 받게 된 사유가 소급하여 소멸한 경우
3. 잘못 지급된 경우

② 국가보훈부장관은 제1항에 따라 환수금을 내야 할 사람이 기한까지 내지 아니하면 대통령령으로 정하는 바에 따라 연체금을 징수하여야 한다.(2023.3.4 본항개정)

③ 국가보훈부장관은 제1항 또는 제2항에 따라 환수금이나 연체금을 내야 할 사람이 기한까지 내지 아니하면 국세강제징수의 예에 따라 징수할 수 있다.(2023.3.4 본항개정)

④ 국가보훈부장관은 제1항부터 제3항까지에 따라 환수금이나 연체금을 내는 또는 징수할 때 이를 내야 할 사람이 행방불명이거나 재산이 없거나 그 밖에 불가피한 사유로 환수 또는 징수가 불가능하다고 인정되는 경우에는 결손처분(缺損處分)할 수 있다.(2023.3.4 본항개정)

제76조【반환의무의 면제】 ① 국가보훈부장관은 이 법에 따라 보상을 받은 자가 제75조제1항제2호에 해당하는 경우 그 보상받은 원인이 그에게 책임이 없는 사유로 인한 것이면 제75조에도 불구하고 그가 받은 보훈급여금등을 환수하지 아니하고 면제할 수 있다.(2023.3.4 본항개정)

② 제1항에 따른 면제의 경우 그 범위는 대통령령으로 정한다.

제77조【자료의 제공 요청 등】 ① 국가보훈부장관은 다음 각 호의 사무를 수행하기 위하여 주민등록정보, 가족관계등록사항, 재외국민등록사항, 군복무에 관한 자료, 국세·지방세에 관한 자료, 소득·재산에 관한 자료, 국민연금·건강보험 등 각종 연금·보험에 관한 자료, 출입국 정보 등을 관계 기관의 장에게 요청할 수 있다. 이 경우 요청을 받은 관계 기관의 장은 정당한 사유가 없으면 그 요청에 따라야 한다.(2023.3.4 전단개정)
1. 제6조에 따른 국가유공자, 그 유족 또는 가족의 등록
2. 제6조의2에 따른 국가유공자, 그 유족 또는 가족의 변동신고에 관한 사무
3. 제11조에 따른 보훈급여금의 지급
4. 제14조의3제1항에 따른 생활조정수당 수급권의 발생 또는 상실의 확인을 위한 조사(제22조제4항 후단에 따라 준용되는 경우를 포함한다)
5. 제25조제3항에 따른 사립인 대학등에 대한 수업료등의 보조
6. 제33조제2항 및 제33조의3제2항에 따른 취업지원 실시기관에 대한 채용 또는 고용 실태 확인

6의2. 제42조제7항에 따른 진료비용 중 약제비용의 지급 (2023.7.11 본호신설)

7. 제52조제2항에 따른 대부
8. 제56조제3항·제5항 및 제6항에 따른 담보제공 및 채권보전
9. 제62조에 따른 대부의 승계에 관한 사무
10. 제63조의2에 따른 요양지원에 대한 보조
11. 제68조에 따른 주택의 우선 공급
12. 제75조에 따른 보훈급여금 등의 환수 및 결손처분
13. 제78조에 따른 보상의 정지
14. 제79조에 따른 법 적용 대상으로부터의 배제

② 국가보훈부장관은 제1항에 따른 자료 또는 정보의 확인을 위하여 「사회복지사업법」 제6조의2제1항에 따른 정보시스템을 연계하여 사용할 수 있다.(2023.3.4 본항개정)

③ 제1항 및 제2항에 따른 사무를 수행하거나 수행하였던 사람은 제1항에 따른 자료 또는 정보를 이 법에서 정한 목적 외의 용도로 조회·사용하거나 다른 사람 또는 기관에 제공하거나 누설해서는 아니 된다.

④ 제1항에 따라 요청할 수 있는 자료 또는 정보의 구체적인 범위는 대통령령으로 정한다.

(2017.10.31 본조개정)

제78조【보상의 정지】 ① 국가보훈부장관은 국가유공자가 이 법 또는 이 법에 따른 명령을 위반하거나 대통령령으로 정하는 품위손상행위를 한 경우에는 보훈심사위

원회의 의결을 거쳐 3년의 범위에서 기간을 정하여 이 법 또는 다른 법률에 따라 그가 받을 수 있는 보상의 전부 또는 일부를 하지 아니한다.
② 국가보훈부장관은 국가유공자가 대통령령으로 정하는 죄를 범하여 금고 이상의 실형을 선고받고 그 형이 확정된 경우에는 그 확정된 날이 속하는 달의 다음 달부터 선고받은 실형의 기간 동안 그가 받을 보훈급여금을 지급하지 아니한다.
(2023.3.4 본조개정)
제79조【이 법 적용 대상으로부터의 배제】 ① 국가보훈부장관은 이 법을 적용받고 있거나 적용받을 국가유공자가 다음 각 호의 어느 하나에 해당하는 경우 이 법의 적용 대상에서 제외하고 이 법 또는 다른 법률에 따라 국가유공자, 그 유족 또는 가족이 받을 수 있는 모든 보상을 하지 아니한다.(2023.3.4 본문개정)
1. 「국가보안법」을 위반하여 금고 이상의 실형을 선고받고 그 형이 확정된 사람(2011.9.15 본호개정)
2. 「형법」 제87조부터 제90조까지, 제92조부터 제101조까지 또는 제103조를 위반하여 금고 이상의 실형을 선고받고 그 형이 확정된 사람(2011.9.15 본호개정)
3. 다음 각 목의 어느 하나에 해당하는 죄를 범하여 금고 1년 이상의 실형을 선고받고 그 형이 확정된 사람
(2011.9.15 본문개정)
가. 「형법」 제250조부터 제253조까지의 죄 또는 그 미수죄, 제264조의 죄, 제279조의 죄 또는 그 미수죄, 제285조의 죄 또는 그 미수죄, 제287조부터 제292조까지 및 제294조의 죄, 제297조, 제297조의2, 제298조부터 제301조까지, 제301조의2, 제302조, 제303조와 제305조의 죄, 제332조의 죄(제329조부터 제331조까지의 상습범으로 한정한다) 또는 그 미수죄, 제333조부터 제336조까지의 죄 또는 그 미수죄, 제337조부터 제339조까지의 죄 또는 제337조·제338조 전단·제339조의 미수죄, 제341조의 죄 또는 그 미수죄, 제351조(제347조, 제347조의2, 제348조, 제350조, 제350조의2의 상습범으로 한정한다)의 죄 또는 그 미수죄, 제363조의 죄
(2021.6.8 본목개정)
나. 법률 제13718호로 개정되기 전의 「폭력행위 등 처벌에 관한 법률」 제2조제1항, 제3조제3항 및 제6조(제2조제1항과 제3조제3항의 미수범으로 한정한다)의 죄
(2017.10.31 본목신설)
다. 「특정범죄가중처벌 등에 관한 법률」 제5조, 제5조의2, 제5조의4 및 제5조의5의 죄(2011.9.15 본목개정)
라. 「특정경제범죄 가중처벌 등에 관한 법률」 제3조의 죄
마. 「성폭력범죄의 처벌 등에 관한 특례법」 제3조부터 제10조까지 및 제15조(제3조부터 제9조까지의 미수범으로 한정한다)의 죄(2012.12.18 본목개정)
바. 「아동·청소년의 성보호에 관한 법률」 제7조, 제8조 및 제11조부터 제16조까지의 규정에 따른 죄
(2021.6.8 본목개정)
사. 「군사기밀 보호법」 제11조, 제11조의2, 제12조, 제13조, 제13조의2 및 제15조의 죄(2017.10.31 본목신설)
아. 「전기통신사업법」 제95조의2제1호의2 및 제1호의3의 죄(2021.6.8 본목신설)
4. 「국가공무원법」 제2조 및 「지방공무원법」 제2조에 규정된 공무원과 국가나 지방자치단체에서 일상적으로 공무에 종사하는 대통령령으로 정하는 직원으로서 재직기간 중 직무와 관련된 「형법」 제129조부터 제133조까지, 제355조부터 제357조까지의 죄, 「특정범죄 가중처벌 등에 관한 법률」 제2조 및 제3조의 죄를 범하여 금고 1년 이상의 형을 선고받고 그 형이 확정된 사람
(2011.9.15 본호신설)
5. 상습적으로 대통령령으로 정하는 품위손상행위를 한 사람(2011.9.15 본호개정)
② 국가보훈부장관은 이 법을 적용받고 있거나 적용받을 국가유공자의 유족이나 가족이 제1항 각 호의 어느 하나에 해당하면 이 법의 적용 대상에서 제외하고 그가 받을 수 있는 모든 보상을 하지 아니한다.(2023.3.4 본항개정)
③ 국가보훈부장관은 제1항에 따라 이 법의 적용 대상에서 제외된 사람이 다음 각 호의 어느 하나에 해당하게 되면 그 뉘우친 정도가 현저하다고 인정되는 경우에만 제6조에 따라 등록신청을 받아 이 법의 적용 대상자로 결정하여 보상을 할 수 있다. 다만, 제1항제2호에 해당하는 경우에는 그러하지 아니하다.(2023.3.4 본문개정)
1. 금고 이상의 형을 선고받은 경우에는 그 집행이 끝나거나 집행을 받지 아니하기로 확정된 날부터 3년이 지난 경우
2. (2009.2.6 삭제)
3. 제1호 외의 경우에는 이 법의 적용 대상에서 제외된 날부터 2년이 지난 경우(2009.2.6 본호개정)
④ 국가보훈부장관은 제1항제5호에 해당하는 사유로 국가유공자, 그 유족 또는 가족을 이 법의 적용 대상에서 제외하거나 제3항에 따라 이 법의 적용 대상에서 제외된 자를 이 법의 적용 대상자로 결정할 때에는 보훈심사위원회의 의결을 거쳐야 한다.(2023.3.4 본항개정)
⑤ 국가보훈부장관은 제78조제2항에 따라 보상을 정지하거나 제1항과 제2항에 따라 이 법의 적용 대상에서 제외하려는 경우에는 국가유공자, 그 유족 또는 가족의 범죄경력자료 또는 교정시설 수용 정보를 관계 기관의 장에게 요청할 수 있다.(2023.3.4 본항개정)
⑥ 국가보훈부장관은 국가유공자, 그 유족 또는 가족이 제78조제2항에 따른 죄를 범하여 금고 이상의 실형을 선고받고 그 형이 확정되었는지 또는 이 조 제1항제1호부터 제4호까지의 어느 하나에 해당하는지를 연 1회 이상 확인하여야 한다. 이 경우 국가보훈부장관은 제5항에 따른 범죄경력자료 또는 교정시설 수용 정보를 관계 기관의 장에게 요청할 수 있다.(2023.3.4 본항개정)
⑦ 제5항 또는 제6항에 따라 범죄경력자료 또는 교정시설 수용 정보를 요청받은 관계 기관의 장은 정당한 사유가 없으면 그 요청에 따라야 한다.(2022.12.16 본항신설)
제80조【국가유공자 지원단체조직 등의 제한】 ① 누구든지 국가유공자, 그 유족 또는 가족을 지원한다는 명목으로 영리를 목적으로 하는 단체를 조직하거나 단체적인 행동 또는 개인적인 활동을 하여서는 아니 된다.
② 어떠한 단체든지 법률에 따르지 아니하고는 그 단체의 명칭에 이 법에 따른 국가유공자나 그 칭호로 오인될 우려가 있는 용어를 사용하여서는 아니 된다.
제81조【사법경찰권】 국가보훈부와 그 소속 기관의 공무원은 제42조, 제63조 및 제64조에 따른 시설에서 발생하는 국가유공자, 그 유족 또는 가족의 범죄에 관하여 「사법경찰관리의 직무를 수행할 자와 그 직무범위에 관한 법률」로 정하는 바에 따라 사법경찰관리의 직무를 수행한다.(2023.3.4 본조개정)
제82조~제82조의5 (2011.9.15 삭제)
제82조의6【관계 기관 등에 대한 협조 요청】 ① 국가보훈부장관은 국가유공자 등의 등록업무에 필요하면 국방부장관에게 의무장교의 파견을 요청할 수 있다.
② 국가보훈부장관은 국가유공자 등의 등록·보상 등, 현충시설의 건립·관리, 그 밖에 이 법 시행에 필요하면 관계 행정기관, 법인·단체 또는 현충시설의 소유자 등에게 필요한 협조를 요청할 수 있다.
(2023.3.4 본조개정)
제82조의7【포상금의 지급】 ① 국가보훈부장관은 다음 각 호의 어느 하나에 해당하는 사람을 신고한 사람에게는 예산의 범위에서 신고포상금을 지급할 수 있다.
(2023.3.4 본문개정)
1. 제6조를 위반하여 거짓이나 그 밖의 부정한 방법으로 국가유공자, 그 유족 또는 가족으로 등록한 사람
2. 제6조의2를 위반하여 부정하게 보훈급여금을 수령한 사람
3. 제6조의3을 위반하여 거짓이나 그 밖의 부정한 방법으로 상이등급 판정을 받은 사람(2022.12.16 본호개정)
② 제1항에 따른 신고요건, 포상금 지급의 기준·방법 및 절차 등에 관하여 필요한 사항은 대통령령으로 정한다.
(2011.9.15 본조신설)
제83조【위임 및 위탁】 ① 이 법에 따른 국가보훈부장관의 권한은 대통령령으로 정하는 바에 따라 그 일부를 그 소속 기관의 장 또는 제주특별자치도지사에게 위임하거나 다른 행정기관의 장에게 위탁할 수 있다.
② 국가보훈부장관은 대통령령으로 정하는 바에 따라 보훈급여금 등의 지급에 관한 사무와 대부업무수행에 관한 사무를 체신관서 또는 은행에 위탁할 수 있다.
③ 국가보훈부장관은 대통령령으로 정하는 바에 따라 전상군경과 공상군경 등에 대한 신체검사에 관한 사무를 보훈병원의 장에게 위탁할 수 있다.
(2023.3.4 본조개정)
제84조 (2008.3.28 삭제)

제10장 벌 칙
(2008.3.28 본장개정)

제85조【벌칙】 ① 다음 각 호의 어느 하나에 해당하는 사람은 5년 이하의 징역 또는 5천만원 이하의 벌금에 처한다.(2017.10.31 본문개정)
1. 거짓이나 그 밖의 부정한 방법으로 이 법에 따른 보상을 받거나 보상을 받게 한 사람
2. 제14조의4제6항(제22조제4항 후단, 제63조의2제2항 후단 및 제68조제3항 후단에서 준용하는 경우를 포함한다)을 위반하여 금융정보등을 사용·제공 또는 누설한 사람(2017.10.31 본호개정)
3. 제77조제3항을 위반하여 자료 또는 정보를 조회·사용·제공 또는 누설한 사람(2017.10.31 본호신설)
② 제1항제1호의 미수범은 처벌한다.
③ (2017.10.31 삭제)
④ 제80조제1항을 위반한 사람은 3년 이하의 징역 또는 300만원 이하의 벌금에 처한다.
(2011.9.15 본조개정)
제86조【과태료】 ① 제34조제3항에 따라 고용할 것을 명하였으나 정당한 사유 없이 이에 따르지 아니한 자에게는 1천만원 이하의 과태료를 부과한다.(2018.6.12 본항개정)
② 다음 각 호의 어느 하나에 해당하는 자에게는 300만원 이하의 과태료를 부과한다.
1. 제33조의3제1항에 따른 신고를 하지 아니하거나 거짓 신고를 한 자
2. 제33조의3제2항에 따른 설명 요구를 따르지 아니하거나 거짓 진술을 한 자 또는 자료의 제출을 거부·방해 또는 기피한 자
3. 제36조제2항에 따른 시정요구를 따르지 아니한 자
(2011.9.15 1호~3호개정)
4. 제80조제2항을 위반하여 국가유공자 단체와 유사한 명칭을 사용한 자
③ 제1항 및 제2항에 따른 과태료는 대통령령으로 정하는 바에 따라 국가보훈부장관이 부과·징수한다.(2023.3.4 본항개정)
제87조 (2009.2.6 삭제)

부 칙 (2011.9.15)

제1조【시행일】 이 법은 2012년 7월 1일부터 시행한다. 다만, 제74조의5(제1항제2호 및 제9호는 제외한다), 제74조의6, 제74조의7(제3항 및 제4항은 제외한다), 제74조의8(제1항제8호는 제외한다), 제74조의10, 제74조의11(제2항 및 제3항은 제외한다), 제74조의12부터 제74조의 16까지의 개정규정은 공포한 날부터 시행한다.
제2조【재판정신체검사에 관한 특례】 이 법 시행 당시 종전의 규정에 따른 신체검사에서 상이등급의 판정을 받은 국가유공자(6·18자유상이자 및 전투종사군무원을 포함한다. 이하 같다) 및 종전의 제73조의2에 해당하는 사람의 상이정도를 재판정하는 경우에도 제6조의3제2항제4호의 개정규정에 따른 재판정신체검사를 실시하여 상이등급으로 판정한다.
제3조【재판정신체검사와 관련한 보훈급여금 지급에 관한 적용례 등】 ① 2012년 7월 1일 이후 부칙 제2조에 따라 제6조의3제2항제4호의 개정규정에 따른 재판정신체검사를 받은 국가유공자 및 종전(2012년 7월 1일 전을 말한다. 이하 이 조에서 같다)의 제73조의2에 해당하는 사람(제6조의3제3항제2호의 개정규정에 따른 재판정신체검사 결과 상이등급의 변동이 없어 신체검사신청이 기각된 것으로 보게 되는 사람을 포함한다)과 그 유족 또는 가족에 대해서는 해당 상이등급에 따라 2012년 7월 1일 당시의 제11조의 개정규정(같은 조 제2항제7호에 따른 수당에 관한 대통령령의 개정규정을 포함한다. 이하 같다)에 따른 보훈급여금을 지급한다.
② 제1항에도 불구하고 제1항에 따른 재판정신체검사 결과 상이등급의 변동이 없거나 상승한 사람과 그 유족 또는 가족에 대하여 그 재판정신체검사 결과에 따라 지급될 보훈급여금의 월 총액이 종전의 규정에 따라 지급된 보훈급여금의 월 총액보다 적은 경우에는 종전의 규정에 따라 보훈급여금을 지급한다.
③ 종전의 규정에 따라 신체검사를 받고 상이등급의 판정을 받은 국가유공자 및 종전의 제73조의2에 해당하는 사람이 2012년 7월 1일 이후 제6조의3제2항제4호의 개정규정에 따른 재판정신체검사를 받지 아니하는 경우에는 해당 국가유공자 및 종전의 제73조의2에 해당하는 사람과 그 유족 또는 가족에 대한 보훈급여금의 지급은 제11조의 개정규정에도 불구하고 종전의 규정에 따른다.
(2017.10.31 본조개정)
제4조【직권에 의한 재판정신체검사에 관한 적용례】 제6조의3제4항제1호 및 제5항의 개정규정은 이 법 시행 후 등록신청하여 국가유공자로 등록된 사람부터 적용한다.
제5조【부양가족수당 및 중상이부가수당의 지급에 관한 적용례】 제11조제2항제5호·제6호, 제15조의2 및 제16조의 개정규정은 이 법 시행 후 등록신청하여 국가유공자, 그 유족 또는 가족으로 등록된 사람(부칙 제2조에 따른 재판정신체검사 결과 상이등급에 해당하는 신체의 장애를 입은 것으로 판정된 사람을 포함한다)부터 적용한다.(2017.10.31 본조개정)
제6조【교육지원 연령 상한에 관한 적용례】 제22조제2항의 개정규정은 이 법 시행 후 등록신청하여 국가유공자, 그 유족 또는 가족으로 등록된 사람부터 적용한다.
제7조【생활수준을 고려한 교육지원에 관한 적용례】 제22조제3항제3호의 개정규정은 이 법 시행 후 등록신청하여 국가유공자, 그 유족 또는 가족으로 등록된 사람부터 적용한다.
제8조【취업지원의 제한에 관한 적용례】 제34조의2의 개정규정은 이 법 시행 후 기능직공무원등으로 특별 채용된 사람부터 적용한다.
제9조【진료비용의 일부 부담에 관한 적용례】 제42조제4항의 개정규정은 이 법 시행 후 등록신청하여 국가유공자, 그 유족 또는 가족으로 등록된 사람부터 적용한다.
제10조【보상의 정지에 관한 적용례】 제78조제2항의 개정규정은 국가유공자가 이 법 시행 후 행한 행위로 금고 이상의 실형을 선고받고 그 형이 확정된 경우부터 적용한다.
제11조【이 법 적용 대상으로부터의 배제에 관한 적용례】 ① 제79조제1항제3호 및 제4호의 개정규정은 국가유공자가 이 법 시행 후 행한 행위로 금고 1년 이상의 실형을 선고받고 그 형이 확정된 경우부터 적용한다.
② 제79조제2항의 개정규정은 국가유공자의 유족 또는 가족이 이 법 시행 후 행한 행위로 같은 조 제1항 각 호의 어느 하나에 해당하게 된 경우(「형법」 제250조, 제252조 또는 제253조의 죄를 범하여 같은 항 제3호에 해당하게 된 경우는 제외한다)부터 적용한다.

제12조【등록에 관한 경과조치】① 이 법 시행 당시 종전의 규정에 따라 국가유공자와 그 유족 또는 가족으로 등록된 사람(제2항에 따라 등록된 사람을 포함한다)은 이 법에 따른 국가유공자와 그 유족 또는 가족으로 등록된 것으로 본다.
② 이 법 시행 당시 종전의 규정에 따라 국가유공자와 그 유족 또는 가족 및 종전의 제73조의2에 해당하는 사람이 되기 위하여 등록신청을 한 사람에 대한 등록에 관하여는 종전의 규정에 따른다.
제13조【재분류신체검사에 관한 경과조치】이 법 시행 당시 종전의 규정에 따라 재분류신체검사를 신청하거나 국가보훈처장의 직권으로 재분류신체검사를 실시하기로 한 사람에 대한 재분류신체검사에 관하여는 제6조의3제2항제4호의 개정규정에도 불구하고 종전의 규정에 따른다.
제14조【무공영예수당 지급에 관한 경과조치】이 법 시행 당시 60세 이상인 무공수훈자에 대한 무공영예수당 지급에 관하여는 제16조의2의 개정규정에도 불구하고 종전의 규정에 따른다.
제15조【취업지원 대상자 등에 관한 경과조치】이 법 시행 당시 종전의 규정에 따라 국가유공자와 그 유족 또는 가족으로 등록된 사람(부칙 제12조제2항에 따라 등록된 사람을 포함한다)에 대한 취업지원 대상자 등에 관하여는 제29조의 개정규정에도 불구하고 종전의 규정에 따른다.
제16조【채용시험 가점 등에 관한 경과조치】이 법 시행 당시 종전의 규정에 따라 국가유공자와 그 유족 또는 가족으로 등록된 사람(부칙 제12조제2항에 따라 등록된 사람을 포함한다)에 대한 채용시험의 가점 등에 관하여는 제31조제1항의 개정규정에도 불구하고 종전의 규정에 따른다.
제17조【보훈특별고용에 관한 경과조치】이 법 시행 당시 종전의 규정에 따라 국가유공자와 그 유족 또는 가족으로 등록된 사람(부칙 제12조제2항에 따라 등록된 사람을 포함한다)에 대한 보훈특별고용과 관련하여 업체등에 복수로 추천하지 아니할 수 있는 범위 및 가구당 취업지원 인원수의 상한에 관하여는 제34조제1항제1호·제2호 및 제5항의 개정규정에도 불구하고 종전의 규정에 따른다.
제18조【보훈병원에서의 감면 진료에 관한 경과조치】이 법 시행 당시 종전의 규정에 따라 국가유공자와 그 유족 또는 가족으로 등록된 사람(부칙 제12조제2항에 따라 등록된 사람을 포함한다)에 대한 보훈병원에서의 감면 진료에 관하여는 제42조제5항의 개정규정에도 불구하고 종전의 규정에 따른다.
제19조【국가유공자에 준하는 군경 등의 보상에 관한 경과조치】이 법 시행 당시 종전의 제73조의2에 해당하는 사람으로 등록된 사람(부칙 제12조제2항에 따라 등록된 사람을 포함한다)의 보상에 관하여는 제73조의2의 개정규정에도 불구하고 종전의 규정에 따른다.
제20조【다른 법률의 개정】①~⑤ ※(해당 법령에 가제정리 하였음)

부　칙 (2013.7.26)

제1조【시행일】이 법은 공포한 날부터 시행한다.
제2조【적용례】이 법은 제12조제2항에 따라 보상금을 받을 권리가 발생한 사람 중 2013년 7월 1일부터 이 법 시행일 전까지 성년이 된 사람에 대해서도 적용한다.

부　칙 (2014.1.28)

제1조【시행일】이 법은 공포 후 3개월이 경과한 날부터 시행한다.
제2조【국가기관등에 특별 채용된 기능직공무원등에 대한 경과조치】이 법 시행 당시 종전의 규정에 따라 특별 채용되어 재직 중인 기능직공무원등이 제32조제1항의 개정규정에 따른 일반직공무원등에 해당하는 경우에는 이 법에 따라 특별 채용된 일반직공무원등으로 본다.

부　칙 (2015.2.3)

제1조【시행일】이 법은 공포한 날부터 시행한다.
제2조【6·25 전사자의 유족이 없는 경우의 등록 및 결정에 관한 적용례】제6조의7의 개정규정은 이 법 시행 전 국방부장관이 전사자유해로 인정한 경우에 대하여도 적용한다.

부　칙 (2017.10.31)

제1조【시행일】이 법은 공포 후 6개월이 경과한 날부터 시행한다. 다만, 제7조의3, 제37조의2제4항, 제79조제1항제3호나목·사목 및 법률 제11041호 국가유공자 등 예우 및 지원에 관한 법률 일부개정법률 부칙 제3조 및 제5조의 개정규정은 공포한 날부터 시행한다.
제2조【유효기간】제37조의2제4항의 개정규정은 2022년 12월 31일까지 효력을 가진다.
제3조【외국국적동포인 국가유공자 유족의 국적회복 등에 따른 보상에 관한 적용례】제7조의3의 개정규정은 같은 개정규정 시행 전에 대한민국 국적을 보유하거나 회복한 국가유공자의 유족에 대해서도 적용하되, 제6조제1항에 따른 등록신청한 날이 속한 달부터 보상을 받을 권리가 발생한다.
제4조【이 법 적용 대상으로부터의 배제에 관한 적용례】① 제79조제1항제3호나목의 개정규정은 다음 각 호의 어느 하나에 해당하는 사람에 대해서도 적용한다.
1. 제79조제1항제3호나목의 개정규정 시행 전에 제6조에 따라 등록된 국가유공자. 다만, 1992년 1월 1일 전에 등록된 경우에는 1992년 1월 1일 이후에 제79조제1항제3호나목의 개정규정에 따른 죄를 범하여 금고 1년 이상의 실형을 선고받고 그 형이 확정된 사람
2. 제79조제1항제3호나목의 개정규정 시행 전에 제6조에 따라 등록된 국가유공자의 유족 또는 가족으로서 2012년 7월 1일 이후에 같은 개정규정에 따른 죄를 범하여 금고 1년 이상의 실형을 선고받고 그 형이 확정된 사람
② 제79조제1항제3호사목의 개정규정은 국가유공자가 같은 개정규정 시행 후 행한 행위로 금고 1년 이상의 실형을 선고받고 그 형이 확정된 경우부터 적용한다.

부　칙 (2018.1.16)

제1조【시행일】이 법은 공포한 날부터 시행한다. 다만, 제79조제1항제3호가목의 개정규정은 공포 후 3개월이 경과한 날부터 시행한다.
제2조【이 법 적용 대상으로부터의 배제에 관한 적용례】제79조제1항제3호가목의 개정규정은 국가유공자가 같은 개정규정 시행 후 행한 행위로 금고 1년 이상의 실형을 선고받고 그 형이 확정된 경우부터 적용한다.
제3조【4·19혁명공로수당 지급에 관한 특례】이 법 시행 당시 종전의 규정에 따라 4·19혁명공로자에 해당하여 보상금을 지급받은 사람은 제16조의4의 개정규정에 따라 4·19혁명공로수당을 지급받는 사람으로 본다.

부　칙 (2019.4.30)

이 법은 공포한 날부터 시행한다.

부　칙 (2019.11.26)

제1조【시행일】이 법은 2020년 1월 1일부터 시행한다.
제2조【보상금 지급 순위에 관한 적용례】이 법 시행 전에 보상금을 지급받던 사람에게도 이 법 시행일 이후부터는 이 법에 따라 보상금을 지급한다.

부　칙 (2019.12.31)

제1조【시행일】이 법은 2020년 1월 1일부터 시행한다.(이하 생략)

부　칙 (2020.3.24)

제1조【시행일】이 법은 공포 후 6개월이 경과한 날부터 시행한다.
제2조【적용 대상 국가유공자에 관한 적용례】제4조제1항제4호·제6호 및 제15호의 개정규정은 이 법 시행일을 기준으로 6개월 이내에 전역 또는 퇴직하는 사람부터 적용한다.

부　칙 (2021.1.5)

제1조【시행일】이 법은 공포 후 3개월이 경과한 날부터 시행한다.(이하 생략)

부　칙 (2021.4.20)

이 법은 공포 후 6개월이 경과한 날부터 시행한다.

부　칙 (2021.6.8)

이 법은 공포 후 6개월이 경과한 날부터 시행한다. 다만, 제74조의6제1항·제2항, 제77조제2항 및 제79조제1항제3호의 개정규정은 공포한 날부터 시행한다.

부　칙 (2021.8.17)

제1조【시행일】이 법은 공포 후 6개월이 경과한 날부터 시행한다.(이하 생략)

부　칙 (2022.1.4)

제1조【시행일】이 법은 공포한 날부터 시행한다.
제2조【보상금 지급에 관한 경과조치】이 법 시행 당시 제5조제1항제3호에 해당하는 부모로서 보상금을 받고 있는 사람에 대하여는 제12조제2항의 개정규정에도 불구하고 종전의 규정에 따라 보상금을 지급한다.

부　칙 (2022.12.16)

제1조【시행일】이 법은 공포한 날부터 시행한다. 다만, 제16조의3 및 제42조의 개정규정은 2023년 1월 1일부터 시행하고, 제6조의3·제6조의4의 개정규정 및 제75조의 개정규정 중 이자 가산과 연체금의 징수에 대한 부분은 공포 후 6개월이 경과한 날부터 시행한다.
제2조【국가보훈 장해진단서 제출에 관한 적용례】제6조의3제8항의 개정규정은 이 법 시행 전에 제6조제1항에 따른 등록을 신청하였거나 제6조의3제2항제2호부터 제4호까지에 따른 신체검사를 신청한 사람으로서 이 법 시행 당시 신체검사를 받지 아니한 사람에 대해서도 적용한다.
제3조【6·25전몰군경자녀수당 지급에 관한 적용례】
① 제16조의3의 개정규정은 이 법 시행 당시 종전의 규정에 따라 6·25전몰군경자녀수당을 지급받고 있는 사람에게도 적용한다.
② 제16조의3의 개정규정은 이 법 시행 당시 종전의 제16조의3제1항에 따라 수당을 받을 권리가 다른 자녀에게 이전되지 아니하여 6·25전몰군경자녀수당을 받지 못하였던 전몰군경이나 순직군경의 자녀에게도 적용하되, 이 법 시행일부터 제16조의3의 개정규정에 따른 6·25전몰군경자녀수당을 받을 권리가 발생한다.
제4조【보훈급여금등의 환수에 관한 적용례】① 제75조제1항 본문의 개정규정 중 환수대상에 상속인을 포함하는 부분은 이 법 시행 이후 환수 사유가 발생한 경우부터 적용한다.
② 제75조제1항 및 제2항의 개정규정에 따른 이자의 가산과 연체금의 징수에 관하여는 같은 개정규정 시행 이후 환수 사유가 발생한 경우부터 적용한다.

부　칙 (2023.3.4)

제1조【시행일】이 법은 공포 후 3개월이 경과한 날부터 시행한다. 다만, 부칙 제7조에 따라 개정되는 법률 중 이 법 시행 전에 공포되었으나 시행일이 도래하지 아니한 법률을 개정한 부분은 각각 해당 법률의 시행일부터 시행한다.(이하 생략)

부　칙 (2023.7.11)

이 법은 공포한 날부터 시행한다. 다만, 제42조제7항의 개정규정은 2023년 10월 1일부터 시행한다.

국가유공자 등 예우 및 지원에 관한 법률 시행령

(1984년 12월 31일 대통령령 제11613호)

개정
1985.12.31영11842호 <중략>
2010. 1.15영21990호
2010. 5. 4영22151호(전자정부법시)
2010. 7.12영22269호(직제)
2010.11. 2영22467호(행정정보이용감축개정령)
2010.11.15영22493호(은행법시)
2010.12.31영22607호 2011. 6.30영23003호
2012. 1. 6영23488호(민감정보고유식별정보)
2012. 1.13영23515호 2012. 6.27영23885호
2012. 7.31영24013호 2013. 1.14영24309호
2013. 3.23영24412호(직제)
2013. 6.28영24653호 2013.10.30영24821호
2013.12. 4영24890호(병역시)
2013.12.30영25050호(행정규제재검토에따른일부개정령)
2014. 1.14영25095호 2014. 4.28영25326호
2014. 6.30영25435호(장애인비하용어개선)
2014. 7. 7영25448호(도시철도법시)
2014. 8. 6영25532호(민감정보고유식별처리)
2014.11.11영25720호
2014.11.19영25751호(직제)
2014.12. 9영25840호(규제기한정비)
2015. 1.12영26050호
2015.11.20영26659호(의무경찰대설치및운영에관한법시)
2015.11.30영26689호
2015.12.30영26774호(주민등록번호수집최소화)
2016. 1. 7영26873호 2016. 6.21영27249호
2016.11.29영27644호
2016.12.30영27751호(규제기한설정)
2016.12.30영27753호
2017. 7.26영28214호(직제)
2017.11.14영28438호
2017.12.19영28475호(군무원시)
2017.12.29영28566호 2018. 3.27영28725호
2018. 4.30영28851호
2018. 9.18영29180호(공무원재해보상법시)
2018. 9.18영29181호(공무원연금시)
2018.11.20영29296호 2018.12.31영29464호
2019. 5.21영29783호 2019.12.24영30264호
2020. 1. 7영30343호
2020. 3. 3영30509호(규제기한해제)
2020. 4.28영30640호(농업·농촌공익기능증진직접지불제도운영에관한법시)
2020. 6. 9영30760호(군인재해보상법시)
2020. 6. 9영30779호
2020. 6.30영30807호(대체역의편입및복무등에관한법시)
2020. 8. 4영30893호(신용정보의이용및보호에관한법시)
2020. 8. 4영30902호 2020.12. 1영31214호
2021. 1. 5영31369호
2021. 1. 5영31380호(법령용어정비)
2021.10.19영32082호 2022. 1.13영32335호
2022. 2. 3영32387호 2022. 5. 9영32641호
2022.12.30영33190호 2023. 1.13영33227호
2023. 5.23영33481호 2023. 6.13영33536호
2023. 9.26영33747호 2024. 1.12영34129호

제1장 총 칙

(2009.8.13 본장개정)

제1절 통 칙

제1조【목적】 이 영은 「국가유공자 등 예우 및 지원에 관한 법률」에서 위임된 사항과 그 시행에 필요한 사항을 규정함을 목적으로 한다.

제2조【정부의 시책】 정부는 「국가유공자 등 예우 및 지원에 관한 법률」(이하 "법"이라 한다) 제2조 및 제3조에 따른 예우의 기본이념 구현과 애국정신의 계승·발전을 위하여 제2장 이하의 보훈급여금, 교육지원, 취업지원 및 의료지원 등의 각종 보상을 하고, 그 외에 다음 각 호의 시책을 마련하여야 한다.

1. 보훈의 달 설정 : 매년 6월을 "보훈의 달"로 정하여 국가유공자의 희생과 공헌이 항구적으로 존중되도록 호국의식의 선양(宣揚)을 위한 각종 행사 및 사업을 한다.
2. 의전상의 예우 : 정부, 지방자치단체, 그 밖의 공공단체 및 각급 학교 등은 국경일·기념일 등에 중요한 행사를 할 경우 호국영령에 대한 묵념을 국민의례로 하여야 하며, 초청된 국가유공자에게 그 희생과 공헌에 상응하는 의전상의 예우를 하여야 한다.
3. 국가유공자 증서 수여 : 국가유공자의 희생과 공헌을 빛내고 애국정신의 귀감으로서 항구적으로 기리기 위하여 대통령이 수여하는 국가유공자 증서를 별지 서식에 따라 발급할 수 있다.
4. 보훈문화상 시상 : 정부는 애국정신의 계승·구현에 이바지한 공적이 현저한 개인이나 단체에 보훈문화상을 시상할 수 있다.
5. 사망 시의 예우 : 국가유공자가 사망한 경우 영구용(靈柩用) 태극기와 묘비제작비를 지원할 수 있다. 다만, 국립묘지에 안장되는 국가유공자의 경우에는 묘비제작비를 지원하지 아니한다.
6. 국가유공자공훈록의 발간 : 국가유공자의 공훈을 기리고 후세에 전승시키기 위하여 그 업적을 발굴·수집하여 국가유공자공훈록을 발간한다.
7. 애국정신의 계승 : 정부, 지방자치단체, 그 밖의 공공단체 및 각급 학교 등은 국가유공자의 애국활동을 교육·홍보하여 애국정신이 계승·구현되도록 하여야 한다.

제3조【국가유공자 요건의 기준과 범위】 ① 법 제4조제2항에 따른 국가유공자 요건에 관한 기준과 범위는 다음 각 호와 같다.

1. 법 제4조제1항제3호에 해당하는 사람 : 별표1 제1호의 1-1부터 1-8까지의 어느 하나에 해당하는 사망자
2. 법 제4조제1항제4호에 해당하는 사람 : 별표1 제1호의 1-1부터 1-8까지의 어느 하나에 해당하는 상이자
(2020.6.9 1호~2호개정)
3. 법 제4조제1항제5호 및 제14호에 해당하는 사람 : 별표1 제2호의 2-1부터 2-8까지의 어느 하나에 해당하는 사망자
4. 법 제4조제1항제6호 및 제15호에 해당하는 사람 : 별표1 제2호의 2-1부터 2-8까지의 어느 하나에 해당하는 상이자

② 별표1 제2호의 2-8의 각 목의 어느 하나에 해당하는 질병으로 판단하기 위해서는 다음 각 호의 기록 및 사항 등을 종합적으로 고려해야 한다.(2021.1.5 본문개정)

1. 「의료법」 제17조·제21조 또는 제22조에 따른 진단서·검안서(사망사실을 의학적으로 확인한 문서)·증명서·임상소견서·진료기록부 또는 간호기록부, 그 밖에 의료 관련 법령에 따른 진료 관련 기록으로서 국가보훈부령으로 정하는 것(2023.5.23 본호개정)
2. 근무 환경, 근무 기간, 직무의 성질, 직무수행 당시의 상황
3. 해당 사망자 또는 질병에 걸린 사람이 기존에 질병을 가지고 있었는지 여부

(2012.6.27 본조개정)

제3조의2【보국수훈자】 ① 법 제4조제1항제8호나목 본문에서 "대통령령으로 정하는 사유"란 다음 각 호의 어느 하나에 해당하는 사유를 말한다.

1. 테러 방지 및 진압 활동
2. 대침투 방어활동
3. 국가안전저해 소요진압활동
4. 주요인사 경호활동
5. 재난구조·복구활동
6. 그 밖에 제1호부터 제5호까지에 준하는 사유

② 제1항제6호에 해당하는지를 판단할 때에는 해당 업무에 종사한 기간, 직군·직렬, 국가의 수호·안전 보장에 이바지한 정도 및 보국훈장을 받게 된 구체적인 사유 등을 종합적으로 고려하여야 한다.

(2011.6.30 본조신설)

제4조【4·19혁명 사망자 및 부상자】 ① 법 제4조제1항제11호에서 "4·19혁명사망자"란 민주회복을 위한 순수한 동기에서 1960년 4월 19일을 전후한 혁명에 참가하여 이를 진압하는 자의 총탄이나 폭행에 의하여 사망하였거나 그 총탄이나 폭행에 의한 부상으로 인하여 사망한 자와 4.19혁명에 참가한 혐의로 이를 진압하는 자의 고문에 의하여 사망하였거나 그 고문에 의한 부상으로 인하여 사망한 자를 말한다.

② 법 제4조제1항제12호에서 "4·19혁명부상자"란 민주회복을 위한 순수한 동기에서 1960년 4월 19일을 전후한 혁명에 참가하여 이를 진압하는 자의 총탄이나 폭행에 의하여 부상을 입었거나 4.19혁명에 참가한 혐의로 이를 진압하는 자의 고문에 의하여 부상을 입은 자로서 법 제6조의4 및 이 영 제14조제1항에 따른 상이등급(이하 "상이등급"이라 한다)에 해당하는 자를 말한다.

(2016.11.29 본항개정)

(2012.6.27 본조개정)

제5조【국가 등에서 일상적으로 공무에 종사하는 직원】 법 제4조제1항제7호 단서, 같은 항 제8호나목 단서, 같은 항 제14호·제15호, 제79조제1항제4호 및 법률 제10471호 국가유공자 등 예우 및 지원에 관한 법률 일부개정법률 부칙 제3조에서 "국가나 지방자치단체에서 일상적으로 공무에 종사하는 대통령령으로 정하는 직원"이란 「공무원연금법 시행령」 제2조의 적용을 받는 자를 말한다.

(2012.6.27 본조개정)

제6조【특별공로자 등의 추천】 ① 법 제4조제1항제16호부터 제18호까지의 규정에 따라 국무회의에서 국가사회발전 특별공로순직자(이하 "특별공로순직자"라 한다), 국가사회발전 특별공로상이자(이하 "특별공로상이자"라 한다) 또는 국가사회발전 특별공로자(이하 "특별공로자"라 한다)로 의결할 대상자는 그 소관에 따라 중앙행정기관(외국은 제외한다)의 장, 대통령 및 국무총리직속기관의 장, 국회사무총장 또는 법원행정처장이 추천서에 국가보훈부령으로 정하는 서류를 첨부하여 국가보훈부장관을 거쳐 추천한다.(2023.5.23 본항개정)

② 제1항에 따라 특별공로순직자, 특별공로상이자 또는 특별공로자를 추천하는 경우 추천대상자는 다음 각 호의 어느 하나에 해당하는 자이어야 한다.

1. 대한민국의 건국과 그 기틀을 공고히 하는 데 이바지하여 국가발전에 뚜렷한 공로가 있는 자
2. 국권(國權)의 신장과 우방(友邦)과의 친선에 이바지하여 국가발전에 뚜렷한 공로가 있는 자
3. 국가의 민주발전과 사회정의의 구현에 이바지하여 국가발전에 뚜렷한 공로가 있는 자
4. 그 밖의 사유로 국가와 사회발전에 헌신적으로 이바지하여 국가발전에 뚜렷한 공로가 있는 자

제7조【생활능력이 없는 정도의 장애인】 법 제5조제5항 및 제6항에서 "대통령령으로 정하는 생활능력이 없는 정도의 장애인"이란 별표2의 장애인장애구분표에 해당하는 심신장애가 있는 자를 말한다.

제8조【등록신청】 ① 법 제6조제1항에 따라 국가유공자, 그 유족 또는 가족이 되려는 경우에는 그 중 다음 각 호의 순위에 따른 선순위자(선순위자인 유족이 부득이한 사유로 등록신청을 할 수 없는 경우에는 그 밖에 법 제5조제1항 각 호에 따른 유족을 말한다)가 등록신청서에 국가보훈부령으로 정하는 서류를 첨부하여 국가보훈부장관에게 신청하여야 한다. 다만, 법 제6조제1항 단서에 따라 국가보훈부 소속 공무원이 국가유공자, 그 유족 또는 가족이 되려는 사람의 등록을 신청하려는 경우에는 등록신청서에 다음 각 호의 순위에 따른 선순위자(선순위자인 유족이 부득이한 사유로 기명날인 또는 서명할 수 없는 경우에는 그 밖에 법 제5조제1항 각 호에 따른 유족을 말한다)의 기명날인 또는 서명을 받은 동의서(등록신청서에 동의 사실이 포함된 경우에는 해당 등록신청서를 말한다)와 국가보훈부령으로 정하는 서류를 첨부하여 국가보훈부장관에게 제출하여야 한다.(2023.5.23 본문개정)

1. 국가유공자 또는 법 제13조에 따른 선순위인 유족
2. 제1호에 해당되지 아니하는 유족은 법 제5조제1항 각 호의 순위에 따른 선순위자로 하되, 같은 순위인 경우에는 법 제13조에 따른 순위에 따른다.

(2012.6.27 본항개정)

② 법 제6조제1항제3호에서 "대통령령으로 정하는 사유"란 고령, 부상, 질병, 신체적·정신적 장애 또는 그 밖의 부득이한 사유를 말한다.(2013.6.28 본항신설)

③ 법 제6조제4항 단서에서 "대통령령으로 정하는 경우"란 다음 각 호의 어느 하나에 해당하는 경우를 말한다.

(2012.6.27 본문개정)

1. 「상훈법」에 따른 무공훈장(武功勳章)·보국훈장(保國勳章)(법 제4조제1항제8호가목의 사람만 해당한다) 또는 건국포장(建國褒章)을 수여받은 사실이 훈장증·포장증 또는 수여증명 서류에 의하여 확인된 경우

(2011.9.15 본호개정)

2. 가족관계기록사항에 관한 증명서나 제적등본 등 공적인 기록에 의하여 국가유공자와 그의 유족 또는 가족의 신분요건이 확인된 경우(2012.6.27 본호개정)
3. 「재외동포의 출입국과 법적지위에 관한 법률」 제16조에 따라 대한민국 국적회복 이전까지 보훈급여금을 받은 사실이 확인된 경우(2014.11.11 본호신설)
4. 군인이 「군인사법」 제54조의2제1항제1호의 전사자 또는 같은 항 제2호가목의 순직Ⅰ형에 해당하는 사실이 공적인 증명 서류나 자료로 확인된 경우
5. 경찰공무원 또는 소방공무원이 「공무원 재해보상법」에 따른 위험직무순직공무원에 해당하는 사실이 공적인 증명 서류나 자료로 확인된 경우

(2022.1.13 4호~5호신설)

제9조【국가유공자 요건 관련 사실 확인의 통보 등】 ① 법 제6조제3항 후단에서 "소속하였던 기관의 장"은 다음 각 호의 구분에 따른다.(2012.6.27 본문개정)

1. 국회의원의 경우 : 국회사무총장
2. 경찰공무원 및 의무경찰의 경우 : 경찰청장 또는 해양경찰청장(2017.7.26 본호개정)
3. 군인의 경우 : 국방부장관

3의2. 소방공무원 및 의무소방원의 경우 : 소방청장(2017.7.26 본호개정)

4. 제1호부터 제3호까지 및 제3호의2의 공무원 외의 공무원의 경우에는 다음 각 목의 구분에 따른다.
   가. 「공무원 재해보상법 시행령」 제28조 또는 제41조에 따른 공무상 요양 승인신청 또는 장해급여 청구를 한 공무원의 경우 : 인사혁신처장(2018.9.18 본목개정)
   나. 「공무원 재해보상법 시행령」 제28조 또는 제41조에 따른 공무상 요양 승인신청 또는 장해급여 청구를 하지 아니한 공무원(「공무원 재해보상법」의 적용대상이 아닌 공무원을 포함한다)의 경우 : 해당 공무원이 사망하였거나 상이(질병을 포함한다)를 입은 당시에 재직하였던 기관의 장(2018.9.18 본목개정)

(2012.6.27 본호개정)

5. 사회복무요원의 경우 : 병무청장(2013.12.4 본호개정)
6. 대체복무요원의 경우 : 법무부장관(2020.6.30 본호신설)

② 제1항에 따른 기관의 장(이하 "소속기관장"이라 한다)은 법 제4조제1항제3호부터 제6호까지, 제14호 및 제15호의 요건에 해당하는지에 대하여 해당 상이자, 그 가족 또는 사망자의 유족으로부터 확인 신청이 있거나 국가보훈부장관으로부터 확인 요청을 받으면 그 요건과 관련된 사실을 확인하여 지체 없이 국가보훈부장관에게 통보하여야 한다.(2023.5.23 본항개정)

③ 행정안전부장관은 국가보훈부장관으로부터 무공수훈자와 보국수훈자의 서훈사실에 대한 확인 요청을 받으면 지체 없이 「상훈법 시행령」 제32조에 따른 서훈기록부 사본 등을 첨부하여 국가보훈부장관에게 통보하여야 한다.(2023.5.23 본항개정)

④ 소속기관장은 제2항에 따라 국가보훈부장관에게 통보할 때에는 국가보훈부령으로 정하는 국가유공자 요건 관련 사실 확인서에 진단서, 병상기록, 그 밖에 국가유공자 요건과 관련된 사실을 증명할 수 있는 서류(제1항제4호가목에 해당하는 공무원의 경우에는 「공무원 재해보상법 시행령」 제28조에 따른 경위조사서, 공무상 요양 승인결정서 사본, 같은 영 제41조에 따른 장해경위 조사서 또는 같은 영 제50조에 따른 사망경위조사서를 포함한다)를 첨부하여야 한다.(2023.5.23 본항개정)

⑤ 소속기관장은 제2항에 따른 통보를 하였을 때에는 지체 없이 국가유공자, 그 유족 또는 가족으로 등록하려는 사람에게 등록신청과 심사에 대한 절차를 알려야 한다. (2012.6.27 본항개정)

⑥ 국가보훈부장관은 소속기관장으로부터 제2항에 따른 통보를 받으면 지체 없이 법 제74조의5에 따른 보훈심사위원회(이하 "보훈심사위원회"라 한다)의 심의에 회부하여야 한다.(2023.5.23 본항개정)

(2012.6.27 본조제목개정)

제10조【국가유공자의 요건 심사 및 결정】 ① 보훈심사위원회는 제8조제1항에 따른 등록신청과 제9조제6항에 따른 회부가 있으면 국가유공자의 요건에 해당하는지에 대하여 심의·의결하여야 한다.

② 보훈심사위원회는 제1항의 결과를 지체 없이 국가보훈부장관에게 통보하여야 한다.(2023.5.23 본항개정)

③ 국가보훈부장관은 제2항에 따른 통보를 받으면 법의 적용대상 여부를 결정한 후 그 사유를 분명히 밝혀 신청인과 소속기관장에게 통보하여야 한다. 다만, 법 제4조제1항제4호·제6호 또는 제15호에 따른 상이를 입은 자의 요건을 갖춘 자로 보훈심사위원회에서 심의·의결된 자에 대해서는 이 영에 규정된 신체검사 및 상이등급의 판정 후 법의 적용대상 여부를 결정하여야 한다.

(2023.5.23 본문개정)

(2012.6.27 본조개정)

제11조~제12조 (2012.6.27 삭제)

제2절 신체검사 및 상이등급의 판정
(2012.6.27 본절제목개정)

제13조【서면심사에 의한 상이등급의 판정】 ① 법 제6조의3제1항 후단에서 "대통령령으로 정하는 사유"란 다음 각 호의 어느 하나에 해당하는 경우를 말한다.

1. 법 제4조제1항제4호·제6호·제12호·제15호 및 제17호에 따라 적용 대상자로 될 상이를 입은 사람으로서 법 제6조제1항 및 제2항에 따라 국가유공자 등록을 신청하기 전에 사망하여 법 제6조의3제2항제1호에 따른 신규신체검사를 받지 못한 경우
2. 다음 각 목의 어느 하나에 해당하는 사람으로서 본인의 귀책사유 없이 해당 신체검사를 받지 못하고 사망한 경우
   가. 법 제4조제1항제4호·제6호·제12호·제15호 및 제17호에 따라 적용 대상자로 될 상이를 입은 사람으로서 법 제6조제1항 및 제2항에 따라 국가유공자 등록을 신청한 사람
   나. 제15조에 따른 재심신체검사를 신청한 사람
   다. 제17조에 따른 재판정신체검사를 신청한 사람(법 제6조의5제2항에 따라 재판정신체검사를 신청한 것으로 보는 사람을 포함한다)
3. 법 제6조의3제2항제1호부터 제3호까지의 규정에 따른 신체검사에서 상이등급의 판정을 받지 못하고 사망한 후 상이등급 결정 기준 관련 법령의 변경이나 병상일지 등 새로운 자료의 확인을 통해 상이등급 판정을 받을 수 있는 상당한 사유가 있다고 국가보훈부장관이 인정하는 경우(2023.5.23 본호개정)
4. (2023.6.13 삭제)
5. 상이등급의 판정에 대한 행정심판의 재결 또는 법원의 확정판결에 따라 상이등급을 조정할 필요가 있는 경우
6. 다음 각 목의 어느 하나에 해당하는 경우로서 「한국보훈복지의료공단법」 제7조에 따른 보훈병원(이하 "보훈병원"이라 한다)의 장이 서면(법 제6조의3제8항에 따른 국가보훈 장해진단서는 제외한다)으로 심사할 필요가 있다고 인정하는 경우
   가. 「감염병의 예방 및 관리에 관한 법률」 제2조제2호에 따른 제1급감염병으로 「재난 및 안전관리 기본법」 제38조제2항 본문에 따른 심각 단계의 위기경보가 발령된 경우
   나. 중증 암환자, 중증 뇌혈관질환자, 중증 심장질환자, 중증 화상환자, 중증 외상환자 등 신체검사 장소까지 이동하는 것이 어려운 환자인 경우
   (2023.6.13 본호개정)

② 법 제6조의3제8항에서 "대통령령으로 정하는 병원급 이상의 의료기관"이란 다음 각 호의 의료기관을 말한다.

1. 「경찰청과 그 소속기관 직제」 제2조제2항에 따른 경찰병원
2. 「국군의무사령부령」 제6조제2항에 따라 국군의무사령부 소속으로 설치된 병원 중 국군수도병원
3. 다음 각 목의 의료기관 중에서 국가보훈부장관이 정하여 고시하는 병원급 이상의 의료기관
   가. 「공공보건의료에 관한 법률」 제2조제3호에 따른 공공보건의료기관
   나. 「의료법」 제3조제2항제3호 각 목에 따른 병원

(2023.6.13 본항신설)

(2020.12.1 본조개정)

제14조【상이등급의 구분 등】 ① 법 제6조의4제3항에 따라 상이등급 구분 중 1급과 6급은 1항부터 3항까지로 세분한다.(2012.6.27 본항개정)

② 신체상이의 판정 방법 및 운동기능장애 측정 방법 등에 관한 사항은 국가보훈부령으로 정한다.(2023.5.23 본항개정)

③ 신체상이의 정도에 따르는 상이등급의 구분은 별표3과 같다.

④ 별표3에 따른 상이등급 구분표의 신체상이정도에 규정되지 아니한 신체상이가 있는 경우에는 그 상이정도에 따라 같은 표의 신체상이 정도에 준하여 상이등급을 판정한다.

제15조【재심신체검사】 ① 신규신체검사의 판정에 이의가 있는 자는 재심신체검사 신청서에 그 사유를 작성하여 신체검사결과 통지서를 받은 날부터 60일 이내에 국가보훈부장관에게 재심신체검사를 신청할 수 있다.

② 국가보훈부장관은 제1항에 따른 신청이 이유 있다고 인정할 때에는 다시 신체검사를 하여야 한다.

(2023.5.23 본조개정)

제16조【재확인신체검사】 ① 신규신체검사나 재심신체검사에서 상이등급의 판정을 받지 못한 사람은 그 판정이 있은 날부터 2년이 지나거나, 상이처의 재발이나 악화 등으로 상이등급의 판정을 받을 수 있는 상당한 사유가 있는 경우에는 국가보훈부장관에게 법 제6조제1항에 따라 등록을 신청할 때 재확인신체검사를 신청할 수 있다. (2023.5.23 본항개정)

② 제1항에 따른 신청이 있는 경우에는 제10조제1항에 따른 절차를 생략할 수 있다.

③ 국가보훈부장관은 제1항에 따른 신청이 이유 있다고 인정할 때에는 다시 신체검사를 하여야 한다.(2023.5.23 본항개정)

④ 제3항에 따른 재확인신체검사에서 상이등급의 판정을 받지 못한 사람은 그 판정이 있은 날부터 2년이 지나거나, 상이처의 재발이나 악화 등으로 상이등급의 판정을 받을 수 있는 상당한 사유가 있는 경우에는 다시 재확인신체검사를 신청할 수 있다.(2012.6.27 본항개정)

⑤ 제4항에 따른 재확인신체검사의 대해서는 제1항부터 제3항까지의 규정을 준용한다.

제17조【재판정신체검사】 ① 다음 각 호의 어느 하나에 해당하는 사람은 국가보훈부장관에게 재판정신체검사를 신청할 수 있다.(2023.5.23 본문개정)

1. 최종 상이등급의 판정을 받은 날부터 2년이 지난 사람 (2012.6.27 본호개정)
2. (2012.6.27 삭제)
3. 상이처의 재발이나 악화 등으로 상이등급의 변동이 있을 수 있는 상당한 사유가 있는 자

② 국가보훈부장관은 제1항에 따른 신청이 이유 있다고 인정할 때에는 다시 신체검사를 해야 한다.(2023.5.23 본항개정)

③ 법 제6조의3제3항제3호 및 같은 조 제6항에서 "대통령령으로 정하는 특별한 사유"란 각각 다음 각 호의 어느 하나에 해당하는 경우를 말한다.

1. 천재지변, 그 밖에 이에 준하는 자연적 재해가 발생한 경우
2. 수술 등으로 인한 입원·진료로 이동이 어려운 경우
3. 그 밖에 신체검사를 받기 어려운 불가피한 사유가 발생하였다고 인정되는 경우

(2012.6.27 본항개정)

④ 국가보훈부장관은 제3항제2호 또는 제3호에 해당하는지를 확인하기 곤란한 경우 신체검사를 받아야 하는 사람에게 그 사유서를 제출하게 할 수 있다.(2023.5.23 본항개정)

⑤ 법 제6조의3제4항제1호에 따라 직권에 의한 재판정신체검사를 받아야 하는 상이(질병을 포함한다. 이하 이 조에서 같다) 및 시기는 별표3의2와 같다.(2012.6.27 본항개정)

⑥ 국가보훈부장관은 상이등급을 받은 신체상이가 둘 이상인 사람의 경우 별표3의2에 따른 상이로 판정받은 상이등급이 변경되더라도 그 외의 상이 때문에 최종 상이등급이 변경되지 아니하는 경우에는 제5항에도 불구하고 직권에 의한 재판정신체검사 대상에서 제외할 수 있다. (2023.5.23 본항개정)

⑦ 국가보훈부장관은 제3항에 따른 특별한 사유 없이 직권에 의한 재판정신체검사를 받지 아니한 사람에게는 재판정신체검사를 받도록 2회 이상 알려야 한다.(2023.5.23 본항개정)

(2012.6.27 본조제목개정)

제18조【신체검사일】 신체검사는 월 1회 이상 국가보훈부장관이 보훈병원의 장과 협의하여 정하는 날에 한다. (2023.5.23 본조개정)

제19조【상이등급의 판정절차 등】 ① 법 제6조의4에 따른 상이등급은 보훈병원의 장이 위촉한 해당 분야 전문의 등 의사가 신체검사를 실시하고 보훈심사위원회의 심의·의결을 거쳐 판정한다. 이 경우 상이등급 판정 기준은 보훈심사위원회 심의·의결 당시의 별표3에 따른다. (2020.1.7 후단신설)

② 제1항에 따라 신체검사를 실시한 의사에게는 예산의 범위에서 수당을 지급할 수 있다.

③ 제1항·제2항 및 제13조부터 제18조까지에서 규정한 사항 외에 신체검사의 운영 등에 필요한 사항은 국가보훈부장관이 정한다.(2023.5.23 본항개정)

(2012.6.27 본조개정)

제19조의2【상이등급 판정 등에 대한 특례 등】 법 제6조의6제1항 각 호의 어느 하나에 해당하는 사람에 대해서는 각각의 상이처를 별표3 제9호에 따라 종합판정하여 전상군경, 공상군경 또는 공상공무원으로 결정하고, 제2장부터 제7장까지의 규정에 따른 보상 및 지원을 한다. (2012.6.27 본조신설)

제2장 보훈급여금
(2009.8.13 본장개정)

제20조【유족보상금 지급대상인 전상군경 등의 상이등급】 법 제12조제1항제4호에서 "대통령령으로 정하는 상이등급"이란 상이등급 6급을 말한다.(2012.6.27 본조개정)

제21조【생활능력이 없는 정도의 심신장애】 법 제12조제2항 및 제15조의2제3항에서 "대통령령으로 정하는 생활능력이 없는 정도의 장애"란 별표2의 장애인장애구분표에 해당하는 심신장애를 말한다.(2012.6.27 본조개정)

제21조의2 (2006.12.21 삭제)

제22조【보상금】 법 제12조제1항 및 제2항에 따른 국가유공자와 그 유족에게는 별표4의 지급 구분에 따라 보상금을 지급한다.(2012.6.27 본조개정)

제23조【수당】 ① 법 제11조제2항제8호에서 "대통령령으로 정하는 수당"이란 다음 각 호의 수당을 말한다. (2018.3.27 본문개정)

1. 고령수당
2. 2명 이상 사망수당
3. 전상수당

(2012.6.27 본항개정)

② 국가보훈부장관은 법 제12조제1항 및 제2항에 따른 보상금 지급대상자에게 별표4의2의 지급 구분에 따라 제1항 각 호의 수당을 지급한다. 다만, 법 제13조제2항제3호에 따라 보상금을 균등하게 분할하여 지급받는 국가유공자의 부모가 별표4의2의 지급 대상에 각각 해당하는 경우에는 그 수당을 균등하게 분할하여 지급한다.(2023.5.23 본문개정)

③ 다음 각 호의 수당 지급대상자에게는 제1항제1호의 고령수당을 지급하지 않는다.

1. 법 제11조제2항제5호의 부양가족수당
2. 제1항제2호의 2명 이상 사망수당
3. 「보훈보상대상자 지원에 관한 법률 시행령」 제9조제2호의 2명 이상 사망수당

(2022.1.13 본항개정)

④ 국가보훈부장관은 제3항에도 불구하고 법 제11조제2항제5호의 부양가족수당이 제1항제1호의 고령수당보다 적은 경우에는 그 차액만큼 고령수당을 지급해야 한다. (2023.5.23 본항개정)

제24조【협의에 의한 보상금 수급자의 지정 방법 및 효력】 ① 법 제13조제2항제1호에 따라 유족 간의 협의에 의하여 보상금을 지급받으려는 사람은 같은 순위인 유족 모두의 협의를 거쳐 국가보훈부령으로 정하는 보상금수급자 지정서에 같은 순위 유족 모두의 인감증명서(같은 순위 유족이 미성년자인 경우에는 그 법정대리인의 인감증명서를 말한다)를 첨부하여 국가보훈부장관에게 제출해야 한다. 다만, 외국에 거주 중인 같은 순위 유족이 있는 등 보상금수급자 지정서를 제출할 수 없는 부득이한 사정이 있는 경우에는 보상금수급자로 지정한 사실을 나타내는 「공증인법」에 따른 공정증서를 제출하는 것으로 보상금수급자 지정서의 제출을 갈음할 수 있다. (2023.5.23 본문개정)

② 법 제13조제2항제1호에 따른 협의의 효력은 협의 당사자 일방의 의사에 의하여 변경되지 않는다. 다만, 국가유공자의 부모가 협의에 의하여 부모 중 1명을 보상금을 받을 사람으로 정했더라도 부모 중 1명이 법 제13조제2항제3호에 따른 보상금 분할 지급을 신청한 경우에는 그 보상금 수급자 지정 협의의 효력은 상실된다. (2019.12.24 본항신설)

(2019.12.24 본조개정)

제24조의2【국가유공자를 주로 부양 또는 양육한 사람에 대한 보상금 지급】 ① 법 제13조제2항제2호에 따라 국가유공자를 주로 부양하거나 양육한 사람으로서 보상금을 지급받으려는 사람은 그 사실을 증명할 수 있는 서류를 국가보훈부장관에게 제출해야 한다.(2023.5.23 본항개정)

② 제1항에 따라 국가유공자를 주로 부양하거나 양육한 사실을 증명할 때 같은 순위 유족 간에 다툼이 있는 경우에는 보훈심사위원회의 심의·의결을 거쳐 보상금을 지급받을 사람을 결정한다.

(2019.12.24 본조제목개정)

제24조의3【국가유공자 부모의 보상금 분할 지급 신청】 ① 법 제13조제2항제3호에 따라 보상금을 균등하게 분할하여 지급받으려는 국가유공자의 부모는 국가보훈부령으로 정하는 보상금 등 분할 지급 신청서를 국가보훈부장관에게 제출해야 한다.

② 제1항에서 정한 사항 외에 국가유공자의 부모의 보상금 분할 지급 방법과 절차에 관하여 필요한 사항은 국가보훈부령으로 정한다.

(2023.5.23 본조개정)

제25조【생활조정수당】 ① 법 제14조에 따른 생활조정수당은 일반의 표준생계비, 민간의 임금 및 물가의 변동 등을 고려하여 국가보훈부장관이 정하여 고시하는 기준에 해당하는 사람에게 별표5의 지급 구분에 따라 지급한다.

② 제1항에 따른 생활조정수당 지급대상자가 국가유공자의 부모인 경우에는 별표5의 지급 구분에 따른 생활조정수당을 균등하게 분할하여 지급할 수 있다. 이 경우 생활조정수당을 균등하게 분할하여 지급받으려는 국가유공자의 부모는 국가보훈부령으로 정하는 보상금 등 분할 지급 신청서를 국가보훈부장관에게 제출해야 한다. (2023.5.23 본조개정)

제25조의2【생활조정수당의 신청 방법 및 절차】 ① 법 제14조에 따라 생활조정수당을 받으려는 사람(이하 "생활조정수당수급희망자"라 한다)은 국가보훈부령으로 정하는 지급 신청서에 소득·재산 신고서 등 관련 서류를 첨부하여 국가보훈부장관에게 제출하여야 한다.
② 생활조정수당의 신청 방법과 절차에 관하여 그 밖에 필요한 사항은 국가보훈부령으로 정한다.
(2023.5.23 본조개정)

제25조의3【금융정보등의 범위】 ① 법 제14조의2제2항제1호에서 "예금의 평균잔액과 그 밖에 대통령령으로 정하는 자료 또는 정보"란 다음 각 호의 자료 또는 정보를 말한다.
1. 보통예금, 저축예금, 자유저축예금 등 요구불예금 : 최근 3개월 이내의 평균잔액
2. 정기예금, 정기적금, 정기저축 등 저축성예금 : 잔액 또는 총 납입액
3. 주식, 수익증권, 출자금, 출자지분, 부동산(연금)신탁 : 최종시세가액. 이 경우 비상장주식의 가액평가에 관하여는 「상속세 및 증여세법 시행령」 제54조제1항을 준용한다.
4. 채권, 어음, 수표, 채무증서, 신주인수권 증서, 양도성예금증서 : 액면가액
5. 연금저축 : 정기적으로 지급된 금액 또는 최종 잔액
② 법 제14조의2제2항제2호에서 "채무액과 그 밖에 대통령령으로 정하는 자료 또는 정보"란 다음 각 호의 자료 또는 정보를 말한다.
1. 대출 현황 및 연체 내용
2. 신용카드 미결제금액
③ 법 제14조의2제2항제3호에서 "보험료와 그 밖에 대통령령으로 정하는 자료 또는 정보"란 다음 각 호의 자료 또는 정보를 말한다.
1. 보험증권 : 해약하는 경우 지급받게 될 환급금 또는 최근 1년 이내에 지급된 보험금
2. 연금보험 : 해약하는 경우 지급받게 될 환급금 또는 정기적으로 지급된 금액
④ 제1항에 따른 금융정보, 제2항에 따른 신용정보 및 제3항에 따른 보험정보(이하 "금융정보등"이라 한다)의 제공에 동의한다는 서면의 제출에 필요한 사항은 국가보훈부령으로 정한다.(2023.5.23 본항개정)
(2012.6.27 본조신설)

제25조의4【확인조사】 국가보훈부장관은 생활조정수당수급희망자 및 생활조정수당수급자(법 제14조제1항 각 호의 어느 하나에 해당하는 사람으로서 생활조정수당을 받고 있는 사람을 말한다. 이하 같다)와 그 부양의무자(부양의무가 있는 배우자, 부모, 자녀 및 그 배우자를 말한다. 이하 같다)의 수급권의 발생 또는 상실 여부를 확인하기 위하여 매년 다음 각 호의 사항을 포함한 연간조사계획을 수립하여야 한다.(2023.5.23 본문개정)
1. 조사의 기본방향
2. 조사·질문의 범위·내용·시기·절차 및 자료 확보를 위한 협조체계의 구축 방안
3. 그 밖에 생활조정수당수급희망자 및 생활조정수당수급자와 그 부양의무자의 소득·재산의 확인에 필요한 사항
(2012.6.27 본조신설)

제25조의5【금융정보등의 요청 및 제공】 ① 법 제14조의4에 따라 국가보훈부장관이 금융회사 등(「금융실명거래 및 비밀보장에 관한 법률」 제2조제1호에 따른 금융회사등 및 「신용정보의 이용 및 보호에 관한 법률」 제25조제2항제1호에 따른 종합신용정보집중기관을 말한다. 이하 같다)의 장에게 생활조정수당수급희망자 및 생활조정수당수급자와 그 부양의무자의 금융정보등을 요청하는 경우에는 요청 내용에 다음 각 호의 사항을 포함하여야 한다.(2023.5.23 본문개정)
1. 생활조정수당수급희망자 및 생활조정수당수급자와 그 부양의무자의 성명과 주민등록번호
2. 제공을 요청하는 금융정보등의 범위와 조회기준일 및 조회기간
② 제1항에 따른 요청을 받은 금융회사 등의 장이 국가보훈부장관에게 해당 금융정보등을 제공할 때에는 제공 내용에 다음 각 호의 사항을 포함하여야 한다.(2023.5.23 본문개정)
1. 생활조정수당수급희망자 및 생활조정수당수급자와 그 부양의무자의 성명과 주민등록번호
2. 금융정보등을 제공하는 금융회사 등의 명칭
3. 제공 대상 금융상품명과 계좌번호
4. 금융정보등의 내용
③ 국가보훈부장관은 금융회사 등의 장에게 금융정보등을 해당 금융회사 등이 가입한 협회, 연합회 또는 중앙회 등의 정보통신망을 이용하여 제공하도록 요청할 수 있다.
(2023.5.23 본항개정)
④ 국가보훈부장관은 법 제14조의4제2항에 따라 생활조정수당수급자와 그 부양의무자의 금융정보등을 요청할 때에는 수급권 심사를 위한 확인조사에 필요한 최소한의 범위에서 요청하여야 한다.(2023.5.23 본항개정)
(2012.6.27 본조신설)

제25조의6【생활조정수당 신청 안내 등】 ① 법 제14조의5제1항에서 "대통령령으로 정하는 사람"이란 다음 각 호의 어느 하나에 해당하는 사람을 말한다.
1. 「국민기초생활 보장법」 제7조제1항제1호 또는 제3호에 따른 생계급여 또는 의료급여를 받는 사람으로서 생활조정수당을 받지 않고 있는 사람
2. 「국민기초생활 보장법」에 따른 수급자가 아닌 사람으로서 생활조정수당을 받지 않고 있는 사람
② 국가보훈부장관은 법 제14조의5제1항에 따라 매년 1월에 발행되는 국가보훈부의 정기 간행물에 생활조정수당의 수급 요건 및 지급 신청의 방법 등을 게재하여 제1항 각 호에 따른 사람에게 보내야 한다.(2023.5.23 본항개정)
③ 국가보훈부장관은 법 제14조의5제2항에 따라 이 조 제1항제1호에 해당하는 사람에게는 우편, 전화 또는 정보통신망 등을 통해 생활조정수당 지급을 신청하도록 개별적으로 안내하여야 한다.(2023.5.23 본항개정)
④ 국가보훈부장관은 제25조의2제1항에 따라 생활조정수당 지급 신청을 한 사람이 제1항제1호에 해당하는 것으로 확인되면 법 제14조의3에 따른 조사·질문 등을 생략하고 생활조정수당을 지급할 수 있다.(2023.5.23 본항개정)
(2019.5.21 본조신설)

제26조【간호수당】 ① 법 제15조에 따른 간호수당의 지급기준과 지급액은 별표5의2와 같다.
② 제1항에도 불구하고 2012년 7월 1일 당시 등록(2012년 7월 1일 전에 등록 신청하여 2012년 7월 1일 이후 등록된 경우를 포함하되, 법률 제11041호 국가유공자 등 예우 및 지원에 관한 법률 일부개정법률 부칙 제3조에 따라 상이등급에 해당하는 신체의 장애를 입은 것으로 판정된 경우는 제외한다)된 전상군경, 공상군경, 4·19혁명부상자, 공상공무원, 특별공로상이자 및 종전의 「국가유공자 등 예우 및 지원에 관한 법률」(법률 제11041호 국가유공자 등 예우 및 지원에 관한 법률 일부개정법률로 개정되기 전의 것을 말한다) 제73조의2에 따라 국가유공자에 준하는 군경·공무원으로 등록된 사람에 대해서는 다음 각 호의 상이등급 구분에 따른 간호수당을 지급한다.
1. 1급 1항 : 월 306만1천원
2. 1급 2항 : 월 294만5천원
3. 1급 3항 : 월 283만2천원
4. 2급 : 월 97만9천원
(2024.1.12 본항신설)
(2012.6.27 본조개정)

제26조의2【부양가족수당】 ① 법 제15조의2제1항제1호에서 "대통령령으로 정하는 상이등급"이란 상이등급 7급을 말한다.
② 법 제15조의2제1항 각 호의 어느 하나에 해당하는 사람에게는 별표5의3의 지급 구분에 따라 부양가족수당을 지급한다.
(2012.6.27 본조신설)

제26조의3【중상이부가수당】 ① 법 제16조제1항에서 "대통령령으로 정하는 상이등급"이란 상이등급 1급을 말한다.
② 법 제16조에 따른 중상이부가수당의 월 지급액은 다음 각 호의 구분에 따른다.
1. 상이등급 1급 1항에 해당하는 사람 : 276만1천원
2. 상이등급 1급 2항에 해당하는 사람 : 190만9천원
3. 상이등급 1급 3항에 해당하는 사람 : 116만3천원
(2024.1.12 1호~3호개정)
(2012.6.27 본조신설)

제27조【상이등급 1급 특별수당】 제26조의3에도 불구하고 2012년 7월 1일 당시 등록(2012년 7월 1일 전에 등록 신청하여 2012년 7월 1일 이후 등록된 경우를 포함하되, 법률 제11041호 국가유공자 등 예우 및 지원에 관한 법률 일부개정법률 부칙 제3조에 따라 상이등급에 해당하는 신체의 장애를 입은 것으로 판정된 경우는 제외한다)된 전상군경, 공상군경, 4·19혁명부상자, 특별공로상이자 및 종전의 「국가유공자 등 예우 및 지원에 관한 법률」(법률 제11041호 국가유공자 등 예우 및 지원에 관한 법률 일부개정법률로 개정되기 전의 것을 말한다) 제73조의2에 따라 국가유공자에 준하는 군경으로 등록된 사람에 대해서는 다음 각 호의 구분에 따라 상이등급 1급 특별수당을 지급한다.
1. 상이등급 1급 1항에 해당하는 사람 : 월 276만1천원
2. 상이등급 1급 2항에 해당하는 사람 : 월 190만9천원
3. 상이등급 1급 3항에 해당하는 사람 : 월 116만3천원
(2024.1.12 본조신설)

제27조의2【무공영예수당】 법 제16조의2에 따른 무공훈장의 등급별 무공영예수당의 지급액은 별표5의4와 같다.(2012.7.31 본조개정)

제27조의3【6·25전몰군경자녀수당】 ① 법 제16조의3제1항제1호에 따라 자녀 간의 협의에 의하여 6·25전몰군경자녀수당을 지급받으려는 사람은 자녀 모두의 협의를 거쳐 국가보훈부령으로 정하는 6·25전몰군경자녀수당 수급자 지정서에 자녀 모두의 인감증명서를 첨부하여 국가보훈부장관에게 제출해야 한다. 다만, 외국에 거주 중인 자녀가 있는 등 6·25전몰군경자녀수당 수급자 지정서를 제출할 수 없는 부득이한 사정이 있는 경우에는 6·25전몰군경자녀수당 수급자로 지정한 사실을 나타내는 「공증인법」에 따른 공정증서를 제출하는 것으로 6·25전몰군경자녀수당 수급자 지정서의 제출을 갈음할 수 있다.
(2023.5.23 본문개정)
② 법 제16조의3제1항제1호에 따른 6·25전몰군경자녀수당 수급자 지정 협의의 효력은 협의 당사자인 자녀 중 1명이 같은 항 제3호 전단에 따른 6·25전몰군경자녀수당 균등 분할 지급을 신청한 경우에는 상실된다.
(2022.12.30 본항신설)
③ 법 제16조의3제1항제2호에 따라 국가유공자를 주로 부양한 자녀로서 6·25전몰군경자녀수당을 지급받으려는 사람은 그 사실을 증명할 수 있는 서류를 국가보훈부장관에게 제출해야 한다.(2023.5.23 본항개정)
④ 제3항에 따라 국가유공자를 주로 부양한 사실을 증명할 때 자녀 간에 다툼이 있는 경우에는 보훈심사위원회의 심의·의결을 거쳐 6·25전몰군경자녀수당을 지급받을 사람을 결정한다.(2022.12.30 본항신설)
⑤ 법 제16조의3제1항제3호에 따라 6·25전몰군경자녀수당을 균등하게 분할하여 지급받으려는 자녀는 국가보훈부령으로 정하는 6·25전몰군경자녀수당 분할 지급 신청서를 국가보훈부장관에게 제출해야 한다.(2023.5.23 본항개정)
⑥ 제5항에서 규정한 사항 외에 6·25전몰군경자녀수당 균등 분할 지급 방법과 절차에 관하여 필요한 사항은 국가보훈부령으로 정한다.(2023.5.23 본항개정)
⑦ 법 제16조의3제3항에 따른 6·25전몰군경자녀수당의 지급액 및 지급방법은 별표5의5와 같다.(2022.12.30 본항신설)

제27조의4【4·19혁명공로수당】 법 제16조의4에 따른 4·19혁명공로수당의 지급액은 월 43만1천원으로 한다.
(2024.1.12 본조개정)

제28조【사망일시금】 ① 법 제17조에 따른 사망일시금의 지급액은 별표6과 같다.
② 제1항의 사망일시금을 지급받으려는 사람은 사망일시금 지급신청서에 국가보훈부령으로 정하는 서류를 첨부하여 국가보훈부장관에게 제출하여야 한다.(2023.5.23 본항개정)

제28조의2【보훈급여금의 현금 지급 사유】 법 제17조의2제1항 단서에서 "정보통신망의 손상 등 대통령령으로 정하는 부득이한 사유가 있는 경우"란 다음 각 호의 어느 하나에 해당하는 경우를 말한다.
1. 보훈급여금이 입금되는 예금계좌[「우체국예금·보험에 관한 법률」에 따른 체신관서(이하 "체신관서"라 한다) 또는 「은행법」에 따른 은행(이하 "은행"이라 한다)의 계좌를 말한다. 이하 같다]가 개설된 체신관서 또는 은행이 폐업, 업무정지, 정보통신망 장애 등으로 정상영업이 불가능하여 보훈급여금을 이체할 수 없는 경우
2. 그 밖에 국가보훈부장관이 현금 지급이 불가피하다고 인정하는 경우(2023.5.23 본호개정)
(2016.6.21 본조신설)

제29조【보훈급여금의 지급일】 ① 법 제12조·제14조·제15조·제15조의2·제16조·제16조의2·제16조의3 및 제16조의4에 따른 보상금, 생활조정수당, 간호수당, 부양가족수당, 중상이부가수당, 무공영예수당, 6·25전몰군경자녀수당 및 4·19혁명공로수당과 이 영 제23조제1항에 따른 수당은 매월 15일에 지급한다. 다만, 보훈급여금의 지급일이 토요일이나 공휴일인 경우에는 그 전날에 지급한다.(2018.3.27 본문개정)
② 천재지변·재해 또는 이에 준하는 사유 등 특별한 사정이 있는 경우 보훈급여금 지급일은 제1항에도 불구하고 국가보훈부장관이 따로 정할 수 있다.(2023.5.23 본항개정)
③ 국외거주자로서 보훈급여금을 송금받는 자에게는 제1항에도 불구하고 1월부터 12월까지의 보훈급여금을 12월에 한꺼번에 지급할 수 있다.(2014.11.11 본항개정)

제30조【미지급 보훈급여금】 법 제18조에 따라 미지급 보훈급여금을 지급받으려는 사람은 미지급 보훈급여금 지급신청서에 국가보훈부령으로 정하는 서류를 첨부하여 국가보훈부장관에게 제출하여야 한다. 다만, 「전자정부법」 제36조제1항에 따른 행정정보의 공동이용을 통하여 첨부서류에 대한 정보를 확인할 수 있는 경우에는 그 확인으로 첨부서류를 갈음하여야 한다.(2023.5.23 본문개정)

제30조의2【보훈급여금의 압류금지 금액】 법 제19조제3항에서 "대통령령으로 정하는 액수 이하의 금액"이란 법 제17조의2제2항에 따라 입금된 월 보훈급여금 전액을 말한다.(2016.6.21 본조신설)

제31조【보상금의 지급정지】 법 제20조에 따라 양로·양육 지원을 받는 국가유공자와 그 유족에게 지급이 정지되는 보상금의 금액은 별표6의2와 같다.

제32조 (1988.12.31 삭제)

제32조의2【보훈급여금 등의 지급방법】 ① 다음 각 호의 어느 하나에 해당하는 지원금 등의 지급방법에 관하여는 법 제17조의2제1항을 준용한다.
1. 법 제25조에 따른 지원금
2. 법 제25조의2에 따른 보조금
3. 법 제26조에 따른 학습보조비
4. 법 제38조에 따른 직업재활훈련비 및 직업능력개발훈련비
5. 법 제39조에 따른 능력개발 지원비 및 장려금
6. 법 제42조에 따른 의료지원비
6의2. 법 제42조의2에 따른 의료지원비(2023.6.13 본호신설)
7. 법 제55조에 따른 보조금
8. 법 제63조의2에 따른 요양지원에 대한 보조금
(2016.6.21 본항개정)

② 법 제11조에 따른 보훈급여금 및 제1항 각 호에 따른 지원금 등(이하 "보훈급여금등"이라 한다)을 지급받을 권리가 있는 사람의 예금계좌에 입금된 보훈급여금등은 본인이 수령한 것으로 본다. 다만, 법 제6조의2제1항제1호부터 제7호까지의 어느 하나에 해당하는 신상의 변동이 발생하여 보훈급여금등을 지급받을 권리가 소멸된 사람의 예금계좌에 보훈급여금등이 입금된 경우로서 본인이 그 전부나 일부를 찾아가지 아니한 경우에는 본인이 수령한 것으로 보지 아니한다.(2016.6.21 본항개정)
③ 제2항 단서의 경우 국가보훈부장관은 그 입금을 취소할 수 있다.(2023.5.23 본항개정)

제32조의3【보훈급여금등의 지급대상자의 확인】 국가보훈부장관은 보훈급여금등을 지급받는 사람이 보훈급여금등을 지급받을 권리가 있는 사람인지를 확인하기 위하여 필요한 경우 보훈급여금등을 지급받는 사람의 신상조사를 시장·군수·구청장(자치구의 구청장을 말한다) 또는 제주특별자치도지사에게 연 1회 이상 의뢰할 수 있으며, 의뢰받은 해당 기관의 장은 지체 없이 조사하여 통보하여야 한다.(2023.5.23 본조개정)

제33조【대리수령인의 지정】 보훈급여금을 지급받을 사람이 질병 또는 해외거주, 그 밖에 불가피한 사유로 보훈급여금을 지급받을 수 없는 경우에는 대리수령인 지정승인 신청서에 국가보훈부령으로 정하는 서류를 첨부하여 국가보훈부장관에게 제출하여 대리수령인의 지정을 받아야 한다.(2023.5.23 본조개정)

제34조 (2016.6.21 삭제)

제3장 교육지원
(2009.8.13 본장개정)

제34조의2【생활수준 등에 따른 교육지원】 ① 법 제22조제3항제3호에서 "대통령령으로 정하는 상이등급"이란 상이등급 6급을 말한다.
② 법 제22조제3항 각 호의 어느 하나에 해당하는 사람에 대해서는 일반의 표준생계비, 민간의 임금 및 물가의 변동 등을 고려하여 국가보훈부장관이 정하여 고시하는 기준에 해당하는 경우에만 교육지원을 실시한다.
(2023.5.23 본항개정)
③ 법 제22조제4항 전단에 따라 교육지원을 신청하려는 사람은 교육지원 신청서에 국가보훈부령으로 정하는 서류를 첨부하여 국가보훈부장관에게 제출하여야 한다.
(2023.5.23 본항개정)
(2012.6.27 본조신설)

제35조【취학비율의 조정】 ① 국가보훈부장관은 고등학교, 그 밖에 이에 준하는 학교에 취학할 교육지원 대상자의 지역별 분포수가 법 제23조제1항에 따른 취학비율을 초과할 때에는 해당 지역에 대한 교육지원 대상자의 분포수를 교육부장관에게 통보하여야 한다.(2023.5.23 본항개정)
② 교육부장관은 제1항에 따른 통보를 받은 경우 법 제23조제2항에 따라 특별시·광역시·시·군·특별자치도 단위별로 그 취학비율을 결정하고 입학시험 10일 전까지 특별시·광역시·도 또는 특별자치도의 교육감(이하 이 장에서 "시·도교육감"이라 한다)에게 통보하여야 한다.
(2013.3.23 본조개정)

제36조【교육지원 대상자의 확인 등】 ① 교육지원 대상자가 중학교, 고등학교, 그 밖에 이에 준하는 학교에 입학을 희망하는 경우 국가보훈부장관은 배정원서·입학원서를 제출받은 교육장, 시·도교육감 또는 학교장의 요청에 따라 교육지원 대상자 여부를 확인하여야 한다.
② 국가보훈부장관은 제1항에 따른 교육지원 대상자의 중학교·고등학교 입학지원자 명부를 작성하여 중학교 입학지원자의 경우에는 해당 교육장에게, 고등학교 입학지원자의 경우에는 해당 시·도교육감에게 제출하여야 한다.
(2023.5.23 본조개정)

제37조【교육지원 대상자의 입학결정】 고등학교 및 그 밖에 이에 준하는 학교에 취학하려는 교육지원 대상자의 입학 결정은 시·도교육감이 정하는 바에 따른다.

제38조 (1993.12.31 삭제)

제39조 (2005.7.27 삭제)

제40조【교육지원 대상자의 입학 결정 통보】 교육장이나 시·도교육감은 그 관할 구역 내의 중학교, 고등학교, 그 밖에 이에 준하는 학교에 입학이 결정된 교육지원 대상자의 명부를 국가보훈부장관에게 통보하여야 한다.
(2023.5.23 본조개정)

제41조【전학】 ① 중학교 또는 고등학교에 취학 중인 교육지원 대상자가 전학하려는 경우 국가보훈부장관은 전입학배정원서를 제출받은 교육장, 시·도교육감 또는 학교장의 요청에 따라 교육지원 대상자 여부를 확인하여야 한다.(2023.5.23 본항개정)
② (2014.11.11 삭제)
③ 제1항에 따라 교육지원 대상자로 확인된 경우 해당 교육장이나 시·도교육감은 해당 학년의 교육지원 대상자의 취학비율을 초과하지 아니하는 범위에서 교육지원 대상자를 거주지 인근 학교군(學校群)에 배정하여야 한다.
(2014.11.11 본조개정)

제42조【수업료등의 면제 및 절차 등】 ① 법 제22조제1항 각 호의 어느 하나에 해당하는 자가 법 제22조의2 각 호의 어느 하나에 해당하는 교육기관에 재학 중인 경우에는 법 제25조제1항에 따른 수업료등(입학금과 중학교·고등학교의 학교운영지원비를 포함한다. 이하 같다)의 면제를 받는다.(2016.6.21 본항개정)
② 교육지원 대상자에 대한 수업료등의 면제연한은 다음 각 호의 기준에 따른다.
1. 법 제22조제1항제1호 또는 제2호에 해당하는 교육지원 대상자에게는 그가 다니는 교육기관을 수료하거나 졸업할 때까지. 교육지원 대상자가 해당 교육기관이나 다른 교육기관에 입학·재입학·편입학 또는 전입학하는 경우에도 또한 같다.
2. 법 제22조제1항제3호 또는 제4호에 해당하는 교육지원 대상자에게는 다음 각 목의 구분에 따른 연한까지
 가. 수업연한이 있는 교육기관에 다니는 교육지원 대상자의 경우 교육관계 법령이나 해당 교육기관의 학칙에서 정하는 수업연한(수업연한 내에 있는 계절학기는 제외한다). 다만, 교육지원 대상자가 해당 교육기관이나 다른 교육기관에 입학·재입학·편입학 또는 전입학하는 경우에는 입학·재입학·편입학 또는 전입학하는 학교의 수업연한에서 이전 학교에서 면제받은 수업연한을 제외하고 남은 수업연한에 대하여 수업료등을 면제한다.
 나. 수업연한이 없는 교육기관에 다니는 교육지원 대상자의 경우에는 국가보훈부장관이 정하여 고시하는 연한(2023.5.23 본목개정)
③ 법 제25조제2항 단서에 따른 다음 각 호의 교육기관(이하 "대학등"이라 한다)에 다니는 교육지원 대상자 중 법 제22조제1항제3호 또는 제4호에 해당하는 자가 직전 학기 평균 성적이 만점의 70퍼센트 미만이거나 국가보훈부장관 또는 해당 대학등의 장이 국가유공자의 가족 또는 유족으로서 품위를 손상하였다고 인정하는 자에게는 제1항에도 불구하고 수업료등을 면제하지 아니한다.
(2023.5.23 본문개정)
1. 법 제22조의2제2호에 따른 대학(이하 "대학"이라 한다)
2. 법 제22조의2제3호 및 제4호에 따른 교육기관 중 원격대학 형태의 평생교육시설과 전문대학 이상의 학위 취득에 필요한 학점이 인정되는 학습과정을 운영하는 교육훈련기관
3. (2012.6.27 삭제)
(2012.6.27 본항개정)
④ 다음 각 호의 어느 하나에 해당하는 교육지원 대상자가 법 제25조제1항에 따른 수업료등을 면제받으려는 경우에는 국가보훈부장관이 발급하는 교육지원 대상자 증명서를 해당 교육기관의 장에게 제출하여야 한다. 다만, 제36조제1항 또는 제41조제1항에 따라 국가보훈부장관이 교육지원 대상자임을 확인한 경우에는 교육지원 대상자 증명서를 제출하지 아니할 수 있다.(2023.5.23 본문개정)
1. 법 제22조제1항제1호 또는 제2호에 해당하는 사람으로서 법 제22조의2 각 호의 어느 하나에 해당하는 교육기관에 재학 중인 사람
2. 법 제22조제1항제3호 또는 제4호에 해당하는 사람으로서 법 제22조의2제1호에 따른 교육기관이나 같은 조 제3호에 따른 평생교육시설(중학교·고등학교 과정의 평생교육시설만 해당한다)에 재학 중인 사람
(2012.6.27 본항개정)
⑤ 법 제22조제1항제3호 또는 제4호에 해당하는 자가 대학등에 대한 수업료등을 면제받으려는 경우에는 국가보훈부장관이 발급하는 대학수업료등 면제대상자 증명서를 수업료등의 납부기한까지 해당 대학등의 장에게 제출하여야 한다.(2023.5.23 본항개정)
⑥ 법 제25조제3항에 따라 면제한 수업료등의 절반을 보조받으려는 사립인 대학등의 장은 보조금 지급신청서에 국가유공자 자녀 등 성적통지서를 첨부하여 국가보훈부장관에게 제출하여야 하며, 신청서를 받은 국가보훈부장관은 신청 내용을 확인하여 보조금의 지급 여부를 결정하고 그 사실을 해당 사립인 대학등의 장에게 알려야 한다.
(2023.5.23 본항개정)
⑦ 국가보훈부장관은 법 제22조제1항에 해당하는 자에 대하여 수업료등을 면제한 대학 등의 장에게 그 면제사실을 확인하기 위하여 성적이나 그 밖에 필요한 자료를 제출할 것을 요청할 수 있다.(2023.5.23 본항개정)
⑧ 대학등이 다른 법령에 따라 일정비율 이상의 학생에게 수업료등을 면제하여야 하는 경우에 해당 대학등이 법 제25조제1항에 따라 수업료등을 면제하였을 때에는 그 다른 법령에 따라 면제한 것으로 볼 수 있다.

제42조의2【수업료등의 지원 및 절차 등】 ① 법 제25조제4항에 따라 수업료등을 지원받으려는 자는 국가보훈부령으로 정하는 수업료등 지급신청서에 수업료등 납부영수증 또는 수업료등의 납부 사실을 확인할 수 있는 서류와 성적증명서(대학생인 경우만 해당한다)를 첨부하여 국가보훈부장관에게 제출하여야 하며, 신청서를 받은 국가보훈부장관은 신청 내용을 확인하여 지원 여부를 결정하여야 한다.(2023.5.23 본항개정)
② 법 제25조제4항에 따라 국가가 수업료등을 지원하지 아니하는 대통령령으로 정하는 사유란 다음 각 호의 어느 하나에 해당하는 경우를 말한다.
1. 제42조제3항에 따른 직전학기의 평균성적이 만점의 70퍼센트 미만인 자와 국가보훈부장관 또는 해당 대학등의 장이 국가유공자의 가족 또는 유족으로서 품위를 손상하였다고 인정하는 자에 해당하는 경우(2023.5.23 본호개정)
2. 다른 법령에 따라 수업료등에 해당하는 금액을 감면이나 보조 받은 경우
③ 국가보훈부장관은 제1항에 따라 수업료등을 지원하는 경우 교육지원 대상자가 실제로 부담한 수업료등을 확인하기 위하여 교육기관의 장, 수업료등을 보조한 기관 또는 단체의 장 등에게 필요한 자료를 제출할 것을 요청할 수 있다.(2023.5.23 본항개정)

제42조의3【외국인학교 등에 다니는 교육지원 대상자에 대한 보조금 지급기준·지급액, 지원 연한 등】 ① 법 제25조의2제1항 각 호의 어느 하나에 해당하는 외국인학교 등에 다니는 교육지원 대상자에게는 별표6의3의 지급 구분에 따라 보조금을 지급한다. 다만, 그 보조금이 해당 학교 수업료등을 초과하는 경우에는 그 초과금액을 공제하고 지급한다.
② 법 제25조의2제1항 각 호의 어느 하나에 해당하는 외국인학교 등에 다니는 교육지원 대상자가 다른 법령에 따라 수업료등을 감면받거나 지원받는 경우에는 그에 해당하는 금액을 공제한 후 제1항에 따른 보조금을 지급한다.
③ 법 제25조의2제1항제2호에 따른 외국교육기관 중 대학에 상응하는 외국교육기관에 다니는 교육지원 대상자가 다음 각 호의 어느 하나에 해당하는 경우에는 제1항에도 불구하고 수업료등의 일부를 보조하지 아니한다.
1. 직전 학기 평균 성적이 만점의 70퍼센트 미만인 경우
2. 국가보훈부장관 또는 해당 외국교육기관의 장이 국가유공자와 그 유족 또는 가족으로서 품위를 손상하였다고 인정하는 경우(2023.5.23 본호개정)
④ 법 제25조의2제1항 각 호의 어느 하나에 해당하는 외국인학교 등에 다니는 교육지원 대상자에게 지급하는 보조금의 지원 연한은 다음 각 호의 기준에 따른다.
1. 법 제25조의2제1항제1호의 외국인학교와 같은 항 제2호에 따른 외국교육기관 중 「초·중등교육법」 제2조에 따른 중학교·고등학교에 상응하는 외국교육기관 : 「초·중등교육법」 제42조 및 제46조에서 정한 수업연한
2. 법 제25조의2제1항제2호에 따른 외국교육기관 중 대학에 상응하는 외국교육기관 : 「고등교육법」 제31조제1항제1호에서 정한 수업연한
⑤ 법 제25조의2에 따라 수업료등을 보조받으려는 사람은 국가보훈부령으로 정하는 외국교육기관 수업료등 보조금 지급 신청서에 수업료등 납부영수증 또는 수업료등의 납부 사실을 확인할 수 있는 서류와 성적증명서(대학생인 경우만 해당한다)를 첨부하여 국가보훈부장관에게 제출하여야 한다.(2023.5.23 본항개정)
⑥ 제1항의 보조금은 법 제25조의2제1항 각 호의 어느 하나에 해당하는 외국인학교 등이 정하는 학기에 따라 학기별로 지급하되, 지급방법 및 절차 등에 관하여 필요한 사항은 국가보훈부장관이 정한다.(2023.5.23 본항개정)
(2012.6.27 본조신설)

제43조【학습보조비의 지급 및 절차 등】 ① 법 제26조제1항제2호에서 "대통령령으로 정하는 교육지원 대상자"란 다음 각 호의 어느 하나에 해당하는 사람을 말한다.
1. 법 제22조제1항제1호 또는 제2호에 해당하는 사람으로서 법 제22조의2 각 호의 어느 하나에 해당하는 교육기관 또는 법 제25조의2제1항 각 호의 어느 하나에 해당하는 외국인학교 등에 재학 중인 사람
2. 법 제22조제1항제3호 또는 제4호에 해당하는 사람으로서 법 제22조의2제1호에 따른 교육기관, 같은 조 제3호에 따른 평생교육시설(중학교·고등학교 과정의 평생교육시설만 해당한다) 또는 법 제25조의2제1항 각 호의 어느 하나에 해당하는 외국인학교 등(대학에 상응하는 외국교육기관은 제외한다)에 재학 중인 사람
3. 법 제22조제1항제3호 또는 제4호에 해당하는 전상군경 및 공상군경의 자녀나 전몰군경 및 순직군경의 자녀(부모가 모두 사망한 25세 미만인 사람으로 한정한다)로서 다음 각 목의 교육기관에 재학 중인 사람
 가. 법 제22조의2제2호의 교육기관
 나. 법 제22조의2제3호의 교육기관(대학교 과정을 운영하는 평생교육시설로 한정한다)
 다. 법 제22조의2제4호의 교육기관
 라. 법 제25조의2제1항제2호의 대학에 상응하는 외국교육기관
 (2022.1.13 본호신설)
② 법 제26조에 따른 학습보조비는 별표7의 지급 구분에 따라 지급한다.
③ 법 제26조에 따른 학습보조비는 교육지원 대상자나 그 보호자에게 4월 15일과 10월 15일 연 2회 지급하되, 그 지급일이 토요일이나 공휴일인 경우와 천재지변, 재해 또는 이에 준하는 사유가 있는 경우에는 제29조제1항 단서 및 같은 조 제2항을 준용하여 지급하며, 그 밖에 학습보조비 지급에 필요한 사항은 국가보훈부장관이 정한다.
(2023.5.23 본항개정)
(2012.6.27 본조개정)

제44조【취학사항의 통보】 법 제22조의2 각 호에 따른 교육기관의 장 및 법 제25조의2제1항 각 호에 따른 외국인학교 등의 장은 교육지원 대상자에게 퇴학, 정학, 휴학, 복학 등 취학사항의 변동이 있을 때에는 그 사유가 발생한 날부터 10일 이내에 취학사항 변동 통지서를 국가보훈부장관에게 보내야 한다.(2023.5.23 본조개정)

제45조 (2012.6.27 삭제)

제4장 취업지원
(2009.8.13 본장개정)

제46조 (2012.6.27 삭제)
제46조의2【취업지원 상이등급 및 횟수】 ① 법 제29조제1항제5호에서 "대통령령으로 정하는 상이등급"이란 상이등급 6급을 말한다.
② 법 제29조제3항에서 "대통령령으로 정하는 횟수"란 3회를 말한다.
(2012.6.27 본조신설)
제47조【제조기업체의 범위】 법 제30조제2호 단서에서 "대통령령으로 정하는 제조기업체"란 별표9의 분류번호 제10호부터 제33호까지에 해당하는 대상업체를 말한다.
(2015.11.30 본조개정)
제48조【채용시험의 가점대상 계급 등】 법 제31조제5항에 따른 채용시험의 가점대상 계급 및 직급은 별표8과 같다.
제49조【취업지원 대상자증명서 발급】 국가보훈부장관은 취업지원 대상자가 채용시험의 가점을 받기 위하여 취업지원 대상자임을 증명해 줄 것을 신청하는 경우 취업지원 대상자증명서를 발급하여야 한다.(2023.5.23 본조개정)
제49조의2【취업지원의 신청】 법 제31조의2에 따라 취업지원을 받으려는 취업지원 대상자는 다음 각 호의 구분에 따른 신청서 중 어느 하나를 선택하여 이력서를 첨부한 후 국가보훈부장관에게 제출하여야 한다.(2023.5.23 본문개정)
1. 법 제32조에 따라 일반직공무원 및 관리운영직군에 속하는 일반군무원(이하 "일반직공무원등"이라 한다) 특별채용 대상자로 추천을 받으려는 취업지원 대상자 : 일반직공무원등 특별채용 대상자 추천 신청서
(2017.12.19 본호개정)
2. 법 제34조의 보훈특별고용에 따라 취업하려는 취업지원 대상자 : 취업희망 신청서
제50조【특별채용대상 일반직공무원 등】 ① 법 제32조제1항 전단에서 "대통령령으로 정하는 일반직공무원"이란 별표8의2에 따른 일반직공무원을 말한다.
② 법 제32조제1항 전단에 해당하는 취업지원 실시기관(이하 "국가기관등"이라 한다)이 취업지원 대상자를 일반직공무원등으로 특별채용하여야 하는 채용비율은 일반직공무원등의 정원의 20퍼센트 이내에서 국가보훈부장관이 정한다. 이 경우 국가보훈부장관은 일반직공무원등으로 취업을 희망하는 취업지원 대상자의 수와 「국가공무원법」 제6조의 중앙인사관장기관의 장 및 지방공무원 인사제도를 관장하는 중앙행정기관의 장이 제시하는 의견을 고려하여야 한다.(2023.5.23 본항개정)
(2014.4.28 본조개정)
제51조【일반직공무원등의 특별채용】 ① 제50조에 따른 채용비율(이하 "채용비율"이라 한다)에 미달하는 국가기관등의 장은 일반직공무원등을 채용하려는 경우 해당 국가기관등의 취업지원 대상자의 수가 채용비율에 해당하는 인원이 될 때까지는 제4항에 따른 인사관계법령에 따른 채용시험 공고절차를 거치지 아니하고 국가보훈부장관에게 채용하려는 일반직공무원등의 채용예정 인원, 자격요건 등을 명시하여 취업지원 대상자 추천을 의뢰하여야 한다.(2023.5.23 본항개정)
② 국가보훈부장관은 제1항에 따른 추천 의뢰를 받으면 국가기관등의 장이 요구한 채용예정인원의 5배의 범위에서 해당 자격요건을 갖춘 취업지원 대상자를 일반직공무원등 특별채용대상자 추천서에 따라 추천의뢰를 받은 날부터 7일 이내에 국가기관등에 추천하여야 한다.
(2023.5.23 본항개정)
③ (2012.6.27 삭제)
④ 국가기관등의 장은 제2항에 따라 추천을 받은 경우 「국가공무원법」 및 「지방공무원법」 등 일반직공무원등의 채용에 관한 법령(이하 "인사관계법령"이라 한다)에서 정하는 바에 따라 취업지원 대상자를 채용하고 그 결과를 일반직공무원등 특별채용 통보서에 따라 국가보훈부장관에게 통보하여야 한다.(2023.5.23 본항개정)
⑤ (2012.6.27 삭제)
⑥ 채용비율에 미달하는 국가기관등의 장은 다음 각 호의 어느 하나에 해당하는 경우 제1항, 제2항 및 제4항에 따른 추천 절차 등을 거치지 아니하고 인사관계법령에서 정하는 바에 따라 일반직공무원등을 채용할 수 있다.
(2014.4.28 본문개정)
1. 「국가공무원법」 제28조제2항제1호 또는 제3호 및 「지방공무원법」 제27조제2항제1호 또는 제3호에 따라 일반직공무원등을 경력경쟁채용시험의 방법으로 채용하기로 국가보훈부장관과 협의한 경우(2023.5.23 본호개정)
2. (2012.6.27 삭제)
3. 국가보훈부장관이 제2항에 따른 기한까지 추천하지 아니한 경우(2023.5.23 본호개정)
4. 그 밖에 시험실시기관이 따로 있어 국가기관등이 직접 채용시험을 실시할 수 없는 경우 등 국가보훈부령으로 정하는 특별한 사유로 인하여 국가보훈부장관과 협의한 경우(2023.5.23 본호개정)
(2014.4.28 본조제목개정)
제52조【국가기관등의 채용실태 등 통보】 국가기관등의 장은 국가보훈부장관으로부터 법 제33조에 따른 일반직공무원등의 정원·채용실태 및 시정·보완조치 결과에 관한 통보를 요청받으면 그 요청을 받은 날부터 30일 이내에 통보하여야 한다.(2023.5.23 본조개정)
제53조【업체 등의 고용비율】 ① 법 제33조의2제1항에 따른 대상업체별 고용비율은 별표9와 같다. 다만, 법 제33조의2제2항 각 호에 해당하는 취업지원 실시기관의 대상업체별 고용비율은 별표9의 고용비율에 각각 1퍼센트를 더한 비율로 한다.
② 법 제33조의2제2항제3호에서 "대통령령으로 정하는 기업체 또는 단체"란 다음 각 호의 어느 하나에 해당하는 취업지원 실시기관을 말한다.
1. 국가나 지방자치단체가 단독 또는 공동으로 출자한 금액이 자본금의 100분의 20 이상이 되는 기관으로서 국가나 지방자치단체가 최다 출자자인 정부출자기관
2. 「공공기관의 운영에 관한 법률」 제4조부터 제6조까지의 규정에 따라 지정·고시된 공공기관(이하 "공공기관"이라 한다)이나 제1호에 따른 정부출자기관이 단독 또는 공동으로 재출자한 금액이 자본금의 100분의 20 이상이 되는 기관으로서 공공기관이나 정부출자기관이 최다 출자자인 기업체 또는 단체
3. 국가나 지방자치단체가 출연하거나 보조한 금액이 기업체나 단체 재산의 100분의 20 이상이 되는 기관으로서 국가나 지방자치단체가 최다 출연자 또는 보조자인 기업체나 단체
4. 정부나 지방자치단체에서 위탁한 업무를 수행하거나 그 대표자 또는 임원이 국가나 지방자치단체에 의하여 임명되거나 승인되는 기업체 또는 단체
제54조【업체등의 신고 등】 ① 법 제30조제2호 및 제3호에 따른 취업지원 실시기관(이하 "업체등"이라 한다)은 법 제33조의3제1항에 따라 국가보훈부장관으로부터 사업의 종류, 고용직종 등을 신고할 것을 통지받은 경우 해당 통지를 받은 날부터 30일 이내에 신고하여야 한다.
(2023.5.23 본항개정)
② 법 제33조의3제2항에 따라 국가보훈부장관이 업체등에 실태파악을 위하여 필요한 설명을 요구하거나 필요한 장부 및 그 밖의 서류를 제출하게 할 수 있는 사항은 다음 각 호와 같다.(2023.5.23 본문개정)
1. 제1항에 따른 신고 이후의 변동내용
2. 취업지원 대상자의 고용실태와 근로조건
3. 취업지원 대상자 및 근로자 채용계획
4. 법 제31조제1항부터 제3항까지의 규정에 따른 가점부여의 소명에 관한 사항
③ 국가보훈부장관은 취업지원 업무의 효율적인 수행을 위하여 취업지원 대상자 및 업체등으로부터 받은 자료의 비교·확인이 필요한 경우 관련 자료를 보유하고 있는 국가기관·지방자치단체 또는 특별법에 따라 설립된 법인에 구체적인 내용을 분명히 밝혀 자료의 비교·확인에 대한 협조를 요청할 수 있다.(2023.5.23 본항개정)
제55조【보훈특별고용 등】 ① 국가보훈부장관은 법 제34조제1항 각 호 외의 부분 본문에 따라 취업지원 대상자를 복수로 추천하는 경우에는 법 제33조의2에 따른 고용비율에 미달한 업체등이 고용해야 할 인원을 정하고, 그 인원의 5배의 범위에서 하여야 한다.(2023.5.23 본항개정)
② 제1항에 따라 취업지원 대상자를 복수로 추천받은 업체등은 그 추천을 받은 날부터 10일 이내에 추천받은 사람 중에서 고용할 사람을 선택하여 국가보훈부장관에게 통보하여야 한다.(2023.5.23 본항개정)
③ 법 제34조제3항에 따라 국가보훈부장관이 취업지원 대상자를 업체등에 고용할 것을 명할 때에는 보훈특별고용통지서로 하여야 한다. 이 경우 업체등이 고용해야 할 직종을 명확하게 기록하여야 한다.(2023.5.23 전단개정)
④ 법 제34조제3항제2호에서 "대통령령으로 정하는 정당한 사유"란 다음 각 호의 어느 하나에 해당하는 경우를 말한다.
1. 취업지원 대상자가 1개월 이상의 치료를 필요로 하는 부상 또는 질병이 있는 경우
2. 업체등이 감원, 휴업 또는 폐업 등 긴박한 경영상의 사유로 취업지원 대상자를 고용할 수 없는 경우
3. 그 밖에 국가보훈부장관이 인정하는 정당한 사유가 있는 경우(2023.5.23 본호개정)
⑤ 제3항에 따라 보훈특별고용통지서를 받은 업체등은 보훈특별고용통지서를 받은 날부터 30일 이내에 국가보훈부장관이 고용할 것을 명한 취업지원 대상자를 고용하여야 한다.(2023.5.23 본항개정)
⑥ 법 제34조제4항에 따른 취업지원 대상자에 대한 취업통지는 취업통지서로 하여야 한다.
제56조【보훈특별고용에 따른 취업지원 연령】 ① 법 제34조제5항에 따른 취업지원 연령은 35세까지로 한다. 다만, 35세 이전에 제49조의2제2호에 따라 취업희망 신청서를 제출한 사람에 대해서는 해당 취업희망 신청서에 한정하여 38세까지 보훈특별고용에 따른 취업지원을 한다.
(2016.11.29 단서개정)
② (2012.6.27 삭제)
(2012.6.27 본조제목개정)
제57조【6·25전몰·순직군경 자녀에 대한 취업지원 특례】 ① 1953년 7월 27일 이전 또는 「참전유공자예우 및 단체설립에 관한 법률」 별표에 따른 전투 중에 전사하거나 순직한 군인이나 경찰공무원의 자녀 중 그의 부모 또는 조부모가 1993년 1월 1일 이후 법 제12조에 따른 보상금을 받은 사실이 없는 자에게는 제56조제1항에도 불구하고 보훈특별고용에 따른 취업지원 연령을 55세까지로 한다.
② 제1항에 따른 취업지원 대상자로서 36세 이후에 보훈특별고용에 따른 취업지원을 받은 자에게는 더 이상 보훈특별고용에 따른 취업지원을 하지 아니한다. 다만, 업체등의 폐업, 휴업 또는 합병, 그 밖에 본인에게 책임이 없는 사유로 퇴직한 경우에는 그러하지 아니하다.
제58조【취업지원의 제한】 ① 법 제34조의2제2항에 따른 취업지원 제한 기간은 다음 각 호의 기준에 따른다.
1. 법 제34조의2제2항제1호에 해당하는 경우 : 취업하지 아니하겠다는 의사를 표시한 날부터 6개월
2. 법 제34조의2제2항제2호에 해당하는 경우 : 퇴직한 날부터 6개월
3. 법 제34조의2제2항제3호에 해당하는 경우 : 징계에 의하여 면직된 날부터 1년
(2012.6.27 1호~3호개정)
② (2012.6.27 삭제)
③ 법 제34조의2제2항제1호 및 제2호에서 "정당한 사유"란 다음 각 호의 어느 하나에 해당하는 경우를 말한다.
1. 1개월 이상의 치료를 필요로 하는 부상 또는 질병이 있는 경우
2. 보훈특별고용 통지를 받은 업체등의 감원이나 휴업 등의 사유로 고용이 지연되어 해당 업체등에 취업하기를 포기하거나 업체등의 긴박한 경영상의 사유로 퇴직하거나 해고된 경우
3. 채용신체검사에 불합격한 경우
4. 3개월 이상 임금이 체불(滯拂)된 경우
5. 취업지원 대상자가 취업하려는 직종 또는 취업한 직종에서 요구하는 기술이나 자격이 없는 등 국가보훈부장관이 인정하는 상당한 사유가 있는 경우(2023.5.23 본호개정)
④ 법 제34조의2제2항제2호에서 "대통령령으로 정하는 기간"이란 6개월을 말한다.
제59조【채용신체검사의 판정】 ① 법 제35조에 따른 전상군경, 공상군경, 4·19혁명부상자, 공상공무원 및 특별공로상이자에 대한 채용신체검사 합격판정은 「의료법」 제3조의3에 따른 종합병원에서 한다.(2012.6.27 본항개정)
② 제1항에 따른 의료기관의 장은 상이처로 인한 신체적 부자유만을 이유로 취업지원 대상자의 직무수행 능력을 불리하게 판정하여서는 아니 된다.
제60조【군복무경력의 합산기준】 법 제35조의2에 따라 업체등이 취업지원 대상자를 우선 고용하는 경우 취업지원 대상자의 군복무경력의 30퍼센트 이상에 해당하는 기간을 호봉획정을 위한 경력기간에 합산할 수 있다. 다만, 법 제33조의2제2항 각 호의 어느 하나에 해당하는 취업지원 실시기관이 취업지원 대상자를 우선 고용하는 경우에는 「공무원보수규정」 제8조 및 제9조를 준용하여 합산할 수 있다.
제61조【차별대우 시정조치 결과의 통보】 법 제36조제3항에 따른 차별대우 시정조치 결과의 통보는 그 시정요구를 받은 날부터 30일 이내에 하여야 한다.
제61조의2【취업사실 등의 통보】 취업지원 실시기관은 법 제37조 각 호의 어느 하나에 해당하는 사실이 발생하면 그 사실이 발생한 날부터 10일 이내에 국가보훈부장관에게 그 내용을 통보하여야 한다.(2023.5.23 본조개정)
제61조의3【직업재활훈련 및 직업능력개발훈련】 ① 법 제38조제1항에 따라 전상군경, 공상군경, 4·19혁명부상자, 공상공무원 및 특별공로상이자에 대하여 직업재활훈련을 실시할 때에는 대상자의 신체기능에 적합한 직장취업 또는 자영사업(自營事業)에 필요한 과목을 선정하여 실시한다. 이 경우 훈련과목의 선정 절차, 그 밖에 직업재활훈련에 필요한 사항은 국가보훈부장관이 정한다.
② 국가보훈부장관은 법 제38조제2항에 따라 취업지원 대상자가 직업능력개발훈련을 희망하는 경우에는 직업능력개발훈련시설에 국가보훈부령으로 정하는 우선직업능력개발훈련 대상자 추천서에 따라 우선직업능력개발훈련 대상자로 추천하여야 한다.
(2023.5.23 본조개정)
제61조의4【취업능력개발 장려금 등의 지급】 ① 법 제39조제1항에 따른 취업능력개발 장려금이나 취업능력개발에 드는 비용을 지원할 수 있는 대상의 범위는 다음 각 호와 같다.
1. 취업능력개발 장려금 지급대상자
가. 취업지원 대상자로서 법 제38조제2항에 따른 직업능력개발훈련시설에서 직업능력개발훈련을 받는 사람
나. 취업지원 대상자로서 「직업안정법」 제2조의2제1호에 따른 직업안정기관에서 직업지도 등을 받는 사람
(2012.6.27 가목~나목개정)
2. 취업능력개발 비용 지원대상자 : 취업지원 대상자로서 취업에 필요한 자격이나 능력을 개발하기 위하여 국가보훈부장관이 정하는 직업능력개발훈련시설에서 직업능력개발훈련을 받는 사람(2023.5.23 본호개정)
② 국가보훈부장관은 제1항에 따라 취업능력개발 장려금이나 취업능력개발 비용을 지원하는 경우 취업지원 대상자가 직업능력개발훈련이나 직업지도 등을 받은 사실을

확인하기 위하여 직업능력개발훈련시설이나 지방고용노동관서에 필요한 자료의 제출을 요청할 수 있다. 이 경우 자료제출을 요청받은 기관은 특별한 사정이 없으면 요청에 따라야 한다.(2023.5.23 전단개정)
③ 제1항과 제2항에서 규정한 사항 외에 취업능력개발장려금과 취업능력개발 비용의 지원에 필요한 사항은 국가보훈부장관이 정한다.(2023.5.23 본항개정)

제5장 의료지원
(2009.8.13 본장개정)

제1절 진 료

제62조【진료】 ① 전상군경, 공상군경, 4·19혁명부상자, 공상공무원 및 특별공로상이자(이하 이 장에서 "진료대상자"라 한다)에 대한 진료는 다음 각 호의 구분에 따라 하되, 입원진료는 부득이한 사유가 있는 경우를 제외하고는 보훈병원에서 한다.
1. 응급진료
불의의 재해나 그 밖의 위급한 상태에서 즉시 필요한 처치를 하지 아니하면 생명을 보전할 수 없거나 중대한 합병증을 초래할 것으로 판단되는 환자에게 하는 진료
2. 입원진료
의료시설에 입원을 시켜 하는 진료
3. 통원진료
의료시설에 입원을 시키지 아니하고 왕래하게 하여 하는 진료
② 국가가 진료대상자에 대한 진료를 위탁할 수 있는 국가나 지방자치단체 외의 의료시설은 「의료법」 제3조에 따라 개설된 민간의 의료기관으로 한다.
③ 법 제42조제3항 단서에 따라 진료대상자에게 지방자치단체의 의료시설에서 진료를 한 경우에 지방자치단체가 부담할 비용은 진료비용(약제비용을 포함한다)의 50퍼센트로 한다.(2023.9.26 본항개정)
제63조【의료시설 지정에 따른 진료의 위탁 등】 ① 진료대상자는 거주하는 시(특별시·광역시·특별자치시 및 특별자치도를 포함한다)·군에 보훈병원 및 법 제42조제2항에 따라 진료를 위탁받은 민간 의료기관(이하 "위탁병원"이라 한다)이 없는 경우(보훈병원 및 위탁병원에 해당 진료과목이 없는 경우를 포함한다)에는 국가보훈부장관에게 보훈병원 또는 위탁병원 외의 의료시설을 지정하여 진료의 위탁을 요청할 수 있다. 다만, 「의료법」 제3조의4에 따른 상급종합병원은 진료의 위탁을 요청할 수 있는 의료시설에서 제외한다.
② 제1항에 따라 요청을 받은 국가보훈부장관은 진료의 위탁 여부를 지체 없이 진료대상자에게 알려야 한다.
③ 진료대상자는 국가보훈부령으로 정하는 응급증상이 발생한 경우 제1항에도 불구하고 「의료법」 제3조에 따른 의료기관에서 제62조제1항제1호에 따른 응급진료를 받을 수 있으며, 본인이나 보호자 등은 국가보훈부령으로 정하는 부득이한 사유가 없는 한 입원한 날부터 14일 이내에 국가보훈부장관에게 통보하여야 한다.
④ 보훈병원의 장은 진료대상자를 진단한 결과 폐결핵, 한센병 또는 정신질환 등 국가보훈부령으로 정하는 특수질환자로 판명된 때에는 국가보훈부장관과 협의하여 해당 특수질환자 전문의료시설에 전원(轉院)시킬 수 있다.
⑤ 법 제42조제2항에 따른 위탁병원에의 위탁 기준과 제1항 및 제2항에 따른 진료 위탁의 구체적인 기준·절차 등에 관하여 필요한 사항은 국가보훈부장관이 정한다.
(2023.5.23 본조개정)
제63조의2【진료비용의 본인부담액 등】 ① 법 제42조제4항에서 "대통령령으로 정하는 상이등급"이란 상이등급 6급을 말한다.
② 법 제42조제4항 및 이 조 제1항에 따라 상이등급이 7급인 진료대상자가 그 상이처 외의 질병(부상을 포함한다. 이하 제64조의2에서 같다)에 걸려 진료를 받는 경우에는 국가보훈부령으로 정하는 바에 따라 진료비용 중 본인이 부담하게 될 비용의 100분의 10을 부담한다. 다만, 응급증상이 발생하여 제62조제1항제1호에 따른 응급진료를 받는 경우에는 국가가 비용 전액을 부담한다.
(2023.9.26 본문개정)
(2023.9.26 본조제목개정)
(2012.6.27 본조신설)
제64조【진료비용의 감면】 ① 보훈병원의 장은 법 제42조제5항 각 호의 어느 하나에 해당하는 사람을 진료한 경우에는 국가보훈부령으로 정하는 바에 따라 진료비용을 면제하거나 해당 비용의 100분의 60 범위에서 감액할 수 있다.(2023.9.26 본항개정)
② 법 제42조제7항 각 호 외의 부분 후단에 따른 진료비용의 감면은 「국민건강보험법 시행령」 별표2의 요양급여비용 중 본인이 부담할 비용의 부담률 및 부담액에 따라 법 제42조제7항 각 호의 어느 하나에 해당하는 사람 본인이 부담하게 될 비용(「국민건강보험법 시행령」 별표2 제1호다목에 따른 약제비용은 제외한다)의 100분의 60으로 한다.(2023.9.26 본항개정)
③ 제2항에도 불구하고 법 제42조제7항 각 호의 어느 하나에 해당하는 사람 본인이 「국민건강보험법 시행령」 별표2 제6호에 따라 요양급여비용을 부담하게 되는 경우에는 법 제42조제7항 각 호 외의 부분 후단에 따른 진료비용의 감면을 하지 않는다.(2023.9.26 본항개정)
④ 국가보훈부장관은 법 제42조제7항 각 호 외의 부분 후단에 따라 진료비용의 감면을 받을 사람이 같은 항 제3호 후단에 따른 국가유공자의 부모인 경우에는 다음 각 호의 순서에 따라 1명을 감면 대상자로 지정한다.
(2023.9.26 본문개정)
1. 국가유공자의 부모가 협의에 의하여 1명을 정한 경우에는 그 사람
2. 제1호에 해당하는 사람이 없는 경우에는 장애여부, 질환유무, 생활수준 등을 종합적으로 고려하여 의료지원이 더 필요하다고 인정되는 사람. 이 경우 구체적인 지정 기준은 국가보훈부장관이 정한다.(2023.5.23 후단개정)
(2019.12.24 본항신설)
⑤ 제4항제1호에 따른 협의의 경우 국가유공자의 부모는 감면대상 1명을 정하여 국가보훈부령으로 정하는 선순위 유족 지정협의서에 부모 모두의 서명을 하고 인감증명서를 첨부하여 국가보훈부장관에게 제출해야 한다. 다만, 국가유공자의 부모 중 1명이 외국에 거주 중인 경우 등 선순위 유족 지정협의서에 직접 서명할 수 없거나 관련 서류를 제출할 수 없는 부득이한 사정이 있는 경우에는 선순위 유족을 정한 사실을 나타내는 「공증인법」에 따른 공정증서를 제출하는 것으로 서명 및 관련 서류의 제출을 갈음할 수 있다.(2023.5.23 본문개정)
⑥ 법 제42조의2 후단에 따른 진료비용의 감면은 법 제42조제5항 각 호에 해당하는 사람 본인이 부담하게 될 비용의 100분의 60 범위에서 국가보훈부령으로 정한다.
(2023.9.26 본항개정)
(2023.9.26 본조제목개정)
제64조의2【약제비용의 부담】 ① 국가는 법 제42조제1항·제2항·제5항·제7항 또는 법 제42조의2에 따라 국가유공자와 그 유족 및 가족이 다음 각 호의 구분에 따라 진료를 받고 해당 의사 또는 치과의사가 발행한 처방전으로 「약사법」 제20조에 따라 등록된 약국에서 의약품을 조제받는 경우에는 해당 호에서 정하는 바에 따라 그 약제비용(「국민건강보험법 시행령」 별표2 제1호다목에 따른 비용을 말한다. 이하 이 조에서 같다)을 부담하거나 지급한다.(2023.9.26 본문개정)
1. 진료대상자가 법 제42조제1항 또는 제2항에 따른 의료시설(보훈병원을 포함한다) 및 위탁병원에서 진료받은 경우 : 전액 부담. 다만, 상이등급이 7급인 진료대상자가 그 상이처 외의 질병에 걸려 진료를 받는 경우에는 제63조의2제2항 본문에 따른 본인 부담분은 제외한다.
(2023.9.26 단서신설)
2. 국가유공자(진료대상자는 제외한다)가 다음 각 목의 의료기관에서 진료받은 경우 : 해당 목에 따라 부담 또는 지급
가. 법 제42조제5항에 따른 보훈병원 및 법 제42조의2에 따른 의료기관 : 감면비율(진료비용의 감면비율과 같은 비율로 한다. 이하 이 항에서 같다)에 따른 금액을 부담(2023.9.26 본목개정)
나. 법 제42조제7항 각 호 외의 부분 전단에 따른 의료기관(법 제42조제7항제1호 또는 제2호에 해당하는 사람으로 한정한다) : 국가보훈부장관이 정하여 고시하는 1인당 연간 지급 금액의 한도에서 감면비율에 따른 금액을 지급. 다만, 「국민건강보험법 시행령」 별표2 제6호에 따라 요양급여비용을 부담하게 되는 경우에는 약제비용을 지급하지 않는다.(2023.9.26 단서신설)
3. 국가유공자의 유족 또는 가족으로서 법 제42조제5항제2호 또는 제3호에 해당하는 사람이 법 제42조제5항에 따른 보훈병원 및 법 제42조의2에 따른 의료기관에서 진료받은 경우 : 감면비율에 따른 금액을 부담
(2022.5.9 본항개정)
② 제1항에 따라 국가가 부담하는 비용은 「한국보훈복지의료공단법」에 따른 한국보훈복지의료공단(이하 "한국보훈복지의료공단"이라 한다)의 예산에 계상(計上)하여 지급한다.
③ 제1항제2호나목 본문에 따라 약제비용을 지급받으려는 사람은 국가보훈부령으로 정하는 약제비용 지급 신청서와 첨부서류를 국가보훈부장관에게 제출해야 한다.
(2023.9.26 본항개정)
(2021.10.19 본조개정)
제64조의3【의료지원 등의 방법 및 범위 등】 이 절에서 규정한 사항 외에 국가유공자와 그 유족 등에 대한 진료, 진료비용 또는 약제비용 지원의 방법·범위 등 의료지원에 필요한 사항은 국가보훈부령으로 정한다.(2023.9.26 본조개정)

제2절 보철구 및 의학적 재활
(2012.6.27 본조제목개정)

제65조 (2012.6.27 삭제)
제66조【보철구】 ① 보철구는 진료대상자의 신체기능장애나 활동력이 상실된 부분을 보충·정형 또는 보완하여 주는 장구로서 그 종류별 사용연한은 국가보훈부장관이 정한다.
② 제1항의 보철구의 제작, 그 밖의 필요한 사항은 국가보훈부장관이 정한다.
(2023.5.23 본조개정)
제67조【보철구의 지급】 ① 국가보훈부장관은 법 제43조의2에 따라 보철구가 필요한 사람에게 국가보훈부장관이 정하는 기준에 따라 보철구를 지급한다.
② 제1항에 따라 보철구를 지급받은 사람이 보철구의 마모(磨耗) 또는 고장으로 수리를 받으려는 경우에는 국가보훈부장관에게 수리를 요구할 수 있다.
(2023.5.23 본조개정)
제67조의2【심리재활서비스의 지원 내용 및 방법】 ① 법 제44조의2제1항에 따라 국가보훈부장관이 지원하는 심리재활서비스(이하 이 조에서 "심리재활서비스"라 한다)의 내용은 다음 각 호와 같다.(2023.5.23 본문개정)
1. 심리상담 및 심리검사
2. 「정신건강증진 및 정신질환자 복지서비스 지원에 관한 법률」 제3조제4호의 정신건강증진시설로의 진료 등 이용 연계
3. 정신건강증진을 위한 교육
4. 그 밖에 심리적 안정과 사회 적응을 위하여 필요하다고 인정하여 국가보훈부령으로 정하는 서비스
(2023.5.23 본호개정)
② 심리재활서비스를 지원받으려는 사람은 국가보훈부령으로 정하는 바에 따라 국가보훈부장관에게 신청해야 한다.(2023.5.23 본항개정)
(2021.10.19 본조신설)

제6장 대 부
(2009.8.13 본장개정)

제68조【대부금의 이율】 법 제51조에 따른 대부금의 이율은 법 제49조 각 호에 따른 대부의 종류별로 연리(年利) 1퍼센트부터 5퍼센트까지의 범위에서 매년 12월 31일까지 국가보훈부장관이 정하여 고시한다. 다만, 다음 각 호의 어느 하나에 해당하는 대부금의 이율은 연리 1퍼센트 이하로 정하여 고시한다.(2023.5.23 본문개정)
1. 법 제56조제2항 및 제5항에 따라 담보로 제공된 부동산(이하 "담보재산"이라 한다)에 대하여 저당권을 실행하는 경우 그 저당권 실행기간 중의 미상환대부금에 대한 이율
2. 담보재산에 대한 저당권 실행 결과 미상환대부금이 있는 경우 그 미상환대부금에 대한 이율
3. 법 제56조제5항에 따라 보훈급여금(생활조정수당 및 사망일시금은 제외한다) 또는 그 밖의 담보를 제공하거나 보증인을 세우고 대부를 받은 자에게 대부금반환청구소송을 제기한 경우 그 소송기간 중의 미상환대부금에 대한 이율(2012.6.27 본호개정)
4. 천재지변·재해·생계곤란·질병 또는 이에 준하는 사유로 대부금의 상환기간을 연장하는 경우 상환유예 기간 중의 미상환대부금에 대한 이율(2018.4.30 본호개정)
제69조【대부의 신청 등】 ① 법 제52조제1항에 따라 대부를 받으려는 자는 국가보훈부령으로 정하는 대부 신청서를 국가보훈부장관에게 제출하여야 하며, 주택대부의 경우에는 신청서에 무주택증명서류를 첨부하여야 한다.
② 국가보훈부장관은 제1항에 따른 신청서를 받으면 25일 이내에 법 제52조제2항에 따른 대부결정기준에 따라 대부여부를 결정하고 그 결과를 신청인에게 알려야 한다.
③ 대부신청인이 제2항에 따라 대부예정자로 통지를 받으면 대부금지급 신청서에 국가보훈부령으로 정하는 서류를 첨부하여 국가보훈부장관에게 제출하여야 한다.
④ 국가보훈부장관은 법 제47조에 따른 대부 대상자(이하 "대부대상자"라 한다) 중 생활안정대부를 받으려는 자에 대해서는 제1항부터 제3항까지에 규정된 절차에 갈음하여 대부금 지급 신청만으로 대부를 행할 수 있다.
(2023.5.23 본조개정)
제70조【대부금의 상환기간】 법 제53조제1항에 따른 대부종류별 대부금의 상환기간은 다음 각 호와 같다. 다만, 국가보훈부장관이 필요하다고 인정하는 경우에는 대부종류별로 그 기간을 조정할 수 있다.(2023.5.23 단서개정)
1. 농토구입대부 : 3년 거치 후 12년
2. 주택대부
가. 주택구입대부, 대지구입대부 및 주택신축대부 : 20년
나. 주택개량대부 및 주택임차대부 : 7년
3. 사업대부 : 10년
4. 생활안정대부 : 5년
제71조【상환기간의 연장신청】 ① 법 제53조제2항에 따라 대부금의 상환기간을 연장받으려는 자는 대부금상환기간 연장신청서에 국가보훈부령으로 정하는 서류를 첨부하여 국가보훈부장관에게 제출하여야 한다.
② 국가보훈부장관은 제1항에 따른 신청서를 받으면 지체 없이 그 연장 여부를 결정하고, 그 결과를 신청인에게 알려야 한다.
(2023.5.23 본조개정)
제72조【대부금의 일시 상환 등】 국가보훈부장관은 대부를 받은 자가 대부금을 그 목적 외의 용도에 사용하였을 때에는 법 제53조제3항에 따라 미상환 대부원리금을 일시에 상환하게 하여야 한다. 다만, 생계곤란 등의 사유로 일시 상환이 곤란하다고 인정되는 경우에는 3년의 범위에서 분할 상환하게 할 수 있다.(2023.5.23 본문개정)
제73조【대부 원금의 상환 지연에 따른 이자율】 ① 법 제53조에 따라 대부금을 상환하여야 할 자가 그 상환을 지연하는 경우에는 상환이 지연된 대부원금에 대하여 연체이자를 징수할 수 있다. 이 경우 연체이자율은 매년 1월 1일 현재 은행이 적용하는 대출금 연체이자율 중 가장 낮은 연체이자율의 한도에서 국가보훈부장관이 정한다.
(2023.5.23 후단개정)

② 제1항 전단에도 불구하고 제72조에 따라 대부금을 일시 상환 또는 분할 상환하는 경우에 그 상환이 지연된 대부원금 중 처음 대부계약상의 상환기한이 도래하지 아니한 대부원금의 경우에는 연체이자를 징수하지 아니한다.

제74조【주택의 분양가격 등】 ① 법 제54조제1항에 따라 건축한 주택의 대상자별 분양가격 및 임대료는 다음 각 호와 같다.

1. 대부대상자에 대한 분양가격 및 임대료
 주택의 건축과 부대시설 및 복리시설의 설치에 든 비용 등을 고려하여 국가보훈부장관이 정하는 금액
2. 대부대상자 외의 자에 대한 분양가격 및 임대료
 제1호의 분양가격 및 임대료와 인근주택의 분양가격 및 임대료를 고려하여 국가보훈부장관이 정하는 금액

(2023.5.23 1호~2호개정)

② 제1항에 따른 주택의 분양, 임대절차, 분양금, 임대료의 납부방법, 그 밖에 필요한 사항은 국가보훈부장관이 정한다.(2023.5.23 본항개정)

제75조【보조금의 지급】 ① 농토구입대부 또는 주택대부(대지구입대부와 주택개량대부는 제외한다)를 받는 자로서 다음 각 호의 어느 하나에 해당하는 자에게는 법 제55조에 따라 보조금을 지급할 수 있다.

1. 천재지변·재해 또는 이에 준하는 사유로 농토·주택 등이 유실되거나 훼손된 자
2. 생계가 극히 곤란하여 대부금만으로 대부의 목적 달성이 곤란한 자

② 제1항에 따른 보조금을 받으려는 자는 국가보훈부령으로 정하는 보조금 지급 신청서에 사업계획서 및 피해 상황 확인서(제1항제1호의 경우에만 해당한다)를 첨부하여 국가보훈부장관에게 제출하여야 한다.(2023.5.23 본항개정)

③ 국가보훈부장관은 제2항의 신청서를 받으면 30일 이내에 보조금 지급 여부를 결정하고, 그 결과를 신청인에게 알려야 한다.(2023.5.23 본항개정)

제76조【감정원의 임명 등】 ① 국가보훈부장관은 담보재산, 대부대상자를 위하여 건축한 주택이나 그 건축을 목적으로 확보한 대지와 법 제61조제1항에 따라 매수한 담보재산의 평가를 하게 하기 위하여 소속 공무원 중에서 감정원을 임명한다.

② 제1항에 따른 감정원의 자격, 감정가격의 결정기준, 그 밖에 필요한 사항은 국가보훈부장관이 정한다.

(2023.5.23 본조개정)

제77조 (2008.9.26 삭제)

제78조【담보재산의 대체】 ① 법 제56조제7항이나 제8항에 따라 담보재산을 대체하려는 자는 담보재산 대체신청서에 국가보훈부령으로 정하는 서류를 첨부하여 국가보훈부장관에게 제출하여야 한다.(2023.5.23 본항개정)

② 국가보훈부장관은 제1항에 따른 신청서를 받으면 5일 이내에 그 승인 여부를 결정하고, 그 결과를 신청인에게 알려야 한다.(2023.5.23 본항개정)

③ 대부금으로 취득한 농토 또는 주택의 매각이 불가피하여 매각하고 동일한 용도의 부동산을 매입하게 되어 제2항의 담보재산의 대체승인을 받은 자는 대체하여야 할 담보재산에 대하여 법 제56조제2항에 따른 담보제공 절차를 밟아야 한다.

④ 국가보훈부장관은 제3항에 따른 절차가 완료되었을 때에는 처음에 담보로 제공된 재산에 대하여 법 제56조제9항에 따른 저당권말소등의 절차를 밟아야 한다.

(2023.5.23 본항개정)

제79조 (2009.8.13 삭제)

제80조【채무의 인수】 ① 경락인인 대부대상자가 경매에 부쳐진 다른 대부대상자의 담보재산에 대한 매수대금의 납입에 갈음하여 담보재산에 대한 대부금의 상환채무를 인수하려면 법 제60조제1항에 따라 채무인수승인 신청서를 국가보훈부장관에게 제출하여야 한다.

② 국가보훈부장관은 제1항에 따른 신청서를 받으면 그 승인 여부를 결정하고 그 결과를 신청인에게 알려야 한다.

(2023.5.23 본조개정)

제81조【담보재산의 매수가격등】 ① 법 제61조제1항에 따라 경매에 부쳐진 담보재산을 매수하는 경우의 매수가격은 시가(時價)를 기준으로 하여 그 담보재산에 대한 채권액의 한도에서 국가보훈부장관이 정하는 가격으로 한다.

② 제1항에 따라 매수한 재산을 처분하는 경우의 처분가격은 처분 당시의 시가를 기준으로 하여 국가보훈부장관이 정하는 가격으로 한다.

③ 국가보훈부장관은 제1항 및 제2항의 가격을 결정할 때 필요하다고 인정하는 경우에는 공인된 감정평가 기관에 그 평가를 의뢰할 수 있다.

(2023.5.23 본조개정)

제82조【매수재산의 처분 등】 ① 국가보훈부장관은 법 제61조에 따라 경매에 부쳐진 담보재산을 매수한 경우 그 매수재산을 처분 시까지 임대하거나 그 처분 또는 임대 시까지 관리인을 두어 관리하게 할 수 있다. 이 경우 예산의 범위에서 관리인에게 보수와 관리재산의 유지·보존에 필요한 경비를 지급할 수 있다.(2023.5.23 전단개정)

② 제1항에 따른 매수재산의 처분은 일반경쟁입찰로 한다. 다만, 제1항에 따라 임대한 매수재산을 그 임대를 받은 자에게 처분하는 경우에는 수의계약(隨意契約)으로 할 수 있다.

③ 매수재산의 처분대금은 일시에 전액을 납부하게 하여야 한다. 다만, 대부대상자에게 매수재산을 처분하는 경우에는 연 5퍼센트의 범위에서 국가보훈부장관이 정하는 이자를 더하여 5년 이내에 분할 납부하게 할 수 있다.

(2023.5.23 단서개정)

제83조【대부의 승계신고】 대부를 받은 자가 사망한 경우에 그 재산상속인이 법 제62조제2항에 따라 대부에 관한 채무 승계의 신고를 할 때에는 상속개시일로부터 3개월 이내에 채무승계신고서에 국가보훈부령으로 정하는 서류를 첨부하여 국가보훈부장관에게 제출하여야 한다.

(2023.5.23 본조개정)

제84조【납입의 고지】 국가보훈부장관은 대부원리금과 매수재산의 처분대금 등을 납입하게 하려면 그 대상자에게 납입고지를 하여야 한다. 이 경우 국가보훈부장관은 기일 내에 납입을 하지 아니하는 자에 대해서는 지체 없이 납입독촉고지를 하여야 한다.(2023.5.23 본조개정)

제7장 그 밖의 지원

(2008.9.26 본장제목개정)

제84조의2【부양능력이 없는 경우】 법 제63조 전단 및 제64조 본문에서 "대통령령으로 정하는 부양능력이 없는 경우"란 각각 다음 각 호의 어느 하나에 해당하는 경우를 말한다.(2016.6.21 본문개정)

1. 부양의무자가 별표2의 장애인장애구분표에 해당하는 심신장애가 있는 경우
2. 부양의무자가 현역병(지원에 의하지 아니한 부사관 및 상근예비역으로 소집된 자, 「병역법」 제2조제1항제10호 또는 제17호의2에 따른 사회복무요원 또는 대체복무요원으로 소집된 자, 같은 법 제25조에 따라 전환복무된 사람을 포함한다)으로서 의무복무 기간 중에 있거나 1년 이상 행방불명인 경우(2020.8.4 본호개정)
3. 부양의무자가 취학·생계곤란 등의 사유로 인하여 국가보훈부장관이 부양능력이 없다고 인정하는 경우

(2023.5.23 본호개정)

(2009.8.13 본조개정)

제84조의3【요양지원에 대한 보조금 지급대상 및 보조비율 등】 ① 법 제63조의2제1항에 따른 요양지원에 대한 보조금 지급대상 및 보조비율은 별표9의2와 같다.

② 법 제63조의2제1항 각 호에 해당하는 사람이 같은 조 제2항에 따라 요양지원에 대한 보조금 지급을 신청하려는 경우에는 요양지원 보조금 지급 신청서에 국가보훈부령으로 정하는 서류를 첨부하여 국가보훈부장관에게 제출하여야 한다.(2023.5.23 본항개정)

③ 제1항 및 제2항에서 규정한 사항 외에 요양지원 보조에 필요한 사항은 국가보훈부장관이 정한다.(2023.5.23 본항개정)

(2012.6.27 본조신설)

제85조【수송시설의 이용대상 등】 ① 다음 각 호의 어느 하나에 해당하는 자는 국가·지방자치단체 또는 제3항에 따른 공공기관의 수송시설을 무료로 이용하게 한다. 다만, 거짓이나 그 밖의 부정한 방법으로 수송시설을 이용하거나 타인에게 이용하게 한 자에 대해서는 3년간 그 이용을 정지할 수 있다.

1. 법 제66조에 규정된 국가유공자
2. 상이등급 1급에 해당하는 전상군경, 공상군경, 4·19혁명부상자, 공상공무원 및 특별공로상이자를 직접 보호하여 수송시설을 이용하는 자 1명

② 제1항에 따라 무료로 이용할 수 있는 국가·지방자치단체 또는 제3항에 따른 공공기관의 수송시설의 종류와 그 밖에 수송시설의 이용에 필요한 사항은 국가보훈부장관이 해당 국가기관·지방자치단체 또는 공공기관의 장과 협의하여 정한다.(2023.5.23 본항개정)

③ 법 제66조제1항에서 "대통령령으로 정하는 공공기관"이란 「한국철도공사법」 제2조에 따른 한국철도공사와 「도시철도법」 제2조제4호에 따른 도시철도사업을 위하여 「지방공기업법」에 따라 설립된 지방공사인 도시철도공사를 말한다.(2020.8.4 본항개정)

(2009.8.13 본조개정)

제86조【고궁 등의 이용지원】 ① 다음 각 호의 어느 하나에 해당하는 사람에게는 법 제67조에 따라 국가나 지방자치단체가 관리하는 고궁이나 공원 등의 시설을 무료 또는 할인된 요금으로 이용하게 하여야 한다.

(2016.6.21 본문개정)

1. 국가유공자와 그 배우자
2. 국가유공자의 유족 중 제8조에 따른 선순위자. 이 경우 선순위자가 국가유공자의 부 또는 모인 때에는 선순위자가 아닌 모 또는 부를 포함한다.
3. 국가유공자 중 애국지사와 상이등급 1급·2급 또는 3급에 해당하는 사람의 활동을 보조하는 사람 1명

(2016.6.21 본호개정)

② 제1항 각 호의 어느 하나에 해당하는 사람이 무료 또는 할인된 요금으로 이용할 수 있는 시설의 종류와 감면율은 별표10과 같다.(2016.6.21 본항개정)

③ 제1항제1호 및 제2호에 해당하는 사람이 고궁이나 공원 등의 시설을 무료 또는 할인된 요금으로 이용하려는 경우 제101조제1항에 따른 국가보훈등록증(모바일 국가보훈등록증을 포함한다)을 해당 시설의 관리인에게 내보여야 한다.(2023.5.23 본항개정)

(2009.8.13 본조개정)

제87조【주택의 우선 공급】 ① 국가, 지방자치단체 또는 「주택법」 제54조에 따라 민영주택을 건설·공급하는 사업주체(이하 이 조에서 "주택공급자"라 한다)가 건설·공급하는 주택을 법 제68조제1항 또는 제2항에 따라 국가유공자와 그 유족 중 대부대상자(이하 이 조에서 "주택우선공급대상자"라 한다)에게 우선 공급하는 경우 구체적인 절차 및 방법은 「주택법」에서 정하는 바에 따른다.

(2020.8.4 본항개정)

② 국가보훈부장관은 주택공급자가 제1항에서 정하는 바에 따라 주택우선공급대상자에게 주택을 우선 공급하는 경우 법 제68조제3항 전단에 따른 신청자 중에서 무주택기간, 생활수준, 희생·공헌도 등을 고려하여 국가보훈부장관이 정하는 기준에 따라 주택 공급 물량에 맞게 대상자를 선정하여 주택공급자에게 추천하여야 한다.

(2023.5.23 본항개정)

제88조 (2006.2.16 삭제)

제88조의2 (2021.10.19 삭제)

제88조의3【생업지원】 ① 법 제68조의2제1항 후단에 따른 공공단체의 범위는 다음 각 호의 어느 하나에 해당하는 경우로 한다.

1. 공공기관
2. 「지방공기업법」 제49조에 따른 지방공사와 같은 법 제76조에 따른 지방공단
3. 특별법에 따라 설립된 법인

② (2013.10.30 삭제)

③ 국가, 지방자치단체 및 제1항에 따른 기관이 법 제68조의2제1항에 따라 소관 공공시설에서의 매점의 운영이나 자동판매기의 설치를 국가유공자와 그 유족 등에게 허가하기 위하여 「국유재산법」 제31조제1항 단서 또는 「공유재산 및 물품 관리법」 제20조제2항 단서에 따라 소관 행정재산의 사용·수익을 허가하려는 경우에는 「국유재산법 시행령」 제27조제3항 또는 「공유재산 및 물품 관리법 시행령」 제13조제3항에 따른 수의계약으로 사용·수익자를 결정할 수 있다.(2013.10.30 본항신설)

(2013.10.30 본조제목개정)

(2008.9.26 본조신설)

제88조의4【자활용사촌의 지정】 ① 국가보훈부장관은 법 제4조제1항제4호 및 제6호에 해당하는 전상군경 및 공상군경 중 상이등급 1급에 해당하는 자(이하 "전·공상군경 1급 중상이자"라 한다)의 자활을 촉진하기 위하여 전·공상군경 1급 중상이자 20명 이상이 동일한 행정구역(「지방자치법」에 따른 동 또는 리를 말한다)에 마을 단위로 거주하고 있는 경우 그 마을을 자활용사촌(自活勇士村)으로 지정하여 행정상·재정상의 지원할 수 있다.

② 제1항에 따른 자활용사촌의 지정 및 지원에 필요한 사항은 국가보훈부장관이 정한다.

(2023.5.23 본조개정)

제88조의5【연수교육 업무의 위탁】 국가보훈부장관은 법 제69조제2항에 따라 같은 조 제1항에 따른 연수교육에 관한 업무를 한국보훈복지의료공단에 위탁한다.

(2023.5.23 본조개정)

제8장 국가유공자에 준하는 군경 등에 대한 지원

(2009.8.13 본장개정)

제89조~제93조의2 (1998.8.21 삭제)

제94조【상이등급의 구분】 법 제73조에 따라 공상군경에 준하여 보상을 받을 수 있는 6·18자유상이자의 상이등급은 법 제6조의4 및 이 영 제14조제1항의 상이등급으로 한다.

제94조의2【의료지원 대상이 되는 상이등급의 판정을 받지 못한 사람】 법 제73조의2에 따른 의료지원을 받을 수 있는 사람은 법 제6조의3에 따라 국가보훈부장관이 실시하는 신체검사에서 상이등급의 판정을 받지 못하여 다음 각 호의 어느 하나에 해당되지 못한 사람으로 한다.

(2023.5.23 본문개정)

1. 법 제4조제1항제4호에 따른 전상군경
2. 법 제4조제1항제6호에 따른 공상군경
3. 법 제4조제1항제12호에 따른 4·19혁명부상자
4. 법 제4조제1항제15호에 따른 공상공무원
5. 법 제4조제1항제17호에 따른 특별공로상이자
6. 법 제73조 각 호의 어느 하나에 해당하는 6·18자유상이자
7. 법 제74조제1항에 따라 전상군경 또는 공상군경으로 보아 보상을 받는 사람

(2016.11.29 본조신설)

제94조의3 (2012.6.27 삭제)

제94조의4【향토방위대원·애국단체원 등】 법 제74조제1항제3호에 따른 보상대상이 되는 동원된 자, 청년단원·향토방위대원·소방관·의용소방관·학도병, 그 밖의 애국단체원은 법 제4조제1항제3호부터 제6호까지의 규정에 따른 군인이나 경찰공무원이 아닌 자로서 군부대나 경찰관서의 장에 의하여 전투 또는 이에 준하는 행위를 위하여 동원·징발 또는 채용된 자로 한다.

제8장의2 보훈심사위원회

(2012.6.27 본장신설)

제94조의5【보훈심사위원회 회의의 구성 및 운영】 ① 보훈심사위원회의 회의는 위원장·상임위원 및 위원장이 회의마다 지정하는 위원을 포함하여 총 11명의 위원으로 구성한다.

② 보훈심사위원회의 회의는 제1항에 따른 구성원 과반수의 출석과 출석위원 과반수의 찬성으로 의결한다.
③ 보훈심사위원회의 회의는 필요한 경우 인터넷 등 정보통신망을 활용한 사이버 공간에서의 회의(이하 "전자회의"라 한다)로 개최할 수 있다.(2020.12.1 본항신설)
(2020.12.1 본조제목개정)
제94조의6【위원장의 직무】 ① 보훈심사위원회의 위원장(이하 "위원장"이라 한다)은 보훈심사위원회를 대표하고, 보훈심사위원회의 사무를 총괄하며, 소속 공무원을 지휘·감독한다.
② 위원장이 부득이한 사유로 그 직무를 수행할 수 없을 때에는 상임위원 중 호선(互選)에 의하여 선임된 위원이 그 직무를 대행한다.
③ 위원장은 보훈심사위원회의 원활한 운영을 위하여 필요하다고 인정할 때에는 특정 위원에게 미리 지정한 안건을 검토하여 보훈심사위원회에 보고하게 할 수 있다.
④ 위원장은 보훈심사위원회의 회의를 소집하고 그 의장이 된다.
제94조의7【분과위원회의 설치 등】 ① 법 제74조의7에 따라 보훈심사위원회에 6개의 분과위원회를 둔다. 이 경우 위원장은 국가유공자의 적용대상 또는 상이·질병 등의 의학적 분류를 고려하여 분과위원회의 전문분야를 구분할 수 있다.
② 각 분과위원회의 회의는 상임위원 1명과 위원장이 회의마다 지정하는 위원을 포함하여 총 7명의 위원으로 구성한다.
③ 분과위원회의 위원장(이하 "분과위원장"이라 한다)은 위원장이 지정하는 상임위원 또는 비상임위원이 되고, 분과위원회의 사무를 총괄한다.
④ 분과위원장은 분과위원회의 회의를 소집하고 그 의장이 된다.
⑤ 분과위원회의 회의는 제2항에 따른 구성원 과반수의 출석과 출석위원 과반수의 찬성으로 의결한다.
⑥ 분과위원회의 회의는 필요한 경우 전자회의로 개최할 수 있다.(2020.12.1 본항신설)
제94조의8【전문위원회 구성·운영 등】 ① 법 제74조의7제3항에 따른 전문위원회는 위원장 1명을 포함한 7명의 위원으로 구성하고, 위원은 다음 각 호의 어느 하나에 해당하는 사람 중에서 위원장이 임명하거나 위촉한다.
1. 보훈심사위원회의 위원
2. 법 제74조의5제1항제14호에 따른 업무에 관하여 학식과 경험이 풍부한 사람
② 전문위원회의 위원장(이하 "전문위원장"이라 한다)은 제1항에 따른 위원 중에서 위원장이 지정한다.
③ 전문위원장은 전문위원회의 회의를 소집하고 그 의장이 된다.
제94조의9【자료의 제출 등을 요구받는 사람】 법 제74조의8제1항제8호에서 "대통령령으로 정하는 사람"이란 신청인을 진료한 의사 등 법 제74조의5제1항 각 호의 사항에 대한 심의·의결과 직접 관련된 관계인을 말한다.
제94조의10【간사】 ① 보훈심사위원회 및 분과위원회의 사무 처리를 위하여 보훈심사위원회 및 분과위원회에 각각 간사 1명을 둔다.
② 간사는 위원장이 소속 공무원 중에서 지정한다.
제94조의11【위원의 수당 등】 ① 보훈심사위원회, 분과위원회 또는 전문위원회에 출석하거나 안건을 검토한 비상임위원 또는 외부 전문가에게는 예산의 범위에서 출석수당, 안건검토수당 및 여비 등을 지급할 수 있다.
② 분과위원장 및 전문위원장으로서 회의를 주재한 비상임위원에게는 예산의 범위에서 회의운영수당을 추가로 지급할 수 있다.
제94조의12【국민참여단의 구성】 ① 법 제74조의19제2항에 따른 참여단(이하 "국민참여단"이라 한다)은 100명 이내의 단원으로 구성한다.
② 국민참여단의 단원(이하 "단원"이라 한다)은 국가보훈에 관한 지식과 관심이 있는 성년인 사람 중에서 위원장이 위촉하는 사람이 된다.
③ 단원의 임기는 2년으로 하며, 한 차례만 연임할 수 있다.
④ 위원장은 단원이 다음 각 호의 어느 하나에 해당하는 경우에는 해당 단원을 해촉(解囑)할 수 있다.
1. 심신장애로 직무를 수행할 수 없게 된 경우
2. 국민참여단의 업무와 관련된 비위사실이 있는 경우
3. 국민참여단 업무의 수행 과정에서 알게 된 비밀을 누설하는 경우
4. 제94조의13제1항에 따라 보훈심사위원회 심의 과정에 참여할 단원으로 선정되었음에도 정당한 사유 없이 해당 심의 과정에 참여하지 않은 경우
5. 제94조의13제3항을 위반하여 보훈심사위원회의 심의 과정에 참여한 경우
6. 품위손상이나 그 밖의 사유로 단원으로 적합하지 않다고 인정되는 경우
7. 단원 스스로 국민참여단의 업무를 수행하기 어렵다는 의사를 밝히는 경우
(2021.10.19 본조신설)
제94조의13【국민참여단의 운영】 ① 위원장은 법 제74조의5제1항 각 호의 사항에 관한 보훈심사위원회의 심의 과정에 5명 이상 9명 이하의 단원을 선정하여 참여하게 할 수 있다.
② 위원장은 단원이 다음 각 호의 어느 하나에 해당하는 경우에는 보훈심사위원회의 심의 과정에 참여하는 단원으로 선정해서는 안 된다.
1. 단원 또는 그 배우자나 배우자였던 사람이 심의 안건의 당사자가 되거나 그 안건의 당사자와 공동권리자 또는 공동의무자인 경우
2. 단원이 심의 안건의 당사자와 친족이거나 친족이었던 경우
3. 단원이 심의 안건에 관하여 증언, 진술, 자문, 연구, 용역 또는 감정을 한 경우
4. 단원이나 단원이 속한 법인·단체 등이 심의 안건 당사자의 대리인이거나 대리인이었던 경우
③ 단원은 제2항 각 호의 어느 하나에 해당하는 경우에는 보훈심사위원회에 그 사실을 알리고 보훈심사위원회의 심의 과정에 참여하지 않아야 한다.
④ 제1항에 따라 보훈심사위원회의 심의 과정에 참여한 단원에게는 예산의 범위에서 수당 및 교통비를 지급할 수 있다.
(2021.10.19 본조신설)
제94조의14【운영세칙】 제94조의5부터 제94조의13까지에서 규정한 사항 외에 보훈심사위원회, 분과위원회, 전문위원회 및 국민참여단의 운영에 필요한 사항은 보훈심사위원회의 의결을 거쳐 위원장이 정한다.
(2021.10.19 본조개정)

제9장 보 칙
(2009.8.13 본장개정)

제95조【보훈급여금등의 환수】 ① 국가보훈부장관은 법 제75조제1항에 따라 보훈급여금등과 그 이자(이하 "환수금"이라 한다)를 환수하는 처분(이하 이 조에서 "환수처분"이라 한다)을 하는 경우에는 그 보훈급여금등을 받은 사람(상속인을 포함하며, 법 제76조에 따라 보훈급여금등의 반환의무가 면제된 사람은 제외한다. 이하 이 조에서 "납부의무자"라 한다)에게 환수금 반납고지서를 보내야 한다. 이 경우 납부의무자는 환수금 반납고지서를 받은 날부터 30일 이내에 환수금을 내야 한다.
② 법 제75조제1항 각 호 외의 부분 본문에서 "대통령령으로 정하는 이자"란 보훈급여금등에 제1호의 이자율과 제2호의 기간을 곱하여 산정한 금액을 말한다.
1. 이자율 : 「국세기본법 시행령」 제43조의3제2항 본문에 따른 이자율
2. 기간 : 보훈급여금등을 받은 날이 속하는 달부터 환수처분의 통지를 한 날이 속하는 달의 직전 달까지의 개월 수. 다만, 환수처분의 통지 전에 보훈급여금등을 반환하는 경우에는 보훈급여금등을 받은 날이 속하는 달부터 이를 모두 반환한 날이 속하는 달의 직전 달까지의 개월 수로 한다.
③ 법 제75조제1항 각 호 외의 부분 단서에 따른 상속으로 받은 재산의 한도는 「국세기본법 시행령」 제11조제1항에 따라 산정한다.
④ 법 제75조제2항에 따른 연체금(이하 이 조에서 "연체금"이라 한다)은 환수금 납부기한(이 조 제5항에 따라 분할납부하는 경우에는 각 분할납부기한을 말하며, 제7항에 따라 분할납부 결정을 취소한 경우 그 취소 전에 분할납부기한이 도래하지 않은 분할납부금은 분할납부 취소일을 말한다) 다음 날부터 그 환수금을 모두 낸 날의 전날까지의 기간에 대하여 체납된 보훈급여금등에 연 100분의 5에 해당하는 이자율을 곱하여 산정한 금액으로 한다. 이 경우 연체금을 징수하는 기간은 60개월을 초과하지 못한다.
⑤ 납부의무자는 환수금을 분할납부하려는 경우에는 제1항 후단에 따른 납부기한까지 국가보훈부령으로 정하는 바에 따라 환수금 분할납부 신청서를 국가보훈부장관에게 제출해야 한다. 이 경우 국가보훈부장관은 환수금을 분할납부하게 하는 경우에는 그 결정을 한 날이 속하는 달의 다음 달부터 다음 각 호의 구분에 따른 횟수의 범위에서 매월 분할납부하게 할 수 있다.
1. 반납해야 할 금액이 1천만원 미만인 경우 : 20회
2. 반납해야 할 금액이 1천만원 이상 2천만원 미만인 경우 : 40회
3. 반납해야 할 금액이 2천만원 이상인 경우 : 60회
⑥ 제5항에 따른 분할납부의 경우 그 이자 및 회당 분할납부금은 다음 각 호와 같다. 다만, 법 제75조제1항제3호에 해당하는 경우로서 국가보훈부장관의 착오나 누락으로 처음부터 보훈급여금등이 잘못 지급된 경우에는 분할납부에 따른 이자를 면제한다.
1. 분할납부 이자 : 분할납부 기간 동안 내야 할 보훈급여금등에 제2항제1호에 따른 이자율을 곱하여 산정
2. 회당 분할납부금 : 분할납부 횟수에 따라 환수금과 제1호의 분할납부 이자를 똑같이 나눈 금액
⑦ 국가보훈부장관은 납부의무자가 분할납부금을 연속하여 3회 이상 내지 않은 경우(일부를 내지 않은 경우를 포함한다)에는 분할납부 결정을 취소하고, 남은 환수금과 그 때까지 발생한 분할납부에 따른 이자 및 연체금을 한꺼번에 환수할 수 있다.
(2023.6.13 본조개정)
제96조【결손처분】 국가보훈부장관은 보훈급여금등을 반납할 자가 행방불명이거나 재산이 없거나, 그 밖에 불가피한 사유로 그 환수가 불가능하여 반납금의 결손처분을 하려는 때에는 보훈심사위원회의 의결을 거쳐야 한다.
(2023.5.23 본조개정)
제97조【보훈급여금등의 반환의무의 면제사유】 ① 법 제76조에 따라 보훈급여금등의 반환의무를 면제받을 수 있는 경우는 다음 각 호의 어느 하나에 해당하는 경우로 한다.
1. 전공사상자로 통보되었던 사람의 계급·군번·성명·등록기준지·사상일자 및 사상지역 등이 군기록 또는 경찰기록의 통보내용과 다른 경우(2023.6.13 본호개정)
2. 전공사상자로 통보되었던 자의 사망구분과 전역구분이 비전공사상자로 정정통보된 경우
3. 전공사상자로 통보되었던 자가 살아 돌아오거나 살아 있음이 확인된 경우
4. 전공사상자로 통보되었던 자의 전공사상을 군기록이나 경찰기록상 확인할 수 없는 경우
5. 그 밖에 법에 따라 보상을 받은 자가 그에게 책임이 없는 사유로 국가유공자 등의 등록요건에 해당되지 아니한 것으로 확인된 경우
② 국가보훈부장관은 제1항의 보훈급여금등의 반환의무 면제사유가 발생되면 지체 없이 그 사실을 조사·확인하여야 하며, 그 반환의무를 면제하려는 경우에는 보훈심사위원회의 의결을 거쳐야 한다.(2023.5.23 본항개정)
제97조의2【자료의 제공 요청】 국가보훈부장관이 법 제77조제1항에 따라 관계 기관의 장에게 요청할 수 있는 자료 또는 정보의 구체적인 범위는 별표10의2와 같다.
(2023.5.23 본조개정)
제98조【품위손상행위 등】 ① 법 제78조제1항 및 제79조제1항제5호에서 "대통령령으로 정하는 품위손상행위"란 각각 다음 각 호의 어느 하나에 해당하는 행위를 말한다.(2012.6.27 본문개정)
1. 국가유공자가 그 신분을 이용하여 부당한 혜택을 강요하거나 알선하는 행위
2. 폭행·협박, 기물파손 또는 그 밖의 방법으로 부당하게 공무집행을 방해하는 행위(2012.6.27 본호개정)
② 법 제78조제2항에 따른 "대통령령으로 정하는 죄"란 「형법」에 규정한 죄를 말한다. 다만, 과실에 의한 경우는 제외한다.
③ (2006.3.10 삭제)
제99조【보상정지대상자 등의 결정】 ① 보훈심사위원회는 다음 각 호의 어느 하나에 해당하는 사항에 관하여 의결하려는 경우에는 해당자를 출석하게 하여 그 의견을 들어야 한다. 이 경우 해당자가 문서로 의견을 제출하면 출석한 것으로 보고, 정당한 사유 없이 지정한 일시(日時)에 보훈심사위원회에 출석하지 아니할 때에는 의견이 없는 것으로 본다.(2014.11.11 후단개정)
1. 법 제78조제1항에 따른 보상의 정지
2. 법 제79조제1항제5호에 따른 법 적용 대상으로부터의 배제(2012.6.27 본호개정)
3. 법 제79조제3항에 따른 법 적용 대상으로부터의 배제된 자에 대한 법 적용 대상자로의 등록 결정
② 위원장은 제1항에 관한 사항을 심의·의결한 때에는 지체 없이 그 결과를 국가보훈부장관에게 통보하여야 한다.(2023.5.23 본항개정)
③ 국가보훈부장관은 제2항에 따른 결과통보를 받으면 20일 이내에 제1항 각 호의 사항에 관한 결정을 하고, 그 결과를 본인에게 알려야 한다.(2023.5.23 본항개정)
제100조【장애인에의 준용】 법 제5조제5항·제6항, 제12조제2항 및 제15조의2제3항에 따른 장애인에 대해서는 제1장제2절(제13조제2항은 제외한다)을 준용하여 신체검사를 할 수 있다.(2023.6.13 본조개정)
제101조【국가보훈등록증의 발급 등】 ① 국가보훈부장관은 다음 각 호의 어느 하나에 해당하는 사람에게 국가보훈등록증(모바일 국가보훈등록증을 포함한다. 이하 같다)을 발급한다. 이 경우 선순위 유족이 제1호에 따른 국가유공자나 제2호에 따른 국가유공자에 준하는 군경·공무원으로 등록된 사람의 부 또는 모인 경우에는 선순위 유족이 아닌 모 또는 부에게도 국가보훈등록증을 발급한다.
1. 법 제6조제3항에 따라 등록된 국가유공자나 선순위 유족
2. 「국가유공자 등 예우 및 지원에 관한 법률」(법률 제11041호로 개정되기 전의 것을 말한다) 제73조의2에 따라 국가유공자에 준하는 군경·공무원으로 등록된 사람(법률 제11041호 국가유공자 등 예우 및 지원에 관한 법률 일부개정법률 부칙 제12조제2항에 따라 국가유공자에 준하는 군경·공무원으로 등록된 사람을 포함한다)이나 선순위 유족
② 제1항에 따라 국가보훈등록증을 발급받은 사람은 다음 각 호의 어느 하나에 해당하는 경우에는 국가보훈부장관에게 국가보훈등록증의 재발급을 신청할 수 있다.
1. 국가보훈등록증을 잃어버리거나 국가보훈등록증이 훼손되어 사용할 수 없게 된 경우
2. 법 제4조제1항 각 호에 따른 적용 대상 국가유공자의 구분이 변경 또는 추가된 경우
3. 성명, 생년월일 등 국가보훈등록증의 기재사항 중 국가보훈부령으로 정하는 사항이 변경된 경우
③ 국가보훈부장관은 국가보훈등록증의 발급·재발급·관리 및 진위확인 등을 위하여 정보시스템을 구축·운영할 수 있다. 이 경우 모바일 국가보훈등록증의 발급·재발급·관리 및 진위확인을 위하여 「전자정부법 시행령」 제12조제4항에 따른 신원 확인에 공통적으로 적용되는 운영기반을 이용할 수 있다.
④ 국가보훈부장관은 다음 각 호의 어느 하나에 해당하는 사람의 신청이 있는 경우에는 그 사람이 해당 호에 따른 사람임을 확인하는 서류를 발급할 수 있다.

1. 제1항제1호에 따른 국가유공자나 그 유족 또는 가족
2. 제1항제2호에 따른 국가유공자에 준하는 군경·공무원으로 등록된 사람이나 그 유족 또는 가족

⑤ 제1항부터 제4항까지에서 규정한 사항 외에 국가보훈등록증의 발급 및 재발급 등에 필요한 사항은 국가보훈부령으로 정한다.
(2023.5.23 본조개정)

제101조의2【포상금의 지급절차 등】 ① 법 제82조의7 제1항 각 호의 어느 하나에 해당하는 부정행위자(이하 "부정행위자"라 한다)를 신고하려는 사람은 부정행위 신고서에 국가보훈부령으로 정하는 서류를 첨부하여 국가보훈부장관에게 신고하여야 한다.
② 제1항에 따른 신고를 받은 국가보훈부장관은 부정행위자와 관련된 사실 관계를 조사하고, 그 결과를 부정행위자를 신고한 사람에게 통지하여야 한다.
③ 부정행위자를 신고한 사람이 포상금을 지급받으려면 제2항에 따른 통지를 받은 후 포상금 지급 신청서에 국가보훈부령으로 정하는 서류를 첨부하여 국가보훈부장관에게 포상금의 지급을 신청하여야 한다.
④ 국가보훈부장관은 특별한 사정이 있는 경우를 제외하고는 포상금 지급 신청일부터 30일 이내에 포상금을 지급하여야 한다.
(2023.5.23 본조개정)

제101조의3【포상금의 지급기준】 ① 법 제82조의7제1항에 따른 포상금은 1건당 300만원의 범위에서 다음 각 호의 구분에 따라 지급한다.
1. 부정수급액이 500만원 이상인 경우 : 부정수급액의 100분의 10에 해당하는 금액
2. 부정수급액이 500만원 미만이거나 없는 경우 : 50만원

② 제1항에 따라 지급하는 포상금의 1인당 연간(1월 1일부터 12월 31일까지를 말한다) 지급 한도는 1,500만원으로 한다.
(2016.11.29 본조개정)

제101조의4【신고의 경합 시 포상금의 지급방법】 ① 하나의 부정행위에 대하여 2명 이상이 공동으로 신고한 경우에는 포상금을 균등하게 배분하여 지급한다. 다만, 포상금을 지급받을 사람이 배분방법에 관하여 미리 합의하여 포상금의 지급을 신청하는 경우에는 그 합의된 방법에 따라 지급한다.
② 하나의 부정행위에 대하여 2건 이상의 신고가 접수된 경우에는 최초로 신고한 사람에게 포상금을 지급한다.
(2012.6.27 본조개정)

제101조의5【포상금의 지급제한】 다음 각 호의 어느 하나에 해당하는 경우에는 포상금을 지급하지 아니할 수 있다.
1. 신고받은 부정행위의 내용이 언론 매체에 이미 공개된 내용이거나 이미 조사 또는 수사 중인 경우
2. 부정행위를 신고한 사람이 국가보훈부 소속 공무원 또는 직원인 경우(2023.5.23 본호개정)
3. 법 제82조의7제1항제2호에 대한 신고의 경우에는 권리소멸일이 속하는 달의 말일부터 3개월이 지나지 아니한 경우
4. 그 밖에 포상금을 지급하지 아니하는 것이 타당하다고 국가보훈부장관이 인정하는 경우(2023.5.23 본호개정)
(2012.6.27 본조개정)

제101조의6~제101조의8 (2012.6.27 삭제)

제102조【권한 등의 위임·위탁】 ① 국가보훈부장관은 법 제83조제1항에 따라 다음 각 호(제12호부터 제15호까지, 제17호, 제20호 및 제21호는 제외한다)의 사항에 관한 권한을 주소지를 관할하는 지방보훈청장 또는 보훈지청장(주소지가 제주특별자치도인 경우에는 제주특별자치도지사를 말한다)에게 위임하고, 제12호부터 제17호까지, 제20호 및 제21호의 사항에 관한 권한을 교육기관의 소재지를 관할하는 지방보훈청장 또는 보훈지청장(교육기관의 소재지가 제주특별자치도인 경우에는 제주특별자치도지사를 말한다)에게 위임한다. 다만, 제주특별자치도지사에게 위임하는 경우에는 다음 각 호의 사항에 관한 권한 중 「제주특별자치도 설치 및 국제자유도시 조성을 위한 특별법」 제342조에 따라 제주특별자치도지사에게 이양된 권한은 제외한다.(2023.5.23 본문개정)
1. 법 제6조에 따른 등록 및 결정
2. 법 제6조의2에 따른 신상 변동신고와 이에 따른 조치
3. 법 제6조의3에 따른 신체검사의 신청 접수, 신체검사의 의뢰, 상이등급 판정의 결과 통지 등 신체검사에 관한 사무
4. 법 제6조의5에 따른 상이의 추가인정
5. 법 제9조제4항에 따라 보상을 받을 권리가 소멸되는 자의 판정 및 같은 조 제5항에 따른 통보 접수
6. 법 제12조제1항부터 제3항까지의 규정에 따른 보상금의 지급
7. 법 제13조제2항 및 이 영 제24조제1항·제24조의2·제24조의3에 따른 보상금수급자 지정서의 접수, 국가유공자 부양 또는 양육 사실 증명 서류의 접수 및 보상금 등 분할 지급신청서의 접수(2019.12.24 본호개정)
8. 법 제14조에 따른 생활조정수당의 지급, 법 제14조의2부터 제14조의4까지의 규정에 따른 생활조정수당 지급 신청의 접수, 지급대상자 결정을 위한 조사·질문 및 금융정보등의 제공 요청
9. 다음 각 목의 어느 하나에 해당하는 보훈급여금의 지급
가. 법 제15조제1항·제15조의2제1항·제16조제1항·제16조의2제1항·제16조의3제1항 및 제16조의4제1항에 따른 간호수당, 부양가족수당, 중상이부가수당, 무공영예수당, 6·25전몰군경자녀수당 및 4·19혁명공로수당
나. 법 제17조제1항부터 제3항까지의 규정에 따른 사망일시금
다. 법 제18조에 따른 미지급 보훈급여금
(2018.3.27 본호개정)

9의2. 법 제20조에 따른 보훈급여금의 지급정지 결정(2018.3.27 본호신설)
10. 제32조의3에 따른 보훈급여금등의 지급대상자 확인 및 제33조에 따른 대리수령인의 지정
11. 법 제22조에 따른 교육지원 신청의 접수 및 교육지원 대상자 결정
12. 제36조제1항에 따른 입학 희망 교육지원 대상자 확인
13. 제36조제2항에 따른 입학지원자 명부 작성 및 제출
14. 제40조에 따른 교육지원 대상자 명부 통보의 접수(2022.5.9 본호개정)
15. 제41조에 따른 전학 희망 교육지원 대상자 확인
16. 제42조제4항에 따른 교육지원 대상자 증명서 발급 및 같은 조 제5항에 따른 대학수업료등 면제대상자 증명서 발급
17. 제42조제6항 및 제7항에 따른 사립 대학등의 보조금 지급 신청 접수, 지급 여부 결정·통보 및 자료 제출 요청(2022.5.9 본호개정)
18. 법 제25조제4항 및 이 영 제42조의2에 따른 수업료등 지급 신청의 접수, 지원 여부 결정 및 자료 제출 요청(2022.5.9 본호개정)
19. 법 제25조의2 및 이 영 제42조의3에 따른 보조금 신청의 접수 및 보조금 지급
20. 법 제26조에 따른 학습보조비 지급
21. 제44조에 따른 취학사항 변동 통지서 접수
22. 법 제31조 및 이 영 제49조에 따른 취업지원 대상자 증명서 발급
23. 법 제31조의2에 따른 취업지원 신청의 접수
24. 법 제32조에 따른 취업지원 대상자의 추천
25. 법 제33조에 따른 국가기관등의 일반직공무원등의 정원과 채용에 관한 통보 수리, 국가기관등에 대한 채용실태 확인·점검, 시정 또는 보완요구 및 그 결과의 통보 수리(2014.4.28 본호개정)
26. 법 제33조의3제1항 및 제2항에 따른 업체등의 신고 수리, 업체등의 실태파악을 위한 소속 공무원의 설명 요구와 관련 자료의 제출 요구에 관한 지시
27. 법 제34조에 따른 취업지원 대상자의 추천, 업체등에 대한 고용 명령 및 취업지원 대상자에 대한 취업통지
28. 법 제34조의2에 따른 취업지원의 제한
29. 법 제36조제2항 및 제3항에 따른 시정요구 및 결과통보의 수리
30. 법 제37조에 따른 취업사실 등의 통보의 수리
31. 법 제38조제1항 및 제2항에 따른 직업재활훈련의 실시 및 직업능력개발훈련대상자의 추천
32. 법 제39조제1항 및 이 영 제61조의4에 따른 취업능력개발 장려금의 지급, 취업능력개발 비용의 지원 및 직업능력개발훈련시설 등에 대한 자료의 제출 요청
33. 법 제42조제2항·제7항 및 이 영 제63조·제64조제5항·제64조의2제3항에 따른 진료의 위탁, 응급진료 사실의 통보 접수, 선순위 유족 지정협의서의 접수 및 약제비용 지급 신청서의 접수(2022.5.9 본호개정)
34. 법 제43조의2에 따른 보철구의 지급
35. 법 제50조제2항에 따른 대부금의 결정(금융거래 등 상거래에서 약정한 기일 내에 채무를 변제하지 아니한 자로서 금융위원회가 정하는 자에 대한 권한만 해당한다. 이하 제36호부터 제41호까지에서 같다)
36. 법 제52조제1항 및 제2항에 따른 대부신청의 수리 및 대부
37. 법 제55조 및 이 영 제75조에 따른 보조금 지급 신청의 접수 및 보조금의 지급
38. 법 제56조제1항부터 제3항까지, 제5항, 제7항 및 제8항에 따른 지급보증서의 교부, 담보취득, 보증인 입보(立保), 그 밖의 담보 취득 및 담보재산의 대체승인
39. 법 제59조에 따른 대부원리금 등 상계
40. 제76조에 따른 감정원의 임명
41. 법 제62조제2항에 따른 채무승계 신고의 수리
42. 법 제63조의2에 따른 요양지원에 대한 보조금 지급 신청의 접수 및 보조금의 지급

42의2. 법 제63조의3제1항 및 제2항에 따른 보훈재가복지서비스의 제공 및 보훈재가복지서비스 신청의 접수(2022.5.9 본호신설)
43. 법 제74조의10에 따른 재심의 요구
44. 법 제74조의18에 따른 이의신청의 접수 및 결과 통보
45. 법 제75조에 따른 보훈급여금등·이자의 환수, 연체금의 징수, 국세강제징수의 예에 따른 징수 및 결손처분(2023.6.13 본호개정)
46. 법 제76조에 따른 반환의무의 면제
47. 법 제78조 및 이 영 제99조에 따른 보상의 정지 및 결과 통보
48. 법 제79조제1항부터 제4항까지의 규정에 따른 법 적용 대상으로부터의 배제 및 배제자의 재등록, 같은 조 제5항에 따른 범죄경력의 확인 요구
49. 법 제82조의6에 따른 관계기관 등에 대한 협조 요청

49의2. 제101조제1항 및 제2항에 따른 국가보훈등록증의 발급·재발급, 같은 조 제3항 후단에 따른 운영기반의 이용(2023.5.23 본호개정)

49의3. 제101조제4항에 따른 확인 서류의 발급(2023.5.23 본호신설)
50. 법 제82조의7에 따른 포상금의 지급
51. 법 제86조에 따른 과태료의 부과·징수
52. 제95조제5항 및 제7항에 따른 환수금의 분할납부 결정 및 그 취소(2023.6.13 본호신설)
(2012.6.27 본항개정)

② (1999.12.31 삭제)
③ 국가보훈부장관은 법 제65조에 따라 법 제63조 및 제64조에 따른 양로지원 및 양육지원에 관한 권한을 한국보훈복지의료공단의 이사장에게 위탁한다.(2023.5.23 본항개정)
④ 국가보훈부장관은 법 제83조제2항에 따라 법 제11조에 따른 보훈급여금, 법 제26조에 따른 학습보조비 및 이 영 제64조의2제1항제2호나목에 따른 약제비용의 지급에 관한 업무를 체신관서와 은행에 위탁한다.(2023.5.23 본항개정)
⑤ 국가보훈부장관은 법 제83조제2항에 따라 법 제46조부터 제56조까지 및 제59조부터 제62조까지의 규정에 따른 대부업무 수행에 관한 사무(금융거래 등 상거래에서 약정한 기일 내에 채무를 변제하지 아니한 자로서 금융위원회가 정하는 자에 대한 대부업무 수행에 관한 사무는 제외한다)를 「은행법」 제2조제1항제2호에 따른 은행에 위탁한다.(2023.5.23 본항개정)
⑥ 국가보훈부장관은 법 제83조제3항에 따라 법 제6조의3제2항 각 호에 따른 신체검사에 관한 사무(제1항제1호에 따라 관할 지방보훈청장 또는 보훈지청장에게 위임된 사무는 제외한다)를 보훈병원의 장에게 위탁한다. 이 경우 국가보훈부장관은 신체검사에 드는 비용의 전부 또는 일부를 예산의 범위에서 보조할 수 있다.(2023.5.23 본항개정)
(2022.5.9 본조제목개정)

제102조의2【민감정보 및 고유식별정보의 처리】 ① 국가보훈부장관(보훈심사위원회와 국가보훈부장관의 권한을 위임·재위임 또는 위탁받은 자를 포함한다)은 다음 각 호의 사무를 수행하기 위하여 불가피한 경우 「개인정보 보호법」 제23조에 따른 건강에 관한 정보와 같은 법 시행령 제19조제1호, 제2호 또는 제4호에 따른 주민등록번호, 여권번호 또는 외국인등록번호가 포함된 자료를 처리할 수 있다.(2023.5.23 본문개정)
1. 법 제6조, 제6조의3 및 제6조의5에 따른 등록 및 결정 등에 관한 사무
2. 법 제6조의2에 따른 변동신고에 관한 사무
3. (2012.6.27 삭제)
4. 법 및 이 영에 따른 국가유공자 및 국가유공자에 준하는 군경 등과 그 유족 또는 가족에 대한 예우 및 지원에 관한 사무
5. 법 및 이 영에 따른 보훈심사위원회 구성 및 운영 등에 관한 사무
6. (2015.12.30 삭제)
7. 법 제75조 및 제76조에 따른 보훈급여금 등의 환수 및 반환의무의 면제에 관한 사무
8. 법 제78조에 따른 보상 정지에 관한 사무
9. 법 제79조에 따른 법 적용 대상으로부터의 배제에 관한 사무
10. 제1호, 제2호 및 제6호부터 제9호까지의 규정에 따른 사무를 수행하기 위하여 필요한 사무(2012.6.27 본호개정)

② 지방자치단체의 장(해당 권한이 위임·위탁된 경우에는 그 권한을 위임·위탁받은 자를 포함한다)은 법 및 이 영에 따른 국가유공자 및 국가유공자에 준하는 군경 등과 그 유족 또는 가족에 대한 예우 및 지원에 관한 사무를 수행하기 위하여 불가피한 경우 「개인정보 보호법 시행령」 제19조제1호에 따른 주민등록번호가 포함된 자료를 처리할 수 있다.(2014.8.6 본항신설)
③ 「전자정부법 시행령」 제89조제2항에 따라 신원 확인을 위한 운영기반의 운영업무를 위탁받은 기관은 이 영 제101조제3항 후단에 따른 모바일 국가보훈등록증의 발급·재발급·관리 및 진위확인을 위한 운영기반의 이용에 관한 사무를 수행하기 위하여 불가피한 경우에는 「개인정보 보호법」 제23조에 따른 건강에 관한 정보가 포함된 자료를 처리할 수 있다.(2023.5.23 본항신설)
(2012.1.6 본조신설)

제102조의3【규제의 재검토】 국가보훈부장관은 제58조에 따른 취업지원의 제한에 대하여 2014년 1월 1일을 기준으로 3년마다(매 3년이 되는 해의 1월 1일 전까지를 말한다) 그 타당성을 검토하여 개선 등의 조치를 해야 한다.
(2023.5.23 본조개정)

제103조【과태료의 부과기준】 법 제86조제1항 및 제2항에 따른 과태료의 부과기준은 별표11과 같다.
(2016.6.21 본조개정)

제104조 (2009.8.13 삭제)

부 칙 (2012.6.27)

제1조【시행일】 이 영은 2012년 7월 1일부터 시행한다.

제2조【국가유공자 등의 요건 심사에 대한 특례】 이 영 시행 당시 종전의 규정에 따라 국가유공자 등의 요건에 해당하는 것으로 보훈심사위원회에서 심의·의결된 사람 중 신규신체검사나 재심신체검사에서 상이등급의 판정을 받지 못한 사람이 이 영 시행 후 다시 국가유공자

등으로 등록 신청하는 경우에는 제16조제2항에도 불구하고 제10조제1항에 따라 보훈심사위원회의 심의·의결을 거쳐야 한다.

제3조【수당 지급에 관한 적용례】 제23조, 제26조, 제26조의2, 제26조의3, 별표4의2, 별표5의2 및 별표5의3의 개정규정은 이 영 시행 후 등록 신청하여 국가유공자(법률 제11041호 국가유공자 등 예우 및 지원에 관한 법률 일부개정법률 부칙 제3조에 따라 상이등급에 해당하는 신체의 장애를 입은 것으로 판정된 사람을 포함한다), 그 유족 또는 가족으로 등록된 사람부터 적용한다.

제4조【등록에 관한 경과조치】 ① 이 영 시행 당시 종전의 규정에 따라 국가유공자, 법률 제11041호 국가유공자 등 예우 및 지원에 관한 법률 일부개정법률로 개정되기 전의 법(이하 "종전의 법"이라 한다) 제73조의2에 해당하는 사람, 그 유족 또는 가족으로 등록된 사람에 대해서는 제3조 및 별표1의 개정규정에도 불구하고 이 영에 따라 등록된 것으로 본다.

② 이 영 시행 당시 종전의 규정에 따라 국가유공자, 종전의 법 제73조의2에 해당하는 사람, 그 유족 또는 가족이 되기 위하여 등록신청을 한 사람에 대해서는 제3조 및 별표1의 개정규정에도 불구하고 종전의 규정에 따른다.

제5조【신체검사에 관한 경과조치】 이 영 시행 당시 종전의 규정에 따라 신체검사를 신청한 사람 또는 국가보훈처장이 직권으로 신체검사를 실시하기로 한 사람에 대한 상이등급의 판정에 관하여는 제14조제1항, 제19조제1항 및 별표3의 개정규정에도 불구하고 종전의 규정에 따른다.

제6조【상이등급 판정에 관한 경과조치】 이 영 시행 당시 종전의 규정에 따라 상이등급을 판정받은 사람으로서 상이정도에 변동이 없음에도 불구하고 별표3의 개정규정에 따라 상이등급이 하락하는 사람은 종전의 규정에 따른다.

제7조【생활조정수당 신청에 관한 경과조치】 이 영 시행 당시 종전의 규정에 따라 생활조정수당을 받고 있는 사람은 제25조, 제25조의2 및 제25조의3의 개정규정에 따라 생활조정수당을 신청하여 결정된 것으로 본다.

제8조【보훈특별고용 횟수 제한에 관한 경과조치】 이 영 시행 당시 종전의 규정에 따라 국가유공자, 종전의 법 제73조의2에 해당하는 사람으로 등록(이 영 시행 전에 등록 신청을 하여 이 영 시행 후에 등록된 경우를 포함한다)된 사람, 그 유족 또는 가족으로 등록된 사람에 대한 보훈특별고용 횟수 제한에 관하여는 제58조제2항의 개정규정에도 불구하고 종전의 규정에 따른다.

제9조【보상금 지급에 관한 경과조치】 ① 이 영 시행 당시 등록(이 영 시행 전에 등록 신청을 하여 이 영 시행 후에 등록되는 경우를 포함하되, 법률 제11041호 국가유공자 등 예우 및 지원에 관한 법률 일부개정법률 부칙 제3조에 따라 상이등급에 해당하는 신체의 장애를 입은 것으로 판정된 경우는 제외한다)된 다음 각 호의 어느 하나에 해당하는 사람의 유족에 대해서는 제20조 및 별표4의 개정규정에도 불구하고 별표4 제3호나목에 따른 보상금을 지급한다.

1. 종전의 법 제4조제1항제3호나목 또는 같은 항 제5호나목에 해당하는 전몰군경, 순직군경 및 종전의 법 제73조의2에 해당하는 사람
2. 상이등급 6급에 해당하는 전상군경, 공상군경, 4·19혁명부상자, 특별공로상이자 및 종전의 법 제73조의2에 해당하는 사람. 이 경우 해당 상이가 원인이 되어 사망한 사람만 해당한다.

② 이 영 시행 당시 등록(이 영 시행 전에 등록 신청을 하여 이 영 시행 후에 등록되는 경우를 포함하되, 법률 제11041호 국가유공자 등 예우 및 지원에 관한 법률 일부개정법률 부칙 제3조에 따라 상이등급에 해당하는 신체의 장애를 입은 것으로 판정된 경우는 제외한다)된 다음 각 호의 어느 하나에 해당하는 사람의 유족에 대해서는 제20조 및 별표4의 개정규정에도 불구하고 별표4 제3호다목에 따른 보상금을 지급한다.

1. 상이등급 6급에 해당하는 전상군경, 공상군경, 4·19혁명부상자, 특별공로상이자 및 종전의 법 제73조의2에 해당하는 사람. 이 경우 해당 상이 외의 원인으로 사망한 사람만 해당한다.
2. 상이등급 7급에 해당하는 전상군경, 공상군경, 4·19혁명부상자, 특별공로상이자 및 종전의 법 제73조의2에 해당하는 사람. 이 경우 해당 상이가 원인이 되어 사망한 사람만 해당한다.

제10조【수당 지급에 관한 경과조치】 ① 이 영 시행 당시 등록(이 영 시행 전에 등록 신청하여 이 영 시행 후에 등록되는 경우를 포함하되, 법률 제11041호 국가유공자 등 예우 및 지원에 관한 법률 일부개정법률 부칙 제3조에 따라 상이등급에 해당하는 신체의 장애를 입은 것으로 판정된 경우는 제외한다)된 국가유공자, 종전의 법 제73조의2에 해당하는 사람 및 그 유족 또는 가족에 대해서는 제23조 및 별표4의2의 개정규정에도 불구하고 다음 표의 지급 구분에 따라 수당을 지급한다.

구 분	지급 대상	월지급액(천원)
1. 고령수당	가. 법 제12조제1항제1호에 해당되는 사람(4·19혁명공로자는 제외한다) 및 같은 항 제2호에 해당하는 재일학도의용군인 중 60세 이상인 사람	97
	나. 법 제12조제1항제2호, 제3호 및 제4호(상이등급 7급에 해당하는 전상군경, 공상군경, 4·19혁명 부상자 및 특별공로상이자가 그 상이가 원인이 되어 사망한 경우 유족 중 선순위자 1명을 포함한다. 이하 이 표에서 같다)에 해당하는 유족 중 60세 이상인 배우자	149
	다. 법 제12조제1항제2호, 제3호 및 제4호에 해당하는 유족 중 60세 이상인 부모 또는 조부모	97
2. 무의탁수당	가. 법 제12조제1항제1호(4·19혁명근로자는 제외한다)에 해당되는 사람 및 같은 항 제2호에 해당하는 재일학도의용군인 중 60세 이상인 사람으로서 24세 이상 60세 미만의 자녀가 없는 사람	
	1) 5급	274
	2) 6급 1항	274
	3) 6급 2항 및 7급	274
	4) 재일학도의용군인	274
	나. 법 제12조제1항제2호·제3호 및 제4호에 해당하는 유족 중 배우자	
	1) 60세 이상인 남자로서 24세 이상 60세 미만의 자녀가 없는 사람	274
	2) 55세 이상 또는 장애인인 여자로서 24세 이상 60세 미만의 자녀가 없는 사람	274
	다. 법 제12조제1항제2호, 제3호 및 제4호에 해당하는 유족 중 부모 또는 조부모	
	1) 60세 이상인 사람으로서 24세 이상 60세 미만의 직계비속이 없는 사람	274
	2) 55세 이상 60세 미만인 편모 또는 55세 미만의 장애인인 편모로서 24세 이상 60세 미만의 직계비속이 없는 사람	274
3. 무의탁 부모 부양수당	법 제12조제1항제2호·제3호 및 제4호에 해당하는 유족 중 배우자로서 국가유공자의 직계존속(24세 이상 60세 미만의 직계비속이 없는 사람만 해당한다)을 부양하는 사람	149
4. 독자사망수당	법 제12조제1항제2호·제3호에 해당하는 유족 중 부모로서 자녀의 전사·순직으로 인하여 자녀가 없게 된 사람	274
5. 2명 이상 사망수당	법 제12조제1항제2호부터 제4호까지의 어느 하나에 해당하는 유족이 국가유공자의 배우자 또는 부모인 경우로서 다음 각 목의 사망자가 2명 이상인 경우 해당 유족인 배우자 또는 부모 가. 법 제12조제1항제2호 또는 제3호의 어느 하나에 해당하는 사망자 나. 종전의 「국가유공자 등 예우 및 지원에 관한 법률 시행령」(대통령령 제23885호로 개정되기 전의 것을 말한다) 제20조제1항 본문 및 같은 조 제2항에 해당하는 사망자 다. 「보훈보상대상자 지원에 관한 법률」 제11조제1항제2호의 재해사망군경과 같은 항 제3호의 재해부상군경 중 상이등급 6급 이상으로 판정된 사망자	1) 사망자가 2명인 경우 : 274 2) 사망자가 3명 이상인 경우 : 1)의 금액에 2명을 초과하는 1명당 27만4천원을 추가하여 지급한다.
6. 전상수당	법 제12조제1항제1호에 해당하는 사람 중 전상군경	90
7. 미성년자녀(제매) 양육수당	가. 법 제12조제1항제2호, 제3호 및 제4호에 해당하는 유족 중 배우자로서	
	1) 미성년 자녀를 1명 양육하고 있는 경우	50
	2) 미성년 자녀를 2명 양육하고 있는 경우	185
	3) 미성년 자녀가 3명 이상인 경우에는 2)의 지급액에서 추가되는 1명당 18만5천원씩 가산하여 지급한다.	
	나. 법 제12조제1항제2호, 제3호 및 제4호에 해당하는 유족 중 자녀로서	
	1) 미성년 제매가 1명인 경우	100
	2) 미성년 제매가 2명인 경우	370
	3) 미성년 제매가 3명 이상인 경우에는 2)의 지급액에서 추가되는 1명당 37만원씩 가산하여 지급한다.	

비고
1. 제1호부터 제5호까지 및 「보훈보상대상자 지원에 관한 법률 시행령」 제9조제2호의 수당 중 둘 이상의 수당 지급사유에 해당하는 경우에는 그 중 월 지급액이 많은 수당을 선택하게 하여 지급한다.
2. 제2호 및 제3호의 수당 지급대상자로서 24세 이상 60세 미만의 자녀나 직계비속이 있는 경우에도 그 자녀나 직계비속이 별표2의 장애인정애구분표에 해당하는 심신장애가 있거나 현역병(지원에 의하지 않은 부사관, 상근예비역으로 소집된 사람, 「병역법」 제24조 및 제25조에 따른 전투경찰순경등과 「병역법」 제26조제1항제1호 및 제2호에 따른 공익근무요원으로 소집된 사람에 해당하는 자를 포함한다)으로서 의무복무기간 중에 있는 경우에는 24세 이상 60세 미만인 자녀나 직계비속이 없는 것으로 본다.

(2024.1.12 본항개정)

② (2024.1.12 삭제)

제11조【보상금 지급정지에 관한 경과조치】 ① 이 영 시행 당시 등록(이 영 시행 전에 등록 신청을 하여 이 영 시행 후에 등록되는 경우를 포함하되, 법률 제11041호 국가유공자 등 예우 및 지원에 관한 법률 일부개정법률 부칙 제3조에 따라 상이등급에 해당하는 신체의 장애를 입은 것으로 판정된 경우는 제외한다)된 다음 각 호의 어느 하나에 해당하는 사람의 유족에게 지급이 정지되는 보상금의 금액은 별표6의2의 개정규정에도 불구하고 별표6의2 제2호나목에 따른다.

1. 종전의 법 제4조제1항3호나목에 또는 같은 항 제5호나목에 해당하는 전몰군경, 순직군경 및 종전의 법 제73조의2에 해당하는 사람
2. 상이등급 6급에 해당하는 전상군경, 공상군경, 4·19혁명부상자, 특별공로상이자 및 종전의 법 제73조의2에 해당하는 사람. 이 경우 해당 상이가 원인이 되어 사망한 사람만 해당한다.

② 이 영 시행 당시 등록(이 영 시행 전에 등록 신청을 하여 이 영 시행 후에 등록되는 경우를 포함하되, 법률 제11041호 국가유공자 등 예우 및 지원에 관한 법률 일부개정법률 부칙 제3조에 따라 상이등급에 해당하는 신체의 장애를 입은 것으로 판정된 경우는 제외한다)된 다음 각 호의 어느 하나에 해당하는 사람의 유족에게 지급이 정지되는 보상금의 금액은 별표6의2의 개정규정에도 불구하고 별표6의2 제2호다목에 따른다.

1. 상이등급 6급에 해당하는 종전의 법 제73조의2에 해당하는 사람. 이 경우 해당 상이가 아닌 원인으로 사망한 사람만 해당한다.
2. 상이등급 7급에 해당하는 전상군경, 공상군경, 4·19혁명부상자, 특별공로상이자의 및 종전의 법 제73조의2에 해당하는 사람. 이 경우 해당 상이가 원인이 되어 사망한 사람만 해당한다.

제12조【국가유공자에 준하는 군경 등의 보상 및 지원에 관한 경과조치】 이 영 시행 당시 종전의 법 제73조의2에 해당하는 사람으로 등록(이 영 시행 전에 등록 신청하여 이 영 시행 후에 등록되는 경우를 포함한다)된 사람의 보훈급여금(부칙 제9조부터 제11조까지에서 규정한 사항은 제외한다), 교육지원, 취업지원, 의료지원, 대부 및 보상정지대상자 등의 결정 등에 관하여는 제94조의2의 개정규정에도 불구하고 종전의 규정에 따른다.

제13조【다른 법령의 개정】 ①~⑤ ※(해당 법령에 가제정리 하였음)

제14조【다른 법령과의 관계】 이 영 시행 당시 다른 법령에서 종전의 「국가유공자 등 예우 및 지원에 관한 법률 시행령」의 규정을 인용한 경우에는 이 영 가운데 그에 해당하는 규정이 있으면 종전의 규정을 갈음하여 이 영의 해당 규정을 인용한 것으로 본다.

부 칙 (2015.11.30)

제1조【시행일】 이 영은 공포 후 1개월이 경과한 날부터 시행한다.

제2조【채용시험의 가점대상에 관한 적용례】 별표8 제1호나목의 개정규정은 이 영 시행 이후 공고 등의 채용절차를 시작하는 채용시험에 응시하는 취업지원 대상자부터 적용한다.

부 칙 (2016.1.7)

제1조【시행일】 이 영은 공포한 날부터 시행한다.

제2조【적용례】 이 영은 2016년 1월 1일 이후에 지급하는 보상금, 수당 및 학습보조비부터 적용한다.

부 칙 (2016.6.21)

제1조【시행일】 이 영은 2016년 6월 23일부터 시행한다. 다만, 별표5의5의 개정규정은 2016년 7월 1일부터 시행한다.

제2조【직권 재판정신체검사 대상 상이 및 시기에 관한 적용례】 별표3의2의 개정규정은 이 영 시행 이후 법 제6조의3제2항제1호 또는 제2호에 따른 신규신체검사 또는 재심신체검사를 받아 법 제6조의4에 따른 상이등급 판정을 받은 사람부터 적용한다.

제3조【다른 법령의 개정】 ※(해당 법령에 가제정리 하였음)

부 칙 (2016.11.29)

제1조【시행일】 이 영은 2016년 11월 30일부터 시행한다.

제2조【보훈특별고용에 따른 취업지원 연령에 관한 경과조치】 이 영 시행 전에 법 제29조제1항제4호 또는 제5호에 해당하는 사람이 35세 이전에 제49조의2제2호에 따라 취업희망 신청서를 제출한 경우 그 취업지원 연령에 관하여는 제56조제1항 단서의 개정규정에도 불구하고 종전의 규정에 따른다.

제3조【포상금의 지급기준에 관한 경과조치】 이 영 시행 전에 접수된 신고에 대한 포상금의 지급기준에 관하여는 제101조의3의 개정규정에도 불구하고 종전의 규정에 따른다.

부　칙 (2017.11.14)

제1조【시행일】 이 영은 공포한 날부터 시행한다.
제2조【상이등급 기준 변경에 관한 적용례】 별표3 제3호의 개정규정은 이 영 시행 이후 법 제6조의3에 따른 신체검사를 받는 사람부터 적용한다.

부　칙 (2018.3.27)

제1조【시행일】 이 영은 공포한 날부터 시행한다.
제2조【사망일시금 지급에 관한 경과조치】 종전의 「국가유공자 등 예우 및 지원에 관한 법률」(법률 제15363호 국가유공자 등 예우 및 지원에 관한 법률 일부개정법률로 개정되기 전의 것을 말한다) 제12조제1항제1호에 따라 보상금을 지급받은 4·19혁명공로자가 2018년 1월 31일 이전에 사망한 경우에는 별표6 제2호의 개정규정에도 불구하고 종전의 규정에 따라 그 유족에게 사망일시금을 지급한다.

부　칙 (2018.4.30)

제1조【시행일】 이 영은 2018년 5월 1일부터 시행한다.
제2조【생계곤란·질병으로 인한 상환기간 연장 시 대부금의 이율에 관한 적용례】 제68조제4호의 개정규정은 이 영 시행 이후 대부금의 상환기간을 연장하는 경우부터 적용한다.

부　칙 (2018.11.20)

제1조【시행일】 이 영은 공포한 날부터 시행한다. 다만, 별표11 제2호다목의 개정규정은 2018년 12월 13일부터 시행한다.
제2조【재판정신체검사에 관한 적용례】 제17조제2항의 개정규정은 이 영 시행 이후 법 제6조의3제2항제4호에 따른 재판정신체검사를 받는 사람부터 적용한다.
제3조【고령수당과 부양가족수당 간의 차액 지급에 관한 적용례】 제23조제3항의 개정규정은 2018년 11월 1일 이후에 지급하는 부양가족수당부터 적용한다.

부　칙 (2019.5.21)

제1조【시행일】 이 영은 2019년 7월 1일부터 시행한다.
제2조【생활조정수당의 정기적 안내·홍보에 관한 특례】 국가보훈처장은 제25조의6제2항의 개정규정에도 불구하고 2019년에는 2019년 7월에 발행되는 국가보훈처의 정기 간행물에 생활조정수당의 수급 요건 및 지급 신청의 방법 등을 게재하여 제25조의6제1항 각 호의 개정규정에 따른 사람에게 보내야 한다.

부　칙 (2019.12.24)

제1조【시행일】 이 영은 2020년 1월 1일부터 시행한다.
제2조【수당의 분할 지급에 관한 적용례】 법 제13조제2항제3호에 따라 보상금을 균등하게 분할하여 지급받는 국가유공자의 부모가 대통령령 제23885호 국가유공자 등 예우 및 지원에 관한 법률 시행령 일부개정령 부칙 제10조제1항에 따른 수당 지급대상자로서 지급 대상에 각각 해당하는 경우에는 제23조제2항 단서의 개정규정을 적용하여 그 수당을 균등하게 분할하여 지급한다.

부　칙 (2020.1.7)

제1조【시행일】 이 영은 공포한 날부터 시행한다. 다만, 제17조제2항, 제19조제1항 후단, 별표3, 별표3의2 및 별표5의2 제1호나목의 개정규정은 2020년 2월 1일부터 시행한다.
제2조【상이등급 판정에 관한 적용례】 제17조제2항 및 제19조제1항 후단의 개정규정은 부칙 제1조 단서에 따른 시행일 이후 보훈심사위원회에서 상이등급의 판정을 위한 심의·의결을 받는 사람부터 적용한다.
제3조【보상금 및 수당의 지급에 관한 적용례】 제26조의3제2항, 제27조의4, 별표4, 별표5, 별표5의2 제1호의 월 지급액란 및 같은 표 제2호의 월 지급액란, 별표5의4, 별표5의5, 별표6의2, 대통령령 제23885호 국가유공자 등 예우 및 지원에 관한 법률 시행령 일부개정령 부칙 제10조제1항 및 제2항의 개정규정은 2020년 1월 1일 이후에 지급하는 보상금 및 수당부터 적용한다.
제4조【상이등급 기준 변경에 관한 적용례】 별표3의 개정규정은 부칙 제1조 단서에 따른 시행일 이후 법 제6조의3에 따른 신체검사를 받는 사람부터 적용한다.
제5조【상이등급 기준 변경에 따른 서면심사에 관한 특례】 부칙 제1조 단서에 따른 시행일 전에 사망한 후 법 제6조의3제1항 후단에 따른 서면심사로 신체검사를 하였으나 상이등급의 판정을 받지 못한 사람의 경우에는 그 유족의 신청을 받아 1회에 한정하여 서면심사를 통해 별표3의 개정규정에 따라 상이등급을 판정할 수 있다.
제6조【직권 재판정신체검사 대상 상이 및 시기에 관한 경과조치】 부칙 제1조 단서에 따른 시행일 전에 법 제6조의3제2항제1호부터 제3호까지의 규정에 따른 신체검사를 실시하여 법 제6조의4에 따라 상이등급의 판정을 받은 사람에 대한 직권 재판정신체검사 대상 상이 및 시기에 대해서는 별표3의2의 개정규정에도 불구하고 종전의 규정에 따른다.
제7조【간호수당 지급기준에 관한 경과조치】 부칙 제1조 단서에 따른 시행일 전에 종전의 규정에 따라 1급 2항 4104호부터 4106호까지로 상이등급의 판정을 받은 사람은 별표3의 개정규정에 따른 1급 2항 4116호로 상이등급의 판정을 받은 사람으로 보아 별표5의2 제1호나목의 개정규정을 적용한다.

부　칙 (2020.6.9 영30760호)

제1조【시행일】 이 영은 2020년 6월 11일부터 시행한다.(이하 생략)

부　칙 (2020.6.9 영30779호)

이 영은 공포한 날부터 시행한다.

부　칙 (2020.6.30)

제1조【시행일】 이 영은 공포한 날부터 시행한다.(이하 생략)

부　칙 (2020.8.4 영30893호)

제1조【시행일】 ① 이 영은 2020년 8월 5일부터 시행한다.(이하 생략)

부　칙 (2020.8.4 영30902호)

제1조【시행일】 이 영은 공포한 날부터 시행한다.
제2조【대부금의 이율에 관한 적용례 등】 ① 제68조 각 호 외의 부분 본문 및 단서의 개정규정은 같은 규정에 따라 국가보훈처장이 대부금의 이율을 고시한 이후 법 제46조에 따라 대부하는 것부터 적용한다.
② 2020년 대부금의 이율은 이 영 시행 이후 1개월 이내에 국가보훈처장이 정하여 고시하고, 그 이율의 적용은 제1항에 따른다.
제3조【대부금의 이율에 관한 경과조치】 부칙 제2조제2항에 따라 고시하기 전에 법 제46조에 따라 대부를 한 경우 그 대부금의 이율은 종전의 규정에 따른다.

부　칙 (2020.12.1)

제1조【시행일】 이 영은 공포한 날부터 시행한다.
제2조【서면심사에 의한 상이등급의 판정에 관한 적용례】 제13조제4호 및 제6호의 개정규정은 이 영 시행 이후 신체검사를 실시하는 사람부터 적용한다.
제3조【채용시험의 가점대상에 관한 적용례】 별표8 제1호가목1)의 개정규정은 이 영 시행 이후 공고된 채용시험에 응시하는 취업지원 대상자부터 적용한다.
제4조【특별채용에 관한 적용례】 별표8의2 제2호의 개정규정은 이 영 시행 이후 제51조제1항에 따라 채용비율에 미달하는 국가기관등의 장이 국가보훈처장에게 특별채용을 위한 취업지원 대상자 추천을 의뢰하는 경우부터 적용한다.

부　칙 (2021.1.5 영31369호)

제1조【시행일】 이 영은 공포한 날부터 시행한다.
제2조【중상이부가수당 등의 지급에 관한 적용례】 제26조의3제2항, 제27조의4, 별표4, 별표4의2 제3호, 별표5, 별표5의2, 별표5의4, 별표5의5, 별표6의2 및 대통령령 제23885호 국가유공자 등 예우 및 지원에 관한 법률 시행령 일부개정령 부칙 제10조의 개정규정은 2021년 1월 1일 이후에 지급하는 중상이부가수당, 4·19혁명공로수당, 보상금, 전상수당, 생활조정수당, 간호수당, 무공영예수당 및 6·25전몰군경자녀수당부터 적용한다.

부　칙 (2021.1.5 영31380호)

이 영은 공포한 날부터 시행한다.(이하 생략)

부　칙 (2021.10.19)

제1조【시행일】 이 영은 2021년 10월 21일부터 시행한다. 다만, 제88조의2, 제88조의5, 제94조의12부터 제94조의14까지의 개정규정 및 부칙 제2조는 2021년 12월 9일부터 시행한다.
제2조【다른 법령의 개정】 ※(해당 법령에 가제정리 하였음)

부　칙 (2022.1.13)

제1조【시행일】 이 영은 공포한 날부터 시행한다.
제2조【보훈심사위원회의 심의 절차 및 등록요건 변경에 관한 적용례】 ① 제8조제3항제4호 및 제5호의 개정규정은 이 영 시행 당시 보훈심사위원회의 심의 절차가 진행 중인 경우에도 적용한다.
② 별표1의 개정규정은 이 영 시행 당시 보훈심사위원회의 심의 절차가 진행 중인 경우에도 적용한다.
제3조【중상이부가수당 등의 지급에 관한 적용례】 제26조의3제2항, 제27조의4, 별표4, 별표5의2, 별표5의4, 별표5의5, 별표6의2, 대통령령 제23885호 국가유공자 등 예우 및 지원에 관한 법률 시행령 일부개정령 부칙 제10조제1항의 표 중 제8호 및 같은 조 제2항의 개정규정은 2022년 1월 1일 이후 지급하는 중상이부가수당, 4·19혁명공로수당, 보상금, 간호수당, 무공영예수당, 6·25전몰군경자녀수당 및 상이등급 1급 특별수당부터 적용한다.

부　칙 (2022.2.3)

이 영은 공포한 날부터 시행한다.

부　칙 (2022.5.9)

제1조【시행일】 이 영은 공포한 날부터 시행한다. 다만, 제64조의2제1항·제3항, 제102조제1항제33호 및 같은 조 제4항의 개정규정은 2022년 10월 1일부터 시행한다.
제2조【약제비용 지급 대상 확대에 따른 적용례】 제64조의2제1항제2호나목 및 같은 조 제3항의 개정규정은 부칙 제1조 단서에 따른 시행일 이후 약국에서 의약품을 조제받는 경우부터 적용한다.

부　칙 (2022.12.30)

제1조【시행일】 이 영은 2023년 1월 1일부터 시행한다.
제2조【6·25전몰군경자녀수당 추가지원금 지급에 관한 적용례】 별표5의5 제4호의 개정규정은 이 영 시행 이후 지급하는 6·25전몰군경자녀수당부터 적용한다.

부　칙 (2023.1.13)

제1조【시행일】 이 영은 공포한 날부터 시행한다.
제2조【중상이부가수당 등의 지급에 관한 적용례】 제26조의3제2항, 제27조의4, 별표4, 별표5의2, 별표5의4, 별표5의5, 별표6의2, 대통령령 제23885호 국가유공자 등 예우 및 지원에 관한 법률 시행령 일부개정령 부칙 제10조제1항의 표 중 제8호 및 같은 조 제2항의 개정규정은 2023년 1월 1일 이후 지급하는 중상이부가수당, 4·19혁명공로수당, 보상금, 간호수당, 무공영예수당, 6·25전몰군경자녀수당 및 상이등급 1급 특별수당부터 적용한다.

부　칙 (2023.5.23)

제1조【시행일】 이 영은 2023년 6월 5일부터 시행한다.
제2조【국가유공자증 등에 관한 경과조치】 이 영 시행 당시 종전의 제101조제1항에 따라 발급된 국가유공자증 및 국가유공자유족증(「독립유공자예우에 관한 법률」 제42조에 따라 종전의 제101조제1항을 적용하여 발급된 독립유공자증 및 독립유공자유족증을 포함한다)은 2028년 6월 4일까지 사용할 수 있다.
제3조【다른 법령의 개정】 ①~③ ※(해당 법령에 가제정리 하였음)
제4조【다른 법령과의 관계】 이 영 시행 당시 다른 법령(이 영 시행 전에 공포되었으나 시행일이 도래하지 않은 법령을 포함한다)에서 "국가유공자증", "국가유공자유족증", "독립유공자증" 또는 "독립유공자유족증"을 인용한 경우에는 이 영에 따른 국가보훈등록증을 인용한 것으로 본다.

부　칙 (2023.6.13)

제1조【시행일】 이 영은 2023년 6월 17일부터 시행한다.
제2조【서면심사에 의한 상이등급의 판정에 관한 적용례】 제13조제1항제6호나목의 개정규정은 이 영 시행 전에 법 제6조제1항에 따른 등록을 신청했거나 법 제6조의3제2항제2호부터 제4호까지에 따른 신체검사를 신청한 사람으로서 이 영 시행 당시 신체검사를 받지 않은 사람에 대해서도 적용한다.

부　칙 (2023.9.26)

이 영은 2023년 10월 1일부터 시행한다.

부　칙 (2024.1.12)

제1조【시행일】 이 영은 공포한 날부터 시행한다.
제2조【간호수당 등의 지급에 관한 적용례】 제26조제2항, 제26조의3제2항, 제27조, 제27조의4, 별표4, 별표5, 별표5의2, 별표5의4, 별표5의5 및 별표6의2의 개정규정은 2024년 1월 1일 이후 지급하는 간호수당, 중상이부가수당, 상이등급 1급 특별수당, 4·19혁명공로수당, 보상금, 생활조정수당, 무공영예수당 및 6·25전몰군경자녀수당부터 적용한다.

〔별표〕 ➡ 「法典 別册」 참조

〔별지서식〕 ➡ 「www.hyeonamsa.com」 참조

독립유공자예우에 관한 법률

(약칭 : 독립유공자법)

(1994년 12월 31일
법 률 제4856호)

개정
1995.12.30법 5146호
1997. 1.13법 5291호(국가유공자등예우)
2000.12.30법 6338호
2001. 1.16법 6372호(한국보훈복지공단법)
2002. 1.26법 6646호
2002.12.30법 6836호(국고금관리법)
2004. 1.20법 7104호(국가유공자등예우)
2005. 3.31법 7483호
2005. 7.29법 7649호(국립묘지의설치및운영에관한법)
2005.12.29법 7792호 2006.12.30법 8162호
2007. 3.29법 8328호
2007. 5.17법 8435호(가족관계등록)
2008. 3.28법 9083호 2009. 2. 6법 9463호
2010. 1.25법 9967호
2010. 4.15법10258호(성폭력범죄의처벌등에관한특례법)
2012. 2.17법11332호
2012.12.18법11556호(성폭력범죄의처벌등에관한특례법)
2013. 4. 5법11731호(형법)
2014. 5.21법12668호 2015.12.22법13607호
2016. 1. 6법13717호(특정범죄가중처벌등에관한법)
2016. 1. 6법13718호(폭력행위등처벌에관한법)
2016. 5.29법14257호 2017.10.31법15030호
2017.12.30법15341호 2018. 4. 6법15550호
2018.12.31법16193호 2019. 4.30법16427호
2019.12.10법16828호
2021. 1. 5법17883호(5·18민주유공자예우및단체설립에관한법)
2021. 1.26법17917호 2021. 4.20법18137호
2021. 6. 8법18233호 2023. 1.17법19220호
2023. 3. 4법19228호(정부조직)
2024년 1월 25일 제412회 국회 본회의 통과→「法典 別冊」 보유편 수록

제1장 총 칙
(2008.3.28 본장개정)

제1조【목적】 이 법은 일제(日帝)로부터 조국의 자주독립을 위하여 공헌한 독립유공자와 그 유족에게 국가가 합당한 예우(禮遇)를 함으로써 독립유공자와 그 유족의 생활 안정과 복지 향상을 도모하고 나아가 국민의 애국정신을 길러 민족정기(民族正氣)를 선양(宣揚)함을 목적으로 한다.

제2조【예우의 기본 이념】 대한민국 임시정부의 법통(法統)을 계승한 대한민국은 독립유공자의 희생과 공헌을 바탕으로 이룩된 것이므로 이러한 희생과 공헌이 우리와 우리 자손들에게 숭고한 애국정신의 귀감(龜鑑)으로서 항구적으로 존중되고, 그 희생과 공헌의 정도에 상응하여 독립유공자와 그 유족의 영예(榮譽)로운 생활이 유지·보장되도록 실질적인 보상이 이루어져야 한다.

제3조【국가 등의 시책】 국가와 지방자치단체 등은 독립유공자의 애국정신을 기리고 이를 계승·발전시켜 민족정기를 선양(宣揚)하며 제2조의 기본 이념을 구현하기 위한 시책을 마련한다.

제4조【적용 대상자】 다음 각 호의 어느 하나에 해당하는 독립유공자, 그 유족 또는 가족은 이 법에 따른 예우를 받는다.
1. 순국선열 : 일제의 국권침탈(國權侵奪) 전후로부터 1945년 8월 14일까지 국내외에서 일제의 국권침탈을 반대하거나 독립운동을 위하여 일제에 항거하다가 그 반대나 항거로 인하여 순국한 자로서, 그 공로로 건국훈장(建國勳章)·건국포장(建國褒章) 또는 대통령 표창을 받은 자
2. 애국지사 : 일제의 국권침탈 전후로부터 1945년 8월 14일까지 국내외에서 일제의 국권침탈을 반대하거나 독립운동을 위하여 일제에 항거한 사실이 있는 자로서, 그 공로로 건국훈장·건국포장 또는 대통령 표창을 받은 자

제4조의2【가족관계 등록 창설 등】 ① 제4조 각 호의 어느 하나에 해당하는 독립유공자 중 구호적 없이 사망한 사람에 대하여는 다른 법령에도 불구하고 대법원규칙으로 정하는 바에 따라 가족관계 등록 창설을 할 수 있다.
② 제1항에 따라 가족관계 등록 창설이 된 독립유공자의 자와 그 직계비속 또는 그 법정대리인은 독립유공자의 가족관계 등록 창설이 된 것을 안 날부터 2년 내에 검사를 상대로 인지청구의 소를 제기할 수 있다.
(2009.2.6 본조신설)

제5조【유족 또는 가족의 범위】 ① 이 법에 따라 보상을 받는 독립유공자의 유족 또는 가족의 범위는 다음과 같다.
1. 배우자(2015.12.22 본호개정)
2. 자녀
3. 손자녀(孫子女). 다만, 독립유공자의 유족으로 최초로 등록할 당시 이미 자녀 및 손자녀까지 사망한 경우에는 독립유공자의 가장 가까운 직계비속 중 1명을 손자녀로 본다.(2012.2.17 본호개정)
4. 며느리로서 1945년 8월 14일 이전에 구호적에 기재된 자(2009.2.6 본호개정)
② 제1항제1호의 배우자의 경우, 사실혼 관계에 있는 사람을 포함한다. 다만, 배우자 및 사실혼 관계에 있는 사람이 독립유공자와 혼인 또는 사실혼 후 그 독립유공자가 아닌 다른 사람과 사실혼 관계에 있거나 있었던 경우는 제외한다.(2015.12.22 본항신설)
③ 제1항제2호의 자녀의 경우, 양자(養子)는 독립유공자가 직계비속(直系卑屬)이 없어 입양한 자 1명만을 자녀로 본다. 다만, 1945년 8월 15일 이후에 입양된 양자의 경우에는 독립유공자, 그의 배우자 또는 직계존비속(直系尊卑屬)을 부양한 사실이 있는 자로 한정한다.
④ 제1항제3호의 손자녀의 경우, 독립유공자 직계비속의 양자는 그가 직계비속이 없어 입양한 자 1명만을 손자녀로 본다. 다만, 1945년 8월 15일 이후에 입양된 자의 경우에는 독립유공자, 그의 배우자 또는 직계존비속을 부양한 사실이 있는 자로 한정한다.
⑤ 제1항제4호의 며느리의 경우, 제12조에 따른 보상금(報償金)을 받는 제1항제1호부터 제3호까지의 유족이 없어야 하되, 해당자가 2명 이상이면 그 남편의 보상금 지급 순위에 따른 선순위자(先順位者) 1명으로 한정한다.
(2015.12.22 본조제목개정)

제6조【등록 및 결정】 ① 독립유공자, 그 유족 또는 가족으로서 이 법의 적용 대상자가 되려는 자는 대통령령으로 정하는 바에 따라 국가보훈부장관에게 등록을 신청하여야 한다.
② 국가보훈부장관은 제1항에 따른 등록신청을 받은 때에는 대통령령으로 정하는 바에 따라 독립유공자의 요건과 그 유족 또는 가족으로서의 요건을 확인한 후 「국가유공자 등 예우 및 지원에 관한 법률」 제74조의5에 따른 보훈심사위원회(이하 "보훈심사위원회"라 한다)의 심의·의결을 거쳐 독립유공자, 그 유족 또는 가족에 해당하는지를 결정한다. 다만, 독립유공자, 그 유족 또는 가족의 요건이 객관적인 사실에 의하여 확인된 경우로서 대통령령으로 정하는 경우에는 보훈심사위원회의 심의·의결을 거치지 아니할 수 있다.
③ (2015.12.22 삭제)
④ 국가보훈부장관은 제4조 각 호의 어느 하나에 해당하는 적용 대상 독립유공자임에도 불구하고 본인 및 제5조에 따른 유족 등이 없어 등록신청을 할 수 없는 사람에 대해서는 독립유공자로 기록하고 예우 및 관리를 할 수 있다.
(2023.3.4 본조개정)

제6조의2【신상 변동의 신고 등】 ① 제6조제1항에 따른 등록신청대상자는 독립유공자, 그 유족 또는 가족이 다음 각 호의 어느 하나에 해당하면 국가보훈부령으로 정하는 바에 따라 지체 없이 국가보훈부장관에게 그 사실을 신고하여야 한다.(2023.3.4 본문개정)
1. 사망한 경우
2. 국적을 상실한 경우
3. 제5조에 따른 유족 또는 가족에 해당하지 아니하게 된 경우
4. 제5조에 따른 유족 또는 가족에 해당하게 된 경우
5. 제38조제2항에 해당하는 사람이 된 경우
6. 제39조제1항제1호·제2호·제4호·제7호 또는 같은 조 제2항의 어느 하나에 해당하는 사람이 된 경우
7. 1년 이상 계속하여 행방불명이거나 그 행방불명 사유가 소멸된 경우
8. 성명, 주소 또는 생년월일이 변동된 경우
9. 그 밖에 국가보훈부령으로 정하는 신상(身上) 변동이 있는 경우(2023.3.4 본호개정)
② 국가보훈부장관은 제1항에 따른 신고를 받으면 유족의 순위변경, 등록결정의 취소, 추가등록결정 등의 조치를 하고, 신고인에게 그 내용과 사유를 알려야 한다.
(2023.3.4 본항개정)
③ 국가보훈부장관은 제1항 각 호의 신상 변동을 확인하기 위하여 독립유공자, 그 유족 또는 가족에게 필요한 자료의 제출을 요구할 수 있다. 이 경우 자료 제출을 요구받은 사람은 정당한 사유가 없으면 이에 따라야 한다.
(2023.3.4 전단개정)
(2015.12.22 본조신설)

제7조【보상 원칙】 독립유공자, 그 유족 또는 가족에게는 독립유공자의 희생과 공헌의 정도에 따라 보상하되, 그 생활수준을 고려하여 보상의 정도를 달리할 수 있다.
(2015.12.22 본조개정)

제8조【보상받을 권리의 발생 시기】 이 법에 따라 보상을 받을 권리는 제6조제1항에 따른 등록신청을 한 날이 속하는 달부터 발생한다. 다만, 제14조의2제1항 및 제19조의2제2항에 따라 생활조정수당 지급 및 보조금 지급을 신청하는 경우에는 그 신청한 날이 속하는 달부터 해당 보상을 받을 권리가 발생한다.(2015.12.22 단서신설)

제9조【품위 유지 의무】 독립유공자, 그 유족 또는 가족은 독립유공자의 품위를 손상하는 행위를 하여서는 아니 된다.

제2장 예 우
(2008.3.28 본장개정)

제10조【의식상의 예우】 국가, 지방자치단체, 그 밖의 공공단체 및 각급 학교 등은 국경일·기념일 등 중요한 행사를 할 때 국민의례로 순국선열에 대한 묵념을 하여야 하며, 초청된 독립유공자에게는 그에 상응한 의식상(儀式上)의 예우를 하여야 한다.

제11조【보훈급여금】 ① 보훈급여금(報勳給與金)은 보상금, 사망일시금(死亡一時金) 및 생활조정수당으로 구분한다.
② (2015.12.22 삭제)
③ 보상금 또는 생활조정수당을 받고 있거나 받을 사람이 「한국보훈복지의료공단법」 제2조에 따른 한국보훈복지의료공단에서 운영하는 양로시설이나 양육시설에서 국가의 부담으로 지원을 받고 있으면 그 지원을 받게 된 날이 속하는 달의 다음 달부터 그 지원을 받지 아니하게 된 날이 속하는 달까지는 보상금 중 대통령령으로 정하는 금액과 생활조정수당을 지급하지 아니한다.
(2015.12.22 본항개정)
④ 보상금이나 생활조정수당을 받을 자가 제12조제5항제1호 또는 제4호에 해당하면 그 지급이 확정된 보상금이나 생활조정수당은 제13조제1항 또는 제2항에 따른 사망일시금 지급의 예에 따라 지급한다.
⑤ 보훈급여금은 보훈급여금을 받을 사람이 지정하는 예금계좌(「우체국예금·보험에 관한 법률」에 따른 체신관서(이하 "체신관서"라 한다) 또는 「은행법」에 따른 은행(이하 "은행"이라 한다)의 계좌를 말한다. 이하 같다)에 입금하는 방법으로 지급한다. 다만, 정보통신망(「정보통신망 이용촉진 및 정보보호 등에 관한 법률」 제2조제1항제1호에 따른 정보통신망을 말한다. 이하 같다)의 손상 등 대통령령으로 정하는 부득이한 사유가 있는 경우에는 해당 보훈급여금을 받을 사람의 신청에 따라 현금으로 지급할 수 있다.(2015.12.22 본항개정)
⑥ 제5항 본문에 따라 보훈급여금을 지급하는 경우 보훈급여금을 받을 사람이 본인 명의로 보훈급여금만 입금될 수 있는 예금계좌를 개설하여 지정한 경우에는 해당 예금계좌로 보훈급여금을 입금하여야 한다.(2015.12.22 본항신설)
⑦ 제1항부터 제6항까지에서 규정한 사항 외에 보훈급여금의 지급액, 그 밖에 지급에 필요한 사항은 대통령령으로 정한다.(2015.12.22 본항신설)

제11조의2【권리의 보호】 ① 보훈급여금을 받을 권리는 양도하거나 압류할 수 없으며, 담보로 제공할 수 없다. 다만, 제18조, 「국가유공자 등 예우 및 지원에 관한 법률」 제46조, 「보훈보상대상자 지원에 관한 법률」 제55조, 「5·18민주유공자예우 및 단체설립에 관한 법률」 제39조 또는 「특수임무유공자 예우 및 단체설립에 관한 법률」 제38조에 따라 대부를 받으려는 경우에는 보훈급여금을 담보로 제공할 수 있다.(2021.1.5 단서개정)
② 제11조제6항에 따라 입금된 월 보훈급여금 중 「국민기초생활 보장법」 제2조제11호에 따른 기준 중위소득(이하 "기준 중위소득"이라 한다)과 보훈급여금 등을 고려하여 대통령령으로 정하는 액수 이하의 금액에 관한 채권은 압류할 수 없다.
③ 제1항 본문 및 제2항에도 불구하고 제35조에 따라 보훈급여금 등을 환수하는 경우에는 보훈급여금을 압류할 수 있다.
(2015.12.22 본조신설)

제12조【보상금】 ① 보상금은 월액(月額)으로 지급한다.
② 독립유공자와 그 유족 중 선순위자(先順位者) 1명에게는 보상금을 지급한다. 다만, 손자녀일 경우에는 대통령령으로 정하는 생활수준 등을 고려하여 다음 각 호의 사람으로 한정하여 보상금을 지급하고, 이 보상금을 받을 권리는 다른 손자녀에게 이전되지 아니한다.
(2014.5.21 단서개정)
1. 1945년 8월 14일 이전에 사망한 독립유공자의 손자녀 1명(2014.5.21 본호신설)
2. 1945년 8월 15일 이후에 사망한 독립유공자의 유족으로 다음 각 목의 어느 하나에 해당하는 경우 손자녀 1명(2019.12.10 본문개정)
   가. 최초로 등록할 당시 자녀까지 모두 사망한 경우(2019.12.10 본목신설)
   나. 최초로 등록할 당시 생존 자녀가 있었으나 보상금을 지급받지 못하고 사망한 경우(2019.12.10 본목신설)
③ 보상금을 받을 유족의 순위는 제5조제1항 각 호의 순위에 따른다.
④ 제3항에 따라 보상금을 받을 유족 중 같은 순위자가 2명 이상이면 다음 각 호의 구분에 따라 보상금을 지급한다.
1. 나이가 많은 사람을 우선하되, 독립유공자를 주로 부양한 사람이 있는 경우에는 그 사람을 우선한다.
(2014.5.21 본호개정)
2. 제1호에도 불구하고 같은 순위 유족 간의 협의에 의하여 같은 순위 유족 중 1명을 보상금을 받을 자로 지정한 경우에는 그 자에게 보상금을 지급한다. 이 경우 유족간 협의의 방법 등에 관하여 필요한 사항은 대통령령으로 정한다.
⑤ 보상금을 받을 유족이 다음 각 호의 어느 하나에 해당하면 제5조제1항 각 호에 규정된 그 다음 순위의 유족에게 대통령령으로 정하는 바에 따라 보상금을 지급한다.
1. 사망한 경우
2. 제5조제1항 각 호의 어느 하나에 해당하지 아니하게 된 경우
3. (2015.12.22 삭제)
4. 1년 이상 계속하여 행방불명인 경우
⑥ 보상금의 지급 수준은 「통계법」 제3조제2호에 따라 통계청장이 지정하여 고시하는 통계 중 가계조사통계의 전국 가구(家口) 가계소비지출액 등을 고려하여 독립유공자의 희생과 공헌의 정도에 상응하게 결정하여야 한다.

제13조【사망일시금】 ① 보상금을 받고 있는 독립유공자가 사망한 경우에는 그 유족에게 제12조제3항부터 제5항까지에 규정된 보상금 지급 순위에 따라 사망일시금을 지급한다. 이 경우 유족이 없으면 사망 당시 생활을 같이하고 있던 친족 중 재산상속인이 될 자의 신청에 따라 그 재산상속인에게 지급한다.
② 보상금을 받고 있는 독립유공자의 유족이 사망한 경우에 지급하는 사망일시금은 그 보상금을 받을 수 있는 다른 유족이 없는 경우에만 지급하되, 사망 당시 생활을 같이 하고 있던 친족 중 재산상속인이 될 자의 신청에 따라 그 재산상속인에게 지급한다.
③ 제1항과 제2항의 경우 재산상속인이 될 자도 없는 경우에는 장제(葬祭)를 행하는 자에게 사망일시금을 지급할 수 있다.

제14조【생활조정수당】 ① 국가보훈부장관은 다음 각 호에 해당하는 사람에게는 기준 중위소득 등 생활수준을 고려하여 대통령령으로 정하는 바에 따라 생활조정수당을 지급할 수 있다.(2023.3.4 본문개정)
1. 독립유공자
2. 독립유공자의 유족 중 보상금을 받는 사람
3. 독립유공자의 유족 중 보상금을 받는 사람이 없는 경우에는 제5조제1항 각 호의 순위에 따른 선순위자 1명

② 제1항제3호를 적용할 때 유족 중 같은 순위가 2명 이상이면 제6조제1항에 따른 등록신청 순위를 준용한다.
③ 생활조정수당은 월액으로 하며, 그 지급액, 지급방법, 그 밖에 지급에 필요한 사항은 대통령령으로 정한다.
(2015.12.22 본조개정)

제14조의2【생활조정수당 지급 신청】 ① 제14조에 따라 생활조정수당을 받으려는 사람(이하 "생활조정수당 수급희망자"라 한다)은 국가보훈부장관에게 생활조정수당 지급을 신청하여야 한다.(2023.3.4 본항개정)
② 생활조정수당 수급희망자가 제1항에 따라 신청을 할 경우 본인과 그 부양의무자(부양의무가 있는 배우자, 부모, 자녀 및 그 배우자를 말한다. 이하 같다)는 다음 각 호의 자료 또는 정보 제공에 동의한다는 서면을 제출하여야 한다.
1. 「금융실명거래 및 비밀보장에 관한 법률」 제2조제2호 및 제3호에 따른 금융자산 및 금융거래의 내용에 대한 자료 또는 정보 중 예금의 평균잔액과 그 밖에 대통령령으로 정하는 자료 또는 정보(이하 "금융정보"라 한다)
2. 「신용정보의 이용 및 보호에 관한 법률」 제2조제1호에 따른 신용정보 중 채무액과 그 밖에 대통령령으로 정하는 자료 또는 정보(이하 "신용정보"라 한다)
3. 「보험업법」 제4조제1항 각 호에 따른 보험에 가입하여 납부한 보험료와 그 밖에 대통령령으로 정하는 자료 또는 정보(이하 "보험정보"라 한다)

③ 국가보훈부장관은 제1항에 따른 신청을 받으면 제14조의3에 따른 조사 결과에 따라 생활조정수당을 지급할지를 결정하여야 한다.(2023.3.4 본항개정)
④ 제1항에 따른 생활조정수당 지급의 신청 방법·절차 및 제2항에 따른 동의의 방법·절차 등에 필요한 사항은 대통령령으로 정한다.
(2015.12.22 본조신설)

제14조의3【조사·질문 등】 ① 국가보훈부장관은 생활조정수당 수급권의 발생 또는 상실을 확인하기 위하여 생활조정수당 수급희망자 및 생활조정수당 수급자(제14조제1항 각 호의 어느 하나에 해당하는 사람으로서 생활조정수당을 받고 있는 사람을 말한다. 이하 같다)와 그 부양의무자에 대하여 필요한 서류나 그 밖에 소득·재산 등에 관한 자료의 제출을 요구할 수 있으며, 소속 공무원으로 하여금 생활조정수당 수급희망자 및 생활조정수당 수급자와 그 부양의무자의 주거, 그 밖에 필요한 장소에 출입하여 서류 등을 조사하게 하거나 관계인에게 필요한 질문을 하게 할 수 있다.(2023.3.4 본항개정)
② 제1항에 따라 출입·조사·질문을 하는 사람은 그 권한을 표시하는 증표를 지니고 이를 관계인에게 내보여야 한다.
③ 국가보훈부장관은 생활조정수당 수급희망자 및 생활조정수당 수급자와 그 부양의무자가 제1항에 따른 서류 또는 자료의 제출을 거부하거나 조사·질문을 거부·방해 또는 기피하는 경우에는 생활조정수당 지급 신청을 각하하거나 생활조정수당 지급을 중지할 수 있다.
(2023.3.4 본항개정)
④ 제1항에 따른 조사·질문의 범위·시기 및 내용에 필요한 사항은 대통령령으로 정한다.
(2015.12.22 본조신설)

제14조의4【금융정보등의 제공】 ① 국가보훈부장관은 「금융실명거래 및 비밀보장에 관한 법률」 제4조제1항과 「신용정보의 이용 및 보호에 관한 법률」 제32조제1항에도 불구하고 생활조정수당 수급희망자와 그 부양의무자가 제14조의2제2항에 따라 제출한 동의 서면을 전자적 형태로 바꾼 문서에 의하여 금융회사 등(「금융실명거래 및 비밀보장에 관한 법률」 제2조제1호에 따른 금융회사 등 및 「신용정보의 이용 및 보호에 관한 법률」 제25조에 따른 신용정보집중기관을 말한다. 이하 같다)의 장에게 금융정보·신용정보 또는 보험정보(이하 "금융정보등"이라 한다)의 제공을 요청할 수 있다.(2023.3.4 본항개정)
② 국가보훈부장관은 생활조정수당 수급자와 그 부양의무자의 수급권 심사를 위하여 필요하다고 인정하는 경우 「금융실명거래 및 비밀보장에 관한 법률」 제4조제1항과 「신용정보의 이용 및 보호에 관한 법률」 제32조제1항에도 불구하고 대통령령으로 정하는 인적사항과 조회기준일 및 조회기간 등을 적은 문서 또는 정보통신망으로 금융회사등의 장에게 금융정보등을 제공하도록 요청할 수 있다.
(2023.3.4 본항개정)
③ 제1항과 제2항에 따라 금융정보등의 제공을 요청받은 금융회사 등의 장은 「금융실명거래 및 비밀보장에 관한 법률」 제4조제1항과 「신용정보의 이용 및 보호에 관한 법률」 제32조제1항에도 불구하고 이를 국가보훈부장관에게 제공하여야 한다.(2023.3.4 본항개정)
④ 제3항에 따라 금융정보등을 제공하는 금융회사 등의 장은 금융정보등의 제공 사실을 명의인에게 통보하여야 한다. 다만, 명의인의 동의가 있는 경우에는 「금융실명거래 및 비밀보장에 관한 법률」 제4조의2제1항에도 불구하고 통보하지 아니할 수 있다.
⑤ 제1항부터 제3항까지의 규정에 따른 금융정보등의 제공 요청 및 제공은 정보통신망을 이용하여야 한다. 다만, 정보통신망의 손상 등 불가피한 사유가 있는 경우에는 그러하지 아니하다.
⑥ 제1항과 제2항에 따른 업무에 종사하고 있거나 종사하였던 사람은 업무를 수행하면서 취득한 금융정보등을 이 법에서 정한 목적 외의 다른 용도로 사용하거나 다른 사람 또는 기관에 제공하거나 누설하여서는 아니 된다.
⑦ 제1항부터 제3항까지 및 제5항에 따른 금융정보등의 제공 요청 및 제공 등에 필요한 사항은 대통령령으로 정한다.
(2015.12.22 본조신설)

제14조의5【생활안정을 위한 지원금의 지급 등】 ① 국가보훈부장관은 독립유공자의 자녀 또는 손자녀 중 제12조에 따른 보상금을 받지 아니하는 사람에게는 기준 중위소득 등 생활수준을 고려하여 생활안정을 위한 지원금을 지급할 수 있다.
② 제1항에 따라 지원금을 받으려는 사람은 국가보훈부장관에게 그 지원금의 지급을 신청하여야 한다. 이 경우 지원금의 지급 신청절차 및 지원금 수급권 확인·심사를 위한 국가보훈부장관의 권한 등에 관하여는 제14조의2부터 제14조의4까지의 규정을 준용한다.
(2023.3.4 본조개정)

제15조【교육지원】 ① 국가는 독립유공자, 그 유족 또는 가족이 교육기관에서 필요한 교육을 받을 수 있도록 교육지원을 한다.
② 교육지원을 받을 수 있는 사람(이하 "교육지원 대상자"라 한다)은 다음 각 호와 같다.(2015.12.22 본문개정)
1. 독립유공자 및 그의 배우자
2. 독립유공자의 자녀 및 손자녀

③ 교육지원 대상자에 대한 교육지원의 내용 및 방법 등에 필요한 사항은 「국가유공자 등 예우 및 지원에 관한 법률」 제22조의2, 제23조부터 제25조까지, 제25조의2 및 제26조를 준용한다.(2015.12.22 본항개정)
④ (2015.12.22 삭제)

제16조【취업지원】 ① 국가는 독립유공자, 그 유족 또는 가족에 대하여 취업지원을 한다.
② 취업지원을 받을 수 있는 사람(이하 "취업지원 대상자"라 한다)은 다음 각 호와 같다.(2015.12.22 본문개정)
1. 순국선열의 유족
2. 애국지사와 그 가족 및 유족
3. 독립유공자의 유족 중 장손인 손자녀가 질병·장애 또는 고령으로 취업이 어려운 경우 그 손자녀의 자녀 1명. 이 경우 질병·장애 또는 고령 등의 기준과 취업지원에 필요한 사항은 대통령령으로 정한다.

③ 「국가유공자 등 예우 및 지원에 관한 법률」 제30조에 따른 취업지원 실시기관이 그 직원을 채용하기 위하여 채용시험을 실시하는 경우에는 그 채용시험에 응시한 취업지원 대상자의 점수에 다음 각 호의 구분에 따라 가점(加點)하여야 한다.
1. 만점의 10퍼센트를 가점하는 취업지원 대상자
   가. 순국선열의 유족 및 애국지사
   나. 애국지사가 제6조제1항에 따른 등록신청일 전에 사망한 경우 그 유족
2. 만점의 5퍼센트를 가점하는 취업지원 대상자
   가. 애국지사의 가족
   나. 애국지사가 제6조제1항에 따른 등록신청일 이후에 사망한 경우 그 유족
   다. 제2항제3호에 해당하는 자

④ 제1항부터 제3항까지의 규정에 따른 취업지원을 할 때 이 법에 특별한 규정이 있는 것을 제외하고는 「국가유공자 등 예우 및 지원에 관한 법률」 제29조제3항, 제30조, 제31조제2항부터 제5항까지, 제31조의2, 제32조, 제33조, 제33조의2, 제33조의3, 제34조, 제34조의2, 제35조의2, 제36조, 제37조, 제37조의2제1항부터 제3항까지, 제38조제2항·제3항 및 제39조를 준용한다. 다만, 같은 법 제32조 및 제34조에 따른 취업지원을 하는 경우에는 독립유공자 가구당 3명(취업지원 대상자 중 독립유공자와 그 배우자는 3명에 포함하지 아니한다)에게만 취업지원을 한다.
(2017.10.31 본문개정)

제16조의2【생업지원】 ① 국가, 지방자치단체, 그 밖의 공공단체 중 대통령령으로 정하는 기관은 소관 공공시설에 식료품·사무용품·신문 등 일상생활용품의 판매를 위한 매점 운영 또는 자동판매기 설치를 허가하거나 위탁할 때 제6조에 따라 등록·결정된 독립유공자, 그 유족 또는 가족의 신청이 있는 경우에는 우선적으로 반영하여야 한다. 이 경우 매점의 규모, 운영 및 허가·위탁의 절차 등에 필요한 사항은 대통령령으로 정한다.
(2015.12.22 후단신설)
② 제1항에 따른 허가나 위탁을 받은 자는 중대한 질병 등 특별한 사유가 없으면 직접 그 사업에 종사하여야 한다.

제17조【의료지원】 ① 국가는 독립유공자, 그 유족 또는 가족에 대하여 의료지원을 한다.
② 독립유공자가 질병(부상을 포함한다)에 걸리면 대통령령으로 정하는 바에 따라 국가의 의료기관(「한국보훈복지의료공단법」 제7조에 따른 보훈병원을 포함한다) 또는 지방자치단체의 의료기관에서 진료한다.(2015.12.22 본항개정)
③ 국가는 제2항에 따른 진료를 국가나 지방자치단체 외의 의료기관에 위탁할 수 있다.(2015.12.22 본항개정)
④ 제2항과 제3항에 따른 진료비용은 국가가 부담한다. 다만, 지방자치단체의 의료기관에서 진료한 경우에는 대통령령으로 정하는 바에 따라 지방자치단체가 그 일부를 부담할 수 있다.(2015.12.22 단서개정)
⑤ 독립유공자의 유족 또는 가족은 「한국보훈복지의료공단법」 제7조에 따른 보훈병원에서 진료하며, 필요하다고 인정되면 다른 의료기관에 위탁하여 진료하게 할 수 있다. 이 경우 그 진료비용은 대통령령으로 정하는 바에 따라 감면(減免)하며, 그 감면된 비용은 국가보훈부장관이 예산의 범위에서 해당 보훈병원이나 다른 의료기관에 교부할 수 있다.(2023.3.4 후단개정)
⑥ 제5항에도 불구하고 75세 이상으로서 제12조제2항에 따른 보상금을 받는 선순위 유족은 「한국보훈복지의료공단법」 제7조에 따른 보훈병원 외에 국가보훈부장관이 지정하여 진료를 위탁한 의료기관에서 진료를 받을 수 있다. 이 경우 그 진료비용은 대통령령으로 정하는 바에 따라 감면하며, 그 감면된 비용은 국가가 부담한다.
(2023.3.4 전단개정)
⑦ 제1항부터 제6항까지의 규정에 따른 진료 또는 진료비 지원의 방법·절차·범위 및 상한 등 의료지원의 기준은 국가보훈부령으로 정한다.(2023.3.4 본항개정)
⑧ 제1항부터 제7항까지의 규정 외의 의료지원에 관하여는 「국가유공자 등 예우 및 지원에 관한 법률」 제45조를 준용한다.(2015.12.22 본항개정)

제18조【대부】 ① 국가는 다음 각 호의 어느 하나에 해당하는 자의 자립과 생활 안정을 위하여 장기저리(長期低利)로 대부를 한다.
1. 독립유공자와 그 유족으로서 보상금을 받는 자
2. 독립유공자의 유족 중 보상금을 받는 자가 없으면 제5조제1항 각 호에 따른 선순위자 1명
3. 제1호 및 제2호에 해당하지 아니하는 유족 중 제5조제1항제2호에 해당하는 자로서 생활수준 등을 고려하여 대통령령이 정하는 요건에 해당하는 자(2018.12.31 본호신설)

② 제1항제2호를 적용할 때 유족 중 같은 순위자가 2명 이상이면 제6조제1항에 따른 등록신청 순위를 준용한다.
(2015.12.22 본항개정)
③ 제1항에 따른 대부에 관하여는 「국가유공자 등 예우 및 지원에 관한 법률」 제48조부터 제56조까지 및 제59조부터 제62조까지의 규정을 준용한다.(2015.12.22 본항개정)

제19조【양로지원】 독립유공자와 그 유족 중 제12조에 따른 보상금을 받는 자로서 65세 이상의 남성 또는 60세 이상의 여성 중 부양의무자가 없는 자(부양의무자가 있으나 대통령령으로 정하는 부양 능력이 없는 경우를 포함한다)에 대하여는 국가의 양로시설에서 지원할 수 있다. 이 경우 독립유공자와 그 유족으로서 국가의 양로시설에서 지원받는 자의 배우자는 국가보훈부장관이 정하는 바에 따라 양로지원을 받을 수 있다.(2023.3.4 후단개정)

제19조의2【요양지원에 대한 보조】 ① 국가보훈부장관은 독립유공자와 그 배우자 중 「노인장기요양보험법」 제23조제1항제1호 또는 제2호에 따른 재가급여나 시설급여를 받는 사람에게는 희생 및 공헌도, 기준 중위소득 등 생활수준을 고려하여 본인이 부담하여야 할 비용의 일부를 보조할 수 있다.(2023.3.4 본항개정)
② 제1항에 따라 보조금을 받으려는 사람은 국가보훈부장관에게 그 보조금의 지급을 신청하여야 한다. 이 경우 보조금 지급의 신청절차, 신청인의 생활수준 파악을 위한 절차 등에 관하여는 제14조의2부터 제14조의4까지의 규정을 준용한다.(2023.3.4 전단개정)
③ 제1항과 제2항에 따른 보조금 지급 대상자의 구체적인 선정 기준, 그 지급액 등 필요한 사항은 대통령령으로 정한다.
(2015.12.22 본조신설)

제19조의3【보훈재가복지서비스】 ① 국가보훈부장관은 독립유공자와 그 유족 또는 가족의 원활한 일상생활을 위하여 가정에서 가사활동, 건강관리 및 정서활동 등을 지원하는 보훈재가복지서비스를 제공할 수 있다.
② 제1항에 따른 지원을 받으려는 사람은 국가보훈부장관에게 그 지원을 신청하여야 한다.
③ 제1항에 따른 서비스 및 지원 대상자의 구체적인 선정기준은 국가보훈부장관이 정한다.
(2023.3.4 본조개정)

제19조의4【심리적 재활 등】 ① 국가보훈부장관은 독립유공자와 그 유족 또는 가족의 심리적 안정과 사회 적응을 위하여 심리상담 등 심리재활서비스에 관한 시책을 마련하고, 그 사업을 수행하여야 한다.(2023.3.4 본항개정)
② 제1항에 따른 지원의 내용·방법 등에 관하여 필요한 사항은 대통령령으로 정한다.
(2021.4.20 본조신설)

제20조【양육지원】 독립유공자의 미성년 자녀 및 손자녀 중 부양의무자가 없는 사람(부양의무자가 있으나 대통령령으로 정하는 부양 능력이 없는 경우를 포함한다) 또는 부양의무자가 양육지원을 받고 있는 사람에 대해서는 국가의 양육시설에서 지원할 수 있다. 다만, 양육지원을 받고 있는 사람으로서 19세가 된 사람이 고등학교·대학 또는 이에 준하는 학교에 재학 중이거나 19세가 되는 해에 고등학교·대학 또는 이에 준하는 학교에 입학하게 되면 그 학교를 졸업할 때까지 국가의 양육시설에서 계속 지원할 수 있다.(2016.5.29 본조개정)

제21조【양로지원 등의 위탁】 ① 국가보훈부장관은 양로지원 및 양육지원을 할 때 필요하다고 인정되면 노인복지시설·아동복지시설 등 사회복지시설에 지원을 위탁할 수 있다.(2023.3.4 본항개정)
② 양로지원과 양육지원에 드는 비용은 국가가 부담한다.

제22조【수송시설의 이용지원】 ① 독립유공자 및 다른 사람의 보호 없이는 활동이 어려운 독립유공자를 직접 보호하여 수송시설을 이용하는 자에게는 대통령령으로 정하는 바에 따라 국가, 지방자치단체 및 대통령령으로 정하는 공공기관의 수송시설 이용 요금을 받지 아니하거나 할인할 수 있다.
② 국가는 제1항에 해당하는 자에게 수송시설을 무료로 또는 할인된 요금으로 이용할 수 있도록 제공하는 자에게는 예산의 범위에서 보조금을 지급할 수 있다.
(2016.5.29 본항개정)

제23조【고궁 등의 이용지원】 독립유공자, 그 유족 또는 가족에게는 대통령령으로 정하는 바에 따라 국가나 지방자치단체가 관리하는 고궁과 공원 등의 시설이용료를 받지 아니하거나 할인할 수 있다.

제24조【주택의 우선 공급】 ① 국가나 지방자치단체는 다음 각 호의 어느 하나에 해당하는 사람에게 국가나 지방자치단체에 의하여 건설되거나 국가나 지방자치단체의 재정이나 「주택도시기금법」에 따른 주택도시기금의 지원을 받아 건설·공급되는 주택을 무주택기간, 생활수준 등을 고려하여 대통령령으로 정하는 바에 따라 우선 공급할 수 있다.
1. 독립유공자
2. 독립유공자의 유족 중 제18조제1항에 따른 대부 대상자
3. 제26조에 따라 정착금 지급 대상이 되는 독립유공자의 유족 중 세대주
② 「주택법」 제54조에 따라 민영주택을 건설·공급하는 사업주체는 제1항 각 호의 어느 하나에 해당하는 대상자에게 그 민영주택 건설·공급량의 일부를 우선 공급할 수 있다.(2017.12.30 본항신설)
③ 제1항 또는 제2항에 따라 주택을 공급받으려는 사람은 국가보훈부장관에게 신청하여야 한다. 이 경우 주택 공급의 신청절차, 신청인의 생활수준 파악을 위한 절차 등에 관하여는 제14조의2부터 제14조의4까지의 규정을 준용한다.(2023.3.4 전단개정)
(2017.12.30 본조개정)

제25조 (2005.7.29 삭제)

제26조【국내 정착 지원에 관한 특례】 일제강점기에 국외로 망명하였다가 귀국하지 못하고 해외에서 거주하다가 후에 귀국하여 대한민국 국적을 취득한 사람 중 다음 각 호의 어느 하나에 해당하는 사람에게는 그 정착 여건과 생활유지 능력 등을 고려하여 대통령령으로 정하는 바에 따라 정착금을 지급할 수 있다.
1. 독립유공자
2. 독립유공자의 유족 중 세대주
(2015.12.22 본조개정)

제26조의2【묘지관리 비용의 지원 등】 ① 국가는 국립묘지에 안장되지 아니한 순국선열 또는 사망한 애국지사의 묘지관리에 소요되는 비용의 전부 또는 일부를 대통령령으로 정하는 바에 따라 지원할 수 있다.
② 국가보훈부장관은 제1항에 따른 비용지원을 위하여 국가보훈부령으로 정하는 바에 따라 국립묘지에 안장되지 아니한 순국선열 또는 사망한 애국지사의 묘지의 소재 및 현황 등에 관한 실태조사를 하여야 한다.
(2023.3.4 본항개정)
③ 국가보훈부장관은 제1항에 따른 비용지원 및 제2항에 따른 실태조사를 위하여 독립유공자의 친족 또는 묘지관리자 등과의 연락체계를 갖추어야 한다.(2023.3.4 본항개정)
(2021.1.26 본조제목개정)
(2017.10.31 본조신설)

제3장 기 금
(2008.3.28 본장개정)

제27조【기금의 설치 및 재원】 ① 독립유공자와 그 유족 또는 가족을 돕고, 독립 정신을 계승하여 민족정기를 선양할 수 있는 사업을 수행하기 위하여 순국선열·애국지사사업기금(이하 "기금"이라 한다)을 설치한다.
(2018.4.6 본항개정)
② 기금은 다음 각 호의 재원으로 조성한다.
1. 대일청구권(對日請求權) 자금에서 조성된 원화자금(원貨資金)
2. 「친일반민족행위자 재산의 국가귀속에 관한 특별법」 제2조제2호에 따른 친일반민족행위자의 재산(이하 이 호에서 "친일재산"이라 한다)으로 인하여 얻은 이득으로서 국가에 귀속된 것 또는 친일재산을 대체하는 유형·무형의 재산으로서 국가에 귀속된 것(2010.1.25 본호개정)
3. 「친일반민족행위자 재산의 국가귀속에 관한 특별법」 제3조에 따라 국가에 귀속된 재산(2010.1.25 본호신설)
4. 정부의 출연금
5. 다른 회계 및 다른 기금으로부터의 전입금
③ 기금 운용에 필요한 경우에는 기금의 부담으로 장기차입할 수 있다.

제28조【기금의 관리·운용】 ① 기금은 국가보훈부장관이 관리·운용한다.(2023.3.4 본항개정)
② 기금의 관리·운용에 필요한 사항은 대통령령으로 정한다.

제29조【기금운용심의회】 기금의 관리·운용에 관한 심의는 「보훈기금법」 제10조에 따른 순국선열·애국지사사업기금 및 보훈기금운용심의회(이하 "심의회"라 한다)가 한다.(2009.2.6 본조개정)

제30조【기금의 용도】 기금은 다음 각 호의 어느 하나에 해당하는 용도에 사용한다.
1. 독립유공자와 그 유족 또는 가족의 예우 및 생활 안정을 위한 지원금의 지급(2018.4.6 본호개정)
2. 독립운동 관련 기념사업, 독립운동가 및 독립운동 사료 발굴 사업
3. 민족정기 선양을 위한 교육·연구 및 이에 부수(附隨)된 사업
4. 기금 조성 경비 및 기금 운용상 필요한 부수 경비
5. 그 밖에 심의회에서 독립유공자의 공훈 선양 등을 위하여 필요하다고 인정하는 사업

제31조 (2005.12.29 삭제)

제31조의2【기금 계정의 설치】 국가보훈부장관은 한국은행에 기금 계정을 설치할 수 있다.(2023.3.4 본조개정)

제32조【기금의 회계연도】 기금의 회계연도는 정부의 회계연도에 따른다.

제33조【기금의 회계기관】 ① 국가보훈부장관은 기금의 수입과 지출에 관한 사무를 수행하게 하기 위하여 소속 공무원 중에서 기금수입징수관, 기금재무관, 기금지출관 및 기금출납공무원을 임명한다.
② 제1항에 따른 기금수입징수관, 기금재무관, 기금지출관 및 기금출납공무원의 임명은 국가보훈부장관의 소속 관서에 설치된 직위를 지정함으로써 갈음할 수 있다.
(2023.3.4 본조개정)

제33조의2~제33조의3 (2006.12.30 삭제)

제34조 (2002.12.30 삭제)

제4장 보 칙
(2008.3.28 본장개정)

제35조【보훈급여금 등의 환수】 ① 국가보훈부장관은 이 법에 따라 다음 각 호의 어느 하나에 해당하는 보훈급여금 등(이하 "보훈급여금등"이라 한다)을 받은 사람(상속인을 포함한다)이 거짓이나 그 밖의 부정한 방법으로 보훈급여금등을 받았거나, 보훈급여금등을 받은 후 그 보훈급여금등을 받게 된 사유가 소급하여 소멸한 경우 또는 보훈급여금등이 잘못 지급된 경우에는 그가 받은 보훈급여금등을 환수하되, 거짓이나 그 밖의 부정한 방법으로 보훈급여금등을 받은 경우 납부 의무자의 귀책사유가 있는 때에는 그가 받은 보훈급여금등에 대통령령으로 정하는 이자를 붙여 환수하여야 한다. 다만, 상속인의 경우 상속으로 받은 재산의 한도에서 납부할 의무를 진다.
(2023.3.4 본문개정)
1. 제11조에 따른 보훈급여금
1의2. 제14조의5에 따른 생활안정을 위한 지원금
(2018.4.6 본호신설)
2. 제15조제3항에 따라 준용되는 「국가유공자 등 예우 및 지원에 관한 법률」 제25조·제25조의2 및 제26조에 따른 수업료·입학금 및 그 밖의 학비와 학습보조비
(2016.5.29 본호개정)
3. 제16조제4항 본문에 따라 준용되는 「국가유공자 등 예우 및 지원에 관한 법률」 제38조제2항·제3항 및 제39조에 따른 직업능력개발훈련비 및 능력개발 장려금·지원비
4. 제17조에 따른 의료지원비
5. 제18조제3항에 따라 준용되는 「국가유공자 등 예우 및 지원에 관한 법률」 제55조에 따른 보조금
6. 제19조의2에 따른 요양지원에 대한 보조금
7. 제26조에 따른 정착금
8. 제1호의2에 따른 지원금 외에 제30조제1호에 따라 지급되는 지원금(2021.6.8 본호신설)
② 국가보훈부장관은 제1항에 따라 환수금을 내야 할 사람이 기한까지 내지 아니하면 대통령령으로 정하는 바에 따라 연체금을 징수하여야 한다.(2023.3.4 본항개정)
③ 국가보훈부장관은 제1항 또는 제2항에 따라 환수금이나 연체금을 내야 할 사람이 기한까지 내지 아니하면 국세강제징수의 예에 따라 징수할 수 있다.(2023.3.4 본항개정)
④ 국가보훈부장관은 제1항부터 제3항까지에 따라 환수금이나 연체금을 환수 또는 징수할 때 이를 내야 할 사람이 행방불명이거나 재산이 없거나 그 밖에 불가피한 사유로 환수 또는 징수가 불가능하다고 인정되는 경우에는 결손처분(缺損處分)할 수 있다.(2023.3.4 본항개정)
(2015.12.22 본조개정)

제36조【반환의무의 면제】 국가보훈부장관은 이 법에 따라 보상을 받은 사람이 보상을 받은 후 그 보상을 받게 된 사유가 소급하여 소멸한 경우 그 보상받은 원인이 그에게 책임이 없는 사유로 인한 것이면 제35조에도 불구하고 그가 받은 보훈급여금등을 환수하지 아니하고 면제할 수 있다.(2023.3.4 본조개정)

제37조 (2000.12.30 삭제)

제38조【보상의 정지】 ① 국가보훈부장관은 독립유공자가 이 법 또는 이 법에 따른 명령을 위반하거나 대통령령으로 정하는 품위손상행위를 한 경우에는 보훈심사위원회의 의결을 거쳐 3년의 범위에서 기간을 정하여 이 법 또는 다른 법률에 따라 그가 받을 수 있는 보상의 전부 또는 일부를 하지 아니한다.
② 국가보훈부장관은 독립유공자가 대통령령으로 정하는 죄를 범하여 금고 이상의 실형을 선고받고 그 형이 확정된 경우에는 그 확정된 날이 속하는 달의 다음 달부터 선고받은 실형의 기간 동안 그가 받을 보훈급여금을 지급하지 아니한다.
(2023.3.4 본조개정)

제39조【이 법 적용 대상으로부터의 배제】 ① 국가보훈부장관은 이 법을 적용받고 있거나 적용받을 독립유공자가 다음 각 호의 어느 하나에 해당하면 이 법의 적용 대상에서 제외하고 이 법 또는 다른 법률에 따라 독립유공자, 그 유족 또는 가족이 받을 수 있는 모든 예우를 하지 아니한다.(2023.3.4 본문개정)
1. 「국가보안법」의 위반행위로 금고 이상의 실형을 선고받고 그 형이 확정된 자
2. 「형법」 제87조부터 제90조까지, 제92조부터 제101조까지 또는 제103조를 위반하여 금고 이상의 실형을 선고받고 그 형이 확정된 자
3. 독립운동 공적(功績)에 중대한 흠결(欠缺)이 있다고 증거자료에 의하여 확인된 자
4. 다음 각 목의 어느 하나에 해당하는 죄를 범하여 금고 1년 이상의 실형을 선고받고 그 형이 확정된 자
가. 「형법」 제250조부터 제253조까지의 죄 또는 그 미수죄, 제264조의 죄, 제279조의 죄 또는 그 미수죄, 제285조의 죄 또는 그 미수죄, 제287조부터 제292조까지 및 제294조의 죄, 제297조부터 제301조까지, 제301조의2, 제302조, 제303조와 제305조의 죄, 제332조의 죄(제329조부터 제331조까지의 상습범으로 한정한다) 또는 그 미수죄, 제333조부터 제336조까지의 죄 또는 그 미수죄, 제337조부터 제339조까지의 죄 또는 제337조 전단·제338조 전단·제339조의 미수죄, 제341조의 죄 또는 그 미수죄, 제351조(제347조, 제348조, 제350조, 제350조의2의 상습범으로 한정한다)의 죄 또는 그 미수죄, 제363조의 죄(2017.12.30 본목개정)
나. 법률 제13718호로 개정되기 전의 「폭력행위 등 처벌에 관한 법률」 제2조제1항, 제3조제3항 및 제6조(제2조제1항과 제3조제3항의 미수범으로 한정한다)의 죄
(2017.10.31 본목신설)
다. 「특정범죄 가중처벌 등에 관한 법률」 제5조, 제5조의2, 제5조의4 및 제5조의5의 죄(2015.12.22 본목개정)
라. 「특정경제범죄 가중처벌 등에 관한 법률」 제3조의 죄
마. 「성폭력범죄의 처벌 등에 관한 특례법」 제3조부터 제10조까지 및 제15조(제3조부터 제10조까지의 미수범으로 한정한다)의 죄(2015.12.22 본목개정)
바. 「아동·청소년의 성보호에 관한 법률」 제7조, 제8조 및 제11조부터 제16조까지의 규정에 따른 죄
(2021.6.8 본목개정)
사. 「군사기밀 보호법」 제11조, 제11조의2, 제12조, 제13조, 제13조의2 및 제15조의 죄(2021.4.20 본목신설)
아. 「전기통신사업법」 제95조의2제1호의2 및 제1호의3의 죄(2021.6.8 본목신설)
5. 상습적으로 대통령령으로 정하는 품위손상행위를 한 자
6. 「일제강점하 반민족행위 진상규명에 관한 특별법」 제2조 각 호의 어느 하나에 해당하는 친일반민족행위를 한 것으로 결정된 자
7. 「국가공무원법」 제2조 및 「지방공무원법」 제2조에 따른 공무원과 국가나 지방자치단체에서 일상적으로 공무에 종사하는 대통령령으로 정하는 직원으로서 재직기간 중 직무와 관련된 「형법」 제129조부터 제133조까지, 제355조부터 제357조까지의 죄, 「특정범죄 가중처벌 등에 관한 법률」 제2조 및 제3조의 죄를 범하여 금고 1년 이상의 형을 선고받고 그 형이 확정된 사람
(2015.12.22 본호신설)
② 국가보훈부장관은 이 법을 적용받거나 적용받을 독립유공자의 유족 또는 가족이 제1항 각 호의 어느 하나에

해당하면 이 법의 적용 대상에서 제외하고 그가 받을 수 있는 모든 보상을 하지 아니한다.(2023.3.4 본항개정)
③ 국가보훈부장관은 제1항제1호·제4호·제5호 또는 제7호에 따라 이 법의 적용 대상에서 제외된 사람이 다음 각 호의 어느 하나에 해당하게 되면 그 뉘우친 정도가 현저하다고 인정되는 경우에 한정하여 제6조에 따라 등록신청을 받아 이 법의 적용 대상자로 결정하여 보상을 할 수 있다.(2023.3.4 본문개정)
1. 금고 이상의 형을 선고받고 그 집행이 종료되거나 집행을 받지 아니하기로 확정된 날부터 3년이 경과한 경우
2. (2009.2.6 삭제)
3. 제1호 외의 경우에는 이 법의 적용 대상에서 제외된 날부터 2년이 경과한 경우(2009.2.6 본호개정)
④ 국가보훈부장관은 제1항제3호 또는 제5호에 해당하는 사유로 독립유공자를 이 법의 적용 대상에서 제외하거나 제3항에 따라 이 법의 적용 대상에서 제외된 사람을 이 법의 적용 대상자로 결정할 때에는 보훈심사위원회의 의결을 거쳐야 한다.(2023.3.4 본항개정)
⑤ 국가보훈부장관은 제38조제2항에 따라 보상을 정지하거나 제1항과 제2항에 따라 이 법의 적용 대상에서 제외하려는 경우에는 범죄경력자료 또는 교정시설 수용 정보를 관계 기관의 장에게 요청할 수 있다.(2023.3.4 본항개정)
제39조의2【자료의 제공 요청 등】 ① 국가보훈부장관은 다음 각 호의 사무를 수행하기 위하여 주민등록정보, 가족관계등록사항, 재외국민등록사항, 군복무에 관한 자료, 국세·지방세에 관한 자료, 소득·재산에 관한 자료, 국민연금·건강보험 등 각종 연금·보험에 관한 자료, 출입국 정보 등을 관계 기관의 장에게 요청할 수 있다. 이 경우 요청을 받은 관계 기관의 장은 정당한 사유가 없으면 그 요청에 따라야 한다.(2023.3.4 전단개정)
1. 제6조에 따른 독립유공자, 그 유족 또는 가족의 등록
2. 제6조의2에 따른 독립유공자, 그 유족 또는 가족의 변동신고에 관한 사무
3. 제11조에 따른 보훈급여금의 지급
4. 제14조의3제1항에 따른 생활조정수당 수급권의 발생 또는 상실 확인을 위한 조사
4의2. 제14조의5에 따른 생활안정을 위한 지원금 수급권의 발생 또는 상실 확인을 위한 조사(2018.4.6 본호신설)
5. 제15조제3항에 따른 사립인 대학등(「국가유공자 등 예우 및 지원에 관한 법률」 제25조제2항 단서에 따른 대학등을 말한다)에 대한 수업료등(「국가유공자 등 예우 및 지원에 관한 법률」 제25조제3항에 따른 수업료등을 말한다)의 보조
6. 제16조제4항 전단에 따른 취업지원 실시기관에 대한 채용 또는 고용 실태 확인
7. 제18조제3항에 따른 대부에 관한 사무
8. 제19조의2에 따른 요양지원에 대한 보조
9. 제24조에 따른 주택의 우선 공급
9의2. 제26조의2제2항에 따른 실태조사(2021.1.26 본호신설)
10. 제35조에 따른 보훈급여금 등의 환수 및 결손처분
11. 제38조에 따른 보상의 정지
12. 제39조에 따른 법 적용 대상으로부터의 배제
② 국가보훈부장관은 제1항에 따른 자료 또는 정보의 확인을 위하여 「사회복지사업법」 제6조의2제1항에 따른 정보시스템을 연계하여 사용할 수 있다.(2023.3.4 본항개정)
③ 제1항 및 제2항에 따른 사무를 수행하거나 수행하였던 사람은 제1항에 따른 자료 또는 정보를 이 법에서 정한 목적 외의 용도로 조회·사용하거나 다른 사람 또는 기관에 제공하거나 누설해서는 아니 된다.
④ 제1항에 따라 요청할 수 있는 자료 또는 정보의 구체적인 범위는 대통령령으로 정한다.
(2017.10.31 본조신설)
제40조【독립유공자 지원 단체 조직 등의 제한 등】 ① 누구든지 독립유공자, 그 유족 또는 가족을 지원한다는 명목으로 영리를 목적으로 하는 단체를 조직하거나 단체적인 행동 또는 개인적인 활동을 하여서는 아니 된다.
② 어떠한 단체든지 법률에 따르지 아니하고는 그 단체의 명칭에 이 법에 따른 독립유공자나 그 칭호로 오인될 우려가 있는 용어를 사용하여서는 아니 된다.
제41조【권한의 위임·위탁】 ① 이 법에 따른 국가보훈부장관의 권한은 대통령령으로 정하는 바에 따라 그 일부를 그 소속 기관의 장 또는 제주특별자치도지사에게 위임하거나 다른 행정기관의 장에게 위탁할 수 있다.
② 국가보훈부장관은 대통령령으로 정하는 바에 따라 보훈급여금등의 지급에 관한 사무를 체신관서 또는 은행에 위탁할 수 있다.
(2023.3.4 본조개정)
제42조【「국가유공자 등 예우 및 지원에 관한 법률」의 적용】 독립유공자에 대한 예우를 할 때 이 법에 규정된 것을 제외하고는 「국가유공자 등 예우 및 지원에 관한 법률」을 적용한다.

제5장 벌 칙
(2008.3.28 본장개정)

제43조【벌칙】 ① 다음 각 호의 어느 하나에 해당하는 사람은 5년 이하의 징역 또는 5천만원 이하의 벌금에 처한다.(2017.10.31 본문개정)
1. 거짓이나 그 밖의 부정한 방법으로 이 법에 따른 보상을 받거나 보상을 받게 한 사람
2. 제14조의4제6항(제19조의2제2항 후단 및 제24조제3항 후단에 따라 준용되는 경우를 포함한다)을 위반하여 금융정보등을 사용·제공 또는 누설한 사람(2017.12.30 본호개정)
3. 제39조의2제3항을 위반하여 자료 또는 정보를 조회·사용·제공 또는 누설한 사람(2017.10.31 본호신설)
(2015.12.22 본항개정)
② 제1항제1호의 미수범은 처벌한다.(2015.12.22 본항개정)
③ 제40조제1항을 위반한 자는 3년 이하의 징역 또는 3천만원 이하의 벌금에 처한다.(2017.10.31 본항개정)
제44조【과태료】 ① 제16조제4항에 따라 준용되는 「국가유공자 등 예우 및 지원에 관한 법률」 제34조제3항에 따라 고용할 것을 명하였으나 정당한 사유 없이 이에 따르지 아니한 자에게는 1천만원 이하의 과태료를 부과한다.(2018.4.6 본항개정)
② 다음 각 호의 어느 하나에 해당하는 자에게는 300만원 이하의 과태료를 부과한다.
1. 제16조제4항에 따라 준용되는 「국가유공자 등 예우 및 지원에 관한 법률」 제36조제2항에 따른 시정 요구에 따르지 아니한 자
2. 제16조제4항에 따라 준용되는 「국가유공자 등 예우 및 지원에 관한 법률」 제33조의3제1항에 따른 신고를 하지 아니한 자나 거짓으로 신고를 한 자
3. 제16조제4항에 따라 준용되는 「국가유공자 등 예우 및 지원에 관한 법률」 제33조의3제2항에 따른 설명의 요구에 따르지 아니하거나 거짓으로 진술을 한 자 또는 서류의 제출을 거부·방해하거나 기피한 자
(2009.2.6 1호~3호개정)
4. 제40조제2항을 위반하여 독립유공자 단체와 유사한 명칭을 사용한 자
제45조【과태료의 부과·징수】 제44조에 따른 과태료는 대통령령으로 정하는 바에 따라 국가보훈부장관이 부과·징수한다.(2023.3.4 본조개정)

부 칙 (2005.3.31)

①【시행일】 이 법은 공포 후 2월이 경과한 날부터 시행한다.
② (2014.5.21 삭제)
③【정착금의 환수에 관한 적용례】 제35조제1항에 따른 정착금의 환수는 이 법 시행 후 최초로 정착금을 지원받는 사람부터 적용한다.(2014.5.21 본항개정)

부 칙 (2014.5.21)

이 법은 공포한 날부터 시행한다. 다만, 제12조제2항 및 제4항의 개정규정은 2015년 1월 1일부터 시행한다.

부 칙 (2015.12.22)

제1조【시행일】 이 법은 공포 후 6개월이 경과한 날부터 시행한다.
제2조【보상의 정지에 관한 적용례】 제38조제2항의 개정규정은 독립유공자가 이 법 시행 후 한 행위로 금고 이상의 실형을 선고받고 그 형이 확정된 경우부터 적용한다.
제3조【이 법 적용 대상으로부터의 배제에 관한 적용례】 ① 제39조제1항제4호의 개정규정은 독립유공자가 이 법 시행 후 한 행위로 금고 1년 이상의 실형을 선고받고 그 형이 확정된 경우부터 적용한다.
② 제39조제1항제7호의 개정규정은 독립유공자가 이 법 시행 후 한 행위로 금고 1년 이상의 형을 선고받고 그 형이 확정된 경우부터 적용한다.
③ 제39조제2항의 개정규정은 독립유공자의 유족 또는 가족이 이 법 시행 후 한 행위로 같은 조 제1항 각 호의 어느 하나에 해당하게 된 경우(「형법」 제250조, 제252조 또는 제253조의 죄를 범하여 제39조제1항제4호에 해당하게 된 경우는 제외한다)부터 적용한다.
제4조【취업지원 횟수에 관한 경과조치】 이 법 시행 당시 종전의 규정에 따라 독립유공자와 그 유족 또는 가족으로 등록된 사람에 대한 취업지원 횟수에 관하여는 제16조제4항 본문의 개정규정에 따라 준용되는 「국가유공자 등 예우 및 지원에 관한 법률」 제29조제3항에도 불구하고 종전의 규정에 따른다.
제5조【다른 법률의 개정】 ※(해당 법령에 가제정리 하였음)

부 칙 (2016.5.29)

이 법은 공포한 날부터 시행한다. 다만, 법률 제13607호 독립유공자예우에 관한 법률 일부개정법률 제35조 및 제39조의 개정규정은 2016년 6월 23일부터 시행한다.

부 칙 (2017.10.31)

제1조【시행일】 이 법은 공포 후 6개월이 경과한 날부터 시행한다. 다만, 제16조제4항 본문 및 제39조제1항제4호나목의 개정규정은 공포한 날부터 시행한다.
제2조【이 법 적용 대상으로부터의 배제에 관한 적용례】 제39조제1항제4호나목의 개정규정은 같은 개정규정 시행 전에 제6조에 따라 등록된 독립유공자에 대해서도 적용한다. 다만, 1992년 1월 1일 전에 등록된 경우에는 1992년 1월 1일 이후에 제39조제1항제4호나목의 개정규정에 따른 죄를 범하여 금고 1년 이상의 실형을 선고받고 그 형이 확정된 사람에 한정한다.

부 칙 (2017.12.30)

제1조【시행일】 이 법은 공포한 날부터 시행한다. 다만, 제39조제1항제4호가목의 개정규정은 공포 후 3개월이 경과한 날부터 시행하고, 법률 제15030호 독립유공자예우에 관한 법률 일부개정법률 제43조제1항제2호의 개정규정은 2018년 5월 1일부터 시행한다.
제2조【이 법 적용 대상으로부터의 배제에 관한 적용례】 제39조제1항제4호가목의 개정규정은 독립유공자가 같은 개정규정 시행 후 행한 행위로 금고 1년 이상의 실형을 선고받고 그 형이 확정된 경우부터 적용한다.

부 칙 (2018.4.6)

이 법은 공포한 날부터 시행한다. 다만, 법률 제15030호 독립유공자예우에 관한 법률 일부개정법률 제39조의2제1항의 개정규정은 2018년 5월 1일부터 시행하고, 제44조제1항의 개정규정은 공포 후 6개월이 경과한 날부터 시행한다.

부 칙 (2018.12.31)

이 법은 공포 후 6개월이 경과한 날부터 시행한다.

부 칙 (2019.4.30)
(2019.12.10)

이 법은 공포한 날부터 시행한다.

부 칙 (2021.1.5)

제1조【시행일】 이 법은 공포 후 3개월이 경과한 날부터 시행한다.(이하 생략)

부 칙 (2021.1.26)

이 법은 공포 후 6개월이 경과한 날부터 시행한다.

부 칙 (2021.4.20)

제1조【시행일】 이 법은 공포 후 6개월이 경과한 날부터 시행한다. 다만, 제39조제1항제4호사목의 개정규정은 공포한 날부터 시행한다.
제2조【이 법 적용 대상으로부터의 배제에 관한 적용례】 제39조제1항제4호사목의 개정규정은 독립유공자가 같은 개정규정 시행 후 행한 행위로 금고 1년 이상의 실형을 선고받고 그 형이 확정된 경우부터 적용한다.

부 칙 (2021.6.8)

이 법은 공포한 날부터 시행한다.

부 칙 (2023.1.17)

제1조【시행일】 이 법은 공포한 날부터 시행한다. 다만, 제35조의 개정규정 중 이자의 가산과 연체금의 징수에 대한 부분은 공포 후 6개월이 경과한 날부터 시행한다.
제2조【보훈급여금 등의 환수에 관한 적용례】 ① 제35조제1항 본문의 개정규정 중 환수대상에 상속인을 포함하는 부분은 이 법 시행 이후 환수 사유가 발생한 경우부터 적용한다.
② 제35조제1항 및 제2항의 개정규정에 따른 이자의 가산과 연체금의 징수에 관하여는 부칙 제1조 단서에 따른 시행일 이후 환수 사유가 발생한 경우부터 적용한다.

부 칙 (2023.3.4)

제1조【시행일】 이 법은 공포 후 3개월이 경과한 날부터 시행한다.(이하 생략)

(舊 : 참전유공자예우 및 단체설립에 관한 법률)

참전유공자 예우 및 단체설립에 관한 법률(약칭 : 참전유공자법)

(2000년 1월 28일 전개법률 제6258호)

개정
2001.12.31법 6590호(기금관리법)
2002. 1.26법 6649호 2003. 5.29법 6922호
2005. 3.31법 7485호
2005. 7.29법 7649호(국립묘지의설치및운영에관한법)
2006. 3. 3법 7873호(국가유공자등예우)
2007. 1. 3법 8230호
2008. 3.28법 9079호(국가유공자등예우)
2009. 2. 6법 9465호 2012. 1.17법11205호
2013. 5.22법11818호(국립묘지의설치및운영에관한법)
2013. 7.26법11946호 2015. 2. 3법13198호
2015.12.22법13609호 2016. 5.29법14260호
2017.10.31법15033호 2018. 3.13법15478호
2019. 4.30법16429호
2020. 3.24법17117호(유엔참전용사의명예선양등에관한법)
2020. 3.24법17119호 2021. 4.20법18140호
2021. 6. 8법18235호 2021. 8.17법18441호
2023. 1.17법19222호
2023. 3. 4법19228호(정부조직)
2023. 7.11법19526호
2024년 1월 25일 제412회 국회 본회의 통과→「法典 別册」 보유편 수록

제1장 총 칙
(2009.2.6 본장제목신설)

제1조【목적】 이 법은 국가에 공헌하고 헌신한 참전유공자(參戰有功者)에게 국가가 합당한 예우와 지원을 함으로써 참전유공자의 명예를 선양(宣揚)하고 국민의 애국정신을 기르는 데 이바지함을 목적으로 한다.
(2015.12.22 본조개정)

제2조【정의】 이 법에서 사용하는 용어의 뜻은 다음과 같다.
1. "6·25전쟁"이란 1950년 6월 25일부터 1953년 7월 27일 사이에 발생한 전투 및 1948년 8월 15일부터 1955년 6월 30일 사이에 발생한 전투 중 별표의 전투를 말한다.
2. "참전유공자"란 다음 각 목의 어느 하나에 해당하는 사람을 말한다. 다만, 6·25전쟁이나 1964년 7월 18일부터 1973년 3월 23일까지 월남전쟁 참전 중 범죄행위로 인하여 금고 이상의 형을 선고받고 불명예스러운 제대를 하거나 파면된 사실이 있는 사람은 제외한다.
가. 6·25전쟁에 참전하고 전역(퇴역 또는 면역을 포함한다. 이하 같다)한 군인
나. 「병역법」 또는 「군인사법」에 따른 현역복무 중 1964년 7월 18일부터 1973년 3월 23일 사이에 월남전쟁에 참전하고 전역한 군인
다. 6·25전쟁에 참전하고 퇴직한 경찰공무원
라. 6·25전쟁에 참전(병역의무 없이 참전한 소년지원병을 포함한다)한 사실 또는 월남전쟁에 참전한 사실이 있다고 국방부장관이 인정한 사람
마. 경찰서장 등 경찰관서장의 지휘·통제를 받아 6·25전쟁에 참전한 사실이 있다고 경찰청장이 인정한 사람
(2015.12.22 본조개정)

제3조【적용 대상자】 참전유공자로서 제5조에 따라 등록된 사람은 이 법에 따른 예우를 받는다.(2015.12.22 본조개정)

제4조【국가 등의 책무】 국가와 지방자치단체는 참전유공자의 예우와 지원을 위하여 다음 각 호의 사업을 한다.
1. 참전유공자의 명예를 선양하기 위한 사업
2. 참전유공자의 호국정신을 계승하기 위한 사업
3. 참전유공자의 복리를 증진하기 위한 사업
4. 6·25전쟁 참전국과의 우호를 증진하기 위한 사업
(2015.12.22 본조개정)

제4조의2 (2020.3.24 삭제)

제4조의3【해외 파병용사의 날】 국가는 해외 파병용사의 희생과 공헌을 기리기 위하여 필요하다고 판단될 경우 해외 파병용사의 날을 정하여 행사를 할 수 있다.
(2016.5.29 본조신설)

제5조【등록 및 결정】 ① 참전유공자로서 이 법을 적용받으려는 사람은 대통령령으로 정하는 바에 따라 국가보훈부장관에게 등록을 신청하여야 한다.(2023.3.4 본항개정)
② 국가보훈부장관은 제1항에 따른 등록신청을 받으면 대통령령으로 정하는 바에 따라 참전유공자로서의 요건을 확인한 후 등록할지를 결정한다.(2023.3.4 본항개정)
③ 다음 각 호의 사람 중 해당 등록신청 서류에 의하여 제2조제2호 각 목의 어느 하나의 요건에 해당함이 객관적으로 인정되는 사람에 대해서는 그 등록한 날에 이 법에 따른 참전유공자로 등록한 것으로 본다.
1. 「국가유공자 등 예우 및 지원에 관한 법률」에 따라 국가유공자로 등록된 사람
2. 「보훈보상대상자 지원에 관한 법률」에 따라 보훈보상대상자로 등록된 사람
3. 「고엽제후유의증 등 환자지원 및 단체설립에 관한 법률」에 따라 고엽제후유증환자 또는 고엽제후유의증환자로 등록된 사람
④ 국가보훈부장관은 제3항 각 호의 어느 하나에 해당하는 사람에 대해서는 지체 없이 이 법의 적용 대상이 되는 참전유공자에 해당하는지를 확인하고, 이에 해당하면 본인에게 제3항에 따라 참전유공자로 등록된 사실을 알려야 한다.(2023.3.4 본항개정)
⑤ 국가보훈부장관은 제2조제2호에 따른 참전유공자임에도 불구하고 제1항 및 제2항에 따른 등록을 마치지 못하고 사망한 사람에 대해서는 참전유공자로 기록하고 예우 및 관리를 할 수 있다.(2023.3.4 본항개정)
(2015.12.22 본조개정)

제5조의2【신상 변동의 신고 등】 ① 제5조에 따라 참전유공자로 등록된 사람이 다음 각 호의 어느 하나에 해당하면 본인이나 그 유족 또는 가족은 국가보훈부령으로 정하는 바에 따라 지체 없이 국가보훈부장관에게 그 사실을 신고하여야 한다.(2023.3.4 본문개정)
1. 사망한 경우
2. 제38조제2항 또는 제39조제1항에 해당하게 된 경우
3. 국적을 상실한 경우
4. 1년 이상 계속하여 행방불명 상태인 경우
5. 제4호에 해당하던 사람으로서 그 사유가 소멸한 경우
6. 성명·주소 또는 생년월일이 변동된 경우
7. 참전 기록이나 그 밖의 군 기록 등이 변경 또는 정정된 사실이 있는 경우
(2015.12.22 본항개정)
② 국가보훈부장관은 제1항에 따른 신고를 받으면 지체 없이 다음 각 호 중 필요한 조치를 하고, 신고인에게 그 내용과 사유를 알려야 한다.(2023.3.4 본문개정)
1. 등록취소
2. 미지급 참전명예수당의 지급 또는 지급된 참전명예수당의 환수
3. 그 밖에 국가보훈부령으로 정하는 조치(2023.3.4 본호개정)
③ 국가보훈부장관은 제1항 각 호의 신상 변동을 확인하기 위하여 참전유공자, 그 유족 또는 가족에게 필요한 자료의 제출을 요구할 수 있다. 이 경우 자료의 제출을 요구받은 사람은 정당한 사유가 없으면 이에 따라야 한다.
(2023.3.4 전단개정)
(2015.12.22 본조제목개정)
(2002.1.26 본조신설)

제2장 예우 및 지원
(2015.12.22 본장개정)

제6조【참전명예수당】 ① 국가보훈부장관은 65세 이상의 참전유공자에게는 참전의 명예를 기리기 위하여 참전명예수당을 지급한다. 다만, 참전명예수당을 받을 수 있는 사람(이하 "수당지급 대상자"라 한다)이 다음 각 호의 어느 하나에 해당하는 경우에는 본인이 참전명예수당과 다음 각 호의 어느 하나에 해당하는 보훈급여금 또는 수당 중 하나를 선택하게 하여 지급한다.(2023.3.4 본문개정)
1. 「국가유공자 등 예우 및 지원에 관한 법률」 제4조제1항제4호·제6호·제7호 또는 제9호에 해당하는 사람으로서 같은 법 제11조에 따른 보훈급여금을 지급받는 경우
2. 「보훈보상대상자 지원에 관한 법률」 제2조제1항제2호에 해당하는 사람으로서 같은 법 제10조에 따른 보훈급여금을 지급받는 경우
3. 「고엽제후유의증 등 환자지원 및 단체설립에 관한 법률」 제7조의3에 따른 수당을 지급받는 경우
② 참전명예수당은 제1항에 따른 참전명예수당 지급연령이 된 날이 속하는 달부터 제5조의2제1항제1호·제2호 및 제4호에 규정된 사유가 발생한 날이 속하는 달까지 지급한다. 다만, 참전명예수당 지급연령이 지난 후에 제5조제1항에 따른 등록신청을 한 경우에는 등록신청을 한 날이 속하는 달부터 지급한다.
③ 참전유공자가 국적을 상실한 경우에도 참전명예수당을 지급할 수 있다.
④ 참전명예수당은 수당지급 대상자가 지정하는 예금계좌(「우체국예금·보험에 관한 법률」에 따른 체신관서(이하 "체신관서"라 한다) 또는 「은행법」에 따른 은행(이하 "은행"이라 한다)의 계좌를 말한다. 이하 같다)에 입금하는 방법으로 지급한다. 다만, 정보통신망(「정보통신망 이용촉진 및 정보보호 등에 관한 법률」 제2조제1항제1호에 따른 정보통신망을 말한다. 이하 같다)의 손상 등 대통령령으로 정하는 불가피한 사유가 있는 경우에는 해당 수당지급 대상자의 신청에 따라 현금으로 지급할 수 있다.
⑤ 제4항 본문에 따라 참전명예수당을 지급하는 경우 수당지급 대상자가 본인 명의로 참전명예수당만 입금될 수 있는 예금계좌를 개설하여 지정한 경우에는 해당 예금계좌로 참전명예수당을 입금하여야 한다.
⑥ 미지급 참전명예수당의 지급에 관하여는 「국가유공자 등 예우 및 지원에 관한 법률」 제18조를 준용한다.
⑦ 참전명예수당은 월액(月額)으로 지급하며, 그 지급액 등은 대통령령으로 정한다.

제6조의2【권리의 보호】 ① 참전명예수당을 받을 권리는 양도하거나 압류할 수 없으며, 담보로 제공할 수 없다.
② 제6조제5항에 따라 입금된 월 참전명예수당 중 「국민기초생활 보장법」 제2조제11호에 따른 기준 중위소득(이하 "기준 중위소득"이라 한다) 등을 고려하여 대통령령으로 정하는 액수 이하의 금액에 관한 채권은 압류할 수 없다.
③ 제1항 및 제2항에도 불구하고 제36조에 따라 참전명예수당 등을 환수하는 경우에는 제6조제1항에 따른 참전명예수당을 압류할 수 있다.
(2015.12.22 본조신설)

제6조의3【생계지원금】 ① 80세 이상의 참전유공자에게는 대통령령으로 정하는 바에 따라 생활수준을 고려하여 생계지원금을 지급할 수 있다.
② 제1항에 따른 생계지원금 지급대상자가 다음 각 호의 어느 하나에 해당하는 경우에는 본인의 선택에 따라 제1항에 따른 생계지원금이나 다음 각 호에 규정된 생활조정수당·생계지원금 중 어느 하나를 지급한다.
1. 「5·18민주유공자예우 및 단체설립에 관한 법률」 제89조의2에 따른 생계지원금을 지급받는 경우
2. 「고엽제후유의증 등 환자지원 및 단체설립에 관한 법률」 제7조의10에 따른 생계지원금을 지급받는 경우
3. 「국가유공자 등 예우 및 지원에 관한 법률」 제14조에 따른 생활조정수당을 지급받는 경우
4. 「독립유공자예우에 관한 법률」 제14조에 따른 생활조정수당을 지급받는 경우
5. 「보훈보상대상자 지원에 관한 법률」 제13조에 따른 생활조정수당을 지급받는 경우
6. 「특수임무유공자 예우 및 단체설립에 관한 법률」 제75조의2에 따른 생계지원금을 지급받는 경우
③ 생계지원금의 지급 신청, 수급권 확인·심사를 위한 국가보훈부장관의 조사·질문 등의 권한, 금융정보등의 제공 요청 및 생계지원금 신청의 촉진 등에 관하여는 「국가유공자 등 예우 및 지원에 관한 법률」 제14조의2부터 제14조의5까지의 규정을 준용한다. 이 경우 "생활조정수당"은 "생계지원금"으로 본다.(2023.3.4 전단개정)
④ 생계지원금의 지급, 권리의 보호 및 생계지원금의 지급정지 등에 관하여는 「국가유공자 등 예우 및 지원에 관한 법률」 제17조의2 및 제18조부터 제20조까지의 규정을 준용한다.
⑤ 생계지원금은 월액으로 하며, 그 지급액, 지급방법, 그 밖에 지급에 필요한 사항은 대통령령으로 정한다.
(2021.8.17 본조신설)

제7조【의료지원】 ① 참전유공자가 국가 또는 지방자치단체가 설치·운영하는 의료기관(「한국보훈복지의료공단법」 제7조에 따른 보훈병원을 포함한다. 이하 같다)에서 진료를 받는 경우 그 진료비용(약제비용을 포함한다. 이하 이 조에서 같다)은 본인이 부담하게 될 비용의 범위에서 대통령령으로 정하는 바에 따라 감면(減免)하며, 그 감면된 비용은 국가가 부담한다.
② 국가는 제1항에 따른 참전유공자의 진료를 국가 또는 지방자치단체가 설치·운영하는 의료기관 외의 의료기관에 위탁하여 할 수 있다. 이 경우 그 진료비용은 본인이 부담하게 될 비용의 범위에서 대통령령으로 정하는 바에 따라 감면하며, 그 감면된 비용은 국가가 부담한다.
③ 제1항과 제2항에 따른 진료 또는 진료비용 지원의 방법·절차·범위 및 상한 등 의료지원의 기준은 대통령령으로 정한다.
(2023.7.11 본조개정)

제8조【양로지원】 ① 65세 이상인 참전유공자로서 부양의무자가 없는 사람(부양의무자가 있으나 대통령령으로 정하는 부양능력이 없는 경우를 포함한다)에 대해서는 국가 또는 지방자치단체가 설치·운영하는 양로시설에서 지원할 수 있다.
② 국가는 제1항에 따른 양로지원을 국가 또는 지방자치단체가 설치·운영하는 양로시설 외의 양로시설에 위탁하여 할 수 있으며, 이에 드는 비용은 국가가 부담한다.

제8조의2【요양지원에 대한 보조】 ① 국가보훈부장관은 참전유공자 중 「노인장기요양보험법」 제23조제1항제1호 또는 제2호에 따른 재가급여나 시설급여를 받는 사람에게는 기준 중위소득 등 생활수준을 고려하여 본인이 부담하여야 할 비용의 일부를 보조할 수 있다.
(2023.3.4 본항개정)
② 제1항에 따른 보조금 지급 대상자의 구체적인 선정기준, 그 지급액 등 필요한 사항은 대통령령으로 정한다.
(2015.12.22 본조신설)

제8조의3【요양지원에 대한 보조금 지급 신청】 ① 제8조의2에 따라 요양지원에 대한 보조금을 받으려는 사람(이하 "보조금 수급희망자"라 한다)은 국가보훈부장관에게 보조금 지급을 신청하여야 한다.(2023.3.4 본항개정)
② 보조금 수급희망자가 제1항에 따라 신청하는 경우에 본인과 그 부양의무자(부양의무가 있는 배우자, 부모, 자녀 및 그 배우자를 말한다. 이하 제8조의4 및 제8조의5에서 같다)는 다음 각 호의 자료 또는 정보 제공에 동의한다는 서면을 제출하여야 한다.
1. 「금융실명거래 및 비밀보장에 관한 법률」 제2조제2호 및 제3호에 따른 금융자산 및 금융거래의 내용에 대한 자료 또는 정보 중 예금의 평균잔액과 그 밖에 대통령령으로 정하는 자료 또는 정보(이하 "금융정보"라 한다)
2. 「신용정보의 이용 및 보호에 관한 법률」 제2조제1호에 따른 신용정보 중 채무액과 그 밖에 대통령령으로 정하는 자료 또는 정보(이하 "신용정보"라 한다)
3. 「보험업법」 제4조제1항 각 호에 따른 보험에 가입하여 납부한 보험료와 그 밖에 대통령령으로 정하는 자료 또는 정보(이하 "보험정보"라 한다)
③ 국가보훈부장관은 제1항에 따른 신청을 받으면 제8조의4에 따른 조사 결과에 따라 보조금을 지급할지를 결정하여야 한다.(2023.3.4 본항개정)
④ 제1항에 따른 요양지원에 대한 보조금 지급의 신청

방법·절차 및 제2항에 따른 동의의 방법·절차 등에 관하여 필요한 사항은 대통령령으로 정한다.
(2015.12.22 본조신설)

제8조의4【조사·질문 등】 ① 국가보훈부장관은 요양지원에 대한 보조금 수급권의 발생 또는 상실을 확인하기 위하여 보조금 수급희망자 및 보조금 수급자(참전유공자로서 요양지원에 대한 보조금을 받고 있는 사람을 말한다. 이하 같다)와 그 부양의무자에 대하여 필요한 서류나 그 밖에 소득·재산 등에 관한 자료의 제출을 요구할 수 있으며, 소속 공무원으로 하여금 보조금 수급희망자 및 보조금 수급자와 그 부양의무자의 주거, 그 밖에 필요한 장소에 출입하여 서류 등을 조사하게 하거나 관계인에게 필요한 질문을 하게 할 수 있다.(2023.3.4 본항개정)
② 제1항에 따라 출입·조사·질문을 하는 사람은 그 권한을 표시하는 증표를 지니고 이를 관계인에게 내보여야 한다.
③ 국가보훈부장관은 보조금 수급희망자 및 보조금 수급자와 그 부양의무자가 제1항에 따른 서류 또는 자료의 제출을 거부하거나 조사·질문을 거부·방해 또는 기피하는 경우에는 요양지원에 대한 보조금 지급 신청을 각하하거나 요양지원에 대한 보조금의 지급을 중지할 수 있다.(2023.3.4 본항개정)
④ 제1항에 따른 조사·질문의 범위·시기 및 내용에 관하여 필요한 사항은 대통령령으로 정한다.
(2015.12.22 본조신설)

제8조의5【금융정보등의 제공】 ① 국가보훈부장관은 「금융실명거래 및 비밀보장에 관한 법률」 제4조제1항과 「신용정보의 이용 및 보호에 관한 법률」 제32조제1항에도 불구하고 보조금 수급희망자와 그 부양의무자가 제8조의3제2항에 따라 제출한 동의 서면을 전자적 형태로 바꾼 문서에 의하여 금융회사 등(「금융실명거래 및 비밀보장에 관한 법률」 제2조제1호에 따른 금융회사등 및 「신용정보의 이용 및 보호에 관한 법률」 제25조에 따른 신용정보집중기관을 말한다. 이하 같다)의 장에게 금융정보·신용정보 또는 보험정보(이하 "금융정보등"이라 한다)의 제공을 요청할 수 있다.(2023.3.4 본항개정)
② 국가보훈부장관은 보조금 수급자와 그 부양의무자의 수급권 심사를 위하여 필요하다고 인정하는 경우에는 「금융실명거래 및 비밀보장에 관한 법률」 제4조제1항과 「신용정보의 이용 및 보호에 관한 법률」 제32조제1항에도 불구하고 대통령령으로 정하는 인적사항과 조회기준일 및 조회기간 등을 적은 문서 또는 정보통신망으로 금융회사등의 장에게 금융정보등을 제공하도록 요청할 수 있다.
(2023.3.4 본항개정)
③ 제1항과 제2항에 따라 금융정보등의 제공을 요청받은 금융회사 등의 장은 「금융실명거래 및 비밀보장에 관한 법률」 제4조제1항과 「신용정보의 이용 및 보호에 관한 법률」 제32조제1항에도 불구하고 이를 국가보훈부장관에게 제공하여야 한다.(2023.3.4 본항개정)
④ 제3항에 따라 금융정보등을 제공하는 금융회사 등의 장은 금융정보등의 제공 사실을 명의인에게 통보하여야 한다. 다만, 명의인의 동의가 있는 경우에는 「금융실명거래 및 비밀보장에 관한 법률」 제4조의2제1항에도 불구하고 통보하지 아니할 수 있다.
⑤ 제1항부터 제3항까지의 규정에 따른 금융정보등의 제공 요청 및 제공은 정보통신망을 이용하여야 한다. 다만, 정보통신망의 손상 등 불가피한 사유가 있는 경우에는 그러하지 아니하다.
⑥ 제1항과 제2항에 따른 업무에 종사하고 있거나 종사하였던 사람은 업무를 수행하면서 취득한 금융정보등을 이 법에서 정한 목적 외의 다른 용도로 사용하거나 다른 사람 또는 기관에 제공하거나 누설해서는 아니 된다.
⑦ 제1항부터 제3항까지 및 제5항에 따른 금융정보등의 제공 요청 및 제공 등에 필요한 사항은 대통령령으로 정한다.
(2015.12.22 본조신설)

제8조의6【보훈재가복지서비스】 ① 국가보훈부장관은 다음 각 호의 어느 하나에 해당하는 사람에게 원활한 일상생활을 위하여 가정에서 가사활동, 건강관리 및 정서활동 등을 지원하는 보훈재가복지서비스를 제공할 수 있다.
(2023.3.4 본문개정)
1. 제3조의 참전유공자
2. 제1호에 해당하는 사람의 배우자(「국가유공자 등 예우 및 지원에 관한 법률」 제5조제1항제1호 및 같은 조 제2항에 따른 배우자를 말한다)
② 제1항에 따른 지원을 받으려는 사람은 국가보훈부장관에게 그 지원을 신청하여야 한다.(2023.3.4 본항개정)
③ 제1항에 따른 서비스 및 지원 대상의 구체적인 선정기준은 국가보훈부장관이 정한다.(2023.3.4 본항개정)
(2019.4.30 본조신설)

제8조의7【심리적 재활 등】 ① 국가보훈부장관은 참전유공자의 심리적 안정과 사회 적응을 위하여 심리상담 등 심리재활서비스에 관한 시책을 마련하고, 그 사업을 수행하여야 한다.(2023.3.4 본항개정)
② 제1항에 따른 지원의 내용·방법 등에 필요한 사항은 대통령령으로 정한다.
(2021.4.20 본조신설)

제9조【묘지에의 안장】 ① 참전유공자로 등록된 사람의 유골은 본인 또는 유족이 원하는 바에 따라 국가가 조성하거나 조성할 묘지나 국가 또는 지방자치단체가 조성경비의 100분의 50 이상을 부담한 시설(이하 "묘지"라 한다)에 안장(安葬)하거나 안치(安置)할 수 있다. 다만, 제39조제1항 각 호의 어느 하나에 해당하는 사람은 그러하지 아니하다.
② 참전유공자(제1항 단서에 해당하는 사람은 제외한다)로서 제5조에 따른 등록을 마치지 못하고 사망한 사람의 유족이 희망하는 경우에는 그 유골을 묘지에 안장하거나 안치할 수 있다.
③ 묘지에 안장되거나 안치된 사람의 배우자는 본인 또는 유족의 희망에 따라 합장(合葬)할 수 있다.
④ 참전유공자가 사망한 경우에는 예산의 범위에서 장제보조비(葬祭補助費)를 지급하거나 그 밖의 보조를 할 수 있다. 다만, 국립묘지 또는 묘지에 안장하거나 안치하는 경우에는 장제보조비를 지급하지 아니한다.(2015.12.22 본항신설)
⑤ 제4항에 따른 장제보조비를 지급받을 대상 및 순위에 관하여는 「국가유공자 등 예우 및 지원에 관한 법률」 제13조를 준용한다. 이 경우 같은 법 제13조에 따른 유족이 없으면 사망 당시 생활을 같이 하고 있던 친족 중 재산상속인이 될 사람의 신청에 따라 해당 재산상속인에게 이를 지급할 수 있고, 재산상속인이 될 사람도 없는 경우에는 장제를 하는 사람에게 이를 지급할 수 있다.
⑥ 제1항부터 제3항까지의 규정에 따른 유골의 안장 또는 안치 대상의 범위, 위치배정, 신청방법 및 절차 등에 필요한 사항은 국가보훈부령으로 정한다.(2023.3.4 본항개정)
⑦ (2015.12.22 삭제)

제10조【고궁 등의 이용지원】 참전유공자에 대해서는 대통령령으로 정하는 바에 따라 국가 또는 지방자치단체에서 관리하는 고궁·공원 등의 시설을 무료로 이용하게 하거나 그 요금을 할인하여 이용하게 할 수 있다.

제11조【권리의 발생시기】 이 법에 따라 예우 및 지원을 받을 권리는 제5조제1항 및 제3항에 따른 등록신청을 한 날이 속하는 달부터 발생한다. 다만, 제6조의3에 따른 생계지원금 및 제8조의3제1항에 따른 보조금을 신청하는 경우에는 그 신청한 날이 속하는 달부터 해당 지원을 받을 권리가 발생한다.(2021.8.17 단서개정)

제12조【사업의 재원】 제4조에 따른 사업을 위한 재원은 「보훈기금법」에 따른 보훈기금에서 지원한다.

제12조의2【보조금】 국가 또는 지방자치단체는 참전유공자의 명예를 선양하거나 호국정신을 계승하기 위한 사업 등을 하는 법인에 대하여 예산의 범위에서 보조금을 지급할 수 있다.

제12조의3【주택의 우선 공급】 ① 국가나 지방자치단체는 참전유공자에게 국가나 지방자치단체에 의하여 건설되거나 국가 또는 지방자치단체의 재정이나 「주택도시기금법」에 따른 주택도시기금의 지원을 받아 건설·공급되는 주택을 무주택기간과 생활수준 등을 고려하여 대통령령으로 정하는 바에 따라 우선 공급할 수 있다.
② 「주택법」 제54조에 따라 민영주택을 건설·공급하는 사업주체는 참전유공자에게 그 민영주택 건설·공급량의 일부를 우선 공급할 수 있다.
③ 제1항 또는 제2항에 따라 주택을 공급받으려는 사람은 국가보훈부장관에게 신청하여야 한다. 이 경우 주택 공급의 신청절차와 신청인의 생활수준 파악을 위한 절차 등은 제8조의3부터 제8조의5까지의 규정을 준용한다.
(2023.3.4 전단개정)
(2017.10.31 본조신설)

제13조~제16조 (2001.12.31 삭제)

제17조 (2015.12.22 삭제)

제3장 단체설립 및 지원
(2009.2.6 본장신설)

제18조【대한민국6·25참전유공자회의 설립】 ① 6·25전쟁 참전유공자 상호 간의 상부상조를 통한 친목을 도모하고 회원의 권익을 향상하기 위하여 대한민국6·25참전유공자회(이하 "6·25참전유공자회"라 한다)를 둔다.
② 6·25참전유공자회는 법인으로 한다.
③ 6·25참전유공자회는 정관을 작성하여 국가보훈부장관의 인가를 받아 그 본부의 소재지에서 설립등기를 함으로써 성립한다.(2023.3.4 본항개정)
④ 6·25참전유공자회에 대하여 이 법에 규정된 것을 제외하고는 「민법」 중 사단법인에 관한 규정을 준용한다.

제18조의2【대한민국월남전참전자회의 설립】 ① 제2조제2호나목 및 라목에 따른 사람 상호간의 상부상조를 통한 친목을 도모하고 회원의 권익을 향상하기 위하여 대한민국월남전참전자회(이하 "월남전참전자회"라 한다)를 둔다.(2015.12.22 본항개정)
② 월남전참전자회는 법인으로 한다.
③ 월남전참전자회는 정관을 작성하여 국가보훈부장관의 인가를 받아 그 본부의 소재지에서 설립등기를 함으로써 성립한다.(2023.3.4 본항개정)
④ 월남전참전자회의 조직, 임원 및 수익사업 등에 관하여는 제20조부터 제24조까지, 제24조의2부터 제24조의13까지, 제25조부터 제32조까지, 제32조의2, 제33조, 제34조 및 제42조를 준용한다. 이 경우 "6·25참전유공자회"는 "월남전참전자회"로 본다.(2021.6.8 본항개정)
⑤ 월남전참전자회에 대하여 이 법에 규정된 것을 제외하고는 「민법」 중 사단법인에 관한 규정을 준용한다.
(2012.1.17 본조신설)

제19조【회원의 자격】 제2조에 따른 6·25전쟁 참전유공자 또는 같은 조 제2호나목 및 라목에 따른 월남전쟁 참전유공자는 각각 6·25참전유공자회 또는 월남전참전자회의 회원이 될 수 있다. 다만, 「고엽제후유의증 등 환자지원 및 단체설립에 관한 법률」 제9조에 따른 대한민국고엽제전우회의 회원으로 가입한 사람은 월남전참전자회의 회원이 될 수 없다.(2015.12.22 본조개정)

제20조【조직】 ① 6·25참전유공자회는 본부·지부 및 지회를 둘 수 있다.
② 6·25참전유공자회의 본부는 서울특별시에, 지부는 서울특별시·광역시·도 및 특별자치도에, 지회는 시(행정시를 포함한다. 이하 같다)·군·구(자치구를 말한다. 이하 같다)에 둔다.
③ 국가보훈부장관은 회원의 수 및 지리적 조건 등을 참작하여 필요하다고 인정할 때에는 인접 도·시·군·구를 통합하여 하나의 지부나 지회를 둘 것을 요구할 수 있다.(2023.3.4 본항개정)

제21조【임원 등】 ① 6·25참전유공자회 본부에는 다음 각 호의 임원을 둔다.
1. 회장 1명
2. 부회장 5명 이내
3. 이사 10명 이내
4. 감사 2명
② 6·25참전유공자회에 사무총장 1명을 둔다.
③ 회장·부회장·이사 및 감사는 총회에서 선출한다.
④ 사무총장은 이사 중에서 회장이 임명하되, 이사회의 승인을 받아야 한다.
⑤ 회장은 단체를 대표하고 단체의 업무를 총괄한다.
⑥ 부회장은 회장을 보좌하며 회장이 사고가 있을 때에는 정관으로 정하는 바에 따라 그 직무를 대리한다.
⑦ 감사는 6·25참전유공자회의 회계 및 회계와 관련된 업무를 감사한다.
⑧ 사무총장은 회장의 명을 받아 단체의 사무를 처리한다.

제22조【지부장 등】 ① 6·25참전유공자회의 지부 및 지회에 지부장 및 지회장 각 1명을 두되, 그 선임방법은 정관으로 정한다.
② 제1항의 지부장이나 지회장은 대의원을 겸할 수 없다.

제23조【정관】 ① 6·25참전유공자회의 정관에는 다음 각 호의 사항을 규정하여야 한다.
1. 목적
2. 명칭
3. 사무소의 소재지
4. 사업에 관한 사항
5. 회원의 권리 및 의무에 관한 사항
6. 총회 및 이사회에 관한 사항
7. 집행기관과 업무분장에 관한 사항
8. 본부·지부 및 지회 등 조직에 관한 사항
9. 회비·자산 및 감사에 관한 사항
10. 정관의 변경에 관한 사항
11. 임원 및 직원에 관한 사항
12. 해산에 관한 사항
13. 회칙과 그 밖에 운영에 필요한 사항
② 6·25참전유공자회가 정관을 변경하고자 하는 때에는 국가보훈부장관의 인가를 받아야 한다.(2023.3.4 본항개정)

제24조【사업】 6·25참전유공자회는 다음 각 호의 사업을 행한다.
1. 6·25전쟁 참전유공자 상호 간의 상부상조를 위한 친목도모
2. 6·25전쟁 참전유공자의 복지증진 및 권익신장
3. 6·25전쟁 참전유공자의 명예선양 및 추모사업
4. 호국정신 함양 및 애국심 고취
5. 제1호부터 제4호까지의 사업 수행을 위한 부대사업

제24조의2【수익사업】 6·25참전유공자회는 제24조의 사업목적을 달성하기 위하여 필요한 범위에서 직접 수익사업을 할 수 있다.(2015.2.3 본조신설)

제24조의3【수익사업의 승인 등】 ① 제24조의2에 따라 수익사업을 하려는 6·25참전유공자회는 해당 수익사업에 대하여 제24조의6에 따른 복지사업심의위원회의 심의·의결을 거쳐 국가보훈부장관의 승인을 받아야 한다.
(2023.3.4 본항개정)
② 제1항에 따라 수익사업의 승인을 받은 6·25참전유공자회가 승인사항을 변경하려는 경우에는 국가보훈부장관의 승인을 받아야 한다. 다만, 국가보훈부령으로 정하는 경미한 승인사항을 변경하려는 경우에는 국가보훈부장관에게 신고하여야 한다.(2023.3.4 본항개정)
③ 제1항에 따라 수익사업의 승인을 받으려는 6·25참전유공자회는 다음 각 호의 기준을 모두 충족하여야 한다.
1. 수익사업이 6·25참전유공자회의 자금조달 능력, 사업수행 능력 및 투자규모, 다른 수익사업의 운영 현황 등을 고려할 때 6·25참전유공자회가 운영하기에 적합하다고 인정되는 업종 및 품목일 것
2. 6·25참전유공자회가 수익사업을 위한 시설·인력 등을 갖추어 물품을 직접 생산하거나 용역 또는 서비스를 직접 제공할 것

3. 수익사업으로 수익금이 발생하는 경우에는 해당 수익금을 6·25참전유공자회의 설립목적을 위한 용도로만 사용할 것

④ 제24조의12제1항에 따라 수익사업의 승인이 취소된 6·25참전유공자회는 취소된 날부터 1년 동안 해당 수익사업의 승인을 받을 수 없다.(2021.6.8 본항신설)

⑤ 제1항부터 제4항까지에서 규정한 사항 외에 승인 절차, 승인사항의 변경, 승인 기준 등에 필요한 사항은 국가보훈부령으로 정한다.(2023.3.4 본항개정)

(2021.6.8 본조개정)

제24조의4【승인의 유효기간 등】 ① 제24조의3제1항에 따른 수익사업 승인의 유효기간은 승인을 받은 날부터 3년으로 한다.

② 제24조의3제1항에 따라 수익사업의 승인을 받은 6·25참전유공자회가 유효기간이 끝난 후에도 수익사업을 계속하려는 경우에는 그 유효기간이 끝나기 전에 3년의 범위에서 유효기간의 연장을 신청할 수 있다. 그 연장된 유효기간을 다시 연장하려는 경우에도 또한 같다.

③ 제2항에 따른 유효기간의 연장 신청 등에 필요한 사항은 국가보훈부령으로 정한다.(2023.3.4 본항개정)

(2021.6.8 본조신설)

제24조의5【명의 대여 금지 등】 ① 제24조의3제1항에 따라 수익사업의 승인을 받은 6·25참전유공자회는 그 명의를 다른 자에게 대여하여 수익사업을 하게 하여서는 아니 된다.

② 6·25참전유공자회가 아닌 자는 6·25참전유공자회의 명의를 사용하여 수익사업을 하여서는 아니 된다.

(2021.6.8 본조신설)

제24조의6【복지사업심의위원회의 설치 등】 ① 6·25참전유공자회는 수익사업의 운영에 관한 사항을 심의하기 위한 복지사업심의위원회(이하 "심의위원회"라 한다)를 두어야 한다.

② 심의위원회는 다음 각 호의 사항을 심의·의결한다.

1. 수익사업의 신설·중단 및 폐지에 관한 사항
2. 수익사업에 대한 투자규모 등의 결정에 관한 사항
3. 수익금 사용계획 및 사용계획 변경에 관한 사항
4. 수익사업에 대한 회계감사 결과 및 수익사업의 적정성에 관한 사항
5. 그 밖에 수익사업의 운영에 관한 주요 사항

③ 심의위원회는 위원장 1명을 포함하여 5명 이상 10명 이하의 위원으로 구성하고, 위원은 다음 각 호의 사람이 된다.

1. 6·25참전유공자회의 회장이 지명하는 임직원 2명
2. 국가보훈부장관이 지명하거나 위촉하는 다음 각 목의 사람. 이 경우 나목부터 라목까지에 해당하는 사람은 국가보훈부 소속 공무원 또는 6·25참전유공자회에 속하는 사람을 지명하거나 위촉하여서는 아니 된다.(2023.3.4 본문개정)
   가. 국가보훈부 소속 공무원 1명(2023.3.4 본목개정)
   나. 변호사 1명 이상
   다. 공인회계사 1명 이상
   라. 그 밖에 수익사업 관련 전문지식과 경험이 풍부한 사람으로서 국가보훈부장관이 필요하다고 인정하는 사람(2023.3.4 본목개정)

④ 심의위원회의 위원장은 위원 중에서 호선한다.

⑤ 심의위원회는 제2항제1호의 사항을 심의·의결하는 경우에는 수익사업의 수익성·성장성·안정성 및 시장에 미치는 영향 등을 고려하여야 한다.

⑥ 6·25참전유공자회는 제2항 각 호의 사항에 대해서 심의위원회의 심의·의결을 거쳐 수익사업을 운영하여야 하고, 특별한 사유가 없으면 심의위원회의 심의·의결 결과에 따라야 한다. 다만, 6·25참전유공자회는 심의위원회의 심의·의결 결과에 대해서 다른 의견이 있는 경우에는 국가보훈부령으로 정하는 바에 따라 재심의를 요구할 수 있다.(2023.3.4 단서개정)

⑦ 제3항 및 제4항에서 규정한 사항 외에 심의위원회의 구성에 필요한 사항은 국가보훈부령으로 정한다.(2023.3.4 본항개정)

(2015.2.3 본조신설)

제24조의7【심의위원회의 운영】 ① 위원장은 심의위원회를 대표하고 사무를 총괄한다.

② 위원장이 부득이한 사유로 직무를 수행할 수 없을 때에는 심의위원회에서 정하는 위원이 그 직무를 대행한다.

③ 심의위원회는 재적위원 과반수의 출석으로 개의하고, 출석위원 과반수의 찬성으로 의결한다.

④ 제1항부터 제3항까지에서 규정한 사항 외에 심의위원회의 운영에 필요한 사항은 국가보훈부령으로 정한다.(2023.3.4 본항개정)

(2015.2.3 본조신설)

제24조의8【수익금의 사용】 ① 수익사업의 수익금은 6·25참전유공자회 회원의 복지, 6·25참전유공자회의 운영 및 그 밖의 6·25참전유공자회의 설립목적을 위하여 사용하되, 회원의 복지사업에 우선 사용하여야 한다.

② 6·25참전유공자회는 다음 연도의 수익금 사용계획을 심의위원회에 제출하여 매 회계연도 시작 30일 전까지 심의를 받아야 하고, 수익금 사용계획을 변경하려면 미리 심의위원회의 심의를 받아야 한다.

③ 심의위원회는 제2항에 따른 수익금 사용계획이 제1항에 따른 수익금 사용목적에 맞지 아니하다고 판단되는 경우에는 그 의견을 제시할 수 있다.

(2021.6.8 본조신설)

제24조의9【회계감사 등】 ① 6·25참전유공자회는 국가보훈부령으로 정하는 일정 규모 이상의 수익사업에 대하여 매 회계연도 종료 후 3개월 이내에 공인회계기관(「공인회계사법」 제23조에 따른 회계법인으로서 심의위원회가 지정하는 회계법인을 말한다. 이하 이 조에서 같다)으로부터 회계감사를 받아야 한다.(2023.3.4 본항개정)

② 공인회계기관은 제1항에 따른 회계감사를 국가보훈부령으로 정하는 기간에 실시하여 그 결과를 6·25참전유공자회에 제출하여야 한다. 이 경우 6·25참전유공자회는 회계감사 결과를 회계감사 종료 후 15일 이내에 심의위원회에 제출하여야 한다.(2023.3.4 전단개정)

③ 심의위원회는 제2항에 따른 회계감사 결과를 고려하여 수익사업 운영에 관한 의견을 제시할 수 있다.

④ 국가보훈부장관은 소속 공무원으로 하여금 제24조의2에 따라 6·25참전유공자회가 수행하는 수익사업에 대하여 매년 정기적으로 감사를 실시하도록 하여야 한다.(2023.3.4 본항개정)

(2021.6.8 본조신설)

제24조의10【실태조사】 ① 국가보훈부장관은 6·25참전유공자회의 수익사업의 건전한 운영을 위하여 그 수익사업의 운영 실태를 조사할 수 있다.

② 국가보훈부장관은 제1항에 따른 실태조사를 위하여 필요한 경우에는 관계 중앙행정기관의 장, 지방자치단체의 장 또는 「공공기관의 운영에 관한 법률」에 따른 공공기관의 장(이하 "관계 기관의 장"이라 한다)에게 자료의 제출을 요청할 수 있다. 이 경우 자료의 제출을 요청받은 관계 기관의 장은 정당한 사유가 없으면 이에 따라야 한다.

③ 제1항에 따른 실태조사의 방법 등에 필요한 사항은 국가보훈부령으로 정한다.

(2023.3.4 본조개정)

제24조의11【수익사업에 관한 정보·자료의 공개】 ① 국가보훈부장관은 제24조의3제1항에 따라 수익사업의 승인을 받은 6·25참전유공자회의 다음 각 호의 정보 또는 자료를 매 회계연도 종료일 이후 180일 이내에 국가보훈부령으로 정하는 바에 따라 국가보훈부의 인터넷 홈페이지에 공개하여야 한다.(2023.3.4 본문개정)

1. 제24조의9에 따른 회계감사 결과에 관한 자료
2. 제32조의2에 따른 재무·회계에 관한 기준에 따라 작성된 재무·회계 자료
3. 그 밖에 수익사업의 운영 현황 등과 관련하여 국가보훈부령으로 정하는 정보 또는 자료(2023.3.4 본호개정)

② 국가보훈부장관은 제1항에 따른 정보 또는 자료의 공개를 위하여 필요하면 관계 기관의 장에게 제24조의3제1항에 따라 수익사업의 승인을 받은 6·25참전유공자회에 관한 자료의 제출을 요청할 수 있다. 이 경우 자료의 제출을 요청받은 관계 기관의 장은 정당한 사유가 없으면 이에 따라야 한다.(2023.3.4 전단개정)

(2021.6.8 본조신설)

제24조의12【수익사업의 정지 및 승인 취소】 ① 국가보훈부장관은 제24조의3제1항에 따라 수익사업의 승인을 받은 6·25참전유공자회가 다음 각 호의 어느 하나에 해당하는 경우에는 6개월의 범위에서 해당 수익사업의 정지를 명하거나 그 승인을 취소할 수 있다. 다만, 제1호·제2호 또는 제5호의 경우에는 승인을 취소하여야 한다.(2023.3.4 본문개정)

1. 거짓이나 그 밖의 부정한 방법으로 제24조의3제1항·제2항에 따른 수익사업의 승인·변경승인을 받은 경우
2. 제24조의3제1항에 따라 승인받은 수익사업을 폐지한 경우
3. 제24조의3제1항에 따라 승인받은 수익사업을 2년 이상 운영하지 아니한 경우
4. 제24조의3제3항에 따른 승인 기준을 충족하지 못한 경우
5. 제24조의5제1항을 위반하여 6·25참전유공자회의 명의를 다른 자에게 대여하여 수익사업을 하게 한 경우
6. 제24조의9제1항에 따른 회계감사 또는 같은 조 제4항에 따른 정기 감사를 거부하거나 방해·기피한 경우
7. 제24조의10제1항에 따른 실태조사를 거부하거나 방해·기피한 경우
8. 제30조에 따른 시정조치에 따르지 아니한 경우
9. 제31조제1항에 따른 조사·검사를 거부하거나 방해·기피한 경우
10. 제32조에 따른 보고 또는 서류나 자료 제출을 거부하거나 거짓 보고를 하거나 거짓 서류나 자료를 제출한 경우
11. 수익사업의 정지 기간 중에 수익사업을 운영한 경우
12. 「국가를 당사자로 하는 계약에 관한 법률」 제27조에 따라 입찰 참가자격을 제한받은 경우
13. 「지방자치단체를 당사자로 하는 계약에 관한 법률」 제31조에 따라 입찰 참가자격을 제한받은 경우
14. 「중소기업제품 구매촉진 및 판로지원에 관한 법률」 제11조제2항제1호 또는 제3호에 해당하는 경우

② 국가보훈부장관은 제1항에 따른 수익사업의 정지 또는 승인 취소를 할 때 6·25참전유공자회가 그 처분을 받기 전에 해당 수익사업에 관하여 체결한 계약에 따른 업무를 6·25참전유공자회로 하여금 계속하여 수행하게 할 수 있다.(2023.3.4 본항개정)

③ 6·25참전유공자회는 제2항에 따라 국가보훈부장관이 해당 수익사업에 관하여 체결한 계약에 따른 업무를 계속하여 수행하게 한 경우에는 제1항에 따른 수익사업의 정지 또는 승인 취소를 받은 사실과 내용을 국가보훈부령으로 정하는 기간 내에 해당 계약의 상대방에게 통지하여야 한다.(2023.3.4 본항개정)

④ 제1항에 따른 행정처분의 세부기준 등에 필요한 사항은 국가보훈부령으로 정한다.(2023.3.4 본항개정)

(2021.6.8 본조개정)

제24조의13【청문】 국가보훈부장관은 제24조의12제1항에 따른 수익사업의 정지 또는 승인 취소를 하려는 경우에는 청문을 하여야 한다.(2023.3.4 본조개정)

제25조【총회】 ① 총회는 회장·부회장·사무총장·이사 및 지부장과 대의원으로 구성한다.

② 제1항의 대의원정수·선임방법 및 총회의사록 등에 관한 사항은 정관으로 정한다.

제26조【이사회】 ① 이사회는 회장·부회장 및 이사로 구성한다. 다만, 정관으로 정하는 바에 따라 지부장을 이사회의 구성원으로 할 수 있다.

② 회장은 천재지변이나 그 밖의 긴급한 사태의 발생으로 인하여 총회의 소집이 극히 곤란하다고 인정할 때에는 국가보훈부장관의 승인을 받아 이사회로 하여금 총회의 권한을 대행하게 할 수 있다. 이 경우 의결사항은 다음에 소집되는 총회의 승인을 받아야 한다.(2023.3.4 전단개정)

제27조【보조금】 국가 또는 지방자치단체는 예산의 범위에서 6·25참전유공자회의 운영 등에 필요한 보조금을 교부할 수 있다.(2016.5.29 본조개정)

제28조【국·공유재산의 우선 매각 등】 ① 국가나 지방자치단체는 6·25참전유공자회의 운영과 복지사업을 위하여 필요하면 「국유재산법」과 「공유재산 및 물품 관리법」에도 불구하고 6·25참전유공자회에 국유재산이나 공유재산을 우선 매각할 수 있고, 유상 또는 무상으로 대부하거나 사용·수익하게 할 수 있다.

② 국가나 지방자치단체는 6·25참전유공자회의 운영과 복지사업을 위하여 필요하면 「물품관리법」 또는 「공유재산 및 물품 관리법」에도 불구하고 6·25참전유공자회에 물품을 무상으로 양여하거나 유상 또는 무상으로 대부할 수 있다.(2018.3.13 본항개정)

③ 국가보훈부장관은 국가 또는 지방자치단체가 6·25참전유공자회에 제1항에 따라 국유재산 또는 공유재산을 매각, 대부 또는 사용·수익하게 하려는 때에는 국가보훈부령으로 정하는 바에 따라 그에 관한 계약이나 허가·승인에 관한 자료의 제출을 관계 중앙행정기관의 장 및 지방자치단체의 장(법령에 따라 국유재산 또는 공유재산의 관리·처분에 관한 사무를 위임 또는 위탁받은 자를 포함한다)에게 요청할 수 있다. 이 경우 자료의 제출을 요청받은 기관의 장은 정당한 사유가 없으면 이에 따라야 한다.(2023.3.4 전단개정)

④ 6·25참전유공자회는 제1항에 따라 매입한 재산을 처분(매각, 교환, 양여, 신탁, 현물출자 등의 방법으로 소유권이 이전되는 것을 말한다. 이하 이 항에서 같다)하려는 경우에는 국가보훈부령으로 정하는 바에 따라 그 처분에 관한 계약을 체결하기 전에 해당 계약의 내용과 조건 등 대통령령으로 정하는 사항을 국가보훈부장관에게 보고하여야 한다.(2023.3.4 본항개정)

제29조【정치활동의 금지】 ① 6·25참전유공자회는 특정 정당의 정강(政綱)을 지지·반대하거나 특정 공직후보자를 지지·반대하는 등의 정치활동을 할 수 없다.

② 6·25참전유공자회 각급 회(會)의 임원은 「정당법」에 따른 정당의 대표자·간부 및 회계책임자가 될 수 없다.

③ 6·25참전유공자회 각급 회의 임원이 제2항을 위반한 경우에는 해당 임원은 해임된다.

제30조【시정조치】 국가보훈부장관은 6·25참전유공자회가 다음 각 호의 어느 하나에 해당하는 경우에는 시정조치를 명할 수 있다.(2023.3.4 본문개정)

1. 법률을 위반하거나 설립목적에 맞지 아니하게 수익사업을 운영하는 경우
2. 수익금을 수익금 사용계획에 맞지 아니하게 사용한 경우
3. 이 법 또는 국가보훈부령으로 정하는 법령에 따른 지시나 정관을 위반한 경우(2023.3.4 본호개정)

(2015.2.3 본조개정)

제31조【행정관청의 조사 및 검사】 ① 국가보훈부장관은 필요하다고 인정하면 관계 공무원으로 하여금 6·25참전유공자회의 회계사항을 조사하게 하거나 그 밖에 필요한 서류를 검사하게 할 수 있다.(2023.3.4 본항개정)

② 제1항의 경우에 관계 공무원은 그 권한을 나타내는 증표를 지니고 이를 관계인에게 내보여야 한다.

제32조【보고 또는 자료 등의 제출 요구】 국가보훈부장관은 제24조의3에 따른 수익사업의 승인, 제24조의10에 따른 실태조사, 제24조의11제1항에 따른 수익사업에 관한 정보·자료의 공개 등 이 법의 시행에 필요한 사항에 관하여 6·25참전유공자회에 보고를 하게 하거나 서류 또는 그 밖의 자료의 제출을 요구할 수 있다.

(2023.3.4 본조개정)

제32조의2【재무·회계 기준 준수】 6·25참전유공자회는 국가보훈부령으로 정하는 재무·회계에 관한 기준에 따라 예산 또는 회계 처리를 하여야 한다.(2023.3.4 본조개정)

제33조【해산사유】 6·25참전유공자회는 다음 각 호의 어느 하나에 해당하는 사유로 해산한다.
1. 정관으로 정하는 해산사유의 발생
2. 총회의 해산 결의

제34조【유사명칭의 사용금지 등】 이 법에 따르지 아니하고는 6·25참전유공자회를 설립할 수 없으며 이 법에 따른 6·25참전유공자회가 아니면 6·25참전유공자회 또는 이와 유사한 명칭을 사용하지 못한다.

제35조 (2015.12.22 삭제)

제4장 보 칙

(2015.12.22 본장신설)

제36조【참전명예수당 등의 환수】 ① 국가보훈부장관은 이 법에 따라 예우를 받은 사람(상속인을 포함한다)이 다음 각 호의 어느 하나에 해당하면 그가 받은 제6조에 따른 참전명예수당, 제6조의3에 따른 생계지원금, 제7조에 따른 의료지원비 및 제8조의2에 따른 요양지원에 대한 보조금(이하 "참전명예수당등"이라 한다)을 환수하되, 제1호에 해당하는 경우 납부 의무자의 귀책사유가 있는 때에는 그가 받은 참전명예수당등에 대통령령으로 정하는 이자를 붙여 환수하여야 한다. 다만, 상속인의 경우 상속으로 받은 재산의 한도에서 납부할 의무를 진다.(2023.3.4 본문개정)
1. 거짓이나 그 밖의 부정한 방법으로 예우를 받은 경우
2. 예우를 받은 후 그 예우를 받게 된 사유가 소급하여 소멸한 경우
3. 잘못 지급된 경우

② 국가보훈부장관은 제1항에 따라 환수금을 내야 할 사람이 기한까지 내지 아니하면 대통령령으로 정하는 바에 따라 연체금을 징수하여야 한다.(2023.3.4 본항개정)
③ 국가보훈부장관은 제1항 또는 제2항에 따라 환수금이나 연체금을 내야 할 사람이 기한까지 내지 아니하면 국세 강제징수의 예에 따라 징수할 수 있다.(2023.3.4 본항개정)
④ 국가보훈부장관은 제1항부터 제3항까지에 따라 환수금이나 연체금을 환수 또는 징수할 때 이를 내야 할 사람이 행방불명이거나 재산이 없거나 그 밖에 불가피한 사유로 환수 또는 징수가 불가능하다고 인정되는 경우에는 결손처분(缺損處分)할 수 있다.(2023.3.4 본항개정)

제37조【반환의무의 면제】 ① 국가보훈부장관은 이 법에 따라 예우를 받은 사람이 제36조제1항제2호에 해당하는 경우 그 예우를 받은 원인이 그에게 책임이 없는 사유로 인한 것이면 제36조에도 불구하고 그가 받은 참전명예수당 등을 환수하지 아니하고 면제할 수 있다.
(2023.3.4 본항개정)
② 제1항에 따른 면제의 경우 그 범위는 대통령령으로 정한다.

제38조【예우의 정지】 ① 국가보훈부장관은 참전유공자가 다음 각 호의 어느 하나에 해당하는 행위를 한 경우에는 「국가유공자 등 예우 및 지원에 관한 법률」 제74조의5에 따른 보훈심사위원회(이하 "보훈심사위원회"라 한다)의 의결을 거쳐 3년의 범위에서 기간을 정하여 이 법 또는 다른 법률에 따라 그가 받을 수 있는 예우의 전부 또는 일부를 하지 아니한다.(2023.3.4 본문개정)
1. 그 신분을 이용하여 부당한 혜택을 강요하거나 이를 알선하는 행위
2. 폭행·협박, 기물파손 또는 그 밖의 방법으로 부당하게 공무집행을 방해하는 행위
3. 이 법 또는 이 법에 따른 명령을 위반하는 행위

② 국가보훈부장관은 참전유공자가 「형법」에 규정된 죄를 범하여 금고 이상의 실형을 선고받고 그 형이 확정된 경우에는 그 확정된 날이 속하는 달의 다음 달부터 선고받은 실형의 기간 동안 그가 받을 참전명예수당을 지급하지 아니한다. 다만, 과실범의 경우는 제외한다.
(2023.3.4 본문개정)

제39조【이 법 적용 대상으로부터의 배제】 ① 국가보훈부장관은 이 법을 적용받고 있거나 적용받을 참전유공자가 다음 각 호의 어느 하나에 해당하면 이 법의 적용 대상에서 제외하고 이 법 또는 다른 법률에 따라 참전유공자가 받을 수 있는 모든 예우를 하지 아니한다.(2023.3.4 본문개정)
1. 「국가보안법」을 위반하여 금고 이상의 실형을 선고받고 그 형이 확정된 사람
2. 「형법」 제87조부터 제90조까지, 제92조부터 제101조까지 또는 제103조를 위반하여 금고 이상의 실형을 선고받고 그 형이 확정된 사람
3. 다음 각 목의 어느 하나에 해당하는 죄를 범하여 금고 1년 이상의 실형을 선고받고 그 형이 확정된 사람
   가. 「형법」 제250조부터 제253조까지의 죄 또는 그 미수죄, 제264조의 죄, 제279조의 죄 또는 그 미수죄, 제285조의 죄 또는 그 미수죄, 제287조부터 제292조까지 및 제294조의 죄, 제297조, 제297조의2, 제298조부터 제301조까지, 제301조의2, 제302조, 제303조와 제305조의 죄, 제332조의 죄(제329조부터 제331조까지의 상습범으로 한정한다) 또는 그 미수죄, 제333조부터 제336조까지의 죄 또는 그 미수죄, 제337조부터 제339조까지의 죄 또는 제337조·제338조 전단·제339조의 미수죄, 제341조의 죄 또는 그 미수죄, 제351조(제347조, 제347조의2, 제348조, 제350조, 제350조의2의 상습범으로 한정한다)의 죄 또는 그 미수죄, 제363조의 죄(2018.3.13 본목개정)
   나. 법률 제13718호로 개정되기 전의 「폭력행위 등 처벌에 관한 법률」 제2조제1항, 제3조제3항 및 제6조(제2조제1항과 제3조제3항의 미수범으로 한정한다)의 죄(2017.10.31 본목개정)
   다. 「특정범죄 가중처벌 등에 관한 법률」 제5조, 제5조의2, 제5조의4 및 제5조의5의 죄
   라. 「특정경제범죄 가중처벌 등에 관한 법률」 제3조의 죄
   마. 「성폭력범죄의 처벌 등에 관한 특례법」 제3조부터 제10조까지 및 제15조(제3조부터 제9조까지의 미수범으로 한정한다)의 죄
   바. 「아동·청소년의 성보호에 관한 법률」 제7조, 제8조 및 제11조부터 제16조까지의 규정에 따른 죄(2021.6.8 본목개정)
   사. 「군사기밀 보호법」 제11조, 제11조의2, 제12조, 제13조, 제13조의2 및 제15조의 죄(2021.4.20 본목신설)
   아. 「전기통신사업법」 제95조의2제1호의2 및 제1호의3의 죄(2021.6.8 본목신설)
4. 「국가공무원법」 제2조 및 「지방공무원법」 제2조에 따른 공무원과 국가나 지방자치단체에서 일상적으로 공무에 종사하는 대통령령으로 정하는 직원으로서 재직기간 중 직무와 관련된 「형법」 제129조부터 제133조까지, 제355조부터 제357조까지의 죄, 「특정범죄 가중처벌 등에 관한 법률」 제2조 및 제3조의 죄를 범하여 금고 1년 이상의 형을 선고받고 그 형이 확정된 사람
5. 상습적으로 제38조제1항 각 호에 따른 행위를 한 사람

② 국가보훈부장관은 제1항에 따라 이 법의 적용 대상에서 제외된 사람이 다음 각 호의 어느 하나에 해당하면 그 뉘우친 정도가 현저하다고 인정되는 경우에만 제5조에 따라 등록신청을 받아 다시 이 법의 적용 대상자로 결정하여 예우를 할 수 있다. 다만, 제1항제2호에 해당하는 경우에는 다시 이 법의 적용 대상자로 결정하여 예우를 할 수 없다.(2023.3.4 본문개정)
1. 금고 이상의 형을 선고받은 경우에는 그 집행이 끝나거나 집행을 받지 아니하기로 확정된 날부터 3년이 지난 경우
2. 제1호 외의 경우에는 이 법의 적용 대상에서 제외된 날부터 2년이 지난 경우

③ 국가보훈부장관은 제1항제5호에 해당하는 사유로 참전유공자를 이 법의 적용 대상에서 제외하거나 제2항에 따라 이 법의 적용 대상에서 제외된 사람을 다시 이 법의 적용 대상자로 결정할 때에는 보훈심사위원회의 의결을 거쳐야 한다.(2023.3.4 본항개정)
④ 국가보훈부장관은 제38조제2항에 따라 예우를 정지하거나 이 조 제1항에 따라 이 법의 적용 대상에서 제외하려는 경우에는 범죄경력자료 또는 교정시설 수용 정보를 관계 기관의 장에게 요청할 수 있다.(2023.3.4 본항개정)

제39조의2【자료의 제공 요청 등】 ① 국가보훈부장관은 다음 각 호의 사무를 수행하기 위하여 주민등록정보, 가족관계등록사항, 재외국민등록사항, 군복무에 관한 자료, 국세·지방세에 관한 자료, 소득·재산에 관한 자료, 국민연금·건강보험 등 각종 연금·보험에 관한 자료와 출입국 정보 등을 관계 기관의 장에게 요청할 수 있다. 이 경우 요청을 받은 관계 기관의 장은 정당한 사유가 없으면 그 요청에 따라야 한다.(2023.3.4 본문개정)
1. 제5조에 따른 참전유공자의 등록에 관한 사무
2. 제5조의2에 따른 참전유공자의 변동신고에 관한 사무
3. 제6조에 따른 참전명예수당의 지급에 관한 사무
3의2. 제6조의3에 따른 생계지원금의 지급 및 수급권 발생 또는 상실의 확인을 위한 조사에 관한 사무(2021.8.17 본호신설)
3의3. 제7조제2항에 따른 진료비용 중 약제비용의 지급(2023.7.11 본호신설)
4. 제8조의4제1항에 따른 요양지원에 대한 보조금 수급권의 발생 또는 상실 확인을 위한 조사에 관한 사무
5. 제12조의3에 따른 주택의 우선 공급에 관한 사무
6. 제36조에 따른 참전명예수당 등의 환수 및 결손처분에 관한 사무
7. 제38조에 따른 예우의 정지에 관한 사무
8. 제39조에 따른 법 적용 대상으로부터의 배제에 관한 사무

② 국가보훈부장관은 제1항에 따른 자료 또는 정보의 확인을 위하여 「사회복지사업법」 제6조의2제1항에 따른 정보시스템을 연계하여 사용할 수 있다.(2023.3.4 본항개정)
③ 제1항과 제2항에 따른 사무를 수행하거나 수행하였던 사람은 제1항에 따른 자료 또는 정보를 이 법에서 정한 목적 외의 용도로 조회·사용하거나 다른 사람 또는 기관에 제공하거나 누설해서는 아니 된다.
④ 제1항에 따라 요청할 수 있는 자료 또는 정보의 구체적인 범위는 대통령령으로 정한다.
(2017.10.31 본조신설)

제40조【권한의 위임·위탁】 ① 이 법에 따른 국가보훈부장관의 권한은 대통령령으로 정하는 바에 따라 그 일부를 그 소속 기관의 장 또는 제주특별자치도지사에게 위임하거나 다른 행정기관의 장에게 위탁할 수 있다.
② 국가보훈부장관은 대통령령으로 정하는 바에 따라 참전명예수당 및 생계지원금의 지급에 관한 사무를 체신관서 또는 은행에 위탁할 수 있다.
(2023.3.4 본조개정)

제5장 벌 칙

(2015.12.22 본장신설)

제41조【벌칙】 ① 다음 각 호의 어느 하나에 해당하는 사람은 5년 이하의 징역 또는 5천만원 이하의 벌금에 처한다.(2017.10.31 본문개정)
1. 거짓이나 그 밖의 부정한 방법으로 이 법에 따른 지원을 받거나 지원을 받게 한 사람
1의2. 제6조의3제3항에서 준용하는 「국가유공자 등 예우 및 지원에 관한 법률」 제14조의4제6항을 위반하여 금융정보등을 사용·제공 또는 누설한 사람(2021.8.17 본호신설)
2. 제8조의5제6항(제12조의3제3항 후단에서 준용하는 경우를 포함한다)을 위반하여 금융정보등을 사용·제공 또는 누설한 사람(2017.10.31 본호개정)
3. 제39조의2제3항을 위반하여 자료 또는 정보를 조회·사용·제공 또는 누설한 사람(2017.10.31 본호신설)

② 제1항제1호의 미수범은 처벌한다.

제41조의2【벌칙】 다음 각 호의 어느 하나에 해당하는 자는 1년 이하의 징역 또는 1천만원 이하의 벌금에 처한다.
1. 거짓이나 그 밖의 부정한 방법으로 제24조의3제1항·제2항(제18조의2제4항에서 준용하는 경우를 포함한다)에 따른 수익사업의 승인·변경승인을 받거나 받게 한 자
2. 제24조의5제1항(제18조의2제4항에서 준용하는 경우를 포함한다)을 위반하여 6·25참전유공자회 및 월남전참전자회의 명의를 다른 자에게 대여하여 수익사업을 하게 하거나 같은 조 제2항(제18조의2제4항에서 준용하는 경우를 포함한다)을 위반하여 6·25참전유공자회 및 월남전참전자회의 명의를 사용하여 수익사업을 한 자

(2021.6.8 본조신설)

제41조의3【양벌규정】 6·25참전유공자회·월남전참전자회의 대표자나 6·25참전유공자회·월남전참전자회 또는 개인의 대리인, 사용인, 그 밖의 종업원이 그 6·25참전유공자회·월남전참전자회 또는 개인의 업무에 관하여 제41조의2의 위반행위를 하면 그 행위자를 벌하는 외에 그 6·25참전유공자회·월남전참전자회 또는 개인에게도 해당 조문의 벌금형을 과(科)한다. 다만, 6·25참전유공자회·월남전참전자회 또는 개인이 그 위반행위를 방지하기 위하여 해당 업무에 관하여 상당한 주의와 감독을 게을리하지 아니한 경우에는 그러하지 아니하다.
(2021.6.8 본조신설)

제42조【과태료】 ① 다음 각 호의 어느 하나에 해당하는 자에게는 500만원 이하의 과태료를 부과한다.
1. 제24조의3제1항(제18조의2제4항에서 준용하는 경우를 포함한다)에 따른 승인을 받지 아니하고 수익사업을 한 자
2. 제24조의3제2항(제18조의2제4항에서 준용하는 경우를 포함한다)에 따른 변경승인을 받지 아니한 자
3. 제24조의9제1항(제18조의2제4항에서 준용하는 경우를 포함한다)에 따른 회계감사 또는 같은 조 제4항에 따른 정기 감사를 거부하거나 방해·기피한 자
4. 제24조의10제1항(제18조의2제4항에서 준용하는 경우를 포함한다)에 따른 실태조사를 거부하거나 방해·기피한 자
5. 제28조제4항(제18조의2제4항에서 준용하는 경우를 포함한다)에 따른 보고를 하지 아니하거나 거짓으로 보고한 자
6. 제31조제1항(제18조의2제4항에서 준용하는 경우를 포함한다)에 따른 조사·검사를 거부하거나 방해·기피한 자
7. 제32조의2(제18조의2제4항에서 준용하는 경우를 포함한다)에 따른 재무·회계에 관한 기준을 따르지 아니한 자

② 다음 각 호의 어느 하나에 해당하는 자에게는 300만원 이하의 과태료를 부과한다.
1. 정당한 사유 없이 제32조(제18조의2제4항에서 준용하는 경우를 포함한다)에 따른 보고 또는 서류나 자료 제출을 거부하거나 거짓 보고를 하거나 거짓 서류나 자료를 제출한 자
2. 제34조(제18조의2제4항에서 준용하는 경우를 포함한다)를 위반하여 6·25참전유공자회·월남전참전자회의 명칭 또는 이와 유사한 명칭을 사용한 자

③ 제1항 및 제2항에 따른 과태료는 대통령령으로 정하는 바에 따라 국가보훈부장관이 부과·징수한다.(2023.3.4 본항개정)
(2021.6.8 본조개정)

부 칙 (2009.2.6)

제1조【시행일】 이 법은 공포 후 1개월이 경과한 날부터 시행한다. 다만, 제7조의 개정규정은 2009년 7월 1일부터 시행한다.

제2조【대한민국6·25참전유공자회에 대한 경과조치】 ① 이 법 시행 당시 「민법」 제32조에 따라 국가보훈처장

의 허가를 받아 설립된 사단법인 대한민국6·25참전유공자회는 이 법에 따라 설립한 대한민국6·25참전유공자회로 본다.
② 대한민국6·25참전유공자회는 제18조제3항의 개정규정에도 불구하고 이 법 시행 후 6개월 이내에 이 법에 따라 정관을 변경하여 국가보훈처장의 승인을 받아야 한다.
③ 이 법 시행 당시 사단법인 대한민국6·25참전유공자회의 모든 재산과 권리·의무는 이 법에 따른 대한민국6·25참전유공자회가 이를 포괄승계하며, 그 재산과 권리·의무에 관한 등기부나 그 밖의 공부에 표시된 사단법인 대한민국6·25참전유공자회의 명의는 이 법에 따른 대한민국6·25참전유공자회의 명의로 본다.
④ 제3항에 따라 이 법에 따른 대한민국6·25참전유공자회가 포괄승계하는 재산의 가액은 승계 당시의 장부가액으로 한다.
⑤ 이 법 시행 당시 사단법인 대한민국6·25참전유공자회의 등기부는 제18조의 개정규정에 따른 대한민국6·25참전유공자회의 등기부로 본다.
⑥ 이 법 시행 당시 사단법인 대한민국6·25참전유공자회의 임원·사무총장·지부장·지회장 및 대의원은 각각 이 법에 따라 선임된 임원·사무총장·지부장·지회장 및 대의원으로 본다. 다만, 제2항의 변경된 정관에서 다른 규정을 둔 때에는 그 정관의 규정에 따른다.

부　칙 (2012.1.17)

제1조【시행일】 이 법은 공포 후 3개월이 경과한 날부터 시행한다.
제2조【대한민국베트남참전유공전우회에 대한 경과조치】 ① 이 법 시행 당시 「민법」 제32조에 따라 국가보훈처장의 허가를 받아 설립된 사단법인 대한민국베트남참전유공전우회는 이 법에 따라 설립한 대한민국월남전참전자회로 본다.
② 대한민국베트남참전유공전우회는 제18조의2제3항의 개정규정에도 불구하고 이 법 시행 후 6개월 이내에 이 법에 따라 정관을 변경하여 국가보훈처장의 승인을 받아야 한다.
③ 이 법 시행 당시 사단법인 대한민국베트남참전유공전우회의 모든 재산과 권리·의무는 이 법에 따른 대한민국월남전참전자회가 이를 포괄승계하며, 그 재산과 권리·의무에 관한 등기부나 그 밖의 공부에 표시된 사단법인 대한민국베트남참전유공전우회의 명의는 이 법에 따른 대한민국월남전참전자회의 명의로 본다.
④ 이 법에 따른 대한민국월남전참전자회가 제3항에 따라 포괄승계하는 재산의 가액은 승계 당시의 장부가액으로 한다.
⑤ 이 법 시행 당시 사단법인 대한민국베트남참전유공전우회의 등기부는 제18조의2의 개정규정에 따른 대한민국월남전참전자회의 등기부로 본다.
⑥ 이 법 시행 당시 사단법인 대한민국베트남참전유공전우회의 임원·사무총장·지부장·지회장 및 대의원은 각각 이 법에 따라 선임된 임원·사무총장·지부장·지회장 및 대의원으로 본다. 다만, 제2항의 변경된 정관으로 다른 규정을 둔 때에는 그 정관의 규정에 따른다.

부　칙 (2015.2.3)

제1조【시행일】 이 법은 공포 후 6개월이 경과한 날부터 시행한다.
제2조【수익금 사용에 관한 적용례】 제24조의3제3항의 개정규정에 따라 준용되는 「국가유공자 등 단체 설립에 관한 법률」 제21조에 따른 수익금 사용에 관한 사항은 2016년도 수익금 사용계획부터 적용한다.
제3조【수익사업 회계감사에 관한 적용례】 제24조의3제3항의 개정규정에 따라 준용되는 「국가유공자 등 단체 설립에 관한 법률」 제22조에 따른 회계감사에 관한 사항은 2015년도 수익사업 운영에 대한 회계감사부터 적용한다.

부　칙 (2015.12.22)

제1조【시행일】 이 법은 공포 후 6개월이 경과한 날부터 시행한다.
제2조【예우의 정지에 관한 적용례】 ① 제38조제1항의 개정규정은 참전유공자가 이 법 시행 후 같은 개정규정 각 호의 어느 하나에 해당하는 행위를 한 경우부터 적용한다.
② 제38조제2항의 개정규정은 참전유공자가 이 법 시행 후 한 행위로 금고 이상의 실형을 선고받고 그 형이 확정된 경우부터 적용한다.
제3조【이 법 적용 대상으로부터의 배제에 관한 적용례】 ① 제39조제1항제2호의 개정규정은 참전유공자가 이 법 시행 후 한 행위로 금고 이상의 실형을 선고받고 그 형이 확정된 경우부터 적용한다.
② 제39조제1항제3호의 개정규정은 참전유공자가 이 법 시행 후 한 행위로 금고 1년 이상의 실형을 선고받고 그 형이 확정된 경우(종전의 제3조제2항제2호에 따른 죄를 범하여 제39조제1항제3호의 개정규정에 해당하게 된 경우는 제외한다)부터 적용한다.
③ 제39조제1항제4호의 개정규정은 참전유공자가 이 법 시행 후 한 행위로 금고 1년 이상의 형을 선고받고 그 형이 확정된 경우부터 적용한다.
제4조【다른 법률의 개정】 ①~⑦ ※(해당 법령에 가제정리 하였음)

부　칙 (2016.5.29)

이 법은 공포한 날부터 시행한다. 다만, 법률 제13609호 참전유공자예우 및 단체설립에 관한 법률 일부개정법률 제5조의 개정규정은 2016년 6월 23일부터 시행한다.

부　칙 (2017.10.31)

제1조【시행일】 이 법은 공포 후 6개월이 경과한 날부터 시행한다. 다만, 제39조제1항제3호가목 및 나목의 개정규정은 공포한 날부터 시행한다.
제2조【이 법 적용 대상으로부터의 배제에 관한 적용례】 제39조제1항제3호가목 및 나목의 개정규정은 같은 개정규정의 시행 전에 제5조에 따라 등록된 참전유공자에 대해서도 적용한다. 다만, 법률 제6528호 참전군인등지원에관한법률 개정법률 부칙 제2조제1항에 따라 제5조에 따라 등록된 참전유공자로 보는 사람의 경우에는 2000년 10월 1일 이후 제39조제1항제3호가목 및 나목의 개정규정에 해당하는 죄를 범하여 금고 1년 이상의 실형을 선고받고 그 형이 확정된 사람에 대해서 적용한다.

부　칙 (2018.3.13)

제1조【시행일】 이 법은 공포한 날부터 시행한다. 다만, 제39조제1항제3호가목의 개정규정은 공포 후 3개월이 경과한 날부터 시행한다.
제2조【이 법 적용 대상으로부터의 배제에 관한 적용례】 제39조제1항제3호가목의 개정규정은 참전유공자가 같은 개정규정 시행 후 행한 행위로 금고 1년 이상의 실형을 선고받고 그 형이 확정된 경우부터 적용한다.

부　칙 (2019.4.30)

이 법은 공포한 날부터 시행한다.

부　칙 (2020.3.24 법17117호)

제1조【시행일】 이 법은 공포 후 6개월이 경과한 날부터 시행한다.(이하 생략)

부　칙 (2020.3.24 법17119호)

이 법은 공포한 날부터 시행한다.

부　칙 (2021.4.20)

제1조【시행일】 이 법은 공포 후 6개월이 경과한 날부터 시행한다. 다만, 제39조제1항제3호사목의 개정규정은 공포한 날부터 시행한다.
제2조【이 법 적용 대상으로부터의 배제에 관한 적용례】 제39조제1항제3호사목의 개정규정은 참전유공자가 같은 개정규정 시행 후 행한 행위로 금고 1년 이상의 실형을 선고받고 그 형이 확정된 경우부터 적용한다.

부　칙 (2021.6.8)

제1조【시행일】 이 법은 공포 후 6개월이 경과한 날부터 시행한다. 다만, 제39조제1항제3호 및 제39조의2제2항의 개정규정은 공포한 날부터 시행한다.
제2조【수익사업 승인 제한에 관한 적용례】 제24조의3제4항(제18조의2제4항에서 준용하는 경우를 포함한다)의 개정규정은 이 법 시행 이후 수익사업의 승인을 취소하는 경우부터 적용한다.
제3조【수익사업 정보·자료의 공개에 관한 적용례】 제24조의11제1항(제18조의2제4항에서 준용하는 경우를 포함한다)의 개정규정은 2021회계연도의 수익사업에 관한 정보 또는 자료부터 적용한다.
제4조【수익사업 정지 명령에 관한 적용례】 이 법 시행 전에 종전의 제24조의6(같은 조 제1호를 제외한다. 이 경우 제18조의2제4항에서 준용하는 경우를 포함한다)을 위반한 6·25참전유공자회 또는 월남전참전자회에 대하여 이 법 시행 이후 그 위반행위에 대한 처분을 할 때에도 제24조의12(제18조의2제4항에서 준용하는 경우를 포함한다)의 개정규정을 적용하여 수익사업의 정지를 명할 수 있다.
제5조【국유재산·공유재산 매각 등의 자료제출 요청에 관한 적용례】 제28조제3항(제18조의2제4항에서 준용하는 경우를 포함한다)의 개정규정은 이 법 시행 이후 국가 또는 지방자치단체가 6·25참전유공자회 또는 월남전참전자회에 매각, 대부 또는 사용·수익하게 하는 국유재산 또는 공유재산부터 적용한다.
제6조【매입한 재산의 처분 보고에 관한 적용례】 제28조제4항(제18조의2제4항에서 준용하는 경우를 포함한다)의 개정규정은 이 법 시행 전에 6·25참전유공자회 또는 월남전참전자회가 매입한 재산을 이 법 시행 이후 처분하는 경우에도 적용한다.
제7조【재무·회계 기준에 관한 적용례】 제32조의2(제18조의2제4항에서 준용하는 경우를 포함한다)의 개정규정은 6·25참전유공자회 또는 월남전참전자회의 2022년도 예산 또는 회계부터 적용한다.
제8조【수익사업 승인의 유효기간에 관한 특례】 이 법 시행 전에 6·25참전유공자회 또는 월남전참전자회가 수익사업의 승인을 받은 경우 이 법 시행일에 그 승인을 받은 것으로 보아 제24조의4(제18조의2제4항에서 준용하는 경우를 포함한다)의 개정규정을 적용한다.

부　칙 (2021.8.17)

이 법은 공포 후 6개월이 경과한 날부터 시행한다.

부　칙 (2023.1.17)

제1조【시행일】 이 법은 공포한 날부터 시행한다. 다만, 제36조의 개정규정 중 이자의 가산과 연체금의 징수에 대한 부분은 공포 후 6개월이 경과한 날부터 시행한다.
제2조【참전명예수당 등의 환수에 관한 적용례】 ① 제36조제1항 본문의 개정규정 중 환수대상에 상속인을 포함하는 부분은 이 법 시행 이후 환수 사유가 발생한 경우부터 적용한다.
② 제36조제1항 및 제2항의 개정규정에 따른 이자의 가산과 연체금의 징수에 관하여는 부칙 제1조 단서에 따른 시행일 이후 환수 사유가 발생한 경우부터 적용한다.

부　칙 (2023.3.4)

제1조【시행일】 이 법은 공포 후 3개월이 경과한 날부터 시행한다.(이하 생략)

부　칙 (2023.7.11)

이 법은 공포한 날부터 시행한다. 다만, 제7조제2항의 개정규정은 2023년 10월 1일부터 시행한다.

[별표] ➡ 「法典 別冊」 참조

제대군인지원에 관한 법률

(약칭 : 제대군인법)

(2005년 12월 29일 전개법률 제7791호)

개정
2007. 1. 3법 8229호
2007. 7.13법 8514호
2008. 3.28법 9080호
2008.12.31법 9327호(보훈기금법)
2009. 1.30법 9397호
2009. 2. 6법 9462호(국가유공자등예우)
2009. 6. 9법 9754호(병역)
2010. 4.15법 10258호(성폭력범죄의처벌등에관한특례법)
2012. 1.17법 11204호
2012.12.18법 11556호(성폭력범죄의처벌등에관한특례법)
2013. 4. 5법 11731호(형법)
2013. 6. 4법 11849호(병역)
2013. 7.16법 11942호
2016. 1. 6법 13717호(특정범죄가중처벌등에관한법)
2016. 1. 6법 13718호(폭력행위등처벌에관한법)
2016. 5.29법 14259호
2017.10.31법 15032호
2018. 3.13법 15477호
2018. 6.12법 15704호
2019.12.10법 16760호(군인연금)
2020. 3.24법 17118호
2021. 4.20법 18139호
2021. 6. 8법 18234호
2021. 8.17법 18425호(국민평생직업능력개발법)
2023. 3. 4법 19228호(정부조직)
2023. 7.11법 19525호

제1장 총 칙
(2008.3.28 본장개정)

제1조 【목적】 이 법은 국토방위의 임무를 성실히 수행하고 전역(轉役)한 제대군인의 원활한 사회복귀를 돕고 그 인력 개발 및 활용을 촉진함으로써 제대군인의 생활을 안정시키며 경제·사회발전에 이바지함을 목적으로 한다.

제2조 【정의】 ① 이 법에서 사용하는 용어의 뜻은 다음과 같다.
1. "제대군인"이란 「병역법」, 「군인사법」 또는 「대체역의 편입 및 복무 등에 관한 법률」에 따라 군 또는 공익 분야에서의 복무를 마치고 전역〔퇴역·면역(免役) 또는 소집해제를 포함한다. 이하 같다〕한 사람을 말한다.
(2023.7.11 본호개정)
2. "장기복무 제대군인"이란 10년 이상 현역으로 복무하고, 장교·준사관 또는 부사관으로 전역한 사람을 말한다.
3. "중기복무 제대군인"이란 5년 이상 10년 미만 현역으로 복무하고, 장교·준사관 또는 부사관으로 전역한 사람을 말한다.
4. "의무복무 제대군인"이란 「병역법」, 「군인사법」 또는 「대체역의 편입 및 복무 등에 관한 법률」에 따라 5년 미만의 기간을 현역, 보충역 또는 대체역으로 복무하고 전역한 사람을 말한다.(2023.7.11 본호개정)

② 제1항에 따른 군 또는 공익 분야에서의 복무기간은 임용되거나 입영한 날이 속하는 달부터 전역한 날이 속하는 달까지의 연월수(年月數)로 계산하되, 현역으로 입영하거나 임용된 경우의 군 복무기간을 계산할 때에는 장교·준사관·부사관 및 병(兵)의 복무기간을 모두 합산한다.(2023.7.11 본항개정)

제3조 【국가 등의 책무】 ① 국가와 지방자치단체는 제대군인의 사회복귀 지원 및 그 인력의 개발·활용을 위하여 노력하여야 한다.
② 국가와 지방자치단체는 제대군인의 복무 경력이 사회에서 인정되고, 복무 중에 받은 교육과 습득한 기술 등이 사회에서 활용될 수 있도록 필요한 시책을 강구하여야 한다.(2023.7.11 본항개정)
③ 국가와 지방자치단체는 제대군인의 고용증진과 생활안정을 위하여 필요한 노력을 하여야 한다.
④ 지방자치단체는 제1항부터 제3항까지에 따른 제대군인의 사회복귀 지원이나 그 인력 개발 및 활용 등을 위한 시책의 수립·시행에 필요한 사항을 조례로 정할 수 있다.
(2023.7.11 본항신설)

제3조의2 【제대군인 주간】 ① 제대군인의 자긍심을 높이고 제대군인에 대한 사회적 인식을 개선하기 위하여 매년 10월의 둘째 주를 제대군인 주간으로 한다.
② 국가와 지방자치단체는 제대군인 주간에 그 취지에 맞는 행사 등 사업을 시행할 수 있다.
③ 제2항에 따른 행사 등 사업의 시행에 필요한 사항은 대통령령으로 정한다.
(2021.6.8 본조신설)

제4조 【지원신청 등】 ① 이 법에 따른 지원을 받으려는 사람은 대통령령으로 정하는 바에 따라 국가보훈부장관에게 신청하여야 한다. 다만, 제16조에 따른 지원을 받으려는 경우에는 그러하지 아니하다.
② 국가보훈부장관은 제1항에 따라 지원을 신청한 사람이 이 법에 따른 지원 대상 자격이 있는지를 확인하여 지원 여부를 결정하여야 한다. 이 경우 국가보훈부장관은 관계 행정기관의 장에게 관련 사실의 확인이나 자료제공을 요청할 수 있으며, 관련 사실의 확인이나 자료제공을 요청받은 관계 행정기관의 장은 정당한 사유가 없으면 그 요청에 따라야 한다.
③ 제1항에 따른 신청절차 및 제2항에 따른 지원 대상 자격 유무를 확인하는 데에 필요한 사항은 대통령령으로 정한다.
(2023.7.11 본조개정)

제5조 【이 법에 따른 지원을 받을 권리의 발생 및 소멸시기】 ① 이 법에 따른 지원을 받을 권리는 제4조제1항에 따라 지원신청을 한 날이 속하는 달부터 발생한다.
② 제대군인이 다음 각 호의 어느 하나에 해당하게 된 경우에는 이 법에 따른 지원을 받을 권리는 그 사유가 발생한 날이 속하는 달의 다음 달부터 소멸된다.
1. 사망한 경우
2. 국적을 상실한 경우
3. 제25조제1항 각 호의 어느 하나에 해당하게 된 경우
③ 거짓이나 그 밖의 부정한 방법으로 제4조제1항에 따른 지원신청을 한 경우에는 이 법에 따른 권리가 발생한 날로 소급하여 지원받을 권리가 소멸한다.

제6조 【연구활동 지원 등】 ① 국가보훈부장관은 제대군인에 대한 지원과 그 인력의 개발 및 활용을 위하여 다음 각 호의 사업을 수행할 수 있다.(2023.3.4 본문개정)
1. 학술회의 개최
2. 「정부출연연구기관 등의 설립·운영 및 육성에 관한 법률」 제8조 및 「과학기술분야 정부출연연구기관 등의 설립·운영 및 육성에 관한 법률」 제8조의 연구기관 등과 공동연구
3. 그 밖에 제대군인의 지원 및 인력개발·활용을 위하여 필요한 연구
② 국가보훈부장관은 제대군인의 지원 등에 관한 연구활동을 하는 연구기관·단체 등에 예산의 범위에서 그 연구활동에 드는 경비의 전부 또는 일부를 지원할 수 있다.(2023.3.4 본항개정)

제7조 【인적정보의 수집·관리 등】 ① 국가보훈부장관은 제대군인(전역예정자를 포함한다. 이하 이 조에서 같다)에 대한 지원과 그 인력의 개발·활용을 위하여 인적정보를 수집·관리할 수 있다.(2023.7.11 본항개정)
② 국가보훈부장관은 제1항의 인적정보 수집·관리를 위하여 필요한 경우 국방부장관 또는 병무청장에게 제대군인에 대한 인적자료의 제공을 요청할 수 있다. 이 경우 자료제공을 요청받은 국방부장관 또는 병무청장은 정당한 사유가 없으면 그 요청에 따라야 한다.(2023.3.4 전단개정)
③ 국가보훈부장관은 제대군인의 인적정보를 관리하고, 중기복무 제대군인 및 장기복무 제대군인(이하 "중·장기복무 제대군인"이라 한다)에 대한 진로지도와 취업 및 창업지원 등의 업무를 수행하기 위하여 법인을 설립·운영할 수 있다. 이 경우 국가보훈부장관은 예산의 범위에서 법인의 설립·운영에 필요한 경비를 출연하거나 지원할 수 있다.(2023.7.11 전단개정)
④ 제2항에 따른 인적정보의 요청 내용, 요청 및 제공의 절차·시기 등에 필요한 사항은 대통령령으로 정한다.

제8조 【실태조사】 ① 국가보훈부장관은 제대군인에 대하여 이 법에 따른 지원을 효율적으로 수행하기 위하여 제대군인의 생활정도 등에 대한 실태조사를 3년마다 조사하여야 한다.
② 제1항에 따른 실태조사의 범위·방법 등에 관하여 필요한 사항은 대통령령으로 정한다.(2023.7.11 본항신설)
(2023.7.11 본조개정)

제2장 제대군인 지원위원회

제9조~제12조 (2009.1.30 삭제)

제3장 취업 및 창업지원
(2008.3.28 본장개정)

제13조 【직업교육훈련】 ① 국가보훈부장관은 중·장기복무 제대군인(중·장기복무 전역 예정자를 포함한다. 이하 이 조에서 같다)에게 사회적응교육 및 직업교육훈련을 실시할 수 있다.(2023.3.4 본항개정)
② 국가보훈부장관은 「국민 평생 직업능력 개발법」에 따라 직업능력개발훈련을 실시하는 기관에 중·장기복무 제대군인을 추천하여 직업능력개발훈련을 받게 할 수 있다.(2023.3.4 본항개정)
③ 국가는 제1항과 제2항에 따른 사회적응교육·직업교육훈련 및 직업능력개발훈련 등에 드는 비용의 전부 또는 일부를 예산의 범위에서 지원할 수 있다.
④ 제1항에 따른 사회적응교육 및 직업교육훈련의 실시방법·내용 등에 필요한 사항은 대통령령으로 정한다.
(2013.7.16 본항신설)

제14조 【취업지원 등】 ① 국가는 다음 각 호의 어느 하나에 해당하는 사람(이하 "취업지원대상자"라 한다)에게 취업지원을 한다.
1. 장기복무 제대군인(2021.6.8 본호개정)
2. 장기복무 제대군인이 생활능력을 상실하는 정도의 질병이나 장애로 취업하기 어려운 경우 그가 지정한 자녀 중 1명. 이 경우 취업지원을 하는 질병이나 장애의 기준 등에 필요한 사항은 대통령령으로 정한다.
(2021.6.8 본호개정)
② 제1항에 따른 취업지원 실시와 관련하여 취업지원 실시기관, 국가기관 등의 채용의무, 국가기관 등에 대한 채용실태 확인, 기업체 등의 우선고용 의무, 업체 등의 신고, 보훈특별고용, 경력기간의 합산 및 차별대우 금지에 관하여는 「국가유공자 등 예우 및 지원에 관한 법률」 제30조, 제32조, 제33조, 제33조의2, 제33조의3, 제34조제1항부터 제4항까지, 제35조의2 및 제36조를 준용한다.
③ 국가는 다음 각 호의 어느 하나에 해당하는 사람의 원활한 사회복귀와 생활안정을 위하여 필요하면 진로·직업상담, 취업알선, 채용박람회 개최 등의 지원을 할 수 있다.
1. 중·장기복무 제대군인
2. 전상(戰傷)이나 공상(公傷)을 입고 전역한 의무복무 제대군인 중 전역 후 3년이 지나지 아니한 사람
3. 의무복무 제대군인 중 전역 후 3년이 지나지 아니한 사람으로서 국가보훈부장관이 지원이 필요하다고 인정하여 고용노동부장관과 협의를 거쳐 정하여 고시하는 사람
(2023.7.11 본항개정)
④ 취업지원대상자에 대한 취업지원 실시 횟수 및 그 밖에 취업지원에 필요한 사항은 대통령령으로 정한다.
(2021.6.8 본항신설)
(2013.7.16 본조개정)

제14조의2~제14조의4 (2021.6.8 삭제)

제15조 【특수직종 우선고용】 ① 「국가유공자 등 예우 및 지원에 관한 법률」 제30조에 따른 취업지원실시기관(이하 "취업지원실시기관"이라 한다)이 안전관리직 등 장기복무 제대군인의 취업에 적합한 직종에 직원을 채용하거나 고용하는 경우 국가보훈부장관이 추천하는 취업지원대상자인 장기복무 제대군인을 우선하여 채용하거나 고용하여야 한다.(2023.3.4 본항개정)
② 제1항에 따른 장기복무 제대군인의 취업에 적합한 직종의 범위는 군에서의 병과·특기 등을 고려하여 대통령령으로 정한다.

제16조 【채용 시 우대 등】 ① 취업지원실시기관이 그 직원을 채용하기 위하여 응시연령을 정하여 채용시험을 실시하는 경우 그 채용시험에 응시하는 제대군인에게는 대통령령으로 정하는 바에 따라 세 살의 범위에서 응시연령 상한을 연장하여야 한다.(2023.7.11 본항개정)
② 현역, 보충역 또는 대체역으로 복무 중인 사람이 전역예정일 전 6개월 이내에 채용시험에 응시하는 경우에는 이를 제대군인으로 본다.(2023.7.11 본항개정)
③ 취업지원실시기관은 해당 기관에 채용된 제대군인의 호봉이나 임금을 결정할 때에 제대군인의 군 또는 공익 분야에서의 복무기간을 근무경력에 포함할 수 있다.
(2023.7.11 본항개정)
④ 취업지원실시기관이 채용시험의 합격자를 결정할 때에 합격예정 인원을 초과하여 동점자가 있는 경우 이 법에 따른 취업지원대상자를 취업지원대상자가 아닌 사람보다 우선하여 합격자로 결정하여야 한다.
(2013.7.16 본항개정)

제16조의2 【제대군인 고용 우수 기업등의 인증】 ① 국가보훈부장관은 제대군인의 취업지원을 촉진하기 위하여 중·장기복무 제대군인을 대통령령으로 정하는 기준 이상으로 채용하고 있는 기업 또는 「공공기관의 운영에 관한 법률」에 따른 공공기관(이하 "기업등"이라 한다)에 대하여 제대군인 고용 우수 기업등의 인증(이하 "고용우수기업등인증"이라 한다)을 할 수 있다.(2023.3.4 본항개정)
② 기업등은 고용우수기업등인증을 받으려면 대통령령으로 정하는 바에 따라 국가보훈부장관에게 신청하여야 한다.(2023.3.4 본항개정)
③ 국가보훈부장관은 제2항에 따라 신청을 받은 경우에는 제1항 및 제7항에 따른 기준을 갖춘 기업등에 국가보훈부령으로 정하는 바에 따라 고용우수기업등인증의 표시를 하거나 표지판을 붙이게 할 수 있다.(2023.3.4 본항개정)
④ 국가보훈부장관은 제1항에 따라 고용우수기업등인증을 받은 기업등이 다음 각 호의 어느 하나에 해당하는 경우에는 그 고용우수기업등인증을 취소할 수 있다. 다만, 제1호에 해당하는 경우에는 고용우수기업등인증을 취소하여야 한다.(2023.3.4 본문개정)
1. 거짓이나 그 밖의 부정한 방법으로 인증을 받은 경우
2. 제1항 및 제7항에 따른 인증 기준에 맞지 아니한 경우
⑤ 국가 또는 지방자치단체는 고용우수기업등인증을 받은 기업등에 대하여 필요한 지원을 할 수 있다.
⑥ 국가보훈부장관은 제4항에 따라 고용우수기업등인증을 취소하려면 청문을 하여야 한다.(2023.3.4 본항개정)
⑦ 제1항부터 제5항까지에서 규정한 사항 외에 고용우수기업등인증의 기준·절차, 유효기간, 지원 등에 필요한 사항은 대통령령으로 정한다.
(2021.6.8 본조신설)

제17조 【창업지원】 국가는 예산의 범위에서 제14조제3항 각 호의 어느 하나에 해당하는 사람의 창업을 지원하기 위하여 필요한 창업상담, 창업교육 등의 사업을 실시할 수 있다.(2023.7.11 본조개정)

제18조 (2013.7.16 삭제)

제18조의2 【전직지원금】 ① 국가는 중·장기복무 제대군인의 생활안정을 도모하고 취업과 창업을 촉진하기 위하여 전직지원금을 지급한다. 다만, 중기복무 제대군인에게 지급하는 전직지원금은 대통령령으로 정하는 바에 따라 지급액을 달리 정할 수 있다.(2013.7.16 본항개정)
② 전직지원금은 중·장기복무 제대군인이 실업 상태에서 대통령령으로 정하는 적극적 구직활동(창업활동을 포함한다. 이하 같다)을 하고, 그 활동을 국가보훈부장관이 확인하는 경우 최장 6개월간 지급한다. 다만, 다음 각 호

의 어느 하나에 해당하는 사람에게는 전직지원금을 지급하지 아니한다.(2023.3.4 본문개정)
1. 중·장기복무 제대군인으로서 전역 후 6개월이 지나 전직지원금 지급신청을 하는 사람(2013.7.16 본호개정)
2. 「군인연금법」 제7조제1호가목부터 다목까지의 규정에 따른 퇴역연금, 퇴역연금일시금 및 퇴역연금공제일시금 중 어느 하나를 받았거나 받고 있는 사람(2019.12.10 본호개정)
3. 제3항에 따라 이미 전직지원금을 모두 지급받은 사람
③ 전직지원금은 「고용보험법」 제46조제1항에 따른 구직급여일액의 최고액에 30을 곱한 금액의 100분의 50의 범위에서 월별로 지급하되, 전직지원금을 받고 있는 사람이 수급 기간 중에 취업이나 창업을 한 경우에는 그 다음 달부터 남은 달까지 받을 총 지급액의 100분의 50을 일시금으로 지급할 수 있다.(2009.1.30 본항개정)
④ 전직지원금을 지급받고 있는 사람이 취업이나 창업을 한 경우에는 국가보훈부장관에게 즉시 신고하여야 한다.(2023.3.4 본항개정)
⑤ 전직지원금을 받을 권리는 양도하거나 압류할 수 없으며 담보로 제공할 수 없다.
⑥ 전직지원금의 지급액, 지급신청, 지급방법 및 구직활동의 확인 등에 필요한 사항은 대통령령으로 정한다.

제18조의3【전직지원금 지급 중단 등】 ① 국가보훈부장관은 수급자격자가 다음 각 호의 어느 하나에 해당하면 대통령령으로 정하는 바에 따라 전직지원금 지급을 중단할 수 있다.(2023.3.4 본문개정)
1. 적극적 구직활동을 하지 아니하는 경우. 다만, 질병 등 대통령령으로 정하는 사유로 인한 경우는 제외한다.
2. 거짓이나 그 밖의 부정한 방법으로 전직지원금을 지급받았거나 지급받으려 한 경우
② 국가보훈부장관은 제1항제2호의 경우 또는 전직지원금이 잘못 지급된 경우에는 대통령령으로 정하는 절차에 따라 전직지원금을 환수하고, 이를 반환하지 아니한 경우에는 국세 체납처분의 예에 따라 징수할 수 있다.(2023.3.4 본항개정)
③ 국가보훈부장관은 제2항에 따라 전직지원금을 환수하는 경우에 이를 반환할 자가 행방불명이거나 재산이 없거나 그 밖의 불가피한 사유로 환수가 불가능하다고 인정할 때에는 이를 결손처분할 수 있다.(2023.3.4 본항개정)

제4장 교육·의료·대부 지원 등
(2008.3.28 본장개정)

제19조【교육지원】 ① 국가는 장기복무 제대군인으로서 「고등교육법」 제2조제1호부터 제6호까지의 학교 및 이에 준하는 학교(같은 법 제29조의2제1항 및 제30조에 따른 대학원과 대학원대학은 제외한다)에 재학하는 사람에게 대통령령으로 정하는 바에 따라 입학금 및 수업료를 감면하거나 보조할 수 있다.(2021.6.8 본항개정)
② 국가 또는 지방자치단체는 장기복무 제대군인이 대통령령으로 정하는 생활수준에 미치지 못하고 그 자녀가 「초·중등교육법」에 따른 고등학교 또는 이에 준하는 학교에 재학하는 경우 대통령령으로 정하는 바에 따라 해당 자녀의 입학금과 수업료를 감면하거나 보조할 수 있다.(2021.6.8 본항개정)
③ 제1항이나 제2항에 따라 입학금 및 수업료를 감면받거나 보조받을 수 있는 장기복무 제대군인 또는 그 자녀가 다른 법령에 따라 입학금, 수업료 등을 감면받거나 보조받는 경우에는 대통령령으로 정하는 바에 따라 그에 해당하는 금액은 지원하지 아니한다.(2016.5.29 본항개정)
(2021.6.8 본조제목개정)

제19조의2【금융정보 등의 제공 동의 등】 ① 제19조제2항에 따라 자녀의 교육지원을 받으려는 장기복무 제대군인이 제4조제1항 본문에 따라 지원을 신청하는 경우 해당 장기복무 제대군인과 그 가구원(「국민기초생활 보장법」 제2조제8호에 따른 개별가구의 가구원을 말한다. 이하 제19조의3 및 제19조의4에서 같다)은 다음 각 호의 자료 또는 정보 제공에 동의한다는 서면(전자문서를 포함한다)을 제출하여야 한다.(2023.7.11 본문개정)
1. 「금융실명거래 및 비밀보장에 관한 법률」 제2조제2호 및 제3호에 따른 금융자산 및 금융거래의 내용에 대한 자료 또는 정보 중 예금의 평균 잔액과 그 밖에 대통령령으로 정하는 자료 또는 정보(이하 "금융정보"라 한다)
2. 「신용정보의 이용 및 보호에 관한 법률」 제2조제1호에 따른 신용정보 중 채무액과 그 밖에 대통령령으로 정하는 자료 또는 정보(이하 "신용정보"라 한다)
3. 「보험업법」 제4조제1항 각 호에 따른 보험에 가입하여 납부한 보험료와 그 밖에 대통령령으로 정하는 자료 또는 정보(이하 "보험정보"라 한다)
② 제1항에 따른 동의의 방법·절차 등에 관하여 필요한 사항은 대통령령으로 정한다.
(2021.6.8 본조신설)

제19조의3【조사·질문 등】 ① 국가보훈부장관은 교육지원 대상 자격을 확인하기 위하여 제19조제2항에 따라 교육지원을 받으려고 하거나 교육지원을 받고 있는 장기복무 제대군인(이하 이 조에서 "교육지원대상자"라 한다)과 그 가구원에게 필요한 서류나 그 밖에 소득·재산 등에 관한 자료의 제출을 요구할 수 있으며, 소속 공무원으로 하여금 교육지원대상자와 그 가구원의 주거 또는 필요한 장소에 출입하여 서류 등을 조사하게 하거나 관계인에게 필요한 질문을 하게 할 수 있다.(2023.3.4 본항개정)
② 제1항에 따라 출입, 조사 또는 질문을 하는 사람은 그 권한을 표시하는 증표를 지니고 이를 관계인에게 내보여야 한다.
③ 국가보훈부장관은 교육지원대상자와 그 가구원이 제1항에 따른 서류 또는 자료의 제출을 거부하거나 조사·질문을 거부·방해 또는 기피하는 경우에는 교육지원 신청을 반려하거나 교육지원을 중단할 수 있다.
(2023.3.4 본항개정)
④ 제1항에 따른 조사·질문의 범위, 시기 및 내용에 필요한 사항은 대통령령으로 정한다.
(2021.6.8 본조신설)

제19조의4【금융정보 등의 제공】 ① 국가보훈부장관은 「금융실명거래 및 비밀보장에 관한 법률」 제4조제1항 및 「신용정보의 이용 및 보호에 관한 법률」 제32조제1항에도 불구하고 제19조제2항에 따라 교육지원을 받으려는 장기복무 제대군인과 그 가구원이 제19조의2제1항에 따라 제출한 동의 서면(전자문서를 포함한다)으로 금융회사 등(「금융실명거래 및 비밀보장에 관한 법률」 제2조제1호에 따른 금융회사등 및 「신용정보의 이용 및 보호에 관한 법률」 제25조에 따른 신용정보집중기관을 말한다. 이하 같다)의 장에게 금융정보, 신용정보 또는 보험정보(이하 "금융정보등"이라 한다)의 제공을 요청할 수 있다.(2023.3.4 본항개정)
② 국가보훈부장관은 「금융실명거래 및 비밀보장에 관한 법률」 제4조제1항 및 「신용정보의 이용 및 보호에 관한 법률」 제32조제1항에도 불구하고 제19조의3에 따른 교육지원 대상 자격 확인이 필요한 경우 대통령령으로 정하는 인적사항과 조회기준일 및 조회기간 등을 명시하여 금융회사 등의 장에게 금융정보등을 제공하도록 요청할 수 있다.(2023.3.4 본항개정)
③ 제1항 또는 제2항에 따라 금융정보등의 제공을 요청받은 금융회사 등의 장은 「금융실명거래 및 비밀보장에 관한 법률」 제4조제1항 및 「신용정보의 이용 및 보호에 관한 법률」 제32조제1항에도 불구하고 이를 국가보훈부장관에게 제공하여야 한다.(2023.3.4 본항개정)
④ 제3항에 따라 금융정보등을 제공하는 금융회사 등의 장은 금융정보등의 제공 사실을 명의인에게 통보하여야 한다. 다만, 명의인의 동의가 있는 경우에는 「금융실명거래 및 비밀보장에 관한 법률」 제4조의2제1항에도 불구하고 통보하지 아니할 수 있다.
⑤ 제1항부터 제3항까지의 규정에 따른 금융정보등의 제공 요청 및 제공은 정보통신망(「정보통신망 이용촉진 및 정보보호 등에 관한 법률」 제2조제1항제1호에 따른 정보통신망을 말한다. 이하 같다)을 이용하여야 한다. 다만, 정보통신망의 손상 등 불가피한 사유가 있는 경우에는 문서로 할 수 있다.
⑥ 제1항 또는 제2항에 따른 업무에 종사하고 있거나 종사하였던 사람은 업무를 수행하면서 취득한 금융정보등을 이 법에서 정한 목적 외의 다른 용도로 사용하거나 다른 사람 또는 기관에 제공하거나 누설하여서는 아니 된다.
⑦ 제1항부터 제3항까지 및 제5항에 따른 금융정보등의 제공 요청과 제공 등에 필요한 사항은 대통령령으로 정한다.
(2021.6.8 본조신설)

제20조【의료 지원】 ① 국가는 전상(戰傷)이나 공상(公傷)을 입고 전역한 제대군인으로서 그 상이(傷痍) 정도가 「국가유공자 등 예우 및 지원에 관한 법률」 제4조제1항제4호·제6호 또는 「보훈보상대상자 지원에 관한 법률」 제2조제1항제2호의 요건에 해당되지 아니한 것으로 판정된 경우에는 그 상이처(傷痍處)(본인의 고의로 악화된 경우는 제외한다)를 국가의 의료시설[「한국보훈복지의료공단법」 제7조에 따른 보훈병원(이하 "보훈병원"이라 한다)을 포함한다]이나 지방자치단체의 의료시설 또는 「국가유공자 등 예우 및 지원에 관한 법률」 제42조제2항에 따른 의료시설에서 진료를 받게 할 수 있다. 이 경우 그 비용 부담에 관하여는 「국가유공자 등 예우 및 지원에 관한 법률」 제42조제3항을 준용한다.(2021.4.20 전단개정)
② 국가보훈부장관은 장기복무 제대군인과 대한민국 국군 창설에 참여하고 전역한 사람에게 보훈병원에서 대통령령으로 정하는 바에 따라 진료비를 감면하여 진료받게 할 수 있다. 이 경우 그 진료비 감면에 드는 비용은 국가보훈부장관이 예산의 범위에서 해당 보훈병원에 지급할 수 있다.(2023.3.4 본항개정)
③ 장기복무 제대군인은 국방부장관이 정하는 바에 따라 군 병원을 이용할 수 있다.
④ 군복무 중 발병 또는 악화된 질병을 앓고 있는 제대군인은 다음 각 호의 요건을 모두 갖춘 경우에는 해당 질병에 대하여 보훈병원이나 국가보훈부장관이 지정하여 진료를 위탁한 의료기관에서 대통령령으로 정하는 바에 따라 감면된 진료비로 진료를 받을 수 있다. 이 경우 그 진료비 감면에 드는 비용은 국가가 부담한다.(2023.3.4 전단개정)
1. 「병역법」에 따른 현역병(지원에 의하지 아니하고 임용된 부사관을 포함한다) 또는 전환복무된 사람
2. 해당 질병의 발생 또는 악화가 교육훈련 또는 공무수행과 상당한 인과관계가 있다고 의학적으로 판단·인정되지 아니하여 「국가유공자 등 예우 및 지원에 관한 법률」 제4조제1항제6호 또는 「보훈보상대상자 지원에 관한 법률」 제2조제1항제2호에 해당되지 아니하는 것으로 결정되었으나 병역면제 처분 등에 해당하는 중증의 질병(본인의 고의 또는 중대한 과실이 있는 경우는 제외한다)인 경우(2013.7.16 본호개정)
⑤ 제4항에 따른 중증의 질병의 기준과 범위는 대통령령으로 정한다.

제20조의2【보철구의 지급】 국가는 전상이나 공상을 입고 전역한 제대군인으로서 그 상이 정도가 「국가유공자 등 예우 및 지원에 관한 법률」 제4조제1항제4호·제6호 또는 「보훈보상대상자 지원에 관한 법률」 제2조제1항제2호에 해당되지 아니하는 사람으로 판정된 사람이 상이처 수술로 인하여 보철구를 필요로 하는 경우 대통령령으로 정하는 바에 따라 이를 지급할 수 있다.
(2013.7.16 본조개정)

제20조의3【재난상황에서의 진료】 국가는 제20조제2항 전단에도 불구하고 「재난 및 안전관리 기본법」 제3조제1호의 재난이 발생하여 보훈병원에서의 진료에 중대한 차질이 발생하거나 발생할 우려가 있는 경우에는 보훈병원 외의 의료기관에 제20조제2항에 따른 진료를 위탁할 수 있다. 이 경우 그 진료 비용은 대통령령으로 정하는 바에 따라 감면하며, 그 감면된 비용은 국가가 부담한다.
(2021.4.20 본조신설)

제20조의4【심리적 재활 등】 ① 국가보훈부장관은 제대군인의 심리적 안정과 사회 적응을 위하여 심리상담 등 심리재활서비스에 관한 시책을 마련하고, 그 사업을 수행하여야 한다.(2023.3.4 본항개정)
② 제1항에 따른 지원의 내용·방법 등에 관하여 필요한 사항은 대통령령으로 정한다.
(2021.4.20 본조신설)

제21조【대부 지원】 ① 국가보훈부장관은 장기복무 제대군인에게 장기저리(長期低利)로 대부를 실시할 수 있다.
(2023.3.4 본항개정)
② 제1항에 따른 대부의 재원은 「보훈기금법」 제6조에 따른 참전유공자·제대군인지원자금으로 한다.
(2013.7.16 본항개정)
③ 제1항의 대부의 종류는 다음 각 호와 같다.
1. 농토 구입 대부
2. 주택 대부(주택구입·대지구입·주택신축·주택개량·주택임차 대부를 말한다)
3. 사업 대부
4. 생활안정 대부
5. 학자금 대부
④ 대부의 종류별 한도액·이율·상환기간은 대통령령으로 정한다.
⑤ 대부의 신청·담보 등에 관하여는 「국가유공자 등 예우 및 지원에 관한 법률」 제52조, 제56조 및 제60조부터 제62조까지의 규정을 준용한다.(2013.7.16 본항개정)
⑥ 제1항과 제3항에 따라 주택개량 대부, 주택임차 대부, 사업 대부, 생활안정 대부 또는 학자금 대부를 받는 사람은 부동산 또는 「군인연금법」에 따른 군인연금을 국가에 담보로 제공하여야 한다. 다만, 국가보훈부장관은 대부를 받는 사람이 담보로 제공할 부동산이 없거나 「군인연금법」에 따른 군인연금을 받을 수 있는 사람이 아닌 경우에는 보증인을 세우게 하거나 그 밖의 담보를 제공하게 할 수 있다.(2023.3.4 단서개정)
⑦ 제1항에 따른 대부 신청자가 「국가유공자 등 예우 및 지원에 관한 법률」 제47조 또는 「보훈보상대상자 지원에 관한 법률」 제56조에 따른 대부대상자에도 해당될 경우에는 그 중 하나를 선택하여 대부를 신청하여야 한다. 이 경우 이미 대부받은 금액을 전부 상환한 후 다시 대부를 신청하는 경우에는 그 선택을 변경할 수 있다.
(2013.7.16 본항개정)

제22조【주택의 우선 공급】 ① 국가나 지방자치단체는 장기복무 제대군인에게 국가나 지방자치단체에 의하여 건설되거나 국가 또는 지방자치단체의 재정이나 「주택도시기금법」에 따른 주택도시기금의 지원을 받아 건설·공급되는 주택을 무주택기간, 생활수준 등을 고려하여 대통령령으로 정하는 바에 따라 우선 공급할 수 있다.
② 「주택법」 제54조에 따라 민영주택을 건설·공급하는 사업주체는 장기복무 제대군인에게 그 민영주택 건설·공급량의 일부를 우선 공급할 수 있다.
③ 제1항 또는 제2항에 따라 주택을 공급받으려는 사람은 국가보훈부장관에게 신청하여야 한다. 이 경우 신청인의 생활수준 파악을 위한 절차 등에 관하여는 제19조의2부터 제19조의4까지의 규정을 준용한다.(2023.3.4 전단개정)
(2017.10.31 본조개정)

제23조【공공시설의 이용】 ① 국가나 지방자치단체는 장기복무 제대군인에게 대통령령으로 정하는 바에 따라 국가나 지방자치단체가 관리하는 고궁 및 공원 등의 시설을 무료로 이용하게 하거나 그 요금을 할인하여 이용하게 할 수 있다.
② 장기복무 제대군인 및 그 가족은 군에서 운영하는 복지시설(체력훈련장을 포함한다)을 이용할 경우 국방부장관이 정하는 바에 따라 현역군인에 준하는 혜택을 받을 수 있다.

제23조의2【법률구조 지원】① 국가보훈부장관은 중·장기복무 제대군인(제18조의2제2항제2호에 해당하는 사람은 제외한다)에게 「법률구조법」 제8조에 따른 대한법률구조공단을 통하여 같은 법 제2조에 따른 법률구조를 지원할 수 있다.(2023.3.4 본항개정)
② 국가보훈부장관은 제1항에 따른 법률구조에 드는 비용의 전부 또는 일부를 예산의 범위에서 지원할 수 있다.(2023.3.4 본항개정)
③ 제1항에 따른 법률구조의 요건 및 절차 등은 「법률구조법」 제22조에 따르며, 그 밖에 법률구조 지원에 필요한 사항은 대통령령으로 정한다.
(2012.1.17 본조신설)

제5장 보 칙
(2008.3.28 본장개정)

제24조【지원 정지】이 법의 적용을 받는 제대군인이 「형법」에 규정된 죄를 범하여 금고 이상의 실형을 선고받고 그 형이 집행 중에 있는 경우에는 그 기간 중 이 법에 따른 지원을 하지 아니한다. 다만, 과실범의 경우는 그러하지 아니하다.
제25조【법 적용대상으로부터의 배제】① 국가보훈부장관은 이 법을 적용받고 있거나 적용받을 제대군인이 다음 각 호의 어느 하나에 해당하면 이 법의 적용대상에서 제외한다.(2023.3.4 본문개정)
1. 「국가보안법」을 위반하여 금고 이상의 실형을 선고받고 그 형이 확정된 사람
2. 「형법」 제87조부터 제90조까지, 제92조부터 제101조까지 또는 제103조를 위반하여 금고 이상의 실형을 선고받고 그 형이 확정된 사람
3. 다음 각 목의 어느 하나에 해당하는 죄를 범하여 금고 1년 이상의 실형을 선고받고 그 형이 확정된 사람
(2013.7.16 본문개정)
가. 「형법」 제250조부터 제253조까지의 죄 또는 그 미수죄, 제264조의 죄, 제279조의 죄 또는 그 미수죄, 제285조의 죄 또는 그 미수죄, 제287조부터 제292조까지 및 제294조의 죄, 제297조, 제297조의2, 제298조부터 제301조까지, 제301조의2, 제302조, 제303조, 제305조의 죄, 제332조의 죄(제329조부터 제331조까지의 상습범으로 한정한다) 또는 그 미수죄, 제333조부터 제336조까지의 죄 또는 그 미수죄, 제337조부터 제339조까지의 죄 또는 제337조·제338조·제339조의 미수죄, 제341조의 죄 또는 그 미수죄, 제351조(제347조, 제347조의2, 제348조, 제350조, 제350조의2의 상습범으로 한정한다)의 죄 또는 그 미수죄, 제363조의 죄
(2021.6.8 본목개정)
나. (2016.1.6 삭제)
다. 「특정범죄 가중처벌 등에 관한 법률」 제5조, 제5조의2, 제5조의4 및 제5조의5의 죄(2013.7.16 본목개정)
라. 「특정경제범죄 가중처벌 등에 관한 법률」 제3조의 죄
마. 「성폭력범죄의 처벌 등에 관한 특례법」 제3조부터 제10조까지 및 제15조(제3조부터 제9조까지의 미수범으로 한정한다)의 죄(2013.7.16 본목개정)
바. 「아동·청소년의 성보호에 관한 법률」 제7조, 제8조 및 제11조부터 제16조까지의 규정에 따른 죄
(2021.6.8 본목개정)
사. 「군사기밀 보호법」 제11조, 제11조의2, 제12조, 제13조, 제13조의2 및 제15조의 죄(2021.4.20 본목신설)
아. 「전기통신사업법」 제95조의2제1호의2 및 제1호의3의 죄(2021.6.8 본목신설)
4. 「국가공무원법」 제2조 및 「지방공무원법」 제2조에 따른 공무원과 국가나 지방자치단체에서 일상적으로 공무에 종사하는 대통령령으로 정하는 직원으로서 재직기간 중 직무와 관련된 다음 각 목의 어느 하나에 해당하는 죄를 범하여 금고 1년 이상의 형을 선고받고 그 형이 확정된 사람
가. 「형법」 제129조부터 제133조까지 및 제355조부터 제357조까지의 죄
나. 「특정범죄 가중처벌 등에 관한 법률」 제2조 및 제3조의 죄
(2013.7.16 본호신설)
② 국가보훈부장관은 제1항에 따라 이 법의 적용대상에서 제외된 사람이 그 형의 집행이 끝나거나(형의 집행이 끝난 것으로 보는 경우를 포함한다) 집행이 면제된 날부터 3년이 지난 후에 제4조에 따라 지원신청을 하는 경우에는 「국가유공자 등 예우 및 지원에 관한 법률」 제74조의5에 따른 보훈심사위원회의 심의·의결을 거쳐 이 법의 적용대상자로 결정하여 지원을 할 수 있다. 다만, 제1항제2호에 해당하는 경우에는 그러하지 아니하다.
(2023.3.4 본문개정)
③ 국가보훈부장관이 제24조에 따라 제대군인에 대하여 이 법에 따른 지원을 정지하거나 제1항에 따른 이 법의 적용대상에서 제외하려는 경우에는 관련 기관의 장에게 그 제대군인의 범죄경력이나 확정판결서 사본의 제공을 요청할 수 있다.(2023.7.11 본항개정)
제26조【적용제외】제대군인으로서 「독립유공자예우에 관한 법률」, 「국가유공자 등 예우 및 지원에 관한 법률」 또는 「보훈보상대상자 지원에 관한 법률」의 적용을 받는 사람에게는 이 법을 적용하지 아니한다. 다만, 다음 각 호의 지원에 대해서는 이 법을 적용한다.
1. 제13조에 따른 직업교육훈련
2. 중·장기복무 제대군인에 대한 제14조제3항에 따른 진로·직업상담 등의 지원
3. 제16조제1항부터 제3항까지에 따른 채용 시 우대 등의 지원
4. 중·장기복무 제대군인에 대한 제17조에 따른 창업지원
5. 제18조의2에 따른 전직지원금의 지급
6. 제21조에 따른 대부 지원
(2023.7.11 본조개정)
제26조의2【자료의 제공 요청 등】① 국가보훈부장관은 취업지원, 창업지원, 전직지원금 지급, 교육지원, 의료지원 및 대부지원 등 이 법에서 정하는 지원, 전직지원금의 지급 중단과 환수, 지원 정지 및 법 적용대상으로부터의 배제와 관련된 자격의 확인과 제8조에 따른 실태조사 등을 위하여 금융정보등, 가족관계등록정보·소득금액증명·지방세·토지·건물·건강보험·국민연금·출입국 관련 자료 등 대통령령으로 정하는 자료의 제공을 관계 기관의 장에게 요청할 수 있다.(2023.7.11 본항개정)
② 제1항에 따라 자료의 제공을 요청받은 관계 기관의 장은 특별한 사유가 없으면 그 요청에 따라야 한다.
(2023.7.11 본항신설)
③ 국가보훈부장관은 제1항에 따른 자료의 확인을 위하여 「사회복지사업법」 제6조의2제1항에 따른 정보시스템을 연계하여 사용할 수 있다.(2023.3.4 본항개정)
④ 제1항 및 제3항에 따른 업무에 종사하거나 종사하였던 사람은 제1항에 따라 제공받은 자료나 업무를 수행하면서 취득한 정보를 이 법에서 정한 목적 외의 용도로 사용하거나 다른 사람 또는 기관에 제공하거나 누설하여서는 아니 된다.
(2023.7.11 본항개정)
제27조【위임 및 위탁】① 이 법에 따른 국가보훈부장관의 권한은 그 일부를 대통령령으로 정하는 바에 따라 소속 기관의 장 또는 제주특별자치도지사에게 위임할 수 있다.
② 국가보훈부장관은 제26조의2제1항에 따른 관계 기관의 장에 대한 자료 제공 요청에 관한 업무를 보건복지부장관에게 위탁할 수 있다.
③ 이 법에 따른 국가보훈부장관의 업무(제2항에 따른 업무는 제외한다)는 그 일부를 대통령령으로 정하는 바에 따라 관계 법인 또는 관계 전문기관에 위탁할 수 있다.
(2023.3.4 본조개정)
제28조【벌칙】① 다음 각 호의 어느 하나에 해당하는 사람은 5년 이하의 징역 또는 5천만원 이하의 벌금에 처한다.(2018.6.12 본문개정)
1. 거짓이나 그 밖의 부정한 방법으로 이 법에 따른 지원을 받거나 받게 한 사람
2. 제19조의4제6항(제22조제3항 후단에 따라 준용되는 경우를 포함한다)을 위반하여 금융정보를 사용·제공 또는 누설한 사람(2021.6.8 본호개정)
② 다음 각 호의 어느 하나에 해당하는 사람은 3년 이하의 징역 또는 3천만원 이하의 벌금에 처한다.
(2018.6.12 본문개정)
1. 제19조의4제6항(제22조제3항 후단에 따라 준용되는 경우를 포함한다)을 위반하여 신용정보 또는 보험정보를 사용·제공 또는 누설한 사람(2021.6.8 본호개정)
2. 제26조의2제4항을 위반하여 자료 또는 정보를 사용·제공 또는 누설한 사람(2023.7.11 본호개정)
③ 제1항제1호의 미수범은 처벌한다.
(2013.7.16 본조개정)
제29조【과태료】① 제14조제2항에 따라 준용되는 「국가유공자 등 예우 및 지원에 관한 법률」 제34조제3항에 따라 고용할 것을 명하였으나 정당한 사유 없이 이에 따르지 아니한 자에게는 1천만원 이하의 과태료를 부과한다.
(2018.6.12 본항개정)
② 제14조제2항에 따라 준용되는 「국가유공자 등 예우 및 지원에 관한 법률」 제36조제2항에 따른 시정요구를 이행하지 아니한 자에게는 300만원 이하의 과태료를 부과한다.(2013.7.16 본항개정)
③ 제1항과 제2항에 따른 과태료는 대통령령으로 정하는 바에 따라 국가보훈부장관이 부과·징수한다.(2023.3.4 본항개정)
④~⑥ (2009.1.30 삭제)

부 칙 (2013.7.16)

제1조【시행일】이 법은 공포 후 6개월이 경과한 날부터 시행한다. 다만, 제18조의2의 개정규정은 2014년 1월 1일부터 시행한다.
제2조【생활수준 파악을 위한 절차에 관한 적용례】제14조의2, 제14조의4 및 제19조제2항 후단의 개정규정은 이 법 시행 후 취업지원 또는 교육지원을 신청하는 경우부터 적용한다.
제3조【전직지원금 지급에 관한 적용례】제18조의2의 개정규정은 같은 개정규정 시행 후 최초로 전역하는 중기복무 제대군인부터 적용한다.
제4조【입학금, 수업료 및 기성회비 감면 또는 보조에 관한 적용례】제19조제3항의 개정규정은 이 법 시행 후 개시하는 학기부터 적용한다.
제5조【법 적용 대상으로부터의 배제에 관한 적용례】제25조제1항제3호 및 제4호의 개정규정은 제대군인이 이 법 시행 후 행한 행위로 금고 1년 이상의 실형을 선고받고 그 형이 확정된 경우부터 적용한다.

부 칙 (2018.3.13)

제1조【시행일】이 법은 공포 후 3개월이 경과한 날부터 시행한다.
제2조【이 법 적용 대상으로부터의 배제에 관한 적용례】제25조제1항제3호가목의 개정규정은 제대군인이 이 법 시행 후 행한 행위로 금고 1년 이상의 실형을 선고받고 그 형이 확정된 경우부터 적용한다.

부 칙 (2019.12.10)

제1조【시행일】이 법은 공포 후 6개월이 경과한 날부터 시행한다.(이하 생략)

부 칙 (2020.3.24)

이 법은 공포 후 6개월이 경과한 날부터 시행한다.

부 칙 (2021.4.20)

제1조【시행일】이 법은 공포 후 6개월이 경과한 날부터 시행한다. 다만, 제25조제1항제3호사목의 개정규정은 공포한 날부터 시행한다.
제2조【이 법 적용 대상으로부터의 배제에 관한 적용례】제25조제1항제3호사목의 개정규정은 제대군인이 같은 개정규정 시행 후 행한 행위로 금고 1년 이상의 실형을 선고받고 그 형이 확정된 경우부터 적용한다.

부 칙 (2021.6.8)

이 법은 공포 후 6개월이 경과한 날부터 시행한다. 다만, 제25조제1항제3호 및 제26조의2제2항의 개정규정은 공포한 날부터 시행한다.

부 칙 (2021.8.17)

제1조【시행일】이 법은 공포 후 6개월이 경과한 날부터 시행한다.(이하 생략)

부 칙 (2023.3.4)

제1조【시행일】이 법은 공포 후 3개월이 경과한 날부터 시행한다.(이하 생략)

부 칙 (2023.7.11)

제1조【시행일】이 법은 공포 후 6개월이 경과한 날부터 시행한다.
제2조【실태조사에 관한 적용례】제8조의 개정규정은 2024년에 실시하는 실태조사부터 적용한다.
제3조【취업지원 및 창업지원 등에 관한 적용례】제14조제3항 및 제17조의 개정규정은 이 법 시행 전에 전역한 사람으로서 같은 개정규정에 따른 지원 요건에 해당하는 사람에게도 적용한다.

접경지역 지원 특별법

(약칭 : 접경지역법)

(2011년 5월 19일
전부개정법률 제10653호)

개정
2011. 7.25법10898호(보조금관리에관한법)
2013. 3.23법11690호(정부조직)
2014. 1.14법12248호(도로법)
2014. 6. 3법12738호(공간정보구축관리)
2014.11.19법12844호(정부조직)
2015. 1. 6법12989호(주택도시기금법)
2015. 6.22법13383호(수산업・어촌발전기본법)
2016.12. 2법14285호
2016.12.27법14480호(농어촌정비)
2017. 2. 8법14569호(빈집및소규모주택정비에관한특례법)
2017. 7.26법14839호(정부조직)
2018.12.31법16172호(중소기업진흥)
2020. 1.29법16902호(항만법)
2020. 3.31법17171호(전기안전관리법)
2020.10.20법17520호
2022.12.27법19117호(산림자원조성관리)
2023. 5.16법19409호(국가유산기본법)
2023. 8.16법19634호(행정기관정비일부개정법령등)

제1장 총 칙

제1조【목적】 이 법은 남북 분단으로 낙후된 접경지역의 지속가능한 발전에 필요한 사항을 규정하여 새로운 성장동력을 창출하고 주민의 복지향상을 지원하며, 자연환경의 체계적인 보전・관리를 통하여 국가의 경쟁력 강화와 균형발전에 이바지하는 것을 목적으로 한다.

제2조【정의】 이 법에서 사용하는 용어의 뜻은 다음과 같다.

1. "접경지역"이란 1953년 7월 27일 체결된 「군사정전에 관한 협정」에 따라 설치된 비무장지대 또는 해상의 북방한계선과 잇닿아 있는 시・군과 「군사기지 및 군사시설 보호법」 제2조제7호에 따른 민간인통제선(이하 "민간인통제선"이라 한다) 이남(以南)의 지역 중 민간인통제선과의 거리 및 지리적 여건 등을 기준으로 하여 대통령령으로 정하는 시・군을 말한다. 다만, 비무장지대는 제외하되 비무장지대 내 집단취락지역은 접경지역으로 본다.
2. "접경지역 발전종합계획"(이하 "발전종합계획"이라 한다)이란 제5조에 따라 수립된 종합적이며 기본적인 계획을 말한다.
3. "접경특화발전지구"란 접경지역 일대에서 개발・조성되는 지구로 제17조에 따라 지정・고시된 지역을 말한다.

제3조【다른 법률과의 관계】 이 법은 접경지역의 이용・개발과 보전에 관하여 다른 법률에 우선하여 적용한다. 다만, 「국토기본법」, 「수도권정비계획법」과 「군사기지 및 군사시설 보호법」은 그러하지 아니하다.

제4조【국가 등의 책무】 ① 국가는 접경지역의 이용・개발과 보전을 위한 종합적인 시책을 수립・추진하고 지원 방안을 마련하여야 한다.
② 국가와 지방자치단체는 지역주민의 참여와 관계 지방자치단체와의 협력을 통하여 접경지역의 이용・개발과 보전을 조화롭게 이룰 수 있도록 계획과 정책을 마련하여 시행하여야 한다.
③ 국가와 지방자치단체는 접경지역의 친환경적이고 지속가능한 발전을 위하여 노력하여야 한다.

제2장 발전종합계획의 수립 등

제5조【발전종합계획의 수립과 확정】 ① 행정안전부장관은 접경지역의 조화로운 이용・개발과 보존을 통하여 해당 지역을 발전시키기 위한 발전종합계획을 수립하여야 한다. 이 경우 접경지역의 자연환경 보전과 국가 안보상의 특수성을 반영하고 다음 각 호의 사항을 고려하여야 한다.(2017.7.26 전단개정)

1. 「국토기본법」 제6조에 따른 국토종합계획
2. 「수도권정비계획법」 제4조에 따른 수도권정비계획
3. 「군사기지 및 군사시설 보호법」 제16조에 따른 보호구역등 관리기본계획
4. 「지역 개발 및 지원에 관한 법률」 제7조에 따른 지역개발계획(2016.12.2 본호개정)

② 발전종합계획에는 다음 각 호의 사항이 포함되어야 한다.

1. 발전종합계획의 목표 및 기본방향에 관한 사항
2. 접경지역의 이용・개발과 보전에 관한 중장기 기본시책
3. 권역 구분 및 지구 지정에 관한 사항
4. 자연생태 및 산림자원의 조사・연구에 관한 사항
5. 자연환경의 보전・관리와 환경오염 방지에 관한 사항
6. 산림의 체계적인 보호・관리와 산지의 계획적・생태적인 보전 및 이용에 관한 사항
7. 평화통일 기반시설 또는 통일지대의 설치에 관한 사항
8. 남북한 교류・협력 활성화를 위한 사업에 관한 사항
9. 통일 이후 남북공동의 성장동력으로 활용할 지역산업의 육성에 관한 사항
10. 접경특화발전지구의 지정・개발・운영에 관한 사항
11. 군사시설의 보전 및 보안대책에 관한 사항
12. 농어업・임업 등 산업기초시설의 확충・개선에 관한 사항
13. 전기・통신・가스 시설 등 생활기반시설의 확충・개선에 관한 사항
14. 주택・상하수도 등 주거환경의 개선에 관한 사항
15. 풍수해 등 재해의 방지에 관한 사항
16. 「국가유산기본법」 제3조에 따른 국가유산의 발굴과 보존・관리에 관한 사항(2023.5.16 본호개정)
17. 관광자원의 개발과 관광산업의 진흥에 관한 사항
18. 도로・항만・공항・정보통신 등 사회간접자본의 정비와 확충에 관한 사항
19. 교육・의료・후생 시설 등 문화복지시설의 확충에 관한 사항
20. 민방위 경보, 대피시설 등 주민안전시설의 정비 및 확충에 관한 사항
21. 그 밖에 접경지역의 이용・개발과 보전에 필요한 사항

③ 행정안전부장관은 관계 중앙행정기관의 장과 협의를 거쳐 발전종합계획의 수립을 위한 지침(이하 "지침"이라 한다)을 작성하고, 접경지역을 관할하는 광역시장 또는 도지사(이하 "시・도지사"라 한다)에게 통보하여야 한다.(2017.7.26 본항개정)
④ 행정안전부장관은 지침을 작성할 때에는 민간인통제선으로부터의 거리와 개발정도 등을 기준으로 상대적으로 도시화가 진전된 지역을 개발하기 위한 사업이 최소화되도록 하여야 한다.(2017.7.26 본항개정)
⑤ 시・도지사는 제3항에 따라 통보받은 지침에 따라 관할 접경지역에 대한 발전계획안(이하 "시・도발전계획안"이라 한다)을 작성하여 행정안전부장관에게 제출하여야 한다. 이 경우 제7조제1항에 따른 자연환경 보전대책과 같은 조 제4항에 따른 산림관리대책을 반영하여야 한다.(2017.7.26 전단개정)
⑥ 시・도지사는 제5항에 따라 시・도발전계획안을 작성할 때에는 해당 시장・군수의 의견을 듣고, 공청회를 열어 주민 및 관계 전문가 등으로부터 의견을 들어야 한다.
⑦ 행정안전부장관은 제5항에 따라 제출받은 시・도발전계획안을 기초로 하여 발전종합계획안을 수립하고, 관계 중앙행정기관의 장 및 시・도지사와 협의 후 「행정기관 소속 위원회의 설치・운영에 관한 법률」 제7조의2에 따른 정책자문위원회(이하 "정책자문위원회"라 한다)의 심의를 거쳐 확정한다.(2023.8.16 본항개정)
⑧ 행정안전부장관은 제7항에 따라 확정된 발전종합계획을 관계 중앙행정기관의 장과 시・도지사에게 통보하여야 한다.(2017.7.26 본항개정)
⑨ 행정안전부장관은 제7항에 따라 발전종합계획안을 수립할 때 시・도발전계획안에 없는 사항을 추가로 포함하려는 경우에는 공청회를 열어 해당 지역의 주민과 관계 전문가 등의 의견을 들어야 한다.(2017.7.26 본항개정)
⑩ 발전종합계획의 변경에 관하여는 제3항부터 제9항까지의 규정을 준용한다. 다만, 대통령령으로 정하는 경미한 사항을 변경하는 경우에는 그러하지 아니하다.
⑪ 제2조제1호 단서의 비무장지대 내 집단취락지역에 대한 계획수립 또는 사업시행에 관하여는 「군사정전에 관한 협정」을 따르도록 하고, 그 대상은 도로, 상하수도 등 주민생활에 필요한 기반시설에 한정한다.

제6조【발전종합계획의 수립을 위한 기초조사】 ① 행정안전부장관은 발전종합계획을 수립하거나 변경하려는 경우에는 접경지역의 인구, 경제, 사회, 문화, 환경, 토지이용, 그 밖에 대통령령으로 정하는 사항을 조사하거나 측량할 수 있다.
② 행정안전부장관은 관계 중앙행정기관의 장 또는 지방자치단체의 장에게 제1항에 따른 조사 또는 측량에 필요한 자료의 제출을 요청할 수 있다. 이 경우 요청을 받은 관계 중앙행정기관의 장 또는 지방자치단체의 장은 특별한 사유가 없으면 요청에 따라야 한다.
③ 행정안전부장관은 효율적인 조사 또는 측량을 위하여 필요한 경우에는 제1항에 따른 조사 또는 측량을 전문기관에 위탁할 수 있다.
(2017.7.26 본조개정)

제7조【자연환경 보전대책 등의 수립】 ① 환경부장관은 접경지역과 그 주변지역의 무분별한 개발을 방지하고 자연환경을 체계적으로 보전하기 위하여 기초조사를 실시하여야 하며, 이를 기초로 자연환경 보전대책을 수립・시행하여야 한다.
② 제1항에 따른 자연환경 보전대책에는 다음 각 호의 사항이 포함되어야 한다.

1. 접경지역 자연환경의 현황 및 향후전망
2. 접경지역 자연환경의 보전에 관한 기본방향 및 목표
3. 접경지역 자연경관의 보전 및 관리
4. 그 밖에 접경지역의 자연환경 및 생태경관 보호를 위하여 필요하다고 인정되는 사항

③ 환경부장관은 관계 중앙행정기관의 장 또는 지방자치단체의 장에게 제1항에 따른 자연환경 보전대책의 수립 및 시행에 필요한 자료의 제출 또는 협조를 요청할 수 있다. 이 경우 관계 중앙행정기관의 장 및 지방자치단체의 장은 특별한 사유가 없으면 요청에 따라야 한다.
④ 산림청장은 접경지역에 있는 산림의 체계적인 보호・관리 및 산지의 계획적・생태적 보전・이용을 위하여 기초조사를 실시하여야 하며, 이를 기초로 산림관리대책을 수립・시행하여야 한다.
⑤ 환경부장관과 산림청장은 제1항과 제4항에 따른 기초조사를 관계 전문기관 또는 단체에 위탁할 수 있다. 이 경우 필요한 비용의 일부를 관계 기관 또는 단체에 지원할 수 있다.

제8조【연도별 사업계획의 수립 및 확정】 ① 시・도지사는 제5조제8항에 따라 통보받은 발전종합계획에 따라 연도별 사업계획안을 수립하여 행정안전부장관에게 제출하여야 한다. 이 경우 제7조제1항에 따른 자연환경 보전대책과 같은 조 제4항에 따른 산림관리대책을 반영하여야 한다.(2017.7.26 전단개정)
② 시・도지사는 제1항에 따라 연도별 사업계획안을 수립하는 경우 관할 시장・군수의 의견을 들어야 한다. 이 경우 시장・군수는 「군사기지 및 군사시설 보호법」 제8조제2항에 따른 관할부대장등(이하 "관할부대장등"이라 한다)과 사전 협의를 한 후 의견을 제출하여야 한다.
③ 행정안전부장관은 제1항에 따라 제출받은 연도별 사업계획안을 관계 중앙행정기관의 장 및 시・도지사와 협의를 거쳐 확정한다.(2023.8.16 본항개정)
④ 행정안전부장관은 제3항에 따라 확정된 연도별 사업계획(이하 "연도별 사업계획"이라 한다)을 관계 중앙행정기관의 장과 해당 시・도지사에게 통보하여야 한다.
(2017.7.26 본항개정)
⑤ 연도별 사업계획의 변경에 관하여는 제1항부터 제4항까지의 규정을 준용한다. 다만, 대통령령으로 정하는 경미한 사항을 변경하는 경우에는 그러하지 아니하다.
⑥ 연도별 사업계획의 주요 내용과 계획 수립 등에 필요한 사항은 대통령령으로 정한다.

제3장 접경지역발전협의회 등의 설치
(2023.8.16 본장제목개정)

제9조 (2023.8.16 삭제)

제10조【접경지역발전협의회】 ① 접경지역의 발전에 관한 다음 각 호의 사항을 협의하기 위하여 관계 지방자치단체의 장 등 공무원과 민간 전문가로 구성하는 접경지역발전협의회를 둔다.

1. 접경지역 발전에 관한 주요 정책의 개발
2. 접경지역을 관할하는 지방자치단체 간의 공동개발사업 발굴 및 협의
3. 그 밖에 접경지역의 공동 발전에 필요한 사항

② 접경지역발전협의회의 구성 및 운영, 그 밖에 필요한 사항은 대통령령으로 정한다.

제11조【접경지역발전기획단】 ① 접경지역 발전업무를 효율적으로 수행하기 위하여 행정안전부장관 소속으로 접경지역발전기획단을 둔다.(2023.8.16 본항개정)
② 접경지역발전기획단은 다음 각 호에 관한 업무를 수행한다.

1. 접경지역의 발전에 관한 정책 및 제도의 입안・기획
2. 접경특화발전지구의 지정・운영에 관한 제도의 입안・기획
3. 발전종합계획 수립을 위한 기관 간 협조(2016.12.2 본호개정)
4. (2023.8.16 삭제)
5. 그 밖에 접경지역 발전에 필요한 사항

③ 접경지역발전기획단의 구성 및 운영, 그 밖에 필요한 사항은 대통령령으로 정한다.

제4장 사업의 시행

제12조【사업시행자】 연도별 사업계획에 따라 시행되는 사업의 시행자(이하 "사업시행자"라 한다)는 다음 각 호의 어느 하나에 해당하는 자로 한다.

1. 국가
2. 지방자치단체
3. 「공공기관의 운영에 관한 법률」에 따른 공공기관
4. 「지방공기업법」에 따른 지방공기업
5. 민간기업(재무건전성 등이 대통령령으로 정하는 기준에 적합한 자로 한정한다)
6. 제1호부터 제4호까지의 어느 하나에 해당하는 자와 제5호에 해당하는 자가 공동으로 출자하여 설립한 법인

제13조【사업의 시행승인】 ① 사업시행자(제12조제1호 및 제2호에 규정된 자는 제외한다)는 사업을 시행하려는 경우 다음 각 호의 구분에 따른 지방자치단체의 장(이하 "사업승인권자"라 한다)의 승인을 받아야 한다. 이 경우 제3호에 따라 해당 시・도지사가 승인을 하려는 때에는 다른 시・도지사와 협의를 거쳐야 한다.

1. 해당 사업이 하나의 시 또는 군에서 시행되는 경우 : 관할 시장・군수
2. 해당 사업이 둘 이상의 시・군에 걸쳐 시행되는 경우 : 관할 시・도지사
3. 해당 사업이 다른 광역시 또는 도의 관할에 속하는 둘 이상의 시・군에 걸쳐 시행되는 경우 : 사업시행 면적의 2분의 1을 초과하는 지역을 관할하는 시・도지사

② 사업승인권자는 해당 사업이 「군사기지 및 군사시설 보호법」 제2조제6호에 따른 군사기지 및 군사시설 보호구역에서 시행되는 경우에는 미리 관할부대장등과 협의하여야 한다.

③ 제1항에 따라 사업의 시행승인을 받은 자는 승인받은 사항을 변경하려는 경우에는 사업승인권자의 변경승인을 받아야 한다. 다만, 대통령령으로 정하는 경미한 사항의 변경은 그러하지 아니하다.
④ 제1항에 따라 사업의 시행승인을 받으려는 자와 제3항에 따라 사업의 변경승인을 받으려는 자는 대통령령으로 정하는 바에 따라 사업시행계획 및 투자계획 등을 사업승인권자에게 제출하여야 한다.
⑤ 사업승인권자는 제4항에 따라 제출된 사업시행계획 및 투자계획 등의 타당성 등을 검토하여 승인 여부를 결정하여야 한다.
⑥ 사업승인권자는 제1항에 따라 사업의 시행승인을 하거나 제3항에 따라 사업의 변경승인을 한 때에는 그 사업시행계획을 대통령령으로 정하는 바에 따라 고시하여야 한다. 다만, 국방상 기밀에 관한 사항은 이를 제외하고 고시할 수 있다.
⑦ 사업승인권자는 다음 각 호의 어느 하나에 해당하는 경우에는 사업시행승인 또는 변경승인을 취소할 수 있다.
1. 사업의 시행승인을 받은 날부터 2년 이내에 사업을 시작하지 아니한 경우
2. 거짓이나 그 밖의 부정한 방법으로 승인을 받은 경우
3. 사정의 변경으로 사업을 계속적으로 시행할 수 없거나 현저히 공익을 해칠 우려가 있다고 인정되는 경우
⑧ 사업승인권자는 제7항에 따라 사업의 시행승인 또는 변경승인을 취소하였을 때에는 지체 없이 그 사실을 공고하여야 한다.
⑨ 제12조제1호 및 제2호의 사업시행자가 사업을 시행하려는 경우에는 사업승인권자와 협의하여 사업시행계획을 수립하여야 하며, 그 사업시행계획을 대통령령으로 정하는 바에 따라 고시하여야 한다.
제14조【인·허가등의 의제】 ① 사업시행자(제12조제1호 및 제2호에 규정된 자는 제외한다)가 제13조제1항 및 제3항에 따라 사업시행계획의 승인(변경승인을 포함한다)을 받은 경우 또는 제12조제1호 및 제2호의 사업시행자가 제13조제9항에 따라 사업시행계획을 수립하여 고시한 경우에는 사업승인권자가 제3항에 따라 관계 행정기관의 장과 협의한 사항에 대하여 다음 각 호의 허가·인가·지정·승인·협의·신고·결정 등(이하 "인·허가등"이라 한다)을 받은 것으로 보며, 제13조제6항 및 제9항에 따른 사업시행계획의 고시가 있은 때에는 다음 각 호의 법률에 따른 인·허가등의 고시 또는 공고가 있은 것으로 본다.
1. 「산지관리법」 제14조 및 제15조에 따른 산지전용허가 및 산지전용신고와 같은 법 제15조의2에 따른 산지일시사용허가·신고 및 「산림자원의 조성 및 관리에 관한 법률」 제36조제1항·제5항에 따른 입목벌채등의 허가·신고(2022.12.27 본호개정)
2. 「농지법」 제34조에 따른 농지의 전용허가·협의, 같은 법 제35조에 따른 농지의 전용신고 및 같은 법 제36조에 따른 농지의 타용도 일시사용허가·협의(2016.12.2 본호개정)
3. 「산업집적활성화 및 공장설립에 관한 법률」 제13조제1항 또는 제20조제2항에 따른 공장설립등의 승인
4. 「하천법」 제30조에 따른 하천공사의 허가, 같은 법 제33조에 따른 하천의 점용허가 및 같은 법 제50조의2에 따른 일시적 하천수의 사용신고(2016.12.2 본호개정)
5. 「수도법」 제17조에 따른 일반수도사업의 인가, 같은 법 제49조에 따른 공업용수도사업의 인가, 같은 법 제52조에 따른 전용상수도 설치의 인가 및 같은 법 제54조에 따른 전용공업용수도 설치의 인가
6. 「체육시설의 설치·이용에 관한 법률」 제12조에 따른 사업계획의 승인
7. 「관광진흥법」 제15조에 따른 사업계획의 승인, 같은 법 제52조에 따른 관광지등의 지정, 같은 법 제54조에 따른 관광지등의 조성계획의 승인 및 같은 법 제55조에 따른 조성사업 시행의 허가
8. 「도로법」 제25조에 따른 도로구역의 결정, 같은 법 제36조에 따른 도로공사 시행의 허가 및 같은 법 제61조에 따른 도로의 점용 허가(2014.1.14 본호개정)
9. 「국토의 계획 및 이용에 관한 법률」 제30조에 따른 도시·군관리계획(같은 법 제2조제4호다목 및 마목으로 한정한다)의 결정, 같은 법 제56조에 따른 토지의 분할 및 형질변경의 허가, 같은 법 제86조에 따른 도시·군계획시설사업 시행자의 지정 및 같은 법 제88조에 따른 실시계획의 인가
10. 「하수도법」 제16조에 따른 공공하수도 공사의 시행허가, 같은 법 제24조에 따른 공공하수도의 점용허가 및 같은 법 제27조에 따른 배수설비의 설치 신고
11. 「장사 등에 관한 법률」 제27조에 따른 분묘의 개장허가. 다만, 같은 조에 따른 공고 절차는 생략할 수 없다.
12. 「도시개발법」 제11조에 따른 도시개발사업의 시행자 지정, 같은 법 제13조에 따른 조합의 설립인가 및 같은 법 제17조에 따른 실시계획의 인가
13. 「택지개발촉진법」 제9조에 따른 택지개발사업실시계획의 승인
14. 「초지법」 제21조의2에 따른 토지의 형질변경 등의 허가 및 같은 법 제23조에 따른 초지전용허가
15. 「사도법」 제4조에 따른 사도 개설허가
16. 「농어촌정비법」 제23조에 따른 농업생산기반시설의 사용허가, 같은 법 제82조에 따른 농어촌 관광휴양단지 개발사업계획의 승인, 같은 법 제83조에 따른 관광농원 개발사업계획의 승인 및 같은 법 제85조에 따른 농어촌 관광휴양지사업자의 신고(2016.12.27 본호개정)
17. 「항만법」 제9조제2항에 따른 항만개발사업 시행의 허가 및 같은 법 제10조제2항에 따른 항만개발사업실시계획의 승인(2020.1.29 본호개정)
18. 「소하천정비법」 제10조에 따른 소하천공사의 시행허가 및 같은 법 제14조에 따른 소하천의 점용허가
19. 「해운법」 제4조에 따른 해상여객운송사업의 면허
20. 「어촌·어항법」 제23조에 따른 어항개발사업시행의 허가
21. 「물류시설의 개발 및 운영에 관한 법률」 제27조에 따른 물류단지개발사업 시행자의 지정 및 같은 법 제28조에 따른 물류단지 개발실시계획의 승인
22. 「공유수면 관리 및 매립에 관한 법률」 제8조에 따른 공유수면의 점용·사용허가, 같은 법 제17조에 따른 점용·사용 실시계획의 승인(매립면허를 받은 매립예정지는 제외한다), 같은 법 제28조에 따른 공유수면의 매립면허, 같은 법 제35조에 따른 국가 등이 시행하는 매립의 협의 또는 승인 및 같은 법 제38조에 따른 공유수면매립실시계획의 승인
23. 「가축분뇨의 관리 및 이용에 관한 법률」 제11조에 따른 배출시설의 설치허가
24. 「폐기물관리법」 제29조에 따른 폐기물처리시설의 설치 승인 또는 신고
25. 「전기안전관리법」 제8조에 따른 자가용전기설비 공사계획의 인가 또는 신고(2020.3.31 본호개정)
26. 「농어촌도로 정비법」 제5조에 따른 군수 외의 자에 대한 도로 정비 허가, 같은 법 제9조에 따른 도로의 노선지정 및 같은 법 제18조에 따른 도로의 점용허가(2016.12.2 본호개정)
27. 「도시 및 주거환경정비법」 제50조 및 「빈집 및 소규모주택 정비에 관한 특례법」 제29조에 따른 사업시행계획인가(2017.2.8 본호개정)
28. 「사방사업법」 제14조에 따른 벌채 등의 허가 및 같은 법 제20조에 따른 사방지의 지정해제
29. 「골재채취법」 제22조에 따른 골재채취의 허가
30. 「국유재산법」 제30조에 따른 행정재산의 사용·수익허가
31. 「집단에너지사업법」 제4조에 따른 집단에너지의 공급 타당성에 관한 협의
32. 「에너지이용 합리화법」 제10조에 따른 에너지사용계획의 협의
33. 「공간정보의 구축 및 관리 등에 관한 법률」 제86조에 따른 사업의 착수, 변경 또는 완료 사실의 신고(2014.6.3 본호개정)
34. 「건축법」 제11조에 따른 건축허가, 같은 법 제14조에 따른 건축신고, 같은 법 제20조에 따른 가설건축물의 건축허가·축조신고, 같은 법 제29조에 따른 건축 협의 및 같은 법 제83조에 따른 공작물의 축조신고(2016.12.2 본호개정)
② 제1항에 따른 인·허가등의 의제를 받으려는 자는 사업시행계획의 승인(변경승인을 포함한다)을 신청하거나 사업시행계획의 수립을 위하여 사업승인권자에게 협의를 요청하는 경우에는 해당 법률로 정하는 관련 서류를 함께 제출하여야 한다.
③ 사업승인권자는 제13조제1항 및 제3항에 따라 사업시행계획을 승인(변경승인을 포함한다)하거나 제13조제9항에 따라 협의를 요청받은 사업시행계획에 대하여 의견을 제시하려는 경우 그 사업시행계획에 제1항 각 호의 어느 하나에 해당하는 사항이 포함되어 있는 때에는 관계 행정기관의 장과 미리 협의하여야 한다.
④ 제3항에 따라 사업승인권자로부터 협의를 요청받은 관계 행정기관의 장은 특별한 사유가 없으면 협의를 요청받은 날부터 20일 이내에 의견을 제출하여야 하며 같은 기간 이내에 의견 제출이 없는 때에는 의견이 없는 것으로 본다.
제15조【토지등의 수용 또는 사용】 ① 사업시행자는 제13조제6항 및 제9항에 따라 고시된 사업시행계획에 포함되어 있는 사업의 시행을 위하여 필요한 경우에는 「공익사업을 위한 토지 등의 취득 및 보상에 관한 법률」 제3조에 따른 토지·물건 또는 권리(이하 "토지등"이라 한다)를 수용하거나 사용할 수 있다. 다만, 제12조제5호 및 제6호의 사업시행자는 사업대상 토지면적의 3분의 2 이상에 해당하는 토지를 매입하고 토지소유자 총수의 2분의 1 이상에 해당하는 자의 동의를 받아야 한다.
② 제1항에 따른 수용 또는 사용의 대상이 되는 토지등의 세부목록을 제13조제6항 및 제9항에 따라 고시하였을 때에는 「공익사업을 위한 토지 등의 취득 및 보상에 관한 법률」 제20조제1항에 따른 사업인정과 제22조에 따른 사업인정의 고시가 있은 것으로 보며, 재결의 신청은 같은 법 제23조제1항 및 제28조제1항에도 불구하고 이 법 제13조제6항 및 제9항에 따라 고시된 사업시행계획에서 정하는 사업의 시행기간 이내에 할 수 있다.
③ 제1항에 따른 토지등의 수용 또는 사용에 관한 재결의 관할 토지수용위원회는 중앙토지수용위원회가 된다.
④ 사업시행자는 사업시행계획에 포함된 사업을 위한 토지등의 취득업무·보상업무 등을 대통령령으로 정하는 바에 따라 시·도지사, 시장·군수 또는 그 밖에 대통령령으로 정한 자에게 위탁할 수 있다.
⑤ 제1항에 따른 토지등의 수용 또는 사용에 관하여 이 법에 특별한 규정이 있는 경우를 제외하고는 「공익사업을 위한 토지 등의 취득 및 보상에 관한 법률」을 준용한다.
제16조【공공시설의 귀속】 ① 국가 또는 지방자치단체가 사업시행자인 경우 사업의 시행으로 종전의 공공시설에 대체되는 새로운 공공시설을 설치할 때에는 「국유재산법」 및 「공유재산 및 물품 관리법」, 그 밖의 다른 법령에도 불구하고 종전의 공공시설은 사업시행자에게 귀속되고 새로 설치된 공공시설은 그 시설을 관리할 국가 또는 지방자치단체에 귀속된다.
② 국가 또는 지방자치단체 외의 사업시행자인 경우 사업의 시행으로 새로 설치된 공공시설은 그 시설을 관리할 국가 또는 지방자치단체에 귀속되고, 사업의 시행으로 공공시설의 기능이 대체되어 용도가 폐지되는 국가 또는 지방자치단체 소유의 재산은 「국유재산법」 및 「공유재산 및 물품 관리법」, 그 밖의 다른 법령에도 불구하고 사업시행자가 새로 설치한 공공시설의 설치 비용에 상당하는 범위에서 그 사업시행자에게 무상으로 양도할 수 있다.
③ 제1항 또는 제2항에 따라 귀속 또는 양도의 대상이 되는 공공시설의 재산가치의 평가 기준이나 설치 비용에 관하여 필요한 사항은 대통령령으로 정한다.

제5장 접경지역 발전을 위한 지원 등

제17조【접경특화발전지구 지정·운영 등】 ① 행정안전부장관은 관계 중앙행정기관의 장 및 관계 시·도지사와 협의하고 정책자문위원회의 심의를 거쳐 접경특화발전지구를 지정할 수 있다.(2023.8.16 본항개정)
② 행정안전부장관은 제1항에 따라 접경특화발전지구를 지정한 때에는 그 사업시행계획을 대통령령으로 정하는 바에 따라 고시하여야 한다. 다만, 국방상 기밀에 관한 사항은 이를 제외하고 고시할 수 있다.(2017.7.26 본문개정)
③ 제1항 및 제2항에 따라 지정·고시된 접경특화발전지구는 고시된 날부터 5년, 제13조에 따른 사업시행이 승인된 날부터 3년 안에 해당 사업을 착수하지 아니하면 사업시행 승인의 효력을 상실한다.
④ 행정안전부장관은 제1항 및 제2항에 따라 지정·고시된 접경특화발전지구가 접경지역 이용 및 보존사업의 시행에 더 이상 필요하지 아니하다고 인정하는 때에는 정책자문위원회의 심의를 거쳐 접경특화발전지구의 지정을 해제하고, 대통령령으로 정하는 바에 따라 고시하여야 한다.(2023.8.16 본항개정)
⑤ 접경특화발전지구 지정과 고시에 관한 구체적인 사항은 대통령령으로 정한다.
제18조【사업비의 지원 등】 ① 국가 및 지방자치단체는 발전종합계획과 연도별 사업계획을 효율적으로 추진하기 위하여 제13조에 따른 사업의 시행승인을 받은 자에게 필요한 자금을 보조·융자 또는 알선하거나 그 밖에 필요한 조치를 할 수 있다.
② 지방자치단체가 접경지역에서 발전종합계획과 연도별 사업계획에 따라 시행하는 사업에 대한 국가의 보조금은 「보조금 관리에 관한 법률」 제10조에 따른 차등보조율과 다른 법률에 따른 보조율에도 불구하고 이를 인상하여 지원할 수 있다. 이 경우 그 보조율은 대통령령으로 정한다.(2011.7.25 전단개정)
③ 행정안전부장관은 발전종합계획과 연도별 사업계획의 사업시행을 지원하기 위하여 대통령령으로 정하는 바에 따라 「지방교부세법」에 따른 지방교부세를 특별지원할 수 있다.(2017.7.26 본항개정)
제19조【부담금 등의 감면】 국가와 지방자치단체는 발전종합계획과 연도별 사업계획을 효율적으로 추진하기 위하여 필요한 경우에는 제13조에 따른 사업의 시행승인을 받은 자에게 다음 각 호의 부담금 등을 감면할 수 있다.
1. 「개발이익환수에 관한 법률」에 따른 개발부담금
2. 「초지법」에 따른 대체초지조성비
3. 「공유수면 관리 및 매립에 관한 법률」에 따른 공유수면 점용료·사용료
4. 「하천법」에 따른 하천 점용료 및 하천수 사용료
5. 「농지법」에 따른 농지보전부담금
제20조【기업 등에 대한 지원】 ① 국가와 지방자치단체는 발전종합계획과 연도별 사업계획에 따라 접경지역에서 회사를 설립하거나 공장을 신축·증축하는 자 또는 접경지역으로 회사 또는 공장을 이전하는 자에게는 「조세특례제한법」, 「지방세특례제한법」, 그 밖의 조세 관련 법률에서 정하는 바에 따라 조세감면 등 세제상의 지원을 할 수 있다.
② 국가는 접경지역의 투자기업에 대하여 「중소기업진흥에 관한 법률」 제63조에 따른 중소벤처기업창업 및 진흥기금을 지원할 수 있다.(2018.12.31 본항개정)

제21조【사회간접자본 지원】 ① 국가와 지방자치단체는 접경지역에 「사회기반시설에 대한 민간투자법」 제2조제1호에 따른 사회기반시설을 설치·유지 및 보수하는 것을 우선적으로 지원할 수 있다.
② 국가는 「도로법」 제85조제1항에도 불구하고 접경지역에서 지방자치단체가 추진하는 지방도로의 건설에 필요한 비용의 일부를 지원할 수 있다.(2014.1.14 본항개정)
③ 국가는 접경지역 주민의 교통편의를 위하여 접경지역에서 운항하는 선박의 건조 등에 필요한 비용의 일부를 지원할 수 있다.

제22조【민자유치사업의 지원】 중앙행정기관의 장 또는 지방자치단체의 장은 접경지역에서 발전종합계획 또는 연도별 사업계획에 따라 사업을 시행하는 제12조제5호에 따른 사업시행자에게 「지역균형개발 및 지방중소기업 육성에 관한 법률」에 따라 지원조치를 할 수 있으며 그 지원조치에 관한 권한이 다른 중앙행정기관의 장 또는 지방자치단체의 장에게 있는 경우에는 그 지원조치를 할 것을 관계 중앙행정기관의 장 및 관할 지방자치단체의 장에게 요청할 수 있다.

제23조【사회복지 및 통일교육 지원】 ① 국가와 지방자치단체는 접경지역에서 양로원, 장애인복지관, 보육원, 병원, 청소년회관 등 사회복지시설을 설치하는 데에 필요한 지원을 할 수 있다.
② 통일부장관은 통일교육을 장려하기 위하여 접경지역 견학 및 방문 사업을 추진하고, 이에 필요한 비용의 일부를 관계 기관 또는 단체에 지원할 수 있다.

제24조【교육·문화·관광시설에 대한 지원】 ① 국가와 지방자치단체는 접경지역에 각급 학교, 문예회관·도서관·박물관 등을 포함한 문화시설, 관광·숙박·위락·여객시설 및 체육시설(이하 "교육·문화·관광시설"이라 한다)이 적절히 설치되고 유치될 수 있도록 하여야 한다.
② 제1항에 따라 접경지역에 교육·문화·관광시설을 설치하거나 접경지역 밖의 지역에 설치된 교육·문화·관광시설을 접경지역으로 이전하려는 자에게는 우선적으로 인·허가등을 할 수 있다.
③ 문화체육관광부장관은 접경지역의 관광산업의 발전을 위하여 지방자치단체 또는 사업시행자에게 「관광진흥개발기금법」 제2조에 따른 관광진흥개발기금을 대여하거나 보조할 수 있다.
④ 문화체육관광부장관은 접경지역 문화예술 진흥 사업 및 활동을 지원하기 위하여 지방자치단체 또는 사업시행자에게 「문화예술진흥법」 제16조에 따른 문화예술진흥기금을 보조할 수 있다.

제25조【농림·해양·수산업 지원】 ① 국가와 지방자치단체는 접경지역에서의 농림·해양·수산업의 생산기반을 육성하기 위하여 대통령령으로 정하는 바에 따라 지원할 수 있다.
② 농림축산식품부장관 또는 해양수산부장관은 접경지역의 농업·축산업 및 수산업의 생산성 향상을 위하여 지방자치단체 또는 사업시행자에게 「농수산물유통 및 가격안정에 관한 법률」 제54조에 따른 농산물가격안정기금, 「축산법」 제43조에 따른 축산발전기금, 「수산업·어촌 발전 기본법」 제46조에 따른 수산발전기금을 지원할 수 있다.(2015.6.22 본항개정)
③ 국가는 접경지역 안에서 생산되는 농산물·축산물·수산물을 우선적으로 군부대에 납품할 수 있도록 노력하여야 한다.

제26조【지역 주민의 고용 및 지원】 ① 사업시행자는 대통령령으로 정하는 바에 따라 그 사업장 인근의 지역 주민을 우선적으로 고용하여야 한다.
② 사업시행자는 사업의 시행에 필요한 토지등을 제공함에 따라 생활의 근거지를 상실하게 되는 자를 위하여 「공익사업을 위한 토지 등의 취득 및 보상에 관한 법률」 제78조에 따른 이주대책을 수립·시행하여야 한다.
③ 사업의 시행승인을 받은 자 및 접경지역에 입주하는 기업은 해당 접경지역 또는 그 인접 접경지역에서 생산되는 공산품, 농산물·축산물·수산물 등을 우선적으로 구매하도록 노력하여야 한다.
④ 국토교통부장관은 접경지역에 건설하는 주택에 대하여는 「주택도시기금법」에 따른 주택도시기금을 지원할 수 있다.(2015.1.6 본항개정)

제27조【수로 보수 등에 대한 지원】 국가는 접경지역에 있는 「하천법」 제7조제3항에 따른 지방하천의 보수와 유지에 필요한 경비 중 일부를 지원할 수 있다.

제6장 보칙 등

제28조【자료 제출과 출입·검사】 ① 사업승인권자는 필요하면 제12조제5호 및 제6호에 따른 사업시행자에게 자료의 제출을 명하거나 소속 공무원으로 하여금 사업장에 출입하여 검사하게 할 수 있다.
② 제1항에 따라 출입·검사 업무를 담당하는 공무원은 그 권한을 표시하는 증표를 지니고 이를 관계인에게 보여 주어야 한다.

제29조【청문】 사업승인권자는 제13조제7항에 따라 승인을 취소하려면 청문을 하여야 한다.

제30조【권한의 위임】 이 법에 따른 관계 중앙행정기관의 장의 권한은 그 일부를 대통령령으로 정하는 바에 따라 시·도지사 또는 시장·군수에게 위임할 수 있다.

제31조【과태료】 ① 다음 각 호의 어느 하나에 해당하는 자에게는 200만원 이하의 과태료를 부과한다.
1. 제28조제1항에 따른 자료 제출 명령을 이행하지 아니하거나 거짓으로 자료를 제출한 자
2. 정당한 사유 없이 제28조제1항에 따른 검사를 거부·방해 또는 기피한 자

② 제1항에 따른 과태료는 사업승인권자가 부과·징수한다.

부 칙

제1조【시행일】 이 법은 공포 후 1개월이 경과한 날부터 시행한다.

제2조【인·허가등의 의제에 관한 적용례】 제14조의 개정규정은 이 법 시행 후 최초로 사업시행계획을 제출하여 사업의 시행승인(변경승인을 포함한다)을 받거나 제12조제1호 및 제2호의 사업시행자가 사업승인권자와 협의하여 사업시행계획을 수립하여 고시하는 경우부터 적용한다.

제3조【토지등의 수용 또는 사용에 관한 적용례】 제15조의 개정규정은 이 법 시행 후 최초로 사업시행계획을 제출하여 사업의 시행승인(변경승인을 포함한다)을 받거나 국가 또는 지방자치단체인 사업시행자가 사업승인권자와 협의하여 사업시행계획을 수립하고 제13조제6항 및 제9항의 개정규정에 따라 고시하는 사업시행계획부터 적용한다.

제4조【법률 제6185호 接境地域支援法에 관한 경과조치】 법률 제6185호 接境地域支援法 시행 전에 관계 법령에 따라 건축물의 건축, 공작물, 그 밖의 시설의 설치 또는 토지의 형질변경 등에 관하여 인·허가등을 받아서 공사 또는 사업을 착수한 자는 이 법에 따른 승인 없이 이를 계속 시행할 수 있다.

제5조【접경지역종합계획 등에 관한 경과조치】 ① 이 법 시행 당시 종전의 「접경지역지원법」 제4조에 따른 접경지역종합계획은 제5조의 개정규정에 따른 발전종합계획으로 본다.
② 이 법 시행 당시 종전의 「접경지역지원법」 제6조에 따른 연도별 사업계획은 제8조의 개정규정에 따른 연도별 사업계획으로 본다.
③ 이 법 시행 당시 종전의 「접경지역지원법」 제8조에 따라 사업승인권자로부터 사업의 시행승인(변경승인을 포함한다)을 받은 것은 제13조의 개정규정에 따라 사업승인권자로부터 사업시행계획에 대하여 승인(변경승인을 포함한다)을 받은 것으로 본다.

제6조【사업의 시행승인에 관한 경과조치】 이 법 시행 당시 종전의 「접경지역지원법」 제8조에 따라 사업의 시행승인(변경승인을 포함한다)을 신청한 경우 그 시행승인(변경승인을 포함한다) 여부에 대하여는 종전의 규정에 따른다.

제7조【인·허가등의 의제에 관한 경과조치】 이 법 시행 당시 종전의 「접경지역지원법」 제8조에 따라 사업의 시행승인(변경승인을 포함한다)을 받았거나 부칙 제6조에 따라 사업의 시행승인(변경승인을 포함한다)을 받는 경우 그에 따른 인·허가등의 의제에 관하여는 종전의 「접경지역지원법」 제9조에 따른다.

제8조【처분 등에 관한 경과조치】 이 법 시행 당시 종전의 「접경지역지원법」에 따른 행정기관의 행위나 행정기관에 대한 행위는 그에 해당하는 이 법에 따른 행정기관의 행위나 행정기관에 대한 행위로 본다.

제9조【「국토의 계획 및 이용에 관한 법률」의 시행일에 관한 경과조치】 제14조제1항제9호의 개정규정 중 "도시·군관리계획" 및 "도시·군계획시설사업 시행자"는 2012년 4월 14일까지는 각각 "도시관리계획" 및 "도시계획시설사업 시행자"로 본다.

제10조【다른 법률의 개정】 ①~④ ※(해당 법령에 가제정리 하였음)

제11조【다른 법령과의 관계】 이 법 시행 당시 다른 법령에서 종전의 「접경지역지원법」 또는 그 규정을 인용하고 있는 경우 이 법에 그에 해당하는 규정이 있으면 종전의 「접경지역지원법」 또는 그 규정을 갈음하여 이 법 또는 이 법의 해당 규정을 인용한 것으로 본다.

부 칙 (2016.12.2)

제1조【시행일】 이 법은 공포한 날부터 시행한다. 다만, 제9조제3항부터 제5항까지 및 제11조제2항제3호의 개정규정은 공포 후 6개월이 경과한 날부터 시행한다.

제2조【인·허가등의 의제에 관한 적용례】 제14조제1항제2호·제4호·제26호 및 제34호의 개정규정은 이 법 시행 후 사업시행계획의 승인(변경승인을 포함한다)을 받거나 제12조제1호 및 제2호의 사업시행자가 사업시행계획을 고시(변경고시를 포함한다)하는 경우부터 적용한다.

부 칙 (2020.1.29)

제1조【시행일】 이 법은 공포 후 6개월이 경과한 날부터 시행한다.(이하 생략)

부 칙 (2020.3.31)

제1조【시행일】 이 법은 공포 후 1년이 경과한 날부터 시행한다.(이하 생략)

부 칙 (2020.10.20)

이 법은 공포 후 6개월이 경과한 날부터 시행한다.

부 칙 (2022.12.27)

제1조【시행일】 이 법은 공포 후 6개월이 경과한 날부터 시행한다.(이하 생략)

부 칙 (2023.5.16)

제1조【시행일】 이 법은 공포 후 1년이 경과한 날부터 시행한다.(이하 생략)

부 칙 (2023.8.16)

제1조【시행일】 이 법은 공포 후 6개월이 경과한 날부터 시행한다.

제2조 (생략)

제3조【「접경지역 지원 특별법」의 개정에 따른 경과조치】 이 법 시행 전에 종전의 「접경지역 지원 특별법」 제9조제1항에 따라 설치된 접경지역정책심의위원회에 심의 요청된 접경지역 발전종합계획의 확정 및 변경, 접경특화발전지구의 지정 또는 지정 해제에 관한 사항은 「행정기관 소속 위원회의 설치·운영에 관한 법률」 제7조의2에 따른 정책자문위원회에 심의 요청된 것으로 본다.(이하 생략)

民 法 編

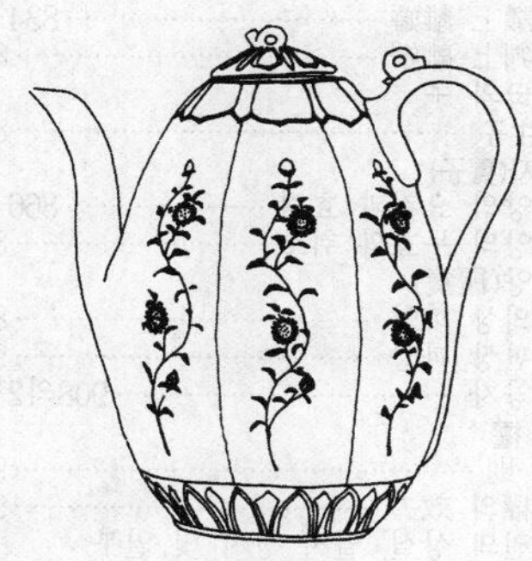

高麗 青磁象嵌菊花文 주전자(紋樣)

민 법

(1958年 2月 22日
法 律 第471號)

改正
1962.12.29法 1237號 1962.12.31法 1250號
1964.12.31法 1668號 1970. 6.18法 2200號
1977.12.31法 3051號 1984. 4.10法 3723號
1990. 1.13法 4199號
1997.12.13法 5431號(국적법)
1997.12.13法 5454號(정부부처명)
2001.12.29法 6544號 2002. 1.14法 6591號
2005. 3.31法 7427號
2005. 3.31法 7428號(채무자회생파산)
2005.12.29法 7765號
2007. 5.17法 8435號(가족관계등록)
2007.12.21法 8720號 2009. 5. 8法 9650號
2011. 3. 7法10429號 2011. 5.19法10645號
2012. 2.10法11300號 2013. 4. 5法11728號
2014.10.15法12777號 2014.12.30法12881號
2015. 2. 3法13124號(가족관계등록)
2015. 2. 3法13125號 2016. 1. 6法13710號
2016.12. 2法14278號 2016.12.20法14409號
2017.10.31法14965號 2020.10.20法17503號
2021. 1.26法17905號 2022.12.13法19069號
2022.12.27法19098號
2023. 5.16法19409號(국가유산기본법)

第1編 總 則

第1章 通 則

第1條【法源】 民事에 관하여 法律에 規定이 없으면 慣習法에 의하고 慣習法이 없으면 條理에 의한다.

참조 [관습법]106·185, 상1

▶ 법률의 선후와 우월관계

판례 동일사항에 대하여 법이 상호저촉되는 내용을 규정한 경우에 후법이 선법에 우월한다.(대판 1961.12.28, 4294행상56)

▶ 관습법과 사실인 관습의 차이, 관습법의 제정법에 대한 열후적·보충적 성격

판례 [1] 관습법이란 사회의 거듭된 관행으로 생성한 사회생활규범이 사회의 법적 확신과 인식에 의하여 법적 규범으로 승인·강행되기에 이른 것을 말하고, 사실인 관습은 사회의 관행에 의하여 발생한 사회생활규범인 점에서 관습법과 같으나 사회의 법적 확신이나 인식에 의하여 법적 규범으로서 승인된 정도에 이르지 않은 것을 말하는바, 관습법은 바로 법원(法源)으로서 법령과 같은 효력을 갖는 관습으로서 법령에 저촉되지 않는 한 법칙으로서의 효력이 있는 것이며, 이에 반하여 사실인 관습은 법령으로서의 효력이 없는 단순한 관행으로서 법률행위의 당사자의 의사를 보충함에 그친다.
[2] 가정의례준칙 13조의 규정과 배치되는 관습법의 효력을 인정하는 것은 관습법의 제정법에 대한 열후적, 보충적 성격에 비추어 민법 1조의 취지에 어긋나는 것이다.
(대판 1983.6.14, 80다3231)

▶ 관습법의 의의와 효력

판례 관습법이란 사회의 거듭된 관행으로 생성한 사회생활규범이 사회의 법적 확신과 인식에 의하여 법적 규범으로 승인·강행되기에 이른 것을 말하고, 그러한 관습법은 법원으로서 법령에 저촉되지 아니하는 한 법칙으로서의 효력이 있는 것이며, 또 사회의 거듭된 관행으로 생성한 어떤 사회생활규범이 법적 규범으로 승인되기에 이르렀다고 하기 위하여는 헌법을 최상위 규범으로 하는 전체 법질서에 반하지 아니하는 것으로서 정당성과 합리성이 있다고 인정될 수 있는 것이어야 하고, 그렇지 아니한 사회생활규범은 비록 그것이 사회의 거듭된 관행으로 생성된 것이라고 할지라도 이를 법적 규범으로 삼아 관습법으로서의 효력을 인정할 수 없다.
(대판 2003.7.24, 2001다48781 전원합의체)

▶ 종중의 구성, 관습법, 조리

판례 [1] 사회의 거듭된 관행으로 생성된 사회생활규범이 관습법으로 승인되었다고 하더라도 사회 구성원들이 그러한 관행의 법적 구속력에 대하여 확신을 갖지 않게 되었다거나, 사회를 지배하는 기본적 이념이나 사회질서의 변화로 인하여 그러한 관습법을 적용하여야 할 시점에 있어서의 전체 법질서에 부합하지 않게 되었다면 그러한 관습법은 법적 규범으로서의 효력이 부정될 수밖에 없다.
[2] 공동선조의 후손 중 성년 남자만을 종중의 구성원으로 하고 여성은 종중의 구성원이 될 수 없다는 종래의 관습은, 공동선조의 분묘수호와 봉제사 등 종중의 활동에 참여할 기회를 출생에서 비롯되는 성별만에 의하여 생래적으로 부여하거나 원천적으로 박탈하는 것으로서, 위와 같이 변화된 우리의 전체 법질서에 부합하지 아니하여 정당성과 합리성이 있다고 할 수 없으므로, 종중 구성원의 자격을 성년 남자만으로 제한하는 종래의 관습법은 이제 더 이상 법적 효력을 가질 수 없게 되었다.
[3] 종중이란 공동선조의 분묘수호와 제사 및 종원 상호간의 친목 등을 목적으로 하여 구성되는 자연발생적인 종족집단이므로, 종중의 이러한 목적과 본질에 비추어 볼 때 공동선조와 성과 본을 같이하는 후손은 성별의 구별 없이 성년이 되면 당연히 그 구성원이 된다고 보는 것이 조리에 합당하다.
(대판 2005.7.21, 2002다1178 전원합의체)

第2條【信義誠實】 ① 權利의 行使와 義務의 履行은 信義에 좇아 誠實히 하여야 한다.
② 權利는 濫用하지 못한다.

참조 [재산권의 행사]헌23②, [조건성취, 불성취에 대한 반신의행위]150, ①[채무의 이행과 내용]390·460, ②[권리남용과 불법행위]750, [친권의 남용과 친권상실]924

▶ 신의성실의 원칙

판례 인접 토지에 건물 등이 건축되어 발생하는 시야 차단으로 인한 폐쇄감이나 압박감 등의 생활이익의 침해를 이유로 하는 소송에서 침해가 사회통념상 일반적으로 수인할 정도를 넘어서서 위법하다고 할 것인지 여부는, 피해 건물의 거실이나 창문의 안쪽으로 일정 거리 떨어져서 거실 등의 창문을 통하여 외부를 보았을 때 창문의 전체 면적 중 가해 건물 외에 하늘이 보이는 면적비율을 나타내는 이른바 천공률이나 그중 가해 건물이 외부 조망을 차단하는 면적비율을 나타내는 이른바 조망침해율뿐만 아니라, 피해건물과 가해건물 사이의 이격거리와 가해 건물의 높이 및 이격거리와 높이 사이의 비율 등으로 나타나는 침해의 정도와 성질, 창과 거실 등의 위치와 크기 및 방향 등 건물 개구부 현황을 포함한 피해 건물의 전반적인 구조, 건축법령상의 이격거리 제한 규정 등 공법상 규제의 위반 여부, 나아가 피해 건물이 입지하고 있는 지역에 있어서 건조물의 전체적 상황 등의 사정을 포함한 넓은 의미의 지역성, 가해건물 건축의 경위 및 공공성, 가해자의 방지조치와 손해회피의 가능성, 가해자 측이 해의를 가졌는지 유무 및 토지 이용의 선후관계 등 모든 사정을 종합적으로 고려하여 판단하여야 한다.
(대판 2014.2.27, 2009다40462)

판례 보증인의 구상금 청구가 신의칙에 의해 제한되기 위한 요건 : 보증인이 채권자에 대하여 보증채무를 부담하지 아니함을 주장할 수 있었는데도 그 주장을 하지 아니한 채 보증채무의 전부를 이행하였다면 그 주장을 할 수 있는 범위 내에서는 신의칙상 그 보증채무의 이행으로 인한 구상금 채권에 대한 연대보증인들에 대하여도 그 구상금을 청구할 수 없다고 할 것이다.
(대판 2006.3.10, 2002다1321)

판례 강행규정을 위반하였을 경우에 위반한 자 스스로가 무효를 주장하는 것이 신의칙에 위배되는 권리의 행사라는 이유로 이를 배척한다면 입법 취지를 몰각시키는 결과가 되므로 특별한 사정이 없는 한 그러한 주장이 신의칙에 위반된다고 볼 수는 없는 것이다.(대판 2005.9.30, 2003다63937)

판례 신의성실의 원칙의 의의와 요건 : 민법상의 신의성실의 원칙은, 법률관계의 당사자는 상대방의 이익을 배려하여 형평에 어긋나거나 신뢰를 저버리는 내용 또는 방법으로 권리를 행사하거나 의무를 이행하여서는 아니된다는 추상적 규범을 말하는

것으로서, 신의성실의 원칙에 위배된다는 이유로 그 권리의 행사를 부정하기 위하여는 상대방에게 신의를 주었다거나 객관적으로 보아 상대방이 그러한 신의를 가짐이 정당한 상태에 이르러야 하고, 이와 같은 상대방의 신의에 반하여 권리를 행사하는 것이 정의 관념에 비추어 용인될 수 없는 정도의 상태에 이르러야 한다.(대판 1991.12.10, 91다3802)

판례 **신의성실의 원칙 및 권리남용이 직권판단사항인지 여부(적극)** : 신의성실의 원칙에 반하는 것 또는 권리남용은 강행규정에 위배되는 것이므로 당사자의 주장이 없더라도 법원은 직권으로 판단할 수 있다.(대판 1989.9.29, 88다카17181)

■ 신의성실의 원칙상 보호의무

판례 **병원이 입원환자에게 부담하는 보호의무** : 환자가 병원에 입원하여 치료를 받는 경우, 병원은 진료뿐만 아니라 환자에 대한 숙식의 제공을 비롯하여 간호, 보호 등 입원에 따른 포괄적 채무를 지는 것인데, 입원환자는 입원 중의 생활을 위하여 필수 용품 등을 휴대하지 않을 수 없고 진료를 받기 위하여나 개인 용무를 위하여 병실을 비울 경우에 모든 휴대품을 소지할 수 없는 한편, 병실에는 여러 사람들이 비교적 자유롭게 출입하고 왕왕 병실에서의 도난사고가 발생하는 실정이므로, 병원은 병실에의 출입자를 통제·감독하든가 그것이 불가능하다면 최소한 입원환자에게 휴대품을 안전하게 보관할 수 있는 시정장치가 있는 사물함을 제공하는 등으로 입원환자의 휴대품 등의 도난을 방지함에 필요한 적절한 조치를 강구하여 줄 신의칙상의 보호의무가 있다.(대판 2003.4.11, 2002다63275)

판례 **사용자가 피용자에게 부담하는 보호의무** : 사용자는 근로계약에 수반되는 신의칙상의 부수적 의무로서 피용자가 노무를 제공하는 과정에서 생명, 신체, 건강을 해치는 일이 없도록 물적 환경을 정비하는 등 필요한 조치를 강구하여야 할 보호의무를 부담한다.(대판 1999.2.23, 97다12082)

■ 사정변경의 원칙

판례 **사정변경의 원칙의 인정기준** : 사정변경으로 인한 계약해제는, 계약성립 당시 당사자가 예견할 수 없었던 현저한 사정의 변경이 발생하였고 그러한 사정의 변경이 해제권을 취득하는 당사자에게 책임 없는 사유로 생긴 것으로서, 계약내용대로의 구속력을 인정한다면 신의칙에 현저히 반하는 결과가 생기는 경우에 계약준수 원칙의 예외로서 인정되는 것이고, 여기에서 말하는 사정이라 함은 계약의 기초가 되었던 객관적인 사정으로서, 일방당사자의 주관적 또는 개인적인 사정을 의미하는 것은 아니다. 또한, 계약의 성립에 기초가 되지 아니한 사정이 그 후 변경되어 일방당사자가 계약 당시 의도한 계약목적을 달성할 수 없게 됨으로써 손해를 입게 되었다 하더라도 특별한 사정이 없는 한 그 계약내용의 효력을 그대로 유지하는 것이 신의칙에 반한다고 볼 수도 없다.(대판 2007.3.29, 2004다31302)

판례 **주채무 과다 발생시 계속적 보증계약의 해지** : 채권자와 주채무자 사이의 계속적인 거래관계에서 발생하는 불확정한 채무를 보증하는 이른바 '계속적 보증'의 경우에도 보증인은 주채무자가 이행하지 아니하는 채무를 전부 이행할 의무가 있는 것이 원칙이다. 다만 보증인이 보증을 할 당시 주채무의 범위를 예상하였거나 예상할 수 있었는데 주채무가 그 예상범위를 훨씬 초과하여 객관적인 상당성을 잃을 정도로 과다하게 발생하였고, 또 그와 같이 주채무가 과다하게 발생한 원인이 채권자가 주채무자의 자산상태가 현저히 악화된 사정을 잘 알고 있으면서도(중대한 과실로 알지 못한 경우도 마찬가지다) 그와 같은 사정을 알 수 없었던 보증인에게 아무런 통지나 의사타진도 하지 아니한 채 고의로 거래의 규모를 확대하였기 때문인 것으로 인정되는 등 채권자가 보증인에게 주채무의 전부이행을 청구하는 것이 신의칙에 반하는 것으로 판단될 만한 특별한 사정이 있는 경우에 한하여 보증인의 책임을 합리적인 범위 내로 제한할 수 있다.(대판 1991.10.8, 91다14147)

■ 금반언의 원칙

판례 **선행행위에 반하여 강행법규 위반을 주장할 수 있는지 여부(적극)** : 강행법규에 위반하여 무효인 수익보장약정이 위탁회사가 먼저 제의하여 체결된 것이라고 하더라도, 이러한 경우에 강행법규를 위반한 자가 스스로 그 약정의 무효를 주장함이 신의칙에 위반되는 권리의 행사라는 이유로 그 주장을 배척한다면, 이는 오히려 강행법규에 의하여 배제하려는 결과를 실현시키는 셈이 되어 입법취지를 완전히 몰각하게 되므로, 달리 특별한 사정이 없는 한 위와 같은 주장이 신의성실의 원칙에 반한다고 할 수 없다.(대판 1999.3.23, 99다4405)

■ 실효의 원칙

판례 일반적으로 권리의 행사는 신의에 좇아 성실히 하여야 하고 권리는 남용하지 못하는 것이므로 권리자가 실제로 권리를 행사할 수 있는 기회가 있었음에도 불구하고 상당한 기간이 경과하도록 권리를 행사하지 아니하여 의무자인 상대방으로서도 이제는 권리자가 권리를 행사하지 아니할 것으로 신뢰할 만한 정당한 기대를 가지게 된 다음에 새삼스럽게 그 권리를 행사하는 것이 법질서 전체를 지배하는 신의성실의 원칙에 위반하는 것으로 인정되는 결과가 될 때에는 이른바 실효의 원칙에 따라 그 권리의 행사가 허용되지 않는다고 보아야 할 것이다.
(대판 2005.10.28, 2005다45827)

판례 **실효의 원칙을 적용하기 위한 요건** : 권리자가 장기간에 걸쳐 그 권리를 행사하지 아니하여 새삼스럽게 그 권리를 행사하는 것이 신의성실의 원칙에 위반되어 허용되지 아니한다고 하려면, 의무자인 상대방이 더 이상 권리자가 그 권리를 행사하지 아니할 것으로 믿을 만한 정당한 사유가 있어야 한다.
(대판 2002.1.8, 2001다60019)

판례 **소송법상 권리** : 실효의 원칙은 권리자가 장기간에 걸쳐 그 권리를 행사하지 아니함에 따라 그 의무자인 상대방이 더 이상 권리자가 권리를 행사하지 아니할 것으로 신뢰할 만한 정당한 기대를 가지게 된 경우에 새삼스럽게 권리자가 그 권리를 행사하는 것은 법질서 전체를 지배하는 신의성실의 원칙에 위반되어 허용되지 아니한다는 것을 의미하고, 항소권과 같은 소송법상의 권리에 대하여도 이러한 원칙은 적용될 수 있다.
(대판 1996.7.30, 94다51840)

판례 **해제권 행사** : 일반적으로 권리의 행사는 신의에 좇아 성실히 하여야 하고 권리는 남용하지 못하는 것이므로, 해제권을 갖는 자가 상당한 기간이 경과하도록 이를 행사하지 아니하여 상대방으로서도 이제는 그 권리가 행사되지 아니할 것이라고 신뢰할 만한 정당한 사유를 갖기에 이르러 그 후 새삼스럽게 이를 행사하는 것이 법질서 전체를 지배하는 신의성실의 원칙에 위반하는 것으로 인정되는 결과가 될 때에는 이른바 실효의 원칙에 따라 그 해제권의 행사가 허용되지 않는다.
(대판 1994.11.25, 94다12234)

판례 **실효의 원칙의 의의, 판단방법, 고용관계에 대한 적용** : [1] 일반적으로 권리의 행사는 신의에 좇아 성실히 하여야 하고 권리는 남용하지 못하는 것이므로, 권리자가 실제로 권리를 행사할 수 있는 기회가 있어서 그 권리행사의 기대가능성이 있었음에도 불구하고 상당한 기간이 경과하도록 권리를 행사하지 아니하여 의무자인 상대방으로서도 이제는 권리자가 권리를 행사하지 아니할 것으로 신뢰할 만한 정당한 기대를 가지게 된 다음에 새삼스럽게 그 권리를 행사하는 것이 법질서 전체를 지배하는 신의성실의 원칙에 위반하는 것으로 인정되는 결과가 될 때에는 이른바 실효의 원칙에 따라 그 권리의 행사가 허용되지 않는다고 보아야 한다.
[2] 실효의 원칙이 적용되기 위하여 필요한 요건으로서의 실효기간(권리를 행사하지 아니한 기간)의 길이와 의무자인 상대방이 권리가 행사되지 아니하리라고 신뢰할 만한 정당한 사유가 있었는지의 여부는 일률적으로 판단할 수 있는 것이 아니라 구체적인 경우마다 권리를 행사하지 아니한 기간의 장단과 함께 권리자측과 상대방측 쌍방의 사정 및 객관적으로 존재한 사정 등을 모두 고려하여 사회통념에 따라 합리적으로 판단하여야 한다.
[3] 사용자와 근로자 사이의 고용관계(근로자의 지위)의 존부를 둘러싼 노동분쟁은, 그 당시의 경제적 정세에 대처하여 최선의 설비와 조직으로 기업활동을 전개하여야 하는 사용자의 입장에서는 물론, 근로자로서의 임금수입에 의하여 자신과 가족의 생계를 유지하고 있는 근로자의 입장에서도 신속히 해결되는 것이 바람직하므로, 위와 같은 실효의 원칙이 다른 법률관계에 있어서 보다 더욱 적극적으로 적용되어야 할 필요가 있다.
(대판 1992.1.21, 91다30118)

■ 권리남용금지의 원칙

판례 상속채무를 부담하게 된 상속인의 행위가 단순히 피상속인에 대한 사망신고 및 상속부동산에 대한 상속등기를 게을리 함으로써 채권자로 하여금 사망한 피상속인을 피신청인으로 하여 상속부동산에 대하여 당연 무효의 가압류를 하도록 방치하고 그 가압류에 대하여 이의를 제기하거나 피상속인의 사망 사실을 채권자에게 알리지 않은 정도에 그치고, 그 외 달리 채권자의 권리 행사를 저지·방해할 만한 행위에 나아간 바 없다면 위와 같은 소극적인 행위만을 문제 삼아 상속인의 소멸시효 완성 주장이 신의성실의 원칙에 반하여 권리남용으로서 허용될 수 없다고 볼 것은 아니다.
(대판 2006.8.24, 2004다26287,26294)

판례 **소멸시효에 기한 항변권의 행사가 권리남용이 되기 위한 요건** : 채무자의 소멸시효에 기한 항변권의 행사도 우리 민법의 대원칙인 신의성실의 원칙과 권리남용금지의 원칙의 지배를 받는 것이어서, 채무자가 시효완성 전에 채권자의 권리행사나 시효중단을 불가능 또는 현저히 곤란하게 하였거나, 그러한 조치가 불필요하다고 믿게 하는 행동을 하였거나, 객관적으로 채권자가 권리를 행사할 수 없는 장애사유가 있었거나, 또는 일단 시효완성 후에 채무자가 시효를 원용하지 아니할 것 같은 태도를 보여 권리자로 하여금 그와 같이 신뢰하게 하였거나, 채권자보호의 필요성이 크고, 같은 조건의 다른 채권자가 채무의 변제를 수령하는 등의 사정이 있어 채무이행의 거절을 인정함이 현저히 부당하거나 불공평하게 되는 등의 특별한 사정이 있는 경우에는 채무자가 소멸시효의 완성을 주장하는 것이 신의성실의 원칙에 반하여 권리남용으로서 허용될 수 없다.
(대판 2005.5.13, 2004다71881)

판례 **상계권 행사** : 상계권자의 지위가 법률상 보호를 받는 것은, 원래 상계제도가 서로 대립하는 채권, 채무를 간이한 방법에 의하여 결제함으로써 양자의 채권채무관계를 원활하고 공평하게 처리함을 목적으로 하고 있고, 상계권을 행사하려고 하는 자에 대하여는 수동채권의 존재가 사실상 자동채권에 대한 담보로서의 기능을 하는 것이어서 그 담보적 기능에 대한 당사자의 합리적 기대가 법적으로 보호받을 만한 가치가 있음에 근거하는 것이다. 당사자가 상계의 대상이 되는 채권이나 채무를 취득하게 된 목적과 경위, 상계권을 행사함에 이른 구체적·개별적 사정에 비추어, 그것이 위와 같은 상계 제도의 목적이나 기능을 일탈하고 법적으로 보호받을 만한 가치가 없는 경우에는 그 상계권의 행사는 신의칙에 반하거나 상계에 관한 권리를 남용하는 것으로서 허용되지 않는다고 봄이 상당하고, 상계권 행사를 제한하는 위와 같은 근거에 비추어 볼 때 일반적인 권리남용의 경우에 요구되는 주관적 요건을 필요로 하는 것은 아니다.
(대판 2003.4.11, 2002다59481)

판례 **소멸시효 완성 주장** : 채무자가 시효 완성 전에 채권자의 권리행사나 시효 중단을 불가능 또는 현저히 곤란하게 하거나 그러한 조치가 불필요하다고 믿게 하는 행동을 하였거나, 객관적으로 채권자가 권리를 행사할 수 없는 장애사유가 있었거나, 또는 일단 시효 완성 후에 채무자가 시효를 원용하지 아니할 것 같은 태도를 보여 권리자로 하여금 그와 같이 신뢰하게 하였거나, 채권자 보호의 필요성이 크고 같은 조건의 다른 채권자가 채무의 변제를 수령하는 등의 사정이 있어 채무 이행의 거절을 인정함이 현저히 부당하거나 불공평하게 되는 등의 특별한 사정이 있는 경우에 한하여 채무자가 소멸시효의 완성을 주장하는 것이 신의성실의 원칙에 반하여 권리남용으로서 허용될 수 없다.(대판 1999.12.7, 98다42929)

판례 **권리남용의 요건** : 권리행사가 권리의 남용에 해당한다고 할 수 있으려면, 주관적으로 그 권리행사의 목적이 오직 상대방에게 고통을 주고 손해를 입히려는 데 있을 뿐 행사하는 사람에게 아무런 이익이 없는 경우이어야 하고, 객관적으로는 그 권리행사가 사회질서에 위반된다고 볼 수 있어야 하는 것이며, 이와 같은 경우에 해당하지 않는 한 비록 그 권리의 행사에 의하여 권리행사자가 얻는 이익보다 상대방이 잃을 손해가 현저히 크다 하여도 그러한 사정만으로는 이를 권리남용이라 할 수 없고, 다만 이러한 주관적 요건은 권리자의 정당한 이익을 결여한 권리행사로 보여지는 객관적인 사정에 의하여 추인할 수 있다.
(대판 1998.6.26, 97다42823)

판례 **권리남용의 의의** : 권리남용이라 함은 권리자가 그 권리를 행사함으로 인하여 사회적·경제적으로 얻는 이익보다 상대방에게 과대한 손해를 입히는 결과가 됨에도 불구하고, 권리자가 권리행사라는 구실로 상대방에게 손해를 가할 것만을 목적으로 하거나 또는 객관적으로 우리의 통념상 도저히 용인될 수 없는 부당한 결과를 자아내는 등 공공복리를 위한 권리의 사회적 기능을 무시하고, 신의성실의 원칙과 국민의 건전한 권리의식에 반하는 행위를 하는 것을 뜻하므로 어느 권리행사가 권리남용이 되는가의 여부는 개별적이고 구체적인 사안에 따라 판단되어야 한다.(대판 1991.10.25, 91다27273)

第2章 人

第1節 能 力

第3條【權利能力의 存續期間】 사람은 生存한 동안 權利와 義務의 主體가 된다.

참조 [권리의 평등]헌11, [외국인의 권리]헌6②, 광업10의2, 부동산거래신고등에관한법7－9, [사권]헌21④, [손해배상청구권에 있어서의 태아의 지위]762, [태아의 상속능력]1000③, [유언과 태아]1064, [출생과 신고]가족관계등록44－54, [권리능력의 소멸]27, [사망과 실종]가족관계등록84－91

판례 **태아의 수증능력 부정** : 조선민사령에 의한 의용민법이나 구관습 아래에서도 태아에게는 일반적으로 권리능력이 인정되지 아니하고 손해배상청구권 또는 상속 등 특별한 경우에 한하여 제한된 권리능력을 인정하였을 따름이어서 태아인 동안에는 법정대리인이 있을 수 없고, 따라서 법정대리인에 의한 수증행위도 불가능한 것이어서 태아의 수증능력을 인정할 수 없다.
(대판 1982.2.9, 81다534)

판례 **태어나지 않은 태아의 권리능력** : 특정한 권리에 있어서 태아가 이미 태어난 것으로 본다는 것은 설사 태아가 권리를 취득한다 하더라도 현행법상 이를 대행할 기관이 없으니 태아로 있는 동안은 권리능력을 취득할 수 없으니 태아가 모체와 같이 사망하여 태어나지 않은 이상 손해배상청구권을 논할 여지가 없다.(대판 1976.9.14, 76다1365)

第4條【성년】 사람은 19세로 성년에 이르게 된다.
(2011.3.7 본조개정)

改前 "第4條【成年期】滿20歲로 成年이 된다."

참조 [연령의 계산]158－160·부칙27, [외국인의 능력]국제사법, [성년의 의제]826의2

판례 **미성년자 행위능력의 판단** : 미성년자인 자의 법률행위에 대한 민법의 제한 규정은 사실상의 행위능력 등의 유무에 불구하고 형식적으로 적용되는 것이다.(대판 1978.4.11, 78다71)

第5條【未成年者의 能力】 ① 未成年者가 法律行爲를 함에는 法定代理人의 同意를 얻어야 한다. 그러나 權利만을 얻거나 義務만을 免하는 行爲는 그러하지 아니하다.
② 前項의 規定에 違反한 行爲는 取消할 수 있다.

참조 [성년]4·826의2, ①[미성년자의 법정대리인]911, [후견 개시]928－940, 1990.1.13부칙10, [약혼연령]801, [혼인]808, [성년후견과 협의이혼]835, [입양]871, [유언]1061·1062, [친권대행]910·948, [법정대리인의 허락을 요하지 않는 경우]6·8, 상6－8, [제한능력자에 대한 의사표시의 효력]112, [미성년자와 소송]민소51·55·62, 가소2①(2)가, [미성년자의 대리행위]117, [법정대리인의 미성년자 대리]916·920－921·928·938·950이하, 근기67, [제3자가 무상으로 자에게 수여한 재산의 관리]918·956, ②[취소]140－146·950·951, [상대방의 최고권]15, [상대방의 철회권·거절권]16, [제한능력자의 속임수]17

판례 **미성년자의 부양료 단독 청구** : 부양을 받을 미성년자라 하더라도 부양의무자인 친권자가 그를 부양하고 있지 않은 이상 그 부양료를 부양의무자인 친권자에게 직접 청구할 수 있다.
(대판 1972.7.11, 72므5)

독판 법정대리인 소유의 가옥을 미성년자에게 증여하는 경우에 있어, 이러한 행위가 미성년자에게 권리만을 취득케 하는 것인지의 여부는 계약의 채권적·물권적 측면을 종합적으로 고려하여 판단되어야 한다. 채권계약상으로는 권리만을 취득하는 행위가 물권적 의무부담과 결부되어 있다면, 권리만을 취득하는 것으로 볼 수 없다.(독·연방법원 1980.7.9 BZHZ 78, 28)

第6條【處分을 許諾한 財産】 法定代理人이 範圍를 定하여 處分을 許諾한 財産은 未成年者가 任意로 處分할 수 있다.

참조 [미성년자의 능력]5, [피성년후견인의 행위와 취소]10

第7條【同意와 許諾의 取消】 法定代理人은 未成年者가 아직 法律行爲를 하기 전에는 前2條의 同意와 許諾을 取消할 수 있다.

참조 [피성년후견인의 행위와 취소]10

第8條【營業의 許諾】 ① 未成年者가 法定代理人으로부터 許諾을 얻은 特定한 營業에 관하여는 成年者와 同一한 行爲能力이 있다.
② 法定代理人은 前項의 許諾을 取消 또는 制限할 수 있다. 그러나 善意의 第三者에게 對抗하지 못한다.

참조 [영업의 허락과 그 취소]상6, [후견인이 피후견인을 대리하여 영업하는 경우]950

第9條【성년후견개시의 심판】 ① 가정법원은 질병, 장애, 노령, 그 밖의 사유로 인한 정신적 제약으로 사무를 처리할 능력이 지속적으로 결여된 사람에 대하여 본인, 배우자, 4촌 이내의 친족, 미성년후견인, 미성년후견감독인, 한정후견인, 한정후견감독인, 특정후견인, 특정후견감독인, 검사 또는 지방자치단체의 장의 청구에 의하여 성년후견개시의 심판을 한다.
② 가정법원은 성년후견개시의 심판을 할 때 본인의 의사를 고려하여야 한다.
(2011.3.7 본조개정)

改前 "第9條【限定治産의 宣告】心神이 薄弱하거나 財産의 浪費로 自己나 家族의 生活을 窮迫하게 할 念慮가 있는 者에 대하여

民法

는 法院은 本人, 配偶者, 4寸이내의 親族, 後見人 또는 檢事의 請求에 의하여 限定治産을 宣告하여야 한다.(1990.1.13 본조개정)"

참조 [성년후견 개시의 심판 절차]가소2①(2)가, 가소규32이하, [선고의 취소]11 · 14, [친족]767 · 777, [후견인]928이하

판례 의사능력의 의미와 판단방법 : 의사능력이란 자신의 행위의 의미나 결과를 정상적인 인식력과 예기력을 바탕으로 합리적으로 판단할 수 있는 정신적 능력 내지는 지능을 말하는 것으로서, 의사능력의 유무는 구체적인 법률행위와 관련하여 개별적으로 판단되어야 하므로, 특히 어떤 법률행위가 그 일상적인 의미만을 이해하여서는 알기 어려운 특별한 법률적인 의미나 효과가 부여되어 있는 경우 의사능력이 인정되기 위하여는 그 행위의 일상적인 의미뿐만 아니라 법률적인 의미나 효과에 대하여도 이해할 수 있을 것을 요한다.
(대판 2009.1.15, 2008다58367)

第10條【피성년후견인의 행위와 취소】 ① 피성년후견인의 법률행위는 취소할 수 있다.
② 제1항에도 불구하고 가정법원은 취소할 수 없는 피성년후견인의 법률행위의 범위를 정할 수 있다.
③ 가정법원은 본인, 배우자, 4촌 이내의 친족, 성년후견인, 성년후견감독인, 검사 또는 지방자치단체의 장의 청구에 의하여 제2항의 범위를 변경할 수 있다.
④ 제1항에도 불구하고 일용품의 구입 등 일상생활에 필요하고 그 대가가 과도하지 아니한 법률행위는 성년후견인이 취소할 수 없다.
(2011.3.7 본조개정)

改前 "第10條【限定治産者의 能力】第5條 내지 第8條의 規定은 限定治産者에 準用한다."

참조 [한정후견]12-14

第11條【성년후견종료의 심판】 성년후견개시의 원인이 소멸된 경우에는 가정법원은 본인, 배우자, 4촌 이내의 친족, 성년후견인, 성년후견감독인, 검사 또는 지방자치단체의 장의 청구에 의하여 성년후견종료의 심판을 한다.(2011.3.7 본조개정)

改前 "第11條【限定治産宣告의 取消】限定治産의 原因이 消滅한 때에는 法院은 第9條에 規定한 者의 請求에 의하여 그 宣告를 取消하여야 한다."

참조 [한정후견]12-14, [취소절차]가소44이하, 가소규38, [능력회복과 추인]144

第12條【한정후견개시의 심판】 ① 가정법원은 질병, 장애, 노령, 그 밖의 사유로 인한 정신적 제약으로 사무를 처리할 능력이 부족한 사람에 대하여 본인, 배우자, 4촌 이내의 친족, 미성년후견인, 미성년후견감독인, 성년후견인, 성년후견감독인, 특정후견인, 특정후견감독인, 검사 또는 지방자치단체의 장의 청구에 의하여 한정후견개시의 심판을 한다.
② 한정후견개시의 경우에 제9조제2항을 준용한다.
(2011.3.7 본조개정)

改前 "第12條【禁治産者의 宣告】心神喪失의 常態에 있는 者에 대하여는 法院은 第9條에 規定한 者의 請求에 의하여 禁治産을 宣告하여야 한다."

참조 [청구권자]9, [선고절차]가소2, 가소규32 · 35 · 36, [후견인]928-940, [선고의 취소]14

第13條【피한정후견인의 행위와 동의】 ① 가정법원은 피한정후견인이 한정후견인의 동의를 받아야 하는 행위의 범위를 정할 수 있다.
② 가정법원은 본인, 배우자, 4촌 이내의 친족, 한정후견인, 한정후견감독인, 검사 또는 지방자치단체의 장의 청구에 의하여 제1항에 따른 한정후견인의 동의를 받아야만 할 수 있는 행위의 범위를 변경할 수 있다.
③ 한정후견인의 동의를 필요로 하는 행위에 대하여 한정후견인이 피한정후견인의 이익이 침해될 염려가 있음에도 그 동의를 하지 아니하는 때에는 가정법원은 피한정후견인의 청구에 의하여 한정후견인의 동의를 갈음하는 허가를 할 수 있다.
④ 한정후견인의 동의가 필요한 법률행위를 피한정후견인이 한정후견인의 동의 없이 하였을 때에는 그 법률행위를 취소할 수 있다. 다만, 일용품의 구입 등 일상생활에 필요하고 그 대가가 과도하지 아니한 법률행위에 대하여는 그러하지 아니하다.
(2011.3.7 본조개정)

改前 "第13條【禁治産者의 能力】禁治産者의 法律行爲는 取消할 수 있다."

참조 [취소와 추인]140-146, [피성년후견인의 혼인 · 이혼]802 · 808 · 835, [피성년후견인의 입양 · 파양]873 · 902, [피성년후견인의 인지 · 유언]856 · 1062 · 1063, [제한능력자에 대한 의사표시의 효력]112, [제한능력자와 소송]민소51 · 55, 가소2①(2)가, [피성년후견인의 대리행위]117, [성년후견인]929 · 930 · 936-940 · 950이하

第14條【한정후견종료의 심판】 한정후견개시의 원인이 소멸된 경우에는 가정법원은 본인, 배우자, 4촌 이내의 친족, 한정후견인, 한정후견감독인, 검사 또는 지방자치단체의 장의 청구에 의하여 한정후견종료의 심판을 한다.(2011.3.7 본조개정)

改前 "第14條【禁治産宣告의 取消】第11條의 規定은 禁治産者에 準用한다."

참조 [성년후견종료의 심판]11, [한정후견개시]12

第14條의2【특정후견의 심판】 ① 가정법원은 질병, 장애, 노령, 그 밖의 사유로 인한 정신적 제약으로 일시적 후원 또는 특정한 사무에 관한 후원이 필요한 사람에 대하여 본인, 배우자, 4촌 이내의 친족, 미성년후견인, 미성년후견감독인, 검사 또는 지방자치단체의 장의 청구에 의하여 특정후견의 심판을 한다.
② 특정후견은 본인의 의사에 반하여 할 수 없다.
③ 특정후견의 심판을 하는 경우에는 특정후견의 기간 또는 사무의 범위를 정하여야 한다.
(2011.3.7 본조신설)

第14條의3【심판 사이의 관계】 ① 가정법원이 피한정후견인 또는 피특정후견인에 대하여 성년후견개시의 심판을 할 때에는 종전의 한정후견 또는 특정후견의 종료 심판을 한다.
② 가정법원이 피성년후견인 또는 피특정후견인에 대하여 한정후견개시의 심판을 할 때에는 종전의 성년후견 또는 특정후견의 종료 심판을 한다.
(2011.3.7 본조신설)

第15條【제한능력자의 상대방의 확답을 촉구할 권리】 ① 제한능력자의 상대방은 제한능력자가 능력자가 된 후에 그에게 1개월 이상의 기간을 정하여 그 취소할 수 있는 행위를 추인할 것인지 여부의 확답을 촉구할 수 있다. 능력자로 된 사람이 그 기간 내에 확답을 발송하지 아니하면 그 행위를 추인한 것으로 본다.
② 제한능력자가 아직 능력자가 되지 못한 경우에는 그의 법정대리인에게 제1항의 촉구를 할 수 있고, 법정대리인이 그 정하여진 기간 내에 확답을 발송하지 아니한 경우에는 그 행위를 추인한 것으로 본다.
③ 특별한 절차가 필요한 행위는 그 정하여진 기간 내에 그 절차를 밟은 확답을 발송하지 아니하면 취소한 것으로 본다.
(2011.3.7 본조개정)

改前 "第15條【無能力者의 相對方의 催告權】① 無能力者의 相對方은 無能力者가 能力者가 된 후에 이에 대하여 1月이상의 期間을 定하여 그 取消할 수 있는 行爲의 追認與否의 確答을 催告할 수 있다. 能力者로 된 者가 그 期間내에 確答을 發하지 아니한 때에는 그 行爲를 追認한 것으로 본다.
② 無能力者가 아직 能力者가 되지 못한 때에는 그 法定代理人에 대하여 前項의 催告를 할 수 있고 法定代理人이 그 期間내에 確答을 發하지 아니한 때에는 그 行爲를 追認한 것으로 본다.
③ 特別한 節次를 要하는 行爲에 관하여는 그 期間내에 그 節次를 밟은 確答을 發하지 아니하면 取消한 것으로 본다."

참조 [본조 준용]952, [제한능력자와 취소]5 · 10 · 13, [취소와 추인]17 · 111 · 140-146, [법정대리인]911 · 916 · 920 · 928 · 931 · 938 · 948①

第16條【제한능력자의 상대방의 철회권과 거절권】 ① 제한능력자가 맺은 계약은 추인이 있을 때까지 상대방이 그 의사표시를 철회할 수 있다. 다만, 상대방이 계약 당시에 제한능력자임을 알았을 경우에는 그러하지 아니하다.
② 제한능력자의 단독행위는 추인이 있을 때까지 상대방이 거절할 수 있다.
③ 제1항의 철회나 제2항의 거절의 의사표시는 제한능력자에게도 할 수 있다.
(2011.3.7 본조개정)

改前 "第16條【無能力者의 相對方의 撤回權과 拒絶權】① 無能力者의 契約은 追認있을 때까지 相對方이 그 意思表示를 撤回할 수 있다. 그러나 相對方이 契約당시에 無能力者임을 알았을 때에는 그러하지 아니하다.
② 無能力者의 單獨行爲는 追認있을 때까지 相對方이 拒絶할 수 있다.
③ 前2項의 撤回나 拒絶의 意思表示는 無能力者에 대하여도 할 수 있다."

참조 [제한능력자와 취소]5 · 10 · 13, [취소와 추인]17 · 111 · 140-146, [제한능력자에 대한 의사표시의 효력]112

第17條【제한능력자의 속임수】 ① 제한능력자가 속임수로써 자기를 능력자로 믿게 한 경우에는 그 행위를 취소할 수 없다.
② 미성년자나 피한정후견인이 속임수로써 법정대리인의 동의가 있는 것으로 믿게 한 경우에도 제1항과 같다.
(2011.3.7 본조개정)

改前 "第17條【無能力者의 詐術】① 無能力者가 詐術로써 能力者로 믿게 한 때에는 그 行爲를 取消하지 못한다.
② 未成年者나 限定治産者가 詐術로써 法定代理人의 同意있는 것으로 믿게 한 때에도 前項과 같다."

참조 [제한능력자]5 · 10 · 13, [사기, 강박에 의한 의사표시]110

판례 미성년자와 계약을 체결한 상대방이 미성년자의 취소권을 배제하기 위하여 민법 제17조 소정의 미성년자가 사술을 썼다고 주장하는 때에는 그 주장자인 상대방측에 그에 대한 입증책임이 있다.(대판 1971.12.14, 71다2045)

第2節 住所

第18條【住所】 ① 生活의 根據되는 곳을 住所로 한다.
② 住所는 同時에 두 곳 이상 있을 수 있다.

참조 [법인의 주소]36, 상171, [주소지법]국제사법, [주소의 효과]수표2 · 8, 민소3 · 172 · 184, 가소규20 · 39 · 47 · 54 · 87 · 91 · 132, 비송2 · 9 · 32 · 60 · 68 · 247, 채무자회생파산3, 국적5-7

판례 주소와 거소의 판단 방법 : 주소는 생활의 근거가 되는 곳으로 국내에서 생계를 같이하는 가족 및 국내에 소재하는 자산의 유무 등 생활관계의 객관적 사실에 따라 판정할 것이며, 거소는 주소지 이외의 장소에 상당기간 거주하여도 주소와 같이 밀접한 일반적 생활관계가 발생하지 아니하는 장소라고 새길 것이다.(대판 1984.3.27, 83누548)

第19條【居所】 住所를 알 수 없으면 居所를 住所로 본다.

참조 [주소]18, [거소의 효과]민소3

第20條【居所】 國內에 住所없는 者에 대하여는 國內에 있는 居所를 住所로 본다.

참조 [주소]18

第21條【假住所】 어느 行爲에 있어서 假住所를 정한 때에는 그 行爲에 관하여는 이를 住所로 본다.

참조 [주소]18

第3節 不在와 失踪

第22條【不在者의 財産의 管理】 ① 從來의 住所나 居所를 떠난 者가 財産管理人을 정하지 아니한 때에는 法院은 利害關係人이나 檢事의 請求에 의하여 財産管理에 관하여 필요한 處分을 命하여야 한다. 本人의 不在 중 財産管理人의 權限이 消滅한 때에도 같다.
② 本人이 그 후에 財産管理人을 정한 때에는 法院은 本人, 財産管理人, 利害關係人 또는 檢事의 請求에 의하여 前項의 命令을 取消하여야 한다.

참조 [주소 · 거소]18-21, [부재자의 재산관리]가소2나(1), [법원이 선임한 관리인의 개임]23, [선임 · 개임의 권한]25, [선임 · 개임의 직무권한]24 · 26, 가소44, 가소규39이하, ②[처분의 취소]가소2①(2)가, 가소규50

판례 이북에 잔류한 자로서 제적될 자 : 부재선고 등에 관한 특별 조치법의 규정에 의한 부재자가 아니고 이북에 잔류한 자로서 제적될 대상자에 해당한다 할지라도 이 사실만으로 그 자를 부재자로 한 본건 재산관리인 선임을 당연무효라고 할 수 없다.
(대판 1971.10.22, 71다1636)

판례 부재자 사망시 재산관리인의 권한 소멸 여부(소극) : 부재자재산 관리인 선임결정이 있었던 이상 부재자가 사망한 것이 사실이라 하더라도 그 결정이 취소되지 않는 한 관리인의 권한이 당연히 소멸되는 것은 아니다.(대판 1967.2.21, 66다2352)

第23條【管理人의 改任】 不在者가 財産管理人을 정한 경우에 不在者의 生死가 分明하지 아니한 때에는 法院은 財産管理人, 利害關係人 또는 檢事의 請求에 의하여 財産管理人을 改任할 수 있다.

참조 [관리인의 선임 · 개임]가소규41-43

第24條【管理人의 職務】 ① 法院이 選任한 財産管理人은 管理할 財産目錄을 作成하여야 한다.
② 法院은 그 選任한 財産管理人에 대하여 不在者의 財産을 保存하기 위하여 필요한 處分을 命할 수 있다.
③ 不在者의 生死가 分明하지 아니한 경우에 利害關係人이나 檢事의 請求가 있는 때에는 法院은 不在者가 정한 財産管理人에게 前2項의 處分을 命할 수 있다.
④ 前3項의 경우에 그 費用은 不在者의 財産으로써 支給한다.

참조 [본조 준용]918④ · 1023② · 1047② · 1053②, [법원의 권한]가소규41이하, ①[관리인의 의무와 권한]25 · 26, [재산목록의 작성]가소규47 · 48, ②[담보제공]26①, 가소규45, [보고 · 계산]683, 가소규44

第25條【管理人의 權限】 法院이 選任한 財産管理人이 第118條에 規定한 權限을 넘는 行爲를 함에는 法院의 許可를 얻어야 한다. 不在者의 生死가 分明하지 아니한 경우에 不在者가 정한 財産管理人이 權限을 넘는 行爲를 할 때에도 같다.

참조 [본조 준용]918④ · 1023② · 1047② · 1053②

판례 법원의 초과행위허가결정에 추인의 효력이 있는지 여부(적극) : 법원의 재산관리인의 초과행위허가의 결정은 그 허가받은 재산에 대한 장래의 처분행위를 위한 경우뿐만 아니라 기왕의 처분행위를 추인하는 행위로도 할 수 있으므로 부재자의 재산관리인이 법원의 초과행위허가결정을 받아 그 허가결정등본을 매수인에게 교부한 때에는 그 이전에 한 부재자 소유의 주식매매계약을 추인한 것으로 볼 수 있다.
(대판 1982.9.14, 80다3063)

판례 부재자로부터 위임된 재산관리인이 법원에 의해 다시 선임된 경우 재산관리인의 권한 : 부재자가 6.25사변 전부터 가사 일체와 재산의 관리 및 처분의 권한을 그 모에 위임하였다 가정하더라도 모가 부재자의 실종 후 법원에 신청하여 동 부재자의 재산관리인으로 선임된 경우, 부재자의 생사가 분명하지 아니하여 민법 23조의 규정에 의한 개임이라고 보지 못할바 아니므로 이때부터 부재자의 위임에 의한 모의 재산관리 처분권한은 종료되고, 따라서 그 후 모의 부재자 재산처분에 있어서는 민법 25조에 따른 권한 초과 행위 허가를 받아야 하며 그 허가를 받지 아니하고 한 부재자의 재산매각은 무효이다.
(대판 1977.3.22, 76다1437)

第26條【管理人의 擔保提供, 報酬】 ① 法院은 그 選任한 財産管理人으로 하여금 財産의 管理 및 返還에 관하여 相當한 擔保를 提供하게 할 수 있다.
② 法院은 그 選任한 財産管理人에 대하여 不在者의 財産으로 相當한 報酬를 支給할 수 있다.
③ 前2項의 規定은 不在者의 生死가 分明하지 아니한 경우에 不在者가 정한 財産管理人에 準用한다.

民法

참조 [본조 준용]전조와 같음, [법원이 선임한 관리인]22·23, [법원의 권한]24②③, [담보]가소규45

第27條【失踪의 宣告】 ① 不在者의 生死가 5年間 分明하지 아니한 때에는 法院은 利害關係人이나 檢事의 請求에 의하여 失踪宣告를 하여야 한다.
② 戰地에 臨한 者, 沈沒한 船舶 중에 있던 者, 墜落한 航空機 중에 있던 者 기타 死亡의 原因이 될 危難을 당한 者의 生死가 戰爭終止후 또는 船舶의 沈沒, 航空機의 墜落 기타 危難이 終了한 후 1年間 분명하지 아니한 때에도 第1項과 같다.(1984.4.10 본항개정)

참조 1984.4.10부칙③, [외국인과 실종선고]국제사법, [실종선고절차]가소2①(2)가, [실종선고와 가족등록부]가족관계등록92, [인정 사망]가족관계등록87, [미수복지구 잔류자에 대한 부재선고]부재선고에관한특별조치법3·4

판례 사망의 원인이 될 위난 : 민법 제27조의 문언이나 규정의 체계 및 취지 등에 비추어, 그 제2항에서 정하는 "사망의 원인이 될 위난"이라고 함은 화재·홍수·지진·화산 폭발 등과 같이 일반적·객관적으로 사람의 생명에 명백한 위험을 야기하여 사망의 결과를 발생시킬 가능성이 현저히 높은 외부적 사태 또는 상황을 가리킨다.(대결 2011.1.31, 2010스165)

판례 제2순위 상속인이 이해관계인인지 여부(소극) : 부재자의 자매로서 제2순위 상속인에 불과한 자는 부재자에 대한 실종선고의 여부에 따라 상속지분에 차이가 생긴다고 하더라도 이는 부재자의 사망 간주시기에 따른 간접적인 영향에 불과하고 부재자의 실종선고 자체를 원인으로 한 직접적인 결과는 아니므로 부재자에 대한 실종선고를 청구할 이해관계인이 될 수 없다.
(대결 1986.10.10, 86스20)

판례 이해관계인의 범위 : 본조 소정의 실종선고를 청구할 수 있는 이해관계인이라 함은 법률상뿐만 아니라 경제적, 신분적 이해관계인이어야 할 것이므로 부재자의 제1순위 재산상속인이 있는 경우에 제4순위의 재산상속인은 위 부재자에 대한 실종선고를 청구할 이해관계인이 될 수 없다.
(대결 1980.9.8, 80스27)

第28條【失踪宣告의 效果】 失踪宣告를 받은 者는 前條의 期間이 滿了한 때에 死亡한 것으로 본다.

참조 [사망효과]127·690·717·729·997·1073, [부재선고의 효과]부재선고에관한특별조치법4, [신고의 기재사항]가족관계등록92, [선고효력 발생시기]가소40

판례 실종선고의 효과 : 민법 28조는 실종선고를 받은 자는 27조 1항 소정의 생사불명기간이 만료된 때에 사망한 것으로 본다고 규정하고 있으므로 실종선고가 취소되지 않는 한 반증을 들어 실종선고의 효과를 다툴 수는 없다.
(대판 1995.2.17, 94다52751)

판례 실종에 의한 사망간주 시점이 소 제기 전으로 소급하는 경우 확정판결의 효력 : 실종선고의 효력이 발생하기 전에는 실종기간이 만료된 실종자라 하여도 소송상 당사자능력을 상실하는 것은 아니므로 실종선고 확정 전에는 실종기간이 만료된 실종자를 상대로 하여 제기된 소도 적법하고 실종자를 당사자로 하여 선고된 판결도 유효하며 이처럼 판결이 유효하게 확정되어 기판력이 발생한 경우 그 판결이 해제조건부로 선고되었다는 등의 특별한 사정이 없는 한 그 효력이 유지되어 당사자로서는 그 판결이 재심이나 추완항소 등에 의하여 취소되지 않는 한 그 기판력에 반하는 주장을 할 수 없는 것이 원칙이며, 비록 실종자를 당사자로 한 판결이 확정된 후 실종선고가 확정되어 그 사망간주의 시점이 소 제기 전으로 소급하는 경우에도 위 판결 자체가 소급하여 당사자능력이 없는 사망한 사람을 상대로 한 판결로서 무효가 된다고는 볼 수 없다.
(대판 1992.7.14, 92다2455)

第29條【失踪宣告의 取消】 ① 失踪者의 生存한 事實 또는 前條의 規定과 相異한 때에 死亡한 事實의 證明이 있으면 法院은 本人, 利害關係人 또는 檢事의 請求에 의하여 失踪宣告를 取消하여야 한다. 그러나 失踪宣告후 그 取消전에 善意로 한 行爲의 效力에 影響을 미치지 아니한다.
② 失踪宣告의 取消가 있을 때에 失踪의 宣告를 直接原因으로 하여 財産을 取得한 者가 善意인 경우에는 그 받은 利益이 現存하는 限度에서 返還할 義務가 있고 惡意인 경우에는 그 받은 利益에 利子를 붙여서 返還하고 損害가 있으면 이를 賠償하여야 한다.

참조 [선고취소절차]가소2①(2)가, [선고취소와 가족등록부]가족관계등록92③, [재산의 반환의무]741, [부재선고의 취소]부재선고에관한특별조치법5

판례 실종선고 취소 사유의 존재만으로 실종선고의 효력이 번복되는지 여부(소극) : 실종선고를 받은 자는 실종기간이 만료한 때에 사망한 것으로 간주되는 것이므로, 실종기간 만료시를 기준으로 하여 상속이 개시된 이상 설사 이후 실종선고가 취소되어야 할 사유가 생겼다고 하더라도 실제로 실종선고가 취소되지 아니하는 한, 임의로 실종기간이 만료하여 사망한 때로 간주되는 시점과는 달리 사망시점을 정하여 이미 개시된 상속을 부정하고 이와 다른 상속관계를 인정할 수는 없다.
(대판 1994.9.27, 94다21542)

第30條【同時死亡】 2人 이상이 同一한 危難으로 死亡한 경우에는 同時에 死亡한 것으로 推定한다.

참조 [동시사망의 효과]997·999·1001·1089

판례 추정의 의미 : 민법 30조의 추정은 법률상 추정으로서 이를 번복하기 위하여는 동일한 위난으로 사망하였다는 전제사실에 대하여 법원의 확신을 흔들리게 하는 반증을 제출하거나 또는 각자 다른 시각에 사망하였다는 점에 대하여 법원에 확신을 줄 수 있는 본증을 제출하여야 하는데, 이 경우 사망의 선후에 의하여 관계인들의 법적 지위에 중대한 영향을 미치는 점을 감안할 때 충분하고도 명백한 입증이 없는 한 위 추정은 깨어지지 아니한다.(대판 1998.8.21, 98다8974)

第3章 法 人

第1節 總 則

第31條【法人成立의 準則】 法人은 法律의 規定에 의함이 아니면 成立하지 못한다.

참조 [법인의 성립을 인정하는 법률]32, 지방자치3·176②, 한국은행법2, 한국산업은행법2①, 중소기업은행법3①, 중소기업협동4, 수협4, 한국해운조합법4, 농협4, 변호사40·58의2, 회계사23, 세무사16의3①·18, 노노6, 약사11②·12②, 상공회의소2

■ 비법인사단 일반

판례 비법인사단의 성립요건 : 종중 또는 문중과 같이 특별한 조직행위 없이도 자연적으로 성립하는 예외적인 사단이 아닌 한 법인 아닌 사단이 성립하려면 사단으로서의 실체를 갖추는 조직행위가 있어야 하는바, 만일 어떤 단체가 외형상 목적, 명칭, 사무소 및 대표자를 정하고 있다고 할지라도 사단의 실체를 인정할 만한 조직, 그 재정적 기초, 총회의 운영, 재산의 관리 기타 단체로서의 활동에 관한 입증이 없는 이상 이를 법인이 아닌 사단으로 볼 수 없다.(대판 1997.9.12, 97다20908)

판례 조합과 비법인사단의 구별기준 : 민법상의 조합과 법인격은 없으나 사단성이 인정되는 비법인사단을 구별함에 있어서는 일반적으로 그 단체성의 강약을 기준으로 판단하여야 하는바, 조합은 어느 정도 단체성에서 오는 제약을 받게 되는 것이지만 구성원의 개인성이 강하게 드러나는 인적 결합체인 데 비하여 비법인사단은 구성원의 개인성과는 별개로 권리의무의 주체가 될 수 있는 독자적 존재로서의 단체적 조직을 가지는 특성이 있다. 민법상 조합의 명칭을 가지고 있는 단체라 하더라도 고유의 목적을 가지고 사단적 성격을 가지는 규약을 만들어 이에 근거하여 의사결정기관 및 집행기관인 대표자를 두는 등의 조직을 갖추고 있고, 기관의 의결이나 업무집행방법이 다수결의 원칙에 의하여 행해지며, 구성원의 가입, 탈퇴 등으로 인한 변경에 관계없이 단체 그 자체가 존속되고, 그 조직에 의하여 대표의 방법, 총회나 이사회 등의 운영, 자본의 구성, 재산의 관리 기타 단체로서의 주요사항이 확정되어 있는 경우에는 비법인사단으로서의 실체를 가진다고 할 것이다.
(대판 1992.7.10, 92다2431)

■ 비법인사단에 대한 법인 규정의 유추적용

판례 청산인 : 비법인사단인 교회의 교인이 존재하지 않게 된 경우 그 교회는 해산하여 청산절차에 들어가서 청산의 목적범위 내에서 권리·의무의 주체가 되며, 이 경우 해산 당시 그 비법인사단의 총회에서 향후 업무를 수행할 자를 선정하였다면 민법 82조 1항을 유추하여 그 선임된 자가 청산인으로서 청산중의 비법인사단을 대표하여 청산업무를 수행하게 된다.
(대판 2003.11.14, 2001다32687)

판례 당사자능력소멸 : 법인 아닌 사단에 대하여는 사단법인에 관한 민법규정 가운데서 법인격을 전제로 하는 것을 제외하고는 이를 유추적용하여야 할 것인바, 사단법인에 있어서는 사원이 없게 된다고 하더라도 이는 해산사유가 될 뿐 막바로 권리능력이 소멸하는 것이 아니므로 법인 아닌 사단에 있어서도 구성원이 없게 되었다 하여 막바로 그 사단이 소멸하여 소송상의 당사자능력을 상실하였다고 할 수는 없고 청산사무가 완료되어야 비로소 그 당사자능력이 소멸하는 것이다.
(대판 1992.10.9, 92다23087)

■ 종중

판례 종중 유사 비법인사단의 성립요건과 재산 귀속 : [1] 종중에 유사한 비법인사단은 반드시 총회를 열어 성문화된 규약을 만들고 정식의 조직체계를 갖추어야만 비로소 단체로서 성립하는 것이 아니고, 실질적으로 공동의 목적을 달성하기 위하여 공동의 재산을 형성하고 일을 주도하는 사람을 중심으로 계속적으로 사회적인 활동을 하여 온 경우 이미 그 무렵부터 단체로서의 실체가 존재한다고 하여야 한다.
[2] 계속적으로 공동의 일을 수행하여 오던 사람들이 어느 시점에 이르러 비로소 창립총회를 열어 조직체로서의 실체를 갖추었다면, 그 실체로서의 조직을 갖추기 이전부터 행한 행위나 또는 그때까지 형성한 재산은 다른 특별한 사정이 없는 한 모두 이 사회적 실체로서의 조직에게 귀속되는 것으로 봄이 타당하다.
(대판 1996.3.12, 94다56401)

판례 종중의 성립요건 : 종중이라 함은 원래 공동선조의 후손 중 성년 이상의 남자를 종원으로 하여 구성되는 종족의 자연발생적 집단이므로 성립을 위하여 특별한 조직행위를 필요로 하는 것이 아니며, 다만 그 목적인 공동선조의 분묘수호, 제사봉행, 종원 상호간의 친목을 규율하기 위하여 규약을 정하는 경우가 있고, 또 대외적인 행위를 할 때에는 대표자를 정할 필요가 있는 것에 지나지 아니하며 반드시 특정한 명칭의 사용 및 서면화된 종중규약이 있어야 하거나 종중의 대표자가 계속하여 선임되어 있는 등 조직을 갖추어야 하는 것은 아니다.
(대판 1991.6.14, 91다2946,2953(병합))

■ 교회 및 사찰

판례 교회가 법인 아닌 사단으로서 존재하는 이상 그 법률관계를 둘러싼 분쟁을 소송적인 방법으로 해결함에 있어서는 법인 아닌 사단에 관한 민법의 일반 이론에 따라 교회의 실체를 파악하고 교회의 재산 귀속에 대하여 판단하여야 하고, 그 교인들은 교회 재산을 총유의 형태로 소유하면서 사용·수익하게 된다.
(대결 2007.6.29, 2007마224)

판례 비법인사단인 교회 분열의 인정여부(소극), 교인 탈퇴시 재산관계 : [1] 법인 아닌 사단의 구성원들의 집단적 탈퇴로써 사단이 2개로 분열되고 분열되기 전 사단의 재산이 분열된 각 사단들의 구성원들에게 각각 총유적으로 귀속되는 결과를 초래하는 형태의 법인 아닌 사단의 분열은 허용되지 않는다.
[2] 교인들은 교회 재산을 총유의 형태로 소유하면서 사용·수익할 것인데, 일부 교인들이 교회를 탈퇴하여 그 교회 교인으로서의 지위를 상실하게 되면 탈퇴가 개별적인 것이든 집단적인 것이든 이와 더불어 종전 교회의 총유 재산의 관리처분에 관한 의결에 참가할 수 있는 지위나 그 재산에 대한 사용·수익권을 상실하고, 종전 교회는 잔존 교인들을 구성원으로 하여 실체의 동일성을 유지하면서 존속하며 종전 교회의 재산은 그 교회에 소속된 잔존 교인들의 총유로 귀속됨이 원칙이다.
(대판 2006.4.20, 2004다37775 전원합의체)

판례 권리능력 없는 사단으로서 사찰, 사찰의 분열 인정여부(소극), 대표자 탈퇴시 재산관계 : [1] 기존의 사찰에서 이탈한 신도들과 승려가 조계종에 소속된 새로운 사찰의 건립이라는 공동 목적으로 사찰의 대표, 신도회장 등 체계적인 조직을 만들고 그들의 출재와 노력에 의하여 토지를 매수하여 그 지상에 불당을 완공한 경우, 불당의 완공 당시 위 단체는 그 명칭이나 특정 종단의 귀속 여부에 불구하고 독립된 사찰로서의 실체를 갖추게 된 것으로 그 실질은 권리능력 없는 사단이다.
[2] 사찰은 신도들이 사찰의 운영이나 재산의 관리·처분에 관여하는 정도에 의하여 재단 또는 사단인 사찰로 구분되기는 하지만 일반의 재단 또는 사단과는 달리 이념적 요소로서의 불교교의, 행위적 요소로서의 법요 집행, 조직적 요소로서의 승려와 신도, 물적 요소로서의 토지, 불당 등 시설이 결합되어 성립하는 것이므로, 일단 사찰이 성립한 이상 그 분열은 인정되지 않고 그 요소의 하나인 신도회도 분열될 수 없는 것이며, 일부 승려나 신도들이 사찰이 내세우는 종지(宗旨) 또는 사찰의 운영에 반대하여 탈퇴한다거나 신도회에서 탈퇴하였다 하더라도 이를 가리켜 사찰 또는 신도회가 분열되었다고 할 수는 없다.
(대판 1997.12.9, 94다41249)

第32條【非營利法人의 設立과 許可】 學術, 宗敎, 慈善, 技藝, 社交 기타 營利아닌 事業을 目的으로 하는 社團 또는 財團은 主務官廳의 許可를 얻어 이를 法人으로 할 수 있다.

참조 [법인설립의 절차]공익설립4, 상172, 노노6·10, 농협15·121, 수협16·19, 변호사41－43, 상공회의소4－8, 약사11－13, [주무관청의 감독]37·42②·46, [설립허가의 취소]38·77①, [해산명령]상176

판례 비영리법인의 설립허가에 관한 구체적인 기준이 정하여져 있지 아니하므로, 비영리법인의 설립허가를 할 것인지 여부는 주무관청의 정책적 판단에 따른 재량에 맡겨져 있다.
(대판 1996.9.10, 95누18437)

第33條【法人設立의 登記】 法人은 그 主된 事務所의 所在地에서 設立登記를 함으로써 成立한다.

참조 [등기사항]49②, 상317, [등기기간]49①·53·부칙6, [법인등기]비송60, [설립등기]상172, [변경등기]52, [사무소신설이전등기]50·51, 비송64, [청산인의 해산등기·신고]85·86, 비송65, [등기해태벌칙]97, [법인등기와 공고]54

판례 수임인이 위임 범위를 벗어나 설립한 재단법인의 설립 무효 여부(소극) : 공익사업을 목적으로 하는 재단법인을 설립하기 위하여 소유 임야를 출연하고 제3자 등과 합의하여 정관을 작성하고 주무관청의 인가를 받아 법인을 설립하였다면 위 제3자가 설립자의 위임을 받아 설립업무를 수행하는 과정에서 설립목적의 범위를 넓히고 또 임원구성을 함부로 하는 등 배임적인 행위를 하였다 하더라도 이미 재산의 출연과 정당한 절차를 밟아 설립되어 활동중인 재단법인의 설립행위 자체를 무효로 할 사유가 될 수는 없다.(대판 1993.4.13, 91다29064)

第34條【法人의 權利能力】 法人은 法律의 規定에 좇아 定款으로 정한 目的의 範圍내에서 權利와 義務의 主體가 된다.

참조 [사단법인의 정관]40, [재단법인의 정관]43, [회사의 권리능력제한]상173, [목적에 의한 권리능력 제한의 예]81, [본조 준용]사립학교9

■ 목적범위 내의 행위로 본 사례

판례 어음배서 : 단기금융업을 영위하는 회사로서 회사의 목적인 어음의 발행, 할인, 매매, 인수, 보증, 어음매매의 중개를 함에 있어서 어음의 배서는 행위의 객관적 성질상 위 목적수행에 직접, 간접으로 필요한 행위라고 하여야 할 것이다.
(대판 1987.9.8, 86다카1349)

■ 목적범위 외의 행위로 본 사례

판례 타인 손해배상의무의 연대보증 : 주식회사 대표이사가 회사를 대표하여 타인의 극장위탁경영으로 인한 손해배상의무를 연대보증한 것은 회사의 사업목적범위에 속하지 아니하는 행위로서 회사를 위하여 효력이 있는 적법한 보증으로 되지 아니하고 주식회사의 주주 및 이사들이 위 보증의 결의를 하였다 하더라도 적법한 보증의 효력이 없다.
(대판 1975.12.23, 75다1479)

第35條【法人의 不法行爲能力】 ① 法人은 理事 기타 代表者가 그 職務에 관하여 他人에게 加한 損害를 賠償할 責任이 있다. 理事 기타 代表者는 이로 인하여 自己의 損害賠償責任을 免하지 못한다.
② 法人의 目的範圍외의 行爲로 인하여 他人에게 損害를 加한 때에는 그 事項의 議決에 贊成하거나 그 議決을 執行한 社員, 理事 및 기타 代表者가 連帶하여 賠償하여야 한다.

참조 ①[법인의 기관]57－59·62－64·82·125·126, [불법행위와 손해배상책임]750, 상210, [사용자책임]756, ②[연대]413－427, [공동불법행위]760, [이사의 손해배상책임]상399·401·567, [본조 준용]사립학교9

판례 민법 제35조제1항의 '이사 기타 대표자'의 개념 : '이사 기타 대표자'는 법인의 대표기관을 의미하는 것이고 대표권이 없는 이사는 법인의 기관이기는 하지만 대표기관은 아니기 때문에 그들의 행위로 인하여 법인의 불법행위가 성립하지 않는다.
(대판 2005.12.23, 2003다30159)

판례 주택조합과 같은 비법인사단의 대표자가 직무에 관하여 타인에게 손해를 입힌 경우, 그 행위가 대표자 개인의 사리를 도모하려고 한 것이거나 법령에 위배한 것이라도, 외관상 객관적으로 직무 관련 행위로 인정할 수 있으면 동조 제1항의 '직무에 관한 행위'에 해당한다.
(대판 2003.7.25, 2002다27088)

판례 정당성 없는 쟁의행위에 대한 노동조합의 불법행위 : 노동쟁의조정법 8조(현행 노동조합 및 노동관계조정법 3조)에 의하여 민사상 배상책임이 면제되는 손해는 정당한 쟁의행위로 인한 손해에 국한되는 것으로 정당성이 없는 쟁의행위는 불법행위를 구성한다. 노동조합의 간부들이 불법쟁의행위를 기획, 지시, 지도하는 등으로 주도한 경우에 이와 같은 간부들의 행위는 조합의 집행기관으로서의 행위라 할 것이므로 이러한 경우 민

民法

법 35조 1항의 유추적용에 의하여 노동조합은 그 불법쟁의행위로 인하여 사용자가 입은 손해를 배상할 책임이 있다.
(대판 1994.3.25, 93다32828,32835)

판례 과실상계의 적용 : 법인 대표기관의 고의적인 불법행위에 해당한다 하더라도 피해자들에게 그 불법행위 내지 손해발생에 과실이 있다면 법원은 과실상계의 법리에 좇아 손해배상의 책임 및 그 금액을 정함에 있어 이를 참작하여야 한다.
(대판 1987.11.24, 86다카1834)

第36條【法人의 住所】 法人의 住所는 그 主된 事務所의 所在地에 있는 것으로 한다.

참조 [주소]18, [주사무소]40·43·49②·51, [회사의 주소]상171

第37條【法人의 事務의 檢査, 監督】 法人의 事務는 主務官廳이 檢査, 監督한다.

참조 [주무관청의 검사, 감독]37, [정관변경의 허가]42②·45②, [목적변경의 허가]46, [감사의 보고]67, [설립허가의 취소]38·77①, [잔여재산처분의 허가]80②, [해산·청산종결의 신고]86·94, 행정안전부및그소속청소관비영리법인의설립및감독에관한규칙, [법원의 감독]95, 비송118, 상176·298-300·366②·408①·467·481이하·490이하·531이하, 619·620, [공익법인의 감독]공익설립14·17

第38條【法人의 設立許可의 取消】 法人이 目的以外의 事業을 하거나 設立許可의 條件에 違反하거나 기타 公益을 害하는 行爲를 한 때에는 主務官廳은 그 許可를 取消할 수 있다.

참조 [설립허가]32, [법인의 감독]37, [해산명령등]77, 상176, 비송33·72·90이하, [공익법인의 허가취소]공익설립16

판례 공익을 해하는 행위의 의미 : 민법 38조에서 말하는 비영리법인이 '공익을 해하는 행위를 한 때'라 함은 법인의 기관이 공익을 침해하는 행위를 하거나 그 사원총회가 그러한 결의를 한 경우를 의미한다.(대판 1982.10.26, 81누363)

第39條【營利法人】 ① 營利를 目的으로 하는 社團은 商事會社設立의 條件에 좇아 이를 法人으로 할 수 있다.
② 前項의 社團法人에는 모두 商事會社에 관한 規定을 準用한다.

참조 [상사회사]상169, [상사회사설립의 조건]33, 상172

第2節 設 立

第40條【社團法人의 定款】 社團法人의 設立者는 다음 各號의 事項을 記載한 定款을 作成하여 記名捺印하여야 한다.
1. 目的
2. 名稱
3. 事務所의 所在地
4. 資産에 관한 規定
5. 理事의 任免에 관한 規定
6. 社員資格의 得失에 관한 規定
7. 存立時期나 解散事由를 정하는 때에는 그 時期 또는 事由

참조 [사단법인의 정관변경]42, [재단법인의 정관변경]44·45, [정관기재사항]58②·59·62·66·68·70②·71-73·75①·77①·78·80·82, [회사의 정관]상179·270·289·543, [공익법인의 정관]공익설립3

판례 정관의 법적 성질 및 해석방법 : 사단법인의 정관은 이를 작성한 사원뿐만 아니라 그 후에 가입한 사원이나 사단법인의 기관 등도 구속하는 점에 비추어 보면 그 법적 성질은 계약이 아니라 자치법규로 보는 것이 타당하므로, 이는 어디까지나 객관적인 기준에 따라 그 규범적인 의미 내용을 확정하는 법규해석의 방법으로 해석되어야 하는 것이지, 작성자의 주관이나 해석 당시의 사원의 다수결에 의한 방법으로 자의적으로 해석될 수는 없다. 어느 시점의 사단법인의 사원들이 정관의 규범적인 의미 내용과 다른 해석을 사원총회의 결의라는 방법으로 표명하였다 하더라도 그 결의에 의한 해석은 그 사단법인의 구성원인 사원들이나 법원을 구속하는 효력이 없다.
(대판 2000.11.24, 99다12437)

第41條【理事의 代表權에 대한 制限】 理事의 代表權에 대한 制限은 이를 定款에 記載하지 아니하면 그 效力이 없다.

참조 [이사와 각자대표]59, [표현대리]125·126·129, [무권대리인의 책임]135, [대표권제한의 등기]49②·60, [대표사원등]상209②·269·389③·567

第42條【社團法人의 定款의 變更】 ① 社團法人의 定款은 總社員 3分의 2 이상의 同意가 있는 때에 限하여 이를 變更할 수 있다. 그러나 定數에 관하여 定款에 다른 規定이 있는 때에는 그 規定에 의한다.
② 定款의 變更은 主務官廳의 許可를 얻지 아니하면 그 效力이 없다.

참조 [정관]40, [사원의 결의권]73, [회사의 정관변경]상204·269·316①·433·434·584·585, [변경등기]52

판례 특정 교단에 가입한 지교회가 교단이 정한 헌법을 지교회 자신의 자치규범으로 받아들인 경우에는 소속 교단에서의 탈퇴 내지 교단의 변경은 사단법인 정관변경에 준하여 의결권을 가진 교인 2/3 이상의 찬성에 의한 결의를 필요로 한다.
(대판 2006.4.20, 2004다37775 전원합의체)

第43條【財團法人의 定款】 財團法人의 設立者는 一定한 財産을 出捐하고 第40條第1號 내지 第5號의 事項을 記載한 定款을 作成하여 記名捺印하여야 한다.

참조 [법인과 인가]32, [법인등기]49, [설립자 사망의 경우]44, [정관기재사항]58②·59·62·66·77①·80·82, [정관의 보충]44, [정관의 변경]45·46, [공익법인의 정관]공익설립3

판례 신탁적 출연행위의 효력 : 재단법인 설립을 위한 재산의 기증(기부행위)에 있어 재산 기증자가 소유 명의만을 재단법인에 귀속시키고 소유권을 기증자에게 유보하는 따위의 부관을 붙여서 한 기증은 재단법인 설립의 취지에 어긋날 뿐 아니라 이와 같은 신탁계약이 당연히 설립된 재단법인에게 그 효력이 미친다고 할 수도 없다.(대판 1971.8.31, 71다1176)

第44條【財團法人의 定款의 補充】 財團法人의 設立者가 그 名稱, 事務所所在地 또는 理事任免의 方法을 定하지 아니하고 死亡한 때에는 利害關係人 또는 檢事의 請求에 의하여 法院이 이를 定한다.

참조 [학교법인의 정관보충]사립학교11, [관할]비송32

第45條【財團法人의 定款變更】 ① 財團法人의 定款은 그 變更方法을 定款에 정한 때에 限하여 變更할 수 있다.
② 財團法人의 目的達成 또는 그 財産의 保全을 위하여 適當한 때에는 前項의 規定에 不拘하고 名稱 또는 事務所의 所在地를 變更할 수 있다.
③ 第42條第2項의 規定은 前2項의 경우에 準用한다.

참조 [재단법인의 정관]43, [공익법인의 정관변경]공익설립3·7, [학교법인의 정관변경]사립학교45

판례 재단법인의 정관변경 '허가'는 법률상의 표현이 허가로 되어 있기는 하나, 그 성질에 있어 법률행위의 효력을 보충해 주는 것이지 일반적 금지를 해제하는 것이 아니므로, 그 법적 성격은 인가라고 보아야 한다.
(대판 1996.5.16, 95누4810 전원합의체)

第46條【財團法人의 目的 기타의 變更】 財團法人의 目的을 達成할 수 없는 때에는 設立者나 理事는 主務官廳의 許可를 얻어 設立의 趣旨를 參酌하여 그 目的 기타 定款의 規定을 變更할 수 있다.

참조 [재단법인의 정관]43, [재단법인의 정관변경]45

第47條【贈與, 遺贈에 관한 規定의 準用】 ① 生前處分으로 財團法人을 設立하는 때에는 贈與에 관한 規定을 準用한다.
② 遺言으로 財團法人을 設立하는 때에는 遺贈에 관한 規定을 準用한다.

참조 [본조 준용]사립학교13, [출연재산의 귀속시기]48, [증여]554-562, [유언]1060-1111, [유증]1074-1090

第48條【出捐財産의 歸屬時期】 ① 生前處分으로 財團法人을 設立하는 때에는 出捐財産은 法人이 成立된 때로부터 法人의 財産이 된다.
② 遺言으로 財團法人을 設立하는 때에는 出捐財産은 遺言의 效力이 發生한 때로부터 法人에 歸屬한 것으로 본다.

참조 [본조 준용]사립학교13, [공익법인의 재산]공익설립11, [물권의 이전]186-188, [채권의 양도]449-452·508·523, [설립허가]32, [법인의 성립]33, [유언에 의한 재단법인 설립]47, [유언의 효력발생시기]1073

판례 유언으로 재단법인을 설립하는 경우에도 제3자에 대한 관계에서는 출연재산이 부동산인 경우는 그 법인에의 귀속에는 법인의 설립 외에 등기를 필요로 하는 것이므로, 재단법인이 그와 같은 등기를 마치지 아니하였다면 유언자의 한 사람으로부터 부동산의 지분을 취득하여 이전등기를 마친 선의의 제3자에게 대항할 수 없다.(대판 1993.9.14, 93다8054)

판례 부동산인 출연재산의 재단법인 귀속시기 : 민법 48조는 재단법인 성립에 있어서 재산 출연자와 법인과의 관계를 상대적으로 결정하는 기준이 되는 규정으로서 출연재산이 부동산인 경우 당사자 사이에는 법인의 성립 외에 등기를 필요로 하는 것이 아니다. 그러나 제3자에 대한 관계에서는 출연행위가 법률행위이므로 출연재산의 법인에의 귀속에는 부동산의 권리에 관해서는 법인 성립 외에 등기를 필요로 한다.
(대판 1979.12.11, 78다481,482 전원합의체)

第49條【法人의 登記事項】 ① 法人設立의 許可가 있는 때에는 3週間내에 主된 事務所所在地에서 設立登記를 하여야 한다.
② 前項의 登記事項은 다음과 같다.
1. 目的
2. 名稱
3. 事務所
4. 設立許可의 年月日
5. 存立時期나 解散理由를 정한 때에는 그 時期 또는 事由
6. 資産의 總額
7. 出資의 方法을 정한 때에는 그 方法
8. 理事의 姓名, 住所
9. 理事의 代表權을 制限한 때에는 그 制限

참조 ①[설립허가]32, [설립등기]33, 상180·271·317·549, [분사무소 설치등기]50, [사무소 이전등기]51, [변경등기]52, 상40·183, [해산등기]85, 비송65, [등기사항공고]54②, [등기절차]비송60-67, [등기기간의 기산]53·부칙6, [이사의 대표권에 대한 제한]41, [외국회사의 등기]상업등기법23③, [벌칙]97

第50條【分事務所設置의 登記】 ① 法人이 分事務所를 設置한 때에는 主事務所所在地에서는 3週間내에 分事務所를 設置한 것을 登記하고 그 分事務所所在地에서는 同期間내에 前條第2項의 事項을 登記하고 다른 分事務所所在地에서는 同期間내에 그 分事務所를 設置한 것을 登記하여야 한다.
② 主事務所 또는 分事務所의 所在地를 管轄하는 登記所의 管轄區域내에 分事務所를 設置한 때에는 前項의 期間내에 그 事務所를 設置한 것을 登記하면 된다.

참조 [등기사항]49②, [등기기간]53·부칙6, [법인등기]비송60, [설립등기]비송63, [변경등기]52, [사무소신설이전등기]51·54, [등기절차]비송64, [벌칙]97, [본조 준용]사립학교13

第51條【事務所移轉의 登記】 ① 法人이 그 事務所를 移轉하는 때에는 舊所在地에서는 3週間내에 移轉登記를 하고 新所在地에서는 同期間내에 第49條第2項에 揭記한 事項을 登記하여야 한다.
② 同一한 登記所의 管轄區域내에서 事務所를 移轉한 때에는 그 移轉한 것을 登記하면 된다.

참조 [사무소]40·43·49②, [사무소이전등기]비송64, 상182·271·317③·549③, [사무소신설등기]50, [등기기간]53·부칙6, [등기해태의 벌칙]97, [본조 준용]사립학교13

第52條【變更登記】 第49條第2項의 事項중에 變更이 있는 때에는 3週間내에 變更登記를 하여야 한다.

참조 [등기사항]49, [등기기간]53·부칙6, [벌칙]97, [등기사항공고]54, [등기절차]비송64, [본조 준용]사립학교13

第52條의2【직무집행정지 등 가처분의 등기】 이사의 직무집행을 정지하거나 직무대행자를 선임하는 가처분을 하거나 그 가처분을 변경·취소하는 경우에는 주사무소와 분사무소가 있는 곳의 등기소에서 이를 등기하여야 한다.(2001.12.29 본조신설)

참조 [본조 준용]사립학교13

판례 임시이사 및 특별대리인과 직무대행자 선임 절차의 차이 : 임시이사와 특별대리인은 비송사건절차법에 의하여, 직무대행자는 민사소송법(민사집행법)상의 가처분 규정을 준용하여 선임하는 것으로 각 그 선임절차와 성질이 서로 다른 것이다.
(대결 1961.11.16, 4294민재항431)

第53條【登記期間의 起算】 前3條의 規定에 의하여 登記할 事項으로 官廳의 許可를 要하는 것은 그 許可書가 到着한 날로부터 登記의 期間을 起算한다.

참조 [등기사항]49②, [주무관청의 허가]32·42·46, [등기와 허가서, 인증있는 등본의 첨부]비송63·64, [등기기간]50·51·85·86, 상177, [본조 준용]사립학교13

第54條【設立登記 이외의 登記의 效力과 登記事項의 公告】 ① 設立登記 이외의 本節의 登記事項은 그 登記후가 아니면 第三者에게 對抗하지 못한다.
② 登記한 事項은 法院이 遲滯없이 公告하여야 한다.

참조 [설립등기사항]49②, [변경등기등]50-52, [등기사항공고]비송65의2-65의4, [회사등기]상37, [본조 준용]사립학교13

第55條【財産目錄과 社員名簿】 ① 法人은 成立한 때 및 每年 3月내에 財産目錄을 作成하여 事務所에 備置하여야 한다. 事業年度를 정한 法人은 成立한 때 및 그 年度末에 이를 作成하여야 한다.
② 社團法人은 社員名簿를 備置하고 社員의 變更이 있는 때에는 이를 記載하여야 한다.

참조 [벌칙]97, [성립시기]33, [재산목록]상30·사립학교32·공익법인11, [주주명부·사원명부]상352·396·557·566, [본조 준용]사립학교13

第56條【社員權의 讓渡, 相續禁止】 社團法人의 社員의 地位는 讓渡 또는 相續할 수 없다.

참조 [조합원의 지분양도]273①·704, [합명회사사원의 지분양도]상197, [합자회사의 유한책임사원의 지분양도]상276, [주식의 양도]상335, [유한회사사원의 지분양도]상556

판례 규약이나 관행에 의한 사원권의 양도·상속 가부 : 사단법인의 사원의 지위는 양도 또는 상속할 수 없다고 규정한 민법 56조의 규정은 강행규정이라고 할 수 없으므로, 비법인사단에서도 사원의 지위는 규약이나 관행에 의하여 양도 또는 상속될 수 있다.(대판 1997.9.26, 95다6205)

第3節 機 關

第57條【理事】 法人은 理事를 두어야 한다.

참조 [이사임면]40·43·49, 상382·383·567, [이사등기]49, [공익법인]공익설립5, [이사결격자]형43, 사립학교22

판례 법원의 정관에 이사가 갖추어야 할 자격을 규정하고 있을 뿐 그 자격이 흠결된 경우의 효과 내지 취급에 관하여 아무런 규정도 두고 있지 않다면, 이사회의 적법한 결의를 거쳐 선임된 이사가 정관에서 정한 자격을 흠결한 것으로 사후에 밝혀진다고 하더라도, 이를 이유로 그 이사를 해임함은 별론으로 하고, 그런 사정만으로는 그 이사선임결의가 무효로 되거나 이미 선임된 이사가 그 지위를 당연히 상실하게 되는 것이라고 할 수 없다.
(대판 2007.12.28, 2007다31501)

판례 임기가 만료된 구 이사만이 직무수행권한을 가지는지 여부 : 후임 이사가 유효히 선임되었는데도 그 선임의 효력을 둘러싼 다툼이 있다고 하여 그 다툼이 해결되기 전까지는 후임 이사에게는 직무수행권한이 없고 임기가 만료된 구 이사만이 직무수행권한을 가진다고 할 수는 없다.(대판 2006.4.27, 2005도8875)

第58條【理事의 事務執行】 ① 理事는 法人의 事務를 執行한다.
② 理事가 數人인 경우에는 定款에 다른 規定이 없으면 法人의 事務執行은 理事의 過半數로써 決定한다.

참조 [이사와 법인대표]59, [공익법인의 이사회]공익설립6-9

판례 급박한 사정이 없는 한 아직 임기가 만료되지 않거나 사임하지 않은 다른 이사들로서 정상적인 법인의 활동을 할 수 있는 경우에는 구태여 임기가 만료되거나 사임한 이사로 하여금 이사로서의 직무를 계속 행사케 할 필요는 없고, 따라서 그와 같은 경우에는 그 이사는 임기만료나 사임으로 당연히 퇴임한다.(대판 1996.12.23, 95다40038)

판례 부적법한 소집절차에 의한 이사회 결의의 효력 : 민법상 비영리법인의 이사회 결의가 법령 또는 정관이 정하는 바에 따른 정당한 소집권자가 아닌 자에 의하여 소집되고 적법한 소집절차도 없이 개최되어 이루어진 것이라면 그 결과가 설사 적법한 소집통지를 받지 못한 이사가 출석하여 반대의 표결을 하였던들 이사회 결의의 성립에 영향이 없었다고 하더라도 그 이사회 결의는 당연 무효라 할 것이다.(대판 1987.3.24, 85누973)

第59條【理事의 代表權】 ① 理事는 法人의 事務에 관하여 各自 法人을 代表한다. 그러나 定款에 規定한 趣旨에 違反할 수 없고 특히 社團法人은 總會의 議決에 의하여야 한다.

② 法人의 代表에 관하여는 代理에 관한 規定을 準用한다.

참조 [이사의 대표권]41·49②·59·60-62·64, 상389·562·563·567·570, [사단법인과 사원총회]68, [대리에 관한 규정]114-136, [본조 준용]사립학교27·42

판례 재건축조합장의 업무와 대표권의 범위 : [1] 재건축조합의 조합장에 대하여 직무집행을 정지하고 직무대행자를 선임하는 가처분결정이 있은 후 그 직무대행자에 의하여 소집된 임시총회에서 직무집행이 정지된 종전 조합장이 다시 조합장으로 선임되었다 하더라도 위 가처분결정이 취소되지 아니한 이상 직무대행자만이 적법하게 조합을 대표할 수 있고, 다시 조합장으로 선임된 종전 조합장은 그 선임결의의 적법 여부에 관계없이 대표권을 가지지 못한다.
[2] 재건축조합이 이주를 거부하는 사업구역 내의 아파트 소유자 등과의 사이에 해당 아파트를 감정가에 의하여 매수하기로 한 합의가 조합장 직무대행자가 할 수 있는 조합의 통상업무의 범위 내에 속하는 행위라고 봄이 타당하다.
(대판 2000.2.22, 99다62890)

第60條【理事의 代表權에 대한 制限의 對抗要件】 理事의 代表權에 대한 制限은 登記하지 아니하면 第三者에게 對抗하지 못한다.

참조 [대표권제한]41, [표현대리]125·126·129, [무권대리인의 책임]135, [이사와 각자대표]59, [회사의 경우]상209·389③·567

판례 등기 없는 경우 대항할 수 있는 제3자의 범위 : 법인의 정관에 법인 대표권의 제한에 관한 규정이 있으나 그와 같은 취지가 등기되어 있지 않으면 법인은 제3자가 그와 같은 정관의 규정에 대하여 선의냐 악의냐에 관계없이 제3자에 대하여 이러한 절차의 흠결을 들어 계약의 효력을 부인할 수 없다.
(대판 1992.2.14, 91다24564)

第60條의2【직무대행자의 권한】 ① 제52조의2의 직무대행자는 가처분명령에 다른 정함이 있는 경우 외에는 법인의 통상사무에 속하지 아니한 행위를 하지 못한다. 다만, 법원의 허가를 얻은 경우에는 그러하지 아니하다.

② 직무대행자가 제1항의 규정에 위반한 행위를 한 경우에도 법인은 선의의 제3자에 대하여 책임을 진다.
(2001.12.29 본조신설)

第61條【理事의 注意義務】 理事는 善良한 管理者의 注意로 그 職務를 行하여야 한다.

참조 [수임인의 선관의무]681, [회사와 이사의 관계]상382②·567, [취임승인의 취소]공익설립14②, [본조 준용]사립학교27·42

판례 감독관청의 틀린 법률해석을 따른 임원의 선관주의의무 위반 여부(소극) : 선량한 관리자의 주의라 함은 보통의 주의력을 가진 행위자가 구체적인 상황에서 통상 가져야 할 주의의 정도를 말하는 것이므로, 관할관청의 지휘감독을 받는 법인의 임원들은 감독관청의 법률해석을 신뢰하여 그 명령에 따를 수밖에 없고, 설사 감독관청의 법률해석이 틀린 것이라 하더라도 그 명령을 거부하거나 적법한 행위로 바꾸어 시행한다는 것은 보통의 주의력을 가진 법인의 임원에게는 기대하기 어려운 일이므로 임원들이 법률해석을 잘못한 감독관청의 명령을 따른 데에 선량한 관리자의 주의의무를 위반한 잘못이 없다.
(대판 1985.3.26, 84다카1923)

第62條【理事의 代理人 選任】 理事는 定款 또는 總會의 決議로 禁止하지 아니한 事項에 한하여 他人으로 하여금 特定한 行爲를 代理하게 할 수 있다.

참조 [복대리]120-122, [본조 준용]사립학교27·42

판례 비법인사단 대표자가 행한 타인에 대한 업무의 포괄적 위임과 그에 따른 포괄적 수임인의 대행행위는 민법 제62조의 규정에 위반된 것이어서 비법인사단에 대하여는 그 효력이 미치지 아니한다.(대판 1996.9.6, 94다18522)

第63條【臨時理事의 選任】 理事가 없거나 缺員이 있는 경우에 이로 인하여 損害가 생길 念慮 있는 때에는 法院은 利害關係人이나 檢事의 請求에 의하여 臨時理事를 選任하여야 한다.

참조 [이사]40·43·49②·57, [임시이사의 선임]비송33, [이사결원]상386·570

판례 임시이사 선임 신청할 수 있는 이해관계인의 범위 : 임시이사 선임신청을 할 수 있는 이해관계인이라는 것은 임시이사가 선임되는 것에 관하여 법률상의 이해관계가 있는 자, 즉 사건본인 법인의 다른 이사, 사원, 채권자 등을 포함하므로 사건본인 법인의 정당한 최후의 이사였다가 퇴임한 자이거나 이 사건 신청 당시 사건본인 법인의 등기부상의 이사로서 사건본인 법인의 업무처리를 담당해온 자는 이해관계인에 해당한다.
(대결 1976.12.10, 76마394)

第64條【特別代理人의 選任】 法人과 理事의 利益이 相反하는 事項에 관하여는 理事는 代表權이 없다. 이 경우에는 前條의 規定에 의하여 特別代理人을 選任하여야 한다.

참조 [이사의 대표권]59, [쌍방대리]124, 상398·408의9, [이사에 대한 소]상394·564, [본조 준용]사립학교27·42

판례 민법 제64조의 규정은 상법상 회사에 적용된다 할 수 없다.
(대판 1962.1.11, 4294민상558)

第65條【理事의 任務懈怠】 理事가 그 任務를 懈怠한 때에는 그 理事는 法人에 대하여 連帶하여 損害賠償의 責任이 있다.

참조 [이사임무]58·59·61, [연대채무]413-427, [손해배상책임]750, [본조 준용]사립학교27·42

第66條【監事】 法人은 定款 또는 總會의 決議로 監事를 둘 수 있다.

참조 [감사의 직무·임기·권한등]67, 상409이하·568-570, [감사의 결격자]형43①, [공익법인 감사의 직무]공익설립10

第67條【監事의 職務】 監事의 職務는 다음과 같다.
1. 法人의 財産狀況을 監査하는 일
2. 理事의 業務執行의 狀況을 監査하는 일
3. 財産狀況 또는 業務執行에 관하여 不正, 不備한 것이 있음을 發見한 때에는 이를 總會 또는 主務官廳에 報告하는 일
4. 前號의 報告를 하기 위하여 必要있는 때에는 總會를 召集하는 일

참조 [감사]66, [감사의 권한]상412·413·569, [벌칙]97, [임시총회]70-76, [공익법인 감사의 직무]공익설립10

第68條【總會의 權限】 社團法人의 事務는 定款으로 理事 또는 기타 任員에게 委任한 事項외에는 總會의 決議에 의하여야 한다.

참조 [이사대표권과 총회의결]59, [총회]67·69·70, [총회의 결의권]72·73·75, [의사록]76

판례 당초 재건축조합 총회에서 임원선임결의가 있은 후 다시 개최된 총회에서 위 종전 결의를 그대로 인준하는 결의를 한 경우에는 설사 당초의 임원선임결의가 무효라고 할지라도 새로운 총회결의가 하자로 인하여 부존재 또는 무효임이 인정되거나 그 결의가 취소되는 등의 특별한 사정이 없는 한 종전 총회 결의의 무효에 대한 확인을 구하는 것은 과거의 법률관계 내지 권리관계의 확인을 구하는 것에 불과하여 권리보호의 요건을 결여한 것이다.(대판 2007.3.30, 2005다45698)

판례 그 실질이 비법인사단인 주택조합에서 최초임원은 총회에서 선출하되 결원임원은 임원회의 추천을 받아 조합장이 임명하고, 임원으로 구성된 운영위원회에서의 결의는 총회결의와 동일한 효력을 가지도록 하는 내용을 규약으로 정한 경우, 그 규약에 정한 바에 따른 조합장에 의한 결원임원의 임명 및 총회권한의 운영위원회에의 위임이 사단성의 본질에 반하는 것으로 볼 수 없다.(대판 1997.1.24, 96다39721,39738)

第69條【通常總會】 社團法人의 理事는 每年 1回 이상 通常總會를 召集하여야 한다.

참조 [총회]68·71-76, [회사의 통상총회]상365·571·579

第70條【臨時總會】 ① 社團法人의 理事는 必要하다고 認定한 때에는 臨時總會를 召集할 수 있다.

② 總社員의 5分의 1 이상으로부터 會議의 目的事項을 提示하여 請求한 때에는 理事는 臨時總會를 召集하여야 한다. 이 定數는 定款으로 增減할 수 있다.

③ 前項의 請求있는 후 2週間내에 理事가 總會召集의 節次를 밟지 아니한 때에는 請求한 社員은 法院의 許可를 얻어 이를 召集할 수 있다.

참조 [감사의 총회소집]67, [총회]68·71-74, ①[회사의 임시총회]상365·578, ②[소수주주에 의한 총회 소집청구]상366·572, ③[법원의 허가]상366②

판례 선정당사자 선정이 무효인 경우 선정된 자에 의한 임시총회 소집허가신청의 적법여부(소극)(구법관계) : 토지구획정리조합의 조합원 2분의 1 이상이 선정한 선정당사자가 민법 70조 2항, 3항과 위 토지구획정리조합의 정관 20조 3항에 따라 조합원 임시총회 소집허가신청을 한 경우, 선정당사자에 관한 민사소송법 49조(현행 민사소송법 53조)의 규정은 비송사건절차법이 적용되는 비송사건에는 준용되거나 유추적용되지 않으므로 위 조합원들이 선정당사자를 선정한 행위는 효력이 없고, 따라서 위 신청은 선정된 자가 단독으로 한 것에 불과하여 임시총회 소집허가신청의 정수에 미달하므로 부적법하다.
(대결 1990.12.7, 90마674,90마카11)

第71條【總會의 召集】 總會의 召集은 1週間전에 그 會議의 目的事項을 記載한 通知를 發하고 기타 定款에 정한 方法에 의하여야 한다.

참조 [회의목적사항과 결의]72, [회사의 총회소집방법]상362이하·571·573

판례 법인이나 법인 아닌 사단의 총회에 있어서, 소집된 총회가 개최되기 전에 당초 그 총회의 소집이 필요하거나 가능하였던 기초 사정에 변경이 생겼을 경우에는, 특별한 사정이 없는 한 그 소집권자는 소집된 총회의 개최를 연기하거나 소집을 철회·취소할 수 있다.(대판 2007.4.12, 2006다77593)

판례 비법인사단의 재건축조합이 총회소집통지를 함에 있어서 회의의 목적사항을 열거한 다음 '기타 사항'이라고 기재한 경우, 총회소집통지에는 회의의 목적사항을 기재토록 한 민법 제71조 등 법규정의 입법취지에 비추어 볼 때, '기타 사항'이란 회의의 기본적인 목적사항과 관계가 되는 사항과 일상적인 운영을 위하여 필요한 사항에 국한된다고 보아야 한다.
(대판 1996.10.25, 95다56866)

第72條【總會의 決議事項】 總會는 前條의 規定에 의하여 通知한 事項에 관하여서만 決議할 수 있다. 그러나 定款에 다른 規定이 있는 때에는 그 規定에 의한다.

참조 [소집방법]71

판례 해임결의요구 없이 이루어진 해임결의의 효력 : 정관상 요구되는 평의원 재적 3분의 2 이상의 임원 해임결의요구가 없었음에도 이사 및 평의원 연석회의에서 이루어진 그 해임결의는 무효이고, 그 해임결의를 가지고 위 해임결의 요구의 의사가 있었던 것과 같이 간주하거나 또는 그 요구흠결의 하자가 치유된 것으로 볼 수 없다.(대판 1982.3.9, 81다614)

第73條【社員의 決議權】 ① 各 社員의 決議權은 平等으로 한다.

② 社員은 書面이나 代理人으로 決議權을 行使할 수 있다.

③ 前2項의 規定은 定款에 다른 規定이 있는 때에는 適用하지 아니한다.

참조 [결의권 없는 경우]74, ①[주주의 결의권]상369·575, ②[주주총회의 경우]상368③·579

第74條【社員이 決議權없는 경우】 社團法人과 어느 社員과의 關係事項을 議決하는 경우에는 그 社員은 決議權이 없다.

참조 [결의권]73, [주주총회의 경우]상368④·578, [유한회사사원 총회의 경우]상578

第75條【總會의 決議方法】 ① 總會의 決議는 本法 또는 定款에 다른 規定이 없으면 社員過半數의 出席과 出席社員의 決議權의 過半數로써 한다.

② 第73條第2項의 경우에는 당해 社員은 出席한 것으로 한다.

참조 [결의권]73, [본법의 다른 규정]42·78, [주주총회 결의방법]상368, [유한회사 결의방법]상574

第76條【總會의 議事錄】 ① 總會의 議事에 관하여는 議事錄을 作成하여야 한다.

② 議事錄에는 議事의 經過, 要領 및 結果를 記載하고 議長 및 出席한 理事가 記名捺印하여야 한다.

③ 理事는 議事錄을 主된 事務所에 備置하여야 한다.

참조 [통상총회]69, [임시총회]67·70, [벌칙]97, [주주총회 의사록]상373

판례 의사록에 의한 의사의 경과, 요령, 결과의 증명 : 법인의 총회 또는 이사회 등의 의사에는 의사록을 작성하여야 하고 의사록에는 의사의 경과, 요령 및 결과 등을 기재하고 이와 같은 의사의 경과, 요령 및 결과 등은 의사록을 작성하지 못하였다든가 또는 이를 분실하였다는 등의 특단의 사정이 없는 한 이 의사록에 의하여서만 증명된다.(대판 1984.5.15, 83다카1565)

第4節 解 散

第77條【解散事由】 ① 法人은 存立期間의 滿了, 法人의 目的의 達成 또는 達成의 不能 기타 定款에 정한 解散事由의 發生, 破産 또는 設立許可의 取消로 解散한다.

② 社團法人은 社員이 없게 되거나 總會의 決議로도 解散한다.

참조 [해산사유]상227·269·285·517·609, [해산과 등기]85·86, [등기와 해산원인]85, 비송65, [해산과 청산]81, [해산감독]95, ①[존립시기 기타 해산사유]40·49, [법인의 파산]79·93·97, 채무자회생파산306, [설립허가의 취소]38, [해산명령]상176, 비송33, ②[해산결의]78

판례 법인 아닌 사단에 대하여는 사단법인에 관한 민법규정 가운데서 법인격을 전제로 하는 것을 제외하고는 이를 유추적용하여야 할 것이나, 사단법인에 있어서는 사원이 없게 된다고 하더라도 이는 해산사유가 될 뿐 막바로 권리능력이 소멸하는 것이 아니므로 법인 아닌 사단에 있어서도 구성원이 없게 되었다 하여 막바로 그 사단이 소멸하여 소송상의 당사자능력을 상실하였다고 할 수는 없고 청산사무가 완료되어야 비로소 그 당사자능력이 소멸하는 것이다.
(대판 1992.10.9, 92다23087)

第78條【社團法人의 解散決議】 社團法人은 總社員 4分의 3 이상의 同意가 없으면 解散을 決議하지 못한다. 그러나 定款에 다른 規定이 있는 때에는 그 規定에 의한다.

참조 [결의에 의한 해산]77②, 상227·517·518·609

第79條【破産申請】 法人이 債務를 完濟하지 못하게 된 때에는 理事는 遲滯없이 破産申請을 하여야 한다.

참조 채무자회생파산306, [파산과 해산]77①, 채무자회생파산314, [청산법인의 파산]93, [이사의 파산신청]채무자회생파산295·296, [벌칙]97, [본조 준용]사립학교42

第80條【殘餘財産의 歸屬】 ① 解散한 法人의 財産은 定款으로 指定한 者에게 歸屬한다.

② 定款으로 歸屬權利者를 指定하지 아니하거나 이를 指定하는 方法을 정하지 아니한 때에는 理事 또는 淸算人은 主務官廳의 許可를 얻어 그 法人의 目的에 類似한 目的을 위하여 그 財産을 處分할 수 있다. 그러나 社團法人에 있어서는 總會의 決議가 있어야 한다.

③ 前2項의 規定에 의하여 處分되지 아니한 財産은 國庫에 歸屬한다.

참조 [청산인 업무]87①, [조합의 경우]724②, [회사의 경우]상247·269·538·612, ②[주무관청의 감독]37, [총회의 결의]72-75, [상속재산의 국가귀속]1058

판례 민법상의 청산절차에 관한 규정은 모두 제3자의 이해관계에 중대한 영향을 미치기 때문에 이른바 강행규정이라고 해석되므로 이에 반하는 잔여재산의 처분행위는 특단의 사정이 없는 한 무효라고 보아야 한다.(대판 1995.2.10, 94다13473)

第81條【淸算法人】 解散한 法人은 淸算의 目的範圍내에서만 權利가 있고 義務를 負擔한다.

참조 [해산과 청산]77·82, [청산목적]87, [청산종결의 등기와 신고]94, [본조 준용]사립학교42

판례 파산절차 종료 후 적극재산이 잔존하는 경우 법인의 존속 : 법인에 대한 파산절차가 잔여 재산 없이 종료되면 청산종결의 경우와 마찬가지로 그 인격이 소멸한다고 할 것이나, 아직도 적극재산이 잔존하고 있다면 법인은 그 재산에 관한 청산목적의 범위 내에서는 존속한다.
(대판 1989.11.24, 89다카2483)

第82條【淸算人】 法人이 解散한 때에는 破産의 경우를 除하고는 理事가 淸算人이 된다. 그러나 定款 또는 總會의 決議로 달리 정한 바가 있으면 그에 의한다.

참조 [청산인]상252·269·531·613, [법인의 파산]79·93, [법원에 의한 청산인선임]83, [청산인의 결격]형43, [청산절차등]비송117-128, [본조 준용]사립학교42

第83條【法院에 의한 淸算人의 選任】 前條의 規定에 의하여 淸算人이 될 者가 없거나 淸算人의 缺員으로 인하여 損害가 생길 念慮가 있는 때에는 法院은 職權 또는 利害關係人이나 檢事의 請求에 의하여 淸算人을 選任할 수 있다.

참조 [통상시의 청산인]82, [청산인]상252·269·531·613, [선임절차]비송36·119·121, [청산인의 결격]형43, [본조 준용]사립학교42

第84條【法院에 의한 淸算人의 解任】 重要한 事由가 있는 때에는 法院은 職權 또는 利害關係人이나 檢事의 請求에 의하여 淸算人을 解任할 수 있다.

참조 [청산인]82·83, [해산·청산과 법원의 감독]95, [청산인의 해임]비송119, 상261·269·539, [본조 준용]사립학교42

第85條【解散登記】 ① 淸算人은 破産의 경우를 除하고는 그 就任후 3週間내에 解散의 事由 및 年月日, 淸算人의 姓名 및 住所와 淸算人의 代表權을 制限한 때에는 그 制限을 主된 事務所 및 分事務所所在地에서 登記하여야 한다.

② 第52條의 規定은 前項의 登記에 準用한다.

참조 [법인파산]79·93, [해산신고]86, [청산인]82·83, [해산의 원인]77, [등기해태와 벌칙]97, [회사의 경우]상228·229③·233·269·285·530·613①, [변경등기]52, [본조 준용]사립학교42

第86條【解散申告】 ① 淸算人은 破産의 경우를 除하고는 그 就任후 3週間내에 前條第1項의 事項을 主務官廳에 申告하여야 한다.

② 淸算중에 就任한 淸算人은 그 姓名 및 住所를 申告하면 된다.

참조 [청산인]82·83, [해산원인]77, [등기해태와 벌칙]97, [해산등기]상228·233·238·243·285·528·530·603·613, [본조 준용]사립학교42

第87條【淸算人의 職務】 ① 淸算人의 職務는 다음과 같다.

1. 現存事務의 終結
2. 債權의 推尋 및 債務의 辨濟
3. 殘餘財産의 引渡

② 淸算人은 前項의 職務를 행하기 위하여 필요한 모든 行爲를 할 수 있다.

참조 [청산인]82·83, [잔여재산]80·92, [청산법인의 능력]81, [회사의 경우]상254·269·542①·613①, [조합의 청산]724, [본조 준용]사립학교42

第88條【債權申告의 公告】 ① 淸算人은 就任한 날로부터 2月내에 3回 이상의 公告로 債權者에 대하여 一定한 期間내에 그 債權을 申告할 것을 催告하여야 한다. 그 期間은 2月 이상이어야 한다.

② 前項의 公告에는 債權者가 期間내에 申告하지 아니하면 淸算으로부터 除外될 것을 表示하여야 한다.

③ 第1項의 公告는 法院의 登記事項의 公告와 同一한 方法으로 하여야 한다.

참조 [벌칙]97, [청산으로부터 제외된 채권]92, [회사의 경우]상535·613①·635, [본조 준용]1032②·1040③·1046②, 사립학교42

第89條【債權申告의 催告】 淸算人은 알고 있는 債權者에게 대하여는 各各 그 債權申告를 催告하여야 한다. 알고 있는 債權者는 淸算으로부터 除外하지 못한다.

참조 [본조 준용]1032②·1040③·1046②, 사립학교42

第90條【債權申告期間내의 辨濟禁止】 淸算人은 第88條第1項의 債權申告期間내에는 債權者에 대하여 辨濟하지 못한다. 그러나 法人은 債權者에 대한 遲延損害賠償의 義務를 免하지 못한다.

참조 [벌칙]97, [채권신고기간]88①, [이행기와 이행지체]387, [회사의 경우]상536, [본조 준용]사립학교42

第91條【債權辨濟의 特例】 ① 淸算 중의 法人은 辨濟期에 이르지 아니한 債權에 대하여도 辨濟할 수 있다.

② 前項의 경우에는 條件있는 債權, 存續期間의 不確定한 債權 기타 價額의 不確定한 債權에 관하여는 法院이 選任한 鑑定人의 評價에 의하여 辨濟하여야 한다.

참조 [기한의 이익]153①, [조건부권리]148·149, [회사의 경우]상259①④, [이자계산]379, 상259②③·269·542·613, [본조 준용]사립학교42

第92條【淸算으로부터 除外된 債權】 淸算으로부터 除外된 債權者는 法人의 債務를 完濟한 후 歸屬權利者에게 引渡하지 아니한 財産에 대하여서만 辨濟를 請求할 수 있다.

참조 [잔여재산의 귀속 및 인도]80·87①, [회사의 경우]상267②·537·613①, [본조 준용]사립학교42

第93條【淸算중의 破産】 ① 淸算중 法人의 財産이 그 債務를 完濟하기에 不足한 것이 分明하게 된 때에는 淸算人은 遲滯없이 破産宣告를 申請하고 이를 公告하여야 한다.

② 淸算人은 破産管財人에게 그 事務를 引繼함으로써 그 任務가 終了한다.

③ 第88條第3項의 規定은 第1項의 公告에 準用한다.

참조 [법인의 채무초과와 파산에 의한 해산]79, [파산신청권자]채무자회생파산295, [법인해산 후의 파산신청]채무자회생파산298, [본조 준용]사립학교42

第94條【淸算終結의 登記와 申告】 淸算이 終結한 때에는 淸算人은 3週間내에 이를 登記하고 主務官廳에 申告하여야 한다.

참조 [청산인]82·83, [청산종결과 법인격의 소멸]81, [회사의 청산종결]상264·269·540·542①·613①, [본조 준용]사립학교42

판례 법인의 권리능력 소멸시기 : 회사가 부채과다로 사실상 파산지경에 있어 업무도 수행하지 아니하고 대표이사나 그 외의 이사도 없는 상태에 있다고 하여도 적법한 해산절차를 거쳐 청산을 종결하기까지는 법인의 권리능력이 소멸한 것으로 볼 수 없다.(대판 1985.6.25, 84다카1954)

第95條【解散, 淸算의 檢査, 監督】 法人의 解散 및 淸算은 法院이 檢査, 監督한다.

참조 [주무관청의 감독]32·37·38·42·45·46·80·94, [법원의 감독]83·84, 비송33, [벌칙]97, [법원의 검사]비송35, [본조 준용]사립학교42

第96條【準用規定】 第58條第2項, 第59條 내지 第62條, 第64條, 第65條 및 第70條의 規定은 淸算人에 이를 準用한다.

참조 [이사의 사무집행]58②, [이사의 대표권]59·60, [직무대행자]60의2, [이사의 주의의무]61, [대리인 선임]62, [특별대리인 선임]64, [이사의 임무해태]65, [임시총회의 소집방식]70

第5節 罰 則

第97條【罰則】 法人의 理事, 監事 또는 淸算人은 다음 各號의 경우에는 500만원 이하의 過怠料에 처한다.(2007.12.21 본문개정)

1. 本章에 規定한 登記를 懈怠한 때
2. 第55條의 規定에 違反하거나 財産目錄 또는 社員名簿에 不正記載를 한 때
3. 第37條, 第95條에 規定한 檢査, 監督을 妨害한 때
4. 主務官廳 또는 總會에 대하여 事實 아닌 申告를 하거나 事實을 隱蔽한 때
5. 第76條와 第90條의 規定에 違反한 때
6. 第79條, 第93條의 規定에 違反하여 破産宣告의 申請을 懈怠한 때
7. 第88條, 第93條에 정한 公告를 懈怠하거나 不正한 公告를 한 때

改前 第97條【罰則】法人의 理事, 監事 또는 淸算人은 다음 各號의 경우에는 "5萬圜以下"의 過怠料에 처한다.

참조 [재산목록과 사원명부]55, [주무관청과 법원의 검사·감독]37·95, [의사록작성]76, [채권신고기간 내 변제금지]90, [파산신청]79·93, [파산공고]88·93

第4章 物 件

第98條【物件의 定義】 本法에서 物件이라 함은 有體物 및 電氣 기타 管理할 수 있는 自然力을 말한다.

참조 [동산·부동산]99, [재물간주]형346

판례 집합물이 하나의 재산권으로서 담보권이 설정되기 위한 요건 : 제강회사가 제품생산에 필요하여 반입하는 원자재를 일정기간 계속하여 채권담보의 목적으로 삼으려는 소위 집합물 양도담보권 설정계약에 있어서는 목적동산의 종류와 수량의 범위가 지정되고 그 소재장소가 특정되어 있으면 그 전부를 하나의 재산권으로 보아 담보권의 설정이 가능하다.
(대판 1988.10.25, 85누941)

第99條【不動産, 動産】 ① 土地 및 그 定着物은 不動産이다.

② 不動産 이외의 物件은 動産이다.

참조 ①[부동산물권과 공시방법]186, 부등, 입목3, [부동산으로 보는 것]공장광업재단12·54, [부동산에 관한 규정의 준용]광업10, [토지에 관한 규정의 준용]수산16, ②[동산]민집188·189, [동산물권과 공시방법]188, 상743·787

판례 독립 부동산의 요건 : 독립된 부동산으로서의 건물이라고 하려면 최소한의 기둥과 지붕 그리고 주벽이 있으면 된다.
(대판 2003.5.30, 2002다21592,21608)

판례 구분소유의 객체가 되기 위한 요건 : 법률상 1개의 부동산으로 등기된 기존 건물이 증축되어 증축 부분이 구분소유의 객체가 될 수 있는 구조상 및 이용상의 독립성을 갖추었다고 하더라도 이로써 곧바로 그 증축 부분이 법률상 기존 건물과 별개인 구분건물로 되는 것은 아니고, 구분건물이 되기 위하여는 증축 부분의 소유자의 구분소유 의사가 객관적으로 표시된 구분행위가 있어야 할 것인바, 기존 건물에 관하여 증축 후의 현존 건물의 현황에 맞추어 증축으로 인한 건물표시변경등기가 경료된 경우에는 특별한 사정이 없는 한 그 소유자는 증축 부분을 구분건물로 하지 않고 증축 후의 현존 건물 전체를 1개의 건물로 하려는 의사이다.(대판 1999.7.27, 98다32540)

판례 다른 특별한 사정이 없는 한 그 경계는 지적공부상의 등록, 즉 지적도상의 경계에 의하여 특정되는 것이므로 이러한 의미에서 토지의 경계는 공적으로 설정 인증된 것이고, 단순히 사적관계에 있어서의 소유권의 한계선과는 그 본질을 달리하는 것으로서, 경계확정소송의 대상이 되는 '경계'란 공적으로 설정 인증된 지번과 지번과의 경계선을 가리키는 것이고, 사적인 소유권의 경계선을 가리키는 것은 아니다.
(대판 1997.7.8, 96다36517)

第100條【主物, 從物】 ① 物件의 所有者가 그 物件의 常用에 供하기 위하여 自己所有인 다른 物件을 이에 附屬하게 한 때에는 그 附屬物은 從物이다.

② 從物은 主物의 處分에 따른다.

참조 [종물의 추정]상742, [종물에 대한 효력]상787, [부속물과 저당권의 효력]358

판례 상용에 이바지함의 의미 : 종물은 주물의 상용에 이바지하는 관계에 있어야 하고, 주물의 상용에 이바지한다 함은 주물 그 자체의 경제적 효용을 다하게 하는 것을 말하는 것으로서 주물의 소유자나 이용자의 상용에 공여되고 있더라도 주물 그 자체의 효용과 직접 관계가 없는 물건은 종물이 아니다.
(대판 1997.10.10, 97다3750)

第101條【天然果實, 法定果實】 ① 物件의 用法에 의하여 收取하는 産出物은 天然果實이다.

② 物件의 使用對價로 받는 金錢 기타의 物件은 法定果實로 한다.

참조 [천연과실의 귀속]102①, [법정과실의 취득]102②

판례 국립공원 입장료가 토지로부터 나오는 과실인지 여부(소극) : 국립공원의 입장료는 수익자 부담의 원칙에 따라 국립공원에 입장하는 자에게 국립공원의 유지·관리비의 일부를 징수하는 것이며, 공원의 관리와 공원 안에 있는 문화재의 관리·보수를 위한 비용에만 사용하여야 하는 것이므로, 민법상 과실이라고 볼 여지가 없으므로, 국립공원의 입장료를 국가 내지 국립공원관리공단의 수입으로 하도록 한 규정이 국립공원 내 토지의 소유자의 재산권을 침해하는 것이라 할 수 없다.
(헌재결 2001.6.28, 2000헌바44)

第102條【果實의 取得】 ① 天然果實은 그 元物로부터 分離하는 때에 이를 收取할 權利者에게 屬한다.

② 法定果實은 收取할 權利의 存續期間 日數의 比率로 取得한다.

참조 [천연과실]101①, [수취권자]201①·211·279·303·587·609·618·923②·1079, [미분리과실의 압류]민집189②, [천연과실과 압류효력]민집194, [법정과실]101②

판례 양도담보 목적물로서 원물인 돼지가 출산한 새끼 돼지는 천연과실에 해당하고 그 천연과실의 수취권은 원물인 돼지의 사용·수익권을 가지는 양도담보설정자에게 귀속되므로, 다른 특별한 약정이 없는 한 천연과실인 새끼 돼지에 대하여는 양도담보의 효력이 미치지 않는다.(대판 1996.9.10, 96다25463)

第5章 法律行爲

第1節 總 則

第103條【反社會秩序의 法律行爲】 善良한 風俗 기타 社會秩序에 違反한 事項을 內容으로 하는 法律行爲는 無效로 한다.

참조 [재산권행사와 공공복리]헌23②, [기본권제한]헌37②, [선량한 풍속등]105·106·151①, [법률행위무효]137-139, [불법원인급여]746, [법률행위 준거법]국제사법19-22, [불공정거래의 금지]독점45-50

■ 부정행위에 적극 가담

판례 공무원의 임무위배행위에 적극 가담 : 국유재산관리계획 작성지침 소정의 매각 대상 부동산이 아님에도 매수인이 담당 공무원과 공모하여 허위의 증빙서류를 제출하는 등 부정한 방법을 사용하여 그 지침을 위반하여 국유의 잡종재산인 부동산을 매수한 경우, 개인간의 거래의 객체가 되는 잡종재산인 그 부동산을 매수한 행위가 무효로 되는 것은 아니고, 그러한 사정만으로는 그 매수행위가 반사회적 법률행위에 해당하여 무효가 되는 것도 아니고, 단지 국유재산법 41조 2호 및 해당 매매계약에서 정한 특약에 의하여 해제의 대상이 될 뿐이어서, 국가가 그 부동산에 대한 매매계약을 해제하기 전에 그 부동산을 매수하고 소유권이전등기를 경료한 제3취득자에게 국가는 그 매매계약의 해제로써 대항할 수 없다.(대판 1999.9.7, 99다14877)

판례 부동산 매도 후 저당권 설정에의 적극 가담 : 이미 매도된 부동산에 관하여 체결한 저당권설정계약이 반사회적 법률행위로 무효가 되기 위하여는 매도인의 배임행위와 저당권자가 매도인의 배임행위에 적극 가담한 행위로 이루어진 것으로서, 그 적극 가담하는 행위는 저당권자가 다른 사람에게 목적물이 매도된 것을 안다는 것만으로는 부족하고, 적어도 매도사실을 알고도 저당권설정을 요청하거나 유도하여 계약에 이르는 정도가 되어야 한다.(대판 1997.7.25, 97다362)

■ 부당한 대가 지급

판례 고율의 이자 약정의 효력(무효) : 금전 소비대차계약과 함께 이자의 약정을 하는 경우, 양쪽 당사자 사이의 경제력의 차이로 인하여 그 이율이 당시의 경제적·사회적 여건에 비추어 사회통념상 허용되는 한도를 초과하여 현저하게 고율로 정하여졌다면, 그와 같이 허용할 수 있는 한도를 초과하는 부분의 이자 약정은 대주가 그의 우월한 지위를 이용하여 부당한 이득을 얻고 차주에게는 과도한 반대급부 또는 기타의 부당한 부담을 지우는 것이므로 선량한 풍속 기타 사회질서에 위반한 사항을 내용으로 하는 법률행위로서 무효이다.
(대판 2007.2.15, 2004다50426 전원합의체)

판례 진정 취하를 조건으로 한 금원 지급 약정 : 청원권 행사의 일환으로 이루어진 진정을 이용하여 원고가 피고를 궁지에 빠뜨린 다음 이를 취하하는 것을 조건으로 거액의 급부를 제공받기로 한 약정은 반사회질서적인 조건 또는 금전적 대가가 결부됨으로써 반사회질서적 성질을 띠게 되는 경우에 해당한다.
(대판 2000.2.11, 99다56833)

■ 반사회질서행위의 부정

판례 형사사건에 관하여 체결된 변호사 성공보수약정은 수사·재판의 결과를 금전적인 대가와 결부시킴으로써, 기본적 인권의 옹호와 사회정의의 실현을 그 사명으로 하는 변호사 직무의 공공성을 저해하고, 의뢰인과 일반 국민의 사법제도에 대한 신뢰를 현저히 떨어뜨릴 위험이 있으므로 선량한 풍속 기타 사회질서에 위반되는 것으로 평가할 수 있다.
(대판 2015.7.23, 2015다200111 전원합의체)

판례 타인의 소송에서 사실을 증언하는 증인이 그 증언을 조건으로 그 소송의 일방 당사자 등으로부터 통상적으로 용인될 수 있는 수준(예컨대 증인에게 일당 및 여비가 지급되기는 하지만 증인이 증언을 위하여 법원에 출석함으로써 입게 되는 손해에는 미치지 못하는 경우 그러한 손해를 전보하여 주는 정도)을 넘어서는 대가를 제공받기로 하는 약정은 국민의 사법참여행위가 대가와 결부됨으로써 사법작용의 불가매수성 내지 대가무관성이 본질적으로 침해되는 경우로서 반사회적 법률행위에 해당

民法

하여 무효라고 할 것이다. 이는 증언거부권이 있는 증인이 그 증언거부권을 포기하고 증언을 하는 경우라고 하여 달리 볼 것이 아니다.(대판 2010.7.29, 2009다56283)

판례 **'반사회질서의 법률행위'의 의미** : 법률행위의 목적인 권리의무의 내용이 선량한 풍속 기타 사회질서에 위반되는 경우뿐만 아니라, 그 내용 자체는 반사회질서적인 것이 아니라고 하여도 법적으로 이를 강제하거나 법률행위에 사회질서의 근간에 반하는 조건 또는 금전적인 대가가 결부됨으로써 그 법률행위가 반사회질서적 성질을 띠게 되는 경우 및 표시되거나 상대방에게 알려진 법률행위의 동기가 반사회질서적인 경우를 포함한다.(대판 2009.9.10, 2009다37251)

판례 **국민의 기본권 침해의 경우 항상 반사회성이 인정되는지 여부(소극)** : 국가기관이 헌법상 보장된 국민의 기본권을 침해하는 위헌적인 공권력을 행사한 결과 국민이 그 공권력의 행사에 외포되어 자유롭지 못한 의사표시를 하였다고 하더라도 그 의사표시의 효력은 의사표시의 하자에 관한 민법의 일반원리에 의하여 판단되어야 할 것이고, 그 강박행위의 주체가 국가 공권력이고 그 공권력 행사의 내용이 기본권을 침해하는 것이라고 하여 그 강박에 의한 의사표시가 항상 반사회성을 띠게 되어 당연히 무효로 된다고는 볼 수 없다.(대판 1996.12.23, 95다40038)

판례 **양도소득세를 회피하기 위한 매매계약** : 양도소득세를 회피하기 위한 방법으로 매매계약을 체결하였더라도 그 때문에 매매계약이 민법 103조의 반사회적 법률행위로서 무효라고 할 수 없다.(대판 1992.12.22, 91다35540,35557)

기타

판례 **산업재해로 사망한 근로자의 유족을 특별채용토록 한 단체협약 규정의 유효 여부** : 갑 주식회사 등이 노동조합과 체결한 단체협약에서 업무상 재해로 인해 조합원이 사망한 경우에 직계가족 등 1인을 특별채용하도록 규정한 이른바 '산재 유족 특별채용 조항'이 선량한 풍속 기타 사회질서에 위배되어 무효인지 문제가 된 사안에서, 산재 유족 특별채용 조항이 갑 회사 등의 채용의 자유를 과도하게 제한하는 정도에 이르거나 채용 기회의 공정성을 현저히 해하는 결과를 초래하였다고 볼 특별한 사정을 인정하기 어렵다. 또한 산재 유족 특별채용 조항은 업무상 재해에 대해 추가적인 보상을 정한 것으로 중요한 근로조건에 해당한다. 유족은 공개경쟁 채용 절차에서 우선채용되는 것이 아니라 별도의 절차에서 특별채용되기 때문에, 이와 같은 특별채용이 다른 구직희망자들의 채용 기회에 중대한 영향을 미친다고 볼 수도 없다.(대판 2020.8.27, 2016다248998 전원합의체)

판례 부부의 일방이 혼인 중 그의 단독 명의로 취득한 재산은 그 명의자의 특유재산으로 추정되는 것이고, 그 재산의 취득에 있어 다른 일방의 협력이 있었다거나 내조의 공이 있었다는 것만으로는 그 추정이 번복되지 아니하는 것이지만, 다른 일방이 실제로 당해 재산의 대가를 부담하여 취득하였음을 증명한 경우에는 그 추정이 번복되고, 그 대가를 부담한 다른 일방이 실질적인 소유자로서 편의상 명의자에게 이를 명의신탁한 것으로 인정할 수 있다.(대판 2007.4.26, 2006다79704)

판례 **강제집행이 반사회질서행위인 경우 그 집행의 배제를 구할 수 있는지 여부(적극)** : 가압류집행이 형식적으로는 채권 확보를 위한 집행절차라고 하더라도 그 자체가 법이 보호할 수 없는 반사회적 행위에 의하여 이루어진 것임이 분명한 경우 그 집행의 효력을 그대로 인정할 수 없으므로, 가압류집행 후 본집행으로 이행하기 전에 가압류 목적물의 소유권을 취득한 자는 그 가압류집행에 터잡은 강제집행절차에서 그 집행의 배제를 구할 수 있다.(대판 1997.8.29, 96다14470)

판례 **부동산의 이중매매가 반사회적 법률행위에 해당하여 무효인 경우, 그에 터잡은 선의의 전득자 명의의 소유권이전등기의 효력** : 부동산의 이중매매가 반사회적 법률행위에 해당하는 경우에는 이중매매계약은 '절대적'으로 무효이므로, 당해 부동산을 제2매수인으로부터 다시 취득한 제3자는 설사 제2매수인이 당해 부동산의 소유권을 유효하게 취득한 것으로 믿었더라도 이중매매계약이 유효하다고 주장할 수 없다.(대판 1996.10.25, 96다29151)

독판 수급인이 불법으로 외국인 노동자를 사용하여 관련법규를 위반하고 있는 경우, 도급인이 이러한 사실을 알지 못하는 한, 도급계약 자체는 반사회질서를 이유로 무효화되지 않는다.(독·연방법원 1984.1.19 BGHZ 85, 39)

第104條【不公正한 法律行爲】當事者의 窮迫, 輕率 또는 無經驗으로 인하여 顯著하게 公正을 잃은 法律行爲는 無效로 한다.

참조 [법률행위의 무효]137-139, [법률행위 준거법]국제사법19-22

요건

판례 **궁박의 의의 및 판단기준** : '궁박'이라 함은 '급박한 곤궁'을 의미하는 것으로서 경제적 원인에 기인할 수도 있고, 정신적 또는 심리적 원인에 기인할 수도 있으며, 당사자가 궁박의 상태에 있었는지 여부는 그의 신분과 재산상태 및 그가 처한 상황의 절박성의 정도 등 제반 상황을 종합하여 구체적으로 판단하여야 한다.(대판 1996.6.14, 94다46374)

판례 **불공정행위 요건** : 민법 104조의 불공정한 법률행위가 성립하기 위하여는 법률행위의 당사자 일방이 궁박, 경솔 또는 무경험의 상태에 있고, 상대방이 이러한 사정을 알고서 이를 이용하려는 의사가 있어야 하며, 나아가 급부와 반대급부 사이에 현저한 불균형이 있어야 하는바, 위 당사자 일방의 궁박, 경솔, 무경험은 모두 구비하여야 하는 요건이 아니고 그중 어느 하나만 갖추어져도 충분하다.(대판 1993.10.12, 93다19924)

적용범위

판례 **증여가 불공정행위가 될 수 있는지 여부** : 민법 104조가 규정하는 현저히 공정을 잃은 법률행위라 함은 자기의 급부에 비하여 현저하게 균형을 잃은 반대급부를 하게 하여 부당한 재산적 이익을 얻는 행위를 의미하는 것이므로 증여와 같이 아무런 대가관계 없이 당사자 일방이 상대방에게 일방적인 급부를 하는 법률행위는 그 공정성 여부를 논의할 수 있는 성질의 법률행위가 아니다.(대판 2000.2.11, 99다56833)

불공정행위에 해당하는 경우

판례 **불법구금에 따른 손해배상의 추가지급** : 일반인이 수사기관에서 법관의 영장에 의하지 않고 30시간 이상 불법구금된 상태에서 구속을 면하고자 하는 상황에 처해 있었다면, 특별한 사정이 없는 한 정신적 또는 심리적 원인에 기인한 급박한 곤궁의 상태에 있었고, 토지지분을 편취한 데에 따른 손해배상으로 그 지분을 반환하는 외에 거액을 추가로 지급하기로 한 것은 특별한 사정이 없는 한 급부와 반대급부 사이에 현저한 불균형이 있다.(대판 1996.6.14, 94다46374)

판례 **궁박 상태에서 고소를 취하시키기 위한 채권포기** : 계와 관련되어 사문서변조죄로 고소되어 수사를 받다가 15일간 삼청교육대의 교육을 받고 퇴소한 후 다시 계 관계로 고소되어 경찰서로부터 조사를 위한 소환을 받게 되었다면 또다시 삼청교육대에 갈지 모른다는 급박한 정신적 압박을 받고 있었을 것이고 따라서 이러한 궁박 상태 아래에서 고소를 취하시켜서 삼청교육대에 가는 것을 회피할 생각으로 경솔하게 청산합의에 응하였을 것으로 보지 못할바 아니며, 또 상대방에게 금 1,300만원 이상의 채권이 있었음에도 이것과 현금 45만원 및 부채 216만원을 인수시키고 그 나머지 금 1,000만원 이상의 채권을 포기하는 약정을 맺은 것은 일방적으로 불리한 것이어서 현저히 불공정한 법률행위에 해당된다.(대판 1992.4.14, 91다23660)

불공정행위에 해당하지 않는 경우

판례 **폭리행위에 대한 악의의 존재가 불공정한 법률행위의 성립요건인지 여부** : 피해 당사자가 궁박, 경솔 또는 무경험의 상태에 있었다고 하더라도 그 상대방 당사자에게 위와 같은 피해당사자측의 사정을 알면서 이를 이용하려는 의사, 즉 폭리행위의 악의가 없었다면 불공정 법률행위는 성립하지 않는다.(대판 2002.9.4, 2000다54406,54413)

판례 **간통죄에 대해 고소하지 않기로 하면서 금전을 지급받기로 하는 합의** : 지역사회에서 상당한 사회적 지위와 명망을 가지고 있는 자가 유부녀와 통정한 후 상간자의 배우자로부터 고소를 당하게 되면 자신의 사회적 명예가 실추되고 구속될 여지도 있어 다소 궁박한 상태에 있었다고 볼 수는 있으나 상간자의 배우자가 상대방의 그와 같은 처지를 적극적으로 이용하여 폭리를 취하려 하였다고 볼 수 없는 경우, 고소를 하지 않기로 합의하면서 금 170,000,000원의 약속어음공정증서를 작성한 행위가 불공정한 법률행위에 해당한다고 볼 수 없다.(대판 1997.3.25, 96다47951)

판례 **저가의 주식 매수** : 주식매매 가계약 체결 전 증권거래소에서의 거래정지 당시의 주식 1주당 종가가 금 160원이었고 거래정지 후 장외에서 1주당 금 100원 내지 금 200원에 거래되고 있었으나, 주식 1주의 객관적 가치가 부(負)였는데다가 주식 매수인이 위 주식 매수로 인하여 1주당 금 4,161원의 부채까지 부담하게 되었으므로 주식 1주당 가격을 1원으로 정하여 매매계약을 체결하였다고 하여 대가의 현저한 불균형이 있다고 할 수 없어 주식매매계약이 불공정행위라고 말할 수는 없다.(대판 1996.4.26, 94다34432)

第105條【任意規定】法律行爲의 當事者가 法令 중의 善良한 風俗 기타 社會秩序에 關係없는 規定과 다른 意思를 表示한 때에는 그 意思에 의한다.

참조 [임의법규와 관습]106

강행법규

판례 일반적으로 계약의 당사자가 누구인지는 그 계약에 관여한 당사자의 의사해석의 문제에 해당한다. 의사표시의 해석은 당사자가 그 표시행위에 부여한 객관적인 의미를 명백하게 확정하는 것으로서, 계약당사자 사이에 어떠한 계약 내용을 처분문서인 서면으로 작성한 경우에는 그 서면에 사용된 문구에 구애받는 것은 아니지만 어디까지나 당사자의 내심적 의사의 여하에 관계없이 그 서면의 기재 내용에 의하여 당사자가 그 표시행위에 부여한 객관적 의미를 합리적으로 해석하여야 하며, 이 경우 문언의 객관적인 의미가 명확하다면, 특별한 사정이 없는 한 문언대로의 의사표시의 존재와 내용을 인정하여야 한다.(대판 2010.5.13, 2009다92487)

판례 계약의 성립을 위한 의사표시의 객관적 합치 여부를 판단함에 있어, 처분문서인 계약서가 있는 경우에는 특별한 사정이 없는 한 계약서에 기재된 대로의 의사표시의 존재 및 내용을 인정하여야 하고, 계약을 체결함에 있어 당해 계약으로 인한 법률효과에 관하여 제대로 알지 못하였다 하더라도 이는 계약체결에 관한 의사표시의 착오의 문제가 될 뿐이다.(대판 2009.4.23, 2008다96291,96307)

판례 **의료법상 의료인 및 비영리법인 이외의 자의 의료기관 개설 금지 규정** : 의료법 30조 2항(현행 33조 2항)의 입법 취지는 의료기관 개설자격을 의료전문성을 가진 의료인이나 공적인 성격을 가진 자로 엄격히 제한함으로써 건전한 의료질서를 확립하고, 영리 목적으로 의료기관을 개설하는 경우에 발생할지도 모르는 국민 건강상의 위험을 미리 방지하고자 하는 데에 있다고 보이는 점, 의료인이나 의료법인 등이 아닌 자가 의료기관을 개설하여 운영하는 행위는 형사처벌의 대상이 되는 범죄행위에 해당할 뿐 아니라, 거기에 따를 수 있는 국민 보건상의 위험성에 비추어 사회통념상으로 도저히 용인될 수 없는 정도로 반사회성을 띠고 있다고 볼 수밖에 없는 점, 위와 같은 위반행위에 대하여 단순히 형사 처벌하는 것만으로는 의료법의 실효를 거둘 수 없다고 보이는 점 등을 종합하여 보면, 위 규정은 이른바 강행법규에 속하는 것으로서 이에 위반하여 이루어진 약정은 무효라고 할 것이다.(대판 2003.9.23, 2003두1493)

단속법규

판례 **금융실명거래 및 비밀보장에 관한 법률** : 금융실명거래 및 비밀보장에 관한 긴급재정경제명령이 시행된 후에는 금융기관에 예금을 하고자 하는 자는 원칙적으로 직접 주민등록증과 인감을 지참하고 금융기관에 나가 자기 이름으로 예금을 하여야 하는 것이므로, 예금명의자를 예금주로 보아야 할 것이나, 특별한 사정으로 출연자와 금융기관 사이에 예금명의인이 아닌 출연자에게 예금반환채권을 귀속시키기로 하는 명시적 또는 묵시적 약정이 있는 경우에는 출연자를 예금주로 하는 금융거래계약이 성립하는 것이고, 위 긴급재정경제명령이나 금융실명거래 및 비밀보장에 관한 법률에서 비실명금융거래행위를 금지하고, 비실명거래자에게 실명전환의무를 부과하며, 이를 위반하는 경우 금융기관의 임원 또는 직원에 대하여 과태료 부과처분을 하고, 실명전환의무위반자에게 과징금 부과처분을 하도록 규정하고 있더라도 비실명금융거래계약의 사법상 효력에는 영향이 없다.(대판 2001.12.28, 2001다17565)

임의규정

판례 회원 가입 시에 일정한 금액을 예탁하였다가 탈회 등의 경우에 예탁금을 반환받을 수 있는 이른바 예탁금회원제 컨트리클럽에 있어서의 법률관계는 회원과 컨트리클럽을 운영하는 골프장 경영 회사 사이의 계약상의 권리의무관계에 불과한 것이어서, 회사가 운영상의 필요에 따라 회칙을 둘 수는 있으나, 이러한 회칙이 회원과 회사 사이의 계약 내용으로 되기 위하여서는 회칙을 계약 내용으로 편입시키기 위한 명시적·묵시적 합의가 있어야 하고, 이러한 합의에 의하여 회칙이 일단 계약 내용으로 편입된 이후에 회사가 회칙을 일방적으로 개정하는 것은 종전 회칙에 따라 가입한 기존 회원들에 관한 한 계약 내용을 회사가 일방적으로 변경하는 것이어서, 기존 회원들에 대하여는 그들의 개별적인 승인이 없으면 개정 회칙이 적용될 수 없다. 따라서 이러한 경우 기존 회원의 계약상 지위는 개정된 회칙의 내용에 따라 정하여지는 것이 아니라 여전히 종전의 회칙에 따라 정하여지며, 회칙의 개정이 회원 자격의 종류나 내용의 변경과 같은 회원으로서의 기본적인 지위에 대하여 중요한 변경을 초래하는 내용인 경우에는 종전 회칙에 개정에 관한 근거 규정이 있다고 하더라도 이와 달리 볼 수 없다.(대판 2015.1.29, 2013다28339)

판례 **토지 매수인이 그 토지에 사후 자신의 분묘를 설치하게 한 경우 토지 소유권의 귀속관계 및 이에 관한 법리가 토지 매수인이 부동산등기법 시행 이후 토지를 매수하여 소유권이전등기를 마쳤다가 생존 중에 자녀에게 소유권이전등기를 해 준 경우에까지 적용될 수 있는지 여부(소극)** : 토지 매수인이 그 토지에 사후 자신의 분묘를 설치하게 한 경우에는 자신을 공동 선조로 하는 종중의 총유 재산으로 하여 자손들로 하여금 영구 보존하게 할 의사였다고 봄이 우리의 전통적 사고에 부합한다. 그러나 토지 매수인이 현행 부동산등기법이 시행된 이후에 토지를 매수하여 소유권이전등기를 마쳤다가 생존 중에 자녀에게 소유권이전등기를 해 준 경우에까지 적용될 수는 없다.(대판 2008.10.23, 2008다43693)

판례 **조합의 해산과 청산에 관한 민법규정** : 민법의 조합의 해산사유와 청산에 관한 규정은 그와 내용을 달리하는 당사자의 특약까지 배제하는 강행규정이 아니므로 당사자가 그 규정과 다른 내용의 특약을 한 경우 그 특약은 유효하다.(대판 1985.2.26, 84다카1921)

생명보험계약의 해지로 인한 해약환급금과 보험약관대출금 사이에서 상계의 법리 적용 여부

판례 생명보험계약의 약관에 보험계약자는 보험계약의 해약환급금의 범위 내에서 보험회사가 정한 방법에 따라 대출을 받을 수 있고, 이에 따라 대출이 된 경우에 보험계약자는 그 대출 원리금을 언제든지 상환할 수 있으며, 만약 상환하지 아니한 동안에 보험금이나 해약환급금의 지급사유가 발생한 때에는 위 대출 원리금을 공제하고 나머지 금액만을 지급한다는 취지로 규정되어 있다면, 그와 같은 약관에 따른 대출계약은 약관상의 의무의 이행으로 행하여지는 것으로서 보험계약과 별개의 독립된 계약이 아니라 보험계약과 일체를 이루는 하나의 계약이라고 보아야 하고, 보험약관대출금의 경제적 실질은 보험회사가 장차 지급하여야 할 보험금이나 해약환급금을 미리 지급하는 선급금과 같은 성격이라고 보아야 한다. 따라서 위와 같은 약관에서 비록 '대출'이라는 용어를 사용하고 있더라도 이는 일반적인 대출과는 달리 소비대차로서의 법적 성격을 가지는 것은 아니며, 보험금이나 해약환급금에서 대출 원리금을 공제하고 지급한다는 것은 보험금이나 해약환급금의 선급금의 성격을 가지는 위 대출 원리금을 제외한 나머지 금액만을 지급한다는 의미이므로 민법상의 상계와는 성격이 다르다. 따라서 생명보험계약의 해지로 인한 해약환급금과 보험약관대출금 사이에서는 상계의 법리가 적용되지 아니한다.(대판 2007.9.28, 2005다15598 전원합의체)

판례 채무의 면제는 반드시 명시적인 의사표시만에 의하여야 하는 것은 아니고 채권자의 어떠한 행위 내지 의사표시의 해석에 의하여 그것이 채무의 면제라고 볼 수 있는 경우에도 이를 인정하여야 할 것이기는 하나, 이와 같이 인정하기 위하여는 당해 권리관계의 내용에 따라 이에 관한 채권자의 행위 내지 의사표시의 해석을 엄격히 하여 그 적용 여부를 결정하여야 한다.(대판 2007.2.15, 2004다50426 전원합의체)

판례 **주된 채무와 부수적 채무의 구별 기준** : 계약상의 의무 가운데 주된 채무와 부수적 채무를 구별함에 있어서는 급부의 독립된 가치와는 관계없이 계약을 체결할 때 표명되었거나 그 당시 상황으로 보아 분명하게 객관적으로 나타난 당사자의 합리적 의사에 의하여 결정하되, 계약의 내용·목적·불이행의 결과 등의 여러 사정을 고려하여야 한다.(대판 2005.11.25, 2005다53705,53712)

第106條【事實인 慣習】法令 중의 善良한 風俗 기타 社會秩序에 關係없는 規定과 다른 慣習이 있는 경우에 當事者의 意思가 明確하지 아니한 때에는 그 慣習에 의한다.

참조 [임의규정과 의사표시]105, [관습법]1·185, [민법상 관습에 의할 경우]224·229③·234·237③·242·290·302·319

판례 기업 내부에 존재하는 특정 관행이 근로계약의 내용을 이루고 있다고 하기 위하여는 그러한 관행이 기업 사회에서 일반적으로 근로관계를 규율하는 규범적인 사실로서 명확히 승인되거나 기업의 구성원에 의하여 일반적으로 아무도 이의를 제기하지 아니한 채 당연한 것으로 받아들여져서 기업 내에서 사실상의 제도로서 확립되어 있다고 할 수 있을 정도의 규범의식에 의하여 지지되고 있어야 한다.(대판 2014.2.27, 2011다109531)

판례 **관습법과 사실인 관습의 입증책임, 사실인 관습의 효력 범위, 가정의례준칙에 위반하는 사실인 관습의 효력 인정요건** : [1] 법령과 같은 효력을 갖는 관습법은 당사자의 주장 입증을 기다림이 없이 법원이 직권으로 이를 확정하여야 하고 사실인 관습은 그 존재를 당사자가 주장 입증하여야 하나, 관습은 그 존부자체도 명확하지 않을 뿐만 아니라 그 관습이 사회의 법적 확신이나 법적 인식에 의하여 법적 규범으로까지 승인되었는지의 여부를 가리기는 더욱 어려운 일이므로, 법원이 이를 알 수 없는 경우 결국은 당사자가 이를 주장입증할 필요가 있다.
[2] 사실인 관습은 사적 자치가 인정되는 분야, 즉 그 분야의 제정법이 주로 임의규정일 경우에는 법률행위의 해석기준으로서

民法

또는 의사를 보충하는 기능으로서 이를 재판의 자료로 할 수 있을 것이나 이 이외의 분야, 즉 그 분야의 제정법이 주로 강행규정일 경우에는 그 강행규정 자체에 결함이 있거나 강행규정 스스로가 관습에 따르도록 위임한 경우 이외에는 법적 효력을 부여할 수 없다.
[3] 가정의례준칙 13조의 규정과 배치되는 사실인 관습의 효력을 인정하려면 그와 같은 관습을 인정할 수 있는 당사자의 주장과 입증이 있어야 할 뿐만 아니라 이 관습이 사적 자치가 인정되는 임의규정에 관한 것인지 여부를 심리판단하여야 한다.
(대판 1983.6.14, 80다3231)

第2節 意思表示

第107條【眞意 아닌 意思表示】 ① 意思表示는 表意者가 眞意아님을 알고 한 것이라도 그 效力이 있다. 그러나 相對方이 表意者의 眞意아님을 알았거나 이를 알 수 있었을 경우에는 無效로 한다.
② 前項의 意思表示의 無效는 善意의 第三者에게 對抗하지 못한다.

참조 [신분행위와 비진의표시]815 · 883, [대리행위와 비진의표시]116①, [법률행위의 무효]137 - 139, [인적항변]515 · 524, 어음17 · 77①, 수표22, [예외]상302③ · 425①

판례 **비진의표시 규정이 사인의 공법행위에 적용되는지 여부(소극)** : 공무원이 사직의 의사표시를 하여 의원면직처분을 하는 경우 그 사직의 의사표시는 그 법률관계의 특수성에 비추어 외부적 · 객관적으로 표시된 바를 존중하여야 할 것이므로, 비록 사직원제출자의 내심의 의사가 사직할 뜻이 아니었다고 하더라도 진의아닌 의사표시에 관한 민법 107조는 그 성질상 사직의 의사표시와 같은 사인의 공법행위에는 준용되지 아니하므로 그 의사가 외부에 표시된 이상 그 의사는 표시된 대로 효력을 발한다.(대판 1997.12.12, 97누13962)

판례 **진의의 의미** : 비진의 의사표시에 있어서의 진의란 특정한 내용의 의사표시를 하고자 하는 표의자의 생각을 말하는 것이지 표의자가 진정으로 마음 속에서 바라는 사항을 뜻하는 것은 아니므로, 표의자가 의사표시의 내용을 진정으로 마음 속에서 바라지는 아니하였다고 하더라도 당시의 상황에서는 그것을 최선이라고 판단하여 그 의사표시를 하였을 경우에는 이를 내심의 효과의사가 결여된 비진의 의사표시라고 할 수 없다.
(대판 1996.12.20, 95누16059)

第108條【通情한 虛僞의 意思表示】 ① 相對方과 通情한 虛僞의 意思表示는 無效로 한다.
② 前項의 意思表示의 無效는 善意의 第三者에게 對抗하지 못한다.

참조 [신분행위와 허위표시]815 · 883, [대리행위와 허위표시]116①, [법률행위의 무효]137 - 139

■ 일반

판례 **은닉행위의 효력** : 매도인이 경영하던 기업이 부도가 나서 그가 주식을 매도할 경우 매매대금이 모두 채권자은행에 귀속될 상황에 처하자 이러한 사정을 잘 아는 매수인이 매매계약서상의 매매대금은 형식상 금 8,000원으로 하고 나머지 실질적인 매매대금은 매도인의 처와 상의하여 그에게 적절히 지급하겠다고 하여 매도인이 그와 같은 주식매매계약을 체결한 경우, 매매계약상의 대금 8,000원이 적극적 은닉행위를 수반하는 허위표시라 하더라도 실지 지급하여야 할 매매대금의 약정이 있는 이상 위 매매대금에 관한 외형행위가 아닌 내면적 은닉행위는 유효하고 따라서 실지매매대금에 의한 위 매매계약은 유효하다.(대판 1993.8.27, 93다12930)

■ 통정허위표시 인정

판례 **형식상의 주채무자를 내세운 대출** : 동일인에 대한 대출액 한도를 제한한 법령이나 금융기관 내부규정의 적용을 회피하기 위하여 실질적인 주채무자가 실제 대출받고자 하는 채무액에 대하여 제3자를 형식상의 주채무자로 내세우고, 금융기관도 이를 양해하여 제3자에 대하여는 채무자로서의 책임을 지우지 않을 의도하에 제3자 명의로 대출관계서류를 작성받은 경우, 제3자 명의로 되어 있는 대출약정은 그 금융기관의 양해 하에 그에 따른 채무부담의 의사 없이 형식적으로 이루어진 것에 불과하여 통정허위표시에 해당하는 무효의 법률행위이다.
(대판 2001.5.29, 2001다11765)

■ 통정허위표시 부정

판례 **소유권보전을 위한 명의신탁 부동산에 대한 가등기** : 명의신탁자의 채권자들이 명의신탁 토지에 대하여 강제집행을 하거나 명의수탁자가 임의로 처분해 버릴 경우의 위험에 대비하기 위하여 명의신탁자 명의로 소유권이전등기청구권 보전을 위한 가등기를 경료한 경우, 위 가등기를 경료하기로 하는 명의신탁자와 명의수탁자 사이의 약정이 통정허위표시로서 무효라고 할 수는 없고, 나아가 원 · 피고 사이에 실제로 매매예약의 사실이 없었다고 하여 위 가등기가 무효가 되는 것도 아니다.
(대판 1995.12.26, 95다29888)

■ 제3자의 범위

판례 **통정허위표시에 의한 채권을 가압류한 자가 제3자에 해당하는지 여부** : 통정한 허위표시에 의하여 외형상 형성된 법률관계로 생긴 채권을 가압류한 경우, 그 가압류권자는 허위표시에 기초하여 새로운 법률상 이해관계를 가지게 되므로 민법 제108조제2항의 제3자에 해당한다고 봄이 상당하다.
(대판 2004.5.28, 2003다70041)

판례 **'제3자'에 해당하는지 여부에 대한 판단 기준** : 허위표시를 선의의 제3자에게 대항하지 못하게 한 취지는 이를 기초로 하여 별개의 법률원인에 의하여 고유한 법률상의 이익을 갖는 법률관계에 들어간 자를 보호하기 위한 것이므로, 제3자의 범위는 권리관계에 기초하여 형식적으로만 파악할 것이 아니라 허위표시행위를 기초로 하여 새로운 법률상 이해관계를 맺었는지 여부에 따라 실질적으로 파악하여야 한다.
(대판 2000.7.6, 99다51258)

■ 입증책임

판례 **제3자의 악의에 대한 입증책임** : 제3자는 특별한 사정이 없는 한 선의로 추정할 것이므로, 제3자가 악의라는 사실에 관한 주장 · 입증책임은 그 허위표시의 무효를 주장하는 자에게 있다.(대판 2006.3.10, 2002다1321)

판례 **선의의 제3자에 해당하기 위해서는 무과실이어야 하는지 여부** : 민법 제108조제2항에 규정된 통정허위표시에 있어서의 제3자는 그 선의 여부가 문제이지 이에 관한 과실 유무를 따질 것이 아니다.(대판 2004.5.28, 2003다70041)

■ 효력

판례 **채권의 추심이나 강제집행을 피하기 위한 약속어음 발행행위가 통정허위표시에 해당하는지 여부** : 어음행위에 민법 제108조가 적용됨을 전제로, 실제로 어음상의 권리를 취득하게 할 의사는 없이 단지 채권자들에 의한 채권의 추심이나 강제집행을 피하기 위한 약속어음 발행행위가 통정허위표시로서 무효이다.(대판 2005.4.15, 2004다70024)

판례 **통정한 허위표시의 효력** : 통정한 허위의 의사표시는 허위표시의 당사자와 포괄승계인 이외의 자로서 그 허위표시에 의하여 외형상 형성된 법률관계를 토대로 실질적으로 새로운 법률상 이해관계를 맺은 선의의 제3자를 제외한 누구에 대하여서나 무효이고, 또한 누구든지 그 무효를 주장할 수 있다.
(대판 2003.3.28, 2002다72125)

第109條【錯誤로 인한 意思表示】 ① 意思表示는 法律行爲의 內容의 重要部分에 錯誤가 있는 때에는 取消할 수 있다. 그러나 그 錯誤가 表意者의 重大한 過失로 인한 때에는 取消하지 못한다.
② 前項의 意思表示의 取消는 善意의 第三者에게 對抗하지 못한다.

참조 [대리행위와 착오]116①, [법률행위의 취소]140 - 146, [변제와 착오]743 · 745, [매매와 목적물에 숨어 있는 하자]580, [화해와 착오]733, [주식인수와 착오]상320, [상호계산과 착오]상75, [보험과 고지의무]상651

■ 일반

판례 착오를 이유로 의사표시를 취소하는 자는 법률행위의 내용에 착오가 있었다는 사실과 함께 그 착오가 의사표시에 결정적인 영향을 미쳤다는 점, 즉 만약 그 착오가 없었더라면 의사표시를 하지 않았을 것이라는 점을 증명하여야 한다.
(대판 2008.1.17, 2007다74188)

판례 **착오에 의한 의사표시와 사기에 의한 의사표시의 구분** : 사기에 의한 의사표시란 타인의 기망행위로 말미암아 착오에 빠지게 된 결과 어떠한 의사표시를 하게 되는 경우이므로 거기에는 의사와 표시의 불일치가 있을 수 없고, 단지 의사의 형성과정 즉 의사표시의 동기에 착오가 있는 것에 불과하며, 이 점에서 고유한 의미의 착오에 의한 의사표시와 구분되는데, 신원보증서류에 서명날인한다는 착각에 빠진 상태로 연대보증의 서면에 서명날인한 경우에는 이른바 기명날인의 착오(또는 서명의 착오), 즉 어떤 사람이 자신의 의사와 다른 법률효과를 발생시키는 내용의 서면에 그것을 읽지 않거나 올바르게 이해하지 못한 채 기명날인을 하는 이른바 표시상의 착오에 해당하므로, 비록 위와 같은 착오가 제3자의 기망행위에 의하여 일어난 것이라 하더라도 그에 관하여는 사기에 의한 의사표시에 관한 법리, 특히 상대방이 그러한 제3자의 기망행위 사실을 알았거나 알 수 있었을 경우가 아닌 한 의사표시자가 취소권을 행사할 수 없다는 민법 110조 2항의 규정을 적용할 것이 아니라, 착오에 의한 의사표시에 관한 법리만을 적용하여 취소권 행사의 가부를 가려야 할 것이다.(대판 2005.5.27, 2004다43824)

판례 **상가를 분양하면서 그 운영방법 및 수익보장에 대하여 다소의 과장 · 허위 광고를 하더라도 기망행위에 해당하지 않는다고 본 사례** : 상품의 선전 광고에 있어서 거래의 중요한 사항에 관하여 구체적 사실을 신의성실의 의무에 비추어 비난받을 정도의 방법으로 허위로 고지한 경우에는 기망행위에 해당한다고 할 것이나, 그 선전 광고에 다소의 과장 · 허위가 수반되는 것은 그것이 일반 상거래의 관행과 신의칙에 비추어 시인될 수 있는 한 기망성이 결여된다고 할 것이고, 또한 용도가 특정된 특수시설을 분양 받을 경우 그 운영을 어떻게 하고, 그 수익은 얼마나 될 것인지와 같은 사항은 투자자들의 책임과 판단하에 결정될 성질의 것이므로, 상가를 분양하면서 그 곳에 첨단 오락타운을 조성하고 전문경영인에 의한 위탁경영을 통하여 일정 수익을 보장한다는 취지의 광고를 하였다고 하여 이로써 상대방을 기망하여 분양계약을 체결하게 하였다거나 상대방이 계약의 중요부분에 관하여 착오를 일으켜 분양계약을 체결하게 된 것이라 볼 수 없다.(대판 2001.5.29, 99다55601,55618)

■ 중요부분의 착오를 인정한 경우

판례 **중요부분의 착오의 판단기준** : 법률행위의 중요부분의 착오라 함은 표의자가 그러한 착오가 없었더라면 그 의사표시를 하지 않으리라고 생각될 정도로 중요한 것이어야 하고 보통 일반인도 표의자의 처지에 섰더라면 그러한 의사표시를 하지 않았으리라고 생각될 정도로 중요한 것이어야 한다.
(대판 1996.3.26, 93다55487)

■ 중요부분의 착오를 인정하지 않은 경우

판례 **착오로 인하여 표의자가 경제적 불이익을 입지 아니한 경우, 법률행위 내용의 중요부분의 착오라고 볼 수 있는지 여부(소극)** : 착오가 법률행위 내용의 중요부분에 있다고 하기 위하여는 표의자에 의하여 추구된 목적을 고려하여 합리적으로 판단하여 볼 때 표시와 의사의 불일치가 객관적으로 현저하여야 하고, 만일 그 착오로 인하여 표의자가 무슨 경제적인 불이익을 입은 것이 아니라면 이를 법률행위 내용의 중요부분의 착오라고 할 수 없다.(대판 2006.12.7, 2006다41457)

■ 동기의 착오

판례 **동기에 관하여 매도인의 말을 믿고 계약 체결한 경우 내용의 착오가 있다는 사례** : 건물에 대한 매매계약 체결 직후 건물이 건축선을 침범하여 건축된 사실을 알았으나 매도인이 법률전문가의 자문에 의하면 준공검사가 난 건물이므로 행정소송을 통해 구청장의 철거 지시를 취소할 수 있다고 하여 매수인이 그 말을 믿고 매매계약을 해제하지 않고 대금지급의무를 이행한 경우라면 매수인이 건물이 철거되지 않으리라고 믿은 것은 매매계약과 관련하여 동기의 착오라고 할 것이지만, 매수인과 매도인 사이에 매매계약의 내용으로 표시되었다고 볼 것이고, 나아가 매수인뿐만 아니라 일반인이면 누구라도 건물 중 건축선을 침범한 부분이 철거되는 것을 알았더라면 그 대지 및 건물을 매수하지 아니하였으리라는 사정이 엿보이므로, 그 내용의 중요부분에 착오가 있는 때에 해당한다.
(대판 1997.9.30, 97다26210)

판례 **공통의 동기의 착오** : 매도인의 대리인이, 매도인이 납부하여야 할 양도소득세 등의 세액이 매수인이 부담하기로 한 금액뿐이므로 매도인의 부담은 없을 것이라는 착오를 일으키지 않았더라면 매수인과 매매계약을 체결하지 않았거나 아니면 적어도 동일한 내용으로 계약을 체결하지는 않았을 것임이 명백하고, 나아가 매도인이 그와 같이 착오를 일으키게 된 계기를 제공한 원인이 매수인측에 있을 뿐만 아니라 매수인도 매도인이 납부하여야 할 세액에 관하여 매도인과 동일한 착오에 빠져 있었다면, 매도인의 위와 같은 착오는 매매계약의 내용의 중요부분에 관한 것에 해당하는데, 이 경우 매도인이 부담하여야 할 세금의 액수가 예상액을 초과한다는 사실을 알았더라면 매수인이 초과세액까지도 부담하기로 약정하였으리라는 특별한 사정이 인정될 수 있을 때에는 매도인으로서는 매수인에게 초과세액 상당의 청구를 할 수 있다고 해석함이 당사자의 진정한 의사에 합치할 것이므로 매도인에게 위와 같은 세액에 관한 착오가 있었다는 이유만으로 매매계약을 취소하는 것은 허용되지 않는다.(대판 1994.6.10, 93다24810)

■ 중대한 과실

판례 **도자기의 진품 여부에 대한 감정인의 감정을 거치지 않은 매수인 사례** : 도자기 매매계약을 체결하면서 자신의 식별 능력과 매매를 소개한 자를 과신한 나머지 도자기가 고려청자 진품이라고 믿고 소장자를 만나 그 출처를 물어 보지 아니하고 전문적 감정인의 감정을 거치지 아니한 채 도자기를 고가로 매수하고 도자기가 고려청자가 아닐 경우를 대비하여 필요한 조치를 강구하지 아니한 잘못이 있다고 하더라도 그와 같은 사정만으로는 매수인이 매매계약 체결시 요구되는 통상의 주의의무를 현저하게 결여하였다고 보기는 어렵다.
(대판 1997.8.22, 96다26657)

판례 **'중대한 과실'의 의미** : 민법 109조 1항 단서에서 규정하고 있는 '중대한 과실'이라 함은 표의자의 직업, 행위의 종류, 목적 등에 비추어 보통 요구되는 주의를 현저하게 결여한 것을 말한다.(대판 1992.11.24, 92다25830,25847)

第110條【詐欺, 强迫에 의한 意思表示】 ① 詐欺나 强迫에 의한 意思表示는 取消할 수 있다.
② 相對方 있는 意思表示에 관하여 第三者가 詐欺나 强迫을 行한 경우에는 相對方이 그 事實을 알았거나 알 수 있었을 경우에 한하여 그 意思表示를 取消할 수 있다.
③ 前2項의 意思表示의 取消는 善意의 第三者에게 對抗하지 못한다.

참조 [대리행위와 사기 · 강박]116①, [취소]140 - 146, [사기 · 강박으로 인한 혼인 · 입양의 취소]816 · 884, [사기 · 강박으로 인한 상속결격]1004, [사기 · 강박과 불법행위]750, [사기 · 강박과 형벌]형347 · 350, [주식의 인수와 사기 · 강박]상320, [보험과 고지의무]상651, [어음에 있어서의 인적항변]어음17 · 77①, 수표22

■ 사기에 의한 의사표시

판례 상품의 선전 · 광고에 있어 다소의 과장이나 허위가 수반되는 것은 그것이 일반 상거래의 관행과 신의칙에 비추어 시인될 수 있는 한 기망성이 결여된다고 하겠으나, 거래에 있어서 중요한 사항에 관하여 구체적 사실을 신의성실의 의무에 비추어 비난받을 정도의 방법으로 허위로 고지한 경우에는 기망행위에 해당한다.(대판 2009.4.23, 2009다1313)

판례 신원보증서류에 서명날인한다는 착각에 빠진 상태로 연대보증의 서면에 서명날인한 경우, 결국 위와 같은 행위는 강학상 기명날인의 착오(또는 서명의 착오), 즉 어떤 사람이 자신의 의사와 다른 법률효과를 발생시키는 내용의 서면에, 그것을 읽지 않거나 올바르게 이해하지 못한 채 기명날인을 하는 이른바 표시상의 착오에 해당하므로, 비록 위와 같은 착오가 제3자의 기망행위에 의하여 일어난 것이라 하더라도 그에 관하여는 사기에 의한 의사표시에 관한 법리, 특히 상대방이 그러한 제3자의 기망행위 사실을 알았거나 알 수 있었을 경우가 아닌 한 의사표시자가 취소권을 행사할 수 없다는 이 조 2항의 규정을 적용할 것이 아니라, 착오에 의한 의사표시에 관한 법리만을 적용하여 취소권 행사의 가부를 가려야 한다.
(대판 2005.5.27, 2004다43824)

판례 **사기를 이유로 손해배상을 청구하는 경우 의사표시 취소의 필요 여부(소극)** : 제3자의 사기행위로 인하여 피해자가 주택건설사와 사이에 주택에 관한 분양계약을 체결하였다고 하더라도 제3자의 사기행위 자체가 불법행위를 구성하는 이상 제3자로서는 그 불법행위로 인하여 피해자가 입은 손해를 배상할 책임을 부담하는 것이므로, 피해자가 제3자를 상대로 손해배상청구를 하기 위하여 반드시 그 분양계약을 취소할 필요는 없다.
(대판 1998.3.10, 97다55829)

■ 강박에 의한 의사표시

판례 **강박에 의한 법률행위가 무효로 되기 위한 요건** : 강박에 의한 법률행위가 하자 있는 의사표시로서 취소에 그치지 않고 무효로 되려면, 강박의 정도가 단순한 불법적 해악의 고지로 상대방으로 하여금 공포를 느끼도록 하는 정도가 아니고, 의사표시자로 하여금 의사결정을 스스로 할 수 있는 여지를 완전히 박탈한 상태에서 의사표시가 이루어져 단지 법률행위의 외형만 만들어진 것에 불과한 정도이어야 한다.
(대판 2003.5.13, 2002다73708,73715)

판례 **강박행위의 위법성 유형** : 강박에 의한 의사표시라고 하려면 상대방이 불법으로 어떤 해악을 고지함으로 말미암아 공포를 느끼고 의사표시를 한 것이어야 하는바, 여기서 어떤 해악을 고지하는 강박행위가 위법하다고 하기 위하여는 강박행위 당시의 거래관념과 제반 사정에 비추어 해악의 고지로써 추구하는 이익이 정당하지 아니하거나 강박의 수단으로 상대방에게 고지하는 해악의 내용이 법 질서에 위배된 경우 또는 어떤 해악의 고지가 거래관념상 그 해악의 고지로써 추구하는 이익의 달성을 위한 수단으로 부적당한 경우 등에 해당하여야 한다.
(대판 2000.3.23, 99다64049)

독판 채무인수가 채권자의 승낙을 통해 이루어진 경우에도, 채권자와 채무자 사이의 계약관계와 채무인수가 서로 불가분의 관계에 있다면, 인수자가 채무자의 사기를 이유로 의사표시의 취소를 함에 있어, 그 취소의 효력은 채권자에게까지도 직접 미친다할 것이다. 여기서 채권자가 사기의 사실을 알거나 알 수 있었는가의 여부는 요건이 되지 않는다.
(독·연방법원 1959.12.8 BGHZ 31, 321)

第111條【의사표시의 효력발생시기】 ① 상대방이 있는 의사표시는 상대방에게 도달한 때에 그 효력이 생긴다.
② 의사표시자가 그 통지를 발송한 후 사망하거나 제한능력자가 되어도 의사표시의 효력에 영향을 미치지 아니한다.
(2011.3.7 본조개정)

改前 "第111條【意思表示의 效力發生時期】 ① 相對方 있는 意思表示는 그 通知가 相對方에 到達한 때로부터 그 效力이 생긴다.
② 表意者가 그 通知를 發한 후 死亡하거나 行爲能力을 喪失하여도 意思表示의 效力에 影響을 미치지 아니한다."

참조 ①[계약성립에 관한 특칙]530·531, 상53, [송달효력 발생시기]민소189·196, [전자문서의 수신]전자문서및전자거래기본법6, [수표의 경우]수표33

판례 법인의 대표이사가 사임하는 경우에는 그 사임의 의사표시가 대표이사의 사임으로 그 권한을 대행하게 될 자에게 도달한 때에 그 사임의 효력이 발생하고 그 의사표시가 효력을 발생한 후에는 마음대로 이를 철회할 수 없으나, 사임서 제출 당시 그 권한 대행자에게 사표의 처리를 일임한 경우에는 권한 대행자의 수리행위가 있어야 사임의 효력이 발생하고, 그 이전에 사임의사를 철회할 수 있다.(대판 2007.5.10, 2007다7256)

판례 우편함의 구조를 비롯하여 수취인이 우편물을 수취하였음을 추인할 만한 특별한 사정에 대하여 심리를 다하지 아니한 채 아파트 경비원이 집배원으로부터 우편물을 수령한 후 이를 우편함에 넣어 둔 사실만으로 수취인이 그 우편물을 실제로 수취하였다고 추단할 수는 없다.(대판 2006.3.24, 2005다66411)

第112條【제한능력자에 대한 의사표시의 효력】 의사표시의 상대방이 의사표시를 받은 때에 제한능력자인 경우에는 의사표시자는 그 의사표시로써 대항할 수 없다. 다만, 그 상대방의 법정대리인이 의사표시가 도달한 사실을 안 후에는 그러하지 아니하다.
(2011.3.7 본조개정)

改前 "第112條【意思表示의 受領能力】 意思表示의 相對方이 이를 받은 때에 無能力者인 경우에는 그 意思表示로써 對抗하지 못한다. 그러나 法定代理人이 그 到達을 안 후에는 그러하지 아니하다."

참조 [미성년자]4·5, [피성년후견인]9-11, [피한정후견인]12-14, [법정대리인]911·938

第113條【意思表示의 公示送達】 表意者가 過失없이 相對方을 알지 못하거나 相對方의 所在를 알지 못하는 경우에는 意思表示는 民事訴訟法 公示送達의 規定에 의하여 送達할 수 있다.

참조 [공시송달]민소194-196

第3節 代 理

第114條【代理行爲의 效力】 ① 代理人이 그 權限내에서 本人을 위한 것임을 表示한 意思表示는 直接 本人에게 대하여 效力이 생긴다.
② 前項의 規定은 代理人에게 대한 第三者의 意思表示에 準用한다.

참조 [법정대리인]22-26·911·920·931·936·949·1047②·1053, [임의대리인]120·128, 상11·749·765, 특허6-10, [법인과 대표]59, 상207-209·269·278·389·567, [대리인 능력]117, [대리권 범위]118, 특허6, [표현대리]125·126·129, [무권대리]130·136, [대리권 소멸]127·128, 상403, [소송과 대리]민소51·87-97, 형소26-28, [대리상]상87-92의3

판례 대리인을 통하여 계약을 체결하는 경우 계약 당사자의 확정 : 일방 당사자가 대리인을 통하여 계약을 체결하는 경우에 있어서 계약의 상대방이 대리인을 통하여 본인과 사이에 계약을 체결하려는 의사가 일치하였다면 대리인의 대리권 존부 문제와는 무관하게 상대방과 본인이 그 계약의 당사자이다.
(대판 2003.12.12, 2003다44059)

판례 대리권 남용의 효과와 상대방의 악의 또는 과실의 판단방법 : 진의 아닌 의사표시가 대리인에 의하여 이루어지고 그 대리인의 진의가 본인의 이익이나 의사에 반하여 자기 또는 제3자의 이익을 위한 배임적인 것임을 그 상대방이 알았거나 알 수 있었을 경우에도 민법 107조 1항 단서의 유추해석상 그 대리인의 행위에 대하여 본인은 아무런 책임을 지지 않고, 그 상대방이 대리인의 표시의사가 진의아님을 알았거나 알 수 있었는가의 여부는 표의자인 대리인과 상대방 사이에 있었던 의사표시 형성 과정과 그 내용 및 효과 등을 객관적인 사정에 따라 합리적으로 판단하여야 한다.(대판 1998.2.27, 97다24382)

판례 대리권의 범위 판단 방법과 통상의 임의대리권 내에 수령대리권이 포함되는지 여부(적극), 매매계약체결 대리권과 중도금 및 잔금 수령 권한 : [1] 임의대리에 있어서 대리권의 범위는 수권행위에 의하여 정하여지는 것이므로 어느 행위가 대리권의 범위 내의 행위인지의 여부는 개별적인 수권행위의 내용이나 그 해석에 의하여 판단할 것이나 일반적으로 말하면 수권행위의 통상의 내용으로서의 임의대리권은 그 권한에 부수하여 필요한 한도에서 상대방의 의사표시를 수령하는 이른바 수령대리권을 포함한다.
[2] 부동산의 소유자로부터 매매계약을 체결할 대리권을 수여받은 대리인은 특별한 사정이 없는 한 그 매매계약에서 약정한 바에 따라 중도금이나 잔금을 수령할 권한도 있다.
(대판 1994.2.8, 93다39379)

第115條【本人을 위한 것임을 表示하지 아니한 行爲】 代理人이 本人을 위한 것임을 表示하지 아니한 때에는 그 意思表示는 自己를 위한 것으로 본다. 그러나 相對方이 代理人으로서 한 것임을 알았거나 알 수 있었을 때에는 前條第1項의 規定을 準用한다.

참조 [현명주의]114, [특칙]상48

판례 타인이 본인명의로 한 행위의 효력이 본인에게 미치는 경우 : 갑이 부동산을 농업협동조합중앙회에 담보로 제공함에 있어 을에게 그에 관한 대리권을 주었다면 을이 근저당권설정계약을 체결함에 있어 그 피담보채무를 동업관계의 채무로 특정하지 아니하고 또 대리관계를 표시함이 없이 마치 자신이 갑 본인인 양 행세하였다 하더라도 위 근저당권설정계약은 대리인인 을이 그의 권한범위 안에서 한 것인 이상 그 효력은 본인인 갑에게 미친다.(대판 1987.6.23, 86다카1411)

판례 본인명의의 대리행위 : 대리인은 반드시 대리인임을 표시하여 의사표시를 하여야 하는 것이 아니고 본인명의로도 할 수 있다.(대판 1963.5.9, 63다67)

第116條【代理行爲의 瑕疵】 ① 意思表示의 效力이 意思의 欠缺, 詐欺, 强迫 또는 어느 事情을 알았거나 過失로 알지 못한 것으로 인하여 影響을 받을 경우에 그 事實의 有無는 代理人을 標準하여 決定한다.
② 特定한 法律行爲를 委任한 경우에 代理人이 本人의 指示에 좇아 그 行爲를 한 때에는 本人은 自己가 안 事情 또는 過失로 인하여 알지 못한 事情에 관하여 代理人의 不知를 主張하지 못한다.

참조 [의사의 흠결]107-109, [사기 또는 강박으로 인한 의사표시]110

판례 대리인의 배임행위 가담시 본인의 선의로 인해 매매계약의 반사회성이 부정되는지 여부(소극) : 대리인이 본인을 대리하여 매매계약을 체결함에 있어서 매매대상 토지에 관한 사정을 잘 알고 그 배임행위에 가담하였다면, 대리행위의 하자 유무는 대리인을 표준으로 판단하여야 하므로, 설사 본인이 미리 그러한 사정을 몰랐거나 반사회성을 야기한 것이 아니라고 할지라도 그로 인하여 매매계약이 가지는 사회질서에 반한다는 장애사유가 부정되는 것은 아니다.(대판 1998.2.27, 97다45532)

第117條【代理人의 行爲能力】 代理人은 行爲能力者임을 要하지 아니한다.

참조 [제한능력자]5·10·13

第118條【代理權의 範圍】 權限을 정하지 아니한 代理人은 다음 各號의 行爲만을 할 수 있다.
1. 保存行爲
2. 代理의 目的인 物件이나 權利의 性質을 變하지 아니하는 範圍에서 그 利用 또는 改良하는 行爲

참조 [대리행위]114, [권한을 넘는 행위의 예]25·1023②·1047②·1053②, [대리권·대표권]59·60·62-64·916·918-920의2, 상11·87·207-209·254·269·273·278·389·394·562·567·570·749-751·765·766

판례 대리권은 원인된 법률관계의 종료에 의하여 소멸하는 것이므로 특별한 사정이 없는 한, 매수명의자를 대리하여 매매계약을 체결하였다하여 곧바로 대리인이 매수인을 대리하여 매매계약의 해제 등 일체의 처분권과 상대방의 의사를 수령할 권한까지 가지고 있다고 볼 수는 없다.(대판 1997.3.25, 96다51271)

第119條【各自代理】 代理人이 數人인 때에는 各自가 本人을 代理한다. 그러나 法律 또는 授權行爲에 다른 정한 바가 있는 때에는 그러하지 아니하다.

참조 [각자 대표]상208②·269·389③·562④, 형소27②

第120條【任意代理人의 復任權】 代理權이 法律行爲에 의하여 付與된 경우에는 代理人은 本人의 承諾이 있거나 不得已한 事由있는 때가 아니면 復代理人을 選任하지 못한다.

참조 [복대리]121·123, 상11③, [법정대리와 복대리]122, [복임권의 제한]682·701·1103②, [소송과 복대리]민소90·92

판례 복대리인 선임의 묵시적 승낙 인정 요건, 오피스텔 분양업무 대리에서 묵시적 승낙이 있는지 여부(소극) : [1] 대리의 목적인 법률행위의 성질상 대리인 자신에 의한 처리가 필요하지 아니한 경우에는 본인이 복대리 금지의 의사를 명시하지 아니하는 한 복대리인의 선임에 관하여 묵시적인 승낙이 있는 것으로 보는 것이 타당하다.
[2] 오피스텔의 분양업무는 그 성질상 분양을 위임받은 대리인이 분양사실을 널리 알리고, 사람들에게 청약을 유인함으로써 분양계약을 성사시키는 것으로서 대리인의 능력에 따라 본인의 분양사업의 성공 여부가 결정되는 것이므로, 사무처리의 주체가 별로 중요하지 아니한 경우에 해당한다고 보기 어렵다.
(대판 1996.1.26, 94다30690)

第121條【任意代理人의 復代理人選任의 責任】 ① 前條의 規定에 의하여 代理人이 復代理人을 選任한 때에는 本人에게 대하여 그 選任監督에 관한 責任이 있다.
② 代理人이 本人의 指名에 의하여 復代理人을 選任한 경우에는 그 不適任 또는 不誠實함을 알고 本人에게 대한 通知나 그 解任을 怠慢한 때가 아니면 責任이 없다.

참조 [본조 준용]682·701·1103, [해임]689·692, [법정대리의 경우]122

第122條【法定代理人의 復任權과 그 責任】 法定代理人은 그 責任으로 復代理人을 選任할 수 있다. 그러나 不得已한 事由로 인한 때에는 前條第1項에 정한 責任만이 있다.

참조 [임의대리의 경우]120·121

第123條【復代理人의 權限】 ① 復代理人은 그 權限내에서 本人을 代理한다.
② 復代理人은 本人이나 第三者에 대하여 代理人과 同一한 權利義務가 있다.

참조 [복대리]120-122, [대리인의 권리의무]114-118

판례 복대리에도 표현대리가 인정되는지 여부(적극) : 민법상 표현대리에 관한 법리는 대리의 경우와 복대리의 경우 사이에 차이가 있는 것이 아니다.(대판 1979.11.27, 79다1193)

第124條【自己契約, 雙方代理】 代理人은 本人의 許諾이 없으면 本人을 위하여 自己와 法律行爲를 하거나 同一한 法律行爲에 관하여 當事者雙方을 代理하지 못한다. 그러나 債務의 履行은 할 수 있다.

참조 [이익상반행위특칙]64·921·951, 상211·269·394·563, [유사규정]법무사20, 공인중개사법33, [사원 또는 이사의 자기거래]상199·269·398·613②

판례 원고 소송복대리인이 피고 소송복대리인으로 출석한 경우 소송행위의 효력 : 원고 소송복대리인으로서 변론기일에 출석하여 소송행위를 하였던 변호사가 피고 소송복대리인으로도 출석하여 변론한 경우라도, 당사자가 그에 대하여 아무런 이의를 제기하지 않았다면 그 소송행위는 소송법상 완전한 효력이 생긴다.(대판 1995.7.28, 94다44903)

第125條【代理權授與의 表示에 의한 表見代理】 第三者에 대하여 他人에게 代理權을 授與함을 表示한 者는 그 代理權의 範圍내에서 行한 그 他人과 그 第三者間의 法律行爲에 대하여 責任이 있다. 그러나 第三者가 代理權없음을 알았거나 알 수 있었을 때에는 그러하지 아니하다.

참조 [기타 표현대리]126·129, 상14·16, [표현대리]상395·567

➡ 대리권수여의 표시

판례 도장과 보증용 과세증명서 소지가 대리권수여의 표시인지 여부와 이를 믿은 상대방에게 과실이 있는지 여부 : 갑이 주채무액을 알지 못한 상태에서 주채무자의 부탁으로 채권자와 보증계약 체결 여부를 교섭하는 과정에서 채권자에게 보증의사를 표시한 후 주채무가 거액인 사실을 알고서 보증계약 체결을 단념하였으나 갑의 도장과 보증용 과세증명서를 소지하게 된 주채무자가 임의로 갑을 대위하여 채권자와 사이에 보증계약을 체결한 경우, 갑이 채권자에 대하여 주채무자에게 보증계약 체결의 대리권을 수여하는 표시를 한 것이라 단정할 수 없고, 대리권 수여의 표시를 한 것으로 본다 하더라도 채권자에게는 주채무자의 대리권 없음을 알지 못한 데 과실이 있다.
(대판 2000.5.30, 2000다2566)

판례 대리권수여 표시에 의한 표현대리 성립요건 : [1] 민법 125조가 규정하는 대리권수여의 표시에 의한 표현대리는 본인과 대리행위를 한 자 사이의 기본적인 법률관계의 성질이나 그 효력의 유무와는 직접적인 관계가 없이 어떤 자가 본인을 대리하여 제3자와 법률행위를 함에 있어 본인이 그 자에게 대리권을 수여하였다는 표시를 제3자에게 한 경우에는 성립될 수가 있고, 또 본인에 의한 대리권수여의 표시는 반드시 대리권 또는 대리인이라는 말을 사용하여야 하는 것이 아니라 사회통념상 대리권을 추단할 수 있는 직함이나 명칭 등의 사용을 승낙 또는 묵인한 경우에도 대리권 수여의 표시가 있은 것으로 볼 수 있다.
[2] 호텔 등의 시설이용 우대회원 모집계약을 체결하면서 자신의 판매점, 총대리점 또는 연락사무소 등의 명칭을 사용하여 회원모집 안내를 하거나 입회계약을 체결하는 것을 승낙 또는 묵인하였다면 민법 125조의 표현대리가 성립할 여지가 있다.
(대판 1998.6.12, 97다53762)

第126條【權限을 넘은 表見代理】 代理人이 그 權限외의 法律行爲를 한 경우에 第三者가 그 權限이 있다고 믿을 만한 正當한 理由가 있는 때에는 本人은 그 行爲에 대하여 責任이 있다.

참조 [대리권 또는 대표권의 제한과 선의의 제3자]41·49②, [후견인]상8②, [지배인]상11③, [회사대표자]상209②·269·389③·567, [선장]상750, [소송대리인]민소90·92·93

판례 성명모용에 대해 표현대리 법리가 유추적용되는 경우 : 민법 126조의 표현대리는 대리인이 본인을 위한다는 의사를 명시 혹은 묵시적으로 표시하거나 대리의사를 가지고 권한 외의 행위를 하는 경우에 성립하고, 사술을 써서 위와 같은 대리행위의 표시를 하지 아니하고 단지 본인의 성명을 모용하여 자기가 마치 본인인 것처럼 기망하여 본인 명의로 직접 법률행위를 한 경우에는 특별한 사정이 없는 한 위 법조 소정의 표현대리는 성립될 수 없는 것이나, 특별한 사정이 있는 경우에 한하여 민법 126조 소정의 표현대리의 법리를 유추적용할 수 있다고 할 것인데, 여기서 특별한 사정이란 본인을 모용한 사람에게 본인을 대리할 기본대리권이 있었고, 상대방으로서는 위 모용자가 본인 자신으로서 본인의 권한을 행사하는 것으로 믿은 데 정당한 사유가 있었던 사정을 의미한다.
(대판 2002.6.28, 2001다49814)

판례 신용거래 불량자로서 등록대상자가 되는 주채무자에 관한 사례 : [1] '금융기관의 신용정보 교환 및 관리규약'에 의하여 신용거래불량자 등록대상자로 되어 있는 '1,500만 원 미만의 대위변제금을 6개월 이상 계속하여 보유하고 있는 주채무자'라 함은 자신에게 신용을 부여한 금융기관의 기대를 저버린 채 변제책임을 다하지 아니한 자를 가리키는 것이므로, 직접 금융거래를 하지 아니하고 민법상 표현대리의 법리에 따라 그 금융거래로 인한 효과가 귀속됨에 불과한 자는 여기에 포함되지 않는다.
[2] 표현대리의 책임을 지는 데 불과한 자가 보증보험계약을 체결한 당사자가 아니라고 부인하는데도, 보증보험회사가 사실관계를 제대로 조사하지 않은 채 신용거래불량자로 등록하여 그로 하여금 은행대출 등 경제활동을 하는 데 지장을 받게 하였다면 이는 불법행위를 구성하고, 보증보험회사는 그로 인한 정신적 고통을 위자할 의무가 있다.
(대판 2001.3.23, 2000다57511)

第127條【대리권의 소멸사유】 대리권은 다음 각 호의 어느 하나에 해당하는 사유가 있으면 소멸된다.
1. 본인의 사망
2. 대리인의 사망, 성년후견의 개시 또는 파산
(2011.3.7 본조개정)

改前 "第127條【代理權의 消滅事由】 代理權은 다음 各號의 事由로 消滅한다.
1. 本人의 死亡

民法

2. 代理人의 死亡, 禁治産 또는 破産"

참조 [사망]28, [상사대리와 본인의 사망]상50, [부재자의 재산관리인 개임에 의한 대리권 소멸]23, [청산인의 해임]84, [친권의 상실]924-927의2, [후견인의 사임·변경]939·940, [대리권의 소멸과 대항]129·692·919·959, 상13, [소송에 있어서의 대리권의 소멸]민소63·95-97

판례 부재자 사망시 법원이 선임한 부재자 재산관리인의 권한 소멸 여부(소극) : 법원이 선임한 부재자의 재산관리인은 그 부재자의 사망이 확인된 후라 할지라도 위 선임결정이 취소되지 않는 한 그 관리인으로서의 권한이 소멸되는 것은 아니다. (대판 1971.3.23, 71다189)

第128條【任意代理의 終了】 法律行爲에 의하여 授與된 代理權은 前條의 경우외에 그 原因된 法律關係의 終了에 의하여 消滅한다. 法律關係의 終了前에 本人이 授權行爲를 撤回한 경우에도 같다.

참조 [위임의 종료]689-692

第129條【代理權消滅後의 表見代理】 代理權의 消滅은 善意의 第三者에게 對抗하지 못한다. 그러나 第三者가 過失로 인하여 그 事實을 알지 못한 때에는 그러하지 아니하다.

참조 [대리권의 소멸]127·128, [친권자 및 후견인등의 관리권의 소멸과 선의의 상대방에의 대항불능]692·919·959, [대리권·대표권의 소멸과 등기]상13·37·180·317②·764②, [소송과 대리권의 소멸]민소63·95-97, [위임종료와 상대방대항]692

판례 대리권 소멸 후 선임된 복대리인의 대리행위에 대한 표현대리 성립 여부(적극) : 표현대리의 법리는 거래의 안전을 위하여 어떠한 외관적 사실을 야기한 데 원인을 준 자는 그 외관적 사실을 믿음에 정당한 사유가 있다고 인정되는 자에 대하여는 책임이 있다는 일반적인 권리외관 이론에 그 기초를 두고 있는 것인 점에 비추어 볼 때, 대리인이 대리권 소멸 후 직접 상대방과 사이에 대리행위를 하는 경우는 물론 대리인이 대리권 소멸 후 복대리인을 선임하여 복대리인으로 하여금 상대방과 사이에 대리행위를 하도록 한 경우에도, 상대방이 대리권 소멸 사실을 알지 못하여 복대리인에게 적법한 대리권이 있는 것으로 믿었고 그와 같이 믿은 데 과실이 없다면 민법 129조에 의한 표현대리가 성립할 수 있다.(대판 1998.5.29, 97다55317)

第130條【無權代理】 代理權없는 者가 他人의 代理人으로 한 契約은 本人이 이를 追認하지 아니하면 本人에 대하여 效力이 없다.

참조 [대리와 대리권의 존재]114, [표현대리]125·126·129, [무권대리행위의 취소]134·136, [추인]132·133, [무권대리인의 책임]135, [단독행위의 무권대리의 경우]136, [어음행위와 무권대리]어음8·77②, 수표11

판례 권리자가 무권리자의 처분을 추인하면 무권대리에 대해 본인이 추인을 한 경우와 당사자들 사이의 이익상황이 유사하므로, 무권대리의 추인에 관한 민법 제130조, 제133조 등을 무권리자의 추인에 유추 적용할 수 있다. 따라서 무권리자의 처분이 계약으로 이루어진 경우에 권리자가 이를 추인하면 원칙적으로 계약의 효과가 계약을 체결했을 때에 소급하여 권리자에게 귀속된다고 보아야 한다.(대판 2017.6.8, 2017다3499)

판례 범죄인 무권대리에 대해 형사고소를 하지 않은 사실 : 무권대리가 범죄가 되는 경우 이를 알고도 장기간 형사고소를 하지 아니하였다 하더라도 그 사실만으로 묵시적인 추인이 있었다고 할 수는 없다.(대판 1998.2.10, 97다31113)

판례 무권리자의 처분행위에 대하여 소유자가 무권리자를 상속한 이후 이행을 거절할 수 있는지 여부 : [1] 갑이 을 명의의 주식에 관하여 처분권한 없이 은행과 담보설정계약을 체결하였다 하더라도 이는 일종의 타인의 권리의 처분행위로서 유효하다 할 것이므로 갑은 을로부터 그 주식을 취득하여 이를 은행에게 인도하여야 할 의무를 부담한다 할 것인데, 갑의 사망으로 인하여 을이 갑을 상속한 경우 을은 원래 그 주식의 주주로서 타인의 권리에 대한 담보설정계약을 체결한 은행에 대하여 그 이행에 관한 아무런 의무가 없고 이행을 거절할 수 있는 자유가 있었던 것이므로, 을은 신의칙에 반하는 것으로 인정할 특별한 사정이 없는 한 원칙적으로는 위 계약에 따른 의무의 이행을 거절할 수 있다. [2] 회사의 경영주인 갑과 가족관계에 있는 을이 자신의 주식을 담보로 제공하는 데 아무런 이의를 제기할 여지가 없었으며, 을은 자신들의 주식이 담보로 제공된 것을 알고 있었을 것으로 보이는데도 불구하고 갑의 사망 이후 상당기간 동안 아무런 이의를 제기하지 아니한으로써 은행으로 하여금 계약이 그대로 이행될 것이라고 신뢰하게 하였던 사정이 있었던 점에 비추어 보면, 을이 이제 와서 은행의 위와 같은 신뢰에 반하여 자신들 명의의 주식은 물론 당연히 계약 내용에 따라 인도해 주어야 할 갑 명의의 주식까지도 인도를 거절하고 있는 것은 신의칙에 어긋난다.
(대판 1994.8.26, 93다20191)

第131條【相對方의 催告權】 代理權없는 者가 他人의 代理人으로 契約을 한 경우에 相對方은 相當한 期間을 정하여 本人에게 그 追認與否의 確答을 催告할 수 있다. 本人이 그 期間내에 確答을 發하지 아니한 때에는 追認을 拒絶한 것으로 본다.

참조 [추인]133, [단독행위의 무권대리의 경우]136

第132條【追認, 拒絶의 相對方】 追認 또는 拒絶의 意思表示는 相對方에 대하여 하지 아니하면 그 相對方에 對抗하지 못한다. 그러나 相對方이 그 事實을 안 때에는 그러하지 아니하다.

참조 [취소할 수 있는 법률행위의 취소·추인]142·143

판례 추인의 상대방과 본조의 취지 : 무권대리행위의 추인은 무권대리인, 무권대리행위의 직접의 상대방 및 그 무권대리행위로 인한 권리 또는 법률관계의 승계인에 대하여도 할 수 있으며, 민법 132조는 본인이 무권대리인에게 무권대리행위를 추인한 경우에 상대방이 이를 알지 못하는 동안에는 본인은 상대방에게 추인의 효과를 주장하지 못한다는 취지이므로 상대방은 그때까지 민법 134조에 의한 철회를 하거나 무권대리인에의 추인이 있었음을 주장할 수 있다.(대판 1981.4.14, 80다2314)

第133條【追認의 效力】 追認은 다른 意思表示가 없는 때에는 契約時에 遡及하여 그 效力이 생긴다. 그러나 第三者의 權利를 害하지 못한다.

참조 [단독행위와 무권대리]136, [무권대리와 추인]130, [추인할 수 있는 시기]134, [추인상대방]132, [추인방법, 효과]143

판례 민법 제133조 단서의 제3자라 함은 등기부상의 권리자만을 말한다 할 것이다.(대판 1963.4.18, 62다223)

第134條【相對方의 撤回權】 代理權없는 者가 한 契約은 本人의 追認이 있을 때까지 相對方은 本人이나 그 代理人에 대하여 이를 撤回할 수 있다. 그러나 契約 당시에 相對方이 代理權 없음을 안 때에는 그러하지 아니하다.

참조 [무권대리행위의 효력]130·136, [추인]133

第135條【상대방에 대한 무권대리인의 책임】 ① 다른 자의 대리인으로서 계약을 맺은 자가 그 대리권을 증명하지 못하고 또 본인의 추인을 받지 못한 경우에는 그는 상대방의 선택에 따라 계약을 이행할 책임 또는 손해를 배상할 책임이 있다.

② 대리인으로서 계약을 맺은 자에게 대리권이 없다는 사실을 상대방이 알았거나 알 수 있었을 때 또는 대리인으로서 계약을 맺은 사람이 제한능력자일 때에는 제1항을 적용하지 아니한다.
(2011.3.7 본조개정)

改前 "第135條【無權代理人의 相對方에 대한 責任】 ① 他人의 代理人으로 契約을 한 者가 그 代理權을 證明하지 못하고 또 本人의 追認을 얻지 못한 때에는 相對方의 選擇에 좇아 契約의 履行 또는 損害賠償의 責任이 있다.
② 相對方이 代理權없음을 알았거나 알 수 있었을 때 또는 代理人으로 契約한 者가 行爲能力이 없는 때에는 前項의 規定을 適用하지 아니한다."

참조 [단독행위와 무권대리]136, 상215, [어음행위의 경우]어음8·77②, 수표11, [상대방의 철회권]134

판례 상대방이 대리권 없음을 안 경우 무권대리행위로 인한 상대방 명의 소유권이전등기의 무효 : 갑이 을과 상의하여 부 소유의 부동산에 관하여 부의 인감도장을 가지고 나와 을 명의로 소유권이전등기를 마쳤는데, 을이 이를 기화로 다시 병 명의로 소유권이전등기를 하여 준 경우 갑이 부 몰래 을에게 소유권이전등기를 하여 준 행위가 명의신탁계약의 무권대리행위로 법률상 평가될 수 있더라도 을이 그 대리권 없음을 알았다고 보여 위 명의신탁계약은 갑의 부에 대한 관계에서뿐만 아니라 갑에 대한 관계에서도 아무런 효력을 발생할 수 없는 것임이 명백하므로 갑이 그 후 부의 권리의무를 상속받았다고 하여 을 명의의 위 소유권이전등기가 갑의 상속분 범위 내에서 실체적 권리관계에 부합하는 유효한 등기로 전환되는 것은 아니라 할 것이다.
(대판 1992.4.28, 91다30941)

第136條【單獨行爲와 無權代理】 單獨行爲에는 그 行爲당시에 相對方이 代理人이라 稱하는 者의 代理權없는 行爲에 同意하거나 그 代理權을 다투지 아니한 때에 限하여 前6條의 規定을 準用한다. 代理權없는 者에 대하여 그 同意를 얻어 單獨行爲를 한 때에도 같다.

참조 [무권대리의 책임]135

第4節 無效와 取消

第137條【法律行爲의 一部無效】 法律行爲의 一部分이 無效인 때에는 그 全部를 無效로 한다. 그러나 그 無效部分이 없더라도 法律行爲를 하였을 것이라고 認定될 때에는 나머지 部分은 無效가 되지 아니한다.

참조 138, [무효인 행위]103·107·108·151·815·883

판례 일부무효의 법리의 적용 범위 및 강행법규와의 관계 : 민법 제137조는 임의규정으로서 의사자치의 원칙이 지배하는 영역에서 적용된다고 할 것이므로, 법률행위의 일부가 강행법규인 효력규정에 위반되어 무효가 되는 경우 그 부분의 무효가 나머지 부분의 유효·무효에 영향을 미치는가의 여부를 판단함에 있어서는 개별 법령이 일부무효의 효력에 관한 규정을 두고 있는 경우에는 그에 따라야 하고, 그러한 규정이 없다면 원칙적으로 민법 제137조가 적용될 것이나 당해 효력규정 및 그 효력규정을 둔 법의 입법 취지를 고려하여 볼 때 나머지 부분을 무효로 한다면 당해 효력규정 및 그 법의 취지에 명백히 반하는 결과가 초래되는 경우에는 나머지 부분까지 무효가 된다고 할 수는 없다.(대판 2004.6.11, 2003다1601)

판례 무효인 법률행위는 그 법률행위가 성립한 당초부터 당연히 효력이 발생하지 않는 것이므로, 무효인 법률행위에 따른 법률효과를 침해하는 것처럼 보이는 위법행위나 채무불이행이 있다고 하여도 법률효과의 침해에 따른 손해는 없는 것이므로 그 손해배상을 청구할 수 없다.(대판 2003.3.28, 2002다72125)

第138條【無效行爲의 轉換】 無效인 法律行爲가 다른 法律行爲의 要件을 具備하고 當事者가 그 無效를 알았더라면 다른 法律行爲를 하는 것을 意慾하였으리라고 認定될 때에는 다른 法律行爲로서 效力을 가진다.

참조 [무효인 행위]103·107·108·151·815·883, [유언의 전환]1071

판례 타인의 자식 친생자 출생신고에 대한 입양의 효력 인정 : 당사자 사이에 양친자 관계를 창설하려는 명백한 의사가 있고 기타 입양의 성립요건이 모두 구비된 경우에는 요식성을 갖춘 입양신고 대신 친생자 출생신고가 있다 하더라도 입양의 효력이 있다.(대판 1977.7.26, 77다492 전원합의체)

第139條【無效行爲의 追認】 無效인 法律行爲는 追認하여도 그 效力이 생기지 아니한다. 그러나 當事者가 그 無效임을 알고 追認한 때에는 새로운 法律行爲로 본다.

참조 [무효인 경우]103·107·108·151·815·883, [추인]143이하, [무권대리행위의 추인]130-133

판례 양도금지특약에 위반한 채권양도의 승낙 : 양도금지의 특약에 위반해서 채권을 양수받은 악의 또는 중과실의 채권양수인에게는 채권이전의 효과가 생기지 아니하나, 악의 또는 중과실로 채권양수를 받은 후 채무자가 그 양도에 대하여 승낙을 한 때에는 채무자의 사후승낙에 의하여 무효인 채권양도행위가 추인되어 유효하게 되며, 이 경우 다른 약정이 없는 한 소급효가 인정되지 아니하고 양도의 효과는 승낙시부터 발생한다.
(대판 2000.4.7, 99다52817)

판례 취소한 의사표시를 다시 추인할 수 있는지 여부 : 취소한 법률행위는 처음부터 무효인 것으로 간주되므로 취소할 수 있는 법률행위가 일단 취소된 이상 그 후에는 취소할 수 있는 법률행위의 추인에 의하여 이미 취소되어 무효인 것으로 간주된 당초의 의사표시를 다시 확정적으로 유효하게 할 수는 없고, 다만 무효인 법률행위의 추인의 요건과 효력으로서 추인할 수는 있으나, 무효행위의 추인은 그 무효 원인이 소멸한 후에 하여야 그 효력이 있는 것이고, 그 무효 원인이란 바로 위 증여의 의사표시의 취소사유라고 할 것이므로, 결국 무효 원인이 소멸한 후란 것은 당초의 증여의 의사표시의 성립 과정에 존재하였던 취소의 원인이 종료된 후, 즉 강박 상태에서 벗어난 후라고 보아야 할 것이다.(대판 1997.12.12, 95다38240)

第140條【법률행위의 취소권자】 취소할 수 있는 법률행위는 제한능력자, 착오로 인하거나 사기·강박에 의하여 의사표시를 한 자, 그의 대리인 또는 승계인만이 취소할 수 있다.(2011.3.7 본조개정)

改前 "第140條【法律行爲의 取消權者】 取消할 수 있는 法律行爲는 無能力者, 瑕疵있는 意思表示를 한 者, 그 代理人 또는 承繼人에 한하여 取消할 수 있다."

참조 [제한능력에 의한 취소]5②·10·13, [착오로 인한 취소]109, [의사표시의 하자로 인한 취소]110, [속임수를 쓴 경우]17, [취소]141-146

第141條【취소의 효과】 취소된 법률행위는 처음부터 무효인 것으로 본다. 다만, 제한능력자는 그 행위로 인하여 받은 이익이 현존하는 한도에서 상환(償還)할 책임이 있다.(2011.3.7 본조개정)

改前 "第141條【取消의 效果】 取消한 法律行爲는 처음부터 無效인 것으로 본다. 그러나 無能力者는 그 行爲로 인하여 받은 利益이 現存하는 限度에서 償還할 責任이 있다."

참조 [취소방법]142, [취소로 보는 경우]15③, [취소효과의 제한]109②·110③, [혼인·입양의 취소]816이하·884이하, [반환의무의 범위]741·748

판례 신용카드 이용계약 취소시 미성년자가 반환할 이익 : 미성년자가 신용카드 발행인과 사이에 신용카드 이용계약을 체결하여 신용카드 거래를 하다가 신용카드 이용계약을 취소하는 경우, 신용카드 이용계약이 취소됨에도 불구하고 신용카드회원과 해당 가맹점 사이에 체결된 개별적인 매매계약과 신용카드 발행인과 가맹점 사이에 체결된 가맹점 계약은 특별한 사정이 없는 한 신용카드 이용계약취소와 무관하게 유효하므로, 신용카드 발행인의 가맹점에 대한 신용카드 이용대금의 지급으로써 신용카드회원은 자신의 가맹점에 대한 매매대금 지급채무를 법률상 원인 없이 면제받는 이익을 얻었으며, 이러한 이익은 금전상의 이득으로서 특별한 사정이 없는 한 현존하는 것으로 추정된다.
(대판 2005.4.15, 2003다60297,60303,60310,60327)

판례 합의 쌍방이 모두 취소를 주장하였으나 취소사유가 없는 경우 합의의 효력 : 일방은 합의가 강박에 의하여 이루어졌다는 이유를 들어, 타방은 착오에 의하여 합의를 하였다는 이유를 들어 각기 위 합의를 취소하는 의사표시를 하였으나, 각각 주장하는 바와 같은 취소사유가 있다고 인정되지 아니하는 이상, 쌍방이 모두 위 합의를 취소하는 의사표시를 하였다는 사정만으로는 위 합의가 취소되어 그 효력이 상실되는 것은 아니다.
(대판 1994.7.29, 93다58431)

第142條【取消의 相對方】 取消할 수 있는 法律行爲의 相對方이 確定한 경우에는 그 取消는 그 相對方에 대한 意思表示로 하여야 한다.

참조 [취소할 수 있는 행위]140

판례 취소를 전제로 한 소송상 이행청구나 이행거절 내에 취소의 의사표시 포함 여부(적극) : 법률행위의 취소는 상대방에 대한 의사표시로 하여야 하나, 그 취소의 의사표시는 특별히 재판상 행하여짐이 요구되는 경우 이외에는 특정한 방식이 요구되는 것이 아니고 취소의 의사가 상대방에 의하여 인식될 수 있다면 어떠한 방법에 의하더라도 무방하고, 법률행위의 취소를 당연한 전제로 한 소송상의 이행청구나 이를 전제로 한 이행거절 가운데는 취소의 의사표시가 포함되어 있다고 볼 수 있다.
(대판 1993.9.14, 93다13162)

第143條【追認의 方法, 效果】 ① 取消할 수 있는 法律行爲는 第140條에 規定한 者가 追認할 수 있고 追認후에는 取消하지 못한다.

② 前條의 規定은 前項의 경우에 準用한다.

참조 [추인시기]144, [추인으로 볼 경우]15①②·145, [무효행위의 추인]139, [추인의 효력]133, [무권대리행위의 추인]130-133

第144條【추인의 요건】 ① 추인은 취소의 원인이 소멸된 후에 하여야만 효력이 있다.

② 제1항은 법정대리인 또는 후견인이 추인하는 경우에는 적용하지 아니한다.
(2011.3.7 본조개정)

改前 "第144條【追認의 要件】 ① 追認은 取消의 原因이 終了한 후에 하지 아니하면 效力이 없다.
② 前項의 規定은 法定代理人이 追認하는 경우에는 適用하지 아니한다."

참조 [추인]142·143, [법정대리인의 추인]140, [취소원인]미성년자의 능력5②·10·13, [착오]109, [사기·강박]110, ②[미성년자의 법정대리인]911, [후견인]938

판례 강박상태에서 벗어나지 않은 상태에서 한 추인의 효력 : 강박에 의하여 채무인수의 의사표시를 하고 그 상태를 벗어나지 못한 상태에서 한 근저당권설정 계약서작성 및 교부행위는 취소의 원인이 종료되기 전에 한 추인에 불과하여 추인으로서의 효력이 없다.(대판 1982.6.8, 81다107)

第145條【法定追認】 取消할 수 있는 法律行爲에 관하여 前條의 規定에 의하여 追認할 수 있는 후에 다음 各號의 事由가 있으면 追認한 것으로 본다. 그러나 異議를 保留한 때에는 그러하지 아니하다.
1. 全部나 一部의 履行
2. 履行의 請求
3. 更改
4. 擔保의 提供
5. 取消할 수 있는 行爲로 取得한 權利의 全部나 一部의 讓渡
6. 强制執行

참조 [추인]142－144, [경개]500, [강제집행]민집24－263

판례 취소할 수 있는 법률행위로부터 발생한 채무의 의미와 당좌수표 발행행위에서 매수표의 발행행위를 독립된 별개의 법률행위로 볼 것인지 여부(적극) : 취소권자가 상대방에게 취소할 수 있는 법률행위로부터 생긴 채무의 전부 또는 일부를 이행한 것은 민법 145조 1호 소정의 법정추인 사유에 해당하여 취소할 수 없게 되는 것이나, 여기서 말하는 취소할 수 있는 법률행위로부터 생긴 채무란 취소권자가 취소권을 행사한 채무 그 자체를 말하는 것이고, 일시에 여러 장의 당좌수표를 발행하는 경우 매수표의 발행행위는 각각 독립된 법률행위이고 수표마다 별개의 채무가 되는 것이므로, 발행·교부한 당좌수표 중 일부가 거래은행에서 지급되게 하였다고 하여 나머지 당좌수표의 발행행위를 추인하였다거나 법정추인 사유에 해당한다고 볼 수 없다.(대판 1996.2.23, 94다58438)

第146條【取消權의 消滅】 取消權은 追認할 수 있는 날로부터 3年내에 法律行爲를 한 날로부터 10年내에 行使하여야 한다.

참조 [추인을 할 수 있는 시기]144, [소멸시효]162이하, [채권자취소권]406

판례 취소할 수 있는 법률행위에 대해 제소전화해가 존재하는 경우 취소기간 진행의 기산점 : 계엄사령부 합동조사본부 수사관들의 강박에 의하여 부동산에 관한 증여계약이 이루어진 후 증여를 원인으로 한 소유권이전등기를 하기로 제소전화해를 하여 그 화해조서에 기하여 소유권이전등기가 경료된 경우, 비상계엄령의 해제로 강박상태에서 벗어난 후 위 증여계약을 취소한다 하더라도 위 제소전화해조서의 기판력이 존속하는 동안에는 재산권을 원상회복하는 실효를 거둘 수 없어 강박에 의하여 이루어진 부동산에 관한 증여계약을 취소하는 데 법률상 장애가 존속되고 있다고 보아야 하고, 따라서 제소전화해조서를 취소하는 준재심사건 판결이 확정되어 위 제소전화해조서의 기판력이 소멸된 때부터 민법 146조 전단에 규정한 3년의 취소기간이 진행된다.(대판 1998.11.27, 98다7421)

第5節 條件과 期限

第147條【條件成就의 效果】 ① 停止條件있는 法律行爲는 條件이 成就한 때로부터 그 效力이 생긴다.
② 解除條件있는 法律行爲는 條件이 成就한 때로부터 그 效力을 잃는다.
③ 當事者가 條件成就의 效力을 그 成就前에 遡及하게 할 意思를 表示한 때에는 그 意思에 의한다.

참조 [조건을 붙이지 못하는 법률행위(상계)]493①, [어음행위]어음12①·26①·75·77①, 수표12·15①, [조건부법률행위]148－151, [정지조건부유언]1073②

판례 법률행위에 부관이 붙은 경우, 부관에 표시된 사실이 발생하지 아니하면 채무를 이행하지 아니하여도 된다고 보아야 하는 때에는 정지조건으로 정한 것으로 보아야 하고, 표시된 사실이 발생한 때는 물론이고 반대로 발생하지 아니하는 것이 확정된 때에도 그 채무를 이행하여야 한다고 보는 것이 타당한 경우에는 표시된 사실의 발생 여부가 확정되는 것을 불확정기한으로 정한 것으로 보아야 한다.(대판 2011.4.28, 2010다89036)

판례 혼인중 부부의 협의이혼을 전제(조건으)로 한 재산분할약정을 한 경우, 혼인관계가 존속하거나 재판상이혼(화해나 조정에 의한 이혼도 포함)이 이루어지면 위 재산분할약정은 조건의 불성취로 효력이 발생하지 않는다.
(대판 2003.8.19, 2001다14061)

판례 법률행위의 부관으로서 조건의 의미 및 성립 요건 : 조건은 법률행위의 효력의 발생 또는 소멸을 장래의 불확실한 사실의 성부에 의존케 하는 법률행위의 부관으로서 당해 법률행위를 구성하는 의사표시의 일체적인 내용을 이루는 것이므로, 의사표시의 일반원칙에 따라 조건을 붙이고자 하는 의사 즉 조건의사와 그 표시가 필요하며, 조건의사가 있더라도 그것이 외부에 표시되지 않으면 법률행위의 동기에 불과할 뿐이고 그것만으로는 법률행위의 부관으로서의 조건이 되는 것은 아니다.
(대판 2003.5.13, 2003다10797)

판례 동산에 대한 소유권유보부 매매계약의 효력 : 동산의 매매계약을 체결하면서, 매도인이 대금을 모두 지급받기 전에 목적물을 매수인에게 인도하지만 대금이 모두 지급될 때까지는 목적물의 소유권은 매도인에게 유보되며 대금이 모두 지급된 때에 그 소유권이 매수인에게 이전된다는 내용의 이른바 소유권유보의 특약을 한 경우, 목적물의 소유권을 이전한다는 당사자 사이의 물권적 합의는 매매계약을 체결하고 목적물을 인도한 때에 이미 성립하지만 대금이 모두 지급되는 것을 정지조건으로 하므로, 목적물이 매수인에게 인도되었다고 하더라도 특별한 사정이 없는 한 매도인은 대금이 모두 지급될 때까지 매수인뿐만 아니라 제3자에 대하여도 유보된 목적물의 소유권을 주장할 수 있다.(대판 1996.6.28, 96다14807)

第148條【條件附權利의 侵害禁止】 條件있는 法律行爲의 當事者는 條件의 成否가 未定한 동안에 條件의 成就로 인하여 생길 相對方의 利益을 害하지 못한다.

참조 [조건부권리의 효력]149·150, [권리침해와 손해배상]750

第149條【條件附權利의 處分 등】 條件의 成就가 未定한 權利義務는 一般規定에 의하여 處分, 相續, 保存 또는 擔保로 할 수 있다.

참조 148·150, [보존]부등3, [정지조건부 유증과 상속]1089②, [조건부권리의 효력]1035②, 채무자회생파산138·417－419·427·516·519·523·524

第150條【條件成就, 不成就에 대한 反信義行爲】 ① 條件의 成就로 인하여 不利益을 받을 當事者가 信義誠實에 反하여 條件의 成就를 妨害한 때에는 相對方은 그 條件이 成就한 것으로 主張할 수 있다.
② 條件의 成就로 인하여 利益을 받을 當事者가 信義誠實에 反하여 條件을 成就시킨 때에는 相對方은 그 條件이 成就하지 아니한 것으로 主張할 수 있다.

참조 2, [조건부권리의 불가침]148

판례 조건성취의제 시점 : 조건의 성취로 인하여 불이익을 받을 당사자가 신의성실에 반하여 조건의 성취를 방해한 경우, 조건이 성취된 것으로 의제되는 시점은 이러한 신의성실에 반하는 행위가 없었더라면 조건이 성취되었으리라고 추산되는 시점이다.(대판 1998.12.22, 98다42356)

第151條【不法條件, 旣成條件】 ① 條件이 善良한 風俗 기타 社會秩序에 違反한 것인 때에는 그 法律行爲는 無效로 한다.
② 條件이 法律行爲의 당시 이미 成就한 것인 경우에는 그 條件이 停止條件이면 條件없는 法律行爲로 하고 解除條件이면 그 法律行爲는 無效로 한다.
③ 條件이 法律行爲의 當時에 이미 成就할 수 없는 것인 경우에는 그 條件이 解除條件이면 條件없는 法律行爲로 하고 停止條件이면 그 法律行爲는 無效로 한다.

참조 [조건성취의 효과]147, [불법]103·746·750

판례 조건부 법률행위에 있어 조건의 내용 자체가 불법적인 것이어서 무효일 경우 또는 조건을 붙이는 것이 허용되지 아니하는 법률행위에 조건을 붙인 경우 그 조건만을 분리하여 무효로 할 수는 없고 그 법률행위 전부가 무효로 된다.
(대결 2005.11.8, 2005마541)

第152條【期限到來의 效果】 ① 始期있는 法律行爲는 期限이 到來한 때로부터 그 效力이 생긴다.
② 終期있는 法律行爲는 期限이 到來한 때로부터 그 效力을 잃는다.

참조 [기한]153·388, [기한의 불허]493①, [이행기]387·585

판례 '불확정기한'으로 보는 부관 : 이미 부담하고 있는 채무의 변제에 관하여 일정한 사실이 부관으로 붙여진 경우에는 특별한 사정이 없는 한 그것은 변제기를 유예한 것으로, 그 사실이 발생한 때 또는 발생하지 아니하는 것으로 확정된 때에 기한이 도래한다.(대판 2003.8.19, 2003다24215)

第153條【期限의 利益과 그 抛棄】 ① 期限은 債務者의 利益을 위한 것으로 推定한다.
② 期限의 利益은 이를 抛棄할 수 있다. 그러나 相對方의 利益을 害하지 못한다.

참조 468·603②·661·689·698, 상259·542①·613①, 어음40②, [기한이익의 상실]388

第154條【期限附權利와 準用規定】 第148條와 第149條의 規定은 期限있는 法律行爲에 準用한다.

참조 [권리침해와 손해배상]750

第6章 期 間

第155條【本章의 適用範圍】 期間의 計算은 法令, 裁判上의 處分 또는 法律行爲에 다른 정한 바가 없으면 本章의 規定에 의한다.

참조 [다른 정한 바]상64, 어음36·72－74·77①, 수표30·60·62, 민소170－173, 비송10, 형83－86, 형소66·67, 특허14

第156條【期間의 起算點】 期間을 時, 分, 秒로 정한 때에는 卽時로부터 起算한다.

참조 157·158, 형소66①

第157條【期間의 起算點】 期間을 日, 週, 月 또는 年으로 정한 때에는 期間의 初日은 算入하지 아니한다. 그러나 그 期間이 午前 零時로부터 始作하는 때에는 그러하지 아니하다.

참조 160, [기산점]156·158, 어음73·77①, 수표61, 형소66①

第158條【나이의 계산과 표시】 나이는 출생일을 산입하여 만(滿) 나이로 계산하고, 연수(年數)로 표시한다. 다만, 1세에 이르지 아니한 경우에는 월수(月數)로 표시할 수 있다.(2022.12.27 본조개정)

改前 "第158條【年齡의 起算點】年齡計算에는 出生日을 算入한다."

참조 4·156·157, 부칙27

第159條【期間의 滿了點】 期間을 日, 週, 月 또는 年으로 정한 때에는 期間末日의 終了로 期間이 滿了한다.

참조 [기간의 만료]158·160②·161, 상63

판례 정년이 53세라 함은 만 53세에 달하는 날을 말하는 것이지 만 53세가 만료되는 날을 의미하지 아니한다.
(대판 1973.6.12, 71다2669)

第160條【曆에 의한 計算】 ① 期間을 週, 月 또는 年으로 정한 때에는 曆에 의하여 計算한다.
② 週, 月 또는 年의 처음으로부터 期間을 起算하지 아니하는 때에는 最後의 週, 月 또는 年에서 그 起算日에 해당한 날의 前日로 期間이 滿了한다.
③ 月 또는 年으로 정한 경우에 最終의 月에 해당일이 없는 때에는 그 月의 末日로 期間이 滿了한다.

참조 157－159·161, 어음36, 민소170, 형소66②

第161條【공휴일 등과 期間의 滿了點】 期間의 末日이 토요일 또는 공휴일에 해당한 때에는 期間은 그 翌日로 滿了한다.(2007.12.21 본조개정)

改前 第161條【"公休日"과 期間의 滿了點】期間의 末日이 "公休日"에 해당한 때에는 期間은 그 翌日로 滿了한다.

참조 국경일에관한법, [관습]106, [특별규정]상63, 어음72·77①, 수표60, 민소170, 형소66②

第7章 消滅時效

第162條【債權, 財産權의 消滅時效】 ① 債權은 10年間 行使하지 아니하면 消滅時效가 完成한다.
② 債權 및 所有權 이외의 財産權은 20年間 行使하지 아니하면 消滅時效가 完成한다.

참조 부칙8, ①[예외]163－165, 상64, 어음70·77①, 수표51, 국가재정법96, 징발법23, ②[특별규정]369, [지역권의 소멸시효]296

판례 채권의 소멸시효가 완성된 경우 이를 원용할 수 있는 자는 시효로 인하여 채무가 소멸되는 결과 직접적인 이익을 받는 자에 한정되고, 그 채무자에 대한 채권자는 자기의 채권을 보전하기 위하여 필요한 한도 내에서 채무자를 대위하여 이를 원용할 수 있을 뿐이므로 채무자에 대하여 무슨 채권이 있는 것도 아닌 자는 소멸시효 주장을 대위 원용할 수 없다.
(대판 2007.3.30, 2005다11312)

판례 상행위인 외국환거래약정에 따른 손해배상의 부당이득반환청구권 : 외국환거래약정을 체결하면서 손해배상금의 지급약정을 하고 이에 따라 손해배상금을 지급하였지만 그 지급약정이 약관의 규제에 관한 법률에 의해 무효로 될 경우, 피고인 금융기관에 이미 손해배상금을 지급했던 원고가 갖는 부당이득반환채권은 상행위인 계약에 기하여 급부가 이루어짐으로써 발생한 것으로서 근본적으로 상행위에 해당하고 그 채권발생의 경위나 원인 등에 비추어 그로 인한 거래관계를 신속하게 해결할 필요가 있으므로 그 소멸시효기간에는 상법 64조가 적용되어 5년의 소멸시효에 걸린다고 봐야 한다.
(대판 2002.6.14, 2001다47825)

第163條【3年의 短期消滅時效】 다음 各號의 債權은 3年間 行使하지 아니하면 消滅時效가 完成한다.
1. 利子, 扶養料, 給料, 使用料 기타 1年 이내의 期間으로 정한 金錢 또는 物件의 支給을 目的으로 한 債權
2. 醫師, 助産師, 看護師 및 藥師의 治療, 勤勞 및 調劑에 관한 債權(1997.12.13 본호개정)
3. 都給받은 者, 技師 기타 工事의 設計 또는 監督에 從事하는 者의 工事에 관한 債權
4. 辯護士, 辨理士, 公證人, 公認會計士 및 法務士에 대한 職務上 保管한 書類의 返還을 請求하는 債權(1997.12.13 본호개정)
5. 辯護士, 辨理士, 公證人, 公認會計士 및 法務士의 職務에 관한 債權(1997.12.13 본호개정)
6. 生産者 및 商人이 販賣한 生産物 및 商品의 代價
7. 手工業者 및 製造者의 業務에 관한 債權

참조 부칙8, [일반채권의 소멸시효]162, [판결 등에 의하여 확정된 채권의 소멸시효]165

판례 '리스료' 채권이 단기 소멸시효 대상인지 여부 : 이른바 금융리스에 있어서 리스료는, 리스회사가 리스이용자에게 제공하는 취득자금의 금융편의에 대한 원금의 분할변제 및 이자·비용 등의 변제의 기능을 갖는 것은 물론이거니와 그 외에도 리스회사가 리스이용자에게 제공하는 이용상의 편익을 포함하여 거래관계 전체에 대한 대가로서의 의미를 지닌다. 따라서 리스료 채권은, 그 채권관계가 일시에 발생하여 확정되고 다만 그 변제방법만이 일정 기간마다의 분할변제로 정하여진 것에 불과하기 때문에(기본적 정기금채권에 기하여 발생하는 지분적 채권이 아니다) 3년의 단기 소멸시효가 적용되는 채권이라고 할 수 없고, 한편 매회분의 리스료가 각 시점별 취득원가 분할액과 그 잔존액의 이자조로 계산된 금액과를 합한 금액으로 구성되어 있다 하더라도, 이는 리스료액의 산출을 위한 계산방법에 지나지 않는 것이므로 그 중 이자부분만이 따로 3년의 단기 소멸시효에 걸린다고 할 것도 아니다.(대판 2001.6.12, 99다1949)

판례 제6호 소정의 '상인이 판매한 상품의 대가'란 상품의 매매로 인한 대금 그 자체의 채권만을 말하는 것으로서, 상품의 공급 자체와 등가성 있는 청구권에 한한다.
(대판 1996.1.23, 95다39854)

第164條【1年의 短期消滅時效】 다음 各號의 債權은 1年間 行使하지 아니하면 消滅時效가 完成한다.
1. 旅館, 飮食店, 貸席, 娛樂場의 宿泊料, 飮食料, 貸席料, 入場料, 消費物의 代價 및 替當金의 債權
2. 衣服, 寢具, 葬具 기타 動産의 使用料의 債權
3. 勞役人, 演藝人의 賃金 및 그에 供給한 物件의 代金債權
4. 學生 및 修業者의 敎育, 衣食 및 留宿에 관한 校主, 塾主, 敎師의 債權

참조 부칙8, [일반채권의 소멸시효]162, [판결 등에 의하여 확정된 채권의 소멸시효]165

판례 상행위로 인한 채권의 소멸시효에 관하여도 다른 법령에 상사시효보다 단기의 시효의 규정이 있는 때에는 그 규정에 의하는 것이므로 원고의 본소 청구채권이 1년의 단기시효에 의하여 소멸되는 것이라면 상사시효에 관한 규정을 적용할 것이 아니라 민법상 1년의 단기시효의 규정을 적용하여야 할 것이다.
(대판 1966.6.28, 66다790)

第165條【判決 등에 의하여 確定된 債權의 消滅時效】 ① 判決에 의하여 確定된 債權은 短期의 消滅時效에 해당한 것이라도 그 消滅時效는 10年으로 한다.

② 破産節次에 의하여 確定된 債權 및 裁判上의 和解, 調停 기타 判決과 同一한 效力이 있는 것에 의하여 確定된 債權도 前項과 같다.

③ 前2項의 規定은 判決確定 당시에 辨濟期가 到來하지 아니한 債權에 適用하지 아니한다.

참조 부칙8, [단기소멸시효]163·164, 어음70·77①, 수표51

판례 유치권이 성립된 부동산의 매수인은 피담보채권의 소멸시효가 완성되면 시효로 인하여 채무가 소멸되는 결과 직접적인 이익을 받는 자에 해당하므로 소멸시효의 완성을 원용할 수 있는 지위에 있다고 할 것이나, 매수인은 유치권자에게 채무자의 채무와는 별개의 독립된 채무를 부담하는 것이 아니라 단지 채무자의 채무를 변제할 책임을 부담하는 점 등에 비추어 보면, 유치권의 피담보채권의 소멸시효기간이 확정판결 등에 의하여 10년으로 연장된 경우 매수인은 그 채권의 소멸시효기간이 연장된 효과를 부정하고 종전의 단기소멸시효기간을 원용할 수는 없다.(대판 2009.9.24, 2009다39530)

第166條【消滅時效의 起算點】 ① 消滅時效는 權利를 行使할 수 있는 때로부터 進行한다.

② 不作爲를 目的으로 하는 債權의 消滅時效는 違反行爲를 한 때로부터 進行한다.

<2018.8.30 헌법재판소 단순위헌결정으로 이 조 제1항 중「진실·화해를 위한 과거사정리 기본법」제2조제1항제3호, 제4호에 규정된 사건에 적용되는 부분은 헌법에 위반>

참조 부칙8, [권리를 행사할 수 있는 때]조건의 성취147①, [기한의 도래]152①, [시효의 기산일]167·247, [소유권과 소멸시효]162②, [유치권의 행사와 채권의 소멸시효]326, [시기부, 정지조건부권리]147·152

판례 일반적인 국가배상청구권에 적용되는 소멸시효 기산점과 시효기간에 합리적 이유가 인정된다 하더라도, 과거사정리법 제2조제1항제3호에 규정된 '민간인 집단희생사건', 제4호에 규정된 '중대한 인권침해·조작의혹사건'의 특수성을 고려하지 아니한 채 민법 제166조제1항, 제766조제2항의 '객관적 기산점'이 그대로 적용되도록 규정하는 것은 소멸시효제도를 통한 법적 안정성과 가해자 보호만을 지나치게 중시한 나머지 합리적 이유 없이 위 사건 유형에 관한 국가배상청구권 보장 필요성을 외면한 것으로서 입법형성의 한계를 일탈하여 청구인들의 국가배상청구권을 침해한다.(헌재결 2018.8.30, 2014헌바148)

판례 소유권이전등기 말소등기의무의 이행불능으로 인한 전보배상청구권의 소멸시효의 기산점 : 소유권이전등기 말소등기의무의 이행불능으로 인한 전보배상청구권의 소멸시효는 말소등기의무가 이행불능 상태에 돌아간 때로부터 진행된다.
(대판 2005.9.15, 2005다29474)

판례 소멸시효가 진행하지 않는 '권리를 행사할 수 없는' 경우의 의미 : 소멸시효는 객관적으로 권리가 발생하여 그 권리를 행사할 수 있는 때로부터 진행하고 그 권리를 행사할 수 없는 동안만은 진행하지 않는바, '권리를 행사할 수 없는' 경우라 함은 그 권리행사에 법률상의 장애사유, 예컨대 기간의 미도래나 조건불성취 등이 있는 경우를 말하는 것이고, 사실상 권리의 존재나 권리행사 가능성을 알지 못하였고 알지 못함에 과실이 없다고 하여도 이러한 사유는 법률상 장애사유에 해당하지 않는다.
(대판 2004.4.27, 2003두10763)

판례 법인의 내부적인 법률관계가 개입된 권리의 소멸시효 기산점 : 소멸시효의 진행은 당해 청구권이 성립한 때로부터 발생하고 원칙적으로 권리의 존재나 발생을 알지 못하였다고 하더라도 소멸시효의 진행에 장애가 되지 않지만, 법인의 이사회결의가 부존재함에 따라 발생하는 제3자의 부당이득반환청구권처럼 법인이나 회사의 내부적인 법률관계가 개입되어 있어 청구권자가 권리의 발생 여부를 객관적으로 알기 어려운 상황에 있고 청구권자가 과실 없이 이를 알지 못한 경우에는 이사회결의부존재확인판결의 확정과 같이 객관적으로 청구권의 발생을 알 수 있게 된 때로부터 소멸시효가 진행된다고 보는 것이 타당하다.(대판 2003.4.8, 2002다64957,64964)

第167條【消滅時效의 遡及效】 消滅時效는 그 起算日에 遡及하여 效力이 생긴다.

참조 부칙8, [시효소멸의 채권과 상계]495, [기산일]166, [취득시효의 소급효]247①

판례 채무불이행에 따른 해제의 의사표시가 효력을 발생하기 전에 이미 채무불이행의 대상이 되는 본래 채권이 시효가 완성되어 소멸되었다면 특별한 사정(채무자가 소멸시효의 완성을 주장하는 것이 신의성실의 원칙에 반하여 권리남용으로서 허용될 수 없다는 등)이 없는 한 채무자는 채권자의 해제권 행사 이후에도 소멸시효항변으로 대항할 수 있고, 결국 시효완성 전까지 해제권을 행사하지 않은 채권자는 채무자의 채무불이행 시점(해제권 발생 시점)이 본래 채권의 시효완성 전인지 후인지를 불문하고 그 해제권 및 이에 기한 원상회복청구권을 행사할 수 없다.(대판 2022.9.29, 2019다204593)

일판 무단전대를 이유로 한 토지임대차계약의 해제권의 소멸시효는 전차인이 전대차계약에 기인하여 그 토지의 사용수익을 개시한 때로부터 진행한다.(日·最高 1987.10.8)

第168條【消滅時效의 中斷事由】 消滅時效는 다음 各號의 事由로 인하여 中斷된다.

1. 請求
2. 押留 또는 假押留, 假處分
3. 承認

참조 부칙8, [기타중단사유]어음80①, 수표64①, 국가재정법96, 채무자회생파산32·115⑤·352⑤, [중단효력]169, [중단한 시효진행]178, [청구]170-174·178·416·440, 민소265, [압류, 가압류, 가처분]175·176, [승인]177

판례 가압류를 시효중단사유로 정하고 있는 것은 가압류에 의하여 채권자가 권리를 행사하였다고 할 수 있기 때문인데 가압류에 의한 집행보전의 효력이 존속하는 동안은 가압류채권자에 의한 권리행사가 계속되고 있다고 보아야 할 것이므로 가압류에 의한 시효중단의 효력은 가압류 집행보전의 효력이 존속하는 동안은 계속된다. 따라서 유체동산에 대한 가압류결정을 집행한 경우 가압류에 의한 시효중단 효력은 가압류 집행보전의 효력이 존속하는 동안 계속된다. 그러나 유체동산에 대한 가압류 집행절차에 착수하지 않은 경우에는 시효중단 효력이 없고, 집행절차를 개시하였으나 가압류할 동산이 없기 때문에 집행불능이 된 경우에는 집행절차가 종료된 때로부터 시효가 새로이 진행된다.(대판 2011.5.13, 2011다10044)

판례 사망한 사람을 피신청인으로 한 가압류신청은 부적법하고 그 신청에 따른 가압류결정이 내려졌다고 하여도 그 결정은 당연 무효로서 그 효력이 상속인에게 미치지 않으며, 이러한 당연무효의 가압류는 민법 제168조제1호에 정한 소멸시효의 중단사유에 해당하지 않는다.(대판 2006.8.24, 2004다26287,26294)

판례 청구대상 채권 중 일부만을 청구한 경우, 시효중단의 효력 발생범위 : 청구의 대상으로 삼은 채권 중 일부만을 청구한 경우에도 그 취지로 보아 채권 전부에 관하여 판결을 구하는 것으로 해석되는 경우에는 그 동일성의 범위 내에서 그 전부에 관하여 시효중단의 효력이 발생한다.
(대판 2006.1.26, 2005다60017,60024)

판례 채권양도는 비록 대항요건을 갖추지 못하여 채무자에게 대항하지 못한다고 하더라도 채권의 양수인이 채무자를 상대로 재판상의 청구를 하였다면 이는 소멸시효 중단사유인 재판상의 청구에 해당한다고 보아야 한다.(대판 2005.11.10, 2005다41818)

판례 가압류에 의한 시효중단의 효력에 관한 법리 : 동조에서 가압류를 시효중단사유로 정하고 있는 것은 가압류에 의하여 채권자가 권리를 행사하였다고 할 수 있기 때문인데 가압류에 의한 집행보전의 효력이 존속하는 동안은 가압류채권자에 의한 권리행사가 계속되고 있다고 보아야 할 것이므로 가압류에 의한 시효중단의 효력은 가압류의 집행보전의 효력이 존속하는 동안은 계속된다고 하여야 할 것이며, 또한 위 조항에서 가압류와 재판상의 청구를 별도의 시효중단사유로 규정하고 있는데 비추어 보면, 가압류의 피보전채권에 관하여 본안의 승소판결이 확정되었다고 하더라도 가압류에 의한 시효중단의 효력이 이에 흡수되어 소멸된다고 할 수도 없다.
(대판 2000.4.25, 2000다11102)

판례 시효중단사유의 주장·입증책임은 시효완성을 다투는 당사자가 지며, 그 주장책임의 정도는 취득시효가 중단되었다는 명시적인 주장을 필요로 하는 것이 아니라 중단사유에 속하는 사실만 주장하면 주장책임을 다한 것으로 보아야 한다.
(대판 1997.4.25, 96다46484)

第169條【時效中斷의 效力】 時效의 中斷은 當事者 및 그 承繼人間에만 效力이 있다.

참조 부칙8, [지역권의 예외]295②·296, [연대채무·보증채무등의 예외]416·440, [특칙]어음71·77①, 수표52

판례 당사자라 함은 중단행위에 관하여 당사자가 된 자를 가리키고 시효의 대상인 권리 또는 청구권의 당사자는 아니며, 승계인이라 함은, '시효중단에 관여한 당사자로부터 중단의 효과를 받는 권리를 그 중단효과 발생 이후에 승계한 자'를 뜻하고, 포괄승계인은 물론 특정승계인도 이에 포함된다.
(대판 1997.4.25, 96다46484)

第170條【裁判上의 請求와 時效中斷】 ① 裁判上의 請求는 訴訟의 却下, 棄却 또는 取下의 경우에는 時效中斷의 效力이 없다.

② 前項의 경우에 6月내에 裁判上의 請求, 破産節次參加, 押留 또는 假押留, 假處分을 한 때에는 時效는 最初의 裁判上 請求로 인하여 中斷된 것으로 본다.

참조 부칙8, [시효중단발생시기]민소81·265, [청구]168, [재판상의 청구]민소226, [소송고지]어음80, 수표64, [소송의 각하]민소219, [소송의 취하]민소266-268, [시효의 재진행]165·178②

판례 '재판상의 청구'라 함은, 통상적으로는 권리자가 원고로서 시효를 주장하는 자를 피고로 하여 소송물인 권리를 소의 형식으로 주장하는 경우를 가르키지만, 이와 반대로 시효를 주장하는 자가 원고가 되어 소를 제기한 데 대하여 피고로서 응소하여 그 소송에서 적극적으로 권리를 주장하고 그것이 받아들여진 경우도 마찬가지로 이에 포함되는 것으로 해석함이 타당하다.
(대판 1993.12.21, 92다47861 전원합의체)

第171條【破産節次參加와 時效中斷】 破産節次參加는 債權者가 이를 取消하거나 그 請求가 却下된 때에는 時效中斷의 效力이 없다.

참조 부칙8, [청구]168, [파산절차참가]채무자회생파산424·447①

판례 채권조사기일에서 파산관재인이 신고채권에 대하여 이의를 제기하거나 채권자가 법정기간 내에 파산채권 확정의 소를 제기하지 아니하여 배당에서 제척되었다고 하더라도 그것이 민법 제171조 규정에서 말하는 '그 청구가 각하된 때'에 해당한다고 볼 수는 없다 할 것이고, 따라서 파산절차참가로 인한 시효중단의 효력은 파산절차가 종결될 때까지 계속 존속한다.
(대판 2005.10.28, 2005다28273)

第172條【支給命令과 時效中斷】 支給命令은 債權者가 法定期間내에 假執行申請을 하지 아니함으로 인하여 그 效力을 잃은 때에는 時效中斷의 效力이 없다.

참조 [청구]168, [지급명령]민소462

第173條【和解를 위한 召喚, 任意出席과 時效中斷】 和解를 위한 召喚은 相對方이 出席하지 아니하거나 和解가 成立되지 아니한 때에는 1月내에 訴를 提起하지 아니하면 時效中斷의 效力이 없다. 任意出席의 경우에 和解가 成立되지 아니한 때에도 그러하다.

참조 부칙8, [청구]168·170-176

第174條【催告와 時效中斷】 催告는 6月내에 裁判上의 請求, 破産節次參加, 和解를 위한 召喚, 任意出席, 押留 또는 假押留, 假處分을 하지 아니하면 時效中斷의 效力이 없다.

참조 부칙8, [청구]168·170-176, [압류, 가압류, 가처분]민집188이하·276이하

판례 압류·추심명령의 송달에 최고로서의 효력 인정 여부(적극) : 최고는 채무자에 대하여 채무이행을 구한다는 채권자의 의사통지(준법률행위)로서, 이에는 특별한 형식이 요구되지 아니할 뿐 아니라 행위 당시 당사자가 시효중단의 효과를 발생시킨다는 점을 알거나 의욕하지 않았다 하더라도 권리 행사의 주장을 하는 취지임이 명백하다면 최고에 해당하므로, 채권자가 확정판결에 기한 채권의 실현을 위하여 채무자의 제3채무자에 대한 채권에 관하여 압류 및 추심명령을 받아 그 결정이 제3채무자에게 송달이 되었다면 거기에 소멸시효 중단사유인 최고로서의 효력을 인정하여야 한다.(대판 2003.5.13, 2003다16238)

판례 재산관계명시절차의 시효중단의 효력 : 재산관계명시절차는 압류 또는 가압류, 가처분과 달리 어디까지나 집행 목적물을 탐지하여 강제집행을 용이하게 하기 위한 강제집행의 보조절차 또는 강제집행의 준비행위와 강제집행 사이의 중간적 단계의 절차에 불과하므로, 민법 168조 2호 소정의 소멸시효 중단사유인 압류 또는 가압류, 가처분에 준하는 효력까지 인정될 수는 없고, 재산관계명시결정에 의한 소멸시효 중단의 효력은 그로부터 6월 내에 다시 소를 제기하거나 압류 또는 가압류, 가처분을 하는 등 민법 174조에 규정된 절차를 속행하지 아니하는 한 상실되는 것으로 보는 것이 옳다.
(대판 2001.5.29, 2000다32161)

第175條【押留, 假押留, 假處分과 時效中斷】 押留, 假押留 및 假處分은 權利者의 請求에 의하여 또는 法律의 規定에 따르지 아니함으로 인하여 取消된 때에는 時效中斷의 效力이 없다.

참조 168·176, 부칙8, [가압류]민집276, [가처분]민집300, [압류등의 취소]민집50

판례 금전채권의 보전을 위하여 채무자의 금전채권에 대하여 가압류가 행하여진 경우에 그 후 채권자의 신청에 의하여 그 집행이 취소되었다면, 다른 특별한 사정이 없는 한 가압류에 의한 소멸시효 중단의 효과는 소급적으로 소멸된다. 민법 제175조는 가압류가 '권리자의 청구에 의하여 취소된 때에는' 소멸시효 중단의 효력이 없다고 정한다. 가압류의 집행 후에 행하여진 채권자의 집행취소 또는 집행해제의 신청은 실질적으로 집행신청의 취하에 해당하고, 이는 다른 특별한 사정이 없는 한 가압류 자체의 신청을 취하하는 것과 마찬가지로 그에게 권리행사의 의사가 없음을 객관적으로 표명하는 행위로서 위 법 규정에 의하여 시효중단의 효력이 소멸한다고 봄이 상당하다. 이러한 점은 위와 같은 집행취소의 경우 그 취소의 효력이 단지 장래에 대하여만 발생한다는 것에 의하여 달라지지 아니한다.
(대판 2010.10.14, 2010다53273)

第176條【押留, 假押留, 假處分과 時效中斷】 押留, 假押留 및 假處分은 時效의 利益을 받은 者에 대하여 하지 아니한 때에는 이를 그에게 通知한 후가 아니면 時效中斷의 效力이 없다.

참조 168·175, 부칙8, [시효중단의 당사자]169

第177條【承認과 時效中斷】 時效中斷의 效力있는 承認에는 相對方의 權利에 관한 處分의 能力이나 權限있음을 要하지 아니한다.

참조 부칙8, [승인]168

판례 시효완성 전에 채무의 일부를 변제한 경우에는, 그 수액에 관하여 다툼이 없는 한 채무승인으로서의 효력이 있어 시효중단의 효과가 발생한다.(대판 1996.1.23, 95다39854)

第178條【中斷후에 時效進行】 ① 時效가 中斷된 때에는 中斷까지에 經過한 時效期間은 이를 算入하지 아니하고 中斷事由가 終了한 때로부터 새로이 進行한다.

② 裁判上의 請求로 인하여 中斷한 時效는 前項의 規定에 의하여 裁判이 確定된 때로부터 새로이 進行한다.

참조 부칙8, 어음80, 수표64, [시효중단]168·169, [재판상의 청구]170, 173

판례 채권액이 외국통화로 지정된 금전채권인 외화채권을 채권자가 대용급부의 권리를 행사하여 우리나라 통화로 환산하여 청구하는 경우 법원이 채무자에게 그 이행을 명함에 있어서는 채무자가 현실로 이행할 때에 가장 가까운 사실심 변론종결 당시의 외국환시세를 우리나라 통화로 환산하는 기준시로 삼아야 하고, 그와 같은 제1심 이행판결에 대하여 채무자만이 불복·항소한 경우, 항소심은 속심이므로 채무자가 항소이유로 삼거나 심리 과정에서 내세운 주장이 이유 없다고 하더라도 법원으로서는 항소심 변론종결 당시의 외국환시세를 기준으로 채권액을 다시 환산해 본 후 불이익변경금지 원칙에 반하지 않는 한 채무자의 항소를 일부 인용하여야 한다.
(대판 2007.4.12, 2006다72765)

第179條【제한능력자의 시효정지】 소멸시효의 기간만료 전 6개월 내에 제한능력자에게 법정대리인이 없는 경우에는 그가 능력자가 되거나 법정대리인이 취임한 때부터 6개월 내에는 시효가 완성되지 아니한다.(2011.3.7 본조개정)

改前 "第179條【無能力者와 時效停止】消滅時效의 期間滿了전 6月내에 無能力者의 法定代理人이 없는 때에는 그가 能力者가 되거나 法定代理人이 就任한 때부터 6月내에는 時效가 完成하지 아니한다."

참조 부칙8, [미성년자, 피성년후견인]4-6·8·12·13·826의2, [친권자]911, [후견인]938

第180條【재산관리자에 대한 제한능력자의 권리, 부부 사이의 권리와 시효정지】 ① 재산을 관리하는 아버지, 어머니 또는 후견인에 대한 제한능력자의 권리는 그가 능력자가 되거나 후임 법정대리인이 취임한 때부터 6개월 내에는 소멸시효가 완성되지 아니한다.

② 부부 중 한쪽이 다른 쪽에 대하여 가지는 권리는 혼인관계가 종료된 때부터 6개월 내에는 소멸시효가 완성되지 아니한다.

(2011.3.7 본조개정)

改前 "第180條【財産管理者에 대한 無能力者의 權利, 夫婦間의 權利와 時效停止】① 財産을 管理하는 父, 母 또는 後見人에 대한 無能力者의 權利는 그가 能力者가 되거나 後任의 法定代理人이 就任한 때로부터 6月내에는 消滅時效가 完成하지 아니한다.
② 夫婦의 一方의 他方에 대한 權利는 婚姻關係의 終了한 때로부터 6月내에는 消滅時效가 完成하지 아니한다."

참조 부칙8, ①[제한능력자의 재산을 관리하는 자]909·916·920·924-927·946·949, ②[부부간의 재산관계]829이하, [혼인관계의 종료]834·840이하

第181條【相續財産에 관한 權利와 時效停止】 相續財産에 속한 權利나 相續財産에 대한 權利는 相續人의 確定, 管理人의 選任 또는 破産宣告가 있는 때로부터 6月내에는 消滅時效가 完成하지 아니한다.

참조 부칙8, [상속인의 확정]1019·1025·1028, [관리인의 선임]1053, [파산선고]채무자회생파산299-300

第182條【天災 기타 事變과 時效停止】 天災 기타 事變으로 인하여 消滅時效를 中斷할 수 없을 때에는 그 事由가 終了한 때로부터 1月내에는 時效가 完成하지 아니한다.

참조 부칙8, [시효중단]168, [불가항력으로 인한 기간의 연장]어음54, 수표47

第183條【從屬된 權利에 대한 消滅時效의 效力】 主된 權利의 消滅時效가 完成한 때에는 從屬된 權利에 그 效力이 미친다.

참조 369·440

판례 공동불법행위자 1인의 손해배상채무 시효완성의 효력이 다른 공동불법행위자의 구상권에도 미치는지 여부(소극) : 공동불법행위자의 다른 공동불법행위자에 대한 구상권은 피해자의 다른 공동불법행위자에 대한 손해배상채권과는 그 발생원인 및 성질을 달리하는 별개의 권리이므로, 공동불법행위자 중 1인의 손해배상채무가 시효로 소멸한 후에 다른 공동불법행위자 1인이 피해자에게 자기의 부담 부분을 넘는 손해를 배상하였을 경우에도 그 공동불법행위자는 다른 공동불법행위자에게 구상권을 행사할 수 있다.(대판 1997.12.23, 97다42830)

第184條【時效의 利益의 抛棄 기타】 ① 消滅時效의 利益은 미리 抛棄하지 못한다.

② 消滅時效는 法律行爲에 의하여 이를 排除, 延長 또는 加重할 수 없으나 이를 短縮 또는 輕減할 수 있다.

참조 부칙8, [시효의 완성]162-165

판례 소멸시효 이익의 포기는 상대적 효과가 있을 뿐이어서 다른 사람에게는 영향을 미치지 아니함이 원칙이나, 소멸시효 이익의 포기 당시에는 권리의 소멸에 의하여 직접 이익을 받을 수 있는 이해관계를 맺은 적이 없다가 나중에 시효이익을 이미 포기한 자와의 법률관계를 통하여 비로소 시효이익을 원용할 이해관계를 형성한 자는 이미 이루어진 시효이익 포기의 효력을 부정할 수 없다. 왜냐하면, 시효이익의 포기에 대하여 상대적인 효과만을 부여하는 이유는 포기 당시에 시효이익을 원용할 다수의 이해관계인이 존재하는 경우 그들의 의사와는 무관하게 채무자 등 어느 일방의 포기 의사만으로 시효이익을 원용할 권리를 박탈당하게 되는 부당한 결과의 발생을 막으려는 데 있는 것이지, 시효이익을 이미 포기한 자와의 법률관계를 통하여 비로소 시효이익을 원용할 이해관계를 형성한 자에게 이미 이루어진 시효이익 포기의 효력을 부정할 수 있게 하여 시효완성을 둘러싼 법률관계를 사후에 불안정하게 만들자는 데 있는 것은 아니기 때문이다.(대판 2015.6.11, 2015다200227)

판례 국유재산을 점유하여 취득시효가 완성된 후 국가와 국유재산 대부계약을 체결하고 대부료를 납부한 사실만으로는 취득시효 완성의 이익을 포기하는 적극적인 의사표시를 한 것으로 보기는 어렵지만, 그러한 대부계약이 아무런 하자 없이 여러 차례에 걸쳐 체결되었다거나, 단순히 대부계약의 체결에 그치지 않고 그 계약 전에 밀린 점용료를 변상금이란 명목으로 납부하는 데까지 나아갔다면 그러한 대부계약 체결이나 변상금 납부는 국가의 소유권을 인정하고 취득시효 완성의 이익을 포기한다는 적극적인 의사표시를 한 것으로 봄이 상당하다.
(대판 2007.4.13, 2006다62546)

판례 특정한 채무의 이행을 청구할 수 있는 기간을 제한하고 그 기간을 도과할 경우 채무가 소멸하도록 하는 약정은 민법 또는 상법에 의한 소멸시효기간을 단축하는 약정으로서 특별한 사정이 없는 한 민법 제184조제2항에 의하여 유효하다.
(대판 2006.4.14, 2004다70253)

판례 소멸시효가 완성된 채무를 피담보채무로 하는 근저당권이 실행되어 채무자 소유의 부동산이 경락되고 그 대금이 배당되어 채무의 일부 변제에 충당될 때까지 채무자가 아무런 이의를 제기하지 아니하였다면, 경매절차의 진행을 채무자가 알지 못하였다는 등 다른 특별한 사정이 없는 한 채무자는 시효완성의 사실을 알고 그 채무를 묵시적으로 승인하여 시효의 이익을 포기한 것으로 보아야 한다.(대판 2001.6.12, 2001다3580)

第2編 物 權

第1章 總 則

第185條【物權의 種類】 物權은 法律 또는 慣習法에 의하는 外에는 任意로 創設하지 못한다.

참조 [물권의 준거법]국제사법, [관습]1, [점유권]192, [소유권]211, [지상권]279, [지역권]291, [전세권]303, [유치권]320, [질권]329·345, [저당권]356, 공장광업재단3·4, 자동차특정동산4·5, [상사유치권]상91·104·111·120·147·807, [선박우선특권]상777, [선박저당권]상787, [광업권]광업10, [어업권]수산16, [댐사용권]댐건설·관리및주변지역지원등에관한법24

판례 토지소유자의 승낙을 얻어 분묘가 설치된 경우 분묘소유자는 분묘기지권을 취득하고, 분묘기지권의 존속기간에 관하여는 당사자 사이에 약정이 있는 등 특별한 사정이 있으면 그에 따를 것이나, 그러한 사정이 없는 경우에는 권리자가 분묘의 수호와 봉사를 계속하며 그 분묘가 존속하고 있는 동안 존속한다고 해석함이 타당하다. 또, 분묘가 멸실된 경우라고 하더라도 유골이 존재하여 분묘의 원상회복이 가능하여 일시적인 멸실에 불과하다면 분묘기지권은 소멸하지 않고 존속하고 있다고 해석함이 상당하다.(대판 2007.6.28, 2005다44114)

판례 분묘기지권의 설정 : 분묘의 기지인 토지가 분묘소유권자 아닌 다른 사람의 소유인 경우에 그 토지 소유자가 분묘소유자에 대하여 분묘의 설치를 승낙한 때에는 그 분묘의 기지에 대하여 분묘소유자를 위한 지상권에 유사한 물권(분묘기지권)을 설정한 것으로 보아야 하므로, 이러한 경우 그 토지소유자는 분묘의 수호·관리에 필요한 상당한 범위 내에서는 분묘기지가 된 토지부분에 대한 소유권의 행사가 제한될 수밖에 없다.
(대판 2000.9.26, 99다14006)

第186條【不動産物權變動의 效力】 不動産에 관한 法律行爲로 인한 物權의 得失變更은 登記하여야 그 效力이 생긴다.

참조 [부동산]99①, [등기를 요하는 권리]592·부등3, [등기를 요하지 않는 권리]187·192·271·275·302·320

◘ 등기의 추정력

판례 일반적으로 부동산에 관한 등기의 지번표시에 다소의 착오 또는 오류가 있다 할지라도 적어도 그것이 실질상의 권리관계를 표시함에 족한 정도로 동일 혹은 유사성이 있다고 인정되는 경우에 한하여 그 등기를 유효시하고 그 경정등기도 허용되고, 만일 이 표시상의 착오 또는 오류가 중대하여 그 실질관계와 동일성 혹은 유사성조차 인정할 수 없는 경우에는 그 등기는 마치 없는 것과 같은 외관을 가지므로 그 등기의 공시의 기능도 발휘할 수 없으니 이런 등기의 경정을 무제한으로 인정한다면 제3자에게 뜻밖의 손해를 가져 올 경우도 있을 것이므로 이와 같은 경우에는 경정등기를 허용할 수 없고, 그 등기는 무효이다.(대판 2007.7.26, 2007다19006,19013)

판례 토지를 사정받은 자가 따로 있는 경우, 소유권보존등기의 추정력 : 토지에 관한 소유권보존등기의 추정력은 그 토지를 사정받은 사람이 따로 있음이 밝혀진 경우에는 깨어지고 등기명의인이 구체적으로 그 승계취득 사실을 주장·입증하지 못하는 한 그 등기는 원인무효이다.(대판 2005.5.26, 2002다43417)

판례 등기의 추정력 : 부동산에 관한 등기부상 소유권이전등기가 경료되어 있는 이상 그 절차 및 원인이 정당한 것이라는 추정을 받게 되고, 그 절차와 원인의 부당을 주장하는 당사자에게 (추정을 깨는) 입증책임이 있다.(대판 2003.2.28, 2002다46256)

판례 소유권이전등기의 추정력이 전소유자에 대하여도 미치는지 여부 : 부동산에 관하여 소유권이전등기가 마쳐져 있는 경우에는 그 등기명의자는 제3자에 대하여 뿐 아니라 그 전소유자에 대하여서도 적법한 등기원인에 의하여 소유권을 취득한 것으로 추정되는 것이므로 이를 다투는 측에서 그 무효사유를 주장·입증하여야 한다.(대판 1994.9.13, 94다10160)

◘ 등기의 효력

판례 토지등기부의 표제부에 토지의 면적이 실제와 다르게 등재된 경우, 그 등기가 해당 토지를 표상하는 등기로서 유효한지 여부 : 물권의 객체인 토지 1필지의 공간적 범위를 특정하는 것은 지적도나 임야도의 경계이지 등기부의 표제부나 임야대장·토지대장에 등재된 면적이 아니므로, 토지등기부의 표제부에 토지의 면적이 실제와 다르게 등재되어 있다 하여도, 이러한 등기는 해당 토지를 표상하는 등기로서 유효하다.
(대판 2005.12.23, 2004다1691)

판례 동일 부동산에 관하여 등기명의인을 달리하여 중복된 소유권보존등기가 경료된 경우에는 먼저 이루어진 소유권보존등기가 원인무효로 되지 않는 한 뒤에 된 소유권보존등기는 그것이 비록 실체관계에 부합한다고 하더라도 1부동산 1등기용지주의의 법리에 비추어 무효이고, 이러한 법리는 뒤에 된 소유권보존등기의 명의인에 당해 부동산의 소유권을 원시취득한 경우에도 그대로 적용된다.(대판 1996.9.20, 93다20177,20184)

◘ 중간생략등기

판례 중간생략등기의 합의가 있으면 최초의 매도인이 중간 매수인에 대하여 갖고 있는 매매대금청구권의 행사가 제한되는지 여부 : 중간생략등기의 합의란 부동산이 전전 매도된 경우 각 매매계약이 유효하게 성립함을 전제로 그 이행의 편의상 최초의 매도인으로부터 최종의 매수인 앞으로 소유권이전등기를 경료하기로 한다는 당사자 사이의 합의에 불과할 뿐이므로, 이러한 합의가 있다고 하여 최초의 매도인이 자신이 당사자가 된 매매계약상의 매수인인 중간자에 대하여 갖고 있는 매매대금청구권의 행사가 제한되는 것은 아니다.
(대판 2005.4.29, 2003다66431)

◘ 등기청구권

판례 진정명의의 회복을 위한 소유권이전등기청구의 요건 : 진정한 등기명의의 회복을 위한 소유권이전등기청구는 자기 명의로 소유권을 표상하는 등기가 되어 있었거나 법률에 의하여 소유권을 취득한 진정한 소유자가 그 등기명의를 회복하기 위한 방법으로 그 소유권에 기하여 현재의 등기명의인을 상대로 진정한 등기명의의 회복을 원인으로 한 소유권이전등기절차의 이행을 구하는 것이다.(대판 2001.8.21, 2000다36484)

◘ 건축물관계

판례 건축허가는 일정한 건축행위를 하여도 좋다는 자유를 회복시켜 주는 행정처분일 뿐 수허가자에게 어떤 새로운 권리나 능력을 부여하는 것이 아니고, 추정력도 없으므로 건축허가서에 건축주로 기재된 자가 건물의 소유권을 취득하는 것은 아니다.
(대판 1997.3.28, 96다10638)

◘ 명의신탁

판례 타인 명의로 부동산을 매수하기로 하는 약정을 한 경우의 매매 당사자 : 어떤 사람이 타인을 통하여 부동산을 매수함에 있어 매수인 명의 및 소유권이전등기 명의를 그 타인 명의로 하기로 하였다면 이와 같은 매수인 및 등기 명의의 신탁관계는 그들 사이의 내부적인 관계에 불과한 것이므로 특별한 사정이 없는 한 대외적으로는 그 타인을 매매 당사자로 보아야 한다.
(대판 2003.9.5, 2001다32120)

◘ 등기명의와 계약자가 다른 경우

판례 어떤 사람이 타인을 통하여 부동산을 매수한 경우…(중략)…그 사실을 알고 그 매수인의 지위 이전에 동의 내지 승낙을 하였다면 매수를 의뢰한 사람에게 매수인의 지위가 승계된다.
(대판 1997.5.16, 95다29116)

第187條【登記를 要하지 아니하는 不動産物權取得】 相續, 公用徵收, 判決, 競賣 기타 法律의 規定에 의한 不動産에 관한 物權의 取得은 登記를 요하지 아니한다. 그러나 登記를 하지 아니하면 이를 處分하지 못한다.

참조 186·188, [토지수용]공토법19, [토지수용의 판결]민소205·216, [변제자대위로 인한 부동산 담보권의 이전]482①, [기타 취득]305①·320·366·649

판례 건축주의 사정으로 건축공사가 중단된 미완성의 건물을 인도받아 나머지 공사를 하게 된 경우에는 그 공사의 중단 시점에 이미 사회통념상 독립한 건물이라고 볼 수 있는 정도의 형태와 구조를 갖춘 경우가 아닌 한 이를 인도받아 자기의 비용과 노력으로 완공한 자가 그 건물의 원시취득자가 된다.
(대판 2006.5.12, 2005다68783)

판례 건축업자가 타인의 대지를 매수하여 그 대금을 전혀 지급하지 않은 상태에서 자신의 노력과 재료를 들여 건물을 건축하면서 건축허가 명의를 대지소유자로 한 경우의 법률관계 : 건축업자가 타인의 대지를 매수하여 계약금만 지급하거나 대금을 전혀 지급하지 아니한 채 그 지상에 자기의 노력과 재료를 들여 건물을 건축하면서 건축허가 명의를 대지소유자로 하는 경우에는 그 목적이 대지대금채무를 담보하기 위한 경우가 일반적이고, 채무의 담보를 위하여 채무자가 자기의 비용과 노력으로 신축하는 건물의 건축허가 명의를 채권자 명의로 하였다면 이는 완성될 건물을 담보로 제공하기로 하는 합의로서 법률행위에 의한 담보권의 설정이라 할 것이므로, 완성된 건물의 소유권은 일단 이를 건축한 채무자가 원시적으로 취득한 후 채권자 명의로 소유권보존등기를 마침으로써 담보목적의 범위 내에서 채권자에게 그 소유권이 이전된다고 보아야 한다.
(대판 2001.3.13, 2000다48517 : 가등기담보등에관한법률 제1조 참조)

판례 채무의 담보를 위하여 채무자가 자기 비용과 노력으로 신축하는 건물의 건축허가 명의를 채권자 명의로 하였다면 이는 완성될 건물을 담보로 제공하기로 하는 합의로서 법률행위에 의한 담보물권의 설정에 다름 아니므로, 완성된 건물의 소유권은 일단 이를 건축한 채무자가 원시적으로 취득한 후 채권자 명의로 소유권보존등기를 마침으로써 담보목적의 범위 내에서 채권자에게 그 소유권이 이전된다.
(대판 1997.5.30, 97다8601)

第188條【動産物權讓渡의 效力, 簡易引渡】 ① 動産에 관한 物權의 讓渡는 그 動産을 引渡하여야 效力이 생긴다.

② 讓受人이 이미 그 動産을 占有한 때에는 當事者의 意思表示만으로 그 效力이 생긴다.

참조 187, [동산]99②, [인도]189·190·196, [선박과 등기]상743·787③, [인도와 효력발생요건]330, [특별한 경우]상133·157·861, [의사표시]107이하, [점유권의 취득]192, [점유권의 양도]189·190·196

판례 현실의 인도가 이루어졌는지 여부의 판단기준 : 물건의 인도가 이루어졌는지 여부는 사회관념상 목적물에 대한 양도인의 사실상 지배인 점유가 동일성을 유지하면서 양수인의 지배로 이전되었다고 평가할 수 있는지 여부에 달려있는 것인바, 현실의 인도가 있었다고 하려면 양도인의 물건에 대한 사실상의 지배가 동일성을 유지한 채 양수인에게 완전히 이전되어 양수인은 목적물에 대한 지배를 계속하여 확고하게 취득하여야 하고, 양도인은 물건에 대한 점유를 완전히 종결하여야 한다.
(대판 2003.2.11, 2000다66454)

판례 소유권 유보부 매매 : 동산의 매매계약을 체결하면서, 매도인이 대금을 모두 지급받기 전에 목적물을 매수인에게 인도하지만 대금이 모두 지급될 때까지는 목적물의 소유권은 매도인에게 유보되며 대금이 모두 지급된 때에 그 소유권이 매수인에게 이전된다는 내용의 소위 소유권유보의 특약을 한 경우, 목적물의 소유권을 이전한다는 당사자 사이의 물권적 합의는 매매계약을 체결하고 목적물을 인도한 때 이미 성립하지만 대금이 모두 지급되는 것을 정지조건으로 하므로, 목적물이 매수인에게 인도되었다고 하더라도 특별한 사정이 없는 한 매도인은 대금이 모두 지급될 때까지 매수인뿐만 아니라 제3자에 대하여도 유보된 목적물의 소유권을 주장할 수 있고, 다만 대금이 모두 지급되었을 때에는 그 정지조건이 완성되어 별도의 의사표시 없이 목적물의 소유권이 매수인에게 이전된다.
(대판 1996.6.28, 96다14807)

第189條【占有改定】 動産에 관한 物權을 讓渡하는 경우에 當事者의 契約으로 讓渡人이 그 動産의 占有를 繼續하는 때에는 讓受人이 引渡받은 것으로 본다.

참조 188, [점유권의 취득]192, [점유권의 양도]190·196, [물권변동과 의사표시 및 대항요건]186-188, [간접점유]194

판례 돈사에서 대량으로 사육되는 돼지를 집합물에 대한 양도

民法

담보의 목적물로 삼은 경우, 그 돼지는 번식, 사망, 판매, 구입 등의 요인에 의하여 증감 변동하기 마련이므로 양도담보권자가 그 때마다 별도의 양도담보권설정계약을 맺거나 점유개정의 표시를 하지 않더라도 하나의 집합물로서 동일성을 잃지 아니한 채 양도담보권의 효력은 항상 현재의 집합물 위에 미치게 된다.(대판 2007.2.22, 2006도8649)

판례 동산에 대하여 이중양도담보를 설정시 처음의 양도담보권자가 배타적으로 담보권을 주장할 수 있는지 여부(적극) : 동산에 대하여 점유개정의 방법으로 이중양도담보를 설정한 경우 원래의 양도담보권자는 뒤의 양도담보권자에 대하여 배타적으로 자기의 담보권을 주장할 수 있다.(대판 2000.6.23, 99다65066)

第190條【目的物返還請求權의 讓渡】 第三者가 占有하고 있는 動産에 관한 物權을 讓渡하는 경우에는 讓渡人이 그 第三者에 대한 返還請求權을 讓受人에게 讓渡함으로써 動産을 引渡한 것으로 본다.

참조 188·190, [점유권의 취득]192, [점유권의 양도]189·196, [물권의 변동과 의사표시 및 대항요건]186-188, [간접점유]194

第191條【混同으로 인한 物權의 消滅】 ① 同一한 物件에 대한 所有權과 다른 物權이 同一한 사람에게 歸屬한 때에는 다른 物權은 消滅한다. 그러나 그 物權이 第三者의 權利의 目的이 된 때에는 消滅하지 아니한다.

② 前項의 規定은 所有權이외의 物權과 그를 目的으로 하는 다른 權利가 同一한 사람에게 歸屬한 경우에 準用한다.

③ 占有權에 관하여는 前2項의 規定을 適用하지 아니한다.

참조 광업12, [승역지의 위기]299, [채권의 혼동]507

판례 채권은 채권과 채무가 동일한 주체에 귀속한 때에 한하여 혼동으로 소멸하는 것이 원칙이고, 어느 특정의 물건에 관한 채권을 가지는 자가 그 물건의 소유자가 되었다는 사정만으로는 채권과 채무가 동일한 주체에 귀속한 때에 해당한다고 할 수 없어 그 물건에 관한 채권이 혼동으로 소멸하는 것은 아닌바, 매매계약에 따른 소유권이전등기청구권 보전을 위하여 가등기가 경료된 경우 그 가등기권자가 가등기설정자에게 가지는 가등기에 기한 본등기청구권은 채권으로서 가등기권자가 가등기설정자를 상속하거나 그의 가등기에 기한 본등기 절차 이행의 의무를 인수하지 아니하는 이상, 가등기권자가 가등기에 기한 본등기절차에 의하지 아니하고 가등기설정자로부터 별도의 소유권이전등기를 경료받았다고 하여 혼동의 법리에 의하여 가등기권자의 가등기에 기한 본등기청구권이 소멸하지는 않는다 할 것이다.(대판 2007.2.22, 2004다59546)

第2章 占有權

第192條【占有權의 取得과 消滅】 ① 物件을 事實上 支配하는 者는 占有權이 있다.

② 占有者가 物件에 대한 事實上의 支配를 喪失한 때에는 占有權이 消滅한다. 그러나 第204條의 規定에 의하여 占有를 回收한 때에는 그러하지 아니하다.

참조 [물건]98·99, [점유]형355, 민집189·245, [간접점유]194, [점유권의 양도]196①, [점유물의 간이인도]188②·196②, [점유개정]189·196②, [반환청구권 양도에 의한 인도]190·196②, [제3자의 점유동산]190, [상속으로 인한 점유권의 이전]193, ②[점유의 회수]204, [점유의 상실과 유치권소멸]328

판례 택지를 분할 매각하고 남은 부분이 자연 발생적으로 주변의 도로와 연결되어 일반의 통행에 제공되어 오던 중 인근 주민들이 자조사업의 일환으로 비용을 출연하여 포장 및 하수도 공사를 한 후,…(중략)…그러한 사정만으로는 사회관념상 토지를 사실상 지배하기 시작하였다고 보기 어렵고 더욱이 사실상의 지배가 성립하기 위하여 필요한 그 토지에 관한 점유설정의 사가 생겼다고 보기도 어렵다는 이유로, 지방자치단체가 사실상의 지배주체로서 토지를 점유·관리하고 있음을 전제로 토지소유자의 임료 상당의 부당이득 청구를 인정한 원심판결을 파기한다.(대판 1997.7.11, 97다14040)

판례 사실상 지배가 있다고 하기 위하여는 반드시 물건을 물리적, 현실적으로 지배하는 것만을 의미하는 것은 아니고 물건과 사람과의 시간적, 공간적 관계와 본권관계, 타인지배의 가능성 등을 고려하여 사회관념에 따라 합목적적으로 판단하여야 한다.(대판 1996.12.23, 95다31317)

第193條【相續으로 인한 占有權의 移轉】 占有權은 相續人에 移轉한다.

참조 [점유권의 취득]192①, [점유권의 양도]196, [상속과 권리의무의 승계]1005, [간접점유]194, [점유보조자]195

판례 선대의 점유가 타주점유인 경우 선대로부터 상속에 의하여 점유를 승계한 자의 점유도 상속 전과 그 성질 내지 태양을 달리하는 것이 아니어서, 특별한 사정이 없는 한 그 점유가 자주점유로는 될 수 없다.(대판 1997.12.12, 97다40100)

第194條【間接占有】 地上權, 傳貰權, 質權, 使用貸借, 賃貸借, 任置 기타의 關係로 타인으로 하여금 物件을 占有하게 한 者는 間接으로 占有權이 있다.

참조 [점유권의 취득]192①, [점유보조자]195, [간접점유의 양도]190·196②, [상속으로 인한 점유권의 이전]193

판례 토지에 대한 취득시효완성으로 인한 소유권이전등기청구권은 그 토지에 대한 점유가 계속 되는 한 시효로 소멸하지 아니하고, 여기서 말하는 점유에는 직접점유뿐만 아니라 간접점유도 포함한다고 해석하여야 한다.(대판 1995.2.10, 94다28468)

第195條【占有補助者】 家事上, 營業上 기타 類似한 關係에 의하여 他人의 指示를 받어 物件에 대한 事實上의 支配를 하는 때에는 그 他人만을 占有者로 한다.

참조 192·194

第196條【占有權의 讓渡】 ① 占有權의 讓渡는 占有物의 引渡로 그 效力이 생긴다.

② 前項의 占有權의 讓渡에는 第188條第2項, 第189條, 第190條의 規定을 準用한다.

참조 [점유권의 취득]192, [동산물권의 양도와 인도]188-190, [물권변동과 의사표시 및 대항요건]186-188, [상속으로 인한 점유권의 이전]193, [점유개정]189, [간접점유]194, [제3자의 점유 동산]190

판례 임야에 대한 점유의 이전과 계속의 판단 기준 : 임야에 대한 점유의 이전이나 점유의 계속은 반드시 물리적이고 현실적인 지배를 요한다고 볼 것은 아니고 관리나 이용의 이전이 있으면 인도가 있었다고 보아야 하고, 임야에 대한 소유권을 양도하는 경우라면 그에 대한 지배권도 넘겨지는 것이 거래에 있어서 통상적인 형태라고 할 것이며, 점유의 계속은 추정되는 것이고, 임야를 매수하여 그 전부에 대한 이전등기를 마치고 인도받았다면 특별한 사정이 없는 한 그 임야 전부에 대한 인도와 점유가 있었다고 보는 것이 상당하다.(대판 1996.9.10, 96다19512)

第197條【占有의 態樣】 ① 占有者는 所有의 意思로 善意, 平穩 및 公然하게 占有한 것으로 推定한다.

② 善意의 占有者라도 本權에 관한 訴에 敗訴한 때에는 그 訴가 提起된 때로부터 惡意의 占有者로 본다.

참조 [점유와 권리의 추정]200, [소유의 의사]202·245·246·252①, [점유의 승계]199, [하자]196, [선의·평온·공연한 점유]249, [본권의 소]208, [악의 점유자의 책임]201②③·202, [본권에 기인한 과실취득]211·323·343·609·618·923·1079

▣ 자주점유

판례 타주점유자가 그 명의로 소유권보존등기를 경료한 것만으로는 소유자에 대하여 소유의 의사를 표시하여 자주점유로 전환되었다고 볼 수 없다.(대판 1997.5.30, 97다2344)

판례 주택을 매도하면서 부지를 매도하지 않은 특별한 사정에 대하여 더 심리하여 보지 않고서는 토지소유자의 건물의 부지 부분 토지에 대한 점유가 그 점유권원이 분명하지 아니한 때에 해당하여 자주점유로 추정된다고 볼 수는 없다.(대판 1997.4.25, 96다53420)

판례 자주점유의 추정은 국가나 지방자치단체가 점유하는 도로의 경우에도 적용되고, 그 도로 개설 당시 도로법이나 도시계획법 등 관계 법령에 규정된 절차에 따라 적법하게 점유권원을 취득하였는지 여부가 증명되지 않았다고 하더라도 이런 사실만으로 그 점유권원의 성질상 타주점유라고 볼 수 없다.(대판 1997.3.14, 96다55211)

▣ 자주점유 추정의 번복

판례 민법 제197조제1항에 의하면 물건의 점유자는 소유의 의사로 점유한 것으로 추정되므로 점유자가 취득시효를 주장하는 경우에 있어서 스스로 소유의 의사를 입증할 책임은 없고, 오히려 그 점유자의 점유가 소유의 의사가 없는 점유임을 주장하여 점유자의 취득시효의 성립을 부정하는 자에게 그 입증책임이 있는 것이고, 부동산 점유취득시효에 있어서 점유자의 점유가 소유의 의사 있는 자주점유인지 아니면 소유의 의사 없는 타주점유인지 여부는 점유자의 내심의 의사에 의하여 결정되는 것이 아니라 점유 취득의 원인이 된 권원의 성질이나 점유와 관계가 있는 모든 사정에 의하여 외형적·객관적으로 결정되어야 하는 것이기 때문에 점유자가 성질상 소유의 의사가 없는 것으로 보이는 권원에 바탕을 두고 점유를 취득한 사실이 증명되었거나, 점유자가 타인의 소유권을 배제하여 자기의 소유물처럼 배타적 지배를 행사하는 의사를 가지고 점유하는 것으로 볼 수 없는 객관적 사정, 즉 점유자가 진정한 소유자라면 통상 취하지 아니할 태도를 나타내거나 소유자라면 당연히 취했을 것으로 보이는 행동을 취하지 아니한 경우 등 외형적·객관적으로 보아 점유자가 타인의 소유권을 배척하고 점유할 의사를 갖고 있지 아니하였던 것이라고 볼 만한 사정이 증명된 경우에도 그 추정은 깨어지는 것이다.(대판 2007.4.13, 2006다22944)

판례 취득시효에 있어서 자주점유의 추정이 번복되는 경우 : 부동산 취득시효에 있어서 외형적·객관적으로 보아 점유자가 타인의 소유권을 배척하고 점유할 의사를 갖고 있지 아니하였던 것이라고 볼 만한 사정이 증명된 경우에 비로소 소유의 의사로 점유한 것이라는 위의 추정이 깨어지는 것이다.(대판 2006.1.26, 2005다36045)

판례 지방자치단체나 국가가 권원 없이 사유토지를 도로부지에 편입시킨 경우 지방자치단체나 국가가 자신의 부담이나 기부의 체납 등 지방재정법 또는 국유재산법 등에 정한 공공용재산의 취득절차를 밟거나 그 소유자들의 사용승낙을 받는 등 토지를 점유할 수 있는 일정한 권원 없이 사유토지를 도로부지에 편입시킨 경우에도 자주점유의 추정은 깨어진다고 보아야 할 것이다.(대판 2001.3.27, 2000다64472)

▣ 타주점유

판례 어느 토지의 소유자가 스스로 그 토지를 점유하고 있다가 그 토지의 전부 또는 일부를 다른 사람에게 매도하는 등으로 소유권을 이전하고서도 계속하여 그 토지를 점유하고 있는 경우에 있어서, 다른 사람에게 소유권을 이전한 부분에 대한 점유는, 새로이 그 부분에 대한 소유권취득의 원인이 될 수 있는 법률행위 기타 법률요건을 구비하는 등의 특별한 사정이 없는 한, 성질상 타주점유에 해당한다고 할 것이다.(대판 2007.3.30, 2007다1555)

판례 매매나 증여 대상 토지의 실제 면적이 공부상 면적을 상당히 초과하는 경우, 그 초과 부분에 대한 점유의 성질은 '타주점유'에 해당한다.(대판 2004.5.14, 2003다61054)

판례 공동상속인의 1인이 상속재산인 부동산을 전부 점유한다고 하더라도 달리 특별한 사정이 없는 한 다른 공유자의 지분비율의 범위에서는 타주점유로 보아야 한다.(대판 1997.6.24, 97다2993)

第198條【占有繼續의 推定】 前後兩時에 占有한 事實이 있는 때에는 그 占有는 繼續한 것으로 推定한다.

참조 192②, [점유계속과 취득시효]245·246, [질권과 계속점유]341

第199條【占有의 承繼의 主張과 그 效果】 ① 占有者의 承繼人은 自己의 占有만을 主張하거나 自己의 占有와 前占有者의 占有를 아울러 主張할 수 있다.

② 前占有者의 占有를 아울러 主張하는 경우에는 그 瑕疵도 繼承한다.

참조 [점유의 승계]196, [점유의 하자]197①

판례 점유자의 점유승계가 상속에 의한 경우 피상속인의 점유의 성질에 관하여 심리하여 점유자가 자주점유인가의 여부를 판단하여야 할 것임에도 불구하고, 피상속인의 점유의 성질을 밝히지 아니한 채 상속인의 점유만을 따로 분리하여 자주점유라고 판단한 원심을 파기한다.(대판 1996.9.20, 96다25319)

第200條【權利의 適法의 推定】 占有者가 占有物에 대하여 行使하는 權利는 適法하게 保有한 것으로 推定한다.

참조 [물건]98·99, [점유의 태양에 관한 추정]197·198

第201條【占有者와 果實】 ① 善意의 占有者는 占有物의 果實을 取得한다.

② 惡意의 占有者는 收取한 果實을 返還하여야 하며 消費하였거나 過失로 인하여 毁損 또는 收取하지 못한 경우에는 그 果實의 代價를 補償하여야 한다.

③ 前項의 規定은 暴力 또는 隱秘에 의한 占有者에 準用한다.

참조 [선의의 추정]197①, [과실]101·102, [선의점유자의 책임]202, [악의점유자]197②·202·203·748, [악의점유와 불법행위]750

판례 민법 748조 2항과 201조 2항의 반환범위의 관계 : 타인 소유물을 권원 없이 점유함으로써 얻은 사용이익을 반환하는 경우 민법은 선의 점유자를 보호하기 위하여 201조 1항을 두어 선의 점유자에게 과실수취권을 인정함에 대하여, 이러한 보호의 필요성이 없는 악의 점유자에 관하여는 민법 201조 2항을 두어 과실수취권이 인정되지 않는다는 취지를 규정하는 것으로 해석되는바, 따라서 악의 수익자가 반환하여야 할 범위는 민법 748조 2항에 따라 정하여지는 결과 그는 받은 이익에 이자를 붙여 반환하여야 하며, 위 이자의 이행지체로 인한 지연손해금도 지급하여야 한다.(대판 2003.11.14, 2001다61869)

第202條【占有者의 回復者에 대한 責任】 占有物이 占有者의 責任있는 事由로 인하여 滅失 또는 毁損한 때에는 惡意의 占有者는 그 損害의 全部를 賠償하여야 하며 善意의 占有者는 利益이 現存하는 限度에서 賠償하여야 한다. 所有의 意思가 없는 占有者는 善意인 경우에도 損害의 全部를 賠償하여야 한다.

참조 [선의의 추정]197①, [선의점유자의 책임]197②·201①·203, [악의점유자의 책임]201②③·203·750, [소유의 의사]197①, [특정물채무자의 책임]374

第203條【占有者의 償還請求權】 ① 占有者가 占有物을 返還할 때에는 回復者에 대하여 占有物을 保存하기 위하여 支出한 金額 기타 必要費의 償還을 請求할 수 있다. 그러나 占有者가 果實을 取得한 경우에는 通常의 必要費는 請求하지 못한다.

② 占有者가 占有物을 改良하기 위하여 支出한 金額 기타 有益費에 관하여는 그 價額의 增加가 現存한 경우에 한하여 回復者의 選擇에 좇아 그 支出金額이나 增加額의 償還을 請求할 수 있다.

③ 前項의 경우에 法院은 回復者의 請求에 의하여 相當한 償還期間을 許與할 수 있다.

참조 [과실의 취득]197②·201, [사무관리의 경우]739, [사용대차의 경우]617, [위임의 경우]688, [유증의무자의 경우]1081, [임대차의 경우]626·654, [임치의 경우]701, [유치권자의 경우]325, [환매로 인한 매수인이나 전득자의 경우]594

판례 점유자가 유익비를 지출할 당시 계약관계 등 적법한 점유권원을 가진 경우, 계약관계 등의 상대방이 아닌 점유회복 당시의 상대방에 대하여 동조 제2항에 따른 지출비용의 상환을 청구할 수 없다.(대판 2003.7.25, 2001다64752)

판례 도급관계에서 비용지출자 : 유효한 도급계약에 기하여 수급인이 도급인으로부터 제3자 소유 물건의 점유를 이전받아 이를 수리한 결과 그 물건의 가치가 증가한 경우, 도급인이 그 물건을 간접점유하면서 궁극적으로 자신의 계산으로 비용지출과정을 관리한 것이므로, 도급인만이 소유자에 대한 관계에 있어서 민법 203조에 의한 비용상환청구권을 행사할 수 있는 비용지출자라고 할 것이고, 수급인은 그러한 비용지출자에 해당하지 않는다고 보아야 한다.(대판 2002.8.23, 99다66564,66571)

第204條【占有의 回收】 ① 占有者가 占有의 侵奪을 당한 때에는 그 物件의 返還 및 損害의 賠償을 請求할 수 있다.

② 前項의 請求權은 侵奪者의 特別承繼人에 대하여는 行使하지 못한다. 그러나 承繼人이 惡意인 때에는 그러하지 아니하다.

③ 第1項의 請求權은 侵奪을 당한 날로부터 1年내에 行使하여야 한다.

참조 [본권의 소와의 관계]208, [점유회수의 소의 제기와 점유권의 계속]192②, [손해배상청구]750, [손해배상청구권의 소멸시효]766

판례 점유보호청구권 행사기간이 출소기간인지 여부(적극) : 민법 204조 3항과 205조 2항에 의하면 점유를 침탈당하거나 방해를 받은 자의 침탈자 또는 방해자에 대한 청구권은 그 점유를 침탈당한 날 또는 점유의 방해행위가 종료된 날로부터 1년 내에 행사하여야 하는 것으로 규정되어 있는데, 여기에서 제척기간의 대상이 되는 권리는 형성권이 아니라 통상의 청구권인 점과 점유의 침탈 또는 방해의 상태가 일정한 기간을 지나게 되면 그대로 사회의 평온한 상태가 되고 이를 복구하는 것이 오히려 평화질서의 교란으로 볼 수 있게 되므로 일정한 기간을 지난 후에는 원상회복을 허용하지 않는 것이 점유제도의 이상에 맞고 여기에 점유의 회수 또는 방해제거 등의 청구권에 단기의 제척기간을 두는 이유가 있는 점 등에 비추어 볼 때, 위의 제척기간은 재판 외에서 권리행사하는 것으로 족한 기간이 아니라 반드시 그 기간 내에 소를 제기하여야 하는 이른바 출소기간으로 해석함이 상당하다.(대판 2002.4.26, 2001다8097,8103)

民法

第205條【占有의 保有】 ① 占有者가 占有의 妨害를 받은 때에는 그 妨害의 除去 및 損害의 賠償을 請求할 수 있다.
② 前項의 請求權은 妨害가 終了한 날로부터 1年내에 行使하여야 한다.
③ 工事로 인하여 占有의 妨害를 받은 경우에는 工事着手후 1年을 經過하거나 그 工事가 完成한 때에는 妨害의 除去를 請求하지 못한다.

참조 [본권의 소와의 관계]208, [손해배상]750·766, [점유보전의 소]197·206·207

판례 도로에서 발생하는 소음으로 말미암아 생활에 고통을 받는(이하 '생활방해'라 한다) 정도가 사회통념상 일반적으로 참아내야 할 정도(이하 '참을 한도'라 한다)를 넘는지는 피해의 성질과 정도, 피해이익의 공공성, 가해행위의 태양, 가해행위의 공공성, 가해자의 방지조치 또는 손해 회피의 가능성, 공법상 규제기준의 위반 여부, 지역성, 토지이용의 선후관계 등 모든 사정을 종합적으로 고려하여 판단하여야 한다. 특히 고속국도는 자동차 전용의 고속교통에 공용되는 도로로서 도로소음의 정도가 일반 도로보다 높은 반면, 자동차 교통망의 중요한 축을 이루고 있고, 지역경제뿐 아니라 국민경제 전반의 기반을 공고히 하며 전체 국민 생활의 질을 향상시키는 데 중요한 역할을 담당하고 있는 점 등을 더하여 보면, 이미 운영 중인 또는 운영이 예정된 고속국도에 근접하여 주거를 시작한 경우의 '참을 한도' 초과 여부는 보다 엄격히 판단하여야 한다.
(대판 2015.9.24, 2011다91784)

第206條【占有의 保全】 ① 占有者가 占有의 妨害를 받을 念慮가 있는 때에는 그 妨害의 豫防 또는 損害賠償의 擔保를 請求할 수 있다.
② 工事로 인하여 占有의 妨害를 받을 念慮가 있는 경우에는 前條第3項의 規定을 準用한다.

참조 [본권의 소와의 관계]208, [부작위를 목적으로 하는 채무]389, 민집260, [손해배상청구]750

第207條【間接占有의 保護】 ① 前3條의 請求權은 第194條의 規定에 의한 間接占有者도 이를 行使할 수 있다.
② 占有者가 占有의 侵奪을 당한 경우에 間接占有者는 그 物件을 占有者에게 返還할 것을 請求할 수 있고 占有者가 그 物件의 返還을 받을 수 없거나 이를 願하지 아니하는 때에는 自己에게 返還할 것을 請求할 수 있다.

참조 [점유의 소]192②·204~206·208

第208條【占有의 訴와 本權의 訴와의 關係】 ① 占有權에 基因한 訴와 本權에 基因한 訴는 서로 影響을 미치지 아니한다.
② 占有權에 基因한 訴는 本權에 관한 理由로 裁判하지 못한다.

참조 [점유의 소]204~206, [소에 있어서의 청구의 병합]민소25·253

第209條【自力救濟】 ① 占有者는 그 占有를 不正히 侵奪 또는 妨害하는 行爲에 대하여 自力으로써 이를 防衛할 수 있다.
② 占有物이 侵奪되었을 경우에 不動産일 때에는 占有者는 侵奪후 直時 加害者를 排除하여 이를 奪還할 수 있고 動産일 때에는 占有者는 現場에서 또는 追跡하여 加害者로부터 이를 奪還할 수 있다.

참조 [점유자]192·194, [점유의 소]204·206

판례 직시의 의미 : 민법 209조 1항에 규정된 점유자의 자력방위권은 점유의 침탈 또는 방해의 위험이 있는 때에 인정되는 것인 한편, 2항에 규정된 점유자의 자력탈환권은 점유가 침탈되었을 때 시간적으로 좁게 제한된 범위 내에서 자력으로 점유를 회복할 수 있다는 것으로서, 위 규정에서 말하는 '직시'란 '객관적으로 가능한 한 신속히' 또는 '사회관념상 가해자를 배제하여 점유를 회복하는 데 필요하다고 인정되는 범위 안에서 되도록 속히'라는 뜻으로 해석할 것이다.(대판 1993.3.26, 91다14116)

第210條【準占有】 本章의 規定은 財産權을 事實上 行使하는 경우에 準用한다.

참조 [채권의 준점유]470

第3章 所有權

第1節 所有權의 限界

第211條【所有權의 內容】 所有者는 法律의 範圍내에서 그 所有物을 使用, 收益, 處分할 權利가 있다.

참조 [재산권의 보장]헌23①, [재산권과 공공성]헌23②, [권리행사의 기준과 남용금지]헌23②, [소유권의 제한·통제·인용의 의무]헌23③, 도로법82·83, 사방사업법9~13, 광업67·68·70~72, 수산55~58, [상린관계에 의한 소유권 제한]215~244·290, [소지·양도·사용·수익의 제한·금지]약사44이하, 마약3~5, 감염병49, 총포·도검·화약류등의안전관리에관한법10이하, 문화유산35·39·42·60·65, [인용·작위의무 기타의 부담]하천법75, 공간정보구축관리101

판례 영어조합법인이 양식을 위하여 바다에 살포한 바지락 종패에 대하여 배타적 지배권을 계속하여 갖고 있다고 보기 어렵다.(대판 2007.2.22, 2006다75788)

第212條【土地所有權의 範圍】 土地의 所有權은 正當한 利益있는 範圍내에서 土地의 上下에 미친다.

참조 [제한]광업2·7

판례 지적공부에 등록된 토지의 소유권의 범위 : 어떤 특정한 토지가 지적공부에 의하여 일필의 토지로 등록되었다면 그 토지의 소재, 지번, 지목, 지적 및 경계는 다른 특별한 사정이 없는 한 이 등록으로써 특정되었다고 할 것이므로 그 토지의 소유권의 범위는 지적공부상의 경계에 의하여 확정하여야 한다.(대판 1989.1.24, 88다카8194)

第213條【所有物返還請求權】 所有者는 그 所有에 속한 物件을 占有한 者에 대하여 返還을 請求할 수 있다. 그러나 占有者가 그 物件을 占有할 權利가 있는 때에는 返還을 拒否할 수 있다.

참조 [소유권]211, [점유물반환청구권]204, [지상권]279, [전세권]303, [유치권]320, [동산질권]329, [사용임차]609, [임대차]618

第214條【所有物妨害除去, 妨害豫防請求權】 所有者는 所有權을 妨害하는 者에 대하여 妨害의 除去를 請求할 수 있고 所有權을 妨害할 念慮 있는 行爲를 하는 者에 대하여 그 豫防이나 損害賠償의 擔保를 請求할 수 있다.

참조 [소유권]211, [점유물방해제거, 방해예방청구권]205·206

판례 소유권에 기한 방해배제청구권에서 '방해'의 의미 : 여기서 '방해'라 함은 현재에도 지속되고 있는 침해를 의미하고, 법익 침해가 과거에 일어나서 이미 종결된 경우에 해당하는 '손해'의 개념과는 다르다 할 것이어서, 소유권에 기한 방해배제청구권은 방해결과의 제거를 내용으로 하여서는 안되고(이는 손해배상의 영역에 해당한다), 현재 계속되고 있는 방해의 원인을 제거하는 것을 내용으로 한다.(대판 2003.3.28, 2003다5917)

판례 명의신탁에 있어서 대외적으로는 수탁자가 소유자라고 할 것이고, 명의신탁재산에 대한 침해배제를 구하는 것은 대외적 소유권자인 수탁자만이 가능한 것이며, 신탁자는 수탁자를 대위하여 그 침해에 대한 배제를 구할 수 있을 뿐이므로, 명의신탁사실이 인정된다고 할지라도 신탁자는 제3자에 대하여 진정한 등기명의의 회복을 원인으로 한 소유권이전등기청구를 할 수 있는 진정한 소유자의 지위에 있다고 볼 수 없다.
(대판 2001.8.21, 2000다36484)

第215條【建物의 區分所有】 ① 數人이 한 채의 建物을 區分하여 各各 그 一部分을 所有한 때에는 建物과 그 附屬物중 共用하는 部分은 그의 共有로 推定한다.
② 共用部分의 保存에 관한 費用 기타의 負擔은 各者의 所有部分의 價額에 比例하여 分擔한다.

참조 [공유]262~270, [분할청구의 금지]268③, [구분의 등기]부등40·41·46, [공용부분]집합건물3

판례 건물의 일부분이 구분소유권의 객체가 되기 위한 요건 : 건물의 일부분이 구분소유권의 객체가 될 수 있으려면 그 부분이 구조상으로나 이용상으로 다른 부분과 구분되는 독립성이 있어야 하고, 건물의 주택, 점포, 차고 등으로의 이용상황 내지 이용형태에 따라 구조상의 독립성 판단의 엄격성에 차이가 있을 수 있으나 구조상의 독립성은 주로 소유권의 목적이 되는 객체에 대한 물적 지배의 범위를 명확히 할 필요성 때문에 요구된다고 할 것이므로 구조상의 구분에 의하여 구분소유권의 객체범위를 확정할 수 없는 경우에는 구조상의 독립성이 있다고 할 수 없다.(대판 1993.3.9, 92다41214)

第216條【隣地使用請求權】 ① 土地所有者는 境界나 그 近傍에서 담 또는 建物을 築造하거나 修繕하기 위하여 필요한 範圍내에서 이웃 土地의 使用을 請求할 수 있다. 그러나 이웃 사람의 承諾이 없으면 그 住居에 들어가지 못한다.
② 前項의 경우에 이웃 사람이 損害를 받은 때에는 補償을 請求할 수 있다.

참조 [지상권에의 준용]290, [전세권에의 준용]319, [주거침입죄]형319

第217條【煤煙 등에 의한 隣地에 대한 妨害禁止】
① 土地所有者는 煤煙, 熱氣體, 液體, 音響, 振動 기타 이에 유사한 것으로 이웃 土地의 使用을 妨害하거나 이웃 居住者의 生活에 苦痛을 주지 아니하도록 適當한 措處를 할 義務가 있다.
② 이웃 居住者는 前項의 事態가 이웃 土地의 通常의 用途에 適當한 것인 때에는 이를 忍容할 義務가 있다.

참조 [지상권에의 준용]290, [전세권에의 준용]319, [불법행위]750, [소유물방해제거청구권]214

第218條【水道 등 施設權】 ① 土地所有者는 他人의 土地를 通過하지 아니하면 必要한 水道, 疏水管, 까스管, 電線등을 施設할 수 없거나 過多한 費用을 요하는 경우에는 他人의 土地를 通過하여 이를 施設할 수 있다. 그러나 이로 인한 損害가 가장 적은 場所와 方法을 選擇하여 이를 施設할 것이며 他土地의 所有者의 要請에 의하여 損害를 補償하여야 한다.
② 前項에 의한 施設을 한 후 事情의 變更이 있는 때에는 他土地의 所有者는 그 施設의 變更을 請求할 수 있다. 施設變更의 費用은 土地所有者가 負擔한다.

참조 [지상권에의 준용]290, [전세권에의 준용]319

第219條【周圍土地通行權】 ① 어느 土地와 公路사이에 그 土地의 用途에 필요한 通路가 없는 경우에 그 土地所有者는 周圍의 土地를 通行 또는 通路로 하지 아니하면 公路에 出入할 수 없거나 過多한 費用을 요하는 때에는 그 周圍의 土地를 通行할 수 있고 必要한 경우에는 通路를 開設할 수 있다. 그러나 이로 인한 損害가 가장 적은 場所와 方法을 選擇하여야 한다.
② 前項의 通行權者는 通行地所有者의 損害를 補償하여야 한다.

참조 [분할·일부 양도와 주위통행권]220, [지상권에의 준용]290, [전세권에의 준용]319

판례 주위토지통행권을 주장할 수 있는 자의 범위 : 주위토지통행권은 인접한 토지의 상호이용의 조절에 기한 권리로서 토지의 소유자 또는 지상권자, 전세권자 등 토지사용권을 가진 자에게 인정되는 권리이다. 따라서 명의신탁자에게는 주위토지통행권이 인정되지 아니한다.(대판 2008.5.8, 2007다22767)

판례 주위토지통행권자가 피통행지의 소유자 이외의 제3자를 상대로 통행권의 확인 및 방해금지 청구를 할 수 있는 경우 : 통상 주위토지통행권에 관한 분쟁은 통행권자와 피통행지의 소유자 사이에 발생하나, 피통행지의 소유자 이외의 제3자가 일정한 지위나 이해관계에서 통행권을 부인하고 그 행사를 방해할 때에는 그 제3자를 상대로 통행권의 확인 및 방해금지 청구를 하는 것이 통행권자의 지위나 권리를 보전하는 데에 유효·적절한 수단이 될 수 있다.(대판 2005.7.14, 2003다18661)

판례 토지 소유자의 주위대지 소유자에 대한 통행료 청구가 신의칙에 위반된다고 한 사례 : 토지의 원 소유자가 토지의 일부를 통행로로 무상 제공함으로써 이에 대한 독점적이고 배타적인 사용수익권을 포기하고 이에 따라 인근 주민들이 그 토지를 무상으로 통행하게 된 이후에 그 토지의 소유권을 특정승계한 자가 그와 같은 사용·수익의 제한이라는 부담이 있다는 사정을 알고 이를 취득한 경우라면 통행로 주위대지를 매수한 이래 줄곧 통행로 부분을 무상으로 통행해 온 주위대지 소유자에 대하여 단지 통행로의 소유자라는 이유만으로 통행료를 청구하는 것은 신의칙에 위배되어 허용될 수 없다.
(대판 2000.8.22, 99다63503)

第220條【分割, 一部讓渡와 周圍通行權】 ① 分割로 인하여 公路에 通하지 못하는 土地가 있는 때에는 그 土地所有者는 公路에 出入하기 위하여 다른 分割者의 土地를 通行할 수 있다. 이 경우에는 補償의 義務가 없다.
② 前項의 規定은 土地所有者가 그 土地의 一部를 讓渡한 경우에 準用한다.

참조 [주위토지통행권]219, [지상권, 전세권에의 준용]290·319

판례 무상 주위토지통행권에 관한 민법 220조의 적용범위 : 동일인 소유의 토지의 일부가 양도되어 공로에 통하지 못하는 토지가 생긴 경우에 포위된 토지를 위한 주위토지통행권은 일부양도 전의 양도인 소유의 종전 토지에 대하여만 생기고 다른 사람 소유의 토지에 대하여는 인정되지 아니하며, 또 무상의 주위토지통행권이 발생하는 토지의 일부 양도라 함은 1필의 토지의 일부가 양도된 경우뿐만 아니라 일단으로 되어 있던 동일인 소유의 수필의 토지 중 일부가 양도된 경우도 포함된다.
(대판 2005.3.10, 2004다65589,65596)

第221條【自然流水의 承水義務와 權利】 ① 土地所有者는 이웃 土地로부터 自然히 흘러오는 물을 막지 못한다.
② 高地所有者는 이웃 低地에 自然히 흘러 내리는 이웃 低地에서 必要한 물을 自己의 正當한 使用範圍를 넘어서 이를 막지 못한다.

참조 [지상권, 전세권에의 준용]290·319, [물에 대한 상린관계]222~226·229, [인공적 소수(疏水 : 땅을 파서 만든 수로를 통해 보내는 물)]226·227, [긴급피난]761②

판례 '자연히 흘러오는 물'의 의미 : 민법 221조 1항 소정의 '자연히 흘러오는 물'이라 함은 인공(人工)에 의하여 지상에 떨어지거나 지상으로 분출되는 물이 아닌 우수도 여기에 포함된다.
(대판 1995.10.13, 94다31488)

第222條【疏通工事權】 흐르는 물이 低地에서 閉塞된 때에는 高地所有者는 自費로 疏通에 필요한 工事를 할 수 있다.

참조 [지상권, 전세권에의 준용]290·319, [자연적 배수]221, [인공적 배수]226·227, [비용부담과 관습]224

第223條【貯水, 排水, 引水를 위한 工作物에 대한 工事請求權】 土地所有者가 貯水, 排水 또는 引水하기 위하여 工作物을 設置한 경우에 工作物의 破損 또는 閉塞으로 他人의 土地에 損害를 加하거나 加할 念慮가 있는 때에는 他人은 그 工作物의 補修, 閉塞의 疏通 또는 豫防에 必要한 請求를 할 수 있다.

참조 [지상권, 전세권에의 준용]290·319, [점유물방해에 대한 청구권]206, [비용부담과 관습]224, [공작물에 의한 책임]758

第224條【慣習에 의한 費用負擔】 前2條의 경우에 費用負擔에 관한 慣習이 있으면 그 慣習에 의한다.

참조 [지상권, 전세권에의 준용]290·319, [관습법]1·185, [사실인 관습]106

第225條【처마물에 대한 施設義務】 土地所有者는 처마물이 이웃에 直接 落下하지 아니하도록 適當한 施設을 하여야 한다.

참조 223, [지상권, 전세권에의 준용]290·319, [자연배수의 수인]221

第226條【餘水疏通權】 ① 高地所有者는 浸水地를 乾燥하기 위하여 또는 家用이나 農, 工業用의 餘水를 疏通하기 위하여 公路, 公流 또는 下水道에 달하기까지 低地에 물을 通過하게 할 수 있다.
② 前項의 경우에는 低地의 損害가 가장 적은 場所와 方法을 選擇하여야 하며 損害를 補償하여야 한다.

참조 [지상권, 전세권에의 준용]290·319, [물의 통과와 타인의 유수용 공작물의 사용]227, [자연적 배수와 소통공사]221·222

판례 동조 '여수소통권'의 적용 요건 : 동조는 고지소유자에게 여수소통을 위하여 공로, 공류 또는 하수도에 달하기까지의 저지에 물을 소통할 권리를 인정하면서 동시에 고지소유자에게 그에 따른 저지소유자의 손해를 보상할 의무가 있음을 정하고 있으므로, 이 규정을 적용하려면 고지소유자가 여수소통을 위하여 저지소유자의 토지를 통과하여 사용하여야 하다.
(대판 2003.4.11, 2000다11645)

第227條【流水用工作物의 使用權】 ① 土地所有者는 그 所有地의 물을 疏通하기 위하여 이웃 土地所有者의 施設한 工作物을 使用할 수 있다.

民法

② 前項의 工作物을 使用하는 者는 그 利益을 받는 比率로 工作物의 設置와 保存의 費用을 分擔하여야 한다.

참조 [지상권, 전세권에의 준용]290·319, [여수소통권]226, [자연적 배수와 소통공사]221·222, [승역지의 소유자]300

판례 동조 '공작물 시설자'의 의미 : 여기서 말하는 '공작물 시설자'란 이웃 토지소유자로 한정되지 않으나 단순히 공작물을 시설한 것만으로는 부족하고 이에 대한 정당한 권리를 갖는 자를 의미한다.(대판 2003.4.11, 2000다11645)

第228條【餘水給與請求權】 土地所有者는 過多한 費用이나 勞力을 요하지 아니하고는 家用이나 土地利用에 必要한 물을 얻기 困難한 때에는 이웃 土地所有者에게 補償하고 餘水의 給與를 請求할 수 있다.

참조 [재산권의 공공성]헌23②, [권리남용]2②, [지상권, 전세권에의 준용]290·319

第229條【水流의 變更】 ① 溝渠 기타 水流地의 所有者는 對岸의 土地가 他人의 所有인 때에는 그 水路나 水流의 幅을 變更하지 못한다.

② 兩岸의 土地가 水流地所有者의 所有인 때에는 所有者는 水路와 水流의 幅을 變更할 수 있다. 그러나 下流는 自然의 水路와 一致하도록 하여야 한다.

③ 前2項의 規定은 다른 慣習이 있으면 그 慣習에 의한다.

참조 [지상권, 전세권에의 준용]290·319, [언의 설치, 이용]230, [구거와 공유의 추정]239·244①, ③[관습법]1·185, [사실인 관습]106

第230條【堰의 設置, 利用權】 ① 水流地의 所有者가 堰을 設置할 必要가 있는 때에는 그 堰을 對岸에 接觸하게 할 수 있다. 그러나 이로 인한 損害를 補償하여야 한다.

② 對岸의 所有者는 水流地의 一部가 自己所有인 때에는 그 堰을 使用할 수 있다. 그러나 그 利益을 받는 比率로 堰의 設置, 保存의 費用을 分擔하여야 한다.

참조 [지상권, 전세권에의 준용]290·319, [수류의 변경]229

第231條【公有河川用水權】 ① 公有河川의 沿岸에서 農, 工業을 經營하는 者는 이에 利用하기 위하여 他人의 用水를 妨害하지 아니하는 範圍내에서 必要한 引水를 할 수 있다.

② 前項의 引水를 하기 위하여 必要한 工作物을 設置할 수 있다.

참조 [지상권, 전세권에의 준용]290·319, [용수권의 보호]232, [용수권의 승계]233, [관습]1·234

第232條【下流沿岸의 用水權保護】 前條의 引水나 工作物로 인하여 下流沿岸의 用水權을 妨害하는 때에는 그 用水權者는 妨害의 除去 및 損害의 賠償을 請求할 수 있다.

참조 [지상권, 전세권에의 준용]290·319, [공유하천용수권]231, [용수권의 승계]233, [방해제거청구권]214, [관습]1·234

第233條【用水權의 承繼】 農, 工業의 經營에 利用하는 水路 기타 工作物의 所有者나 蒙利者의 特別承繼人은 그 用水에 관한 前所有者나 蒙利者의 權利義務를 承繼한다.

第234條【用水權에 관한 다른 慣習】 前3條의 規定은 다른 慣習이 있으면 그 慣習에 의한다.

판례 온천에 관한 권리는 관습상의 물권이나 준물권이라 할 수 없고 온천수는 공용수 또는 생활상 필요한 용수에 해당되지 아니한다.(대판 1972.8.29, 72다1243)

第235條【共用水의 用水權】 相隣者는 그 共用에 속하는 源泉이나 水道를 各 需要의 程度에 응하여 他人의 用水를 妨害하지 아니하는 範圍내에서 各各 用水할 權利가 있다.

참조 [공유하천용수권]231, [준공동소유]262-270·278, [지상권, 전세권에의 준용]290·319

第236條【用水障害의 工事와 損害賠償, 原狀回復】 ① 필요한 用途나 收益이 있는 源泉이나 水道가 他人의 建築 기타 工事로 인하여 斷水, 減水 기타 用途에 障害가 생긴 때에는 用水權者는 損害賠償을 請求할 수 있다.

② 前項의 工事로 인하여 飮料水 기타 生活上 必要한 用水에 障害가 있을 때에는 原狀回復을 請求할 수 있다.

참조 [용수권자]231-234, [손해배상의 청구]750, [지상권, 전세권에의 준용]290·319

第237條【境界標, 담의 設置權】 ① 隣接하여 土地를 所有한 者는 共同費用으로 通常의 境界標나 담을 設置할 수 있다.

② 前項의 費用은 雙方이 折半하여 負擔한다. 그러나 測量費用은 土地의 面積에 比例하여 負擔한다.

③ 前2項의 規定은 다른 慣習이 있으면 그 慣習에 의한다.

참조 [담]238, [경계표의 설치, 보존]265, [경계표, 담의 공유추정]239, [관습법]1·185, [지상권, 전세권에의 준용]290·319

판례 상린관계에 있는 토지 소유자 일방의 경계표 또는 담장 설치 요구에 인접 토지 소유자가 응하지 않는 경우, 그 협력 의무의 이행을 소구할 수 있는지 여부(적극) : 토지의 경계에 경계표나 담이 설치되어 있지 아니하다면 특별한 사정이 없는 한 어느 한쪽 토지의 소유자는 인접한 토지의 소유자에 대하여 공동비용으로 통상의 경계표나 담을 설치하는 데에 협력할 것을 요구할 수 있고, 인접 토지 소유자는 그에 협력할 의무가 있다고 보아야 하므로, 한쪽 토지 소유자의 요구에 대하여 인접 토지 소유자가 응하지 아니하는 경우에는 한쪽 토지 소유자는 민사소송으로 인접 토지 소유자에 대하여 그 협력 의무의 이행을 구할 수 있으며, 법원은 당해 토지들의 이용 상황, 그 소재 지역의 일반적인 관행, 설치 비용 등을 고려하여 새로 설치할 경계표나 담장의 위치(특별한 사정이 없는 한 원칙적으로 새로 설치할 경계표나 담장의 중심 또는 중심선이 양 토지의 경계선상에 위치하도록 해야 한다), 재질, 모양, 크기 등 필요한 사항을 심리하여 인접 토지 소유자에 대하여 협력 의무의 이행을 명할 수 있다.(대판 1997.8.26, 97다6063)

第238條【담의 特殊施設權】 隣地所有者는 自己의 費用으로 담의 材料를 通常보다 良好한 것으로 할 수 있으며 그 높이를 通常보다 높게 할 수 있고 또는 防火壁 기타 特殊施設을 할 수 있다.

참조 [담]237, [시설의 처분, 변경]264, [지상권, 전세권에의 준용]290·319

第239條【境界標 등의 共有推定】 境界에 設置된 境界標, 담, 溝渠등은 相隣者의 共有로 推定한다. 그러나 境界標, 담, 溝渠등이 相隣者一方의 單獨費用으로 設置되었거나 담이 建物의 一部인 경우에는 그러하지 아니하다.

참조 [경계표·담 등]216·237·238, [지하시설]229·244①, [공유]262-270, [분할청구의 금지]268③, [건물의 구분소유와 공유의 추정]215·268, [지상권, 전세권에의 준용]290·319

第240條【樹枝, 木根의 除去權】 ① 隣接地의 樹木가지가 境界를 넘은 때에는 그 所有者에 대하여 가지의 除去를 請求할 수 있다.

② 前項의 請求에 應하지 아니한 때에는 請求者가 그 가지를 除去할 수 있다.

③ 隣接地의 樹木뿌리가 境界를 넘은 때에는 任意로 除去할 수 있다.

참조 [지상권, 전세권에의 준용]290·319

第241條【土地의 深掘禁止】 土地所有者는 隣接地의 地盤이 崩壞할 程度로 自己의 土地를 深掘하지 못한다. 그러나 充分한 防禦工事를 한 때에는 그러하지 아니하다.

참조 [소유물방해제거·방해예방청구권]214, [지상권, 전세권에의 준용]290·319

第242條【境界線附近의 建築】 ① 建物을 築造함에는 特別한 慣習이 없으면 境界로부터 半미터 이상의 距離를 두어야 한다.

② 隣接地所有者는 前項의 規定에 違反한 者에 대하여 建物의 變更이나 撤去를 請求할 수 있다. 그러나 建築에 着手한 후 1年을 經過하거나 建物이 完成된 후에는 損害賠償만을 請求할 수 있다.

참조 [특별한 규정]국토이용, 건축46·47, [건축의 폐지·변경의 청구]389②③, [불법행위와 손해배상청구권]750, [지상권, 전세권에의 준용]290·319

第243條【遮面施設義務】 境界로부터 2미터 이내의 距離에서 이웃 住宅의 內部를 觀望할 수 있는 窓이나 마루를 設置하는 경우에는 適當한 遮面施設을 하여야 한다.

참조 [지상권, 전세권에의 준용]290·319

第244條【地下施設 등에 대한 制限】 ① 우물을 파거나 用水, 下水 또는 汚物 등을 貯置할 地下施設을 하는 때에는 境界로부터 2미터 이상의 距離를 두어야 하며 貯水池, 溝渠 또는 地下室工事에는 境界로부터 그 깊이의 半 이상의 距離를 두어야 한다.

② 前項의 工事를 함에는 土砂가 崩壞하거나 下水 또는 汚液이 이웃에 흐르지 아니하도록 適當한 措處를 하여야 한다.

참조 [지상권, 전세권에의 준용]290·319

第2節 所有權의 取得

第245條【占有로 인한 不動産所有權의 取得期間】 ① 20年間 所有의 意思로 平穩, 公然하게 不動産을 占有하는 者는 登記함으로써 그 所有權을 取得한다.

② 不動産의 所有者로 登記한 者가 10年間 所有의 意思로 平穩, 公然하게 善意이며 過失없이 그 不動産을 占有한 때에는 所有權을 取得한다.

참조 [점유]192·194, [소유의 의사]197①, [점유와 평온·공연·선의·계속의 추정]197①·198, [중단]247②, [국유재산의 경우]국유재산5②, [소유권 이외의 재산권의 취득]248, [선의취득]249, [무주물선점]252

판례 자기 소유의 부동산에 대하여 시효취득이 가능한지 여부(적극) : 취득시효는 당해 부동산을 오랫동안 계속하여 점유한다는 사실상태를 일정한 경우에 권리관계로 높이려고 하는 데에 그 존재이유가 있는 점에 비추어 보면, 시효취득의 목적물은 타인의 부동산임을 요하지 않고 자기 소유의 부동산이라도 시효취득의 목적물이 될 수 있다고 할 것이고, 취득시효를 규정한 민법 245조가 '타인의 물건인 점'을 규정에서 빼놓은 것도 같은 취지에서라고 할 것이다.(대판 2001.7.13, 2001다17572)

판례 타인의 권리매매와 자주점유 : 토지의 매수인이 매매계약에 의하여 목적 토지의 점유를 취득한 경우 설사 그것이 타인의 토지의 매매에 해당하여 그에 의하여 곧바로 소유권을 취득할 수 없다고 하더라도 그것만으로 매수인이 점유권원의 성질상 소유의 의사가 없는 것으로 보이는 권원에 바탕을 두고 점유를 취득한 사실이 증명되었다고 단정할 수 없을 뿐만 아니라, 매도인에게 처분권한이 없다는 것을 잘 알면서 이를 매수하였다는 등의 다른 특별한 사정이 입증되지 않는 한, 그 사실만으로 바로 그 매수인의 점유가 소유의 의사가 있는 점유라는 추정이 깨어지는 것이라고 할 수 없고, 민법 197조 1항이 규정하고 있는 점유자에게 추정되는 소유의 의사는 사실상 소유할 의사가 있는 것으로 충분한 것이지 반드시 등기를 수반하여야 하는 것은 아니므로 등기를 수반하지 아니한 점유임이 밝혀졌다고 하여 이 사실만 가지고 바로 점유권원의 성질상 소유의 의사가 결여된 타주점유라고 할 수 없다.
(대판 2000.3.16, 97다37661 전원합의체)

판례 자기 소유의 부동산을 점유하고 있는 상태에서 다른 사람 명의로 소유권이전등기가 경료된 경우, 취득시효의 기산점 : 자기 소유의 부동산을 점유하고 있는 상태에서 다른 사람 명의로 소유권이전등기가 된 경우 자기 소유 부동산을 점유하는 것은 취득시효의 기초로서의 점유라고 할 수 없고, 그 소유권의 변동이 있는 경우에 비로소 취득시효의 기초로서의 점유가 개시되는 것이므로, 취득시효의 기산점은 소유권의 변동일, 즉 소유권이전등기가 경료된 날이다.(대판 1997.3.14, 96다55860)

판례 부동산의 점유자가 전점유자의 점유기간을 합하여 10년간 그 부동산의 소유자로 등기되어 있는 경우 등기부취득시효의 완성여부(적극) : 등기부취득시효에 관한 민법 245조 2항의 규정에 의하여 소유권을 취득하는 자는 10년간 반드시 그의 명의로 등기되어 있어야 하는 것은 아니고 앞 사람의 등기까지 아울러 그 기간 동안 부동산의 소유자로 등기되어 있으면 된다.
(대판 1989.12.26, 87다카2176 전원합의체)

第246條【占有로 인한 動産所有權의 取得期間】 ① 10年間 所有의 意思로 平穩, 公然하게 動産을 占有한 者는 그 所有權을 取得한다.

② 前項의 占有가 善意이며 過失없이 開始된 경우에는 5年을 經過함으로써 그 所有權을 取得한다.

第247條【所有權取得의 遡及效, 中斷事由】 ① 前2條의 規定에 의한 所有權取得의 效力은 占有를 開始한 때에 遡及한다.

② 消滅時效의 中斷에 관한 規定은 前2條의 所有權取得期間에 準用한다.

참조 ①[점유의 개시]192·194, [소멸시효의 소급효]167, ②[시효의 중단]168-178, [시효의 정지]179-182

판례 타인의 토지를 20년간 소유의 의사로 평온·공연하게 점유한 자는 등기를 함으로써 비로소 그 소유권을 취득하게 되므로 점유자가 소유권이전등기청구를 하는 등 그 권리행사를 하거나 원소유자가 취득시효완성 사실을 알고 점유자의 권리취득을 방해하려고 하는 등의 특별한 사정이 없는 한 원소유자는 점유자 명의로 소유권이전등기가 마쳐지기까지는 소유자로서 그 토지에 관한 적법한 권리를 행사할 수 있다.
(대판 2006.5.12, 2005다75910)

판례 제2항에 의하여 취득시효에 준용되는 같은 법 제168조제1호, 제170조제1항에서 시효 중단사유의 하나로 규정하고 있는 재판상의 청구라 함은, 통상적으로는 권리자가 원고로서 시효를 주장하는 자를 피고로 하여 소송물인 권리를 소의 형식으로 주장하는 경우를 가리키지만, 시효를 주장하는 자가 원고가 되어 소를 제기한 데 대하여 피고로서 응소하여 그 소송에서 적극적으로 권리를 주장하고 그것이 받아들여진 경우도 마찬가지로 이에 포함된다.(대판 1996.9.24, 96다11334)

第248條【所有權 이외의 財産權의 取得時效】 前3條의 規定은 所有權 이외의 財産權의 取得에 準用한다.

참조 [재산권의 점유]210, [중단]247②, [지역권의 시효취득]294·295, [선의취득]249

판례 금전채권의 일부만이 압류되었음에도 그 채권 전액을 공탁한 경우, 그 공탁의 성격 : 민사집행법 제248조제1항에서 "제3채무자는 압류에 관련된 금전채권의 전액을 공탁할 수 있다"고 규정한 것에 따라, 금전채권의 일부만이 압류되었음에도 그 채권 전액을 공탁한 경우에는 공탁금 중 압류의 효력이 미치는 금전채권액은 그 성질상 당연히 집행공탁으로 보아야 하나, 압류금액을 초과하는 부분은 압류의 효력이 미치지 않으므로 집행공탁이 아니라 변제공탁으로 보아야 한다.
(대판 2008.5.15, 2006다74693)

판례 타인 소유의 토지에 소유자의 승낙 없이 분묘를 설치한 경우에는 20년간 평온, 공연하게 그 분묘의 기지를 점유함으로써 분묘기지권을 시효로 취득한다.(대판 1995.2.28, 94다37912)

第249條【善意取得】 平穩, 公然하게 動産을 讓受한 者가 善意이며 過失없이 그 動産을 占有한 경우에는 讓渡人이 정당한 所有者가 아닌 때에도 卽時 그 動産의 所有權을 取得한다.

참조 [동산]99②, [점유승계]194-196, [평온·공연·선의]197①·198, [예외]250·251, [유가증권의 선의취득]514·524, 어음16②·77①, 수표21, 상65·359, [본조등을 적용하는 경우]공장광업재단7, [동산질권에 대한 준용]343

판례 동산 선의취득제도의 취지 및 효과 : 민법 249조의 동산 선의취득제도는 동산을 점유하는 자의 권리외관을 중시하여 이를 신뢰한 자의 소유권 취득을 인정하고 진정한 소유자의 추급을 방지함으로써 거래의 안전을 확보하기 위하여 법이 마련한 제도이므로, 위 법조 소정의 요건이 구비되어 동산을 선의취득한 자는 권리를 취득하는 반면 종전 소유자는 소유권을 상실하게 되는 법률효과가 법률의 규정에 의하여 발생되므로, 선의취득자가 임의로 이와 같은 선의취득 효과를 거부하고 종전 소유자에게 동산을 반환받아 갈 것을 요구할 수 없다.
(대판 1998.6.12, 98다6800)

第250條【盜品, 遺失物에 대한 特例】 前條의 경우에 그 動産이 盜品이나 遺失物인 때에는 被害者 또는 遺失者는 盜難 또는 遺失한 날로부터 2年내에 그 物件의 返還을 請求할 수 있다. 그러나 盜品이나 遺失物이 金錢인 때에는 그러하지 아니하다.

참조 [유실물]253, 유실물, 수상에서의수색·구조등에관한법, [유가증권의 경우]514·524, 어음16②·77①, 수표21, 상65·359, [본조등을 적용하는 경우]공장광업재단7, [동산질권에 대한 준용]343

第251條【盜品, 遺失物에 대한 特例】 讓受人이 盜品 또는 遺失物을 競賣나 公開市場에서 또는 同種類의 物件을 販賣하는 商人에게서 善意로 買受한 때에는 被害者 또는 遺失者는 讓受人이 支給한 代價를 辨償하고 그 物件의 返還을 請求할 수 있다.

참조 249·250, [본조등을 적용하는 경우]공장광업재단7, [동산질권에 대한 적용]343

第252條【無主物의 歸屬】 ① 無主의 動産을 所有의 意思로 占有한 者는 그 所有權을 取得한다.

② 無主의 不動産은 國有로 한다.

③ 野生하는 動物은 無主物로 하고 飼養하는 野生動物도 다시 野生狀態로 돌아가면 無主物로 한다.

참조 [동산]99②, [소유의 의사]197①, [점유권의 취득]192, [특칙]255, 수산15, [분리 광물과 무주의 동산]광업5, [부동산]99①, [무주의 상속재산]1058, [미채굴의 광물]212, 광업2·7

판례 부동산 소유자가 행방불명된 경우 : 특정인 명의로 사정된 토지는 특별한 사정이 없는 한 사정명의자나 그 상속인의 소유로 추정되고, 토지의 소유자가 행방불명되어 생사 여부를 알 수 없다 하더라도 그가 사망하고 상속인도 없다는 점이 입증되거나 그 토지에 대하여 민법 1053조 내지 1058조에 의한 국가귀속 절차가 이루어지지 아니한 이상 그 토지가 바로 무주부동산이 되어 국가 소유로 귀속되는 것이 아니며, 무주부동산이 아닌 한 국유재산법 8조에 의한 무주부동산의 처리절차를 밟아 국유재산으로 등록되었다 하여 국가 소유로 되는 것도 아니다.
(대판 1999.2.23, 98다59132)

第253條【遺失物의 所有權取得】 遺失物은 法律에 정한 바에 의하여 公告한 후 6개월 내에 그 所有者가 權利를 主張하지 아니하면 拾得者가 그 所有權을 取得한다.(2013.4.5 본조개정)

改前 …정한 바에 의하여 公告한 후 "1年내에" 그 所有者가 權利를 主張하지…

참조 [특별법]유실물, [유실물과 선의취득]202·203·250·251, [범죄자가 놓고간 것으로 인정되는 물건]유실물11, [착오로 점유한 물건, 타인이 놓고 간 물건, 일실한 가축]유실물12, [문화재에 관한 특칙]255, [표류물, 침몰품]수상에서의수색·구조등에관한법2, [유실물등의 횡령]형360, 유실물9

第254條【埋藏物의 所有權取得】 埋藏物은 法律에 정한 바에 의하여 公告한 후 1年내에 그 所有者가 權利를 主張하지 아니하면 發見者가 그 所有權을 取得한다. 그러나 他人의 土地 기타 物件으로부터 發見한 埋藏物은 그 土地 기타 物件의 所有者와 發見者가 折半하여 取得한다.

참조 [특별법]유실물13-15, [문화재에 관한 특칙]255

第255條【「국가유산기본법」 제3조에 따른 국가유산의 國有】 ① 學術, 技藝 또는 考古의 重要한 材料가 되는 物件에 대하여는 第252條第1項 및 前2條의 規定에 의하지 아니하고 國有로 한다.

② 前項의 경우에 拾得者, 發見者 및 埋藏物이 發見된 土地 기타 物件의 所有者는 國家에 대하여 適當한 報償을 請求할 수 있다.
(2023.5.16 본조제목개정)

改前 第255條【"文化財"의 國有】① 學術, 技藝 또는 考古의…

참조 매장문화재보호및조사에관한법18-21

第256條【不動産에의 附合】 不動産의 所有者는 그 不動産에 附合한 物件의 所有權을 取得한다. 그러나 他人의 權原에 의하여 附屬된 것은 그러하지 아니하다.

참조 100②, [물건, 부동산]99①, [동산의 부합]257, [부합의 효과]260·261·283·285·615·654, [부합물과 저당권]358, [본조 준용]신탁28

판례 어떠한 동산이 민법 제256조에 의하여 부동산에 부합된 것으로 인정되기 위해서는 그 동산을 훼손하거나 과다한 비용을 지출하지 않고서는 분리할 수 없을 정도로 부착·합체되었는지 여부 및 그 물리적 구조, 용도와 기능면에서 기존 부동산과는 독립한 경제적 효용을 가지고 거래상 별개의 소유권의 객체가 될 수 있는지 여부 등을 종합하여 판단하여야 하고, 이러한 부동산에의 부합에 관한 법리는 건물의 증축의 경우는 물론 건물의 신축의 경우에도 그대로 적용될 수 있다.
(대판 2009.9.24, 2009다15602)

판례 [1] 부동산에 부합된 물건이 사실상 분리복구가 불가능하여 거래상 독립한 권리의 객체성을 상실하고 그 부동산과 일체를 이루는 부동산의 구성부분이 된 경우에는 타인이 권원에 의하여 이를 부합시켰더라도 그 물건의 소유권은 부동산의 소유자에게 귀속된다.
[2] 저당권의 실행으로 부동산이 경매된 경우에 그 부동산에 부합된 물건은 그것이 부합될 당시에 그 부동산을 낙찰 받은 사람이 소유권을 취득하지만, 그 부동산의 상용에 공하여진 물건일지라도 부동산의 소유자가 아닌 다른 사람의 소유인 때에는 이를 종물이라고 할 수 없으므로 부동산의 낙찰자가 그 소유권을 취득하는 것은 아니며, 낙찰자가 그 물건을 선의취득하였다고 할 수 있으려면 물건이 경매의 목적물로 되었고 낙찰자가 선의이며 과실 없이 물건을 점유하는 등으로 선의취득의 요건을 구비하여야 한다.
(대판 2008.5.8, 2007다36933,36940)

第257條【動産間의 附合】 動産과 動産이 附合하여 毁損하지 아니하면 分離할 수 없거나 그 分離에 過多한 費用을 要할 경우에는 그 合成物의 所有權은 主된 動産의 所有者에게 屬한다. 附合한 動産의 主從을 區別할 수 없는 때에는 動産의 所有者는 附合당시의 價額의 比率로 合成物을 共有한다.

참조 [동산]99②, [주물·종물]100, [부동산의 부합]256, [부합의 효과]260·261, [공유]262-270, [본조 준용]신탁28

第258條【混和】 前條의 規定은 動産과 動産이 混和하여 識別할 수 없는 경우에 準用한다.

참조 [동산]99②, [혼화의 효과]260·261, [본조 준용]신탁28

第259條【加工】 ① 他人의 動産에 加工한 때에는 그 物件의 所有權은 原材料의 所有者에게 속한다. 그러나 加工으로 인한 價額의 增加가 原材料의 價額보다 顯著히 多額인 때에는 加工者의 所有로 한다.

② 加工者가 材料의 一部를 提供하였을 때에는 그 價額은 前項의 增加額에 加算한다.

참조 [동산]99②, [가공의 효과]260·261, [본조 준용]신탁28

第260條【添附의 效果】 ① 前4條의 規定에 의하여 動産의 所有權이 消滅한 때에는 그 動産을 目的으로 한 다른 權利도 消滅한다.

② 動産의 所有者가 合成物, 混和物 또는 加工物의 單獨所有者가 된 때에는 前項의 權利는 合成物, 混和物 또는 加工物에 存續하고 그 共有者가 된 때에는 그 持分에 存續한다.

참조 [첨부]256-259, [첨부로 인한 구상권]261, [특칙]342·370, [본조 준용]신탁28

第261條【添附로 인한 求償權】 前5條의 경우에 損害를 받은 者는 不當利得에 관한 規定에 의하여 補償을 請求할 수 있다.

참조 [첨부]256-259, [첨부로 인한 소유권의 귀속]260, [본조 준용]신탁28

독판 盜品인 황소를 선의로 구입한 후, 이를 가공하여 新物에 대한 소유권을 취득한 자에 대해 원소유권자가 부당이득반환을 청구할 경우, 가공자는 현존이익에서 盜品의 구입을 위해 지출한 매매대금을 공제할 수 없다.
(독·연방법원 1971.1.11 BGHZ 55, 176)

第3節 共同所有

第262條【物件의 共有】 ① 物件이 持分에 의하여 數人의 所有로 된 때에는 共有로 한다.

② 共有者의 持分은 均等한 것으로 推定한다.

참조 [소유자와 사용수익자]211, [특수공유]215·239·268③·704·711·1006·1012이하·1078, 상756-768, 광업17, 수산23, 특허33②·37③, [준공유]278, [합유]271-274, 신탁50, [총유]275-277, [공유물의 관리]265·266, [공유물의 처분·변경]264, [지분과 등기]부등48④, [지분비율에 관한 규정]254단서·257·258·1009이하, [지분처분의 제한]상756, 특허37③

판례 수인이 부동산을 공동으로 매수한 경우 매수인들 사이의 법률관계 : 수인이 부동산을 공동으로 매수한 경우 매수인들 사이의 법률관계는 공유관계로서 매도인은 그 지분에 대한 소유권이전등기의무를 부담하는 경우도 있을 수 있고, 그 수인을 조합원으로 하는 조합체에서 매수한 것으로서 매도인이 소유권 전부의 이전의무를 그 조합체에 대하여 부담하는 경우도 있을 수 있다.(대판 2006.4.13, 2003다25256)

第263條【共有持分의 處分과 共有物의 使用, 收益】 共有者는 그 持分을 處分할 수 있고 共有物 全部를 持分의 比率로 使用, 收益할 수 있다.

판례 일부 공유자가 공유 토지의 전부를 배타적으로 점유·사용하고 있는 경우, 공유 토지를 전혀 사용·수익하지 않고 있는 다른 공유자에 대하여 그 지분에 상응하는 부당이득 반환의무가 있는지 여부(적극) : 토지의 공유자는 각자의 지분 비율에 따라 토지 전체를 사용·수익할 수 있지만, 그 구체적인 사용·수익 방법에 관하여 공유자들 사이에 지분 과반수의 합의가 없는 이상, 1인이 그 전부를 배타적으로 점유·사용할 수 없는 것이므로, 공유자 중의 일부가 그 전부를 배타적으로 점유·사용하고 있다면, 다른 공유자들 중 지분은 있으나 사용·수익은 전혀 하지 않고 있는 자에 대하여는 그 자의 지분에 상응하는 부당이득을 하고 있다.(대판 2002.10.11, 2000다17803)

第264條【共有物의 處分, 變更】 共有者는 다른 共有者의 同意없이 共有物을 處分하거나 變更하지 못한다.

참조 [공유물의 관리]265·266, [특칙]238·293·295·296, [합유물의 처분·변경]272, [총유물의 처분]276①

판례 과반수 공유지분권자가 그 공유물의 특정 부분을 배타적으로 사용·수익할 경우의 한계 사용·수익의 내용은 공유물의 기존의 모습에 본질적 변화를 일으켜 '관리' 아닌 '처분'이나 '변경'의 정도에 이르는 것이어서는 안 될 것이고, 예컨대 다수지분권자라 하여 나대지에 새로이 건물을 건축한다든지 하는 것은 '관리'의 범위를 넘는 것이 될 것이다.
(대판 2001.11.27, 2000다33638,33645)

第265條【共有物의 管理, 保存】 共有物의 管理에 관한 事項은 共有者의 持分의 過半數로써 決定한다. 그러나 保存行爲는 各自가 할 수 있다.

참조 706, [관리비용]266, [지분의 비율]262②, [공유물의 사용수익]263, [공유물의 처분·변경]264, [특칙]상756·761, [합유물의 관리보존]272, [총유물관리]276

판례 진정명의회복을 원인으로 한 소유권이전등기청구권과 무효등기의 말소청구권은 진정한 소유자의 등기명의를 회복하기 위한 것으로서 그 목적이 동일하고 두 청구권 모두 소유권에 기한 방해배제청구권으로서 그 법적 근거와 성질이 동일하므로, 공유자 중 한 사람은 공유물에 경료된 원인무효의 등기에 관하여 각 공유자에게 해당 지분별로 진정명의회복을 원인으로 한 소유권이전등기를 이행할 것을 단독으로 청구할 수 있다.
(대판 2005.9.29, 2003다40651)

판례 공유지분이 과반수에 미달하는 공유자도 공유물의 보존행위로서 다른 공유자와의 협의 없이 공유물을 배타적으로 점유, 사용하고 있는 공유자에 대하여 공유물의 인도나 명도를 구할 수 있다.(대판 1996.12.23, 95다48308)

第266條【共有物의 負擔】 ① 共有者는 그 持分의 比率로 共有物의 管理費用 기타 義務를 負擔한다.

② 共有者가 1年 이상 前項의 義務履行을 遲滯한 때에는 다른 共有者는 相當한 價額으로 持分을 買受할 수 있다.

참조 706, [지분의 비율]262②, [공유물의 관리]265, [공유에 관한 채권]262, [특칙]상757·761

第267條【持分抛棄등의 경우의 歸屬】 共有者가 그 持分을 抛棄하거나 相續人없이 死亡한 때에는 그 持分은 다른 共有者에게 各 持分의 比率로 歸屬한다.

참조 [지분]262②, [상속인의 부존재]1053이하

第268條【共有物의 分割請求】 ① 共有者는 共有物의 分割을 請求할 수 있다. 그러나 5年내의 期間으로 分割하지 아니할 것을 約定할 수 있다.

② 前項의 契約을 更新한 때에는 그 期間은 更新한 날로부터 5年을 넘지 못한다.

③ 前2項의 規定은 第215條, 第239條의 共有物에는 適用하지 아니한다.

참조 [분할의 제한]215·239·1012, 상756이하, [분할금지규정과 공유자의 파산]채무자회생파산344, [합유물의 분할금지]273②, [분할방법]269, [분할금지계약의 효력]부등52⑧·67, [유산의 분할금지]1012, [분할금지기간]1012

판례 구분소유적 공유관계의 성립요건 : 구분소유적 공유관계는 어떤 토지에 관하여 그 위치와 면적을 특정하여 여러 사람이 구분소유하기로 하는 약정이 있어야만 적법하게 성립할 수 있고, 공유자들 사이에 그 공유물을 분할하기로 약정하고 그 때부터 각자의 소유로 분할된 부분을 특정하여 각자 점유·사용하여 온 경우에도 구분소유적 공유관계가 성립할 수 있지만, 공유자들 사이에서 특정 부분을 각각의 공유자들에게 배타적으로 귀속시키려는 의사의 합치가 이루어지지 아니한 경우에는 이러한 관계가 성립할 여지가 없다.(대판 2005.4.29, 2004다71409)

판례 공유물분할의 대상 : 민법 268조가 규정하는 공유물의 분할은 공유자 상호간의 지분의 교환 또는 매매를 통하여 공유의 객체를 단독 소유권의 대상으로 하여 그 객체에 대한 공유관계를 해소하는 것을 말하므로 분할의 대상이 되는 것은 어디까지나 공유물에 한한다.(대판 2002.4.12, 2002다4580)

第269條【分割의 方法】 ① 分割의 方法에 관하여 協議가 成立되지 아니한 때에는 共有者는 法院에 그 分割을 請求할 수 있다.

② 現物로 分割할 수 없거나 分割로 인하여 顯著히 그 價額이 減損될 念慮가 있는 때에는 法院은 物件의 競賣를 命할 수 있다.

참조 [분할]268①, [유산분할의 방법]1012

판례 재판에 의하여 공유물을 분할하는 경우에 현물로 분할할 수 없거나 현물로 분할하게 되면 그 가액이 현저히 감손될 염려가 있는 때에는 물건의 경매를 명하여 대금분할을 할 수 있는 것이고, 여기에서 '현물로 분할할 수 없다'는 요건은 이를 물리적으로 엄격하게 해석할 것은 아니고, 공유물의 성질, 위치나 면적, 이용상황, 분할 후의 사용가치 등에 비추어 보아 현물분할을 하는 것이 곤란하거나 부적당한 경우를 포함한다 할 것이고, '현물로 분할을 하게 되면 현저히 그 가액이 감손될 염려가 있는 경우'라는 것은 공유자의 한 사람이라도 현물분할에 의하여 단독으로 소유하게 될 부분의 가액이 분할 전의 소유지분 가액보다 현저하게 감손될 염려가 있는 경우도 포함하는 것이다. 재판에 의하여 공유물을 분할하는 경우에 법원은 현물로 분할하는 것이 원칙이므로, 불가피하게 대금분할을 할 수밖에 없는 요건에 관한 객관적·구체적인 심리 없이 단순히 공유자들 사이에 분할의 방법에 관하여 의사가 합치하고 있지 않다는 등의 주관적·추상적인 사정에 터잡아 함부로 대금분할을 명하는 것은 허용될 수 없다.
(대판 2009.9.10, 2009다40219,40226)

판례 공유물을 공유자 중의 1인 단독소유 또는 수인의 공유로 하고 다른 공유자에 대하여는 가격배상만 하는 방법의 공유물 분할이 가능한지 여부(적극) : 공유관계의 발생원인과 공유지분의 비율 및 분할된 경우의 경제적 가치, 분할 방법에 관한 공유자의 희망 등의 사정을 종합적으로 고려하여 당해 공유물을 특정한 자에게 취득시키는 것이 상당하다고 인정되고, 다른 공유자에게는 그 지분의 가격을 취득시키는 것이 공유자 간의 실질적인 공평을 해치지 않는다고 인정되는 특별한 사정이 있는 때에는 공유물을 공유자 중의 1인의 단독소유 또는 수인의 공유로 하되 현물을 소유하게 되는 공유자로 하여금 다른 공유자에 대하여 그 지분의 적정하고도 합리적인 가격을 배상시키는 방법에 의한 분할도 현물분할의 하나로 허용된다.
(대판 2004.10.14, 2004다30583)

第270條【分割로 인한 擔保責任】 共有者는 다른 共有者가 分割로 인하여 取得한 物件에 대하여 그 持分의 比率로 賣渡人과 同一한 擔保責任이 있다.

참조 [지분의 비율]262②, [매도인의 담보책임]567-584, [유산분할과 담보책임]1016, [분할의 소급효]1015

第271條【物件의 合有】 ① 法律의 規定 또는 契約에 의하여 數人이 組合體로서 物件을 所有하는 때에는 合有로 한다. 合有者의 權利는 合有物 全部에 미친다.

② 合有에 관하여는 前項의 規定 또는 契約에 의하는 外에 다음 3條의 規定에 의한다.

참조 [조합]703-724, [합유의 예]704, 신탁28, [공유]262, [총유]275, [합유물의 처분, 변경, 보존]272, [합유지분의 처분과 합유물의 분할금지]273, [합유의 종료]274

판례 매수인들이 상호 출자하여 공동사업을 경영할 것을 목적으로 하는 조합이 조합재산으로서 부동산의 소유권을 취득하였다면 민법 제271조제1항의 규정에 의하여 당연히 그 조합체의 합유물이 되고, 다만 그 조합체가 합유등기를 하지 아니하고 그 대신 조합원 1인의 명의로 소유권이전등기를 하였다면 이는 조합체가 그 조합원에게 명의신탁한 것으로 보아야 한다.
(대판 2002.6.14, 2000다30622)

판례 합유자 중 일부가 사망한 경우 소유권의 귀속 : 부동산의 합유자 중 일부가 사망한 경우 합유자 사이에 특별한 약정이 없는 한 사망한 합유자의 상속인은 합유자로서의 지위를 승계하는 것이 아니므로 해당 부동산은 잔존 합유자가 2인 이상일 경우에는 잔존 합유자의 합유로 귀속되고 잔존 합유자가 1인인 경우에는 잔존 합유자의 단독소유로 귀속된다.
(대판 1996.12.10, 96다23238)

第272條【合有物의 處分, 變更과 保存】 合有物을 處分 또는 變更함에는 合有者 全員의 同意가 있어야 한다. 그러나 保存行爲는 各自가 할 수 있다.

참조 [합유]271, [합유지분의 처분과 합유물의 분할금지]273, [공유물의 관리, 보존, 처분, 변경]264·265, [총유물의 관리, 처분]276①

판례 업무집행조합원이 수인 있는 경우, 특별사무에 관한 업무집행으로서의 조합재산 처분·변경의 방법 : 조합재산의 처분·변경에 관한 행위는 다른 특별한 사정이 없는 한 조합의 특별사무에 해당하는 업무집행이며, 업무집행조합원이 수인 있는 경우에는 조합의 통상사무의 범위에 속하지 아니하는 특별사무에 관한 업무집행은 민법 706조 2항에 따라 원칙적으로 업무집행조합원의 과반수로써 결정한다.
(대판 2000.10.10, 2000다28506,28513)

第273條【合有持分의 處分과 合有物의 分割禁止】 ① 合有者는 全員의 同意없이 合有物에 대한 持分을 處分하지 못한다.
② 合有者는 合有物의 分割을 請求하지 못한다.

참조 [합유]271, [합유물의 처분, 변경, 보존]272, [공유물의 처분, 변경, 분할]264·268, [총유물의 관리, 처분]276①

第274條【合有의 終了】 ① 合有는 組合體의 解散 또는 合有物의 讓渡로 인하여 終了한다.
② 前項의 경우에 合有物의 分割에 관하여는 共有物의 分割에 관한 規定을 準用한다.

참조 [합유]271, [합유물의 분할금지]273②, [공유물분할]268·270

第275條【物件의 總有】 ① 法人이 아닌 社團의 社員이 集合體로서 物件을 所有할 때에는 總有로 한다.
② 總有에 관하여는 社團의 定款 기타 契約에 의하는 외에 다음 2條의 規定에 의한다.

참조 [공유]262, [합유]271, [총유물의 관리, 처분, 사용, 수익]276, [총유물에 관한 권리득실]277, [총유부동산의 등기]부등26, 부등규48

판례 기독교 단체인 교회에 있어서 교인들의 연보, 헌금 기타 교회의 수입으로 이루어진 재산은 특별한 사정이 없는 한 그 교회 소속 교인들의 총유에 속한다. 따라서 그 재산의 처분은 그 교회의 정관 기타 규약에 의하거나 그것이 없는 경우에는 그 교회 소속 교인들로 구성된 총회의 결의에 따라야 한다.
(대판 2009.2.12, 2006다23312)

판례 교인들은 교회 재산을 총유의 형태로 소유하면서 사용·수익할 것인데, 일부 교인들이 교회를 탈퇴하는 경우 탈퇴가 개별적인 것이든 집단적인 것이든 이와 더불어 종전 교회의 총유 재산의 관리처분에 관한 의결에 참가할 수 있는 지위나 그 재산에 대한 사용·수익권을 상실하고, 종전 교회는 잔존 교인들을 구성원으로 하여 실체의 동일성을 유지하면서 존속하며 종전 교회의 재산은 잔존 교인들의 총유로 귀속됨이 원칙이다. 그러나 사단법인 정관변경에 준하여 소속 교단에서의 탈퇴하거나 교단을 변경하는 경우 종전 교회의 실체는 교단을 탈퇴한 교회로서 존속하고 종전 교회 재산은 위 탈퇴한 교회 소속 교인들의 총유로 귀속된다.
(대판 2006.4.20, 2004다37775 전원합의체)

판례 주택건설촉진법상의 재건축조합의 재산소유관계 및 그 재산의 처분방법 : 주택건설촉진법에 의하여 설립된 재건축조합은 민법상의 비법인사단에 해당하고, 재건축조합의 실체가 비법인사단이라면 재건축조합이 주체가 되어 신축 완공한 상가건물은 조합원 전원의 총유에 속하며, 총유물의 관리 및 처분에 관하여 재건축조합의 정관이나 규약에 정한 바가 있으면 이에 따라야 하고, 그에 관한 정관이나 규약이 없으면 조합원 총회의 결의에 의하여야 한다.(대판 2001.5.29, 2000다10246)

第276條【總有物의 管理, 處分과 使用, 收益】 ① 總有物의 管理 및 處分은 社員總會의 決議에 의한다.
② 各社員은 定款 기타의 規約에 좇아 總有物을 使用, 收益할 수 있다.

참조 [총유]275, [공유물의 사용, 수익]263, [공유물의 처분, 변경, 관리, 보존]264·265, [합유물의 처분, 변경, 보존, 분할금지]272·273

판례 비법인사단의 채무보증행위와 총유물의 관리·처분행위 : 민법 275조, 276조 1항에서 말하는 총유물의 관리 및 처분은 총유물 그 자체에 관한 이용·개량행위나 법률적·사실적 처분행위를 의미하는 것이므로, 비법인사단이 타인 간의 금전채무를 보증하는 행위는 총유물 그 자체의 관리·처분이 따르지 아니하는 단순한 채무부담행위에 불과하여 이를 총유물의 관리·처분행위라고 볼 수는 없다. 따라서 비법인사단인 재건축조합의 조합장이 채무보증계약을 체결하면서 조합규약에서 정한 조합 임원회의 결의를 거치지 아니하였거나 조합원총회 결의를 거치지 않았다고 하더라도 그것만으로 바로 그 보증계약이 무효라고 할 수는 없다. 다만, 이와 같은 경우에 조합 임원회의의 결의 등을 거치도록 한 조합규약은 조합장의 대표권을 제한하는 규정에 해당하는 것이므로, 거래 상대방이 그와 같은 대표권 제한 및 그 위반 사실을 알았거나 과실로 인하여 이를 알지 못한 때에는 그 거래행위가 무효로 된다고 봄이 상당하며, 이 경우 그 거래 상대방이 대표권 제한 및 그 위반 사실을 알았거나 알지 못한 데에 과실이 있다는 사정은 그 거래의 무효를 주장하는 측이 이를 주장·입증하여야 한다.
(대판 2007.4.19, 2004다60072,60089 전원합의체)

第277條【總有物에 관한 權利義務의 得喪】 總有物에 관한 社員의 權利義務는 社員의 地位를 取得喪失함으로써 取得喪失된다.

참조 [총유]275, [총유물에 관한 사원의 권리의무]276, [사원의 지위]73, [합유의 종료]274

판례 어촌계의 계원으로 있을 당시 어촌계가 취득한 보상금이라 하더라도 그 분배결의 당시 계원의 신분이 상실하였다면 그 결의의 효력을 다툴 법률상의 이해관계가 없다.
(대판 1996.12.10, 95다57159)

第278條【準共同所有】 本節의 規定은 所有權이외의 財産權에 準用한다. 그러나 다른 法律에 特別한 規定이 있으면 그에 의한다.

참조 [특별한 규정]293·295·296·408·544·547·704·706, 상333·558, 광업21, 특허33②·37③, 저작48

판례 공동명의 예금채권자 중 1인에 대한 채권자로서는 그 1인의 지분에 상응하는 예금채권에 대한 압류 및 추심명령 등을 얻어 이를 집행할 수 있고, 한편 이러한 압류 등을 송달받은 은행으로서는 압류채권자의 압류 명령 등에 기초한 단독 예금반환청구에 대하여 공동명의 예금채권자들과 사이의 공동반환특약을 들어 그 지급을 거절할 수는 없다고 보아야 할 것이다.
(대판 2005.9.9, 2003다7319)

판례 은행에 공동명의로 예금을 하고 은행에 대하여 그 권리를 함께 행사하기로 한 경우에 만일 동업자금을 공동명의로 예금한 경우라면 채권의 준합유관계에 있다고 볼 것이나, 단독으로 예금을 인출할 수 없도록 방지·감시하고자 하는 목적으로 공동명의로 예금을 개설한 경우라면 하나의 예금채권이 분량적으로 분할되어 각 공동명의 예금채권자들에게 공동으로 귀속되고, 각자의 지분에 대한 관리처분권은 각자에게 귀속된다.
(대판 2004.10.14, 2002다55908)

第4章 地上權

第279條【地上權의 內容】 地上權者는 他人의 土地에 建物 기타 工作物이나 樹木을 所有하기 위하여 그 土地를 使用하는 權利가 있다.

참조 [토지에 부합한 물건의 소유권]256단서, [지상권과 등기]부등69, [법정지상권]305·366, [지상권을 목적으로 하는 권리]345·354·371①, [타인의 토지를 사용하는 권리]303·609·618

판례 舊「장사 등에 관한 법률」의 시행일 이전에 타인의 토지에 분묘를 설치하여 20년간 평온·공연하게 분묘의 기지를 점유함으로써 분묘기지권을 시효로 취득한 경우, 분묘기지권자는 토지소유자가 지료를 청구하면 그 청구한 날부터의 지료를 지급할 의무가 있다. 취득시효형 분묘기지권은 당사자의 합의에 의하지 않고 성립하는 지상권 유사의 권리이고, 그로 인하여 토지 소유권이 사실상 영구적으로 제한될 수 있다. 따라서 시효로 분묘기지권을 취득한 사람은 일정한 범위에서 토지소유자에게 토지 사용의 대가를 지급할 의무를 부담한다고 보는 것이 형평에 부합한다.(대판 2021.4.29, 2017다228007)

판례 근저당권 등 담보권 설정의 당사자들이 그 목적이 된 토지 위에 차후 용익권이 설정되거나 건물 또는 공작물이 축조·설치되는 등으로써 그 목적물의 담보가치가 저감하는 것을 막는 것을 주요한 목적으로 하여 채권자 앞으로 아울러 지상권을 설정하였다면, 그 피담보채권이 변제 등으로 만족을 얻어 소멸한 경우는 물론이고 시효소멸한 경우에도 그 지상권은 피담보채권에 부종하여 소멸한다.(대판 2011.4.14, 2011다6342)

판례 환지처분과 관습상의 법정지상권 : 환지로 인하여 새로운 분할지적선이 그어진 결과 환지 전에는 동일인에게 속하였던 토지와 그 지상건물의 소유자가 달라진 경우에 환지의 성질상 건물의 부지에 관하여 소유권을 상실한 건물소유자가 그 환지된 토지(건물부지)에 대하여 건물을 위한 관습상의 법정지상권을 취득한다거나 그 환지된 토지의 소유자가 그 건물을 위한 관습상 법정지상권의 부담을 안게 된다고는 할 수 없다.
(대판 2001.5.8, 2001다4101)

판례 효력이 미치는 지역의 범위내라고 할지라도 기존의 분묘외에 새로운 분묘를 신설할 권능은 포함되지 아니하므로 부부 중 일방이 먼저 사망하여 이미 그 분묘가 설치되고 그 분묘기지권이 미치는 범위내에서 그 후에 사망한 다른 일방의 합장을 위하여 쌍분형태의 분묘를 설치하는 것도 허용되지 않는다.
(대판 1997.5.23, 95다29086,29093)

第280條【存續期間을 約定한 地上權】 ① 契約으로 地上權의 存續期間을 정하는 경우에는 그 期間은 다음 年限보다 短縮하지 못한다.
1. 石造, 石灰造, 煉瓦造 또는 이와 類似한 堅固한 建物이나 樹木의 所有를 目的으로 하는 때에는 30年
2. 前號이외의 建物의 所有를 目的으로 하는 때에는 15年
3. 建物이외의 工作物의 所有를 目的으로 하는 때에는 5年
② 前項의 期間보다 短縮한 期間을 정한 때에는 前項의 期間까지 延長한다.

참조 [전세권의 존속기간]312, [존속기간의 등기]부등69, [기간의 약정이 없는 경우]281, [기간의 갱신]283①·284, [본조에 위반하는 계약의 효력]289

판례 동조 1항 1호 '견고한 건물'의 판단 기준 : 동조 1항 1호가 정하는 견고한 건물인지의 여부는 그 건물이 갖고 있는 물리적·화학적 외력 또는 화재에 대한 저항력 및 건물해체의 난이도 등을 종합하여 판단하여야 하는 바, 건물이 목재기둥으로 세워졌다 하더라도 벽체가 벽돌과 시멘트블록으로, 지붕이 슬레이트로 이루어져 있어 상당기간 내구력을 지니고 있고 용이하게 해체될 수 없는 것이면 여기서 말하는 '견고한 건물'에 해당한다.(대판 2003.10.10, 2003다33165)

第281條【存續期間을 約定하지 아니한 地上權】 ① 契約으로 地上權의 存續期間을 정하지 아니한 때에는 그 期間은 前條의 最短存續期間으로 한다.
② 地上權設定當時에 工作物의 種類와 構造를 정하지 아니한 때에는 地上權은 前條第2號의 建物의 所有를 目的으로 한 것으로 본다.

참조 [지상권과 존속기간]280, 부등69, [전세권의 존속기간]312

第282條【地上權의 讓渡, 賃貸】 地上權者는 他人에게 그 權利를 讓渡하거나 그 權利의 存續期間내에서 그 土地를 賃貸할 수 있다.

참조 [부동산물권변동의 효력]186, [다른 제한물권의 양도, 임대성]292·306·336·361, [임차권의 양도, 전대의 제한]629

第283條【地上權者의 更新請求權, 買受請求權】 ① 地上權이 消滅한 경우에 建物 기타 工作物이나 樹木이 現存한 때에는 地上權者는 契約의 更新을 請求할 수 있다.
② 地上權設定者가 契約의 更新을 願하지 아니하는 때에는 地上權者는 相當한 價額으로 前項의 工作物이나 樹木의 買受를 請求할 수 있다.

참조 [공작물등 수거의무, 매수청구권]285, [건물임차인·전차인의 부속물매수청구권]646·647, [토지임대차에의 준용]643·644

판례 임차인의 채무불이행을 이유로 토지임대차 계약이 해지된 경우 지상물매수청구권의 인정 여부 : 공작물의 소유 등을 목적으로 하는 토지임대차에 있어서 임차인의 채무불이행을 이유로 계약이 해지된 경우, 임차인은 임대인에 대하여 동조 및 제643조에 의한 매수청구권을 가지지 아니한다.
(대판 2003.4.22, 2003다7685)

第284條【更新과 存續期間】 當事者가 契約을 更新하는 경우에는 地上權의 存續期間은 更新한 날로부터 第280條의 最短存續期間보다 短縮하지 못한다. 그러나 當事者는 이보다 長期의 期間을 정할 수 있다.

참조 [지상권]279, [존속기간]280·281

第285條【收去義務, 買受請求權】 ① 地上權이 消滅한 때에는 地上權者는 建物 기타 工作物이나 樹木을 收去하여 土地를 原狀에 回復하여야 한다.
② 前項의 경우에 地上權設定者가 相當한 價額을 提供하여 그 工作物이나 樹木의 買受를 請求한 때에는 地上權者는 正當한 理由없이 이를 拒絶하지 못한다.

참조 [지상권]279, [사용대차, 임대차의 경우]615·654, [매수청구권]283②

第286條【地料增減請求權】 地料가 土地에 관한 租稅 기타 負擔의 增減이나 地價의 變動으로 인하여 相當하지 아니하게 된 때에는 當事者는 그 增減을 請求할 수 있다.

참조 [법정지상권과 지료]305①·366, [차임의 증감청구권]628

판례 법원에 의해 결정된 특정 기간에 대한 지료가 그 후의 기간에 대하여도 적용되는지 여부(적극) : 지료 증감청구권에 관한 민법 제286조의 규정에 비추어 볼 때, 특정 기간에 대한 지료가 법원에 의하여 결정되었다면 당해 당사자 사이에서는 그 후 민법 규정에 의한 지료증감의 효과가 새로 발생하는 등의 특별한 사정이 없는 한 그 후의 기간에 대한 지료 역시 종전 기간에 대한 지료와 같은 액수로 결정된 것이라고 보아야 한다.
(대판 2003.12.26, 2002다61934)

第287條【地上權消滅請求權】 地上權者가 2年 이상의 地料를 支給하지 아니한 때에는 地上權設定者는 地上權의 消滅을 請求할 수 있다.

참조 [지료와 등기]366단서, 부등69, [소멸청구와 등기]186, [차임연체와 해지]640·641

판례 종전 소유자에 대한 연체 기간 합산 가부 : 지상권자가 그 권리의 목적이 된 토지의 특정한 소유자에 대하여 2년분 이상의 지료를 지불하지 아니한 경우에 그 특정의 소유자는 선택에 따라 지상권의 소멸을 청구할 수 있으나, 지상권자의 지료 지급 연체가 토지소유권의 양도 전후에 걸쳐 이루어진 경우 토지양수인에 대한 연체기간이 2년이 되지 않는다면 양수인은 지상권소멸청구를 할 수 없다.(대판 2001.3.13, 99다17142)

第288條【地上權消滅請求와 抵當權者에 대한 通知】 地上權이 抵當權의 目的인 때 또는 그 土地에 있는 建物, 樹木이 抵當權의 目的이 된 때에는 前條의 請求는 抵當權者에게 通知한 후 相當한 期間이 經過함으로써 그 效力이 생긴다.

참조 642

第289條【强行規定】 第280條 내지 第287條의 規定에 違反되는 契約으로 地上權者에게 不利한 것은 그 效力이 없다.

참조 608·654

第289條의2【區分地上權】 ① 地下 또는 地上의 空間은 上下의 범위를 정하여 建物 기타 工作物을 所有하기 위한 地上權의 目的으로 할 수 있다. 이 경우 設定行爲로써 地上權의 行使를 위하여 土地의 使用을 制限할 수 있다.
② 第1項의 規定에 의한 區分地上權은 第3者가 土地를 사용·收益할 權利를 가진 때에도 그 權利者 및 그 權利를 目的으로 하는 權利를 가진 者 全員의 承諾이 있으면 이를 設定할 수 있다. 이 경우 土地를 사용·收益할 權利를 가진 第3者는 그 地上權의 行使를 방해하여서는 아니된다.
(1984.4.10 본조신설)

참조 [등기]부등69, [공용부분]집합건물10-19

第290條【準用規定】 ① 第213條, 第214條, 第216條 내지 第244條의 規定은 地上權者間 또는 地上權者와 隣地所有者間에 이를 準用한다.

② 第280條 내지 第289條 및 第1項의 規定은 第289條의2의 規定에 의한 區分地上權에 관하여 이를 準用한다.(1984.4.10 본항신설)

판례 저당권과 함께 지상권을 취득하는 경우 당해 지상권의 효용 및 방해배제청구권의 내용 : 토지에 관하여 저당권을 취득함과 아울러 그 저당권의 담보가치를 확보하기 위하여 지상권을 취득하는 경우, 특별한 사정이 없는 한 당해 지상권은 저당권이 실행될 때까지 제3자가 용익권을 취득하거나 목적 토지의 담보가치를 하락시키는 침해행위를 하는 것을 배제함으로써 저당부동산의 담보가치를 확보하는 데에 그 목적이 있다고 할 것이므로, 그와 같은 경우 제3자가 비록 토지소유자로부터 신축중인 지상 건물에 관한 건축주 명의를 변경받았다 하더라도, 그 지상권자에게 대항할 수 있는 권원이 없는 한 지상권자로서는 제3자에 대하여 목적 토지 위에 건물을 축조하는 것을 중지하도록 요구할 수 있다.(대결 2004.3.29, 2003마1753)

第5章 地役權

第291條【地役權의 內容】 地役權者는 一定한 目的을 위하여 他人의 土地를 自己土地의 便益에 利用하는 權利가 있다.

참조 [지역권과 등기]부등70·71, [지역권의 소멸, 변경]293·299

판례 지역권 설정 합의 : 피고가 피고 소유의 토지에 도로를 개설하여 원고로 하여금 영구히 사용케 한다고 약정하고 그 대금을 수령한 경우 위 약정은 지역권 설정에 관한 합의라고 봄이 상당하다.(대판 1980.1.29, 79다1704)

第292條【附從性】 ① 地役權은 要役地所有權에 附從하여 移轉하며 또는 要役地에 대한 所有權이외의 權利의 目的이 된다. 그러나 다른 約定이 있는 때에는 그 約定에 의한다.

② 地役權은 要役地와 分離하여 讓渡하거나 다른 權利의 目的으로 하지 못한다.

참조 [본조 준용]공장광업재단24②

第293條【共有關係, 一部讓渡와 不可分性】 ① 土地共有者의 1人은 持分에 관하여 그 土地를 위한 地役權 또는 그 土地가 負擔한 地役權을 消滅하게 하지 못한다.

② 土地의 分割이나 土地의 一部讓渡의 경우에는 地役權은 要役地의 各 部分을 위하여 또는 그 承役地의 各 部分에 存續한다. 그러나 地役權이 土地의 一部分에만 관한 것인 때에는 다른 部分에 대하여는 그러하지 아니하다.

참조 [지역권의 불가분성]295·296, [지역권의 준공유]278

第294條【地役權取得期間】 地役權은 繼續되고 表現된 것에 限하여 第245條의 規定을 準用한다.

참조 [취득기간]248·295

판례 통행지역권의 시효취득 요건 : 민법 294조는 지역권은 계속되고 표현된 것에 한하여 같은 법 245조의 규정을 준용한다고 규정하고 있으므로 점유로 인한 지역권 취득기간의 만료로 통행지역권을 시효취득하려면 요역지의 소유자가 타인의 소유인 승역지 위에 통로를 개설하여 그 통로를 사용하는 상태가 위 245조에 규정된 기간 동안 계속되어야 한다.(대판 1991.10.22, 90다16283)

第295條【取得과 不可分性】 ① 共有者의 1人이 地役權을 取得한 때에는 다른 共有者도 이를 取得한다.

② 占有로 인한 地役權取得期間의 中斷은 地役權을 行使하는 모든 共有者에 대한 事由가 아니면 그 效力이 없다.

참조 [공유]262-270, [지역권의 불가분성]293·296, ①[취득기간]248·294, ②[취득기간의 중단]168·169·247②

第296條【消滅時效의 中斷, 停止와 不可分性】 要役地가 數人의 共有인 경우에 그 1人에 의한 地役權消滅時效의 中斷 또는 停止는 다른 共有者를 위하여 效力이 있다.

참조 [공유]262-270, [지역권의 불가분성]293·295, [시효중단]168, [시효정지]179-182

第297條【用水地役權】 ① 用水承役地의 水量이 要役地 및 承役地의 需要에 不足한 때에는 그 需要程度에 의하여 먼저 家用에 供給하고 다른 用途에 供給하여야 한다. 그러나 設定行爲에 다른 約定이 있는 때에는 그 約定에 의한다.

② 承役地에 數個의 用水地役權이 設定된 때에는 後順位의 地役權者는 先順位의 地役權者의 用水를 妨害하지 못한다.

참조 ①[다른 약정과 등기]부등37, ②[권리의 순위]부등4

第298條【承役地所有者의 義務와 承繼】 契約에 의하여 承役地所有者가 自己의 費用으로 地役權의 行使를 위하여 工作物의 設置 또는 修繕의 義務를 負擔한 때에는 承役地所有者의 特別承繼人도 그 義務를 負擔한다.

참조 [다른 약정과 등기]부등37, [위기에 의한 부담의 면제]299, [공작물의 사용]300

第299條【委棄에 의한 負擔免除】 承役地의 所有者는 地役權에 필요한 부분의 土地所有權을 地役權者에게 委棄하여 前條의 負擔을 免할 수 있다.

第300條【工作物의 共同使用】 ① 承役地의 所有者는 地役權의 行使를 妨害하지 아니하는 範圍내에서 地役權者가 地役權의 行使를 위하여 承役地에 設置한 工作物을 使用할 수 있다.

② 前項의 경우에 承役地의 所有者는 受益程度의 比率로 工作物의 設置, 保存의 費用을 分擔하여야 한다.

참조 [상린관계로 인한 공작물사용권]227·230②, [공작물의 수선]298

第301條【準用規定】 第214條의 規定은 地役權에 準用한다.

第302條【特殊地役權】 어느 地域의 住民이 集合體의 關係로 各自가 他人의 土地에서 草木, 野生物 및 土砂의 採取, 放牧 기타의 收益을 하는 權利가 있는 경우에는 慣習에 의하는 외에 本章의 規定을 準用한다.

참조 [총유]275-277, [준총유]278, [입어(入漁)]수산39

第6章 傳貰權

第303條【傳貰權의 內容】 ① 傳貰權者는 傳貰金을 支給하고 他人의 不動産을 占有하여 그 不動産의 용도에 좇아 사용·收益하며, 그 不動産 全部에 대하여 後順位權利者 기타 債權者보다 傳貰金의 優先辨濟를 받을 權利가 있다.(1984.4.10 본항개정)

② 農耕地는 傳貰權의 目的으로 하지 못한다.

참조 [부동산]99①, ①[사용·수익]618·639, [타인의 부동산을 사용할 권리]279·609·618, [유지, 수선비]309, ②[농경지의 경우]농지23 이하, [구관에 의한 전세권의 등기]부칙11, [국세의 우선권]국세35-37, [소액보증금의 경우]주택임대차8

판례 유치권자는 유치물 소유자의 승낙 없이 유치물을 보존에 필요한 범위를 넘어 사용할 수 없고, 유치권자가 유치물을 그와 같이 사용한 경우에는 그로 인한 이익을 부당이득으로 소유자에게 반환하여야 한다. 그 경우에 그 반환의무의 구체적인 내용은 다른 부당이득반환청구에서와 마찬가지로 의무자가 실제로 어떠한 구체적 이익을 얻었는지에 좇아 정하여진다. 따라서 유치권자가 유치물에 관하여 제3자와의 사이에 전세계약을 체결하여 전세금을 수령하였다면 전세금이 종국에는 전세입자에게 반환되어야 할 것임에 비추어 다른 특별한 사정이 없는 한 그가 얻은 구체적 이익은 그가 전세금으로 수령한 금전의 이용가능성이고, 그가 이와 같이 구체적으로 얻은 이익과 관계없이 추상적으로 산정된 차임 상당액을 부당이득으로 반환하여야 한다고 할 수 없다. 그리고 이러한 이용가능성은 그 자체 현물로 반환될 수 없는 성질의 것이므로 그 '가액'을 산정하여 반환을 명하여야 하는바, 그 가액은 결국 전세금에 대한 법정이자 상당액이다.(대판 2009.12.24, 2009다32324)

판례 전세권이 존속하는 동안에 전세권을 존속시키기로 하면서 전세금반환채권만을 전세권과 분리하여 확정적으로 양도할 수 있는지 여부 : 전세권 설정행위에서 금지하지 않는 한 전세권자는 전세권 자체를 처분하여 전세금으로 지출한 자본을 회수할 수 있도록 되어 있으므로 전세권이 존속하는 동안은 전세권을 존속시키기로 하면서 전세금반환채권만을 전세권과 분리하여 확정적으로 양도하는 것은 허용되지 않고, 다만 전세권 존속 중에는 장래에 그 전세권이 소멸하는 경우에 전세금반환채권이 발생하는 것을 조건으로 그 장래의 조건부 채권을 양도할 수 있을 뿐이다.(대판 2002.8.23, 2001다69122)

第304條【建物의 傳貰權, 地上權, 賃借權에 대한 效力】 ① 他人의 土地에 있는 建物에 傳貰權을 設定한 때에는 傳貰權의 效力은 그 建物의 所有를 目的으로 한 地上權 또는 賃借權에 미친다.

② 前項의 경우에 傳貰權設定者는 傳貰權者의 同意없이 地上權 또는 賃借權을 消滅하게 하는 行爲를 하지 못한다.

참조 [소유권과 타물권과의 혼동]191, [지상권, 임차권]279·618

판례 토지와 건물을 함께 소유하던 토지·건물의 소유자가 건물에 대하여 전세권을 설정하여 주었는데 그 후 토지가 타인에게 경락되어 민법 제305조제1항에 의한 법정지상권을 취득한 상태에서 다시 건물을 타인에게 양도한 경우, 그 건물을 양수하여 소유권을 취득한 자는 특별한 사정이 없는 한 법정지상권을 취득할 지위를 가지게 되고, 다른 한편으로는 전세권 관계도 이전받게 되는바, 민법 제304조 등에 비추어 건물 양수인이 토지소유자와의 관계에서 전세권자의 동의 없이 법정지상권을 취득할 지위를 소멸시켰다고 하더라도, 그 건물 양수인은 물론 토지 소유자도 그 사유를 들어 전세권자에게 대항할 수 없다.(대판 2007.8.24, 2006다14684)

第305條【建物의 傳貰權과 法定地上權】 ① 垈地와 建物이 同一한 所有者에 속한 경우에 建物에 傳貰權을 設定한 때에는 그 垈地所有權의 特別承繼人은 傳貰權設定者에 대하여 地上權을 設定한 것으로 본다. 그러나 地料는 當事者의 請求에 의하여 法院이 이를 정한다.

② 前項의 경우에 垈地所有者는 他人에게 그 垈地를 賃貸하거나 이를 目的으로 한 地上權 또는 傳貰權을 設定하지 못한다.

참조 [지상권]279, [저당권과 법정지상권]366

第306條【傳貰權의 讓渡, 賃貸 등】 傳貰權者는 傳貰權을 他人에게 讓渡 또는 擔保로 提供할 수 있고 그 存續期間내에서 그 目的物을 他人에게 轉傳貰 또는 賃貸할 수 있다. 그러나 設定行爲로 이를 禁止한 때에는 그러하지 아니하다.

참조 [임차권의 경우]629, [전세권양도의 효력]307, [전전세등의 경우의 책임]308, [다른 제한물권(지상권)의 양도성, 임대성]282·289, [지역권]292, [전질]336, [저당권의 처분제한]361

판례 전세권설정등기를 마친 민법상의 전세권을 존속기간 만료 후에 양도할 수 있는지 여부(적극) : 전세권설정등기를 마친 민법상의 전세권은 그 성질상 용익물권적 성격과 담보물권적 성격을 겸비한 것으로서, 전세권의 존속기간이 만료되면 전세권의 용익물권적 권능은 전세권설정등기의 말소 없이도 당연히 소멸하고 단지 전세금반환채권을 담보하는 담보물권적 권능의 범위 내에서 전세금의 반환시까지 그 전세권설정등기의 효력이 존속하고 있다 할 것인데, 이와 같이 존속기간의 경과로서 본래의 용익물권적 권능이 소멸하고 담보물권적 권능만 남은 전세권에 대해서도 그 피담보채권인 전세금반환채권과 함께 제3자에게 이를 양도할 수 있다.(대판 2005.3.25, 2003다35659)

第307條【傳貰權讓渡의 效力】 傳貰權讓受人은 傳貰權設定者에 대하여 傳貰權讓渡人과 同一한 權利義務가 있다.

참조 306, [임차권의 경우]629

第308條【轉傳貰 등의 경우의 責任】 傳貰權의 目的物을 轉傳貰 또는 賃貸한 경우에는 傳貰權者는 轉傳貰 또는 賃貸하지 아니하였으면 免할 수 있는 不可抗力으로 인한 損害에 대하여 그 責任을 負擔한다.

참조 306, [질권의 경우]336

第309條【傳貰權者의 維持, 修繕義務】 傳貰權者는 目的物의 現狀을 維持하고 그 通常의 管理에 속한 修繕을 하여야 한다.

참조 [임대차의 경우]623·626, [보존행위등]118, [전세권자의 상환청구권]310

第310條【傳貰權者의 償還請求權】 ① 傳貰權者가 目的物을 改良하기 위하여 支出한 金額 기타 有益費에 관하여는 그 價額의 增加가 現存한 경우에 限하여 所有者의 選擇에 좇아 그 支出額이나 增加額의 償還을 請求할 수 있다.

② 前項의 경우에 法院은 所有者의 請求에 의하여 相當한 償還期間을 許與할 수 있다.

참조 309, [임대차의 경우]623·626, [보존, 개량등]118

판례 전세권이 성립한 후 목적물의 소유권이 이전되는 경우 전세권자와 구 소유자 간의 전세권 관계가 신 소유자에게 이전되는지 여부(적극) : 전세권이 성립한 후 목적물의 소유권이 이전되는 경우에 있어서 민법에 명시적인 규정은 없으나, 전세목적물의 소유권이 이전된 경우 민법이 전세권 관계로부터 생기는 상환청구, 소멸청구, 갱신청구, 전세금증감청구, 원상회복, 매수청구 등의 법률관계의 당사자로 규정하고 있는 전세권설정자 또는 소유자는 모두 목적물의 소유권을 취득한 신 소유자로 새길 수밖에 없다.(대판 2000.6.9, 99다15122)

第311條【傳貰權의 消滅請求】 ① 傳貰權者가 傳貰權設定契約 또는 그 目的物의 性質에 의하여 정하여진 用法으로 이를 使用, 收益하지 아니한 경우에는 傳貰權設定者는 傳貰權의 消滅을 請求할 수 있다.

② 前項의 경우에 傳貰權設定者는 傳貰權者에 대하여 原狀回復 또는 損害賠償을 請求할 수 있다.

참조 [사용, 수익]303, [선관의무]324③·343, [사용대차의 경우]610③, [소멸통고]313, [소멸의 효력]186, [불가항력으로 인한 멸실]314

第312條【傳貰權의 存續期間】 ① 傳貰權의 存續期間은 10年을 넘지 못한다. 當事者의 約定期間이 10年을 넘는 때에는 이를 10年으로 短縮한다.

② 建物에 대한 傳貰權의 存續期間을 1年 미만으로 정한 때에는 이를 1年으로 한다.(1984.4.10 본항신설)

③ 傳貰權의 設定은 이를 更新할 수 있다. 그 期間은 更新한 날로부터 10年을 넘지 못한다.

④ 建物의 傳貰權設定者가 傳貰權의 存續期間 만료전 6月부터 1月까지 사이에 傳貰權者에 대하여 更新拒絶의 통지 또는 條件을 변경하지 아니하면 更新하지 아니한다는 뜻의 통지를 하지 아니한 경우에는 그 期間이 만료된 때에 前傳貰權과 同一한 條件으로 다시 傳貰權을 設定한 것으로 본다. 이 경우 傳貰權의 存續期間은 그 정함이 없는 것으로 본다.(1984.4.10 본항신설)

참조 [지상권의 경우]280·281, [임대차의 경우]주택임대차4, [소멸통고]313, [전세권의 내용]303, [불가항력으로 인한 경우]314

第312條의2【傳貰金 增減請求權】 傳貰金이 目的不動産에 관한 租稅·公課金 기타 負擔의 增減이나 經濟事情의 變動으로 인하여 상당하지 아니하게 된 때에는 當事者는 장래에 대하여 그 增減을 請求할 수 있다. 그러나 增額의 경우에는 大統領令이 정하는 基準에 따른 比率을 초과하지 못한다.(1984.4.10 본조신설)

참조 [임대차의 경우]주택임대차7

第313條【傳貰權의 消滅通告】 傳貰權의 存續期間을 約定하지 아니한 때에는 各 當事者는 언제든지 相對方에 대하여 傳貰權의 消滅을 通告할 수 있고 相對方이 이 通告를 받은 날로부터 6月이 經過하면 傳貰權은 消滅한다.

참조 [존속기간]312, [소멸청구와 효력]186·311, [기간의 약정이 없는 계약관계의 해지]603②·613②·635·660·699·716

第314條【不可抗力으로 인한 滅失】 ① 傳貰權의 目的物의 全部 또는 一部가 不可抗力으로 인하여 滅失된 때에는 그 滅失된 部分의 傳貰權은 消滅한다.

② 前項의 一部滅失의 경우에 傳貰權者가 그 殘存部分으로 傳貰權의 目的을 達成할 수 없는 때에는 傳貰權設定者에 대하여 傳貰權全部의 消滅을 通告하고 傳貰金의 返還을 請求할 수 있다.

참조 315, [일부멸실등과 감액청구, 해지권]627

第315條【傳貰權者의 損害賠償責任】 ① 傳貰權의 目的物의 全部 또는 一部가 傳貰權者에 責任있는 事由로 인하여 滅失된 때에는 傳貰權者는 損害를 賠償할 責任이 있다.

② 前項의 경우에 傳貰權設定者는 傳貰權이 消滅된 후 傳貰金으로써 損害의 賠償에 충당하고 剩餘가 있으면 返還하여야 하며 不足이 있으면 다시 請求할 수 있다.

참조 314 · 317

第316條【原狀回復義務, 買受請求權】 ① 傳貰權이 그 存續期間의 滿了로 인하여 消滅한 때에는 傳貰權者는 그 目的物을 原狀에 回復하여야 하며 그 目的物에 附屬시킨 物件은 收去할 수 있다. 그러나 傳貰權設定者가 그 附屬物件의 買受를 請求한 때에는 傳貰權者는 正當한 理由없이 拒絶하지 못한다.

② 前項의 경우에 그 附屬物件이 傳貰權設定者의 同意를 얻어 附屬시킨 것인 때에는 傳貰權者는 傳貰權設定者에 대하여 그 附屬物件의 買受를 請求할 수 있다. 그 附屬物件이 傳貰權設定者로부터 買受한 것인 때에도 같다.

참조 [전세권의 존속기간]312, [전세권의 소멸]186 · 311 · 313 · 314 · 317, [지상권자의 원상회복 · 매수청구권등]283 · 285, [사용대차의 원상회복의무]615, [임대차에 있어서의 임대청구권 · 매수청구권등]643 ~ 647 · 654

第317條【傳貰權의 消滅과 同時履行】 傳貰權이 消滅한 때에는 傳貰權設定者는 傳貰權者로부터 그 目的物의 引渡 및 傳貰權設定登記의 抹消登記에 필요한 書類의 交付를 받는 同時에 傳貰金을 返還하여야 한다.

참조 [전세권의 존속, 소멸]311 ~ 314, [동시이행의 항변권]536

판례 전세권이 성립한 후 전세목적물의 소유권이 이전된 경우 목적물의 신 소유자는 구 소유자와 전세권자 사이에 성립한 전세권의 내용에 따른 권리의무의 직접적인 당사자가 되어 전세권이 소멸하는 때에 전세권자에 대하여 전세권설정자의 지위에서 전세금 반환의무를 부담하게 된다.
(대판 2006.5.11, 2006다6072)

第318條【傳貰權者의 競賣請求權】 傳貰權設定者가 傳貰金의 返還을 遲滯한 때에는 傳貰權者는 민사집행법의 정한 바에 의하여 傳貰權의 目的物의 競賣를 請求할 수 있다.(2001.12.29 본조개정)

참조 민집268

판례 건물 중 일부를 목적으로 한 전세권 경락의 효과 : 건물의 일부를 목적으로 하는 전세권은 그 목적물인 건물 부분에 한하여 그 효력을 미치므로 건물 중 일부를 목적으로 한 전세권이 경락으로 인하여 소멸한다고 하더라도 그 전세권보다 나중에 설정된 전세권이 건물의 다른 부분을 목적물로 하고 있었던 경우에는 그와 같은 사정만으로는 아직 존속기간이 남아 있는 후순위의 전세권까지 경락으로 인하여 함께 소멸한다고 볼 수 없다.
(대판 2000.2.25, 98다50869)

第319條【準用規定】 第213條, 第214條, 第216條 내지 第244條의 規定은 傳貰權者間 또는 傳貰權者와 隣地所有者 및 地上權者間에 이를 準用한다.

第7章 留置權

第320條【留置權의 內容】 ① 他人의 物件 또는 有價證券을 占有한 者는 그 物件이나 有價證券에 관하여 생긴 債權이 辨濟期에 있는 경우에는 辨濟를 받을 때까지 그 物件 또는 有價證券을 留置할 權利가 있다.

② 前項의 規定은 그 占有가 不法行爲로 인한 경우에 適用하지 아니한다.

참조 ①[물건]98 · 99, [유치권의 유치적 효력]민집91 · 191 · 268, [상사유치권]상58 · 91 · 104 · 111 · 120 · 147 · 800, [유치권과 경매]민집91 · 268 · 271, [유치권과 우선변제권]323, [쌍무계약에 의한 채권과 동시이행의 항변권]536, ②[불법행위]750, [불법점유]197 ~ 199

판례 유치권은 목적물을 유치함으로써 채무자의 변제를 간접적으로 강제하는 것을 본체적 효력으로 하는 권리인 점 등에 비추어, 점유자가 채무자인 경우에는 유치권의 요건으로서의 점유에 해당하지 않는다.(대판 2008.4.11, 2007다27236)

판례 '그 물건에 관하여 생긴 채권'은 유치권 제도 본래의 취지인 공평의 원칙에 특별히 반하지 않는 한 채권이 목적물 자체로부터 발생한 경우는 물론이고 채권이 목적물의 반환청구권과 동일한 법률관계나 사실관계로부터 발생한 경우도 포함하고, 한편 민법 제321조는 "유치권자는 채권 전부의 변제를 받을 때까지 유치물 전부에 대하여 그 권리를 행사할 수 있다"고 규정하고 있으므로, 유치물은 그 각 부분으로써 피담보채권의 전부를 담보하며, 이와 같은 유치권의 불가분성은 그 목적물이 분할 가능하거나 수개의 물건인 경우에도 적용된다.
(대판 2007.9.7, 2005다16942)

第321條【留置權의 不可分性】 留置權者는 債權全部의 辨濟를 받을 때까지 留置物全部에 대하여 그 權利를 行使할 수 있다.

참조 [법정지상권에 있어서의 담보물의 불가분성]366, [질권]343, [저당권]370

第322條【競賣, 簡易辨濟充當】 ① 留置權者는 債權의 辨濟를 받기 위하여 留置物을 競賣할 수 있다.

② 正當한 理由있는 때에는 留置權者는 鑑定人의 評價에 의하여 留置物로 直接 辨濟에 充當할 것을 法院에 請求할 수 있다. 이 경우에는 留置權者는 미리 債務者에게 通知하여야 한다.

참조 [경매]민집91 · 268 · 274, [질권 · 저당권의 경우]338

판례 유치물의 간이변제충당의 요건인 정당한 이유의 존부에 관한 판단 기준 : 유치물의 처분에 관하여 이해관계를 달리하는 다수의 권리자가 존재하거나 유치물의 공정한 가격을 쉽게 알 수 없는 등의 경우에는 민법 322조 2항에 의하여 유치권자에게 유치물의 간이변제충당을 허가할 정당한 이유가 있다고 할 수 없다.(대결 2000.10.30, 2000마4002)

第323條【果實收取權】 ① 留置權者는 留置物의 果實을 收取하여 다른 債權보다 먼저 그 債權의 辨濟에 充當할 수 있다. 그러나 果實이 金錢이 아닌 때에는 競賣하여야 한다.

② 果實은 먼저 債權의 利子에 充當하고 그 剩餘가 있으면 元本에 充當한다.

참조 [과실]101 · 102, [법정변제충당]477 ~ 479

第324條【留置權者의 善管義務】 ① 留置權者는 善良한 管理者의 注意로 留置物을 占有하여야 한다.

② 留置權者는 債務者의 承諾없이 留置物의 使用, 貸與 또는 擔保提供을 하지 못한다. 그러나 留置物의 保存에 필요한 使用은 그러하지 아니하다.

③ 留置權者가 前2項의 規定에 違反한 때에는 債務者는 留置權의 消滅을 請求할 수 있다.

참조 [본조 준용]343, ①[특정물채무자의 주의의무]374, ②[전세권, 질권의 경우]308 · 336 · 343, ③[유치권의 소멸]327 · 328

판례 민법 제324조에 의하면, 유치권자는 선량한 관리자의 주의로 유치물을 점유하여야 하고, 소유자의 승낙 없이 유치물을 보존에 필요한 범위를 넘어 사용하거나 대여 또는 담보제공을 할 수 없으며, 소유자는 유치권자가 위 의무를 위반한 때에는 유치권의 소멸을 청구할 수 있다고 할 것인바, 공사대금채권에 기하여 유치권을 행사하는 자가 스스로 유치물인 주택에 거주하며 사용하는 것은 특별한 사정이 없는 한 유치물인 주택의 보존에 도움이 되는 행위로서 유치물의 보존에 필요한 사용에 해당한다고 할 것이다. 그리고 유치권자가 유치물의 보존에 필요한 사용을 한 경우에도 특별한 사정이 없는 한 차임에 상당한 이득을 소유자에게 반환할 의무가 있다.(대판 2009.9.24, 2009다40684)

第325條【留置權者의 償還請求權】 ① 留置權者가 留置物에 관하여 必要費를 支出한 때에는 所有者에게 그 償還을 請求할 수 있다.

② 留置權者가 留置物에 관하여 有益費를 支出한 때에는 그 價額의 增加가 現存한 경우에 한하여 所有者의 選擇에 좇아 그 支出한 金額이나 增加額의 償還을 請求할 수 있다. 그러나 法院은 所有者의 請求에 의하여 相當한 償還期間을 許與할 수 있다.

참조 [점유자의 비용상환청구권]203, 유실물3, [본조 준용]343

第326條【被擔保債權의 消滅時效】 留置權의 行使는 債權의 消滅時效의 進行에 影響을 미치지 아니한다.

참조 [채권의 소멸시효]162 ~ 165 · 166①

第327條【他擔保提供과 留置權消滅】 債務者는 相當한 擔保를 提供하고 留置權의 消滅을 請求할 수 있다.

참조 [유치권의 소멸]324③ · 328

판례 담보의 상당성의 판단 기준 및 그 소멸청구권자 : 민법 327조에 의하여 제공하는 담보가 상당한가의 여부는 그 담보의 가치가 채권의 담보로서 상당한가, 태양에 있어 유치물에 의하였던 담보력을 저하시키지는 아니한가 하는 점을 종합하여 판단하여야 할 것인바, 유치물의 가격이 채권액에 비하여 과다한 경우에는 채권액 상당의 가치가 있는 담보를 제공하면 족하다고 할 것이고, 한편 당해 유치물에 관하여 이해관계를 가지고 있는 자인 채무자나 유치물의 소유자는 상당한 담보가 제공되어 있는 이상 유치권 소멸청구의 의사표시를 할 수 있다.
(대판 2001.12.11, 2001다59866)

第328條【占有喪失과 留置權消滅】 留置權은 占有의 喪失로 인하여 消滅한다.

참조 [점유의 상실]192② · 204, [점유의 계속]198

第8章 質 權

第1節 動産質權

第329條【動産質權의 內容】 動産質權者는 債權의 擔保로 債務者 또는 第三者가 提供한 動産을 占有하고 그 動産에 대하여 다른 債權者보다 自己債權의 優先辨濟를 받을 權利가 있다.

참조 [권리질권]345, [질권의 목적으로 할 수 없는 것]331, 상789, 광업11 · 66, 수산16, [점유]192 ~ 194 · 330 · 332, [질권의 효력]334 ~ 343, 민집191 · 271 · 273, 채무자회생파산411

第330條【設定契約의 要物性】 質權의 設定은 質權者에게 目的物을 引渡함으로써 그 效力이 생긴다.

참조 [물권행위의 기본원칙]186 · 188, [인도]194 · 196 · 332, 상129 · 132 · 133 · 157 ~ 159 · 557 · 559

일판 임차권에 질권을 설정함에는 질권자에게 임차지의 인도를 요하지 아니한다.(日 · 大審 1934.3.31)

第331條【質權의 目的物】 質權은 讓渡할 수 없는 物件을 目的으로 하지 못한다.

참조 355, [양도할 수 없는 물건]마약9, [질권의 설정을 금지하는 물건]상789, 자동차특정동산9

第332條【設定者에 의한 代理占有의 禁止】 質權者는 設定者로 하여금 質物의 占有를 하게 하지 못한다.

참조 [질권설정계약의 요물성]330, [간접 · 대리점유]194 · 196

第333條【動産質權의 順位】 數個의 債權을 擔保하기 위하여 同一한 動産에 數個의 質權을 設定한 때에는 그 順位는 設定의 先後에 의한다.

참조 335, [동산물권의 대항요건]188 · 523

第334條【被擔保債權의 範圍】 質權은 元本, 利子, 違約金, 質權實行의 費用, 質物保存의 費用 및 債務不履行 또는 質物의 瑕疵로 인한 損害賠償의 債權을 擔保한다. 그러나 다른 約定이 있는 때에는 그 約定에 의한다.

참조 [이자]379, [위약금]398④, [질권실행의 비용]338 · 353, [질물보존비용]325 · 343, [손해배상]390

第335條【留置的效力】 質權者는 前條의 債權의 辨濟를 받을 때까지 質物을 留置할 수 있다. 그러나 自己보다 優先權이 있는 債權者에게 對抗하지 못한다.

참조 [유치]321 ~ 325 · 343, [경매와 유치적 효력]민집91, [질권자에 대하여 우선권이 있는 채권자]333, 국세35, 국세징수40, 지방세기본법71

第336條【轉質權】 質權者는 그 權利의 範圍내에서 自己의 責任으로 質物을 轉質할 수 있다. 이 경우에는 轉質을 하지 아니하였으면 免할 수 있는 不可抗力으로 인한 損害에 대하여도 責任을 負擔한다.

참조 [승낙전질]324② · 343, [질권자의 책임]324① · 343, [특칙]담보부사채63

第337條【轉質의 對抗要件】 ① 前條의 경우에 質權者가 債務者에게 轉質의 事實을 通知하거나 債務者가 이를 承諾함이 아니면 轉質로써 債務者, 保證人, 質權設定者 및 그 承繼人에게 對抗하지 못한다.

② 債務者가 前項의 通知를 받거나 承諾을 한 때에는 轉質權者의 同意없이 質權者에게 債務를 辨濟하여도 이로써 轉質權者에게 對抗하지 못한다.

참조 346 · 349 · 352 · 450 · 451

第338條【競賣, 簡易辨濟充當】 ① 質權者는 債權의 辨濟를 받기 위하여 質物을 競賣할 수 있다.

② 正當한 理由있는 때에는 質權者는 鑑定人의 評價에 의하여 質物로 直接 辨濟에 充當할 것을 法院에 請求할 수 있다. 이 경우에는 質權者는 미리 債務者 및 質權設定者에게 通知하여야 한다.

참조 ①322 · 363, 민집271 · 273, ②[유질계약의 금지]339, [허가신청절차]비송56 · 59, 담보부사채71, [채권질권자의 청구권]353

第339條【流質契約의 禁止】 質權設定者는 債務辨濟期前의 契約으로 質權者에게 辨濟에 갈음하여 質物의 所有權을 取得하게 하거나 法律에 정한 方法에 의하지 아니하고 質物을 處分할 것을 約定하지 못한다.
(2014.12.30 본조개정)

改前 …質權者에게 辨濟에 "가름하여" 質物의…

참조 [법률에 정한 방법]338 · 353 · 354, 민집271 · 273, [특칙]상59

第340條【質物 이외의 財産으로부터의 辨濟】 ① 質權者는 質物에 의하여 辨濟를 받지 못한 部分의 債權에 한하여 債務者의 다른 財産으로부터 辨濟를 받을 수 있다.

② 前項의 規定은 質物보다 먼저 다른 財産에 관한 配當을 實施하는 경우에는 適用하지 아니한다. 그러나 다른 債權者는 質權者에게 그 配當金額의 供託을 請求할 수 있다.

참조 [질권자의 우선변제권]329, [공탁사무의 처리]공탁2

第341條【物上保證人의 求償權】 他人의 債務를 擔保하기 위한 質權設定者가 그 債務를 辨濟하거나 質權의 實行으로 인하여 質物의 所有權을 잃은 때에는 保證債務에 관한 規定에 의하여 債務者에 대한 求償權이 있다.

참조 [물상보증]329, [물상보증인과 대위변제]482②, [보증채무에 관한 규정]441 ~ 447 · 469 · 481 · 482, [본조 준용]355 · 370

판례 물상보증인이 대위변제로 취득하는 채무자에 대한 구상권의 법적 성질 : 물상보증은 채무자 아닌 사람이 채무자를 위하여 담보물권을 설정하는 행위이고 채무자를 대신해서 채무를 이행하는 사무의 처리를 위탁받는 것이 아니므로, 물상보증인이 변제 등에 의하여 채무자를 면책시키는 것은 위임사무의 처리가 아니고 법적 의미에서는 의무 없이 채무자를 위하여 사무를 관리한 것에 유사하다. 따라서 물상보증인의 채무자에 대한 구상권은 그들 사이의 물상보증위탁계약의 법적 성질과 관계없이 민법에 의하여 인정된 별개의 독립한 권리이고, 그 소멸시효에 있어서는 민법상 일반채권에 관한 규정이 적용된다.
(대판 2001.4.24, 2001다6237)

第342條【物上代位】 質權은 質物의 滅失, 毁損 또는 公用徵收로 인하여 質權設定者가 받을 金錢 기타 物件에 대하여도 이를 行使할 수 있다. 이 경우에는 그 支給 또는 引渡전에 押留하여야 한다.

참조 [압류]민집, 상858

판례 저당권자의 물상대위권 행사의 방법과 시한 : 민법 제370조, 제342조에 의한 저당권자의 물상대위권의 행사는 민사소송법 제733조에 의하여 담보권의 존재를 증명하는 서류를 집행법원에 제출하여 채권압류 및 전부명령을 신청하거나, 민사소송법 제580조에 의하여 배당요구를 하는 방법에 의하여 하는 것이고, 이는 늦어도 민사소송법 제580조제1항 각 호 소정의 배당요구의 종기까지 하여야 하는 것으로 그 이후에는 물상대위권자로서의 우선변제권을 행사할 수 없다고 하여야 할 것이고, 위 물상대위권자로서의 권리행사의 방법과 시한을 위와 같이 제한하는 취지는 물상대위의 목적인 채권의 특정성을 유지하여 그 효력을 보전하고 평등배당을 기재한 다른 일반 채권자의 신뢰를 보호하는 등 제3자에게 불측의 손해를 입히지 아니함과 동시에 집행절차의 안정과 신속을 꾀하고자 함에 있다.
(대판 2000.5.12, 2000다4272)

第343條【準用規定】 第249條 내지 第251條, 第321條 내지 第325條의 規定은 動産質權에 準用한다.

第344條【他法律에 의한 質權】 本節의 規定은 다른 法律의 規定에 의하여 設定된 質權에 準用한다.

참조 [다른 법률의 규정에 의하여 설정된 질권]상59

第2節 權利質權

第345條【權利質權의 目的】 質權은 財産權을 그 目的으로 할 수 있다. 그러나 不動産의 使用, 收益을 目的으로 하는 權利는 그러하지 아니하다.

참조 [권리질의 예]상338이하 · 559, 어음19, 특허37, 저작47, [질권의 목적이 될 수 없는 재산권]311 · 331 · 449 · 610 · 629 · 657 · 979, [질권설정을 금지한 재산권]292②, 상789, 광업11, 수산16, 공장광업재단12 · 54, 저작48①

판례 구 신탁법(2011.7.25 법10924호로 전부개정되기 이전 법률) 42조에 규정하고 있는 수탁자의 비용상환청구권이 권리질의 목적이 될 수 있는지 여부(적극) : 구 신탁법 42조에서 규정하고 있는 수탁자의 비용상환청구권은 수탁자가 신탁사무의 처리에 있어서 정당하게 부담하게 되는 비용 또는 과실 없이 입게 된 손해에 관하여 신탁재산 또는 수익자에 대하여 보상을 청구할 수 있는 권리라고 할 것인바, 이는 수탁자가 개인적으로 갖는 권리로서 독립성을 인정할 수 있으므로 양도될 수도 있고 권리질의 목적도 될 수 있다.(대판 2005.12.22, 2003다55059)

第346條【權利質權의 設定方法】 權利質權의 設定은 法律에 다른 規定이 없으면 그 權利의 讓渡에 관한 方法에 의하여야 한다.

참조 [권리양도의 방법]450 · 508 · 523

第347條【設定契約의 要物性】 債權을 質權의 目的으로 하는 경우에 債權證書가 있는 때에는 質權의 設定은 그 證書를 質權者에게 交付함으로써 그 效力이 생긴다.

참조 [대항요건]349 · 350, [증서의 점유]335, [무기명채권의 양도, 무기명채권의 질권설정]330 · 523, [주식의 질권설정]상338

第348條【抵當債權에 대한 質權과 附記登記】 抵當權으로 擔保한 債權을 質權의 目的으로 한 때에는 그 抵當權登記에 質權의 附記登記를 하여야 그 效力이 抵當權에 미친다.

참조 [부기등기]부등5 · 52 · 76 · 106

第349條【指名債權에 대한 質權의 對抗要件】 ① 指名債權을 目的으로 한 質權의 設定은 設定者가 第450條의 規定에 의하여 第三債務者에게 質權設定의 事實을 通知하거나 第三債務者가 이를 承諾함이 아니면 이로써 第三債務者 기타 第三者에게 對抗하지 못한다.
② 第451條의 規定은 前項의 경우에 準用한다.

참조 [효력발생]330 · 347

第350條【指示債權에 대한 質權의 設定方法】 指示債權을 質權의 目的으로 한 質權의 設定은 證書에 背書하여 質權者에게 交付함으로써 그 效力이 생긴다.

참조 [권리질권의 설정방법]346, [효력발생]330 · 347, [지시채권]508 · 515 · 518, 상130 · 157 · 861, 어음11① · 19① · 77①

第351條【無記名債權에 대한 質權의 設定方法】 無記名債權을 目的으로 한 質權의 設定은 證書를 質權者에게 交付함으로써 그 效力이 생긴다.

참조 [권리질권의 설정방법]346 · 347, [무기명채권의 양도방법]523

第352條【質權設定者의 權利處分制限】 質權設定者는 質權者의 同意없이 質權의 目的된 權利를 消滅하게 하거나 質權者의 利益을 害하는 變更을 할 수 없다.

참조 [저당권의 경우]362, [기한의 이익상실]388

판례 질권의 목적인 채권의 양도에 있어서 질권자의 동의가 필요한지 여부 : 질권의 목적인 채권의 양도행위는 민법 제352조 소정의 질권자의 이익을 해하는 변경에 해당되지 않으므로 질권자의 동의를 요하지 아니한다.(대판 2005.12.22, 2003다55059)

第353條【質權의 目的이 된 債權의 實行方法】 ① 質權者는 質權의 目的이 된 債權을 直接 請求할 수 있다.
② 債權의 目的物이 金錢인 때에는 質權者는 自己債權의 限度에서 直接 請求할 수 있다.
③ 前項의 債權의 辨濟期가 質權者의 債權의 辨濟期보다 먼저 到來한 때에는 質權者는 第三債務者에 대하여 그 辨濟金額의 供託을 請求할 수 있다. 이 경우에 質權은 그 供託金에 存在한다.
④ 債權의 目的物이 金錢 이외의 物件인 때에는 質權者는 그 辨濟를 받은 物件에 대하여 質權을 行使할 수 있다.

참조 [자기채권의 한도]334 · 355, [공탁]487-491

판례 채권질권의 효력 범위 및 그 실행 방법 : 질권의 목적이 된 채권이 금전채권인 때에는 질권자는 자기채권의 한도에서 질권의 목적이 된 채권을 직접 청구할 수 있고, 채권질권의 효력은 질권의 목적이 된 채권의 지연손해금 등과 같은 부대채권에도 미치므로 채권질권자는 질권의 목적이 된 채권과 그에 대한 지연손해금채권을 피담보채권의 범위에 속하는 자기채권액에 대한 부분에 한하여 직접 추심하여 자기채권의 변제에 충당할 수 있다.(대판 2005.2.25, 2003다40668)

第354條【同前】 質權者는 前條의 規定에 의하는 外에 민사집행법에 정한 執行方法에 의하여 質權을 實行할 수 있다.(2001.12.29 본조개정)

참조 [민사집행법에 정한 집행방법]민집210 · 229 · 233 · 242 · 251

第355條【準用規定】 權利質權에는 本節의 規定外에 動産質權에 관한 規定을 準用한다.

第9章 抵當權

第356條【抵當權의 內容】 抵當權者는 債務者 또는 第三者가 占有를 移轉하지 아니하고 債務의 擔保로 提供한 不動産에 대하여 다른 債權者보다 自己債權의 優先辨濟를 받을 權利가 있다.

참조 [저당권과 등기]부등75이하, [특별저당권]상787, 공장광업재단3 · 10 · 12 · 40, [저당권의 효력]358-368, 민집91 · 268

판례 목적 부동산 위에 근저당권자를 매도인이 지정하는 제3자로, 채무자를 매도인으로 하는 근저당권을 설정한 경우, 그 근저당권설정등기의 효력 : 제3자를 근저당권 명의인으로 하는 근저당권을 설정하는 경우 그 점에 대하여 채권자와 채무자 및 제3자 사이에 합의가 있고, 채권양도, 제3자를 위한 계약, 불가분적 채권관계의 형성 등 방법으로 채권이 그 제3자에게 실질적으로 귀속되었다고 볼 수 있는 특별한 사정이 있는 경우에는 제3자 명의의 근저당권설정등기도 유효하다고 보아야 할 것이고, 한편 부동산을 매수한 자가 소유권이전등기를 마치지 아니한 상태에서 매도인인 소유자의 승낙 아래 매수 부동산을 타에 담보로 제공하면서 당사자 사이의 합의로 편의상 매수인 대신 등기부상 소유자인 매도인을 채무자로 하여 마친 근저당권설정등기는 실제 채무자인 매수인의 근저당권자에 대한 채무를 담보하는 것으로서 유효하다고 볼 것인바, 위 양자의 형태가 결합된 근저당권이라 하여도 그 자체만으로는 부종성의 관점에서 근저당권이 무효라고 보아야 할 어떤 질적인 차이를 가져오는 것은 아니다.(대판 2001.3.15, 99다48948 전원합의체)

일판 채무자가 담보로 제공했던 부동산을 매도하고 또 그 부동산에서 나오는 임대료수입권을 다른 사람에게 양도했다 하더라도 그 수입권 양도전에 설정된 저당권자가 원칙적으로 그 수입에 대해서도 우선권이 있다.(日 · 最高 1998.1.30)

第357條【根抵當】 ① 抵當權은 그 擔保할 債務의 最高額만을 정하고 債務의 確定을 將來에 保留하여 이를 設定할 수 있다. 이 경우에는 그 確定될 때까지의 債務의 消滅 또는 移轉은 抵當權에 影響을 미치지 아니한다.
② 前項의 경우에는 債務의 利子는 最高額중에 算入한 것으로 본다.

참조 [채무의 소멸]460-507, [채무의 이전]449 · 480 · 481, [이자]360

판례 근저당권자의 경매신청 등의 사유로 인하여 근저당권의 피담보채권이 확정되었을 경우, 확정 이후에 새로운 거래관계에서 발생한 원본채권은 그 근저당권에 의하여 담보되지 아니하지만, 확정 전에 발생한 원본채권에 관하여 확정 후에 발생하는 이자나 지연손해금 채권은 채권최고액의 범위 내에서 근저당권에 의하여 여전히 담보되는 것이다.
(대판 2007.4.26, 2005다38300)

판례 근저당권설정행위와 별도로 근저당권의 피담보채권을 성립시키는 법률행위가 필요한지 여부(적극) : 근저당권은 그 담보할 채무의 최고액만을 정하고, 채무의 확정을 장래에 보류하여 설정하는 저당권으로서, 계속적인 거래관계로부터 발생하는 다수의 불특정채권을 장래의 결산기에서 일정한 한도까지 담보하기 위한 목적으로 설정되는 담보권이므로 근저당권설정행위와는 별도로 근저당권의 피담보채권을 성립시키는 법률행위가 있어야 한다.(대판 2004.5.28, 2003다70041)

판례 근저당권자의 채권총액이 채권최고액을 초과하는 경우, 근저당권자와 채무자 겸 근저당권설정자 사이에서 근저당권의 효력이 미치는 범위 : 원래 저당권은 원본, 이자, 위약금, 채무불이행으로 인한 손해배상 및 저당권의 실행비용을 담보하는 것이며, 채권최고액의 정함이 있는 근저당권에 있어서 이러한 채권의 총액이 그 채권최고액을 초과하는 경우, 적어도 근저당권자와 채무자 겸 근저당권설정자와의 관계에 있어서는 위 채권 전액의 변제가 있을 때까지 근저당권의 효력은 채권최고액과는 관계없이 잔존채무에 여전히 미친다.
(대판 2001.10.12, 2000다59081)

第358條【抵當權의 效力의 範圍】 抵當權의 效力은 抵當不動産에 附合된 物件과 從物에 미친다. 그러나 法律에 特別한 規定 또는 設定行爲에 다른 約定이 있으면 그러하지 아니하다.

참조 [부동산]99①, [부합된 물건]256, 공장광업재단3 · 54, [종물과 저당권]100② · 292, 상787, [과실]359, [법률에 특별한 규정]256단서 · 406

판례 본문은 '저당권의 효력은 저당부동산에 부합된 물건과 종물에 미친다'고 규정하고 있는바, 이 규정은 저당부동산에 종된 권리에도 유추적용된다.(대판 1995.8.22, 94다12722)

판례 공장건물이나 토지에 대하여 민법상의 일반저당권이 설정된 경우에는 공장저당법과는 상관이 없으므로 같은 법 제7조에 의한 목록의 작성이 없더라도 그 저당권의 효력은 민법 제358조에 의하여 당연히 그 공장건물이나 토지의 종물 또는 부합물에까지 미친다.(대판 1995.6.29, 94다6345)

第359條【果實에 대한 效力】 抵當權의 效力은 抵當不動産에 대한 押留가 있은 후에 抵當權設定者가 그 不動産으로부터 收取한 果實 또는 收取할 수 있는 果實에 미친다. 그러나 抵當權者가 그 不動産에 대한 所有權, 地上權 또는 傳貰權을 取得한 第三者에 대하여는 押留한 事實을 通知한 후가 아니면 이로써 對抗하지 못한다.

참조 공장광업재단24①, [과실]101①, [압류]민집

第360條【被擔保債權의 範圍】 抵當權은 元本, 利子, 違約金, 債務不履行으로 인한 損害賠償 및 抵當權의 實行費用을 擔保한다. 그러나 遲延賠償에 대하여는 元本의 履行期日을 經過한 후의 1年分에 限하여 抵當權을 行使할 수 있다.

참조 [손해배상]387 · 397, [이자의 등기]부등75 · 76, [질권이 담보하는 채권의 범위]334

第361條【抵當權의 處分制限】 抵當權은 그 擔保한 債權과 分離하여 他人에게 讓渡하거나 다른 債權의 擔保로 하지 못한다.

참조 [저당권의 부종성]356 · 357 · 369

판례 저당권의 양도에 있어서 물권적 합의를 요하는 당사자의 범위 : 저당권은 피담보채권과 분리하여 양도하지 못하는 것이어서 저당권부채권의 양도는 언제나 저당권의 양도와 채권양도가 결합되어 행해지므로 저당권부채권의 양도는 민법 제186조의 부동산물권변동에 관한 규정과 민법 제449조 내지 제452조의 채권양도에 관한 규정에 의해 규율되므로 저당권의 양도에 있어서도 물권변동의 일반원칙에 따라 저당권을 이전할 것을 목적으로 하는 물권적 합의와 등기가 있어야 저당권이 이전된다고 할 것이나, 이 때의 물권적 합의는 저당권의 양도 · 양수받는 당사자 사이에 있으면 족하고 그 외에 그 채무자나 물상보증인 사이에 있어야 하는 것은 아니라 할 것이고, 단지 채무자에게 채권양도의 통지나 이에 대한 채무자의 승낙이 있으면 채권양도를 가지고 채무자에게 대항할 수 있게 되는 것이다.
(대판 2005.6.10, 2002다15412,15429)

판례 피담보채권의 처분에 따르지 않은 담보권의 소멸 여부 : 피담보채권의 처분이 있음에도 불구하고, 담보권의 처분이 따르지 않는 특별한 사정이 있는 경우에는 채권양수인은 담보권이 없는 무담보의 채권을 양수한 것이 되고 채권의 처분에 따르지 않은 담보권은 소멸한다.(대판 2004.4.28, 2003다61542)

第362條【抵當物의 補充】 抵當權設定者의 責任있는 事由로 인하여 抵當物의 價額이 顯著히 減少된 때에는 抵當權者는 抵當權設定者에 대하여 그 原狀回復 또는 相當한 擔保提供을 請求할 수 있다.

참조 [담보물의 손상 · 감소 · 멸실]388, [저당물의 방해제거 · 예방청구권]214 · 370

第363條【抵當權者의 競賣請求權, 競買人】 ① 抵當權者는 그 債權의 辨濟를 받기 위하여 抵當物의 競賣를 請求할 수 있다.
② 抵當物의 所有權을 取得한 第三者도 競買人이 될 수 있다.

참조 [저당권자의 우선변제권]356, ②[제3자]367, [경매인]민집113

第364條【第三取得者의 辨濟】 抵當不動産에 대하여 所有權, 地上權 또는 傳貰權을 取得한 第三者는 抵當權者에게 그 不動産으로 擔保된 債權을 辨濟하고 抵當權의 消滅을 請求할 수 있다.

참조 [부동산으로 담보된 채권]360, [제3취득자의 변제]369 · 481-485

판례 후순위근저당권자가 저당권 소멸청구권을 행사할 수 있는 제3취득자에 해당하는지 여부 : 근저당부동산의 후순위근저당권자는 제3취득자에 해당하지 아니하므로 선순위근저당권의 피담보채무가 확정된 이후에 그 확정된 피담보채무를 변제한 것은 민법 제469조의 규정에 의한 이해관계 있는 제3자의 변제로서 유효한 것인지 따져볼 수는 있을지언정 민법 제364조의 규정에 따라 선순위근저당권의 소멸을 청구할 수 있는 사유로는 삼을 수 없다.(대판 2006.1.26, 2005다17341)

第365條【抵當地上의 建物에 대한 競賣請求權】 土地를 目的으로 抵當權을 設定한 후 그 設定者가 그 土地에 建物을 築造한 때에는 抵當權者는 土地와 함께 그 建物에 대하여도 競賣를 請求할 수 있다. 그러나 그 建物의 競賣代價에 대하여는 優先辨濟를 받을 權利가 없다.

참조 공장광업재단24① · 54, [토지상의 저당권과 건물]358

판례 저당권설정자로부터 저당토지에 대한 용익권을 설정받은 자에 의하여 축조된 건물의 소유권을 저당권설정자가 취득한 경우 일괄경매청구가 허용되는지 여부(적극) : 저당지상의 건물에 대한 일괄경매청구권은 저당권설정자가 건물을 축조한 경우뿐만 아니라 저당권설정자로부터 저당토지에 대한 용익권을 설정받은 자가 그 토지에 건물을 축조한 경우라도 그 후 저당권설정자가 그 건물의 소유권을 취득한 경우에는 저당권자는 토지와 함께 그 건물에 대하여 경매를 청구할 수 있다.
(대판 2003.4.11, 2003다3850)

판례 일괄경매의 추가신청의 가부(적극) : 민법 365조에 기한 일괄경매청구권은 토지의 저당권자가 토지에 대하여 경매를 신청한 후에도 그 토지상의 건물에 대하여 토지에 관한 경매기일 공고시까지는 일괄경매의 추가신청을 할 수 있고, 이 경우에 집행법원은 두 개의 경매사건을 병합하여 일괄경매절차를 진행함이 상당하다.(대결 2001.6.13, 2001마1632)

판례 토지와 건물에 대해 공동저당권을 설정한 후 건물을 철거하고 그 토지상의 새로이 건물을 축조하여 소유하고 있는 경우 : 토지와 건물에 대해 공동저당권을 설정한 후 건물을 철거하고 그 토지상의 새로이 건물을 축조하여 소유하고 있는 경우에는 건물이 없는 나대지상에 저당권을 설정한 후 그 설정자가 건물을 축조한 경우와 마찬가지로 저당권자는 민법 365조에 의해 그 토지와 신축건물에 일괄경매를 청구할 수 있다고 할 것이다.(대결 1998.4.28, 97마2935)

第366條【法定地上權】 抵當物의 競賣로 인하여 土地와 그 地上建物이 다른 所有者에 속한 경우에는 土地所有者는 建物所有者에 대하여 地上權을 設定한 것으로 본다. 그러나 地料는 當事者의 請求에 의하여 法院이 이를 정한다.

참조 [법정지상권의 다른 경우]305, 공장광업재단24① · 54, [법정지상권의 효력]279이하, [존속기간]280 · 281

판례 토지에 관한 저당권 설정 당시 토지 소유자에 의하여 그 지상에 건물이 건축중이었던 경우, 법정지상권이 인정되기 위한 건물의 요건 및 그 건물이 미등기이더라도 법정지상권이 성립하는지 여부(적극) : 민법 366조의 법정지상권은 저당권 설정 당시 동일인의 소유에 속하던 토지와 건물이 경매로 인하여 양자의 소유자가 다르게 된 때에 건물의 소유자를 위하여 발생하는 것으로서, 토지에 관하여 저당권이 설정될 당시 토지 소유자에 의하여 그 지상에 건물을 건축중이었던 경우 그것이 사회관념상 독립된 건물로 볼 수 있는 정도에 이르지 않았다 하더라도 건물의 규모·종류가 외형상 예상할 수 있는 정도까지 건축이 진전되어 있었고, 그 후 경매절차에서 매수인이 매각대금을 다 낸 때까지 최소한의 기둥과 지붕 그리고 주벽이 이루어지는 등 독립된 부동산으로서 건물의 요건을 갖추면 법정지상권이 성립하며, 그 건물이 미등기라 하더라도 법정지상권의 성립에는 아무런 지장이 없는 것이다.(대판 2004.6.11, 2004다13533)

판례 미등기건물을 대지와 함께 매수하였으나 대지에 관하여만 소유권이전등기를 넘겨받고 대지에 대하여 저당권을 설정한 후 저당권이 실행된 경우 : 민법 366조의 법정지상권은 저당권 설정 당시에 동일인의 소유에 속하는 토지와 건물이 저당권의 실행에 의한 경매로 인하여 각기 다른 사람의 소유에 속하게 된 경우에 건물의 소유를 위하여 인정되는 것이므로, 미등기건물을 그 대지와 함께 매수한 사람이 그 대지에 관하여만 소유권이전등기를 넘겨받고 건물에 대하여는 그 등기를 이전받지 못하고 있다가, 대지에 대하여 저당권을 설정하고 그 저당권의 실행으로 대지가 경매되어 다른 사람의 소유로 된 경우에는, 그 저당권의 설정 당시에 이미 대지와 건물이 각각 다른 사람의 소유에 속하고 있었으므로 법정지상권이 성립될 여지가 없다. (대판 2002.6.20, 2002다9660 전원합의체)

第367條【第三取得者의 費用償還請求權】 抵當物의 第三取得者가 그 不動産의 保存, 改良을 위하여 必要費 또는 有益費를 支出한 때에는 第203條第1項, 第2項의 規定에 의하여 抵當物의 競賣代價에서 優先償還을 받을 수 있다.

판례 저당물에 관한 소유권을 취득한 자도 제3취득자에 해당하는지 여부(적극) : 민법 367조가 저당물의 제3취득자가 그 부동산에 관한 필요비 또는 유익비를 지출한 때에는 저당물의 경매대가에서 우선상환을 받을 수 있다고 규정한 취지는 저당권설정자가 아닌 제3취득자가 저당물에 관한 필요비 또는 유익비를 지출하여 저당물의 가치가 유지·증가된 경우, 매각대금 중 그로 인한 부분은 일종의 공익비용과 같이 보아 제3취득자가 경매대가에서 우선상환을 받을 수 있도록 한 것이므로 저당물에 관한 지상권, 전세권을 취득한 자만이 아니고 소유권을 취득한 자도 민법 367조 소정의 제3취득자에 해당한다. (대판 2004.10.15, 2004다36604)

第368條【共同抵當과 代價의 配當, 次順位者의 代位】 ① 同一한 債權의 擔保로 數個의 不動産에 抵當權을 設定한 경우에 그 不動産의 競賣代價를 同時에 配當하는 때에는 各 不動産의 競賣代價에 比例하여 그 債權의 分擔을 定한다.

② 前項의 抵當不動産중 一部의 競賣代價를 먼저 配當하는 경우에는 그 代價에서 그 債權全部의 辨濟를 받을 수 있다. 이 경우에 그 競賣한 不動産의 次順位抵當權者는 先順位抵當權者가 前項의 規定에 의하여 다른 不動産의 競賣代價에서 辨濟를 받을 수 있는 金額의 限度에서 先順位者를 代位하여 抵當權을 行使할 수 있다.

참조 부등78·80, [저당권의 불가분성]321·343, [저당권의 순위]333·370, [대위와 등기]187

판례 공동저당의 목적인 여러 부동산이 동시에 경매된 경우, 차순위저당권자의 대위권의 발생시기 : 민법 368조에 따른 차순위저당권자의 대위권은 일단 배당기일에 그 배당표에 따라 배당이 실시되어 배당기일이 종료되었을 때 발생하는 것이지 배당이의 소송의 확정 등 그 배당표가 확정되는 것을 기다려 그때에 비로소 발생하는 것은 아니다. (대판 2006.5.26, 2003다18401)

판례 민법 368조 1항의 '각 부동산의 경매대가'의 의미 : 민법 368조 1항에서 말하는 '각 부동산의 경매대가'라 함은 매각대금에서 당해 부동산이 부담할 경매비용과 선순위채권을 공제한 잔액을 말한다.(대판 2003.9.5, 2001다66291)

第369條【附從性】 抵當權으로 擔保한 債權이 時效의 完成 기타 事由로 인하여 消滅한 때에는 抵當權도 消滅한다.

참조 [소멸시효]162·166, [담보물권의 행사와 채권의 소멸시효]326

第370條【準用規定】 第214條, 第321條, 第333條, 第340條, 第341條 및 第342條의 規定은 抵當權에 準用한다.

판례 저당권자가 저당권에 기한 방해배제청구권을 행사하여 방해행위의 제거를 청구할 수 있는 경우 : 저당권자는 저당목적물의 소유자 또는 제3자가 저당목적물을 물리적으로 멸실·훼손하는 경우는 물론 그 밖의 행위로 저당부동산의 교환가치가 하락할 우려가 있는 등 저당권자의 우선변제청구권의 행사가 방해되는 결과가 발생한다면 저당권자는 저당권에 기한 방해배제청구권을 행사하여 방해행위의 제거를 청구할 수 있다. (대판 2006.1.27, 2003다58454)

판례 저당권자가 물상대위권을 행사하여 우선변제를 받기 위한 권리실행방법 : 민법 제370조, 제342조 단서가 저당권자는 물상대위권을 행사하기 위하여 저당권설정자가 받을 금전 기타 물건의 지급 또는 인도 전에 압류하여야 한다고 규정한 것은 물상대위의 목적인 채권의 특정성을 유지하여 그 효력을 보전함과 동시에 제3자에게 불측의 손해를 입히지 않으려는 데 있는 것으로, 물상대위권 행사의 요건으로서 담보권의 존재를 증명하는 서류를 집행법원에 제출하여 개시된 경우이어야 한다. (대판 1994.11.22, 94다25728)

第371條【地上權, 傳貰權을 目的으로 하는 抵當權】 ① 本章의 規定은 地上權 또는 傳貰權을 抵當權의 目的으로 한 경우에 準用한다.

② 地上權 또는 傳貰權을 目的으로 抵當權을 設定한 者는 抵當權者의 同意없이 地上權 또는 傳貰權을 消滅하게 하는 행위를 하지 못한다.

第372條【他法律에 의한 抵當權】 本章의 規定은 다른 法律에 의하여 設定된 抵當權에 準用한다.

참조 상787, 광업11, 입목3, 자동차특정동산3

판례 약한 의미의 양도담보가 된 경우 채무의 변제기가 도과된 후라고 하더라도 채권자가 담보권을 실행하여 청산절차를 마치기 전에는 채무자는 언제든지 채무를 변제하고 채권자에게 가등기 및 그 가등기에 기한 본등기의 말소를 청구할 수 있다. (대판 2006.8.24, 2005다61140)

판례 가등기담보 등에 관한 법률이 적용되지 않는 경우에도 채권자가 채권담보의 목적으로 부동산에 가등기를 경료하였다가 그 후 변제기까지 변제를 받지 못하여 위 가등기에 기한 소유권이전의 본등기를 경료한 경우에는 그 본등기도 채권담보의 목적으로 경료된 것으로서 정산절차를 예정하고 있는 이른바 '약한 의미의 양도담보'가 된다.(대판 2005.7.15, 2003다46963)

第3編 債 權

第1章 總 則

第1節 債權의 目的

第373條【債權의 目的】 金錢으로 價額을 算定할 수 없는 것이라도 債權의 目的으로 할 수 있다.

참조 [채무불이행과 금전배상]389②·394, [비금전채무와 파산]채무자회생파산426

第374條【特定物引渡債務者의 善管義務】 特定物의 引渡가 債權의 目的인 때에는 債務者는 그 物件을 引渡하기까지 善良한 管理者의 注意로 保存하여야 한다.

참조 [특정물채권]462·467·483·484·537, [인도]188②·189·190·196, [보존의무의 위반]390, [귀책사유로 인하지 아니한 멸실훼손]537, [물권자와 보관의무]308·324·336·343, [특칙]695

第375條【種類債權】 ① 債權의 目的을 種類로만 指定한 경우에 法律行爲의 性質이나 當事者의 意思에 의하여 品質을 정할 수 없는 때에는 債務者는 中等品質의 物件으로 履行하여야 한다.

② 前項의 경우에 債務者가 履行에 필요한 行爲를 完了하거나 債權者의 同意를 얻어 履行할 物件을 指定한 때에는 그때로부터 그 物件을 債權의 目的物로 한다.

참조 ①105·106, [법률행위의 성질로 정하여질 경우]598·604, ②[이행에 필요한 행위]460·467·487-491, [특정의 효과]374·537

판례 제한종류채권에 있어 급부목적물의 특정 방법 : 제한종류채권에 있어 급부목적물의 특정에는, 원칙적으로 종류채권의 급부목적물의 특정에 관한 민법 375조 2항이 적용된다. (대판 2003.3.28, 2000다24856)

第376條【金錢債權】 債權의 目的이 어느 種類의 通貨로 支給할 것인 경우에 그 通貨가 辨濟期에 强制通用力을 잃은 때에는 債務者는 다른 通貨로 辨濟하여야 한다.

참조 604, 어음41, 수표36, [강제통용력]한국은행법47이하, [금전채무불이행에 관한 특칙]397

第377條【外貨債權】 ① 債權의 目的이 다른 나라 通貨로 支給할 것인 경우에는 債務者는 自己가 選擇한 그 나라의 各 種類의 通貨로 辨濟할 수 있다.

② 債權의 目的이 어느 種類의 다른 나라 通貨로 支給할 것인 경우에 그 通貨가 辨濟期에 强制通用力을 잃은 때에는 그 나라의 다른 通貨로 辨濟하여야 한다.

참조 [외화채권]378, 어음41, 수표36

판례 채권액이 외국통화로 정해진 금전채권인 외화채권을 채무자가 우리나라 통화로 변제하는 경우에 그 환산시기는 이행기가 아니라 현실로 이행하는 때, 즉 현실이행 시의 외국환시세에 의하여 환산한 우리나라 통화로 변제하여야 하고, 이와 같은 법리는 외화채권자가 경매절차를 통하여 변제를 받는 경우에도 동일하게 적용되어야 할 것이므로, 집행법원이 경매절차에서 외화채권자에 대하여 배당을 할 때에는 특별한 사정이 없는 한 배당기일 당시의 외국환시세를 우리나라 통화로 환산하는 기준으로 삼아야 한다.(대판 2011.4.14, 2010다103642)

第378條【同前】 債權額이 다른 나라 通貨로 指定된 때에는 債務者는 支給할 때에 있어서의 履行地의 換金市價에 의하여 우리나라 通貨로 辨濟할 수 있다.

참조 [외화채권]377, 어음41, 수표36, [환율]외국환거래법5, [외국 금전채권과 파산]채무자회생파산426

판례 채권액이 외국통화로 지정된 금전채권인 외화채권의 경우 채권자의 대용급부청구권 행사 가부(적극)와 환산기준시기 : 채권액이 외국통화로 지정된 금전채권인 외화채권을 채무자가 우리나라 통화로 변제함에 있어서는 민법 378조가 그 환산시기에 관하여 외화채권에 관한 같은 법 376조, 377조 2항의 '변제기'라는 표현과는 다르게 '지급할 때'라고 규정한 취지에서 새겨 볼 때 그 이행기가 아니라 현실로 이행하는 때, 즉 현실이행시의 외국환시세에 의하여 환산한 우리나라 통화로 변제하여야 한다고 풀이함이 상당하므로 채권자가 위와 같은 외화채권을 대용급부의 권리를 행사하여 우리나라 통화로 환산하여 청구하는 경우에도 법원이 채무자에게 그 이행을 명함에 있어서는 채무자가 현실로 이행할 때에 가장 가까운 사실심 변론종결 당시를 우리나라 통화로 환산하는 기준시로 삼아야 한다. (대판 1991.3.12, 90다2147 전원합의체)

第379條【法定利率】 利子있는 債權의 利率은 다른 法律의 規定이나 當事者의 約定이 없으면 年 5分으로 한다.

참조 [이자]425②·441②·448①·548②·567·587·685·688①·738·748②·958①, 상76, 어음5, [이율]397, 상54

판례 이미 발생한 이자에 관하여 채무자가 이행을 지체한 경우에는 그 이자에 대한 지연손해금을 청구할 수 있다. (대판 1996.9.20, 96다25302)

第380條【選擇債權】 債權의 目的이 數個의 行爲중에서 選擇에 좇아 確定될 경우에 다른 法律의 規定이나 當事者의 約定이 없으면 選擇權은 債務者에게 있다.

참조 [법률의 규정에 의한 선택권자]383·384

第381條【選擇權의 移轉】 ① 選擇權行使의 期間이 있는 경우에 選擇權者가 그 期間내에 選擇權을 行使하지 아니하는 때에는 相對方은 相當한 期間을 정하여 그 選擇을 催告할 수 있고 選擇權者가 그 期間내에 選擇하지 아니하면 選擇權은 相對方에게 있다.

② 選擇權行使의 期間이 없는 경우에 債權의 期限이 到來한 후 相對方이 相當한 期間을 정하여 그 選擇을 催告하여도 選擇權者가 그 期間내에 選擇하지 아니할 때에도 前項과 같다.

참조 [선택채권]380, [제3자의 선택권의 이전]384

판례 제한종류채권에 있어 급부목적물의 특정 방법 : 제한종류채권에 있어 급부목적물의 특정에는, 원칙적으로 종류채권의 급부목적물의 특정에 관한 민법 375조 2항이 적용되므로, 채무자가 이행에 필요한 행위를 완료하거나 채권자의 동의를 얻어 이행할 물건을 지정한 때에는 그 물건이 채권의 목적물이 되는 것이나, 당사자 사이에 지정권의 부여 및 지정의 방법에 관한 합의가 없고, 채무자가 이행에 필요한 행위를 하지 아니하거나 지정권자로 된 채무자가 이행할 물건을 지정하지 아니하는 경우에는 선택채권의 선택권 이전에 관한 민법 381조를 준용하여 채권의 기한이 도래한 후 채권자가 상당한 기간을 정하여 지정권이 있는 채무자에게 그 지정을 최고하여도 채무자가 이행할 물건을 지정하지 아니하면 지정권이 채권자에게 이전한다. (대판 2003.3.28, 2000다24856)

第382條【當事者의 選擇權의 行使】 ① 債權者나 債務者가 選擇하는 경우에는 그 選擇은 相對方에 대한 意思表示로 한다.

② 前項의 意思表示는 相對方의 同意가 없으면 撤回하지 못한다.

판례 채권의 양도 당시 이자채권에 대하여 양도한다는 의사표시가 없는 한 이자채권은 양도되지 않는다고 보아야 할 것이다. (대판 1989.3.28, 88다카12803)

第383條【第三者의 選擇權의 行使】 ① 第三者가 選擇하는 경우에는 그 選擇은 債務者 및 債權者에 대한 意思表示로 한다.

② 前項의 意思表示는 債權者 및 債務者의 同意가 없으면 撤回하지 못한다.

참조 [선택권의 행사]382

第384條【第三者의 選擇權의 移轉】 ① 選擇할 第三者가 選擇할 수 없는 경우에는 選擇權은 債務者에게 있다.

② 第三者가 選擇하지 아니하는 경우에는 債權者나 債務者는 相當한 期間을 정하여 그 選擇을 催告할 수 있고 第三者가 그 期間내에 選擇하지 아니하면 選擇權은 債務者에게 있다.

참조 380·381

第385條【不能으로 인한 選擇債權의 特定】 ① 債權의 目的으로 選擇할 數個의 行爲중에 처음부터 不能한 것이나 또는 후에 履行不能하게 된 것이 있으면 債權의 目的은 殘存한 것에 存在한다.

② 選擇權없는 當事者의 過失로 인하여 履行不能이 된 때에는 前項의 規定을 適用하지 아니한다.

참조 ①[이행불능]390, ②[선택권 없는 당사자]380·381·383

第386條【選擇의 遡及效】 選擇의 效力은 그 債權이 發生한 때에 遡及한다. 그러나 第三者의 權利를 害하지 못한다.

참조 [선택]382①·383①

第2節 債權의 效力

第387條【履行期와 履行遲滯】 ① 債務履行의 確定한 期限이 있는 경우에는 債務者는 期限이 到來한 때로부터 遲滯責任이 있다. 債務履行의 不確定한 期限이 있는 경우에는 債務者는 期限이 到來함을 안 때로부터 遲滯責任이 있다.

② 債務履行의 期限이 없는 경우에는 債務者는 履行請求를 받은 때로부터 遲滯責任이 있다.

참조 [기한]152-154, [매매와 대금지불기한]585, [이행지체의 책임과 면책]390, [상대방의 해제권]544·545, [변제제공에 의한 면책]461, ①[기한있는 지시채권 또는 무기명채권과 지체]517·526, 어음38·77①, 수표28이하, [본항의 특칙]603②

판례 채무에 이행기의 정함이 없는 경우에는 채무자가 이행의 청구를 받은 다음 날부터 이행지체의 책임을 지는 것이나, 한편 지명채권이 양도된 경우 채무자에 대한 대항요건이 갖추어질 때까지 채권양수인은 채무자에게 대항할 수 없으므로, 이행기의 정함이 없는 채권을 양수한 채권양수인이 채무자를 상대로 그 이행을 구하는 소를 제기하고 소송 계속 중 채무자에 대한 채권양도통지가 이루어진 경우에는 특별한 사정이 없는 한 채무자는 채권양도통지가 도달된 다음 날부터 이행지체의 책임을 진다.(대판 2014.4.10, 2012다29557)

판례 **완공기한 내에 공사를 완성하지 못하여 도급계약이 해제된 경우, 그에 따른 지체상금 발생의 시기 및 종기** : 수급인이 완공기한 내에 공사를 완성하지 못한 채 완공기한을 넘겨 도급계약이 해제된 경우에 있어서 그 지체상금 발생의 시기(始期)는 완공기한 다음날이고, 종기(終期)는 수급인이 공사를 중단하거나 기타 해제사유가 있어 도급인이 이를 해제할 수 있었을 때를 기준으로 하여 도급인이 다른 업자에게 의뢰하여 같은 건물을 완공할 수 있었던 시점이다.(대판 2001.1.30, 2000다56112)

판례 지급기일이 물품 공급일자 이후로 된 약속어음을 발행·교부한 경우 물품대금의 지급을 위하여 지급기일이 물품 공급일자 이후로 된 약속어음을 발행·교부한 경우, 물품대금 지급채무의 이행기는 약속어음의 지급기일이며 위 약속어음이 그 지급기일 이전에 지급거절된 경우라도, 그때에 물품대금 지급채무가 이행기에 도달하는 것은 아니다.
(대판 2000.9.5, 2000다26333)

第388條【期限의 利益의 喪失】 債務者는 다음 各號의 경우에는 期限의 利益을 主張하지 못한다.
1. 債務者가 擔保를 損傷, 減少 또는 滅失하게 한 때
2. 債務者가 擔保提供의 義務를 履行하지 아니한 때

참조 [기한의 이익]153, [특칙]담보부사채69-71, 채무자회생파산425, [담보제공의무]431·432

第389條【强制履行】 ① 債務者가 任意로 債務를 履行하지 아니한 때에는 債權者는 그 强制履行을 法院에 請求할 수 있다. 그러나 債務의 性質이 强制履行을 하지 못할 것인 때에는 그러하지 아니하다.
② 前項의 債務가 法律行爲를 目的으로 한 때에는 債務者의 意思表示에 갈음할 裁判을 請求할 수 있고 債務者의 一身에 專屬하지 아니한 作爲를 目的으로 한 때에는 債務者의 費用으로 第三者에게 이를 하게 할 것을 法院에 請求할 수 있다.(2014.12.30 본항개정)
③ 그 債務가 不作爲를 目的으로 한 경우에 債務者가 이에 違反한 때는 債務者의 費用으로써 그 違反한 것을 除却하고 將來에 대한 適當한 處分을 法院에 請求할 수 있다.
④ 前3項의 規定은 損害賠償의 請求에 影響을 미치지 아니한다.

改前 ② …債務者의 意思表示에 "가름할" 裁判을 請求할 수…

참조 ①[강제집행]민집24-263, ②[대체집행]민집260, [법률행위를 목적으로 하는 채무의 집행]민집263, [간접강제]민집261, ③[부작위채무의 강제이행]민집263, ④[손해배상]390·393-398

판례 **의사표시에 갈음하는 판결의 한계** : 채무자인 학교법인에 다른 재산이 없어 기본재산을 처분하지 않고서는 채무변제가 불가능하더라도 학교법인이 기본재산을 처분하기 위하여 관할관청의 허가를 신청할지의 여부는 특별한 사정이 없는 한 재단법인의 의사에 맡겨져 있기 때문에 금전채권자들에 불과한 자가 기본재산의 처분을 희망하지도 않는 학교법인을 상대로 관할관청에 대하여 기본재산에 대한 처분허가신청절차를 이행할 것을 청구할 수는 없다.(대판 2001.12.28, 2001다24075)

第390條【債務不履行과 損害賠償】 債務者가 債務의 內容에 좇은 履行을 하지 아니한 때에는 債權者는 損害賠償을 請求할 수 있다. 그러나 債務者의 故意나 過失없이 履行할 수 없게 된 때에는 그러하지 아니하다.

참조 [이행]2①, 460이하, [이행지체]387, [이행불능의 기타의 효과]537·538·546, [손해배상]393-398, [이행보조자·운송주선인의 고의·과실]391, 상115, [운송인]상135·148, [공중접객업자]상152, [창고업자]상160, [선박소유자]상839·841, [특칙]상136·148·152·160·839·841

판례 광고주가 모델이나 유명 연예인, 운동선수 등과 광고모델계약을 체결하면서 출연하는 유명 연예인 등에게 일정한 수준의 명예를 유지할 의무를 부과하는 품위유지약정을 한 경우, 위와 같은 광고모델계약은 유명 연예인 등을 광고에 출연시킴으로써 유명 연예인 등이 일반인들에 대하여 가지는 신뢰성, 가치, 명성 등 긍정적인 이미지를 이용하여 광고되는 제품에 대한 일반인들의 구매 욕구를 불러일으키기 위한 목적으로 체결되는 것이므로, 위 광고에 출연하기로 한 모델은 위와 같이 일정한 수준의 명예를 유지하기로 한 품위유지약정에 따라 계약기간 동안 광고에 적합한 자신의 긍정적인 이미지를 유지함으로써 그것으로부터 발생하는 구매 유인 효과 등 경제적 가치를 유지하여야 할 계약상 의무, 이른바 품위유지의무를 지고 있고, 이를 이행하지 않는 경우에는 광고모델계약에 관한 채무불이행으로 인한 손해배상채무를 면하지 못한다.(대판 2009.5.28, 2006다32354)

판례 채무자가 부담하는 채무불이행으로 인한 손해배상채무와 제3자가 부담하는 불법행위로 인한 손해배상채무의 원인이 동일한 사실관계에 기한 경우에는 하나의 동일한 급부에 관하여 수인의 채무자가 각자 독립해서 그 전부를 급부하여야 할 의무를 부담하는 경우로서 부진정연대채무관계에 있다.
(대판 2006.9.8, 2004다55230)

▶ 이행불능의 경우

판례 **임차인의 임차물반환채무가 이행불능이 된 경우 그 귀책사유에 관한 증명책임의 소재** : 임차인은 임차건물의 보존에 관하여 선량한 관리자의 주의의무를 다하여야 하고, 임차인의 임차물반환채무가 이행불능이 된 경우, 임차인이 그 이행불능으로 인한 손해배상책임을 면하려면 그 이행불능이 임차인의 귀책사유로 말미암은 것이 아님을 입증할 책임이 있다.
(대판 2006.1.13, 2005다51013,51020)

판례 민법상 이행불능의 효과로서 채권자의 전보배상청구권과 계약해제권 외에 별도로 대상청구권을 규정하고 있지는 않으나 해석상 대상청구권을 부정할 이유는 없다.
(대판 1996.12.10, 94다43825)

▶ 채무불이행으로 보지 않는 경우

판례 계약의 일방 당사자가 계약기간 중에 부도가 발생하였다는 사실만으로 당해 계약의 이행이 그의 귀책사유로 불가능하게 되었다고 단정할 수는 없고 그 부도 발생 전후의 계약의 이행정도, 부도에 이르게 된 원인, 부도 발생 후의 영업의 계속 혹은 재개 여부, 당해 계약을 이행할 자금사정 기타 여건 등 제반 사정을 종합하여 계약의 이행불능 여부를 판단하여야 한다.
(대판 2006.4.28, 2004다16976)

판례 **매매목적물의 하자로 인한 확대손해에 대하여 매도인에게 배상책임을 묻는 데 귀책사유가 필요한지 여부** : 매매목적물의 하자로 인한 확대손해에 대하여 매도인에게 배상책임을 지우기 위해서는 하자 없는 목적물을 인도하지 못한 의무위반 사실 외에 그러한 의무위반에 대하여 매도인에게 귀책사유가 있어야 한다.(대판 2003.7.22, 2002다35676)

▶ 손해배상액의 산정

판례 **채무불이행의 손해액에 대한 입증이 불충분한 경우 법원이 취하여야 할 조치** : 손해액에 대한 입증이 불충분하다 하더라도 그 이유만으로 원고의 이 부분 청구를 배척할 것이 아니라 그 손해액에 관하여 적극적으로 석명권을 행사하고 입증을 촉구하여 이를 밝혀야 할 것이다.
(대판 2006.1.27, 2005다52078,52085)

판례 대상청구권의 요건 : 대상청구권이 인정되기 위하여는 급부가 후발적으로 불능하게 되어야 하고, 급부를 불능하게 하는 사정의 결과로 채무자가 채권의 목적물에 관하여 '대신하는 이익'을 취득하여야 한다.(대판 2003.11.14, 2003다35482)

▶ 채권자의 정신적 고통

판례 도급인이 하자의 보수나 손해배상만으로는 회복될 수 없는 정신적 고통을 입었다는 특별한 사정이 있고 수급인이 이와 같은 사정을 알거나 알 수 있었을 경우에 한하여 정신적 고통에 대한 위자료를 인정할 수 있다.(대판 1993.11.9, 93다19115)

▶ 과실로 인한 불이행

독판 휘발유공급업자가 과실로 보통휘발유를 그의 계약상대방인 주유소측의 고급휘발유 탱크에 주입하여 그 주유소 고객의 엔진이 손상되는 확대손해가 발생하는 경우, 휘발유공급업자는 고객에 대해 적극적 채권침해에 따른 손해배상책임을 진다.
(독·연방법원 1989.4.26 BGHZ 107,249)

第391條【履行補助者의 故意, 過失】 債務者의 法定代理人이 債務者를 위하여 履行하거나 債務者가 他人을 使用하여 履行하는 경우에는 法定代理人 또는 被用者의 故意나 過失은 債務者의 故意나 過失로 본다.

참조 [운송주선인]상115, [운송인]상135·148·150, [공중접객업자]상152, [창고업자]상160, [선박소유자]상802·856, [법정대리인]5·10·911

판례 **이행보조자로서 수급인** : 임대인이 임차인과의 임대차계약상의 약정에 따라 제3자에게 도급을 주어 임대차목적 시설물을 수선한 경우에는 그 수급인도 임대인에 대하여 종속적인지 여부를 불문하고 이행보조자로서의 피용자라고 보아야 할 것이고, 이러한 수급인이 시설물 수선 공사 등을 하던 중 수급인의 과실로 인하여 화재가 발생한 경우에는 임대인은 민법 391조에 따라 위 화재발생에 귀책사유가 있다 할 것이어서 임차인에 대한 채무불이행상의 손해배상책임이 있다.
(대판 2002.7.12, 2001다44338)

第392條【履行遲滯 중의 損害賠償】 債務者는 自己에게 過失이 없는 경우에도 그 履行遲滯 중에 생긴 損害를 賠償하여야 한다. 그러나 債務者가 履行期에 履行하여도 損害를 免할 수 없는 경우에는 그러하지 아니하다.

참조 [이행지체]387, [손해배상]390·391·393-398

第393條【損害賠償의 範圍】 ① 債務不履行으로 인한 損害賠償은 通常의 損害를 그 限度로 한다.
② 特別한 事情으로 인한 損害는 債務者가 그 事情을 알았거나 알 수 있었을 때에 限하여 賠償의 責任이 있다.

참조 [배상액]396·398, 상137·148, 어음45⑥, 수표41⑥, [손해배상의 방법]394·398, [금전채무의 특칙]397, [배상액의 예정]398, [불법행위와 손해배상]398⑤·399·404-406·750이하

▶ 손해배상의 범위

판례 불법행위로 상해를 입었지만 후유증 등으로 전혀 예상할 수 없었던 후발손해가 새로 발생한 경우와 같이 사회통념상 후발손해가 판명된 때에 현실적으로 손해가 발생한 것으로 볼 수 있는 경우에는 후발손해 판명 시점에 불법행위로 인한 손해배상채권이 성립하고, 지연손해금도 그때부터 발생한다.
(대판 2022.6.16, 2017다289538)

판례 분양계약서에서 수분양자인 갑의 분양대금 납입 지체에 따른 지연손해금의 납부책임과 금액만을 규정하고 분양자이자 매도인인 을 주식회사 등의 이행지체에 따른 지체상금에 관하여는 아무런 규정을 두지 않은 사안에서, 수분양자의 분양대금 납입 지체에 적용되는 지연손해금 조항이 당연히 매도인에게도 적용되어 동일한 내용의 지체상금 조항이 있는 것으로 간주될 수는 없으므로, 갑은 을 회사에 대하여 손해배상액의 예정으로서 지체상금의 지급을 구할 수는 없고 을 회사의 채무불이행으로 인하여 실제로 입은 손해만을 배상받을 수 있다.
(대판 2012.3.29, 2010다590)

판례 우편역무종사자의 고의 또는 중과실에 의한 직무상 의무 위반으로 내용증명우편물이 도달되지 않거나 그 증명기능이 발휘되지 못하게 된 경우, 발송인 등이 그로 인하여 정신적 고통을 입었을 것임은 경험칙상 넉넉히 인정할 수 있고, 이러한 정신적 고통은 단순히 내용증명우편물의 발송비용을 전보받는 것만으로 회복된다고 볼 수 없으므로, 이러한 경우에는 당해 발송인 등은 그 정신적 고통에 대한 위자료를 통상손해로서 청구할 수 있다.
(대판 2009.7.23, 2006다81325)

판례 수입통관을 마친 제품의 교환가치는 국내에서 유통되는 같은 제품의 교환가치인 국내 시가로 보아야 할 것이므로, 수입통관절차를 완료한 제품이 불법행위로 인하여 원상회복이 불가능할 뿐 아니라 남은 가치가 없을 정도로 훼손되었다면, 그로 인한 손해는 특별한 사정이 없는 한 같은 제품의 국내 시가를 기준으로 산정하여야 한다.(대판 2008.4.10, 2007다7751)

판례 **임대인의 귀책사유로 임대차계약이 종료된 경우 임대인이 배상하여야 할 손해의 범위** : 임대인의 방해행위로 임차인의 임대차 목적물에 대한 임차권에 기한 사용·수익이 사회통념상 불가능하게 됨으로써 임대차계약이 종료된 경우에 임차인으로서는 임대차보증금 반환청구권을 행사할 수 있고 그 이후의 차임 지급의무를 면하는 한편 다른 특별한 사정이 없는 한 휴업손해를 그에 대한 증명이 가능한 한 통상의 손해로서 배상을 받을 수 있을 뿐이며, 장래 그 목적물의 임대차기간 만료시까지 계속해서 그 목적물을 사용·수익할 수 없음으로 인한 일실수입 손해는 이를 별도의 손해로서 그 배상을 청구할 수 없다.
(대판 2006.1.27, 2005다16591,16607)

판례 **소유권이전등기 말소등기의무의 이행불능으로 인한 손해액** : 소유권이전등기 말소등기의무가 이행불능이 됨으로 말미암아 그 권리자가 입는 손해액은 원칙적으로 그 이행불능이 될 당시의 목적물의 시가 상당액이다.
(대판 2005.9.15, 2005다29474)

판례 **국가유공자등예우및지원에관한법률상의 연금을 받던 공상군경이 타인의 불법행위로 사망한 경우, 그 상속인에게 지급할 손해배상액을 산정함에 있어서 유족연금액의 범위와 공제 여부** : 국가유공자등예우및지원에관한법률상의 연금을 받던 공상군경이 타인의 불법행위로 사망한 경우, 공상군경의 유족이 지급받을 손해액을 산정할 때 공상군경의 연금액에서 유족연금액을 공제하는 취지가 동일한 목적과 내용의 급부가 이중으로 지급되는 것을 막는 데 있는 이상, 사망한 사람의 연금액에서 공제하여야 하는 유족연금액의 범위는 사망한 사람의 기대여명기간이 끝날 때까지 그 유족이 받을 금액에 한정되고, 그 뒤 유족이 불법행위로 인한 사망과 관계없이 받을 수 있는 유족연금액은 이에 포함되지 아니한다.(대판 2002.5.28, 2002다5019)

▶ 통상의 손해

판례 4세 유아가 수영장에서 사고로 사망하여, 유아의 가족들이 수영장의 설치운영자인 회사 등을 상대로 사망한 유아의 재산상 손해(일실수입, 기왕치료비, 장례비) 및 위자료 등을 배상하라는 손해배상청구소송을 제기한 사건에서, 법원이 일실수입 산정의 기초가 되는 가동연한을 인정할 때에는 국민의 평균여명, 경제수준, 고용조건 등의 사회적·경제적 여건 외에 연령별 근로자 인구수, 취업률 또는 근로참가율 및 직종별 근로조건과 정년 제한 등 제반 사정을 조사하여 이로부터 경험칙상 추정되는 가동연한을 도출하거나 피해자의 연령, 직업, 경력, 건강상태 등 구체적인 사정을 고려하여, 가동연한을 인정할 수 있다. 대법원은 종전 전원합의체 판결(1989.12.26, 대판88다카16867) 이래 일반육체노동을 하는 사람 또는 육체노동을 주로 생계활동으로 하는 사람의 가동연한을 경험칙상 만 60세로 보아야 한다는 견해를 유지하여 왔다. 그런데 우리나라의 사회적·경제적 구조와 생활여건이 급속하게 향상·발전하고 법제도가 정비·개선됨에 따라 종전 전원합의체 판결 당시 위 경험칙의 기초가 되었던 제반 사정들이 현저히 변하였기 때문에 위와 같은 견해는 더 이상 유지하기 어렵게 되었다. 이제는 특별한 사정이 없는 한 만 60세를 넘어 만 65세까지도 가동할 수 있다고 보는 것이 경험칙에 합당하다.(대판 2019.2.21, 2018다248909)

판례 불법행위로 인한 재산상 손해는 위법한 가해행위로 인하여 발생한 재산상 불이익, 즉 그 위법행위가 없었더라면 존재하였을 재산상태와 그 위법행위가 가해진 현재의 재산상태의 차이를 말하는 것이며, 그 손해액은 원칙적으로 불법행위시를 기준으로 산정하여야 한다. 즉, 여기에서 '현재'는 '기준으로 삼은 그 시점'이란 의미에서 '불법행위시'를 뜻하는 것이지 '지금의 시간'이란 의미로부터 '사실심 변론종결시'를 뜻하는 것은 아니다.
(대판 2010.4.29, 2009다91828)

판례 불법행위로 인한 손해배상사건에서 피해자의 일실수입은 사고 당시 피해자의 실제소득을 기준으로 하여 산정할 수도 있고, 통계소득을 포함한 추정소득에 의하여 평가할 수도 있지만, 통계소득을 기준으로 삼아 피해자의 일실수입을 산정하기 위해서는 당해 통계의 조사목적이나 방법, 조사대상 및 범위, 표본설계의 방법 등을 두루 살펴 그 이용의 적합성 여부를 신중하게 판단하여야 한다.(대판 2007.3.15, 2006다79759)

판례 **두 가지 이상의 업무에 종사하는 자의 일실소득 산정 방법** : 불법행위의 피해자가 사고 당시 두 가지 이상의 수입원에 해당하는 업무에 동시에 종사하고 있는 경우 각 업무의 성격이나 근무 형태 등에 비추어 그들 업무가 서로 독립적이어서 양립 가능한 것이고, 또 실제로 피해자가 어느 한쪽의 업무에만 전념하고 있는 것이 아닌 경우에는 각 업종의 수입상실액을 모두 개별적으로 평가하여 합산하는 방법으로 피해자의 일실수입을 산정할 수 있는 것이다.(대판 1999.11.26, 99다18008)

▶ 특별사정의 손해

판례 법원이 불법행위로 인한 위자료를 산정함에 있어서는 피해자의 연령, 직업, 사회적 지위, 재산 및 생활상태, 피해로 입은 고통의 정도, 피해자의 과실 정도 등 피해자 측의 사정에 가해자의 고의, 과실의 정도, 가해행위의 동기, 원인, 가해자의 재산상태, 사회적 지위, 연령, 사고 후의 가해자의 태도 등 가해자 측의 사정까지 함께 참작하는 것이 손해의 공평부담이라는 손해배상의 원칙에 부합한다. 특히 항공기 사고로 인한 피해에 대한 위자료를 산정함에 있어서는, 항공기 사고는 피해 승객의 과실이 개입될 여지가 거의 없는 점, 항공기 사고로 인한 피해결과 및 고통의 정도가 자동차 사고 등 다른 사고보다 중한 점, 항공기 사고에 관한 책임의 소재, 범위, 배상액을 둘러싸고 항공운송인 측과 피해자 측의 견해 차이로 최종적인 피해보상에 장기간이 소요되는 경우가 많은 점, 항공기 사고는 사고지역 및 피해자의 국적분포에 있어서 국제성을 띠고 있어 동일 사고로 인한 피해배상에 관하여는 국적을 불문하고 피해자들 사이의 균형이 고려되어야 하는데, 항공기 사고의 위험에 대비한 항공보험 및 재보험 제도는

동일 항공기 사고의 피해자들에 대하여 유사한 피해배상이 이루어질 수 있는 기능을 수행하고 있는 점 등 항공기 사고의 손해배상에 있어서의 특수한 사정을 함께 고려하여야 한다.
(대판 2009.12.24, 2007다77149)

판례 증권회사 직원의 임의매매로 인하여 고객이 입은 재산상 손해액을 산정함에 있어서 주식의 평가 방법 : 임의매매 이전에 고객이 가지고 있던 주식의 평가는 임의매매 당시의 주식의 시가를 기준으로 결정하여야 하며, 그 후 주식의 가격이 올랐다고 하더라도 그로 인한 추가적 손해는 특별한 사정으로 인한 것이어서 불법행위자가 주식을 처분할 때 그와 같은 특별한 사정을 알았거나 알 수 있었고, 또 고객이 주식의 가격이 올랐을 때 주식을 매도하여 그로 인한 이익을 확실히 취득할 수 있었던 경우에 한하여 고객은 그와 같이 오른 가격에 의한 손해배상을 청구할 수 있다.(대판 2006.1.26, 2002다12659)

판례 불법행위의 피해자가 손해경감조치의무를 하지 않아 손해가 확대된 경우, 손해배상액을 정하는 데 손해확대에 기여한 피해자의 의무불이행을 참작할 수 있다.
(대판 2003.7.25, 2003다22912)

판례 불법행위로 인하여 신체에 상해를 입어 노동능력을 상실한 피해자의 일실수입을 산정함에 있어서는 그 노동능력 상실 당시의 수익을 기준으로 함이 상당하나, 장차 그 수익이 증가될 고도의 개연성이 있는 경우에는 장차 증가될 수익도 마땅히 고려하여야 한다.(대판 1996.9.24, 96다11501)

第394條【損害賠償의 方法】 다른 意思表示가 없으면 損害는 金錢으로 賠償한다.

참조 [손해배상]392·393·395－398, [불법행위와 손해배상의 방법]763·764, [특칙]광업77

일판 손해배상청구권자가 소송상 일시금에 의한 배상의 지급을 구하는 취지의 신청을 하는 경우에 정기금에 의한 지급을 명하는 판결을 하는 것을 허용하지 아니한다.(日·最高 1987.2.6)

第395條【履行遲滯와 塡補賠償】 債務者가 債務의 履行을 遲滯한 경우에 債權者가 相當한 期間을 정하여 履行을 催告하여도 그 期間내에 履行하지 아니하거나 遲滯후의 履行이 債權者에게 利益이 없는 때에는 債權者는 受領을 拒絶하고 履行에 갈음한 損害賠償을 請求할 수 있다.(2014.12.30 본조개정)

改前 …拒絶하고 履行에 "가름한" 損害賠償을 請求할…

참조 [이행지체]387, [채무이행의 준칙]2①·460, [손해배상]392－394·396·398

第396條【過失相計】 債務不履行에 관하여 債權者에게 過失이 있는 때에는 法院은 損害賠償의 責任 및 그 金額을 정함에 이를 參酌하여야 한다.

참조 [불법행위와 과실상계]763, [손해배상의 범위]393

판례 의사의 의료행위에 주의의무 위반이 있어 불법행위로 인한 손해배상책임이 인정되더라도 손해가 의료행위의 과오와 피해자 측의 요인이 경합하여 손해가 발생하거나 확대된 경우에는 피해자 측의 요인이 체질적인 소인 또는 질병의 위험도와 같이 피해자 측의 귀책사유와 무관한 것이라고 할지라도, 질환의 태양·정도 등에 비추어 가해자에게 손해의 전부를 배상하게 하는 것이 공평의 이념에 반하는 경우에는 법원은 손해배상액을 정하면서 과실상계의 법리를 유추적용하여 손해의 발생 또는 확대에 기여한 피해자 측의 요인을 참작할 수 있다. 다만 책임제한에 관한 사실인정이나 비율을 정하는 것이 형평의 원칙에 비추어 현저하게 불합리하여서는 아니 된다. 그러나 질병의 특성, 치료방법의 한계 등으로 의료행위에 수반되는 위험을 감내해야 한다고 볼 만한 사정도 없이, 의료행위와 관련하여 일반적으로 요구되는 판단능력이나 의료기술 수준 등에 비추어 의사나 간호사 등에게 요구되는 통상적인 주의의무를 소홀히 하여 피해가 발생한 경우에는 단지 치료 과정에서 손해가 발생하였다는 등의 막연한 이유만으로 손해배상책임을 제한할 것은 아니다.(대판 2016.6.23, 2015다55397)

판례 불법행위로 인한 손해배상 사건에서 피해자의 과실을 들어 과실상계를 함에 있어서는 가해자의 부주의를 이용하여 고의로 불법행위를 저지른 자가 바로 그 피해자의 부주의를 이유로 자신의 책임을 감하여 달라고 주장할 수 없으나, 그러한 사유가 없는 불법행위자는 과실상계의 주장을 할 수 있다.
(대판 2009.8.20, 2008다51120,51137,51144,51151)

판례 과실상계에서의 '과실'의 의미 및 과실상계 사유의 유무와 정도에 대한 판단의 방법 및 한계 : 민법상 과실상계 제도는 채권자가 신의칙상 요구되는 주의를 다하지 아니한 경우 공평의 원칙에 따라 손해배상액을 산정함에 있어서 채권자의 그와 같은 부주의를 참작하게 하려는 것이므로 사회통념상 혹은 신의성실의 원칙상 혹은 공동생활상 요구되는 약한 부주의라도 말미암아 손해가 발생하거나 확대된 원인을 이루었다면 채권자에게 과실이 있는 것으로 보아 과실상계를 할 수 있고, 채무불이행으로 인한 손해배상책임의 범위를 정함에 있어서의 과실상계 사유의 유무와 정도는 개별 사례에서 문제된 계약의 체결 및 이행 경위와 당사자 쌍방의 잘못을 비교하여 종합적으로 판단하여야 하며, 이때에 과실상계 사유에 관한 사실인정이나 그 비율을 정하는 것은 그것이 형평의 원칙에 비추어 현저히 불합리한 것이 아닌 한 사실심의 전권사항이라고 할 수 있다.
(대판 2000.6.13, 98다35389)

第397條【金錢債務不履行에 대한 特則】 ① 金錢債務不履行의 損害賠償額은 法定利率에 의한다. 그러나 法令의 制限에 違反하지 아니한 約定利率이 있으면 그 利率에 의한다.
② 前項의 損害賠償에 관하여는 債權者는 損害의 證明을 要하지 아니하고 債務者는 過失없음을 抗辯하지 못한다.

참조 [손해배상액]393, [금전채무]376－378, [채무불이행]390, [법정이율]379, 상54, [위약금]398④, [배상액의 예정]398, [특칙]685·705·958②, 상196·269

판례 민법 제397조제1항은 본문에서 금전채무불이행의 손해배상액을 법정이율에 의할 것을 규정하고 그 단서에서 "그러나 법령의 제한에 위반하지 아니한 약정이율이 있으면 그 이율에 의한다"고 정한다. 이 단서규정은 약정이율이 법정이율 이상인 경우에만 적용되고, 약정이율이 법정이율보다 낮은 경우에는 그 본문으로 돌아가 법정이율에 의하여 지연손해금을 정할 것이다. 우선 금전채무에 관하여 아예 이자약정이 없어서 이자청구를 전혀 할 수 없는 경우에도 채무자의 이행지체로 인한 지연손해금은 법정이율에 의하여 청구할 수 있으므로, 이자를 조금이라도 청구할 수 있었던 경우에는 더욱이나 법정이율에 의한 지연손해금을 청구할 수 있다고 하여야 한다.(대판 2009.12.24, 2009다85342)

판례 금전채무의 확정된 지연손해금채무에 대하여 지체책임이 발생하는지 여부 : 금전채무의 지연손해금채무는 금전채무의 이행지체로 인한 손해배상채무로서 이행기의 정함이 없는 채무에 해당하므로, 채무자는 확정된 지연손해금채무에 대하여 채권자로부터 이행청구를 받은 때로부터 지체책임을 부담하게 된다.
(대판 2004.7.9, 2004다11582)

第398條【賠償額의 豫定】 ① 當事者는 債務不履行에 관한 損害賠償額을 豫定할 수 있다.
② 損害賠償의 豫定額이 不當히 過多한 경우에는 法院은 適當히 減額할 수 있다.
③ 損害賠償額의 豫定은 履行의 請求나 契約의 解除에 影響을 미치지 아니한다.
④ 違約金의 約定은 損害賠償額의 豫定으로 推定한다.
⑤ 當事者가 金錢이 아닌 것으로써 損害의 賠償에 充當할 것을 豫定한 경우에도 前4項의 規定을 準用한다.

참조 [위약금, 배상예정의 금지]근기20, [손해배상의 범위]393·397, [손해배상의 방법]394, [이행의 청구]389, [해제]543이하, [위약금의 담보]334·429②

판례 건설사가 토지구획정리사업을 하면서 체비지를 수분양자에게 분양했으나 토지구획정리사업의 지연으로 분양계약서에서 정한 기한까지 체비지의 인도의무를 이행하지 못한 경우, 분양계약서에는 수분양자의 분양대금 납입 지체에 따른 지연손해금의 납부책임과 금액만을 규정하고, 분양자의 이행지체에 따른 지체상금에 관하여 아무런 규정을 두지 않았다면, 수분양자는 분양자에 대해 손해배상액의 예정으로서 지체상금의 지급을 구할 수는 없다.(대판 2012.3.29, 2010다590)

판례 건설공사 도급계약에 있어서 지체상금 약정의 적용 범위를 결정하는 기준 : 건설공사 도급계약의 경우 지체상금 약정을 하는 것은 공사가 비교적 장기간에 걸쳐 시행되기 때문에 그 사이에 공사의 완성에 장애가 된 사정이 발생할 가능성이 많으므로 이러한 경우에 대비하여 도급인의 손해배상에 대한 입증 곤란을 덜고 손해배상에 관한 법률관계를 간이화할 목적에서라는 점을 감안하여 당사자의 의사를 합리적으로 해석한 다음 그 적용 여부를 결정하여야 한다.(대판 2005.8.19, 2002다59764)

판례 하자보수보증금과 특수한 손배예정 : 도급계약서 또는 그 계약내용에 편입된 약관에 수급인이 하자담보책임 기간 중 도급인으로부터 하자보수요구를 받고 이에 불응한 경우 하자보수보증금은 도급인에게 귀속한다는 조항이 있을 때 이 하자보수보증금은 특별한 사정이 없는 한 손해배상액의 예정으로 볼 것이고, 다만 하자보수보증금의 특성상 실손해가 하자보수보증금을 초과하는 경우에는 그 초과액의 손해배상을 구할 수 있다는 명시 규정이 없다고 하더라도 도급인은 수급인의 하자보수의무 불이행을 이유로 하자보수보증금의 몰취 외에 그 실손해액을 입증하여 수급인으로부터 그 초과액 상당의 손해배상을 받을 수도 있는 특수한 손해배상액의 예정으로 봄이 상당하다.
(대판 2002.7.12, 2000다17810)

판례 수급인의 하자보수의무 불이행시 도급인에게 귀속하는 것으로 약정된 하자보수보증금의 성질을 판단하는 방법 : 도급계약의 내용으로 되어 있는 공사계약일반조건에 수급인이 하자보수의무를 이행하지 아니하는 경우 하자보수보증금이 도급인에게 귀속한다고만 규정되어 있을 뿐 이와 별도로 도급인이 입은 손해에 대하여는 별도로 배상하여야 한다는 취지의 규정이 있지도 아니하고, 오히려 도급계약상 도급인이 하자보수를 위하여 실제로 지출한 비용이 수급인이 예치한 하자보수보증금을 초과하더라도 그 이상의 책임을 수급인에게 물을 수 없다면, 위 하자보수보증금의 귀속규정은 수급인이 하자보수의무를 이행하지 아니하는 경우 그 보증금의 몰취로써 손해의 배상에 갈음한다는 취지로서, 하자보수보증금은 손해배상액의 예정으로서의 성질을 가진다.(대판 2001.9.28, 2001다14689)

第399條【損害賠償者의 代位】 債權者가 그 債權의 目的인 物件 또는 權利의 價額全部를 損害賠償으로 받은 때에는 債務者는 그 物件 또는 權利에 관하여 當然히 債權者를 代位한다.

참조 [권리 이전과 대항요건]186－188·450－452·508·515·518·524·525

판례 채권의 목적인 물건 또는 권리가 가분적인 것이라는 등의 특별한 사정이 있는 경우는 별론으로 하고 그 밖의 경우에는 성질상 채무자가 채권의 목적인 물건 또는 권리의 가액의 일부를 손해배상한 것만으로는 채권자를 대위할 수 없다.
(대판 2007.10.12, 2006다42566)

第400條【債權者遲滯】 債權者가 履行을 받을 수 없거나 받지 아니한 때에는 履行의 提供있는 때로부터 遲滯責任이 있다.

참조 [이행의 제공]460·461, [수령지체의 효과]461·473·487－491, 공탁1·6

第401條【債權者遲滯와 債務者의 責任】 債權者遲滯중에는 債務者는 故意 또는 重大한 過失이 없으면 不履行으로 인한 모든 責任이 없다.

참조 [채권자지체]400·422, [채무불이행의 책임]390

第402條【同前】 債權者遲滯중에는 利子있는 債權이라도 債務者는 利子를 支給할 義務가 없다.

참조 [채권자지체]400·422, [이자있는 채권]379, 상54, [이행제공의 효과]461, [금전채무의 불이행]397

第403條【債權者遲滯와 債權者의 責任】 債權者遲滯로 인하여 그 目的物의 保管 또는 辨濟의 費用이 增加된 때에는 그 增加額은 債權者의 負擔으로 한다.

참조 [채권자지체]400·422, [변제비용의 부담]473

第404條【債權者代位權】 ① 債權者는 自己의 債權을 保全하기 위하여 債務者의 權利를 行使할 수 있다. 그러나 一身에 專屬한 權利는 그러하지 아니하다.
② 債權者는 그 債權의 期限이 到來하기 전에는 法院의 許可없이 前項의 權利를 行使하지 못한다. 그러나 保全行爲는 그러하지 아니하다.

참조 [대위등기]부등80, [환매권의 대위행사]593, [대위권행사의 통지]405, [강제집행에 의한 추심]민집232, ②[재판상의 대위]비송45－52

판례 채권자가 채권자대위권에 기하여 채무자의 권리를 행사하고 있다는 사실을 채무자가 알게 된 후에는 채무자가 그 권리를 처분하여도 이로써 채권자에게 대항하지 못하는 것인바, 채권자가 채무자와 제3채무자 사이에 체결된 부동산매매계약에 기한 소유권이전등기청구권을 보전하기 위해 채무자를 대위하여 제3채무자의 부동산에 대한 처분금지가처분을 신청하여 가처분결정을 받은 경우에는 피보전권리인 소유권이전등기청구권을 행사한 것과 같이 볼 수 있으므로, 채무자가 그러한 채권자대위권 행사 사실을 알게 된 후에 그 매매계약을 합의해제함으로써 채권자대위권의 객체인 부동산 소유권이전등기청구권을 소멸시켰다 하더라도 이로써 채권자에게 대항할 수 없고, 그 결과 제3채무자 또한 그 계약해제로써 채권자에게 대항할 수 없다.(대판 2007.6.28, 2006다85921)

판례 채권자대위소송에 있어서 피대위자인 채무자에 대한 특정의 필요성 및 특정 여부의 판단 기준 : 채권자대위소송에서 피대위자인 채무자의 특정이 필요한 사항이기는 하나, 이는 피보전채권과 대위행사할 채권의 존부를 판단하고, 판결의 효력이 미칠 주관적 범위와 집행력이 미치는 범위를 정하며 채무자 본인이 제기할 소송이 중복소송에 해당하는지 여부를 판단하기 위하여 요구되는 것이므로, 그 특정한 정도가 위에서 든 목적들을 달성하는 데 충분한지 검토한 후 그 결과에 따라 구체적·개별적으로 결정하면 될 일이지 반드시 모든 경우에 일률적으로 채무자 개개인의 인적 사항을 통상의 소송당사자와 같은 정도로 상세히 특정하여야 하는 것은 아니다. 소유권이전등기의 말소등기를 구하는 채권자대위소송에 있어서 피대위자인 채무자들을 개인별로 상세히 특정하지 아니한 채 그 상속인들 또는 그 중 한 사람만을 채무자로 특정·제기하였으므로 족하다.
(대판 2004.11.26, 2004다40986)

第405條【債權者代位權行使의 通知】 ① 債權者가 前條第1項의 規定에 의하여 保全行爲 이외의 權利를 行使한 때에는 債務者에게 通知하여야 한다.
② 債務者가 前項의 通知를 받은 후에는 그 權利를 處分하여도 이로써 債權者에게 對抗하지 못한다.

참조 [채권자대위권]404, [대위신청허가재판의 고지]비송49

판례 채무자가 채권자대위권행사의 통지를 받은 후에 채무를 불이행함으로써 통지 전에 체결된 약정에 따라 매매계약이 자동적으로 해제되거나, 채권자대위권행사의 통지를 받은 후에 채무자의 채무불이행을 이유로 제3채무자가 매매계약을 해제한 경우 제3채무자는 계약해제로써 대위권을 행사하는 채권자에게 대항할 수 있다. 다만 형식적으로는 채무자의 채무불이행을 이유로 한 계약해제인 것처럼 보이지만 실질적으로는 채무자와 제3채무자 사이의 합의에 따라 계약을 해제한 것으로 볼 수 있거나, 채무자와 제3채무자가 단지 대위채권자에게 대항할 수 있도록 채무자의 채무불이행을 이유로 하는 계약해제인 것처럼 외관을 갖춘 것이라는 등의 특별한 사정이 있는 경우에는 채무자가 피대위채권을 처분한 것으로 보아 제3채무자는 계약해제로써 대위권을 행사하는 채권자에게 대항할 수 없다.
(대판 2012.5.17, 2011다87235 전원합의체)

판례 채권자대위권 행사통지 후 채무자의 제3채무자에 대한 채무불이행으로 인해 계약해제된 경우 : 甲이 乙로부터 매수한 부동산을 다시 甲으로부터 매수한 丙이 채무자인 甲, 乙에 대하여 순차 소유권이전등기절차의 이행을 구하는 소를 제기하여 그 중 乙에 대한 채권자대위소송이 상고심에 계속중 甲이 乙의 매매잔대금 지급 최고에 응하지 아니하여 乙로 하여금 매매계약을 해제할 수 있도록 한 경우, 이는 채무자가 채권자에 대한 소유권이전등기청구권을 처분하는 것에 해당하여 甲과 乙은 丙에게 그 계약해제로써 대항할 수 없다.
(대판 2003.1.10, 2000다27343)

第406條【債權者取消權】 ① 債務者가 債權者를 害함을 알고 財産權을 目的으로 한 法律行爲를 한 때에는 債權者는 그 取消 및 原狀回復을 法院에 請求할 수 있다. 그러나 그 行爲로 인하여 利益을 받은 者나 轉得한 者가 그 行爲 또는 轉得당시에 債權者를 害함을 알지 못한 경우에는 그러하지 아니하다.
② 前項의 訴는 債權者가 取消原因을 안 날로부터 1年, 法律行爲있은 날로부터 5年내에 提起하여야 한다.

참조 [채권자취소의 효력]358·407, [사해신탁]신탁8, [사해설립]상185·613①, [회사와 사해행위]상24·511, [국세체납자의 사해행위]국세징수25, [파산과 부인권]채무자회생파산391이하, [취소]146, 상186·552②

■ 채권자취소권의 요건

[1] 피보전채권

판례 무자력상태의 채무자가 기존채무에 관한 특정의 채권자로 하여금 채무자가 가지는 채권에 대하여 압류 및 추심명령을 받음으로써 강제집행절차를 통하여 사실상 우선변제를 받게 할 목적으로 그 기존채무에 관하여 강제집행을 승낙하는 취지가 기재된 공정증서를 작성하여 주어 채권자가 채무자의 그 채권에 관하여 압류 및 추심명령을 얻은 경우에는 그와 같은 공정증서 작성의 원인이 된 채권자와 채무자의 합의는 기존채무의 이행에 관한 별도의 계약인 이른바 채무변제계약에 해당하는 것으로서 다른 일반채권자의 이익을 해하여 사해행위가 된다고 할 것이다.
(대판 2010.4.29, 2009다33884)

판례 채권자취소권은 채무자가 채권자를 해함을 알면서 자기의 일반재산을 감소시키는 행위를 한 경우에 그 행위를 취소하여 채무자의 재산을 원상회복시킴으로써 모든 채권자를 위하여 채무자의 책임재산을 보전하는 권리이나, 사해행위 이후에 채권을 취득한 채권자는 채권의 취득 당시에 사해행위취소에 의하여 회복되는 재산을 채권자의 공동담보로 파악하지 아니한 자로서 민법 제407조에 정한 사해행위취소와 원상회복의 효력을 받는 채권자에 포함되지 아니한다.(대판 2009.6.23, 2009다18502)

판례 소극재산의 범위 : 채무자의 무자력 여부를 판단함에 있어서 그 대상이 되는 소극재산은 실질적으로 변제의무를 지는 채무를 기준으로 하여야 할 것이므로 처분행위 당시에 가집행선고 있는 판결상의 채무가 존재하고 있었다고 하더라도 그것이 나중에 상급심의 판결에 의하여 감액된 경우에는 그 감액된 판결상의 채무만이 소극재산이라 할 것이다.
(대판 2006.2.10, 2004다2564)

판례 적극재산의 판단기준 : 채무자의 적극재산을 산정함에 있어서는 다른 특별한 사정이 없는 한 실질적으로 재산적 가치가 없어 채권의 공동담보로서의 역할을 할 수 없는 재산은 제외하여야 할 것이고, 특히 그 재산이 채권인 경우에는 그것이 용이하게 변제를 받을 수 있는 확실성이 있는 것인지 여부를 합리적으로 판정하여 그것이 긍정되는 경우에 한하여 적극재산에 포함시켜야 할 것이다.(대판 2005.1.28, 2004다58963)

판례 채권자취소권에 있어서의 피보전채권을 산정하는 기준시점과 그 범위 : 채권자가 채권자취소권을 행사할 때에는 원칙적으로 자신의 채권액을 초과하여 취소권을 행사할 수 없고, 이때 채권자의 채권액에는 사해행위 이후 사실심 변론종결시까지 발생한 이자나 지연손해금이 포함된다.
(대판 2002.10.25, 2002다42711)

[2] 사해행위

판례 건축 중인 건물 외에 별다른 재산이 없는 채무자가 수익자에게 책임재산인 위 건물을 양도하기 위해 수익자 앞으로 건축주명의를 변경해주기로 약정하였다면 위 양도 약정이 포함되어 있다고 볼 수 있는 건축주명의변경 약정은 채무자의 재산감소 효과를 가져오는 행위로서 다른 일반채권자의 이익을 해하는 사해행위가 될 수 있다.(대판 2017.4.27, 2016다279206)

판례 [1] 파산자의 채권에 기한 사해행위취소의 소에서 채무자의 사해행위를 알았는지 여부는 파산자를 기준으로 판단하여야 하나, 파산자가 사해행위의 취소 원인을 알지 못한 경우에는 파산관재인이 선임되었다면, 그 후로는 위 조항에 정한 채권자가 채무자의 사해행위를 알았는지 여부는 파산관재인을 기준으로 판단하여야 한다.

[2] 예금보험공사가 파산자 갑의 파산관재인으로서 채무자 을의 증여행위에 대한 사해행위취소권을 피보전권리로 하여 처분금지가처분결정을 받은 후 을의 또 다른 채권자인 파산자 병의 파산관재인으로도 선임된 경우, 위 가처분결정을 받음으로써 을의 증여행위가 병에 대하여도 사해행위가 된다는 사실을 알았다고 볼 수 없다.
(대판 2008.4.24, 2006다57001)

판례 수인의 채권자 중 특정 채권자에게 채무자의 유일한 부동산에 관하여 근저당권을 설정해 주는 행위는 다른 특별한 사정이 없는 한 사해행위에 해당하고, 그 특정 채권자로부터 차용한 금원의 사용처에 따라 사해행위의 범위가 달라지는 것은 아니다. 한편 사해행위로 경료된 근저당권설정등기가 사해행위취소소송의 변론종결시까지 존속하고 있는 경우 그 원상회복은 근저당권설정등기를 말소하는 방법에 의하여야 할 것이고, 사해행위 이전에 설정된 별개의 근저당권이 사해행위 이후에 말소되었다는 사정은 원상회복의 방법에 아무런 영향을 주지 아니한다.(대판 2007.10.11, 2007다45364)

판례 채무자가 연속하여 수개의 재산처분행위를 한 경우, 그 처분행위의 사해성 판단 방법 : 채무자가 연속하여 수개의 재산처분행위를 한 경우에는 각 행위별로 그로 인하여 무자력이 초래되었는지 여부에 따라 사해성 여부를 판단하는 것이 원칙이지만, 그 일련의 행위를 하나의 행위로 볼 특별한 사정이 있는 때에는 이를 일괄하여 전체로서 사해성이 있는지 판단하게 되고, 이때 그러한 특별 사정이 있는지 여부를 판단함에 있어서는 처분의 상대방이 동일한지, 처분이 시간적으로 근접한지, 상대방과 채무자가 특별한 관계가 있는지, 처분의 동기 내지 기회가 동일한지 등이 구체적 기준이 되어야 한다.
(대판 2006.9.14, 2005다74900)

판례 채무자의 대물변제와 채권자취소권 : 채무자의 재산이 채무의 전부를 변제하기에 부족한 경우에 채무자가 그의 유일한 재산을 어느 특정 채권자에게 대물변제로 제공하여 양도한 행위는 다른 특별한 사정이 없는 한 다른 채권자들에 대한 관계에서 사해행위가 된다.(대판 2005.11.10, 2004다7873)

판례 채무자가 이혼을 하면서 배우자에게 재산분할로 일정한 재산을 양도하는 재산분할이 상당한 정도를 벗어나는 과대한 것이라고 인정할 만한 특별한 사정이 없는 한 사해행위로서 취소되어야 할 것은 아니고, 다만 상당한 정도를 벗어나는 초과부분에 대하여는 사해행위에 해당하여 취소의 대상으로 될 수 있을 것이나, 이 경우에도 취소되는 범위는 그 상당한 정도를 초과하는 부분에 한정하여야 하고, 이에 대한 입증책임은 채권자에게 있다.(대판 2000.9.29, 2000다25569)

일판 이혼에 의한 재산분할을 한 자가 이미 채무초과 상태에 있었다 하더라도 그 분할이 제769조 3항(우리 민법 제39조의2) 취지에 반하여 과대하지 않는 한 사해행위라 할 수 없다.
(日·最高 1983.12.19)

[3] 채무자의 악의

판례 채무자가 자기의 유일한 재산인 부동산을 매각하여 소비하기 쉬운 금전으로 바꾸거나 타인에게 무상으로 이전하여 주는 행위는 특별한 사정이 없는 한 채권자에 대하여 사해행위가 된다고 볼 것이므로 채무자의 사해의 의사는 추정되는 것이고, 이를 매수하거나 이전받은 자가 악의가 없었다는 입증책임은 수익자에게 있다.(대판 2001.4.24, 2000다41875)

판례 사해의사의 의미 : 채권자취소권의 주관적 요건인 채무자가 채권자를 해함을 안다는 이른바 채무자의 악의, 즉 사해의사는 채무자의 재산처분 행위에 의하여 채권자의 채권을 완전하게 만족시킬 수 없게 된다는 사실을 인식하는 것을 의미하고, 그러한 인식은 일반 채권자에 대한 관계에서 있으면 충분하고 특정의 채권자를 해한다는 인식이 있어야 하는 것은 아니다.
(대판 1998.5.12, 97다57320)

[4] 수익자 또는 전득자의 악의

판례 수익자의 선의를 인정하기 위한 요건 : 그 사해행위 당시 수익자가 선의였음을 인정함에 있어서는 객관적이고도 납득할 만한 증거자료 등이 뒷받침되어야 할 것이고, 채무자의 일방적인 진술이나 제3자의 추측에 불과한 진술 등에만 터잡아 그 사해행위 당시 수익자가 선의였다고 선뜻 단정하여서는 안 된다.
(대판 2006.4.14, 2006다5710)

판례 사해행위의 악의 추정과 선의에 대한 입증 책임 : 채무자의 제3자에 대한 담보제공행위가 객관적으로 사해행위에 해당하는 경우 수익자의 악의는 추정되는 것이므로 수익자가 그 법률행위 당시 선의였다는 입증을 하지 못하는 한 채권자는 그 법률행위를 취소하고 그에 따른 원상회복을 청구할 수 있다.
(대판 2003.6.13, 2003다12526)

■ 채권자취소권의 행사

판례 채권자취소권의 요건을 갖춘 여러 명의 채권자가 동시에 또는 시기를 달리하여 사해행위취소 및 원상회복청구의 소를 제기한 경우, 중복제소에 해당하는지 여부(소극) 및 어느 한 채권자의 청구가 승소판결을 받아 확정되었다고 하여 다른 채권자의 청구가 권리보호의 이익이 있는지 여부(원칙적 적극) : 이들 소가 중복제소에 해당하지 않으며, 한 채권자가 동일한 사해행위에 관하여 사해행위취소 및 원상회복청구를 하여 승소판결을 받아 그 판결이 확정되었다는 것만으로는 그 후에 제기된 다른 채권자의 동일한 청구가 권리보호의 이익이 없게 되는 것은 아니고, 그에 기하여 재산이나 가액의 회복을 마친 경우에 비로소 다른 채권자의 사해행위취소 및 원상회복청구는 그와 중첩되는 범위 내에서 권리보호의 이익이 없게 된다.
(대판 2008.4.24, 2007다84352)

판례 사해행위취소의 소에 있어 제소기간의 기준이 되는 '법률행위 있는 날'이라 함은 사해행위에 해당하는 법률행위가 실제로 이루어진 날을 의미한다.(대판 2002.7.26, 2001다73138,73145)

■ 취소의 범위와 효과

판례 채무자 소유 부동산에 담보권이 설정되어 있으면 그 피담보채권액을 공제한 나머지 부분만이 일반 채권자들의 공동담보로 제공되는 책임재산이 되므로 피담보채권액이 부동산의 가액을 초과하고 있는 때에는 그와 같은 부동산의 양도나 그에 대한 새로운 담보권의 설정은 사해행위에 해당한다고 할 수 없으나, 위와 같이 새로 설정된 담보권의 말소를 구하는 사해행위취소 청구에 앞서 선순위 담보권 설정행위가 사해행위로 인정되어 취소되고 그에 기한 등기가 말소되었거나 채무자가 선순위 담보권과 후순위 담보권에 대한 사해행위취소 및 등기말소를 구하는 소송에서 선순위 담보권 설정행위가 사해행위로 인정되는 경우에는 후순위 담보권 설정행위가 사해행위에 해당하는지 여부를 판단함에 있어 그 선순위 담보권의 피담보채무액을 당해 부동산에 설정된 담보권의 피담보채무액에 포함시켜서는 안 된다.(대판 2007.7.26, 2007다23081)

판례 사해행위취소의 효력이 미치는 범위 : 사해행위취소의 효력은 상대적이기 때문에 소송당사자인 채권자와 수익자 또는 전득자 사이에만 발생할 뿐 소송의 상대방 아닌 제3자에게는 아무런 효력을 미치지 아니한다.(대판 2005.11.10, 2004다49532)

판례 [1] 채권자가 채권자취소권을 행사하려면 사해행위로 인하여 이익을 받은 자나 전득한 자를 상대로 그 법률행위의 취소를 청구하는 소송을 제기하여야 되는 것으로서 채무자를 상대로 그 소송을 제기할 수는 없다.

[2] 채권자가 전득자를 상대로 사해행위취소소송을 제기한 경우, 그 취소의 효과 및 취소의 대상이 되는 사해행위의 범위 : 채권자가 전득자를 상대로 하여 사해행위의 취소와 함께 책임재산의 회복을 구하는 사해행위취소의 소를 제기한 경우에 그 취소의 효과는 채권자와 전득자 사이의 상대적인 관계에서만 생기는 것이고 채무자 또는 채무자와 수익자 사이의 법률관계에는 미치지 않는 것이므로, 이 경우 취소의 대상이 되는 사해행위는 채무자와 수익자 사이에서 행하여진 법률행위에 국한되고, 수익자와 전득자 사이의 법률행위는 취소의 대상이 되지 않는다.
(대판 2004.8.30, 2004다21923)

판례 저당권이 설정되어 있는 부동산에 관하여 사해행위가 이루어진 경우에 사해행위 후 변제 등에 의하여 저당권설정등기가 말소된 경우 그 부동산의 가액에서 저당권의 피담보채무액을 공제한 잔액의 한도에서 사해행위를 취소하고 그 가액의 배상을 구할 수 있을 뿐이고, 그와 같은 가액 산정은 사실심 변론종결시를 기준으로 하여야 한다.(대판 2001.12.27, 2001다33734)

■ 채권자취소권의 소멸

판례 채권자취소권 행사에 있어서 '제척기간'의 기산점인 채권자가 '취소원인을 안 날'의 의미 : 이는 채권자가 채권자취소권의 요건을 안 날, 즉 채무자가 채권자를 해함을 알면서 사해행위를 하였다는 사실을 알게 된 날을 의미하므로, 단순히 채무자가 재산의 처분행위를 하였다는 사실을 아는 것만으로는 부족하고, 그 법률행위가 채권자를 해하는 행위라는 것까지 알 것을 요한다.(대판 2003.7.11, 2003다19435)

第407條【債權者取消의 效力】 前條의 規定에 의한 取消와 原狀回復은 모든 債權者의 利益을 위하여 그 效力이 있다.

참조 [취소]141, [부인권의 행사]채무자회생파산391이하

판례 동일한 사해행위에 관하여 어느 한 채권자가 채권자취소 및 원상회복청구를 하여 승소판결을 받아 그 판결이 확정되면 그 후에 제기된 다른 채권자의 동일한 청구가 권리보호의 이익이 없어지는지 여부(한정소극) : 어느 한 채권자가 동일한 사해행위에 관하여 채권자취소 및 원상회복청구를 하여 승소판결을 받아 그 판결이 확정되었다는 것만으로 그 후에 제기된 다른 채권자의 동일한 청구가 권리보호의 이익이 없어지게 되는 것은 아니고, 그에 기하여 재산이나 가액의 회복을 마친 경우에 비로소 다른 채권자의 채권자취소 및 원상회복청구는 그와 중첩되는 범위 내에서 권리보호의 이익이 없게 된다.
(대판 2003.7.11, 2003다19558)

第3節 數人의 債權者 및 債務者

第1款 總 則

第408條【分割債權關係】 債權者나 債務者가 數人인 경우에 特別한 意思表示가 없으면 各 債權者 또는 各 債務者는 均等한 比率로 權利가 있고 義務를 負擔한다.

참조 [재산권의 공유]278, [공동보증과 분별의 이익]439, [불가분채권관계]409－412, [연대채무]413·414, [보증채무]428이하, [불가분공동보증]448, [조합채권자]712, [다수당사자채권관계와 공동소송]민소65, [해제권의 불가분]547

판례 채무가 공동상속된 경우 : 금전채무와 같이 급부의 내용이 가분인 채무가 공동상속된 경우, 이는 상속 개시와 동시에 당연히 법정상속분에 따라 공동상속인에게 분할되어 귀속되는 것이므로, 상속재산 분할의 대상이 될 여지가 없다.
(대판 1997.6.24, 97다8809)

第2款 不可分債權과 不可分債務

第409條【不可分債權】 債權의 目的이 그 性質 또는 當事者의 意思表示에 의하여 不可分인 경우에 債權者가 數人인 때에는 各 債權者는 모든 債權者를 위하여 履行을 請求할 수 있고 債務者는 모든 債權者를 위하여 各 債權者에게 履行할 수 있다.

참조 408, [불가분채무]410－412

第410條【1人의 債權者에 생긴 事項의 效力】 ① 前條의 規定에 의하여 모든 債權者에게 效力이 있는 事項을 除外하고는 不可分債權者중 1人의 行爲나 1人에 관한 事項은 다른 債權者에게 效力이 없다.
② 不可分債權者중의 1人과 債務者間에 更改나 免除있는 경우에 債務全部의 履行을 받은 다른 債權者는 그 1人이 權利를 잃지 아니하였으면 그에게 分給할 利益을 債務者에게 償還하여야 한다.

참조 [불가분채무]409·412, [경개]500－505, [채무면제]506, [이익의 상환]741이하

第411條【不可分債務와 準用規定】 數人이 不可分債務를 負擔한 경우에는 第413條 내지 第415條, 第422條, 第424條 내지 第427條 및 前條의 規定을 準用한다.

판례 공동의 점유·사용으로 인한 부당이득 반환채무 : 여러 사람이 공동으로 법률상 원인 없이 타인의 재산을 사용한 경우의 부당이득 반환채무는 특별한 사정이 없는 한 불가분적 이득의 반환으로서 불가분채무이고, 불가분채무는 각 채무자가 채무 전부를 이행할 의무가 있으며, 1인의 채무이행으로 다른 채무자도 그 의무를 면하게 된다.
(대판 2001.12.11, 2000다13948)

第412條【可分債權, 可分債務에의 變更】 不可分債權이나 不可分債務가 可分債權 또는 可分債務로 變更된 때에는 各 債權者는 自己部分만의 履行을 請求할 權利가 있고 各 債務者는 自己負擔部分만을 履行할 義務가 있다.

참조 408·409

第3款 連帶債務

第413條【連帶債務의 內容】 數人의 債務者가 債務全部를 各自 履行할 義務가 있고 債務者 1人의 履行으로 다른 債務者도 그 義務를 免하게 되는 때에는 그 債務는 連帶債務로 한다.

참조 [불가분채무]411, [불법행위를 원인으로 하는 연대채무]35②·760, [일상가사로 인한 채무]832, [상행위로 부담한 채무]상57, [손해배상]상75, [합명회사의 사원책임]상212, [주식회사발기인의 납입담보책임]상321

第414條【各 連帶債務者에 대한 履行請求】 債權者는 어느 連帶債務者에 대하여 또는 同時나 順次로 모든 連帶債務者에 대하여 債務의 全部나 一部의 履行을 請求할 수 있다.

참조 [분할채권의 원칙]408, [법정연대채무]35②·760, 상24·57·81·138·212①②·226①·269·322·323·332·399, 어음47·77①, 수표43, [연대의 면제]427

第415條【債務者에 생긴 無效, 取消】 어느 連帶債務者에 대한 法律行爲의 無效나 取消의 原因은 다른 連帶債務者의 債務에 影響을 미치지 아니한다.

참조 [무효]103·107①·108①, [취소]5②·10·13·109①·110

第416條【履行請求의 絶對的 效力】 어느 連帶債務者에 대한 履行請求는 다른 連帶債務者에게도 效力이 있다.

참조 [효력의 상대성의 원칙]411·423, [이행청구]168·169·389②, [청구의 효력]169·387②

第417條【更改의 絶對的 效力】 어느 連帶債務者와 債權者間에 債務의 更改가 있는 때에는 債權은 모든 連帶債務者의 利益을 위하여 消滅한다.

참조 [효력의 상대성의 원칙]411·423, [경개]500－505

第418條【相計의 絶對的 效力】 ① 어느 連帶債務者가 債權者에 대하여 債權이 있는 경우에 그 債務

者가 相計한 때에는 債權은 모든 連帶債務者의 利益을 위하여 消滅한다.
② 相計할 債權이 있는 連帶債務者가 相計하지 아니한 때에는 그 債務者의 負擔部分에 한하여 다른 連帶債務者가 相計할 수 있다.
참조 411 · 423, [상계]492－499
판례 부진정연대채무에는 적용되지 않으므로, 부진정연대채무자 중의 1인이 채권자에 대한 반대채권으로 채무를 대등액에서 상계하더라도 그 상계로 인한 채무소멸의 효력은 다른 부진정연대채무자에게 미치지 않는다.(대판 1996.12.10, 95다24364)
第419條【免除의 絶對的 效力】 어느 連帶債務者에 대한 債務免除는 그 債務者의 負擔部分에 한하여 다른 連帶債務者의 利益을 위하여 效力이 있다.
참조 [효력의 상대성의 원칙]423, [채무의 면제]506
판례 **부진정연대채무자 중 1인에 대한 채무면제의 효력 :** 채무자들 사이의 내부관계에 있어 1인이 피해자로부터 합의에 의하여 손해배상채무의 일부를 면제받고도 사후에 면제받은 채무액을 자신의 출재로 변제한 다른 채무자에 대하여 다시 그 부담부분에 따라 구상의무를 부담하게 된다 하더라도 1인에 대한 채무면제의 의사표시는 다른 채무자에 대하여 효력이 미친다고 볼 수는 없다.(대판 2006.1.27, 2005다19378)
第420條【混同의 絶對的 效力】 어느 連帶債務者와 債權者間에 混同이 있는 때에는 그 債務者의 負擔部分에 限하여 다른 連帶債務者도 義務를 免한다.
참조 [효력의 상대성의 원칙]423, [혼동]507
第421條【消滅時效의 絶對的 效力】 어느 連帶債務者에 대하여 消滅時效가 完成한 때에는 그 負擔部分에 한하여 다른 連帶債務者도 義務를 免한다.
참조 [효력의 상대성의 원칙]423, [소멸시효]162이하
판례 **공동불법행위자의 1인이 동시에 피해자이기도 한 경우에 제3자에 대해 지출한 손해배상금 중 피해자인 공동불법행위자의 부담 부분에 상응하는 금원에 대해 구상금채권을 가지는지 여부 :** 공동불법행위자 중 1인이 자기의 부담 부분 이상을 변제하여 공동의 면책을 얻게 하였을 때에는 다른 공동불법행위자에게 그 부담 부분의 비율에 따라 구상권을 행사할 수 있고, 그 공동불법행위자의 1인이 동시에 피해자이기도 한 경우에도 다른 공동불법행위자가 당해 불법행위로 인해 손해를 입은 제3자에 대해 손해배상금을 지출한 때에는 그 중 피해자인 공동불법행위자의 부담 부분에 상응하는 금원에 대해 구상금채권을 가질 수 있다.(대판 2005.7.8, 2005다8125)
第422條【債權者遲滯의 絶對的 效力】 어느 連帶債務者에 대한 債權者의 遲滯는 다른 連帶債務者에게도 效力이 있다.
참조 423, [채권자지체]400－403
第423條【效力의 相對性의 原則】 前7條의 事項외에는 어느 連帶債務者에 관한 事項은 다른 連帶債務者에게 效力이 없다.
第424條【負擔部分의 均等】 連帶債務者의 負擔部分은 均等한 것으로 推定한다.
참조 413 · 414 · 432
第425條【出財債務者의 求償權】 ① 어느 連帶債務者가 辨濟 기타 自己의 出財로 共同 免責이 된 때에는 다른 連帶債務者의 負擔部分에 대하여 求償權을 行使할 수 있다.
② 前項의 求償權은 免責된 날 이후의 法定利子 및 避할 수 없는 費用 기타 損害賠償을 포함한다.
참조 [구상권의 대위]481－486, [出財와 통지]426 · 445, [구상권의 제한과 확장]426 · 427 · 445, [비용상환청구권]채무자회생파산469, [법정이자]379
판례 **부진정연대채무자 상호간의 구상관계의 존부 :** 부진정연대채무의 관계에 있는 복수의 책임주체 내부관계에 있어서는 형평의 원칙상 일정한 부담 부분이 있을 수 있으며, 그 부담 부분은 각자의 고의 및 과실의 정도에 따라 정하여지는 것으로서 부진정연대채무자 중 1인이 자기의 부담 부분 이상을 변제하여 공동의 면책을 얻게 하였을 때에는 다른 부진정연대채무자에게 그 부담 부분의 비율에 따라 구상권을 행사할 수 있다.
(대판 2006.1.27, 2005다19378)
판례 **일부보증을 한 경우 공동면책으로 다른 보증인에 대하여 구상할 수 있는 요건 :** 일부보증을 한 경우에 보증인 중 1인이 채무의 전액이나 자기의 부담부분 이상을 변제함으로써 공동으로 면책이 되었다면 다른 보증인에 대하여 구상을 할 수 있고, 그 부담부분의 비율에 대하여는 그들 사이에 특약이 있으면 당연히 그에 따르되 그 특약이 없는 경우에는 각자 보증한도액의 비율로 부담하게 된다.(대판 2005.3.11, 2004다42104)
第426條【求償要件으로서의 通知】 ① 어느 連帶債務者가 다른 連帶債務者에게 通知하지 아니하고 辨濟 기타 自己의 出財로 共同免責이 된 경우에 다른 連帶債務者가 債權者에게 對抗할 수 있는 事由가 있었을 때에는 그 負擔部分에 한하여 이 事由로 免責行爲를 한 連帶債務者에게 對抗할 수 있고 그 對抗事由가 相計인 때에는 相計로 消滅할 債權은 그 連帶債務者에게 移轉된다.
② 어느 連帶債務者가 辨濟 기타 自己의 出財로 共同免責되었음을 다른 連帶債務者에게 通知하지 아니한 경우에 다른 連帶債務者가 善意로 債權者에게 辨濟 기타 有償의 免責行爲를 한 때에는 그 連帶債務者는 自己의 免責行爲의 有效를 主張할 수 있다.
참조 445 · 446, [변제]460이하, [공동의 면책과 구상권]425 · 427, [상계]492－499
第427條【償還無資力者의 負擔部分】 ① 連帶債務者중에 償還할 資力이 없는 者가 있는 때에는 그 債務者의 負擔部分은 求償權者 및 다른 資力이 있는 債務者가 그 負擔部分에 比例하여 分擔한다. 그러나 求償權者에게 過失이 있는 때에는 다른 連帶債務者에 대하여 分擔을 請求하지 못한다.
② 前項의 경우에 償還할 資力이 없는 債務者의 負擔部分을 分擔할 다른 債務者가 債權者로부터 連帶의 免除를 받은 때에는 그 債務者의 分擔할 部分은 債權者의 負擔으로 한다.
참조 408 · 425, [면제]506

第4款 保證債務

第428條【保證債務의 內容】 ① 保證人은 主債務者가 履行하지 아니하는 債務를 履行할 義務가 있다.
② 保證은 將來의 債務에 대하여도 할 수 있다.
참조 신원보증, [공동보증]434 · 440 · 448, [연대보증]437, 상57②, [일부보증]채무자회생파산431, [보증연대]437 · 448②, [상사보증]상57, [어음보증]어음30－32, 수표25－27, [채무를 이행하지 않은 경우]437 · 438, [보증인의 파산]채무자회생파산429
▶ 보증채무의 성립
판례 주채무 발생의 원인이 되는 기본계약이 반드시 보증계약보다 먼저 체결되어야만 하는 것은 아니고 보증계약 체결 당시 보증의 대상이 될 주채무의 발생원인과 그 내용이 어느 정도 확정되어 있다면 장래의 채무에 대해서도 유효하게 보증계약을 체결할 수 있다 할 것이다.(대판 2006.6.27, 2005다50041)
판례 **대출절차상 편의를 위하여 명의를 대여한 형식상 주채무자의 보증책임 인정기준 :** 대출절차상의 편의를 위하여 명의만을 대여한 것으로 인정되어 채무자로 볼 수 없는 경우, 그 형식상 주채무자가 실질적인 주채무자를 위하여 보증인이 될 의사가 있었다는 등의 특별한 사정이 없는 한 그 형식상의 주채무자에게 실질적 주채무자에 대한 보증의 의사가 있는 것으로 볼 수는 없다.(대판 2005.5.12, 2004다68366)
판례 회사의 이사라는 지위에서 부득이 회사의 제3자에 대한 계속적 거래로 인한 채무에 대하여 연대보증인이 된 자가 그 후 퇴사하여 이사의 지위를 떠난 때에는 보증계약 성립 당시의 사정에 현저한 변경이 생긴 경우에 해당하므로 이를 이유로 보증계약을 해지할 수 있다.(대판 1996.10.29, 95다17533)
▶ 보증채무의 효력
판례 계속적 보증의 경우뿐만 아니라 일반보증의 경우에 있어서도 채권자의 권리행사가 신의칙에 비추어 용납할 수 없는 경우 보증인의 책임을 제한하는 것이 예외적으로 허용될 수 있을 것이나, 일단 유효하게 성립된 보증계약에 따른 책임을 신의칙과 같은 일반원칙에 의하여 제한하는 것은 사적 자치의 원칙이나 법적 안정성에 대한 중대한 위협이 될 수 있으므로 신중을 기하여 극히 예외적으로 인정하여야 한다.
(대판 2004.1.27, 2003다45410)
판례 보증채무에 대한 소멸시효가 중단되었다고 하더라도 이로써 주채무에 대한 소멸시효가 중단되는 것은 아니고, 주채무가 소멸시효 완성으로 소멸된 경우에는 보증채무도 그 채무 자체의 시효중단에 불구하고 부종성에 따라 당연히 소멸된다.
(대판 2002.5.14, 2000다62476)
▶ 연대보증
판례 회사의 어음거래약정에 연대보증을 한 대표이사가 대표이사직을 사임한 경우, 채권자인 금융기관이 위와 같은 사정변경 사실을 알고 있었다는 사정만으로는 연대보증계약이 해지되었다고 볼 수 없다.(대판 2007.5.10, 2007다4691,4707)
판례 은행과 연대보증인 사이에 연대보증의 근저당권으로의 담보대체의 합의가 성립한 경우, 대체담보물의 가치가 피담보채무에 미달하더라도 일체의 보증책임의 면제를 허용하지 아니한다면 결과적으로 은행은 이중의 담보를 취득하게 되어 불합리하므로 은행의 대체담보물 취득으로 인하여 그 담보가치만큼 연대보증인의 보증책임도 소멸한다.
(대판 2006.7.4, 2004다30675)
판례 금융기관이 주채무자의 연대보증인 변경요청을 승인했다 하더라도 새로운 연대보증계약을 체결하기도 전에 먼저 기존 연대보증인의 보증책임부터 면제해 주겠다는 의사로 보기는 어렵고, 따라서 위 승인만으로 기존 연대보증인이 확정적으로 보증책임을 면하게 되었다고 볼 수는 없다.
(대판 2006.6.27, 2005다50041)
▶ 계속적 보증
판례 **보증기간과 보증한도액을 정하지 않은 계속적 보증계약의 보증인이 사망한 경우, 그 상속인이 보증인의 지위를 승계하는지 여부 :** 보증한도액이 정해진 계속적 보증계약의 경우 보증인이 사망하였다 하더라도 보증계약이 당연히 종료되는 것은 아니고 특별한 사정이 없는 한 상속인들이 보증인의 지위를 승계한다고 보아야 할 것이나, 보증기간과 보증한도액의 정함이 없는 계속적 보증계약의 경우에는 보증인이 사망하면 보증인의 지위가 상속인에게 상속된다고 할 수 없고, 다만 기왕에 발생된 보증채무만이 상속된다.(대판 2001.6.12, 2000다47187)
第428條의2【보증의 방식】 ① 보증은 그 의사가 보증인의 기명날인 또는 서명이 있는 서면으로 표시되어야 효력이 발생한다. 다만, 보증의 의사가 전자적 형태로 표시된 경우에는 효력이 없다.
② 보증채무를 보증인에게 불리하게 변경하는 경우에도 제1항과 같다.
③ 보증인이 보증채무를 이행한 경우에는 그 한도에서 제1항과 제2항에 따른 방식의 하자를 이유로 보증의 무효를 주장할 수 없다.
(2015.2.3 본조신설)
第428條의3【근보증】 ① 보증은 불확정한 다수의 채무에 대해서도 할 수 있다. 이 경우 보증하는 채무의 최고액을 서면으로 특정하여야 한다.
② 제1항의 경우 채무의 최고액을 제428조의2제1항에 따른 서면으로 특정하지 아니한 보증계약은 효력이 없다.
(2015.2.3 본조신설)
第429條【保證債務의 範圍】 ① 保證債務는 主債務의 利子, 違約金, 損害賠償 기타 主債務에 從屬한 債務를 포함한다.
② 保證人은 그 保證債務에 관한 違約金 기타 損害賠償額을 豫定할 수 있다.
참조 430, [이자]379, [손해배상]390 · 393, [위약금]398④, ②[배상의 예정]398
판례 연대보증인이 주채무자의 채무 중 일정 범위에 대하여 보증을 한 경우에 주채무자가 일부변제를 하면, 특별한 사정이 없는 한 일부변제금은 주채무자의 채무 전부를 대상으로 변제충당의 일반원칙에 따라 충당되고, 연대보증인은 변제충당 후 남은 주채무자의 채무 중 보증한 범위 내의 것에 대하여 보증책임을 부담한다.(대판 2016.8.25, 2016다2840)
판례 **계속적 보증계약에 있어서 보증인의 책임을 제한할 수 있는 경우 :** 계속적 보증계약에 있어서 보증인의 부담으로 돌아갈 주채무의 액수가 보증인이 보증 당시에 예상하였거나 예상할 수 있었던 범위를 훨씬 상회하고, 그 같은 주채무 과다 발생의 원인이 채권자가 주채무자의 자산상태가 현저히 악화된 사실을 익히 알거나 중대한 과실로 알지 못한 탓으로 이를 알지 못하는 보증인에게 아무런 통보나 의사타진도 없이 고의로 거래규모를 확대함에 비롯되는 등 신의칙에 반하는 사정이 인정되는 경우에 한하여 보증인의 책임을 합리적인 범위 내로 제한할 수 있을 것이다.(대판 1995.6.30, 94다40444)
第430條【目的, 形態上의 附從性】 保證人의 負擔이 主債務의 目的이나 形態보다 重한 때에는 主債務의 限度로 減縮한다.
참조 [보증채무의 범위]429
판례 **보증계약의 성립 후 보증인의 동의 없이 주채무의 부담내용이 확장, 가중된 경우 보증채무의 범위 :** 보증계약이 성립한 후에 보증인이 알지도 못하는 사이에 주채무의 목적이나 형태의 변경으로 인하여 주채무의 실질적 동일성이 상실된 경우에는 당초의 주채무는 경개로 인하여 소멸하였다고 보아야 할 것이므로 보증채무도 당연히 소멸하고, 그 변경으로 인하여 주채무의 실질적 동일성이 상실되지 아니하고 동시에 주채무의 부담 내용이 축소 · 감경된 경우에는 보증인은 그와 같이 축소 · 감경된 주채무의 내용에 따라 보증책임을 질 것이지만, 그 변경으로 인하여 주채무의 실질적 동일성이 상실되지는 아니하고 주채무의 부담내용이 확장 · 가중된 경우에는 보증인은 그와 같이 확장 · 가중된 주채무의 내용에 따른 보증책임은 지지 아니하고, 다만 변경되기 전의 주채무의 내용에 따른 보증책임만을 진다.(대판 2000.1.21, 97다1013)
第431條【保證人의 條件】 ① 債務者가 保證人을 세울 義務가 있는 경우에는 그 保證人은 行爲能力 및 辨濟資力이 있는 者로 하여야 한다.
② 保證人이 辨濟資力이 없게 된 때에는 債權者는 保證人의 變更을 請求할 수 있다.
③ 債權者가 保證人을 指名한 경우에는 前2項의 規定을 適用하지 아니한다.
참조 [조건을 구비한 보증인을 세울 수 없을 경우]388 · 432, [담보의 공여]26 · 327 · 443, [행위능력]4－14
第432條【他擔保의 提供】 債務者는 다른 相當한 擔保를 提供함으로써 保證人을 세울 義務를 免할 수 있다.
第433條【保證人과 主債務者 抗辯權】 ① 保證人은 主債務者의 抗辯으로 債權者에게 對抗할 수 있다.
② 主債務者의 抗辯抛棄는 保證人에게 效力이 없다.
참조 [항변]536, ②[유사규정]상214
第434條【保證人과 主債務者 相計權】 保證人은 主債務者의 債權에 의한 相計로 債權者에게 對抗할 수 있다.
참조 상76 · 214②, [상계]492－498, [동시이행의 항변권]536
第435條【保證人과 主債務者의 取消權 등】 主債務者가 債權者에 대하여 取消權 또는 解除權이나 解止權이 있는 동안은 保證人은 債權者에 대하여 債務의 履行을 拒絶할 수 있다.
참조 [취소권]5② · 10 · 13 · 109① · 110, [해지권]613 · 614 · 625, [유사규정]상214②
第436條 (2015.2.3 삭제)
改前 "第436條【取消할 수 있는 債務의 保證】 取消의 原因있는 債務를 保證한 者가 保證契約당시에 그 原因있음을 안 경우에 主債務의 不履行 또는 取消가 있는 때에는 主債務와 同一한 目的의 獨立債務를 負擔한 것으로 본다."
第436條의2【채권자의 정보제공의무와 통지의무 등】 ① 채권자는 보증계약을 체결할 때 보증계약의 체결 여부 또는 그 내용에 영향을 미칠 수 있는 주채무자의 채무 관련 신용정보를 보유하고 있거나 알고 있는 경우에는 보증인에게 그 정보를 알려야 한다. 보증계약을 갱신할 때에도 또한 같다.
② 채권자는 보증계약을 체결한 후에 다음 각 호의 어느 하나에 해당하는 사유가 있는 경우에는 지체 없이 보증인에게 그 사실을 알려야 한다.

1. 주채무자가 원본, 이자, 위약금, 손해배상 또는 그 밖에 주채무에 종속한 채무를 3개월 이상 이행하지 아니하는 경우
2. 주채무자가 이행기에 이행할 수 없음을 미리 안 경우
3. 주채무자의 채무 관련 신용정보에 중대한 변화가 생겼음을 알게 된 경우

③ 채권자는 보증인의 청구가 있으면 주채무의 내용 및 그 이행 여부를 알려야 한다.

④ 채권자가 제1항부터 제3항까지의 규정에 따른 의무를 위반하여 보증인에게 손해를 입힌 경우에는 법원은 그 내용과 정도 등을 고려하여 보증채무를 감경하거나 면제할 수 있다.
(2015.2.3 본조신설)

第437條【保證人의 催告, 檢索의 抗辯】 債權者가 保證人에게 債務의 履行을 請求한 때에는 保證人은 主債務者의 辨濟資力이 있는 事實 및 그 執行이 容易할 것을 證明하여 먼저 主債務者에게 請求할 것과 그 財産에 대하여 執行할 것을 抗辯할 수 있다. 그러나 保證人이 主債務者와 連帶하여 債務를 負擔한 때에는 그러하지 아니하다.

참조 [보증채무의 내용]428 · 438, [상사보증의 특칙]상57, [어음보증의 특칙]어음32①, 수표27①, [주채무자의 파산의 경우]채무자회생파산305, [보증인이 파산한 경우]채무자회생파산429, [연대부담]448②, 상57

第438條【催告, 檢索의 懈怠의 效果】 前條의 規定에 의한 保證人의 抗辯에 不拘하고 債權者의 懈怠로 인하여 債務者로부터 全部나 一部의 辨濟를 받지 못한 경우에는 債權者가 懈怠하지 아니하였으면 辨濟받았을 限度에서 保證人은 그 義務를 免한다.

참조 [보증인의 의무]428, [대위변제와 채권자의 담보보존의무]485

第439條【共同保證의 分別의 利益】 數人의 保證人이 各自의 行爲로 保證債務를 負擔한 경우에도 第408條의 規定을 適用한다.

참조 [상사보증의 특칙]상57, [어음보증의 특칙]어음32① · 77③, 수표27①, [공동보증인간의 구상권]448, [수인의 보증인과 보증연대]448, [공동보증인의 일부의 파산과 파산채권]채무자회생파산431

第440條【時效中斷의 保證人에 대한 效力】 主債務者에 대한 時效의 中斷은 保證人에 대하여 그 效力이 있다.

참조 416 · 430 · 434 · 458, [시효중단]168~178

판례 주채무자에 대한 소멸시효 중단사유 발생의 보증인에 대한 효력 : 민법 제440조는 민법 제169조의 예외 규정으로서 채권자 보호를 위해 주채무자에 대한 시효중단의 사유가 발생하였을 때는 그 보증인에 대한 별도의 중단조치가 이루어지지 아니하여도 동시에 시효중단의 효력이 생기도록 한 것이고, 그 시효중단사유가 압류, 가압류 및 가처분이라고 하더라도 이를 보증인에게 통지하여야 비로소 시효중단의 효력이 발생하는 것은 아니라 할 것이다.(대판 2005.10.27, 2005다35554,35561)

第441條【受託保證人의 求償權】 ① 主債務者의 付託으로 保證人이 된 者가 過失없이 辨濟 기타의 出財로 主債務를 消滅하게 한 때에는 主債務者에 대하여 求償權이 있다.

② 第425條第2項의 規定은 前項의 경우에 準用한다.

참조 [부탁으로 보증인이 된 자의 구상권]442 · 443 · 445 · 446, [구상권과 변제자의 대위]481, [부탁]680, [수임인의 비용상환 및 손해배상청구권]688①③

판례 수탁보증인은 특별한 사정이 없는 한 그 주채무의 변제기 연장이 언제 이루어졌던지 간에 본래의 변제기가 도래한 후에는 민법 제442조제1항제4호에 의하여 주채무자에 대하여 사전구상권을 행사할 수 있고, 이 경우에는 민법 제442조제2항에 따라 보증계약 후에 채권자가 주채무자에게 허여한 기한으로 보증인에게 대항하지 못할 뿐만 아니라, 수탁보증인이 본래의 변제기가 도래한 후 과실 없이 변제 기타의 출재로 주채무를 소멸하게 한 후 이를 주채무자에게 통지하였다면, 민법 제445조제1항에 의하여 주채무자는 위 통지를 받은 후 채권자와 사이에 이루어진 변제기 연장에 관한 합의로서 사후구상권을 행사하는 수탁보증인에게 대항할 수는 없다고 할 것이다.
(대판 2007.4.26, 2006다22715)

第442條【受託保證人의 事前求償權】 ① 主債務者의 付託으로 保證人이 된 者는 다음 各號의 경우에 主債務者에 대하여 미리 求償權을 行使할 수 있다.
1. 保證人이 過失없이 債權者에게 辨濟할 裁判을 받은 때
2. 主債務者가 破産宣告를 받은 경우에 債權者가 破産財團에 加入하지 아니한 때
3. 債務의 履行期가 確定되지 아니하고 그 最長期도 確定할 수 없는 경우에 保證契約후 5年을 經過한 때
4. 債務의 履行期가 到來한 때

② 前項第4號의 경우에는 保證契約후에 債權者가 主債務者에게 許與한 期限으로 保證人에게 對抗하지 못한다.

참조 [수탁보증인]441① · 443 · 446, [수임인의 비용선급청구권]687, [파산선고]채무자회생파산305이하, [구상권자의 파산절차참가]채무자회생파산430 · 431

第443條【主債務者의 免責請求】 前條의 規定에 의하여 主債務者가 保證人에게 賠償하는 경우에 主債務者는 自己를 免責하게 하거나 自己에게 擔保를 提供할 것을 保證人에게 請求할 수 있고 또는 賠償할 金額을 供託하거나 擔保를 提供하거나 保證人을 免責하게 함으로써 그 賠償義務를 免할 수 있다.

第444條【付託없는 保證人의 求償權】 ① 主債務者의 付託없이 保證人이 된 者가 辨濟 기타 自己의 出財로 主債務를 消滅하게 한 때에는 主債務者는 그 당시에 利益을 받은 限度에서 賠償하여야 한다.

② 主債務者의 意思에 反하여 保證人이 된 者가 辨濟 기타 自己의 出財로 主債務를 消滅하게 한 때에는 主債務者는 現存利益의 限度에서 賠償하여야 한다.

③ 前項의 경우에 主債務者가 求償한 날 이전에 相計原因이 있음을 主張한 때에는 그 相計로 消滅할 債權은 保證人에게 移轉된다.

참조 [구상권과 변제자의 대위]481, ①[사무관리자의 비용상환청구권]739①, ②[사무관리가 본인의 의사에 반하는 경우]739③, ③[상계]492

第445條【求償要件으로서의 通知】 ① 保證人이 主債務者에게 通知하지 아니하고 辨濟 기타 自己의 出財로 主債務를 消滅하게 한 경우에 主債務者가 債權者에게 對抗할 수 있는 事由가 있었을 때에는 이 事由로 保證人에게 對抗할 수 있고 그 對抗事由가 相計인 때에는 相計로 消滅할 債權은 保證人에게 移轉된다.

② 保證人이 辨濟 기타 自己의 出財로 免責되었음을 主債務者에게 通知하지 아니한 경우에 主債務者가 善意로 債權者에게 辨濟 기타 有償의 免責行爲를 한 때에는 主債務者는 自己의 免責行爲의 有效를 主張할 수 있다.

참조 ①441 · 444, [구상요건으로서의 통지]426, ②[상계]492

第446條【主債務者의 保證人에 대한 免責通知義務】 主債務者가 自己의 行爲로 免責하였음을 그 付託으로 保證人이 된 者에게 通知하지 아니한 경우에 保證人이 善意로 債權者에게 辨濟 기타 有償의 免責行爲를 한 때에는 保證人은 自己의 免責行爲의 有效를 主張할 수 있다.

참조 [구상요건으로서의 통지]426, [주채무자의 면책청구]443, [부탁]680, [수탁보증인의 구상권]441

第447條【連帶, 不可分債務의 保證人의 求償權】 어느 連帶債務者나 어느 不可分債務者를 위하여 保證人이 된 者는 다른 連帶債務者나 다른 不可分債務者에 대하여 그 負擔部分에 한하여 求償權이 있다.

참조 [연대채무]413 · 414, [불가분채무]411, [연대채무자의 구상]425, [보증인의 구상권]441 · 444, [구상권과 변제자의 대위]481

第448條【共同保證人間의 求償權】 ① 數人의 保證人이 있는 경우에 어느 保證人이 自己의 負擔部分을 넘은 辨濟를 한 때에는 第444條의 規定을 準用한다.

② 主債務가 不可分이거나 各 保證人이 相互連帶로 또는 主債務者와 連帶로 債務를 負擔한 경우에 어느 保證人이 自己의 負擔部分을 넘은 辨濟를 한 때에는 第425條 내지 第427條의 規定을 準用한다.

참조 [공동보증과 분별의 이익]439, 채무자회생파산431, [불가분채무]411

판례 보증인의 구상금 청구가 신의칙에 의해 제한되는 경우 : 보증인이 중대한 과실로 보증계약 체결 또는 보증금 지급과정에서 주채무가 통정허위표시로서 무효인 계약에 기한 것임을 알지 못하였고, 그래서 채권자에 대하여 보증채무를 부담하지 아니함을 주장할 수 있었는데도 그 주장을 하지 아니한 채 보증채무의 전부를 이행하였다면, 그 주장을 할 수 있는 범위 내에서는 신의칙상 연대보증인들에 대하여도 그 구상금을 청구할 수 없다.(대판 2006.3.10, 2002다1321)

판례 민간공사도급계약의 연대보증인의 책임 범위 : 민간공사도급계약의 연대보증인의 보증책임은 각종 보증서의 구비 여부, 도급계약의 내용, 보증경위 등을 참작하여 개별적으로 구체적인 사안에 따라 법률행위의 해석에 의하여 판단되어야 하는 것이지만, 특별한 약정이 없다면 수급인의 책임과 마찬가지로 금전채무보증과 시공보증을 포함한다고 보아야 한다.
(대판 2005.3.25, 2003다55134)

第4節 債權의 讓渡

第449條【債權의 讓渡性】 ① 債權은 讓渡할 수 있다. 그러나 債權의 性質이 讓渡를 許容하지 아니하는 때에는 그러하지 아니하다.

② 債權은 當事者가 反對의 意思를 表示한 경우에는 讓渡하지 못한다. 그러나 그 意思表示로써 善意의 第三者에게 對抗하지 못한다.

참조 500, [부양청구권의 불양도성]979, [기명식선표]상818, [양도·압류 등에 제한이 있는 채권]공무원연금39, 근기86, 국민연금58, 국가유공자등예우19, 군인연금18, [양도에 채무자 승낙을 요하는 채권]610② · 629① · 657①, ②450 · 508 · 524 · 525

판례 당사자의 의사표시에 의한 채권양도금지 특약은 제3자가 악의인 경우는 물론 제3자가 채권양도금지 특약을 알지 못한 데에 중대한 과실이 있는 경우에도 채권양도금지 특약으로써 대항할 수 있고, 제3자의 악의 내지 중과실은 채권양도금지 특약으로 양수인에게 대항하려는 자가 이를 주장·증명하여야 한다. 그리고 민법 제449조 제2항 단서는 채권양도금지 특약으로써 대항할 수 없는 자를 '선의의 제3자'라고만 규정하고 있어 채권자로부터 직접 양수한 자만을 가리키는 것으로 해석할 이유는 없으므로, 악의의 양수인으로부터 다시 선의로 양수한 전득자도 위 조항에서의 선의의 제3자에 해당한다. 또한 선의의 양수인을 보호하고자 하는 위 조항의 입법 취지에 비추어 볼 때, 이러한 선의의 양수인으로부터 다시 채권을 양수한 전득자는 선의·악의를 불문하고 채권을 유효하게 취득한다.
(대판 2015.4.9, 2012다118020)

판례 양도금지특약부 채권에 대한 전부명령이 유효한 경우 그 전부채권자로부터 다시 그 채권을 양수한 자가 그 특약의 존재를 알았거나 중대한 과실로 알지 못하였다고 하더라도 채무자는 위 특약을 근거로 삼아 채권양도의 무효를 주장할 수 없다고 보아야 한다.(대판 2003.12.11, 2001다3771)

판례 가압류된 채권을 양수받은 양수인은 그러한 가압류에 의하여 권리가 제한된 상태의 채권을 양수받는다고 보아야 할 것이고, 이는 채권을 양도받았으나 확정일자 있는 양도통지나 승낙에 의한 대항요건을 갖추지 아니하는 사이에 양도된 채권이 가압류된 경우에도 동일하다.(대판 2002.4.26, 2001다59033)

판례 채권양도는 구 채권자인 양도인과 신 채권자인 양수인 사이에 채권을 그 동일성을 유지하면서 전자로부터 후자에게로 이전시킬 것을 목적으로 하는 계약을 말한다 할 것이고, 채권양도에 의하여 채권은 그 동일성을 잃지 않고 양도인으로부터 양수인에게 이전된다 할 것이며, 가압류된 채권도 이를 양도하는데 아무런 제한이 없다.(대판 2000.4.11, 99다23888)

第450條【指名債權讓渡의 對抗要件】 ① 指名債權의 讓渡는 讓渡人이 債務者에게 通知하거나 債務者가 承諾하지 아니하면 債務者 기타 第三者에게 對抗하지 못한다.

② 前項의 通知나 承諾은 確定日字있는 證書에 의하지 아니하면 債務者 이외의 第三者에게 對抗하지 못한다.

참조 상734, [대위변제에의 준용]480②, [지시금지의 어음, 수표의 양도]어음11② · 77①, 수표14②, [승낙의 효력]451, ②502

판례 확정일자 제도의 취지에 비추어 볼 때 원본이 아닌 사본에 확정일자를 갖추었다 하더라도 대항력의 판단에 있어서는 아무런 차이가 없다고 봄이 상당하다.
(대판 2006.9.14, 2005다45537)

판례 양도통지의 권한을 위임받은 양수인이 무현명으로 한 채권양도통지의 효력 : 채권양도통지 권한을 위임받은 양수인이 양도인을 대리하여 채권양도통지를 함에 있어서는 민법 114조 1항의 규정에 따라 양도인 본인과 대리인을 표시하여야 하는 것이므로, 양수인이 서면으로 채권양도통지를 함에 있어 대리관계의 현명을 하지 아니한 채 양수인 명의로 된 채권양도통지서를 채무자에게 발송하여 도달되었다 하더라도 이는 효력이 없다고 할 것이다.(대판 2004.2.13, 2003다43490)

판례 민법 450조 2항 소정의 '확정일자'의 의미 : 채권의 양도를 제3자에게 대항하기 위하여는 통지행위 또는 승낙행위 자체를 확정일자 있는 증서로 하여야 하는 것인데 여기서 확정일자란 증서에 대하여 그 작성한 일자에 관한 완전한 증거가 될 수 있는 것으로 법률상 인정되는 일자를 말하며 당사자가 나중에 변경하는 것이 불가능한 확정된 일자를 가리킨다.
(대판 2000.4.11, 2000다2627)

第451條【承諾, 通知의 效果】 ① 債務者가 異議를 保留하지 아니하고 前條의 承諾을 한 때에는 讓渡人에게 對抗할 수 있는 事由로써 讓受人에게 對抗하지 못한다. 그러나 債務者가 債務를 消滅하게 하기 위하여 讓渡人에게 給與한 것이 있으면 이를 回收할 수 있고 讓渡人에 대하여 負擔한 債務가 있으면 그 成立되지 아니함을 主張할 수 있다.

② 讓渡人이 讓渡通知만을 한 때에는 債務者는 그 通知를 받은 때까지 讓渡人에 대하여 생긴 事由로써 讓受人에게 對抗할 수 있다.

참조 503, [채무양도의 승낙]450

판례 근저당부 채권이 양도되었으나 근저당권의 이전등기가 경료되지 않은 경우 : 피담보채권과 근저당권을 함께 양도하는 경우에 채권양도는 당사자 사이의 의사표시만으로 양도의 효력이 발생하지만 근저당권 이전은 이전등기를 하여야 하므로 채권양도와 근저당권이전등기 사이에 어느 정도 시차가 불가피한 이상 피담보채권이 먼저 양도되어 일시적으로 피담보채권과 근저당권의 귀속이 달라진다고 하여 근저당권이 무효로 된다고 볼 수는 없으나, 위 근저당권은 그 피담보채권의 양수인에게 이전되어야 할 것에 불과하고, 근저당권의 명의인은 피담보채권을 양도하여 결국 피담보채권을 상실한 셈이므로 집행채무자로부터 변제를 받기 위하여 배당표에 자신에게 배당하는 것으로 배당표의 경정을 구할 수 있는 지위에 있다고 볼 수 없다.
(대판 2003.10.10, 2001다77888)

판례 채무자가 채권양도에 대하여 이의를 보류하지 않고 승낙하였다는 사정이 없거나 이의의 보류 없이 승낙하였다 하더라도 양수인에게 악의 또는 중과실이 있는 경우, 승낙 당시 이미 상계를 할 수 있는 원인이 있었고 그 후 상계적상이 생기면 채무자는 양수인에 대하여 상계로 대항할 수 있는지 여부(적극) : 채권양도에 있어서 채무자가 양도인에게 이의를 보류하지 아니하고 승낙을 하였다는 사정이 없거나 또는 이의를 보류하지 아니하고 승낙을 하였더라도 양수인이 악의 또는 중과실의 경우에 해당하는 한, 채무자의 승낙 당시까지 양도인에 대하여 생긴 사유로써 양수인에게 대항할 수 있다고 할 것인데, 승낙 당시 이미 상계를 할 수 있는 원인이 있었던 경우에는 아직 상계적상에 있지 아니하였다 하더라도 그 후에 상계적상이 생기면 채무자는 양수인에 대하여 상계로 대항할 수 있다.
(대판 1999.8.20, 99다18039)

第452條【讓渡通知와 禁反言】 ① 讓渡人이 債務者에게 債權讓渡를 通知한 때에는 아직 讓渡하지 아니하였거나 그 讓渡가 無效인 경우에도 善意인 債務者는 讓受人에게 對抗할 수 있는 事由로 讓渡人에게 對抗할 수 있다.

② 前項의 通知는 讓受人의 同意가 없으면 撤回하지 못한다.

참조 107·125, 상39

第5節 債務의 引受

第453條【債權者와의 契約에 의한 債務引受】 ① 第三者는 債權者와의 契約으로 債務를 引受하여 債務者의 債務를 免하게 할 수 있다. 그러나 債務의 性質이 引受를 許容하지 아니하는 때에는 그러하지 아니하다.

② 利害關係없는 第三者는 債務者의 意思에 反하여 債務를 引受하지 못한다.

참조 [영업양수인의 책임]상42-45, [이익없는 제3자의 변제]469②, [채무자 변경에 의한 경개]501

판례 계약 당사자로서의 지위 승계를 목적으로 하는 계약인수는 계약상 지위에 관한 양도인과 양수인 사이의 합의와 나머지 당사자가 이를 동의 내지 승낙하는 방법으로도 할 수 있으며, 나머지 당사자가 동의 내지 승낙을 함에 있어 양도인의 면책을 유보하였다는 등의 특별한 사정이 없는 한 양도인은 계약관계에서 탈퇴하고, 따라서 나머지 당사자와 양도인 사이에는 계약관계가 존재하지 아니하게 되어 그에 따른 채권채무관계도 소멸한다.(대판 2007.9.6, 2007다31990)

판례 부동산매매에서 채무인수의 성질 : 부동산의 매수인이 매매목적물에 관한 근저당권의 피담보채무, 가압류채무, 임대차보증금 반환채무를 인수하는 한편 그 채무액을 매매대금에서 공제하기로 약정한 경우, 다른 특별한 사정이 없는 한, 이는 매도인을 면책시키는 채무인수가 아니라 이행인수로 보아야 하고, 매수인이 그 채무를 현실적으로 변제할 의무를 부담한다고도 해석할 수 없으며, 매수인이 매매대금에서 그 채무액을 공제한 나머지를 지급함으로써 잔금지급의무를 다한 것으로 보아야 한다.(대판 2002.5.10, 2000다18578)

第454條【債務者와의 契約에 의한 債務引受】 ① 第三者가 債務者와의 契約으로 債務를 引受한 경우에는 債權者의 承諾에 의하여 그 效力이 생긴다.

② 債權者의 承諾 또는 拒絶의 相對方은 債務者나 第三者이다.

참조 [유사규정]539-541, [승낙의 효력]457, [채무인수의 철회·변경]456

판례 부동산의 매수인이 매매목적물에 관한 채무를 인수하는 한편 그 채무액을 매매대금에서 공제하기로 약정한 경우, 그 인수는 특별한 사정이 없는 한 매도인을 면책시키는 채무인수가 아니라 이행인수로 보아야 하고, 매수인은 매매계약시 인수한 채무를 현실적으로 변제할 의무를 부담하는 것은 아니며, 특별한 사정이 없는 한 매수인이 매매대금에서 그 채무액을 공제한 나머지를 지급함으로써 잔금지급의 의무를 다하였다 할 것이므로, 설사 매수인이 위 채무를 현실적으로 변제하지 아니하였다 하더라도 그와 같은 사정만으로는 매도인은 매매계약을 해제할 수 없는 것이지만, 매수인이 인수채무를 이행하지 아니함으로써 매매대금의 일부를 지급하지 아니한 것과 동일하다고 평가할 수 있는 특별한 사유가 있을 때에는 계약해제권이 발생한다. 그리고 위와 같은 '특별한 사정'이 있는지의 여부는, 매매계약의 당사자들이 그러한 내용의 매매계약에 이르게 된 경위, 매수인의 인수채무 불이행으로 인하여 매도인이 입게 되는 구체적인 불이익의 내용과 그 정도 등 제반 사정을 종합적으로 고려하여 '매매대금의 일부를 지급하지 아니한 것과 동일하다고 평가할 수 있는 경우'에 해당하는지 여부를 판단하여야 한다.(대판 2007.9.21, 2006다69479,69486)

판례 채무인수와 이행인수의 판별 기준 : 제3자를 위한 계약과 이행인수의 판별 기준은 계약 당사자에게 제3자 또는 채권자가 계약 당사자 일방 또는 인수인에 대하여 직접 채권을 취득케 할 의사가 있는지 여부에 달려 있다 할 것이고, 구체적으로는 계약 체결의 동기, 경위 및 목적, 계약에 있어서의 당사자의 지위, 당사자 사이 및 당사자와 제3자 사이의 이해관계, 거래 관행 등을 종합적으로 고려하여 그 의사를 해석하여야 한다.(대판 2006.1.26, 2005다54999)

판례 매매목적물에 관한 근저당권의 피담보채무를 인수한 매수인이 인수채무의 변제를 게을리한 경우, 매도인이 이를 이유로 매매계약을 해제할 수 있는지 여부(적극) : 매매목적물에 관한 근저당권의 피담보채무를 인수한 매수인이 인수채무의 일부인 근저당권의 피담보채무의 변제를 게을리함으로써 매매목적물에 관하여 근저당권의 실행으로 임의경매절차가 개시되고 매도인이 경매절차의 진행을 막기 위하여 피담보채무를 변제하였다면, 매도인은 채무인수인에 대하여 손해배상채권을 취득하는 이외에 이 사유를 들어 매매계약을 해제할 수 있다.(대판 2004.7.9, 2004다13083)

第455條【承諾與否의 催告】 ① 前條의 경우에 第三者나 債務者는 相當한 期間을 정하여 承諾與否의 確答을 債權者에게 催告할 수 있다.

② 債權者가 그 期間내에 確答을 發送하지 아니한 때에는 拒絶한 것으로 본다.

참조 [유사규정]131

第456條【債務引受의 撤回, 變更】 第三者와 債務者間의 契約에 의한 債務引受는 債權者의 承諾이 있을 때까지 當事者는 이를 撤回하거나 變更할 수 있다.

참조 [채무자와의 계약에 의한 채무인수]453·454, [승낙여부의 최고]455

第457條【債務引受의 遡及效】 債權者의 債務引受에 대한 承諾은 다른 意思表示가 없으면 債務를 引受한 때에 遡及하여 그 效力이 생긴다. 그러나 第三者의 權利를 侵害하지 못한다.

참조 [승낙]454

第458條【前債務者의 抗辯事由】 引受人은 前債務者의 抗辯할 수 있는 事由로 債權者에게 對抗할 수 있다.

참조 [인수]453·454, [동시이행의 항변권]536

第459條【債務引受와 保證, 擔保의 消滅】 前債務者의 債務에 대한 保證이나 第三者가 提供한 擔保는 債務引受로 인하여 消滅한다. 그러나 保證人이나 第三者가 債務引受에 同意한 경우에는 그러하지 아니하다.

참조 [보증]428이하, [질권의 물적담보]329이하, [저당권의 물적담보]356이하, [채무인수]453·454

판례 물상보증인이 근저당권의 피담보채무만을 면책적으로 인수하고 이를 원인으로 하여 근저당권 변경의 부기등기를 경료한 경우 : 물상보증인이 근저당권의 채무자의 계약상의 지위를 인수한 것이 아니라, 다만 그 채무만을 면책적으로 인수하고 이를 원인으로 하여 근저당권 변경의 부기등기가 경료된 경우, 특별한 사정이 없는 한 그 변경등기는 당초 채무자가 근저당권자에 대하여 부담하고 있던 것으로서 물상보증인이 인수한 채무만을 그 대상으로 하는 것이지, 그 후 채무를 인수한 물상보증인이 다른 원인으로 근저당권자에 대하여 부담하게 된 새로운 채무까지 담보하는 것으로 볼 수는 없다.(대판 2002.11.26, 2001다73022)

第6節 債權의 消滅

第1款 辨濟

第460條【辨濟提供의 方法】 辨濟는 債務內容에 좇은 現實提供으로 이를 하여야 한다. 그러나 債權者가 미리 辨濟받기를 拒絶하거나 債務의 履行에 債權者의 行爲를 要하는 경우에는 辨濟準備의 完了를 通知하고 그 受領을 催告하면 된다.

참조 [변제제공]461, [채무이행에 있어서의 신의성실의 원칙]2①, [채무불이행과 손해배상]390, [변제의 방법·비용등]462·467·473, [채권자의 수령거절]400·487

판례 기존 원인채무의 지급확보 또는 그 담보를 위하여 발행 또는 교부된 수표를 채권자가 타인에게 양도한 경우 : 수표가 기존 원인채무의 지급확보를 위하여 또는 그 담보를 위하여 발행 또는 교부된 경우에, 채권자가 그 수표를 유상 또는 무상으로 타인에게 양도하였다고 하더라도 그에 의하여 바로 기존 원인채무가 소멸하는 것이 아니고, 수표를 양도한 채권자가 수표상의 상환의무를 종국적으로 면하게 될 때 비로소 기존 원인채무가 소멸한다고 보아야 한다.(대판 2002.12.24, 2001다3917)

판례 기존채무의 이행을 위하여 교부된 약속어음을 어음되막기 방법에 의하여 결제된 것으로 처리하는 경우 : 기존채무의 이행을 위하여 교부된 약속어음의 소지인인 은행이 어음되막기 방법에 의하여 그 약속어음을 결제된 것으로 처리하는 경우 은행은 이미 결제된 것으로 처리되어 소멸된 종전 어음 자체의 어음금청구는 할 수 없을 것이고, 새로운 어음에 기한 어음금청구만을 할 수 있을 것이나, 그 기존채무는 쌍방간의 약정에 따라 새로운 어음의 지급기일까지 그 지급을 유예해 준 것일 뿐 기존채무가 소멸되는 것은 아니고, 새로운 어음이 만기에 지급되어야만 기존채무가 소멸되는 것이다.(대판 1992.2.25, 91다14192)

第461條【辨濟提供의 效果】 辨濟의 提供은 그때로부터 債務不履行의 責任을 免하게 한다.

참조 [채무불이행과 그 책임]387·390-398, [변제의 제공]460, [제공과 채권자의 불수령]400

第462條【特定物의 現狀引渡】 特定物의 引渡가 債權의 目的인 때에는 債務者는 履行期의 現狀대로 그 物件을 引渡하여야 한다.

참조 [특정물채권]374·467·537, [특칙]587

第463條【辨濟로서의 他人의 物件의 引渡】 債務의 辨濟로 他人의 物件을 引渡한 債務者는 다시 有效한 辨濟를 하지 아니하면 그 物件의 返還을 請求하지 못한다.

참조 [채권자의 선의소비]465, [타인 물건의 매매]569, [부당이득에 의한 채권발생]741, [수익자의 반환범위]748, [불법행위에 의한 채권발생]750

第464條【讓渡能力없는 所有者의 物件引渡】 讓渡할 能力없는 所有者가 債務의 辨濟로 物件을 引渡한 경우에는 그 辨濟가 取消된 때에도 다시 有效한 辨濟를 하지 아니하면 그 物件의 返還을 請求하지 못한다.

참조 [채권자의 선의소비]465, [양도의 능력과 취소]5·10·13·140-142

第465條【債權者의 善意消費, 讓渡와 求償權】 ① 前2條의 경우에 債權者가 辨濟로 받은 物件을 善意로 消費하거나 他人에게 讓渡한 때에는 그 辨濟는 效力이 있다.

② 前項의 경우에 債權者가 第三者로부터 賠償의 請求를 받은 때에는 債務者에 대하여 求償權을 行使할 수 있다.

참조 [채권자의 선의와 즉시취득]249, [배상의 청구]741·748

第466條【代物辨濟】 債務者가 債權者의 承諾을 얻어 本來의 債務履行에 갈음하여 다른 給與를 한 때에는 辨濟와 같은 效力이 있다.(2014.12.30 본조개정)

改前 …債務履行에 "가름하여" 다른 給與를…

참조 [경개의 요건 등]500

第467條【辨濟의 場所】 ① 債務의 性質 또는 當事者의 意思表示로 辨濟場所를 정하지 아니한 때에는 特定物의 引渡는 債權成立 당시에 그 物件이 있던 場所에서 하여야 한다.

② 前項의 경우에 特定物引渡 이외의 債務辨濟는 債權者의 現住所에서 하여야 한다. 그러나 營業에 관한 債務의 辨濟는 債權者의 現營業所에서 하여야 한다.

참조 [특칙]586·700, 어음38②·77①, 수표31, [특정물인도]374·462, [주소]18-21, [채무이행지와 재판관할]민소8

第468條【辨濟期前의 辨濟】 當事者의 特別한 意思表示가 없으면 辨濟期前이라도 債務者는 辨濟할 수 있다. 그러나 相對方의 損害는 賠償하여야 한다.

참조 [변제기]152·153·387·388, [착오로 인한 기한 전의 변제]743, [법정변제충당]477, [기한의 이익]153, [손해배상]394

판례 이행기의 약정이 있는 경우 이행기 전에 이행에 착수할 수 있는지 여부 : 이행기의 약정이 있는 경우라 하더라도 당사자가 채무의 이행기 전에는 착수하지 아니하기로 하는 특약을 하는 등 특별한 사정이 없는 한 이행기 전에 이행에 착수할 수 있다.(대판 1993.1.19, 92다31323)

第469條【第三者의 辨濟】 ① 債務의 辨濟는 第三者도 할 수 있다. 그러나 債務의 性質 또는 當事者의 意思表示로 第三者의 辨濟를 許容하지 아니하는 때에는 그러하지 아니하다.

② 利害關係없는 第三者는 債務者의 意思에 反하여 辨濟하지 못한다.

참조 [변제제공의 방법]460, [변제공탁]487, [제3자의 변제와 대위]480·481, [어음과 참가지불]어음59·61·63③·77①, [제3자의 착오로 인한 변제]745, [채무자의 의사에 반한 보증]444②, [채무자의 의사에 반한 경개]501

판례 민법 제469조에 정한 바에 따라 채무의 변제는 제3자도 할 수 있는 것인바, 제3자가 타인의 채무를 변제하여 그 채무를 소멸시키기 위하여는 제3자가 타인의 채무를 변제한다는 의사를 가지고 있었음을 요건으로 하고 이러한 의사는 타인의 채무변제임을 나타내는 변제지정을 통하여 표시되어야 할 것이지만, 채권자가 변제를 수령하면서 제3자가 타인의 채무를 변제하는 것이라는 사실을 인식하였다면 타인의 채무변제라는 지정이 있었다고 볼 수 있다.(대판 2010.2.11, 2009다71558)

판례 건물을 신축한 자가 건물을 매도함과 동시에 소유권이전등기 전까지 그 건물을 매수인에게 임대하기로 하였는데 그 건물의 건축공사수급인이 공사금 일부를 지급받지 못하였다는 이유로 건물의 매수인 겸 임차인의 입주를 저지하자 건물의 매수인 겸 임차인이 매도인에게 지급할 매매대금의 일부를 건축공사수급인에게 공사금채무 변제조로 지급한 경우, 매도인의 의사에 반하여도 효력이 있다.(대판 1993.10.12, 93다9903,9910)

第470條【債權의 準占有者에 대한 辨濟】 債權의 準占有者에 대한 辨濟는 辨濟者가 善意이며 過失없는 때에 限하여 效力이 있다.

참조 [준점유]210, [채권자와 채권의 준점유자와의 관계]741이하, [지시채권의 변제]518, [무기명채권의 변제]524, [영업양수인]상43

판례 금융기관으로서는 대리인을 자처하는 자에게 예금계좌를 개설하여 주는 과정에서 위임장과 인감증명서를 제출받고 대리인의 신분증을 확인하는 등의 최소한의 확인조치를 취함으로써 그것이 불특정 다수의 잠재적 피해자에 대한 범죄행위에 이용될 가능성을 미연에 방지함으로써 타인의 불법행위에 도움을 주지 않아야 할 주의의무가 있다.(대판 2006.1.13, 2003다54599)

판례 동조에서 '채권의 준점유자'라 함은, 변제자의 입장에서 볼 때 일반의 거래관념상 채권을 행사할 정당한 권한을 가진 것으로 믿을 만한 외관을 가지는 사람을 말하므로 준점유자가 스스로 채권자라고 하여 채권을 행사하는 경우뿐만 아니라 채권자의 대리인이라고 하면서 채권을 행사하는 때에도 채권의 준점유자에 해당한다.(대판 2004.4.23, 2004다5389)

판례 가압류로 인하여 채권의 추심 기타 처분행위에 제한을 받다가 가압류를 취소하는 가집행선고부 판결을 선고받아 다시 채권을 제한 없이 행사할 수 있을 듯한 외관을 가지게 된 채권자도 채권의 준점유자로 볼 수 있다.(대판 2003.7.22, 2003다24598)

第471條【領收證所持者에 대한 辨濟】 領收證을 所持한 者에 대한 辨濟는 그 所持者가 辨濟를 받을 權限이 없는 경우에도 效力이 있다. 그러나 辨濟者가 그 權限없음을 알았거나 알 수 있었을 경우에는 그러하지 아니하다.

참조 [채권자와 수령자와의 관계]741

第472條【權限없는 者에 대한 辨濟】 前2條의 경우외에 辨濟받을 權限없는 者에 대한 辨濟는 債權者가 利益을 받은 限度에서 效力이 있다.

참조 471

第473條【辨濟費用의 負擔】 辨濟費用은 다른 意思表示가 없으면 債務者의 負擔으로 한다. 그러나 債權者의 住所移轉 기타의 行爲로 인하여 辨濟費用이 增加된 때에는 그 增加額은 債權者의 負擔으로 한다.

참조 467, [주소]18-21, [계약의 비용]566

第474條【領收證請求權】 辨濟者는 辨濟를 받는 者에게 領收證을 請求할 수 있다.

참조 475, [집행관의 영수증교부와 본조의 권리]민집42, [변제자]469, [변제영수자]470, [영수증]471, 어음4·38②·50·51·77, 수표43·46, [영수증의 교부와 동시이행]536

第475條【債權證書返還請求權】 債權證書가 있는 경우에 辨濟者가 債務全部를 辨濟한 때에는 債權證書의 返還을 請求할 수 있다. 債權이 辨濟이외의 事由로 全部 消滅한 때에도 같다.

참조 474, [채권증서]어음39·77, 수표34, [강제집행과 집행력 있는 정본의 교부]민집42, [대위변제와 채권에 관한 증서]484

판례 채권 일부만을 변제받고 담보물을 반환한 경우 나머지 채권의 포기 여부 : 채권자가 그 채권의 일부만을 변제받고 그 나머지 채권을 포기하지도 않으면서 담보물을 반환하는 일은 경험칙상 이례에 속하므로 그 담보물을 반환하여야 할 특별한 사정이 있었음이 인정되지 않는 한 나머지 채권이 포기되었다는 점에 관한 증거들의 신빙성을 부인할 수 없다.
(대판 1982.2.9, 81다578)

第476條【指定辨濟充當】 ① 債務者가 同一한 債權者에 대하여 같은 種類를 目的으로 한 數個의 債務를 負擔한 경우에 辨濟의 提供이 그 債務全部를 消滅하게 하지 못하는 때에는 辨濟者는 그 當時 어느 債務를 指定하여 그 辨濟에 充當할 수 있다.
② 辨濟者가 前項의 指定을 하지 아니할 때에는 辨濟받는 者는 그 당시 어느 債務를 指定하여 辨濟에 充當할 수 있다. 그러나 辨濟者가 그 充當에 대하여 卽時 異議를 한 때에는 그러하지 아니하다.
③ 前2項의 辨濟充當은 相對方에 대한 意思表示로써 한다.

참조 [변제의 충당]477-479

第477條【法定辨濟充當】 當事者가 辨濟에 充當할 債務를 指定하지 아니한 때에는 다음 各號의 規定에 의한다.
1. 債務중에 履行期가 到來한 것과 到來하지 아니한 것이 있으면 履行期가 到來한 債務의 辨濟에 充當한다.
2. 債務全部의 履行期가 到來하였거나 到來하지 아니한 때에는 債務者에게 辨濟利益이 많은 債務의 辨濟에 充當한다.
3. 債務者에게 辨濟利益이 같으면 履行期가 먼저 到來한 債務나 먼저 到來할 債務의 辨濟에 充當한다.
4. 前2號의 事項이 같은 때에는 그 債務額에 比例하여 各 債務의 辨濟에 充當한다.

참조 [변제의 충당]476·478·479, [기한의 이익]153·743

◘ 임대차계약이 종료되었으나 그 목적물이 명도되지 않은 경우, 임차인이 임대차보증금이 있음을 이유로 연체차임의 지급을 거절할 수 있는지 여부

판례 [1] 임대차보증금은 임대차계약이 종료된 후 임차인이 목적물을 인도할 때까지 발생하는 차임 및 기타 임차인의 채무를 담보하는 것으로서 그 피담보채무액은 임대차관계의 종료 후 목적물이 반환될 때에 특별한 사정이 없는 한 별도의 의사표시 없이 임대차보증금에서 당연히 공제되는 것이므로, 특별한 사정이 없는 한 임대차계약이 종료되었다 하더라도 목적물이 명도되지 않았다면 임차인은 임대차보증금이 있음을 이유로 연체차임의 지급을 거절할 수 없는 것이고, 또한 임대차보증금액보다도 임차인의 채무액이 많은 경우에는 민법 제477조에서 정하고 있는 법정충당순서에 따라야 하는 것이다.
[2] 임대차는 당사자 일방이 상대방에게 목적물을 사용·수익하게 할 것을 약정하고 상대방이 이에 대하여 차임을 지급할 것을 약정함으로써 그 효력이 생기는 것이므로, 임차인은 임대차계약이 종료된 경우 그 특별한 사정이 없는 한 임대인에게 그 목적물을 명도하고 임대차 종료일까지의 연체차임을 지급할 의무가 있음은 물론, 임대차 종료일 이후부터 목적물 명도 완료일까지 그 부동산을 점유·사용함에 따른 차임 상당의 부당이득금을 반환할 의무도 있다고 할 것이고, 이와 같은 법리는 임차인이 임차물을 전대하였다가 임대차 및 전대차가 모두 종료된 경우의 전차인에 대하여도 특별한 사정이 없는 한 그대로 적용된다.
(대판 2007.8.23, 2007다21856,21863)

판례 보증채무와 주채무간의 변제이익에 있어서의 우열 : 특별한 사정이 없는 한 변제자가 타인의 채무에 대한 보증인으로서 부담하는 보증채무(연대보증채무도 포함)는 변제자 자신의 채무에 비하여 변제자에게 그 변제의 이익이 적다고 보아야 한다.
(대판 2002.7.12, 99다68652)

第478條【不足辨濟의 充當】 1個의 債務에 數個의 給與를 要할 경우에 辨濟者가 그 債務全部를 消滅하게 하지 못한 給與를 한 때에는 前2條의 規定을 準用한다.

참조 [변제의 충당]476·477·479

第479條【費用, 利子, 元本에 대한 辨濟充當의 順序】 ① 債務者가 1個 또는 數個의 債務의 費用 및 利子를 支給할 경우에 辨濟者가 그 全部를 消滅하게 하지 못한 給與를 한 때에는 費用, 利子, 元本의 順序로 辨濟에 充當하여야 한다.
② 前項의 경우에 第477條의 規定을 準用한다.

참조 [변제의 충당]476-478, [비용]473, [이자]379

판례 비용, 이자, 원본에 대한 변제충당에 있어서 충당의 순서 및 당사자 사이의 묵시적 합의에 의한 임의충당을 인정할 수 있는지 여부(적극) : 비용, 이자, 원본에 대한 변제충당에 있어서는 민법 479조에 그 충당 순서가 법정되어 있고 지정 변제충당에 관한 같은 법 476조는 준용되지 않으므로 당사자 사이에 특별한 합의가 없는 한 비용, 이자, 원본의 순서로 충당하여야 할 것이고, 채무자는 물론 채권자라고 할지라도 위 법정 순서와 다르게 일방적으로 충당의 순서를 지정할 수는 없다고 할 것이지만, 당사자의 일방적인 지정에 대하여 상대방이 지체없이 이의를 제기하지 아니함으로써 묵시적인 합의가 되었다고 보여지는 경우에는 그 법정충당의 순서와는 달리 충당의 순서를 인정할 수 있는 것이다.(대판 2002.5.10, 2002다12871,12888)

第480條【辨濟者의 任意代位】 ① 債務者를 위하여 辨濟한 者는 辨濟와 同時에 債權者의 承諾을 얻어 債權者를 代位할 수 있다.
② 前項의 경우에 第450條 내지 第452條의 規定을 準用한다.

참조 ①[제3자의 변제]469, [변제와 대위]481-486, [손해배상과 대위]399

판례 제3자가 채무자를 위하여 채권자에게 채무를 변제함으로써 채무자에 대하여 구상권을 취득하는 경우, 그 구상권의 범위 내에서 종래 채권자가 가지고 있던 채권 및 그 담보에 관한 권리는 법률상 당연히 변제자에게 이전되는 것이고, 여기서 말하는 '담보에 관한 권리'에는 질권, 저당권이나 보증인에 대한 권리 등과 같이 전형적인 물적·인적 담보뿐만 아니라, 채권자와 채무자 사이에 채무의 이행을 확보하기 위한 특약이 있는 경우에 그 특약에 기하여 채권자가 가지게 되는 권리도 포함된다.
(대판 2007.3.16, 2005다10760)

第481條【辨濟者의 法定代位】 辨濟할 正當한 利益이 있는 者는 辨濟로 當然히 債權者를 代位한다.

참조 [제3자의 변제]469, [변제와 대위]408·482-486, 어음32③·63①·77①③, 수표27③, [손해배상과 대위]399

판례 변제자대위에 의한 원채권 및 담보권의 행사 범위 : 변제자대위는 주채무를 변제함으로써 주채무자 및 다른 연대보증인에 대하여 갖게 된 구상권의 효력을 확보하기 위한 제도이어서 대위에 의한 원채권 및 담보권의 행사 범위는 구상권의 범위로 한정된다.(대판 2005.10.13, 2003다24147)

판례 민법 제480조 내지 제481조 소정의 변제자대위가 성립하지 아니하는 한 제3자는 보증인에 대하여 부당이득반환청구 등의 어떠한 청구도 할 수 없게 되며, 또한 부당이득이라 함은 타인의 재산 또는 노무로 인하여 이익을 얻고 이로 인하여 타인에게 손해를 가한 경우에 성립한다.(대판 1996.9.20, 96다22655)

第482條【辨濟者代位의 效果, 代位者間의 關係】 ① 前2條의 規定에 의하여 債權者를 代位한 者는 自己의 權利에 의하여 求償할 수 있는 範圍에서 債權 및 그 擔保에 관한 權利를 行使할 수 있다.
② 前項의 權利行使는 다음 各號의 規定에 의하여야 한다.
1. 保證人은 미리 傳貰權이나 抵當權의 登記에 그 代位를 附記하지 아니하면 傳貰物이나 抵當物에 權利를 取得한 第三者에 대하여 債權者를 代位하지 못한다.
2. 第三取得者는 保證人에 대하여 債權者를 代位하지 못한다.
3. 第三取得者 중의 1人은 各 不動産의 價額에 比例하여 다른 第三取得者에 대하여 債權者를 代位한다.
4. 自己의 財産을 他人의 債務의 擔保로 提供한 者가 數人인 경우에는 前號의 規定을 準用한다.
5. 自己의 財産을 他人의 債務의 擔保로 提供한 者와 保證人間에는 그 人員數에 比例하여 債權者를 代位한다. 그러나 自己의 財産을 他人의 債務의 擔保로 提供한 者가 數人인 때에는 保證人의 負擔部分을 除外하고 그 殘額에 대하여 各 財産의 價額에 比例하여 代位한다. 이 경우에 그 財産이 不動産인 때에는 第1號의 規定을 準用한다.

참조 [연대채무자의 구상권]425-427, [보증인의 구상권]441②·444·448, (2)[보증인]428, (4)·(5)[물상보증인]341·370

판례 수인이 시기를 달리하여 채권의 일부를 대위변제하고 근저당권 일부이전의 부기등기를 각 경료한 경우 일부대위자들간의 배당순위 : 수인이 시기를 달리하여 채권의 일부씩을 대위변제한 경우 그들은 각 일부 대위변제자로서 그 변제한 가액에 비례하여 근저당권을 준공유하고 있다고 보아야 하고, 그 근저당권을 실행하여 배당함에 있어서는 다른 특별한 사정이 없는 한 각 변제채권액에 비례하여 안분 배당하여야 한다.
(대판 2001.1.19, 2000다37319)

일판 보증인 또는 물상보증인과 그 양자격을 겸한 자간의 변제에 의하는 대위의 비율은 양자격을 겸하는 자도 1인으로서 전원의 수에 응한 평등의 비율이다.(日·最高 1986.11.27)

第483條【一部의 代位】 ① 債權의 一部에 대하여 代位辨濟가 있는 때에는 代位者는 그 辨濟한 價額에 比例하여 債權者와 함께 그 權利를 行使한다.
② 前項의 경우에 債務不履行을 原因으로 하는 契約의 解止 또는 解除는 債權者만이 할 수 있고 債權者는 代位者에게 그 辨濟한 價額과 利子를 償還하여야 한다.

참조 [대위변제]480·481, [재산권의 공유]278, [일부대위와 채권자대위자간의 관계]484, [계약의 해지 또는 해제]543-553, [이자]379

판례 변제할 정당한 이익이 있는 자가 채무자를 위하여 근저당권의 피담보채무의 일부를 대위변제한 경우에는 대위한 범위에 관하여 종래 채권자가 이미 배당요구를 하였거나 배당요구 없이도 당연히 배당받을 수 있었던 경우에는 대위변제자는 따로 배당요구를 하지 않아도 배당을 받을 수 있다.
(대판 2006.2.10, 2004다2762)

판례 근저당권을 가지고 있는 채권자에게 그 근저당권의 피담보채권이 확정되기 전에 채무의 일부를 대위변제한 자가 그 근저당권의 피담보채권 확정 후 그 근저당권 내지 그 실행으로 인한 경락대금에 대하여 취득하는 권리 범위 : 근저당권이라고 함은 거래가 종료하기까지 채권은 계속적으로 증감변동하는 것이므로, 근저당 거래관계가 계속중인 경우, 즉 근저당권의 피담보채권이 확정되기 전에 그 채권의 일부를 양도하거나 대위변제한 경우 근저당권이 양수인이나 대위변제자에게 이전할 여지는 없다 할 것이나, 그 근저당권에 의하여 담보되는 피담보채권이 확정되면, 그 피담보채권액이 그 근저당권의 채권최고액을 초과하지 않는 한 그 근저당권 내지 그 실행으로 인한 경락대금에 대한 권리 중 그 피담보채권액을 담보하고 남는 부분은 저당권의 일부이전의 부기등기의 경료 여부와 관계없이 대위변제자에게 법률상 당연히 이전된다.
(대판 2002.7.26, 2001다53929)

第484條【代位辨濟와 債權證書, 擔保物】 ① 債權全部의 代位辨濟를 받은 債權者는 그 債權에 관한 證書 및 占有한 擔保物을 代位者에게 交付하여야 한다.
② 債權의 一部에 대한 代位辨濟가 있는 때에는 債權者는 債權證書에 그 代位를 記入하고 自己가 占有한 擔保物의 保存에 관하여 代位者의 監督을 받아야 한다.

참조 [변제와 대위]480·481, [변제와 채권증서의 반환]475, [일부대위]483, [채권자의 고의, 과실로 인한 담보의 상실감소]485

第485條【債權者의 擔保喪失, 減少行爲와 法定代位者의 免責】 第481條의 規定에 의하여 代位할 者가 있는 경우에 債權者의 故意나 過失로 擔保가 喪失되거나 減少된 때에는 代位할 者는 그 喪失 또는 減少로 인하여 償還을 받을 수 없는 限度에서 그 責任을 免한다.

판례 채권자의 고의나 과실로 소구권이 상실된 경우 어음금지급채무에 대한 민사상 보증인의 보증책임 면책 여부(적극) : 민법 485조는 법정대위권자가 있는 경우에 채권자의 고의나 과실로 담보가 상실되거나 감소된 때에는 대위권자는 그 상실 또는 감소로 인하여 상환을 받을 수 없는 한도에서 그 책임을 면한다고 규정하고 있는바, 약속어음의 소지인이 배서인에 대하여 가지는 소구권은 약속어음이 지급거절된 경우 어음금 지급에 대한 배서인의 담보책임의 이행을 구하는 권리이므로 소구권은 어음금 지급채무에 대한 담보라고 할 수 있고, 어음금 지급채무에 대한 민사상 보증인이 변제를 하게 되면 민법 481조, 482조에 따라 채권자인 소지인을 대위하여 담보에 관한 권리인 소구권을 행사할 수 있으므로, 만일 채권자의 고의나 과실로 소구권이 상실되면 특별한 사정이 없는 한 그로 인하여 상환받을 수 없는 한도에서 위 보증인은 보증책임을 면하게 된다.
(대판 2003.1.24, 2000다37937)

판례 채권자의 고의나 과실로 담보가 상실된 경우 법정대위권자가 면책되는 범위(=담보 상실 당시의 교환가치 상당액) : 채권자의 고의나 과실로 담보가 상실된 경우 법정대위권자가 면책되는 범위는 채권자가 담보를 취득할 당시가 아니라, 그 담보 상실 당시의 교환가치 상당액이다.
(대판 2001.10.9, 2001다36283)

第486條【辨濟이외의 方法에 의한 債務消滅과 代位】 第三者가 供託 기타 자기의 出財로 債務者의 債務를 免하게 한 경우에도 前6條의 規定을 準用한다.

참조 [공탁]487이하

第2款 供託

第487條【辨濟供託의 要件, 效果】 債權者가 辨濟를 받지 아니하거나 받을 수 없는 때에는 辨濟者는 債權者를 위하여 辨濟의 目的物을 供託하여 그 債務를 免할 수 있다. 辨濟者가 過失없이 債權者를 알 수 없는 경우에도 같다.

참조 [변제제공의 방법]460, [채권자의 수령거절 또는 불수령]400, [변제제공의 효과]461, [상사매매목적물의 공탁과 경매]상67, [운송물의 공탁과 경매]상142-145, [해상운송물의 공탁]상803, [변제 목적물의 공탁]488-491, 어음42·77①

판례 [1] '과실 없이 채권자를 알 수 없는 경우'라고 하여 변제공탁을 한 후 공탁원인사실에 같은 조 전단의 '채권자의 수령불능'을 추가하는 공탁서 정정이 허용되는지 여부(소극) : 공탁서의 정정은 공탁신청이 수리된 후 공탁서의 착오 기재가 발견된 때에 공탁의 동일성을 해하지 않는 범위 내에서만 허용되는 것이므로, '과실 없이 채권자를 알 수 없는 경우'라고 하여 변제공탁을 하였다가 공탁원인사실에 '채권자의 수령불능'을 추가하는 것은 단순한 착오 기재의 정정에 그치지 않고 공탁의 동일성을 해하는 내용의 정정이므로 허용될 수 없다.
[2] 상대적 불확지 변제공탁의 경우 피공탁자 중의 1인이 공탁물을 출급청구하기 위해서는 다른 피공탁자들의 승낙서나 그들을 상대로 받은 공탁물출급청구권확인 승소확정판결이 있으면 되므로, 위와 같은 경우에 피공탁자가 아닌 제3자를 상대로 공탁물출급청구권의 확인을 구하는 것은 확인의 이익이 없다.
(대판 2008.10.23, 2007다35596)

판례 변제공탁의 공탁물출급청구권자는 피공탁자 또는 그 승계인이고 피공탁자는 공탁자의 기재에 의하여 형식적으로 결정되므로, 실체법상의 채권자라고 하더라도 피공탁자로 지정되어 있지 않으면 공탁물출급청구권을 행사할 수 없다.
(대판 2006.8.25, 2005다67476)

판례 확정일자 있는 채권양도 통지와 채권가압류명령을 동시에 송달받은 제3채무자의 변제공탁 가부(적극) : 확정일자 있는 채권양도 통지와 채권가압류명령이 제3채무자에게 동시에 도달된 경우에도 제3채무자는 송달의 선후가 불명한 경우에 준하여 채권자를 알 수 없다는 이유로 변제공탁을 할 수 있다.
(대판 2004.9.3, 2003다22561)

판례 조건부 변제공탁의 효력 : 변제공탁에 있어서 채권자에게 반대급부 기타 조건의 이행의무가 없음에도 불구하고 채무자가 이를 조건으로 공탁한 때에는 채권자가 이를 수락하지 않는 한 그 변제공탁은 무효이다.(대판 2002.12.6, 2001다2846)

第488條【供託의 方法】 ① 供託은 債務履行地의 供託所에 하여야 한다.
② 供託所에 관하여 法律에 特別한 規定이 없으면 法院은 辨濟者의 請求에 의하여 供託所를 指定하고 供託物保管者를 選任하여야 한다.
③ 供託者는 遲滯없이 債權者에게 供託通知를 하여야 한다.

참조 [공탁통지]487, 공탁·공탁규칙, ①[공탁의 목적물]490, 상67, [채무이행지]467, ②[공탁소의 지정, 보관인의 선임]비송53

第489條【供託物의 回收】 ① 債權者가 供託을 承認하거나 供託所에 대하여 供託物을 받기를 通告하거나 供託有效의 判決이 確定되기까지는 辨濟者는 供託物을 回收할 수 있다. 이 경우에는 供託하지 아니한 것으로 본다.

② 前項의 規定은 質權 또는 抵當權이 供託으로 인하여 消滅한 때에는 適用하지 아니한다.

참조 [공탁]487, [공탁물의 회수]공탁9, 공탁규칙, [질권]329, [저당권]356

第490條【自助賣却金의 供託】 辨濟의 目的物이 供託에 適當하지 아니하거나 滅失 또는 毁損될 念慮가 있거나 供託에 過多한 費用을 要하는 경우에는 辨濟者는 法院의 許可를 얻어 그 物件을 競賣하거나 市價로 放賣하여 代金을 供託할 수 있다.

참조 [공탁의 목적물]487, [경매]민집, [매도인의 자조매각]상67

第491條【供託物受領과 相對義務履行】 債務者가 債權者의 相對義務履行과 同時에 辨濟할 경우에는 債權者는 그 義務履行을 하지 아니하면 供託物을 受領하지 못한다.

참조 [수령과 반대급여]공탁9①·10, [반대급여와 동시이행]536

第3款 相 計

第492條【相計의 要件】 ① 雙方이 서로 같은 種類를 目的으로 한 債務를 負擔한 경우에 그 雙方의 債務의 履行期가 到來한 때에는 各 債務者는 對等額에 관하여 相計할 수 있다. 그러나 債務의 性質이 相計를 許容하지 아니할 때에는 그러하지 아니하다.

② 前項의 規定은 當事者가 다른 意思를 表示한 경우에는 適用하지 아니한다. 그러나 그 意思表示로써 善意의 第三者에게 對抗하지 못한다.

참조 [이행기]152·153·387·388, [타인의 채권에 의한 상계]418②·434, [타인에 대한 채권에 의한 상계]426①·445·451, [소송과 상계]민소216②, [상호계산]상72이하, [불법행위채권등에 대한 상계의 제한금지]496–498, [조합채무자의 조합원에 대한 채권]715, [주금등 납입채무]상421·548·596, [전차금과 임금]근기21, [출자금과 부과금]농협21⑤·25

판례 상계는 당사자 쌍방이 서로 같은 종류를 목적으로 한 채무를 부담한 경우에 서로 같은 종류의 급부를 현실로 이행하는 대신 어느 일방 당사자의 의사표시로 그 대등액에 관하여 채권과 채무를 동시에 소멸시키는 것이고, 이러한 상계제도의 취지는 서로 대립하는 두 당사자 사이의 채권·채무를 간이한 방법으로 원활하고 공평하게 처리하려는 데 있으므로, 수동채권으로 될 수 있는 채권은 상대방이 상계자에 대하여 가지는 채권이어야 하고, 상대방이 제3자에 대하여 가지는 채권과는 상계할 수 없다고 보아야 한다. 그렇지 않고 만약 상대방이 제3자에 대하여 가지는 채권을 수동채권으로 하여 상계할 수 있다고 한다면, 이는 상계의 당사자가 아닌 상대방과 제3자 사이의 채권채무관계에서 상대방이 제3자에게서 채무의 본지에 따른 현실급부를 받을 이익을 침해하게 될 뿐 아니라, 상대방의 채권자들 사이에서 상계자만 독점적인 만족을 얻게 되는 불합리한 결과를 초래하게 되므로, 상계의 담보적 기능과 관련하여 법적으로 보호받을 수 있는 당사자의 합리적 기대가 이러한 경우에까지 미친다고 볼 수는 없다.(대판 2011.4.28, 2010다101394)

판례 동시이행관계에 있는 자동채권과 수동채권이 서로 현실적으로 이행하여야 할 필요가 없는 경우 상계의 허용 여부 : 상계의 대상이 될 수 있는 자동채권과 수동채권이 동시이행관계에 있다고 하더라도 서로 현실적으로 이행하여야 할 필요가 없는 경우라면 상계로 인한 불이익이 발생할 우려가 없고 오히려 상계를 허용하는 것이 동시이행관계에 있는 채권·채무 관계를 간명하게 해소할 수 있으므로 특별한 사정이 없는 한 상계가 허용된다.(대판 2006.7.28, 2004다54633)

판례 상계권 제한법리로서 '권리남용'의 요건 : 상계권의 행사가 상계제도의 목적이나 기능을 일탈하고 법적으로 보호받을 만한 가치가 없는 경우에는 신의칙에 반하거나 상계에 관한 권리를 남용하는 것으로 허용되지 않는다고 함이 상당하고, 상계권 행사를 제한하는 일반적인 권리남용의 경우에 요구되는 '주관적 요건'을 필요로 하지 않는다.(대판 2003.4.11, 2002다59481)

第493條【相計의 方法, 效果】 ① 相計는 相對方에 대한 意思表示로 한다. 이 意思表示에는 條件 또는 期限을 붙이지 못한다.

② 相計의 意思表示는 各 債務가 相計할 수 있는 때에 對等額에 관하여 消滅한 것으로 본다.

참조 [조건]147이하, [기한]152이하, [상계와 변제기]492

판례 상계적상의 시점 이전에 수동채권의 변제기가 이미 도래하여 지체가 발생한 경우, 상계 충당의 방법 : 상계의 의사표시가 있는 경우, 채무는 상계적상시에 소급하여 대등액에 관하여 소멸한 것으로 보게 되므로, 상계에 의한 양 채권의 차액 계산 또는 상계 충당은 상계적상의 시점을 기준으로 하게 되고, 따라서 그 시점 이전에 수동채권의 변제기가 이미 도래하여 지체가 발생한 경우에는 상계적상 시점까지의 수동채권의 약정이자 및 지연손해금을 계산한 다음 자동채권으로써 먼저 수동채권의 약정이자 및 지연손해금을 소각하고 잔액을 가지고 원본을 소각하여야 한다.(대판 2005.7.8, 2005다8125 : 제479조 참조)

판례 채권의 일부 양도가 이루어진 경우, 채무자의 양도인에 대한 채권을 자동채권으로 하는 상계의 방법 및 효과 : 채권의 일부 양도가 이루어지면 특별한 사정이 없는 한 각 분할된 부분에 대하여 독립한 분할채권이 성립하므로 그 채권에 대하여 양도인에 대한 반대채권으로 상계하고자 하는 채무자로서는 양도인을 비롯한 각 분할채권자 중 어느 누구도 상계의 상대방으로 지정하여 상계할 수 있고, 그러한 채무자의 상계 의사표시를 수령한 분할채권자는 제3자에 대한 대항요건을 갖춘 양수인이라 하더라도 양도인 또는 다른 양수인에 귀속된 부분에 대하여 먼저 상계되어야 한다거나 각 분할채권액의 채권 총액에 대한 비율에 따라 상계되어야 한다는 등의 이의를 할 수 없다.(대판 2002.2.8, 2000다50596)

第494條【履行地를 달리하는 債務의 相計】 各 債務의 履行地가 다른 경우에도 相計할 수 있다. 그러나 相計하는 當事者는 相對方에게 相計로 인한 損害를 賠償하여야 한다.

참조 [변제의 장소]467, [상계]492, [변제의 비용]473

第495條【消滅時效完成된 債權에 의한 相計】 消滅時效가 完成된 債權이 그 完成前에 相計할 수 있었던 것이면 그 債權者는 相計할 수 있다.

참조 [소멸시효]162이하, [상계]492

第496條【不法行爲債權을 受動債權으로 하는 相計의 禁止】 債務가 故意의 不法行爲로 인한 것인 때에는 그 債務者는 相計로 債權者에게 對抗하지 못한다.

참조 [고의의 불법행위]750, [상계]492

판례 손해배상채권에 대한 상계금지를 중과실의 불법행위에 인한 손해배상채권에까지 유추 또는 확장적용하여야 할 필요성이 있다고 할 수 없다.(대판 1994.8.12, 93다52808)

第497條【押留禁止債權을 受動債權으로 하는 相計의 禁止】 債權이 押留하지 못할 것인 때에는 그 債務者는 相計로 債權者에게 對抗하지 못한다.

참조 [상계]492, [채권의 압류금지]민집246, [재해보상청구권]근기86, 군인연금7

第498條【支給禁止債權을 受動債權으로 하는 相計의 禁止】 支給을 禁止하는 命令을 받은 第三債務者는 그 후에 取得한 債權에 의한 相計로 그 命令을 申請한 債權者에게 對抗하지 못한다.

참조 [상계]492

판례 제3채무자의 압류채무자에 대한 자동채권이 수동채권인 피압류채권과 동시이행의 관계에 있는 경우에는 그 채권에 의한 상계로 압류채권자에게 대항할 수 있는 것으로서, 이 경우에 자동채권이 발생한 기초가 되는 원인은 수동채권이 압류되기 전에 이미 성립하여 존재하고 있었던 것이므로, 민법 제498조 소정의 '지급을 금지하는 명령을 받은 제3채무자가 그 후에 취득한 채권'에 해당하지 않는다고 봄이 상당하다.(대판 2005.11.10, 2004다37676)

第499條【準用規定】 第476條 내지 第479條의 規定은 相計에 準用한다.

第4款 更 改

第500條【更改의 要件, 效果】 當事者가 債務의 重要한 部分을 變更하는 契約을 한 때에는 舊債務는 更改로 인하여 消滅한다.

참조 [중요한 부분]109, [불가분채권의 경우]410, [연대채무의 경우]417, [대물변제의 경우]466

판례 채권자가 채무자 발행의 전환사채를 인수하고 채무자는 그 인수대금으로 채권자에 대한 기존의 대출금채무를 변제한 경우 : 채권자가 채무자 발행의 전환사채를 인수하고 채무자는 그 인수대금으로 채권자에 대한 기존의 대출금채무를 변제한 경우 전환사채와 기존의 대출금채권 사이에 동일성을 인정할 수 없으므로 이 사채 인수계약을 준소비대차계약으로 볼 수 없고, 따라서 기존 대출금채권에 대한 담보의 효력이 위 전환사채에는 미치지 않는다.(대판 2003.9.26, 2002다31803)

판례 대환의 법적 성질과 기존 채무에 대한 보증책임의 존속 여부(적극) : 현실적인 자금의 수수 없이 형식적으로만 신규 대출을 하여 기존 채무를 변제하는 이른바, 대환은 특별한 사정이 없는 한 형식적으로는 별도의 대출에 해당하나 실질적으로는 기존 채무의 변제기의 연장에 불과하므로 그 법률적 성질은 기존채무가 여전히 동일성을 유지한 채 존속하는 준소비대차로 보아야 하고, 이러한 경우 채권자와 보증인 사이에 있어서 사전에 신규대출형식에 의한 대환을 하는 경우 보증책임을 면하기로 약정하는 등의 특별한 사정이 없는 한 기존채무에 대한 보증은 존속한다.(대판 2002.9.24, 2000다49374)

第501條【債務者變更으로 인한 更改】 債務者의 變更으로 인한 更改는 債權者와 新債務者間의 契約으로 이를 할 수 있다. 그러나 舊債務者의 意思에 反하여 이를 하지 못한다.

참조 [채무자의 의사에 반한 변제 또는 보증]444②·453②·469②

第502條【債權者變更으로 인한 更改】 債權者의 變更으로 인한 更改는 確定日字 있는 證書로 하지 아니하면 이로써 第三者에게 對抗하지 못한다.

참조 [채권자의 변경과 채무자의 승낙]503, [확정일자]부칙3

第503條【債權者變更의 更改와 債務者承諾의 效果】 第451條第1項의 規定은 債權者의 變更으로 인한 更改에 準用한다.

참조 502

第504條【舊債務不消滅의 경우】 更改로 인한 新債務가 原因의 不法 또는 當事者가 알지 못한 事由로 인하여 成立되지 아니하거나 取消된 때에는 舊債務는 消滅되지 아니한다.

참조 [경개]500–502, [원인의 불법]103, [취소]5·10·13·110·141이하

第505條【新債務에의 擔保移轉】 更改의 當事者는 舊債務의 擔保를 그 目的의 限度에서 新債務의 擔保로 할 수 있다. 그러나 第三者가 提供한 擔保는 그 承諾을 얻어야 한다.

참조 [질권]329이하, [저당권]356이하

第5款 免 除

第506條【免除의 要件, 效果】 債權者가 債務者에게 債務를 免除하는 意思를 表示한 때에는 債權은 消滅한다. 그러나 免除로써 正當한 利益을 가진 第三者에게 對抗하지 못한다.

참조 410·419, [면제의 특칙]상324·400·542·567·570, [연대의 면제]427②

第6款 混 同

第507條【混同의 要件, 效果】 債權과 債務가 同一한 主體에 歸屬한 때에는 債權은 消滅한다. 그러나 그 債權이 第三者의 權利의 目的인 때에는 그러하지 아니하다.

참조 410·420, [채권이 제3자의 권리의 목적인 경우]345, [특칙]509①, 어음11③·77①, 수표14③, [물권의 혼동]191

판례 가해자의 직계비속 또는 배우자가 피해자의 운행자에 대한 손해배상청구권을 대습상속한 경우 : 가해자의 직계비속 또는 배우자가 피해자의 보험자에 대한 직접청구권의 전제가 되는 자동차손해배상법 3조에 의한 피해자의 운행자에 대한 손해배상청구권을 대습상속한 경우 '가해자가 피해자의 상속인이 되는 등 특별한 경우'에 해당한다고 할 수 없으므로, 피해자의 손해배상청구권은 상속에 의한 혼동에 의하여 소멸되지 않는다.(대판 2005.1.14, 2003다38573,38580)

第7節 指示債權

第508條【指示債權의 讓渡方式】 指示債權은 그 證書에 背書하여 讓受人에게 交付하는 方式으로 讓渡할 수 있다.

참조 [지시채권]상65·515·518, [지시증권과 그 양도]상65·130·156·157·861, 어음11①·77①, 수표14①, [배서방식]510, [채권의 양도성]449, [지명채권의 양도]450

第509條【還背書】 ① 指示債權은 그 債務者에 대하여도 背書하여 讓渡할 수 있다.

② 背書로 指示債權을 讓受한 債務者는 다시 背書하여 이를 讓渡할 수 있다.

참조 508, [배서방식]510, 어음11③·77①, 수표14③, [채권혼동으로 인한 소멸]507

第510條【背書의 方式】 ① 背書는 證書 또는 그 補充紙에 그 뜻을 記載하고 背書人이 署名 또는 記名捺印함으로써 이를 한다.

② 背書는 被背書人을 指定하지 아니하고 할 수 있으며 또 背書人의 署名 또는 記名捺印만으로 할 수 있다.

참조 508, [특칙]어음13·77①, 수표16

第511條【略式背書의 處理方式】 背書가 前條第2項의 略式에 의한 때에는 所持人은 다음 各號의 方式으로 處理할 수 있다.

1. 自己나 他人의 名稱을 被背書人으로 記載할 수 있다.
2. 略式으로 또는 他人을 被背書人으로 表示하여 다시 證書에 背書할 수 있다.
3. 被背書人을 記載하지 아니하고 背書없이 證書를 第三者에게 交付하여 讓渡할 수 있다.

참조 508, [특칙]어음14②·77①, 수표17②, 상65

第512條【所持人出給背書의 效力】 所持人出給의 背書는 略式背書와 같은 效力이 있다.

참조 508, [약식배서]510②, [특칙]어음11③·12③·77①, 수표15④, 상65

第513條【背書의 資格授與力】 ① 證書의 占有者가 背書의 連續으로 그 權利를 證明하는 때에는 適法한 所持人으로 본다. 最後의 背書가 略式인 경우에도 같다.

② 略式背書 다음에 다른 背書가 있으면 그 背書人은 略式背書로 證書를 取得한 것으로 본다.

③ 抹消된 背書는 背書의 連續에 관하여 그 記載가 없는 것으로 본다.

참조 508, [배서의 방식]510, [특칙]어음16①, 수표19, 상65, ③[말소된 배서]어음50②·77①, 수표46②

第514條【同前-善意取得】 누구든지 證書의 適法한 所持人에 대하여 그 返還을 請求하지 못한다. 그러나 所持人이 取得한 때에 讓渡人이 權利없음을 알았거나 重大한 過失로 알지 못한 때에는 그러하지 아니하다.

참조 [적법한 소지인]510, [동산의 선의취득]249, [특칙]어음16②·77①, 수표21, 상65·359, [본조 준용]524

第515條【移轉背書와 人的抗辯】 指示債權의 債務者는 所持人의 前者에 대한 人的關係의 抗辯으로 所持人에게 對抗하지 못한다. 그러나 所持人이 그 債務者를 害함을 알고 그 指示債權을 取得한 때에는 그러하지 아니하다.

참조 518·524, [특칙]어음17·77①, 수표22, [채권양도와 항변]451, [본조 준용]524

第516條【辨濟의 場所】 證書에 辨濟場所를 정하지 아니한 때에는 債務者의 現營業所를 辨濟場所로 한다. 營業所가 없는 때에는 現住所를 辨濟場所로 한다.

참조 [변제의 장소]467②, [주소]18·36, [본조 준용]524

第517條【證書의 提示와 履行遲滯】 證書에 辨濟期限이 있는 경우에도 그 期限이 到來한 후에 所持人이 證書를 提示하여 履行을 請求한 때로부터 債務者는 遲滯責任이 있다.

참조 [이행지체]387①, [채무불이행과 손해배상]390 · 392 · 395, [특칙]어음38 · 77①, 수표28 · 29, [본조 준용]524

第518條【債務者의 調査權利義務】 債務者는 背書의 連續與否를 調査할 義務가 있으며 背書人의 署名 또는 捺印의 眞僞나 所持人의 眞僞를 調査할 權利는 있으나 義務는 없다. 그러나 債務者가 辨濟하는 때에 所持人이 權利者아님을 알았거나 重大한 過失로 알지 못한 때에는 그 辨濟는 無效로 한다.

참조 [배서의 연속]510, [채권의 준점유자에 대한 변제]470 · 471, [어음 · 수표의 특칙]어음40③ · 77①, 수표35, [본조 준용]524

第519條【辨濟와 證書交付】 債務者는 證書와 交換하여서만 辨濟할 義務가 있다.

참조 [증서반환청구권]475, [특칙]어음39① · 77①, 수표34①, [본조 준용]524

第520條【領收의 記入請求權】 ① 債務者는 辨濟하는 때에 所持人에 대하여 證書에 領收를 證明하는 記載를 할 것을 請求할 수 있다.

② 一部辨濟의 경우에 債務者의 請求가 있으면 債權者는 證書에 그 뜻을 記載하여야 한다.

참조 [영수증청구권]474, [특칙]어음39① · 77①, 수표34①, [본조 준용]524

第521條【公示催告節次에 의한 證書의 失效】 滅失한 證書나 所持人의 占有를 離脫한 證書는 公示催告의 節次에 의하여 無效로 할 수 있다.

참조 [점유]192, [공시최고절차]민소492, [무효]173이하, [특칙]상360, [본조 준용]524

第522條【公示催告節次에 의한 供託, 辨濟】 公示催告의 申請이 있는 때에는 債務者로 하여금 債務의 目的物을 供託하게 할 수 있고 所持人이 相當한 擔保를 提供하면 辨濟하게 할 수 있다.

참조 521, [공시 최고의 신청]민소493, [채무의 목적물]373, [공탁목적물]487이하, 공탁, [본조 준용]524

第8節 無記名債權

第523條【無記名債權의 譲渡方式】 無記名債權은 讓受人에게 그 證書를 交付함으로써 讓渡의 效力이 있다.

참조 [동산물권의 양도]188①, [채권의 양도성]449①

第524條【準用規定】 第514條 내지 第522條의 規定은 無記名債權에 準用한다.

참조 [무기명채권]188, 수표5①

第525條【指名所持人出給債權】 債權者를 指定하고 所持人에게도 辨濟할 것을 附記한 證書는 無記名債權과 같은 效力이 있다.

참조 [기명식소지인출급채권]수표5②, 상65, [무기명채권]523

第526條【免責證書】 第516條, 第517條 및 第520條의 規定은 債務者가 證書所持人에게 辨濟하여 그 責任을 免할 目的으로 發行한 證書에 準用한다.

판례 출고지령서의 성격 : 피고회사가 갑회사에 대하여 경유를 출사하라는 출사지시서는 일종의 면책증서이므로 실질관계인 매매계약에 의하여 영향을 받는 유인증권이라 할 것이어서 위 지시서의 양수인은 증권을 양도받았다는 사실만으로는 그 물건의 인도청구권을 취득할 수 없으며 또 지령서의 양도는 그 표시물건의 양도와 같은 효력이 없다.(대판 1970.10.23, 70다1985)

第2章 契 約

第1節 總 則

第1款 契約의 成立

第527條【契約의 請約의 拘束力】 契約의 請約은 이를 撤回하지 못한다.

참조 528, [경매와 취소]민집93, [승낙기간을 정하지 아니한 계약의 청약]529, 상51

판례 청약의 의사표시의 방법과 내용 : 계약이 성립하기 위한 법률요건인 청약은 그에 응하는 승낙만 있으면 곧 계약이 성립하는 구체적 · 확정적 의사표시여야 하므로, 계약의 내용을 결정할 수 있을 정도의 사항을 포함시키는 것이 필요하다.
(대판 2003.4.11, 2001다53059)

판례 청약의 유인 : 상가를 분양하면서 그 곳에 첨단 오락타운을 조성 · 운영하고 전문경영인에 의한 위탁경영을 통하여 분양계약자들에게 일정액 이상의 수익을 보장한다는 광고를 하고, 분양계약 체결시 이러한 광고내용을 계약상대방에게 설명하였더라도, 체결된 분양계약서에는 이러한 내용이 기재되지 않은 점과, 그 후의 위 상가 임대 운영 경위 등에 비추어 볼 때, 위와 같은 광고 및 분양계약 체결시의 설명은 청약의 유인에 불과할 뿐 상가 분양계약의 내용으로 되었다고 볼 수 없고, 따라서 분양 회사는 위 상가를 첨단 오락타운으로 조성 · 운영하거나 일정한 수익을 보장할 의무를 부담하지 않는다.
(대판 2001.5.29, 99다55601,55618)

第528條【承諾期間을 정한 契約의 請約】 ① 承諾의 期間을 정한 契約의 請約은 請約者가 그 期間內에 承諾의 通知를 받지 못한 때에는 그 效力을 잃는다.

② 承諾의 通知가 前項의 期間후에 到達한 경우에 普通 그 期間내에 到達할 수 있는 發送인 때에는 請約者는 遲滯없이 相對方에게 그 延着의 通知를 하여야 한다. 그러나 그 到達전에 遲延의 通知를 發送한 때에는 그러하지 아니하다.

③ 請約者가 前項의 通知를 하지 아니한 때에는 承諾의 通知는 延着되지 아니한 것으로 본다.

참조 527, ①529, 상53, ②[지연된 통지]530, [변경을 가한 승낙]534

第529條【承諾期間을 정하지 아니한 契約의 請約】 承諾의 期間을 정하지 아니한 契約의 請約은 請約者가 相當한 期間내에 承諾의 通知를 받지 못한 때에는 그 效力을 잃는다.

참조 527-530 · 534, [승낙기간]528, [특칙]상51

第530條【延着된 承諾의 效力】 前2條의 경우에 延着된 承諾은 請約者가 이를 새 請約으로 볼 수 있다.

참조 [승낙의 통지]528①, [새로운 청약]534

第531條【隔地者間의 契約成立時期】 隔地者間의 契約은 承諾의 通知를 發送한 때에 成立한다.

참조 528 · 529, 상53, [계약의 성립, 효력의 준거법]국제사법, [의사표시의 효력발생시기]111①

영판 계약은 원고가 그 청약을 승낙한 순간에 성립한다고 보아야 할 것이다. 또 승낙장의 연착은 피고의 오기의 결과이므로 그것은 즉시 보낸 답장을 받은 것이라고 보지 않으면 안될 것이다.(영 · Adams vs. Lindsell <1818>, 1 Bam&Ald. 681)

第532條【意思實現에 의한 契約成立】 請約者의 意思表示나 慣習에 의하여 承諾의 通知가 필요하지 아니한 경우에는 契約은 承諾의 意思表示로 認定되는 事實이 있는 때에 成立한다.

판례 의사실현에 의한 예금계약의 성립 : 예금계약은 예금자가 예금의 의사를 표시하면서 금융기관에 돈을 제공하고 금융기관이 그 의사에 따라 그 돈을 받아 확인을 하면 그로써 성립하며, 금융기관의 직원이 그 받은 돈을 금융기관에 입금하지 아니하고 이를 횡령하였다고 하더라도 예금계약의 성립에는 아무런 소장이 없다.(대판 1996.1.26, 95다26919)

第533條【交叉請約】 當事者間에 同一한 內容의 請約이 相互交叉된 경우에는 兩請約이 相對方에게 到達한 때에 契約이 成立한다.

참조 531, [상대방 있는 의사표시]111

第534條【變更을 加한 承諾】 承諾者가 請約에 대하여 條件을 붙이거나 變更을 加하여 承諾한 때에는 그 請約의 拒絶과 동시에 새로 請約한 것으로 본다.

참조 [조건]147, [새로운 청약]530

판례 매매계약 합의해제 청약에 대하여 상대방이 조건을 붙이거나 변경을 가하여 승낙한 경우의 효과 : 매매계약 당사자 중 매도인이 매수인에게 매매계약을 합의해제할 것을 청약하였다고 할지라도, 매수인이 그 청약에 대하여 조건을 붙이거나 변경을 가하여 승낙한 때에는 민법 534조의 규정에 비추어 보면 그 청약의 거절과 동시에 새로 청약한 것으로 보게 되는 것이고, 그로 인하여 종전의 매도인의 청약은 실효된다.
(대판 2002.4.12, 2000다17834)

第535條【契約締結上의 過失】 ① 目的이 不能한 契約을 締結할 때에 그 不能을 알았거나 알 수 있었을 者는 相對方이 그 契約의 有效를 믿었음으로 인하여 받은 損害를 賠償하여야 한다. 그러나 그 賠償額은 契約이 有效함으로 인하여 생길 利益額을 넘지 못한다.

② 前項의 規定은 相對方이 그 不能을 알았거나 알 수 있었을 경우에는 適用하지 아니한다.

참조 [계약체결상의 준칙]2①, [목적이 일부불능인 유상계약의 책임]567 · 574 · 575, [채무불이행으로 인한 손해배상의 범위]393

판례 계약의 중도파기로 인한 불법행위책임 : 계약교섭의 부당한 중도파기가 불법행위를 구성하는 경우 그러한 불법행위로 인한 손해는 일방이 신의에 반하여 상당한 이유 없이 계약교섭을 파기함으로써 계약체결을 신뢰한 상대방이 입게 된 상당인과관계 있는 손해로서 계약이 유효하게 체결된다고 믿었던 것에 의하여 입었던 손해, 즉 신뢰손해에 한정된다고 할 것이고, 아직 계약체결에 관한 확고한 신뢰가 부여되기 이전 상태에서 계약교섭의 당사자가 계약체결이 좌절되더라도 어쩔 수 없다고 생각하고 지출한 비용, 예컨대 경쟁입찰에 참가하기 위하여 지출한 제안서, 견적서 작성비용 등은 여기에 포함되지 아니한다.
(대판 2003.4.11, 2001다53059)

판례 계약의 원시적 이행불능으로 인한 손해배상의 범위 : 공사금의 지급에 갈음한 임야사용권 부여가 원시적으로 이행불능이라면 그 공사계약은 유효하게 성립할 수 없다 할 것이므로 상대방은 계약체결에 있어서의 과실을 이유로 하는 신뢰이익 손해배상을 구할 수 있을지언정 이행에 대신하는 전보배상을 구할 수는 없다.(대판 1975.2.10, 74다584)

第2款 契約의 效力

第536條【同時履行의 抗辯權】 ① 雙務契約의 當事者 一方은 相對方이 그 債務履行을 提供할 때까지 自己의 債務履行을 拒絶할 수 있다. 그러나 相對方의 債務가 辨濟期에 있지 아니하는 때에는 그러하지 아니하다.

② 當事者 一方이 相對方에게 먼저 履行하여야 할 경우에 相對方의 履行이 困難할 顯著한 事由가 있는 때에는 前項本文과 같다.

참조 [이행의 제공]460, [변제기]152-154 · 387 · 388, [동시이행과 집행문부여]민집30, [해제에 있어서의 준용]549, [매도인의 담보책임]583, [수급인의 담보책임]667, [종신정기금의 해제]728

판례 매수인의 구상채무와 매도인의 소유권이전의무 : 부동산의 매수인이 매매목적물에 관한 근저당권의 피담보채무를 인수하는 한편 그 채무액을 매매대금에서 공제하기로 약정한 경우, 매수인의 구상채무와 매도인의 소유권이전의무는 대가적 의미가 있어 이행상 견련관계에 있다고 인정되고, 따라서 양자는 동시이행의 관계에 있다고 해석함이 공평의 관념 및 신의칙에 합당하다.(대판 2007.6.14, 2007다3285)

판례 선이행의무자가 선이행을 거절할 수 있는 민법 536조 2항 소정의 '상대방의 이행이 곤란할 현저한 사유가 있는 때'의 판단기준 : 민법 536조 2항 소정의 선이행의무를 지고 있는 당사자가 상대방의 이행이 곤란할 현저한 사유가 있는 때에 자기의 채무이행을 거절할 수 있는 경우 이와 같은 사유는 당사자 쌍방의 사정을 종합하여 판단하여야 할 것이다.
(대판 2005.6.24, 2005다17501)

판례 가압류등기가 있는 부동산의 매매계약에 있어서 매도인의 소유권이전등기 의무와 아울러 가압류등기의 말소의무도 매수인의 대금지급의무와 동시이행 관계에 있는지 여부(적극) : 부동산의 매매계약이 체결된 경우에는 매도인의 소유권이전등기의무, 인도의무와 매수인의 잔대금지급의무는 동시이행의 관계에 있는 것이 원칙이고, 매매목적 부동산에 가압류등기 등이 되어 있는 경우에는 매도인은 이와 같은 등기도 말소하여 완전한 소유권이전등기를 해 주어야 하는 것이고, 따라서 가압류등기 등이 있는 부동산의 매매계약에 있어서는 매도인의 소유권이전등기 의무와 아울러 가압류등기의 말소의무도 매수인의 대금지급의무와 동시이행 관계에 있다.
(대판 2000.11.28, 2000다8533)

판례 경매절차가 무효로 된 경우, 각 당사자의 반환의무가 동시이행 관계에 있는지 여부(적극) : 쌍무계약이 무효로 되어 각 당사자가 서로 취득한 것을 반환하여야 할 경우, 어느 일방의 당사자에게만 먼저 그 반환의무의 이행이 강제된다면 공평과 신의칙에 위배되는 결과가 되므로 각 당사자의 반환의무는 동시이행 관계에 있다고 보아 민법 536조를 준용함이 옳다고 해석되고, 이러한 법리는 경매절차가 무효로 된 경우에도 마찬가지이다.(대판 1995.9.15, 94다55071)

第537條【債務者危險負擔主義】 雙務契約의 當事者 一方의 債務가 當事者 雙方의 責任없는 事由로 履行할 수 없게 된 때에는 債務者는 相對方의 履行을 請求하지 못한다.

참조 [특칙]상134, [채권자 귀책사유로 인한 이행불능]538, [채무자 귀책사유로 인한 이행불능]390

판례 민법 제537조는 채무자위험부담주의를 채택하고 있는바, 쌍무계약에서 당사자 쌍방의 귀책사유 없이 채무가 이행불능된 경우 채무자는 급부의무를 면함과 더불어 반대급부도 청구하지 못하므로, 쌍방 급부가 없었던 경우에는 계약관계는 소멸하고 이미 이행한 급부는 법률상 원인 없는 급부가 되어 부당이득의 법리에 따라 반환청구할 수 있다.
(대판 2009.5.28, 2008다98655,98662)

第538條【債權者歸責事由로 인한 履行不能】 ① 雙務契約의 當事者 一方의 債務가 債權者의 責任있는 事由로 履行할 수 없게 된 때에는 債務者는 相對方의 履行을 請求할 수 있다. 債權者의 受領遲滯중에 當事者雙方의 責任없는 事由로 履行할 수 없게 된 때에도 같다.

② 前項의 경우에 債務者는 自己의 債務를 免함으로써 利益을 얻은 때에는 이를 債權者에게 償還하여야 한다.

참조 [수령지체]400-403, [채무자의 위험부담주의]537, [이익의 상환]741 · 748, [특칙]근기45

판례 민법 538조 1항 소정의 '채권자의 책임 있는 사유'의 의미 및 민법 538조 1항 소정의 '채권자의 수령지체 중에 당사자 쌍방의 책임 없는 사유로 이행할 수 없게 된 때'에 해당하기 위하여 현실 제공이나 구두 제공이 필요한지 여부(적극) : [1] 민법 538조 1항 소정의 '채권자의 책임 있는 사유'라고 함은 채권자의 어떤 작위나 부작위가 채무자의 이행의 실현을 방해하고 그 작위나 부작위는 채권자가 이를 피할 수 있었다는 점에서 신의칙상 비난받을 수 있는 경우를 의미한다.
[2] 민법 400조 소정의 채권자지체가 성립하기 위해서는 민법 460조 소정의 채무자의 변제 제공이 있어야 하고, 변제 제공은 원칙적으로 현실 제공으로 하여야 하며 다만 채권자가 미리 변제받기를 거절하거나 채무의 이행에 채권자의 행위를 요하는 경우에는 구두의 제공으로 하더라도 무방하고, 채권자가 변제를 받지 아니할 의사가 확고한 경우(이른바, 채권자의 영구적 불수령)에는 구두의 제공조차 필요 없다고 할 것이지만, 이는 채무자가 채무불이행책임을 면한다는 것에 불과하고, 민법 538조 1항 2문 소정의 '채권자의 수령지체 중에 당사자 쌍방의 책임 없는 사유로 이행할 수 없게 된 때'에 해당하기 위해서는 현실 제공이나 구두 제공이 필요하다.(다만, 그 제공의 정도는 그 시기와 구체적인 상황에 따라 신의성실의 원칙에 어긋나지 않게 합리적으로 정하여야 한다)
(대판 2004.3.12, 2001다79013)

판례 사용자의 근로자에 대한 퇴직처분이 무효인 경우, 근로자의 임금청구권의 범위 : 사용자의 근로자에 대한 퇴직처분이 무효인 경우에는 근로자가 사용자의 귀책사유로 말미암아 근로를 제공하지 못한 것이므로 근로자는 계속 근로하였을 경우에 받을 수 있는 임금 전부의 지급을 청구할 수 있다.
(대판 2002.5.31, 2000다18127)

第539條【第三者를 위한 契約】 ① 契約에 의하여 當事者 一方이 第三者에게 履行할 것을 約定한 때에는 그 第三者는 債務者에게 直接 그 履行을 請求할 수 있다.

② 前項의 경우에 第三者의 權利는 그 第三者가 債務者에 대하여 契約의 利益을 받을 意思를 表示한 때에 생긴다.

참조 540-542, [제3자를 위한 보험계약]상639, [운송계약과 수하인의 권리]상140

판례 제3자를 위한 채무면제계약 : 제3자를 위한 계약이 성립하기 위하여는 일반적으로 그 계약의 당사자가 아닌 제3자로 하여금 직접 권리를 취득하게 하는 조항이 있어야 할 것이지만, 계약의 당사자가 제3자에 대하여 가진 채권에 관하여 그 채무를 면제하는 계약도 제3자를 위한 계약에 준하는 것으로서 유효하다.(대판 2004.9.3, 2002다37405)

판례 요약자와 제3자 사이의 법률관계의 효력이 요약자와 낙약자 사이의 법률관계에 영향을 미치는지 여부(소극) : 제3자를 위한 계약의 체결 원인이 된 요약자와 제3자(수익자) 사이의 법률관계(이른바 대가관계)의 효력은 제3자를 위한 계약 자체는 물론 그에 기한 요약자와 낙약자 사이의 법률관계(이른바 기본관계)의 성립이나 효력에 영향을 미치지 아니하므로 낙약자는 요약자와 수익자 사이의 법률관계에 기한 항변으로 수익자에게 대항하지 못하고, 요약자도 대가관계의 부존재나 효력의 상실을 이유로 자신이 기본관계에 기하여 낙약자에게 부담하는 채무의 이행을 거부할 수 없다.
(대판 2003.12.11, 2003다49771)

판례 수익자의 계약해제권 또는 손해배상청구권 : [1] 제3자를 위한 계약의 당사자가 아닌 수익자는 계약의 해제권이나 해제를 원인으로 한 원상회복청구권이 있다고 볼 수 없다.
[2] 제3자를 위한 계약에 있어서 수익의 의사표시를 한 수익자는 낙약자에게 직접 그 이행을 청구할 수 있을 뿐만 아니라 요약자가 계약을 해제한 경우에는 낙약자에게 자기가 입은 손해의 배상을 청구할 수 있는 것이므로, 수익자가 완성된 목적물의 하자로 인하여 손해를 입었다면 수급인은 그 손해를 배상할 의무가 있다.
(대판 1994.8.12, 92다41559)

第540條【債務者의 第三者에 대한 催告權】 前條의 경우에 債務者는 相當한 期間을 定하여 契約의 利益의 享受與否의 確答을 第三者에게 催告할 수 있다. 債務者가 그 期間내에 確答을 받지 못한 때에는 第三者가 契約의 利益을 받을 것을 拒絶한 것으로 본다.

第541條【第三者의 權利의 確定】 第539條의 規定에 의하여 第三者의 權利가 생긴 후에는 當事者는 이를 變更 또는 消滅시키지 못한다.

판례 제3자를 위한 계약에 있어 제3자의 권리를 변경·소멸시키는 행위의 효력 : 제3자를 위한 계약에 있어서, 제3자가 민법 539조 2항에 따라 수익의 의사표시를 함으로써 제3자에게 권리가 확정적으로 귀속된 경우에는, 요약자와 낙약자의 합의에 의하여 제3자의 권리를 변경·소멸시킬 수 있음을 미리 유보하였거나, 제3자의 동의가 있는 경우가 아니면 계약의 당사자인 요약자와 낙약자는 제3자의 권리를 변경·소멸시키지 못하고, 만일 계약의 당사자가 제3자의 권리를 임의로 변경·소멸시키는 행위를 한 경우 이는 제3자에 대하여 효력이 없다.
(대판 2002.1.25, 2001다30285)

第542條【債務者의 抗辯權】 債務者는 第539條의 契約에 基한 抗辯으로 그 契約의 利益을 받을 第三者에게 對抗할 수 있다.

참조 [계약에 기인한 항변의 예]536

독판 항공사와 여행사 사이의 전세항공기(charter)계약은 여행자를 제3자로 하는 제3자를 위한 계약을 구성한다. 보상관계에 있어서의 諾約者의 要約者에 대한 항변은 이를 제3자에 대해서도 주장할 수 있음이 원칙이지만, 항공사는 여행사로부터 약속한 대금을 지급받지 못했음을 이유로 동시이행의 항변을 제3자에 대해서 주장할 수 없다. 이는 보상관계의 성질상 제3자에 대해 주장할 수 없는 항변에 속하기 때문이다. 항공사측은 자기의 전세항공기를 이용할 여행자들이 이미 여행개시전에 항공료를 포함한 여행경비의 전액을 여행사에 지급한다는 사실을 잘 알고 있음으로 해서, 여행자들이 항공사에 대해서도 항변에 걸리지 않는 권리주장을 할 수 있을 것으로 신뢰하고 있음을 항공사측은 충분히 인식하고 있는 한, 위의 항변은 제3자인 여행자들에 대해서 주장될 수 없다. 여행자들이 여행사에 지급한 항공운임이 항공사에 전달될 수 있도록 하는 것은 항공사측 고유의 위험영역에 속한다 할 것이다.
(독·연방법원 1985.1.17 BGHZ 93,271)

第3款 契約의 解止, 解除

第543條【解止, 解除權】 ① 契約 또는 法律의 規定에 의하여 當事者의 一方이나 雙方이 解止 또는 解除의 權利가 있는 때에는 그 解止 또는 解除는 相對方에 대한 意思表示로 한다.
② 前項의 意思表示는 撤回하지 못한다.

참조 [계약의 해지·해제]544-553, [계약에 의한 해지·해제권]565·590이하, [법률의 규정에 의한 해지·해제권]544-546·570-578·580·581·590·613②·614·625·627②·629·635·637·640·657-661·668·673·674·689·698·699·727, 상68-70·83·92, 신원보증법5, [여행계약의 해제]674의3, [파산과 쌍무계약의 해제]채무자회생파산335·337

판례 계약의 합의해제에 있어 민법 548조 1항 단서의 적용 여부(적극) : 계약의 합의해제에 있어서도 민법 548조의 계약해제의 경우와 같이 이로써 제3자의 권리를 해할 수 없다. 계약해제시 계약은 소급하여 소멸하게 되어 해약당사자는 각 원상회복의 의무를 부담하게 되나 이 경우 원상회복등기 등이 이루어지기 이전에 해약당사자와 양립되지 아니하는 법률관계를 가지게 되었고 계약해제 사실을 몰랐던 제3자에 대하여는 계약해제를 주장할 수 없고, 제3자가 악의라는 사실의 주장·입증책임은 계약해제를 주장하는 자에게 있다.
(대판 2005.6.9, 2005다6341)

판례 일방당사자의 계약위반을 이유로 계약이 해제된 경우, 계약을 위반한 당사자도 계약해제의 효과를 주장할 수 있는지 여부(적극) : 계약의 해제권은 일종의 형성권으로서 당사자의 일방에 의한 계약해제의 의사표시가 있으면 그 효과로서 새로운 법률관계가 발생하고 각 당사자는 그에 구속되는 것이므로, 일방 당사자의 계약위반을 이유로 한 상대방의 계약해제 의사표시에 의하여 계약이 해제되었음에도 상대방이 계약이 존속함을 전제로 계약상 의무의 이행을 구하는 경우 계약을 위반한 당사자도 당해 계약이 상대방의 해제로 소멸되었음을 들어 그 이행을 거절할 수 있다.(대판 2001.6.29, 2001다21441,21458)

판례 계약의 묵시적 합의해제를 인정하기 위한 요건 : 계약의 합의해제는 기존 계약의 효력을 장래에 향하여 소멸시키기로 하는 내용의 청약과 승낙이라는 서로 대립하는 의사표시가 합치될 것을 그 요건으로 하는 것이고, 이러한 합의가 성립하기 위하여는 쌍방 당사자의 표시행위에 나타난 의사의 내용이 서로 객관적으로 일치하여야 하고, 또 묵시적 합의해제는 계약에 따른 채무의 이행이 시작된 후에 당사자 쌍방의 계약실현 의사의 결여 또는 포기로 인하여 계약을 실현하지 아니할 의사가 일치되어야만 한다.(대판 2000.3.10, 99다70884)

第544條【履行遲滯와 解除】 當事者 一方이 그 債務를 履行하지 아니하는 때에는 相對方은 相當한 期間을 定하여 그 履行을 催告하고 그 期間내에 履行하지 아니한 때에는 契約을 解除할 수 있다. 그러나 債務者가 미리 履行하지 아니할 意思를 表示한 경우에는 催告를 要하지 아니한다.

참조 [채무불이행]387·390·395·536, [이행]460·461, [최고]545, [동시이행]536

판례 채무자가 채무를 이행하지 아니할 의사를 명백히 표시한 경우에 채권자는 신의성실의 원칙상 이행기 전이라도 이행의 최고 없이 채무자의 이행거절을 이유로 계약을 해제하거나 채무자를 상대로 손해배상을 청구할 수 있고, 채무자가 채무를 이행하지 아니할 의사를 명백히 표시하였는지 여부는 채무 이행에 관한 당사자의 행동과 계약 전후의 구체적인 사정 등을 종합적으로 살펴서 판단하여야 한다.
(대판 2007.9.20, 2005다63337)

판례 부수적 채무의 불이행을 이유로 계약을 해제할 수 있는지 여부 : 채무불이행을 이유로 계약을 해제하려면, 당해 채무가 계약의 목적 달성에 있어 필요불가결하고 이를 이행하지 아니하면 계약의 목적이 달성되지 아니하여 채권자가 그 계약을 체결하지 아니하였을 것이라고 여겨질 정도의 주된 채무이어야 하고 그렇지 아니한 부수적 채무를 불이행한 데에 지나지 아니한 경우에는 계약을 해제할 수 없다.
(대판 2005.11.25, 2005다53705,53712)

판례 과다최고의 효력 : 채권자가 본래 급부하여야 할 수량보다 과다하게 청구하였다 하여도 급부할 수량과의 차이가 비교적 적고 채권자가 급부의 수량을 잘못 알고 과다하게 최고한 것으로서 과다한 최고가 본래 급부할 수량을 청구한 것이라면 그 최고는 본래 급부하여야 할 수량의 범위내에서 유효하다 할 것이나, 채권자의 이행최고가 본래 이행하여야 할 채무액을 초과하는 금액의 이행을 요구하는 내용일 때에는, 그 과다한 정도가 현저하고 채권자가 청구한 금액을 제공하지 않으면 그것을 수령하지 않을 것이라는 의사가 분명한 경우에는 그 최고는 부적법하고, 이러한 최고에 터잡은 계약 해제는 그 효력이 없다.
(대판 1995.9.5, 95다19898 ; 대판 2004.7.9, 2004다13083)

第545條【定期行爲와 解除】 契約의 性質 또는 當事者의 意思表示에 의하여 一定한 時日 또는 一定한 期間내에 履行하지 아니하면 契約의 目的을 達成할 수 없을 경우에 當事者 一方이 그 時期에 履行하지 아니한 때에는 相對方은 前條의 催告를 하지 아니하고 契約을 解除할 수 있다.

참조 [상사매매인 정기행위의 경우]상68

第546條【履行不能과 解除】 債務者의 責任있는 事由로 履行이 不能하게 된 때에는 債權者는 契約을 解除할 수 있다.

참조 [채무불이행]390, [채무자귀책사유로 인한 이행불능]537

판례 소유권이전등기의무의 이행불능을 이유로 매매계약을 해제함에 있어서 잔대금지급의무의 이행제공이 필요한지 여부(소극) : 매도인의 매매계약상의 소유권이전등기의무가 이행불능이 되어 이를 이유로 매매계약을 해제함에 있어서는 상대방의 잔대금지급의무가 매도인의 소유권이전등기의무와 동시이행관계에 있다고 하더라도 그 이행의 제공을 필요로 하는 것이 아니다.(대판 2003.1.24, 2000다22850)

판례 매수인의 귀책사유에 의하여 매도인의 매매목적물에 관한 소유권이전의무가 이행불능이 된 경우, 매수인은 그 이행불능을 이유로 계약을 해제할 수 있는지 여부(소극) : 이행불능을 이유로 계약을 해제하기 위해서는 그 이행불능이 채무자의 귀책사유에 의한 경우여야만 할 것이므로(민법 546조), 매도인의 매매목적물에 관한 소유권이전의무가 이행불능이 되었다고 할지라도, 그 이행불능이 매수인의 귀책사유에 의한 경우에는 매수인은 그 이행불능을 이유로 계약을 해제할 수 없다.
(대판 2002.4.26, 2000다50497)

第547條【解止, 解除權의 不可分性】 ① 當事者의 一方 또는 雙方이 數人인 경우에는 契約의 解止나 解除는 그 全員으로부터 또는 全員에 대하여 하여야 한다.
② 前項의 경우에 解止나 解除의 權利가 當事者 1人에 대하여 消滅한 때에는 다른 當事者에 대하여도 消滅한다.

참조 [해지, 해제권]543, [해제권의 소멸]483②·552②·553

第548條【解除의 效果, 原狀回復義務】 ① 當事者 一方이 契約을 解除한 때에는 各 當事者는 그 相對方에 대하여 原狀回復의 義務가 있다. 그러나 第三者의 權利를 害하지 못한다.
② 前項의 경우에 返還할 金錢에는 그 받은 날로부터 利子를 加하여야 한다.

참조 546·549, ①[부당이득의 효과]748, [해약고지의 효과]550, [해제와 손해배상]390-398·537·551·565②·570·572③·574·576③·727, [고지와 손해배상]637·661·663·674②, ②[이자]379

판례 상속재산 분할협의가 합의해제된 경우에도 동조 제1항 단서가 적용되는지 여부 : 상속재산 분할협의가 합의해제되면 그 협의에 따른 이행으로 변동이 생겼던 물권은 당연히 그 분할협의가 없었던 원상태로 복귀하지만, 동조 제1항 단서의 규정상 이러한 합의해제를 가지고서는, 그 해제 전의 분할협의로부터 생긴 법률효과를 기초로 하여 새로운 이해관계를 가지게 되고 등기·인도 등으로 완전한 권리를 취득한 제3자의 권리를 해하지 못한다.(대판 2004.7.8, 2002다73203)

판례 동조 제2항 '이자 반환'의 법적 성질 : 여기서 '이자의 반환'은 원상회복의무의 범위에 속하는 것으로 일종의 '부당이득반환'의 성질을 가지는 것이지 반환의무의 이행지체로 인한 손해배상은 아니다.(대판 2003.7.22, 2001다76298)

판례 동조 제1항 단서 '제3자'의 의미 : 동조 제1항 단서에서 규정하는 '제3자'라 함은 그 해제된 계약으로부터 생긴 법률적 효과를 기초로 하여 새로운 이해관계를 가졌을 뿐 아니라 등기·인도 등으로 완전한 권리를 취득한 자를 말하는 것이고, 해제에 의하여 소멸되는 계약상의 채권을 양도받은 양수인이나 그 채권의 가압류채권자는 이에 포함되지 않는다고 할 것이다.
(대판 2000.4.11, 99다51685)

第549條【原狀回復義務와 同時履行】 第536條의 規定은 前條의 경우에 準用한다.

第550條【解止의 效果】 當事者 一方이 契約을 解止한 때에는 契約은 將來에 대하여 그 效力을 잃는다.

참조 [여행계약의 해지]674의4·674의7

第551條【解止, 解除와 損害賠償】 契約의 解止 또는 解除는 損害賠償의 請求에 影響을 미치지 아니한다.

참조 [본조의 부적용]565②, [해지·해제의 효과]548-550, [해제와 손해배상]390-398·537·570·572③·574·576③·727, [고지와 손해배상]637·661·663·674②

판례 채무불이행을 이유로 계약해제와 아울러 손해배상을 청구하는 경우, 신뢰이익의 배상을 구할 수 있는지 여부(적극) 및 그 신뢰이익의 배상범위 : 채무불이행을 이유로 계약해제와 아울러 손해배상을 청구하는 경우에 이행이익의 배상을 구하는 것이 원칙이지만, 그에 갈음하여 그 계약이 이행되리라고 믿고 채권자가 지출한 비용, 즉 신뢰이익의 배상을 구할 수도 있다고 할 것이고, 그 신뢰이익 중 계약의 체결과 이행을 위하여 통상적으로 지출되는 비용은 통상의 손해로서 상대방이 알았거나 알 수 있었는지의 여부와는 관계없이 그 배상을 구할 수 있고, 이를 초과하여 지출되는 비용은 특별한 사정으로 인한 손해로서 상대방이 이를 알았거나 알 수 있었던 경우에 한하여 그 배상을 구할 수 있다. 다만, 그 신뢰이익은 과잉배상금지의 원칙에 비추어 이행이익의 범위를 초과할 수 없다.
(대판 2003.10.23, 2001다75295)

第552條【解除權行使與否의 催告權】 ① 解除權의 行使의 期間을 定하지 아니한 때에는 相對方은 相當한 期間을 定하여 解除權行使與否의 確答을 解除權者에게 催告할 수 있다.
② 前項의 期間내에 解除의 通知를 받지 못한 때에는 解除權은 消滅한다.

참조 [해제권의 소멸]547②·553

판례 민법 552조에 의하여 해제권이 소멸된 경우, 그 후 새로운 사유에 의하여 발생한 해제권도 행사할 수 없게 되는지 여부(소극) : 민법 552조에 의하여, 해제권의 행사의 기간을 정하지 아니한 때에는 상대방은 상당한 기간을 정하여 해제권 행사 여부의 확답을 해제권자에게 최고할 수 있고, 그 기간 내에 해제의 통지를 받지 못한 때에는 해제권은 소멸하는 것이지만, 이로 인하여 그 후 새로운 사유에 의하여 발생한 해제권까지 행사할 수 없게 되는 것은 아니다.(대판 2005.12.8, 2003다41463)

第553條【毁損 등으로 인한 解除權의 消滅】 解除權者의 故意나 過失로 인하여 契約의 目的物이 顯著히 毁損되거나 이를 返還할 수 없게 된 때 또는 加工이나 改造로 인하여 다른 種類의 物件으로 變更된 때에는 解除權은 消滅한다.

第2節 贈 與

第554條【贈與의 意義】 贈與는 當事者 一方이 無償으로 財産을 相對方에 授與하는 意思를 表示하고 相對方이 이를 承諾함으로써 그 效力이 생긴다.

참조 562, [무상행위의 부인]채무자회생파산391

판례 아직 형성되지 아니한 종중 또는 친족공동체에 대한 증여의 의사표시의 효력 유무(소극) : 증여는 증여자와 수증자 간의 계약으로서 수증자의 승낙을 요건으로 하므로 아직 형성되지도 아니한 종중 또는 친족공동체에 대한 증여의 의사표시는 아무런 효력이 없다.(대판 1992.2.25, 91다28344)

第555條【書面에 의하지 아니한 贈與와 解除】 贈與의 意思가 書面으로 表示되지 아니한 경우에는 各 當事者는 이를 解除할 수 있다.

참조 [해제]543이하, [해제와 이행완료부분]558

판례 수증자가 부담의 이행을 완료한 서면 없는 부담부증여 계약 : A는 마을회에 마을회관 부지를 증여하고, 마을회는 이에 따라 그 부근에서 농사를 짓지 못하게 된 A의 숙모에게 300만원을 지급하기로 하는 부담부증여계약을 체결했다. 계약 체결 당시 A의 증여의사가 서면에 의해 표시되지 않았고, 증여계약의 이행 역시 완료되지 않았지만 마을회는 A의 숙모에게 300만 원을 지급하기로 하는 부담을 모두 이행했다. 그러나 이후 A는 증여의 의사가 서면으로 표시되지 않았다며 마을회에 토지사용대차계약 해지에 따른 토지 인도 및 건물 철거를 청구하였다. 증여의 의사가 서면으로 표시되지 않은 경우 부담부증여계약도 부담 없는 증여계약과 마찬가지로 민법 제555조에 따라 해제할 수 있다. 그러나 이 사안에서와 같이 수증자가 부담 이행을 이미 완료하였다면 해제권을 주장할 수 없다.
(대판 2022.9.29, 2021다299976,299983)

판례 민법 555조 소정의 해제의 법적 성질(=철회) 및 제척기간의 적용 여부(소극) : 서면의 문언 자체는 증여계약서로 되어 있지 않더라도 그 서면의 작성에 이르게 된 경위를 아울러 고려할 때 그 서면이 바로 증여의사를 표시한 서면이라고 인정되면 이를 민법 555조에서 말하는 서면에 해당한다고 보아야 한다. 민법 555조에서 말하는 해제는 일종의 특수한 철회일 뿐 민법 543조 이하에서 규정한 본래 의미의 해제와는 다르다고 할 것이어서 형성권의 제척기간의 적용을 받지 않는다.
(대판 2003.4.11, 2003다1755)

第556條【受贈者의 行爲와 贈與의 解除】 ① 受贈者가 贈與者에 대하여 다음 各號의 事由가 있는 때에는 贈與者는 그 贈與를 解除할 수 있다.

1. 贈與者 또는 그 配偶者나 直系血族에 대한 犯罪行爲가 있는 때
2. 贈與者에 대하여 扶養義務있는 경우에 이를 履行하지 아니하는 때

② 前項의 解除權은 解除原因있음을 안 날로부터 6月을 經過하거나 贈與者가 受贈者에 대하여 容恕의 意思를 表示한 때에는 消滅한다.

참조 [해제]543이하 · 558, [직계혈족]768, [부양의무]974이하

第557條【贈與者의 財産狀態變更과 贈與의 解除】 贈與契約후에 贈與者의 財産狀態가 顯著히 變更되고 그 履行으로 인하여 生計에 重大한 影響을 미칠 경우에는 贈與者는 贈與를 解除할 수 있다.

참조 [해제]543이하 · 558

第558條【解除와 履行完了部分】 前3條의 規定에 의한 契約의 解除는 이미 履行한 部分에 대하여는 影響을 미치지 아니한다.

참조 [해제]543이하

第559條【贈與者의 擔保責任】 ① 贈與者는 贈與의 目的인 物件 또는 權利의 瑕疵나 欠缺에 대하여 責任을 지지 아니한다. 그러나 贈與者가 그 瑕疵나 欠缺을 알고 受贈者에게 告知하지 아니한 때에는 그러하지 아니하다.

② 相對負擔있는 贈與에 대하여는 贈與者는 그 負擔의 限度에서 賣渡人과 같은 擔保의 責任이 있다.

참조 561 · 567 · 1088, [매도인의 담보책임]570-584

第560條【定期贈與와 死亡으로 인한 失效】 定期의 給與를 目的으로 한 贈與는 贈與者 또는 受贈者의 死亡으로 인하여 그 效力을 잃는다.

참조 [종신정기금계약]725, [실종선고에 의한 사망간주]28

第561條【負擔附贈與】 相對負擔있는 贈與에 대하여는 本節의 規定외에 雙務契約에 관한 規定을 適用한다.

참조 [부담부증여]559②, [쌍무계약에 관한 규정]536-553, [부담부사인증여]562 · 1088

판례 부담부증여에 있어 부담의무 불이행에 따른 증여계약의 해제 요건 : 상대부담 있는 증여에 대하여는 민법 561조에 의하여 쌍무계약에 관한 규정이 준용되어 부담의무 있는 상대방이 자신의 의무를 이행하지 아니할 때에는 비록 증여계약이 이미 이행되어 있다 하더라도 증여자는 계약을 해제할 수 있고, 그 경우 민법 555조와 558조는 적용되지 아니한다.
(대판 1997.7.8, 97다2177)

第562條【死因贈與】 贈與者의 死亡으로 인하여 效力이 생길 贈與에는 遺贈에 관한 規定을 準用한다.

참조 [실종선고에 의한 사망간주]28, [준용규정]1073 · 1078이하 · 1093이하

판례 사망한 부모가 생전에 유언하는 모습을 촬영한 차남이 다른 상속인인 형제들을 상대로 소유권이전등기를 청구하였다. 이 사건에서 망인이 단독행위로서 유증을 하였으나 유언의 요건을 갖추지 못하여 효력이 없는 경우 이를 '사인증여'로서 효력을 인정하려면 증여자와 수증자 사이에 청약과 승낙에 의한 의사합치가 이루어져야 한다. 유언자인 망인이 자신의 상속인인 여러 명의 자녀들에게 재산을 분배하는 내용의 유언을 하였으나 민법상 요건을 갖추지 못하여 유언의 효력이 부정되는 경우 유언을 하는 자리에 동석하였던 일부 자녀에게만 사인증여로서의 효력을 인정한다면, 자신의 재산을 배우자와 자녀들에게 모두 배분하고자 하는 망인의 의사에 부합하지 않고 그 자리에 참석하지 않았던 나머지 상속인들과의 형평에도 맞지 않는 결과가 초래된다. 따라서 이러한 경우 유언자인 망인과 일부 상속인 사이에서만 사인증여로서의 효력을 인정하여야 할 특별한 사정이 없는 이상 그와 같은 효력을 인정하는 판단에는 신중을 기해야 한다.(대판 2023.9.27, 2022다302237)

판례 유류분반환청구에 있어 사인증여를 유증으로 볼 수 있는지 여부(적극) : 유류분반환청구의 목적인 증여나 유증이 병존하고 있는 경우에는 유류분권리자는 먼저 유증을 받은 자를 상대로 유류분침해액의 반환을 구하여야 하고, 그 이후에도 여전히 유류분침해액이 남아 있는 경우에 한하여 증여를 받은 자에 대하여 그 부족분을 청구할 수 있는 것이므로, 사인증여의 경우에는 유증의 규정이 준용될 뿐만 아니라 그 실제적 기능도 유증과 달리 볼 필요가 없으므로 유증과 같이 보아야 할 것이다.
(대판 2001.11.30, 2001다6947)

第3節 賣買

第1款 總則

第563條【賣買의 意義】 賣買는 當事者 一方이 財産權을 相對方에게 移轉할 것을 約定하고 相對方이 그 代金을 支給할 것을 約定함으로써 그 效力이 생긴다.

참조 [상사매매]상67-71

판례 매매계약에 있어서 그 목적물과 대금은 반드시 계약체결 당시에 구체적으로 특정될 필요는 없고 이를 사후에라도 구체적으로 특정할 수 있는 방법과 기준이 정해져 있으면 족하다.
(대판 1997.1.24, 96다26176)

第564條【賣買의 一方豫約】 ① 賣買의 一方豫約은 相對方이 賣買를 完結할 意思를 表示하는 때에 賣買의 效力이 생긴다.

② 前項의 意思表示의 期間을 定하지 아니한 때에는 豫約者는 相當한 期間을 定하여 賣買完結與否의 確答을 相對方에게 催告할 수 있다.

③ 豫約者가 前項의 期間내에 確答을 받지 못한 때에는 豫約은 그 效力을 잃는다.

참조 567 · 599

판례 매매예약완결권의 행사기간과 기산점 : 매매의 일방예약에서 예약자의 상대방이 매매예약 완결의 의사표시를 하여 매매의 효력을 생기게 하는 권리, 즉 매매예약의 완결권은 일종의 형성권으로서 당사자 사이에 그 행사기간을 약정한 때에는 그 기간 내에, 그러한 약정이 없는 때에는 그 예약이 성립한 때로부터 10년 내에 이를 행사하여야 하고, 그 기간이 지나면 예약 완결권은 제척기간의 경과로 소멸한다.
(대판 2003.1.10, 2000다26425)

第565條【解約金】 ① 賣買의 當事者 一方이 契約當時에 金錢 기타 物件을 契約金, 保證金등의 名目으로 相對方에게 交付한 때에는 當事者間에 다른 約定이 없는 限 當事者의 一方이 履行에 着手할 때까지 交付者는 이를 抛棄하고 受領者는 그 倍額을 償還하여 賣買契約을 解除할 수 있다.

② 第551條의 規定은 前項의 경우에 이를 適用하지 아니한다.

참조 567, [계약해제]543

판례 제1항에서 정한 '이행에 착수할 때'의 의미 및 매도인이 매수인에게 매매계약의 이행을 최고하고 매매잔대금의 지급을 구하는 소송을 제기한 것만으로 이행에 착수하였다고 볼 수 있는지 여부(소극) : 여기에서 이행에 착수한다는 것은 객관적으로 외부에서 인식할 수 있는 정도로 채무의 이행행위의 일부를 하거나 또는 이행을 하기 위하여 필요한 전제행위를 하는 경우를 말하는 것으로서 단순히 이행의 준비를 하는 것만으로는 부족하고, 반드시 계약내용에 들어맞는 이행제공의 정도에까지 이르러야 하는 것은 아니지만, 매도인이 매수인에 대하여 매매계약의 이행을 최고하고 매매잔대금의 지급을 구하는 소송을 제기한 것만으로는 이행에 착수하였다고 볼 수 없다.
(대판 2008.10.23, 2007다72274,72281)

판례 해제권 행사의 시기를 당사자의 일방이 이행에 착수할 때까지로 제한한 취지 : 민법 제565조가 해제권 행사의 시기를 당사자의 일방이 이행에 착수할 때까지로 제한한 것은 당사자의 일방이 이미 이행에 착수한 때에는 그 당사자는 그에 필요한 비용을 지출하였을 것이고, 또 그 당사자는 계약이 이행될 것으로 기대하고 있는데 만일 이러한 단계에서 상대방으로부터 계약이 해제된다면 예측하지 못한 손해를 입게 될 우려가 있으므로 이를 방지하고자 함에 있다.(대판 2006.2.10, 2004다11599)

판례 계약금의 성질 및 계약해제시의 귀속관계 : 유상계약을 체결함에 있어서 계약금이 수수된 경우 특약이 없는 이상 계약이 당사자 일방의 귀책사유로 인하여 해제되었다 하더라도 상대방은 계약불이행으로 입은 실제 손해만을 배상받을 수 있을 뿐 계약금이 위약금으로서 상대방에게 당연히 귀속된다고 할 수 없다.(대판 1992.11.27, 92다23209)

第566條【賣買契約의 費用의 負擔】 賣買契約에 관한 費用은 當事者 雙方이 均分하여 負擔한다.

참조 567, [채무변제의 비용]473

第567條【有償契約에의 準用】 本節의 規定은 賣買이외의 有償契約에 準用한다. 그러나 그 契約의 性質이 이를 許容하지 아니하는 때에는 그러하지 아니하다.

참조 [공유물분할과 담보책임]270, [부담부증여와 담보책임]559②

第2款 賣買의 效力

第568條【賣買의 效力】 ① 賣渡人은 買受人에 대하여 賣買의 目的이 된 權利를 移轉하여야 하며 買受人은 賣渡人에게 그 代金을 支給하여야 한다.

② 前項의 雙方義務는 特別한 約定이나 慣習이 없으면 同時에 履行하여야 한다.

참조 [매매]563, [동시이행의 항변권]536

판례 매매 목적 부동산에 처분금지가처분등기 및 소유권말소예고등기가 기입되어 있는 경우, 매도인은 매수인에게 이와 같은 등기를 말소하여 완전한 소유권이전등기를 해 주어야 할 의무가 있는지 여부(적극) : 부동산 매매계약이 체결된 경우에는 매도인은 특별한 사정이 없는 한 제한이나 부담이 없는 소유권이전등기의무를 지는 것이므로, 매매 목적 부동산에 처분금지가처분등기와 소유권말소예고등기가 기입되어 있는 경우에는 매도인은 이와 같은 등기를 말소하여 완전한 소유권이전등기를 해 주어야 할 의무가 있다.(대판 1999.7.9, 98다13754,13761)

판례 부동산의 매매계약에 있어서 매도인이 목적 부동산의 소유권 이전에 필요한 서류를 일체를 매수인에게 교부하여 주었다면 특별한 사정이 없는 한 그로써 소유권이전의무의 이행은 완료되었다고 보아야 할 것이므로 제3채무자가 소유권이전등기서류를 모두 교부한 후 그에게 송달된 소유권이전등기청구권 가압류결정은 효력이 없고, 위 가압류결정 송달 후 제3채무자가 소유권이전등기의 사무를 철회하고 이미 교부한 등기서류를 반환받는 등 소유권이전등기를 하지 못하도록 하는 조치를 취하지 아니하였다 하더라도 가압류결정에 위배된다고 할 수 없다.
(대판 1998.5.26, 98다8172)

第569條【他人의 權利의 賣買】 賣買의 目的이 된 權利가 他人에게 속한 경우에는 賣渡人은 그 權利를 取得하여 買受人에게 移轉하여야 한다.

참조 570-573, [담보책임면제의 특약]584, [변제로서의 타인의 물건의 인도]463 · 465, [상속재산에 속하지 아니하는 권리의 유증]1087

판례 타인권리매매를 한 자를 그 타인이 상속한 경우 : 채권자가 채무자 소유의 부동산에 대하여 강제경매신청을 하여 자녀들 명의로 이를 경락받았다면 그 소유자는 경락인인 자녀들이라 할 것이므로, 채권자가 그 후 채무자와 사이에 채권액의 일부를 지급받고 자녀들 명의의 소유권이전등기를 말소하여 주기로 합의하였다 하더라도 채권자의 사망으로 인하여 자녀들이 상속지분에 따라 채권자의 의무를 상속하게 되었다고 하더라도 그들은 신의칙에 반하는 것으로 인정할 만한 특별한 사정이 없는 한 원칙적으로 위 합의에 따른 의무의 이행을 거절할 수 있다.
(대판 2001.9.25, 99다19698)

第570條【同前-賣渡人의 擔保責任】 前條의 경우에 賣渡人이 그 權利를 取得하여 買受人에게 移轉할 수 없는 때에는 買受人은 契約을 解除할 수 있다. 그러나 買受人이 契約 當時 그 權利가 賣渡人에게 속하지 아니함을 안 때에는 損害賠償을 請求하지 못한다.

참조 571-573 · 580, [계약해제]543, [손해배상]393-396, [담보책임]270 · 278 · 559 · 1016-1018 · 1087

판례 타인의 권리매매에 있어서 매도인의 귀책사유로 이행불능이 된 경우 매도인의 손해배상책임 : 타인의 권리를 매매의 목적으로 한 경우에 있어서 그 권리를 취득하여 매수인에게 이전하여야 할 매도인의 의무가 매도인의 귀책사유로 인하여 이행불능이 되었다면 매수인이 매도인의 담보책임에 관한 민법 570조 단서의 규정에 의해 손해배상을 청구할 수 없다 하더라도 채무불이행 일반의 규정(민법 546조, 390조)에 좇아서 계약을 해제하고 손해배상을 청구할 수 있다.
(대판 1993.11.23, 93다37328)

第571條【同前-善意의 賣渡人의 擔保責任】 ① 賣渡人이 契約 當時에 賣買의 目的이 된 權利가 自己에게 속하지 아니함을 알지 못한 경우에 그 權利를 取得하여 買受人에게 移轉할 수 없는 때에는 賣渡人은 損害를 賠償하고 契約을 解除할 수 있다.

② 前項의 경우에 買受人이 契約 當時 그 權利가 賣渡人에게 속하지 아니함을 안 때에는 賣渡人은 買受人에 대하여 그 權利를 移轉할 수 없음을 通知하고 契約을 解除할 수 있다.

참조 569 · 570, [담보책임면제의 특약]584, [계약해제]543, ①[손해배상]393-396, ②[매수인이 악의인 경우의 담보책임]570

판례 수개의 권리를 일괄하여 매매의 목적으로 정하였으나 그 중 일부의 권리를 이전할 수 없는 경우, 민법 571조 1항의 적용가부(소극) : 민법 571조 1항은 선의의 매도인이 매매의 목적인 권리의 전부를 이전할 수 없는 경우에 적용될 뿐 매매의 목적인 권리의 일부를 이전할 수 없는 경우에는 적용될 수 없고, 마찬가지로 수개의 권리를 일괄하여 매매의 목적으로 정하였으나 그 중 일부의 권리를 이전할 수 없는 경우에도 위 조항은 적용될 수 없다.(대판 2004.12.9, 2002다33557)

第572條【權利의 一部가 他人에게 속한 경우와 賣渡人의 擔保責任】 ① 賣買의 目的이 된 權利의 一部가 他人에게 속함으로 인하여 賣渡人이 그 權利를 取得하여 買受人에게 移轉할 수 없는 때에는 買受人은 그 部分의 比率로 代金의 減額을 請求할 수 있다.

② 前項의 경우에 殘存한 部分만이면 買受人이 이를 買受하지 아니하였을 때에는 善意의 買受人은 契約全部를 解除할 수 있다.

③ 善意의 買受人은 減額請求 또는 契約解除외에 損害賠償을 請求할 수 있다.

참조 574 · 576, [동시이행의 항변권]536 · 583, [권리행사의 기간]573, [특약이 있는 경우]584, [상인간의 매매와 목적물의 하자]상69, ②[계약해제]543, ③[손해배상]393-396

판례 매매계약에서 건물과 그 대지가 계약의 목적물인데 건물의 일부가 경계를 침범하여 이웃 토지 위에 건립되어 있는 경우에 매도인이 그 경계 침범의 건물부분에 관한 대지부분을 취득하여 매수인에게 이전하지 못하는 때에는 매수인은 매도인에 대하여 민법 제572조를 유추적용하여 담보책임을 물을 수 있다. 그리고 그 경우에 이웃 토지의 소유자가 소유권에 기하여 그와 같은 방해상태의 배제를 구하는 소를 제기하여 승소의 확정판결을 받았으면, 다른 특별한 사정이 없는 한 매도인은 그 대지부분을 취득하여 매수인에게 이전할 수 없게 되었다고 봄이 상당하다.(대판 2009.7.23, 2009다33570)

第573條【前條의 權利行使의 期間】 前條의 權利는 買受人이 善意인 경우에는 事實을 안 날로부터, 惡意인 경우에는 契約한 날로부터 1年내에 行使하여야 한다.

판례 '사실을 안 날'이라 함은 단순히 권리의 일부가 타인에게 속한 사실을 안 날이 아니라 그 때문에 매도인이 이를 취득하여 매수인에게 이전할 수 없게 되었음이 확실하게 된 사실을 안 날을 말한다.(대판 1997.6.13, 96다15596)

第574條【數量不足, 一部滅失의 경우와 賣渡人의 擔保責任】 前2條의 規定은 數量을 指定한 賣買의 目的物이 不足되는 경우와 賣買目的物의 一部가 契約當時에 이미 滅失된 경우에 買受人이 그 不足 또는 滅失을 알지 못한 때에 準用한다.

참조 [동시이행의 항변권]536·583, [담보책임면제의 특약]584, [상인간의 매매와 수량부족]상69

판례 동조에서 규정하는 '수량을 지정한 매매'의 의미 : 여기서 '수량을 지정한 매매'라 함은 당사자가 매매의 목적인 특정물이 일정한 수량을 가지고 있다는 데 주안을 두고 대금도 그 수량을 기준으로 하여 정한 경우를 말하는 것이므로, 토지의 매매에 있어 목적물을 등기부상의 면적에 따라 특정한 경우라도 당사자가 그 지정된 구획을 전체로서 평가하였고, 면적에 의한 계산이 하나의 표준에 지나지 아니하여 그것이 당사자들 사이에 대상토지를 특정하고 그 대금을 결정하기 위한 방편이었다고 보일 때에는 이를 가리켜 수량을 지정한 매매라 할 수 없다.
(대판 2003.1.24, 2002다65189)

第575條【制限物權있는 경우와 賣渡人의 擔保責任】 ① 賣買의 目的物이 地上權, 地役權, 傳貰權, 質權 또는 留置權의 目的이 된 경우에 買受人이 이를 알지 못한 때에는 이로 인하여 契約의 目的을 達成할 수 없는 경우에 限하여 買受人은 契約을 解除할 수 있다. 기타의 경우에는 損害賠償만을 請求할 수 있다.
② 前項의 規定은 賣買의 目的이 된 不動産을 위하여 存在할 地役權이 없거나 그 不動産에 登記된 賃貸借契約이 있는 경우에 準用한다.
③ 前2項의 權利는 買受人이 그 事實을 안 날로부터 1年내에 行使하여야 한다.

참조 [동시이행의 항변권]536·583, [담보책임면제의 특약]584, ①[계약의 해제]543, [손해배상]393-396, ②[등기한 임차권]621②, [등기있는 건물의 차지권의 대항력]622

第576條【抵當權, 傳貰權의 行使와 賣渡人의 擔保責任】 ① 賣買의 目的이 된 不動産에 設定된 抵當權 또는 傳貰權의 行使로 인하여 買受人이 그 所有權을 取得할 수 없거나 取得한 所有權을 잃은 때에는 買受人은 契約을 解除할 수 있다.
② 前項의 경우에 買受人의 出財로 그 所有權을 保存한 때에는 賣渡人에 대하여 그 償還을 請求할 수 있다.
③ 前2項의 경우에 買受人이 損害를 받은 때에는 그 賠償을 請求할 수 있다.

참조 [담보책임면제특약]584, ①[계약해제]543, ②[매수인의 소유권보존]364, [변제에 의한 대위]481, ③[손해배상]393-396

판례 임대차계약에 기한 임차권(임대차보증금반환청구권을 포함한다)을 그 목적물로 한 매매계약이 성립한 경우, 매도인이 임대인의 임대차계약상의 의무이행을 담보한다는 특별한 약정을 하지 아니한 이상, 임차권 매매계약 당시 임대차 목적물에 이미 설정되어 있던 근저당권이 임차권 매매계약 이후에 실행되어 낙찰인이 임대차 목적물의 소유권을 취득함으로써 임대인의 목적물을 사용·수익하게 할 의무가 이행불능으로 되었다거나, 임대인의 무자력으로 인하여 임대차보증금반환의무가 사실상 이행되지 않고 있다고 하더라도, 임차권 매도인에게 민법 576조에 따른 담보책임이 있다고 할 수 없고, 이러한 법리는 임차권을 교환계약의 목적물로 한 경우에도 마찬가지이다.
(대판 2007.4.26, 2005다34018,34025)

第577條【抵當權의 目的이 된 地上權, 傳貰權의 賣買와 賣渡人의 擔保責任】 前條의 規定은 抵當權의 目的이 된 地上權 또는 傳貰權이 賣買의 目的이 된 경우에 準用한다.

참조 [지상권, 전세권을 목적으로 하는 저당권]371, [담보책임면제의 특약]584

第578條【競賣와 賣渡人의 擔保責任】 ① 競賣의 경우에는 競落人은 前8條의 規定에 의하여 債務者에게 契約의 解除 또는 代金減額의 請求를 할 수 있다.
② 前項의 경우에 債務者가 資力이 없는 때에는 競落人은 代金의 配當을 받은 債權者에 대하여 그 代金全部나 一部의 返還을 請求할 수 있다.
③ 前2項의 경우에 債務者가 物件 또는 權利의 欠缺을 알고 告知하지 아니하거나 債權者가 이를 알고 競賣를 請求한 때에는 競落人은 그 欠缺을 안 債務者나 債權者에 대하여 損害賠償을 請求할 수 있다.

참조 584, [강제경매]민집80-162, [손해배상]393-396

판례 강제경매의 채무자가 낙찰대금지급기일 직전에 선순위 근저당권을 소멸시켜 후순위 임차권의 대항력을 존속시키고도 이를 낙찰자에게 고지하지 아니하여 낙찰자가 대항력 있는 임차권의 존재를 알지 못한 채 낙찰대금을 지급한 경우 채무자의 손해배상책임 : 선순위 근저당권의 존재로 후순위 임차권이 소멸하는 것으로 알고 부동산을 낙찰받았으나, 그 후 채무자가 후순위 임차권의 대항력을 존속시킬 목적으로 선순위 근저당권의 피담보채무를 모두 변제하고 그 근저당권을 소멸시키고도 이 점에 대하여 낙찰자에게 아무런 고지도 하지 않아 낙찰자가 대항력 있는 임차권이 존속하게 된다는 사정을 알지 못한 채 대금지급기일에 낙찰대금을 지급하였다면, 채무자는 민법 578조 3항의 규정에 의하여 낙찰자가 입게 된 손해를 배상할 책임이 있다.(대판 2003.4.25, 2002다70075)

第579條【債權賣買와 賣渡人의 擔保責任】 ① 債權의 賣渡人이 債務者의 資力을 擔保한 때에는 賣買契約 當時의 資力을 擔保한 것으로 推定한다.
② 辨濟期에 到達하지 아니한 債權의 賣渡人이 債務者의 資力을 擔保한 때에는 辨濟期의 資力을 擔保한 것으로 推定한다.

참조 584, [상속재산분할의 경우의 자력담보책임]1017, [채권출자사원의 담보책임]상196

第580條【賣渡人의 瑕疵擔保責任】 ① 賣買의 目的物에 瑕疵가 있는 때에는 第575條第1項의 規定을 準用한다. 그러나 買受人이 瑕疵있는 것을 알았거나 過失로 인하여 이를 알지 못한 때에는 그러하지 아니하다.
② 前項의 規定은 競賣의 경우에 適用하지 아니한다.

참조 583·584, [상인간의 매매의 특칙]상69, [소비대차와 목적물의 하자]602, [강제경매]민집80-162

판례 종묘업자가 생산한 씨앗에 하자가 있는지의 판단 기준 : 종묘업자가 생산한 종자가 현재의 기술수준과 경제성에 비추어 합리적으로 예견할 수 있는 재배조건에서 재배될 경우 소비자인 농민이 정상적인 생육과정을 통하여 적정한 수확량을 거둘 수 있는 품질을 갖추고 있는 경우라면, 특수한 품질을 그 품종특성으로 등록하거나 설명하는 등 이를 보증하고 공급하지 아니한 이상 종자에 하자가 있다고 할 수 없다.
(대판 2001.4.10, 99다70945)

판례 건축을 목적으로 매매된 토지에 대하여 건축허가를 받을 수 없어 건축이 불가능하다는 법률적 장애가 매매목적물의 하자에 해당하는지 여부(적극) 및 그 하자의 존부에 관한 판단 기준시(=매매계약 성립시) : 매매의 목적물이 거래통념상 기대되는 객관적 성질·성능을 결여하거나, 당사자가 예정 또는 보증한 성질을 결여한 경우에 매도인은 매수인에 대하여 그 하자로 인한 담보책임을 부담한다 할 것이고, 한편 건축을 목적으로 매매된 토지에 대하여 건축허가를 받을 수 없어 건축이 불가능한 경우, 위와 같은 법률적 제한 내지 장애 역시 매매목적물의 하자에 해당한다 할 것이나, 다만 위와 같은 하자의 존부는 매매계약 성립시를 기준으로 판단하여야 할 것이다.
(대판 2000.1.18, 98다18506)

독판 글리콜(Glykol)이라는 유해물질을 함유하고 있는 포도주는 하자 있는 포도주로 볼 수 없다. 따라서 글리콜을 함유하고 있는 포도주를 납품하는 행위는 하자있는 포도주를 인도하는 것이 아니라, 계약상의 매매목적물로 명시된 '포도주'가 아닌 전혀 다른 물건을 인도하는 것으로, 아직 본래의 채무에 대한 이행은 이루어지지 않았다 할 것이다.
(독·연방법원 1988.11.23 BGH NJW 1989,218)

第581條【種類賣買와 賣渡人의 擔保責任】 ① 賣買의 目的物을 種類로 指定한 경우에도 그 후 特定된 目的物에 瑕疵가 있는 때에는 前條의 規定을 準用한다.
② 前項의 경우에 買受人은 契約의 解除 또는 損害賠償의 請求를 하지 아니하고 瑕疵없는 物件의 請求를 할 수 있다.

참조 583·584, [종류채권]375, [특칙]상69, [계약의 해제]543, [손해배상]393-396

第582條【前2條의 權利行使期間】 前2條에 의한 權利는 買受人이 그 事實을 안 날로부터 6月내에 行使하여야 한다.

참조 575③

판례 민법 582조 소정의 매수인의 권리행사기간의 성질 및 재판 외에서의 권리행사방법 : 민법 582조 소정의 매수인의 권리행사 기간은 재판상 또는 재판 외에서의 권리행사에 관한 기간이므로 매수인은 소정 기간 내에 재판 외에서 권리행사를 함으로써 그 권리를 보존할 수 있고, 재판 외에서의 권리행사는 특별한 형식을 요구하는 것이 아니므로 매수인이 매도인에 대하여 적당한 방법으로 물건에 하자가 있음을 통지하고, 계약의 해제나 하자의 보수 또는 손해배상을 구하는 뜻을 표시함으로써 충분하다.(대판 2003.6.27, 2003다20190)

第583條【擔保責任과 同時履行】 第536條의 規定은 第572條 내지 第575條, 第580條 및 第581條의 경우에 準用한다.

참조 584

第584條【擔保責任免除의 特約】 賣渡人은 前15條에 의한 擔保責任을 免하는 特約을 한 경우에도 賣渡人이 알고 告知하지 아니한 事實 및 第三者에게 權利를 設定 또는 讓渡한 行爲에 대하여는 責任을 免하지 못한다.

참조 599, [면책의 특약]672

第585條【同一期限의 推定】 賣買의 當事者 一方에 대한 義務履行의 期限이 있는 때에는 相對方의 義務履行에 대하여도 同一한 期限이 있는 것으로 推定한다.

참조 [기한]152-154·388, [목적물인도와 대금지급]536·586

第586條【代金支給場所】 賣買의 目的物의 引渡와 同時에 代金을 支給할 경우에는 그 引渡場所에서 이를 支給하여야 한다.

참조 [변제의 장소]467, [목적물인도와 대금지급]536·585

第587條【果實의 歸屬, 代金의 利子】 賣買契約 있은 후에도 引渡하지 아니한 目的物로부터 생긴 果實은 賣渡人에게 속한다. 買受人은 目的物의 引渡를 받은 날로부터 代金의 利子를 支給하여야 한다. 그러나 代金의 支給에 대하여 期限이 있는 때에는 그러하지 아니하다.

참조 [특정물인도채무와 현상인도의 원칙]462, [과실]101·102, [이자]379, [대금지급의 기한]585

第588條【權利主張者가 있는 경우와 代金支給拒絶權】 賣買의 目的物에 대하여 權利를 主張하는 者가 있는 경우에 買受人이 買受한 權利의 全部나 一部를 잃을 念慮가 있는 때에는 買受人은 그 危險의 限度에서 代金의 全部나 一部의 支給을 拒絶할 수 있다. 그러나 賣渡人이 相當한 擔保를 提供한 때에는 그러하지 아니하다.

참조 589, [매매의 목적물과 타인의 권리]570-573·576·577

판례 매도인이 말소하여야 할 매매목적물상의 근저당권을 말소하지 못한 경우, 매수인이 대금지급을 거절할 수 있는 범위 : 매도인이 말소할 의무를 부담하고 있는 매매목적물상의 근저당권을 말소하지 못하고 있다면 매수인은 그 위험의 한도에서 매매대금의 지급을 거절할 수 있고, 그 결과 민법 587조 단서에 의하여 매수인이 매매목적물을 인도받았다고 하더라도 미지급 대금에 대한 인도일 이후의 이자를 지급할 의무가 없으나, 매수인이 근저당권의 피담보채무액을 확인하여 이를 알고 있는 경우와 같은 특별한 사정이 있는 경우에는 지급을 거절할 수 있는 매매대금은 확인된 피담보채무액에 한정된다.
(대판 1996.5.10, 96다6554)

第589條【代金供託請求權】 前條의 경우에 賣渡人은 買受人에 대하여 代金의 供託을 請求할 수 있다.

참조 [공탁]487·488·491

第3款 還 買

第590條【還買의 意義】 ① 賣渡人이 賣買契約과 同時에 還買할 權利를 保留한 때에는 그 領收한 代金 및 買受人이 負擔한 賣買費用을 返還하고 그 目的物을 還買할 수 있다.
② 前項의 還買代金에 관하여 特別한 約定이 있으면 그 約定에 의한다.
③ 前2項의 경우에 目的物의 果實과 代金의 利子는 特別한 約定이 없으면 이를 相計한 것으로 본다.

참조 [환매특약과 등기]592, 부등52(6)·53, [계약의 비용]566, [환매와 대금·계약비용의 제공]594, [계약해제]543·548, [이자]379, [과실]101, [상계]492

第591條【還買期間】 ① 還買期間은 不動産은 5年, 動産은 3年을 넘지 못한다. 約定期間이 이를 넘는 때에는 不動産은 5年, 動産은 3年으로 短縮한다.
② 還買期間을 정한 때에는 다시 이를 延長하지 못한다.
③ 還買期間을 정하지 아니한 때에는 그 期間은 不動産은 5年, 動産은 3年으로 한다.

참조 [부동산]99①, [동산]99②, [환매의 실행]594

第592條【還買登記】 賣買의 目的物이 不動産인 경우에 賣買登記와 同時에 還買權의 保留를 登記한 때에는 第三者에 대하여 그 效力이 있다.

참조 [부동산]99①, [환매특약등기]부등53, [계약해제와 제3자]548

第593條【還買權의 代位行使와 買受人의 權利】 賣渡人의 債權者가 賣渡人을 代位하여 還買하고자 하는 때에는 買受人은 法院이 選定한 鑑定人의 評價額에서 賣渡人이 返還할 金額을 控除한 殘額으로 賣渡人의 債務를 辨濟하고 剩餘額이 있으면 이를 賣渡人에게 支給하여 還買權을 消滅시킬 수 있다.

참조 [감정인]비송57

第594條【還買의 實行】 ① 賣渡人은 期間내에 代金과 賣買費用을 買受人에게 提供하지 아니하면 還買할 權利를 잃는다.
② 買受人이나 轉得者가 目的物에 대하여 費用을 支出한 때에는 賣渡人은 第203條의 規定에 의하여 이를 償還하여야 한다. 그러나 有益費에 대하여는 法院은 賣渡人의 請求에 의하여 相當한 償還期間을 許與할 수 있다.

참조 ①[환매기간]591, [제공]460, [환매대금]590, ②[기간]155이하

第595條【共有持分의 還買】 共有者의 1人이 還買할 權利를 保留하고 그 持分을 賣渡한 후 그 目的物의 分割이나 競賣가 있는 때에는 賣渡人은 買受人이 받은 또는 받을 部分이나 代金에 대하여 還買權을 行使할 수 있다. 그러나 賣渡人에게 通知하지 아니한 買受人은 그 分割이나 競賣로써 賣渡人에게 對抗하지 못한다.

참조 [공유물의 분할]268·269·1012이하

第4節 交 換

第596條【交換의 意義】 交換은 當事者 雙方이 金錢 이외의 財産權을 相互移轉할 것을 約定함으로써 그 效力이 생긴다.

참조 [매매규정의 준용]567

판례 교환계약의 성립에 필요한 청약과 승낙의 의사표시 방법 : 교환계약은 당사자간에 청약의 의사표시와 그에 대한 승낙의 의사표시의 합치로 성립하는 이른바 낙성계약으로서 서면의 작성을 필요로 하지 아니하고, 그 청약의 의사표시는 그 내용이 이에 대한 승낙만 있으면 곧 계약이 성립될 수 있을 정도로 구체적이어야 하고, 승낙은 이와 같은 구체적인 청약에 대한 것이어야 할 것이며, 이 경우에 그 승낙의 의사표시는 특별한 사정이 없는 한 그 방법에 아무런 제한이 없고 반드시 명시적임을 요하는 것도 아니다.(대판 1992.10.13, 92다29696)

第597條【金錢의 補充支給의 경우】 當事者 一方이 前條의 財産權移轉과 金錢의 補充支給을 約定한 때에는 그 金錢에 대하여는 賣買代金에 관한 規定을 準用한다.

참조 [매매규정의 준용]567, [매매대금에 관한 규정]572~574 · 583 · 584, [대금지급]585~589

第5節 消費貸借

第598條【消費貸借의 意義】 消費貸借는 當事者 一方이 金錢 기타 代替物의 所有權을 相對方에게 移轉할 것을 約定하고 相對方은 그와 같은 種類, 品質 및 數量으로 返還할 것을 約定함으로써 그 效力이 생긴다.

참조 [반환]196, [소비대차와 이자]602①, 상55①, [준소비대차]605, [소비임치]702, [종류채권]375, [반환불능의 경우]604, [금전채권]376~378

판례 수표할인이 이루어진 경우 거래의 실태에 따라서는 당사자 사이에 수표금 상당의 소비대차계약이 체결되고 그 수표는 소비대차상의 채무를 담보하기 위하여 교부된 것이라고 해석하여야 한다.(대판 1997.4.25, 97다6636)

第599條【破産과 消費貸借의 失效】 貸主가 目的物을 借主에게 引渡하기 전에 當事者 一方이 破産宣告를 받은 때에는 消費貸借는 그 效力을 잃는다.

참조 [파산선고 등]채무자회생파산305~327

第600條【利子計算의 始期】 利子있는 消費貸借는 借主가 目的物의 引渡를 받은 때로부터 利子를 計算하여야 하며 借主가 그 責任있는 事由로 受領을 遲滯할 때에는 貸主가 履行을 提供한 때로부터 利子를 計算하여야 한다.

참조 601 · 606~608, [이자]379, 상54, [수령지체]400~403, [이행제공]460 · 461

판례 약정이자 및 약정지연이자의 정함이 있는 경우 소송촉진등에관한특례법 3조 1항의 적용 여부(적극) : 당사자간에 약정이자 또는 약정지연이자의 정함이 있는 경우라 할지라도 소송상 청구하는 경우 당사자의 일방은 소송촉진등에관한특례법 3조 1항의 규정에 따라 소장 등이 송달된 날 다음날부터는 이자제한법상 대통령령으로 정하는 이율의 범위 안에서 지연손해금의 지급을 구할 수 있다.(대판 1992.12.22, 92다4307)

第601條【無利子消費貸借와 解除權】 利子없는 消費貸借의 當事者는 目的物의 引渡前에는 언제든지 契約을 解除할 수 있다. 그러나 相對方에게 생긴 損害가 있는 때에는 이를 賠償하여야 한다.

참조 600, [계약해제]543이하, [손해배상]393 · 394

第602條【貸主의 擔保責任】 ① 利子있는 消費貸借의 目的物에 瑕疵가 있는 경우에는 第580條 내지 第582條의 規定을 準用한다.

② 利子없는 消費貸借의 경우에는 借主는 瑕疵있는 物件의 價額으로 返還할 수 있다. 그러나 貸主가 그 瑕疵를 알고 借主에게 告知하지 아니한 때에는 前項과 같다.

참조 600 · 601, [이자]379, [유상계약과 담보책임]567 · 584

第603條【返還時期】 ① 借主는 約定時期에 借用物과 같은 種類, 品質 및 數量의 物件을 返還하여야 한다.

② 返還時期의 約定이 없는 때에는 貸主는 相當한 期間을 정하여 返還을 催告하여야 한다. 그러나 借主는 언제든지 返還할 수 있다.

참조 598, [기한의 이익]153, ②[기한의 약정없는 채무의 이행기]387②

第604條【返還不能으로 인한 市價償還】 借主가 借用物과 같은 種類, 品質 및 數量의 物件을 返還할 수 없는 때에는 그때의 市價로 償還하여야 한다. 그러나 第376條 및 第377條第2項의 경우에는 그러하지 아니하다.

참조 [채무불이행과 손해배상]390

第605條【準消費貸借】 當事者 雙方이 消費貸借에 의하지 아니하고 金錢 기타의 代替物을 支給할 義務가 있는 경우에 當事者가 그 目的物을 消費貸借의 目的으로 할 것을 約定한 때에는 消費貸借의 效力이 생긴다.

참조 [소비대차]598

판례 준소비대차계약의 당사자는 기존 채무의 당사자이어야 하는지 여부(적극) : 준소비대차는 기존 채무의 당사자가 그 채무의 목적물을 소비대차의 목적물로 한다는 합의를 할 것을 요건으로 하므로 준소비대차계약의 당사자는 기초가 되는 기존 채무의 당사자이어야 한다.(대판 2002.12.6, 2001다2846)

第606條【代物貸借】 金錢貸借의 경우에 借主가 金錢에 갈음하여 有價證券 기타 物件의 引渡를 받은 때에는 그 引渡時의 價額으로써 借用額으로 한다. (2014.12.30 본조개정)

改前 …金錢에 "가름하여" 有價證券 기타…

참조 600 · 608, [소비대차]598

第607條【代物返還의 豫約】 借用物의 返還에 관하여 借主가 借用物에 갈음하여 다른 財産權을 移轉할 것을 豫約한 경우에는 그 財産의 豫約當時의 價額이 借用額 및 이에 붙인 利子의 合算額을 넘지 못한다.(2014.12.30 본조개정)

改前 …借主가 借用物에 "가름하여" 다른…

참조 600 · 608, [소비대차]598 · 603①, [이자]379, 상54, [대물변제]466

판례 대물변제예약 완결의 의사표시는 특별한 방식을 요하는 것이 아니고 예약 의무자에 대한 의사표시로 할 수 있다.(대판 1997.6.27, 97다12488)

第608條【借主에 不利益한 約定의 禁止】 前2條의 規定에 違反한 當事者의 約定으로서 借主에 不利한 것은 還買 기타 如何한 名目이라도 그 效力이 없다.

참조 [환매]590이하, [반사회적, 불공정한 법률행위]103 · 104

第6節 使用貸借

第609條【使用貸借의 意義】 使用貸借는 當事者 一方이 相對方에게 無償으로 使用, 收益하게 하기 위하여 目的物을 引渡할 것을 約定하고 相對方은 이를 使用, 收益한 후 그 物件을 返還할 것을 約定함으로써 그 效力이 생긴다.

참조 [사용, 수익]610 · 617, [특정물채권]374

第610條【借主의 使用, 收益權】 ① 借主는 契約 또는 그 目的物의 性質에 의하여 정하여진 用法으로 이를 使用, 收益하여야 한다.

② 借主는 貸主의 承諾이 없으면 第三者에게 借用物을 使用, 收益하게 하지 못한다.

③ 借主가 前2項의 規定에 違反한 때에는 貸主는 契約을 解止할 수 있다.

참조 [임대차에의 준용]654, [계약의 해지]543 · 550, [계약위반과 손해배상]617

第611條【費用의 負擔】 ① 借主는 借用物의 通常의 必要費를 負擔한다.

② 기타의 費用에 대하여는 第594條第2項의 規定을 準用한다.

참조 [점유회복과 비용상환]203, [비용상환]617, [비용과 유치권]320

第612條【準用規定】 第559條, 第601條의 規定은 使用貸借에 準用한다.

第613條【借用物의 返還時期】 ① 借主는 約定時期에 借用物을 返還하여야 한다.

② 時期의 約定이 없는 경우에는 借主는 契約 또는 目的物의 性質에 의한 使用, 收益이 終了한 때에 返還하여야 한다. 그러나 使用, 收益에 족한 期間이 經過한 때에는 貸主는 언제든지 契約을 解止할 수 있다.

참조 [기한의 이익]153, [기한을 정하지 아니한 채무]387②, [계약의 해지]543 · 550 · 551

판례 존속기간 약정 없는 사용대차와 대주의 해지권 : [1] 민법 613조 2항에 의하면, 사용대차에 있어서 그 존속기간을 정하지 아니한 경우에는, 차주는 계약 또는 목적물의 성질에 의한 사용수익이 종료한 때에 목적물을 반환하여야 하나, 현실로 사용수익이 종료하지 아니한 경우라도 사용수익에 충분한 기간이 경과한 때에는 대주는 언제든지 계약을 해지하고 그 차용물의 반환을 청구할 수 있는 것인바, 민법 613조 2항 소정의 사용수익에 충분한 기간이 경과하였는지의 여부는 사용대차계약 당시의 사정, 차주의 사용기간 및 이용상황, 대주가 반환을 필요로 하는 사정 등을 종합적으로 고려하여 공평의 입장에서 대주에게 해지권을 인정하는 것이 타당한가의 여부에 의하여 판단하여야 할 것이다.

[2] 무상으로 사용을 계속한 기간이 40년 이상의 장기간에 이르렀고 최초의 사용대차계약 당시의 대주가 이미 사망하여 대주와 차주간의 친분 관계의 기초가 변하였을 뿐더러, 쌍방의 신뢰관계 내지 우호관계가 허물어진 경우, 공평의 견지에서 대주의 상속인에게 사용대차의 해지권을 인정한다.

(대판 2001.7.24, 2001다23669)

第614條【借主의 死亡, 破産과 解止】 借主가 死亡하거나 破産宣告를 받은 때에는 貸主는 契約을 解止할 수 있다.

참조 [사망으로 보는 경우]28, [파산선고]채무자회생파산305이하, [계약의 해지]543 · 550

판례 일반적으로 건물의 소유를 목적으로 하는 토지 사용대차에 있어서는, 당해 토지의 사용수익의 필요는 당해 지상건물의 사용수익의 필요가 있는 한 그대로 존속하는 것이고, 이는 특별한 사정이 없는 한 차주 본인이 사망하더라도 당연히 상실되는 것이 아니다.(대판 1993.11.26, 93다36806)

第615條【借主의 原狀回復義務와 撤去權】 借主가 借用物을 返還하는 때에는 이를 原狀에 回復하여야 한다. 이에 附屬시킨 物件은 撤去할 수 있다.

참조 [임대차에의 준용]654, [수거의무, 매수청구권]285, [특정물채권과 변제의 목적물]462

第616條【共同借主의 連帶義務】 數人이 共同하여 物件을 借用한 때에는 連帶하여 그 義務를 負擔한다.

참조 [연대채무]413, [임대차에의 준용]654

第617條【損害賠償, 費用償還請求의 期間】 契約 또는 目的物의 性質에 違反한 使用, 收益으로 인하여 생긴 損害賠償의 請求와 借主가 支出한 費用의 償還請求는 貸主가 物件의 返還을 받은 날로부터 6月내에 하여야 한다.

참조 [사용, 수익]610, [손해배상]390~396, [비용상환]611, [임대차에의 준용]654

第7節 賃貸借

第618條【賃貸借의 意義】 賃貸借는 當事者 一方이 相對方에게 目的物을 使用, 收益하게 할 것을 約定하고 相對方이 이에 대하여 借賃을 支給할 것을 約定함으로써 그 效力이 생긴다.

참조 [사용, 수익]610① · 654, 주택임대차1 · 2, [영업의 임대차]상374 · 576

판례 임대차보증금에서 그 피담보채무 등을 공제하려면 임대인으로서는 그 피담보채무인 연체차임, 연체관리비 등을 임대차보증금에서 공제하여야 한다는 주장을 하여야 하고 나아가 그 임대차보증금에서 공제될 차임채권, 관리비채권 등의 발생원인에 관하여 주장 · 입증을 하여야 하는 것이며, 다만 그 발생한 채권이 변제 등의 이유로 소멸하였는지에 관하여는 임차인이 주장 · 입증책임을 부담한다.

(대판 2005.9.28, 2005다8323,8330)

판례 임대차계약에 있어 임대차보증금은 임대차계약 종료 후 목적물을 임대인에게 명도할 때까지 발생하는 임대차에 따른 임차인의 모든 채무를 담보하는 것으로서, 그 피담보채무 상당액은 임대차관계의 종료 후 목적물이 반환될 때에 특별한 사정이 없는 한 별도의 의사표시 없이 보증금에서 당연히 공제되는 것이므로, 임대인은 임대차보증금에서 그 피담보채무를 공제한 나머지만을 임차인에게 반환할 의무가 있다고 할 것이다.

(대판 2004.12.23, 2004다56554)

第619條【處分能力, 權限없는 者의 할 수 있는 短期賃貸借】 處分의 能力 또는 權限없는 者가 賃貸借를 하는 경우에는 그 賃貸借는 다음 各號의 期間을 넘지 못한다.

1. 植木, 採鹽 또는 石造, 石灰造, 煉瓦造 및 이와 類似한 建築을 目的으로 한 土地의 賃貸借는 10年
2. 기타 土地의 賃貸借는 5年
3. 建物 기타 工作物의 賃貸借는 3年
4. 動産의 賃貸借는 6月

참조 620 · 부칙15, [처분능력 없는 자]5 · 10 · 13, [부재자의 재산관리인의 권한]25, [권한을 정하지 아니한 대리인]118, [후견인의 대리권의 제한]950, [상속재산관리인]1023② · 1047② · 1053②

第620條【短期賃貸借의 更新】 前條의 期間은 更新할 수 있다. 그러나 期間滿了전 土地에 대하여는 1年, 建物 기타 工作物에 대하여는 3月, 動産에 대하여는 1月내에 更新하여야 한다.

참조 [기간의 갱신]639

第621條【賃貸借의 登記】 ① 不動産賃借人은 當事者間에 反對約定이 없으면 賃貸人에 대하여 그 賃貸借登記節次에 協力할 것을 請求할 수 있다.

② 不動産賃貸借를 登記한 때에는 그때부터 第三者에 대하여 效力이 생긴다.

참조 [등기한 임차권의 효력]186 · 575②, [선박임대차의 등기]상764, [등기없이 동일효력있는 경우]622, [임차권의 등기]부등74, 주택임대차3의3

판례 등기된 임차권이 침해된 경우 방해배제(적극) : 등기된 임차권에는 용익권적 권능 외에 임차보증금반환채권에 대한 담보권적 권능이 있고, 임대차기간이 종료되면 용익권적 권능은 임차권등기의 말소등기 없이도 곧바로 소멸하나 담보권적 권능은 곧바로 소멸하지 않는다고 할 것이어서, 임차권자는 임대차기간이 종료한 후에도 임차보증금을 반환받기까지는 임대인이나 그 승계인에 대하여 임차권등기의 말소를 거부할 수 있다고 할 것이고, 따라서 임차권등기가 원인 없이 말소된 때에는 그 방해를 배제하기 위한 청구를 할 수 있다.

(대판 2002.2.26, 99다67079)

第622條【建物登記있는 借地權의 對抗力】 ① 建物의 所有를 目的으로 한 土地賃貸借는 이를 登記하지 아니한 경우에도 賃借人이 그 地上建物을 登記한 때에는 第三者에 대하여 賃貸借의 效力이 생긴다.

② 建物이 賃貸借期間滿了前에 滅失 또는 朽廢한 때에는 前項의 效力을 잃는다.

참조 621, [건물등기]부등40이하, [토지의 임대차기간]619 · 620, [대항력]주택임대차3

판례 임차인의 건물등기 전 제3자가 토지에 물권취득의 등기를 한 경우 : 민법 622조 1항은 '건물의 소유를 목적으로 하는 토지 임대차는 이를 등기하지 아니한 경우에도 임차인이 그 지상건물을 등기한 때에는 제3자에 대하여 임대차의 효력이 생긴다'고 규정하고 있는바, 임차인이 그 지상건물을 등기하기 전에 제3자가 그 토지에 관하여 물권취득의 등기를 한 때에는 임차인이 그 지상건물을 등기하더라도 그 제3자에 대하여 임대차의 효력이 생기지 아니한다.(대판 2003.2.28, 2000다65802,65819)

第623條【賃貸人의 義務】 賃貸人은 目的物을 賃借人에게 引渡하고 契約存續중 그 使用, 收益에 必要한 狀態를 維持하게 할 義務를 負擔한다.

참조 618 · 624 · 625, [사용, 수익]610① · 654, [담보책임]567 · 570~578 · 580~584, [수선을 요하는 경우와 임차인의 통지의무]634

판례 상가임대인이 입점주들로부터 지급받은 장기임대료 등을 적절히 집행하여 상가 활성화와 상권 형성을 위해 노력하고 이를 위해 입점주들과 협력할 의무가 있다고 볼 수는 있을지언정, 나아가 전반적인 경기의 변동이나 소비성향의 변화 등과 상관없이 상가임대인이 전적으로 책임지고 상가가 활성화되고 상권이 형성된 상태를 조성하여야 할 의무까지 부담한다고 볼 수는 없다.(대판 2009.8.20, 2008다94769)

판례 임대인의 방해행위로 사용수익이 불가능한 경우 임대인의 배상범위 : 임대인의 방해행위로 임차인의 임대차 목적물에 대한 임차권에 기한 사용 · 수익이 사회통념상 불가능하게 됨으로써 임대차계약이 종료되었다고 하는 경우에도, 임차인으로서는 임대인에 대하여 그 임대차보증금 반환청구권을 행사할 수 있고 그 이후의 차임 지급의무를 면하는 한편, 다른 특별한 사정이 없는 한 그 임대차 목적물을 대신할 다른 목적물을 마련하기 위하여 합리적으로 필요한 기간 동안 그 목적물을 이용하여 영업을 계속하였더라면 얻을 수 있었던 이익, 즉 휴업손해를 그에 대한 증명이 가능한 통상의 손해로서 배상을 받을 수 있을 뿐이며(그 밖에 다른 대체 건물로 이전하는 데에 필요한 부동산중개료, 이사비용 등은 별론으로 한다), 더 나아가 장래 그 목적물의 임대차기간 만료시까지 계속해서 그 목적물을 사용·수익할 수 없음으로 인한 일실수입 손해는 이를 별도의 손해로서 그 배상을 청구할 수 없다.
(대판 2006.1.27, 2005다16591,16607)

第624條【賃貸人의 保存行爲, 忍容義務】 賃貸人이 賃貸物의 保存에 필요한 行爲를 하는 때에는 賃借人은 이를 拒絶하지 못한다.

참조 623·625, [임차인의 선관의무]374

第625條【賃借人의 意思에 反하는 保存行爲와 解止權】 賃貸人이 賃借人의 意思에 反하여 保存行爲를 하는 경우에 賃借人이 이로 인하여 賃借의 目的을 達成할 수 없는 때에는 契約을 解止할 수 있다.

참조 [보존행위]624, [해지]543·550·551

第626條【賃借人의 償還請求權】 ① 賃借人이 賃借物의 保存에 관한 必要費를 支出한 때에는 賃貸人에 대하여 그 償還을 請求할 수 있다.

② 賃借人이 有益費를 支出한 경우에는 賃貸人은 賃貸借終了時에 그 價額의 增加가 現存한 때에 限하여 賃借人의 支出한 金額이나 그 增加額을 償還하여야 한다. 이 경우에 法院은 賃貸人의 請求에 의하여 相當한 償還期間을 許與할 수 있다.

참조 617·654, ①[보존비와 유치권]320, [점유회복과 비용변상]203, ②[임차인의 부속물매수청구권]646, [상환기간등]152·153·388

판례 임대차계약에서 '임차인은 임대인의 승인하에 개축 또는 변조할 수 있으나 부동산의 반환기일 전에 임차인의 부담으로 원상복구키로 한다'라고 약정한 경우, 이는 임차인이 임차 목적물에 지출한 각종 유익비의 상환청구권을 미리 포기하기로 한 취지의 특약이라고 봄이 상당하다.(대판 1995.6.30, 95다12927)

第627條【一部滅失 등과 減額請求, 解止權】 ① 賃借物의 一部가 賃借人의 過失없이 滅失 기타 事由로 인하여 使用, 收益할 수 없는 때에는 賃借人은 그 部分의 比率에 의한 借賃의 減額을 請求할 수 있다.

② 前項의 경우에 그 殘存部分으로 賃借의 目的을 達成할 수 없는 때에는 賃借人은 契約을 解止할 수 있다.

참조 652, ①[사용, 수익과 유지]623, [채무자위험부담주의]537, ②[해지]543·550·551

第628條【借賃增減請求權】 賃貸物에 대한 公課負擔의 增減 기타 經濟事情의 變動으로 인하여 約定한 借賃이 相當하지 아니하게 된 때에는 當事者는 將來에 대한 借賃의 增減을 請求할 수 있다.

참조 652·653, [차임]주택임대차3의2·7·8

판례 출판허락계약상 약정 인세의 감액청구소송에 민법 제628조 소정의 차임증감청구에 관한 규정을 유추적용할 수 없다.
(대판 2000.5.26, 2000다2375,2382)

판례 임대차계약에 있어서 차임불증액의 특약이 있더라도 그 약정 후 그 특약을 그대로 유지시키는 것이 신의칙에 반한다고 인정될 정도의 사정변경이 있다고 보여지는 경우에는 형평의 원칙상 임대인에게 차임증액청구를 인정하여야 한다.
(대판 1996.11.12, 96다34061)

第629條【賃借權의 讓渡, 轉貸의 制限】 ① 賃借人은 賃貸人의 同意없이 그 權利를 讓渡하거나 賃借物을 轉貸하지 못한다.

② 賃借人이 前項의 規定에 違反한 때에는 賃貸人은 契約을 解止할 수 있다.

참조 630–632, ②[계약의 해지]543·550·551

판례 점포 임차인이 그 영업을 양도하면서 점포도 넘겨주기로 한 계약이 점포에 대한 전대차계약이 아니라 임차권 양도계약이라고 한 사례 : 의류판매대리점 영업을 하던 점포 임차인이 그 영업을 양도하면서 점포도 넘겨주기로 한 계약이 영업양도계약에 부수하여 이루어졌고, 임대차계약서 양식이 아닌 매매계약서 양식을 이용하여 위 계약을 체결하였으며, 양수인과 임차인이 함께 임대인을 찾아가 영업양수인과 새로운 임대차계약을 체결하여 줄 것을 요구하였고, 영업을 양도한 이후 위 점포에 관한 임차권의 권리관계에서 임차인의 지위를 유지시켜야 할 이익을 인정할 수 없다면 양수인과 임차인 사이에서 위 점포를 넘겨주기로 한 계약은 전대차계약이 아니라 임차권의 양도계약이다.(대판 2001.9.28, 2001다10960)

第630條【轉貸의 效果】 ① 賃借人이 賃貸人의 同意를 얻어 賃借物을 轉貸한 때에는 轉借人은 直接 賃貸人에 대하여 義務를 負擔한다. 이 경우에 轉借人은 轉貸人에 대한 借賃의 支給으로써 賃貸人에게 對抗하지 못한다.

② 前項의 規定은 賃貸人의 賃借人에 대한 權利行使에 影響을 미치지 아니한다.

참조 626·631·632, [전차인의 임대청구권, 매수청구권]644·647

판례 전차인이 임대인에게 대항할 수 없는 차임의 범위는 전대차계약상의 차임지급시기를 기준으로 하여 그 전에 전대인에게 지급한 차임에 한정되고, 그 이후에 지급한 차임으로는 임대인에게 대항할 수 있다.(대판 2008.3.27, 2006다45459)

第631條【轉借人의 權利의 確定】 賃借人이 賃貸人의 同意를 얻어 賃借物을 轉貸한 경우에는 賃貸人과 賃借人의 合意로 契約을 終了한 때에도 轉借人의 權利는 消滅하지 아니한다.

참조 629·630·632·652

第632條【賃借建物의 小部分을 他人에게 使用케 하는 경우】 前3條의 規定은 建物의 賃借人이 그 建物의 小部分을 他人에게 使用하게 하는 경우에 適用하지 아니한다.

第633條【借賃支給의 時期】 借賃은 動産, 建物이나 垈地에 대하여는 每月末에, 기타 土地에 대하여는 每年末에 支給하여야 한다. 그러나 收穫期있는 것에 대하여는 그 收穫後 遲滯없이 支給하여야 한다.

第634條【賃借人의 通知義務】 賃借物의 修理를 要하거나 賃借物에 대하여 權利를 主張하는 者가 있는 때에는 賃借人은 遲滯없이 賃貸人에게 이를 通知하여야 한다. 그러나 賃貸人이 이미 이를 안 때에는 그러하지 아니하다.

참조 [임차물의 수리]623–625, [특정물채무자의 주의의무]374

第635條【期間의 約定없는 賃貸借의 解止通告】 ① 賃貸借期間의 約定이 없는 때에는 當事者는 언제든지 契約解止의 通告를 할 수 있다.

② 相對方이 前項의 通告를 받은 날로부터 다음 各號의 期間이 經過하면 解止의 效力이 생긴다.

1. 土地, 建物 기타 工作物에 대하여는 賃貸人이 解止를 通告한 경우에는 6月, 賃借人이 解止를 通告한 경우에는 1月
2. 動産에 대하여는 5日

참조 636–639·652

第636條【期間의 約定있는 賃貸借의 解止通告】 賃貸借期間의 約定이 있는 경우에도 當事者 一方 또는 雙方이 그 期間내에 解止할 權利를 保留한 때에는 前條의 規定을 準用한다.

참조 [해지, 해제권]543, [해지의 비소급효]550

第637條【賃借人의 破産과 解止通告】 ① 賃借人이 破産宣告를 받은 경우에는 賃貸借期間의 約定이 있는 때에도 賃貸人 또는 破産管財人은 第635條의 規定에 의하여 契約解止의 通告를 할 수 있다.

② 前項의 경우에 各 當事者는 相對方에 대하여 契約解止로 인하여 생긴 損害의 賠償을 請求하지 못한다.

참조 [파산선고]채무자회생파산305이하, [해지 또는 이행청구의 최고]채무자회생파산335·339, [파산관재인]채무자회생파산355–365, [임대인의 파산의 경우]채무자회생파산340, [임대차의 해지와 손해배상]채무자회생파산337

第638條【解止通告의 轉借人에 대한 通知】 ① 賃貸借契約이 解止의 通告로 인하여 終了된 경우에 그 賃貸物이 適法하게 轉貸되었을 때에는 賃貸人은 轉借人에 대하여 그 事由를 通知하지 아니하면 解止로써 轉借人에게 對抗하지 못한다.

② 轉借人이 前項의 通知를 받은 때에는 第635條第2項의 規定을 準用한다.

참조 630·631·635–637·652·653, [계약의 해지]543·550·551

第639條【묵시의 更新】 ① 賃貸借期間이 滿了한 후 賃借人이 賃借物의 使用, 收益을 繼續하는 경우에 賃貸人이 相當한 期間내에 異議를 하지 아니한 때에는 前賃貸借와 同一한 條件으로 다시 賃貸借한 것으로 본다. 그러나 當事者는 第635條의 規定에 의하여 解止의 通告를 할 수 있다.

② 前項의 경우에 前賃貸借에 대하여 第三者가 提供한 擔保는 期間의 滿了로 인하여 消滅한다.

참조 주택임대차6·6의2, [계약에 의한 갱신]620, [질권]329·345, [저당권]356

판례 동조 1항의 묵시의 갱신은 임차인의 신뢰를 보호하기 위하여 인정되는 것이고, 이 경우 동조 2항에 의하여 제3자가 제공한 담보는 소멸한다고 규정한 것은 담보를 제공한 자의 예상하지 못한 불이익을 방지하기 위한 것이라 할 것이므로, 동조 2항은 당사자들의 합의에 따른 임대차 기간연장의 경우에는 적용되지 않는다.(대판 2005.4.14, 2004다63293)

第640條【借賃延滯와 解止】 建物 기타 工作物의 賃貸借에는 賃借人의 借賃延滯額이 2期의 借賃額에 달하는 때에는 賃貸人은 契約을 解止할 수 있다.

참조 641·652·653, [차임지급시기]633, [이행지체]387, [계약의 해지]543·550·551, [지료를 지급하지 아니한 때의 지상권소멸청구권]287

第641條【同前】 建物 기타 工作物의 所有 또는 植木, 採鹽, 牧畜을 目的으로 한 土地賃貸借의 경우에도 前條의 規定을 準用한다.

참조 [해지]543이하, 550

第642條【土地賃貸借의 解止와 地上建物등에 대한 擔保物權者에의 通知】 前條의 경우에 그 地上에 있는 建物 기타 工作物이 擔保物權의 目的이 된 때에는 第288條의 規定을 準用한다.

참조 [담보물권]356

第643條【賃借人의 更新請求權, 買受請求權】 建物 기타 工作物의 所有 또는 植木, 採鹽, 牧畜을 目的으로 한 土地賃貸借의 期間이 滿了한 경우에 建物, 樹木 기타 地上施設이 現存한 때에는 第283條의 規定을 準用한다.

참조 [임대차의 기간]619, [강행법규성]652

판례 임대주택법의 적용을 받는 경우의 갱신거절 : 임대주택법의 적용을 받는 임대주택에 관해서는 건설교통부령이 정하는 표준임대차계약서 10조 1항 각호 중 하나에 해당하는 사유가 있는 경우라야 임대인이 그 임대차계약을 해지하거나 임대계약의 갱신을 거절할 수 있고, 그렇지 아니한 경우에는 임차인이 임대차계약의 갱신을 원하는 이상 특별한 사정이 없는 한 임대인이 임대차계약의 갱신을 거절할 수 없다.
(대판 2005.4.29, 2005다8002)

판례 경제적 가치 존부가 매수청구권의 행사요건인지 여부 : 민법 643조, 283조에 규정된 임차인의 매수청구권은, 건물의 소유를 목적으로 한 토지 임대차의 기간이 만료되어 그 지상에 건물이 현존하고 임대인이 계약의 갱신을 원하지 아니하는 경우에 임차인에게 부여된 권리로서 그 지상 건물이 객관적으로 경제적 가치가 있는지 여부나 임대인에게 소용이 있는지 여부가 그 행사요건이라고 볼 수 없다.(대판 2002.5.31, 2001다42080)

第644條【轉借人의 賃貸請求權, 買受請求權】 ① 建物 기타 工作物의 所有 또는 植木, 採鹽, 牧畜을 目的으로 한 土地賃借人이 適法하게 그 土地를 轉貸한 경우에 賃貸借 및 轉貸借의 期間이 同時에 滿了되고 建物, 樹木 기타 地上施設이 現存한 때에는 轉借人은 賃貸人에 대하여 前轉貸借와 同一한 條件으로 로 賃貸할 것을 請求할 수 있다.

② 前項의 경우에 賃貸人이 賃貸할 것을 願하지 아니하는 때에는 第283條第2項의 規定을 準用한다.

참조 642·643·645·647, [적법한 전대]630·631

第645條【地上權目的土地의 賃借人의 賃貸請求權, 買受請求權】 前條의 規定은 地上權者가 그 土地를 賃貸한 경우에 準用한다.

참조 652, [지상권 목적 토지의 임대]282·289

第646條【賃借人의 附屬物買受請求權】 ① 建物 기타 工作物의 賃借人이 그 使用의 便益을 위하여 賃貸人의 同意를 얻어 이에 附屬한 物件이 있는 때에는 賃貸借의 終了時에 賃貸人에 대하여 그 附屬物의 買受를 請求할 수 있다.

② 賃貸人으로부터 買受한 附屬物에 대하여도 前項과 같다.

참조 647·652·653, [임대인의 상환청구권]626, [임차인의 매수청구권]283·643, [전세권자의 부속물매수청구권]316②

第647條【轉借人의 附屬物買受請求權】 ① 建物 기타 工作物의 賃借人이 適法하게 轉貸한 경우에 轉借人이 그 使用의 便益을 위하여 賃貸人의 同意를 얻어 이에 附屬한 物件이 있는 때에는 轉貸借의 終了時에 賃貸人에 대하여 그 附屬物의 買受를 請求할 수 있다.

② 賃貸人으로부터 買受하였거나 그 同意를 얻어 賃借人으로부터 買受한 附屬物에 대하여도 前項과 같다.

참조 646·652·653, [적법한 전대]630·631, [전차인의 매수청구권]283②·644②

第648條【賃借地의 附屬物, 果實 등에 대한 法定質權】 土地賃貸人이 賃貸借에 관한 債權에 의하여 賃借地에 附屬 또는 그 使用의 便益에 供用한 賃借人의 所有動産 및 그 土地의 果實을 押留한 때에는 質權과 同一한 效力이 있다.

참조 649·650·653, [동산]99②, [과실]101·102

第649條【賃借地上의 建物에 대한 法定抵當權】 土地賃貸人이 辨濟期를 經過한 最後 2年의 借賃債權에 의하여 그 地上에 있는 賃借人所有의 建物을 押留한 때에는 抵當權과 同一한 效力이 있다.

참조 648·650, [차임지급의 시기]633, [저당권]356

第650條【賃借建物등의 附屬物에 대한 法定質權】 建物 기타 工作物의 賃貸人이 賃貸借에 관한 債權에 의하여 그 建物 기타 工作物에 附屬한 賃借人所有의 動産을 押留한 때에는 質權과 同一한 效力이 있다.

참조 648·649·653, [동산]99②, [질권]329

第651條 (2016.1.6 삭제)

改前 "第651條【賃貸借存續期間】 ① 石造, 石灰造, 煉瓦造 또는 이와 類似한 堅固한 建物 기타 工作物의 所有를 目的으로 하는 土地賃貸借나 植木, 採鹽을 目的으로 하는 土地賃貸借의 경우를 除한 외에는 賃貸借의 存續期間은 20年을 넘지 못한다. 當事者의 約定期間이 20年을 넘는 때에는 이를 20年으로 短縮한다.
② 前項의 期間은 이를 更新할 수 있다. 그 期間은 更新한 날로부터 10年을 넘지 못한다."

第652條【强行規定】 第627條, 第628條, 第631條, 第635條, 第638條, 第640條, 第641條, 第643條 내지 第647條의 規定에 違反하는 約定으로 賃借人이나 轉借人에게 不利한 것은 그 效力이 없다.

참조 653

第653條【一時使用을 위한 賃貸借의 特例】 第628條, 第638條, 第640條, 第646條 내지 第648條, 第650條 및 前條의 規定은 一時使用하기 위한 賃貸借 또는 轉貸借인 것이 明白한 경우에는 適用하지 아니한다.

참조 주택임대차11

第654條【準用規定】 第610條第1項, 第615條 내지 第617條의 規定은 賃貸借에 이를 準用한다.

판례 임대차가 장기간 계속되었고 화재의 원인이 된 전기배선을 임차인이 직접 하였으며 임차인이 전기배선의 이상을 미리 알았거나 알 수 있었던 경우에는 위와 같은 전기배선의 하자로 인한 화재는 특별한 사정이 없는 한 임차인이 임차목적물의 보존에 관한 선량한 관리자의 주의의무를 다하지 아니한 결과 발생한 것으로 보아야 한다.(대판 2006.1.13, 2005다51013,51020)

第8節 雇 傭

第655條【雇傭의 意義】 雇傭은 當事者 一方이 相對方에 대하여 勞務를 提供할 것을 約定하고 相對

方이 이에 대하여 報酬를 支給할 것을 約定함으로써 그 效力이 생긴다.

참조 [매매규정의 준용]567, [근로의 권리의무]헌32, [강제노역을 받지 않을 자유]헌12①, 근기7, [근로조건의 준칙]헌32③, 국가공무원, 선원, [여자 및 연소자의 보호]헌32④⑤, [근기64]이하, 선원90-93, [근로자의 단결 및 단체행동]헌33, 노노1, [근로조건의 결정, 명시 등]근기4·17·97, 선원27, [균등대우와 남녀의 동일임금]근기6, 남녀고용평등과일·가정양립지원에관한법

판례 기업이 경력 있는 전문 인력을 채용하기 위한 방법으로 근로계약 등을 체결하면서 일회성의 인센티브 명목으로 지급하는 이른바 사이닝보너스가 이직에 따른 보상이나 근로계약 등의 체결에 대한 대가로서의 성격만 가지는지, 더 나아가 의무근무기간 동안의 이직금지 내지 전속근무 약속에 대한 대가 및 임금 선급으로서의 성격도 함께 가지는지는 해당 계약이 체결된 동기 및 경위, 당사자가 계약에 의하여 달성하려고 하는 목적과 진정한 의사, 계약서에 특정 기간 동안의 전속근무를 조건으로 사이닝보너스를 지급한다거나 기간의 중간에 퇴직하거나 이직할 경우 이를 반환한다는 등의 문언이 기재되어 있는지 및 거래의 관행 등을 종합적으로 고려하여 판단하여야 한다. 만약 해당 사이닝보너스가 이직에 따른 보상이나 근로계약 등의 체결에 대한 대가로서의 성격에 그칠 뿐이라면 계약 당사자 사이에 근로계약 등이 실제로 체결된 이상 근로자 등이 약정근무기간을 준수하지 아니하였더라도 사이닝보너스가 예정하는 대가적 관계에 있는 반대급부는 이행된 것으로 볼 수 있다.
(대판 2015.6.11, 2012다55518)

第656條【報酬額과 그 支給時期】 ① 報酬 또는 報酬額의 約定이 없는 때에는 慣習에 의하여 支給하여야 한다.
② 報酬는 約定한 時期에 支給하여야 하며 時期의 約定이 없으면 慣習에 의하고 慣習이 없으면 約定한 勞務를 終了한 후 遲滯없이 支給하여야 한다.

참조 686②, [보수]근기43-49, 선원2·52-59, 국가공무원46-49, [보수지급시기]근기38·43②, 선원52, [보수청구권의 보호]근기21·22, 선원32·33, 민집246, [미성년자의 독자적 임금청구]근기68, [보수와 시효]164·165, 근기49

第657條【權利義務의 專屬性】 ① 使用者는 勞務者의 同意없이 그 權利를 第三者에게 讓渡하지 못한다.
② 勞務者는 使用者의 同意없이 第三者로 하여금 自己에 갈음하여 勞務를 提供하게 하지 못한다.
(2014.12.30 본항개정)
③ 當事者 一方이 前2項의 規定에 違反한 때에는 相對方은 契約을 解止할 수 있다.

改前 ② …하여금 自己에 "가름하여" 勞務를…

참조 ①[채권의 양도성]449①, [기업주체의 변경과 고용관계의 승계]선원37, ②상748, [제3자의 이행]120·123·469, ③[해지]543·550

일판 고용계약상의 신분을 보유시키면서 제3자의 지휘 감독하에 노무를 제공케 하는 형태의 소위 재적파견을 명하고 있는 경우는 그 파견관계를 해소시켜 복귀를 명하기 위해서는 특단의 사정이 없는 한 당해 노동자의 동의를 얻는 것을 필요로 하지 않는다.(日·最高 1985.4.5)

第658條【勞務의 內容과 解止權】 ① 使用者가 勞務者에 대하여 約定하지 아니한 勞務의 提供을 要求한 때에는 勞務者는 契約을 解止할 수 있다.
② 約定한 勞務가 特殊한 技能을 要하는 경우에 勞務者가 그 技能이 없는 때에는 使用者는 契約을 解止할 수 있다.

참조 [근로조건]근기17·18, [해지]543·550, [해고의 제한]근기23

第659條【3年 이상의 經過와 解止通告權】 ① 雇傭의 約定期間이 3年을 넘거나 當事者의 一方 또는 第三者의 終身까지로 된 때에는 各 當事者는 3年을 經過한 후 언제든지 契約解止의 通告를 할 수 있다.
② 前項의 경우에는 相對方이 解止의 通告를 받은 날로부터 3月이 經過하면 解止의 效力이 생긴다.

참조 [고용기간]근기16, [고용]660·661, 선원26이하, [해지]543·550

第660條【期間의 約定이 없는 雇傭의 解止通告】
① 雇傭期間의 約定이 없는 때에는 當事者는 언제든지 契約解止의 通告를 할 수 있다.
② 前項의 경우에는 相對方이 解止의 通告를 받은 날로부터 1月이 經過하면 解止의 效力이 생긴다.
③ 期間으로 報酬를 定한 때에는 相對方이 解止의 通告를 받은 當期後의 1期를 經過함으로써 解止의 效力이 생긴다.

참조 [해고의 제한]근기23-24, [해지]543·550

第661條【不得已한 事由와 解止權】 雇傭期間의 約定이 있는 경우에도 不得已한 事由있는 때에는 各 當事者는 契約을 解止할 수 있다. 그러나 그 事由가 當事者 一方의 過失로 인하여 생긴 때에는 相對方에 대하여 損害를 賠償하여야 한다.

참조 [고용기간]근기16, [본조의 특칙]근기23②, [해지]543·550, [손해배상]390·551

판례 동조 '부득이한 사유'의 의미와 그 범위 : 여기서 '부득이한 사유'라 함은 고용계약을 계속하여 존속시켜 그 이행을 강제하는 것이 사회통념상 불가능한 경우를 말하고, 고용은 계속적 계약으로 당사자 사이의 특별한 신뢰관계를 전제로 하므로 고용관계를 계속하여 유지하는 데 필요한 신뢰관계를 파괴하거나 해치는 사실도 부득이한 사유에 포함되며, 따라서 고용계약상 의무의 중대한 위반이 있는 경우에도 부득이한 사유에 포함된다.(대판 2004.2.27, 2003다51675)

第662條【默示의 更新】 ① 雇傭期間이 滿了한 후 勞務者가 繼續하여 그 勞務를 提供하는 경우에 使用者가 相當한 期間내에 異議를 하지 아니한 때에는 前雇傭과 同一한 條件으로 다시 雇傭한 것으로 본다. 그러나 當事者는 第660條의 規定에 의하여 解止의 通告를 할 수 있다.
② 前項의 경우에는 前雇傭에 대하여 第三者가 提供한 擔保는 期間의 滿了로 인하여 消滅한다.

참조 [고용기간]근기16, [근로계약의 연장]선원35, [신원보증]신원보증법, [신원보증금]상468·583②

第663條【使用者破産과 解止通告】 ① 使用者가 破産宣告를 받은 경우에는 雇傭期間의 約定이 있는 때에도 勞務者 또는 破産管財人은 契約을 解止할 수 있다.
② 前項의 경우에는 各 當事者는 契約解止로 인한 損害의 賠償을 請求하지 못한다.

참조 [파산선고]채무자회생파산305이하, [해제 또는 청구의 최고]채무자회생파산335·339, [파산관재인]채무자회생파산355-366, [해지와 손해배상]채무자회생파산337

第9節 都給

第664條【都給의 意義】 都給은 當事者 一方이 어느 일을 完成할 것을 約定하고 相對方이 그 일의 結果에 대하여 報酬를 支給할 것을 約定함으로써 그 效力이 생긴다.

참조 [도급과 매매규정의 준용]567, [도급과 상행위]상46, [도급의 예(운송)]상125이하·791·792·811·813·832·833

판례 수급인이 스스로 또는 도급인과 서로 의사를 같이 하여 타인의 일조권을 방해하려는 목적으로 건물을 건축한 경우나 당해 건물이 건축법규에 위반되었고 그로 인하여 타인의 일조권을 방해하게 된다는 것을 알거나 알 수 있었는데도 건물을 건축한 경우에 수급인도 도급인과 사실상 공동 사업주체로서 이해관계를 같이 하면서 건물을 건축한 경우 등 특별한 사정이 있는 때에는 일조방해에 대하여 손해배상책임을 진다.
(대판 2005.3.24, 2004다38792)

판례 건물 건축 도급계약에 있어서 건물 소유권의 귀속관계 : 일반적으로 자기의 노력과 재료를 들여 건물을 건축한 사람이 그 건물의 소유권을 원시취득하는 것이지만, 도급계약에 있어서는 수급인이 자기의 노력과 재료를 들여 건물을 완성하더라도 도급인과 수급인 사이에 도급인 명의로 건축허가를 받아 소유권보존등기를 하기로 하는 등 완성된 건물의 소유권을 도급인에게 귀속시키기로 합의한 것으로 보일 경우에는 그 건물의 소유권은 도급인에게 '원시적'으로 귀속된다.
(대판 2003.12.18, 98다43601 전원합의체)

판례 유효한 도급계약에 기하여 수급인이 도급인으로부터 제3자 소유 물건의 점유를 이전받아 이를 수리한 결과 그 물건의 가치가 증가한 경우, 도급인이 그 물건을 간접점유하면서 궁극적으로 자신의 계산으로 비용지출과정을 관리한 것이므로, 도급인만이 소유자에 대한 관계에 있어서 민법 203조에 의한 비용상환청구권을 행사할 수 있는 비용지출자라 할 것이고, 수급인은 그러한 비용지출자에 해당하지 않는다.
(대판 2002.8.23, 99다66564,66571)

第665條【報酬의 支給時期】 ① 報酬는 그 完成된 目的物의 引渡와 同時에 支給하여야 한다. 그러나 目的物의 引渡를 要하지 아니하는 경우에는 그 일을 完成한 후 遲滯없이 支給하여야 한다.
② 前項의 報酬에 관하여는 第656條第2項의 規定을 準用한다.

참조 567·585, [쌍무계약과 동시이행]536, [보수]664·674, [보수와 유치권]320, [보수의 소멸시효]163

第666條【受給人의 目的不動産에 대한 抵當權設定請求權】 不動産工事의 受給人은 前條의 報酬에 관한 債權을 擔保하기 위하여 그 不動産을 目的으로 한 抵當權의 設定을 請求할 수 있다.

참조 [부동산]99①, [저당권]356

第667條【受給人의 擔保責任】 ① 完成된 目的物 또는 完成前의 成就된 部分에 瑕疵가 있는 때에는 都給人은 受給人에 대하여 相當한 期間을 定하여 그 瑕疵의 補修를 請求할 수 있다. 그러나 瑕疵가 重要하지 아니한 경우에 그 補修에 過多한 費用을 要할 때에는 그러하지 아니하다.
② 都給人은 瑕疵의 補修에 갈음하여 또는 補修와 함께 損害賠償을 請求할 수 있다.(2014.12.30 본항개정)
③ 前項의 경우에는 第536條의 規定을 準用한다.

改前 ② …補修에 "가름하여" 또는 補修와…

참조 [유상계약과 하자담보책임]567·580, [수급인의 담보책임]668-673, [선택채권]380, [손해배상]390

판례 수급인에 대한 하자담보책임의 범위를 정함에 있어서 도급인의 과실을 참작할 수 있는지 여부 : 수급인의 하자담보책임은 법이 특별히 인정한 '무과실책임'으로서 여기에 민법 396조의 과실상계 규정이 준용될 수는 없다 하더라도 담보책임이 민법의 지도이념인 공평의 원칙에 입각한 것인 이상 하자발생 및 그 확대에 가공한 도급인의 잘못을 참작할 수 있다.
(대판 2004.8.20, 2001다70337)

第668條【同前-都給人의 解除權】 都給人이 完成된 目的物의 瑕疵로 인하여 契約의 目的을 達成할 수 없는 때에는 契約을 解除할 수 있다. 그러나 建物 기타 土地의 工作物에 대하여는 그러하지 아니하다.

참조 [수급인의 담보책임]667·669-672, [해제]543·548, [토지의 공작물]671

판례 공사완공이 불가능하다는 것이 명백하여진 경우에는 계약을 해제할 수 있지만, 그에 앞서 수급인에 대하여 위 공사기한으로부터 상당한 기간 내에 완공할 것을 최고하여야 하고, 다만 예외적으로 수급인이 미리 이행하지 아니할 의사를 표시한 때에는 위와 같은 최고 없이도 계약을 해제할 수 있다.
(대판 1996.10.25, 96다21393,21409)

第669條【同前-瑕疵가 都給人의 提供한 材料 또는 指示에 基因한 경우의 免責】 前2條의 規定은 目的物의 瑕疵가 都給人이 提供한 材料의 性質 또는 都給人의 指示에 基因한 때에는 適用하지 아니한다. 그러나 受給人이 그 材料 또는 指示의 不適當함을 알고 都給人에게 告知하지 아니한 때에는 그러하지 아니하다.

참조 670

판례 도급인의 지시에 따른 경우 : 건축 도급계약의 수급인이 설계도면의 기재대로 시공한 경우, 이는 도급인의 지시에 따른 것과 같아서 수급인이 그 설계도면이 부적당함을 알고 도급인에게 고지하지 아니한 것을 제외하고, 그로 인하여 목적물에 하자가 생겼다 하더라도 수급인에게 하자담보책임을 지울 수는 없다.(대판 1996.5.14, 95다24975)

第670條【擔保責任의 存續期間】 ① 前3條의 規定에 의한 瑕疵의 補修, 損害賠償의 請求 및 契約의 解除는 目的物의 引渡를 받은 날로부터 1年내에 하여야 한다.
② 目的物의 引渡를 要하지 아니하는 경우에는 前項의 期間은 일의 終了한 날로부터 起算한다.

第671條【受給人의 擔保責任-土地, 建物 등에 대한 特則】 ① 土地, 建物 기타 工作物의 受給人은 目的物 또는 地盤工事의 瑕疵에 대하여 引渡후 5年間 擔保의 責任이 있다. 그러나 目的物이 石造, 石灰造, 煉瓦造, 金屬 기타 이와 類似한 材料로 造成된 것인 때에는 그 期間을 10年으로 한다.
② 前項의 瑕疵로 인하여 目的物이 滅失 또는 毁損된 때에는 都給人은 그 滅失 또는 毁損된 날로부터 1年내에 第667條의 權利를 行使하여야 한다.

참조 [공작물]668, [공작물에 의한 불법행위책임]758③

第672條【擔保責任免除의 特約】 受給人은 第667條, 第668條의 擔保責任이 없음을 約定한 경우에도 알고 告知하지 아니한 事實에 대하여는 그 責任을 免하지 못한다.

참조 [면책의 특약]584

第673條【完成前의 都給人의 解除權】 受給人이 일을 完成하기 전에는 都給人은 損害를 賠償하고 契約을 解除할 수 있다.

참조 674, [운송의 중지]상139, [도급인의 파산의 경우]채무자회생파산335·339·341, [손해배상]393·394, [계약의 해제]543·548

판례 동조에 의하여 도급계약이 해제된 경우, 도급인이 수급인에 대한 손해배상에 있어서 과실상계나 손해배상예정액 감액을 주장할 수 있는지 여부 : 동조가 도급인이 자유로운 해제권을 행사할 수 있는 대신 수급인이 입은 손해를 배상하도록 규정하고 있는 것은 도급인의 일방적인 의사에 기한 도급계약 해제를 인정하는 대신, 도급인의 일방적인 계약해제로 인하여 수급인이 입게 될 손해, 즉 수급인이 이미 지출한 비용과 일을 완성하였더라면 얻었을 이익을 합한 금액을 전부 배상하게 하는 것이라 할 것이므로, 위 규정에 의하여 도급계약을 해제한 이상 특별한 사정이 없는 한 도급인은 수급인에 대한 손해배상에 있어서 과실상계나 손해배상예정액 감액을 주장할 수 없다.
(대판 2002.5.10, 2000다37296,37302)

第674條【都給人의 破産과 解除權】 ① 都給人이 破産宣告를 받은 때에는 受給人 또는 破産管財人은 契約을 解除할 수 있다. 이 경우에는 受給人은 일의 完成된 部分에 대한 報酬 및 報酬에 包含되지 아니한 費用에 대하여 破産財團의 配當에 加入할 수 있다.
② 前項의 경우에는 各 當事者는 相對方에 대하여 契約解除로 인한 損害의 賠償을 請求하지 못한다.

참조 [파산선고]채무자회생파산305이하, [파산관재인]채무자회생파산355-366, [해제 또는 이행청구의 최고]채무자회생파산335·339, [도급인의 파산의 경우]채무자회생파산335·339·341, ②[해제]543·550, [손해배상]채무자회생파산337

第9節의2 여행계약
(2015.2.3 본절신설)

第674條의2【여행계약의 의의】 여행계약은 당사자 한쪽이 상대방에게 운송, 숙박, 관광 또는 그 밖의 여행 관련 용역을 결합하여 제공하기로 약정하고 상대방이 그 대금을 지급하기로 약정함으로써 효력이 생긴다.

第674條의3【여행 개시 전의 계약 해제】 여행자는 여행을 시작하기 전에는 언제든지 계약을 해제할 수 있다. 다만, 여행자는 상대방에게 발생한 손해를 배상하여야 한다.

참조 [해제권]543

第674條의4【부득이한 사유로 인한 계약 해지】
① 부득이한 사유가 있는 경우에는 각 당사자는 계약을 해지할 수 있다. 다만, 그 사유가 당사자 한쪽의 과실로 인하여 생긴 경우에는 상대방에게 손해를 배상하여야 한다.
② 제1항에 따라 계약이 해지된 경우에도 계약상 귀

환운송(歸還運送) 의무가 있는 여행주최자는 여행자를 귀환운송할 의무가 있다.
③ 제1항의 해지로 인하여 발생하는 추가 비용은 그 해지 사유가 어느 당사자의 사정에 속하는 경우에는 그 당사자가 부담하고, 누구의 사정에도 속하지 아니하는 경우에는 각 당사자가 절반씩 부담한다.
참조 [해지권]543, [해지의 효과]550

第674條의5【대금의 지급시기】 여행자는 약정한 시기에 대금을 지급하여야 하며, 그 시기의 약정이 없으면 관습에 따르고, 관습이 없으면 여행의 종료 후 지체 없이 지급하여야 한다.

第674條의6【여행주최자의 담보책임】 ① 여행에 하자가 있는 경우에는 여행자는 여행주최자에게 하자의 시정 또는 대금의 감액을 청구할 수 있다. 다만, 그 시정에 지나치게 많은 비용이 들거나 그 밖에 시정을 합리적으로 기대할 수 없는 경우에는 시정을 청구할 수 없다.
② 제1항의 시정 청구는 상당한 기간을 정하여 하여야 한다. 다만, 즉시 시정할 필요가 있는 경우에는 그러하지 아니하다.
③ 여행자는 시정 청구, 감액 청구를 갈음하여 손해배상을 청구하거나 시정 청구, 감액 청구와 함께 손해배상을 청구할 수 있다.

第674條의7【여행주최자의 담보책임과 여행자의 해지권】 ① 여행자는 여행에 중대한 하자가 있는 경우에 그 시정이 이루어지지 아니하거나 계약의 내용에 따른 이행을 기대할 수 없는 경우에는 계약을 해지할 수 있다.
② 계약이 해지된 경우에는 여행주최자는 대금청구권을 상실한다. 다만, 여행자가 실행된 여행으로 이익을 얻은 경우에는 그 이익을 여행주최자에게 상환하여야 한다.
③ 여행주최자는 계약의 해지로 인하여 필요하게 된 조치를 할 의무를 지며, 계약상 귀환운송 의무가 있으면 여행자를 귀환운송하여야 한다. 이 경우 상당한 이유가 있는 때에는 여행주최자는 여행자에게 그 비용의 일부를 청구할 수 있다.
참조 [해지권]543, [해지의 효과]550

第674條의8【담보책임의 존속기간】 제674조의6과 제674조의7에 따른 권리는 여행 기간 중에도 행사할 수 있으며, 계약에서 정한 여행 종료일부터 6개월 내에 행사하여야 한다.

第674條의9【강행규정】 제674조의3, 제674조의4 또는 제674조의6부터 제674조의8까지의 규정을 위반하는 약정으로서 여행자에게 불리한 것은 효력이 없다.

第10節 懸賞廣告

第675條【懸賞廣告의 意義】 懸賞廣告는 廣告者가 어느 行爲를 한 者에게 一定한 報酬를 支給할 意思를 表示하고 이에 應한 者가 그 廣告에 정한 行爲를 完了함으로써 그 效力이 생긴다.
참조 [도급]664이하, [현상광고의 철회]679, [보수수령권자]676, [우수현상광고]678
판례 현상광고상의 지정행위 완료에 조건이나 기한을 붙일 수 있는지 여부(적극) : 민법 675조에 정하는 현상광고라 함은, 광고자가 어느 행위를 한 자에게 일정한 보수를 지급할 의사를 표시하고 이에 응한 자가 그 광고에 정한 행위를 완료함으로써 그 효력이 생기는 것으로서, 그 광고에 정한 행위의 완료에 조건이나 기한을 붙일 수 있다.(대판 2000.8.22, 2000다3675)

第676條【報酬受領權者】 ① 廣告에 정한 行爲를 完了한 者가 數人인 경우에는 먼저 그 行爲를 完了한 者가 報酬를 받을 權利가 있다.
② 數人이 同時에 完了한 경우에는 各各 均等한 比率로 報酬를 받을 權利가 있다. 그러나 報酬가 그 性質上 分割할 수 없거나 廣告에 1人만이 報酬를 받을 것으로 定한 때에는 抽籤에 의하여 決定한다.
참조 675·677·678⑤

第677條【廣告不知의 行爲】 前條의 規定은 廣告있음을 알지 못하고 廣告에 정한 行爲를 完了한 경우에 準用한다.

第678條【優秀懸賞廣告】 ① 廣告에 정한 行爲를 完了한 者가 數人인 경우에 그 優秀한 者에 限하여 報酬를 支給할 것을 정하는 때에는 그 廣告에 應募期間을 정한 때에 限하여 그 效力이 생긴다.
② 前項의 경우에 優秀의 判定은 廣告중에 정한 者가 한다. 廣告중에 判定者를 정하지 아니한 때에는 廣告者가 判定한다.
③ 優秀한 者 없다는 判定은 이를 할 수 없다. 그러나 廣告중에 다른 意思表示가 있거나 廣告의 性質上 判定의 標準이 정하여져 있는 때에는 그러하지 아니하다.
④ 應募者는 前2項의 判定에 대하여 異議를 하지 못한다.
⑤ 數人의 行爲가 同等으로 判定된 때에는 第676條第2項의 規定을 準用한다.
참조 675, [응모의 기간]679①

第679條【懸賞廣告의 撤回】 ① 廣告에 그 指定한 行爲의 完了期間을 정한 때에는 그 期間滿了전에 廣告를 撤回하지 못한다.
② 廣告에 行爲의 完了期間을 정하지 아니한 때에는 그 行爲를 完了한 者 있기 전에는 그 廣告와 同一한 方法으로 廣告를 撤回할 수 있다.
③ 前廣告와 同一한 方法으로 撤回할 수 없는 때에는 그와 類似한 方法으로 撤回할 수 있다. 이 撤回는 撤回한 것을 안 者에 대하여만 그 效力이 있다.
참조 [계약의 청약의 구속력]527, [승낙기간을 정하지 아니한 계약의 청약]529

第11節 委 任

第680條【委任의 意義】 委任은 當事者 一方이 相對方에 대하여 事務의 處理를 委託하고 相對方이 이를 承諾함으로써 그 效力이 생긴다.
참조 [복위임]120·121·123, [위임과 대리]120·121·128, [대리상, 중개업]상87·93, [사무관리]734, [회사의 임원과 위임관계]상195·265·269·382②·415·542·567, [위임관계로 인정되는 경우]707, 상112, [소송의 위임]변호사3, [배임죄]형355②
판례 공사감리계약의 성격과 내용 : 공사감리계약의 성격은 그 감리의 대상이 된 공사의 완성여부, 진척정도와는 독립된 별개의 용역을 제공하는 것을 본질적 내용으로 하는 위임계약의 성격을 갖고 있다고 봄이 상당하다.(대판 2000.8.22, 2000다19342)

第681條【受任人의 善管義務】 受任人은 委任의 本旨에 따라 善良한 管理者의 注意로써 委任事務를 處理하여야 한다.
참조 680·956, 상382②, [상사위임과 수임자의 권한]상49, [수임자의 책임]390−394, [본조 준용]956·1103
판례 소송대리를 위임받은 변호사의 위임사무 종료단계에서의 선관주의의무의 내용 : 소송대리를 위임받은 변호사는 그 수임사무를 수행함에 있어 전문적인 법률지식과 경험에 기초하여 성실하게 의뢰인의 권리를 옹호할 의무가 있으며, 구체적인 위임사무의 범위는 변호사와 의뢰인 사이의 위임계약의 내용에 의하여 정하여지는 것이지만, 위임사무의 종료단계에서 패소판결이 있었던 경우에는 의뢰인으로부터 상소에 관하여 특별한 수권이 없는 때에도 그 판결을 점검하여 의뢰인에게 불이익한 계산상의 잘못이 있다면 의뢰인에게 그 판결의 내용과 상소하는 때의 승소가능성 등에 대하여 구체적으로 설명하고 조언하여야 할 의무가 있다.(대판 2004.5.14, 2004다7354)

第682條【復任權의 制限】 ① 受任人은 委任人의 承諾이나 不得已한 事由없이 第三者로 하여금 自己에 갈음하여 委任事務를 處理하게 하지 못한다.
(2014.12.30 본항개정)
② 受任人이 前項의 規定에 의하여 第三者에게 委任事務를 處理하게 한 경우에는 第121條, 第123條의 規定을 準用한다.
改前 ① …하여금 自己에 "가름하여" 委任事務를…
참조 [본조 준용]1103, [임의대리인의 복임권]120, [제3자의 변제]469

第683條【受任人의 報告義務】 受任人은 委任人의 請求가 있는 때에는 委任事務의 處理狀況을 報告하고 委任이 終了한 때에는 遲滯없이 그 顚末을 報告하여야 한다.
참조 상88·104·755, [본조 준용]738·1048②·1103②, [위임의 종료]689·690

第684條【受任人의 取得物 등의 引渡, 移轉義務】 ① 受任人은 委任事務의 處理로 인하여 받은 金錢 기타의 物件 및 그 收取한 果實을 委任人에게 引渡하여야 한다.
② 受任人이 委任人을 위하여 自己의 名義로 取得한 權利는 委任人에게 移轉하여야 한다.
참조 738, [과실]101

第685條【受任人의 金錢消費의 責任】 受任人이 委任人에게 引渡할 金錢 또는 委任人의 利益을 위하여 使用할 金錢을 自己를 위하여 消費한 때에는 消費한 날 이후의 利子를 支給하여야 하며 그 외에 損害가 있으면 賠償하여야 한다.
참조 738·958·1048·1103, [이자]379, [손해배상]390·393①·394

第686條【受任人의 報酬請求權】 ① 受任人은 特別한 約定이 없으면 委任人에 대하여 報酬를 請求하지 못한다.
② 受任人이 報酬를 받을 경우에는 委任事務를 完了한 후가 아니면 이를 請求하지 못한다. 그러나 期間으로 報酬를 정한 때에는 그 期間이 經過한 후에 이를 請求할 수 있다.
③ 受任人이 委任事務를 處理하는 중에 受任人의 責任없는 事由로 인하여 委任이 終了된 때에는 受任人은 이미 處理한 事務의 比率에 따른 報酬를 請求할 수 있다.
참조 [본조 준용]상61·388·567, ②[보수액과 지급시기]656, ③[위임의 종료]689·690
판례 소송위임사무에 대하여 변호사가 청구할 수 있는 보수액 : 변호사의 소송위임사무처리에 대한 보수에 관하여 의뢰인과의 사이에 약정이 있는 경우에 위임사무를 완료한 변호사는 특별한 사정이 없는 한 약정된 보수액을 전부 청구할 수 있는 것이 원칙이기는 하지만, 의뢰인과의 평소부터의 관계, 사건 수임의 경위, 착수금의 액수, 사건처리의 경과와 난이도, 노력의 정도, 소송물의 가액, 의뢰인이 승소로 인하여 얻게 된 구체적 이익과 소송변호사회의 보수규정, 기타 변론에 나타난 제반 사정을 고려하여 약정된 보수액이 부당하게 과다하여 신의성실의 원칙이나 형평의 원칙에 반한다고 볼 만한 특별한 사정이 있는 경우에는 예외적으로 상당하다고 인정되는 범위 내의 보수액만을 청구할 수 있다고 보아야 한다.(대판 2002.4.12, 2000다50190)

第687條【受任人의 費用先給請求權】 委任事務의 處理에 費用을 要하는 때에는 委任人은 受任人의 請求에 의하여 이를 先給하여야 한다.
참조 688①, [본조 준용]1103
판례 변호사가 소송사건을 수임하면서 지급받는 착수금의 성질 및 소송위임계약이 해지된 경우, 착수금의 반환 범위 : 변호사가 의뢰인으로부터 받는 착수금은 일반적으로 위임사무의 처리비용과 보수금 일부의 선급금조의 성격을 갖는다고 할 것이므로 소송위임계약이 해지된 경우 수임인인 변호사는 사무처리의 정도 등에 비추어 일부 착수금을 반환할 의무가 있다.(서울중앙지법 2005.9.16, 2005가합28940)

第688條【受任人의 費用償還請求權 등】 ① 受任人이 委任事務의 處理에 관하여 必要費를 支出한 때에는 委任人에 대하여 支出한 날 이후의 利子를 請求할 수 있다.
② 受任人이 委任事務의 處理에 必要한 債務를 負擔한 때에는 委任人에게 自己에 갈음하여 이를 辨濟하게 할 수 있고 그 債務가 辨濟期에 있지 아니한 때에는 相當한 擔保를 提供하게 할 수 있다.
(2014.12.30 본항개정)
③ 受任人이 委任事務의 處理를 위하여 過失없이 損害를 받은 때에는 委任人에 대하여 그 賠償을 請求할 수 있다.
改前 ② …自己에 "가름하여" 이를 辨濟하게…
참조 687·739, [상인과 금전의 체당]상55②, [본조 준용]1048·1104, [이자]379, ③[손해배상주구권의 범위]393

第689條【委任의 相互解止의 自由】 ① 委任契約은 各 當事者가 언제든지 解止할 수 있다.
② 當事者 一方이 不得已한 事由없이 相對方의 不利한 時期에 契約을 解止한 때에는 그 損害를 賠償하여야 한다.
참조 550·691·692, 상92, [해지]543·550, ①[회사임원등의 해임, 사임]상385·386·567·745, ②[손해배상]상385①·393·567
판례 위임계약의 해지로 인한 손해배상책임 : 민법상 위임계약은 그것이 유상계약이든 무상계약이든 당사자 쌍방의 특별한 대인적 신뢰관계를 기초로 하는 위임계약의 본질상 각 당사자는 언제든지 이를 해지할 수 있고 이로 인해 상대방이 손해를 입는 일이 있어도 그것을 배상할 의무를 부담하지 않는 것이 원칙이다.(대판 2005.11.24, 2005다39136)
판례 위임계약은 불리한 시기에 부득이한 사유 없이 해지한 경우에 한하여 상대방에게 그로 인한 손해배상책임을 질뿐이나, 위임인의 이익과 함께 수임인의 이익도 목적으로 하고 있는 위임의 경우에는 위임인으로서는 해지 자체는 정당한 이유 유무에 관계없이 할 수 있다 하더라도 정당한 이유 없이 해지한 경우에는 상대방인 수임인에게 그로 인한 손해를 배상할 책임이 있다.(대판 2000.4.25, 98다47108)
일판 세무사고문계약에 있어서 고문료지급의 특약이 있는 것만으로는 수임자의 이익만을 목적으로 하여 체결된 위임계약이라고는 할 수 없으며, 위임자는 그 이유를 고지하지 아니하고 언제라도 그 계약을 해약을 할 수가 있다.(日·最高 1983.9.20)

第690條【사망·파산 등과 위임의 종료】 위임은 당사자 한쪽의 사망이나 파산으로 종료된다. 수임인이 성년후견개시의 심판을 받은 경우에도 이와 같다.
(2011.3.7 본조개정)
改前 "第690條【死亡, 破産등과 委任의 終了】 委任은 當事者 一方의 死亡 또는 破産으로 인하여 終了한다. 受任人이 禁治産宣告를 받은 때에도 같다."
참조 691·692, [특칙]상50, 채무자회생파산342, [사망]28, [파산선고]채무자회생파산305이하, [성년후견개시]9, [대리권의 소멸]127, [위임의 종료와 대리권소멸]128

第691條【委任終了時의 緊急處理】 委任終了의 경우에 急迫한 事情이 있는 때에는 受任人, 그 相續人이나 法定代理人은 委任人, 그 相續人이나 法定代理人이 委任事務를 處理할 수 있을 때까지 그 事務의 處理를 繼續하여야 한다. 이 경우에는 委任의 存續과 同一한 效力이 있다.
참조 737, 채무자회생파산366, [본조 준용]919·959·1103, [위임의 종료]689·690·692, [친권자]909−911, [후견인]931−936·938, [상속재산관리인]1023②·1047②·1053, [파산관재인]채무자회생파산355−366, [이사퇴임의 경우]상386·567
판례 민법상 법인의 이사나 감사의 임기가 만료된 경우, 구 이사나 감사가 종전 직무를 계속 수행할 수 있는지 여부 및 후임 이사가 유효하게 선임되었으나 선임의 효력을 둘러싼 다툼이 있는 경우, 임기가 만료된 구 이사만이 직무수행권한을 가지는지 여부 : 민법상 법인의 이사나 감사 전원 또는 그 일부의 임기가 만료되었음에도 불구하고 그 후임 이사나 감사의 선임이 없거나 또는 그 후임 이사나 감사의 선임이 있었다고 하더라도 그 선임결의가 무효이고, 임기가 만료되지 아니한 다른 이사나 감사만으로는 정상적인 법인의 활동을 할 수 없는 경우, 임기가 만료된 구 이사나 감사로 하여금 법인의 업무를 수행케 함이 부적당하다고 인정할 만한 특별한 사정이 없는 한, 구 이사나 감사는 후임 이사나 감사가 선임될 때까지 종전의 직무를 수행할 수 있다 할 것이나, 후임 이사가 유효히 선임되었는데도 그 선임의 효력을 둘러싼 다툼이 있다고 하여 그 다툼이 해결되기 전까지는 후임 이사에게는 직무수행권한이 없고 임기가 만료된 구 이사만이 직무수행권한을 가진다고 할 수는 없다.
(대판 2006.4.27, 2005도8875)

第692條【委任終了의 對抗要件】 委任終了의 事由는 이를 相對方에게 通知하거나 相對方이 이를 안 때가 아니면 이로써 相對方에게 對抗하지 못한다.

참조 [본조 준용]919·959·1103, [위임종료의 사유]689·690, [위임종료와 대리권소멸]128, [파산과 대항력]채무자회생파산342, [대리권소멸과 대항]129, 민소63, 상13·37

第12節 任 置

第693條【任置의 意義】 任置는 當事者 一方이 相對方에 대하여 金錢이나 有價證券 기타 物件의 保管을 委託하고 相對方이 이를 承諾함으로써 效力이 생긴다.

참조 [물건의 인도]196②, [소비임치]702, [상사임치]상46·108·152－154, [창고업]상155－168, [신탁관계]신탁, [공탁물의 보관]487이하, 비송53·54, 공탁

판례 선하증권상 통지처인 화주의 의뢰를 받은 하역회사가 화물을 지정장치장에 입고시킨 경우, 운송인 등과 지정장치장 화물관리인 사이의 법률관계 : 선하증권이 발행된 화물의 해상운송에 있어서 운송인 또는 그 선박대리점은 선하증권과 상환하여 화물을 인도함으로써 그 의무의 이행을 다하는 것이므로, 선하증권상의 통지처에 불과한 화주의 의뢰를 받은 하역회사가 화물을 양하하여 통관을 위해 지정장치장에 입고시켰다면, 화물이 운송인 등의 지배를 떠나 화주에게 인도된 것으로 볼 수는 없고, 운송인 등과 지정장치장 화물관리인 사이에는 화물에 관하여 묵시적인 임치계약관계가 성립하게 되며, 지정장치장 화물관리인은 운송인 등의 지시에 따라 임치물을 인도할 의무가 있게 된다.(대판 2006.12.21, 2003다47362)

第694條【受置人의 任置物使用禁止】 受置人은 任置人의 同意없이 任置物을 使用하지 못한다.

참조 695, [유상수치인의 주의의무]374, [공탁물보관인]비송53이하

第695條【無償受置人의 注意義務】 報酬없이 任置를 받은 者는 任置物을 自己財産과 同一한 注意로 保管하여야 한다.

참조 694·696, [유상수치인의 주의의무]374, [상사임치와 주의의무]상108·152－154·160, [보수]686·701, [자기재산과 동일한 주의]1022·1048, [공탁물보관인에 준용]비송54

第696條【受置人의 通知義務】 任置物에 대한 權利를 主張하는 第三者가 受置人에 대하여 訴를 提起하거나 押留한 때에는 受置人은 遲滯없이 任置人에게 이를 通知하여야 한다.

참조 [공탁물보관인에 준용]비송54, [보관상의 주의의무]374·695, [압류]민집

第697條【任置物의 性質, 瑕疵로 인한 任置人의 損害賠償義務】 任置人은 任置物의 性質 또는 瑕疵로 인하여 생긴 損害를 受置人에게 賠償하여야 한다. 그러나 受置人이 그 性質 또는 瑕疵를 안 때에는 그러하지 아니하다.

참조 688③, [창고업자와 임치물의 점검]상161, [손해배상의 범위]393

第698條【期間의 約定있는 任置의 解止】 任置期間의 約定이 있는 때에는 受置人은 不得已한 事由없이 그 期間滿了전에 契約을 解止하지 못한다. 그러나 任置人은 언제든지 契約을 解止할 수 있다.

참조 699, [반환]상129－133·157, [기한의 이익]152·153·388, [소비임치와 반환청구]702, [창고업자와 수치물의 반환]상163·164, [해지]543·550

第699條【期間의 約定없는 任置의 解止】 任置期間의 約定이 없는 때에는 各 當事者는 언제든지 契約을 解止할 수 있다.

참조 [임치인의 반환청구권]698, [창고업자와 수치물의 반환]상163·164, [해지의 효과]543·550

第700條【任置物의 返還場所】 任置物은 그 保管한 場所에서 返還하여야 한다. 그러나 受置人이 正當한 事由로 인하여 그 物件을 轉置한 때에는 現存하는 場所에서 返還할 수 있다.

참조 [공탁물보관인에 준용]비송54, [보관장소]상156②, [변제의 장소]467

第701條【準用規定】 第682條, 第684條 내지 第687條 및 第688條第1項, 第2項의 規定은 任置에 準用한다.

第702條【消費任置】 受置人이 契約에 의하여 任置物을 消費할 수 있는 경우에는 消費貸借에 관한 規定을 準用한다. 그러나 返還時期의 約定이 없는 때에는 任置人은 언제든지 그 返還을 請求할 수 있다.

참조 [소비대차]598－608, [임치와 반환청구]603·604·698

판례 예금계약의 성립 시기 : 예금계약은 예금자가 예금의 의사를 표시하면서 금융기관에 돈을 제공하고 금융기관이 그 의사에 따라 그 돈을 받아 확인을 하면 그로써 성립하며, 금융기관의 직원이 그 받은 돈을 금융기관에 실제로 입금하였는지 여부는 예금계약의 성립에는 아무런 영향을 미치지 아니한다.
(대판 1984.8.14, 84도1139)

第13節 組 合

第703條【組合의 意義】 ① 組合은 2人 이상이 相互出資하여 共同事業을 經營할 것을 約定함으로써 그 效力이 생긴다.

② 前項의 出資는 金錢 기타 財産 또는 勞務로 할 수 있다.

참조 [유상계약]567, [금전출자]705, [출자액과 손익 및 잔여재산의 분배]711·724②, [조합관계]상759－768, [회사의 내부관계와 조합에 관한 규정]상195·269, [익명조합]상78이하

판례 수인이 전매차익을 목적으로 부동산을 공동으로 매수한 경우, 그 수인을 조합원으로 하는 동업체에서 매수한 것으로 인정하기 위한 요건 : [1] 민법상 조합계약은 2인 이상이 상호 출자하여 공동으로 사업을 경영할 것을 약정하는 계약으로서, 특정한 사업을 공동경영하는 약정에 한하여 이를 조합계약이라 할 수 있고, 공동의 목적 달성이라는 정도만으로는 조합의 성립요건을 갖추었다고 할 수 없다.
[2] 수인이 부동산을 공동으로 매수한 경우, 공동매수의 목적이 전매차익의 획득에 있을 경우 그것이 공동사업을 위해 동업체에서 매수한 것이 되려면, 적어도 공동매수인들 사이에서 그 매수한 토지를 공유가 아닌 동업체의 재산으로 귀속시키고 공동매수인 전원의 의사에 기해 전원의 계산으로 처분한 후 그 이익을 분배하기로 하는 명시적 또는 묵시적 의사의 합치가 있어야만 할 것이고, 이와 달리 공동매수 후 매수인별로 토지에 관하여 공유에 기한 지분권을 가지고 각자 자유롭게 그 지분권을 처분하여 대가를 취득할 수 있도록 한 것이라면 이를 동업체에서 매수한 것으로 볼 수는 없다.
(대판 2007.6.14, 2005다5140)

판례 연립주택 소유자들과 공사업자 사이의 동업계약 : 연립주택의 소유자들이 재건축을 함에 있어 주택 소유자들은 부지를 제공하고 공사업자는 그의 책임으로 공사비 등을 투자하여 연립주택을 신축하되 신축 주택 1세대씩은 기존 소유자들에게 제공하고 잔여 주택은 공사업자가 처분하기로 하는 내용의 계약을 체결한 경우, 위 계약을 연립주택 소유자들과 공사업자 사이의 동업계약이라고 볼 수 있다.(대판 2002.4.23, 2000두5852)

第704條【組合財産의 合有】 組合員의 出資 기타 組合財産은 組合員의 合有로 한다.

참조 [합유]271－274, [공유]262, [출자]703·705, [익명조합의 특칙]상79, [조합재산]719

판례 공동이행방식의 공동수급체는 기본적으로 민법상 조합의 성질을 가지는 것이므로 구성원 중 1인이 도급인에 대하여 급부를 청구할 수는 없지만, 구성원별로 청구된 금액에 따라 각자 자기 명의의 계좌로 공사대금을 지급받기로 약정한 내용이 담긴 협정서가 환경관리공단에 제출되어 공사도급계약이 체결되었으므로 공동수급체와 환경관리공단은 공동수급체 구성원 각자로 하여금 공사대금채권에 관해 출자지분의 비율에 따라 직접 권리를 취득하게 하는 묵시적인 약정을 했다고 보는 것이 타당하다.(대판 2012.5.17, 2009다105406 전원합의체)

판례 조합재산과 사해행위 : 동업 목적의 조합체가 부동산을 조합재산으로 취득하였으나 합유등기가 아닌 조합원들 명의로 공유등기를 하였다면 그 공유등기는 조합체가 조합원들에게 각 지분에 관하여 명의신탁한 것에 불과하므로 부동산실권리자명의등기에관한법률 4조 2항 본문이 적용되어 명의수탁자인 조합원들 명의의 소유권이전등기는 무효이어서 그 부동산 지분은 조합원들의 소유가 아니기 때문에 이를 일반채권자들의 공동담보에 공하여지는 책임재산이라고 볼 수 없고, 따라서 조합원들 중 1인이 조합에서 탈퇴하면서 나머지 조합원들에게 그 지분에 관한 소유권이전등기를 경료하여 주었다 하더라도 그로써 채무자인 그 해당 조합원의 책임재산에 감소를 초래한 것이라고 할 수 없으므로, 이를 들어 일반채권자를 해하는 사해행위라고 볼 수는 없으며, 그에게 사해의 의사가 있다고 볼 수도 없다.
(대판 2002.6.14, 2000다30622)

第705條【金錢出資遲滯의 責任】 金錢을 出資의 目的으로 한 組合員이 出資時期를 遲滯한 때에는 延滯利子를 支給하는 외에 損害를 賠償하여야 한다.

참조 703, 상196, [담보책임]567, [이자]379, [손해배상]393·397

판례 건설공동수급체는 기본적으로 민법상 조합의 성질을 가지는 것인데, 건설공동수급체의 구성원인 조합원이 그 출자의무를 불이행하였더라도 그 조합원을 조합에서 제명하지 않는 한 건설공동수급체는 조합원에 대한 출자금채권과 그 연체이자채권, 그 밖의 손해배상채권으로 조합원의 이익분배청구권과 직접 상계할 수 있을 뿐이고, 조합계약에서 출자의무의 이행과 이익분배를 직접 연계시키는 특약을 두지 않는 한 출자의무의 불이행을 이유로 이익분배 자체를 거부할 수는 없다.
(대판 2006.8.25, 2005다16959)

第706條【事務執行의 方法】 ① 組合契約으로 業務執行者를 정하지 아니한 경우에는 組合員의 3分의 2 이상의 贊成으로써 이를 選任한다.

② 組合의 業務執行은 組合員의 過半數로써 決定한다. 業務執行者數人인 때에는 그 過半數로써 決定한다.

③ 組合의 通常事務는 前項의 規定에 不拘하고 各 組合員 또는 各 業務執行者가 專行할 수 있다. 그러나 그 事務의 完了전에 다른 組合員 또는 다른 業務執行者의 異議가 있는 때에는 卽時 中止하여야 한다.

참조 707·708, ②[청산인의 선임]721②, [제명결의]718, [선박공유와 선박이용의 결정방법]상759－768, [업무집행자가 수인인 경우]상202·203·391·564, [청산인의 업무집행방법]722

판례 제706조에서는 조합원 3분의 2 이상의 찬성으로 조합의 업무집행자를 선임하고 조합원 과반수의 찬성으로 조합의 업무집행방법을 결정하도록 규정하고 있는바, 여기서 말하는 조합원은 조합원의 출자가액이나 지분이 아닌 조합원의 인원수를 뜻한다. 다만, 위와 같은 민법의 규정은 임의규정이므로, 당사자 사이의 약정으로 업무집행자의 선임이나 업무집행방법의 결정을 조합원의 인원수가 아닌 그 출자가액 내지 지분의 비율에 의하도록 하는 등 그 내용을 달리 정할 수 있고, 그와 같은 약정이 있는 경우에는 그 정한 바에 따라 업무집행자를 선임하거나 업무집행방법을 결정하여야만 유효하다.
(대판 2009.4.23, 2008다4247)

第707條【準用規定】 組合業務를 執行하는 組合員에는 第681條 내지 第688條의 規定을 準用한다.

第708條【業務執行者의 辭任, 解任】 業務執行者인 組合員은 正當한 事由없이 辭任하지 못하며 다른 組合員의 一致가 아니면 解任하지 못한다.

참조 [조합원중 청산인의 사임, 해임]723, [임원의 해임]상385·567

第709條【業務執行者의 代理權推定】 組合의 業務를 執行하는 組合員은 그 業務執行의 代理權있는 것으로 推定한다.

참조 [업무를 집행하는 조합원]706·707, [대리권]114이하

판례 업무집행조합원의 조합원 대리권에 관하여 제한약정이 있는 경우, 그 약정의 존재 및 이행에 대한 주장·입증책임의 소재 : 민법 709조에 의하면, 조합계약으로 업무집행자를 정하였거나 또는 선임한 때에는 그 업무집행조합원은 조합의 목적을 달성하는 데 필요한 범위에서 조합을 위하여 모든 행위를 할 대리권이 있는 것으로 추정되지만, 위 규정은 임의규정이라고 할 것이므로 당사자 사이의 약정에 의하여 조합의 업무집행에 관하여 조합원 전원의 동의를 요하도록 하는 등 그와 달리 정할 수 있고, 이와 같은 약정이 있는 경우 조합의 업무집행은 조합원 전원의 동의가 있는 때에만 유효하다 할 것이어서, 조합의 구성원이 위와 같은 약정의 존재를 주장·입증하면 조합의 업무집행자가 조합원을 대리할 권한이 있다는 추정은 깨어지고 업무집행자와 사이에 법률행위를 한 상대방이 나머지 조합원에게 그 법률행위의 효력을 주장하기 위하여는 그와 같은 약정에 따른 조합원 전원의 동의가 있었다는 점을 주장·입증할 필요가 있다.(대판 2002.1.25, 99다62838)

第710條【組合員의 業務, 財産狀態檢查權】 各 組合員은 언제든지 組合의 業務 및 財産狀態를 檢査할 수 있다.

참조 [업무집행의 위임]706②, [수임인과 보고의무]683·706, [조합재산]704

第711條【損益分配의 比率】 ① 當事者가 損益分配의 比率을 정하지 아니한 때에는 各 組合員의 出資價額에 比例하여 이를 정한다.

② 利益 또는 損失에 대하여 分配의 比率을 정한 때에는 그 比率은 利益과 損失에 共通된 것으로 推定한다.

참조 [출자가액과 잔여재산의 분배비율]72②·703, [손실분담의 비율]712, [조합채무자의 변제]713, [출자의 합유와 지분균등의 추정]262②·274②·704

판례 건설공동수급체가 구성원에 대하여 출자의무의 불이행을 이유로 이익분배를 거부할 수 있는지 여부 : 건설공동수급체는 기본적으로 민법상 조합의 성질을 가지는 것인데, 건설공동수급체의 구성원인 조합원이 그 출자의무를 불이행하였더라도 그 조합원을 조합에서 제명하지 않는 한 건설공동수급체는 조합원에 대한 출자금채권과 그 연체이자채권, 그 밖의 손해배상채권으로 조합원의 이익분배청구권과 직접 상계할 수 있을 뿐이고, 조합계약에서 출자의무의 이행과 이익분배를 직접 연계시키는 특약을 두지 않는 한 출자의무의 불이행을 이유로 이익분배 자체를 거부할 수는 없다.
(대판 2006.8.25, 2005다16959)

第712條【組合員에 대한 債權者의 權利行使】 組合債權者는 그 債權發生 當時에 組合員의 損失負擔의 比率을 알지 못한 때에는 各 組合員에게 均分하여 그 權利를 行使할 수 있다.

참조 711·713, [다수당사자의 채권관계]408

판례 2인 조합에서 1인이 탈퇴한 경우, 조합채권자가 잔존 조합원에 대한 조합채무 전부의 이행청구 : 조합채무는 조합원들이 조합재산에 의하여 합유적으로 부담하는 채무이고, 두 사람으로 이루어진 조합관계에 있어 그 중 1인이 탈퇴하면 탈퇴자와의 사이에 조합관계는 종료된다 할 것이나 특별한 사정이 없는 한 조합은 해산되지 아니하고, 조합원들의 합유에 속한 조합재산은 남은 조합원에게 귀속하게 되므로, 이 경우 조합채권자는 잔존 조합원에게 여전히 그 조합채무 전부에 대한 이행을 청구할 수 있다.(대판 1999.5.11, 99다1284)

第713條【無資力組合員의 債務와 他組合員의 辨濟責任】 組合員중에 辨濟할 資力없는 者가 있는 때에는 그 辨濟할 수 없는 部分은 다른 組合員이 均分하여 辨濟할 責任이 있다.

참조 711·712, [변제]460

판례 음식점시설제공자의 이익여부에 관계없이 정기적으로 일정액을 지급할 것을 약정하되 대외적 거래관계는 경영자가 그 명의로 단독으로 하여 그 권리의무가 그에게만 귀속되는 동업관계는 상법상 익명조합도 아니고 민법상 조합도 아니어서 대외적으로는 오로지 경영자만이 권리를 취득하고 채무를 부담하는 것이고 그가 변제자력이 없거나 부족하다는 등의 특별한 사정이 있더라도 민법 제713조가 유추적용될 여지는 없다.
(대판 1983.5.10, 81다650)

第714條【持分에 대한 押留의 效力】 組合員의 持分에 대한 押留는 그 組合員의 將來의 利益配當 및 持分의 返還을 받을 權利에 대하여 效力이 있다.

참조 [압류]민집, [지분의 반환]719, [이익배당]711, [특칙]상223

第715條【組合債務者의 相計의 禁止】 組合의 債務者는 그 債務와 組合員에 대한 債權으로 相計하지 못한다.

참조 [상계]492이하

第716條【任意脫退】 ① 組合契約으로 組合의 存續期間을 정하지 아니하거나 組合員의 終身까지 存續할 것을 정한 때에는 各 組合員은 언제든지 脫退할 수 있다. 그러나 不得已한 事由없이 組合의 不利한 時期에 脫退하지 못한다.
② 組合의 存續期間을 정한 때에도 組合員은 不得已한 事由가 있으면 脫退할 수 있다.
참조 상217, [탈퇴]719
판례 부득이한 사유에 해당하는지 여부는 조합원 일신상의 주관적인 사유 및 조합원 개개인의 이익뿐만 아니라 단체로서의 조합의 성격과 조합원 전체의 이익 등을 종합적으로 고려하여 판단하여야 한다.(대판 1997.1.24, 96다26305)

第717條【비임의 탈퇴】 제716조의 경우 외에 조합원은 다음 각 호의 어느 하나에 해당하는 사유가 있으면 탈퇴된다.
1. 사망
2. 파산
3. 성년후견의 개시
4. 제명(除名)
(2011.3.7 본조개정)
改前 "第717條【非任意脫退】前條의 경우외에 組合員은 다음 各號의 事由로 인하여 脫退된다.
1. 死亡
2. 破産
3. 禁治産
4. 除名"
참조 상218, [탈퇴]719, [사망]28, [파산]127, [성년후견]12, [제명]718

第718條【除名】 ① 組合員의 除名은 正當한 事由있는 때에 限하여 다른 組合員의 一致로써 이를 決定한다.
② 前項의 除名決定은 除名된 組合員에게 通知하지 아니하면 그 組合員에게 對抗하지 못한다.
참조 717, [제명의 효과]679 · 719, [업무집행과 다수결]706

第719條【脫退組合員의 持分의 計算】 ① 脫退한 組合員과 다른 組合員間의 計算은 脫退당시의 組合財産狀態에 의하여 한다.
② 脫退한 組合員의 持分은 그 出資의 種類如何에 不拘하고 金錢으로 返還할 수 있다.
③ 脫退당시에 完結되지 아니한 事項에 대하여는 完結후에 計算할 수 있다.
참조 상221 · 222, [탈퇴]716~718, [조합재산]704 · 724②, [출자의 종류]703②
판례 탈퇴자와 잔존자 사이의 탈퇴로 인한 계산의 방법 : 계산은 사업의 계속을 전제로 하는 것이므로 조합재산의 가액은 단순한 매매가격이 아닌 '영업권의 가치를 포함하는 영업가격'에 의하여 평가하되, 당해 조합원의 지분비율은 조합청산의 경우에 실제 출자한 자산가액의 비율에 의하는 것과는 달리 '조합내부의 손익분배 비율'을 기준으로 계산하여야 하는 것이 원칙이다.
(대판 2006.3.9, 2004다49693,49709)
판례 탈퇴한 조합원과 다른 조합원 간의 계산은 민법 제719조 제1항에 의하여 탈퇴 당시의 조합 재산상태에 의하여 하는 것이므로 그 지분계산에 있어서 자산평가의 기준 시기는 탈퇴 당시라고 보아야 한다.(대판 1996.9.6, 96다19208)

第720條【不得已한 事由로 인한 解散請求】 不得已한 事由가 있는 때에는 各 組合員은 組合의 解散을 請求할 수 있다.
참조 [해산]543 · 550 · 721, [회사의 해산청구]상241

第721條【淸算人】 ① 組合이 解散한 때에는 淸算은 總組合員 共同으로 또는 그들이 選任한 者가 그 事務를 執行한다.
② 前項의 淸算人의 選任은 組合員의 過半數로써 決定한다.
참조 [해산]550 · 720, [청산인]722~724, [업무집행과 다수결]706
판례 조합의 해산결의 이후 조합원의 자동제명 사유가 발생하였다 하더라도 그 조합원은 해산결의에서 정한 청산방법에 따라 출자지분에 비례한 잔여재산의 분배를 구할 수 있다고 한다.(대판 2007.2.9, 2006다3486)

第722條【淸算人의 業務執行方法】 淸算人이 數人인 때에는 第706條第2項 後段의 規定을 準用한다.
참조 상254 · 613①, [청산인]721 · 723

第723條【組合員인 淸算人의 辭任, 解任】 組合員중에서 淸算人을 정한 때에는 第708條의 規定을 準用한다.
참조 [청산인의 선임]721②

第724條【淸算人의 職務, 權限과 殘餘財産의 分配】 ① 淸算人의 職務 및 權限에 관하여는 第87條의 規定을 準用한다.
② 殘餘財産은 各 組合員의 出資價額에 比例하여 이를 分配한다.
참조 [법인의 청산]80 · 87, 상254 · 260 · 613①, [출자]703, [손익의 분배]711

第14節 終身定期金

第725條【終身定期金契約의 意義】 終身定期金契約은 當事者 一方이 自己, 相對方 또는 第三者의 終身까지 定期로 金錢 기타의 物件을 相對方 또는 第三者에게 支給할 것을 約定함으로써 그 效力이 생긴다.
참조 703, [사망]27 · 28, [정기금채권의 존속]729, [제3자를 위한 계약]539~542

第726條【終身定期金의 計算】 終身定期金은 日數로 計算한다.

第727條【終身定期金契約의 解除】 ① 定期金債務者가 定期金債務의 元本을 받은 경우에 그 定期金債務의 支給을 懈怠하거나 기타 義務를 履行하지 아니한 때에는 定期金債權者는 元本의 返還을 請求할 수 있다. 그러나 이미 支給을 받은 債務額에서 그 元本의 利子를 控除한 殘額을 定期金債務者에게 返還하여야 한다.
② 前項의 規定은 損害賠償의 請求에 影響을 미치지 아니한다.
참조 728 · 729②, [계약의 해제]543 · 548, [계약해제와 손해배상]390 · 397 · 551

第728條【解除와 同時履行】 第536條의 規定은 前條의 경우에 準用한다.

第729條【債務者歸責事由로 인한 死亡과 債權存續宣告】 ① 死亡이 定期金債務者의 責任있는 事由로 인한 때에는 法院은 定期金債權者 또는 그 相續人의 請求에 의하여 相當한 期間 債權의 存續을 宣告할 수 있다.
② 前項의 경우에도 第727條의 權利를 行使할 수 있다.
참조 [사망과 종신정기금]725

第730條【遺贈에 의한 終身定期金】 本節의 規定은 遺贈에 의한 終身定期金債權에 準用한다.
참조 [유증]1073이하

第15節 和 解

第731條【和解의 意義】 和解는 當事者가 相互讓步하여 當事者間의 紛爭을 終止할 것을 約定함으로써 그 效力이 생긴다.
참조 [재판상의 화해]민소145 · 220, [화해와 유상쌍무계약]567 · 570~580
판례 불확정기한부 화해계약 : 지방자치단체와 분쟁이 있던 은행이 분쟁해결을 위하여 지방자치단체가 청구권을 행사하지 않는 대신 지방자치단체의 문화시설 건립 비용을 부담하기로 하되 그 비용의 지급방법은 상호 협의에 의하여 정하기로 한 경우, 그 약정은 불확정기한부 화해계약에 해당한다.
(대판 2002.3.29, 2001다41766)

第732條【和解의 創設的 效力】 和解契約은 當事者 一方이 讓步한 權利가 消滅되고 相對方이 和解로 인하여 그 權利를 取得하는 效力이 있다.
판례 불법행위로 인한 손해배상에 관한 합의의 해석 : 불법행위로 인한 손해배상에 관하여 가해자와 피해자 사이에 피해자가 일정한 금액을 지급받고 그 나머지 청구를 포기하기로 합의가 이루어진 때에는 그 후 그 이상의 손해가 발생하였다 하여 다시 그 배상을 청구할 수 없는 것이지만, 그 합의가 손해의 범위를 정확히 확인하기 어려운 상황에서 이루어진 것이고, 후발손해가 합의 당시의 사정으로 보아 예상이 불가능한 것으로서, 당사자가 후발손해를 예상하였더라면 사회통념상 그 합의금액으로는 화해하지 않았을 것이라고 보는 것이 상당할 만큼 그 손해가 중대한 것일 때에는 당사자의 의사가 이러한 손해에 대해서까지 그 배상청구권을 포기한 것이라고 볼 수 없으므로 다시 그 배상을 청구할 수 있다고 보아야 한다.
(대판 2001.9.4, 2001다9496)

第733條【和解의 效力과 錯誤】 和解契約은 錯誤를 理由로 하여 取消하지 못한다. 그러나 和解當事者의 資格 또는 和解의 目的인 紛爭 이외의 事項에 錯誤가 있는 때에는 그러하지 아니하다.
참조 [착오]109, [취소]140~146
판례 착오를 이유로 취소할 수 있는 '화해의 목적인 분쟁 이외의 사항'의 의미 : 민법상의 화해계약을 체결한 경우 당사자는 착오를 이유로 취소하지 못하고, 다만 화해 당사자의 자격 또는 화해의 목적인 분쟁 이외의 사항에 착오가 있는 때에 한하여 이를 취소할 수 있으며, 여기서 '화해의 목적인 분쟁 이외의 사항'이라 함은 분쟁의 대상이 아니라 분쟁의 전제 또는 기초가 된 사항으로서 쌍방 당사자가 예정한 것이어서 상호 양보의 내용으로 되지 않고 다툼이 없는 사실로 양해된 사항을 말한다.
(대판 2004.6.25, 2003다32797)

第3章 事務管理

第734條【事務管理의 內容】 ① 義務없이 他人을 위하여 事務를 管理하는 者는 그 事務의 性質에 좇아 가장 本人에게 利益 되는 方法으로 이를 管理하여야 한다.
② 管理者가 本人의 意思를 알거나 알 수 있는 때에는 그 意思에 適合하도록 管理하여야 한다.
③ 管理者가 前2項의 規定에 違反하여 事務를 管理한 경우에는 過失없는 때에도 이로 인한 損害를 賠償할 責任이 있다. 그러나 그 管理行爲가 公共의 利益에 適合한 때에는 重大한 過失이 없으면 賠償할 責任이 없다.
참조 유실물, [해난구조]상882이하, 선원11~13, [계약에 의한 사무관리]680이하, [본인의 의사]739, [주채무자의 부탁을 받지 아니한 보증]444, [타인의 채무의 변제]469②, ①[관리자의 주의의무]735, ②[본인의 의사와 관리 계속]737단서, ③[손해배상, 보상]390 · 393 · 394 · 740
판례 사무관리의 성립요건 : 사무관리가 성립하기 위하여는 우선 그 사무가 타인의 사무이고 타인을 위하여 사무를 처리하는 의사, 즉 관리의 사실상의 이익을 타인에게 귀속시키려는 의사가 있어야 함은 물론 나아가 그 사무의 처리가 본인에게 불리하거나 본인의 의사에 반한다는 것이 명백하지 아니할 것을 요한다.(대판 1997.10.10, 97다26326)
판례 사무관리자의 사무관리상 부주의로 인하여 화재가 발생한 경우, 손해배상책임을 인정한다.(대판 1995.9.29, 94다13008)

第735條【緊急事務管理】 管理者가 他人의 生命, 身體, 名譽 또는 財産에 대한 急迫한 危害를 免하게 하기 위하여 그 事務를 管理한 때에는 故意나 重大한 過失이 없으면 이로 인한 損害를 賠償할 責任이 없다.
참조 734③

第736條【管理者의 通知義務】 管理者가 管理를 開始한 때에는 遲滯없이 本人에게 通知하여야 한다. 그러나 本人이 이미 이를 안 때에는 그러하지 아니하다.
참조 734①, [보고의무]683 · 738

第737條【管理者의 管理繼續義務】 管理者는 本人, 그 相續人이나 法定代理人이 그 事務를 管理하는 때까지 管理를 繼續하여야 한다. 그러나 管理의 繼續이 本人의 意思에 反하거나 本人에게 不利함이 明白한 때에는 그러하지 아니하다.
참조 [법정대리인]909~911 · 931~936 · 938, [위임과 응급처리의무]691, [사무관리와 본인의 의사]734② · 739③

第738條【準用規定】 第683條 내지 第685條의 規定은 事務管理에 準用한다.

第739條【管理者의 費用償還請求權】 ① 管理者가 本人을 위하여 必要費 또는 有益費를 支出한 때에는 本人에 대하여 그 償還을 請求할 수 있다.
② 管理者가 本人을 위하여 必要 또는 有益한 債務를 負擔한 때에는 第688條第2項의 規定을 準用한다.
③ 管理者가 本人의 意思에 反하여 管理한 때에는 本人의 現存利益의 限度에서 前2項의 規定을 準用한다.
참조 [사무관리와 보수]유실물4, 수상에서의수색 · 구조등에관한법39, 상882, [사무관리와 본인의 의사]734②, 737단서

第740條【管理者의 無過失損害補償請求權】 管理者가 事務管理를 함에 있어서 過失없이 損害를 받은 때에는 本人의 現存利益의 限度에서 그 損害의 補償을 請求할 수 있다.
참조 734③, [사무관리와 보수의 특칙]유실물4, 수상에서의수색 · 구조등에관한법39, 상882이하

第4章 不當利得

第741條【不當利得의 內容】 法律上 原因없이 他人의 財産 또는 勞務로 인하여 利益을 얻고 이로 인하여 他人에게 損害를 加한 者는 그 利益을 返還하여야 한다.
참조 [취소와 이익의 상환]141, [계약과 원상회복]548①, [기타 이익의 상환 또는 원상회복]201~203 · 261 · 444 · 451① · 470 · 472 · 748, 어음79, 수표63, 상648
판례 법률상 원인 없이 타인의 재산 또는 노무로 이익을 얻고 그로 인하여 타인에게 손해를 가한 경우, 그 취득한 것이 금전상의 이득인 때에는 그 금전은 이를 취득한 자가 소비하였는가의 여부를 불문하고 현존하는 것으로 추정되고, 그 취득한 것이 성질상 계속적으로 반복하여 거래되는 물품으로서 곧바로 판매되어 환가될 수 있는 금전과 유사한 대체물인 경우에도 마찬가지다.
(대판 2009.5.28, 2007다20440,20457)
판례 사유지를 국가 또는 지방자치단체가 점유하여 사실상의 도로로서 일반 공중의 교통에 제공함으로써 그 토지 소유자의 독점적 · 배타적인 사용수익이 제한되고 있는 경우에는 그 소유자가 그 토지에 대한 독점적 · 배타적인 사용수익권을 포기하였다는 등의 특별한 사정이 없는 한, 국가 또는 지방자치단체는 그 토지를 점유하여 사용 · 수익하는 이득을 얻고 토지소유자는 그 만큼의 손해를 입고 있는 것으로 보아야 한다.
(대판 2008.2.1, 2007다8914)
판례 토지소유자의 무상통행권의 부여 또는 사용수익권의 포기 여부에 관한 판단 기준 : 어느 사유지가 사실상 일반 공중의 교통에 공용되는 도로로 사용되고 있는 경우 무상통행권의 부여 또는 사용수익권을 포기한 것으로 의사해석을 함에 있어서는 그가 당해 토지를 소유하게 된 경위나 보유기간, 나머지 토지들을 분할하여 매도한 경위와 그 규모, 도로로 사용되는 당해 토지의 위치나 성상, 인근의 다른 토지들과의 관계, 주위 환경 등 여러 가지 사정과 아울러 분할 · 매도된 나머지 토지들의 효과적인 사용 · 수익을 위하여 당해 토지가 기여하고 있는 정도 등을 종합적으로 고찰하여 판단하여야 한다.
(대판 2006.5.12, 2005다31736)
판례 확정된 배당표에 의해 배당을 실시한 경우, 배당을 받지 못한 채권자에게 부당이득반환청구권이 있는지 여부(적극) : 확정된 배당표에 의하여 배당을 실시하는 것은 실체법상의 권리를 확정하는 것이 아니므로 배당을 받아야 할 자가 배당을 받지 못하고 배당을 받지 못할 자가 배당을 받은 경우에는 배당에 관하여 이의를 한 여부 또는 형식상 배당절차가 확정되었는지 여부에 관계없이 배당을 받지 못한 채권자는 배당받은 자에 대하여 부당이득반환을 청구할 수 있다.
(대판 2004.4.9, 2003다32681)
판례 채무자가 피해자로부터 횡령한 금전을 채권자에 대한 채무변제에 사용한 경우 : 채무자가 피해자로부터 횡령한 금전을 그대로 채권자에 대한 채무변제에 사용하는 경우 피해자의 손실

과 채권자의 이득 사이에 인과관계가 있음이 명백하고, 채권자가 그 변제를 수령함에 있어 악의 또는 중대한 과실이 있는 경우에는 채권자의 금전 취득은 피해자에 대한 관계에 있어서 법률상 원인을 결여한 것으로 봄이 상당하나, 채권자가 그 변제를 수령함에 있어 단순히 과실이 있는 경우에는 그 변제는 유효하고 채권자의 금전 취득이 피해자에 대한 관계에 있어서 법률상 원인을 결여한 것이라고 할 수 없다.
(대판 2003.6.13, 2003다8862)

판례 **정당한 권원 없이 타인의 토지 일부분 위에 시설물을 설치·소유함으로써 토지소유자가 나머지 토지까지 사용할 수 없게 된 경우, 그 시설물 보유자가 반환할 부당이득의 범위** : 타인의 토지 위에 정당한 권원 없이 시설물을 설치·소유함으로써 그 시설물에 관련된 법규에 의하여 이격 거리를 두어야 하는 바, 그로 인하여 나머지 토지 부분이 과소 토지로 남게 되어 사실상 소유자가 그 과소 토지 부분을 자신이 원하는 용도로 사용할 수 없게 된 경우에, 그 토지의 소유자는 당해 토지 전부에 대한 사용불능으로 인한 손해를 입게 되었다 할 것이고 그 사용불능은 당해 시설물의 설치로 인하여 발생한 것이므로 사회통념상 그 과소 토지 부분도 당해 시설물을 설치·소유한 자가 사용·수익하고 있다고 봄이 부당이득제도의 이념인 공평의 원칙에도 부합하므로, 타인의 토지 위에 정당한 권원 없이 시설물을 설치·소유한 자는 사용이 불가능하게 된 그 과소 토지 부분을 포함한 당해 토지 전부에 대한 임료 상당의 이득을 소유자에게 반환할 의무를 진다.(대판 2001.3.9, 2000다70828)

판례 **부당이득의 의미** : 법률상의 원인 없이 이득하였음을 이유로 한 부당이득의 반환에 있어 '이득'이라 함은 실질적인 이익을 의미하므로, 임차인이 임대차계약관계가 소멸된 이후에도 임차 건물 부분을 계속 점유하기는 하였으나 이를 본래의 임대차계약상의 목적에 따라 사용·수익하지 아니하여 실질적인 이득을 얻은 바 없는 경우에는 그로 인하여 임대인에게 손해가 발생하였다 하더라도 임차인의 부당이득반환의무는 성립되지 않는다.
(대판 1995.3.28, 94다50526)

독판 국내선 승객이 공항청사내의 허점을 이용하여 국제선 승객에 몰래 합류하여, 항공권이 없이 국제선을 이용하는 경우, 승객의 재산에 적극적 증가는 없다 하더라도, 지출했어야 하는 비용을 지출하지 않음으로 해서 부당이득이 생겼으므로 이를 항공사측에 반환하여야 한다.
(독·연방법원 1971.1.7 BGHZ 55,128)

第742條【非債辨濟】 債務없음을 알고 이를 辨濟한 때에는 그 返還을 請求하지 못한다.

참조 [변제]460이하, [특칙]상648, [타인의 채무의 변제]745

판례 **자유로운 의사에 반한 비채변제** : 지급자가 채무 없음을 알면서도 임의로 지급한 경우에는 민법 742조 소정의 비채변제로서 수령자에게 그 반환을 구할 수 없으나, 그 변제가 자유로운 의사에 반하여 이루어진 것으로 볼 수 있는 사정이 있는 때에는 지급자가 그 반환청구권을 상실하지 않는다. 부동산에 대한 임의경매절차가 진행되던 중에 피담보채무액을 초과하여 변제한 행위가 자유로운 의사에 반한 비채변제라고 볼 수 없다.
(대판 2004.1.27, 2003다46451)

第743條【期限전의 辨濟】 辨濟期에 있지 아니한 債務를 辨濟한 때에는 그 返還을 請求하지 못한다. 그러나 債務者가 錯誤로 인하여 辨濟한 때에는 債權者는 이로 인하여 얻은 利益을 返還하여야 한다.

참조 741, [변제]460이하, [변제기]152·153·387·388, [변제기전의 변제]468·477, [착오]109, [기한의 이익]153

판례 **중간퇴직이 무효인 경우 착오로 인한 기한전 변제인지 여부** : 사용자가 근로자에 대하여 중간퇴직처리를 하면서 퇴직금을 지급하였으나 그 퇴직처리가 무효로 된 경우 이는 착오로 인하여 변제기에 있지 아니한 채무를 변제한 경우에 해당한다고 할 수 없으므로, 이미 지급한 퇴직금에 대한 지급일 다음날부터 최종퇴직시까지의 연 5푼의 비율에 의한 법정이자 상당액은 부당이득에 해당하지 않는다.(대판 2001.4.24, 99다9370)

第744條【道義觀念에 適合한 非債辨濟】 債務없는 者가 錯誤로 인하여 辨濟한 경우에 그 辨濟가 道義觀念에 適合한 때에는 그 返還을 請求하지 못한다.

참조 741·742, [착오]109, [변제]460이하

第745條【他人의 債務의 辨濟】 ① 債務者아닌 者가 錯誤로 인하여 他人의 債務를 辨濟한 경우에 債權者가 善意로 證書를 毁滅하거나 擔保를 抛棄하거나 時效로 인하여 그 債權을 잃은 때에는 辨濟者는 그 返還을 請求하지 못한다.
② 前項의 경우에 辨濟者는 債務者에 대하여 求償權을 行使할 수 있다.

참조 [제3자의 변제]469, [비채변제]742, ①[채권증서의 반환]475, [소멸시효]162①·163-165, ②[부당이득의 반환의무]741, [제3자의 변제와 구상]480이하

第746條【不法原因給與】 不法의 原因으로 인하여 財産을 給與하거나 勞務를 提供한 때에는 그 利益의 返還을 請求하지 못한다. 그러나 그 不法原因이 受益者에게만 있는 때에는 그러하지 아니하다.

참조 [불법원인]103, [불법점유와 유치권]320, [불법행위로 인한 채무와 상계]496

판례 **무효인 명의신탁약정에 기하여 경료된 타인 명의의 등기가 불법원인급여에 해당하는지 여부** : 부동산실권리자명의등기에관한법률이 반사회적 행위를 방지하는 것 등을 목적으로 제정되었다고 하더라도 무효인 명의신탁약정에 기하여 타인 명의의 등기가 마쳐졌다는 이유만으로 그것이 당연히 불법원인급여에 해당한다고 볼 수 없다.(대판 2003.11.27, 2003다41722)

판례 **불법원인급여의 요건으로서의 불법의 의미** : 부당이득의 반환청구가 금지되는 사유로 민법 746조가 규정하는 불법원인이라 함은 그 원인되는 행위가 선량한 풍속 기타 사회질서에 위반하는 경우를 말하는 것으로서, 법률의 금지에 위반하는 경우라 할지라도 그것이 선량한 풍속 기타 사회질서에 위반하지 않는 경우에는 이에 해당하지 않는다.
(대판 2001.5.29, 2001다1782)

第747條【原物返還不能한 경우와 價額返還, 轉得者의 責任】 ① 受益者가 그 받은 目的物을 返還할 수 없는 때에는 그 價額을 返還하여야 한다.
② 受益者가 그 利益을 返還할 수 없는 경우에는 受益者로부터 無償으로 그 利益의 目的物을 讓受한 惡意의 第三者는 前項의 規定에 의하여 返還할 責任이 있다.

참조 741·748

판례 일반적으로 수익자가 법률상 원인 없이 이득한 재산을 처분함으로 인하여 원물반환이 불가능한 경우에 있어서 반환하여야 할 가액은 특별한 사정이 없는 한 그 처분 당시의 대가이나, 이 경우에 수익자가 그 법률상 원인 없는 이득을 얻기 위하여 지출한 비용은 수익자가 반환하여야 할 이득의 범위에서 공제되어야 하고, 수익자가 자신의 노력 등으로 부당이득한 재산을 이용하여 남긴 이른바 운용이익도 그것이 사회통념상 수익자의 행위가 개입되지 아니하였더라도 부당이득된 재산으로부터 손실자가 당연히 취득하였으리라고 생각되는 범위 내의 것이 아닌 한 수익자가 반환하여야 할 이득의 범위에서 공제되어야 한다.(대판 1995.5.12, 94다25551)

第748條【受益者의 返還範圍】 ① 善意의 受益者는 그 받은 利益이 現存한 限度에서 前條의 責任이 있다.
② 惡意의 受益者는 그 받은 利益에 利子를 붙여 返還하고 損害가 있으면 이를 賠償하여야 한다.

참조 741·749, [특칙]저작125②, [이자]379, [손해배상]750, [수익자의 의무]201②·202

판례 손실자의 손실이 이익보다 적어서 이득자가 손실이상의 이익을 얻은 경우에는 그 손실상당의 이익만을 반환할 의무가 있다 할 것이다.(대판 1974.7.26, 73다1637)

독판 금융리스계약이 해제되어 리스이용자가 리스회사에 이미 지급한 리스료에 대해 부당이득반환을 청구하는 경우, 리스회사는 그의 이익에서 계약소요비용이나 공급업자에 대해 지급한 물건의 매매대금을 공제하지 못한다.
(독·연방법원 1989.10.25 BGHZ 109,139)

第749條【受益者의 惡意認定】 ① 受益者가 利益을 받은 후 法律上 原因없음을 안 때에는 그때부터 惡意의 受益者로서 利益返還의 責任이 있다.
② 善意의 受益者가 敗訴한 때에는 그 訴를 提起한 때부터 惡意의 受益者로 본다.

참조 741·748②, [소의 제기]민소248이하, [악의의 수익자의 의무]201②·202

판례 **행정청이 부과처분에 의하여 어떠한 급부를 받은 후 사후에 그 부과처분의 전부 또는 일부를 직권으로 취소한 경우, 악의의 수익자로서 부당이득반환의무를 지는 시기** : 부당이득의 수익자가 이익을 받은 후 그 이익이 법률상 원인 없음을 안 때에는 그 때부터 받은 이익에 민법 소정의 연 5%의 이자를 붙여 반환하여야 하고, 이와 같은 수익자의 악의는 구체적인 사건에서 증거에 의하여 개별적으로 인정할 성질의 것이라고 할 것이나, 행정청이 부과처분에 의하여 어떠한 급부를 받은 후 사후에 그 부과처분의 전부 또는 일부를 직권으로 취소하였다면 그 행정청이 속한 행정주체는 특별한 사정이 없는 한 적어도 그 부과처분의 취소 당시에는 그 처분에 의하여 받은 이익이 법률상 원인이 없음을 알았다고 보아야 할 것이다.(대판 2000.4.11, 99다4238)

第5章 不法行爲

第750條【不法行爲의 內容】 故意 또는 過失로 인한 違法行爲로 他人에게 損害를 加한 者는 그 損害를 賠償할 責任이 있다.

참조 204-208, [공무원의 가해행위]헌29①, 국가배상, [법인의 불법행위책임]35, 상210·395·401①·567, [특칙]헌28·29, 상802, 실화책임, 저작123-129, 광업75-82, 우편법38이하, 형사보상및명예회복에관한법, [손해배상]393·394·763, [배상액의 범위]763, 상148②, [노동관계와 재해보상]근기78-92, 광업82, [명예훼손의 경우의 특칙]764, [불법행위소송과 재판적]민소18, [불법행위채권의 특수성]496, [무과실책임]원자력3, [타인의 범죄로 인한 피해구조]헌30

▣ 고의, 과실

판례 놀이공원 내 경사지에 설치된 자동보행기(moving way)에 유모차를 몰고 탑승한 탑승자가 출구에서 제대로 내리지 못하는 바람에 뒤따르던 탑승자들이 차례로 겹치면서 피해자가 상해를 입은 사안에서, 유모차 등의 승차를 제한하거나 그 하차를 돕기 위하여 안전요원을 배치하지 않는 등 놀이시설 운영자가 안전사고 예방과 이용객 보호를 위하여 필요한 주의의무를 다하지 못하였다고 볼 여지가 충분하다.(대판 2010.1.14, 2009다73332)

판례 **집행법원의 과실로 채권가압류결정정본이 제3채무자에게 송달되지 아니한 경우 손해의 발생여부** : 집행법원의 과실로 채권가압류결정정본이 제3채무자에게 송달되지 아니하여 가압류의 효력이 생기지 아니하였다고 하더라도, 특별한 사정이 없는 한 가압류채권자로서는 채권가압류결정정본이 제3채무자에게 송달되지 아니하였다는 사유만으로는 가압류의 효력이 생기지 아니한 채권액 상당의 손해가 현실적으로 발생하였다고 할 수 없고, 그러한 손해가 현실적으로 발생하였다는 점에 대하여는 피해자인 가압류채권자가 이를 증명하여야 한다.
(대판 2003.4.8, 2000다53038)

판례 **불법행위의 고의와 위법성의 인식** : 객관적으로 위법이라고 평가되는 일정한 결과의 발생이라는 사실의 인식만 있으면 되고 그 외에 그것이 위법한 것으로 평가된다는 것까지 인식하는 것을 필요로 하는 것은 아니다.(대판 2002.7.12, 2001다46440)

▣ 위법성

판례 **증권회사 임직원의 투자권유로 인한 불법행위책임** : 증권회사의 임직원이 고객에게 적극적으로 투자를 권유하였으나 투자 결과 손실을 본 경우에 투자가에 대한 불법행위책임이 성립되기 위하여는, 이익보장 여부에 대한 적극적 기망행위의 존재까지 요구하는 것은 아니라 하더라도, 당해 권유행위가 경험이 부족한 일반 투자가에게 거래행위에 필연적으로 수반되는 위험성에 관한 올바른 인식형성을 방해하거나 또는 고객의 투자상황에 비추어 과대한 위험성을 수반하는 거래를 적극적으로 권유한 경우에 해당하여, 결국 고객에 대한 보호의무를 저버려 위법성을 띤 행위인 것으로 평가될 수 있는 경우라야 한다.
(대판 2003.1.10, 2000다50312)

판례 **채권자의 채무자에 대한 상계권의 불행사와 불법행위** : 채권자의 부작위가 제3자에 대하여 불법행위를 구성하려면 그 부작위가 위법하여야 하므로 그 전제로서 채권자는 제3자에 대하여 작위의무를 지고 있어야 하는바, 특별한 사정이 없는 한 제3자의 이익을 위하여 상계를 하여야 할 작위의무를 부담한다고 할 수는 없으므로, 채권자가 상계권을 행사하지 아니한 것이 제3자에 대하여 불법행위를 구성한다고 할 수 없다.
(대판 2002.2.26, 2001다74353)

▣ 인격권 침해

판례 인터넷 종합 정보제공 장소는 특정 기사에 대한 댓글들, 지식검색란에서의 특정 질문에 대한 답변들, 특정 사적 인터넷 게시공간 등과 같이 일정한 주제나 운영 주체에 따라 정보를 게시할 수 있는 개별 인터넷 게시공간으로 나누어져서 그 각 개별 인터넷 게시공간별로 운영 및 관리가 이루어지고 있고, 위와 같은 개별 인터넷 게시공간 내에서의 게시물들은 서로 관련을 맺고 게시되므로, 불법 게시물의 삭제 및 차단 의무는 위 개별 인터넷 게시공간별로 그 의무의 발생 당시 대상으로 된 불법 게시물뿐만 아니라 그 후 이와 관련되어 게시되는 불법 게시물에 대하여도 함께 문제될 수 있다. 따라서 그 의무 위반으로 인한 불법행위책임은 개별 인터넷 게시공간별로 포괄적으로 평가될 수 있다.
(대판 2009.4.16, 2008다53812)

판례 **출판물에 의한 명예훼손 행위의 위법성 조각사유 및 그 입증책임의 소재** : 도서·잡지에 의하여 사실을 적시하여 개인의 명예를 훼손하는 행위를 한 경우에도 행위자가 그것을 진실이라고 믿었고 또 그렇게 믿을 상당한 이유가 있으면 위법성이 없다고 보아야 할 것이나, 그에 대한 입증책임은 어디까지나 명예훼손 행위를 한 도서·잡지의 집필자 또는 발행인에게 있고, 피해자가 종교단체라 하여 입증책임이 바뀌는 것은 아니다.
(대판 1999.4.27, 98다16203)

판례 **공익성의 판단** : 행위자의 주요한 목적이나 동기가 공공의 이익을 위한 것이라면 부수적으로 다른 사익적 동기가 내포되어 있었다고 하더라도 공공의 이익을 위한 것으로 보아야 할 것이다.(대판 1996.10.11, 95다36329)

▣ 개인정보 유출

판례 개인정보를 처리하는 자가 수집한 개인정보를 피용자가 정보주체의 의사에 반하여 유출한 경우, 그로 인하여 정보주체에게 위자료로 배상할 만한 정신적 손해가 발생하였는지는 유출된 개인정보의 종류와 성격이 무엇인지, 개인정보 유출로 정보주체를 식별할 가능성이 발생하였는지, 제3자가 유출된 개인정보를 열람하였는지 또는 제3자의 열람 여부가 밝혀지지 않았다면 제3자의 열람 가능성이 있었거나 앞으로 열람 가능성이 있는지, 유출된 개인정보가 어느 범위까지 확산되었는지, 개인정보 유출로 추가적인 법익침해 가능성이 발생하였는지, 개인정보를 처리하는 자가 개인정보를 관리해온 실태와 개인정보가 유출된 구체적인 경위는 어떠한지, 개인정보 유출로 인한 피해 발생 및 확산을 방지하기 위하여 어떠한 조치가 취하여졌는지 등 여러 사정을 종합적으로 고려하여 구체적 사건에 따라 개별적으로 판단하여야 한다.(대판 2012.12.26, 2011다59834,59841)

▣ 의료관계

판례 **의료행위에서 주의의무의 판단기준** : 의사가 진찰·치료 등의 의료행위를 함에 있어서는 사람의 생명·신체·건강을 관리하는 업무의 성질에 비추어 환자의 구체적인 증상이나 상황에 따라 위험을 방지하기 위하여 요구되는 최선의 조치를 취하여야 할 주의의무가 있고, 의사의 이와 같은 주의의무는 의료행위를 할 당시 의료기관 등 임상의학 분야에서 실천되고 있는 의료행위의 수준을 기준으로 삼되, 진료환경 및 조건, 의료행위의 특수성 등을 고려하여 규범적인 수준으로 파악되어야 한다.
(대판 1998.7.24, 98다12270)

판례 **의료과오에서 인과관계에 관한 입증책임** : 원래 의료행위에 있어서 주의의무 위반으로 인한 불법행위 또는 채무불이행으로 인한 책임이 있다고 하기 위하여는 의료행위상의 주의의무의 위반과 손해의 발생과의 사이의 인과관계의 존재가 전제되어야 하나, 의료행위가 고도의 전문적 지식을 필요로 하는 분야이고, 그 의료의 과정은 대개의 경우 환자 본인이 그 일부를 알 수 있는 외에 의사만이 알 수 있을 뿐이며, 치료의 결과를 달성하기 위한 의료 기법은 의사의 재량에 달려 있기 때문에 손해발생의 직접적인 원인이 의료상의 과실로 말미암은 것인지 여부는 전문가인 의사가 아닌 보통인으로서는 도저히 밝혀낼 수 없는 특수성이 있어서 환자에게 의료행위 이전에 그러한 결과의 원인이 될 만한 건강상의 결함이 없었다는 사정을 증명한 경우에 있어서는, 의료행위를 한 측이 그 결과가 의료상의 과실로 말미암은 것이 아니라 전혀 다른 원인으로 말미암은 것이라는 입증을 하지 아니하는 이상, 의료상 과실과 결과 사이의 인과관계를 추정하여 손해배상책임을 지울 수 있도록 입증책임을 완화하는 것이 손해의 공평·타당한 부담을 그 지도원리로 하는 손해배상제도의 이상에 맞는다고 하지 않을 수 없다.
(대판 1995.2.10, 93다52402)

▣ 제조물책임

판례 **설계상의 결함 등에 관한 판단기준** : 안전성을 갖추지 못한 결함으로 인하여 그 사용자에게 손해가 발생한 경우에는 불법행위로 인한 배상책임을 부담하게 되는 것인바, 설계상의 결함이 있는지 여부는 제품의 특성 및 용도, 제조물에 대한 사용자의 기대의 내용, 예상되는 위험의 내용, 위험에 대한 사용자의 인식, 사용자에 의한 위험회피의 가능성, 대체설계의 가능성 및 경제적 비용, 채택된 설계와 대체설계의 상대적 장단점 등의 여러 사정을 종합적으로 고려하여 사회통념에 비추어 판단하여야 할 것이다.(대판 2003.9.5, 2002다17333)

판례 **제조물의 결함으로 인한 불법행위책임** : 물품을 제조하여 판매하는 제조자는 안전성과 내구성을 갖추지 못한 결함 내지 하자로 인하여 소비자에게 손해가 발생한 경우에는 계약상의 배상의무와는 별개로 불법행위로 인한 배상의무를 부담한다.
(대판 1992.11.24, 92다18139)

▣ 공해소송

판례 자연력과 가해자의 과실행위가 경합되어 손해가 발생한 경우 가해자의 배상범위 : [1] 불법행위에 기한 손해배상 사건에 있어서 피해자가 입은 손해가 자연력과 가해자의 과실행위가 경합되어 발생된 경우 손해발생에 대하여 자연력이 기여하였다고 인정되는 부분을 공제한 나머지 부분으로 제한하여야 함이 상당하고, 다만 피해자가 입은 손해가 통상의 손해와는 달리 특수한 자연적 조건 아래 발생한 것이라 하더라도 사고방지 조치를 소홀히 하여 발생한 사고로 인한 손해배상의 범위를 정함에 있어서 자연력의 기여분을 인정하여 가해자의 배상범위를 제한할 것은 아니다. 자연력과 가해자의 과실행위가 경합되어 손해가 발생한 경우 가해자의 배상범위를 제한함에 있어서 자연력의 기여도에 관한 비율의 결정은 그것이 형평의 원칙에 비추어 현저히 불합리하다고 인정되지 아니하는 한 사실심의 전권사항에 속한다.
[2] 특수한 이상고온 상태에서 단기간에 폐사한 어류의 폐사 당시의 객관적 교환가치에 기초한 손해배상을 구하는 것이지 어류의 양식으로 인하여 얻을 수 있는 장래의 수익 상실에 관한 손해의 배상을 구하는 것이 아닌 경우, 특수상황에서의 자연폐사율이 얼마나가 문제될 뿐인데 그 특수한 상황에서의 자연폐사율을 인정할 증거가 없는 이상 이러한 사정은 자연력의 기여도를 참작하여 합리적으로 고려하여야 한다.
(대판 2003.6.27, 2001다734)

▣ 일조권 기타

판례 토지의 소유자 등이 종전부터 향유하던 일조이익이 객관적인 생활이익으로서 가치가 있다고 인정되면 법적인 보호의 대상이 될 수 있는데, 그 인근에서 건물이나 구조물 등이 신축됨으로 인하여 햇빛이 차단되어 생기는 그늘, 즉 일영이 증가함으로써 해당 토지에서 종래 향유하던 일조량이 감소하는 일조방해가 발생한 경우, 그 일조방해의 정도, 피해이익의 법적 성질, 가해 건물의 용도, 지역성, 토지이용의 선후관계, 가해 방지 및 피해 회피의 가능성, 공법적 규제의 위반 여부, 교섭 경과 등 모든 사정을 종합적으로 고려하여 사회통념상 일반적으로 해당 토지 소유자의 수인한도를 넘게 되면 그 건축행위는 정당한 권리행사의 범위를 벗어나 사법상 위법한 가해행위로 평가된다. 그리고 일조방해행위가 수인한도를 넘었는지 여부를 판단하기 위한 지역성은 그 지역의 토지이용 현황과 실태를 바탕으로 지역의 변화 가능성과 변화의 속도 그리고 지역주민들의 의식 등을 감안하여 결정하여야 할 것이고, 바람직한 지역 정비로 토지의 경제적·효율적 이용과 공공의 복리증진을 도모하기 위한 '국토의 계획 및 이용에 관한 법률' 등 공법에 의한 지역의 지정은 그 변화 가능성 등을 예측하는 지역성 판단의 요소가 된다고 할 것이다.(대판 2011.2.24, 2010다13107)

판례 조망이익 침해의 판단기준 : 조망의 대상과 그에 대한 조망의 이익을 누리는 건물 사이에 타인 소유의 토지가 있지만 그 토지 위에 건물이 건축되어 있지 않거나 저층의 건물만이 건축되어 있어 그 결과 타인의 토지를 통한 조망의 향수가 가능하였던 경우, 그 타인은 자신의 토지에 대한 소유권을 자유롭게 행사하여 그 토지 위에 건물을 건축할 수 있고, 권리의 남용에 이를 정도가 아닌 한 인접한 토지에서 조망의 이익을 누리던 자라도 이를 함부로 막을 수는 없으며, 따라서 조망의 이익은 주변에 있는 객관적 상황의 변화에 의하여 저절로 변용 내지 제약을 받을 수밖에 없고, 그 이익의 향수자가 이러한 변화를 당연히 제약할 수 있는 것도 아니다.(대판 2007.6.28, 2004다54282)

판례 건축공사의 수급인이 일조방해에 대하여 손해배상책임을 지는 경우 : 수급인이 스스로 또는 도급인과 서로 의사를 같이하여 타인이 향수하는 일조를 방해하려는 목적으로 건물을 건축한 경우, 당해 건물이 건축법규에 위반되었고 그로 인하여 타인이 향수하는 일조를 방해하게 된다는 것을 알거나 알 수 있었는데도 과실로 이를 모른 채 건물을 건축한 경우, 도급인과 사실상 공동 사업주체로서 이해관계를 같이하면서 건물을 건축한 경우 등 특별한 사정이 있는 때에는 수급인도 일조방해에 대하여 손해배상책임을 진다.(대판 2005.3.24, 2004다38792)

▣ 부당제소등

판례 확정판결에 기한 강제집행이 불법행위가 되기 위한 요건 판결이 확정되면 기판력에 의하여 대상이 된 청구권의 존재가 확정되고 그 내용에 따라 집행력이 발생하는 것이므로, 그에 따른 집행이 불법행위를 구성하기 위하여는 확정판결의 내용이 단순히 실체적 권리관계에 배치되어 부당하고, 또한 확정판결에 기한 집행 채권자가 이를 알고 있었다는 것만으로는 그 집행행위가 불법행위를 구성한다고 할 수 없는바, 편취된 판결에 기한 강제집행이 불법행위로 되는 경우가 있다고 하더라도 당사자의 법적 안정성을 위해 확정판결에 기판력을 인정한 취지나 확정판결의 효력을 배제하기 위하여는 당사자의 절차적 기본권이 근본적으로 침해된 상태에서 판결이 선고되었거나 확정판결에 재심사유가 존재하는 등 확정판결의 효력을 존중하는 것이 정의에 반함이 명백하여 이를 묵과할 수 없는 경우로 한정하여야 한다.(대판 2001.11.13, 99다32899)

▣ 책임능력

판례 책임능력 있는 미성년자의 행위에 대한 부모의 보호감독의무 : 책임능력 있는 미성년자의 불법행위로 인하여 손해가 발생한 경우 그 손해가 미성년자의 감독의무자의 의무위반과 상당인과관계가 있는 경우 감독의무자는 일반불법행위자로서 손해배상의무가 있다.(대판 1997.3.28, 96다15374)

▣ 손해의 발생

판례 장애아의 출산과 손해 : 인간 생명의 존엄성과 그 가치의 무한함에 비추어 볼 때, 어떠한 인간 또는 인간이 되려고 하는 존재가 타인에 대하여 자신의 출생을 막아 줄 것을 요구할 권리를 가진다고 보기 어렵고, 장애를 갖고 출생한 것 자체를 인공임신중절로 출생하지 않은 것과 비교해서 법률적으로 손해라고 단정할 수도 없으며, 그로 인하여 치료비 등 여러 가지 비용이 정상인에 비하여 더 소요된다고 하더라도 그 장애 자체가 의사나 다른 누구의 과실로 말미암은 것이 아닌 이상 이를 선천적으로 장애를 지닌 채 태어난 아이 자신이 청구할 수 있는 손해라고 할 수는 없다.(대판 1999.6.11, 98다22857)

▣ 적극적 손해

판례 치료비와 일실수익손해의 산정방식 : 불법행위로 입은 상해의 후유장애로 인하여 장래에 계속적으로 치료비나 개호비 등을 지출하여야 할 손해를 입은 피해자가 그 손해의 배상을 정기금의 지급과 일시금에 의한 지급 중 어느 방식에 의하여 청구할 것인지는 원칙적으로 손해배상청구권자인 그 자신이 임의로 선택할 수 있는 것이나, 다만 향후 치료비와 개호비 손해를 산정함에 있어서 피해자의 여명 예측이 불확실한 경우에는 피해자가 확실히 생존하고 있으리라고 인정되는 기간 동안의 손해는 일시금의 지급을 명하고 그 이후의 기간은 피해자의 생존을 조건으로 정기금의 지급을 명할 수밖에 없으므로 그와 같은 산정방식을 두고 법원의 재량의 범위를 넘어섰다고 할 수는 없다.
(대판 2000.7.28, 2000다11317)

▣ 소극적 손해

판례 위자료 산정 : 불법행위로 입은 정신적 고통에 대한 위자료 액수에 관하여는 사실심 법원이 제반 사정을 참작하여 그 직권에 속하는 재량에 의하여 이를 확정할 수 있다.
(대판 2006.1.26, 2005다47014,47021,47038)

판례 위법소득 여부의 판단기준 : 위법소득인지 여부는 법이 금하고 있다고 하여 일률적으로 이를 위법소득으로 볼 것이 아니고 그 법규의 입법취지와 법률행위에 대한 비난 가능성의 정도, 특히 그 위반행위가 가지는 위법성의 강도 등을 종합하여 구체적·개별적으로 판단하여야 할 것이므로 수산업법상의 무면허 어업행위에 의한 수입이라는 이유만으로 그것이 곧 위법소득에 해당된다고는 볼 수 없다.(대판 2004.4.28, 2001다36733)

▣ 정신적 손해

판례 재산권 관련 민사소송에서 위증으로 인한 위자료 : 재산권에 관한 민사소송에서 증인의 증언내용 그 자체가 소송당사자 등의 명예 또는 신용을 훼손하거나 기타 인격적 이익을 침해하는 것이 아닌 한, 증인의 위증으로 인하여 재산적 손해의 발생여부나 그 회복 여부에 상관없는 정신적인 손해가 발생하였다고 볼 만한 특별한 사정이 있고, 나아가 가해자가 그러한 사정을 알았거나 알 수 있었을 경우에 한하여 그 정신적 손해에 대한 위자료를 인정할 수 있을 것이다.
(대판 2004.4.28, 2004다4386)

▣ 과실상계

판례 피해자의 손해경감조치와 과실상계 : 불법행위의 피해자에게는 그로 인한 손해의 확대를 방지하거나 감경하기 위하여 노력하여야 할 일반적인 의무가 있으며 피해자가 합리적인 이유 없이 손해경감조치의무를 이행하지 않을 경우에는 법원이 그 손해배상액을 정함에 있어 민법 763조, 396조를 유추적용하여 그 손해확대에 기여한 피해자의 의무불이행의 점을 참작할 수 있고, 한편 손해의 확대를 방지하거나 경감하는 데 적절한 법적 조치가 존재하는 경우 이는 손해경감조치에 해당될 수 있고, 피해자가 그 법적 조치를 취함에 있어 합리적인 이유 없이 그 법적 조치를 취하지 아니한 경우에는 그 손해확대에 기여한 피해자의 의무불이행의 점을 손해배상액을 정함에 있어 참작할 수 있다.(대판 2003.7.25, 2003다22912)

第751條【財産 이외의 損害의 賠償】 ① 他人의 身體, 自由 또는 名譽를 害하거나 기타 精神上 苦痛을 加한 者는 財産 이외의 損害에 대하여도 賠償할 責任이 있다.

② 法院은 前項의 損害賠償을 定期金債務로 支給할 것을 命할 수 있고 그 履行을 確保하기 위하여 相當한 擔保의 提供을 命할 수 있다.

참조 752, [명예훼손]764, 형307－312, [손해배상]393·394·763

▣ 신체·생명

판례 의사의 설명은 모든 의료과정 전반을 대상으로 하는 것이 아니라 수술등 침습을 과하는 과정 및 그 후에 나쁜 결과 발생의 개연성이 있는 의료행위를 하는 경우 또는 사망등의 중대한 결과발생이 예측되는 의료행위를 하는 경우 등과 같이 환자에게 자기결정에 의한 선택이 요구되는 경우만을 대상으로 하여야 하고, 따라서 환자에게 발생한 중대한 결과가 의사의 침습행위로 인한 것이 아니거나 또는 환자의 자기결정권이 문제되지 아니하는 사항에 관한 것은 위자료 지급대상으로서의 설명의무 위반이 문제 될 여지는 없다고 봄이 상당하다.
(대판 1995.4.25, 94다27151)

▣ 정조·성

판례 이혼하기로 하면서 위자료 등을 청구하지 않기로 일시 합의한 사실이 있다는 사정은 남편의 폭행과 폭언이 처가 감당할 수 없는 정도이었음을 가늠케 하는 자료가 될 수 있을 뿐 위자료의 액수를 감액할 사정으로 참작할 것이 아니다.
(대판 1996.3.22, 95므1314)

▣ 자유·정신 고통, 위자료 산정

판례 불법행위로 입은 비재산적 손해에 대한 위자료 액수에 관하여는 사실심법원이 여러 사정을 참작하여 그 직권에 속하는 재량에 의하여 이를 확정할 수 있고, 법원이 그 위자료 액수 결정의 근거가 되는 제반 사정을 판결 이유 중에 빠짐없이 명시해야만 하는 것은 아니나, 이것이 위자료의 산정에 법관의 자의가 허용된다는 것을 의미하는 것은 물론 아니다. 위자료의 산정에도 그 시대와 일반적인 법감정에 부합될 수 있는 액수가 산정되어야 한다는 한계가 당연히 존재하고, 따라서 그 한계를 넘어 손해의 공평한 분담이라는 이념과 형평의 원칙에 현저히 반하는 위자료를 산정하는 것은 사실심법원이 갖는 재량의 한계를 일탈한 것이 된다. 또한 '진실·화해를 위한 과거사정리 기본법'(이하 '과거사정리법'이라 한다)에 의한 진실규명결정을 거친 한국전쟁 전후 희생사건은 그 피해가 발생한 때로부터 무려 약 60년이 경과되었고, 과거사정리법도 그 피해의 일률적인 회복을 지향하고 있으며, 피해자의 숫자도 매우 많을 뿐 아니라 전국적으로 분포되어 있는 등 특수한 사정이 있다. 따라서 그에 대한 위자료의 액수를 정할 때는 피해자들 상호 간의 형평도 중요하게 고려하여야 하고 손해배상을 청구하는 희생자 유족의 숫자 등에 따른 적절한 조정도 필요하다.
(대판 2013.5.16, 2012다202819 전원합의체)

일판 회사가 직원 등을 통해서 행한 특정 정당의 당원 또는 그에 동조자인 종업원을 감시하여 고립되게 하는 행위는 그 종업원의 인격적 이익을 침해하는 불법행위에 해당한다.
(日·大審 1995.9.5)

▣ 생활방해

판례 불법행위로 입은 정신적 고통에 대한 위자료 수액 결정이 사실심 법원의 직권에 속하는 재량 사항인지 여부 : 불법행위로 입은 정신적 고통에 대한 위자료 액수에 관하여는 사실심 법원이 제반 사정을 참작하여 그 직권에 속하는 재량에 의하여 이를 확정할 수 있다.(대판 1999.4.23, 98다41377)

▣ 명예·신용

판례 언론매체가 보도한 수개의 기사가 타인의 명예를 훼손하였는지 여부를 판단함에 있어서 그 기사들이 연재기사로 기획되어 게재되었다는 등의 특별한 사정이 없는 한 각 기사별로 불법행위의 성립 여부를 판단하여야 한다.
(대판 2009.4.9, 2005다65494)

판례 인터넷에서 무료로 입수한 정보만을 근거로 한 사실적시의 명예훼손 성립 여부 : 인터넷에서 무료로 취득한 공개 정보는 그 내용의 진위가 불명확하고 궁극적 출처도 특정하기 어려우므로, 특정한 사안에 관하여 관심이 있는 사람들이 접속하는 인터넷상의 가상공동체(cyber community)의 자료실이나 게시판 등에 게시·저장된 자료를 보고 그에 터잡아 달리 사실관계의 조사나 확인이 없이 다른 사람의 사회적 평판을 저하할 만한 사실의 적시를 하였다면, 가사 행위자가 그 내용이 진실이라 믿었다 한들, 그렇게 믿을 만한 상당한 이유가 있다고 보기 어렵다.(대판 2006.1.27, 2003다66806)

판례 인격권으로서의 명예권에 기초하여 가해자에 대해 현재의 침해행위의 배제 또는 장래의 침해행위의 금지를 청구할 수 있는지 여부 : 명예는 생명, 신체와 함께 매우 중대한 보호법익이고 인격권으로서의 명예권은 물권의 경우와 마찬가지로 배타성을 가지는 권리라고 할 것이므로 사람의 품성, 덕행, 명성, 신용 등의 인격적 가치에 관하여 사회로부터 받는 객관적인 평가인 명예를 위법하게 침해당한 자는 손해배상 또는 명예회복을 위한 처분을 구할 수 있는 이외에 인격권으로서 명예권에 기초하여 가해자에 대하여 현재 이루어지고 있는 침해행위를 배제하거나 장래에 생길 침해를 예방하기 위하여 침해행위의 금지를 구할 수도 있다.(대결 2005.1.17, 2003마1477)

판례 언론보도에 의한 명예훼손에 있어서 '사실의 적시'의 정도 : 언론의 보도에 의한 명예훼손이 성립하려면 피해자의 사회적 평가를 저하시킬 만한 구체적인 사실의 적시가 있어야 하는데, 여기에서 말하는 사실의 적시란 반드시 사실을 직접적으로 표현한 경우에 한정할 것은 아니고, 간접적이고 우회적인 표현에 의하더라도 그 표현의 전취지에 비추어 그와 같은 사실의 존재를 암시하고, 또 이로써 특정인의 사회적 가치 내지 평가가 침해될 가능성이 있을 정도의 구체성이 있으면 족하다.
(대판 2004.2.27, 2001다53387)

판례 집단표시에 의한 명예훼손적 사실적시가 집단 구성원 개개인에 대한 명예훼손으로 인정되기 위한 기준 : 이른바 집단표시에 의한 명예훼손은 그러한 방송 등이 그 집단에 속한 특정인에 대한 것이라고는 해석되기 힘들고 집단표시에 의한 비난이 개별구성원에 이르러서는 비난의 정도가 희석되어 구성원의 사회적 평가에 영향을 미칠 정도에 이르지 않으므로 구성원 개개인에 대한 명예훼손은 성립되지 않는다고 봄이 원칙이지만, 다만 예외적으로 구성원 개개인에 대하여 방송하는 것으로 여겨질 정도로 구성원 수가 적거나 방송 등 당시의 주위 정황 등으로 보아 집단 내 개별구성원을 지칭하는 것으로 여겨질 수 있는 때에는 집단 내 개별구성원이 피해자로서 특정된다고 보아야 하고, 그 구체적 기준으로는 집단의 크기, 집단의 성격과 집단 내에서의 피해자의 지위 등을 들 수 있다.
(대판 2003.9.2, 2002다63558)

판례 인터넷상 게시판 관리자가 타인의 명예를 훼손하는 내용의 게시물을 방치하여 명예훼손에 대한 손해배상책임을 지기 위한 요건 : [1] 운영자에게 게시물을 삭제할 의무가 있음에도 정당한 사유 없이 이를 삭제하지 않고, [2] 운영자에게 삭제의 무가 있는지는 게시의 목적, 내용, 게시기간과 방법, 그로 인한 피해의 정도, 게시자와 피해자의 관계, 반론이나 삭제 요구의 유무 등 게시에 관련한 쌍방의 대응태도, 당해 사이트의 성격 및 규모·영리 목적의 유무, 개방정도, 운영자가 게시물의 내용을 알았거나 알 수 있었던 시점, 삭제의 기술적·경제적 난이도 등을 종합하여 판단하여야 하는 바, [3] 특별한 사정이 없다면 단지 홈페이지 운영자가 제공하는 게시판에 다른 사람에 의하여 제3자의 명예를 훼손하는 글이 게시되고 그 운영자가 이를 알았거나 알 수 있었다는 사정만으로 항상 운영자가 그 글을 즉시 삭제할 의무를 지게 된다고 할 수는 없다.
(대판 2003.6.27, 2002다72194)

판례 수사기관이 피의자의 자백을 받아 기자들에게 보도자료를 배포하는 방법으로 피의사실을 공표함으로써 피의자의 명예가 훼손된 사안에서, 피의사실이 진실이라고 믿은 데에 상당한 이유가 없다는 이유로, 보도자료의 작성·배포에 관여한 경찰서장과 수상경찰관 및 국가의 연대배상책임을 인정한다.
(대판 1996.8.20, 94다29928)

第752條【生命侵害로 인한 慰藉料】 他人의 生命을 害한 者는 被害者의 直系尊屬, 直系卑屬 및 配偶者에 대하여는 財産上의 損害없는 경우에도 損害賠償의 責任이 있다.

참조 751, [친족과 부양]974－979, [태아와 손해배상청구권]762

판례 불법행위로 사람의 생명을 침해한 경우에 그 생명을 침해당한 피해자 본인의 정신적 고통에 대한 위자료청구와 그 피해자의 직계비속 등의 정신적 고통에 대한 위자료청구는 각각 별개의 소송물이다.(대판 2008.3.27, 2008다1576)

第753條【未成年者의 責任能力】 未成年者가 他人에게 損害를 加한 경우에 그 行爲의 責任을 辨識할 智能이 없는 때에는 賠償의 責任이 없다.

참조 [미성년자]4·8①·826의2, [미성년자에 책임없는 경우]755, [소년과 범죄]형9, 소년

판례 사고가 학교생활에서 통상 발생할 수 있다고 하는 것이 예측되거나 또는 예측가능성(사고발생의 구체적 위험성)이 있는 경우에 한하여 교장이나 교사는 보호·감독의무가 위반에 대한 책임을 진다.(대판 1997.6.13, 96다44433)

第754條【心神喪失者의 責任能力】 心神喪失중에 他人에게 損害를 加한 者는 賠償의 責任이 없다. 그러나 故意 또는 過失로 인하여 心神喪失을 招來한 때에는 그러하지 아니하다.

참조 755, [심신상실]12, [심신장애자와 형사책임]형10·11

第755條【감독자의 책임】 ① 다른 자에게 손해를 가한 사람이 제753조 또는 제754조에 따라 책임이 없는 경우에는 그를 감독할 법정의무가 있는 자가 그 손해를 배상할 책임이 있다. 다만, 감독의무를 게을리하지 아니한 경우에는 그러하지 아니하다.

② 감독의무자를 갈음하여 제753조 또는 제754조에 따라 책임이 없는 사람을 감독하는 자도 제1항의 책임이 있다.

(2011.3.7 본조개정)

改前 "第755條【責任無能力者의 監督者의 責任】 ① 前2條의 規定에 依하여 無能力者에게 責任없는 境遇에는 이를 監督할 法定義務있는 者가 그 無能力者의 第三者에게 加한 損害를 賠償할 責任이 있다. 그러나 監督義務를 懈怠하지 아니한 때에는 그러하지 아니하다.

② 監督義務者에 가름하여 無能力者를 監督하는 者도 前項의 責任이 있다."

참조 [법정감독의무자]910·913·945·947·948

판례 학생의 폭행에 대한 교사의 예측가능성 : 만 14세 4개월의 중학교 2년생이 체육시간에 피해자의 잘못으로 체육교사로부터 단체기합을 받았다는 이유로 그 직후의 휴식기간에 피해자를 폭행하여 상해를 가한 경우, 가해자의 성행, 피해자와의 관계, 단체기합의 정도 등에 비추어 체육교사 또는 담임교사 등에게 사고에 대한 예측가능성이 없다.
(대판 2000.4.11, 99다44205)

第756條【使用者의 賠償責任】 ① 他人을 使用하여 어느 事務에 從事하게 한 者는 被用者가 그 事務執行에 관하여 第三者에게 加한 損害를 賠償할 責任이 있다. 그러나 使用者가 被用者의 選任 및 그 事務監督에 相當한 注意를 한 때 또는 相當한 注意를 하여도 損害가 있을 경우에는 그러하지 아니하다.

② 使用者에 갈음하여 그 事務를 監督하는 者도 前項의 責任이 있다.(2014.12.30 본항개정)

③ 前2項의 경우에 使用者 또는 監督者는 被用者에 대하여 求償權을 行使할 수 있다.

改前 ② 使用者에 "가름하여" 그 事務를 監督하는…

참조 [고용]655, [법인의 기관의 행위]35, 상210·395·401·567, [공무원의 불법행위와 국가 또는 공공단체의 책임]헌29, 국가배상2·5-7, [특칙]상115·135·148①·160, ③국가배상2②·5②·6②

판례 피용자의 불법행위가 외관상 사무집행의 범위 내에 속하는 것으로 보이는 경우에도 피용자의 행위가 사용자나 사용자에 갈음하여 그 사무를 감독하는 자의 사무집행행위에 해당하지 않음을 피해자 자신이 알았거나 또는 중대한 과실로 알지 못한 경우에는 사용자 또는 사용자에 갈음하여 그 사무를 감독하는 자에 대하여 사용자책임을 물을 수 없다.
(대판 2007.9.20, 2004다43886)

판례 수급인은 도급인으로부터 독립하여 사무를 처리하기 때문에 민법 756조 소정의 피용자에 해당되지 아니하므로 예외적으로 도급인이 수급인의 일의 진행 및 방법에 관하여 구체적인 지휘·감독권을 유보한 경우가 아닌 한 도급인이 수급인의 행위에 대하여 사용자책임을 부담하지 않는다.
(대판 1993.5.27, 92다48109)

◘ 사용자관계의 성립 여부

판례 일반적으로 도급인과 수급인 사이에는 지휘·감독의 관계가 없으므로 도급인은 수급인이나 수급인의 피용자의 불법행위에 대하여 사용자로서의 배상책임이 없는 것이지만, 도급인이 수급인에 대하여 특정한 행위를 지휘하거나 특정한 사업을 도급시키는 경우 비록 도급인이라고 하더라도 사용자로서의 배상책임이 있다.(대판 2005.11.10, 2004다37676)

판례 명의대여자가 사용자책임을 지기 위한 요건으로서의 사용관계의 판단 기준 : 명의대여관계의 경우 사용자책임의 요건으로서의 사용관계가 있느냐 여부는 실제적으로 지휘·감독을 하였느냐의 여부에 관계없이 객관적·규범적으로 보아 사용자가 그 불법행위자를 지휘·감독해야 할 지위에 있었느냐의 여부를 기준으로 결정하여야 한다.(대판 2001.8.21, 2001다3658)

판례 사용자와 피용자의 관계의 의미 : 민법 756조의 사용자와 피용자의 관계는 반드시 유효한 고용관계가 있는 경우에 한하는 것이 아니고, 사실상 어떤 사람이 다른 사람을 위하여 그 지휘·감독 아래 그 의사에 따라 사업을 집행하는 관계에 있을 때에도 그 두 사람 사이에 사용자, 피용자의 관계가 있다고 할 수 있다.(대판 1996.10.11, 96다30182)

◘ 피용자의 범위

판례 사용자는 퇴직한 직원의 불법행위에 대해서 손해배상책임을 지는지 여부 : 동조의 사용자책임이 성립하려면 사용자가 불법행위자인 피용자를 실질적으로 지휘·감독하는 관계에 있어야 하므로, 피용자가 퇴직한 후에는 퇴직에도 불구하고 사용자의 실질적인 지휘·감독 아래에 있었다고 볼 수 있는 특별한 사정이 없다면 그의 행위에 대하여 원칙적으로 종전의 사용자에게 사용자책임을 물을 수 없다.(대판 2001.9.4, 2000다26128)

판례 피용자의 범위 : 타인에게 위탁하여 계속적으로 사무를 처리하여 온 경우 객관적으로 보아 그 타인의 행위가 위탁자의 지휘·감독의 범위 내에 속한다고 보이는 경우 그 타인은 민법 756조에 규정한 피용자에 해당한다.(대판 1998.8.21, 97다13702)

◘ 사무집행에 관한 행위

판례 '사무집행에 관하여'의 의미 : 사용자책임의 요건인 '사무집행에 관하여'라는 뜻은 피용자의 불법행위가 외형상 객관적으로 사용자의 사업활동 내지 사무집행 행위 또는 그와 관련된 것이라고 보여질 때에는 주관적 사정을 고려함이 없이 이를 사무집행에 관하여 한 행위로 본다는 것이다.
(대판 2003.1.10, 2000다34426)

판례 '사무집행에 관하여'의 판단 기준 : 외형상 객관적으로 사용자의 사무집행에 관련된 것인지의 여부는 피용자의 본래 직무와 불법행위와의 관련 정도 및 사용자에게 손해발생에 대한 위험 창출과 방지조치 결여의 책임이 어느 정도 있는지를 고려하여 판단할 것이다.(대판 1992.2.25, 91다39146)

◘ 주의의무 위반과 면책사유

판례 사용자책임의 면책 : 피용자의 불법행위가 외관상 사무집행의 범위 내에 속하는 것으로 보이더라도 그것이 사용자의 사무집행행위에 해당하지 않음을 피해자가 알았거나 중대한 과실로 알지 못한 때에는 사용자에 대하여 그 책임을 물을 수 없다.
(대판 1999.3.9, 97다7721)

판례 '피해자의 중대한 과실'의 의미 : 중대한 과실이라 함은 거래의 상대방이 조금만 주의를 기울였더라면 피용자의 행위가 그 직무권한 내에서 적법하게 행하여진 것이 아니라는 사정을 알 수 있었음에도 만연히 이를 직무권한 내의 행위라고 믿음으로써 일반인에게 요구되는 주의의무에 현저히 위반하는 것으로 거의 고의에 가까운 정도의 주의를 결여하고, 공평의 관점에서 상대방을 구태여 보호할 필요가 없다고 봄이 상당하다고 인정되는 상태를 말한다.(대판 1998.7.24, 97다49978)

◘ 배상책임

판례 사용자의 손해배상책임은 피용자의 배상책임에 대한 대체적 책임이어서 사용자도 제3자와 부진정연대관계에 있다고 보아야 할 것이므로, 사용자가 피용자와 제3자의 책임비율에 의하여 정해진 피용자의 부담 부분을 초과하여 피해자에게 손해를 배상한 경우에는 사용자는 제3자에 대하여도 구상권을 행사할 수 있다.(대판 2006.2.9, 2005다28426)

판례 동일한 가해자를 지휘·감독하는 복수의 사용자가 각각 손해배상책임을 부담하는 경우에 그 구상의 전제로 되는 각 사용자의 책임비율은 피용자인 가해자의 가해행위의 태양 및 각 사용자의 사업의 집행과의 관계 정도, 가해자에 대한 각 사용자의 지휘·감독의 강약 등을 고려하여 정하여야 하는 것이고, 사용자의 일방은 다른 사용자에 대한 위 책임의 비율에 따라 정해진 부담부분의 한도에서 구상할 수 있다고 하는 것이 상당하다.
(대판 1994.12.27, 94다4974)

◘ 다른 법규와 본조

판례 헌법 29조 1항 본문과 단서 및 국가배상법 2조를 그 입법취지에 조화되도록 해석하면 공무원이 직무 수행 중 불법행위로 타인에게 손해를 입힌 경우에 국가나 지방자치단체가 국가배상책임을 부담하는 외에 공무원 개인도 고의 또는 중과실이 있는 경우에는 불법행위로 인한 손해배상책임을 지고, 공무원에게 경과실뿐인 경우에만 공무원 개인은 손해배상책임을 부담하지 아니한다.(대판 1997.2.11, 95다5110)

판례 학교법인의 대표자였던 자에 의한 차금행위가 불법행위가 된다면 이는 민법상 사용자의 배상책임이 아니고 민법 35조에 의한 법인자체의 불법행위가 되어 배상책임이 있다.
(대판 1978.3.14, 78다132)

◘ 피용자의 범위, '제3자'의 뜻

판례 이삿짐센터와 고용관계에 있지는 않았으나, 오랫동안 그 이삿짐센터의 이삿짐 운반에 종사해 온 작업원들은 사용자의 손해배상책임에 있어서 피용자이다.
(대판 1996.10.11, 96다30182)

第757條【都給人의 責任】 都給人은 受給人이 그 일에 관하여 第三者에게 加한 損害를 賠償할 責任이 없다. 그러나 都給 또는 指示에 관하여 都給人에게 重大한 過失이 있는 때에는 그러하지 아니하다.

참조 [도급]664이하, [도급인의 지시]669

판례 민법 757조에 의한 도급인의 책임과 민법 758조 1항에 의한 공작물 점유자의 책임은 그 법률요건과 효과를 달리하는 것이어서 공작물의 점유자가 그 공작물의 설치 또는 보존의 하자로 인하여 타인에게 손해를 가한 경우 민법 758조 1항에 의한 손해배상책임을 인정하는 데 있어 민법 757조 본문이 장애가 되는 것은 아니다.(대판 2006.4.27, 2006다4564)

第758條【工作物등의 占有者, 所有者의 責任】 ① 工作物의 設置 또는 保存의 瑕疵로 인하여 他人에게 損害를 加한 때에는 工作物占有者가 損害를 賠償할 責任이 있다. 그러나 占有者가 損害의 防止에 必要한 注意를 懈怠하지 아니한 때에는 그 所有者가 損害를 賠償할 責任이 있다.

② 前項의 規定은 樹木의 栽植 또는 保存에 瑕疵있는 경우에 準用한다.

③ 前2項의 경우 占有者 또는 所有者는 그 損害의 原因에 대한 責任있는 者에 대하여 求償權을 行使할 수 있다.(2022.12.13 본항개정)

改前 ③ "前二項의 境遇에" 占有者 또는 所有者는 그 損害의 原因에 대한 責任있는 者에 대하여 求償權을 行使할 수 있다.

참조 [점유자]192-194, [광해의 배상]광업75-82, [공공영조물의 설치 또는 관리의 하자]국가배상5이하

판례 최저 속도의 제한이 있는 고속도로의 도로관리자에게는 도로의 구조, 기상예보 등을 고려하여 사전에 충분한 인적·물적 설비를 갖추어 강설시 신속한 제설작업을 하고 나아가 필요한 경우 제때에 교통통제 조치를 취함으로써 고속도로로서의 기본적인 기능을 유지하거나 신속히 회복할 수 있도록 하는 관리의무가 있다.(대판 2008.3.13, 2007다29287,29294)

판례 '공작물의 설치 또는 보존의 하자'의 의미 : 공작물의 설치·보존상의 하자라 함은 공작물이 그 용도에 따라 통상 갖추어야 할 안전성을 갖추지 못한 상태에 있음을 말하는 것이다.
(대판 2006.1.26, 2004다21053)

판례 화재가 어떤 공작물의 하자 자체로 인하여 직접 발생된 경우에는 민법 758조 1항에 의하여 그 공작물의 점유자 또는 소유자는 그 화재로 입은 타인의 손해를 배상할 책임이 있다.
(대판 1996.10.25, 96다30113)

第759條【動物의 占有者의 責任】 ① 動物의 占有者는 그 動物이 他人에게 加한 損害를 賠償할 責任이 있다. 그러나 動物의 種類와 性質에 따라 그 保管에 相當한 注意를 懈怠하지 아니한 때에는 그러하지 아니하다.

② 占有者에 갈음하여 動物을 保管한 者도 前項의 責任이 있다.(2014.12.30 본항개정)

改前 ② 占有者에 "가름하여" 動物을 保管한…

참조 [점유자]192-194

第760條【共同不法行爲者의 責任】 ① 數人이 共同의 不法行爲로 他人에게 損害를 加한 때에는 連帶하여 그 損害를 賠償할 責任이 있다.

② 共同아닌 數人의 行爲중 어느 者의 行爲가 그 損害를 加한 것인지를 알 수 없는 때에도 前項과 같다.

③ 敎唆者나 幇助者는 共同行爲者로 본다.

참조 ①[연대채무]413이하, [광해책임의 연대]광업75, ②[교사자]형31, [방조자]형32, [공범]형30-34

판례 수인이 공동하여 타인에게 손해를 가하는 민법 760조의 공동불법행위에 있어서 행위자 상호간의 공모는 물론 공동의 인식을 필요로 하지 아니하고, 다만 객관적으로 그 공동행위가 관련 공동되어 있으면 족하고 그 관련 공동성 있는 행위에 의하여 손해가 발생함으로써 그에 대한 배상책임을 지는 공동불법행위가 성립하는바, 재건축조합이 재건축조합원들을 위법하게 제명하여 그 분양권을 박탈한 상태에서 시공사가 재건축조합과 함께 일반분양을 강행하는 경우에는 제명된 조합원들에 대하여 공동불법행위가 성립할 수 있다.(대판 2009.9.10, 2008다37414)

판례 교사자나 방조자는 공동행위자로 본다고 규정하여 교사자나 방조자에게 공동불법행위자로서 책임을 부담시키고 있는바, 방조라 함은 불법행위를 용이하게 하는 직접, 간접의 모든 행위를 가리키는 것으로서 작위에 의한 경우뿐만 아니라 작위의무 있는 자가 그것을 방지하여야 할 여러 조치를 취하지 아니하는 부작위로 인하여 불법행위자의 실행행위를 용이하게 하는 경우도 포함하고, 이러한 불법행위의 방조는 형법과 달리 손해의 전보를 목적으로 하여 과실을 원칙적으로 고의와 동일시하는 민법의 해석으로서는 과실에 의한 방조도 가능하며, 이 경우의 과실의 내용은 불법행위에 도움을 주지 말아야 할 주의의무가 있음을 전제로 하여 이 의무에 위반하는 것을 말하고, 방조자에게 공동불법행위자로서의 책임을 지우기 위해서는 방조행위와 피방조자의 불법행위 사이에 상당인과관계가 있어야 한다.
(대판 2007.6.14, 2005다32999)

판례 공동불법행위로 인한 손해배상책임의 범위는 피해자에 대한 관계에서 가해자들 전원의 행위를 전체적으로 함께 평가하여 정하여야 하고, 그 손해배상액에 대하여는 가해자 각자가 그 금액의 전부에 대한 책임을 부담하는 것이며, 가해자 1인이 다른 가해자에 비하여 불법행위에 가공한 정도가 경미하다고 하더라도 피해자에 대한 관계에서 그 가해자의 책임 범위를 정하여진 손해배상액의 일부로 제한하여 인정할 수는 없다.
(대판 2005.11.10, 2003다66066)

판례 공동불법행위의 성립요건 : 공동불법행위는 행위자 상호간의 공모는 물론 공동의 인식을 필요로 하지 아니하고 객관적으로 그 공동행위가 '관련공동'되어 있으면 족하며, 그 관련공동성 있는 행위에 의하여 손해가 발생함으로써 성립한다.
(대판 2003.1.10, 2002다35850)

판례 공동불법행위에서 방조의 의미 : 공동불법행위에서 방조라 함은 불법행위를 용이하게 하는 직접·간접의 모든 행위를 가리키는 것이다.(대판 2000.9.29, 2000다13900)

판례 공동불법행위자 중 1인이 다른 공동불법행위자에 대하여 구상권을 행사하기 위한 요건 : 공동불법행위자 중 1인이 다른 공동불법행위자에 대하여 구상권을 행사하기 위하여는 자기의 부담 부분 이상을 변제하여 공동의 면책을 얻었음을 주장·입증하여야 하며, 위와 같은 법리는 피해자의 다른 공동불법행위자에 대한 손해배상청구권이 시효소멸한 후에 구상권을 행사하는 경우라고 하여 달리 볼 것이 아니다.
(대판 1997.12.12, 96다50896)

독판 여러 명의 운전자가 각자의 책임으로 1개의 교통사고손해를 발생시킨다 하더라도 이는 공동불법행위에 해당되지 않는다. 따라서 손해배상에 있어 부진정연대채무의 법리의 적용이 없다.(독·연방법원 1959.6.16 BGHZ 30,203)

第761條【正當防衛, 緊急避難】 ① 他人의 不法行爲에 대하여 自己 또는 第三者의 利益을 防衛하기 위하여 不得已 他人에게 損害를 加한 者는 賠償할 責任이 없다. 그러나 被害者는 不法行爲에 대하여 損害의 賠償을 請求할 수 있다.

② 前項의 規定은 急迫한 危難을 避하기 위하여 不得已 他人에게 損害를 加한 경우에 準用한다.

참조 [정당방위]형21, [긴급피난]형22

第762條【損害賠償請求權에 있어서의 胎兒의 地位】 胎兒는 損害賠償의 請求權에 관하여는 이미 出生한 것으로 본다.

참조 [부모의 생명침해와 자의 배상청구권]752, [태아와 권리의 향유]3·1064, [태아와 인지]857

第763條【準用規定】 第393條, 第394條, 第396條, 第399條의 規定은 不法行爲로 인한 損害賠償에 準用한다.

참조 [본조의 특칙]764·765, 광업77·78, 상879①

판례 불법행위로 인한 손해배상청구소송에서 재산적 손해의 발생사실은 인정되나 구체적인 손해의 액수를 증명하는 것이 사안의 성질상 곤란한 경우, 법원은 증거조사의 결과와 변론 전체의 취지에 의하여 밝혀진 당사자들 사이의 관계, 불법행위와 그로 인한 재산적 손해가 발생하게 된 경위, 손해의 성격, 손해가 발생한 이후의 제반 정황 등 관련된 모든 간접사실들을 종합하여 손해의 액수를 판단할 수 있지만, 그 경우에도 불법행위와 재산적 손해 사이에는 상당인과관계가 있어야 한다.
(대판 2006.9.8, 2006다21880)

판례 불법행위로 물건이 멸실·훼손된 경우, 통상손해의 범위 : 일반적으로 불법행위로 인한 손해는 물건이 멸실되었을 때

에는 멸실 당시의 시가를, 물건이 훼손되었을 때에는 수리 또는 원상회복이 가능한 경우에는 수리비 또는 원상회복에 드는 비용을, 수리 또는 원상회복이 불가능하거나 그 비용이 과다한 경우에는 훼손으로 인하여 교환가치가 감소된 부분을 통상의 손해로 보아야 한다.(대판 2006.4.28, 2005다44633)

판례 형사합의금이 보험자가 보상해야 할 손해의 범위에 포함되는지 여부 : 재산상 손해금의 성격을 띤 형사합의금은 그 지급 목적이 형사상 처벌을 원하지 아니한다는 의사표시를 얻어내기 위한 형사상 합의에 있었다 하더라도 보험자는 그 보험계약에 따라 보험금으로 형사합의금으로 지급한 금액 상당을 피보험자에게 지급할 의무가 있다.(대판 1996.9.20, 95다53942)

판례 수사 또는 형사재판과정에서 형사합의금 명목으로 지급받은 금원의 성격 : 불법행위의 피해자가 가해자로부터 합의금 명목의 금원을 지급받고 가해자에 대한 처벌을 원치 않는다는 내용의 합의를 한 경우에 그 합의 당시 지급받은 금원을 특히 위자료 명목으로 지급받는 것임을 명시하였다는 등의 특별한 사정이 없는 한 그 금원은 재산상 손해배상금의 일부로 지급되었다고 봄이 상당하다.(대판 1994.10.14, 94다14018)

第764條【名譽毁損의 경우의 特則】 他人의 名譽를 毁損한 者에 대하여는 法院은 被害者의 請求에 의하여 損害賠償에 갈음하거나 損害賠償과 함께 名譽回復에 適當한 處分을 命할 수 있다.
(2014.12.30 본조개정)
<1991.4.1 헌법재판소 한정위헌결정으로 이 조의 "명예회복에 적당한 처분"에 사죄광고를 포함시키는 것은 헌법에 위반>

改前 …의하여 損害賠償에 "가름하거나" 損害賠償과 함께…

참조 763, [명예훼손]751, 형307－312, [광해(鑛害)와 원상회복]광업77

판례 민법 764조의 '명예'의 의미 : 민법 764조에서 말하는 명예라 함은 사람의 품성, 덕행, 명예, 신용 등 세상으로부터 받는 객관적인 평가를 말하는 것이고, 특히 법인의 경우에는 그 사회적 명예, 신용을 가리키는 데 다름없는 것으로 명예를 훼손한다는 것은 그 사회적 평가를 침해하는 것을 말하고 이와 같은 법인의 명예가 훼손된 경우에 그 법인은 상대방에 대하여 불법행위로 인한 손해배상과 함께 명예 회복에 적당한 처분을 청구할 수 있고, 종중과 같이 소송상 당사자능력이 있는 비법인사단 역시 마찬가지이다.(대판 1997.10.24, 96다17851)

판례 '명예회복에 적당한 처분'에 사죄광고를 포함시키는 것은, 헌법 19조 양심의 자유를 국가가 강제하는 것이 됨으로 위헌이다.(헌재결 1991.4.1, 89헌마160)

第765條【賠償額의 輕減請求】 ① 本章의 規定에 의한 賠償義務者는 그 損害가 故意 또는 重大한 過失에 의한 것이 아니고 그 賠償으로 인하여 賠償者의 生計에 重大한 影響을 미치게 될 경우에는 法院에 그 賠償額의 輕減을 請求할 수 있다.
② 法院은 前項의 請求가 있는 때에는 債權者 및 債務者의 經濟狀態와 損害의 原因 등을 參酌하여 賠償額을 輕減할 수 있다.

참조 [손해배상액의 범위]393①, [증여자의 재산상태 변경과 증여의 해제]557

第766條【損害賠償請求權의 消滅時效】 ① 不法行爲로 인한 損害賠償의 請求權은 被害者나 그 法定代理人이 그 損害 및 加害者를 안 날로부터 3年間 이를 行使하지 아니하면 時效로 인하여 消滅한다.
② 不法行爲를 한 날로부터 10年을 經過한 때에도 前項과 같다.
③ 미성년자가 성폭력, 성추행, 성희롱, 그 밖의 성적(性的) 침해를 당한 경우에 이로 인한 손해배상청구권의 소멸시효는 그가 성년이 될 때까지는 진행되지 아니한다.(2020.10.20 본항신설)
<2018.8.30 헌법재판소 단순위헌결정으로 이 조 제2항 중 '진실·화해를 위한 과거사정리 기본법' 제2조제1항제3호, 제4호에 규정된 사건에 적용되는 부분은 헌법에 위반>

참조 [친권자의 법정대리]909, [후견인]931－936, [시효]162이하·421, [특칙]광업80

판례 갑 은행 등이 수출계약서 등 근거서류를 확인하지 않은 채 을 회사 등에 구매승인서를 발급해 주었고, 병 회사 등이 위 구매승인서에 의하여 을 회사 등에 물품을 공급하였는데, 관할 세무서장이 구매승인서에 하자가 있다는 등의 이유로 병 회사 등에 위 거래에 관한 부가가치세 부과처분을 하였으나 그에 대한 취소판결이 확정되어 부가가치세를 부과·징수할 수 없게 되었고, 이에 국가가 갑 은행 등을 상대로 부가가치세를 부과·징수할 수 없게 된 것에 대한 손해배상을 구한 사안에서, 갑 은행 등이 수출계약서 등 근거서류를 확인하지 않은 채 을 회사 등에 구매승인서를 발급해 준 것 때문에 국가가 입은 손해는 을 회사 등에 물품을 공급한 병 회사 등으로부터 부가가치세를 부과·징수할 수 없게 됨으로써 발생한 것인데, 국가가 부가가치세를 부과·징수할 수 없는지는 을 회사 등이 구매승인서 내용대로 물품을 수출하지 않고 불법으로 내수 유통시킨다는 것을 병 회사 등이 알았거나 중대한 과실로 알지 못하였는지에 달려있고, 이는 병 회사 등에 대하여 부가가치세 부과처분이 된 후 그 처분에 대한 취소소송에서 패소 여부가 확정된 후에야 비로소 가려지는 것이므로 부가가치세를 부과·징수할 수 없다는 손해의 결과 발생이 현실화된 시점은 부과처분을 한 세무서장이 취소소송에서 패소한 판결이 확정된 때이고, 국가의 갑 은행 등에 대한 손해배상청구권의 소멸시효 기산점 역시 위 판결 확정일이라고 보아야 한다.(대판 2012.8.30, 2010다54566)

판례 불법행위로 인한 손해배상청구권의 단기소멸시효의 기산점이 되는 민법 제766조제1항의 '손해 및 가해자를 안 날'이라고 함은 손해의 발생, 위법한 가해행위의 존재, 가해행위와 손해의 발생과의 사이에 상당인과관계가 있다는 사실 등 불법행위의 요건사실에 대하여 현실적이고도 구체적으로 인식하였을 때를 의미한다. 나아가 피해자 등이 언제 위와 같은 불법행위의 요건사실을 현실적이고도 구체적으로 인식한 것으로 볼 것인지는 개별적 사건에 있어서의 여러 객관적 사정을 참작하고 손해배상청구가 사실상 가능하게 된 상황을 고려하여 합리적으로 판단하여야 한다.(대판 2010.5.27, 2010다7577)

판례 불법행위의 피해자가 미성년자로 행위능력이 제한된 자인 경우에는 다른 특별한 사정이 없는 한 그 법정대리인이 손해 및 가해자를 알아야 민법 제766조제1항의 소멸시효가 진행한다고 할 것이다.(대판 2010.2.11, 2009다79897)

판례 불법행위로 인한 손해배상청구권에 대하여 단기소멸시효 기간을 정한 민법 766조 1항은 민사상의 법률관계를 조속히 확정함으로써 법적 안정성을 도모하기 위한 것으로 합리적인 이유가 있고, 3년간의 단기시효기간도 입법자가 입법형성권을 현저히 자의적으로 행사하여 지나치게 짧게 정한 것으로 볼 수 없으므로, 위 법률조항이 피해자의 재산권을 합리적인 이유 없이 지나치게 제한함으로써 헌법 37조 2항의 기본권제한에 관한 입법적 한계를 일탈하였다고 볼 수 없다.
(헌재결 2005.5.26, 2004헌바90)

판례 가해행위와 손해의 발생 사이에 시간적 간격이 있는 불법행위에 따른 손해배상채권의 소멸시효 기산점이 되는 '불법행위를 안 날'은 손해가 그 후 현실화된 것을 구체적으로 안 날을 의미 : [1] '가해행위와 이로 인한 현실적인 손해의 발생 사이에 시간적 간격이 있는 불법행위에 기한 손해배상채권에 있어서 소멸시효의 기산점이 되는 불법행위를 안 날'이라 함은 단지 관념적이고 부동적인 상태에서 잠재하고 있던 손해에 대한 인식이 있었다는 정도만으로는 부족하고 그러한 손해가 그 후 현실화된 것을 안 날을 의미한다.
[2] 사고 당시 피해자는 만 2세 남짓한 유아로서 좌족부의 성장판을 다쳐 의학적으로 뼈가 성장을 멈추는 만 18세가 될 때까지는 위 좌족부가 어떻게 변형될지 모르는 상태였던 경우, 피해자가 고등학교 1학년 재학 중에 담당의사에게 진찰을 받은 결과 비로소 피해자의 좌족부 변형에 따른 후유장해의 잔존 및 그 정도 등을 가늠할 수 있게 되었다면 피해자의 법정대리인도 그때서야 현실화된 손해를 구체적으로 알았다고 보아 그 무렵을 기준으로 소멸시효의 기산점을 산정한 원심의 판단을 수긍한 사례이다.
(대판 2001.1.19, 2000다11836)

第4編 親 族

第1章 總 則

第767條【親族의 定義】 配偶者, 血族 및 姻戚을 親族으로 한다.

참조 [친족관계의 준거법]국제사법, [친족의 범위]777, [혈족]768·770·776·878, [법정혈족]772, [인척]769·771·775, [배우자]812, [친족과 부양의무]974－979, [친족간 특례]형151②·155④, [친족간 범죄]형250②·251·257②·258③·259②·260②·271②·272·273②·276②·277②·283②·328·344·354·361·365

第768條【血族의 定義】 自己의 直系尊屬과 直系卑屬을 直系血族이라 하고 自己의 兄弟姉妹와 兄弟姉妹의 直系卑屬, 直系尊屬의 兄弟姉妹 및 그 兄弟姉妹의 直系卑屬을 傍系血族이라 한다.
(1990.1.13 본조개정)

참조 [친족]767·777, [촌수의 계산]770

第769條【姻戚의 系源】 血族의 配偶者, 配偶者의 血族, 配偶者의 血族의 配偶者를 姻戚으로 한다.
(1990.1.13 본조개정)

참조 [배우자]812, [인척관계소멸]775, [촌수의 계산]771

판례 자동차종합보험약관에서 정하고 있는 부모에 계모가 포함되는지 여부 : 민법의 개정으로 인하여 계모는 더 이상 법률상의 모가 아닌 것으로 되었으나, 피보험자의 계모가 부의 배우자로 실질적으로 가족의 구성원으로 가족공동체를 이루어 생계를 같이하고 피보험자의 어머니의 역할을 하면서 피보험자동차를 이용하고 있다면, 위 특별약관조항을 둔 취지에 비추어 볼 때 이러한 경우의 계모는 자동차종합보험의 가족운전자 한정운전 특별약관상의 모에 포함한다.
(대판 1997.2.28, 96다53857)

第770條【血族의 寸數의 計算】 ① 直系血族은 自己로부터 直系尊屬에 이르고 自己로부터 直系卑屬에 이르러 그 世數를 定한다.
② 傍系血族은 自己로부터 同源의 直系尊屬에 이르는 世數와 그 同源의 直系尊屬으로부터 그 直系卑屬에 이르는 世數를 通算하여 그 寸數를 定한다.

참조 [혈족]768·776·878, [준혈족의 촌수계산]772

第771條【姻戚의 寸數의 計算】 姻戚은 配偶者의 血族에 대하여는 配偶者의 그 血族에 대한 寸數에 따르고, 血族의 配偶者에 대하여는 그 血族에 대한 寸數에 따른다.(1990.1.13 본조개정)

참조 [인척]769, [혈족의 촌수계산]770

第772條【養子와의 親系와 寸數】 ① 養子와 養父母 및 그 血族, 姻戚사이의 親系와 寸數는 入養한 때로부터 婚姻중의 出生子와 同一한 것으로 본다.
② 養子의 配偶者, 直系卑屬과 그 配偶者는 前項의 養子의 親系를 基準으로 하여 寸數를 定한다.

참조 [혈족]768, [인척]769·771·775, [양자]776·866－908, [입양의 효력발생]878, [입양으로 인한 친족관계의 소멸]776, [배우자]812, [친족의 촌수계산]770·771

第773條～第774條 (1990.1.13 삭제)

第775條【姻戚關係 등의 消滅】 ① 姻戚關係는 婚姻의 取消 또는 離婚으로 인하여 終了한다.
② 夫婦의 一方이 死亡한 경우 生存 配偶者가 再婚한 때에도 第1項과 같다.
(1990.1.13 본조개정)

참조 [인척관계]769·771, [친족관계]767·777, [혼인의 성립]812, [혼인의 취소]816이하, [이혼]834이하, [중혼의 금지]810

第776條【入養으로 인한 親族關係의 消滅】 入養으로 인한 親族關係는 入養의 取消 또는 罷養으로 인하여 終了한다.

참조 [입양으로 인한 친족관계]772, [입양으로 인한 친족관계의 종료 후 혼인장애]809, [파양]898이하·905이하, [입양의 취소]884이하

第777條【親族의 범위】 親族關係로 인한 法律上 效力은 이 法 또는 다른 法律에 특별한 規定이 없는 한 다음 各號에 해당하는 者에 미친다.
1. 8寸 이내의 血族
2. 4寸 이내의 姻戚
3. 配偶者
(1990.1.13 본조개정)

참조 [친족관계의 준거법]국제사법, [친족의 정의]767, [혈족·인척]768·769·775, [촌수의 계산]770·771, [준혈족]772, [배우자]812, [가족]779, [양자와 친계의 촌수]772·776, [친족과 부양의무]974이하, [부부간의 부양·협조]826, [친족간 특례]형151②·155④, [친족간 범죄]형250②·251·257②·258③·259②·260②·271②·272·273②·276②·277②·283②·328·344·354·361·365

판례 이성동복(異姓同腹)의 형제자매도 상속인의 범위에 포함되는지 여부 : 민법 1000조 1항 3호의 '피상속인의 형제자매'라 함은, 민법 개정시 친족의 범위에서 부계와 모계의 차별을 없애고, 상속의 순위나 상속분에 관하여도 남녀 간 또는 부계와 모계 간의 차별을 없앤 점 등에 비추어 볼 때, 부계 및 모계의 형제자매를 모두 포함하는 것으로 해석하는 것이 상당하다.
(대판 1997.11.28, 96다5421)

第2章 가족의 범위와 자의 성과 본

(2005.3.31 본장제목개정)

改前 "戶主와 家族"

第778條 (2005.3.31 삭제)

改前 "第778條【戶主의 定義】一家의 系統을 繼承한 者, 分家한 者 또는 기타 事由로 인하여 一家를 創立하거나 復興한 者는 戶主가 된다."

第779條【가족의 범위】 ① 다음의 자는 가족으로 한다.
1. 배우자, 직계혈족 및 형제자매
2. 직계혈족의 배우자, 배우자의 직계혈족 및 배우자의 형제자매
② 제1항제2호의 경우에는 생계를 같이 하는 경우에 한한다.
(2005.3.31 본조개정)

改前 "第779條【家族의 範圍】戶主의 配偶者, 血族과 그 配偶者 기타 本法의 規定에 의하여 그 家에 入籍한 者는 家族이 된다."

第780條 (2005.3.31 삭제)

改前 "第780條【戶主의 變更과 家族】戶主의 變更이 있는 경우에는 前戶主의 家族은 新戶主의 家族이 된다."

第781條【자의 성과 본】 ① 자는 부의 성과 본을 따른다. 다만, 부모가 혼인신고시 모의 성과 본을 따르기로 협의한 경우에는 모의 성과 본을 따른다.
② 부가 외국인인 경우에는 자는 모의 성과 본을 따를 수 있다.
③ 부를 알 수 없는 자는 모의 성과 본을 따른다.
④ 부모를 알 수 없는 자는 법원의 허가를 받아 성과 본을 창설한다. 다만, 성과 본을 창설한 후 부 또는 모를 알게 된 때에는 부 또는 모의 성과 본을 따를 수 있다.
⑤ 혼인외의 출생자가 인지된 경우 자는 부모의 협의에 따라 종전의 성과 본을 계속 사용할 수 있다. 다만, 부모가 협의할 수 없거나 협의가 이루어지지 아니한 경우에는 자는 법원의 허가를 받아 종전의 성과 본을 계속 사용할 수 있다.
⑥ 자의 복리를 위하여 자의 성과 본을 변경할 필요가 있을 때에는 부, 모 또는 자의 청구에 의하여 법원의 허가를 받아 이를 변경할 수 있다. 다만, 자가 미성년자이고 법정대리인이 청구할 수 없는 경우에는 제777조의 규정에 따른 친족 또는 검사가 청구할 수 있다.
(2005.3.31 본조개정)

改前 "第781條【子의 入籍, 姓과 本】① 子는 父의 姓과 本을 따르고 父家에 入籍한다. 다만, 父가 外國人인 때에는 母의 姓과 本을 따를 수 있고 母家에 入籍한다.(1997.12.13 단서개정)
② 父를 알 수 없는 子는 母의 姓과 本을 따르고 母家에 入籍한다.
③ 父母를 알 수 없는 子는 法院의 許可를 얻어 姓과 本을 創設하고 一家를 創立한다. 그러나 姓과 本을 創設한 후 父 또는 母를 알게 된 때에는 父 또는 母의 姓과 本을 따른다."

판례 아버지의 성과 본을 따라 출생신고가 되었으나 성년이 된 후 가정법원에 성·본 변경 허가 신청을 내어 어머니의 성과 본을 따르게 된 자녀는 어머니가 속한 종중의 구성원이 된다. 종중의 목적과 본질에 비추어 볼 때 공동선조와 성과 본을 같

이 하는 후손이라면 아버지의 성·본을 따른 후손과 어머니의 성·본을 따른 후손의 종원 자격이 다르다고 볼 수 없다. 출생 후에 성과 본을 변경한 경우에도 마찬가지이다. 또한 법원의 허가를 받아 어머니의 성과 본을 따르도록 변경한 자녀는 아버지가 속한 종중에서 탈퇴하게 되는데, 어머니가 속한 종중의 구성원이 될 수 없다고 본다면 종중의 구성원 자격을 박탈하는 것이 되어 헌법상 평등의 원칙에도 반한다.
(대판 2022.5.26, 2017다260940)

판례 민법 781조 6항에 정한 '자의 복리를 위하여 자의 성과 본을 변경할 필요가 있을 때'에 해당하는지 여부는 자의 나이와 성숙도를 감안하여 자 또는 친권자·양육자의 의사를 고려하되, 먼저 자의 성·본 변경이 이루어지지 아니할 경우에 내부적으로 가족 사이의 정서적 통합에 방해가 되고 대외적으로 가족 구성원에 관련된 편견이나 오해 등으로 학교생활이나 사회생활에서 겪게 되는 불이익의 정도를 심리하고, 다음으로 성·본 변경이 이루어질 경우에 초래되는 정체성의 혼란이나 자와 성·본을 함께 하고 있는 친부나 형제자매 등과의 유대 관계의 단절 및 부양의 중단 등으로 인하여 겪게 되는 불이익의 정도를 심리한 다음, 자의 입장에서 위 두 가지 불이익의 정도를 비교형량하여 자의 행복과 이익에 도움이 되는 쪽으로 판단하여야 한다. 이와 같이 자의 주관적·개인적인 선호의 정도를 넘어 자의 복리를 위하여 성·본의 변경이 필요하다고 판단되고, 범죄를 기도 또는 은폐하거나 법령에 따른 각종 제한을 회피하려는 불순한 의도나 목적이 개입되어 있는 등 성·본 변경권의 남용으로 볼 수 있는 경우가 아니라면, 원칙적으로 성·본 변경을 허가함이 상당하다.
(대결 2010.3.3, 2009스133)

第782條 (2005.3.31 삭제)

改前 "第782條【婚姻외의 子의 入籍】① 家族이 婚姻외의 子를 出生한 때에는 그 家에 入籍하게 할 수 있다.
② 婚姻외의 出生子가 父家에 入籍할 수 없는 때에는 母家에 入籍할 수 있고 母家에 入籍할 수 없는 때에는 一家를 創立한다."

第783條 (2005.3.31 삭제)

改前 "第783條【養子와 그 配偶者등의 入籍】養子의 配偶者, 直系卑屬과 그 配偶者는 養子와 함께 養家에 入籍한다."

第784條 (2005.3.31 삭제)

改前 "第784條【父의 血族아닌 妻의 直系卑屬의 入籍】① 妻가 夫의 血族 아닌 直系卑屬이 있는 때에는 夫의 同意를 얻어 그 家에 入籍하게 할 수 있다.(1990.1.13 본항개정)
② 前項의 경우에 그 直系卑屬이 他家의 家族인 때에는 그 戶主의 同意를 얻어야 한다."

第785條 (2005.3.31 삭제)

改前 "第785條【戶主의 直系血族의 入籍】戶主는 他家의 戶主 아닌 自己의 直系尊屬이나 直系卑屬을 그 家에 入籍하게 할 수 있다."

第786條 (2005.3.31 삭제)

改前 "第786條【養子와 그 配偶者등의 復籍】① 養子와 그 配偶者, 直系卑屬과 그 配偶者는 入養의 取消 또는 罷養으로 인하여 그 生家에 復籍한다.
② 前項의 경우에 그 生家가 廢家 또는 無後된 때에는 生家를 復興하거나 一家를 創立할 수 있다."

第787條 (2005.3.31 삭제)

改前 "第787條【妻등의 復籍과 一家創立】① 妻와 夫의 血族아닌 그 直系卑屬은 婚姻의 取消 또는 離婚으로 인하여 그 親家에 復籍하거나 一家를 創立한다.
② 夫가 死亡한 경우에는 妻와 夫의 血族아닌 直系卑屬은 그 親家에 復籍하거나 一家를 創立할 수 있다.
③ 前2項의 경우에 그 親家가 廢家 또는 無後되었거나 기타 事由로 인하여 復籍할 수 없는 때에는 親家를 復興할 수 있다.
(1990.1.13 본조개정)"

第788條 (2005.3.31 삭제)

改前 "第788條【分家】① 家族은 分家할 수 있다.(1990.1.13 단서삭제)
② 未成年者가 分家함에는 法定代理人의 同意를 얻어야 한다."

第789條 (2005.3.31 삭제)

改前 "第789條【法定分家】家族은 婚姻하면 당연히 分家된다. 그러나 戶主의 直系卑屬長男子는 그러하지 아니하다.
(1990.1.13 본조개정)"

第790條 (1990.1.13 삭제)

第791條 (2005.3.31 삭제)

改前 "第791條【分家戶主와 그 家族】① 分家戶主의 配偶者, 直系卑屬과 그 配偶者는 그 分家에 入籍한다.
② 本家戶主의 血族아닌 分家戶主의 直系尊屬은 分家에 入籍할 수 있다."

第792條 (1990.1.13 삭제)

第793條 (2005.3.31 삭제)

改前 "第793條【戶主의 入養과 廢家】一家創立 또는 分家로 인하여 戶主가 된 者는 他家에 入養하기 위하여 廢家할 수 있다."

第794條 (2005.3.31 삭제)

改前 "第794條【女戶主의 婚姻과 廢家】女戶主는 婚姻하기 위하여 廢家할 수 있다."

第795條 (2005.3.31 삭제)

改前 "第795條【他家에 入籍한 戶主와 그 家族】① 戶主가 廢家하고 他家에 入籍한 때에는 家族도 그 他家에 入籍한다.
② 前項의 경우에 그 他家에 入籍할 수 없거나 원하지 아니하는 家族은 一家를 創立한다.(1990.1.13 본항개정)"

第796條 (2005.3.31 삭제)

改前 "第796條【家族의 特有財産】① 家族이 自己의 名義로 取得한 財産은 그 特有財産으로 한다.
② 家族의 누구에게 속한 것인지 분명하지 아니한 財産은 家族의 共有로 推定한다.(1990.1.13 본항개정)"

第797條～第799條 (1990.1.13 삭제)

第3章 婚 姻

第1節 約 婚

第800條【約婚의 自由】 成年에 달한 者는 自由로 約婚할 수 있다.

참조 헌36, [성년]4, [동의를 요하는 약혼]801·802, [혼인적령]807, [약혼의 강제이행금지]803, [약혼해제]804－806, [자유혼인연령]808

판례 한쪽이 제3자와 혼인의 의사로 실질적인 혼인생활을 하고 있다고 하더라도, 특별한 사정이 없는 한, 이를 사실혼으로 인정하여 법률혼에 준하는 보호를 허여할 수는 없다.
(대판 1995.9.26, 94므1638)

第801條【약혼 나이】 18세가 된 사람은 부모나 미성년후견인의 동의를 받아 약혼할 수 있다. 이 경우 제808조를 준용한다.
(2022.12.27 본조제목개정)
(2011.3.7 본조개정)

改前 第801條【"약혼연령"】만 18세가 된 사람은…

참조 헌36, [자유약혼연령]800, [자유혼인연령]807, [연령계산]158·160

第802條【성년후견과 약혼】 피성년후견인은 부모나 성년후견인의 동의를 받아 약혼할 수 있다. 이 경우 제808조를 준용한다.(2011.3.7 본조개정)

改前 "第802條【禁治産者의 約婚】禁治産者는 父母 또는 後見人의 同意를 얻어 約婚할 수 있다. 이 경우에는 第808條의 규정을 準用한다."

참조 헌36, [약혼의 자유]800, [후견인]929·936이하, [성년후견과 약혼의 해제]804, [피성년후견인의 법률행위]10, [피성년후견인의 입양]873, [피성년후견인의 파양]902, [피성년후견인의 유언]1062, [동의가 필요한 혼인]808

第803條【約婚의 强制履行禁止】 約婚은 强制履行을 請求하지 못한다.

참조 [약혼의 자유]800, [강제이행]389, [약혼해제와 손해배상청구]806

第804條【약혼해제의 사유】 당사자 한쪽에 다음 각 호의 어느 하나에 해당하는 사유가 있는 경우에는 상대방은 약혼을 해제할 수 있다.
1. 약혼 후 자격정지 이상의 형을 선고받은 경우
2. 약혼 후 성년후견개시나 한정후견개시의 심판을 받은 경우
3. 성병, 불치의 정신병, 그 밖의 불치의 병질(病疾)이 있는 경우
4. 약혼 후 다른 사람과 약혼이나 혼인을 한 경우
5. 약혼 후 다른 사람과 간음(姦淫)한 경우
6. 약혼 후 1년 이상 생사(生死)가 불명한 경우
7. 정당한 이유 없이 혼인을 거절하거나 그 시기를 늦추는 경우
8. 그 밖에 중대한 사유가 있는 경우
(2011.3.7 본조개정)

改前 "第804條【約婚解除의 事由】當事者의 一方에 다음 各號의 事由가 있는 때에는 相對方은 約婚을 解除할 수 있다.
1. 約婚後 資格停止이상의 刑의 宣告를 받은 때
2. 約婚後 禁治産 또는 限定治産의 宣告를 받은 때
3. 性病, 不治의 精神病 기타 不治의 惡疾이 있는 때(1990.1.13 본호개정)
4. 約婚後 他人과 約婚 또는 婚姻을 한 때
5. 約婚後 他人과 姦淫한 때
6. 約婚後 1年이상 그 生死가 不明한 때(1990.1.13 본호개정)
7. 正當한 理由없이 婚姻을 拒絶하거나 그 時期를 遲延하는 때
8. 기타 重大한 事由가 있는 때"

참조 [약혼]800－802, [약혼의 강제이행금지]803, [약혼해제의 방법]805, [약혼해제와 손해배상]393－395·806, ⑴[자격정지이상의 형]형41, ⑵[성년후견개시]9, [한정후견개시]12

판례 약혼은 혼인할 것을 목적으로 하는 혼인의 예약이므로 당사자 일방은 자신의 학력, 경력 및 직업과 같은 혼인의사를 결정하는 데 있어 중대한 영향을 미치는 사항에 관하여 이를 상대방에게 사실대로 고지할 신의성실의 원칙상의 의무가 있다.
(대판 1995.12.8, 94므1676,1683)

第805條【約婚解除의 方法】 約婚의 解除는 相對方에 대한 意思表示로 한다. 그러나 相對方에 대하여 意思表示를 할 수 없는 때에는 그 解除의 原因있음을 안 때에 解除된 것으로 본다.

참조 [약혼]800－802, [약혼해제의 사유]804, [의사표시]107이하, [약혼해제와 손해배상]393－395·806, [계약의 해제]543이하

第806條【約婚解除와 損害賠償請求權】 ① 約婚을 解除한 때에는 當事者 一方은 過失있는 相對方에 대하여 이로 인한 損害의 賠償을 請求할 수 있다.
② 前項의 경우에는 財産上 損害외에 精神上 苦痛에 대하여도 損害賠償의 責任이 있다.
③ 精神上 苦痛에 대한 賠償請求權은 讓渡 또는 承繼하지 못한다. 그러나 當事者間에 이미 그 賠償에 관한 契約이 成立되거나 訴를 提起한 후에는 그러하지 아니하다.

참조 [약혼해제의 사유 및 방법]804·805, [손해배상]750·751, 가소2①(1), [혼인취소와 손해배상청구]825, [본조 준용]843·897·908

판례 원·피고 사이의 사실혼관계가 불과 1개월만에 파탄된 경우, 혼인생활에 사용하기 위하여 결혼 전후에 원고 자신의 비용으로 구입한 가재도구 등을 피고가 점유하고 있다고 하더라도 이는 여전히 원고의 소유에 속한다고 할 것이어서, 원고가 소유권에 기하여 그 반환을 구하거나 원상회복으로 반환을 구하는 것은 별론으로 하고, 이로 인하여 원고에게 어떠한 손해가 발생하였다고 할 수 없다.
(대판 2003.11.14, 2000므1257(본소),1264(반소))

판례 사실혼 배우자의 일방이 민법 826조 1항의 의무를 포기한 경우 손해배상책임의 존부 : 사실혼관계에 있어서도 부부는 민법 826조 1항 소정의 동거하며 서로 부양하고 협조하여야 할 의무가 있으므로 사실혼 배우자의 일방이 정당한 이유 없이 서로 동거, 부양, 협조하여야 할 부부로서의 의무를 포기한 경우에는 그 배우자는 악의의 유기에 의하여 사실혼관계를 부당하게 파기한 것이므로 상대방 배우자에게 재판상 이혼원인에 상당하는 귀책사유 있음이 밝혀지지 아니하는 한 원칙적으로 사실혼관계 부당파기로 인한 손해배상책임을 면할 수 없다.
(대판 1998.8.21, 97므544,551)

第2節 婚姻의 成立

第807條【혼인적령】 18세가 된 사람은 혼인할 수 있다.(2022.12.27 본조개정)

改前 第807條【혼인적령】"만 18세"가 된 사람은 혼인할 수 있다.(2007.12.21 본조개정)

참조 [혼인성립요건의 준거법]국제사법, [약혼연령]801, [연령계산]158·160, [동의가 필요한 혼인]808, [혼인금지]809·810, [혼인의 성립 및 신고]812－814, 가족관계등록32·33·37·38·71이하, [본조위반과 취소]817·824·825

第808條【동의가 필요한 혼인】 ① 미성년자가 혼인을 하는 경우에는 부모의 동의를 받아야 하며, 부모 중 한쪽이 동의권을 행사할 수 없을 때에는 다른 한쪽의 동의를 받아야 하고, 부모가 모두 동의권을 행사할 수 없을 때에는 미성년후견인의 동의를 받아야 한다.
② 피성년후견인은 부모나 성년후견인의 동의를 받아 혼인할 수 있다.
(2011.3.7 본조개정)

改前 "第808條【同意를 要하는 婚姻】① 未成年者가 婚姻을 할 때에는 父母의 同意를 얻어야 하며, 父母중 一方이 同意權을 行使할 수 없는 때에는 다른 一方의 同意를 얻어야 하고, 父母가 모두 同意權을 行使할 수 없는 때에는 後見人의 同意를 얻어야 한다.
② 禁治産者는 父母 또는 後見人의 同意를 얻어 婚姻할 수 있다.
③ 第1項 및 第2項의 경우에 父母 또는 後見人이 없거나 또는 同意할 수 없는 때에는 親族會의 同意를 얻어 婚姻할 수 있다.
(1977.12.31 본조개정)"

참조 [혼인과 양성의 평등]헌36, [준거법]국제사법, [약혼]800·801, [신고와 동의서의 첨부]가족관계등록32·33, [본조위반의 신고 불수리]813, [본조위반과 혼인취소]816⑴·824·825, [동의없는 혼인의 취소청구권의 소멸]819, [혼인적령]807, [혼인의 성립]812, [미성년자의 혼인과 성년]826의2, [미성년자와 법률행위]4·5, [미성년자의 부모와 친권자]909이하·924－927, [미성년자와 후견인]928이하, [피성년후견인의 법률행위]10, [후견인]936이하, [성년후견과 협의상 이혼]835

第809條【근친혼 등의 금지】 ① 8촌 이내의 혈족(친양자의 입양 전의 혈족을 포함한다) 사이에서는 혼인하지 못한다.
② 6촌 이내의 혈족의 배우자, 배우자의 6촌 이내의 혈족, 배우자의 4촌 이내의 혈족의 배우자인 인척이거나 이러한 인척이었던 자 사이에서는 혼인하지 못한다.
③ 6촌 이내의 양부모계(養父母系)의 혈족이었던 자와 4촌 이내의 양부모계의 인척이었던 자 사이에서는 혼인하지 못한다.
(2005.3.31 본조개정)

改前 "第809條【同姓婚등의 禁止】① 同姓同本인 血族사이에서는 婚姻하지 못한다.
<1997.7.16 憲法裁判所 不合致決定으로 本條 第1項 憲法에 不合致>
② 男系血族의 配偶者, 夫의 血族 및 기타 8寸이내의 姻戚이거나 이러한 姻戚이었던 者 사이에서는 婚姻하지 못한다."

참조 [준거법]국제사법, [혼인과 양성의 평등]헌36, [혈족]768·770, [인척]769·771·775, [혼인의 무효]815, [본조위반의 신고 불수리]813, [본조위반의 취소]816·824·825, [본조위반의 혼인의 취소청구권의 소멸]820

第810條【重婚의 禁止】 配偶者 있는 者는 다시 婚姻하지 못한다.

참조 [준거법]국제사법, [본조위반의 신고 불수리]813, [본조위반의 혼인취소]816·818·824·825, [실종취소와 취소전의 혼인]29①, [민법시행으로 인한 혼인의 무효·취소]부칙18

판례 법률혼이 존속중인 부부 중 일방이 제3자와 맺은 사실혼의 보호 가부 : 사실혼이란 당사자 사이에 주관적으로 혼인의 의사가 있고, 객관적으로도 사회관념상 가족질서적인 면에서 부부공동생활을 인정할 만한 혼인생활의 실체가 있는 경우라야 하고, 법률상 혼인을 한 부부가 별거하고 있는 상태에서 그 다른 한 쪽이 제3자와 혼인의 의사로 실질적인 부부생활을 하고 있다고 하더라도, 특별한 사정이 없는 한, 이를 사실혼으로 인정하여 법률혼에 준하는 보호를 할 수는 없다.
(대판 2001.4.13, 2000다52943)

판례 중혼자의 사망 후 중혼 취소를 구할 이익 : 중혼자가 사망한 후에라도 그 사망에 의하여 중혼으로 인하여 형성된 신분관계가 소멸하는 것은 아니므로 전혼의 배우자가 생존한 중혼의 일방 당사자를 상대로 제기한 혼인취소청구가 오로지 피청구인을 괴롭히기 위한 소송으로 권리남용에 해당하거나 신의칙에 반하여 위법하다고 할 수 없다.(대판 1991.12.10, 91므535)

第811條 (2005.3.31 삭제)

改前 "第811條【再婚禁止期間】女子는 婚姻關係의 終了한 날로부

터 6月을 經過하지 아니하면 婚姻하지 못한다. 그러나 婚姻關係의 終了後 解産한 때에는 그러하지 아니하다."

第812條【婚姻의 成立】 ① 婚姻은 「가족관계의 등록 등에 관한 법률」에 정한 바에 의하여 申告함으로써 그 效力이 생긴다.(2007.5.17 본항개정)

② 前項의 申告는 當事者 雙方과 成年者인 證人 2人의 連署한 書面으로 하여야 한다.

改前 ① 婚姻은 "戶籍法"에 정한 바에 의하여 申告…

참조 [혼인성립요건의 준거법]국제사법, [혼인신고]가족관계등록71-73, [신고의 심사·수리]813, [외국에서의 혼인신고]814, 가족관계등록34-36, [증인]가족관계등록28

판례 사실혼관계에 있는 당사자 사이의 혼인의사의 추정 : 혼인의 합의란 법률혼주의를 채택하고 있는 우리나라 법제하에서는 법률상 유효한 혼인을 성립하게 하는 합의를 말하므로 비록 사실혼관계에 있는 당사자 일방이 혼인신고를 한 경우에도 상대방에게 혼인의사가 결여되었다고 인정되는 한 그 혼인은 무효이다. 혼인의 합의가 명백히 철회하였다거나 당사자 사이에 사실혼관계를 해소하기로 합의하였다는 등의 사정이 인정되지 아니하는 경우에는 그 혼인을 무효라고 할 수 없다.(대판 2000.4.11, 99므1329)

第813條【婚姻申告의 審査】 婚姻의 申告는 그 婚姻이 第807條 내지 제810조 및 제812조제2항의 規定 기타 法令에 違反함이 없는 때에는 이를 受理하여야 한다.(2005.3.31 본조개정)

改前 第813條【婚姻申告의 審査】…第807條 내지 "第811條 및 前條第2項"의 規定 기타…

참조 812, [위반된 신고와 혼인의 취소]816-820·822-825, [신고 불수리와 불복]가족관계등록109

第814條【外國에서의 婚姻申告】 ① 外國에 있는 本國民사이의 婚姻은 그 外國에 駐在하는 大使, 公使 또는 領事에게 申告할 수 있다.

② 제1항의 申告를 受理한 大使, 公使 또는 領事는 遲滯없이 그 申告書類를 本國의 재외국민 가족관계등록사무소에 送付하여야 한다.(2015.2.3 본항개정)

改前 ② 제1항의 申告를 受理한…本國의 "등록기준지를 관할하는 가족관계등록관서에" 送付하여야 한다.(2007.5.17 본항개정)

참조 [혼인성립요건의 준거법]국제사법, [외국에 있는 한국인의 신고]가족관계등록34-36, [본적지에서의 신고]가족관계등록20

판례 혼인거행지인 외국에서 외국법에 의한 혼인신고를 마친 경우 우리나라 법에 의한 별도의 혼인신고의 여부 : 섭외사법 15조 1항의 규정은 우리나라 사람들 사이 또는 우리나라 사람과 외국인 사이의 혼인이 외국에서 거행되는 경우 그 혼인의 방식 즉 형식적 성립요건은 그 혼인거행지의 법에 따라 정하여야 한다는 취지라고 해석되므로, 그 나라의 법이 정하는 방식에 따른 혼인절차를 마친 경우에는 혼인이 유효하게 성립하고 별도로 우리나라의 법에 따른 혼인신고를 하지 않더라도 혼인의 성립에 영향이 없으며, 당사자가 호적법 39조, 40조에 의하여 혼인신고를 한다 하더라도 이는 창설적 신고가 아니라 이미 유효하게 성립한 혼인에 관한 보고적 신고에 불과하다.(대판 1994.6.28, 94므413)

第3節 婚姻의 無效와 取消

第815條【婚姻의 無效】 婚姻은 다음 각 호의 어느 하나의 경우에는 無效로 한다.(2005.3.31 본문개정)

1. 當事者間에 婚姻의 合意가 없는 때
2. 혼인이 제809조제1항의 규정을 위반한 때 (2005.3.31 본호개정)
3. 당사자간에 직계인척관계(直系姻戚關係)가 있거나 있었던 때(2005.3.31 본호개정)
4. 당사자간에 양부모계의 직계혈족관계가 있었던 때(2005.3.31 본호신설)

<2022.10.27 헌법재판소 헌법불합치결정으로 이 조 제2호는 2024.12.31을 시한으로 입법자가 개정할 때까지 계속 적용>

改前 【婚姻의 無效】婚姻은 "다음 各號의" 경우에는 無效로…

"2. 當事者間에 直系血族, 8寸이내의 傍系血族 및 그 配偶者인 親族關係가 있거나 또는 있었던 때

3. 當事者間에 直系姻戚, 夫의 8寸이내의 血族인 姻戚關係가 있거나 또는 있었던 때"

참조 [혼인성립요건의 준거법]국제사법, [민법시행전의 혼인의 무효]부칙18, [합의]107·108, [착오]109, [혈족]768·770, [인척]769·771, [법률행위의 무효]137·139, [혼인무효의 소송]가소2①·22-25, [재판에 의한 혼인]가족관계등록72, [혼인의 무효와 출생자]855①, [혼인취소의 사유]816

판례 근친혼을 금지하는 이유는 가까운 혈족 사이의 관계와 역할, 지위와 관련한 혼란을 막고 가족제도의 기능을 유지하기 위한 것이다. 그러나 이미 근친혼이 이루어져 부부 사이 권리와 의무 이행이 이뤄지고 있는 경우 일률적으로 효력을 소급해 상실시키면 근친혼 당사자 사이에 태어난 자녀는 혼인 외 자녀가 됨으로써 법적 지위가 불안정해질 수 있고, 혼인 당사자는 배우자로서 누리거나 기대할 수 있던 사회보장수급권, 상속권을 상실해 예측하기 어려운 궁박한 상황에 처할 수 있다. 따라서 8촌 이내 근친혼을 혼인 무효 사유로 정한 것은 헌법에 합치되지 않는다.(헌재결 2022.10.27, 2018헌바115)

판례 외국인 을이 갑과의 사이에 참다운 부부관계를 설정하려는 의사 없이 단지 한국에 입국하여 취업하기 위한 방편으로 혼인신고에 이르렀다고 봄이 상당한 사안에서, 설령 을이 한국에 입국한 후 한 달 동안 갑과 계속 혼인생활을 해왔다고 하더라도 이는 을이 진정한 혼인의사 없이 위와 같은 다른 목적의 달성을 위해 일시적으로 혼인생활의 외관을 만들어 낸 것이라고 보일 뿐이므로, 갑과 을 사이에는 혼인의사의 합치가 없어 그 혼인은 무효로 보아야 한다.(대판 2010.6.10, 2010므574)

판례 법률상의 부부라는 신분관계를 설정할 의사는 있었다고 인정되는 경우라도 그것이 단지 다른 목적을 달성하기 위한 방편에 불과한 것으로서 그들간에 참다운 부부관계의 설정을 바라는 효과의사가 없을 때에는 그 혼인은 민법 815조 1호의 규정에 따라 그 효력이 없다고 해석하여야 한다.
(대판 1996.11.22, 96도2049)

판례 사실혼관계의 해소 후 혼인신고의 효력 : 사실혼관계가 해소된 상태에서 혼인신고가 일방적으로 이루어졌다면 이는 당사자간에 혼인의 합의가 없는 경우에 해당하여 무효이다.
(대판 1989.1.24, 88므795)

第816條【婚姻取消의 事由】 婚姻은 다음 각 호의 어느 하나의 경우에는 法院에 그 取消를 請求할 수 있다.(2005.3.31 본문개정)

1. 婚姻이 제807조 내지 제809조(제815조의 규정에 의하여 혼인의 무효사유에 해당하는 경우를 제외한다. 이하 제817조 및 제820조에서 같다) 또는 제810조의 規定에 違反한 때(2005.3.31 본호개정)
2. 婚姻당시 當事者 一方에 夫婦生活을 繼續할 수 없는 惡疾 기타 重大事由있음을 알지 못한 때
3. 詐欺 또는 强迫으로 인하여 婚姻의 意思表示를 한 때

改前 【婚姻取消의 事由】婚姻은 "다음 各號의" 경우에는…

1. 婚姻이 "第807條 내지 第811條"의 規定에…

참조 [준거법]국제사법, [민법시행전의 혼인의 취소]부칙18, [혼인신고의 심사]813, [법률행위의 취소]140이하, [취소청구권자]817·818, [취소청구권의 소멸]819-823, [혼인취소의 효과]824·825, [약혼해제의 사유]804, [사기 또는 강박에 의한 의사표시]110, [혼인의 무효]815, [혼인취소와 손해배상청구권]825, [혼인취소의 소송 및 심판]가소2①⑵·22-25, [특례]혼인신고특례법

판례 당사자가 성장과정에서 본인의 의사와 무관하게 아동성폭력범죄 등의 피해를 당해 임신을 하고 출산까지 하였으나 이후 자녀와의 관계가 단절되고 상당한 기간 동안 양육이나 교류 등이 전혀 이루어지지 않은 경우라면, 출산의 경력이나 경위는 개인의 내밀한 영역에 속하는 것으로서 당사자의 명예 또는 사생활 비밀의 본질적 부분에 해당하고, 나아가 사회통념상 당사자나 제3자에게 그에 대한 고지를 기대할 수 있다거나 이를 고지하지 아니한 것이 신의성실 의무에 비추어 비난받을 정도라고 단정할 수도 없으므로, 단순히 출산의 경력을 고지하지 않았다고 하여 그것이 곧바로 민법 제816조 제3호에서 정한 혼인취소사유에 해당한다고 보아서는 아니 된다. 그리고 이는 국제결혼의 경우에도 마찬가지이다.(대판 2016.2.18, 2015므654,661)

판례 혼인은 남녀가 일생의 공동생활을 목적으로 하여 도덕 및 풍속상 정당시되는 결합을 이루는 법률상, 사회생활상 중요한 의미를 가지는 신분상의 계약으로서 본질은 양성 간의 애정과 신뢰에 바탕을 둔 인격적 결합에 있다고 할 것이고, 특별한 사정이 없는 한 임신가능 여부는 민법 제816조 제2호의 부부생활을 계속할 수 없는 악질 기타 중대한 사유에 해당한다고 볼 수 없다. 그리고 '혼인을 계속하기 어려운 중대한 사유'에 관한 민법 제840조 제6호의 이혼사유와는 다른 문언내용 등에 비추어 민법 제816조 제2호의 '부부생활을 계속할 수 없는 중대한 사유'는 엄격히 제한하여 해석함으로써 그 인정에 신중을 기하여야 한다.(대판 2015.2.26, 2014므4734,4741)

第817條【나이위반 혼인 등의 취소청구권자】 婚姻이 第807條, 第808條의 規定에 違反한 때에는 當事者 또는 그 法定代理人이 그 取消를 請求할 수 있고 第809條의 規定에 違反한 때에는 當事者, 그 直系尊屬 또는 4촌 이내의 傍系血族이 그 取消를 請求할 수 있다.
(2022.12.27 본조제목개정)
(2005.3.31 본조개정)

改前 第817條【"年齡違反婚姻 등의 取消請求權者"】婚姻이 第807條…

참조 816·819·820·824·825, [법정대리인]911·932·938, [혈족]768·770

第818條【중혼의 취소청구권자】 당사자 및 그 배우자, 직계혈족, 4촌 이내의 방계혈족 또는 검사는 제810조를 위반한 혼인의 취소를 청구할 수 있다.
(2012.2.10 본조개정)

改前 "第818條【중혼의 취소청구권자】혼인이 제810조의 규정을 위반한 때에는 당사자 및 그 배우자, 직계존속, 4촌 이내의 방계혈족 또는 검사가 그 취소를 청구할 수 있다.(2005.3.31 본조개정)"

참조 816·821·824·825

판례 중혼자가 사망한 경우, 잔존배우자의 중혼취소청구가 가능한지 여부 : 중혼자가 사망한 후에라도 그 사망에 의하여 중혼으로 인하여 형성된 신분관계가 소멸하는 것은 아니므로 전혼의 배우자는 생존한 중혼의 일방 당사자를 상대로 중혼의 취소를 구할 이익이 있다.(대판 1991.12.10, 91므535)

第819條【동의 없는 혼인의 취소청구권의 소멸】 제808조를 위반한 혼인은 그 당사자가 19세가 된 후 또는 성년후견종료의 심판이 있은 후 3개월이 지나거나 혼인 중에 임신한 경우에는 그 취소를 청구하지 못한다.(2011.3.7 본조개정)

改前 "第819條【同意없는 婚姻의 取消請求權의 消滅】第808條의 規定에 違反한 婚姻은 그 當事者가 20세에 달한 후 또는 禁治産宣告의 取消있은 후 3月을 經過하거나 婚姻중 胞胎한 때에는 그 取消를 請求하지 못한다.(2005.3.31 본조개정)"

참조 816·817·824·825, [혼인연령]807, [성년후견개시와 그 취소]9-10

第820條【근친혼 등의 취소청구권의 소멸】 第809條의 規定에 違反한 婚姻은 그 當事者間에 婚姻중 포태(胞胎)한 때에는 그 取消를 請求하지 못한다.
(2005.3.31 본조개정)

改前 【"同姓婚등에 대한 取消請求權의 消滅"】…當事者間에 婚姻중 "子를 出生한" 때에는 그 取消를…

참조 816·817·824·825

第821條 (2005.3.31 삭제)

改前 "第821條【再婚禁止期間違反婚姻取消請求權의 消滅】第811條의 規定에 違反한 婚姻은 前婚姻關係의 終了한 날로부터 6月을 經過하거나 再婚後 胞胎한 때에는 그 取消를 請求하지 못한다."

第822條【惡疾 등 事由에 의한 婚姻取消請求權의 消滅】 第816條第2號의 規定에 해당하는 事由있는 婚姻은 相對方이 그 事由있음을 안 날로부터 6月을 經過한 때에는 그 取消를 請求하지 못한다.

참조 816·824·825

第823條【詐欺, 强迫으로 인한 婚姻取消請求權의 消滅】 詐欺 또는 强迫으로 인한 婚姻은 詐欺를 안 날 또는 强迫을 免한 날로부터 3月을 經過한 때에는 그 取消를 請求하지 못한다.

참조 [혼인의사 흠결과 혼인무효]815·816·824·825, [사기·강박에 의한 의사표시]110, [본조 준용]839·897·904

第824條【婚姻取消의 效力】 婚姻의 取消의 效力은 旣往에 遡及하지 아니한다.

참조 [혼인의 취소]816-823, [혼인취소와 신고]가족관계등록104-108, [혼인취소와 인척관계의 소멸]775, [혼인의 취소와 친권자]909, [법률행위의 취소의 효과]141, [혼인취소와 손해배상]825, [본조 준용]897

판례 혼인의 취소와 상속관계에 대한 소급효 : 민법 824조는 '혼인의 취소의 효력은 기왕에 소급하지 아니한다'고 규정하고 있을 뿐 재산상속 등에 관해 소급효를 인정할 별도의 규정이 없는 바, 혼인 중에 부부 일방이 사망하여 상대방이 배우자로서 망인의 재산을 상속받은 후에 그 혼인이 취소되었다는 사정만으로 그 전에 이루어진 상속관계가 소급하여 무효라거나 또는 그 상속재산이 법률상 원인 없이 취득한 것이라고는 볼 수 없다.
(대판 1996.12.23, 95다48308)

第824條의2【혼인의 취소와 자의 양육 등】 제837조 및 제837조의2의 규정은 혼인의 취소의 경우에 자의 양육책임과 면접교섭권에 관하여 이를 준용한다.
(2005.3.31 본조신설)

第825條【婚姻取消와 損害賠償請求權】 第806條의 規定은 婚姻의 無效 또는 取消의 경우에 準用한다.

참조 [혼인의 취소]816-823, [취소의 효력]824, [손해배상]393-395·750·751

第4節 婚姻의 效力

第1款 一般的 效力

第826條【夫婦間의 義務】 ① 夫婦는 同居하며 서로 扶養하고 協助하여야 한다. 그러나 正當한 理由로 一時的으로 同居하지 아니하는 경우에는 서로 忍容하여야 한다.

② 夫婦의 同居場所는 夫婦의 協議에 따라 정한다. 그러나 協議가 이루어지지 아니하는 경우에는 當事者의 請求에 의하여 家庭法院이 이를 정한다.
(1990.1.13 본항개정)

③~④ (2005.3.31 삭제)

改前 "③ 妻는 夫의 家에 入籍한다. 그러나 妻가 親家의 戶主 또는 戶主承繼人인 때에는 夫가 妻의 家에 入籍할 수 있다.
(1990.1.13 본항개정)

④ 前項但書의 경우에 夫婦間의 子는 母의 姓과 本을 따르고 母의 家에 入籍한다."

참조 [혼인의 효력의 준거법]국제사법, [부부]812, ①[생활비부담]833, [부부간의 가사대리권]827, [가사로 인한 채무의 연대책임]832, [악의의 유기와 이혼]840, [친족의 부양의무]974-979, ②[주소·거소]18-21

第826條의2【成年擬制】 未成年者가 婚姻을 한 때에는 成年者로 본다.(1977.12.31 본조신설)

참조 [혼인의 효력의 준거법]국제사법, [미성년자의 혼인]807·808, [성년]4, [성년의 효과]5·866·909·928·937·948

第827條【夫婦間의 家事代理權】 ① 夫婦는 日常의 家事에 관하여 서로 代理權이 있다.

② 前項의 代理權에 加한 制限은 善意의 第三者에게 對抗하지 못한다.

참조 [부부간의 의무]826, [대리]114이하, [생활비용부담]833, [가사로 인한 채무의 연대책임]832

판례 부부의 일방이 의식불명의 상태에 있는 경우 배우자의 대리권 : 부부의 경우에도 일상의 가사가 아닌 법률행위를 배우자를 대리하여 행함에 있어서는 별도로 대리권을 수여하는 수권행위가 필요한 것이지, 부부의 일방이 의식불명의 상태에 있어 사회통념상 대리관계를 인정할 필요가 있다는 사정만으로 그 배우자가 당연히 채무의 부담행위를 포함한 모든 법률행위에 관하여 대리권을 갖는다고 볼 것은 아니다.
(대판 2000.12.8, 99다37856)

판례 '일상가사에 관한 법률행위'의 범위 및 그 판단 기준 : [1] 민법 832조에서 말하는 일상의 가사에 관한 법률행위라 함은 부부가 공동생활을 영위하는데 통상 필요한 법률행위를 말하므로 문제가 된 구체적인 법률행위가 당해 부부의 일상의 가사에 관한 것인지를 판단함에 있어서는 그 법률행위의 종류·성질 등 객관적 사정과 함께 가사처리자의 주관적 의사와 목적, 부부의 사회적 지위·직업·재산·수입능력 등 현실적 생활상태를 종합적으로 고려하여 사회통념에 따라 판단하여야 한다.
[2] 금전차용행위도 금액, 차용 목적, 실제의 지출용도, 기타의 사정 등을 고려하여 그것이 부부의 공동생활에 필요한 자금조달을 목적으로 하는 것이라면 일상가사에 속한다고 볼 수 있다.

[3] 부인이 남편 명의로 분양받은 45평형 아파트의 분양금을 납입하기 위한 명목으로 금전을 차용하여 분양금을 납입하였고, 그 아파트가 남편의 유일한 부동산으로서 가족들이 거주하고 있는 경우, 그 금전차용행위는 일상가사에 해당한다.
(대판 1999.3.9, 98다46877)

第828條 (2012.2.10 삭제)

改前 "第828條【夫婦間의 契約의 取消】夫婦間의 契約은 婚姻중 언제든지 夫婦의 一方이 이를 取消할 수 있다. 그러나 第三者의 權利를 害하지 못한다."

第2款 財産上 效力

第829條【夫婦財産의 約定과 그 變更】 ① 夫婦가 婚姻成立前에 그 財産에 관하여 따로 約定을 하지 아니한 때에는 그 財産關係는 本款중 다음 各條에 정하는 바에 의한다.
② 夫婦가 婚姻成立전에 그 財産에 관하여 約定한 때에는 婚姻중 이를 變更하지 못한다. 그러나 正當한 事由가 있는 때에는 法院에 許可를 얻어 變更할 수 있다.
③ 前項의 約定에 의하여 夫婦의 一方이 다른 一方의 財産을 管理하는 경우에 不適當한 管理로 인하여 그 財産을 危殆하게 한 때에는 다른 一方은 自己가 管理할 것을 法院에 請求할 수 있고 그 財産이 夫婦의 共有인 때에는 그 分割을 請求할 수 있다.
④ 夫婦가 그 財産에 관하여 따로 約定을 한 때에는 婚姻成立까지에 그 登記를 하지 아니하면 이로써 夫婦의 承繼人 또는 第三者에게 對抗하지 못한다.
⑤ 第2項, 第3項의 規定이나 約定에 의하여 管理者를 變更하거나 共有財産을 分割하였을 때에는 그 登記를 하지 아니하면 이로써 夫婦의 承繼人 또는 第三者에게 對抗하지 못한다.

참조 ①[부부재산제의 준거법]국제사법, [혼인의 성립]812·814, 가족관계등록32·33·71-73·104, ②[법원의 허가]가소2①(2)가, ③[공유와 분할]268-270, 가소2①, ④[등기]비송68·70·71, [법정재산]830-833, ⑤[관리자변경 또는 공유재산분할의 등기]비송68

第830條【特有財産과 歸屬不明財産】 ① 夫婦의 一方이 婚姻전부터 가진 固有財産과 婚姻중 自己의 名義로 取得한 財産은 그 特有財産으로 한다.
② 夫婦의 누구에게 속한 것인지 分明하지 아니한 財産은 夫婦의 共有로 推定한다.(1977.12.31 본항개정)

참조 829·831-833, [공유]262이하, [공유재산의 분할]829③

판례 [1] 부부의 일방이 혼인 중 단독 명의로 취득한 부동산은 그 명의자의 특유재산으로 추정되므로 당해 부동산의 취득자금의 출처가 명의자가 아닌 다른 일방 배우자인 사실이 밝혀졌다면 일단 그 명의자가 배우자로부터 취득자금을 증여받은 것으로 추정할 수 있고, 이 경우 당해 부동산이 명의자의 특유재산이 아니고 다른 일방 배우자로부터 명의신탁된 것이기 때문에 그 취득자금을 증여받은 것으로 볼 수 없다는 점에 대하여는 납세자가 이를 주장·입증하여야 한다.
[2] 부부의 일방이 혼인 중 단독 명의로 취득한 부동산에 관하여 '특유재산의 추정'을 번복하여 다른 일방 배우자의 명의신탁재산으로 인정하기 위한 요건 : 다른 일방 배우자가 실제로 당해 부동산의 대가를 부담하여 그 부동산을 자신이 실질적으로 소유하기 위해 취득하였음을 증명하여야 하므로, 관련 증거들을 통하여 나타난 모든 사정을 종합하여 다른 일방 배우자가 당해 부동산을 실질적으로 소유하기 위하여 그 대가를 부담하였는지 여부를 개별적·구체적으로 가려 명의신탁 여부를 판단하여야 한다.
(대판 2008.9.25, 2006두8068)

판례 부부의 일방이 혼인중 단독 명의로 취득한 부동산을 다른 일방의 명의신탁 재산으로 인정하기 위한 요건 : 부부의 일방이 혼인중 단독 명의로 취득한 부동산은 그 명의자의 특유재산으로 추정되므로, 다른 일방이 명의신탁한 것이라고 인정받기 위하여는 자신이 실질적으로 당해 재산의 대가를 부담하여 취득하였음을 증명하여야 하고, 단지 그 부동산을 취득함에 있어서 자신의 협력이 있었다거나 혼인생활에 있어서 내조의 공이 있었다는 것만으로는 위 추정이 번복되지 아니한다.
(대판 1998.6.12, 97누7707)

판례 부부의 일방이 혼인 중 자기 명의로 취득한 재산에 관한 특유재산 추정이 번복되는 경우 및 그 소유관계 : 부부의 일방이 혼인 중에 자기 명의로 취득한 재산은 그 명의자의 특유재산으로 추정되지만, 실질적으로 다른 일방 또는 쌍방이 그 재산의 대가를 부담하여 취득한 것이 증명된 때에는 특유재산의 추정은 번복되어 다른 일방의 소유이거나 쌍방의 공유라고 보아야 한다.(대판 1995.10.12, 95다25695)

第831條【特有財産의 管理 등】 夫婦는 그 特有財産을 各自 管理, 使用, 收益한다.

참조 830①

第832條【家事로 인한 債務의 連帶責任】 夫婦의 一方이 日常의 家事에 관하여 第三者와 法律行爲를 한 때에는 다른 一方은 이로 인한 債務에 대하여 連帶責任이 있다. 그러나 이미 第三者에 대하여 다른 一方의 責任없음을 明示한 때에는 그러하지 아니하다.

참조 833, [부부간의 가사대리권]827, [연대채무]413이하

판례 '일상의 가사에 관한 법률행위'의 판단 기준 : 구체적인 법률행위가 일상의 가사에 관한 법률행위인지 여부를 판단함에 있어서는 그 법률행위를 한 부부공동체의 내부 사정이나 그 행위의 개별적인 목적만을 중시할 것이 아니라 그 법률행위의 객관적인 종류나 성질 등도 충분히 고려하여 판단하여야 한다.
(대판 2000.4.25, 2000다8267)

판례 '일상의 가사에 관한 법률행위'의 의미 : 민법 832조에서 말하는 일상의 가사에 관한 법률행위라 함은 부부의 공동생활에서 필요로 하는 통상의 사무에 관한 법률행위를 말하는 것으로 그 구체적인 범위는 부부공동체의 사회적 지위·재산·수입능력 등 현실적 생활 상태뿐만 아니라 그 부부의 생활장소인 지역사회의 관습 등에 의하여 정해야 한다.
(대판 1997.11.28, 97다31229)

第833條【生活費用】 夫婦의 共同生活에 필요한 費用은 當事者間에 특별한 約定이 없으면 夫婦가 共同으로 負擔한다.(1990.1.13 본조개정)

참조 830-832, [부부간의 의무]826①, [부부간의 가사대리]827

第5節 離 婚

第1款 協議上 離婚

第834條【協議上 離婚】 夫婦는 協議에 의하여 離婚할 수 있다.

참조 [이혼의 준거법]국제사법, [협의이혼의 성립과 신고]836, 가족관계등록74, [협의이혼에 대한 동의]835, [재판상 이혼]840이하, [이혼과 자의 양육책임]837, [이혼과 친권자]909④, [이혼의 무효]가소2①·23·24, [협의이혼의 취소와 그 소송 및 심판]838·839, 가소2①·23·24, [이혼의 효과]837, [이혼과 인척관계의 소멸]775, [이혼과 혼인장애의 존속]809②·815

第835條【성년후견과 협의상 이혼】 피성년후견인의 협의상 이혼에 관하여는 제808조제2항을 준용한다.(2011.3.7 본조개정)

改前 "第835條【禁治産者의 協議上 離婚】第808條第2項 및 第3項의 規定은 禁治産者의 協議上 離婚에 이를 準用한다.(1990.1.13 본조개정)"

第836條【離婚의 成立과 申告方式】 ① 協議上 離婚은 家庭法院의 確認을 받아 「가족관계의 등록 등에 관한 법률」의 정한 바에 의하여 申告함으로써 그 效力이 생긴다.(2007.5.17 본항개정)
② 前項의 申告는 當事者 雙方과 成年者인 證人 2人의 連署한 書面으로 하여야 한다.

改前 ① …家庭法院의 確認을 받아 "戶籍法"의 정한 바에 의하여 申告함으로써…

참조 [협의이혼]834·835, [신고사항 및 동의를 요하는 신고]가족관계등록32·74, [당사자가 미성년자 또는 피성년후견인일 경우의 신고의무자]가족관계등록26·27, ②[간주규정]가족관계등록76

판례 협의이혼의사의 철회 : 부부가 이혼하기로 협의하고 가정법원의 협의이혼의사 확인을 받았다고 하더라도 호적법에 정한 바에 의하여 신고함으로써 협의이혼의 효력이 생기기 전에는 부부의 일방이 언제든지 협의이혼의사를 철회할 수 있어서, 설사 호적공무원이 착오로 협의이혼의사 철회신고서가 제출된 사실을 간과한 나머지 그 후에 제출된 협의이혼신고서를 수리하였다고 하더라도 협의상 이혼의 효력이 생길 수 없다.
(대판 1994.2.8, 93도2869)

第836條의2【이혼의 절차】 ① 협의상 이혼을 하려는 자는 가정법원이 제공하는 이혼에 관한 안내를 받아야 하고, 가정법원은 필요한 경우 당사자에게 상담에 관하여 전문적인 지식과 경험을 갖춘 전문상담인의 상담을 받을 것을 권고할 수 있다.
② 가정법원에 이혼의사의 확인을 신청한 당사자는 제1항의 안내를 받은 날부터 다음 각 호의 기간이 지난 후에 이혼의사의 확인을 받을 수 있다.
1. 양육하여야 할 자(포태 중인 자를 포함한다. 이하 이 조에서 같다)가 있는 경우에는 3개월
2. 제1호에 해당하지 아니하는 경우에는 1개월
③ 가정법원은 폭력으로 인하여 당사자 일방에게 참을 수 없는 고통이 예상되는 등 이혼을 하여야 할 급박한 사정이 있는 경우에는 제2항의 기간을 단축 또는 면제할 수 있다.
④ 양육하여야 할 자가 있는 경우 당사자는 제837조에 따른 자(子)의 양육과 제909조제4항에 따른 자(子)의 친권자결정에 관한 협의서 또는 제837조 및 제909조제4항에 따른 가정법원의 심판정본을 제출하여야 한다.
⑤ 가정법원은 당사자가 협의한 양육비부담에 관한 내용을 확인하는 양육비부담조서를 작성하여야 한다. 이 경우 양육비부담조서의 효력에 대하여는 「가사소송법」 제41조를 준용한다.(2009.5.8 본항신설)
(2007.12.21 본조신설)

第837條【離婚과 子의 養育責任】 ① 當事者는 그 子의 養育에 관한 事項을 協議에 의하여 정한다.
② 제1항의 협의는 다음의 사항을 포함하여야 한다.
1. 양육자의 결정
2. 양육비용의 부담
3. 면접교섭권의 행사 여부 및 그 방법
(2007.12.21 본항개정)
③ 제1항에 따른 협의가 자(子)의 복리에 반하는 경우에는 가정법원은 보정을 명하거나 직권으로 그 자(子)의 의사(意思)·나이와 부모의 재산상황, 그 밖의 사정을 참작하여 양육에 필요한 사항을 정한다.
(2022.12.27 본항개정)
④ 양육에 관한 사항의 협의가 이루어지지 아니하거나 협의할 수 없는 때에는 가정법원은 직권으로 또는 당사자의 청구에 따라 이에 관하여 결정한다. 이 경우 가정법원은 제3항의 사정을 참작하여야 한다.
(2007.12.21 본항신설)
⑤ 가정법원은 자(子)의 복리를 위하여 필요하다고 인정하는 경우에는 부·모·자(子) 및 검사의 청구 또는 직권으로 자(子)의 양육에 관한 사항을 변경하거나 다른 적당한 처분을 할 수 있다.(2007.12.21 본항신설)
⑥ 제3항부터 제5항까지의 규정은 양육에 관한 사항 외에는 부모의 권리의무에 변경을 가져오지 아니한다.(2007.12.21 본항신설)
(1990.1.13 본조개정)

改前 ③ 제1항에 따른 협의가 자(子)의 복리에 반하는 경우에는 가정법원은 보정을 명하거나 직권으로 그 자(子)의 "의사(意思)·연령과" 부모의 재산상황, 그 밖의 사정을 참작하여 양육에 필요한 사항을 정한다.(2007.12.21 본항개정)

참조 [이혼]834·840, [친권자의 결정]909④, [양육비용의 계산]923②, [자의 보호교양]913-914·974, [보호교양의 범위외의 부모의 권리의무]801·808·835·870·911·916·923, [법원의 처분]가소2①(2)나, [재판상 이혼의 경우에의 준용]843

판례 외국인이 대한민국 국민과 혼인을 한 후 입국하여 체류자격을 취득하고 거주하다가 한국어를 습득하기 충분하지 않은 기간에 이혼에 이르게 된 경우, 한국어 소통능력이 부족한 외국인보다는 대한민국 국민인 상대방이 미성년 자녀의 양육에 더 적합하다는 추상적이고 막연한 판단으로 해당 외국인 배우자가 미성년 자녀의 양육자로 지정되기에 부적합하다고 평가하는 것은 옳지 않다.(대판 2021.9.30, 2021므12320)

판례 양육자가 상대방에 대하여 자녀 양육비의 지급을 구할 권리는 당초에는 기본적으로 친족관계를 바탕으로 하여 인정되는 하나의 추상적인 법적 지위이었던 것이 당사자 사이의 협의 또는 당해 양육비의 내용 등을 재량적·형성적으로 정하는 가정법원의 심판에 의하여 구체적인 청구권으로 전환됨으로써 비로소 보다 뚜렷하게 독립한 재산적 권리로서의 성질을 가지게 된다. 이와 같이 당사자의 협의 또는 가정법원의 심판에 의하여 구체적인 지급청구권으로서 성립하기 전에는 과거의 양육비에 관한 권리는 양육자가 그 권리를 행사할 수 있는 재산권에 해당한다고 할 수 없고, 따라서 이에 대하여는 소멸시효가 진행할 여지가 없다고 보아야 한다.(대결 2011.7.29, 2008스67)

판례 자의 양육을 포함한 친권은 부모의 권리이자 의무로서 미성년인 자의 복지에 직접적인 영향을 미치므로 부모가 이혼하는 경우에 부모 중 누구를 미성년인 자의 친권을 행사할 자 및 양육자로 지정할 것인가를 정함에 있어서는, 미성년인 자의 성별과 연령, 그에 대한 부모의 애정과 양육의사의 유무는 물론, 양육에 필요한 경제적 능력의 유무, 부 또는 모와 미성년인 자 사이의 친밀도, 미성년인 자의 의사 등의 모든 요소를 종합적으로 고려하여 미성년인 자의 성장과 복지에 가장 도움이 되고 적합한 방향으로 판단하여야 한다.(대판 2010.5.13, 2009므1458,1465)

판례 민법 837조 2항의 규정에 의하여 가정법원이 일단 결정한 양육에 필요한 사항을 그 후 변경하는 것은 당초의 결정 후에 특별한 사정변경이 있는 경우뿐만 아니라, 당초의 결정이 위 법률규정 소정의 제반 사정에 비추어 부당하게 되었다고 인정될 경우에도 가능한 것이며, 당사자가 조정을 통하여 그 자의 양육에 관한 사항을 정한 후 그 사항의 변경을 청구한 경우에 있어서도 가정법원은 심리를 거쳐서 그 조정조항에서 정한 사항이 부당하다고 인정되는 경우에는 언제든지 그 사항을 변경할 수 있고 조정의 성립 이후에 특별한 사정변경이 있는 때에 한하여 이를 변경할 수 있는 것은 아니다.(대결 2006.4.17, 2005스18,19)

第837條의2【面接交涉權】 ① 자(子)를 직접 양육하지 아니하는 부모의 일방과 자(子)는 상호 면접교섭할 수 있는 권리를 가진다.(2007.12.21 본항개정)
② 자(子)를 직접 양육하지 아니하는 부모 일방의 직계존속은 그 부모 일방이 사망하였거나 질병, 외국거주, 그 밖에 불가피한 사정으로 자(子)를 면접교섭할 수 없는 경우 가정법원에 자(子)와의 면접교섭을 청구할 수 있다. 이 경우 가정법원은 자(子)의 의사(意思), 면접교섭을 청구한 사람과 자(子)의 관계, 청구의 동기, 그 밖의 사정을 참작하여야 한다.
(2016.12.2 본항신설)
③ 家庭法院은 子의 福利를 위하여 필요한 때에는 當事者의 청구 또는 직권에 의하여 面接交涉을 제한·배제·변경할 수 있다.(2016.12.2 본항개정)

改前 "②" 家庭法院은 子의 福利를 위하여 필요한 때에는 當事者의 청구 또는 직권에 의하여 面接交涉을 "제한하거나 排除할" 수 있다.(2005.3.31 본항개정)

참조 [처분·제한·배제·변경 심판의 당사자]가소규99②

第838條【詐欺, 强迫으로 인한 離婚의 取消請求權】 詐欺 또는 强迫으로 인하여 離婚의 意思表示를 한 者는 그 取消를 家庭法院에 請求할 수 있다.
(1990.1.13 본조개정)

참조 [사기·강박으로 인한 의사표시]110, [사기·강박으로 인한 혼인과 취소]816, [취소의 소송 및 심판]가소2①(1)나, [취소청구권의 소멸]823·839

판례 협의이혼의사확인절차는 확인당시에 당사자들이 이혼을 할 의사를 가지고 있는가를 밝히는데 그치는 것이고 그들이 의사결정의 정확한 능력을 가졌는지 또는 어떠한 과정을 거쳐 협의이혼 의사를 결정하였는지 하는 점에 관하여서는 심리하지 않는다.(대판 1987.1.20, 86므86)

第839條【準用規定】 第823條의 規定은 協議上 離婚에 準用한다.

참조 [사기·강박으로 인한 이혼의 취소청구권]838

第839條의2【財産分割請求權】 ① 協議上 離婚한 者의 一方은 다른 一方에 대하여 財産分割을 請求할 수 있다.

② 第1項의 財産分割에 관하여 協議가 되지 아니하거나 協議할 수 없는 때에는 家庭法院은 當事者의 請求에 의하여 當事者 雙方의 協力으로 이룩한 財産의 額數 기타 事情을 참작하여 分割의 額數와 方法을 정한다.

③ 第1項의 財産分割請求權은 離婚한 날부터 2年을 經過한 때에는 消滅한다.

(1990.1.13 본조신설)

판례 이혼소송에서 배우자에게 재산분할로 임대수익 분배 약정에 따른 임대수익금 지급을 주장했지만 배척된 뒤 판결이 확정됐더라도, 이혼소송에서의 재산분할청구는 민사청구가 아니기 때문에 앞선 이혼소송 판결의 기판력이 민사소송에는 미치지 않는다. 따라서 별도의 민사소송을 통해 해당 임대수익금의 지급을 청구할 수 있다.(대판 2021.6.24, 2018다243089)

판례 민법 제839조의2에 따른 재산분할 청구사건은 마류 가사비송사건으로서 즉시항고의 대상에 해당하기는 하지만, 재산분할은 부부가 혼인 중에 취득한 실질적인 공동재산을 청산 분배하는 것을 주된 목적으로 하고, 법원이 당사자 쌍방의 협력으로 이룩한 재산의 액수 기타 사정을 참작하여 분할의 액수와 방법을 정하는 것이므로, 재산분할로 금전의 지급을 명하는 경우에도 판결 또는 심판이 확정되기 전에는 금전의 지급을 구할 권리가 도래하지 아니할 뿐만 아니라 금전채권의 발생조차 확정되지 아니한 상태에 있다고 할 것이어서, 재산분할의 방법으로 금전의 지급을 명한 부분은 가집행선고의 대상이 될 수 없다. 그리고 이는 이혼이 먼저 성립한 후에 재산분할로 금전의 지급을 명하는 경우라고 하더라도 마찬가지이다.
(대판 2014.9.4, 2012므1656)

판례 이혼소송의 사실심 변론종결 당시에 부부 중 일방이 공무원 퇴직연금을 실제로 수령하고 있는 경우에, 위 공무원 퇴직연금에는 사회보장적 급여로서의 성격 외에 임금의 후불적 성격이 불가분적으로 혼재되어 있으므로, 혼인기간 중의 근무에 대하여 상대방 배우자의 협력이 인정되는 이상 공무원 퇴직연금수급권 중 적어도 그 기간에 해당하는 부분은 부부 쌍방의 협력으로 이룩한 재산으로 볼 수 있다. 따라서 재산분할제도의 취지에 비추어 허용될 수 없는 경우가 아니라면, 이미 발생한 공무원 퇴직연금수급권도 부동산 등과 마찬가지로 재산분할의 대상에 포함될 수 있다고 봄이 상당하다. 그리고 구체적으로는 연금수급권자인 배우자가 매월 수령할 퇴직연금액 중 일정 비율에 해당하는 금액을 상대방 배우자에게 정기적으로 지급하는 방식의 재산분할도 가능하다.
(대판 2014.7.16, 2012므2888 전원합의체)

판례 근로자퇴직급여보장법, 공무원연금법, 군인연금법, 사립학교교직원연금법이 각 규정하고 있는 퇴직급여는 사회보장적 급여로서의 성격 외에 임금의 후불적 성격과 성실한 근무에 대한 공로보상적 성격도 지닌다. 그리고 이러한 퇴직급여를 수령하기 위하여는 일정기간 근무할 것이 요구되는바, 그와 같이 근무함에 있어 상대방 배우자의 협력이 기여한 것으로 인정된다면 그 퇴직급여 역시 부부 쌍방의 협력으로 이룩한 재산으로서 재산분할의 대상이 될 수 있다. 비록 이혼 당시 부부 일방이 아직 재직 중이어서 실제 퇴직급여를 수령하지 않았더라도 이혼소송의 사실심 변론종결 시에 이미 잠재적으로 존재하여 경제적 가치의 현실적 평가가 가능한 재산인 퇴직급여채권은 재산분할의 대상에 포함시킬 수 있으며, 구체적으로는 이혼소송의 사실심 변론종결 시를 기준으로 그 시점에서 퇴직할 경우 수령할 수 있을 것으로 예상되는 퇴직급여 상당액의 채권이 그 대상이 된다.(대판 2014.7.16, 2013므2250 전원합의체)

판례 이혼 당사자 각자가 보유한 적극재산에서 소극재산을 공제하는 등으로 재산상태를 따져 본 결과 재산분할 청구의 상대방이 그에게 귀속되어야 할 몫보다 더 많은 적극재산을 보유하고 있거나 소극재산의 부담이 더 적은 경우에는 적극재산을 분배하거나 소극재산을 분담하도록 하는 재산분할은 어느 것이나 가능하다고 보아야 하고, 후자의 경우라고 하여 당연히 재산분할 청구가 배척되어야 한다고 할 것은 아니다. 그러므로 소극재산의 총액이 적극재산의 총액을 초과하여 재산분할을 한 결과가 결국 채무의 분담을 정하는 것이 되는 경우에도 법원은 그 채무의 성질, 채권자와의 관계, 물적 담보의 존부 등 일체의 사정을 참작하여 이를 분담하게 하는 것이 적합하다고 인정되면 그 구체적인 분담의 방법 등을 정하여 재산분할 청구를 받아들일 수 있다 할 것이다. 그것이 부부가 혼인 중 형성한 재산관계를 이혼에 즈음하여 청산하는 것을 본질로 하는 재산분할 제도의 취지에 맞고, 당사자 사이의 실질적 공평에도 부합한다.
(대판 2013.6.20, 2010므4071,4088 전원합의체)

판례 부부의 일방이 실질적으로 혼자서 지배하고 있는 주식회사(이른바 '1인 회사')라고 하더라도 그 회사 소유의 재산을 바로 그 개인의 재산으로 평가하여 재산분할의 대상에 포함시킬 수는 없다. 주식회사와 같은 기업의 재산은 다양한 자산 및 부채 등으로 구성되는 것으로서, 그 회사의 재산에 대하여는 일반적으로 이를 종합적으로 평가한 후에야 1인 주주에 개인적으로 귀속되고 있는 재산가치를 산정할 수 있을 것이다. 따라서 그의 이혼에 있어서 재산분할에 의한 청산을 함에 있어서는 특별한 사정이 없는 한 회사의 개별적인 적극재산의 가치가 그대로 1인 주주의 적극재산으로서 재산분할의 대상이 된다고 할 수 없다.
(대판 2011.3.10, 2010므4699,4705,4712)

판례 재산분할제도는 혼인 중에 취득한 실질적인 공동재산을 청산 분배하는 것을 주된 목적으로 하는 것이므로, 부부가 이혼을 할 때 쌍방의 협력으로 이룩한 재산이 있는 한, 법원으로서는 당사자의 청구에 의하여 그 재산의 형성에 기여한 정도 등 당사자 쌍방의 일체의 사정을 참작하여 분할의 액수와 방법을 정하여야 하는 것이고, 재산분할액 산정의 기초가 되는 재산의 가액은 객관성과 합리성이 있는 자료에 의하여 평가하여야 한다.
(대결 2009.6.9, 2008스111)

판례 혼인중 부부의 협의이혼을 전제로 한 재산분할약정의 성질과 효력 : 이혼하지 않은 당사자가 장차 협의상 이혼할 것을 약정하면서 이를 전제로 하여 위 재산분할에 관한 협의를 하는 경우에 있어서는, 특별한 사정이 없는 한, 장차 당사자 사이에 협의상 이혼이 이루어질 것을 조건으로 하여 조건부 의사표시가 행하여지는 것이므로, 그 협의 후 당사자가 약정한 대로 협의상 이혼이 이루어진 경우에 한하여 그 협의의 효력이 발생하는 것이지, 어떠한 원인으로든지 협의상 이혼이 이루어지지 아니하고 혼인관계가 존속하게 되거나 당사자 일방이 제기한 이혼청구의 소에 의하여 재판상이혼(화해 또는 조정에 의한 이혼을 포함한다)이 이루어진 경우에는, 위 협의는 조건의 불성취로 인하여 효력이 발생하지 않는다.(대판 2003.8.19, 2001다14061)

판례 이혼에 따른 재산분할과 사해행위 : 채무초과 상태에 있는 채무자가 이혼을 함에 있어 자신의 배우자에게 재산분할로 일정한 재산을 양도함으로써 결과적으로 일반 채권자에 대한 공동담보를 감소시키는 결과로 되어도, 민법 839조의2 2항 규정의 취지에 따른 상당한 정도를 벗어나는 과대한 것이라고 인정할 만한 특별한 사정이 없는 한 사해행위로서 채권자에 의한 취소의 대상으로 되는 것은 아니고, 다만 위와 같은 상당한 정도를 벗어나는 초과부분에 관한 한 적법한 재산분할이라고 할 수 없기 때문에 그 취소의 대상으로 될 수 있는바, 특별한 사정이 있다는 점에 관한 입증책임은 채권자에게 있다.
(대판 2000.7.28, 2000다14101)

第839條의3【재산분할청구권 보전을 위한 사해행위취소권】 ① 부부의 일방이 다른 일방의 재산분할청구권 행사를 해함을 알면서도 재산권을 목적으로 하는 법률행위를 한 때에는 다른 일방은 제406조제1항을 준용하여 그 취소 및 원상회복을 가정법원에 청구할 수 있다.

② 제1항의 소는 제406조제2항의 기간 내에 제기하여야 한다.

(2007.12.21 본조신설)

第2款 裁判上 離婚

第840條【裁判上 離婚原因】 夫婦의 一方은 다음 各號의 事由가 있는 경우에는 家庭法院에 離婚을 請求할 수 있다.(1990.1.13 본문개정)

1. 配偶者에 不貞한 行爲가 있었을 때
2. 配偶者가 惡意로 다른 一方을 遺棄한 때
3. 配偶者 또는 그 直系尊屬으로부터 甚히 不當한 待遇를 받았을 때
4. 自己의 直系尊屬이 配偶者로부터 甚히 不當한 待遇를 받았을 때
5. 配偶者의 生死가 3年 이상 分明하지 아니한 때
6. 기타 婚姻을 繼續하기 어려운 重大한 事由가 있을 때

참조 [이혼관계의 준거법]국제사법, [민법시행에 관한 경과규정]부칙19, [부부동거협조의무]826, [직계존속]768, [생사불명과 실종]27 · 28, [기간의 계산]157 · 160, [이혼소송]가소2① · 23 · 24 · 25, [재판상의 이혼과 신고]가족관계등록78, [이혼소송청구권의 소멸]841 · 842, [재판상 이혼과 손해배상청구권 및 자녀양육책임]806 · 837 · 843

판례 민법 제840조 제6호 이혼사유에 관하여 유책배우자의 이혼청구를 허용할 것인지 여부 : 유책배우자의 이혼청구를 허용하지 아니하는 것은 혼인제도가 요구하는 도덕성에 배치되고 신의성실의 원칙에 반하는 결과를 방지하려는 데 있으므로, 혼인제도가 추구하는 이상과 신의성실의 원칙에 비추어 보더라도 책임이 반드시 이혼청구를 배척해야 할 정도로 남아 있지 아니한 경우에는 그러한 배우자의 이혼청구는 혼인과 가족제도를 형해화할 우려가 없고 사회의 도덕관 · 윤리관에도 반하지 아니하므로 허용될 수 있다. 그리하여 상대방 배우자도 혼인을 계속할 의사가 없어 일방의 의사에 따른 이혼 내지 축출이혼의 염려가 없는 경우는 물론, 나아가 이혼을 청구하는 배우자의 유책성을 상쇄할 정도로 상대방 배우자 및 자녀에 대한 보호와 배려가 이루어진 경우, 세월의 경과에 따라 혼인파탄 당시 현저하였던 유책배우자의 유책성과 상대방 배우자가 받은 정신적 고통이 점차 약화되어 쌍방의 책임의 경중을 엄밀히 따지는 것이 더 이상 무의미할 정도가 된 경우 등과 같이 혼인생활의 파탄에 대한 유책성이 이혼청구를 배척해야 할 정도로 남아 있지 아니한 특별한 사정이 있는 경우에는 예외적으로 유책배우자의 이혼청구를 허용할 수 있다. 유책배우자의 이혼청구를 예외적으로 허용할 수 있는지 판단할 때에는, 유책배우자 책임의 태양 · 정도, 상대방 배우자의 혼인계속의사 및 유책배우자에 대한 감정, 당사자의 연령, 혼인생활의 기간과 혼인 후의 구체적인 생활관계, 별거기간, 부부간의 별거 후에 형성된 생활관계, 혼인생활의 파탄 후 여러 사정의 변경 여부, 이혼이 인정될 경우의 상대방 배우자의 정신적 · 사회적 · 경제적 상태와 생활보장의 정도, 미성년 자녀의 양육 · 교육 · 복지의 상황, 그 밖의 혼인관계의 여러 사정을 두루 고려하여야 한다.
(대판 2015.9.15, 2013므568 전원합의체)

판례 민법 840조 6호에 정한 이혼사유인 '혼인을 계속하기 어려운 중대한 사유가 있을 때'라 함은 부부간의 애정과 신뢰가 바탕이 되어야 할 혼인의 본질에 상응하는 부부공동생활관계가 회복할 수 없을 정도로 파탄되고 그 혼인생활의 계속을 강제하는 것이 일방 배우자에게 참을 수 없는 고통이 되는 경우를 말하며, 이를 판단함에 있어서는 혼인계속의사의 유무, 파탄의 원인에 관한 당사자의 책임 유무, 혼인생활의 기간, 자녀의 유무, 당사자의 연령, 이혼 후의 생활보장, 기타 혼인관계의 여러 사정을 두루 고려하여야 한다. 그리고 이와 같은 여러 사정을 고려하여 보아 부부의 혼인관계가 돌이킬 수 없을 정도로 파탄되었다고 인정된다면 그 파탄의 원인에 대한 원고의 책임이 피고의 책임보다 더 무겁다고 인정되지 않는 한 이혼청구는 인용되어야 한다.
(대판 2010.7.15, 2010므1140)

판례 혼인을 계속하기 어려운 중대한 사유의 의미(1) : 민법 840조 6호에 정한 이혼사유인 '혼인을 계속하기 어려운 중대한 사유가 있을 때'라 함은 부부간의 애정과 신뢰가 바탕이 되어야 할 혼인의 본질에 상응하는 부부공동생활관계가 회복할 수 없을 정도로 파탄되고 그 혼인생활의 계속을 강제하는 것이 일방 배우자에게 참을 수 없는 고통이 되는 경우를 말한다.
(대판 2005.12.23, 2005므1689)

판례 혼인을 계속하기 어려운 중대한 사유의 의미(2) : 부부가 크고 작은 문제로 자주 다투며 서로 폭행하고, 부부간 문제를 감정적 차원에서 대응하여 도리어 갈등을 증폭시키고, 한차례 이혼소송 파동을 겪은 후에도 서로 애정과 신뢰를 쌓을 노력을 등한시 한 채 불화가 계속되어 별거에 이르게 되고, 상대방에 대한 이해부족과 불신을 그대로 유지한 채 부부간의 갈등을 일시적으로 참고 있는 상태라면 혼인을 계속하기 어려운 중대한 사유가 있다고 볼 여지가 있다.(대판 2004.8.20, 2004므955)

판례 '배우자로부터 심히 부당한 대우를 받았을 때'의 의미 : 민법 840조 3호의 이혼사유인 '배우자로부터 심히 부당한 대우를 받았을 때'라 함은 혼인관계의 지속을 강요하는 것이 참으로 가혹하다고 여겨질 정도의 폭행이나 학대 또는 모욕을 받았을 경우를 말한다.(대판 2004.2.27, 2003므1890)

판례 유책배우자의 이혼청구 : 유책배우자의 이혼청구에 대하여 상대방이 그 주장사실을 다투면서 오히려 다른 사실을 내세워 반소로 이혼청구를 한다 하더라도 그러한 사정만으로 곧바로 상대방은 혼인을 계속할 의사가 없으면서도 오기나 보복적 감정에서 유책배우자의 이혼청구에 응하지 아니하는 것이라고 단정할 수 없다.(대판 1998.6.23, 98므15,22)

판례 '혼인을 계속하기 어려운 중대한 사유가 있을 때'에 해당하지 않는다고 본 경우 : 혼인생활 중 부부가 일시 이혼에 합의하고 위자료 명목의 금전을 지급하거나 재산분배를 하였다고 하더라도 그것으로 인하여 부부관계가 돌이킬 수 없을 정도로 파탄되어 부부 쌍방이 이혼의 의사로 사실상 부부관계의 실체를 해소한 채 생활하여 왔다는 등의 특별한 사정이 없다면 그러한 이혼 합의사실의 존재만으로는 이를 민법 840조 6호의 재판상 이혼사유인 혼인을 계속할 수 없는 중대한 사유에 해당한다고 할 수 없다.(대판 1996.4.26, 96므226)

第841條【不貞으로 인한 離婚請求權의 消滅】 前條第1號의 事由는 다른 一方이 事前同意나 事後 容恕를 한 때 또는 이를 안 날로부터 6月, 그 事由있은 날로부터 2年을 經過한 때에는 離婚을 請求하지 못한다.

참조 [기간의 계산]157 · 160, [이혼소송]가소2① · 23 · 25

판례 민법 841조의 배우자로서의 권리침해를 원인으로 한 위자료 청구사건에 대한 적용 여부 : 민법 841조 소정의 제척기간은 부정행위를 원인으로 한 이혼청구권의 소멸에 관한 규정으로서 이는 부권침해를 원인으로 하여 그 정신상 고통에 대한 위자료를 청구하고 있는 경우에는 적용될 수 없다.
(대판 1985.6.25, 83므18)

第842條【기타 原因으로 인한 離婚請求權의 消滅】 第840條第6號의 事由는 다른 一方이 이를 안 날로부터 6月, 그 事由있은 날로부터 2年을 經過하면 離婚을 請求하지 못한다.

참조 [기간의 계산]157 · 160, [이혼소송]가소2① · 23 · 25

판례 제소기간의 적용 범위 : 민법 840조 6호의 '기타 혼인을 계속하기 어려운 중대한 사유'가 이혼청구 당시까지도 계속 존재하는 경우에는 이혼청구권의 제척기간에 관한 민법 842조가 적용되지 아니한다.(대판 2001.2.23, 2000므1561)

第843條【준용규정】 재판상 이혼에 따른 손해배상책임에 관하여는 제806조를 준용하고, 재판상 이혼에 따른 자녀의 양육책임 등에 관하여는 제837조를 준용하며, 재판상 이혼에 따른 면접교섭권에 관하여는 제837조의2를 준용하고, 재판상 이혼에 따른 재산분할청구권에 관하여는 제839조의2를 준용하며, 재판상 이혼에 따른 재산분할청구권 보전을 위한 사해행위취소권에 관하여는 제839조의3을 준용한다.(2012.2.10 본조개정)

改前 "第843條【準用規定】第806條, 第837條, 第837條의2 및 第839條의2의 規定은 裁判上離婚의 경우에 準用한다.
(1990.1.13 본조개정)"

판례 재판상 이혼을 전제로 한 재산분할에 있어 분할의 대상과 그 액수 산정의 기준시기 : 재판상 이혼을 전제로 한 재산분할에 있어 분할의 대상이 되는 재산과 그 액수는 이혼소송의 사실심 변론종결일을 기준으로 하여 정하여야 한다. 이혼소송의 사실심 변론종결일 당시 직장에 근무하는 부부 일방의 퇴직과 퇴직금이 확정된 바 없으면 장래의 퇴직금을 분할의 대상이 되는 재산으로 삼을 수 없음이 원칙이지만, 그 뒤에 부부 일방이 퇴직하여 퇴직금을 수령하였고 재산분할청구권의 행사기간이 경과하지 않았으면 수령한 퇴직금 중 혼인한 때로부터 위 기준일까지의 기간 중에 제공한 근로의 대가에 해당하는 퇴직금 부분은 분할의 대상인 재산이 된다.
(대결 2000.5.2, 2000스13)

第4章 父母와 子

第1節 親生子

第844條【남편의 친생자의 추정】 ① 아내가 혼인 중에 임신한 자녀는 남편의 자녀로 추정한다.

② 혼인이 성립한 날부터 200일 후에 출생한 자녀는 혼인 중에 임신한 것으로 추정한다.

③ 혼인관계가 종료된 날부터 300일 이내에 출생한 자녀는 혼인 중에 임신한 것으로 추정한다.

(2017.10.31 본조개정)

改前 "第844條【夫의 親生子의 推定】① 妻가 婚姻 중에 胞胎한 子는 夫의 子로 推定한다.
② 婚姻成立의 날로부터 200日後 또는 婚姻關係終了의 날로부터 300日내에 出生한 子는 婚姻중에 胞胎한 것으로 推定한다."

참조 [친생자에 관한 준거법]국제사법, [출생신고]가족관계등록44-54, [친생부인]846-853, [법원에 의한 부의 결정]845, 가소2①·26-29, [부모혼인으로 인한 친생자의 신분취득]855②, [친생자의 입적]781, [친생자의 신고]가족관계등록55, [혼인과 부부의 동거 및 부정]826·840, [혼인의 성립]812, [이혼]834·840, [혼인취소]816이하

판례 아내가 무정자증인 남편의 동의를 얻어 제3자의 정자로 인공수정을 하거나 다른 남자와의 관계에서 임신을 하여 남편과 혈연관계가 없는 피고들을 출산하였다. 이후 시일이 지나 남편이 아내와 이혼하고 자녀들을 상대로 친생자관계부존재 확인을 구한 사안에서, 남편과의 합의 하에 아내가 혼인 중 남편이 아닌 제3자의 정자를 제공받아 인공수정으로 자녀를 출산한 경우, 그 자녀는 남편의 자녀로 추정된다고 보는 것이 타당하다. 또한 혼인 중 아내가 다른 남자와의 관계에서 임신하여 출산한 자녀의 경우, 남편은 해당 자녀가 자신의 친자가 아니라는 사실을 예상했으면서도 이 소를 제기할 무렵까지 해당 자녀가 친생자로 출생신고된 사실에 관하여 문제 삼지 않은 채 동거하면서 아버지로서 해당 자녀를 보호·교양해 왔다. 이후 유전자 검사를 통하여 해당 자녀가 남편과 혈연관계가 없다는 점이 밝혀졌더라도 여전히 친생추정이 미친다고 보아야 한다.
(대판 2019.10.23, 2016므2510)

판례 민법 제정 이후 사회적·의학적·법률적 사정변경을 전혀 반영하지 아니한 채 아무런 예외 없이 일률적으로 300일의 기준만 강요함으로써 가족 구성원이 겪는 구체적이고 심각한 불이익에 대한 해결책을 마련하지 아니하고 있는 민법 제844조 제2항 중 "혼인관계종료의 날로부터 300일 내에 출생한 자"에 관한 부분은 입법형성의 한계를 벗어난 것으로서 모(母)가 가정생활과 신분관계에서 누려야 할 인격권 및 행복추구권, 개인의 존엄과 양성의 평등에 기초한 혼인과 가족생활에 관한 기본권을 침해하여 헌법에 합치되지 아니한다.
(헌재결 2015.4.30, 2013헌마623)

판례 친생추정이 미치는 범위 : 민법 844조는 부부가 동거하여 처가 부의 자를 포태할 수 있는 상태에서 자를 포태한 경우에 적용되고 부부의 한쪽이 장기간에 걸쳐 해외에 나가 있거나 사실상의 이혼으로 부부가 별거하고 있는 경우 등 동거의 결여로 처가 부의 자를 포태할 수 없는 것이 외관상 명백한 사정이 있는 경우에는 그 추정이 미치지 않는다.
(대판 1983.7.12, 82므59 전원합의체)

第845條【法院에 의한 父의 決定】 재혼한 여자가 解産한 경우에 제844조의 規定에 의하여 그 子의 父를 정할 수 없는 때에는 法院이 當事者의 請求에 의하여 이를 정한다.(2005.3.31 본조개정)

改前 "第845條【法院에 의한 父의 決定】"第811條의 規定에 違反하여 再婚한 女子"가 解産한 경우에 "前條"의 規定에…

참조 [부를 정하는 사건의 소송]가소2①나·26-29

第846條【子의 親生否認】 부부의 일방은 第844條의 경우에 그 子가 親生子임을 否認하는 訴를 提起할 수 있다.(2005.3.31 본조개정)

改前 第846條【子의 親生否認】"夫는" 第844條의 경우에…

참조 [부인권행사]847·848·852·854, 가소2①·26·28, [부인의 소를 제기할 수 있는 자]가소23·28, [부인소송계속중의 부의 사망과 소송의 승계]가소16·28, [본조의 경우의 출생신고]가족관계등록47

第847條【친생부인의 소】 ① 친생부인(親生否認)의 소(訴)는 부(夫) 또는 처(妻)가 다른 일방 또는 자(子)를 상대로 하여 그 사유가 있음을 안 날부터 2년내에 이를 제기하여야 한다.
② 제1항의 경우에 상대방이 될 자가 모두 사망한 때에는 그 사망을 안 날부터 2년내에 검사를 상대로 하여 친생부인의 소를 제기할 수 있다.
(2005.3.31 본조개정)

改前 "第847條【親生否認의 訴】① 否認의 訴는 子 또는 그 親權者인 母를 相對로 하여 그 出生을 안 날로부터 1年내에 提起하여야 한다.
② 親權者인 母가 없는 때에는 法院은 特別代理人을 選任하여야 한다."
<1997.3.27 憲法裁判所違憲決定으로 本條 第1項중 "그 出生을 안 날로부터 1年內" 부분은 憲法에 합치되지 아니함>

참조 [친생부인의 소]846, 가소2①·26·28, [친권자인 모]909·924이하, [본조의 경우의 출생신고]가족관계등록47

판례 친생추정을 번복하기 위하여 친생자관계부존재확인의 소를 제기할 수 있는지 여부 : 민법 844조 1항의 친생추정은 반증을 허용하지 않는 강한 추정이므로, 처가 혼인 중에 포태한 이상 예외적인 사유가 없는 한 누구라도 그 자가 부의 친생자가 아님을 주장할 수 없어서, 이와 같은 추정을 번복하기 위하여는 부가 민법 846조, 847조에서 규정하는 친생부인의 소를 제기하여 그 확정판결을 받아야 하고, 이러한 친생부인의 소가 아닌 민법 865조의 친생자관계부존재확인의 소에 의하여 그 친생자관계의 부존재확인을 구하는 것은 부적법하다.
(대판 2000.8.22, 2000므292)

第848條【성년후견과 친생부인의 소】 ① 남편이나 아내가 피성년후견인인 경우에는 그의 성년후견인이 성년후견감독인의 동의를 받아 친생부인의 소를 제기할 수 있다. 성년후견감독인이 없거나 동의할 수 없을 때에는 가정법원에 그 동의를 갈음하는 허가를 청구할 수 있다.
② 제1항의 경우 성년후견인이 친생부인의 소를 제기하지 아니하는 경우에는 피성년후견인은 성년후견종료의 심판이 있은 날부터 2년 내에 친생부인의 소를 제기할 수 있다.
(2011.3.7 본조개정)

改前 "第848條【禁治産者의 親生否認의 訴】① 부(夫) 또는 처(妻)가 禁治産者인 때에는 그 後見人은 親族會의 同意를 얻어 친생부인의 소를 提起할 수 있다.
② 제1항의 경우에 後見人이 친생부인의 소를 提起하지 아니한 때에는 禁治産者는 禁治産宣告의 取消있은 날로부터 2년내에 친생부인의 소를 提起할 수 있다.
(2005.3.31 본조개정)"

참조 847, [성년후견]9-11·929, [부의 피성년후견과 후견인의 소제기]가소23·28, [후견인이 친족회의 동의를 얻어야 하는 경우]950

第849條【子死亡후의 親生否認】 子가 死亡한 후에도 그 直系卑屬이 있는 때에는 그 母를 相對로, 母가 없으면 檢事를 相對로 하여 否認의 訴를 提起할 수 있다.

참조 846·847

第850條【遺言에 의한 親生否認】 부(夫) 또는 처(妻)가 遺言으로 否認의 意思를 表示한 때에는 遺言執行者는 친생부인의 소를 提起하여야 한다.
(2005.3.31 본조개정)

改前 第850條【遺言에 의한 親生否認】"夫"가 遺言으로…遺言執行者는 "否認의 訴"를 제기하여야 한다.

참조 846·847·851, [유언의 집행]1091이하

第851條【부의 자 출생 전 사망 등과 친생부인】 부(夫)가 자(子)의 출생 전에 사망하거나 부(夫) 또는 처(妻)가 제847조제1항의 기간내에 사망한 때에는 부(夫) 또는 처(妻)의 직계존속이나 직계비속에 한하여 그 사망을 안 날부터 2년내에 친생부인의 소를 제기할 수 있다.(2005.3.31 본조개정)

改前 "第851條【夫의 子 出生前 死亡과 親生否認】夫가 子의 出生前 또는 第847條第1項의 期間내에 死亡한 때에는 夫의 直系尊屬이나 直系卑屬에 한하여 그 死亡을 안 날로부터 1年내에 否認의 訴를 提起할 수 있다."

참조 846·847·850, 가소26·28

第852條【친생부인권의 소멸】 자의 출생 후에 친생자(親生子)임을 승인한 자는 다시 친생부인의 소를 제기하지 못한다.(2005.3.31 본조개정)

改前 "第852條【親生否認權의 消滅】夫가 그 子의 出生후에 親生子임을 承認한 때에는 다시 否認의 訴를 提起하지 못한다."

참조 846

第853條 (2005.3.31 삭제)

改前 "第853條【訴認終結후의 親生承認】夫는 否認訴訟의 終結후에도 그 親生子임을 承認할 수 있다."

第854條【詐欺, 强迫으로 인한 承認의 取消】 제852조의 承認이 詐欺 또는 强迫으로 인한 때에는 이를 取消할 수 있다.(2005.3.31 본조개정)

改前 …取消]"前2條"의 承認이 詐欺 또는…

참조 852·853, [사기·강박으로 인한 의사표시]110, [취소]140·146

第854條의2【친생부인의 허가 청구】 ① 어머니 또는 어머니의 전(前) 남편은 제844조제3항의 경우에 가정법원에 친생부인의 허가를 청구할 수 있다. 다만, 혼인 중의 자녀로 출생신고가 된 경우에는 그러하지 아니하다.
② 제1항의 청구가 있는 경우에 가정법원은 혈액채취에 의한 혈액형 검사, 유전인자의 검사 등 과학적 방법에 따른 검사결과 또는 장기간의 별거 등 그 밖의 사정을 고려하여 허가 여부를 정한다.
③ 제1항 및 제2항에 따른 허가를 받은 경우에는 제844조제1항 및 제3항의 추정이 미치지 아니한다.
(2017.10.31 본조신설)

第855條【認知】 ① 婚姻외의 出生子는 그 生父나 生母가 이를 認知할 수 있다. 父母의 婚姻이 無效인 때에는 出生子는 婚姻외의 出生子로 본다.
② 婚姻외의 出生子는 그 父母가 婚姻한 때에는 그 때로부터 婚姻중의 出生子로 본다.

참조 ①국제사법, [친생자]844, [인지]856-864, [인지의 효력]859·860, [인지와 자의 입적]781, 가족관계등록55이하, [혼인외의 출생자의 신고]가족관계등록46②, [혼인외의 출생자의 친권자]909④, [혼인]812, [인지의무효]가소2①가·26·28, [인지의 취소]109·110·861·862

판례 인지청구권을 포기하기로 하는 재판상화해의 효력 : 인지청구권은 본인의 일신 전속적인 신분관계상의 권리로서 포기할 수 없고 포기하였다 하더라도 그 효력이 발생할 수 없으므로 비록 인지청구권을 포기하기로 하는 화해가 재판상 이루어지고 그것이 화해조항에 표시되었다 할지라도 동 화해는 그 효력이 없다.(대판 1987.1.20, 85므70)

第855條의2【인지의 허가 청구】 ① 생부(生父)는 제844조제3항의 경우에 가정법원에 인지의 허가를 청구할 수 있다. 다만, 혼인 중의 자녀로 출생신고가 된 경우에는 그러하지 아니하다.
② 제1항의 청구가 있는 경우에 가정법원은 혈액채취에 의한 혈액형 검사, 유전인자의 검사 등 과학적 방법에 따른 검사결과 또는 장기간의 별거 등 그 밖의 사정을 고려하여 허가 여부를 정한다.
③ 제1항 및 제2항에 따라 허가를 받은 생부가 「가족관계의 등록 등에 관한 법률」 제57조제1항에 따른 신고를 하는 경우에는 제844조제1항 및 제3항의 추정이 미치지 아니한다.
(2017.10.31 본조신설)

第856條【피성년후견인의 인지】 아버지가 피성년후견인인 경우에는 성년후견인의 동의를 받아 인지할 수 있다.(2011.3.7 본조개정)

改前 "第856條【禁治産者의 認知】父가 禁治産者인 때에는 後見人의 同意를 얻어 認知할 수 있다."

참조 [성년후견]9·929, [인지]855·859-862, [성년후견과 친생부인의 소]848

第857條【死亡子의 認知】 子가 死亡한 후에도 그 直系卑屬이 있는 때에는 이를 認知할 수 있다.

참조 855·859-862, 가족관계등록55①(2), [사망한 자의 유언에 의한 인지]가족관계등록59, [인지된 태아의 사산]가족관계등록60

第858條【胞胎중인 子의 認知】 父는 胞胎중에 있는 子에 대하여도 이를 認知할 수 있다.

참조 855·859-862, [태아의 인지신고]가족관계등록56, [인지된 태아의 사산]가족관계등록60, [인지된 태아의 지위]762·1000③·1064

第859條【認知의 效力發生】 ① 認知는 「가족관계의 등록 등에 관한 법률」의 정하는 바에 의하여 申告함으로써 그 效力이 생긴다.(2007.5.17 본항개정)
② 認知는 遺言으로도 이를 할 수 있다. 이 경우에는 遺言執行者가 이를 申告하여야 한다.

改前 ① 認知는 "戶籍法"의 정하는 바에 의하여…

참조 855-858, [인지의 신고]가족관계등록57, [유언]1060이하·1073·1093이하·1108, [유언에 의한 인지의 신고]가족관계등록59

第860條【認知의 遡及效】 認知는 그 子의 出生時에 遡及하여 效力이 생긴다. 그러나 第三者의 取得한 權利를 害하지 못한다.

참조 [인지]855·859, [유언에 의한 인지]859②·1073·1108, [상속개시후의 인지와 유산분할청구]1014

판례 인지의 소급효가 친족상도례 규정에 미치는지 여부 : 형법 344조, 328조 1항의 친족간의 범행에 관한 규정이 적용되기 위한 친족관계는 원칙적으로 범행 당시에 존재하여야 하지만, 부가 혼인 외의 출생자를 인지하는 경우에는 민법 860조에 의하여 그 자의 출생시에 소급하여 인지의 효력이 생기며, 이와 같은 인지의 소급효는 친족상도례의 규정의 적용에도 미친다고 보아야 하므로, 인지가 범행 후에 이루어진 경우라고 하더라도 그 소급효에 따라 형성되는 친족관계를 기초로 하여 친족상도례의 규정이 적용된다.(대판 1997.1.24, 96도1731)

第861條【認知의 取消】 詐欺, 强迫 또는 重大한 錯誤로 인하여 認知를 한 때에는 詐欺나 錯誤를 안 날 또는 强迫을 免한 날로부터 6月내에 가정법원에 그 취소를 청구할 수 있다.(2005.3.31 본조개정)

改前 …6月내에 "法院의 許可를 얻어 이를 取消할 수 있다."

참조 [인지]855·859, [사기·강박으로 인한 의사표시]110, [착오로 인한 의사표시]109, [기간의 계산]157·160, [인지취소의 소]가소2①·26·28

第862條【認知에 대한 異議의 訴】 子 기타 利害關係人은 認知의 申告있음을 안 날로부터 1年내에 認知에 대한 異議의 訴를 提起할 수 있다.

참조 861·864, [인지에 대한 이의]가소2①·26·28, [가족관계등록의 정정]가족관계등록107

第863條【認知請求의 訴】 子와 그 直系卑屬 또는 그 法定代理人은 父 또는 母를 相對로 하여 認知請求의 訴를 提起할 수 있다.

참조 855·864, [직계비속의 인지청구]857, [법정대리인]909·931-936, [인지청구의 소]가소2①·26·28, [인지의 재판과 신고]가족관계등록55·58, [인지와 입적]781

판례 인지소송에서 혈연상 친자관계를 증명하는 방법 : 친자관계를 증명하는 방법 중 혈액형검사나 유전자검사 등 과학적 증명방법의 사실이 모두 진실임이 증명되고 그 추론의 방법이 과학적으로 정당하여 오류의 가능성이 전무하거나 무시할 정도로 극소한 것으로 인정되는 경우라면, 이러한 증명방법이 가장 유력한 간접증명의 방법이 된다.(대판 2002.6.14, 2001므1537)

第864條【父母의 死亡과 認知請求의 訴】 제862조 및 제863조의 경우에 父 또는 母가 死亡한 때에는 그 死亡을 안 날로부터 2년내에 檢事를 相對로 하여 認知에 대한 異議 또는 認知請求의 訴를 提起할 수 있다.(2005.3.31 본조개정)

改前 第864條【父母의 死亡과 認知請求의 訴】"前2條"의 경우에…안 날로부터 "1年내"에 檢事를 상대로 하여 인지에…

참조 862·863, [기간의 계산]157·160

판례 민법 864조의 부모의 사망을 안 날로부터 1년내에 인지청구등의 소를 제기할 수 있다는 것은 그 청구인이 자인 경우 그 연령이나 능력여하를 불문하는 것이 아니고, 자기의 신분행위를 할 수 있는 의사능력이 있는 자가 사망사실을 안 때로부터 1년내에 인지청구등의 소를 제기할 수 있는 뜻으로 해석함이 타당하다.(대판 1977.5.24, 77므7)

第864條의2【인지와 자의 양육책임 등】 제837조 및 제837조의2의 규정은 자가 인지된 경우에 자의 양육책임과 면접교섭권에 관하여 이를 준용한다.
(2005.3.31 본조신설)

第865條【다른 事由를 原因으로 하는 親生關係存否確認의 訴】 ① 第845條, 第846條, 第848條, 第850條, 第851條, 第862條와 第863條의 規定에 의하여 訴를 提起할 수 있는 者는 다른 事由를 原因으로 하여 親生子關係存否의 確認의 訴를 提起할 수 있다.
② 제1항의 경우에 當事者 一方이 死亡한 때에는 그 死亡을 안 날로부터 2년내에 檢事를 相對로 하여 訴를 提起할 수 있다.(2005.3.31 본항개정)

改前 ② "前項"의 경우에…안 날로부터 "1年내"에 檢事를…

참조 [친생관계존부확인의 소]가소2①·26·28, [기간의 계산]157·160

판례 친생자관계존부확인의 소에서 당사자 쌍방이 모두 사망한 경우의 출소기간 : 친생자관계존부확인의 소의 경우 민법 777조 소정의 친족은 이해관계인으로서 친생자관계존부의 확인이 필요한 당사자 쌍방을 상대로 친생자관계존부확인의 소를 구할 수 있고, 상대방이 될 당사자 쌍방이 사망한 때에는 검사를 상대로 친생자관계존부확인의 소를 구할 수 있으며, 이 경우 민법 865조 2항을 유추적용하여 그 제소기간을 준수하여야 하므로 결국 민법 865조 2항에서 규정하고 있는 '당사자 일방이 사망한 때에는 그 사망을 안 날로부터 1년 내에'라고 함은 제3자가 친생자관계존부확인의 소를 제기하는 경우는 당사자 일방이 사망하는 경우 남은 생존자를 상대로 친생자관계존부확인의 소를 제기할 수 있고, 그 생존자도 사망하여 상대방될 자 모두가 사망한 경우는 검사를 상대로 할 수 있다는 가사소송법 24조의 규정에 비추어, 친생자관계존부확인의 대상이 되는 당사자 쌍방이 모두 사망한 경우에는 '당사자 쌍방 모두가 사망한 사실을 안 날로부터 1년 내에'라는 의미라고 하여야 한다.(대판 2004.2.12, 2003므2503)

第2節 양자(養子)
(2012.2.10 본절제목개정)

第1款 입양의 요건과 효력
(2012.2.10 본관제목개정)
改前 "入養의 要件"

第866條【입양을 할 능력】 성년이 된 사람은 입양(入養)을 할 수 있다.(2012.2.10 본조개정)

改前 "第866條【養子를 할 能力】 成年에 達한 者는 養子를 할 수 있다."

참조 국제사법, [성년]4 · 826의2, [입양]878 · 897, [입양과 신고]가족관계등록61이하, [입양의 무효와 취소]883이하 · 897, [양자와 국적]국적 6 – 7, [양친될 자격의 특례]입양특례법10

第867條【미성년자의 입양에 대한 가정법원의 허가】 ① 미성년자를 입양하려는 사람은 가정법원의 허가를 받아야 한다.

② 가정법원은 양자가 될 미성년자의 복리를 위하여 그 양육 상황, 입양의 동기, 양부모(養父母)의 양육능력, 그 밖의 사정을 고려하여 제1항에 따른 입양의 허가를 하지 아니할 수 있다.

(2012.2.10 본조신설)

판례 미성년자에게 친생부모가 있는데도 그들이 자녀를 양육하지 않아 조부모가 손자녀에 대한 입양허가를 청구하는 경우 입양의 요건을 갖추고 입양이 자녀의 복리에 더 부합한다면 입양을 허가할 수 있다. 가정법원이 미성년자의 입양을 허가할 것인지 판단할 때에는 '입양될 자녀의 복리에 적합한지'를 최우선적으로 고려해야 하며, 조부모의 입양이 자녀에게 도움이 되는 사항과 우려되는 사항을 비교해 개별적 · 구체적인 사안에서 입양이 자녀의 복리에 적합한지를 판단해야 한다.
(대결 2021.12.23, 2018스5)

第868條 (1990.1.13 삭제)

第869條【입양의 의사표시】 ① 양자가 될 사람이 13세 이상의 미성년자인 경우에는 법정대리인의 동의를 받아 입양을 승낙한다.

② 양자가 될 사람이 13세 미만인 경우에는 법정대리인이 그를 갈음하여 입양을 승낙한다.

③ 가정법원은 다음 각 호의 어느 하나에 해당하는 경우에는 제1항에 따른 동의 또는 제2항에 따른 승낙이 없더라도 제867조제1항에 따른 입양의 허가를 할 수 있다.

1. 법정대리인이 정당한 이유 없이 동의 또는 승낙을 거부하는 경우. 다만, 법정대리인이 친권자인 경우에는 제870조제2항의 사유가 있어야 한다.
2. 법정대리인의 소재를 알 수 없는 등의 사유로 동의 또는 승낙을 받을 수 없는 경우

④ 제3항제1호의 경우 가정법원은 법정대리인을 심문하여야 한다.

⑤ 제1항에 따른 동의 또는 제2항에 따른 승낙은 제867조제1항에 따른 입양의 허가가 있기 전까지 철회할 수 있다.

(2012.2.10 본조개정)

改前 "第869條【15歲未滿者의 入養承諾】 養子가 될 者가 15歲미만인 때에는 法定代理人이 그에 갈음하여 入養의 승낙을 한다. 다만, 후견인이 입양을 승낙하는 경우에는 가정법원의 허가를 받아야 한다.(2005.3.31 단서신설)"

참조 [연령계산]158 · 160 · 부칙27, [입양의 동의]870 · 871 · 884 · 891, [본조위반과 무효]883, [본조위반과 입양신고의 불수리]881

판례 법정대리인의 승낙의 추정 여부 : 대낙권자가 존재하지 않거나 대낙권자를 알 수 없다고 하여 대낙권자인 법정대리인의 승낙이 있었다고 추정할 수는 없다.
(대판 2004.11.26, 2004다40290)

第870條【미성년자 입양에 대한 부모의 동의】 ① 양자가 될 미성년자는 부모의 동의를 받아야 한다. 다만, 다음 각 호의 어느 하나에 해당하는 경우에는 그러하지 아니하다.

1. 부모가 제869조제1항에 따른 동의를 하거나 같은 조 제2항에 따른 승낙을 한 경우
2. 부모가 친권상실의 선고를 받은 경우
3. 부모의 소재를 알 수 없는 등의 사유로 동의를 받을 수 없는 경우

② 가정법원은 다음 각 호의 어느 하나에 해당하는 사유가 있는 경우에는 부모가 동의를 거부하더라도 제867조제1항에 따른 입양의 허가를 할 수 있다. 이 경우 가정법원은 부모를 심문하여야 한다.

1. 부모가 3년 이상 자녀에 대한 부양의무를 이행하지 아니한 경우
2. 부모가 자녀를 학대 또는 유기(遺棄)하거나 그 밖에 자녀의 복리를 현저히 해친 경우

③ 제1항에 따른 동의는 제867조제1항에 따른 입양의 허가가 있기 전까지 철회할 수 있다.

(2012.2.10 본조개정)

改前 "第870條【入養의 同意】 ① 養子가 될 者는 父母의 同意를 얻어야 하며 父母가 死亡 기타 事由로 인하여 同意를 할 수 없는 경우에 다른 直系尊屬이 있으면 그 同意를 얻어야 한다.
② 第1項의 경우에 直系尊屬이 數人인 때에는 最近尊屬을 先順位로 하고, 同順位者가 數人인 때에는 年長者를 先順位로 한다.
(1990.1.13 본항개정)"

참조 871, [입양의 의사표시]869, [입양신고 및 효력발생]878 · 881 · 882, [본조위반의 취소]884 · 886 · 894 · 897, [특례]입양특례법9

第871條【성년자 입양에 대한 부모의 동의】 ① 양자가 될 사람이 성년인 경우에는 부모의 동의를 받아야 한다. 다만, 부모의 소재를 알 수 없는 등의 사유로 동의를 받을 수 없는 경우에는 그러하지 아니하다.

② 가정법원은 부모가 정당한 이유 없이 동의를 거부하는 경우에 양부모가 될 사람이나 양자가 될 사람의 청구에 따라 부모의 동의를 갈음하는 심판을 할 수 있다. 이 경우 가정법원은 부모를 심문하여야 한다.

(2012.2.10 본조개정)

改前 "第871條【未成年者入養의 同意】 養子가 될 者가 成年에 達하지 못한 경우에 父母 또는 다른 直系尊屬이 없으면 後見人의 同意를 얻어야 한다. 그러나 後見人이 同意를 함에 있어서는 家庭法院의 許可를 얻어야 한다.(1990.1.13 단서신설)"

참조 881, [입양의 동의]870, [후견인]4 · 928 · 932, [본조위반의 취소]884 · 886 · 891 · 897, [특례]입양특례법9, [미성년자의 파양]904 · 906 · 908

第872條 (2012.2.10 삭제)

改前 "第872條【後見人과 被後見人間의 入養】 後見人이 被後見人을 養子로 하는 경우에는 家庭法院의 許可를 얻어야 한다.(1990.1.13 본조개정)"

第873條【피성년후견인의 입양】 ① 피성년후견인은 성년후견인의 동의를 받아 입양을 할 수 있고 양자가 될 수 있다.

② 피성년후견인이 입양을 하거나 양자가 되는 경우에는 제867조를 준용한다.

③ 가정법원은 성년후견인이 정당한 이유 없이 제1항에 따른 동의를 거부하거나 피성년후견인의 부모가 정당한 이유 없이 제871조제1항에 따른 동의를 거부하는 경우에 그 동의가 없어도 입양을 허가할 수 있다. 이 경우 가정법원은 성년후견인 또는 부모를 심문하여야 한다.

(2012.2.10 본조개정)

改前 "第873條【禁治産者의 入養】 禁治産者는 後見人의 同意를 얻어 養子를 할 수 있고 養子가 될 수 있다."

참조 [양자를 할 능력]866, [후견인]929, [본조위반의 신고의 불수리]881, [본조위반의 취소]884 · 887 · 893 · 897, [피성년후견인의 파양]902 · 904 · 906 · 908

第874條【부부의 공동 입양 등】 ① 배우자가 있는 사람은 배우자와 공동으로 입양하여야 한다.

② 배우자가 있는 사람은 그 배우자의 동의를 받아야만 양자가 될 수 있다.

(2012.2.10 본조개정)

改前 "第874條【夫婦의 共同入養】 ① 配偶者 있는 者가 養子를 할 때에는 配偶者와 共同으로 하여야 한다.
② 配偶者 있는 者가 養子가 될 때에는 다른 一方의 同意를 얻어야 한다.
(1990.1.13 본조개정)"

참조 [본조위반과 신고의 불수리]881, [본조위반과 취소]884 · 888 · 894 · 897

第875條~第876條 (1990.1.13 삭제)

第877條【입양의 금지】 존속이나 연장자를 입양할 수 없다.(2012.2.10 본조개정)

改前 "第877條【養子의 禁止】 ① 尊屬 또는 年長者는 이를 養子로 하지 못한다.
② (1990.1.13 삭제)"

참조 [본조위반의 신고의 불수리]881, ①[본항위반과 무효]883, [양자될 자격의 특례]입양특례법9

第878條【입양의 성립】 입양은 「가족관계의 등록 등에 관한 법률」에서 정한 바에 따라 신고함으로써 그 효력이 생긴다.(2012.2.10 본조개정)

改前 "第878條【入養의 效力發生】 ① 入養은 「가족관계의 등록 등에 관한 법률」에 정한 바에 의하여 申告함으로써 그 效力이 생긴다.(2007.5.17 본항개정)
② 前項의 申告는 當事者 雙方과 成年者인 證人 2人의 連署한 書面으로 하여야 한다."

참조 881, [신고]가족관계등록61이하, [외국에서의 신고]882, 가족관계등록34이하, [증인의 연서]가족관계등록28, [입양의 효과]772 · 781, [본조제2항의 준용]904, [특례]입양특례법12 · 15

판례 당사자가 입양의 의사로 친생자 출생신고를 한 경우 : 당사자가 입양의 의사로 친생자 출생신고를 하거나 또는 양친이 될 자를 부 또는 모로 정정하는 호적정정신고를 하고 거기에 입양의 실질적 요건이 구비되어 있다면 그 형식에 다소 잘못이 있더라도 입양의 효력이 발생한다. 여기서 입양의 실질적 요건이 구비되어 있다고 하기 위하여는 입양의 합의가 있을 것, 15세 미만자는 법정대리인의 대낙이 있을 것, 양자는 양부모의 존속 또는 연장자가 아닐 것 등 민법 883조 각 호 소정의 입양의 무효사유가 없어야 함은 물론 감호 · 양육 등 양친자로서의 신분적 생활사실이 반드시 수반되어야 하는 것으로서, 위와 같은 요건을 갖추지 못한 경우에는 입양신고로서의 효력이 생기지 아니한다.(대판 2007.12.13, 2007므1676)

第879條~第880條 (1990.1.13 삭제)

第881條【입양 신고의 심사】 제866조, 제867조, 제869조부터 제871조까지, 제873조, 제874조, 제877조, 그 밖의 법령을 위반하지 아니한 입양 신고는 수리하여야 한다.(2012.2.10 본조개정)

改前 "第881條【入養申告의 審査】 入養申告는 그 入養이 第866條 내지 第877條, 第878條第2項의 規定 기타 法令에 違反함이 없는 때에는 이를 受理하여야 한다.(1990.1.13 본조개정)"

참조 878①, [입양신고]가족관계등록61이하

第882條【외국에서의 입양 신고】 외국에서 입양 신고를 하는 경우에는 제814조를 준용한다.
(2012.2.10 본조개정)

改前 "第882條【外國에서의 入養申告】 第814條의 規定은 入養의 경우에 準用한다."

참조 [외국에 있는 한국인의 신고]가족관계등록34 – 36

第882條의2【입양의 효력】 ① 양자는 입양된 때부터 양부모의 친생자와 같은 지위를 가진다.

② 양자의 입양 전의 친족관계는 존속한다.

(2012.2.10 본조신설)

第2款 입양의 무효와 취소
(2012.2.10 본관제목개정)

第883條【입양 무효의 원인】 다음 각 호의 어느 하나에 해당하는 입양은 무효이다.

1. 당사자 사이에 입양의 합의가 없는 경우
2. 제867조제1항(제873조제2항에 따라 준용되는 경우를 포함한다), 제869조제2항, 제877조를 위반한 경우

(2012.2.10 본조개정)

改前 "第883條【入養無效의 原因】 入養은 다음 各號의 경우에는 無效로 한다.
1. 當事者間에 入養의 合意가 없는 때
2. 第869條, 第877條第1項의 規定에 違反한 때"

참조 878 · 882 · 부칙18, 국제사법, [비진의의사표시]107 · 108, [착오]109, [법률행위의 무효]137 – 139, [입양무효의 소송]가소2①(1)가 · 30 · 31, [입양무효와 신고]가족관계등록105이하

第884條【입양 취소의 원인】 ① 입양이 다음 각 호의 어느 하나에 해당하는 경우에는 가정법원에 그 취소를 청구할 수 있다.

1. 제866조, 제869조제1항, 같은 조 제3항제2호, 제870조제1항, 제871조제1항, 제873조제1항, 제874조를 위반한 경우
2. 입양 당시 양부모와 양자 중 어느 한쪽에게 악질(惡疾)이나 그 밖에 중대한 사유가 있음을 알지 못한 경우
3. 사기 또는 강박으로 인하여 입양의 의사표시를 한 경우

② 입양 취소에 관하여는 제867조제2항을 준용한다.

(2012.2.10 본조개정)

改前 "第884條【入養取消의 原因】 入養은 다음 各號의 경우에는 家庭法院에 그 取消를 請求할 수 있다.(1990.1.13 본문개정)
1. 入養이 第866條 및 第870條 내지 第874條의 規定에 違反한 때(1990.1.13 본호개정)
2. 入養당시 養親子의 一方에게 惡疾 기타 重大한 事由가 있음을 알지 못한 때(1990.1.13 본호개정)
3. 詐欺 또는 强迫으로 인하여 入養의 意思表示를 한 때"

참조 881 · 부칙18, 국제사법, [법률행위의 취소]140이하, [입양취소의 소]가소2① · 30 · 31, [입양취소의 효과]776 · 806 · 824 · 897, [입양취소청구권자]885 – 888, [취소권의 소멸]889 – 896, [사기 · 강박으로 인한 의사표시]110, [입양의 취소]입양특례법16

第885條【입양 취소 청구권자】 양부모, 양자와 그 법정대리인 또는 직계혈족은 제866조를 위반한 입양의 취소를 청구할 수 있다.(2012.2.10 본조개정)

改前 "第885條【入養取消請求權者】 入養이 第866條의 規定에 違反한 때에는 養父母, 養子와 그 法定代理人 또는 直系血族이 그 取消를 請求할 수 있다.(1990.1.13 본조개정)"

참조 [입양취소]884, 가소30 · 31, [법정대리인]911 · 938, [취소권의 소멸]889, [직계혈족]768 · 770, [친생부모의 입양취소청구]입양특례법16

第886條【입양 취소 청구권자】 양자나 동의권자는 제869조제1항, 같은 조 제3항제2호, 제870조제1항을 위반한 입양의 취소를 청구할 수 있고, 동의권자는 제871조제1항을 위반한 입양의 취소를 청구할 수 있다.(2012.2.10 본조개정)

改前 "第886條【同前】 入養이 第870條의 規定에 違反한 때에는 同意權者가 그 取消를 請求할 수 있고 第871條의 規定에 違反한 때에는 그 양자 또는 동의권자가 그 取消를 請求할 수 있다.
(2005.3.31 본조개정)"

참조 [입양취소]884, 가소2①·30·31, [취소권의 소멸]891·894, [친생부모의 입양취소청구]입양특례법16

第887條【입양 취소 청구권자】 피성년후견인이나 성년후견인은 제873조제1항을 위반한 입양의 취소를 청구할 수 있다.(2012.2.10 본조개정)

改前 "第887條【同前】入養이 第872條의 規定에 違反한 때에는 被後見人 또는 親族會員이 그 取消를 請求할 수 있고 第873條의 規定에 違反한 때에는 禁治産者 또는 後見人이 그 取消를 請求할 수 있다."

참조 [입양취소]884, 가소2①·30·31, [후견인]928이하, [성년후견]9·929, [취소권의 소멸]893, [친생부모의 입양취소청구]입양특례법16

第888條【입양 취소 청구권자】 배우자는 제874조를 위반한 입양의 취소를 청구할 수 있다.
(2012.2.10 본조개정)

改前 "第888條【同前】入養이 第874條의 規定에 違反한 때에는 配偶者가 그 取消를 請求할 수 있다.(1990.1.13 본조개정)"

참조 [입양취소]884, 가소30·31, [협족]768·770, [취소권의 소멸]894, [친생부모의 입양취소청구]입양특례법16

第889條【입양 취소 청구권의 소멸】 양부모가 성년이 되면 제866조를 위반한 입양의 취소를 청구하지 못한다.(2012.2.10 본조개정)

改前 "第889條【入養取消請求權의 消滅】第866條의 規定에 違反한 入養은 養親이 成年에 達한 後에는 그 取消를 請求하지 못한다."

참조 [입양취소]884, 가소30·31, [성년]4, [취소권자]885

第890條 (1990.1.13 삭제)

第891條【입양 취소 청구권의 소멸】 ① 양자가 성년이 된 후 3개월이 지나거나 사망하면 제869조제1항, 같은 조 제3항제2호, 제870조제1항을 위반한 입양의 취소를 청구하지 못한다.

② 양자가 사망하면 제871조제1항을 위반한 입양의 취소를 청구하지 못한다.
(2012.2.10 본조개정)

改前 "第891條【同前】第871條의 規定에 違反한 入養은 養子가 成年에 達한 後 3月을 經過하거나 死亡한 때에는 그 取消를 請求하지 못한다."

참조 [입양취소]884, 가소30·31, [취소권자]886, [기간의 계산]157·160, [성년]4·826의2

第892條 (2012.2.10 삭제)

改前 "第892條【同前】第872條의 規定에 違反한 入養은 後見의 終了로 인한 管理計算의 終了後 6月을 經過하면 그 取消를 請求하지 못한다."

第893條【입양 취소 청구권의 소멸】 성년후견개시의 심판이 취소된 후 3개월이 지나면 제873조제1항을 위반한 입양의 취소를 청구하지 못한다.
(2012.2.10 본조개정)

改前 "第893條【同前】第873條의 規定에 違反한 入養은 禁治産宣告의 取消있은 後 3月을 經過한 때에는 그 取消를 請求하지 못한다."

참조 [입양취소]884, 가소30·31, [취소권자]887, [성년후견종료]11, [기간의 계산]157·160

第894條【입양 취소 청구권의 소멸】 제869조제1항, 같은 조 제3항제2호, 제870조제1항, 제871조제1항, 제873조제1항, 제874조를 위반한 입양은 그 사유가 있음을 안 날부터 6개월, 그 사유가 있었던 날부터 1년이 지나면 그 취소를 청구하지 못한다.
(2012.2.10 본조개정)

改前 "第894條【同前】第870條, 第874條의 規定에 違反한 入養은 그 事由있음을 안 날로부터 6月, 그 事由있은 날로부터 1年을 經過하면 그 取消를 請求하지 못한다."

참조 [입양취소]884, 가소30·31, [취소권자]886·888, [기간의 계산]157·160

第895條 (1990.1.13 삭제)

第896條【입양 취소 청구권의 소멸】 제884조제1항제2호에 해당하는 사유가 있는 입양은 양부모와 양자 중 어느 한 쪽이 그 사유가 있음을 안 날부터 6개월이 지나면 그 취소를 청구하지 못한다.
(2012.2.10 본조개정)

改前 "第896條【同前】第884條第2號의 規定에 該當한 事由있는 入養은 養親子의 一方이 그 事由있음을 안 날로부터 6月을 經過하면 그 取消를 請求하지 못한다.(1990.1.13 본조개정)"

참조 [양친]772·878, [입양취소]884, 가소30·31, [기간의 계산]157·160

第897條【준용규정】 입양의 무효 또는 취소에 따른 손해배상책임에 관하여는 제806조를 준용하고, 사기 또는 강박으로 인한 입양 취소 청구권의 소멸에 관하여는 제823조를 준용하며, 입양 취소의 효력에 관하여는 제824조를 준용한다.(2012.2.10 본조개정)

改前 "第897條【準用規定】第823條, 第824條의 規定은 入養의 取消에 準用하고 第806條의 規定은 入養의 無效 또는 取消에 準用한다."

참조 [입양의 무효와 취소]883이하

第3款 파양(罷養)
(2012.2.10 본관제목개정)

第1項 협의상 파양
(2012.2.10 본항제목개정)

第898條【협의상 파양】 양부모와 양자는 협의하여 파양(罷養)할 수 있다. 다만, 양자가 미성년자 또는 피성년후견인인 경우에는 그러하지 아니하다.
(2012.2.10 본조개정)

改前 "第898條【協議上 罷養】① 養親子는 協議에 의하여 罷養을 할 수 있다.
② (1990.1.13 삭제)"

참조 [파양의 준거법]국제사법, [피성년후견인의 파양]902, [재판상의 파양]905, [파양과 친족관계의 소멸]776, [파양의 소]가소2①·30·31, [파양신고]903·904, 가족관계등록26·63·66

第899條 (2012.2.10 삭제)

改前 "第899條【15歲未滿者의 協議上 罷養】① 養子가 15歲未滿인 때에는 第869條의 規定에 의하여 入養을 承諾한 者가 이에 갈음하여 罷養의 協議를 하여야 한다. 그러나 入養을 承諾한 者가 死亡 기타 事由로 協議를 할 수 없는 때에는 生家의 다른 直系尊屬이 이를 하여야 한다.(2005.3.31 본문개정)
② 제1항의 규정에 의한 협의를 후견인 또는 생가(生家)의 다른 직계존속이 하는 때에는 가정법원의 허가를 받아야 한다.
(2005.3.31 본항신설)"

第900條 (2012.2.10 삭제)

改前 "第900條【未成年者의 協議上罷養】養子가 未成年者인 때에는 第871條의 規定에 의한 同意權者의 同意를 얻어 罷養의 協議를 할 수 있다."

第901條 (2012.2.10 삭제)

改前 "第901條【準用規定】第899條 및 第900條의 경우 直系尊屬이 數人인 때에는 第870條第2項을 準用한다.(1990.1.13 본조개정)"

第902條【피성년후견인의 협의상 파양】 피성년후견인인 양부모는 성년후견인의 동의를 받아 파양을 협의할 수 있다.(2012.2.10 본조개정)

改前 "第902條【禁治産者의 協議上 罷養】養親이나 養子가 禁治産者인 때에는 後見人의 同意를 얻어 罷養의 協議를 할 수 있다."

참조 898·906, [피성년후견인의 입양]873, [피성년후견인]9·10, [후견인]928이하, [파양신고]903, 가족관계등록26·63·66

第903條【파양 신고의 심사】 제898조, 제902조, 그 밖의 법령을 위반하지 아니한 파양 신고는 수리하여야 한다.(2012.2.10 본조개정)

改前 "第903條【罷養申告의 審査】罷養의 申告는 그 罷養이 第878條第2項, 第898條 내지 前條의 規定 기타 法令에 違反함이 없으면 이를 受理하여야 한다."

참조 [파양신고]가족관계등록26~28·63~66

第904條【준용규정】 사기 또는 강박으로 인한 파양 취소 청구권의 소멸에 관하여는 제823조를 준용하고, 협의상 파양의 성립에 관하여는 제878조를 준용한다.(2012.2.10 본조개정)

改前 "第904條【準用規定】第823條와 第878條의 規定은 協議上 罷養에 準用한다."

참조 898이하

第2項 재판상 파양
(2012.2.10 본항제목개정)

第905條【재판상 파양의 원인】 양부모, 양자 또는 제906조에 따른 청구권자는 다음 각 호의 어느 하나에 해당하는 경우에는 가정법원에 파양을 청구할 수 있다.

1. 양부모가 양자를 학대 또는 유기하거나 그 밖에 양자의 복리를 현저히 해친 경우
2. 양부모가 양자로부터 심히 부당한 대우를 받은 경우
3. 양부모나 양자의 생사가 3년 이상 분명하지 아니한 경우
4. 그 밖에 양친자관계를 계속하기 어려운 중대한 사유가 있는 경우

(2012.2.10 본조개정)

改前 "第905條【裁判上 罷養原因】養親子의 一方은 다음 各號의 事由가 있는 경우에는 家庭法院에 罷養을 請求할 수 있다.
1. 家族의 名譽를 汚瀆하거나 財産을 傾倒한 중대한 過失이 있을 때(1990.1.13 본호개정)
2. 다른 一方 또는 그 直系尊屬으로부터 甚히 不當한 待遇를 받았을 때
3. 自己의 直系尊屬이 다른 一方으로부터 甚히 不當한 待遇를 받았을 때
4. 養子의 生死가 3年이상 分明하지 아니한 때
5. 기타 養親子關係를 繼續하기 어려운 重大한 事由가 있을 때"

참조 907, [파양의 준거법]국제사법, [민법시행과 파양원인]부칙19, [협의상 파양]898, [부당한 대우]974이하, [생사불명과 실종]27·28, [파양의 소]가소2①·30·31, [파양신고]903, 가족관계등록26~28·63~66, [파양의 효과]776·806·908

판례 구 관습상 양친(養親)이 양자(養子)를 파양할 수 있는 사유 및 그 파양 절차 : 우리나라의 구 관습상 1921년 이전에는 양자가 가산을 탕진할 우려가 있을 때, 양친에 대하여 심히 불효한 행위가 있을 때 또는 중죄를 범하여 처벌을 받았을 때 등의 사유가 있는 경우에는 양친이 양자에 대하여 재판 외에서 파양의 의사표시만으로 파양하는 것이 인정되었으나, 그 이후에는 우리나라 사람들 사이에 파양에 관하여도 법원에 이를 청구할 수 있다고 하는 법적 신념이 생겨 양친이 일방적으로 재판 외에서의 의사표시로써 파양할 수 있다고 하는 구 관습은 폐멸(廢滅)되기에 이르렀고, 1922년 이후에는 파양을 청구할 수 있는 사유가 있는 때에는 당사자 일방이 소로써 법원에 파양의 재판을 구하고, 이에 대하여 법원이 파양을 선언하는 판결을 선고하여 그 판결이 확정된 때 파양의 효력이 생기는 것으로 하는 관습이 형성되었다고 할 것이다.(대판 1999.9.3, 98다34485)

第906條【파양 청구권자】 ① 양자가 13세 미만인 경우에는 제869조제2항에 따른 승낙을 한 사람이 양자를 갈음하여 파양을 청구할 수 있다. 다만, 파양을 청구할 수 있는 사람이 없는 경우에는 제777조에 따른 양자의 친족이나 이해관계인이 가정법원의 허가를 받아 파양을 청구할 수 있다.

② 양자가 13세 이상의 미성년자인 경우에는 제870조제1항에 따른 동의를 한 부모의 동의를 받아 파양을 청구할 수 있다. 다만, 부모가 사망하거나 그 밖의 사유로 동의할 수 없는 경우에는 동의 없이 파양을 청구할 수 있다.

③ 양부모나 양자가 피성년후견인인 경우에는 성년후견인의 동의를 받아 파양을 청구할 수 있다.

④ 검사는 미성년자나 피성년후견인인 양자를 위하여 파양을 청구할 수 있다.
(2012.2.10 본조개정)

改前 "第906條【準用規定】第899條 내지 第902條의 規定은 裁判上 罷養의 請求에 準用한다.(1990.1.13 본조개정)"

第907條【파양 청구권의 소멸】 파양 청구권자는 제905조제1호·제2호·제4호의 사유가 있음을 안 날부터 6개월, 그 사유가 있었던 날부터 3년이 지나면 파양을 청구할 수 없다.(2012.2.10 본조개정)

改前 "第907條【罷養請求權의 消滅】第905條第1號 내지 第3號와 第5號의 事由는 다른 一方이 이를 안 날로부터 6月, 그 事由 있은 날로부터 3年을 經過하면 罷養을 請求하지 못한다."

참조 [기간의 계산]157·160

第908條【준용규정】 재판상 파양에 따른 손해배상책임에 관하여는 제806조를 준용한다.
(2012.2.10 본조개정)

改前 "第908條【罷養과 損害賠償請求權】第806條의 規定은 裁判上 罷養에 準用한다."

第4款 친양자
(2005.3.31 본관신설)

第908條의2【친양자 입양의 요건 등】 ① 친양자(親養子)를 입양하려는 사람은 다음 각 호의 요건을 갖추어 가정법원에 친양자 입양을 청구하여야 한다.

1. 3년 이상 혼인 중인 부부로서 공동으로 입양할 것. 다만, 1년 이상 혼인 중인 부부의 한쪽이 그 배우자의 친생자를 친양자로 하는 경우에는 그러하지 아니하다.
2. 친양자가 될 사람이 미성년자일 것
3. 친양자가 될 사람의 친생부모가 친양자 입양에 동의할 것. 다만, 부모가 친권상실의 선고를 받거나 소재를 알 수 없거나 그 밖의 사유로 동의할 수 없는 경우에는 그러하지 아니하다.
4. 친양자가 될 사람이 13세 이상인 경우에는 법정대리인의 동의를 받아 입양을 승낙할 것
5. 친양자가 될 사람이 13세 미만인 경우에는 법정대리인이 그를 갈음하여 입양을 승낙할 것

② 가정법원은 다음 각 호의 어느 하나에 해당하는 경우에는 제1항제3호·제4호에 따른 동의 또는 같은 항 제5호에 따른 승낙이 없어도 제1항의 청구를 인용할 수 있다. 이 경우 가정법원은 동의권자 또는 승낙권자를 심문하여야 한다.

1. 법정대리인이 정당한 이유 없이 동의 또는 승낙을 거부하는 경우. 다만, 법정대리인이 친권자인 경우에는 제2호 또는 제3호의 사유가 있어야 한다.
2. 친생부모가 자신에게 책임이 있는 사유로 3년 이상 자녀에 대한 부양의무를 이행하지 아니하고 면접교섭을 하지 아니한 경우
3. 친생부모가 자녀를 학대 또는 유기하거나 그 밖에 자녀의 복리를 현저히 해친 경우

③ 가정법원은 친양자가 될 사람의 복리를 위하여 그 양육상황, 친양자 입양의 동기, 양부모의 양육능력, 그 밖의 사정을 고려하여 친양자 입양이 적당하지 아니하다고 인정하는 경우에는 제1항의 청구를 기각할 수 있다.
(2012.2.10 본조개정)

改前 "第908條의2【친양자 입양의 요건 등】① 친양자(親養子)를 하려는 자는 다음 각 호의 요건을 갖추어 가정법원에 친양자 입양의 청구를 하여야 한다.
1. 3년 이상 혼인중인 부부로서 공동으로 입양할 것. 다만, 1년 이상 혼인중인 부부의 일방이 그 배우자의 친생자를 친양자로 하는 경우에는 그러하지 아니하다.
2. 친양자로 될 자가 15세 미만일 것
3. 친양자로 될 자의 친생부모가 친양자 입양에 동의할 것. 다만, 부모의 친권이 상실되거나 사망 그 밖의 사유로 동의할 수 없는 경우에는 그러하지 아니하다.
4. 제869조의 규정에 의한 법정대리인의 입양승낙이 있을 것
② 가정법원은 친양자로 될 자의 복리를 위하여 그 양육상황,

친양자 입양의 동기, 양친(養親)의 양육능력 그 밖의 사정을 고려하여 친양자 입양이 적당하지 아니하다고 인정되는 경우에는 제1항의 청구를 기각할 수 있다."

참조 [친양자의 입양신고]가족관계등록67·68

판례 혼인 중인 부부만 친양자 입양을 할 수 있도록 규정한 민법 제908조의2제1항제1호는 독신자의 평등권 및 가족생활의 자유를 침해하지 아니하므로, 헌법에 위반되지 아니한다는 결정을 선고하였다. 재판관 5인의 위헌의견은 심판대상조항이 독신자를 친양자 입양의 양친에서 배제하는 것은 독신자의 평등권 및 가족생활의 자유를 침해한다는 것이다. 이 결정은 민법상 친양자 입양의 양친 요건 중 '혼인 중인 부부일 것'에 대한 헌법재판소의 첫 번째 결정으로서 의의를 가진다.
(헌재결 2013.9.26, 2011헌가42)

第908條의3【친양자 입양의 효력】 ① 친양자는 부부의 혼인중 출생자로 본다.
② 친양자의 입양 전의 친족관계는 제908조의2제1항의 청구에 의한 친양자 입양이 확정된 때에 종료한다. 다만, 부부의 일방이 그 배우자의 친생자를 단독으로 입양한 경우에 있어서의 배우자 및 그 친족과 친생자간의 친족관계는 그러하지 아니하다.

第908條의4【친양자 입양의 취소 등】 ① 친양자로 될 사람의 친생(親生)의 아버지 또는 어머니는 자신에게 책임이 없는 사유로 인하여 제908조의2제1항제3호 단서에 따른 동의를 할 수 없었던 경우에 친양자 입양의 사실을 안 날부터 6개월 안에 가정법원에 친양자 입양의 취소를 청구할 수 있다.
② 친양자 입양에 관하여는 제883조, 제884조를 적용하지 아니한다.
(2012.2.10 본조개정)

改前 "第908條의4【친양자 입양의 취소 등】① 친양자로 될 자의 친생(親生)의 부 또는 모는 자신에게 책임이 없는 사유로 인하여 제908조의2제1항제3호 단서의 규정에 의한 동의를 할 수 없었던 경우에는 친양자 입양의 사실을 안 날부터 6월내에 가정법원에 친양자 입양의 취소를 청구할 수 있다.
② 제883조 및 제884조의 규정은 친양자 입양에 관하여 이를 적용하지 아니한다."

第908條의5【친양자의 파양】 ① 양친, 친양자, 친생의 부 또는 모나 검사는 다음 각 호의 어느 하나의 사유가 있는 경우에는 가정법원에 친양자의 파양(罷養)을 청구할 수 있다.
1. 양친이 친양자를 학대 또는 유기(遺棄)하거나 그 밖에 친양자의 복리를 현저히 해하는 때
2. 친양자의 양친에 대한 패륜(悖倫)행위로 인하여 친양자관계를 유지시킬 수 없게 된 때
② 제898조 및 제905조의 규정은 친양자의 파양에 관하여 이를 적용하지 아니한다.

참조 [친양자의 파양신고]가족관계등록69

第908條의6【준용규정】 제908조의2제3항은 친양자 입양의 취소 또는 제908조의5제1항제2호에 따른 파양의 청구에 관하여 이를 준용한다.
(2012.2.10 본조개정)

改前 第908條의6【준용규정】"제908조의2제2항의 규정"은 친양자 입양의 취소 또는 "제908조의5제1항제2호의 규정에 의한" 파양의 청구에 관하여 이를 준용한다.

第908條의7【친양자 입양의 취소·파양의 효력】
① 친양자 입양이 취소되거나 파양된 때에는 친양자관계는 소멸하고 입양 전의 친족관계는 부활한다.
② 제1항의 경우에 친양자 입양의 취소의 효력은 소급하지 아니한다.

第908條의8【준용규정】 친양자에 관하여 이 관에 특별한 규정이 있는 경우를 제외하고는 그 성질에 반하지 아니하는 범위 안에서 양자에 관한 규정을 준용한다.

第3節 親 權

第1款 總 則

第909條【親權者】 ① 부모는 미성년자인 자의 친권자가 된다. 양자의 경우에는 양부모(養父母)가 친권자가 된다.(2005.3.31 본항개정)
② 親權은 父母가 婚姻중인 때에는 父母가 共同으로 이를 행사한다. 그러나 父母의 의견이 一致하지 아니하는 경우에는 當事者의 請求에 의하여 家庭法院이 이를 정한다.
③ 父母의 一方이 親權을 행사할 수 없을 때에는 다른 一方이 이를 행사한다.
④ 婚姻외의 子가 認知된 경우와 父母가 이혼하는 경우에는 父母의 協議로 친권자를 정하여야 하고, 協議할 수 없거나 協議가 이루어지지 아니하는 경우에는 가정법원은 직권으로 또는 당사자의 청구에 따라 친권자를 지정하여야 한다. 다만, 부모의 협의가 자(子)의 복리에 반하는 경우에는 가정법원은 보정을 명하거나 직권으로 친권자를 정한다.
(2007.12.21 본항개정)
⑤ 가정법원은 혼인의 취소, 재판상 이혼 또는 인지청구의 소의 경우에는 직권으로 친권자를 정한다.
(2005.3.31 본항개정)
⑥ 가정법원은 자의 복리를 위하여 필요하다고 인정되는 경우에는 자의 4촌 이내의 친족의 청구에 의하여 정하여진 친권자를 다른 일방으로 변경할 수 있다.(2005.3.31 본항신설)
(1990.1.13 본조개정)

改前 "① 未成年者인 子는 父母의 親權에 복종한다."
④ 婚姻외의 子가 認知된 경우와 父母가 "離婚한" 경우에는 父母의 協議로 친권자를 정하여야 하고, 協議할 수 없거나 協議가 이루어지지 아니하는 경우에는 "당사자는 가정법원에 그 지정을 청구하여야 한다."(2005.3.31 본항개정)
"⑤ 養子는 養父母의 親權에 복종한다."

참조 [친자간의 법률관계의 준거법]국제사법, [친권의 효력]913이하, [친권의 상실]924-927, [후견의 개시]928·932·936, [친권 및 모의 친권행사에 관한 제한의 폐지]부칙20·21, ①[성년]4·826의2, [자의 입적]781, [양자의 친족]772, [친권대행]910·948, ④[양자의 신분]772, [미성년자의 입양]869·870·883·884·886·891, ⑤[부모의 이혼과 자의 양육권]837·843

미판 병원에서 바뀐 아이의 친부모가 친권을 청구하는 소송에서 아이가 '친부모를 만나고 싶지 않다'는 주장을 재판부가 받아 들여 친부모의 방문권을 인정하지 않은 예이다.
(1993.8.18 미플로리다주법판)

第909條의2【친권자의 지정 등】 ① 제909조제4항부터 제6항까지의 규정에 따라 단독 친권자로 정하여진 부모의 일방이 사망한 경우 생존하는 부 또는 모, 미성년자, 미성년자의 친족은 그 사실을 안 날부터 1개월, 사망한 날부터 6개월 내에 가정법원에 생존하는 부 또는 모를 친권자로 지정할 것을 청구할 수 있다.
② 입양이 취소되거나 파양된 경우 또는 양부모가 모두 사망한 경우 친생부모 일방 또는 쌍방, 미성년자, 미성년자의 친족은 그 사실을 안 날부터 1개월, 입양이 취소되거나 파양된 날 또는 양부모가 모두 사망한 날부터 6개월 내에 가정법원에 친생부모 일방 또는 쌍방을 친권자로 지정할 것을 청구할 수 있다. 다만, 친양자의 양부모가 사망한 경우에는 그러하지 아니하다.
③ 제1항 또는 제2항의 기간 내에 친권자 지정의 청구가 없을 때에는 가정법원은 직권으로 또는 미성년자, 미성년자의 친족, 이해관계인, 검사, 지방자치단체의 장의 청구에 의하여 미성년후견인을 선임할 수 있다. 이 경우 생존하는 부 또는 모, 친생부모 일방 또는 쌍방의 소재를 모르거나 그가 정당한 사유 없이 소환에 응하지 아니하는 경우를 제외하고 그에게 의견을 진술할 기회를 주어야 한다.
④ 가정법원은 제1항 또는 제2항에 따른 친권자 지정 청구나 제3항에 따른 후견인 선임 청구가 생존하는 부 또는 모, 친생부모 일방 또는 쌍방의 양육의사 및 양육능력, 청구 동기, 미성년자의 의사, 그 밖의 사정을 고려하여 미성년자의 복리를 위하여 적절하지 아니하다고 인정하면 청구를 기각할 수 있다. 이 경우 가정법원은 직권으로 미성년후견인을 선임하거나 생존하는 부 또는 모, 친생부모 일방 또는 쌍방을 친권자로 지정하여야 한다.
⑤ 가정법원은 다음 각 호의 어느 하나에 해당하는 경우에 직권으로 또는 미성년자, 미성년자의 친족, 이해관계인, 검사, 지방자치단체의 장의 청구에 의하여 제1항부터 제4항까지의 규정에 따라 친권자가 지정되거나 미성년후견인이 선임될 때까지 그 임무를 대행할 사람을 선임할 수 있다. 이 경우 그 임무를 대행할 사람에 대하여는 제25조 및 제954조를 준용한다.
1. 단독 친권자가 사망한 경우
2. 입양이 취소되거나 파양된 경우
3. 양부모가 모두 사망한 경우
⑥ 가정법원은 제3항 또는 제4항에 따라 미성년후견인이 선임된 경우라도 미성년후견인 선임 후 양육상황이나 양육능력의 변동, 미성년자의 의사, 그 밖의 사정을 고려하여 미성년자의 복리를 위하여 필요하면 생존하는 부 또는 모, 친생부모 일방 또는 쌍방, 미성년자의 청구에 의하여 후견을 종료하고 생존하는 부 또는 모, 친생부모 일방 또는 쌍방을 친권자로 지정할 수 있다.
(2011.5.19 본조신설)

第910條【子의 親權의 代行】 親權者는 그 親權에 따르는 자에 갈음하여 그 子에 대한 親權을 行使한다.(2005.3.31 본조개정)

改前 …그 親權에 "服從하는 子에 가름하여" 그 子에 대한…

참조 909, [친권의 효력]913이하, [후견인의 친권대행]948

第911條【未成年者인 子의 法定代理人】 親權을 行使하는 父 또는 母는 未成年者인 子의 法定代理人이 된다.

참조 [미성년자]4·826의2, [법정대리권]5-8·15·180, [대리권의 상실]925, [후견인의 대리권]938·950

第912條【친권 행사와 친권자 지정의 기준】 ① 친권을 행사함에 있어서는 자의 복리를 우선적으로 고려하여야 한다.
② 가정법원이 친권자를 지정함에 있어서는 자(子)의 복리를 우선적으로 고려하여야 한다. 이를 위하여 가정법원은 관련 분야의 전문가나 사회복지기관으로부터 자문을 받을 수 있다.(2011.5.19 본항신설)
(2011.5.19 본조제목개정)

改前 "第912條【친권행사의 기준】친권을 행사함에 있어서는 자의 복리를 우선적으로 고려하여야 한다.(2005.3.31 본조신설)"

第2款 親權의 效力

第913條【保護, 教養의 權利義務】 親權者는 子를 保護하고 教養할 權利義務가 있다.

참조 [친권자]909·910, [이혼과 자의 양육]837·843, [후견인의 친권행사]945, [보호와 교양]914-918, 헌31②, 교육기본13, [자의 불법행위와 친권자의 책임]755, [보호·교양의 비용]923, [친권의 남용]924

第914條【居所指定權】 子는 親權者의 指定한 場所에 居住하여야 한다.

참조 913, [거주이전의 자유]헌14, [거소지정권의 남용]924, [후견인과 친권자의 거소의 변경]945, [이혼과 자의 양육]837·843

第915條 (2021.1.26 삭제)

改前 "第915條【懲戒權】親權者는 그 子를 保護 또는 教養하기 위하여 必要한 懲戒를 할 수 있고 法院의 許可를 얻어 感化 또는 矯正機關에 委託할 수 있다."

第916條【子의 特有財産과 그 管理】 子가 自己의 名義로 取得한 財産은 그 特有財産으로 하고 法定代理人인 親權者가 이를 管理한다.

참조 [친권자의 법정대리권]911, [자의 친권대행]910, [친권 중 일부에 한정된 후견]946, [친권자의 관리권 상실선고 또는 사퇴]924-927의2, [후견인의 재산관리·대리권]938·946·949, [친권자의 관리권 없는 재산]918, [미성년자와 재산의 자유처분]6·81①, [재산관리와 주의의무]922, [친권자의 응급처분의무]691·919, [관리권·대리권의 소멸과 상대방 대항]129·217·692·919, [복대리인선임권]122, [이해상반행위와 대리권]921, [근로계약과 대리금지]근기67, [친권자와 동의권]5-8, [미성년자의 신분행위와 친권자]863·869·870, [소송과 법정대리인]민소55·56

第917條 (1990.1.13 삭제)

第918條【第三者가 無償으로 子에게 授與한 財産의 管理】 ① 無償으로 子에게 財産을 授與한 第三者가 親權者의 管理에 反對하는 意思를 表示한 때에는 親權者는 그 財産을 管理하지 못한다.
② 前項의 경우에 第三者가 그 財産管理人을 指定하지 아니한 때에는 法院은 財産의 授與를 받은 子 또는 第777條의 規定에 의한 親族의 請求에 의하여 管理人을 選任한다.
③ 第三者의 指定한 管理人의 權限이 消滅하거나 管理人을 改任할 必要있는 경우에 第三者가 다시 管理人을 指定하지 아니한 때에도 前項과 같다.
④ 第24條第1項, 第2項, 第4項, 第25條 前段 및 第26條第1項, 第2項의 規定은 前2項의 경우에 準用한다.

참조 [본조 준용]956, [증여]554이하, [유증]1074, ①[친권자의 재산관리권]916·920, ②[관리인의권한]25, [관리인의의무]24·26·681·684·685·919, [관리권·대리권의 소멸과 상대방 대항]692·919, [관리인의 출연상환청구권]688

第919條【委任에 관한 規定의 準用】 第691條, 第692條의 規定은 前3條의 財産管理에 準用한다.

참조 [친권자의 재산관리권]916, [위임 관련 규정의 후견에의 준용]959

第920條【子의 財産에 관한 親權者의 代理權】 法定代理人인 親權者는 子의 財産에 관한 法律行爲에 대하여 그 子를 代理한다. 그러나 그 子의 行爲를 目的으로 하는 債務를 負擔할 경우에는 本人의 同意를 얻어야 한다.

참조 910·916-919, [법정대리인인 친권자]909·911, [친권 중 일부에 한정된 후견]946, [친권자의 관리권의 상실선고 또는 사퇴]924-927의2, [후견인의 재산관리대리권]938·946, [대리]114이하, [법정대리인의 복임권]122, [친권자의 관리권없는 재산]918, [미성년자와 재산의 자유처분]6·8①, [재산관리와 주의의무]922, [친권자의 응급처분의무]919, [관리권·대리권의 소멸과 상대방 대항]692·919, [복대리인선임권]122, [이해상반행위와 대리권]921, [근로계약과 대리금지]근기67, [친권자와 동의권]5-8, [미성년자의 신분행위와 친권자]863·869·870, [소송행위와 법정대리인]민소55·56

第920條의2【共同親權者의 一方이 共同名義로 한 行爲의 效力】 父母가 共同으로 親權을 행사하는 경우 父母의 一方이 共同名義로 子를 代理하거나 子의 法律行爲에 同意한 때에는 다른 一方의 意思에 反하는 때에도 그 效力이 있다. 그러나 相對方이 惡意인 때에는 그러하지 아니한다.(1990.1.13 본조신설)

第921條【親權者와 그 子間 또는 數人의 子間의 利害相反行爲】 ① 法定代理人인 親權者와 그 子 사이에 利害相反되는 行爲를 함에는 親權者는 法院에 그 子의 特別代理人의 選任을 請求하여야 한다.
② 法定代理人인 親權者가 그 親權에 따르는 數人의 子 사이에 利害相反되는 行爲를 함에는 法院에 그 子 一方의 特別代理人의 選任을 請求하여야 한다.
(2005.3.31 본항개정)

改前 ② …그 親權에 "服從하는" 數人의 者 사이에…

참조 [자기계약 또는 쌍방대리의 금지]124, [이해상반행위에 대한 대표금지]64, [특별대리인선임청구]가소2①(2)가, 가소규68－68의2, [본조위반행위의 효력]130－136

판례 미성년자 명의의 부동산을 친권자에게 증여하는 이해상반의 경우에도 등기의 추정력이 미치는지 여부 : 어느 부동산에 관하여 등기가 경료되어 있는 경우 특별한 사정이 없는 한 그 원인과 절차에 있어서 적법하게 경료된 것으로 추정된다. 전 등기명의인이 미성년자이고 당해 부동산을 친권자에게 증여하는 행위가 이해상반행위라 하더라도 일단 친권자에게 이전등기가 경료된 이상, 특별한 사정이 없는 한, 그 이전등기에 관하여 필요한 절차를 적법하게 거친 것으로 추정된다.
(대판 2002.2.5, 2001다72029)

판례 공동상속인인 친권자와 미성년인 수인의 자 사이의 상속재산 분할협의의 절차 : 공동상속재산 분할협의는 민법 921조 소정의 이해상반되는 행위에 해당하므로 공동상속인인 친권자와 미성년인 수인의 자 사이에 상속재산 분할협의를 하게 되는 경우에는 미성년자 각자마다 특별대리인을 선임하여 그 각 특별대리인이 각 미성년자인 자를 대리하여 상속재산분할의 협의를 하여야 하고, 만약 친권자가 수인의 미성년자의 법정대리인으로서 상속재산 분할협의를 한 것이라면 이는 민법 921조에 위반된 것으로서 이러한 대리행위에 의하여 성립된 상속재산 분할협의는 적법한 추인이 없는 한 무효이다.
(대판 2001.6.29, 2001다28299)

第922條【親權者의 注意義務】 親權者가 그 子에 대한 法律行爲의 代理權 또는 財産管理權을 行使함에는 自己의 財産에 관한 行爲와 同一한 注意를 하여야 한다.

참조 [친권자]909, [관리권]916·920, [관리권·대리권의 상실]925, [후견인의 주의의무]681·956, [무상수치인의 주의의무]695

第922條의2【친권자의 동의를 갈음하는 재판】 가정법원은 친권자의 동의가 필요한 행위에 대하여 친권자가 정당한 이유 없이 동의하지 아니함으로써 자녀의 생명, 신체 또는 재산에 중대한 손해가 발생할 위험이 있는 경우에는 자녀, 자녀의 친족, 검사 또는 지방자치단체의 장의 청구에 의하여 친권자의 동의를 갈음하는 재판을 할 수 있다.(2014.10.15 본조신설)

第923條【財産管理의 計算】 ① 法定代理人인 親權者의 權限이 消滅한 때에는 그 子의 財産에 대한 管理의 計算을 하여야 한다.
② 前項의 경우에 그 子의 財産으로부터 收取한 果實은 그 子의 養育, 財産管理의 費用과 相計한 것으로 본다. 그러나 無償으로 子에게 財産을 授與한 第三者가 反對의 意思를 表示한 때에는 그 財産에 관하여는 그러하지 아니하다.

참조 [친권행사자]909－911·948, [재산관리]916·920, [친권남용등과 친권상실]924, [재산관리권상실]925, [관리의 계산]683·685·688, ②[과실]101·102, [상계]492이하, [무상으로 자에 재산을 수여한 경우]918, [후견인과 후견의 계산]957－959, [친자간 채권의 소멸시효]180①

판례 친권자의 친권 종료 이후 자녀의 채권자에 의한 반환청구권 압류 : 친권자가 자녀에게 지급돼야 할 돈을 대신 수령한 경우 자녀가 성장하여 재산 관리 권한이 소멸하면 그 돈 중 정당하게 지출한 부분을 공제한 나머지를 자녀 또는 그 법정대리인에게 반환할 의무가 있다. 자녀의 친권자에 대한 이러한 반환청구권은 재산적 권리로서, 자녀의 채권자는 그 반환청구권을 압류할 수 있다.(대판 2022.11.17, 2018다294179)

第3款 친권의 상실, 일시 정지 및 일부 제한
(2014.10.15 본관제목개정)
改前 親權의 喪失

第924條【친권의 상실 또는 일시 정지의 선고】 ① 가정법원은 부 또는 모가 친권을 남용하여 자녀의 복리를 현저히 해치거나 해칠 우려가 있는 경우에는 자녀, 자녀의 친족, 검사 또는 지방자치단체의 장의 청구에 의하여 그 친권의 상실 또는 일시 정지를 선고할 수 있다.
② 가정법원은 친권의 일시 정지를 선고할 때에는 자녀의 상태, 양육상황, 그 밖의 사정을 고려하여 그 기간을 정하여야 한다. 이 경우 그 기간은 2년을 넘을 수 없다.
③ 가정법원은 자녀의 복리를 위하여 친권의 일시 정지 기간의 연장이 필요하다고 인정하는 경우에는 자녀, 자녀의 친족, 검사, 지방자치단체의 장, 미성년후견인 또는 미성년후견감독인의 청구에 의하여 2년의 범위에서 그 기간을 한 차례만 연장할 수 있다.
(2014.10.15 본조개정)

改前 "第924條【親權喪失의 宣告】 父 또는 母가 親權을 濫用하거나 顯著한 非行 기타 親權을 行使시킬 수 없는 重大한 事由가 있는 때에는 法院은 第777條의 規定에 의한 子의 親族 또는 檢事의 請求에 의하여 그 親權의 喪失을 宣告할 수 있다."

참조 926, [친권의 내용]913－916·920, [친권행사의 기준]2②, [친권자의 주의의무]922, [친족]767·777, [친권상실선고]가소2①, [친권상실선고의 효과]180·909③·923·928·937, [실권선고의 신고]가족관계등록79, [관리권소멸과 응급처분의무 및 상대방 대항]919, [친권없는 부모의 지위]808, [실권과 후견인선임청구의무]928·936

판례 자녀들의 양육과 보호에 관한 의무를 소홀히 하지 아니한 모의 간통행위로 말미암아 부가 사망하는 결과가 초래한 사실만으로써는 모에 대한 친권상실선고사유에 해당한다고 볼 수 없다.(대결 1993.3.4, 93스3)

第924條의2【친권의 일부 제한의 선고】 가정법원은 거소의 지정이나 그 밖의 신상에 관한 결정 등 특정한 사항에 관하여 친권자가 친권을 행사하는 것이 곤란하거나 부적당한 사유가 있어 자녀의 복리를 해치거나 해칠 우려가 있는 경우에는 자녀, 자녀의 친족, 검사 또는 지방자치단체의 장의 청구에 의하여 구체적인 범위를 정하여 친권의 일부 제한을 선고할 수 있다.(2021.1.26 본조개정)

改前 …가정법원은 거소의 "지정이나 징계," 그 밖의 신상에…

第925條【대리권, 재산관리권 상실의 선고】 가정법원은 법정대리인인 친권자가 부적당한 관리로 인하여 자녀의 재산을 위태롭게 한 경우에는 자녀의 친족, 검사 또는 지방자치단체의 장의 청구에 의하여 그 법률행위의 대리권과 재산관리권의 상실을 선고할 수 있다.(2014.10.15 본조개정)

改前 第925條【대리권, 재산관리권 상실의 선고】 가정법원은 법정대리인인 친권자가 부적당한 관리로 인하여 자녀의 재산을 위태롭게 한 경우에는 "제777조에 따른 자녀의 친족 또는 검사의 청구에 따라" 그 법률행위의 대리권과 재산관리권의 상실을 선고할 수 있다.(2012.2.10 본조개정)

참조 926·927, [관리권·대리권]916·920, [부적당한 관리]922, [친족]767·777, [대리권등 상실선고]가소2①(2)나, [관리권상실의 효과]180①·909③·923·928·936·937, [실권선고의 신고]가족관계등록79, [관리권소멸과 응급처분의무 및 상대방 대항]919

第925條의2【친권 상실 선고 등의 판단 기준】 ① 제924조에 따른 친권 상실의 선고는 같은 조에 따른 친권의 일시 정지, 제924조의2에 따른 친권의 일부 제한, 제925조에 따른 대리권·재산관리권의 상실 선고 또는 그 밖의 다른 조치에 의해서는 자녀의 복리를 충분히 보호할 수 없는 경우에만 할 수 있다.
② 제924조에 따른 친권의 일시 정지, 제924조의2에 따른 친권의 일부 제한 또는 제925조에 따른 대리권·재산관리권의 상실 선고는 제922조의2에 따른 동의를 갈음하는 재판 또는 그 밖의 다른 조치에 의해서는 자녀의 복리를 충분히 보호할 수 없는 경우에만 할 수 있다.
(2014.10.15 본조신설)

第925條의3【부모의 권리와 의무】 제924조와 제924조의2, 제925조에 따라 친권의 상실, 일시 정지, 일부 제한 또는 대리권과 재산관리권의 상실이 선고된 경우에도 부모의 자녀에 대한 그 밖의 권리와 의무는 변경되지 아니한다.(2014.10.15 본조신설)

第926條【실권 회복의 선고】 가정법원은 제924조, 제924조의2 또는 제925조에 따른 선고의 원인이 소멸된 경우에는 본인, 자녀, 자녀의 친족, 검사 또는 지방자치단체의 장의 청구에 의하여 실권(失權)의 회복을 선고할 수 있다.(2014.10.15 본조개정)

改前 "第926條【失權回復의 宣告】 前2條의 原因이 消滅한 때에는 法院은 本人 또는 第777條의 規定에 의한 親族의 請求에 의하여 失權의 回復을 宣告할 수 있다."

참조 924·925, [실권회복선고]가소2①(2)나

第927條【代理權, 管理權의 辭退와 回復】 ① 法定代理人인 親權者는 正當한 事由가 있는 때에는 法院의 許可를 얻어 그 法律行爲의 代理權과 財産管理權을 辭退할 수 있다.
② 前項의 事由가 消滅한 때에는 그 親權者는 法院의 許可를 얻어 辭退한 權利를 回復할 수 있다.

참조 925·926, [법원의 허가]가소2①(2)가, [사퇴의 효과]909③·923·928, [관리권소멸과 응급처분의무 및 상대방 대항]919, [친권자가 관리권 없는 경우]928·931·946, [친권 또는 관리권의 사퇴와 후견인선임청구의무]928·936

第927條의2【친권의 상실, 일시 정지 또는 일부 제한과 친권자의 지정 등】 ① 제909조제4항부터 제6항까지의 규정에 따라 단독 친권자가 된 부 또는 모, 양부모(친양자의 양부모를 제외한다) 쌍방에게 다음 각 호의 어느 하나에 해당하는 사유가 있는 경우에는 제909조의2제1항 및 제3항부터 제5항까지의 규정을 준용한다. 다만, 제1호의3·제2호 및 제3호의 경우 새로 정하여진 친권자 또는 미성년후견인의 임무는 제한된 친권의 범위에 속하는 행위에 한정된다.
(2014.10.15 단서개정)
1. 제924조에 따른 친권상실의 선고가 있는 경우
1의2. 제924조에 따른 친권 일시 정지의 선고가 있는 경우(2014.10.15 본호신설)
1의3. 제924조의2에 따른 친권 일부 제한의 선고가 있는 경우(2014.10.15 본호신설)
2. 제925조에 따른 대리권과 재산관리권 상실의 선고가 있는 경우
3. 제927조제1항에 따라 대리권과 재산관리권을 사퇴한 경우
4. 소재불명 등 친권을 행사할 수 없는 중대한 사유가 있는 경우

② 가정법원은 제1항에 따라 친권자가 지정되거나 미성년후견인이 선임된 후 단독 친권자이었던 부 또는 모, 양부모 일방 또는 쌍방에게 다음 각 호의 어느 하나에 해당하는 사유가 있는 경우에는 그 부모 일방 또는 쌍방, 미성년자, 미성년자의 친족의 청구에 의하여 친권자를 새로 지정할 수 있다.
1. 제926조에 따라 실권의 회복이 선고된 경우
2. 제927조제2항에 따라 사퇴한 권리를 회복한 경우
3. 소재불명이던 부 또는 모가 발견되는 등 친권을 행사할 수 있게 된 경우
(2014.10.15 본조제목개정)
(2011.5.19 본조신설)

改前 第927條의2【"친권 상실과 친권자의 지정 등"】 ① 제909조제4항부터 제6항까지의 규정에 따라 단독 친권자가 된 부 또는 모, 양부모(친양자의 양부모를 제외한다) 쌍방에게 다음 각 호의 어느 하나에 해당하는 사유가 있는 경우에는 제909조의2제1항 및 제3항부터 제5항까지의 규정을 준용한다. 다만, "제2호와 제3호"의 경우 새로 정하여진 친권자 또는 미성년후견인의 임무는 "미성년자의 재산에 관한 행위"에 한정된다.

第5章 後 見

第1節 미성년후견과 성년후견
(2011.3.7 본절제목개정)
改前 "後見人"

第1款 후견인
(2011.3.7 본관제목삽입)

第928條【미성년자에 대한 후견의 개시】 미성년자에게 친권자가 없거나 친권자가 제924조, 제924조의2, 제925조 또는 제927조제1항에 따라 친권의 전부 또는 일부를 행사할 수 없는 경우에는 미성년후견인을 두어야 한다.(2014.10.15 본조개정)

改前 …친권자가 없거나 "친권자가 법률행위의 대리권과 재산관리권을 행사할 수 없는 경우"에는 미성년후견인을 두어야 한다.(2011.3.7 본조개정)

참조 [후견관계의 준거법]국제사법, [미성년자]4·826의2, [후견인선임신고등]가족관계등록80－82, [친권자]909·910·948, [친권의 상실등]924·925·927, [후견인]931－937

第929條【성년후견심판에 의한 후견의 개시】 가정법원의 성년후견개시심판이 있는 경우에는 그 심판을 받은 사람의 성년후견인을 두어야 한다.
(2011.3.7 본조개정)

改前 "第929條【禁治産者등에 대한 後見의 開始】 禁治産者 또는 限定治産의 宣告가 있는 때에는 그 宣告를 받은 者의 後見人을 두어야 한다."

참조 928, [성년후견개시]9, [한정후견개시]12, [후견인선임신고등]가족관계등록80－82, [후견인의 요건]930·937

第930條【후견인의 수와 자격】 ① 미성년후견인의 수(數)는 한 명으로 한다.
② 성년후견인은 피성년후견인의 신상과 재산에 관한 모든 사정을 고려하여 여러 명을 둘 수 있다.
③ 법인도 성년후견인이 될 수 있다.
(2011.3.7 본조개정)

改前 "第930條【後見人의 數】 後見人은 1人으로 한다."

참조 928·931－936

第931條【유언에 의한 미성년후견인의 지정 등】 ① 미성년자에게 친권을 행사하는 부모는 유언으로 미성년후견인을 지정할 수 있다. 다만, 법률행위의 대리권과 재산관리권이 없는 친권자는 그러하지 아니하다.
② 가정법원은 제1항에 따라 미성년후견인이 지정된 경우라도 미성년자의 복리를 위하여 필요하면 생존하는 부 또는 모, 미성년자의 청구에 의하여 후견을 종료하고 생존하는 부 또는 모를 친권자로 지정할 수 있다.
(2011.5.19 본조개정)

改前 "第931條【遺言에 의한 後見人의 指定】 未成年者에 대하여 親權을 行使하는 父母는 遺言으로 未成年者의 後見人을 指定할 수 있다. 그러나 法律行爲의 代理權과 財産管理權없는 親權者는 이를 指定하지 못한다."

참조 932·936, [미성년자]4·826의2, [미성년자와 후견]928, [유언에 의한 후견인의 지정의 신고]가족관계등록82, [친권을 행사하는 부모]909·910·948, [대리권·관리권 없는 친권자]925·927①·928·948, [후견인의 요건]930·937, [후견인의 주의의무]681·956, [후견감독인에 관한 경과규정]부칙23

第932條【미성년후견인의 선임】 ① 가정법원은 제931조에 따라 지정된 미성년후견인이 없는 경우에는 직권으로 또는 미성년자, 친족, 이해관계인, 검사, 지방자치단체의 장의 청구에 의하여 미성년후견인을 선임한다. 미성년후견인이 없게 된 경우에도 또한 같다.
② 가정법원은 제924조, 제924조의2 및 제925조에 따른 친권의 상실, 일시 정지, 일부 제한의 선고 또는 법률행위의 대리권이나 재산관리권 상실의 선고에 따라 미성년후견인을 선임할 필요가 있는 경우에는 직권으로 미성년후견인을 선임한다.
(2014.10.15 본항개정)

③ 친권자가 대리권 및 재산관리권을 사퇴한 경우에는 지체 없이 가정법원에 미성년후견인의 선임을 청구하여야 한다.
(2011.3.7 본조개정)
改前 ② 가정법원은 "친권상실의 선고나 대리권 및 재산관리권 상실의 선고"에 따라 미성년후견인을 선임할 필요가 있는…
참조 931, [혈족]768 · 770, [후견인의 요건]930 · 937, [후견개시의 신고]가족관계등록80, [후견인의 경질 · 사퇴 · 해임]936② · 939 · 940, 가족관계등록81

第933條 (2011.3.7 삭제)
改前 "第933條【禁治産등의 後見人의 順位】禁治産 또는 限定治産의 宣告가 있는 때에는 그 宣告를 받은 者의 直系血族, 3寸이내의 傍系血族의 順位로 後見人이 된다.(1990.1.13 본조개정)"

第934條 (2011.3.7 삭제)
改前 "第934條【既婚者의 後見人의 順位】既婚者가 禁治産 또는 限定治産의 宣告를 받은 때에는 配偶者가 後見人이 된다. 그러나 配偶者도 禁治産 또는 限定治産의 宣告를 받은 때에는 第933條의 順位에 따른다.(1990.1.13 본조개정)"

第935條 (2011.3.7 삭제)
改前 "第935條【後見人의 順位】① 第932條 내지 第934條의 規定에 의한 直系血族 또는 傍系血族이 數人인 때에는 最近親을 先順位로 하고, 同順位者가 數人인 때에는 年長者를 先順位로 한다.
② 第1項의 規定에 不拘하고 養子의 親生父母와 養父母가 俱存한 때에는 養父母를 先順位로, 기타 生家血族과 養家血族의 寸數가 同順位인 때에는 養家血族을 先順位로 한다.
(1990.1.13 본조개정)"

第936條【성년후견인의 선임】 ① 제929조에 따른 성년후견인은 가정법원이 직권으로 선임한다.
② 가정법원은 성년후견인이 사망, 결격, 그 밖의 사유로 없게 된 경우에도 직권으로 또는 피성년후견인, 친족, 이해관계인, 검사, 지방자치단체의 장의 청구에 의하여 성년후견인을 선임한다.
③ 가정법원은 성년후견인이 선임된 경우에도 필요하다고 인정하면 직권으로 또는 제2항의 청구권자나 성년후견인의 청구에 의하여 추가로 성년후견인을 선임할 수 있다.
④ 가정법원이 성년후견인을 선임할 때에는 피성년후견인의 의사를 존중하여야 하며, 그 밖에 피성년후견인의 건강, 생활관계, 재산상황, 성년후견인이 될 사람의 직업과 경험, 피성년후견인과의 이해관계의 유무(법인이 성년후견인이 될 때에는 사업의 종류와 내용, 법인이나 그 대표자와 피성년후견인 사이의 이해관계의 유무를 말한다) 등의 사정도 고려하여야 한다.
(2011.3.7 본조개정)
改前 "第936條【法院에 의한 後見人의 選任】① 前4條의 規定에 의하여 後見人이 될 者가 없는 경우에는 法院은 第777條의 規定에 의한 被後見人의 親族 기타 利害關係人의 請求에 의하여 後見人을 選任하여야 한다.
② 後見人이 死亡, 缺格 기타 事由로 인하여 缺格된 때에 前4條의 規定에 의하여 後見人이 될 者가 없는 경우에도 前項과 같다."
참조 937 · 939 · 940, [친권 또는 관리권의 사퇴]927, [친권상실]924 · 925, [법원에 의한 선임]가소2①(2)가, 가소규65

第937條【후견인의 결격사유】 다음 각 호의 어느 하나에 해당하는 자는 후견인이 되지 못한다.
1. 미성년자
2. 피성년후견인, 피한정후견인, 피특정후견인, 피임의후견인
3. 회생절차개시결정 또는 파산선고를 받은 자
4. 자격정지 이상의 형의 선고를 받고 그 형기(刑期) 중에 있는 사람
5. 법원에서 해임된 법정대리인
6. 법원에서 해임된 성년후견인, 한정후견인, 특정후견인, 임의후견인과 그 감독인
7. 행방이 불분명한 사람
8. 피후견인을 상대로 소송을 하였거나 하고 있는 사람(2016.12.20 본호개정)
9. 제8호에 정한 사람의 배우자와 직계혈족. 다만, 피후견인의 직계비속은 제외한다.(2016.12.20 본호신설)
(2011.3.7 본조개정)
改前 8. 피후견인을 상대로 소송을 하였거나 하고 있는 "자 또는 그 배우자와 직계혈족"
참조 (1)[미성년자]4 · 826의2, (2)[성년후견 · 한정후견]9 · 12 · 부칙4, (3)[파산자]채무자회생파산305, (4)[자격정지이상의 형]형41 · 43 · 44, (5)[해임된 법정대리인]23 · 84 · 924 · 925 · 940 · 1053 · 1105, (6)27, (7)940

第938條【후견인의 대리권 등】 ① 후견인은 피후견인의 법정대리인이 된다.
② 가정법원은 성년후견인이 제1항에 따라 가지는 법정대리권의 범위를 정할 수 있다.
③ 가정법원은 성년후견인이 피성년후견인의 신상에 관하여 결정할 수 있는 권한의 범위를 정할 수 있다.
④ 제2항 및 제3항에 따른 법정대리인의 권한의 범위가 적절하지 아니하게 된 경우에 가정법원은 본인, 배우자, 4촌 이내의 친족, 성년후견인, 성년후견감독인, 검사 또는 지방자치단체의 장의 청구에 의하여 그 범위를 변경할 수 있다.
(2011.3.7 본조개정)
改前 "第938條【後見人의 代理權】後見人은 被後見人의 法定代理人이 된다."
참조 [친권자인 경우]911 · 916 · 920, [친권자가 관리권 없는 경우의 후견인의 권한]946, [후견인의 관리권 없는 재산]918, [미성년자와 재산의 자유처분]6 · 8, [재산관리등]681 · 923 · 949 · 951 · 955 · 956, [복대리]122 · 123, [후견의 종료와 관리의 계산]957~959, [이해상반행위와 대리권의 제한]921, [법정대리권과 동의권의 제한]950, [영업의 대리]상8, [근로계약과 대리금지]근기67 · 68, [피후견인의 신분행위와 후견인]863 · 869 · 885, [소송과 법정대리]민소55 · 56

第939條【후견인의 사임】 후견인은 정당한 사유가 있는 경우에는 가정법원의 허가를 받아 사임할 수 있다. 이 경우 그 후견인은 사임청구와 동시에 가정법원에 새로운 후견인의 선임을 청구하여야 한다.
(2011.3.7 본조개정)
改前 "第939條【後見人의 辭退】後見人은 正當한 事由있는 때에는 法院의 許可를 얻어 이를 辭退할 수 있다."
참조 936②, [법원의 허가]가소2①(2)가 · 44, [후견인경질과 신고]가족관계등록81, [친권자대리권 · 관리권의 사퇴]927①

第940條【후견인의 변경】 가정법원은 피후견인의 복리를 위하여 후견인을 변경할 필요가 있다고 인정하면 직권으로 또는 피후견인, 친족, 후견감독인, 검사, 지방자치단체의 장의 청구에 의하여 후견인을 변경할 수 있다.(2011.3.7 본조개정)
改前 "第940條【후견인의 변경】① 가정법원은 피후견인의 복리를 위하여 후견인을 변경할 필요가 있다고 인정되는 경우에는 피후견인의 친족이나 검사의 청구 또는 직권에 의하여 후견인을 변경할 수 있다.
② 제1항의 경우에는 제932조 내지 제935조에 규정된 후견인의 순위에 불구하고 4촌 이내의 친족 그 밖에 적합한 자를 후견인으로 정할 수 있다.
(2005.3.31 본조개정)"
참조 936② · 937, [후견인의 변경]가소2①(2)가 · 44, [후견인의 경질과 신고]가족관계등록81, [친권 · 대리권 · 관리권의 상실선고]924 · 925
판례 미성년자등의 후견인을 해임하고 선임하는 재판과 미성년자의 이익 : 가사비송사건, 특히 미성년자의 후견인을 해임하고 선임하는 재판을 함에 있어서는 그 재판이 미성년자의 이익에 직결되는 것이므로 이를 심리하는 법원은 무엇이 미성년자의 이익에 가장 도움이 되는가를 신중히 판단하여야 하고 그와 같은 판단을 하기 위하여서는 사전에 직권에 의하여 충분한 증거조사를 함으로써 성인들간의 재산 기타 이해관계를 둘러싼 분쟁에서 미성년자가 불측의 피해를 입는 일이 없도록 법원의 후견적 임무를 다하여야 한다.(대결 1992.3.25, 91스11)

第2款 후견감독인
(2011.3.7 본관신설)

第940條의2【미성년후견감독인의 지정】 미성년후견인을 지정할 수 있는 사람은 유언으로 미성년후견감독인을 지정할 수 있다.

第940條의3【미성년후견감독인의 선임】 ① 가정법원은 제940조의2에 따라 지정된 미성년후견감독인이 없는 경우에 필요하다고 인정하면 직권으로 또는 미성년자, 친족, 미성년후견인, 검사, 지방자치단체의 장의 청구에 의하여 미성년후견감독인을 선임할 수 있다.
② 가정법원은 미성년후견감독인이 사망, 결격, 그 밖의 사유로 없게 된 경우에는 직권으로 또는 미성년자, 친족, 미성년후견인, 검사, 지방자치단체의 장의 청구에 의하여 미성년후견감독인을 선임한다.

第940條의4【성년후견감독인의 선임】 ① 가정법원은 필요하다고 인정하면 직권으로 또는 피성년후견인, 친족, 성년후견인, 검사, 지방자치단체의 장의 청구에 의하여 성년후견감독인을 선임할 수 있다.
② 가정법원은 성년후견감독인이 사망, 결격, 그 밖의 사유로 없게 된 경우에는 직권으로 또는 피성년후견인, 친족, 성년후견인, 검사, 지방자치단체의 장의 청구에 의하여 성년후견감독인을 선임한다.

第940條의5【후견감독인의 결격사유】 제779조에 따른 후견인의 가족은 후견감독인이 될 수 없다.

第940條의6【후견감독인의 직무】 ① 후견감독인은 후견인의 사무를 감독하며, 후견인이 없는 경우 지체 없이 가정법원에 후견인의 선임을 청구하여야 한다.
② 후견감독인은 피후견인의 신상이나 재산에 대하여 급박한 사정이 있는 경우 그의 보호를 위하여 필요한 행위 또는 처분을 할 수 있다.
③ 후견인과 피후견인 사이에 이해가 상반되는 행위에 관하여는 후견감독인이 피후견인을 대리한다.

第940條의7【위임 및 후견인 규정의 준용】 후견감독인에 대하여는 제681조, 제691조, 제692조, 제930조제2항 · 제3항, 제936조제3항 · 제4항, 제937조, 제939조, 제940조, 제947조의2제3항부터 제5항까지, 제949조의2, 제955조 및 제955조의2를 준용한다.

第3款 후견인의 임무
(2011.3.7 본관제목삽입)

第941條【재산조사와 목록작성】 ① 후견인은 지체 없이 피후견인의 재산을 조사하여 2개월 내에 그 목록을 작성하여야 한다. 다만, 정당한 사유가 있는 경우에는 법원의 허가를 받아 그 기간을 연장할 수 있다.
② 후견감독인이 있는 경우 제1항에 따른 재산조사와 목록작성은 후견감독인의 참여가 없으면 효력이 없다.
(2011.3.7 본조개정)
改前 "第941條【財産調査와 目錄作成】① 後見人은 遲滯없이 被後見人의 財産을 調査하여 2月내에 그 目錄을 作成하여야 한다. 그러나 正當한 事由있는 때에는 法院의 許可를 얻어 그 期間을 延長할 수 있다.
② 前項의 財産調査와 目錄作成은 親族會가 指定한 會員의 參與가 없으면 效力이 없다."
참조 944, [기간연장허가]가소2①(2)가 · 44, [본조 준용]948②, [피후견인의 신상에 관한 권한]947 · 948, [재산에 관한 권한]949이하, [목록작성전의 후견인의 권한]943, [후견의 계산]957이하

第942條【후견인의 채권 · 채무의 제시】 ① 후견인과 피후견인 사이에 채권 · 채무의 관계가 있고 후견감독인이 있는 경우에는 후견인은 재산목록의 작성을 완료하기 전에 그 내용을 후견감독인에게 제시하여야 한다.
② 후견인이 피후견인에 대한 채권이 있음을 알고도 제1항에 따른 제시를 게을리한 경우에는 그 채권을 포기한 것으로 본다.
(2011.3.7 본조개정)
改前 "第942條【後見人의 債權, 債務의 提示】① 後見人과 被後見人 사이에 債權, 債務의 關係가 있는 때에는 後見人은 財産目錄의 作成을 完了하기 전에 그 內容을 親族會 또는 親族會의 指定한 會員에게 提示하여야 한다.
② 後見人이 被後見人에 대한 債權있음을 알고 前項의 提示를 懈怠한 때에는 그 債權을 抛棄한 것으로 본다."
참조 941 · 944 · 948②

第943條【目錄作成前의 權限】 後見人은 財産調査와 目錄作成을 完了하기까지는 緊急 必要한 경우가 아니면 그 財産에 관한 權限을 行使하지 못한다. 그러나 이로써 善意의 第三者에게 對抗하지 못한다.
참조 941 · 944 · 948②

第944條【被後見人이 取得한 包括的 財産의 調査등】 前3條의 規定은 後見人의 就任후에 被後見人이 包括的 財産을 取得한 경우에 準用한다.
참조 948②, [포괄적 재산의 취득]1005 · 1078

第945條【미성년자의 신분에 관한 후견인의 권리 · 의무】 미성년후견인은 제913조 및 제914조에서 규정한 사항에 관하여는 친권자와 동일한 권리와 의무가 있다. 다만, 다음 각 호의 어느 하나에 해당하는 경우에는 미성년후견감독인이 있으면 그의 동의를 받아야 한다.(2021.1.26 본문개정)
1. 친권자가 정한 교육방법, 양육방법 또는 거소를 변경하는 경우
2. (2021.1.26 삭제)
3. 친권자가 허락한 영업을 취소하거나 제한하는 경우
(2011.3.7 본조개정)
改前 第945條【미성년자의 신분에 관한 후견인의 권리 · 의무】미성년후견인은 "제913조부터 제915조까지에" 규정한 사항에 관하여는 친권자와 동일한 권리와 의무가 있다. 다만,…
"2. 미성년자를 감화기관이나 교정기관에 위탁하는 경우"
참조 948②, [교양]913, [거소지정]914, [감화 또는 교정기관에의 위탁]소년4 · 32, [후견인과 영업허가]950, [재산관리에 한정된 후견]946

第946條【친권 중 일부에 한정된 후견】 미성년자의 친권자가 제924조의2, 제925조 또는 제927조제1항에 따라 친권 중 일부에 한정하여 행사할 수 없는 경우에 미성년후견인의 임무는 제한된 친권의 범위에 속하는 행위에 한정된다.(2014.10.15 본조개정)
改前 "第946條【재산관리에 한정된 후견】미성년자의 친권자가 법률행위의 대리권과 재산관리권에 한정하여 친권을 행사할 수 없는 경우에 미성년후견인의 임무는 미성년자의 재산에 관한 행위에 한정된다.(2011.3.7 본조개정)"
참조 [친권을 행사할 수 없는 경우]924 · 925 · 927 · 928, [재산에 관한 권한]949이하

第947條【피성년후견인의 복리와 의사존중】 성년후견인은 피성년후견인의 재산관리와 신상보호를 할 때 여러 사정을 고려하여 그의 복리에 부합하는 방법으로 사무를 처리하여야 한다. 이 경우 성년후견인은 피성년후견인의 복리에 반하지 아니하면 피성년후견인의 의사를 존중하여야 한다.(2011.3.7 본조개정)
改前 "第947條【禁治産者의 療養, 監護】① 禁治産者의 後見人은 禁治産者의 療養, 監護에 日常의 注意를 懈怠하지 아니하여야 한다.
② 後見人이 禁治産者를 私宅에 監禁하거나 精神病院 기타 다

른 場所에 監禁治療함에는 法院의 許可를 얻어야 한다. 그러나 緊急을 要할 狀態인 때에는 事後에 許可를 請求할 수 있다."
참조 ①[성년후견개시]9·929, [요양·감호의 비용]687·688, ②[법원의 허가]가소2①2)가·44, 가소규32·35·36·38

第947條의2【피성년후견인의 신상결정 등】 ① 피성년후견인은 자신의 신상에 관하여 그의 상태가 허락하는 범위에서 단독으로 결정한다.
② 성년후견인이 피성년후견인을 치료 등의 목적으로 정신병원이나 그 밖의 다른 장소에 격리하려는 경우에는 가정법원의 허가를 받아야 한다.
③ 피성년후견인의 신체를 침해하는 의료행위에 대하여 피성년후견인이 동의할 수 없는 경우에는 성년후견인이 그를 대신하여 동의할 수 있다.
④ 제3항의 경우 피성년후견인이 의료행위의 직접적인 결과로 사망하거나 상당한 장애를 입을 위험이 있을 때에는 가정법원의 허가를 받아야 한다. 다만, 허가절차로 의료행위가 지체되어 피성년후견인의 생명에 위험을 초래하거나 심신상의 중대한 장애를 초래할 때에는 사후에 허가를 청구할 수 있다.
⑤ 성년후견인이 피성년후견인을 대리하여 피성년후견인이 거주하고 있는 건물 또는 그 대지에 대하여 매도, 임대, 전세권 설정, 저당권 설정, 임대차의 해지, 전세권의 소멸, 그 밖에 이에 준하는 행위를 하는 경우에는 가정법원의 허가를 받아야 한다.
(2011.3.7 본조신설)

第948條【미성년자의 친권의 대행】 ① 미성년후견인은 미성년자를 갈음하여 미성년자의 자녀에 대한 친권을 행사한다.
② 제1항의 친권행사에는 미성년후견인의 임무에 관한 규정을 준용한다.
(2011.3.7 본조개정)
改前 "第948條【未成年者의 親權의 代行】① 後見人은 被後見人에 가름하여 그 子에 대한 親權을 行使한다.
② 前項의 親權行使에는 後見人의 任務에 관한 規定을 準用한다."
참조 [미성년자와 친권]4·5·909①②③, [미성년자의 혼인과 성년]826의2, [친권자의 자의 친권대행]910, [친권의 효력]913이하, [후견인의 임무]941-945·950-955

第949條【財産管理權과 代理權】 ① 後見人은 被後見人의 財産을 管理하고 그 財産에 관한 法律行爲에 대하여 被後見人을 代理한다.
② 第920條 但書의 規定은 前項의 法律行爲에 準用한다.
참조 ①946·950-959, [친권자의 재산관리권·대리권]916·920, [후견인의 관리권 없는 재산]918·956, [미성년자와 재산의 자유처분]6·8②, [동의권]5-8, [재산관리와 주의의무]681·956, [복대리]122·123, [영업의 대리]상8, [피후견인의 신분행위와 후견인]863·869·885, [소송과 법정대리]민소55·56

第949條의2【성년후견인이 여러 명인 경우 권한의 행사 등】 ① 가정법원은 직권으로 여러 명의 성년후견인이 공동으로 또는 사무를 분장하여 그 권한을 행사하도록 정할 수 있다.
② 가정법원은 직권으로 제1항에 따른 결정을 변경하거나 취소할 수 있다.
③ 여러 명의 성년후견인이 공동으로 권한을 행사하여야 하는 경우에 어느 성년후견인이 피성년후견인의 이익이 침해될 우려가 있음에도 법률행위의 대리 등 필요한 권한행사에 협력하지 아니할 때에는 가정법원은 피성년후견인, 성년후견인, 후견감독인 또는 이해관계인의 청구에 의하여 그 성년후견인의 의사표시를 갈음하는 재판을 할 수 있다.
(2011.3.7 본조신설)

第949條의3【이해상반행위】 후견인에 대하여는 제921조를 준용한다. 다만, 후견감독인이 있는 경우에는 그러하지 아니하다.(2011.3.7 본조신설)

第950條【후견감독인의 동의를 필요로 하는 행위】
① 후견인이 피후견인을 대리하여 다음 각 호의 어느 하나에 해당하는 행위를 하거나 미성년자의 다음 각 호의 어느 하나에 해당하는 행위에 동의를 할 때는 후견감독인이 있으면 그의 동의를 받아야 한다.
1. 영업에 관한 행위
2. 금전을 빌리는 행위
3. 의무만을 부담하는 행위
4. 부동산 또는 중요한 재산에 관한 권리의 득실변경을 목적으로 하는 행위
5. 소송행위
6. 상속의 승인, 한정승인 또는 포기 및 상속재산의 분할에 관한 협의
② 후견감독인의 동의가 필요한 행위에 대하여 후견감독인이 피후견인의 이익이 침해될 우려가 있음에도 동의를 하지 아니하는 경우에는 가정법원은 후견인의 청구에 의하여 후견감독인의 동의를 갈음하는 허가를 할 수 있다.
③ 후견감독인의 동의가 필요한 법률행위를 후견인이 후견감독인의 동의 없이 하였을 때에는 피후견인 또는 후견감독인이 그 행위를 취소할 수 있다.
(2011.3.7 본조개정)
改前 "第950條【法定代理權과 同意權의 制限】① 後見人이 被後見人에 가름하여 다음 各號의 行爲를 하거나 未成年者 또는 限定治産者의 다음 各號의 行爲에 同意를 함에는 親族會의 同意를 얻어야 한다.
1. 營業을 하는 일
2. 借財 또는 保證을 하는 일
3. 不動産 또는 重要한 財産에 관한 權利의 得失變更을 目的으로 하는 行爲를 하는 일
4. 訴訟行爲를 하는 일
② 前項의 規定에 違反한 行爲는 被後見人 또는 親族會가 이를 取消할 수 있다."
참조 948, ①[후견인의 대리권·동의권]5·8·938·949, [영업을 하거나 또는 동의하는 일]8·946, 상6·8, [차재·보증]428-448, 어음30-32·77③, 수표25-27, [부동산]99①, [동산]99②, [소송행위]민소56, ③[취소]141-146, [취소최고권]15
판례 한정치산자의 후견인이 친족회의 동의 없이 소를 제기한 경우 : 한정치산자의 후견인이 한정치산자의 이름으로 소송을 제기하는 등의 소송행위를 함에는 친족회의 동의를 얻어야 하며, 친족회의 동의를 얻지 아니한 채 제소하여 사실심의 변론종결시까지 그 동의가 보정되지 아니하였다면 그 제소 등 일련의 소송행위는 그에 필요한 수권이 흠결된 법정대리인에 의한 것으로서 절차적 안정이 요구되는 소송행위의 성격상 민법 950조 2항의 규정에도 불구하고 무효이다.(대판 2001.7.27, 2001다5937)
판례 민법 제966조에 의하면, 친족회는 본인 기타 이해관계인 등의 청구에 의하여 가정법원이 이를 소집하도록 규정되어 있으므로, 가정법원이 소집하지 아니한 친족회의 결의는 중대한 절차상의 하자가 있어서 부존재 내지는 무효이다.
(대판 1997.6.27, 97다3828)

第951條【피후견인의 재산 등의 양수에 대한 취소】 ① 후견인이 피후견인에 대한 제3자의 권리를 양수(讓受)하는 경우에는 피후견인은 이를 취소할 수 있다.
② 제1항에 따른 권리의 양수의 경우 후견감독인이 있으면 후견인은 후견감독인의 동의를 받아야 하고, 후견감독인의 동의가 없는 경우에는 피후견인 또는 후견감독인이 이를 취소할 수 있다.
(2011.3.7 본조개정)
改前 "第951條【被後見人에 대한 權利의 讓受】① 後見人이 被後見人에 대한 第三者의 權利를 讓受함에는 親族會의 同意를 얻어야 한다.
② 前項의 規定에 違反한 行爲는 被後見人 또는 親族會가 이를 取消할 수 있다."
참조 948①·952, [취소]141-146, [후견인의 취소 최고권]15

第952條【상대방의 추인 여부 최고】 제950조 및 제951조의 경우에는 제15조를 준용한다.
(2011.3.7 본조개정)
改前 "第952條【相對方의 追認與否催告】第15條의 規定은 前2條의 경우에 相對方의 親族會에 대한 追認與否의 催告에 準用한다."

第953條【후견감독인의 후견사무의 감독】 후견감독인은 언제든지 후견인에게 그의 임무 수행에 관한 보고와 재산목록의 제출을 요구할 수 있고 피후견인의 재산상황을 조사할 수 있다.(2011.3.7 본조개정)
改前 "第953條【親族會의 後見事務의 監督】親族會는 언제든지 後見人에 대하여 그 任務遂行에 관한 報告와 財産目錄의 提出을 要求할 수 있고 被後見人의 財産狀況을 調査할 수 있다."
참조 949, [수임인의 보고의무]683, [부재자의 재산관리]22①·24③, [재산목록]941

第954條【가정법원의 후견사무에 관한 처분】 가정법원은 직권으로 또는 피후견인, 후견감독인, 제777조에 따른 친족, 그 밖의 이해관계인, 검사, 지방자치단체의 장의 청구에 의하여 피후견인의 재산상황을 조사하고, 후견인에게 재산관리 등 후견임무 수행에 관하여 필요한 처분을 명할 수 있다.
(2011.3.7 본조개정)
改前 "第954條【法院의 後見事務에 관한 處分】法院은 被後見人 또는 第777條의 規定에 의한 親族 기타 利害關係人의 請求에 의하여 被後見人의 財産狀況을 調査하고 그 財産管理 기타 後見任務遂行에 관하여 必要한 處分을 命할 수 있다."
참조 949·953, [부재자의 재산관리]22·24, [법원의 처분]가소2①

第955條【後見人에 대한 報酬】 法院은 後見人의 請求에 의하여 被後見人의 財産狀態 기타 事情을 參酌하여 被後見人의 財産중에서 相當한 報酬를 後見人에게 授與할 수 있다.
참조 949, [후견인에 대한 보수의 수여]가소2①·44, [수임인의 보수청구]686①, [부재자 재산관리인의 보수]26②

第955條의2【지출금액의 예정과 사무비용】 후견인이 후견사무를 수행하는 데 필요한 비용은 피후견인의 재산 중에서 지출한다.(2011.3.7 본조신설)

第956條【委任과 親權의 規定의 準用】 第681條 및 第918條의 規定은 後見人에게 이를 準用한다.

第4款 후견의 종료
(2011.3.7 본관제목삽입)

第957條【후견사무의 종료와 관리의 계산】 ① 후견인의 임무가 종료된 때에는 후견인 또는 그 상속인은 1개월 내에 피후견인의 재산에 관한 계산을 하여야 한다. 다만, 정당한 사유가 있는 경우에는 법원의 허가를 받아 그 기간을 연장할 수 있다.
② 제1항의 계산은 후견감독인이 있는 경우에는 그가 참여하지 아니하면 효력이 없다.
(2011.3.7 본조개정)
改前 "第957條【後見事務의 終了와 管理의 計算】① 後見人의 任務가 終了한 때에는 後見人 또는 그 相續人은 1月내에 被後見人의 財産에 관한 計算을 하여야 한다. 그러나 正當한 事由있는 때에는 法院의 許可를 얻어 그 期間을 延長할 수 있다.
② 前項의 計算은 親族會가 指定한 會員의 參與가 없으면 效力이 없다."
참조 [친권자의 관리의 계산]923, ①[관리의 계산]958·959, [상속인·승계인]1000이하, [후견종료와 신고]가족관계등록83, [후견인경질의 신고]가족관계등록81, [법원의 허가]가소2①·44

第958條【利子의 附加와 金錢消費에 대한 責任】
① 後見人이 被後見人에게 支給할 金額이나 被後見人이 後見人에게 支給할 金額에는 計算終了의 날로부터 利子를 附加하여야 한다.
② 後見人이 自己를 위하여 被後見人의 金錢을 消費한 때에는 그 消費한 날로부터 利子를 附加하고 被後見人에게 損害가 있으면 이를 賠償하여야 한다.
참조 957, [수임인의 금전소비의 책임]685, [이자]379, [후견인의 선관의무]681·956

第959條【委任規定의 準用】 第691條, 第692條의 規定은 後見의 終了에 이를 準用한다.
참조 919

第2節 한정후견과 특정후견
(2011.3.7 본절신설)

第959條의2【한정후견의 개시】 가정법원의 한정후견개시의 심판이 있는 경우에는 그 심판을 받은 사람의 한정후견인을 두어야 한다.

第959條의3【한정후견인의 선임 등】 ① 제959조의2에 따른 한정후견인은 가정법원이 직권으로 선임한다.
② 한정후견인에 대하여는 제930조제2항·제3항, 제936조제2항부터 제4항까지, 제937조, 제939조, 제940조 및 제949조의3을 준용한다.

第959條의4【한정후견인의 대리권 등】 ① 가정법원은 한정후견인에게 대리권을 수여하는 심판을 할 수 있다.
② 한정후견인의 대리권 등에 관하여는 제938조제3항 및 제4항을 준용한다.

第959條의5【한정후견감독인】 ① 가정법원은 필요하다고 인정하면 직권으로 또는 피한정후견인, 친족, 한정후견인, 검사, 지방자치단체의 장의 청구에 의하여 한정후견감독인을 선임할 수 있다.
② 한정후견감독인에 대하여는 제681조, 제691조, 제692조, 제930조제2항·제3항, 제936조제3항·제4항, 제937조, 제939조, 제940조, 제940조의3제2항, 제940조의5, 제940조의6, 제947조의2제3항부터 제5항까지, 제949조의2, 제955조 및 제955조의2를 준용한다. 이 경우 제940조의6제3항 중 "피후견인을 대리한다"는 "피한정후견인을 대리하거나 피한정후견인이 그 행위를 하는 데 동의한다"로 본다.

第959條의6【한정후견사무】 한정후견의 사무에 관하여는 제681조, 제920조 단서, 제947조, 제947조의2, 제949조, 제949조의2, 제949조의3, 제950조부터 제955조까지 및 제955조의2를 준용한다.

第959條의7【한정후견인의 임무의 종료 등】 한정후견인의 임무가 종료한 경우에 관하여는 제691조, 제692조, 제957조 및 제958조를 준용한다.

第959條의8【특정후견에 따른 보호조치】 가정법원은 피특정후견인의 후원을 위하여 필요한 처분을 명할 수 있다.

第959條의9【특정후견인의 선임 등】 ① 가정법원은 제959조의8에 따른 처분으로 피특정후견인을 후원하거나 대리하기 위한 특정후견인을 선임할 수 있다.
② 특정후견인에 대하여는 제930조제2항·제3항, 제936조제2항부터 제4항까지, 제937조, 제939조 및 제940조를 준용한다.

第959條의10【특정후견감독인】 ① 가정법원은 필요하다고 인정하면 직권으로 또는 피특정후견인, 친족, 특정후견인, 검사, 지방자치단체의 장의 청구에 의하여 특정후견감독인을 선임할 수 있다.
② 특정후견감독인에 대하여는 제681조, 제691조, 제692조, 제930조제2항·제3항, 제936조제3항·제4항, 제937조, 제939조, 제940조, 제940조의5, 제940조의6, 제949조의2, 제955조 및 제955조의2를 준용한다.

第959條의11【특정후견인의 대리권】 ① 피특정후견인의 후원을 위하여 필요하다고 인정하면 가정법

원은 기간이나 범위를 정하여 특정후견인에게 대리권을 수여하는 심판을 할 수 있다.
② 제1항의 경우 가정법원은 특정후견인의 대리권 행사에 가정법원이나 특정후견감독인의 동의를 받도록 명할 수 있다.

第959條의12【특정후견사무】 특정후견의 사무에 관하여는 제681조, 제920조 단서, 제947조, 제949조의2, 제953조부터 제955조까지 및 제955조의2를 준용한다.

第959條의13【특정후견인의 임무의 종료 등】 특정후견인의 임무가 종료한 경우에 관하여는 제691조, 제692조, 제957조 및 제958조를 준용한다.

第3節 후견계약
(2011.3.7 본절신설)

第959條의14【후견계약의 의의와 체결방법 등】 ① 후견계약은 질병, 장애, 노령, 그 밖의 사유로 인한 정신적 제약으로 사무를 처리할 능력이 부족한 상황에 있거나 부족하게 될 상황에 대비하여 자신의 재산관리 및 신상보호에 관한 사무의 전부 또는 일부를 다른 자에게 위탁하고 그 위탁사무에 관하여 대리권을 수여하는 것을 내용으로 한다.
② 후견계약은 공정증서로 체결하여야 한다.
③ 후견계약은 가정법원이 임의후견감독인을 선임한 때부터 효력이 발생한다.
④ 가정법원, 임의후견인, 임의후견감독인 등은 후견계약을 이행·운영할 때 본인의 의사를 최대한 존중하여야 한다.

第959條의15【임의후견감독인의 선임】 ① 가정법원은 후견계약이 등기되어 있고, 본인이 사무를 처리할 능력이 부족한 상황에 있다고 인정할 때에는 본인, 배우자, 4촌 이내의 친족, 임의후견인, 검사 또는 지방자치단체의 장의 청구에 의하여 임의후견감독인을 선임한다.
② 제1항의 경우 본인이 아닌 자의 청구에 의하여 가정법원이 임의후견감독인을 선임할 때에는 미리 본인의 동의를 받아야 한다. 다만, 본인이 의사를 표시할 수 없는 때에는 그러하지 아니하다.
③ 가정법원은 임의후견감독인이 없게 된 경우에는 직권으로 또는 본인, 친족, 임의후견인, 검사 또는 지방자치단체의 장의 청구에 의하여 임의후견감독인을 선임한다.
④ 가정법원은 임의후견감독인이 선임된 경우에도 필요하다고 인정하면 직권으로 또는 제3항의 청구권자의 청구에 의하여 임의후견감독인을 추가로 선임할 수 있다.
⑤ 임의후견감독인에 대하여는 제940조의5를 준용한다.

第959條의16【임의후견감독인의 직무 등】 ① 임의후견감독인은 임의후견인의 사무를 감독하며 그 사무에 관하여 가정법원에 정기적으로 보고하여야 한다.
② 가정법원은 필요하다고 인정하면 임의후견감독인에게 감독사무에 관한 보고를 요구할 수 있고 임의후견인의 사무 또는 본인의 재산상황에 대한 조사를 명하거나 그 밖에 임의후견감독인의 직무에 관하여 필요한 처분을 명할 수 있다.
③ 임의후견감독인에 대하여는 제940조의6제2항·제3항, 제940조의7 및 제953조를 준용한다.

第959條의17【임의후견개시의 제한 등】 ① 임의후견인이 제937조 각 호에 해당하는 자 또는 그 밖에 현저한 비행을 하거나 후견계약에서 정한 임무에 적합하지 아니한 사유가 있는 자인 경우에는 가정법원은 임의후견감독인을 선임하지 아니한다.
② 임의후견감독인을 선임한 이후 임의후견인이 현저한 비행을 하거나 그 밖에 그 임무에 적합하지 아니한 사유가 있게 된 경우에는 가정법원은 임의후견감독인, 본인, 친족, 검사 또는 지방자치단체의 장의 청구에 의하여 임의후견인을 해임할 수 있다.

第959條의18【후견계약의 종료】 ① 임의후견감독인의 선임 전에는 본인 또는 임의후견인은 언제든지 공증인의 인증을 받은 서면으로 후견계약의 의사표시를 철회할 수 있다.
② 임의후견감독인의 선임 이후에는 본인 또는 임의후견인은 정당한 사유가 있는 때에만 가정법원의 허가를 받아 후견계약을 종료할 수 있다.

第959條의19【임의후견인의 대리권 소멸과 제3자와의 관계】 임의후견인의 대리권 소멸은 등기하지 아니하면 선의의 제3자에게 대항할 수 없다.

第959條의20【후견계약과 성년후견·한정후견·특정후견의 관계】 ① 후견계약이 등기되어 있는 경우에는 가정법원은 본인의 이익을 위하여 특별히 필요할 때에만 임의후견인 또는 임의후견감독인의 청구에 의하여 성년후견, 한정후견 또는 특정후견의 심판을 할 수 있다. 이 경우 후견계약은 본인이 성년후견 또는 한정후견 개시의 심판을 받은 때 종료된다.
② 본인이 피성년후견인, 피한정후견인 또는 피특정후견인인 경우에 가정법원은 임의후견감독인을 선임함에 있어서 종전의 성년후견, 한정후견 또는 특정후견의 종료 심판을 하여야 한다. 다만, 성년후견 또는 한정후견 조치의 계속이 본인의 이익을 위하여 특별히 필요하다고 인정하면 가정법원은 임의후견감독인을 선임하지 아니한다.

판례 후견계약의 등기에 불구하고 한정후견 등의 심판을 할 수 있는 '본인의 이익을 위하여 특별히 필요할 때'란 후견계약의 내용, 후견계약에서 정한 임의후견인이 임무에 적합하지 아니한 사유가 있는지, 본인의 정신적 제약의 정도, 기타 후견계약과 본인을 둘러싼 제반 사정 등을 종합하여, 후견계약에 따른 후견이 본인의 보호에 충분하지 아니하여 법정후견에 의한 보호가 필요하다고 인정되는 경우를 말한다.
(대결 2017.6.1, 2017스515)

第6章 親族會
(2011.3.7 삭제)

第960條 (2011.3.7 삭제)
改前 "第960條【親族會의 組織】本法 기타 法律의 規定에 의하여 親族會의 決議를 要할 事由가 있는 때에는 親族會를 組織한다."

第961條 (2011.3.7 삭제)
改前 "第961條【親族會員의 數】① 親族會員은 3人이상 10人이하로 한다.
② 親族會에 代表者 1人을 두고 親族會員중에서 互選한다.
③ 前項의 代表者는 訴訟行爲 기타 外部에 대한 行爲에 있어서 親族會를 代表한다."

第962條 (2011.3.7 삭제)
改前 "第962條【親權者의 親族會員 指定】後見人을 指定할 수 있는 親權者는 未成年者의 親族會員을 指定할 수 있다."

第963條 (2011.3.7 삭제)
改前 "第963條【親族會員의 選任】① 親族會員은 本人, 그 法定代理人 또는 第777條의 規定에 의한 親族이나 利害關係人의 請求에 의하여 法院이 第777條의 規定에 의한 그 親族 또는 본인과 특별한 연고가 있는 자 중에서 이를 選任한다. 그러나 前條의 規定에 의하여 親族會員이 指定된 때에는 그러하지 아니하다.(2005.3.31 본항개정)
② 前項의 規定에 의한 請求를 할 수 있는 者는 親族會의 員數와 그 選任에 관하여 法院에 意見書를 提出할 수 있다."

第964條 (2011.3.7 삭제)
改前 "第964條【親族會員의 缺格事由】① 後見人은 後見의 計算을 完了한 후가 아니면 被後見人의 親族會員이 되지 못한다.
② 第937條의 規定은 親族會員에 準用한다."

第965條 (2011.3.7 삭제)
改前 "第965條【無能力者를 위한 常設親族會】① 未成年者, 禁治産者 또는 限定治産者를 위한 親族會는 그 無能力의 事由가 終了할 때까지 繼續한다.
② 前項의 親族會에 缺員이 生한 때에는 法院은 職權 또는 請求에 의하여 이를 補充하여야 한다."

第966條 (2011.3.7 삭제)
改前 "第966條【親族會의 召集】親族會는 本人, 그 法定代理人, 配偶者, 직계혈족, 會員, 利害關係人 또는 檢事의 請求에 의하여 家庭法院이 이를 召集한다.(2005.3.31 본조개정)"

第967條 (2011.3.7 삭제)
改前 "第967條【親族會의 決議方法】① 親族會의 議事는 會員過半數의 贊成으로 決定한다.
② 前項의 議事에 관하여 利害關係있는 會員은 그 決議에 參加하지 못한다.
③ 親族會員過半數의 贊成으로 行한 書面決議로써 親族會의 決議에 가름할 경우에는 前條의 規定에 의하여 親族會의 召集을 請求할 수 있는 者는 2月내에 그 取消를 法院에 請求할 수 있다."

第968條 (2011.3.7 삭제)
改前 "第968條【親族會에서의 意見開陳】本人, 그 法定代理人, 配偶者, 直系血族, 4寸이내의 방계혈족은 親族會에 出席하여 意見을 開陳할 수 있다.(2005.3.31 본조개정)"

第969條 (2011.3.7 삭제)
改前 "第969條【親族會의 決議에 가름할 裁判】親族會가 決議를 할 수 없거나 決議를 하지 아니하는 때에는 親族會의 召集을 請求할 수 있는 者는 그 決議에 가름할 裁判을 法院에 請求할 수 있다."

第970條 (2011.3.7 삭제)
改前 "第970條【親族會員의 辭退】親族會員은 正當한 事由있는 때에는 法院의 許可를 얻어 이를 辭退할 수 있다."

第971條 (2011.3.7 삭제)
改前 "第971條【親族會員의 解任】① 親族會員에 그 任務에 관하여 不正行爲 기타 適當하지 아니한 事由가 있는 때에는 法院은 職權 또는 本人, 그 法定代理人, 第777條의 規定에 의한 本人의 親族이나 利害關係人의 請求에 의하여 그 親族會員을 改任 또는 解任할 수 있다.
② 法院은 適當하다고 認定할 때에는 職權 또는 本人, 그 法定代理人, 第777條의 規定에 의한 本人의 親族이나 利害關係人의 請求에 의하여 親族會員을 增員選任할 수 있다."

第972條 (2011.3.7 삭제)
改前 "第972條【親族會의 決議와 異議의 訴】親族會의 召集을 請求할 수 있는 者는 親族會의 決議에 대하여 2月내에 異議의 訴를 提起할 수 있다."

第973條 (2011.3.7 삭제)
改前 "第973條【親族會員의 善管義務】第681條의 規定은 親族會員에 準用한다."

第7章 扶 養

第974條【扶養義務】 다음 各號의 親族은 서로 扶養의 義務가 있다.
1. 直系血族 및 그 配偶者間
2. (1990.1.13 삭제)
3. 기타 親族間(生計를 같이 하는 경우에 限한다.)

참조 [부양의무의 준거법]국제사법, [친족]767이하, [부양]976-979, [부양의무의 해태]905, 형271·275, [직계혈족 및 그 배우자]767-769, [부부간의 협조와 부양]826①, [부양의무와 생활능력]975

판례 성년의 자에 대한 과거의 부양료의 구상청구를 가사비송사건으로 청구할 수 있는지 여부 : 청구인과 피청구인은 피부양자의 직계혈족으로서 그가 부양을 필요로 하는 경우에는 민법 974조 1호, 975조의 규정에 의하여 부양의무를 부담하고, 민법 976조, 977조는 부양을 할 자의 순위나 부양의 정도 또는 방법에 관하여 당사자 간에 협정이 없는 때에는 법원은 당사자의 청구에 의하여 이를 정한다고 규정하고, 978조는 이에 관한 당사자의 협정이나 법원의 판결이 있은 후 이에 관한 사정변경이 있는 때에는 법원은 당사자의 청구에 의하여 그 협정이나 판결을 취소 또는 변경할 수 있다고 규정하고 있으며, 가사소송법(1992.11.30 법4505호) 2조 1항 나목(2) 8호는 위 민법규정에 의한 법원의 처분을 마류 가사비송사건으로 정하여 가정법원의 전속관할로 하고 있으므로, 성년에 달한 자녀의 부양에 관한 사항은 위 가사소송법의 규정에 의한 가사비송사건에 해당하고, 과거의 부양료의 구상청구도 위 규정에 의하여 가사비송사건으로서 청구할 수 있다.(대결 1994.6.2, 93스11)

第975條【扶養義務와 生活能力】 扶養의 義務는 扶養을 받을 者가 自己의 資力 또는 勤勞에 의하여 生活을 維持할 수 없는 경우에 限하여 이를 履行할 責任이 있다.

第976條【扶養의 順位】 ① 扶養의 義務있는 者가 數人인 경우에 扶養을 할 者의 順位에 관하여 當事者間에 協定이 없는 때에는 法院은 當事者의 請求에 의하여 이를 정한다. 扶養을 받을 權利者가 數人인 경우에 扶養義務者의 資力이 그 全員을 扶養할 수 없는 때에도 같다.
② 前項의 경우에 法院은 數人의 扶養義務者 또는 權利者를 選定할 수 있다.

참조 974, [부양 결정]가소2①, 46-48, [순서의 변경·취소]978

第977條【扶養의 程度, 方法】 扶養의 程度 또는 方法에 관하여 當事者間에 協定이 없는 때에는 法院은 當事者의 請求에 의하여 扶養을 받을 者의 生活程度와 扶養義務者의 資力 기타 諸般事情을 參酌하여 이를 정한다.

참조 975, [부양에 관한 결정]가소2①, 46-48, [부양정도·방법의 변경]978

판례 교육비의 부양료 해당여부 : 부양의 정도나 방법은 당사자간에 협정이 없는 한 부양을 받을 자의 생활정도와 부양의무자의 자력 기타 제반사정을 참작하여 정하게 되어 있는 바, 부양을 받을 자의 연령, 재능, 신분, 지위 등에 따른 교육을 받는데 필요한 비용도 부양료에 해당된다.(대판 1986.6.10, 86므46)

第978條【扶養關係의 變更 또는 取消】 扶養을 할 者 또는 扶養을 받을 者의 順位, 扶養의 程度 또는 方法에 관한 當事者의 協定이나 法院의 判決이 있은 후 이에 관한 事情變更이 있는 때에는 法院은 當事者의 請求에 의하여 그 協定이나 判決을 取消 또는 變更할 수 있다.

참조 974-977, [부양관계의 변경·취소]가소2①, 46-48

第979條【扶養請求權處分의 禁止】 扶養을 받을 權利는 이를 處分하지 못한다.

참조 [일신전속권과 채권양도]449①, [일신전속권과 상속]1005, [법률상의 부양료와 압류금지]민집246, 채무자회생파산383①②, [압류금지채권과 상계]497, [부양의무자의 파산과 부양료]채무자회생파산473·486·489

일판 기본적 양로금채권으로부터 파생한 개개의 채권은 유가 또는 무상으로 자유롭게 양도할 수 있다.(日·大審 1940.11.12)

第8章 戶主承繼
(2005.3.31 삭제)

第1節 總 則

第980條 (2005.3.31 삭제)
改前 "第980條【戶主承繼開始의 原因】戶主承繼는 다음 各號의 事由로 인하여 開始된다.(1990.1.13 본문개정)
1. 戶主가 死亡하거나 國籍을 喪失한 때
2. 養子인 戶主가 入養의 無效 또는 取消로 인하여 離籍된 때
3. 女戶主가 親家에 復籍하거나 婚姻으로 인하여 他家에 入籍한 때
4. (1990.1.13 삭제)"

第981條 (2005.3.31 삭제)

改前 "第981條【戶主承繼開始의 場所】戶主承繼는 被承繼人의 住所地에서 開始된다.(1990.1.13 본조개정)"

第982條 (2005.3.31 삭제)

改前 "第982條【戶主承繼回復의 訴】① 戶主承繼權이 僭稱戶主로 인하여 侵害된 때에는 承繼權者 또는 그 法定代理人은 戶主承繼回復의 訴를 提起할 수 있다.
② 前項의 戶主承繼回復請求權은 그 侵害를 안 날로부터 3年, 承繼가 開始된 날로부터 10年을 經過하면 消滅한다.
(1990.1.13 본조개정)"

第983條 (1990.1.13 삭제)

第2節 戶主承繼人

第984條 (2005.3.31 삭제)

改前 "第984條【戶主承繼의 順位】戶主承繼에 있어서는 다음 順位로 承繼人이 된다.
1. 被承繼人의 直系卑屬男子
2. 被承繼人의 家族인 直系卑屬女子
3. 被承繼人의 妻
4. 被承繼人의 家族인 直系尊屬女子
5. 被承繼人의 家族인 直系卑屬의 妻
(1990.1.13 본조개정)"

第985條 (2005.3.31 삭제)

改前 "第985條【同前】① 前條의 規定에 의한 同順位의 直系卑屬이 數人인 때에는 最近親을 先順位로 하고 同親等의 直系卑屬중에서는 婚姻중의 出生子를 先順位로 한다.
② 前項의 規定에 의하여 順位同一한 者가 數人인 때에는 年長者를 先順位로 한다. 그러나 前條第5號에 該當한 直系卑屬의 妻가 數人인 때에는 그 夫의 順位에 의한다.
③ 養子는 入養한 때에 出生한 것으로 본다."

第986條 (2005.3.31 삭제)

改前 "第986條【同前】第984條第4號의 直系尊屬이 數人인 때에는 最近親을 先順位로 한다."

第987條 (2005.3.31 삭제)

改前 "第987條【戶主承繼權없는 生母】養子인 被承繼人의 生母나 被承繼人의 父와 婚姻關係없는 生母는 被承繼人의 家族인 경우에도 그 戶主承繼人이 되지 못한다. 그러나 被承繼人이 分家 또는 一家創立의 戶主인 때에는 그러하지 아니하다.
(1990.1.13 본조개정)"

第988條 (1990.1.13 삭제)

第989條 (2005.3.31 삭제)

改前 "第989條【婚姻外出生子의 承繼順位】第855條第2項의 規定에 의하여 婚姻중의 出生子가 된 者의 承繼順位에 관하여는 그 父母가 婚姻한 때에 出生한 것으로 본다.(1990.1.13 본조개정)"

第990條 (1990.1.13 삭제)

第991條 (2005.3.31 삭제)

改前 "第991條【戶主承繼權의 포기】戶主承繼權은 이를 포기할 수 있다.(1990.1.13 본조개정)"

第992條 (2005.3.31 삭제)

改前 "第992條【承繼人의 缺格事由】다음 各號에 해당한 者는 戶主承繼人이 되지 못한다.
1. 故意로 直系尊屬, 被承繼人, 그 配偶者 또는 戶主承繼의 先順位者를 殺害하거나 殺害하려한 者
2. 故意로 直系尊屬, 被承繼人과 그 配偶者에게 傷害를 加하여 死亡에 이르게 한 者
3.~5. (1990.1.13 삭제)
(1990.1.13 본조개정)"

第993條 (2005.3.31 삭제)

改前 "第993條【女戶主와 그 承繼人】女戶主의 死亡 또는 離籍으로 인한 戶主承繼에는 第984條의 規定에 의한 直系卑屬이나 直系尊屬이 있는 경우에도 그 直系卑屬이 그 家의 系統을 繼承할 血族이 아니면 戶主承繼人이 되지 못한다. 그러나 被承繼人이 分家 또는 一家를 創立한 女戶主인 경우에는 그러하지 아니하다.(1990.1.13 본조개정)"

第994條 (2005.3.31 삭제)

改前 "第994條【承繼權爭訟과 財産管理에 관한 法院의 處分】
① 承繼開始된 후 承繼權의 存否와 그 順位에 影響있는 爭訟이 法院에 繫屬된 때에는 法院은 被承繼人의 配偶者, 4寸이내의 親族 기타 利害關係人의 請求에 의하여 그 承繼財産의 管理에 필요한 處分을 하여야 한다.(1990.1.13 본항개정)
② 法院이 財産管理人을 選任한 경우에는 第24條 내지 第26條의 規定을 準用한다."

第3節 戶主承繼의 效力

第995條 (2005.3.31 삭제)

改前 "第995條【承繼와 權利義務의 承繼】戶主承繼人은 承繼가 開始된 때로부터 戶主의 權利義務를 承繼한다. 그러나 前戶主의 一身에 專屬한 것은 그러하지 아니하다.(1990.1.13 본조개정)"

第996條 (1990.1.13 삭제)

第5編 相 續

第1章 相 續

第1節 總 則

第997條【相續開始의 原因】 相續은 死亡으로 인하여 開始된다.(1990.1.13 본조개정)

參照 [상속의 준거법]국제사법, [실종]27-29, 부재선고에관한특별조치법4, [사망·실종의 신고]가족관계등록84, [상속인]1000·1053, [상속의 효력]1005이하, [상속의 승인, 포기]1019이하

第998條【相續開始의 場所】 相續은 被相續人의 住所地에서 開始한다.(1990.1.13 본조개정)

參照 [상속개시지]민소22, 가소44

第998條의2【相續費用】 相續에 관한 費用은 相續財産중에서 支給한다.(1990.1.13 본조신설)

判例 장례비용이 민법 998조의2 소정의 상속에 관한 비용에 해당하는지 여부(적극) : 상속에 관한 비용은 상속재산 중에서 지급하는 것이고, 상속에 관한 비용이라 함은 상속재산의 관리 및 청산에 필요한 비용을 의미하는바, 장례비용도 피상속인이나 상속인의 사회적 지위와 그 지역의 풍속 등에 비추어 합리적인 금액 범위 내라면 이를 상속비용으로 보아야 한다.
(대판 2003.11.14, 2003다30968)

第999條【相續回復請求權】 ① 相續權이 僭稱相續權者로 인하여 侵害된 때에는 相續權者 또는 그 法定代理人은 相續回復의 訴를 提起할 수 있다.
② 第1項의 相續回復請求權은 그 侵害를 안 날부터 3年, 相續權의 침해행위가 있은 날부터 10年을 經過하면 消滅된다.(2002.1.14 본항개정)
(1990.1.13 본조개정)

判例 자신이 진정한 상속인임을 전제로 그 상속으로 인한 소유권 또는 지분권 등 재산권의 귀속을 주장하면서 참칭상속인 또는 참칭상속인으로부터 상속재산에 관한 권리를 취득하거나 새로운 이해관계를 맺은 제3자를 상대로 상속재산인 부동산에 관한 등기의 말소 또는 진정명의 회복을 위한 등기의 이전 등을 청구하는 경우에는, 그 소유권 또는 지분권이 귀속되었다는 주장이 상속을 원인으로 하는 것인 이상 그 청구원인 여하에 불구하고 이는 상속회복청구의 소라고 해석함이 상당하다.
(대판 2007.4.26, 2004다5570)

判例 제3자에 대한 상속회복청구권의 제척기간 기산일 : 진정상속인이 참칭상속인의 최초 침해행위가 있은 날로부터 10년의 제척기간이 경과하기 전에 참칭상속인에 대한 상속회복청구 소송에서 승소의 확정판결을 받았다고 하더라도 위 제척기간이 경과한 후에는 제3자를 상대로 상속회복청구 소송을 제기하여 상속재산에 관한 등기의 말소 등을 구할 수 없다.
(대판 2006.9.8, 2006다26694)

判例 제정민법 시행 전에 있었던 '상속회복청구권은 상속이 개시된 날부터 20년이 경과하면 소멸한다'는 관습에 관습법으로의 효력을 인정할 수 있는지 여부 : 제정민법 시행 전에 있었던 '상속회복청구권은 상속이 개시된 날부터 20년이 경과하면 소멸한다'는 관습을 적용하면, 20년 경과 후에 상속권침해가 있을 때에는 침해행위와 동시에 진정상속인은 권리를 잃고 구제를 받을 수 없게 되어 소멸시효에 걸리지 않는 소유권의 속성에 반할 뿐 아니라, 진정상속인으로 하여금 참칭상속인에 의한 재산권침해를 사실상 방어할 수 없게 하므로…(중략)…위 관습에 법적 규범인 관습법의 효력을 인정할 수 없다.
(대판 2003.7.24, 2001다48781 전원합의체)

第2節 相續人

第1000條【相續의 順位】 ① 相續에 있어서는 다음 順位로 相續人이 된다.(1990.1.13 본문개정)
1. 被相續人의 直系卑屬
2. 被相續人의 直系尊屬
3. 被相續人의 兄弟姉妹
4. 被相續人의 4寸 이내의 傍系血族(1990.1.13 본호개정)
② 前項의 경우에 同順位의 相續人이 數人인 때에는 最近親을 先順位로 하고 同親等의 相續人이 數人인 때에는 共同相續人이 된다.
③ 胎兒는 相續順位에 관하여는 이미 出生한 것으로 본다.(1990.1.13 본항개정)
(1990.1.13 본조제목개정)

參照 [대습상속]1001, [상속결격자]1004, [상속분]1009-1011, ②[공동상속]1006·1007, ③[준용규정]1064

判例 피상속인의 배우자와 자녀들 중 자녀 전부가 상속을 포기하면 상속분은 배우자에게 귀속된다. 피상속인의 배우자와 자녀 중 자녀 전부가 상속을 포기하고 배우자가 단순승인 또는 한정승인하는 경우, 배우자가 단독상속인이 될 뿐 손자녀는 공동상속인이 되지 않는다.
(대판 2023.3.23, 2020그42 전원합의체)

第1001條【代襲相續】 前條第1項第1號와 第3號의 規定에 의하여 相續人이 될 直系卑屬 또는 兄弟姉妹가 相續開始前에 死亡하거나 缺格者가 된 경우에 그 直系卑屬이 있는 때에는 그 直系卑屬이 死亡하거나 缺格된 者의 順位에 갈음하여 相續人이 된다.
(2014.12.30 본조개정)

改前 …者의 順位에 "가름하여" 相續人이…

參照 1000②, [상속개시]997, [실종]27-29, [상속결격자]1004, [대습상속인의 상속분]1008·1010·1011, [본조 준용]1118

判例 피상속인의 사위가 피상속인의 형제자매보다 우선하여 단독으로 대습상속할 수 있음을 규정한 민법 1003조 2항이 위헌인지 여부(소극) : [1] 우리나라에서는 전통적으로 오랫동안 며느리의 대습상속이 인정되어 왔고, 1990.1.13. 개정된 민법에서 사위에게도 대습상속을 인정하는 것으로 개정한 점, [2] 헌법 11조 1항, 헌법 36조 1항의 규정, [3] 현대 사회에서 딸이나 사위가 친정 부모 내지 장인장모를 봉양, 간호하거나 경제적으로 지원하는 경우가 드물지 아니한 점, [4] 배우자의 대습상속은 혈족상속과 배우자상속이 충돌하는 부분인데 이와 관련한 상속순위와 상속분은 원칙적으로 입법자의 입법형성의 재량에 속한다고 할 것인 점 등을 종합하여 볼 때, 이를 이유로 곧바로 피상속인의 사위가 피상속인의 형제자매보다 우선하여 단독으로 대습상속할 수 있음이 규정된 민법 1003조 2항이 입법형성의 재량의 범위를 일탈하여 행복추구권이나 재산권보장 등에 관한 헌법규정에 위배되는 것이라고 할 수 없다.(대판 2001.3.9, 99다13157)

判例 본위상속과 대습상속 : 피상속인의 자녀가 상속개시 전에 전부 사망한 경우 피상속인의 손자녀는 본위상속이 아니라 대습상속을 한다.(대판 2001.3.9, 99다13157)

第1002條 (1990.1.13 삭제)

第1003條【配偶者의 相續順位】 ① 被相續人의 配偶者는 第1000條第1項第1號와 第2號의 規定에 의한 相續人이 있는 경우에는 그 相續人과 同順位로 共同相續人이 되고 그 相續人이 없는 때에는 單獨相續人이 된다.
② 第1001條의 경우에 相續開始前에 死亡 또는 缺格된 者의 配偶者는 同條의 規定에 의한 相續人과 同順位로 共同相續人이 되고 그 相續人이 없는 때에는 單獨相續人이 된다.
(1990.1.13 본조개정)

參照 1000·1006·1007, ②1001, [상속개시]997, [실종]27-29, [사망·실종의 신고]가족관계등록84, [상속결격자]1004

判例 민법 제1003조제1항이 사실혼 배우자에게 상속권을 인정하지 아니하는 것은 상속인에 해당하는지 여부를 객관적인 기준에 의하여 파악할 수 있도록 함으로써 상속을 둘러싼 분쟁을 방지하고, 상속으로 인한 법률관계를 조속히 확정시키며, 거래의 안전을 도모하기 위한 것이다. 사실혼 부부에 대하여 획일적으로 법률이 정한 상속권을 인정하게 되면, 경우에 따라 당사자들의 의사에 반하게 될 수 있고, 사실혼관계인지 여부에 관하여 다툼이 생겨 상속을 둘러싼 법적 분쟁이 발생할 가능성이 매우 높다. 사실혼 배우자는 혼인신고를 함으로써 상속권을 가질 수 있고, 증여나 유증을 받는 방법으로 상속에 준하는 효과를 얻을 수 있으며, 근로기준법, 국민연금법 등에 근거한 급여를 받을 권리 등이 인정된다. 따라서 이 사건 법률조항이 사실혼 배우자인 청구인의 상속권을 침해한다고 할 수 없다.
(헌재결 2014.8.28, 2013헌바119)

第1004條【相續人의 缺格事由】 다음 각 호의 어느 하나에 해당한 者는 相續人이 되지 못한다.
(2005.3.31 본문개정)
1. 故意로 直系尊屬, 被相續人, 그 配偶者 또는 相續의 先順位나 同順位에 있는 者를 殺害하거나 殺害하려 한 者
2. 故意로 直系尊屬, 被相續人과 그 配偶者에게 傷害를 加하여 死亡에 이르게 한 者
3. 詐欺 또는 强迫으로 被相續人의 상속에 관한 遺言 또는 遺言의 撤回를 방해한 者(2005.3.31 본호개정)
4. 詐欺 또는 强迫으로 被相續人의 상속에 관한 遺言을 하게 한 者(2005.3.31 본호개정)
5. 被相續人의 상속에 관한 遺言書를 僞造·變造·破棄 또는 은닉한 者(2005.3.31 본호개정)
(1990.1.13 본조개정)

改前 【相續人의 缺格事由】"다음 各號에" 해당한 者는…
3. …被相續人의 "養子 기타 相續"에 관한 遺言 또는…
4. …被相續人의 "養子 기타 相續"에 관한 遺言을…
5. 被相續人의 "養子 기타 相續"에 관한 遺言書를…

參照 [상속의 순위]1000-1003·부칙25, [본조 준용]1064, (1)[살해 및 그 미수]형250·254, (2)[상해치사]형259, [유언·유언의 철회]1060·1108, [사기·강박에 의한 의사표시]110, [권리행사의 방해]형323·328②, [사문서의 위조·변조]형231·323·328②

判例 '상속에 관한 유언서를 은닉한 자'의 의미 : 상속인의 결격사유의 하나로 규정하고 있는 민법 1004조 5호의 '상속에 관한 유언서를 은닉한 자'라 함은 유언서의 소재를 불명하게 하여 그 발견을 방해하는 일체의 행위를 한 자를 의미하는 것이므로, 단지 공동상속인들 사이에 그 내용이 널리 알려진 유언서에 관하여 피상속인이 사망한 지 6개월이 경과한 시점에서 비로소 그 존재를 주장하였다고 하여 이를 두고 유언서의 은닉에 해당한다고 볼 수 없다.(대판 1998.6.12, 97다38510)

第3節 相續의 效力
(1990.1.13 본절제목개정)

第1款 一般的 效力

第1005條【相續과 包括的權利義務의 承繼】 相續人은 相續開始된 때로부터 被相續人의 財産에 관한 包括的權利義務를 承繼한다. 그러나 被相續人의 一身에 專屬한 것은 그러하지 아니하다.(1990.1.13 본문개정)

參照 1000-1005, [상속의 개시]997, [족보등의 권리의 예외]1008의3, [상속의 승인·포기]1019이하, [단순승인의 효과]1025, [한정승인의 효과]1028, [상속포기의 효과]1042, [일신전속의 권리의무]657·979, [상속인이 수인인 경우]1000②·1006, [포괄수증자의 권리의무]1064·1078

判例 민법 제1005조가 입법형성의 한계를 일탈하거나 기본권제한의 입법한계를 벗어난 것으로서 헌법에 위반되는지 여부 : 우리의 상속법제는 법적 안정성이라는 공익을 도모하기 위하여 포괄·당연승계주의를 채택하는 한편, 상속의 포기·한정승인 제도를 두어 상속인으로 하여금 그의 의사에 따라 상속의 효과를 귀속시키거나 거절할 수 있는 자유를 주고 있으며, 상속인과 피상속인의 채권자 및 상속인의 채권자 등의 이해관계를 조절할 수 있는 다양한 제도적 장치도 마련하고 있으므로, 민법

1005조는 입법자가 입법형성권을 자의적으로 행사하였다거나 헌법상 보장된 재산권이나 사적 자치권 및 행복추구권을 과도하게 침해하여 기본권제한의 입법한계를 벗어난 것으로서 헌법에 위반된다고 할 수 없다.(헌재결 2004.10.28, 2003헌가13)

판례 상해보험에서 보험수익자가 지정되어 있지 않아 피보험자의 상속인이 보험수익자로 되는 경우 보험금청구권이 상속인의 고유재산인지 여부(적극) : 보험수익자의 지정에 관한 상법 733조는 상법 739조에 의하여 상해보험에도 준용되므로, 결국 상해의 결과로 사망한 때에 사망보험금이 지급되는 상해보험에 있어서 보험수익자가 지정되어 있지 않아 위 법률규정에 의하여 피보험자의 상속인이 보험수익자가 되는 경우에도 보험수익자인 상속인의 보험금청구권은 상속재산이 아니라 상속인의 고유재산으로 보아야 한다.(대판 2004.7.9, 2003다29463)

第1006條【共同相續과 財産의 共有】 相續人이 數人인 때에는 相續財産은 그 共有로 한다.
(1990.1.13 본조개정)

참조 1000②③ · 1003, [포괄수증자의 권리의무]1064 · 1078, [공동상속인의 권리의무의 승계]1007, [공유와 유산의 분할]263이하 · 271-274 · 1012이하, [상속재산분할의 소급효]1015, [공동상속인과 한정승인]1029 · 1040 · 1043, [공동상속과 포기]1043

판례 공동상속인들이 택지개발예정지구 내의 이주자택지에 관한 공급계약을 체결할 수 있는 청약권을 공동상속한 경우 그 행사방법 : 한국토지공사가 택지개발예정지구 내의 이주자택지 공급대상자의 선정기준에 따라 이주자택지 공급대상자를 확정하고 청약신청을 하도록 통지하여 청약권이 발생하였는데, 그 공급대상자가 사망하여 공동상속인들이 청약권을 공동으로 상속하는 경우에는 공동상속인들이 그 상속지분비율에 따라 피상속인의 청약권을 준공유하게 되며, 공동상속인들은 단독으로 청약권 전부는 물론 그 상속지분에 관하여도 이를 행사할 수 없고, 그 청약권을 준공유하고 있는 공동상속인들 전원이 공동으로만 이를 행사할 수 있는 것이므로 위 청약권에 기하여 청약의 의사표시를 하고, 그에 대한 승낙의 의사표시를 구하는 소송은 청약권의 준공유자 전원이 원고가 되어야 하는 고유필수적 공동소송이다.(대판 2003.12.26, 2003다11738)

第1007條【共同相續人의 權利義務承繼】 共同相續人은 各自의 相續分에 應하여 被相續人의 權利義務를 承繼한다.

참조 1006, [상속분]1009-1011, [포괄수증자의 권리의무]1078, [다수당사자의 채권관계]408 · 409 · 411

第1008條【特別受益者의 相續分】 共同相續人중에 被相續人으로부터 財産의 贈與 또는 遺贈을 받은 者가 있는 경우에 그 受贈財産이 自己의 相續分에 達하지 못한 때에는 그 不足한 部分의 限度에서 相續分이 있다.(1977.12.31 단서삭제)

참조 [증여]554이하, [유증]1064 · 1074이하, [상속분]1009-1011, [본조 준용]1118

판례 공동상속인 중에 특별수익자가 있는 경우의 계산의 기초가 되는 "피상속인이 상속개시 당시에 가지고 있던 재산의 가액"은 상속재산 가운데 적극재산의 전액을 가리키는 것으로 보아야 옳다.(대판 1995.3.10, 94다16571)

第1008條의2【寄與分】 ① 共同相續人 중에 상당한 기간 동거 · 간호 그 밖의 방법으로 피상속인을 특별히 부양하거나 피상속인의 재산의 유지 또는 증가에 특별히 기여한 자가 있을 때에는 相續開始 당시의 被相續人의 財産價額에서 共同相續人의 協議로 정한 그 者의 寄與分을 控除한 것을 相續財産으로 보고 第1009條 및 第1010條에 의하여 算定한 相續分에 寄與分을 加算한 額으로써 그 者의 相續分으로 한다.(2005.3.31 본항개정)

② 第1項의 協議가 되지 아니하거나 協議할 수 없는 때에는 家庭法院은 第1項에 規定된 寄與者의 請求에 의하여 기여의 時期 · 방법 및 정도와 相續財産의 額 기타의 事情을 參酌하여 寄與分을 정한다.

③ 寄與分은 相續이 開始된 때의 被相續人의 財産價額에서 遺贈의 價額을 控除한 額을 넘지 못한다.

④ 第2項의 規定에 의한 請求는 第1013條第2項의 規定에 의한 請求가 있을 경우 또는 第1014條에 規定하는 경우에 할 수 있다.
(1990.1.13 본조신설)

改前 ① 共同相續人중에 "被相續人의 財産의 維持 또는 增加에 관하여 특별히 寄與한 者(被相續人을 특별히 扶養한 者를 포함한다)"가 있을 때에는 相續開始 당시의…

第1008條의3【墳墓 등의 承繼】 墳墓에 속한 1町步 이내의 禁養林野와 600坪 이내의 墓土인 農地, 族譜와 祭具의 所有權은 祭祀를 主宰하는 者가 이를 承繼한다.(1990.1.13 본조신설)

판례 제사의 주재자로서 금양임야를 승계할 자 : 민법 1008조의 3에 의한 금양임야의 승계자는 제사를 주재하는 자로서 공동상속인 중 종손이 있다면 통상 종손이 제사의 주재자가 되나, 종손에게 제사를 주재하는 자의 지위를 유지할 수 없는 특별한 사정이 있는 경우에는 그렇지 않다고 할 것이다. 선대의 제사 및 부모의 부양을 소홀히 하여 가족간 불화를 일으켜 왔으며 부모의 사후에도 제사를 지내지 않은 경우에는 종손이라 하더라도 제사를 주재하는 자에 해당하지 않는다.
(대판 2004.1.16, 2001다79037)

第2款 相續分

第1009條【法定相續分】 ① 同順位의 相續人이 數人인 때에는 그 相續分은 均分으로 한다.

② 被相續人의 配偶者의 相續分은 直系卑屬과 共同으로 相續하는 때에는 直系卑屬의 相續分의 5割을 加算하고, 直系尊屬과 共同으로 相續하는 때에는 直系尊屬의 相續分의 5割을 加算한다.

③ (1990.1.13 삭제)
(1990.1.13 본조개정)

참조 [상속의 순위]1000 · 1003, [포괄수증자의 권리의무]1078, [대습상속분]1010, [공동상속분]1011

第1010條【代襲相續分】 ① 第1001條의 規定에 의하여 死亡 또는 缺格된 者에 갈음하여 相續人이 된 者의 相續分은 死亡 또는 缺格된 者의 相續分에 의한다.(2014.12.30 본항개정)

② 前項의 경우에 死亡 또는 缺格된 者의 直系卑屬이 數人인 때에는 그 相續分은 死亡 또는 缺格된 者의 相續分의 限度에서 第1009條의 規定에 의하여 이를 정한다. 第1003條第2項의 경우에도 또한 같다.

改前 ① …缺格된 者에 "가름하여" 相續人이…

참조 1003②, [법정상속분]1009, [대습상속]1001, [본조 준용]1118

第1011條【共同相續分의 讓受】 ① 共同相續人 중에 그 相續分을 第三者에게 讓渡한 者가 있는 때에는 다른 共同相續人은 그 價額과 讓渡費用을 償還하고 그 相續分을 讓受할 수 있다.

② 前項의 權利는 그 事由를 안 날로부터 3月, 그 事由있은 날로부터 1年내에 行使하여야 한다.

참조 1012이하, [상속분의 양도]273① · 1006, [포괄수증자의 권리의무]1078

판례 '상속분의 양도'의 의미 : '상속분의 양도'란 상속재산분할 전에 적극재산과 소극재산을 모두 포함한 상속재산 전부에 관하여 공동상속인이 가지는 포괄적 상속분, 즉 상속인 지위의 양도를 의미하므로, 상속재산을 구성하는 개개의 물건 또는 권리에 대한 개개의 물권적 양도는 이에 해당하지 아니한다.
(대판 2006.3.24, 2006다2179)

第3款 相續財産의 分割

第1012條【遺言에 의한 分割方法의 指定, 分割禁止】 被相續人은 遺言으로 相續財産의 分割方法을 정하거나 이를 定할 것을 第三者에게 委託할 수 있고 相續開始의 날로부터 5年을 超過하지 아니하는 期間내의 그 分割을 禁止할 수 있다.

참조 1006 · 1013 · 1015, [공유물의 분할]268-270, [유언]1060이하, [분할의 기준]1009, [상속개시]997, [기간의 계산]157 · 160

第1013條【協議에 의한 分割】 ① 前條의 경우외에는 共同相續人은 언제든지 그 協議에 의하여 相續財産을 分割할 수 있다.

② 第269條의 規定은 前項의 相續財産의 分割에 準用한다.

판례 순차적으로 이루어진 상속재산 협의분할의 효력 : 상속재산의 협의분할은 공동상속인 간의 일종의 계약으로서 공동상속인 전원이 참여하여야 하고 일부 상속인만으로 한 협의분할은 무효라고 할 것이나, 반드시 한 자리에서 이루어질 필요는 없고 순차적으로 이루어질 수도 있으며, 상속인 중 한사람이 만든 분할 원안을 다른 상속인이 후에 돌아가며 승인하여도 무방하다.
(대판 2004.10.28, 2003다65438,65445)

第1014條【分割후의 被認知者 등의 請求權】 相續開始후의 認知 또는 裁判의 確定에 의하여 共同相續人이 된 者가 相續財産의 分割을 請求할 경우에 다른 共同相續人이 이미 分割 기타 處分을 한 때에는 그 相續分에 相當한 價額의 支給을 請求할 權利가 있다.

참조 [상속개시]997, [인지와 그 소급효]855 · 860 · 863, [상속개시후의 인지]859② · 864, [심리 · 재판]가소규2①⑵

판례 가액의 산정 기준시점 : 민법 1014조의 가액은 다른 공동상속인들이 상속재산을 실제처분한 가액 또는 처분한 때의 시가가 아니라 사실심 변론종결시의 시가를 의미한다.
(대판 1993.8.24, 93다12)

第1015條【分割의 遡及效】 相續財産의 分割은 相續開始된 때에 遡及하여 그 效力이 있다. 그러나 第三者의 權利를 害하지 못한다.

참조 [상속개시]997

판례 상속재산분할에서 제3자 보호의 범위 : 민법 제1015조 단서에서 이야기하는 제3자는 일반적으로 상속재산분할의 대상이 된 상속재산에 관하여 상속재산분할 전에 새로운 이해관계를 가졌을 뿐만 아니라 등기, 인도 등으로 권리를 취득한 사람을 말한다.(대판 2020.8.13, 2019다249312)

第1016條【共同相續人의 擔保責任】 共同相續人은 다른 共同相續人이 分割로 인하여 取得한 財産에 대하여 그 相續分에 응하여 賣渡人과 같은 擔保責任이 있다.

참조 1017 · 1018, [상속분]1009-1011, [매도인의 담보책임]568이하, [공유분할과 담보책임]270

第1017條【相續債務者의 資力에 대한 擔保責任】 ① 共同相續人은 다른 相續人이 分割로 인하여 取得한 債權에 대하여 分割당시의 債務者의 資力을 擔保한다.

② 辨濟期에 達하지 아니한 債權이나 停止條件있는 債權에 대하여는 辨濟를 請求할 수 있는 때의 債務者의 資力을 擔保한다.

참조 [상속분]1009 · 1010, [담보책임]1016 · 1018, [자력의 담보]579, [정지조건]147①

第1018條【無資力共同相續人의 擔保責任의 分擔】 擔保責任있는 共同相續人 중에 償還의 資力이 없는 者가 있는 때에는 그 負擔部分은 求償權者와 資力있는 다른 共同相續人이 그 相續分에 응하여 分擔한다. 그러나 求償權者의 過失로 인하여 償還을 받지 못한 때에는 다른 共同相續人에게 分擔을 請求하지 못한다.

참조 1016, [상환무자력자의 부담부분]427, [상속분]1009 · 1010

第4節 相續의 承認 및 抛棄

第1款 總則

第1019條【承認, 抛棄의 期間】 ① 相續人은 相續開始있음을 안 날로부터 3月내에 單純承認이나 限定承認 또는 抛棄를 할 수 있다. 그러나 그 期間은 利害關係人 또는 檢事의 請求에 의하여 家庭法院이 이를 延長할 수 있다.(1990.1.13 본항개정)

② 相續人은 제1항의 承認 또는 抛棄를 하기 前에 相續財産을 調査할 수 있다.(2002.1.14 본항개정)

③ 제1항에도 불구하고 상속인은 상속채무가 상속재산을 초과하는 사실(이하 이 조에서 "상속채무 초과사실"이라 한다)을 중대한 과실 없이 제1항의 기간 내에 알지 못하고 단순승인(제1026조제1호 및 제2호에 따라 단순승인한 것으로 보는 경우를 포함한다. 이하 이 조에서 같다)을 한 경우에는 그 사실을 안 날부터 3개월 내에 한정승인을 할 수 있다.
(2022.12.13 본항개정)

④ 제1항에도 불구하고 미성년자인 상속인이 상속채무가 상속재산을 초과하는 상속을 성년이 되기 전에 단순승인한 경우에는 성년이 된 후 그 상속의 상속채무 초과사실을 안 날부터 3개월 내에 한정승인을 할 수 있다. 미성년자인 상속인이 제3항에 따른 한정승인을 하지 아니하였거나 할 수 없었던 경우에도 또한 같다.(2022.12.13 본항신설)

改前 "③ 제1항의 규정에 불구하고 상속인은 상속채무가 상속재산을 초과하는 사실을 중대한 과실없이 제1항의 기간내에 알지 못하고 단순승인(제1026조제1호 및 제2호의 규정에 의하여 단순승인한 것으로 보는 경우를 포함한다)을 한 경우에는 그 사실을 안 날부터 3월내에 한정승인을 할 수 있다.(2002.1.14 본항신설)"

참조 1020 · 1021, [상속인]1000이하, [상속개시]997, [단순승인]1025이하, [한정승인]1028이하, [상속의 포기]1041이하, [상속의 효력]1005이하, [제한능력자의 상속 승인 · 포기]5 · 10 · 13 · 929 · 950, [유증의 승인과 포기]1074이하

판례 특별한정승인의 인정 기준 : 미성년자의 법정대리인이 상속받을 재산보다 빚이 많다는 것을 알면서도 채무 상속을 막지 못했다면 미성년자가 성인이 됐더라도 상속은 유효하므로 책임을 져야 한다. 특별한정승인 인정 여부는 미성년자가 아니라 그 법정대리인을 기준으로 해야 한다.
(대판 2020.11.19, 2019다232918)

판례 한정승인의 제척기간 : 상속개시 후 1,2순위 상속권자가 상속을 포기하자, 채권자가 제3순위 상속권자에게 내용증명을 보내 그 사실을 알렸더라도, 그 내용증명 자체에서도 채권자가 제1순위 상속권자와 상속포기를 둘러싸고 소송중임을 밝힌 경우라면 그 제3순위 상속권자가 위 내용증명을 수령한 뒤 3개월이 지난 뒤에 한정승인을 하였더라도 무효라 할 수 없다.
(대판 2012.10.11, 2012다59367)

판례 일반인의 입장에서 피상속인의 처와 자녀가 상속을 포기한 경우 피상속인의 손자녀가 이로써 자신들이 상속인이 되었다는 사실까지 안다는 것은 오히려 이례에 속한다고 할 것이고, 따라서 피상속인의 손자녀가 상속인이 된 경우에는 상속인이 상속개시의 원인사실을 아는 것만으로 자신이 상속인이 된 사실을 알기 어려운 특별한 사정이 있다고 보는 것이 상당하다.
(대판 2006.2.10, 2004다33865,33872)

판례 상속개시의 원인사실을 아는 것만으로는 바로 자신의 상속인이 된 사실까지 알기 어려운 특별한 사정이 존재하는 경우도 있으므로, 이러한 때에는 법원으로서는 '상속개시 있음을 안 날'을 확정함에 있어 상속개시의 원인사실뿐 아니라 더 나아가 그로써 자신이 상속인이 된 사실을 안 날이 언제인지까지도 심리, 규명하여야 마땅할 것이다.(대판 2005.7.22, 2003다43681)

第1020條【제한능력자의 승인 · 포기의 기간】 상속인이 제한능력자인 경우에는 제1019조제1항의 기간은 그의 친권자 또는 후견인이 상속이 개시된 것을 안 날부터 기산(起算)한다.(2011.3.7 본조개정)

改前 "第1020條【無能力者의 承認, 抛棄의 期間】相續人이 無能力者인 때에는 前條第1項의 期間은 그 法定代理人이 相續開始있음을 안 날로부터 起算한다."

참조 [제한능력자]5 · 10 · 13, [법정대리인]911 · 938, [제한능력자의 상속의 승인 · 포기]5 · 10 · 929 · 950, [상속개시]997

第1021條【承認, 抛棄期間의 計算에 관한 特則】 相續人이 承認이나 抛棄를 하지 아니하고 第1019條第1項의 期間내에 死亡한 때에는 그의 相續人이 그 自己의 相續開始있음을 안 날로부터 第1019條第1項의 期間을 起算한다.

참조 [상속개시]997

第1022條【相續財産의 管理】 相續人은 그 固有財産에 대하는 것과 同一한 注意로 相續財産을 管理하여야 한다. 그러나 單純承認 또는 拋棄한 때에는 그러하지 아니하다.

참조 [상속재산의 파산과 관리]채무자회생파산299·300·307·309·384·385·389, [동일한 주의]695, [상속의 한정승인·포기 또는 단순승인후의 재산분리의 청구가 있을 경우의 상속재산의 관리]1019·1040·1044·1048·1050, [본조 준용]1040③·1044②

第1023條【相續財産保存에 必要한 處分】 ① 法院은 利害關係人 또는 檢事의 請求에 의하여 相續財産의 保存에 必要한 處分을 命할 수 있다.

② 法院이 財産管理人을 選任한 경우에는 第24條 내지 第26條의 規定을 準用한다.

참조 1022·1040③·1044②, [관리인의 담보제공의무]29, [선관의무]681, [인도이전의무]684, [이자지급·손해배상의무]685, [비용상환청구권]688, [법원의 처분]가소2①(2)가·44

第1024條【承認, 拋棄의 取消禁止】 ① 相續의 承認이나 拋棄는 第1019條第1項의 期間내에도 이를 取消하지 못한다.(1990.1.13 본항개정)

② 前項의 規定은 總則編의 規定에 의한 取消에 影響을 미치지 아니한다. 그러나 그 取消權은 追認할 수 있는 날로부터 3月, 承認 또는 拋棄한 날로부터 1年내에 行使하지 아니하면 時效로 인하여 消滅된다.

참조 1019①, [제2항의 준용]1075②, [제한능력으로 인한 취소]5·10·13, [사기·강박으로 인한 취소]110, [후견인이 친족회의 동의를 얻지 않았을 경우]948·950, [취소의 효과]146

第2款 單純承認

第1025條【單純承認의 效果】 相續人이 單純承認을 한 때에는 制限없이 被相續人의 權利義務를 承繼한다.(1990.1.13 본조개정)

참조 [단순승인]1019·1026·1027, [상속의 효력]1005－1008의3, [파산자의 단순승인과 파산재단에 대한 효력]채무자회생파산385·387

第1026條【法定單純承認】 다음 各號의 事由가 있는 경우에는 相續人이 單純承認을 한 것으로 본다.

1. 相續人이 相續財産에 대한 處分行爲를 한 때
2. 상속인이 제1019조제1항의 기간내에 한정승인 또는 포기를 하지 아니한 때(2002.1.14 본호신설)
3. 相續人이 限定承認 또는 拋棄를 한 후에 相續財産을 隱匿하거나 不正消費하거나 故意로 財産目錄에 記入하지 아니한 때

참조 1025, [상속인의 상속재산관리의무]1022, [보존행위]25·1181, [한정승인]1028, [승인 또는 포기등의 기간]1019①, [상속의 포기]1041이하, [공동상속인과 한정승인 또는 포기]1029·1043, [한정승인자의 재산목록작성의무]1030, [상속포기자의 상속재산관리의무]1044

판례 민법 제1026조 제1호는 상속인이 상속재산에 대한 처분행위를 한 때에는 단순승인을 한 것으로 본다고 규정하고 있다. 그런데 상속의 한정승인이나 포기의 효력이 생긴 이후에는 더 이상 단순승인으로 간주할 여지가 없으므로, 이 규정은 한정승인이나 포기의 효력이 생기기 전에 상속재산을 처분한 경우에만 적용된다. 한편 상속의 한정승인이나 포기는 상속인의 의사표시만으로 효력이 발생하는 것이 아니라 가정법원에 신고를 하여 가정법원의 심판을 받아야 하며, 심판은 당사자가 이를 고지받음으로써 효력이 발생한다. 이는 한정승인이나 포기의 의사표시의 존재를 명확히 하여 상속으로 인한 법률관계가 획일적으로 처리되도록 함으로써, 상속재산에 이해관계를 가지는 공동상속인이나 차순위 상속인, 상속채권자, 상속재산의 처분 상대방 등 제3자의 신뢰를 보호하고 법적 안정성을 도모하고자 하는 것이다. 따라서 상속인이 가정법원에 상속포기의 신고를 하였더라도 이를 수리하는 가정법원의 심판이 고지되기 이전에 상속재산을 처분하였다면, 이는 상속포기의 효력 발생 전에 처분행위를 한 것이므로 민법 제1026조 제1호에 따라 상속의 단순승인을 한 것으로 보아야 한다.
(대판 2016.12.29, 2013다73520)

판례 동조 제3호 '상속재산의 부정소비'라 함은 정당한 사유없이 상속재산을 써서 없앰으로써 그 재산적 가치를 상실시키는 행위를 의미하는 바, 상속인이 상속재산을 처분하여 그 처분대금 전액을 우선변제권자에게 귀속시킨 행위는 상속재산의 부정소비에 해당한다고 할 수 없다.
(대판 2004.3.12, 2003다63586)

판례 '고의로 재산목록에 기입하지 아니한 때'의 의미 : 법정단순승인 사유인 민법 1026조 3호 소정의 '고의로 재산목록에 기입하지 아니한 때'라는 것은 한정승인을 함에 있어 상속재산을 은닉하여 상속채권자를 사해할 의사로써 상속재산을 재산목록에 기입하지 않는 것을 의미한다.(대판 2003.11.14, 2003다30968)

第1027條【法定單純承認의 例外】 相續人이 相續을 拋棄함으로 인하여 次順位相續人이 相續을 承認한 때에는 前條第3號의 事由는 相續의 承認으로 보지 아니한다.

참조 1026, [상속의 포기]1041이하, [상속순위]1000－1003, [상속포기자의 상속재산관리의무]1044

第3款 限定承認

第1028條【限定承認의 效果】 相續人은 相續으로 인하여 取得할 財産의 限度에서 被相續人의 債務와 遺贈을 辨濟할 것을 條件으로 相續을 承認할 수 있다.
(1990.1.13 본조개정)

참조 1045, [한정승인의 기간]1019·1026, [한정승인의 방식]1030, [상속의 효력]1005－1007, [파산선고와 한정승인]채무자회생파산346, [단순승인 또는 포기와 상속재산에 대한 한정승인의 효력]채무자회생파산385－387, [한정승인일지라도 단순승인으로 보는 경우]1026

판례 한정승인 항변을 하지 않음으로 인해 책임의 범위에 관한 유보가 없는 판결이 확정된 경우 청구에 관한 이의의 소 제기 가부(적극) : 채무자(상속인)가 한정승인을 하고도 채권자가 제기한 소송의 사실심 변론종결시까지 그 사실을 주장하지 아니하여 책임의 범위에 관한 유보가 없는 판결이 선고되어 확정되었다고 하더라도, 채무자는 그 후 위 한정승인 사실을 내세워 청구에 관한 이의의 소를 제기할 수 있다.
(대판 2006.10.13, 2006다23138)

판례 가정법원의 한정승인신고수리의 심판 : 가정법원의 한정승인신고수리의 심판은 일응 한정승인의 요건을 구비한 것으로 인정한다는 것일 뿐 그 효력을 확정하는 것이 아니고 상속의 한정승인의 효력이 있는지 여부의 최종적인 판단은 실체법에 따라 민사소송에서 결정될 문제이다.(대판 2002.11.8, 2002다21882)

第1029條【共同相續人의 限定承認】 相續人이 數人인 때에는 各 相續人은 그 相續分에 응하여 取得할 財産의 限度에서 그 相續分에 의한 被相續人의 債務와 遺贈을 辨濟할 것을 條件으로 相續을 承認할 수 있다.

참조 [공동상속인의 일부의 법정단순승인 또는 포기]1006·1007·1043, [전원의 한정승인과 상속재산관리인의 선임]1040, [포괄수증자]1078

第1030條【限定承認의 方式】 ① 相續人이 한정승인을 할 때에는 제1019조제1항·제3항 또는 제4항의 期間 내에 相續財産의 目錄을 添附하여 法院에 限定承認의 申告를 하여야 한다.

② 제1019조제3항 또는 제4항에 따라 한정승인을 한 경우 상속재산 중 이미 처분한 재산이 있는 때에는 그 목록과 가액을 함께 제출하여야 한다.
(2022.12.13 본조개정)

改前 ① 相續人이 "限定承認을 함에는 제1019조제1항 또는 제3항"의 期間 내에…

② "제1019조제3항의 규정에 의하여" 한정승인을 한 경우…

참조 [신고의 수리]가소2①(2)가, 가소규75·76, [기간내에 한정승인을 하지 않는 경우]1026, [기간의 연장]1019①, [한정승인 전의 재산조사]1019②

第1031條【限定承認과 財産上 權利義務의 不消滅】 相續人이 限定承認을 한 때에는 被相續人에 대한 相續人의 財産上 權利義務는 消滅하지 아니한다.

참조 1050, [상속과 혼동]191·507, [파산과 상속인의 피상속인에 대한 채권채무]채무자회생파산389

第1032條【債權者에 대한 公告, 催告】 ① 限定承認者는 限定承認을 한 날로부터 5日내에 一般相續債權者와 遺贈받은 者에 대하여 限定承認의 事實과 一定한 期間내에 그 債權 또는 受贈을 申告할 것을 公告하여야 한다. 그 期間은 2月 이상이어야 한다.

② 第88條第2項, 第3項과 第89條의 規定은 前項의 경우에 準用한다.

참조 1030·1050, [공고비용의 부담]998의2, [기간의 계산]157·160, [공고 또는 최고의 해태]1038, [신고하지 않은 채권자등]1039, [상속인이 수인인 경우의 관리자]1040

第1033條【催告期間 중의 辨濟拒絶】 限定承認者는 前條第1項의 期間滿了前에는 相續債權의 辨濟를 拒絶할 수 있다.

참조 1050·1056②, [채권신고기간내의 변제금지]90, [기간내의 변제의 책임등]1038, [상속인이 수인인 경우]1040

第1034條【配當辨濟】 ① 限定承認者는 第1032條第1項의 期間滿了후에 相續財産으로서 그 期間내에 申告한 債權者와 限定承認者가 알고 있는 債權者에 대하여 各 債權額의 比率로 辨濟하여야 한다. 그러나 優先權있는 債權者의 權利를 害하지 못한다.

② 제1019조제3항 또는 제4항에 따라 한정승인을 한 경우에는 그 상속인은 상속재산 중에서 남아있는 상속재산과 함께 이미 처분한 재산의 가액을 합하여 제1항의 변제를 하여야 한다. 다만, 한정승인을 하기 전에 상속채권자나 유증받은 자에 대하여 변제한 가액은 이미 처분한 재산의 가액에서 제외한다.
(2022.12.13 본문개정)

改前 ② "제1019조제3항의 규정에 의하여" 한정승인을 한 경우에는…

참조 1033·1035－1039·1050·1056②, [우선권 있는 채권]329·356, [상속인이 수인인 경우]1040

第1035條【辨濟期前의 債務 등의 辨濟】 ① 限定承認者는 辨濟期에 이르지 아니한 債權에 대하여도 前條의 規定에 의하여 辨濟하여야 한다.

② 條件있는 債權이나 存續期間의 不確定한 債權은 法院의 選任한 鑑定人의 評價에 의하여 辨濟하여야 한다.

참조 1038·1050·1051③·1056②, [기한전의 변제]153·743, [상속인이 수인인 경우]1040

第1036條【受贈者에의 辨濟】 限定承認者는 前2條의 規定에 의하여 相續債權者에 대한 辨濟를 完了한 후가 아니면 遺贈받은 者에게 辨濟하지 못한다.

참조 1038·1050·1051③·1056②, [수증자]1078, [상속인이 수인인 경우]1040

第1037條【相續財産의 競賣】 前3條의 規定에 의한 辨濟를 하기 위하여 相續財産의 全部나 一部를 賣却할 必要가 있는 때에는 민사집행법에 의하여 競賣하여야 한다.(2001.12.29 본조개정)

참조 1050·1051③·1056②, [상속인이 수인인 경우]1040

第1038條【부당변제 등으로 인한 책임】 ① 限定承認者가 第1032條의 規定에 의한 公告나 催告를 懈怠하거나 第1033條 내지 第1036條의 規定에 違反하여 어느 相續債權者나 遺贈받은 者에게 辨濟함으로 인하여 다른 相續債權者나 遺贈받은 者에 대하여 辨濟할 수 없게 된 때에는 限定承認者는 그 損害를 賠償하여야 한다. 제1019조제3항의 규정에 의하여 한정승인을 한 경우 그 이전에 상속채무가 상속재산을 초과함을 알지 못한 데 과실이 있는 상속인이 상속채권자나 유증받은 자에게 변제한 때에도 또한 같다.

② 제1항 전단의 경우에 辨濟를 받지 못한 相續債權者나 遺贈받은 者는 그 事情을 알고 辨濟를 받은 相續債權者나 遺贈받은 者에 대하여 求償權을 行使할 수 있다. 제1019조제3항 또는 제4항에 따라 한정승인을 한 경우 그 이전에 상속채무가 상속재산을 초과함을 알고 변제받은 상속채권자나 유증받은 자가 있는 때에도 또한 같다.(2022.12.13 후단개정)

③ 第766條의 規定은 제1항 및 제2항의 경우에 準用한다.
(2005.3.31 본조개정)

改前 ② 제1항 전단의 경우…있다. "제1019조제3항의 규정에 의하여" 한정승인을 한 경우 그 이전에…

참조 1050·1051③·1056②, [채권자 또는 수증자에 대한 변제]1033－1036, [상속인이 수인인 경우]1040

第1039條【申告하지 않은 債權者 등】 第1032條第1項의 期間내에 申告하지 아니한 相續債權者 및 遺贈받은 者로서 限定承認者가 알지 못한 者는 相續財産의 殘餘가 있는 경우에 限하여 그 辨濟를 받을 수 있다. 그러나 相續財産에 대하여 特別擔保權있는 때에는 그러하지 아니하다.

참조 1056②, [청산으로부터 제외된 채권]92, [상속인이 수인인 경우]1040, [특별담보]329·356

第1040條【共同相續財産과 그 管理人의 選任】 ① 相續人이 數人인 경우에는 法院은 各 相續人 기타 利害關係人의 請求에 의하여 共同相續人중에서 相續財産管理人을 選任할 수 있다.

② 法院이 選任한 管理人은 共同相續人을 代表하여 相續財産의 管理와 債務의 辨濟에 관한 모든 行爲를 할 權利義務가 있다.

③ 第1022條, 第1032條 내지 前條의 規定은 前項의 管理人에 準用한다. 그러나 第1032條의 規定에 의하여 公告할 5日의 期間은 管理人이 그 選任을 안 날로부터 起算한다.

참조 [관리인의 선임]가소2①(2)가, [공동상속과 한정승인]1006·1007·1029, [한정승인을 한 상속인의 임무]1032－1039, [관리인과 대리권]114－116·122·123·709

第4款 拋棄

第1041條【拋棄의 方式】 相續人이 相續을 拋棄할 때에는 第1019條第1項의 期間내에 家庭法院에 拋棄의 申告를 하여야 한다.(1990.1.13 본조개정)

참조 [상속포기의 기간]1019①, [기간내에 포기하지 않는 경우]1026, [포기전의 재산조사]1019②

판례 상속포기는 상속이 개시된 후 일정한 기간 내에 법원에 신고하는등 일정한 절차와 방식에 따라야만 그 효력이 있는 것이므로 피상속인이 사망하기 전에 상속인중 일부가 상속권을 포기하기로 약정하였다고 하더라도 상속포기로서의 효력이 없다.
(대판 1998.7.24, 98다9021)

판례 포기 당시 첨부된 재산 목록에 포함되어 있지 않은 재산의 경우에도 상속포기의 효력은 미친다.
(대판 1995.11.14, 95다27554)

第1042條【拋棄의 遡及效】 相續의 拋棄는 相續開始된 때에 遡及하여 그 效力이 있다.

참조 [상속개시의 시기]997, [공동상속인과 한정승인]1029

판례 상속포기와 양도소득세 납부의무의 승계 : 상속인들이 적법하게 상속포기를 한 경우, 피상속인이 납부하여야 할 양도소득세를 승계하여 납부할 의무는 없다.
(대판 2006.6.29, 2004두3335)

第1043條【拋棄한 相續財産의 歸屬】 相續人이 數人인 경우에 어느 相續人이 相續을 拋棄한 때에는 그 相續分은 다른 相續人의 相續分의 比率로 그 相續人에게 歸屬된다.

참조 1041·1042·1044, [상속분]1009이하, [포괄수증자]1078

第1044條【拋棄한 相續財産의 管理繼續義務】 ① 相續을 拋棄한 者는 그 拋棄로 인하여 相續人이 된 者가 相續財産을 管理할 수 있을 때까지 그 財産의 管理를 繼續하여야 한다.

② 第1022條와 第1023條의 規定은 前項의 財産管理에 準用한다.

참조 [주의의무]695

第5節 財産의 分離

第1045條【相續財産의 分離請求權】 ① 相續債權者나 遺贈받은 者 또는 相續人의 債權者는 相續開始된 날로부터 3月내에 相續財産과 相續人의 固有財産의 分離를 法院에 請求할 수 있다.
② 相續人이 相續의 承認이나 抛棄를 하지 아니한 동안은 前項의 期間經過후에도 財産의 分離를 請求할 수 있다.(1990.1.13 본항개정)

참조 1051, [재산분리의 청구]가소2①(2)가, [재산분리와 재산의 불혼합]1031 · 1050, [상속인 또는 상속재산에 대한 파산과 재산분리]채무자회생파산299 · 300 · 307 · 346, [상속개시]997, [상속의 승인 및 포기]1025이하 · 1041이하

第1046條【分離命令과 債權者 등에 대한 公告, 催告】 ① 法院이 前條의 請求에 의하여 財産의 分離를 命한 때에는 그 請求者는 5日내에 一般相續債權者와 遺贈받은 者에 대하여 財産分離의 命令있은 事實과 一定한 期間내에 그 債權 또는 受贈을 申告할 것을 公告하여야 한다. 그 期間은 2月이상이어야 한다.
② 第88條第2項, 第3項과 第89條의 規定은 前項의 경우에 準用한다.

참조 1045 · 1051, [한정승인자의 채권신고의 공고 · 최고]1032

第1047條【分離후의 相續財産의 管理】 ① 法院이 財産의 分離를 命한 때에는 相續財産의 管理에 관하여 必要한 處分을 命할 수 있다.
② 法院이 財産管理人을 選任한 경우에는 第24條 내지 第26條의 規定을 準用한다.

참조 1045, [상속인의 상속재산관리]1022 · 1044 · 1048, [관리를 위한 처분]가소2①(2)가, [주의의무]695

第1048條【分離후의 相續人의 管理義務】 ① 相續人이 單純承認을 한 후에도 財産分離의 命令이 있는 때에는 相續財産에 대하여 自己의 固有財産과 同一한 注意로 管理하여야 한다.
② 第683條 내지 第685條 및 第688條第1項, 第2項의 規定은 前項의 財産管理에 準用한다.

참조 695

第1049條【財産分離의 對抗要件】 財産의 分離는 相續財産인 不動産에 관하여는 이를 登記하지 아니하면 第三者에게 對抗하지 못한다.

第1050條【財産分離와 權利義務의 不消滅】 財産分離의 命令이 있는 때에는 被相續人에 대한 相續人의 財産上權利義務는 消滅하지 아니한다.

참조 1045 · 1047, [한정승인과 재산상 권리의무의 불소멸]1031, [상속인 또는 상속재산에 대한 파산과 재산분리]채무자회생파산299 · 300 · 307 · 308

第1051條【辨濟의 拒絶과 配當辨濟】 ① 相續人은 第1045條 및 第1046條의 期間滿了前에는 相續債權者와 遺贈받은 者에 대하여 辨濟를 拒絶할 수 있다.
② 前項의 期間滿了후에 相續人은 相續財産으로써 財産分離의 請求 또는 그 期間내에 申告한 相續債權者, 遺贈받은 者와 相續人이 알고 있는 相續債權者, 遺贈받은 者에 대하여 各 債權額 또는 受贈額의 比率로 辨濟하여야 한다. 그러나 優先權있는 債權者의 權利를 害하지 못한다.
③ 第1035條 내지 第1038條의 規定은 前項의 경우에 準用한다.

참조 1038, [한정승인자의 배당거절과 배당변제]1033 · 1034, [재산분리의 청구 · 상속채권등]1045② · 1052, [우선권 있는 채권자]329 · 356 · 371①, [변제기전의 채무등의 변제]1035, [수증자에의 변제]1036, [상속재산의 경매]1037

第1052條【固有財産으로부터의 辨濟】 ① 前條의 規定에 의한 相續債權者와 遺贈받은 者는 相續財産으로써 全額의 辨濟를 받을 수 없는 경우에 限하여 相續人의 固有財産으로부터 그 辨濟를 받을 수 있다.
② 前項의 경우에 相續人의 債權者는 그 相續人의 固有財産으로부터 優先辨濟를 받을 權利가 있다.

참조 1045 · 1046 · 1051②

第6節 相續人의 不存在
(1990.1.13 본절제목개정)

第1053條【相續人없는 財産의 管理人】 ① 相續人의 存否가 分明하지 아니한 때에는 法院은 第777條의 規定에 의한 被相續人의 親族 기타 利害關係人 또는 檢事의 請求에 의하여 相續財産管理人을 選任하고 遲滯없이 이를 公告하여야 한다.(1990.1.13 본항개정)
② 第24條 내지 第26條의 規定은 前項의 財産管理人에 準用한다.

참조 1055, [재산관리인]1000 – 1003, [재산관리인의 선임 및 공고]가소2①(2)가

第1054條【財産目錄提示와 狀況報告】 管理人은 相續債權者나 遺贈받은 者의 請求가 있는 때에는 언제든지 相續財産의 目錄을 提示하고 그 狀況을 報告하여야 한다.

참조 1053①, [상황보고의무]24 · 1053②

第1055條【相續人의 存在가 分明하여진 경우】 ① 管理人의 任務는 그 相續人이 相續의 承認을 한 때에 終了한다.
② 前項의 경우에는 管理人은 遲滯없이 그 相續人에 대하여 管理의 計算을 하여야 한다.

참조 ①[관리인의 권한]25 · 1053②, [상속의 승인]1019 · 1025 · 1028, ②[관리인의 계산의무]684 · 685 · 1058②

第1056條【相續人없는 財産의 淸算】 ① 第1053條第1項의 公告있은 날로부터 3月내에 相續人의 存否를 알 수 없는 때에는 管理人은 遲滯없이 一般相續債權者와 遺贈받은 者에 대하여 一定한 期間내에 그 債權 또는 受贈을 申告할 것을 公告하여야 한다. 그 期間은 2月이상이어야 한다.
② 第88條第2項, 第3項, 第89條, 第1033條 내지 第1039條의 規定은 前項의 경우에 準用한다.

참조 1053① · 1057 · 1058

第1057條【相續人搜索의 公告】 제1056조제1항의 期間이 經過하여도 相續人의 存否를 알 수 없는 때에는 法院은 管理人의 請求에 의하여 相續人이 있으면 一定한 期間내에 그 權利를 主張할 것을 公告하여야 한다. 그 期間은 1년 이상이어야 한다.
(2005.3.31 본조개정)

改前 【相續人搜索의 公告】 "前條第1項"의 期間이…그 期間은 "2年이상"이어야 한다.

참조 1053① · 1058 · 1059, [공고]가소2①(2)가

第1057條의2【特別緣故者에 대한 分與】 ① 제1057조의 期間내에 相續權을 主張하는 者가 없는 때에는 家庭法院은 被相續人과 生計를 같이 하고 있던 者, 被相續人의 療養看護를 한 者 기타 被相續人과 特別한 緣故가 있던 者의 請求에 의하여 相續財産의 전부 또는 일부를 分與할 수 있다.
② 제1항의 請求는 제1057조의 期間의 만료후 2月 이내에 하여야 한다.
(2005.3.31 본조개정)

改前 ① "第1056條"의 期間내에 相續權을…
② 第1項의 請求는 "第1056條"의 期間의 만료후 2月…

第1058條【相續財産의 國家歸屬】 ① 제1057조의2의 규정에 의하여 분여(分與)되지 아니한 때에는 相續財産은 國家에 歸屬한다.
② 第1055條第2項의 規定은 제1항의 경우에 準用한다.
(2005.3.31 본조개정)

改前 ① "前條의 期間내에 相續權을 主張하는 者가 없는" 때에는 相續財産은…
② …의 規定은 "前項"의 경우에 準用한다.

참조 [본조의 특칙]저작49, [관리인의 계산의무]684 · 685

판례 상속인의 존부를 알 수 없는 때에는 민법 1057조의 공고절차를 거쳐 같은 법 1058조에 의하여 비로소 국가에 귀속된다.(대판 1997.4.25, 96다53420)

第1059條【國家歸屬財産에 대한 辨濟請求의 禁止】 前條第1項의 경우에는 相續財産으로 辨濟를 받지 못한 相續債權者나 遺贈을 받은 者가 있는 때에도 國家에 대하여 그 辨濟를 請求하지 못한다.

참조 1058

第2章 遺 言

第1節 總 則

第1060條【遺言의 要式性】 遺言은 本法의 定한 方式에 의하지 아니하면 效力이 생하지 아니한다.

참조 [준거법]국제사법, [보통방식]1065 – 1069, [특별방식]1070, [유언의 철회]1108, [유언에 의한 재단설립]47② · 48②, [유언에 의한 인지]859②, [유언에 의한 후견인의 지정]931, [유산분할에 관한 지정]1012, [유언집행자의 지정]1093 · 1094, [신탁]신탁3①(2), [유언의 효력]1073이하, [유언의 집행]1091이하

판례 유언자의 진정한 의사에 합치하나 민법에 정해진 요건과 방식에 어긋나는 유언의 효력 : 민법 1065조 내지 1070조가 유언의 방식을 엄격하게 규정한 것은 유언자의 진의를 명확히 하고 그로 인한 법적 분쟁과 혼란을 예방하기 위한 것이므로, 법정된 요건과 방식에 어긋난 유언은 그것이 유언자의 진정한 의사에 합치하더라도 무효라고 하지 않을 수 없다.
(대판 2006.3.9, 2005다57899)

第1061條【遺言適齡】 17세에 達하지 못한 者는 遺言을 하지 못한다.(2022.12.27 본조개정)

改前 第1061條【遺言適齡】 "滿17歲"에 達하지 못한 者는…

참조 [연령계산]158 · 160, [법정대리인의 동의 불요]5 · 1062, [피성년후견인의 유언능력]1063

第1062條【제한능력자의 유언】 유언에 관하여는 제5조, 제10조 및 제13조를 적용하지 아니한다.
(2011.3.7 본조개정)

改前 "第1062條【無能力者와 遺言】第5條, 第10條와 第13條의 規定은 遺言에 관하여는 이를 適用하지 아니한다."

第1063條【피성년후견인의 유언능력】 ① 피성년후견인은 의사능력이 회복된 때에만 유언을 할 수 있다.
② 제1항의 경우에는 의사가 심신회복의 상태를 유언서에 부기(附記)하고 서명날인하여야 한다.
(2011.3.7 본조개정)

改前 "第1063條【禁治産者의 遺言能力】① 禁治産者는 그 意思能力이 回復된 때에 限하여 遺言을 할 수 있다.
② 前項의 경우에는 醫師가 心神回復의 狀態를 遺言書에 附記하고 署名捺印하여야 한다."

참조 12이하 · 1062 · 1070③

第1064條【遺言과 胎兒, 相續缺格者】 第1000條第3項, 第1004條의 規定은 受贈者에 準用한다.
(1990.1.13 본조개정)

第2節 遺言의 方式

第1065條【遺言의 普通方式】 遺言의 方式은 自筆證書, 錄音, 公正證書, 秘密證書와 口授證書의 5種으로 한다.

참조 [준거법]국제사법, [유언의 요식성]1060, [유언의 철회와 그 형식]1108, [자필증서에 의한 유언]1066 · 1071, [녹음에 의한 유언]1067 · 1072, [공정증서에 의한 유언]1068 · 1072, [비밀증서에 의한 유언]1069 · 1071 · 1072, [구수증서에 의한 유언]1070 · 1072, [특별방식에 의한 유언]1070

판례 민법 제1065조 내지 제1070조가 유언의 방식을 엄격하게 규정한 것은 유언자의 진의를 명확히 하고 그로 인한 법적 분쟁과 혼란을 예방하기 위한 것이므로, 법정된 요건과 방식에 어긋난 유언은 그것이 유언자의 진정한 의사에 합치하더라도 무효라고 하지 않을 수 없는바, 민법 제1070조제1항이 구수증서에 의한 유언은 질병 기타 급박한 사유로 인하여 민법 제1066조 내지 제1069조 소정의 자필증서, 녹음, 공정증서 및 비밀증서의 방식에 의하여 할 수 없는 경우에 허용되는 것으로 규정하고 있는 이상, 유언자가 질병 기타 급박한 사유에 있는지 여부를 판단함에 있어서는 유언자의 진의를 존중하기 위하여 유언자의 주관적 입장을 고려할 필요가 있을지 모르지만, 자필증서, 녹음, 공정증서 및 비밀증서의 방식에 의한 유언이 객관적으로 가능한 경우까지 구수증서에 의한 유언을 허용하여야 하는 것은 아니다.(대판 1999.9.3, 98다17800)

第1066條【自筆證書에 의한 遺言】 ① 自筆證書에 의한 遺言은 遺言者가 그 全文과 年月日, 住所, 姓名을 自書하고 捺印하여야 한다.
② 前項의 證書에 文字의 插入, 削除 또는 變更을 함에는 遺言者가 이를 自書하고 捺印하여야 한다.

참조 1063, [유언의 방식]1060 · 1065, [비밀증서에 의한 유언의 전환]1071, [유언증서 · 녹음의 검인 · 개봉]1091 · 1092

판례 민법 제1065조 내지 제1070조가 유언의 방식을 엄격하게 규정한 것은 유언자의 진의를 명확히 하고 그로 인한 법적 분쟁과 혼란을 예방하기 위한 것이므로, 법정된 요건과 방식에 어긋난 유언은 그것이 유언자의 진정한 의사에 합치하더라도 무효이다. 따라서 자필증서에 의한 유언은 민법 제1066조제1항의 규정에 따라 유언자가 전문과 연월일, 주소, 성명을 모두 자서하고 날인하여야만 효력이 있고, 유언자가 주소를 자서하지 않았다면 이는 법정된 요건과 방식에 어긋난 유언으로서 효력을 부정하지 않을 수 없으며, 유언자의 특정에 지장이 없다고 하여 달리 볼 수 없다. 여기서 자서가 필요한 주소는 반드시 주민등록법에 의하여 등록된 곳일 필요는 없으나, 적어도 민법 제18조에서 정한 생활의 근거되는 곳으로서 다른 장소와 구별되는 정도의 표시를 갖추어야 한다.(대판 2014.9.26, 2012다71688)

판례 "자필증서에 의한 유언은 유언자가 그 전문과 연월일, 주소, 성명을 자서하고 날인하여야 한다"고 규정하고 있으므로, 연월일의 기재가 없는 자필유언증서는 효력이 없다. 그리고 자필유언증서의 연월일은 이를 작성한 날로서 유언능력의 유무를 판단하거나 다른 유언증서와 사이에 유언 성립의 선후를 결정하는 기준일이 되므로 그 작성일을 특정할 수 있게 기재하여야 한다. 따라서 연 · 월만 기재하고 일의 기재가 없는 자필유언증서는 그 작성일을 특정할 수 없으므로 효력이 없다.
(대판 2009.5.14, 2009다9768)

판례 유언자의 날인이 없는 유언장 : 민법 1065조 내지 1070조가 유언의 방식을 엄격하게 규정한 것은 유언자의 진의를 명확히 하고 그로 인한 법적 분쟁과 혼란을 예방하기 위한 것이므로, 법정된 요건과 방식에 어긋난 유언은 그것이 유언자의 진정한 의사에 합치하더라도 무효라고 하지 않을 수 없고, 민법 1066조 1항은 '자필증서에 의한 유언은 유언자가 그 전문과 연월일, 주소, 성명을 자서하고 날인하여야 한다'라고 규정하고 있으므로, 유언자의 날인이 없는 유언장은 자필증서에 의한 유언으로서의 효력이 없다.(대판 2006.9.8, 2006다25103,25110)

第1067條【錄音에 의한 遺言】 錄音에 의한 遺言은 遺言者가 遺言의 趣旨, 그 姓名과 年月日을 口述하고 이에 參與한 證人이 遺言의 正確함과 그 姓名을 口述하여야 한다.

참조 1060 · 1063 · 1065, [녹음의 검인]1091

第1068條【公正證書에 의한 遺言】 公正證書에 의한 遺言은 遺言者가 證人 2人이 參與한 公證人의 面前에서 遺言의 趣旨를 口授하고 公證人이 이를 筆記朗讀하여 遺言者와 證人이 그 正確함을 承認한 후 各自署名 또는 記名捺印하여야 한다.

참조 1063, [유언의 방식]1060 · 1065, [공증인]공증2 · 11, [공정증서에 의한 유언의 작성]56, [증인]1072, [공정증서와 참여인]공증29, [공증인의 진술녹취 · 증서작성방법등]공증34이하, [유언서 · 녹음의 검인 불요]1091②

일반 맹인은 공정증서 유언에 입회증인으로서 적격하다.
(日 · 最高 1980.12.4)

第1069條【秘密證書에 의한 遺言】 ① 秘密證書에 의한 遺言은 遺言者가 筆者의 姓名을 記入한 證書를 嚴封捺印하고 이를 2人 이상의 證人의 面前에 提出하여 自己의 遺言書임을 表示한 후 그 封書表面

에 提出年月日을 記載하고 遺言者와 證人이 各自署名 또는 記名捺印하여야 한다.
② 前項의 方式에 의한 遺言封書는 그 表面에 記載된 날로부터 5日내에 公證人 또는 法院書記에게 提出하여 그 封印上에 確定日字印을 받아야 한다.
참조 [유언서 중 가제변경]1066②

第1070條【口授證書에 의한 遺言】 ① 口授證書에 의한 遺言은 疾病 기타 急迫한 事由로 인하여 前4條의 方式에 의할 수 없는 경우에 遺言者가 2人 이상의 證人의 參與로 그 1人에게 遺言의 趣旨를 口授하고 그 口授를 받은 者가 이를 筆記朗讀하여 遺言者의 證人이 그 正確함을 承認한 후 各自署名 또는 記名捺印하여야 한다.
② 前項의 方式에 의한 遺言은 그 證人 또는 利害關係人이 急迫한 事由의 終了한 날로부터 7日내에 法院에 그 檢認을 申請하여야 한다.
③ 第1063條第2項의 規定은 口授證書에 의한 遺言에 適用하지 아니한다.
참조 1068조 참조문 참조, [유언의 검인]가소2①
판례 증인이 제3자에 의하여 미리 작성된 유언의 취지가 적혀 있는 서면에 따라 유언자에게 질문을 하고 유언자가 동작이나 간략한 답변으로 긍정하는 방식은 유언 당시 유언자의 의사능력이나 유언에 이르게 된 경위 등에 비추어 그 서면이 유언자의 진의에 따라 작성되었음이 분명하다고 인정되는 등의 특별한 사정이 없는 한 민법 1070조 소정의 유언취지의 구수에 해당한다고 볼 수 없다 할 것이다.(대판 2006.3.9, 2005다57899)

第1071條【秘密證書에 의한 遺言의 轉換】 秘密證書에 의한 遺言이 그 方式에 欠缺이 있는 경우에 그 證書가 自筆證書의 方式에 適合한 때에는 自筆證書에 의한 遺言으로 본다.
참조 [자필증서에 의한 유언]1066

第1072條【증인의 결격사유】 ① 다음 각 호의 어느 하나에 해당하는 사람은 유언에 참여하는 증인이 되지 못한다.
1. 미성년자
2. 피성년후견인과 피한정후견인
3. 유언으로 이익을 받을 사람, 그의 배우자와 직계혈족
② 공정증서에 의한 유언에는 「공증인법」에 따른 결격자는 증인이 되지 못한다.
(2011.3.7 본조개정)
改前 "第1072條【證人의 缺格事由】① 다음 各號의 事項에 해당하는 者는 遺言에 參與하는 證人이 되지 못한다.
1. 未成年者
2. 禁治産者와 限定治産者
3. 遺言에 의하여 利益을 받을 者, 그 配偶者와 直系血族
② 公正證書에 의한 遺言에는 公證人法에 의한 缺格者는 證人이 되지 못한다."
참조 ①[유언의 증인]1067-1070①, ⑴[미성년자]4-8·826의2, ⑵[성년후견·한정후견]9-14, ⑶[혈족]768, [배우자]812, ②[유언결격자와 참여인 등]공증29·33·56

第3節 遺言의 效力

第1073條【遺言의 效力發生時期】 ① 遺言은 遺言者가 死亡한 때로부터 그 效力이 생긴다.
② 遺言에 停止條件이 있는 경우에 그 條件이 遺言者의 死亡후에 成就한 때에는 그 條件成就한 때로부터 遺言의 效力이 생긴다.
참조 [준거법]국제사법, ①[사망]28, [유언의 무효]1087·1089, [유언에 의한 인지의 소급효]859②·860, [유언에 의한 재단설립의 효력발생]48②, [유언철회의 효력발생시기]1108, [유증포기의 효력발생시기]1074②, ②[정지조건]147①③

第1074條【遺贈의 承認, 抛棄】 ① 遺贈을 받을 者는 遺言者의 死亡후에 언제든지 遺贈을 承認 또는 抛棄할 수 있다.
② 前項의 承認이나 抛棄는 遺言者의 死亡한 때에 遡及하여 그 效力이 있다.
참조 [포기의 최고]1077, [포기의 취소]1075, [포기의 효과]1090, [포괄수증자의 포기]1019·1041·1042·1078, [후견인과 유증의 포기]950①, [유증의 승인·포기와 수증자의 파산]채무자회생파산387·388

第1075條【遺贈의 承認, 抛棄의 取消禁止】 ① 遺贈의 承認이나 抛棄는 取消하지 못한다.
② 第1024條第2項의 規定은 遺贈의 承認과 抛棄에 準用한다.
참조 [포괄수증자의 승인·포기의 취소]1024·1078

第1076條【受贈者의 相續人의 承認, 抛棄】 受贈者가 承認이나 抛棄를 하지 아니하고 死亡한 때에는 그 相續人은 相續分의 限度에서 承認 또는 抛棄할 수 있다. 그러나 遺言者가 遺言으로 다른 意思를 表示한 때에는 그 意思에 의한다.
참조 [공동상속과 상속분]1009, [포괄수증자의 승인·포기]1024·1078

第1077條【遺贈義務者의 催告權】 ① 遺贈義務者나 利害關係人은 相當한 期間을 정하여 그 期間내에 承認 또는 抛棄를 確答할 것을 受贈者 또는 그 相續人에게 催告할 수 있다.
② 前項의 期間내에 受贈者 또는 相續人이 遺贈義務者에 대하여 催告에 대한 確答을 하지 아니한 때에는 遺贈을 承認한 것으로 본다.
참조 [제한능력자의 상대방의 최고권]15, [유증의무자]1000-1003, [포괄유증의 경우]1019①·1026·1078, [특정수증자가 파산하였을 경우]채무자회생파산388

第1078條【包括的 受贈者의 權利義務】 包括的 遺贈을 받은 者는 相續人과 同一한 權利義務가 있다. (1990.1.13 본조개정)
참조 [상속인의 권리의무]1005이하, [사인증여]562
판례 포괄적 유증과 특정유증의 구별기준 : 유증이 포괄적 유증인가 특정유증인가는 유언에 사용한 문언 및 그 외 제반 사정을 종합적으로 고려하여 탐구된 유언자의 의사에 따라 결정되어야 하고, 통상은 상속재산에 대한 비율의 의미로 유증이 된 경우는 포괄적 유증, 그렇지 않은 경우는 특정유증이라고 할 수 있지만, 유언공정증서 등에 유증한 재산이 개별적으로 표시되었다는 사실만으로는 특정유증이라고 단정할 수는 없고 상속재산이 모두 얼마나 되는지를 심리하여 다른 재산이 없다고 인정되는 경우에는 이를 포괄적 유증이라고 볼 수도 있다.
(대판 2003.5.27, 2000다73445)

第1079條【受贈者의 果實取得權】 受贈者는 遺贈의 履行을 請求할 수 있는 때로부터 그 目的物의 果實을 取得한다. 그러나 遺言者가 遺言으로 다른 意思를 表示한 때에는 그 意思에 의한다.
참조 [유언의 효력발생과 이행기]147①·152·1073, [과실]101·102, [매매와 과실취득]587, [사인증여]562

第1080條【果實收取費用의 償還請求權】 遺贈義務者가 遺言者의 死亡후에 그 目的物의 果實을 收取하기 위하여 必要費를 支出한 때에는 그 果實의 價額의 限度에서 果實을 取得한 受贈者에게 償還을 請求할 수 있다.
참조 [유증의무자]1000-1003, [필요비의 상환청구권]203①·325①·367·594②·626①, [유언의 효력발생시기]1073, [사인증여]562

第1081條【遺贈義務者의 費用償還請求權】 遺贈義務者가 遺贈者의 死亡후에 그 目的物에 대하여 費用을 支出한 때에는 第325條의 規定을 準用한다.
참조 [유증의무자]1000-1003, [비용상환청구권]203·367·594②·626, [유언의 효력발생시기]1073, [사인증여]562

第1082條【不特定物遺贈義務者의 擔保責任】 ① 不特定物을 遺贈의 目的으로 한 경우에는 遺贈義務者는 그 目的物에 대하여 賣渡人과 같은 擔保責任이 있다.
② 前項의 경우에 目的物에 瑕疵가 있는 때에는 遺贈義務者는 瑕疵없는 物件으로 引渡하여야 한다.
참조 1085, [불특정물채권]375, [유증의무자]1000-1003, [매도인의 담보책임]569-573·575·580, [사인증여]562

第1083條【遺贈의 物上代位性】 遺贈者가 遺贈目的物의 滅失, 毁損 또는 占有의 侵害로 인하여 第三者에게 損害賠償을 請求할 權利가 있는 때에는 그 權利를 遺贈의 目的으로 한 것으로 본다.
참조 1084·1086, [멸실·훼손등으로 인한 배상청구권]204·261·390·750, 상638, [유증목적물의 파훼]1110, [사인증여]562

第1084條【債權의 遺贈의 物上代位性】 ① 債權을 遺贈의 目的으로 한 경우에 遺言者가 그 辨濟를 받은 物件이 相續財産중에 있는 때에는 그 物件을 遺贈의 目的으로 한 것으로 본다.
② 前項의 債權이 金錢을 目的으로 한 경우에는 그 辨濟받은 債權額에 相當한 金錢이 相續財産중에 없는 때에도 그 金額을 遺贈의 目的으로 한 것으로 본다.
참조 1083·1086·1087, [유언의 저촉]1109, [유증목적물의 파훼]1110, [사인증여]562

第1085條【第三者의 權利의 目的인 物件 또는 權利의 遺贈】 遺贈의 目的인 物件이나 權利가 遺言者의 死亡당시에 第三者의 權利의 目的인 경우에는 受贈者는 遺贈義務者에 대하여 그 第三者의 權利를 消滅시킬 것을 請求하지 못한다.
참조 1082·1086·1087, [유언자의 사망]1073①, [사인증여]562

第1086條【遺言者가 다른 意思表示를 한 경우】 前3條의 경우에 遺言者가 遺言으로 다른 意思를 表示한 때에는 그 意思에 의한다.
참조 [유언의 효력발생시기]1073, [유언의 요식성]1060·1065-1071, [사인증여]562

第1087條【相續財産에 속하지 아니한 權利의 遺贈】 ① 遺言의 目的이 된 權利가 遺言者의 死亡當時에 相續財産에 속하지 아니한 때에는 遺言은 그 效力이 없다. 그러나 遺言者가 自己의 死亡當時에 그 目的物이 相續財産에 속하지 아니한 경우에도 遺言의 效力이 있게 할 意思인 때에는 遺贈義務者는 그 權利를 取得하여 受贈者에게 移轉할 義務가 있다.
② 前項 但書의 경우에 그 權利를 取得할 수 없거나 그 取得에 過多한 費用을 要할 때에는 그 價額으로 辨償할 수 있다.
참조 1085·1090단서, [유증의무자]1000-1003, [유증의무자의 담보책임]1082, [매매와 타인의 권리]569, [유언의 효력발생시기]1073, [사인증여]562

第1088條【負擔있는 遺贈과 受贈者의 責任】 ① 負擔있는 遺贈을 받은 者는 遺贈의 目的의 價額을 超過하지 아니한 限度에서 負擔한 義務를 履行할 責任이 있다.
② 遺贈의 目的의 價額이 限定承認 또는 財産分離로 인하여 減少된 때에는 受贈者는 그 減少된 限度에서 負擔할 義務를 免한다.
참조 [부담부증여]561, [포괄적수증자의 권리의무]1078, [수증자의 의무불이행]1111, [부담있는 유증과 당사자의 항변권]536, [한정승인]1028이하, [재산분리]1045이하

第1089條【遺贈效力發生前의 受贈者의 死亡】 ① 遺贈은 遺言者의 死亡前에 受贈者가 死亡한 때에는 그 效力이 생기지 아니한다.
② 停止條件있는 遺贈은 受贈者가 그 條件成就前에 死亡한 때에는 그 效力이 생기지 아니한다.
참조 1090, [유언자의 사망]1073, [조건부법률행위의 효력]147①②, [사인증여]562

第1090條【遺贈의 無效, 失效의 경우와 目的財産의 歸屬】 遺贈이 그 效力이 생기지 아니하거나 受贈者가 이를 抛棄한 때에는 遺贈의 目的인 財産은 相續人에게 歸屬한다. 그러나 遺言者가 遺言으로 다른 意思를 表示한 때에는 그 意思에 의한다.
참조 [유증의 효력불발생]1004·1064·1089, [유증의 포기]1074-1078, [상속인]1000이하, [포괄유증의 포기의 효력]1043·1078, [사인증여]562

第4節 遺言의 執行

第1091條【遺言證書, 錄音의 檢認】 ① 遺言의 證書나 錄音을 保管한 者 또는 이를 發見한 者는 遺言者의 死亡후 遲滯없이 法院에 提出하여 그 檢認을 請求하여야 한다.
② 前項의 規定은 公正證書나 口授證書에 의한 遺言에 適用하지 아니한다.
참조 [유언의 방식]1065이하, [법원의 검인]가소2①, 가소규85-90, [구술증서에 의한 유언]1070

第1092條【遺言證書의 開封】 法院이 封印된 遺言證書를 開封할 때에는 遺言者의 相續人, 그 代理人 기타 利害關係人의 參與가 있어야 한다.
참조 1091

第1093條【遺言執行者의 指定】 遺言者는 遺言으로 遺言執行者를 指定할 수 있고 그 指定을 第三者에게 委託할 수 있다.
참조 1094-1097, [유언집행자의 지정, 위탁의 방식]1060·1065-1071, [유언집행자와 상속인]1103①, [유언집행결격자]1098, [유언집행자의 직무권한 및 지위]1100-1103, [유언집행자의 보수]1104, [유언집행자의 사퇴·해임]1105·1106, [유언대용신탁]신탁59, [수인의 유언집행자]1102, [유언집행자의 취임]1096·1097·1099

第1094條【委託에 의한 遺言執行者의 指定】 ① 前條의 委託을 받은 第三者는 그 委託있음을 안 후 遲滯없이 遺言執行者를 指定하여 相續人에게 通知하여야 하며 그 委託을 辭退할 때에는 이를 相續人에게 通知하여야 한다.
② 相續人 기타 利害關係人은 相當한 期間을 정하여 그 期間내에 遺言執行者를 指定할 것을 委託받은 者에게 催告할 수 있다. 그 期間내에 指定의 通知를 받지 못한 때에는 그 指定의 委託을 辭退한 것으로 본다.

第1095條【指定遺言執行者가 없는 경우】 前2條의 規定에 의하여 指定된 遺言執行者가 없는 때에는 相續人이 遺言執行者가 된다.

第1096條【法院에 의한 遺言執行者의 選任】 ① 遺言執行者가 없거나 死亡, 缺格 기타 事由로 인하여 없게 된 때에는 法院은 利害關係人의 請求에 의하여 遺言執行者를 選任하여야 한다.
② 法院이 遺言執行者를 選任한 경우에는 그 任務에 관하여 必要한 處分을 命할 수 있다.
참조 1093-1095, [법원에 의한 선임]가소2①, 가소규84, [유언집행자의 사퇴·해임]1105·1106
판례 누구를 유언집행자로 선임하느냐는 문제는 민법 1098조 소정의 유언집행자의 결격사유에 해당하지 않는 한 당해 법원의 재량에 속하는 것이다.(대결 1995.12.4, 95스32)

第1097條【遺言執行者의 承諾, 辭退】 ① 指定에 의한 遺言執行者는 遺言者의 死亡후 遲滯없이 이를 承諾하거나 辭退할 것을 相續人에게 通知하여야 한다.
② 選任에 의한 遺言執行者는 選任의 通知를 받은 후 遲滯없이 이를 承諾하거나 辭退할 것을 法院에 通知하여야 한다.
③ 相續人 기타 利害關係人은 相當한 期間을 정하여 그 期間내에 承諾與否를 確答할 것을 指定 또는 選任에 의한 遺言執行者에게 催告할 수 있다. 그 期間내에 催告에 대한 確答을 받지 못한 때에는 遺言執行者가 그 就任을 承諾한 것으로 본다.
참조 1093·1094·1096·1099, [법원에 대한 통지]가소2①, [취임후의 사퇴]1105

第1098條【유언집행자의 결격사유】 제한능력자와 파산선고를 받은 자는 유언집행자가 되지 못한다.
(2011.3.7 본조개정)
改前 "第1098條【遺言執行者의 缺格事由】無能力者와 破産宣告를 받은 者는 遺言執行者가 되지 못한다.(2005.3.31 본조개정)"
참조 1093-1096, [제한능력자]5·10·13, [대리인의 능력]117·1103

第1099條【遺言執行者의 任務着手】 遺言執行者가 그 就任을 承諾한 때에는 遲滯없이 그 任務를 履行하여야 한다.
참조 [유언집행자의 지정과 취임의 최고]1093·1097, [유언집행자의 임무]1100-1103, [임무의 해태와 해임]1106, [집행자의 보수등]1104·1107

第1100條【財産目錄作成】 ① 遺言이 財産에 관한 것인 때에는 指定 또는 選任에 의한 遺言執行者는 遲滯없이 그 財産目錄을 作成하여 相續人에게 交付하여야 한다.
② 相續人의 請求가 있는 때에는 前項의 財産目錄作成에 相續人을 參與하게 하여야 한다.
참조 1093-1096, [목록작성비용]1107, [선급청구권]687·1103②, [상속인]1000이하

第1101條【遺言執行者의 權利義務】 遺言執行者는 遺贈의 目的인 財産의 管理 기타 遺言의 執行에 必要한 行爲를 할 權利義務가 있다.
참조 [유언집행자와 상속인]1103, [재산의 관리]1022·1040②·1044·1048, [기타의무]859②·1100, [파산신청의 의무]채무자회생파산299②, [임무해태와 해임]1106, [주의의무]683, [인도이전의무]684, [이자지급·손해배상의무]685, [비용등상환의무]688, [응급처리의무]691, [임무종료와 상대방 대항]692

第1102條【共同遺言執行】 遺言執行者가 數人인 경우에는 任務의 執行은 그 過半數의 贊成으로써 決定한다. 그러나 保存行爲는 各自가 이를 할 수 있다.
참조 [유언집행자의 지정·선임]1093-1096, [보존행위]1181

第1103條【遺言執行者의 地位】 ① 指定 또는 選任에 의한 遺言執行者는 相續人의 代理人으로 본다.
② 第681條 내지 第685條, 第687條, 第691條와 第692條의 規定은 遺言執行者에 準用한다.
참조 ①1093-1096·1101

第1104條【遺言執行者의 報酬】 ① 遺言者가 遺言으로 그 執行者의 報酬를 정하지 아니한 경우에는 法院은 相續財産의 狀況 기타 事情을 參酌하여 指定 또는 選任에 의한 遺言執行者의 報酬를 정할 수 있다.
② 遺言執行者가 報酬를 받는 경우에는 第686條第2項, 第3項의 規定을 準用한다.
참조 1093-1096, [유언집행의 비용]1107, [유언집행자의 선급청구권]687·1103②, [법원에 의한 결정]가소2①

第1105條【遺言執行者의 辭退】 指定 또는 選任에 의한 遺言執行者는 正當한 事由있는 때에는 法院의 許可를 얻어 그 任務를 辭退할 수 있다.
참조 1096①②, [법원의 허가]가소2①(2)가, 가소규84, [사퇴시의 긴급처리의무]691·1103②, [사퇴와 대항요건]692·1103②

第1106條【遺言執行者의 解任】 指定 또는 選任에 의한 遺言執行者에 그 任務를 懈怠하거나 適當하지 아니한 事由가 있는 때에는 法院은 相續人 기타 利害關係人의 請求에 의하여 遺言執行者를 解任할 수 있다.
참조 [지정 또는 선임된 집행자]1093·1094·1096, [집행자의 재산관리 임무]1022·1040②·1044·1048, [집행자의 기타 임무]859②·1100, 채무자회생파산299②, [법원에 의한 해임]가소2①(2)가, 가소규84, [임무종료와 위임의 규정 준용]1103②

第1107條【遺言執行의 費用】 遺言의 執行에 관한 費用은 相續財産중에서 이를 支給한다.
참조 [상속재산에 관한 비용]998의2, [선급청구권]687·1103②

第5節 遺言의 撤回

第1108條【遺言의 撤回】 ① 遺言者는 언제든지 遺言 또는 生前行爲로써 遺言의 全部나 一部를 撤回할 수 있다.
② 遺言者는 그 遺言을 撤回할 權利를 拋棄하지 못한다.
참조 [준거법]국제사법, [유언의 방식]1065이하, [유언의 효력발생시기]1073, [유언철회로 보는 경우]1109·1110

第1109條【遺言의 抵觸】 前後의 遺言이 抵觸되거나 遺言後의 生前行爲가 遺言과 抵觸되는 경우에는 그 抵觸된 部分의 前遺言은 이를 撤回한 것으로 본다.
참조 1105·1108·1110

第1110條【破毁로 인한 遺言의 撤回】 遺言者가 故意로 遺言證書 또는 遺贈의 目的物을 破毁한 때에는 그 破毁한 部分에 관한 遺言은 이를 撤回한 것으로 본다.
참조 1083·1084·1108·1109, [유언서 중의 가제변경]1066②

第1111條【負擔있는 遺言의 取消】 負擔있는 遺贈을 받은 者가 그 負擔義務를 履行하지 아니한 때에는 相續人 또는 遺言執行者는 相當한 期間을 정하여 履行할 것을 催告하고 그 期間내에 履行하지 아니한 때에는 法院에 遺言의 取消를 請求할 수 있다. 그러나 第三者의 利益을 害하지 못한다.
참조 544-546·1103, [부담있는 유증과 수증자의 책임]1088, [취소의 청구]가소2①·44, 가소규89, [취소의 효과]141

第3章 遺留分
(1977.12.31 본장신설)

第1112條【遺留分의 權利者와 遺留分】 相續人의 遺留分은 다음 各號에 의한다.
1. 被相續人의 直系卑屬은 그 法定相續分의 2分의 1
2. 被相續人의 配偶者는 그 法定相續分의 2分의 1
3. 被相續人의 直系尊屬은 그 法定相續分의 3分의 1
4. 被相續人의 兄弟姉妹는 그 法定相續分의 3分의 1

참조 [피상속인의 재산]1005·1113, [대습상속인의 유류분]1001·1118, [유류분의 산정]1113·1114, [유류분의 보전]1115

第1113條【遺留分의 算定】 ① 遺留分은 被相續人의 相續開始時에 있어서 가진 財産의 價額에 贈與財産의 價額을 加算하고 債務의 全額을 控除하여 이를 算定한다.
② 條件附의 權利 또는 存續期間이 不確定한 權利는 家庭法院이 選任한 鑑定人의 評價에 의하여 그 價格을 정한다.
참조 [상속개시시]997, [피상속인의 재산]1005, [증여의 산입]1114, [각 공동상속인이 받은 증여 또는 유증]1008·1118
판례 유류분반환범위는 상속개시 당시 피상속인의 순재산과 문제된 증여재산을 합한 재산을 평가하여 그 재산액에 유류분청구권자의 유류분비율을 곱하여 얻은 유류분액을 기준으로 하는 것인바, 그 유류분액을 산정함에 있어 반환의무자가 증여받은 재산의 시가는 상속개시 당시를 기준으로 하여 산정하여야 한다. 따라서 그 증여받은 재산이 금전일 경우에는 그 증여받은 금액을 상속개시 당시의 화폐가치로 환산하여 이를 증여재산의 가액으로 봄이 상당하고, 그러한 화폐가치의 환산은 증여 당시부터 상속개시 당시까지 사이의 물가변동률을 반영하는 방법으로 산정하는 것이 합리적이다.(대판 2009.7.23, 2006다28126)
판례 공동상속인 및 공동상속인이 아닌 제3자가 피상속인으로부터 각각 증여 또는 유증을 받은 경우, 각자의 유류분반환의무의 범위 : 유류분권리자가 유류분반환청구를 함에 있어 증여 또는 유증을 받은 다른 공동상속인이 수인일 때에는 각자 증여 또는 유증을 받은 재산 등의 가액이 자기 고유의 유류분액을 초과하는 상속인에 대하여 그 유류분액을 초과한 가액의 비율에 따라서 반환을 청구할 수 있고, 공동상속인과 공동상속인 아닌 제3자가 있는 경우에는 그 제3자에게는 유류분이 없으므로 공동상속인에 대하여는 자기 고유의 유류분액을 초과한 가액을 기준으로 하여, 제3자에 대하여는 그 증여 또는 유증받은 재산의 가액을 기준으로 하여 그 각 가액의 비율에 따라 반환청구를 할 수 있다.(대판 2006.11.10, 2006다46346)

第1114條【算入될 贈與】 贈與는 相續開始전의 1年間에 행한 것에 限하여 第1113條의 規定에 의하여 그 價額을 算定한다. 當事者 雙方이 遺留分 權利者에 損害를 加할 것을 알고 贈與를 한 때에는 1年전에 한 것도 같다.
참조 [증여]554, [증여의 산입]1113, [유류분 권리자]1112, [공동상속인이 받은 증여의 산입]1008·1118
판례 유류분 제도가 생기기 전 피상속인이 상속인이나 제3자에게 재산을 증여하고 이행을 완료해 소유권이 수증자에게 이전된 때에는 피상속인이 1977년 12월 31일 개정된 민법 시행 이후 사망해 상속이 개시되더라도 소급해 증여재산이 유류분 제도에 의한 반환청구의 대상이 되지 않고, 따라서 유류분 산정을 위한 기초재산에 포함될 수 없다.(대판 2021.10.14, 2021다237497)
판례 유류분 산정시 산입될 '증여재산'에 아직 이행되지 아니한 증여계약의 목적물이 포함되는지 여부(적극) : 유류분 산정의 기초가 되는 재산의 범위에 관한 민법 1113조 1항에서의 '증여재산'이란 상속개시 전에 이미 증여계약이 이행되어 소유권이 수증자에게 이전된 재산을 가리키는 것이고, 아직 증여계약이 이행되지 아니하여 소유권이 피상속인에게 남아 있는 상태로 상속이 개시된 재산은 당연히 '피상속인의 상속개시시에 있어서 가진 재산'에 포함되는 것이므로, 수증자가 공동상속인이든 제3자이든 가리지 아니하고 모두 유류분 산정의 기초가 되는 재산을 구성한다.(대판 1996.8.20, 96다13682)

第1115條【遺留分의 保全】 ① 遺留分 權利者가 被相續人의 第1114條에 規定된 贈與 및 遺贈으로 인하여 그 遺留分에 不足이 생긴 때에는 不足한 限度에서 그 財産의 返還을 請求할 수 있다.
② 第1項의 경우에 贈與 및 遺贈을 받은 者가 數人인 때에는 各者가 얻은 遺贈價額의 比例로 返還하여야 한다.
참조 [유류분의 권리자와 유류분]1112, [유류분의 산정]1113·1114, [증여 및 유증의 반환]1116·1117
판례 유류분의 반환방법 : 유류분의 반환방법은 증여 또는 유증대상 재산 그 자체를 반환하는 것이 통상적인 반환방법이라고 할 것이므로, 유류분 권리자가 원물반환의 방법에 의하여 유류분 반환을 청구하고 그와 같은 원물반환이 가능하다면 달리 특별한 사정이 없는 이상 법원은 유류분 권리자가 청구하는 방법에 따라 원물반환을 명하여야 한다.
(대판 2006.5.26, 2005다71949)

第1116條【返還의 順序】 贈與에 대하여는 遺贈을 返還받은 후가 아니면 이것을 請求할 수 없다.
참조 [유류분의 보전]1115, [소멸시효]1117, [사인증여]562

第1117條【消滅時效】 返還의 請求權은 遺留分 權利者가 相續의 開始와 返還하여야 할 贈與 또는 遺贈을 한 事實을 안 때로부터 1年내에 하지 아니하면 時效에 의하여 消滅한다. 相續이 開始한 때로부터 10年을 經過한 때도 같다.
참조 [반환청구권]1115·1116, [유류분 권리자]1112, [상속개시시]997, [반환할 증여 또는 유증]1114·1115, [일반채권의 소멸시효]162①·166①
판례 유류분반환청구권의 행사방법과 그로 인한 소멸시효의 중단 : 유류분반환청구의 의사표시는 침해를 받은 유증 또는 증여행위를 지정하여 이에 대한 반환청구의 의사를 표시하면 그것으로 족하고 그로 인하여 생긴 목적물의 이전등기청구권이나 인도청구권 등을 행사하는 것과는 달리 그 목적물을 구체적으로 특정하여야 하는 것은 아니며, 민법 1117조 소정의 소멸시효의 진행도 위와 같은 의사표시로 중단된다.
(대판 2001.9.14, 2000다66430,66447)

第1118條【準用規定】 第1001條, 第1008條, 第1010條의 規定은 遺留分에 이를 準用한다.
참조 [대습상속]1001, [특별수익자의 상속분]1008, [대습상속분]1010

附 則

第1條【舊法의 定義】 附則에서 舊法이라 함은 本法에 의하여 廢止되는 法令 또는 法令중의 條項을 말한다.
참조 부칙27

第2條【本法의 遡及效】 本法은 特別한 規定있는 경우외에는 本法施行日前의 事項에 대하여도 이를 適用한다. 그러나 이미 舊法에 의하여 생긴 效力에 影響을 미치지 아니한다.
참조 [소급효를 인정하지 않는 사항]부칙4이하

第3條【公證力있는 文書와 그 作成】 ① 公證人 또는 法院書記의 確定日字印있는 私文書는 그 作成日字에 대한 公證力이 있다.
② 日字確定의 請求를 받은 公證人 또는 法院書記는 確定日字簿에 請求者의 住所, 姓名 및 文書名目을 記載하고 그 文書에 記簿番號를 記入한 후 日字印을 찍고 帳簿와 文書에 契印을 하여야 한다.
③ 日字確定을 公證人에게 請求하는 者는 法務部令이, 法院書記에게 請求하는 者는 大法院規則이 각각 정하는 바에 의하여 手數料를 納付하여야 한다.
(1970.6.18 본항개정)
④ 公正證書에 記入한 日字 또는 公務所에서 私文書에 어느 事項을 證明하고 記入한 日字는 確定日字로 한다.
참조 [확정일자 있는 증서]450②·502

第4條【舊法에 의한 限定治産者】 ① 舊法에 의하여 心身耗弱者 또는 浪費者로 準禁治産宣告를 받은 者는 本法施行日로부터 本法의 規定에 의한 限定治産者로 본다.
② 舊法에 의하여 聾者, 啞者 또는 盲者로 準禁治産宣告를 받은 者는 本法施行日로부터 能力을 回復한다.
참조 부칙2, [한정후견]12-14

第5條【夫의 取消權에 관한 經過規定】 舊法에 의하여 妻가 夫의 許可를 要할 事項에 관하여 許可없이 그 行爲를 한 경우에도 本法施行日 후에는 이를 取消하지 못한다.
참조 부칙2

第6條【法人의 登記期間】 法人의 登記事項에 관한 登記期間은 本法施行日前의 事項에 대하여도 本法의 規定에 의한다.
참조 부칙2, [등기기간]49-52·94

第7條【罰則에 관한 不遡及】 ① 舊法에 의하여 過料에 處할 行爲로 本法施行당시 裁判을 받지 아니한 者에 대하여는 本法에 의하여 過怠料에 處할 경우에 限하여 이를 裁判한다.
② 前項의 過怠料는 舊法의 過料額을 超過하지 못한다.
참조 부칙2, [과태료에 처할 경우]97

第8條【時效에 관한 經過規定】 ① 本法施行當時에 舊法의 規定에 의한 時效期間을 經過한 權利는 本法의 規定에 의하여 取得 또는 消滅한 것으로 본다.
② 本法施行당시에 舊法에 의한 消滅時效의 期間을 經過하지 아니한 權利에는 本法의 時效에 관한 規定을 適用한다.
③ 本法施行당시에 舊法에 의한 取得時效의 期間을 經過하지 아니한 權利에는 本法의 所有權取得에 관한 規定을 適用한다.
④ 第1項과 第2項의 規定은 時效期間이 아닌 法定期間에 이를 準用한다.
참조 부칙10③

第9條【效力을 喪失할 物權】 舊法에 의하여 規定된 物權이라도 本法에 規定한 物權이 아니면 本法施行日로부터 物權의 效力을 잃는다. 그러나 本法 또는 다른 法律에 特別한 規定이 있는 경우에는 그러하지 아니하다.
참조 [존속하는 물권]부칙14, [선취특권의 실효]부칙16

第10條【所有權移轉에 관한 經過規定】 ① 本法施行日前의 法律行爲로 인한 不動産에 관한 物權의

得失變更은 이 法 施行日로부터 6年내에 登記하지 아니하면 그 效力을 잃는다.(1964.12.31 본항개정)
② 本法 施行日前의 動産에 관한 物權의 讓渡는 本法 施行日로부터 1年내에 引渡를 받지 못하면 그 效力을 잃는다.
③ 本法 施行日前의 時效完成으로 인하여 物權을 取得한 경우에도 第1項과 같다.
참조 245, 부칙12·14·16
第11條【舊慣에 의한 傳貰權의 登記】 本法 施行日前에 慣習에 의하여 取得한 傳貰權은 本法 施行日로부터 1年내에 登記함으로써 物權의 效力을 갖는다.
第12條【判決에 의한 所有權移轉의 경우】 訴訟으로 附則 第10條의 規定에 의한 登記 또는 引渡를 請求한 경우에는 그 判決確定의 날로부터 6月내에 登記를 하지 아니하거나 3月내에 引渡를 받지 못하거나 强制執行의 節次를 取하지 아니한 때에는 物權變動의 效力을 잃는다.
참조 부칙10
第13條【地上權存續期間에 관한 經過規定】 本法 施行日前에 地上權設定行爲로 정한 存續期間이 本法 施行 當時에 滿了하지 아니한 경우에는 그 存續期間에는 本法의 規定을 適用한다. 設定行爲로 地上權의 存續期間을 定하지 아니한 경우에도 같다.
第14條【存續되는 物權】 本法 施行日前에 設定한 永小作權 또는 不動産質權에 관하여는 舊法의 規定을 適用한다. 그러나 本法 施行日후에는 이를 更新하지 못한다.
참조 부칙9
第15條【賃貸借期間에 관한 經過規定】 本法 施行日前의 賃貸借契約에 約定期間이 있는 경우에도 그 期間이 本法 施行當時에 滿了하지 아니한 때에는 그 存續期間에는 本法의 規定을 適用한다.
참조 619
第16條【先取特權의 失效】 本法 施行日前에 舊法에 의하여 取得한 先取特權은 本法 施行日로부터 그 效力을 잃는다.
참조 부칙2·9
第17條【妻의 財産에 대한 夫의 權利】 本法 施行日前의 婚姻으로 인하여 夫가 妻의 財産을 管理, 使用 또는 收益하는 경우에도 本法 施行日로부터 夫는 그 權利를 잃는다.
참조 829·831
第18條【婚姻, 入養의 無效, 取消에 관한 經過規定】 ① 本法 施行日前의 婚姻 또는 入養에 本法에 의하여 無效의 原因이 되는 事由가 있는 때에는 이를 無效로 하고 取消의 原因이 되는 事由가 있는 때에는 本法의 規定에 의하여 이를 取消할 수 있다. 이 경우에 取消期間이 있는 때에는 그 期間은 本法 施行日로부터 起算한다.
② 本法 施行日前의 婚姻 또는 入養에 舊法에 의한 取消의 原因이 되는 事由가 있는 경우에도 本法의 規定에 의하여 取消의 原因이 되지 아니할 때에는 本法 施行日후에는 이를 取消하지 못한다.
참조 부칙2, 815이하·883이하
第19條【離婚, 罷養에 관한 經過規定】 ① 本法 施行日前의 婚姻 또는 入養에 本法에 의하여 離婚 또는 罷養의 原因이 되는 事由가 있는 때에는 本法의 規定에 의하여 裁判上의 離婚 또는 罷養의 請求를 할 수 있다. 이 경우에 그 請求期間이 있는 때에는 그 期間은 本法施行日로부터 起算한다.
② 本法 施行日前의 婚姻 또는 入養에 舊法에 의하여 離婚 또는 罷養의 原因이 되는 事由가 있는 경우에도 本法의 規定에 의하여 離婚 또는 罷養의 原因이 되지 아니하는 때에는 本法 施行日후에는 裁判上의 離婚 또는 罷養의 請求를 하지 못한다.
참조 부칙2, 840이하·905이하
第20條【親權】 成年에 達한 子는 本法 施行日로부터 親權에 服從하지 아니한다.
참조 909
第21條【母의 親權行使에 관한 制限의 廢止】 舊法에 의하여 親權者인 母가 親族會의 同意를 要할 事項에 관하여 그 同意없이 未成年者를 代理한 行爲나 未成年者의 行爲에 대한 同意를 한 경우에도 本法 施行日후에는 이를 取消하지 못한다.
참조 909
第22條【後見人에 관한 經過規定】 ① 舊法에 의하여 未成年者 또는 禁治産者에 대한 後見이 開始된 경우에도 그 後見人의 順位, 選任, 任務 및 缺格에 관한 事項에는 本法 施行日로부터 本法의 規定을 適用한다.
② 舊法에 의하여 準禁治産宣告를 받은 者에 대하여도 그 後見에 관한 事項은 前項과 같다.
참조 부칙2, 929·931이하
第23條【保佐人등에 관한 經過規定】 舊法에 의한 保佐人, 後見監督人 및 親族會員은 本法 施行日로부터 그 地位를 잃는다. 그러나 本法 施行日前에 舊法의 規定에 의한 保佐人, 後見監督人 또는 親族會가 行한 同意는 그 效力을 잃지 아니한다.
第24條【扶養義務에 관한 本法適用】 舊法에 의하여 扶養義務가 開始된 경우에도 그 順位, 選任 및 方法에 관한 事項에는 本法 施行日로부터 本法의 規定을 適用한다.
참조 974·978·부칙2
第25條【相續에 관한 經過規定】 ① 本法 施行日前에 開始된 相續에 관하여는 本法 施行日후에도 舊法의 規定을 適用한다.
② 失踪宣告로 인하여 戶主 또는 財産相續이 開始되는 경우에 그 失踪期間이 舊法 施行期間중에 滿了하는 때에도 그 失踪이 本法 施行日후에 宣告된 때에는 그 相續順位, 相續分 기타 相續에 관하여는 本法의 規定을 適用한다.
참조 부칙2, 1000-1004
第26條【遺言에 관한 經過規定】 本法 施行日前의 慣習에 의한 遺言이 本法에 規定한 方式에 適合하지 아니한 경우에라도 遺言者가 本法 施行日로부터 遺言의 效力發生日까지 그 意思表示를 할 수 없는 狀態에 있는 때에는 그 效力을 잃지 아니한다.
第27條【廢止法令】 다음 各號의 法令은 이를 廢止한다.
1. 朝鮮民事令 第1條의 規定에 의하여 依用된 民法, 民法施行法, 年齡計算에 관한 法律
2. 朝鮮民事令과 同令 第1條에 의하여 依用된 法令중 本法의 規定과 抵觸되는 法條
3. 軍政法令중 本法의 規定과 抵觸되는 法條
참조 부칙2
第28條【施行日】 本法은 檀紀4293年(西紀 1960年) 1月 1日부터 施行한다.

附　則 (1962.12.29)

本法은 1963年 3月 1日부터 施行한다.

附　則 (1962.12.31)

本法은 1963年 1月 1日부터 施行한다.

附　則 (1964.12.31)

이 法은 1965年 1月 1日부터 施行한다.

附　則 (1970.6.18)

이 法은 公布한 날로부터 施行한다.

附　則 (1977.12.31)

① 이 法은 公布후 1年이 경과한 날로부터 施行한다.
② 이 法은 종전의 法律에 의하여 생긴 效力에 대하여 影響을 미치지 아니한다.
③ 이 法 施行日전에 婚姻한 者가 20歲에 達한 때에는 그 婚姻이 종전의 法 第808條第1項의 規定에 違反한 때에도 그 取消를 請求할 수 없다.
④ 이 法 施行日전에 婚姻한 者가 未成年者인 때에는 이 法 施行日로부터 成年者로 한다.
⑤ 이 法 施行日전에 開始된 相續에 관하여는 이 法 施行日 후에도 종전의 規定을 適用한다.
⑥ 失踪宣告로 인하여 相續이 開始되는 경우에 그 失踪期間이 이 法 施行日 후에 滿了된 때에는 그 相續에 관하여 이 法의 規定을 適用한다.

附　則 (1984.4.10)

①【施行日】 이 法은 1984年 9月 1日부터 施行한다.
②【經過措置의 原則】 이 法은 특별한 規定이 있는 경우를 제외하고는 이 法 施行전에 생긴 事項에 대하여도 이를 適用한다. 그러나 종전의 規定에 의하여 생긴 效力에는 影響을 미치지 아니한다.
③【失踪宣告에 관한 經過措置】 第27條第2項의 改正規定은 이 法 施行전에 死亡의 原因이 될 危難이 발생한 경우에도 이를 適用한다.
④【傳貰權에 관한 經過措置】 第303條第1項, 第312條第2項·第4項 및 第312條의2의 改正規定은 이 法 施行전에 성립한 傳貰權으로서 이 法 施行당시 存續期間이 3月이상 남아 있는 傳貰權과 存續期間을 정하지 아니한 傳貰權에도 이를 適用한다. 그러나 이 法 施行전에 傳貰金의 增額請求가 있은 경우에는 第312條의2 但書의 改正規定은 이를 適用하지 아니한다.

附　則 (1990.1.13)

第1條【施行日】 이 法은 1991年 1月 1日부터 施行한다.
第2條【이 法의 效力의 不遡及】 이 法에 특별한 規定이 있는 경우를 제외하고는 이미 舊法(民法중 이 法에 의하여 改正 또는 廢止되는 종전의 條項을 말한다. 이하 같다)에 의하여 생긴 效力에 영향을 미치지 아니한다.
第3條【親族에 관한 經過措置】 舊法에 의하여 親族이었던 者가 이 法에 의하여 親族이 아닌 경우에는 이 法 施行日부터 親族으로서의 地位를 잃는다.
第4條【母와 自己의 出生아닌 子에 관한 經過措置】 이 法 施行日전에 발생한 前妻의 出生子와 繼母 및 그 血族·姻戚 사이의 親族關係와 婚姻外의 出生子와 父의 配偶者 및 그 血族·姻戚사이의 親族關係는 이 法 施行日부터 消滅한다.
第5條【約婚의 解除에 관한 經過措置】 ① 이 法 施行日전의 約婚에 이 法에 의하여 解除의 原因이 되는 事由가 있는 때에는 이 法의 規定에 의하여 이를 解除할 수 있다.
② 이 法 施行日전의 約婚에 舊法에 의하여 解除의 原因이 되는 事由가 있는 경우에도 이 法의 規定에 의하여 解除의 原因이 되지 아니할 때에는 이 法 施行日후에는 解除를 하지 못한다.
第6條【夫婦間의 財産關係에 관한 이 法의 適用】 이 法 施行日전의 婚姻으로 인하여 인정되었던 夫婦間의 財産關係에 관하여는 이 法 施行日부터 이 法의 規定을 適用한다.
第7條【入養의 取消에 관한 經過措置】 이 法 施行日전의 入養에 舊法에 의하여 取消의 原因이 되는 事由가 있는 경우에도 이 法의 規定에 의하여 取消의 原因이 되지 아니할 때에는 이 法 施行日후에는 取消를 請求하지 못한다.
第8條【罷養에 관한 經過措置】 ① 이 法 施行日전의 入養에 이 法에 의하여 罷養의 原因이 되는 事由가 있는 때에는 이 法의 規定에 의하여 裁判上 罷養의 請求를 할 수 있다.
② 이 法 施行日전의 入養에 舊法에 의하여 罷養의 原因이 되는 事由가 있는 경우에도 이 法의 規定에 의하여 罷養의 原因이 되지 아니할 때에는 이 法 施行日 후에는 裁判上 罷養의 請求를 하지 못한다.
第9條【親權에 관한 이 法의 適用】 舊法에 의하여 開始된 親權에 관하여도 이 法 施行日부터 이 法의 規定을 適用한다.
第10條【後見人에 관한 이 法의 適用】 舊法에 의하여 未成年者나 限定治産者 또는 禁治産者에 대한 後見이 開始된 경우에도 그 後見人의 順位 및 選任에 관한 事項에는 이 法 施行日부터 이 法의 規定을 適用한다.
第11條【扶養義務에 관한 이 法의 適用】 舊法에 의하여 扶養義務가 開始된 경우에도 이 法 施行日부터 이 法의 規定을 適用한다.
第12條【相續에 관한 經過措置】 ① 이 法 施行日전에 開始된 相續에 관하여는 이 法 施行日후에도 舊法의 規定을 適用한다.
② 失踪宣告로 인하여 相續이 開始되는 경우에 그 失踪期間이 舊法 施行 期間 중에 滿了되는 때에도 그 失踪이 이 法 施行日후에 宣告된 때에는 相續에 관하여는 이 法의 規定을 適用한다.
第13條【다른 法令과의 관계】 이 法 施行당시 다른 法令에서 戶主相續 또는 戶主相續人을 引用한 경우에는 戶主承繼 또는 戶主承繼人을, 財産相續 또는 財産相續人을 引用한 경우에는 相續 또는 相續人을 각 引用한 것으로 본다.

附　則 (1997.12.13 法5431號)

第1條【施行日】 이 法은 公布후 6月이 경과한 날부터 施行한다.(이하 생략)

附　則 (1997.12.13 法5454號)

이 法은 1998年 1月 1日부터 施行한다.(이하 생략)

附　則 (2001.12.29)

이 법은 2002년 7월 1일부터 시행한다.

附　則 (2002.1.14)

① **【시행일】** 이 법은 공포한 날부터 시행한다.
② **【이 법의 효력의 불소급】** 이 법은 종전의 규정에 의하여 생긴 효력에 영향을 미치지 아니한다.
③ **【한정승인에 관한 경과조치】** 1998년 5월 27일부터 이 법 시행전까지 상속개시가 있음을 안 자중 상속채무가 상속재산을 초과하는 사실을 중대한 과실없이 제1019조제1항의 기간내에 알지 못하다가 이 법 시행전에 그 사실을 알고도 한정승인 신고를 하지 아니한 자는 이 법 시행일부터 3월내에 제1019조제3항의 개정규정에 의한 한정승인을 할 수 있다. 다만, 당해 기간내에 한정승인을 하지 아니한 경우에는 단순승인을 한 것으로 본다.
④ **【한정승인에 관한 특례】** 1998년 5월 27일 전에 상속 개시가 있음을 알았으나 상속채무가 상속재산을 초과하는 사실(이하 "상속채무 초과사실"이라 한다)을 중대한 과실 없이 제1019조제1항의 기간 이내에 알지 못하다가 1998년 5월 27일 이후 상속채무 초과사실을 안 자는 다음 각 호의 구분에 따라 제1019조제3항의 규정에 의한 한정승인을 할 수 있다. 다만, 각 호의 기간 이내에 한정승인을 하지 아니한 경우에는 단순승인을 한 것으로 본다.
1. 법률 제7765호 민법 일부개정법률(이하 "개정법률"이라 한다) 시행 전에 상속채무 초과사실을 알고도 한정승인을 하지 아니한 자는 개정법률 시행일부터 3월 이내
2. 개정법률 시행 이후 상속채무 초과사실을 알게 된 자는 그 사실을 안 날부터 3월 이내
(2005.12.29 본항신설)

판례 1998.5.27 전에 상속개시가 있음을 알았으나 그 후에 상속채무 초과사실을 알게 된 상속인의 한정승인신고 : 상속인이 1998.5.27. 이후 상속개시 사실을 알게 되었음에도 개정민법 시행 후에야 중대한 과실 없이 상속채무 초과사실을 알게 된 경우에는 개정민법 1019조 3항의 규정에 따라 3월 내에 한정승인을 할 수 있다.(대판 2005.4.14, 2004다56912)

판례 민법 1019조 3항의 소급적용 범위를 '1998.5.27부터 이 법 시행(2002.1.14) 전까지 상속개시가 있음을 안 자'로 제한한 부칙 3항에 대한 헌법불합치결정 : 1998.5.27 이전에 상속개시가 있음을 알았으나 그 이후에 상속채무 초과사실을 안 사람을 부칙(2002.1.14) 3항의 적용 대상에서 제외한 것은 평등원칙 등에 위배되므로, 부칙(2002.1.14) 3항 중 '1998.5.27부터 이 법 시행 전까지 상속개시가 있음을 안 자 중' 부분은 헌법불합치결정을 하되, 입법자가 개정할 때까지 그 적용을 중지한다. (헌재결 2004.1.29, 2002헌가22,2002헌바40,2003헌바19·46(병합))

附　則 (2005.3.31 法7427號)

第1條【시행일】 이 법은 공포한 날부터 시행한다. 다만, 제4편제2장(제778조 내지 제789조, 제791조 및 제793조 내지 제796조), 제826조제3항 및 제4항, 제908조의2 내지 제908조의8, 제963조, 제966조, 제968조, 제4편제8장(제980조 내지 제982조, 제984조 내지 제987조, 제989조 및 제991조 내지 제995조)의 개정규정과 부칙 제7조(제2항 및 제29항을 제외한다)의 규정은 2008년 1월 1일부터 시행한다.
第2條【이 법의 효력의 불소급】 이 법은 종전의 규정에 의하여 생긴 효력에 영향을 미치지 아니한다.
第3條【친생부인의 소에 관한 경과조치】 ① 제847조제1항의 개정규정에 의한 기간이 이 법 시행일부터 30일 이내에 만료되는 경우에는 이 법 시행일부터 30일 이내에 친생부인의 소를 제기할 수 있다.
② 제847조제1항의 개정규정이 정한 기간을 계산함에 있어서는 1997년 3월 27일부터 이 법 시행일 전일까지의 기간은 이를 산입하지 아니한다.
第4條【혼인의 무효·취소에 관한 경과조치】 이 법 시행 전의 혼인에 종전의 규정에 의하여 혼인의 무효 또는 취소의 원인이 되는 사유가 있는 경우에도 이 법의 규정에 의하여 혼인의 무효 또는 취소의 원인이 되지 아니하는 경우에는 이 법 시행 후에는 혼인의 무효를 주장하거나 취소를 청구하지 못한다.
第5條【친양자에 관한 경과조치】 종전의 규정에 의하여 입양된 자를 친양자로 하려는 자는 제908조의2제1항제1호 내지 제4호의 요건을 갖춘 경우에는 가정법원에 친양자 입양을 청구할 수 있다.
第6條【기간에 관한 경과조치】 이 법에 의하여 기간이 변경된 경우에 이 법 시행 당시 종전의 규정에 의한 기간이 경과되지 아니한 때에는 이 법의 개정규정과 종전의 규정 중 그 기간이 장기인 규정을 적용한다.
第7條【다른 법률의 개정】 ①~㉙ ※(해당 법령에 가제정리 하였음)

附　則 (2005.3.31 法7428號)

第1條【시행일】 이 법은 공포 후 1년이 경과한 날부터 시행한다.(이하 생략)

附　則 (2005.12.29)

① **【시행일】** 이 법은 공포한 날부터 시행한다.
② **【한정승인에 관한 경과조치】** 이 법의 한정승인에 관한 특례대상에 해당하는 자가 이 법 시행 전에 한정승인 신고를 하여 법원에 계속 중이거나 수리된 경우 그 신고 또는 법원의 수리결정은 효력이 있다.

附　則 (2007.5.17)

第1條【시행일】 이 법은 2008년 1월 1일부터 시행한다.(이하 생략)

附　則 (2007.12.21)

第1條【시행일】 이 법은 공포한 날부터 시행한다. 다만, 제97조 및 제161조의 개정규정은 공포 후 3개월이 경과한 날부터 시행하고, 제836조의2, 제837조제2항부터 제6항까지 및 제909조제4항의 개정규정은 공포 후 6개월이 경과한 날부터 시행한다.
第2條【효력의 불소급】 이 법은 종전의 규정에 따라 생긴 효력에 영향을 미치지 아니한다.
第3條【경과조치】 ① 이 법 시행 당시 법원에 계속 중인 사건에 관하여는 이 법(제837조의 개정규정을 제외한다)을 적용하지 아니한다.
② 이 법 시행 전의 행위에 대한 과태료의 적용에 있어서는 종전의 규정에 따른다.
③ 이 법 시행 당시 만 16세가 된 여자는 제801조 및 제807조의 개정규정에도 불구하고 약혼 또는 혼인할 수 있다.

附　則 (2009.5.8)

① **【시행일】** 이 법은 공포 후 3개월이 경과한 날부터 시행한다.
② **【양육비부담조서 작성의 적용례】** 제836조의2제5항의 개정규정은 이 법 시행 당시 계속 중인 협의이혼사건에도 적용한다.

附　則 (2011.3.7)

第1條【시행일】 이 법은 2013년 7월 1일부터 시행한다.
第2條【금치산자 등에 관한 경과조치】 ① 이 법 시행 당시 이미 금치산 또는 한정치산의 선고를 받은 사람에 대하여는 종전의 규정을 적용한다.
② 제1항의 금치산자 또는 한정치산자에 대하여 이 법에 따라 성년후견, 한정후견, 특정후견이 개시되거나 임의후견감독인이 선임된 경우 또는 이 법 시행일부터 5년이 경과한 때에는 그 금치산 또는 한정치산의 선고는 장래를 향하여 그 효력을 잃는다.
第3條【다른 법령과의 관계】 이 법 시행 당시 다른 법령에서 "금치산" 또는 "한정치산"을 인용한 경우에는 성년후견 또는 한정후견을 받는 사람에 대하여 부칙 제2조제2항에 따른 5년의 기간에 한정하여 "성년후견" 또는 "한정후견"을 인용한 것으로 본다.

附　則 (2011.5.19)

이 법은 2013년 7월 1일부터 시행한다.

附　則 (2012.2.10)

第1條【시행일】 이 법은 2013년 7월 1일부터 시행한다. 다만, 제818조, 제828조, 제843조 및 제925조의 개정규정은 공포한 날부터 시행한다.
第2條【이 법의 효력의 불소급】 이 법은 종전의 규정에 따라 생긴 효력에 영향을 미치지 아니한다.
第3條【종전의 규정에 따른 입양 및 파양에 관한 경과조치】 이 법 시행 전에 제878조 또는 제904조에 따라 입양 또는 파양의 신고가 접수된 입양 또는 파양에 관하여는 종전의 규정에 따른다.
第4條【재판상 파양 원인에 관한 경과조치】 제905조의 개정규정에도 불구하고 이 법 시행 전에 종전의 규정에 따라 가정법원에 파양을 청구한 경우에 재판상 파양 원인에 관하여는 종전의 규정에 따른다.
第5條【친양자 입양의 요건에 관한 경과조치】 제908조의2제1항 및 제2항의 개정규정에도 불구하고 이 법 시행 전에 종전의 규정에 따라 가정법원에 친양자 입양을 청구한 경우에 친양자 입양의 요건에 관하여는 종전의 규정에 따른다.

附　則 (2013.4.5)

이 법은 2013년 7월 1일부터 시행한다.

附　則 (2014.10.15)

第1條【시행일】 이 법은 공포 후 1년이 경과한 날부터 시행한다.
第2條【친권 상실의 선고 및 친권의 상실 선고 등의 판단 기준에 관한 경과조치】 이 법 시행 당시 가정법원에 진행 중인 친권의 상실 선고 청구 사건에 대해서는 제924조 및 제925조의2의 개정규정에도 불구하고 종전의 규정에 따른다.

附　則 (2014.12.30)

이 법은 공포한 날부터 시행한다.

附　則 (2015.2.3 法13124號)

第1條【시행일】 이 법은 2015년 7월 1일부터 시행한다.(이하 생략)

附　則 (2015.2.3 法13125號)

第1條【시행일】 이 법은 공포 후 1년이 경과한 날부터 시행한다.
第2條【효력의 불소급】 이 법은 종전의 규정에 따라 생긴 효력에 영향을 미치지 아니한다.
第3條【보증의 방식 등에 관한 적용례】 제428조의2, 제428조의3 및 제436조의2의 개정규정은 이 법 시행 후 체결하거나 기간을 갱신하는 보증계약부터 적용한다.
第4條【여행계약의 효력·해제 등에 관한 적용례】 제3편제2장제9절의2(제674조의2부터 제674조의9까지)의 개정규정은 이 법 시행 후 체결하는 여행계약부터 적용한다.
第5條【다른 법률의 개정】 ※(해당 법령에 가제정리 하였음)
第6條【「보증인 보호를 위한 특별법」의 개정에 따른 경과조치】 부칙 제5조에 따라 개정되는 「보증인 보호를 위한 특별법」의 개정규정에도 불구하고 이 법 시행 전에 체결되거나 기간이 갱신된 「보증인 보호를 위한 특별법」의 적용 대상인 보증계약에 대해서는 종전의 「보증인 보호를 위한 특별법」 제3조에 따른다.

附　則 (2016.1.6)

이 법은 공포한 날부터 시행한다.

附　則 (2016.12.2)

第1條【시행일】 이 법은 공포 후 6개월이 경과한 날부터 시행한다.
第2條【다른 법률의 개정】 ※(해당 법령에 가제정리 하였음)

附　則 (2016.12.20)

第1條【시행일】 이 법은 공포한 날부터 시행한다.
第2條【적용례】 제937조제9호의 개정규정은 이 법 시행 당시 법원에 계속 중인 사건에도 적용한다.

附 則 (2017.10.31)

第1條【시행일】 이 법은 공포 후 3개월이 경과한 날부터 시행한다.

第2條【남편의 친생자의 추정에 관한 적용례】 제854조의2 및 제855조의2의 개정규정은 이 법 시행 전에 발생한 부모와 자녀의 관계에 대해서도 적용한다. 다만, 이 법 시행 전에 판결에 따라 생긴 효력에는 영향을 미치지 아니한다.

附 則 (2020.10.20)

第1條【시행일】 이 법은 공포한 날부터 시행한다.

第2條【성적 침해를 당한 미성년자의 손해배상청구권의 소멸시효에 관한 적용례】 제766조제3항의 개정규정은 이 법 시행 전에 행하여진 성적 침해로 발생하여 이 법 시행 당시 소멸시효가 완성되지 아니한 손해배상청구권에도 적용한다.

附 則 (2021.1.26)

第1條【시행일】 이 법은 공포한 날부터 시행한다.

第2條【감화 또는 교정기관 위탁에 관한 경과조치】 이 법 시행 전에 법원의 허가를 받아 이 법 시행 당시 감화 또는 교정기관에 위탁 중인 경우와 이 법 시행 전에 감화 또는 교정기관 위탁에 대한 허가를 신청하여 이 법 시행 당시 법원에 사건이 계속 중인 경우에는 제915조 및 제945조의 개정규정에도 불구하고 종전의 규정에 따른다.

第3條【다른 법률의 개정】 ※(해당 법령에 가제정리 하였음)

第4條【「가사소송법」의 개정에 관한 경과조치】 이 법 시행 전에 법원에 감화 또는 교정기관 위탁에 대한 허가를 신청하여 이 법 시행 당시 법원에 계속 중인 사건에 관하여는 부칙 제3조에 따라 개정되는 「가사소송법」 제2조제1항제2호가목14)의 개정규정에도 불구하고 종전의 규정에 따른다.

附 則 (2022.12.13)

第1條【시행일】 이 법은 공포한 날부터 시행한다.

第2條【미성년자인 상속인의 한정승인에 관한 적용례 및 특례】 ① 제1019조제4항의 개정규정은 이 법 시행 이후 상속이 개시된 경우부터 적용한다.

② 제1항에도 불구하고 이 법 시행 전에 상속이 개시된 경우로서 다음 각 호의 어느 하나에 해당하는 경우에는 제1019조제4항의 개정규정에 의한 한정승인을 할 수 있다.

1. 미성년자인 상속인으로서 이 법 시행 당시 미성년자인 경우
2. 미성년자인 상속인으로서 이 법 시행 당시 성년자이나 성년이 되기 전에 제1019조제1항에 따른 단순승인(제1026조제1호 및 제2호에 따라 단순승인을 한 것으로 보는 경우를 포함한다)을 하고, 이 법 시행 이후에 상속채무가 상속재산을 초과하는 사실을 알게 된 경우에는 그 사실을 안 날부터 3개월 내

附 則 (2022.12.27)

이 법은 공포 후 6개월이 경과한 날부터 시행한다.

附 則 (2023.5.16)

第1條【시행일】 이 법은 공포 후 1년이 경과한 날부터 시행한다.(이하 생략)

민법제312조의2단서의시행에관한규정

(1984년 9월 1일 대통령령 제11493호)

제1조【목적】 이 영은 민법 제312조의2 단서의 규정에 의하여 전세금의 증액을 청구하는 경우 그 증액청구의 기준에 관한 사항을 정함을 목적으로 한다.

제2조【증액청구의 비율】 전세금의 증액청구의 비율은 약정한 전세금의 20분의 1을 초과하지 못한다.

제3조【증액청구의 제한】 전세금의 증액청구는 전세권설정계약이 있은 날 또는 약정한 전세금의 증액이 있은 날로부터 1년이내에는 이를 하지 못한다.

부 칙

이 영은 1984년 9월 1일부터 시행한다.

제조물 책임법

(2000년 1월 12일 법 률 제6109호)

개정
2013. 5.22법11813호 2017. 4.18법14764호

제1조【목적】 이 법은 제조물의 결함으로 발생한 손해에 대한 제조업자 등의 손해배상책임을 규정함으로써 피해자 보호를 도모하고 국민생활의 안전 향상과 국민경제의 건전한 발전에 이바지함을 목적으로 한다.(2013.5.22 본조개정)

제2조【정의】 이 법에서 사용하는 용어의 뜻은 다음과 같다.

1. "제조물"이란 제조되거나 가공된 동산(다른 동산이나 부동산의 일부를 구성하는 경우를 포함한다)을 말한다.
2. "결함"이란 해당 제조물에 다음 각 목의 어느 하나에 해당하는 제조상·설계상 또는 표시상의 결함이 있거나 그 밖에 통상적으로 기대할 수 있는 안전성이 결여되어 있는 것을 말한다.
   가. "제조상의 결함"이란 제조업자가 제조물에 대하여 제조상·가공상의 주의의무를 이행하였는지에 관계없이 제조물이 원래 의도한 설계와 다르게 제조·가공됨으로써 안전하지 못하게 된 경우를 말한다.
   나. "설계상의 결함"이란 제조업자가 합리적인 대체설계(代替設計)를 채용하였더라면 피해나 위험을 줄이거나 피할 수 있었음에도 대체설계를 채용하지 아니하여 해당 제조물이 안전하지 못하게 된 경우를 말한다.
   다. "표시상의 결함"이란 제조업자가 합리적인 설명·지시·경고 또는 그 밖의 표시를 하였더라면 해당 제조물에 의하여 발생할 수 있는 피해나 위험을 줄이거나 피할 수 있었음에도 이를 하지 아니한 경우를 말한다.
3. "제조업자"란 다음 각 목의 자를 말한다.
   가. 제조물의 제조·가공 또는 수입을 업(業)으로 하는 자
   나. 제조물에 성명·상호·상표 또는 그 밖에 식별(識別) 가능한 기호 등을 사용하여 자신을 가목의 자로 표시한 자 또는 가목의 자로 오인(誤認)하게 할 수 있는 표시를 한 자

(2013.5.22 본조개정)

판례 [1] 국가 등이 제조한 담배에 설계상의 결함이 있는지 문제된 사안에서, 담뱃잎을 태워 연기를 흡입하는 것이 담배의 본질적 특성인 점, 니코틴과 타르의 양에 따라 담배의 맛이 달라지고 담배 소비자는 자신이 좋아하는 맛이나 향을 가진 담배를 선택하여 흡연하는 점, 담배소비자는 안정감 등 니코틴의 약리효과를 의도하여 흡연을 하는 점 등에 비추어 국가 등이 니코틴이나 타르를 완전히 제거할 수 있는 방법이 있다 하더라도 이를 채용하지 않은 것 자체를 설계상 결함이라고 볼 수 없고, 달리 흡연으로 인한 담배소비자의 피해나 위험을 줄일 수 있는 합리적 대체설계를 채용할 수 있었는데도 이를 채용하지 않았다고 인정할 증거가 없으므로 담배에 설계상의 결함이 있다고 보기 어렵다.

[2] 제조상 내지 설계상의 결함이 인정되지 아니하는 경우라 할지라도, 제조업자 등이 합리적인 설명, 지시, 경고 기타의 표시를 하였더라면 당해 제조물에 의하여 발생될 수 있는 피해나 위험을 줄이거나 피할 수 있었음에도 이를 하지 아니한 때에는 그와 같은 표시상의 결함(지시·경고상의 결함)에 대하여도 불법행위로 인한 책임이 인정될 수 있고, 그와 같은 결함이 존재하는지에 대한 판단을 할 때에는 제조물의 특성, 통상 사용되는 사용형태, 제조물에 대한 사용자의 기대의 내용, 예상되는 위험의 내용, 위험에 대한 사용자의 인식 및 사용자에 의한 위험회피의 가능성 등 여러 사정을 종합적으로 고려하여 사회통념에 비추어 판단하여야 한다.
(대판 2014.4.10, 2011다22092)

판례 제조업자가 인체에 유해한 독성물질이 혼합된 화학제품을 설계·제조하는 경우, 그 화학제품의 사용 용도와 방법 등에 비추어 사용자나 그 주변 사람이 그 독성물질에 계속적·반복적으로 노출될 수 있고, 그 독성물질이 가진 기능적 효용은 없거나 극히 미미한 반면, 그 독성물질에 계속적·반복적으로 노출됨으로써 사용자 등의 생명·신체에 위해가 발생할 위험이 있으며 제조업자가 사전에 적절한 위험방지조치를 취하기 전에는 사용자 등이 그 피해를 회피하기 어려운 때에는, 제조업자는 고도의 위험방지의무를 부담한다. 따라서 제조업자가 이러한 고도의 위험방지의무를 위반한 채 생명·신체에 위해를 발생시킬 위험이 있는 화학제품을 설계하여 그대로 제조·판매한 경우에는 특별한 사정이 없는 한 그 화학제품에는 사회통념상 통상적으로 기대되는 안전성이 결여된 설계상의 결함이 존재한다고 봄이 타당하다.(대판 2013.7.12, 2006다17539)

판례 [1] 제조물책임에서 설계상 결함의 판단기준 : 일반적으로 제조물을 만들어 판매하는 자는 제조물의 구조, 품질, 성능 등에 있어서 현재의 기술 수준과 경제성 등에 비추어 기대가능한 범위 내의 안전성을 갖춘 제품을 제조하여야 하고, 이러한 안전성을 갖추지 못한 결함으로 인하여 그 사용자에게 손해가 발생한 경우에는 불법행위로 인한 배상책임을 부담하게 되는 것인바, 그와 같은 결함 중 주로 제조자가 합리적인 대체설계를 채용하였더라면 피해나 위험을 줄이거나 피할 수 있었음에도 대체설계를 채용하지 아니하여 제조물이 안전하지 못하게 된 경우를 말하는 소위 '설계상의 결함'이 있는지 여부는 제품의 특성 및 용도, 제조물에 대한 사용자의 기대와 내용, 예상되는 위험의 내용, 위험에 대한 사용자의 인식, 사용자에 의한 위험회피의 가능성, 대체설계의 가능성 및 경제적 비용, 채택된 설계와 대체설계의 상대적 장단점 등의 여러 사정을 종합적으로 고려하여 사회통념에 비추어 판단하여야 한다.

[2] 표시(지시·경고)상의 결함으로 제조물책임을 인정할 수 있는지 여부 및 표시상 결함의 판단기준 : 제조물에 대한 제조상 내지 설계상의 결함이 인정되지 아니하는 경우라 할지라도, 제조업자 등이 합리적인 설명, 지시, 경고 기타의 표시를 하였더라면 당해 제조물에 의하여 발생될 수 있는 피해나 위험을 줄이거나 피할 수 있었음에도 이를 하지 아니한 때에는 그와 같은 표시상의 결함(지시·경고상의 결함)에 대하여도 불법행위로 인한 책임이 인정될 수 있고, 그와 같은 결함이 존재하는지 여부에 대한 판단을 함에 있어서는 제조물의 특성, 통상 사용되는 사용형태, 제조물에 대한 사용자의 기대의 내용, 예상되는 위험의 내용, 위험에 대한 사용자의 인식 및 사용자에 의한 위험회피의 가능성 등의 여러 사정을 종합적으로 고려하여 사회통념에 비추어 판단하여야 한다.
(대판 2003.9.5, 2002다17333)

제3조【제조물 책임】 ① 제조업자는 제조물의 결함으로 생명·신체 또는 재산에 손해(그 제조물에 대하여만 발생한 손해는 제외한다)를 입은 자에게 그 손해를 배상하여야 한다.

② 제1항에도 불구하고 제조업자가 제조물의 결함을 알면서도 그 결함에 대하여 필요한 조치를 취하지 아니한 결과로 생명 또는 신체에 중대한 손해를 입은 자가 있는 경우에는 그 자에게 발생한 손해의 3배를 넘지 아니하는 범위에서 배상책임을 진다. 이 경우 법원은 배상액을 정할 때 다음 각 호의 사항을 고려하여야 한다.

1. 고의성의 정도
2. 해당 제조물의 결함으로 인하여 발생한 손해의 정도
3. 해당 제조물의 공급으로 인하여 제조업자가 취득한 경제적 이익
4. 해당 제조물의 결함으로 인하여 제조업자가 형사처벌 또는 행정처분을 받은 경우 그 형사처벌 또는 행정처분의 정도
5. 해당 제조물의 공급이 지속된 기간 및 공급 규모
6. 제조업자의 재산상태
7. 제조업자가 피해구제를 위하여 노력한 정도

(2017.4.18 본항신설)

③ 피해자가 제조물의 제조업자를 알 수 없는 경우에 그 제조물을 영리 목적으로 판매·대여 등의 방법으로 공급한 자는 제1항에 따른 손해를 배상하여야 한다. 다만, 피해자 또는 법정대리인의 요청을 받고 상당한 기간 내에 그 제조업자 또는 공급한 자를 그 피해자 또는 법정대리인에게 고지(告知)한 때에는 그러하지 아니하다.
(2017.4.18 본항개정)
(2013.5.22 본조개정)

판례 제조물책임에 관한 입증책임의 분배 : 고도의 기술이 집약되어 대량으로 생산되는 제품의 결함을 이유로 그 제조업자에게 손해배상책임을 지우는 경우 그 제품의 생산과정은 전문가인 제조업자만이 알 수 있어서 그 제품에 어떠한 결함이 존재하였는지, 그 결함으로 인하여 손해가 발생한 것인지 여부는 일반인으로서는 밝힐 수 없는 특수성이 있어서 소비자 측이 제품의 결함 및 그 결함과 손해의 발생과의 사이의 인과관계를 과학적·기술적으로 입증한다는 것은 지극히 어려우므로 그 제품이 정상적으로 사용되는 상태에서 사고가 발생한 경우 소비자 측에서 그 사고가 제조업자의 배타적 지배하에 있는 영역에서 발생하였다는 점과 그 사고가 어떤 자의 과실 없이는 통상 발생하지 않는다고 하는 사정을 증명하면, 제조업자 측에서 그 사고가 제품의 결함이 아닌 다른 원인으로 말미암아 발생한 것임을 입증하지 못하는 이상 그 제품에게 결함이 존재하며 그 결함으로 말미암아 사고가 발생하였다고 추정하여 손해배상책임을 지울 수 있도록 입증책임을 완화하는 것이 손해의 공평·타당한 부담을 그 지도원리로 하는 손해배상제도의 이상에 맞다.(대판 2004.3.12, 2003다16771)

제3조의2【결함 등의 추정】 피해자가 다음 각 호의 사실을 증명한 경우에는 제조물을 공급할 당시 해당 제조물에 결함이 있었고 그 제조물의 결함으로 인하여 손해가 발생한 것으로 추정한다. 다만, 제조업자가 제조물의 결함이 아닌 다른 원인으로 인하여 그 손해가 발생한 사실을 증명한 경우에는 그러하지 아니하다.

1. 해당 제조물이 정상적으로 사용되는 상태에서 피해자의 손해가 발생하였다는 사실
2. 제1호의 손해가 제조업자의 실질적인 지배영역에 속한 원인으로부터 초래되었다는 사실

3. 제1호의 손해가 해당 제조물의 결함 없이는 통상적으로 발생하지 아니한다는 사실
(2017.4.18 본조신설)
제4조【면책사유】 ① 제3조에 따라 손해배상책임을 지는 자가 다음 각 호의 어느 하나에 해당하는 사실을 입증한 경우에는 이 법에 따른 손해배상책임을 면(免)한다.
1. 제조업자가 해당 제조물을 공급하지 아니하였다는 사실
2. 제조업자가 해당 제조물을 공급한 당시의 과학·기술 수준으로는 결함의 존재를 발견할 수 없었다는 사실
3. 제조물의 결함이 제조업자가 해당 제조물을 공급한 당시의 법령에서 정하는 기준을 준수함으로써 발생하였다는 사실
4. 원재료나 부품의 경우에는 그 원재료나 부품을 사용한 제조물 제조업자의 설계 또는 제작에 관한 지시로 인하여 결함이 발생하였다는 사실
② 제3조에 따라 손해배상책임을 지는 자가 제조물을 공급한 후에 그 제조물에 결함이 존재한다는 사실을 알거나 알 수 있었음에도 그 결함으로 인한 손해의 발생을 방지하기 위한 적절한 조치를 하지 아니한 경우에는 제1항제2호부터 제4호까지의 규정에 따른 면책을 주장할 수 없다.
(2013.5.22 본조개정)
제5조【연대책임】 동일한 손해에 대하여 배상할 책임이 있는 자가 2인 이상인 경우에는 연대하여 그 손해를 배상할 책임이 있다.(2013.5.22 본조개정)
제6조【면책특약의 제한】 이 법에 따른 손해배상책임을 배제하거나 제한하는 특약(特約)은 무효로 한다. 다만, 자신의 영업에 이용하기 위하여 제조물을 공급받은 자가 자신의 영업용 재산에 발생한 손해에 관하여 그와 같은 특약을 체결한 경우에는 그러하지 아니하다.(2013.5.22 본조개정)
제7조【소멸시효 등】 ① 이 법에 따른 손해배상의 청구권은 피해자 또는 그 법정대리인이 다음 각 호의 사항을 모두 알게 된 날부터 3년간 행사하지 아니하면 시효의 완성으로 소멸한다.
1. 손해
2. 제3조에 따라 손해배상책임을 지는 자
② 이 법에 따른 손해배상의 청구권은 제조업자가 손해를 발생시킨 제조물을 공급한 날부터 10년 이내에 행사하여야 한다. 다만, 신체에 누적되어 사람의 건강을 해치는 물질에 의하여 발생한 손해 또는 일정한 잠복기간(潛伏期間)이 지난 후에 증상이 나타나는 손해에 대하여는 그 손해가 발생한 날부터 기산(起算)한다.
(2013.5.22 본조개정)
제8조【「민법」의 적용】 제조물의 결함으로 인한 손해배상책임에 관하여 이 법에 규정된 것을 제외하고는 「민법」에 따른다.(2013.5.22 본조개정)

부　칙

①【시행일】 이 법은 2002년 7월 1일부터 시행한다.
②【적용례】 이 법은 이 법 시행후 제조업자가 최초로 공급한 제조물부터 적용한다.

부　칙 (2013.5.22)

이 법은 공포한 날부터 시행한다.

부　칙 (2017.4.18)

제1조【시행일】 이 법은 공포 후 1년이 경과한 날부터 시행한다.
제2조【적용례】 제3조제2항·제3항 및 제3조의2의 개정규정은 이 법 시행 후 최초로 공급하는 제조물부터 적용한다.

부재선고에 관한 특별조치법

(약칭 : 부재선고법)

(1967년 1월 16일 법　률 제1867호)

개정
1968. 3.18법1998호
2005. 3.31법7427호(민법)
2007. 5.17법8435호(가족관계등록)
2009.12.29법9837호
2001. 3.28법6437호

제1조【목적】 이 법은 대한민국의 군사분계선 이북(以北) 지역에서 그 이남(以南) 지역으로 옮겨 새로 가족관계등록을 창설한 사람 중 군사분계선 이북 지역의 잔류자(殘留者)에 대한 부재선고(不在宣告)의 절차에 관한 특례를 규정함을 목적으로 한다.(2009.12.29 본조개정)
제2조【정의】 이 법에서 "잔류자"란 가족관계등록부에 군사분계선 이북 지역에 거주하는 것으로 표시된 사람을 말한다.(2009.12.29 본조개정)
제3조【부재선고】 법원은 잔류자임이 분명한 사람에 대하여는 가족이나 검사의 청구에 의하여 부재선고를 하여야 한다.(2009.12.29 본조개정)
제4조【부재선고의 효과】 부재선고를 받은 사람은 가족관계등록부를 폐쇄한다. 이 경우 「민법」 제997조의 적용 및 혼인에 관하여는 실종선고를 받은 것으로 본다.
(2009.12.29 본조개정)
제5조【부재선고의 취소】 ① 법원은 다음 각 호의 어느 하나에 해당하는 경우에는 본인, 가족 또는 검사의 청구에 의하여 부재선고를 취소하여야 한다. 이 경우 부재선고의 취소는 그 선고가 있은 후부터 선고가 취소되기 전까지 선의(善意)로 한 행위의 효력에는 영향을 미치지 아니한다.
1. 부재선고를 받은 사람이 사망한 사실이 증명된 경우
2. 부재선고를 받은 사람이 군사분계선 이북 지역이 아닌 곳에 거주하고 있는 사실이 증명된 경우
3. 잔류자가 거주하는 군사분계선 이북 지역이 그 이남 지역의 행정구역으로 편입된 경우
② 부재선고 취소의 경우에는 「민법」 제29조제2항을 준용한다.
(2009.12.29 본조개정)
제6조【부재선고의 관할 법원】 부재선고 또는 그 취소에 관한 사건은 잔류자의 등록기준지의 가정법원이 관할한다.(2009.12.29 본조개정)
제7조【부재선고의 청구】 부재선고의 청구서에는 가족관계등록부의 증명서 및 원본적지(原本籍地) 관할 도지사가 발행하는 잔류자 확인서를 첨부하여야 한다.
(2009.12.29 본조개정)
제8조【공시최고】 ① 부재선고를 할 때에는 공시최고(公示催告)를 하여야 하며, 그 기간은 1개월 이상으로 한다.
② 공시최고에는 다음 각 호의 사항을 기재하여야 한다.
1. 심판 청구인의 성명 및 주소
2. 잔류자의 성명, 생년월일, 등록기준지 및 원본적(原本籍)
3. 잔류자는 공시최고일까지 군사분계선 이북 지역이 아닌 곳에 거주하고 있는 사실을 신고하여야 하며, 그 신고를 하지 아니하면 부재선고를 받는다는 것
4. 잔류자가 국내 또는 군사분계선 이북 지역이 아닌 곳에 거주하고 있는 사실을 아는 사람은 공시최고일까지 그 사실을 신고할 것
5. 공시최고일
③ 제1항과 제2항에 따른 공시최고의 공고는 가정법원의 게시판에 게시하여야 한다.
(2009.12.29 본조개정)
제9조【준용규정】 이 법에 규정한 것 외에 부재선고 또는 그 취소의 심판절차에 관하여는 「가사소송법」 중 실종에 관한 규정을 준용한다. 다만, 부재선고와 그 취소의 공고는 하지 아니한다.(2009.12.29 본조개정)
제10조【부재선고 등의 신고】 부재선고 또는 부재선고 취소의 신고에 관하여는 「가족관계의 등록 등에 관한 법률」 중 실종에 관한 규정을 준용한다.(2009.12.29 본조개정)
제11조~제13조 (2009.12.29 삭제)
제14조【비용 부담의 면제】 이 법에 따른 부재선고 비용은 면제한다.(2009.12.29 본조개정)
제15조【벌칙】 다음 각 호의 어느 하나에 해당하는 사람은 1년 이상의 유기징역에 처한다.
1. 거짓이나 부정한 방법으로 제7조의 잔류자 확인서를 발급받은 사람
2. 행사할 목적으로 제7조의 잔류자 확인서를 위조하거나 변조한 사람
3. 행사할 목적으로 제7조의 잔류자 확인서를 거짓으로 작성하거나 변작(變作)한 사람
4. 제1호부터 제3호까지의 문서를 행사한 사람
(2009.12.29 본조개정)
제16조 (2001.3.28 삭제)

부　칙 (2009.12.29)

이 법은 공포한 날부터 시행한다.

부재선고등에관한특별조치법 시행령

(1970년 8월 31일 전개대통령령 제5317호)

개정
2004. 3.17영18312호(전자적민원처리를위한가석방자관리규정등)
2006. 6.12영19507호(행정정보이용감축개정령)
2010. 5. 4영22151호(전자정부법시)
2010.11. 2영22467호(행정정보이용감축개정령)

제1조【목적】 이 영은 부재선고등에관한특별조치법(이하 "법"이라 한다)의 시행에 필요한 청구절차 및 서식등에 관하여 규정함을 목적으로 한다.
제2조【잔류자확인서의 발급】 ① 법 제7조의 규정에 의한 잔류자확인서의 발급을 받고자 하는 자는 별지서식에 의한 신청서(전자문서로 된 신청서를 포함한다)를 원본적지 관할 도지사에게 제출하여야 한다.(2004.3.17 본항개정)
② 제1항에 따른 신청서에는 잔류자의 가족관계기록사항에 관한 증명서를 첨부하여야 한다.(2010.11.2 본항개정)

부　칙 (2010.5.4)

제1조【시행일】 이 영은 2010년 5월 5일부터 시행한다.
(이하 생략)

부　칙 (2010.11.2)

이 영은 공포한 날부터 시행한다.

[별지서식] ➡ 「www.hyeonamsa.com」 참조

국제사법

(2022년 1월 4일 전부개정법률 제18670호)

제1장 총　칙

제1절 목　적

제1조【목적】 이 법은 외국과 관련된 요소가 있는 법률관계에 관하여 국제재판관할과 준거법(準據法)을 정함을 목적으로 한다.

제2절 국제재판관할

제2조【일반원칙】 ① 대한민국 법원(이하 "법원"이라 한다)은 당사자 또는 분쟁이 된 사안이 대한민국과 실질적 관련이 있는 경우에 국제재판관할권을 가진다. 이 경우 법원은 실질적 관련의 유무를 판단할 때에 당사자 간의 공평, 재판의 적정, 신속 및 경제를 꾀한다는 국제재판관할 배분의 이념에 부합하는 합리적인 원칙에 따라야 한다.
② 이 법이나 그 밖의 대한민국 법령 또는 조약에 국제재판관할에 관한 규정이 없는 경우 법원은 국내법의 관할 규정을 참작하여 국제재판관할권의 유무를 판단하되, 제1항의 취지에 비추어 국제재판관할의 특수성을 충분히 고려하여야 한다.
제3조【일반관할】 ① 대한민국에 일상거소(habitual residence)가 있는 사람에 대한 소(訴)에 관하여는 법원에 국제재판관할이 있다. 일상거소가 어느 국가에도 없거나 일상거소를 알 수 없는 사람의 거소가 대한민국에 있는 경우에도 또한 같다.
② 제1항에도 불구하고 대사(大使)·공사(公使), 그 밖에 외국의 재판권 행사대상에서 제외되는 대한민국 국민에 대한 소에 관하여는 법원에 국제재판관할이 있다.
③ 주된 사무소·영업소 또는 정관상의 본거지나 경영의 중심지가 대한민국에 있는 법인 또는 단체와 대한민국 법에 따라 설립된 법인 또는 단체에 대한 소에 관하여는 법원에 국제재판관할이 있다.
제4조【사무소·영업소 소재지 등의 특별관할】 ① 대한민국에 사무소·영업소가 있는 사람·법인 또는 단체에 대한 대한민국에 있는 사무소 또는 영업소의 업무와 관련된 소는 법원에 제기할 수 있다.
② 대한민국에서 또는 대한민국을 향하여 계속적이고 조직적인 사업 또는 영업활동을 하는 사람·법인 또는 단체에 대하여 그 사업 또는 영업활동과 관련이 있는 소는 법원에 제기할 수 있다.
제5조【재산소재지의 특별관할】 재산권에 관한 소는 다음 각 호의 어느 하나에 해당하는 경우 법원에 제기할 수 있다.
1. 청구의 목적 또는 담보의 목적인 재산이 대한민국에 있는 경우

2. 압류할 수 있는 피고의 재산이 대한민국에 있는 경우. 다만, 분쟁이 된 사안이 대한민국과 아무런 관련이 없거나 근소한 관련만 있는 경우 또는 그 재산의 가액이 현저하게 적은 경우는 제외한다.

제6조【관련사건의 관할】 ① 상호 밀접한 관련이 있는 여러 개의 청구 가운데 하나에 대하여 법원에 국제재판관할이 있으면 그 여러 개의 청구를 하나의 소로 법원에 제기할 수 있다.
② 공동피고 가운데 1인의 피고에 대하여 법원이 제3조에 따른 일반관할을 가지는 때에는 그 피고에 대한 청구와 다른 공동피고에 대한 청구 사이에 밀접한 관련이 있어서 모순된 재판의 위험을 피할 필요가 있는 경우에만 공동피고에 대한 소를 하나의 소로 법원에 제기할 수 있다.
③ 다음 각 호의 사건의 주된 청구에 대하여 제56조부터 제61조까지의 규정에 따라 법원에 국제재판관할이 있는 경우에는 친권자·양육자 지정, 부양료 지급 등 해당 주된 청구에 부수되는 부수적 청구에 대해서도 법원에 소를 제기할 수 있다.
1. 혼인관계 사건
2. 친생자관계 사건
3. 입양관계 사건
4. 부모·자녀 간 관계 사건
5. 부양관계 사건
6. 후견관계 사건
④ 제3항 각 호에 따른 사건의 주된 청구에 부수되는 부수적 청구에 대해서만 법원에 국제재판관할이 있는 경우에는 그 주된 청구에 대한 소를 법원에 제기할 수 없다.

제7조【반소관할】 본소(本訴)에 대하여 법원에 국제재판관할이 있고 소송절차를 현저히 지연시키지 아니하는 경우 피고는 본소의 청구 또는 방어방법과 밀접한 관련이 있는 청구를 목적으로 하는 반소(反訴)를 본소가 계속(係屬)된 법원에 제기할 수 있다.

제8조【합의관할】 ① 당사자는 일정한 법률관계로 말미암은 소에 관하여 국제재판관할의 합의(이하 이 조에서 "합의"라 한다)를 할 수 있다. 다만, 합의가 다음 각 호의 어느 하나에 해당하는 경우에는 효력이 없다.
1. 합의에 따라 국제재판관할을 가지는 국가의 법(준거법의 지정에 관한 법규를 포함한다)에 따를 때 그 합의가 효력이 없는 경우
2. 합의를 한 당사자가 합의를 할 능력이 없었던 경우
3. 대한민국의 법령 또는 조약에 따를 때 합의의 대상이 된 소가 합의로 정한 국가가 아닌 다른 국가의 국제재판관할에 전속하는 경우
4. 합의의 효력을 인정하면 소가 계속된 국가의 선량한 풍속이나 그 밖의 사회질서에 명백히 위반되는 경우
② 합의는 서면[전보(電報), 전신(電信), 팩스, 전자우편 또는 그 밖의 통신수단에 의하여 교환된 전자적(電子的) 의사표시를 포함한다]으로 하여야 한다.
③ 합의로 정해진 관할은 전속적인 것으로 추정한다.
④ 합의가 당사자 간의 계약 조항의 형식으로 되어 있는 경우 계약 중 다른 조항의 효력은 합의 조항의 효력에 영향을 미치지 아니한다.
⑤ 당사자 간에 일정한 법률관계로 말미암은 소에 관하여 외국법원을 선택하는 전속적 합의가 있는 경우 법원에 그 소가 제기된 때에는 법원은 해당 소를 각하하여야 한다. 다만, 다음 각 호의 어느 하나에 해당하는 경우에는 그러하지 아니하다.
1. 합의가 제1항 각 호의 사유로 효력이 없는 경우
2. 제9조에 따라 변론관할이 발생하는 경우
3. 합의에 따라 국제재판관할을 가지는 국가의 법원이 사건을 심리하지 아니하기로 하는 경우
4. 합의가 제대로 이행될 수 없는 명백한 사정이 있는 경우

제9조【변론관할】 피고가 국제재판관할이 없음을 주장하지 아니하고 본안에 대하여 변론하거나 변론준비기일에서 진술하면 법원에 그 사건에 대한 국제재판관할이 있다.

제10조【전속관할】 ① 다음 각 호의 소는 법원에만 제기할 수 있다.
1. 대한민국의 공적 장부의 등기 또는 등록에 관한 소. 다만, 당사자 간의 계약에 따른 이전이나 그 밖의 처분에 관한 소로서 등기 또는 등록의 이행을 청구하는 경우는 제외한다.
2. 대한민국 법령에 따라 설립된 법인 또는 단체의 설립 무효, 해산 또는 그 기관의 결의의 유효 또는 무효에 관한 소
3. 대한민국에 있는 부동산의 물권에 관한 소 또는 부동산의 사용을 목적으로 하는 권리로서 공적 장부에 등기나 등록이 된 것에 관한 소
4. 등록 또는 기탁에 의하여 창설되는 지식재산권이 대한민국에 등록되어 있거나 등록이 신청된 경우 그 지식재산권의 성립, 유효성 또는 소멸에 관한 소
5. 대한민국에서 재판의 집행을 하려는 경우 그 집행에 관한 소
② 대한민국의 법령 또는 조약에 따른 국제재판관할의 원칙상 외국법원의 국제재판관할에 전속하는 소에 대해서는 제3조부터 제7조까지 및 제9조를 적용하지 아니한다.
③ 제1항 각 호에 따라 법원의 전속관할에 속하는 사항이 다른 소의 선결문제가 되는 경우에는 제1항을 적용하지 아니한다.

제11조【국제적 소송경합】 ① 같은 당사자 간에 외국법원에 계속 중인 사건과 동일한 소가 법원에 다시 제기된 경우에 외국법원의 재판이 대한민국에서 승인될 것으로 예상되는 때에는 법원은 직권 또는 당사자의 신청에 의하여 결정으로 소송절차를 중지할 수 있다. 다만, 다음 각 호의 어느 하나에 해당하는 경우에는 그러하지 아니하다.
1. 전속적 국제재판관할의 합의에 따라 법원에 국제재판관할이 있는 경우
2. 법원에서 해당 사건을 재판하는 것이 외국법원에서 재판하는 것보다 더 적절함이 명백한 경우
② 당사자는 제1항에 따른 법원의 중지 결정에 대해서는 즉시항고를 할 수 있다.
③ 법원은 대한민국 법령 또는 조약에 따른 승인 요건을 갖춘 외국의 재판이 있는 경우 같은 당사자 간에 그 재판과 동일한 소가 법원에 제기된 때에는 그 소를 각하하여야 한다.
④ 외국법원이 본안에 대한 재판을 하기 위하여 필요한 조치를 하지 아니하는 경우 또는 외국법원이 합리적인 기간 내에 본안에 관하여 재판을 선고하지 아니하거나 선고하지 아니할 것으로 예상되는 경우에 당사자의 신청이 있으면 법원은 제1항에 따라 중지된 사건의 심리를 계속할 수 있다.
⑤ 제1항에 따라 소송절차의 중지 여부를 결정하는 경우 소의 선후(先後)는 소를 제기한 때를 기준으로 한다.

제12조【국제재판관할권의 불행사】 ① 이 법에 따라 법원에 국제재판관할이 있는 경우에도 법원이 국제재판관할권을 행사하기에 부적절하고 국제재판관할이 있는 외국법원이 분쟁을 해결하기에 더 적절하다는 예외적인 사정이 명백히 존재할 때에는 피고의 신청에 의하여 법원은 본안에 관한 최초의 변론기일 또는 변론준비기일까지 소송절차를 결정으로 중지하거나 소를 각하할 수 있다. 다만, 당사자가 합의한 국제재판관할이 법원에 있는 경우에는 그러하지 아니하다.
② 제1항 본문의 경우 법원은 소송절차를 중지하거나 소를 각하하기 전에 원고에게 진술할 기회를 주어야 한다.
③ 당사자는 제1항에 따른 법원의 중지 결정에 대해서는 즉시항고를 할 수 있다.

제13조【적용 제외】 제24조, 제56조부터 제59조까지, 제61조, 제62조, 제76조제4항 및 제89조에 따라 국제재판관할이 정하여지는 사건에는 제8조 및 제9조를 적용하지 아니한다.

제14조【보전처분의 관할】 ① 보전처분에 대해서는 다음 각 호의 어느 하나에 해당하는 경우 법원에 국제재판관할이 있다.
1. 법원에 본안에 관한 국제재판관할이 있는 경우
2. 보전처분의 대상이 되는 재산이 대한민국에 있는 경우
② 제1항에도 불구하고 당사자는 긴급히 필요한 경우에는 대한민국에서만 효력을 가지는 보전처분을 법원에 신청할 수 있다.

제15조【비송사건의 관할】 ① 비송사건의 국제재판관할에 관하여는 성질에 반하지 아니하는 범위에서 제2조부터 제14조까지의 규정을 준용한다.
② 비송사건의 국제재판관할은 다음 각 호의 구분에 따라 해당 규정에서 정한 바에 따른다.
1. 실종선고 등에 관한 사건 : 제24조
2. 친족관계에 관한 사건 : 제56조부터 제61조까지
3. 상속 및 유언에 관한 사건 : 제76조
4. 선박소유자 등의 책임제한에 관한 사건 : 제89조
③ 제2항 각 호에서 규정하는 경우 외에 개별 비송사건의 관할에 관하여 이 법에 다른 규정이 없는 경우에는 제2조에 따른다.

제3절 준거법

제16조【본국법】 ① 당사자의 본국법에 따라야 하는 경우에 당사자가 둘 이상의 국적을 가질 때에는 그와 가장 밀접한 관련이 있는 국가의 법을 그 본국법으로 정한다. 다만, 국적 중 하나가 대한민국일 경우에는 대한민국 법을 본국법으로 한다.
② 당사자가 국적을 가지지 아니하거나 당사자의 국적을 알 수 없는 경우에는 그의 일상거소가 있는 국가의 법[이하 "일상거소지법"(日常居所地法)이라 한다]에 따르고, 일상거소를 알 수 없는 경우에는 그의 거소가 있는 국가의 법에 따른다.
③ 당사자가 지역에 따라 법을 달리하는 국가의 국적을 가질 경우에는 그 국가의 법 선택규정에 따라 지정되는 법에 따르고, 그러한 규정이 없는 경우에는 당사자와 가장 밀접한 관련이 있는 지역의 법에 따른다.

제17조【일상거소지법】 당사자의 일상거소지법에 따라야 하는 경우에 당사자의 일상거소를 알 수 없는 경우에는 그의 거소가 있는 국가의 법에 따른다.

제18조【외국법의 적용】 법원은 이 법에 따라 준거법으로 정해진 외국법의 내용을 직권으로 조사·적용하여야 하며, 이를 위하여 당사자에게 협력을 요구할 수 있다.

제19조【준거법의 범위】 이 법에 따라 준거법으로 지정되는 외국법의 규정은 공법적 성격이 있다는 이유만으로 적용이 배제되지 아니한다.

제20조【대한민국 법의 강행적 적용】 입법목적에 비추어 준거법에 관계없이 해당 법률관계에 적용되어야 하는 대한민국의 강행규정은 이 법에 따라 외국법이 준거법으로 지정되는 경우에도 적용한다.

제21조【준거법 지정의 예외】 ① 이 법에 따라 지정된 준거법이 해당 법률관계와 근소한 관련이 있을 뿐이고, 그 법률관계와 가장 밀접한 관련이 있는 다른 국가의 법이 명백히 존재하는 경우에는 그 다른 국가의 법에 따른다.
② 당사자가 합의에 따라 준거법을 선택하는 경우에는 제1항을 적용하지 아니한다.

제22조【외국법에 따른 대한민국 법의 적용】 ① 이 법에 따라 외국법이 준거법으로 지정된 경우에 그 국가의 법에 따라 대한민국 법이 적용되어야 할 때에는 대한민국의 법(준거법의 지정에 관한 법규는 제외한다)에 따른다.
② 다음 각 호의 어느 하나에 해당하는 경우에는 제1항을 적용하지 아니한다.
1. 당사자가 합의로 준거법을 선택하는 경우
2. 이 법에 따라 계약의 준거법이 지정되는 경우
3. 제73조에 따라 부양의 준거법이 지정되는 경우
4. 제78조제3항에 따라 유언의 방식의 준거법이 지정되는 경우
5. 제94조에 따라 선적국법이 지정되는 경우
6. 그 밖에 제1항을 적용하는 것이 이 법의 준거법 지정 취지에 반하는 경우

제23조【사회질서에 반하는 외국법의 규정】 외국법에 따라야 하는 경우에 그 규정의 적용이 대한민국의 선량한 풍속이나 그 밖의 사회질서에 명백히 위반될 때에는 그 규정을 적용하지 아니한다.

제2장 사 람

제1절 국제재판관할

제24조【실종선고 등 사건의 특별관할】 ① 실종선고에 관한 사건에 대해서는 다음 각 호의 어느 하나에 해당하는 경우 법원에 국제재판관할이 있다.
1. 부재자가 대한민국 국민인 경우
2. 부재자의 마지막 일상거소가 대한민국에 있는 경우
3. 부재자의 재산이 대한민국에 있거나 대한민국 법에 따라야 하는 법률관계가 있는 경우. 다만, 그 재산 및 법률관계에 관한 부분으로 한정한다.
4. 그 밖에 정당한 사유가 있는 경우
② 부재자 재산관리에 관한 사건에 대해서는 부재자의 마지막 일상거소 또는 재산이 대한민국에 있는 경우 법원에 국제재판관할이 있다.

제25조【사원 등에 대한 소의 특별관할】 법원이 제3조제3항에 따른 국제재판관할을 가지는 경우 다음 각 호의 소는 법원에 제기할 수 있다.
1. 법인 또는 단체가 그 사원 또는 사원이었던 사람에 대하여 소를 제기하는 경우로서 그 소가 사원의 자격으로 말미암은 것인 경우
2. 법인 또는 단체의 사원이 다른 사원 또는 사원이었던 사람에 대하여 소를 제기하는 경우로서 그 소가 사원의 자격으로 말미암은 것인 경우
3. 법인 또는 단체의 사원이었던 사람이 법인·단체의 사원에 대하여 소를 제기하는 경우로서 그 소가 사원의 자격으로 말미암은 것인 경우

제2절 준거법

제26조【권리능력】 사람의 권리능력은 그의 본국법에 따른다.

제27조【실종과 부재】 ① 실종선고 및 부재자 재산관리는 실종자 또는 부재자의 본국법에 따른다.
② 제1항에도 불구하고 외국인에 대하여 법원이 실종선고나 그 취소 또는 부재자 재산관리의 재판을 하는 경우에는 대한민국 법에 따른다.

제28조【행위능력】 ① 사람의 행위능력은 그의 본국법에 따른다. 행위능력이 혼인에 의하여 확대되는 경우에도 또한 같다.
② 이미 취득한 행위능력은 국적의 변경에 의하여 상실되거나 제한되지 아니한다.

제29조【거래보호】 ① 법률행위를 한 사람과 상대방이 법률행위의 성립 당시 동일한 국가에 있는 경우에 그 행위자가 그의 본국법에 따르면 무능력자이더라도 법률행위가 있었던 국가의 법에 따라 능력자인 때에는 그의 무능력을 주장할 수 없다. 다만, 상대방이 법률행위 당시 그의 무능력을 알았거나 알 수 있었을 경우에는 그러하지 아니하다.
② 제1항은 친족법 또는 상속법의 규정에 따른 법률행위 및 행위지 외의 국가에 있는 부동산에 관한 법률행위에는 이를 적용하지 아니한다.

제30조【법인 및 단체】 법인 또는 단체는 그 설립의 준거법에 따른다. 다만, 외국에서 설립된 법인 또는 단체가 대한민국에 주된 사무소가 있거나 대한민국에서 주된 사업을 하는 경우에는 대한민국 법에 따른다.

제3장 법률행위

제31조【법률행위의 방식】 ① 법률행위의 방식은 그 행위의 준거법에 따른다.

② 행위지법에 따라 한 법률행위의 방식은 제1항에도 불구하고 유효하다.
③ 당사자가 계약체결 시 서로 다른 국가에 있을 때에는 그 국가 중 어느 한 국가의 법에서 정한 법률행위의 방식에 따를 수 있다.
④ 대리인에 의한 법률행위의 경우에는 대리인이 있는 국가를 기준으로 행위지법을 정한다.
⑤ 제2항부터 제4항까지의 규정은 물권이나 그 밖에 등기하여야 하는 권리를 설정하거나 처분하는 법률행위의 방식에는 적용하지 아니한다.
제32조【임의대리】 ① 본인과 대리인 간의 관계는 당사자 간의 법률관계의 준거법에 따른다.
② 대리인의 행위로 인하여 본인이 제3자에 대하여 의무를 부담하는지 여부는 대리인의 영업소가 있는 국가의 법에 따르며, 대리인의 영업소가 없거나 영업소가 있더라도 제3자가 알 수 없는 경우에는 대리인이 실제로 대리행위를 한 국가의 법에 따른다.
③ 대리인이 본인과 근로계약 관계에 있고, 그의 영업소가 없는 경우에는 본인의 주된 영업소를 그의 영업소로 본다.
④ 본인은 제2항 및 제3항에도 불구하고 대리의 준거법을 선택할 수 있다. 다만, 준거법의 선택은 대리권을 증명하는 서면에 명시되거나 본인 또는 대리인이 제3자에게 서면으로 통지한 경우에만 그 효력이 있다.
⑤ 대리권이 없는 대리인과 제3자 간의 관계에 관하여는 제2항을 준용한다.

제4장 물 권

제33조【물권】 ① 동산 및 부동산에 관한 물권 또는 등기하여야 하는 권리는 그 동산·부동산의 소재지법에 따른다.
② 제1항에 규정된 권리의 취득·상실·변경은 그 원인된 행위 또는 사실의 완성 당시 그 동산·부동산의 소재지법에 따른다.
제34조【운송수단】 항공기에 관한 물권은 그 항공기의 국적이 소속된 국가의 법에 따르고, 철도차량에 관한 물권은 그 철도차량의 운행을 허가한 국가의 법에 따른다.
제35조【무기명증권】 무기명증권에 관한 권리의 취득·상실·변경은 그 원인된 행위 또는 사실의 완성 당시 그 무기명증권의 소재지법에 따른다.
제36조【이동 중인 물건】 이동 중인 물건에 관한 물권의 취득·상실·변경은 그 목적지가 속하는 국가의 법에 따른다.
제37조【채권 등에 대한 약정담보물권】 채권·주식, 그 밖의 권리 또는 이를 표창하는 유가증권을 대상으로 하는 약정담보물권은 담보대상인 권리의 준거법에 따른다. 다만, 무기명증권을 대상으로 하는 약정담보물권은 제35조에 따른다.

제5장 지식재산권

제1절 국제재판관할

제38조【지식재산권 계약에 관한 소의 특별관할】 ① 지식재산권의 양도, 담보권 설정, 사용허락 등의 계약에 관한 소는 다음 각 호의 어느 하나에 해당하는 경우 법원에 제기할 수 있다.
1. 지식재산권이 대한민국에서 보호되거나 사용 또는 행사되는 경우
2. 지식재산권에 관한 권리가 대한민국에서 등록되는 경우
② 제1항에 따른 국제재판관할이 적용되는 소에는 제41조를 적용하지 아니한다.
제39조【지식재산권 침해에 관한 소의 특별관할】 ① 지식재산권 침해에 관한 소는 다음 각 호의 어느 하나에 해당하는 경우 법원에 제기할 수 있다. 다만, 이 경우 대한민국에서 발생한 결과에 한정한다.
1. 침해행위를 대한민국에서 한 경우
2. 침해의 결과가 대한민국에서 발생한 경우
3. 침해행위를 대한민국을 향하여 한 경우
② 제1항에 따라 소를 제기하는 경우 제6조제1항을 적용하지 아니한다.
③ 제1항 및 제2항에도 불구하고 지식재산권에 대한 주된 침해행위가 대한민국에서 일어난 경우에는 외국에서 발생하는 결과를 포함하여 침해행위로 인한 모든 결과에 관한 소를 법원에 제기할 수 있다.
④ 제1항 및 제3항에 따라 소를 제기하는 경우 제44조를 적용하지 아니한다.

제2절 준거법

제40조【지식재산권의 보호】 지식재산권의 보호는 그 침해지법에 따른다.

제6장 채 권

제1절 국제재판관할

제41조【계약에 관한 소의 특별관할】 ① 계약에 관한 소는 다음 각 호의 어느 하나에 해당하는 곳이 대한민국에 있는 경우 법원에 제기할 수 있다.
1. 물품공급계약의 경우에는 물품인도지
2. 용역제공계약의 경우에는 용역제공지
3. 물품인도지와 용역제공지가 복수이거나 물품공급과 용역제공을 함께 목적으로 하는 계약의 경우에는 의무의 주된 부분의 이행지
② 제1항에서 정한 계약 외의 계약에 관한 소는 청구의 근거인 의무가 이행된 곳 또는 그 의무가 이행되어야 할 곳으로 계약당사자가 합의한 곳이 대한민국에 있는 경우 법원에 제기할 수 있다.
제42조【소비자계약의 관할】 ① 소비자가 자신의 직업 또는 영업활동 외의 목적으로 체결하는 계약으로서 다음 각 호의 어느 하나에 해당하는 경우 대한민국에 일상거소가 있는 소비자는 계약의 상대방(직업 또는 영업활동으로 계약을 체결하는 자를 말한다. 이하 "사업자"라 한다)에 대하여 법원에 소를 제기할 수 있다.
1. 사업자가 계약체결에 앞서 소비자의 일상거소가 있는 국가(이하 "일상거소지국"이라 한다)에서 광고에 의한 거래 권유 등 직업 또는 영업활동을 행하거나 소비자의 일상거소지국 외의 지역에서 소비자의 일상거소지국을 향하여 광고에 의한 거래의 권유 등 직업 또는 영업활동을 행하고 그 계약이 사업자의 직업 또는 영업활동의 범위에 속하는 경우
2. 사업자가 소비자의 일상거소지국에서 소비자의 주문을 받은 경우
3. 사업자가 소비자로 하여금 소비자의 일상거소지국이 아닌 국가에 가서 주문을 하도록 유도한 경우
② 제1항에 따른 계약(이하 "소비자계약"이라 한다)의 경우에 소비자의 일상거소가 대한민국에 있는 경우에는 사업자가 소비자에 대하여 제기하는 소는 법원에만 제기할 수 있다.
③ 소비자계약의 당사자 간에 제8조에 따른 국제재판관할의 합의가 있을 때 그 합의는 다음 각 호의 어느 하나에 해당하는 경우에만 효력이 있다.
1. 분쟁이 이미 발생한 후 국제재판관할의 합의를 한 경우
2. 국제재판관할의 합의에서 법원 외에 외국법원에도 소비자가 소를 제기할 수 있도록 한 경우
제43조【근로계약의 관할】 ① 근로자가 대한민국에서 일상적으로 노무를 제공하거나 최후로 일상적 노무를 제공한 경우에는 사용자에 대한 근로계약에 관한 소를 법원에 제기할 수 있다. 근로자가 일상적으로 대한민국에서 노무를 제공하지 아니하거나 아니하였던 경우에 사용자가 그를 고용한 영업소가 대한민국에 있거나 있었을 때에도 또한 같다.
② 사용자가 근로자에 대하여 제기하는 근로계약에 관한 소는 근로자의 일상거소가 대한민국에 있거나 근로자가 대한민국에서 일상적으로 노무를 제공하는 경우에는 법원에만 제기할 수 있다.
③ 근로계약의 당사자 간에 제8조에 따른 국제재판관할의 합의가 있을 때 그 합의는 다음 각 호의 어느 하나에 해당하는 경우에만 효력이 있다.
1. 분쟁이 이미 발생한 경우
2. 국제재판관할의 합의에서 법원 외에 외국법원에도 근로자가 소를 제기할 수 있도록 한 경우
제44조【불법행위에 관한 소의 특별관할】 불법행위에 관한 소는 그 행위가 대한민국에서 행하여지거나 대한민국을 향하여 행하여지는 경우 또는 대한민국에서 그 결과가 발생하는 경우 법원에 제기할 수 있다. 다만, 불법행위의 결과가 대한민국에서 발생할 것을 예견할 수 없었던 경우에는 그러하지 아니하다.

제2절 준거법

제45조【당사자 자치】 ① 계약은 당사자가 명시적 또는 묵시적으로 선택한 법에 따른다. 다만, 묵시적인 선택은 계약내용이나 그 밖의 모든 사정으로부터 합리적으로 인정할 수 있는 경우로 한정한다.
② 당사자는 계약의 일부에 관하여도 준거법을 선택할 수 있다.
③ 당사자는 합의에 의하여 이 조 또는 제46조에 따른 준거법을 변경할 수 있다. 다만, 계약체결 후 이루어진 준거법의 변경은 계약 방식의 유효 여부와 제3자의 권리에 영향을 미치지 아니한다.
④ 모든 요소가 오로지 한 국가와 관련이 있음에도 불구하고 당사자가 그 외의 다른 국가의 법을 선택한 경우에 관련된 국가의 강행규정은 적용이 배제되지 아니한다.
⑤ 준거법 선택에 관한 당사자 간 합의의 성립 및 유효성에 관하여는 제49조를 준용한다.
제46조【준거법 결정 시의 객관적 연결】 ① 당사자가 준거법을 선택하지 아니한 경우에 계약은 그 계약과 가장 밀접한 관련이 있는 국가의 법에 따른다.
② 당사자가 계약에 따라 다음 각 호의 어느 하나에 해당하는 이행을 하여야 하는 경우에는 계약체결 당시 그의 일상거소가 있는 국가의 법(당사자가 법인 또는 단체인 경우에는 주된 사무소가 있는 국가의 법을 말한다)이 가장 밀접한 관련이 있는 것으로 추정한다. 다만, 계약이 당사자의 직업 또는 영업활동으로 체결된 경우에는 당사자의 영업소가 있는 국가의 법이 가장 밀접한 관련이 있는 것으로 추정한다.
1. 양도계약의 경우에는 양도인의 이행
2. 이용계약의 경우에는 물건 또는 권리를 이용하도록 하는 당사자의 이행
3. 위임·도급계약 및 이와 유사한 용역제공계약의 경우에는 용역의 이행
③ 부동산에 대한 권리를 대상으로 하는 계약의 경우에는 부동산이 있는 국가의 법이 가장 밀접한 관련이 있는 것으로 추정한다.
제47조【소비자계약】 ① 소비자계약의 당사자가 준거법을 선택하더라도 소비자의 일상거소가 있는 국가의 강행규정에 따라 소비자에게 부여되는 보호를 박탈할 수 없다.
② 소비자계약의 당사자가 준거법을 선택하지 아니한 경우에는 제46조에도 불구하고 소비자의 일상거소지법에 따른다.
③ 소비자계약의 방식은 제31조제1항부터 제3항까지의 규정에도 불구하고 소비자의 일상거소지법에 따른다.
제48조【근로계약】 ① 근로계약의 당사자가 준거법을 선택하더라도 제2항에 따라 지정되는 준거법 소속 국가의 강행규정에 따라 근로자에게 부여되는 보호를 박탈할 수 없다.
② 근로계약의 당사자가 준거법을 선택하지 아니한 경우 근로계약은 제46조에도 불구하고 근로자가 일상적으로 노무를 제공하는 국가의 법에 따르며, 근로자가 일상적으로 어느 한 국가 안에서 노무를 제공하지 아니하는 경우에는 사용자가 근로자를 고용한 영업소가 있는 국가의 법에 따른다.
제49조【계약의 성립 및 유효성】 ① 계약의 성립 및 유효성은 그 계약이 유효하게 성립하였을 경우 이 법에 따라 적용되어야 하는 준거법에 따라 판단한다.
② 제1항에 따른 준거법에 따라 당사자의 행위의 효력을 판단하는 것이 모든 사정에 비추어 명백히 부당한 경우에는 그 당사자는 계약에 동의하지 아니하였음을 주장하기 위하여 그의 일상거소지법을 원용할 수 있다.
제50조【사무관리】 ① 사무관리는 그 관리가 행하여진 곳의 법에 따른다. 다만, 사무관리가 당사자 간의 법률관계에 근거하여 행하여진 경우에는 그 법률관계의 준거법에 따른다.
② 다른 사람의 채무를 변제함으로써 발생하는 청구권은 그 채무의 준거법에 따른다.
제51조【부당이득】 부당이득은 그 이득이 발생한 곳의 법에 따른다. 다만, 부당이득이 당사자 간의 법률관계에 근거한 이행으로부터 발생한 경우에는 그 법률관계의 준거법에 따른다.
제52조【불법행위】 ① 불법행위는 그 행위를 하거나 그 결과가 발생하는 곳의 법에 따른다.
② 불법행위를 한 당시 동일한 국가 안에 가해자와 피해자의 일상거소가 있는 경우에는 제1항에도 불구하고 그 국가의 법에 따른다.
③ 가해자와 피해자 간에 존재하는 법률관계가 불법행위에 의하여 침해되는 경우에는 제1항 및 제2항에도 불구하고 그 법률관계의 준거법에 따른다.
④ 제1항부터 제3항까지의 규정에 따라 외국법이 적용되는 경우에 불법행위로 인한 손해배상청구권은 그 성질이 명백히 피해자의 적절한 배상을 위한 것이 아니거나 그 범위가 본질적으로 피해자의 적절한 배상을 위하여 필요한 정도를 넘을 때에는 인정하지 아니한다.
제53조【준거법에 관한 사후적 합의】 당사자는 제50조부터 제52조까지의 규정에도 불구하고 사무관리·부당이득·불법행위가 발생한 후 합의에 의하여 대한민국 법을 그 준거법으로 선택할 수 있다. 다만, 그로 인하여 제3자의 권리에 영향을 미치지 아니한다.
제54조【채권의 양도 및 채무의 인수】 ① 채권의 양도인과 양수인 간의 법률관계는 당사자 간의 계약의 준거법에 따른다. 다만, 채권의 양도가능성, 채무자 및 제3자에 대한 채권양도의 효력은 양도되는 채권의 준거법에 따른다.
② 채무인수에 관하여는 제1항을 준용한다.
제55조【법률에 따른 채권의 이전】 ① 법률에 따른 채권의 이전은 그 이전의 원인이 된 구(舊)채권자와 신(新)채권자 간의 법률관계의 준거법에 따른다. 다만, 이전되는 채권의 준거법에 채무자 보호를 위한 규정이 있는 경우에는 그 규정이 적용된다.
② 제1항과 같은 법률관계가 존재하지 아니하는 경우에는 이전되는 채권의 준거법에 따른다.

제7장 친 족

제1절 국제재판관할

제56조【혼인관계에 관한 사건의 특별관할】 ① 혼인관계에 관한 사건에 대해서는 다음 각 호의 어느 하나에 해당하는 경우 법원에 국제재판관할이 있다.
1. 부부 중 한쪽의 일상거소가 대한민국에 있고 부부의 마지막 공동 일상거소가 대한민국에 있었던 경우
2. 원고와 미성년 자녀 전부 또는 일부의 일상거소가 대한민국에 있는 경우
3. 부부 모두가 대한민국 국민인 경우

4. 대한민국 국민으로서 대한민국에 일상거소를 둔 원고가 혼인관계 해소만을 목적으로 제기하는 사건의 경우
② 부부 모두를 상대로 하는 혼인관계에 관한 사건에 대해서는 다음 각 호의 어느 하나에 해당하는 경우 법원에 국제재판관할이 있다.
1. 부부 중 한쪽의 일상거소가 대한민국에 있는 경우
2. 부부 중 한쪽이 사망한 때에는 생존한 다른 한쪽의 일상거소가 대한민국에 있는 경우
3. 부부 모두가 사망한 때에는 부부 중 한쪽의 마지막 일상거소가 대한민국에 있었던 경우
4. 부부 모두가 대한민국 국민인 경우
제57조【친생자관계에 관한 사건의 특별관할】 친생자관계의 성립 및 해소에 관한 사건에 대해서는 다음 각 호의 어느 하나에 해당하는 경우 법원에 국제재판관할이 있다.
1. 자녀의 일상거소가 대한민국에 있는 경우
2. 자녀와 피고가 되는 부모 중 한쪽이 대한민국 국민인 경우
제58조【입양관계에 관한 사건의 특별관할】 ① 입양의 성립에 관한 사건에 대해서는 양자가 되려는 사람 또는 양친이 되려는 사람의 일상거소가 대한민국에 있는 경우 법원에 국제재판관할이 있다.
② 양친자관계의 존부확인, 입양의 취소 또는 파양(罷養)에 관한 사건에 관하여는 제57조를 준용한다.
제59조【부모·자녀 간의 법률관계 등에 관한 사건의 특별관할】 미성년인 자녀 등에 대한 친권, 양육권 및 면접교섭권에 관한 사건에 대해서는 다음 각 호의 어느 하나에 해당하는 경우 법원에 국제재판관할이 있다.
1. 자녀의 일상거소가 대한민국에 있는 경우
2. 부모 중 한쪽과 자녀가 대한민국 국민인 경우
제60조【부양에 관한 사건의 관할】 ① 부양에 관한 사건에 대해서는 부양권리자의 일상거소가 대한민국에 있는 경우 법원에 국제재판관할이 있다.
② 당사자가 부양에 관한 사건에 대하여 제8조에 따라 국제재판관할의 합의를 하는 경우 다음 각 호의 어느 하나에 해당하면 합의의 효력이 없다.
1. 부양권리자가 미성년자이거나 피후견인인 경우. 다만, 해당 합의에서 미성년자이거나 피후견인인 부양권리자에게 법원 외에 외국법원에도 소를 제기할 수 있도록 한 경우는 제외한다.
2. 합의로 지정된 국가가 사안과 아무런 관련이 없거나 근소한 관련만 있는 경우
③ 부양에 관한 사건이 다음 각 호의 어느 하나에 해당하는 경우에는 제9조를 적용하지 아니한다.
1. 부양권리자가 미성년자이거나 피후견인인 경우
2. 대한민국이 사안과 아무런 관련이 없거나 근소한 관련만 있는 경우
제61조【후견에 관한 사건의 특별관할】 ① 성년인 사람의 후견에 관한 사건에 대해서는 다음 각 호의 어느 하나에 해당하는 경우 법원에 국제재판관할이 있다.
1. 피후견인(피후견인이 될 사람을 포함한다. 이하 같다)의 일상거소가 대한민국에 있는 경우
2. 피후견인이 대한민국 국민인 경우
3. 피후견인의 재산이 대한민국에 있고 피후견인을 보호하여야 할 필요가 있는 경우
② 미성년자의 후견에 관한 사건에 대해서는 다음 각 호의 어느 하나에 해당하는 경우 법원에 국제재판관할이 있다.
1. 미성년자의 일상거소가 대한민국에 있는 경우
2. 미성년자의 재산이 대한민국에 있고 미성년자를 보호하여야 할 필요가 있는 경우
제62조【가사조정사건의 관할】 제56조부터 제61조까지의 규정에 따라 법원에 국제재판관할이 있는 사건의 경우에는 그 조정사건에 대해서도 법원에 국제재판관할이 있다.

제2절 준거법

제63조【혼인의 성립】 ① 혼인의 성립요건은 각 당사자에 관하여 그 본국법에 따른다.
② 혼인의 방식은 혼인을 한 곳의 법 또는 당사자 중 한쪽의 본국법에 따른다. 다만, 대한민국에서 혼인을 하는 경우에 당사자 중 한쪽이 대한민국 국민인 때에는 대한민국 법에 따른다.
제64조【혼인의 일반적 효력】 혼인의 일반적 효력은 다음 각 호의 법의 순위에 따른다.
1. 부부의 동일한 본국법
2. 부부의 동일한 일상거소지법
3. 부부와 가장 밀접한 관련이 있는 곳의 법
제65조【부부재산제】 ① 부부재산제에 관하여는 제64조를 준용한다.
② 부부가 합의에 의하여 다음 각 호의 어느 하나에 해당하는 법을 선택한 경우 부부재산제는 제1항에도 불구하고 그 법에 따른다. 다만, 그 합의는 날짜와 부부의 기명날인 또는 서명이 있는 서면으로 작성된 경우에만 그 효력이 있다.
1. 부부 중 한쪽이 국적을 가지는 법
2. 부부 중 한쪽의 일상거소지법
3. 부동산에 관한 부부재산제에 대해서는 그 부동산의 소재지법
③ 대한민국에서 행한 법률행위 및 대한민국에 있는 재산에 관하여는 외국법에 따른 부부재산제로써 선의의 제3자에게 대항할 수 없다. 이 경우 외국법에 따를 수 없을 때에 제3자와의 관계에서 부부재산제는 대한민국 법에 따른다.
④ 제3항에도 불구하고 외국법에 따라 체결된 부부재산계약을 대한민국에서 등기한 경우에는 제3자에게 대항할 수 있다.
제66조【이혼】 이혼에 관하여는 제64조를 준용한다. 다만, 부부 중 한쪽이 대한민국에 일상거소가 있는 대한민국 국민인 경우 이혼은 대한민국 법에 따른다.
제67조【혼인 중의 부모·자녀관계】 ① 혼인 중의 부모·자녀관계의 성립은 자녀의 출생 당시 부부 중 한쪽의 본국법에 따른다.
② 제1항의 경우에 남편이 자녀의 출생 전에 사망한 때에는 남편의 사망 당시 본국법을 그의 본국법으로 본다.
제68조【혼인 외의 부모·자녀관계】 ① 혼인 외의 부모·자녀관계의 성립은 자녀의 출생 당시 어머니의 본국법에 따른다. 다만, 아버지와 자녀 간의 관계의 성립은 자녀의 출생 당시 아버지의 본국법 또는 현재 자녀의 일상거소지법에 따를 수 있다.
② 인지는 제1항에서 정하는 법 외에 인지 당시 인지자의 본국법에 따를 수 있다.
③ 제1항의 경우에 아버지가 자녀의 출생 전에 사망한 때에는 사망 당시 본국법을 그의 본국법으로 보고, 제2항의 경우에 인지자가 인지 전에 사망한 때에는 사망 당시 본국법을 그의 본국법으로 본다.
제69조【혼인 외의 출생자】 ① 혼인 외의 출생자가 혼인 중의 출생자로 그 지위가 변동되는 경우에 관하여는 그 요건인 사실의 완성 당시 아버지 또는 어머니의 본국법 또는 자녀의 일상거소지법에 따른다.
② 제1항의 경우에 아버지 또는 어머니가 그 요건인 사실이 완성되기 전에 사망한 때에는 아버지 또는 어머니의 사망 당시 본국법을 그의 본국법으로 본다.
제70조【입양 및 파양】 입양 및 파양은 입양 당시 양부모의 본국법에 따른다.
제71조【동의】 제68조부터 제70조까지의 규정에 따른 부모·자녀관계의 성립에 관하여 자녀의 본국법이 자녀 또는 제3자의 승낙이나 동의 등을 요건으로 할 때에는 그 요건도 갖추어야 한다.
제72조【부모·자녀 간의 법률관계】 부모·자녀 간의 법률관계는 부모와 자녀의 본국법이 모두 동일한 경우에는 그 법에 따르고, 그 외의 경우에는 자녀의 일상거소지법에 따른다.
제73조【부양】 ① 부양의 의무는 부양권리자의 일상거소지법에 따른다. 다만, 그 법에 따르면 부양권리자가 부양의무자로부터 부양을 받을 수 없을 때에는 당사자의 공통 본국법에 따른다.
② 대한민국에서 이혼이 이루어지거나 승인된 경우에 이혼한 당사자 간의 부양의무는 제1항에도 불구하고 그 이혼에 관하여 적용된 법에 따른다.
③ 방계혈족 간 또는 인척 간의 부양의무와 관련하여 부양의무자는 부양권리자의 청구에 대하여 당사자의 공통 본국법에 따라 부양의무가 없다는 주장을 할 수 있으며, 그러한 법이 없을 때에는 부양의무자의 일상거소지법에 따라 부양의무가 없다는 주장을 할 수 있다.
④ 부양권리자와 부양의무자가 모두 대한민국 국민이고, 부양의무자가 대한민국에 일상거소가 있는 경우에는 대한민국 법에 따른다.
제74조【그 밖의 친족관계】 친족관계의 성립 및 친족관계에서 발생하는 권리의무에 관하여 이 법에 특별한 규정이 없는 경우에는 각 당사자의 본국법에 따른다.
제75조【후견】 ① 후견은 피후견인의 본국법에 따른다.
② 법원이 제61조에 따라 성년 또는 미성년자인 외국인의 후견사건에 관한 재판을 하는 때에는 제1항에도 불구하고 다음 각 호의 어느 하나에 해당하는 경우 대한민국 법에 따른다.
1. 피후견인의 본국법에 따른 후견개시의 원인이 있더라도 그 후견사무를 수행할 사람이 없거나, 후견사무를 수행할 사람이 있더라도 후견사무를 수행할 수 없는 경우
2. 대한민국에서 후견개시의 심판(임의후견감독인선임 심판을 포함한다)을 하였거나 하는 경우
3. 피후견인의 재산이 대한민국에 있고 피후견인을 보호하여야 할 필요가 있는 경우

제8장 상 속

제1절 국제재판관할

제76조【상속 및 유언에 관한 사건의 관할】 ① 상속에 관한 사건에 대해서는 다음 각 호의 어느 하나에 해당하는 경우 법원에 국제재판관할이 있다.
1. 피상속인의 사망 당시 일상거소가 대한민국에 있는 경우. 피상속인의 일상거소가 어느 국가에도 없거나 이를 알 수 없고 그의 마지막 일상거소가 대한민국에 있었던 경우에도 또한 같다.
2. 대한민국에 상속재산이 있는 경우. 다만, 그 상속재산의 가액이 현저하게 적은 경우에는 그러하지 아니하다.
② 당사자가 상속에 관한 사건에 대하여 제8조에 따라 국제재판관할의 합의를 하는 경우에 다음 각 호의 어느 하나에 해당하면 합의의 효력이 없다.
1. 당사자가 미성년자이거나 피후견인인 경우. 다만, 해당 합의에서 미성년자이거나 피후견인인 당사자에게 법원 외에 외국법원에도 소를 제기하는 것을 허용하는 경우는 제외한다.
2. 합의로 지정된 국가가 사안과 아무런 관련이 없거나 근소한 관련만 있는 경우
③ 상속에 관한 사건이 다음 각 호의 어느 하나에 해당하는 경우에는 제9조를 적용하지 아니한다.
1. 당사자가 미성년자이거나 피후견인인 경우
2. 대한민국이 사안과 아무런 관련이 없거나 근소한 관련만 있는 경우
④ 유언에 관한 사건은 유언자의 유언 당시 일상거소가 대한민국에 있거나 유언의 대상이 되는 재산이 대한민국에 있는 경우 법원에 국제재판관할이 있다.
⑤ 제1항에 따라 법원에 국제재판관할이 있는 사건의 경우에는 그 조정사건에 관하여도 법원에 국제재판관할이 있다.

제2절 준거법

제77조【상속】 ① 상속은 사망 당시 피상속인의 본국법에 따른다.
② 피상속인이 유언에 적용되는 방식에 의하여 명시적으로 다음 각 호의 어느 하나에 해당하는 법을 지정할 때에는 상속은 제1항에도 불구하고 그 법에 따른다.
1. 지정 당시 피상속인의 일상거소지법. 다만, 그 지정은 피상속인이 사망 시까지 그 국가에 일상거소를 유지한 경우에만 효력이 있다.
2. 부동산에 관한 상속에 대해서는 그 부동산의 소재지법
제78조【유언】 ① 유언은 유언 당시 유언자의 본국법에 따른다.
② 유언의 변경 또는 철회는 그 당시 유언자의 본국법에 따른다.
③ 유언의 방식은 다음 각 호의 어느 하나의 법에 따른다.
1. 유언자가 유언 당시 또는 사망 당시 국적을 가지는 국가의 법
2. 유언자의 유언 당시 또는 사망 당시 일상거소지법
3. 유언 당시 행위지법
4. 부동산에 관한 유언의 방식에 대해서는 그 부동산의 소재지법

제9장 어음·수표

제1절 국제재판관할

제79조【어음·수표에 관한 소의 특별관할】 어음·수표에 관한 소는 어음·수표의 지급지가 대한민국에 있는 경우 법원에 제기할 수 있다.

제2절 준거법

제80조【행위능력】 ① 환어음, 약속어음 및 수표에 의하여 채무를 부담하는 자의 능력은 그의 본국법에 따른다. 다만, 그 국가의 법이 다른 국가의 법에 따르도록 정한 경우에는 그 다른 국가의 법에 따른다.
② 제1항에 따르면 능력이 없는 자라 할지라도 다른 국가에서 서명을 하고 그 국가의 법에 따라 능력이 있을 때에는 그 채무를 부담할 수 있는 능력이 있는 것으로 본다.
제81조【수표지급인의 자격】 ① 수표지급인이 될 수 있는 자의 자격은 지급지법에 따른다.
② 지급지법에 따르면 지급인이 될 수 없는 자를 지급인으로 하여 수표가 무효인 경우에도 동일한 규정이 없는 다른 국가에서 한 서명으로부터 생긴 채무의 효력에는 영향을 미치지 아니한다.
제82조【방식】 ① 환어음·약속어음의 어음행위 및 수표행위의 방식은 서명지법에 따른다. 다만, 수표행위의 방식은 지급지법에 따를 수 있다.
② 제1항에서 정한 법에 따를 때 행위가 무효인 경우에도 그 후 행위지법에 따라 행위가 적법한 때에는 그 전 행위의 무효는 그 후 행위의 효력에 영향을 미치지 아니한다.
③ 대한민국 국민이 외국에서 한 환어음·약속어음의 어음행위 및 수표행위의 방식이 행위지법에 따르면 무효인 경우에도 대한민국 법에 따라 적법한 때에는 다른 대한민국 국민에 대하여 효력이 있다.
제83조【효력】 ① 환어음의 인수인과 약속어음의 발행인의 채무는 지급지법에 따르고, 수표로부터 생긴 채무는 서명지법에 따른다.
② 제1항에 규정된 자 외의 자의 환어음·약속어음에 의한 채무는 서명지법에 따른다.
③ 환어음, 약속어음 및 수표의 상환청구권을 행사하는 기간은 모든 서명자에 대하여 발행지법에 따른다.
제84조【원인채권의 취득】 어음의 소지인이 그 발행의 원인이 되는 채권을 취득하는지 여부는 어음의 발행지법에 따른다.
제85조【일부인수 및 일부지급】 ① 환어음의 인수를 어음 금액의 일부로 제한할 수 있는지 여부 및 소지인이 일부지급을 수락할 의무가 있는지 여부는 지급지법에 따른다.
② 약속어음의 지급에 관하여는 제1항을 준용한다.

제86조【권리의 행사·보전을 위한 행위의 방식】 환어음, 약속어음 및 수표에 관한 거절증서의 방식, 그 작성기간 및 환어음, 약속어음 및 수표상의 권리의 행사 또는 보전에 필요한 그 밖의 행위의 방식은 거절증서를 작성하여야 하는 곳 또는 그 밖의 행위를 행하여야 하는 곳의 법에 따른다.

제87조【상실·도난】 환어음, 약속어음 및 수표의 상실 또는 도난의 경우에 수행하여야 하는 절차는 지급지법에 따른다.

제88조【수표의 지급지법】 수표에 관한 다음 각 호의 사항은 수표의 지급지법에 따른다.

1. 수표가 일람출급(一覽出給)이 필요한지 여부, 일람 후 정기출급으로 발행할 수 있는지 여부 및 선일자수표(先日字手標)의 효력
2. 제시기간
3. 수표에 인수, 지급보증, 확인 또는 사증을 할 수 있는지 여부 및 그 기재의 효력
4. 소지인이 일부지급을 청구할 수 있는지 여부 및 일부지급을 수락할 의무가 있는지 여부
5. 수표에 횡선을 표시할 수 있는지 여부 및 수표에 "계산을 위하여"라는 문구 또는 이와 동일한 뜻이 있는 문구의 기재의 효력. 다만, 수표의 발행인 또는 소지인이 수표면에 "계산을 위하여"라는 문구 또는 이와 동일한 뜻이 있는 문구를 기재하여 현금의 지급을 금지한 경우에 그 수표가 외국에서 발행되고 대한민국에서 지급하여야 하는 것은 일반횡선수표의 효력이 있다.
6. 소지인이 수표자금에 대하여 특별한 권리를 가지는지 여부 및 그 권리의 성질
7. 발행인이 수표의 지급위탁을 취소할 수 있는지 여부 및 지급정지를 위한 절차를 수행할 수 있는지 여부
8. 배서인, 발행인, 그 밖의 채무자에 대한 상환청구권 보전을 위하여 거절증서 또는 이와 동일한 효력을 가지는 선언이 필요한지 여부

제10장 해 상

제1절 국제재판관할

제89조【선박소유자등의 책임제한사건의 관할】 선박소유자·용선자(傭船者)·선박관리인·선박운항자, 그 밖의 선박사용인(이하 "선박소유자등"이라 한다)의 책임제한사건에 대해서는 다음 각 호의 어느 하나에 해당하는 곳이 대한민국에 있는 경우에만 법원에 국제재판관할이 있다.

1. 선박소유자등의 책임제한을 할 수 있는 채권(이하 "제한채권"이라 한다)이 발생한 선박의 선적(船籍)이 있는 곳
2. 신청인인 선박소유자등에 대하여 제3조에 따른 일반관할이 인정되는 곳
3. 사고발생지(사고로 인한 결과 발생지를 포함한다)
4. 사고 후 사고선박이 최초로 도착한 곳
5. 제한채권에 의하여 선박소유자등의 재산이 압류 또는 가압류된 곳(압류에 갈음하여 담보가 제공된 곳을 포함한다. 이하 "압류등이 된 곳"이라 한다)
6. 선박소유자등에 대하여 제한채권에 근거한 소가 제기된 곳

제90조【선박 또는 항해에 관한 소의 특별관할】 선박소유자등에 대한 선박 또는 항해에 관한 소는 선박이 압류등이 된 곳이 대한민국에 있는 경우 법원에 제기할 수 있다.

제91조【공동해손에 관한 소의 특별관할】 공동해손(共同海損)에 관한 소는 다음 각 호의 어느 하나에 해당하는 곳이 대한민국에 있는 경우 법원에 제기할 수 있다.

1. 선박의 소재지
2. 사고 후 선박이 최초로 도착한 곳
3. 선박이 압류등이 된 곳

제92조【선박충돌에 관한 소의 특별관할】 선박의 충돌이나 그 밖의 사고에 관한 소는 다음 각 호의 어느 하나에 해당하는 곳이 대한민국에 있는 경우 법원에 제기할 수 있다.

1. 가해 선박의 선적지 또는 소재지
2. 사고 발생지
3. 피해 선박이 사고 후 최초로 도착한 곳
4. 가해 선박이 압류등이 된 곳

제93조【해난구조에 관한 소의 특별관할】 해난구조에 관한 소는 다음 각 호의 어느 하나에 해당하는 곳이 대한민국에 있는 경우 법원에 제기할 수 있다

1. 해난구조가 있었던 곳
2. 구조된 선박이 최초로 도착한 곳
3. 구조된 선박이 압류등이 된 곳

제2절 준거법

제94조【해상】 해상에 관한 다음 각 호의 사항은 선적국법에 따른다.

1. 선박의 소유권 및 저당권, 선박우선특권, 그 밖의 선박에 관한 물권
2. 선박에 관한 담보물권의 우선순위
3. 선장과 해원(海員)의 행위에 대한 선박소유자의 책임범위
4. 선박소유자등이 책임제한을 주장할 수 있는지 여부 및 그 책임제한의 범위
5. 공동해손
6. 선장의 대리권

제95조【선박충돌】 ① 개항(開港)·하천 또는 영해에서의 선박충돌에 관한 책임은 그 충돌지법에 따른다.

② 공해에서의 선박충돌에 관한 책임은 각 선박이 동일한 선적국에 속하는 경우에는 그 선적국법에 따르고, 각 선박이 선적국을 달리하는 경우에는 가해선박의 선적국법에 따른다.

제96조【해난구조】 해난구조로 인한 보수청구권은 그 구조행위가 영해에서 있는 경우에는 행위지법에 따르고, 공해에서 있는 때에는 구조한 선박의 선적국법에 따른다.

부 칙

제1조【시행일】 이 법은 공포 후 6개월이 경과한 날부터 시행한다.

제2조【계속 중인 사건의 관할에 관한 경과조치】 이 법 시행 당시 법원에 계속 중인 사건의 관할에 대해서는 종전의 규정에 따른다.

제3조【준거법 적용에 관한 경과조치】 이 법 시행 전에 생긴 사항에 적용되는 준거법에 대해서는 종전의 규정에 따른다. 다만, 이 법 시행 전후에 계속(繼續)되는 법률관계에 대해서는 이 법 시행 이후의 법률관계에 대해서만 이 법의 규정을 적용한다.

입목에 관한 법률

(1973년 2월 6일
법 률 제2484호)

개정
1996.11.23법 5168호
1998.12.28법 5592호(부동)
2002.12.26법 6820호(임업및산촌진흥촉진에관한법)
2010. 3.31법10199호 2012. 2.10법11303호

제1조【목적】 이 법은 입목(立木)에 대한 등기 및 저당권 설정 등에 필요한 사항을 규정함을 목적으로 한다.
(2010.3.31 본조개정)

제2조【정의】 ① 이 법에서 사용하는 용어의 뜻은 다음과 같다.

1. "입목"이란 토지에 부착된 수목의 집단으로서 그 소유자가 이 법에 따라 소유권보존의 등기를 받은 것을 말한다.
2. "입목등기부"란 전산정보처리조직에 의하여 입력·처리된 입목에 관한 등기정보자료를 대법원규칙으로 정하는 바에 따라 편성한 것을 말한다.
3. "입목등기기록"이란 1개의 입목에 관한 등기정보자료를 말한다.

② 제1항제1호의 집단의 범위는 대통령령으로 정한다.
(2012.2.10 본조개정)

제3조【입목의 독립성】 ① 입목은 부동산으로 본다.

② 입목의 소유자는 토지와 분리하여 입목을 양도하거나 저당권의 목적으로 할 수 있다.

③ 토지소유권 또는 지상권 처분의 효력은 입목에 미치지 아니한다.
(2010.3.31 본조개정)

제4조【저당권의 효력】 ① 입목을 목적으로 하는 저당권의 효력은 입목을 베어 낸 경우에 그 토지로부터 분리된 수목에도 미친다.

② 저당권자는 채권의 기한이 되기 전이라도 제1항의 분리된 수목을 경매할 수 있다. 다만, 그 매각대금을 공탁하여야 한다.(2012.2.10 단서개정)

③ 수목의 소유자는 상당한 담보를 공탁하고 제2항에 따른 경매의 면제를 신청할 수 있다.
(2010.3.31 본조개정)

제5조【저당된 입목의 관리】 ① 저당권의 목적이 된 입목의 소유자는 당사자 간에 약정된 시업(施業)방법에 따라 그 입목을 조성하고 육림(育林)하여야 한다.

② 천재지변이나 그 밖의 불가항력으로 입목에 손실이 발생하였을 때에는 입목소유자는 제1항의 책임을 면한다.
(2010.3.31 본조개정)

제6조【법정지상권】 ① 입목의 경매나 그 밖의 사유로 토지와 그 입목이 각각 다른 소유자에게 속하게 되는 경우에는 토지소유자는 입목소유자에 대하여 지상권을 설정한 것으로 본다.

② 제1항의 경우에 지료(地料)에 관하여는 당사자의 약정에 따른다.
(2010.3.31 본조개정)

제7조【지상권 또는 임차권에 대한 저당권의 효력】 지상권자 또는 토지의 임차인에게 속하는 입목이 저당권의 목적이 되어 있는 경우에는 지상권자 또는 임차인은 저당권자의 승낙 없이 그 권리를 포기하거나 계약을 해지할 수 없다.(2010.3.31 본조개정)

제8조【입목의 등록】 ① 소유권보존의 등기를 받을 수 있는 수목의 집단은 이 법에 따른 입목등록원부에 등록된 것으로 한정한다.

② 제1항의 등록을 받으려는 자는 그 소재지를 관할하는 특별자치도지사, 시장, 군수 또는 구청장(자치구의 구청장을 말한다. 이하 같다)에게 신청하여야 한다. 등록된 사항의 변경등록을 받으려 할 때에도 또한 같다.(2012.2.10 본항개정)
(2010.3.31 본조개정)

제9조【입목등록원부】 ① 특별자치도지사, 시장, 군수 또는 구청장은 입목등록원부를 갖추어 두고 이 법에 따른 등록을 하고, 정리하여야 한다.(2012.2.10 본항개정)

② 입목등록원부에 관계되는 신청서와 그 첨부서류는 10년간 보존하여야 한다.

③ 특별자치도지사, 시장, 군수 또는 구청장은 입목 등록을 말소하였을 때에는 그 취지를 적어 해당 용지를 폐쇄하고 폐쇄한 날부터 10년간 보존하여야 한다.(2012.2.10 본항개정)
(2010.3.31 본조개정)

제10조【입목등록원부의 열람, 등본·초본의 발급】 해당 수목에 대하여 이해관계 있는 자는 입목등록원부를 열람하거나 그 등본 또는 초본의 발급을 청구할 수 있다.
(2010.3.31 본조개정)

제11조【등록 절차】 이 법에 따른 등록의 절차에 관하여 필요한 사항은 대통령령으로 정한다.(2010.3.31 본조개정)

제12조 (2012.2.10 삭제)

제13조【물적 편성주의】 입목등기부를 편성할 때에는 1개의 입목에 대하여 1개의 입목등기기록을 둔다.
(2012.2.10 본조개정)

제14조【입목등기기록의 편성】 입목등기기록에는 입목의 표시에 관한 사항을 기록하는 표제부와 소유권에 관한 사항을 기록하는 갑구(甲區) 및 저당권에 관한 사항을 기록하는 을구(乙區)를 둔다.(2012.2.10 본조개정)

제15조【표제부의 등기사항】 등기관은 입목등기기록의 표제부에 「부동산등기법」 제34조 각 호의 사항 외에 다음 각 호의 사항을 기록하여야 한다.(2012.2.10 본문개정)

1. 수목이 1필의 토지의 일부분에 부착된 경우에는 그 부분의 위치 및 지적(地積), 그 부분을 표시하는 명칭 또는 번호가 있을 때에는 그 명칭 또는 번호
2. 수종(樹種)·수량(數量) 및 수령(樹齡)(2012.2.10 본호개정)
3. 조사연도(2012.2.10 본호신설)
4. 도면번호(2012.2.10 본호신설)

(2012.2.10 본조제목개정)
(2010.3.31 본조개정)

제16조【소유권보존등기의 신청인】 ① 소유권보존의 등기는 다음 각 호의 어느 하나에 해당하는 자가 신청할 수 있다.(2012.2.10 본문개정)

1. 입목이 부착된 토지의 소유자 또는 지상권자로서 등기기록에 등기된 자(2012.2.10 본호개정)
2. 제1호에 해당하는 자의 증명서에 의하여 자기의 소유권을 증명하는 자
3. 판결에 의하여 자기의 소유권을 증명하는 자

② (2012.2.10 삭제)
(2012.2.10 본조제목개정)
(2010.3.31 본조개정)

제17조【소유권보존등기의 신청】 소유권보존의 등기를 신청하는 경우에 그 보존등기에 관하여 토지의 등기기록상 이해관계 있는 제3자가 있을 때에는 제3자의 승낙이 있어야 한다.(2012.2.10 본조개정)

제18조【소유권보존등기】 ① 등기관은 이미 등기되어 있는 토지에 부착된 수목에 대하여 소유권보존의 등기를 하는 경우에 토지의 등기기록에 토지 또는 지상권을 목적으로 하는 저당권의 등기가 있을 때에는 입목등기기록에 그 등기를 전사(轉寫)하여야 한다. 다만, 그 등기에 저당권이 수목에 미치지 아니한다는 뜻이 기록되어 있을 때에는 예외로 한다.(2012.2.10 본항개정)

② 제1항에 따라 저당권의 전사를 할 때에는 그 저당권의 등기에 관하여 이미 공동담보목록이 있는 경우를 제외하고 등기관은 공동담보목록을 작성하여야 한다.
(2010.3.31 본조개정)

제19조【소유권보존등기】 ① 등기관은 이미 등기되어 있는 토지에 부착된 수목에 대하여 소유권보존의 등기를 하였을 때와 입목의 구분 등기를 하였을 때에는 토지의 등기기록 중 표제부에 입목등기기록을 표시하여야 한다.

② 등기관은 입목등기기록을 폐쇄하였을 때에는 제1항에 따른 표시를 말소하여야 한다.
(2012.2.10 본조개정)

제20조【변경등기】 ① 입목이 분합(分合)되거나 멸실되었을 때 또는 제15조 각 호의 사항이 변경되었을 때에는 소유권의 등기명의인은 지체 없이 그 등기를 신청하여야 한다. 다만, 수목의 자연발생·성장 또는 제5조제1항에 따른 시업방법으로 인하여 변경된 경우는 예외로 한다.

② 입목이 부착된 토지의 지목(地目), 지번(地番) 또는 지적이 변경되었을 때에도 제1항과 같다.
(2010.3.31 본조개정)

제21조【저당권의 등기사항】 등기관은 입목을 목적으로 하는 저당권 설정등기를 할 때에는 「부동산등기법」 제75조에서 규정한 사항 외에 시업방법을 기록하여야 한다.
(2012.2.10 본조개정)

제22조【산림보험】① 입목을 저당권의 목적으로 하려는 자는 그 입목에 대하여 보험(「농업협동조합법」, 「산림조합법」에 따른 공제를 포함한다. 이하 같다)에 가입하여야 한다.
② 제1항에 따른 보험의 내용은 대통령령으로 정한다. (2010.3.31 본조개정)
제23조【「부동산등기법」의 준용】입목에 대한 등기에 관하여 이 법에 특별한 규정이 있는 경우 및 「부동산등기법」 제24조제1항제2호를 제외하고는 「부동산등기법」을 준용한다.(2012.2.10 본조개정)

부 칙 (2012.2.10)

이 법은 공포 후 6개월이 경과한 날부터 시행한다.

입목에 관한 법률 시행령

(1973년 12월 8일 대통령령 제6948호)

개정
1983.12. 8영11268호 1995. 7.15영14737호
2008. 5.21영20786호 2012. 6.12영23848호

제1조【수목의 집단】「입목에 관한 법률」(이하 "법"이라 한다) 제2조에 따른 입목으로 등기를 받을 수 있는 수목의 집단의 범위는 1필의 토지 또는 1필의 토지의 일부분에 생립(生立)하고 있는 모든 수종(樹種)의 수목으로 한다.(2012.6.12 본조개정)
제2조【저당권이 설정된 입목의 벌채】① 저당권이 설정된 입목에 대하여 저당권설정자가 벌채·개간등의 허가를 신청하는 경우에는 저당권자의 동의서를 첨부하여야 한다.
② 제1항의 허가신청을 받은 행정기관이 이를 허가하거나 기각한 때에는 지체없이 그 사실을 저당권자에게 통지하여야 한다.
(2012.6.12 본조제목개정)
제3조【보험의 내용】법 제22조에 따른 보험의 내용은 저당권의 목적이 되는 입목에 관한 산림화재 및 풍수해의 위험을 담보하는 보험회사의 손해보험이나 농업협동조합 또는 산림조합의 공제로 한다.(2012.6.12 본조개정)
제4조【입목등록원부】법 제9조제1항에 따른 입목등록원부의 서식은 산림청장이 정하여 고시한다.
(2012.6.12 본조개정)
제5조【등록신청과 수목조사】① 법 제8조제2항에 따라 입목의 등록(변경등록을 포함한다)을 받으려는 자는 산림청장이 정하여 고시하는 서식에 따른 신청서에 다음 각 호의 서류를 첨부하여 입목소재지를 관할하는 특별자치도지사, 시장, 군수 또는 구청장(자치구의 구청장을 말한다. 이하 같다)에게 제출하여야 한다.
1. 수목의 소유권을 증명하는 서류 1부
2. 법 제15조제1호의 내용을 기재한 서류 1부
3. 대리인에 의하여 등록을 신청할 때에는 그 권한을 증명하는 서류 1부
② 제1항의 신청서를 접수한 특별자치도지사, 시장, 군수 또는 구청장은 그 등록신청내용을 심사·확인한 후 입목등록원부에 정리하여야 한다.
(2012.6.12 본조개정)
제6조 (2008.5.21 삭제)
제7조~제8조 (2012.6.12 삭제)
제9조【입목등기기록의 표시방법】법 제19조제1항에 따라 토지의 등기기록 중 표제부에 입목등기기록을 표시할 때에는 수목이 부착된 토지의 소재지번을 기록하여야 한다. 이 경우 하나의 토지에 여러 개의 입목등기가 있는 경우에는 입목번호도 함께 기록하여야 한다.(2012.6.12 본조개정)
제10조【등기필 통지】등기관은 입목에 대한 소유권의 보존 또는 이전의 등기나 등기명의인의 표시변경 또는 경정(更正)의 등기를 하였을 때에는 10일 이내에 그 취지를 입목등록관청에 통지하여야 한다.(2012.6.12 본조개정)

부 칙 (2012.6.12)

이 영은 2012년 8월 11일부터 시행한다.

[별표] (1995.7.15 삭제)

공장 및 광업재단 저당법

(약칭 : 공장저당법)

(2009년 3월 25일 전부개정법률 제9520호)

개정
2011. 5.19법10629호(지식재산기본법)
2012. 2.10법11297호
2013. 3.23법11690호(정부조직)

제1장 총 칙

제1조【목적】이 법은 공장재단 또는 광업재단의 구성, 각 재단에 대한 저당권의 설정 및 등기 등의 법률관계를 적정히 규율함으로써 공장 소유자 또는 광업권자가 자금을 확보할 수 있게 하여 기업의 유지와 건전한 발전 및 지하자원의 개발과 산업의 발달을 도모함을 목적으로 한다.
제2조【정의】이 법에서 사용하는 용어의 뜻은 다음과 같다.
1. "공장"이란 영업을 하기 위하여 물품의 제조·가공, 인쇄, 촬영, 방송 또는 전기나 가스의 공급 목적에 사용하는 장소를 말한다.
2. "공장재단"이란 공장에 속하는 일정한 기업용 재산으로 구성되는 일단(一團)의 기업재산으로서 이 법에 따라 소유권과 저당권의 목적이 되는 것을 말한다.
3. "광업재단"이란 광업권(鑛業權)과 광업권에 기하여 광물(鑛物)을 채굴(採掘)·취득하기 위한 각종 설비 및 이에 부속하는 사업의 설비로 구성되는 일단의 기업재산으로서 이 법에 따라 소유권과 저당권의 목적이 되는 것을 말한다.

제2장 공장재단

제1절 공장 토지와 공장 건물의 저당

제3조【공장 토지의 저당권】공장 소유자가 공장에 속하는 토지에 설정한 저당권의 효력은 그 토지에 부합된 물건과 그 토지에 설치된 기계, 기구, 그 밖의 공장의 공용물(供用物)에 미친다. 다만, 설정행위에 특별한 약정이 있는 경우와 「민법」 제406조에 따라 채권자가 채무자의 행위를 취소할 수 있는 경우에는 그러하지 아니하다.
제4조【공장 건물의 저당권】공장 소유자가 공장에 속하는 건물에 설정한 저당권에 관하여는 제3조를 준용한다. 이 경우 "토지"는 "건물"로 본다.
제5조【특약의 등기】등기관은 저당권설정등기를 할 때에 등기원인에 제3조 단서에 따른 특별한 약정이 있으면 그 사항을 기록하여야 한다.(2012.2.10 본조개정)
제6조【저당권 목적물의 목록】① 공장에 속하는 토지나 건물에 대한 저당권설정등기를 신청하려면 그 토지나 건물에 설치된 기계, 기구, 그 밖의 공장의 공용물로서 제3조 및 제4조에 따라 저당권의 목적이 되는 것의 목록을 제출하여야 한다.
② 제1항의 목록에 관하여는 제36조, 제42조 및 제43조를 준용한다.(2012.2.10 본항개정)
제7조【저당권의 추급력】저당권자는 제3조와 제4조에 따라 저당권의 목적이 된 물건이 제3취득자에게 인도된 후에도 그 물건에 대하여 저당권을 행사할 수 있다. 다만, 「민법」 제249조부터 제251조까지의 규정을 적용할 때에는 그러하지 아니하다.
제8조【압류 등이 미치는 범위】① 저당권의 목적인 토지나 건물에 대한 압류, 가압류 또는 가처분은 제3조 및 제4조에 따라 저당권의 목적이 되는 물건에 효력이 미친다.
② 제3조 및 제4조에 따라 저당권의 목적이 되는 물건은 토지나 건물과 함께하지 아니하면 압류, 가압류 또는 가처분의 목적으로 하지 못한다.
제9조【저당권 목적물의 분리】① 공장 소유자가 저당권자의 동의를 받아 토지나 건물에 부합된 물건을 분리한 경우 그 물건에 관하여는 저당권이 소멸한다.
② 공장 소유자가 저당권자의 동의를 받아 토지나 건물에 설치한 기계, 기구, 그 밖의 공용물을 분리한 경우 그 물건에 관하여는 저당권이 소멸한다.
③ 공장 소유자가 저당권의 목적인 토지, 건물이나 제3조 또는 제4조에 따라 저당권의 목적이 되는 물건에 대한 압류, 가압류 또는 가처분이 있기 전에 저당권자의 이익을 위하여 정당한 사유를 들어 제1항 또는 제2항의 동의를 요구하면 저당권자는 그 동의를 거절하지 못한다.

제2절 공장재단의 저당

제10조【공장재단의 설정】① 공장 소유자는 하나 또는 둘 이상의 공장으로 공장재단을 설정하여 저당권의 목적으로 할 수 있다. 공장재단에 속한 공장이 둘 이상일 때 각 공장의 소유자가 다른 경우에도 같다.
② 공장재단의 구성물은 동시에 다른 공장재단에 속하게 하지 못한다.
제11조【공장재단의 소유권보존등기】① 공장재단은 공장재단등기부에 소유권보존등기를 함으로써 설정한다.
② 제1항에 따른 공장재단의 소유권보존등기의 효력은 소유권보존등기를 한 날부터 10개월 내에 저당권설정등기를 하지 아니하면 상실된다.
제12조【공장재단의 단일성 등】① 공장재단은 1개의 부동산으로 본다.
② 공장재단은 소유권과 저당권 외의 권리의 목적이 되지 못한다. 다만, 저당권자가 동의한 경우에는 임대차의 목적물로 할 수 있다.
제13조【공장재단의 구성물】① 공장재단은 다음 각 호에 열거하는 것의 전부 또는 일부로 구성할 수 있다.
1. 공장에 속하는 토지, 건물, 그 밖의 공작물
2. 기계, 기구, 전봇대, 전선(電線), 배관(配管), 레일, 그 밖의 부속물
3. 항공기, 선박, 자동차 등 등기나 등록이 가능한 동산
4. 지상권 및 전세권
5. 임대인이 동의한 경우에는 물건의 임차권
6. 지식재산권(2011.5.19 본호개정)
② 공장에 속하는 토지나 건물로서 미등기된 것이 있으면 공장재단을 설정하기 전에 그 토지나 건물의 소유권보존등기를 하여야 한다.
③ 다음 각 호의 물건은 공장재단의 구성물이 될 수 없다.
1. 타인의 권리의 목적인 물건
2. 압류, 가압류 또는 가처분의 목적인 물건
제14조【공장재단 구성물의 양도 등 금지】공장재단의 구성물은 공장재단과 분리하여 양도하거나 소유권 외의 권리, 압류, 가압류 또는 가처분의 목적으로 하지 못한다. 다만, 저당권자가 동의한 경우에는 임대차의 목적물로 할 수 있다.
제15조【공장재단 구성 예정물의 양도 등 금지】① 등기 또는 등록되어 있는 것으로서 공장재단의 구성물로 예정된 것은 그 등기부나 등록부에 제32조제1항의 소유권보존등기 신청 사실이 기록된 후에는 양도하거나 소유권 외의 권리의 목적으로 하지 못한다.(2012.2.10 본항개정)
② 공장재단의 구성물로 예정된 동산은 제33조제1항의 권리신고의 공고가 된 후에는 양도하지 못하며 소유권 외의 권리의 목적으로 하지 못한다.
제16조【매각허가결정의 보류】① 등기 또는 등록되어 있는 것으로서 공장재단의 구성물로 예정된 것은 그 등기부나 등록부에 제32조제1항의 소유권보존등기 신청 사실이 기록된 후에는 공장재단의 소유권보존등기 신청이 각하되지 아니하는 동안과 그 소유권보존등기가 효력을 상실하지 아니하는 동안은 매각허가결정을 하지 못한다.
(2012.2.10 본항개정)
② 공장재단의 구성물로 예정된 동산에 대하여 제33조제1항의 권리신고의 공고가 된 후에 그 동산이 압류된 경우에는 제1항을 준용한다.
제17조【보존등기 신청 후 압류 등의 효력】① 등기 또는 등록되어 있는 것으로서 공장재단의 구성물로 예정된 것에 관하여는 그 등기부나 등록부에 제32조제1항의 소유권보존등기 신청 사실이 기록된 후에 한 압류, 가압류 또는 가처분의 등기는 공장재단의 저당권설정등기가 있으면 효력을 상실한다.(2012.2.10 본항개정)
② 제1항에 따라 압류, 가압류 또는 가처분의 등기가 효력을 상실하면 법원은 이해관계인의 신청을 받거나 직권으로 그 압류, 가압류 또는 가처분 명령을 취소하여야 한다.
③ 공장재단의 구성물로 예정된 동산에 관하여 제33조제1항의 권리신고의 공고가 된 후에 한 압류, 가압류 또는 가처분은 공장재단의 저당권설정등기가 있으면 효력을 잃는다.
제18조【공장재단의 분할·합병】① 공장 소유자는 여러 개의 공장에 설정한 1개의 공장재단을 분할하여 여러 개의 공장재단으로 할 수 있다. 다만, 저당권의 목적인 공장재단은 그 저당권자가 동의한 경우에만 분할할 수 있다.
② 공장 소유자는 여러 개의 공장재단을 합병하여 하나의 공장재단으로 할 수 있다. 다만, 다음 각 호의 어느 하나에 해당하는 경우에는 하나의 공장재단으로 할 수 없다.
1. 합병하려는 공장재단의 등기기록에 소유권등기와 저당권등기 외의 등기가 있는 경우(2012.2.10 본호개정)
2. 합병하려는 여러 개의 공장재단 중 둘 이상의 공장재단에 이미 저당권이 설정되어 있는 경우
③ 제1항의 분할이나 제2항의 합병은 등기함으로써 효력이 생긴다.
제19조【분할·합병의 효력】① 저당권이 설정된 공장재단을 분할하여 그 일부를 다른 공장재단으로 하는 경우 그 다른 공장재단에 관하여는 저당권이 소멸한다.
② 여러 개의 공장재단을 합병한 경우 합병 전 공장재단의 저당권은 합병 후의 공장재단 전부에 효력이 미친다.

제20조【공장재단 구성물의 분리】 ① 공장 소유자가 저당권자의 동의를 받아 공장재단의 구성물을 공장재단에서 분리한 경우 그 분리된 구성물에 관하여는 저당권이 소멸한다.
② 제1항의 경우에는 제9조제3항을 준용한다.
제21조【공장재단의 소멸】 공장재단은 다음 각 호의 어느 하나에 해당하는 경우에는 소멸한다.
1. 공장재단에 설정된 저당권이 소멸한 후 10개월 내에 새로운 저당권을 설정하지 아니한 경우
2. 제48조에 따른 소멸등기를 한 경우
제22조【공장재단의 압류 등의 관할】 ① 공장재단의 압류, 가압류 또는 가처분은 공장 소재지의 지방법원이나 그 지원(支院)이 관할한다.
② 공장이 여러 개의 지방법원이나 지원의 관할 구역에 걸쳐 있거나 또는 공장재단을 구성하는 여러 개의 공장이 여러 개의 지방법원이나 지원의 관할 구역에 있는 경우에는 「민사소송법」 제28조를 준용한다.
제23조【공장의 개별적 경매, 입찰】 공장재단이 여러 개의 공장으로 구성되어 있는 경우 법원은 저당권자의 신청을 받아 공장재단을 구성하는 각 공장을 개별적으로 경매나 입찰의 목적물로 할 것을 명할 수 있다.
제24조【준용규정】 ① 저당권이 설정된 공장재단에 토지나 건물이 속하는 경우에는 제3조, 제4조, 「민법」 제359조, 제365조 및 제366조를 준용한다.
② 저당권이 설정된 공장재단에 요역지(要役地)가 속하는 경우에는 「민법」 제292조를 준용한다.
③ 저당권이 설정된 공장재단에 지상권 및 전세권이 속하는 경우에는 「민법」 제371조제2항을 준용한다.

제3절 공장재단의 등기

제25조【관할 등기소】 ① 공장재단의 등기에 관하여는 공장 소재지의 지방법원, 그 지원 또는 등기소(이하 "등기소"라 한다)를 관할 등기소로 한다.
② 공장이 여러 개의 등기소의 관할 구역에 걸쳐 있거나 공장재단을 구성하는 여러 개의 공장이 여러 개의 등기소의 관할 구역에 있는 경우에는 신청을 받아 그 각 등기소를 관할하는 바로 위의 상급법원의 장이 관할 등기소를 지정한다.
제26조【공장재단의 분할에 따른 관할 변경】 공장재단의 분할로 새로 성립한 공장재단으로서 그 등기소의 관할 구역에 공장재단을 구성하는 공장이 없어지게 되는 경우 등기소는 분할등기를 한 후 지체 없이 전산정보처리조직을 이용하여 그 공장재단에 관한 등기기록의 처리 권한을 제25조에 따른 공장재단의 관할 등기소로 넘겨주는 조치를 하여야 한다.(2012.2.10 본조개정)
제27조【공장재단의 합병과 관할 등기소】 ① 합병하려는 공장재단을 관할하는 등기소가 여러 개일 때에는 제25조제2항을 준용한다. 다만, 합병하려는 여러 개의 공장재단 중 이미 저당권이 설정된 것이 있으면 그 공장재단의 등기를 관할하는 등기소를 관할 등기소로 한다.
② 제1항의 경우에 합병등기 신청을 받으면 관할 등기소는 그 취지를 다른 등기소에 통지하여야 한다.
③ 제2항의 통지를 받은 등기소는 지체 없이 전산정보처리조직을 이용하여 합병할 공장재단에 관한 등기기록의 처리권한을 관할 등기소로 넘겨주는 조치를 하여야 한다. 다만, 등기기록에 소유권등기 외의 등기가 있을 때에는 그러하지 아니하고, 지체 없이 그 사실을 관할 등기소에 통지하여야 한다.(2012.2.10 본항개정)
제28조【물적 편성주의】 공장재단등기부를 편성할 때에는 1개의 공장재단에 대하여 1개의 등기기록을 둔다.(2012.2.10 본조개정)
제29조【등기기록의 편성】 등기기록에는 공장재단의 표시에 관한 사항을 기록하는 표제부와 소유권에 관한 사항을 기록하는 갑구(甲區) 및 저당권에 관한 사항을 기록하는 을구(乙區)를 둔다.(2012.2.10 본조개정)
제30조【표제부의 등기사항】 등기관은 공장재단 등기기록의 표제부에 다음 각 호의 사항을 기록하여야 한다.
1. 표시번호
2. 접수연월일
3. 공장의 명칭
4. 공장의 위치
5. 주된 영업소
6. 영업의 종류
7. 공장 소유자의 성명 또는 명칭. 2개 이상의 공장으로 재단을 구성하는 경우로서 각 공장의 소유자가 다른 경우에만 해당한다.
8. 공장재단목록의 번호
9. 공장도면의 번호
(2012.2.10 본조개정)
제31조 (2012.2.10 삭제)
제32조【소유권보존등기의 신청】 ① 공장재단에 관한 소유권보존등기 신청을 받으면 그 공장재단의 구성물로 예정된 것으로서 등기가 된 것에 관하여 등기관은 직권으로 그 등기기록 중 해당 구(區)에 공장재단에 속하게 될 것으로서 그 재단에 관하여 소유권보존등기가 신청되었다는 사실, 신청서의 접수연월일과 접수번호를 기록하여야 한다.(2012.2.10 본항개정)
② 제1항에 따라 기록하여야 할 사항이 다른 등기소의 관할에 속할 때에는 지체 없이 그 등기소에 그 사항을 통지하여야 한다.(2012.2.10 본항개정)
③ 제2항에 따른 통지를 받은 등기소는 제1항에 따른 기록을 하고 그 등기사항증명서를 제2항에 따라 통지한 등기소에 송부하여야 한다. 이 경우 그 등기사항증명서에는 말소에 관계되는 사항은 기록하지 아니한다.
(2012.2.10 본항개정)
④ 지식재산권이 공장재단에 속하는 경우에는 제1항부터 제3항까지의 규정을 준용한다. 다만, 제2항에 따른 통지는 특허청에 하여야 한다.(2011.5.19 본문개정)
제33조【이해관계인의 권리신고】 ① 공장재단의 소유권보존등기 신청을 받으면 등기관은 공장재단에 속하게 될 동산에 관하여 권리를 가지는 자 또는 압류·가압류나 가처분의 채권자는 일정기간 내에 그 권리를 신고하라는 공고를 관보에 하여야 한다. 이 경우 권리신고 기간은 1개월 이상 3개월 이하로 하여야 한다.
② 공장재단의 소유권보존등기 신청이 제1항의 권리신고 기간이 끝나기 전에 각하되면 등기관은 제1항의 공고를 지체 없이 취소하여야 한다.
③ 제1항의 권리신고 기간 내에 권리의 신고가 없으면 그 권리는 존재하지 아니하는 것으로 보고, 압류, 가압류 또는 가처분은 그 효력을 상실한다. 다만, 소유권보존등기 신청이 각하되거나 소유권보존등기가 효력을 상실한 경우에는 그러하지 아니하다.
④ 제1항의 권리신고 기간 내에 권리가 있음을 신고한 자가 있으면 등기관은 그 사실을 소유권보존등기 신청인에게 통지하여야 한다.
제34조【소유권보존등기 신청의 각하】 ① 공장재단의 소유권보존등기 신청은 「부동산등기법」 제29조에 규정된 경우 외에 다음 각 호의 어느 하나에 해당하는 경우에도 각하하여야 한다.(2012.2.10 본문개정)
1. 등기기록 또는 그 등기사항증명서나 등록에 관한 원부의 등본에 의하여 공장재단에 속하게 될 것이 타인의 권리의 목적이거나 압류, 가압류 또는 가처분의 목적인 것이 명백한 경우(2012.2.10 본호개정)
2. 공장재단 목록 기록 내용이 등기기록 또는 그 등기사항증명서나 등록에 관한 원부의 등본과 일치하지 아니하는 경우(2012.2.10 본호개정)
3. 공장재단에 속하게 될 동산에 대하여 권리를 가지는 자 또는 압류, 가압류나 가처분의 채권자가 그 권리를 신고한 경우에 제33조제1항의 권리신고 기간이 끝난 후 1주 내에 권리신고가 취소되지 아니하거나 그 권리신고가 이유 없다는 사실이 증명되지 아니한 경우
② 등기관은 소유권보존등기 신청을 각하하였으면 제32조제1항에 따른 기록을 말소하여야 한다.(2012.2.10 본항개정)
③ 제2항의 경우 다른 등기소나 특허청에 소유권보존등기가 신청되었다는 사실을 통지한 등기소는 그 신청을 각하한 사실을 지체 없이 통지하여야 한다.
④ 제3항의 통지를 받은 등기소나 특허청은 제32조제3항 및 제4항에 따른 기록을 말소하여야 한다.(2012.2.10 본항개정)
제35조【공장재단에 속한 사실의 등기】 ① 등기관은 공장재단에 관하여 소유권보존등기를 하면 그 공장재단 구성물의 등기기록 중 해당 구에 공장재단에 속한다는 사실을 기록하여야 한다.
② 제1항의 경우에는 제32조제2항부터 제4항까지의 규정을 준용한다. 다만, 등기사항증명서나 등록에 관한 원부의 등본을 송부할 필요는 없다.
(2012.2.10 본조개정)
제36조【공장재단 목록의 효력】 공장재단의 소유권보존등기가 있는 경우 공장재단 목록은 등기부의 일부로 보고 기록된 내용은 등기된 것으로 본다.(2012.2.10 본조개정)
제37조～제39조 (2012.2.10 삭제)
제40조【저당권설정등기의 각하】 공장재단의 저당권설정등기 신청은 「부동산등기법」 제29조에 규정된 경우 외에 제11조제2항의 기간이 지나면 각하하여야 한다.
(2012.2.10 본조개정)
제41조【저당권설정등기에 따른 조치】 ① 등기관은 공장재단의 저당권설정등기를 하였으면 제17조제1항에 따라 효력을 잃은 등기는 말소하여야 한다.
② 제1항의 경우에는 제32조제2항부터 제4항까지의 규정을 준용한다. 다만, 등기사항증명서나 등록에 관한 원부의 등본을 송부할 필요는 없다.(2012.2.10 단서개정)
제42조【변경등기의 신청】 ① 공장재단 목록에 기록한 사항이 변경되면 소유자는 지체 없이 공장재단 목록의 변경등기를 신청하여야 한다.
② 제1항에 따라 변경등기를 신청하는 경우에는 저당권자의 동의가 있어야 한다.
(2012.2.10 본조개정)
제43조【변경등기와 관할 변경】 제42조제1항의 변경등기를 할 때 공장재단을 구성하는 공장이 그 등기소의 관할 구역에 없게 된 경우에는 제26조를 준용한다.
(2012.2.10 본조제목개정)
제44조～제45조 (2012.2.10 삭제)
제46조【변경등기와 처분금지 등】 새로운 물건이 재단에 속하게 되어 변경등기 신청을 한 경우에는 제15조부터 제17조까지, 제32조부터 제35조까지 및 제41조를 준용한다.
제47조【변경등기와 공장재단 구성물의 멸실 등】 ① 공장재단의 구성물로서 등기된 것이 멸실하거나 재단에 속하지 아니하게 되어 변경등기 신청을 한 경우 등기관은 그 물건의 등기기록 중 해당 구에 그 사실을 기록하고, 제32조 및 제35조의 기록 사항을 말소하여야 한다.
(2012.2.10 본항개정)
② 제1항에 따라 기록하여야 할 사항이 다른 등기소의 관할에 속하는 경우에는 그것이 멸실한 사실 또는 재단에 속하지 아니하게 된 사실을 지체 없이 그 등기소에 통지하여야 한다.(2012.2.10 본항개정)
③ 제2항의 통지를 받은 등기소는 제1항에 따른 기록 및 말소를 하여야 한다.(2012.2.10 본항개정)
④ 공장재단에 속하는 지식재산권이 소멸하거나 재단에 속하지 아니하게 된 경우에는 제1항부터 제3항까지의 규정을 준용한다. 이 경우 제2항에 따른 통지는 특허청에 하여야 한다.(2011.5.19 전단개정)
제48조【공장재단의 소멸등기】 공장재단을 목적으로 설정된 저당권이 소멸하면 소유자는 공장재단의 소멸등기를 신청할 수 있다. 다만, 그 공장재단의 등기기록에 소유권등기 외의 등기가 있는 경우에는 그러하지 아니하다.
(2012.2.10 단서개정)
제49조【경매로 인한 소멸등기의 촉탁】 「민사집행법」 제144조에 따라 등기를 촉탁하여야 할 경우에 공장재단의 저당권이 경매로 소멸하면 법원은 동시에 공장재단의 구성물에 관한 제32조 및 제35조의 기록 사항의 말소 및 매수인이 취득한 권리의 등기나 등록을 해당 등기소 또는 특허청에 촉탁하여야 한다.(2012.2.10 본조개정)
제50조【재단등기기록의 폐쇄】 ① 공장재단에 관한 소유권보존등기가 그 효력을 상실한 때 또는 제21조에 따라 공장재단이 소멸한 때에는 그 공장재단의 등기기록을 폐쇄하여야 한다.(2012.2.10 본항개정)
② 제1항의 경우에는 제47조를 준용한다.
(2012.2.10 본조제목개정)
제51조【「부동산등기법」의 준용】 공장재단의 등기에 관하여 이 법에 특별한 규정이 있는 경우와 「부동산등기법」 제24조제1항제2호를 제외하고는 「부동산등기법」을 준용한다.(2012.2.10 본조개정)

제3장 광업재단

제52조【광업재단의 설정】 광업권자는 광업재단을 설정하여 저당권의 목적으로 할 수 있다.
제53조【광업재단의 구성】 광업재단은 광업권과 다음 각 호에 열거하는 것으로서 그 광업에 관하여 동일한 광업권자에 속하는 것의 전부 또는 일부로 구성할 수 있다.
1. 토지, 건물, 그 밖의 공작물
2. 기계, 기구, 그 밖의 부속물
3. 항공기, 선박, 자동차 등 등기 또는 등록이 가능한 동산
4. 지상권이나 그 밖의 토지사용권
5. 임대인이 동의하는 경우에는 물건의 임차권
6. 지식재산권(2011.5.19 본호개정)
제53조의2【표제부의 등기사항】 등기관은 광업재단 등기기록의 표제부에 다음 각 호의 사항을 기록하여야 한다.
1. 표시번호
2. 접수연월일
3. 광구의 위치
4. 광구의 면적
5. 광물의 명칭
6. 광업권의 등록번호
7. 광업사무소의 소재지
8. 광업재단목록의 번호
9. 도면의 번호
(2012.2.10 본조신설)
제54조【공장재단 규정의 준용】 광업재단에 관하여는 이 장에 특별한 규정이 있는 경우를 제외하고는 제2장의 공장재단에 관한 규정을 준용한다. 이 경우 "공장재단"은 "광업재단"으로 본다.(2012.2.10 전단개정)
제55조【광업권의 취소와 저당권】 ① 산업통상자원부장관은 「광업법」에 따른 광업권 취소의 등록을 하면 지체 없이 저당권자에게 통지하여야 한다.(2013.3.23 본항개정)
② 저당권자는 제1항에 따른 통지를 받으면 즉시 그 권리를 실행할 수 있다. 이 경우 통지를 받은 날부터 6개월 내에 그 절차를 밟아야 한다.
③ 광업권은 다음 각 호의 기한까지 저당권 실행의 목적 범위에서 존속하는 것으로 본다.
1. 제1항의 광업권 취소 등록 통지를 받은 날부터 6개월이 지날 때까지
2. 저당권의 실행이 끝날 때까지
④ 제2항의 권리 실행에 따라 매수인이 취득한 광업권은 광업권 취소 등록일에 취득한 것으로 본다.
⑤ 제1항부터 제4항까지의 규정은 「광업법」 제34조에 따른 공익상의 이유에 따른 광업권 취소에 관하여는 적용하지 아니한다.
제56조【광업권자의 폐업과 저당권】 광업권자가 광업을 폐업한 경우에는 제55조를 준용한다.
제57조【미설립법인의 경매참가】 ① 경매의 목적이 된 광업권을 목적으로 하여 대한민국의 법률에 따라 법인을 설립하려는 자가 그 경매에 참가하는 경우에는 경매 신청과 동시에 그 뜻을 집행법원에 신고하여야 한다.

② 제1항에 따라 경매에 참가하는 자는 경매 신청에 관하여 연대책임을 진다.
제58조【미설립법인이 매수인인 경우의 절차】 ① 제57조제1항의 경매에 참가하여 경매로 광업재단을 매수한 자(이하 "매수인"이라 한다)는 매각허가결정이 확정된 날부터 3개월 내에 법인을 설립하고 이를 집행법원에 신고하여야 한다.
② 매수인은 법인 설립일부터 1주 이내에 매각대금을 집행법원에 지급하여야 한다. 다만, 제1항의 매수인이 채권자인 경우에는 매각대금 중에서 채권액을 공제하고 그 잔액만을 지급한다.
③ 매수인이 설립한 법인은 제2항에 따라 매각대금을 지급한 때에 경매의 목적물인 광업재단의 소유권을 취득한다.
제59조【재경매】 ① 매수인이 제58조제1항의 기간 내에 법인 설립 신고를 하지 아니하거나 같은 조 제2항의 기간 내에 매각대금을 지급하지 아니하면 집행법원은 직권으로 광업재단의 재경매를 명하여야 한다.
② 제1항의 재경매에 관하여는 「민사집행법」 제138조를 준용한다.

제4장 벌 칙

제60조【목적물 처분에 대한 벌칙】 ① 공장 소유자나 광업권자가 이 법에 따라 저당권의 목적이 된 공장재단 또는 광업재단을 구성하는 동산을 양도하거나 질권 설정의 목적으로 제3자에게 인도한 경우에는 3년 이하의 징역 또는 1천만원 이하의 벌금에 처한다.
② 법인의 대표자나 법인 또는 개인의 대리인, 사용인, 그 밖의 종업원이 그 법인 또는 개인의 업무에 관하여 제1항의 위반행위를 하면 그 행위자를 벌하는 외에 그 법인 또는 개인에게도 해당 조문의 벌금형을 과(科)한다. 다만, 법인 또는 개인이 그 위반행위를 방지하기 위하여 해당 업무에 관하여 상당한 주의와 감독을 게을리하지 아니한 경우에는 그러하지 아니하다.
제61조【고소】 제60조의 죄는 고소가 있어야 공소를 제기할 수 있다.

부 칙

제1조【시행일】 이 법은 공포한 날부터 시행한다.
제2조【다른 법률의 폐지】 鑛業財團抵當法은 폐지한다.
제3조【경과조치】 ① 이 법 시행 당시 종전의 「공장저당법」 및 종전의 「광업재단저당법」에 따른 공장재단, 광업재단, 그 밖의 사항은 이 법에 따른 것으로 본다.
② 이 법 시행 전의 종전의 「공장저당법」 및 종전의 「광업재단저당법」 위반행위에 대하여 벌칙을 적용할 때에는 종전의 「공장저당법」 및 종전의 「광업재단저당법」에 따른다.
제4조【다른 법령과의 관계】 이 법 시행 당시 다른 법령에서 종전의 「공장저당법」 및 종전의 「광업재단저당법」 또는 그 규정을 인용한 경우에 이 법 중 그에 해당하는 규정이 있으면 종전의 규정을 갈음하여 이 법 또는 이 법의 해당 규정을 인용한 것으로 본다.

부 칙 (2013.3.23)

제1조【시행일】 ① 이 법은 공포한 날부터 시행한다.(이하 생략)

자동차 등 특정동산 저당법

(약칭 : 특정동산저당법)

(2009년 3월 25일
법 률 제9525호)

개정
2015. 5.18법13287호
2016. 3.29법14116호(항공안전법)
2022. 6.10법18957호(수상레저기구의등록및검사에관한법)

제1조【목적】 이 법은 건설기계, 「선박등기법」이 적용되지 아니하는 선박, 자동차, 항공기 등 등록의 대상이 되는 동산(動産)의 저당권에 관한 사항을 정하여 그 담보제공에 따른 자금 융통을 쉽게 하고, 저당권자 · 저당권설정자 및 소유자의 권익을 균형 있게 보호함을 목적으로 한다.
제2조【정의】 이 법에서 사용하는 용어의 뜻은 다음과 같다.
1. "특정동산"이란 등록의 대상이 되는 건설기계, 소형선박, 자동차, 항공기, 경량항공기를 말한다.(2015.5.18 본호개정)
2. "등록관청"이란 특정동산에 대한 저당권의 설정등록 · 변경등록 · 이전등록 및 말소등록 업무를 담당하는 관청을 말한다.

제3조【저당권의 목적물】 다음 각 호의 특정동산은 저당권의 목적물로 할 수 있다.
1. 「건설기계관리법」에 따라 등록된 건설기계
2. 「선박등기법」이 적용되지 아니하는 다음 각 목의 선박(이하 "소형선박"이라 한다)
 가. 「선박법」 제1조의2제2항의 소형선박 중 같은 법 제26조 각 호의 선박을 제외한 선박
 나. 「어선법」 제2조제1호 각 목의 어선 중 총톤수 20톤 미만의 어선
 다. 「수상레저기구의 등록 및 검사에 관한 법률」 제6조에 따라 등록된 동력수상레저기구(2022.6.10 본목개정)
3. 「자동차관리법」에 따라 등록된 자동차
4. 「항공안전법」에 따라 등록된 항공기 및 경량항공기(2016.3.29 본호개정)

제4조【저당권의 내용】 저당권자는 채무자나 제3자가 점유를 이전하지 아니하고 채무의 담보로 제공한 특정동산에 대하여 다른 채권자보다 자기채권에 대하여 우선변제를 받을 권리가 있다.
제5조【저당권에 관한 등록의 효력 등】 ① 저당권에 관한 득실변경은 담보목적물별로 다음 각 호에 등록하여야 그 효력이 생긴다.
1. 「건설기계관리법」에 따른 건설기계등록원부
2. 「선박법」에 따른 선박원부
3. 「어선법」에 따른 어선원부
4. 「수상레저기구의 등록 및 검사에 관한 법률」에 따른 수상레저기구 등록원부(2022.6.10 본호개정)
5. 「자동차관리법」에 따른 자동차등록원부
6. 「항공안전법」 제11조제1항(같은 법 제121조제1항에서 준용하는 경우를 포함한다)에 따른 항공기 등록원부(2016.3.29 본호개정)
② 특정동산의 저당권에 관한 등록은 설정등록, 변경등록, 이전등록 및 말소등록으로 구분한다.
③ 특정동산의 저당권에 관한 등록의 절차 및 방법에 관하여 필요한 사항은 대통령령으로 정한다.

제6조【등록의 말소에 관한 통지】 등록관청은 저당권이 설정된 특정동산이 다음 각 호의 구분에 따른 어느 하나에 해당하는 경우에는 등록말소의 뜻을 미리 저당권자에게 통지하여야 한다. 다만, 저당권자가 그 특정동산에 대한 등록의 말소에 동의한 경우에는 그러하지 아니하다.
1. 건설기계 : 「건설기계관리법」 제6조제1항에 따라 등록을 말소하려는 경우
2. 소형선박 : 「선박법」 제22조, 「어선법」 제19조 또는 「수상레저기구의 등록 및 검사에 관한 법률」 제10조에 따라 등록을 말소하려는 경우(2022.6.10 본호개정)
3. 자동차 : 「자동차관리법」 제13조에 따라 등록을 말소하려는 경우
4. 항공기 또는 경량항공기
 가. 「항공안전법」 제15조제1항제3호(같은 법 제121조제1항에서 준용하는 경우를 포함한다)에 해당하게 되어 말소등록의 신청을 수리한 경우(2016.3.29 본목개정)
 나. 「항공안전법」 제15조제2항(같은 법 제121조제1항에서 준용하는 경우를 포함한다)에 따른 최고를 한 후 해당 항공기 또는 경량항공기의 소유자가 기간 내에 말소등록의 신청을 하지 아니하여 직권으로 등록을 말소하려는 경우(2016.3.29 본목개정)
 (2015.5.18 본호개정)

제7조【저당권의 행사 등】 ① 저당권자는 제6조에 따른 통지를 받으면 그 특정동산에 대하여 즉시 그 권리를 행사할 수 있다.
② 저당권자가 제1항에 따라 저당권을 행사하려는 경우에는 제6조에 따른 통지를 받은 날부터 다음 각 호의 구분에 따른 기간 내에 각각 저당권의 행사 절차를 개시하여야 한다.
1. 자동차 : 1개월
2. 소형선박 : 2개월
3. 건설기계 : 3개월(2015.5.18 본호개정)
4. 항공기 및 경량항공기 : 3개월(2015.5.18 본호신설)
③ 등록관청은 제2항에 따른 저당권행사의 개시 기한까지 저당권의 행사 절차가 개시되지 아니한 경우에는 특정동산에 대하여 말소의 등록을 할 수 있다. 다만, 저당권자가 그 기간 내에 저당권의 행사 절차를 개시한 경우에는 그 행사 절차가 완료될 때까지 말소등록을 하여서는 아니 된다.
④ 등록관청은 저당권자가 저당권을 행사하여 경매의 매수인이 그 특정동산에 대한 소유권을 취득한 경우에는 특정동산에 대하여 말소등록을 하여서는 아니 된다.
⑤ 매각허가결정이 확정된 경우에는, 건설기계에 관하여는 「건설기계관리법」 제6조제1항에 따른 등록말소신청이 없었던 것으로 보며, 항공기 또는 경량항공기에 관하여는 「항공안전법」 제15조제1항제3호(같은 법 제121조제1항에서 준용하는 경우를 포함한다)의 사유가 발생하지 아니한 것으로 본다.(2016.3.29 본항개정)
제8조【양도명령에 따른 환가방법의 특례】 ① 담보목적물(항공기 및 경량항공기를 제외한다. 이하 이 조에서 같다)에 대한 저당권의 실행을 위한 경매절차에서 법원은 상당하다고 인정하는 때에는 저당권자의 매수신청에 따라 경매 또는 입찰에 의하지 아니하고 그 저당권자에게 압류된 담보목적물의 매각을 허가하는 양도명령의 방법으로 환가할 수 있다.(2015.5.18 본항개정)
② 제1항에 따른 양도명령의 절차에 관하여 필요한 사항은 대법원규칙으로 정한다.
제9조【질권설정의 금지】 특정동산은 질권의 목적으로 하지 못한다.
제10조【저당권 말소등록 등의 서류 교부】 저당권자는 채무를 변제하거나 그 밖의 원인으로 저당 채무가 소멸되어 특정동산에 대한 저당권의 말소등록 또는 이전등록의 사유가 발생하면 등록권리자에게 그 특정동산에 대한 저당권의 말소등록 또는 이전등록에 필요한 서류를 지체 없이 교부하여야 한다.
제11조【수수료】 ① 저당권에 관한 등록을 하려는 자는 대통령령으로 정하는 바에 따라 등록관청에 수수료를 내야 한다.
② 제1항에 따른 수수료의 부과 및 면제 기준에 관하여 필요한 사항은 대통령령으로 정한다.
제12조【준용규정】 특정동산의 저당권에 관하여는 이 법에 규정한 것을 제외하고는 「민법」 중 저당권에 관한 규정을 준용한다.

부 칙

제1조【시행일】 이 법은 공포 후 6개월이 경과한 날부터 시행한다.
제2조【다른 법률의 폐지】 다음 각 호의 법률은 각각 폐지한다.
1. 건설기계저당법
2. 소형선박저당법
3. 自動車抵當法
4. 航空機抵當法
제3조【경과조치】 ① 제9조에도 불구하고 법률 제8622호 소형선박저당법 시행 전에 소형선박에 대하여 설정된 질권은 그 질권설정계약의 존속기간에만 효력이 있는 것으로 본다.
② 法律 第4646號 自動車抵當法改正法律 시행 전에 승용자동차에 대하여 설정된 저당권은 그 저당권이 말소등록될 때까지 이 법에 따라 저당권이 설정된 것으로 본다.
제4조【다른 법률의 개정】 ①~③ ※(해당 법령에 가제정리 하였음)
제5조【다른 법령과의 관계】 이 법 시행 당시 다른 법령에서 종전의 「건설기계저당법」, 종전의 「소형선박저당법」, 종전의 「자동차저당법」, 종전의 「항공기저당법」 또는 그 규정을 인용한 경우에 이 법 가운데 그에 해당하는 규정이 있으면 종전의 규정을 갈음하여 이 법 또는 이 법의 해당 규정을 인용한 것으로 본다.

부 칙 (2015.5.18)

제1조【시행일】 이 법은 공포 후 6개월이 경과한 날부터 시행한다.
제2조【다른 법률의 개정】 ※(해당 법령에 가제정리 하였음)

부 칙 (2022.6.10)

제1조【시행일】 이 법은 공포 후 1년이 경과한 날부터 시행한다.(이하 생략)

유실물법

(1961년 9월 18일 법 률 제717호)

개정
1995. 1. 5법 4876호　1999. 3.31법 5935호
2004.12.23법 7247호(경찰법)
2006. 2.21법 7849호(제주자치법)
2011. 5.30법10747호　2014. 1. 7법12210호

제1조【습득물의 조치】 ① 타인이 유실한 물건을 습득한 자는 이를 신속하게 유실자 또는 소유자, 그 밖에 물건회복의 청구권을 가진 자에게 반환하거나 경찰서(지구대·파출소 등 소속 경찰관서를 포함한다. 이하 같다) 또는 제주특별자치도의 자치경찰단 사무소(이하 "자치경찰단"이라 한다)에 제출하여야 한다. 다만, 법률에 따라 소유 또는 소지가 금지되거나 범행에 사용되었다고 인정되는 물건은 신속하게 경찰서 또는 자치경찰단에 제출하여야 한다.
② 물건을 경찰서에 제출한 경우에는 경찰서장이, 자치경찰단에 제출한 경우에는 제주특별자치도지사가 물건을 반환받을 자에게 반환하여야 한다. 이 경우에 반환을 받을 자의 성명이나 주거를 알 수 없을 때에는 대통령령으로 정하는 바에 따라 공고하여야 한다.
(2011.5.30 본조개정)

제1조의2【유실물 정보 통합관리 등 시책의 수립】 국가는 유실물의 반환이 쉽게 이루어질 수 있도록 유실물 정보를 통합관리하는 등 관련 시책을 수립하여야 한다.
(2011.5.30 본조신설)

제2조【보관방법】 ① 경찰서장 또는 자치경찰단을 설치한 제주특별자치도지사는 보관한 물건이 멸실되거나 훼손될 우려가 있을 때 또는 보관에 과다한 비용이나 불편이 수반될 때에는 대통령령으로 정하는 방법으로 이를 매각할 수 있다.
② 매각에 드는 비용은 매각대금에서 충당한다.
③ 매각 비용을 공제한 매각대금의 남은 금액은 습득물로 간주하여 보관한다.
(2011.5.30 본조개정)

제3조【비용 부담】 습득물의 보관비, 공고비(公告費), 그 밖에 필요한 비용은 물건을 반환받는 자나 물건의 소유권을 취득하여 이를 인도(引渡)받는 자가 부담하되, 「민법」 제321조부터 제328조까지의 규정을 적용한다.
(2011.5.30 본조개정)

제4조【보상금】 물건을 반환받는 자는 물건가액(物件價額)의 100분의 5 이상 100분의 20 이하의 범위에서 보상금(報償金)을 습득자에게 지급하여야 한다. 다만, 국가·지방자치단체와 그 밖에 대통령령으로 정하는 공공기관은 보상금을 청구할 수 없다.(2011.5.30 본조개정)

제5조【매각한 물건의 가액】 제2조에 따라 매각한 물건의 가액은 매각대금을 그 물건의 가액으로 한다.
(2011.5.30 본조개정)

제6조【비용 및 보상금의 청구기한】 제3조의 비용과 제4조의 보상금은 물건을 반환한 후 1개월이 지나면 청구할 수 없다.(2011.5.30 본조개정)

제7조【습득자의 권리 포기】 습득자는 미리 신고하여 습득물에 관한 모든 권리를 포기하고 의무를 지지 아니할 수 있다.(2011.5.30 본조개정)

제8조【유실자의 권리 포기】 ① 물건을 반환받을 자는 그 권리를 포기하고 제3조의 비용과 제4조의 보상금 지급의 의무를 지지 아니할 수 있다.
② 물건을 반환받을 각 권리자가 그 권리를 포기한 경우에는 습득자가 그 물건의 소유권을 취득한다. 다만, 습득자는 그 취득권을 포기하고 제1항의 예에 따를 수 있다.
③ 법률에 따라 소유 또는 소지가 금지된 물건의 습득자는 소유권을 취득할 수 없다. 다만, 행정기관의 허가 또는 적법한 처분에 따라 그 소유 또는 소지가 예외적으로 허용되는 물건의 경우에는 그 습득자나 그 밖의 청구권자는 제14조에 따른 기간 내에 허가 또는 적법한 처분을 받아 소유하거나 소지할 수 있다.
(2011.5.30 본조개정)

제9조【습득자의 권리 상실】 습득물이나 그 밖에 이 법의 규정을 준용하는 물건을 횡령함으로써 처벌을 받은 자 및 습득일부터 7일 이내에 제1조제1항 또는 제11조제1항의 절차를 밟지 아니한 자는 제3조의 비용과 제4조의 보상금을 받을 권리 및 습득물의 소유권을 취득할 권리를 상실한다.(2011.5.30 본조개정)

제10조【선박, 차량, 건축물 등에서의 습득】 ① 관리자가 있는 선박, 차량, 건축물, 그 밖에 일반인의 통행을 금지한 구내에서 타인의 물건을 습득한 자는 그 물건을 관리자에게 인계하여야 한다.
② 제1항의 경우에는 선박, 차량, 건축물 등의 점유자를 습득자로 한다. 자기가 관리하는 장소에서 타인의 물건을 습득한 경우에도 또한 같다.
③ 이 조의 경우에 보상금은 제2항의 점유자와 실제로 물건을 습득한 자가 반씩 나누어야 한다.
④ 「민법」 제253조에 따라 소유권을 취득하는 경우에는 제2항에 따른 습득자와 제1항에 따른 사실상의 습득자는 반씩 나누어 그 소유권을 취득한다. 이 경우 습득물은 제2항에 따른 습득자에게 인도한다.
(2011.5.30 본조개정)

제11조【장물의 습득】 ① 범죄자가 놓고 간 것으로 인정되는 물건을 습득한 자는 신속히 그 물건을 경찰서에 제출하여야 한다.
② 제1항의 물건에 관하여는 법률에서 정하는 바에 따라 몰수할 것을 제외하고는 이 법 및 「민법」 제253조를 준용한다. 다만, 공소권이 소멸되는 날부터 6개월간 환부(還付)받는 자가 없을 때에만 습득자가 그 소유권을 취득한다.
(2014.1.7 단서개정)
③ 범죄수사상 필요할 때에는 경찰서장은 공소권이 소멸되는 날까지 공고를 하지 아니할 수 있다.
④ 경찰서장은 제1항에 따라 제출된 습득물이 장물(贓物)이 아니라고 판단되는 상당한 이유가 있고, 재산적 가치가 없거나 타인이 버린 것이 분명하다고 인정될 때에는 이를 습득자에게 반환할 수 있다.
(2011.5.30 본조개정)

제11조의2 (1999.3.31 삭제)

제12조【준유실물】 착오로 점유한 물건, 타인이 놓고 간 물건이나 일실(逸失)한 가축에 관하여는 이 법 및 「민법」 제253조를 준용한다. 다만, 착오로 점유한 물건에 대하여는 제3조의 비용과 제4조의 보상금을 청구할 수 없다.
(2011.5.30 본조개정)

제13조【매장물】 ① 매장물(埋藏物)에 관하여는 제10조를 제외하고는 이 법을 준용한다.
② 매장물이 「민법」 제255조에서 정하는 물건인 경우 국가는 매장물을 발견한 자와 매장물이 발견된 토지의 소유자에게 통지하여 그 가액에 상당한 금액을 반으로 나누어 국고(國庫)에서 각자에게 지급하여야 한다. 다만, 매장물을 발견한 자와 매장물이 발견된 토지의 소유자가 같을 때에는 그 전액을 지급하여야 한다.
③ 제2항의 금액에 불복하는 자는 그 통지를 받은 날부터 6개월 이내에 민사소송을 제기할 수 있다.
(2011.5.30 본조개정)

제14조【수취하지 아니한 물건의 소유권 상실】 이 법 및 「민법」 제253조, 제254조에 따라 물건의 소유권을 취득한 자가 그 취득한 날부터 3개월 이내에 물건을 경찰서 또는 자치경찰단으로부터 받아가지 아니할 때에는 그 소유권을 상실한다.(2014.1.7 본조개정)

제15조【수취인이 없는 물건의 귀속】 이 법의 규정에 따라 경찰서 또는 자치경찰단이 보관한 물건으로서 교부받을 자가 없는 경우에는 그 소유권은 국고 또는 제주특별자치도의 금고에 귀속한다.(2011.5.30 본조개정)

제16조【인터넷을 통한 유실물 정보 제공】 경찰청장은 경찰서장 및 자치경찰단장이 관리하고 있는 유실물에 관한 정보를 인터넷 홈페이지 등을 통하여 국민에게 제공하여야 한다.(2011.5.30 본조개정)

부　칙 (2014.1.7)

제1조【시행일】 이 법은 공포한 날부터 시행한다.
제2조【적용례】 제11조제2항 단서와 제14조의 개정규정은 이 법 시행 후 최초로 경찰서 또는 제주특별자치도의 자치경찰단 사무소에 제출되는 유실물분부터 적용한다.

유실물법 시행령

(1969년 10월 25일 전개대통령령 제4174호)

개정
1996.10.28영15159호　1999. 4.30영16268호
2006. 6.29영19563호(제주자치법시)
2006.12.29영19806호(국가재정법시)
2012. 1. 6영23488호(민감정보고유식별정보)
2014. 1. 7영25065호　2014.10.15영25654호
2016.11.29영27621호(지방회계법시)
2020.12.31영31349호(자치경찰조직운영)
2022. 3. 8영32522호

제1조【습득물의 제출】 ① 유실물법(이하 "법"이라 한다) 제1조제1항의 규정에 의한 습득물은 별지 제1호서식에 의한 신고서와 함께 당해 물건을 습득한 장소를 관할하는 경찰서(지구대·파출소·출장소를 포함한다. 이하 같다) 또는 제주특별자치도의 자치경찰단 사무소(이하 "자치경찰단"이라 한다)에 제출하여야 한다. 다만, 특별한 사유가 있을 때에는 습득한 장소에서 가까운 경찰서 또는 자치경찰단에 제출할 수 있다.
② 경찰서장 또는 제주특별자치도지사는 별지 제1호의2서식에 의한 보관증을 당해 습득물의 제출자에게 교부하여야 한다.
③ 제2항의 보관증을 받은 자가 이를 분실하였을 때에는 즉시 그 일시·장소 및 경위를 보관증을 교부받은 경찰서 또는 자치경찰단에 신고하여야 한다.
(2006.6.29 본조개정)

제2조 (1996.10.28 삭제)

제3조【습득공고 등】 ① 법 제1조제1항에 따라 습득물을 제출받은 경찰서장 또는 제주특별자치도지사가 제출받은 습득물을 반환받을 자를 알 수 없어 법 제1조제2항 후단에 따라 공고할 때에는 그 습득물을 제출받은 날부터 다음 각호의 어느 하나에 해당하는 날까지 법 제16조에 따라 유실물에 관한 정보를 제공하는 인터넷 사이트에 해당 습득물에 관한 정보를 게시하여야 한다.
1. 습득물의 유실자 또는 소유자, 그 밖에 물건회복의 청구권을 가진 자(이하 "청구권자"라 한다) 또는 습득자가 습득물을 찾아간 날
2. 습득물이 법 제15조에 따라 국고 또는 제주특별자치도의 금고에 귀속하게 된 날
(2014.1.7 본항개정)
② 경찰서장 또는 제주특별자치도지사는 법 제1조제1항에 따라 습득물을 제출받은 때에는 별지 제3호서식의 관리카드에 그 내용을 기록하여 보관하거나 전자매체에 전산으로 기록하여 관리하여야 한다.(2014.1.7 본항개정)
③ 경찰서장 또는 제주특별자치도지사는 제출받은 습득물이 특히 귀중한 물건이라고 인정되는 것은 제1항의 규정에 의한 공고와 동시에 일간신문 또는 방송으로 공고하여야 한다.
(2014.1.7 본조제목개정)
(2006.6.29 본조개정)

제4조【습득물의 반환】 ① 경찰서장 또는 제주특별자치도지사는 물건의 반환을 요구받았을 때에는 청구권자에 대하여 그 성명과 주거를 확인할 수 있는 서류를 제출하게 하거나 또는 유실물에 관하여 필요한 질문을 하는 등 청구권자임이 틀림없다는 것을 확인한 후 기일을 지정하여 습득자와 보상금액을 협의하도록 하여야 한다.
(2006.6.29 본항개정)
② 경찰서장 또는 제주특별자치도지사는 당해 청구권자의 성명과 주거를 별지 제5호서식에 의하여 습득자(법 제10조제2항에 규정한 점유자가 있는 경우의 점유자를 포함한다)에게 통지하여 청구권자와 보상금액에 관하여 협의하도록 하여야 한다. 다만, 습득에 관한 권리를 미리 포기하였거나 권리를 상실한 습득자에 대하여는 예외로 한다.(2006.6.29 본문개정)
③ 제1항 및 제2항의 규정에 의하여 청구권자와 습득자간에 보상금에 관한 협의가 이루어지고 그 이행이 종료되면 경찰서장 또는 제주특별자치도지사는 별지 제6호서식에 의한 수령증을 받고 그 습득물을 청구권자에게 반환하여야 한다.(2006.6.29 본항개정)
④ 법 제8조제2항의 규정에 의하여 물건의 반환을 받을 권리자가 그 권리를 포기하여 습득자가 그 소유권을 취득하는 경우에도 제3항과 같다.(1996.10.28 본항개정)

제5조【법정기간이 경과된 습득물의 조치】 ① 경찰서장 또는 제주특별자치도지사는 그 보관하는 습득물에 대하여 민법 제253조에 규정된 기간내에 청구권자가 나타나지 아니하여 습득자가 그 소유권을 취득하게 되었을 때에는 그 사실을 별지 제7호서식의 소유권 취득 통지서에 따라 통지하거나 전화 또는 문자 메시지로 알려 주어야 한다.(2014.10.15 본항개정)
② (2014.10.15 삭제)
③ 경찰서장 또는 제주특별자치도지사는 습득자로부터 물건의 인도를 청구받았을 때에는 별지 제6호서식에 의한 수령증을 받은 후 물건을 인도하여야 한다.(2006.6.29 본항개정)
④ 제3항의 물건을 청구할 때에는 당해 습득물의 보관증을 제출하여야 한다. 다만, 제1조제3항의 신고를 한 자는 예외로 한다.(1996.10.28 본항개정)

제6조【공공기관】 법 제4조 단서에서 "대통령령으로 정하는 공공기관"이란 「공공기관의 운영에 관한 법률」 제4조에 따른 공공기관 및 「지방공기업법」에 따라 설립된 지방공사와 지방공단을 말한다.(2014.1.7 본조개정)

제7조【매각】 ① 법 제2조제1항의 규정에 의하여 경찰서장 또는 제주특별자치도지사가 보관한 물건을 매각하고자 할 때에는 「국가를 당사자로 하는 계약에 관한 법률」 또는 「지방자치단체를 당사자로 하는 계약에 관한 법률」의 규정에 준하여 경쟁입찰에 의하여야 한다. 다만, 급속히 매각하지 아니하면 그 가치가 현저하게 감소될 염려가 있는 물건은 수의계약에 의하여 매각할 수 있다.
② 제1항에 따른 매각의 공고는 해당 경찰서 또는 자치경찰단의 게시판이나 인터넷 홈페이지, 법 제16조에 따라 유실물에 관한 정보를 제공하는 인터넷 사이트에 게시하는 방법으로 한다.(2022.3.8 본항개정)
(2006.6.29 본조개정)

제8조【습득금품의 보관과 예탁】 ① 경찰서장 또는 제주특별자치도지사는 제출받은 유실물을 경리사무담당책임자로 하여금 보관하게 하여야 한다.(2006.6.29 본항개정)
② 제1항의 경우에 습득한 현금 또는 물건을 매각한 대금은 금융기관에 예탁하여야 한다.(1996.10.28 본항개정)

제9조【습득자와 청구권자의 권리포기】 습득자가 법 제7조의 규정에 의하여 습득자의 권리를 포기하거나 법 제8조제2항의 규정에 의하여 소유권의 취득권리를 포기하고자 할 때 또는 청구권자등이 법 제8조제1항의 규정에 의하여 물건반환청구권을 포기하고자 할 때에는 별지 제8호서식에 의한 권리포기서를 경찰서장 또는 제주특별자치도지사에게 제출하여야 한다.(2006.6.29 본조개정)

제10조 (1996.10.28 삭제)

제11조【국고 또는 금고에 귀속된 습득물의 조치】 ① 국고 또는 제주특별자치도의 금고 귀속이 확정된 현금 또는 물품은 지체없이 「국가재정법」 또는 「지방회계법」이

정하는 바에 의하여 세입조치를 하여야 한다.(2016.11.29 본항개정)
② 법 제11조제2항에 규정된 몰수품, 민법 제255조에 규정된 학술·기예 또는 고고의 자재가 될 물건등은 지체없이 당해 물건의 소유 또는 소지에 관한 사무를 관장하거나 보존관리의 권한이 있는 행정기관(행정기관의 지방청을 포함한다)에 인도하고 인수증을 받아야 한다. 다만, 학술·기예 또는 고고의 자재가 될 물건을 인수받은 행정기관은 법 제13조제2항의 규정에 의한 보상금을 지급하여야 한다.
③ 국고 또는 제주특별자치도의 금고에 귀속된 물건으로서 그 재산적 가치가 적어 계속 보관의 필요성이 없거나 또는 이를 매각하려 하여도 원매자가 없을 때에는 경찰서장 또는 제주특별자치도지사가 이를 폐기하거나 사회복지단체 기타 비영리단체에 무상으로 양여할 수 있다.(2006.6.29 본항개정)
④ 제3항의 규정에 의한 폐기처분 또는 양여는 별지 제9호서식에 의한다.(1996.10.28 본항개정)
(2006.6.29 본조제목개정)

제12조【기간 계산】「민법」제253조 및 제254조에 규정된 기간은 제3조제1항에 따라 인터넷 사이트에 게시한 날의 다음 날부터 기산(起算)한다.(2014.1.7 본조개정)

제13조【고유식별정보의 처리】 경찰청장, 시·도경찰청장 및 경찰서장, 제주특별자치도지사 및 자치경찰단장은 법 및 이 영에 따른 습득물 처리에 관한 사무를 수행하기 위하여 불가피한 경우「개인정보 보호법 시행령」제19조에 따른 주민등록번호, 여권번호, 운전면허의 면허번호 또는 외국인등록번호가 포함된 자료를 처리할 수 있다.(2020.12.31 본조개정)

제14조~제16조 (1999.4.30 삭제)

부 칙 (2014.10.15)

제1조【시행일】 이 영은 공포한 날부터 시행한다.

제2조【소유권 취득 통지에 관한 경과조치】 제5조제1항 및 제2항의 개정규정에도 불구하고 이 영 시행 전에 경찰서 또는 자치경찰단에 제출된 습득물에 대해서는 종전의 규정에 따른다.

부 칙 (2020.12.31)

제1조【시행일】 이 영은 2021년 1월 1일부터 시행한다.
(이하 생략)

부 칙 (2022.3.8)

이 영은 공포한 날부터 시행한다.

[별지서식] ➡「www.hyeonamsa.com」참조

이자제한법

(2007년 3월 29일
법 률 제8322호)

개정
2009. 1.21법 9344호(대부업등의등록및금융이용자보호에관한법)
2011. 7.25법10925호 2014. 1.14법12227호

제1조【목적】 이 법은 이자의 적정한 최고한도를 정함으로써 국민경제생활의 안정과 경제정의의 실현을 목적으로 한다.

제2조【이자의 최고한도】 ① 금전대차에 관한 계약상의 최고이자율은 연 25퍼센트를 초과하지 아니하는 범위 안에서 대통령령으로 정한다.(2014.1.14 본항개정)
② 제1항에 따른 최고이자율은 약정한 때의 이자율을 말한다.
③ 계약상의 이자로서 제1항에서 정한 최고이자율을 초과하는 부분은 무효로 한다.
④ 채무자가 최고이자율을 초과하는 이자를 임의로 지급한 경우에는 초과 지급된 이자 상당금액은 원본에 충당되고, 원본이 소멸한 때에는 그 반환을 청구할 수 있다.
⑤ 대차원금이 10만원 미만인 대차의 이자에 관하여는 제1항을 적용하지 아니한다.

제3조【이자의 사전공제】 선이자를 사전공제한 경우에는 그 공제액이 채무자가 실제 수령한 금액을 원본으로 하여 제2조제1항에서 정한 최고이자율에 따라 계산한 금액을 초과하는 때에는 그 초과부분은 원본에 충당한 것으로 본다.

제4조【간주이자】 ① 예금(禮金), 할인금, 수수료, 공제금, 체당금(替當金), 그 밖의 명칭에도 불구하고 금전의 대차와 관련하여 채권자가 받은 것은 이를 이자로 본다.
② 채무자가 금전대차와 관련하여 금전지급의무를 부담하기로 약정하는 경우 의무 발생의 원인 및 근거법령, 의무의 내용, 거래상 일반원칙 등에 비추어 그 의무가 원래 채권자가 부담하여야 할 성질인 때에는 이를 이자로 본다.(2011.7.25 본항신설)

제5조【복리약정제한】 이자에 대하여 다시 이자를 지급하기로 하는 복리약정은 제2조제1항에서 정한 최고이자율을 초과하는 부분에 해당하는 금액에 대하여는 무효로 본다.

제6조【배상액의 감액】 법원은 당사자가 금전을 목적으로 한 채무의 불이행에 관하여 예정한 배상액을 부당하다고 인정한 때에는 상당한 액까지 이를 감액할 수 있다.

제7조【적용범위】 다른 법률에 따라 인가·허가·등록을 마친 금융업 및 대부업과「대부업 등의 등록 및 금융이용자 보호에 관한 법률」제9조의4에 따른 미등록대부업자에 대하여는 이 법을 적용하지 아니한다.
(2009.1.21 본조개정)

제8조【벌칙】 ① 제2조제1항에서 정한 최고이자율을 초과하여 이자를 받은 자는 1년 이하의 징역 또는 1천만원 이하의 벌금에 처한다.
② 제1항의 징역형과 벌금형은 병과(併科)할 수 있다.
(2011.7.25 본조신설)

판례 사금융의 자금조달 과정에서 이뤄지는 과도한 이자약정은 영세한 자영업자·서민이 쉽게 신용불량자가 되는 주요한 원인 중 하나이고 고금리와 관련한 이자제한법 위반 등 불법사금융 피해 상담·신고 접수 건수가 나날이 증가하는 현실을 고려할 때, 최고이자율 초과 부분을 무효로 하는 것만으로는 그 폐해를 막을 수 없다는 것을 알 수 있다. 따라서 이자제한법의 실효성을 확보하기 위해 최고이자율 상한을 위반하는 행위에 대해 형사처벌하는 것은 입법자의 입법재량의 범위 내의 일이다.(헌재결 2023.2.23, 2022헌바22)

부 칙 (2014.1.14)

제1조【시행일】 이 법은 공포 후 6개월이 경과한 날부터 시행한다.

제2조【적용례】 제2조제1항의 개정규정은 이 법 시행 후 최초로 계약을 체결하거나 갱신하는 분부터 적용한다.

이자제한법 제2조제1항의 최고이자율에 관한 규정

(2007년 6월 28일
대통령령 제20118호)

개정
2014. 6.11영25376호 2017.11. 7영28413호
2021. 4. 6영31593호

「이자제한법」제2조제1항에 따른 금전대차에 관한 계약상의 최고이자율은 연 20퍼센트로 한다.(2021.4.6 개정)

부 칙 (2017.11.7)
(2021.4.6)

제1조【시행일】 이 영은 공포 후 3개월이 경과한 날부터 시행한다.

제2조【적용례】 이 영은 이 영 시행 이후 계약을 체결하거나 갱신하는 분부터 적용한다.

신탁법

(2011년 7월 25일
전부개정법률 제10924호)

개정
2014. 1. 7법12193호
2014. 3.18법12420호(공익신탁법)
2014. 5.20법12592호(상업등기법)
2017.10.31법15022호(주식회사등의외부감사에관한법)

제1장 총 칙

제1조【목적】 이 법은 신탁에 관한 사법적 법률관계를 규정함을 목적으로 한다.

제2조【신탁의 정의】 이 법에서 "신탁"이란 신탁을 설정하는 자(이하 "위탁자"라 한다)와 신탁을 인수하는 자(이하 "수탁자"라 한다) 간의 신임관계에 기하여 위탁자가 수탁자에게 특정의 재산(영업이나 저작재산권의 일부를 포함한다)을 이전하거나 담보권의 설정 또는 그 밖의 처분을 하고 수탁자로 하여금 일정한 자(이하 "수익자"라 한다)의 이익 또는 특정의 목적을 위하여 그 재산의 관리, 처분, 운용, 개발, 그 밖에 신탁 목적의 달성을 위하여 필요한 행위를 하게 하는 법률관계를 말한다.

제3조【신탁의 설정】 ① 신탁은 다음 각 호의 어느 하나에 해당하는 방법으로 설정할 수 있다. 다만, 수익자가 없는 특정의 목적을 위한 신탁(이하 "목적신탁"이라 한다)은「공익신탁법」에 따른 공익신탁을 제외하고는 제3호의 방법으로 설정할 수 없다.(2014.3.18 단서개정)
1. 위탁자와 수탁자 간의 계약
2. 위탁자의 유언
3. 신탁의 목적, 신탁재산, 수익자(「공익신탁법」에 따른 공익신탁의 경우에는 제67조제1항의 신탁관리인을 말한다) 등을 특정하고 자신을 수탁자로 정한 위탁자의 선언(2014.3.18 본호개정)
② 제1항제3호에 따른 신탁의 설정은「공익신탁법」에 따른 공익신탁을 제외하고는 공정증서(公正證書)를 작성하는 방법으로 하여야 하며, 신탁을 해지할 수 있는 권한을 유보(留保)할 수 없다.(2014.3.18 본항개정)
③ 위탁자가 집행의 면탈이나 그 밖의 부정한 목적으로 제1항제3호에 따라 신탁을 설정한 경우 이해관계인은 법원에 신탁의 종료를 청구할 수 있다.
④ 위탁자는 신탁행위로 수탁자나 수익자에게 신탁재산을 지정할 수 있는 권한을 부여하는 방법으로 신탁재산을 특정할 수 있다.
⑤ 수탁자는 신탁행위로 달리 정한 바가 없으면 신탁 목적의 달성을 위하여 필요한 경우에는 수익자의 동의를 받아 타인에게 신탁재산에 대하여 신탁을 설정할 수 있다.

제4조【신탁의 공시와 대항】 ① 등기 또는 등록할 수 있는 재산권에 관하여는 신탁의 등기 또는 등록을 함으로써 그 재산이 신탁재산에 속한 것임을 제3자에게 대항할 수 있다.
② 등기 또는 등록할 수 없는 재산권에 관하여는 다른 재산과 분별하여 관리하는 등의 방법으로 신탁재산임을 표시함으로써 그 재산이 신탁재산에 속한 것임을 제3자에게 대항할 수 있다.
③ 제1항의 재산권에 대한 등기부 또는 등록부가 아직 없을 때에는 그 재산권은 등기 또는 등록할 수 없는 재산권으로 본다.
④ 제2항에 따라 신탁재산임을 표시할 때에는 대통령령으로 정하는 장부에 신탁재산임을 표시하는 방법으로도 할 수 있다.

제5조【목적의 제한】 ① 선량한 풍속이나 그 밖의 사회질서에 위반하는 사항을 목적으로 하는 신탁은 무효로 한다.
② 목적이 위법하거나 불능인 신탁은 무효로 한다.
③ 신탁 목적의 일부가 제1항 또는 제2항에 해당하는 경우 그 신탁은 제1항 또는 제2항에 해당하지 아니한 나머

지 목적을 위하여 유효하게 성립한다. 다만, 제1항 또는 제2항에 해당하는 목적과 그렇지 아니한 목적을 분리하는 것이 불가능하거나 분리할 수 있더라도 제1항 또는 제2항에 해당하지 아니한 나머지 목적만을 위하여 신탁을 유지하는 것이 위탁자의 의사에 명백히 반하는 경우에는 그 전부를 무효로 한다.

제6조【소송을 목적으로 하는 신탁의 금지】 수탁자로 하여금 소송행위를 하게 하는 것을 주된 목적으로 하는 신탁은 무효로 한다.

제7조【탈법을 목적으로 하는 신탁의 금지】 법령에 따라 일정한 재산권을 향유할 수 없는 자는 수익자로서 그 권리를 가지는 것과 동일한 이익을 누릴 수 없다.

제8조【사해신탁】 ① 채무자가 채권자를 해함을 알면서 신탁을 설정한 경우 채권자는 수탁자가 선의일지라도 수탁자나 수익자에게 「민법」 제406조제1항의 취소 및 원상회복을 청구할 수 있다. 다만, 수익자가 수익권을 취득할 당시 채권자를 해함을 알지 못한 경우에는 그러하지 아니하다.

② 제1항 단서의 경우에 여러 명의 수익자 중 일부가 수익권을 취득할 당시 채권자를 해함을 알지 못한 경우에는 악의의 수익자만을 상대로 제1항 본문의 취소 및 원상회복을 청구할 수 있다.

③ 제1항 본문의 경우에 채권자는 선의의 수탁자에게 현존하는 신탁재산의 범위 내에서 원상회복을 청구할 수 있다.

④ 신탁이 취소되어 신탁재산이 원상회복된 경우 위탁자는 취소된 신탁과 관련하여 그 신탁의 수탁자와 거래한 선의의 제3자에 대하여 원상회복된 신탁재산의 한도 내에서 책임을 진다.

⑤ 채권자는 악의의 수익자에게 그가 취득한 수익권을 위탁자에게 양도할 것을 청구할 수 있다. 이때 「민법」 제406조제2항을 준용한다.

⑥ 제1항의 경우 위탁자와 사해신탁(詐害信託)의 설정을 공모하거나 위탁자에게 사해신탁의 설정을 교사·방조한 수익자 또는 수탁자는 위탁자와 연대하여 이로 인하여 채권자가 받은 손해를 배상할 책임을 진다.

제2장 신탁관계인

제9조【위탁자의 권리】 ① 신탁행위로 위탁자의 전부 또는 일부가 이 법에 따른 위탁자의 권리의 전부 또는 일부를 갖지 아니한다는 뜻을 정할 수 있다.

② 제1항에도 불구하고 목적신탁의 경우에는 신탁행위로 이 법에 따른 위탁자의 권리를 제한할 수 없다.

제10조【위탁자 지위의 이전】 ① 위탁자의 지위는 신탁행위로 정한 방법에 따라 제3자에게 이전할 수 있다.

② 제1항에 따른 이전 방법이 정하여지지 아니한 경우 위탁자의 지위는 수탁자와 수익자의 동의를 받아 제3자에게 이전할 수 있다. 이 경우 위탁자가 여럿일 때에는 다른 위탁자의 동의도 받아야 한다.

③ 제3조제1항제2호에 따라 신탁이 설정된 경우 위탁자의 상속인은 위탁자의 지위를 승계하지 아니한다. 다만, 신탁행위로 달리 정한 경우에는 그에 따른다.

제11조【수탁능력】 미성년자, 금치산자, 한정치산자 및 파산선고를 받은 자는 수탁자가 될 수 없다.

제12조【수탁자의 임무 종료】 ① 다음 각 호의 어느 하나에 해당하는 경우 수탁자의 임무는 종료된다.

1. 수탁자가 사망한 경우
2. 수탁자가 금치산선고 또는 한정치산선고를 받은 경우
3. 수탁자가 파산선고를 받은 경우
4. 법인인 수탁자가 합병 외의 사유로 해산한 경우

② 제1항제1호, 제2호 또는 제4호에 따라 수탁자의 임무가 종료된 경우 수탁자의 상속인, 법정대리인 또는 청산인은 즉시 수익자에게 그 사실을 통지하여야 한다.

③ 제1항제3호에 따라 수탁자의 임무가 종료된 경우 수탁자는 다음 각 호의 구분에 따라 해당 사실을 통지하여야 한다.

1. 수익자에게 수탁자의 임무가 종료된 사실
2. 파산관재인에게 신탁재산에 관한 사항

④ 제1항제1호, 제2호 또는 제4호에 따라 수탁자의 임무가 종료된 경우 수탁자의 상속인, 법정대리인 또는 청산인은 신수탁자(新受託者)나 신탁재산관리인이 신탁사무를 처리할 수 있을 때까지 신탁재산을 보관하고 신탁사무 인계에 필요한 행위를 하여야 하며, 즉시 수익자에게 그 사실을 통지하여야 한다.

⑤ 수탁자인 법인이 합병하는 경우 합병으로 설립된 법인이나 합병 후 존속하는 법인은 계속 수탁자로서의 권리·의무를 가진다. 수탁자인 법인이 분할하는 경우 분할에 의하여 수탁자로 정하여진 법인도 또한 같다.

제13조【신탁행위로 정한 수탁자의 임무 종료】 ① 신탁행위로 정한 수탁자의 임무 종료 사유가 발생하거나 수탁자가 신탁행위로 정한 특정한 자격을 상실한 경우 수탁자의 임무는 종료된다.

② 제1항에 따라 임무가 종료된 수탁자는 즉시 수익자에게 그 사실을 통지하여야 한다.

제14조【수탁자의 사임에 의한 임무 종료】 ① 수탁자는 신탁행위로 달리 정한 바가 없으면 수익자와 위탁자의 승낙 없이 사임할 수 없다.

② 제1항에도 불구하고 수탁자는 정당한 이유가 있는 경우 법원의 허가를 받아 사임할 수 있다.

③ 사임한 수탁자는 즉시 수익자에게 그 사실을 통지하여야 한다.

제15조【임무가 종료된 수탁자의 지위】 제13조제1항 또는 제14조제1항에 따라 임무가 종료된 수탁자는 신수탁자나 신탁재산관리인이 신탁사무를 처리할 수 있을 때까지 수탁자의 권리·의무를 가진다.

제16조【수탁자의 해임에 의한 임무 종료】 ① 위탁자와 수익자는 합의하여 또는 위탁자가 없으면 수익자 단독으로 언제든지 수탁자를 해임할 수 있다. 다만, 신탁행위로 달리 정한 경우에는 그에 따른다.

② 정당한 이유 없이 수탁자에게 불리한 시기에 제1항에 따라 수탁자를 해임한 자는 그 손해를 배상하여야 한다.

③ 수탁자가 그 임무에 위반된 행위를 하거나 그 밖에 중요한 사유가 있는 경우 위탁자나 수익자는 법원에 수탁자의 해임을 청구할 수 있다.

④ 제3항의 청구에 의하여 해임된 수탁자는 즉시 수익자에게 그 사실을 통지하여야 한다.

⑤ 해임된 수탁자는 신수탁자나 신탁재산관리인이 신탁사무를 처리할 수 있을 때까지 신탁재산을 보관하고 신탁사무 인계에 필요한 행위를 하여야 한다. 다만, 임무 위반으로 해임된 수탁자는 그러하지 아니하다.

제17조【신탁재산관리인 선임 등의 처분】 ① 수탁자의 임무가 종료되거나 수탁자와 수익자 간의 이해가 상반되어 수탁자가 신탁사무를 수행하는 것이 적절하지 아니한 경우 법원은 이해관계인의 청구에 의하여 신탁재산관리인의 선임이나 그 밖의 필요한 처분을 명할 수 있다. 다른 수탁자가 있는 경우에도 또한 같다.

② 제1항에 따라 신탁재산관리인을 선임하는 경우 법원은 신탁재산관리인이 법원의 허가를 받아야 하는 사항을 정할 수 있다.

③ 제1항에 따라 선임된 신탁재산관리인은 즉시 수익자에게 그 사실을 통지하여야 한다.

④ 신탁재산관리인은 선임된 목적범위 내에서 수탁자와 동일한 권리·의무가 있다. 다만, 제2항에 따라 법원의 허가를 받아야 하는 사항에 대하여는 그러하지 아니하다.

⑤ 제1항에 따라 신탁재산관리인이 선임된 경우 신탁재산에 관한 소송에서는 신탁재산관리인이 당사자가 된다.

⑥ 법원은 제1항에 따라 선임한 신탁재산관리인에게 필요한 경우 신탁재산에서 적당한 보수를 줄 수 있다.

제18조【필수적 신탁재산관리인의 선임】 ① 법원은 다음 각 호의 어느 하나에 해당하는 경우로서 신수탁자가 선임되지 아니하거나 다른 수탁자가 존재하지 아니할 때에는 신탁재산을 보관하고 신탁사무 인계에 필요한 행위를 하여야 할 신탁재산관리인을 선임한다.

1. 수탁자가 사망하여 「민법」 제1053조제1항에 따라 상속재산관리인이 선임되는 경우
2. 수탁자가 파산선고를 받은 경우
3. 수탁자가 법원의 허가를 받아 사임하거나 임무 위반으로 법원에 의하여 해임된 경우

② 법원은 제1항 각 호의 어느 하나에 해당하여 수탁자에 대하여 상속재산관리인의 선임결정, 파산선고, 수탁자의 사임허가결정 또는 해임결정을 하는 경우 그 결정과 동시에 신탁재산관리인을 선임하여야 한다.

③ 선임된 신탁재산관리인의 통지의무, 당사자 적격 및 보수에 관하여는 제17조제3항, 제5항 및 제6항을 준용한다.

제19조【신탁재산관리인의 임무 종료】 ① 신수탁자가 선임되거나 더 이상 수탁자와 수익자 간의 이해가 상반되지 아니하는 경우 신탁재산관리인의 임무는 종료된다.

② 신탁재산관리인은 법원의 허가를 받아 사임할 수 있다.

③ 법원은 이해관계인의 청구에 의하여 신탁재산관리인을 해임할 수 있다.

④ 법원은 제2항 또는 제3항의 결정을 함과 동시에 새로운 신탁재산관리인을 선임하여야 한다.

제20조【신탁재산관리인의 공고, 등기 또는 등록】 ① 법원은 다음 각 호의 어느 하나에 해당하는 경우 그 취지를 공고하고, 등기 또는 등록된 신탁재산에 대하여 직권으로 지체 없이 그 취지의 등기 또는 등록을 촉탁하여야 한다.

1. 제17조제1항에 따라 신탁재산관리인을 선임하거나 그 밖의 필요한 처분을 명한 경우
2. 제18조제1항에 따라 신탁재산관리인을 선임한 경우
3. 제19조제2항에 따라 신탁재산관리인의 사임결정을 한 경우
4. 제19조제3항에 따라 신탁재산관리인의 해임결정을 한 경우

② 제19조제1항에 따라 신탁재산관리인의 임무가 종료된 경우 법원은 신수탁자 또는 이해가 상반되지 아니하게 된 수탁자의 신청에 의하여 제1항에 따른 등기 또는 등록의 말소를 촉탁하여야 한다.

③ 신탁재산관리인이나 수탁자는 고의나 과실로 제1항 또는 제2항에 따른 등기 또는 등록이 사실과 다르게 된 경우 그 등기 또는 등록과 다른 사실로써 선의의 제3자에게 대항하지 못한다.

제21조【신수탁자의 선임】 ① 수탁자의 임무가 종료된 경우 위탁자와 수익자는 합의하여 또는 위탁자가 없으면 수익자 단독으로 신수탁자를 선임할 수 있다. 다만, 신탁행위로 달리 정한 경우에는 그에 따른다.

② 위탁자와 수익자 간에 신수탁자 선임에 대한 합의가 이루어지지 아니한 경우 이해관계인은 법원에 신수탁자의 선임을 청구할 수 있다.

③ 유언에 의하여 수탁자로 지정된 자가 신탁을 인수하지 아니하거나 인수할 수 없는 경우에는 제1항 및 제2항을 준용한다.

④ 법원은 제2항(제3항에 따라 준용되는 경우를 포함한다)에 따라 선임한 수탁자에게 필요한 경우 신탁재산에서 적당한 보수를 줄 수 있다.

제3장 신탁재산

제22조【강제집행 등의 금지】 ① 신탁재산에 대하여는 강제집행, 담보권 실행 등을 위한 경매, 보전처분(이하 "강제집행등"이라 한다) 또는 국세 등 체납처분을 할 수 없다. 다만, 신탁 전의 원인으로 발생한 권리 또는 신탁사무의 처리상 발생한 권리에 기한 경우에는 그러하지 아니하다.

② 위탁자, 수익자나 수탁자는 제1항을 위반한 강제집행등에 대하여 이의를 제기할 수 있다. 이 경우 「민사집행법」 제48조를 준용한다.

③ 위탁자, 수익자나 수탁자는 제1항을 위반한 국세 등 체납처분에 대하여 이의를 제기할 수 있다. 이 경우 국세 등 체납처분에 대한 불복절차를 준용한다.

제23조【수탁자의 사망 등과 신탁재산】 신탁재산은 수탁자의 상속재산에 속하지 아니하며, 수탁자의 이혼에 따른 재산분할의 대상이 되지 아니한다.

제24조【수탁자의 파산 등과 신탁재산】 신탁재산은 수탁자의 파산재단, 회생절차의 관리인이 관리 및 처분 권한을 갖고 있는 채무자의 재산이나 개인회생재단을 구성하지 아니한다.

제25조【상계 금지】 ① 신탁재산에 속하는 채권과 신탁재산에 속하지 아니하는 채무는 상계(相計)하지 못한다. 다만, 양 채권·채무가 동일한 재산에 속하지 아니함에 대하여 제3자가 선의이며 과실이 없을 때에는 그러하지 아니하다.

② 신탁재산에 속하는 채무에 대한 책임이 신탁재산만으로 한정되는 경우에는 신탁재산에 속하지 아니하는 채권과 신탁재산에 속하는 채무는 상계하지 못한다. 다만, 양 채권·채무가 동일한 재산에 속하지 아니함에 대하여 제3자가 선의이며 과실이 없을 때에는 그러하지 아니하다.

제26조【신탁재산에 대한 혼동의 특칙】 다음 각 호의 경우 혼동(混同)으로 인하여 권리가 소멸하지 아니한다.

1. 동일한 물건에 대한 소유권과 그 밖의 물권이 각각 신탁재산과 고유재산 또는 서로 다른 신탁재산에 귀속하는 경우
2. 소유권 외의 물권과 이를 목적으로 하는 권리가 각각 신탁재산과 고유재산 또는 서로 다른 신탁재산에 귀속하는 경우
3. 신탁재산에 대한 채무가 수탁자에게 귀속하거나 수탁자에 대한 채권이 신탁재산에 귀속하는 경우

제27조【신탁재산의 범위】 신탁재산의 관리, 처분, 운용, 개발, 멸실, 훼손, 그 밖의 사유로 수탁자가 얻은 재산은 신탁재산에 속한다.

제28조【신탁재산의 첨부】 신탁재산과 고유재산 또는 서로 다른 신탁재산에 속한 물건 간의 부합(附合), 혼화(混和) 또는 가공(加工)에 관하여는 각각 다른 소유자에게 속하는 것으로 보아 「민법」 제256조부터 제261조까지의 규정을 준용한다. 다만, 가공자가 악의인 경우에는 가공으로 인한 가액의 증가가 원재료의 가액보다 많을 때에도 법원은 가공으로 인하여 생긴 물건을 원재료 소유자에게 귀속시킬 수 있다.

제29조【신탁재산의 귀속 추정】 ① 신탁재산과 고유재산 간에 귀속관계를 구분할 수 없는 경우 그 재산은 신탁재산에 속한 것으로 추정한다.

② 서로 다른 신탁재산 간에 귀속관계를 구분할 수 없는 경우 그 재산은 각 신탁재산 간에 균등하게 귀속된 것으로 추정한다.

제30조【점유하자의 승계】 수탁자는 신탁재산의 점유에 관하여 위탁자의 점유의 하자를 승계한다.

제4장 수탁자의 권리·의무

제31조【수탁자의 권한】 수탁자는 신탁재산에 대한 권리와 의무의 귀속주체로서 신탁재산의 관리, 처분 등을 하고 신탁 목적의 달성을 위하여 필요한 모든 행위를 할 권한이 있다. 다만, 신탁행위로 이를 제한할 수 있다.

제32조【수탁자의 선관의무】 수탁자는 선량한 관리자의 주의(注意)로 신탁사무를 처리하여야 한다. 다만, 신탁행위로 달리 정한 경우에는 그에 따른다.

제33조【충실의무】 수탁자는 수익자의 이익을 위하여 신탁사무를 처리하여야 한다.

제34조【이익에 반하는 행위의 금지】 ① 수탁자는 누구의 명의(名義)로도 다음 각 호의 행위를 하지 못한다.

1. 신탁재산을 고유재산으로 하거나 신탁재산에 관한 권리를 고유재산에 귀속시키는 행위
2. 고유재산을 신탁재산으로 하거나 고유재산에 관한 권리를 신탁재산에 귀속시키는 행위

3. 여러 개의 신탁을 인수한 경우 하나의 신탁재산 또는 그에 관한 권리를 다른 신탁의 신탁재산에 귀속시키는 행위
4. 제3자의 신탁재산에 대한 행위에서 제3자를 대리하는 행위
5. 그 밖에 수익자의 이익에 반하는 행위
② 제1항에도 불구하고 수탁자는 다음 각 호의 어느 하나에 해당하는 경우 제1항 각 호의 행위를 할 수 있다. 다만, 제3호의 경우 수탁자는 법원에 허가를 신청함과 동시에 수익자에게 그 사실을 통지하여야 한다.
1. 신탁행위로 허용한 경우
2. 수익자에게 그 행위에 관련된 사실을 고지하고 수익자의 승인을 받은 경우
3. 법원의 허가를 받은 경우
③ 제1항에도 불구하고 수탁자는 상속 등 수탁자의 의사에 기하지 아니한 경우에는 신탁재산에 관한 권리를 포괄적으로 승계할 수 있다. 이 경우 해당 재산의 혼동에 관하여는 제26조를 준용한다.

제35조【공평의무】 수익자가 여럿인 경우 수탁자는 각 수익자를 위하여 공평하게 신탁사무를 처리하여야 한다. 다만, 신탁행위로 달리 정한 경우에는 그에 따른다.

제36조【수탁자의 이익향수금지】 수탁자는 누구의 명의로도 신탁의 이익을 누리지 못한다. 다만, 수탁자가 공동수익자의 1인인 경우에는 그러하지 아니하다.

제37조【수탁자의 분별관리의무】 ① 수탁자는 신탁재산을 수탁자의 고유재산과 분별하여 관리하고 신탁재산임을 표시하여야 한다.
② 여러 개의 신탁을 인수한 수탁자는 각 신탁재산을 분별하여 관리하고 서로 다른 신탁재산임을 표시하여야 한다.
③ 제1항 및 제2항의 신탁재산이 금전이나 그 밖의 대체물인 경우에는 그 계산을 명확히 하는 방법으로 분별하여 관리할 수 있다.

제38조【유한책임】 수탁자는 신탁행위로 인하여 수익자에게 부담하는 채무에 대하여는 신탁재산만으로 책임을 진다.

제39조【장부 등 서류의 작성 · 보존 및 비치 의무】 ① 수탁자는 신탁사무와 관련된 장부 및 그 밖의 서류를 갖추어 두고 각 신탁에 관하여 그 사무의 처리와 계산을 명백히 하여야 한다.
② 수탁자는 신탁을 인수한 때와 매년 1회 일정한 시기에 각 신탁의 재산목록을 작성하여야 한다. 다만, 재산목록의 작성 시기에 관하여 신탁행위로 달리 정한 경우에는 그에 따른다.
③ 수탁자는 제1항 및 제2항의 장부, 재산목록 및 그 밖의 서류를 대통령령으로 정하는 기간 동안 보존하여야 한다.
④ 제3항에 따라 장부, 재산목록 및 그 밖의 서류를 보존하는 경우 그 보존방법과 그 밖에 필요한 사항은 대통령령으로 정한다.

제40조【서류의 열람 등】 ① 위탁자나 수익자는 수탁자나 신탁재산관리인에게 신탁사무의 처리와 계산에 관한 장부 및 그 밖의 서류의 열람 또는 복사를 청구하거나 신탁사무의 처리와 계산에 관하여 설명을 요구할 수 있다.
② 위탁자와 수익자를 제외한 이해관계인은 수탁자나 신탁재산관리인에게 신탁의 재산목록 등 신탁사무의 계산에 관한 장부 및 그 밖의 서류의 열람 또는 복사를 청구할 수 있다.

제41조【금전의 관리방법】 신탁재산에 속하는 금전의 관리는 신탁행위로 달리 정한 바가 없으면 다음 각 호의 방법으로 하여야 한다.
1. 국채, 지방채 및 특별법에 따라 설립된 법인의 사채의 응모 · 인수 또는 매입
2. 국채나 그 밖에 제1호의 유가증권을 담보로 하는 대부
3. 은행예금 또는 우체국예금

제42조【신탁사무의 위임】 ① 수탁자는 정당한 사유가 있으면 수익자의 동의를 받아 타인으로 하여금 자기를 갈음하여 신탁사무를 처리하게 할 수 있다. 다만, 신탁행위로 달리 정한 경우에는 그에 따른다.
② 제1항 본문의 경우 수탁자는 그 선임 · 감독에 관하여만 책임을 진다. 신탁행위로 타인으로 하여금 신탁사무를 처리하게 한 경우에도 또한 같다.
③ 수탁자를 갈음하여 신탁사무를 처리하는 자는 수탁자와 동일한 책임을 진다.

제43조【수탁자의 원상회복의무 등】 ① 수탁자가 그 의무를 위반하여 신탁재산에 손해가 생긴 경우 위탁자, 수익자 또는 수탁자가 여럿인 경우의 다른 수탁자는 그 수탁자에게 신탁재산의 원상회복을 청구할 수 있다. 다만, 원상회복이 불가능하거나 현저하게 곤란한 경우, 원상회복에 과다한 비용이 드는 경우, 그 밖에 원상회복이 적절하지 아니한 특별한 사정이 있는 경우에는 손해배상을 청구할 수 있다.
② 수탁자가 그 의무를 위반하여 신탁재산이 변경된 경우에도 제1항과 같다.
③ 수탁자가 제33조부터 제37조까지의 규정에서 정한 의무를 위반한 경우에는 신탁재산에 손해가 생기지 아니하였더라도 수탁자는 그로 인하여 수탁자나 제3자가 얻은 이득 전부를 신탁재산에 반환하여야 한다.

제44조【분별관리의무 위반에 관한 특례】 수탁자가 제37조에 따른 분별관리의무를 위반하여 신탁재산에 손실이 생긴 경우 수탁자는 분별하여 관리하였더라도 손실이 생겼으리라는 것을 증명하지 아니하면 그 책임을 면하지 못한다.

제45조【수탁법인의 이사의 책임】 수탁자인 법인이 제43조 및 제44조에 따라 책임을 지는 경우 그 책임의 원인이 된 의무위반행위에 관여한 이사와 그에 준하는 자는 법인과 연대하여 책임을 진다.

제46조【비용상환청구권】 ① 수탁자는 신탁사무의 처리에 관하여 필요한 비용을 신탁재산에서 지출할 수 있다.
② 수탁자가 신탁사무의 처리에 관하여 필요한 비용을 고유재산에서 지출한 경우에는 지출한 비용과 지출한 날 이후의 이자를 신탁재산에서 상환(償還)받을 수 있다.
③ 수탁자가 신탁사무의 처리를 위하여 자기의 과실 없이 채무를 부담하거나 손해를 입은 경우에도 제1항 및 제2항과 같다.
④ 수탁자는 신탁재산이 신탁사무의 처리에 관하여 필요한 비용을 충당하기에 부족하게 될 우려가 있을 때에는 수익자에게 그가 얻은 이익의 범위에서 그 비용을 청구하거나 그에 상당하는 담보의 제공을 요구할 수 있다. 다만, 수익자가 특정되어 있지 아니하거나 존재하지 아니하는 경우 또는 수익자가 수익권을 포기한 경우에는 그러하지 아니하다.
⑤ 수탁자가 신탁사무의 처리를 위하여 자기의 과실 없이 입은 손해를 전보(塡補)하기에 신탁재산이 부족할 때에도 제4항과 같다.
⑥ 제1항부터 제5항까지의 규정에서 정한 사항에 대하여 신탁행위로 달리 정한 사항이 있으면 그에 따른다.

제47조【보수청구권】 ① 수탁자는 신탁행위에 정함이 있는 경우에만 보수를 받을 수 있다. 다만, 신탁을 영업으로 하는 수탁자의 경우에는 신탁행위에 정함이 없는 경우에도 보수를 받을 수 있다.
② 보수의 금액 또는 산정방법을 정하지 아니한 경우 수탁자는 신탁사무의 성질과 내용에 비추어 적당한 금액의 보수를 지급받을 수 있다.
③ 제1항의 보수가 사정의 변경으로 신탁사무의 성질 및 내용에 비추어 적당하지 아니하게 된 경우 법원은 위탁자, 수익자 또는 수탁자의 청구에 의하여 수탁자의 보수를 증액하거나 감액할 수 있다.
④ 수탁자의 보수에 관하여는 제46조제4항을 준용한다. 다만, 신탁행위로 달리 정한 사항이 있으면 그에 따른다.

제48조【비용상환청구권의 우선변제권 등】 ① 수탁자는 신탁재산에 대한 민사집행절차 또는 「국세징수법」에 따른 공매절차에서 수익자나 그 밖의 채권자보다 우선하여 신탁의 목적에 따라 신탁재산의 보존, 개량을 위하여 지출한 필요비 또는 유익비(有益費)의 우선변제를 받을 권리가 있다.
② 수탁자는 신탁재산을 매각하여 제46조에 따른 비용상환청구권 또는 제47조에 따른 보수청구권에 기한 채권의 변제에 충당할 수 있다. 다만, 그 신탁재산의 매각으로 신탁의 목적을 달성할 수 없게 되거나 그 밖의 상당한 이유가 있는 경우에는 그러하지 아니하다.

제49조【권리행사요건】 수탁자는 제43조 및 제44조에 따른 원상회복의무 등을 이행한 후가 아니면 제46조 또는 제47조에 따른 권리를 행사할 수 없다.

제50조【공동수탁자】 ① 수탁자가 여럿인 경우 신탁재산은 수탁자들의 합유(合有)로 한다.
② 제1항의 경우 수탁자 중 1인의 임무가 종료하면 신탁재산은 당연히 다른 수탁자에게 귀속된다.
③ 제1항의 경우 신탁행위로 달리 정한 바가 없으면 신탁사무의 처리는 수탁자가 공동으로 하여야 한다. 다만, 보존행위는 각자 할 수 있다.
④ 수탁자가 여럿인 경우 수탁자 1인에 대한 의사표시는 다른 수탁자에게도 효력이 있다.
⑤ 수탁자가 여럿인 경우 신탁행위로 다른 수탁자의 업무집행을 대리할 업무집행수탁자를 정할 수 있다.

제51조【공동수탁자의 연대책임】 ① 수탁자가 여럿인 경우 수탁자들은 신탁사무의 처리에 관하여 제3자에게 부담한 채무에 대하여 연대하여 변제할 책임이 있다.
② 수탁자가 여럿인 경우 그 중 일부가 수탁자로서의 의무를 위반하여 부담한 채무에 대하여 그 행위에 관여하지 아니한 다른 수탁자는 책임이 없다. 다만, 다른 수탁자의 의무위반행위를 저지하기 위하여 합리적인 조치를 취하지 아니한 경우에는 그러하지 아니하다.

제52조【신수탁자 등의 원상회복청구권 등】 신수탁자나 신탁재산관리인도 제43조에 따른 권리를 행사할 수 있다.

제53조【신수탁자의 의무의 승계】 ① 수탁자가 변경된 경우 신수탁자는 전수탁자(前受託者)가 신탁행위로 인하여 수익자에게 부담하는 채무를 승계한다. 수탁자가 여럿인 경우 일부의 수탁자가 변경된 경우에도 또한 같다.
② 신탁사무의 처리에 관하여 발생한 채권은 신탁재산의 한도 내에서 신수탁자에게도 행사할 수 있다.
③ 제22조제1항 단서에 따른 신탁재산에 대한 강제집행 등의 절차 또는 국세 등 체납처분의 절차는 신수탁자에 대하여 속행(續行)할 수 있다.

제54조【전수탁자의 우선변제권 등】 ① 전수탁자의 비용상환청구권에 관하여는 제48조제1항 및 제49조를 준용한다.
② 전수탁자는 제46조의 청구권에 기한 채권을 변제받을 때까지 신탁재산을 유치(留置)할 수 있다.

제55조【사무의 인계】 ① 수탁자가 변경된 경우 전수탁자와 그 밖의 관계자는 신탁사무의 계산을 하고, 수익자의 입회하에 신수탁자에게 사무를 인계하여야 한다.
② 수익자가 제1항의 계산을 승인한 경우에는 전수탁자나 그 밖의 관계자의 수익자에 대한 인계에 관한 책임은 면제된 것으로 본다. 다만, 부정행위가 있었던 경우에는 그러하지 아니하다.

제5장 수익자의 권리 · 의무

제1절 수익권의 취득과 포기

제56조【수익권의 취득】 ① 신탁행위로 정한 바에 따라 수익자로 지정된 자(제58조제1항 및 제2항에 따라 수익자로 지정된 자를 포함한다)는 당연히 수익권을 취득한다. 다만, 신탁행위로 달리 정한 경우에는 그에 따른다.
② 수탁자는 지체 없이 제1항에 따라 수익자로 지정된 자에게 그 사실을 통지하여야 한다. 다만, 수익권에 부담이 있는 경우를 제외하고는 신탁행위로 통지시기를 달리 정할 수 있다.

제57조【수익권의 포기】 ① 수익자는 수탁자에게 수익권을 포기하는 취지의 의사표시를 할 수 있다.
② 수익자가 제1항에 따른 포기의 의사표시를 한 경우에는 처음부터 수익권을 가지지 아니하였던 것으로 본다. 다만, 제3자의 권리를 해치지 못한다.

제58조【수익자지정권등】 ① 신탁행위로 수익자를 지정하거나 변경할 수 있는 권한(이하 "수익자지정권등"이라 한다)을 갖는 자를 정할 수 있다.
② 수익자지정권등을 갖는 자는 수탁자에 대한 의사표시 또는 유언으로 그 권한을 행사할 수 있다.
③ 수익자지정권등이 유언으로 행사되어 수탁자가 그 사실을 알지 못한 경우 이로 인하여 수익자로 된 자는 그 사실로써 수탁자에게 대항하지 못한다.
④ 수익자를 변경하는 권한이 행사되어 수익자가 그 수익권을 상실한 경우 수탁자는 지체 없이 수익권을 상실한 자에게 그 사실을 통지하여야 한다. 다만, 신탁행위로 달리 정한 경우에는 그에 따른다.
⑤ 수익자지정권등은 신탁행위로 달리 정한 바가 없으면 상속되지 아니한다.

제59조【유언대용신탁】 ① 다음 각 호의 어느 하나에 해당하는 신탁의 경우에는 위탁자가 수익자를 변경할 권리를 갖는다. 다만, 신탁행위로 달리 정한 경우에는 그에 따른다.
1. 수익자가 될 자로 지정된 자가 위탁자의 사망 시에 수익권을 취득하는 신탁
2. 수익자가 위탁자의 사망 이후에 신탁재산에 기한 급부를 받는 신탁
② 제1항제2호의 수익자는 위탁자가 사망할 때까지 수익자로서의 권리를 행사하지 못한다. 다만, 신탁행위로 달리 정한 경우에는 그에 따른다.

제60조【수익자연속신탁】 신탁행위로 수익자가 사망한 경우 그 수익자가 갖는 수익권이 소멸하고 타인이 새로 수익권을 취득하도록 하는 뜻을 정할 수 있다. 이 경우 수익자의 사망에 의하여 차례로 타인이 수익권을 취득하는 경우를 포함한다.

제2절 수익권의 행사

제61조【수익권의 제한 금지】 다음 각 호에 해당하는 수익자의 권리는 신탁행위로도 제한할 수 없다.
1. 이 법에 따라 법원에 청구할 수 있는 권리
2. 제22조제2항 또는 제3항에 따라 강제집행등 또는 국세 등 체납처분에 대하여 이의를 제기할 수 있는 권리
3. 제40조제1항에 따라 장부 등의 열람 또는 복사를 청구할 수 있는 권리
4. 제43조 및 제45조에 따라 원상회복 또는 손해배상 등을 청구할 수 있는 권리
5. 제57조제1항에 따라 수익권을 포기할 수 있는 권리
6. 제75조제1항에 따라 신탁위반의 법률행위를 취소할 수 있는 권리
7. 제77조에 따라 유지를 청구할 수 있는 권리
8. 제89조, 제91조제3항 및 제95조제3항에 따라 수익권의 매수를 청구할 수 있는 권리
9. 그 밖에 신탁의 본질에 비추어 수익자 보호를 위하여 필요하다고 대통령령으로 정하는 권리

제62조【수익채권과 신탁채권의 관계】 신탁채권은 수익자가 수탁자에게 신탁재산에 속한 재산의 인도와 그 밖에 신탁재산에 기한 급부를 요구하는 청구권(이하 "수익채권"이라 한다)보다 우선한다.

제63조【수익채권의 소멸시효】 ① 수익채권의 소멸시효는 채권의 예에 따른다.
② 제1항에도 불구하고 수익채권의 소멸시효는 수익자가 수익자로 된 사실을 알게 된 때부터 진행한다.
③ 제1항에도 불구하고 신탁이 종료한 때부터 6개월 내에는 수익채권의 소멸시효가 완성되지 아니한다.

제3절 수익권의 양도

제64조【수익권의 양도성】 ① 수익자는 수익권을 양도

할 수 있다. 다만, 수익권의 성질이 양도를 허용하지 아니하는 경우에는 그러하지 아니하다.
② 제1항에도 불구하고 수익권의 양도에 대하여 신탁행위로 달리 정한 경우에는 그에 따른다. 다만, 그 정함으로써 선의의 제3자에게 대항하지 못한다.

제65조【수익권 양도의 대항요건과 수탁자의 항변】 ① 수익권의 양도는 다음 각 호의 어느 하나에 해당하는 경우에만 수탁자와 제3자에게 대항할 수 있다.
1. 양도인이 수탁자에게 통지한 경우
2. 수탁자가 승낙한 경우
② 제1항 각 호의 통지 및 승낙은 확정일자가 있는 증서로 하지 아니하면 수탁자 외의 제3자에게 대항할 수 없다.
③ 수탁자는 제1항 각 호의 통지 또는 승낙이 있는 때까지 양도인에 대하여 발생한 사유로 양수인에게 대항할 수 있다.
④ 수탁자가 이의를 보류하지 아니하고 제1항제2호의 승낙을 한 경우에는 양도인에게 대항할 수 있는 사유로써 양수인에게 대항하지 못한다. 다만, 수탁자가 채무를 소멸하게 하기 위하여 양도인에게 급여한 것이 있으면 이를 회수할 수 있고, 양도인에 대하여 부담한 채무가 있으면 그 성립되지 아니함을 주장할 수 있다.

제66조【수익권에 대한 질권】 ① 수익자는 수익권을 질권의 목적으로 할 수 있다. 다만, 수익권의 성질이 질권의 설정을 허용하지 아니하는 경우에는 그러하지 아니하다.
② 제1항에도 불구하고 수익권을 목적으로 하는 질권의 설정에 대하여 신탁행위로 달리 정한 경우에는 그에 따른다. 다만, 그 정함으로써 선의의 제3자에게 대항하지 못한다.
③ 수익권을 목적으로 하는 질권의 설정에 관하여는 수익권 양도의 대항요건과 수탁자의 항변사유에 관한 제65조를 준용한다. 이 경우 제65조 중 "양도인"은 "수익자"로, "양수인"은 "질권자"로 보고, 같은 조 제1항 중 "수익권의 양수 사실"은 "수익권에 대하여 질권이 설정된 사실"로 본다.
④ 수익권을 목적으로 하는 질권은 그 수익권에 기한 수익채권과 이 법 또는 신탁행위에 따라 그 수익권을 갈음하여 수익자가 받을 금전이나 그 밖의 재산에도 존재한다.
⑤ 수익권의 질권자는 직접 수탁자로부터 금전을 지급받아 다른 채권자에 우선하여 자기 채권의 변제에 충당할 수 있다.
⑥ 질권자의 채권이 변제기에 이르지 아니한 경우 질권자는 수탁자에게 그 변제금액의 공탁을 청구할 수 있다. 이 경우 질권은 그 공탁금에 존재한다.

제4절 신탁관리인

제67조【신탁관리인의 선임】 ① 수익자가 특정되어 있지 아니하거나 존재하지 아니하는 경우 법원은 위탁자나 그 밖의 이해관계인의 청구에 의하여 또는 직권으로 신탁관리인을 선임할 수 있다. 다만, 신탁행위로 신탁관리인을 지정한 경우에는 그에 따른다.
② 수익자가 미성년자, 한정치산자 또는 금치산자이거나 그 밖의 사유로 수탁자에 대한 감독을 적절히 할 수 없는 경우 법원은 이해관계인의 청구에 의하여 또는 직권으로 신탁관리인을 선임할 수 있다. 다만, 신탁행위로 달리 정한 경우에는 그에 따른다.
③ 수익자가 여럿인 경우 수익자는 제71조의 방법에 따른 의사결정으로 신탁관리인을 선임할 수 있다. 수익권의 내용이 다른 여러 종류의 수익권이 있고 같은 종류의 수익권을 가진 수익자(이하 "종류수익자"라 한다)가 여럿인 경우에도 또한 같다.
④ 법원은 제1항 또는 제2항에 따라 선임한 신탁관리인에게 필요한 경우 신탁재산에서 적당한 보수를 줄 수 있다.

제68조【신탁관리인의 권한】 ① 신탁관리인은 수익자의 이익이나 목적신탁의 목적 달성을 위하여 자기의 명의로 수익자의 권리에 관한 재판상 또는 재판 외의 모든 행위를 할 권한이 있다. 다만, 신탁관리인의 선임을 수탁자에게 통지하지 아니한 경우에는 수탁자에게 대항하지 못한다.
② 신탁관리인은 신탁에 관하여 수익자와 동일한 지위를 가지는 것으로 본다.
③ 제67조제1항에 따라 선임된 신탁관리인이 여럿인 경우 신탁행위로 달리 정한 바가 없으면 공동으로 사무를 처리한다.
④ 신탁관리인이 개별 수익자를 위하여 제67조제2항에 따라 각각 선임된 경우에는 각 신탁관리인은 해당 수익자를 위하여 단독으로 사무를 처리한다. 이 경우 개별 수익자를 위하여 선임된 여럿의 신탁관리인들은 해당 수익자를 위하여 공동으로 사무를 처리한다.
⑤ 제67조제3항 전단에 따라 선임된 신탁관리인이 여럿인 경우에는 선임 시 달리 정하지 아니하면 공동으로 사무를 처리한다.
⑥ 제67조제3항 후단에 따라 선임된 신탁관리인은 자신을 선임한 종류수익자만을 위하여 단독으로 사무를 처리한다. 이 경우 하나의 종류수익자를 위하여 선임된 여럿의 신탁관리인들은 그 종류수익자를 위하여 공동으로 사무를 처리한다.
⑦ 제67조제3항에 따라 신탁관리인을 선임한 경우에도 수익자는 제71조의 방법에 따른 의사결정으로 사무를 처리할 수 있다.

제69조【신탁관리인의 임무 종료】 ① 제67조제1항에 따라 선임된 신탁관리인은 수익자가 특정되거나 존재하게 되면 임무가 종료된다.
② 제67조제2항에 따라 선임된 신탁관리인은 다음 각 호의 어느 하나에 해당하는 경우 임무가 종료된다.
1. 미성년자인 수익자가 성년에 도달한 경우
2. 수익자가 한정치산선고·금치산선고의 취소심판을 받은 경우
3. 그 밖에 수익자가 수탁자에 대한 감독능력을 회복한 경우
③ 제1항 또는 제2항에 따라 신탁관리인의 임무가 종료된 경우 수익자 또는 신탁관리인은 수탁자에게 신탁관리인의 임무 종료 사실을 통지하지 아니하면 수탁자에게 대항하지 못한다.

제70조【신탁관리인의 사임 또는 해임에 의한 임무 종료】 ① 신탁관리인은 선임 시에 달리 정하지 아니하면 신탁관리인을 선임한 법원 또는 수익자의 승낙 없이 사임하지 못한다.
② 제1항에도 불구하고 신탁관리인은 정당한 이유가 있는 경우 법원의 허가를 받아 사임할 수 있다.
③ 사임한 신탁관리인의 통지의무 및 계속적 사무의 관리에 관하여는 제14조제3항 및 제15조를 준용한다.
④ 신탁관리인을 선임한 법원 또는 수익자는 언제든지 그 신탁관리인을 해임할 수 있다. 다만, 수익자가 정당한 이유 없이 신탁관리인에게 불리한 시기에 해임한 경우 수익자는 그 손해를 배상하여야 한다.
⑤ 해임된 신탁관리인의 통지의무 및 계속적 사무의 관리에 관하여는 제16조제4항 및 제5항을 준용한다.
⑥ 법원은 신탁관리인의 사임허가결정이나 임무 위반을 이유로 해임결정을 함과 동시에 새로운 신탁관리인을 선임하여야 한다. 이 경우 새로 선임된 신탁관리인은 즉시 수익자에게 그 사실을 통지하여야 한다.
⑦ 제1항, 제2항, 제4항 및 제6항의 경우 수익자, 신탁관리인, 그 밖의 이해관계인은 기존 신탁관리인의 사임 또는 해임, 새로운 신탁관리인의 선임 사실을 수탁자에게 통지하지 아니하면 그 사실로써 수탁자에게 대항하지 못한다.

제5절 수익자가 여럿인 경우 의사결정

제71조【수익자가 여럿인 경우 의사결정 방법】 ① 수익자가 여럿인 신탁에서 수익자의 의사는 수익자 전원의 동의로 결정한다. 다만, 제61조 각 호의 권리는 각 수익자가 개별적으로 행사할 수 있다.
② 신탁행위로 수익자집회를 두기로 정한 경우에는 제72조부터 제74조까지의 규정에 따른다.
③ 제1항 본문 및 제2항에도 불구하고 신탁행위로 달리 정한 경우에는 그에 따른다.

제72조【수익자집회의 소집】 ① 수익자집회는 필요가 있을 때 수시로 개최할 수 있다.
② 수익자집회는 수탁자가 소집한다.
③ 수익자는 수탁자에게 수익자집회의 목적사항과 소집 이유를 적은 서면 또는 전자문서로 수익자집회의 소집을 청구할 수 있다.
④ 제3항의 청구를 받은 후 수탁자가 지체 없이 수익자집회의 소집절차를 밟지 아니하는 경우 수익자집회의 소집을 청구한 수익자는 법원의 허가를 받아 수익자집회를 소집할 수 있다.
⑤ 수익자집회를 소집하는 자(이하 "소집자"라 한다)는 집회일 2주 전에 알고 있는 수익자 및 수탁자에게 서면이나 전자문서(수익자의 경우 전자문서로 통지를 받는 것에 동의한 자만 해당한다)로 회의의 일시·장소 및 목적사항을 통지하여야 한다.
⑥ 소집자는 의결권 행사에 참고할 수 있도록 수익자에게 대통령령으로 정하는 서류를 서면이나 전자문서(전자문서로 제공받는 것에 동의한 수익자의 경우만 해당한다)로 제공하여야 한다.

제73조【수익자집회의 의결권 등】 ① 수익자는 수익자집회에서 다음 각 호의 구분에 따른 의결권을 갖는다.
1. 각 수익권의 내용이 동일한 경우 : 수익권의 수
2. 각 수익권의 내용이 동일하지 아니한 경우 : 수익자집회의 소집이 결정된 때의 수익권 가액
② 수익권이 그 수익권에 관한 신탁의 신탁재산에 속한 경우 수탁자는 그 수익권에 대하여 의결권을 행사하지 못한다.
③ 수익자는 수익자집회에 출석하지 아니하고 서면이나 전자문서(소집자가 전자문서로 행사하는 것을 승낙한 경우만 해당한다)로 의결권을 행사할 수 있다. 이 경우 수익자 확인절차 등 전자문서에 의한 의결권행사의 절차와 그 밖에 필요한 사항은 대통령령으로 정한다.
④ 수익자가 둘 이상의 의결권을 가지고 있을 때에는 이를 통일하지 아니하고 행사할 수 있다. 이 경우 수익자집회일 3일 전에 소집자에게 서면 또는 전자문서로 그 뜻과 이유를 통지하여야 한다.
⑤ 의결권을 통일하지 아니하고 행사하는 수익자가 타인을 위하여 수익권을 가지고 있는 경우가 아니면 소집자는 수익자의 의결권 불통일행사를 거부할 수 있다.
⑥ 수익자는 대리인으로 하여금 의결권을 행사하게 할 수 있다. 이 경우 해당 수익자나 대리인은 대리권을 증명하는 서면을 소집자에게 제출하여야 한다.
⑦ 수탁자는 수익자집회에 출석하거나 서면으로 의견을 진술할 수 있고, 수익자집회는 필요하다고 인정하는 경우 수익자집회의 결의로 수탁자에게 출석을 요구할 수 있다.
⑧ 수익자집회의 의장은 수익자 중에서 수익자집회의 결의로 선임한다.

제74조【수익자집회의 결의】 ① 수익자집회의 결의는 행사할 수 있는 의결권의 과반수에 해당하는 수익자가 출석하고 출석한 수익자의 의결권의 과반수로써 하여야 한다.
② 제1항에도 불구하고 다음 각 호의 사항에 관한 수익자집회의 결의는 의결권의 과반수에 해당하는 수익자가 출석하고 출석한 수익자의 의결권의 3분의 2 이상으로써 하여야 한다.
1. 제16조제1항에 따른 수탁자 해임의 합의
2. 제88조제1항에 따른 신탁의 변경 중 신탁목적의 변경, 수익채권 내용의 변경, 그 밖에 중요한 신탁의 변경의 합의
3. 제91조제2항 및 제95조제2항에 따른 신탁의 합병·분할·분할합병 계획서의 승인
4. 제99조제1항에 따른 신탁의 종료 합의
5. 제103조제1항에 따른 신탁의 종료 시 계산의 승인
③ 수익자집회의 소집자는 의사의 경과에 관한 주요한 내용과 그 결과를 적은 의사록을 작성하고 기명날인 또는 서명하여야 한다.
④ 수익자집회의 결의는 해당 신탁의 모든 수익자에 대하여 효력이 있다.
⑤ 수익자집회와 관련하여 필요한 비용을 지출한 자는 수탁자에게 상환을 청구할 수 있다. 이 경우 수탁자는 신탁재산만으로 책임을 진다.

제6절 수익자의 취소권 및 유지청구권

제75조【신탁위반 법률행위의 취소】 ① 수탁자가 신탁의 목적을 위반하여 신탁재산에 관한 법률행위를 한 경우 수익자는 상대방이나 전득자(轉得者)가 그 법률행위 당시 수탁자의 신탁목적의 위반 사실을 알았거나 중대한 과실로 알지 못하였을 때에만 그 법률행위를 취소할 수 있다.
② 수익자가 여럿인 경우 그 1인이 제1항에 따라 한 취소는 다른 수익자를 위하여도 효력이 있다.

제76조【취소권의 제척기간】 제75조제1항에 따른 취소권은 수익자가 취소의 원인이 있음을 안 날부터 3개월, 법률행위가 있은 날부터 1년 내에 행사하여야 한다.

제77조【수탁자에 대한 유지청구권】 ① 수탁자가 법령 또는 신탁행위로 정한 사항을 위반하거나 위반할 우려가 있고 해당 행위로 신탁재산에 회복할 수 없는 손해가 발생할 우려가 있는 경우 수익자는 그 수탁자에게 그 행위를 유지(留止)할 것을 청구할 수 있다.
② 수익자가 여럿인 신탁에서 수탁자가 법령 또는 신탁행위로 정한 사항을 위반하거나 위반할 우려가 있고 해당 행위로 일부 수익자에게 회복할 수 없는 손해가 발생할 우려가 있는 경우에도 제1항과 같다.

제7절 수익증권

제78조【수익증권의 발행】 ① 신탁행위로 수익권을 표시하는 수익증권을 발행하는 뜻을 정할 수 있다. 이 경우 각 수익권의 내용이 동일하지 아니할 때에는 특정 내용의 수익권에 대하여 수익증권을 발행하지 아니한다는 뜻을 정할 수 있다.
② 제1항의 정함이 있는 신탁(이하 "수익증권발행신탁"이라 한다)의 수탁자는 신탁행위로 정한 바에 따라 지체 없이 해당 수익권에 관한 수익증권을 발행하여야 한다.
③ 수익증권은 기명식(記名式) 또는 무기명식(無記名式)으로 한다. 다만, 담보권을 신탁재산으로 하여 설정된 신탁의 경우에는 기명식으로만 하여야 한다.
④ 신탁행위로 달리 정한 바가 없으면 수익증권이 발행된 수익권의 수익자는 수탁자에게 기명수익증권을 무기명식으로 하거나 무기명수익증권을 기명식으로 할 것을 청구할 수 있다.
⑤ 수익증권에는 다음 각 호의 사항과 번호를 적고 수탁자(수탁자가 법인인 경우에는 그 대표자를 말한다)가 기명날인 또는 서명하여야 한다.
1. 수익증권발행신탁의 수익증권이라는 뜻
2. 위탁자 및 수탁자의 성명 또는 명칭 및 주소
3. 기명수익증권의 경우에는 해당 수익자의 성명 또는 명칭
4. 각 수익권에 관한 수익채권의 내용 및 그 밖의 다른 수익권의 내용
5. 제46조제6항 및 제47조제4항에 따라 수익자의 수탁자에 대한 보수지급의무 또는 비용 등의 상환의무 및 손해배상의무에 관하여 신탁행위의 정함이 있는 경우에는 그 뜻 및 내용
6. 수익자의 권리행사에 관하여 신탁행위의 정함(신탁관리인에 관한 사항을 포함한다)이 있는 경우에는 그 뜻 및 내용
7. 제114조제1항에 따른 유한책임신탁인 경우에는 그 뜻 및 신탁의 명칭
8. 제87조에 따라 신탁사채 발행에 관하여 신탁행위의 정함이 있는 경우에는 그 뜻 및 내용

9. 그 밖에 수익권에 관한 중요한 사항으로서 대통령령으로 정하는 사항
⑥ 수탁자는 신탁행위로 정한 바에 따라 수익증권을 발행하는 대신 전자등록기관(유가증권 등의 전자등록 업무를 취급하는 것으로 지정된 기관을 말한다)의 전자등록부에 수익증권을 등록할 수 있다. 이 경우 전자등록의 절차·방법 및 효과, 전자등록기관의 지정·감독 등 수익증권의 전자등록 등에 관하여 필요한 사항은 따로 법률로 정한다.
⑦ 제88조제1항에도 불구하고 수익증권발행신탁에서 수익증권발행신탁이 아닌 신탁으로, 수익증권발행신탁이 아닌 신탁에서 수익증권발행신탁으로 변경할 수 없다.

제79조【수익자명부】 ① 수익증권발행신탁의 수탁자는 지체 없이 수익자명부를 작성하고 다음 각 호의 사항을 적어야 한다.
1. 각 수익권에 관한 수익채권의 내용과 그 밖의 수익권의 내용
2. 각 수익권에 관한 수익증권의 번호 및 발행일
3. 각 수익권에 관한 수익증권이 기명식인지 무기명식인지의 구별
4. 기명수익증권의 경우에는 해당 수익자의 성명 또는 명칭 및 주소
5. 무기명수익증권의 경우에는 수익증권의 수
6. 기명수익증권의 수익자의 각 수익권 취득일
7. 그 밖에 대통령령으로 정하는 사항
② 수익증권발행신탁의 수탁자가 수익자나 질권자에게 하는 통지 또는 최고(催告)는 수익자명부에 적혀 있는 주소나 그 자로부터 수탁자에게 통지된 주소로 하면 된다. 다만, 무기명수익증권의 수익자나 그 질권자에게는 다음 각 호의 방법 모두를 이행하여 통지하거나 최고하여야 한다.
1. 「신문 등의 진흥에 관한 법률」에 따른 일반일간신문 중 전국을 보급지역으로 하는 신문(이하 "일반일간신문"이라 한다)에의 공고(수탁자가 법인인 경우에는 그 법인의 공고방법에 따른 공고를 말한다)
2. 수탁자가 알고 있는 자에 대한 개별적인 통지 또는 최고
③ 제2항 본문에 따른 통지 또는 최고는 보통 그 도달할 시기에 도달한 것으로 본다.
④ 수익증권발행신탁의 수탁자는 신탁행위로 정한 바에 따라 수익자명부관리인을 정하여 수익자명부의 작성, 비치 및 그 밖에 수익자명부에 관한 사무를 위탁할 수 있다.
⑤ 수익증권발행신탁의 수탁자는 수익자명부를 그 주된 사무소(제4항의 수익자명부관리인이 있는 경우에는 그 사무소를 말한다)에 갖추어 두어야 한다.
⑥ 수익증권발행신탁의 위탁자, 수익자 또는 그 밖의 이해관계인은 영업시간 내에 언제든지 수익자명부의 열람 또는 복사를 청구할 수 있다. 이 경우 수탁자나 수익자명부관리인은 정당한 사유가 없다면 청구에 따라야 한다.

제80조【수익증권의 불소지】 ① 수익권에 대하여 기명수익증권을 발행하기로 한 경우 해당 수익자는 그 기명수익증권에 대하여 증권을 소지하지 아니하겠다는 뜻을 수탁자에게 신고할 수 있다. 다만, 신탁행위로 달리 정한 경우에는 그에 따른다.
② 제1항의 신고가 있는 경우 수탁자는 지체 없이 수익증권을 발행하지 아니한다는 뜻을 수익자명부에 적고, 수익자에게 그 사실을 통지하여야 한다. 이 경우 수탁자는 수익증권을 발행할 수 없다.
③ 제1항의 경우 이미 발행된 수익증권이 있으면 수탁자에게 제출하여야 하고, 수탁자에게 제출된 수익증권은 제2항의 기재를 한 때에 무효가 된다.
④ 제1항의 신고를 한 수익자라도 언제든지 수탁자에게 수익증권의 발행을 청구할 수 있다.

제81조【수익증권발행신탁 수익권의 양도】 ① 수익증권발행신탁의 경우 수익권을 표시하는 수익증권을 발행하는 정함이 있는 수익권을 양도할 때에는 해당 수익권을 표시하는 수익증권을 교부하여야 한다.
② 기명수익증권으로 표시되는 수익권의 이전은 취득자의 성명 또는 명칭과 주소를 수익자명부에 적지 아니하면 수탁자에게 대항하지 못한다.
③ 제78조제1항 후단에 따라 특정 수익권에 대하여 수익증권을 발행하지 아니한다는 뜻을 정한 수익증권발행신탁의 경우 해당 수익권의 이전은 취득자의 성명 또는 명칭과 주소를 수익자명부에 적지 아니하면 수탁자 및 제3자에게 대항하지 못한다.
④ 수익증권발행신탁에서 수익권을 표시하는 수익증권을 발행하는 정함이 있는 수익권의 경우 수익증권의 발행 전에 한 수익권의 양도는 수탁자에 대하여 효력이 없다. 다만, 수익증권을 발행하여야 하는 날부터 6개월이 경과한 경우에는 그러하지 아니하다.

제82조【수익증권의 권리추정력 및 선의취득】 ① 수익증권의 점유자는 적법한 소지인으로 추정한다.
② 수익증권에 관하여는 「수표법」 제21조를 준용한다.

제83조【수익증권발행신탁 수익권에 대한 질권】 ① 수익증권발행신탁의 경우 수익권을 질권의 목적으로 할 때에는 그 수익권을 표시하는 수익증권을 질권자에게 교부하여야 한다.
② 제1항에 따라 수익증권을 교부받은 질권자는 계속하여 수익증권을 점유하지 아니하면 그 질권으로써 수탁자 및 제3자에게 대항하지 못한다.
③ 제78조제1항 후단에 따라 특정 수익권에 대하여 수익증권을 발행하지 아니한다는 뜻을 정한 수익증권발행신탁의 경우 해당 수익권에 대한 질권은 그 질권자의 성명 또는 명칭과 주소를 수익자명부에 적지 아니하면 수탁자 및 제3자에게 대항하지 못한다.
④ 수익증권발행신탁에서 수익권을 표시하는 수익증권을 발행하는 정함이 있는 수익권의 경우 수익증권 발행 전에 한 수익권에 대한 질권의 설정은 수탁자에 대하여 효력이 없다. 다만, 수익증권을 발행하여야 하는 날부터 6개월이 경과한 경우에는 그러하지 아니하다.

제84조【기준일】 ① 수익증권발행신탁의 수탁자는 기명수익증권에 대한 수익자로서 일정한 권리를 행사할 자를 정하기 위하여 일정한 날(이하 "기준일"이라 한다)에 수익자명부에 적혀 있는 수익자를 그 권리를 행사할 수익자로 볼 수 있다.
② 기준일은 수익자로서 권리를 행사할 날에 앞선 3개월 내의 날로 정하여야 한다.
③ 기준일을 정한 수탁자는 그 날의 2주 전에 이를 일반일간신문에 공고하여야 한다. 다만, 수탁자가 법인인 경우에는 그 법인의 공고방법에 따른다.
④ 신탁행위로 달리 정한 경우에는 제1항부터 제3항까지의 규정을 적용하지 아니한다.

제85조【수익증권 발행 시 권리행사 등】 ① 무기명수익증권을 가진 자는 그 수익증권을 제시하지 아니하면 수탁자 및 제3자에게 수익자의 권리를 행사하지 못한다.
② 수익증권발행신탁의 수익권을 여러 명이 공유하는 경우 공유자는 그 수익권에 대하여 권리(수탁자로부터 통지 또는 최고를 받을 권한을 포함한다)를 행사할 1인을 정하여 수탁자에게 통지하여야 한다.
③ 제2항의 통지가 없는 경우 공유자는 수탁자가 동의하지 아니하면 해당 수익권에 대한 권리를 행사할 수 없고, 공유자에 대한 수탁자의 통지나 최고는 공유자 중 1인에게 하면 된다.
④ 수익증권발행신탁의 수익자가 여럿인 경우 수익자의 의사결정(제61조 각 호에 따른 권리의 행사에 관한 사항은 제외한다)은 제72조부터 제74조까지의 규정에 따른 수익자집회에서 결정한다. 다만, 신탁행위로 달리 정한 경우에는 그에 따른다.
⑤ 수익증권발행신탁의 경우 위탁자는 다음 각 호의 권리를 행사할 수 없다.
1. 제16조제1항 및 제21조제1항에 따른 해임권 또는 선임권
2. 제16조제3항, 제67조제1항, 제88조제3항 및 제100조에 따른 청구권
3. 제40조제1항에 따른 열람·복사 청구권 또는 설명요구권
4. 제79조제6항에 따른 열람 또는 복사 청구권
⑥ 제71조제1항 단서에도 불구하고 수익증권발행신탁의 경우 신탁행위로 다음 각 호의 어느 하나에 해당하는 뜻을 정할 수 있다.
1. 다음 각 목의 권리의 전부 또는 일부에 대하여 총수익자 의결권의 100분의 3(신탁행위로 100분의 3보다 낮은 비율을 정한 경우에는 그 비율을 말한다) 이상 비율의 수익권을 가진 수익자만 해당 권리를 행사할 수 있다는 뜻
가. 제40조제1항에 따른 열람·복사 청구권 또는 설명요구권
나. 제75조제1항에 따른 취소권
다. 제88조제3항에 따른 신탁의 변경청구권
라. 제100조에 따른 신탁의 종료명령청구권
2. 6개월(신탁행위로 이보다 짧은 기간을 정한 경우에는 그 기간을 말한다) 전부터 계속하여 수익권을 가진 수익자만 제77조제1항에 따른 유지청구권을 행사할 수 있다는 뜻
⑦ 수익증권발행신탁의 경우 제46조제4항부터 제6항까지 및 제47조제4항을 적용하지 아니한다. 다만, 신탁행위로 달리 정한 경우에는 그에 따른다.

제86조【수익증권의 상실】 ① 수익증권은 공시최고(公示催告)의 절차를 거쳐 무효로 할 수 있다.
② 수익증권을 상실한 자는 제권판결(除權判決)을 받지 아니하면 수탁자에게 수익증권의 재발행을 청구하지 못한다.

제6장 신탁사채

제87조【신탁사채】 ① 다음 각 호의 요건을 모두 충족하는 경우 신탁행위로 수탁자가 신탁을 위하여 사채(社債)를 발행할 수 있도록 정할 수 있다.
1. 수익증권발행신탁일 것
2. 제114조제1항에 따른 유한책임신탁일 것
3. 수탁자가 「상법」상 주식회사나 그 밖의 법률에 따라 사채를 발행할 수 있는 자일 것
② 제1항에 따라 사채를 발행하는 수탁자는 사채청약서, 채권(債券) 및 사채원부에 다음 각 호의 사항을 적어야 한다.
1. 해당 사채가 신탁을 위하여 발행되는 것이라는 뜻
2. 제1호의 신탁을 특정하는 데에 필요한 사항
3. 해당 사채에 대하여는 신탁재산만으로 이행책임을 진다는 뜻
③ 사채 총액 한도에 관하여는 대통령령으로 정한다.
④ 제1항에 따른 사채의 발행에 관하여 이 법에서 달리 정하지 아니하는 사항에 대하여는 「상법」 제396조 및 제3편제4장제8절(「상법」 제469조는 제외한다)을 준용한다.

제7장 신탁의 변경

제88조【신탁당사자의 합의 등에 의한 신탁변경】 ① 신탁은 위탁자, 수탁자 및 수익자의 합의로 변경할 수 있다. 다만, 신탁행위로 달리 정한 경우에는 그에 따른다.
② 제1항에 따른 신탁의 변경은 제3자의 정당한 이익을 해치지 못한다.
③ 신탁행위 당시에 예견하지 못한 특별한 사정이 발생한 경우 위탁자, 수익자 또는 수탁자는 신탁의 변경을 법원에 청구할 수 있다.
④ 목적신탁에서 수익자의 이익을 위한 신탁으로, 수익자의 이익을 위한 신탁에서 목적신탁으로 변경할 수 없다.

제89조【반대수익자의 수익권매수청구권】 ① 다음 각 호의 어느 하나에 해당하는 사항에 관한 변경에 반대하는 수익자는 신탁변경이 있은 날부터 20일 내에 수탁자에게 수익권의 매수를 서면으로 청구할 수 있다.
1. 신탁의 목적
2. 수익채권의 내용
3. 신탁행위로 수익권매수청구권을 인정한 사항
② 수탁자는 제1항의 청구를 받은 날부터 2개월 내에 매수한 수익권의 대금을 지급하여야 한다.
③ 제2항에 따른 수익권의 매수가액은 수탁자와 수익자 간의 협의로 결정한다.
④ 제1항의 청구를 받은 날부터 30일 내에 제3항에 따른 협의가 이루어지지 아니한 경우 수탁자나 수익권의 매수를 청구한 수익자는 법원에 매수가액의 결정을 청구할 수 있다.
⑤ 법원이 제4항에 따라 수익권의 매수가액을 결정하는 경우에는 신탁의 재산상태나 그 밖의 사정을 고려하여 공정한 가액으로 산정하여야 한다.
⑥ 수탁자는 법원이 결정한 매수가액에 대한 이자를 제2항의 기간만료일 다음 날부터 지급하여야 한다.
⑦ 수탁자는 수익권매수청구에 대한 채무의 경우 신탁재산만으로 책임을 진다. 다만, 신탁행위 또는 신탁변경의 합의로 달리 정한 경우에는 그에 따른다.
⑧ 제1항의 청구에 의하여 수탁자가 수익권을 취득한 경우 그 수익권은 소멸한다. 다만, 신탁행위 또는 신탁변경의 합의로 달리 정한 경우에는 그에 따른다.

제90조【신탁의 합병】 수탁자가 동일한 여러 개의 신탁은 1개의 신탁으로 할 수 있다.

제91조【신탁의 합병계획서】 ① 신탁을 합병하려는 경우 수탁자는 다음 각 호의 사항을 적은 합병계획서를 작성하여야 한다.
1. 신탁합병의 취지
2. 신탁합병 후의 신탁행위의 내용
3. 신탁행위로 정한 수익권의 내용에 변경이 있는 경우에는 그 내용 및 변경이유
4. 신탁합병 시 수익자에게 금전과 그 밖의 재산을 교부하는 경우에는 그 재산의 내용과 가액
5. 신탁합병의 효력발생일
6. 그 밖에 대통령령으로 정하는 사항
② 수탁자는 각 신탁별로 위탁자와 수익자로부터 제1항의 합병계획서의 승인을 받아야 한다. 다만, 신탁행위로 달리 정한 경우에는 그에 따른다.
③ 제1항의 합병계획서를 승인하지 아니하는 수익자는 합병계획서의 승인이 있은 날부터 20일 내에 수탁자에게 수익권의 매수를 서면으로 청구할 수 있다. 이 경우 제89조제2항부터 제8항까지의 규정을 준용한다.

제92조【합병계획서의 공고 및 채권자보호】 ① 수탁자는 신탁의 합병계획서의 승인을 받은 날부터 2주 내에 다음 각 호의 사항을 일반일간신문에 공고하고(수탁자가 법인인 경우에는 해당 법인의 공고방법에 따른다) 알고 있는 신탁재산의 채권자에게는 개별적으로 이를 최고하여야 한다. 제2호의 경우 일정한 기간은 1개월 이상이어야 한다.
1. 합병계획서
2. 채권자가 일정한 기간 내에 이의를 제출할 수 있다는 취지
3. 그 밖에 대통령령으로 정하는 사항
② 채권자가 제1항의 기간 내에 이의를 제출하지 아니한 경우에는 합병을 승인한 것으로 본다.
③ 이의를 제출한 채권자가 있는 경우 수탁자는 그 채권자에게 변제하거나 적당한 담보를 제공하거나 이를 목적으로 하여 적당한 담보를 신탁회사에 신탁하여야 한다. 다만, 신탁의 합병으로 채권자를 해칠 우려가 없는 경우에는 그러하지 아니하다.

제93조【합병의 효과】 합병 전의 신탁재산에 속한 권리·의무는 합병 후의 신탁재산에 존속한다.

제94조【신탁의 분할 및 분할합병】 ① 신탁재산 중 일부를 분할하여 수탁자가 동일한 새로운 신탁의 신탁재산으로 할 수 있다.
② 신탁재산 중 일부를 분할하여 수탁자가 동일한 다른 신탁과 합병(이하 "분할합병"이라 한다)할 수 있다.

제95조【신탁의 분할계획서 및 분할합병계획서】 ① 제94조에 따라 신탁을 분할하거나 분할합병하려는 경우 수

탁자는 다음 각 호의 사항을 적은 분할계획서 또는 분할합병계획서를 작성하여야 한다.
1. 신탁을 분할하거나 분할합병한다는 취지
2. 분할하거나 분할합병한 후의 신탁행위의 내용
3. 신탁행위로 정한 수익권의 내용에 변경이 있는 경우에는 그 내용 및 변경이유
4. 분할하거나 분할합병할 때 수익자에게 금전과 그 밖의 재산을 교부하는 경우에는 그 재산의 내용과 가액
5. 분할 또는 분할합병의 효력발생일
6. 분할되는 신탁재산 및 신탁채무의 내용과 그 가액
7. 제123조에 따라 유한책임신탁의 채무를 승계하는 분할 후 신설신탁 또는 분할합병신탁이 있는 경우 그러한 취지와 특정된 채무의 내용
8. 그 밖에 대통령령으로 정하는 사항
② 수탁자는 각 신탁별로 위탁자와 수익자로부터 제1항의 분할계획서 또는 분할합병계획서의 승인을 받아야 한다. 다만, 신탁행위로 달리 정한 경우에는 그에 따른다.
③ 제1항의 분할계획서 또는 분할합병계획서를 승인하지 아니한 수익자는 분할계획서 또는 분할합병계획서의 승인이 있은 날부터 20일 내에 수탁자에게 수익권의 매수를 서면으로 청구할 수 있다. 이 경우 제89조제2항부터 제8항까지의 규정을 준용한다.
제96조【분할계획서 등의 공고 및 채권자보호】 ① 수탁자는 신탁의 분할계획서 또는 분할합병계획서의 승인을 받은 날부터 2주 내에 다음 각 호의 사항을 일반일간신문에 공고하고(수탁자가 법인인 경우에는 그 법인의 공고방법에 따른다) 알고 있는 신탁재산의 채권자에게는 개별적으로 최고하여야 한다. 제2호의 경우 일정한 기간은 1개월 이상이어야 한다.
1. 분할계획서 또는 분할합병계획서
2. 채권자가 일정한 기간 내에 이의를 제출할 수 있다는 취지
3. 그 밖에 대통령령으로 정하는 사항
② 채권자가 제1항의 기간 내에 이의를 제출하지 아니한 경우에는 신탁의 분할 또는 분할합병을 승인한 것으로 본다.
③ 이의를 제출한 채권자가 있는 경우 수탁자는 그 채권자에게 변제하거나 적당한 담보를 제공하거나 이를 목적으로 하여 적당한 담보를 신탁회사에 신탁하여야 한다. 다만, 신탁을 분할하거나 분할합병하는 것이 채권자를 해칠 우려가 없는 경우에는 그러하지 아니하다.
제97조【분할의 효과】 ① 제94조에 따라 분할되는 신탁재산에 속한 권리·의무는 분할계획서 또는 분할합병계획서가 정하는 바에 따라 분할 후 신설신탁 또는 분할합병신탁에 존속한다.
② 수탁자는 분할하는 신탁재산의 채권자에게 분할된 신탁과 분할 후의 신설신탁 또는 분할합병신탁의 신탁재산으로 변제할 책임이 있다.

제8장 신탁의 종료

제98조【신탁의 종료사유】 신탁은 다음 각 호의 어느 하나에 해당하는 경우 종료한다.
1. 신탁의 목적을 달성하였거나 달성할 수 없게 된 경우
2. 신탁이 합병된 경우
3. 제138조에 따라 유한책임신탁에서 신탁재산에 대한 파산선고가 있은 경우
4. 수탁자의 임무가 종료된 후 신수탁자가 취임하지 아니한 상태가 1년간 계속된 경우
5. 목적신탁에서 신탁관리인이 취임하지 아니한 상태가 1년간 계속된 경우
6. 신탁행위로 정한 종료사유가 발생한 경우
제99조【합의에 의한 신탁의 종료】 ① 위탁자와 수익자는 합의하여 언제든지 신탁을 종료할 수 있다. 다만, 위탁자가 존재하지 아니하는 경우에는 그러하지 아니하다.
② 위탁자가 신탁이익의 전부를 누리는 신탁은 위탁자나 그 상속인이 언제든지 종료할 수 있다.
③ 위탁자, 수익자 또는 위탁자의 상속인이 정당한 이유 없이 수탁자에게 불리한 시기에 신탁을 종료한 경우 위탁자, 수익자 또는 위탁자의 상속인은 그 손해를 배상하여야 한다.
④ 제1항부터 제3항까지의 규정에도 불구하고 신탁행위로 달리 정한 경우에는 그에 따른다.
제100조【법원의 명령에 의한 신탁의 종료】 신탁행위 당시에 예측하지 못한 특별한 사정으로 신탁을 종료하는 것이 수익자의 이익에 적합함이 명백한 경우에는 위탁자, 수탁자 또는 수익자는 법원에 신탁의 종료를 청구할 수 있다.
제101조【신탁종료 후의 신탁재산의 귀속】 ① 제98조제1호, 제4호부터 제6호까지, 제99조 또는 제100조에 따라 신탁이 종료된 경우 신탁재산은 수익자(잔여재산수익자를 정한 경우에는 그 잔여재산수익자를 말한다)에게 귀속한다. 다만, 신탁행위로 신탁재산의 잔여재산이 귀속될 자(이하 "귀속권리자"라 한다)를 정한 경우에는 그 귀속권리자에게 귀속한다.
② 수익자와 귀속권리자로 지정된 자가 신탁의 잔여재산에 대한 권리를 포기한 경우 잔여재산은 위탁자와 그 상속인에게 귀속한다.
③ 제3조제3항에 따라 신탁이 종료된 경우 신탁재산은 위탁자에게 귀속한다.
④ 신탁이 종료된 경우 신탁재산이 제1항부터 제3항까지의 규정에 따라 귀속될 자에게 이전될 때까지 그 신탁은 존속하는 것으로 본다. 이 경우 신탁재산이 귀속될 자를 수익자로 본다.
⑤ 제1항 및 제2항에 따라 잔여재산의 귀속이 정하여지지 아니하는 경우 잔여재산은 국가에 귀속된다.
제102조【준용규정】 신탁의 종료로 인하여 신탁재산이 위탁자나 그 밖의 자에게 귀속한 경우에는 제53조제3항 및 제54조를 준용한다.
제103조【신탁종료에 의한 계산】 ① 신탁이 종료한 경우 수탁자는 지체 없이 신탁사무에 관한 최종의 계산을 하고, 수익자 및 귀속권리자의 승인을 받아야 한다.
② 수익자와 귀속권리자가 제1항의 계산을 승인한 경우 수탁자의 수익자와 귀속권리자에 대한 책임은 면제된 것으로 본다. 다만, 수탁자의 직무수행에 부정행위가 있었던 경우에는 그러하지 아니하다.
③ 수익자와 귀속권리자가 수탁자로부터 제1항의 계산승인을 요구받은 때부터 1개월 내에 이의를 제기하지 아니한 경우 수익자와 귀속권리자는 제1항의 계산을 승인한 것으로 본다.
제104조【신탁의 청산】 신탁행위 또는 위탁자와 수익자의 합의로 청산절차에 따라 신탁을 종료하기로 한 경우의 청산절차에 관하여는 제132조제2항, 제133조제1항부터 제6항까지 및 제134조부터 제137조까지의 규정을 준용한다.

제9장 신탁의 감독

제105조【법원의 감독】 ① 신탁사무는 법원이 감독한다. 다만, 신탁의 인수를 업으로 하는 경우는 그러하지 아니하다.
② 법원은 이해관계인의 청구에 의하여 또는 직권으로 신탁사무 처리의 검사, 검사인의 선임, 그 밖에 필요한 처분을 명할 수 있다.

제10장 공익신탁

제106조~제113조 (2014.3.18 삭제)

제11장 유한책임신탁

제1절 유한책임신탁의 설정

제114조【유한책임신탁의 설정】 ① 신탁행위로 수탁자가 신탁재산에 속하는 채무에 대하여 신탁재산만으로 책임지는 신탁(이하 "유한책임신탁"이라 한다)을 설정할 수 있다. 이 경우 제126조에 따라 유한책임신탁의 등기를 하여야 그 효력이 발생한다.
② 유한책임신탁을 설정하려는 경우에는 신탁행위로 다음 각 호의 사항을 정하여야 한다.
1. 유한책임신탁의 목적
2. 유한책임신탁의 명칭
3. 위탁자 및 수탁자의 성명 또는 명칭 및 주소
4. 유한책임신탁의 신탁사무를 처리하는 주된 사무소(이하 "신탁사무처리지"라 한다)
5. 신탁재산의 관리 또는 처분 등의 방법
6. 그 밖에 필요한 사항으로서 대통령령으로 정하는 사항
제115조【유한책임신탁의 명칭】 ① 유한책임신탁의 명칭에는 "유한책임신탁"이라는 문자를 사용하여야 한다.
② 유한책임신탁이 아닌 신탁은 명칭에 유한책임신탁 및 그 밖에 이와 유사한 문자를 사용하지 못한다.
③ 누구든지 부정한 목적으로 다른 유한책임신탁으로 오인(誤認)할 수 있는 명칭을 사용하지 못한다.
④ 제3항을 위반하여 명칭을 사용하는 자가 있는 경우 그로 인하여 이익이 침해되거나 침해될 우려가 있는 유한책임신탁의 수탁자는 그 명칭 사용의 정지 또는 예방을 청구할 수 있다.
제116조【명시·교부 의무】 ① 수탁자는 거래상대방에게 유한책임신탁이라는 뜻을 명시하고 그 내용을 서면으로 교부하여야 한다.
② 수탁자가 제1항을 위반한 경우 거래상대방은 그 법률행위를 한 날부터 3개월 내에 이를 취소할 수 있다.
제117조【회계서류 작성의무】 ① 유한책임신탁의 경우 수탁자는 다음 각 호의 서류를 작성하여야 한다.
1. 대차대조표
2. 손익계산서
3. 이익잉여금처분계산서나 결손금처리계산서
4. 그 밖에 대통령령으로 정하는 회계서류
② 다음 각 호의 요건을 모두 갖춘 유한책임신탁은 「주식회사 등의 외부감사에 관한 법률」의 예에 따라 감사를 받아야 한다.(2017.10.31 본문개정)
1. 수익증권발행신탁일 것
2. 직전 사업연도 말의 신탁재산의 자산총액 또는 부채규모가 대통령령으로 정하는 기준 이상일 것
제118조【수탁자의 제3자에 대한 책임】 ① 유한책임신탁의 수탁자가 다음 각 호의 어느 하나에 해당하는 행위를 한 경우 그 수탁자는 유한책임신탁임에도 불구하고 제3자에게 그로 인하여 입은 손해를 배상할 책임이 있다. 다만, 제3호 및 제4호의 경우 수탁자가 주의를 게을리하지 아니하였음을 증명하였을 때에는 그러하지 아니하다.
1. 고의 또는 중대한 과실로 그 임무를 게을리한 경우
2. 고의 또는 과실로 위법행위를 한 경우
3. 대차대조표 등 회계서류에 기재 또는 기록하여야 할 중요한 사항에 관한 사실과 다른 기재 또는 기록을 한 경우
4. 사실과 다른 등기 또는 공고를 한 경우
② 제1항에 따라 제3자에게 손해를 배상할 책임이 있는 수탁자가 여럿인 경우 연대하여 그 책임을 진다.
제119조【고유재산에 대한 강제집행 등의 금지】 ① 유한책임신탁의 경우 신탁채권에 기하여 수탁자의 고유재산에 대하여 강제집행등이나 국세 등 체납처분을 할 수 없다. 다만, 제118조에 따른 수탁자의 손해배상채무에 대하여는 그러하지 아니하다.
② 수탁자는 제1항을 위반한 강제집행등에 대하여 이의를 제기할 수 있다. 이 경우 「민사집행법」 제48조를 준용한다.
③ 수탁자는 제1항을 위반한 국세 등 체납처분에 대하여 이의를 제기할 수 있다. 이 경우 국세 등 체납처분에 대한 불복절차를 준용한다.
제120조【수익자에 대한 급부의 제한】 ① 유한책임신탁의 수탁자는 수익자에게 신탁재산에서 급부가 가능한 한도를 초과하여 급부할 수 없다.
② 제1항에 따른 급부가 가능한 한도는 순자산액의 한도 내에서 대통령령으로 정하는 방법에 따라 산정한다.
제121조【초과급부에 대한 전보책임】 ① 수탁자가 수익자에게 제120조제1항의 급부가 가능한 한도를 초과하여 급부한 경우 수탁자와 이를 받은 수익자는 연대하여 초과된 부분을 신탁재산에 전보할 책임이 있다. 다만, 수탁자가 주의를 게을리하지 아니하였음을 증명한 경우에는 그러하지 아니하다.
② 제1항의 초과부분을 전보한 수탁자는 선의의 수익자에게 구상권(求償權)을 행사할 수 없다.
제122조【합병의 효과에 대한 특칙】 유한책임신탁에 속하는 채무에 대하여는 합병 후에도 합병 후 신탁의 신탁재산만으로 책임을 진다.
제123조【분할의 효과에 대한 특칙】 유한책임신탁에 속하는 채무에 대하여 분할 후의 신설신탁 또는 분할합병신탁에 이전하는 것으로 정한 경우 그 채무에 대하여는 분할 후의 신설신탁 또는 분할합병신탁의 신탁재산만으로 책임을 진다.

제2절 유한책임신탁의 등기

제124조【관할 등기소】 ① 유한책임신탁의 등기에 관한 사무는 신탁사무처리지를 관할하는 지방법원, 그 지원 또는 등기소를 관할 등기소로 한다.
② 등기소는 유한책임신탁등기부를 편성하여 관리한다.
제125조【등기의 신청】 ① 등기는 법령에 다른 규정이 있는 경우를 제외하고는 수탁자의 신청 또는 관공서의 촉탁이 없으면 하지 못한다.
② 제17조제1항 및 제18조제1항에 따라 신탁재산관리인이 선임되면 법령에 다른 규정이 있는 경우를 제외하고는 신탁재산관리인이 등기를 신청하여야 한다.
제126조【유한책임신탁등기】 ① 유한책임신탁등기는 다음 각 호의 사항을 등기하여야 한다.
1. 유한책임신탁의 목적
2. 유한책임신탁의 명칭
3. 수탁자의 성명 또는 명칭 및 주소
4. 신탁재산관리인이 있는 경우 신탁재산관리인의 성명 또는 명칭 및 주소
5. 신탁사무처리지
6. 그 밖에 대통령령으로 정하는 사항
② 제1항의 등기는 유한책임신탁을 설정한 때부터 2주 내에 하여야 한다.
③ 유한책임신탁의 등기를 신청하기 위한 서면(전자문서를 포함한다. 이하 "신청서"라 한다)에는 다음 각 호의 서면을 첨부하여야 한다.
1. 유한책임신탁을 설정한 신탁행위를 증명하는 서면
2. 수탁자가 법인인 경우에는 그 법인의 「상업등기법」 제15조에 따른 등기사항증명서(2014.5.20 본호개정)
3. 제117조제2항에 따라 외부의 감사인을 두어야 하는 경우에는 그 선임 및 취임승낙을 증명하는 서면
4. 제3호의 감사인이 법인인 경우에는 그 법인의 「상업등기법」 제15조에 따른 등기사항증명서(2014.5.20 본호개정)
제127조【유한책임신탁의 변경등기】 ① 제126조제1항 각 호의 사항(제5호는 제외한다)에 변경이 있는 경우에는 2주 내에 변경등기를 하여야 한다.
② 신탁사무처리지에 변경이 있는 경우에는 2주 내에 종전 신탁사무처리지에서는 변경등기를 하고 새로운 신탁사무처리지에서는 제126조제1항 각 호의 사항을 등기하여야 한다. 다만, 같은 등기소의 관할구역 내에서 신탁사무처리지를 변경한 경우에는 신탁사무처리지의 변경등기만 하면 된다.
③ 제126조제1항 각 호의 사항의 변경은 제1항 또는 제2항에 따라 등기하지 아니하면 선의의 제3자에게 대항하지 못한다. 등기한 후라도 제3자가 정당한 사유로 이를

알지 못한 경우에도 또한 같다.
④ 제1항 또는 제2항에 따라 변경등기를 신청할 때에는 신청서에 해당 등기사항의 변경을 증명하는 서면을 첨부하여야 한다.
제128조【유한책임신탁의 종료등기】 ① 유한책임신탁이 종료되거나 제114조제1항의 취지를 폐지하는 변경이 있는 경우에는 2주 내에 종료등기를 하여야 한다.
② 제1항에 따라 유한책임신탁의 종료등기를 신청할 때에는 신청서에 종료 사유의 발생을 증명하는 서면을 첨부하여야 한다.
제129조【유한책임신탁의 합병등기 또는 분할등기】 유한책임신탁이 합병하거나 분할한 후에도 유한책임신탁을 유지하는 경우 그 등기에 관하여는 제126조부터 제128조까지의 규정을 준용한다.
제130조【부실의 등기】 수탁자는 고의나 과실로 유한책임신탁의 등기가 사실과 다르게 된 경우 그 등기와 다른 사실로 선의의 제3자에게 대항하지 못한다.
제131조【등기절차 및 사무】 이 장에 규정된 등기의 등기절차 및 사무에 관하여는 이 법 및 다른 법령에서 규정한 것을 제외하고 「상업등기법」의 예에 따른다.

제3절 유한책임신탁의 청산

제132조【유한책임신탁의 청산】 ① 유한책임신탁이 종료한 경우에는 신탁을 청산하여야 한다. 다만, 제98조제2호 및 제3호의 사유로 종료한 경우에는 그러하지 아니하다.
② 제1항에 따른 청산이 완료될 때까지 유한책임신탁은 청산의 목적범위 내에서 존속하는 것으로 본다.
제133조【청산수탁자】 ① 유한책임신탁이 종료된 경우에는 신탁행위로 달리 정한 바가 없으면 종료 당시의 수탁자 또는 신탁재산관리인이 청산인(이하 "청산수탁자"라 한다)이 된다. 다만, 제3조제3항에 따라 유한책임신탁이 종료된 경우에는 법원이 수익자, 신탁채권자 또는 검사의 청구에 의하거나 직권으로 해당 신탁의 청산을 위하여 청산수탁자를 선임하여야 한다.
② 제1항 단서에 따라 청산수탁자가 선임된 경우 전수탁자의 임무는 종료한다.
③ 제1항 단서에 따라 선임된 청산수탁자에 대한 보수에 관하여는 제21조제4항을 준용한다.
④ 청산수탁자는 다음 각 호의 직무를 수행한다.
1. 현존사무의 종결
2. 신탁재산에 속한 채권의 추심 및 신탁채권에 대한 변제
3. 수익채권(잔여재산의 급부를 내용으로 한 것은 제외한다)에 대한 변제
4. 잔여재산의 급부
5. 재산의 환가처분(換價處分)
⑤ 청산수탁자는 제4항제2호 및 제3호의 채무를 변제하지 아니하면 제4항제4호의 직무를 수행할 수 없다.
⑥ 청산수탁자는 제4항 각 호의 직무를 수행하기 위하여 필요한 모든 행위를 할 수 있다. 다만, 신탁행위로 달리 정한 경우에는 그에 따른다.
⑦ 청산수탁자는 청산수탁자가 된 때부터 2주 내에 청산수탁자의 성명 또는 명칭 및 주소를 등기하여야 한다.
제134조【채권자의 보호】 ① 청산수탁자는 취임한 후 지체 없이 신탁채권자에게 일정한 기간 내에 그 채권을 신고할 것과 그 기간 내에 신고하지 아니하면 청산에서 제외된다는 뜻을 일반일간신문에 공고하는 방법(수탁자가 법인인 경우에는 그 법인의 공고방법을 말한다)으로 최고하여야 한다. 이 경우 그 기간은 2개월 이상이어야 한다.
② 청산수탁자는 그가 알고 있는 채권자에게는 개별적으로 그 채권의 신고를 최고하여야 하며, 그 채권자가 신고하지 아니한 경우에도 청산에서 제외하지 못한다.
제135조【채권신고기간 내의 변제】 ① 청산수탁자는 제134조제1항의 신고기간 내에는 신탁채권자에게 변제하지 못한다. 다만, 변제의 지연으로 인한 손해배상의 책임을 면하지 못한다.
② 청산수탁자는 제1항에도 불구하고 소액의 채권, 담보가 있는 신탁채권, 그 밖에 변제로 인하여 다른 채권자를 해칠 우려가 없는 채권의 경우 법원의 허가를 받아 변제할 수 있다.
③ 제2항에 따른 허가신청을 각하하는 재판에는 반드시 이유를 붙여야 한다.
④ 변제를 허가하는 재판에 대하여는 불복할 수 없다.
제136조【청산절차에서 채무의 변제】 ① 청산수탁자는 변제기에 이르지 아니한 신탁채권에 대하여도 변제할 수 있다.
② 제1항에 따라 신탁채권에 대한 변제를 하는 경우 이자 없는 채권에 대하여는 변제기에 이르기까지의 법정이자를 가산하여 그 채권액이 될 금액을 변제하여야 한다.
③ 이자 있는 채권으로서 그 이율이 법정이율에 이르지 못하는 경우에는 제2항을 준용한다.
④ 제1항의 경우 조건부채권, 존속기간이 불확정한 채권, 그 밖에 가액이 불확정한 채권에 대하여는 법원이 선임한 감정인의 평가에 따라 변제하여야 한다.
제137조【제외된 채권자에 대한 변제】 청산 중인 유한책임신탁의 신탁채권자가 제134조제1항의 신고기간 내에 그 채권을 신고하지 아니한 경우에는 그 채권은 청산에서 제외된다. 이 경우 청산에서 제외된 채권자는 분배되지 아니한 잔여재산에 대하여만 변제를 청구할 수 있다.
제138조【청산 중의 파산신청】 청산 중인 유한책임신탁의 신탁재산이 그 채무를 모두 변제하기에 부족한 것이 분명하게 된 경우 청산수탁자는 즉시 신탁재산에 대하여 파산신청을 하여야 한다.
제139조【청산종결의 등기】 유한책임신탁의 청산이 종결된 경우 청산수탁자는 제103조에 따라 최종의 계산을 하여 수익자 및 귀속권리자의 승인을 받아야 하며, 승인을 받은 때부터 2주 내에 종결의 등기를 하여야 한다.

제12장 벌 칙

제140조【신탁사채권자집회의 대표자 등의 특별배임죄】 신탁사채권자집회의 대표자 또는 그 결의를 집행하는 사람이 그 임무에 위배한 행위로써 재산상의 이익을 취하거나 제3자로 하여금 이를 취득하게 하여 신탁사채권자에게 손해를 가한 경우에는 7년 이하의 징역 또는 2천만원 이하의 벌금에 처한다.
제141조【특별배임죄의 미수】 제140조의 미수범은 처벌한다.
제142조【부실문서행사죄】 ① 수익증권을 발행하는 자가 수익증권을 발행하거나 신탁사채의 모집의 위탁을 받은 자가 신탁사채를 모집할 때 중요한 사항에 관하여 부실한 기재가 있는 수익증권 또는 사채청약서, 수익증권 또는 신탁사채의 모집에 관한 광고, 그 밖의 문서를 행사한 경우에는 5년 이하의 징역 또는 1천500만원 이하의 벌금에 처한다.
② 수익증권 또는 신탁사채를 매출하는 자가 그 매출에 관한 문서로서 중요한 사항에 관하여 부실한 기재가 있는 것을 행사한 경우에도 제1항과 같다.
제143조【권리행사방해 등에 관한 증뢰·수뢰죄】 ① 신탁사채권자집회에서의 발언 또는 의결권의 행사에 관하여 부정한 청탁을 받고 재산상의 이익을 수수(收受), 요구 또는 약속한 사람은 1년 이하의 징역 또는 1천만원 이하의 벌금에 처한다.(2014.1.7 본항개정)
② 제1항의 이익을 약속, 공여 또는 공여의 의사를 표시한 사람도 제1항과 같다.
제144조【징역과 벌금의 병과】 제140조부터 제143조까지의 징역과 벌금은 병과할 수 있다.
제145조【몰수·추징】 제143조제1항의 경우 범인이 수수한 이익은 몰수한다. 그 전부 또는 일부를 몰수하기 불가능한 경우에는 그 가액을 추징한다.
제146조【과태료】 ① 다음 각 호의 어느 하나에 해당하는 자 또는 그 대표자에게는 500만원 이하의 과태료를 부과한다.
1. 제12조제2항·제3항 및 제13조제2항을 위반하여 수익자에게 임무 종료 사실을 통지하지 아니한 수탁자, 수탁자의 상속인, 법정대리인 또는 청산인
2. 제12조제3항을 위반하여 파산관재인에게 신탁재산에 관한 사항을 통지하지 아니한 수탁자
3. 제12조제4항을 위반하여 수익자에게 신탁재산의 보관 및 신탁사무 인계에 관한 사실을 통지하지 아니한 수탁자, 수탁자의 상속인, 법정대리인 또는 청산인
4. 제14조제3항을 위반하여 수익자에게 사임한 사실을 통지하지 아니한 수탁자
5. 제16조제4항을 위반하여 수익자에게 해임된 사실을 통지하지 아니한 수탁자
6. 제17조제3항 및 제18조제3항을 위반하여 수익자에게 선임된 사실을 통지하지 아니한 신탁재산관리인
7. 제34조제2항 단서를 위반하여 수익자에게 법원의 허가를 신청한 사실을 통지하지 아니한 수탁자
8. 제39조에 따른 장부, 재산목록, 그 밖의 서류의 작성·보존 및 비치 의무를 게을리한 수탁자
9. 이 법을 위반하여 정당한 사유 없이 장부 등 서류, 수익자명부, 신탁사채권자집회 의사록 또는 재무제표 등의 열람·복사를 거부한 수탁자, 수익자명부관리인 또는 신탁사채를 발행한 자
10. 제40조제1항에 따른 설명요구를 정당한 사유 없이 거부한 수탁자
11. 제78조제2항을 위반하여 정당한 사유 없이 수익증권 발행을 지체한 수탁자
12. 제78조제5항 또는 제87조제2항을 위반하여 수익증권 또는 채권에 적어야 할 사항을 적지 아니하거나 부실한 기재를 한 수탁자
13. 이 법에 따른 수익자명부 또는 신탁사채권자집회 의사록을 작성하지 아니하거나 이를 갖추어 두지 아니한 수익증권발행신탁의 수탁자, 수익자명부관리인 또는 신탁사채를 발행한 자
14. 제79조제5항을 위반하여 수익자명부를 갖추어 두지 아니한 수탁자
15. 제80조제2항을 위반하여 수익자에게 신고를 받은 사실을 통지하지 아니한 수탁자
16. 제81조제2항에 따른 수익자명부에 기명수익증권으로 표시된 수익권을 취득한 자의 성명 또는 명칭과 주소의 기재를 거부한 수탁자
17. 제87조제2항을 위반하여 사채청약서를 작성하지 아니하거나 이에 적어야 할 사항을 적지 아니하거나 또는 부실한 기재를 한 수탁자
18. 수익자명부·신탁사채원부 또는 그 복본, 이 법에 따라 작성하여야 하는 신탁사채권자집회 의사록, 재산목록, 대차대조표, 손익계산서, 이익잉여금처분계산서, 결손금처리계산서, 그 밖의 회계서류에 적어야 할 사항을 적지 아니하거나 또는 부실한 기재를 한 수탁자
19. 제87조제4항에서 준용하는 「상법」 제396조제1항을 위반하여 신탁사채원부를 갖추어 두지 아니한 수탁자
20. 제87조제4항에서 준용하는 「상법」 제478조제1항을 위반하여 사채전액의 납입이 완료하지 아니한 채 사채를 발행한 수탁자 또는 사채모집의 위탁을 받은 회사
21. 제87조제4항에서 준용하는 「상법」 제484조제2항을 위반하여 사채의 변제를 받고 지체 없이 그 뜻을 공고하지 아니한 사채모집의 위탁을 받은 회사
22. 제87조제4항에서 준용하는 「상법」 제499조를 위반하여 사채권자집회의 결의에 대하여 인가 또는 불인가의 결정이 있다는 사실을 지체 없이 공고하지 아니한 수탁자
23. 사채권자집회에 부실한 보고를 하거나 사실을 은폐한 수탁자 또는 사채모집의 위탁을 받은 회사
24. 제92조제1항을 위반하여 합병에 대한 이의를 제출할 수 있다는 사실을 공고하지 아니한 수탁자
25. 제92조 또는 제96조를 위반하여 신탁을 합병하거나 분할하거나 분할합병한 경우 수탁자
26. 이 법에 따른 유한책임신탁의 설정, 변경, 종결 또는 청산의 등기를 게을리한 수탁자
27. 제133조제5항을 위반하여(제104조에 따라 준용되는 경우를 포함한다) 잔여재산을 급부한 청산수탁자
28. 제138조를 위반하여 파산신청을 게을리한 청산수탁자
② 제115조제1항을 위반하여 유한책임신탁의 명칭 중에 "유한책임신탁"이라는 문자를 사용하지 아니한 자에게는 300만원 이하의 과태료를 부과한다.
③ 다음 각 호의 어느 하나에 해당하는 자에게는 100만원 이하의 과태료를 부과한다.
1. 제115조제2항을 위반하여 유한책임신탁 및 그 밖에 이와 유사한 명칭을 사용한 자
2. 제115조제3항을 위반하여 다른 유한책임신탁으로 오인할 수 있는 명칭을 사용한 자
④ 제1항부터 제3항까지의 규정에 따른 과태료(제1항제26호에 따른 과태료는 제외한다)는 대통령령으로 정하는 바에 따라 법무부장관이 부과·징수한다.
제147조【외부의 감사인 등의 의무위반행위】 제117조제2항에 따라 외부의 감사인을 선임한 경우 감사인 등의 의무위반행위에 대한 벌칙 및 과태료에 관하여는 「주식회사 등의 외부감사에 관한 법률」을 준용한다. 이 경우 "회사"는 "신탁"으로 본다.(2017.10.31 전단개정)

부 칙

제1조【시행일】 이 법은 공포 후 1년이 경과한 날부터 시행한다.
제2조【이 법의 효력의 불소급】 이 법은 특별한 규정이 있는 경우를 제외하고는 종전의 규정에 따라 생긴 효력에는 영향을 미치지 아니한다.
제3조【다른 법률의 개정】 ①~⑨ ※(해당 법령에 가제정리 하였음)
제4조【다른 법령과의 관계】 이 법 시행 당시 다른 법령에서 종전의 「신탁법」 또는 그 규정을 인용한 경우에 이 법 가운데 그에 해당하는 규정이 있으면 종전의 「신탁법」 또는 그 규정을 갈음하여 이 법 또는 이 법의 해당 규정을 인용한 것으로 본다.

부 칙 (2017.10.31)

제1조【시행일】 이 법은 공포 후 1년이 경과한 날부터 시행한다.(이하 생략)

신탁법 시행령

(2012년 7월 23일 전부개정대통령령 제23969호)

개정
2014. 1.17영25104호(측량·수로지적시)
2015. 6. 1영26302호(공간정보구축관리시)
2018. 2. 9영28628호(도시및주거환경정비법시)
2020.12. 8영31222호(전자서명법시)

제1조【목적】 이 영은 「신탁법」에서 위임된 사항과 그 시행에 필요한 사항을 규정함을 목적으로 한다.

제2조【신탁재산의 표시 방법】 「신탁법」(이하 "법"이라 한다) 제4조제4항에서 "대통령령으로 정하는 장부"란 다음 각 호의 장부를 말한다. 이 경우 제2호의 건축물대장과 제4호의 토지대장 및 임야대장은 「공간정보의 구축 및 관리 등에 관한 법률」 제76조의3에 따른 부동산종합공부로 대체할 수 있다.(2015.6.1 후단개정)

1. 법 제79조제1항에 따른 수익자명부
2. 「건축법」 제20조에 따른 가설건축물대장 및 같은 법 제38조에 따른 건축물대장
3. 「상법」 제352조에 따른 주주명부 및 같은 법 제352조의2에 따른 전자주주명부
4. 「공간정보의 구축 및 관리 등에 관한 법률」 제71조제1항에 따른 토지대장 및 임야대장(2015.6.1 본호개정)
5. 「도시개발법」 제2조제1항제2호에 따른 도시개발사업, 「농어촌정비법」 제2조제5호, 제10호 및 제18호에 따른 농업생산기반 정비사업, 생활환경정비사업 및 한계농지등의 정비사업, 「도시 및 주거환경정비법」 제2조제2호가목 및 나목에 따른 주거환경개선사업 및 재개발사업 등 법령에 따른 환지(換地) 방식의 사업을 할 때 환지, 체비지(替費地) 및 보류지(保留地)의 관리를 위하여 작성·관리하는 장부(2018.2.9 본호개정)

제3조【신탁사무와 관련된 서류의 보존기간 등】 ① 법 제39조제3항에서 "대통령령으로 정하는 기간"이란 다음 각 호의 구분에 따른 기간을 말한다.

1. 신탁의 재산목록과 그 부속 명세서, 재무제표와 그 부속 명세서 및 신탁재산의 운용 내역서 : 해당 신탁이 종료된 때부터 10년
2. 제1호에 규정되지 아니한 서류 : 해당 신탁이 종료된 때부터 5년

② 법 제39조제4항에 따라 신탁사무와 관련된 장부, 재산목록 및 그 밖의 서류를 보존하는 경우에는 다음 각 호의 구분에 따른 방법으로 한다. 이 경우 마이크로필름의 형태로 보관하거나 전산정보처리조직에 의하여 보존할 수 있다.

1. 신탁의 재산목록과 그 부속 명세서, 재무제표와 그 부속 명세서 및 신탁재산의 운용 내역서 : 수탁자의 사무소·영업소 또는 법 제114조에 따른 유한책임신탁(이하 "유한책임신탁"이라 한다)의 신탁사무를 처리하는 주된 사무소(이하 "신탁사무처리지"라 한다)에 비치·보관
2. 제1호에 규정되지 아니한 서류 : 수탁자의 사무소·영업소(수탁자를 위하여 해당 서류를 보관하는 자의 사무소·영업소를 포함한다) 또는 유한책임신탁의 신탁사무처리지에 보관

제4조【수익자집회 소집 시 제공할 서류】 법 제72조제6항에서 "대통령령으로 정하는 서류"란 다음 각 호의 구분에 따른 사항을 적은 서류를 말한다.

1. 수익자집회에서 수탁자, 신탁재산관리인 또는 신탁관리인을 선임하려는 경우에는 다음 각 목의 사항
   가. 수탁자, 신탁재산관리인 또는 신탁관리인 후보자의 성명 또는 명칭
   나. 수탁자, 신탁재산관리인 또는 신탁관리인 후보자의 경력
   다. 후보 추천 사유
   라. 신탁관리인 후보자가 수탁자 또는 수탁자 후보자와 공정한 업무 수행에 영향을 미칠 특별한 이해관계가 있는 경우에는 그 내용
2. 수익자집회에서 수탁자, 신탁재산관리인 또는 신탁관리인을 해임하려는 경우에는 다음 각 목의 사항
   가. 해임하려는 수탁자, 신탁재산관리인 또는 신탁관리인의 성명 또는 명칭
   나. 해임 사유
3. 법 제55조제2항 또는 제103조제1항에 따라 신탁사무에 관한 계산(이하 이 호에서 "신탁계산"이라 한다)을 승인하려는 경우에는 다음 각 목의 사항
   가. 신탁계산의 내용 및 결과
   나. 법 제117조제2항에 따라 외부감사를 받았을 때에는 감사인이 작성한 감사보고서
4. 법 제88조에 따라 신탁을 변경하려는 경우에는 다음 각 목의 사항
   가. 신탁변경의 이유 및 내용
   나. 신탁변경의 효력발생일
   다. 신탁변경으로 인하여 수익권 또는 수익채권의 내용에 변경이 있거나 그 가치에 중대한 영향을 줄 우려가 있을 때에는 그 내용 및 적절성에 관한 사항
5. 법 제90조에 따라 신탁을 합병하려는 경우에는 법 제91조제1항 각 호의 사항
6. 법 제94조제1항에 따라 신탁을 분할하거나 같은 조 제2항에 따라 신탁을 분할합병하려는 경우에는 법 제95조제1항 각 호의 사항
7. 법 제99조제1항에 따라 합의하여 신탁을 종료하려는 경우에는 다음 각 목의 사항
   가. 신탁 종료의 이유
   나. 신탁재산의 잔여재산이 있는 경우에는 그 내용 및 잔여재산수익자 또는 신탁재산의 잔여재산이 귀속될 자(이하 "귀속권리자"라 한다)
8. 제1호부터 제7호까지의 사항 외의 사항에 관한 안건을 목적으로 하려는 경우에는 해당 안건의 내용과 제안 이유에 대한 설명

제5조【전자문서에 의한 의결권의 행사】 ① 법 제73조제3항에 따라 수익자가 전자문서로 의결권을 행사(이하 "전자투표"라 한다)하는 경우 수익자의 확인과 의결권의 행사는 「전자서명법」 제2조제2호에 따른 전자서명(서명자의 실지명의를 확인할 수 있는 것으로 한정한다)을 통하여 하여야 한다.(2020.12.8 본항개정)

② 수익자의 전자투표를 승낙한 수익자집회 소집자(이하 "소집자"라 한다)는 소집의 통지나 공고에 다음 각 호의 사항을 적어야 한다.

1. 전자투표를 할 인터넷 주소
2. 전자투표를 할 기간(전자투표의 종료일은 수익자집회 전날까지로 한다)
3. 그 밖에 수익자의 전자투표에 필요한 기술적인 사항

③ 전자투표를 한 수익자는 해당 수익권에 대하여 그 의결권 행사를 철회하거나 변경하지 못한다.

④ 소집자는 전자투표의 효율성 및 공정성을 확보하기 위하여 전자투표를 관리하는 기관을 지정하여 수익자 확인절차 등 의결권 행사절차의 운영을 위탁할 수 있다.

⑤ 소집자, 제4항에 따라 지정된 전자투표를 관리하는 기관 및 전자투표의 운영을 담당하는 자는 수익자집회에서의 개표 시까지 전자투표의 결과를 누설하거나 직무상 목적 외에 사용해서는 아니 된다.

제6조【수익증권의 기재사항】 법 제78조제5항제9호에서 "대통령령으로 정하는 사항"이란 다음 각 호의 사항을 말한다.

1. 신탁기간의 정함이 있는 경우에는 그 기간
2. 법 제47조제1항에 따라 수탁자에게 보수를 지급하는 경우에는 수탁자 보수의 계산방법, 지급방법 및 지급시기
3. 기명수익증권을 발행한 경우로서 수익권에 대한 양도의 제한이 있을 때에는 그 취지 및 내용
4. 법 제101조제1항에 따라 신탁이 종료되었을 때에 잔여재산수익자 또는 귀속권리자를 정한 경우에는 그 성명 또는 명칭
5. 유한책임신탁인 경우에는 신탁사무처리지

제7조【수익자명부의 기재사항】 법 제79조제1항제7호에서 "대통령령으로 정하는 사항"이란 다음 각 호의 사항을 말한다.

1. 위탁자의 성명 또는 명칭 및 주소
2. 수탁자의 성명 또는 명칭 및 주소
3. 법 제17조제1항 및 제18조제1항·제2항에 따라 신탁재산관리인을 선임한 경우에는 그 성명 또는 명칭 및 주소
4. 법 제67조제1항부터 제3항까지의 규정에 따라 신탁관리인을 선임한 경우에는 그 성명 또는 명칭 및 주소
5. 법 제78조제1항 후단에 따라 특정 내용의 수익권에 대하여 수익증권을 발행하지 아니한다는 뜻을 정한 경우에는 그 내용
6. 법 제79조제4항에 따라 수익자명부관리인을 정한 경우에는 그 성명 또는 명칭 및 주소
7. 법 제80조제1항 단서에 따라 수익증권의 불소지 신고를 허용하지 아니하기로 정한 경우에는 그 취지
8. 기명수익증권을 발행한 경우 수익권에 대한 양도의 제한이 있을 때에는 그 취지 및 내용
9. 법 제83조제3항에 따라 질권이 설정된 경우에는 질권자의 성명 또는 명칭 및 주소와 질권의 목적인 수익권
10. 수익권에 대하여 신탁이 설정된 경우에는 신탁재산이라는 뜻
11. 유한책임신탁인 경우에는 그 뜻과 신탁의 명칭

제8조【사채 총액의 한도】 법 제87조제3항에 따른 사채(社債) 총액의 한도는 최종의 대차대조표에 의하여 유한책임신탁에 현존하는 순자산액의 4배로 한다. 다만, 최종의 대차대조표가 없는 경우에는 사채의 발행 시점에 유한책임신탁에 현존하는 순자산액의 4배로 한다.

제9조【합병계획서의 기재사항】 법 제91조제1항제6호에서 "대통령령으로 정하는 사항"이란 다음 각 호의 사항을 말한다.

1. 합병할 각 신탁의 위탁자의 성명 또는 명칭 및 주소
2. 합병할 각 신탁의 수탁자의 성명 또는 명칭 및 주소
3. 합병할 각 신탁의 신탁행위의 내용 및 설정일
4. 합병할 각 신탁의 신탁재산의 목록 및 내용
5. 합병할 각 신탁이 유한책임신탁인 경우에는 그 명칭 및 신탁사무처리지

제10조【합병의 공고·최고 사항】 법 제92조제1항제3호에서 "대통령령으로 정하는 사항"이란 합병 후 신탁채무의 이행 계획을 말한다.

제11조【분할계획서·분할합병계획서의 기재사항】 법 제95조제1항제8호에서 "대통령령으로 정하는 사항"이란 다음 각 호의 사항을 말한다.

1. 분할된 신탁과 분할 후 신설신탁 또는 분할합병신탁의 위탁자의 성명 또는 명칭 및 주소
2. 분할된 신탁과 분할 후 신설신탁 또는 분할합병신탁의 수탁자의 성명 또는 명칭 및 주소
3. 분할된 신탁과 분할 후 신설신탁 또는 분할합병신탁이 유한책임신탁인 경우에는 그 명칭 및 신탁사무처리지

제12조【분할·분할합병의 공고·최고 사항】 법 제96조제1항제3호에서 "대통령령으로 정하는 사항"이란 분할 또는 분할합병 후 신탁채무의 이행 계획을 말한다.

제13조【유한책임신탁의 신탁행위로 정할 사항】 법 제114조제2항제6호에서 "대통령령으로 정하는 사항"이란 신탁의 사업연도를 말한다.

제14조【유한책임신탁의 회계서류 등】 ① 법 제117조제1항제4호에서 "대통령령으로 정하는 회계서류"란 다음 각 호의 서류를 말한다.

1. 자본변동표
2. 신탁의 재산목록과 그 부속 명세서
3. 법 제78조제1항에 따라 수익증권을 발행하는 경우에는 수익증권기준가격 계산서

② 법 제117조제2항제2호에서 "대통령령으로 정하는 기준 이상"이란 다음 각 호의 어느 하나에 해당하는 경우를 말한다.

1. 자산총액이 100억원 이상인 경우
2. 부채총액이 70억원 이상이고 자산총액이 70억원 이상인 경우

제15조【유한책임신탁의 수익자에 대한 급부가 가능한 한도】 ① 법 제120조제2항에 따른 급부가 가능한 한도는 급부를 할 날이 속하는 사업연도의 직전 사업연도 말일의 순자산액에서 신탁행위로 정한 유보액과 급부를 할 날이 속하는 사업연도에 이미 급부한 신탁재산의 가액(價額)을 공제한 금액을 말한다.

② 제1항을 적용할 때 유한책임신탁의 수익권이 그 유한책임신탁의 신탁재산에 속하게 된 경우에는 그 수익권은 해당 유한책임신탁의 순자산액으로 계산하지 아니한다.

제16조【유한책임신탁등기의 기재사항】 법 제126조제1항제6호에서 "대통령령으로 정하는 사항"이란 신탁행위로 정한 종료 사유가 있는 경우 그 종료 사유를 말한다.

제17조【과태료의 부과기준】 법무부장관은 법 제146조에 따른 과태료의 금액을 정하는 경우 해당 위반행위의 동기와 그 결과, 위반기간 및 위반 정도 등을 고려하여야 한다.

부 칙 (2018.2.9)

제1조【시행일】 이 영은 2018년 2월 9일부터 시행한다.
(이하 생략)

부 칙 (2020.12.8)

제1조【시행일】 이 영은 2020년 12월 10일부터 시행한다.
(이하 생략)

공익신탁법

(2014년 3월 18일
법 률 제12420호)

개정
2017.10.31법15022호(주식회사등의외부감사에관한법)

제1장 총 칙

제1조【목적】 이 법은 공익을 목적으로 하는 신탁의 설정·운영 및 감독 등에 관하여 「신탁법」에 대한 특례를 정함으로써 신탁을 이용한 공익사업을 쉽고 편리하게 할 수 있도록 하여 공익의 증진에 이바지하는 것을 목적으로 한다.

제2조【정의】 이 법에서 사용하는 용어의 뜻은 다음과 같다.
1. "공익사업"이란 다음 각 목의 사업을 말한다.
 가. 학문·과학기술·문화·예술의 증진을 목적으로 하는 사업
 나. 장애인·노인, 재정이나 건강 문제로 생활이 어려운 사람의 지원 또는 복지 증진을 목적으로 하는 사업
 다. 아동·청소년의 건전한 육성을 목적으로 하는 사업
 라. 근로자의 고용 촉진 및 생활 향상을 목적으로 하는 사업
 마. 사고·재해 또는 범죄 예방을 목적으로 하거나 이로 인한 피해자 지원을 목적으로 하는 사업
 바. 수용자 교육과 교화(敎化)를 목적으로 하는 사업
 사. 교육·스포츠 등을 통한 심신의 건전한 발달 및 풍부한 인성 함양을 목적으로 하는 사업
 아. 인종·성별, 그 밖의 사유로 인한 부당한 차별 및 편견 예방과 평등사회의 증진을 목적으로 하는 사업
 자. 사상·양심·종교·표현의 자유 증진 및 옹호를 목적으로 하는 사업
 차. 남북통일, 평화구축, 국제 상호이해 증진 또는 개발도상국에 대한 경제협력을 목적으로 하는 사업
 카. 환경 보호와 정비를 목적으로 하거나 공중 위생 또는 안전의 증진을 목적으로 하는 사업
 타. 지역사회의 건전한 발전을 목적으로 하는 사업
 파. 공정하고 자유로운 경제활동이나 소비자의 이익 증진을 목적으로 하는 사업
 하. 그 밖에 공익 증진을 목적으로 하는 사업으로서 대통령령으로 정하는 사업
2. "공익신탁"이란 공익사업을 목적으로 하는 「신탁법」에 따른 신탁으로서 제3조에 따라 법무부장관의 인가를 받은 신탁을 말한다.
3. "수익사업"이란 공익신탁의 수탁자(受託者)가 신탁재산의 계산으로 신탁의 목적 달성을 위하여 필요한 범위에서 수행하는 공익사업 외의 사업을 말한다.
4. "보수등"이란 보수, 상여금, 각종 수당, 급여 등 어떠한 명칭으로든지 업무 수행의 대가로 지급되는 재산상 이익을 말한다.

제2장 공익신탁의 인가 및 운영 등

제1절 공익신탁의 인가 요건과 절차

제3조【공익신탁의 인가】 ① 공익사업을 목적으로 하는 신탁을 인수하려는 수탁자는 법무부장관의 인가를 받아야 한다.
② 제1항에 따른 인가를 받으려는 자는 대통령령으로 정하는 바에 따라 인가신청서를 법무부장관에게 제출하여야 한다.

제4조【인가 요건】 법무부장관은 제3조제2항에 따른 신청이 다음 각 호의 요건을 모두 갖춘 경우에는 공익신탁의 인가를 하여야 한다.
1. 해당 신탁이 「신탁법」에 따른 신탁으로서 공익사업 수행을 주된 목적으로 할 것
2. 신탁의 명칭에 "공익신탁"의 글자를 사용할 것
3. 수탁자가 다음 각 목의 어느 하나에 해당하지 아니할 것
 가. 「신탁법」 제11조에 따른 수탁자 결격사유에 해당하는 자
 나. 제22조에 따라 인가가 취소된 공익신탁의 수탁자 또는 신탁관리인(信託管理人) 중에서 그 취소사유의 발생에 직접 또는 이에 상응하는 책임이 있는 자로서 그 취소처분이 있었던 날부터 5년이 지나지 아니한 자
 다. 「신탁법」, 「상법」 제622조부터 제624조까지, 제624조의2, 제625조, 제630조, 제631조, 「자본시장과 금융투자업에 관한 법률」 제444조제8호(제108조를 위반한 경우만 해당한다), 제445조제16호, 「형법」 제38장부터 제40장(가중처벌하는 경우를 포함한다)까지 또는 「조세범 처벌법」에 따라 벌금 이상의 형을 선고받고 그 집행이 끝나거나(집행이 끝난 것으로 보는 경우를 포함한다) 면제된 날부터 5년이 지나지 아니한 자
 라. 금고 이상의 형을 선고받고 그 집행이 끝나거나(집행이 끝난 것으로 보는 경우를 포함한다) 면제된 날부터 3년이 지나지 아니한 자
4. 수탁자 상호간에 대통령령으로 정하는 특수한 관계에 있는 자가 수탁자 총수의 5분의 1을 초과하지 아니할 것
5. 신탁관리인 상호 간에 대통령령으로 정하는 특수한 관계에 있는 자가 신탁관리인 총수의 5분의 1을 초과하지 아니할 것
6. 신탁관리인과 수탁자가 대통령령으로 정하는 특수한 관계에 있지 아니할 것
7. 공익사업을 원활하게 수행할 수 있는 신탁재산을 보유할 것
8. 사업계획서 및 신탁행위로 정한 사항이 다음 각 목에 위반되지 아니할 것
 가. 위탁자(委託者), 수탁자, 신탁관리인, 사용인, 그 밖에 대통령령으로 정하는 신탁 관계자 및 그의 특수관계인에게 이익을 제공하지 아니할 것
 나. 특정 개인이나 단체에 기부하거나 그 밖의 이익을 제공하는 것을 사업내용으로 하지 아니할 것. 다만, 다른 공익신탁이나 「공익법인의 설립·운영에 관한 법률」에 따른 공익법인(이하 "공익신탁등"이라 한다)에 이익을 제공하는 경우로서 해당 공익신탁의 공익사업을 수행하기 위하여 필요한 경우에는 그러하지 아니하다.
 다. 투기적 거래, 고리(高利) 대부 등 선량한 풍속, 그 밖에 사회질서를 해칠 우려가 없을 것
 라. 수익사업으로 인하여 공익사업을 수행하는 데 지장을 초래하지 아니할 것
 마. 신탁재산의 운용에 관한 사항이 제11조를 위반하지 아니할 것
 바. 운용소득의 사용에 관한 사항이 제12조를 위반하지 아니할 것
 사. 그 밖에 이 법과 다른 법령을 위반하는 사항이 없을 것
9. 신탁행위로 다음 각 목의 사항을 정할 것
 가. 제22조제1항에 따라 공익신탁 인가가 취소되거나 「신탁법」에 따른 사유로 공익신탁이 종료한 경우 남은 재산을 유사 공익사업을 목적으로 하는 다른 공익신탁등이나 국가 또는 지방자치단체에 증여한다는 취지
 나. 공익사업을 수행하기 위한 필수적인 재산이 있는 경우에는 그 사실 및 처분 제한에 관한 사항
 다. 수탁자 및 신탁관리인에게 보수등을 지급하는 경우 그 지급기준에 관한 사항
10. 사업을 시행하기 위하여 법령상 필요한 인가·허가 등을 받았을 것
11. 해당 신탁재산 및 수탁자에 대하여 「국세징수법」에 따른 체납처분이 있었던 경우에는 체납처분이 종결된 날부터 3년이 지났을 것

제5조【인가 절차】 ① 법무부장관은 제3조제2항에 따른 인가신청을 받으면 3개월 이내에 인가 여부를 결정하고, 신청인에게 그 결과와 이유를 지체 없이 문서로 알려야 한다.
② 제1항에서 규정한 사항 외에 공익신탁 인가의 심사 방법·절차 등에 관하여 필요한 사항은 대통령령으로 정한다.

제6조【인가 조건】 ① 법무부장관은 제5조에 따라 인가를 할 때에 공익사업 수행에 필요한 조건을 붙일 수 있다.
② 인가에 조건이 붙은 경우 공익신탁의 수탁자는 사정변경이나 그 밖에 정당한 사유가 있으면 법무부장관에게 조건의 취소 또는 변경을 신청할 수 있다. 이 경우 법무부장관은 2개월 이내에 조건의 취소 또는 변경 여부를 결정하고, 신청인에게 그 결과와 이유를 지체 없이 문서로 알려야 한다.

제7조【변경인가】 ① 수탁자는 제5조에 따라 인가받은 사항 중에서 다음 각 호의 사항을 변경하려면 법무부장관의 인가를 받아야 한다.
1. 공익사업의 종류 또는 내용
2. 수익사업의 종류 또는 내용
3. 제4조제9호에 따라 신탁행위로 정한 사항
4. 수탁자 또는 신탁관리인
5. 공익사업 수행에 필요한 재원 조달 방법
6. 유한책임신탁으로의 변경
② 제1항에 따른 변경인가를 받으려는 수탁자는 변경인가 신청서를 법무부장관에게 제출하여야 한다.
③ 제2항에 따른 변경인가 신청서의 기재사항 및 첨부서류 등 변경인가 신청에 관한 사항과 변경인가 심사의 방법·절차 등에 관하여 필요한 사항은 대통령령으로 정한다.

제8조【변경신고】 ① 수탁자는 제5조에 따라 인가받은 사항 중에서 공익신탁의 명칭 등 대통령령으로 정하는 사항이 변경된 경우에는 그 사유가 발생한 날부터 14일 이내에 변경된 사항을 법무부장관에게 신고하여야 한다.
② 제1항에 따른 신고를 하려는 공익신탁의 수탁자는 변경된 사항 및 이유를 기재한 변경신고서를 법무부장관에게 제출하여야 한다.

제9조【공익신탁의 명칭 및 등기】 ① 공익신탁이 아닌 신탁은 그 명칭 또는 상호에 "공익신탁"이나 그 밖에 공익신탁으로 오인될 우려가 있는 글자를 사용해서는 아니 된다.
② 어느 누구도 부정한 목적을 가지고 다른 공익신탁으로 오인될 우려가 있는 명칭 또는 상호를 사용해서는 아니 된다.
③ 법무부장관은 유한책임신탁에 대하여 공익신탁의 인가를 하는 경우에는 지체 없이 관할 등기소에 인가에 따른 변경등기를 촉탁하여야 한다.

제10조【공익신탁의 공시】 ① 법무부장관은 공익신탁에 관한 다음 각 호의 사항을 공시하여야 한다.
1. 해당 공익신탁의 인가 및 그 취소에 관한 사항
2. 제6조에 따른 인가 조건에 관한 사항
3. 제7조 및 제8조에 따른 변경인가 및 변경신고에 관한 사항
4. 제16조에 따른 사업계획서 및 사업보고서
5. 공익신탁이 종료된 경우 그 사실
6. 제20조에 따른 합병인가에 관한 사항
7. 제24조에 따라 남은 재산이 처분된 경우 그 사실
② 제1항에 따른 공시의 세부 내용 및 방법은 법무부장관이 정한다.

제2절 공익신탁의 운영

제11조【신탁재산의 운용】 ① 공익신탁의 신탁재산 중 금전은 「신탁법」 제41조 각 호의 방법으로만 운용하여야 한다.
② 수탁자는 금전(「신탁법」 제41조 각 호에 규정된 재산을 포함한다)이 아닌 신탁재산을 신탁행위 외의 방법으로 취득해서는 아니 된다.
③ 수탁자는 누구의 명의로도 「신탁법」 제34조제1항 각 호의 행위를 해서는 아니 된다. 다만, 신탁행위로 달리 정하거나 법무부장관의 승인을 받은 경우에는 그러하지 아니하다.
④ 수탁자는 신탁재산을 공익사업 및 수익사업(이하 이 조에서 "공익사업등"이라 한다) 외의 용도로 사용해서는 아니 된다.
⑤ 수탁자는 신탁재산을 수탁받은 날부터 3년 이내에 공익사업등에 사용하여야 한다. 다만, 공익사업등에 사용하는 데 장기간이 걸리는 등 부득이한 사유가 있는 경우에는 대통령령으로 정하는 바에 따라 법무부장관의 승인을 받아 그 기간을 연장할 수 있다.
⑥ 수탁자는 공익사업 수행을 위하여 필수적인 재산을 매도, 증여, 임대, 교환, 용도 변경 또는 담보로 제공하거나 대통령령으로 정하는 금액 이상을 장기 차입하려면 법무부장관의 승인을 받아야 한다.
⑦ 수탁자는 「신탁법」 제78조 및 제87조에도 불구하고 수익증권 및 신탁사채를 발행할 수 없다.

제12조【운용소득의 사용】 ① 수탁자는 신탁재산의 운용소득 중 100분의 70 이상을 공익사업에 사용하여야 한다.
② 제1항에 따른 운용소득 산정방법은 대통령령으로 정한다.

제13조【수탁자 등의 보수등】 수탁자와 신탁관리인은 신탁사무 수행에 필요한 경비 외에 보수등을 지급받지 못한다. 다만, 신탁행위로 달리 정한 경우에는 그러하지 아니하다.

제14조【신탁사무의 위임】 ① 수탁자는 다음 각 호의 어느 하나에 해당하는 신탁사무를 수탁자 외의 자에게 위임할 수 있다. 다만, 신탁행위로 달리 정한 경우에는 그러하지 아니하다.
1. 전문 지식이 필요한 신탁재산의 관리·운용과 관련된 사무
2. 모금활동과 관련된 사무
3. 타인에게 위임하지 아니하면 목적을 달성하기 어려운 신탁사무 또는 이와 유사한 사무로서 대통령령으로 정하는 사무
② 수탁자는 제1항에 따라 신탁사무를 위임받은 자에게 보수등을 지급할 수 있다. 이 경우 유사한 사무에 종사하는 자의 보수등과 해당 공익신탁의 재정상황, 그 밖의 사정을 고려하여 적정한 금액으로 보수등을 정하여야 한다.
③ 제1항의 경우 수탁자는 그 선임·감독에 관한 책임만을 진다.

제15조【회계의 구분】 공익신탁의 회계는 공익사업 수행에 따른 회계와 수익사업 수행에 따른 회계로 구분한다.

제16조【사업계획서 등의 제출】 ① 수탁자는 매 사업연도 개시일 1개월 전까지 해당 사업연도의 사업계획서와 그 밖에 대통령령으로 정하는 서류를 작성하여 법무부장관에게 제출하여야 한다.
② 수탁자는 매 사업연도가 끝난 후 2개월 이내에 해당 사업연도의 사업보고서와 그 밖에 대통령령으로 정하는 서류를 작성하여 법무부장관에게 제출하여야 한다.

제17조【신탁재산의 외부감사】 수탁자는 직전 사업연도 말의 신탁재산의 자산총액이 대통령령으로 정하는 기준 이상인 경우에는 「주식회사 등의 외부감사에 관한 법률」에 따른 감사를 받아야 한다.(2017.10.31 본조개정)

제18조【신탁관리인 등의 권한과 의무】 ① 신탁관리인은 업무를 수행할 때 수탁자와 제14조에 따라 신탁사무를 위임받은 자(이하 이 절에서 "수탁자등"이라 한다)의 부정행위, 법령이나 신탁행위로 정한 사항을 위반한 사실을 발견하면 지체 없이 법무부장관에게 보고하고, 수탁자등에 대한 손해배상청구 등 필요한 조치를 하여야 한다.
② 신탁관리인은 수탁자등이 법령 또는 신탁행위로 정한 사항을 위반하거나 위반할 우려가 있고 해당 행위로 인하여 공익신탁에 회복할 수 없는 손해가 발생할 우려가 있는 경우에는 그 수탁자등에 대하여 그 행위를 유지(留止)할 것을 법원에 청구할 수 있다.
③ 수탁자는 제7조제2항에 따른 변경인가 신청서, 제8조제2항에 따른 변경신고서, 제16조에 따른 사업계획서 및

사업보고서, 제20조제3항에 따른 합병인가 신청서를 제출하기 전에 신탁관리인에게 알려야 한다.
④ 신탁관리인은 수탁자에게 제3항에 따른 신청서 등과 관계 서류의 열람 또는 복사를 청구할 수 있고, 신탁사무 처리에 관한 설명을 요청할 수 있다.
제19조【신탁관리인에 대한 보고】 ① 제17조에 따른 감사인은 그 직무를 수행할 때 수탁자등의 부정행위, 법령이나 신탁행위로 정한 사항을 위반한 사실을 발견하면 지체 없이 신탁관리인에게 보고하여야 한다.
② 신탁관리인은 그 업무를 수행하기 위하여 필요한 경우 제1항에 따른 감사인에게 감사에 관한 보고를 요청할 수 있다.

제3절 공익신탁의 합병 및 종료

제20조【합병인가】 ① 공익신탁은 다음 각 호의 방법에 따라 공익신탁으로 합병할 수 있다.
1. 공익신탁과 공익신탁 간의 합병
2. 공익신탁과 공익신탁이 아닌 신탁 간의 합병
② 제1항에 따른 합병은 법무부장관의 인가를 받아야 한다.
③ 제2항에 따른 인가를 받으려는 수탁자는 합병인가 신청서를 법무부장관에게 제출하여야 한다.
④ 제3항에 따른 합병인가 신청서의 기재사항 및 첨부서류 등 합병인가 신청에 관한 사항과 합병인가 심사의 방법·절차 등에 관하여 필요한 사항은 대통령령으로 정한다.
⑤ 법무부장관은 제2항에 따라 합병인가를 받은 공익신탁이 유한책임신탁인 경우 지체 없이 관할 등기소에 합병의 등기를 촉탁하여야 한다.
제21조【공익신탁의 분할 제한】「신탁법」 제94조에도 불구하고 공익신탁은 분할 또는 분할합병할 수 없다.
제22조【공익신탁 인가의 취소】 ① 법무부장관은 공익신탁이 다음 각 호의 어느 하나에 해당하면 공익신탁의 인가를 취소할 수 있다.
1. 제4조 각 호의 요건을 갖추지 못하게 된 경우
2. 거짓이나 그 밖의 부정한 방법으로 인가 또는 승인을 받은 경우
3. 수탁자로부터 제3조제1항에 따른 공익신탁 인가의 취소 신청이 있는 경우
4. 제6조제1항에 따른 인가 조건을 위반한 경우
5. 제11조를 위반하여 신탁재산을 운용한 경우
6. 제12조를 위반하여 운용소득을 사용한 경우
7. 제15조에 따른 회계 구분을 하지 아니하거나 거짓으로 한 경우
8. 그 밖에 다른 법령을 위반하여 사업을 하거나 사업에 관한 행정기관의 처분에 따르지 아니한 경우
② 법무부장관은 제1항에 따라 인가를 취소하기 전에 시정 또는 보완을 요청할 수 있다.
③ 법무부장관은 제1항에 따라 인가를 취소하려면 청문을 하여야 한다.
④ 제1항에 따라 공익신탁의 인가가 취소되면 그 공익신탁은 종료하며, 그 공익신탁이 유한책임신탁인 경우에는 「신탁법」에 따라 청산하여야 한다.
⑤ 법무부장관은 제1항에 따라 취소한 공익신탁이 유한책임신탁인 경우에는 지체 없이 관할 등기소에 해당 신탁의 명칭에서 "공익"의 문자를 삭제하는 취지의 변경등기를 촉탁하여야 한다.
제23조【공익신탁의 종료】 ① 수탁자는 「신탁법」에 따른 신탁의 종료사유가 발생한 경우 지체 없이 그 사실을 법무부장관에게 신고하고, 신탁사무에 관한 최종 계산을 한 후 법무부장관의 승인을 받아야 한다.
② 유한책임신탁인 공익신탁의 청산이 종결된 경우에 최종 계산의 승인에 관하여는 제1항을 준용한다.
③ 법무부장관은 제2항에 따라 최종 계산의 승인을 한 경우에는 지체 없이 관할 등기소에 청산종결의 등기를 촉탁하여야 한다.
제24조【귀속권리자와 보관수탁관리인】 ① 제22조제1항에 따라 공익신탁의 인가가 취소되거나 제23조에 따라 공익신탁이 종료된 경우 제4조제9호가목에 따라 정한 다른 공익신탁등이나 국가 또는 지방자치단체를 「신탁법」에 따른 귀속권리자로 본다.
② 제1항에 따른 귀속권리자를 정할 수 없거나 해당 귀속권리자가 없는 경우에는 법무부장관은 신탁재산을 유사한 목적의 공익신탁등에 증여하거나 무상 대부하여야 한다.
③ 법무부장관은 제2항의 경우 보관수탁관리인을 선임하여 신탁재산을 증여하거나 무상 대부하게 할 수 있다. 이 경우 보관수탁관리인의 선임 방법 및 자격, 그 밖에 필요한 사항은 대통령령으로 정한다.
④ 제1항에 따라 신탁재산을 귀속받은 국가 또는 지방자치단체는 신탁재산을 공익사업에 사용하거나 유사한 목적을 가진 공익신탁등에 증여 또는 무상 대부하여야 한다.

제3장 공익신탁의 감독

제25조【감사 등】 ① 법무부장관은 공익신탁의 효율적 감독을 위하여 수탁자에게 업무보고서 제출을 명하거나 회계를 감사하여 그 적정을 유지하고 공익사업을 원활히 수행하도록 지도하여야 한다.
② 법무부장관은 제1항에 따른 감사를 할 때 수탁자에게 관계 서류·장부, 그 밖의 참고자료 제출을 명하거나 소속 공무원으로 하여금 공익신탁의 사무 및 재산상황을 검사하게 할 수 있다.
제26조【자료 제출 등의 요청】 법무부장관은 공익신탁의 인가 및 그 취소, 시정 요청 등 이 법에 따른 권한의 행사를 위하여 관계 행정기관, 지방자치단체 및 「공공기관의 운영에 관한 법률」에 따른 공공기관에 필요한 자료 제출 등을 요청할 수 있다. 이 경우 법무부장관은 공익신탁의 인가 및 취소, 감독 등 업무 수행을 위하여 필요한 때에는 「개인정보 보호법」 제24조에 따른 고유식별정보를 처리할 수 있다.
제27조【「신탁법」상의 권한】 ① 「신탁법」에 따른 법원의 권한은 다음 각 호의 권한을 제외하고는 법무부장관에게 속한다.
1. 「신탁법」 제3조제3항 또는 제100조에 따라 신탁을 종료할 권한
2. 「신탁법」 제18조제1항제1호 또는 제2호에 따라 신탁재산관리인을 선임할 권한
3. 「신탁법」 제18조제1항제1호 또는 제2호에 따라 선임한 신탁재산관리인에 대한 권한 중 다음 각 목의 어느 하나에 해당하는 권한
가. 「신탁법」 제19조제2항에 따라 신탁재산관리인의 사임을 허가할 권한
나. 「신탁법」 제19조제3항에 따라 신탁재산관리인을 해임할 권한
다. 「신탁법」 제19조제4항에 따라 새로운 신탁재산관리인을 선임할 권한
라. 「신탁법」 제20조제1항 및 제2항에 따라 신탁재산관리인의 선임 등에 대하여 공고하거나 등기·등록 또는 그 등기·등록의 말소를 촉탁할 권한
4. 「신탁법」 제28조 단서에 따라 가공으로 인하여 생긴 물건의 귀속을 결정할 권한
5. 「신탁법」 제135조제2항에 따라 변제를 허가할 권한
6. 「신탁법」 제136조제4항에 따라 감정인을 선임할 권한
② 법무부장관은 다음 각 호의 권한을 직권으로도 행사할 수 있다.
1. 수탁자가 그 임무에 위배되는 행위를 하거나 그 밖의 중요한 사유가 있는 경우 수탁자를 해임할 권한
2. 수탁자의 임무가 종료된 경우 신수탁자를 선임할 권한

제4장 보칙

제28조【조세 감면 등】 공익신탁에 출연하거나 기부한 재산에 대한 상속세·증여세·소득세·법인세 및 지방세는 「조세특례제한법」 및 「지방세특례제한법」에서 정하는 바에 따라 감면할 수 있다.
제29조【「신탁법」의 준용】 공익신탁에 관하여는 이 법에서 규정한 사항을 제외하고는 그 성질에 반하지 아니하는 범위에서 「신탁법」의 규정을 준용한다.

제5장 벌칙

제30조【벌칙】 다음 각 호의 어느 하나에 해당하는 자(제14조제1항에 따라 위임을 받은 자를 포함한다. 이하 이 장에서 같다)는 3년 이하의 징역 또는 5천만원 이하의 벌금에 처한다.
1. 제11조제3항을 위반하여 「신탁법」 제34조제1항제1호부터 제4호까지의 행위를 한 자
2. 제11조제4항을 위반하여 신탁재산을 사용한 자
3. 제11조제6항을 위반하여 필수적인 재산을 매도, 증여, 임대, 교환, 용도 변경 또는 담보로 제공하거나 장기 차입한 자
제31조【벌칙】 다음 각 호의 어느 하나에 해당하는 자는 1년 이하의 징역 또는 3천만원 이하의 벌금에 처한다.
1. 제11조제1항을 위반하여 금전을 운용한 자
2. 제11조제7항을 위반하여 수익증권 또는 신탁사채를 발행한 자
3. 제12조제1항을 위반하여 운용소득을 사용한 자
제32조【양벌규정】 법인의 대표자나 법인 또는 개인의 대리인·사용인 그 밖의 종업원이 그 법인 또는 개인의 업무에 관하여 제30조 또는 제31조에 따른 위반행위를 한 때에는 행위자를 벌하는 외에 그 법인 또는 개인에 대하여도 각 해당 조의 벌금형을 과한다. 다만, 법인 또는 개인이 그 위반행위를 방지하기 위하여 해당 업무에 관하여 상당한 주의와 감독을 게을리하지 아니한 경우에는 그러하지 아니하다.
제33조【과태료】 ① 다음 각 호의 어느 하나에 해당하는 자에게는 1천만원 이하의 과태료를 부과한다.
1. 제9조제1항을 위반하여 "공익신탁"이나 그 밖에 공익신탁으로 오인될 우려가 있는 명칭 또는 상호를 사용한 자
2. 제9조제2항을 위반하여 부정한 목적을 가지고 다른 공익신탁으로 오인될 우려가 있는 명칭 또는 상호를 사용한 자
3. 제17조에 따른 감사를 거부·방해 또는 기피한 자
② 다음 각 호의 어느 하나에 해당하는 자에게는 500만원 이하의 과태료를 부과한다.
1. 제8조를 위반하여 변경신고를 하지 아니한 수탁자
2. 제11조제2항을 위반하여 신탁재산을 취득한 수탁자
3. 제11조제5항을 위반하여 신탁재산을 기간 내에 공익사업등에 사용하지 아니한 수탁자
4. 제16조를 위반하여 사업계획서, 사업보고서, 그 밖의 서류를 제출하지 아니한 수탁자
5. 제18조제4항에 따른 열람·복사의 청구나 설명 요청을 정당한 이유 없이 거부한 수탁자
6. 제23조제1항 및 제2항을 위반하여 신고를 하지 아니하거나 승인을 받지 아니한 수탁자 또는 청산인
③ 제1항 및 제2항에 따른 과태료는 대통령령으로 정하는 바에 따라 법무부장관이 부과·징수한다.
제34조【외부의 감사인의 의무위반행위】 제17조에 따라 외부의 감사인을 선임한 경우 감사인의 의무위반행위에 대한 벌칙 및 과태료에 관하여는 「주식회사 등의 외부감사에 관한 법률」을 준용한다. 이 경우 "주식회사" 또는 "회사"는 "신탁"으로 본다.(2017.10.31 전단개정)

부 칙

제1조【시행일】 이 법은 공포 후 1년이 경과한 날부터 시행한다.
제2조【종전의 공익신탁에 관한 경과조치】 ① 이 법 시행 당시 종전의 「신탁법」 제107조에 따라 주무관청의 허가를 받은 공익신탁은 제3조제1항에 따라 법무부장관의 인가를 받은 공익신탁으로 본다. 다만, 해당 공익신탁은 이 법 시행일부터 6개월 이내에 제4조에 따른 요건을 갖추어 법무부장관의 인가를 받아야 한다.
② 법무부장관은 제1항 단서에 규정된 기간 내에 인가를 신청하지 아니하거나 제4조에 따른 인가 요건을 갖추지 못한 공익신탁에 대해서는 그 인가를 취소할 수 있다. 이 경우 법무부장관은 취소에 앞서 청문을 하여야 한다.
제3조【다른 법률의 개정】 ①~⑥ ※(해당 법령에 가제정리 하였음)
제4조【다른 법령과의 관계】 이 법 시행 당시 다른 법령에서 종전의 「신탁법」에 따른 공익신탁에 관한 규정을 인용한 경우에 이 법 가운데 그에 해당하는 규정이 있을 때에는 종전의 「신탁법」의 규정을 갈음하여 이 법 또는 이 법의 해당 규정을 인용한 것으로 본다.

부 칙 (2017.10.31)

제1조【시행일】 이 법은 공포 후 1년이 경과한 날부터 시행한다.(이하 생략)

국가에 귀속하는 상속재산 이전에 관한 법률(약칭 : 귀속상속재산법)

(1961년 12월 23일 법 률 제860호)

개정
2009.10.21법9806호

제1조【국내에서의 재산 이전】「민법」 제1058조제1항에 따라 국가에 귀속(歸屬)하는 상속재산의 관리인은 피상속인(被相續人)의 주소지를 관할하는 세무서장에게 지체 없이 그 상속재산의 관리를 이전하여야 한다.
(2009.10.21 본조개정)
제2조【국외에서의 재산 이전】 제1조의 경우에 피상속인의 주소가 외국에 있을 때에는 그 주소지를 관할하는 영사(領事) 또는 영사의 직무를 수행하는 사람에게 지체 없이 그 상속재산의 관리를 이전하여야 한다.
(2009.10.21 본조개정)

부 칙 (2009.10.21)

이 법은 공포한 날부터 시행한다.

주택임대차보호법(약칭 : 주택임대차법)

(1981년 3월 5일
법 률 제3379호)

개정
1983.12.30법 3682호 1989.12.30법 4188호
1997.12.13법 5454호(정부부처명)
1999. 1.21법 5641호 2001.12.29법 6541호
2002. 1.26법 6627호(민사집행법)
2005. 1.27법 7358호(민사집행법)
2007. 8. 3법 8583호 2008. 3.21법 8923호
2009. 5. 8법 9653호
2010. 5.17법10303호(은행법)
2011. 4.12법10580호(부등)
2013. 3.23법11690호(정부조직)
2013. 8.13법12043호
2015. 1. 6법12989호(주택도시기금법)
2016. 5.29법14175호
2016. 5.29법14242호(수협)
2018.10.16법15791호(상가건물임대차보호법)
2020. 2. 4법16912호(부등)
2020. 6. 9법17363호 2020. 7.31법17470호
2023. 4.18법19356호 2023. 7.11법19520호

제1조【목적】 이 법은 주거용 건물의 임대차(賃貸借)에 관하여 「민법」에 대한 특례를 규정함으로써 국민 주거생활의 안정을 보장함을 목적으로 한다.(2008.3.21 본조개정)

판례 주택임대차보호법은 사회적 약자인 임차인을 보호하여 국민의 주거생활의 안정을 보장하기 위한 것이므로, 채권자가 채무자 소유의 주택에 관하여 채무자와 임대차계약을 체결하고 전입신고를 마친 다음 그곳에 거주하여 형식적으로 주택임대차로서의 대항력을 취득한 외관을 갖추었다고 하더라도 임대차계약의 목적이 주택을 사용수익하려는 것에 있는 것이 아니고, 대항력 있는 임차인으로 보호받아 후순위권리자 기타 채권자보다 우선하여 채권을 회수하려는 것에 있었던 경우에는 그러한 임차인에게 주택임대차보호법이 정하고 있는 대항력을 부여할 수 없다.(대판 2007.12.13, 2007다55088)

제2조【적용 범위】 이 법은 주거용 건물(이하 "주택"이라 한다)의 전부 또는 일부의 임대차에 관하여 적용한다. 그 임차주택(賃借住宅)의 일부가 주거 외의 목적으로 사용되는 경우에도 또한 같다.(2008.3.21 본조개정)

판례 주택임대차보호법이 적용되는 임대차는 반드시 임차인과 주택 소유자인 임대인 사이에 임대차계약이 체결된 경우에 한정되는 것은 아니고, 주택 소유자가 아니더라도 주택에 관하여 적법하게 임대차계약을 체결할 수 있는 권한을 가진 임대인과 임대차계약이 체결된 경우도 포함된다. 또한 임차인이 대항력과 확정일자를 갖춘 후에 임대차계약이 갱신되더라도 대항력과 확정일자를 갖춘 때를 기준으로 종전 임대차 내용에 따른 우선변제권을 행사할 수 있다.(대판 2012.7.26, 2012다45689)

제3조【대항력 등】 ① 임대차는 그 등기(登記)가 없는 경우에도 임차인(賃借人)이 주택의 인도(引渡)와 주민등록을 마친 때에는 그 다음 날부터 제삼자에 대하여 효력이 생긴다. 이 경우 전입신고를 한 때에 주민등록이 된 것으로 본다.
② 주택도시기금을 재원으로 하여 저소득층 무주택자에게 주거생활 안정을 목적으로 전세임대주택을 지원하는 법인이 주택을 임차한 후 지방자치단체의 장 또는 그 법인이 선정한 입주자가 그 주택을 인도받고 주민등록을 마쳤을 때에는 제1항을 준용한다. 이 경우 대항력이 인정되는 법인은 대통령령으로 정한다.(2015.1.6 전단개정)
③ 「중소기업기본법」 제2조에 따른 중소기업에 해당하는 법인이 소속 직원의 주거용으로 주택을 임차한 후 그 법인이 선정한 직원이 해당 주택을 인도받고 주민등록을 마쳤을 때에는 제1항을 준용한다. 임대차가 끝나기 전에 그 직원이 변경된 경우에는 그 법인이 선정한 새로운 직원이 주택을 인도받고 주민등록을 마친 다음 날부터 제삼자에 대하여 효력이 생긴다.(2013.8.13 본항신설)
④ 임차주택의 양수인(讓受人)(그 밖에 임대할 권리를 승계한 자를 포함한다)은 임대인(賃貸人)의 지위를 승계한 것으로 본다.
⑤ 이 법에 따라 임대차의 목적이 된 주택이 매매나 경매의 목적물이 된 경우에는 「민법」 제575조제1항·제3항 및 같은 법 제578조를 준용한다.
⑥ 제5항의 경우에는 동시이행의 항변권(抗辯權)에 관한 「민법」 제536조를 준용한다.(2013.8.13 본항개정)
(2008.3.21 본조개정)

판례 주택임대차보호법 제3조 제1항에 의한 대항력 취득의 요건인 주민등록은 임차인 본인뿐 아니라 배우자나 자녀 등 가족의 주민등록도 포함되고, 이러한 법리는 구 재외동포의 출입국과 법적 지위에 관한 법률(2008.3.14. 법률 제8896호로 개정되기 전의 것)에 의한 재외국민이 임차인인 경우에도 마찬가지로 적용된다.(대판 2016.10.13, 2014다218030,218047)

제3조의2【보증금의 회수】 ① 임차인(제3조제2항 및 제3항의 법인을 포함한다. 이하 같다)이 임차주택에 대하여 보증금반환청구소송의 확정판결이나 그 밖에 이에 준하는 집행권원(執行權原)에 따라서 경매를 신청하는 경우에는 집행개시(執行開始)요건에 관한 「민사집행법」 제41조에도 불구하고 반대의무(反對義務)의 이행이나 이행의 제공을 집행개시의 요건으로 하지 아니한다.
(2013.8.13 본항개정)
② 제3조제1항·제2항 또는 제3항의 대항요건(對抗要件)과 임대차계약증서(제3조제2항 및 제3항의 경우에는 법인과 임대인 사이의 임대차계약증서를 말한다)상의 확정일자(確定日字)를 갖춘 임차인은 「민사집행법」에 따른 경매 또는 「국세징수법」에 따른 공매(公賣)를 할 때에 임차주택(대지를 포함한다)의 환가대금(換價代金)에서 후순위권리자(後順位權利者)나 그 밖의 채권자보다 우선하여 보증금을 변제(辨濟)받을 권리가 있다.(2013.8.13 본항개정)
③ 임차인은 임차주택을 양수인에게 인도하지 아니하면 제2항에 따른 보증금을 받을 수 없다.
④ 제2항 또는 제7항에 따른 우선변제의 순위와 보증금에 대하여 이의가 있는 이해관계인은 경매법원이나 체납처분청에 이의를 신청할 수 있다.(2013.8.13 본항개정)
⑤ 제4항에 따라 경매법원에 이의를 신청하는 경우에는 「민사집행법」 제152조부터 제161조까지의 규정을 준용한다.
⑥ 제4항에 따라 이의신청을 받은 체납처분청은 이해관계인이 이의신청일부터 7일 이내에 임차인 또는 제7항에 따라 우선변제권을 승계한 금융기관 등을 상대로 소(訴)를 제기한 것을 증명하면 해당 소송이 끝날 때까지 이의가 신청된 범위에서 임차인 또는 제7항에 따라 우선변제권을 승계한 금융기관 등에 대한 보증금의 변제를 유보(留保)하고 남은 금액을 배분하여야 한다. 이 경우 유보된 보증금은 소송의 결과에 따라 배분한다.(2013.8.13 전단개정)
⑦ 다음 각 호의 금융기관 등이 제2항, 제3조의3제5항, 제3조의4제1항에 따른 우선변제권을 취득한 임차인의 보증금반환채권을 계약으로 양수한 경우에는 양수한 금액의 범위에서 우선변제권을 승계한다.
1. 「은행법」에 따른 은행
2. 「중소기업은행법」에 따른 중소기업은행
3. 「한국산업은행법」에 따른 한국산업은행
4. 「농업협동조합법」에 따른 농협은행
5. 「수산업협동조합법」에 따른 수협은행(2016.5.29 본호개정)
6. 「우체국예금·보험에 관한 법률」에 따른 체신관서
7. 「한국주택금융공사법」에 따른 한국주택금융공사
8. 「보험업법」 제4조제1항제2호라목의 보증보험을 보험종목으로 허가받은 보험회사
9. 「주택도시기금법」에 따른 주택도시보증공사
(2015.1.6 본호개정)
10. 그 밖에 제1호부터 제9호까지에 준하는 것으로서 대통령령으로 정하는 기관
(2013.8.13 본항신설)
⑧ 제7항에 따라 우선변제권을 승계한 금융기관 등(이하 "금융기관등"이라 한다)은 다음 각 호의 어느 하나에 해당하는 경우에는 우선변제권을 행사할 수 없다.
1. 임차인이 제3조제1항·제2항 또는 제3항의 대항요건을 상실한 경우
2. 제3조의3제5항에 따른 임차권등기가 말소된 경우
3. 「민법」 제621조에 따른 임대차등기가 말소된 경우
(2013.8.13 본항신설)
⑨ 금융기관등은 우선변제권을 행사하기 위하여 임차인을 대리하거나 대위하여 임대차를 해지할 수 없다.
(2013.8.13 본항신설)
(2008.3.21 본조개정)

제3조의3【임차권등기명령】 ① 임대차가 끝난 후 보증금이 반환되지 아니한 경우 임차인은 임차주택의 소재지를 관할하는 지방법원·지방법원지원 또는 시·군 법원에 임차권등기명령을 신청할 수 있다.(2013.8.13 본항개정)
② 임차권등기명령의 신청서에는 다음 각 호의 사항을 적어야 하며, 신청의 이유와 임차권등기의 원인이 된 사실을 소명(疏明)하여야 한다.
1. 신청의 취지 및 이유
2. 임대차의 목적인 주택(임대차의 목적이 주택의 일부분인 경우에는 해당 부분의 도면을 첨부한다)
3. 임차권등기의 원인이 된 사실(임차인이 제3조제1항·제2항 또는 제3항에 따른 대항력을 취득하였거나 제3조의2제2항에 따른 우선변제권을 취득한 경우에는 그 사실)(2013.8.13 본호개정)
4. 그 밖에 대법원규칙으로 정하는 사항
③ 다음 각 호의 사항 등에 관하여는 「민사집행법」 제280조제1항, 제281조, 제283조, 제285조, 제286조, 제288조제1항, 같은 조 제2항 본문, 제289조, 제290조제2항 중 제288조제1항에 대한 부분, 제291조, 제292조제3항 및 제293조를 준용한다. 이 경우 "가압류"는 "임차권등기"로, "채권자"는 "임차인"으로, "채무자"는 "임대인"으로 본다.
(2023.4.18 전단개정)
1. 임차권등기명령의 신청에 대한 재판
2. 임차권등기명령의 결정에 대한 임대인의 이의신청 및 그에 대한 재판
3. 임차권등기명령의 취소신청 및 그에 대한 재판
4. 임차권등기명령의 집행
④ 임차권등기명령의 신청을 기각(棄却)하는 결정에 대하여 임차인은 항고(抗告)할 수 있다.
⑤ 임차인은 임차권등기명령의 집행에 따른 임차권등기를 마치면 제3조제1항·제2항 또는 제3항에 따른 대항력과 제3조의2제2항에 따른 우선변제권을 취득한다. 다만, 임차인이 임차권등기 이전에 이미 대항력이나 우선변제권을 취득한 경우에는 그 대항력이나 우선변제권은 그대로 유지되며, 임차권등기 이후에는 제3조제1항·제2항 또는 제3항의 대항요건을 상실하더라도 이미 취득한 대항력이나 우선변제권을 상실하지 아니한다.(2013.8.13 본항개정)
⑥ 임차권등기명령의 집행에 따른 임차권등기가 끝난 주택(임대차의 목적이 주택의 일부분인 경우에는 해당 부분으로 한정한다)을 그 이후에 임차한 임차인은 제8조에 따른 우선변제를 받을 권리가 없다.
⑦ 임차권등기의 촉탁(囑託), 등기관의 임차권등기 기입(記入) 등 임차권등기명령을 시행하는 데에 필요한 사항은 대법원규칙으로 정한다.(2011.4.12 본항개정)
⑧ 임차인은 제1항에 따른 임차권등기명령의 신청과 그에 따른 임차권등기와 관련하여 든 비용을 임대인에게 청구할 수 있다.
⑨ 금융기관등은 임차인을 대위하여 제1항의 임차권등기명령을 신청할 수 있다. 이 경우 제3항·제4항 및 제8항의 "임차인"은 "금융기관등"으로 본다.(2013.8.13 본항신설)
(2008.3.21 본조개정)

제3조의4【「민법」에 따른 주택임대차등기의 효력 등】 ① 「민법」 제621조에 따른 주택임대차등기의 효력에 관하여는 제3조의3제5항 및 제6항을 준용한다.
② 임차인이 대항력이나 우선변제권을 갖추고 「민법」 제621조제1항에 따라 임대인의 협력을 얻어 임대차등기를 신청하는 경우에는 신청서에 「부동산등기법」 제74조제1호부터 제6호까지의 사항 외에 다음 각 호의 사항을 적어야 하며, 이를 증명할 수 있는 서면(임대차의 목적이 주택의 일부분인 경우에는 해당 부분의 도면을 포함한다)을 첨부하여야 한다.(2020.2.4 본문개정)
1. 주민등록을 마친 날
2. 임차주택을 점유(占有)한 날
3. 임대차계약증서상의 확정일자를 받은 날
(2008.3.21 본조개정)

제3조의5【경매에 의한 임차권의 소멸】 임차권은 임차주택에 대하여 「민사집행법」에 따른 경매가 행하여진 경우에는 그 임차주택의 경락(競落)에 따라 소멸한다. 다만, 보증금이 모두 변제되지 아니한, 대항력이 있는 임차권은 그러하지 아니하다.(2008.3.21 본조개정)

제3조의6【확정일자 부여 및 임대차 정보제공 등】 ① 제3조의2제2항의 확정일자는 주택 소재지의 읍·면사무소, 동 주민센터 또는 시(특별시·광역시·특별자치시는 제외하고, 특별자치도는 포함한다)·군·구(자치구를 말한다)의 출장소, 지방법원 및 그 지원과 등기소 또는 「공증인법」에 따른 공증인(이하 이 조에서 "확정일자부여기관"이라 한다)이 부여한다.
② 확정일자부여기관은 해당 주택의 소재지, 확정일자 부여일, 차임 및 보증금 등을 기재한 확정일자부를 작성하여야 한다. 이 경우 전산처리정보조직을 이용할 수 있다.
③ 주택의 임대차에 이해관계가 있는 자는 확정일자부여기관에 해당 주택의 확정일자 부여일, 차임 및 보증금 등 정보의 제공을 요청할 수 있다. 이 경우 요청을 받은 확정일자부여기관은 정당한 사유 없이 이를 거부할 수 없다.
④ 임대차계약을 체결하려는 자는 임대인의 동의를 받아 확정일자부여기관에 제3항에 따른 정보제공을 요청할 수 있다.
⑤ 제1항·제3항 또는 제4항에 따라 확정일자를 부여받거나 정보를 제공받으려는 자는 수수료를 내야 한다.
⑥ 확정일자부에 기재하여야 할 사항, 주택의 임대차에 이해관계가 있는 자의 범위, 확정일자부여기관에 요청할 수 있는 정보의 범위 및 수수료, 그 밖에 확정일자부여사무와 정보제공 등에 필요한 사항은 대통령령 또는 대법원규칙으로 정한다.
(2013.8.13 본조신설)

제3조의7【임대인의 정보 제시 의무】 임대차계약을 체결할 때 임대인은 다음 각 호의 사항을 임차인에게 제시하여야 한다.
1. 제3조의6제3항에 따른 해당 주택의 확정일자 부여일, 차임 및 보증금 등 정보. 다만, 임대인이 임대차계약을 체결하기 전에 제3조의6제4항에 따라 동의함으로써 이를 갈음할 수 있다.
2. 「국세징수법」 제108조에 따른 납세증명서 및 「지방세징수법」 제5조제2항에 따른 납세증명서. 다만, 임대인이 임대차계약을 체결하기 전에 「국세징수법」 제109조제1항에 따른 미납국세와 체납액의 열람 및 「지방세징수법」 제6조제1항에 따른 미납지방세의 열람에 각각 동의함으로써 이를 갈음할 수 있다.
(2023.4.18 본조신설)

제4조【임대차기간 등】 ① 기간을 정하지 아니하거나 2년 미만으로 정한 임대차는 그 기간을 2년으로 본다. 다만, 임차인은 2년 미만으로 정한 기간이 유효함을 주장할 수 있다.
② 임대차기간이 끝난 경우에도 임차인이 보증금을 반환받을 때까지는 임대차관계가 존속되는 것으로 본다.
(2008.3.21 본조개정)

제5조 (1989.12.30 삭제)

제6조【계약의 갱신】 ① 임대인이 임대차기간이 끝나기 6개월 전부터 2개월 전까지의 기간에 임차인에게 갱신거절(更新拒絶)의 통지를 하지 아니하거나 계약조건을 변경하지 아니하면 갱신하지 아니한다는 뜻의 통지를 하지 아니한 경우에는 그 기간이 끝난 때에 전 임대차와 동일한 조건으로 다시 임대차한 것으로 본다. 임차인이 임대차기간이 끝나기 2개월 전까지 통지하지 아니한 경우에도 또한 같다.(2020.6.9 본항개정)
② 제1항의 경우 임대차의 존속기간은 2년으로 본다.
(2009.5.8 본항개정)
③ 2기(期)의 차임액(借賃額)에 달하도록 연체하거나 그

밖에 임차인으로서의 의무를 현저히 위반한 임차인에 대하여는 제1항을 적용하지 아니한다.
(2008.3.21 본조개정)

제6조의2 【묵시적 갱신의 경우 계약의 해지】 ① 제6조제1항에 따라 계약이 갱신된 경우 같은 조 제2항에도 불구하고 임차인은 언제든지 임대인에게 계약해지(契約解止)를 통지할 수 있다.(2009.5.8 본항개정)
② 제1항에 따른 해지는 임대인이 그 통지를 받은 날부터 3개월이 지나면 그 효력이 발생한다.
(2008.3.21 본조개정)

제6조의3 【계약갱신 요구 등】 ① 제6조에도 불구하고 임대인은 임차인이 제6조제1항 전단의 기간 이내에 계약갱신을 요구할 경우 정당한 사유 없이 거절하지 못한다. 다만, 다음 각 호의 어느 하나에 해당하는 경우에는 그러하지 아니하다.
1. 임차인이 2기의 차임액에 해당하는 금액에 이르도록 차임을 연체한 사실이 있는 경우
2. 임차인이 거짓이나 그 밖의 부정한 방법으로 임차한 경우
3. 서로 합의하여 임대인이 임차인에게 상당한 보상을 제공한 경우
4. 임차인이 임대인의 동의 없이 목적 주택의 전부 또는 일부를 전대(轉貸)한 경우
5. 임차인이 임차한 주택의 전부 또는 일부를 고의나 중대한 과실로 파손한 경우
6. 임차한 주택의 전부 또는 일부가 멸실되어 임대차의 목적을 달성하지 못할 경우
7. 임대인이 다음 각 목의 어느 하나에 해당하는 사유로 목적 주택의 전부 또는 대부분을 철거하거나 재건축하기 위하여 목적 주택의 점유를 회복할 필요가 있는 경우
가. 임대차계약 체결 당시 공사시기 및 소요기간 등을 포함한 철거 또는 재건축 계획을 임차인에게 구체적으로 고지하고 그 계획에 따르는 경우
나. 건물이 노후·훼손 또는 일부 멸실되는 등 안전사고의 우려가 있는 경우
다. 다른 법령에 따라 철거 또는 재건축이 이루어지는 경우
8. 임대인(임대인의 직계존속·직계비속을 포함한다)이 목적 주택에 실제 거주하려는 경우
9. 그 밖에 임차인이 임차인으로서의 의무를 현저히 위반하거나 임대차를 계속하기 어려운 중대한 사유가 있는 경우

② 임차인은 제1항에 따른 계약갱신요구권을 1회에 한하여 행사할 수 있다. 이 경우 갱신되는 임대차의 존속기간은 2년으로 본다.
③ 갱신되는 임대차는 전 임대차와 동일한 조건으로 다시 계약된 것으로 본다. 다만, 차임과 보증금은 제7조의 범위에서 증감할 수 있다.
④ 제1항에 따라 갱신되는 임대차의 해지에 관하여는 제6조의2를 준용한다.
⑤ 임대인이 제1항제8호의 사유로 갱신을 거절하였음에도 불구하고 갱신요구가 거절되지 아니하였더라면 갱신되었을 기간이 만료되기 전에 정당한 사유 없이 제3자에게 목적 주택을 임대한 경우 임대인은 갱신거절로 인하여 임차인이 입은 손해를 배상하여야 한다.
⑥ 제5항에 따른 손해배상액은 거절 당시 당사자 간에 손해배상액의 예정에 관한 합의가 이루어지지 않는 한 다음 각 호의 금액 중 큰 금액으로 한다.
1. 갱신거절 당시 월차임(차임 외에 보증금이 있는 경우에는 그 보증금을 제7조의2 각 호 중 낮은 비율에 따라 월 단위의 차임으로 전환한 금액을 포함한다. 이하 "환산월차임"이라 한다)의 3개월분에 해당하는 금액
2. 임대인이 제3자에게 임대하여 얻은 환산월차임과 갱신거절 당시 환산월차임 간 차액의 2년분에 해당하는 금액
3. 제1항제8호의 사유로 인한 갱신거절로 인하여 임차인이 입은 손해액
(2020.7.31 본조신설)

제7조 【차임 등의 증감청구권】 ① 당사자는 약정한 차임이나 보증금이 임차주택에 관한 조세, 공과금, 그 밖의 부담의 증감이나 경제사정의 변동으로 인하여 적절하지 아니하게 된 때에는 장래에 대하여 그 증감을 청구할 수 있다. 이 경우 증액청구는 임대차계약 또는 약정한 차임이나 보증금의 증액이 있은 후 1년 이내에는 하지 못한다.
② 제1항에 따른 증액청구는 약정한 차임이나 보증금의 20분의 1의 금액을 초과하지 못한다. 다만, 특별시·광역시·특별자치시·도 및 특별자치도는 관할 구역 내의 지역별 임대차 시장 여건 등을 고려하여 본문의 범위에서 증액청구의 상한을 조례로 달리 정할 수 있다.(2020.7.31 본항신설)
(2020.7.31 본조개정)

제7조의2 【월차임 전환 시 산정률의 제한】 보증금의 전부 또는 일부를 월 단위의 차임으로 전환하는 경우에는 그 전환되는 금액에 다음 각 호 중 낮은 비율을 곱한 월차임(月借賃)의 범위를 초과할 수 없다.(2013.8.13 본문개정)
1. 「은행법」에 따른 은행에서 적용하는 대출금리와 해당 지역의 경제 여건 등을 고려하여 대통령령으로 정하는 비율(2013.8.13 본호신설)
2. 한국은행에서 공시한 기준금리에 대통령령으로 정하는 이율을 더한 비율(2016.5.29 본호개정)

제8조 【보증금 중 일정액의 보호】 ① 임차인은 보증금 중 일정액을 다른 담보물권자(擔保物權者)보다 우선하여 변제받을 권리가 있다. 이 경우 임차인은 주택에 대한 경매신청의 등기 전에 제3조제1항의 요건을 갖추어야 한다.
② 제1항의 경우에는 제3조의2제4항부터 제6항까지의 규정을 준용한다.
③ 제1항에 따라 우선변제를 받을 임차인 및 보증금 중 일정액의 범위와 기준은 제8조의2에 따른 주택임대차위원회의 심의를 거쳐 대통령령으로 정한다. 다만, 보증금 중 일정액의 범위와 기준은 주택가액(대지의 가액을 포함한다)의 2분의 1을 넘지 못한다.(2009.5.8 본항개정)
(2008.3.21 본조개정)

판례 [1] 주택임대차보호법의 입법목적과 소액임차인 보호제도의 취지 등을 고려할 때, 채권자가 채무자 소유의 주택에 관하여 채무자와 임대차계약을 체결하고 전입신고를 마친 다음 그곳에 거주하였다고 하더라도, 임대차계약의 주된 목적이 소액임차인으로 보호받아 선순위 담보권자에 우선하여 채권을 회수하려는 것에 있었던 경우에는, 그러한 임차인을 주택임대차보호법상 소액임차인으로 보호할 수 없다.
[2] 처음 임대차계약을 체결할 당시에는 보증금액이 많아 주택임대차보호법상 소액임차인에 해당하지 않았지만 그 후 새로운 임대차계약에 의하여 정당하게 보증금을 감액하여 소액임차인에 해당하게 되었다면, 그 임대차계약이 통정허위표시에 의한 계약이어서 무효라는 등의 특별한 사정이 없는 한 그러한 임차인은 같은 법상 소액임차인으로 보호받을 수 있다.
(대판 2008.5.15, 2007다23203)

제8조의2 【주택임대차위원회】 ① 제8조에 따라 우선변제를 받을 임차인 및 보증금 중 일정액의 범위와 기준을 심의하기 위하여 법무부에 주택임대차위원회(이하 "위원회"라 한다)를 둔다.
② 위원회는 위원장 1명을 포함한 9명 이상 15명 이하의 위원으로 성별을 고려하여 구성한다.(2020.7.31 본항개정)
③ 위원회의 위원장은 법무부차관이 된다.
④ 위원회의 위원은 다음 각 호의 어느 하나에 해당하는 사람 중에서 위원장이 임명하거나 위촉하되, 제1호부터 제5호까지에 해당하는 위원을 각각 1명 이상 임명하거나 위촉하여야 하고, 위원 중 2분의 1 이상은 제1호·제2호 또는 제6호에 해당하는 사람을 위촉하여야 한다.
(2020.7.31 본문개정)
1. 법학·경제학 또는 부동산학 등을 전공하고 주택임대차 관련 전문지식을 갖춘 사람으로서 공인된 연구기관에서 조교수 이상 또는 이에 상당하는 직에 5년 이상 재직한 사람
2. 변호사·감정평가사·공인회계사·세무사 또는 공인중개사로서 5년 이상 해당 분야에서 종사하고 주택임대차 관련 업무경험이 풍부한 사람
3. 기획재정부에서 물가 관련 업무를 담당하는 고위공무원단에 속하는 공무원
4. 법무부에서 주택임대차 관련 업무를 담당하는 고위공무원단에 속하는 공무원(이에 상당하는 특정직 공무원을 포함한다)
5. 국토교통부에서 주택사업 또는 주거복지 관련 업무를 담당하는 고위공무원단에 속하는 공무원(2013.3.23 본호개정)
6. 그 밖에 주택임대차 관련 학식과 경험이 풍부한 사람으로서 대통령령으로 정하는 사람

⑤ 그 밖에 위원회의 구성 및 운영 등에 필요한 사항은 대통령령으로 정한다.
(2009.5.8 본조신설)

제9조 【주택 임차권의 승계】 ① 임차인이 상속인 없이 사망한 경우에는 그 주택에서 가정공동생활을 하던 사실상의 혼인관계에 있는 자가 임차인의 권리와 의무를 승계한다.
② 임차인이 사망한 때에 사망 당시 상속인이 그 주택에서 가정공동생활을 하고 있지 아니한 경우에는 그 주택에서 가정공동생활을 하던 사실상의 혼인 관계에 있는 자와 2촌 이내의 친족이 공동으로 임차인의 권리와 의무를 승계한다.
③ 제1항과 제2항의 경우에 임차인이 사망한 후 1개월 이내에 임대인에게 제1항과 제2항에 따른 승계 대상자가 반대의사를 표시한 경우에는 그러하지 아니하다.
④ 제1항과 제2항의 경우에 임대차 관계에서 생긴 채권·채무는 임차인의 권리의무를 승계한 자에게 귀속된다.
(2008.3.21 본조개정)

제10조 【강행규정】 이 법에 위반된 약정(約定)으로서 임차인에게 불리한 것은 그 효력이 없다.(2008.3.21 본조개정)

제10조의2 【초과 차임 등의 반환청구】 임차인이 제7조에 따른 증액비율을 초과하여 차임 또는 보증금을 지급하거나 제7조의2에 따른 월차임 산정률을 초과하여 차임을 지급한 경우에는 초과 지급된 차임 또는 보증금 상당금액의 반환을 청구할 수 있다.(2013.8.13 본조신설)

제11조 【일시사용을 위한 임대차】 이 법은 일시사용하기 위한 임대차임이 명백한 경우에는 적용하지 아니한다.
(2008.3.21 본조개정)

제12조 【미등기 전세에의 준용】 주택의 등기를 하지 아니한 전세계약에 관하여는 이 법을 준용한다. 이 경우 "전세금"은 "임대차의 보증금"으로 본다.(2008.3.21 본조개정)

제13조 【「소액사건심판법」의 준용】 임차인이 임대인에 대하여 제기하는 보증금반환청구소송에 관하여는 「소액사건심판법」 제6조, 제7조, 제10조 및 제11조의2를 준용한다.(2008.3.21 본조개정)

제14조 【주택임대차분쟁조정위원회】 ① 이 법의 적용을 받는 주택임대차와 관련된 분쟁을 심의·조정하기 위하여 대통령령으로 정하는 바에 따라 「법률구조법」 제8조에 따른 대한법률구조공단(이하 "공단"이라 한다)의 지부, 「한국토지주택공사법」에 따른 한국토지주택공사(이하 "공사"라 한다)의 지사 또는 사무소 및 「한국감정원법」에 따른 한국감정원(이하 "감정원"이라 한다)의 지사 또는 사무소에 주택임대차분쟁조정위원회(이하 "조정위원회"라 한다)를 둔다. 특별시·광역시·특별자치시·도 및 특별자치도(이하 "시·도"라 한다)는 그 지방자치단체의 실정을 고려하여 조정위원회를 둘 수 있다.
(2020.7.31 전단개정)
② 조정위원회는 다음 각 호의 사항을 심의·조정한다.
1. 차임 또는 보증금의 증감에 관한 분쟁
2. 임대차 기간에 관한 분쟁
3. 보증금 또는 임차주택의 반환에 관한 분쟁
4. 임차주택의 유지·수선 의무에 관한 분쟁
5. 그 밖에 대통령령으로 정하는 주택임대차에 관한 분쟁

③ 조정위원회의 사무를 처리하기 위하여 조정위원회에 사무국을 두고, 사무국의 조직 및 인력 등에 필요한 사항은 대통령령으로 정한다.
④ 사무국의 조정위원회 업무담당자는 「상가건물 임대차보호법」 제20조에 따른 상가건물임대차분쟁조정위원회 사무국의 업무를 제외하고 다른 직위의 업무를 겸직하여서는 아니 된다.(2018.10.16 본항개정)
(2016.5.29 본조신설)

제15조 【예산의 지원】 국가는 조정위원회의 설치·운영에 필요한 예산을 지원할 수 있다.(2016.5.29 본조신설)

제16조 【조정위원회의 구성 및 운영】 ① 조정위원회는 위원장 1명을 포함하여 5명 이상 30명 이하의 위원으로 성별을 고려하여 구성한다.(2020.7.31 본항개정)
② 조정위원회의 위원은 조정위원회를 두는 기관에 따라 공단 이사장, 공사 사장, 감정원 원장 또는 조정위원회를 둔 지방자치단체의 장이 각각 임명하거나 위촉한다.
(2020.7.31 본항개정)
③ 조정위원회의 위원은 주택임대차에 관한 학식과 경험이 풍부한 사람으로서 다음 각 호의 어느 하나에 해당하는 사람으로 한다. 이 경우 제1호부터 제4호까지에 해당하는 위원을 각 1명 이상 위촉하여야 하고, 위원 중 5분의 2 이상은 제2호에 해당하는 사람이어야 한다.
1. 법학·경제학 또는 부동산학 등을 전공하고 대학이나 공인된 연구기관에서 부교수 이상 또는 이에 상당하는 직에 재직한 사람
2. 판사·검사 또는 변호사로 6년 이상 재직한 사람
3. 감정평가사·공인회계사·법무사 또는 공인중개사로서 주택임대차 관계 업무에 6년 이상 종사한 사람
4. 「사회복지사업법」에 따른 사회복지법인과 그 밖의 비영리법인에서 주택임대차분쟁에 관한 상담에 6년 이상 종사한 경력이 있는 사람
5. 해당 지방자치단체에서 주택임대차 관련 업무를 담당하는 4급 이상의 공무원
6. 그 밖에 주택임대차 관련 학식과 경험이 풍부한 사람으로서 대통령령으로 정하는 사람

④ 조정위원회의 위원장은 제3항제2호에 해당하는 위원 중에서 위원들이 호선한다.
⑤ 조정위원회위원장은 조정위원회를 대표하여 그 직무를 총괄한다.
⑥ 조정위원회위원장이 부득이한 사유로 직무를 수행할 수 없는 경우에는 조정위원회위원장이 미리 지명한 조정위원이 그 직무를 대행한다.
⑦ 조정위원의 임기는 3년으로 하되 연임할 수 있으며, 보궐위원의 임기는 전임자의 남은 임기로 한다.
⑧ 조정위원회는 조정위원회위원장 또는 제3항제2호에 해당하는 조정위원 1명 이상을 포함한 재적위원 과반수의 출석과 출석위원 과반수의 찬성으로 의결한다.
⑨ 그 밖에 조정위원회의 설치, 구성 및 운영 등에 필요한 사항은 대통령령으로 정한다.
(2016.5.29 본조신설)

제17조 【조정부의 구성 및 운영】 ① 조정위원회는 분쟁의 효율적 해결을 위하여 3명의 조정위원으로 구성된 조정부를 둘 수 있다.
② 조정부에는 제16조제3항제2호에 해당하는 사람이 1명 이상 포함되어야 하며, 그 중에서 조정위원회위원장이 조정부의 장을 지명한다.
③ 조정부는 다음 각 호의 사항을 심의·조정한다.
1. 제14조제2항에 따른 주택임대차분쟁 중 대통령령으로 정하는 금액 이하의 분쟁
2. 조정위원회가 사건을 특정하여 조정부에 심의·조정을 위임한 분쟁

④ 조정부는 조정부의 장을 포함한 재적위원 과반수의 출석과 출석위원 과반수의 찬성으로 의결한다.
⑤ 제4항에 따라 조정부가 내린 결정은 조정위원회가 결정한 것으로 본다.
⑥ 그 밖에 조정부의 설치, 구성 및 운영 등에 필요한 사항은 대통령령으로 정한다.
(2016.5.29 본조신설)

제18조【조정위원의 결격사유】「국가공무원법」 제33조 각 호의 어느 하나에 해당하는 사람은 조정위원이 될 수 없다.(2016.5.29 본조신설)

제19조【조정위원의 신분보장】 ① 조정위원은 자신의 직무를 독립적으로 수행하고 주택임대차분쟁의 심리 및 판단에 관하여 어떠한 지시에도 구속되지 아니한다.

② 조정위원은 다음 각 호의 어느 하나에 해당하는 경우를 제외하고는 그 의사에 반하여 해임 또는 해촉되지 아니한다.

1. 제18조에 해당하는 경우
2. 신체상 또는 정신상의 장애로 직무를 수행할 수 없게 된 경우

(2016.5.29 본조신설)

제20조【조정위원의 제척 등】 ① 조정위원이 다음 각 호의 어느 하나에 해당하는 경우 그 직무의 집행에서 제척된다.

1. 조정위원 또는 그 배우자나 배우자이었던 사람이 해당 분쟁사건의 당사자가 되는 경우
2. 조정위원이 해당 분쟁사건의 당사자와 친족관계에 있거나 있었던 경우
3. 조정위원이 해당 분쟁사건에 관하여 진술, 감정 또는 법률자문을 한 경우
4. 조정위원이 해당 분쟁사건에 관하여 당사자의 대리인으로서 관여하거나 관여하였던 경우

② 사건을 담당한 조정위원에게 제척의 원인이 있는 경우에는 조정위원회는 직권 또는 당사자의 신청에 따라 제척의 결정을 한다.

③ 당사자는 사건을 담당한 조정위원에게 공정한 직무집행을 기대하기 어려운 사정이 있는 경우 조정위원회에 기피신청을 할 수 있다.

④ 기피신청에 관한 결정은 조정위원회가 하고, 해당 조정위원 및 당사자 쌍방은 그 결정에 불복하지 못한다.

⑤ 제3항에 따른 기피신청이 있는 때에는 조정위원회는 그 신청에 대한 결정이 있을 때까지 조정절차를 정지하여야 한다.

⑥ 조정위원은 제1항 또는 제3항에 해당하는 경우 조정위원회의 허가를 받지 아니하고 해당 분쟁사건의 직무집행에서 회피할 수 있다.

(2016.5.29 본조신설)

제21조【조정의 신청 등】 ① 제14조제2항 각 호의 어느 하나에 해당하는 주택임대차분쟁의 당사자는 해당 주택이 소재하는 지역을 관할하는 조정위원회에 분쟁의 조정을 신청할 수 있다.(2020.7.31 본항개정)

② 조정위원회는 신청인이 조정을 신청할 때 조정 절차 및 조정의 효력 등 분쟁조정에 관하여 대통령령으로 정하는 사항을 안내하여야 한다.

③ 조정위원회의 위원장은 다음 각 호의 어느 하나에 해당하는 경우 신청을 각하한다. 이 경우 그 사유를 신청인에게 통지하여야 한다.

1. 이미 해당 분쟁조정사항에 대하여 법원에 소가 제기되거나 조정 신청이 있은 후 소가 제기된 경우
2. 이미 해당 분쟁조정사항에 대하여 「민사조정법」에 따른 조정이 신청된 경우나 조정신청이 있은 후 같은 법에 따른 조정이 신청된 경우
3. 이미 해당 분쟁조정사항에 대하여 이 법에 따른 조정위원회에 조정이 신청된 경우나 조정신청이 있은 후 조정이 성립된 경우
4. 조정신청 자체로 주택임대차에 관한 분쟁이 아님이 명백한 경우
5. 피신청인이 조정절차에 응하지 아니한다는 의사를 통지한 경우(2020.6.9 본호개정)
6. 신청인이 정당한 사유 없이 조사에 응하지 아니하거나 2회 이상 출석요구에 응하지 아니한 경우

(2016.5.29 본조신설)

제22조【조정절차】 ① 조정위원회의 위원장은 신청인으로부터 조정신청을 접수한 때에는 지체 없이 조정절차를 개시하여야 한다.(2020.6.9 본항개정)

② 조정위원회의 위원장은 제1항에 따라 조정신청을 접수하면 피신청인에게 조정신청서를 송달하여야 한다. 이 경우 제21조제2항을 준용한다.(2020.6.9 본항개정)

③ 조정서류의 송달 등 조정절차에 관하여 필요한 사항은 대통령령으로 정한다.

(2016.5.29 본조신설)

제23조【처리기간】 ① 조정위원회는 분쟁의 조정신청을 받은 날부터 60일 이내에 그 분쟁조정을 마쳐야 한다. 다만, 부득이한 사정이 있는 경우에는 조정위원회의 의결을 거쳐 30일의 범위에서 그 기간을 연장할 수 있다.

② 조정위원회는 제1항 단서에 따라 기간을 연장한 경우에는 기간 연장의 사유와 그 밖에 기간 연장에 관한 사항을 당사자에게 통보하여야 한다.

(2016.5.29 본조신설)

제24조【조사 등】 ① 조정위원회는 조정을 위하여 필요하다고 인정하는 경우 신청인, 피신청인, 분쟁 관련 이해관계인 또는 참고인에게 출석하여 진술하게 하거나 조정에 필요한 자료나 물건 등을 제출하도록 요구할 수 있다.

② 조정위원회는 조정을 위하여 필요하다고 인정하는 경우 조정위원 또는 사무국의 직원으로 하여금 조정 대상물 및 관련 자료에 대하여 조사하게 하거나 자료를 수집하게 할 수 있다. 이 경우 조정위원이나 사무국의 직원은 그 권한을 표시하는 증표를 지니고 이를 관계인에게 내보여야 한다.

③ 조정위원회위원장은 특별시장, 광역시장, 특별자치시장, 도지사 및 특별자치도지사(이하 "시ㆍ도지사"라 한다)에게 해당 조정업무에 참고하기 위하여 인근지역의 확정일자 자료, 보증금의 월차임 전환율 등 적정 수준의 임대료 산정을 위한 자료를 요청할 수 있다. 이 경우 시ㆍ도지사는 정당한 사유가 없으면 조정위원회위원장의 요청에 따라야 한다.

(2016.5.29 본조신설)

제25조【조정을 하지 아니하는 결정】 ① 조정위원회는 해당 분쟁이 그 성질상 조정을 하기에 적당하지 아니하다고 인정하거나 당사자가 부당한 목적으로 조정을 신청한 것으로 인정할 때에는 조정을 하지 아니할 수 있다.

② 조정위원회는 제1항에 따라 조정을 하지 아니하기로 결정하였을 때에는 그 사실을 당사자에게 통지하여야 한다.

(2016.5.29 본조신설)

제26조【조정의 성립】 ① 조정위원회가 조정안을 작성한 경우에는 그 조정안을 지체 없이 각 당사자에게 통지하여야 한다.

② 제1항에 따라 조정안을 통지받은 당사자가 통지받은 날부터 14일 이내에 수락의 의사를 서면으로 표시하지 아니한 경우에는 조정을 거부한 것으로 본다.(2020.6.9 본항개정)

③ 제2항에 따라 각 당사자가 조정안을 수락한 경우에는 조정안과 동일한 내용의 합의가 성립된 것으로 본다.

④ 제3항에 따른 합의가 성립한 경우 조정위원회위원장은 조정안의 내용을 조정서로 작성한다. 조정위원회위원장은 각 당사자 간에 금전, 그 밖의 대체물의 지급 또는 부동산의 인도에 관하여 강제집행을 승낙하는 취지의 합의가 있는 경우에는 그 내용을 조정서에 기재하여야 한다.

(2016.5.29 본조신설)

제27조【집행력의 부여】 제26조제4항 후단에 따라 강제집행을 승낙하는 취지의 내용이 기재된 조정서의 정본은 「민사집행법」 제56조에도 불구하고 집행력 있는 집행권원과 같은 효력을 가진다. 다만, 청구에 관한 이의의 주장에 대하여는 같은 법 제44조제2항을 적용하지 아니한다.(2016.5.29 본조신설)

제28조【비밀유지의무】 조정위원, 사무국의 직원 또는 그 직에 있었던 자는 다른 법률에 특별한 규정이 있는 경우를 제외하고는 직무상 알게 된 정보를 타인에게 누설하거나 직무상 목적 외에 사용하여서는 아니 된다.

(2016.5.29 본조신설)

제29조【다른 법률의 준용】 조정위원회의 운영 및 조정절차에 관하여 이 법에서 규정하지 아니한 사항에 대하여는 「민사조정법」을 준용한다.(2016.5.29 본조신설)

제30조【주택임대차표준계약서 사용】 주택임대차계약을 서면으로 체결할 때에는 법무부장관이 국토교통부장관과 협의하여 정하는 주택임대차표준계약서를 우선적으로 사용한다. 다만, 당사자가 다른 서식을 사용하기로 합의한 경우에는 그러하지 아니하다.(2020.7.31 본문개정)

제31조【벌칙 적용에서 공무원 의제】 공무원이 아닌 주택임대차위원회의 위원 및 주택임대차분쟁조정위원회의 위원은 「형법」 제127조, 제129조부터 제132조까지의 규정을 적용할 때에는 공무원으로 본다.(2016.5.29 본조신설)

부 칙 (2013.8.13)

제1조【시행일】 이 법은 2014년 1월 1일부터 시행한다. 다만, 제3조의2제4항, 제6항부터 제9항까지, 제3조의3제1항 및 제9항, 제10조의2의 개정규정은 공포한 날부터 시행한다.

제2조【일반적 적용례】 이 법은 이 법 시행 후 최초로 체결되거나 갱신되는 임대차부터 적용한다.

제3조【중소기업 법인의 대항력에 관한 적용례 및 경과조치】 ① 제3조제3항의 개정규정은 법인(「중소기업기본법」 제2조에 따른 중소기업인 법인에 한정한다)이 임차인인 이 법 시행 당시 존속 중인 임대차에 대하여도 적용하되, 이 법 시행 전에 물권을 취득한 제3자에 대하여는 그 효력이 없다.

② 제1항에도 불구하고 이 법 시행 당시 존속 중인 임대차의 기간에 대하여는 종전의 규정에 따른다.

제4조【금융기관등의 우선변제권에 관한 적용례】 제3조의2제4항, 제6항부터 제9항까지, 제3조의3제1항 및 제9항의 개정규정은 같은 개정규정 시행 당시 존속 중인 임대차에 대하여도 적용하되, 같은 개정규정 시행 후 최초로 보증금반환채권을 양수한 경우부터 적용한다.

제5조【월차임 전환 시 산정률의 제한에 관한 적용례】 제7조의2의 개정규정은 이 법 시행 당시 존속 중인 임대차에 대하여도 적용하되, 이 법 시행 후 최초로 보증금의 전부 또는 일부를 월 단위 차임으로 전환하는 경우부터 적용한다.

부 칙 (2016.5.29 법14175호)

제1조【시행일】 이 법은 공포 후 6개월이 경과한 날부터 시행한다. 다만, 제14조부터 제29조까지 및 제31조(주택임대차분쟁조정위원회에 관한 부분만 해당한다)의 개정규정은 공포 후 1년이 경과한 날부터 시행한다.

제2조【월차임 전환율에 관한 적용례】 제7조의2의 개정규정은 이 법 시행 당시 존속 중인 임대차에 대하여도 적용하되, 이 법 시행 후 최초로 보증금의 전부 또는 일부를 월 단위 차임으로 전환하는 경우부터 적용한다.

부 칙 (2020.2.4)

제1조【시행일】 이 법은 공포 후 6개월이 경과한 날부터 시행한다.(이하 생략)

부 칙 (2020.6.9)

제1조【시행일】 이 법은 공포 후 6개월이 경과한 날부터 시행한다.

제2조【계약 갱신에 관한 적용례】 제6조제1항의 개정규정은 이 법 시행 후 최초로 체결되거나 갱신된 임대차부터 적용한다.

제3조【조정절차 등에 관한 적용례】 제21조제3항제5호, 제22조제1항ㆍ제2항 및 제26조제2항의 개정규정은 이 법 시행 후 최초로 주택임대차분쟁조정위원회에 접수되는 조정신청부터 적용한다.

부 칙 (2020.7.31)

제1조【시행일】 이 법은 공포한 날부터 시행한다. 다만, 제8조의2제2항ㆍ제4항, 제14조제1항, 제16조제1항ㆍ제2항, 제21조제1항 및 제30조의 개정규정은 공포 후 3개월이 경과한 날부터 시행한다.

제2조【계약갱신 요구 등에 관한 적용례】 ① 제6조의3 및 제7조의 개정규정은 이 법 시행 당시 존속 중인 임대차에 대하여도 적용한다.

② 제1항에도 불구하고 이 법 시행 전에 임대인이 갱신을 거절하고 제3자와 임대차계약을 체결한 경우에는 이를 적용하지 아니한다.

부 칙 (2023.4.18)

제1조【시행일】 이 법은 공포 후 3개월이 경과한 날부터 시행한다. 다만, 제3조의7의 개정규정은 공포한 날부터 시행한다.(2023.7.11 본문개정)

제2조【임차권등기명령의 집행에 관한 적용례】 제3조의3제3항 각 호 외의 부분 전단의 개정규정은 이 법 시행 전에 내려져 이 법 시행 당시 임대인에게 송달되지 아니한 임차권등기명령에 대해서도 적용한다.

제3조【임대인의 정보 제시 의무에 관한 적용례】 제3조의7의 개정규정은 같은 개정규정 시행 이후 임대차계약을 체결하는 경우부터 적용한다.

부 칙 (2023.7.11)

이 법은 공포한 날부터 시행한다.

주택임대차보호법 시행령

(1984년 6월 14일
대통령령 제11441호)

개정
1987.12. 1영12283호 1990. 2.19영12930호
1995.10.19영14785호 2001. 9.15영17360호
2002. 6.19영17627호 2007.10.23영20334호
2008. 8.21영20971호 2009. 7.30영21650호
2009. 9.21영21744호(한국토지주택공사법시)
2010. 7.21영22284호
2012. 1. 6영23488호(민감정보고유식별정보)
2013. 3.23영24415호(직제)
2013.12.30영25035호
2016. 1.22영26922호(제주자치법시)
2016. 3.31영27078호 2016.11.29영27614호
2017. 5.29영28053호 2018. 9.18영29162호
2020. 9.29영31080호
2020.12. 8영31243호(한국부동산원법시)
2021. 4. 6영31614호(5·18민주유공자예우및단체설립에관한법시)
2021. 5.11영31673호 2022.12.20영33105호
2023. 2.21영33254호
2023. 9.26영33771호(한부모가족지원확대를위한일부개정령)

제1조【목적】 이 영은 「주택임대차보호법」에서 위임된 사항과 그 시행에 관하여 필요한 사항을 정함을 목적으로 한다.(2008.8.21 본조개정)

제2조【대항력이 인정되는 법인】 「주택임대차보호법」(이하 "법"이라 한다) 제3조제2항 후단에서 "대항력이 인정되는 법인"이란 다음 각 호의 법인을 말한다.
1. 「한국토지주택공사법」에 따른 한국토지주택공사(이하 "공사"라 한다)(2020.9.29 본호개정)
2. 「지방공기업법」 제49조에 따라 주택사업을 목적으로 설립된 지방공사
(2008.8.21 본조개정)

제2조의2 → 제9조로 이동

제3조【고유식별정보의 처리】 다음 각 호의 어느 하나에 해당하는 자는 법 제3조의6에 따른 확정일자 부여 및 임대차 정보제공 등에 관한 사무를 수행하기 위하여 불가피한 경우 「개인정보 보호법 시행령」 제19조제1호 및 제4호에 따른 주민등록번호 및 외국인등록번호를 처리할 수 있다.
1. 시장(「제주특별자치도 설치 및 국제자유도시 조성을 위한 특별법」 제11조에 따른 행정시장을 포함하며, 특별시장·광역시장·특별자치시장은 제외한다), 군수 또는 구청장(자치구의 구청장을 말한다)(2016.1.22 본호개정)
2. 읍·면·동의 장
3. 「공증인법」에 따른 공증인
(2013.12.30 본조개정)

제4조【확정일자부 기재사항 등】 ① 법 제3조의6제1항에 따른 확정일자부여기관(지방법원 및 그 지원과 등기소는 제외하며, 이하 "확정일자부여기관"이라 한다)이 같은 조 제2항에 따라 작성하는 확정일자부에 기재하여야 할 사항은 다음 각 호와 같다.
1. 확정일자번호
2. 확정일자 부여일
3. 임대인·임차인의 인적사항
가. 자연인인 경우
성명, 주소, 주민등록번호(외국인은 외국인등록번호)
나. 법인이거나 법인 아닌 단체인 경우
법인명·단체명, 법인등록번호·부동산등기용등록번호, 본점·주사무소 소재지
4. 주택 소재지
5. 임대차 목적물
6. 임대차 기간
7. 차임·보증금
8. 신청인의 성명과 주민등록번호 앞 6자리(외국인은 외국인등록번호 앞 6자리)
② 확정일자는 확정일자번호, 확정일자 부여일 및 확정일자부여기관을 주택임대차계약증서에 표시하는 방법으로 부여한다.
③ 제1항 및 제2항에서 규정한 사항 외에 확정일자부 작성방법 및 확정일자 부여 시 확인사항 등 확정일자 부여사무에 관하여 필요한 사항은 법무부령으로 정한다.
(2013.12.30 본조신설)

제5조【주택의 임대차에 이해관계가 있는 자의 범위】 법 제3조의6제3항에 따라 정보제공을 요청할 수 있는 주택의 임대차에 이해관계가 있는 자(이하 "이해관계인"이라 한다)는 다음 각 호의 어느 하나에 해당하는 자로 한다.
1. 해당 주택의 임대인·임차인
2. 해당 주택의 소유자
3. 해당 주택 또는 그 대지의 등기기록에 기록된 권리자 중 법무부령으로 정하는 자
4. 법 제3조의2제7항에 따라 우선변제권을 승계한 금융기관
5. 법 제6조의3제1항제8호의 사유로 계약의 갱신이 거절된 임대차계약의 임차인이었던 자(2020.9.29 본호신설)
6. 제1호부터 제5호까지의 규정에 준하는 지위 또는 권리를 가지는 자로서 법무부령으로 정하는 자(2020.9.29 본호개정)
(2013.12.30 본조신설)

제6조【요청할 수 있는 정보의 범위 및 제공방법】 ① 제5조제1호 또는 제5호에 해당하는 자는 법 제3조의6제3항에 따라 확정일자부여기관에 해당 임대차계약(제5조제5호에 해당하는 자의 경우에는 갱신요구가 거절되지 않았더라면 갱신되었을 기간 중에 존속하는 임대차계약을 말한다)에 관한 다음 각 호의 사항의 열람 또는 그 내용을 기록한 서면의 교부를 요청할 수 있다.(2020.9.29 본문개정)
1. 임대차목적물
2. 임대인·임차인의 인적사항(제5조제5호에 해당하는 자는 임대인·임차인의 성명, 법인명 또는 단체명으로 한정한다)(2020.9.29 본호개정)
3. 확정일자 부여일
4. 차임·보증금
5. 임대차기간
② 제5조제2호부터 제4호까지 또는 제6호의 어느 하나에 해당하는 자이거나 임대차계약을 체결하려는 자는 법 제3조의6제3항 또는 제4항에 따라 확정일자부여기관에 다음 각 호의 사항의 열람 또는 그 내용을 기록한 서면의 교부를 요청할 수 있다.(2020.9.29 본문개정)
1. 임대차목적물
2. 확정일자 부여일
3. 차임·보증금
4. 임대차기간
③ 제1항 및 제2항에서 규정한 사항 외에 정보제공 요청에 필요한 사항은 법무부령으로 정한다.
(2013.12.30 본조신설)

제7조【수수료】 ① 법 제3조의6제5항에 따라 확정일자부여기관에 내야 하는 수수료는 확정일자 부여에 관한 수수료와 정보제공에 관한 수수료로 구분하며, 그 구체적인 금액은 법무부령으로 정한다.
② 「국민기초생활 보장법」에 따른 수급자 등 법무부령으로 정하는 사람에 대해서는 제1항에 따른 수수료를 면제할 수 있다.
(2013.12.30 본조신설)

제8조【차임 등 증액청구의 기준 등】 ① 법 제7조에 따른 차임이나 보증금(이하 "차임등"이라 한다)의 증액청구는 약정한 차임등의 20분의 1의 금액을 초과하지 못한다.
② 제1항에 따른 증액청구는 임대차계약 또는 약정한 차임등의 증액이 있은 후 1년 이내에는 하지 못한다.
(2008.8.21 본조개정)

제9조【월차임 전환 시 산정률】 ① 법 제7조의2제1호에서 "대통령령으로 정하는 비율"이란 연 1할을 말한다.
② 법 제7조의2제2호에서 "대통령령으로 정하는 이율"이란 연 2퍼센트를 말한다.(2020.9.29 본항개정)
(2013.12.30 본조개정)

제10조【보증금 중 일정액의 범위 등】 ① 법 제8조에 따라 우선변제를 받을 보증금 중 일정액의 범위는 다음 각 호의 구분에 의한 금액 이하로 한다.
1. 서울특별시 : 5천500만원
2. 「수도권정비계획법」에 따른 과밀억제권역(서울특별시는 제외한다), 세종특별자치시, 용인시, 화성시 및 김포시 : 4천800만원
3. 광역시(「수도권정비계획법」에 따른 과밀억제권역에 포함된 지역과 군지역은 제외한다), 안산시, 광주시, 파주시, 이천시 및 평택시 : 2천800만원
4. 그 밖의 지역 : 2천500만원
(2023.2.21 1호~4호개정)
② 임차인의 보증금 중 일정액이 주택가액의 2분의 1을 초과하는 경우에는 주택가액의 2분의 1에 해당하는 금액까지만 우선변제권이 있다.
③ 하나의 주택에 임차인이 2명 이상이고, 그 각 보증금 중 일정액을 모두 합한 금액이 주택가액의 2분의 1을 초과하는 경우에는 그 각 보증금 중 일정액을 모두 합한 금액에 대한 각 임차인의 보증금 중 일정액의 비율로 그 주택가액의 2분의 1에 해당하는 금액을 분할한 금액을 각 임차인의 보증금 중 일정액으로 본다.
④ 하나의 주택에 임차인이 2명 이상이고 이들이 그 주택에서 가정공동생활을 하는 경우에는 이들을 1명의 임차인으로 보아 이들의 각 보증금을 합산한다.
(2008.8.21 본조개정)

제11조【우선변제를 받을 임차인의 범위】 법 제8조에 따라 우선변제를 받을 임차인은 보증금이 다음 각 호의 구분에 의한 금액 이하인 임차인으로 한다.
1. 서울특별시 : 1억6천500만원
2. 「수도권정비계획법」에 따른 과밀억제권역(서울특별시는 제외한다), 세종특별자치시, 용인시, 화성시 및 김포시 : 1억4천500만원
3. 광역시(「수도권정비계획법」에 따른 과밀억제권역에 포함된 지역과 군지역은 제외한다), 안산시, 광주시, 파주시, 이천시 및 평택시 : 8천500만원
4. 그 밖의 지역 : 7천500만원
(2023.2.21 1호~4호개정)
(2008.8.21 본조개정)

제12조【주택임대차위원회의 구성】 법 제8조의2제4항제6호에서 "대통령령으로 정하는 사람"이란 다음 각 호의 어느 하나에 해당하는 사람을 말한다.
1. 특별시·광역시·특별자치시·도 및 특별자치도(이하 "시·도"라 한다)에서 주택정책 또는 부동산 관련 업무를 담당하는 주무부서의 실·국장(2017.5.29 본호개정)
2. 법무사로서 5년 이상 해당 분야에서 종사하고 주택임대차 관련 업무 경험이 풍부한 사람
(2009.7.30 본조신설)

제13조【위원의 임기 등】 ① 법 제8조의2에 따른 주택임대차위원회(이하 "위원회"라 한다)의 위원의 임기는 2년으로 하되, 한 차례만 연임할 수 있다. 다만, 공무원인 위원의 임기는 그 직위에 재직하는 기간으로 한다.
② 위원장은 위촉된 위원이 다음 각 호의 어느 하나에 해당하는 경우에는 해당 위원을 해촉할 수 있다.
1. 심신장애로 인하여 직무를 수행할 수 없게 된 경우
2. 직무와 관련한 형사사건으로 기소된 경우
3. 직무태만, 품위손상, 그 밖의 사유로 인하여 위원으로 적합하지 아니하다고 인정되는 경우
4. 위원 스스로 직무를 수행하는 것이 곤란하다고 의사를 밝히는 경우
(2016.3.31 본조개정)

제14조【위원장의 직무】 ① 위원장은 위원회를 대표하고, 위원회의 업무를 총괄한다.
② 위원장이 부득이한 사유로 인하여 직무를 수행할 수 없을 때에는 위원장이 미리 지명한 위원이 그 직무를 대행한다.
(2009.7.30 본조신설)

제15조【간사】 ① 위원회에 간사 1명을 두되, 간사는 주택임대차 관련 업무에 종사하는 법무부 소속의 고위공무원단에 속하는 일반직 공무원(이에 상당하는 특정직·별정직 공무원을 포함한다) 중에서 위원회의 위원장이 지명한다.
② 간사는 위원회의 운영을 지원하고, 위원회의 회의에 관한 기록과 그 밖에 서류의 작성과 보관에 관한 사무를 처리한다.
③ 간사는 위원회에 참석하여 심의사항을 설명하거나 그 밖에 필요한 발언을 할 수 있다.
(2009.7.30 본조신설)

제16조【위원회의 회의】 ① 위원회의 회의는 매년 1회 개최되는 정기회의와 위원장이 필요하다고 인정하거나 위원 3분의 1 이상이 요구할 경우에 개최되는 임시회의로 구분하여 운영한다.
② 위원장은 위원회의 회의를 소집하고, 그 의장이 된다.
③ 위원회의 회의는 재적위원 과반수의 출석으로 개의하고, 출석위원 과반수의 찬성으로 의결한다.
④ 위원회의 회의는 비공개로 한다.
⑤ 위원장은 위원이 아닌 자를 회의에 참석하게 하여 의견을 듣거나 관계 기관·단체 등에게 필요한 자료, 의견제출 등 협조를 요청할 수 있다.
(2009.7.30 본조신설)

제17조【실무위원회】 ① 위원회에서 심의할 안건의 협의를 효율적으로 지원하기 위하여 위원회에 실무위원회를 둔다.
② 실무위원회는 다음 각 호의 사항을 협의·조정한다.
1. 심의안건 및 이와 관련하여 위원회가 위임한 사항
2. 그 밖에 위원장 및 위원이 실무협의를 요구하는 사항
③ 실무위원회의 위원장은 위원회의 간사가 되고, 실무위원회의 위원은 다음 각 호의 사람 중에서 그 소속기관의 장이 지명하는 사람으로 한다.
1. 기획재정부에서 물가 관련 업무를 담당하는 5급 이상의 국가공무원
2. 법무부에서 주택임대차 관련 업무를 담당하는 5급 이상의 국가공무원
3. 국토교통부에서 주택사업 또는 주거복지 관련 업무를 담당하는 5급 이상의 국가공무원(2013.3.23 본호개정)
4. 시·도에서 주택정책 또는 부동산 관련 업무를 담당하는 5급 이상의 지방공무원
(2009.7.30 본조신설)

제18조【전문위원】 ① 위원회의 심의사항에 관한 전문적인 조사·연구업무를 수행하기 위하여 5명 이내의 전문위원을 둘 수 있다.
② 전문위원은 법학, 경제학 또는 부동산학 등에 학식과 경험을 갖춘 사람 중에서 법무부장관이 위촉하고, 임기는 2년으로 한다.
(2009.7.30 본조신설)

제19조【수당】 위원회 또는 실무위원회 위원에 대해서는 예산의 범위에서 수당을 지급할 수 있다. 다만, 공무원인 위원이 그 소관 업무와 직접적으로 관련되어 위원회에 출석하는 경우에는 그러하지 아니하다.
(2009.7.30 본조신설)

제20조【운영세칙】 이 영에서 규정한 사항 외에 위원회의 운영에 필요한 사항은 법무부장관이 정한다.
(2009.7.30 본조신설)

제21조【주택임대차분쟁조정위원회의 설치】 법 제14조제1항에 따른 주택임대차분쟁조정위원회(이하 "조정위원회"라 한다)를 두는 「법률구조법」 제8조에 따른 대한법률구조공단(이하 "공단"이라 한다), 공사 및 「한국부동산원법」에 따른 한국부동산원(이하 "부동산원"이라 한다)의 지부, 지사 또는 사무소와 그 관할구역은 별표1과 같다.(2020.12.8 본조개정)

제22조【조정위원회의 심의·조정 사항】 법 제14조제2항제5호에서 "대통령령으로 정하는 주택임대차에 관한 분쟁"이란 다음 각 호의 분쟁을 말한다.

1. 임대차계약의 이행 및 임대차계약 내용의 해석에 관한 분쟁
2. 임대차계약 갱신 및 종료에 관한 분쟁
3. 임대차계약의 불이행 등에 따른 손해배상청구에 관한 분쟁
4. 공인중개사 보수 등 비용부담에 관한 분쟁
5. 주택임대차표준계약서 사용에 관한 분쟁
6. 그 밖에 제1호부터 제5호까지의 규정에 준하는 분쟁으로서 조정위원회의 위원장(이하 "위원장"이라 한다)이 조정이 필요하다고 인정하는 분쟁
(2017.5.29 본조신설)

제23조【공단의 지부 등에 두는 조정위원회 사무국】 ① 법 제14조제3항에 따라 공단, 공사 및 부동산원의 지부, 지사 또는 사무소에 두는 조정위원회 사무국(이하 "사무국"이라 한다)에는 사무국장 1명을 두며, 사무국장 밑에 심사관 및 조사관을 둔다.(2020.12.8 본항개정)
② 사무국장은 공단 이사장, 공사 사장 및 부동산원 원장이 각각 임명하며, 조정위원회의 위원(이하 "조정위원"이라 한다)을 겸직할 수 있다.(2020.12.8 본항개정)
③ 심사관 및 조사관은 공단 이사장, 공사 사장 및 부동산원 원장이 각각 임명한다.(2020.12.8 본항개정)
④ 사무국장은 사무국의 업무를 총괄하고, 소속 직원을 지휘·감독한다.
⑤ 심사관은 다음 각 호의 업무를 담당한다.
1. 분쟁조정신청 사건에 대한 쟁점정리 및 법률적 검토
2. 조사관이 담당하는 업무에 대한 지휘·감독
3. 그 밖에 위원장이 조정위원회의 사무 처리를 위하여 필요하다고 인정하는 업무
⑥ 조사관은 다음 각 호의 업무를 담당한다.
1. 조정신청의 접수
2. 분쟁조정 신청에 관한 민원의 안내
3. 조정당사자에 대한 송달 및 통지
4. 분쟁의 조정에 필요한 사실조사
5. 그 밖에 위원장이 조정위원회의 사무 처리를 위하여 필요하다고 인정하는 업무
⑦ 사무국장 및 심사관은 변호사의 자격이 있는 사람으로 한다.
(2020.9.29 본조제목개정)
(2017.5.29 본조신설)

제24조【시·도의 조정위원회 사무국】 시·도가 법 제14조제1항 후단에 따라 조정위원회를 두는 경우 사무국의 조직 및 운영 등에 관한 사항은 그 지방자치단체의 실정을 고려하여 해당 시·도 조례로 정한다.(2020.9.29 본조개정)

제25조【조정위원회 구성】 법 제16조제3항제6호에서 "대통령령으로 정하는 사람"이란 세무사·주택관리사·건축사로서 주택임대차 관계 업무에 6년 이상 종사한 사람을 말한다.(2017.5.29 본조신설)

제26조【조정위원회 운영】 ① 조정위원회는 효율적인 운영을 위하여 필요한 경우에는 분쟁조정사건을 분리하거나 병합하여 심의·조정할 수 있다. 이 경우 당사자에게 지체 없이 그 사실을 통보하여야 한다.
② 조정위원회 회의는 공개하지 아니한다. 다만, 필요하다고 인정되는 경우에는 조정위원회의 의결로 당사자 또는 이해관계인에게 방청을 허가할 수 있다.
③ 조정위원회에 간사를 두며, 사무국의 직원 중에서 위원장이 지명한다.
④ 조정위원회는 회의록을 작성하고, 참여한 조정위원으로 하여금 서명 또는 기명날인하게 하여야 한다.
(2017.5.29 본조신설)

제27조【조정위원에 대한 수당 등】 조정위원회 또는 조정부에 출석한 조정위원에 대해서는 예산의 범위에서 수당, 여비 및 그 밖에 필요한 경비를 지급할 수 있다.
(2017.5.29 본조신설)

제28조【조정부에서 심의·조정할 사항】 법 제17조제3항제1호에서 "대통령령으로 정하는 금액 이하의 분쟁"이란 다음 각 호의 어느 하나에 해당하는 분쟁을 말한다.
1. 임대차계약의 보증금이 다음 각 목에서 정하는 금액 이하의 분쟁
가. 「수도권정비계획법」 제2조제1호에 따른 수도권 지역 : 5억원
나. 가목에 따른 지역 외의 지역 : 3억원
2. 조정으로 주장하는 이익의 값(이하 "조정목적의 값"이라 한다)이 2억원 이하인 분쟁. 이 경우 조정목적의 값 산정은 「민사소송 등 인지법」에 따른 소송목적의 값에 관한 산정 방식을 준용한다.
(2017.5.29 본조신설)

제29조【조정부의 구성 및 운영】 ① 조정부의 위원은 조정위원 중에서 위원장이 지명한다.
② 둘 이상의 조정부를 두는 경우에는 위원장이 분쟁조정 신청사건을 담당할 조정부를 지정할 수 있다.
③ 조정부의 운영에 관하여는 제26조를 준용한다. 이 경우 "조정위원회"는 "조정부"로, "위원장"은 "조정부의 장"으로 본다.
(2017.5.29 본조신설)

제30조【조정의 신청】 ① 조정의 신청은 서면(「전자문서 및 전자거래 기본법」 제2조제1호에 따른 전자문서를 포함한다. 이하 같다) 또는 구두로 할 수 있다.
② 구두로 조정을 신청하는 경우 조정신청인은 심사관 또는 조사관에게 진술하여야 한다. 이 경우 조정신청을 받은 심사관 또는 조사관은 조정신청조서를 작성하고 신청인으로 하여금 서명 또는 기명날인하도록 하여야 한다.
③ 조정신청서 또는 조정신청조서에는 당사자, 대리인, 신청의 취지와 분쟁의 내용 등을 기재하여야 한다. 이 경우 증거서류 또는 증거물이 있는 경우에는 이를 첨부하거나 제출하여야 한다.
(2017.5.29 본조신설)

제31조【조정신청인에게 안내하여야 할 사항】 ① 법 제21조제2항에서 "대통령령으로 정하는 사항"이란 다음 각 호의 사항을 말한다.
1. 법 제21조제3항 각 호에 따른 조정 신청의 각하 사유
2. 법 제22조제2항에 따른 조정절차의 개시 요건
3. 법 제23조의 처리기간
4. 법 제24조에 따라 필요한 경우 신청인, 피신청인, 분쟁 관련 이해관계인 또는 참고인에게 출석하여 진술하게 하거나 필요한 자료나 물건 등의 제출을 요구할 수 있다는 사실
5. 조정성립의 요건 및 효력
6. 당사자가 부담하는 비용
② 제1항에 따른 안내는 안내할 사항이 기재된 서면을 교부 또는 송달하는 방법으로 할 수 있다.
(2017.5.29 본조신설)

제32조【조정서류의 송달 등】 ① 위원장은 조정신청을 접수하면 지체 없이 조정신청서 또는 조정신청조서 부본(이하 이 조에서 "조정신청서등"이라 한다)을 피신청인에게 송달하여야 한다.
② 피신청인은 조정에 응할 의사가 있는 경우에는 조정신청서등을 송달받은 날부터 7일 이내에 그 의사를 조정위원회에 통지하여야 한다.
③ 위원장은 제2항에 따른 통지를 받은 경우 피신청인에게 기간을 정하여 신청내용에 대한 답변서를 제출할 것을 요구할 수 있다.
(2017.5.29 본조신설)

제33조【수수료】 ① 법 제21조제1항에 따라 조정을 신청하는 자는 별표2에서 정하는 수수료를 내야 한다.
② 신청인이 다음 각 호의 어느 하나에 해당하는 경우에는 제1항에 따른 수수료를 면제할 수 있다.
1. 법 제8조에 따라 우선변제를 받을 수 있는 임차인
2. 「국민기초생활 보장법」 제2조제2호에 따른 수급자
3. 「독립유공자예우에 관한 법률」 제6조에 따라 등록된 독립유공자 또는 그 유족(선순위자 1명만 해당된다. 이하 이 조에서 같다)
4. 「국가유공자 등 예우 및 지원에 관한 법률」 제6조에 따라 등록된 국가유공자 또는 그 유족
5. 「고엽제후유의증 등 환자지원 및 단체설립에 관한 법률」 제4조에 따라 등록된 고엽제후유증환자, 고엽제후유의증환자 또는 고엽제후유증 2세환자
6. 「참전유공자 예우 및 단체설립에 관한 법률」 제5조에 따라 등록된 참전유공자
7. 「5·18민주유공자예우 및 단체설립에 관한 법률」 제7조에 따라 등록 결정된 5·18민주유공자 또는 그 유족
(2021.4.6 본호개정)
8. 「특수임무유공자 예우 및 단체설립에 관한 법률」 제6조에 따라 등록된 특수임무유공자 또는 그 유족
9. 「의사상자 등 예우 및 지원에 관한 법률」 제5조에 따라 인정된 의상자 또는 의사자유족
10. 「한부모가족지원법」 제5조 및 제5조의2에 따른 지원대상자(2023.9.26 본호개정)
11. 그 밖에 제1호부터 제10호까지의 규정에 준하는 사람으로서 법무부장관과 국토교통부장관이 공동으로 정하여 고시하는 사람 또는 시·도 조례로 정하는 사람
(2020.9.29 본호개정)
③ 신청인은 다음 각 호의 어느 하나에 해당하는 경우에는 수수료의 환급을 청구할 수 있다.
1. 법 제21조제3항제1호 및 제2호에 따라 조정신청이 각하된 경우. 다만, 조정신청 있은 후 신청인이 법원에 소를 제기하거나 「민사조정법」에 따른 조정을 신청한 경우는 제외한다.
2. 법 제21조제3항제3호 및 제5호에 따라 조정신청이 각하된 경우
3. 신청인이 조정위원회 또는 조정부의 회의가 소집되기 전에 조정신청을 취하한 경우. 이 경우 환급 금액은 납부한 수수료의 2분의 1에 해당하는 금액으로 한다.
④ 제1항에 따른 수수료의 납부방법 및 제3항에 따른 수수료의 환급절차 등에 관하여 필요한 사항은 법무부장관과 국토교통부장관이 공동으로 정하여 고시하거나 시·도의 조례로 정한다.(2020.9.29 본항개정)
(2017.5.29 본조신설)

제34조【조정서의 작성】 법 제26조제4항에 따른 조정서에는 다음 각 호의 사항을 기재하고, 위원장 및 조정에 참여한 조정위원이 서명 또는 기명날인하여야 한다.
1. 사건번호 및 사건명
2. 당사자의 성명, 생년월일 및 주소(법인의 경우 명칭, 법인등록번호 및 본점의 소재지를 말한다)
3. 임차주택 소재지
4. 신청의 취지 및 이유
5. 조정내용(법 제26조제4항에 따라 강제집행을 승낙하는 취지의 합의를 포함한다)
6. 작성일
(2017.5.29 본조신설)

제35조【조정결과의 통지】 ① 조정위원회는 조정절차가 종료되면 그 결과를 당사자에게 통지하여야 한다.
② 조정위원회는 법 제26조제4항에 따른 조정서가 작성된 경우 조정서 정본을 지체 없이 당사자에게 교부 또는 송달하여야 한다.
(2017.5.29 본조신설)

부 칙 (2013.12.30)

제1조【시행일】 이 영은 2014년 1월 1일부터 시행한다.
제2조【확정일자부여기관의 정보제공 범위에 관한 적용례】 제6조의 개정규정은 이 영 시행 후 작성된 확정일자부에 기재된 사항(다른 확정일자부여기관이 보유한 정보 중 전산처리정보조직을 이용하여 제공할 수 있는 정보를 포함한다)부터 적용한다.
제3조【월차임 전환 시 산정률의 제한에 관한 적용례】 제9조의 개정규정은 이 영 시행 당시 존속 중인 임대차계약에 대해서도 적용하되, 이 영 시행 후 보증금의 전부 또는 일부를 월 단위 차임으로 전환하는 경우부터 적용한다.
제4조【소액보증금 보호에 관한 적용례】 제10조 및 제11조의 개정규정은 이 영 시행 당시 존속 중인 임대차계약에 대해서도 적용하되, 이 영 시행 전에 임차주택에 대하여 담보물권을 취득한 자에 대해서는 종전의 규정에 따른다.
제5조【다른 법령의 개정】 ①~③ ※(해당 법령에 가제정리 하였음)

부 칙 (2016.3.31)

제1조【시행일】 이 영은 공포한 날부터 시행한다.
제2조【소액보증금 보호에 관한 적용례 등】 제10조 및 제11조의 개정규정은 이 영 시행 당시 존속 중인 임대차계약에 대해서도 적용하되, 이 영 시행 전에 임차주택에 대하여 담보물권을 취득한 자에 대해서는 종전의 규정에 따른다.
제3조【주택임대차위원회 위촉위원의 연임에 관한 적용례】 ① 제13조제1항의 개정규정은 이 영 시행 이후 주택임대차위원회의 위원으로 위촉되는 사람부터 적용한다.
② 제1항에 따라 제13조제1항의 개정규정을 적용하는 경우에 이 영 시행 전에 최초로 위촉되어 임기 중에 있는 위원은 그 임기 만료 후 한 차례 연임할 수 있고, 이 영 시행 전에 한 차례 이상 연임되어 임기 중에 있는 위원은 그 임기 만료 후에는 연임할 수 없다.

부 칙 (2018.9.18)

제1조【시행일】 이 영은 공포한 날부터 시행한다.
제2조【소액보증금 보호에 관한 적용례 등】 제10조제1항 및 제11조의 개정규정은 이 영 시행 당시 존속 중인 임대차계약에 대해서도 적용하되, 이 영 시행 전에 임차주택에 대하여 담보물권을 취득한 자에 대해서는 종전의 규정에 따른다.

부 칙 (2020.9.29)

제1조【시행일】 이 영은 공포한 날부터 시행한다. 다만, 제21조, 제23조제1항부터 제3항까지, 제33조제2항제11호, 같은 조 제4항 및 별표1의 개정규정은 2020년 11월 1일부터 시행한다.
제2조【월차임 전환 시 산정률의 제한에 관한 적용례】 제9조제2항의 개정규정은 이 영 시행 당시 존속 중인 임대차계약에 대해서도 적용하되, 이 영 시행 이후 보증금의 전부 또는 일부를 월 단위 차임으로 전환하는 경우부터 적용한다.

부 칙 (2020.12.8)

제1조【시행일】 이 영은 2020년 12월 10일부터 시행한다.
(이하 생략)

부 칙 (2021.4.6)

제1조【시행일】 이 영은 2021년 4월 6일부터 시행한다.
(이하 생략)

부 칙 (2021.5.11)

제1조【시행일】 이 영은 공포한 날부터 시행한다.
제2조【소액보증금 보호에 관한 적용례 등】 제10조제1항 및 제11조의 개정규정은 이 영 시행 당시 존속 중인 임대차계약에 대해서도 적용하되, 이 영 시행 전에 임차주택에 대하여 담보물권을 취득한 자에 대해서는 종전의 규정에 따른다.

부 칙 (2022.12.20)

제1조【시행일】 이 영은 2023년 1월 1일부터 시행한다.

제2조【공사의 인천지역본부 등에 설치된 조정위원회에 조정 신청된 사항에 관한 경과조치】 이 영 시행 당시 종전의 별표1에 따라 다음 표의 왼쪽 란에 기재된 지역본부에 설치된 조정위원회에 조정 신청된 사항은 별표1의 개정규정에 따라 다음 표의 오른쪽 란에 기재된 지사에 설치된 조정위원회에 조정 신청된 것으로 본다.

공사의 인천지역본부	부동산원의 인천지사
공사의 경남지역본부	부동산원의 창원지사
공사의 경기지역본부	부동산원의 성남지사
공사의 부산울산지역본부	부동산원의 울산지사

제3조【부동산원의 경기서부지사에 설치된 조정위원회에 관한 경과조치】 ① 이 영 시행 당시 종전의 별표1에 따라 부동산원의 경기서부지사에 설치된 조정위원회는 별표1의 개정규정에 따라 부동산원의 고양지사에 설치된 조정위원회로 본다.
② 이 영 시행 당시 종전의 별표1에 따라 부동산원의 경기서부지사에 설치된 조정위원회의 위원장 및 위원으로 호선 및 위촉된 사람은 별표1의 개정규정에 따라 부동산원의 고양지사에 설치된 조정위원회의 위원장 및 위원으로 호선 및 위촉된 것으로 본다. 이 경우 그 임기는 종전 임기의 남은 기간으로 한다.

부　칙 (2023.2.21)

제1조【시행일】 이 영은 공포한 날부터 시행한다.
제2조【소액보증금 보호에 관한 적용례 등】 제10조제1항 및 제11조의 개정규정은 이 영 시행 당시 존속 중인 임대차계약에 대해서도 적용하되, 이 영 시행 전에 임차주택에 대하여 담보물권을 취득한 자에 대해서는 종전의 규정에 따른다.

부　칙 (2023.9.26)

제1조【시행일】 이 영은 공포한 날부터 시행한다.
제2조【주택임대차분쟁 조정 수수료 면제에 관한 적용례】 「주택임대차보호법 시행령」 제33조제2항제10호의 개정규정은 이 영 시행 전에 주택임대차분쟁의 조정을 신청한 경우로서 이 영 시행 당시 조정절차가 진행 중인 경우에도 적용한다.

〔별표〕 ➡ 「法典 別冊」 참조

임차권등기명령 절차에 관한 규칙

(1999년 2월 27일 대법원규칙 제1592호)

개정
2002. 6.28대법원규칙1781호　2002.10.30대법원규칙1797호
2007.10.29대법원규칙2105호
2011. 9.28대법원규칙2356호(부등규)
2013.12.31대법원규칙2513호　2020. 5. 1대법원규칙2895호
2023. 7.14대법원규칙3102호

제1조【목적】 이 규칙은 주택임대차보호법과 상가건물임대차보호법이 임차권등기명령절차의 시행에 관하여 대법원규칙에 위임한 사항 및 기타 주택임대차보호법과 상가건물임대차보호법의 시행에 필요한 사항을 규정함을 목적으로 한다.(2002.10.30 본조개정)
제2조【임차권등기명령신청서의 기재사항등】 ① 임차권등기명령신청서에는 다음 각호의 사항을 기재하고 임차인 또는 대리인이 기명날인 또는 서명하여야 한다.
(2002.6.28 본문개정)
1. 사건의 표시
2. 임차인과 임대인의 성명, 주소, 임차인의 주민등록번호(임차인이나 임대인이 법인 또는 법인 아닌 단체인 경우에는 법인명 또는 단체명, 대표자, 법인등록번호, 본점·사업장소재지)(2007.10.29 본호개정)
3. 대리인에 의하여 신청할 때에는 그 성명과 주소
4. 임대차의 목적인 주택 또는 건물의 표시(임대차의 목적이 주택 또는 건물의 일부인 경우에는 그 목적인 부분을 표시한 도면을 첨부한다)(2002.10.30 본호개정)
5. 반환받지 못한 임차보증금액 및 차임(주택임대차보호법 제12조 또는 상가건물임대차보호법 제17조의 등기하지 아니한 전세계약의 경우에는 전세금)
(2002.10.30 본호개정)
6. 신청의 취지와 이유
7. 첨부서류의 표시
8. 연월일
9. 법원의 표시
② 신청이유에는 임대차계약의 체결 사실 및 계약내용과 그 계약이 종료한 원인 사실을 기재하고, 임차인이 신청 당시에 이미 「주택임대차보호법」 제3조제1항부터 제3항까지의 규정에 따른 대항력을 취득한 경우에는 임차주택을 점유하기 시작한 날과 주민등록을 마친 날(제3조제2항 또는 제3항의 규정에 따른 대항력을 취득한 경우에는 지방자치단체장 또는 해당 법인이 선정한 입주자 또는 직원이 그 주택을 점유하기 시작한 날과 주민등록을 마친 날을 말한다. 이하 같다)을, 제3조의2제2항의 규정에 의한 우선변제권을 취득한 경우에는 임차주택을 점유하기 시작하는 날, 주민등록을 마친 날과 임대차계약증서상의 확정일자를 받은 날을, 「상가건물 임대차보호법」 제3조제1항에 따른 대항력을 취득한 경우에는 임차건물을 점유하기 시작한 날과 사업자등록을 신청한 날을, 제5조제2항에 따른 우선변제권을 취득한 경우에는 임차건물을 점유하기 시작한 날, 사업자등록을 신청한 날과 임대차계약서상의 확정일자를 받은 날을 각 기재하여야 한다.
(2013.12.31 본항개정)
③ 임차권등기명령신청서에는 2,000원의 인지를 붙여야 한다.
제3조【임차권등기명령신청서의 첨부서류】 임차권등기명령신청서에는 다음 각호의 서류를 첨부하여야 한다.
1. 임대인의 소유로 등기된 주택 또는 건물에 대하여는 등기사항증명서(2011.9.28 본호개정)
2. 임대인의 소유로 등기되지 아니한 주택 또는 건물에 대하여는 즉시 임대인의 명의로 소유권보존등기를 할 수 있음을 증명할 서면
3. 주택임차권등기명령신청의 경우에는 임대차계약증서, 상가건물임차권등기명령신청의 경우에는 임대차계약서
4. 임차인이 신청 당시에 이미 「주택임대차보호법」 제3조제1항부터 제3항까지의 규정에 따른 대항력을 취득한 경우에는 임차주택을 점유하기 시작한 날과 주민등록을 마친 날을 소명하는 서류, 제3조의2제2항에 따른 우선변제권을 취득한 경우에는 임차주택을 점유하기 시작한 날과 주민등록을 마친 날을 소명하는 서류 및 공정증서로 작성되거나 확정일자가 찍혀 있는 임대차계약증서, 「상가건물 임대차보호법」 제3조제1항에 따른 대항력을 취득한 경우에는 임차건물을 점유하기 시작한 날과 사업자등록을 신청한 날을 소명하는 서류, 제5조제2항에 따른 우선변제권을 취득한 경우에는 임차건물을 점유하기 시작한 날과 사업자등록을 신청한 날을 소명하는 서류 및 관할 세무서장의 확정일자가 찍혀있는 임대차계약서(2013.12.31 본호개정)
5. 주택임차권등기명령신청의 경우 임대차목적물에 관한 등기부상의 용도가 주거시설이 아닌 경우에는 임대차계약체결시부터 현재까지 주거용으로 사용하고 있음을 증명하는 서류, 상가건물임차권등기명령신청의 경우 임대차목적물의 일부를 영업용으로 사용하지 아니하는 경우에는 임대차계약체결시부터 현재까지 그 주된 부분을 영업용으로 사용하고 있음을 증명하는 서류
(2002.10.30 본조개정)
제4조【임차권등기명령의 효력발생시기 등】 ① 임차권등기명령의 신청에 대한 재판은 결정으로 한다.
② 제1항의 결정은 당사자에게 송달하여야 한다.
③ 임차권등기명령은 임대인에게 그 결정이 송달된 때 또는 제5조 단서의 규정에 따른 등기가 된 때에 효력이 생긴다.
(2023.7.14 본조개정)
제5조【임차권등기의 촉탁】 법원사무관등은 임차권등기명령의 결정이 임대인에게 송달된 때에는 지체 없이 촉탁서에 결정 등본을 첨부하여 등기관에게 임차권등기의 기입을 촉탁하여야 한다. 다만, 주택임차권등기명령의 경우에는 임대인에게 임차권등기명령의 결정을 송달하기 전에도 임차권등기의 기입을 촉탁할 수 있다.
(2023.7.14 본조개정)
제6조【임차권등기의 기록사항】 등기관은 제5조의 규정에 의한 법원사무관등의 촉탁에 의하여 임차권등기를 하는 경우에 주택임차권등기는 임대차계약을 체결한 날 및 임차보증금액, 임대차의 목적인 주택의 범위(임대차의 목적이 주택의 일부인 경우에는 그 목적인 부분을 표시한 도면의 번호를 함께 기록한다), 임차주택을 점유하기 시작한 날, 주민등록을 마친 날, 임대차계약증서상의 확정일자를 받은 날을 기록하고, 등기의 목적을 주택임차권이라고 기록하며, 상가건물임차권등기는 임대차계약을 체결한 날, 임대차의 목적인 건물의 범위(임대차의 목적이 건물의 일부인 경우에는 그 목적인 부분을 표시한 도면의 번호를 함께 기록한다), 임차보증금액, 임차건물을 점유하기 시작한 날, 사업자등록을 신청한 날, 임대차계약서상의 확정일자를 받은 날을 기록하고, 등기의 목적을 상가건물임차권이라고 기록하여야 한다. 이 경우 차임의 약정이 있는 때에는 이를 기록하여야 한다.(2020.5.1 본조개정)
제7조【등기완료통지서의 송부】 등기관은 제5조의 규정에 의한 법원사무관등의 촉탁에 의하여 임차권등기의 기입을 마친 후에 등기완료통지서를 작성하여 촉탁법원에 송부하여야 한다.(2011.9.28 본조개정)
제8조【민사소송법의 준용】 주택임대차보호법 제3조의3 제4항 및 상가건물임대차보호법 제6조제4항의 규정에 의한 항고에 대하여는 민사소송법 제3편제3장의 항고에 관한 규정을 준용한다.(2002.10.30 본조개정)
제9조【임차권등기명령의 대위신청】 ① 「민법」 제404조의 대위신청에 의한 임차권등기명령에 따라 임차권등기를 하는 경우에는 「부동산등기법」 중 채권자대위에 의한 등기절차에 관한 규정을 준용한다.
② 「주택임대차보호법」 제3조의3제9항 또는 「상가건물 임대차보호법」 제6조제9항의 대위신청에 의한 임차권등기명령에 따라 임차권등기를 하는 경우에는 「부동산등기법」 중 「민법」 제404조 외의 법령에 따른 대위등기절차에 관한 규정을 준용한다. 이 경우 임차권등기의 대위원인으로 보증금반환채권의 양수 일자와 그 취지를 적는다.
(2013.12.31 본조신설)

부　칙 (2013.12.31)

제1조【시행일】 이 규칙은 2014년 1월 1일부터 시행한다.
제2조【경과조치】 이 규칙은 이 규칙 시행 당시 법원에 계속 중인 사건에도 적용한다.

부　칙 (2020.5.1)

① **【시행일】** 이 규칙은 공포한 날부터 시행한다.
② **【계속사건에 관한 적용례】** 이 규칙은 이 규칙 시행 당시 법원에 계속 중인 사건에 대하여도 적용한다.

부　칙 (2023.7.14)

제1조【시행일】 이 규칙은 2023년 7월 19일부터 시행한다.
제2조【계속사건에 관한 적용례】 이 규칙은 이 규칙 시행 전에 내려져 이 규칙 시행 당시 임대인에게 송달되지 아니한 임차권등기명령에 대해서도 적용한다.

주택임대차계약증서상의 확정일자 부여 및 임대차 정보제공에 관한 규칙

(2010년 12월 29일 법무부령 제727호)

개정
2013.12.31법무부령 805호　2016. 5.23법무부령 868호
2016.12.30법무부령 885호
2017. 3.30법무부령 897호(개인정보보호일부개정령)
2018.10.26법무부령 939호　2020. 9.29법무부령 983호
2022. 2. 7법무부령1022호(법령용어정비)

제1조【목적】 이 규칙은 「주택임대차보호법」 제3조의6에 따른 주택임대차계약증서상의 확정일자 부여 및 임대차 정보제공에 관한 사항을 규정함을 목적으로 한다.
(2013.12.31 본조개정)
제1조의2【정의】 이 규칙에서 사용하는 용어의 뜻은 다음과 같다.
1. "전자계약증서"란 「주택임대차보호법」(이하 "법"이라 한다) 제3조의2제2항에 따른 임대차계약증서로서 정보처리시스템에 의하여 전자적 형태로 작성, 송신·수신된 것을 말한다.
2. "정보처리시스템"이란 전자적으로 이루어지는 부동산거래 및 관련 신고절차 이행을 위하여 국토교통부가 운영하는 정보처리능력을 가진 전자적 장치 또는 체계를 말한다.
(2016.5.23 본조신설)
제2조【확정일자 부여 신청 방법】 ① 법 제3조의2제2항에 따른 주택임대차계약증서(이하 "계약증서"라 한다)의 소지인은 「주택임대차보호법 시행령」(이하 "영"이라 한다) 제4조제1항에 따른 확정일자부여기관(이하 "확정일자부여기관"이라 한다)에 대하여 확정일자 부여를 신청할 수 있다.(2016.5.23 본항개정)
② 계약증서에 확정일자를 부여받으려는 자는 확정일자부여기관에 출석하여 계약증서 원본과 주민등록증, 운전면허증, 여권 또는 외국인등록증 등 본인을 확인할 수 있는 신분증을 제시하여야 한다.
(2013.12.31 본조개정)
제2조의2【전자계약증서의 확정일자 부여 신청 방법】 ① 제2조에도 불구하고 정보처리시스템을 이용하여 주택임대차계약을 체결한 경우 해당 주택의 임차인은 정보처리시스템을 통하여 전자계약증서에 확정일자 부여를 신청할 수 있다.
② 제1항의 확정일자 부여 신청은 확정일자부여기관 중 주택 소재지의 읍·면사무소, 동 주민센터 또는 시(특별시·광역시·특별자치시는 제외하고, 특별자치도는 포함한다)·군·구(자치구를 말한다)의 출장소(이하 "주민센터등"이라 한다)에 대하여 한다.
(2016.5.23 본조신설)
제3조【확정일자 부여 시 확인사항】 확정일자부여기관은 계약증서에 확정일자를 부여하기 전에 다음 각 호의 사항을 확인하여야 한다.
1. 임대인·임차인의 인적사항, 임대차목적물, 임대차기간, 차임·보증금 등이 적혀 있는 완성된 문서일 것

2. 계약당사자(대리인에 의하여 계약이 체결된 경우에는 그 대리인을 말한다. 이하 같다)의 서명 또는 기명날인이 있을 것
3. 글자가 연결되어야 할 부분에 빈 공간이 있는 경우에는 계약당사자가 빈 공간에 직선 또는 사선을 그어 그 부분에 다른 글자가 없음이 표시되어 있을 것
4. 정정한 부분이 있는 경우에는 그 난의 밖이나 끝부분 여백에 정정한 글자 수가 기재되어 있고, 그 부분에 계약당사자의 서명이나 날인이 되어있을 것
5. 계약증서(전자계약증서는 제외한다)가 두 장 이상인 경우에는 간인(間印)이 있을 것(2016.5.23 본호개정)
6. 확정일자가 부여되어 있지 아니할 것. 다만, 이미 확정일자를 부여받은 계약증서에 새로운 내용을 추가 기재하여 재계약을 한 경우에는 그러하지 아니하다.
(2013.12.31 본조개정)

제4조【계약증서의 확정일자 부여 방법】 ① 확정일자는 계약증서의 여백(여백이 없는 경우에는 그 뒷면을 말한다)에 별지 제1호서식의 확정일자인을 찍고, 인영(印影) 안에 날짜와 제5조제1항에 따른 확정일자부의 확정일자 번호를 아라비아숫자로 적는 방법으로 부여한다.
② 계약증서가 두 장 이상인 경우에는 간인해야 한다. 다만, 간인은 구멍 뚫기 방식으로 갈음할 수 있다.
(2022.2.7 본항개정)
③ 계약증서와 확정일자부 사이는 계인(契印)을 한다. 다만, 확정일자부여기관(공증인은 제외한다)이 제5조제5항에 따른 전산정보처리조직을 이용하여 확정일자부를 작성하는 경우에는 전산입력한 확정일자부의 기재내용을 출력하여 신청인에게 입력사항에 오류가 있는지의 여부를 확인하게 하여야 한다.(2016.5.23 단서개정)
(2016.5.23 본조제목개정)
(2013.12.31 본조개정)

제4조의2【전자계약증서의 확정일자 부여 방법】 ① 제4조에도 불구하고 전자계약증서상의 확정일자는 전자계약증서에 별지 제1호의2서식의 전자확정일자인을 입력한 후 인영(印影) 안에 날짜와 제5조제1항에 따른 확정일자부의 확정일자번호를 아라비아 숫자로 입력하는 방법으로 부여한다.
② 전자계약증서에 확정일자가 부여된 경우 정보처리시스템 운영자는 임차인과 임대인에게 문자메시지 등의 방법으로 이를 통보하여야 한다.
(2016.5.23 본조신설)

제4조의3【전자계약증서의 확정일자 부여에 관한 특례】
① 주민센터등은 전산장애 등 특별한 사정이 없는 한 전자확정일자 부여의 신청이 접수된 당일에 확정일자를 부여하여야 한다. 다만, 평일 16시 이후 또는 토요일이나 공휴일에 신청이 접수된 경우에는 다음 근무일에 부여할 수 있다.
② 제1항 단서의 경우 정보처리시스템 운영자는 신청인에게 확정일자가 당일 부여되지 않을 수 있음을 정보처리시스템 내에서 안내하여야 한다.
(2016.5.23 본조신설)

제5조【확정일자부의 작성방법 등】 ① 법 제3조의6제2항에 따른 확정일자부의 확정일자번호는 신청 순으로 부여하여야 한다.
② 확정일자부는 1년을 단위로 매년 만들고, 사용기간이 지난 확정일자부는 마지막으로 적힌 확정일자번호의 다음 줄에 폐쇄의 뜻을 표시한 후 폐쇄하여야 한다.
③ 제2항에 따라 폐쇄한 확정일자부는 20년간 보존하여야 한다.
④ 확정일자부를 작성하는 경우 확정일자부의 전국적인 통일을 위하여 별지 제2호서식을 표준서식으로 사용할 수 있다. 다만, 공증인이 작성하는 확정일자부는 「확정일자부 및 일자인 조제에 관한 규정」에 따른다.
⑤ 확정일자부여기관(공증인은 제외한다)이 법 제3조의6제2항 후단에 따라 확정일자부 작성 시 이용할 수 있는 전산처리정보조직은 부동산 거래의 계약·신고·허가·관리 등의 업무와 관련하여 국토교통부장관이 구축·운영하는 정보체계를 말한다.(2016.5.23 본항개정)
(2013.12.31 본조개정)

제6조【등기기록에 기록된 이해관계인의 범위】 영 제5조제3호에서 "법무부령으로 정하는 자"란 환매권자, 지상권자, 전세권자, 질권자, 저당권자·근저당권자, 임차권자, 신탁등기의 수탁자, 가등기권리자, 압류채권자 및 경매개시결정의 채권자를 말한다.(2016.5.23 본조개정)

제7조【임대차 정보제공 요청방법】 ① 주택의 임대차에 이해관계가 있는 자가 임대차 정보제공을 요청하는 경우에는 별지 제3호서식의 임대차 정보제공 요청서에 다음 각 호의 서류를 첨부하여 제출하여야 한다.
1. 영 제5조제1호의 경우 계약증서 등 해당 주택의 계약당사자임을 증명하는 서류(2016.5.23 본호개정)
2. 영 제5조제2호의 경우 해당 주택의 등기사항증명서 등 소유자임을 증명하는 서류(2016.5.23 본호개정)
3. 영 제5조제3호의 경우 해당 주택 또는 그 대지의 등기사항증명서 등 권리자임을 증명하는 서류(2016.5.23 본호개정)
4. 영 제5조제4호의 경우 채권양도증서 등 우선변제권을 승계하였음을 증명하는 서류(2016.5.23 본호개정)
5. 영 제5조제5호의 경우 계약증서 등 해당 주택의 임차인이었던 자임을 증명하는 서류(2020.9.29 본호신설)

② 임대차계약을 체결하려는 자가 임대차 정보제공을 요청하는 경우에는 다음 각 호의 서류를 제출하여야 한다.
1. 별지 제3호서식의 임대차 정보제공 요청서
2. 임대인의 동의서
3. 인감증명서, 본인서명사실확인서 또는 신분증명서 사본 등 임대인의 동의를 받았음을 증명할 수 있는 서류
(2013.12.31 본조신설)

제8조【수수료】 ① 영 제7조제1항에 따른 수수료의 금액은 다음과 같다. 다만, 수수료를 계산할 때 100원 미만 금액은 계산하지 아니하고, 열람과 동시에 출력서면을 제공하는 경우에는 열람에 관한 정보제공 수수료를 별도로 계산하지 아니한다.
1. 확정일자 부여 수수료 : 1건마다 600원(계약증서가 4장을 초과할 경우 초과 4장마다 100원 추가)
2. 정보제공 수수료 : 1건마다 600원(출력물이 10장을 초과할 경우 초과 1장마다 50원 추가)
(2013.12.31 본항개정)
② 제1항에도 불구하고 공증인에 대한 수수료는 「공증인 수수료 규칙」에 따른다.(2013.12.31 본항신설)
③ 영 제7조제2항에서 "「국민기초생활 보장법」에 따른 수급자 등 법무부령으로 정하는 사람"이란 다음 각 호의 어느 하나에 해당하는 사람을 말한다.(2013.12.31 본문개정)
1. 「국민기초생활 보장법」 제2조제2호에 따른 수급자
2. 「독립유공자예우에 관한 법률」 제6조에 따라 등록된 독립유공자 또는 그 유족(선순위자만 해당된다)
3. 「국가유공자 등 예우 및 지원에 관한 법률」 제6조에 따라 등록된 국가유공자 또는 그 유족(선순위자만 해당된다)
4. 「고엽제후유의증 환자지원 등에 관한 법률」 제4조에 따라 등록된 고엽제후유증환자, 고엽제후유의증환자 또는 고엽제후유증 2세환자
5. 「참전유공자예우 및 단체설립에 관한 법률」 제5조에 따라 등록된 참전유공자
6. 「5·18민주유공자예우에 관한 법률」 제7조에 따라 등록 결정된 5·18민주유공자 또는 그 유족(선순위자만 해당된다)
7. 「특수임무수행자 지원 및 단체설립에 관한 법률」 제6조에 따라 등록된 특수임무수행자 또는 그 유족(선순위자만 해당된다)
8. 「의사상자 등 예우 및 지원에 관한 법률」 제5조에 따라 인정된 의상자 또는 의사자유족(선순위자만 해당된다)
9. 「한부모가족지원법」 제5조에 따른 보호대상자
10. (2018.10.26 삭제)
11. 정보처리시스템을 이용하여 주택임대차계약을 체결하고 전자계약증서에 확정일자 부여를 신청한 사람
(2018.10.26 본호신설)

부 칙 (2013.12.31)

제1조【시행일】 이 규칙은 2014년 1월 1일부터 시행한다.
제2조【폐쇄한 확정일자부의 보존기간에 관한 적용례】 제5조제3항의 개정규정은 이 규칙 시행 전에 폐쇄한 확정일자부로서 종전의 규정에 따른 보존기간이 만료되지 아니한 폐쇄 확정일자부에 대해서도 적용한다.

부 칙 (2016.5.23)

제1조【시행일】 이 규칙은 공포한 날부터 시행한다.
제2조【유효기간】 제8조제3항제10호의 개정규정은 2017년 12월 31일까지 그 효력을 가진다.(2016.12.30 본조개정)

부 칙 (2017.3.30)

이 규칙은 2017년 3월 30일부터 시행한다.

부 칙 (2018.10.26)
(2020.9.29)
(2022.2.7)

이 규칙은 공포한 날부터 시행한다.

〔별지서식〕 ➡ 「www.hyeonamsa.com」 참조

상가건물 임대차보호법

(약칭 : 상가임대차법)

(2001년 12월 29일)
(법 률 제6542호)

개정
2002. 8.26법 6718호
2005. 1.27법 7358호(민사집행법)
2009. 1.30법 9361호　　2009. 5. 8법 9649호
2010. 5.17법10303호(은행법)
2011. 4.12법10580호(부등)
2013. 6. 7법11873호(부가세)
2013. 8.13법12042호　　2015. 5.13법13284호
2016. 5.29법14242호(수협)
2018.10.16법15791호
2020. 2. 4법16912호(부등)
2020. 7.31법17471호　　2020. 9.29법17490호
2022. 1. 4법18675호

제1조【목적】 이 법은 상가건물 임대차에 관하여 「민법」에 대한 특례를 규정하여 국민 경제생활의 안정을 보장함을 목적으로 한다.(2009.1.30 본조개정)

제2조【적용범위】 ① 이 법은 상가건물(제3조제1항에 따른 사업자등록의 대상이 되는 건물을 말한다)의 임대차(임대차 목적물의 주된 부분을 영업용으로 사용하는 경우를 포함한다)에 대하여 적용한다. 다만, 제14조의2에 따른 상가건물임대차위원회의 심의를 거쳐 대통령령으로 정하는 보증금액을 초과하는 임대차에 대하여는 그러하지 아니하다.(2020.7.31 단서개정)
② 제1항 단서에 따른 보증금액을 정할 때에는 해당 지역의 경제 여건 및 임대차 목적물의 규모 등을 고려하여 지역별로 구분하여 규정하되, 보증금 외에 차임이 있는 경우에는 그 차임액에 「은행법」에 따른 은행의 대출금리 등을 고려하여 대통령령으로 정하는 비율을 곱하여 환산한 금액을 포함하여야 한다.(2010.5.17 본항개정)
③ 제1항 단서에도 불구하고 제3조, 제10조제1항, 제2항, 제3항 본문, 제10조의2부터 제10조의9까지의 규정, 제11조의2 및 제19조는 제1항 단서에 따른 보증금액을 초과하는 임대차에 대하여도 적용한다.(2022.1.4 본항개정)

판례 임차인 보호를 위해 사적자치원리에 수정을 가하여 임차인의 지위를 강화하는 것은 임대인 등 다른 권리주체의 법익과 충돌하므로 상충하는 법익 간의 균형을 이루기 위해 상가임대차법의 적용을 일정 범위의 임대차관계로 한정하는 것은 그 목적의 정당성이 인정된다. 또한 보증금이 소액일수록 그 임차인은 보호가 필요한 영세상인일 가능성이 크고, 보증금이 클수록 임대인 등 다른 권리주체의 재산권 제약이 커질 수 있다는 점을 고려할 때, 보증금의 액수를 상가임대차법의 적용 기준으로 선택한 입법자의 판단은 그 합리성이 충분히 인정될 수 있으므로 입법자가 재산권 형성에 있어서 입법자에게 주어진 재량을 일탈하였다고 보기 어렵다.
(헌재결 2014.3.27, 2013헌바198)

제3조【대항력 등】 ① 임대차는 그 등기가 없는 경우에도 임차인이 건물의 인도와 「부가가치세법」 제8조, 「소득세법」 제168조 또는 「법인세법」 제111조에 따른 사업자등록을 신청하면 그 다음 날부터 제3자에 대하여 효력이 생긴다.(2013.6.7 본항개정)
② 임차건물의 양수인(그 밖에 임대할 권리를 승계한 자를 포함한다)은 임대인의 지위를 승계한 것으로 본다.
③ 이 법에 따라 임대차의 목적이 된 건물이 매매 또는 경매의 목적물이 된 경우에는 「민법」 제575조제1항·제3항 및 제578조를 준용한다.
④ 제3항의 경우에는 「민법」 제536조를 준용한다.
(2009.1.30 본조개정)

제4조【확정일자 부여 및 임대차정보의 제공 등】 ① 제5조제2항의 확정일자는 상가건물의 소재지 관할 세무서장이 부여한다.
② 관할 세무서장은 해당 상가건물의 소재지, 확정일자 부여일, 차임 및 보증금 등을 기재한 확정일자부를 작성하여야 한다. 이 경우 전산정보처리조직을 이용할 수 있다.
③ 상가건물의 임대차에 이해관계가 있는 자는 관할 세무서장에게 해당 상가건물의 확정일자 부여일, 차임 및 보증금 등 정보의 제공을 요청할 수 있다. 이 경우 요청을 받은 관할 세무서장은 정당한 사유 없이 이를 거부할 수 없다.
④ 임대차계약을 체결하려는 자는 임대인의 동의를 받아 관할 세무서장에게 제3항에 따른 정보제공을 요청할 수 있다.
⑤ 확정일자부에 기재하여야 할 사항, 상가건물의 임대차에 이해관계가 있는 자의 범위, 관할 세무서장에게 요청할 수 있는 정보의 범위 및 그 밖에 확정일자 부여사무와 정보제공 등에 필요한 사항은 대통령령으로 정한다.
(2015.5.13 본항개정)

제5조【보증금의 회수】 ① 임차인이 임차건물에 대하여 보증금반환청구소송의 확정판결, 그 밖에 이에 준하는 집행권원에 의하여 경매를 신청하는 경우에는 「민사집행법」 제41조에도 불구하고 반대의무의 이행이나 이행의 제공을 집행개시의 요건으로 하지 아니한다.
② 제3조제1항의 대항요건을 갖추고 관할 세무서장으로부터 임대차계약서상의 확정일자를 받은 임차인은 「민사집행법」에 따른 경매 또는 「국세징수법」에 따른 공매 시 임차건물(임대인 소유의 대지를 포함한다)의 환가대금에서 후순위권리자나 그 밖의 채권자보다 우선하여 보증금을 변제받을 권리가 있다.

③ 임차인은 임차건물을 양수인에게 인도하지 아니하면 제2항에 따른 보증금을 받을 수 없다.
④ 제2항 또는 제7항에 따른 우선변제의 순위와 보증금에 대하여 이의가 있는 이해관계인은 경매법원 또는 체납처분청에 이의를 신청할 수 있다.(2013.8.13 본항개정)
⑤ 제4항에 따라 경매법원에 이의를 신청하는 경우에는 「민사집행법」 제152조부터 제161조까지의 규정을 준용한다.
⑥ 제4항에 따라 이의신청을 받은 체납처분청은 이해관계인이 이의신청일부터 7일 이내에 임차인 또는 제7항에 따라 우선변제권을 승계한 금융기관 등을 상대로 소(訴)를 제기한 것을 증명한 때에는 그 소송이 종결될 때까지 이의가 신청된 범위에서 임차인 또는 제7항에 따라 우선변제권을 승계한 금융기관 등에 대한 보증금의 변제를 유보(留保)하고 남은 금액을 배분하여야 한다. 이 경우 유보된 보증금은 소송 결과에 따라 배분한다.(2013.8.13 전단개정)
⑦ 다음 각 호의 금융기관 등이 제2항, 제6조제5항 또는 제7조제1항에 따른 우선변제권을 취득한 임차인의 보증금반환채권을 계약으로 양수한 경우에는 양수한 금액의 범위에서 우선변제권을 승계한다.
1. 「은행법」에 따른 은행
2. 「중소기업은행법」에 따른 중소기업은행
3. 「한국산업은행법」에 따른 한국산업은행
4. 「농업협동조합법」에 따른 농협은행
5. 「수산업협동조합법」에 따른 수협은행(2016.5.29 본호개정)
6. 「우체국예금 · 보험에 관한 법률」에 따른 체신관서
7. 「보험업법」 제4조제1항제2호라목의 보증보험을 보험종목으로 허가받은 보험회사
8. 그 밖에 제1호부터 제7호까지에 준하는 것으로서 대통령령으로 정하는 기관
(2013.8.13 본항신설)
⑧ 제7항에 따라 우선변제권을 승계한 금융기관 등(이하 "금융기관등"이라 한다)은 다음 각 호의 어느 하나에 해당하는 경우에는 우선변제권을 행사할 수 없다.
1. 임차인이 제3조제1항의 대항요건을 상실한 경우
2. 제6조제5항에 따른 임차권등기가 말소된 경우
3. 「민법」 제621조에 따른 임대차등기가 말소된 경우
(2013.8.13 본항신설)
⑨ 금융기관등은 우선변제권을 행사하기 위하여 임차인을 대리하거나 대위하여 임대차를 해지할 수 없다.
(2013.8.13 본항신설)
(2009.1.30 본조개정)

판례 상가건물을 임차하고 사업자등록을 마친 사업자가 임차 건물의 전대차 등으로 당해 사업을 개시하지 않거나 사실상 폐업한 경우에는 그 사업자등록은 상가임대차의 공시방법으로 요구하는 적법한 사업자등록이라고 볼 수 없고, 이 경우 임차인이 상가건물 임대차보호법상의 대항력 및 우선변제권을 유지하기 위해서는 건물을 직접 점유하면서 사업을 운영하는 전차인이 그 명의로 사업자등록을 하여야 한다.(대판 2006.1.13, 2005다64002)

제6조【임차권등기명령】 ① 임대차가 종료된 후 보증금이 반환되지 아니한 경우 임차인은 임차건물의 소재지를 관할하는 지방법원, 지방법원지원 또는 시 · 군법원에 임차권등기명령을 신청할 수 있다.(2013.8.13 본항개정)
② 임차권등기명령을 신청할 때에는 다음 각 호의 사항을 기재하여야 하며, 신청 이유 및 임차권등기의 원인이 된 사실을 소명하여야 한다.
1. 신청 취지 및 이유
2. 임대차의 목적인 건물(임대차의 목적이 건물의 일부분인 경우에는 그 부분의 도면을 첨부한다)
3. 임차권등기의 원인이 된 사실(임차인이 제3조제1항에 따른 대항력을 취득하였거나 제5조제2항에 따른 우선변제권을 취득한 경우에는 그 사실)
4. 그 밖에 대법원규칙으로 정하는 사항
③ 임차권등기명령의 신청에 대한 재판, 임차권등기명령의 결정에 대한 임대인의 이의신청 및 그에 대한 재판, 임차권등기명령의 취소신청 및 그에 대한 재판 또는 임차권등기명령의 집행 등에 관하여는 「민사집행법」 제280조제1항, 제281조, 제283조, 제285조, 제286조, 제288조제1항 · 제2항 본문, 제289조, 제290조제2항 중 제288조제1항에 대한 부분, 제291조, 제293조를 준용한다. 이 경우 "가압류"는 "임차권등기"로, "채권자"는 "임차인"으로, "채무자"는 "임대인"으로 본다.
④ 임차권등기명령신청을 기각하는 결정에 대하여 임차인은 항고할 수 있다.
⑤ 임차권등기명령의 집행에 따른 임차권등기를 마치면 임차인은 제3조제1항에 따른 대항력과 제5조제2항에 따른 우선변제권을 취득한다. 다만, 임차인이 임차권등기 이전에 이미 대항력 또는 우선변제권을 취득한 경우에는 그 대항력 또는 우선변제권이 그대로 유지되며, 임차권등기 이후에는 제3조제1항의 대항요건을 상실하더라도 이미 취득한 대항력 또는 우선변제권을 상실하지 아니한다.
⑥ 임차권등기명령의 집행에 따른 임차권등기를 마친 건물(임대차의 목적이 건물의 일부분인 경우에는 그 부분으로 한정한다)을 그 이후에 임차한 임차인은 제14조에 따른 우선변제를 받을 권리가 없다.
⑦ 임차권등기의 촉탁, 등기관의 임차권등기 기입 등 임차권등기명령의 시행에 관하여 필요한 사항은 대법원규칙으로 정한다.
⑧ 임차인은 제1항에 따른 임차권등기명령의 신청 및 그에 따른 임차권등기와 관련하여 든 비용을 임대인에게 청구할 수 있다.
⑨ 금융기관등은 임차인을 대위하여 제1항의 임차권등기명령을 신청할 수 있다. 이 경우 제3항 · 제4항 및 제8항의 "임차인"은 "금융기관등"으로 본다.(2013.8.13 본항신설)
(2009.1.30 본조개정)

제7조【「민법」에 따른 임대차등기의 효력 등】 ① 「민법」 제621조에 따른 건물임대차등기의 효력에 관하여는 제6조제5항 및 제6항을 준용한다.
② 임차인이 대항력 또는 우선변제권을 갖추고 「민법」 제621조제1항에 따라 임대인의 협력을 얻어 임대차등기를 신청하는 경우에는 신청서에 「부동산등기법」 제74조제1호부터 제6호까지의 사항 외에 다음 각 호의 사항을 기재하여야 하며, 이를 증명할 수 있는 서면(임대차의 목적이 건물의 일부분인 경우에는 그 부분의 도면을 포함한다)을 첨부하여야 한다.(2020.2.4 본문개정)
1. 사업자등록을 신청한 날
2. 임차건물을 점유한 날
3. 임대차계약서상의 확정일자를 받은 날
(2009.1.30 본조개정)

제8조【경매에 의한 임차권의 소멸】 임차권은 임차건물에 대하여 「민사집행법」에 따른 경매가 실시된 경우에는 그 임차건물이 매각되면 소멸한다. 다만, 보증금이 전액 변제되지 아니한 대항력이 있는 임차권은 그러하지 아니하다.(2009.1.30 본조개정)

제9조【임대차기간 등】 ① 기간을 정하지 아니하거나 기간을 1년 미만으로 정한 임대차는 그 기간을 1년으로 본다. 다만, 임차인은 1년 미만으로 정한 기간이 유효함을 주장할 수 있다.
② 임대차가 종료한 경우에도 임차인이 보증금을 돌려받을 때까지는 임대차 관계는 존속하는 것으로 본다.
(2009.1.30 본조개정)

제10조【계약갱신 요구 등】 ① 임대인은 임차인이 임대차기간이 만료되기 6개월 전부터 1개월 전까지 사이에 계약갱신을 요구할 경우 정당한 사유 없이 거절하지 못한다. 다만, 다음 각 호의 어느 하나의 경우에는 그러하지 아니하다.
1. 임차인이 3기의 차임액에 해당하는 금액에 이르도록 차임을 연체한 사실이 있는 경우
2. 임차인이 거짓이나 그 밖의 부정한 방법으로 임차한 경우
3. 서로 합의하여 임대인이 임차인에게 상당한 보상을 제공한 경우
4. 임차인이 임대인의 동의 없이 목적 건물의 전부 또는 일부를 전대(轉貸)한 경우
5. 임차인이 임차한 건물의 전부 또는 일부를 고의나 중대한 과실로 파손한 경우
6. 임차한 건물의 전부 또는 일부가 멸실되어 임대차의 목적을 달성하지 못할 경우
7. 임대인이 다음 각 목의 어느 하나에 해당하는 사유로 목적 건물의 전부 또는 대부분을 철거하거나 재건축하기 위하여 목적 건물의 점유를 회복할 필요가 있는 경우(2013.8.13 본문개정)
  가. 임대차계약 체결 당시 공사시기 및 소요기간 등을 포함한 철거 또는 재건축 계획을 임차인에게 구체적으로 고지하고 그 계획에 따르는 경우
  나. 건물이 노후 · 훼손 또는 일부 멸실되는 등 안전사고의 우려가 있는 경우
  다. 다른 법령에 따라 철거 또는 재건축이 이루어지는 경우
(2013.8.13 가목~다목신설)
8. 그 밖에 임차인이 임차인으로서의 의무를 현저히 위반하거나 임대차를 계속하기 어려운 중대한 사유가 있는 경우
② 임차인의 계약갱신요구권은 최초의 임대차기간을 포함한 전체 임대차기간이 10년을 초과하지 아니하는 범위에서만 행사할 수 있다.(2018.10.16 본항개정)
③ 갱신되는 임대차는 전 임대차와 동일한 조건으로 다시 계약된 것으로 본다. 다만, 차임과 보증금은 제11조에 따른 범위에서 증감할 수 있다.
④ 임대인이 제1항의 기간 이내에 임차인에게 갱신 거절의 통지 또는 조건 변경의 통지를 하지 아니한 경우에는 그 기간이 만료된 때에 전 임대차와 동일한 조건으로 다시 임대차한 것으로 본다. 이 경우에 임대차의 존속기간은 1년으로 본다.(2009.5.8 본항개정)
⑤ 제4항의 경우 임차인은 언제든지 임대인에게 계약해지의 통고를 할 수 있고, 임대인이 통고를 받은 날부터 3개월이 지나면 효력이 발생한다.
(2009.1.30 본조개정)

제10조의2【계약갱신의 특례】 제2조제1항 단서에 따른 보증금액을 초과하는 임대차의 계약갱신의 경우에는 당사자는 상가건물에 관한 조세, 공과금, 주변 상가건물의 차임 및 보증금, 그 밖의 부담이나 경제사정의 변동 등을 고려하여 차임과 보증금의 증감을 청구할 수 있다.
(2013.8.13 본조신설)

제10조의3【권리금의 정의 등】 ① 권리금이란 임대차 목적물인 상가건물에서 영업을 하는 자 또는 영업을 하려는 자가 영업시설 · 비품, 거래처, 신용, 영업상의 노하우, 상가건물의 위치에 따른 영업상의 이점 등 유형 · 무형의 재산적 가치의 양도 또는 이용대가로서 임대인, 임차인에게 보증금과 차임 이외에 지급하는 금전 등의 대가를 말한다.
② 권리금 계약이란 신규임차인이 되려는 자가 임차인에게 권리금을 지급하기로 하는 계약을 말한다.
(2015.5.13 본조신설)

제10조의4【권리금 회수기회 보호 등】 ① 임대인은 임대차기간이 끝나기 6개월 전부터 임대차 종료 시까지 다음 각 호의 어느 하나에 해당하는 행위를 함으로써 권리금 계약에 따라 임차인이 주선한 신규임차인이 되려는 자로부터 권리금을 지급받는 것을 방해하여서는 아니 된다. 다만, 제10조제1항 각 호의 어느 하나에 해당하는 사유가 있는 경우에는 그러하지 아니하다.(2018.10.16 본문개정)
1. 임차인이 주선한 신규임차인이 되려는 자에게 권리금을 요구하거나 임차인이 주선한 신규임차인이 되려는 자로부터 권리금을 수수하는 행위
2. 임차인이 주선한 신규임차인이 되려는 자로 하여금 임차인에게 권리금을 지급하지 못하게 하는 행위
3. 임차인이 주선한 신규임차인이 되려는 자에게 상가건물에 관한 조세, 공과금, 주변 상가건물의 차임 및 보증금, 그 밖의 부담에 따른 금액에 비추어 현저히 고액의 차임과 보증금을 요구하는 행위
4. 그 밖에 정당한 사유 없이 임대인이 임차인이 주선한 신규임차인이 되려는 자와 임대차계약의 체결을 거절하는 행위
② 다음 각 호의 어느 하나에 해당하는 경우에는 제1항제4호의 정당한 사유가 있는 것으로 본다.
1. 임차인이 주선한 신규임차인이 되려는 자가 보증금 또는 차임을 지급할 자력이 없는 경우
2. 임차인이 주선한 신규임차인이 되려는 자가 임차인으로서의 의무를 위반할 우려가 있거나 그 밖에 임대차를 유지하기 어려운 상당한 사유가 있는 경우
3. 임대차 목적물인 상가건물을 1년 6개월 이상 영리목적으로 사용하지 아니한 경우
4. 임대인이 선택한 신규임차인이 임차인과 권리금 계약을 체결하고 그 권리금을 지급한 경우
③ 임대인이 제1항을 위반하여 임차인에게 손해를 발생하게 한 때에는 그 손해를 배상할 책임이 있다. 이 경우 그 손해배상액은 신규임차인이 임차인에게 지급하기로 한 권리금과 임대차 종료 당시의 권리금 중 낮은 금액을 넘지 못한다.
④ 제3항에 따라 임대인에게 손해배상을 청구할 권리는 임대차가 종료한 날부터 3년 이내에 행사하지 아니하면 시효의 완성으로 소멸한다.
⑤ 임차인은 임대인에게 임차인이 주선한 신규임차인이 되려는 자의 보증금 및 차임을 지급할 자력 또는 그 밖에 임차인으로서의 의무를 이행할 의사 및 능력에 관하여 자신이 알고 있는 정보를 제공하여야 한다.
(2015.5.13 본조신설)

판례 임차인이 임대차계약에 있어 가장 기본적이고 주된 의무인 차임의 지급을 3기의 차임액에 해당하는 금액에 이르도록 이행하지 않은 경우에는 임대인과 임차인 간의 신뢰 관계가 깨어졌다고 보아야 한다. 만일 이와 같은 경우에도 임대인이 임차인이 주선하는 신규임차인과 임대차계약을 체결해야 한다면 임대인 입장에서 이는 차임 지급을 성실히 이행하지 않아 신뢰를 잃은 임차인과 사실상 계약을 갱신하는 것과 크게 다르지 않을 수 있다. 따라서 임차인이 3기의 차임액에 해당하는 금액에 이르도록 차임을 연체한 사실이 있는 경우 임대인의 권리금 회수 기회 보호 의무가 발생하지 않는 것으로 규정한 상가건물 임대차보호법 제10조의4의 조항은 헌법에 어긋나지 않는다.
(헌재결 2023.6.29, 2021헌바264)

제10조의5【권리금 적용 제외】 제10조의4는 다음 각 호의 어느 하나에 해당하는 상가건물 임대차의 경우에는 적용하지 아니한다.
1. 임대차 목적물인 상가건물이 「유통산업발전법」 제2조에 따른 대규모점포 또는 준대규모점포의 일부인 경우(다만, 「전통시장 및 상점가 육성을 위한 특별법」 제2조제1호에 따른 전통시장은 제외한다)(2018.10.16 본호개정)
2. 임대차 목적물인 상가건물이 「국유재산법」에 따른 국유재산 또는 「공유재산 및 물품 관리법」에 따른 공유재산인 경우
(2015.5.13 본조신설)

제10조의6【표준권리금계약서의 작성 등】 국토교통부장관은 법무부장관과 협의를 거쳐 임차인과 신규임차인이 되려는 자의 권리금 계약 체결을 위한 표준권리금계약서를 정하여 그 사용을 권장할 수 있다.(2020.7.31 본조개정)

제10조의7【권리금 평가기준의 고시】 국토교통부장관은 권리금에 대한 감정평가의 절차와 방법 등에 관한 기준을 고시할 수 있다.(2015.5.13 본조신설)

제10조의8【차임연체와 해지】 임차인의 차임연체액이 3기의 차임액에 달하는 때에는 임대인은 계약을 해지할 수 있다.(2015.5.13 본조신설)

제10조의9【계약 갱신요구 등에 관한 임시 특례】 임차인이 이 법(법률 제17490호 상가건물 임대차보호법 일부개정법률을 말한다) 시행일부터 6개월까지의 기간 동안 연체한 차임액은 제10조제1항제1호, 제10조의4제1항 단서 및 제10조의8의 적용에 있어서는 차임연체액으로 보지 아니한다. 이 경우 연체한 차임액에 대한 임대인의 그 밖의 권리는 영향을 받지 아니한다.(2020.9.29 본조신설)

제11조【차임 등의 증감청구권】 ① 차임 또는 보증금이 임차건물에 관한 조세, 공과금, 그 밖의 부담의 증감이나 「감염병의 예방 및 관리에 관한 법률」 제2조제2호에 따른 제1급감염병 등에 의한 경제사정의 변동으로 인하여 상당하지 아니하게 된 경우에는 당사자는 장래의 차임 또는 보증금에 대하여 증감을 청구할 수 있다. 그러나 증액의 경우에는 대통령령으로 정하는 기준에 따른 비율을 초과하지 못한다.(2020.9.29 본문개정)
② 제1항에 따른 증액 청구는 임대차계약 또는 약정한 차임 등의 증액이 있은 후 1년 이내에는 하지 못한다.
③ 「감염병의 예방 및 관리에 관한 법률」 제2조제2호에 따른 제1급감염병에 의한 경제사정의 변동으로 차임 등이 감액된 후 임대인이 제1항에 따라 증액을 청구하는 경우에는 증액된 차임 등이 감액 전 차임 등의 금액에 달할 때까지는 같은 항 단서를 적용하지 아니한다.
(2020.9.29 본항신설)
(2009.1.30 본조개정)
제11조의2【폐업으로 인한 임차인의 해지권】 ① 임차인은 「감염병의 예방 및 관리에 관한 법률」 제49조제1항 제2호에 따른 집합 제한 또는 금지 조치(같은 항 제2호의2에 따라 운영시간을 제한한 조치를 포함한다)를 총 3개월 이상 받음으로써 발생한 경제사정의 중대한 변동으로 폐업한 경우에는 임대차계약을 해지할 수 있다.
② 제1항에 따른 해지는 임대인이 계약해지의 통고를 받은 날부터 3개월이 지나면 효력이 발생한다.
(2022.1.4 본조신설)
제12조【월 차임 전환 시 산정률의 제한】 보증금의 전부 또는 일부를 월 단위의 차임으로 전환하는 경우에는 그 전환되는 금액에 다음 각 호 중 낮은 비율을 곱한 월 차임의 범위를 초과할 수 없다.(2013.8.13 본문개정)
1. 「은행법」에 따른 은행의 대출금리 및 해당 지역의 경제 여건 등을 고려하여 대통령령으로 정하는 비율
2. 한국은행에서 공시한 기준금리에 대통령령으로 정하는 배수를 곱한 비율
(2013.8.13 1호~2호신설)
제13조【전대차관계에 대한 적용 등】 ① 제10조, 제10조의2, 제10조의8, 제10조의9(제10조 및 제10조의8에 관한 부분으로 한정한다), 제11조 및 제12조는 전대인(轉貸人)과 전차인(轉借人)의 전대차관계에 적용한다.
(2020.9.29 본항개정)
② 임대인의 동의를 받고 전대차계약을 체결한 전차인은 임차인의 계약갱신요구권 행사기간 이내에 임차인을 대위(代位)하여 임대인에게 계약갱신요구권을 행사할 수 있다.
(2009.1.30 본조개정)
제14조【보증금 중 일정액의 보호】 ① 임차인은 보증금 중 일정액을 다른 담보물권자보다 우선하여 변제받을 권리가 있다. 이 경우 임차인은 건물에 대한 경매신청의 등기 전에 제3조제1항의 요건을 갖추어야 한다.
② 제1항의 경우에 제5조제4항부터 제6항까지의 규정을 준용한다.
③ 제1항에 따라 우선변제를 받을 임차인 및 보증금 중 일정액의 범위와 기준은 임대건물가액(임대인 소유의 대지가액을 포함한다)의 2분의 1 범위에서 해당 지역의 경제 여건, 보증금 및 차임 등을 고려하여 제14조의2에 따른 상가건물임대차위원회의 심의를 거쳐 대통령령으로 정한다.(2020.7.31 본항개정)
(2009.1.30 본조개정)
제14조의2【상가건물임대차위원회】 ① 상가건물 임대차에 관한 다음 각 호의 사항을 심의하기 위하여 법무부에 상가건물임대차위원회(이하 "위원회"라 한다)를 둔다.
1. 제2조제1항 단서에 따른 보증금액
2. 제14조에 따라 우선변제를 받을 임차인 및 보증금 중 일정액의 범위와 기준
② 위원회는 위원장 1명을 포함한 10명 이상 15명 이하의 위원으로 성별을 고려하여 구성한다.
③ 위원회의 위원장은 법무부차관이 된다.
④ 위원회의 위원은 다음 각 호의 어느 하나에 해당하는 사람 중에서 위원장이 임명하거나 위촉하되, 제1호부터 제6호까지에 해당하는 위원을 각각 1명 이상 임명하거나 위촉하여야 하고, 위원 중 2분의 1 이상은 제1호·제2호 또는 제7호에 해당하는 사람을 위촉하여야 한다.
1. 법학·경제학 또는 부동산학 등을 전공하고 상가건물 임대차 관련 전문지식을 갖춘 사람으로서 공인된 연구기관에서 조교수 이상 또는 이에 상당하는 직에 5년 이상 재직한 사람
2. 변호사·감정평가사·공인회계사·세무사 또는 공인중개사로서 5년 이상 해당 분야에서 종사하고 상가건물 임대차 관련 업무경험이 풍부한 사람
3. 기획재정부에서 물가 관련 업무를 담당하는 고위공무원단에 속하는 공무원
4. 법무부에서 상가건물 임대차 관련 업무를 담당하는 고위공무원단에 속하는 공무원(이에 상당하는 특정직공무원을 포함한다)
5. 국토교통부에서 상가건물 임대차 관련 업무를 담당하는 고위공무원단에 속하는 공무원
6. 중소벤처기업부에서 소상공인 관련 업무를 담당하는 고위공무원단에 속하는 공무원
7. 그 밖에 상가건물 임대차 관련 학식과 경험이 풍부한 사람으로서 대통령령으로 정하는 사람

⑤ 그 밖에 위원회의 구성 및 운영 등에 필요한 사항은 대통령령으로 정한다.
(2020.7.31 본조신설)
제15조【강행규정】 이 법의 규정에 위반된 약정으로서 임차인에게 불리한 것은 효력이 없다.(2009.1.30 본조개정)
제16조【일시사용을 위한 임대차】 이 법은 일시사용을 위한 임대차임이 명백한 경우에는 적용하지 아니한다.
(2009.1.30 본조개정)
제17조【미등기전세에의 준용】 목적건물을 등기하지 아니한 전세계약에 관하여 이 법을 준용한다. 이 경우 "전세금"은 "임대차의 보증금"으로 본다.(2009.1.30 본조개정)
제18조【「소액사건심판법」의 준용】 임차인이 임대인에게 제기하는 보증금반환청구소송에 관하여는 「소액사건심판법」 제6조·제7조·제10조 및 제11조의2를 준용한다.
(2009.1.30 본조개정)
제19조【표준계약서의 작성 등】 법무부장관은 국토교통부장관과 협의를 거쳐 보증금, 차임액, 임대차기간, 수선비 분담 등의 내용이 기재된 상가건물임대차표준계약서를 정하여 그 사용을 권장할 수 있다.(2020.7.31 본조개정)
제20조【상가건물임대차분쟁조정위원회】 ① 이 법의 적용을 받는 상가건물 임대차와 관련된 분쟁을 심의·조정하기 위하여 대통령령으로 정하는 바에 따라 「법률구조법」 제8조에 따른 대한법률구조공단의 지부, 「한국토지주택공사법」에 따른 한국토지주택공사의 지사 또는 사무소 및 「한국감정원법」에 따른 한국감정원의 지사 또는 사무소에 상가건물임대차분쟁조정위원회(이하 "조정위원회"라 한다)를 둔다. 특별시·광역시·특별자치시·도 및 특별자치도는 그 지방자치단체의 실정을 고려하여 조정위원회를 둘 수 있다.(2020.7.31 전단개정)
② 조정위원회는 다음 각 호의 사항을 심의·조정한다.
1. 차임 또는 보증금의 증감에 관한 분쟁
2. 임대차 기간에 관한 분쟁
3. 보증금 또는 임차상가건물의 반환에 관한 분쟁
4. 임차상가건물의 유지·수선 의무에 관한 분쟁
5. 권리금에 관한 분쟁
6. 그 밖에 대통령령으로 정하는 상가건물 임대차에 관한 분쟁
③ 조정위원회의 사무를 처리하기 위하여 조정위원회에 사무국을 두고, 사무국의 조직 및 인력 등에 필요한 사항은 대통령령으로 정한다.
④ 사무국의 조정위원회 업무담당자는 「주택임대차보호법」 제14조에 따른 주택임대차분쟁조정위원회 사무국의 업무를 제외하고 다른 직위의 업무를 겸직하여서는 아니 된다.
(2018.10.16 본조신설)
제21조【주택임대차분쟁조정위원회 준용】 조정위원회에 대하여는 이 법에 규정한 사항 외에는 주택임대차분쟁조정위원회에 관한 「주택임대차보호법」 제14조부터 제29조까지의 규정을 준용한다. 이 경우 "주택임대차분쟁조정위원회"는 "상가건물임대차위원회의 위원 및 상가건물임대차분쟁조정위원회"로 본다.(2020.7.31 본조개정)
제22조【벌칙 적용에서 공무원 의제】 공무원이 아닌 상가건물임대차위원회의 위원 및 상가건물임대차분쟁조정위원회의 위원은 「형법」 제127조, 제129조부터 제132조까지의 규정을 적용할 때에는 공무원으로 본다.
(2020.7.31 본조신설)

부 칙

①【시행일】 이 법은 2002년 11월 1일부터 시행한다.
(2002.8.26 본항개정)
②【적용례】 이 법은 이 법 시행후 체결되거나 갱신된 임대차부터 적용한다. 다만, 제3조·제5조 및 제14조의 규정은 이 법 시행당시 존속 중인 임대차에 대하여도 이를 적용하되, 이 법 시행 전에 물권을 취득한 제3자에 대하여는 그 효력이 없다.
③【기존 임차인의 확정일자 신청에 대한 경과조치】 이 법 시행당시의 임차인으로서 제5조의 규정에 의한 보증금 우선변제의 보호를 받고자 하는 자는 이 법 시행전에 대통령령이 정하는 바에 따라 건물의 소재지 관할 세무서장에게 임대차계약서상의 확정일자를 신청할 수 있다.

부 칙 (2013.8.13)

제1조【시행일】 이 법은 공포한 날부터 시행한다. 다만, 제12조, 제14조제3항의 개정규정은 2014년 1월 1일부터 시행한다.
제2조【일반적 적용례】 이 법은 이 법 시행 후 최초로 체결되거나 갱신되는 임대차부터 적용한다.
제3조【금융기관등의 우선변제권에 관한 적용례】 제5조 제4항, 같은 조 제6항부터 제9항까지, 제6조제1항 및 제9항의 개정규정은 이 법 시행 당시 존속 중인 임대차에 대하여도 적용하되, 이 법 시행 후 최초로 보증금반환채권을 양수한 경우부터 적용한다.
제4조【월 차임 전환 시 산정률의 제한에 관한 적용례】 제12조의 개정규정은 같은 개정규정 시행 당시 존속 중인 임대차에 대하여도 적용하되, 같은 개정규정 시행 후 최초로 보증금의 전부 또는 일부를 월 단위 차임으로 전환하는 경우부터 적용한다.

제5조【소액보증금 보호에 관한 적용례】 제14조제3항의 개정규정은 같은 개정규정 시행 당시 존속 중인 임대차에 대하여도 이를 적용하되, 같은 개정규정 시행 전에 물권을 취득한 제3자에 대하여는 그 효력이 없다.

부 칙 (2015.5.13)

제1조【시행일】 이 법은 공포한 날부터 시행한다. 다만, 제4조의 개정규정은 공포 후 6개월이 경과한 날부터 시행한다.
제2조【대항력에 관한 적용례】 제2조제3항의 개정규정 중 제3조 대항력에 관한 규정은 이 법 시행 후 최초로 계약이 체결되거나 갱신되는 임대차부터 적용한다.
제3조【권리금 회수기회 보호 등에 관한 적용례】 제10조의4의 개정규정은 이 법 시행 당시 존속 중인 임대차부터 적용한다.

부 칙 (2018.10.16)

제1조【시행일】 이 법은 공포한 날부터 시행한다. 다만, 제20조부터 제22조까지의 개정규정은 공포 후 6개월이 경과한 날부터 시행한다.
제2조【계약갱신요구 기간의 적용례】 제10조제2항의 개정규정은 이 법 시행 후 최초로 체결되거나 갱신되는 임대차부터 적용한다.
제3조【권리금 회수기회 보호 등에 관한 적용례】 제10조의4제1항의 개정규정은 이 법 시행 당시 존속 중인 임대차에 대하여도 적용한다.
제4조【권리금 적용 제외에 관한 적용례】 제10조의5제1호의 개정규정은 이 법 시행 당시 존속 중인 임대차에 대하여도 적용한다.
제5조【다른 법률의 개정】 ※(해당 법령에 가제정리 하였음)

부 칙 (2020.2.4)

제1조【시행일】 이 법은 공포 후 6개월이 경과한 날부터 시행한다.(이하 생략)

부 칙 (2020.7.31)

제1조【시행일】 이 법은 공포 후 3개월이 경과한 날부터 시행한다.
제2조【위원회의 심의 사항에 관한 특례】 ① 이 법 시행 당시 종전의 제2조제1항 단서에 따라 대통령령으로 정한 보증금액은 같은 항 단서의 개정규정에 따라 위원회의 심의를 거쳐 대통령령으로 정하기 전까지는 같은 개정규정에 따라 위원회의 심의를 거쳐 대통령령으로 정한 보증금액으로 본다.
② 이 법 시행 당시 종전의 제14조제3항에 따라 대통령령으로 정한 우선변제를 받을 임차인 및 보증금 중 일정액의 범위와 기준은 같은 항의 개정규정에 따라 위원회의 심의를 거쳐 대통령령으로 정하기 전까지는 같은 개정규정에 따라 위원회의 심의를 거쳐 대통령령으로 정한 범위와 기준으로 본다.

부 칙 (2020.9.29)

제1조【시행일】 이 법은 공포한 날부터 시행한다.
제2조【계약 갱신요구 등의 임시 특례 등에 관한 적용례】 제2조제3항, 제10조의9, 제11조제1항·제3항 및 제13조제1항의 개정규정은 이 법 시행 당시 존속 중인 임대차에 대하여도 적용한다.

부 칙 (2022.1.4)

제1조【시행일】 이 법은 공포한 날부터 시행한다.
제2조【임차인의 해지권에 관한 적용례】 제11조의2의 개정규정은 이 법 시행 당시 존속 중인 임대차에 대해서도 적용한다.

상가건물 임대차보호법 시행령

(2002년 10월 14일 대통령령 제17757호)

개정
2006. 6.12영19507호(행정정보이용감축개정령)
2008. 8.21영20970호 2010. 1.11영21988호
2010. 5. 4영22151호(전자정부법시)
2010. 7.21영22283호
2012. 1. 6영23488호(민감정보고유식별정보)
2012. 5.23영23807호(개인정보보호일부개정령)
2013.12.30영25036호 2015.11.13영26637호
2018. 1.26영28611호 2019. 4. 2영29671호
2020.10.20영31117호
2020.12. 8영31243호(한국부동산원법시)
2022.12.20영33106호

제1조【목적】 이 영은 「상가건물 임대차보호법」에서 위임된 사항과 그 시행에 관하여 필요한 사항을 정하는 것을 목적으로 한다.(2010.7.21 본조개정)

제2조【적용범위】 ① 「상가건물 임대차보호법」(이하 "법"이라 한다) 제2조제1항 단서에서 "대통령령으로 정하는 보증금액"이란 다음 각 호의 구분에 의한 금액을 말한다.
1. 서울특별시 : 9억원
2. 「수도권정비계획법」에 따른 과밀억제권역(서울특별시는 제외한다) 및 부산광역시 : 6억9천만원
3. 광역시(「수도권정비계획법」에 따른 과밀억제권역에 포함된 지역과 군지역, 부산광역시는 제외한다), 세종특별자치시, 파주시, 화성시, 안산시, 용인시, 김포시 및 광주시 : 5억4천만원
4. 그 밖의 지역 : 3억7천만원
(2019.4.2 본항개정)
② 법 제2조제2항의 규정에 의하여 보증금외에 차임이 있는 경우의 차임액은 월 단위의 차임액으로 한다.
③ 법 제2조제2항에서 "대통령령으로 정하는 비율"이라 함은 1분의 100을 말한다.(2010.7.21 본항개정)

제3조【확정일자부 기재사항 등】 ① 상가건물 임대차계약증서 원본을 소지한 임차인은 법 제4조제1항에 따라 상가건물의 소재지 관할 세무서장에게 확정일자 부여를 신청할 수 있다. 다만, 「부가가치세법」 제8조제3항에 따라 사업자 단위 과세가 적용되는 사업자의 경우 해당 사업자의 본점 또는 주사무소 관할 세무서장에게 확정일자 부여를 신청할 수 있다.
② 확정일자는 제1항에 따라 확정일자 부여의 신청을 받은 세무서장(이하 "관할 세무서장"이라 한다)이 확정일자 번호, 확정일자 부여일 및 관할 세무서장을 상가건물 임대차 계약증서 원본에 표시하고 관인을 찍는 방법으로 부여한다.
③ 관할 세무서장은 임대차계약이 변경되거나 갱신된 경우 임차인의 신청에 따라 새로운 확정일자를 부여한다.
④ 관할 세무서장이 법 제4조제2항에 따라 작성하는 확정일자부에 기재하여야 할 사항은 다음 각 호와 같다.
1. 확정일자 번호
2. 확정일자 부여일
3. 임대인·임차인의 인적사항
가. 자연인인 경우 : 성명, 주민등록번호(외국인은 외국인등록번호)
나. 법인인 경우 : 법인명, 대표자 성명, 법인등록번호
다. 법인 아닌 단체인 경우 : 단체명, 대표자 성명, 사업자등록번호·고유번호
4. 임차인의 상호 및 법 제3조제1항에 따른 사업자등록 번호
5. 상가건물의 소재지, 임대차 목적물 및 면적
6. 임대차기간
7. 보증금·차임
⑤ 제1항부터 제4항까지에서 규정한 사항 외에 확정일자 부여 사무에 관하여 필요한 사항은 법무부령으로 정한다.
(2015.11.13 본조개정)

제3조의2【이해관계인의 범위】 법 제4조제3항에 따라 정보의 제공을 요청할 수 있는 상가건물의 임대차에 이해관계가 있는 자(이하 "이해관계인"이라 한다)는 다음 각 호의 어느 하나에 해당하는 자로 한다.
1. 해당 상가건물 임대차계약의 임대인·임차인
2. 해당 상가건물의 소유자
3. 해당 상가건물 또는 그 대지의 등기부에 기록된 권리자 중 법무부령으로 정하는 자
4. 법 제5조제7항에 따라 우선변제권을 승계한 금융기관 등
5. 제1호부터 제4호까지에서 규정한 자에 준하는 지위 또는 권리를 가지는 자로서 임대차 정보의 제공에 관하여 법원의 판결을 받은 자
(2015.11.13 본조신설)

제3조의3【이해관계인 등이 요청할 수 있는 정보의 범위】 ① 제3조의2제1호에 따른 임대차계약의 당사자는 관할 세무서장에게 다음 각 호의 사항이 기재된 서면의 열람 또는 교부를 요청할 수 있다.
1. 임대인·임차인의 인적사항(제3조제4항제3호에 따른 정보를 말한다. 다만, 주민등록번호 및 외국인등록번호의 경우에는 앞 6자리에 한정한다)
2. 상가건물의 소재지, 임대차 목적물 및 면적
3. 사업자등록 신청일
4. 보증금·차임 및 임대차기간
5. 확정일자 부여일
6. 임대차계약이 변경되거나 갱신된 경우에는 변경·갱신된 날짜, 새로운 확정일자 부여일, 변경된 보증금·차임 및 임대차기간
7. 그 밖에 법무부령으로 정하는 사항
② 임대차계약의 당사자가 아닌 이해관계인 또는 임대차계약을 체결하려는 자는 관할 세무서장에게 다음 각 호의 사항이 기재된 서면의 열람 또는 교부를 요청할 수 있다.
1. 상가건물의 소재지, 임대차 목적물 및 면적
2. 사업자등록 신청일
3. 보증금 및 차임, 임대차기간
4. 확정일자 부여일
5. 임대차계약이 변경되거나 갱신된 경우에는 변경·갱신된 날짜, 새로운 확정일자 부여일, 변경된 보증금·차임 및 임대차기간
6. 그 밖에 법무부령으로 정하는 사항
③ 제1항 및 제2항에서 규정한 사항 외에 임대차 정보의 제공 등에 필요한 사항은 법무부령으로 정한다.
(2015.11.13 본조신설)

제4조【차임 등 증액청구의 기준】 법 제11조제1항의 규정에 의한 차임 또는 보증금의 증액청구는 청구당시의 차임 또는 보증금의 100분의 5의 금액을 초과하지 못한다.
(2018.1.26 본조개정)

제5조【월차임 전환 시 산정률】 ① 법 제12조제1호에서 "대통령령으로 정하는 비율"이란 연 1할2푼을 말한다.
② 법 제12조제2호에서 "대통령령으로 정하는 배수"란 4.5배를 말한다.
(2013.12.30 본조개정)

제6조【우선변제를 받을 임차인의 범위】 법 제14조의 규정에 의하여 우선변제를 받을 임차인은 보증금과 차임이 있는 경우 법 제2조제2항의 규정에 의하여 환산한 금액의 합계가 다음 각호의 구분에 의한 금액 이하인 임차인으로 한다.
1. 서울특별시 : 6천500만원
2. 「수도권정비계획법」에 따른 과밀억제권역(서울특별시는 제외한다) : 5천500만원
3. 광역시(「수도권정비계획법」에 따른 과밀억제권역에 포함된 지역과 군지역은 제외한다), 안산시, 용인시, 김포시 및 광주시 : 3천800만원
4. 그 밖의 지역 : 3천만원
(2013.12.30 1호~4호개정)

제7조【우선변제를 받을 보증금의 범위 등】 ① 법 제14조의 규정에 의하여 우선변제를 받을 보증금중 일정액의 범위는 다음 각호의 구분에 의한 금액 이하로 한다.
1. 서울특별시 : 2천200만원
2. 「수도권정비계획법」에 따른 과밀억제권역(서울특별시는 제외한다) : 1천900만원
3. 광역시(「수도권정비계획법」에 따른 과밀억제권역에 포함된 지역과 군지역은 제외한다), 안산시, 용인시, 김포시 및 광주시 : 1천300만원
4. 그 밖의 지역 : 1천만원
(2013.12.30 1호~4호개정)
② 임차인의 보증금중 일정액이 상가건물의 가액의 2분의 1을 초과하는 경우에는 상가건물의 가액의 2분의 1에 해당하는 금액에 한하여 우선변제권이 있다.(2013.12.30 본항개정)
③ 하나의 상가건물에 임차인이 2인 이상이고, 그 각 보증금중 일정액의 합산액이 상가건물의 가액의 2분의 1을 초과하는 경우에는 그 각 보증금중 일정액의 합산액에 대한 각 임차인의 보증금중 일정액의 비율로 그 상가건물의 가액의 2분의 1에 해당하는 금액을 분할한 금액을 각 임차인의 보증금중 일정액으로 본다.(2013.12.30 본항개정)

제7조의2【상가건물임대차위원회의 구성】 법 제14조의2제4항제7호에서 "대통령령으로 정하는 사람"이란 다음 각 호의 어느 하나에 해당하는 사람을 말한다.
1. 특별시·광역시·특별자치시·도 및 특별자치도(이하 "시·도"라 한다)에서 상가건물 정책 또는 부동산 관련 업무를 담당하는 주무부서의 실·국장
2. 법무사로서 5년 이상 해당 분야에서 종사하고 상가건물 임대차 관련 업무 경험이 풍부한 사람
(2020.10.20 본조신설)

제7조의3【위원의 임기 등】 ① 법 제14조의2에 따른 상가건물임대차위원회(이하 "위원회"라 한다)의 위원의 임기는 2년으로 하되, 한 차례만 연임할 수 있다. 다만, 공무원인 위원의 임기는 그 직위에 재직하는 기간으로 한다.
② 위원회의 위원장(이하 "위원장"이라 한다)은 위촉된 위원이 다음 각 호의 어느 하나에 해당하는 경우에는 해당 위원을 해촉할 수 있다.
1. 심신장애로 직무를 수행할 수 없게 된 경우
2. 직무와 관련한 형사사건으로 기소된 경우
3. 직무태만, 품위손상, 그 밖의 사유로 위원으로 적합하지 않다고 인정되는 경우
4. 위원 스스로 직무를 수행하는 것이 곤란하다고 의사를 밝히는 경우
(2020.10.20 본조신설)

제7조의4【위원장의 직무】 ① 위원장은 위원회를 대표하고, 위원회의 업무를 총괄한다.
② 위원장이 부득이한 사유로 직무를 수행할 수 없을 때에는 위원장이 미리 지명한 위원이 그 직무를 대행한다.
(2020.10.20 본조신설)

제7조의5【간사】 ① 위원회에 간사 1명을 두되, 간사는 상가건물 임대차 관련 업무에 종사하는 법무부 소속의 고위공무원단에 속하는 일반직 공무원(이에 상당하는 특정직·별정직 공무원을 포함한다) 중에서 위원장이 지명한다.
② 간사는 위원회의 운영을 지원하고, 위원회의 회의에 관한 기록과 그 밖에 서류의 작성·보관에 관한 사무를 처리한다.
③ 간사는 위원회에 참석하여 심의사항을 설명하거나 그 밖에 필요한 발언을 할 수 있다.
(2020.10.20 본조신설)

제7조의6【위원회의 회의】 ① 위원회의 회의는 매년 1회 개최되는 정기회의와 위원장이 필요하다고 인정하거나 위원 3분의 1 이상이 요구하는 경우에 개최되는 임시회의로 구분하여 운영한다.
② 위원장은 위원회의 회의를 소집하고, 그 의장이 된다.
③ 위원회의 회의는 재적위원 과반수의 출석으로 개의하고, 출석위원 과반수의 찬성으로 의결한다.
④ 위원회의 회의는 비공개로 한다.
⑤ 위원장은 위원이 아닌 사람을 회의에 참석하게 하여 의견을 듣거나 관계 기관·단체 등에 필요한 자료, 의견 제출 등 협조를 요청할 수 있다.
(2020.10.20 본조신설)

제7조의7【실무위원회】 ① 위원회에서 심의할 안건의 협의를 효율적으로 지원하기 위하여 위원회에 실무위원회를 둔다.
② 실무위원회는 다음 각 호의 사항을 협의·조정한다.
1. 심의안건 및 이와 관련하여 위원회가 위임한 사항
2. 그 밖에 위원장 및 위원이 실무협의를 요구하는 사항
③ 실무위원회의 위원장은 위원회의 간사가 되고, 실무위원회의 위원은 다음 각 호의 사람 중에서 그 소속기관의 장이 지명하는 사람으로 한다.
1. 기획재정부에서 물가 관련 업무를 담당하는 5급 이상의 국가공무원
2. 법무부에서 상가건물 임대차 관련 업무를 담당하는 5급 이상의 국가공무원
3. 국토교통부에서 상가건물 임대차 관련 업무를 담당하는 5급 이상의 국가공무원
4. 중소벤처기업부에서 소상공인 관련 업무를 담당하는 5급 이상의 국가공무원
5. 시·도에서 소상공인 또는 민생경제 관련 업무를 담당하는 5급 이상의 지방공무원
(2020.10.20 본조신설)

제7조의8【전문위원】 ① 위원회의 심의사항에 관한 전문적인 조사·연구업무를 수행하기 위하여 5명 이내의 전문위원을 둘 수 있다.
② 전문위원은 법학, 경제학 또는 부동산학 등에 학식과 경험을 갖춘 사람 중에서 법무부장관이 위촉하고, 임기는 2년으로 한다.
(2020.10.20 본조신설)

제7조의9【수당】 위원회 또는 실무위원회 위원에게는 예산의 범위에서 수당을 지급할 수 있다. 다만, 공무원인 위원이 그 소관 업무와 직접적으로 관련되어 위원회에 출석하는 경우는 제외한다.(2020.10.20 본조신설)

제7조의10【운영세칙】 이 영에서 규정한 사항 외에 위원회의 운영에 필요한 사항은 법무부장관이 정한다.
(2020.10.20 본조신설)

제8조【상가건물임대차분쟁조정위원회의 설치】 법 제20조제1항에 따른 상가건물임대차분쟁조정위원회(이하 "조정위원회"라 한다)를 두는 「법률구조법」 제8조에 따른 대한법률구조공단(이하 "공단"이라 한다), 「한국토지주택공사법」에 따른 한국토지주택공사(이하 "공사"라 한다) 및 「한국부동산원법」에 따른 한국부동산원(이하 "부동산원"이라 한다)의 지부, 지사 또는 사무소와 그 관할구역은 별표와 같다.(2020.12.8 본조개정)

제9조【조정위원회의 심의·조정 사항】 법 제20조제2항제6호에서 "대통령령으로 정하는 상가건물 임대차에 관

한 분쟁"이란 다음 각 호의 분쟁을 말한다.
1. 임대차계약의 이행 및 임대차계약 내용의 해석에 관한 분쟁
2. 임대차계약 갱신 및 종료에 관한 분쟁
3. 임대차계약의 불이행 등에 따른 손해배상청구에 관한 분쟁
4. 공인중개사 보수 등 비용부담에 관한 분쟁
5. 법 제19조에 따른 상가건물임대차표준계약서의 사용에 관한 분쟁
6. 그 밖에 제1호부터 제5호까지의 규정에 준하는 분쟁으로서 조정위원회의 위원장이 조정이 필요하다고 인정하는 분쟁(2020.10.20 본호개정)
(2019.4.2 본조신설)

제10조【공단의 지부 등에 두는 조정위원회의 사무국】 ① 법 제20조제3항에 따라 공단, 공사 또는 부동산원의 지부, 지사 또는 사무소에 두는 조정위원회의 사무국(이하 "사무국"이라 한다)에는 사무국장 1명을 각각 두며, 사무국장 밑에 심사관 및 조사관을 각각 둔다.(2020.12.8 본항개정)
② 사무국장은 공단 이사장, 공사 사장 및 부동산원 원장이 각각 임명하며, 조정위원회의 위원을 겸직할 수 있다.(2020.12.8 본항개정)
③ 심사관 및 조사관은 공단 이사장, 공사 사장 및 부동산원 원장이 각각 임명한다.(2020.12.8 본항개정)
④ 사무국장은 사무국의 업무를 총괄하고, 소속 직원을 지휘·감독한다.
⑤ 심사관은 다음 각 호의 업무를 담당한다.
1. 분쟁조정 신청 사건에 대한 쟁점정리 및 법률적 검토
2. 조사관이 담당하는 업무에 대한 지휘·감독
3. 그 밖에 조정위원회의 위원장이 조정위원회의 사무 처리를 위하여 필요하다고 인정하는 업무(2020.10.20 본호개정)
⑥ 조사관은 다음 각 호의 업무를 담당한다.
1. 분쟁조정 신청의 접수
2. 분쟁조정 신청에 관한 민원의 안내
3. 조정당사자에 대한 송달 및 통지
4. 분쟁의 조정에 필요한 사실조사
5. 그 밖에 조정위원회의 위원장이 조정위원회의 사무 처리를 위하여 필요하다고 인정하는 업무(2020.10.20 본호개정)
⑦ 사무국장 및 심사관은 변호사의 자격이 있는 사람으로 한다.
(2020.10.20 본조제목개정)
(2019.4.2 본조신설)

제11조【시·도의 조정위원회 사무국】 시·도가 법 제20조제1항 후단에 따라 조정위원회를 두는 경우 사무국의 조직 및 운영 등에 관한 사항은 그 지방자치단체의 실정을 고려하여 해당 지방자치단체의 조례로 정한다.
(2020.10.20 본조개정)

제12조【고유식별정보의 처리】 관할 세무서장은 법 제4조에 따른 확정일자 부여에 관한 사무를 수행하기 위하여 불가피한 경우 「개인정보 보호법 시행령」 제19조제1호 및 제4호에 따른 주민등록번호 및 외국인등록번호가 포함된 자료를 처리할 수 있다.(2015.11.13 본조개정)

부 칙 (2013.12.30)

제1조【시행일】 이 영은 2014년 1월 1일부터 시행한다.
제2조【적용범위에 관한 적용례】 제2조의 개정규정은 이 영 시행 후 체결되거나 갱신되는 상가건물 임대차계약부터 적용한다.
제3조【월차임 전환 시 산정률의 제한에 관한 적용례】 제5조의 개정규정은 이 영 시행 당시 존속 중인 상가건물 임대차계약에 대해서도 적용하되, 이 영 시행 후 보증금의 전부 또는 일부를 월 단위 차임으로 전환하는 경우부터 적용한다.
제4조【소액보증금 보호에 관한 적용례】 제6조 및 제7조의 개정규정은 이 영 시행 당시 존속 중인 상가건물 임대차계약에 대해서도 적용하되, 이 영 시행 전에 담보물권을 취득한 자에 대해서는 종전의 규정에 따른다.

부 칙 (2018.1.26)

제1조【시행일】 이 영은 공포한 날부터 시행한다.
제2조【적용범위에 대한 적용례】 제2조의 개정규정은 이 영 시행 이후 체결되거나 갱신되는 상가건물 임대차계약부터 적용한다.
제3조【차임 등 증액청구 기준에 대한 적용례】 제4조의 개정규정은 이 영 시행 당시 존속 중인 상가건물 임대차계약에 대해서도 적용한다.

부 칙 (2019.4.2)

제1조【시행일】 이 영은 공포한 날부터 시행한다. 다만, 제8조부터 제11조까지의 개정규정은 2019년 4월 17일부터 시행한다.
제2조【적용범위에 대한 적용례】 제2조제1항의 개정규정은 이 영 시행 이후 체결되거나 갱신되는 상가건물 임대차계약부터 적용한다.

부 칙 (2020.10.20)

이 영은 2020년 11월 1일부터 시행한다.

부 칙 (2020.12.8)

제1조【시행일】 이 영은 2020년 12월 10일부터 시행한다.
(이하 생략)

부 칙 (2022.12.20)

제1조【시행일】 이 영은 2023년 1월 1일부터 시행한다.
제2조【공사의 인천지역본부 등에 설치된 조정위원회에 조정 신청된 사항에 관한 경과조치】 이 영 시행 당시 종전의 별표에 따라 다음 표의 왼쪽 란에 기재된 지역본부에 설치된 조정위원회에 조정 신청된 사항은 별표의 개정규정에 따라 다음 표의 오른쪽 란에 기재된 지사에 설치된 조정위원회에 조정 신청된 것으로 본다.

공사의 인천지역본부	부동산원의 인천지사
공사의 경남지역본부	부동산원의 창원지사
공사의 경기지역본부	부동산원의 성남지사
공사의 부산울산지역본부	부동산원의 울산지사

제3조【부동산원의 경기서부지사에 설치된 조정위원회에 관한 경과조치】 ① 이 영 시행 당시 종전의 별표에 따라 부동산원의 경기서부지사에 설치된 조정위원회는 별표의 개정규정에 따라 부동산원의 고양지사에 설치된 조정위원회로 본다.
② 이 영 시행 당시 종전의 별표에 따라 부동산원의 경기서부지사에 설치된 조정위원회의 위원장 및 위원으로 호선 및 위촉된 사람은 별표의 개정규정에 따라 부동산원의 고양지사에 설치된 조정위원회의 위원장 및 위원으로 호선 및 위촉된 것으로 본다. 이 경우 그 임기는 종전 임기의 남은 기간으로 한다.

[별표] ➡ 「法典 別冊」 참조

[별지서식] (2015.11.13 삭제)

보증인 보호를 위한 특별법

(약칭 : 보증인보호법)

(2008년 3월 21일
법 률 제8918호)

개정
2009. 2. 6법 9418호(채권의공정한추심에관한법)
2010. 3.24법10186호
2010. 5.17법10303호(은행법)
2011. 3.31법10522호(농협)
2011. 5.19법10689호(신용보증기금법)
2015. 2. 3법13125호(민법)
2016. 1. 6법13711호
2016. 5.29법14242호(수협)
2020. 2.11법16998호(벤처투자촉진에관한법)
2023. 6.20법19504호(벤처투자촉진에관한법)

제1조【목적】 이 법은 보증에 관하여 「민법」에 대한 특례를 규정함으로써 아무런 대가 없이 호의(好意)로 이루어지는 보증으로 인한 보증인의 경제적·정신적 피해를 방지하고, 금전채무에 대한 합리적인 보증계약 관행을 확립함으로써 신용사회 정착에 이바지함을 목적으로 한다.
제2조【정의】 이 법에서 사용하는 용어의 뜻은 다음과 같다.
1. "보증인"이란 「민법」 제429조제1항에 따른 보증채무(이하 "보증채무"라 한다)를 부담하는 자로서 다음 각 목에서 정하는 경우를 제외한 자를 말한다.
가. 「신용보증기금법」 제2조제1호에 따른 기업(이하 "기업"이라 한다)이 영위하는 사업과 관련된 타인의 채무에 대하여 보증채무를 부담하는 경우(2011.5.19 본목개정)
나. 기업의 대표자, 이사, 무한책임사원, 「국세기본법」 제39조제2항에 따른 과점주주(寡占株主) 또는 기업의 경영을 사실상 지배하는 자가 그 기업의 채무에 대하여 보증채무를 부담하는 경우
다. 기업의 대표자, 이사, 무한책임사원, 「국세기본법」 제39조제2항에 따른 과점주주 또는 기업의 경영을 사실상 지배하는 자의 배우자, 직계 존속·비속 등 특수한 관계에 있는 자가 기업과 경제적 이익을 공유하거나 기업의 경영에 직접·간접적으로 영향을 미치면서 그 기업의 채무에 대하여 보증채무를 부담하는 경우
라. 채무자와 동업 관계에 있는 자가 동업과 관련한 동업자의 채무를 부담하는 경우
마. 나목부터 라목까지의 어느 하나에 해당하는 경우로서 기업의 채무에 대하여 그 기업의 채무를 인수한 다른 기업을 위하여 보증채무를 부담하는 경우
바. 기업 또는 개인의 신용을 보증하기 위하여 법률에 따라 설치된 기금 또는 그 관리기관이 보증채무를 부담하는 경우
2. "보증계약"이란 그 형식이나 명칭에 관계없이 채무자가 채권자에 대한 금전채무를 이행하지 아니하는 경우에 보증인이 그 채무를 이행하기로 하는 채권자와 보증인 사이의 계약을 말한다.
3. "금융기관"이란 다음 각 목에서 정하는 것을 말한다.
가. 「은행법」에 따른 인가를 받아 설립된 은행(같은 법 제59조에 따라 은행으로 보는 자를 포함한다)
(2010.5.17 본목개정)
나. 「한국산업은행법」에 따라 설립된 한국산업은행
다. 「한국수출입은행법」에 따라 설립된 한국수출입은행
라. 「중소기업은행법」에 따라 설립된 중소기업은행
마. 「자본시장과 금융투자업에 관한 법률」에 따른 투자매매업자·투자중개업자·집합투자업자·증권금융회사·종합금융회사(2016.1.6 본목개정)
바. 「상호저축은행법」에 따른 상호저축은행
사. 「농업협동조합법」에 따른 조합과 농협은행
(2011.3.31 본목개정)
아. 「수산업협동조합법」에 따른 조합과 수협은행
(2016.5.29 본목개정)
자. 「산림조합법」에 따른 조합
차. 「신용협동조합법」에 따른 신용협동조합
카. 「새마을금고법」에 따른 금고 및 그 연합회
타. (2016.1.6 삭제)
파. 「보험업법」에 따른 보험회사
하. 「여신전문금융업법」에 따른 여신전문금융회사(같은 법 제3조제3항제1호에 따라 허가를 받거나 등록을 한 자를 포함한다)
거. (2016.1.6 삭제)
너. 「벤처투자 촉진에 관한 법률」에 따른 벤처투자회사 및 벤처투자조합(2023.6.20 본목개정)
더. 「우체국예금·보험에 관한 법률」에 따른 체신관서
러. 「중소기업협동조합법」에 따른 중소기업협동조합
4. "채무관련 신용정보"란 대출정보, 채무보증정보, 연체정보, 대위변제(代位辨濟)·대지급정보(代支給情報) 및 부도정보(不渡情報)를 말한다.
제3조 (2015.2.3 삭제)
제4조【보증채무 최고액의 특정】 보증계약을 체결할 때에는 보증채무의 최고액(最高額)을 서면으로 특정(特定)하여야 한다. 보증기간을 갱신할 때에도 또한 같다.
제5조【채권자의 통지의무 등】 ① 채권자는 주채무자가 원본, 이자 그 밖의 채무를 3개월 이상 이행하지 아니하는

경우 또는 주채무자가 이행기에 이행할 수 없음을 미리 안 경우에는 지체 없이 보증인에게 그 사실을 알려야 한다.
② 채권자로서 보증계약을 체결한 금융기관은 주채무자가 원본, 이자 그 밖의 채무를 1개월 이상 이행하지 아니하는 경우에는 지체 없이 그 사실을 보증인에게 알려야 한다.
③ 채권자는 보증인의 청구가 있으면 주채무의 내용 및 그 이행 여부를 보증인에게 알려야 한다.
④ 채권자가 제1항부터 제3항까지의 규정에 따른 의무를 위반한 경우에는 보증인은 그로 인하여 손해를 입은 한도에서 채무를 면한다.(2010.3.24 본항신설)
제6조【근보증】 ① 보증은 채권자와 주채무자 사이의 특정한 계속적 거래계약이나 그 밖의 일정한 종류의 거래로부터 발생하는 채무 또는 특정한 원인에 기하여 계속적으로 발생하는 채무에 대하여도 할 수 있다. 이 경우 그 보증하는 채무의 최고액을 서면으로 특정하여야 한다.
② 제1항의 경우 채무의 최고액을 서면으로 특정하지 아니한 보증계약은 효력이 없다.
제7조【보증기간 등】 ① 보증기간의 약정이 없는 때에는 그 기간을 3년으로 본다.
② 보증기간은 갱신할 수 있다. 이 경우 보증기간의 약정이 없는 때에는 계약체결 시의 보증기간을 그 기간으로 본다.(2010.3.24 후단개정)
③ 제1항 및 제2항에서 간주되는 보증기간은 계약을 체결하거나 갱신하는 때에 채권자가 보증인에게 고지하여야 한다.(2010.3.24 본항신설)
④ 보증계약 체결 후 채권자가 보증인의 승낙 없이 채무자에 대하여 변제기를 연장하여 준 경우에는 채권자나 채무자는 보증인에게 그 사실을 알려야 한다. 이 경우 보증인은 즉시 보증채무를 이행할 수 있다.
제8조【금융기관 보증계약의 특칙】 ① 금융기관이 채권자로서 보증계약을 체결할 때에는 「신용정보의 이용 및 보호에 관한 법률」에 따라 종합신용정보집중기관으로부터 제공받은 채무자의 채무관련 신용정보를 보증인에게 제시하고 그 서면에 보증인의 기명날인이나 서명을 받아야 한다. 보증기간을 갱신할 때에도 또한 같다.
② 금융기관이 제1항에 따라 채무자의 채무관련 신용정보를 보증인에게 제시할 때에는 채무자의 동의를 받아야 한다.
③ 금융기관이 제1항에 따라 보증인에게 채무관련 신용정보를 제시하지 아니한 경우에는 보증인은 금융기관에 대하여 보증계약 체결 당시 채무자의 채무관련 신용정보를 제시하여 줄 것을 요구할 수 있다.
④ 금융기관이 제3항에 따라 채무관련 신용정보의 제시요구를 받은 날부터 7일 이내에 그 요구에 응하지 아니하는 경우에는 보증인은 그 사실을 안 날부터 1개월 이내에 보증계약의 해지를 통고할 수 있다. 이 경우 금융기관이 해지통고를 받은 날부터 1개월이 경과하면 해지의 효력이 생긴다.
제9조~제10조 (2009.2.6 삭제)
제11조【편면적 강행규정】 이 법에 위반하는 약정으로서 보증인에게 불리한 것은 효력이 없다.

부 칙

① **【시행일】** 이 법은 공포 후 6개월이 경과한 날부터 시행한다.
② **【적용례】** 제3조부터 제8조까지 및 제11조는 이 법 시행 후 최초로 체결하거나 기간을 갱신하는 보증계약부터 적용한다.

부 칙 (2010.3.24)

제1조【시행일】 이 법은 공포 후 3개월이 경과한 날부터 시행한다.
제2조【경과조치】 ① 제5조제4항의 개정규정은 이 법 시행 전에 같은 조 제1항부터 제3항까지의 규정에 따른 의무를 위반한 채권자에 대하여는 적용하지 아니한다.
② 제7조제2항 및 제3항의 개정규정은 이 법 시행 후 최초로 체결하거나 기간을 갱신하는 보증계약부터 적용한다.

부 칙 (2015.2.3)

제1조【시행일】 이 법은 공포 후 1년이 경과한 날부터 시행한다.
제2조~제5조 (생략)
제6조【「보증인 보호를 위한 특별법」의 개정에 따른 경과조치】 부칙 제5조에 따라 개정되는 「보증인 보호를 위한 특별법」의 개정규정에도 불구하고 이 법 시행 전에 체결되거나 기간이 갱신된 「보증인 보호를 위한 특별법」의 적용 대상인 보증계약에 대해서는 종전의 「보증인 보호를 위한 특별법」 제3조에 따른다.

부 칙 (2020.2.11)
(2023.6.20)

제1조【시행일】 이 법은 공포 후 6개월이 경과한 날부터 시행한다.(이하 생략)

채권의 공정한 추심에 관한 법률(약칭 : 채권추심법)

(2009년 2월 6일
법 률 제9418호)

개정
2011. 3.29법10465호(개인정보보호법)
2012. 1.17법11164호
2012. 6. 1법11461호(전자문서및전자거래기본법)
2014. 1.14법12228호 2014. 5.20법12594호
2020. 2. 4법16957호(신용정보의이용및보호에관한법)

제1조【목적】 이 법은 채권추심자가 권리를 남용하거나 불법적인 방법으로 채권추심을 하는 것을 방지하여 공정한 채권추심 풍토를 조성하고 채권자의 정당한 권리행사를 보장하면서 채무자의 인간다운 삶과 평온한 생활을 보호함을 목적으로 한다.
제2조【정의】 이 법에서 사용하는 용어의 뜻은 다음과 같다.
1. "채권추심자"란 다음 각 목의 어느 하나에 해당하는 자를 말한다.
가. 「대부업 등의 등록 및 금융이용자 보호에 관한 법률」에 따른 대부업자, 대부중개업자, 대부업의 등록을 하지 아니하고 사실상 대부업을 영위하는 자, 여신금융기관 및 이들로부터 대부계약에 따른 채권을 양도받거나 재양도 받은 자
나. 가목에 규정된 자 외의 금전대여 채권자 및 그로부터 채권을 양도받거나 재양도 받은 자
다. 「상법」에 따른 상행위로 생긴 금전채권을 양도받거나 재양도 받은 자(2014.5.20 본목신설)
라. 금전이나 그 밖의 경제적 이익을 대가로 받거나 받기로 약속하고 타인의 채권을 추심하는 자(채권추심을 목적으로 채권의 양수를 가장한 자를 포함한다)
마. 가목부터 라목까지에 규정된 자들을 위하여 고용, 도급, 위임 등 원인을 불문하고 채권추심을 하는 자(2014.5.20 본목개정)
2. "채무자"란 채무를 변제할 의무가 있거나 채권추심자로부터 채무를 변제할 의무가 있는 것으로 주장되는 자연인(보증인을 포함한다)을 말한다.
3. "관계인"이란 채무자와 동거하거나 생계를 같이 하는 자, 채무자의 친족, 채무자가 근무하는 장소에 함께 근무하는 자를 말한다.
4. "채권추심"이란 채무자에 대한 소재파악 및 재산조사, 채권에 대한 변제 요구, 채무자로부터 변제 수령 등 채권의 만족을 얻기 위한 일체의 행위를 말한다.
5. "개인정보"란 「개인정보 보호법」 제2조제1호의 개인정보를 말한다.(2011.3.29 본호개정)
6. "신용정보"란 「신용정보의 이용 및 보호에 관한 법률」 제2조제1호의 신용정보를 말한다.
제3조【국가와 지방자치단체의 책무】 ① 국가와 지방자치단체는 공정한 채권추심 풍토가 정착되도록 제도와 여건을 마련하고 이를 위한 시책을 추진하여야 한다.
② 국가와 지방자치단체는 권리를 남용하거나 불법적인 채권추심행위를 하는 채권추심자로부터 채무자 또는 관계인을 보호하기 위하여 노력하여야 한다.
제4조【다른 법률과의 관계】 채권추심에 관하여 다른 법률에 특별한 규정이 있는 경우를 제외하고는 이 법에서 정하는 바에 따른다.
제5조【채무확인서의 교부】 ① 채권추심자(제2조제1호가목에 규정된 자에 한한다. 이하 이 조에서 같다)는 채무자로부터 원금, 이자, 비용, 변제기 등 채무를 증명할 수 있는 서류(이하 "채무확인서"라 한다)의 교부를 요청받은 때에는 정당한 사유가 없는 한 이에 응하여야 한다.
② 채권추심자는 채무확인서 교부에 직접 사용되는 비용 중 대통령령으로 정하는 범위에서 채무자에게 그 비용을 청구할 수 있다.(2012.1.17 본항개정)
제6조【수임사실 통보】 ① 채권추심자(제2조제1호라목에 규정된 자 및 그 자를 위하여 고용, 도급, 위임 등 원인을 불문하고 채권추심을 하는 자를 말한다. 이하 이 조에서 같다)가 채권자로부터 채권추심을 위임받은 경우에는 채권추심에 착수하기 전까지 다음 각 호에 해당하는 사항을 채무자에게 서면(「전자문서 및 전자거래 기본법」 제2조제1호의 전자문서를 포함한다)으로 통지하여야 한다. 다만, 채무자가 통지가 필요 없다고 동의한 경우에는 그러하지 아니하다.(2014.5.20 본문개정)
1. 채권추심자의 성명·명칭 또는 연락처(채권추심자가 법인인 경우에는 채권추심담당자의 성명, 연락처를 포함한다)
2. 채권자의 성명·명칭, 채무금액, 채무불이행 기간 등 채무에 관한 사항
3. 입금계좌번호, 계좌명 등 입금계좌 관련 사항
② 제1항에도 불구하고 채무발생의 원인이 된 계약에 기한의 이익에 관한 규정이 있는 경우에는 채무자가 기한의 이익을 상실한 후 즉시 통지하여야 한다.
③ 제1항에도 불구하고 채무발생의 원인이 된 계약이 계속적인 서비스 공급 계약인 경우에는 서비스 이용료 납부지체 등 채무불이행으로 인하여 계약이 해지된 즉시 통지하여야 한다.
제7조【동일 채권에 관한 복수 채권추심 위임 금지】 채권추심자는 동일한 채권에 대하여 동시에 2인 이상의 자에게 채권추심을 위임하여서는 아니 된다.
제8조【채무불이행정보 등록 금지】 채권추심자(제2조제1호가목 및 라목에 규정된 자 및 그 자를 위하여 고용, 도급, 위임 등 원인을 불문하고 채권추심을 하는 자를 말한다. 이하 이 조에서 같다)는 채무자가 채무의 존재를 다투는 소를 제기하여 그 소송이 진행 중인 경우에 「신용정보의 보호 및 이용에 관한 법률」에 따른 신용정보집중기관이나 신용정보업자의 신용정보전산시스템에 해당 채무자를 채무불이행자로 등록하여서는 아니 된다. 이 경우 채무불이행자로 이미 등록된 때에는 채권추심자는 채무의 존재를 다투는 소가 제기되어 소송이 진행 중임을 안 날부터 30일 이내에 채무불이행자 등록을 삭제하여야 한다.(2014.5.20 전단개정)
제8조의2【대리인 선임 시 채무자에 대한 연락 금지】 다음 각 호를 제외한 채권추심자는 채무자가 「변호사법」에 따른 변호사·법무법인·법무법인(유한) 또는 법무조합을 채권추심에 응하기 위한 대리인으로 선임하고 이를 채권추심자에게 서면으로 통지한 경우 채무와 관련하여 채무자를 방문하거나 채무자에게 말·글·음향·영상 또는 물건을 도달하게 하여서는 아니 된다. 다만, 채무자와 대리인이 동의한 경우 또는 채권추심자가 대리인에게 연락할 수 없는 정당한 사유가 있는 경우에는 그러하지 아니하다.
1. 「대부업 등의 등록 및 금융이용자 보호에 관한 법률」에 따른 여신금융기관
2. 「신용정보의 이용 및 보호에 관한 법률」에 따른 채권추심회사(2020.2.4 본호개정)
3. 「자산유동화에 관한 법률」 제10조에 따른 자산관리자
4. 제2조제1호가목에 규정된 자를 제외한 일반 금전대여 채권자
5. 제1호부터 제4호까지에 규정된 자들을 위하여 고용되거나 같은 자들의 위임을 받아 채권추심을 하는 자(다만, 채권추심을 하는 자가 「대부업 등의 등록 및 금융이용자 보호에 관한 법률」에 따른 대부업자, 대부중개업자, 대부업의 등록을 하지 아니하고 사실상 대부업을 영위하는 자인 경우는 제외한다)
(2014.1.14 본조신설)
제8조의3【관계인에 대한 연락 금지】 ① 채권추심자는 채권추심을 위하여 채무자의 소재, 연락처 또는 소재를 알 수 있는 방법 등을 문의하는 경우를 제외하고는 채무와 관련하여 관계인을 방문하거나 관계인에게 말·글·음향·영상 또는 물건을 도달하게 하여서는 아니 된다.
② 채권추심자는 제1항에 따라 관계인을 방문하거나 관계인에게 말·글·음향·영상 또는 물건을 도달하게 하는 경우 다음 각 호에 해당하는 사항을 관계인에게 밝혀야 하며, 관계인이 채무자의 채무 내용 또는 신용에 관한 사실을 알게 하여서는 아니 된다.
1. 채권추심자의 성명·명칭 및 연락처(채권추심자가 법인인 경우에는 업무담당자의 성명 및 연락처를 포함한다)
2. 채권자의 성명·명칭
3. 방문 또는 말·글·음향·영상·물건을 도달하게 하는 목적
(2014.1.14 본조신설)
제8조의4【소송행위의 금지】 변호사가 아닌 채권추심자(제2조제1호라목에 규정된 자로서 채권추심을 업으로 하는 자 및 그 자를 위하여 고용, 도급, 위임 등 원인을 불문하고 채권추심을 하는 자로 한정한다)는 채권추심과 관련한 소송행위를 하여서는 아니 된다.(2014.5.20 본조신설)
제9조【폭행·협박 등의 금지】 채권추심자는 채권추심과 관련하여 다음 각 호의 어느 하나에 해당하는 행위를 하여서는 아니 된다.
1. 채무자 또는 관계인을 폭행·협박·체포 또는 감금하거나 그에게 위계나 위력을 사용하는 행위
2. 정당한 사유 없이 반복적으로 또는 야간(오후 9시 이후부터 다음 날 오전 8시까지를 말한다. 이하 같다)에 채무자나 관계인을 방문함으로써 공포심이나 불안감을 유발하여 사생활 또는 업무의 평온을 심하게 해치는 행위
3. 정당한 사유 없이 반복적으로 또는 야간에 전화하는 등 말·글·음향·영상 또는 물건을 채무자나 관계인에게 도달하게 함으로써 공포심이나 불안감을 유발하여 사생활 또는 업무의 평온을 심하게 해치는 행위
4. 채무자 외의 사람(제2조제2호에도 불구하고 보증인을 포함한다)에게 채무에 관한 거짓 사실을 알리는 행위
5. 채무자 또는 관계인에게 금전의 차용이나 그 밖의 이와 유사한 방법으로 채무의 변제자금을 마련할 것을 강요함으로써 공포심이나 불안감을 유발하여 사생활 또는 업무의 평온을 심하게 해치는 행위
6. 채무를 변제할 법률상 의무가 없는 채무자 외의 사람에게 채무자를 대신하여 채무를 변제할 것을 요구함으로써 공포심이나 불안감을 유발하여 사생활 또는 업무의 평온을 심하게 해치는 행위(2014.1.14 본호개정)
7. 채무자의 직장이나 거주지 등 채무자의 사생활 또는 업무와 관련된 장소에서 다수인이 모여 있는 가운데 채무자 외의 사람에게 채무자의 채무금액, 채무불이행 기간 등 채무에 관한 사항을 공연히 알리는 행위
(2014.5.20 본호신설)

제10조【개인정보의 누설 금지 등】 ① 채권추심자는 채권발생이나 채권추심과 관련하여 알게 된 채무자 또는 관계인의 신용정보나 개인정보를 누설하거나 채권추심의 목적 외로 이용하여서는 아니 된다.
② 채권추심자가 다른 법률에 따라 신용정보나 개인정보를 제공하는 경우는 제1항에 따른 누설 또는 이용으로 보지 아니한다.

제11조【거짓 표시의 금지 등】 채권추심자는 채권추심과 관련하여 채무자 또는 관계인에게 다음 각 호의 어느 하나에 해당하는 행위를 하여서는 아니 된다.
1. 무효이거나 존재하지 아니한 채권을 추심하는 의사를 표시하는 행위
2. 법원, 검찰청, 그 밖의 국가기관에 의한 행위로 오인할 수 있는 말·글·음향·영상·물건, 그 밖의 표지를 사용하는 행위
3. 채권추심에 관한 법률적 권한이나 지위를 거짓으로 표시하는 행위
4. 채권추심에 관한 민사상 또는 형사상 법적인 절차가 진행되고 있지 아니함에도 그러한 절차가 진행되고 있다고 거짓으로 표시하는 행위
5. 채권추심을 위하여 다른 사람이나 단체의 명칭을 무단으로 사용하는 행위

제12조【불공정한 행위의 금지】 채권추심자는 채권추심과 관련하여 다음 각 호의 어느 하나에 해당하는 행위를 하여서는 아니 된다.
1. 혼인, 장례 등 채무자가 채권추심에 응하기 곤란한 사정을 이용하여 채무자 또는 관계인에게 채권추심의 의사를 공개적으로 표시하는 행위
2. 채무자의 연락두절 등 소재파악이 곤란한 경우가 아님에도 채무자의 관계인에게 채무자의 소재, 연락처 또는 소재를 알 수 있는 방법 등을 문의하는 행위
3. 정당한 사유 없이 수화자부담전화료 등 통신비용을 채무자에게 발생하게 하는 행위
3의2. 「채무자 회생 및 파산에 관한 법률」 제593조제1항제4호 또는 제600조제1항제3호에 따라 개인회생채권에 대한 변제를 받거나 변제를 요구하는 일체의 행위가 중지 또는 금지되었음을 알면서 법령으로 정한 절차 외에서 반복적으로 채무변제를 요구하는 행위(2014.5.20 본호신설)
4. 「채무자 회생 및 파산에 관한 법률」에 따른 회생절차, 파산절차 또는 개인회생절차에 따라 전부 또는 일부 면책되었음을 알면서 법령으로 정한 절차 외에서 반복적으로 채무변제를 요구하는 행위
5. 엽서에 의한 채무변제 요구 등 채무자 외의 자가 채무사실을 알 수 있게 하는 행위(제9조제7호에 해당하는 행위는 제외한다)(2014.5.20 본호개정)

제13조【부당한 비용 청구 금지】 ① 채권추심자는 채무자 또는 관계인에게 지급할 의무가 없거나 실제로 사용된 금액을 초과한 채권추심비용을 청구하여서는 아니 된다.
② 채권추심자가 채무자 또는 관계인에게 청구할 수 있는 채권추심비용의 범위 등 제1항과 관련하여 필요한 사항은 대통령령으로 정한다.(2014.5.20 본항개정)

제13조의2【비용명세서의 교부】 ① 채무자 또는 관계인은 채권추심자가 사업자(제2조제1호가목 및 라목에 따른 자 및 그 자를 위하여 고용, 도급, 위임 등에 따라 채권추심을 하는 자를 말한다. 이하 같다)인 경우에는 그 사업자에게 채권추심비용을 항목별로 명시한 서류(이하 "비용명세서"라 한다)의 교부를 요청할 수 있다.
② 제1항에 따라 비용명세서의 교부를 요청받은 채권추심자는 정당한 사유가 없으면 지체 없이 이를 교부하여야 하고, 채무자 또는 관계인에게 그 교부에 따른 비용을 청구해서는 아니 된다.
(2014.5.20 본조신설)

제14조【손해배상책임】 채권추심자가 이 법을 위반하여 채무자 또는 관계인에게 손해를 입힌 경우에는 그 손해를 배상하여야 한다. 다만, 채권추심자가 사업자(제2조제1호가목 및 라목에 규정된 자 및 그 자를 위하여 고용, 도급, 위임 등에 따라 채권추심을 하는 자를 말한다. 이하 같다)인 경우에는 사업자가 자신에게 고의 또는 과실이 없음을 입증한 때에는 그러하지 아니하다.(2014.5.20 단서개정)

제15조【벌칙】 ① 제9조제1호를 위반하여 채무자 또는 관계인을 폭행·협박·체포 또는 감금하거나 그에게 위계나 위력을 사용하여 채권추심행위를 한 자는 5년 이하의 징역 또는 5천만원 이하의 벌금에 처한다.
② 다음 각 호의 어느 하나에 해당하는 자는 3년 이하의 징역 또는 3천만원 이하의 벌금에 처한다.
1. 제8조의4를 위반하여 변호사가 아니면서 채권추심과 관련하여 소송행위를 한 자(2014.5.20 본호신설)
2. 제9조제2호부터 제7호까지를 위반한 자(2014.5.20 본호개정)
3. 제10조제1항을 위반하여 채무자 또는 관계인의 신용정보나 개인정보를 누설하거나 채권추심의 목적 외로 이용한 자
4. 제11조제1호를 위반하여 채권을 추심하는 의사를 표시한 자
③ 다음 각 호의 어느 하나에 해당하는 자는 1년 이하의 징역 또는 1천만원 이하의 벌금에 처한다.
1. 제8조의3제1항을 위반한 자
2. 제11조제2호를 위반하여 말·글·음향·영상·물건, 그 밖의 표지를 사용한 자
(2014.1.14 본항개정)

제16조【양벌규정】 법인의 대표자나 법인 또는 개인의 대리인, 사용인, 그 밖의 종업원이 그 법인 또는 개인의 업무에 관하여 제15조의 위반행위를 하면 그 행위자를 벌하는 외에 그 법인 또는 개인에게도 해당 조문의 벌금형을 과(科)한다. 다만, 법인 또는 개인이 그 위반행위를 방지하기 위하여 해당 업무에 관하여 상당한 주의와 감독을 게을리하지 아니한 경우에는 그러하지 아니하다.

제17조【과태료】 ① 다음 각 호의 어느 하나에 해당하는 자에게는 2천만원 이하의 과태료를 부과한다.
1. 제5조제1항을 위반하여 채무확인서의 교부요청에 응하지 아니한 자
2. 제8조의2를 위반하여 채무자를 방문하거나 채무자에게 말·글·음향·영상 또는 물건을 도달하게 한 자(2014.1.14 본호신설)
3. 제12조제1호 및 제2호를 위반한 자
② 다음 각 호의 어느 하나에 해당하는 자에게는 1천만원 이하의 과태료를 부과한다.
1. 제6조를 위반하여 채권자로부터 채권추심을 위임받은 사실을 서면(「전자문서 및 전자거래 기본법」 제2조제1호의 전자문서를 포함한다)으로 통지하지 아니한 자(2012.6.1 본호개정)
2. 제7조를 위반하여 동일 채권에 대하여 2인 이상의 자에게 채권추심을 위임한 자
3. 제8조를 위반하여 채무의 존재를 다투는 소송이 진행 중임에도 채무불이행자로 등록하거나 소송이 진행 중임을 알면서도 30일 이내에 채무불이행자 등록을 삭제하지 아니한 자
4. 제8조의3제2항을 위반한 자(2014.1.14 본호신설)
5. 제11조제3호부터 제5호까지를 위반한 자
6. 제13조를 위반하여 채권추심비용을 청구한 자
7. 제13조의2제2항을 위반하여 비용명세서를 교부하지 아니한 자(2014.5.20 본호신설)
③ 제12조제3호·제3호의2·제4호 또는 제5호를 위반한 자에게는 500만원 이하의 과태료를 부과한다.
(2014.5.20 본항개정)
④ 제1항제3호, 제2항제2호·제5호 및 제6호, 제3항에 해당하는 자가 사업자가 아닌 경우에는 해당 규정이 정하는 과태료를 그 다액의 2분의 1로 감경한다.(2014.1.14 본항개정)

제18조【과태료의 부과·징수 및 권한의 위임】 ① 이 법에 따른 과태료는 대통령령으로 정하는 바에 따라 과태료 대상자에 대하여 다른 법률에 따른 인가·허가·등록 등을 한 감독기관이 있는 경우에는 그 감독기관이, 그 외의 경우에는 특별시장·광역시장·도지사 또는 특별자치도지사가 부과·징수한다.
② 제1항의 감독기관은 과태료의 부과·징수에 관한 권한의 일부를 대통령령으로 정하는 바에 따라 시장·군수 또는 구청장에게 위임할 수 있다.

부 칙

제1조【시행일】 이 법은 공포 후 6개월이 경과한 날부터 시행한다.

제2조【수임사실 통보에 관한 적용례】 제6조는 이 법 시행 후 채권자로부터 채권추심을 위임받은 것부터 적용한다.

제3조【동일 채권에 관한 복수 채권추심 위임 금지에 관한 적용례】 제7조는 이 법 시행 후 채권추심을 위임한 것부터 적용한다.

제4조【벌칙 및 과태료에 관한 경과조치】 이 법 시행 전의 행위에 대한 벌칙 및 과태료의 적용에 있어서는 종전의 규정에 따른다.

제5조【다른 법률의 개정】 ①~③ ※(해당 법령에 가제정리 하였음)

부 칙 (2020.2.4)

제1조【시행일】 이 법은 공포 후 6개월이 경과한 날부터 시행한다.(이하 생략)

채권의 공정한 추심에 관한 법률 시행령

(2009년 7월 24일 대통령령 제21639호)

개정
2012. 6.12영23849호　　2014.11.21영25763호

제1조【목적】 이 영은 「채권의 공정한 추심에 관한 법률」에서 위임된 사항과 그 시행에 필요한 사항을 규정함을 목적으로 한다.

제1조의2【청구할 수 있는 채무확인서 발급비용의 범위】 「채권의 공정한 추심에 관한 법률」(이하 "법"이라 한다) 제5조제2항에 따라 채권추심자는 1만원의 범위에서 채무자에게 채무확인서 교부에 직접 사용되는 비용을 청구할 수 있다.(2012.6.12 본조신설)

제2조【청구할 수 있는 채권추심비용의 범위】 법 제13조제1항에 따라 채권추심자가 채무자 또는 관계인에게 청구할 수 있는 채권추심비용은 다음 각 호와 같다.
(2012.6.12 본문개정)
1. 채권자와 채무자가 채무이행과 관련하여 채무자 또는 관계인이 부담하기로 변제기 전에 합의한 비용
2. 법 제5조에 따른 채무확인서의 교부와 관련하여 제1조의2에서 정한 금액의 범위에서 채권추심자가 실제로 지출한 비용(2012.6.12 본호개정)
3. 그 밖에 채무자가 부담하는 것이 적절하다고 인정되는 비용

제3조【비용명세서의 교부】 ① 채무자 또는 관계인은 채권추심자가 법 제13조의2제1항에 따른 사업자가 아닌 경우에도 법 제13조제1항에 따라 청구되는 채권추심비용을 항목별로 명시한 서류(이하 "비용명세서"라 한다)의 교부를 요청할 수 있다.(2014.11.21 본항개정)
② 제1항에 따라 비용명세서의 교부를 요청받은 채권추심자는 정당한 사유가 없는 한 이에 따라야 하고, 채무자 또는 관계인에게 그 교부에 따른 비용을 청구해서는 아니 된다.

제4조【과태료 부과기준】 ① 법 제17조에 따른 과태료의 부과기준은 별표와 같다.
② 법 제18조에 따른 과태료 부과권자는 위반행위의 정도, 횟수 및 그 동기와 결과 등을 고려하여 별표에 따른 과태료 금액의 2분의 1의 범위에서 가중하거나 경감할 수 있다. 이 경우 가중하여 부과하는 때에도 다음 각 호의 구분에 따른 금액(법 제17조제4항이 적용되는 경우에는 해당 금액을 2분의 1로 감경한 금액)을 초과할 수 없다.
1. 법 제17조제1항의 경우 : 2천만원
2. 법 제17조제2항의 경우 : 1천만원
3. 법 제17조제3항의 경우 : 500만원

부 칙 (2014.11.21)

이 영은 공포한 날부터 시행한다.

[별표] ➡ 「法典 別冊」 참조

동산 · 채권 등의 담보에 관한 법률(약칭 : 동산채권담보법)

(2010년 6월 10일 법 률 제10366호)

개정
2011. 4.12법10580호(부등)
2011. 5.19법10629호(지식재산기본법)
2014. 5.20법12592호(상업등기법)
2016. 2. 3법13953호(법무사법)
2020.10.20법17502호

제1장 총 칙

제1조【목적】 이 법은 동산·채권·지식재산권을 목적으로 하는 담보권과 그 등기 또는 등록에 관한 사항을 규정하여 자금조달을 원활하게 하고 거래의 안전을 도모하며 국민경제의 건전한 발전에 이바지함을 목적으로 한다.(2011.5.19 본조개정)

제2조【정의】 이 법에서 사용하는 용어의 뜻은 다음과 같다.
1. "담보약정"은 양도담보 등 명목을 묻지 아니하고 이 법에 따라 동산·채권·지식재산권을 담보로 제공하기로 하는 약정을 말한다.(2011.5.19 본호개정)
2. "동산담보권"은 담보약정에 따라 동산(여러 개의 동산 또는 장래에 취득할 동산을 포함한다)을 목적으로 등기한 담보권을 말한다.
3. "채권담보권"은 담보약정에 따라 금전의 지급을 목적으로 하는 지명채권(여러 개의 채권 또는 장래에 발생할 채권을 포함한다)을 목적으로 등기한 담보권을 말한다.
4. "지식재산권담보권"은 담보약정에 따라 특허권, 실용신안권, 디자인권, 상표권, 저작권, 반도체집적회로의 배치설계권 등 지식재산권[법률에 따라 질권(質權)을 설정할 수 있는 경우로 한정한다. 이하 같다]을 목적으로 그 지식재산권을 규율하는 개별 법률에 따라 등록한 담보권을 말한다.(2011.5.19 본호개정)
5. "담보권설정자"는 이 법에 따라 동산·채권·지식재산권에 담보권을 설정한 자를 말한다. 다만, 동산·채권을 담보로 제공하는 경우에는 법인(상사법인, 민법법인, 특별법에 따른 법인, 외국법인을 말한다. 이하 같다) 또는 「부가가치세법」에 따라 사업자등록을 한 사람으로 한정한다.(2020.10.20 단서개정)
6. "담보권자"는 이 법에 따라 동산·채권·지식재산권을 목적으로 하는 담보권을 취득한 자를 말한다.(2011.5.19 본호개정)
7. "담보등기"는 이 법에 따라 동산·채권을 담보로 제공하기 위하여 이루어진 등기를 말한다.
8. "담보등기부"는 전산정보처리조직에 의하여 입력·처리된 등기사항에 관한 전산정보자료를 담보권설정자별로 저장한 보조기억장치(자기디스크, 자기테이프, 그 밖에 이와 유사한 방법으로 일정한 등기사항을 기록·보존할 수 있는 전자적 정보저장매체를 포함한다. 이하 같다)를 말하고, 동산담보등기부와 채권담보등기부로 구분한다.
9. "채무자 등"은 채무자, 담보목적물의 물상보증인(物上保證人), 담보목적물의 제3취득자를 말한다.
10. "이해관계인"은 채무자 등과 담보목적물에 대한 권리자로서 담보등기부에 기록되어 있거나 그 권리를 증명한 자, 압류 및 가압류 채권자, 집행력 있는 정본(正本)에 의하여 배당을 요구한 채권자를 말한다.
11. "등기필정보"는 담보등기부에 새로운 권리자가 기록되는 경우 그 권리자를 확인하기 위하여 지방법원, 그 지원 또는 등기소에 근무하는 법원서기관, 등기사무관, 등기주사 또는 등기주사보 중에서 지방법원장(등기소의 사무를 지원장이 관장하는 경우에는 지원장을 말한다)이 지정하는 사람(이하 "등기관"이라 한다)이 작성한 정보를 말한다.

제2장 동산담보권

제3조【동산담보권의 목적물】 ① 법인 또는 「부가가치세법」에 따라 사업자등록을 한 사람(이하 "법인 등"이라 한다)이 담보약정에 따라 동산을 담보로 제공하는 경우에는 담보등기를 할 수 있다.(2020.10.20 본항개정)
② 여러 개의 동산(장래에 취득할 동산을 포함한다)이더라도 목적물의 종류, 보관장소, 수량을 정하거나 그 밖에 이와 유사한 방법으로 특정할 수 있는 경우에는 이를 목적으로 담보등기를 할 수 있다.
③ 제1항 및 제2항에도 불구하고 다음 각 호의 어느 하나에 해당하는 경우에는 이를 목적으로 하여 담보등기를 할 수 없다.
1. 「선박등기법」에 따라 등기된 선박, 「자동차 등 특정동산 저당법」에 따라 등록된 건설기계·자동차·항공기·소형선박, 「공장 및 광업재단 저당법」에 따라 등기된 기업재산, 그 밖에 다른 법률에 따라 등기되거나 등록된 동산
2. 화물상환증, 선하증권, 창고증권이 작성된 동산
3. 무기명채권증서 등 대통령령으로 정하는 증권

제4조【담보권설정자의 사업자등록 말소와 동산담보권의 효력】 담보권설정자의 사업자등록이 말소된 경우에도 이미 설정된 동산담보권의 효력에는 영향을 미치지 아니한다.(2020.10.20 본조개정)

제5조【근담보권】 ① 동산담보권은 그 담보할 채무의 최고액만을 정하고 채무의 확정을 장래에 보류하여 설정할 수 있다. 이 경우 그 채무가 확정될 때까지 채무의 소멸 또는 이전은 이미 설정된 동산담보권에 영향을 미치지 아니한다.
② 제1항의 경우 채무의 이자는 최고액 중에 포함된 것으로 본다.

제6조【동산담보권을 설정하려는 자의 명시의무】 동산담보권을 설정하려는 자는 담보약정을 할 때 다음 각 호의 사항을 상대방에게 명시하여야 한다.
1. 담보목적물의 소유 여부
2. 담보목적물에 관한 다른 권리의 존재 유무

제7조【담보등기의 효력】 ① 약정에 따른 동산담보권의 득실변경(得失變更)은 담보등기부에 등기를 하여야 그 효력이 생긴다.
② 동일한 동산에 설정된 동산담보권의 순위는 등기의 순서에 따른다.
③ 동일한 동산에 관하여 담보등기부의 등기와 인도(「민법」에 규정된 간이인도, 점유개정, 목적물반환청구권의 양도를 포함한다)가 행하여진 경우에 그에 따른 권리 사이의 순위는 법률에 다른 규정이 없으면 그 선후(先後)에 따른다.

제8조【동산담보권의 내용】 담보권자는 채무자 또는 제3자가 제공한 담보목적물에 대하여 다른 채권자보다 자기채권을 우선변제받을 권리가 있다.

제9조【동산담보권의 불가분성】 담보권자는 채권 전부를 변제받을 때까지 담보목적물 전부에 대하여 그 권리를 행사할 수 있다.

제10조【동산담보권 효력의 범위】 동산담보권의 효력은 담보목적물에 부합된 물건과 종물(從物)에 미친다. 다만, 법률에 다른 규정이 있거나 설정행위에 다른 약정이 있으면 그러하지 아니하다.

제11조【과실에 대한 효력】 동산담보권의 효력은 담보목적물에 대한 압류 또는 제25조제2항의 인도 청구가 있은 후에 담보권설정자가 그 담보목적물로부터 수취한 과실(果實) 또는 수취할 수 있는 과실에 미친다.

제12조【피담보채권의 범위】 동산담보권은 원본(原本), 이자, 위약금, 담보권실행의 비용, 담보목적물의 보존비용 및 채무불이행 또는 담보목적물의 흠으로 인한 손해배상의 채권을 담보한다. 다만, 설정행위에 다른 약정이 있는 경우에는 그 약정에 따른다.

제13조【동산담보권의 양도】 동산담보권은 피담보채권과 분리하여 타인에게 양도할 수 없다.

제14조【물상대위】 동산담보권은 담보목적물의 매각, 임대, 멸실, 훼손 또는 공용징수 등으로 인하여 담보권설정자가 받을 금전이나 그 밖의 물건에 대하여도 행사할 수 있다. 이 경우 그 지급 또는 인도 전에 압류하여야 한다.

제15조【담보목적물이 아닌 재산으로부터의 변제】 ① 담보권자는 담보목적물로부터 변제를 받지 못한 채권이 있는 경우에만 채무자의 다른 재산으로부터 변제를 받을 수 있다.
② 제1항은 담보목적물보다 먼저 다른 재산을 대상으로 하여 배당이 실시되는 경우에는 적용하지 아니한다. 다만, 다른 채권자는 담보권자에게 그 배당금액의 공탁을 청구할 수 있다.

제16조【물상보증인의 구상권】 타인의 채무를 담보하기 위한 담보권설정자가 그 채무를 변제하거나 동산담보권의 실행으로 인하여 담보목적물의 소유권을 잃은 경우에는 「민법」의 보증채무에 관한 규정에 따라 채무자에 대한 구상권이 있다.

제17조【담보목적물에 대한 현황조사 및 담보목적물의 보충】 ① 담보권설정자는 정당한 사유 없이 담보권자의 담보목적물에 대한 현황조사 요구를 거부할 수 없다. 이 경우 담보목적물의 현황을 조사하기 위하여 약정에 따라 전자적으로 식별할 수 있는 표지를 부착하는 등 필요한 조치를 할 수 있다.
② 담보권설정자에게 책임이 있는 사유로 담보목적물의 가액(價額)이 현저히 감소된 경우에는 담보권자는 담보권설정자에게 그 원상회복 또는 적당한 담보의 제공을 청구할 수 있다.

제18조【제3취득자의 비용상환청구권】 담보목적물의 제3취득자가 그 담보목적물의 보존·개량을 위하여 필요비 또는 유익비를 지출한 경우에는 「민법」 제203조제1항 또는 제2항에 따라 담보권자가 담보목적물을 실행하고 취득한 대가에서 우선하여 상환받을 수 있다.

제19조【담보목적물 반환청구권】 ① 담보권자는 담보목적물을 점유한 자에 대하여 담보권설정자에게 반환할 것을 청구할 수 있다.
② 담보권자가 담보목적물을 점유할 권원(權原)이 있거나 담보권설정자가 담보목적물을 반환받을 수 없는 사정이 있는 경우에 담보권자는 담보목적물을 점유한 자에 대하여 자신에게 담보목적물을 반환할 것을 청구할 수 있다.
③ 제1항 및 제2항에도 불구하고 점유자가 그 물건을 점유할 권리가 있는 경우에는 반환을 거부할 수 있다.

제20조【담보목적물의 방해제거청구권 및 방해예방청구권】 담보권자는 동산담보권을 방해하는 자에게 방해의 제거를 청구할 수 있고, 동산담보권을 방해할 우려가 있는 행위를 하는 자에게 방해의 예방이나 손해배상의 담보를 청구할 수 있다.

제21조【동산담보권의 실행방법】 ① 담보권자는 자기의 채권을 변제받기 위하여 담보목적물의 경매를 청구할 수 있다.
② 정당한 이유가 있는 경우 담보권자는 담보목적물로써 직접 변제에 충당하거나 담보목적물을 매각하여 그 대금을 변제에 충당할 수 있다. 다만, 선순위권리자(담보등기부에 등기되어 있거나 담보권자가 알고 있는 경우로 한정한다)가 있는 경우에는 그의 동의를 받아야 한다.

제22조【담보권 실행을 위한 경매절차】 ① 제21조제1항에 따른 경매절차는 「민사집행법」 제264조, 제271조 및 제272조를 준용한다.
② 담보권설정자가 담보목적물을 점유하는 경우에 경매절차는 압류에 의하여 개시한다.

제23조【담보목적물의 직접 변제충당 등의 절차】 ① 제21조제2항에 따라 담보권자가 담보목적물로써 직접 변제에 충당하거나 담보목적물을 매각하기 위하여는 그 채권의 변제기 후에 동산담보권 실행의 방법을 채무자 등과 담보권자가 알고 있는 이해관계인에게 통지하고, 그 통지가 채무자 등과 담보권자가 알고 있는 이해관계인에게 도달한 날부터 1개월이 지나야 한다. 다만, 담보목적물이 멸실 또는 훼손될 염려가 있거나 가치가 급속하게 감소될 우려가 있는 경우에는 그러하지 아니하다.
② 제1항의 통지에는 피담보채권의 금액, 담보목적물의 평가액 또는 예상매각대금, 담보목적물로써 직접 변제에 충당하거나 담보목적물을 매각하려는 이유를 명시하여야 한다.
③ 담보권자는 담보목적물의 평가액 또는 매각대금(이하 "매각대금 등"이라 한다)에서 그 채권액을 뺀 금액(이하 "청산금"이라 한다)을 채무자 등에게 지급하여야 한다. 이 경우 담보목적물에 선순위의 동산담보권 등이 있을 때에는 그 채권액을 계산할 때 선순위의 동산담보권 등에 의하여 담보된 채권액을 포함한다.
④ 담보권자가 담보목적물로써 직접 변제에 충당하는 경우 청산금을 채무자 등에게 지급한 때에 담보목적물의 소유권을 취득한다.
⑤ 다음 각 호의 구분에 따라 정한 기간 내에 담보목적물에 대하여 경매가 개시된 경우에는 담보권자는 직접 변제충당 등의 절차를 중지하여야 한다.
1. 담보목적물을 직접 변제에 충당하는 경우 : 청산금을 지급하기 전 또는 청산금이 없는 경우 제1항의 기간이 지나기 전
2. 담보목적물을 매각하여 그 대금을 변제에 충당하는 경우 : 담보권자가 제3자와 매매계약을 체결하기 전
⑥ 제1항 및 제2항에 따른 통지의 내용과 방식에 관하여는 대통령령으로 정한다.

제24조【담보목적물 취득자 등의 지위】 제21조제2항에 따른 동산담보권의 실행으로 담보권자나 매수인이 담보목적물의 소유권을 취득하면 그 담보권자의 권리와 그에 대항할 수 없는 권리는 소멸한다.

제25조【담보목적물의 점유】 ① 담보권자가 담보목적물을 점유한 경우에는 피담보채권을 전부 변제받을 때까지 담보목적물을 유치할 수 있다. 다만, 선순위권리자에게 대항하지 못한다.
② 담보권자는 담보권을 실행하기 위하여 필요한 경우에는 채무자 등에게 담보목적물의 인도를 청구할 수 있다.
③ 담보권자가 담보목적물을 점유하는 경우에 담보권자는 선량한 관리자의 주의로 담보목적물을 관리하여야 한다.
④ 제3항의 경우에 담보권자는 담보목적물의 과실을 수취하여 다른 채권자보다 먼저 그 채권의 변제에 충당할 수 있다. 다만, 과실이 금전이 아닌 경우에는 제21조에 따라 그 과실을 경매하거나 그 과실로써 직접 변제에 충당하거나 그 과실을 매각하여 그 대금으로 변제에 충당할 수 있다.

제26조【후순위권리자의 권리행사】 ① 후순위권리자는 제23조제3항에 따라 채무자 등이 받을 청산금에 대하여 그 순위에 따라 청산금이 지급될 때까지 그 권리를 행사할 수 있고, 담보권자는 후순위권리자가 요구하는 경우에는 청산금을 지급하여야 한다.
② 제21조제2항에 따른 동산담보권 실행의 경우에 후순위권리자는 제23조제5항 각 호의 구분에 따라 정한 기간 전까지 담보목적물의 경매를 청구할 수 있다. 다만, 그 피담보채권의 변제기가 되기 전에는 제23조제1항의 기간에만 경매를 청구할 수 있다.
③ 후순위권리자는 제1항의 권리를 행사할 때에는 그 피담보채권의 범위에서 그 채권의 명세와 증서를 담보권자에게 건네주어야 한다.
④ 담보권자가 제3항의 채권 명세와 증서를 받고 후순위권리자에게 청산금을 지급한 때에는 그 범위에서 채무자 등에 대한 청산금 지급채무가 소멸한다.
⑤ 제1항의 권리행사를 막으려는 자는 청산금을 압류하거나 가압류하여야 한다.

제27조【매각대금 등의 공탁】 ① 담보목적물의 매각대금 등이 압류되거나 가압류된 경우 또는 담보목적물의 매각대금 등에 관하여 권리를 주장하는 자가 있는 경우에

담보권자는 그 전부 또는 일부를 담보권설정자의 주소(법인인 경우에는 본점 또는 주된 사무소 소재지를 말한다. 이하 같다)를 관할하는 법원에 공탁할 수 있다. 이 경우 담보권자는 공탁사실을 즉시 담보등기부에 등기되어 있거나 담보권자가 알고 있는 이해관계인과 담보목적물의 매각대금 등을 압류 또는 가압류하거나 그에 관하여 권리를 주장하는 자에게 통지하여야 한다.(2020.10.20 본항개정)
② 담보목적물의 매각대금 등에 대한 압류 또는 가압류가 있은 후에 제1항에 따라 담보목적물의 매각대금 등을 공탁한 경우에는 채무자 등의 공탁금출급청구권이 압류되거나 가압류된 것으로 본다.
③ 담보권자는 공탁금의 회수를 청구할 수 없다.
제28조【변제와 실행 중단】 ① 동산담보권의 실행의 경우에 채무자 등은 제23조제5항 각 호의 구분에 따라 정한 기간까지 피담보채무액을 담보권자에게 지급하고 담보등기의 말소를 청구할 수 있다. 이 경우 담보권자는 동산담보권의 실행을 즉시 중지하여야 한다.
② 제1항에 따라 동산담보권의 실행을 중지함으로써 담보권자에게 손해가 발생하는 경우에 채무자 등은 그 손해를 배상하여야 한다.
제29조【공동담보와 배당, 후순위자의 대위】 ① 동일한 채권의 담보로 여러 개의 담보목적물에 동산담보권을 설정한 경우에 그 담보목적물의 매각대금을 동시에 배당할 때에는 각 담보목적물의 매각대금에 비례하여 그 채권의 분담을 정한다.
② 제1항의 담보목적물 중 일부의 매각대금을 먼저 배당하는 경우에는 그 대가에서 그 채권 전부를 변제받을 수 있다. 이 경우 경매된 동산의 후순위담보권자는 선순위담보권자가 다른 담보목적물의 동산담보권 실행으로 변제받을 수 있는 금액의 한도에서 선순위담보권자를 대위(代位)하여 담보권을 행사할 수 있다.
③ 담보권자가 제21조제2항에 따라 동산담보권을 실행하는 경우에는 제1항과 제2항을 준용한다. 다만, 제1항에 따라 각 담보목적물의 매각대금을 정할 수 없는 경우에는 제23조제2항에 따른 통지에 명시된 각 담보목적물의 평가액 또는 예상매각대금에 비례하여 그 채권의 분담을 정한다.
제30조【이해관계인의 가처분신청 등】 ① 이해관계인은 담보권자가 위법하게 동산담보권을 실행하는 경우에 담보권설정자의 주소를 관할하는 법원에 제21조제2항에 따른 동산담보권 실행의 중지 등 필요한 조치를 명하는 가처분을 신청할 수 있다.(2020.10.20 본항개정)
② 법원은 제1항의 신청에 대한 결정을 하기 전에 이해관계인에게 담보를 제공하게 하거나 제공하지 아니하고 집행을 일시 정지하도록 명하거나 담보권자에게 담보를 제공하고 그 집행을 계속하도록 명하는 등 잠정처분을 할 수 있다.
③ 담보권 실행을 위한 경매에 대하여 이해관계인은 「민사집행법」에 따라 이의신청을 할 수 있다.
제31조【동산담보권 실행에 관한 약정】 ① 담보권자와 담보권설정자는 이 법에서 정한 실행절차와 다른 내용의 약정을 할 수 있다. 다만, 제23조제1항에 따른 통지가 없거나 통지 후 1개월이 지나지 아니한 경우에도 통지 없이 담보권자가 담보목적물을 처분하거나 직접 변제에 충당하기로 하는 약정은 효력이 없다.
② 제1항 본문의 약정에 의하여 이해관계인의 권리를 침해하지 못한다.
제32조【담보목적물의 선의취득】 이 법에 따라 동산담보권이 설정된 담보목적물의 소유권·질권을 취득하는 경우에는 「민법」 제249조부터 제251조까지의 규정을 준용한다.
제33조【준용규정】 동산담보권에 관하여는 「민법」 제331조 및 제369조를 준용한다.

제3장 채권담보권

제34조【채권담보권의 목적】 ① 법인 등이 담보약정에 따라 금전의 지급을 목적으로 하는 지명채권을 담보로 제공하는 경우에는 담보등기를 할 수 있다.
② 여러 개의 채권(채무자가 특정되었는지 여부를 묻지 아니하고 장래에 발생할 채권을 포함한다)이더라도 채권의 종류, 발생 원인, 발생 연월일을 정하거나 그 밖에 이와 유사한 방법으로 특정할 수 있는 경우에는 이를 목적으로 하여 담보등기를 할 수 있다.
제35조【담보등기의 효력】 ① 약정에 따른 채권담보권의 득실변경은 담보등기부에 등기한 때에 지명채권의 채무자(이하 "제3채무자"라 한다) 외의 제3자에게 대항할 수 있다.
② 담보권자 또는 담보권설정자(채권담보권 양도의 경우에는 그 양도인 또는 양수인을 말한다)는 제3채무자에게 제52조의 등기사항증명서를 건네주는 방법으로 그 사실을 통지하거나 제3채무자가 이를 승낙하지 아니하면 제3채무자에게 대항하지 못한다.
③ 동일한 채권에 관하여 담보등기부의 등기와 「민법」 제349조 또는 제450조제2항에 따른 통지 또는 승낙이 있는 경우에 담보권자 또는 담보의 목적인 채권의 양수인은 법률에 다른 규정이 없으면 제3채무자 외의 제3자에게 등기와 그 통지의 도달 또는 승낙의 선후에 따라 그 권리를 주장할 수 있다.
④ 제2항의 통지, 승낙에 관하여는 「민법」 제451조 및 제452조를 준용한다.
판례 동산·채권 등의 담보에 관한 법률에 의한 채권담보권자가 채권양수인보다 우선하고 담보권설정의 통지가 제3채무자에게 도달하였는데도, 그 통지보다 채권양도의 통지가 먼저 도달하였다는 등의 이유로 제3채무자가 채권양수인에게 채무를 변제한 경우에 채권담보권자가 무권한자인 채권양수인의 변제수령을 추인하였다면, 추인에 의하여 제3채무자의 채권양수인에 대한 변제는 유효하게 되는 한편 채권담보권자는 채권양수인에게 부당이득으로서 변제받은 것의 반환을 청구할 수 있다.
(대판 2016.7.14, 2015다71856,71863)
제36조【채권담보권의 실행】 ① 담보권자는 피담보채권의 한도에서 채권담보권의 목적이 된 채권을 직접 청구할 수 있다.
② 채권담보권의 목적이 된 채권이 피담보채권보다 먼저 변제기에 이른 경우에는 담보권자는 제3채무자에게 그 변제금액의 공탁을 청구할 수 있다. 이 경우 제3채무자가 변제금액을 공탁한 후에는 채권담보권은 그 공탁금에 존재한다.
③ 담보권자는 제1항 및 제2항에 따른 채권담보권의 실행방법 외에 「민사집행법」에서 정한 집행방법으로 채권담보권을 실행할 수 있다.
제37조【준용규정】 채권담보권에 관하여는 그 성질에 반하지 아니하는 범위에서 동산담보권에 관한 제2장과 「민법」 제348조 및 제352조를 준용한다.

제4장 담보등기

제38조【등기할 수 있는 권리】 담보등기는 동산담보권이나 채권담보권의 설정, 이전, 변경, 말소 또는 연장에 대하여 한다.
제39조【관할 등기소】 ① 제38조의 등기에 관한 사무(이하 "등기사무"라 한다)는 대법원장이 지정·고시하는 지방법원, 그 지원 또는 등기소에서 취급한다.
② 등기사무에 관하여는 제1항에 따라 대법원장이 지정·고시한 지방법원, 그 지원 또는 등기소 중 담보권설정자의 주소를 관할하는 지방법원, 그 지원 또는 등기소를 관할 등기소로 한다.(2020.10.20 본문개정)
1.～2. (2020.10.20 삭제)
③ 대법원장은 어느 등기소의 관할에 속하는 사무를 다른 등기소에 위임할 수 있다.
제40조【등기사무의 처리】 ① 등기사무는 등기관이 처리한다.
② 등기관은 접수번호의 순서에 따라 전산정보처리조직에 의하여 담보등기부에 등기사항을 기록하는 방식으로 등기사무를 처리하여야 한다.
③ 등기관이 등기사무를 처리할 때에는 대법원규칙으로 정하는 바에 따라 등기관의 식별부호를 기록하는 등 등기사무를 처리한 등기관을 확인할 수 있는 조치를 하여야 한다.
제41조【등기신청인】 ① 담보등기는 법률에 다른 규정이 없으면 등기권리자와 등기의무자가 공동으로 신청한다.
② 등기명의인 표시의 변경 또는 경정(更正)의 등기는 등기명의인 단독으로 신청할 수 있다.
③ 판결에 의한 등기는 승소한 등기권리자 또는 등기의무자 단독으로 신청할 수 있고, 상속이나 그 밖의 포괄승계로 인한 등기는 등기권리자 단독으로 신청할 수 있다.
제42조【등기신청의 방법】 담보등기는 다음 각 호의 어느 하나에 해당하는 방법으로 신청한다.
1. 방문신청 : 신청인 또는 그 대리인이 등기소에 출석하여 서면으로 신청. 다만, 대리인이 변호사 또는 법무사[법무법인, 법무법인(유한), 법무조합, 법무사법인 또는 법무사법인(유한)을 포함한다]인 경우에는 대법원규칙으로 정하는 사무원을 등기소에 출석하게 하여 등기를 신청할 수 있다.(2016.2.3 단서개정)
2. 전자신청 : 대법원규칙으로 정하는 바에 따라 전산정보처리조직을 이용하여 신청
제43조【등기신청에 필요한 서면 또는 전자문서 및 신청서의 기재사항 및 방식】 ① 담보등기를 신청할 때에는 다음 각 호의 서면 또는 전자문서(이하 "서면 등"이라 한다)를 제출 또는 송신하여야 한다.
1. 대법원규칙으로 정하는 방식에 따른 신청서
2. 등기원인을 증명하는 서면 등
3. 등기원인에 대하여 제3자의 허가, 동의 또는 승낙이 필요할 때에는 이를 증명하는 서면 등
4. 대리인이 등기를 신청할 때에는 그 권한을 증명하는 서면 등
5. 그 밖에 당사자의 특정 등을 위하여 대법원규칙으로 정하는 서면 등
② 제1항제1호에 따른 신청서에는 다음 각 호의 사항을 기록하고 신청인이 기명날인하거나 서명 또는 「전자서명법」 제2조제2호에 따른 전자서명을 하여야 한다.
1. 제47조제2항제1호부터 제9호까지의 규정에서 정한 사항
2. 대리인이 등기를 신청할 경우 대리인의 성명[대리인이 법무법인, 법무법인(유한), 법무조합, 법무사법인 또는 법무사법인(유한)인 경우에는 그 명칭을 말한다], 주소(법인이나 조합인 경우는 본점 또는 주된 사무소를 말한다)(2016.2.3 본호개정)
3. 등기권리자와 등기의무자가 공동으로 신청하는 경우 및 승소한 등기의무자가 단독으로 등기를 신청하는 경우에 등기의무자의 등기필정보. 다만, 최초 담보권설정등기의 경우에는 기록하지 아니한다.
4. 등기소의 표시
5. 연월일
제44조【신청수수료】 담보등기부에 등기를 하려는 자는 대법원규칙으로 정하는 바에 따라 수수료를 내야 한다.
제45조【등기신청의 접수】 ① 등기신청은 등기의 목적, 신청인의 성명 또는 명칭, 그 밖에 대법원규칙으로 정하는 등기신청정보가 전산정보처리조직에 전자적으로 기록된 때에 접수된 것으로 본다.
② 등기관이 등기를 마친 경우 그 등기는 접수한 때부터 효력을 발생한다.
제46조【신청의 각하】 등기관은 다음 각 호의 어느 하나에 해당하는 경우에만 이유를 적은 결정으로써 신청을 각하하여야 한다. 다만, 신청의 잘못된 부분이 보정(補正)될 수 있는 경우에 신청인이 당일 이를 보정하였을 때에는 그러하지 아니하다.
1. 사건이 그 등기소의 관할이 아닌 경우
2. 사건이 등기할 것이 아닌 경우
3. 권한이 없는 자가 신청한 경우
4. 방문신청의 경우 당사자나 그 대리인이 출석하지 아니한 경우
5. 신청서가 대법원규칙으로 정하는 방식에 맞지 아니한 경우
6. 신청서에 기록된 사항이 첨부서면과 들어맞지 아니한 경우
7. 신청서에 필요한 서면 등을 첨부하지 아니한 경우
8. 신청의 내용이 이미 담보등기부에 기록되어 있던 사항과 일치하지 아니한 경우
9. 제44조에 따른 신청수수료를 내지 아니하거나 등기신청과 관련하여 다른 법률에 따라 부과된 의무를 이행하지 아니한 경우
제47조【등기부의 작성 및 기록사항】 ① 담보등기부는 담보목적물인 동산 또는 채권의 등기사항에 관한 전산정보자료를 전산정보처리조직에 의하여 담보권설정자별로 구분하여 작성한다.
② 담보등기부에 기록할 사항은 다음 각 호와 같다.
1. 담보권설정자의 성명, 주소 및 주민등록번호(법인인 경우에는 상호 또는 명칭, 본점 또는 주된 사무소 및 법인등록번호를 말한다)(2020.10.20 본호개정)
2. 채무자의 성명과 주소(법인인 경우에는 상호 또는 명칭 및 본점 또는 주된 사무소를 말한다)
3. 담보권자의 성명, 주소 및 주민등록번호(법인인 경우에는 상호 또는 명칭, 본점 또는 주된 사무소 및 법인등록번호를 말한다)
3의2. 담보권설정자나 담보권자가 주민등록번호가 없는 재외국민이거나 외국인인 경우에는 「부동산등기법」 제49조제1항제2호 또는 제4호에 따라 부여받은 부동산등기용등록번호(2020.10.20 본호신설)
4. 담보권설정자나 채무자 또는 담보권자가 외국법인인 경우 국내의 영업소 또는 사무소. 다만, 국내에 영업소 또는 사무소가 없는 경우에는 대법원규칙으로 정하는 사항
5. 담보등기의 등기원인 및 그 연월일
6. 담보등기의 목적물인 동산, 채권을 특정하는 데 필요한 사항으로서 대법원규칙으로 정한 사항
7. 피담보채권액 또는 그 최고액
8. 제10조 단서 또는 제12조 단서의 약정이 있는 경우 그 약정
9. 담보권의 존속기간
10. 접수번호
11. 접수연월일
제48조【등기필정보의 통지】 등기관이 담보권의 설정 또는 이전등기를 마쳤을 때에는 등기필정보를 등기권리자에게 통지하여야 한다. 다만, 최초 담보권설정등기의 경우에는 담보권설정자에게도 등기필정보를 통지하여야 한다.
제49조【담보권의 존속기간 및 연장등기】 ① 이 법에 따른 담보권의 존속기간은 5년을 초과할 수 없다. 다만, 5년을 초과하지 않는 기간으로 이를 갱신할 수 있다.
② 담보권설정자와 담보권자는 제1항의 존속기간을 갱신하려면 그 만료 전에 연장등기를 신청하여야 한다.
③ 제2항의 연장등기를 위하여 담보등기부에 다음 사항을 기록하여야 한다.
1. 존속기간을 연장하는 취지
2. 연장 후의 존속기간
3. 접수번호
4. 접수연월일
제50조【말소등기】 ① 담보권설정자와 담보권자는 다음 각 호의 어느 하나에 해당하는 경우에 말소등기를 신청할 수 있다.
1. 담보약정의 취소, 해제 또는 그 밖의 원인으로 효력이 발생하지 아니하거나 효력을 상실한 경우
2. 담보목적물인 동산이 멸실되거나 채권이 소멸한 경우
3. 그 밖에 담보권이 소멸한 경우
② 제1항의 말소등기를 하기 위하여 담보등기부에 다음 각 호의 사항을 기록하여야 한다.
1. 담보등기를 말소하는 취지. 다만, 담보등기의 일부를 말소하는 경우에는 그 취지와 말소등기의 대상

2. 말소등기의 등기원인 및 그 연월일
3. 접수번호
4. 접수연월일
제51조【등기의 경정 등】 ① 담보등기부에 기록된 사항에 오기(誤記)나 누락(漏落)이 있는 경우 담보권설정자 또는 담보권자는 경정등기를 신청할 수 있다. 다만, 오기나 누락이 등기관의 잘못으로 인한 경우에는 등기관이 직권으로 경정할 수 있다.
② 담보등기부에 기록된 담보권설정자의 법인등기부상 상호, 명칭, 본점 또는 주된 사무소(이하 "상호 등"이라 한다)가 변경된 경우 담보등기를 담당하는 등기관은 담보등기부의 해당 사항을 직권으로 변경할 수 있다.
(2020.10.20 본항개정)
③ 제2항의 직권변경을 위하여 담보권설정자의 법인등기를 담당하는 등기관은 담보권설정자의 상호 등에 대한 변경등기를 마친 후 지체 없이 담보등기를 담당하는 등기관에게 이를 통지하여야 한다.(2020.10.20 본항개정)
제52조【담보등기부의 열람 및 증명서의 발급】 ① 누구든지 수수료를 내고 등기사항을 열람하거나 그 전부 또는 일부를 증명하는 서면의 발급을 청구할 수 있다.
② 제1항에 따른 등기부의 열람 또는 발급의 범위 및 방식, 수수료에 관하여는 대법원규칙으로 정한다.
제53조【이의신청 등】 ① 등기관의 결정 또는 처분에 이의가 있는 자는 관할 지방법원에 이의신청을 할 수 있다.
② 제1항에 따른 이의신청서는 등기소에 제출한다.
③ 제1항의 이의신청은 집행정지의 효력이 없다.
제54조【이의신청 사유의 제한】 새로운 사실이나 새로운 증거방법을 근거로 제53조에 따른 이의신청을 할 수 없다.
제55조【등기관의 조치】 ① 등기관은 이의가 이유 있다고 인정하면 그에 해당하는 처분을 하여야 한다.
② 등기관은 이의가 이유 없다고 인정하면 3일 이내에 의견서를 붙여 사건을 관할 지방법원에 송부하여야 한다.
③ 등기를 완료한 후에 이의신청이 있는 경우 등기관은 다음 각 호의 구분에 따른 당사자에게 이의신청 사실을 통지하고, 제2항의 조치를 하여야 한다.
1. 제3자가 이의신청한 경우 : 담보권설정자 및 담보권자
2. 담보권설정자 또는 담보권자가 이의신청한 경우 : 그 상대방
제56조【이의에 대한 결정과 항고】 ① 관할 지방법원은 이의에 대하여 이유를 붙인 결정을 하여야 한다. 이 경우 이의가 이유 있다고 인정하면 등기관에게 그에 해당하는 처분을 명하고 그 뜻을 이의신청인 및 제55조제3항의 당사자에게 통지하여야 한다.
② 제1항의 결정에 대하여는 「비송사건절차법」에 따라 항고할 수 있다.
제57조【준용규정】 담보등기에 관하여는 이 법에 특별한 규정이 있는 경우를 제외하고는 그 성질에 반하지 아니하는 범위에서 「부동산등기법」을 준용한다.

제5장 지식재산권의 담보에 관한 특례
(2011.5.19 본장개정)

제58조【지식재산권담보권 등록】 ① 지식재산권자가 약정에 따라 동일한 채권을 담보하기 위하여 2개 이상의 지식재산권을 담보로 제공하는 경우에는 특허원부, 저작권등록부 등 그 지식재산권을 등록하는 공적(公的) 장부(이하 "등록부"라 한다)에 이 법에 따른 담보권을 등록할 수 있다.
② 제1항의 경우에 담보의 목적이 되는 지식재산권은 그 등록부를 관장하는 기관이 동일하여야 하고, 지식재산권의 종류와 대상을 정하거나 그 밖에 이와 유사한 방법으로 특정할 수 있어야 한다.
제59조【등록의 효력】 ① 약정에 따른 지식재산권담보권의 득실변경은 그 등록을 한 때에 그 지식재산권에 대한 질권의 득실변경을 등록한 것과 동일한 효력이 생긴다.
② 동일한 지식재산권에 관하여 이 법에 따른 담보권 등록과 그 지식재산권을 규율하는 개별 법률에 따른 질권 등록이 이루어진 경우에 그 순위는 법률에 다른 규정이 없으면 그 선후에 따른다.
제60조【지식재산권담보권자의 권리행사】 담보권자는 지식재산권을 규율하는 개별 법률에 따라 담보권을 행사할 수 있다.
제61조【준용규정】 지식재산권담보권에 관하여는 그 성질에 반하지 아니하는 범위에서 동산담보권에 관한 제2장과 「민법」 제352조를 준용한다. 다만, 제21조제2항과 지식재산권에 관하여 규율하는 개별 법률에서 다르게 정한 경우에는 그러하지 아니하다.

제6장 보 칙

제62조【등기필정보의 안전 확보】 ① 등기관은 취급하는 등기필정보의 누설, 멸실 또는 훼손의 방지와 그 밖에 등기필정보의 안전관리에 필요한 적절한 조치를 마련하여야 한다.
② 등기관과 그 밖에 등기소에서 등기사무에 종사하는 사람이나 그 직(職)에 있었던 사람은 그 직무로 인하여 알게 된 등기필정보의 작성이나 관리에 관한 비밀을 누설하여서는 아니 된다.
③ 누구든지 등기를 신청하거나 촉탁하여 담보등기부에 불실등기(不實登記)를 하도록 할 목적으로 등기필정보를 취득하거나 그 사정을 알면서 등기필정보를 제공하여서는 아니 된다.
제63조【대법원규칙】 이 법에서 규정한 사항 외에 이 법의 시행에 필요한 사항은 대법원규칙으로 정한다.

제7장 벌 칙

제64조【벌칙】 다음 각 호의 어느 하나에 해당하는 사람은 2년 이하의 징역 또는 1천만원 이하의 벌금에 처한다.
1. 제62조제2항을 위반하여 등기필정보의 작성이나 관리에 관한 비밀을 누설한 사람
2. 제62조제3항을 위반하여 담보등기부에 불실등기를 하도록 할 목적으로 등기필정보를 취득한 사람 또는 그 사정을 알면서 등기필정보를 제공한 사람
3. 부정하게 취득한 등기필정보를 제2호의 목적으로 보관한 사람

부 칙

제1조【시행일】 이 법은 공포 후 2년이 경과한 날부터 시행한다.
제2조【적용례】 이 법은 이 법 시행 후 최초로 체결한 담보약정부터 적용한다.
제3조【다른 법률의 개정】 ①~⑤ ※(해당 법령에 가제정리 하였음)
⑥ (2011.4.12 삭제)
⑦~⑩ ※(해당 법령에 가제정리 하였음)
제4조【등기관 지정에 관한 경과조치】 이 법 시행 당시 법원에 재직 중인 법원사무직류의 일반직공무원(2002년 1월 1일 이후 시행한 채용시험에 합격하여 임용된 사람은 제외한다)은 제2조제11호에도 불구하고 등기관으로 지정될 수 있다.

부 칙 (2020.10.20)

제1조【시행일】 이 법은 공포 후 1년 6개월이 경과한 날부터 시행한다.
제2조【계속사건의 관할에 관한 경과조치】 이 법 시행 전에 접수한 사건의 관할에 대해서는 종전의 규정에 따른다.

동산·채권 등의 담보에 관한 법률 시행령

(2010년 10월 21일
대통령령 제22457호)

제1조【목적】 이 영은 「동산·채권 등의 담보에 관한 법률」에서 위임된 사항과 그 시행에 필요한 사항을 규정함을 목적으로 한다.
제2조【동산담보권의 목적물에서 제외되는 증권】 「동산·채권 등의 담보에 관한 법률」(이하 "법"이라 한다) 제3조제3항제3호에서 "무기명채권증서 등 대통령령으로 정하는 증권"이란 다음 각 호와 같다.
1. 무기명채권증서
2. 「자산유동화에 관한 법률」 제2조제4호에 따른 유동화증권
3. 「자본시장과 금융투자업에 관한 법률」 제4조에 따른 증권
제3조【담보목적물의 직접 변제충당 등의 통지】 ① 담보권자는 법 제23조제1항 및 제2항에 따른 통지를 할 때 담보목적물의 평가액 또는 예상매각대금에서 그 채권액을 뺀 금액이 없다고 인정되는 경우에는 그 뜻을 밝혀야 한다.
② 담보권자는 법 제23조제1항 및 제2항에 따른 통지를 할 때 담보목적물이 여러 개인 경우에는 각 담보목적물의 평가액 또는 예상매각대금에 비례하여 소멸시키려는 채권과 그 비용을 밝혀야 한다.
③ 법 제23조제1항 및 제2항에 따른 통지는 우편이나 그 밖의 적당한 방식으로 할 수 있다.
④ 담보목적물에 대한 권리자로서 담보등기부에 기록되어 있는 이해관계인에 대한 법 제23조제1항 및 제2항에 따른 통지는 받을 자의 등기부상의 주소로 할 수 있다.
⑤ 담보권자가 과실 없이 채무자 등과 담보권자가 알고 있는 이해관계인의 소재를 알지 못하여 제3항에 따른 방식으로 통지할 수 없는 경우에는 「민사소송법」의 공시송달에 관한 규정에 따라 통지할 수 있다.

부 칙

이 영은 2012년 6월 11일부터 시행한다.

동산·채권의 담보등기 등에 관한 규칙

(2011년 11월 17일
대법원규칙 제2368호)

개정
2014. 7. 1대법원규칙2544호
2014.10. 2대법원규칙2560호(상업등기규칙)
2016. 6.27대법원규칙2668호(법무사규칙)
2018. 4.27대법원규칙2787호
2020.11.26대법원규칙2931호(부등규)
2021. 5.27대법원규칙2986호(부등규)
2022. 2.25대법원규칙3041호

제1장 총 칙

제1조【목적】 이 규칙은 「동산·채권 등의 담보에 관한 법률」(이하 "법"이라 한다)에서 위임한 사항과 그 시행에 필요한 사항을 규정함을 목적으로 한다.
제2조【담보등기부 등에 사용할 문자】 ① 등기를 하거나 신청서, 그 밖의 등기에 관한 서면(「전자서명법」 제2조제1호의 전자문서를 포함한다)을 작성할 때에는 한글과 아라비아숫자를 사용하여야 한다.
② 제1항에도 불구하고 담보권설정자의 상호 등 대법원예규로 정하는 사항은 그 정하는 바에 따라 한글 또는 한글과 아라비아숫자로 기록한 다음 괄호 안에 로마자, 한자, 아라비아숫자 또는 부호를 병기할 수 있다.
제3조【등기정보중앙관리소와 전산운영책임관】 ① 전산정보처리조직에 의한 등기사무처리의 지원, 담보등기부의 보관·관리 및 등기정보의 효율적인 활용을 위하여 법원행정처에 등기정보중앙관리소(이하 "중앙관리소"라 한다)를 둔다.
② 법원행정처장은 중앙관리소에 전산운영책임관을 두어 전산정보처리조직을 종합적으로 관리·운영하여야 한다.
③ 법원행정처장은 중앙관리소의 출입자 및 전산정보처리조직 사용자의 신원을 관리하는 등 필요한 보안조치를 하여야 한다.

제2장 등기소와 등기관

제4조【외국법인의 관할】 담보권설정자가 외국법인인 경우에는 다음 각호의 구분에 따른 등기소를 관할 등기소로 한다.
1. 국내에 영업소나 사무소 설치등기를 한 경우 : 영업소나 사무소 소재지를 관할하는 등기소
2. 국내에 영업소나 사무소 설치등기를 하지 아니한 경우 : 대법원소재지를 관할하는 등기소
제5조【담보권설정자가 법인인 경우의 관할】 ① 법인의 본점 또는 주된 사무소의 이전으로 담보등기의 관할 등기소가 변경된 경우 그 법인의 본점 또는 주된 사무소의 이전등기를 마친 신소재지 관할 등기소는 지체 없이 담보등기의 종전 관할 등기소에 그 사실을 통지하여야 한다.
(2022.2.25 단서삭제)
② 제1항의 통지를 받은 종전의 관할 등기소는 전산정보처리조직을 이용하여 그 담보권설정자에 대한 등기정보자료(이하 "등기기록"이라 한다)의 처리권한을 새로운 관할 등기소로 넘겨주는 조치를 하여야 한다.
(2022.2.25 본조제목개정)
제5조의2【담보권설정자가 자연인인 경우의 관할】 ① 자연인인 담보권설정자의 현재 주소가 변경되어 등기기록에 기재된 주소와 다른 경우 담보권설정자는 등기기록에 기재된 주소를 관할하는 등기소 또는 현재 주소를 관할하는 등기소에 등기신청을 할 수 있다.
② 제1항의 경우 현재 주소를 관할하는 등기소에 등기신청을 하기 위해서는 담보권설정자가 그 주소를 증명하는 서면등을 제출하여야 한다.
③ 제2항의 서면등에 따라 담보권설정자의 현재 주소가 증명된 경우 현재 주소를 관할하는 등기소는 직권으로 다음 각 호의 관할 변경조치를 한 다음, 제1항의 신청 사건을 처리하여야 한다.
1. 주소 변경등기
2. 전산정보처리조직을 이용하여 그 등기기록의 처리권한을 종전 관할 등기소로부터 넘겨받는 조치
④ 법 제52조제1항의 등기사항 열람·발급에는 제1항 및 제2항의 취지가 표시되어야 한다.
(2022.2.25 본조신설)
제6조【등기관의 식별부호 기록】 법 제40조제3항의 등기사무를 처리한 등기관이 누구인지 알 수 있도록 하는 조치는 각 등기관이 미리 부여받은 식별부호를 기록하는 방법으로 한다.
제7조【등기관 업무처리의 제한】 ① 등기관은 자기, 배우자 또는 4촌 이내의 친족(이하 "배우자등"이라 한다)이 등기신청인인 때에는 배우자등이 아닌 성년자 2명 이상의 참여가 없으면 등기를 할 수 없다. 배우자등의 관계가 끝난 후에도 같다.
② 제1항의 경우에 등기관은 조서를 작성하여 참여인과 같이 기명날인 또는 서명하여야 한다.
③ 등기관이 제2항의 조서를 작성할 때에는 그 조서에

다음 각 호의 사항을 적어야 한다.
1. 신청인의 성명과 주소
2. 업무처리가 제한되는 사유
3. 등기의 목적
4. 신청정보의 접수연월일과 접수번호
5. 참여인의 성명, 주소와 주민등록번호

제3장 담보등기부 등

제1절 담보등기부와 부속서류

제8조【담보등기부의 보관】 ① 담보등기부는 중앙관리소에서 보관한다.
② 폐쇄담보등기부에 대하여도 제1항을 준용한다.
제9조【등기신청서나 그 밖의 부속서류의 이동 등】 ① 등기관이 전쟁·천재지변 그 밖에 이에 준하는 사태를 피하기 위하여 신청서나 그 밖의 부속서류를 등기소 밖으로 옮긴 경우에는 지체없이 그 사실을 지방법원장(등기소의 사무를 지원장이 관장하는 경우에는 지원장을 말한다. 제44조를 제외하고는 이하 같다)에게 보고하여야 한다.
② 등기관이 법원으로부터 등기신청서나 그 밖의 부속서류의 송부명령 또는 촉탁을 받았을 때에는 그 명령 또는 촉탁과 관계가 있는 부분만 법원에 송부하여야 한다.
③ 제2항의 서류가 전자문서로 작성된 경우에는 해당 문서를 출력한 후 인증하여 송부하거나 전자문서로 송부한다.
제10조【등기고유번호 등】 등기기록을 개설할 때에는 담보권설정자마다 등기고유번호를 부여하고, 담보권설정등기를 할 때에는 담보약정마다 등기일련번호를 부여하여 이를 등기기록에 기록하여야 한다.
제11조【등기기록의 양식】 ① 등기기록에는 담보권설정자에 관한 사항을 기록하는 담보권설정자부를 두고, 담보약정별로 담보권에 관한 사항을 기록하는 담보권부와 담보목적물에 관한 사항을 기록하는 담보목적물부를 둔다.
② 동산담보등기기록은 별지 제1호 및 제2호 양식, 채권담보등기기록은 별지 제3호 및 제4호 양식에 따른다.
제12조【등기부부본자료의 작성과 보관】 ① 등기관이 등기를 마쳤을 때에는 전산정보처리조직을 이용하여 등기부부본자료를 작성하여야 한다.
② 등기부부본자료는 법원행정처장이 지정하는 장소에 보관하여야 한다.
③ 등기부부본자료는 담보등기부와 동일하게 관리하여야 한다.
제13조【담보등기부의 손상과 복구】 ① 담보등기부(폐쇄담보등기부를 포함한다. 이하 이 조에서 같다)의 전부 또는 일부가 손상되거나 손상될 염려가 있을 때에는 전산운영책임관은 지체없이 그 상황을 조사한 후 처리방법을 법원행정처장에게 보고하여야 한다.
② 담보등기부의 전부 또는 일부가 손상된 경우에 전산운영책임관은 제12조의 등기부부본자료에 의하여 그 등기부를 복구하여야 한다.
③ 제2항에 따라 담보등기부를 복구한 경우에 전산운영책임관은 지체없이 그 경과를 법원행정처장에게 보고하여야 한다.
제14조【신청정보 등의 보존】 ① 법 제42조제2호에 따라 등기가 이루어진 경우 그 신청정보 및 첨부정보는 보조기억장치에 저장하여 보존하여야 한다.
② 법 제42조제2호에 따른 등기신청이 취하된 경우 그 취하정보는 보조기억장치에 저장하여 보존하여야 한다.
③ 제1항 및 제2항에 따라 저장된 정보는 중앙관리소에 5년간 보존하여야 한다. 이 경우 보존기간은 해당 연도의 다음해부터 기산한다.
④ 제3항의 보존기간이 종료된 정보는 법원행정처장의 인가를 받아 보존기간이 종료되는 해의 다음해 3월말까지 삭제한다.

제2절 담보등기에 관한 장부

제15조【등기소에 비치할 장부】 ① 등기소에는 다음 각 호의 장부를 갖추어 두어야 한다.
1. 담보등기신청서 접수장
2. 기타 문서 접수장
3. 결정원본 편철장
4. 이의신청서류 편철장
5. 사용자등록신청서류 등 편철장
6. 신청서 기타 부속서류 편철장
7. 신청서 기타 부속서류 송부부
8. 각종 통지부
9. 열람신청서류 편철장
10. 제증명신청서류 편철장
11. 그 밖에 대법원예규로 정하는 장부
② 제1항의 장부는 매년 별책으로 하여야 한다. 다만, 필요에 따라 분책할 수 있다.
③ 제1항의 장부는 전자적으로 작성할 수 있다.
제16조【접수장】 ① 담보등기신청서 접수장에는 다음 각 호의 사항을 적어야 한다.
1. 접수연월일, 접수시각과 접수번호
2. 등기의 목적
3. 신청인의 성명 또는 명칭
4. 등기신청수수료
② 제1항제1호의 접수번호는 1년마다 새로 부여하여야 한다.
③ 등기권리자 또는 등기의무자가 여러 명인 경우 담보등기신청서 접수장에 신청인의 성명 또는 명칭을 적을 때에는 신청인 중 1명의 성명 또는 명칭과 나머지 인원을 적는 방법으로 할 수 있다.
④ 등기신청 외의 등기사무에 관한 문서를 접수할 때에는 기타문서 접수장에 등재한다.
제17조【신청서 기타 부속서류 편철장】 신청서, 촉탁서, 통지서, 참여조서, 확인조서, 취하서 그 밖의 부속서류는 접수번호의 순서에 따라 신청서 기타 부속서류 편철장에 편철하여야 한다.
제18조【각종 통지부】 각종 통지부에는 법 및 이 규칙에서 정하고 있는 통지사항, 통지를 받을 자 및 통지서를 발송하는 연월일을 적어야 한다.
제19조【장부의 보존기간】 ① 등기소에 비치하여야 할 장부의 보존기간은 다음과 같다.
1. 담보등기신청서 접수장 : 5년
2. 기타 문서 접수장 : 10년
3. 결정원본 편철장 : 10년
4. 이의신청서류 편철장 : 10년
5. 사용자등록신청서류 등 편철장 : 10년
6. 신청서 기타 부속서류 편철장 : 5년
7. 신청서 기타 부속서류 송부부 : 신청서 기타 부속서류가 반환된 날부터 5년
8. 각종 통지부 : 1년
9. 열람신청서류 편철장 : 1년
10. 제증명신청서류 편철장 : 1년
② 장부의 보존기간은 해당 연도의 다음해부터 기산한다.
③ 보존기간이 종료된 장부 또는 서류는 지방법원장의 인가를 받아 보존기간이 종료되는 해의 다음해 3월말까지 폐기한다.

제4장 등기사항의 증명과 열람

제20조【등기사항증명 등의 신청】 ① 등기소를 방문하여 등기기록의 전부 또는 일부에 대한 증명서(이하 "등기사항증명서"라 한다)를 발급받거나 등기기록 또는 신청서나 그 밖의 부속서류를 열람하고자 하는 사람은 신청서를 제출하여야 한다.
② 대리인이 신청서나 그 밖의 부속서류의 열람을 신청할 때에는 신청서에 그 권한을 증명하는 서면을 첨부하여야 한다.(2018.4.27 본항개정)
③ 등기기록 또는 전자문서로 작성된 신청서나 그 밖의 부속서류의 열람 및 등기사항증명서의 발급 신청은 관할 등기소가 아닌 다른 등기소에서도 할 수 있다.
제21조【무인발급기에 의한 등기사항증명】 ① 법원행정처장은 신청인이 발급에 필요한 정보를 스스로 입력하여 등기사항증명서를 발급받을 수 있게 하는 장치(이하 "무인발급기"라 한다)를 이용하여 등기사항증명서의 발급업무를 처리하게 할 수 있다.
② 무인발급기는 등기소 이외의 장소에도 설치할 수 있다.
③ 제2항에 따른 설치장소는 법원행정처장이 정한다.
④ 법원행정처장의 지정을 받은 국가기관이나 지방자치단체 그 밖의 자는 그가 관리하는 장소에 무인발급기를 설치하여 등기사항증명서를 발급할 수 있다.
⑤ 무인발급기 설치·관리의 절차 및 비용의 부담 등 필요한 사항은 대법원예규로 정한다.
제22조【인터넷에 의한 등기사항증명 등】 ① 등기사항증명서의 발급 또는 등기기록의 열람업무는 법원행정처장이 정하는 바에 따라 인터넷을 이용하여 처리할 수 있다.
② 제1항에 따른 업무는 중앙관리소에서 처리하며, 전산운영책임관이 그 업무를 담당한다.
③ 제1항에 따른 발급과 열람의 범위, 절차 및 방법 등 필요한 사항은 대법원예규로 정한다.
제23조【등기사항증명서의 종류 등】 ① 등기사항증명서의 종류는 동산담보등기 및 채권담보등기별로 다음 각 호로 한다. 다만, 폐쇄한 등기기록에 대하여는 제1호로 한정한다.
1. 하나의 담보약정에 따른 등기사항 전부를 기재한 "등기사항전부증명서(말소사항 포함)"
2. 제1호의 사항 중 현재 유효한 사항만을 기재한 "등기사항전부증명서(현재 유효사항)". 다만, 해당 담보약정에 따른 등기사항 전부가 말소된 경우에는 그러하지 아니하다.
3. 제1호의 사항 중 담보목적물에 관하여는 특정한 담보목적물에 대한 사항만을 기재한 "등기사항일부증명서"
4. 아무런 등기기록이 개설되어 있지 않다는 내용을 기재한 "등기기록미개설증명서"(2022.2.25 본호개정)
②~③ (2018.4.27 삭제)
제24조【등기사항증명서의 발급방법】 ① 등기사항증명서를 발급할 때에는 등기사항증명서의 종류를 명시하고, 등기기록의 내용과 다름이 없음을 증명하는 내용의 증명문을 기록하며, 발급연월일과 중앙관리소 전산운영책임관의 직명을 적은 후 전자이미지관인을 기록하여야 한다.
② 등기사항증명서가 여러 장으로 이루어진 경우에는 연속성을 확인할 수 있는 조치를 하여 발급한다.
③ 등기신청이 접수된 경우에는 등기관이 그 등기를 마칠 때까지 등기사항증명서를 발급하지 못한다. 다만, 등기신청사건이 접수되어 처리 중에 있다는 뜻을 등기사항증명서에 표시하여 발급할 수 있다.
제25조【열람의 방법】 ① 등기기록의 열람은 등기기록에 기록된 등기사항을 전자적 방법으로 그 내용을 보게 하거나 그 내용을 기록한 서면을 교부하는 방법으로 한다. 다만, 서면을 교부하는 경우에는 등기사항증명서 양식이 아닌 다른 양식으로 교부할 수 있다.
② 신청서나 그 밖의 부속서류의 열람은 등기관이 보는 앞에서 하여야 한다. 다만, 신청서나 그 밖의 부속서류가 전자문서로 작성된 경우에는 제1항 본문의 방법에 따른다.
③ 신청서나 그 밖의 부속서류에 대해서는 이해관계가 있는 범위 내에서 열람을 신청할 수 있다.(2018.4.27 본항개정)
제26조【등기사항의 일부 공시제한】 등기사항증명서를 발급하거나 등기기록을 열람하게 할 때에는 등기기록에 기록된 담보권설정자 및 등기명의인의 표시에 관한 사항 중 주민등록번호 등 개인정보의 일부를 공시하지 아니할 수 있으며, 그 범위와 방법 및 절차는 대법원예규로 정한다.

제5장 등기절차

제1절 통 칙

제27조【등기의 동시신청】 ① 같은 등기소에 동시에 여러 건의 등기신청을 하는 경우에 각 신청서와 함께 제출 또는 송신하여야 할 서면 또는 전자문서(이하 "서면등"이라 한다)의 내용이 같은 것이 있을 때에는 그 중 1건의 신청에 이를 제출 또는 송신하면 된다.
② 제1항의 경우에는 다른 각 신청서에 그 뜻을 적어야 한다.
제28조【다른 법률에 따른 의무사항이 있는 경우】 등기신청과 관련하여 다른 법률에 의해 부과된 의무사항이 있을 때에는 그 의무사항을 신청서에 적어야 한다.
제29조【등기신청에 필요한 서면등】 ① 등기를 신청할 때에는 담보권설정자(최초로 담보권설정등기를 하는 경우만을 말한다) 또는 등기권리자(권리 취득의 등기를 하는 경우만을 말한다)의 특정을 위하여 다음 각 호의 구분에 따른 서면등을 제출하거나 송신하여야 한다.
1. 담보권설정자나 등기권리자가 자연인인 경우
 가. 담보권설정자나 등기권리자의 성명, 주소 및 주민등록번호(주민등록번호가 없는 재외국민과 외국인의 경우에는 「부동산등기법」 제49조제1항제2호 또는 제4호에 따라 부여받은 부동산등기용등록번호를 말한다)를 증명하는 서면등
 나. 담보권설정자의 「부가가치세법」에 따른 사업자등록을 증명하는 서면등(2022.2.25 본목개정)
2. 담보권설정자나 등기권리자가 법인(외국법인은 제외한다)인 경우 : 해당 법인의 상호 또는 명칭, 본점 또는 주된 사무소 및 법인등록번호를 증명하는 「상업등기법」 제15조에 따른 등기사항증명서면등(2014.10.2 본호개정)
3. 담보권설정자나 등기권리자가 외국법인인 경우
 가. 국내에 영업소나 사무소 설치등기를 한 경우 : 해당 법인의 상호 또는 명칭, 본점 또는 주된 사무소, 법인등록번호 및 국내의 영업소나 사무소를 증명하는 「상업등기법」 제15조에 따른 등기사항증명서면등(2014.10.2 본목개정)
 나. 국내에 영업소나 사무소 설치등기를 하지 아니한 경우
  1) 해당 법인의 상호 또는 명칭, 본점 또는 주된 사무소를 증명하는 서면등
  2) 「부동산등기법」 제49조제1항제3호에 따라 부여받은 부동산등기용등록번호를 증명하는 서면등
  3) 국내에서의 대표자와 그 주소를 증명하는 서면등
② 담보권설정자가 제5조의2제2항에 따라 현재 주소를 관할하는 등기소에 등기신청을 할 때에는 자신의 현재 주소가 해당 등기소의 관할구역에 속하는 곳임을 증명하는 서면등을 제출하거나 송신하여야 한다.(2022.2.25 본항신설)
③ 등기신청서와 함께 제출하거나 송신하여야 하는 서면등이 외국어로 작성된 경우에는 그 번역문을 함께 제출하거나 송신하여야 한다.
제30조【등기신청정보의 기록】 법 제45조제1항에서 "그 밖에 대법원규칙으로 정하는 등기신청정보"란 제10조에 따라 담보약정별로 부여된 등기일련번호를 말한다. 다만, 담보권설정등기 및 담보권설정자 표시의 변경 또는 경정의 등기의 경우에는 그러하지 아니하다.
제31조【등기신청의 취하】 ① 등기신청의 취하는 등기관이 등기를 마치기 전까지 할 수 있다.
② 제1항의 취하는 다음 각 호의 구분에 따른 방법으로 하여야 한다.
1. 법 제42조제1호의 방문신청 : 신청인 또는 그 대리인이 등기소에 출석하여 취하서를 제출하는 방법
2. 법 제42조제2호의 전자신청 : 전산정보처리조직을 이용하여 취하정보를 전자문서로 등기소에 송신하는 방법

제32조【등기관의 조사】① 신청서가 접수된 때에는 등기관은 지체 없이 신청에 관한 모든 사항을 조사하여야 한다.
② 법 제46조 단서의 보정 요구는 신청인에게 말로 하거나, 전화, 팩시밀리 또는 인터넷을 이용하여 할 수 있다.

제33조【등기의 방법】① 담보권설정등기를 하는 때에는 등기일련번호를 기록한 다음 담보권부에 등기목적과 법 제47조제2항 각 호(제1호 및 제6호는 제외한다)의 사항을 기록하고, 담보목적물부에 담보목적물의 표시에 관한 사항을 기록하여야 한다. 다만, 해당 담보권설정자에 대한 등기기록이 개설되어 있지 아니한 경우에는 우선 등기기록을 개설한 후 담보권설정자부에 담보권설정자의 표시에 관한 법 제47조제2항제1호, 제3의2호 및 제4호의 사항도 기록하여야 한다.(2022.2.25 단서개정)
② 제1항 본문에 따라 담보권부에 접수연월일을 기록할 때에는 그 접수시각도 함께 기록하여야 한다.
③ 변경, 경정 또는 연장의 등기를 하는 때에는 변경, 경정 또는 연장된 등기사항을 말소하는 표시를 하여야 한다.
④ 말소의 등기를 하는 때에는 등기를 말소하는 표시를 하여야 한다.

제34조【국내에 영업소나 사무소가 없는 외국법인의 등기사항】법 제47조제2항제4호 단서에서 "대법원규칙으로 정하는 사항"이란 외국법인의 국내에서의 대표자와 그 주소를 말한다.

제35조【동산 및 채권의 특정을 위한 등기사항】① 등기기록에는 담보목적물인 동산 또는 채권을 특정하는 데 필요한 사항으로서 다음 각 호의 구분에 따른 사항을 기록하여야 한다.
1. 담보목적물이 동산인 경우
  가. 동산의 특성에 따라 특정하는 경우에는 대법원예규로 정하는 동산의 종류 및 동산의 제조번호 또는 제품번호 등 다른 동산과 구별할 수 있는 정보
  나. 동산의 보관장소에 따라 특정하는 경우에는 대법원예규로 정하는 동산의 종류 및 동산의 보관장소의 소재지. 다만, 같은 보관장소에 있는 같은 종류의 동산 전체를 담보목적물로 하는 경우에 한정한다.
2. 담보목적물이 채권인 경우
  가. 대법원예규로 정하는 채권의 종류
  나. 채권의 발생원인 및 발생연월일 또는 그 시기와 종기
  다. 담보목적물인 채권의 채권자의 성명 및 주소(법인의 경우에는 상호 또는 명칭과 본점 또는 주된 사무소를 말한다)
  라. 담보목적물인 채권의 채무자의 성명 및 주소(법인의 경우에는 상호 또는 명칭과 본점 또는 주된 사무소를 말한다). 다만, 장래에 발생할 채권으로서 채무자가 담보권설정 당시 특정되어 있지 않거나, 나목에 의하여 특정할 수 있는 다수의 채권에 대하여 동시에 담보등기를 신청하는 경우에는 대법원예규에 따라 채무자의 성명이나 주소를 기록하지 않을 수 있다.
② 제1항 각 호 이외에도 해당 동산의 명칭이나 채권의 변제기, 채권액의 하한 그 밖에 해당 동산 또는 채권을 특정하는 데 유익한 사항을 기록할 수 있다.

제36조【행정구역 등 변경의 직권등기】① 담보등기부에 기록된 행정구역 또는 그 명칭이 변경된 때에는 등기관은 직권으로 변경사항을 등기할 수 있다.
② 담보등기부에 기록된 담보권설정자의 법인등기부상 상호, 명칭, 본점 또는 주된 사무소나 영업소가 변경되어 법 제51조제3항에 따른 통지를 받은 경우 담보등기를 담당하는 등기관은 담보등기부의 해당 사항을 직권으로 변경하여야 한다.(2022.2.25 본항개정)

제37조【등기필정보의 작성방법】① 법 제2조제11호의 등기필정보는 아라비아 숫자와 그 밖의 부호의 조합으로 이루어진 일련번호와 비밀번호로 구성한다.
② 제1항의 등기필정보는 담보권설정자(최초로 담보권설정등기를 하는 경우만을 말한다) 또는 등기명의인별로 정한다.

제38조【등기필정보의 통지방법】① 등기필정보는 다음 각 호의 구분에 따른 방법으로 통지한다.
1. 방문신청의 경우 : 등기필정보를 적은 서면(이하 "등기필정보통지서"라 한다)을 교부하는 방법. 다만, 신청인이 등기신청서와 함께 대법원예규에 따라 등기필정보통지서 송부용 우편봉투를 제출한 경우에는 등기필정보통지서를 우편으로 송부한다.
2. 전자신청의 경우 : 전산정보처리조직을 이용하여 송신하는 방법
② 제1항에 따라 등기필정보를 통지할 때에는 그 통지를 받아야 할 사람 외의 사람에게 등기필정보가 알려지지 않도록 하여야 한다.

제39조【등기필정보 통지의 상대방】① 등기관은 등기를 마치면 등기필정보를 등기명의인이 된 신청인(최초로 담보권설정등기를 하는 경우에는 담보권설정자를 포함한다)에게 통지한다.
② 법정대리인이 등기를 신청한 경우에는 그 법정대리인에게, 법인의 대표자나 지배인이 신청한 경우에는 그 대표자나 지배인에게 등기필정보를 통지한다.

제40조【등기필정보를 작성 또는 통지할 필요가 없는 경우】① 다음 각 호의 어느 하나에 해당하는 경우에는 등기필정보를 통지하지 아니한다.
1. 등기명의인이 된 신청인(최초로 담보권설정등기를 하는 경우에는 담보권설정자를 포함한다)이 등기필정보의 통지를 원하지 아니하는 경우
2. 국가 또는 지방자치단체가 등기권리자인 경우
3. 등기필정보를 전산정보처리조직으로 통지받아야 할 자가 수신이 가능한 때부터 3개월 이내에 전산정보처리조직을 이용하여 수신하지 않은 경우
4. 등기필정보통지서를 수령할 자가 등기를 마친 때부터 3개월 이내에 그 서면을 수령하지 않은 경우
5. 법 제41조제3항에 따라 승소한 등기의무자가 등기신청을 한 경우
6. 채권자가 「민법」 제404조에 따라 등기권리자를 대위하여 등기신청을 한 경우
② 제1항제1호의 경우에는 등기신청서에 그 뜻을 적어야 한다.

제41조【등기필정보의 실효신고】① 등기명의인 또는 그 상속인 그 밖의 포괄승계인은 등기필정보의 실효신고를 할 수 있다.
② 제1항의 신고는 다음 각 호의 방법으로 한다.
1. 전산정보처리조직을 이용하여 신고정보를 제공하는 방법
2. 신고정보를 기재한 서면을 제출하는 방법
③ 제2항에 따라 등기필정보의 실효신고를 할 때에는 대법원예규에 따라 본인확인절차를 거쳐야 한다.
④ 제2항제2호의 신고를 대리인이 하는 경우에는 신고서에 본인의 인감증명을 첨부하여야 한다.
⑤ 등기관은 등기필정보의 실효신고가 있는 경우에 해당 등기필정보를 실효시키는 조치를 하여야 한다.

제42조【등기필정보를 제공할 수 없는 경우】① 법 제43조제2항제3호 본문의 경우에 등기의무자의 등기필정보가 없을 때에는 등기의무자 또는 그 법정대리인(이하 "등기의무자등"이라 한다)이 등기소에 출석하여 등기관으로부터 등기의무자등임을 확인받아야 한다. 다만, 등기신청인의 대리인〔변호사나 법무사만을 말하고 법무법인·법무법인(유한)·법무조합 또는 법무사법인·법무사법인(유한)을 포함한다. 이하 "자격자대리인"이라 한다〕이 등기의무자등으로부터 위임받았음을 확인한 경우 또는 신청서(위임에 의한 대리인이 신청하는 경우에는 그 권한을 증명하는 서면) 중 등기의무자등의 작성부분에 관하여 공증을 받은 경우에는 그러하지 아니하다.(2016.6.27 단서개정)
② 제1항 본문의 경우에 등기관은 주민등록증, 외국인등록증, 국내거소신고증, 여권 또는 운전면허증(이하 "주민등록증등"이라 한다)에 의하여 본인 여부를 확인하고 조서를 작성하여 이에 기명날인하여야 한다. 이 경우 주민등록증등의 사본을 조서에 첨부하여야 한다.
③ 제1항 단서에 따라 자격자대리인이 등기의무자등으로부터 위임받았음을 확인한 경우에는 그 확인한 사실을 증명하는 서면 또는 전자문서(이하 "확인서면등"이라 한다)를 등기소에 제출 또는 송신하여야 한다.
④ 자격자대리인이 제3항의 확인서면등을 작성하는 경우에는 제2항을 준용한다.

제43조【등기기록의 폐쇄와 부활】① 담보권설정등기를 전부 말소하였을 때에는 해당 등기기록을 폐쇄하여야 한다.
② 등기기록을 폐쇄하는 때에는 담보권설정자부에 그 뜻과 연월일을 기록하여야 한다.
③ 폐쇄한 등기기록에 다시 등기할 필요가 있는 때에는 그 등기기록을 부활하여야 한다.
④ 폐쇄한 등기기록을 부활하는 때에는 담보권설정자부에 그 뜻과 연월일을 기록하고, 등기기록을 폐쇄한 뜻과 그 연월일을 말소하는 표시를 하여야 한다.

제2절 방문신청

제44조【등기소에 출석하여 등기신청서를 제출할 수 있는 자격자대리인의 사무원】① 법 제42조제1호에 따라 등기소에 출석하여 등기신청서를 제출할 수 있는 사무원은 자격자대리인의 사무소 소재지를 관할하는 지방법원장이 허가하는 1명으로 한다. 다만, 법무법인·법무법인(유한)·법무조합 또는 법무사법인·법무사법인(유한)의 경우에는 그 구성원 및 구성원이 아닌 변호사나 법무사 수만큼의 사무원을 허가할 수 있다.(2016.6.27 단서개정)
② 자격자대리인이 제1항의 허가를 받으려면 지방법원장에게 허가신청서를 제출하여야 한다.
③ 지방법원장이 제1항의 허가를 하였을 때에는 해당 자격자대리인에게 등기소 출입증을 발급하여야 한다.
④ 지방법원장은 상당하다고 인정되는 경우 제1항의 허가를 취소할 수 있다.

제45조【인감증명의 제출】① 방문신청을 하는 경우에는 다음 각 호의 인감증명을 제출하여야 한다. 이 경우 해당 신청서(위임에 의한 대리인이 신청하는 경우에는 위임장을 말한다. 이하 이 조에서 같다)에는 그 인감을 날인하여야 한다.
1. 담보권설정등기의 경우 담보권설정자의 「인감증명법」 제12조 또는 「상업등기법」 제16조에 따른 인감증명(2022.2.25 본호개정)
2. 담보권이전·연장·말소·변경 또는 경정등기의 경우 등기의무자의 「인감증명법」 제12조 또는 「상업등기법」 제16조에 따른 인감증명. 다만, 등기필정보를 제공할 수 없는 경우에 한정한다.(2014.10.2 본호개정)
② 제1항에 따라 인감증명을 제출하여야 하는 자가 외국인인 경우에는 「인감증명법」에 따른 인감증명 또는 본국의 관공서가 발행한 인감증명을 제출하여야 한다. 다만, 본국에 인감증명제도가 없고 또한 「인감증명법」에 따른 인감증명을 받을 수 없는 자는 신청서나 위임장 또는 첨부서면에 한 서명에 관하여 본인이 직접 작성하였다는 뜻의 본국 관공서의 증명이나 이에 관한 공정증서를 제출하여야 한다.

제46조【인감증명 등의 유효기간】등기신청서에 첨부하는 인감증명, 법인등기사항증명서, 사업자등록증명, 주민등록표등본·초본, 가족관계등록사항별 증명서는 발행일부터 3개월 이내의 것이어야 한다.(2022.2.25 본조개정)

제47조【첨부서면 원본의 환부 청구】신청서에 첨부한 서류의 원본의 환부를 청구하는 경우에 신청인은 그 원본과 같다는 뜻을 적은 사본을 첨부하여야 하고, 등기관이 서류의 원본을 환부할 때에는 그 사본에 원본 환부의 뜻을 적고 기명날인하여야 한다. 다만, 다음 각 호의 서류에 대하여는 환부를 청구할 수 없다.
1. 등기신청위임장, 제42조제3항의 확인서면등 해당 등기신청만을 위하여 작성한 서류
2. 인감증명, 법인등기사항증명서, 주민등록표등본·초본, 가족관계등록사항별 증명서 등 별도의 방법으로 다시 취득할 수 있는 서류

제48조【전자표준양식에 의한 신청】① 방문신청을 하고자 하는 신청인은 신청서를 등기소에 제출하기 전에 전산정보처리조직에 신청정보를 입력하고, 그 입력한 신청정보를 서면으로 출력하여 등기소에 제출하는 방법으로 할 수 있다.
② 대법원예규로 정하는 개수 이상의 동산 또는 채권을 담보목적물로 하는 담보권설정등기를 방문신청하는 경우 신청인은 등기원인을 증명하는 첨부정보 중 담보목적물에 대한 정보는 대법원예규로 정하는 방법에 따라 작성된 목록을 전산정보처리조직에 저장하는 방법으로 제출하여야 하고, 신청정보는 제1항의 방법에 따라 입력·제출하되, 그 신청정보 중 담보목적물에 대한 정보는 따로 서면으로 출력하여 등기소에 제출하지 아니한다.

제49조【신청서의 접수】① 등기신청서를 받은 등기관은 전산정보처리조직에 접수연월일과 접수시각, 접수번호, 등기의 목적, 등기일련번호(담보권설정등기와 담보권설정자 표시의 변경 또는 경정의 등기는 제외한다), 신청인의 성명 또는 명칭, 등기신청수수료, 등록면허세액과 그 밖에 대법원예규로 정하는 사항을 입력한 후 신청서에 접수번호표를 붙여야 한다.
② 등기관이 신청서를 접수하였을 때에는 신청인의 청구에 따라 그 신청서의 접수증을 발급하여야 한다.

제3절 전자신청

제50조【전자신청의 방법】① 전자신청은 당사자가 직접 하거나 자격자대리인이 당사자를 대리하여 한다. 다만, 외국인의 경우에는 다음 각 호의 어느 하나에 해당하는 요건을 갖추어야 한다.
1. 「출입국관리법」 제31조에 따른 외국인등록
2. 「재외동포의 출입국과 법적 지위에 관한 법률」 제6조, 제7조에 따른 국내거소신고
② 제1항에 따라 전자신청을 하는 경우에는 법 제43조에 따른 전자문서를 송신하거나 대법원예규로 정하는 정보를 등기소에 제공하여야 하고, 이 때 사용자등록번호도 함께 송신하여야 한다. 다만, 대법원예규로 정하는 개수 이상의 동산 또는 채권을 담보목적물로 하는 담보권설정등기를 전자신청하는 경우 신청인은 등기원인을 증명하는 첨부정보 중 담보목적물에 대한 정보는 대법원예규로 정하는 방법에 따라 작성된 목록을 전산정보처리조직에 저장하는 방법으로 제공하여야 하고, 신청정보 중 담보목적물에 대한 정보는 따로 등기소에 송신하지 아니한다.
③ 제2항에 따라 전자문서를 송신할 때에는 다음 각 호의 구분에 따른 신청인 또는 문서작성자의 전자서명정보를 함께 송신하여야 한다.
1. 개인 : 「전자서명법」 제2조제6호에 따른 인증서(서명자의 실지명의를 확인할 수 있는 것으로서 법원행정처장이 지정·공고하는 인증서를 말한다)(2021.5.27 본호개정)
2. 법인 : 「상업등기법」의 전자증명서
3. 관공서 : 대법원예규로 정하는 전자인증서
④ 제3항제1호의 공고는 인터넷등기소에 하여야 한다.(2021.5.27 본항신설)

제51조【사용자등록】① 전자신청을 하기 위해서는 그 등기신청을 하는 당사자 또는 등기신청을 대리할 수 있는 자격자대리인이 최초의 등기신청 전에 사용자등록을 하여야 한다.
② 사용자등록을 신청하는 당사자 또는 자격자대리인은 등기소에 출석하여 대법원예규로 정하는 사항을 기재한 신청서를 제출하여야 한다.
③ 제2항의 사용자등록 신청서에는 「인감증명법」에 따라 신고한 인감을 날인하고, 그 인감증명과 함께 주소를 증명하는 서면을 첨부하여야 한다.

④ 신청인이 자격자대리인인 경우에는 제3항의 서면 외에 그 자격을 증명하는 서면의 사본도 첨부하여야 한다.
제52조【사용자등록의 유효기간】 ① 사용자등록의 유효기간은 3년으로 한다.
② 제1항의 유효기간이 지난 경우에는 사용자등록을 다시 하여야 한다.
③ 사용자등록의 유효기간 만료일 3개월 전부터 만료일까지는 그 유효기간의 연장을 신청할 수 있으며, 연장기간은 3년으로 한다.
④ 제3항의 유효기간 연장은 전자문서로 신청할 수 있다.
제53조【사용자등록의 효력정지 등】 ① 사용자등록을 한 사람은 사용자등록의 효력정지, 효력회복 또는 해지를 신청할 수 있다.
② 제1항에 따른 사용자등록의 효력정지 및 해지의 신청은 전자문서로 할 수 있다.
③ 등기소를 방문하여 제1항에 따른 사용자등록의 효력정지, 효력회복 또는 해지를 신청하는 경우에는 신청서에 기명날인 또는 서명을 하여야 한다.
제54조【사용자등록정보의 변경 등】 ① 사용자등록 후 사용자등록정보가 변경된 경우에는 대법원예규에 따라 그 변경된 사항을 등록하여야 한다.
② 사용자등록번호를 분실하였을 때에는 제51조에 따라 사용자등록을 다시 하여야 한다.

제6장 담보권의 실행

제55조【민사소송규칙 등의 준용】 이 규칙에서 규정한 것 외에 동산·채권담보권의 실행에 관하여 필요한 사항은 그 성질에 반하지 아니하는 범위에서 「민사소송규칙」 및 「민사집행규칙」의 규정을 준용한다.

제7장 보 칙

제56조【준용규정】 담보등기와 관련하여 이 규칙에 특별한 규정이 있는 경우를 제외하고는 그 성질에 반하지 아니하는 범위에서 「부동산등기규칙」을 준용한다.
(2022.2.25 본조신설)
제57조【대법원예규에의 위임】 담보등기와 관련하여 필요한 사항 중 이 규칙에서 정하고 있지 아니한 사항은 대법원예규로 정할 수 있다.

부 칙 (2020.11.26)

제1조【시행일】 이 규칙은 2020년 12월 10일부터 시행한다.(이하 생략)

부 칙 (2021.5.27)

제1조【시행일】 이 규칙은 2021년 6월 10일부터 시행한다.(이하 생략)

부 칙 (2022.2.25)

제1조【시행일】 이 규칙은 2022년 4월 21일부터 시행한다.
제2조【계속사건의 관할에 관한 경과조치】 이 규칙 시행 전에 접수한 사건의 관할에 대해서는 종전의 규정에 따른다.
제3조【담보권설정자가 상호등기를 한 사람인 경우의 관할 및 등기기록에 관한 경과조치】 ① 이 규칙 시행 전에 마쳐진 담보등기로서 담보권설정자가 상호등기를 한 사람인 경우 영업소 소재지 기준의 종전 관할이 유지되고, 상호 및 영업소의 기록사항은 담보권설정자부의 주소란 하단으로 옮겨 표시된다.
② 담보권설정자의 영업소 소재지를 관할하는 등기소와 법 제39조제2항의 현재 주소를 관할하는 등기소가 다른 경우 담보권설정자는 영업소 소재지를 관할하는 등기소 또는 법 제39조제2항의 현재 주소를 관할하는 등기소에 등기신청을 할 수 있다.
③ 제2항의 경우 현재 주소를 관할하는 등기소에 등기신청을 하기 위해서는 담보권설정자가 그 주소를 증명하는 서면등을 제출하여야 한다. 담보권설정자의 등기기록에 기재된 주소와 현재 주소가 동일한 경우에도 같다.
④ 제3항의 서면등에 따라 담보권설정자의 현재 주소가 증명된 경우 현재 주소를 관할하는 등기소는 직권으로 다음 각 호의 관할 변경조치를 한 다음, 제2항의 신청 사건을 처리하여야 한다.
1. 주소 변경등기(제3항 후단의 경우는 제외한다), 상호·영업소 말소등기
2. 전산정보처리조직을 이용하여 그 등기기록의 처리권한을 종전 관할 등기소로부터 넘겨받는 조치
⑤ 법 제52조제1항의 등기사항 열람·발급에는 제2항 및 제3항의 취지가 표시되어야 한다.
제4조【다른 규칙의 개정】 ※(해당 법령에 가제정리 하였음)

〔별지서식〕 ➡ 「www.hyeonamsa.com」 참조

국가배상법

(1967년 3월 3일
법 률 제1899호)

개정
1973. 2. 5법 2459호
1980. 1. 4법 3235호
1981.12.17법 3464호
1997.12.13법 5433호
2000.12.29법 6310호
2005. 7.13법 7584호
2008. 3.14법 8897호
2009.10.21법 9803호
2016. 5.29법14184호(예비군법)
2017.10.31법14964호

제1조【목적】 이 법은 국가나 지방자치단체의 손해배상(損害賠償)의 책임과 배상절차를 규정함을 목적으로 한다.
(2008.3.14 본조개정)
제2조【배상책임】 ① 국가나 지방자치단체는 공무원 또는 공무를 위탁받은 사인(이하 "공무원"이라 한다)이 직무를 집행하면서 고의 또는 과실로 법령을 위반하여 타인에게 손해를 입히거나, 「자동차손해배상 보장법」에 따라 손해배상의 책임이 있을 때에는 이 법에 따라 그 손해를 배상하여야 한다. 다만, 군인·군무원·경찰공무원 또는 예비군대원이 전투·훈련 등 직무 집행과 관련하여 전사(戰死)·순직(殉職)하거나 공상(公傷)을 입은 경우에 본인이나 그 유족이 다른 법령에 따라 재해보상금·유족연금·상이연금 등의 보상을 지급받을 수 있을 때에는 이 법 및 「민법」에 따른 손해배상을 청구할 수 없다.
(2016.5.29 단서개정)
② 제1항 본문의 경우에 공무원에게 고의 또는 중대한 과실이 있으면 국가나 지방자치단체는 그 공무원에게 구상(求償)할 수 있다.
(2008.3.14 본조개정)
판례 국가가 기지촌을 운영·관리함에 있어 행정재량의 범위를 벗어나 적극적·능동적으로 원고들의 성매매 종사를 정당화하거나 이를 조장하였고, 이러한 행위는 윤락행위 금지를 규정한 (구) 윤락행위등 방지법의 규정뿐만 아니라 인권존중 의무와 같이 공무원으로서 마땅히 지켜야 할 준칙과 규범을 위반한 것으로서 객관적 정당성을 결여하여 위법하다고 봄이 타당하다. 따라서 국가는 이와 같은 반인권적 불법행위에 대하여 위자료를 지급할 책임이 있다.
(서울고법 2018.2.8, 2017나2017700)
판례 갑이 경주보훈지청에 국가유공자에 대한 주택구입대부제도에 관하여 전화로 문의하고 대부신청서까지 제출하였으나, 담당공무원에게서 주택구입대부금지급을 보증하는 지급보증서제도에 관한 안내를 받지 못하여 대부제도 이용을 포기하고 시중은행에서 대출을 받아 주택을 구입함으로써 결과적으로 더 많은 이자를 부담하게 되었다고 주장하며 국가를 상대로 정신적 손해의 배상을 구한 경우, 절박하고 중대한 위험상태가 발생했거나 발생할 상당한 우려가 있는 경우가 아닌 한 원칙적으로 공무원이 관련 법령에서 정해진 대로 직무를 수행했다면 그와 같은 공무원의 부작위를 가지고 고의 또는 과실로 법령을 위반했다고 할 수 없다.
(대판 2012.7.26, 2010다95666)
판례 대외적으로 좌익전향자 단체임을 표방하였으나 실제로는 국가가 조직·관리하는 관변단체 성격을 띠고 있던 국민보도연맹 산하 지방연맹 소속 연맹원들이 한국전쟁 발발 직후 상부 지시를 받은 군과 경찰에 의해 구금되었다가 그들 중 일부가 처형대상자로 분류되어 집단 총살을 당하였고, 이후 국가가 처형자 명부 등을 작성하여 3급 비밀로 지정하였는데, 위 학살의 구체적 진상을 잘 알지 못했던 유족들이 진실·화해를 위한 과거사정리위원회의 진실규명결정이 있었던 2007.11.27 이후에야 국가를 상대로 손해배상을 청구하자 국가가 소멸시효 완성을 주장한 사안에서, 국가의 소멸시효 완성 주장은 신의칙에 반하여 허용될 수 없다.(대판 2011.6.30, 2009다72599)
판례 개별공시지가는 개발부담금의 부과, 토지 관련 조세 부과 등 다른 법령이 정하는 목적을 위해 지가를 산정하는 경우에 그 산정 기준이 되는 관계로 납세자인 국민 등의 재산상 권리·의무에 직접적인 영향을 미치게 되므로, 개별공시지가 산정업무를 담당하는 공무원으로서는 당해 토지의 실제 이용상황 등 토지특성을 정확하게 조사하고 당해 토지와 토지이용상황이 유사한 비교표준지를 선정하여 그 특성을 비교하는 등 법령 및 '개별공시지가의 조사·산정 지침'에서 정한 기준과 방법에 의하여 개별공시지가를 산정하고, 산정지가의 검증을 의뢰받은 감정평가업자나 시·군·구 부동산평가위원회로서는 위 산정지가 또는 검증지가가 위와 같은 기준과 방법에 의하여 제대로 산정된 것인지 여부를 검증, 심의함으로써 적정한 개별공시지가가 결정·공시되도록 조치할 직무상의 의무가 있고, 이러한 직무상 의무는 단순히 공공 일반의 이익을 위한 것이거나 행정기관 내부의 질서를 규율하기 위한 것이 아니고 전적으로 또는 부수적으로 국민 개개인의 재산권 보장을 목적으로 하여 규정된 것이라고 봄이 상당하다. 따라서 개별공시지가 산정업무 담당공무원 등이 그 직무상 의무에 위반하여 현저하게 불합리한 개별공시지가가 결정되도록 함으로써 국민 개개인의 재산권을 침해한 경우에는 그 손해에 대하여 상당인과관계 있는 범위 내에서 그 담당공무원 등이 소속된 지방자치단체가 배상책임을 지게 된다.(대판 2010.7.22, 2010다13527)
판례 교도소 등의 구금시설에 수용된 피구금자는 스스로 의사에 의하여 시설로부터 나갈 수 없고 행동의 자유도 박탈되어 있으므로, 그 시설의 관리자는 피구금자의 생명, 신체의 안전을 확보할 의무가 있는바, 그 안전확보의무의 내용과 정도는 피구금자의 신체적·정신적 상황, 시설의 물적·인적 상황, 시간적·장소적 상황 등에 따라 일의적이지는 않고 사안에 따라 구체적으로 확정하여야 한다.(대판 2010.1.28, 2008다75768)
판례 [1] 민법 제766조제1항 소정의 '손해 및 가해자를 안 날'은 손해의 발생, 위법한 가해행위의 존재, 가해행위와 손해의 발생 사이에 상당인과관계가 있다는 사실 등 불법행위의 요건사실에 대하여 현실적이고도 구체적으로 인식하였을 때를 의미하고, 피해자 등이 언제 불법행위의 요건사실을 현실적이고도 구체적으로 인식한 것으로 볼 것인지는 개별적 사건에 있어서의 여러 객관적 사정을 참작하고 손해배상청구가 사실상 가능하게 된 상황을 고려하여 합리적으로 인정하여야 한다.
[2] 국회의 입법행위 또는 입법부작위가 국가배상법 제2조제1항의 위법행위에 해당하는 경우 : 국회는 다수결의 원리에 따라 통일적인 국가의사를 형성하는 역할을 담당하는 국가기관으로서 그 과정에 참여한 국회의원은 입법에 관하여 원칙적으로 국민 전체에 대한 관계에서 정치적 책임을 질 뿐 국민 개개인의 권리에 대응하여 법적 의무를 지는 것은 아니므로, 국회의원의 입법행위는 위법행위에 해당한다고 볼 수 없고, 같은 맥락에서 국가가 입법에 필요한 상당한 기간이 경과하도록 고의 또는 과실로 이러한 입법의무를 이행하지 아니하는 등 극히 예외적인 사정이 인정되는 사안에 한정하여 국가배상법 소정의 배상책임이 인정될 수 있으며, 위와 같은 구체적인 입법의무 자체가 인정되지 않는 경우에는 애당초 부작위로 인한 불법행위가 성립할 여지가 없다.
(대판 2008.5.29, 2004다33469)
제3조【배상기준】 ① 제2조제1항을 적용할 때 타인을 사망하게 한 경우(타인의 신체에 해를 입혀 그로 인하여 사망하게 한 경우를 포함한다) 피해자의 상속인(이하 "유족"이라 한다)에게 다음 각 호의 기준에 따라 배상한다.
1. 사망 당시(신체에 해를 입고 그로 인하여 사망한 경우에는 신체에 해를 입은 당시를 말한다)의 월급액이나 월실수입액(月實收入額) 또는 평균임금에 장래의 취업가능기간을 곱한 금액의 유족배상(遺族賠償)
2. 대통령령으로 정하는 장례비
② 제2조제1항을 적용할 때 타인의 신체에 해를 입힌 경우에는 피해자에게 다음 각 호의 기준에 따라 배상한다.
1. 필요한 요양을 하거나 이를 대신할 요양비
2. 제1호의 요양으로 인하여 월급액이나 월실수입액 또는 평균임금의 수입에 손실이 있는 경우에는 요양기간 중 그 손실액의 휴업배상(休業賠償)
3. 피해자가 완치 후 신체에 장해(障害)가 있는 경우에는 그 장해로 인한 노동력 상실 정도에 따라 피해를 입은 당시의 월급액이나 월실수입액 또는 평균임금에 장래의 취업가능기간을 곱한 금액의 장해배상(障害賠償)
③ 제2조제1항을 적용할 때 타인의 물건을 멸실·훼손한 경우에는 피해자에게 다음 각 호의 기준에 따라 배상한다.
1. 피해를 입은 당시의 그 물건의 교환가액 또는 필요한 수리를 하거나 이를 대신할 수리비
2. 제1호의 수리로 인하여 수입에 손실이 있는 경우에는 수리기간 중 그 손실액의 휴업배상
④ 생명·신체에 대한 침해와 물건의 멸실·훼손으로 인한 손해 외의 손해는 불법행위와 상당한 인과관계가 있는 범위에서 배상한다.
⑤ 사망하거나 신체의 해를 입은 피해자의 직계존속(直系尊屬)·직계비속(直系卑屬) 및 배우자, 신체의 해나 그 밖의 해를 입은 피해자에게는 대통령령으로 정하는 기준 내에서 피해자의 사회적 지위, 과실(過失)의 정도, 생계 상태, 손해배상액 등을 고려하여 그 정신적 고통에 대한 위자료를 배상하여야 한다.
⑥ 제1항제1호 및 제2항제3호에 따른 취업가능기간과 장해의 등급 및 노동력 상실률은 대통령령으로 정한다.
⑦ 제1항부터 제3항까지의 규정에 따른 월급액이나 월실수입액 또는 평균임금 등은 피해자의 주소지를 관할하는 세무서장 또는 시장·군수·구청장(자치구의 구청장을 말한다)과 피해자의 근무처의 장의 증명이나 그 밖의 공신력 있는 증명에 의하고, 이를 증명할 수 없을 때에는 대통령령으로 정하는 바에 따른다.
(2008.3.14 본조개정)
제3조의2【공제액】 ① 제2조제1항을 적용할 때 피해자가 손해를 입은 동시에 이익을 얻은 경우에는 손해배상액에서 그 이익에 상당하는 금액을 빼야 한다.
② 제3조제1항의 유족배상과 같은 조 제2항의 장해배상 및 장래에 필요한 요양비 등을 한꺼번에 신청하는 경우에는 중간이자를 빼야 한다.
③ 제2항의 중간이자를 빼는 방식은 대통령령으로 정한다.
(2008.3.14 본조개정)
제4조【양도 등 금지】 생명·신체의 침해로 인한 국가배상을 받을 권리는 양도하거나 압류하지 못한다.
(2008.3.14 본조개정)
제5조【공공시설 등의 하자로 인한 책임】 ① 도로·하천, 그 밖의 공공의 영조물(營造物)의 설치나 관리에 하자(瑕疵)가 있기 때문에 타인에게 손해를 발생하게 하였을 때에는 국가나 지방자치단체는 그 손해를 배상하여야 한다. 이 경우 제2조제1항 단서, 제3조 및 제3조의2를 준용한다.
② 제1항을 적용할 때 손해의 원인에 대하여 책임을 질 자가 따로 있으면 국가나 지방자치단체는 그 자에게 구상할 수 있다.
(2008.3.14 본조개정)
판례 '영조물의 설치 또는 관리의 하자'의 의미 및 그 판단 기준 : 소정의 '영조물의 설치 또는 관리의 하자'라 함은 영조물이 그 용도에 따라 통상 갖추어야 할 안전성을 갖추지 못한 상태에 있음을 말하는 것으로서, 영조물이 완전무결한 상태에 있지 아니하고 그 기능상 어떠한 결함이 있다는 것만으로 영조물의 설치 또는 관리에 하자가 있다고 할 수 없고, 위와 같은 안전성의 구비 여부는 당해 영조물의 용도, 그 설치장소의 현황 및 이용 상황 등 제반 사정을 종합적으로 고려하여 설치·관리자가 그 영조물의 위험성에 비례하여 사회통념상 일반적으로 요구되는 정도의 방호조치의무를 다하였는지 여부를 그 기준으로 삼아 판단하여야 하고, 다른 생활필수시설과의 관계나 그것을 설치하고 관리하는 주체의 재정적, 인적, 물적 제약 등을 고려하여 그것을 이용하는 자의 상식적이고 질서 있는 이용 방법을 기대한 상대적인 안전성을 갖추는 것으로 족하며, 객관적으로 보아 시간적·장소적으로 영조물의 기능상 결함으로 인한 손해발생의 예견가능성과 회피가능성이 없

는 경우 즉 그 영조물의 결함이 영조물의 설치관리자의 관리행위가 미칠 수 없는 상황 아래에 있는 경우에는 영조물의 설치·관리상의 하자를 인정할 수 없다.(대판 2008.9.25 2007다88903)

제6조【비용부담자 등의 책임】 ① 제2조·제3조 및 제5조에 따라 국가나 지방자치단체가 손해를 배상할 책임이 있는 경우에 공무원의 선임·감독 또는 영조물의 설치·관리를 맡은 자와 공무원의 봉급·급여, 그 밖의 비용 또는 영조물의 설치·관리 비용을 부담하는 자가 동일하지 아니하면 그 비용을 부담하는 자도 손해를 배상하여야 한다.

② 제1항의 경우에 손해를 배상한 자는 내부관계에서 그 손해를 배상할 책임이 있는 자에게 구상할 수 있다.

(2008.3.14 본조개정)

제7조【외국인에 대한 책임】 이 법은 외국인이 피해자인 경우에는 해당 국가와 상호 보증이 있을 때에만 적용한다.(2008.3.14 본조개정)

제8조【다른 법률과의 관계】 국가나 지방자치단체의 손해배상 책임에 관하여는 이 법에 규정된 사항 외에는 「민법」에 따른다. 다만, 「민법」 외의 법률에 다른 규정이 있을 때에는 그 규정에 따른다.(2008.3.14 본조개정)

제9조【소송과 배상신청의 관계】 이 법에 따른 손해배상의 소송은 배상심의회(이하 "심의회"라 한다)에 배상신청을 하지 아니하고도 제기할 수 있다.(2008.3.14 본조개정)

제10조【배상심의회】 ① 국가나 지방자치단체에 대한 배상신청사건을 심의하기 위하여 법무부에 본부심의회를 둔다. 다만, 군인이나 군무원이 타인에게 입힌 손해에 대한 배상신청사건을 심의하기 위하여 국방부에 특별심의회를 둔다.

② 본부심의회와 특별심의회는 대통령령으로 정하는 바에 따라 지구심의회(地區審議會)를 둔다.

③ 본부심의회와 특별심의회와 지구심의회는 법무부장관의 지휘를 받아야 한다.

④ 각 심의회에는 위원장을 두며, 위원장은 심의회의 업무를 총괄하고 심의회를 대표한다.

⑤ 각 심의회의 위원 중 공무원이 아닌 위원은 「형법」 제127조 및 제129조부터 제132조까지의 규정을 적용할 때에는 공무원으로 본다.(2017.10.31 본항신설)

⑥ 각 심의회의 관할·구성·운영과 그 밖에 필요한 사항은 대통령령으로 정한다.

(2008.3.14 본조개정)

제11조【각급 심의회의 권한】 ① 본부심의회와 특별심의회는 다음 각 호의 사항을 심의·처리한다.

1. 제13조제6항에 따라 지구심의회로부터 송부받은 사건
2. 제15조의2에 따른 재심신청사건
3. 그 밖에 법령에 따라 그 소관에 속하는 사항

② 각 지구심의회는 그 관할에 속하는 국가나 지방자치단체에 대한 배상신청사건을 심의·처리한다.

(2008.3.14 본조개정)

제12조【배상신청】 ① 이 법에 따라 배상금을 지급받으려는 자는 그 주소지·소재지 또는 배상원인 발생지를 관할하는 지구심의회에 배상신청을 하여야 한다.

② 손해배상의 원인을 발생하게 한 공무원의 소속 기관의 장은 피해자나 유족을 위하여 제1항의 신청을 권장하여야 한다.

③ 심의회의 위원장은 배상신청이 부적법하지만 보정(補正)할 수 있다고 인정하는 경우에는 상당한 기간을 정하여 보정을 요구하여야 한다.

④ 제3항에 따른 보정을 하였을 때에는 처음부터 적법하게 배상신청을 한 것으로 본다.

⑤ 제3항에 따른 보정기간은 제13조제1항에 따른 배상결정 기간에 산입하지 아니한다.

(2008.3.14 본조개정)

제13조【심의와 결정】 ① 지구심의회는 배상신청을 받으면 지체 없이 증인신문(證人訊問)·감정(鑑定)·검증(檢證) 등 증거조사를 한 후 그 심의를 거쳐 4주일 이내에 배상금 지급결정, 기각결정 또는 각하결정(이하 "배상결정"이라 한다)을 하여야 한다.

② 지구심의회는 긴급한 사유가 있다고 인정할 때에는 제3조제1항제2호, 같은 조 제2항제1호 및 같은 조 제3항제1호에 따른 장례비·요양비 및 수리비의 일부를 사전에 지급하도록 결정할 수 있다. 사전에 지급을 한 경우에는 배상결정 후 배상금을 지급할 때에 그 금액을 빼야 한다.

③ 제2항 전단에 따른 사전 지급의 기준·방법 및 절차 등에 관하여 필요한 사항은 대통령령으로 정한다.

④ 제2항에도 불구하고 지구심의회의 회의를 소집할 시간적 여유가 없거나 그 밖의 부득이한 사유가 있으면 지구심의회의 위원장은 직권으로 사전 지급을 결정할 수 있다. 이 경우 위원장은 지구심의회에 그 사실을 보고하고 추인(追認)을 받아야 하며, 지구심의회의 추인을 받지 못하면 그 결정은 효력을 잃는다.

⑤ 심의회는 제3조와 제3조의2의 기준에 따라 배상금 지급을 심의·결정하여야 한다.

⑥ 지구심의회는 배상신청사건을 심의한 결과 그 사건이 다음 각 호의 어느 하나에 해당한다고 인정되면 지체 없이 사건기록에 심의 결과를 첨부하여 본부심의회나 특별심의회에 송부하여야 한다.

1. 배상금의 개산액(概算額)이 대통령령으로 정하는 금액 이상인 사건
2. 그 밖에 대통령령으로 본부심의회나 특별심의회에서 심의·결정하도록 한 사건

⑦ 본부심의회나 특별심의회는 제6항에 따라 사건기록을 송부받으면 4주일 이내에 배상결정을 하여야 한다.

⑧ 심의회는 다음 각 호의 어느 하나에 해당하면 배상신청을 각하(却下)한다.

1. 신청인이 이전에 동일한 신청원인으로 배상신청을 하여 배상금 지급(賠償金 支給) 또는 기각(棄却)의 결정을 받은 경우. 다만, 기각결정을 받은 신청인이 중요한 증거가 새로 발견되었음을 소명(疏明)하는 경우에는 그러하지 아니하다.
2. 신청인이 이전에 동일한 청구원인으로 이 법에 따른 손해배상의 소송을 제기하여 배상금지급 또는 기각의 확정판결을 받은 경우
3. 그 밖에 배상신청이 부적법하고 그 잘못된 부분을 보정할 수 없거나 제12조제3항에 따른 보정 요구에 응하지 아니한 경우

(2008.3.14 본조개정)

제14조【결정서의 송달】 ① 심의회는 배상결정을 하면 그 결정을 한 날부터 1주일 이내에 그 결정정본(決定正本)을 신청인에게 송달하여야 한다.

② 제1항의 송달에 관하여는 「민사소송법」의 송달에 관한 규정을 준용한다.

(2008.3.14 본조개정)

제15조【신청인의 동의와 배상금 지급】 ① 배상결정을 받은 신청인은 지체 없이 그 결정에 대한 동의서를 첨부하여 국가나 지방자치단체에 배상금 지급을 청구하여야 한다.

② 배상금 지급에 관한 절차, 지급기관, 지급시기, 그 밖에 필요한 사항은 대통령령으로 정한다.

③ 배상결정을 받은 신청인이 배상금 지급을 청구하지 아니하거나 지방자치단체가 대통령령으로 정하는 기간 내에 배상금을 지급하지 아니하면 그 결정에 동의하지 아니한 것으로 본다.

(2008.3.14 본조개정)

제15조의2【재심신청】 ① 지구심의회에서 배상신청이 기각(일부기각된 경우를 포함한다) 또는 각하된 신청인은 결정정본이 송달된 날부터 2주일 이내에 그 심의회를 거쳐 본부심의회나 특별심의회에 재심(再審)을 신청할 수 있다.

② 재심신청을 받은 지구심의회는 1주일 이내에 배상신청기록 일체를 본부심의회나 특별심의회에 송부하여야 한다.

③ 본부심의회나 특별심의회는 제1항의 신청에 대하여 심의를 거쳐 4주일 이내에 다시 배상결정을 하여야 한다.

④ 본부심의회나 특별심의회는 배상신청을 각하한 지구심의회의 결정이 법령에 위반되면 사건을 그 지구심의회에 환송(還送)할 수 있다.

⑤ 본부심의회나 특별심의회는 배상신청이 각하된 신청인이 잘못된 부분을 보정하여 재심신청을 하면 사건을 해당 지구심의회에 환송할 수 있다.

⑥ 재심신청사건에 대한 본부심의회나 특별심의회의 배상결정에는 제14조와 제15조를 준용한다.

(2008.3.14 본조개정)

제16조 (1997.12.13 삭제)

제17조 (2008.3.14 삭제)

부 칙 (2016.5.29)

제1조【시행일】 이 법은 공포 후 6개월이 경과한 날부터 시행한다.(이하 생략)

부 칙 (2017.10.31)

이 법은 공포한 날부터 시행한다.

국가배상법 시행령

(1982년 3월 17일 전개대통령령 제10764호)

개정

1982.11.16영10946호 1983. 4. 2영11091호
1983. 9. 1영11219호 1983.11.22영11262호
1987.10.24영12261호 1989. 7.26영12766호
1990.12. 4영13174호 1993.12. 2영14012호
1998. 2.19영15635호 2000.12.30영17097호
2004. 3.17영18312호(전자적민원처리를위한가석방자관리규정등)
2006. 5.30영19489호 2006.12.29영19786호
2007. 3.27영19960호
2007. 7.18영20171호(전자정부법시)
2007.10.23영20335호(작전사령부령)
2010. 5. 4영22151호(전자정부법시)
2010.11. 2영22467호(행정정보이용감축개정령)
2012. 4.23영23749호 2016.11.15영27581호
2018. 9.28영29194호(주민등록표등본·초본제출요구감축을위한일부개정령)
2018.12. 4영29321호(작전사령부령)
2019.11. 5영30183호
2021. 1. 5영31380호(법령용어정비)
2023.10.31영33834호

제1조【목적】 이 영은 국가배상법(이하 "법"이라 한다)에서 위임된 사항과 그 시행에 관하여 필요한 사항을 규정함을 목적으로 한다.

제2조【취업가능기간과 신체장해의 등급 및 노동력상실률등】 ① 법 제3조제6항에 따른 취업가능기간은 다음 각 호의 사항을 종합적으로 고려한 기간으로 하되, 피해자가 군 복무 가능성이 있는 경우에도 군 복무 기간을 취업가능기간에 전부 산입하고, 신체장해의 등급과 노동력상실률은 별표2와 같다.

1. 피해자의 연령, 직업, 경력, 건강상태 등 피해자의 주관적 요소
2. 국민의 평균여명, 경제수준, 고용조건 등 사회적·경제적 여건

(2023.10.31 본항개정)

② 신체장해의 부위가 2개인 경우에는 별표2에 의한 부위별 등급을 정한 후 별표3에 의하여 종합평가등급을 정한다.

③ 신체장해의 부위가 3개 이상인 경우에는 먼저 최상급 부위 2개에 대하여 별표3에 의한 종합평가등급을 정한 후 나머지 부위중 최상급 부위 1개와 위 종합평가등급을 별표3에 의하여 다시 종합평가하여 등급을 정한다.

④ 신체장해의 가장 중한 부위가 별표2에 의한 신체장해 등급 제14급에 해당하는 것이 3개 이상인 경우에는 제13급으로 한다.

제3조【장례비】 법 제3조제1항제2호에 따른 장례비는 제4조에 따른 평균임금(임금통계를 남자 또는 여자로 구분하여 공표하는 경우에는 남자 평균임금으로 한다)의 100일분으로 한다.(2019.11.5 본조개정)

제3조의2【간병비】 피해자가 완치 후에도 신체에 장해가 있어 다른 사람의 보호 없이는 활동이 어려운 것으로 인정되는 경우에는 제4조에 따른 보통 인부의 일용노동임금을 기준으로 하여 피해자의 기대여명기간의 범위에서 간병비를 지급한다.(2019.11.5 본조개정)

제4조【평균임금의 기준】 법 제3조제7항에 따른 평균임금은 매년 주기적으로 임금통계를 공표하는 공신력 있는 임금조사기관이 조사한 보통 인부의 일용노동임금에 따른다.(2019.11.5 본조개정)

제5조【위자료】 법 제3조제5항의 규정에 의한 위자료의 기준은 별표4 내지 별표6 및 별표6의2와 같다.(1987.10.24 본조개정)

제6조【손익상계】 ① 유족배상액을 산정함에 있어서는 월급액이나 월실수액 또는 평균임금에서 별표7에 의한 생활비를 공제하여야 한다.

② 물건의 훼손으로 인한 휴업배상액을 산정함에 있어서는 수리기간 중의 수익손실액에서 수리로 인하여 지출이 불필요하게 된 비용상당의 이익을 공제하여야 한다.

③ 법 제3조의2제3항의 규정에 의한 중간이자 공제방식은 법정이율에 의한 단할인법인 호프만방식에 의한다.

(2006.12.29 본항개정)

제7조【본부배상심의회와 특별배상심의회의 구성 등】 ① 법무부에 두는 본부배상심의회(이하 "배상심의회"를 "심의회"라 한다)는 법무부차관을 위원장으로 하고, 법무부소속 공무원·법관·변호사·의사 및 국가배상업무에 관한 경험과 식견을 갖춘 자 중에서 법무부장관이 임명 또는 위촉하는 위원 6인으로 구성한다.

② 국방부에 두는 특별심의회는 국방부차관을 위원장으로 하고, 국방부소속 공무원·군의관·법관·변호사 및 국가배상업무에 관한 경험과 식견을 갖춘 자 중에서 국방부장관이 임명 또는 위촉하는 위원 6인으로 구성한다.

③ 제1항 및 제2항의 본부심의회와 특별심의회에는 적어도 소속공무원·법관·변호사·의사(군의관을 포함한다) 각 1인을 위원으로 두어야 한다.

④ 제1항 및 제2항에 따라 위촉되는 위원의 임기는 2년으로 하되, 두 차례만 연임할 수 있다.(2016.11.15 본항신설)

⑤ 다음 각 호의 어느 하나에 해당하는 사람은 제1항 및 제2항에 따른 위원(이하 이 조에서 "위원"이라 한다)이 될 수 없다.

1. 「국가공무원법」 제33조 각 호의 어느 하나에 해당하는 사람
2. 「공직선거법」에 따라 실시하는 선거에 후보자로 등록한 사람
(2016.11.15 본항신설)
⑥ 위원이 다음 각 호의 어느 하나에 해당하는 경우에는 각 심의회의 심의·의결에서 제척(除斥)된다.
1. 위원이나 그 배우자 또는 배우자였던 사람이 해당 사건의 당사자(당사자가 법인·단체 등인 경우에는 그 임원을 포함한다. 이하 이 호 및 제2호에서 같다)가 되거나, 그 사건의 당사자와 공동권리자·공동의무자 또는 상환의무자인 경우
2. 위원이 해당 사건의 당사자와 친족이거나 친족이었던 경우
3. 위원이 해당 사건에 관하여 증언·자문 또는 감정을 한 경우
4. 위원이나 위원이 속한 법인·단체 등이 해당 사건 당사자의 대리인이거나 대리인이었던 경우
(2016.11.15 본항신설)
⑦ 해당 사건의 당사자는 위원에게 공정한 심의·의결을 기대하기 어려운 사정이 있는 경우에는 심의회에 기피 신청을 할 수 있고, 심의회는 의결로 이를 결정한다. 이 경우 기피 신청의 대상인 위원은 그 의결에 참여하지 못한다.(2016.11.15 본항신설)
⑧ 위원은 제6항 각 호의 제척 사유 또는 제7항의 기피 사유에 해당하는 경우에는 스스로 해당 사건의 심의·의결에서 회피(回避)하여야 한다.(2016.11.15 본항신설)
⑨ 법무부장관 및 국방부장관은 위원이 다음 각 호의 어느 하나에 해당하는 경우에는 해당 위원을 해임하거나 해촉(解觸)할 수 있다.
1. 심신장애로 인하여 직무를 수행할 수 없게 된 경우
2. 직무와 관련된 비위사실이 있는 경우
3. 직무태만, 품위손상이나 그 밖의 사유로 인하여 위원으로 적합하지 아니하다고 인정되는 경우
4. 제6항 각 호의 어느 하나에 해당함에도 불구하고 회피하지 아니한 경우
5. 위원 스스로 직무를 수행하는 것이 곤란하다고 의사를 밝히는 경우
(2016.11.15 본항신설)
(2016.11.15 본조제목개정)
(2006.5.30 본조개정)

제8조【지구심의회의 설치와 관할】 ① 본부심의회 소속 지구심의회는 고등검찰청 소재지에는 고등검찰청에, 그 외의 지역에는 지방검찰청에 두되, 그 관할구역은 각 지구심의회가 소속되는 고등검찰청 또는 지방검찰청 소재지 지방법원의 관할구역(동 지방법원 지원의 관할구역을 포함한다)으로 하고, 그 명칭은 별표8과 같다.
(1998.2.19 본항개정)
② 특별심의회소속 지구심의회는 각 군부대에 두되, 그 명칭 및 관할구역은 별표9와 같다.
③ 제2항의 지구심의회는 가해자인 군인(군무원을 포함한다. 이하 같다)이 당해 군 소속인 경우에 한하여 관할한다. 다만, 제9해병여단 지구심의회는 가해자인 군인이 당해 군 소속이 아닌 경우에도 이를 관할한다.(2016.11.15 단서개정)
④ 가해자인 군무원이 육군·해군 및 공군소속이 아닌 경우에는 육군의 부대에 두는 지구심의회에서 이를 관할한다.(1989.7.26 본항신설)

제9조【지구심의회의 구성 등】 ① 제8조제1항의 지구심의회는 당해 고등검찰청 또는 지방검찰청의 차장검사를 각각 그 위원장으로 하고, 그 소속공무원·법관·의사 및 국가배상업무에 관한 경험과 식견을 갖춘 자 중에서 법무부장관이 임명 또는 위촉한 위원 4인으로 구성한다.
② 제8조제2항의 지구심의회는 당해 군부대 법무참모부서의 장 또는 영관급 이상의 장교를 위원장으로 하고, 군법무관·군의관·법관 및 국가배상업무에 관한 경험과 식견을 갖춘 자 중에서 그 군부대의 장이 임명 또는 위촉한 위원 4인으로 구성한다.
③ 제1항 및 제2항의 지구심의회에는 적어도 소속공무원(군 법무관을 포함한다)·법관·의사(군의관을 포함한다) 각 1인을 위원으로 두어야 한다.
④ 제1항 및 제2항에 따른 위원의 임기, 결격사유, 제척·기피·회피, 해임·해촉에 관하여는 제7조제4항부터 제9항까지의 규정을 준용한다.(2016.11.15 본항신설)
(2016.11.15 본조제목개정)
(2006.5.30 본조개정)

제10조【관할의 지정등】 ① 배상신청(이하 "신청"이라 한다)이 신청인의 주소지 관할 지구심의회를 포함하여 2중으로 접수된 사건은 신청인의 주소지 관할 지구심의회에서 처리한다.(1998.2.19 본항개정)
② 관할이 불명확한 사건은 신청인이나 심의회의 청구에 의하여 또는 직권으로 법무부장관 또는 국방부장관이 관할 심의회를 지정하고, 본부심의회(소속 지구심의회를 포함한다)와 특별심의회(소속 지구심의회를 포함한다) 사이에 관할이 불명확한 경우에는 법무부장관이 국방부장관의 의견을 들어 관할심의회를 지정한다.
③ 심의회는 제1항 및 제2항의 규정에 의하여 사건을 처리할 수 없게 되거나 사건이 그 관할에 속하지 아니한다고 인정될 때에는 그 사건을 관할심의회로 이송하여야 한다.
④ 심의회는 그 관할에 속하는 사건에 관하여 현저한 손해 또는 지연을 방지하기 위하여 필요하다고 인정될 때에는 그 사건을 다른 관할심의회로 이송할 수 있다.
⑤ 제1항 내지 제4항의 규정에 의하여 사건을 관할심의회로 이송한 심의회는 신청인에게 지체없이 그 사실을 통지하여야 한다.

제11조【심의회위원장】 ① (2000.12.30 삭제)
② 심의회 위원장(이하 "위원장"이라 한다)이 부득이한 사유로 직무를 수행할 수 없을 때에는 위원장이 지명한 위원이 그 직무를 대행하고, 지명이 없는 경우에는 심의회가 설치된 기관의 소속공무원인 위원중에서 선임자가 대행한다.(2000.12.30 본항개정)

제12조【심의회의 의사】 ① 위원장은 심의회의 회의(이하 "회의"라 한다)를 소집하고, 그 의장이 된다.
② 회의는 위원장을 포함한 재적위원 과반수의 출석과 출석위원 3분의 2이상의 찬성으로 의결한다.
③ 액수에 관한 의견이 세가지이상으로 나누어져 각각 3분의 2에 달하지 못한 때에는 3분의 2에 달하기까지 최소액의 의견수에 순차로 다액의 의견수를 더하여 그 중 최다액의 의견에 의한다.

제13조【사무직원】 ① 심의회에 그 사무를 담당하게 하기 위하여 간사와 서기 약간인을 둔다.
② 간사와 서기는 위원장의 추천으로 소속공무원 및 배치된 공익법무관중에서 심의회가 설치된 기관의 장이 임명한다.(1998.2.19 본항개정)
③ 간사는 위원장의 명에 의하여 심의회의 사무를 처리하고 심의회에 출석하여 발언할 수 있다.
④ 서기는 간사를 보조한다.

제14조【위원수당】 회의에 출석한 위원에 대하여는 예산의 범위안에서 수당을 지급한다.

제15조【법무부장관의 지휘·감독】 ① 법무부장관은 각 심의회를 지휘·감독하기 위하여 필요한 명령이나 조치를 할 수 있다.
② 법무부장관은 제1항의 직무를 행하기 위하여 필요하다고 인정할 때에는 소속직원 또는 각급 검찰청의 검사로 하여금 각 심의회의 업무처리를 감사하게 할 수 있다.
③ 법무부장관은 각 심의회의 위원이나 사무직원이 위법부당하게 업무를 처리하였거나 직무수행에 부적당한 점이 있는 때에는 그 징계나 교체를 징계권자나 임용권자에게 요청할 수 있다.
④ 제3항의 규정에 의한 요청을 받은 징계권자나 임용권자는 정당한 사유가 없는 한 이에 응하여야 한다.

제16조【보고등】 ① 지구심의회는 사회의 이목을 끄는 사건 또는 배상책임의 성립여부나 그 범위에 관련하여 중요하다고 인정되는 사건은 배상결정을 하기 전에 법무부장관 또는 국방부장관에게 보고하여야 한다.
② 지구심의회는 매월 10일까지 지난달의 배상신청의 접수 및 결정상황등을 법무부장관 또는 국방부장관에게 보고하고, 국방부장관은 보고받은 내용을 매월 15일까지 법무부장관에게 통보하여야 한다.
③ 지방자치단체 또는 특별회계 소관의 배상금 지급기관의 장은 제24조제1항 또는 제2항의 규정에 의하여 배상금을 지급하거나 신청인으로부터 부동의서를 받은 때, 배상금을 법정기간내에 지급하지 아니하거나 배상결정통보서를 받은 날로부터 2월이 경과하도록 신청인의 배상금지급청구(이하 "청구"라 한다)가 없는 때 또는 지방자치단체가 배상금지급을 부동의한 때에는 그 결과를 지체없이 관할지구심의회에 통보하여야 한다.

제17조【신청서】 ① 배상신청서(이하 "신청서"라 한다)에는 다음 각 호의 사항을 적고 신청인이 기명날인하여야 한다.(2012.4.23 본문개정)
1. 신청인의 성명·주소·생년월일 및 직업(2012.4.23 본호개정)
2. 신청의 취지와 이유
3. 신청연월일
② 신청서에는 신청이유를 소명할 수 있는 증거자료를 첨부할 수 있다. 이 경우 지구심의회는 「전자정부법」 제36조제1항에 따른 행정정보의 공동이용을 통하여 주민등록번호가 포함된 주민등록표 초본을 확인하여야 하며, 신청인이 확인에 동의하지 아니하는 경우에는 이를 첨부하도록 하여야 한다.(2018.9.28 후단개정)

제17조의2【보정요구】 법 제12조제3항의 규정에 의한 보정요구는 다음 각호의 사항을 기재한 서면으로 하여야 한다.
1. 보정할 사항
2. 보정을 요하는 이유
3. 보정할 기간
4. 그밖에 필요한 사항
(2000.12.30 본조신설)

제18조【배상원인의 발생과 필요한 조사】 ① 배상신청을 받은 심의회의 위원장 또는 위원장의 명을 받은 자는 배상결정에 필요한 조사를 할 수 있고 관계기관에 사실을 조회하거나 필요한 자료의 제출을 요청할 수 있다.
(1998.2.19 본항개정)
② 배상신청을 받은 심의회의 위원장 또는 위원장의 명을 받은 자는 가해공무원(군인·군무원을 포함한다)이 소속하는 기관(군부대를 포함한다)의 장에게 배상의 원인이 되는 사실발생에 관한 조회를 하여 그 확인을 받아야 하고 조회를 받은 기관의 장은 그 사실을 확인한 후 문서로 회보하여야 한다.(1998.2.19 본항개정)
③ 제1항의 조사를 함에 있어서는 당해 사건과 관련된 기관이나 다른 법령에 의하여 당해 사건을 수사하는 공무원 또는 그 기관의 장에게 필요한 협조를 요청할 수 있다.
④ 제1항 또는 제3항의 요청을 받은 공무원이나 관계기관의 장은 정당한 사유없이 이에 응하지 아니하거나 회보를 지체하여서는 아니된다.
⑤ 제1항 내지 제4항의 규정은 국가 또는 지방자치단체를 위하여 국가배상청구소송을 수행하는 자가 소송수행에 필요한 자료를 조사하는 경우에 이를 준용한다.

제19조【요양비 등의 사전지급】 ① 피해자 또는 유족은 법 제13조제2항의 규정에 의하여 긴급한 사유를 소명하고 관할 심의회에 요양비·장례비 또는 수리비의 사전지급을 신청할 수 있다.
② 제1항의 신청을 받은 심의회는 지체없이 그 지급여부를 결정하여야 한다. 법 제13조제4항 전단의 규정에 의하여 위원장이 사전지급결정을 하는 경우에도 또한 같다.
③ 제2항의 경우 요양비 및 수리비는 배상액의 2분의 1이내의 금액을, 장례비는 전액을 지급할 수 있다.
④ 제22조의 규정에 의한 배상금지급기관의 장은 심의회의 배상금지급결정액이 제3항의 규정에 의하여 지급된 사전지급금액보다 적은 경우에는 그 차액을 회수하여야 하며, 심의회에서 배상신청을 기각·각하하거나 위원장의 사전지급결정이 심의회의 추인을 받지 못한 경우에는 그 사전지급금액을 회수하여야 한다.(2000.12.30 본항신설)
⑤ 제16조제3항, 제21조제2항·제3항 및 제22조 내지 제24조의 규정은 제1항 및 제2항의 규정에 의한 사전지급결정에 관하여 이를 준용한다.(2000.12.30 본항신설)
(2000.12.30 본조개정)

제20조【본부심의회 또는 특별심의회의 배상결정사건】 법 제13조제6항의 규정에 의하여 본부심의회 또는 특별심의회가 지구심의회로부터 송부받아 배상결정을 하여야 할 사건은 다음과 같다.(2000.12.30 본문개정)
1. 지구심의회의 심의결과 배상금의 개산액이 5천만원이상인 사건(1993.12.2 본호개정)
2. 피해자가 직업선수, 예능인, 임기의 정함이 있는 자 기타 월평균 실수액이 일용근로자에게 통상 인정되는 취업가능기간의 전기간에 걸쳐 계속된다고 인정되지 아니하는 자의 사건으로서 지구심의회가 본부심의회 또는 특별심의회에서 결정함이 타당하다고 인정한 사건
(2006.12.29 본호개정)

제21조【결정 및 통지】 ① 배상결정은 믿을 수 있는 증거자료에 의하여 이루어져야 하며, 배상금을 지급하는 결정을 함에 있어 피해자측의 과실이 있을 때에는 법과 이 영에 정한 기준에 따라 산정한 금액에 대하여 그 과실의 정도에 따른 과실상계를 하여야 한다.
② 배상결정서에는 다음 각호의 사항을 기재하고 회의에 출석한 위원이 기명날인하여야 한다.(1987.10.24 본문개정)
1. 신청인의 성명·주소 및 생년월일
2. 결정주문
3. 이유
4. 결정연월일
③ 심의회가 배상결정을 한 때에는 배상결정서 원본을 보관하고 신청인에게 배상결정통지서 및 배상결정서 정본 1통을 송달하여야 하며, 신청인의 대리인이 있을 경우에는 대리인에게 이를 송달하되, 신청인에게는 배상결정서 등본 1통을 송달하여야 한다. 이 경우 특별회계 또는 지방자치단체가 배상금을 지급할 사건에 있어서는 신청인등에의 송달과 동시에 배상금 지급기관의 장에게 배상결정통보서 및 배상결정서등본 1통을 송부하여야 한다.
④ 본부심의회 또는 특별심의회가 배상결정을 한 때에는 제3항의 규정에 의한 조치외에 지구심의회에 사건기록 및 배상결정서등본 1통을 송부하여야 한다.

제22조【지급기관】 ① 특별심의회 및 그 소속 지구심의회에서 결정한 국가배상금은 국방부 세출예산으로 지구심의회 해당 군부대의 장이 지급한다.
② 심의회에서 결정한 각 특별회계소관 국가배상금은 각 특별회계 세출예산으로 배상금 지급 해당기관의 장이 지급한다.
③ 심의회에서 결정한 제1항 및 제2항외의 국가배상금은 법무부 세출예산으로 본부심의회소속 각 지구심의회 해당 고등검찰청 또는 지방검찰청 검사장이 지급한다.
(1998.2.19 본항개정)
④ 심의회에서 결정한 지방자치단체 소관 배상금은 각

지방자치단체 세출 예산으로 배상금 지급 해당기관의 장이 지급한다.

제23조【동의와 지급청구】 ① 배상결정통지서를 송달받은 신청인은 배상금의 지급을 받고자 할 때에는 다음 각호의 사항을 기재한 동의 및 청구서에 배상결정서 정본 1통과 법무부장관이 정하는 서류를 첨부하여 이를 배상금지급기관의 장에게 제출하여야 한다.

1. 신청인의 성명·주소 및 생년월일
2. 배상결정 사건번호 및 결정주문
3. 배상결정에 동의하고 배상금의 지급을 청구한다는 취지
4. 청구연월일

② 신청인이 심의회의 배상결정에 동의하지 아니할 때에는 부동의서를 배상금 지급기관의 장에게 제출하여야 한다.

③ 제1항의 규정에 의하여 동의 및 청구서를 받은 배상금지급기관의 장은 지체없이 가해공무원 소속기관 기타 관계기관에 배상금 지급에 관한 사항을 통보하여야 한다.

④ 제1항의 규정에 의하여 배상금 지급청구를 한 신청인이 동일한 내용으로 손해배상의 소송을 제기하여 배상금지급의 확정판결을 받거나 이에 준하는 화해·인낙·조정 등이 있는 경우에는 제1항의 규정에 의한 서류 외에 확정판결 정본이나 화해·인낙·조정조서 정본 등을 제출하여야 한다.(2000.12.30 본항신설)

제24조【지급시기】 ① 지방자치단체의 배상금 지급기관의 장은 배상결정에 대한 동의를 하고 신청인으로부터 배상금 지급 청구를 받은 때에는 2주일이내에 배상금을 지급하여야 한다.

② 특별회계의 배상금 지급기관의 장은 배상금 지급청구를 받은 때에는 2주일이내에 배상금을 지급하여야 한다.

③ 본부심의회 및 특별심의회소속 지구심의회의 배상금지급기관의 장은 배상금 지급청구를 받은 때에는 1주일이내에 배상금을 지급하여야 한다.

제25조【가해공무원등에 대한 조치】 ① 행정기관의 장은 소속공무원의 가해행위 또는 영조물의 설치·관리의 하자로 인하여 국가 또는 지방자치단체가 배상금을 지급한 때에는 법 제2조제2항, 법 제5조제2항 또는 법 제6조제2항의 규정에 의하여 구상권행사를 위한 조치를 할 수 있다.

② 법무부장관 또는 지구심의회 해당 고등검찰청 또는 지방검찰청검사장은 제1항의 규정에 의한 가해공무원에 대한 구상조치 또는 그 징계를 관계기관의 장에게 요청할 수 있다.(1998.2.19 본항개정)

③ 제15조제4항의 규정은 제2항의 경우에 이를 준용한다.

제26조【집행문 부여】 ① 배상금을 지급받지 못한 청구인은 당해 심의회의 소재지를 관할하는 지방법원(이하 "관할법원"이라 한다)에 배상결정서 정본을 제출하여 집행문 부여를 신청할 수 있다.

② 제1항의 규정에 의한 신청을 받은 관할법원은 배상결정서등본 송부촉탁서에 의하여 그 결정을 한 심의회에 촉탁하여 그 사건에 관한 결정서등본을 송부받아야 한다.

③ 심의회는 제2항의 규정에 의하여 관할법원으로부터 집행문 부여를 위한 배상결정서등본 송부촉탁을 받은 때에는 배상결정서 원본과 대조·확인한 후 결정서등본을 송부하고, 지체없이 법무부장관 또는 국방부장관에게 보고하여야 하며, 국방부장관은 법무부장관에게 통보하여야 한다.

④ 관할법원은 제2항 및 제3항의 규정에 의하여 송부받은 결정서등본을 민사소송법 제486조의 규정에 의한 판결원본으로 보고 이를 제1항의 결정서 정본과 대조·확인한 후 집행문을 부여하여야 한다.

⑤ 관할법원은 결정서 정본에 집행문을 부여한 때에는 지체없이 집행문 부여 통지서에 의하여 집행문을 부여한 사실을 법무부장관 및 배상결정을 한 심의회에 통보하여야 한다.

⑥ 특별심의회 소속 지구심의회는 제5항의 규정에 의한 집행문 부여사실통보를 받은 때에는 지체없이 국방부장관에게 보고하여야 한다.

⑦ 제2항의 규정에 의한 결정서등본의 촉탁·송부 및 제5항의 규정에 의한 집행문 부여사실의 통보는 등기우편으로 하여야 한다.

제27조【증거서류의 송부】 배상원인에 관한 증거서류를 보관 또는 소지하고 있는 심의회 위원장이나 관계기관의 장은 법무부장관으로부터 법 제9조의 규정에 의한 제소사실의 통보를 받은 때에는 5일 이내에 그 서류를 법무부장관에게 송부하여야 한다.

제28조【민감정보 및 고유식별정보의 처리】 ① 법무부장관 및 국방부장관은 다음 각 호의 사무(국방부장관의 경우에는 제1호의 사무만 해당한다)를 수행하기 위하여 불가피한 경우 「개인정보 보호법」 제23조에 따른 민감정보(이하 이 조에서 "민감정보"라 한다)나 같은 법 시행령 제19조에 따른 주민등록번호, 여권번호, 운전면허의 면허번호 또는 외국인등록번호(이하 이 조에서 "주민등록번호등"이라 한다)가 포함된 자료를 처리할 수 있다.

1. 제10조에 따른 관할의 지정에 관한 사무
2. 제15조에 따른 지휘·감독에 관한 사무
3. 제25조에 따른 가해공무원 등에 대한 조치에 관한 사무

② 심의회는 다음 각 호의 사무를 수행하기 위하여 불가피한 경우 민감정보나 주민등록번호등이 포함된 자료를 처리할 수 있다.

1. 법 제12조에 따른 배상신청에 관한 사무
2. 법 제13조에 따른 심의와 결정에 관한 사무
3. 법 제15조의2에 따른 재심에 관한 사무
4. 제10조에 따른 관할의 지정 등에 관한 사무
5. 제16조에 따른 보고 등에 관한 사무
6. 제26조에 따른 집행문 부여에 관한 사무
7. 제27조에 따른 증거서류의 송부에 관한 사무

③ 심의회의 위원장 또는 위원장의 명을 받은 자는 제18조에 따라 필요한 조사나 사실조회 또는 자료제출 요청에 관한 사무를 수행하기 위하여 불가피한 경우 민감정보나 주민등록번호등이 포함된 자료를 처리할 수 있다.

④ 제22조에 따른 배상금 지급기관의 장은 제23조에 따른 동의와 지급청구에 관한 사무를 수행하기 위하여 불가피한 경우 민감정보나 주민등록번호등이 포함된 자료를 처리할 수 있다.

(2016.11.15 본조신설)

부 칙 (2007.10.23)

제1조【시행일】 이 영은 2007년 11월 1일부터 시행한다.

제2조～제3조 (생략)

제4조【「국가배상법 시행령」의 개정에 따른 특별심의회 소속 지구배상심의회의 관할에 관한 경과조치】 이 영 시행 당시 종전의 「국가배상법 시행령」에 따라 육군제2군사령부지구배상심의회에 계속(係屬) 중인 사건은 부칙 제3조제1항의 개정규정에 따른 육군제2작전사령부지구배상심의회에 계속 중인 것으로 본다.

부 칙 (2016.11.15)

제1조【시행일】 이 영은 공포한 날부터 시행한다.

제2조【종전 위촉위원의 임기 및 연임에 관한 경과조치】 ① 이 영 시행 전에 종전의 제7조 및 제9조에 따라 위촉된 위원의 임기는 제7조제4항의 개정규정(제9조제4항의 개정규정에 따라 준용되는 경우를 포함한다)에 따른 기간으로 하며, 임기의 기산일은 이 영 시행일을 기준으로 한다.

② 제7조제4항의 개정규정(제9조제4항의 개정규정에 따라 준용되는 경우를 포함한다)에 따른 연임 제한은 제1항에 따른 위원에 대해서도 적용하되, 이 영 시행일에 시작하는 임기를 첫 번째 임기로 보아 연임 횟수를 계산한다.

제3조【특별심의회 소속 지구심의회의 관할에 관한 경과조치】 이 영 시행 당시 종전의 규정에 따라 해군제주방어사령부 지구심의회에 계속 중인 사건은 제8조제3항의 개정규정에 따른 제9해병여단 지구심의회에 계속된 것으로 본다.

부 칙 (2019.11.5)

제1조【시행일】 이 영은 공포한 날부터 시행한다.

제2조【간병비 및 위자료 산정 기준에 관한 적용례】 제3조의2, 별표4 및 별표5의 개정규정은 이 영 시행 당시 본부심의회, 특별심의회 또는 지구심의회에 계속 중인 사건에 대해서도 적용한다.

부 칙 (2021.1.5)

이 영은 공포한 날부터 시행한다.(이하 생략)

부 칙 (2023.10.31)

제1조【시행일】 이 영은 공포한 날부터 시행한다. 다만, 별표9의 개정규정 중 육군제35사단사령부지구배상심의회의 관할구역 부분은 2024년 1월 18일부터 시행한다.

제2조【취업가능기간의 산정에 관한 적용례】 제2조제1항의 개정규정은 이 영 시행 당시 본부심의회, 특별심의회 또는 지구심의회에 계속 중인 사건과 법원에 계속 중인 소송사건에 대해서도 적용한다.

제3조【특별배상심의회 소속 지구배상심의회의 관할에 관한 경과조치】 이 영 시행 당시 육군제6군단사령부지구배상심의회에 계속 중인 사건은 육군제5군단사령부지구배상심의회에, 육군제8군단사령부지구배상심의회에 계속 중인 사건은 육군제3군단사령부지구배상심의회에 각각 계속된 것으로 본다.

〔별표〕➡「法典 別册」참조

대한민국과 아메리카합중국 간의 상호방위조약 제4조에 의한 시설과 구역 및 대한민국에서의 합중국 군대의 지위에 관한 협정의 시행에 관한 민사특별법(약칭 : 주한미군민사법)

(1967년 3월 3일 법 률 제1902호)

개정
2009. 1.30법9360호

제1조【목적】 이 법은 「대한민국과 아메리카합중국 간의 상호방위조약 제4조에 의한 시설과 구역 및 대한민국에서의 합중국 군대의 지위에 관한 협정」 중 대한민국에 주둔하는 아메리카합중국 군대의 구성원, 고용원 또는 그 군대에 파견 근무하는 대한민국의 증원군대(增員軍隊) 구성원의 행위로 인하여 발생한 손해배상의 청구 및 그 밖에 같은 협정 제23조의 시행에 관한 사항을 규정함을 목적으로 한다.(2009.1.30 본조개정)

제2조【국가의 배상 책임】 ① 대한민국에 주둔하는 아메리카합중국 군대(이하 "합중국 군대"라 한다)의 구성원, 고용원 또는 합중국 군대에 파견 근무하는 대한민국의 증원군대 구성원이 그 직무를 수행하면서 대한민국에서 대한민국 정부 외의 제3자에게 손해를 입힌 경우에는 「국가배상법」에 따라 국가가 그 손해를 배상하여야 한다.

② 제1항은 합중국 군대 또는 합중국 군대에 파견 근무하는 대한민국의 증원군대가 점유·소유 또는 관리하는 토지의 공작물(工作物)과 그 밖의 시설 또는 물건의 설치나 관리의 하자로 인하여 대한민국 정부 외의 제3자에게 손해를 입힌 경우에도 적용한다.

(2009.1.30 본조개정)

제3조【적용 예외】 제2조는 피해자가 「대한민국과 아메리카합중국 간의 상호방위조약 제4조에 의한 시설과 구역 및 대한민국에서의 합중국 군대의 지위에 관한 협정」(이하 "협정"이라 한다) 제1조에 따른 합중국 군대의 구성원, 군무원 또는 그 가족인 경우에는 적용하지 아니한다.(2009.1.30 본조개정)

제4조【그 밖의 손해에 대한 청구】 협정 제23조에 따른 손해배상금의 사정(査定)은 「국가배상법」 제10조에 따라 법무부에 설치된 배상심의회의 심의를 거쳐 법무부장관이 한다.(2009.1.30 본조개정)

제5조【소송의 지원 등】 ① 국가는 협정 제23조에 따른 손해배상을 청구하는 사람이 대한민국 국민인 경우에는 그 청구를 알선하거나 소송을 지원할 수 있다.

② 제1항에 따라 소송을 지원하는 방법 및 절차에 관하여는 대통령령으로 정한다.

(2009.1.30 본조개정)

제6조 (2009.1.30 삭제)

부 칙 (2009.1.30)

이 법은 공포한 날부터 시행한다.

실화책임에 관한 법률

(약칭 : 실화책임법)

(2009년 5월 8일
전부개정법률 제9648호)

제1조【목적】 이 법은 실화(失火)의 특수성을 고려하여 실화자에게 중대한 과실이 없는 경우 그 손해배상액의 경감(輕減)에 관한 「민법」 제765조의 특례를 정함을 목적으로 한다.

제2조【적용범위】 이 법은 실화로 인하여 화재가 발생한 경우 연소(延燒)로 인한 부분에 대한 손해배상청구에 한하여 적용한다.

제3조【손해배상액의 경감】 ① 실화가 중대한 과실로 인한 것이 아닌 경우 그로 인한 손해의 배상의무자(이하 "배상의무자"라 한다)는 법원에 손해배상액의 경감을 청구할 수 있다.

② 법원은 제1항의 청구가 있을 경우에는 다음 각 호의 사정을 고려하여 그 손해배상액을 경감할 수 있다.

1. 화재의 원인과 규모
2. 피해의 대상과 정도
3. 연소(延燒) 및 피해 확대의 원인
4. 피해 확대를 방지하기 위한 실화자의 노력
5. 배상의무자 및 피해자의 경제상태
6. 그 밖에 손해배상액을 결정할 때 고려할 사정

부 칙

① **【시행일】** 이 법은 공포한 날부터 시행한다.

② **【적용례】** 이 법은 2007년 8월 31일 이후 이 법 시행 전에 발생한 실화에 대하여도 적용한다.

신원보증법

(2002년 1월 14일
전개법률 제6592호)

개정
2009. 1.30법9363호

제1조【목적】 이 법은 신원보증 관계를 적절히 규율함을 목적으로 한다.(2009.1.30 본조개정)

제2조【정의】 이 법에서 "신원보증계약"이란 피용자(被傭者)가 업무를 수행하는 과정에서 그에게 책임 있는 사유로 사용자(使用者)에게 손해를 입힌 경우에 그 손해를 배상할 채무를 부담할 것을 약정하는 계약을 말한다.
(2009.1.30 본조개정)

제3조【신원보증계약의 존속기간 등】 ① 기간을 정하지 아니한 신원보증계약은 그 성립일부터 2년간 효력을 가진다.

② 신원보증계약의 기간은 2년을 초과하지 못한다. 이보다 장기간으로 정한 경우에는 그 기간을 2년으로 단축한다.

③ 신원보증계약은 갱신할 수 있다. 다만, 그 기간은 갱신한 날부터 2년을 초과하지 못한다.
(2009.1.30 본조개정)

제4조【사용자의 통지의무】 ① 사용자는 다음 각 호의 어느 하나에 해당하는 경우에는 지체 없이 신원보증인에게 통지하여야 한다.

1. 피용자가 업무상 부적격자이거나 불성실한 행적이 있어 이로 인하여 신원보증인의 책임을 야기할 우려가 있음을 안 경우
2. 피용자의 업무 또는 업무수행의 장소를 변경함으로써 신원보증인의 책임이 가중되거나 업무 감독이 곤란하게 될 경우

② 사용자가 고의 또는 중과실로 제1항의 통지의무를 게을리하여 신원보증인이 제5조에 따른 해지권을 행사하지 못한 경우 신원보증인은 그로 인하여 발생한 손해의 한도에서 의무를 면한다.
(2009.1.30 본조개정)

제5조【신원보증인의 계약해지권】 신원보증인은 다음 각 호의 어느 하나에 해당하는 사유가 있는 경우에는 계약을 해지할 수 있다.

1. 사용자로부터 제4조제1항의 통지를 받거나 신원보증인이 스스로 제4조제1항 각 호의 어느 하나에 해당하는 사유가 있음을 안 경우
2. 피용자의 고의 또는 과실로 인한 행위로 발생한 손해를 신원보증인이 배상한 경우
3. 그 밖에 계약의 기초가 되는 사정에 중대한 변경이 있는 경우

(2009.1.30 본조개정)

제6조【신원보증인의 책임】 ① 신원보증인은 피용자의 고의 또는 중과실로 인한 행위로 발생한 손해를 배상할 책임이 있다.

② 신원보증인이 2명 이상인 경우에는 특별한 의사표시가 없으면 각 신원보증인은 같은 비율로 의무를 부담한다.

③ 법원은 신원보증인의 손해배상액을 산정하는 경우 피용자의 감독에 관한 사용자의 과실 유무, 신원보증을 하게 된 사유 및 이를 할 때 주의를 한 정도, 피용자의 업무 또는 신원의 변화, 그 밖의 사정을 고려하여야 한다.
(2009.1.30 본조개정)

제7조【신원보증계약의 종료】 신원보증계약은 신원보증인의 사망으로 종료된다.(2009.1.30 본조개정)

제8조【불이익금지】 이 법의 규정에 반하는 특약으로서 어떠한 명칭이나 내용으로든지 신원보증인에게 불리한 것은 효력이 없다.(2009.1.30 본조개정)

부 칙 (2009.1.30)

이 법은 공포한 날부터 시행한다.

보호시설에 있는 미성년자의 후견 직무에 관한 법률

(약칭 : 시설미성년후견법)

(2000년 1월 12일
전개법률 제6148호)

개정
2002.12.18법 6801호(모·부자복지법)
2006.12.28법 8119호(모·부자복지법)
2007. 4.11법 8367호(장애인)
2007.10.17법 8655호(한부모가족지원법)
2011. 3.30법10517호(장애인)
2011. 4.12법10582호(한부모가족지원법)
2011. 8. 4법11002호(아동)
2012.10.22법11517호
2016. 2. 3법13993호
2016. 5.29법14224호(정신건강증진및정신질환자복지서비스지원에관한법)
2017. 3.21법14695호
2021.12.21법18615호
2023. 4.11법19340호(한부모가족지원법)

제1조【목적】 이 법은 보호시설에 있는 미성년자의 후견인(後見人)에 관한 사항을 규정함을 목적으로 한다.
(2012.10.22 본조개정)

제2조【정의】 이 법에서 사용하는 용어의 뜻은 다음과 같다.

1. "보호시설"이란 다음 각 목의 시설을 말한다.
   가. 「아동복지법」 제52조에 따른 아동복지시설 중 대통령령으로 정하는 시설
   나. 「장애인복지법」 제58조제1항제1호의 장애인 거주시설
   다. 「정신건강증진 및 정신질환자 복지서비스 지원에 관한 법률」 제22조에 따른 정신요양시설 및 같은 법 제26조에 따른 정신재활시설(2016.5.29 본목개정)
   라. 「한부모가족지원법」 제19조제1항제1호의 출산지원시설(2023.4.11 본목개정)
   마. 「노숙인 등의 복지 및 자립지원에 관한 법률」 제16조제1항제2호부터 제4호까지의 노숙인자활시설, 노숙인재활시설 및 노숙인요양시설
   바. 「청소년복지 지원법」 제31조제1호 및 제2호의 청소년쉼터 및 청소년자립지원관(2016.2.3 본목신설)
   사. 「성폭력방지 및 피해자보호 등에 관한 법률」 제12조제3항제1호부터 제3호까지의 일반보호시설, 장애인보호시설, 특별지원 보호시설(2017.3.21 본목신설)
   아. 「성매매방지 및 피해자보호 등에 관한 법률」 제9조제1항제1호·제2호 및 제4호의 일반 지원시설과 청소년 지원시설, 자립지원 공동생활시설(2017.3.21 본목신설)
2. "부양의무자"란 보호시설에 있는 미성년자에 대하여 「민법」 제931조 및 제932조에 따라 후견인이 될 수 있는 사람을 말한다.

(2012.10.22 본조개정)

제3조【후견인】 ① 국가나 지방자치단체가 설치·운영하는 보호시설에 있는 미성년자인 고아에 대하여는 그 보호시설의 장이 후견인이 된다.

② 국가 또는 지방자치단체 외의 자가 설치·운영하는 보호시설에 있는 미성년자인 고아에 대하여는 대통령령으로 정하는 바에 따라 그 보호시설의 소재지를 관할하는 특별자치시장·시장(「제주특별자치도 설치 및 국제자유도시 조성을 위한 특별법」에 따른 행정시장을 포함한다. 이하 같다)·군수·구청장(자치구의 구청장을 말한다. 이하 같다)이 후견인을 지정한다.

③ 보호시설에 있는 고아가 아닌 미성년자에 대하여도 제1항과 제2항을 준용하되, 대통령령으로 정하는 바에 따라 법원의 허가를 받아야 한다.

④ 법원은 제3항에 따른 허가를 하기 전까지 후견인이 되기 위하여 신청을 한 사람으로 하여금 다음 각 호에 해당하는 사항에 대하여 임시로 후견인 역할을 하게 할 수 있다. 이 경우 해당 미성년자의 의견을 존중하여야 한다.

1. 금융계좌 개설 및 이동통신서비스 이용에 관한 사항
2. 수술, 입원·퇴원 등 의료서비스 이용에 관한 사항
3. 입학, 전학 등 학적관리에 필요한 사항

(2021.12.21 본항신설)
(2012.10.22 본조개정)

제4조【부양의무자 확인 공고】 ① 보호시설의 장은 제3조에 따른 후견인 지정 등에 있어 대통령령으로 정하는 바에 따라 해당 보호시설의 소재지를 관할하는 특별자치시장·시장·군수·구청장에게 부양의무자 확인 공고를 의뢰하여야 한다. 다만, 다른 보호시설의 장이 확인 공고를 의뢰한 사실이 있는 사람에 대하여는 그러하지 아니하다.

② 제1항에 따라 부양의무자 확인 공고를 의뢰받은 특별자치시장·시장·군수·구청장은 대통령령으로 정하는 기간 동안 공고를 하여야 한다.
(2012.10.22 본조개정)

제5조【후견인의 결격사유】 다음 각 호의 어느 하나에 해당하는 사람은 후견인이 될 수 없다.

1. 「민법」 제937조 각 호의 어느 하나에 해당하는 사람
2. 후견인의 직무를 성실히 수행할 수 없거나 아동복지를 위하여 부적당하다고 인정되는 사람

(2012.10.22 본조개정)

제6조【후견인의 직무】 제3조에 따라 후견인이 된 사람의 직무에 관하여는 「민법」의 후견인의 임무에 관한 규정을 준용한다. 다만, 피후견인(被後見人)의 입양에 관한 직무는 제4조제2항에 따른 공고기간이 만료된 날의 다음 날부터 수행할 수 있다.(2012.10.22 본조개정)

제7조【후견인의 지정취소 등】 제3조에 따라 후견인으로 지정받거나 지정에 관한 법원의 허가를 받은 사람이 제5조 각 호의 어느 하나에 해당하게 되거나 그 임무가 종료되었을 때에는 해당 보호시설의 소재지를 관할하는 특별자치시장·시장·군수·구청장은 후견인의 지정을 취소하거나 해당 법원에 그 허가의 취소를 청구할 수 있다.
(2012.10.22 본조개정)

부 칙

① **【시행일】** 이 법은 공포후 6월이 경과한 날부터 시행한다.

② **【후견인의 지정 등에 관한 경과조치】** 이 법 시행 당시 종전의 규정에 의하여 특별시장·광역시장 또는 도지사가 행한 후견인의 지정 및 지정취소는 이 법에 의하여 시장·군수·구청장이 행한 것으로 본다.

부 칙 (2017.3.21)
(2021.12.21)

이 법은 공포 후 3개월이 경과한 날부터 시행한다.

부 칙 (2023.4.11)

제1조【시행일】 이 법은 공포 후 6개월이 경과한 날부터 시행한다.(이하 생략)

가족관계의 등록 등에 관한 법률(약칭 : 가족관계등록법)

(2007년 5월 17일 법 률 제8435호)

개정
2007. 7.23법 8541호(국민연금법)
2009.12.29법 9832호
2010. 5. 4법10275호(국적법)
2010. 5. 4법10279호
2013. 3.23법11690호(정부조직)
2013. 7.30법11950호 2014. 1. 7법12183호
2014.10.15법12774호 2014.12.30법12878호
2015. 2. 3법13124호 2015. 5.18법13285호
2016. 5.29법14169호 2017.10.31법14963호
2020. 2. 4법16907호
2020.12.22법17689호(국가자치경찰)
2021. 3.16법17928호 2021.12.28법18651호
2023. 7.18법19547호→2024년 7월 19일 시행
2023.12.26법19841호(주민등록)→2024년 12월 27일 시행이므로 「法典別冊」 보유편 수록

제1장 총 칙

제1조【목적】 이 법은 국민의 출생·혼인·사망 등 가족관계의 발생 및 변동사항에 관한 등록과 그 증명에 관한 사항을 규정함을 목적으로 한다.

제2조【관장】 가족관계의 발생 및 변동사항에 관한 등록과 그 증명에 관한 사무(이하 "등록사무"라 한다)는 대법원이 관장한다.

제3조【권한의 위임】 ① 대법원장은 등록사무의 처리에 관한 권한을 시·읍·면의 장(도농복합형태의 시에 있어서 동지역에 대하여는 시장, 읍·면지역에 대하여는 읍·면장으로 한다. 이하 같다)에게 위임한다.
② 특별시 및 광역시와 구를 둔 시에 있어서는 이 법 중 시, 시장 또는 시의 사무소라 함은 각각 구, 구청장 또는 구의 사무소를 말한다. 다만, 광역시에 있어서 군지역에 대하여는 읍·면, 읍·면의 장 또는 읍·면의 사무소를 말한다.
③ 대법원장은 등록사무의 감독에 관한 권한을 시·읍·면의 사무소 소재지를 관할하는 가정법원장에게 위임한다. 다만, 가정법원지원장은 가정법원장의 명을 받아 그 관할 구역 내의 등록사무를 감독한다.

제4조【등록사무처리】 제3조에 따른 등록사무는 가족관계의 발생 및 변동사항의 등록(이하 "등록"이라 한다)에 관한 신고 등을 접수하거나 수리한 신고지의 시·읍·면의 장이 처리한다.

제4조의2【재외국민 등록사무처리에 관한 특례】 ① 제3조 및 제4조에도 불구하고, 대법원장은 외국에 거주하거나 체류하는 대한민국 국민(이하 "재외국민"이라 한다)에 관한 등록사무를 법원서기관, 법원사무관, 법원주사 또는 법원주사보(이하 "가족관계등록관"이라 한다)로 하여금 처리하게 할 수 있다.
② 재외국민에 관한 등록사무의 처리 및 지원을 위하여 법원행정처에 재외국민 가족관계등록사무소를 두고, 그 구성, 운영 등 필요한 사항은 대법원규칙으로 정한다.
③ 재외국민 가족관계등록사무소 가족관계등록관의 등록사무처리에 관하여는 시·읍·면의 장의 등록사무처리에 관한 규정 중 제3조제3항, 제5조, 제11조, 제14조, 제18조, 제22조, 제23조의3, 제29조, 제31조, 제38조부터 제43조까지, 제109조부터 제111조까지, 제114조부터 제116조까지를 준용한다.
(2015.2.3 본조신설)

제5조【직무의 제한】 ① 시·읍·면의 장은 등록에 관한 증명서 발급사무를 제외하고 자기 또는 자기와 4촌 이내의 친족에 관한 등록사건에 관하여는 그 직무를 행할 수 없다.
② 등록사건 처리에 관하여 시·읍·면의 장을 대리하는 사람도 제1항과 같다.

제6조【수수료 등의 귀속】 ① 이 법의 규정에 따라 납부하는 수수료 및 과태료는 등록사무를 처리하는 해당 지방자치단체의 수입으로 한다. 다만, 다음 각 호의 어느 하나에 해당하는 경우에는 그러하지 아니하다.
1. 제12조제2항에 따라 전산정보중앙관리소 소속 공무원이 증명서를 발급하는 경우
1의2. 제4조의2에 따른 재외국민 가족관계등록사무소에서 수수료를 납부하는 경우(2015.2.3 본호신설)
2. 제120조 및 제123조에 따라 가정법원이 과태료를 부과하는 경우
3. 제124조제3항에 따라 가정법원이 「비송사건절차법」에 따른 과태료 재판을 하는 경우
② 제1항의 수수료의 금액은 대법원규칙으로 정한다.

제7조【비용의 부담】 제3조에 따라 시·읍·면의 장에게 위임된 등록사무에 드는 비용은 국가가 부담한다.

제8조【대법원규칙】 이 법 시행에 관하여 필요한 사항은 대법원규칙으로 정한다.

제2장 가족관계등록부의 작성과 등록사무의 처리

제9조【가족관계등록부의 작성 및 기록사항】 ① 가족관계등록부(이하 "등록부"라 한다)는 전산정보처리조직에 의하여 입력·처리된 가족관계 등록사항(이하 "등록사항"이라 한다)에 관한 전산정보자료를 제10조의 등록기준지에 따라 개인별로 구분하여 작성한다.
② 등록부에는 다음 사항을 기록하여야 한다.
1. 등록기준지
2. 성명·본·성별·출생연월일 및 주민등록번호
3. 출생·혼인·사망 등 가족관계의 발생 및 변동에 관한 사항
4. 가족으로 기록할 자가 대한민국 국민이 아닌 사람(이하 "외국인"이라 한다)인 경우에는 성명·성별·출생연월일·국적 및 외국인등록번호(외국인등록을 하지 아니한 외국인의 경우에는 대법원규칙으로 정하는 바에 따른 국내거소신고번호 등을 말한다. 이하 같다)
(2010.5.4 본호신설)
5. 그 밖에 가족관계에 관한 사항으로서 대법원규칙으로 정하는 사항

제10조【등록기준지의 결정】 ① 출생 또는 그 밖의 사유로 처음으로 등록을 하는 경우에는 등록기준지를 정하여 신고하여야 한다.
② 등록기준지는 대법원규칙으로 정하는 절차에 따라 변경할 수 있다.

제11조【전산정보처리조직에 의한 등록사무의 처리 등】 ① 시·읍·면의 장은 등록사무를 전산정보처리조직에 의하여 처리하여야 한다.
② 본인이 사망하거나 실종선고·부재선고를 받은 때, 국적을 이탈하거나 상실한 때 또는 그 밖에 대법원규칙으로 정한 사유가 발생한 때에는 등록부를 폐쇄한다.
③ 등록부와 제2항에 따라 폐쇄한 등록부(이하 "폐쇄등록부"라 한다)는 법원행정처장이 보관·관리한다.
④ 법원행정처장은 등록부 또는 폐쇄등록부(이하 "등록부등"이라 한다)에 기록되어 있는 등록사항과 동일한 전산정보자료를 따로 작성하여 관리하여야 한다.
⑤ 등록부등의 전부 또는 일부가 손상되거나 손상될 염려가 있는 때에는 법원행정처장은 대법원규칙으로 정하는 바에 따라 등록부등의 복구 등 필요한 처분을 명할 수 있다.
⑥ 등록부등을 관리하는 사람 또는 등록사무를 처리하는 사람은 이 법이나 그 밖의 법에서 규정하는 사유가 아닌 다른 사유로 등록부등에 기록된 등록사항에 관한 전산정보자료(이하 "등록전산정보자료"라 한다)를 이용하거나 다른 사람(법인을 포함한다)에게 자료를 제공하여서는 아니 된다.

제12조【전산정보중앙관리소의 설치 등】 ① 등록부등의 보관과 관리, 전산정보처리조직에 의한 등록사무처리의 지원 및 등록전산정보자료의 효율적인 활용을 위하여 법원행정처에 전산정보중앙관리소(이하 "중앙관리소"라 한다)를 둔다. 이 경우 국적 관련 통보에 따른 등록사무처리에 관하여는 대법원규칙으로 정하는 바에 따라 법무부와 전산정보처리조직을 연계하여 운영한다.
② 법원행정처장은 필요한 경우 중앙관리소 소속 공무원으로 하여금 제15조에 규정된 증명서의 발급사무를 하게 할 수 있다.

제13조【등록전산정보자료의 이용 등】 ① 등록전산정보자료를 이용 또는 활용하고자 하는 사람은 관계 중앙행정기관의 장의 심사를 거쳐 법원행정처장의 승인을 받아야 한다. 다만, 중앙행정기관의 장이 등록전산정보자료를 이용하거나 활용하고자 하는 경우에는 법원행정처장과 협의하여야 한다.
② 제1항에 따라 등록전산정보자료를 이용 또는 활용하고자 하는 사람은 본래의 목적 외의 용도로 이용하거나 활용하여서는 아니 된다.
③ 제1항에 따른 등록전산정보자료의 이용 또는 활용과 그 사용료 등에 관하여 필요한 사항은 대법원규칙으로 정한다.

제14조【증명서의 교부 등】 ① 본인 또는 배우자, 직계혈족(이하 "본인등"이라 한다)은 제15조에 규정된 등록부등의 기록사항에 관하여 발급할 수 있는 증명서(이하 "등록사항별 증명서"라 한다)의 교부를 청구할 수 있고, 본인등의 대리인이 청구하는 경우에는 본인등의 위임을 받아야 한다. 다만, 다음 각 호의 어느 하나에 해당하는 경우에는 본인등이 아닌 경우에도 교부를 신청할 수 있다.
(2021.12.28 본문개정)
1. 국가 또는 지방자치단체가 직무상 필요에 따라 문서로 신청하는 경우
2. 소송·비송·민사집행의 각 절차에서 필요한 경우
3. 다른 법령에서 본인등에 관한 증명서를 제출하도록 요구하는 경우
4. 그 밖에 대법원규칙으로 정하는 정당한 이해관계가 있는 사람이 신청하는 경우
② 제15조제1항제5호의 친양자입양관계증명서는 다음 각 호의 어느 하나에 해당하는 경우에 한하여 교부를 청구할 수 있다.
1. 친양자가 성년이 되어 신청하는 경우
2. 혼인당사자가 「민법」 제809조의 친족관계를 파악하고자 하는 경우
3. 법원의 사실조회촉탁이 있거나 수사기관이 수사상 필요에 따라 문서로 신청하는 경우
4. 그 밖에 대법원규칙으로 정하는 경우
③ 제1항 및 제2항에 따라 증명서의 교부를 청구하는 사람은 수수료를 납부하여야 하며, 증명서의 송부를 신청하는 경우에는 우송료를 따로 납부하여야 한다.
④ 시·읍·면의 장은 제1항 및 제2항의 청구가 등록부에 기록된 사람에 대한 사생활의 비밀을 침해하는 등 부당한 목적에 의한 것이 분명하다고 인정되는 때에는 증명서의 교부를 거부할 수 있다.
⑤ 등록사항별 증명서를 제출할 것을 요구하는 자는 사용목적에 필요한 최소한의 등록사항이 기록된 일반증명서 또는 특정증명서를 요구하여야 하며, 상세증명서를 요구하는 경우에는 그 이유를 설명하여야 한다. 제출받은 증명서를 사용목적 외의 용도로 사용하여서는 아니 된다.
(2021.12.28 전단개정)
⑥ 제1항부터 제5항까지의 규정은 폐쇄등록부에 관한 증명서 교부의 경우에도 준용한다.(2009.12.29 본항개정)
⑦ 본인 또는 배우자, 부모, 자녀는 대법원규칙으로 정하는 바에 따라 등록부등의 기록사항의 전부 또는 일부에 대하여 전자적 방법에 의한 열람을 청구할 수 있다. 다만, 친양자입양관계증명서의 기록사항에 대하여는 친양자가 성년이 된 이후에만 청구할 수 있다.(2013.7.30 본항신설)
⑧ 「가정폭력범죄의 처벌 등에 관한 특례법」 제2조제5호에 따른 피해자(이하 "가정폭력피해자"라 한다) 또는 그 대리인은 가정폭력피해자의 배우자 또는 직계혈족을 지정(이하 "교부제한대상자"라 한다)하여 시·읍·면의 장에게 제1항 및 제2항에 따른 가정폭력피해자 본인의 등록사항별 증명서의 교부를 제한하거나 그 제한을 해지하도록 신청할 수 있다.(2021.12.28 본항신설)
⑨ 시·읍·면의 장은 제8항에 따른 신청을 받은 때에는 제1항 및 제2항에도 불구하고 교부제한대상자 또는 그 대리인에게 가정폭력피해자 본인의 등록사항별 증명서를 교부하지 아니할 수 있다.(2021.12.28 본항신설)
⑩ 제9항에 따른 교부제한대상자에게는 제7항에도 불구하고 가정폭력피해자 본인의 등록부등의 기록사항을 열람하게 하지 아니한다.(2021.12.28 본항신설)
⑪ 제8항 및 제9항에 따른 신청·해지 절차, 제출 서류 등에 필요한 구체적인 사항은 대법원규칙으로 정한다.
(2021.12.28 본항신설)

판례 가족관계등록법상 각종 증명서에 기재된 개인정보가 유출되거나 오남용될 경우 정보의 주체에게 가해지는 타격은 크므로 이러한 증명서 교부청구권자의 범위는 가능한 한 축소하여야 하는데, 형제자매는 언제나 이해관계를 같이 하는 것은 아니므로 형제자매가 본인에 대한 개인정보를 오남용 또는 유출할 가능성은 얼마든지 있다. 그런데 이 사건 법률조항은 증명서 발급에 있어 형제자매에게 정보주체인 본인과 거의 같은 지위를 부여하고 있으므로, 이는 증명서 교부청구권자의 범위를 필요한 최소한도로 한정한 것이라고 볼 수 없다. 본인은 인터넷을 이용하거나 위임을 통해 각종 증명서를 발급받을 수 있으며, 가족관계등록법 제14조 제1항 단서 각 호에서 일정한 경우에는 제3자도 각종 증명서의 교부를 청구할 수 있으므로 형제자매는 이를 통해 각종 증명서를 발급받을 수 있다. 따라서 이 사건 법률조항은 침해의 최소성에 위배된다. 또한, 이 사건 법률조항을 통해 달성하려는 공익에 비해 초래되는 기본권 제한의 정도가 중대하므로 법익의 균형성도 인정하기 어려워, 이 사건 법률조항은 청구인의 개인정보자기결정권을 침해한다. 따라서 본인의 동의 없이도 형제자매의 가족관계증명서 발급을 허용한 가족관계등록법 조항은 위헌이다.(헌재결 2016.6.30, 2015헌마924)

제14조의2【인터넷에 의한 증명서 발급】 ① 등록사항별 증명서의 발급사무는 인터넷을 이용하여 처리할 수 있다.
② 제1항에 따른 발급은 본인 또는 배우자, 부모, 자녀가 신청할 수 있다.
③ 제1항 및 제2항에도 불구하고 제14조제9항에 따른 교부제한대상자에게는 가정폭력피해자 본인의 등록사항별 증명서를 발급하지 아니한다.(2021.12.28 본항신설)
④ 제1항에 따른 발급의 범위, 절차 및 방법 등 필요한 사항은 대법원규칙으로 정한다.
(2013.7.30 본조신설)

제14조의3【무인증명서발급기에 의한 증명서 발급】 ① 시·읍·면의 장은 신청인 스스로 입력하여 등록사항별 증명서를 발급받을 수 있는 장치를 이용하여 증명서의 발급사무를 처리할 수 있다.
② 제1항에 따른 발급은 본인에게만 할 수 있다.
③ 제1항에 따른 발급의 범위, 절차 및 방법 등 필요한 사항은 대법원규칙으로 정한다.
(2013.7.30 본조신설)

제15조【증명서의 종류 및 기록사항】 ① 등록부등의 기록사항은 다음 각 호의 증명서별로 제2항에 따른 일반증명서와 제3항에 따른 상세증명서로 발급한다. 다만, 외국인의 기록사항에 관하여는 성명·성별·출생연월일·국적 및 외국인등록번호를 기재하여 증명서를 발급하여야 한다.(2016.5.29 본문개정)
1. 가족관계증명서
 가.~다. (2016.5.29 삭제)
2. 기본증명서
 가.~나. (2016.5.29 삭제)
3. 혼인관계증명서
 가.~다. (2016.5.29 삭제)
4. 입양관계증명서
 가.~다. (2016.5.29 삭제)
5. 친양자입양관계증명서
 가.~다. (2016.5.29 삭제)
② 제1항 각 호의 증명서에 대한 일반증명서의 기재사항은 다음 각 호와 같다.
1. 가족관계증명서
 가. 본인의 등록기준지·성명·성별·본·출생연월일 및 주민등록번호
 나. 부모의 성명·성별·본·출생연월일 및 주민등록번호(입양의 경우 양부모를 부모로 기록한다. 다만, 단독입양한 양부가 친생모와 혼인관계에 있는 때에는 양부와 친생모를, 단독입양한 양모가 친생부와 혼인관계에 있는 때에는 양모와 친생부를 각각 부모로 기록한다)
 다. 배우자, 생존한 현재의 혼인 중의 자녀의 성명·성별·본·출생연월일 및 주민등록번호
2. 기본증명서
 가. 본인의 등록기준지·성명·성별·본·출생연월일 및 주민등록번호
 나. 본인의 출생, 사망, 국적상실에 관한 사항
3. 혼인관계증명서
 가. 본인의 등록기준지·성명·성별·본·출생연월일 및 주민등록번호
 나. 배우자의 성명·성별·본·출생연월일 및 주민등록번호
 다. 현재의 혼인에 관한 사항
4. 입양관계증명서
 가. 본인의 등록기준지·성명·성별·본·출생연월일 및 주민등록번호
 나. 친생부모·양부모 또는 양자의 성명·성별·본·출생연월일 및 주민등록번호
 다. 현재의 입양에 관한 사항
5. 친양자입양관계증명서
 가. 본인의 등록기준지·성명·성별·본·출생연월일 및 주민등록번호
 나. 친생부모·양부모 또는 친양자의 성명·성별·본·출생연월일 및 주민등록번호
 다. 현재의 친양자 입양에 관한 사항
(2016.5.29 본항개정)
③ 제1항 각 호의 증명서에 대한 상세증명서의 기재사항은 제2항에 따른 일반증명서의 기재사항에 다음 각 호의 사항을 추가한 것으로 한다.
1. 가족관계증명서 : 모든 자녀의 성명·성별·본·출생연월일 및 주민등록번호
2. 기본증명서 : 국적취득 및 회복 등에 관한 사항
3. 혼인관계증명서 : 혼인 및 이혼에 관한 사항
4. 입양관계증명서 : 입양 및 파양에 관한 사항
5. 친양자입양관계증명서 : 친양자 입양 및 파양에 관한 사항
(2016.5.29 본항신설)
④ 제1항에도 불구하고 같은 항 각 호의 증명서 중 대법원규칙으로 정하는 증명서에 대해서는 해당 증명서의 상세증명서 기재사항 중 신청인이 대법원규칙으로 정하는 바에 따라 선택한 사항을 기재한 특정증명서를 발급한다.
(2016.5.29 본항신설)
⑤ 제2항부터 제4항까지의 규정에 따른 일반증명서·상세증명서·특정증명서, 가족관계에 관한 그 밖의 증명서 및 가족관계 기록사항에 관하여 필요한 사항은 대법원규칙으로 정한다.(2016.5.29 본항개정)

제15조의2【가정폭력피해자에 관한 기록사항의 공시 제한】 ① 가정폭력피해자 또는 그 대리인은 가정폭력피해자의 배우자 또는 직계혈족(배우자 또는 직계혈족이었던 사람을 포함한다)을 지정(이하 "공시제한대상자"라 한다)하여 시·읍·면의 장에게 등록부등 중 가정폭력피해자에 관한 기록사항을 가리도록 제한하거나 그 제한을 해지하도록 신청할 수 있다.
② 시·읍·면의 장은 제1항에 따른 신청을 받은 때에는 다음 각 호의 구분에 따른 사람에게 제14조제1항 및 제2항에 따른 등록사항별 증명서를 교부하거나 제14조의3에 따른 등록사항별 증명서를 발급할 때 가정폭력피해자에 관한 기록사항을 가리고 교부하거나 발급할 수 있다. 다만, 제14조제1항 각 호에 해당하여 등록사항별 증명서를 교부할 때에는 해당 사항을 가리지 아니하고 교부할 수 있다.
1. 공시제한대상자의 등록사항별 증명서 : 공시제한대상자 본인등 또는 그 대리인
2. 공시제한대상자의 배우자 또는 직계혈족으로서 가정폭력피해자가 아닌 사람의 등록사항별 증명서 : 공시제한대상자 또는 그 대리인
③ 제2항 각 호의 구분에 따른 사람에게 제14조제7항에 따라 등록부등의 기록사항을 열람하게 하거나 제14조의2에 따라 등록사항별 증명서를 발급하는 경우에는 가정폭력피해자에 관한 기록사항을 가리고 열람하게 하거나 해당 사항을 가리고 발급한다.
④ 제1항부터 제3항까지의 규정에 따른 공시의 제한·해지 신청, 공시 제한 범위·방법 등에 필요한 구체적인 사항은 대법원규칙으로 정한다.
(2021.12.28 본조신설)

제3장 등록부의 기록

제16조【등록부의 기록절차】 등록부는 신고, 통보, 신청, 증서의 등본, 항해일지의 등본 또는 재판서에 의하여 기록한다.

제17조【등록부가 없는 사람】 가족관계등록이 되어 있지 아니한 사람에 대하여 등록사항을 기록하여야 할 때에는 새로 등록부를 작성한다.

제18조【등록부의 정정】 ① 등록부의 기록이 법률상 무효인 것이거나 그 기록에 착오 또는 누락이 있음을 안 때에는 시·읍·면의 장은 지체 없이 신고인 또는 신고사건의 본인에게 그 사실을 통지하여야 한다. 다만, 그 착오 또는 누락이 시·읍·면의 장의 잘못으로 인한 것인 때에는 그러하지 아니하다.
② 제1항 본문의 통지를 할 수 없을 때 또는 통지를 하였으나 정정신청을 하는 사람이 없는 때 또는 그 기록의 착오 또는 누락이 시·읍·면의 장의 잘못으로 인한 것인 때에는 시·읍·면의 장은 감독법원의 허가를 받아 직권으로 정정할 수 있다. 다만, 대법원규칙으로 정하는 경미한 사항인 경우에는 시·읍·면의 장이 직권으로 정정하고, 감독법원에 보고하여야 한다.(2013.7.30 본문개정)
③ 국가 또는 지방자치단체의 공무원이 그 직무상 등록부의 기록에 착오 또는 누락이 있음을 안 때에는 지체 없이 신고사건의 본인의 등록기준지의 시·읍·면의 장에게 통지하여야 한다. 이 경우 통지를 받은 시·읍·면의 장은 제1항 및 제2항에 따라 처리한다.

제19조【등록부의 행정구역, 명칭 등의 변경】 ① 행정구역 또는 토지의 명칭이 변경된 때에는 등록부의 기록은 정정된 것으로 본다. 이 경우 시·읍·면의 장은 그 기록사항을 경정하여야 한다.
② 시·읍·면의 장은 지번의 변경이 있을 때에는 등록부의 기록을 경정하여야 한다.

제4장 신 고

제1절 통 칙

제20조【신고의 장소】 ① 이 법에 따른 신고는 신고사건 본인의 등록기준지 또는 신고인의 주소지나 현재지에서 할 수 있다. 다만, 재외국민에 관한 신고는 재외국민 가족관계등록사무소에서도 할 수 있다.(2015.2.3 단서신설)
② 외국인에 관한 신고는 그 거주지 또는 신고인의 주소지나 현재지에서 할 수 있다.(2010.5.4 본항개정)

제21조【출생·사망의 동 경유 신고 등】 ① 시에 있어서 출생·사망의 신고는 그 신고의 장소가 신고사건 본인의 주민등록지 또는 주민등록을 할 지역과 같은 경우에는 신고사건 본인의 주민등록지 또는 주민등록을 할 지역을 관할하는 동을 거쳐 할 수 있다.
② 제1항의 경우 동장은 소속 시장을 대행하여 신고서를 수리하고, 동이 속하는 시의 장에게 신고서를 송부하며, 그 밖에 대법원규칙으로 정하는 등록사무를 처리한다.

제22조【신고 후 등록되어 있음이 판명된 때 등】 등록되어 있는지가 분명하지 아니한 사람 또는 등록되어 있지 아니하거나 등록할 수 없는 사람에 관한 신고가 수리된 후 그 사람에 관하여 등록되어 있음이 판명된 때 또는 등록할 수 있게 된 때에는 신고인 또는 신고사건의 본인은 그 사실을 안 날부터 1개월 이내에 수리된 신고사건을 표시하여 처음 그 신고를 수리한 시·읍·면의 장에게 그 사실을 신고하여야 한다.

제23조【신고방법】 ① 신고는 서면이나 말로 할 수 있다.
② 신고로 인하여 효력이 발생하는 등록사건에 관하여 신고사건 본인이 시·읍·면에 출석하지 아니하는 경우에는 신고사건 본인의 주민등록증·운전면허증·여권, 그 밖에 대법원규칙으로 정하는 신분증명서(이하 이 항에서 "신분증명서"라 한다)를 제시하거나 신고서에 신고사건 본인의 인감증명서를 첨부하여야 한다. 이 경우 본인의 신분증명서를 제시하지 아니하거나 본인의 인감증명서를 첨부하지 아니한 때에는 신고서를 수리하여서는 아니 된다.

제23조의2【전자문서를 이용한 신고】 ① 제23조에도 불구하고 대법원규칙으로 정하는 등록에 관한 신고는 전산정보처리조직을 이용하여 전자문서로 할 수 있다.
(2020.2.4 본항개정)
② 제1항에 따른 신고는 신고사건 본인의 등록기준지 시·읍·면의 장이 처리한다. 다만, 신고사건 본인의 등록기준지가 없는 경우에는 신고인의 주소지 시·읍·면의 장이 처리하고, 재외국민에 관한 신고인 경우에는 재외국민 가족관계등록사무소의 가족관계등록관이 처리하며, 외국인에 관한 신고인 경우에는 그 거주지 시·읍·면의 장이 처리한다.(2015.2.3 단서개정)
③ 제2항에도 불구하고 제1항에 따른 신고는 신고 처리의 편의를 위하여 대법원규칙으로 정하는 바에 따라 다른 시·읍·면의 장이 처리할 수 있다.(2020.2.4 본항신설)
④ 시에 있어서 제2항 및 제3항에 따른 신고 처리는 대법원규칙으로 정하는 바에 따라 동장이 소속 시장을 대행하여 할 수 있다.(2020.2.4 본항신설)
⑤ 제1항에 따른 신고는 이 법 및 대법원규칙으로 정하는 정보가 전산정보처리조직에 저장된 때에 접수된 것으로 본다.
⑥ 제1항에 따른 신고의 불수리 통지는 제43조에도 불구하고 전산정보처리조직을 이용하여 전자문서로 할 수 있다.
(2013.7.30 본조신설)

제23조의3【첨부서류의 전자적 확인】 ① 시·읍·면의 장이 등록사무를 처리하는 전산정보처리조직을 통하여 첨부서류에 대한 정보를 확인할 수 있는 경우에는 그 확인으로 해당 서류의 첨부를 갈음한다.
② 제1항에 따라 확인이 가능한 첨부서류의 종류는 대법원규칙으로 정한다.
(2013.7.30 본조신설)

제24조【신고서 양식】 신고서 양식은 대법원예규로 정한다. 이 경우 가족관계에 관한 등록신고가 다른 법령으로 규정한 신고를 갈음하는 경우에 당해 신고서 양식을 정함에 있어서는 미리 관계 부처의 장과 협의하여야 한다.

제25조【신고서 기재사항】 ① 신고서에는 다음 사항을 기재하고 신고인이 서명하거나 기명날인하여야 한다.
1. 신고사건
2. 신고연월일
3. 신고인의 출생연월일·주민등록번호·등록기준지 및 주소
4. 신고인과 신고사건의 본인이 다른 때에는 신고사건의 본인의 등록기준지·주소·성명·출생연월일 및 주민등록번호와 신고인의 자격
② 이 법에 따라 신고서류를 작성한 경우 그 신고서류에 주민등록번호를 기재한 때에는 출생연월일의 기재를 생략할 수 있다.

제26조【신고하여야 할 사람이 미성년자 또는 피성년후견인인 경우】 ① 신고하여야 할 사람이 미성년자 또는 피성년후견인인 경우에는 친권자, 미성년후견인 또는 성년후견인을 신고의무자로 한다. 다만, 미성년자 또는 피성년후견인 본인이 신고를 하여도 된다.
② 제1항 본문에 따라 친권자, 미성년후견인 또는 성년후견인이 신고하는 경우에는 신고서에 다음 각 호의 사항을 적어야 한다.
1. 신고하여야 할 미성년자 또는 피성년후견인의 성명·출생연월일·주민등록번호 및 등록기준지
2. 신고하여야 할 사람이 미성년자 또는 피성년후견인이라는 사실
3. 신고인이 친권자, 미성년후견인 또는 성년후견인이라는 사실
(2013.7.30 본조개정)

제27조【동의가 불필요한 미성년자 또는 피성년후견인의 신고】 ① 미성년자 또는 피성년후견인이 그 법정대리인의 동의 없이 할 수 있는 행위에 관하여는 미성년자 또는 피성년후견인이 신고하여야 한다.
② 피성년후견인이 신고하는 경우에는 신고서에 신고사건의 성질 및 효과를 이해할 능력이 있음을 증명할 수 있는 진단서를 첨부하여야 한다.
(2013.7.30 본조개정)

제28조【증인을 필요로 하는 신고】 증인을 필요로 하는 사건의 신고에 있어서는 증인은 신고서에 주민등록번호 및 주소를 기재하고 서명하거나 기명날인하여야 한다.

제29조【부존재 또는 부지의 사항】 신고서에 기재하여야 할 사항으로서 존재하지 아니하거나 알지 못하는 것이 있을 때에는 그 취지를 기재하여야 한다. 다만, 시·읍·면의 장은 법률상 기재하여야 할 사항으로서 특히 중요하다고 인정되는 사항을 기재하지 아니한 신고서는 수리하여서는 아니 된다.

제30조【법령 규정사항 이외의 기재사항】 신고서에는 이 법 또는 다른 법령으로 정하는 사항 외에 등록부에 기록하여야 할 사항을 더욱 분명하게 하기 위하여 필요한 사항이 있으면 이러한 사항도 기재하여야 한다.

제31조【말로 하는 신고 등】 ① 말로 신고하려 할 때에는 신고인은 시·읍·면의 사무소에 출석하여 신고서에 기재하여야 할 사항을 진술하여야 한다.
② 시·읍·면의 장은 신고인의 진술 및 신고연월일을 기록하여 신고인에게 읽어 들려주고 신고인으로 하여금 그 서면에 서명하거나 기명날인하게 하여야 한다.

③ 제1항 및 제2항의 경우에 신고인이 질병 또는 그 밖의 사고로 출석할 수 없는 때에는 대리인으로 하여금 신고하게 할 수 있다. 다만, 제55조, 제56조, 제61조, 제63조, 제71조 및 제74조의 신고는 그러하지 아니하다.

제32조【동의, 승낙 또는 허가를 요하는 사건의 신고】 ① 신고사건에서 부모 또는 다른 사람의 동의나 승낙이 필요한 경우에는 신고서에 그 동의나 승낙을 증명하는 서면을 첨부하여야 한다. 이 경우 동의나 승낙을 한 사람으로 하여금 신고서에 그 사유를 적고 서명 또는 기명날인하게 함으로써 그 서면의 첨부를 갈음할 수 있다.
(2013.7.30 본항개정)
② 신고사건, 신고인 또는 신고사항 등에 있어서 재판 또는 관공서의 허가를 요하는 사항이 있는 경우에는 신고서에 그 재판서 또는 허가서의 등본을 첨부하여야 한다.

제33조【신고서에 관한 준용규정】 신고서에 관한 규정은 제31조제2항 및 제32조제1항의 서면에 준용한다.

제34조【외국에서 하는 신고】 재외국민은 이 법에서 정하는 바에 따라 그 지역을 관할하는 대한민국재외공관(이하 "재외공관"이라 한다)의 장에게 신고하거나 신청을 할 수 있다.(2015.2.3 본조개정)

제35조【외국의 방식에 따른 증서의 등본】 ① 재외국민이 그 나라의 방식에 따라 신고사건에 관한 증서를 작성한 경우에는 3개월 이내에 그 지역을 관할하는 재외공관의 장에게 그 증서의 등본을 제출하여야 한다.
② 대한민국의 국민이 있는 지역이 재외공관의 관할에 속하지 아니하는 경우에는 3개월 이내에 등록기준지의 시·읍·면의 장 또는 재외국민 가족관계등록사무소의 가족관계등록관에게 증서의 등본을 발송하여야 한다.
(2015.2.3 본조개정)

제36조【외국에서 수리한 서류의 송부】 ① 재외공관의 장은 제34조 및 제35조에 따라 서류를 수리한 때에는 1개월 이내에 외교부장관을 경유하여 재외국민 가족관계등록사무소의 가족관계등록관에게 송부하여야 한다.
② 제1항에 따른 서류의 송부는 대법원규칙으로 정하는 바에 따라 전산정보처리조직을 이용하여 할 수 있다. 이 경우 해당 서류 원본의 보존, 그 밖에 필요한 사항은 대법원규칙으로 정한다.(2015.2.3 본항신설)
(2015.2.3 본조개정)

제37조【신고기간의 기산점】 ① 신고기간은 신고사건 발생일부터 기산한다.
② 재판의 확정일부터 기간을 기산하여야 할 경우에 재판이 송달 또는 교부 전에 확정된 때에는 그 송달 또는 교부된 날부터 기산한다.

제38조【신고의 최고】 ① 시·읍·면의 장은 신고를 게을리 한 사람을 안 때에는 상당한 기간을 정하여 신고의무자에 대하여 그 기간 내에 신고할 것을 최고(催告)하여야 한다.(2023.7.18 본항개정)
② 신고의무자가 제1항의 기간 내에 신고를 하지 아니한 때에는 시·읍·면의 장은 다시 상당한 기간을 정하여 최고할 수 있다.
③ 제18조제2항은 제2항의 최고를 할 수 없는 때 및 최고를 하여도 신고를 하지 아니한 때에, 같은 조 제3항은 국가 또는 지방자치단체의 공무원이 신고를 게을리 한 사람이 있음을 안 때에 준용한다.

제39조【신고의 추후 보완】 시·읍·면의 장은 신고를 수리한 경우에 흠이 있어 등록부에 기록을 할 수 없을 때에는 신고인 또는 신고의무자로 하여금 보완하게 하여야 한다. 이 경우 제38조를 준용한다.

제40조【기간경과 후의 신고】 시·읍·면의 장은 신고기간이 경과한 후의 신고라도 수리하여야 한다.

제41조【사망 후에 도달한 신고】 ① 신고인의 생존 중에 우송한 신고서는 그 사망 후라도 시·읍·면의 장은 수리하여야 한다.
② 제1항에 따라 신고서가 수리된 때에는 신고인의 사망시에 신고한 것으로 본다.

제42조【수리, 불수리증명서와 서류의 열람】 ① 신고인은 신고의 수리 또는 불수리의 증명서를 청구할 수 있다.
② 이해관계인은 시·읍·면의 장에게 신고서나 그 밖에 수리한 서류의 열람 또는 그 서류에 기재한 사항에 관하여 증명서를 청구할 수 있다.
③ 증명서를 청구할 때에는 수수료를 납부하여야 한다.
④ 이해관계인은 법원에 보관되어 있는 신고서류에 대한 열람을 청구할 수 있다.
⑤ 제2항 및 제4항의 이해관계인의 자격과 범위 등에 관하여는 제14조제1항부터 제4항까지의 규정을 준용한다.

제43조【신고불수리의 통지】 시·읍·면의 장이 신고를 수리하지 아니한 때에는 그 사유를 지체 없이 신고인에게 서면으로 통지하여야 한다.

제2절 출 생

제44조【출생신고의 기재사항】 ① 출생의 신고는 출생 후 1개월 이내에 하여야 한다.
② 신고서에는 다음 사항을 기재하여야 한다.
1. 자녀의 성명·본·성별 및 등록기준지
2. 자녀의 혼인 중 또는 혼인 외의 출생자의 구별
3. 출생의 연월일시 및 장소
4. 부모의 성명·본·등록기준지 및 주민등록번호(부 또는 모가 외국인인 때에는 그 성명·출생연월일·국적 및 외국인등록번호)(2010.5.4 본호개정)
5. 「민법」 제781조제1항 단서에 따른 협의가 있는 경우 그 사실
6. 자녀가 복수국적자(複數國籍者)인 경우 그 사실 및 취득한 외국 국적(2010.5.4 본호개정)
③ 자녀의 이름에는 한글 또는 통상 사용되는 한자를 사용하여야 한다. 통상 사용되는 한자의 범위는 대법원규칙으로 정한다.
④ 출생신고서에는 의사나 조산사가 작성한 출생증명서를 첨부하여야 한다. 다만, 다음 각 호의 어느 하나에 해당하는 서면을 첨부하는 경우에는 그러하지 아니하다.
(2016.5.29 본문개정)
1. 분만에 직접 관여한 자가 모의 출산사실을 증명할 수 있는 자료 등을 첨부하여 작성한 출생사실을 증명하는 서면(2016.5.29 본호신설)
2. 국내 또는 외국의 권한 있는 기관에서 발행한 출생사실을 증명하는 서면(2016.5.29 본호신설)
3. 모의 출산사실을 증명할 수 있는 「119구조·구급에 관한 법률」 제22조에 따른 구조·구급활동상황일지
(2023.7.18 본호신설)
⑤ 제4항 단서에 따라 첨부하는 서면에 관한 구체적인 사항은 대법원규칙으로 정한다.(2016.5.29 본항신설)

제44조의2【출생증명서가 없는 경우의 출생신고】 ① 제44조제4항에 따른 출생증명서 또는 서면을 첨부할 수 없는 경우에는 가정법원의 출생확인을 받고 그 확인서를 받은 날부터 1개월 이내에 출생의 신고를 하여야 한다.
② 가정법원은 제1항의 출생확인을 위하여 필요한 경우에는 직권으로 사실을 조사할 수 있으며, 지방자치단체의 장, 국가경찰관서의 장 등 행정기관이나 그 밖에 상당하다고 인정되는 단체 또는 개인에게 필요한 사항을 보고하게 하거나 자료의 제출을 요청할 수 있다.
③ 가정법원의 출생확인 절차와 신고에 필요한 사항은 대법원규칙으로 정한다.
(2016.5.29 본조신설)

제44조의3【출생사실의 통보】 ① 「의료법」 제3조에 따른 의료기관(이하 "의료기관"이라 한다)에 종사하는 의료인은 해당 의료기관에서 출생이 있는 경우 출생사실을 확인하기 위하여 다음 각 호의 사항(이하 "출생정보"라 한다)을 해당 의료기관에서 관리하는 출생자 모의 진료기록부 또는 조산기록부(전자적 형태로 바뀐 문서를 포함한다. 이하 같다)에 기재하여야 한다.
1. 출생자의 모에 관한 다음 각 목의 사항
   가. 성명
   나. 주민등록번호 또는 외국인등록번호(모가 외국인인 경우로 한정한다). 다만, 주민등록번호 또는 외국인등록번호를 확인할 수 없는 경우에는 「사회보장기본법」 제37조제2항에 따른 사회보장정보시스템에서의 의료급여 자격관리를 위한 번호를 기재하여야 한다.
2. 출생자의 성별, 수(數) 및 출생 연월일시
3. 그 밖에 의료기관의 주소 등 출생사실을 확인하기 위하여 대법원규칙으로 정하는 사항
② 의료기관의 장은 출생일부터 14일 이내에 출생정보를 「국민건강보험법」 제62조에 따른 건강보험심사평가원(이하 "심사평가원"이라 한다)에 제출하여야 한다. 이 경우 보건복지부장관이 출생사실의 통보 및 관리를 목적으로 구축하여 심사평가원에 위탁 운영하는 전산정보시스템을 이용하여 제출하여야 한다.
③ 심사평가원은 제2항에 따라 출생정보를 제출받은 경우 출생자 모의 주소지를 관할하는 시·읍·면의 장(모의 주소지를 확인할 수 없는 경우에는 출생지를 관할하는 시·읍·면의 장을 말한다)에게 해당 출생정보를 포함한 출생사실을 지체 없이 통보하여야 한다. 이 경우 심사평가원은 「전자정부법」 제37조에 따른 행정정보 공동이용센터를 통하여 전자적인 방법으로 출생사실을 통보할 수 있다.
④ 그 밖에 출생정보를 포함한 출생사실의 통보, 제2항에 따른 전산정보시스템의 이용 방법 및 절차 등에 관하여 필요한 사항은 대법원규칙으로 정한다.
(2023.7.18 본조신설)

제44조의4【출생신고의 확인·최고 및 직권 출생 기록】 ① 제44조의3제3항에 따른 통보를 받은 시·읍·면의 장은 제44조제1항에 따른 신고기간 내에 출생자에 대한 출생신고가 되었는지를 확인하여야 한다.
② 시·읍·면의 장은 제44조제1항에 따른 신고기간이 지나도록 제44조의3제3항에 따라 통보받은 출생자에 대한 출생신고가 되지 아니한 경우에는 즉시 제46조제1항 및 제2항에 따른 신고의무자에게 7일 이내에 출생신고를 할 것을 최고하여야 한다.
③ 시·읍·면의 장은 다음 각 호의 어느 하나에 해당하는 경우 제44조의3제3항에 따라 통보받은 자료를 첨부하여 감독법원의 허가를 받아 해당 출생자에 대하여 직권으로 등록부에 출생을 기록하여야 한다.
1. 제46조제1항 및 제2항에 따른 신고의무자가 제2항의 최고기간 내에 출생신고를 하지 아니한 경우
2. 제46조제1항 및 제2항에 따른 신고의무자를 특정할 수 없는 등의 이유로 제2항에 따라 신고의무자에게 최고할 수 없는 경우
④ 제1항부터 제3항까지에서 규정한 사항 외에 출생신고 확인, 출생신고 최고, 출생자의 성명·본 및 등록기준지의 결정 방법 등에 관하여 필요한 사항은 대법원규칙으로 정한다.
(2023.7.18 본조신설)

제44조의5【자료제공의 요청】 시·읍·면의 장은 제44조의4에 따른 등록사무처리를 위하여 필요한 경우 대법원규칙으로 정하는 자료를 관계 기관의 장에게 요청할 수 있고, 해당 기관의 장은 특별한 사유가 없으면 요청에 따라야 한다. 다만, 「전자정부법」 제36조제1항에 따른 행정정보 공동이용을 통하여 확인할 수 있는 사항은 예외로 한다.(2023.7.18 본조신설)

제45조【출생신고의 장소】 ① 출생의 신고는 출생지에서 할 수 있다.
② 기차나 그 밖의 교통기관 안에서 출생한 때에는 모가 교통기관에서 내린 곳, 항해일지가 비치되지 아니한 선박 안에서 출생한 때에는 그 선박이 최초로 입항한 곳에서 신고할 수 있다.

제46조【신고의무자】 ① 혼인 중 출생자의 출생의 신고는 부 또는 모가 하여야 한다.
② 혼인 외 출생자의 신고는 모가 하여야 한다.
③ 제1항 및 제2항에 따라 신고를 하여야 할 사람이 신고를 할 수 없는 경우에는 다음 각 호의 어느 하나에 해당하는 사람이 각 호의 순위에 따라 신고를 하여야 한다.
1. 동거하는 친족
2. 분만에 관여한 의사·조산사 또는 그 밖의 사람
④ 신고의무자가 제44조제1항에 따른 기간 내에 신고를 하지 아니하여 자녀의 복리가 위태롭게 될 우려가 있는 경우에는 검사 또는 지방자치단체의 장이 출생의 신고를 할 수 있다.(2016.5.29 본항신설)
<2023.3.23 헌법재판소 헌법불합치결정으로 이 조 제2항은 2025.5.31을 시한으로 입법자가 개정할 때까지 계속 적용>

제47조【친생부인의 소를 제기한 때】 친생부인의 소를 제기한 때에도 출생신고를 하여야 한다.

제48조【법원이 부를 정하는 때】 ① 「민법」 제845조에 따라 법원이 부(父)를 정하여야 할 때에는 출생의 신고는 모가 하여야 한다.
② 제46조제3항은 제1항의 경우에 준용한다.

제49조【항해 중의 출생】 ① 항해 중에 출생이 있는 때에는 선장은 24시간 이내에 제44조제2항에서 정한 사항을 항해일지에 기재하고 서명 또는 기명날인하여야 한다.
② 제1항의 절차를 밟은 후 선박이 대한민국의 항구에 도착하였을 때에는 선장은 지체 없이 출생에 관한 항해일지의 등본을 그 곳의 시·읍·면의 장 또는 재외국민 가족관계등록사무소의 가족관계등록관에게 발송하여야 한다.
(2015.2.3 본항개정)
③ 선박이 외국의 항구에 도착하였을 때에는 선장은 지체 없이 제2항의 등본을 그 지역을 관할하는 재외공관의 장에게 발송하고 재외공관의 장은 지체 없이 외교부장관을 경유하여 재외국민 가족관계등록사무소의 가족관계등록관에게 발송하여야 한다.(2015.2.3 본항개정)
④ 제3항에 따른 서류의 송부는 대법원규칙으로 정하는 바에 따라 전산정보처리조직을 이용하여 할 수 있다. 이 경우 해당 서류 원본의 보존, 그 밖에 필요한 사항은 대법원규칙으로 정한다.(2015.2.3 본항신설)

제50조【공공시설에서의 출생】 병원, 교도소, 그 밖의 시설에서 출생이 있었을 경우에 부모가 신고할 수 없는 때에는 당해 시설의 장 또는 관리인이 신고를 하여야 한다.

제51조【출생신고 전에 사망한 때】 출생의 신고 전에 자녀가 사망한 때에는 출생의 신고와 동시에 사망의 신고를 하여야 한다.

제52조【기아】 ① 기아(棄兒)를 발견한 사람 또는 기아 발견의 통지를 받은 경찰공무원은 24시간 이내에 그 사실을 시·읍·면의 장에게 통보하여야 한다.(2020.12.22 본항개정)
② 제1항의 통보를 받은 시·읍·면의 장은 소지품, 발견 장소, 발견연월일시, 그 밖의 상황, 성별, 출생의 추정연월일을 조서에 기재하여야 한다. 이 경우 그 조서를 신고서로 본다.
③ 시·읍·면의 장은 「민법」 제781조제4항에 따라 기아의 성과 본을 창설한 후 이름과 등록기준지를 정하여 등록부에 기록하여야 한다.

제53조【부모가 기아를 찾은 때】 ① 부 또는 모가 기아를 찾은 때에는 1개월 이내에 출생의 신고를 하고 등록부의 정정을 신청하여야 한다.
② 제1항의 경우에는 시·읍·면의 장이 확인하여야 한다.

제54조【기아가 사망한 때】 제52조제1항 또는 제53조의 절차를 밟기 전에 기아가 사망하였을 때에는 사망의 신고와 동시에 그 절차를 밟아야 한다.

제3절 인 지

제55조【인지신고의 기재사항】 ① 인지의 신고서에는 다음 사항을 기재하여야 한다.

1. 자녀의 성명·성별·출생연월일·주민등록번호 및 등록기준지(자가 외국인인 때에는 그 성명·성별·출생연월일·국적 및 외국인등록번호)(2010.5.4 본호개정)
2. 사망한 자녀를 인지할 때에는 사망연월일, 그 직계비속의 성명·출생연월일·주민등록번호 및 등록기준지
3. 부가 인지할 때에는 모의 성명·등록기준지 및 주민등록번호
4. 인지 전의 자녀의 성과 본을 유지할 경우 그 취지와 내용
5.「민법」제909조제4항 또는 제5항에 따라 친권자가 정하여진 때에는 그 취지와 내용

② 제1항제4호 및 제5호의 경우에는 신고서에 그 내용을 증명하는 서면을 첨부하여야 한다. 다만, 가정법원의 성·본 계속사용허가심판 또는 친권자를 정하는 재판이 확정된 때에는 제58조를 준용한다.

제56조【태아의 인지】 태내에 있는 자녀를 인지할 때에는 신고서에 그 취지, 모의 성명 및 등록기준지를 기재하여야 한다.

제57조【친생자출생의 신고에 의한 인지】 ① 부가 혼인 외의 자녀에 대하여 친생자출생의 신고를 한 때에는 그 신고는 인지의 효력이 있다. 다만, 모가 특정됨에도 불구하고 부가 본문에 따른 신고를 함에 있어 모의 소재불명 또는 모가 정당한 사유 없이 출생신고에 필요한 서류 제출에 협조하지 아니하는 등의 장애가 있는 경우에는 부의 등록기준지 또는 주소지를 관할하는 가정법원의 확인을 받아 신고를 할 수 있다.(2021.3.16 단서신설)

② 모의 성명·등록기준지 및 주민등록번호의 전부 또는 일부를 알 수 없어 모를 특정할 수 없는 경우 또는 모가 공적 서류·증명서·장부 등에 의하여 특정될 수 없는 경우에는 부의 등록기준지 또는 주소지를 관할하는 가정법원의 확인을 받아 제1항에 따른 신고를 할 수 있다.
(2021.3.16 본항개정)

③ 가정법원은 제1항 단서 및 제2항에 따른 확인을 위하여 필요한 사항을 직권으로 조사할 수 있고, 지방자치단체, 국가경찰관서 및 행정기관이나 그 밖의 단체 또는 개인에게 필요한 사항을 보고하게 하거나 자료의 제출을 요구할 수 있다.(2021.3.16 본항개정)

④ 다음 각 호의 어느 하나에 해당하는 경우에는 신고의 무자가 1개월 이내에 출생의 신고를 하고 등록부의 정정을 신청하여야 한다. 이 경우 시·읍·면의 장이 확인하여야 한다.
1. 출생자가 제3자로부터「민법」제844조의 친생자 추정을 받고 있음이 밝혀진 경우
2. 그 밖에 대법원규칙으로 정하는 사유에 해당하는 경우
(2015.5.18 본항신설)

⑤ 확인절차 및 신고에 필요한 사항은 대법원규칙으로 정한다.(2015.5.18 본항신설)

<2023.3.23 헌법재판소 헌법불합치결정으로 이 조 제1항, 제2항은 2025.5.31을 시한으로 입법자가 개정할 때까지 계속 적용>

제58조【재판에 의한 인지】 ① 인지의 재판이 확정된 경우에 소를 제기한 사람은 재판의 확정일부터 1개월 이내에 재판서의 등본 및 확정증명서를 첨부하여 그 취지를 신고하여야 한다.

② 제1항의 신고서에는 재판확정일을 기재하여야 한다.

③ 제1항의 경우에는 그 소의 상대방도 재판서의 등본 및 확정증명서를 첨부하여 인지의 재판이 확정된 취지를 신고할 수 있다. 이 경우 제2항을 준용한다.

제59조【유언에 의한 인지】 유언에 의한 인지의 경우에는 유언집행자는 그 취임일부터 1개월 이내에 인지에 관한 유언서등본 또는 유언녹음을 기재한 서면을 첨부하여 제55조 또는 제56조에 따라 신고를 하여야 한다.

제60조【인지된 태아의 사산】 인지된 태아가 사체로 분만된 경우에 출생의 신고의무자는 그 사실을 안 날부터 1개월 이내에 그 사실을 신고하여야 한다. 다만, 유언집행자가 제59조의 신고를 하였을 경우에는 유언집행자가 그 신고를 하여야 한다.

제4절 입 양

제61조【입양신고의 기재사항】 입양의 신고서에는 다음 사항을 기재하여야 한다.
1. 당사자의 성명·본·출생연월일·주민등록번호·등록기준지(당사자가 외국인인 때에는 그 성명·출생연월일·국적 및 외국인등록번호) 및 양자의 성별
(2010.5.4 본호개정)
2. 양자의 친생부모의 성명·주민등록번호 및 등록기준지

제62조【입양의 신고】 ① 양자가 13세 미만인 경우에는「민법」제869조제2항에 따라 입양을 승낙한 법정대리인이 신고하여야 한다.

②「민법」제867조에 따라 미성년자를 입양하는 경우 또는 같은 법 제873조에 따라 피성년후견인이 입양을 하거나 양자가 되는 경우에는 가정법원의 허가서를 첨부하여야 한다.

③「민법」제871조제2항에 따라 부모의 동의를 갈음하는 심판이 있는 경우에는 가정법원의 심판서를 첨부하여야 한다.
(2013.7.30 본조개정)

제5절 파 양

제63조【파양신고의 기재사항】 파양의 신고서에는 다음 사항을 기재하여야 한다.
1. 당사자의 성명·본·출생연월일·주민등록번호 및 등록기준지(당사자가 외국인인 때에는 그 성명·출생연월일·국적 및 외국인등록번호)(2010.5.4 본호개정)
2. 양자의 친생부모의 성명·등록기준지 및 주민등록번호

제64조 (2013.7.30 삭제)

제65조【준용규정】 ① 제63조는 입양취소의 신고에 준용한다.

② 제58조는 입양취소의 재판이 확정된 경우에 준용한다.

제66조【준용규정】 제58조는 파양의 재판이 확정된 경우에 준용한다.

제6절 친양자의 입양 및 파양

제67조【친양자의 입양신고】 ①「민법」제908조의2에 따라 친양자를 입양하고자 하는 사람은 친양자 입양재판의 확정일부터 1개월 이내에 재판서의 등본 및 확정증명서를 첨부하여 제61조의 신고를 하여야 한다.

② 제1항의 신고서에는 재판확정일을 기재하여야 한다.

제68조【준용규정】 제58조는 친양자의 입양신고에 준용한다.

제69조【친양자의 파양신고】 ①「민법」제908조의5에 따라 친양자 파양의 재판이 확정된 경우 소를 제기한 사람은 재판의 확정일부터 1개월 이내에 재판서의 등본 및 확정증명서를 첨부하여 제63조의 신고를 하여야 한다.

② 제1항의 신고서에는 재판확정일을 기재하여야 한다.

③ 제1항의 경우에는 그 소의 상대방도 재판서의 등본 및 확정증명서를 첨부하여 친양자 파양의 재판이 확정된 취지를 신고할 수 있다. 이 경우 제2항을 준용한다.

제70조【준용규정】 제69조는 친양자의 입양취소의 재판이 확정된 경우에 준용한다.

제7절 혼 인

제71조【혼인신고의 기재사항 등】 혼인의 신고서에는 다음 사항을 기재하여야 한다. 다만, 제3호의 경우에는 혼인당사자의 협의서를 첨부하여야 한다.
1. 당사자의 성명·본·출생연월일·주민등록번호 및 등록기준지(당사자가 외국인인 때에는 그 성명·출생연월일·국적 및 외국인등록번호)(2010.5.4 본호개정)
2. 당사자의 부모와 양부모의 성명·등록기준지 및 주민등록번호
3.「민법」제781조제1항 단서에 따른 협의가 있는 경우 그 사실
4.「민법」제809조제1항에 따른 근친혼에 해당되지 아니한다는 사실

제72조【재판에 의한 혼인】 사실상 혼인관계 존재확인의 재판이 확정된 경우에는 소를 제기한 사람은 재판의 확정일부터 1개월 이내에 재판서의 등본 및 확정증명서를 첨부하여 제71조의 신고를 하여야 한다.

제73조【준용규정】 제58조는 혼인취소의 재판이 확정된 경우에 준용한다.

제8절 이 혼

제74조【이혼신고의 기재사항】 이혼의 신고서에는 다음 사항을 기재하여야 한다.
1. 당사자의 성명·본·출생연월일·주민등록번호 및 등록기준지(당사자가 외국인인 때에는 그 성명·국적 및 외국인등록번호)(2010.5.4 본호개정)
2. 당사자의 부모와 양부모의 성명·등록기준지 및 주민등록번호
3.「민법」제909조제4항 또는 제5항에 따라 친권자가 정하여진 때에는 그 내용

제75조【협의상 이혼의 확인】 ① 협의상 이혼을 하고자 하는 사람은 등록기준지 또는 주소지를 관할하는 가정법원의 확인을 받아 신고하여야 한다. 다만, 국내에 거주하지 아니하는 경우에 그 확인은 서울가정법원의 관할로 한다.

② 제1항의 신고는 협의상 이혼을 하고자 하는 사람이 가정법원으로부터 확인서등본을 교부 또는 송달받은 날부터 3개월 이내에 그 등본을 첨부하여 행하여야 한다.

③ 제2항의 기간이 경과한 때에는 그 가정법원의 확인은 효력을 상실한다.

④ 가정법원의 확인 절차와 신고에 관하여 필요한 사항은 대법원규칙으로 정한다.

제76조【간주규정】 협의이혼신고서에 가정법원의 이혼의사확인서등본을 첨부한 경우에는「민법」제836조제2항에서 정한 증인 2인의 연서가 있는 것으로 본다.

제77조【준용규정】 제74조는 혼인취소의 신고에 준용한다.

제78조【준용규정】 제58조는 이혼의 재판이 확정된 경우에 준용한다.

제9절 친권 및 미성년후견
(2013.7.30 본절제목개정)

제79조【친권자 지정 및 변경 신고 등】 ① 부모가「민법」제909조제4항에 따라 친권자를 정한 때에는 1개월 이내에 그 사실을 신고하여야 한다. 부모 중 일방이 신고하는 경우에는 그 사실을 증명하는 서면을 첨부하여야 한다.

② 다음 각 호의 재판이 확정된 경우에는 그 재판을 청구한 사람이나 그 재판으로 친권자 또는 그 임무를 대행할 사람으로 정하여진 사람이 그 내용을 신고하여야 한다. 이 경우 신고기간, 신고서의 첨부서류 등에 관하여는 제58조를 준용한다.
1.「민법」제909조제4항부터 제6항까지의 규정에 따라 친권자를 정하거나 변경하는 재판
2.「민법」제909조의2(「민법」제927조의2제1항에 따라 준용되는 경우를 포함한다), 제927조의2제2항 및 제931조제2항에 따라 친권자 또는 그 임무를 대행할 사람을 지정하거나 선임하는 재판
3.「민법」제924조, 제924조의2 및 제926조에 따른 친권의 상실, 일시 정지, 일부 제한 및 그 회복에 관한 재판
(2014.10.15 본호개정)
4.「민법」제925조, 제926조 및 제927조에 따른 법률행위의 대리권이나 재산관리권의 상실·사퇴 및 그 회복에 관한 재판(2014.10.15 본호신설)
(2013.7.30 본항개정)
(2013.7.30 본조제목개정)

제80조【미성년후견 개시신고의 기재사항】 ① 미성년후견 개시의 신고는 미성년후견인이 그 취임일부터 1개월 이내에 하여야 한다.

② 신고서에는 다음 각 호의 사항을 적어야 한다.
1. 미성년자와 미성년후견인의 성명·출생연월일·주민등록번호 및 등록기준지(당사자가 외국인인 때에는 그 성명·출생연월일·국적 및 외국인등록번호)
2. 미성년후견 개시의 원인 및 연월일
3. 미성년후견인이 취임한 연월일
(2013.7.30 본조개정)

제81조【미성년후견인 경질신고 등】 ① 미성년후견인이 경질된 경우에는 후임자는 취임일부터 1개월 이내에 그 취지를 신고하여야 한다.(2013.7.30 본항개정)

② 제1항의 신고에는 제80조제2항을 준용한다.

③「민법」제939조 또는 제940조에 따라 미성년후견인이 사임하거나 변경된 경우 신고인, 신고기간과 신고서의 첨부서류 등에 관하여는 제79조제2항을 준용한다. 이 경우 "친권자 또는 그 임무를 대행할 사람으로 정하여진 사람"은 "선임된 미성년후견인"으로 본다.(2013.7.30 본항개정)
(2013.7.30 본조제목개정)

제82조【유언 또는 재판에 따른 미성년후견인의 선정】
① 유언에 의하여 미성년후견인을 지정한 경우에는 지정에 관한 유언서 그 등본 또는 유언녹음을 기재한 서면을 신고서에 첨부하여야 한다.

② 미성년후견인 선임의 재판이 있는 경우에는 재판서의 등본을 신고서에 첨부하여야 한다.
(2013.7.30 본조개정)

제83조【미성년후견 종료신고】 ① 미성년후견 종료의 신고는 미성년후견인이 1개월 이내에 하여야 한다. 다만, 미성년자가 성년이 되어 미성년후견이 종료된 경우에는 그러하지 아니하다.

② 신고서에는 다음 각 호의 사항을 적어야 한다.
1. 미성년자와 미성년후견인의 성명·등록기준지 및 주민등록번호(당사자가 외국인인 때에는 그 성명·국적 및 외국인등록번호)
2. 미성년후견 종료의 원인 및 연월일
(2013.7.30 본조개정)

제83조의2【미성년후견감독 개시신고】 ① 미성년후견감독 개시의 신고는 미성년후견감독인이 그 취임일부터 1개월 이내에 하여야 한다.

② 신고서에는 다음 각 호의 사항을 적어야 한다.
1. 미성년후견감독인, 미성년후견인 및 미성년자의 성명·출생연월일·주민등록번호 및 등록기준지(당사자가 외국인인 때에는 그 성명·출생연월일·국적 및 외국인등록번호)
2. 미성년후견감독 개시의 원인 및 연월일
3. 미성년후견감독인이 취임한 연월일
(2013.7.30 본조신설)

제83조의3【미성년후견감독인의 경질신고 등】 ① 미성년후견감독인이 경질된 경우에는 후임자는 취임일부터 1개월 이내에 그 취지를 신고하여야 한다.

② 제1항의 신고에 관하여는 제83조의2제2항을 준용한다.

③「민법」제940조의7에 따라 준용되는 같은 법 제939조 또는 제940조에 따라 미성년후견감독인이 사임하거나 변경된 경우 신고인, 신고기간과 신고서의 첨부서류 등에 관하여는 제79조제2항을 준용한다. 이 경우 "친권자 또는 그 임무를 대행할 사람으로 정하여진 사람"은 "선임된 미성년후견감독인"으로 본다.
(2013.7.30 본조신설)

제83조의4【유언 또는 재판에 따른 미성년후견감독인의 선정】 유언으로 미성년후견감독인을 지정한 경우 또는 미성년후견감독인 선임의 재판이 있는 경우에 신고서의 첨부서류에 관하여는 제82조를 준용한다.
(2013.7.30 본조신설)

제83조의5【미성년후견감독 종료신고】 ① 미성년후견감독 종료의 신고는 미성년후견감독인이 1개월 이내에 하여야 한다. 다만, 미성년자가 성년이 되어 미성년후견감독이 종료된 경우에는 그러하지 아니하다.
② 신고서에는 다음 각 호의 사항을 적어야 한다.
1. 미성년후견감독인, 미성년후견인 및 미성년자의 성명·출생연월일·주민등록번호 및 등록기준지(당사자가 외국인인 경우에는 그 성명·출생연월일·국적 및 외국인등록번호)
2. 미성년후견감독 종료의 원인 및 연월일
(2013.7.30 본조신설)

제10절 사망과 실종

제84조【사망신고와 그 기재사항】 ① 사망의 신고는 제85조에 규정한 사람이 사망의 사실을 안 날부터 1개월 이내에 진단서 또는 검안서를 첨부하여 하여야 한다.
② 신고서에는 다음 사항을 기재하여야 한다.
1. 사망자의 성명, 성별, 등록기준지 및 주민등록번호
2. 사망의 연월일시 및 장소
③ 부득이한 사유로 제2항의 신고서에 제1항의 진단서나 검안서를 첨부할 수 없는 때에는 사망의 사실을 증명할 만한 서면으로서 대법원규칙으로 정하는 서면을 첨부하여야 한다. 이 경우 제2항의 신고서에 진단서 또는 검안서를 첨부할 수 없는 사유를 기재하여야 한다.(2016.5.29 본항개정)

제85조【사망신고의무자】 ① 사망의 신고는 동거하는 친족이 하여야 한다.
② 친족·동거자 또는 사망장소를 관리하는 사람, 사망장소의 동장 또는 통·이장도 사망의 신고를 할 수 있다.

제86조【사망신고의 장소】 사망의 신고는 사망지·매장지 또는 화장지에서 할 수 있다. 다만, 사망지가 분명하지 아니한 때에는 사체가 처음 발견된 곳에서, 기차나 그 밖의 교통기관 안에서 사망이 있었을 때에는 그 사체를 교통기관에서 내린 곳에서, 항해일지를 비치하지 아니한 선박 안에서 사망한 때에는 그 선박이 최초로 입항한 곳에서 할 수 있다.

제87조【재난 등으로 인한 사망】 수해, 화재나 그 밖의 재난으로 인하여 사망한 사람이 있는 경우에는 이를 조사한 관공서는 지체 없이 사망지의 시·읍·면의 장에게 통보하여야 한다. 다만, 외국에서 사망한 때에는 사망자의 등록기준지의 시·읍·면의 장 또는 재외국민 가족관계등록사무소의 가족관계등록관에게 통보하여야 한다.
(2015.2.3 단서개정)

제88조【사형, 재소 중 사망】 ① 사형의 집행이 있는 때에는 교도소장은 지체 없이 교도소 소재지의 시·읍·면의 장에게 사망의 통보를 하여야 한다.
② 제1항은 재소 중 사망한 사람의 사체를 찾아갈 사람이 없는 경우에 준용한다. 이 경우 통보서에 진단서 또는 검안서를 첨부하여야 한다.

제88조의2【무연고자 등의 사망】 「장사 등에 관한 법률」 제12조에 따라 시장등이 무연고 사망자 등을 처리한 경우에는 지체 없이 사망지·매장지 또는 화장지의 시·읍·면의 장에게 통보하여야 한다.(2014.12.30 본조신설)

제89조【통보서의 기재사항】 제87조, 제88조 및 제88조의2에서 규정한 통보서에는 제84조제2항에서 정한 사항을 기재하여야 한다.(2014.12.30 본조개정)

제90조【등록불명자 등의 사망】 ① 사망자에 대하여 등록이 되어 있는지 여부가 분명하지 아니하거나 사망자를 인식할 수 없는 때에는 경찰공무원은 검시조서를 작성·첨부하여 지체 없이 사망지의 시·읍·면의 장에게 사망의 통보를 하여야 한다.(2020.12.22 본항개정)
② 사망자가 등록이 되어 있음이 판명되었거나 사망자의 신원을 알 수 있게 된 때에는 경찰공무원은 지체 없이 사망지의 시·읍·면의 장에게 그 취지를 통보하여야 한다.
(2020.12.22 본항개정)
③ 제1항의 통보가 있은 후에 제85조에서 정한 사람이 사망자의 신원을 안 때에는 그 날부터 10일 이내에 사망의 신고를 하여야 한다.

제91조【준용규정】 제49조 및 제50조는 사망의 신고에 준용한다.

제92조【실종선고의 신고】 ① 실종선고의 신고는 그 선고를 청구한 사람이 재판확정일부터 1개월 이내에 재판서의 등본 및 확정증명서를 첨부하여 하여야 한다.
② 실종선고의 신고서에는 다음 사항을 기재하여야 한다.
1. 실종자의 성명·성별·등록기준지 및 주민등록번호
2. 「민법」 제27조에서 정한 기간의 만료일
③ 제58조는 실종선고취소의 재판이 확정된 경우에 그 재판을 청구한 사람에게 준용한다.

제11절 국적의 취득과 상실

제93조【인지 등에 따른 국적취득의 통보 등】 ① 법무부장관은 「국적법」 제3조제1항 또는 같은 법 제11조제1항에 따라 대한민국의 국적을 취득한 사람이 있는 경우 지체 없이 국적을 취득한 사람이 정한 등록기준지의 시·읍·면의 장에게 대법원규칙으로 정하는 사항을 통보하여야 한다.
② 제1항의 통보를 받은 시·읍·면의 장은 국적을 취득한 사람의 등록부를 작성한다.

제94조【귀화허가의 통보 등】 ① 법무부장관은 「국적법」 제4조에 따라 외국인을 대한민국 국민으로 귀화허가한 경우 지체 없이 귀화허가를 받은 사람이 정한 등록기준지의 시·읍·면의 장에게 대법원규칙으로 정하는 사항을 통보하여야 한다.
② 제1항의 통보를 받은 시·읍·면의 장은 귀화허가를 받은 사람의 등록부를 작성한다.

제95조【국적회복허가의 통보 등】 ① 법무부장관은 「국적법」 제9조에 따라 대한민국의 국적회복을 허가한 경우 지체 없이 국적회복을 한 사람이 정한 등록기준지의 시·읍·면의 장에게 대법원규칙으로 정하는 사항을 통보하여야 한다.
② 제1항의 통보를 받은 시·읍·면의 장은 국적회복을 한 사람의 등록부를 작성한다. 다만, 국적회복을 한 사람의 등록부등이 있는 경우에는 등록부등에 기재된 등록기준지의 시·읍·면의 장에게 그 사항을 통보하여야 한다.

제96조【국적취득자의 성과 본의 창설 신고】 ① 외국의 성을 쓰는 국적취득자가 그 성을 쓰지 아니하고 새로이 성(姓)·본(本)을 정하고자 하는 경우에는 그 등록기준지·주소지 또는 등록기준지로 하고자 하는 곳을 관할하는 가정법원의 허가를 받고 그 등본을 받은 날부터 1개월 이내에 그 성과 본을 신고하여야 한다.
② 대한민국의 국적을 회복하거나 재취득하는 경우에는 종전에 사용하던 대한민국식 성명으로 국적회복신고 또는 국적재취득신고를 할 수 있다.
③ 제2항의 경우 신고서에는 종전에 사용하던 대한민국식 성명을 소명하여야 한다.
④ 신고서에는 다음 사항을 기재하여야 한다.
1. 종전의 성
2. 창설한 성·본
3. 허가의 연월일
⑤ 제4항의 신고서에는 제1항에 따른 허가의 등본을 첨부하여야 한다.
⑥ 제1항의 경우에 가정법원은 심리(審理)를 위하여 국가경찰관서의 장에게 성·본 창설허가 신청인의 범죄경력 조회를 요청할 수 있고, 그 요청을 받은 국가경찰관서의 장은 지체 없이 그 결과를 회보하여야 한다.(2013.7.30 본항신설)

제97조【국적상실신고의 기재사항】 ① 국적상실의 신고는 배우자 또는 4촌 이내의 친족이 그 사실을 안 날부터 1개월 이내에 하여야 한다.
② 신고서에는 다음 각 호의 사항을 기재하여야 한다.
1. 국적상실자의 성명·주민등록번호 및 등록기준지
2. 국적상실의 원인 및 연월일
3. 새로 외국국적을 취득한 때에는 그 국적
③ 제2항의 신고서에는 국적상실을 증명하는 서면을 첨부하여야 한다.
④ 국적상실자 본인도 국적상실의 신고를 할 수 있다.

제98조【국적선택 등의 통보】 ① 법무부장관은 다음 각 호의 어느 하나에 해당하는 사유가 발생한 경우 그 사람의 등록기준지(등록기준지가 없는 경우에는 그 사람이 정한 등록기준지)의 시·읍·면의 장에게 대법원규칙으로 정하는 사항을 통보하여야 한다.
1. 「국적법」 제13조에 따라 복수국적자로부터 대한민국의 국적을 선택한다는 신고를 수리한 때(2010.5.4 본호개정)
2. 「국적법」 제14조제1항에 따라 국적이탈신고를 수리한 때
3. 「국적법」 제20조에 따라 대한민국 국민으로 판정한 때
② 대한민국 국민으로 판정받은 사람이 등록되어 있지 아니한 때에는 그 통보를 받은 시·읍·면의 장은 등록부를 작성한다.

제12절 개명 및 성(姓)·본(本) 변경

제99조【개명신고】 ① 개명하고자 하는 사람은 주소지(재외국민의 경우 등록기준지)를 관할하는 가정법원의 허가를 받고 그 허가서의 등본을 받은 날부터 1개월 이내에 신고를 하여야 한다.
② 신고서에는 다음 사항을 기재하여야 한다.
1. 변경 전의 이름
2. 변경한 이름
3. 허가연월일
③ 제2항의 신고서에는 허가서의 등본을 첨부하여야 한다.
④ 제1항의 경우에 가정법원의 심리에 관하여는 제96조제6항을 준용한다.(2013.7.30 본항신설)

판례 개명허가 여부를 결정함에 있어서는 이름이 가지는 사회적 의미와 기능, 개명을 허가할 경우 초래될 수 있는 사회적 혼란과 부작용 등 공공적 측면뿐만 아니라, 개명신청인 본인의 주관적 의사와 개명의 필요성, 개명을 통하여 얻을 수 있는 효과와 편의 등 개인적인 측면까지도 함께 충분히 고려되어야 하므로, 개명을 허가할 만한 상당한 이유가 있다고 인정되고, 범죄를 기도 또는 은폐하거나 법령에 따른 각종 제한을 회피하려는 불순한 의도나 목적이 개입되어 있는 등 개명신청권의 남용으로 볼 수 있는 경우가 아니라면, 원칙적으로 개명을 허가함이 상당하다.
(대결 2009.8.13, 2009스65)

제100조【성·본 변경신고】 ① 「민법」 제781조제6항에 따라 자녀의 성(姓)·본(本)을 변경하고자 하는 사람은 재판확정일부터 1개월 이내에 재판서의 등본 및 확정증명서를 첨부하여 신고하여야 한다.
② 신고서에는 다음 사항을 기재하여야 한다.
1. 변경 전의 성·본
2. 변경한 성·본
3. 재판확정일

제13절 가족관계 등록 창설

제101조【가족관계 등록 창설신고】 ① 등록이 되어 있지 아니한 사람은 등록을 하려는 곳을 관할하는 가정법원의 허가를 받고 그 등본을 받은 날부터 1개월 이내에 가족관계 등록 창설(이하 "등록창설"이라 한다)의 신고를 하여야 한다.
② 신고서에는 제9조제2항에 규정된 사항 외에 등록창설허가의 연월일을 기재하여야 한다.
③ 제2항의 신고서에는 등록창설허가의 등본을 첨부하여야 한다.
④ 제1항의 경우에 가정법원의 심리에 관하여는 제96조제6항을 준용한다.(2013.7.30 본항신설)

제102조【직계혈족에 의한 등록창설신고】 등록창설허가의 재판을 얻은 사람이 등록창설의 신고를 하지 아니한 때에는 배우자 또는 직계혈족이 할 수 있다.

제103조【판결에 의한 등록창설의 신고】 ① 확정판결에 의하여 등록창설의 신고를 하여야 할 경우에는 판결확정일부터 1개월 이내에 하여야 한다.
② 신고서에는 제9조제2항에 규정된 사항 외에 판결확정일을 기재하여야 한다.
③ 제2항의 신고서에는 판결의 등본 및 확정증명서를 첨부하여야 한다.

제5장 등록부의 정정

제104조【위법한 가족관계 등록기록의 정정】 ① 등록부의 기록이 법률상 허가될 수 없는 것 또는 그 기재에 착오나 누락이 있다고 인정한 때에는 이해관계인은 사건 본인의 등록기준지를 관할하는 가정법원의 허가를 받아 등록부의 정정을 신청할 수 있다.
② 제1항의 경우에 가정법원의 심리에 관하여는 제96조제6항을 준용한다.(2013.7.30 본항신설)

제105조【무효인 행위의 가족관계등록기록의 정정】
① 신고로 인하여 효력이 발생하는 행위에 관하여 등록부에 기록하였으나 그 행위가 무효임이 명백한 때에는 신고인 또는 신고사건의 본인은 사건 본인의 등록기준지를 관할하는 가정법원의 허가를 받아 등록부의 정정을 신청할 수 있다.
② 제1항의 경우에 가정법원의 심리에 관하여는 제96조제6항을 준용한다.(2013.7.30 본항신설)

판례 중국 국적의 조선족 여성과 혼인한 것으로 신고한 자가, 혼인할 의사가 전혀 없음에도 그 여성을 한국에 입국시킬 목적으로 혼인신고를 하여 공전자기록에 불실의 사실을 기재하게 하였다는 등의 범죄사실로 유죄판결을 받아 확정된 사안에서, 위 혼인은 혼인의사의 합치가 결여되어 무효임이 명백하므로 혼인무효판결을 받지 않았더라도 가족관계의 등록 등에 관한 법률 제105조에 따라 가정법원의 허가를 받아 가족관계등록부를 정정할 수 있다.
(대결 2009.10.8, 2009스64)

제106조【정정신청의 의무】 제104조 및 제105조에 따라 허가의 재판이 있었을 때에는 재판서의 등본을 받은 날부터 1개월 이내에 그 등본을 첨부하여 등록부의 정정을 신청하여야 한다.

제107조【판결에 의한 등록부의 정정】 확정판결로 인하여 등록부를 정정하여야 할 때에는 소를 제기한 사람은 판결확정일부터 1개월 이내에 판결의 등본 및 그 확정증명서를 첨부하여 등록부의 정정을 신청하여야 한다.

제108조【준용규정】 제20조제1항, 제22조, 제23조제1항, 제23조의2, 제23조의3, 제25조부터 제27조까지, 제29조부터 제33조까지 및 제37조부터 제42조까지의 규정은 등록부의 정정신청에 준용한다.(2020.2.4 본조개정)

제6장 불복절차

제109조【불복의 신청】 ① 등록사건에 관하여 이해관계인은 시·읍·면의 장의 위법 또는 부당한 처분에 대하여 관할 가정법원에 불복의 신청을 할 수 있다.
② 제1항의 신청을 받은 가정법원은 신청에 관한 서류를 시·읍·면의 장에게 송부하며 그 의견을 구할 수 있다.

제110조【불복신청에 대한 시·읍·면의 조치】 ① 시·읍·면의 장은 그 신청이 이유 있다고 인정하는 때에는 지체 없이 처분을 변경하고 그 취지를 법원과 신청인에게 통지하여야 한다.
② 신청이 이유 없다고 인정하는 때에는 의견을 붙여 지체 없이 그 서류를 법원에 반환하여야 한다.

제111조【불복신청에 대한 법원의 결정】 ① 가정법원은 신청이 이유 없는 때에는 각하하고 이유 있는 때에는 시·읍·면의 장에게 상당한 처분을 명하여야 한다.
② 신청의 각하 또는 처분을 명하는 재판은 결정으로써 하고, 시·읍·면의 장 및 신청인에게 송달하여야 한다.
제112조【항고】 가정법원의 결정에 대하여는 법령을 위반한 재판이라는 이유로만 「비송사건절차법」에 따라 항고할 수 있다.
제113조【불복신청의 비용】 불복신청의 비용에 관하여는 「비송사건절차법」의 규정을 준용한다.

제7장 신고서류의 송부와 법원의 감독

제114조【신고서류 등의 송부】 시·읍·면의 장은 등록부에 기록할 수 없는 등록사건을 제외하고는 대법원규칙으로 정하는 바에 따라 등록부에 기록을 마친 신고서류 등을 관할 법원에 송부하여야 한다.
제115조【신고서류 등의 조사 및 시정지시】 ① 법원은 시·읍·면의 장으로부터 신고서류 등을 송부받은 때에는 지체 없이 등록부의 기록사항과 대조하고 조사하여야 한다.
② 법원은 제1항의 조사결과 그 신고서류 등에 위법·부당한 사실이 발견된 경우에는 시·읍·면의 장에 대하여 시정지시 등 필요한 처분을 명할 수 있다.
③ 신고서류조사 또는 시정지시 및 신고서류 보관절차에 관하여 필요한 사항은 대법원규칙으로 정한다.
제116조【각종 보고의 명령 등】 법원은 시·읍·면의 장에 대하여 등록사무에 관한 각종 보고를 명하는 등 감독상 필요한 조치를 취할 수 있다.

제8장 벌 칙

제117조【벌칙】 다음 각 호의 어느 하나에 해당하는 사람은 3년 이하의 징역 또는 1천만원 이하의 벌금에 처한다.
1. 제11조제6항을 위반한 사람
2. 제13조제2항을 위반한 사람
3. 제14조제1항·제2항·제7항, 제14조의2 및 제14조의3을 위반하여 거짓이나 그 밖의 부정한 방법으로 다른 사람의 등록부등의 기록사항을 열람하거나 증명서를 교부받은 사람(2013.7.30 본호개정)
3의2. 제42조를 위반하여 거짓이나 그 밖의 부정한 방법으로 다른 사람의 신고서류를 열람하거나 신고서류에 기재되어 있는 사항에 관한 증명서를 교부받은 사람(2013.7.30 본호신설)
4. 이 법에 따른 등록사무처리의 권한에 관한 승인절차 없이 전산정보처리조직에 가족관계 등록정보를 입력·변경하여 정보처리를 하거나 기술적 수단을 이용하여 가족관계 등록정보를 알아낸 사람
제118조【벌칙】 ① 등록부의 기록을 요하지 아니하는 사항에 관하여 거짓의 신고를 한 사람 및 등록의 신고와 관련된 사항에 관하여 거짓으로 보증을 한 사람은 1년 이하의 징역 또는 1천만원 이하의 벌금에 처한다.(2014.1.7 본항개정)
② 외국인에 대한 사항에 관하여 거짓의 신고를 한 사람도 제1항과 같다.
제119조【양벌규정】 법인의 대표자나 법인 또는 개인의 대리인, 사용인, 그 밖의 종업원이 그 법인 또는 개인의 업무에 관하여 제117조 또는 제118조의 위반행위를 하면 그 행위자를 벌하는 외에 그 법인 또는 개인에게도 해당 조문의 벌금형을 과(科)한다. 다만, 법인 또는 개인이 그 위반행위를 방지하기 위하여 해당 업무에 관하여 상당한 주의와 감독을 게을리하지 아니한 경우에는 그러하지 아니하다.(2010.5.4 본조개정)
제120조【과태료】 다음 각 호의 어느 하나에 해당하는 시·읍·면의 장에게는 50만원 이하의 과태료를 부과한다.
1. 제115조제2항에 따른 명령을 위반한 때
2. 제116조에 따른 명령을 위반한 때
제121조【과태료】 시·읍·면의 장이 제38조 또는 제108조에 따라 기간을 정하여 신고 또는 신청의 최고를 한 경우에 정당한 사유 없이 그 기간 내에 신고 또는 신청을 하지 아니한 사람에게는 10만원 이하의 과태료를 부과한다.
제122조【과태료】 이 법에 따른 신고의 의무가 있는 사람이 정당한 사유 없이 기간 내에 하여야 할 신고 또는 신청을 하지 아니한 때에는 5만원 이하의 과태료를 부과한다.
제123조【과태료 재판】 제120조의 과태료 재판은 과태료를 부과할 시·읍·면의 장의 사무소 소재지를 관할하는 가정법원이 「비송사건절차법」에 따라 행한다.
제124조【과태료 부과·징수】 ① 제121조 및 제122조에 따른 과태료는 대법원규칙으로 정하는 바에 따라 시·읍·면의 장(제21조제2항에 해당하는 때에는 출생·사망의 신고를 받는 동의 관할 시장·구청장을 말한다. 이하 이 조에서 같다)이 부과·징수한다. 다만, 재외국민 가족관계등록사무소의 가족관계등록관이 과태료 부과 대상이 있음을 안 때에는 신고의무자의 등록기준지 시·읍·면의 장에게 그 사실을 통지하고, 통지를 받은 시·읍·면의 장이 과태료를 부과·징수한다.(2015.2.3 단서신설)
② 제1항에 따른 과태료 처분에 불복하는 사람은 30일 이내에 해당 시·읍·면의 장에게 이의를 제기할 수 있다.
③ 제1항에 따라 시·읍·면의 장으로부터 과태료 처분을 받은 사람이 제2항에 따라 이의를 제기한 때에는 당해 시·읍·면의 장은 지체 없이 과태료 처분을 받은 사람의 주소 또는 거소를 관할하는 가정법원에 그 사실을 통보하여야 하며, 그 통보를 받은 가정법원은 「비송사건절차법」에 따른 과태료 재판을 한다.
④ 제2항에 따른 기간 이내에 이의를 제기하지 아니하고 과태료를 납부하지 아니한 때에는 지방세 체납처분의 예에 따라 징수한다.

부 칙

제1조【시행일】 이 법은 2008년 1월 1일부터 시행한다. 다만, 제93조부터 제95조까지 및 제98조의 개정규정은 2008년 9월 1일부터 시행한다.
제2조【폐지법률】 戶籍法은 폐지한다. 다만, 2008년 8월 31일까지 대한민국의 국적을 취득·회복하거나 대한민국 국민으로 귀화한 사람의 신고 및 「국적법」 제14조제1항에 따른 국적이탈자에 대한 법무부장관의 통보는 종전의 「호적법」 제109조, 제109조의2, 제110조 및 제112조의2를 적용하되, 위 「호적법」 조항들을 적용할 때 「호적법」 제15조는 이 법 제9조로, 본적은 등록기준지로 본다.
제3조【등록부의 작성 등】 ① 이 법 제9조에 따른 등록부는 종전의 「호적법」 제124조의3에 따라 편제된 전산호적부를 대상으로, 이 법 시행 당시 기록된 사항을 기준으로 하여 그 호적전산자료를 개인별로 구분·작성하는 방법에 따른다.
② 종전의 「호적법」 제124조의3에 따라 편제된 전산호적부는 이 법 시행과 동시에 제적된다.
③ 대법원규칙 제1911호 호적법시행규칙중개정규칙 부칙 제2조 및 제3조에 따라 전산 이기된 호적부(이하 "이미지 전산호적부"라 한다)는 제1항의 규정에도 불구하고 이 법 시행과 동시에 제적된다. 다만, 신고사건 등이 발생한 때에는 그 제적자에 대하여 새로 등록부를 작성하여야 한다.
④ 제1항 및 제3항 단서에 따라 등록부를 작성한 경우에 종전 호적에 기재된 본적은 이 법 제10조에 따른 최초의 등록기준지로 본다.
⑤ 종전의 「호적법」 규정에 따른 신고 등이 있었으나 제2항에 따라 제적된 후 이 법 시행 당시 등록부에 그 기록이 누락되었음이 발견된 때에는 제1항에 따라 새로 작성된 등록부를 폐쇄함과 동시에 제2항 및 제3항에 따른 제적을 부활한다.
⑥ 제5항에 따라 부활한 호적에 그 기록을 완료한 때에는 다시 제1항부터 제3항까지의 규정에 따른다.
제4조【제적부등에 관한 경과조치】 종전의 「호적법」 규정에 따른 제적부 또는 부칙 제3조에 따라 제적된 전산호적부 및 이미지 전산호적부(이하 "제적부등"이라 한다)에 관한 등록사무의 처리는 종전의 「호적법」 규정에 따르고, 이에 따른 등록부 정정에 관한 구체적인 절차는 대법원규칙으로 정한다. 다만, 제적부등에 관한 열람 또는 등본·초본의 교부청구권자에 관하여는 제14조제1항을 준용한다.
제5조【사실상 혼인관계 존재확인판결에 관한 경과조치】 이 법 시행 전에 사실상 혼인관계 존재확인의 재판이 확정된 경우에 대하여도 제72조를 적용한다. 다만, 종전의 「호적법」의 규정에 따라 발생한 효력에 대하여는 영향을 미치지 아니한다.
제6조【과태료에 관한 경과조치】 이 법 시행 전에 부과된 과태료의 징수와 재판절차는 종전의 「호적법」의 규정에 따른다.
제7조【일반적 경과조치】 이 법 시행 당시 종전의 「호적법」에 따라 행한 처분, 재판, 그 밖의 행위 및 절차는 이 법 중 그에 해당하는 규정이 있는 때에는 이 법의 적용에 관하여는 이 법의 해당 규정에 따라 한 것으로 본다.
제8조【다른 법률의 개정】 ①~㉙ ※(해당 법령에 가제정리 하였음)
㉚ (2007.7.23 삭제)
㉛~㊴ ※(해당 법령에 가제정리 하였음)
제9조【다른 법령과의 관계】 이 법 시행 당시 다른 법령에서 종전의 「호적법」 또는 그 규정을 인용한 경우 이 법 중 그에 해당하는 규정이 있는 때에는 종전의 규정에 갈음하여 이 법 또는 이 법의 해당조항을 인용한 것으로 본다.

부 칙 (2009.12.29)

① **【시행일】** 이 법은 공포 후 6개월이 경과한 날부터 시행한다. 다만, 제15조제2항의 개정규정은 공포 후 2년이 경과한 날부터 시행한다.
② **【적용례】** 제14조 및 제15조의 개정규정은 이 법 시행 전에 기록된 가족관계등록부의 증명서의 종류와 기록사항에 대하여도 적용한다.

부 칙 (2013.7.30)

제1조【시행일】 이 법은 공포한 날부터 시행한다. 다만, 제14조제7항, 제23조의2 및 제23조의3 및 제117조(제14조제7항과 관련한 사항에 한정한다)의 개정규정은 공포 후 1년이 경과한 날부터 시행한다.
제2조【금치산자 등에 대한 경과조치】 이 법 시행 당시 이미 금치산 또는 한정치산의 선고를 받은 사람에 대하여는 「민법」에 따라 성년후견, 한정후견, 특정후견이 개시되거나 임의후견감독인이 선임되거나 법률 제10429호 민법 일부개정법률 부칙 제1조에 따른 시행일부터 5년이 경과할 때까지는 종전의 규정을 적용한다.

부 칙 (2014.12.30)

제1조【시행일】 이 법은 공포 후 6개월이 경과한 날부터 시행한다.
제2조【무연고자 등의 사망 통보에 관한 적용례】 이 법의 개정규정은 이 법 시행 후 최초로 사망한 무연고자 등의 경우부터 적용한다.

부 칙 (2015.2.3)

제1조【시행일】 이 법은 2015년 7월 1일부터 시행한다.
제2조【경과조치】 이 법 시행 당시 이미 재외공관에 수리된 재외국민 가족관계등록 사건에 관하여는 종전의 규정을 적용한다.
제3조【다른 법률의 개정】 ①~② ※(해당 법령에 가제정리 하였음)

부 칙 (2020.2.4)

이 법은 공포 후 6개월이 경과한 날부터 시행한다.

부 칙 (2020.12.22)

제1조【시행일】 이 법은 2021년 1월 1일부터 시행한다. (이하 생략)

부 칙 (2021.3.16)

이 법은 공포 후 1개월이 경과한 날부터 시행한다.

부 칙 (2021.12.28)

제1조【시행일】 이 법은 2022년 1월 1일부터 시행한다.
제2조【가정폭력피해자의 등록사항별 증명서 교부 제한 등에 관한 적용례】 제14조제8항부터 제11항까지, 제14조의2제3항 및 제15조의2의 개정규정은 이 법 시행 전에 발생한 「가정폭력범죄의 처벌 등에 관한 특례법」 제2조제3호에 따른 가정폭력범죄로 인하여 피해를 입은 경우에 대하여도 적용한다.

부 칙 (2023.7.18)

제1조【시행일】 이 법은 공포 후 1년이 경과한 날부터 시행한다.
제2조【출생사실 통보에 관한 적용례】 제44조의3의 개정규정은 이 법 시행 이후 출생이 있는 경우부터 적용한다.

가족관계의 등록 등에 관한 규칙

(2007년 11월 28일 대법원규칙 제2119호)

개정
2008. 6. 5대법원규칙2181호 2008. 7. 7대법원규칙2188호
2009. 3.31대법원규칙2227호 2009. 6.26대법원규칙2242호
2009.12.31대법원규칙2263호 2010. 6. 3대법원규칙2290호
2010. 7.30대법원규칙2299호 2011. 1.31대법원규칙2323호
2011.12.12대법원규칙2372호 2013. 1. 8대법원규칙2446호
2013. 6. 5대법원규칙2470호 2014. 5.30대법원규칙2539호
2014.10. 2대법원규칙2562호 2014.12.30대법원규칙2577호
2015. 4.24대법원규칙2598호 2015.10. 7대법원규칙2620호
2016. 8. 1대법원규칙2671호 2016.11.29대법원규칙2697호
2018. 4.27대법원규칙2788호 2018. 8.31대법원규칙2800호
2018.12. 4대법원규칙2814호 2019.11. 6대법원규칙2862호
2020. 7.27대법원규칙2912호 2020.11.26대법원규칙2927호
2021. 1.29대법원규칙2951호 2021. 3.25대법원규칙2970호
2021. 5.27대법원규칙2983호 2021. 9.30대법원규칙2995호
2021.11.29대법원규칙3009호 2021.12.31대법원규칙3017호
2022. 1.28대법원규칙3030호 2022. 2.25대법원규칙3042호
2022. 4.29대법원규칙3048호 2022. 6.30대법원규칙3062호
2023. 2.24대법원규칙3095호

제1장 총 칙

제1조【목적】 이 규칙은 「가족관계의 등록 등에 관한 법률」에서 위임된 사항과 그 시행에 관하여 필요한 사항을 규정함을 목적으로 한다.

제2조【정의】 이 규칙에서 사용하는 용어의 뜻은 다음과 같다.
1. "가족관계등록부(이하 "등록부"라 한다)에 기록"이란 시(특별시 및 광역시와 구를 둔 시에 있어서 이 규칙 중 시, 시장 또는 시의 사무소란 각각 구, 구청장 또는 구의 사무소를 말한다. 다만, 도농복합형태의 시에 있어서 읍·면지역에 대하여는 읍·면, 읍·면의 장 또는 읍·면의 사무소를 말한다. 이하 같다)·읍·면의 장 또는 「가족관계의 등록 등에 관한 법률」(이하 "법"이라 한다) 제4조의2제1항의 가족관계등록관(이하 "가족관계등록관"이라 한다)이 법과 이 규칙이 정하는 사항을 전산정보처리조직에 의하여 등록부에 기록하는 것을 말한다.(2015.4.24 본호개정)
2. "등록부 부본자료(이하 "부본자료"라 한다)"란 등록부 또는 폐쇄등록부(이하 "등록부등"이라 한다)에 기록된 등록사항에 관한 전산정보자료(이하 "등록전산정보자료"라 한다)가 사고 등으로 인하여 훼손된 경우(이하 "손상"이라 한다)에 이를 복구하기 위하여 법 제11조와 제12조에 따라 보관·관리하는 장소 이외의 곳에 별도의 보조기억장치(자기디스크·자기테이프 그 밖의 전자적 정보저장매체를 포함한다. 이하 같다)를 이용하여 전산정보처리조직에 기록된 등록전산정보자료를 실시간, 주, 월단위로 복제한 것으로 등록부에 기록된 사항과 동일한 전산자료를 말한다.
3. "가족관계등록부사항"이란 등록기준지의 지정 또는 변경, 정정에 관한 사항, 가족관계등록부작성 또는 폐쇄에 관한 기록사항을 말한다.
4. "특정등록사항"이란 본인·부모(양부모 포함)·배우자·자녀(양자 포함)란에 기록되는 성명, 출생연월일, 주민등록번호, 성별, 본에 관한 기록사항을 말한다. 다만, 가족으로 기록할 자가 외국인인 경우에는 성명, 출생연월일, 국적, 외국인등록번호(외국인등록을 하지 아니한 외국국적동포의 경우에는 국내거소신고번호를 말한다. 이하 같다), 성별에 관한 기록사항을 말한다.
(2010.7.30 본호개정)
5. "일반등록사항"이란 출생에서부터 사망에 이르기까지 법과 이 규칙에 따라 본인의 등록부에 기록하는 가족관계등록부사항·특정등록사항 이외의 모든 신분변동에 관한 기록사항을 말한다.

제3조【비용의 부담】 법 제7조에 따라 가족관계의 발생과 변동사항의 등록과 그 증명에 관한 사무(이하 "등록사무"라 한다)에 드는 비용은 「보조금 관리에 관한 법률」에 따른 보조금으로 부담한다.(2013.1.8 본조개정)

제4조【등록기준지의 결정】 ① 법 시행과 동시에 최초로 등록부를 작성하는 경우, 종전 호적이 존재하는 사람은 종전 호적의 본적을 등록기준지로 한다.
② 제1항에 해당되지 않는 사람에 대해서 법 제10조제1항에 따라 처음 정하는 등록기준지는 다음 각 호에 따른다.
1. 당사자가 자유롭게 정하는 등록기준지
2. 출생의 경우에 부 또는 모의 특별한 의사표시가 없는 때에는, 자녀가 따르는 성과 본을 가진 부 또는 모의 등록기준지
3. 외국인이 국적취득 또는 귀화한 경우에 그 사람이 정한 등록기준지
4. 국적을 회복한 경우에 국적회복자가 정한 등록기준지
5. 가족관계등록창설의 경우에 제1호의 의사표시가 없는 때에는 가족관계등록창설하고자 하는 사람이 신고한 주민등록지
6. 부 또는 모가 외국인인 경우에 제1호의 의사표시가 없는 때에는 대한민국 국민인 부 또는 모의 등록기준지
③ 당사자는 등록기준지를 자유롭게 변경할 수 있다. 이 경우, 새롭게 변경하고자 하는 등록기준지 시·읍·면의 장에게 변경신고를 하여야 한다.

제5조【전산정보중앙관리소의 역할 등】 ① 법 제12조에 따른 전산정보중앙관리소(이하 "중앙관리소"라 한다)의 역할과 기능은 다음 각 호와 같다.
1. 등록부등과 부본자료의 보관·관리
2. 등록부등 색인정보 관리
3. 사용자정보관리
4. 각종 코드와 기재례 관리
5. 유관기관과의 정보연계
6. 가족관계등록통계정보관리
7. 시스템 프로그램의 유지·보수
8. 정보처리 요구사항과 장애내용 접수 및 그 대응과 기술지원
9. 가족관계등록정보 보존관리
10. 가족관계등록정보 보안관리
11. 그 밖에 법원행정처장이 필요하다고 인정한 사항
② 법원행정처장은 중앙관리소에 전산운영책임관을 두어 전산정보처리조직을 종합적으로 관리·운영하여야 한다.

제6조【전산운영책임관의 업무】 ① 중앙관리소의 전산운영책임관은 법 제11조에 따라 등록부등 및 그 부본자료를 작성·보관·관리하고 전산정보처리조직에 기록되어 있는 사항을 실시간, 주, 월단위로 보존하여야 한다.
② 전산운영책임관은 등록전산정보자료의 일부 또는 전부가 손상되었을 때에는 즉시 법원행정처장에게 보고하고 제1항의 부본자료에 의하여 복구하여야 한다. 이 경우 정상적인 전산정보처리조직의 운영이 불가능할 때에는 전산정보처리조직이 복구될 때까지 부본자료에 의하여 운영할 수 있다.
③ 등록전산정보자료와 부본자료의 각 일부 또는 전부가 동시에 손상된 경우에는 가족관계등록정보자료가 손상된 사람 또는 그 이해관계인에게 제20조의 멸실고시 등의 방법으로 등록 일제신고기간을 정하여 신고하도록 하고, 신고한 자료와 대법원의 등록정보자료, 시·읍·면의 제적 등을 기초로 전산정보처리조직을 복구하여야 한다. 그 밖의 복구절차에 필요한 사항은 대법원예규로 정한다.
④ 중앙관리소 소속 공무원이 법 제12조제2항에 따라 등록사항별 증명서를 발급하는 경우에는 전산운영책임관 명의로 한다.
⑤ 법 제12조제2항에 따른 증명서의 발급절차, 그 밖의 필요한 사항은 대법원예규로 정한다.
⑥ 전산운영책임관은 매년 1월 10일까지 등록전산정보자료의 보존방법과 부본자료의 보관·관리, 복구절차, 중앙관리소 소속직원의 업무배분, 그 밖의 전산정보처리조직의 안정적인 관리와 운영을 위한 지침을 마련하여 이를 비치하여야 한다.

제7조【취임보고 등】 ① 시·읍·면의 장이 취임하거나 퇴임 등의 사유로 그 직을 면한 때에는 즉시 감독법원(지원을 포함한다. 이하 "법원"이라 한다)에 보고하여야 한다.
② 시·읍·면의 장이 사고 등으로 인하여 다른 사람이 그 직무를 대리(「지방자치법」 제124조에 따라 권한을 대행하는 경우를 포함한다. 이하 같다)하는 때에는 대리의 개시 및 종료에 관한 사항을 즉시 법원에 보고하여야 한다.
(2022.6.30 본항개정)
③ 등록사무처리에 관해서 시·읍·면의 장을 대리하는 경우에는 법 제5조제1항을 준용한다.

제8조【등록사무담임자의 임면보고】 시·읍·면의 장이 소속 공무원 중에서 등록사무를 담당하는 사람(이하 "등록사무담임자"라 한다)을 임명하거나 그 직무를 면하게 한 때에는 즉시 법원에 보고하여야 한다.

제9조【직인의 보고】 ① 시·읍·면의 장 또는 그 직무를 대리하는 사람(이하 "직무대리자"라 한다)이 취임한 때에는 5일 이내에 등록사무에 사용할 직인의 인감을 법원에 보고하여야 한다.
② 제1항은 새로운 인장을 사용하거나 개인(改印)한 때에도 준용한다.

제10조【시·읍·면장 등의 식별부호】 ① 시·읍·면의 장 또는 그 직무대리자가 제7조에서 정한 취임 또는 직무대리 개시보고를 할 때에는 동시에 식별부호 사용신청을 하여 법원의 승인을 받아야 한다.
② 시·읍·면의 장 또는 그 직무대리자가 제7조에서 정한 퇴임 등 또는 직무대리 종료보고를 할 때에는 동시에 식별부호 사용 해지신청을 하여야 한다.
③ 시·읍·면의 장이 등록사무담임자 또는 그의 업무를 보조하는 사람을 임명하거나 그 직무를 면하게 한 경우에는 제1항과 제2항을 준용한다. 법 제21조제2항의 업무를 처리하는 동의 장과 그의 업무를 보조하는 사람의 경우에도 같다.

제11조【가족관계등록공무원명부】 법원은 가족관계등록공무원명부를 비치하고 제7조 또는 제8조의 보고가 있거나 법 제21조제2항의 업무를 처리하는 동의 장과 그의 업무를 보조하는 사람에게 식별부호의 사용 승인을 하거나 해지를 한 때에는 그 사유를 기재하여야 한다.

제12조【출장소 개설 등 보고】 ① 시·읍·면의 출장소에서 등록사무를 처리하려는 때에는 법원에 보고하여야 한다.
② 등록사무를 처리하던 출장소가 그 처리를 종료한 때에는 지체 없이 법원에 보고하여야 한다.
③ 법원이 제1항 또는 제2항의 보고를 받은 때에는 지체 없이 가정법원장을 거쳐 법원행정처장에게 이를 보고하여야 한다.

제13조【사무소이전의 보고】 시·읍·면의 사무소나 출장소를 이전한 때에는 5일 이내에 법원에 보고하여야 한다.

제14조【행정구역변경 등의 보고 및 부책 등의 인계】 ① 행정구역, 토지의 명칭, 지번, 도로명 또는 건물번호가 변경된 때에는 그 시행일 15일 전까지 법원에 보고하여야 한다.(2011.12.12 본항개정)
② 시·읍·면 또는 동이 신설·폐지되는 경우에는 신설·폐지되기 전에 그 지역에 소재한 시·읍·면의 장이 제1항의 보고를 한다.
③ 법원이 제1항 또는 제2항의 보고를 받는 경우 제12조제3항을 준용한다.
④ 시·읍·면의 구역변경이 있는 경우에 부책과 서류는 그 목록 2통을 첨부하여 이를 해당 시·읍·면에 인계하여야 한다.
⑤ 시·읍·면의 장은 인수한 부책과 서류를 첨부된 목록과 대조한 후 그 목록 1통에 영수의 뜻을 덧붙여 인계한 시·읍·면의 장에게 송부하여야 한다.
⑥ 인수절차를 마친 시·읍·면의 장은 지체 없이 법원에 보고하여야 한다.
⑦ 종전 「호적법」(2007.5.17. 법률 제8435호로 폐지된 것) 제11조에 따라 시·읍·면의 장이 제적부를 반출한 때에는 그 사유를, 반출한 제적부를 원상회복한 때에는 그 일시와 이상 유무를 지체 없이 각각 법원에 보고하여야 한다.

제15조【보고서의 편철】 법원은 제7조부터 제9조까지, 제12조부터 제14조까지의 보고서를 가족관계등록보고서편철장에 편철하여 보존한다.(2018.4.27 본조개정)

제16조【법원관할의 변경】 ① 법원의 관할이 변경된 경우에는 제적부본과 그에 관한 부책 및 서류, 가족관계등록부에 관한 부책과 서류를 새 관할법원에 인계하고, 그 내용을 법원행정처장에게 보고하여야 한다.
② 제1항의 인계절차에 관해서는 제14조제4항과 제5항의 규정을 준용한다.

제2장 등록부 등

제17조【등록부의 작성과 폐쇄】 ① 법 제9조에 따른 등록부의 작성은 전산정보처리조직에 의하여야 한다.
② 등록부가 법 제11조제2항에 규정된 사유 이외에 다음 각 호의 어느 하나에 해당하는 경우에는 이를 폐쇄한다.
1. 이중으로 작성된 경우
2. 착오 또는 부적법하게 작성된 경우
3. 정정된 등록부가 이해관계인에게 현저히 부당하다고 인정되어 재작성하는 경우

제18조【가족관계등록에 관한 부책 등의 보존】 가족관계등록에 관한 부책과 서류는 잠금장치가 있는 견고한 서고 또는 창고에 비치하고 철저하게 보존하여야 한다.

제19조【증명서 교부청구 등】 ① 법 제15조의 등록사항별 증명서에 대한 교부신청은 등록부 등의 기록사항 등에 관한 증명신청서(이하 "신청서"라 한다)에 그 사유를 기재하여 제출하여야 한다. 다만, 본인이 청구하는 경우에는 신청서를 작성하지 않을 수 있고, 대리인이 법 제14조제1항의 본인 또는 배우자, 직계혈족(이하 이 조에서는 "본인등"이라 한다)의 위임을 받아 청구하는 때에는 본인등의 위임장과 주민등록증·운전면허증·여권 등의 신분증명서 사본을 제출하여야 한다.(2021.12.31 본문개정)
② 법 제14조제1항제4호의 "정당한 이해관계 있는 사람"이란 다음 각 호의 어느 하나에 해당하는 경우를 말한다. 다만, 법 제14조제9항에 따른 교부제한대상자 또는 법 제15조의2제2항에 따른 공시제한대상자 본인등(이하 "교부제한대상자" 또는 "공시제한대상자 본인등"이라 한다)의 경우에는 법 제111조에 따른 가정법원의 결정으로 교부 등이 허용된 사람에 한정한다.(2021.12.31 단서신설)
1. 민법상의 법정대리인
2. 채권·채무의 상속과 관련하여 상속인의 범위를 확인하기 위해서 등록사항별 증명서의 교부가 필요한 사람
3. 그 밖에 공익목적상 합리적 이유가 있는 경우로서 대법원예규가 정하는 사람
③ 제1항의 신청서에는 대법원예규가 특별히 규정하고 있는 경우를 제외하고는 대상자의 성명과 등록기준지를 정확하게 반드시 기재하여야 하고 다음 각 호에 해당하는 서류를 제출하여야 한다.
1. 법 제14조제1항제1호의 경우에는 그 근거법령과 사유를 기재한 신청기관의 공문 및 관계공무원의 신분증명서
2. 법 제14조제1항제2호의 경우에는 법원의 보정명령서, 재판서, 촉탁서 등 이를 소명하는 자료
3. 법 제14조제1항제3호의 경우에는 이를 소명하는 자료 및 관계법령에 의한 정당한 권한이 있는 사람임을 확인할 수 있는 자료
4. 법 제14조제1항제4호의 경우에는 그 근거와 사유를 기재한 신청서 및 정당한 이해관계를 소명하는 자료와 신청인의 신분증명서
④ 제1항부터 제3항까지에 관하여 필요한 사항은 대법원예규로 정한다.
(2021.12.31 본조제목개정)

제20조【멸실고시】 법원행정처장은 제6조제2항에 따른 전산운영책임관의 등록전산정보자료의 손상보고가

있는 때에 그 등록전산정보자료의 복구가 불가능한 경우와 제6조제3항에 따른 등록전산정보자료와 등록전산정보부본자료의 각 일부 또는 전부가 동시에 손상된 경우에는 지체 없이 그 사실을 각 고시하여야 한다. 이 경우 법원행정처장은 등록부의 재작성에 관한 필요한 승인과 처분을 하여야 하며, 그 구체적인 내용과 절차는 대법원예규로 정한다.

제21조【증명서 작성방법의 일반사항】 ① 등록사항별 증명서에는 시·읍·면의 장의 직명(직무대리자의 경우에는 대리자격도 표시하여야 한다)과 성명을 기록한 후 그 직인을 찍어야 한다.(2016.11.29 본항개정)
② 증명서에 공란이나 여백이 있는 때에는 그 뜻을 표시하여야 한다.
③ 증명서가 여러 장으로 이루어지는 때에는 각 장에 장수, 발행번호를 기록하고 각 장에 걸쳐 직인으로 간인하여야 한다.
④ 제1항 또는 제3항의 경우에는 인증기에 직인을 부착하여 인증할 수 있고, 자동천공방식으로 간인할 수 있다.(2016.11.29 본항개정)
⑤ 본인, 부모(양부모 포함), 배우자, 자녀(양자 포함)의 가족관계등록부에 사망(실종선고·부재선고·국적상실 포함)사실이 기록된 경우에는 등록사항별 증명서의 사망한 사람의 성명란에 "사망(실종선고·부재선고·국적상실은 각 실종선고, 부재선고, 국적상실)"이 표시되어야 한다.
⑥ 가족관계증명서는 제5항의 경우를 제외하고는 증명서 교부 당시의 유효한 사항만을 모아서 발급한다. 다만, 법 제15조제2항제1호의 가족관계증명서는 성명란에 사망(실종선고·부재선고 포함)이 표시되어 있는 자녀(양자 포함)의 특정등록사항을 제외하고 발급한다.(2016.11.29 본항개정)
⑦ 시·읍·면의 장은 청구인이 등록사항별 증명서 중 두 가지 이상을 동시에 청구하는 경우에 제1항부터 제6항까지에 따라 개별증명서로 발급하여야 한다.(2016.11.29 본항개정)
⑧ 법원행정처장이 등록사항별 증명서의 기재례를 정한 때에는 그에 따라 증명서를 발급하여야 한다.
⑨ 제1항부터 제8항까지에도 불구하고 교부제한대상자 또는 공시제한대상자 본인등의 경우에는 제25조의3에 따라 교부 등의 범위가 제한될 수 있다.(2021.12.31 본항신설)
⑩ 등록사항별 증명서의 서식 및 그 밖에 필요한 사항은 대법원예규로 정한다.(2016.11.29 본항신설)
(2021.12.31 본조제목개정)

제21조의2【특정증명서의 발급】 ① 법 제15조제4항에 따라 다음 각 호의 등록사항별 증명서를 특정증명서로 발급한다.
1. 가족관계증명서
2. 기본증명서
3. 혼인관계증명서
② 가족관계증명서에 대한 특정증명서의 기재사항은 다음 각 호와 같다. 다만, 제3호, 제4호는 신청인이 기재사항으로 선택한 경우에 한한다.
1. 본인의 성명·성별·출생연월일 및 주민등록번호
2. 부모, 배우자 및 자녀 중 신청인이 선택한 사람의 성명·성별·출생연월일 및 주민등록번호(사람을 복수로 선택할 수 있다)
3. 본인의 등록기준지
4. 본인 및 제2호에 따라 신청인이 선택한 사람 전부의 본
③ 기본증명서에 대한 특정증명서의 기재사항은 다음 각 호와 같다. 다만, 제3호, 제4호는 신청인이 기재사항으로 선택한 경우에 한한다.
1. 본인의 성명·성별·출생연월일 및 주민등록번호
2. 다음 각 목 중 신청인이 선택한 어느 하나에 관한 사항
가. 출생, 사망과 실종
나. 인지와 친생자관계 정정
다. 친권과 미성년후견(다만, 현재의 사항만을 선택할 수도 있다)
라. 개명과 성·본 변경
마. 국적의 취득과 상실
바. 성별 등의 정정
3. 본인의 등록기준지
4. 본인의 본
④ 혼인관계증명서에 대한 특정증명서의 기재사항은 다음 각 호와 같다. 다만, 제3호, 제4호는 신청인이 기재사항으로 선택한 경우에 한한다.
1. 본인의 성명·성별·출생연월일 및 주민등록번호
2. 신청인이 선택한 과거의 혼인에 관한 사항
3. 본인의 등록기준지
4. 본인의 본
⑤ 제1항부터 제4항까지에도 불구하고 교부제한대상자 또는 공시제한대상자 본인등의 경우에는 제25조의3에 따라 교부 등의 범위가 제한될 수 있다.(2021.12.31 본항신설)
⑥ 특정증명서의 작성과 발급, 그 밖에 필요한 사항은 대법원예규로 정한다.
(2021.12.31 본조제목개정)
(2020.11.26 본조개정)

제21조의3【영문증명서의 발급】 ① 법 제15조제5항에 따라 필요한 경우에는 영문으로 작성된 등록사항별 증명서(이하 "영문증명서"라 한다)를 발급할 수 있다. 다만, 교부제한대상자 또는 공시제한대상자 본인등의 경우에는 제25조의3에 따라 교부 등의 범위가 제한될 수 있다.(2021.12.31 단서신설)
② 영문증명서의 기록사항은 다음 각 호와 같다.
1. 본인, 부모 및 배우자의 성명·성별·출생연월일 및 주민등록번호
2. 본인의 출생과 현재의 혼인에 관한 사항
③ 영문증명서는 로마자와 아라비아 숫자로 작성한다. 이 경우 제63조는 적용하지 아니한다.
④ 법원행정처장은 영문증명서의 작성에 필요한 경우 외교부장관에게 전산정보처리조직의 연계나 그 밖에 필요한 협조를 요청할 수 있다.
⑤ 영문증명서의 작성과 발급, 그 밖에 필요한 사항은 대법원예규로 정한다.
(2019.11.6 본조신설)

제22조【증명서의 교부청구의 필요이유 제시】 ① 법 제14조제1항제1호와 제3호에 따라 등록사항별 증명서의 교부를 청구하는 경우, 각 대상자 마다 등록사항별 증명서가 필요한 이유를 구체적으로 밝혀야 하며, 한 번에 30통 이상을 청구할 때에는 교부청구 기관 또는 단체의 소재지를 관할하는 시·읍·면에 하여야 한다.
② 법 제14조제1항제4호에 해당하는 경우에는 제19조제3항제4호의 요건을 갖추는 것 이외에 각각의 등록사항별 증명서가 필요한 이유를 별도로 밝혀야 한다.
③ 본인·배우자·직계혈족 이외의 사람이 등록사항별 증명서 중 가족관계증명서를 교부받고자 하는 경우에는 가족관계증명서가 필요한 이유를 별도로 밝혀야 한다.
(2021.12.31 본조제목개정)

제23조【증명의 범위 및 친양자입양관계증명서의 교부제한】 ① 시·읍·면의 장은 등록사항별증명서를 교부할 때, 각 증명서의 본인 또는 가족의 주민등록번호란 및 일반등록사항란에 기록된 주민등록번호(외국인인 경우에는 외국인등록번호를 말한다. 이하 같다) 중 그 일부를 공시하지 아니할 수 있다. 등록사항별 증명서의 주민등록번호 일부 공시제한에 관하여 필요한 사항은 대법원예규로 정한다.(2016.11.29 본항개정)
② 법 제14조제2항에 따른 친양자입양관계증명서의 교부제한은 교부청구 대상 본인의 친양자입양 여부와 관계없이 적용된다.
③ 법 제14조제2항제4호에 따라 증명서를 청구할 수 있는 경우는 다음 각 호의 어느 하나에 해당하는 경우로 한정한다. 다만, 제1호와 제2호의 구체적인 소명자료는 대법원예규로 정한다.
1. 「민법」 제908조의4 또는 「입양특례법」 제16조에 따라 입양취소를 하거나 「민법」 제908조의5 또는 「입양특례법」 제17조에 따라 파양을 할 경우(2013.1.8 본호개정)
2. 친양자의 복리를 위하여 필요함을 구체적으로 소명하여 신청하는 경우
3. 그 밖의 대법원예규가 정하는 정당한 이유가 있는 경우
④ 친양자입양에 관한 신고서류의 열람 등의 절차에는 제2항과 제3항을 준용한다.
⑤ 법 제14조제2항제3호에 따라 수사기관이 증명서를 교부청구하는 경우, 각 대상자마다 증명서가 필요한 사유를 구체적으로 기재하되, 관련사건명과 사건접수연월일을 밝혀 청구하여야 한다. 이 경우 제22조제3항 후단을 준용한다.

제24조【재외공관에서의 증명서 교부】 ① 법원행정처장이 정하는 재외공관은 증명서 교부신청의 접수와 교부사무를 처리할 수 있다.
② 제1항의 재외공관을 정하는 기준과 절차, 증명서 발급사무에 관한 업무처리절차 등 그 밖의 필요한 사항은 대법원예규로 정한다.

제25조【무인증명서발급기에 의한 증명서 발급】 ① 시·읍·면의 장은 신청인 스스로 입력하여 등록사항별 증명서를 발급받을 수 있는 장치(이하 "무인증명서발급기"라 한다)를 이용하여 증명서의 발급사무를 처리할 수 있다.
② 제1항에 따른 등록사항별 증명서 발급은 본인에게만 할 수 있으며, 이 경우 그 본인임을 확인하는 절차를 거쳐야 한다. 다만, 교부제한대상자 또는 공시제한대상자 본인등의 경우에는 제25조의3에 따라 발급의 범위가 제한된다.(2021.12.31 단서신설)
③ 제1항의 경우 그 발급기관, 발급절차, 그 밖의 필요한 사항은 대법원예규로 정한다.

제25조의2【인터넷에 의한 등록부등의 기록사항 열람 및 증명서 발급】 ① 등록부등의 기록사항 열람 및 등록사항별 증명서의 발급사무는 인터넷을 이용하여 처리할 수 있다.(2014.5.30 본항개정)
② 제1항에 따른 사무는 중앙관리소에서 처리하고, 전산운영책임관이 이를 담당한다.
③ 제1항에 따른 열람 및 발급은 본인 또는 배우자, 부모, 자녀가 신청할 수 있다. 이 경우 「전자서명법」 제2조제2호에 따른 전자서명(서명자의 실지명의를 확인할 수 있는 것으로서 법원행정처장이 지정하여 전자가족관계등록시스템에 공고한 인증서를 이용한 것을 말한다) 정보도 함께 송신하여야 한다. 다만, 교부제한대상자 또는 공시제한대상자 본인등의 경우에는 제25조의3에 따라 열람 등의 범위가 제한된다.(2021.12.31 단서신설)
④ 제1항에 따른 열람 및 발급의 범위, 절차 및 방법 등 필요한 사항은 대법원예규로 정한다.(2014.5.30 본항개정)
(2014.5.30 본조제목개정)
(2013.1.8 본조신설)

제25조의3【가정폭력피해자의 교부·공시제한 신청·해지절차 및 범위】 ① 법 제14조제8항의 가정폭력피해자(이하 "가정폭력피해자"라 한다)가 법 제14조제8항 또는 법 제15조의2제1항에 따라 교부제한 또는 공시제한을 신청하거나 그 해지를 신청할 때 제출하여야 할 신청서의 서식, 첨부서류, 그 밖의 신청절차 등에 관한 사항은 대법원예규로 정한다.
② 교부제한대상자에 대하여 교부, 열람 등이 제한되는 범위는 다음 각 호와 같다.
1. 가정폭력피해자를 본인으로 하는 법 제15조의 등록사항별 증명서 전부
2. 가정폭력피해자를 본인으로 하는 등록부등의 기록사항 전부
③ 공시제한대상자 본인등에 대하여 공시가 제한되는 범위는 다음 각 호와 같다.
1. 특정등록사항·일반등록사항 중 가정폭력피해자의 성명, 출생연월일, 주민등록번호, 성별, 본에 관한 사항 등 가정폭력피해자에 대한 기록사항 전부
2. 제적부의 기록사항 중 가정폭력피해자에 관한 기록사항 전부
3. 그 밖에 위 각 호에 준하는 가정폭력피해자의 개인정보
④ 교부제한대상자 또는 공시제한대상자 본인등에게는 영문증명서 및 제적부의 기록사항에 관하여 제25조의 무인증명서발급기 및 제25조의2의 인터넷에 의한 발급사무를 제공하지 아니한다.
(2021.12.31 본조신설)

제26조【등록전산정보자료의 이용 등】 ① 법 제13조에 따라 등록전산정보자료를 이용 또는 활용하려는 사람은 다음 각 호의 사항을 기재하고 관계중앙행정기관의 장의 심사결과를 첨부해 법원행정처장에게 등록전산정보자료의 제공을 승인하여 줄 것을 신청하여야 한다.
(2020.7.27 본문개정)
1. 자료의 이용 또는 활용의 목적과 근거
2. 자료의 범위
3. 자료의 제공방식·보관기관 및 안전관리대책
② 중앙행정기관의 장이 등록전산정보자료를 이용 또는 활용하려는 경우에는 법원행정처장에게 제1항 각 호의 사항을 기재한 서면을 제출하고 협의를 요청하여야 한다.
(2020.7.27 본항개정)
③ 법원행정처장이 제1항, 제2항에 따른 승인신청 또는 협의요청을 받은 때에는 다음 각 호의 사항을 심사하여 등록전산정보자료의 제공 여부를 결정하여야 한다.
(2020.7.27 본문개정)
1. 신청내용의 타당성·적합성·공익성(2020.7.27 본호개정)
2. 개인의 사생활 침해의 가능성 및 위험성 여부
(2020.7.27 본호신설)
3. 자료의 목적외 사용방지 및 안전관리대책 확보 여부
(2020.7.27 본호신설)
4. 신청한 사항의 처리가 전산정보처리조직에 의하여 가능한지 여부
5. 신청한 사항의 처리가 등록사무처리에 지장이 없는지 여부
④ 제3항에 따라 심사한 결과 신청을 승인하거나 협의가 이루어진 때에는 법원행정처장은 전산정보자료제공대장에 그 내용을 기록·관리하여야 한다.(2020.7.27 본항개정)

제26조의2【민원접수·처리기관을 통한 등록전산정보자료의 제공 등】 ① 민원인이 「민원 처리에 관한 법률」 제10조의2제1항에 따라 민원접수·처리기관을 통하여 본인에 관한 등록전산정보자료의 제공을 요구하는 경우 법원행정처장은 해당 정보를 지체 없이 제공하여야 한다.
② 민원인이 요구할 수 있는 등록전산정보자료의 종류는 행정안전부장관이 법원행정처장과 협의하여 공표한 것에 한한다.
③ 법원행정처장이 제2항에 따른 협의요청을 받은 때에는 법 제14조제5항 및 이 규칙 제26조제3항의 사항을 고려하여 제공할 등록전산정보자료의 종류를 결정하여야 한다.
④ 등록전산정보자료 제공절차 등과 관련하여 필요한 사항 중 이 규칙에서 정하고 있지 아니한 사항은 대법원예규로 정할 수 있다.
(2021.9.30 본조신설)

제26조의3【정보주체 본인의 요구에 의한 등록전산정보자료의 제공 등】 ① 정보주체가 「전자정부법」 제43조의2제1항에 따라 본인에 관한 등록전산정보자료의 제공을 요구하는 경우 법원행정처장은 해당 정보를 정보주체 본인 또는 본인이 지정하는 자로서 「전자정부법」 제43조의2제1항 각 호의 자에게 지체 없이 제공하여야 한다. 이 경우 정보주체는 정확성 및 최신성이 유지될 수 있도록 정기적인 제공을 요구할 수 있다.
② 제1항의 경우 제26조의2제2항부터 제4항까지를 준용한다.
(2021.11.29 본조신설)

제27조【신고서류의 열람 및 기재사항 증명】 ① 법 제42조제2항의 이해관계인은 법 제16조에서 규정한 서류(이하 "신고서류"라 한다)를 등록사무담임자가 보는 앞에서 열람하여야 한다. 다만, 교부제한대상자 또는 공시제한대상자 본인등이 제25조의3제2항 및 제3항에 따라 열람이 제한되는 사항이 포함된 신고서류를 열람하는 경

우에는 법 제111조에 따른 가정법원의 결정으로 열람이 허용된 사람에 한정한다.(2021.12.31 단서신설)
② 신고서류의 기재사항 증명은 별지 제6호 서식에 따른다.
제28조【증명서등의 수수료】 ① 호적용지로 작성된 제적부와 시·읍·면에 있는 신고서류의 열람 수수료는 건당 200원으로 한다.
② 등록사항별 증명서 및 제적등본의 수수료는 통당 1,000원으로 하고, 제적초본의 수수료는 통당 500원으로 한다. 다만, 무인증명서발급기를 이용하여 발급되는 등록사항별 증명서 및 제적등본의 수수료는 통당 500원, 제적초본의 수수료는 통당 300원으로 하고, 인터넷에 의한 등록부등의 기록사항 열람, 등록사항별 증명서 발급, 제적부의 열람 및 제적 등·초본 발급 수수료는 무료로 한다.(2016.11.29 본문개정)
③ 제27조의 기재사항 증명, 또는 제48조의 수리 또는 불수리의 증명 수수료는 건당 200원으로 한다.
④ 청구인이 다음 각 호의 어느 하나에 해당하는 경우에는 제1항부터 제3항까지의 수수료를 면제한다.
1. 국가나 지방자치단체의 공무원으로 직무상 필요에 의하여 청구하는 경우
2.「국민기초생활보장법」제2조제2호의 수급자가 청구하는 경우
3.「독립유공자예우에 관한 법률」제6조에 따라 등록된 독립유공자와 그 유족(선순위자만 해당된다)이 청구하는 경우(2009.6.26 본호신설)
4.「국가유공자 등 예우 및 지원에 관한 법률」제6조에 따라 등록된 국가유공자 등과 그 유족(선순위자만 해당된다)이 청구하는 경우(2009.6.26 본호신설)
5.「고엽제후유의증 등 환자지원 및 단체설립에 관한 법률」제4조에 따라 등록된 고엽제후유의증환자 등이 청구하는 경우(2019.11.6 본호개정)
6.「참전유공자예우 및 단체설립에 관한 법률」제5조에 따라 등록된 참전군인 등이 청구하는 경우(2009.6.26 본호신설)
7.「5·18민주유공자 예우에 관한 법률」제7조에 따라 등록 결정된 5·18민주유공자와 그 유족(선순위자만 해당된다)이 청구하는 경우(2009.6.26 본호신설)
8.「특수임무유공자 예우 및 단체설립에 관한 법률」제3조제3호에 따라 등록된 특수임무공로자와 그 유족(선순위자만 해당된다)이 청구하는 경우(2019.11.6 본호개정)
9.「한부모가족지원법」제5조 또는 제5조의2에 따른 보호대상자가 청구하는 경우(2020.7.27 본호신설)
10.「민원 처리에 관한 법률」제10조의2에 따라 민원인이 민원접수·처리기관을 통하여 등록전산정보자료의 제공을 요구하는 경우(2021.9.30 본호신설)
11.「전자정부법」제43조의2에 따라 정보주체가 등록전산정보자료의 제공을 요구하는 경우(2021.11.29 본호신설)
12. 재해의 발생 등 시·읍·면의 장이 필요하다고 인정하는 경우(2020.7.27 본호신설)
13. 출생신고인에게 기록일부터 2주일 이내에 출생사건 본인의 기본증명서를 최초 1회 발급하는 경우(2009.6.26 본호신설)
14. 다른 법률에 수수료를 면제하는 규정이 있는 경우

제3장 신 고
(2018.4.27 본장제목개정)

제29조【신고서의 양식 등】 각종 가족관계등록신고서의 양식과 이 규칙에서 정하지 않은 서식은 대법원예규로 정한다.
제30조【신고서의 문자】 ① 신고서는 한글과 아라비아숫자로 기재하여야 한다. 다만, 사건본인의 성명은 한자로 표기할 수 없는 경우를 제외하고는 한자를 병기하여야 하고, 사건본인의 본은 한자로 표기할 수 없는 경우를 제외하고는 한자로 기재하여야 한다.
② 신고서의 첨부서류가 외국어로 작성된 것인 때에는 번역문을 첨부하여야 한다.
제31조【신고서의 기재방법】 ① 신고서의 글자는 명확하게 기재하여야 한다.
② 신고서의 기재를 정정한 경우에는 여백에 정정한 글자의 수를 기재하고 신고인이 날인하여야 한다.
제32조【신고인 등의 확인】 ① 시·읍·면·동의 장 또는 재외공관의 장은 신고서류를 접수하는 경우에 출석한 신고인 또는 제출인의 신분증명서에 의하여 반드시 그 신분을 확인하여야 하고, 신고인 또는 제출인이 법 제23조제2항에 따라 불출석 신고사건 본인의 신분증명서를 제시한 때에는 그 신분을 확인한 후 신고서류의 뒤에 그 사본을 첨부하여야 한다.
② 법 제23조제2항의 "그 밖에 대법원규칙으로 정하는 신분증명서"는 국제운전면허증, 외국국가기관 명의의 신분증 그 밖에 대법원예규가 정하는 신분증명서를 말한다.(2018.4.27 본항개정)
③ 법 제23조제2항에도 불구하고, 법 제62조제1항의 법정대리인의 출석 또는 신분증명서의 제시가 있거나 인감증명서의 첨부가 있으면 신고사건본인의 신분증명서의 제시 또는 인감증명서의 첨부가 있는 것으로 본다.(2013.6.5 본항개정)
제33조【서명 또는 기명날인을 갈음하는 방법】 신고인, 증인, 동의자 등은 신고서에 서명하거나 기명날인할 수 있고, 서명 또는 기명날인을 할 수 없을 때에는 무인할 수 있다. 이 경우 담당공무원은 본인의 무인임을 증명한다는 문구를 기재하고 기명날인하여야 한다.
제34조【가족관계등록의 여부가 불분명한 경우 등의 표시】 ① 신고인 그 밖의 사람이 가족관계등록이 되어 있지 않거나 분명하지 않은 경우에는 신고서류에 그 취지를 기재하여야 한다.
② 사건본인이나 그 부 또는 모가 외국인인 경우에는 신고서의 등록기준지란에 그 국적을 기재하여야 한다.
제35조【말로 하는 신고의 처리】 시·읍·면의 장이 법 제31조제2항에 따라 신고서를 작성한 경우에는 신고서 여백에 그 취지를 기재하고 직명과 성명을 기재한 후 직인을 찍어야 한다.
제36조【대리인에 의한 신고】 법 제31조제3항에 따라 대리인이 말로 신고하는 경우에는 대리권한을 증명하는 서면을 제출하여야 한다.
제36조의2【전자문서를 이용한 신고】 ① 법 제23조의2에 따라 전산정보처리조직을 이용하여 전자문서로 할 수 있는 신고는 다음 각 호와 같다.
1. 법 제10조제2항에 따른 등록기준지 변경신고(2021.1.29 본호신설)
2. 법 제44조제4항 본문 및 제46조제1항, 제2항에 따른 부 또는 모의 출생신고(2018.4.27 본호신설)
3. 법 제96조에 따른 국적취득자의 성과 본의 창설 신고
4. 법 제99조에 따른 개명 신고
5. 법 제101조에 따른 가족관계등록 창설 신고
6. 법 제104조 및 제105조에 따른 등록부정정 신청
② 제1항에 따른 신고는 법과 이 규칙이 정한 신고서 기재사항에 대한 정보와 첨부서류를 전자문서로 송신하거나 대법원예규로 정하는 바에 따라 제공하는 방법으로 하며, 이 경우「전자서명법」제2조제2호에 따른 전자서명(서명자의 실지명의를 확인할 수 있는 것으로서 법원행정처장이 지정하여 전자가족관계등록시스템에 공고한 인증서를 이용한 것을 말한다) 정보도 함께 송신하여야 한다.(2021.5.27 후단개정)
③ 제2항의 첨부서류 중 다음 각 호에 해당하는 서류는 전산정보처리조직을 통한 확인으로 첨부를 갈음할 수 있다.
1. 제87조제6항에 따른 가정법원의 재판서등본
2. 전산정보처리조직에서 확인할 수 있는 등록사항별 증명서
3. 그 밖에 대법원예규로 정한 서면
④ 제1항제2호의 신고는 법 제23조의2제3항에 따라 다음 각 호의 장이 처리한다.(2021.1.29 본문개정)
1. 시에 있어서는 신고사건 본인의 주민등록을 할 지역을 관할하는 동이 속하는 시의 장
2. 읍·면에 있어서는 신고사건 본인의 주민등록을 할 지역을 관할하는 읍·면의 장
(2020.7.27 본항신설)
⑤ 제4항제1호의 신고는 신고사건 본인의 주민등록을 할 지역을 관할하는 동장이 법 제23조의2제4항에 따라 수리하고, 동이 속하는 시의 장에게 신고서를 송부하며, 그 밖에 이 규칙으로 정하는 등록사무를 처리한다.
(2020.7.27 본항신설)
(2014.5.30 본조신설)
제37조【인명용 한자의 범위】 ① 법 제44조제3항에 따른 한자의 범위는 다음과 같이 한다.
1. 교육부가 정한 한문교육용 기초한자(2019.11.6 본호개정)
2. 별표1에 기재된 한자. 다만, 제1호의 기초한자가 변경된 경우에, 그 기초한자에서 제외된 한 자는 별표1에 추가된 것으로 보고, 그 기초한자에 새로 편입된 한자 중 별표1의 한자와 중복되는 한자는 별표1에서 삭제된 것으로 본다.
② 제1항의 한자에 대한 동자(同字)·속자(俗字)·약자(略字)는 별표2에 기재된 것만 사용할 수 있다.
③ 출생자의 이름에 사용된 한자 중 제1항과 제2항의 범위에 속하지 않는 한자가 포함된 경우에는 등록부에 출생자의 이름을 한글로 기록한다.
제38조【출생증명서의 기재사항】 법 제44조제4항에 따른 출생증명서에 기재할 사항은 다음과 같다.
1. 자녀의 성명 및 성별. 다만, 작명되지 아니한 때에는 그 취지
2. 출생의 연월일 및 장소
3. 자녀가 다태아(多胎兒)인 경우에는 그 취지, 출생의 순위 및 출생시각
4. 모의 성명 및 출생연월일
5. 작성연월일
6. 작성자의 성명, 직업 및 주소
제38조의2【출생증명서를 대신하여 첨부할 수 있는 서면】 ① 법 제44조제4항제1호에 따라 분만에 직접 관여한 자가 작성한 출생사실을 증명하는 서면에는 모의 출산사실을 증명할 수 있는 자료 등으로서 모의 진료기록 사본이나 자의 진료기록 사본 또는 예방접종증명서 등 모의 임신사실 및 자의 출생사실을 증명할 수 있는 자료를 첨부하여야 한다.
② 법 제44조제4항제2호의 국내 또는 외국의 권한 있는 기관에서 발행한 출생사실을 증명하는 서면은 다음 각 호와 같다.
1. 통일부장관이 발행한 북한이탈주민 신원 사실관계 확인서
2. 외국 관공서 등에서 발행한 출생신고사실을 증명하는 서면
③ 제1항 및 제2항에 관하여 필요한 사항은 대법원예규로 정한다.
(2016.11.29 본조신설)
제38조의3【진단서 등을 대신하여 첨부할 수 있는 서면】 법 제84조제3항의 사망의 사실을 증명할 만한 서면은 다음 각 호와 같다.
1. 국내 또는 외국의 권한 있는 기관에서 발행한 사망사실을 증명하는 서면
2. 군인이 전투 그 밖의 사변으로 사망한 경우에 부대장 등이 사망 사실을 확인하여 그 명의로 작성한 전사확인서
3. 그 밖에 대법원예규로 정하는 사망의 사실을 증명할 만한 서면
(2016.11.29 본조신설)
제39조【준용규정】 신청·통보·촉탁은 신고에 관한 규정을 준용한다.

제4장 신고서류의 접수

제40조【신고서류의 접수방법】 ① 시·읍·면·동의 장이나 재외공관의 장이 신고서류를 접수하거나 송부받은 때에는 그 첫장 표면의 여백에 접수인을 찍고 접수번호 및 접수연월일을 기재한 후 처리자가 날인하여야 한다.
② 신고서류를 접수하였을 때에 신고인이 청구하는 경우에는 접수증을 교부하여야 한다.
③ 제1항의 경우에 법 제23조제2항과 이 규칙 제32조에 따른 본인, 신고인 또는 제출인의 신분확인절차를 거쳐야 한다.
④ 우편접수의 경우 신고인의 신분증명서 사본이 첨부된 때에는 이에 의하여 신분확인을 할 수 있다. 다만, 신고로 인하여 효력이 발생하는 등록사건에 있어서는 신고사건 본인의 인감증명서 또는 신고서의 서명에 대한 공증서가 첨부되거나 제32조제3항에 따른 법정대리인의 인감증명서가 첨부된 때에 이에 의하여 신분확인을 할 수 있다.
(2013.6.5 단서개정)
⑤ 제4항에 따른 신분증명서 사본이나 인감증명서가 첨부되지 않은 경우에는 신고를 수리하여서는 아니 된다.
제41조【접수장】 ① 시·읍·면·동의 장이나 재외공관의 장은 접수장에 접수 또는 송부받은 사건을 접수번호 순서대로 기록하여야 한다.
② 접수번호는 매년 갱신한다.
③ 접수장의 사건명은 신고의 종류에 따르되, 신고의 추후보완의 경우에는 원래의 신고의 접수번호도 부기한다.
④ 제1항의 경우, 제86조에도 불구하고 전산정보처리조직에 의하여 접수업무를 처리한 접수담당자가 매일 업무를 마친 때에 전산입력된 접수기록을 출력하여 비치하여야 한다.
제42조【신고서류의 처리상황표시】 접수된 신고서류에는 첫장 표면의 상부우측 여백에 처리상황란을 만들어 각 해당사항을 기재한 후 처리자가 날인하여야 한다.
제43조【수리 여부의 결정】 ① 시·읍·면·동의 장이나 재외공관의 장이 신고서류를 접수한 때에는 지체 없이 그 수리 여부를 결정하여야 한다.
② 신고를 수리 또는 불수리한 경우에는 접수장의 수리사항란에 그 취지와 일자를 기록하여야 한다. 그러나, 접수 당일 수리한 신고사건에 대하여는 그러하지 아니하다.
제44조【심사자료의 요구】 ① 시·읍·면·동의 장이나 재외공관의 장은 신고서류를 심사하기 위하여 필요한 때에는 등록부의 등록사항별 증명서나 그 밖의 서류를 제출하게 할 수 있다.
② 신고서류에 첨부하여야 할 제적 등·초본이나 등록사항별 증명서를 시·읍·면·동·재외공관에서 전산정보처리조직에 의하여 확인할 수 있는 경우에는 첨부하지 아니한다.
제45조【신고사건 수리 및 기록】 ① 시·읍·면의 장이 신고서류 등을 수리한 때에는 그 신고사건에 무효사유가 없으면, 즉시 등록부에 기록을 하여야 한다.
② 일반등록사항란에는 해당사건을 처리한 시·읍·면을 표시하여야 한다. 다만, 법 시행 이전에 기재된 호적기재사항에 대하여는 그러하지 아니하다.
제46조【신고서류의 송부】 법 제21조제2항과 법 제36조에 따라 송부하는 신고서류에는 첫장 표면의 여백에 발송인과 직인을 찍고 이미 과태료를 부과한 때에는 그 취지를 기재하여야 한다.
제47조【불수리한 경우의 처리】 불수리한 신고서류는 불수리신고서류편철장에 편철하되 신고서 이외의 첨부서류는 신고인의 청구에 따라 되돌려 줄 수 있다.
제48조【수리·불수리의 증명】 신고의 수리와 불수리의 증명은 별지 제7호 서식에 의한다.
제49조【사건표】 ① 시·읍·면의 장은 매달 접수한 사건의 건수표를 작성하여 다음 달 10일까지 법원에 보고하여야 한다.
② 시·읍·면의 장은 매년 접수한 사건의 건수표를 제1항에 준하여 작성하여 다음 해 1월 10일까지 법원에 보고하여야 한다.

③ 시·읍·면의 장이 건수표를 전산정보처리조직에 의하여 보고하는 때에는 제1항과 제2항의 보고를 갈음할 수 있다.

제50조【과태료의 부과】 ① 법 제124조제1항에 따른 과태료의 부과는 신고 또는 신청을 수리하거나 이를 최고한 시·읍·면의 장이 한다. 다만, 가족관계등록관이 과태료 부과 대상이 있음을 통지한 경우에는 통지를 받은 시·읍·면의 장이 과태료를 부과한다.(2015.4.24 단서신설)
② 제1항에 따라 과태료를 부과하고자 할 때에는 위반행위를 조사·확인하여야 하고 과태료처분대상자에게 말 또는 서면에 의한 의견진술의 기회를 주어야 한다.
③ 과태료를 부과하는 경우에는 위반사실과 과태료금액을 명시한 과태료납부통지서를 과태료처분 대상자에게 송부하여야 한다. 그러나 신고서 제출과 동시에 자진하여 과태료를 납부하는 경우에는 그러하지 아니하다.
④ 법 제21조 및 법 제23조의2제4항의 신고를 받은 동의 장은 소속시장·구청장을 대행하여 과태료를 부과·징수한다.(2021.1.29 본항개정)
⑤ 시·읍·면의 장은 별표3의 과태료 부과기준에 의하여 과태료의 금액을 정하여야 한다.
⑥ 시·읍·면의 장은 과태료처분대상자의 위반행위의 동기와 결과를 참작하여 별표3에 따른 과태료의 2분의 1에 해당하는 금액을 경감할 수 있다. 다만, 이 경우에는 과태료처분대상자가 작성한 위반행위에 대한 사유서를 첨부하여야 한다.
⑦ 제1항에 따라 과태료처분을 받은 사람이 이의를 제기하는 경우에는 과태료처분이의서를 과태료처분을 한 시·읍·면의 장에게 제출하여야 하며, 이를 접수한 시·읍·면의 장은 이의가 이유 없다고 인정되는 경우 통보서를 지체 없이 과태료처분을 받은 사람의 주소 또는 거소를 관할하는 가정법원에 송부하여야 한다.

제5장 등록부의 기록

제1절 기록사항

제51조【기록근거의 기록】 ① 등록부에 기록할 때에는 법 제9조제2항이 규정한 사항 외에 다음 사항도 기록하여야 한다.
1. 신고 또는 기록의 연월일(2009.6.26 본호개정)
2. 신고인 또는 신청인이 사건본인과 다른 때에는 신고인 또는 신청인의 자격과 성명
3. 재외공관의 장이나 관공서로부터 신고서류의 송부가 있는 때에는 송부연월일과 송부자의 직명
4. 통보일자와 통보자의 직명
5. 증서·항해일지 등본 작성자의 직명과 제출 연월일
6. 가족관계등록에 관한 재판·허가·촉탁을 한 법원과 그 연월일
7. 등록사건을 처리한 시·읍·면의 명칭
② 제1항제2호의 신고인 또는 신청인이 사건본인의 부 또는 모인 때에는 그 성명의 기록을 생략할 수 있다. 다만, 다음 각 호의 어느 하나에 해당하는 경우에는 그 성명의 기록을 생략하여야 한다.(2016.11.29 단서개정)
1. 출생신고인이 부 또는 모인 경우
2. 출생신고인이 법 제46조제4항에 따른 검사 또는 지방자치단체의 장인 경우
(2016.11.29 1호~2호신설)

제52조【군사분계선 이북지역 재적자의 가족관계등록창설】 ① 군사분계선 이북지역에 호적을 가졌던 사람이 가족관계등록창설하는 경우에는 등록부에 원적지를 기록하여야 한다.
② 군사분계선 이북지역에 호적을 가졌던 사람이 가족관계등록창설하는 경우, 군사분계선 이북지역에 거주하는 호주나 가족에 대한 가족관계등록창설허가도 신청할 수 있으며 그 등록부에는 원적지 및 군사분계선 이북지역에 거주한다는 취지를 기록한다.
③ 제1항과 제2항의 경우에 군사분계선 이북지역이 북위 38도선 이북인 경우에는 1945년 8월 15일을, 북위 38도선 이남인 경우에는 1950년 6월 25일을 기준으로 한다.

제53조【친권 등에 관한 사항의 기록】 친권·관리권 또는 미성년후견에 관한 사항은 미성년자의 등록부의 일반등록사항란에 각 기록한다.(2013.6.5 본조개정)

제54조【배우자의 가족관계등록사항 등의 변동사유】 한쪽 배우자에 대하여 다음의 신고가 있는 때에는 다른 배우자의 등록부에도 그 취지를 기록하여야 한다.
1. 사망, 실종선고·부재선고 및 그 취소
2. 국적취득과 그 상실
3. 성명의 정정 또는 개명

제55조【자녀의 등록사항 등】 ① 혼인 중의 출생자에 대한 출생신고 또는 인지의 효력이 있는 출생신고가 있는 때에는 법 제44조제2항의 신고서 기재내용에 따라 출생자에 대한 등록부를 작성하되, 특정등록사항란에 그 부모 또는 인지한 부의 성명을 기록하고 그 부모 또는 인지한 부의 등록부에는 특정등록사항란에 그 출생자의 성명 등을 기록하여야 한다.
② 혼인외의 출생자가 혼인중의 출생자로 된 때 또는 부모의 혼인이 무효로 된 때에는 자녀의 등록부 일반등록사항란에 그 사유를 기록하여야 한다.
③ 시·읍·면의 장은 부 또는 모의 성과 본이 정정되거나 변경된 경우 그 부 또는 모의 성을 따르는 자녀의 성과 본을 직권으로 정정 또는 변경기록하고 그 사유를 등록부에 기록하여야 한다.

제56조【인지되지 않은 자녀의 등록부】 부가 인지하지 아니한 혼인외의 출생자라도 부의 성과 본을 알 수 있는 경우에는 부의 성과 본을 따를 수 있다. 다만, 부의 성명을 그 자녀의 일반등록사항란 및 특정등록사항의 부란에 기록하여서는 아니된다.

제2절 기록절차

제57조【신고가 경합된 경우】 ① 동일한 사건에 수개의 신고가 수리된 경우에는 먼저 수리된 신고에 따라 등록부에 기록하여야 한다.
② 제1항의 경우에 뒤에 수리된 신고에 따라 등록부에 기록한 때에는 먼저 수리된 신고에 맞추어 등록부의 기록을 정정하여야 한다.
③ 제2항의 신고가 시·읍·면을 달리하여 수리된 때에는 뒤에 수리한 시·읍·면의 장이 이를 정정하되, 먼저 수리된 신고서류사본을 팩시밀리 등의 방법으로 받아서 직권정정서에 첨부한 후 가족관계등록신고서류편철장에 편철하여야 한다.

제58조【기아의 발견과 가족관계등록】 법 제53조제2항의 경우에 기아발견조서에 의하여 작성된 등록부의 기록과 출생신고의 내용이 동일하다고 인정되는 때에는 등록부정정신청서 여백에 그 취지를 기재하고 날인하여야 한다.

제59조【이중등록부의 정리】 동일한 사람이 성명이나 출생연월일의 일부 또는 전부를 달리하여 2개 이상의 등록부가 있음이 명백히 밝혀진 경우에는 시·읍·면의 장은 법 제18조에 따른 감독법원의 허가를 받아 직권으로 그 등록부를 폐쇄할 수 있다.

제60조【등록부의 정정】 ① 법 제18조제3항에 따른 통지를 받은 등록기준지의 시·읍·면의 장은 정정사건을 법 제18조제1항과 제2항에 따라 처리하되, 그 과정에서 정정대상이 된 원래의 신고사건 신고서류를 조사할 필요가 있는 경우에는 해당 사건을 처리한 시·읍·면의 장에게 재통지하여야 한다. 이 경우 재통지를 받은 시·읍·면의 장은 법 제18조제1항과 제2항에 따라 정정사건을 처리하여야 한다.
② 시·읍·면의 장이 법 제18조제2항 단서에 따라 감독법원의 허가 없이 직권으로 정정 또는 기록할 수 있는 사항은 다음 각 호와 같다.
1. 등록부의 기록이 오기되었거나 누락되었음이 법 시행 전의 호적(제적)이나 그 등본에 의하여 명백한 때
2. 제54조 또는 제55조에 의한 기록이 누락되었음이 신고서류 등에 의하여 명백한 때
3. 한쪽 배우자의 등록부에 혼인 또는 이혼의 기록이 있으나 다른 배우자의 등록부에는 혼인 또는 이혼의 기록이 누락된 때
4. 부 또는 모의 본이 정정되거나 변경되었음이 등록사항별 증명서에 의하여 명백함에도 그 자녀의 본란이 정정되거나 변경되지 아니한 때
5. 신고서류에 의하여 이루어진 등록부의 기록에 오기나 누락된 부분이 있음이 해당 신고서류에 비추어 명백한 때
6. 그 밖의 정정 또는 기록할 사유가 있음이 명백하여 대법원예규로 정한 경우(2009.6.26 본호신설)

제61조【직권정정·기록서】 제57조, 제60조제2항에 따라 직권으로 정정 또는 기록할 때에는 직권정정·기록서를 작성하여야 한다. 다만, 법원행정처장이 직권정정·기록서 작성이 필요 없음을 명시하여 송부한 등록부 정비목록에 따라 직권 정정·기록하는 경우에는 그러하지 아니하다.

제62조【신고서류에 관한 규정의 준용】 법 제18조제2항, 법 제38조제3항 및 제59조에 따른 직권정정·기록허가서와 제61조에 따른 직권정정·기록서는 이를 신고서류로 본다.

제3절 기록과 정정의 방법

제63조【등록부 기록의 문자】 ① 등록부에 기록할 때에는 약자나 부호를 쓰지 못한다.
② 등록부에는 다음 각 호를 제외하고는 한글과 아라비아 숫자로 기록한다.
1. 등록부의 특정등록사항란 중 성명란은 한자로 표기할 수 없는 경우를 제외하고는 한글과 한자를 병기한다. 또한, 개명 또는 이름이 정정되어 본인의 일반등록사항란에 개명 또는 정정내용을 기록하는 경우에 이름을 기록하는 때에도 같다.
2. 등록부의 특정등록사항란 중 본란은 한자로 표기할 수 없는 경우를 제외하고는 한자로 기록한다. 또한, 본이 정정되어 본인의 일반등록사항란에 정정내용을 기록하는 때에도 같다.

제64조【식별부호의 기록】 시·읍·면의 장 또는 그 직무대리자는 등록부에 기록할 때마다 그 식별부호를 기록하여야 한다.

제65조【폐쇄의 방법】 시·읍·면의 장이 제17조제2항에 따라 등록부를 폐쇄하는 때에는 가족관계등록부사항란 및 일반등록사항란에 그 취지와 사유를 기록하고, 등록사항별 증명서를 발급하는 경우에는 증명서의 우측상단에 "폐쇄"라고 표시한다.

제66조【등록부의 정정방법】 ① 등록부의 기록사항을 정정하는 경우에는 정정할 부분에 새로운 사항을 기록하고, 정정내용과 사유를 가족관계등록부사항란이나 일반등록사항란에 기록한다.
② 가족관계등록부사항란이나 일반등록사항란의 사건 자체를 말소하는 경우에는 그 기록사항 전체에 하나의 선을 긋고, 말소내용과 사유를 각 해당 사항란에 기록한다.
(2011.1.31 본조개정)

제66조의2【제적부의 정정방법】 ① 등록부를 정정할 때는 그 사항이 기재된 제적부도 정정한다.
② 제적부를 정정할 때는 제적부를 부활하지 않고 정정하며, 이에 따라 등록부를 정정할 때는 등록부 폐쇄없이 해당사항을 정정한다.
③ 제적부 정정에 관하여 구체적인 절차는 대법원예규로 정한다.
(2009.6.26 본조신설)

제67조【행정구역 등의 변경에 따른 경정】 ① 행정구역, 토지의 명칭, 지번, 도로명 또는 건물번호가 변경된 때에는 등록기준지란에 기록된 행정구역, 토지의 명칭, 지번, 도로명 또는 건물번호를 경정한다.(2011.12.12 본항개정)
② 법령의 변경 그 밖의 사유로 등록기준지 이외의 등록부의 기록을 경정하는 경우에는 제1항을 준용한다.
③ 제1항과 제2항에 따라 등록부의 기록을 경정하는 경우에는 제66조를 준용한다.

제6장 신고서류의 보존

제68조【신고서류의 정리와 송부】 ① 등록부에 기록을 마친 신고서류는 1개월마다 다음 달 10일까지 접수순서에 따라 편철한 후 각 장마다 장수를 기재하여 그 목록과 함께 사건을 처리한 시·읍·면사무소를 감독하는 법원에 송부하여야 한다.
② 신고서류목록은 2부를 작성하여 그 중 1부는 신고서류에 첨부하고 나머지 1부는 신고서류송부목록편철장에 편철하여 보존한다.
③ 신고서류를 송부할 때에는 그 목록의 첫장 표면의 여백에 발송인과 직인을 찍어야 한다.
④ 동사무소 또는 재외공관에서 수리한 신고서류는 그 부본을 접수순서에 따라 편철한 후 각 장마다 장수를 기재하고 1개월마다 목록을 붙여 연도별로 제82조제4항제10호의 장부에 편철하여 보존한다. 다만 필요에 따라 분책하거나 합철할 수 있다.

제69조【가족관계등록을 할 수 없는 신고서류의 보존】 ① 가족관계등록이 되어 있지 아니한 사람에 대한 신고서류 그 밖의 가족관계등록을 할 수 없는 신고서류는 시·읍·면의 장이 접수순서에 따라 특종신고서류편철장에 편철하여 보존한다.
② 제1항의 편철장에는 각 장마다 장수를 기재하고 목록을 붙인다.
③ 태아인지신고, 이혼의사 철회신고, 혼인신고수리불가신고 및 혼인신고를 하는 때에 자녀의 성과 본을 모의 성과 본으로 따르기로 한 협의서를 제출하는 경우에는 특종신고서류 등 접수장에도 접수에 관한 기록을 하여야 한다.

제70조【신고서류의 조사】 법원이 법 제114조에 따라 신고서류를 송부받은 때에는 지체 없이 그 신고서류와 해당 등록부를 조사하고, 법규에 위배된 것이 있을 때에는 해당 시·읍·면의 장에게 시정지시 그 밖의 필요한 처분을 명하여야 한다.

제71조【신고서류의 보존】 ① 제70조에 의한 조사를 마친 신고서류는 시·읍·면별 및 연도별로 접수순서에 따라 신고서류편철부에 편철한다. 다만 필요에 따라 분책하거나 합철할 수 있다.
② 신고서류목록은 신고서류와 일치하는지 여부를 확인한 후 신고서류편철부에 신고서류와 함께 송부된 순서에 따라 편철하여 보존한다.

제72조【신고서류의 열람】 ① 법 제42조제4항의 이해관계인은 법원에 보관되어 있는 신고서류와 종전의 호적·제적부본의 열람을 청구할 수 있다. 다만, 교부제한대상자 또는 공시제한대상자 본인등이 제25조의3제2항 및 제3항에 따라 열람이 제한되는 사항이 포함된 신고서류를 열람하는 경우에는 법 제111조에 따른 가정법원의 결정으로 열람이 허용된 사람에 한정한다.(2021.12.31 단서신설)
② 제1항에 따른 열람의 경우 친양자의 입양관계에 관한 신고서류는 제23조제3항을 준용한다.
③ 제1항의 열람은 관계공무원이 보는 앞에서 하여야 한다.

제7장 협의이혼의사의 확인

제73조【이혼의사확인신청】 ① 법 제75조에 따라 협의상 이혼을 하려는 부부는 두 사람이 함께 등록기준지 또는 주소지를 관할하는 가정법원에 출석하여 협의이혼의사확인신청서를 제출하고 이혼에 관한 안내를 받아야 한다.
(2008.6.5 본항개정)
② 부부 중 한쪽이 재외국민이거나 수감자로서 출석하기 어려운 경우에는 다른 쪽이 출석하여 협의이혼의사확인신청서를 제출하고 이혼에 관한 안내를 받아야 한다. 재외국민이나 수감자로서 출석이 어려운 자는 서면으로 안내를 받을 수 있다.(2008.6.5 본항신설)

③ 협의이혼의사확인신청서에는 다음 각 호의 사항을 기재하고 이혼하고자 하는 부부가 공동으로 서명 또는 기명날인하여야 한다.
1. 당사자의 성명·등록기준지(외국인인 경우에는 국적을 말한다)·주소 및 주민등록번호(2010.7.30 본호개정)
2. 신청의 취지 및 연월일
(2008.6.5 본항개정)
④ 협의이혼의사확인신청서에는 부부 양쪽의 가족관계증명서와 혼인관계증명서 각 1통을 첨부하여야 한다. 미성년인 자녀(포태중인 자를 포함하되, 이혼에 관한 안내를 받은 날부터 「민법」 제836조의2제2항 또는 제3항에서 정한 기간 이내에 성년에 도달하는 자녀는 제외한다. 다음부터 이 장에서 같다)가 있는 경우 그 자녀의 양육과 친권자결정에 관한 협의서 1통과 그 사본 2통 또는 가정법원의 심판정본 및 확정증명서 각 3통을 제출하여야 한다.
(2009.6.26 본항개정)
⑤ 가정법원은 전문상담인을 상담위원으로 위촉하여 「민법」 제836조의2제1항의 상담을 담당하게 할 수 있고, 상담위원의 일당 및 수당은 매년 대법관회의에서 이를 정하여 국고 등에서 지급할 수 있다.(2008.6.5 본항신설)
⑥ 확인기일, 보정명령, 불확인결과는 전화, 팩시밀리 등 간이한 방법으로 통지할 수 있고, 이혼의사확인 절차에 필요한 송달료에 관하여는 송달료규칙을 준용한다.
(2009.6.26 본항개정)

제74조 【이혼의사 등의 확인】 ① 제73조의 이혼의사확인신청이 있는 때에는 가정법원은 부부 양쪽이 이혼에 관한 안내를 받은날부터 「민법」 제836조의2제2항 또는 제3항에서 정한 기간이 지난 후에 부부 양쪽을 출석시켜 그 진술을 듣고 이혼의사의 유무 및 부부 사이에 미성년인 자녀가 있는지 여부와 미성년인 자녀가 있는 경우 그 자녀에 대한 양육과 친권자결정에 관한 협의서 또는 가정법원의 심판정본 및 확정증명서(다음부터 이 장에서 "이혼의사 등"이라 한다)를 확인하여야 한다.(2009.6.26 본항개정)
② 부부 중 한쪽이 재외국민이거나 수감자로서 출석하기 어려워 다른 한쪽이 출석하여 신청한 경우에는 관할 재외공관이나 교도소(구치소)의 장에게 이혼의사 등의 확인을 촉탁하여 그 회보서의 기재로써 그 당사자의 출석·진술을 갈음할 수 있다. 이 경우 가정법원은 부부 중 한쪽인 재외국민 또는 수감자가 이혼에 관한 안내를 받은 날부터 「민법」 제836조의2제2항 또는 제3항에서 정한 기간이 지난 후에 신청한 사람을 출석시켜 이혼의사 등을 확인하여야 한다.(2009.6.26 본항개정)
③ 제1항의 협의이혼의사확인기일은 공개하지 아니한다. 다만, 법원이 공개함이 적정하다고 인정하는 자에게는 방청을 허가할 수 있다.(2014.10.2 본항개정)
④ 제1항의 협의이혼의사확인기일에 참여한 법원서기관, 법원사무관, 법원주사 또는 법원주사보는 조서를 작성하여야 한다.(2014.10.2 본항신설)
(2009.6.26 본조제목개정)

제75조 【재외국민의 이혼의사 확인신청의 특례】 ① 부부 양쪽이 재외국민인 경우에는 두사람이 함께 그 거주지를 관할하는 재외공관의 장에게 이혼의사확인신청을 할 수 있다. 다만, 그 지역을 관할하는 재외공관이 없는 때에는 인접하는 지역을 관할하는 재외공관의 장에게 이를 할 수 있다.(2008.6.5 본항개정)
② 부부 중 한쪽이 재외국민인 경우에 재외국민인 당사자는 그 거주지를 관할하는 재외공관의 장에게 협의이혼의사확인신청을 할 수 있다. 다만, 그 거주지를 관할하는 재외공관이 없는 경우에는 제1항 단서를 준용한다.
③ 제2항은 부부 양쪽이 모두 재외국민으로서 서로 다른 국가에 거주하고 있는 경우에 준용한다.
④ 제1항부터 제3항까지의 신청을 받은 재외공관의 장은 당사자(제1항의 경우에는 부부 양쪽이고, 제2항과 제3항의 경우에는 신청서를 제출한 당사자이다. 다음부터 "신청당사자"라 한다)에게 이혼에 관한 안내 서면을 교부한 후, 이혼의사의 유무와 미성년인 자녀가 있는지 여부 및 미성년인 자녀가 있는 경우에 그 자녀에 대한 양육과 친권자결정에 관한 협의서 1통 또는 가정법원의 심판정본 및 확정증명서 3통을 제출받아 확인하고 그 요지를 기재한 서면(다음부터 "진술요지서"라 한다)을 작성하여 기명날인한 후 신청서에 첨부하여 지체 없이 서울가정법원에 송부하여야 한다.(2008.6.5 본항개정)
(2009.6.26 본조제목개정)

제76조 【재외국민의 이혼의사의 확인의 특례】 ① 제75조제4항에 따라 서류를 송부받은 서울가정법원은 재외공관의 장이 작성한 진술요지서 및 첨부서류에 의하여 신청당사자의 이혼의사 등을 확인할 수 있다.
② 제75조제2항에 따라 서류를 송부받은 서울가정법원은 국내에 거주하는 당사자를 출석하게 하여 이혼에 관한 안내를 한 후에 출석한 당사자의 이혼의사 등을 확인하여야 한다.
③ 제75조제3항에 따라 서류를 송부받은 서울가정법원이 신청당사자가 아닌 상대방의 이혼의사등을 확인하는 경우에는 제74조제2항을 준용한다.
④ 서울가정법원은 제75조제1항부터 제3항까지의 경우에 부부 양쪽이 이혼에 관한 안내를 받은 날부터 「민법」 제836조의2제2항 또는 제3항에서 정한 기간이 지난 후에 이혼의사 등을 확인하여야 한다.
⑤ 제75조제2항의 경우에 서울가정법원은 국내에 거주하는 당사자의 신청이 있을 경우 주소지 관할 가정법원에 사건을 이송할 수 있다.
(2009.6.26 본조개정)

제77조 【확인신청의 취하】 ① 이혼의사확인신청인은 제74조에 따른 확인을 받기 전까지 신청을 취하할 수 있다.
② 부부 중 양쪽 또는 한쪽이 제74조제1항에 따른 출석통지를 받고도 2회에 걸쳐 출석하지 아니한 때에는 확인신청을 취하한 것으로 본다.
③ 부부 중 양쪽 또는 한쪽이 제73조에 따라 이혼의사확인신청을 한 다음날부터 3개월 안에 이혼에 관한 안내를 받지 아니한 때에는 확인신청을 취하한 것으로 본다.
(2009.3.31 본항신설)

제78조 【확인서 등의 작성·교부】 ① 가정법원은 부부 양쪽의 이혼의사 등을 확인하면 확인서를 작성하여야 하고, 미성년인 자녀의 양육과 친권자결정에 관한 협의를 확인하면 그 양육비부담조서도 함께 작성하여야 한다. 다만, 그 협의가 자녀의 복리에 반함에도 가정법원의 보정명령에 불응하는 경우 가정법원은 확인서 및 양육비부담조서를 작성하지 아니한다.
② 제1항의 확인서에는 다음 각 호의 사항을 기재하고 확인을 한 판사 또는 사법보좌관이 기명날인하여야 한다.
(2018.4.27 본문개정)
1. 법원 및 사건의 표시
2. 당사자의 성명·주소 및 주민등록번호
3. 확인연월일
4. 이혼의사가 확인되었다는 취지
③ 제1항의 양육비부담조서에는 다음 각 호의 사항을 적고 확인을 한 판사 및 가정법원의 서기관·사무관·주사 또는 주사보(다음부터 "법원사무관등"이라 한다)가 기명날인하여야 한다.
1. 법원 및 사건의 표시
2. 부모의 성명·주소 및 주민등록번호
3. 미성년인 자녀의 성명 및 주민등록번호
4. 확인일시와 장소
5. 판사가 확인한 양육비 부담에 관한 협의 내용
④ 법원사무관등은 제2항의 확인서가 작성된 경우에 지체 없이 확인서등본과 미성년인 자녀가 있는 경우 협의서등본 및 양육비부담조서정본 또는 심판정본 및 확정증명서를 부부 양쪽에게 교부하거나 송달하여야 한다. 다만, 당사자가 제74조제2항과 제75조에 따른 재외국민인 경우 재외공관의 장에게 이를 송부하고, 재외공관의 장은 당사자에게 교부 또는 송달한 후 양육비부담조서 정본에 관하여는 영수증등본을 가정법원에 송부하여야 한다. 당사자가 제74조제2항에 따른 수감자인 경우에는 교도소(구치소)의 장에게 송부하고, 교도소(구치소)의 장은 당사자에게 교부한 후 양육비부담조서정본에 관하여는 영수증등본을 가정법원에 송부하여야 한다.
⑤ 양육비부담조서의 집행문은 그 양육비부담조서가 작성된 협의이혼의사확인사건의 확인서에 따라 이혼신고를 하였음을 소명한 때에만 내어준다.
(2009.6.26 본조개정)

제79조 【이혼신고서의 제출】 가정법원의 확인서가 첨부된 협의이혼신고서는 부부 중 한쪽이 제출할 수 있다.

제80조 【이혼의사의 철회】 ① 이혼의사의 확인을 받은 당사자가 이혼의사를 철회하고자 하는 경우에는 이혼신고가 접수되기 전에 자신의 등록기준지, 주소지 또는 현재지 시·읍·면의 장에게 이혼의사확인서등본을 첨부한 이혼의사철회서를 제출하여야 한다. 다만, 재외국민의 경우 등록기준지 시·읍·면의 장 또는 가족관계등록관에게 제출하여야 한다.(2015.4.24 단서개정)
② 제1항의 경우에 이혼의사의 확인을 받은 다른 쪽 당사자가 이혼신고를 먼저 접수한 경우에는 그 이혼신고를 수리하여야 한다.

제8장 국적관련 통보
(2008.7.7 본장신설)

제80조의2 【국적취득의 통보사항 등】 ① 법무부장관이 법 제93조, 제94조, 제95조에 따라 대한민국의 국적을 취득한 사람이 정한 등록기준지의 시·읍·면의 장에게 통보할 사항은 다음 각 호와 같다.
1. 국적취득자의 성명, 생년월일, 성별, 주소, 국적취득자가 정한 등록기준지, 국적취득 전에 가졌던 국적, 국적취득 연월일 및 원인, 혼인관계·입양 등 기타 신분변동에 관한 사항, 국적회복자의 경우에는 한국국적상실 연월일 및 원인
2. 부, 모, 배우자의 성명, 국적, 생년월일
3. 국적취득자의 가족관계등록부 또는 구 호적이 있는 경우 국적취득자의 등록기준지(본적), 주민등록번호, 본(한자)
4. 자녀의 가족관계등록부 또는 구 호적이 있는 경우 자녀의 성명, 등록기준지(본적), 주민등록번호
5. 부, 모, 배우자의 가족관계등록부 또는 구 호적이 있는 경우 부, 모, 배우자의 등록기준지(본적), 주민등록번호
② 법무부장관이 제1항의 통보와 함께 첨부할 서류는 다음 각 호와 같다. 가족관계등록부 또는 전산제적부로 통보사항을 소명할 수 있는 경우에는 가족관계등록사항별 증명서 또는 제적등본을 첨부하지 아니할 수 있다.
1. 국적취득사실을 증명하는 법무부장관 명의의 통지서 또는 관보 등 1부
2. 국적취득자의 부모, 배우자, 자녀, 혼인 또는 미혼, 입양 등의 신분사항을 기재하는 경우에는 그에 관한 소명자료 각 1부
3. 국적취득자가 조선족인 경우(국적취득자의 부모 또는 배우자가 조선족인 경우를 포함한다) 성명을 원지음(原地音)이 아닌 한국식 발음으로 기재할 때 조선족임을 소명하는 중화인민공화국 발행의 공문서(2023.2.24 본호개정)
③ 수반(隨伴)국적취득자가 있는 경우 법무부장관이 대한민국의 국적을 취득한 사람이 정한 등록기준지의 시·읍·면의 장에게 통보할 사항은 다음 각 호와 같고, 수반(隨伴)국적취득자에 관한 첨부서류는 제2항을 준용한다.
1. 수반(隨伴)국적취득자의 성명, 생년월일, 성별, 주소, 국적취득자가 정한 등록기준지, 국적취득 전에 가졌던 국적, 국적취득 연월일 및 원인, 입양 등 기타 신분변동에 관한 사항
2. 수반(隨伴)국적취득자의 부, 모의 성명, 국적, 생년월일
3. 수반(隨伴)국적취득자의 가족관계등록부 또는 구 호적이 있는 경우 수반(隨伴)국적취득자의 등록기준지(본적), 주민등록번호, 본(한자)
4. 수반(隨伴)국적취득자의 부, 모의 가족관계등록부 또는 구 호적이 있는 경우 부, 모의 등록기준지(본적), 주민등록번호
④ 국적취득자(수반국적취득자 포함)의 성명은 외국어로 표기하되, 외국어의 원지음(原地音)을 한글로 표기한다. 부, 모, 배우자의 성명이 외국어인 경우에는 원지음(原地音)을 한글로 표기한다.

제80조의3 【국적선택 등의 통보사항 등】 ① 법무부장관이 법 제98조제1항제1호에 따라 복수국적자로부터 대한민국의 국적을 선택한다는 신고를 수리한 경우 그 사람의 등록기준지의 시·읍·면의 장에게 통보할 사항은 다음 각 호와 같고, 국적선택신고수리통지서를 첨부한다.
(2010.7.30 본문개정)
1. 국적선택자의 성명, 주민등록번호, 등록기준지
2. 국적선택신고수리의 연월일
3. 포기하거나 행사하지 아니하겠다는 뜻을 서약한 외국국적(2010.7.30 본호개정)
② 법무부장관이 법 제98조제1항제2호에 따라 국적이탈신고를 수리한 경우 그 사람의 등록기준지의 시·읍·면의 장에게 통보할 사항은 다음 각 호와 같고, 국적이탈신고수리통지서 또는 관보를 첨부한다.
1. 국적상실자의 성명, 주민등록번호, 등록기준지
2. 국적이탈신고수리의 원인 및 연월일
3. 취득한 외국 국적
③ 법무부장관이 법 제98조제1항제3호에 따라 대한민국 국민으로 판정한 경우 그 사람의 등록기준지의 시·읍·면의 장에게 통보할 사항은 다음 각 호와 같고, 국적판정통지서 또는 관보를 첨부한다.
1. 국적판정자의 성명, 주민등록번호, 등록기준지
2. 국적판정의 연월일
④ 대한민국 국민으로 판정받은 사람이 가족관계등록부가 없는 경우 법무부장관이 통보할 사항은 제80조의2를 준용한다.

제80조의4 【국적관련 통보에 관한 업무】 ① 법무부장관의 국적관련 통보는 법 제12조제1항에 따라 전산정보처리조직에 의하여 처리한다.
② 등록기준지의 시·읍·면의 장은 법무부장관의 국적관련 통보로 가족관계등록부를 작성할 수 없는 경우 법무부장관에게 재통보를 요청하고, 국적관련 통보 대상자의 추후보완신고를 받아 가족관계등록부를 작성할 수 있다.
③ 등록기준지의 시·읍·면의 장은 제2항의 절차를 통해 가족관계등록부를 작성할 수 없는 경우 접수를 거부하고 국적관련 통보를 반송한다.
④ 법무부장관의 통보서는 보존과 관련하여 신고서류로 본다.

제9장 각종 부책과 서류

제81조 【중앙관리소의 가족관계등록전산정보】 중앙관리소에서 보관 또는 관리하는 가족관계등록전산정보의 보존기간은 다음과 같다.
1. 영구
가. 가족관계등록부
나. 폐쇄등록부
2. 80년
가족관계등록공무원명부
3. 30년
가. 가족관계등록사건접수장
나. 특종신고서류 등 접수장
(2022.4.29 본호개정)
4. 3년
열람 및 증명청구접수부
(2022.4.29 본호개정)

제82조 【시·읍·면의 부책과 서류】 ① 시·읍·면에 비치할 부책·서류 및 그 보존 기간은 다음과 같다.
1. 영구
가. 호적용지로 작성된 제적부

나. 호적용지로 작성된 제적 색출장
다. 특종신고서류편철장
라. 가족관계등록부책보존부
마. 예규문서편철장
2. 30년
가. 가족관계등록사건접수장
나. 신고서류송부목록편철장
다. 특종신고서류 등 접수장
(2022.4.29 본호개정)
3. 10년
불수리신고서류편철장
4. 5년
가. 고지부
나. 과태료징수부
다. 가족관계등록사건표편철장
라. 왕복문서편철장
마. 가정법원으로부터의 통지서편철장
바. 식별부호 사용(해지)신청에 관한 기록
5. 3년
가. 가족관계등록문서건명부
나. 가족관계등록민원청구서편철장
다. 열람 및 증명청구접수부
라. 직권정정에 관한 서류편철장
마. 가족관계등록예규집관리대장
바. 협의이혼의사철회서편철장
사. 혼인신고수리불가신고서편철장
(2022.4.29 본호개정)
② 장부에는 표지를 붙여 매년 별책으로 하고 진행번호는 매년 이를 갱신한다. 그러나 필요에 따라 계속 사용하거나 분책 또는 합책할 수 있다.
③ 편철장에는 목록을 붙여야 한다.
④ 재외공관 및 동사무소에는 다음과 같은 장부를 비치하여야 하고, 그 보존기간에 관하여는 제1항을 준용한다. 다만, 제10호 장부의 보존기간은 3년으로 하고, 제8호의 장부는 동사무소에 비치하지 아니한다.(2022.4.29 단서개정)
1. 가족관계등록사건접수장
2. 고지부
3. 가족관계등록문서건명부
4. 왕복문서편철장
5. 불수리신고서류편철장
6. 가족관계등록민원청구서편철장
7. 가족관계등록부책보존부
8. 가족관계등록예규집관리대장
9. 열람 및 증명청구접수부
10. 가족관계등록신고서류편철장

제82조의2【재외국민 가족관계등록사무소의 부책과 서류】 법 제4조의2제2항의 재외국민 가족관계등록사무소(이하 "재외국민 가족관계등록사무소"라 한다)에 비치할 부책·서류 및 그 보존 기간은 다음과 같다.
1. 영구
가. 특종신고서류편철장
나. 가족관계등록부책보존부
다. 예규문서편철장
2. 30년
가. 가족관계등록사건접수장
나. 신고서류송부목록편철장
다. 특종신고서류 등 접수장
3. 10년
불수리신고서류편철장
4. 5년
가. 고지부
나. 과태료부과대상통지부
다. 가족관계등록사건표편철장
라. 왕복문서편철장
5. 3년
가. 가족관계등록문서건명부
나. 가족관계등록민원청구서편철장
다. 열람 및 증명청구접수부
라. 직권정정에 관한 서류편철장
마. 가족관계등록예규집관리대장
바. 협의이혼의사철회서편철장
사. 혼인신고수리불가신고서편철장
(2023.2.24 본조개정)

제83조【법원의 부책과 서류】 ① 법원에 비치할 부책, 서류 및 그 보존기간은 다음과 같다.
1. 80년
가족관계등록공무원명부
2. 30년
가족관계등록신고서류편철부
(2022.4.29 본호개정)
3. 10년
이혼의사확인 사건부
4. 5년
가. 가족관계등록보고서편철장
나. 가족관계등록사무감독서류편철장
다. 직권정정, 기록허가에 관한 서류편철장
라. 등록부 재작성에 관한 기록
마. 통계에 관한 기록
바. 문서건명부
사. 식별부호사용승인(해지)에 관한 기록
5. 3년
가. 가족관계등록민원청구서편철장
나. 잡사에 관한 기록
(2022.4.29 본호개정)
② 제1항의 부책 및 서류는 별도 규정이 없으면 매년 별책으로 하고 진행번호는 매년 갱신한다. 그러나 필요에 따라 계속 사용하거나 분책 또는 합책할 수 있다.

제84조【보존기간의 기산점】 제82조부터 제83조까지의 규정에 따른 부책·서류의 보존기간은 그 연도의 다음 해부터 기산한다.(2019.11.6 본조개정)

제85조【보존기간이 지난 후의 조치】 ① 시·읍·면의 장은 부책 또는 서류의 보존기간이 경과한 때에는 보존기간 경과일로부터 1년 이내에 「공공기록물 관리에 관한 법률」에 따른 소관 기록물관리기관을 통해 같은 법 제27조의 절차를 거친 후 폐기서류 목록을 작성하고, 폐기인가신청을 제출하여 법원의 인가를 받아 폐기하여야 한다.
(2022.4.29 본항개정)
② 법원 및 재외국민 가족관계등록사무소에서 비치하는 부책 또는 서류의 보존기간이 경과한 때에는 「법원기록물 관리규칙」 제27조의 절차를 거친 후 각 소속기관의 장의 인가를 받아 보존기간이 종료되는 연도의 다음 연도 3월말까지 폐기하여야 한다.(2019.11.6 본항신설)

제86조【전산정보처리조직으로 작성한 부책 등의 보존】 이 장의 부책과 서류를 전산정보처리조직에 의하여 작성한 경우에는 그 전산기록을 보존하는 것으로 부책과 서류의 보존을 갈음할 수 있다.

제10장 비송사건 처리절차

제87조【허가사건의 처리절차】 ① 다음 각 호의 사건의 처리절차에 관하여는 비송사건절차법을 준용한다.
1. 법 제96조에 따른 국적취득자의 성과 본의 창설 허가
(2018.4.27 본호개정)
2. 법 제99조에 따른 개명허가
3. 법 제101조에 따른 가족관계등록창설허가
4. 법 제104조 및 제105조에 따른 등록기록정정허가
② 제1항제1호부터 제3호까지의 허가신청은 미성년자도 할 수 있다.
③ 제1항 각 호의 허가신청서에는 사건본인의 성명·출생연월일·등록기준지 및 주소를 기재하여야 한다.
④ 주소지가 없는 사람은 법 제99조에 따른 개명허가 신청을 등록기준지를 관할하는 가정법원에 할 수 있다.
⑤ 제1항 각 호의 신청을 허가한 재판이 효력을 발생한 때에는 가정법원의 법원사무관등은 지체 없이 사건본인의 등록기준지의 시·읍·면의 장에게 그 뜻을 통지하여야 한다.(2011.12.12 본항신설)
⑥ 제5항의 통지서에는 다음 각 호의 사항을 기재하여 법원사무관등이 기명날인하고, 그 통지서에 재판서의 등본을 첨부하여야 한다. 다만, 이 통지는 전산정보처리조직을 이용하여 「민사소송 등에서의 전자문서 이용 등에 관한 법률」 제2조제1호의 전자문서로 할 수 있다.
1. 신청인 및 사건본인의 성명, 등록기준지, 주소
2. 통지의 원인 및 그 원인일자
3. 통지 연월일
4. 법원사무관등의 관직과 성명 및 소속법원의 표시
(2011.12.12 본항신설)

제87조의2【확인사건의 처리절차】 ① 다음 각 호의 사건의 처리절차에 관하여는 비송사건절차법을 준용한다.
1. 법 제44조의2제1항에 따른 가정법원의 확인
2. 법 제57조제1항 단서 및 같은 조 제2항에 따른 가정법원의 확인(2021.3.25 본호개정)
(2016.11.29 본항개정)
② 전항의 확인을 받아 출생신고를 할 때에는 가정법원의 확인서등본을 첨부하여야 한다.(2016.11.29 본항개정)
③ 법 제57조제4항제2호의 "그 밖에 대법원규칙으로 정하는 사유에 해당하는 경우"란 출생자가 대한민국 국적이 아니었음이 밝혀진 경우를 말한다.
④ 제1항제1호의 확인이 효력을 발생한 때에는 가정법원의 법원사무관등은 지체 없이 부 또는 모의 등록기준지의 시·읍·면의 장에게 그 뜻을 통지하여야 한다.
(2016.11.29 본항신설)
⑤ 제4항의 통지에 관하여는 제87조제6항을 준용한다.
(2016.11.29 본항신설)
⑥ 제1항의 확인절차에 관하여는 제87조제2항과 제3항의 규정을 준용한다.
⑦ 제1항의 확인절차 및 제2항의 신고 등에 관하여 그 밖에 필요한 사항은 대법원예규로 정한다.
(2015.10.7 본조신설)

제11장 재외국민 가족관계등록사무소
(2015.4.24 본장개정)

제88조【재외국민 가족관계등록사무소의 구성 및 운영】 ① 법 제4조의2에 따른 재외국민에 관한 등록사무는 재외국민 가족관계등록사무소에서 근무하거나, 법원공무원규칙 제49조에 따라 재외공관에 파견된 법원서기관, 법원사무관, 법원주사 또는 법원주사보 중에서 법원행정처장이 지정하는 가족관계등록관이 처리한다.
② 재외국민 가족관계등록사무소에는 가족관계등록관인 소장을 둔다.
③ 소장은 재외국민에 관한 등록사무를 총괄하고, 재외국민 가족관계등록사무소의 소속 직원을 지휘·감독한다.
④ 법원공무원규칙 제49조에 따라 재외공관에 파견된 법원공무원 중 가족관계등록관으로 지정된 자는 재외국민 가족관계등록사무소 소속으로 하고, 그 등록사무처리의 범위에 관해서는 대법원예규로 정한다.
⑤ 재외국민 가족관계등록사무소의 구성 및 운영 등에 관하여 그 밖에 필요한 사항은 대법원예규로 정한다.

제89조【서류 원본의 보존 등】 법 제36조제2항, 제49조제4항 및 「재외국민의 가족관계등록 창설, 가족관계등록부 정정 및 가족관계등록부 정리에 관한 특례법」 제5조제6항에 따른 서류의 송부는 외교부와 전산정보처리조직을 연계하여 운영한다. 이 경우 전산정보처리조직을 이용한 서류의 송부, 서류 원본의 보존 및 그 밖에 필요한 사항에 대해서는 대법원예규로 정한다.

제90조【등록사무처리】 ① 재외국민 가족관계등록사무소 및 가족관계등록관의 등록사무처리에 관하여는 시·읍·면 및 시·읍·면의 장의 등록사무처리에 관한 규정 중 제13조, 제21조, 제23조, 제28조, 제32조, 제35조, 제40조, 제41조, 제43조부터 제45조까지, 제49조, 제51조, 제55조, 제57조, 제60조, 제64조, 제65조, 제69조부터 제71조까지를 준용한다.(2019.11.6 본항개정)
② 제89조에 따라 송부받은 서류는 대법원예규로 정하는 바에 따라 전자적 방법으로 관리할 수 있다.(2018.8.31 본항신설)
(2018.8.31 본조제목개정)

제12장 시행예규
(2015.4.24 본장개정)

제91조【대법원예규】 등록사무처리절차 등에 관하여 이 규칙에서 정하지 않은 필요한 사항은 대법원예규로 정한다.

부 칙

제1조【시행일】 이 규칙은 2008년 1월 1일부터 시행한다.

제2조【폐지 대법원규칙】 호적법 시행규칙은 이를 폐지한다.

제3조【경과조치】 ① 이 규칙이 시행되기 전에 접수된 사건의 처리에 관하여는 종전의 호적법 시행규칙(이하 "종전규칙"이라 한다)에 따른다.
② 종전규칙에 따라 법원 및 시·읍·면에 비치·보관하는 부책과 서류 등에 관한 인계절차 및 그 보존기간은 이 규칙에 달리 정하지 않은 경우에는 종전규칙에 따른다.
③ (2009.6.26 삭제)
④ 신고에 관계없이 효력이 발생하는 법률관계 또는 사실에 관한 신고에 있어서 법 시행 이전에 이미 그 효력이 발생하였으나 법 시행 이후에 신고가 접수된 경우에는 신고 내용대로 바로 가족관계등록부에 기록하여야 한다.
⑤ (2009.6.26 삭제)
⑥ 호적용지로 작성된 무연고호적 및 이기보류호적에 대하여 등·초본교부신청이 접수된 때에는 종전규칙에 의한 등·초본을 교부하고 그 즉시 대법원규칙 제1911호 구 호적법시행규칙중개정규칙 부칙 제2조 및 제3조에 따라 이미지 전산이기완료한 후 법 부칙 제3조제3항에 따라 제적처리를 하여야 한다. 등록신고사건이 접수된 때에는 호적용지로 작성된 호적을 이미지전산제적부로 전환한 후 전산제적부로 이기하고 법 및 이 규칙에 따라 가족관계등록부를 작성하여 신고사건을 처리하여야 한다. 본인의 가족관계등록부 작성신청을 접수한 때에도 이와 같다. 다만, 호적용지로 작성된 호적에 관한 열람 또는 등·초본의 교부청구권자에 관하여는 법 제14조제1항을 준용하고 신고사건 본인 또는 신고인 등의 확인에 관하여는 규칙 제40조제3항에 따른다.(2009.6.26 본항개정)

제4조【개인별 가족관계등록부의 작성 범위와 방법】 ① 종전 호적을 개인별로 구분하여 등록부를 작성할 경우에 본인의 등록부에 기록하는 범위는, 이 규칙 시행 당시 종전호적에 기재된 유효한 사항을 기준으로 하되, 부모(양부모 포함), 자녀(양자녀 포함), 배우자에 관한 사항 중 사망, 분가, 전적, 그 밖의 사유로 종전호적에 그 기재사항이 없는 경우에는 제적부 또는 이해관계인의 소명에 의하여 기록하는 방법에 의할 수 있다.
② 제1항에 따라 개인별 등록부를 작성한 때에는 등록부의 가족관계등록부사항란에 법 부칙 제3조제1항에 따라 개인별 등록부를 작성한 뜻과 그 연월일을 기록하여야 한다.
③ 제1항에 따라 등록부에 기록을 마친 때에는 종전 호적의 호적사항란에 법률 제8435호에 따라 제적한 뜻과 그 연월일을 기록한 후 그 호적을 종전규칙 제76조제2항에 따라 제적으로 처리한다.

부 칙 (2013.1.8)

제1조【시행일】 이 규칙은 공포한 날부터 시행한다. 다만, 제25조의2 및 제28조제2항 단서의 개정규정은 2013년 3월 4일부터 시행한다.

제2조【제적 등·초본의 발급에 관한 적용례】 제25조의2의 개정규정은 제적 등·초본의 발급에 대하여도 적용한다. 다만, 그 발급은 본인에 한하여 신청할 수 있다.

부 칙 (2013.6.5)

제1조【시행일】 이 규칙은 2013년 7월 1일부터 시행한다.

제2조【금치산자 등에 관한 경과조치】 이 규칙 시행 당시 이미 금치산 또는 한정치산의 선고를 받은 사람에 대하여는「민법」에 따라 성년후견, 한정후견, 특정후견이 개시되거나 임의후견감독인이 선임되거나 법률 제10429호 민법 부칙 제1조에 따른 시행일부터 5년이 경과할 때까지는 종전의 규정을 적용한다.

부 칙 (2014.5.30)

제1조【시행일】 이 규칙은 2014년 7월 31일부터 시행한다.

제2조【제적부의 열람에 관한 적용례】 제25조의2의 개정규정은 제적부의 열람에 대하여도 적용한다. 다만, 그 열람은 본인에 한하여 신청할 수 있다.

부 칙 (2019.11.6)

이 규칙은 공포한 날부터 시행한다. 다만, 제21조의3의 개정규정은 2019년 12월 27일부터 시행한다.

부 칙 (2020.7.27)

이 규칙은 공포한 날부터 시행한다. 다만, 제36조의2의 개정규정은 2020년 8월 5일부터 시행한다.

부 칙 (2020.11.26)

제1조【시행일】 이 규칙은 2020년 12월 10일부터 시행한다. 다만, 제21조의2의 개정규정은 2020년 12월 28일부터 시행한다.

제2조【적용례】 제36조의2의 개정규정은 이 규칙 시행 당시 접수되어 계속 중인 사건에 대하여도 적용한다.

부 칙 (2021.1.29)

이 규칙은 공포한 날부터 시행한다. 다만, 제36조의2의 개정규정은 2021년 7월 1일부터 시행한다.

부 칙 (2021.3.25)

이 규칙은 2021년 4월 17일부터 시행한다.

부 칙 (2021.5.27)

제1조【시행일】 이 규칙은 2021년 6월 10일부터 시행한다.

제2조【적용례】 이 규칙은 이 규칙 시행 당시 접수되어 계속 중인 사건에 대하여도 적용한다.

부 칙 (2021.9.30)

이 규칙은 2021년 10월 21일부터 시행한다.

부 칙 (2021.11.29)

이 규칙은 2021년 12월 9일부터 시행한다.

부 칙 (2021.12.31)

제1조【시행일】 이 규칙은 2022년 1월 1일부터 시행한다. 다만,「가정폭력범죄의 처벌 등에 관한 특례법」제2조 제5호에 따른 가정폭력피해자가 외국인으로서 가족으로 기록된 경우에는 전산화 정도를 고려하여 대법원예규로 정하는 바에 따라 개정규칙을 적용하지 아니할 수 있다.

제2조【가정폭력행위자의 증명서의 교부 제한 등에 관한 적용례】 이 규칙은 이 규칙 시행 전에 발생한「가정폭력범죄의 처벌 등에 관한 특례법」제2조제3호에 따른 가정폭력범죄로 인하여 피해를 입은 경우에 대하여도 적용한다.

부 칙 (2022.1.28)

이 규칙은 2022년 2월 14일부터 시행한다.

부 칙 (2022.2.25)

이 규칙은 2022년 3월 2일부터 시행한다.

부 칙 (2022.4.29)

제1조【시행일】 이 규칙은 2022년 5월 1일부터 시행한다.

제2조【경과조치】 부칙 제2119호 제3조제2항에 따라 대법원규칙 제2069호 호적법 시행규칙 제92조의2 내지 제94조의 적용을 받는 부책·서류 등의 보존기간 27년은 30년으로 한다.

부 칙 (2022.6.30)

이 규칙은 공포한 날부터 시행한다.

부 칙 (2023.2.24)

이 규칙은 2023년 3월 2일부터 시행한다.

〔별표〕➡「法典 別冊」참조

〔별지서식〕➡「www.hyeonamsa.com」참조

혼인신고특례법

(1968년 12월 31일
법 률 제2067호)

개정
2009. 1.30법9365호

제1조【목적】 이 법은 혼인 당사자 중 어느 한쪽이 전쟁이나 사변(事變)으로 전투에 참가하거나 전투 수행을 위한 공무(公務)에 종사함으로 인하여 혼인신고를 하지 못하고 사망한 경우에 관한 특칙(特則)을 규정함을 목적으로 한다.(2009.1.30 본조개정)

제2조【혼인신고】 혼인신고 의무자 중 어느 한쪽이 제1조에 따른 사유로 사망한 경우에는 생존한 당사자가 가정법원의 확인을 받아 단독으로 혼인신고를 할 수 있다.(2009.1.30 본조개정)

제3조【확인재판 관할】 제2조의 확인은 사망한 당사자의 마지막 주소지가 있는 곳의 가정법원이 관할한다.(2009.1.30 본조개정)

제4조【신고의 효력】 제2조에 따른 신고가 있는 경우에는 신고 의무자 어느 한쪽의 사망 시에 신고가 있었던 것으로 본다.(2009.1.30 본조개정)

제5조【적용 범위】 제1조에 따른 전투 또는 전투 수행을 위한 공무에 관한 사항은 대통령령으로 정한다.(2009.1.30 본조개정)

부 칙 (2009.1.30)

이 법은 공포한 날부터 시행한다.

혼인신고특례법시행령

(1969년 5월 30일
대통령령 제3952호)

개정
2016.11.29영27619호(예비군법시)

제1조【목적】 이 영은 혼인신고특례법(이하 "법"이라 한다) 제5조의 규정에 의하여 전투 또는 전투수행을 위한 공무에 관한 사항의 범위를 규정함을 목적으로 한다.

제2조【전투등의 개념】 법 제1조에서 "전투 또는 전투수행을 위한 공무에 종사한다"함은 군인·군속·경찰관·예비군 또는 전시근로동원된 자가 다음 각호의 1에 해당하는 행위를 행하는 경우를 말한다.(2016.11.29 본문개정)

1. 작전명령에 의한 적 또는 반국가단체와의 전투행위
2. 무장폭동을 진압하기 위한 전투행위
3. 전2호에 규정된 행위를 지원하는 행위

부 칙 (2016.11.29)

제1조【시행일】 이 영은 공포한 날부터 시행한다.(이하 생략)

입양특례법

(2011년 8월 4일
전부개정법률 제11007호)

개정
2015. 5.18법13322호　2017. 9.19법14890호
2019. 1.15법16248호(아동)
2020.12.29법17784호(아동)
2020.12.29법17788호
2023. 7.18법19555호(전부개정)→2025년 7월 19일 시행이므로「法典 別冊」보유편 수록
2024. 1.23법20108호

제1장 총 칙

제1조【목적】 이 법은 요보호아동의 입양(入養)에 관한 요건 및 절차 등에 대한 특례와 지원에 필요한 사항을 정함으로써 양자(養子)가 되는 아동의 권익과 복지를 증진하는 것을 목적으로 한다.

제2조【정의】 이 법에서 사용하는 용어의 뜻은 다음과 같다.

1. "아동"이란 18세 미만인 사람을 말한다.
2. "요보호아동"이란「아동복지법」제3조제4호에 따른 보호대상아동을 말한다.
3. "입양아동"이란 이 법에 따라 입양된 아동을 말한다.
4. "부양의무자"란「국민기초생활 보장법」제2조제5호에 따른 부양의무자를 말한다.

제3조【국가 등의 책무】 ① 모든 아동은 그가 태어난 가정에서 건강하게 자라야 한다.

② 국가와 지방자치단체는 아동이 그가 태어난 가정에서 건강하게 자랄 수 있도록 지원하고 태어난 가정에서 자라기 곤란한 아동에게는 건강하게 자랄 수 있는 다른 가정을 제공하기 위하여 필요한 조치와 지원을 하여야 한다.

③ 모든 국민은 입양아동이 건강하게 자랄 수 있도록 협력하여야 한다.

④ 국가와 지방자치단체는 건전한 입양문화를 조성하고 요보호아동의 국내입양을 활성화하며, 아동이 입양 후의 가정생활에 원만하게 적응할 수 있도록 하는 등 입양아동의 권익과 복지 증진을 위하여 다음 각 호의 사항을 실시하여야 한다.

1. 입양정책의 수립 및 시행
2. 입양에 관한 실태조사 및 연구
3. 입양 및 사후관리 절차의 구축 및 운영
4. 입양아동 및 입양가정에 대한 지원
5. 입양 후 원만한 적응을 위한 상담 및 사회복지서비스 제공
6. 입양에 대한 교육 및 홍보
7. 그 밖에 보건복지부령으로 정하는 필요한 사항

제4조【입양의 원칙】 이 법에 따른 입양은 아동의 이익이 최우선이 되도록 하여야 한다.

제5조【입양의 날】 ① 건전한 입양문화의 정착과 국내입양의 활성화를 위하여 5월 11일을 입양의 날로 하고, 입양의 날부터 1주일을 입양주간으로 한다.

② 국가와 지방자치단체는 제1항에 따른 입양의 날 취지에 적합한 행사 등 사업을 실시하도록 노력하여야 한다.

제6조 (2020.12.29 삭제)

제7조【국내입양 우선 추진】 ① 국가 및 지방자치단체는 입양의뢰 된 아동의 양친(養親)될 사람을 국내에서 찾기 위한 시책을 최우선적으로 시행하여야 한다.

② 입양기관의 장은 보건복지부령으로 정하는 바에 따라 입양의뢰된 아동의 양친을 국내에서 찾기 위한 조치를 취하고, 그 결과를 보건복지부장관에게 보고하여야 한다.

③ 입양기관의 장은 제2항에 따른 국내입양을 위한 조치에도 불구하고 양친을 찾지 못한 경우「아동복지법」제15조의2에 따른 아동통합정보시스템을 활용한 관련 기관과의 정보공유를 통하여 국내입양을 추진하여야 한다.(2020.12.29 본항개정)

④ 입양기관의 장은 제2항 및 제3항에도 불구하고 국내에서 양친이 되려는 사람을 찾지 못하였을 경우에 한하여 국외입양을 추진할 수 있다.

제8조【국외입양의 감축】 국가는 아동에 대한 보호의무와 책임을 이행하기 위하여 국외입양을 줄여나가기 위하여 노력하여야 한다.

제2장 입양의 요건 및 효력

제9조【양자가 될 자격】 이 법에 따라 양자가 될 사람은 요보호아동으로서 다음 각 호의 어느 하나에 해당하는 사람이어야 한다.

1. 보호자로부터 이탈된 사람으로서 특별시장·광역시장·특별자치시장·도지사 및 특별자치도지사(이하 "시·도지사"라 한다) 또는 시장·군수·구청장(자치구의 구청장을 말한다. 이하 같다)이 부양의무자를 확인할 수 없어「국민기초생활 보장법」에 따른 보장시설(이하 "보장시설"이라 한다)에 보호의뢰한 사람(2020.12.29 본호개정)
2. 부모(부모가 사망이나 그 밖의 사유로 동의할 수 없는 경우에는 다른 직계존속을 말한다) 또는 후견인이 입양에 동의하여 보장시설 또는 제20조에 따른 입양기관에 보호의뢰한 사람

3. 법원에 의하여 친권상실의 선고를 받은 사람의 자녀로서 시·도지사 또는 시장·군수·구청장이 보장시설에 보호의뢰한 사람
4. 그 밖에 부양의무자를 알 수 없는 경우로서 시·도지사 또는 시장·군수·구청장이 보장시설에 보호의뢰한 사람

제10조【양친이 될 자격 등】 ① 이 법에 따라 양친이 될 사람은 다음 각 호의 요건을 모두 갖추어야 한다.
1. 양자를 부양하기에 충분한 재산이 있을 것
2. 양자에 대하여 종교의 자유를 인정하고 사회의 구성원으로서 그에 상응하는 양육과 교육을 할 수 있을 것
3. 양친이 될 사람이 아동학대·가정폭력·성폭력·마약 등의 범죄나 알코올 등 약물중독의 경력이 없을 것
4. 양친이 될 사람이 대한민국 국민이 아닌 경우 해당 국가의 법에 따라 양친이 될 수 있는 자격이 있을 것
5. 그 밖에 양자가 될 사람의 복지를 위하여 보건복지부령으로 정하는 필요한 요건을 갖출 것

② 양친이 될 사람은 양자가 될 아동이 복리에 반하는 직업이나 그 밖에 인권침해의 우려가 있는 직업에 종사하지 아니하도록 하여야 한다.
③ 양친이 되려는 사람은 입양의 성립 전에 입양기관 등으로부터 보건복지부령으로 정하는 소정의 교육을 마쳐야 한다.

제11조【가정법원의 허가】 ① 제9조에서 정한 아동을 입양하려는 경우에는 다음 각 호의 서류를 갖추어 가정법원의 허가를 받아야 한다.
1. 양자가 될 아동의 출생신고 증빙 서류
2. 제9조 및 제10조의 자격을 구비하였다는 서류
3. 제12조 및 제13조에 따른 입양동의 서류
4. 그 밖에 아동의 복리를 위하여 보건복지부령으로 정하는 서류

② 가정법원은 양자가 될 사람의 복리를 위하여 양친이 될 사람의 입양의 동기와 양육능력, 그 밖의 사정을 고려하여 제1항의 허가를 하지 아니할 수 있다.
③ 제1항에서 정한 가정법원의 입양 허가에 필요한 서류는 대통령령으로 정하는 기관이 서류의 작성에 필요한 사항을 조사·확인한 후 이를 발급하되, 서류의 작성 등에 필요한 사항은 보건복지부령으로 정한다.
④ 제1항에 따른 허가신청 절차, 심리 및 허가 등에 필요한 사항은 대법원규칙으로 정한다.

제12조【입양의 동의】 ① 제9조 각 호의 어느 하나에 해당하는 아동을 양자로 하려면 친생부모의 동의를 받아야 한다. 다만, 다음 각 호의 어느 하나에 해당하는 경우에는 그러하지 아니한다.
1. 친생부모가 친권상실의 선고를 받은 경우
2. 친생부모의 소재불명 등의 사유로 동의를 받을 수 없는 경우

② 친생부모가 제1항 단서의 사유로 인하여 입양의 동의를 할 수 없는 경우에는 후견인의 동의를 받아야 한다.
③ 제9조제2호에 해당하는 아동을 양자로 하고자 할 경우에는 보호의뢰 시의 입양동의로써 제1항에 따른 입양의 동의를 갈음할 수 있다.
④ 13세 이상인 아동을 입양하고자 할 때에는 제1항 또는 제2항에 따른 동의권자의 동의 외에 입양될 아동의 동의를 받아야 한다.
⑤ 제1항부터 제4항까지의 규정에 따른 동의는 제11조제1항의 허가가 있기 전에는 철회할 수 있다.
⑥ 제1항부터 제4항까지의 규정에 따른 입양의 동의 또는 제5항에 따른 입양동의의 철회는 서면으로 하며, 동의에 필요한 사항은 보건복지부령으로 정한다.

제13조【입양동의의 요건 등】 ① 제12조제1항에 따른 입양의 동의는 아동의 출생일부터 1주일이 지난 후에 이루어져야 한다.
② 입양동의의 대가로 금전 또는 재산상의 이익, 그 밖의 반대급부를 주고받거나 주고받을 것을 약속하여서는 아니 된다.
③ 입양기관은 제12조제1항에서 정한 입양동의 전에 친생부모에게 아동을 직접 양육할 경우 지원받을 수 있는 사항 및 입양의 법률적 효력 등에 관한 충분한 상담을 제공하여야 하며, 상담내용 등에 대하여는 보건복지부령으로 정한다.
④ 입양기관은 제12조제4항에서 정한 입양동의 전에 입양될 아동에게 입양동의의 효과 등에 관한 충분한 상담을 제공하여야 하며, 상담내용 등에 대하여는 보건복지부령으로 정한다.

제14조【입양의 효과】 이 법에 따라 입양된 아동은 「민법」상 친양자와 동일한 지위를 가진다.

제15조【입양의 효력발생】 이 법에 따른 입양은 가정법원의 인용심판 확정으로 효력이 발생하고, 양친 또는 양자는 가정법원의 허가서를 첨부하여 「가족관계의 등록 등에 관한 법률」에서 정하는 바에 따라 신고하여야 한다.

제16조【입양의 취소】 ① 입양아동의 친생의 부 또는 모는 자신에게 책임이 없는 사유로 인하여 제12조제1항제2호에 따라 입양의 동의를 할 수 없었던 경우에는 입양의 사실을 안 날부터 6개월 안에 가정법원에 입양의 취소를 청구할 수 있다.
② 가정법원은 입양의 취소 청구에 대한 판결이 확정되거나 심판의 효력이 발생한 때에는 지체 없이 그 뜻을 가정법원 소재지 지방자치단체에 통보한다.

제17조【파양】 ① 양친, 양자, 검사는 다음 각 호의 어느 하나의 사유가 있는 경우에는 가정법원에 파양을 청구할 수 있다.
1. 양친이 양자를 학대 또는 유기하거나 그 밖에 양자의 복리를 현저히 해하는 경우
2. 양자의 양친에 대한 패륜행위로 인하여 양자관계를 유지시킬 수 없게 된 경우

② 가정법원은 파양이 청구된 아동이 13세 이상인 경우 입양아동의 의견을 청취하고 그 의견을 존중하여야 한다.
③ 가정법원은 파양의 청구에 대한 판결이 확정되거나 심판의 효력이 발생한 때에는 지체 없이 그 뜻을 가정법원 소재지 지방자치단체에 통보한다.

제18조【국내에서의 국외입양】 국내에서 제9조 각 호의 어느 하나에 해당하는 사람을 양자로 하려는 외국인은 후견인과 함께 양자로 할 사람의 등록기준지 또는 주소지를 관할하는 가정법원에 보건복지부령으로 정하는 바에 따라 다음 각 호의 서류를 첨부하여 입양허가를 신청하여야 한다.
1. 양자가 될 아동의 출생신고 증빙 서류
2. 양자가 될 사람이 제9조의 자격을 구비하였다는 서류
3. 제10조제1항에 따른 양친이 될 사람의 가정상황에 관한 서류
4. 제12조 및 제13조에 따른 입양동의 서류

제19조【외국에서의 국외입양】 ① 외국인으로부터 입양알선을 의뢰받은 입양기관의 장은 입양알선을 하려면 보건복지부장관이 발행한 해외이주허가서를 첨부하여 가정법원에 입양허가를 신청하여야 한다.
② 국외에 거주하는 외국인이 국내에 거주하는 아동을 입양하기 위하여는 입양기관을 통하여 입양절차를 진행하여야 한다.
③ 양자가 될 사람이 해외이주허가를 받고 출국하여 그 국가의 국적을 취득하였을 때에는 입양기관의 장은 보건복지부령으로 정하는 바에 따라 지체 없이 그 사실을 법무부장관에게 보고하고, 법무부장관은 직권으로 그의 대한민국 국적을 말소할 것을 등록기준지 관할 가족관계등록관서에 통지하여야 한다.
④ 제1항에 따른 신청을 받은 보건복지부장관은 다음 각 호의 어느 하나에 해당하는 경우에는 해외이주허가서를 발행하지 아니할 수 있다.
1. 양자가 될 사람이 미아이거나 그 밖에 보건복지부령으로 정하는 사람인 경우
2. 입양기관의 장이 입양을 원하는 외국인의 국가나 그 국가의 공인받은 입양기관과 입양업무에 관한 협약을 체결하지 아니한 경우
3. 입양을 원하는 외국인의 국가가 대한민국과 전쟁상태 또는 적대적인 상태에 있는 국가인 경우

제3장 입양기관

(2019.1.15 본장제목개정)

제20조【입양기관】 ① 입양기관을 운영하려는 자는 「사회복지사업법」에 따른 사회복지법인으로서 보건복지부장관의 허가를 받아야 한다. 다만, 국내입양만을 알선하려는 자는 시·도지사의 허가를 받아야 한다.
② 제1항에 따라 허가받은 사항 중 대통령령으로 정하는 중요한 사항을 변경하려고 하는 경우에는 신고하여야 한다.
③ 보건복지부장관 및 시·도지사는 제2항에 따른 변경신고를 받은 경우 그 내용을 검토하여 이 법에 적합하면 변경신고를 수리하여야 한다.(2020.12.29 본항신설)
④ 외국인은 입양기관의 장이 될 수 없다.
⑤ 입양기관의 장과 그 종사자는 입양아동의 인권을 보호하고 건전한 입양문화를 정착시키기 위하여 정기적으로 보건복지부령으로 정하는 보수교육을 받아야 한다.
⑥ 입양기관의 장이 입양을 원하는 국가나 그 국가의 공인을 받은 입양기관과 입양업무에 관한 협약을 체결하였을 때에는 보건복지부장관에게 보고하여야 한다. 이 경우 입양업무에 관한 협약에 포함되어야 할 사항은 대통령령으로 정한다.
⑦ 입양기관의 시설 및 종사자의 기준과 허가 및 변경신고 등에 필요한 사항은 보건복지부령으로 정한다.

제21조【입양기관의 의무】 ① 입양기관의 장은 입양의 뢰된 사람의 권익을 보호하고, 부모를 알 수 없는 경우에는 부모 등 직계존속을 찾기 위하여 노력을 다하여야 한다.
② 입양기관의 장은 입양을 알선할 때 그 양친이 될 사람에 대하여 제10조에서 정한 사실을 조사하여야 한다.
③ 입양기관의 장은 양친이 될 사람에게 입양 전에 아동양육에 관한 교육을 하여야 하며, 입양이 성립된 후에는 보건복지부령으로 정하는 바에 따라 입양아동과 그에 관한 기록 등을 양친 또는 양친이 될 사람에게 건네주고, 그 결과를 특별자치시장·특별자치도지사·시장·군수·구청장에게 보고하여야 한다.(2020.12.29 본항개정)
④ 입양기관의 장은 입양업무의 효율 및 입양기관 간의 협력체계 구축을 위하여 입양아동과 가족에 관한 정보를 보건복지부령으로 정하는 바에 따라 「아동복지법」 제10조의2에 따른 아동권리보장원(이하 "아동권리보장원"이라 한다)에 제공하여야 한다.(2019.1.15 본항개정)
⑤ 입양기관의 장은 입양업무에 관한 사항을 보건복지부령으로 정하는 바에 따라 기록하여야 한다. 이 경우 입양기록은 전자문서로서 기록할 수 있다.
⑥ 제5항에서 정한 입양업무에 관한 기록은 입양아동에 대한 사후관리를 위하여 영구보존하여야 한다.
⑦ 제4항에 따른 정보의 범위 및 내용과 제5항에 따른 입양기록 및 전자기록의 보존 등에 필요한 사항은 보건복지부령으로 정한다.

제22조【입양기관의 장의 후견직무】 ① 입양기관의 장은 입양을 알선하기 위하여 보장시설의 장, 부모 등으로부터 양자될 아동을 인도받았을 때에는 그 인도받은 날부터 입양이 완료될 때까지 그 아동의 후견인이 된다. 다만, 양자가 될 아동에 대하여 법원이 이미 후견인을 둔 경우에는 그러하지 아니하다.
② 제1항의 경우에 양자로 될 아동을 인도한 친권자의 친권행사는 정지된다. 다만, 친권자가 제12조제5항에 따라 입양의 동의를 철회한 때에는 다시 친권을 행사할 수 있다.

제23조【가족관계 등록 창설】 입양기관의 장은 양자가 될 아동을 가족관계등록이 되어 있지 아니한 상태에서 인계받았을 때에는 그 아동에 대한 가족관계 등록 창설 절차를 거친다.

제24조【입양알선이 곤란한 사람 등의 보호】 ① 입양기관의 장은 다음 각 호의 어느 하나에 해당하는 사람이 있는 경우에는 시·도지사 또는 시장·군수·구청장에게 이를 보고하여야 한다.
1. 제9조제2호에 따라 보호의뢰된 사람으로서 입양알선이 곤란한 사람
2. 이 법에 따른 입양이 취소되거나 파양을 선고받은 사람으로서 보호자가 입양기관에 보호를 요청한 사람

② 시·도지사 또는 시장·군수·구청장은 제1항에 따른 보고를 받은 사람에 대하여 「아동복지법」 제15조에 따른 보호조치를 지체 없이 하여야 한다.

제25조【사후서비스 제공】 ① 입양기관의 장은 입양이 성립된 후 1년 동안 양친과 양자의 상호적응을 위하여 다음 각 호의 사후관리를 하여야 한다. 국외입양 사후관리에 관한 내용, 방법 등 구체적 사항은 대통령령으로 정한다.
(2015.5.18 후단신설)
1. 양친과 양자의 상호적응상태에 관한 관찰 및 이에 필요한 서비스
2. 입양가정에서의 아동양육에 필요한 정보의 제공
3. 입양가정이 수시로 상담할 수 있는 창구의 개설 및 상담요원의 배치

② 입양기관의 장은 해당 국가의 협력기관을 통하여 입양아동이 입양된 국가의 국적을 취득하였는지를 확인하고 그 결과를 아동권리보장원의 원장을 통하여 보건복지부장관에게 보고하여야 한다.(2019.1.15 본항개정)
③ 입양기관의 장은 국외로 입양된 아동을 위하여 모국방문사업 등 대통령령으로 정하는 사업을 실시하여야 한다.

제26조~제28조 (2019.1.15 삭제)

제29조【관계 기관 등에 대한 협조 요청】 ① 아동권리보장원 원장은 업무수행을 위하여 필요한 경우 공공기관, 입양기관 등에 대하여 자료를 제출하도록 요청할 수 있다. 이 경우 그 요청을 받은 기관은 특별한 사유가 없으면 그에 따라야 한다.
② 제1항에 따라 아동권리보장원에 제공된 자료는 「아동복지법」 제10조의2제2항에서 정한 업무 수행을 위한 목적 외에는 사용할 수 없다.
(2019.1.15 본조개정)

제30조 (2019.1.15 삭제)

제4장 입양아동 등에 대한 복지 지원

제31조【아동의 인도】 ① 입양기관 또는 부모는 법원의 입양허가 결정 후 입양될 아동을 양친이 될 사람에게 인도한다.
② 국외입양의 경우 아동의 인도는 보건복지부령으로 정하는 특별한 사정이 없으면 대한민국에서 이루어져야 한다.

제32조【비용의 수납 및 보조】 ① 제20조제1항에 따른 입양기관은 대통령령으로 정하는 바에 따라 양친이 될 사람으로부터 입양 알선에 실제로 드는 비용의 일부를 받을 수 있다.
② 국가와 지방자치단체는 양친이 될 사람에게 제1항의 입양 알선에 실제로 드는 비용의 전부 또는 일부를 보조할 수 있다.

제33조【요보호아동의 발생예방】 국가와 지방자치단체는 아동이 태어난 가정에서 양육될 수 있도록 요보호아동의 발생예방에 필요한 시책을 강구하여야 한다.

제34조【사회복지서비스】 국가와 지방자치단체는 입양기관의 알선을 받아 아동을 입양한 가정에 대하여 입양아

동을 건전하게 양육할 수 있도록 필요한 상담, 사회복지시설 이용 등의 사회복지서비스를 제공하여야 한다.

제35조【양육보조금 등의 지급】 ① 국가와 지방자치단체는 입양기관의 알선을 받아 입양된 장애아동 등 입양아동이 건전하게 자랄 수 있도록 필요한 경우에는 대통령령으로 정하는 범위에서 양육수당, 의료비, 아동교육지원비, 그 밖의 필요한 양육보조금을 지급할 수 있다.
② 국가와 지방자치단체는 입양기관의 운영비와 「국민기초생활 보장법」에 따라 지급되는 수급품 외에 가정위탁보호비용을 보조할 수 있다.
③ 제1항에 따른 양육보조금의 지급과 제2항에 따른 입양기관의 운영비 및 가정위탁보호비용의 보조에 필요한 사항은 대통령령으로 정한다.

제5장 입양아동 등에 대한 정보의 공개

제36조【입양정보의 공개 등】 ① 이 법에 따라 양자가 된 사람은 아동권리보장원 또는 입양기관이 보유하고 있는 자신과 관련된 입양정보의 공개를 청구할 수 있다. 다만, 이 법에 따라 양자가 된 사람이 미성년자인 경우에는 양친의 동의를 받아야 한다.(2019.1.15 본문개정)
② 아동권리보장원 또는 입양기관의 장은 제1항에 따른 요청이 있을 때 입양아동의 친생부모의 동의를 받아 정보를 공개하여야 한다. 다만, 친생부모가 정보의 공개에 동의하지 아니하는 경우에는 그 친생부모의 인적사항을 제외하고 정보를 공개하여야 한다.(2019.1.15 본문개정)
③ 제2항의 단서에도 불구하고 친생부모가 사망이나 그 밖의 사유로 동의할 수 없는 경우에는 양자가 된 사람의 의료상 목적 등 특별한 사유가 있는 경우에는 친생부모의 동의 여부와 관계없이 입양정보를 공개할 수 있다.
④ 제1항부터 제3항까지의 규정에서 정한 정보공개의 청구대상이 되는 정보의 범위, 신청 방법과 절차, 그 밖에 필요한 사항은 대통령령으로 정한다.

제37조【비밀유지의 의무】 아동권리보장원 또는 입양기관에 종사하는 사람 또는 종사하였던 사람은 그 업무를 행하는 과정에서 알게 된 비밀을 누설하여서는 아니된다. 다만, 제36조에 따라 입양정보를 공개하는 때에는 예외로 한다.(2019.1.15 본문개정)

제6장 지도·감독 등

제38조【지도·감독 등】 ① 보건복지부장관, 시·도지사 또는 시장·군수·구청장은 입양기관을 운영하는 자에 대하여 소관 업무에 관하여 필요한 지도·감독을 하며, 필요한 경우 그 업무에 관하여 보고 또는 관계 서류의 제출을 명하거나 소속 공무원으로 하여금 입양기관의 사무소 또는 시설에 출입하여 검사하거나 질문하게 할 수 있다.
② 제1항에 따라 검사나 질문을 하는 관계 공무원은 그 권한을 표시하는 증표를 지니고 이를 관계인에게 보여주어야 한다.

제39조【허가의 취소 등】 ① 보건복지부장관 또는 시·도지사는 입양기관이 다음 각 호의 어느 하나에 해당할 때에는 6개월 이내의 기간을 정하여 업무정지를 명하거나 제20조제1항에 따른 허가를 취소할 수 있다.
1. 제20조제7항에 따른 시설 및 종사자의 기준에 미치지 못하게 되었을 때(2020.12.29 본호개정)
2. 제13조제3항·제4항 또는 제21조제1항을 위반하여 입양의뢰 된 사람의 권익을 해치는 행위를 하였을 때
2의2. 제25조제1항을 위반하여 사후관리를 하지 아니하였을 때(2024.1.23 본호신설)
3. 정당한 사유 없이 제38조에 따른 보고를 하지 아니하거나 거짓으로 하였을 때 또는 조사를 거부·방해하거나 기피하였을 때
4. 이 법 또는 이 법에 따른 명령을 위반하였을 때
② 제1항에 따른 행정처분의 세부적인 기준은 그 행정처분의 사유와 위반의 정도 등을 고려하여 보건복지부령으로 정한다.

제7장 보 칙

제40조【청문】 보건복지부장관 또는 시·도지사는 제39조제1항에 따라 허가를 취소하려면 청문을 하여야 한다.

제41조【권한의 위임】 이 법에 따른 보건복지부장관 또는 시·도지사의 권한은 그 일부를 대통령령으로 정하는 바에 따라 시·도지사 또는 시장·군수·구청장에게 위임할 수 있다.

제42조【「민법」과의 관계】 입양에 관하여 이 법에 특별히 규정한 사항을 제외하고는 「민법」에서 정하는 바에 따른다.

제43조 (2019.1.15 삭제)

제8장 벌 칙

제44조【벌칙】 ① 다음 각 호의 어느 하나에 해당하는 자는 3년 이하의 징역 또는 3천만원 이하의 벌금에 처한다.
1. 제11조, 제18조 또는 제19조를 위반하여 법원의 허가를 받지 아니하고 입양을 행한 자
1의2. 제13조제2항을 위반하여 입양동의의 대가를 주고받거나 주고받을 것을 약속한 자(2024.1.23 본호신설)
2. 제20조제1항을 위반하여 허가를 받지 아니하고 입양알선 업무를 행한 자
3. 제37조를 위반하여 정당한 사유 없이 업무상 알게 된 비밀을 누설한 자
② 제20조제2항을 위반하여 신고 없이 허가사항 중 중요사항을 변경한 자는 1년 이하의 징역 또는 1천만원 이하의 벌금에 처한다.
(2017.9.19 본조개정)

제45조【양벌규정】 법인의 대표자, 법인 또는 개인의 대리인, 사용인, 그 밖의 종사자가 그 법인 또는 개인의 업무에 관하여 제44조의 위반행위를 하면 행위자를 벌하는 외에 그 법인 또는 개인에게도 해당 조문의 벌금형을 과(科)한다. 다만, 법인 또는 개인이 그 위반행위를 방지하기 위하여 해당 업무에 관하여 상당한 주의와 감독을 게을리하지 아니한 경우에는 그러하지 아니한다.

부 칙

제1조【시행일】 이 법은 공포 후 1년이 경과한 날부터 시행한다.

제2조【중앙입양원에 대한 경과조치】 ① 이 법 시행 전에 설립된 재단법인 중앙입양정보원은 이 법에 따른 중앙입양원으로 본다.
② 이 법 시행 당시 중앙입양정보원에 속하던 모든 재산과 권리·의무는 이 법에 따른 중앙입양원이 포괄승계한다.
③ 이 법 시행 당시 등기부, 그 밖의 공부에 표시된 중앙입양정보원의 명의는 이 법에 따른 중앙입양원의 명의로 본다.
④ 제2항에 따라 이 법에 따른 중앙입양원에 포괄승계되는 재산의 가액은 이 법 시행일 전일의 장부가액으로 한다.
⑤ 이 법 시행 당시 중앙입양정보원의 직원은 이 법에 따른 중앙입양원의 직원으로 본다.

제3조【다른 법률의 개정】 ①~④ ※(해당 법령에 가제정리 하였음)

제4조【다른 법령과의 관계】 이 법 시행 당시 다른 법령에서 종전의 「입양촉진 및 절차에 관한 특례법」 또는 그 규정을 인용한 경우에 이 법 가운데 그에 해당하는 규정이 있으면 종전의 규정을 갈음하여 이 법 또는 이 법의 해당 규정을 인용한 것으로 본다.

부 칙 (2019.1.15)

제1조【시행일】 이 법은 공포 후 6개월이 경과한 날부터 시행한다.(이하 생략)

부 칙 (2020.12.29 법17784호)

제1조【시행일】 이 법은 2022년 7월 1일부터 시행한다.(이하 생략)

부 칙 (2020.12.29 법17788호) (2024.1.23)

이 법은 공포한 날부터 시행한다.

재외국민의 가족관계등록 창설, 가족관계등록부 정정 및 가족관계등록부 정리에 관한 특례법(약칭 : 재외국민가족관계법)

(1973년 6월 21일 전개법률 제2622호)

개정
1975.12.31법 2824호　1980.12.18법 3285호
1985. 9.14법 3791호　1990.12.26법 4267호
2000.12.29법 6309호
2005. 3.31법 7427호(민법)
2007. 5.17법 8435호(가족관계등록)
2010. 3.31법10206호
2013. 3.23법11690호(정부조직)
2015. 2. 3법13124호(가족관계등록)

제1조【목적】 이 법은 재외국민(在外國民)의 가족관계등록 창설, 가족관계등록부 정정 및 가족관계등록부 정리의 절차에 관한 특례를 규정함을 목적으로 한다.
(2010.3.31 본조개정)

제2조【정의】 이 법에서 사용하는 용어의 뜻은 다음과 같다.
1. "재외국민"이란 대한민국 국민으로서 「재외국민등록법」에 따라 등록된 사람을 말한다.
2. "등록", "등록부", "등록부 등본"이란 각각 「재외국민등록법」에 따른 등록, 재외국민등록부, 재외국민등록부 등본을 말한다.
3. "외국인등록", "영주권"이란 각 거류국(居留國)의 외국인등록 및 거류자격 등을 규정한 법령에 따른 등록 및 거류자격 등을 말한다.
(2010.3.31 본조개정)

제3조【가족관계등록 창설허가, 가족관계등록부 정정허가 및 가족관계등록부 정리 신청 등】 ① 재외국민으로서 등록기준지가 없거나 분명하지 아니한 사람이 가족관계등록을 창설하려면 다음 각 호의 구분에 따라 등록기준지를 정하고 주소지를 관할하는 재외공관의 장에게 가족관계등록 창설허가신청서를 제출한다. 다만, 신청인의 편의에 따라 신청인이 정한 등록기준지를 관할하는 가정법원 또는 시·구·읍·면의 장에게 가족관계등록 창설허가신청서를 직접 제출할 수 있다.
1. 등록부의 등록기준지가 군사분계선 이남(以南) 지역일 때 : 그 등록기준지
2. 등록부의 등록기준지가 군사분계선 이북(以北) 지역일 때 : 군사분계선 이남 지역에 정한 등록기준지
② 등록기준지가 있는 사람의 가족관계등록부 기록에 정정하거나 정리할 사항이 있을 때에는 이해관계인이 다음 각 호의 구분에 따른 서류를 주소지를 관할하는 재외공관의 장에게 제출한다. 다만, 신청인의 편의에 따라 본인의 등록기준지를 관할하는 가정법원 또는 시·구·읍·면의 장(재외국민 가족관계등록사무소의 가족관계등록관을 포함한다)에게 다음 각 호의 구분에 따른 서류를 직접 제출할 수 있다.(2015.2.3 단서개정)
1. 가족관계등록부 기록에 착오 또는 누락이 있어 정정하려는 경우 : 가족관계등록부 정정허가신청서
2. 「가족관계의 등록 등에 관한 법률」에 따른 신고와 신청에 관한 사항 중 출생·인지(認知)·입양·혼인·사망 등으로 인하여 등록되거나 폐쇄되어야 할 사람이 가족관계등록부에서 정리되지 아니한 경우 : 가족관계등록부 정리신청서
③ 제2항에 따라 가족관계등록부 정리신청을 할 때에는 신청서에 등록되거나 폐쇄되어야 할 사람의 신분에 관한 사항과 정리하여야 할 취지를 적고 신청인이 서명하여야 한다.
(2010.3.31 본조개정)

제4조【첨부서류】 ① 가족관계등록 창설허가신청서에는 다음 각 호의 서류를 첨부하여야 한다.
1. 신분표
2. 등록부 등본
3. 거류국의 영주권 사본(영주권자만 해당한다) 또는 외국인등록부 등본
(2010.3.31 본항개정)
② (2005.3.31 삭제)
③ 가족관계등록부 정정허가신청서와 가족관계등록부 정리신청서에는 다음 각 호의 서류를 첨부하여야 한다.
1. 등록부 등본
2. 거류국의 영주권 사본(영주권자만 해당한다) 또는 외국인등록부 등본
3. 사유서(가족관계등록부 정정허가신청의 경우만 해당한다)
(2010.3.31 본항개정)

제5조【신청서의 처리】 ① 가족관계등록 창설허가신청서나 가족관계등록부 정정허가신청서를 접수한 재외공관의 장은 지체 없이 외교부장관을 거쳐 본인이 가족관계등록을 창설하려고 정한 등록기준지 또는 정정하려는 가족관계등록부의 등록기준지를 관할하는 가정법원에 그 신청서를 송부하여야 한다. 다만, 재외공관의 장은 가

족관계등록부 기록에 착오 또는 누락이 있음이 확인되었을 때에는 조사확인서를 첨부하여 직접 재외국민 가족관계등록사무소의 가족관계등록관에게 가족관계등록부 정정허가신청서를 송부할 수 있다.(2015.2.3 단서개정)
② 가정법원이 가족관계등록 창설허가신청서 또는 가족관계등록부 정정허가신청서를 접수하였을 때에는 등록기준지 관할 시·구·읍·면의 장에게 가족관계등록부가 있는지 또는 가족관계등록부에 착오가 있는지에 대한 조사를 촉탁하여야 한다.
③ 제2항에 따른 촉탁을 받은 시·구·읍·면의 장은 지체 없이 조사를 한 후 그 결과를 알려 주어야 한다.
④ 가정법원이 가족관계등록 창설의 허가 또는 가족관계등록부 정정의 허가를 하였을 때에는 가족관계등록 창설지 또는 등록기준지 관할 시·구·읍·면의 장에게 그 등본을 송부하여야 하고 허가를 하지 아니하였을 때에는 외교부장관과 재외공관의 장을 거쳐 신청인에게 그 사유서와 등본을 송부하여야 한다.(2013.3.23 본항개정)
⑤ 가족관계등록부 정리신청서를 접수한 재외공관의 장은 지체 없이 외교부장관을 거쳐 재외국민 가족관계등록사무소의 가족관계등록관에게 그 신청서를 송부하여야 한다.(2015.2.3 본항개정)
⑥ 제1항 단서 및 제5항에 따른 서류의 송부는 대법원규칙으로 정하는 바에 따라 전산정보처리조직을 이용하여 할 수 있다. 이 경우 해당 서류 원본의 보존, 그 밖에 필요한 사항은 대법원규칙으로 정한다.(2015.2.3 본항신설)
(2010.3.31 본조개정)

제6조【가족관계등록부의 작성 등】 ① 시·구·읍·면의 장(재외국민 가족관계등록사무소의 가족관계등록관을 포함한다)은 가정법원으로부터 가족관계등록 창설허가 또는 가족관계등록부 정정허가의 등본을 접수하였을 때 또는 재외공관의 장의 조사확인서가 첨부된 가족관계등록부 정정허가신청서를 접수하였을 때에는 지체 없이 가족관계등록부를 작성하거나 정정하고 5일 이내에 그 가족관계등록부의 증명서를 외교부장관과 재외공관의 장을 거쳐 신청인에게 송부하여야 한다.
② 시·구·읍·면의 장(재외국민 가족관계등록사무소의 가족관계등록관을 포함한다)이 직접 또는 재외공관의 장으로부터 가족관계등록부 정리신청서를 접수한 경우에 「가족관계의 등록 등에 관한 법률」에 따라 가족관계등록부를 정리할 수 있을 때에는 지체 없이 이를 정리하고 5일 이내에 그 가족관계등록부의 증명서를 송부하되 신청서를 직접 접수한 경우에는 직접 신청인에게, 외교부장관과 재외공관의 장을 거쳐 접수한 경우에는 외교부장관과 재외공관의 장을 거쳐 신청인에게 송부하여야 한다. 다만, 가족관계등록부를 정리할 수 없는 사유가 있을 때에는 직접 또는 외교부장관과 재외공관의 장을 거쳐 신청인에게 그 사유서와 신청서를 반송하여야 한다.
(2015.2.3 본조개정)

제7조【비용 부담】 이 법에 따른 가족관계등록 창설허가, 가족관계등록부 정정허가 또는 가족관계등록부 정리에 따른 가족관계등록부의 작성, 정정 및 정리와 그 송달에 드는 비용은 국가나 지방자치단체가 부담한다.
(2010.3.31 본조개정)

제8조 (2000.12.29 삭제)

부 칙 (2015.2.3)

제1조【시행일】 이 법은 2015년 7월 1일부터 시행한다.
(이하 생략)

남북 주민 사이의 가족관계와 상속 등에 관한 특례법

(약칭 : 남북가족특례법)

(2012년 2월 10일 법 률 제11299호)

개정
2014.12.30법12892호(채무자회생파산)
2016. 1.19법13763호

제1장 총 칙

제1조【목적】 이 법은 남한주민과 북한주민 사이의 가족관계와 상속·유증 및 이와 관련된 사항을 규정함으로써 남한주민과 북한주민 사이의 가족관계와 상속·유증 등에 관한 법률관계의 안정을 도모하고, 북한주민이 상속이나 유증 등으로 소유하게 된 남한 내 재산의 효율적인 관리에 이바지함을 목적으로 한다.

제2조【법 적용의 기본원칙】 이 법을 해석·적용할 때에는 남한과 북한의 관계가 국가 사이의 관계가 아닌 평화적 통일을 지향하는 과정에서 잠정적으로 형성되는 특수관계임을 고려하여야 한다.

제3조【정의】 이 법에서 사용하는 용어의 뜻은 다음과 같다.
1. "남한"이란 군사분계선 이남지역을 말하고, "북한"이란 군사분계선 이북지역을 말한다.
2. "남한주민"이란 남한지역에 거주하는 주민을 말하고, "북한주민"이란 북한지역에 거주하는 주민을 말한다.
3. "분단의 종료"란 남북한이 법률적 또는 사실적으로 하나의 국가체제를 형성한 상태를 말한다.
4. "자유로운 왕래"란 남북한 사이에 서신과 통신의 왕래가 완전히 자유롭게 허용되고, 상호 방문에 있어 외국에 비하여 특별한 제한이 없어진 경우를 말한다.
5. "남북이산"이란 그 사유와 경위를 불문하고 가족이 남한과 북한으로 흩어져 있는 것을 말한다.

제2장 관 할

제4조【재판관할】 ① 이 법이 적용되거나 그와 관련된 사건에서 법원은 당사자 또는 분쟁이 된 사안이 남한과 실질적 관련이 있는 경우에 재판관할을 가진다. 이 경우 법원은 재판관할 배분의 이념에 부합하는 합리적인 원칙에 따라 실질적 관련의 유무를 판단하여야 한다.
② 법원은 국내법의 관할 규정을 참작하여 재판관할의 유무를 판단하되, 제1항의 취지 및 제2조의 기본원칙을 고려하여야 한다.
③ 제1항 및 제2항에 따라 재판관할을 가지는 법원에 사실상의 장애로 인하여 제소(提訴)할 수 없는 경우에는 대법원이 있는 곳의 관할법원에 소를 제기할 수 있다.

제5조【가정법원의 관할】 ① 이 법이 적용되는 사건으로서 「가사소송법」 제2조에 따른 가정법원의 전속관할에 속하는 사건은 가정법원의 전속관할로 하며, 각 사건의 관할에 관하여는 「가사소송법」의 각 해당 규정을 적용한다.
② 제11조제1항에 따른 상속회복청구 사건은 가정법원 합의부의 전속관할로 하며, 「가사소송법」에 따른 다류(類) 가사소송사건의 절차에 따라 심리·재판한다.
③ 제13조에 따른 북한주민의 재산관리인의 선임·변경에 관한 사건은 북한주민의 재산소재지에 있는 가정법원의 전속관할로 한다.

제3장 남북 주민 사이의 가족관계에 관한 특례

제6조【중혼에 관한 특례】 ① 1953년 7월 27일 한국 군사정전에 관한 협정(이하 "정전협정"이라 한다)이 체결되기 전에 혼인하여 북한에 배우자를 둔 사람이 그 혼인이 해소되지 아니한 상태에서 남한에서 다시 혼인을 한 경우에는 중혼이 성립한다.
② 제1항의 사유로 중혼이 성립한 경우에는 「민법」 제816조제1호와 제818조에도 불구하고 중혼을 사유로 혼인의 취소를 청구할 수 없다. 다만, 후혼(後婚) 배우자 쌍방 사이에 중혼취소에 대한 합의가 이루어진 경우에는 그러하지 아니하다.
③ 제1항의 사유로 중혼이 성립한 경우로서 북한에 거주하는 전혼(前婚)의 배우자도 다시 혼인을 한 경우에는 부부 쌍방에 대하여 중혼이 성립한 때에 전혼은 소멸한 것으로 본다.
④ 정전협정이 체결되기 전에 혼인하여 남한에 배우자를 둔 사람이 그 혼인이 해소되지 아니한 상태에서 북한에서 다시 혼인을 한 경우에도 제1항부터 제3항까지의 규정을 준용한다.

제7조【실종선고의 취소에 따른 혼인의 효력에 관한 특례】 ① 정전협정이 체결되기 전에 혼인하여 북한에 배우자를 둔 사람이 그 배우자에 대하여 실종선고를 받고 남한에서 다시 혼인을 한 경우에는 실종선고가 취소되더라도 전혼은 부활하지 아니한다. 다만, 혼인당사자의 일방 또는 쌍방이 실종선고 당시 북한에 있는 배우자의 생존사실을 알고 있었던 경우에는 전혼이 부활하여 중혼이 성립한다.
② 제1항 단서의 사유로 중혼이 성립한 경우 그 취소 청구에 관하여는 제6조제2항을 준용한다.
③ 제1항 단서의 사유로 중혼이 성립한 경우로서 북한에 거주하는 전혼의 배우자도 다시 혼인을 한 경우에는 실종선고가 취소되더라도 전혼은 부활하지 아니한다.

제8조【친생자관계존재확인의 소에 관한 특례】 ① 혼인 중의 자(子)로 출생한 북한주민(북한주민이었던 사람을 포함한다)이 남한주민인 아버지 또는 어머니의 가족관계등록부에 기록되어 있지 아니한 경우에는 「민법」 제865조제1항에 따라 소를 제기할 수 있는 사람이 친생자관계존재확인의 소를 제기할 수 있다.
② 제1항의 소(訴)는 「민법」 제865조제2항에도 불구하고 분단의 종료, 자유로운 왕래, 그 밖의 사유로 인하여 소의 제기에 장애사유가 없어진 날부터 2년 내에 제기할 수 있다.
③ 혼인 중의 자로 출생한 남한주민이 자신의 가족관계등록부에 북한주민(북한주민이었던 사람을 포함한다)인 아버지 또는 어머니가 기록되어 있지 아니한 경우 그 친생자관계존재확인의 소의 제기에 관하여는 제1항 및 제2항을 준용한다.

제9조【인지청구의 소에 관한 특례】 ① 혼인 외의 자(子)로 출생한 북한주민(북한주민이었던 사람을 포함한다)과 그 직계비속 또는 그 법정대리인은 남한주민인 아버지 또는 어머니를 상대로 하여 인지청구의 소를 제기할 수 있다.
② 제1항의 소(訴)는 「민법」 제864조에도 불구하고 분단의 종료, 자유로운 왕래, 그 밖의 사유로 인하여 소의 제기에 장애사유가 없어진 날부터 2년 내에 제기할 수 있다.
③ 혼인 외의 자로 출생한 남한주민과 그 직계비속 또는 법정대리인이 북한주민(북한주민이었던 사람을 포함한다)인 아버지 또는 어머니를 상대로 하여 인지청구의 소를 제기하는 경우에도 제1항 및 제2항을 준용한다.

제4장 남북 주민 사이의 상속 등에 관한 특례

제10조【상속재산반환청구에 관한 특례】 ① 남북이산 후 이 법 공포일 전에 실종선고(「부재선고에 관한 특별조치법」에 따른 부재선고를 포함한다)를 받은 북한주민에 대하여 실종선고의 취소심판이 확정된 경우 실종선고의 취소심판을 받은 사람은 실종선고를 직접원인으로 하여 재산을 취득한 자(그의 상속인을 포함한다)를 상대로 그 재산의 반환을 청구할 수 있다.
② 제1항의 경우 반환청구의 상대방이 선의(善意)인 경우에는 그 받은 이익이 현존하는 한도에서 반환할 의무가 있고, 악의(惡意)인 경우에는 그 받은 이익 중에서 이 법 공포일 당시에 현존하는 이익에 이자를 붙여서 반환하고 손해가 있으면 이를 배상하여야 한다.
③ 제1항의 사유로 실종선고가 취소된 경우에는 「민법」 제29조제1항 단서에도 불구하고 그 실종선고의 취소는 이 법 공포일 전까지 한 행위와 이 법 공포일부터 실종선고 취소심판의 확정 전까지 선의로 한 행위의 효력에 영향을 미치지 아니한다.
④ 남북이산 후 이 법 공포일 전에 실종선고(「부재선고에 관한 특별조치법」에 따른 부재선고를 포함한다) 외의 사유로 사망으로 처리된 북한주민이 생존하고 있는 경우 그 생존자는 사망처리를 직접원인으로 하여 재산을 취득한 자(그의 상속인을 포함한다)를 상대로 그 재산의 반환을 청구할 수 있다.
⑤ 제4항에 따른 재산의 반환 청구에 관하여는 제2항 및 제3항을 준용한다. 이 경우 제3항 중 "실종선고 취소심판의 확정"은 "상속재산의 반환청구"로 본다.

제11조【상속회복청구에 관한 특례】 ① 남북이산으로 인하여 피상속인인 남한주민으로부터 상속을 받지 못한 북한주민(북한주민이었던 사람을 포함한다) 또는 그 법정대리인은 「민법」 제999조제1항에 따라 상속회복청구를 할 수 있다. 이 경우 다른 공동상속인이 이미 분할, 그 밖의 처분을 한 경우에는 그 상속분에 상당한 가액으로 지급할 것을 청구할 수 있다.
② 제1항의 경우에 공동상속인 중에 상당한 기간 동거·간호, 그 밖의 방법으로 피상속인을 특별히 부양하거나 피상속인의 재산의 유지 또는 증가에 특별히 기여한 사람이 있을 때에는 상속개시 당시의 피상속인의 재산의 가액에서 공동상속인의 협의로 정한 그 사람의 기여분을 공제한 것을 상속재산으로 보고 상속회복청구권자의 상속분을 산정한다.
③ 제2항에 따른 협의가 되지 아니하거나 협의할 수 없는 경우에는 가정법원은 제2항에 규정된 기여자의 청구에 따라 기여의 시기·방법 및 정도와 상속재산의 액, 그 밖의 사정을 참작하여 기여분을 정한다.

④ 제2항 및 제3항에 따른 기여분은 상속이 개시된 때의 피상속인의 재산가액에서 유증의 가액을 공제한 액을 넘지 못한다.

제12조【상속의 단순승인 간주에 대한 특례】 상속개시 당시 북한주민(북한주민이었던 사람을 포함한다)인 상속인이 분단으로 인하여 「민법」 제1019조제1항의 기간 내에 한정승인 또는 포기를 하지 못한 경우에는 「민법」 제1026조제2호에도 불구하고 상속으로 인하여 취득할 재산의 한도에서 피상속인의 채무와 유증을 변제할 책임이 있다.

제5장 북한주민의 상속·수증재산 등의 관리

제13조【재산관리인의 선임 등】 ① 북한주민이 상속·유증 또는 제10조제1항 및 제4항에 규정된 사유로 남한 내 재산에 관한 권리를 취득한 경우에는 그 권리의 취득이 확정된 날부터 1개월 이내에 법원에 그 북한주민의 남한 내 재산(상속·유증 받은 재산 등의 과실 또는 대가로 얻은 재산을 포함하며, 이하 "상속·유증재산등"이라 한다)을 관리할 재산관리인의 선임을 청구하여야 한다.
② 북한주민이 제1항에 따라 재산관리인의 선임을 청구하지 아니하거나 청구할 수 없는 경우에는 「민법」 제777조에 따른 친족, 그 밖의 이해관계인 또는 검사가 법원에 재산관리인의 선임을 청구할 수 있다.
③ 북한주민에 대하여 유증을 한 유언자는 법원에 재산관리인의 선임을 청구할 수 있다. 이 경우 제1항 및 제2항은 적용하지 아니한다.
④ 재산관리인이 사임하거나 사망한 경우에 재산관리인의 선임에 관하여는 제1항 및 제2항을 준용한다. 이 경우 제1항 중 "그 권리의 취득이 확정된 날"은 "재산관리인이 사임하거나 사망한 날"로 본다.
⑤ 재산관리인이 다음 각 호의 어느 하나에 해당하는 경우에는 북한주민, 「민법」 제777조에 따른 친족, 그 밖의 이해관계인이나 검사는 법원에 재산관리인의 변경을 청구할 수 있다.
1. 재산관리인이 제16조에 따른 결격사유에 해당하게 된 경우
2. 재산관리인이 상속·유증재산등을 부적당한 방법으로 관리하여 이를 위태롭게 하였거나 위태롭게 할 우려가 명백한 경우
3. 재산관리인이 이 법에 규정된 의무를 해태(懈怠)한 경우
4. 그 밖에 제1호부터 제3호까지에 준하는 사유가 있는 경우
⑥ 법원은 제1항부터 제4항까지의 규정에 따른 청구가 있는 경우에는 상속·유증재산등의 관리에 적절한 재산관리인을 선임하여야 하며, 제5항에 따른 청구가 있는 경우에는 상속·유증재산등의 관리에 적절한 재산관리인으로 변경할 수 있다.

제14조【재산관리인의 주의의무 등】 제13조에 따라 선임 또는 변경된 재산관리인(이하 "재산관리인"이라 한다)의 주의의무에 관하여는 「민법」 제681조를 준용하고, 재산관리인의 담보제공과 보수에 관하여는 「민법」 제26조제1항 및 제2항을 준용한다.

제15조【재산관리인을 통하지 아니한 법률행위의 효력】 재산관리인을 통하지 아니하고 상속·유증재산등에 관하여 한 법률행위는 무효로 한다. 다만, 제19조에 따라 법무부장관의 허가를 받은 경우에는 그러하지 아니하다.

제16조【재산관리인의 결격사유】 재산관리인으로 선임될 수 있는 사람은 남한주민으로서 다음 각 호의 어느 하나에 해당하지 아니하는 사람이어야 한다.
1. 미성년자·피성년후견인·피한정후견인(2016.1.19 본호개정)
2. 회생절차개시결정, 간이회생절차개시결정, 개인회생절차개시결정 또는 파산선고를 받은 사람(2014.12.30 본호개정)
3. 자격정지 이상의 형의 선고를 받고 그 형기(刑期) 중에 있는 사람
4. 상속·유증재산등을 취득한 북한주민에 대하여 소송을 하였거나 하고 있는 사람 또는 그 배우자와 직계혈족

제17조【재산관리인의 신고의무 등】 ① 재산관리인은 선임된 날부터 1개월 이내에 북한주민의 성명, 주소, 상속·유증재산등의 목록, 그 밖에 대통령령으로 정하는 사항을 법무부장관에게 신고하여야 한다.
② 사임한 재산관리인 또는 제13조제5항 및 제6항에 따라 변경된 재산관리인은 사임 또는 변경된 날부터 1개월 이내에 그 사임사실 등 대통령령으로 정하는 사항을 법무부장관에게 신고하여야 한다.
③ 재산관리인은 대통령령으로 정하는 바에 따라 상속·유증재산등의 변동 사항을 알 수 있도록 재산목록을 작성·보존하여야 하며, 그 변동 사항을 법무부장관에게 신고하여야 한다.
④ 법무부장관은 재산관리인의 재산관리 상황을 확인할 필요가 있거나 상속·유증재산등의 관리·보존에 필요한 경우에는 재산관리인에게 관련 자료의 제출 요구 등 필요한 조치를 명할 수 있다.
⑤ 제1항부터 제4항까지의 경우에 그 비용은 상속·유증재산등으로 지급한다.

제18조【재산관리인의 권한】 ① 재산관리인이 「민법」 제118조에 규정한 권한을 넘는 행위를 하려는 때에는 대통령령으로 정하는 바에 따라 사전에 법무부장관의 허가를 받아야 한다.
② 제1항에 따른 허가를 받지 아니한 처분이나 계약은 무효로 한다.

제19조【북한주민의 직접 사용·관리 등】 ① 상속·유증재산등을 재산소유자인 북한주민으로 하여금 직접 사용·관리하게 하려는 자는 대통령령으로 정하는 바에 따라 사전에 법무부장관의 허가를 받아야 한다. 허가를 받은 사항 중 대통령령으로 정하는 중요 내용을 변경할 때에도 또한 같다.
② 법무부장관은 다음 각 호의 어느 하나에 해당하는 경우에는 그 목적에 필요한 한도에서 제1항에 따른 허가를 할 수 있다. 다만, 대한민국의 국가안전보장, 질서유지 및 공공복리를 저해할 우려가 있는 경우로서 대통령령으로 정하는 경우에는 그러하지 아니하다.
1. 소유자 또는 「민법」 제777조에 따른 친족의 생계에 필요한 개인적 소비를 위한 경우
2. 소유자 또는 「민법」 제777조에 따른 친족의 질병치료를 위한 경우
3. 그 밖에 제1호 및 제2호에 준하는 경우로서 대통령령으로 정하는 경우
③ 법무부장관은 제1항에 따른 허가를 하는 경우에 국가안전보장, 질서유지 및 공공복리를 고려하여 대통령령으로 정하는 바에 따라 조건을 붙일 수 있다.
④ 법무부장관은 제1항에 따른 허가를 하는 경우에 대통령령으로 정하는 바에 따라 허가대상이 되는 재산권의 종류, 사용·관리의 방법, 재산의 가액 등에 관하여 일정한 범위를 정하여 포괄적으로 허가할 수 있다.
⑤ 법무부장관은 다음 각 호의 어느 하나에 해당하는 경우에는 제1항에 따른 허가를 취소할 수 있다. 다만, 제1호에 해당하는 경우에는 그 허가를 취소하여야 한다.
1. 거짓이나 그 밖의 부정한 방법으로 허가받은 경우
2. 제3항에 따른 조건을 위반한 경우
3. 그 밖에 국가안전보장, 질서유지 및 공공복리를 위하여 필요한 경우로서 대통령령으로 정하는 경우

제20조【협조 요청 등】 ① 법무부장관은 북한주민의 상속·유증재산등의 취득 및 변경 여부, 상속·유증재산등을 취득한 북한주민의 인적사항 등을 확인하기 위하여 필요한 경우에는 관계 행정기관이나 단체 또는 개인에게 사실 확인 및 관련 자료의 제공 등의 협조를 요청할 수 있다. 이 경우 협조 요청을 받은 관계 행정기관이나 단체 또는 개인은 특별한 사정이 없는 한 협조하여야 한다.
② 법무부장관은 재산관리인이 신고하거나 법무부장관이 허가한 사항 및 제1항에 따라 알게 된 사항을 대통령령으로 정하는 바에 따라 통일부장관에게 통보하여야 한다.

제21조【상속·유증재산등을 취득한 북한주민의 등록대장】 ① 법무부장관은 다음 각 호의 사항을 등록·관리하기 위하여 대통령령으로 정하는 바에 따라 북한주민의 등록대장(이하 "북한주민등록대장"이라 한다)을 작성·보존하여야 한다.
1. 상속·유증재산등을 취득한 북한주민에 관한 인적사항
2. 북한주민의 상속·유증재산등의 취득에 관한 사항
3. 그 밖에 상속·유증재산등의 효율적 관리를 위하여 필요한 사항으로서 대통령령으로 정하는 사항
② 법무부장관은 제17조부터 제19조까지의 규정에 따라 신고받은 사항, 신고 후의 변동 사항 및 허가한 사항을 북한주민등록대장에 등록·관리하여야 한다.
③ 법무부장관은 북한주민등록대장에 등록된 북한주민에 대하여는 대통령령으로 정하는 바에 따라 개인별로 고유한 등록번호(이하 "북한주민등록번호"라 한다)를 부여하여야 한다.
④ 북한주민이 남한 내 부동산을 등기하는 경우에 북한주민등록번호는 「부동산등기법」 제49조에 따라 부여된 부동산등기용등록번호로 본다.

제6장 벌칙 및 과태료

제22조【벌칙】 ① 다음 각 호의 어느 하나에 해당하는 자는 5년 이하의 징역 또는 5천만원 이하의 벌금에 처한다.
1. 제19조제1항에 따른 허가(변경허가를 포함한다)를 받지 아니하고 재산을 북한주민으로 하여금 직접 사용·관리하게 한 자
2. 거짓이나 그 밖의 부정한 방법으로 제19조제1항에 따른 북한주민의 직접 사용·관리를 허가(변경허가를 포함한다)받은 자
② 다음 각 호의 어느 하나에 해당하는 자는 3년 이하의 징역 또는 3천만원 이하의 벌금에 처한다.
1. 제18조제1항을 위반하여 법무부장관의 허가를 받지 아니하고 권한을 넘는 행위를 한 자
2. 제19조제3항에 따른 허가 조건을 위반한 자
③ 제1항의 미수범은 처벌한다.

제23조【과태료】 ① 다음 각 호의 어느 하나에 해당하는 자에게는 1천만원 이하의 과태료를 부과한다.
1. 제17조제1항 및 제2항의 기간 내에 신고를 하지 아니하거나 거짓으로 신고한 자
2. 제17조제3항에 따라 재산목록을 작성·보존하지 아니하거나 거짓으로 재산목록을 작성한 자
3. 제17조제3항에 따라 상속·유증재산등의 변동 사항을 신고하지 아니하거나 거짓으로 신고한 자
4. 제17조제4항에 따른 법무부장관의 조치명령에 따르지 아니한 자
② 제1항에 따른 과태료는 대통령령으로 정하는 바에 따라 법무부장관이 부과·징수한다.

부 칙

제1조【시행일】 이 법은 공포 후 3개월이 경과한 날부터 시행한다.

제2조【효력의 불소급 및 경과조치】 이 법은 이 법 시행 전에 이 법에서 규율하는 내용과 관련된 법률에 따라 생긴 효력에 영향을 미치지 아니한다. 다만, 이 법 시행 당시 남한주민과 북한주민 사이에 가족관계 또는 상속·유증 등에 관한 소송이 법원에 계속 중인 사건에 관하여는 이 법을 적용한다.

제3조【재산관리인 선임 등에 관한 적용례】 이 법 시행 전에 북한주민이 상속·유증 또는 상속재산반환청구권의 행사로 남한 내 재산을 취득한 경우에도 이 법 시행일부터는 제5장(제13조부터 제21조까지)의 규정을 적용한다. 이 경우 제13조제1항 중 "그 권리의 취득이 확정된 날"은 "이 법 시행일"로 본다.

부 칙 (2016.1.19)

제1조【시행일】 이 법은 공포한 날부터 시행한다.

제2조【금치산자 등에 대한 경과조치】 이 법 시행 당시 이미 금치산 또는 한정치산의 선고를 받고 법률 제10429호 민법 일부개정법률 부칙 제2조에 따라 금치산 또는 한정치산 선고의 효력이 유지되는 사람에 대해서는 종전의 규정을 적용한다.

부동산등기법

(2011년 4월 12일
전부개정법률 제10580호)

개정
2011. 5.19법10693호(주택저당채권유동화회사법)
2011. 7.25법10924호(신탁법)
2013. 3.23법11690호(정부조직)
2013. 5.28법11826호
2014. 3.18법12420호(공익신탁법)
2014. 3.18법12421호(출입국)
2014. 6. 3법12738호(공간정보구축관리)
2015. 7.24법13426호(제주자치법)
2015. 7.24법13435호(주택법)
2016. 1.19법13797호(부동산거래신고등에관한법)
2016. 2. 3법13953호(법무사법)
2017.10.13법14901호
2020. 2. 4법16912호

제1장 총 칙

제1조【목적】 이 법은 부동산등기(不動産登記)에 관한 사항을 규정함을 목적으로 한다.

제2조【정의】 이 법에서 사용하는 용어의 뜻은 다음과 같다.
1. "등기부"란 전산정보처리조직에 의하여 입력·처리된 등기정보자료를 대법원규칙으로 정하는 바에 따라 편성한 것을 말한다.
2. "등기부부본자료"(登記簿副本資料)란 등기부와 동일한 내용으로 보조기억장치에 기록된 자료를 말한다.
3. "등기기록"이란 1필의 토지 또는 1개의 건물에 관한 등기정보자료를 말한다.
4. "등기필정보"(登記畢情報)란 등기부에 새로운 권리자가 기록되는 경우에 그 권리자를 확인하기 위하여 제11조제1항에 따른 등기관이 작성한 정보를 말한다.

제3조【등기할 수 있는 권리 등】 등기는 부동산의 표시(表示)와 다음 각 호의 어느 하나에 해당하는 권리의 보존, 이전, 설정, 변경, 처분의 제한 또는 소멸에 대하여 한다.
1. 소유권(所有權)
2. 지상권(地上權)
3. 지역권(地役權)
4. 전세권(傳貰權)
5. 저당권(抵當權)
6. 권리질권(權利質權)
7. 채권담보권(債權擔保權)
8. 임차권(賃借權)

제4조【권리의 순위】 ① 같은 부동산에 관하여 등기한 권리의 순위는 법률에 다른 규정이 없으면 등기한 순서에 따른다.
② 등기의 순서는 등기기록 중 같은 구(區)에서 한 등기 상호간에는 순위번호에 따르고, 다른 구에서 한 등기 상호간에는 접수번호에 따른다.

제5조【부기등기의 순위】 부기등기(附記登記)의 순위는 주등기(主登記)의 순위에 따른다. 다만, 같은 주등기에 관한 부기등기 상호간의 순위는 그 등기 순서에 따른다.

제6조【등기신청의 접수시기 및 등기의 효력발생시기】 ① 등기신청은 대법원규칙으로 정하는 등기신청정보가 전산정보처리조직에 저장된 때 접수된 것으로 본다.
② 제11조제1항에 따른 등기관이 등기를 마친 경우 그 등기는 접수한 때부터 효력을 발생한다.

제2장 등기소와 등기관

제7조【관할 등기소】 ① 등기사무는 부동산의 소재지를 관할하는 지방법원, 그 지원(支院) 또는 등기소(이하 "등기소"라 한다)에서 담당한다.
② 부동산이 여러 등기소의 관할구역에 걸쳐 있을 때에는 대법원규칙으로 정하는 바에 따라 각 등기소를 관할하는 상급법원의 장이 관할 등기소를 지정한다.

제8조【관할의 위임】 대법원장은 어느 등기소의 관할에 속하는 사무를 다른 등기소에 위임하게 할 수 있다.

제9조【관할의 변경】 어느 부동산의 소재지가 다른 등기소의 관할로 바뀌었을 때에는 종전의 관할 등기소는 전산정보처리조직을 이용하여 그 부동산에 관한 등기기록의 처리권한을 다른 등기소로 넘겨주는 조치를 하여야 한다.

제10조【등기사무의 정지】 대법원장은 등기소에서 등기사무를 정지하여야 하는 사유가 발생하면 기간을 정하여 등기사무의 정지를 명령할 수 있다.

제11조【등기사무의 처리】 ① 등기사무는 등기소에 근무하는 법원서기관·등기사무관·등기주사 또는 등기주사보(법원사무관·법원주사 또는 법원주사보 중 2001년 12월 31일 이전에 시행한 채용시험에 합격하여 임용된 사람을 포함한다) 중에서 지방법원장(등기소의 사무를 지원장이 관장하는 경우에는 지원장을 말한다. 이하 같다)이 지정하는 자[이하 "등기관"(登記官)이라 한다]가 처리한다.
② 등기관은 등기사무를 전산정보처리조직을 이용하여 등기부에 등기사항을 기록하는 방식으로 처리하여야 한다.
③ 등기관은 접수번호의 순서에 따라 등기사무를 처리하여야 한다.
④ 등기관이 등기사무를 처리한 때에는 등기사무를 처리한 등기관이 누구인지 알 수 있는 조치를 하여야 한다.

제12조【등기관의 업무처리의 제한】 ① 등기관은 자기, 배우자 또는 4촌 이내의 친족(이하 "배우자등"이라 한다)이 등기신청인인 때에는 그 등기소에서 소유권등기를 한 성년자로서 등기관의 배우자등이 아닌 자 2명 이상의 참여가 없으면 등기를 할 수 없다. 배우자등의 관계가 끝난 후에도 같다.
② 등기관은 제1항의 경우에 조서를 작성하여 참여인과 같이 기명날인 또는 서명을 하여야 한다.

제13조【재정보증】 법원행정처장은 등기관의 재정보증(財政保證)에 관한 사항을 정하여 운용할 수 있다.

제3장 등기부 등

제14조【등기부의 종류 등】 ① 등기부는 토지등기부(土地登記簿)와 건물등기부(建物登記簿)로 구분한다.
② 등기부는 영구(永久)히 보존하여야 한다.
③ 등기부는 대법원규칙으로 정하는 장소에 보관·관리하여야 하며, 전쟁·천재지변이나 그 밖에 이에 준하는 사태를 피하기 위한 경우 외에는 그 장소 밖으로 옮기지 못한다.
④ 등기부의 부속서류는 전쟁·천재지변이나 그 밖에 이에 준하는 사태를 피하기 위한 경우 외에는 등기소 밖으로 옮기지 못한다. 다만, 신청서나 그 밖의 부속서류에 대하여는 법원의 명령 또는 촉탁(囑託)이 있거나 법관이 발부한 영장에 의하여 압수하는 경우에는 그러하지 아니하다.

제15조【물적 편성주의】 ① 등기부를 편성할 때에는 1필의 토지 또는 1개의 건물에 대하여 1개의 등기기록을 둔다. 다만, 1동의 건물을 구분한 건물에 있어서는 1동의 건물에 속하는 전부에 대하여 1개의 등기기록을 사용한다.
② 등기기록에는 부동산의 표시에 관한 사항을 기록하는 표제부와 소유권에 관한 사항을 기록하는 갑구(甲區) 및 소유권 외의 권리에 관한 사항을 기록하는 을구(乙區)를 둔다.

제16조【등기부부본자료의 작성】 등기관이 등기를 마쳤을 때에는 등기부부본자료를 작성하여야 한다.

제17조【등기부의 손상과 복구】 ① 등기부의 전부 또는 일부가 손상되거나 손상될 염려가 있을 때에는 대법원장은 대법원규칙으로 정하는 바에 따라 등기부의 복구·손상방지 등 필요한 처분을 명령할 수 있다.
② 대법원장은 대법원규칙으로 정하는 바에 따라 제1항의 처분명령에 관한 권한을 법원행정처장 또는 지방법원장에게 위임할 수 있다.

제18조【부속서류의 손상 등 방지처분】 ① 등기부의 부속서류가 손상·멸실(滅失)의 염려가 있을 때에는 대법원장은 그 방지를 위하여 필요한 처분을 명령할 수 있다.
② 제1항에 따른 처분명령에는 제17조제2항을 준용한다.

제19조【등기사항의 열람과 증명】 ① 누구든지 수수료를 내고 대법원규칙으로 정하는 바에 따라 등기기록에 기록되어 있는 사항의 전부 또는 일부의 열람(閱覽)과 이를 증명하는 등기사항증명서의 발급을 청구할 수 있다. 다만, 등기기록의 부속서류에 대하여는 이해관계 있는 부분만 열람을 청구할 수 있다.
② 제1항에 따른 등기기록의 열람 및 등기사항증명서의 발급 청구는 관할 등기소가 아닌 등기소에 대하여도 할 수 있다.
③ 제1항에 따른 수수료의 금액과 면제의 범위는 대법원규칙으로 정한다.

제20조【등기기록의 폐쇄】 ① 등기관이 등기기록에 등기된 사항을 새로운 등기기록에 옮겨 기록한 때에는 종전 등기기록을 폐쇄(閉鎖)하여야 한다.
② 폐쇄한 등기기록은 영구히 보존하여야 한다.
③ 폐쇄한 등기기록에 관하여는 제19조를 준용한다.

제21조【중복등기기록의 정리】 ① 등기관이 같은 토지에 관하여 중복하여 마쳐진 등기기록을 발견한 경우에는 대법원규칙으로 정하는 바에 따라 중복등기기록 중 어느 하나의 등기기록을 폐쇄하여야 한다.
② 제1항에 따라 폐쇄된 등기기록의 소유권의 등기명의인 또는 등기상 이해관계인은 대법원규칙으로 정하는 바에 따라 그 토지가 폐쇄된 등기기록의 소유권의 등기명의인의 소유임을 증명하여 폐쇄된 등기기록의 부활을 신청할 수 있다.

제4장 등기절차

제1절 총 칙

제22조【신청주의】 ① 등기는 당사자의 신청 또는 관공서의 촉탁에 따라 한다. 다만, 법률에 다른 규정이 있는 경우에는 그러하지 아니하다.
② 촉탁에 따른 등기절차는 법률에 다른 규정이 없는 경우에는 신청에 따른 등기에 관한 규정을 준용한다.
③ 등기를 하려고 하는 자는 대법원규칙으로 정하는 바에 따라 수수료를 내야 한다.

제23조【등기신청인】 ① 등기는 법률에 다른 규정이 없는 경우에는 등기권리자(登記權利者)와 등기의무자(登記義務者)가 공동으로 신청한다.
② 소유권보존등기(所有權保存登記) 또는 소유권보존등기의 말소등기(抹消登記)는 등기명의인으로 될 자 또는 등기명의인이 단독으로 신청한다.
③ 상속, 법인의 합병, 그 밖에 대법원규칙으로 정하는 포괄승계에 따른 등기는 등기권리자가 단독으로 신청한다.
④ 등기절차의 이행 또는 인수를 명하는 판결에 의한 등기는 승소한 등기권리자 또는 등기의무자가 단독으로 신청하고, 공유물을 분할하는 판결에 의한 등기는 등기권리자 또는 등기의무자가 단독으로 신청한다.(2020.2.4 본항개정)
⑤ 부동산표시의 변경이나 경정(更正)의 등기는 소유권의 등기명의인이 단독으로 신청한다.
⑥ 등기명의인표시의 변경이나 경정의 등기는 해당 권리의 등기명의인이 단독으로 신청한다.
⑦ 신탁재산에 속하는 부동산의 신탁등기는 수탁자(受託者)가 단독으로 신청한다.(2013.5.28 본항신설)
⑧ 수탁자가 「신탁법」 제3조제5항에 따라 타인에게 신탁재산에 대하여 신탁을 설정하는 경우 해당 신탁재산에 속하는 부동산에 관한 권리이전등기에 대하여는 새로운 신탁의 수탁자를 등기권리자로 하고 원래 신탁의 수탁자를 등기의무자로 한다. 이 경우 해당 신탁재산에 속하는 부동산의 신탁등기는 제7항에 따라 새로운 신탁의 수탁자가 단독으로 신청한다.(2013.5.28 본항신설)

제24조【등기신청의 방법】 ① 등기는 다음 각 호의 어느 하나에 해당하는 방법으로 신청한다.

1. 신청인 또는 그 대리인(代理人)이 등기소에 출석하여 신청정보 및 첨부정보를 적은 서면을 제출하는 방법. 다만, 대리인이 변호사[법무법인, 법무법인(유한) 및 법무조합을 포함한다. 이하 같다]나 법무사[법무사법인 및 법무사법인(유한)을 포함한다. 이하 같다]인 경우에는 대법원규칙으로 정하는 사무원을 등기소에 출석하게 하여 그 서면을 제출할 수 있다.(2016.2.3 단서개정)
2. 대법원규칙으로 정하는 바에 따라 전산정보처리조직을 이용하여 신청정보 및 첨부정보를 보내는 방법(법원행정처장이 지정하는 등기유형으로 한정한다)

② 신청인이 제공하여야 하는 신청정보 및 첨부정보는 대법원규칙으로 정한다.

제25조【신청정보의 제공방법】 등기의 신청은 1건당 1개의 부동산에 관한 신청정보를 제공하는 방법으로 하여야 한다. 다만, 등기목적과 등기원인이 동일하거나 그 밖에 대법원규칙으로 정하는 경우에는 같은 등기소의 관할 내에 있는 여러 개의 부동산에 관한 신청정보를 일괄하여 제공하는 방법으로 할 수 있다.

제26조【법인 아닌 사단 등의 등기신청】 ① 종중(宗中), 문중(門中), 그 밖에 대표자나 관리인이 있는 법인 아닌 사단(社團)이나 재단(財團)에 속하는 부동산의 등기에 관하여는 그 사단이나 재단을 등기권리자 또는 등기의무자로 한다.

② 제1항의 등기는 그 사단이나 재단의 명의로 그 대표자나 관리인이 신청한다.

제27조【포괄승계인에 의한 등기신청】 등기원인이 발생한 후에 등기권리자 또는 등기의무자에 대하여 상속이나 그 밖의 포괄승계가 있는 경우에는 상속인이나 그 밖의 포괄승계인이 그 등기를 신청할 수 있다.

제28조【채권자대위권에 의한 등기신청】 ① 채권자는 「민법」 제404조에 따라 채무자를 대위(代位)하여 등기를 신청할 수 있다.

② 등기관이 제1항 또는 다른 법령에 따른 대위신청에 의하여 등기를 할 때에는 대위자의 성명 또는 명칭, 주소 또는 사무소 소재지 및 대위원인을 기록하여야 한다.

제29조【신청의 각하】 등기관은 다음 각 호의 어느 하나에 해당하는 경우에만 이유를 적은 결정으로 신청을 각하(却下)하여야 한다. 다만, 신청의 잘못된 부분이 보정(補正)될 수 있는 경우로서 신청인이 등기관이 보정을 명한 날의 다음 날까지 그 잘못된 부분을 보정하였을 때에는 그러하지 아니하다.

1. 사건이 그 등기소의 관할이 아닌 경우
2. 사건이 등기할 것이 아닌 경우
3. 신청할 권한이 없는 자가 신청한 경우
4. 제24조제1항제1호에 따라 등기를 신청할 때에 당사자나 그 대리인이 출석하지 아니한 경우
5. 신청정보의 제공이 대법원규칙으로 정한 방식에 맞지 아니한 경우
6. 신청정보의 부동산 또는 등기의 목적인 권리의 표시가 등기기록과 일치하지 아니한 경우
7. 신청정보의 등기의무자의 표시가 등기기록과 일치하지 아니한 경우. 다만, 제27조에 따라 포괄승계인이 등기신청을 하는 경우는 제외한다.
8. 신청정보와 등기원인을 증명하는 정보가 일치하지 아니한 경우
9. 등기에 필요한 첨부정보를 제공하지 아니한 경우
10. 취득세(「지방세법」 제20조의2에 따라 분할납부하는 경우에는 등기하기 이전에 분할납부하여야 할 금액을 말한다), 등록면허세(등록에 대한 등록면허세만 해당한다) 또는 수수료를 내지 아니하거나 등기신청과 관련하여 다른 법률에 따라 부과된 의무를 이행하지 아니한 경우
11. 신청정보 또는 등기기록의 부동산의 표시가 토지대장·임야대장 또는 건축물대장과 일치하지 아니한 경우

제30조【등기완료의 통지】 등기관이 등기를 마쳤을 때에는 대법원규칙으로 정하는 바에 따라 신청인 등에게 그 사실을 알려야 한다.

제31조【행정구역의 변경】 행정구역 또는 그 명칭이 변경되었을 때에는 등기기록에 기록된 행정구역 또는 그 명칭에 대하여 변경등기가 있는 것으로 본다.

제32조【등기의 경정】 ① 등기관이 등기를 마친 후 그 등기에 착오(錯誤)나 빠진 부분이 있음을 발견하였을 때에는 지체 없이 그 사실을 등기권리자와 등기의무자에게 알려야 하고, 등기권리자와 등기의무자가 없는 경우에는 등기명의인에게 알려야 한다. 다만, 등기권리자, 등기의무자 또는 등기명의인이 각 2인 이상인 경우에는 그 중 1인에게 통지하면 된다.

② 등기관이 등기의 착오나 빠진 부분이 등기관의 잘못으로 인한 것임을 발견한 경우에는 지체 없이 그 등기를 직권으로 경정하여야 한다. 다만, 등기상 이해관계 있는 제3자가 있는 경우에는 제3자의 승낙이 있어야 한다.

③ 등기관이 제2항에 따라 경정등기를 하였을 때에는 그 사실을 등기권리자, 등기의무자 또는 등기명의인에게 알려야 한다. 이 경우 제1항 단서를 준용한다.

④ 채권자대위권에 의하여 등기가 마쳐진 때에는 제1항 및 제3항의 통지를 그 채권자에게도 하여야 한다. 이 경우 제1항 단서를 준용한다.

제33조【새 등기기록에의 이기】 등기기록에 기록된 사항이 많아 취급하기에 불편하게 되는 등 합리적 사유로 등기기록을 옮겨 기록할 필요가 있는 경우에 등기관은 현재 효력이 있는 등기만을 새로운 등기기록에 옮겨 기록할 수 있다.

제2절 표시에 관한 등기

제1관 토지의 표시에 관한 등기

제34조【등기사항】 등기관은 토지 등기기록의 표제부에 다음 각 호의 사항을 기록하여야 한다.

1. 표시번호
2. 접수연월일
3. 소재와 지번(地番)
4. 지목(地目)
5. 면적
6. 등기원인

제35조【변경등기의 신청】 토지의 분할, 합병이 있는 경우와 제34조의 등기사항에 변경이 있는 경우에는 그 토지 소유권의 등기명의인은 그 사실이 있는 때부터 1개월 이내에 그 등기를 신청하여야 한다.

제36조【직권에 의한 표시변경등기】 ① 등기관이 지적(地籍)소관청으로부터 「공간정보의 구축 및 관리 등에 관한 법률」 제88조제3항의 통지를 받은 경우에 제35조의 기간 이내에 등기명의인으로부터 등기신청이 없을 때에는 그 통지서의 기재내용에 따른 변경의 등기를 직권으로 하여야 한다.
(2014.6.3 본항개정)

② 제1항의 등기를 하였을 때에는 등기관은 지체 없이 그 사실을 지적소관청과 소유권의 등기명의인에게 알려야 한다. 다만, 등기명의인이 2인 이상인 경우에는 그 중 1인에게 통지하면 된다.

제37조【합필 제한】 ① 합필(合筆)하려는 토지에 다음 각 호의 등기 외의 권리에 관한 등기가 있는 경우에는 합필의 등기를 할 수 없다.

1. 소유권·지상권·전세권·임차권 및 승역지(承役地 : 편익제공지)에 하는 지역권의 등기
2. 합필하려는 모든 토지에 있는 등기원인 및 그 연월일과 접수번호가 동일한 저당권에 관한 등기
3. 합필하려는 모든 토지에 있는 제81조제1항 각 호의 등기사항이 동일한 신탁등기

(2020.2.4 본항개정)

② 등기관이 제1항을 위반한 등기의 신청을 각하하면 지체 없이 그 사유를 지적소관청에 알려야 한다.

제38조【합필의 특례】 ① 「공간정보의 구축 및 관리 등에 관한 법률」에 따른 토지합병절차를 마친 후 합필등기(合筆登記)를 하기 전에 합병된 토지 중 어느 토지에 관하여 소유권이전등기가 된 경우라 하더라도 이해관계인의 승낙이 있으면 해당 토지의 소유권의 등기명의인들은 합필 후의 토지를 공유(共有)로 하는 합필등기를 신청할 수 있다.

② 「공간정보의 구축 및 관리 등에 관한 법률」에 따른 토지합병절차를 마친 후 합필등기를 하기 전에 합병된 토지 중 어느 토지에 관하여 제37조제1항에서 정한 합필등기의 제한 사유에 해당하는 권리에 관한 등기가 된 경우라 하더라도 이해관계인의 승낙이 있으면 해당 토지의 소유권의 등기명의인은 그 권리의 목적물을 합필 후의 토지에 관한 지분으로 하는 합필등기를 신청할 수 있다. 다만, 요역지(要役地 : 편익필요지)에 하는 지역권의 등기가 있는 경우에는 합필 후의 토지 전체를 위한 지역권으로 하는 합필등기를 신청하여야 한다.
(2014.6.3 본조개정)

제39조【멸실등기의 신청】 토지가 멸실된 경우에는 그 토지 소유권의 등기명의인은 그 사실이 있는 때부터 1개월 이내에 그 등기를 신청하여야 한다.

제2관 건물의 표시에 관한 등기

제40조【등기사항】 ① 등기관은 건물 등기기록의 표제부에 다음 각 호의 사항을 기록하여야 한다.

1. 표시번호
2. 접수연월일
3. 소재, 지번 및 건물번호. 다만, 같은 지번 위에 1개의 건물만 있는 경우에는 건물번호는 기록하지 아니한다.
4. 건물의 종류, 구조와 면적. 부속건물이 있는 경우에는 부속건물의 종류, 구조와 면적도 함께 기록한다.
5. 등기원인
6. 도면의 번호[같은 지번 위에 여러 개의 건물이 있는 경우와 「집합건물의 소유 및 관리에 관한 법률」 제2조제1호의 구분소유권(區分所有權)의 목적이 되는 건물(이하 "구분건물"이라 한다)인 경우로 한정한다]

② 등기할 건물이 구분건물(區分建物)인 경우에 등기관은 제1항제3호의 소재, 지번 및 건물번호 대신 1동 건물의 등기기록의 표제부에는 소재와 지번, 건물명칭 및 번호를 기록하고 전유부분의 등기기록의 표제부에는 건물번호를 기록하여야 한다.

③ 구분건물에 「집합건물의 소유 및 관리에 관한 법률」 제2조제6호의 대지사용권(垈地使用權)으로서 건물과 분리하여 처분할 수 없는 것[이하 "대지권"(垈地權)이라 한다]이 있는 경우에는 등기관은 제2항에 따라 기록하여야 할 사항 외에 1동 건물의 등기기록의 표제부에 대지권의 목적인 토지의 표시에 관한 사항을 기록하고 전유부분의 등기기록의 표제부에는 대지권의 표시에 관한 사항을 기록하여야 한다.

④ 등기관이 제3항에 따라 대지권등기를 하였을 때에는 직권으로 대지권의 목적인 토지의 등기기록에 소유권, 지상권, 전세권 또는 임차권이 대지권이라는 뜻을 기록하여야 한다.

제41조【변경등기의 신청】 ① 건물의 분할, 구분, 합병이 있는 경우와 제40조의 등기사항에 변경이 있는 경우에는 그 건물 소유권의 등기명의인은 그 사실이 있는 때부터 1개월 이내에 그 등기를 신청하여야 한다.

② 구분건물로서 표시등기만 있는 건물에 관하여는 제65조 각 호의 어느 하나에 해당하는 자가 제1항의 등기를 신청하여야 한다.

③ 구분건물로서 그 대지권의 변경이나 소멸이 있는 경우에는 구분건물의 소유권의 등기명의인은 1동의 건물에 속하는 다른 구분건물의 소유권의 등기명의인을 대위하여 그 등기를 신청할 수 있다.

④ 건물이 구분건물인 경우에 그 건물의 등기기록 중 1동 표제부에 기록하는 등기사항에 관한 변경등기는 그 구분건물과 같은 1동의 건물에 속하는 다른 구분건물에 대하여도 변경등기로서의 효력이 있다.

제42조【합병 제한】 ① 합병하려는 건물에 다음 각 호의 등기 외의 권리에 관한 등기가 있는 경우에는 합병의 등기를 할 수 없다.

1. 소유권·전세권 및 임차권의 등기
2. 합병하려는 모든 건물에 있는 등기원인 및 그 연월일과 접수번호가 동일한 저당권에 관한 등기
3. 합병하려는 모든 건물에 있는 제81조제1항 각 호의 등기사항이 동일한 신탁등기

(2020.2.4 본항개정)

② 등기관이 제1항을 위반한 등기의 신청을 각하하면 지체 없이 그 사유를 건축물대장 소관청에 알려야 한다.

제43조【멸실등기의 신청】 ① 건물이 멸실된 경우에는 그 건물 소유권의 등기명의인은 그 사실이 있는 때부터 1개월 이내에 그 등기를 신청하여야 한다. 이 경우 제41조제2항을 준용한다.

② 제1항의 경우 그 소유권의 등기명의인이 1개월 이내에 멸실등기를 신청하지 아니하면 그 건물대지

의 소유자가 건물 소유권의 등기명의인을 대위하여 그 등기를 신청할 수 있다.
③ 구분건물로서 그 건물이 속하는 1동 전부가 멸실된 경우에는 그 구분건물의 소유권의 등기명의인은 1동의 건물에 속하는 다른 구분건물의 소유권의 등기명의인을 대위하여 1동 전부에 대한 멸실등기를 신청할 수 있다.

제44조【건물의 부존재】 ① 존재하지 아니하는 건물에 대한 등기가 있을 때에는 그 소유권의 등기명의인은 지체 없이 그 건물의 멸실등기를 신청하여야 한다.
② 그 건물 소유권의 등기명의인이 제1항에 따라 등기를 신청하지 아니하는 경우에는 제43조제2항을 준용한다.
③ 존재하지 아니하는 건물이 구분건물인 경우에는 제43조제3항을 준용한다.

제45조【등기상 이해관계인이 있는 건물의 멸실】
① 소유권 외의 권리가 등기되어 있는 건물에 대한 멸실등기의 신청이 있는 경우에 등기관은 그 권리의 등기명의인에게 1개월 이내의 기간을 정하여 그 기간까지 이의(異議)를 진술하지 아니하면 멸실등기를 한다는 뜻을 알려야 한다. 다만, 건축물대장에 건물멸실의 뜻이 기록되어 있거나 소유권 외의 권리의 등기명의인이 멸실등기에 동의한 경우에는 그러하지 아니하다.
② 제1항 본문의 경우에는 제58조제2항부터 제4항까지를 준용한다.

제46조【구분건물의 표시에 관한 등기】 ① 1동의 건물에 속하는 구분건물 중 일부만에 관하여 소유권보존등기를 신청하는 경우에는 나머지 구분건물의 표시에 관한 등기를 동시에 신청하여야 한다.
② 제1항의 경우에 구분건물의 소유자는 1동에 속하는 다른 구분건물의 소유자를 대위하여 그 건물의 표시에 관한 등기를 신청할 수 있다.
③ 구분건물이 아닌 건물로 등기된 건물에 접속하여 구분건물을 신축한 경우에 그 신축건물의 소유권보존등기를 신청할 때에는 구분건물이 아닌 건물을 구분건물로 변경하는 건물의 표시변경등기를 동시에 신청하여야 한다. 이 경우 제2항을 준용한다.

제47조【규약상 공용부분의 등기와 규약폐지에 따른 등기】 ①「집합건물의 소유 및 관리에 관한 법률」 제3조제4항에 따른 공용부분(共用部分)이라는 뜻의 등기는 소유권의 등기명의인이 신청하여야 한다. 이 경우 공용부분인 건물에 소유권 외의 권리에 관한 등기가 있을 때에는 그 권리의 등기명의인의 승낙이 있어야 한다.
② 공용부분이라는 뜻을 정한 규약을 폐지한 경우에 공용부분의 취득자는 지체 없이 소유권보존등기를 신청하여야 한다.

제3절 권리에 관한 등기

제1관 통 칙

제48조【등기사항】 ① 등기관이 갑구 또는 을구에 권리에 관한 등기를 할 때에는 다음 각 호의 사항을 기록하여야 한다.
1. 순위번호
2. 등기목적
3. 접수연월일 및 접수번호
4. 등기원인 및 그 연월일
5. 권리자

② 제1항제5호의 권리자에 관한 사항을 기록할 때에는 권리자의 성명 또는 명칭 외에 주민등록번호 또는 부동산등기용등록번호와 주소 또는 사무소 소재지를 함께 기록하여야 한다.
③ 제26조에 따라 법인 아닌 사단이나 재단 명의의 등기를 할 때에는 그 대표자나 관리인의 성명, 주소 및 주민등록번호를 함께 기록하여야 한다.
④ 제1항제5호의 권리자가 2인 이상인 경우에는 권리자별 지분을 기록하여야 하고 등기할 권리가 합유(合有)인 때에는 그 뜻을 기록하여야 한다.

제49조【등록번호의 부여절차】 ① 제48조제2항에 따른 부동산등기용등록번호(이하 "등록번호"라 한다)는 다음 각 호의 방법에 따라 부여한다.
1. 국가·지방자치단체·국제기관 및 외국정부의 등록번호는 국토교통부장관이 지정·고시한다. (2013.3.23 본호개정)
2. 주민등록번호가 없는 재외국민의 등록번호는 대법원 소재지 관할 등기소의 등기관이 부여하고, 법인의 등록번호는 주된 사무소(회사의 경우에는 본점, 외국법인의 경우에는 국내에 최초로 설치 등기를 한 영업소나 사무소를 말한다) 소재지 관할 등기소의 등기관이 부여한다.
3. 법인 아닌 사단이나 재단 및 국내에 영업소나 사무소의 설치 등기를 하지 아니한 외국법인의 등록번호는 시장(「제주특별자치도 설치 및 국제자유도시 조성을 위한 특별법」 제10조제2항에 따른 행정시의 시장을 포함하며, 「지방자치법」 제3조제3항에 따라 자치구가 아닌 구를 두는 시의 시장은 제외한다), 군수 또는 구청장(자치구가 아닌 구의 구청장을 포함한다)이 부여한다.(2015.7.24 본호개정)
4. 외국인의 등록번호는 체류지(국내에 체류지가 없는 경우에는 대법원 소재지에 체류지가 있는 것으로 본다)를 관할하는 지방출입국·외국인관서의 장이 부여한다.(2014.3.18 본호개정)

② 제1항제2호에 따른 등록번호의 부여절차는 대법원규칙으로 정하고, 제1항제3호와 제4호에 따른 등록번호의 부여절차는 대통령령으로 정한다.

제50조【등기필정보】 ① 등기관이 새로운 권리에 관한 등기를 마쳤을 때에는 등기필정보를 작성하여 등기권리자에게 통지하여야 한다. 다만, 다음 각 호의 어느 하나에 해당하는 경우에는 그러하지 아니하다.
1. 등기권리자가 등기필정보의 통지를 원하지 아니하는 경우
2. 국가 또는 지방자치단체가 등기권리자인 경우
3. 제1호 및 제2호에서 규정한 경우 외에 대법원규칙으로 정하는 경우

② 등기권리자와 등기의무자가 공동으로 권리에 관한 등기를 신청하는 경우에 신청인은 그 신청정보와 함께 제1항에 따라 통지받은 등기의무자의 등기필정보를 등기소에 제공하여야 한다. 승소한 등기의무자가 단독으로 권리에 관한 등기를 신청하는 경우에도 또한 같다.

제51조【등기필정보가 없는 경우】 제50조제2항의 경우에 등기의무자의 등기필정보가 없을 때에는 등기의무자 또는 그 법정대리인(이하 "등기의무자등"이라 한다)이 등기소에 출석하여 등기관으로부터 등기의무자등임을 확인받아야 한다. 다만, 등기신청인의 대리인(변호사나 법무사만을 말한다)이 등기의무자등으로부터 위임받았음을 확인한 경우 또는 신청서(위임에 의한 대리인이 신청하는 경우에는 그 권한을 증명하는 서면을 말한다) 중 등기의무자등의 작성부분에 관하여 공증(公證)을 받은 경우에는 그러하지 아니하다.

판례 등기필증을 제출하여야 하는 등기신청에서 그 등기필증이 멸실되어 위하여 등기의무자의 본인 확인이 필요한 경우, 등기의무자 또는 그 법정대리인의 등기소 출석의무를 갈음하는 '공증'이란 등기의무자가 그 부동산의 등기명의인임을 확인하는 서면에 대한 공증이 아니고, 신청서 또는 위임장에 표시된 등기의무자의 작성 부분(기명날인 등)이 등기의무자 본인이 작성한 것임을 공증하는 것을 의미하고, 등기의무자의 위임을 받은 대리인이 출석하여 공증을 받을 수는 없다.
(대판 2012.9.13, 2012다47098)

제52조【부기로 하는 등기】 등기관이 다음 각 호의 등기를 할 때에는 부기로 하여야 한다. 다만, 제5호의 등기는 등기상 이해관계 있는 제3자의 승낙이 없는 경우에는 그러하지 아니하다.
1. 등기명의인표시의 변경이나 경정의 등기
2. 소유권 외의 권리의 이전등기
3. 소유권 외의 권리를 목적으로 하는 권리에 관한 등기
4. 소유권 외의 권리에 대한 처분제한 등기
5. 권리의 변경이나 경정의 등기
6. 제53조의 환매특약등기
7. 제54조의 권리소멸약정등기
8. 제67조제1항 후단의 공유물 분할금지의 약정등기
9. 그 밖에 대법원규칙으로 정하는 등기

제53조【환매특약의 등기】 등기관이 환매특약의 등기를 할 때에는 다음 각 호의 사항을 기록하여야 한다. 다만, 제3호는 등기원인에 그 사항이 정하여져 있는 경우에만 기록한다.
1. 매수인이 지급한 대금
2. 매매비용
3. 환매기간

제54조【권리소멸약정의 등기】 등기원인에 권리의 소멸에 관한 약정이 있을 경우 신청인은 그 약정에 관한 등기를 신청할 수 있다.

제55조【사망 등으로 인한 권리의 소멸과 말소등기】 등기명의인인 사람의 사망 또는 법인의 해산으로 권리가 소멸한다는 약정이 등기되어 있는 경우에 사람의 사망 또는 법인의 해산으로 그 권리가 소멸하였을 때에는, 등기권리자는 그 사실을 증명하여 단독으로 해당 등기의 말소를 신청할 수 있다.

제56조【등기의무자의 소재불명과 말소등기】 ① 등기권리자가 등기의무자의 소재불명으로 인하여 공동으로 등기의 말소를 신청할 수 없을 때에는 「민사소송법」에 따라 공시최고(公示催告)를 신청할 수 있다.
② 제1항의 경우에 제권판결(除權判決)이 있으면 등기권리자가 그 사실을 증명하여 단독으로 등기의 말소를 신청할 수 있다.

제57조【이해관계 있는 제3자가 있는 등기의 말소】 ① 등기의 말소를 신청하는 경우에 그 말소에 대하여 등기상 이해관계 있는 제3자가 있을 때에는 제3자의 승낙이 있어야 한다.
② 제1항에 따라 등기를 말소할 때에는 등기상 이해관계 있는 제3자 명의의 등기는 등기관이 직권으로 말소한다.

제58조【직권에 의한 등기의 말소】 ① 등기관이 등기를 마친 후 그 등기가 제29조제1호 또는 제2호에 해당된 것임을 발견하였을 때에는 등기권리자, 등기의무자와 등기상 이해관계 있는 제3자에게 1개월 이내의 기간을 정하여 그 기간에 이의를 진술하지 아니하면 등기를 말소한다는 뜻을 통지하여야 한다.
② 제1항의 경우 통지를 받을 자의 주소 또는 거소(居所)를 알 수 없으면 제1항의 통지를 갈음하여 제1항의 기간 동안 등기소 게시장에 이를 게시하거나 대법원규칙으로 정하는 바에 따라 공고하여야 한다.
③ 등기관은 제1항의 말소에 관하여 이의를 진술한 자가 있으면 그 이의에 대한 결정을 하여야 한다.
④ 등기관은 제1항의 기간 이내에 이의를 진술한 자가 없거나 이의를 각하한 경우에는 제1항의 등기를 직권으로 말소하여야 한다.

제59조【말소등기의 회복】 말소된 등기의 회복(回復)을 신청하는 경우에 등기상 이해관계 있는 제3자가 있을 때에는 그 제3자의 승낙이 있어야 한다.

제60조【대지사용권의 취득】 ① 구분건물을 신축한 자가 「집합건물의 소유 및 관리에 관한 법률」 제2조제6호의 대지사용권을 가지고 있는 경우에 대지권에 관한 등기를 하지 아니하고 구분건물에 관하여만 소유권이전등기를 마쳤을 때에는 현재의 구분건물의 소유명의인과 공동으로 대지사용권에 관한 이전등기를 신청할 수 있다.
② 구분건물을 신축하여 양도한 자가 그 건물의 대지사용권을 나중에 취득하여 이전하기로 약정한 경우에는 제1항을 준용한다.
③ 제1항 및 제2항에 따른 등기는 대지권에 관한 등기와 동시에 신청하여야 한다.

제61조【구분건물의 등기기록에 대지권등기가 되어 있는 경우】 ① 대지권을 등기한 후에 한 건물의 권리에 관한 등기는 대지권에 대하여 동일한 등기로서 효력이 있다. 다만, 그 등기에 건물만에 관한 것이라는 뜻의 부기가 되어 있을 때에는 그러하지 아니하다.
② 제1항에 따라 대지권에 대한 등기로서의 효력이 있는 등기와 대지권의 목적인 토지의 등기기록 중 해당 구에 한 등기의 순서는 접수번호에 따른다.
③ 대지권이 등기된 구분건물의 등기기록에는 건물만에 관한 소유권이전등기 또는 저당권설정등기, 그 밖에 이와 관련이 있는 등기를 할 수 없다.
④ 토지의 소유권이 대지권인 경우에 대지권이라는 뜻의 등기가 되어 있는 토지의 등기기록에는 소유권이전등기, 저당권설정등기, 그 밖에 이와 관련이 있는 등기를 할 수 없다.
⑤ 지상권, 전세권 또는 임차권이 대지권인 경우에는 제4항을 준용한다.

제62조【소유권변경 사실의 통지】 등기관이 다음 각 호의 등기를 하였을 때에는 지체 없이 그 사실을 토지의 경우에는 지적소관청에, 건물의 경우에는 건축물대장 소관청에 각각 알려야 한다.
1. 소유권의 보존 또는 이전
2. 소유권의 등기명의인표시의 변경 또는 경정
3. 소유권의 변경 또는 경정
4. 소유권의 말소 또는 말소회복

제63조【과세자료의 제공】 등기관이 소유권의 보존 또는 이전의 등기〔가등기(假登記)를 포함한다〕를 하였을 때에는 대법원규칙으로 정하는 바에 따라 지체 없이 그 사실을 부동산 소재지 관할 세무서장에게 통지하여야 한다.

제2관 소유권에 관한 등기

제64조【소유권보존등기의 등기사항】 등기관이 소유권보존등기를 할 때에는 제48조제1항제4호에도 불구하고 등기원인과 그 연월일을 기록하지 아니한다.

제65조【소유권보존등기의 신청인】 미등기의 토지 또는 건물에 관한 소유권보존등기는 다음 각 호의 어느 하나에 해당하는 자가 신청할 수 있다.

1. 토지대장, 임야대장 또는 건축물대장에 최초의 소유자로 등록되어 있는 자 또는 그 상속인, 그 밖의 포괄승계인
2. 확정판결에 의하여 자기의 소유권을 증명하는 자
3. 수용(收用)으로 인하여 소유권을 취득하였음을 증명하는 자
4. 특별자치도지사, 시장, 군수 또는 구청장(자치구의 구청장을 말한다)의 확인에 의하여 자기의 소유권을 증명하는 자(건물의 경우로 한정한다)

제66조【미등기부동산의 처분제한의 등기와 직권보존】 ① 등기관이 미등기부동산에 대하여 법원의 촉탁에 따라 소유권의 처분제한의 등기를 할 때에는 직권으로 소유권보존등기를 하고, 처분제한의 등기를 명하는 법원의 재판에 따라 소유권의 등기를 한다는 뜻을 기록하여야 한다.

② 등기관이 제1항에 따라 건물에 대한 소유권보존등기를 하는 경우에는 제65조를 적용하지 아니한다. 다만, 그 건물이 「건축법」상 사용승인을 받아야 할 건물임에도 사용승인을 받지 아니하였다면 그 사실을 표제부에 기록하여야 한다.

③ 제2항 단서에 따라 등기된 건물에 대하여 「건축법」상 사용승인이 이루어진 경우에는 그 건물 소유권의 등기명의인은 1개월 이내에 제2항 단서의 기록에 대한 말소등기를 신청하여야 한다.

제67조【소유권의 일부이전】 ① 등기관이 소유권의 일부에 관한 이전등기를 할 때에는 이전되는 지분을 기록하여야 한다. 이 경우 등기원인에 「민법」 제268조제1항 단서의 약정이 있을 때에는 그 약정에 관한 사항도 기록하여야 한다.

② 제1항 후단의 약정의 변경등기는 공유자 전원이 공동으로 신청하여야 한다.

제68조【거래가액의 등기】 등기관이 「부동산 거래신고 등에 관한 법률」 제3조제1항에서 정하는 계약을 등기원인으로 한 소유권이전등기를 하는 경우에는 대법원규칙으로 정하는 바에 따라 거래가액을 기록한다.(2016.1.19 본조개정)

제3관 용익권(用益權)에 관한 등기

제69조【지상권의 등기사항】 등기관이 지상권설정의 등기를 할 때에는 제48조에서 규정한 사항 외에 다음 각 호의 사항을 기록하여야 한다. 다만, 제3호부터 제5호까지는 등기원인에 그 약정이 있는 경우에만 기록한다.

1. 지상권설정의 목적
2. 범위
3. 존속기간
4. 지료와 지급시기
5. 「민법」 제289조의2제1항 후단의 약정
6. 지상권설정의 범위가 토지의 일부인 경우에는 그 부분을 표시한 도면의 번호

제70조【지역권의 등기사항】 등기관이 승역지의 등기기록에 지역권설정의 등기를 할 때에는 제48조제1항제1호부터 제4호까지에서 규정한 사항 외에 다음 각 호의 사항을 기록하여야 한다. 다만, 제4호는 등기원인에 그 약정이 있는 경우에만 기록한다.

1. 지역권설정의 목적
2. 범위
3. 요역지
4. 「민법」 제292조제1항 단서, 제297조제1항 단서 또는 제298조의 약정
5. 승역지의 일부에 지역권설정의 등기를 할 때에는 그 부분을 표시한 도면의 번호

제71조【요역지지역권의 등기사항】 ① 등기관이 승역지에 지역권설정의 등기를 하였을 때에는 직권으로 요역지의 등기기록에 다음 각 호의 사항을 기록하여야 한다.

1. 순위번호
2. 등기목적
3. 승역지
4. 지역권설정의 목적
5. 범위
6. 등기연월일

② 등기관은 요역지가 다른 등기소의 관할에 속하는 때에는 지체 없이 그 등기소에 승역지, 요역지, 지역권설정의 목적과 범위, 신청서의 접수연월일을 통지하여야 한다.

③ 제2항의 통지를 받은 등기소의 등기관은 지체 없이 요역지인 부동산의 등기기록에 제1항제1호부터 제5호까지의 사항, 그 통지의 접수연월일 및 그 접수번호를 기록하여야 한다.

④ 등기관이 지역권의 변경등기 또는 말소등기를 할 때에는 제2항 및 제3항을 준용한다.

제72조【전세권 등의 등기사항】 ① 등기관이 전세권설정이나 전전세(轉傳貰)의 등기를 할 때에는 제48조에서 규정한 사항 외에 다음 각 호의 사항을 기록하여야 한다. 다만, 제3호부터 제5호까지는 등기원인에 그 약정이 있는 경우에만 기록한다.

1. 전세금 또는 전전세금
2. 범위
3. 존속기간
4. 위약금 또는 배상금
5. 「민법」 제306조 단서의 약정
6. 전세권설정이나 전전세의 범위가 부동산의 일부인 경우에는 그 부분을 표시한 도면의 번호

② 여러 개의 부동산에 관한 권리를 목적으로 하는 전세권설정의 등기를 하는 경우에는 제78조를 준용한다.

제73조【전세금반환채권의 일부양도에 따른 전세권 일부이전등기】 ① 등기관이 전세금반환채권의 일부 양도를 원인으로 한 전세권 일부이전등기를 할 때에는 양도액을 기록한다.

② 제1항의 전세권 일부이전등기의 신청은 전세권의 존속기간의 만료 전에는 할 수 없다. 다만, 존속기간 만료 전이라도 해당 전세권이 소멸하였음을 증명하여 신청하는 경우에는 그러하지 아니하다.

제74조【임차권 등의 등기사항】 등기관이 임차권설정 또는 임차물 전대(轉貸)의 등기를 할 때에는 제48조에서 규정한 사항 외에 다음 각 호의 사항을 기록하여야 한다. 다만, 제3호부터 제6호까지는 등기원인에 그 사항이 있는 경우에만 기록한다.
(2020.2.4 단서개정)

1. 차임(借賃)
2. 범위(2020.2.4 본호신설)
3. 차임지급시기
4. 존속기간. 다만, 처분능력 또는 처분권한 없는 임대인에 의한 「민법」 제619조의 단기임대차인 경우에는 그 뜻도 기록한다.
5. 임차보증금
6. 임차권의 양도 또는 임차물의 전대에 대한 임대인의 동의
7. 임차권설정 또는 임차물전대의 범위가 부동산의 일부인 때에는 그 부분을 표시한 도면의 번호

제4관 담보권에 관한 등기

제75조【저당권의 등기사항】 ① 등기관이 저당권설정의 등기를 할 때에는 제48조에서 규정한 사항 외에 다음 각 호의 사항을 기록하여야 한다. 다만, 제3호부터 제8호까지는 등기원인에 그 약정이 있는 경우에만 기록한다.

1. 채권액
2. 채무자의 성명 또는 명칭과 주소 또는 사무소 소재지
3. 변제기(辨濟期)
4. 이자 및 그 발생기 · 지급시기
5. 원본(元本) 또는 이자의 지급장소
6. 채무불이행(債務不履行)으로 인한 손해배상에 관한 약정
7. 「민법」 제358조 단서의 약정
8. 채권의 조건

② 등기관은 제1항의 저당권의 내용이 근저당권(根抵當權)인 경우에는 제48조에서 규정한 사항 외에 다음 각 호의 사항을 기록하여야 한다. 다만, 제3호 및 제4호는 등기원인에 그 약정이 있는 경우에만 기록한다.

1. 채권의 최고액
2. 채무자의 성명 또는 명칭과 주소 또는 사무소 소재지
3. 「민법」 제358조 단서의 약정
4. 존속기간

제76조【저당권부채권에 대한 질권 등의 등기사항】 ① 등기관이 「민법」 제348조에 따라 저당권부채권(抵當權附債權)에 대한 질권의 등기를 할 때에는 제48조에서 규정한 사항 외에 다음 각 호의 사항을 기록하여야 한다.

1. 채권액 또는 채권최고액
2. 채무자의 성명 또는 명칭과 주소 또는 사무소 소재지
3. 변제기와 이자의 약정이 있는 경우에는 그 내용

② 등기관이 「동산 · 채권 등의 담보에 관한 법률」 제37조에서 준용하는 「민법」 제348조에 따른 채권담보권의 등기를 할 때에는 제48조에서 정한 사항 외에 다음 각 호의 사항을 기록하여야 한다.

1. 채권액 또는 채권최고액
2. 채무자의 성명 또는 명칭과 주소 또는 사무소 소재지
3. 변제기와 이자의 약정이 있는 경우에는 그 내용

제77조【피담보채권이 금액을 목적으로 하지 아니하는 경우】 등기관이 일정한 금액을 목적으로 하지 아니하는 채권을 담보하기 위한 저당권설정의 등기를 할 때에는 그 채권의 평가액을 기록하여야 한다.

제78조【공동저당의 등기】 ① 등기관이 동일한 채권에 관하여 여러 개의 부동산에 관한 권리를 목적으로 하는 저당권설정의 등기를 할 때에는 각 부동산의 등기기록에 그 부동산에 관한 권리가 다른 부동산에 관한 권리와 함께 저당권의 목적으로 제공된 뜻을 기록하여야 한다.

② 등기관은 제1항의 경우에 부동산이 5개 이상일 때에는 공동담보목록을 작성하여야 한다.

③ 제2항의 공동담보목록은 등기기록의 일부로 본다.

④ 등기관이 1개 또는 여러 개의 부동산에 관한 권리를 목적으로 하는 저당권설정의 등기를 한 후 동일한 채권에 대하여 다른 1개 또는 여러 개의 부동산에 관한 권리를 목적으로 하는 저당권설정의 등기를 할 때에는 그 등기와 종전의 등기에 각 부동산에 관한 권리가 함께 저당권의 목적으로 제공된 뜻을 기록하여야 한다. 이 경우 제2항 및 제3항을 준용한다.

⑤ 제4항의 경우 종전에 등기한 부동산이 다른 등기소의 관할에 속할 때에는 제71조제2항 및 제3항을 준용한다.

제79조【채권일부의 양도 또는 대위변제로 인한 저당권 일부이전등기의 등기사항】 등기관이 채권의 일부에 대한 양도 또는 대위변제(代位辨濟)로 인한 저당권 일부이전등기를 할 때에는 제48조에서 규정한 사항 외에 양도액 또는 변제액을 기록하여야 한다.

제80조【공동저당의 대위등기】 ① 등기관이 「민법」 제368조제2항 후단의 대위등기를 할 때에는 제48조에서 규정한 사항 외에 다음 각 호의 사항을 기록하여야 한다.

1. 매각 부동산(소유권 외의 권리가 저당권의 목적일 때에는 그 권리를 말한다)
2. 매각대금
3. 선순위 저당권자가 변제받은 금액

② 제1항의 등기에는 제75조를 준용한다.

제5관 신탁에 관한 등기

제81조【신탁등기의 등기사항】 ① 등기관이 신탁등기를 할 때에는 다음 각 호의 사항을 기록한 신탁원부(信託原簿)를 작성하고, 등기기록에는 제48조에서 규정한 사항 외에 그 신탁원부의 번호를 기록하여야 한다.

1. 위탁자(委託者), 수탁자 및 수익자(受益者)의 성명 및 주소(법인인 경우에는 그 명칭 및 사무소 소재지를 말한다)

2. 수익자를 지정하거나 변경할 수 있는 권한을 갖는 자를 정한 경우에는 그 자의 성명 및 주소(법인인 경우에는 그 명칭 및 사무소 소재지를 말한다)
3. 수익자를 지정하거나 변경할 방법을 정한 경우에는 그 방법
4. 수익권의 발생 또는 소멸에 관한 조건이 있는 경우에는 그 조건
5. 신탁관리인이 선임된 경우에는 신탁관리인의 성명 및 주소(법인인 경우에는 그 명칭 및 사무소 소재지를 말한다)
6. 수익자가 없는 특정의 목적을 위한 신탁인 경우에는 그 뜻
7. 「신탁법」 제3조제5항에 따라 수탁자가 타인에게 신탁을 설정하는 경우에는 그 뜻
8. 「신탁법」 제59조제1항에 따른 유언대용신탁인 경우에는 그 뜻
9. 「신탁법」 제60조에 따른 수익자연속신탁인 경우에는 그 뜻
10. 「신탁법」 제78조에 따른 수익증권발행신탁인 경우에는 그 뜻
11. 「공익신탁법」에 따른 공익신탁인 경우에는 그 뜻(2014.3.18 본호개정)
12. 「신탁법」 제114조제1항에 따른 유한책임신탁인 경우에는 그 뜻
13. 신탁의 목적
14. 신탁재산의 관리, 처분, 운용, 개발, 그 밖에 신탁 목적의 달성을 위하여 필요한 방법
15. 신탁종료의 사유
16. 그 밖의 신탁 조항

② 제1항제5호, 제6호, 제10호 및 제11호의 사항에 관하여 등기를 할 때에는 수익자의 성명 및 주소를 기재하지 아니할 수 있다.
③ 제1항의 신탁원부는 등기기록의 일부로 본다.
(2013.5.28 본조개정)

제82조【신탁등기의 신청방법】 ① 신탁등기의 신청은 해당 부동산에 관한 권리의 설정등기, 보존등기, 이전등기 또는 변경등기의 신청과 동시에 하여야 한다.
② 수익자나 위탁자는 수탁자를 대위하여 신탁등기를 신청할 수 있다. 이 경우 제1항은 적용하지 아니한다.
③ 제2항에 따른 대위등기의 신청에 관하여는 제28조제2항을 준용한다.
(2013.5.28 본조개정)

제82조의2【신탁의 합병·분할 등에 따른 신탁등기의 신청】 ① 신탁의 합병 또는 분할로 인하여 하나의 신탁재산에 속하는 부동산에 관한 권리가 다른 신탁의 신탁재산에 귀속되는 경우 신탁등기의 말소등기 및 새로운 신탁등기의 신청은 신탁의 합병 또는 분할로 인한 권리변경등기의 신청과 동시에 하여야 한다.
② 「신탁법」 제34조제1항제3호 및 같은 조 제2항에 따라 여러 개의 신탁을 인수한 수탁자가 하나의 신탁재산에 속하는 부동산에 관한 권리를 다른 신탁의 신탁재산에 귀속시키는 경우 신탁등기의 신청방법에 관하여는 제1항을 준용한다.
(2013.5.28 본조신설)

제83조【수탁자의 임무 종료에 의한 등기】 다음 각 호의 어느 하나에 해당하여 수탁자의 임무가 종료된 경우 신수탁자는 단독으로 신탁재산에 속하는 부동산에 관한 권리이전등기를 신청할 수 있다.
1. 「신탁법」 제12조제1항 각 호의 어느 하나에 해당하여 수탁자의 임무가 종료된 경우
2. 「신탁법」 제16조제1항에 따라 수탁자를 해임한 경우
3. 「신탁법」 제16조제3항에 따라 법원이 수탁자를 해임한 경우
4. 「공익신탁법」 제27조에 따라 법무부장관이 직권으로 공익신탁의 수탁자를 해임한 경우(2014.3.18 본호개정)

(2013.5.28 본조개정)

제84조【수탁자가 여러 명인 경우】 ① 수탁자가 여러 명인 경우 등기관은 신탁재산이 합유인 뜻을 기록하여야 한다.
② 여러 명의 수탁자 중 1인이 제83조 각 호의 어느 하나의 사유로 그 임무가 종료된 경우 다른 수탁자는 단독으로 권리변경등기를 신청할 수 있다. 이 경우 다른 수탁자가 여러 명일 때에는 그 전원이 공동으로 신청하여야 한다.
(2013.5.28 본조개정)

제84조의2【신탁재산에 관한 등기신청의 특례】 다음 각 호의 어느 하나에 해당하는 경우 수탁자는 단독으로 해당 신탁재산에 속하는 부동산에 관한 권리변경등기를 신청할 수 있다.
1. 「신탁법」 제3조제1항제3호에 따라 신탁을 설정하는 경우
2. 「신탁법」 제34조제2항 각 호의 어느 하나에 해당하여 다음 각 목의 어느 하나의 행위를 하는 것이 허용된 경우
  가. 수탁자가 신탁재산에 속하는 부동산에 관한 권리를 고유재산에 귀속시키는 행위
  나. 수탁자가 고유재산에 속하는 부동산에 관한 권리를 신탁재산에 귀속시키는 행위
  다. 여러 개의 신탁을 인수한 수탁자가 하나의 신탁재산에 속하는 부동산에 관한 권리를 다른 신탁의 신탁재산에 귀속시키는 행위
3. 「신탁법」 제90조 또는 제94조에 따라 수탁자가 신탁을 합병, 분할 또는 분할합병하는 경우

(2013.5.28 본조신설)

제85조【촉탁에 의한 신탁변경등기】 ① 법원은 다음 각 호의 어느 하나에 해당하는 재판을 한 경우 지체 없이 신탁원부 기록의 변경등기를 등기소에 촉탁하여야 한다.
1. 수탁자 해임의 재판
2. 신탁관리인의 선임 또는 해임의 재판
3. 신탁 변경의 재판

② 법무부장관은 다음 각 호의 어느 하나에 해당하는 경우 지체 없이 신탁원부 기록의 변경등기를 등기소에 촉탁하여야 한다.(2014.3.18 본문개정)
1. 수탁자를 직권으로 해임한 경우
2. 신탁관리인을 직권으로 선임하거나 해임한 경우
3. 신탁내용의 변경을 명한 경우

③ 등기관이 제1항제1호 및 제2항제1호에 따라 법원 또는 주무관청의 촉탁에 의하여 수탁자 해임에 관한 신탁원부 기록의 변경등기를 하였을 때에는 직권으로 등기기록에 수탁자 해임의 뜻을 부기하여야 한다.
(2013.5.28 본조개정)

제85조의2【직권에 의한 신탁변경등기】 등기관이 신탁재산에 속하는 부동산에 관한 권리에 대하여 다음 각 호의 어느 하나에 해당하는 등기를 할 경우 직권으로 그 부동산에 관한 신탁원부 기록의 변경등기를 하여야 한다.
1. 수탁자의 변경으로 인한 이전등기
2. 여러 명의 수탁자 중 1인의 임무 종료로 인한 변경등기
3. 수탁자인 등기명의인의 성명 및 주소(법인인 경우에는 그 명칭 및 사무소 소재지를 말한다)에 관한 변경등기 또는 경정등기

(2013.5.28 본조신설)

제86조【신탁변경등기의 신청】 수탁자는 제85조 및 제85조의2에 해당하는 경우를 제외하고 제81조제1항 각 호의 사항이 변경되었을 때에는 지체 없이 신탁원부 기록의 변경등기를 신청하여야 한다.
(2013.5.28 본조개정)

제87조【신탁등기의 말소】 ① 신탁재산에 속한 권리가 이전, 변경 또는 소멸됨에 따라 신탁재산에 속하지 아니하게 된 경우 신탁등기의 말소신청은 신탁된 권리의 이전등기, 변경등기 또는 말소등기의 신청과 동시에 하여야 한다.
② 신탁종료로 인하여 신탁재산에 속한 권리가 이전 또는 소멸된 경우에는 제1항을 준용한다.
③ 신탁등기의 말소등기는 수탁자가 단독으로 신청할 수 있다.
④ 신탁등기의 말소등기의 신청에 관하여는 제82조제2항 및 제3항을 준용한다.
(2013.5.28 본조개정)

제87조의2【담보권신탁에 관한 특례】 ① 위탁자가 자기 또는 제3자 소유의 부동산에 채권자가 아닌 수탁자를 저당권자로 하여 설정한 저당권을 신탁재산으로 하고 채권자를 수익자로 지정한 신탁의 경우 등기관은 그 저당권에 의하여 담보되는 피담보채권이 여럿이고 각 피담보채권별로 제75조에 따른 등기사항이 다를 때에는 제75조에 따른 등기사항을 각 채권별로 구분하여 기록하여야 한다.
② 제1항에 따른 신탁의 신탁재산에 속하는 저당권에 의하여 담보되는 피담보채권이 이전되는 경우 수탁자는 신탁원부 기록의 변경등기를 신청하여야 한다.
③ 제1항에 따른 신탁의 신탁재산에 속하는 저당권의 이전등기를 하는 경우에는 제79조를 적용하지 아니한다.
(2013.5.28 본조신설)

제87조의3【신탁재산관리인이 선임된 신탁의 등기】 「신탁법」 제17조제1항 또는 제18조제1항에 따라 신탁재산관리인이 선임된 신탁의 경우 제23조제7항·제8항, 제81조, 제82조, 제82조의2, 제84조제1항, 제84조의2, 제85조제1항·제2항, 제85조의2제3호, 제86조, 제87조 및 제87조의2를 적용할 때에는 "수탁자"는 "신탁재산관리인"으로 본다.
(2013.5.28 본조신설)

제6관 가등기

제88조【가등기의 대상】 가등기는 제3조 각 호의 어느 하나에 해당하는 권리의 설정, 이전, 변경 또는 소멸의 청구권(請求權)을 보전(保全)하려는 때에 한다. 그 청구권이 시기부(始期附) 또는 정지조건부(停止條件附)일 경우나 그 밖에 장래에 확정될 것인 경우에도 같다.

제89조【가등기의 신청방법】 가등기권리자는 제23조제1항에도 불구하고 가등기의무자의 승낙이 있거나 가등기를 명하는 법원의 가처분명령(假處分命令)이 있을 때에는 단독으로 가등기를 신청할 수 있다.

제90조【가등기를 명하는 가처분명령】 ① 제89조의 가등기를 명하는 가처분명령은 부동산의 소재지를 관할하는 지방법원이 가등기권리자의 신청으로 가등기 원인사실의 소명이 있는 경우에 할 수 있다.
② 제1항의 신청을 각하한 결정에 대하여는 즉시항고(卽時抗告)를 할 수 있다.
③ 제2항의 즉시항고에 관하여는 「비송사건절차법」을 준용한다.

제91조【가등기에 의한 본등기의 순위】 가등기에 의한 본등기(本登記)를 한 경우 본등기의 순위는 가등기의 순위에 따른다.

제92조【가등기에 의하여 보전되는 권리를 침해하는 가등기 이후 등기의 직권말소】 ① 등기관은 가등기에 의한 본등기를 하였을 때에는 대법원규칙으로 정하는 바에 따라 가등기 이후에 된 등기로서 가등기에 의하여 보전되는 권리를 침해하는 등기를 직권으로 말소하여야 한다.
② 등기관이 제1항에 따라 가등기 이후의 등기를 말소하였을 때에는 지체 없이 그 사실을 말소된 권리의 등기명의인에게 통지하여야 한다.

제93조【가등기의 말소】 ① 가등기명의인은 제23조제1항에도 불구하고 단독으로 가등기의 말소를 신청할 수 있다.
② 가등기의무자 또는 가등기에 관하여 등기상 이해관계 있는 자는 제23조제1항에도 불구하고 가등기명의인의 승낙을 받아 단독으로 가등기의 말소를 신청할 수 있다.

제7관 가처분에 관한 등기

제94조【가처분등기 이후의 등기 등의 말소】 ① 「민사집행법」 제305조제3항에 따라 권리의 이전, 말소 또는 설정등기청구권을 보전하기 위한 처분금지가처분등기가 된 후 가처분채권자가 가처분채무자를 등기의무자로 하여 권리의 이전, 말소 또는 설정의 등기를 신청하는 경우에는, 대법원규칙으로 정하는 바에 따라 그 가처분등기 이후에 된 등기로서 가처분채권자의 권리를 침해하는 등기의 말소를 단독으로 신청할 수 있다.
② 등기관이 제1항의 신청에 따라 가처분등기 이후의 등기를 말소할 때에는 직권으로 그 가처분등기도 말소하여야 한다. 가처분등기 이후의 등기가 없는 경우로서 가처분채무자를 등기의무자로 하는 권리의 이전, 말소 또는 설정의 등기만을 할 때에도 또한 같다.(2020.2.4 후단신설)
③ 등기관이 제1항의 신청에 따라 가처분등기 이후의 등기를 말소하였을 때에는 지체 없이 그 사실을 말소된 권리의 등기명의인에게 통지하여야 한다.
(2020.2.4 본조제목개정)

제95조【가처분에 따른 소유권 외의 권리 설정등기】 등기관이 제94조제1항에 따라 가처분채권자 명의의 소유권 외의 권리 설정등기를 할 때에는 그 등기가 가처분에 기초한 것이라는 뜻을 기록하여야 한다.

제8관 관공서가 촉탁하는 등기 등

제96조【관공서가 등기명의인 등을 갈음하여 촉탁할 수 있는 등기】 관공서가 체납처분(滯納處分)으로 인한 압류등기(押留登記)를 촉탁하는 경우에는 등기명의인 또는 상속인, 그 밖의 포괄승계인을 갈음하여 부동산의 표시, 등기명의인의 표시의 변경, 경정 또는 상속, 그 밖의 포괄승계로 인한 권리이전(權利移轉)의 등기를 함께 촉탁할 수 있다.

제97조【공매처분으로 인한 등기의 촉탁】 관공서가 공매처분(公賣處分)을 한 경우에 등기권리자의 청구를 받으면 지체 없이 다음 각 호의 등기를 등기소에 촉탁하여야 한다.
1. 공매처분으로 인한 권리이전의 등기
2. 공매처분으로 인하여 소멸한 권리등기(權利登記)의 말소
3. 체납처분에 관한 압류등기 및 공매공고등기의 말소(2020.2.4 본호개정)

제98조【관공서의 촉탁에 따른 등기】 ① 국가 또는 지방자치단체가 등기권리자인 경우에는 국가 또는 지방자치단체는 등기의무자의 승낙을 받아 해당 등기를 지체 없이 등기소에 촉탁하여야 한다.
② 국가 또는 지방자치단체가 등기의무자인 경우에는 국가 또는 지방자치단체는 등기권리자의 청구에 따라 지체 없이 해당 등기를 등기소에 촉탁하여야 한다.

제99조【수용으로 인한 등기】 ① 수용으로 인한 소유권이전등기는 제23조제1항에도 불구하고 등기권리자가 단독으로 신청할 수 있다.
② 등기권리자는 제1항의 신청을 하는 경우에 등기명의인이나 상속인, 그 밖의 포괄승계인을 갈음하여 부동산의 표시 또는 등기명의인의 표시의 변경, 경정 또는 상속, 그 밖의 포괄승계로 인한 소유권이전의 등기를 신청할 수 있다.
③ 국가 또는 지방자치단체가 제1항의 등기권리자인 경우에는 국가 또는 지방자치단체는 지체 없이 제1항과 제2항의 등기를 등기소에 촉탁하여야 한다.
④ 등기관이 제1항과 제3항에 따라 수용으로 인한 소유권이전등기를 하는 경우 그 부동산의 등기기록 중 소유권, 소유권 외의 권리, 그 밖의 처분제한에 관한 등기가 있으면 그 등기를 직권으로 말소하여야 한다. 다만, 그 부동산을 위하여 존재하는 지역권의 등기 또는 토지수용위원회의 재결(裁決)로써 존속(存續)이 인정된 권리의 등기는 그러하지 아니하다.
⑤ 부동산에 관한 소유권 외의 권리의 수용으로 인한 권리이전등기에 관하여는 제1항부터 제4항까지의 규정을 준용한다.

제5장 이 의

제100조【이의신청과 그 관할】 등기관의 결정 또는 처분에 이의가 있는 자는 관할 지방법원에 이의신청을 할 수 있다.

판례 등기관이 등기신청인의 신청 또는 관공서의 촉탁에 따라 그 등기절차를 완료한 적극적인 처분을 하였을 때에는 비록 그 처분이 부당한 것이었다 하더라도 그 등기가 부동산등기법 제29조제1호 및 제2호에 해당하는 것이 아니라면 등기관의 처분에 대한 이의신청으로는 다툴 수 없다.
(대결 2012.5.10, 2012마180)

제101조【이의절차】 이의의 신청은 대법원규칙으로 정하는 바에 따라 등기소에 이의신청서를 제출하는 방법으로 한다.

제102조【새로운 사실에 의한 이의 금지】 새로운 사실이나 새로운 증거방법을 근거로 이의신청을 할 수는 없다.

제103조【등기관의 조치】 ① 등기관은 이의가 이유 있다고 인정하면 그에 해당하는 처분을 하여야 한다.
② 등기관은 이의가 이유 없다고 인정하면 이의신청일부터 3일 이내에 의견을 붙여 이의신청서를 관할 지방법원에 보내야 한다.
③ 등기를 마친 후에 이의신청이 있는 경우에는 3일 이내에 의견을 붙여 이의신청서를 관할 지방법원에 보내고 등기상 이해관계 있는 자에게 이의신청 사실을 알려야 한다.

제104조【집행 부정지】 이의에는 집행정지(執行停止)의 효력이 없다.

제105조【이의에 대한 결정과 항고】 ① 관할 지방법원은 이의에 대하여 이유를 붙여 결정을 하여야 한다. 이 경우 이의가 이유 있다고 인정하면 등기관에게 그에 해당하는 처분을 명령하고 그 뜻을 이의신청인과 등기상 이해관계 있는 자에게 알려야 한다.
② 제1항의 결정에 대하여는 「비송사건절차법」에 따라 항고할 수 있다.

제106조【처분 전의 가등기 및 부기등기의 명령】 관할 지방법원은 이의신청에 대하여 결정하기 전에 등기관에게 가등기 또는 이의가 있다는 뜻의 부기등기를 명령할 수 있다.

제107조【관할 법원의 명령에 따른 등기】 등기관이 관할 지방법원의 명령에 따라 등기를 할 때에는 명령을 한 지방법원, 명령의 연월일 및 명령에 따라 등기를 한다는 뜻을 기록하여야 한다.(2020.2.4 본조개정)

제108조【송달】 송달에 대하여는 「민사소송법」을 준용하고, 이의의 비용에 대하여는 「비송사건절차법」을 준용한다.

제6장 보 칙

제109조【등기사무의 처리에 필요한 전산정보자료의 제공 요청】 법원행정처장은 「전자정부법」 제2조제2호에 따른 행정기관 및 같은 조 제3호에 따른 공공기관(이하 "행정기관등"이라 한다)의 장에게 등기사무의 처리에 필요한 전산정보자료의 제공을 요청할 수 있다.(2020.2.4 본조개정)

제109조의2【등기정보자료의 제공 등】 ① 행정기관등의 장은 소관업무의 처리를 위하여 필요한 경우에 관계 중앙행정기관의 장의 심사를 거치고 법원행정처장의 승인을 받아 등기정보자료의 제공을 요청할 수 있다. 다만, 중앙행정기관의 장은 법원행정처장과 협의를 하여 협의가 성립되는 때에 등기정보자료의 제공을 요청할 수 있다.
② 행정기관등의 장이 아닌 자는 수수료를 내고 대법원규칙으로 정하는 바에 따라 등기정보자료를 제공받을 수 있다. 다만, 등기명의인별로 작성되어 있거나 그 밖에 등기명의인을 알아볼 수 있는 사항을 담고 있는 등기정보자료는 다른 법률에 특별한 규정이 있는 경우를 제외하고는 해당 등기명의인이나 그 포괄승계인만이 제공받을 수 있다.
③ 제1항 및 제2항에 따른 등기정보자료의 제공 절차, 제2항에 따른 수수료의 금액 및 그 면제 범위는 대법원규칙으로 정한다.
(2020.2.4 본조신설)

제110조【등기필정보의 안전확보】 ① 등기관은 취급하는 등기필정보의 누설·멸실 또는 훼손의 방지와 그 밖에 등기필정보의 안전관리를 위하여 필요하고도 적절한 조치를 마련하여야 한다.
② 등기관과 그 밖에 등기소에서 부동산등기사무에 종사하는 사람이나 그 직에 있었던 사람은 그 직무로 인하여 알게 된 등기필정보의 작성이나 관리에 관한 비밀을 누설하여서는 아니 된다.
③ 누구든지 부실등기를 하도록 등기의 신청이나 촉탁에 제공할 목적으로 등기필정보를 취득하거나 그 사정을 알면서 등기필정보를 제공하여서는 아니 된다.

제111조【벌칙】 다음 각 호의 어느 하나에 해당하는 사람은 2년 이하의 징역 또는 1천만원 이하의 벌금에 처한다.
1. 제110조제2항을 위반하여 등기필정보의 작성이나 관리에 관한 비밀을 누설한 사람
2. 제110조제3항을 위반하여 등기필정보를 취득한 사람 또는 그 사정을 알면서 등기필정보를 제공한 사람
3. 부정하게 취득한 등기필정보를 제2호의 목적으로 보관한 사람

제112조 (2017.10.13 삭제)

제113조【대법원규칙에의 위임】 이 법 시행에 필요한 사항은 대법원규칙으로 정한다.

부 칙

제1조【시행일】 이 법은 공포 후 6개월이 경과한 날부터 시행한다. 다만, 제3조제7호 및 제76조제2항의 개정규정과 부칙 제4조제17항은 2012년 6월 11일부터 시행한다.

제2조【등기필증에 관한 경과조치】 이 법 시행 전에 권리취득의 등기를 한 후 종전의 제67조제1항에 따라 등기필증을 발급받거나 종전의 제68조제1항에 따라 등기완료의 통지를 받은 자는 이 법 시행 후 등기의무자가 되어 제24조제1항제1호의 개정규정에 따라 등기신청을 할 때에는 제50조제2항의 개정규정에 따른 등기필정보의 제공을 갈음하여 신청서에 종전의 제67조제1항에 따른 등기필증 또는 종전의 제68조제1항에 따른 등기완료통지서를 첨부할 수 있다.

제3조【예고등기에 관한 경과조치】 ① 이 법 시행 당시 마쳐져 있는 예고등기의 말소절차에 관하여는 종전의 규정에 따른다.
② 제1항에도 불구하고 법률 제16912호 부동산등기법 일부개정법률의 시행일까지 말소되지 아니한 예고등기는 등기관이 직권으로 말소한다.(2020.2.4 본항신설)

제4조【다른 법률의 개정】 ①~㊷ ※(해당 법령에 가제정리 하였음)

제5조【다른 법령과의 관계】 ① 이 법 시행 당시 다른 법령에서 등기부등본 또는 초본을 인용한 경우에는 등기사항증명서를 인용한 것으로, 등기필증을 인용한 경우에는 등기필증 외에 등기완료통지서나 등기필정보통지서도 인용한 것으로 본다.
② 이 법 시행 당시 다른 법령에서 종전의 「부동산등기법」의 규정을 인용한 경우에 이 법 가운데 그에 해당하는 규정이 있을 때에는 종전의 규정을 갈음하여 이 법의 해당 규정을 인용한 것으로 본다.

부 칙 (2013.5.28)

제1조【시행일】 이 법은 공포 후 3개월이 경과한 날부터 시행한다.

제2조【적용례】 이 법은 이 법 시행 후 접수된 등기사건부터 적용한다.

제3조【경과조치】 ① 이 법 시행 당시 종전의 규정에 따라 한 신탁에 관한 등기는 이 법에 따라 한 것으로 본다.
② 이 법 시행 당시 종전의 규정에 따라 편성한 신탁에 관한 등기부는 이 법 시행 후 그대로 사용한다.

부 칙 (2017.10.13)

제1조【시행일】 이 법은 공포한 날부터 시행한다.

제2조【과태료에 관한 경과조치】 이 법 시행 전의 행위에 대한 과태료의 적용에 있어서는 종전의 규정에 따른다.

부 칙 (2020.2.4)

제1조【시행일】 이 법은 공포 후 6개월이 경과한 날부터 시행한다.

제2조【임차권 등의 등기사항에 관한 적용례】 제74조의 개정규정은 이 법 시행 이후 접수되는 임차권 등의 등기부터 적용한다.

제3조【법원의 명령에 따른 등기에 관한 적용례】 제107조의 개정규정은 이 법 시행 이후 접수되는 등기부터 적용한다.

제4조【다른 법률의 개정】 ①~⑦ ※(해당 법령에 가제정리 하였음)

부동산등기규칙

(2011년 9월 28일
전부개정대법원규칙 제2356호)

개정
2013. 8.12대법원규칙2483호
2014.10. 2대법원규칙2560호(상업등기규)
2014.11.27대법원규칙2571호
2016. 6.27대법원규칙2668호(법무사규칙)
2016.12.29대법원규칙2706호
2017. 5.25대법원규칙2741호
2017.11. 6대법원규칙2759호
2018. 8.31대법원규칙2801호
2018.12. 4대법원규칙2815호(토지개발등기규칙)
2020. 6.26대법원규칙2910호
2020.11.26대법원규칙2931호
2021. 5.27대법원규칙2986호
2022. 2.25대법원규칙3043호

제1장 총 칙

제1조【목적】 이 규칙은 「부동산등기법」(이하 "법"이라 한다)에서 위임한 사항과 그 시행에 필요한 사항을 규정함을 목적으로 한다.

제2조【부기등기의 번호 기록】 등기관이 부기등기를 할 때에는 그 부기등기가 어느 등기에 기초한 것인지 알 수 있도록 주등기 또는 부기등기의 순위번호에 가지번호를 붙여서 하여야 한다.

제3조【등기신청의 접수시기】 ① 법 제6조제1항에서 "대법원규칙으로 정하는 등기신청정보"란 해당 부동산이 다른 부동산과 구별될 수 있게 하는 정보를 말한다.
② 같은 토지 위에 있는 여러 개의 구분건물에 대한 등기를 동시에 신청하는 경우에는 그 건물의 소재 및 지번에 관한 정보가 전산정보처리조직에 저장된 때 등기신청이 접수된 것으로 본다.

제4조【등기관이 등기를 마친 시기】 법 제6조제2항에서 "등기관이 등기를 마친 경우"란 법 제11조제4항에 따라 등기사무를 처리한 등기관이 누구인지 알 수 있는 조치를 하였을 때를 말한다.

제2장 등기소와 등기관

제5조【관할등기소의 지정】 ① 부동산이 여러 등기소의 관할구역에 걸쳐 있는 경우 그 부동산에 대한 최초의 등기신청을 하고자 하는 자는 각 등기소를 관할하는 상급법원의 장에게 관할등기소의 지정을 신청하여야 한다.
② 제1항의 신청은 해당 부동산의 소재지를 관할하는 등기소 중 어느 한 등기소에 신청서를 제출하는 방법으로 한다.
③ 제2항에 따른 신청서를 받은 등기소는 그 신청서를 지체없이 상급법원의 장에게 송부하여야 하고, 상급법원의 장은 부동산의 소재지를 관할하는 등기소 중 어느 한 등기소를 관할등기소로 지정하여야 한다.
④ 관할등기소의 지정을 신청한 자가 제3항에 따라 지정된 관할등기소에 등기신청을 할 때에는 관할등기소의 지정이 있었음을 증명하는 정보를 첨부정보로서 등기소에 제공하여야 한다.
⑤ 등기관이 제4항에 따라 등기를 하였을 때에는 지체없이 그 사실을 다른 등기소에 통지하여야 한다.
⑥ 제5항에 따른 통지를 받은 등기소는 전산정보처리조직으로 관리되고 있는 관할지정에 의한 등기부목록에 통지받은 사항을 기록하여야 한다.
⑦ 단지를 구성하는 여러 동의 건물 중 일부 건물의 대지가 다른 등기소의 관할에 속하는 경우에는 제1항부터 제6항까지의 규정을 준용한다.

제6조【관할의 변경】 ① 부동산의 소재지가 다른 등기소의 관할로 바뀌었을 때에는 종전의 관할등기소는 전산정보처리조직을 이용하여 그 부동산에 관한 등기기록과 신탁원부, 공동담보(전세)목록, 도면 및 매매목록의 처리권한을 다른 등기소로 넘겨주는 조치를 하여야 한다.
② 제1항에 따라 처리권한을 넘겨받은 등기소는 해당 등기기록의 표제부에 관할이 변경된 뜻을 기록하여야 한다.

제7조【등기관의 식별부호의 기록】 법 제11조제4항의 등기사무를 처리한 등기관이 누구인지 알 수 있도록 하는 조치는 각 등기관이 미리 부여받은 식별부호를 기록하는 방법으로 한다.

제8조【참여조서의 작성방법】 등기관이 법 제12조제2항의 조서(이하 "참여조서"라 한다)를 작성할 때에는 그 조서에 다음 각 호의 사항을 적어야 한다.
1. 신청인의 성명과 주소
2. 업무처리가 제한되는 사유
3. 등기할 부동산의 표시 및 등기의 목적
4. 신청정보의 접수연월일과 접수번호
5. 참여인의 성명, 주소 및 주민등록번호
6. 참여인이 그 등기소에서 등기를 한 부동산의 표시

제9조【등기정보중앙관리소와 전산운영책임관】 ① 전산정보처리조직에 의한 등기사무처리의 지원, 등기부의 보관·관리 및 등기정보의 효율적인 활용을 위하여 법원행정처에 등기정보중앙관리소(이하 "중앙관리소"라 한다)를 둔다.
② 법원행정처장은 중앙관리소에 전산운영책임관을 두어 전산정보처리조직을 종합적으로 관리·운영하여야 한다.
③ 법원행정처장은 중앙관리소의 출입자 및 전산정보처리조직 사용자의 신원을 관리하는 등 필요한 보안조치를 하여야 한다.

제3장 등기부 등

제1절 등기부 및 부속서류

제10조【등기부의 보관·관리】 ① 법 제14조제3항에서 규정한 등기부의 보관·관리 장소는 중앙관리소로 한다.
② 폐쇄등기부에 대하여도 제1항을 준용한다.

제11조【신청서나 그 밖의 부속서류의 이동 등】 ① 등기관이 전쟁·천재지변 그 밖에 이에 준하는 사태를 피하기 위하여 신청서나 그 밖의 부속서류를 등기소 밖으로 옮긴 경우에는 지체없이 그 사실을 지방법원장(등기소의 사무를 지원장이 관장하는 경우에는 지원장을 말한다. 제58조를 제외하고는 이하 같다)에게 보고하여야 한다.
② 등기관이 법원으로부터 신청서나 그 밖의 부속서류의 송부명령 또는 촉탁을 받았을 때에는 그 명령 또는 촉탁과 관계가 있는 부분만 법원에 송부하여야 한다.
③ 제2항의 서류가 전자문서(「전자서명법」 제2조제1호의 전자문서를 말한다. 이하 같다)로 작성된 경우에는 해당 문서를 출력한 후 인증하여 송부하거나 전자문서로 송부한다.(2020.11.26 본항개정)

제12조【부동산고유번호】 ① 등기기록을 개설할 때에는 1필의 토지 또는 1개의 건물마다 부동산고유번호를 부여하고 이를 등기기록에 기록하여야 한다.
② 구분건물에 대하여는 전유부분마다 부동산고유번호를 부여한다.

제13조【등기기록의 양식】 ① 토지등기기록의 표제부에는 표시번호란, 접수란, 소재지번란, 지목란, 면적란, 등기원인 및 기타사항란을 두고, 건물등기기록의 표제부에는 표시번호란, 접수란, 소재지번 및 건물번호란, 건물내역란, 등기원인 및 기타사항란을 둔다.
② 갑구와 을구에는 순위번호란, 등기목적란, 접수란, 등기원인란, 권리자 및 기타사항란을 둔다.
③ 토지등기기록은 별지 제1호 양식, 건물등기기록은 별지 제2호 양식에 따른다.

제14조【구분건물등기기록의 양식】 ① 법 제15조제1항 단서에 해당하는 구분건물등기기록에는 1동의 건물에 대한 표제부를 두고 전유부분마다 표제부, 갑구, 을구를 둔다.
② 제1항의 등기기록 중 1동의 건물의 표제부에는 표시번호란, 접수란, 소재지번·건물명칭 및 번호란, 건물내역란, 등기원인 및 기타사항란을 두고, 전유부분의 표제부에는 표시번호란, 접수란, 건물번호란, 건물내역란, 등기원인 및 기타사항란을 둔다. 다만, 구분한 각 건물 중 대지권이 있는 건물이 있는 경우에는 1동의 건물의 표제부에는 대지권의 목적인 토지의 표시를 위한 표시번호란, 소재지번란, 지목란, 면적란, 등기원인 및 기타사항란을 두고, 전유부분의 표제부에는 대지권의 표시를 위한 표시번호란, 대지권종류란, 대지권비율란, 등기원인 및 기타사항란을 둔다.
③ 구분건물등기기록은 별지 제3호 양식에 따른다.

제15조【등기부부본자료의 보관 등】 ① 법 제16조의 등기부부본자료는 전산정보처리조직으로 작성하여야 한다.
② 등기부부본자료는 법원행정처장이 지정하는 장소에 보관하여야 한다.
③ 등기부부본자료는 등기부와 동일하게 관리하여야 한다.

제16조【등기부 복구 등의 처분명령에 관한 권한 위임】 ① 대법원장은 법 제17조에 따라 등기부의 손상방지 또는 손상된 등기부의 복구 등의 처분명령에 관한 권한을 법원행정처장에게 위임한다.
② 대법원장은 법 제18조에 따라 전자문서로 작성된 등기부 부속서류의 멸실방지 등의 처분명령에 관한 권한은 법원행정처장에게, 신청서나 그 밖의 부속서류의 멸실방지 등의 처분명령에 관한 권한은 지방법원장에게 위임한다.

제17조【등기부의 손상과 복구】 ① 등기부의 전부 또는 일부가 손상되거나 손상될 염려가 있을 때에는 전산운영책임관은 지체없이 그 상황을 조사한 후 처리방법을 법원행정처장에게 보고하여야 한다.
② 등기부의 전부 또는 일부가 손상된 경우에 전산운영책임관은 제15조의 등기부부본자료에 의하여 그 등기부를 복구하여야 한다.
③ 제2항에 따라 등기부를 복구한 경우에 전산운영책임관은 지체없이 그 경과를 법원행정처장에게 보고하여야 한다.

제18조【신탁원부 등의 보존】 신탁원부, 공동담보(전세)목록, 도면 및 매매목록은 보조기억장치(자기디스크, 자기테이프 그 밖에 이와 유사한 방법으로 일정한 등기사항을 기록·보관할 수 있는 전자적 정보저장매체를 말한다. 이하 같다)에 저장하여 보존하여야 한다. 다만, 제63조 단서에 따라 서면으로 작성되어 등기소에 제출된 도면은 이를 전자적 이미지정보로 변환하여 그 이미지정보를 보조기억장치에 저장하여 보존하여야 한다.

제19조【신청정보 등의 보존】 ① 법 제24조제1항제2호에 따라 등기가 이루어진 경우 그 신청정보 및 첨부정보는 보조기억장치에 저장하여 보존하여야 한다.
② 법 제24조제1항제2호에 따른 등기신청이 취하된 경우 그 취하정보는 보조기억장치에 저장하여 보존하여야 한다.

제20조【신탁원부 등의 보존기간】 ① 제18조 및 제19조에 따라 보조기억장치에 저장한 정보는 다음 각 호의 구분에 따른 기간 동안 보존하여야 한다.
1. 신탁원부 : 영구
2. 공동담보(전세)목록 : 영구
3. 도면 : 영구
4. 매매목록 : 영구
5. 신청정보 및 첨부정보와 취하정보 : 5년
② 제1항제5호의 보존기간은 해당 연도의 다음해부터 기산한다.
③ 보존기간이 만료된 제1항제5호의 정보는 법원행정처장의 인가를 받아 보존기간이 만료되는 해의 다음해 3월말까지 삭제한다.

제2절 등기에 관한 장부

제21조【장부의 비치】 ① 등기소에는 다음 각 호의 장부를 갖추어 두어야 한다.
1. 부동산등기신청서 접수장
2. 기타 문서 접수장
3. 결정원본 편철장
4. 이의신청서류 편철장
5. 사용자등록신청서류 등 편철장
6. 신청서 기타 부속서류 편철장
7. 신청서 기타 부속서류 송부부
8. 각종 통지부
9. 열람신청서류 편철장
10. 제증명신청서류 편철장
11. 그 밖에 대법원예규로 정하는 장부
② 제1항의 장부는 매년 별책으로 하여야 한다. 다만, 필요에 따라 분책할 수 있다.
③ 제1항의 장부는 전자적으로 작성할 수 있다.

제22조【접수장】 ① 부동산등기신청서 접수장에는 다음 각 호의 사항을 적어야 한다.
1. 접수연월일과 접수번호
2. 등기의 목적
3. 신청인의 성명 또는 명칭
4. 부동산의 개수
5. 등기신청수수료
6. 취득세 또는 등록면허세와 국민주택채권매입금액
② 제1항제1호의 접수번호는 1년마다 새로 부여하여야 한다.
③ 등기권리자 또는 등기의무자가 여러 명인 경우 부동산등기신청서 접수장에 신청인의 성명 또는 명칭을 적을 때에는 신청인 중 1명의 성명 또는 명칭과 나머지 인원을 적는 방법으로 할 수 있다.
④ 등기신청 외의 등기사무에 관한 문서를 접수할 때에는 기타문서 접수장에 등재한다.

제23조【신청서 기타 부속서류 편철장】 신청서, 촉탁서, 통지서, 허가서, 참여조서, 확인조서, 취하서 그 밖의 부속서류는 접수번호의 순서에 따라 신청서 기타 부속서류 편철장에 편철하여야 한다.

제24조【각종 통지부】 각종 통지부에는 법 및 이 규칙에서 정하고 있는 통지사항, 통지를 받을 자 및 통지서를 발송하는 연월일을 적어야 한다.

제25조【장부의 보존기간】 ① 등기소에 갖추어 두어야 할 장부의 보존기간은 다음 각 호와 같다.

1. 부동산등기신청서 접수장 : 5년
2. 기타 문서 접수장 : 10년
3. 결정원본 편철장 : 10년
4. 이의신청서류 편철장 : 10년
5. 사용자등록신청서류 등 편철장 : 10년
6. 신청서 기타 부속서류 편철장 : 5년
7. 신청서 기타 부속서류 송부부 : 신청서 그 밖의 부속서류가 반환된 날부터 5년
8. 각종 통지부 : 1년
9. 열람신청서류 편철장 : 1년
10. 제증명신청서류 편철장 : 1년

② 장부의 보존기간은 해당 연도의 다음해부터 기산한다.
③ 보존기간이 만료된 장부 또는 서류는 지방법원장의 인가를 받아 보존기간이 만료되는 해의 다음해 3월말까지 폐기한다.

제3절 등기사항의 증명과 열람

제26조【등기사항증명 등의 신청】 ① 등기소를 방문하여 등기사항의 전부 또는 일부에 대한 증명서(이하 "등기사항증명서"라 한다)를 발급받거나 등기기록 또는 신청서나 그 밖의 부속서류를 열람하고자 하는 사람은 신청서를 제출하여야 한다.
② 대리인이 신청서나 그 밖의 부속서류의 열람을 신청할 때에는 신청서에 그 권한을 증명하는 서면을 첨부하여야 한다.
③ 전자문서로 작성된 신청서나 그 밖의 부속서류의 열람 신청은 관할 등기소가 아닌 다른 등기소에서도 할 수 있다.

제27조【무인발급기에 의한 등기사항증명】 ① 법원행정처장은 신청인이 발급에 필요한 정보를 스스로 입력하여 등기사항증명서를 발급받을 수 있게 하는 장치(이하 "무인발급기"라 한다)를 이용하여 등기사항증명서의 발급업무를 처리하게 할 수 있다.
② 무인발급기는 등기소 이외의 장소에도 설치할 수 있다.
③ 제2항에 따른 설치장소는 법원행정처장이 정한다.
④ 법원행정처장의 지정을 받은 국가기관이나 지방자치단체 그 밖의 자는 그가 관리하는 장소에 무인발급기를 설치하여 등기사항증명서를 발급할 수 있다.
⑤ 무인발급기 설치·관리의 절차 및 비용의 부담 등 필요한 사항은 대법원예규로 정한다.

제28조【인터넷에 의한 등기사항증명 등】 ① 등기사항증명서의 발급 또는 등기기록의 열람업무는 법원행정처장이 정하는 바에 따라 인터넷을 이용하여 처리할 수 있다.
② 제1항에 따른 업무는 중앙관리소에서 처리하며, 전산운영책임관이 그 업무를 담당한다.
③ 제1항에 따른 발급과 열람의 범위, 절차 및 방법 등 필요한 사항은 대법원예규로 정한다.

제29조【등기사항증명서의 종류】 등기사항증명서의 종류는 다음 각 호로 한다. 다만, 폐쇄한 등기기록 및 대법원예규로 정하는 등기기록에 대하여는 제1호로 한정한다. (2014.11.27 단서개정)
1. 등기사항전부증명서(말소사항 포함)
2. 등기사항전부증명서(현재 유효사항)
3. 등기사항일부증명서(특정인 지분)
4. 등기사항일부증명서(현재 소유현황)
5. 등기사항일부증명서(지분취득 이력)
6. 그 밖에 대법원예규로 정하는 증명서(2014.11.27 본호신설)

제30조【등기사항증명서의 발급방법】 ① 등기사항증명서를 발급할 때에는 등기사항증명서의 종류를 명시하고, 등기기록의 내용과 다름이 없음을 증명하는 내용의 증명문을 기록하며, 발급연월일과 중앙관리소 전산운영책임관의 직명을 적은 후 전자이미지관인을 기록하여야 한다. 이 경우 등기사항증명서가 여러 장으로 이루어진 경우에는 연속성을 확인할 수 있는 조치를 하여 발급하고, 그 등기기록 중 갑구 또는 을구의 기록이 없을 때에는 증명문에 그 뜻을 기록하여야 한다.
② 신탁원부, 공동담보(전세)목록, 도면 또는 매매목록은 그 사항의 증명도 함께 신청하는 뜻의 표시가 있는 경우에만 등기사항증명서에 이를 포함하여 발급한다.
③ 구분건물에 대한 등기사항증명서의 발급에 관하여는 1동의 건물의 표제부와 해당 전유부분에 관한 등기기록을 1개의 등기기록으로 본다.
④ 등기신청이 접수된 부동산에 관하여는 등기관이 그 등기를 마칠 때까지 등기사항증명서를 발급하지 못한다. 다만, 그 부동산에 등기신청사건이 접수되어 처리 중에 있다는 뜻을 등기사항증명서에 표시하여 발급할 수 있다.

제31조【열람의 방법】 ① 등기기록의 열람은 등기기록에 기록된 등기사항을 전자적 방법으로 그 내용을 보게 하거나 그 내용을 기록한 서면을 교부하는 방법으로 한다. 이 경우 제30조제2항 및 제3항을 준용한다.
② 신청서나 그 밖의 부속서류의 열람은 등기관 또는 그가 지정하는 직원이 보는 앞에서 하여야 한다. 다만, 신청서나 그 밖의 부속서류가 전자문서로 작성된 경우에는 제1항 전단의 방법에 따른다.(2018.8.31 본문개정)

제32조【등기사항 등의 공시제한】 ① 등기사항증명서를 발급하거나 등기기록을 열람하게 할 때에는 등기명의인의 표시에 관한 사항 중 주민등록번호 또는 부동산등기용등록번호의 일부를 공시하지 아니할 수 있으며, 그 범위와 방법 및 절차는 대법원예규로 정한다.
② 법원행정처장은 등기기록의 분량과 내용에 비추어 무인발급기나 인터넷에 의한 열람 또는 발급이 적합하지 않다고 인정되는 때에는 이를 제한할 수 있다.

제4절 중복등기기록의 정리

제33조【중복등기기록의 정리】 ① 법 제21조에 따른 중복등기기록의 정리는 제34조부터 제41조까지의 규정에서 정한 절차에 따른다.
② 제1항에 따른 중복등기기록의 정리는 실체의 권리관계에 영향을 미치지 아니한다.

제34조【소유권의 등기명의인이 같은 경우의 정리】 중복등기기록의 최종 소유권의 등기명의인이 같은 경우에는 나중에 개설된 등기기록(이하 "후등기기록"이라 한다)을 폐쇄한다. 다만, 후등기기록에 소유권 외의 권리 등에 관한 등기가 있고 먼저 개설된 등기기록(이하 "선등기기록"이라 한다)에는 그와 같은 등기가 없는 경우에는 선등기기록을 폐쇄한다.

제35조【소유권의 등기명의인이 다른 경우의 정리】 중복등기기록 중 어느 한 등기기록의 최종 소유권의 등기명의인이 다른 등기기록의 최종 소유권의 등기명의인으로부터 직접 또는 전전하여 소유권을 이전받은 경우로서, 다른 등기기록이 후등기기록이거나 소유권 외의 권리 등에 관한 등기가 없는 선등기기록일 때에는 그 다른 등기기록을 폐쇄한다.

제36조【소유권의 등기명의인이 다른 경우의 정리】 ① 중복등기기록의 최종 소유권의 등기명의인이 다른 경우로서 어느 한 등기기록에만 원시취득사유 또는 분배농지의 상환완료를 등기원인으로 한 소유권이전등기가 있을 때에는 그 등기기록을 제외한 나머지 등기기록을 폐쇄한다.
② 소유권보존등기가 원시취득사유 또는 분배농지의 상환완료에 따른 것임을 당사자가 소명하는 경우에도 제1항과 같다.
③ 제1항 및 제2항의 경우에는 법 제58조에 따른 직권에 의한 등기의 말소 절차를 이행한다.

제37조【소유권의 등기명의인이 다른 경우의 정리】 ① 중복등기기록의 최종 소유권의 등기명의인이 다른 경우로서 제35조와 제36조에 해당하지 아니할 때에는 각 등기기록의 최종 소유권의 등기명의인과 등기상 이해관계인에 대하여 1개월 이상의 기간을 정하여 그 기간 내에 이의를 진술하지 아니하면 그 등기기록을 폐쇄할 수 있다는 뜻을 통지하여야 한다.
② 제1항의 통지를 받고 어느 등기기록의 최종 소유권의 등기명의인과 등기상 이해관계인이 이의를 진술하지 아니하였을 때에는 그 등기기록을 폐쇄한다. 다만, 모든 중복등기기록의 최종 소유권의 등기명의인과 등기상 이해관계인이 이의를 진술하지 아니하였을 때에는 그러하지 아니하다.
③ 제1항과 제2항에 따라 등기기록을 정리할 수 있는 경우 외에는 대장과 일치하지 않는 등기기록을 폐쇄한다.
④ 제1항부터 제3항까지 규정에 따른 정리를 한 경우 등기관은 그 뜻을 폐쇄된 등기기록의 최종 소유권의 등기명의인과 등기상 이해관계인에게 통지하여야 한다.

제38조【지방법원장의 허가가 필요한 중복등기기록 정리】 등기관이 제36조와 제37조에 따라 중복등기기록을 정리하려고 하는 경우에는 지방법원장의 허가를 받아야 한다.

제39조【당사자의 신청에 의한 정리】 ① 중복등기기록 중 어느 한 등기기록의 최종 소유권의 등기명의인은 자기 명의의 등기기록을 폐쇄하여 중복등기기록을 정리하도록 신청할 수 있다. 다만, 등기상 이해관계인이 있을 때에는 그 승낙이 있음을 증명하는 정보를 첨부정보로서 등기소에 제공하여야 한다.
② 등기관은 제1항에 따른 중복등기기록의 정리신청이 있는 경우에는 제34조부터 제37조까지의 규정에도 불구하고 그 신청에 따라 등기기록을 폐쇄하여야 한다.

제40조【중복등기기록의 해소를 위한 직권분필】 ① 등기된 토지의 일부에 관하여 별개의 등기기록이 개설되어 있는 경우에 등기관은 직권으로 분필등기를 한 후 이 절에서 정하는 절차에 따라 정리를 하여야 한다.
② 제1항에 따른 분필등기를 하는데 필요할 때에는 등기관은 지적소관청에 지적공부의 내용이나 토지의 분할, 합병 과정에 대한 사실조회를 하거나 등기명의인에게 해당 토지에 대한 지적공부 등본 등을 제출하게 할 수 있다.

제41조【폐쇄된 등기기록의 부활】 ① 이 절에서 정하는 절차에 따라 폐쇄된 등기기록의 소유권의 등기명의인 또는 등기상 이해관계인은 폐쇄되지 아니한 등기기록의 최종 소유권의 등기명의인과 등기상 이해관계인을 상대로 하여 그 토지가 폐쇄된 등기기록의 소유권의 등기명의인의 소유임을 확정하는 판결(판결과 동일한 효력이 있는 조서를 포함한다)이 있음을 증명하는 정보를 등기소에 제공하여 폐쇄된 등기기록의 부활을 신청할 수 있다.
② 제1항에 따른 신청이 있을 때에는 폐쇄된 등기기록을 부활하고 다른 등기기록을 폐쇄하여야 한다.

제4장 등기절차

제1절 총 칙

제1관 통 칙

제42조【포괄승계에 따른 등기】 법 제23조제3항에서 "그 밖에 대법원규칙으로 정하는 포괄승계"란 다음 각 호의 경우를 말한다.
1. 법인의 분할로 인하여 분할 전 법인이 소멸하는 경우
2. 법령에 따라 법인이나 단체의 권리·의무를 포괄승계하는 경우

제43조【신청정보의 내용】 ① 등기를 신청하는 경우에는 다음 각 호의 사항을 신청정보의 내용으로 등기소에 제공하여야 한다.
1. 다음 각 목의 구분에 따른 부동산의 표시에 관한 사항
 가. 토지 : 법 제34조제3호부터 제5호까지의 규정에서 정하고 있는 사항
 나. 건물 : 법 제40조제1항제3호와 제4호에서 정하고 있는 사항
 다. 구분건물 : 1동의 건물의 표시로서 소재지번·건물명칭 및 번호·구조·종류·면적, 전유부분의 건물의 표시로서 건물번호·구조·면적, 대지권이 있는 경우 그 권리의 표시. 다만, 1동의 건물의 구조·종류·면적은 건물의 표시에 관한 등기나 소유권보존등기를 신청하는 경우로 한정한다.
2. 신청인의 성명(또는 명칭), 주소(또는 사무소 소재지) 및 주민등록번호(또는 부동산등기용등록번호)
3. 신청인이 법인인 경우에는 그 대표자의 성명과 주소
4. 대리인에 의하여 등기를 신청하는 경우에는 그 성명과 주소
5. 등기원인과 그 연월일
6. 등기의 목적
7. 등기필정보. 다만, 공동신청 또는 승소한 등기의무자의 단독신청에 의하여 권리에 관한 등기를 신청하는 경우로 한정한다.
8. 등기소의 표시
9. 신청연월일

② 법 제26조의 법인 아닌 사단이나 재단이 신청인인 경우에는 그 대표자나 관리인의 성명, 주소 및 주민등록번호를 신청정보의 내용으로 등기소에 제공하여야 한다.

제44조【취득세 등을 납부하는 경우의 신청정보】 ① 등기를 신청하는 경우에는 제43조에서 규정하는 사항 외에 취득세나 등록면허세 등 등기와 관련하여 납부하여야 할 세액 및 과세표준액을 신청정보의 내용으로 등기소에 제공하여야 한다.
② 다른 법률에 의하여 부과된 의무사항이 있을 때에도 제1항을 준용한다.

제45조【여러 개의 부동산에 관한 등록면허세 등의 납부】 ①「지방세법」 제28조제1항제1호다목 및 라목에 따라 등록면허세를 납부할 경우에 등기원인 및 등기목적이 동일한 것으로서 여러 개의 등기소의 관할에 걸쳐 있는 여러 개의 부동산에 관한 권리의 등기를 신청할 때에는 최초의 등기를 신청하면서 등록면허세의 전액을 납부하여야 한다.
② 제1항에 따른 등기신청을 받은 등기관은 신청인이 등록면허세의 전액을 납부한 사실에 관한 정보를 전산정보처리조직에 의하여 작성하여야 한다.
③ 신청인이 다른 등기소에 등기를 신청할 때에는 최초의 등기를 신청하면서 등록면허세의 전액을 납부한 사실, 최초의 등기를 신청한 등기소의 표시와 그 신청정보의 접수연월일 및 접수번호를 신청정보의 내용으로 등기소에 제공하여야 한다.
④ 제3항에 따른 등기신청을 받은 다른 등기소의 등기관은 전산정보처리조직을 이용하여 신청인이 최초의 등기를 신청하면서 등록면허세의 전액을 납부한 사실을 확인하여야 한다.
⑤ 등록면허세 외의 등기신청과 관련하여 납부하여야 할 세액 및 다른 법률에 의하여 부과된 의무사항에 관하여는 제1항부터 제4항까지의 규정을 준용한다.

제46조【첨부정보】 ① 등기를 신청하는 경우에는 다음 각 호의 정보를 그 신청정보와 함께 첨부정보로서 등기소에 제공하여야 한다.
1. 등기원인을 증명하는 정보
2. 등기원인에 대하여 제3자의 허가, 동의 또는 승낙이 필요한 경우에는 이를 증명하는 정보
3. 등기상 이해관계 있는 제3자의 승낙이 필요한 경우에는 이를 증명하는 정보 또는 이에 대항할 수 있는 재판이 있음을 증명하는 정보
4. 신청인이 법인인 경우에는 그 대표자의 자격을 증명하는 정보
5. 대리인에 의하여 등기를 신청하는 경우에는 그 권한을 증명하는 정보
6. 등기권리자(새로 등기명의인이 되는 경우로 한정한다)

의 주소(또는 사무소 소재지) 및 주민등록번호(또는 부동산등기용등록번호)를 증명하는 정보. 다만, 소유권이전등기를 신청하는 경우에는 등기의무자의 주소(또는 사무소 소재지)를 증명하는 정보도 제공하여야 한다.
7. 소유권이전등기를 신청하는 경우에는 토지대장·임야대장·건축물대장 정보나 그 밖에 부동산의 표시를 증명하는 정보
8. 변호사나 법무사[법무법인·법무법인(유한)·법무조합 또는 법무사법인·법무사법인(유한)을 포함한다. 이하 "자격자대리인"이라 한다]가 다음 각 목의 등기를 신청하는 경우, 자격자대리인(법인의 경우에는 담당 변호사·법무사를 의미한다)이 주민등록증·인감증명서·본인서명 사실확인서 등 법령에 따라 작성된 증명서의 제출이나 제시, 그 밖에 이에 준하는 확실한 방법으로 위임인이 등기의무자인지 여부를 확인하고 자필서명한 정보
가. 공동으로 신청하는 권리에 관한 등기
나. 승소한 등기의무자가 단독으로 신청하는 권리에 관한 등기
(2022.2.25 본호신설)
② 구분건물에 대하여 대지권의 등기를 신청할 때 다음 각 호의 어느 하나에 해당되는 경우에는 해당 규약이나 공정증서를 첨부정보로서 등기소에 제공하여야 한다.
1. 대지권의 목적인 토지가 「집합건물의 소유 및 관리에 관한 법률」 제4조에 따른 건물의 대지인 경우
2. 각 구분소유자가 가지는 대지권의 비율이 「집합건물의 소유 및 관리에 관한 법률」 제21조제1항 단서 및 제2항에 따른 비율인 경우
3. 건물의 소유자가 그 건물이 속하는 1동의 건물이 있는 「집합건물의 소유 및 관리에 관한 법률」 제2조제5호에 따른 건물의 대지에 대하여 가지는 대지사용권이 대지권이 아닌 경우
③ 등기원인을 증명하는 정보가 집행력 있는 판결인 경우에는 제1항제2호의 정보를 제공할 필요가 없다. 다만, 등기원인에 대하여 행정관청의 허가, 동의 또는 승낙을 받을 것이 요구되는 때에는 그러하지 아니하다.
④ 법 제60조제1항 및 제2항의 등기를 신청할 때에는 제1항제1호 및 제6호를 적용하지 아니한다.
⑤ 첨부정보가 「상업등기법」 제15조에 따른 등기사항증명정보로서 그 등기를 관할하는 등기소와 부동산 소재지를 관할하는 등기소가 동일한 경우에는 그 제공을 생략할 수 있다.(2014.10.2 본항개정)
⑥ 제1항 및 그 밖의 법령에 따라 등기소에 제공하여야 하는 첨부정보 중 법원행정처장이 지정하는 첨부정보는 「전자정부법」 제36조제1항에 따른 행정정보 공동이용을 통하여 등기관이 확인하고 신청인에게는 그 제공을 면제한다. 다만, 그 첨부정보가 개인정보를 포함하고 있는 경우에는 그 정보주체의 동의가 있음을 증명하는 정보를 등기소에 제공한 경우에만 그 제공을 면제한다.
⑦ 제6항은 법원행정처장이 지정하는 등기소에 한정하여 적용할 수 있다.
⑧ 첨부정보가 외국어로 작성된 경우에는 그 번역문을 붙여야 한다.
⑨ 첨부정보가 외국 공문서이거나 외국 공증인이 공증한 문서(이하 "외국 공문서 등"이라 한다)인 경우에는 「재외공관 공증법」 제30조제1항에 따라 공증담당영사로부터 문서의 확인을 받거나 「외국공문서에 대한 인증의 요구를 폐지하는 협약」에서 정하는 바에 따른 아포스티유(Apostille)를 붙여야 한다. 다만, 외국 공문서 등의 발행국이 대한민국과 수교하지 아니한 국가이면서 위 협약의 가입국이 아닌 경우와 같이 부득이한 사유로 문서의 확인을 받거나 아포스티유를 붙이는 것이 곤란한 경우에는 그러하지 아니하다.(2017.5.25 본항신설)

제47조【일괄신청과 동시신청】 ① 법 제25조 단서에 따라 다음 각 호의 경우에는 1건의 신청정보로 일괄하여 신청하거나 촉탁할 수 있다.
1. 같은 채권의 담보를 위하여 소유자가 다른 여러 개의 부동산에 대한 저당권설정등기를 신청하는 경우
2. 법 제97조 각 호의 등기를 촉탁하는 경우
3. 「민사집행법」 제144조제1항 각 호의 등기를 촉탁하는 경우
② 같은 등기소에 동시에 여러 건의 등기신청을 하는 경우에 첨부정보의 내용이 같은 것이 있을 때에는 먼저 접수되는 신청에만 그 첨부정보를 제공하고, 다른 신청에는 먼저 접수된 신청에 그 첨부정보를 제공하였다는 뜻을 신청정보의 내용으로 등기소에 제공하는 것으로 그 첨부정보의 제공을 갈음할 수 있다.

제48조【법인 아닌 사단이나 재단의 등기신청】 법 제26조의 종중, 문중, 그 밖에 대표자나 관리인이 있는 법인 아닌 사단이나 재단이 등기를 신청하는 경우에는 다음 각 호의 정보를 첨부정보로서 등기소에 제공하여야 한다.
1. 정관이나 그 밖의 규약
2. 대표자나 관리인임을 증명하는 정보. 다만, 등기되어 있는 대표자나 관리인이 신청하는 경우에는 그러하지 아니하다.
3. 「민법」 제276조제1항의 결의가 있음을 증명하는 정보(법인 아닌 사단이 등기의무자인 경우로 한정한다)
4. 대표자나 관리인의 주소 및 주민등록번호를 증명하는 정보

제49조【포괄승계인에 의한 등기신청】 법 제27조에 따라 상속인 그 밖의 포괄승계인이 등기를 신청하는 경우에는 가족관계등록에 관한 정보 또는 법인등기사항에 관한 정보 등 상속 그 밖의 포괄승계가 있었다는 사실을 증명하는 정보를 첨부정보로서 등기소에 제공하여야 한다.

제50조【대위에 의한 등기신청】 법 제28조에 따라 등기를 신청하는 경우에는 다음 각 호의 사항을 신청정보의 내용으로 등기소에 제공하고, 대위원인을 증명하는 정보를 첨부정보로서 등기소에 제공하여야 한다.
1. 피대위자의 성명(또는 명칭), 주소(또는 사무소 소재지) 및 주민등록번호(또는 부동산등기용등록번호)
2. 신청인이 대위자라는 뜻
3. 대위자의 성명(또는 명칭)과 주소(또는 사무소 소재지)
4. 대위원인

제51조【등기신청의 취하】 ① 등기신청의 취하는 등기관이 등기를 마치기 전까지 할 수 있다.
② 제1항의 취하는 다음 각 호의 구분에 따른 방법으로 하여야 한다.
1. 법 제24조제1항제1호에 따른 등기신청(이하 "방문신청"이라 한다) : 신청인 또는 그 대리인이 등기소에 출석하여 취하서를 제출하는 방법
2. 법 제24조제1항제2호에 따른 등기신청(이하 "전자신청"이라 한다) : 전산정보처리조직을 이용하여 취하정보를 전자문서로 등기소에 송신하는 방법

제52조【사건이 등기할 것이 아닌 경우】 법 제29조제2호에서 "사건이 등기할 것이 아닌 경우"란 다음 각 호의 어느 하나에 해당하는 경우를 말한다.
1. 등기능력 없는 물건 또는 권리에 대한 등기를 신청한 경우
2. 법령에 근거가 없는 특약사항의 등기를 신청한 경우
3. 구분건물의 전유부분과 대지사용권의 분리처분 금지에 위반한 등기를 신청한 경우
4. 농지를 전세권설정의 목적으로 하는 등기를 신청한 경우
5. 저당권을 피담보채권과 분리하여 양도하거나, 피담보채권과 분리하여 다른 채권의 담보로 하는 등기를 신청한 경우
6. 일부지분에 대한 소유권보존등기를 신청한 경우
7. 공동상속인 중 일부가 자신의 상속지분만에 대한 상속등기를 신청한 경우
8. 관공서 또는 법원의 촉탁으로 실행되어야 할 등기를 신청한 경우
9. 이미 보존등기된 부동산에 대하여 다시 보존등기를 신청한 경우
10. 그 밖에 신청취지 자체에 의하여 법률상 허용될 수 없음이 명백한 등기를 신청한 경우

제53조【등기완료통지】 ① 법 제30조에 따른 등기완료통지는 신청인 및 다음 각 호의 어느 하나에 해당하는 자에게 하여야 한다.
1. 법 제23조제4항에 따른 승소한 등기의무자의 등기신청에 있어서 등기권리자
2. 법 제28조에 따른 대위자의 등기신청에서 피대위자
3. 법 제51조에 따른 등기신청에서 등기의무자
4. 법 제66조에 따른 직권 소유권보존등기에서 등기명의인
5. 관공서가 촉탁하는 등기에서 관공서
② 제1항의 통지는 대법원예규로 정하는 방법으로 한다.

제54조【행정구역 등 변경의 직권등기】 행정구역 또는 그 명칭이 변경된 경우에 등기관은 직권으로 부동산의 표시변경등기 또는 등기명의인의 주소변경등기를 할 수 있다.

제55조【새 등기기록에의 이기】 ① 등기관이 법 제33조에 따라 등기를 새로운 등기기록에 옮겨 기록한 경우에는 옮겨 기록한 등기의 끝부분에 같은 규정에 따라 등기를 옮겨 기록한 뜻과 그 연월일을 기록하고, 종전 등기기록을 폐쇄하여야 한다.
② 등기기록을 폐쇄할 때에는 표제부의 등기를 말소하는 표시를 하고, 등기원인 및 기타사항란에 폐쇄의 뜻과 그 연월일을 기록하여야 한다.
③ 이 규칙이나 그 밖의 다른 법령에 따라 등기기록을 폐쇄하는 경우에는 제2항을 준용한다.

제2관 방문신청

제56조【방문신청의 방법】 ① 방문신청을 하는 경우에는 등기신청서에 제43조 및 그 밖의 법령에 따라 신청정보의 내용으로 등기소에 제공하여야 하는 정보를 적고 신청인 또는 그 대리인이 기명날인하거나 서명하여야 한다.
② 신청서가 여러 장일 때에는 신청인 또는 그 대리인이 간인을 하여야 하고, 등기권리자 또는 등기의무자가 여러 명일 때에는 그 중 1명이 간인하는 방법으로 한다. 다만, 신청서에 서명을 하였을 때에는 각 장마다 연결되는 서명을 함으로써 간인을 대신한다.
③ 제1항의 경우에는 그 등기신청서에 제46조 및 그 밖의 법령에 따라 첨부정보로서 등기소에 제공하여야 하는 정보를 담고 있는 서면을 첨부하여야 한다.

제57조【신청서 등의 문자】 ① 신청서나 그 밖의 등기에 관한 서면을 작성할 때에는 자획(字劃)을 분명히 하여야 한다.
② 제1항의 서면에 적은 문자의 정정, 삽입 또는 삭제를 한 경우에는 그 글자 수를 난외(欄外)에 적으며 문자의 앞뒤에 괄호를 붙이고 이에 날인 또는 서명하여야 한다. 이 경우 삭제한 문자는 해독할 수 있게 글자체를 남겨두어야 한다.

제58조【등기소에 출석하여 등기신청서를 제출할 수 있는 자격자대리인의 사무원】 ① 법 제24조제1항제1호 단서에 따라 등기소에 출석하여 등기신청서를 제출할 수 있는 자격자대리인의 사무원은 자격자대리인의 사무소 소재지를 관할하는 지방법원장이 허가하는 1명으로 한다. 다만, 법무법인·법무법인(유한)·법무조합 또는 법무사법인·법무사법인(유한)의 경우에는 그 구성원 및 구성원이 아닌 변호사나 법무사 수만큼의 사무원을 허가할 수 있다.(2022.2.25 본항개정)
② 자격자대리인이 제1항의 허가를 받으려면 지방법원장에게 허가신청서를 제출하여야 한다.
③ 지방법원장이 제1항의 허가를 하였을 때에는 해당 자격자대리인에게 등기소 출입증을 발급하여야 한다.
④ 지방법원장은 상당하다고 인정되는 경우 제1항의 허가를 취소할 수 있다.

제59조【첨부서면의 원본 환부의 청구】 신청서에 첨부한 서류의 원본의 환부를 청구하는 경우에 신청인은 그 원본과 같다는 뜻을 적은 사본을 첨부하여야 하고, 등기관이 서류의 원본을 환부할 때에는 그 사본에 원본 환부의 뜻을 적고 기명날인하여야 한다. 다만, 다음 각 호의 서류에 대하여는 환부를 청구할 수 없다.
1. 등기신청위임장, 제46조제1항제8호, 제111조제2항의 확인정보를 담고 있는 서면 등 해당 등기신청만을 위하여 작성한 서류(2022.2.25 본호개정)
2. 인감증명, 법인등기사항증명서, 주민등록표등본·초본, 가족관계등록사항별증명서 및 건축물대장·토지대장·임야대장 등본 등 별도의 방법으로 다시 취득할 수 있는 서류

제60조【인감증명의 제출】 ① 방문신청을 하는 경우에는 다음 각 호의 인감증명을 제출하여야 한다. 이 경우 해당 신청서(위임에 의한 대리인이 신청하는 경우에는 위임장을 말한다)나 첨부서면에는 그 인감을 날인하여야 한다.
1. 소유권의 등기명의인이 등기의무자로서 등기를 신청하는 경우 등기의무자의 인감증명
2. 소유권에 관한 가등기명의인이 가등기의 말소등기를 신청하는 경우 가등기명의인의 인감증명
3. 소유권 외의 권리의 등기명의인이 등기의무자로서 법 제51조에 따라 등기를 신청하는 경우 등기의무자의 인감증명(2018.8.31 본호개정)
4. 제81조제1항에 따라 토지소유자들의 확인서를 첨부하여 토지합필등기를 신청하는 경우 그 토지소유자들의 인감증명
5. 제74조에 따라 권리자의 확인서를 첨부하여 토지분필등기를 신청하는 경우 그 권리자의 인감증명
6. 협의분할에 의한 상속등기를 신청하는 경우 상속인 전원의 인감증명
7. 등기신청서에 제3자의 동의 또는 승낙을 증명하는 서면을 첨부하는 경우 그 제3자의 인감증명
8. 법인 아닌 사단이나 재단의 등기신청에서 대법원예규로 정한 경우
② 제1항제1호부터 제3호까지 및 제6호에 따라 인감증명을 제출하여야 하는 자가 다른 사람에게 권리의 처분권한을 수여한 경우에는 그 대리인의 인감증명을 함께 제출하여야 한다.(2018.8.31 본항신설)
③ 제1항에 따라 인감증명을 제출하여야 하는 자가 국가 또는 지방자치단체인 경우에는 인감증명을 제출할 필요가 없다.(2018.8.31 본항개정)
④ 제1항제4호부터 제7호까지의 규정에 해당하는 서면이 공정증서이거나 당사자가 서명 또는 날인하였다는 뜻의 공증인의 인증을 받은 서면인 경우에는 인감증명을 제출할 필요가 없다.(2018.8.31 본항개정)

제61조【법인 등의 인감증명의 제출】 ① 제60조에 따라 인감증명을 제출하여야 하는 자가 법인 또는 국내에 영업소나 사무소의 설치등기를 한 외국법인인 경우에는 등기소의 증명을 얻은 그 대표자의 인감증명을, 법인 아닌 사단이나 재단인 경우에는 그 대표자나 관리인의 인감증명을 제출하여야 한다.
② 법정대리인이 제60조제1항제1호부터 제3호까지의 규정에 해당하는 등기신청을 하거나, 제4호부터 제7호까지의 서류를 작성하는 경우에는 법정대리인의 인감증명을 제출하여야 한다.
③ 제60조에 따라 인감증명을 제출하여야 하는 자가 재외국민인 경우에는 위임장이나 첨부서면에 본인이 서명 또는 날인하였다는 뜻의 「재외공관 공증법」에 따른 인증을 받음으로써 인감증명의 제출을 갈음할 수 있다.
(2018.8.31 본항신설)
④ 제60조에 따라 인감증명을 제출하여야 하는 자가 외국인인 경우에는 「인감증명법」에 따른 인감증명 또는 본국

의 관공서가 발행한 인감증명을 제출하여야 한다. 다만, 본국에 인감증명제도가 없고 또한 「인감증명법」에 따른 인감증명을 받을 수 없는 자는 신청서나 위임장 또는 첨부서면에 본인이 서명 또는 날인하였다는 뜻의 본국 관공서의 증명이나 본국 또는 대한민국 공증인의 인증(「재외공관 공증법」에 따른 인증을 포함한다)을 받음으로써 인감증명의 제출을 갈음할 수 있다.(2018.8.31 단서개정)

제62조【인감증명 등의 유효기간】 등기신청서에 첨부하는 인감증명, 법인등기사항증명서, 주민등록표등본·초본, 가족관계등록사항별증명서 및 건축물대장·토지대장·임야대장 등본은 발행일부터 3개월 이내의 것이어야 한다.

제63조【도면의 제출방법】 방문신청을 하는 경우라도 등기소에 제공하여야 하는 도면은 전자문서로 작성하여야 하며, 그 제공은 전산정보처리조직을 이용하여 등기소에 송신하는 방법으로 하여야 한다. 다만, 다음 각 호의 어느 하나에 해당하는 경우에는 그 도면을 서면으로 작성하여 등기소에 제출할 수 있다.

1. 자연인 또는 법인 아닌 사단이나 재단이 직접 등기신청을 하는 경우
2. 자연인 또는 법인 아닌 사단이나 재단이 자격자대리인이 아닌 사람에게 위임하여 등기신청을 하는 경우

제64조【전자표준양식에 의한 신청】 방문신청을 하고자 하는 신청인은 신청서를 등기소에 제출하기 전에 전산정보처리조직에 신청정보를 입력하고, 그 입력한 신청정보를 서면으로 출력하여 등기소에 제출하는 방법으로 할 수 있다.

제65조【등기신청서의 접수】 ① 등기신청서를 받은 등기관은 전산정보처리조직에 접수연월일, 접수번호, 등기의 목적, 신청인의 성명 또는 명칭, 부동산의 표시, 등기신청수수료, 취득세 또는 등록면허세, 국민주택채권매입금액 및 그 밖에 대법원예규로 정하는 사항을 입력한 후 신청서에 접수번호표를 붙여야 한다.

② 같은 부동산에 관하여 동시에 여러 개의 등기신청이 있는 경우에는 같은 접수번호를 부여하여야 한다.

③ 등기관이 신청서를 접수하였을 때에는 신청인의 청구에 따라 그 신청서의 접수증을 발급하여야 한다.

제66조【등기원인증서의 반환】 ① 신청서에 첨부된 제46조제1항제1호의 정보를 담고 있는 서면이 법률행위의 성립을 증명하는 서면이거나 그 밖에 대법원예규로 정하는 서면일 때에는 등기관이 등기를 마친 후에 이를 신청인에게 돌려주어야 한다.

② 신청인이 제1항의 서면을 등기를 마친 때부터 3개월 이내에 수령하지 아니할 경우에는 이를 폐기할 수 있다.

제3관 전자신청

제67조【전자신청의 방법】 ① 전자신청은 당사자가 직접 하거나 자격자대리인이 당사자를 대리하여 한다. 다만, 법인 아닌 사단이나 재단은 전자신청을 할 수 없으며, 외국인의 경우에는 다음 각 호의 어느 하나에 해당하는 요건을 갖추어야 한다.

1. 「출입국관리법」 제31조에 따른 외국인등록
2. 「재외동포의 출입국과 법적 지위에 관한 법률」 제6조, 제7조에 따른 국내거소신고

② 제1항에 따라 전자신청을 하는 경우에는 제43조 및 그 밖의 법령에 따라 신청정보의 내용으로 등기소에 제공하여야 하는 정보를 전자문서로 등기소에 송신하여야 한다. 이 경우 사용자등록번호도 함께 송신하여야 한다.

③ 제2항의 경우에는 제46조 및 그 밖의 법령에 따라 첨부정보로서 등기소에 제공하여야 하는 정보를 전자문서로 등기소에 송신하거나 대법원예규로 정하는 바에 따라 등기소에 제공하여야 한다.

④ 제2항과 제3항에 따라 전자문서를 송신할 때에는 다음 각 호의 구분에 따른 신청인 또는 문서작성자의 전자서명정보(이하 "인증서등"이라 한다)를 함께 송신하여야 한다.(2020.11.26 본문개정)

1. 개인 : 「전자서명법」 제2조제6호에 따른 인증서(서명자의 실지명의를 확인할 수 있는 것으로서 법원행정처장이 지정·공고하는 인증서를 말한다)(2021.5.27 본호개정)
2. 법인 : 「상업등기법」의 전자증명서
3. 관공서 : 대법원예규로 정하는 전자인증서

⑤ 제4항제1호의 공고는 인터넷등기소에 하여야 한다.(2021.5.27 본항신설)

제68조【사용자등록】 ① 전자신청을 하기 위해서는 그 등기신청을 하는 당사자 또는 등기신청을 대리할 수 있는 자격자대리인이 최초의 등기신청 전에 사용자등록을 하여야 한다.

② 사용자등록을 신청하는 당사자 또는 자격자대리인은 등기소에 출석하여 대법원예규로 정하는 사항을 적은 신청서를 제출하여야 한다.

③ 제2항의 사용자등록 신청서에는 「인감증명법」에 따라 신고한 인감을 날인하고, 그 인감증명과 함께 주소를 증명하는 서면을 첨부하여야 한다.

④ 신청인이 자격자대리인인 경우에는 제3항의 서면 외에 그 자격을 증명하는 서면의 사본도 첨부하여야 한다.

⑤ 법인이 「상업등기규칙」 제46조에 따라 전자증명서의 이용등록을 한 경우에는 사용자등록을 한 것으로 본다.(2014.10.2 본항개정)

제69조【사용자등록의 유효기간】 ① 사용자등록의 유효기간은 3년으로 한다.

② 제1항의 유효기간이 지난 경우에는 사용자등록을 다시 하여야 한다.

③ 사용자등록의 유효기간 만료일 3개월 전부터 만료일까지는 그 유효기간의 연장을 신청할 수 있으며, 그 연장기간은 3년으로 한다.

④ 제3항의 유효기간 연장은 전자문서로 신청할 수 있다.

제70조【사용자등록의 효력정지 등】 ① 사용자등록을 한 사람은 사용자등록의 효력정지, 효력회복 또는 해지를 신청할 수 있다.

② 제1항에 따른 사용자등록의 효력정지 및 해지의 신청은 전자문서로 할 수 있다.

③ 등기소를 방문하여 제1항에 따른 사용자등록의 효력정지, 효력회복 또는 해지를 신청하는 경우에는 신청서에 기명날인 또는 서명을 하여야 한다.

제71조【사용자등록정보 변경 등】 ① 사용자등록 후 사용자등록정보가 변경된 경우에는 대법원예규로 정하는 바에 따라 그 변경된 사항을 등록하여야 한다.

② 사용자등록번호를 분실하였을 때에는 제68조에 따라 사용자등록을 다시 하여야 한다.

제2절 표시에 관한 등기

제1관 토지의 표시에 관한 등기

제72조【토지표시변경등기의 신청】 ① 법 제35조에 따라 토지의 표시변경등기를 신청하는 경우에는 그 토지의 변경 전과 변경 후의 표시에 관한 정보를 신청정보의 내용으로 등기소에 제공하여야 한다.

② 제1항의 경우에는 그 변경을 증명하는 토지대장 정보나 임야대장 정보를 첨부정보로서 등기소에 제공하여야 한다.

제73조【토지표시변경등기】 법 제34조의 토지표시에 관한 사항을 변경하는 등기를 할 때에는 종전의 표시에 관한 등기를 말소하는 표시를 하여야 한다.

제74조【토지분필등기의 신청】 1필의 토지의 일부에 지상권·전세권·임차권이나 승역지(承役地 : 편익제공지)의 일부에 관하여 하는 지역권의 등기가 있는 경우에 분필등기를 신청할 때에는 권리가 존속할 토지의 표시에 관한 정보를 신청정보의 내용으로 등기소에 제공하고, 이에 관한 권리자의 확인이 있음을 증명하는 정보를 첨부정보로서 등기소에 제공하여야 한다. 이 경우 그 권리가 토지의 일부에 존속할 때에는 그 토지부분에 관한 정보도 신청정보의 내용으로 등기소에 제공하고, 그 부분을 표시한 지적도를 첨부정보로서 등기소에 제공하여야 한다.

제75조【토지분필등기】 ① 갑 토지를 분할하여 그 일부를 을 토지로 한 경우에 등기관이 분필등기를 할 때에는 을 토지에 관하여 등기기록을 개설하고, 그 등기기록 중 표제부에 토지의 표시와 분할로 인하여 갑 토지의 등기기록에서 옮겨 기록한 뜻을 기록하여야 한다.

② 제1항의 절차를 마치면 갑 토지의 등기기록 중 표제부에 남은 부분의 표시를 하고, 분할로 인하여 다른 부분을 을 토지의 등기기록에 옮겨 기록한 뜻을 기록하며, 종전의 표시에 관한 등기를 말소하는 표시를 하여야 한다.

제76조【토지분필등기】 ① 제75조제1항의 경우에는 을 토지의 등기기록 중 해당 구에 갑 토지의 등기기록에서 소유권과 그 밖의 권리에 관한 등기를 전사(轉寫)하고, 분할로 인하여 갑 토지의 등기기록에서 전사한 뜻, 신청정보의 접수연월일과 접수번호를 기록하여야 한다. 이 경우 소유권 외의 권리에 관한 등기에는 갑 토지가 함께 그 권리의 목적이라는 뜻도 기록하여야 한다.

② 갑 토지의 등기기록에서 을 토지의 등기기록에 소유권 외의 권리에 관한 등기를 전사하였을 때에는 갑 토지의 등기기록 중 그 권리에 관한 등기에 을 토지가 함께 그 권리의 목적이라는 뜻을 기록하여야 한다.

③ 소유권 외의 권리의 등기명의인이 을 토지에 관하여 그 권리의 소멸을 승낙한 것을 증명하는 정보 또는 이에 대항할 수 있는 재판이 있음을 증명하는 정보를 첨부정보로서 등기소에 제공한 경우에는 갑 토지의 등기기록 중 그 권리에 관한 등기에 을 토지에 대하여 그 권리가 소멸한 뜻을 기록하여야 한다.

④ 소유권 외의 권리의 등기명의인이 갑 토지에 관하여 그 권리의 소멸을 승낙한 것을 증명하는 정보 또는 이에 대항할 수 있는 재판이 있음을 증명하는 정보를 첨부정보로서 등기소에 제공한 경우에는 을 토지의 등기기록 중 해당 구에 그 권리에 관한 등기를 전사하고, 신청정보의 접수연월일과 접수번호를 기록하여야 한다. 이 경우 갑 토지의 등기기록 중 그 권리에 관한 등기에는 갑 토지에 대하여 그 권리가 소멸한 뜻을 기록하고 그 등기를 말소하는 표시를 하여야 한다.

⑤ 제3항 및 제4항의 권리를 목적으로 하는 제3자의 권리에 관한 등기가 있는 경우에는 그 자의 승낙이 있음을 증명하는 정보 또는 이에 대항할 수 있는 재판이 있음을 증명하는 정보를 첨부정보로서 등기소에 제공하여야 한다.

⑥ 제5항의 정보를 등기소에 제공한 경우 그 제3자의 권리에 관한 등기에 관하여는 제3항 및 제4항을 준용한다.

제77조【토지분필등기】 ① 제74조의 경우에 갑 토지에만 해당 권리가 존속할 때에는 제76조제3항을 준용하고, 을 토지에만 해당 권리가 존속할 때에는 제76조제4항을 준용한다.

② 제74조 후단의 경우 분필등기를 할 때에는 갑 토지 또는 을 토지의 등기기록 중 지상권·지역권·전세권 또는 임차권의 등기에 그 권리가 존속할 부분을 기록하여야 한다.

제78조【토지의 분필·합필등기】 ① 갑 토지의 일부를 분할하여 이를 을 토지에 합병한 경우에 등기관이 분필 및 합필의 등기를 할 때에는 을 토지의 등기기록 중 표제부에 합병 후의 토지의 표시와 일부합병으로 인하여 갑 토지의 등기기록에서 옮겨 기록한 뜻을 기록하고, 종전의 표시에 관한 등기를 말소하는 표시를 하여야 한다.

② 제1항의 경우에는 을 토지의 등기기록 중 갑구에 갑 토지의 등기기록에서 소유권의 등기(법 제37조제1항제3호의 경우에는 신탁등기를 포함한다. 이하 이 조부터 제80조까지에서 같다)를 전사하고, 일부합병으로 인하여 갑 토지의 등기기록에서 전사한 뜻, 신청정보의 접수연월일과 접수번호를 기록하여야 한다.(2020.6.26 본항개정)

③ 갑 토지의 등기기록에 지상권·지역권·전세권 또는 임차권의 등기가 있을 때에는 을 토지의 등기기록 중 을구에 그 권리에 관한 등기를 전사하고, 일부합병으로 인하여 갑 토지의 등기기록에서 전사한 뜻, 합병한 부분만이 갑 토지와 함께 그 권리의 목적이라는 뜻, 신청정보의 접수연월일과 접수번호를 기록하여야 한다.

④ 소유권·지상권·지역권 또는 임차권의 등기를 전사하는 경우에 등기원인과 그 연월일, 등기목적과 접수번호가 같을 때에는 전사를 갈음하여 을 토지의 등기기록에 갑 토지에 대하여 같은 사항의 등기가 있다는 뜻을 기록하여야 한다.

⑤ 제1항의 경우에 모든 토지에 관하여 등기원인과 그 연월일, 등기목적과 접수번호가 같은 저당권이나 전세권의 등기가 있을 때에는 을 토지의 등기기록 중 그 등기에 해당 등기가 합병 후의 토지 전부에 관한 것이라는 뜻을 기록하여야 한다.

⑥ 제1항의 경우에는 제75조제2항, 제76조제2항부터 제6항까지 및 제77조를 준용한다.

제79조【토지합필등기】 ① 갑 토지를 을 토지에 합병한 경우에 등기관이 합필등기를 할 때에는 을 토지의 등기기록 중 표제부에 합병 후의 토지의 표시와 합병으로 인하여 갑 토지의 등기기록에서 옮겨 기록한 뜻을 기록하고 종전의 표시에 관한 등기를 말소하는 표시를 하여야 한다.

② 제1항의 절차를 마치면 갑 토지의 등기기록 중 표제부에 합병으로 인하여 을 토지의 등기기록에 옮겨 기록한 뜻을 기록하고, 갑 토지의 등기기록 중 표제부의 등기를 말소하는 표시를 한 후 그 등기기록을 폐쇄하여야 한다.

제80조【토지합필등기】 ① 제79조의 경우에 을 토지의 등기기록 중 갑구에 갑 토지의 등기기록에서 소유권의 등기를 옮겨 기록하고, 합병으로 인하여 갑 토지의 등기기록에서 옮겨 기록한 뜻, 신청정보의 접수연월일과 접수번호를 기록하여야 한다.

② 갑 토지의 등기기록에 지상권·지역권·전세권 또는 임차권의 등기가 있을 때에는 을 토지의 등기기록 중 을구에 그 권리의 등기를 옮겨 기록하고, 합병으로 인하여 갑 토지의 등기기록에서 옮겨 기록한 뜻, 갑 토지이었던 부분만이 그 권리의 목적이라는 뜻, 신청정보의 접수연월일과 접수번호를 기록하여야 한다.

③ 제1항과 제2항의 경우에는 제78조제4항을 준용하고, 모든 토지에 관하여 등기원인과 그 연월일, 등기목적과 접수번호가 같은 저당권이나 전세권의 등기가 있는 경우에는 제78조제5항을 준용한다.

제81조【토지합필의 특례에 따른 등기신청】 ① 법 제38조에 따른 합필등기를 신청하는 경우에는 종전 토지의 소유권이 합병 후의 토지에서 차지하는 지분을 신청정보의 내용으로 등기소에 제공하고, 이에 관한 토지소유자들의 확인이 있음을 증명하는 정보를 첨부정보로서 등기소에 제공하여야 한다.

② 제1항의 경우에 이해관계인이 있을 때에는 그 이해관계인의 승낙이 있음을 증명하는 정보를 첨부정보로서 등기소에 제공하여야 한다.

제82조【토지합필의 특례에 따른 등기】 ① 법 제38조에 따라 합필의 등기를 할 때에는 제79조 및 제80조에 따른 등기를 마친 후 종전 토지의 소유권의 등기를 공유지분으로 변경하는 등기를 부기로 하여야 하고, 종전 등기의 권리자에 관한 사항을 말소하는 표시를 하여야 한다.

② 제1항의 경우에 이해관계인이 있을 때에는 그 이해관계인 명의의 등기를 제1항의 공유지분 위에 존속하는 것으로 변경하는 등기를 부기로 하여야 한다.

제83조【토지멸실등기의 신청】 법 제39조에 따라 토지멸실등기를 신청하는 경우에는 그 멸실을 증명하는 토지대장 정보나 임야대장 정보를 첨부정보로서 등기소에 제공하여야 한다.

제84조【토지멸실등기】 ① 등기관이 토지의 멸실등기를 할 때에는 등기기록 중 표제부에 멸실의 뜻과 그 원인을 기록하고 표제부의 등기를 말소하는 표시를 한 후 그 등기기록을 폐쇄하여야 한다.

② 제1항의 경우에 멸실등기한 토지가 다른 부동산과 함께 소유권 외의 권리의 목적일 때에는 그 다른 부동산의 등기기록 중 해당 구에 멸실등기한 토지의 표시를 하고, 그 토지가 멸실인 뜻을 기록하며, 그 토지와 함께 소유권 외의 권리의 목적이라는 뜻을 기록한 등기 중 멸실등기한

토지의 표시에 관한 사항을 말소하는 표시를 하여야 한다.
③ 제2항에 따른 등기는 공동전세목록이나 공동담보목록이 있는 경우에는 그 목록에 하여야 한다.
④ 제2항의 경우에 그 다른 부동산의 소재지가 다른 등기소 관할일 때에는 등기관은 지체없이 그 등기소에 부동산 및 멸실등기한 토지의 표시와 신청정보의 접수연월일을 통지하여야 한다.
⑤ 제4항에 따른 통지를 받은 등기소의 등기관은 지체없이 제2항 또는 제3항의 절차를 마쳐야 한다.
제85조 (2018.12.4 삭제)

제2관 건물의 표시에 관한 등기

제86조【건물표시변경등기의 신청】 ① 법 제41조에 따라 건물의 표시변경등기를 신청하는 경우에는 그 건물의 변경 전과 변경 후의 표시에 관한 정보를 신청정보의 내용으로 등기소에 제공하여야 한다.
② 대지권의 변경·경정 또는 소멸의 등기를 신청하는 경우에는 그에 관한 규약이나 공정증서 또는 이를 증명하는 정보를 첨부정보로서 등기소에 제공하여야 한다.
③ 제2항의 경우 외에는 그 변경을 증명하는 건축물대장 정보를 첨부정보로서 등기소에 제공하여야 한다.
제87조【건물표시변경등기】 ① 법 제40조의 건물표시에 관한 사항을 변경하는 등기를 할 때에는 종전의 표시에 관한 등기를 말소하는 표시를 하여야 한다.
② 신축건물을 다른 건물의 부속건물로 하는 등기를 할 때에는 주된 건물의 등기기록 중 표제부에 부속건물 신축을 원인으로 한 건물표시변경등기를 하고, 종전의 표시에 관한 등기를 말소하는 표시를 하여야 한다.
제88조【대지권의 등기】 ① 건물의 등기기록에 대지권의 등기를 할 때에는 1동의 건물의 표제부 중 대지권의 목적인 토지의 표시란에 표시번호, 대지권의 목적인 토지의 일련번호·소재지번·지목·면적과 등기연월일을, 전유부분의 표제부 중 대지권의 표시란에 표시번호, 대지권의 목적인 토지의 일련번호, 대지권의 종류, 대지권의 비율, 등기원인 및 그 연월일과 등기연월일을 각각 기록하여야 한다. 다만, 부속건물만이 구분건물인 경우에는 그 부속건물에 대한 대지권의 표시는 표제부 중 건물내역란에 부속건물의 표시에 이어서 하여야 한다.
② 부속건물에 대한 대지권의 표시를 할 때에는 대지권의 표시의 끝부분에 그 대지권이 부속건물에 대한 대지권이라는 뜻을 기록하여야 한다.
제89조【대지권이라는 뜻의 등기】 ① 대지권의 목적인 토지의 등기기록에 법 제40조제4항의 대지권이라는 뜻의 등기를 할 때에는 해당 구에 어느 권리가 대지권이라는 뜻과 그 대지권을 등기한 1동의 건물을 표시할 수 있는 사항 및 그 등기연월일을 기록하여야 한다.
② 대지권의 목적인 토지가 다른 등기소의 관할에 속하는 경우에는 그 등기소에 지체없이 제1항에 따라 등기할 사항을 통지하여야 한다.
③ 제2항의 통지를 받은 등기소의 등기관은 대지권의 목적인 토지의 등기기록 중 해당 구에 통지받은 사항을 기록하여야 한다.
제90조【별도의 등기가 있다는 뜻의 기록】 ① 제89조에 따라 대지권의 목적인 토지의 등기기록에 대지권이라는 뜻의 등기를 한 경우로서 그 토지 등기기록에 소유권보존등기나 소유권이전등기 외의 소유권에 관한 등기 또는 소유권 외의 권리에 관한 등기가 있을 때에는 등기관은 그 건물의 등기기록 중 전유부분 표제부에 토지 등기기록에 별도의 등기가 있다는 뜻을 기록하여야 한다. 다만, 그 등기가 소유권 이외의 대지권의 등기인 경우 또는 제92조제2항에 따라 말소하여야 하는 저당권의 등기인 경우에는 그러하지 아니하다.
② 토지 등기기록에 대지권이라는 뜻의 등기를 한 후에 그 토지 등기기록에 관하여만 새로운 등기를 한 경우에는 제1항을 준용한다.
③ 토지 등기기록에 별도의 등기가 있다는 뜻의 기록의 전제가 된 등기가 말소되었을 때에는 등기관은 그 뜻의 기록도 말소하여야 한다.
제91조【대지권의 변경 등】 ① 대지권의 변경, 경정 또는 소멸의 등기를 할 때에는 제87조제1항을 준용한다.
② 대지권의 변경 또는 경정으로 인하여 건물 등기기록에 대지권의 등기를 한 경우에는 그 권리의 목적인 토지의 등기기록 중 해당 구에 대지권이라는 뜻의 등기를 하여야 한다. 이 경우 제89조 및 제90조를 준용한다.
③ 제1항의 등기 중 대지권인 권리가 대지권이 아닌 것으로 변경되거나 대지권인 권리 자체가 소멸하여 대지권 소멸의 등기를 한 경우에는 대지권의 목적인 토지의 등기기록 중 해당 구에 그 뜻을 기록하고 대지권이라는 뜻의 등기를 말소하여야 한다.
제92조【대지권의 변경 등】 ① 제91조제2항의 등기를 하는 경우에 건물에 관하여 소유권보존등기와 소유권이전등기 외의 소유권에 관한 등기 또는 소유권 외의 권리에 관한 등기가 있을 때에는 그 등기에 건물만에 관한 것이라는 뜻을 기록하여야 한다. 다만, 그 등기가 저당권에 관한 등기로서 대지권에 대한 등기와 등기원인, 그 연월일과 접수번호가 같은 것일 때에는 그러하지 아니하다.
② 제1항 단서의 경우에는 대지권에 대한 저당권의 등기를 말소하여야 한다.
③ 제2항에 따라 말소등기를 할 때에는 같은 항에 따라 말소한다는 뜻과 그 등기연월일을 기록하여야 한다.
제93조【대지권의 변경 등】 ① 대지권인 권리가 대지권이 아닌 것으로 변경되어 제91조제3항의 등기를 한 경우에는 그 토지의 등기기록 중 해당 구에 대지권인 권리와 그 권리자를 표시하고, 같은 항의 등기를 함에 따라 등기하였다는 뜻과 그 연월일을 기록하여야 한다.
② 제1항의 등기를 하는 경우에 대지권을 등기한 건물 등기기록에 법 제61조제1항에 따라 대지권에 대한 등기로서의 효력이 있는 등기 중 대지권의 이전등기 외의 등기가 있을 때에는 그 건물의 등기기록으로부터 제1항의 토지 등기기록 중 해당 구에 이를 전사하여야 한다.
③ 제1항의 토지 등기기록 중 해당 구에 제2항에 따라 전사하여야 할 등기보다 나중에 된 등기가 있을 때에는 제2항에 따라 전사할 등기를 전사한 후 그 전사한 등기와 나중에 된 등기에 대하여 권리의 순서에 따라 순위번호를 경정하여야 한다.
④ 제2항 및 제3항의 절차를 취하는 경우에는 제76조를 준용한다.
⑤ 등기관이 제1항의 등기를 한 경우에 대지권의 목적인 토지가 다른 등기소 관할일 때에는 지체없이 그 등기소에 그 등기를 하였다는 사실과 제1항이나 제2항에 따라 기록하거나 전사할 사항을 통지하여야 한다.
⑥ 제5항의 통지를 받은 등기소의 등기관은 제1항부터 제4항까지의 절차를 취하여야 한다.
제94조【대지권의 변경 등】 ① 대지권이 아닌 것을 대지권으로 한 등기를 경정하여 제91조제3항의 등기를 한 경우에 대지권을 등기한 건물 등기기록에 법 제61조제1항에 따라 대지권의 이전등기로서의 효력이 있는 등기가 있을 때에는 그 건물의 등기기록으로부터 토지의 등기기록 중 해당 구에 그 등기를 전부 전사하여야 한다.
② 제1항의 경우에는 제93조제2항부터 제6항까지의 규정을 준용한다.
제95조【건물분할 또는 건물구분등기의 신청】 건물의 일부에 전세권이나 임차권의 등기가 있는 경우에 그 건물의 분할이나 구분의 등기를 신청할 때에는 제74조를 준용한다.
제96조【건물분할등기】 ① 갑 건물로부터 그 부속건물을 분할하여 이를 을 건물로 한 경우에 등기관이 분할등기를 할 때에는 을 건물에 관하여 등기기록을 개설하고, 그 등기기록 중 표제부에 건물의 표시와 분할로 인하여 갑 건물의 등기기록에서 옮겨 기록한 뜻을 기록하여야 한다.
② 제1항의 절차를 마치면 갑 건물의 등기기록 중 표제부에 남은 부분의 표시를 하고, 분할로 인하여 다른 부분을 을 건물의 등기기록에 옮겨 기록한 뜻을 기록하며, 종전의 표시에 관한 등기를 말소하는 표시를 하여야 한다.
③ 제1항의 경우에는 제76조 및 제77조를 준용한다.
제97조【건물구분등기】 ① 구분건물이 아닌 갑 건물을 구분하여 갑 건물과 을 건물로 한 경우에 등기관이 구분등기를 할 때에는 구분 후의 갑 건물과 을 건물에 대하여 등기기록을 개설하고, 각 등기기록 중 표제부에 건물의 표시와 구분으로 인하여 종전의 갑 건물의 등기기록에서 옮겨 기록한 뜻을 기록하여야 한다.
② 제1항의 절차를 마치면 종전의 갑 건물의 등기기록 중 표제부에 구분으로 인하여 개설한 갑 건물과 을 건물의 등기기록에 옮겨 기록한 뜻을 기록하고, 표제부의 등기를 말소하는 표시를 한 후 그 등기기록을 폐쇄하여야 한다.
③ 제1항의 경우에는 개설한 갑 건물과 을 건물의 등기기록 중 해당 구에 종전의 갑 건물의 등기기록에서 소유권과 그 밖의 권리에 관한 등기를 옮겨 기록하고, 구분으로 인하여 종전의 갑 건물의 등기기록에서 옮겨 기록한 뜻, 신청정보의 접수연월일과 접수번호를 기록하여야 하며, 소유권 외의 권리에 관한 등기에는 다른 등기기록에 옮겨 기록한 건물이 함께 그 권리의 목적이라는 뜻도 기록하여야 한다. 이 경우 제76조제3항부터 제6항까지의 규정을 준용한다.
④ 구분건물인 갑 건물을 구분하여 갑 건물과 을 건물로 한 경우에는 등기기록 중 을 건물의 표제부에 건물의 표시와 구분으로 인하여 갑 건물의 등기기록에서 옮겨 기록한 뜻을 기록하여야 한다.
⑤ 제4항의 절차를 마치면 갑 건물의 등기기록 중 표제부에 남은 부분의 표시를 하고, 구분으로 인하여 다른 부분을 을 건물의 등기기록에 옮겨 기록한 뜻을 기록하며, 종전의 표시에 관한 등기를 말소하는 표시를 하여야 한다.
⑥ 제4항의 경우에는 제76조 및 제77조를 준용한다.
제98조【건물의 분할합병등기】 ① 갑 건물로부터 그 부속건물을 분할하여 을 건물의 부속건물로 한 경우에 등기관이 분할 및 합병의 등기를 할 때에는 을 건물의 등기기록 중 표제부에 합병 후의 건물의 표시와 일부합병으로 인하여 갑 건물의 등기기록에서 옮겨 기록한 뜻을 기록하고, 종전의 표시에 관한 등기를 말소하는 표시를 하여야 한다.
② 제1항의 경우에는 제96조제2항 및 제78조제2항부터 제6항(제6항 중 제75조제2항을 준용하는 부분은 제외한다)까지의 규정을 준용한다.
제99조【건물의 구분합병등기】 ① 갑 건물을 구분하여 을 건물 또는 그 부속건물에 합병한 경우에 등기관이 구분 및 합병의 등기를 할 때에는 제98조제1항을 준용한다.
② 제1항의 경우에는 제97조제5항 및 제78조제2항부터 제6항(제6항 중 제75조제2항을 준용하는 부분은 제외한다)까지의 규정을 준용한다.
제100조【건물합병등기】 ① 갑 건물을 을 건물 또는 그 부속건물에 합병하거나 을 건물의 부속건물로 한 경우에 등기관이 합병등기를 할 때에는 제79조 및 제80조를 준용한다. 다만, 갑 건물이 구분건물로서 같은 등기기록에 을 건물 외에 다른 건물의 등기가 있을 때에는 그 등기기록을 폐쇄하지 아니한다.
② 합병으로 인하여 을 건물이 구분건물이 아닌 것으로 된 경우에 그 등기를 할 때에는 합병 후의 건물에 대하여 등기기록을 개설하고, 그 등기기록의 표제부에 합병 후의 건물의 표시와 합병으로 인하여 갑 건물과 을 건물의 등기기록에서 옮겨 기록한 뜻을 기록하여야 한다.
③ 제2항의 절차를 마치면 갑 건물과 을 건물의 등기기록 중 표제부에 합병으로 인하여 개설한 등기기록에 옮겨 기록한 뜻을 기록하고, 갑 건물과 을 건물의 등기기록 중 표제부의 등기를 말소하는 표시를 한 후 그 등기기록을 폐쇄하여야 한다.
④ 제2항의 경우에는 제80조를 준용한다.
⑤ 대지권을 등기한 건물이 합병으로 인하여 구분건물이 아닌 것으로 된 경우에 제2항의 등기를 할 때에는 제93조를 준용한다.
제101조【건물구분등기 또는 건물합병등기의 준용】 구분건물이 아닌 건물이 건물구분 외의 사유로 구분건물로 된 경우에는 제97조를 준용하고, 구분건물이 건물합병 외의 사유로 구분건물이 아닌 건물로 된 경우에는 제100조제2항부터 제5항까지의 규정을 준용한다.
제102조【건물멸실등기의 신청】 법 제43조 및 법 제44조에 따라 건물멸실등기를 신청하는 경우에는 그 멸실이나 부존재를 증명하는 건축물대장 정보나 그 밖의 정보를 첨부정보로서 등기소에 제공하여야 한다.
제103조【건물멸실등기】 ① 등기관이 건물의 멸실등기를 할 때에는 등기기록 중 표제부에 멸실의 뜻과 그 원인 또는 부존재의 뜻을 기록하고 표제부의 등기를 말소하는 표시를 한 후 그 등기기록을 폐쇄하여야 한다. 다만, 멸실한 건물이 구분건물인 경우에는 그 등기기록을 폐쇄하지 아니한다.
② 대지권을 등기한 건물의 멸실등기로 인하여 그 등기기록을 폐쇄한 경우에는 제93조를 준용한다.
③ 제1항의 경우에는 제84조제2항부터 제5항까지의 규정을 준용한다.
제104조【공용부분이라는 뜻의 등기】 ① 법 제47조제1항에 따라 소유권의 등기명의인이 공용부분이라는 뜻의 등기를 신청하는 경우에는 그 뜻을 정한 규약이나 공정증서를 첨부정보로서 등기소에 제공하여야 한다. 이 경우 그 건물에 소유권 외의 권리에 관한 등기가 있을 때에는 그 등기명의인의 승낙이 있음을 증명하는 정보 또는 이에 대항할 수 있는 재판이 있음을 증명하는 정보를 첨부정보로서 등기소에 제공하여야 한다.
② 제1항의 경우에 그 공용부분이 다른 등기기록에 등기된 건물의 구분소유자가 공용하는 것일 때에는 그 뜻과 그 구분소유자가 소유하는 건물의 번호를 신청정보의 내용으로 등기소에 제공하여야 한다. 다만, 다른 등기기록에 등기된 건물의 구분소유자 전원이 공용하는 것일 때에는 그 1동 건물의 번호만을 신청정보의 내용으로 등기소에 제공한다.
③ 제1항의 등기신청이 있는 경우에 등기관이 그 등기를 할 때에는 그 등기기록 중 표제부에 공용부분이라는 뜻을 기록하고 각 구의 소유권과 그 밖의 권리에 관한 등기를 말소하는 표시를 하여야 한다. 이 경우 제2항에 따른 사항이 신청정보의 내용 중에 포함되어 있을 때에는 그 사항도 기록하여야 한다.
④ 공용부분이라는 뜻을 정한 규약을 폐지함에 따라 공용부분의 취득자가 법 제47조제2항에 따라 소유권보존등기를 신청하는 경우에는 규약의 폐지를 증명하는 정보를 첨부정보로서 등기소에 제공하여야 한다.
⑤ 등기관이 제4항에 따라 소유권보존등기를 하였을 때에는 공용부분이라는 뜻의 등기를 말소하는 표시를 하여야 한다.
⑥ 「집합건물의 소유 및 관리에 관한 법률」 제52조에 따른 단지공용부분이라는 뜻의 등기에는 제1항부터 제5항까지의 규정을 준용한다.

제3절 권리에 관한 등기

제1관 통 칙

제105조【등기할 권리자가 2인 이상인 경우】 ① 등기할 권리자가 2인 이상일 때에는 그 지분을 신청정보의 내용으로 등기소에 제공하여야 한다.
② 제1항의 경우에 등기할 권리가 합유일 때에는 합유라는 뜻을 신청정보의 내용으로 등기소에 제공하여야 한다.
제106조【등기필정보의 작성방법】 ① 법 제50조제1항의 등기필정보는 아라비아 숫자와 그 밖의 부호의 조합으로 이루어진 일련번호와 비밀번호로 구성한다.
② 제1항의 등기필정보는 부동산 및 등기명의인별로 작성한다. 다만, 대법원예규로 정하는 바에 따라 등기명의인별로 작성할 수 있다.

제107조【등기필정보의 통지방법】 ① 등기필정보는 다음 각 호의 구분에 따른 방법으로 통지한다.
1. 방문신청의 경우 : 등기필정보를 적은 서면(이하 "등기필정보통지서"라 한다)을 교부하는 방법. 다만, 신청인이 등기신청서와 함께 대법원예규에 따라 등기필정보통지서 송부용 우편봉투를 제출한 경우에는 등기필정보통지서를 우편으로 송부한다.
2. 전자신청의 경우 : 전산정보처리조직을 이용하여 송신하는 방법
② 제1항제2호에도 불구하고, 관공서가 등기권리자를 위하여 등기를 촉탁한 경우 그 관공서의 신청으로 등기필정보통지서를 교부 할 수 있다.
③ 제1항에 따라 등기필정보를 통지할 때에는 그 통지를 받아야 할 사람 외의 사람에게 등기필정보가 알려지지 않도록 하여야 한다.
제108조【등기필정보 통지의 상대방】 ① 등기관은 등기를 마치면 등기필정보를 등기명의인이 된 신청인에게 통지한다. 다만, 관공서가 등기권리자를 위하여 등기를 촉탁한 경우에는 대법원예규로 정하는 바에 따라 그 관공서 또는 등기권리자에게 등기필정보를 통지한다.
② 법정대리인이 등기를 신청한 경우에는 그 법정대리인에게, 법인의 대표자나 지배인이 신청한 경우에는 그 대표자나 지배인에게, 법인 아닌 사단이나 재단의 대표자나 관리인이 신청한 경우에는 그 대표자나 관리인에게 등기필정보를 통지한다.
제109조【등기필정보를 작성 또는 통지할 필요가 없는 경우】 ① 법 제50조제1항제1호의 경우에는 등기신청할 때에 그 뜻을 신청정보의 내용으로 하여야 한다.
② 법 제50조제1항제3호에서 "대법원규칙으로 정하는 경우"란 다음 각 호의 어느 하나에 해당하는 경우를 말한다.
1. 등기필정보를 전산정보처리조직으로 통지받아야 할 자가 수신이 가능한 때부터 3개월 이내에 전산정보처리조직을 이용하여 수신하지 않은 경우
2. 등기필정보통지서를 수령할 자가 등기를 마친 때부터 3개월 이내에 그 서면을 수령하지 않은 경우
3. 법 제23조제4항에 따라 승소한 등기의무자가 등기신청을 한 경우
4. 법 제28조에 따라 등기권리자를 대위하여 등기신청을 한 경우
5. 법 제66조제1항에 따라 등기관이 직권으로 소유권보존등기를 한 경우
제110조【등기필정보의 실효신고】 ① 등기명의인 또는 그 상속인 그 밖의 포괄승계인은 등기필정보의 실효신고를 할 수 있다.
② 제1항의 신고는 다음 각 호의 방법으로 한다.
1. 전산정보처리조직을 이용하여 신고정보를 제공하는 방법
2. 신고정보를 적은 서면을 제출하는 방법
③ 제2항에 따라 등기필정보의 실효신고를 할 때에는 대법원예규로 정하는 바에 따라 본인확인절차를 거쳐야 한다.
④ 제2항제2호의 신고를 대리인이 하는 경우에는 신고서에 본인의 인감증명을 첨부하여야 한다.
⑤ 등기관은 등기필정보의 실효신고가 있는 경우에 해당 등기필정보를 실효시키는 조치를 하여야 한다.
제111조【등기필정보를 제공할 수 없는 경우】 ① 법 제51조 본문의 경우에 등기관은 주민등록증, 외국인등록증, 국내거소신고증, 여권 또는 운전면허증(이하 "주민등록증등"이라 한다)에 의하여 본인 여부를 확인하고 조서를 작성하여 이에 기명날인하여야 한다. 이 경우 주민등록증등의 사본을 조서에 첨부하여야 한다.
② 법 제51조 단서에 따라 자격자대리인이 등기의무자 또는 그 법정대리인으로부터 위임받았음을 확인한 경우에는 그 확인한 사실을 증명하는 정보(이하 "확인정보"라 한다)를 첨부정보로서 등기소에 제공하여야 한다.
③ 자격자대리인이 제2항의 확인정보를 등기소에 제공하는 경우에는 제1항을 준용한다.
제112조【권리의 변경 등의 등기】 ① 등기관이 권리의 변경이나 경정의 등기를 할 때에는 변경이나 경정 전의 등기사항을 말소하는 표시를 하여야 한다. 다만, 등기상 이해관계 있는 제3자의 승낙이 없어 변경이나 경정을 주등기로 할 때에는 그러하지 아니하다.
② 등기관이 등기명의인표시의 변경이나 경정의 등기를 할 때에는 제1항 본문을 준용한다.
③ 등기관이 소유권 외의 권리의 이전등기를 할 때에는 종전 권리자의 표시에 관한 사항을 말소하는 표시를 하여야 한다. 다만, 이전되는 지분이 일부일 때에는 그러하지 아니하다.
제113조【환매특약등기의 신청】 환매특약의 등기를 신청하는 경우에는 법 제53조의 등기사항을 신청정보의 내용으로 등기소에 제공하여야 한다.
제114조【환매특약등기 등의 말소】 ① 환매에 따른 권리취득의 등기를 하였을 때에는 법 제53조의 환매특약의 등기를 말소하여야 한다.
② 권리의 소멸에 관한 약정의 등기에 관하여는 제1항을 준용한다.
제115조【토지 일부에 대한 등기의 말소 등을 위한 분필】 ① 제76조제1항의 경우에 토지 중 일부에 대한 등기의 말소 또는 회복을 위하여 분필의 등기를 할 때에는 그 등기의 말소 또는 회복에 필요한 범위에서 해당 부분에 대한 소유권과 그 밖의 권리에 관한 등기를 모두 전사하여야 한다.
② 제1항에 따라 분필된 토지의 등기기록에 해당 등기사항을 전사한 경우에는 분필 전 토지의 등기기록에 있는 그 등기사항에 대하여는 그 뜻을 기록하고 이를 말소하여야 한다.
제116조【등기의 말소】 ① 등기를 말소할 때에는 말소의 등기를 한 후 해당 등기를 말소하는 표시를 하여야 한다.
② 제1항의 경우에 말소할 권리를 목적으로 하는 제3자의 권리에 관한 등기가 있을 때에는 등기기록 중 해당 구에 그 제3자의 권리의 표시를 하고 어느 권리의 등기를 말소함으로 인하여 말소한다는 뜻을 기록하여야 한다.
제117조【직권에 의한 등기의 말소】 ① 법 제58조제1항의 통지는 등기를 마친 사건의 표시와 사건이 등기소의 관할에 속하지 아니한 사실 또는 등기할 것이 아닌 사실을 적은 통지서로 한다.
② 법 제58조제2항에 따른 공고는 대법원 인터넷등기소에 게시하는 방법에 의한다.
③ 법 제58조제4항에 따라 말소등기를 할 때에는 그 사유와 등기연월일을 기록하여야 한다.
제118조【말소회복등기】 법 제59조의 말소된 등기에 대한 회복 신청을 받아 등기관이 등기를 회복할 때에는 회복의 등기를 한 후 다시 말소된 등기와 같은 등기를 하여야 한다. 다만, 등기전체가 아닌 일부 등기사항만 말소된 것일 때에는 부기에 의하여 말소된 등기사항만 다시 등기한다.
제119조【대지권이 있는 건물에 관한 등기】 ① 대지권을 등기한 건물에 관하여 등기를 신청하는 경우에는 대지권의 표시에 관한 사항을 신청정보의 내용으로 등기소에 제공하여야 한다. 다만, 건물만에 관한 등기를 신청하는 경우에는 그러하지 아니하다.
② 제1항 단서에 따라 건물만에 관한 등기를 할 때에는 그 등기에 건물만에 관한 것이라는 뜻을 기록하여야 한다.
제120조【소유권변경사실 통지 및 과세자료의 제공】 법 제62조의 소유권변경사실의 통지나 법 제63조의 과세자료의 제공은 전산정보처리조직을 이용하여 할 수 있다.

제2관 소유권에 관한 등기

제121조【소유권보존등기의 신청】 ① 법 제65조에 따라 소유권보존등기를 신청하는 경우에는 법 제65조 각 호의 어느 하나에 따라 등기를 신청한다는 뜻을 신청정보의 내용으로 등기소에 제공하여야 한다. 이 경우 제43조제1항제5호에도 불구하고 등기원인과 그 연월일은 신청정보의 내용으로 등기소에 제공할 필요가 없다.
② 제1항의 경우에 토지의 표시를 증명하는 토지대장 정보나 임야대장 정보 또는 건물의 표시를 증명하는 건축물대장 정보나 그 밖의 정보를 첨부정보로서 등기소에 제공하여야 한다.
③ 건물의 소유권보존등기를 신청하는 경우에 그 대지 위에 여러 개의 건물이 있을 때에는 그 대지 위에 있는 건물의 소재도를 첨부정보로서 등기소에 제공하여야 한다. 다만, 건물의 표시를 증명하는 정보로서 건축물대장 정보를 등기소에 제공한 경우에는 그러하지 아니하다.
④ 구분건물에 대한 소유권보존등기를 신청하는 경우에는 1동의 건물의 소재도, 각 층의 평면도와 전유부분의 평면도를 첨부정보로서 등기소에 제공하여야 한다. 이 경우 제3항 단서를 준용한다.
제122조【주소변경의 직권등기】 등기관이 소유권이전등기를 할 때에 등기명의인의 주소변경으로 신청정보 상의 등기의무자의 표시가 등기기록과 일치하지 아니하는 경우라도 첨부정보로서 제공된 주소를 증명하는 정보에 등기의무자의 등기기록 상의 주소가 신청정보 상의 주소로 변경된 사실이 명백히 나타나면 직권으로 등기명의인표시의 변경등기를 하여야 한다.
제123조【소유권의 일부이전등기 신청】 소유권의 일부에 대한 이전등기를 신청하는 경우에는 이전되는 지분을 신청정보의 내용으로 등기소에 제공하여야 한다. 이 경우 등기원인에 「민법」 제268조제1항 단서의 약정이 있을 때에는 그 약정에 관한 사항도 신청정보의 내용으로 등기소에 제공하여야 한다.
제124조【거래가액과 매매목록】 ① 법 제68조의 거래가액이란 「부동산 거래신고 등에 관한 법률」 제3조에 따라 신고한 금액을 말한다.
② 「부동산 거래신고 등에 관한 법률」 제3조제1항에서 정하는 계약을 등기원인으로 하는 소유권이전등기를 신청하는 경우에는 거래가액을 신청정보의 내용으로 등기소에 제공하고, 시장·군수 또는 구청장으로부터 제공받은 거래계약신고필증정보를 첨부정보로서 등기소에 제공하여야 한다. 이 경우 거래부동산이 2개 이상인 경우 또는 거래부동산이 1개라 하더라도 여러 명의 매도인과 여러 명의 매수인 사이의 매매계약인 경우에는 매매목록도 첨부정보로서 등기소에 제공하여야 한다.
(2016.12.29 본조개정)
제125조【거래가액의 등기방법】 등기관이 거래가액을 등기할 때에는 다음 각 호의 구분에 따른 방법으로 한다.
1. 매매목록의 제공이 필요 없는 경우 : 등기기록 중 갑구의 권리자 및 기타사항란에 거래가액을 기록하는 방법
2. 매매목록이 제공된 경우 : 거래가액과 부동산의 표시를 기록한 매매목록을 전자적으로 작성하여 번호를 부여하고 등기기록 중 갑구의 권리자 및 기타사항란에 그 매매목록의 번호를 기록하는 방법

제3관 용익권에 관한 등기

제126조【지상권설정등기의 신청】 ① 지상권설정의 등기를 신청하는 경우에는 법 제69조제1호부터 제5호까지의 등기사항을 신청정보의 내용으로 등기소에 제공하여야 한다.
② 지상권설정의 범위가 부동산의 일부인 경우에는 그 부분을 표시한 지적도를 첨부정보로서 등기소에 제공하여야 한다.
제127조【지역권설정등기의 신청】 ① 지역권설정의 등기를 신청하는 경우에는 법 제70조제1호부터 제4호까지의 등기사항을 신청정보의 내용으로 등기소에 제공하여야 한다.
② 지역권 설정의 범위가 승역지의 일부인 경우에는 제126조제2항을 준용한다.
제128조【전세권설정등기의 신청】 ① 전세권설정 또는 전전세(轉傳貰)의 등기를 신청하는 경우에는 법 제72조제1항제1호부터 제5호까지의 등기사항을 신청정보의 내용으로 등기소에 제공하여야 한다.
② 전세권설정 또는 전전세의 범위가 부동산의 일부인 경우에는 그 부분을 표시한 지적도나 건물도면을 첨부정보로서 등기소에 제공하여야 한다.
③ 여러 개의 부동산에 관한 전세권의 등기에는 제133조부터 제136조까지의 규정을 준용한다.
제129조【전세금반환채권의 일부 양도에 따른 등기신청】 ① 전세금반환채권의 일부양도를 원인으로 한 전세권의 일부이전등기를 신청하는 경우에는 양도액을 신청정보의 내용으로 등기소에 제공하여야 한다.
② 전세권의 존속기간 만료 전에 제1항의 등기를 신청하는 경우에는 전세권이 소멸하였음을 증명하는 정보를 첨부정보로서 등기소에 제공하여야 한다.
제130조【임차권설정등기의 신청】 ① 임차권설정 또는 임차물 전대의 등기를 신청하는 경우에는 법 제74조제1호부터 제6호까지의 등기사항을 신청정보의 내용으로 등기소에 제공하여야 한다.(2020.6.26 본항개정)
② 임차권설정 또는 임차물 전대의 범위가 부동산의 일부인 경우에는 제128조제2항을 준용한다.
③ 임차권의 양도 또는 임차물의 전대에 대한 임대인의 동의가 있다는 뜻의 등기가 없는 경우에 임차권의 이전 또는 임차물의 전대의 등기를 신청할 때에는 임대인의 동의가 있음을 증명하는 정보를 첨부정보로서 등기소에 제공하여야 한다.

제4관 담보권에 관한 등기

제131조【저당권설정등기의 신청】 ① 저당권 또는 근저당권(이하 "저당권"이라 한다) 설정의 등기를 신청하는 경우에는 법 제75조의 등기사항을 신청정보의 내용으로 등기소에 제공하여야 한다.
② 저당권설정의 등기를 신청하는 경우에 그 권리의 목적이 소유권 외의 권리일 때에는 그 권리의 표시에 관한 사항을 신청정보의 내용으로 등기소에 제공하여야 한다.
③ 일정한 금액을 목적으로 하지 않는 채권을 담보하기 위한 저당권설정등기를 신청하는 경우에는 그 채권의 평가액을 신청정보의 내용으로 등기소에 제공하여야 한다.
제132조【저당권에 대한 권리질권등기 등의 신청】 ① 저당권에 대한 권리질권의 등기를 신청하는 경우에는 질권의 목적인 채권을 담보하는 저당권의 표시에 관한 사항과 법 제76조제1항의 등기사항을 신청정보의 내용으로 등기소에 제공하여야 한다.
② 저당권에 대한 채권담보권의 등기를 신청하는 경우에는 담보권의 목적인 채권을 담보하는 저당권의 표시에 관한 사항과 법 제76조제2항의 등기사항을 신청정보의 내용으로 등기소에 제공하여야 한다.
제133조【공동담보】 ① 여러 개의 부동산에 관한 권리를 목적으로 하는 저당권설정의 등기를 신청하는 경우에는 각 부동산에 관한 권리의 표시를 신청정보의 내용으로 등기소에 제공하여야 한다.
② 법 제78조제2항의 공동담보목록은 전자적으로 작성하여야 하며, 1년마다 그 번호를 새로 부여하여야 한다.
③ 공동담보목록에는 신청정보의 접수연월일과 접수번호를 기록하여야 한다.
제134조【추가공동담보】 1개 또는 여러 개의 부동산에 관한 권리를 목적으로 하는 저당권설정의 등기를 한 후 같은 채권에 대하여 다른 1개 또는 여러 개의 부동산에 관한 권리를 목적으로 하는 저당권설정의 등기를 신청하는 경우에는 종전의 등기를 표시하는 사항으로서 공동담보목록의 번호 또는 부동산의 소재지번(건물에 번호가 있는 경우에는 그 번호도 포함한다)을 신청정보의 내용으로 등기소에 제공하여야 한다.
제135조【공동담보라는 뜻의 기록】 ① 법 제78조제1항에 따른 공동담보라는 뜻의 기록은 각 부동산의 등기기록 중 해당 등기의 끝부분에 하여야 한다.

② 법 제78조제2항의 경우에는 각 부동산의 등기기록에 공동담보목록의 번호를 기록한다.
③ 법 제78조제4항의 경우 공동담보 목적으로 새로 추가되는 부동산의 등기기록에는 그 등기의 끝부분에 공동담보라는 뜻을 기록하고 종전에 등기한 부동산의 등기기록에는 해당 등기에 부기등기로 그 뜻을 기록하여야 한다.
제136조【공동담보의 일부의 소멸 또는 변경】 ① 여러 개의 부동산에 관한 권리가 저당권의 목적인 경우에 그 중 일부의 부동산에 관한 권리를 목적으로 한 저당권의 등기를 말소할 때에는 다른 부동산에 관한 권리에 대하여 법 제78조제1항 및 제4항에 따라 한 등기에 그 뜻을 기록하고 소멸된 사항을 말소하는 표시를 하여야 한다. 일부의 부동산에 관한 권리의 표시에 대하여 변경의 등기를 한 경우에도 또한 같다.
② 제1항의 경우 다른 부동산의 전부 또는 일부가 다른 등기소 관할일 때에는 법 제71조제2항 및 제3항을 준용한다.
③ 제1항에 따라 등기를 할 때 공동담보목록이 있으면 그 목록에 하여야 한다.
제137조【저당권 이전등기의 신청】 ① 저당권의 이전등기를 신청하는 경우에는 저당권이 채권과 같이 이전한다는 뜻을 신청정보의 내용으로 등기소에 제공하여야 한다.
② 채권일부의 양도나 대위변제로 인한 저당권의 이전등기를 신청하는 경우에는 양도나 대위변제의 목적인 채권액을 신청정보의 내용으로 등기소에 제공하여야 한다.
제138조【공동저당 대위등기의 신청】 공동저당 대위등기를 신청하는 경우에는 법 제80조의 등기사항을 신청정보의 내용으로 등기소에 제공하고, 배당표 정보를 첨부정보로서 등기소에 제공하여야 한다.

제5관 신탁에 관한 등기

제139조【신탁등기】 ① 신탁등기의 신청은 해당 신탁으로 인한 권리의 이전 또는 보존이나 설정등기의 신청과 함께 1건의 신청정보로 일괄하여 하여야 한다.
②「신탁법」제27조에 따라 신탁재산에 속하는 부동산 또는 같은 법 제43조에 따라 신탁재산으로 회복 또는 반환되는 부동산의 취득등기와 신탁등기를 동시에 신청하는 경우에는 제1항을 준용한다.(2013.8.12 본항개정)
③ 신탁등기를 신청하는 경우에는 법 제81조제1항 각 호의 사항을 첨부정보로서 등기소에 제공하여야 한다.
④ 제3항의 첨부정보를 등기소에 제공할 때에는 방문신청을 하는 경우라도 이를 전자문서로 작성하여 전산정보처리조직을 이용하여 등기소에 송신하는 방법으로 하여야 한다. 다만, 제63조 각 호의 어느 하나에 해당하는 경우에는 이를 서면으로 작성하여 등기소에 제출할 수 있다.
⑤ 제4항 본문의 경우에는 신청인 또는 그 대리인의 인증서등을 함께 송신하여야 한다.(2020.11.26 본항개정)
⑥ 제4항 단서에 따른 서면에는 신청인 또는 그 대리인이 기명날인하거나 서명하여야 한다.
⑦ 등기관이 제1항 및 제2항에 따라 권리의 이전 또는 보존이나 설정등기와 함께 신탁등기를 할 때에는 하나의 순위번호를 사용하여야 한다.
제139조의2【위탁자의 신탁선언에 의한 신탁 등의 등기신청】 ①「신탁법」제3조제1항제3호에 따른 신탁등기를 신청하는 경우에는 공익신탁을 제외하고는 신탁설정에 관한 공정증서를 첨부정보로서 등기소에 제공하여야 한다.
②「신탁법」제3조제5항에 따른 신탁등기를 신청하는 경우에는 수익자의 동의가 있음을 증명하는 정보를 첨부정보로서 등기소에 제공하여야 한다.
③「신탁법」제114조제1항에 따른 유한책임신탁의 목적인 부동산에 대하여 신탁등기를 신청하는 경우에는 유한책임신탁등기가 되었음을 증명하는 정보를 첨부정보로서 등기소에 제공하여야 한다.
(2013.8.12 본조신설)
제139조의3【위탁자의 지위이전에 따른 신탁변경등기의 신청】 위탁자의 지위이전에 따른 신탁원부 기록의 변경등기를 신청하는 경우에 위탁자의 지위이전의 방법이 신탁행위로 정하여진 때에는 이를 증명하는 정보, 신탁행위로 정하여지지 아니한 때에는 수탁자와 수익자의 동의가 있음을 증명하는 정보를 첨부정보로서 등기소에 제공하여야 한다. 이 경우 위탁자가 여럿일 때에는 다른 위탁자의 동의를 증명하는 정보도 첨부정보로서 제공하여야 한다.(2013.8.12 본조신설)
제140조【신탁원부의 작성】 ① 등기관은 제139조제4항 본문에 따라 등기소에 제공된 전자문서에 번호를 부여하고 이를 신탁원부로서 전산정보처리조직에 등록하여야 한다.
② 등기관은 제139조제4항 단서에 따라 서면이 제출된 경우에는 그 서면을 전자적 이미지정보로 변환하여 그 이미지정보에 번호를 부여하고 이를 신탁원부로서 전산정보처리조직에 등록하여야 한다.
③ 제1항 및 제2항의 신탁원부에는 1년마다 그 번호를 새로 부여하여야 한다.
제140조의2【신탁의 합병·분할 등에 따른 신탁등기의 신청】 ① 신탁의 합병등기를 신청하는 경우에는 위탁자와 수익자로부터 합병계획서의 승인을 받았음을 증명하는 정보(다만, 합병계획서 승인에 관하여 신탁행위로 달리 정한 경우에는 그에 따른 것임을 증명하는 정보), 합병계획서의 공고 및 채권자보호절차를 거쳤음을 증명하는 정보를 첨부정보로서 등기소에 제공하여야 한다.
② 신탁의 분할등기를 신청하는 경우에는 위탁자와 수익자로부터 분할계획서의 승인을 받았음을 증명하는 정보(다만, 분할계획서 승인에 관하여 신탁행위로 달리 정한 경우에는 그에 따른 것임을 증명하는 정보), 분할계획서의 공고 및 채권자보호절차를 거쳤음을 증명하는 정보를 첨부정보로서 등기소에 제공하여야 한다.
(2013.8.12 본조신설)
제140조의3【신탁의 합병·분할 등에 따른 등기】 ① 법 제82조의2의 신탁의 합병·분할 등에 따른 신탁등기를 하는 경우에는 합병 또는 분할 전의 신탁등기를 말소하고, 신탁의 합병 또는 분할 등의 신청에 따른 신탁등기를 하여야 한다.
②「신탁법」제94조제2항에 따른 신탁의 분할합병의 경우에는 제1항을 준용한다.
(2013.8.12 본조신설)
제141조【수탁자 해임에 따른 등기】 법 제85조제3항에 따라 등기기록에 수탁자 해임의 뜻을 기록할 때에는 수탁자를 말소하는 표시를 하지 아니한다. 다만, 여러 명의 수탁자 중 일부 수탁자만 해임된 경우에는 종전의 수탁자를 모두 말소하는 표시를 하고 나머지 수탁자만 다시 기록한다.
제142조【신탁재산의 일부 처분 등에 따른 등기】 신탁재산의 일부가 처분되었거나 신탁의 일부가 종료되어 권리이전등기와 함께 신탁등기의 변경등기를 할 때에는 하나의 순위번호를 사용하고, 처분 또는 종료 후의 수탁자의 지분을 기록하여야 한다.
제143조【신탁재산이 수탁자의 고유재산으로 된 경우】 신탁재산이 수탁자의 고유재산이 되었을 때에는 그 뜻의 등기를 주등기로 하여야 한다.
제144조【신탁등기의 말소】 ① 신탁등기의 말소등기 신청은 권리의 이전 또는 말소등기나 수탁자의 고유재산으로 된 뜻의 등기신청과 함께 1건의 신청정보로 일괄하여 하여야 한다.
② 등기관이 제1항에 따라 권리의 이전 또는 말소등기나 수탁자의 고유재산으로 된 뜻의 등기와 함께 신탁등기의 말소등기를 할 때에는 하나의 순위번호를 사용하고, 종전의 신탁등기를 말소하는 표시를 하여야 한다.
제144조의2【담보권신탁의 등기】 법 제87조의2에 따라 담보권신탁의 등기를 신청하는 경우에 그 저당권에 의하여 담보되는 피담보채권이 여럿이고 피담보채권별로 등기사항이 다를 때에는 법 제75조에 따른 등기사항을 채권별로 구분하여 신청정보의 내용으로 등기소에 제공하여야 한다.(2013.8.12 본조신설)

제6관 가등기

제145조【가등기의 신청】 ① 가등기를 신청하는 경우에는 그 가등기로 보전하려고 하는 권리를 신청정보의 내용으로 등기소에 제공하여야 한다.
② 법 제89조에 따라 가등기권리자가 단독으로 가등기를 신청하는 경우에는 가등기의무자의 승낙이나 가처분명령이 있음을 증명하는 정보를 첨부정보로서 등기소에 제공하여야 한다.
제146조【가등기에 의한 본등기】 가등기를 한 후 본등기의 신청이 있을 때에는 가등기의 순위번호를 사용하여 본등기를 하여야 한다.
제147조【본등기와 직권말소】 ① 등기관이 소유권이전등기청구권보전 가등기에 의하여 소유권이전의 본등기를 한 경우에는 법 제92조제1항에 따라 가등기 후 본등기 전에 마쳐진 등기 중 다음 각 호의 등기를 제외하고는 모두 직권으로 말소한다.
1. 해당 가등기상 권리를 목적으로 하는 가압류등기나 가처분등기
2. 가등기 전에 마쳐진 가압류에 의한 강제경매개시결정등기
3. 가등기 전에 마쳐진 담보가등기, 전세권 및 저당권에 의한 임의경매개시결정등기
4. 가등기권자에게 대항할 수 있는 주택임차권등기, 주택임차권설정등기, 상가건물임차권등기, 상가건물임차권설정등기(이하 "주택임차권등기등"이라 한다)
② 등기관이 제1항과 같은 본등기를 한 경우 그 가등기 후 본등기 전에 마쳐진 체납처분으로 인한 압류등기에 대하여는 직권말소대상통지를 한 후 이의신청이 있으면 대법원예규로 정하는 바에 따라 직권말소 여부를 결정한다.
제148조【본등기와 직권말소】 ① 등기관이 지상권, 전세권 또는 임차권의 설정등기청구권보전 가등기에 의하여 지상권, 전세권 또는 임차권의 설정의 본등기를 한 경우 가등기 후 본등기 전에 마쳐진 다음 각 호의 등기(동일한 부분에 마쳐진 등기로 한정한다)는 법 제92조제1항에 따라 직권으로 말소한다.
1. 지상권설정등기
2. 지역권설정등기
3. 전세권설정등기
4. 임차권설정등기
5. 주택임차권등기등. 다만, 가등기권자에게 대항할 수 있는 임차인 명의의 등기는 그러하지 아니하다. 이 경우 가등기에 의한 본등기의 신청을 하려면 먼저 대항력 있는 주택임차권등기등을 말소하여야 한다.
② 지상권, 전세권 또는 임차권의 설정등기청구권보전 가등기에 의하여 지상권, 전세권 또는 임차권의 설정의 본등기를 한 경우 가등기 후 본등기 전에 마쳐진 다음 각 호의 등기는 직권말소의 대상이 되지 아니한다.
1. 소유권이전등기 및 소유권이전등기청구권보전 가등기
2. 가압류 및 가처분 등 처분제한의 등기
3. 체납처분으로 인한 압류등기
4. 저당권설정등기
5. 가등기가 되어 있지 않은 부분에 대한 지상권, 지역권, 전세권 또는 임차권의 설정등기와 주택임차권등기등
③ 저당권설정등기청구권보전 가등기에 의하여 저당권 설정의 본등기를 한 경우 가등기 후 본등기 전에 마쳐진 등기는 직권말소의 대상이 되지 아니한다.
제149조【직권말소한 뜻의 등기】 가등기에 의한 본등기를 한 다음 가등기 후 본등기 전에 마쳐진 등기를 등기관이 직권으로 말소할 때에는 가등기에 의한 본등기로 인하여 그 등기를 말소한다는 뜻을 기록하여야 한다.
제150조【가등기의 말소등기신청】 법 제93조제2항에 따라 가등기의무자 또는 등기상 이해관계인이 단독으로 가등기의 말소등기를 신청하는 경우에는 가등기명의인의 승낙이나 이에 대항할 수 있는 재판이 있음을 증명하는 정보를 첨부정보로서 등기소에 제공하여야 한다.

제7관 가처분에 관한 등기

제151조【가처분등기】 ① 등기관이 가처분등기를 할 때에는 가처분의 피보전권리와 금지사항을 기록하여야 한다.
② 가처분의 피보전권리가 소유권 이외의 권리설정등기청구권으로서 소유명의인을 가처분채무자로 하는 경우에는 그 가처분등기를 등기기록 중 갑구에 한다.
제152조【가처분등기 이후의 등기의 말소】 ① 소유권이전등기청구권 또는 소유권이전등기말소등기(소유권보존등기말소등기를 포함한다. 이하 이 조에서 같다)청구권을 보전하기 위한 가처분등기가 마쳐진 후 그 가처분채권자가 가처분채무자를 등기의무자로 하여 소유권이전등기 또는 소유권말소등기를 신청하는 경우에는, 법 제94조제1항에 따라 가처분등기 이후에 마쳐진 제3자 명의의 등기의 말소를 단독으로 신청할 수 있다. 다만, 다음 각 호의 등기는 그러하지 아니하다.
1. 가처분등기 전에 마쳐진 가압류에 의한 강제경매개시결정등기
2. 가처분등기 전에 마쳐진 담보가등기, 전세권 및 저당권에 의한 임의경매개시결정등기
3. 가처분채권자에게 대항할 수 있는 주택임차권등기등
② 가처분채권자가 제1항에 따른 소유권이전등기말소등기를 신청하기 위하여는 제1항 단서 각 호의 권리자의 승낙이나 이에 대항할 수 있는 재판이 있음을 증명하는 정보를 첨부정보로서 등기소에 제공하여야 한다.
제153조【가처분등기 이후의 등기의 말소】 ① 지상권, 전세권 또는 임차권의 설정등기청구권을 보전하기 위한 가처분등기가 마쳐진 후 그 가처분채권자가 가처분채무자를 등기의무자로 하여 지상권, 전세권 또는 임차권의 설정등기를 신청하는 경우에는, 그 가처분등기 이후에 마쳐진 제3자 명의의 지상권, 지역권, 전세권 또는 임차권의 설정등기(동일한 부분에 마쳐진 등기로 한정한다)의 말소를 단독으로 신청할 수 있다.
② 저당권설정등기청구권을 보전하기 위한 가처분등기가 마쳐진 후 그 가처분채권자가 가처분채무자를 등기의무자로 하여 저당권설정등기를 신청하는 경우에는 그 가처분등기 이후에 마쳐진 제3자 명의의 등기라 하더라도 그 말소를 신청할 수 없다.
제154조【가처분등기 이후의 등기의 말소신청】 제152조 및 제153조제1항에 따라 가처분등기 이후의 등기의 말소를 신청하는 경우에는 등기원인을 "가처분에 의한 실효"라고 하여야 한다. 이 경우 제43조제1항제5호에도 불구하고 그 연월일은 신청정보의 내용으로 등기소에 제공할 필요가 없다.

제8관 관공서가 촉탁하는 등기

제155조【등기촉탁서 제출방법】 ① 관공서가 촉탁정보 및 첨부정보를 적은 서면을 제출하는 방법으로 등기촉탁을 하는 경우에는 우편으로 그 촉탁서를 제출할 수 있다.
② 관공서가 등기촉탁을 하는 경우로서 소속 공무원이 직접 등기소에 출석하여 촉탁서를 제출할 때에는 그 소속 공무원임을 확인할 수 있는 신분증명서를 제시하여야 한다.
제156조【수용으로 인한 등기의 신청】 ① 수용으로 인한 소유권이전등기를 신청하는 경우에 토지수용위원회의 재결로써 존속이 인정된 권리가 있으면 이에 관한 사항을 신청정보의 내용으로 등기소에 제공하여야 한다.
② 수용으로 인한 소유권이전등기를 신청하는 경우에는 보상이나 공탁을 증명하는 정보를 첨부정보로서 등기소에 제공하여야 한다.

제157조【등기를 말소한 뜻의 통지】 ① 법 제99조제4항에 따라 등기관이 직권으로 등기를 말소하였을 때에는 수용으로 인한 등기말소통지서에 다음 사항을 적어 등기명의인에게 통지하여야 한다.
1. 부동산의 표시
2. 말소한 등기의 표시
3. 등기명의인
4. 수용으로 인하여 말소한 뜻
② 말소의 대상이 되는 등기가 채권자의 대위신청에 따라 이루어진 경우 그 채권자에게도 제1항의 통지를 하여야 한다.

제5장 이 의

제158조【이의신청서의 제출】 법 제101조에 따라 등기소에 제출하는 이의신청서에는 이의신청인의 성명과 주소, 이의신청의 대상인 등기관의 결정 또는 처분, 이의신청의 취지와 이유, 그 밖에 대법원예규로 정하는 사항을 적고 신청인이 기명날인 또는 서명하여야 한다.
제159조【이미 마쳐진 등기에 대한 이의】 ① 이미 마쳐진 등기에 대하여 법 제29조제1호 및 제2호의 사유로 이의한 경우 등기관은 그 이의가 이유 있다고 인정하면 법 제58조의 절차를 거쳐 그 등기를 직권으로 말소한다.
② 제1항의 경우 등기관은 그 이의가 이유 없다고 인정하면 이의신청서를 관할 지방법원에 보내야 한다.
③ 이미 마쳐진 등기에 대하여 법 제29조제1호 및 제2호 외의 사유로 이의한 경우 등기관은 이의신청서를 관할 지방법원에 보내야 한다.
제160조【등본에 의한 통지】 법 제105조제1항의 통지는 결정서 등본에 의하여 한다.
제161조【기록명령에 따른 등기를 할 수 없는 경우】 ① 등기신청의 각하결정에 대한 이의신청에 따라 관할 지방법원이 그 등기의 기록명령을 하였더라도 다음 각 호의 어느 하나에 해당하는 경우에는 그 기록명령에 따른 등기를 할 수 없다.
1. 권리이전등기의 기록명령이 있었으나, 그 기록명령에 따른 등기 전에 제3자 명의로 권리이전등기가 되어 있는 경우
2. 지상권, 지역권, 전세권 또는 임차권의 설정등기의 기록명령이 있었으나, 그 기록명령에 따른 등기 전에 동일한 부분에 지상권, 전세권 또는 임차권의 설정등기가 되어 있는 경우
3. 말소등기의 기록명령이 있었으나 그 기록명령에 따른 등기 전에 등기상 이해관계인이 발생한 경우
4. 등기관이 기록명령에 따른 등기를 하기 위하여 신청인에게 첨부정보를 다시 등기소에 제공할 것을 명령하였으나 신청인이 이에 응하지 아니한 경우
② 제1항과 같이 기록명령에 따른 등기를 할 수 없는 경우에는 그 뜻을 관할 지방법원과 이의신청인에게 통지하여야 한다.
제162조【가등기 또는 부기등기의 말소】 법 제106조에 따른 가등기 또는 부기등기는 등기관이 관할 지방법원으로부터 이의신청에 대한 기각결정(각하, 취하를 포함한다)의 통지를 받았을 때에 말소한다.

제6장 보 칙

제163조 (2020.6.26 삭제)
제164조 (2017.11.6 삭제)
제165조【통지의 방법】 법 또는 이 규칙에 따른 통지는 우편이나 그 밖의 편리한 방법으로 한다. 다만, 별도의 규정이 있는 경우에는 그러하지 아니하다.
제166조【대법원예규에의 위임】 부동산등기 절차와 관련하여 필요한 사항 중 이 규칙에서 정하고 있지 아니한 사항은 대법원예규로 정할 수 있다.

부 칙

제1조【시행일】 이 규칙은 2011년 10월 13일부터 시행한다. 다만, 제30조제4항 단서는 2012년 3월 1일부터, 제132조제2항은 2012년 6월 11일부터 시행한다.
제2조【등기의 전산이기에 관한 경과조치】 이 규칙 시행 당시까지 전산이기되지 아니한 등기용지에 대하여는 종전의 규정에 따라 전산이기하여야 한다.
제3조【멸실된 등기부에 관한 경과조치】 종이형태로 작성된 등기부의 전부 또는 일부가 폐쇄되지 아니한 상태에서 멸실되었으나 이 규칙 시행 당시까지 종전의 규정에 따른 멸실회복등기절차가 이루어지지 아니한 경우의 그 회복에 관한 절차는 종전의 규정에 따른다.
제4조【폐쇄등기부의 보존】 ① 종이형태로 작성된 등기부를 폐쇄한 경우 그 등기부는 전자적 이미지정보로 변환하여 그 정보를 보존하여야 한다.
② 제1항에 따라 폐쇄등기부를 전자적 이미지정보로 변환하였을 때에는 그 폐쇄등기부를 30년간 법원행정처장이 지정하는 장소에 보관하여야 한다.
제5조【다른 규칙의 개정】 ①~⑫ ※(해당 법령에 가제정리 하였음)
제6조【다른 법령과의 관계】 이 규칙 시행 당시 다른 법령에서 종전의 「부동산등기규칙」을 인용한 경우에 이 규칙 중 그에 해당하는 규정이 있는 경우에는 이 규칙의 해당 규정을 인용한 것으로 본다.

부 칙 (2017.5.25)

제1조【시행일】 이 규칙은 2017년 10월 1일부터 시행한다.
제2조【외국공문서 등에 관한 적용례】 이 규칙은 이 규칙 시행 전에 발행 또는 공증된 외국 공문서 등에 대하여도 적용된다.
제3조【등기사건에 관한 경과조치】 이 규칙 시행 전에 접수한 등기사건은 종전의 규정에 의한다.

부 칙 (2017.11.6)

제1조【시행일】 이 규칙은 공포한 날부터 시행한다.
제2조【과태료 통지에 관한 경과조치】 「부동산등기법」 부칙 제2조에 따라 과태료의 통지를 할 때에는 종전의 규정에 따른다.

부 칙 (2018.8.31)

제1조【시행일】 이 규칙은 2019년 1월 1일부터 시행한다. 다만, 제31조제2항의 개정규정은 공포한 날부터 시행한다.
제2조【등기신청사건에 관한 경과조치】 이 규칙 시행 전에 접수된 등기신청사건은 종전의 규정에 따라 처리한다.

부 칙 (2020.6.26)

①【시행일】 이 규칙은 2020년 8월 5일부터 시행한다.
②【등기신청사건에 관한 경과조치】 이 규칙 시행 전에 접수된 등기신청사건은 종전의 규정에 따라 처리한다.

부 칙 (2020.11.26)

제1조【시행일】 이 규칙은 2020년 12월 10일부터 시행한다.
제2조【적용례】 이 규칙은 이 규칙 시행 당시 접수되어 계속 중인 사건에 대하여도 적용한다.
제3조【다른 규칙의 개정】 ①~④ ※(해당 법령에 가제정리 하였음)

부 칙 (2021.5.27)

제1조【시행일】 이 규칙은 2021년 6월 10일부터 시행한다.
제2조【적용례】 이 규칙은 이 규칙 시행 당시 접수되어 계속 중인 사건에 대하여도 적용한다.
제3조【다른 규칙의 개정】 ①~④ ※(해당 법령에 가제정리 하였음)

부 칙 (2022.2.25)

제1조【시행일】 이 규칙은 2022년 7월 1일부터 시행한다.
제2조【적용례】 이 규칙은 이 규칙 시행 후 접수된 등기사건부터 적용한다.

〔별지서식〕 ➡ 「www.hyeonamsa.com」 참조

부동산등기 특별조치법

(1990年 8月 1日 法 律 第4244號)

개정
1991.12.14法 4423號(비송)
1995. 3.30法 4944號(부동산실권리자명의등기에관한법)
1998.12.28法 5592號(부등)
1999. 3.31法 5958號
2000. 1.21法 6183號
2009.12.29法 9835號
2010. 3.31法10221號(지방세)
2010.12.27法10416號(지방세)
2011. 4.12法10580號(부등)
2012.12.18法11599號(한국토지주택공사법)
2014. 1. 1法12153號(지방세)
2014.11.19法12844號(정부조직)
2017. 7.26法14839號(정부조직)
2018. 3.20法15491號
2021.12.28法18655號(지방세)

第1條【目的】 이 法은 不動産去來에 대한 實體的權利關係에 符合하는 登記를 申請하도록 하기 위하여 不動産登記에 관한 特例 등에 관한 사항을 정함으로써 건전한 不動産 去來秩序를 확립함을 目的으로 한다.
第2條【所有權移轉登記등 申請義務】 ① 不動産의 所有權移轉을 내용으로 하는 契約을 체결한 者는 다음 各號의 1에 정하여진 날부터 60日 이내에 所有權移轉登記를 申請하여야 한다. 다만, 그 契約이 取消·解除되거나 無效인 경우에는 그러하지 아니하다.
1. 契約의 當事者가 서로 對價的인 債務를 부담하는 경우에는 反對給付의 이행이 완료된 날
2. 契約當事者의 一方만이 債務를 부담하는 경우에는 그 契約의 效力이 발생한 날
② 第1項의 경우에 不動産의 所有權을 移轉받을 것을 내용으로 하는 契約을 체결한 者가 第1項 各號에 정하여진 날 이후 그 不動産에 대하여 다시 第3者와 所有權移轉을 내용으로 하는 契約이나 第3者에게 契約當事者의 地位를 移轉하는 契約을 체결하고자 할 때에는 그 第3者와 契約을 체결하기 전에 먼저 체결된 契約에 따라 所有權移轉登記를 申請하여야 한다.
③ 第1項의 경우에 不動産의 所有權을 移轉받을 것을 내용으로 하는 契約을 체결한 者가 第1項 各號에 정하여진 날 전에 그 不動産에 대하여 다시 第3者와 所有權移轉을 내용으로 하는 契約을 체결한 때에는 먼저 체결된 契約의 反對給付의 이행이 완료되거나 契約의 效力이 발생한 날부터 60日 이내에 먼저 체결된 契約에 따라 所有權移轉登記를 申請하여야 한다.
④ 國家·地方自治團體·한국토지주택공사·韓國水資源公社 또는 土地區劃整理組合(1999年 5月 1日 전에 조합설립의 인가를 받아 土地區劃整理事業의 施行者인 土地區劃整理事業法에 의한 土地區劃整理組合에 한한다)이 宅地開發促進法에 의한 宅地開發事業, 土地區劃整理事業法에 의한 土地區劃整理事業 또는 産業立地및開發에관한法律에 의한 特殊地域開發事業(住居施設用 土地에 한한다)의 施行者인 경우에 당해 施行者와 不動産의 所有權을 移轉받을 것을 내용으로 하는 契約을 최초로 締結한 者가 破産 기타 이와 유사한 사유로 所有權移轉登記를 할 수 없는 때에는 地方自治團體의 條例로 정하는 者에 대하여 第2項 및 第3項의 規定을 適用하지 아니한다. (2012.12.18 본항개정)
<2000.6.30까지 유효>
⑤ 所有權保存登記가 되어 있지 아니한 不動産에 대하여 所有權移轉을 내용으로 하는 契約을 체결한 者는 다음 各號의 1에 정하여진 날부터 60日 이내에 所有權保存登記를 申請하여야 한다.
1. 「부동산등기법」 제65조에 따라 所有權保存登記를 申請할 수 있음에도 이를 하지 아니한 채 契約을 체결한 경우에는 그 契約을 체결한 날(2011.4.12 본호개정)
2. 契約을 체결한 후에 「부동산등기법」 제65조에 따라 所有權保存登記를 申請할 수 있게 된 경우에는 所有權保存登記를 申請할 수 있게 된 날(2011.4.12 본호개정)

판례 [1] 부동산의 소유권이전을 내용으로 하는 계약을 체결한 자가 반대급부의 이행이 완료되기 전에 제3자에게 계약당사자의 지위를 이전하는 계약을 체결한 경우에는 먼저 체결된 계약에 따라 소유권이전등기신청을 하여야 할 의무가 없고, 따라서 부동산등기 특별조치법 제8조제1호, 제2조제3항 위반죄가 성립할 수 없다.
[2] 부동산등기 특별조치법 소정의 '계약당사자의 지위를 이전하는 계약'은 계약당사자 중 일방이 당사자로서의 지위를 포괄적으로 제3자에게 이전하여 계약관계에서 탈퇴하고 제3자가 그 지위를 승계하는 것을 목적으로 하는 계약을 말하는 것으로, 승계되는 계약관계상의 대금 등과는 별도로 지위이전에 따른 대가로서 웃돈 내지 프리미엄의 명목으로 금원이 수수되고, 약정의 경제적 동기가 이러한 이익 등을 누리려는 데 있었다고 하더라도 그러한 사정만으로 계약의 성격이 달라지는 것은 아니다.
[3] 공매절차에서 부동산을 낙찰받아 미등기 전매함에 있어서 공고된 매매조건과 이에 부합하게 마련된 절차에 따라 매수인을 변경하고 새로운 매수인과 권리의무 승계신청서를 작성하여 제출하였음에도 권리의무 승계신청서 등의 객관적인 문언 내용을 배척하고 이와 달리 위 계약이 실질적으로 소유권이전을 내용으로 하는 계약이라고 판단하여 부동산등기특별조치법 위반죄를 인정한 원심판결을 파기한다.
[4] 부동산등기 특별조치법 소정의 소유권이전등기 신청의무가 있는 자로서 부동산등기 특별조치법 위반의 범죄주체가 되는 '소유권이전을 내용으로 하는 계약을 체결한 자'는 매매·교환·증여 등 소유권이전을 내용으로 하는 계약의 당사자를 가리키는바, 어

떤 사람이 타인을 통하여 부동산을 매수함에 있어 매수인 명의를 그 타인 명의로 하기로 하였다면 이와 같은 매수인 명의의 신탁관계는 그들 사이의 내부적인 관계에 불과한 것이어서 대외적으로는 그 타인을 매매당사자로 보아야 하므로, 달리 특별한 사정이 없는 한 그 본인은 소유권이전을 내용으로 하는 계약을 체결한 자라고 볼 수 없다.
(대판 2007.5.11, 2006도5560)

第3條【契約書等의 檢印에 대한 特例】 ① 契約을 원인으로 所有權移轉登記를 申請할 때에는 다음 各號의 사항이 기재된 契約書에 檢印申請人을 표시하여 不動産의 所在地를 관할하는 市長(區가 設置되어 있는 市에 있어서는 區廳長)·郡守(이하 "市長등"이라 한다) 또는 그 權限의 委任을 받은 者의 檢印을 받아 管轄登記所에 이를 제출하여야 한다.

1. 當事者
2. 目的不動産
3. 契約年月日
4. 代金 및 그 支給日字등 支給에 관한 사항 또는 評價額 및 그 差額의 精算에 관한 사항
5. 不動産仲介業者가 있을 때에는 不動産仲介業者
6. 契約의 조건이나 期限이 있을 때에는 그 조건 또는 期限

② 第1項의 경우에 登記原因을 증명하는 書面이 執行力있는 判決書 또는 判決과 같은 效力을 갖는 調書(이하 "判決書등"이라 한다)인 때에는 判決書등에 第1項의 檢印을 받아 제출하여야 한다.

③ 市長등 또는 그 權限의 委任을 받은 者가 第1項, 第2項 또는 第4條의 規定에 의한 檢印을 한 때에는 그 契約書 또는 判決書등의 寫本 2통을 작성하여 1통은 보관하고 1통은 不動産의 所在地를 관할하는 稅務署長에게 송부하여야 한다.

④ 契約書등의 檢印에 관하여 필요한 사항은 大法院規則으로 정한다.

第4條【檢印申請에 대한 特例】 不動産의 所有權을 移轉받을 것을 내용으로 第2條第1項 各號의 契約을 체결한 者는 그 不動産에 대하여 다시 第3者와 所有權移轉을 내용으로 하는 契約이나 第3者에게 契約當事者의 地位를 移轉하는 契約을 체결하고자 할 때에는 먼저 체결된 契約의 契約書에 第3條의 規定에 의한 檢印을 받아야 한다.

第5條【許可등에 대한 特例】 ① 登記原因에 대하여 行政官廳의 許可, 同意 또는 승낙을 받을 것이 요구되는 때에는 소유권이전등기를 申請할 때에 그 許可, 同意 또는 승낙을 증명하는 書面을 제출하여야 한다.(2011.4.12 본항개정)

② 登記原因에 대하여 行政官廳에 신고할 것이 요구되는 때에는 所有權移轉登記를 申請할 때에 申告를 증명하는 書面을 제출하여야 한다.

第6條【登記原因 허위기재등의 금지】 第2條의 規定에 의하여 所有權移轉登記를 申請하여야 할 者는 그 登記를 申請함에 있어서 登記申請書에 登記原因을 허위로 기재하여 申請하거나 所有權移轉登記외의 登記를 申請하여서는 아니된다.

第7條 (1995.3.30 삭제)

第8條【罰則】 다음 各號의 1에 해당하는 者는 3年 이하의 懲役이나 1億원 이하의 罰金에 處한다.

1. 租稅賦課를 免하려 하거나 다른 時點間의 價格變動에 따른 利得을 얻으려 하거나 所有權等 權利變動을 規制하는 法令의 制限을 회피할 목적으로 第2條第2項 또는 第3項의 規定에 위반한 때
2. 第6條의 規定에 위반한 때
3. (1995.3.30 삭제)

판례 국토의 계획 및 이용에 관한 법률상 허가구역 내의 토지를 소유권이전등기를 마치지 아니하고 전매하는 경우 처음부터 토지거래허가를 배제할 의도였음이 명백하여 매매계약이 확정적으로 무효이므로 부동산등기 특별조치법 제8조제1호, 제2조제3항 위반죄는 성립하지 않는다.(대판 2005.12.22, 2005도6557)

第9條【罰則】 다음 各號의 1에 해당하는 者는 1年 이하의 懲役이나 3千萬원 이하의 罰金에 處한다.

1. 第8條第1號에 해당하지 아니한 者로서 第4條의 規定에 위반한 때
2. (1995.3.30 삭제)

第10條【양벌규정】 법인의 대표자나 법인 또는 개인의 대리인, 사용인, 그 밖의 종업원이 그 법인 또는 개인의 업무에 관하여 제8조 또는 제9조의 위반행위를 하면 그 행위자를 벌하는 외에 그 법인 또는 개인에게도 해당 조문의 벌금형을 과(科)한다. 다만, 법인 또는 개인이 그 위반행위를 방지하기 위하여 해당 업무에 관하여 상당한 주의와 감독을 게을리하지 아니한 경우에는 그러하지 아니하다.(2009.12.29 본조개정)

第11條【過怠料】 ① 登記權利者가 상당한 사유없이 第2條 各項의 規定에 의한 登記申請을 해태한 때에는 그 해태한 날 당시의 부동산에 대하여 「지방세법」 제10조 및 제10조의2부터 제10조의6까지의 과세표준에 같은 법 제11조제1항의 표준세율(같은 법 제14조에 따라 조례로 세율을 달리 정하는 경우에는 그 세율을 말한다)에서 1천분의 20을 뺀 세율(같은 법 제11조제1항제8호의 경우에는 1천분의 20의 세율)을 적용하여 산출한 금액(같은 법 제13조제2항·제3항·제6항 또는 제7항에 해당하는 경우에는 그 금액의 100분의 300)의 5배 이하에 상당하는 금액의 過怠料에 處한다. 다만, 不動産實權利者名義登記에관한法律 第10條第1項의 規定에 의하여 課徵金을 부과한 경우에는 그러하지 아니하다.(2021.12.28 본문개정)

② 第1項의 規定에 의한 過怠料의 금액을 정함에 있어서 해태기간, 해태사유, 目的不動産의 價額등을 참작하여야 한다.

第12條【過怠料의 賦課·徵收】 ① 第11條의 規定에 의한 과태료는 행정안전부령으로 정하는 바에 따라 그 不動産의 所在地를 관할하는 市長등이 부과·징수한다.(2018.3.20 본항개정)

②~⑥ (2018.3.20 삭제)

⑦ 登記官은 第11條의 規定에 의한 過怠料에 處할 사유가 있다고 인정된 때에는 지체없이 目的不動産의 所在地를 관할하는 市長등에게 이를 통지하여야 한다.(1998.12.28 본항개정)

⑧ (2018.3.20 삭제)

附 則 (2000.1.21)

① **【施行日】** 이 法은 公布한 날부터 施行한다.

② **【所有權移轉登記申請에 관한 經過措置】** 이 法 施行전에 第2條第4項의 改正規定에 의한 事業의 施行者로부터 부동산의 소유권을 移轉받을 것을 내용으로 하는 契約을 최초로 締結한 者가 이 法 施行 당시 所有權移轉登記를 하지 아니한 경우의 登記申請에 대하여는 이 法을 적용한다.

附 則 (2018.3.20)

이 법은 공포한 날부터 시행한다.

附 則 (2021.12.28)

第1條【시행일】 이 법은 2022년 1월 1일부터 시행한다. (이하 생략)

부동산등기특별조치법에따른 대법원규칙

(1990년 8월 21일 대법원규칙 제1128호)

개정
1998. 6.20대법원규칙1556호 2020. 6.26대법원규칙2911호

제1조【계약서등의 검인】 ① 부동산등기특별조치법(이하 "법"이라 한다) 제3조의 규정에 의한 검인은 계약을 체결한 당사자중 1인이나 그 위임을 받은 자, 계약서를 작성한 변호사와 법무사 및 중개업자가 신청할 수 있다.

② 검인신청을 할 때에는 계약서의 원본 또는 판결서 등의 정본을 제출하여야 한다.(2020.6.26 본항개정)

③ 검인신청을 받은 경우 시장·군수·구청장(이하 "시장등"이라 한다)은 계약서 또는 판결서등의 형식적 요건의 구비 여부만을 확인하고 그 기재에 흠결이 없다고 인정한 때에는 지체없이 검인을 하여 검인신청인에게 교부하여야 한다.

④ 계약서 또는 판결서등의 검인에는 법 제3조의 규정에 의한 검인인 취지, 검인의 번호, 연월일의 기재와 시장등의 표시가 있어야 한다.

⑤ 2개이상의 시·군·구에 있는 수개의 부동산의 소유권이전을 내용으로 하는 계약서 또는 판결서등을 검인받고자 하는 경우에는 그중 1개의 시·군·구를 관할하는 시장등에게 검인을 신청할 수 있다. 이 경우 검인을 한 시장등은 그 각 부동산의 소재지를 관할하는 세무서장에게 그 계약서 또는 판결서등의 사본 1통을 각각 송부하여야 한다.

⑥ 법 제3조제1항의 규정에 의하여 시장등으로부터 검인의 권한을 위임받을 수 있는 자는 읍·면·동장으로 한다. 시장등이 읍·면·동장에게 검인의 권한을 위임한 때에는 지체없이 관할 등기소장에게 그 뜻을 통지하여야 한다.

제2조 (1998.6.20 삭제)

제3조【과세자료의 송부】 계약을 원인으로 하는 소유권이전등기를 한 경우에 등기관은 과세자료를 대법원예규로 정하는 바에 따라 전산정보처리조직을 이용하여 부동산의 소재지를 관할하는 세무서장에게 송부하여야 한다. 다만, 전산정보처리조직을 이용하여 과세자료를 송부할 수 없는 등 대법원예규로 정하는 사유가 있는 경우에는 신청서 사본을 송부하여야 한다.(2020.6.26 본조개정)

부 칙 (2020.6.26)

이 규칙은 공포한 날부터 시행한다.

부동산등기특별조치법에의한 과태료부과·징수규칙

(1990년 12월 31일 내무부령 제519호)

개정
1998.12. 7행정자치부령 19호
2010.12.23행정안전부령177호(지방세시규)
2012. 5.31행정안전부령297호(개인정보보호일부개정령)
2021. 9. 7행정안전부령274호(법령용어정비)

제1조【목적】 이 규칙은 부동산등기특별조치법(이하 "법"이라 한다) 제12조제8항의 규정에 의하여 부동산등기신청해태에 대한 과태료의 부과·징수에 관하여 필요한 사항을 규정함을 목적으로 한다.

제2조【등기신청기간의 산정】 시장·군수·구청장(이하 "시장등"이라 한다)은 등기권리자가 다음 각호의 1에 해당하는 사유로 등기신청을 해태한 경우에는 등기권리자에게 등기신청을 해태한 상당한 사유가 있는 것으로 보아 그 사유가 존재하고 있는 기간은 법 제2조의 등기신청기간에 이를 산입하지 아니한다.

1. 천재·지변등 불가항력적인 경우
2. 목적부동산에 대한 소송이 계속중인 경우
3. 등기의무자가 정당한 사유없이 등기신청에 필요한 서면을 등기권리자에게 교부하지 아니한 경우
4. 기타 시장등이 등기신청해태에 관하여 상당한 사유가 있다고 인정하는 경우

제3조【부과기준 및 감경】 ① 시장등은 별표의 과태료부과기준에 의하여 과태료의 금액을 정하여야 한다.

② 시장등은 다음 각호의 1에 해당하는 경우에는 제1항의 규정에 의한 과태료금액의 100분의 50을 감경할 수 있다.

1. 법 제2조제4항제1호의 규정에 의한 소유권보존등기를 신청하지 아니한 경우
2. 생활보호법 제3조의 규정에 의한 보호대상자가 법 제2조제1항 또는 제4항의 규정에 의한 소유권이전등기신청 또는 소유권보존등기신청을 하지 아니한 경우
3. 농어민이 자기가 경작할 목적으로 농지를 취득한 결과 소유하게 되는 농지의 전체면적이 3만제곱미터이하인 경우 그 취득농지에 대하여 법 제2조제1항의 규정에 의한 소유권이전등기신청을 하지 아니한 경우

제4조【위반행위의 조사·확인】 시장등은 법 제12조제2항의 규정에 의하여 과태료부과를 위한 위반행위를 조사·확인하는 때에는 검인된 계약서·등기필통지서등 관계서류를 조사하는 등 등기신청해태사실의 여부를 조사·확인하고 별지 제1호서식의 부동산등기신청해태사실조사서를 작성하여야 한다.

제5조【처분예고】 ① 시장등은 제4조의 규정에 의한 조사·확인을 한 결과 등기신청해태의 사실이 발견되어 과태료를 부과하는 때에는 처분대상자에게 별지 제2호서식의 부동산등기신청해태과태료처분예고서를 통지하여 의견진술의 기회를 주어야 한다. 이 경우 지정된 기일까지 의견진술이 없는 때에는 의견이 없는 것으로 본다.

② 시장등은 등기권리자가 등기의무자의 책임있는 사유로 등기신청을 해태하였다고 의견을 진술한 때에는 등기의무자에게 제1항의 규정에 의한 의견진술의 기회를 주고 그 의견을 들은 후 과태료처분대상자를 결정하여야 한다.

제6조【부과등】 ① 시장등은 과태료를 부과하는 때에는 납기개시 15일이전에 다음 사항을 기재한 별지 제3호서식의 부동산등기신청해태과태료처분통지서에 별지 제4호서식의 부동산등기신청해태과태료납입고지서를 첨부하여 처분대상자에게 이를 발부하여야 한다.

1. 처분대상자의 주소·성명·주민등록번호
2. 목적부동산의 표시
3. 부동산등기신청사항
4. 위반사항
5. 과태료금액
6. 납부기한
7. 납부장소
8. 기타 필요한 사항

② 시장등은 제1항의 규정에 의한 과태료의 부과·징수에 관한 제반처리사항을 별지 제5호서식의 부동산등기신청해태과태료처리부에 기록·관리하여야 한다.

제7조【납부기한】 과태료의 납부기한은 납부개시일부터 20일간으로 한다.

제8조【이의신청】 법 제12조제4항의 규정에 의하여 과태료처분에 불복이 있는 자가 이의신청을 하는 때에는 별지 제6호서식의 과태료처분에 대한 이의신청서에 의한다.

제9조【납부독촉】 시장등은 과태료를 납부하여야 할 자가 제8조의 규정에 의한 이의신청을 하지 아니하고 제7조의 규정에 의한 납부기한내에 과태료를 납부하지 아니한 때에는 납부기한이 경과한 날부터 15일이내(은행납입인 경우에는 20일이내)에 10일이내의 납부기한을 정하여 별지 제7호서식의 과태료납부독촉장을 발부하여야 한다.

제10조【체납처분】 시장등은 제9조의 규정에 의한 과태료 납부의 독촉을 받은 자가 그 납부기한까지 과태료를 납부하지 아니한 때에는 법 제12조제6항의 규정에 의하여 체납처분한다.

제11조【준용규정】 과태료의 징수에 관하여 이 규칙에 정한 것을 제외하고는 지방세 징수의 예에 의한다.
제12조【조례에의 위임】 이 규칙의 시행에 관하여 필요한 사항은 시·군·구(자치구를 말한다)의 조례로 정한다.

부 칙 (2012.5.31)

제1조【시행일】 이 규칙은 공포한 날부터 시행한다.
제2조【서식 개정에 관한 경과조치】 이 규칙 시행 당시 종전의 규정에 따른 서식은 2012년 8월 31일까지 이 규칙에 따른 서식과 함께 사용할 수 있다.

부 칙 (2021.9.7)

이 규칙은 공포한 날부터 시행한다.

〔별표〕 ➡ 「法典 別册」 참조

〔별지서식〕 ➡ 「www.hyeonamsa.com」 참조

부동산 실권리자명의 등기에 관한 법률(약칭 : 부동산실명법)

(1995년 3월 30일 법 률 제4944호)

개정
1996.12.30법 5193호(상속세)
1997. 8.22법 5371호(금융부실)
1997.12.13법 5453호(행정절차)
1998.12.28법 5582호(상속세)
1998.12.28법 5592호(부등)
1999.12.31법 6073호(금융부실)
2002. 3.30법 6683호
2007. 5.11법 8418호
2007. 8. 3법 8635호(자본시장금융투자업)
2010. 3.31법10203호
2011. 5.19법10682호(금융부실)
2013. 7.12법11884호
2013. 8. 6법11998호(지방세외수입금의징수등에관한법)
2016. 1. 6법13713호
2019.11.26법16652호(자산관리)
2020. 3.24법17091호(지방행정제재·부과금의징수등에관한법)

제1조【목적】 이 법은 부동산에 관한 소유권과 그 밖의 물권을 실체적 권리관계와 일치하도록 실권리자 명의(名義)로 등기하게 함으로써 부동산등기제도를 악용한 투기·탈세·탈법행위 등 반사회적 행위를 방지하고 부동산 거래의 정상화와 부동산 가격의 안정을 도모하여 국민경제의 건전한 발전에 이바지함을 목적으로 한다.
(2010.3.31 본조개정)
제2조【정의】 이 법에서 사용하는 용어의 뜻은 다음과 같다.
1. "명의신탁약정"(名義信託約定)이란 부동산에 관한 소유권이나 그 밖의 물권(이하 "부동산에 관한 물권"이라 한다)을 보유한 자 또는 사실상 취득하거나 취득하려고 하는 자[이하 "실권리자"(實權利者)라 한다]가 타인과의 사이에서 대내적으로는 실권리자가 부동산에 관한 물권을 보유하거나 보유하기로 하고 그에 관한 등기(가등기를 포함한다. 이하 같다)는 그 타인의 명의로 하기로 하는 약정[위임·위탁매매의 형식에 의하거나 추인(追認)에 의한 경우를 포함한다]을 말한다. 다만, 다음 각 목의 경우는 제외한다.
   가. 채무의 변제를 담보하기 위하여 채권자가 부동산에 관한 물권을 이전(移轉)받거나 가등기하는 경우
   나. 부동산의 위치와 면적을 특정하여 2인 이상이 구분소유하기로 하는 약정을 하고 그 구분소유자의 공유로 등기하는 경우
   다. 「신탁법」 또는 「자본시장과 금융투자업에 관한 법률」에 따른 신탁재산인 사실을 등기한 경우
2. "명의신탁자"(名義信託者)란 명의신탁약정에 따라 자신의 부동산에 관한 물권을 타인의 명의로 등기하게 하는 실권리자를 말한다.
3. "명의수탁자"(名義受託者)란 명의신탁약정에 따라 실권리자의 부동산에 관한 물권을 자신의 명의로 등기하는 자를 말한다.
4. "실명등기"(實名登記)란 법률 제4944호 부동산실권리자명의등기에관한법률 시행 전에 명의신탁약정에 따라 명의수탁자의 명의로 등기된 부동산에 관한 물권을 법률 제4944호 부동산실권리자명의등기에관한법률 시행일 이후 명의신탁자의 명의로 등기하는 것을 말한다.
(2010.3.31 본조개정)
제3조【실권리자명의 등기의무 등】 ① 누구든지 부동산에 관한 물권을 명의신탁약정에 따라 명의수탁자의 명의로 등기하여서는 아니 된다.
② 채무의 변제를 담보하기 위하여 채권자가 부동산에 관한 물권을 이전받는 경우에는 채무자, 채권금액 및 채무변제를 위한 담보라는 뜻이 적힌 서면을 등기신청서와 함께 등기관에게 제출하여야 한다.
(2010.3.31 본조개정)

판례 실권리자명의 등기의무를 위반한 명의신탁자에 대하여 부과하는 과징금의 감경에 관한 '부동산 실권리자명의 등기에 관한 법률 시행령' 제3조의2 단서는 임의적 감경규정임이 명백하므로, 그 감경사유가 존재하더라도 과징금 부과관청이 감경사유까지 고려하고도 과징금을 감경하지 않은 채 과징금 전액을 부과하는 처분을 한 경우에는 이를 위법하다고 단정할 수는 없으나, 위 감경사유가 있음에도 이를 전혀 고려하지 않았거나 감경사유에 해당하지 않는다고 오인한 나머지 과징금을 감경하지 않았다면 그 과징금 부과처분은 재량권을 일탈·남용한 위법한 처분이라고 할 수밖에 없다.(대판 2010.7.15, 2010두7031)

제4조【명의신탁약정의 효력】 ① 명의신탁약정은 무효로 한다.
② 명의신탁약정에 따른 등기로 이루어진 부동산에 관한 물권변동은 무효로 한다. 다만, 부동산에 관한 물권을 취득하기 위한 계약에서 명의수탁자가 어느 한쪽 당사자가 되고 상대방 당사자는 명의신탁약정이 있다는 사실을 알지 못한 경우에는 그러하지 아니하다.
③ 제1항 및 제2항의 무효는 제3자에게 대항하지 못한다.
(2010.3.31 본조개정)
제5조【과징금】 ① 다음 각 호의 어느 하나에 해당하는 자에게는 해당 부동산 가액(價額)의 100분의 30에 해당하는 금액의 범위에서 과징금을 부과한다.
1. 제3조제1항을 위반한 명의신탁자
2. 제3조제2항을 위반한 채권자 및 같은 항에 따른 서면에 채무자를 거짓으로 적어 제출하게 한 실채무자(實債務者)
② 제1항의 부동산 가액은 과징금을 부과하는 날 현재의 다음 각 호의 가액에 따른다. 다만, 제3조제1항 또는 제11조제1항을 위반한 자가 과징금을 부과받은 날 이미 명의신탁관계를 종료하였거나 실명등기를 하였을 때에는 명의신탁관계 종료 시점 또는 실명등기 시점의 부동산 가액으로 한다.
1. 소유권의 경우에는 「소득세법」 제99조에 따른 기준시가
2. 소유권 외의 물권의 경우에는 「상속세 및 증여세법」 제61조제5항 및 제66조에 따라 대통령령으로 정하는 방법으로 평가한 금액
③ 제1항에 따른 과징금의 부과기준은 제2항에 따른 부동산 가액(이하 "부동산평가액"이라 한다), 제3조를 위반한 기간, 조세를 포탈하거나 법령에 따른 제한을 회피할 목적으로 위반하였는지 여부 등을 고려하여 대통령령으로 정한다.
④ 제1항에 따른 과징금이 대통령령으로 정하는 금액을 초과하는 경우에는 그 초과하는 부분은 대통령령으로 정하는 바에 따라 물납(物納)할 수 있다.
⑤ 제1항에 따른 과징금은 해당 부동산의 소재지를 관할하는 특별자치도지사·특별자치시장·시장·군수 또는 구청장이 부과·징수한다. 이 경우 과징금은 위반사실이 확인된 후 지체 없이 부과하여야 한다.(2016.1.6 전단개정)
⑥ 제1항에 따른 과징금을 납부기한까지 내지 아니하면 「지방행정제재·부과금의 징수 등에 관한 법률」에 따라 징수한다.(2020.3.24 본항개정)
⑦ 제1항에 따른 과징금의 부과 및 징수 등에 필요한 사항은 대통령령으로 정한다.
(2010.3.31 본조개정)
제5조의2【과징금 납부기한의 연장 및 분할 납부】 ① 특별자치도지사·특별자치시장·시장·군수 또는 구청장은 제5조제1항에 따른 과징금을 부과받은 자(이하 이 조에서 "과징금 납부의무자"라 한다)가 과징금의 금액이 대통령령으로 정하는 기준을 초과하는 경우로서 다음 각 호의 어느 하나에 해당하여 과징금의 전액을 일시에 납부하기가 어렵다고 인정할 때에는 그 납부기한을 연장하거나 분할 납부하게 할 수 있다. 이 경우 필요하다고 인정할 때에는 대통령령으로 정하는 바에 따라 담보를 제공하게 할 수 있다.
1. 재해 또는 도난 등으로 재산에 현저한 손실을 입은 경우
2. 사업 여건의 악화로 사업이 중대한 위기에 처한 경우
3. 과징금을 일시에 내면 자금사정에 현저한 어려움이 예상되는 경우
4. 과징금 납부의무자 또는 동거 가족이 질병이나 중상해(重傷害)로 장기 치료가 필요한 경우
5. 그 밖에 제1호부터 제4호까지의 규정에 준하는 사유가 있는 경우
② 과징금 납부의무자가 제1항에 따른 과징금 납부기한의 연장 또는 분할 납부를 신청하려는 경우에는 과징금 납부를 통지받은 날부터 30일 이내에 특별자치도지사·특별자치시장·시장·군수 또는 구청장에게 신청하여야 한다.
③ 특별자치도지사·특별자치시장·시장·군수 또는 구청장은 제1항에 따라 납부기한이 연장되거나 분할 납부가 허용된 과징금 납부의무자가 다음 각 호의 어느 하나에 해당하게 된 때에는 그 납부기한의 연장 또는 분할 납부 결정을 취소하고 일시에 징수할 수 있다.
1. 납부기한의 연장 또는 분할 납부 결정된 과징금을 그 납부기한 내에 납부하지 아니한 때
2. 담보의 변경, 그 밖에 담보 보전에 필요한 특별자치도지사·특별자치시장·시장·군수 또는 구청장의 요구를 이행하지 아니한 때
3. 강제집행, 경매의 개시, 파산선고, 법인의 해산, 국세 또는 지방세의 체납처분을 받은 때 등 과징금의 전부 또는 잔여분을 징수할 수 없다고 인정되는 때
④ 제1항부터 제3항까지의 규정에 따른 과징금 납부기한의 연장, 분할 납부 또는 담보의 제공 등에 필요한 사항은 대통령령으로 정한다.
(2016.1.6 본조신설)
제6조【이행강제금】 ① 제5조제1항제1호에 따른 과징금을 부과받은 자는 지체 없이 해당 부동산에 관한 물권을 자신의 명의로 등기하여야 한다. 다만, 제4조제2항 단서에 해당하는 경우에는 그러하지 아니하며, 자신의 명의로 등기할 수 없는 정당한 사유가 있는 경우에는 그 사유가 소멸된 후 지체 없이 자신의 명의로 등기하여야 한다.
② 제1항을 위반한 자에 대하여는 과징금 부과일(제1항 단서 후단의 경우에는 등기할 수 없는 사유가 소멸한 때를 말한다)부터 1년이 지난 때에 부동산평가액의 100분의 10에 해당하는 금액을, 다시 1년이 지난 때에 부동산평가액의 100분의 20에 해당하는 금액을 각각 이행강제금으로 부과한다.
③ 이행강제금에 관하여는 제5조제4항부터 제7항까지의 규정을 준용한다.
(2010.3.31 본조개정)
제7조【벌칙】 ① 다음 각 호의 어느 하나에 해당하는 자는 5년 이하의 징역 또는 2억원 이하의 벌금에 처한다.
(2016.1.6 본문개정)
1. 제3조제1항을 위반한 명의신탁자
2. 제3조제2항을 위반한 채권자 및 같은 항에 따른 서면에 채무자를 거짓으로 적어 제출하게 한 실채무자
② 제3조제1항을 위반한 명의수탁자는 3년 이하의 징역 또는 1억원 이하의 벌금에 처한다.(2016.1.6 본항개정)
③ (2016.1.6 삭제)
(2010.3.31 본조개정)
제8조【종중, 배우자 및 종교단체에 대한 특례】 다음 각 호의 어느 하나에 해당하는 경우로서 조세 포탈, 강제집행의 면탈(免脫) 또는 법령상 제한의 회피를 목적으로 하지 아니하는 경우에는 제4조부터 제7조까지 및 제12조제1항부터 제3항까지를 적용하지 아니한다.(2013.7.12 본문개정)
1. 종중(宗中)이 보유한 부동산에 관한 물권을 종중(종중과 그 대표자를 같이 표시하여 등기한 경우를 포함한다) 외의 자의 명의로 등기한 경우
2. 배우자 명의로 부동산에 관한 물권을 등기한 경우
3. 종교단체의 명의로 그 산하 조직이 보유한 부동산에 관한 물권을 등기한 경우(2013.7.12 본호신설)
(2013.7.12 본조제목개정)
(2010.3.31 본조개정)
제9조【조사 등】 ① 특별자치도지사·특별자치시장·시장·군수 또는 구청장은 필요하다고 인정하는 경우에는 제3조, 제10조부터 제12조까지 및 제14조를 위반하였는지를 확인하기 위한 조사를 할 수 있다.(2016.1.6 본항개정)
② 국세청장은 탈세 혐의가 있다고 인정하는 경우에는 제3조, 제10조부터 제12조까지 및 제14조를 위반하였는지를 확인하기 위한 조사를 할 수 있다.
③ 공무원이 그 직무를 수행할 때에 제3조, 제10조부터 제12조까지 및 제14조를 위반한 사실을 알게 된 경우에는 국세청장과 해당 부동산의 소재지를 관할하는 특별자치도지사·특별자치시장·시장·군수 또는 구청장에게 그 사실을 통보하여야 한다.(2016.1.6 본항개정)
(2010.3.31 본조개정)
제10조【장기미등기자에 대한 벌칙 등】 ① 「부동산등기 특별조치법」 제2조제1항, 제11조 및 법률 제4244호 부동산등기특별조치법 부칙 제2조를 적용받는 자로서 다음 각 호의 어느 하나에 해당하는 날부터 3년 이내에 소유권이전등기를 신청하지 아니한 등기권리자(이하 "장기미등기자"라 한다)에게는 부동산평가액의 100분의 30의 범위에서 과징금(「부동산등기 특별조치법」 제11조에 따른 과태료가 이미 부과된 경우에는 그 과태료에 상응하는 금액을 뺀 금액을 말한다)을 부과한다. 다만, 제4조제2항 본문 및 제12조제1항에 따라 등기의 효력이 발생하지 아니하여 새로 등기를 신청하여야 할 사유가 발생한 경우와 등기를 신청하지 못할 정당한 사유가 있는 경우에는 그러하지 아니하다.
1. 계약당사자가 서로 대가적(代價的)인 채무를 부담하는 경우에는 반대급부의 이행이 사실상 완료된 날
2. 계약당사자의 어느 한쪽만이 채무를 부담하는 경우에는 그 계약의 효력이 발생한 날
② 제1항에 따른 과징금의 부과기준은 부동산평가액, 소유권이전등기를 신청하지 아니한 기간, 조세를 포탈하거나 법령에 따른 제한을 회피할 목적으로 하였는지 여부, 「부동산등기 특별조치법」 제11조에 따른 과태료가 부과되었는지 여부 등을 고려하여 대통령령으로 정한다.
③ 제1항의 과징금에 관하여는 제5조제4항부터 제7항까지 및 제5조의2를 준용한다.(2016.1.6 본항개정)
④ 장기미등기자가 제1항에 따라 과징금을 부과받고도 소유권이전등기를 신청하지 아니하면 제6조제2항 및 제3항을 준용하여 이행강제금을 부과한다.
⑤ 장기미등기자(제1항 단서에 해당하는 자는 제외한다)는 5년 이하의 징역 또는 2억원 이하의 벌금에 처한다.
(2016.1.6 본항개정)
(2010.3.31 본조개정)

제11조【기존 명의신탁약정에 따른 등기의 실명등기 등】 ① 법률 제4944호 부동산실권리자명의등기에관한법률 시행 전에 명의신탁약정에 따라 부동산에 관한 물권을 명의수탁자의 명의로 등기하거나 등기하도록 한 명의신탁자(이하 "기존 명의신탁자"라 한다)는 법률 제4944호 부동산실권리자명의등기에관한법률 시행일부터 1년의 기간(이하 "유예기간"이라 한다) 이내에 실명등기하여야 한다. 다만, 공용징수, 판결, 경매 또는 그 밖에 법률에 따라 명의수탁자로부터 제3자에게 부동산에 관한 물권이 이전된 경우(상속에 의한 이전은 제외한다)와 종교단체, 향교 등이 조세 포탈, 강제집행의 면탈을 목적으로 하지 아니하고 명의신탁한 부동산으로서 대통령령으로 정하는 경우는 그러하지 아니하다.
② 다음 각 호의 어느 하나에 해당하는 경우에는 제1항에 따라 실명등기를 한 것으로 본다.
1. 기존 명의신탁자가 해당 부동산에 관한 물권에 대하여 매매나 그 밖의 처분행위를 하고 유예기간 이내에 그 처분행위로 인한 취득자에게 직접 등기를 이전한 경우
2. 기존 명의신탁자가 유예기간 이내에 다른 법률에 따라 해당 부동산의 소재지를 관할하는 특별자치도지사·특별자치시장·시장·군수 또는 구청장에게 매각을 위탁하거나 대통령령으로 정하는 바에 따라 「한국자산관리공사 설립 등에 관한 법률」에 따라 설립된 한국자산관리공사에 매각을 의뢰한 경우. 다만, 매각위탁 또는 매각의뢰를 철회한 경우에는 그러하지 아니하다.
(2019.11.26 본문개정)
③ 실권리자의 귀책사유 없이 다른 법률에 따라 제1항 및 제2항에 따른 실명등기 또는 매각처분 등을 할 수 없는 경우에는 그 사유가 소멸한 때부터 1년 이내에 실명등기 또는 매각처분 등을 하여야 한다.
④ 법률 제4944호 부동산실권리자명의등기에관한법률 시행 전 또는 유예기간 중에 부동산물권에 관한 쟁송이 법원에 제기된 경우에는 그 쟁송에 관한 확정판결(이와 동일한 효력이 있는 경우를 포함한다)이 있은 날부터 1년 이내에 제1항 및 제2항에 따른 실명등기 또는 매각처분 등을 하여야 한다.
(2010.3.31 본조개정)

판례 부동산물권에 관한 쟁송의 의미 : 명의신탁자가 당사자로서 해당 부동산에 관하여 자신이 실권리자임을 주장하여 이를 공적으로 확인받기 위한 쟁송이면 족하고, 또한 쟁송제기 주체가 명의신탁자가 아닌 명의신탁자의 채권자가 명의신탁자를 대위하여 명의수탁자를 상대로 소송을 제기한 경우에도 이에 해당하며, 그 결과에 의하여 곧바로 실명등기를 할 수 있어야 하는 쟁송으로 제한되는 것도 아니지만, 적어도 다툼의 대상인 권리관계가 확정되기 전까지는 실명등기를 할 수 없는 쟁송이어야 한다고 해석하여야 한다.
(대판 2011.5.26, 2010다21214)

제12조【실명등기의무 위반의 효력 등】 ① 제11조에 규정된 기간 이내에 실명등기 또는 매각처분 등을 하지 아니한 경우 그 기간이 지난 날 이후의 명의신탁약정 등의 효력에 관하여는 제4조를 적용한다.
② 제11조를 위반한 자에 대하여는 제3조제1항을 위반한 자에 준하여 제5조, 제5조의2 및 제6조를 적용한다.
(2016.1.6 본항개정)
③ 법률 제4944호 부동산실권리자명의등기에관한법률 시행 전에 명의신탁약정에 따른 등기를 한 사실이 없는 자가 제11조에 따른 실명등기를 가장하여 등기한 경우에는 5년 이하의 징역 또는 2억원 이하의 벌금에 처한다.
(2010.3.31 본조개정)

제12조의2【양벌규정】 법인 또는 단체의 대표자나 법인·단체 또는 개인의 대리인·사용인 및 그 밖의 종업원이 그 법인·단체 또는 개인의 업무에 관하여 제7조, 제10조제5항 또는 제12조제3항의 위반행위를 하면 그 행위자를 벌하는 외에 그 법인·단체 또는 개인에게도 해당 조문의 벌금형을 과한다. 다만, 법인·단체 또는 개인이 그 위반행위를 방지하기 위하여 해당 업무에 관하여 상당한 주의와 감독을 게을리하지 아니한 경우에는 그러하지 아니하다.(2016.1.6 본조신설)

제13조【실명등기에 대한 조세부과의 특례】 ① 제11조에 따라 실명등기를 한 부동산이 1건이고 그 가액이 5천만원 이하인 경우로서 다음 각 호의 어느 하나에 해당하는 경우에는 이미 면제되거나 적게 부과된 조세 또는 부과되지 아니한 조세는 추징(追徵)하지 아니한다. 이 경우 실명등기를 한 부동산의 범위 및 가액의 계산에 대하여는 대통령령으로 정한다.
1. 종전의 「소득세법」(법률 제4803호로 개정되기 전의 법률을 말한다) 제5조제6호에 따라 명의신탁자 및 그와 생계를 같이 하는 1세대(世帶)가 법률 제4944호 부동산실권리자명의등기에관한법률 시행 전에 1세대1주택 양도에 따른 비과세를 받은 경우로서 실명등기로 인하여 해당 주택을 양도한 날에 비과세에 해당하지 아니하게 되는 경우
2. 종전의 「상속세법」(법률 제5193호로 개정되기 전의 법률을 말한다) 제32조의2에 따라 명의자에게 법률 제4944호 부동산실권리자명의등기에관한법률 시행 전에 납세의무가 성립된 증여세를 부과하는 경우
② 실명등기를 한 부동산이 비업무용 부동산에 해당하는 경우로서 유예기간(제11조제3항 및 제4항의 경우에는 그 사유가 소멸한 때부터 1년의 기간을 말한다) 종료 시까지 해당 법인의 고유업무에 직접 사용할 때에는 법률 제6312호 지방세법중개정법률 부칙 제10조에도 불구하고 종전의 「지방세법」(법률 제6312호로 개정되기 전의 법률을 말한다) 제112조제2항의 세율을 적용하지 아니한다.
(2010.3.31 본조개정)

제14조【기존 양도담보권자의 서면 제출 의무 등】 ① 법률 제4944호 부동산실권리자명의등기에관한법률 시행 전에 채무의 변제를 담보하기 위하여 채권자가 부동산에 관한 물권을 이전받은 경우에는 법률 제4944호 부동산실권리자명의등기에관한법률 시행일부터 1년 이내에 채무자, 채권금액 및 채무변제를 위한 담보라는 뜻이 적힌 서면을 등기관에게 제출하여야 한다.
② 제1항을 위반한 채권자 및 제1항에 따른 서면에 채무자를 거짓으로 적어 제출하게 한 실채무자에 대하여는 해당 부동산평가액의 100분의 30의 범위에서 과징금을 부과한다.
③ 제2항에 따른 과징금의 부과기준은 부동산평가액, 제1항을 위반한 기간, 조세를 포탈하거나 법령에 따른 제한을 회피할 목적으로 위반하였는지 여부 등을 고려하여 대통령령으로 정한다.
④ 제2항에 따른 과징금에 관하여는 제5조제4항부터 제7항까지 및 제5조의2를 준용한다.(2016.1.6 본항개정)
(2010.3.31 본조개정)

제15조 (1997.12.13 삭제)

부 칙 (2007.5.11)

① **【시행일】** 이 법은 공포한 날부터 시행한다.
② **【적용례】** 제5조제2항(제12조제2항의 규정에 따라 적용되는 경우를 포함한다)의 개정규정은 이 법 시행 후 최초로 과징금을 부과하는 분부터 적용한다. 다만, 종전의 규정에 따라 부과된 과징금처분(행정심판 또는 행정소송이 제기되어 그 절차가 종료되지 아니한 것에 한한다)에 대하여도 이를 적용한다.

부 칙 (2013.7.12)

제1조【시행일】 이 법은 공포한 날부터 시행한다.
제2조【종교단체에 대한 특례 규정의 적용례】 제8조제3호의 개정규정은 이 법 시행 전에 종교단체의 명의로 그 산하 조직이 보유한 부동산에 관한 물권을 등기한 경우로서 조세 포탈, 강제집행의 면탈 또는 법령상 제한의 회피를 목적으로 하지 아니하는 경우에는 법률 제4944호 부동산실권리자명의등기에관한법률의 시행일로 소급하여 적용한다.

부 칙 (2019.11.26)
(2020.3.24)

제1조【시행일】 이 법은 공포한 날부터 시행한다.(이하 생략)

부동산 실권리자명의 등기에 관한 법률 시행령

(1995년 5월 19일
대통령령 제14650호)

개정
1996.12.31영15193호(상속세시)
1997.11.19영15511호(금융부실시)
1997.12.31영15598호(행정절시)
2000. 2.14영16709호(금융부실시)
2002. 4. 8영17569호
2003.11.29영18146호(주택법시)
2014. 3.24영25279호(금융부실시)
2016. 8.31영27472호(감정평가감정평가사시)
2017. 1. 6영27762호
2017. 3.27영27958호(지방세기본법시)
2022. 2.17영32449호(한국자산관리공사설립등에관한법시)

제1조【목적】 이 영은 「부동산 실권리자명의 등기에 관한 법률」에서 위임된 사항 및 그 시행에 관하여 필요한 사항을 규정함을 목적으로 한다.(2017.1.6 본조개정)

제2조【부동산가액의 평가방법】 「부동산 실권리자명의 등기에 관한 법률」(이하 "법"이라 한다) 제5조제2항제2호에서 "대통령령으로 정하는 방법"이란 「상속세 및 증여세법 시행령」 제51조 및 제63조에서 정하는 평가방법을 말한다.(2017.1.6 본조개정)

제3조【과징금의 부과·징수 등】 ① 특별자치도지사·특별자치시장·시장·군수 또는 구청장은 법 제5조제1항에 따라 위반행위를 한 자에게 위반사실이 확인된 후 1개월 이내에 다음 각 호의 사항을 기재한 서면으로 과징금을 납부할 것을 고지하여야 한다.(2017.1.6 본문개정)
1. 납부의무자의 성명(법인인 경우에는 명칭) 및 주소
2. 위반행위의 종별
3. 과징금의 금액 및 산출근거
4. 납부기한 및 수납기관
② 제1항에 따라 고지를 받은 자는 납부고지일부터 3개월 이내에 과징금을 납부하여야 한다. 다만, 천재·지변 기타 부득이한 사유로 인하여 그 기간내에 과징금을 납부할 수 없는 때에는 그 사유에 해당되는 기간은 이를 납부기간의 계산에서 제외한다.(2017.1.6 본문개정)
③ 제2항에 따라 과징금을 납부받은 수납기관은 과징금을 납부한 자에게 영수증을 교부하고 과징금을 부과한 특별자치도지사·특별자치시장·시장·군수 또는 구청장에게 지체없이 영수필통지서를 송부하여야 한다.
(2017.1.6 본항개정)
④ 특별자치도지사·특별자치시장·시장·군수 또는 구청장은 이미 납부된 과징금 중에서 과오납부한 금액이 있거나 행정심판 등에 따라 과징금을 환급하는 때에는 과징금의 납부일부터 환급결정일까지의 기간에 대하여 「지방세기본법 시행령」 제43조에 따른 이율을 적용한 환급가산금을 지급하여야 한다.(2017.3.27 본항개정)
⑤ 제1항 내지 제4항외에 과징금의 부과 및 징수에 관하여 필요한 사항은 지방세입징수의 예에 의한다.

제3조의2【명의신탁자 등에 대한 과징금 부과기준】 법 제5조제3항의 규정에 의한 과징금 부과기준은 별표와 같다. 다만, 조세를 포탈하거나 법령에 의한 제한을 회피할 목적이 아닌 경우에는 100분의 50을 감경할 수 있다.
(2002.4.8 본조신설)

제4조【과징금의 물납】 ① 법 제5조제4항에서 "대통령령이 정하는 금액"이라 함은 1천만원을 말한다.(2002.4.8 본항개정)
② 법 제5조제4항에 따라 물납을 신청하려는 사람은 과징금의 금액, 물납하고자 하는 부동산의 소재지, 물납대상면적·위치·가격 등을 기재한 물납신청서를 제3조제2항에 따른 납부기한 30일 전까지 특별자치도지사·특별자치시장·시장·군수 또는 구청장에게 제출하여야 한다.
(2017.1.6 본항개정)
③ 제2항의 물납신청서를 제출받은 특별자치도지사·특별자치시장·시장·군수 또는 구청장은 그 신청서를 받은 날부터 15일 이내에 신청인에게 그 허가여부를 서면으로 통지하여야 한다.(2017.1.6 본항개정)
④ 제2항에 따라 물납을 신청한 부동산의 수납가격이 과징금의 금액을 초과하거나 그 부동산이 관리·처분상 물납받기가 심히 곤란한 경우에는 특별자치도지사·특별자치시장·시장·군수 또는 구청장은 그 물납의 청구를 거부할 수 있다.(2017.1.6 본항개정)
⑤ 물납에 충당할 부동산의 수납가격은 물납허가 당시 당해 부동산의 법 제5조제2항에 의한 가액으로 한다.
⑥ 제2항 및 제3항외에 물납의 절차에 관하여 필요한 사항은 법무부령으로 정한다.(2002.4.8 본항개정)

제4조의2【과징금 납부기한의 연장 및 분할 납부】 ① 법 제5조의2제1항 각 호 외의 부분 전단에서 "대통령령으로 정하는 기준"이란 1천만원을 말한다.
② 법 제5조의2제1항에 따른 과징금 납부기한의 연장은 그 납부기한의 다음 날부터 1년을 초과할 수 없다.
③ 법 제5조의2제1항에 따라 분할 납부를 하게 하는 경우 각 분할된 납부기한 간의 간격은 6개월 이내로 하며, 분할 횟수는 3회 이내로 한다.

④ 법 제5조의2제1항에 따라 과징금의 납부기한을 연장하거나 분할 납부하려는 자는 법무부령으로 정하는 신청서에 과징금의 납부기한 연장 또는 분할 납부를 신청하는 사유를 입증하는 서류를 첨부하여 특별자치도지사·특별자치시장·시장·군수 또는 구청장에게 제출하여야 한다.
(2017.1.6 본조신설)

제4조의3【담보의 종류 및 평가 등】 법 제5조의2제1항 각 호 외의 부분 후단에 따른 담보의 제공에 관하여는 「지방세기본법」 제65조부터 제70조까지의 규정을 준용한다.(2017.3.27 본조개정)

제4조의4【장기미등기자에 대한 과징금 부과기준】 법 제10조제2항의 규정에 의한 과징금 부과기준은 별표와 같다. 다만, 조세를 포탈하거나 법령에 의한 제한을 회피할 목적이 아닌 경우에는 100분의 50을 감경할 수 있다.
(2002.4.8 본조신설)

제5조【종교단체 및 향교 등의 실명등기 등】 ① 법 제11조제1항 단서에서 "종교단체, 향교 등"이란 다음 각 호의 어느 하나에 해당하는 것을 말한다.(2017.1.6 본문개정)
1. 법인 또는 「부동산등기법」 제49조제1항제3호에 따라 등록번호를 부여받은 법인 아닌 사단·재단으로서 종교의 보급 기타 교화를 목적으로 설립된 종단·교단·유지재단 또는 이와 유사한 연합종교단체(이하 이 조에서 "종단"이라 한다) 및 개별단체(2017.1.6 본호개정)
2. 종단에 소속된 법인 또는 단체로서 종교의 보급 기타 교화를 목적으로 설립된 것(이하 이 조에서 "소속 종교단체"라 한다)
3. 「향교재산법」에 따른 향교재단법인 및 개별 향교와 「문화재보호법」에 따라 문화재로 지정된 서원(2017.1.6 본호개정)

② 법 제11조제1항 단서에서 "대통령령으로 정하는 부동산"이란 다음 각 호의 어느 하나에 해당하는 부동산을 말한다.(2017.1.6 본문개정)
1. 제1항제1호의 종단과 제1항제2호의 소속종교단체간에 명의신탁한 부동산
2. 제1항의 종교단체 및 향교 등이 그 고유목적을 위하여 사용하는 「농지법」에 따른 농지(농지에 정착된 건축물을 포함한다)(2017.1.6 본호개정)
(2017.1.6 본조제목개정)

제6조【한국자산관리공사에 대한 부동산의 매각의뢰】
① 법 제11조제2항제2호의 규정에 의하여 「한국자산관리공사 설립 등에 관한 법률」에 따른 한국자산관리공사(이하 "한국자산관리공사"라 한다)에 부동산의 매각을 의뢰하고자 하는 자는 법무부령이 정하는 서류를 첨부한 부동산매각의뢰신청서를 제출하여야 한다.(2022.2.17 본항개정)
② 한국자산관리공사는 제1항의 규정에 의하여 부동산의 매각을 의뢰받는 경우에는 공매방법에 의하여 처분하여야 한다. 다만, 공매의 방법에 의하여 처분하는 것이 부적합한 경우로서 법무부령이 정하는 경우에는 수의계약의 방법에 의하여 이를 처분할 수 있다.(2002.4.8 본항개정)
③ 한국자산관리공사는 제1항의 규정에 의하여 부동산의 매각을 의뢰받는 경우에는 「감정평가 및 감정평가사에 관한 법률」에 따라 감정평가사가 감정평가한 가액을 최초공매예정가격으로 하여 수회차의 최저 공매가격등 처분조건을 일괄하여 매각의뢰자와 서면으로 협의하여야 한다.(2016.8.31 본항개정)
④ 제3항의 규정에 의하여 한국자산관리공사로부터 처분조건을 협의받은 매각의뢰자는 협의요청일부터 20일 이내에 협의여부를 서면으로 통보하여야 한다.
⑤ 한국자산관리공사는 제4항의 기간내에 통보가 없거나 매각의뢰자와 3회까지 협의를 하였으나 그 협의가 성립되지 아니하는 경우에는 수회차 최저공매가격등 법무부령이 정하는 처분조건에 따라 공매를 실시한다. 이 경우 처분조건을 정함에 있어 공매예정가격은 최초공매예정가격의 상당금액을 매회차 공매시마다 체감하여 정하여야 한다.(2002.4.8 본항개정)
⑥ 매각의뢰자는 한국자산관리공사에서 부동산을 매각한 경우에는 법무부령이 정하는 바에 따라 그 매각에 소요된 비용과 수수료를 부담하여야 한다.(2002.4.8 본항개정)
(2000.2.14 본조개정)

제7조【조세부과특례대상 부동산의 범위 등】 ① 법 제13조제1항에서 실명등기를 한 부동산이 1건이라 함은 법 시행전에 명의수탁자 명의로 등기한 부동산이 1필지(서로 인접한 수필지의 토지를 포함한다) 또는 1동의 건물(당해 건물의 부속건물 및 건물에 부수되는 토지를 포함하고, 주택법에 의한 공동주택의 경우에는 1세대의 구분건물 및 그 부수토지로 한다)로서 이를 실명등기한 경우를 말한다.(2003.11.29 본항개정)
② 법 제13조제1항의 규정에 의한 부동산가액은 법 시행일 현재의 법 제5조제2항 각호의 규정에 의하여 계산한 가액으로 한다.

제8조【기존 양도담보권자의 서면제출 의무위반에 대한 과징금 부과기준】 법 제14조제3항의 규정에 의한 과징금 부과기준은 별표와 같다. 다만, 조세를 포탈하거나 법령에 의한 제한을 회피할 목적이 아닌 경우에는 부동산평가액의 100분의 5에 해당하는 과징금을 부과한다.
(2002.4.8 본조신설)

부 칙 (2002.4.8)

①【시행일】 이 영은 공포한 날부터 시행한다.
②【종전의 총리령에 관한 경과조치】 제4조제6항과 제6조제1항·제2항 단서·제5항 전단 및 제6항의 개정규정에 의한 법무부령이 제정될 때까지는 종전의 규정에 의한 총리령이 정하는 바에 의한다.

부 칙 (2022.2.17)

제1조【시행일】 이 영은 2022년 2월 18일부터 시행한다.(이하 생략)

〔별표〕 ➡ 「法典 別册」 參照

부동산 실권리자명의 등기에 관한 법률 시행규칙

(2010년 6월 14일 법무부령 제702호)

개정
2014. 6.26법무부령818호(법령서식개선등을위한검찰사건사무규칙등일부개정령)
2017. 1. 6법무부령886호
2017. 3.30법무부령897호(개인정보보호일부개정령)

제1조【목적】 이 규칙은 「부동산 실권리자명의 등기에 관한 법률」 및 같은 법 시행령에서 위임된 사항과 그 시행에 필요한 사항을 규정함을 목적으로 한다.

제2조【과징금의 물납】 ① 「부동산 실권리자명의 등기에 관한 법률 시행령」(이하 "영"이라 한다) 제4조제2항에 따라 물납을 신청하려는 자는 별지 제1호서식의 물납신청서를 제출하여야 한다. 이 경우 특별자치도지사·특별자치시장·시장·군수 또는 구청장은 「전자정부법」 제36조제1항에 따른 행정정보의 공동이용을 통하여 토지 및 건물 등기부등본의 행정정보를 확인하여야 한다.
② 영 제4조제3항에 따라 물납을 허가하는 경우 특별자치도지사·특별자치시장·시장·군수 또는 구청장은 별지 제2호서식에 따른 물납허가서를 교부하여야 한다.
(2017.1.6 본조개정)

제2조의2【과징금 납부기한 연장 및 분할 납부】 영 제4조의2제4항에 따른 과징금 납부기한 연장 또는 분할 납부신청서는 별지 제2호의2 서식에 따른다.(2017.1.6 본조신설)

제3조【매각의뢰】 ① 영 제6조제1항에 따른 부동산매각의뢰신청서는 별지 제3호서식에 따른다.
② 제1항의 신청서에는 다음 각 호의 서류를 첨부하여야 한다.
1. 토지 및 건축물에 관한 등기필증
2. 「토지이용규제 기본법」 제10조제1항에 따른 토지이용계획확인서
③ 부동산매각의뢰신청서를 제출받은 경우 「금융기관부실자산 등의 효율적 처리 및 한국자산관리공사의 설립에 관한 법률」에 따라 설립된 한국자산관리공사(이하 "한국자산관리공사"라 한다)는 「전자정부법」 제36조제1항에 따른 행정정보의 공동이용을 통하여 다음 각 호의 행정정보를 확인하여야 한다.
1. 토지 및 건물 등기부등본
2. 토지대장등본, 임야대장등본 또는 건축물관리대장등본
3. 지적도 또는 임야도
④ 부동산매각의뢰신청서를 제출받은 경우 한국자산관리공사는 별지 제3호서식에 따른 부동산매각의뢰신청서 접수증을 교부하여야 한다.

제4조【부동산 처분방법】 영 제6조제2항 단서에서 "공매의 방법에 의하여 처분하는 것이 부적합한 경우로서 법무부령이 정하는 경우"란 다음 각 호와 같다.
1. 공매를 실시한 결과 유찰되어 다음 공매공고 전까지 유찰된 최종처분조건 이상으로 매각하는 경우
2. 낙찰자가 「국토의 계획 및 이용에 관한 법률」에 따른 토지거래허가를 받지 못한 경우 등 다른 법률에 따라 부동산을 취득하지 못하는 경우로서 제3자에게 낙찰조건 이상으로 매각하는 경우
3. 가등기권리자 등 등기부에 기입된 부동산 위의 권리자에게 최초공매예정가격 이상으로 매각하는 경우

제5조【처분조건】 ① 영 제6조제5항 전단에서 "법무부령이 정하는 처분조건"이란 다음 각 호와 같다.
1. 공매 횟수는 6회까지로 하고, 매회 4차에 걸쳐 공매하도록 한다.
2. 1회 공매 시의 최초공매예정가격은 영 제6조제3항에 따른 감정평가액으로 하고, 2회 공매 시부터는 최초공매예정가격을 기준으로 하여 횟수를 거듭할 때마다 각각 100분의 10을 인하한 금액으로 한다.
3. 대금납부조건은 매회 1차는 3개월 이내에 일시불로 납부하도록 하고, 2차부터 4차까지는 각각 6개월·9개월 및 1년 이내에 납부하도록 하되, 3개월 단위로 균등하여 분납하도록 한다.
② 제1항에 따라 6회에 걸쳐 공매를 실시하였으나 의뢰받은 부동산이 매각되지 아니한 경우 한국자산관리공사는 매각의뢰자와 협의하여 매각조건을 완화하고 그 조건에 따라 공매를 실시할 수 있다.
③ 제2항에 따라 매각의뢰자와 3회에 걸쳐 협의를 하였으나 협의가 성립되지 아니한 경우 한국자산관리공사는 직전공매예정가격을 시작으로 공매 시마다 100분의 10씩 인하한 금액으로 공매를 실시한다.

제6조【매각비용 및 수수료】 영 제6조제6항에 따른 매각에 소요되는 비용 및 수수료는 다음 각 호와 같다.
1. 매각에 소요되는 다음 각 목의 비용
 가. 감정평가료
 나. 공매공고료
 다. 명도소송비용이나 그 밖에 처분에 필요한 비용
2. 다음 각 목의 수수료
 가. 부동산 처분에 따른 수수료는 처분금액의 100분의 1로 하고, 그 지급시기는 반액은 계약체결 시로, 나머지 반액은 대금완납 시로 한다.
 나. 매수인이 계약을 체결하지 아니하여 보증금이 매각의뢰자에게 귀속되는 경우의 수수료는 입찰금액의 1000분의 5로 한다.

부 칙 (2017.1.6)

이 규칙은 2017년 1월 7일부터 시행한다.

부 칙 (2017.3.30)

이 규칙은 2017년 3월 30일부터 시행한다.

〔별지서식〕 ➡ 「www.hyeonamsa.com」 參照

토지개발 등기규칙

(2018년 12월 4일 대법원규칙 제2815호)

제1조【목적】 이 규칙은 「도시개발법」에 따른 도시개발사업, 「농어촌정비법」에 따른 농어촌정비사업, 「주택법」에 따른 주택건설사업 등 「공간정보의 구축 및 관리 등에 관한 법률」 제86조의 규정이 적용되는 토지개발사업의 시행지역에서 환지를 수반하지 아니하는 토지의 이동으로 인하여 지적공부가 정리된 경우의 부동산등기에 관한 특례를 정함을 목적으로 한다.

제2조【신청요건】 ① 이 규칙에 따른 등기를 신청하기 위해서는 다음 각 호의 요건을 갖추어야 한다.
1. 토지개발사업의 완료에 따른 지적확정측량에 의하여 종전 토지의 지적공부가 전부 폐쇄되고 새로 조성된 토지에 대하여 지적공부가 작성될 것
2. 종전 토지의 소유권의 등기명의인이 모두 같을 것
3. 종전 토지의 등기기록에 소유권등기 외의 권리에 관한 등기가 없을 것
② 제1항제3호에도 불구하고 다음 각 호의 어느 하나에 해당하는 경우에는 이 규칙에 따른 등기를 신청할 수 있다.
1. 종전 모든 토지의 등기기록에 「부동산등기법」 제81조제1항 각 호의 등기사항이 같은 신탁등기가 있는 경우
2. 종전 모든 토지의 등기기록에 「주택법」 제61조제3항의 금지사항 부기등기가 있는 경우
3. 종전 토지의 등기기록에 지상권, 전세권, 임차권 또는 승역지(承役地 : 편익제공지)에 하는 지역권의 등기가 있는 경우
4. 종전 모든 토지의 등기기록에 등기원인 및 그 연월일과 접수번호가 같은 저당권 또는 근저당권의 등기가 있는 경우

제3조【신청하여야 할 등기】 ① 토지개발사업의 완료에 따른 지적확정측량에 의하여 지적공부가 정리되고 이에 대한 확정시행 공고가 있는 경우 해당 토지의 소유명의인은 다음 각 호의 등기를 동시에 신청하여야 한다.
1. 종전 토지에 관한 말소등기
2. 새로 조성된 토지에 관한 소유권보존등기
② 종전 토지의 등기기록에 제2조제2항 각 호의 어느 하나에 해당하는 등기가 있는 경우에는 제1항에 따른 등기의 신청과 동시에 그 등기를 신청하여야 한다.
③ 제2항의 경우에 제2조제2항제1호 또는 제2호에 해당하는 등기는 토지의 소유명의인이 단독으로 신청하고, 같은 항 제3호 또는 제4호에 해당하는 등기는 토지의 소유명의인과 해당 권리의 등기명의인이 공동으로 신청한다.

제4조【신청정보의 내용과 제공방법】 ① 종전 토지에 관한 말소등기는 모든 토지에 대하여 1건의 신청정보로 일괄하여 신청하여야 하고, 토지개발사업의 시행으로 인하여 등기를 신청한다는 뜻을 신청정보의 내용으로 등기소에 제공하여야 한다.

② 제1항의 규정은 새로 조성된 토지에 관한 소유권보존등기에 준용한다.
③ 제2조제2항제1호 또는 제2호에 해당하는 등기는 제2항의 등기와 함께 1건의 신청정보로 일괄하여 신청하여야 한다.
④ 제2조제2항제3호 또는 제4호에 해당하는 등기는 제2항의 등기신청 다음에 별개의 신청정보로 신청하여야 하며, 그 등기가 여러 개 존재하는 경우에는 각각 별개의 신청정보로 종전 토지의 등기기록에 등기된 순서에 따라 신청하여야 한다. 이 경우 등기의무자의 등기필정보는 신청정보의 내용으로 등기소에 제공할 필요가 없다.
⑤ 새로 조성된 토지의 일부에 대하여 지상권, 전세권, 임차권이나 승역지에 하는 지역권의 등기가 존속하는 경우에는 해당 권리가 존속할 부분에 관한 정보를 신청정보의 내용으로 등기소에 제공하여야 한다.
제5조【첨부정보】 ① 종전 토지에 관한 말소등기 및 새로 조성된 토지에 관한 소유권보존등기를 신청하는 경우 다음 각 호의 정보를 첨부정보로서 등기소에 제공하여야 한다.
1. 종전 토지의 폐쇄된 토지대장 정보
2. 새로 조성된 토지의 토지대장 정보
3. 종전 토지 및 확정 토지의 각 지번별 조서 정보
4. 지적공부 확정시행 공고를 증명하는 정보
② 제2조제2항제1호에 해당하는 등기를 신청하는 경우에는 「부동산등기법」 제81조제1항 각 호의 사항을 첨부정보로서 등기소에 제공하여야 한다.
③ 제2조제2항 각 호의 어느 하나에 해당하는 등기를 신청하는 경우에는 등기원인을 증명하는 정보를 제공할 필요가 없다.
④ 제4조제5항의 경우에는 그 권리가 존속하는 부분을 표시한 지적도를 첨부정보로서 등기소에 제공하여야 한다.
제6조【등기방법】 ① 등기관이 종전 토지에 관한 말소등기를 하는 경우 표제부에 토지개발사업의 시행으로 인하여 등기를 하였다는 뜻을 기록하고 표제부의 등기를 말소하는 표시를 한 후 그 등기기록을 폐쇄하여야 한다.
② 등기관이 새로 조성된 토지에 관한 소유권보존등기를 하는 경우 표제부에 토지개발사업의 시행으로 인하여 등기를 하였다는 뜻을 기록하여야 한다.
③ 등기관이 새로 조성된 토지의 등기기록에 제2조제2항제3호 또는 제4호에 해당하는 등기를 하는 경우 그 등기가 여러 개 있을 때에는 종전 토지의 등기기록에 등기된 순서에 따라 기록하여야 한다.
제7조【등기필정보】 등기관이 제4조제2항에 따른 소유권보존등기 및 제4조제4항 전단에 따른 등기를 마쳤을 때에는 등기필정보를 작성하여 등기명의인이 된 신청인에게 각각 통지하여야 한다.
제8조【대법원예규에의 위임】 토지개발사업으로 인하여 지적공부가 정리된 경우의 부동산등기에 관한 특례와 관련하여 필요한 사항 중 이 규칙에서 정하고 있지 아니한 사항은 대법원예규로 정한다.

부 칙

제1조【시행일】 이 규칙은 공포한 날부터 시행한다.
제2조【다른 규칙의 개정】 ※(해당 법령에 가제정리 하였음)

등기정보자료의 제공에 관한 규칙

(2020년 6월 26일 대법원규칙 제2909호)

개정
2020.11.26대법원규칙2931호(부동규)
2021. 5.27대법원규칙2986호(부동규)
2021. 9.30대법원규칙2996호
2021.11.29대법원규칙3010호

제1장 총 칙

제1조【목적】 이 규칙은 「부동산등기법」(이하 "법"이라 한다) 제109조의2제3항의 위임에 따라 등기정보자료의 제공 절차 및 그 수수료에 관한 사항을 규정함을 목적으로 한다.
제2조【전산정보처리조직의 구축·운영】 법원행정처장은 등기와 관련된 다양한 정보를 체계적으로 보유·관리하고, 등기정보자료의 제공업무를 효율적으로 처리하기 위하여 전산정보처리조직을 구축하여 운영한다.

제2장 행정기관등의 장의 이용

제3조【행정기관등의 장의 제공요청】 ① 법 제109조의2제1항 본문에 따라 등기정보자료의 제공을 요청하려는 「전자정부법」 제2조제2호에 따른 행정기관 및 같은 조 제3호에 따른 공공기관(이하 "행정기관등"이라 한다)의 장은 관계 중앙행정기관의 장의 심사결과를 첨부정보로 제공하여 법원행정처장에게 등기정보자료의 제공을 승인하여 줄 것을 신청하여야 한다.
② 제1항의 승인신청에는 다음 각 호의 사항을 신청정보의 내용으로 제공하여야 한다.
1. 자료의 이용 목적 및 근거
2. 자료의 대상 및 범위
3. 자료의 제공방식·보관기관 및 안전관리대책
제4조【중앙행정기관의 장의 제공요청】 법 제109조의2제1항 단서에 따라 등기정보자료의 제공을 요청하려는 중앙행정기관의 장은 법원행정처장에게 제3조제2항 각 호의 사항을 협의내용으로 제공하고, 이에 대한 협의를 요청하여야 한다.
제5조【법원행정처장의 심사】 ① 법원행정처장이 제3조제1항에 따른 승인신청 또는 제4조에 따른 협의요청을 받았을 때에는 다음 각 호의 사항을 심사하여 등기정보자료의 제공 여부를 결정하여야 한다.
1. 신청 내용의 타당성·적합성·공익성
2. 개인의 사생활 침해의 가능성 또는 위험성 여부
3. 자료의 목적 외 사용방지 및 안전관리대책
4. 신청한 사항의 처리가 전산정보처리조직으로 가능한지 여부
5. 신청한 사항의 처리로 인하여 등기사무처리에 지장이 발생하는지 여부
② 법원행정처장이 제1항에 따른 심사결과 행정기관등의 장 또는 중앙행정기관의 장이 요청한 등기정보자료를 제공하기로 한 경우에는 등기정보자료제공대장에 그 내용을 기록하여야 한다.

제3장 행정기관등의 장이 아닌 자의 이용

제1절 비식별 등기정보자료의 이용

제6조【등기정보광장의 구축·운영】 법원행정처장은 누구나 쉽고 편리하게 등기정보자료를 이용할 수 있도록 인터넷 활용공간(이하 "등기정보광장"이라 한다)을 구축하여 운영한다.
제7조【비식별 등기정보자료의 이용】 ① 등기정보광장에서 제공하는 등기정보자료는 특정의 개인이나 법인 또는 단체 등을 식별할 수 있는 내용을 포함하고 있지 아니한 등기정보자료(이하 "비식별 등기정보자료"라 한다)로 한정한다.
② 등기정보광장에 공개된 비식별 등기정보자료는 별도의 신청 없이 누구나 이용할 수 있다.
③ 등기정보광장에 공개되지 아니한 비식별 등기정보자료를 이용하고자 하는 자는 대법원예규로 정하는 절차에 따라 그 제공을 신청할 수 있다.
제8조【제공사무의 처리】 ① 법원행정처장은 제7조제3항의 신청을 받은 날부터 10일 이내에 다음 각 호의 사항을 고려하여 등기정보자료의 제공 여부를 결정하여야 한다.
1. 신청한 등기정보자료가 비식별 등기정보자료인지 여부
2. 신청한 사항의 처리가 전산정보처리조직으로 가능한지 여부
② 부득이한 사유로 제1항의 기간 내에 등기정보자료의 제공 여부를 결정할 수 없는 경우 그 기간의 만료일 다음 날부터 10일 이내의 범위에서 제공 여부 결정기간을 연장할 수 있다. 이 경우 연장된 사실과 연장사유를 신청인에게 통보하여야 한다.
③ 등기정보자료를 제공하기로 결정한 때에는 지체 없이 이를 제공하고, 등기정보자료의 제공을 거부하기로 결정한 때에는 지체 없이 거부결정의 내용과 사유를 신청인에게 알려야 한다.
④ 법원행정처장이 제3항에 따라 등기정보자료를 제공하기로 한 경우에는 전자적으로 제공목록을 작성하여야 한다.

제2절 명의인별 등기정보자료의 이용

제9조【신청인】 ① 등기명의인 또는 그 포괄승계인은 등기명의인별로 작성된 부동산의 권리현황에 관한 사항(이하 "명의인별 등기정보자료"라 한다)의 제공을 신청할 수 있다.
② 제1항에 따른 명의인별 등기정보자료의 제공 범위는 대법원예규로 정한다.
제10조【신청방법】 ① 명의인별 등기정보자료의 제공은 다음 각 호의 어느 하나에 해당하는 방법으로 신청한다.
1. 신청인이 등기소에 방문하여 등기명의인의 성명(명칭), 주민등록번호(부동산등기용등록번호) 및 그 밖에 대법원예규로 정하는 정보(이하 "등기명의인정보"라 한다)를 담고 있는 서면을 제출하는 방법
2. 신청인이 대법원 인터넷등기소를 이용하여 등기명의인정보를 등기정보중앙관리소에 송신하는 방법
② 제1항제1호의 방법에 따라 명의인별 등기정보자료의 제공을 신청할 때에는 신청인이 본인임을 확인할 수 있는 신분증을 제시하여야 한다.
③ 제1항제2호의 방법에 따라 명의인별 등기정보자료의 제공을 신청할 때에는 다음 각 호의 구분에 따른 신청인의 정보를 함께 송신하여야 한다.
1. 개인 : 「전자서명법」 제2조제6호에 따른 인증서(서명자의 실지명의를 확인할 수 있는 것으로서 법원행정처장이 지정·공고하는 인증서를 말한다)(2021.5.27 본호개정)
2. 법인 : 「상업등기법」의 전자증명서
④ 제3항제1호의 공고는 인터넷등기소에 하여야 한다. (2021.5.27 본항신설)
제11조【법인의 신청】 ① 등기명의인이 법인인 경우에는 그 대표자가 명의인별 등기정보자료의 제공을 신청한다.
② 법인은 제10조제1항제1호 및 제2호의 방법으로 명의인별 등기정보자료의 제공을 신청할 수 있다. 다만, 등기기록이 폐쇄된 법인의 경우에는 제10조제1항제1호의 방법으로 한정한다.
③ 법인이 제10조제1항제1호의 방법으로 명의인별 등기정보자료의 제공을 신청할 때에는 그 대표자의 자격을 증명하는 정보로서 법인등기사항증명정보를 등기소에 제공하여야 한다.
제12조【법인 아닌 사단이나 재단의 신청】 ① 등기명의인이 법인 아닌 사단이나 재단인 경우에는 그 대표자나 관리인이 명의인별 등기정보자료의 제공을 신청한다.
② 법인 아닌 사단이나 재단은 제10조제1항제1호의 방법으로만 명의인별 등기정보자료의 제공을 신청할 수 있다.
③ 법인 아닌 사단이나 재단이 명의인별 등기정보자료의 제공을 신청할 때에는 그 대표자나 관리인의 자격을 증명하는 정보를 등기소에 제공하여야 한다. 다만, 대표자나 관리인이 등기되어 있는 부동산등기사항증명정보를 제공함으로써 이를 갈음할 수 있다.
제13조【포괄승계인에 의한 신청】 ① 등기명의인의 포괄승계인은 제10조제1항제1호의 방법으로만 명의인별 등기정보자료의 제공을 신청할 수 있다. 다만, 사망한 등기명의인의 배우자 또는 자녀는 제10조제1항제2호의 방법으로도 명의인별 등기정보자료의 제공을 신청할 수 있다.
② 제1항 본문에 따라 명의인별 등기정보자료의 제공을 신청할 때에는 가족관계등록증명정보나 법인등기사항증명정보 등 포괄승계인임을 증명하는 정보를 등기소에 제공하여야 한다.
③ 제1항 단서에 따라 명의인별 등기정보자료의 제공을 신청할 때에는 가족관계등록정보의 이용에 관하여 동의하는 뜻을 제공하여야 한다.
제14조【대리인에 의한 신청】 ① 등기명의인 또는 그 포괄승계인의 대리인은 제10조제1항제1호의 방법으로만 명의인별 등기정보자료의 제공을 신청할 수 있다.
② 제1항에 따라 명의인별 등기정보자료의 제공을 신청할 때에는 대리권한을 증명하는 정보를 등기소에 제공하여야 한다.
③ 제2항의 대리권한을 증명하는 정보가 위임장인 경우에는 등기명의인 또는 그 포괄승계인의 인감을 날인하고, 그 인감증명도 함께 제공하여야 한다.
제15조【제공사무의 처리담당자】 명의인별 등기정보자료의 제공업무는 다음 각 호의 구분에 따른 자가 처리한다.
1. 제10조제1항제1호의 방법으로 신청한 경우 : 신청을 받은 등기소의 등기관
2. 제10조제1항제2호의 방법으로 신청한 경우 : 등기정보중앙관리소 전산운영책임관
제16조【제공방법】 ① 명의인별 등기정보자료는 다음 각 호의 방법으로 제공한다.

1. 제10조제1항제1호의 방법으로 신청한 경우 : 신청인의 요청에 따라 명의인별 등기정보자료를 담고 있는 서면을 교부하는 방법 또는 제2호의 방법
2. 제10조제1항제2호의 방법으로 신청한 경우 : 대법원 인터넷등기소를 이용하여 명의인별 등기정보자료를 송신하는 방법
② 신청한 명의인별 등기정보자료가 전산정보처리조직에 의하여 조회되지 아니하는 경우에는 다음 각 호의 구분에 따라 처리하여야 한다.
1. 제15조제1호의 등기관은 해당 등기명의인에 대하여 명의인별 등기 정보자료가 조회되지 아니한다는 사실을 말로 신청인에게 알려주어야 하며, 그 사실을 담고 있는 서면은 교부하지 아니한다.
2. 제15조제2호의 전산운영책임관은 해당 등기명의인에 대하여 명의 인별 등기정보자료가 조회되지 아니한다는 사실을 전산정보처리조직을 이용하여 신청인에게 알려주어야 한다. 그 사실에 관하여 서면으로 출력할 수 있는 별도의 정보는 제공하지 아니한다.
제17조【가족관계등록 전산정보의 공동이용】 등기정보중앙관리소 전산운영책임관은 제13조제3항에 따른 동의가 있는 경우에는 신청인이 사망한 등기명의인의 배우자 또는 자녀인지를 확인하기 위하여 「전자정부법」에 따라 「가족관계의 등록 등에 관한 법률」 제9조제1항의 전산정보자료를 공동이용(「개인정보보호법」 제2조제2호에 따른 처리를 포함한다)할 수 있다.

제2절의2 민원접수·처리기관을 통한 등기정보자료의 제공
(2021.9.30 본절신설)

제17조의2【민원접수·처리기관을 통한 등기정보자료의 제공 등】 ① 민원인이 「민원 처리에 관한 법률」 제10조의2제1항에 따라 민원접수·처리기관을 통하여 본인에 관한 등기정보자료의 제공을 요구하는 경우 법원행정처장은 해당 정보를 지체 없이 제공하여야 한다.
② 민원인이 요구할 수 있는 등기정보자료의 종류는 행정안전부장관이 법원행정처장과 협의하여 공표한 것에 한한다.
③ 법원행정처장이 제2항에 따른 협의요청을 받은 때에는 제5조제1항의 사항을 고려하여 제공할 등기정보자료의 종류를 결정하여야 한다.
④ 등기정보자료 제공절차 등과 관련하여 필요한 사항 중 이 규칙에서 정하고 있지 아니한 사항은 대법원예규로 정할 수 있다.

제2절의3 정보주체 본인의 요구에 의한 등기정보자료의 제공
(2021.11.29 본절신설)

제17조의3【정보주체 본인의 요구에 의한 등기정보자료의 제공 등】 ① 정보주체가 「전자정부법」 제43조의2제1항에 따라 본인에 관한 등기정보자료의 제공을 요구하는 경우 법원행정처장은 해당 정보를 정보주체 본인 또는 본인이 지정하는 자로서 「전자정부법」 제43조의2제1항 각 호의 자에게 지체 없이 제공하여야 한다. 이 경우 정보주체는 정확성 및 최신성이 유지될 수 있도록 정기적인 제공을 요구할 수 있다.
② 제1항의 경우 제17조의2제2항부터 제4항까지를 준용한다.

제4장 수수료

제18조【비식별 등기정보자료의 제공수수료】 ① 등기정보광장에 공개된 비식별 등기정보자료는 누구든지 무료로 제공받을 수 있다.
② 제7조제3항의 신청에 따라 공개되지 아니한 비식별 등기정보자료를 제공받는 경우에도 제1항과 같다.
제19조【명의인별 등기정보자료의 제공수수료】 ① 제16조제1항제1호의 서면을 교부받는 방법에 따라 명의인별 등기정보자료를 제공받을 때에는 1통에 대하여 20장까지는 1,200원의 수수료를 납부하되, 1통이 20장을 초과하는 때에는 초과하는 1장마다 50원의 수수료를 납부하여야 한다. 다만, 수수료 중 100원 미만의 단수가 있는 때에는 그 단수는 계산하지 아니한다.
② 제16조제1항제2호의 방법으로 명의인별 등기정보자료를 제공받을 때에는 1건에 대하여 1,000원의 수수료를 납부하여야 한다.
제19조의2【민원접수·처리기관을 통한 등기정보자료의 제공수수료】 제17조의2에 따라 제공되는 등기정보자료에 대하여는 수수료를 면제한다.(2021.9.30 본조신설)
제19조의3【정보주체 본인의 요구에 의한 등기정보자료의 제공수수료】 제17조의3에 따라 「전자정부법」 제43조의2제1항제1호의 행정기관등에 제공되는 등기정보자료에 대하여는 수수료를 면제한다.(2021.11.29 본조신설)
제20조【대법원예규에의 위임】 등기정보자료 제공수수료의 납부절차에 관하여 필요한 사항은 대법원예규로 정한다.

부 칙

제1조【시행일】 이 규칙은 2020년 8월 5일부터 시행한다.
제2조【다른 규칙의 개정】 ※(해당 법령에 가제정리 하였음)

부 칙 (2020.11.26)

제1조【시행일】 이 규칙은 2020년 12월 10일부터 시행한다.(이하 생략)

부 칙 (2021.5.27)

제1조【시행일】 이 규칙은 2021년 6월 10일부터 시행한다.(이하 생략)

부 칙 (2021.9.30)

이 규칙은 2021년 10월 21일부터 시행한다.

부 칙 (2021.11.29)

이 규칙은 2021년 12월 9일부터 시행한다.

축사의 부동산등기에 관한 특례법(약칭 : 축사등기법)

(2009년 10월 21일
법 률 제9805호)

개정
2019. 8.20법16446호

제1조【목적】 이 법은 개방형 축사의 부동산등기에 관한 특례를 규정하여 개방형 축사에 대한 재산권 보장과 거래의 안전을 목적으로 한다.
제2조【정의】 이 법에서 "개방형 축사"란 소(牛)의 질병을 예방하고 통기성(通氣性)을 확보할 수 있도록 둘레에 벽을 갖추지 아니하고 소를 사육하는 용도로 사용할 수 있는 건축물을 말한다.
제3조【등기 요건】 다음 각 호의 요건을 모두 갖춘 개방형 축사는 건물로 본다.
1. 토지에 견고하게 정착되어 있을 것
2. 소를 사육할 용도로 계속 사용할 수 있을 것
3. 지붕과 견고한 구조를 갖출 것
4. 건축물대장에 축사로 등록되어 있을 것
5. 연면적이 100제곱미터를 초과할 것(2019.8.20 본호개정)
제4조【부동산등기】 제3조 각 호의 요건을 모두 갖춘 개방형 축사는 「부동산등기법」에서 정하는 절차에 따라 건물등기부에 등기할 수 있다.
제5조【대법원규칙】 이 법의 시행에 필요한 사항은 대법원규칙으로 정한다.

부 칙 (2019.8.20)

이 법은 공포 후 3개월이 경과한 날부터 시행한다.

축사의 부동산등기에 관한 특례규칙

(2009년 12월 31일
대법원규칙 제2266호)

제1조【목적】 이 규칙은 「축사의 부동산등기에 관한 특례법」(이하 "법"이라 한다)의 위임에 따라 그 시행에 필요한 사항을 규정함을 목적으로 한다.
제2조【축사의 보존등기】 ① 법 제4조에 따라 개방형 축사의 소유권보존등기를 신청하는 경우에는 신청서에 법에 따라 등기를 신청한다는 뜻을 적어야 한다.
② 제1항에 따라 등기를 할 경우 등기관은 등기기록 중 표제부에 법에 따른 등기임을 기록한다.
제3조【제출서면】 ① 제2조제1항의 등기를 신청하는 경우에는 신청서에 건물의 표시를 증명하는 건축물대장등본을 첨부하여야 한다.
② 법 제3조제2호의 "소를 사육할 용도로 계속 사용할 수 있을 것"을 소명하기 위하여 다음 각호의 어느 하나를 제출하여야 한다. 다만, 건축물대장등본에 의하여 등기할 건축물의 용도가 개방형 축사임을 알 수 있는 경우에는 그러하지 아니하다.
1. 건축허가신청서나 건축신고서의 사본(건축사가 작성한 축사 설계도 또는 「건축법」 제23조제4항 및 「표준설계도서등의운영에관한규칙」 제3조에 따른 축사 표준설계도서가 첨부된 것에 한한다)
2. 그 밖에 건축물의 용도가 개방형 축사임을 알 수 있는 시·구·읍·면의 장이 작성한 서면
제4조【준용규정】 이 규칙에 특별한 규정이 없는 경우에는 성질에 반하지 아니하는 한 「부동산등기규칙」을 준용한다.

부 칙

이 규칙은 2010년 1월 22일부터 시행한다.

국·공유 부동산의 등기 촉탁에 관한 법률(약칭 : 국공유지등기촉탁법)

(1961년 12월 13일
법 률 제843호)

개정
1997.12.13법 5454호(정부부처명)
2009. 1.30법 9401호(국유재산)
2011. 3.30법10485호(국유재산)
2011. 4.12법10576호
2011. 4.12법10580호(부등)

제1조【목적】 이 법은 국가나 지방자치단체가 소유하는 부동산에 관하여 「부동산등기법」 제98조에 따른 등기의 촉탁(囑託)을 할 관서를 지정하여 부동산물권의 득실변경(得失變更)을 정확히 함을 목적으로 한다.
(2011.4.12 본조개정)
제2조【촉탁관서】 ① 국가가 소유하는 부동산에 관한 등기의 촉탁은 「국유재산법」 제2조제11호에 따른 중앙관서의 장이 한다.
② 지방자치단체가 소유하는 부동산에 관한 등기의 촉탁은 해당 지방자치단체의 장이 한다.
(2011.4.12 본조개정)
제3조 (2011.4.12 삭제)

부 칙 (2011.4.12 법10576호)

이 법은 공포한 날부터 시행한다.

부 칙 (2011.4.12 법10580호)

제1조【시행일】 이 법은 공포 후 6개월이 경과한 날부터 시행한다.(이하 생략)

집합건물의 소유 및 관리에 관한 법률(약칭 : 집합건물법)

(1984년 4월 10일 법 률 제3725호)

개정
1986. 5.12법 3826호
1998.12.28법 5592호(부등)
2003. 7.18법 6925호
2005. 5.26법 7502호
2008.12.26법 9172호
2009. 5. 8법 9647호
2009. 6. 9법 9774호(측량 · 수로지적)
2010. 3.31법10204호
2011. 4.12법10580호(부등)
2012.12.18법11555호
2013. 3.23법11690호(정부조직)
2014. 6. 3법12738호(공간정보구축관리)
2015. 8.11법13474호(공동주택관리법)
2016. 1.19법13805호(주택법)
2020. 2. 4법16919호
2023. 3.28법19282호

제1장 건물의 구분소유
(2010.3.31 본장개정)

제1절 총 칙

제1조 【건물의 구분소유】 1동의 건물 중 구조상 구분된 여러 개의 부분이 독립한 건물로서 사용될 수 있을 때에는 그 각 부분은 이 법에서 정하는 바에 따라 각각 소유권의 목적으로 할 수 있다.

제1조의2 【상가건물의 구분소유】 ① 1동의 건물이 다음 각 호에 해당하는 방식으로 여러 개의 건물부분으로 이용상 구분된 경우에 그 건물부분(이하 "구분점포"라 한다)은 이 법에서 정하는 바에 따라 각각 소유권의 목적으로 할 수 있다.
1. 구분점포의 용도가 「건축법」 제2조제2항제7호의 판매시설 및 같은 항 제8호의 운수시설일 것(2020.2.4 본호개정)
2. (2020.2.4 삭제)
3. 경계를 명확하게 알아볼 수 있는 표지를 바닥에 견고하게 설치할 것
4. 구분점포별로 부여된 건물번호표지를 견고하게 붙일 것

② 제1항에 따른 경계표지 및 건물번호표지에 관하여 필요한 사항은 대통령령으로 정한다.

제2조 【정의】 이 법에서 사용하는 용어의 뜻은 다음과 같다.
1. "구분소유권"이란 제1조 또는 제1조의2에 규정된 건물부분〔제3조제2항 및 제3항에 따라 공용부분(共用部分)으로 된 것은 제외한다〕을 목적으로 하는 소유권을 말한다.
2. "구분소유자"란 구분소유권을 가지는 자를 말한다.
3. "전유부분"(專有部分)이란 구분소유권의 목적인 건물부분을 말한다.
4. "공용부분"이란 전유부분 외의 건물부분, 전유부분에 속하지 아니하는 건물의 부속물 및 제3조제2항 및 제3항에 따라 공용부분으로 된 부속의 건물을 말한다.
5. "건물의 대지"란 전유부분이 속하는 1동의 건물이 있는 토지 및 제4조에 따라 건물의 대지로 된 토지를 말한다.
6. "대지사용권"이란 구분소유자가 전유부분을 소유하기 위하여 건물의 대지에 대하여 가지는 권리를 말한다.

판례 아파트 단지를 관리하는 단체가 외부차량의 아파트 단지 내 출입을 통제하는 행위가 아파트 단지 내 상가건물 구분소유자들의 대지사용권을 방해하는 침해행위가 되는지 여부는, 아파트 단지 내 상가건물과 그 부속주차장의 위치 및 이용관계, 아파트 단지 안으로의 출입 통제 방법, 아파트 및 상가건물 부근의 지리적 상황, 아파트 입주자들과 상가건물의 소유자 또는 이용자의 이해득실 기타 제반 사정을 참작하여 사회통념에 따라 판단하여야 한다.
(대판 2009.12.10, 2009다49971)

제2조의2 【다른 법률과의 관계】 집합주택의 관리 방법과 기준, 하자담보책임에 관한 「주택법」 및 「공동주택관리법」의 특별한 규정은 이 법에 저촉되어 구분소유자의 기본적인 권리를 해치지 아니하는 범위에서 효력이 있다.
(2015.8.11 본조개정)

제3조 【공용부분】 ① 여러 개의 전유부분으로 통하는 복도, 계단, 그 밖에 구조상 구분소유자 전원 또는 일부의 공용(共用)에 제공되는 건물부분은 구분소유권의 목적으로 할 수 없다.
② 제1조 또는 제1조의2에 규정된 건물부분과 부속의 건물은 규약으로써 공용부분으로 정할 수 있다.
③ 제1조 또는 제1조의2에 규정된 건물부분의 전부 또는 부속건물을 소유하는 자는 공정증서(公正證書)로써 제2항의 규약에 상응하는 것을 정할 수 있다.
④ 제2항과 제3항의 경우에는 공용부분이라는 취지를 등기하여야 한다.

제4조 【규약에 따른 건물의 대지】 ① 통로, 주차장, 정원, 부속건물의 대지, 그 밖에 전유부분이 속하는 1동의 건물 및 그 건물이 있는 토지와 하나로 관리되거나 사용되는 토지는 규약으로써 건물의 대지로 할 수 있다.
② 제1항의 경우에는 제3조제3항을 준용한다.
③ 건물이 있는 토지가 건물이 일부 멸실함에 따라 건물이 있는 토지가 아닌 토지로 된 경우에는 그 토지는 제1항에 따라 규약으로써 건물의 대지로 정한 것으로 본다. 건물이 있는 토지의 일부가 분할로 인하여 건물이 있는 토지가 아닌 토지로 된 경우에도 같다.

제5조 【구분소유자의 권리 · 의무 등】 ① 구분소유자는 건물의 보존에 해로운 행위나 그 밖에 건물의 관리 및 사용에 관하여 구분소유자 공동의 이익에 어긋나는 행위를 하여서는 아니 된다.
② 전유부분이 주거의 용도로 분양된 것인 경우에는 구분소유자는 정당한 사유 없이 그 부분을 주거 외의 용도로 사용하거나 그 내부 벽을 철거하거나 파손하여 증축 · 개축하는 행위를 하여서는 아니 된다.
③ 구분소유자는 그 전유부분이나 공용부분을 보존하거나 개량하기 위하여 필요한 범위에서 다른 구분소유자의 전유부분 또는 자기의 공유(共有)에 속하지 아니하는 공용부분의 사용을 청구할 수 있다. 이 경우 다른 구분소유자가 손해를 입었을 때에는 보상하여야 한다.
④ 전유부분을 점유하는 자로서 구분소유자가 아닌 자(이하 "점유자"라 한다)에 대하여는 제1항부터 제3항까지의 규정을 준용한다.

제6조 【건물의 설치 · 보존상의 흠 추정】 전유부분이 속하는 1동의 건물의 설치 또는 보존의 흠으로 인하여 다른 자에게 손해를 입힌 경우에는 그 흠은 공용부분에 존재하는 것으로 추정한다.

제7조 【구분소유권 매도청구권】 대지사용권을 가지지 아니한 구분소유자가 있을 때에는 그 전유부분의 철거를 청구할 권리를 가진 자는 그 구분소유자에 대하여 구분소유권을 시가(時價)로 매도할 것을 청구할 수 있다.

제8조 【대지공유자의 분할청구 금지】 대지 위에 구분소유권의 목적인 건물이 속하는 1동의 건물이 있을 때에는 그 대지의 공유자는 그 건물 사용에 필요한 범위의 대지에 대하여는 분할을 청구하지 못한다.

제9조 【담보책임】 ① 제1조 또는 제1조의2의 건물을 건축하여 분양한 자(이하 "분양자"라 한다)와 분양자와의 계약에 따라 건물을 건축한 자로서 대통령령으로 정하는 자(이하 "시공자"라 한다)는 구분소유자에 대하여 담보책임을 진다. 이 경우 그 담보책임에 관하여는 「민법」 제667조 및 제668조를 준용한다.
② 제1항에도 불구하고 시공자가 분양자에게 부담하는 담보책임에 관하여 다른 법률에 특별한 규정이 있으면 시공자는 그 법률에서 정하는 담보책임의 범위에서 구분소유자에게 제1항의 담보책임을 진다.(2012.12.18 본항신설)
③ 제1항 및 제2항에 따른 시공자의 담보책임 중 「민법」 제667조제2항에 따른 손해배상책임은 분양자에게 회생절차개시 신청, 파산 신청, 해산, 무자력(無資力) 또는 그 밖에 이에 준하는 사유가 있는 경우에만 지며, 시공자가 이미 분양자에게 손해배상을 한 경우에는 그 범위에서 구분소유자에 대한 책임을 면(免)한다.(2012.12.18 본항신설)
④ 분양자와 시공자의 담보책임에 관하여 이 법과 「민법」에 규정된 것보다 매수인에게 불리한 특약은 효력이 없다.
(2012.12.18 본조개정)

판례 분양전환가격을 결정할 때 아파트의 노후 정도는 이미 평가에 반영되었다고 하더라도 부실시공으로 인한 아파트 하자까지 모두 반영하여 가격을 결정하였다고 보기는 어려우며, 분양전환 전의 임차기간 동안 입주자들이 임대차계약에 기해 하자보수를 요구할 수 있다고는 하나 임차인의 지위에서 인정되는 하자보수청구권과 분양받은 소유자의 지위에서 인정되는 하자담보추급권은 법적 성질과 기능이 동일하다고 볼 수 없다. 따라서 분양전환된 임대아파트의 하자담보책임기간은 최초 임차인들에게 인도된 때부터 10년간이라고 보아야 한다.
(대판 2012.4.13, 2011다72301,72318)

제9조의2 【담보책임의 존속기간】 ① 제9조에 따른 담보책임에 관한 구분소유자의 권리는 다음 각 호의 기간 내에 행사하여야 한다.
1. 「건축법」 제2조제1항제7호에 따른 건물의 주요구조부 및 지반공사의 하자 : 10년
2. 제1호에 규정된 하자 외의 하자 : 하자의 중대성, 내구연한, 교체가능성 등을 고려하여 5년의 범위에서 대통령령으로 정하는 기간

② 제1항의 기간은 다음 각 호의 날부터 기산한다.
1. 전유부분 : 구분소유자에게 인도한 날
2. 공용부분 : 「주택법」 제49조에 따른 사용검사일(집합건물 전부에 대하여 임시 사용승인을 받은 경우에는 그 임시 사용승인일을 말하고, 「주택법」 제49조제1항 단서에 따라 분할 사용검사나 동별 사용검사를 받은 경우에는 분할 사용검사일 또는 동별 사용검사일을 말한다) 또는 「건축법」 제22조에 따른 사용승인일(2016.1.19 본호개정)

③ 제1항 및 제2항에도 불구하고 제1항 각 호의 하자로 인하여 건물이 멸실되거나 훼손된 경우에는 그 멸실되거나 훼손된 날부터 1년 이내에 권리를 행사하여야 한다.
(2012.12.18 본조신설)

판례 주요구조부와 지반공사의 하자 외의 하자는 표면적이고 소모되기 쉬운 부분에 해당하여 하자가 일찍 발현되고 그 하자를 인식하기도 비교적 용이하기 때문에 사용검사일 등부터 5년 이하의 제척기간이 지나치게 단기간이라고 할 수 없다. 따라서 아파트 등 집합건물 공유부분에 발생한 경미한 하자(건물의 주요구조부 및 지반공사의 하자 이외의 하자)의 경우 하자담보청구권을 행사할 수 있는 제척기간을 사용검사일 등부터 5년 이하로 제한한 집합건물의 소유 및 관리에 관한 법률 제9조의2제1항은 헌법에 어긋나지 않는다.
(헌재결 2022.10.27, 2020헌바368)

제9조의3 【분양자의 관리의무 등】 ① 분양자는 제24조제3항에 따라 선임(選任)된 관리인이 사무를 개시(開始)할 때까지 선량한 관리자의 주의로 건물과 대지 및 부속시설을 관리하여야 한다.(2020.2.4 본항개정)
② 분양자는 제28조제4항에 따른 표준규약 및 같은 조 제5항에 따른 지역별 표준규약을 참고하여 공정증서로써 규약에 상응하는 것을 정하여 분양계약을 체결하기 전에 분양을 받을 자에게 주어야 한다.(2023.3.28 본항개정)
③ 분양자는 예정된 매수인의 2분의 1 이상이 이전등기를 한 때에는 규약 설정 및 관리인 선임을 위한 관리단집회(제23조에 따른 관리단의 집회를 말한다. 이하 같다)를 소집할 것을 대통령령으로 정하는 바에 따라 구분소유자에게 통지하여야 한다. 이 경우 통지받은 날부터 3개월 이내에 관리단집회를 소집할 것을 명시하여야 한다.
(2020.2.4 본항개정)
④ 분양자는 구분소유자가 제3항의 통지를 받은 날부터 3개월 이내에 관리단집회를 소집하지 아니하는 경우에는 지체 없이 관리단집회를 소집하여야 한다.(2020.2.4 본항신설)
(2012.12.18 본조신설)

제2절 공용부분

제10조 【공용부분의 귀속 등】 ① 공용부분은 구분소유자 전원의 공유에 속한다. 다만, 일부의 구분소유자만이 공용하도록 제공되는 것임이 명백한 공용부분(이하 "일부공용부분"이라 한다)은 그들 구분소유자의 공유에 속한다.
② 제1항의 공유에 관하여는 제11조부터 제18조까지의 규정에 따른다. 다만, 제12조, 제17조에 규정한 사항에 관하여는 규약으로써 달리 정할 수 있다.

제11조 【공유자의 사용권】 각 공유자는 공용부분을 그 용도에 따라 사용할 수 있다.

제12조 【공유자의 지분권】 ① 각 공유자의 지분은 그가 가지는 전유부분의 면적 비율에 따른다.
② 제1항의 경우 일부공용부분으로서 면적이 있는 것은 그 공용부분을 공용하는 구분소유자의 전유부분의 면적 비율에 따라 배분하여 그 면적을 각 구분소유자의 전유부분 면적에 포함한다.

제13조 【전유부분과 공용부분에 대한 지분의 일체성】 ① 공용부분에 대한 공유자의 지분은 그가 가지는 전유부분의 처분에 따른다.
② 공유자는 그가 가지는 전유부분과 분리하여 공용부분에 대한 지분을 처분할 수 없다.
③ 공용부분에 관한 물권의 득실변경(得失變更)은 등기가 필요하지 아니하다.

제14조 【일부공용부분의 관리】 일부공용부분의 관리에 관한 사항 중 구분소유자 전원에게 이해관계가 있는 사항과 제29조제2항의 규약으로써 정한 사항은 구분소유자 전원의 집회결의로써 결정하고, 그 밖의 사항은 그것을 공용하는 구분소유자만의 집회결의로써 결정한다.

제15조 【공용부분의 변경】 ① 공용부분의 변경에 관한 사항은 관리단집회에서 구분소유자의 3분의 2 이상 및 의결권의 3분의 2 이상의 결의로써 결정한다. 다만, 다음 각 호의 어느 하나에 해당하는 경우에는 제38조제1항에 따른 통상의 집회결의로써 결정할 수 있다.(2020.2.4 본문개정)
1. 공용부분의 개량을 위한 것으로서 지나치게 많은 비용이 드는 것이 아닐 경우
2. 「관광진흥법」 제3조제1항제2호나목에 따른 휴양 콘도미니엄업의 운영을 위한 휴양 콘도미니엄의 공용부분 변경에 관한 사항인 경우

② 제1항의 경우에 공용부분의 변경이 다른 구분소유자의 권리에 특별한 영향을 미칠 때에는 그 구분소유자의 승낙을 받아야 한다.

제15조의2 【권리변동 있는 공용부분의 변경】 ① 제15조에도 불구하고 건물의 노후화 억제 또는 기능 향상 등을 위한 것으로 구분소유권 및 대지사용권의 범위나 내용에 변동을 일으키는 공용부분의 변경에 관한 사항은 관리단집회에서 구분소유자의 5분의 4 이상 및 의결권의 5분의 4 이상의 결의로써 결정한다. 다만, 「관광진흥법」 제3조제1항제2호나목에 따른 휴양 콘도미니엄업의 운영을 위한 휴양 콘도미니엄의 권리변동 있는 공용부분 변경에 관한 사항은 구분소유자의 3분의 2 이상 및 의결권의 3분의 2 이상의 결의로써 결정한다.(2023.3.28 단서신설)
② 제1항의 결의에서는 다음 각 호의 사항을 정하여야

한다. 이 경우 제3호부터 제7호까지의 사항은 각 구분소유자 사이에 형평이 유지되도록 정하여야 한다.
1. 설계의 개요
2. 예상 공사 기간 및 예상 비용(특별한 손실에 대한 전보 비용을 포함한다)
3. 제2호에 따른 비용의 분담 방법
4. 변경된 부분의 용도
5. 전유부분 수의 증감이 발생하는 경우에는 변경된 부분의 귀속에 관한 사항
6. 전유부분이나 공용부분의 면적에 증감이 발생하는 경우에는 변경된 부분의 귀속에 관한 사항
7. 대지사용권의 변경에 관한 사항
8. 그 밖에 규약으로 정한 사항
③ 제1항의 결의를 위한 관리단집회의 의사록에는 결의에 대한 각 구분소유자의 찬반 의사를 적어야 한다.
④ 제1항의 결의가 있는 경우에는 제48조 및 제49조를 준용한다.
(2020.2.4 본조신설)

제16조【공용부분의 관리】 ① 공용부분의 관리에 관한 사항은 제15조제1항 본문 및 제15조의2의 경우를 제외하고는 제38조제1항에 따른 통상의 집회결의로써 결정한다. 다만, 보존행위는 각 공유자가 할 수 있다.(2020.2.4 본문개정)
② 구분소유자의 승낙을 받아 전유부분을 점유하는 자는 제1항 본문에 따른 집회에 참석하여 그 구분소유자의 의결권을 행사할 수 있다. 다만, 구분소유자와 점유자가 달리 정하여 관리단에 통지한 경우에는 그러하지 아니하며, 구분소유자의 권리·의무에 특별한 영향을 미치는 사항을 결정하기 위한 집회인 경우에는 점유자는 사전에 구분소유자에게 의결권 행사에 대한 동의를 받아야 한다.
(2012.12.18 본항신설)
③ 제1항 및 제2항에 규정된 사항은 규약으로써 달리 정할 수 있다.(2012.12.18 본항개정)
④ 제1항 본문의 경우에는 제15조제2항을 준용한다.

제17조【공용부분의 부담·수익】 각 공유자는 규약에 달리 정한 바가 없으면 그 지분의 비율에 따라 공용부분의 관리비용과 그 밖의 의무를 부담하며 공용부분에서 생기는 이익을 취득한다.

제17조의2【수선적립금】 ① 제23조에 따른 관리단(이하 "관리단"이라 한다)은 규약에 달리 정한 바가 없으면 관리단집회 결의에 따라 건물이나 대지 또는 부속시설의 교체 및 보수에 관한 수선계획을 수립할 수 있다.
② 관리단은 규약에 달리 정한 바가 없으면 관리단집회의 결의에 따라 수선적립금을 징수하여 적립할 수 있다. 다만, 다른 법률에 따라 장기수선을 위한 계획이 수립되어 충당금 또는 적립금이 징수·적립된 경우에는 그러하지 아니하다.
③ 제2항에 따른 수선적립금(이하 이 조에서 "수선적립금"이라 한다)은 구분소유자로부터 징수하며 관리단에 귀속된다.
④ 관리단은 규약에 달리 정한 바가 없으면 수선적립금을 다음 각 호의 용도로 사용하여야 한다.
1. 제1항의 수선계획에 따른 공사
2. 자연재해 등 예상하지 못한 사유로 인한 수선공사
3. 제1호 및 제2호의 용도로 사용한 금원의 변제
⑤ 제1항에 따른 수선계획의 수립 및 수선적립금의 징수·적립에 필요한 사항은 대통령령으로 정한다.
(2020.2.4 본조신설)

제18조【공용부분에 관하여 발생한 채권의 효력】 공유자가 공용부분에 관하여 다른 공유자에 대하여 가지는 채권은 그 특별승계인에 대하여도 행사할 수 있다.

제19조【공용부분에 관한 규정의 준용】 건물의 대지 또는 공용부분 외의 부속시설(이들에 대한 권리를 포함한다)을 구분소유자가 공유하는 경우에는 그 대지 및 부속시설에 관하여 제15조, 제15조의2, 제16조 및 제17조를 준용한다.(2020.2.4 본조개정)

제3절 대지사용권

제20조【전유부분과 대지사용권의 일체성】 ① 구분소유자의 대지사용권은 그가 가지는 전유부분의 처분에 따른다.
② 구분소유자는 그가 가지는 전유부분과 분리하여 대지사용권을 처분할 수 없다. 다만, 규약으로써 달리 정한 경우에는 그러하지 아니하다.
③ 제2항 본문의 분리처분금지는 그 취지를 등기하지 아니하면 선의(善意)로 물권을 취득한 제3자에게 대항하지 못한다.
④ 제2항 단서의 경우에는 제3조제3항을 준용한다.

제21조【전유부분의 처분에 따르는 대지사용권의 비율】 ① 구분소유자가 둘 이상의 전유부분을 소유한 경우에는 각 전유부분의 처분에 따르는 대지사용권은 제12조에 규정된 비율에 따른다. 다만, 규약으로써 달리 정할 수 있다.
② 제1항 단서의 경우에는 제3조제3항을 준용한다.

제22조【「민법」 제267조의 적용 배제】 제20조제2항 본문의 경우 대지사용권에 대하여는 「민법」 제267조(같은 법 제278조에서 준용하는 경우를 포함한다)를 적용하지 아니한다.

제4절 관리단 및 관리단의 기관
(2012.12.18 본절제목개정)

제23조【관리단의 당연 설립 등】 ① 건물에 대하여 구분소유 관계가 성립되면 구분소유자 전원을 구성원으로 하여 건물과 그 대지 및 부속시설의 관리에 관한 사업의 시행을 목적으로 하는 관리단이 설립된다.
② 일부공용부분이 있는 경우 그 일부의 구분소유자는 제28조제2항의 규약에 따라 그 공용부분의 관리에 관한 사업의 시행을 목적으로 하는 관리단을 구성할 수 있다.

제23조의2【관리단의 의무】 관리단은 건물의 관리 및 사용에 관한 공동이익을 위하여 필요한 구분소유자의 권리와 의무를 선량한 관리자의 주의로 행사하거나 이행하여야 한다.(2012.12.18 본조신설)

제24조【관리인의 선임 등】 ① 구분소유자가 10인 이상일 때에는 관리단을 대표하고 관리단의 사무를 집행할 관리인을 선임하여야 한다.(2012.12.18 본항개정)
② 관리인은 구분소유자일 필요가 없으며, 그 임기는 2년의 범위에서 규약으로 정한다.(2012.12.18 본항신설)
③ 관리인은 관리단집회의 결의로 선임되거나 해임된다. 다만, 규약으로 제26조의3에 따른 관리위원회의 결의로 선임되거나 해임되도록 정한 경우에는 그에 따른다.
(2020.2.4 단서개정)
④ 구분소유자의 승낙을 받아 전유부분을 점유하는 자는 제3항 본문에 따른 관리단집회에 참석하여 그 구분소유자의 의결권을 행사할 수 있다. 다만, 구분소유자와 점유자가 달리 정하여 관리단에 통지하거나 구분소유자가 집회 이전에 직접 의결권을 행사할 것을 관리단에 통지한 경우에는 그러하지 아니하다.(2012.12.18 본항신설)
⑤ 관리인에게 부정한 행위나 그 밖에 그 직무를 수행하기에 적합하지 아니한 사정이 있을 때에는 각 구분소유자는 관리인의 해임을 법원에 청구할 수 있다.
⑥ 전유부분이 50개 이상인 건물(「공동주택관리법」에 따른 의무관리대상 공동주택 및 임대주택과 「유통산업발전법」에 따라 신고한 대규모점포등관리자가 있는 대규모점포 및 준대규모점포는 제외한다)의 관리인으로 선임된 자는 대통령령으로 정하는 바에 따라 선임된 사실을 특별자치시장, 특별자치도지사, 시장, 군수 또는 자치구의 구청장(이하 "소관청"이라 한다)에게 신고하여야 한다.
(2020.2.4 본항신설)

제24조의2【임시관리인의 선임 등】 ① 구분소유자, 그의 승낙을 받아 전유부분을 점유하는 자, 분양자 등 이해관계인은 제24조제3항에 따라 선임된 관리인이 없는 경우에는 법원에 임시관리인의 선임을 청구할 수 있다.
② 임시관리인은 선임된 날부터 6개월 이내에 제24조제3항에 따른 관리인 선임을 위하여 관리단집회 또는 관리위원회를 소집하여야 한다.
③ 임시관리인의 임기는 선임된 날부터 제24조제3항에 따라 관리인이 선임될 때까지로 하되, 같은 조 제2항에 따라 규약으로 정한 임기를 초과할 수 없다.
(2020.2.4 본조신설)

제25조【관리인의 권한과 의무】 ① 관리인은 다음 각 호의 행위를 할 권한과 의무를 가진다.
1. 공용부분의 보존행위(2020.2.4 본호개정)
1의2. 공용부분의 관리 및 변경에 관한 관리단집회 결의를 집행하는 행위(2020.2.4 본호신설)
2. 공용부분의 관리비용 등 관리단의 사무 집행을 위한 비용과 분담금을 각 구분소유자에게 청구·수령하는 행위 및 그 금원을 관리하는 행위(2020.2.4 본호개정)
3. 관리단의 사업 시행과 관련하여 관리단을 대표하여 하는 재판상 또는 재판 외의 행위
3의2. 소음·진동·악취 등을 유발하여 공동생활의 평온을 해치는 행위의 중지 요청 또는 분쟁 조정절차 권고 등 필요한 조치를 하는 행위(2020.2.4 본호신설)
4. 그 밖에 규약에 정하여진 행위
② 관리인의 대표권은 제한할 수 있다. 다만, 이로써 선의의 제3자에게 대항할 수 없다.

제26조【관리인의 보고의무 등】 ① 관리인은 대통령령으로 정하는 바에 따라 매년 1회 이상 구분소유자 및 그의 승낙을 받아 전유부분을 점유하는 자에게 그 사무에 관한 보고를 하여야 한다.(2023.3.28 본항개정)
② 전유부분이 50개 이상인 건물의 관리인은 관리단의 사무 집행을 위한 비용과 분담금 등 금원의 징수·보관·사용·관리 등 모든 거래행위에 관하여 장부를 월별로 작성하여 그 증빙서류와 함께 해당 회계연도 종료일부터 5년간 보관하여야 한다.(2023.3.28 본항신설)
③ 이해관계인은 관리인에게 제1항에 따른 보고 자료, 제2항에 따른 장부나 증빙서류의 열람을 청구하거나 자기 비용으로 등본의 교부를 청구할 수 있다. 이 경우 관리인은 다음 각 호의 정보를 제외하고 이에 응하여야 한다.
1. 「개인정보 보호법」 제24조에 따른 고유식별정보 등 개인의 사생활의 비밀 또는 자유를 침해할 우려가 있는 정보
2. 의사결정 과정 또는 내부검토 과정에 있는 사항 등으로 공개될 경우 업무의 공정한 수행에 현저한 지장을 초래할 우려가 있는 정보
(2023.3.28 본항개정)
④ 「공동주택관리법」에 따른 의무관리대상 공동주택 및 임대주택과 「유통산업발전법」에 따라 신고한 대규모점포등관리자가 있는 대규모점포 및 준대규모점포에 대해서는 제1항부터 제3항까지를 적용하지 아니한다.
(2023.3.28 본항신설)
⑤ 이 법 또는 규약에서 규정하지 아니한 관리인의 권리의무에 관하여는 「민법」의 위임에 관한 규정을 준용한다.
판례 관리인의 선임·해임, 규약의 설정·변경 및 폐지는 관리단집회에서 하도록 되어 있고, 관리단집회의 종류 및 소집절차와 결의사항도 법정되어 있음에 비추어 볼 때, 특히 규약으로 달리 정할 수 있는 것들을 명시적으로 규정함으로써 적어도 관리인의 선임·해임 및 규약의 설정·변경·폐지는 관리단집회의 의결로써만 할 수 있도록 한 것이라고 해석된다. 공동사용의 제약을 벗어날 수 없는 구조적인 이유와 소유권 변동으로 관리단의 구성원이 수시로 변경될 수 있는 집합건물의 성격상 같은 법이 정한 위와 같은 요건은 강행규정으로서 규약 설정 당시의 구성원들이 이와 다른 규약을 제정하였다고 하더라도 그 효력을 인정할 수 없다. 제24조제2항의 규정과 달리 다른 결의요건에 의해 관리인을 선임하도록 규정한 규약에 따라 선임된 관리인의 대표권은 인정되지 아니한다.(서울지법 2003.6.17, 2001가합37809)

제26조의2【회계감사】 ① 전유부분이 150개 이상으로서 대통령령으로 정하는 건물의 관리인은 「주식회사 등의 외부감사에 관한 법률」 제2조제7호에 따른 감사인(이하 이 조에서 "감사인"이라 한다)의 회계감사를 매년 1회 이상 받아야 한다. 다만, 관리단집회에서 구분소유자의 3분의 2 이상 및 의결권의 3분의 2 이상이 회계감사를 받지 아니하기로 결의한 연도에는 그러하지 아니하다.
② 구분소유자의 승낙을 받아 전유부분을 점유하는 자는 제1항 단서에 따른 관리단집회에 참석하여 그 구분소유자의 의결권을 행사할 수 있다. 다만, 구분소유자와 점유자가 달리 정하여 관리단에 통지하거나 구분소유자가 집회 이전에 직접 의결권을 행사할 것을 관리단에 통지한 경우에는 그러하지 아니하다.
③ 전유부분이 50개 이상 150개 미만으로서 대통령령으로 정하는 건물의 관리인은 구분소유자의 5분의 1 이상이 연서(連署)하여 요구하는 경우에는 감사인의 회계감사를 받아야 한다. 이 경우 구분소유자의 승낙을 받아 전유부분을 점유하는 자가 구분소유자를 대신하여 연서할 수 있다.
④ 관리인은 제1항 또는 제3항에 따라 회계감사를 받은 경우에는 대통령령으로 정하는 바에 따라 감사보고서 등 회계감사의 결과를 구분소유자 및 그의 승낙을 받아 전유부분을 점유하는 자에게 보고하여야 한다.
⑤ 제1항 또는 제3항에 따른 회계감사의 기준·방법 및 감사인의 선정방법 등에 관하여 필요한 사항은 대통령령으로 정한다.
⑥ 제1항 또는 제3항에 따라 회계감사를 받는 관리인은 다음 각 호의 어느 하나에 해당하는 행위를 하여서는 아니 된다.
1. 정당한 사유 없이 감사인의 자료열람·등사·제출 요구 또는 조사를 거부·방해·기피하는 행위
2. 감사인에게 거짓 자료를 제출하는 등 부정한 방법으로 회계감사를 방해하는 행위
⑦ 「공동주택관리법」에 따른 의무관리대상 공동주택 및 임대주택과 「유통산업발전법」에 따라 신고한 대규모점포등관리자가 있는 대규모점포 및 준대규모점포에는 제1항부터 제6항까지의 규정을 적용하지 아니한다.
(2020.2.4 본조신설)

제26조의3【관리위원회의 설치 및 기능】 ① 관리단에는 규약으로 정하는 바에 따라 관리위원회를 둘 수 있다.
② 관리위원회는 이 법 또는 규약으로 정한 관리인의 사무 집행을 감독한다.
③ 제1항에 따라 관리위원회를 둔 경우 관리인은 제25조제1항 각 호의 행위를 하려면 관리위원회의 결의를 거쳐야 한다. 다만, 규약으로 달리 정한 사항은 그러하지 아니하다.
(2012.12.18 본조신설)

제26조의4【관리위원회의 구성 및 운영】 ① 관리위원회의 위원은 구분소유자 중에서 관리단집회의 결의에 의하여 선출한다. 다만, 규약으로 관리단집회의 결의에 관하여 달리 정한 경우에는 그에 따른다.
② 관리인은 규약에 달리 정한 바가 없으면 관리위원회의 위원이 될 수 없다.(2020.2.4 본항개정)
③ 관리위원회 위원의 임기는 2년의 범위에서 규약으로 정한다.(2020.2.4 본항신설)
④ 제1항부터 제3항까지에서 규정한 사항 외에 관리위원회의 구성 및 운영에 필요한 사항은 대통령령으로 정한다.
(2020.2.4 본항개정)
⑤ 구분소유자의 승낙을 받아 전유부분을 점유하는 자는 제1항 본문에 따른 관리단집회에 참석하여 그 구분소유자의 의결권을 행사할 수 있다. 다만, 구분소유자와 점유자가 달리 정하여 관리단에 통지하거나 구분소유자가 집회 이전에 직접 의결권을 행사할 것을 관리단에 통지한 경우에는 그러하지 아니하다.(2020.2.4 본항신설)
(2012.12.18 본조신설)

제26조의5【집합건물의 관리에 관한 감독】 ① 특별시장·광역시장·특별자치시장·도지사·특별자치도지사(이하 "시·도지사"라 한다) 또는 시장·군수·구청장(자치구의 구청장을 말하며, 이하 "시장·군수·구청장"이라 한다)은 집합건물의 효율적인 관리와 주민의 복리

증진을 위하여 필요하다고 인정하는 경우에는 전유부분이 50개 이상인 건물의 관리인에게 다음 각 호의 사항을 보고하게 하거나 관련 자료의 제출을 명할 수 있다.
1. 제17조의2제2항에 따른 수선적립금의 징수·적립·사용 등에 관한 사항
2. 제24조에 따른 관리인의 선임·해임에 관한 사항
3. 제26조제1항에 따른 보고와 같은 조 제2항에 따른 장부의 작성·보관 및 증빙서류의 보관에 관한 사항
4. 제26조의2제1항 또는 제3항에 따른 회계감사에 관한 사항
5. 제32조에 따른 정기 관리단집회의 소집에 관한 사항
6. 그 밖에 집합건물의 관리에 관한 감독을 위하여 필요한 사항으로서 대통령령으로 정하는 사항
② 제1항에 따른 명령의 절차 등 필요한 사항은 해당 지방자치단체의 조례로 정한다.
(2023.3.28 본조신설)
제27조【관리단의 채무에 대한 구분소유자의 책임】 ① 관리단이 그의 재산으로 채무를 전부 변제할 수 없는 경우에는 구분소유자는 제12조의 지분비율에 따라 관리단의 채무를 변제할 책임을 진다. 다만, 규약으로써 그 부담비율을 달리 정할 수 있다.
② 구분소유자의 특별승계인은 승계 전에 발생한 관리단의 채무에 관하여도 책임을 진다.

제5절 규약 및 집회

제28조【규약】 ① 건물과 대지 또는 부속시설의 관리 또는 사용에 관한 구분소유자들 사이의 사항 중 이 법에서 규정하지 아니한 사항은 규약으로써 정할 수 있다.
② 일부공용부분에 관한 사항으로써 구분소유자 전원에게 이해관계가 있지 아니한 사항은 구분소유자 전원의 규약에 따로 정하지 아니하면 일부공용부분을 공용하는 구분소유자의 규약으로써 정할 수 있다.
③ 제1항과 제2항의 경우에 구분소유자 외의 자의 권리를 침해하지 못한다.
④ 법무부장관은 이 법을 적용받는 건물과 대지 및 부속시설의 효율적이고 공정한 관리를 위하여 표준규약을 마련하여야 한다.(2023.3.28 본항개정)
⑤ 시·도지사는 제4항에 따른 표준규약을 참고하여 대통령령으로 정하는 바에 따라 지역별 표준규약을 마련하여 보급하여야 한다.(2023.3.28 본항신설)
제29조【규약의 설정·변경·폐지】 ① 규약의 설정·변경 및 폐지는 관리단집회에서 구분소유자의 4분의 3 이상 및 의결권의 4분의 3 이상의 찬성을 얻어서 한다. 이 경우 규약의 설정·변경 및 폐지가 일부 구분소유자의 권리에 특별한 영향을 미칠 때에는 그 구분소유자의 승낙을 받아야 한다.
② 제28조제2항에 규정한 사항에 관한 구분소유자 전원의 규약의 설정·변경 또는 폐지는 그 일부공용부분을 공용하는 구분소유자의 4분의 1을 초과하는 자 또는 의결권의 4분의 1을 초과하는 의결권을 가진 자가 반대할 때에는 할 수 없다.
제30조【규약의 보관 및 열람】 ① 규약은 관리인 또는 구분소유자나 그 대리인으로서 건물을 사용하고 있는 자 중 1인이 보관하여야 한다.
② 제1항에 따라 규약을 보관할 구분소유자나 그 대리인은 규약에 다른 규정이 없으면 관리단집회의 결의로써 정한다.
③ 이해관계인은 제1항에 따라 규약을 보관하는 자에게 규약의 열람을 청구하거나 자기 비용으로 등본의 발급을 청구할 수 있다.
제31조【집회의 권한】 관리단의 사무는 이 법 또는 규약으로 관리인에게 위임한 사항 외에는 관리단집회의 결의에 따라 수행한다.
제32조【정기 관리단집회】 관리인은 회계연도 종료 후 3개월 이내에 정기 관리단집회를 소집하여야 한다.
(2012.12.18 본조개정)
제33조【임시 관리단집회】 ① 관리인은 필요하다고 인정할 때에는 관리단집회를 소집할 수 있다.
② 구분소유자의 5분의 1 이상이 회의의 목적 사항을 구체적으로 밝혀 관리단집회의 소집을 청구하면 관리인은 관리단집회를 소집하여야 한다. 이 정수(定數)는 규약으로 감경할 수 있다.(2012.12.18 본항개정)
③ 제2항의 청구가 있은 후 1주일 내에 관리인이 청구일부터 2주일 이내의 날을 관리단집회일로 하는 소집통지 절차를 밟지 아니하면 소집을 청구한 구분소유자는 법원의 허가를 받아 관리단집회를 소집할 수 있다.(2012.12.18 본항개정)
④ 관리인이 없는 경우에는 구분소유자의 5분의 1 이상은 관리단집회를 소집할 수 있다. 이 정수는 규약으로 감경할 수 있다.(2012.12.18 본항개정)
제34조【집회소집통지】 ① 관리단집회를 소집하려면 관리단집회일 1주일 전에 회의의 목적사항을 구체적으로 밝혀 각 구분소유자에게 통지하여야 한다. 다만, 이 기간은 규약으로 달리 정할 수 있다.
② 전유부분을 여럿이 공유하는 경우에 제1항의 통지는 제37조제2항에 따라 정하여진 의결권을 행사할 자(그가 없을 때에는 공유자 중 1인)에게 통지하여야 한다.
③ 제1항의 통지는 구분소유자가 관리인에게 따로 통지장소를 제출하였으면 그 장소로 발송하고, 제출하지 아니하였으면 구분소유자가 소유하는 전유부분이 있는 장소로 발송한다. 이 경우 제1항의 통지는 통상적으로 도달할 시기에 도달한 것으로 본다.
④ 건물 내에 주소를 가지는 구분소유자 또는 제3항의 통지장소를 제출하지 아니한 구분소유자에 대한 제1항의 통지는 건물 내의 적당한 장소에 게시함으로써 소집통지를 갈음할 수 있음을 규약으로 정할 수 있다. 이 경우 제1항의 통지는 게시한 때에 도달한 것으로 본다.
⑤ 회의의 목적사항이 제15조제1항, 제29조제1항, 제47조제1항 및 제50조제4항인 경우에는 그 통지에 그 의안 및 계획의 내용을 적어야 한다.
제35조【소집절차의 생략】 관리단집회는 구분소유자 전원이 동의하면 소집절차를 거치지 아니하고 소집할 수 있다.
제36조【결의사항】 ① 관리단집회는 제34조에 따라 통지한 사항에 관하여만 결의할 수 있다.
② 제1항의 규정은 이 법에 관리단집회의 결의에 관하여 특별한 정수가 규정된 사항을 제외하고는 규약으로 달리 정할 수 있다.
③ 제1항과 제2항은 제35조에 따른 관리단집회에 관하여는 적용하지 아니한다.
제37조【의결권】 ① 각 구분소유자의 의결권은 규약에 특별한 규정이 없으면 제12조에 규정된 지분비율에 따른다.
② 전유부분을 여럿이 공유하는 경우에는 공유자는 관리단집회에서 의결권을 행사할 1인을 정한다.
③ 구분소유자의 승낙을 받아 동일한 전유부분을 점유하는 자가 여럿인 경우에는 제16조제2항, 제24조제4항, 제26조의2제2항 또는 제26조의4제5항에 따라 해당 구분소유자의 의결권을 행사할 1인을 정하여야 한다.(2020.2.4 본항개정)
제38조【의결 방법】 ① 관리단집회의 의사는 이 법 또는 규약에 특별한 규정이 없으면 구분소유자의 과반수 및 의결권의 과반수로써 의결한다.
② 의결권은 서면이나 전자적 방법(전자정보처리조직을 사용하거나 그 밖에 정보통신기술을 이용하는 방법으로서 대통령령으로 정하는 방법을 말한다. 이하 같다)으로 또는 대리인을 통하여 행사할 수 있다.(2012.12.18 본항개정)
③ 제34조에 따른 관리단집회의 소집통지나 소집통지를 갈음하는 게시를 할 때에는 제2항에 따라 의결권을 행사할 수 있다는 내용과 구체적인 의결권 행사 방법을 명확히 밝혀야 한다.(2012.12.18 본항신설)
④ 제1항부터 제3항까지에서 규정한 사항 외에 의결권 행사를 위하여 필요한 사항은 대통령령으로 정한다.
(2012.12.18 본항신설)
제39조【집회의 의장과 의사록】 ① 관리단집회의 의장은 관리인 또는 집회를 소집한 구분소유자 중 연장자가 된다. 다만, 규약에 특별한 규정이 있거나 관리단집회에서 다른 결의를 한 경우에는 그러하지 아니하다.
② 관리단집회의 의사에 관하여는 의사록을 작성하여야 한다.
③ 의사록에는 의사의 경과와 그 결과를 적고 의장과 구분소유자 2인 이상이 서명날인하여야 한다.
④ 의사록에 관하여는 제30조를 준용한다.
제40조【점유자의 의견진술권】 ① 구분소유자의 승낙을 받아 전유부분을 점유하는 자는 집회의 목적사항에 관하여 이해관계가 있는 경우에는 집회에 출석하여 의견을 진술할 수 있다.
② 제1항의 경우 집회를 소집하는 자는 제34조에 따라 소집통지를 한 후 지체 없이 집회의 일시, 장소 및 목적사항을 건물 내의 적당한 장소에 게시하여야 한다.
제41조【서면 또는 전자적 방법에 의한 결의 등】 ① 이 법 또는 규약에 따라 관리단집회에서 결의할 것으로 정한 사항에 관하여 구분소유자의 4분의 3 이상 및 의결권의 4분의 3 이상이 서면이나 전자적 방법 또는 서면과 전자적 방법으로 합의하면 관리단집회를 소집하여 결의한 것으로 본다.(2023.3.28 본항개정)
② 제1항에도 불구하고 다음 각 호의 경우에는 그 구분에 따른 의결정족수 요건을 갖추어 서면이나 전자적 방법 또는 서면과 전자적 방법으로 합의하면 관리단집회를 소집하여 결의한 것으로 본다.
1. 제15조제1항제2호의 경우 : 구분소유자의 과반수 및 의결권의 과반수
2. 제15조의2제1항 본문, 제47조제2항 본문 및 제50조제4항의 경우 : 구분소유자의 5분의 4 이상 및 의결권의 5분의 4 이상
3. 제15조의2제1항 단서 및 제47조제2항 단서의 경우 : 구분소유자의 3분의 2 이상 및 의결권의 3분의 2 이상
(2023.3.28 본항신설)
③ 구분소유자들은 미리 그들 중 1인을 대리인으로 정하여 관리단에 신고한 경우에는 그 대리인은 그 구분소유자들을 대리하여 관리단집회에 참석하거나 서면 또는 전자적 방법으로 의결권을 행사할 수 있다.
④ 제1항 및 제2항의 서면 또는 전자적 방법으로 기록된 정보에 관하여는 제30조를 준용한다.(2023.3.28 본항개정)
(2012.12.18 본조개정)
제42조【규약 및 집회의 결의의 효력】 ① 규약 및 관리단집회의 결의는 구분소유자의 특별승계인에 대하여도 효력이 있다.
② 점유자는 구분소유자가 건물이나 대지 또는 부속시설의 사용과 관련하여 규약 또는 관리단집회의 결의에 따라 부담하는 의무와 동일한 의무를 진다.
제42조의2【결의취소의 소】 구분소유자는 다음 각 호의 어느 하나에 해당하는 경우에는 집회 결의 사실을 안 날부터 6개월 이내에, 결의한 날부터 1년 이내에 결의취소의 소를 제기할 수 있다.
1. 집회의 소집 절차나 결의 방법이 법령 또는 규약에 위반되거나 현저하게 불공정한 경우
2. 결의 내용이 법령 또는 규약에 위배되는 경우
(2012.12.18 본조신설)

제6절 의무위반자에 대한 조치

제43조【공동의 이익에 어긋나는 행위의 정지청구 등】 ① 구분소유자가 제5조제1항의 행위를 한 경우 또는 그 행위를 할 우려가 있는 경우에는 관리인 또는 관리단집회의 결의로 지정된 구분소유자는 구분소유자 공동의 이익을 위하여 그 행위를 정지하거나 그 행위의 결과를 제거하거나 그 행위의 예방에 필요한 조치를 할 것을 청구할 수 있다.
② 제1항에 따른 소송의 제기는 관리단집회의 결의가 있어야 한다.
③ 점유자가 제5조제4항에서 준용하는 같은 조 제1항에 규정된 행위를 한 경우 또는 그 행위를 할 우려가 있는 경우에도 제1항과 제2항을 준용한다.
제44조【사용금지의 청구】 ① 제43조제1항의 경우에 제5조제1항에 규정된 행위로 구분소유자의 공동생활상의 장해가 현저하여 제43조제1항에 규정된 청구로는 그 장해를 제거하여 공용부분의 이용 확보나 구분소유자의 공동생활 유지를 도모함이 매우 곤란할 때에는 관리인 또는 관리단집회의 결의로 지정된 구분소유자는 소(訴)로써 적당한 기간 동안 해당 구분소유자의 전유부분 사용금지를 청구할 수 있다.(2020.2.4 본항개정)
② 제1항의 청구는 구분소유자의 4분의 3 이상 및 의결권의 4분의 3 이상의 관리단집회 결의가 있어야 한다.
(2020.2.4 본항개정)
③ 제1항의 결의를 할 때에는 미리 해당 구분소유자에게 변명할 기회를 주어야 한다.
제45조【구분소유권의 경매】 ① 구분소유자가 제5조제1항 및 제2항을 위반하거나 규약에서 정한 의무를 현저히 위반한 결과 공동생활을 유지하기 매우 곤란하게 된 경우에는 관리인 또는 관리단집회의 결의로 지정된 구분소유자는 해당 구분소유자의 전유부분 및 대지사용권의 경매를 명할 것을 법원에 청구할 수 있다.
② 제1항의 청구는 구분소유자의 4분의 3 이상 및 의결권의 4분의 3 이상의 관리단집회 결의가 있어야 한다.
③ 제2항의 결의를 할 때에는 미리 해당 구분소유자에게 변명할 기회를 주어야 한다.
④ 제1항의 청구에 따라 경매를 명한 재판이 확정되었을 때에는 그 청구를 한 자는 경매를 신청할 수 있다. 다만, 그 재판확정일부터 6개월이 지나면 그러하지 아니하다.
⑤ 제1항의 해당 구분소유자는 제4항 본문의 신청에 의한 경매에서 경락인이 되지 못한다.
제46조【전유부분의 점유자에 대한 인도청구】 ① 점유자가 제45조제1항에 따른 의무위반을 한 결과 공동생활을 유지하기 매우 곤란하게 된 경우에는 관리인 또는 관리단집회의 결의로 지정된 구분소유자는 그 전유부분을 목적으로 하는 계약의 해제 및 그 전유부분의 인도를 청구할 수 있다.
② 제1항의 경우에는 제44조제2항 및 제3항을 준용한다.
③ 제1항에 따라 전유부분을 인도받은 자는 지체 없이 그 전유부분을 점유할 권원(權原)이 있는 자에게 인도하여야 한다.

제7절 재건축 및 복구

제47조【재건축 결의】 ① 건물 건축 후 상당한 기간이 지나 건물이 훼손되거나 일부 멸실되거나 그 밖의 사정으로 건물 가격에 비하여 지나치게 많은 수리비·복구비나 관리비용이 드는 경우 또는 부근 토지의 이용 상황의 변화나 그 밖의 사정으로 건물을 재건축하면 재건축에 드는 비용에 비하여 현저하게 효용이 증가하게 되는 경우에 관리단집회는 그 건물을 철거하여 그 대지를 구분소유권의 목적이 될 새 건물의 대지로 이용할 것을 결의할 수 있다. 다만, 재건축의 내용이 단지 내 다른 건물의 구분소유자에게 특별한 영향을 미칠 때에는 그 구분소유자의 승낙을 받아야 한다.
② 제1항의 결의는 구분소유자의 5분의 4 이상 및 의결권의 5분의 4 이상의 결의에 따른다. 다만, 「관광진흥법」 제3조제1항제2호나목에 따른 휴양 콘도미니엄업의 운영을 위한 휴양 콘도미니엄의 재건축 결의는 구분소유자의 3분의 2 이상 및 의결권의 3분의 2 이상의 결의에 따른다.
(2023.3.28 단서신설)
③ 재건축을 결의할 때에는 다음 각 호의 사항을 정하여야 한다.
1. 새 건물의 설계 개요
2. 건물의 철거 및 새 건물의 건축에 드는 비용을 개략적으로 산정한 금액

3. 제2호에 규정된 비용의 분담에 관한 사항
4. 새 건물의 구분소유권 귀속에 관한 사항
④ 제3항제3호 및 제4호의 사항은 각 구분소유자 사이에 형평이 유지되도록 정하여야 한다.
⑤ 제1항의 결의를 위한 관리단집회의 의사록에는 결의에 대한 각 구분소유자의 찬반 의사를 적어야 한다.

제48조【구분소유권 등의 매도청구 등】 ① 재건축의 결의가 있으면 집회를 소집한 자는 지체 없이 그 결의에 찬성하지 아니한 구분소유자(그의 승계인을 포함한다)에 대하여 그 결의 내용에 따른 재건축에 참가할 것인지 여부를 회답할 것을 서면으로 촉구하여야 한다.
② 제1항의 촉구를 받은 구분소유자는 촉구를 받은 날부터 2개월 이내에 회답하여야 한다.
③ 제2항의 기간 내에 회답하지 아니한 경우 그 구분소유자는 재건축에 참가하지 아니하겠다는 뜻을 회답한 것으로 본다.
④ 제2항의 기간이 지나면 재건축 결의에 찬성한 각 구분소유자, 재건축 결의 내용에 따른 재건축에 참가할 뜻을 회답한 각 구분소유자(그의 승계인을 포함한다) 또는 이들 전원의 합의에 따라 구분소유권과 대지사용권을 매수하도록 지정된 자(이하 "매수지정자"라 한다)는 제2항의 기간 만료일부터 2개월 이내에 재건축에 참가하지 아니하겠다는 뜻을 회답한 구분소유자(그의 승계인을 포함한다)에게 구분소유권과 대지사용권을 시가로 매도할 것을 청구할 수 있다. 재건축 결의가 있은 후에 이 구분소유자로부터 대지사용권만을 취득한 자의 대지사용권에 대하여도 또한 같다.
⑤ 제4항에 따른 청구가 있는 경우에 재건축에 참가하지 아니하겠다는 뜻을 회답한 구분소유자가 건물을 명도(明渡)하면 생활에 현저한 어려움을 겪을 우려가 있고 재건축의 수행에 큰 영향이 없을 때에는 법원은 그 구분소유자의 청구에 의하여 대금 지급일 또는 제공일부터 1년을 초과하지 아니하는 범위에서 건물 명도에 대하여 적당한 기간을 허락할 수 있다.
⑥ 재건축 결의일부터 2년 이내에 건물 철거공사가 착수되지 아니한 경우에는 제4항에 따라 구분소유권이나 대지사용권을 매도한 자는 이 기간이 만료된 날부터 6개월 이내에 매수인이 지급한 대금에 상당하는 금액을 그 구분소유권이나 대지사용권을 가지고 있는 자에게 제공하고 이들의 권리를 매도할 것을 청구할 수 있다. 다만, 건물 철거공사가 착수되지 아니한 타당한 이유가 있을 경우에는 그러하지 아니하다.
⑦ 제6항 단서에 따른 건물 철거공사가 착수되지 아니한 타당한 이유가 없어진 날부터 6개월 이내에 공사에 착수하지 아니하는 경우에는 제6항 본문을 준용한다. 이 경우 같은 항 본문 중 "이 기간이 만료된 날부터 6개월 이내에"는 "건물 철거공사가 착수되지 아니한 타당한 이유가 없어진 것을 안 날부터 6개월 또는 그 이유가 없어진 날부터 2년 중 빠른 날까지"로 본다.

제49조【재건축에 관한 합의】 재건축 결의에 찬성한 각 구분소유자, 재건축 결의 내용에 따른 재건축에 참가할 뜻을 회답한 각 구분소유자 및 구분소유권 또는 대지사용권을 매수한 각 매수지정자(이들의 승계인을 포함한다)는 재건축 결의 내용에 따른 재건축에 합의한 것으로 본다.

제50조【건물이 일부 멸실된 경우의 복구】 ① 건물가격의 2분의 1 이하에 상당하는 건물 부분이 멸실되었을 때에는 각 구분소유자는 멸실한 공용부분과 자기의 전유부분을 복구할 수 있다. 다만, 공용부분의 복구에 착수하기 전에 제47조제1항의 결의나 공용부분의 복구에 대한 결의가 있는 경우에는 그러하지 아니하다.
② 제1항에 따라 공용부분을 복구한 자는 다른 구분소유자에게 제12조의 지분비율에 따라 복구에 든 비용의 상환을 청구할 수 있다.
③ 제1항 및 제2항의 규정은 규약으로 달리 정할 수 있다.
④ 건물이 일부 멸실된 경우로서 제1항 본문의 경우를 제외한 경우에 관리단집회는 구분소유자의 5분의 4 이상 및 의결권의 5분의 4 이상으로 멸실한 공용부분을 복구할 것을 결의할 수 있다.
⑤ 제4항의 결의가 있는 경우에는 제47조제5항을 준용한다.
⑥ 제4항의 결의가 있을 때에는 그 결의에 찬성한 구분소유자(그의 승계인을 포함한다) 외의 구분소유자는 결의에 찬성한 구분소유자(그의 승계인을 포함한다)에게 건물 및 그 대지에 관한 권리를 시가로 매수할 것을 청구할 수 있다.
⑦ 제4항의 경우에 건물 일부가 멸실한 날부터 6개월 이내에 같은 항 또는 제47조제1항의 결의가 없을 때에는 각 구분소유자는 다른 구분소유자에게 건물 및 그 대지에 관한 권리를 시가로 매수할 것을 청구할 수 있다.
⑧ 법원은 제2항, 제6항 및 제7항의 경우에 상환 또는 매수청구를 받은 구분소유자의 청구에 의하여 상환금 또는 대금의 지급에 관하여 적당한 기간을 허락할 수 있다.

제2장 단 지
(2010.3.31 본장개정)

제51조【단지관리단】 ① 한 단지에 여러 동의 건물이 있고 그 단지 내의 토지 또는 부속시설(이들에 관한 권리를 포함한다)이 그 건물 소유자(전유부분이 있는 건물에서는 구분소유자를 말한다)의 공동소유에 속하는 경우에는 이들 소유자는 그 단지 내의 토지 또는 부속시설을 관리하기 위한 단체를 구성하여 이 법에서 정하는 바에 따라 집회를 개최하고 규약을 정하며 관리인을 둘 수 있다.
② 한 단지에 여러 동의 건물이 있고 단지 내의 토지 또는 부속시설(이들에 관한 권리를 포함한다)이 그 건물 소유자(전유부분이 있는 건물에서는 구분소유자를 말한다) 중 일부의 공동소유에 속하는 경우에는 이들 소유자는 그 단지 내의 토지 또는 부속시설을 관리하기 위한 단체를 구성하여 이 법에서 정하는 바에 따라 집회를 개최하고 규약을 정하며 관리인을 둘 수 있다.
③ 제1항의 단지관리단은 단지관리단의 구성원이 속하는 각 관리단의 사업의 전부 또는 일부를 그 사업 목적으로 할 수 있다. 이 경우 각 관리단의 구성원의 4분의 3 이상 및 의결권의 4분의 3 이상에 의한 관리단집회의 결의가 있어야 한다.

제52조【단지에 대한 준용】 제51조의 경우에는 제3조, 제23조의2, 제24조, 제24조의2, 제25조, 제26조, 제26조의2부터 제26조의5까지, 제27조부터 제42조까지 및 제42조의2를 준용한다. 이 경우 전유부분이 없는 건물은 해당 건물의 수를 전유부분의 수로 한다.(2023.3.28 전단개정)

제2장의2 집합건물분쟁조정위원회
(2012.12.18 본장신설)

제52조의2【집합건물분쟁조정위원회】 ① 이 법을 적용받는 건물과 관련된 분쟁을 심의·조정하기 위하여 특별시·광역시·특별자치시·도 또는 특별자치도(이하 "시·도"라 한다)에 집합건물분쟁조정위원회(이하 "조정위원회"라 한다)를 둔다.
② 조정위원회는 분쟁 당사자의 신청에 따라 다음 각 호의 분쟁(이하 "집합건물분쟁"이라 한다)을 심의·조정한다.
1. 이 법을 적용받는 건물의 하자에 관한 분쟁. 다만, 「공동주택관리법」 제36조 및 제37조에 따른 공동주택의 담보책임 및 하자보수 등과 관련된 분쟁은 제외한다.
(2015.8.11 단서개정)
2. 관리인·관리위원의 선임·해임 또는 관리단·관리위원회의 구성·운영에 관한 분쟁
3. 공용부분의 보존·관리 또는 변경에 관한 분쟁
4. 관리비의 징수·관리 및 사용에 관한 분쟁
5. 규약의 제정·개정에 관한 분쟁
6. 재건축과 관련된 철거, 비용분담 및 구분소유권 귀속에 관한 분쟁
6의2. 소음·진동·악취 등 공동생활과 관련된 분쟁
(2020.2.4 본호신설)
7. 그 밖에 이 법을 적용받는 건물과 관련된 분쟁으로서 대통령령으로 정한 분쟁

제52조의3【조정위원회의 구성과 운영】 ① 조정위원회는 위원장 1명과 부위원장 1명을 포함한 10명 이내의 위원으로 구성한다.
② 조정위원회의 위원은 집합건물분쟁에 관한 법률지식과 경험이 풍부한 사람으로서 다음 각 호의 어느 하나에 해당하는 사람 중에서 시·도지사가 임명하거나 위촉한다. 이 경우 제1호 및 제2호에 해당하는 사람이 각각 2명 이상 포함되어야 한다.
1. 법학 또는 조정·중재 등의 분쟁조정 관련 학문을 전공한 사람으로서 대학에서 조교수 이상으로 3년 이상 재직한 사람
2. 변호사 자격이 있는 사람으로서 3년 이상 법률에 관한 사무에 종사한 사람
3. 건설공사, 하자감정 또는 공동주택관리에 관한 전문적 지식을 갖춘 사람으로서 해당 업무에 3년 이상 종사한 사람
4. 해당 시·도 소속 5급 이상 공무원으로서 관련 업무에 3년 이상 종사한 사람
③ 조정위원회의 위원장은 해당 시·도지사가 위원 중에서 임명하거나 위촉한다.
④ 조정위원회에는 분쟁을 효율적으로 심의·조정하기 위하여 3명 이내의 위원으로 구성되는 소위원회를 둘 수 있다. 이 경우 소위원회에는 제2항제1호 및 제2호에 해당하는 사람이 각각 1명 이상 포함되어야 한다.
⑤ 조정위원회는 재적위원 과반수의 출석과 출석위원 과반수의 찬성으로 의결하며, 소위원회는 재적위원 전원 출석과 출석위원 과반수의 찬성으로 의결한다.
⑥ 제1항부터 제5항까지에서 규정한 사항 외에 조정위원회와 소위원회의 구성 및 운영에 필요한 사항과 조정 절차에 관한 사항은 대통령령으로 정한다.

제52조의4【위원의 제척 등】 ① 조정위원회의 위원이 다음 각 호의 어느 하나에 해당하는 경우에는 그 사건의 심의·조정에서 제척(除斥)된다.
1. 위원 또는 그 배우자나 배우자이었던 사람이 해당 집합건물분쟁의 당사자가 되거나 그 집합건물분쟁에 관하여 당사자와 공동권리자 또는 공동의무자의 관계에 있는 경우
2. 위원이 해당 집합건물분쟁의 당사자와 친족이거나 친족이었던 경우
3. 위원이 해당 집합건물분쟁에 관하여 진술이나 감정을 한 경우
4. 위원이 해당 집합건물분쟁에 당사자의 대리인으로서 관여한 경우
5. 위원이 해당 집합건물분쟁의 원인이 된 처분이나 부작위에 관여한 경우
② 조정위원회는 위원에게 제1항의 제척 원인이 있는 경우에는 직권이나 당사자의 신청에 따라 제척의 결정을 한다.
③ 당사자는 위원에게 공정한 직무집행을 기대하기 어려운 사정이 있으면 조정위원회에 해당 위원에 대한 기피신청을 할 수 있다.
④ 위원은 제1항 또는 제3항의 사유에 해당하면 스스로 그 집합건물분쟁의 심의·조정을 회피할 수 있다.

제52조의5【분쟁조정신청과 통지 등】 ① 조정위원회는 당사자 일방으로부터 분쟁의 조정신청을 받은 경우에는 지체 없이 그 신청내용을 상대방에게 통지하여야 한다.
② 제1항에 따라 통지를 받은 상대방은 그 통지를 받은 날부터 7일 이내에 조정에 응할 것인지에 관한 의사를 조정위원회에 통지하여야 한다.
③ 제1항에 따라 분쟁의 조정신청을 받은 조정위원회는 분쟁의 성질 등 조정에 적합하지 아니한 사유가 있다고 인정하는 경우에는 해당 조정의 불개시(不開始) 결정을 할 수 있다. 이 경우 조정의 불개시 결정 사실과 그 사유를 당사자에게 통보하여야 한다.

제52조의6【조정의 절차】 ① 조정위원회는 제52조의5 제1항에 따른 조정신청을 받으면 같은 조 제2항에 따른 조정 불응 또는 같은 조 제3항에 따른 조정의 불개시 결정이 있는 경우를 제외하고는 지체 없이 조정 절차를 개시하여야 하며, 신청을 받은 날부터 60일 이내에 그 절차를 마쳐야 한다.
② 조정위원회는 제1항의 기간 내에 조정을 마칠 수 없는 경우에는 조정위원회의 의결로 그 기간을 30일의 범위에서 한 차례만 연장할 수 있다. 이 경우 그 사유와 기한을 분명히 밝혀 당사자에게 서면으로 통지하여야 한다.
③ 조정위원회는 제1항에 따른 조정의 절차를 개시하기 전에 이해관계인 등의 의견을 들을 수 있다.
④ 조정위원회는 제1항에 따른 절차를 마쳤을 때에는 조정안을 작성하여 지체 없이 각 당사자에게 제시하여야 한다.
⑤ 제4항에 따른 조정안을 제시받은 당사자는 제시받은 날부터 14일 이내에 조정안의 수락 여부를 조정위원회에 통보하여야 한다. 이 경우 당사자가 그 기간 내에 조정안에 대한 수락 여부를 통보하지 아니한 경우에는 조정안을 수락한 것으로 본다.

제52조의7【출석 및 자료제출 요구】 ① 조정위원회는 조정을 위하여 필요하다고 인정하는 경우 분쟁당사자, 분쟁 관련 이해관계인 또는 참고인에게 출석하여 진술하게 하거나 조정에 필요한 자료나 물건 등을 제출하도록 요구할 수 있다.
② 조정위원회는 해당 조정업무에 참고하기 위하여 시·도지사 및 관련기관에 해당 분쟁과 관련된 자료를 요청할 수 있다.
(2020.2.4 본조신설)

제52조의8【조정의 중지 등】 ① 조정위원회는 당사자가 제52조의5제2항에 따라 조정에 응하지 아니할 의사를 통지하거나 제52조의6제5항에 따라 조정안을 거부한 경우에는 조정을 중지하고 그 사실을 상대방에게 서면으로 통보하여야 한다.
② 조정위원회는 당사자 중 일방이 소를 제기한 경우에는 조정을 중지하고 그 사실을 상대방에게 통보하여야 한다.
③ 조정위원회는 법원에 소송계속 중인 당사자 중 일방이 조정을 신청한 때에는 해당 조정 신청을 결정으로 각하하여야 한다.

제52조의9【조정의 효력】 ① 당사자가 제52조의6제5항에 따라 조정안을 수락하면 조정위원회는 지체 없이 조정서 3부를 작성하여 위원장 및 각 당사자로 하여금 조정서에 서명날인하게 하여야 한다.
② 제1항의 경우 당사자 간에 조정서와 같은 내용의 합의가 성립된 것으로 본다.

제52조의10【하자 등의 감정】 ① 조정위원회는 당사자의 신청으로 또는 당사자와 협의하여 대통령령으로 정하는 안전진단기관, 하자감정전문기관 등에 하자진단 또는 하자감정 등을 요청할 수 있다.
② 조정위원회는 당사자의 신청으로 또는 당사자와 협의하여 「공동주택관리법」 제39조에 따른 하자심사·분쟁조정위원회에 하자판정을 요청할 수 있다.(2015.8.11 본항개정)
③ 제1항 및 제2항에 따른 비용은 대통령령으로 정하는 바에 따라 당사자가 부담한다.

제3장 구분건물의 건축물대장
(2010.3.31 본장개정)

제53조【건축물대장의 편성】 ① 소관청은 이 법을 적용받는 건물에 대하여는 이 법에서 정하는 건축물대장과 건물의 도면 및 각 층의 평면도를 갖추어 두어야 한다.
(2020.2.4 본항개정)
② 대장은 1동의 건물을 표시할 용지와 그 1동의 건물에 속하는 전유부분의 건물을 표시할 용지로 편성한다.
③ 1동의 건물에 대하여는 각 1용지를 사용하고 전유부분의 건물에 대하여는 구분한 건물마다 1용지를 사용한다.

④ 1동의 건물에 속하는 구분한 건물의 대장은 1책에 편철하고 1동의 건물을 표시할 용지 다음에 구분한 건물을 표시할 용지를 편철한다.
⑤ 제4항의 경우에 편철한 용지가 너무 많을 때에는 여러 책으로 나누어 편철할 수 있다.

제54조【건축물대장의 등록사항】 ① 1동의 건물을 표시할 용지에는 다음 각 호의 사항을 등록하여야 한다.
1. 1동의 건물의 소재지와 지번(地番)
2. 1동의 건물에 번호가 있을 때에는 그 번호
3. 1동의 건물의 구조와 면적(2020.2.4 본호개정)
4. 1동의 건물에 속하는 전유부분의 번호
5. 그 밖에 국토교통부령으로 정하는 사항(2013.3.23 본호개정)

② 전유부분을 표시할 용지에는 다음 각 호의 사항을 등록하여야 한다.
1. 전유부분의 번호
2. 전유부분이 속하는 1동의 건물의 번호
3. 전유부분의 종류, 구조와 면적
4. 부속건물이 있을 때에는 부속건물의 종류, 구조, 면적
5. 소유자의 성명 또는 명칭과 주소 또는 사무소. 이 경우 소유자가 둘 이상일 때에는 그 지분
6. 그 밖에 국토교통부령으로 정하는 사항(2013.3.23 본호개정)

③ 제2항제4호의 경우에 부속건물이 그 전유부분과 다른 별채의 건물이거나 별채인 1동의 건물을 구분한 것일 때에는 그 1동의 건물의 소재지, 지번, 번호, 종류, 구조 및 면적을 등록하여야 한다.
④ 제3항의 경우에 건물의 표시 및 소유자의 표시에 관한 사항을 등록할 때에는 원인 및 그 연월일과 등록연월일을 적어야 한다.
⑤ 제3조제2항 및 제3항에 따른 공용부분의 등록에 관하여는 제2항과 제4항을 준용한다. 이 경우 그 건물의 표시란에 공용부분이라는 취지를 등록한다.
⑥ 구분점포의 경우에는 전유부분 용지의 구조란에 경계벽이 없다는 뜻을 적어야 한다.

제55조【건축물대장의 등록절차】 건축물대장의 등록은 소유자 등의 신청이나 소관청의 조사결정에 의한다.

제56조【건축물대장의 신규 등록신청】 ① 이 법을 적용받는 건물을 신축한 자는 1개월 이내에 1동의 건물에 속하는 전유부분 전부에 대하여 동시에 건축물대장 등록신청을 하여야 한다.
② 제1항의 신청서에는 제54조에 규정된 사항을 적고 건물의 도면, 각 층의 평면도(구분점포의 경우에는 「건축사법」 제23조에 따라 신고한 건축사 또는 「공간정보의 구축 및 관리 등에 관한 법률」 제39조제2항에서 정한 측량기술자가 구분점포의 경계표지에 관한 측량성과를 적어 작성한 평면도를 말한다)와 신청인의 소유임을 증명하는 서면을 첨부하여야 하며, 신청서에 적은 사항 중 규약이나 규약에 상당하는 공정증서로써 정한 것이 있는 경우에는 그 규약이나 공정증서를 첨부하여야 한다.(2014.6.3 본항개정)
③ 이 법을 적용받지 아니하던 건물이 구분, 신축 등으로 인하여 이 법을 적용받게 된 경우에는 제1항과 제2항을 준용한다.
④ 제3항의 경우에 건물 소유자는 다른 건물의 소유자를 대위(代位)하여 제1항의 신청을 할 수 있다.

제57조【건축물대장의 변경등록신청】 ① 건축물대장에 등록한 사항이 변경된 경우에는 소유자는 1개월 이내에 변경등록신청을 하여야 한다.
② 1동의 건물을 표시할 사항과 공용부분의 표시에 관한 사항의 변경등록은 전유부분 소유자 중 1인 또는 여럿이 제1항의 기간까지 신청할 수 있다.
③ 제1항 및 제2항의 신청서에는 변경된 사항과 1동의 건물을 표시하기에 충분한 사항을 적고 그 변경을 증명하는 서면을 첨부하여야 하며 건물의 소재지, 구조, 면적이 변경되거나 부속건물을 신축한 경우에는 건물도면 또는 각 층의 평면도도 첨부하여야 한다.
④ 구분점포는 제1조의2제1항제1호의 용도 외의 다른 용도로 변경할 수 없다.

제58조【신청의무의 승계】 소유자가 변경된 경우에는 전 소유자가 하여야 할 제56조와 제57조제1항의 등록신청은 소유자가 변경된 날부터 1개월 이내에 새로운 소유자가 하여야 한다.

제59조【소관청의 직권조사】 ① 소관청은 제56조 또는 제57조의 신청을 받아 또는 직권으로 건축물대장에 등록할 때에는 소속 공무원에게 건물의 표시에 관한 사항을 조사하게 할 수 있다.
② 소관청은 구분점포에 관하여 제56조 또는 제57조의 신청을 받으면 신청 내용이 제1조의2제1항 각 호의 요건을 충족하는지와 건축물의 실제 현황과 일치하는지를 조사하여야 한다.
③ 제1항 및 제2항의 조사를 하는 경우 해당 공무원은 일출 후 일몰 전까지 그 건물에 출입할 수 있으며, 점유자나 그 밖의 이해관계인에게 질문하거나 문서의 제시를 요구할 수 있다. 이 경우 관계인에게 그 신분을 증명하는 증표를 보여주어야 한다.

제60조【조사 후 처리】 ① 제56조의 경우에 소관청은 관계 공무원의 조사 결과 그 신고 내용이 부당하다고 인정할 때에는 그 취지를 적어 정정할 것을 명하고, 그 신고 내용을 정정하여도 그 건물의 상황이 제1조 또는 제1조의2의 규정에 맞지 아니하다고 인정할 때에는 그 등록을 거부하고 그 건물 전체를 하나의 건물로 하여 일반건축물대장에 등록하여야 한다.
② 제1항의 경우에는 일반건축물대장에 등록한 날부터 7일 이내에 신고인에게 그 등록거부 사유를 서면으로 통지하여야 한다.

제61조~제64조 (2011.4.12 삭제)

제4장 벌 칙
(2010.3.31 본장개정)

제65조【벌금】 ① 제1조의2제1항에서 정한 경계표지 또는 건물번호표지를 파손, 이동 또는 제거하거나 그 밖의 방법으로 경계를 알아볼 수 없게 한 사람은 3년 이하의 징역 또는 1천만원 이하의 벌금에 처한다.
② 건축사 또는 측량기술자가 제56조제2항에서 정한 평면도에 측량성과를 사실과 다르게 적었을 때에는 2년 이하의 징역 또는 500만원 이하의 벌금에 처한다.

제66조【과태료】 ① 다음 각 호의 어느 하나에 해당하는 자에게는 500만원 이하의 과태료를 부과한다.
1. 제26조의2제1항 또는 제3항(제52조에서 준용하는 경우를 포함한다)에 따른 회계감사를 받지 아니하거나 부정한 방법으로 받은 자
2. 제26조의2제6항(제52조에서 준용하는 경우를 포함한다)을 위반하여 회계감사를 방해하는 등 같은 항 각 호의 어느 하나에 해당하는 행위를 한 자

② 다음 각 호의 어느 하나에 해당하는 자에게는 300만원 이하의 과태료를 부과한다.
1. 제26조의2제4항(제52조에서 준용하는 경우를 포함한다)을 위반하여 회계감사 결과를 보고하지 아니하거나 거짓으로 보고한 자
1의2. 제26조의5제1항(제52조에서 준용하는 경우를 포함한다)에 따른 보고 또는 자료 제출 명령을 위반한 자(2023.3.28 본호신설)
2. 제59조제1항에 따른 조사를 거부·방해 또는 기피한 자
3. 제59조제3항에 따른 질문 및 문서 제시 요구에 응하지 아니하거나 거짓으로 응한 자

③ 다음 각 호의 어느 하나에 해당하는 자에게는 200만원 이하의 과태료를 부과한다.
1. 제9조의3제3항을 위반하여 통지를 하지 아니한 자
2. 제9조의3제4항을 위반하여 관리단집회를 소집하지 아니한 자
3. 제24조제6항(제52조에서 준용하는 경우를 포함한다)에 따른 신고를 하지 아니한 자
4. 제26조제1항(제52조에서 준용하는 경우를 포함한다)을 위반하여 보고를 하지 아니하거나 거짓으로 보고한 경우
4의2. 제26조제2항(제52조에서 준용하는 경우를 포함한다)을 위반하여 장부 또는 증빙서류를 작성·보관하지 아니하거나 거짓으로 작성한 자(2023.3.28 본호신설)
4의3. 제26조제3항 각 호 외의 부분 후단(제52조에서 준용하는 경우를 포함한다)을 위반하여 정당한 사유 없이 제26조제1항에 따른 보고 자료 또는 같은 조 제2항에 따른 장부나 증빙서류에 대한 열람 청구 또는 등본의 교부 청구에 응하지 아니하거나 거짓으로 응한 자(2023.3.28 본호신설)
5. 제30조제1항, 제39조제4항, 제41조제4항(이들 규정을 제52조에서 준용하는 경우를 포함한다)을 위반하여 규약, 의사록 또는 서면(전자적 방법으로 기록된 정보를 포함한다)을 보관하지 아니한 자(2023.3.28 본호개정)
6. 제30조제3항, 제39조제4항, 제41조제4항(이들 규정을 제52조에서 준용하는 경우를 포함한다)을 위반하여 정당한 사유 없이 규약, 의사록 또는 서면(전자적 방법으로 기록된 정보를 포함한다)의 열람이나 등본의 발급청구를 거부한 자(2023.3.28 본호개정)
7. 제39조제2항 및 제3항(이들 규정을 제52조에서 준용하는 경우를 포함한다)을 위반하여 의사록을 작성하지 아니하거나 의사록에 적어야 할 사항을 적지 아니하거나 거짓으로 적은 자
8. 제56조제1항, 제57조제1항, 제58조에 따른 등록신청을 게을리 한 자

④ 제1항부터 제3항까지의 규정에 따른 과태료는 대통령령으로 정하는 바에 따라 소관청(제2항제1호의2의 경우에는 시·도지사 또는 시장·군수·구청장을 말한다)이 부과·징수한다.(2023.3.28 본항개정)
(2020.2.4 본조개정)

부 칙

제1조【시행일】 이 법은 공포후 1년이 경과한 날로부터 시행한다.

제2조【현존 가옥대장의 개제등에 관한 경과조치】 ① 이 법 시행당시 현존하는 구분건물의 가옥대장은 이 법 시행후 1년이내에 이 법의 규정에 의한 양식의 대장으로 개제하여야 한다. 이 경우 가옥대장이 비치되지 아니한 때에는 건축법의 규정에 의한 건축물대장을 가옥대장으로 본다.
② 제1항 후단의 규정에 의하여 개제한 건축물대장은 이 법에 의한 가옥대장으로 본다.

제3조【공용부분의 지분에 관한 경과조치】 이 법 시행당시 현존하는 공용부분이 구분소유자 전원 또는 그 일부의 공유에 속하는 경우에 각 공유자의 지분이 제12조의 규정에 합당하지 아니할 때에는 그 지분은 제10조제2항 단서의 규정에 의하여 규약으로써 정한 것으로 본다.

제4조【경과조치】 이 법 시행당시 현존하는 전유부분과 이에 대한 대지사용권에 관한 제20조 내지 제22조의 규정은 이 법의 시행일로부터 2년이 경과한 날로부터 적용한다. 다만, 법률 제3726호 부동산등기법중개정법률 부칙 제2조제2항의 규정에 의한 등기를 완료한 건물에 대하여는 그 등기를 완료한 날의 다음날로부터 이 법 제20조 내지 제22조의 규정을 적용한다.(1986.5.12 단서신설)

제5조【공유지분등의 취득에 관한 경과조치】 ① 이 법 시행당시 구분건물로 등기된 건물이 제1조의 규정에 부합하지 아니하여 그 등기용지가 폐쇄된 때에는 그 건물의 소유자는 분양가 또는 분양가를 알 수 없을 때에는 감정업자의 감정가의 비율에 따라 그 건물이 속하는 1동의 건물의 공유지분을 취득한 것으로 본다.
② 제1항의 경우 그 구분건물에 등기된 소유권의 등기외의 권리에 관한 등기의 효력은 그 지분에 당연히 미친다.

제6조 (2012.12.18 삭제)

부 칙 (2009.5.8)

① **【시행일】** 이 법은 공포한 날부터 시행한다.
② **【벌칙 및 과태료에 관한 경과조치】** 이 법 시행 전의 행위에 대하여 벌칙 및 과태료를 적용할 때에는 종전의 규정에 따른다.
③ **【과태료재판에 관한 경과조치】** 이 법 시행 당시 법원에 계속 중인 과태료재판에 대하여는 종전의 규정에 따른다.

부 칙 (2012.12.18)

제1조【시행일】 이 법은 공포 후 6개월이 경과한 날부터 시행한다.

제2조【관리인 임기에 관한 적용례】 제24조제2항의 개정규정은 이 법 시행 후 최초로 선임되거나 임기가 새로 개시되는 관리인부터 적용한다.

제3조【담보책임에 관한 경과조치】 제2조의2, 제9조, 제9조의2, 법률 제3725호 集合建物의所有및管理에관한法律 부칙 제6조(법률 제7502호 集合建物의所有및管理에관한法律 일부개정법률에 따라 개정된 내용을 포함한다)의 개정규정 및 부칙 제4조에도 불구하고 이 법 시행 전에 분양된 건물의 담보책임에 관하여는 종전의 규정에 따른다.

제4조【다른 법률의 개정】 ※(해당 법령에 가제정리 하였음)

부 칙 (2020.2.4)

제1조【시행일】 이 법은 공포 후 1년이 경과한 날부터 시행한다.

제2조【분양자의 통지의무 등에 관한 적용례】 제9조의3의 개정규정은 이 법 시행 이후 분양하는 경우부터 적용한다.

제3조【관리인 선임 등 신고에 관한 적용례】 제24조제6항의 개정규정(제52조의 개정규정에서 준용하는 경우를 포함한다)은 이 법 시행 이후 관리인을 선임하는 경우부터 적용한다.

제4조【관리인의 회계감사에 관한 적용례】 제26조의2의 개정규정(제52조의 개정규정에서 준용하는 경우를 포함한다)은 이 법 시행 이후 개시되는 회계연도부터 적용한다.

제5조【관리위원회 구성에 관한 경과조치】 이 법 시행당시 재직 중인 관리위원회 위원에 대해서는 잔여임기 동안 제26조의4제2항의 개정규정(제52조의 개정규정에서 준용하는 경우를 포함한다)에도 불구하고 종전의 규정에 따른다.

부 칙 (2023.3.28)

제1조【시행일】 이 법은 공포 후 6개월이 경과한 날부터 시행한다.

제2조【관리인의 장부 작성 및 보관 등에 관한 적용례】 제26조제2항 및 제3항(제2항에 관한 부분으로 한정한다)의 개정규정(제52조에서 준용하는 경우를 포함한다)은 이 법 시행일이 속하는 달의 다음 달의 회계부터 적용한다.

(舊 : 도시및주거환경정비등기처리규칙)

도시 및 주거환경정비 등기규칙

(2003년 6월 28일 대법원규칙 제1833호)

개정
2006. 5.30대법원규칙2025호(부등규)
2011. 9.28대법원규칙2356호(부등규)
2018. 5.29대법원규칙2792호

제1조【목적】 이 규칙은 「도시 및 주거환경정비법」(이하 "법"이라 한다) 제88조제2항의 규정에 의하여 부동산 등기에 관한 필요한 사항을 규정함을 목적으로 한다.
(2018.5.29 본조개정)

제2조【대위등기신청】 ① 정비사업시행자(이하 "시행자"라 한다)는 그 사업시행을 위하여 필요한 때에는 다음의 각호에 규정한 등기를 각 해당 등기의 신청권자를 대위하여 신청할 수 있다.
1. 부동산의 표시변경 및 경정등기
2. 등기명의인의 표시변경 및 경정등기
3. 소유권보존등기
4. 상속에 의한 소유권이전등기

② 제1항의 등기를 신청하는 때에는 신청서에 사업시행인가가 있었음을 증명하는 서면을 첨부하여야 한다.

제3조【대위등기의 일괄신청】 제2조제1항제1호 및 제2호의 규정에 의하여 등기를 신청하는 경우에는 등기원인 또는 등기의 목적이 동일하지 아니한 경우라도 동일한 신청서로 등기를 신청할 수 있다.

제4조【대위등기절차】 ① 제2조제1항의 등기에는 「부동산등기법」 제28조제2항·제32조제4항 및 「부동산등기규칙」 제50조를 준용한다.
② 등기관이 제2조제3호 및 제4호의 등기를 마쳤을 때에는 등기필정보통지서를 신청인에게 교부하고 신청인은 지체없이 이를 해당 부동산의 등기권리자에게 넘겨주어야 한다.
(2011.9.28 본조개정)

제5조【이전고시에 따른 등기신청】 ① 시행자는 법 제86조제2항의 규정에 의한 이전고시를 한 때에는 지체없이 그 사실을 관할 등기소에 통지하고 다음의 등기를 신청하여야 한다.(2018.5.29 본문개정)
1. 정비사업시행에 의한 종전 토지에 관한 등기의 말소등기
2. 정비사업시행으로 축조된 건축시설과 조성된 대지에 관한 소유권보존등기
3. 종전 건물과 토지에 관한 지상권, 전세권, 임차권, 저당권, 가등기, 환매특약이나 권리소멸의 약정, 처분제한의 등기(이하 "담보권등에 관한 권리의 등기"라 한다)로서 분양받은 건축시설과 대지에 존속하게 되는 등기

② 제1항의 등기를 신청함에 있어서는 1개의 건축시설 및 그 대지인 토지를 1개의 단위로 하여, 1필의 토지 위에 수개의 건축시설이 있는 경우에는 그 건축시설 전부와 그 대지를 1개의 단위로 하여, 수필의 토지를 공동대지로 하여 그 위에 수개의 건축시설이 있는 경우에는 그 건축시설 및 대지전부를 1개 단위로 하여 동시에 하여야 한다. 다만, 법 제86조제1항 단서의 규정에 의하여 시행자가 사업에 관한 공사의 완공 부분만에 관하여 이전고시를 한 때에는 제1항의 등기 중 건물에 관한 등기신청은 그 부분만에 관하여 할 수 있다.(2018.5.29 단서개정)
③ 제1항의 등기를 신청하는 경우에는 관리처분계획 및 그 인가를 증명하는 서면과 이전고시를 증명하는 서면을 첨부하여야 한다.

제6조【종전 건물에 관한 등기신청】 ① 제5조제2항의 규정에 의한 1개의 단위를 이루는 토지 위에 있던 종전 건물에 관한 등기의 말소등기를 신청하는 때에는 동일한 신청서로 하여야 한다.
② 제1항의 신청서에는 정비사업시행으로 인하여 등기를 신청한다는 취지를 기재하여야 한다.

제7조【종전 건물에 관한 등기】 등기관은 제6조의 신청에 의하여 등기를 하는 때에는 종전 건물의 등기부 중 표제부에 정비사업시행으로 인하여 말소한 취지를 기록하고 부동산의 표시를 말소하는 기호를 기록하고 그 등기부를 폐쇄하여야 한다.

제8조【종전 토지에 관한 등기신청】 ① 제5조제2항의 규정에 의한 1개의 단위를 이루는 토지에 포함되는 종전 토지에 관한 등기의 말소등기를 신청하는 때에는 동일한 신청서로 하여야 한다.
② 제1항의 신청서에는 정비사업시행으로 인하여 등기를 신청한다는 취지를 기재하여야 한다.

제9조【종전 토지에 관한 등기】 등기관은 제8조의 신청에 의하여 등기를 하는 때에는 종전 토지의 등기부 중 표제부에 정비사업시행으로 인하여 말소한 취지를 기록하고 부동산의 표시를 말소하는 기호를 기록하고 그 등기부를 폐쇄하여야 한다.

제10조【건축시설에 관한 등기신청】 ① 건축시설에 관한 소유권보존등기 및 담보권등에 관한 권리의 등기의 신청을 하는 때에는 건축시설(구분건물인 경우에는 1동의 건물에 속하는 구분건물 전부)에 관하여 동일한 신청서로 하여야 한다.
② 제1항의 신청서에는 건축시설별로 소유권보존등기, 담보권등에 관한 권리의 등기의 순서로 등기사항을 기재하여야 하며, 동일한 건축시설에 관한 권리를 목적으로 하는 2개 이상의 담보권 등에 관한 권리의 등기에 있어서는 등기할 순서에 따라 등기사항을 기재하여야 한다.
③ 제1항의 신청서에는 다음 각 호의 사항을 적어야 한다.
(2011.9.28 본문개정)
1. 구분소유자의 대지소유권에 대한 공유지분 비율
2. 담보권 등에 관한 권리와 그 목적인 권리의 표시, 구분건물의 경우에는 담보권 등에 관한 권리가 해당 구분소유자의 대지소유권에 대한 공유지분에도 존속하는지 여부의 표시
3. 정비사업시행으로 인하여 등기를 신청한다는 취지

④ 제2항의 경우 건축시설에 이전고시를 받은 자보다 선순위의 가등기 또는 처분제한의 등기가 존속하는 때에는 신청서에 그 선순위의 가등기 또는 처분제한의 목적이 된 소유권등기 명의인의 소유권보존등기, 그 선순위의 가등기 또는 처분제한의 등기, 이전고시를 받은 자 명의의 소유권이전등기의 순서로 등기사항을 기재하여야 한다.

제11조【건축시설에 관한 등기】 제10조의 신청에 의하여 등기를 하는 때에는 등기관은 등기부 중 표제부(구분건물의 경우에는 1동의 건물의 표제부)에 한 등기의 말미에 정비사업시행으로 인하여 등기하였다는 취지를 기록하여야 한다.

제12조【대지에 관한 등기신청】 ① 대지에 관한 소유권보존등기 및 담보권 등에 관한 권리의 등기를 신청하는 때에는 1필의 토지에 관하여 동일한 신청서로 하여야 한다.
② 제1항의 신청서에는 소유권보존등기, 담보권등에 관한 권리의 등기의 순서로 등기사항을 기재하여야 하며, 동일한 토지에 관한 권리를 목적으로 하는 2개 이상의 담보권등에 관한 권리의 등기에 있어서는 등기할 순서에 따라 등기사항을 기재하여야 한다.
③ 제1항의 신청서에는 다음 각 호의 사항을 적어야 한다.
(2011.9.28 본문개정)
1. 담보권등에 관한 권리와 그 목적인 권리의 표시
2. 정비사업시행으로 인하여 등기를 신청한다는 취지

④ 제10조제4항의 규정은 제2항의 경우에 이를 준용한다.

제13조【대지에 관한 등기】 ① 제12조의 신청에 의하여 등기를 하는 때에는 등기관은 등기부 중 표제부에 한 등기의 말미에 정비사업시행으로 인하여 등기하였다는 취지를 기록하여야 한다.
② 구분소유자의 대지소유권에 대한 공유지분을 목적으로 하는 담보권등에 관한 권리의 등기를 하여야 하는 경우로써 그 등기사항이 전유부분에 관한 것과 동일한 때에는 토지등기부에는 이를 기록하지 아니한다.

제14조【대지권의 등기, 대지권인 취지의 등기등】 ① 구분건물에 관하여 제10조 및 제12조의 규정에 의하여 신청된 등기를 하는 때에는 등기관은 건물등기부에는 대지권의 등기를, 토지등기부에는 대지권인 취지의 등기를 각 하여야 한다.
② 토지등기부에 대지만을 목적으로 하는 담보권등에 관한 권리의 등기가 있는 때에는 건물등기부에 「부동산등기규칙」 제90조제1항에 따른 토지등기부에 별도의 등기가 있다는 취지를 기록하여야 한다.(2011.9.28 본항개정)

제15조【첨부서면의 생략】 제2조제2항과 제5조제3항의 규정에 의하여 등기신청서에 첨부할 서면이 이미 시행자로부터 등기소에 제출된 경우에는 그 첨부를 요하지 아니한다.

제16조【담보권등에 관한 권리의 등기원인】 담보권등에 관한 권리의 등기를 신청하는 경우에는 신청서에 등기원인 및 그 연월일로서 이전고시전의 그 담보권등에 관한 권리의 등기원인 및 그 연월일을 기재하여야 한다. 이 경우 정비사업으로 인한 이전고시가 있었다는 취지 및 그 연월일을 함께 기재하여야 한다.

제17조【접수번호】 제10조 및 제12조의 신청서에 접수번호를 부여함에 있어서는 등기사항마다 신청서에 기재한 순서에 따라 별개의 번호를 부여하여야 한다. 그러나 구분건물의 소유권보존등기신청의 경우에는 모든 구분건물에 대하여 1개의 번호를 부여하여야 한다.

제18조【등기필정보통지서의 교부】 등기관이 제10조 및 제12조의 등기를 마쳤을 때에는 등기필정보통지서를 신청인에게 교부하고 신청인은 지체없이 이를 각 등기권리자에게 넘겨주어야 한다.(2011.9.28 본조개정)

제19조【시행자의 촉탁】 시행자가 지방자치단체인 경우에는 이 규칙의 규정 중 「신청」, 「신청인」 및 「신청서」는 각 「촉탁」, 「촉탁인」 및 「촉탁서」로 본다.

제20조【제출서면의 보존】 시행자로부터 등기소에 제출되어 제15조에 의하여 첨부가 생략된 서면은 신청서에 합철하여 이를 보존하여야 한다.

제21조【준용규정】 정비사업시행으로 인한 등기에 관하여 이 규칙에 특별한 규정이 있는 경우를 제외하고는 부동산등기법을 준용한다.

부 칙

제1조【시행일】 이 규칙은 2003년 7월 1일부터 시행한다.

제2조【종전 사업에 대한 경과조치】 ① 이 규칙 시행 전에 도시재개발법에 의하여 사업시행인가를 받아 시행중인 사업에 따른 부동산등기절차는 종전 도시재개발등기처리규칙에 의한다.
② 이 규칙 시행 전에 주택건설촉진법의 재건축 관련규정에 의하여 사업계획의 승인을 받아 시행중인 사업에 따른 부동산등기절차는 이 규칙을 적용하지 아니한다.

제3조【다른 규칙의 폐지】 도시재개발등기처리규칙은 이를 폐지한다.

부 칙 (2018.5.29)

이 규칙은 공포한 날부터 시행한다.

소규모주택정비 등기규칙

(2019년 11월 29일 대법원규칙 제2869호)

제1조【목적】 이 규칙은 「빈집 및 소규모주택 정비에 관한 특례법」(이하 "법"이라 한다) 제40조제3항에 따라 소규모주택정비사업시행에 관한 부동산등기절차를 규정함을 목적으로 한다.

제2조【대위등기신청】 ① 소규모주택정비사업시행자(이하 "시행자"라 한다)는 그 사업시행을 위하여 필요한 때에는 다음 각 호의 등기를 해당 등기의 신청권자를 대위하여 신청할 수 있다.
1. 부동산표시의 변경이나 경정의 등기
2. 등기명의인표시의 변경이나 경정의 등기
3. 소유권보존등기
4. 상속으로 인한 소유권이전등기

② 제1항의 등기를 신청할 때에는 사업시행인가가 있었음을 증명하는 정보를 첨부정보로서 제공하여야 한다.

제3조【대위등기의 일괄신청】 제2조제1항제1호 및 제2호에 따라 등기를 신청하는 경우에는 등기원인 또는 등기목적이 동일하지 아니한 경우라도 동일한 신청정보로 일괄하여 신청할 수 있다.

제4조【대위등기절차】 ① 제2조제1항의 등기에는 「부동산등기법」 제28조제2항, 제32조제4항 및 「부동산등기규칙」 제50조를 준용한다.
② 등기관이 제2조제3호 및 제4호의 등기를 마쳤을 때에는 등기필정보통지서를 신청인에게 교부하고 신청인은 지체 없이 이를 해당 부동산의 등기권리자에게 넘겨주어야 한다.

제5조【이전고시에 따른 등기신청】 ① 시행자는 법 제40조제2항에 따른 이전고시를 한 때에는 지체 없이 그 사실을 관할 등기소에 통지하고 다음의 등기를 신청하여야 한다.
1. 소규모주택정비사업시행에 따른 종전 토지에 관한 말소등기
2. 소규모주택정비사업시행으로 축조된 건축시설과 조성된 대지에 관한 소유권보존등기
3. 종전 건물과 토지에 관한 지상권, 전세권, 임차권, 저당권, 가등기, 환매특약이나 권리소멸의 약정, 처분제한의 등기(이하 "담보권등에 관한 권리의 등기"라 한다)로서 분양받은 건축시설과 대지에 존속하게 되는 등기

② 제1항의 등기를 신청함에 있어서는 1개의 건축시설 및 그 대지인 토지를 1개의 단위로 하여, 1필의 토지 위에 수개의 건축시설이 있는 경우에는 그 건축시설 전부와 그 대지를 1개의 단위로 하여, 수필의 토지를 공동대지로 하여 그 위에 수개의 건축시설이 있는 경우에는 그 건축시설 및 대지전부를 1개 단위로 하여 동시에 하여야 한다. 다만, 법 제40조제1항 단서에 따라 시행자가 사업에 관한 공사의 완공 부분만에 관하여 이전고시를 한 때에는 제1항의 등기 중 건물에 관한 등기신청은 그 부분만에 관하여 할 수 있다.
③ 제1항의 등기를 신청하는 경우에는 사업시행계획 및 그 인가를 증명하는 정보와 이전고시를 증명하는 정보를 첨부정보로서 제공하여야 한다.

제6조【종전 토지에 관한 등기신청】 ① 제5조제2항에 따른 1개의 단위를 이루는 토지에 포함되는 종전 토지에 관한 말소등기를 신청할 때에는 동일한 신청정보로 일괄하여 하여야 한다.
② 제1항의 경우에는 소규모주택정비사업시행으로 인하여 등기를 신청한다는 뜻을 신청정보의 내용으로 제공하여야 한다.

제7조【종전 토지에 관한 등기】 등기관은 제6조의 신청에 따라 등기를 할 때에는 종전 토지의 등기기록 중 표제부에 소규모주택정비사업시행으로 인하여 말소한 뜻을 기록하고 부동산의 표시에 관한 사항을 말소하는 표시를 하고 그 등기기록을 폐쇄하여야 한다.

제8조【건축시설에 관한 등기신청】 ① 건축시설에 관한 소유권보존등기 및 담보권등에 관한 권리의 등기를 신청할 때에는 건축시설(구분건물인 경우에는 1동의 건물에 속하는 구분건물 전부)에 관하여 동일한 신청정보로 일괄하여 하여야 한다.

② 제1항의 경우에는 건축시설별로 소유권보존등기, 담보권등에 관한 권리의 등기의 순서로 등기사항을 제공하여야 하며, 동일한 건축시설에 관한 권리를 목적으로 하는 2개 이상의 담보권등에 관한 권리의 등기에 있어서는 등기할 순서에 따라 등기사항을 제공하여야 한다.
③ 제1항의 경우에는 다음 각 호의 사항을 신청정보의 내용으로 제공하여야 한다.
1. 구분소유자의 대지소유권에 대한 공유지분 비율
2. 담보권등에 관한 권리의 목적인 권리의 표시, 구분건물의 경우에 는 담보권등에 관한 권리가 해당 구분소유자의 대지소유권에 대한 공유지분에도 존속하는지 여부의 표시
3. 소규모주택정비사업시행으로 인하여 등기를 신청한다는 뜻
④ 제2항의 경우 건축시설에 이전고시를 받은 자보다 선순위의 가등기 또는 처분제한의 등기가 존속하는 때에는 그 선순위의 가등기 또는 처분제한의 목적이 된 소유권등기 명의인의 소유권보존등기, 그 선순위의 가등기 또는 처분제한의 등기, 이전고시를 받은 자 명의의 소유권이전등기의 순서로 등기사항을 제공하여야 한다.
제9조【건축시설에 관한 등기】 제8조의 신청에 따라 등기를 할 때에는 등기관은 등기기록 중 표제부(구분건물의 경우에는 1동의 건물의 표제부)에 한 등기의 끝부분에 소규모주택정비사업시행으로 인하여 등기하였다는 뜻을 기록하여야 한다.
제10조【대지에 관한 등기신청】 ① 대지에 관한 소유권보존등기 및 담보권등에 관한 권리의 등기를 신청할 때에는 1필의 토지에 관하여 동일한 신청정보로 일괄하여 하여야 한다.
② 제1항의 경우에는 소유권보존등기, 담보권등에 관한 권리의 등기의 순서로 등기사항을 제공하여야 하며, 동일한 토지에 관한 권리를 목적으로 하는 2개 이상의 담보권등에 관한 권리의 등기에 있어서는 등기할 순서에 따라 등기사항을 제공하여야 한다.
③ 제1항의 경우에는 다음 각 호의 사항을 신청정보의 내용으로 제공하여야 한다.
1. 담보권등에 관한 권리와 그 목적인 권리의 표시
2. 소규모주택정비사업시행으로 인하여 등기를 신청한다는 뜻
④ 제2항의 경우에는 제8조제4항을 준용한다.
제11조【대지에 관한 등기】 ① 제10조의 신청에 따라 등기를 할 때에는 등기관은 등기기록 중 표제부에 한 등기의 끝부분에 소규모주택정비사업시행으로 인하여 등기하였다는 뜻을 기록하여야 한다.
② 구분소유자의 대지소유권에 대한 공유지분을 목적으로 하는 담보권등에 관한 권리의 등기를 하여야 하는 경우로서 그 등기사항이 전유부분에 관한 것과 동일한 때에는 토지등기기록에는 이를 기록하지 아니한다.
제12조【대지권의 등기, 대지권이라는 뜻의 등기 등】 ① 구분건물에 관하여 제8조 및 제10조에 따라 신청된 등기를 할 때에는 등기관은 건물등기기록에는 대지권의 등기를, 토지등기기록에는 대지권이라는 뜻의 등기를 각각 하여야 한다.
② 토지등기기록에 대지만을 목적으로 하는 담보권등에 관한 권리의 등기가 있을 때에는 건물등기기록에 「부동산등기규칙」 제90조제1항에 따른 토지등기기록에 별도의 등기가 있다는 뜻을 기록하여야 한다.
제13조【준용규정】 소규모주택정비사업시행에 따른 등기에 관하여 이 규칙에 특별한 규정이 있는 경우를 제외하고는 「도시 및 주거환경정비 등기규칙」을 준용한다.

부 칙

이 규칙은 공포한 날부터 시행한다.

입목등기규칙

(2012년 5월 29일 전부개정대법원규칙 제2411호)

개정
2016. 6.27대법원규칙2668호(법무사규칙)

제1조【목적】 이 규칙은 「입목에 관한 법률」(이하 "법"이라 한다)에 따른 입목등기에 필요한 사항을 규정함을 목적으로 한다.
제2조【등기기록의 양식】 ① 입목등기기록의 표제부에는 표시번호란, 접수란, 소재지번 및 입목번호란, 입목내역란, 등기원인 및 기타사항란을 둔다.
② 갑구와 을구에는 순위번호란, 등기목적란, 접수란, 등기원인란, 권리자 및 기타사항란을 둔다.
③ 입목등기기록은 별지 제1호 양식에 따른다.
제3조【신청서 기재사항】 등기의 신청서에는 다음 각 호의 사항을 적고 신청인 또는 그 대리인이 기명날인하거나 서명하여야 한다.
1. 수목이 부착된 토지의 소재지번, 지목 및 면적
2. 수목이 1필의 토지의 일부분에 부착된 경우에는 그 부분의 위치 및 지적(地積), 그 부분을 표시하는 명칭 또는 번호가 있을 때에는 그 명칭 또는 번호
3. 수종(樹種)·수량(數量)·수령(樹齡)
4. 조사연도
5. 신청인의 성명(또는 명칭), 주소(또는 사무소 소재지) 및 주민등록번호(또는 부동산등기용등록번호)
6. 신청인이 법인인 경우에는 그 대표자의 성명과 주소
7. 대리인에 의하여 등기를 신청하는 경우에는 그 성명과 주소
8. 등기원인과 그 연월일. 다만, 소유권보존등기를 신청하는 경우에는 적지 아니한다.
9. 등기의 목적
10. 등기필정보. 다만, 공동신청 또는 승소한 등기의무자의 단독신청에 의하여 권리에 관한 등기를 신청하는 경우에만 적는다.
11. 등기소의 표시
12. 신청연월일
제4조【소유권보존등기의 신청】 ① 소유권보존등기를 신청하는 경우에는 신청서에 법 제16조제1항 각 호의 어느 하나에 따라 등기를 신청한다는 뜻을 적고 입목등록원부의 등본을 첨부하여야 한다.
② 제1항의 경우에 그 보존등기에 관하여 토지의 등기기록상 이해관계 있는 제3자의 승낙이 필요할 때에는 신청서에 이를 증명하는 서면 또는 이에 대항할 수 있는 재판의 등본을 첨부하여야 한다.
③ 제1항의 경우에는 특별자치도지사, 시장, 군수 또는 구청장(이하 "입목등록관청"이라 한다)의 증명이 있는 도면을 등기소에 제공하여야 한다.
④ 제3항의 도면은 전자문서로 작성하여야 하며, 그 제공은 전산정보처리조직을 이용하여 등기소에 송신하는 방법으로 하여야 한다. 다만, 다음 각 호의 어느 하나에 해당하는 경우에는 그 도면을 서면으로 작성하여 등기소에 제출할 수 있다.
1. 자연인 또는 법인 아닌 사단이나 재단이 직접 등기신청을 하는 경우
2. 자연인 또는 법인 아닌 사단이나 재단이 변호사나 법무사〔법무법인·법무법인(유한)·법무조합 또는 법무사법인·법무사법인(유한)을 포함한다〕 아닌 사람에게 위임하여 등기신청을 하는 경우(2016.6.27 본호개정)
⑤ 전자문서로 작성된 도면에는 「부동산등기규칙」 제67조제4항 각 호의 구분에 따른 신청인 또는 그 대리인의 전자서명정보를 함께 송신하여야 하고, 서면으로 작성된 도면에는 신청인 또는 그 대리인이 기명날인하거나 서명하여야 한다.
제5조【입목등기기록의 표시방법】 법 제19조제1항에 따라 토지의 등기기록 중 표제부에 입목등기기록을 표시할 때에는 수목이 부착된 토지의 소재지번을 기록하여야 한다. 이 경우 하나의 토지에 여러 개의 입목등기가 있는 경우에는 입목번호도 함께 기록하여야 한다.
제6조【변경등기의 신청】 ① 법 제20조에 따라 변경등기를 신청하는 경우에는 신청서에 표시의 변경을 증명하는 입목등록원부의 등본을 첨부하여야 한다.
② 제1항의 경우에 등기상 이해관계 있는 제3자가 있을 때에는 신청서에 그 승낙서 또는 이에 대항할 수 있는 재판의 등본을 첨부하여야 한다.
③ 제1항의 경우에는 입목등록관청의 증명이 있는 도면을 등기소에 제공하여야 한다. 이 경우 제4조제4항 및 제5항을 준용한다.
제7조【저당권설정등기의 신청】 ① 입목을 목적으로 하는 저당권설정등기를 신청하는 경우에는 신청서에 「부동산등기법」 제75조의 등기사항 외에 시업방법을 적어야 한다.
② 제1항의 경우 신청서에 법 제22조의 보험에 가입한 증명서를 첨부하여야 한다.
제8조【소유권변경 사실의 통지】 ① 등기관은 입목에 대한 소유권의 보존 또는 이전의 등기나 등기명의인의 표시변경 또는 경정의 등기를 마쳤을 때에는 지체없이 그 사실을 입목등록관청에 통지하여야 한다.
② 제1항의 통지는 별지 제2호 양식의 통지서로 한다.
제9조【「부동산등기규칙」의 준용】 입목등기에 관하여 이 규칙에 특별한 규정이 있는 경우와 「부동산등기규칙」 제27조, 제28조, 제64조 및 제67조부터 제71조까지의 규정을 제외하고는 성질에 반하지 아니하는 한 「부동산등기규칙」을 준용한다.

부 칙 (2016.6.27)

제1조【시행일】 이 규칙은 2016년 8월 4일부터 시행한다.(이하 생략)

〔별지서식〕 ➡ 「www.hyeonamsa.com」 참조

공장 및 광업재단 저당등기 규칙

(2012년 5월 29일 전부개정대법원규칙 제2412호)

개정
2016. 6.27 대법원규칙2668호(법무사규칙)
2017. 3.30국토교통부령 409호(항공기등록규칙)

제1장 총 칙

제1조【목적】 이 규칙은 「공장 및 광업재단 저당법」(이하 "법"이라 한다)에 따른 공장저당의 등기와 공장재단 및 광업재단의 등기에 관한 사항을 규정함을 목적으로 한다.

제2장 공장재단

제1절 공장 토지와 공장 건물의 저당

제2조【증명서의 제출】 법 제6조의 경우에는 토지나 건물이 법 제2조의 공장에 속한 것임을 증명하는 서면을 제출하여야 한다.
제3조【목록제출의 기록】 공장에 속하는 토지나 건물에 대한 저당권설정등기를 할 때에는 법 제6조에 따라 목록의 제출이 있다는 뜻을 기록하여야 한다.
제4조【준용규정】 법 제6조의 목록에 관하여는 제9조제2항부터 제4항까지, 제13조, 제32조 및 제33조를 준용한다.

제2절 공장재단의 등기

제5조【등기기록의 양식】 ① 공장재단등기기록의 표제부에는 표시번호란, 접수란, 공장재단의 표시란과 등기원인 및 기타사항란을 둔다.
② 갑구와 을구에는 순위번호란, 등기목적란, 접수란, 등기원인란과 권리자 및 기타사항란을 둔다.
③ 공장재단등기기록은 별지 제1호 양식에 따른다.
제6조【신청서 기재사항】 등기의 신청서에는 다음 각 호의 사항을 적고 신청인 또는 그 대리인이 기명날인하거나 서명하여야 한다.
1. 공장의 명칭
2. 공장의 위치
3. 주된 영업소
4. 영업의 종류
5. 공장 소유자의 성명 또는 명칭. 다만, 2개 이상의 공장으로 재단을 구성하는 경우로서 각 공장의 소유자가 다른 경우에만 적는다.
6. 신청인의 성명(또는 명칭), 주소(또는 사무소 소재지) 및 주민등록번호(또는 부동산등기용등록번호)
7. 신청인이 법인인 경우에는 그 대표자의 성명과 주소
8. 대리인에 의하여 등기를 신청하는 경우에는 그 성명과 주소
9. 등기원인과 그 연월일. 다만, 소유권보존등기를 신청하는 경우에는 적지 아니한다.
10. 등기의 목적
11. 등기필정보. 다만, 공동신청 또는 승소한 등기의무자의 단독신청에 의하여 권리에 관한 등기를 신청하는 경우에만 적는다.
12. 등기소의 표시
13. 신청연월일
제7조【관할 등기소의 지정증명서】 ① 다음 각 호의 등기신청을 하는 경우에는 신청서에 관할 등기소의 지정이 있다는 사실을 증명하는 서면을 첨부하여야 한다.
1. 법 제25조제2항에 따라 관할 등기소의 지정이 필요한 소유권보존등기신청
2. 합병 후의 공장재단에 대하여 법 제25조제2항에 따라 관할 등기소의 지정이 필요한 공장재단 합병의 등기신청
3. 분할 후의 공장재단을 구성하는 공장이 분할 전 관할 등기소의 구역에 없게 된 경우로서 법 제25조제2항에 따라 관할 등기소의 지정이 필요한 공장재단 분할의 등기신청

4. 공장재단을 구성하는 공장에 대한 분리 또는 멸실로 인하여 재단을 구성하는 공장이 모두 종전 관할 등기소 구역에 없게 된 경우로서 법 제25조제2항에 따라 관할 등기소의 지정이 필요한 공장재단목록 기록의 변경등기신청
② 등기소의 관할구역 변경으로 공장재단을 구성하는 공장이 모두 종전 관할 등기소의 구역에 없게 되어 그 공장재단에 관한 등기기록의 처리권한을 새로운 관할 등기소로 넘겨주는 조치를 하여야 하는 경우로서 법 제25조제2항에 따라 관할 등기소의 지정이 필요할 때에는 종전 관할 등기소의 등기관은 공장소유자에게 그 사실을 통지하여야 한다.
③ 제2항의 통지를 받은 공장소유자는 새로운 관할 등기소의 지정을 신청하고 그에 따른 지정이 있으면 종전 관할 등기소에 관할 등기소의 지정이 있다는 사실을 증명하는 서면을 제출하여야 한다.
제8조【관할의 변경】 법 제26조, 제27조제3항 및 제43조에 따라 등기기록에 대한 처리권한을 관할 등기소로 넘겨주는 조치를 할 때에는 해당 공장재단목록과 공장도면의 처리권한도 함께 넘겨주는 조치를 하여야 한다.
제9조【소유권보존등기의 신청】 ① 공장재단에 관한 소유권보존등기를 신청하는 경우에는 공장재단을 구성하는 것을 표시한 공장재단목록과 공장도면을 등기소에 제공하여야 한다.
② 제1항의 공장재단목록과 공장도면은 전자문서로 작성하여야 하고, 그 제공은 전산정보처리조직을 이용하여 등기소에 송신하는 방법으로 하여야 한다. 다만, 다음 각 호의 어느 하나에 해당하는 경우에는 그 공장재단목록과 공장도면을 서면으로 작성하여 등기소에 제출할 수 있다.
1. 자연인 또는 법인 아닌 사단이나 재단이 직접 등기신청을 하는 경우
2. 자연인 또는 법인 아닌 사단이나 재단이 변호사나 법무사〔법무법인·법무법인(유한)·법무조합 또는 법무사법인·법무사법인(유한)을 포함한다〕 아닌 사람에게 위임하여 등기신청을 하는 경우(2016.6.27 본호개정)
③ 전자문서로 작성된 공장재단목록과 공장도면에는 「부동산등기규칙」 제67조제4항 각 호의 구분에 따른 신청인 또는 그 대리인의 전자서명정보를 함께 송신하여야 하고, 서면으로 작성된 공장재단목록과 공장도면에는 신청인 또는 그 대리인이 기명날인하거나 서명하여야 한다.
④ 여러 개의 공장으로 공장재단을 설정하는 경우에 공장재단목록과 공장도면은 공장마다 작성하여야 한다.
제10조【공장도면】 ① 공장의 도면에는 다음 각 호의 사항을 기록하여야 한다.
1. 공장에 속하는 토지, 건물 또는 그 밖의 공작물에 대하여는 방위, 형상, 길이 및 중요한 부속물의 배치
2. 지상권의 목적인 토지, 전세권이나 임차권의 목적인 토지·건물·그 밖의 공작물 또는 승역지에 대하여는 방위, 형상 및 길이
② 공장의 일부에 대하여 공장재단을 설정하는 경우에 공장도면은 재단에 속하는 부분과 이에 속하지 아니하는 부분을 명확하게 구분하여 작성하여야 한다.
제11조【토지의 기록】 공장재단목록에 토지를 기록하는 경우에는 토지의 소재지번, 지목 및 면적을 기록하여야 한다.
제12조【건물 등의 기록】 공장재단목록에 건물이나 그 밖의 공작물을 기록하는 경우에는 해당 건물이나 공작물이 소재하는 토지의 소재지번과 그 건물이나 공작물의 종류, 구조 및 면적(또는 길이)을 기록하여야 한다.
제13조【기계 등의 기록】 ① 공장재단목록에 기계, 기구, 전봇대, 전선, 배관, 레일, 그 밖의 부속물을 기록하는 경우에는 그 종류, 구조, 개수(또는 길이)를 기록하고, 제작자의 성명 또는 명칭, 제조연월일, 기호, 번호, 그 밖에 같은 종류의 다른 물건과 구별할 수 있는 특성이 있을 때에는 그 특성도 기록하여야 한다.
② 여러 개의 토지, 건물 또는 그 밖의 공작물의 일부에 부속되는 물건에 대하여는 그 부속되는 토지, 건물 또는 그 밖의 공작물을 표시하여야 한다.
③ 경미한 부속물에 대하여는 개괄하여 기록할 수 있다.
제14조【항공기 등의 기록】 ① 등록한 항공기를 공장재단목록에 기록하는 경우에는 「항공기등록령」 제12조제1항제1호부터 제5호까지의 사항을 기록하여야 한다. (2017.3.30 본항개정)
② 등기한 선박을 공장재단목록에 기록하는 경우에는 「선박등기규칙」 제10조제1항제1호부터 제4호까지의 사항을 기록하여야 한다.
③ 등록한 자동차를 공장재단목록에 기록하는 경우에는 등록번호, 차명, 차종, 차대번호, 원동기형식 및 사용본거지를 기록하여야 한다.
④ 등록한 건설기계를 공장재단목록에 기록하는 경우에는 등록번호, 건설기계명, 형식, 규격, 차대일련번호, 제작국, 연식 및 사용본거지를 기록하여야 한다.
제15조【지상권 등의 기록】 ① 공장재단목록에 지상권을 기록하는 경우에는 제11조에 열거한 사항 외에 지상권설정의 목적, 범위, 존속기간, 지료와 그 지급시기, 설정연월일 및 소유자의 성명(또는 명칭)과 주소(또는 사무소 소재지)를 기록하여야 한다.
② 공장재단목록에 전세권을 기록하는 경우에는 제11조 또는 제12조에 열거한 사항 외에 전세금(또는 전전세금), 범위, 존속기간, 위약금(또는 배상금), 설정연월일 및 소유자의 성명(또는 명칭)과 주소(또는 사무소 소재지)를 기록하여야 한다.
제16조【임차권의 기록】 공장재단목록에 임차권을 기록하는 경우에는 제11조부터 제14조까지의 규정에 열거한 사항 외에 차임, 차임지급시기, 존속기간, 임차보증금, 설정연월일 및 임대인의 성명(또는 명칭)과 주소(또는 사무소 소재지)를 기록하여야 한다.
제17조【지역권의 기록】 공장재단목록에 법 제24조제2항에 따라 저당권의 목적이 될 지역권을 기록하는 경우에는 승역지의 표시, 지역권설정의 목적, 범위, 설정연월일 및 소유자의 성명(또는 명칭)과 주소(또는 사무소 소재지)를 기록하여야 한다.
제18조【지식재산권의 기록】 ① 공장재단목록에 지식재산권을 기록하는 경우에는 그 권리의 종류, 명칭, 번호와 원부등록의 연월일 및 그 권리자의 성명(또는 명칭)과 주소(또는 사무소 소재지)를 기록하여야 한다.
② 지식재산권에 관한 실시권에 대하여는 실시권의 범위와 본권의 종류, 명칭, 번호, 원부등록의 연월일 및 그 권리자의 성명(또는 명칭)과 주소(또는 사무소 소재지)를 기록하여야 한다.
제19조【여러 개의 공장재단】 ① 여러 개의 공장에 대하여 공장재단을 설정하는 경우에는 각 공장에 속하는 것을 구분하여 기록하여야 한다.
② 여러 개의 공장이 각각 다른 소유자에 속하는 경우에는 각 소유자에 속하는 것을 구분하여 기록하여야 한다.
제20조【저당권설정등기의 신청】 저당권설정등기를 신청하는 경우에 법 제3조 단서에 따른 특별한 약정이 있으면 신청서에 그 내용을 적어야 한다.
제21조【추가적 공동담보의 등기신청】 1개 또는 여러 개의 공장재단을 목적으로 하는 저당권설정등기를 한 후 같은 채권에 대하여 다른 1개 또는 여러 개의 공장재단을 목적으로 하는 저당권설정등기를 신청하는 경우에는, 신청서에 종전의 등기를 표시하는 사항으로서 공동담보목록의 번호 또는 공장의 명칭 및 위치를 적어야 한다.
제22조【공장재단 분할·합병등기의 신청】 ① 공장재단 분할·합병등기의 신청서에는 공장재단의 분할 또는 합병 사실을 적어야 한다.
② 이미 저당권의 목적이 된 공장재단의 분할등기를 신청하는 경우에는 분할 후 저당권이 소멸하는 공장재단을 표시하고 법 제18조제1항 단서에 따라 저당권자가 동의하였음을 증명하는 서면을 첨부하여야 한다.
제23조【재단분할의 등기】 ① 갑 공장재단을 분할하여 그 일부를 을 공장재단으로 하는 분할등기를 할 때에는 을 공장재단의 등기기록 중 표제부에 분할로 인하여 갑 공장재단의 등기기록에서 옮겨 기록한 뜻을 기록하여야 한다.
② 제1항의 경우 갑 공장재단의 목록 중에서 을 공장재단에 속하게 될 목록을 분리하여 을 공장재단의 목록으로 하여야 한다.
③ 제1항 및 제2항의 경우 갑 공장재단의 등기기록 중 표제부에 남은 공장을 표시한 후 분할로 인하여 종전의 공장을 을 공장재단의 등기기록에 옮겨 기록한 뜻을 기록하고 종전의 표시에 관한 등기를 말소하는 표시를 하여야 한다.
④ 제1항의 경우 을 공장재단의 등기기록 중 갑구에 갑 공장재단의 등기기록에서 소유권에 관한 등기를 옮겨 기록한 후 신청서의 접수연월일과 접수번호를 기록하여야 한다.
제24조【저당권등기가 있는 재단의 분할】 제23조제1항의 경우 법 제19조제1항에 따라 저당권이 소멸하였을 때에는 을 공장재단의 등기기록 중 표제부에 분할로 인하여 저당권이 소멸된 뜻과 그 연월일을 기록하여야 한다.
제25조【저당권등기가 전부 말소된 재단의 분할】 제23조제1항의 경우 갑 공장재단에 대한 저당권의 등기가 전부 말소되었을 때에는 을 공장재단의 등기기록 중 표제부에 그 뜻과 그 연월일을 기록하여야 한다.
제26조【공장의 소유자가 다른 재단의 분할】 ① 제23조제1항의 경우 갑 공장재단에 조성된 여러 개의 공장이 각각 다른 소유자에 속하여 같은 조 제4항에 따라 소유권에 관한 사항을 전사할 때에는 을 공장재단을 조성하는 공장의 소유자에 관한 부분을 전사하여야 한다.
② 제1항의 경우에는 갑 공장재단의 등기기록 중 소유권의 등기에 그 뜻을 부기하고 갑 공장재단을 조성하는 공장의 소유자 외의 소유자에 관한 사항을 말소하는 표시를 하여야 한다.
제27조【재단합병의 등기】 ① 갑 공장재단과 을 공장재단을 합병함에 있어서 갑 공장재단이 이미 저당권의 목적이 된 공장재단인 경우에 합병등기를 할 때에는 갑 공장재단의 등기기록 중 표제부에 합병으로 인하여 을 공장재단의 등기기록에서 옮겨 기록한 뜻을 기록하고 종전의 표시에 관한 등기를 말소하는 표시를 하여야 한다.
② 제1항의 경우 갑 공장재단의 목록과 을 공장재단의 목록을 합병 후의 공장재단의 목록으로 하여야 한다.
③ 을 공장재단의 등기기록 중 표제부에는 합병으로 인하여 갑 공장재단의 등기기록에 옮겨 기록한 뜻을 적은 후 을 공장재단의 표시에 관한 등기를 말소하는 표시를 하고 그 등기기록을 폐쇄하여야 한다.
④ 갑 공장재단의 등기기록 중 갑구에 을 공장재단의 등기기록에서 소유권에 관한 등기를 옮겨 기록하고 그 등기가 을 공장재단이었던 부분에 관한 것이라는 사실, 신청서의 접수연월일과 접수번호를 기록하여야 한다.
제28조【저당권등기가 전부 말소된 재단의 합병】 제27조제1항의 경우 을 공장재단에 대한 저당권의 등기가 전부 말소되어 있을 때에는 갑 공장재단의 등기기록 중 표제부에 그 뜻과 그 연월일을 기록하여야 한다.
제29조【변경등기의 신청】 ① 법 제42조제1항에 따라 공장재단목록 기록의 변경등기를 신청하는 경우에는 신청서에 저당권자의 동의서 또는 이에 대항할 수 있는 재판의 등본을 첨부하여야 한다.
② 제1항의 경우에는 변경된 것을 기록한 목록과 도면을 등기소에 각 제공하여야 한다.
③ 제2항의 목록과 도면에 관하여는 제9조제2항부터 제5항까지의 규정을 준용한다.
제30조【소멸의 등기】 법 제21조에 따른 공장재단의 소멸등기는 등기기록 중 표제부에 하여야 한다.
제31조【통지서의 접수】 등기관이 법 제32조제2항, 제34조제3항, 제35조제2항, 제41조제2항, 제46조, 제47조제2항 또는 제50조에 따라 통지를 받았을 때에는 등기신청서와 같은 방법으로 접수하여야 한다.
제32조【등기사항증명서의 발급과 등기기록의 열람】 ① 공장재단목록과 공장도면은 등기사항증명서의 발급신청서에 그 사항의 증명도 함께 신청하는 뜻을 적은 경우에만 등기사항증명서에 이를 포함하여 발급한다.
② 등기기록의 열람에 관하여는 제1항을 준용한다.
제33조【공장재단목록 등의 보존】 ① 전자문서로 작성된 공장재단목록과 공장도면은 보조기억장치(자기디스크, 자기테이프 그 밖에 이와 유사한 방법으로 일정한 등기사항을 기록·보관할 수 있는 전자적 정보저장매체를 말한다)에 저장하여 보존하여야 한다.
② 서면으로 작성된 공장재단목록과 공장도면은 전자적 이미지정보로 변환하여 그 정보를 제1항에 따라 보존하여야 한다.
③ 공장재단목록과 공장도면은 영구 보존한다.
제34조【「부동산등기규칙」의 준용】 공장재단의 등기에 관하여 이 규칙에 특별한 규정이 있는 경우와 「부동산등기규칙」 제27조, 제28조, 제64조 및 제67조부터 제71조까지의 규정을 제외하고는 성질에 반하지 아니하는 한 「부동산등기규칙」을 준용한다.

제3장 광업재단

제35조【등기기록의 양식】 ① 광업재단등기기록의 표제부에는 표시번호란, 접수란, 광업재단의 표시란과 등기원인 및 기타사항란을 둔다.
② 갑구와 을구에는 순위번호란, 등기목적란, 접수란, 등기원인란과 권리자 및 기타사항란을 둔다.
③ 광업재단등기기록은 별지 제2호 양식에 따른다.
제36조【신청서 기재사항】 등기의 신청서에는 다음 각 호의 사항을 적어야 한다.
1. 광구의 위치
2. 광구의 면적
3. 광물의 명칭
4. 광업권의 등록번호
5. 광업사무소의 소재지
6. 신청인의 성명(또는 명칭), 주소(또는 사무소 소재지) 및 주민등록번호(또는 부동산등기용등록번호)
7. 신청인이 법인인 경우에는 그 대표자의 성명과 주소
8. 대리인에 의하여 등기를 신청하는 경우에는 그 성명과 주소
9. 등기원인과 그 연월일. 다만, 소유권보존등기를 신청하는 경우에는 적지 아니한다.
10. 등기의 목적
11. 등기필정보. 다만, 공동신청 또는 승소한 등기의무자의 단독신청에 의하여 권리에 관한 등기를 신청하는 경우에만 적는다.
12. 등기소의 표시
13. 신청연월일
제37조【소유권보존등기의 신청】 ① 광업재단에 관한 소유권보존의 등기를 신청하는 경우에는 광업재단목록과 건물, 그 밖의 공작물의 배치를 기록한 도면을 등기소에 제공하여야 한다.
② 제1항의 도면은 광구마다 작성하여야 한다.
③ 제1항의 도면에 관하여는 제10조제1항제2호를 준용한다.
제38조【광업권의 기록】 ① 광업재단목록에 광업권을 기록하는 경우에는 광구의 위치, 광구의 면적, 광물의 명칭, 광업권의 설정연월일과 그 등록번호를 기록하여야 한다.
② 광업권에 대하여 기한이 있을 때에는 그 기한도 기록하여야 한다.
제39조【토지사용권의 기록】 광업재단목록에 토지사용권을 기록하는 경우에는 토지의 소재지번, 지목, 면적, 사용의 목적, 사용의 시기, 사용료, 그 지불시기 및 토지소유권과 관계인의 성명(또는 명칭)과 주소(또는 사무소 소재지)를 기록하여야 한다.
제40조【여러 개의 광업권에 대한 재단목록의 작성】 여러 개의 광업권에 대하여 광업재단을 설정하는 경우로서

광업재단목록을 작성할 때에는 각 광구에 속하는 것을 구분하여 기록하여야 한다. 다만, 여러 개의 광구에 대하여 합병사업을 하는 경우에는 그러하지 아니하다.

제41조【공장재단 규정의 준용】 광업재단의 등기에 관하여는 이 장에 특별한 규정이 있는 경우를 제외하고는 제2장 공장재단의 등기에 관한 규정을 준용한다.

부 칙 (2017.3.30)

제1조【시행일】 이 규칙은 2017년 3월 30일부터 시행한다.(이하 생략)

〔별지서식〕 ➡ 「www.hyeonamsa.com」 참조

부부재산약정등기규칙

(2011년 9월 28일 전부개정대법원규칙 제2355호)

제1조【등기기록의 양식】 ① 부부재산약정 등기기록에는 약정자의 표시에 관한 사항을 기록하는 약정자부와 부부재산약정의 내용을 기록하는 약정사항부를 둔다.
② 약정자부에는 표시번호란, 접수란, 약정자의 기본사항란, 등기원인 및 기타사항란을 둔다.
③ 약정사항부에는 사항번호란, 접수란, 등기원인란 및 약정내역란을 둔다.
④ 부부재산약정 등기기록은 별지 제1호 양식에 따른다.

제2조【신청서 기재사항】 부부재산약정등기의 신청서에는 다음 각 호의 사항을 적고 신청인 또는 그 대리인이 기명날인 또는 서명을 하여야 한다.
1. 등기의 목적
2. 등기원인과 그 연월일
3. 약정자의 성명, 주소 및 주민등록번호(다만, 주민등록번호가 없는 재외국민이나 외국인의 경우에는 생년월일)
4. 부부재산약정의 내용
5. 대리인에 의하여 등기를 신청하는 경우에는 그 성명과 주소
6. 등기소의 표시
7. 신청연월일

제3조【첨부서면】 부부재산약정등기를 신청하는 경우에는 신청서에 다음 각 호의 서면을 첨부하여야 한다.
1. 부부재산약정서
2. 각 약정자의 인감증명서. 다만, 본국에 인감증명제도가 없고 또한 「인감증명법」에 따른 인감증명을 받을 수 없는 외국인은 신청서(위임에 의한 대리인이 신청하는 경우에는 그 권한을 증명하는 서면)에 한 서명에 관하여 본인이 직접 작성하였다는 뜻의 본국 관공서의 증명이나 이에 관한 공정증서를 제출하여야 한다.
3. 혼인신고를 하지 아니한 것을 증명하는 서면
4. 주소를 증명하는 서면
5. 주민등록번호를 증명하는 서면(다만, 주민등록번호가 없는 재외국민이나 외국인의 경우에는 생년월일을 증명하는 서면)
6. 대리인에 의하여 등기를 신청하는 경우에는 그 권한을 증명하는 서면

제4조【부부재산약정 변경등기】 ① 부부재산약정의 변경등기를 신청하는 경우에는 신청서에 약정내용의 변경, 재산관리자의 변경 또는 공유재산의 분할을 허가한 재판의 등본이나 이에 관한 약정서를 첨부하여야 한다.
② 약정자의 표시에 관한 사항 또는 약정의 내역에 관하여 등기한 사항의 변경 또는 경정의 등기는 종전 등기사항을 전부 말소하는 기호를 기록한 뒤 새로운 표시번호 또는 사항번호에 변경 후 사항으로 전부를 다시 기록한다.

제5조【부부재산약정 소멸등기】 ① 「비송사건절차법」 제70조 단서에 따라 부부 일방의 사망으로 인한 부부재산약정의 소멸등기를 신청하는 경우에는 신청서에 그 사유를 증명하는 서면을 첨부하여야 한다.
② 부부재산약정등기의 소멸등기는 등기기록의 약정자부의 약정자표시를 전부 말소하는 기호를 기록한 뒤 등기기록을 폐쇄한다.

제6조【「부동산등기규칙」의 준용】 부부재산약정등기에 관하여 이 규칙에 특별한 규정이 있는 경우와 「부동산등기규칙」 제27조, 제28조, 제64조 및 제67조부터 제71조까지의 규정 등을 제외하고는 성질에 반하지 아니하는 한 「부동산등기규칙」을 준용한다.

부 칙

이 규칙은 2011년 10월 13일부터 시행한다.

〔별지서식〕 ➡ 「www.hyeonamsa.com」 참조

가등기담보 등에 관한 법률

(약칭 : 가등기담보법)

(1983년 12월 30일 법 률 제3681호)

개정
1997.12.13법 5454호(정부부처명)
2002. 1.26법 6627호(민사집행법)
2005. 3.31법 7428호(채무자회생파산)
2008. 3.21법 8919호
2010. 3.31법10219호(지방세기본법)
2010. 6.10법10366호(동산 · 채권등의담보에관한법)
2016.12.27법14474호(지방세기본법)

제1조【목적】 이 법은 차용물(借用物)의 반환에 관하여 차주(借主)가 차용물을 갈음하여 다른 재산권을 이전할 것을 예약할 때 그 재산의 예약 당시 가액(價額)이 차용액(借用額)과 이에 붙인 이자를 합산한 액수를 초과하는 경우에 이에 따른 담보계약(擔保契約)과 그 담보의 목적으로 마친 가등기(假登記) 또는 소유권이전등기(所有權移轉登記)의 효력을 정함을 목적으로 한다.(2008.3.21 본조개정)

판례 [1] 가등기담보 등에 관한 법률이 매매잔대금 지급과 관련하여 다른 재산권을 이전하기로 약정한 경우에도 적용되는지 여부(소극) : 가등기담보 등에 관한 법률은 차용물의 반환에 관하여 다른 재산권을 이전할 것을 예약한 경우에만 적용되고, 매매잔대금 지급과 관련하여 다른 재산권을 이전하기로 약정한 경우에는 적용되지 않는다.
[2] 주택조합이 신축하여 일반인에게 분양하는 아파트의 소유관계(=조합원 전원의 총유)와 그 관리 · 처분 방법 : 주택조합이 주체가 되어 신축 완공한 건물로서 조합원 외의 일반인에게 분양되는 부분은 조합원 전원의 총유에 속하며, 총유물의 관리 및 처분에 관하여 주택조합의 정관이나 규약에 정한 바가 있으면 이에 따르고 그에 관한 정관이나 규약이 없으면 조합원 총회의 결의에 의하여야 하며, 그와 같은 절차를 거치지 않은 행위는 무효라고 할 것이다.
[3] 지역주택조합이 주택을 건축할 대지를 마련하기 위하여 토지를 매입하면서 매매대금에 대한 대물변제조로 토지 매도인과 신축될 주택에 관한 분양계약을 체결한 경우, 공동사업주체인 시공사에게도 분양계약상의 책임이 있다고 판단한다.
(대판 2007.12.13, 2005다52214)

판례 가등기담보 등에 관한 법률은 재산권 이전의 예약에 의한 가등기담보에 있어서 그 재산의 예약 당시의 가액이 차용액 및 이에 붙인 이자의 합산액을 초과하는 경우에 적용되는 것인바, 여기에서 말하는 재산의 가액은 원칙적으로 '통상적인 시장에서 충분한 기간 거래된 후 그 대상재산의 내용에 정통한 거래당사자간에 성립한다고 인정되는 적정가격'이고, 그와 같은 적정가격을 확인하기 어려울 때에는 객관적이고 합리적인 방법으로 평가한 가액이라고 할 것이므로, 대상재산이 토지로서 법정지상권의 성립 가능성이 있는 등 토지이용상 제한을 받는지 여부가 불분명한 경우에는 법정지상권의 성립에 관한 사정을 객관적이고 합리적으로 평가하여 그 성립 여부를 판단한 다음 그에 따라 평가한 토지의 가격을 가액으로 봄이 상당하다.(대판 2007.6.15, 2006다5611)

판례 재산권 이전의 예약에 의한 가등기담보에 있어서 예약 당시 선순위 근저당권이 설정되어 있는 경우, '가등기담보 등에 관한 법률'의 적용 요건 : 가등기담보 등에 관한 법률은 재산권 이전의 예약에 의한 가등기담보에 있어서 재산의 예약 당시의 가액이 차용액 및 이에 붙인 이자의 합산액을 초과하는 경우에 적용되는바, 재산권 이전의 예약 당시 재산에 대하여 선순위 근저당권이 설정되어 있는 경우에는 재산의 가액에서 피담보채무액을 공제한 나머지 가액이 차용액 및 이에 붙인 이자의 합산액을 초과하는 경우에만 적용된다.(대판 2006.8.24, 2005다61140)

판례 매매대금의 지급을 담보하기 위하여 가등기를 한 경우, 이 법의 적용여부 : 가등기담보등에관한법률은 차용물의 반환에 관하여 다른 재산권을 이전할 것을 예약한 경우에 적용되므로 매매대금채권을 담보하기 위하여 가등기를 한 경우에는 적용되지 않는다.(가등기의 주된 목적이 매매대금채권의 확보에 있고, 대여금채권의 확보는 부수적 목적인 경우 가등기담보등에관한법률이 적용되지 않는다고 본 사례)(대판 2002.12.24, 2002다50484)

제2조【정의】 이 법에서 사용하는 용어의 뜻은 다음과 같다.
1. "담보계약"이란 「민법」 제608조에 따라 그 효력이 상실되는 대물반환(代物返還)의 예약〔환매(還買), 양도담보(讓渡擔保) 등 명목(名目)이 어떠하든 그 모두를 포함한다〕에 포함되거나 병존(竝存)하는 채권담보(債權擔保) 계약을 말한다.
2. "채무자등"이란 다음 각 목의 자를 말한다.
가. 채무자
나. 담보가등기목적 부동산의 물상보증인(物上保證人)
다. 담보가등기 후 소유권을 취득한 제삼자
3. "담보가등기(擔保假登記)"란 채권담보의 목적으로 마친 가등기를 말한다.
4. "강제경매등"이란 강제경매(强制競賣)와 담보권의 실행 등을 위한 경매를 말한다.
5. "후순위권리자(後順位權利者)"란 담보가등기 후에 등기된 저당권자 · 전세권자 및 담보가등기권리자를 말한다.
(2008.3.21 본조개정)

제3조【담보권 실행의 통지와 청산기간】 ① 채권자가 담보계약에 따른 담보권을 실행하여 그 담보목적부동산의 소유권을 취득하기 위하여는 그 채권(債權)의 변제기(辨濟期) 후에 제4조의 청산금(淸算金)의 평가액을 채무자등에게 통지하고, 그 통지가 채무자등에게 도달한 날부터 2개월(이하 "청산기간"이라 한다)이 지나야 한다. 이 경우 청산금이 없다고 인정되는 경우에는 그 뜻을 통지하여야 한다.
② 제1항에 따른 통지에는 통지 당시의 담보목적부동산의 평가액과 「민법」 제360조에 규정된 채권액을 밝혀야 한다. 이 경우 부동산이 둘 이상인 경우에는 각 부동산의 소유권이전에 의하여 소멸시키려는 채권과 그 비용을 밝혀야 한다.
(2008.3.21 본조개정)

판례 귀속정산절차에 있어서 통지의 상대방 및 그 통지 흠결시 소유권의 취득 여부 : 동법에 의하면, 가등기담보권자가 담보권실행을 위하여 담보 목적 부동산의 소유권을 취득하기 위하여는 그 채권의 변제기 후에 소정의 청산금 평가액 또는 청산금이 없다고 하는 뜻을 채무자 등에게 통지하여야 하고(제3조제1항), 이 때의 채무자 등에는 채무자와 물상보증인뿐만 아니라 담보가등기 후 소유권을 취득한 제3취득자가 포함되는 것이므로(제2조제2호), 위 통지는 이들 모두에게 하여야 하는 것으로서 채무자 등의 전부 또는 일부에 대하여 위 통지를 하지 않으면 청산기간이 진행할 수 없게 되고, 따라서 가등기담보권자는 그 후 적절한 청산금을 지급하거나 실제 지급할 청산금이 없다고 하더라도 가등기에 기한 본등기를 청구할 수 없으며, 설령 편법으로 본등기를 마쳤다고 하더라도 그 소유권을 취득할 수 없다.(대판 2002.4.23, 2001다81856)

제4조【청산금의 지급과 소유권의 취득】 ① 채권자는 제3조제1항에 따른 통지 당시의 담보목적부동산의 가액에서 그 채권액을 뺀 금액(이하 "청산금"이라 한다)을 채무자등에게 지급하여야 한다. 이 경우 담보목적부동산에 선순위담보권(先順位擔保權) 등의 권리가 있을 때에는 그 채권액을 계산할 때에 선순위담보 등에 의하여 담보된 채권액을 포함한다.
② 채권자는 담보목적부동산에 관하여 이미 소유권이전등기를 마친 경우에는 청산기간이 지난 후 청산금을 채무자등에게 지급한 때에 담보목적부동산의 소유권을 취득하며, 담보가등기를 마친 경우에는 청산기간이 지나야 그 가등기에 따른 본등기(本登記)를 청구할 수 있다.
③ 청산금의 지급채무와 부동산의 소유권이전등기 및 인도채무(引渡債務)의 이행에 관하여는 동시이행의 항변권(抗辯權)에 관한 「민법」 제536조를 준용한다.
④ 제1항부터 제3항까지의 규정에 어긋나는 특약(特約)으로서 채무자등에게 불리한 것은 그 효력이 없다. 다만, 청산기간이 지난 후에 행하여진 특약으로서 제삼자의 권리를 침해하지 아니하는 것은 그러하지 아니하다.
(2008.3.21 본조개정)

제5조【후순위권리자의 권리행사】 ① 후순위권리자는 그 순위에 따라 채무자등이 지급받을 청산금에 대하여 제3조제1항에 따라 통지된 평가액의 범위에서 청산금이 지급될 때까지 그 권리를 행사할 수 있고, 채권자는 후순위권리자의 요구가 있는 경우에는 청산금을 지급하여야 한다.
② 후순위권리자는 제1항의 권리를 행사할 때에는 그 피담보채권(被擔保債權)의 범위에서 그 채권의 명세와 증서를 채권자에게 교부하여야 한다.
③ 채권자가 제2항의 명세와 증서를 받고 후순위권리자에게 청산금을 지급한 때에는 그 범위에서 청산금채무는 소멸한다.
④ 제1항의 권리행사를 막으려는 자는 청산금을 압류(押留)하거나 가압류(假押留)하여야 한다.
⑤ 담보가등기 후에 대항력(對抗力) 있는 임차권(賃借權)을 취득한 자에게는 청산금의 범위에서 동시이행의 항변권에 관한 「민법」 제536조를 준용한다.
(2008.3.21 본조개정)

제6조【채무자등 외의 권리자에 대한 통지】 ① 채권자는 제3조제1항에 따른 통지가 채무자등에게 도달하면 지체 없이 후순위권리자에게 그 통지의 사실과 내용 및 도달일을 통지하여야 한다.
② 제3조제1항에 따른 통지가 채무자등에게 도달한 때에는 담보가등기 후에 등기한 제삼자(제1항에 따라 통지를 받을 자를 제외하고, 대항력 있는 임차권자를 포함한다)가 있으면 채권자는 지체 없이 그 제삼자에게 제3조제1항에 따른 통지를 한 사실과 그 채권액을 통지하여야 한다.
③ 제1항과 제2항에 따른 통지는 통지를 받을 자의 등기부상의 주소로 발송함으로써 그 효력이 있다. 그러나 대항력 있는 임차권자에게는 그 담보목적부동산의 소재지로 발송하여야 한다.
(2008.3.21 본조개정)

제7조【청산금에 대한 처분 제한】 ① 채무자가 청산기간이 지나기 전에 한 청산금에 관한 권리의 양도나 그 밖의 처분은 이로써 후순위권리자에게 대항하지 못한다.
② 채권자가 청산기간이 지나기 전에 청산금을 지급한 경우 또는 제6조제1항에 따른 통지를 하지 아니하고 청산금을 지급한 경우에도 제1항과 같다.
(2008.3.21 본조개정)

제8조【청산금의 공탁】 ① 청산금채권이 압류되거나 가압류된 경우에 채권자는 청산기간이 지난 후 이에 해당하는 청산금을 채무이행지(債務履行地)를 관할하는 지방법원이나 지원(支院)에 공탁(供託)하여 그 범위에서 채무를 면(免)할 수 있다.
② 제1항에 따라 공탁이 있는 경우에는 채무자등의 공탁금출급청구권(供託金出給請求權)이 압류되거나 가압류된 것으로 본다.
③ 채권자는 제14조에 따른 경우 외에는 공탁금의 회수(回收)를 청구할 수 없다.
④ 채권자는 제1항에 따라 공탁을 한 경우에는 채무자등과 압류채권자 또는 가압류채권자에게 지체 없이 공탁의 통지를 하여야 한다.
(2008.3.21 본조개정)

제9조【통지의 구속력】 채권자는 제3조제1항에 따라 그가 통지한 청산금의 금액에 관하여 다툴 수 없다.
(2008.3.21 본조개정)

제10조【법정지상권】 토지와 그 위의 건물이 동일한 소유자에게 속하는 경우 그 토지나 건물에 대하여 제4조제2항에 따른 소유권을 취득하거나 담보가등기에 따른 본등기가 행하여진 경우에는 그 건물의 소유를 목적으로 그 토지 위에 지상권(地上權)이 설정된 것으로 본다. 이 경우 그 존속기간과 지료(地料)는 당사자의 청구에 의하여 법원이 정한다.(2008.3.21 본조개정)

제11조【채무자등의 말소청구권】 채무자등은 청산금채권을 변제받을 때까지 그 채무액(반환할 때까지의 이자와 손해금을 포함한다)을 채권자에게 지급하고 그 채권담보의 목적으로 마친 소유권이전등기의 말소를 청구할 수 있다. 다만, 그 채무의 변제기가 지난 때부터 10년이 지나거나 선의의 제삼자가 소유권을 취득한 경우에는 그러하지 아니하다.(2008.3.21 본조개정)

판례 가등기나 소유권이전등기가 금전소비대차나 준소비대차에 기한 차용금반환채무와 그 외의 원인으로 발생한 채무를 동시에 담보할 목적으로 경료되었으나 그 후 금전소비대차나 준소비대차에 기한 차용금반환채무만이 남게 된 경우, 그 가등기담보나 양도담보에 가등기담보등에관한법률이 적용된다.
(대판 2004.4.27, 2003다29968)

제12조【경매의 청구】 ① 담보가등기권리자는 그 선택에 따라 제3조에 따른 담보권을 실행하거나 담보목적부동산의 경매를 청구할 수 있다. 이 경우 경매에 관하여는 담보가등기권리를 저당권으로 본다.
② 후순위권리자는 청산기간에 한정하여 그 피담보채권의 변제기 도래 전이라도 담보목적부동산의 경매를 청구할 수 있다.
(2008.3.21 본조개정)

제13조【우선변제청구권】 담보가등기를 마친 부동산에 대하여 강제경매등이 개시된 경우에 담보가등기권리자는 다른 채권자보다 자기채권을 우선변제 받을 권리가 있다. 이 경우 그 순위에 관하여는 그 담보가등기권리를 저당권으로 보고, 그 담보가등기를 마친 때에 그 저당권의 설정등기(設定登記)가 행하여진 것으로 본다.
(2008.3.21 본조개정)

제14조【강제경매등의 경우의 담보가등기】 담보가등기를 마친 부동산에 대하여 강제경매등의 개시 결정이 있는 경우에 그 경매의 신청이 청산금을 지급하기 전에 행하여진 경우(청산금이 없는 경우에는 청산기간이 지나기 전)에는 담보가등기권리자는 그 가등기에 따른 본등기를 청구할 수 없다.(2008.3.21 본조개정)

제15조【담보가등기권리의 소멸】 담보가등기를 마친 부동산에 대하여 강제경매등이 행하여진 경우에는 담보가등기권리는 그 부동산의 매각에 의하여 소멸한다.
(2008.3.21 본조개정)

제16조【강제경매등에 관한 특칙】 ① 법원은 소유권의 이전에 관한 가등기가 되어 있는 부동산에 대한 강제경매등의 개시결정(開始決定)이 있는 경우에는 가등기권리자에게 다음 각 호의 구분에 따른 사항을 법원에 신고하도록 적당한 기간을 정하여 최고(催告)하여야 한다.
1. 해당 가등기가 담보가등기인 경우 : 그 내용과 채권[이자나 그 밖의 부수채권(附隨債權)을 포함한다]의 존부(存否)·원인 및 금액
2. 해당 가등기가 담보가등기가 아닌 경우 : 해당 내용
② 압류등기 전에 이루어진 담보가등기권리가 매각에 의하여 소멸되면 제1항의 채권신고를 한 경우에만 그 채권자는 매각대금을 배당받거나 변제금을 받을 수 있다. 이 경우 그 담보가등기의 말소에 관하여는 매수인이 인수하지 아니한 부동산의 부담에 관한 기입을 말소하는 등기의 촉탁에 관한 「민사집행법」 제144조제1항제2호를 준용한다.
③ 소유권의 이전에 관한 가등기권리자는 강제경매등 절차의 이해관계인으로 본다.
(2008.3.21 본조개정)

제17조【파산 등 경우의 담보가등기】 ① 파산재단(破産財團)에 속하는 부동산에 설정한 담보가등기권리에 대하여는 「채무자 회생 및 파산에 관한 법률」 중 저당권에 관한 규정을 적용한다.
② 파산재단에 속하지 아니하는 파산자의 부동산에 대하여 설정되어 있는 담보가등기권리자에 관하여는 준별제권자(準別除權者)에 관한 「채무자 회생 및 파산에 관한 법률」 제414조를 준용한다.
③ 담보가등기권리는 「국세기본법」, 「국세징수법」, 「지방세기본법」, 「지방세징수법」, 「채무자 회생 및 파산에 관한 법률」을 적용할 때에는 저당권으로 본다.(2016.12.27 본항개정)
(2008.3.21 본조개정)

제18조【다른 권리를 목적으로 하는 계약에의 준용】 등기 또는 등록할 수 있는 부동산소유권 외의 권리[질권(質權)·저당권 및 전세권은 제외한다]의 취득을 목적으로 하는 담보계약에 관하여는 제3조부터 제17조까지의 규정을 준용한다. 다만, 「동산·채권 등의 담보에 관한 법률」에 따라 담보등기를 마친 경우에는 그러하지 아니하다.
(2010.6.10 단서신설)

부 칙 (2016.12.27)

제1조【시행일】 이 법은 공포 후 3개월이 경과한 날부터 시행한다.(이하 생략)

등기사항증명서 등 수수료규칙

(1962년 8월 28일 대법원규칙 제138호)

개정
1966.11.24대법원규칙 280호 <중략>
2000. 5.26대법원규칙1654호 2000. 7.10대법원규칙1663호
2001. 8. 4대법원규칙1713호 2002.10.19대법원규칙1795호
2002.12.31대법원규칙1810호 2004. 2.23대법원규칙1873호
2004. 6.10대법원규칙1892호 2005. 3.15대법원규칙1934호
2005.10.17대법원규칙1958호 2006. 2. 1대법원규칙1989호
2006. 3.23대법원규칙2007호
2006. 5.30대법원규칙2025호(부등규)
2006. 5.30대법원규칙2027호 2006. 8.17대법원규칙2040호
2007.11.28대법원규칙2124호 2007.12.31대법원규칙2151호
2008. 3.31대법원규칙2169호 2008. 9.26대법원규칙2195호
2009. 5. 4대법원규칙2232호 2010.12.13대법원규칙2317호
2011. 9.28대법원규칙2354호
2011. 9.28대법원규칙2356호(부등규)
2012. 4. 9대법원규칙2389호 2012. 5.29대법원규칙2416호
2012.11.30대법원규칙2433호 2013. 4.11대법원규칙2459호
2014.10. 2대법원규칙2560호(상업등기규)
2017. 5.25대법원규칙2743호 2019. 1. 9대법원규칙2823호
2020. 6. 1대법원규칙2901호
2020. 6.26대법원규칙2909호(등기정보자료의제공에관한규칙)
2020.11.26대법원규칙2930호 2021. 8.30대법원규칙2994호
2023.10.25대법원규칙3113호

제1조【목적】 이 규칙은 「부동산등기법」, 「상업등기법」, 「비송사건절차법」 및 그 밖의 법령에 따른 등기사항증명서와 인감증명서의 교부수수료, 등기기록 또는 부속서류의 열람수수료 및 등기신청수수료 등에 관한 사항을 규정함을 목적으로 한다.(2019.1.9 본조개정)

제2조【등본·초본】 ① 등기사항증명서의 교부수수료는 1통에 대하여 20장까지는 1,200원으로 하고, 1통이 20장을 초과하는 때에는 초과 1장마다 50원의 수수료를 납부하여야 한다. 다만, 수수료 중 100원 미만의 단수가 있을 때에는 그 단수는 계산하지 아니한다.(2012.5.29 단서신설)
② 제1항에도 불구하고 무인발급기나 인터넷에 의한 등기사항증명서의 교부수수료는 1통에 대하여 1,000원으로 한다.(2012.11.30 본항개정)

제3조【열람】 ① 등기기록이나 신청서 기타 부속서류의 열람에 대한 수수료는 1등기기록 또는 1사건에 관한 서류에 대하여 1,200원으로 하되, 열람 후 등기사항을 출력한 서면 또는 신청서 기타 부속서류의 복사물을 교부하는 경우에 20장을 초과하는 때에는 초과 1장마다 50원의 수수료를 납부하여야 한다. 다만, 수수료 중 100원 미만의 단수가 있을 때에는 그 단수는 계산하지 아니한다.
(2012.5.29 본항개정)
② 제1항의 규정에도 불구하고 인터넷을 통한 등기기록의 열람에 대한 수수료는 1등기기록에 관하여 700원으로 한다.(2012.11.30 본항개정)

제4조 (2011.9.28 삭제)

제5조【인감증명서】 ① 인감증명서 교부에 대한 수수료는 1통에 대하여 1,200원으로 한다.(2007.12.31 본항개정)
② 제1항에 불구하고 무인발급기에 의한 인감증명서의 교부수수료는 1통에 대하여 1,000원으로 하고, 「상업등기규칙」 제40조제2항에 따라 인터넷을 이용하여 인감증명서 발급을 신청한 경우 교부수수료는 1통에 대하여 1,100원으로 한다.(2014.10.2 본항개정)

제5조의2【부동산등기 신청수수료】 ① 다음 각호의 1에 해당하는 부동산등기의 신청(촉탁을 포함한다. 이하 같다)수수료는 매 부동산마다 15,000원으로 한다.
(2012.11.30 본문개정)
1. 소유권보존등기
2. 소유권이전등기
3. 제한물권 또는 임차권의 설정 및 이전등기
4. 가등기 및 가등기의 이전등기
5. (2001.8.4 삭제)
6. 환매특약의 등기 및 환매권의 이전등기
② 제1항의 경우를 제외한 나머지 부동산등기의 신청수수료 및 한국주택금융공사가 「한국주택금융공사법」 제28조의 규정에 의하여 취득한 저당권에 대하여 위 공사를 등기권리자로 하는 저당권이전등기의 신청수수료는 매 부동산마다 3,000원으로 한다. 다만, 다음 각호의 1에 해당하는 등기는 그 신청수수료를 받지 아니한다.(2009.5.4 본문개정)
1. 예고등기의 말소등기(2011.9.28 본호개정)
2. 멸실회복등기
3. 회생, 파산, 개인회생, 국제도산에 관하여 법원의 촉탁으로 인한 등기(2006.3.23 본호개정)
4. 부동산표시의 변경 및 경정등기(2017.5.25 본호개정)
5. 부동산에 관한 분할·구분·합병 및 멸실등기(대지권에 관한 등기 제외)(2017.5.25 본호개정)
6. 행정구역·지번의 변경, 주민등록번호(또는 부동산등기용등록번호)의 정정을 원인으로 한 등기명의인표시변경 또는 경정등기(2017.5.25 본호개정)
7. 등기관의 과오로 인한 등기의 착오 또는 유루를 원인으로 하는 경정등기
8. 「공유토지분할에 관한 특례법」에 의한 등기(2005.3.15 본호개정)
9. 신탁등기 및 신탁등기의 말소등기(2001.8.4 본호신설)
(1997.6.3 본조신설)

제5조의3【상업등기 신청수수료】 ① 다음 각 호의 1에 해당하는 상업등기의 신청수수료는 매 건마다 30,000원으로 한다.
1. 회사 또는 합자조합의 설립에 따른 등기(합병·분할·분할합병 및 조직변경으로 인한 설립등기와 외국회사의 영업소설치등기를 포함한다)(2014.10.2 본호개정)
2. 본점(합자조합의 주된 영업소 및 외국회사의 영업소를 포함한다)을 다른 등기소 관할구역으로 이전하는 경우의 신소재지에서 하는 본점이전등기
(2012.4.9 본항개정)
② 제1항의 경우를 제외한 나머지 상업등기의 신청수수료는 매 등기의 목적마다 6,000원으로 한다. 다만, 다음 각호의 1에 해당하는 등기는 그 신청수수료를 받지 아니한다.(2009.5.4 본문개정)
1. 법원의 촉탁에 의한 등기
2. 멸실회복등기
3. 행정구역·지번의 변경·주민등록번호(또는 부동산등기용등록번호)의 정정, 등기관의 과오로 인한 등기의 착오 또는 유루를 원인으로 하는 경정 및 변경등기
(1997.6.3 본조신설)

제5조의4【선박등기 등의 신청수수료】 ① 선박등기, 입목등기, 공장재단등기, 광업재단등기, 동산·채권담보등기의 신청수수료에 관하여는 제5조의2를 준용한다. 다만, 동산·채권담보등기의 경우 "매 부동산마다"를 "매 건마다"로 본다.(2012.5.29 본항개정)
② 민법법인등기, 특수법인등기, 외국법인등기, 유한책임신탁등기의 신청수수료에 관하여는 제5조의3을 준용한다.
(2012.5.29 본항개정)
③ 부부재산약정등기의 신청수수료는 매 건마다 2,000원으로 한다.(2001.8.4 본항개정)

제5조의5【전자신청 등에 의한 등기신청수수료의 특례】 ① 제5조의2제1항 각 호의 1에 해당하는 부동산등기를 전산정보처리조직을 이용하여 신청(이하 "전자신청"이라고 한다)하는 경우의 신청수수료는 매 부동산마다 10,000원으로, 전자표준양식에 의하여 신청하는 경우의 신청수수료는 매 부동산마다 13,000원으로 한다.
(2012.11.30 본항개정)
② 제5조의2제2항 본문에 해당하는 부동산등기를 전자신청하는 경우의 신청수수료는 매 부동산마다 1,000원으로, 전자표준양식에 의하여 신청하는 경우의 신청수수료는 매 부동산마다 2,000원으로 한다.(2009.5.4 본항개정)
③ 제5조의3제1항 각 호의 1에 해당하는 상업등기를 전자신청하는 경우의 신청수수료는 매 건마다 20,000원으로, 전자표준양식에 의하여 신청하는 경우의 신청수수료는 매 건마다 25,000원으로 한다.(2012.11.30 본항개정)
④ 제5조의3제2항 본문에 해당하는 상업등기를 전자신청하는 경우의 신청수수료는 매 등기의 목적마다 2,000원으로, 전자표준양식에 의하여 신청하는 경우의 신청수수료는 매 등기의 목적마다 4,000원으로 한다.(2009.5.4 본항개정)
⑤ 민법법인등기, 특수법인등기 및 외국법인등기를 전자신청 또는 전자표준양식에 의하여 신청하는 경우에도 제3항 및 제4항과 같다.(2008.3.31 본항개정)
⑥ 동산·채권담보등기를 전자신청 또는 전자표준양식에 의하여 신청하는 경우에는 제1항 및 제2항을 준용한다. 이 경우 "매 부동산마다"를 "매 건마다"로 본다.
(2012.5.29 본항신설)
(2006.5.30 본조제목개정)

제5조의6【등기전산정보자료 사용료】 「상업등기법」 제21조제3항(「비송사건절차법」 제66조제1항으로 준용하는 경우를 포함한다)의 등기전산정보자료 사용료는 1건에 대하여 1만원으로 하고, 그 대상 등기기록이 20개를 초과하면 초과하는 매 1개마다 20원을 가산한 금액으로 한다.
(2020.6.26 본조개정)

제5조의7【인감카드 재발급수수료】 「상업등기법」 제16조제2항(「비송사건절차법」 제66조제1항으로 준용하는 경우를 포함한다)의 인감카드 재발급수수료는 매 건마다 5,000원으로 한다.(2014.10.2 본조개정)

제5조의8【전자증명서 발급수수료】 ① 「상업등기법」 제17조제2항(「비송사건절차법」 제66조제1항 및 제67조로 준용하는 경우를 포함한다)의 전자증명서 발급수수료는 매 건마다 15,000원으로 한다. 다만, 상업등기법 제17조제3항, 상업등기규칙 제46조제5항에서 정한 사용용도가 제한되는 경우의 발급수수료는 매 건마다 3,000원으로 한다.
(2021.8.30 단서신설)
② 신청인이 소지하고 있는 사용 가능한 기존의 휴대용 저장매체에 전자증명서를 발급하는 경우에는 발급수수료를 받지 아니한다.
(2008.3.31 본조신설)

제6조【수수료납부】① 제2조, 제3조 및 제5조에서 정한 수수료는 현금 또는 신용카드(제3조 중 신청서 기타 부속서류의 열람 부분은 제외한다)로 납부하여야 하며, 등기관은 등기사항증명서 또는 열람신청서 여백에 기기를 이용하여 그 영수필의 취지를 표시하여야 한다. 다만, 무인발급기를 이용하여 등기사항증명서 또는 인감증명서를 교부받는 경우에는 현금 또는 신용카드로 수수료를 납부하거나 고주파송수신칩이 내장된 매체 또는 이동통신단말장치에서 사용되는 애플리케이션을 통한 신용카드, 전자화폐 등으로 수수료를 납부할 수 있고, 인터넷을 이용하여 등기사항증명서를 발급받거나 등기기록을 열람하거나 인감증명서 발급을 신청하는 경우에는 신용카드, 금융기관 계좌이체, 전자화폐 등으로 수수료를 납부하여야 한다.(2020.11.26 단서개정)
② 제7조제1항에 따라 수수료를 면제하는 경우에는 인증문 여백에 다음과 같이 면제사유를 기재하여 교부한다.
"이 증명은 「등기사항증명서 등 수수료규칙」 제7조제1항에 따라 수수료를 면제함"
(2011.9.28 본항개정)
③ 제5조의2부터 제5조의4까지의 규정에 따른 등기신청수수료의 납부는 그 수수료 상당액을 전자적 방법으로 납부하거나, 법원행정처장이 지정하는 금융기관에 현금으로 납부한 후 이를 증명하는 서면을 등기신청서에 첨부하여 제출하는 방법으로 하고, 등기관은 납부액의 상당여부를 조사하여야 한다. 다만, 지방법원, 그 지원 또는 등기소에 등기신청수수료 납부기능이 있는 무인발급기가 설치된 경우에는 이를 이용하는 방법으로 수수료를 납부할 수 있다.(2020.11.26 단서개정)
④ 제1항 및 제3항의 경우에 상당 액수를 초과하여 납부된 금액은 환급하여야 한다. 다만, 신청인등이 환급청구를 포기할 뜻을 표시한 때에는 등기신청서의 여백에 그 취지를 기재하고 신청인등의 기명날인 또는 서명을 받아야 한다.(2020.11.26 본항개정)
⑤ 제5조의5의 규정에 의하여 전자신청을 하는 경우의 수수료는 신용카드, 금융기관 계좌이체 또는 전자화폐 등의 결제방법으로 납부하여야 한다.(2008.9.26 본항개정)
⑥ 제5조의5의 규정에 의하여 전자표준양식에 의한 등기신청을 하는 경우의 수수료는 제3항에서 정한 방법으로 납부하여야 한다.(2008.9.26 본항개정)
⑦ 등기신청이 각하되어도 이미 납부된 제5조의2 내지 제5조의5의 수수료는 이를 반환하지 아니한다.(2006.2.1 본항개정)
⑧ 제5조의6에서 정한 사용료는 현금으로 납부하여야 한다.(2006.2.1 본항개정)
⑨ 제5조의7에서 정한 인감카드 재발급수수료와 제5조의8에서 정한 전자증명서 발급수수료의 납부 및 환급은 제3항 및 제4항의 규정을 준용한다.(2012.11.30 본항개정)
⑩ 제3항의 납부 및 제4항의 환급에 관하여 필요한 절차는 대법원예규로 정한다.(2012.11.30 본항개정)
제7조【수수료 면제】① 다른 법률에 수수료를 면제하는 규정이 있거나, 「국유재산법」상의 분임재산관리관 이상의 공무원이 「징발법」, 「징발재산정리에 관한 특별조치법」 시행상의 필요에 의하여 청구하는 때에는 제2조 내지 제4조에 규정하는 수수료를 면제한다.(2005.3.15 본항개정)
② 다른 법률에서 청구인이 국가기관(정부기관 또는 행정기관 등을 포함한다)에 대하여 필요한 자료의 제공 또는 관계서류의 열람 등을 요청하거나 요구할 수 있도록 규정한 경우에는 제3조에 규정하는 수수료를 면제한다.
(2000.5.26 본항신설)
③ 다른 법률에 수수료를 면제하는 규정이 있거나 국가가 자기를 위하여 하는 등기의 신청의 경우에는 제5조의2 내지 제5조의5에서 규정하는 수수료를 면제한다.
(2006.2.1 본항개정)
④ 다른 법률에 사용료를 면제하는 규정이 있거나 국가 또는 지방자치단체에 대하여는 제5조의6에서 규정하는 사용료를 면제한다.(2006.2.1 본항개정)
⑤ 「전자정부법」 제38조에 의하여 행정기관이 업무처리를 위해 행정정보 공동이용 대상인 등기정보를 열람하는 경우에는 수수료를 면제한다.(2011.9.28 본항개정)
⑥ 제1항 내지 제3항의 규정에도 불구하고 제2조제2항 및 제3조제2항의 규정에 의한 등기사항증명서의 교부 및 등기기록의 열람 수수료는 이를 면제하지 아니한다.
(2011.9.28 본항개정)
⑦ 제5조의5의 전자신청에 의한 등기사건이 처리완료된 후 신청인 또는 대리인이 당해 등기사건에 대하여 신청하는 제2조제2항의 인터넷에 의한 등기사항증명서 교부수수료 또는 제3조제2항의 등기기록 열람 수수료를 1회에 한하여 면제한다.(2011.9.28 본항개정)
제7조의2【전자문서형태로 발급하는 등기사항증명서의 발급수수료 면제】① 소유권의 등기명의인이 해당 부동산에 관하여 인터넷에 의한 전자등기사항증명서를 발급받는 경우 제2조에 규정하는 수수료를 면제한다.
② 제1항의 면제 대상·요건·절차 등과 관련하여 필요한 사항은 대법원예규로 정할 수 있다.
(2023.10.25 본조신설)

부 칙 (2007.12.31)

제1조【시행일】이 규칙은 2008년 1월 1일부터 시행한다.
제2조【경과조치】「상업등기규칙」 부칙 제6조제1항 및 「민법법인 및 특수법인 등기규칙」 부칙 제5조제1항에 따라 폐쇄등기용지에 대하여 모사전송방법으로 등·초본을 발급하는 경우 종전 규정을 적용한다.

부 칙 (2017.5.25)

제1조【시행일】이 규칙은 2017년 7월 18일부터 시행한다.
제2조【적용례】이 규칙은 이 규칙 시행 후 최초로 접수되는 사건부터 적용한다.

부 칙 (2019.1.9)

이 규칙은 2019년 1월 11일부터 시행한다.

부 칙 (2020.6.1)

이 규칙은 2020년 6월 22일부터 시행한다. 다만, 법원행정처장은 일부 등기소에 대하여 이 규칙 시행 전에 신용카드 결제방식을 시범운영할 수 있다.

부 칙 (2020.6.26)

제1조【시행일】이 규칙은 2020년 8월 5일부터 시행한다.(이하 생략)

부 칙 (2020.11.26)

이 규칙은 2021년 7월 16일부터 시행한다. 다만, 법원행정처장은 일부 등기소에 대하여 이 규칙 시행 전에 신용카드 결제방식을 시범운영할 수 있다.

부 칙 (2021.8.30)

이 규칙은 2021년 9월 6일부터 시행한다.

부 칙 (2023.10.25)

제1조【시행일】이 규칙은 2023년 12월 1일부터 시행한다.
제2조【시범사업의 특례】법원행정처장은 제7조의2의 개정규정 시행 전에 시범사업을 실시할 수 있다.

공익법인의 설립·운영에 관한 법률(약칭 : 공익법인법)

(1975년 12월 31일 법 률 제2814호)

개정
1995. 1. 5법 4932호
1997.12.13법 5453호(행정절차)
2004.10.16법 7228호
2005. 3.31법 7428호(채무자회생파산)
2008. 3.14법 8895호
2011. 3. 7법10428호
2014. 1. 7법12185호
2016. 5.29법14171호
2017.12.12법15149호

제1조【목적】이 법은 법인의 설립·운영 등에 관한 「민법」의 규정을 보완하여 법인으로 하여금 그 공익성을 유지하며 건전한 활동을 할 수 있도록 함을 목적으로 한다.
(2008.3.14 본조개정)
제2조【적용 범위】이 법은 재단법인이나 사단법인으로서 사회 일반의 이익에 이바지하기 위하여 학자금·장학금 또는 연구비의 보조나 지급, 학술, 자선(慈善)에 관한 사업을 목적으로 하는 법인(이하 "공익법인"이라 한다)에 대하여 적용한다.(2008.3.14 본조개정)
제3조【정관의 준칙 등】① 공익법인은 정관에 다음 사항을 적어야 한다.
1. 목적
2. 명칭
3. 사무소의 소재지
4. 설립 당시의 자산의 종류·상태 및 평가액
5. 자산의 관리방법과 회계에 관한 사항
6. 이사 및 감사의 정수(定數)·임기 및 그 임면(任免)에 관한 사항
7. 이사의 결의권 행사 및 대표권에 관한 사항
8. 정관의 변경에 관한 사항
9. 공고 및 공고 방법에 관한 사항
10. 존립시기와 해산사유를 정한 경우에는 그 시기와 사유 및 잔여재산의 처리방법
11. 업무감사와 회계검사에 관한 사항
② 제1항에 따른 정관의 기재 사항과 그 밖에 필요한 사항에 관하여는 대통령령으로 정한다.
(2008.3.14 본조개정)
제4조【설립허가 기준】① 주무 관청은 「민법」 제32조에 따라 공익법인의 설립허가신청을 받으면 관계 사실을 조사하여 재단법인은 출연재산의 수입, 사단법인은 회비·기부금 등으로 조성되는 재원(財源)의 수입(이하 각 "기본재산"이라 한다)으로 목적사업을 원활히 수행할 수 있다고 인정되는 경우에만 설립허가를 한다.
② 주무 관청은 공익법인의 설립허가를 할 때 대통령령으로 정하는 바에 따라 회비 징수, 수혜(受惠) 대상에 관한 사항, 그 밖에 필요한 조건을 붙일 수 있다.
③ 공익법인은 목적 달성을 위하여 수익사업을 하려면 정관으로 정하는 바에 따라 사업마다 주무 관청의 승인을 받아야 한다. 이를 변경하려는 경우에도 또한 같다.
(2008.3.14 본조개정)
제5조【임원 등】① 공익법인에는 5명 이상 15명 이하의 이사와 2명의 감사를 두되, 주무 관청의 승인을 받아 그 수를 증감할 수 있다.
② 임원은 주무 관청의 승인을 받아 취임한다.
③ 이사와 감사의 임기는 정관으로 정하되, 이사는 4년, 감사는 2년을 초과할 수 없다. 다만, 연임할 수 있다.
④ 이사의 과반수는 대한민국 국민이어야 한다.
⑤ 이사회를 구성할 때 대통령령으로 정하는 특별한 관계가 있는 자의 수는 이사 현원(現員)의 5분의 1을 초과할 수 없다.
⑥ 다음 각 호의 어느 하나에 해당하는 자는 공익법인의 임원이 될 수 없다.
1. 미성년자
2. 피성년후견인 또는 피한정후견인(2017.12.12 본호개정)
3. 파산선고를 받은 자로서 복권되지 아니한 자
4. 금고 이상의 형을 받고 집행이 종료되거나 집행을 받지 아니하기로 확정된 후 3년이 지나지 아니한 자
5. 제14조제2항에 따라 임원 취임승인이 취소된 후 2년이 지나지 아니한 자
⑦ 이사나 감사 중에 결원이 생기면 2개월 내에 보충하여야 한다.
⑧ 감사는 이사와 제5항에 따른 특별한 관계가 있는 자가 아니어야 하며 그 중 1명은 대통령령으로 정하는 바에 따라 법률과 회계에 관한 지식과 경험이 있는 자 중에서 주무 관청이 추천할 수 있다.
⑨ 공익법인은 주무 관청의 승인을 받아 상근임직원의 수를 정하고 상근임직원에게는 보수를 지급한다.
(2008.3.14 본조개정)
제6조【이사회】① 공익법인에 이사회를 둔다.
② 이사회는 이사로 구성한다.

③ 이사장은 정관으로 정하는 바에 따라 이사 중에서 호선(互選)한다.
④ 이사장은 이사회를 소집하며, 이사회의 의장이 된다.
(2008.3.14 본조개정)
제7조【이사회의 기능】 ① 이사회는 다음 사항을 심의 결정한다.
1. 공익법인의 예산, 결산, 차입금 및 재산의 취득·처분과 관리에 관한 사항
2. 정관의 변경에 관한 사항
3. 공익법인의 해산에 관한 사항
4. 임원의 임면에 관한 사항
5. 수익사업에 관한 사항
6. 그 밖에 법령이나 정관에 따라 그 권한에 속하는 사항
② 이사장이나 이사가 공익법인과 이해관계가 상반될 때에는 그 사항에 관한 의결에 참여하지 못한다.
(2008.3.14 본조개정)
제8조【이사회의 소집】 ① 이사장은 필요하다고 인정할 때에는 이사회를 소집할 수 있다.
② 이사장은 다음 각 호의 어느 하나에 해당하는 소집요구가 있을 때에는 그 소집요구일부터 20일 이내에 이사회를 소집하여야 한다.
1. 재적이사의 과반수가 회의의 목적을 제시하여 소집을 요구할 때
2. 제10조제1항제5호에 따라 감사가 소집을 요구할 때
③ 이사회를 소집할 때에는 적어도 회의 7일 전에 회의의 목적을 구체적으로 밝혀 각 이사에게 알려야 한다. 다만, 이사 전원이 모이고 또 그 전원이 이사회의 소집을 요구할 때에는 그러하지 아니하다.
④ 이사회를 소집하여야 할 경우에 그 소집권자가 궐위(闕位)되거나 이사회 소집을 기피하여 7일 이상 이사회 소집이 불가능한 경우에는 재적이사 과반수의 찬동으로 감독청의 승인을 받아 이사회를 소집할 수 있다. 이 경우 정관으로 정하는 이사가 이사회를 주재한다.
(2008.3.14 본조개정)
제9조【의결정족수 등】 ① 이사회의 의사(議事)는 정관에 특별한 규정이 없으면 재적이사 과반수의 찬성으로 의결한다.
② 이사는 평등한 의결권을 가진다.
③ 이사회의 의사는 서면결의에 의하여 처리할 수 없다.
④ 이사회의 의결은 대한민국 국민인 이사가 출석이사의 과반수가 되어야 한다.
(2008.3.14 본조개정)
제10조【감사의 직무】 ① 감사는 다음 각 호의 직무를 수행한다.
1. 공익법인의 업무와 재산상황을 감사하는 일 및 이사에 대하여 감사에 필요한 자료의 제출 또는 의견을 요구하고 이사회에서 발언하는 일
2. 이사회의 회의록에 기명날인하는 일
3. 공익법인의 업무와 재산상황에 대하여 이사에게 의견을 진술하는 일
4. 공익법인의 업무와 재산상황을 감사한 결과 불법 또는 부당한 점이 있음을 발견한 때에 이를 이사회에 보고하는 일
5. 제4호의 보고를 하기 위하여 필요하면 이사회의 소집을 요구하는 일
② 감사는 공익법인의 업무와 재산상황을 감사한 결과 불법 또는 부당한 점이 있음을 발견한 때에는 지체 없이 주무 관청에 보고하여야 한다.
③ 감사는 이사가 공익법인의 목적범위 외의 행위를 하거나 그 밖에 이 법 또는 이 법에 따른 명령이나 정관을 위반하는 행위를 하여 공익법인에 현저한 손해를 발생하게 할 우려가 있을 때에는 그 이사에 대하여 직무집행을 유지(留止)할 것을 법원에 청구할 수 있다.
(2008.3.14 본조개정)
제11조【재산】 ① 공익법인의 재산은 대통령령으로 정하는 바에 따라 기본재산과 보통재산으로 구분한다.
② 기본재산은 그 목록과 평가액을 정관에 적어야 하며, 평가액에 변동이 있을 때에는 지체 없이 정관 변경 절차를 밟아야 한다.
③ 공익법인은 기본재산에 관하여 다음 각 호의 어느 하나에 해당하는 경우에는 주무 관청의 허가를 받아야 한다.
1. 매도·증여·임대·교환 또는 용도변경하거나 담보로 제공하려는 경우
2. 대통령령으로 정하는 일정 금액 이상을 장기차입(長期借入)하려는 경우
3. 기본재산의 운용수익이 감소하거나 기부금 또는 그 밖의 수입금이 감소하는 등 대통령령으로 정하는 사유로 정관에서 정한 목적사업의 수행이 현저히 곤란하여 기본재산을 보통재산으로 편입하려는 경우
(2016.5.29 본항개정)
④ 제3항에도 불구하고 「상속세 및 증여세법」 제16조제2항에 따른 성실공익법인이 기본재산에 관하여 다음 각 호의 어느 하나에 해당하는 경우에는 주무 관청에 대한 신고로 갈음할 수 있다.
1. 기본재산의 100분의 20 범위에서 기본재산의 증식을 목적으로 하는 매도·교환 또는 용도변경 등 대통령령으로 정하는 경우
2. 제3항제3호에 해당하여 기본재산을 100분의 10 범위에서 보통재산으로 편입하려는 경우. 이 경우 직전 편입이 있은 날부터 최소 3년이 경과하여야 한다.
(2016.5.29 본항신설)
⑤ 공익법인은 목적사업을 수행하기 위하여 그 재산을 선량한 관리자의 주의를 다하여 관리하여야 한다.
(2008.3.14 본조개정)
제12조【예산 및 결산 등】 ① 공익법인의 회계연도는 정부의 회계연도에 따른다.
② 공익법인은 주무 관청에 대하여 대통령령으로 정하는 바에 따라 매 회계연도가 시작되기 전에 다음 해에 실시할 사업계획 및 예산을 제출하고 매 회계연도가 끝난 후에 사업실적과 결산을 보고하여야 한다. 이 경우 결산보고에는 대통령령으로 정하는 바에 따라 공인회계사의 감사증명서를 첨부하게 할 수 있다.
③ 공익법인은 결산상 잉여금을 기본재산에 전입하거나 다음 해에 이월하여 목적사업에 사용하여야 한다.
④ 공익법인의 재산관리, 예산편성, 회계 등에 관한 사항은 대통령령으로 정한다.
(2008.3.14 본조개정)
제13조【잔여재산의 귀속】 ① 해산한 공익법인의 남은 재산은 정관으로 정하는 바에 따라 국가나 지방자치단체에 귀속된다.
② 제1항에 따라 국가나 지방자치단체에 귀속된 재산은 공익사업에 사용하거나 이를 유사한 목적을 가진 공익법인에 증여하거나 무상대부(無償貸付)한다.
(2008.3.14 본조개정)
제14조【감독】 ① 주무 관청은 공익법인의 업무를 감독한다.
② 주무 관청은 다음 각 호의 어느 하나에 해당하는 사유가 있으면 그 사유의 시정을 요구한 날부터 1개월이 지나도 이에 응하지 아니한 경우에 이사의 취임승인을 취소할 수 있다.
1. 이 법 또는 정관을 위반한 경우
2. 임원 간의 분쟁, 회계부정, 재산의 부당한 손실, 현저한 부당행위 등으로 해당 공익법인의 설립목적을 달성하지 못할 우려를 발생시킨 경우
3. 목적사업 외의 사업을 수행하거나 수행하려 한 경우
③ 주무 관청은 수익사업을 하는 공익법인에 다음 각 호의 사유가 있다고 인정되면 그 공익법인에 대하여 그 사업의 시정이나 정지를 명할 수 있다.
1. 수익을 목적사업 외의 용도에 사용할 때
2. 해당 사업을 계속하는 것이 공익법인의 목적에 위배된다고 인정될 때
(2008.3.14 본조개정)
제15조【조세 감면 등】 공익법인에 출연(出捐)하거나 기부한 재산에 대한 상속세·증여세·소득세·법인세 및 지방세는 「조세특례제한법」으로 정하는 바에 따라 감면할 수 있다.(2008.3.14 본조개정)
제16조【설립허가의 취소】 ① 설립허가를 한 주무 관청은 공익법인에 다음 각 호의 어느 하나에 해당하는 사유가 있다고 인정될 때에는 그 공익법인에 대한 설립허가를 취소할 수 있다. 다만, 공익법인의 목적사업이 둘 이상인 경우에는 그 일부의 목적사업에 해당 사유가 있을 때에도 또한 같다.
1. 거짓이나 그 밖의 부정한 방법으로 설립허가를 받은 경우
2. 설립허가 조건을 위반한 경우
3. 목적 달성이 불가능하게 된 경우
4. 목적사업 외의 사업을 한 경우
5. 이 법 또는 이 법에 따른 명령이나 정관을 위반한 경우
6. 공익을 해치는 행위를 한 경우
7. 정당한 사유 없이 설립허가를 받은 날부터 6개월 이내에 목적사업을 시작하지 아니하거나 1년 이상 사업실적이 없을 때
② 제1항에 따른 공익법인의 설립허가취소는 다른 방법으로는 감독목적을 달성할 수 없거나 감독청이 시정을 명령한 후 1년이 지나도 이에 응하지 아니한 경우에 한다.
(2008.3.14 본조개정)
제16조의2【청문】 주무 관청은 제16조에 따라 공익법인의 설립허가를 취소하려는 경우에는 청문을 하여야 한다.
(2008.3.14 본조개정)
제17조【감사 등】 ① 주무 관청은 감독상 필요하면 공익법인에 대하여 그 업무보고서의 제출을 명하거나 업무재산관리 및 회계를 감사하여 그 적정을 기하고, 목적사업을 원활히 수행하도록 지도하여야 한다.
② 주무 관청은 공익법인의 효율적 감독을 위하여 필요하면 대통령령으로 정하는 바에 따라 공인회계사나 그 밖에 관계 전문기관으로 하여금 제1항에 따른 감사를 하게 할 수 있다.
(2008.3.14 본조개정)
제18조【권한의 위임】 주무 관청은 이 법에 정한 권한의 일부를 대통령령으로 정하는 바에 따라 하급관청이나 지방자치단체에 위임할 수 있다.(2008.3.14 본조개정)
제19조【벌칙】 ① 제4조제3항이나 제11조제3항·제4항 또는 제12조제3항을 위반하면 3년 이하의 징역 또는 3천만원 이하의 벌금에 처한다.(2016.5.29 본항개정)
② 다음 각 호의 어느 하나에 해당하면 1년 이하의 징역 또는 1천만원 이하의 벌금에 처한다.(2014.1.7 본문개정)
1. 제14조제3항에 따른 명령을 위반한 경우
2. 제12조제2항을 위반하거나 거짓으로 보고한 경우
3. 제17조에 따른 감사를 거부하거나 기피한 경우
4. 감사가 정당한 사유 없이 직무 수행을 거부하거나 직무를 유기한 경우
③ 이사나 감사가 제1항 및 제2항의 죄를 범하였을 때에는 그 행위자를 벌할 뿐만 아니라 그 공익법인에도 제1항 및 제2항의 벌금형을 부과한다. 다만, 법인이 그 위반행위를 방지하기 위하여 해당 업무에 관하여 상당한 주의와 감독을 게을리하지 아니한 때와 주무관청이 추천한 감사의 행위에 대하여는 그러하지 아니하다.
(2008.3.14 본조개정)
제20조 (2008.3.14 삭제)

부 칙 (2016.5.29)

제1조【시행일】 이 법은 공포 후 6개월이 경과한 날부터 시행한다.
제2조【적용례】 이 법의 개정규정은 이 법 시행 후 최초로 공익법인이 기본재산을 보통재산으로 편입하는 경우부터 적용한다.

부 칙 (2017.12.12)

제1조【시행일】 이 법은 공포한 날부터 시행한다.
제2조【금치산자 등의 결격사유에 관한 경과조치】 제5조제6항제2호의 개정규정에도 불구하고 이 법 시행 당시 법률 제10429호 민법 일부개정법률 부칙 제2조에 따라 금치산 또는 한정치산 선고의 효력이 유지되는 사람에 대하여는 종전의 규정에 따른다.

법인의 등기사항에 관한 특례법(약칭 : 법인등기법)

(1992년 11월 30일
법 률 제4503호)

개정
2008. 3.14법8894호

제1조【목적】 이 법은 법인(특별법에 따라 설립된 법인, 상사법인 및 민법법인을 말한다. 이하 같다)의 등기사항에 관한 특례를 규정하는 것을 목적으로 한다.
(2008.3.14 본조개정)

제2조【임원의 등기】 법인의 임원을 등기할 때에는 주민등록번호를 적어야 한다. 다만, 대표권이 없는 임원을 등기할 때에는 주소를 적지 아니한다.(2008.3.14 본조개정)

제3조【분사무소의 등기사항】 법인의 분사무소(分事務所)나 지점에서는 주사무소(主事務所)나 본점의 등기사항 중 다음의 사항 외에는 등기하지 아니한다.
1. 목적
2. 명칭 또는 상호(商號)
3. 주사무소 또는 본점 소재지
4. 법인이 공고를 하는 방법
5. 법인의 존립기간 또는 해산사유를 정한 경우에는 그 기간 또는 사유
6. 법인을 대표할 임원의 성명·주소와 주민등록번호
7. 여러 명이 공동으로 법인을 대표할 것을 정한 경우에는 그 규정
8. 법인의 이사의 대표권을 제한한 경우에는 그 제한
9. 그 밖에 대법원규칙으로 정하는 사항

(2008.3.14 본조개정)

제4조【대법원규칙】 이 법의 시행에 필요한 사항은 대법원규칙으로 정한다.(2008.3.14 본조개정)

부 칙 (2008.3.14)

이 법은 공포한 날부터 시행한다.

법인등의 등기사항에 관한 특례규칙

(1992년 12월 30일
대법원규칙 제1246호)

개정
1999. 3.12대법원규칙1595호
2006. 3.23대법원규칙2008호
2007.12.31대법원규칙2150호
2012. 4. 9대법원규칙2390호

제1조【목적】 이 규칙은 「법인등의 등기사항에 관한 특례법」(이하 "법"이라 한다)의 시행에 관하여 필요한 사항을 정함을 목적으로 한다.(2006.3.23 본조개정)

제2조【재외국민 및 외국인의 생년월일의 등기】 법인의 임원·사원·업무집행자·청산인의 등기를 함에 있어서 그 임원·사원·업무집행자·청산인이 주민등록번호가 없는 재외국민 또는 외국인인 경우에는 주민등록번호를 대신하여 그 생년월일을 등기하여야 한다.(2012.4.9 본조개정)

제3조【분사무소 또는 지점의 등기사항】 법 제3조제9호의 "기타 대법원규칙으로 정하는 사항"이란 다음 각 호의 사항을 말한다.(2007.12.31 본문개정)
1. 대표권 있는 임원의 직무를 일시 행할 자에 관한 등기
2. 대표권 있는 임원의 직무의 집행의 정지 또는 그 직무대행자에 관한 등기
3. 대표권 있는 임원의 선임의 결의의 부존재, 무효나 취소에 관한 등기
4. 청산중인 법인을 대표할 자에 관한 등기(2007.12.31 본호개정)
5. 당해 분사무소나 지점에 둔 대리인 또는 지배인에 관한 등기(2007.12.31 본호개정)
6. 법인의 합병 또는 합병무효에 관한 등기(2007.12.31 본호개정)
7. 법인의 해산, 계속, 조직변경 또는 청산종결에 관한 등기(2007.12.31 본호개정)
8. 설립의 무효 또는 취소에 관한 등기
9. 회생 또는 파산에 관한 등기(2006.3.23 본호개정)
10. 법인의 분할 또는 분할합병과 그 무효에 관한 등기(2007.12.31 본호개정)
11. 당해 분사무소 또는 지점의 소재지와 그 명칭(2007.12.31 본호신설)

(2007.12.31 본조제목개정)

제4조【분사무소 또는 지점의 등기기록】 ① 민법법인과 「민법」 및 「상법」 외의 법령에 의하여 설립된 특수법인의 분사무소 등기기록은 별지 제1호 양식의 각 난에 기록한 등기정보로, 「상법」상 회사의 지점 등기기록은 그 종류에 따라 별지 제2호부터 제5호까지 양식의 각 난에 기록한 등기정보로 편성한다.(2012.4.9 본항개정)

② 제1항의 분사무소나 지점의 등기기록에는 그 등기소 관할구역 내에 있는 다른 분사무소 또는 지점의 소재지, 명칭, 그 분사무소 또는 지점에 둔 대리인 또는 지배인에 관한 사항도 함께 등기한다. 이 경우 당해 등기소의 관할구역 내에 주사무소 또는 본점이 있는 경우에는 분사무소나 지점의 등기기록을 따로 편성하지 아니하고, 그 분사무소 또는 지점에 둔 대리인 또는 지배인에 관한 사항을 주사무소나 본점 등기기록에 등기한다.
(2007.12.31 본조개정)

제5조~제6조 (2007.12.31 삭제)

부 칙 (2006.3.23)

①【시행일】 이 규칙은 2006년 4월 1일부터 시행한다.
②【경과규정】 이 규칙 시행당시 계속중인 사건은 종전의 예에 의한다.

부 칙 (2012.4.9)

이 규칙은 2012년 4월 15일부터 시행한다.

〔별지서식〕 ➡ 「www.hyeonamsa.com」 참조

민법법인 및 특수법인 등기규칙

(2007년 12월 31일
전부개정대법원규칙 제2149호)

개정
2014.10. 2대법원규칙2560호(상업등기규)
2021. 9.30대법원규칙2998호
2021.11.29대법원규칙3008호
2022.12. 1대법원규칙3076호

제1조【목적】 이 규칙은 민법법인, 「민법」 및 「상법」 외의 법령에 의하여 설립된 법인(이하 "특수법인"이라 한다)과 회사가 아닌 외국법인(이하 "외국법인"이라 한다)의 등기에 관하여 「비송사건절차법」에서 위임된 사항과 그 시행에 필요한 사항을 규정함을 목적으로 한다.

제2조【등기기록의 편성】 민법법인, 특수법인 및 외국법인의 등기기록은 별지 제1호 양식의 각 란에 기록한 등기정보로 편성한다.

제3조【등기소에 비치할 장부】 ① 등기소에는 접수장 및 「상업등기규칙」 제22조제1항의 장부를 비치하여야 한다.
② 제1항의 장부는 「상업등기규칙」에서 규정하는 해당 장부와 같이 사용할 수 있다.

제4조【민법법인의 종류에 관한 표시】 민법법인의 명칭을 등기하는 때에는 사단법인 또는 재단법인임을 표시하여야 한다. 그러나, 법인의 명칭 중에 법인의 종류를 표시하는 문자가 사용되고 있는 때에는 그러하지 아니한다.

제5조【특수법인에 관한 특칙】 ① 특수법인에 관하여는 당해 특별법령이 정하는 사항을 등기하여야 한다.
② 당해 특별법령에 따라 주사무소 또는 분사무소 업무에 관하여 재판상 또는 재판외의 모든 행위를 할 수 있는 대리인을 선임한 때에는 2주일 내에 그 대리인을 둔 사무소의 소재지에서 대리인을 둔 뜻을 등기하여야 한다.
③ 자본금 및 그에 준하는 것(이하 이 항에서 "자본금등"이라 한다)을 등기하여야 하는 특수법인의 설립등기 또는 자본금등의 증액으로 인한 변경등기의 신청서에는 자본금등에 관하여 납입 또는 급부가 있었음을 증명하는 서면을 첨부하여야 한다.

제6조【「민법」, 「상업등기법」 및 「상업등기규칙」의 준용】 ① 민법법인, 특수법인 및 외국법인의 등기에 관하여는 그 성질에 반하지 아니하는 한 「상업등기법」 제23조제1항과 「상업등기규칙」 제2조부터 제4조까지, 제6조, 제8조부터 제12조의3까지, 제14조부터 제21조까지, 제22조제2항과 제3항, 제23조부터 제71조까지, 제167조부터 제174조까지, 제176조부터 제178조까지의 규정을 준용한다. 이 경우 「상업등기규칙」 제8조제2항의 "등기부의 종류"란 민법법인등기부, 특수법인등기부, 외국법인등기부를 말한다.(2021.11.29 전단개정)
② 민법법인 및 특수법인의 등기에 관하여는 그 성질에 반하지 아니하는 한 「상업등기규칙」 제5조, 제99조, 제101조, 제102조, 제115조제1항, 제116조, 제131조, 제132조, 제145조, 제153조, 제154조제2항의 규정을 준용한다.
③ 특수법인의 등기에 관하여는 그 성질에 반하지 아니하는 한 「민법」 제50조부터 제52조까지, 제85조, 제94조의 규정과 「상업등기규칙」 제88조, 제103조제3항, 제104조, 제105조제1항, 제108조, 제109조, 제113조, 제115조제2항 및 제154조제3항·제4항·제5항·제6항의 규정을 준용한다.
④ 외국법인의 등기에 관하여는 그 성질에 반하지 아니하는 한 「상업등기규칙」 제88조 및 제163조부터 제166조까지의 규정을 준용한다.
(2014.10.2 본조개정)

제7조【등기공고의 유예기간】 「비송사건절차법」(1996.12.30. 법률 제5206호) 부칙 제2조에 따라 민법법인, 특수법인 및 외국법인의 등기의 공고는 2032년까지 이를 하지 아니한다.(2022.12.1 본조개정)

부 칙

제1조【시행일】 이 규칙은 2008년 1월 1일부터 시행한다. 다만, 전자증명서와 전자신청 그리고 사용자등록과 관련한 제6조의 개정규정(「상업등기규칙」 제42조제2항과 제3항, 제45조부터 제52조까지, 제61조부터 제66조까지의 규정의 준용부분에 한한다)은 2008년 4월 1일부터 시행한다.

제2조【일반적 경과조치】 종전의 「민법법인및특수법인등기처리규칙」에 따라 행한 처분·절차, 그 밖의 행위는 이 규칙에 따라 행한 처분·절차, 그 밖의 행위로 본다.

제3조【장부의 보존기간에 관한 경과조치】 종전의 「민법법인및특수법인등기처리규칙」에 따른 장부도 제6조로 준용되는 「상업등기규칙」 제25조의 보존기간을 적용하되, 이미 보존기간이 종료되어 폐기된 장부는 그러하지 아니하다.

제4조【등기부 등·초본에 관한 경과조치】 이 규칙에 따른 등기사항전부증명서 또는 등기사항일부증명서는 이 규칙 시행 당시 다른 법령에서 인용하고 있는 종전의 「비송사건절차법」 및 「민법법인및특수법인등기처리규칙」의 등기부 등본 또는 등기부 초본으로 본다.

제5조【폐쇄등기용지에 관한 경과조치】 ① 전산정보처리조직에 의하여 입력·처리되지 아니한 폐쇄등기용지(이하 "폐쇄등기용지"라 한다)에 대하여는 종전의 「비송사건절차법」 및 「민법법인및특수법인등기처리규칙」의 관련 규정을 적용한다.
② 제1항의 폐쇄등기용지는 대법원예규로 정하는 바에 따라 전자적 이미지로 변환할 수 있다.
③ 제2항의 전자적 이미지 정보는 전산정보처리조직에 의하여 입력·처리된 폐쇄등기기록에 준하여 보관·관리하여야 하며, 대법원예규로 정하는 바에 따라 그 전자적 이미지 정보에 의하여 폐쇄등기용지에 대한 폐쇄등기부 등본 또는 초본을 발급할 수 있다.

부 칙 (2021.9.30)

이 규칙은 2021년 10월 21일부터 시행한다.

부 칙 (2021.11.29)

이 규칙은 2021년 12월 9일부터 시행한다.

부 칙 (2022.12.1)

이 규칙은 2023년 1월 1일부터 시행한다.

〔별지서식〕 ➡ 「www.hyeonamsa.com」 참조

후견등기에 관한 법률

(약칭 : 후견등기법)

(2013년 4월 5일 법 률 제11732호)

개정
2017.10.31법14976호

제1장 총 칙

제1조【목적】 이 법은 「민법」에서 규정한 성년후견, 한정후견, 특정후견 및 후견계약의 등기에 관한 사항을 규정함을 목적으로 한다.

제2조【정의】 이 법에서 사용하는 용어의 뜻은 다음과 같다.

1. "후견등기부"란 전산정보처리조직에 의하여 입력·처리된 다음 각 목의 등기(이하 "후견등기"라 한다)에 관한 정보자료를 대법원규칙으로 정하는 바에 따라 편성한 것을 말한다.
   가. 성년후견에 관한 등기
   나. 한정후견에 관한 등기
   다. 특정후견에 관한 등기
   라. 후견계약에 관한 등기
2. "후견등기부 부본자료"란 후견등기부와 같은 내용으로 보조기억장치에 기록된 자료를 말한다.
3. "후견등기기록"이란 한 사람의 피성년후견인, 피한정후견인, 피특정후견인(이하 "피성년후견인등"이라 한다) 또는 후견계약의 위임인(이하 "후견계약의 본인"이라 한다)에 관한 등기정보자료를 말한다.
4. "후견등기관"이란 후견등기사무를 처리하는 사람으로서, 가정법원에 근무하는 법원서기관, 법원사무관, 법원주사 또는 법원주사보 중에서 가정법원장이 지정하는 사람을 말한다.

제3조【등기신청의 접수 시기 및 효력발생 시기】 ① 등기신청은 대법원규칙으로 정하는 등기신청정보가 전산정보처리조직에 저장된 때 접수된 것으로 본다. 이 경우 접수번호는 그 저장된 순서에 따라 부여된다.
② 후견등기관이 등기를 마친 경우 그 등기는 접수한 때부터 효력을 발생한다.

제2장 관할 법원과 후견등기관

제4조【후견등기의 관할】 후견등기사무는 대법원규칙으로 정하는 가정법원에서 담당한다.

제5조【관할의 위임】 대법원장은 천재지변, 화재로 인한 소실, 그 밖에 이에 준하는 사유가 있을 경우 어느 가정법원의 관할에 속하는 사무를 다른 가정법원에 위임하게 할 수 있다.

제6조【관할의 변경】 후견등기사무의 관할 법원이 다른 법원으로 바뀌었을 때에는 종전의 관할 법원은 전산정보처리조직을 이용하여 그 피성년후견인등 또는 후견계약의 본인에 관한 후견등기기록의 처리권한을 다른 법원으로 넘겨주는 조치를 하여야 한다.

제7조【후견등기사무의 정지】 대법원장은 천재지변, 화재로 인한 소실, 그 밖에 이에 준하는 사유로 가정법원에서 후견등기사무를 정지하여야 하는 사유가 발생하면 기간을 정하여 후견등기사무의 정지를 명령할 수 있다.

제8조【후견등기사무의 처리】 ① 후견등기사무는 관할 가정법원에 근무하는 후견등기관이 처리한다.
② 후견등기관은 후견등기사무를 전산정보처리조직을 이용하여 후견등기부에 등기사항을 기록하는 방식으로 처리하여야 한다.
③ 후견등기관이 전산정보처리조직에 의하여 후견등기사무를 처리하였을 때에는 대법원규칙으로 정하는 바에 따라 후견등기관의 식별부호를 기록하는 등 후견등기사무를 처리한 후견등기관을 확인할 수 있는 조치를 하여야 한다.
④ 후견등기관, 후견등기부 등을 관리하는 사람 또는 그 직에 있었던 사람은 정당한 이유 없이 그 직무 수행 중 알게 된 후견등기에 관한 비밀을 누설하여서는 아니 된다.
⑤ 후견등기관은 접수번호의 순서에 따라 등기를 하여야 한다.

제9조【후견등기관의 업무처리의 제한】 ① 후견등기관은 자신이나 그의 배우자 또는 4촌 이내의 친족이 피성년후견인등 또는 후견계약의 본인인 경우에는 그의 배우자 또는 4촌 이내의 친족이 아닌 성년자 2명 이상의 참여가 없으면 등기를 할 수 없다. 그 친족관계가 끝난 후에도 또한 같다.
② 제1항의 경우에 후견등기관은 조서를 작성하여 그 등기에 참여한 사람과 함께 기명날인 또는 서명을 하여야 한다.

제10조【재정보증】 법원행정처장은 후견등기관의 재정보증에 관한 사항을 정하여 운용할 수 있다.

제3장 후견등기부 등

제11조【후견등기부】 ① 후견등기부는 전산정보처리조직에 의하여 입력·처리된 전산정보자료를 피성년후견인등 또는 후견계약의 본인 개인별로 구분하여 작성한다.
② 후견등기부는 영구히 보존하여야 한다.
③ 후견등기부는 대법원규칙으로 정하는 장소에 보관·관리하여야 하며, 전쟁·천재지변이나 그 밖에 이에 준하는 사태를 피하기 위한 경우 외에는 그 장소 밖으로 옮기지 못한다.
④ 등기신청서, 등기촉탁서 또는 그 밖의 부속서류(이하 "등기신청서등"이라 한다)는 전쟁·천재지변이나 그 밖에 이에 준하는 사태를 피하기 위한 경우 외에는 가정법원 밖으로 옮기지 못한다. 다만, 법원의 명령 또는 촉탁이 있거나 법관이 발부한 영장에 의하여 압수하는 경우에는 그러하지 아니하다.

제12조【후견등기부 부본자료의 작성】 후견등기관은 등기를 마쳤을 때에는 후견등기부 부본자료를 작성하여야 한다.

제13조【후견등기부의 손상과 복구】 ① 후견등기부의 전부 또는 일부가 손상되거나 손상될 우려가 있을 때에는 대법원장은 대법원규칙으로 정하는 바에 따라 후견등기부의 복구·손상방지 등 필요한 처분을 명령할 수 있다.
② 대법원장은 대법원규칙으로 정하는 바에 따라 제1항의 처분명령에 관한 권한을 법원행정처장 또는 가정법원장에게 위임할 수 있다.

제14조【등기신청서등의 손상 등의 방지】 ① 등기신청서등이 손상되거나 멸실(滅失)될 우려가 있을 때에는 대법원장은 이를 방지하기 위하여 필요한 처분을 명령할 수 있다.
② 제1항에 따른 처분명령에 관하여는 제13조제2항을 준용한다.

제15조【등기사항증명서의 발급 등】 ① 다음 각 호에 규정된 자는 후견등기관에게 사용 목적을 지정하여 후견등기부에 기록되어 있는 사항의 전부 또는 일부를 증명하는 서면(기록이 없는 경우에는 그러한 취지를 증명하는 서면을 포함하며, 이하 "등기사항증명서"라 한다)의 발급을 청구할 수 있다.

1. 피성년후견인등 또는 후견계약의 본인
2. 제1호에 규정된 사람의 배우자 또는 4촌 이내의 친족(이하 "배우자등"이라 한다)
3. 성년후견인, 한정후견인 또는 특정후견인(이하 "성년후견인등"이라 한다)
4. 성년후견감독인, 한정후견감독인 또는 특정후견감독인(이하 "성년후견감독인등"이라 한다)
5. 임의후견인, 임의후견감독인, 미성년후견인 또는 미성년후견감독인
6. 제3호부터 제5호까지의 규정에 따른 각 직(職)에서 퇴임한 자(자기와 관련된 기록사항으로 한정한다)
7. 유언집행자, 상속재산관리인 등 제1호에 규정된 사람의 「민법」상 법정대리인
8. 국가 또는 지방자치단체(그 직무수행을 위하여 필요한 경우로 한정한다)
9. 소송·비송사건·민사집행의 각 절차에서 등기사항증명서를 제출할 필요가 있는 자(법원의 보정명령서, 사실조회서 등 등기사항증명서를 제출하도록 하는 취지의 법원 문서가 있는 경우로 한정한다)
10. 다른 법령의 규정에 따라 등기사항증명서를 제출할 필요가 있는 자
11. 그 밖에 대법원규칙으로 정하는 정당한 이해관계가 있는 자

② 제27조에 따른 사전처분에 관한 등기사항증명서에 대한 발급청구권자는 대법원규칙으로 정한다.
③ 후견등기관은 제1항 및 제2항의 청구가 후견등기부에 기록된 자에 대한 사생활의 비밀을 침해하는 등 부당한 목적에 의한 것이 분명하다고 인정할 때에는 등기사항증명서의 발급을 거부할 수 있다.
④ 등기사항증명서를 발급받거나 제출받은 자는 이를 그 사용 목적 외의 용도로 사용하여서는 아니 된다.
⑤ 등기사항증명서의 발급청구는 관할 가정법원이 아닌 가정법원에 대하여도 할 수 있다.

제15조의2【인터넷에 의한 등기사항부존재증명서 발급】 ① 등기사항부존재증명서("후견등기부에 현재 효력이 있는 후견등기사항이 없다는 취지를 증명하는 서면"을 말한다)의 발급업무는 인터넷을 이용하여 처리할 수 있다.
② 제1항에 따른 발급은 본인만 신청할 수 있다.
③ 제1항에 따른 발급의 절차 및 방법 등 필요한 사항은 대법원규칙으로 정한다.
(2017.10.31 본조신설)

제16조【등기사항증명서의 기재사항】 ① 등기사항증명서에는 제25조부터 제27조까지의 규정에서 정하는 사항을 적는다.
② 등기사항증명서의 종류와 구체적인 기재사항은 대법원규칙으로 정한다.

제17조【등기신청서등의 열람】 등기사항증명서의 발급을 청구할 수 있는 자는 특별한 사유가 있는 경우 대법원규칙으로 정하는 바에 따라 등기신청서등의 열람을 청구할 수 있다.

제18조【수수료】 등기사항증명서의 발급 또는 등기신청서등의 열람을 청구하는 자는 대법원규칙으로 정하는 수수료를 내야 한다.

제19조【후견등기기록의 폐쇄】 ① 후견등기관은 종료등기를 마쳤을 때 또는 그 밖에 대법원규칙으로 정하는 사유가 발생하였을 때에는 그 해당 부분의 후견등기기록을 폐쇄하고, 법령에 다른 규정이 있는 경우를 제외하고는 이를 보조기억장치에 따로 기록하여 보관한다.
② 폐쇄한 후견등기기록은 영구히 보존하여야 한다.
③ 폐쇄한 후견등기기록에 관하여는 제15조부터 제18조까지의 규정을 준용한다.

제4장 등기절차 및 후견등기부 기록사항

제20조【촉탁 또는 신청에 의한 등기】 ① 후견등기는 법률에 다른 규정이 있는 경우를 제외하고는 촉탁 또는 신청이 없으면 하지 못한다.
② 이 법 또는 다른 법률에 다른 규정이 있는 경우를 제외하고는 성년후견, 한정후견 또는 특정후견(이하 "성년후견등"이라 한다)에 관한 등기는 성년후견인등이 신청하고, 후견계약에 관한 등기는 임의후견인이 신청한다.
③ 촉탁에 따른 등기절차에 관하여는 법률에 다른 규정이 있는 경우를 제외하고는 신청에 의한 등기에 관한 규정을 준용한다.

제21조【등기신청 방법】 ① 등기의 신청은 대법원규칙으로 정하는 바에 따라 서면 또는 전산정보처리조직을 이용한 전자문서로 할 수 있다.
② 신청인이 제공하여야 하는 신청정보 및 첨부정보는 대법원규칙으로 정한다.

제22조【신청의 각하】 후견등기관은 다음 각 호의 어느 하나에 해당하는 경우에는 이유를 적은 결정으로 신청을 각하하여야 한다. 다만, 후견등기관이 기간을 정하여 보정(補正)을 명한 경우에 신청인이 그 기간 내에 잘못된 부분을 보정하였을 때에는 그러하지 아니하다.

1. 사건이 그 가정법원의 관할이 아닌 경우
2. 사건이 등기할 것이 아닌 경우
3. 사건이 이미 등기되어 있는 경우
4. 신청할 권한이 없는 자가 신청한 경우
5. 신청정보의 제공이 대법원규칙이나 그 밖의 법령으로 정한 방식에 맞지 아니한 경우
6. 신청정보와 등기원인을 증명하는 정보가 일치하지 아니한 경우
7. 등기에 필요한 첨부정보를 제공하지 아니한 경우
8. 신청정보와 후견등기부에 기록된 사항이 일치하지 아니한 경우

제23조【행정구역의 변경】 행정구역 또는 그 명칭이 변경되었을 때에는 후견등기기록에 기록된 행정구역 또는 그 명칭에 대하여 변경등기를 한 것으로 본다.

제24조【새 후견등기기록으로의 이기】 후견등기기록에 기록된 사항이 많아 취급하기가 불편해지는 등 합리적 사유로 후견등기기록을 옮겨 기록할 필요가 있는 경우에는 후견등기관은 현재 효력이 있는 등기만을 새로운 후견등기기록에 옮겨 기록할 수 있다.

제25조【성년후견등에 관한 기록사항】 ① 성년후견등에 관하여는 다음 사항을 기록한다.

1. 후견의 종류, 심판을 한 가정법원, 사건의 표시 및 재판확정일
2. 피성년후견인등의 성명, 성별, 출생 연월일, 주민등록번호 및 등록기준지(외국인인 경우에는 주민등록번호 및 등록기준지를 갈음하여 국적 및 외국인등록번호를 기록한다)
3. 성년후견인등의 성명, 주민등록번호 및 주소 또는 사무소(법인인 경우에는 명칭, 법인등록번호 및 주된 사무소를 기록하고, 외국인인 경우에는 주민등록번호를 갈음하여 국적 및 외국인등록번호를 기록한다)
4. 성년후견감독인등이 선임된 경우에는 그 성명, 주민등록번호 및 주소 또는 사무소(법인인 경우에는 명칭, 법인등록번호 및 주된 사무소를 기록하고, 외국인인 경우에는 주민등록번호를 갈음하여 국적 및 외국인등록번호를 기록한다)
5. 가정법원이 성년후견과 관련하여 정한 다음 각 목의 사항
   가. 취소할 수 없는 피성년후견인의 법률행위의 범위를 정한 경우에는 그 범위, 그 범위를 변경한 경우에는 그 변경된 범위
   나. 성년후견인의 법정대리권의 범위를 정한 경우에는 그 범위, 그 범위를 변경한 경우에는 그 변경된 범위
   다. 성년후견인이 피성년후견인의 신상에 관하여 결정할 수 있는 권한의 범위를 정한 경우에는 그 범위, 그 범위를 변경한 경우에는 그 변경된 범위
6. 가정법원이 한정후견과 관련하여 정한 다음 각 목의 사항
   가. 한정후견인의 동의를 받아야 하는 행위의 범위를 정한 경우에는 그 행위의 범위, 그 범위를 변경한 경우에는 그 변경된 범위
   나. 한정후견인에게 대리권을 수여한 경우에는 그 대리권의 범위, 그 범위를 변경한 경우에는 그 변경된 범위
   다. 한정후견인이 피한정후견인의 신상에 관하여 결정할 수 있는 권한의 범위를 정한 경우에는 그 범위, 그 범위를 변경한 경우에는 그 변경된 범위
7. 가정법원이 특정후견과 관련하여 정한 다음 각 목의 사항
   가. 특정후견의 기간 또는 사무의 범위

나. 피특정후견인의 후원을 위하여 필요한 처분을 명한 경우에는 그 내용
다. 특정후견인에게 대리권을 수여하는 심판을 한 경우에는 그 기간이나 범위
라. 특정후견인의 대리권 행사에 가정법원이나 특정후견감독인의 동의를 받도록 명한 경우에는 그 내용
8. 가정법원이 여러 명의 성년후견인등 또는 성년후견감독인등이 공동으로 또는 사무를 분장하여 그 권한을 행사하도록 정한 경우에는 그 취지
9. 성년후견등이 종료한 경우에는 그 사유 및 연월일
10. 그 밖에 대법원규칙으로 정하는 사항
② 후견등기관은 제1항제5호부터 제8호까지의 기록사항이 있을 때에는 목록을 작성하여야 한다.
③ 제2항의 목록은 후견등기기록의 일부로 본다.
제26조【후견계약에 관한 기록사항】 ① 후견계약에 관하여는 다음 사항을 기록한다.
1. 후견계약과 관련된 공정증서를 작성한 공증인의 성명, 소속, 그 증서의 번호 및 작성 연월일
2. 후견계약의 본인의 성명, 성별, 생년월일, 주민등록번호 및 등록기준지(외국인인 경우에는 주민등록번호 및 등록기준지를 갈음하여 국적 및 외국인등록번호를 기록한다)
3. 임의후견인의 성명, 주민등록번호 및 주소 또는 사무소(법인인 경우에는 명칭, 법인등록번호 및 주된 사무소를 기록하고, 외국인인 경우에는 주민등록번호를 갈음하여 국적 및 외국인등록번호를 기록한다)
4. 후견계약의 본인의 재산관리 및 신상보호에 관하여 임의후견인의 권한의 범위를 정한 경우에는 그 범위
5. 임의후견감독인이 선임된 경우에는 그 성명, 주민등록번호 및 주소 또는 사무소(법인인 경우에는 명칭, 법인등록번호 및 주된 사무소를 기록하고, 외국인인 경우에는 주민등록번호를 갈음하여 국적 및 외국인등록번호를 기록한다) 및 심판을 한 가정법원, 사건의 표시, 재판 확정일
6. 수인의 임의후견인 또는 임의후견감독인이 공동으로 또는 사무를 분장하여 권한을 행사하도록 정한 경우에는 그 취지
7. 후견계약이 종료한 경우에는 그 사유 및 연월일
8. 그 밖에 대법원규칙으로 정하는 사항
② 후견등기관은 제1항제4호 및 제6호의 기록사항이 있을 때에는 목록을 작성하여야 한다.
③ 제2항의 목록은 후견등기기록의 일부로 본다.
제27조【사전처분에 관한 기록사항】 성년후견등 또는 후견계약에 관하여 「가사소송법」 제62조에 따른 사전처분이 있는 경우에는 대법원규칙으로 정하는 바에 따라 그에 관한 사항을 기록한다.
제28조【변경등기의 신청】 ① 성년후견인등 또는 임의후견인은 제25조제1항 각 호 또는 제26조제1항 각 호에서 정한 사항이 변경된 것을 알았을 때에는 이를 안 날부터 3개월 이내에 변경등기를 신청하여야 한다. 다만, 촉탁에 의하여 등기가 이루어지는 경우에는 그러하지 아니하다.
② 피성년후견인등 또는 후견계약의 본인, 배우자등, 성년후견감독인등 또는 임의후견감독인은 제1항의 변경등기를 신청할 수 있다.
③ 제27조에 따른 사전처분에 관한 기록사항의 변경등기 절차는 대법원규칙으로 정한다.
제29조【종료등기의 신청】 ① 성년후견인등 또는 임의후견인은 피성년후견인등 또는 후견계약의 본인의 사망이나 그 밖의 사유로 성년후견등 또는 후견계약이 종료되었음을 알았을 때에는 이를 안 날부터 3개월 이내에 종료등기를 신청하여야 한다. 다만, 촉탁에 의하여 등기가 이루어지는 경우에는 그러하지 아니하다.
② 피성년후견인등 또는 후견계약의 본인, 배우자등, 성년후견감독인등 또는 임의후견감독인은 제1항의 종료등기를 신청할 수 있다.
③ 제27조에 따라 사전처분에 관하여 기록이 되어 있는 경우 종료등기의 절차는 대법원규칙으로 정한다.
제30조【등기의 경정】 ① 제28조제1항 및 제2항에 규정된 자 또는 등기를 촉탁한 자는 등기에 착오가 있거나 빠진 부분이 있을 때에는 그 등기의 경정(更正)을 신청할 수 있다.
② 후견등기관은 등기를 마친 후 그 등기에 착오가 있거나 빠진 부분이 있음을 발견한 경우에는 지체 없이 등기를 신청한 자 또는 촉탁한 자에게 알려야 한다. 다만, 제4항의 경우에는 그러하지 아니하다.
③ 제2항에 따른 통지에도 불구하고 경정등기를 신청하는 자가 없고, 등기에 착오나 빠진 부분이 있음이 등기신청서등에 비추어 명백한 경우에는 후견등기관이 직권으로 이를 경정하고, 등기를 신청한 자 또는 촉탁한 자에게 그 뜻을 알려야 한다.
④ 후견등기관이 등기의 착오나 빠진 부분이 후견등기관의 잘못으로 인한 것임을 발견한 경우에는 지체 없이 그 등기를 직권으로 경정하고, 등기를 신청한 자 또는 촉탁한 자에게 그 뜻을 알려야 한다.
제31조【등기의 말소】 ① 제28조제1항 본문 및 같은 조 제2항에 규정된 자는 다음 각 호의 어느 하나에 해당하는 사유가 있을 때에는 그 등기의 말소를 신청할 수 있다.
1. 제22조제2호 또는 제3호에 해당하는 사유가 있을 때
2. 법원의 판결 등에 의하여 등기된 사항에 관하여 무효의 원인이 있음이 증명되었을 때
② 후견등기관이 등기를 마친 후 그 등기가 제22조제2호 또는 제3호에 해당하는 것임을 발견한 경우에는 제28조제1항 본문에 규정된 자에게 1개월 이내의 기간을 정하여 그 기간 이내에 서면으로 이의를 진술하지 아니하면 등기를 말소한다는 뜻을 통지하여야 한다.
③ 후견등기관은 제2항에 규정된 자의 주소 또는 거소를 알 수 없는 경우에는 제2항의 통지를 갈음하여 제2항에서 규정한 기간 동안 관할 가정법원 게시장에 이를 게시하거나 대법원규칙으로 정하는 바에 따라 공고하여야 한다.
④ 후견등기관은 제2항의 말소에 관하여 이의를 진술한 자가 있는 경우에는 그 이의에 대하여 결정을 하여야 한다. 이 경우 후견등기관은 그 이의가 이유 없다고 인정하면 그 등기를 직권으로 말소하여야 한다.
⑤ 후견등기관은 제2항에 따라 정한 기간 내에 이의를 진술한 자가 없는 경우에는 그 등기를 직권으로 말소하여야 한다.

제5장 이 의

제32조【이의신청과 그 관할】 후견등기관의 결정 또는 처분에 이의가 있는 자는 관할 가정법원에 이의신청을 할 수 있다.
제33조【이의절차】 이의신청은 대법원규칙으로 정하는 바에 따라 후견등기관에게 이의신청서를 제출하는 방법으로 한다.
제34조【새로운 사실에 의한 이의 금지】 누구든지 새로운 사실이나 새로운 증거방법을 근거로 이의신청을 할 수 없다.
제35조【후견등기관의 조치】 ① 후견등기관은 이의가 이유 있다고 인정하면 그에 해당하는 처분을 하여야 한다.
② 후견등기관은 이의가 이유 없다고 인정하면 이의신청일부터 3일 이내에 의견을 붙여 이의신청서를 관할 가정법원에 보내야 한다.
③ 등기를 마친 후에 이의신청이 있는 경우 후견등기관은 3일 이내에 의견을 붙여 이의신청서를 관할 가정법원에 보내고 제28조제1항 본문에 규정된 자에게 이의신청이 있다는 사실을 알려야 한다.
제36조【집행 부정지】 이의신청에는 집행정지의 효력이 없다.
제37조【이의에 대한 결정과 항고】 ① 관할 가정법원은 이의에 대하여 이유를 붙여 결정을 하여야 한다. 이 경우 이의가 이유 있다고 인정하면 후견등기관에게 그에 해당하는 처분을 명령하고, 그 뜻을 이의신청인과 제28조제1항 본문에 규정된 자에게 알려야 한다.
② 제1항의 결정에 대하여는 「비송사건절차법」에 따라 항고할 수 있다.
제38조【처분 전 부기등기의 명령】 관할 가정법원은 이의신청에 대하여 결정하기 전에 후견등기관에게 이의신청이 있다는 뜻의 부기등기를 명령할 수 있다.
제39조【관할 가정법원의 명령에 따른 등기】 후견등기관이 관할 가정법원의 명령에 따라 등기를 할 때에는 명령을 한 가정법원, 명령 연월일, 명령에 따라 등기를 한다는 뜻과 등기 연월일을 기록하여야 한다.
제40조【송달 등】 송달에 관하여는 「민사소송법」을 준용하고, 이의의 비용에 관하여는 「비송사건절차법」을 준용한다.

제6장 보 칙

제41조【등기전산정보자료의 이용 등】 ① 법원행정처장은 국가기관 또는 지방자치단체로부터 후견등기사무처리와 관련된 전산정보자료를 제공받을 수 있다.
② 후견등기부에 기록된 사항에 관한 전산정보자료(이하 "등기전산정보자료"라 한다)를 이용 또는 활용하려는 자는 관계 중앙행정기관의 장의 심사를 거쳐 법원행정처장의 승인을 받아야 한다. 다만, 등기전산정보자료를 이용 또는 활용하려는 자가 중앙행정기관의 장인 경우에는 법원행정처장과 협의를 거쳐 등기전산정보를 이용하거나 활용할 수 있다.
③ 제2항에 따라 등기전산정보자료를 이용 또는 활용하려는 자는 승인받은 목적 외의 용도로 이용하거나 활용하여서는 아니 된다.
④ 등기전산정보자료의 이용 또는 활용과 그 사용료 등에 관하여 필요한 사항은 대법원규칙으로 정한다.
제42조【벌칙】 다음 각 호의 어느 하나에 해당하는 사람은 3년 이하의 징역 또는 2천만원 이하의 벌금에 처한다.
1. 제8조제4항을 위반하여 비밀을 누설한 사람
2. 거짓이나 그 밖의 부정한 방법으로 다른 사람의 등기사항증명서를 발급받거나 등기신청서등을 열람한 사람
3. 제41조제3항을 위반한 사람
4. 이 법에 따라 후견등기사무를 처리할 권한 없이 전산정보처리조직에 후견등기정보를 입력·변경하여 정보처리를 하거나 기술적 수단을 이용하여 후견등기정보를 알아낸 사람
제43조【양벌규정】 법인의 대표자나 법인 또는 개인의 대리인, 사용인, 그 밖의 종업원이 그 법인 또는 개인의 업무에 관하여 제42조 각 호의 위반행위를 하면 그 행위자를 벌하는 외에 그 법인 또는 개인에게도 제42조의 벌금형을 과(科)한다. 다만, 법인 또는 개인이 그 위반행위를 방지하기 위하여 해당 업무에 관하여 상당한 주의와 감독을 게을리하지 아니한 경우에는 그러하지 아니하다.
제44조【과태료】 ① 제28조제1항 본문 및 제29조제1항 본문에 따라 등기를 신청할 의무가 있는 자가 정당한 사유 없이 기간 내에 등기신청을 하지 아니하면 50만원 이하의 과태료를 부과한다.
② 제1항에 따른 과태료 재판은 과태료를 부과받을 자의 주소 또는 거소(법인의 경우 주된 사무소의 소재지를 말한다)를 관할하는 가정법원이 「비송사건절차법」에 따라 행한다.
제45조【대법원규칙에의 위임】 이 법 시행에 필요한 사항은 대법원규칙으로 정한다.

부 칙 (2017.10.31)

이 법은 2019년 1월 1일부터 시행한다.

후견등기에 관한 규칙

(2013년 6월 5일
대법원규칙 제2469호)

개정
2016. 4. 8대법원규칙2659호 2018.12. 4대법원규칙2813호
2021. 5.27대법원규칙2985호

제1장 총 칙

제1조【목적】 이 규칙은 「후견등기에 관한 법률」(이하 "법"이라 한다)에서 위임한 사항과 그 시행에 필요한 사항을 규정함을 목적으로 한다.
제2조【정의】 이 규칙에서 사용하는 용어의 뜻은 다음과 같다.
1. "특정사항"이란 피성년후견인등(피성년후견인, 피한정후견인, 피특정후견인을 말한다. 이하 같다), 후견계약의 본인(후견계약의 위임인을 말한다. 이하 같다) 또는 사전처분의 본인(임시후견인으로부터 성년후견, 한정후견, 특정후견을 받아야 할 사람을 말한다. 이하 같다)의 성명, 성별, 출생연월일, 주민등록번호 및 등록기준지에 관한 기록사항을 말한다. 다만, 피성년후견인등·후견계약의 본인·사전처분의 본인(이하 "사건본인"이라 한다)이 외국인인 경우에는 성명, 성별, 출생연월일, 외국인등록번호(외국인등록을 하지 아니한 외국국적동포의 경우에는 국내거소신고번호를 말한다. 이하 같다) 및 국적에 관한 기록사항을 말한다.
(2016.4.8 본호개정)
2. "후견사항"이란 특정사항 및 특정사항의 변경·경정에 관한 사항 외의 후견에 관한 모든 기록사항을 말한다.
제3조【부기로 하는 등기】 후견등기관이 다음 각 호의 등기를 할 때에는 부기로 하여야 한다.
1. 제51조제1항에 따른 직무집행정지 및 그 직무대행자 선임에 관한 사전처분의 등기
2. 제56조제1항에 따른 특정사항을 변경하거나 경정한 등기사항에 대한 경정등기와 후견사항의 변경이나 경정의 등기
3. 제59조제3항 단서에 따른 말소회복등기
4. 법 제38조에 따른 처분 전 부기등기의 명령에 의한 등기
제4조【부기등기의 번호 기록】 후견등기관이 부기등기를 할 때에는 그 부기등기가 어느 등기에 기초한 것인지 알 수 있도록 주등기 또는 부기등기의 사항번호에 가지번호를 붙여서 하여야 한다.
제5조【등기신청의 접수 시기】 ① 법 제3조제1항의 "등기신청정보"란 사건본인의 성명, 주민등록번호 및 등록기준지와 등기의 목적에 관한 정보를 말한다.
② 제1항의 정보가 전산정보처리조직에 저장된 때 등기신청이 접수된 것으로 본다.
제6조【후견등기관이 등기를 마친 시기】 법 제3조제2항의 "후견등기관이 등기를 마친 경우"란 법 제8조제3항에 따라 등기사무를 처리한 후견등기관이 누구인지 확인할 수 있는 조치를 하였을 때를 말한다.
제7조【후견등기부 등에 사용할 문자】 ① 후견등기를 하거나 등기신청서, 그 밖의 등기에 관한 서면(「전자서명법」 제2조제1호의 전자문서를 포함한다)을 작성할 때에는 한글과 아라비아숫자를 사용하여야 한다.
② 제1항에도 불구하고 외국인의 성명 또는 외국법인의 명칭, 대리권등목록, 주소 등의 표기에는 대법원예규로 정하는 바에 따라 로마자나 부호를 사용할 수 있다.
제8조【문서의 양식】 법 및 이 규칙의 시행에 필요한 문서의 양식은 대법원예규로 정한다.

제2장 관할 법원과 후견등기관

제9조【관할 법원】 ① 후견등기사무는 사건본인의 주소지를 관할하는 가정법원에서 처리한다. 다만, 사건본인의 주소가 대한민국에 없거나 그 주소를 알 수 없을 때에는 거소지를 관할하는 가정법원에서 처리하고, 거소가 없거

나 거소를 알 수 없을 때에는 마지막 주소지를 관할하는 가정법원에서 처리한다.
② 제1항에도 불구하고 법원의 심판에 따른 후견등기사무는 그 사건의 제1심 가정법원에서 처리한다.
③ 사건본인의 마지막 주소가 대한민국에 없거나 그 주소를 알 수 없을 때에는 대법원 소재지를 관할하는 가정법원에서 처리한다.
제10조【관할의 변경】 행정구역의 변경 등으로 인하여 후견등기사무가 다른 법원의 관할로 바뀌었을 때에는 종전의 관할 법원은 전산정보처리조직을 이용하여 그 사건본인에 관한 후견등기기록과 법 제25조제2항, 법 제26조제2항 및 이 규칙 제51조제3항에 따른 목록(이하 "대리권등목록"이라 한다)의 처리권한을 다른 법원으로 넘겨주는 조치를 하여야 한다.
제11조【후견등기관의 식별부호의 기록】 법 제8조제3항의 후견등기사무를 처리한 후견등기관을 확인할 수 있는 조치는 각 후견등기관이 미리 부여받은 식별부호를 기록하는 방법으로 한다.
제12조【참여조서의 작성방법】 후견등기관이 법 제9조제2항의 조서(이하 "참여조서"라 한다)를 작성할 때에는 그 조서에 다음 각 호의 사항을 적어야 한다.
1. 신청인의 성명과 주소
2. 업무처리가 제한되는 사유
3. 등기할 사건본인의 표시와 등기의 목적
4. 신청정보의 접수연월일과 접수번호
5. 참여인의 성명, 주소 및 주민등록번호
제13조【등기정보중앙관리소와 전산운영책임관】 ① 전산정보처리조직에 의한 후견등기사무처리의 지원, 후견등기부의 보관·관리 및 등기정보의 효율적인 활용을 위하여 법원행정처에 등기정보중앙관리소(이하 "중앙관리소"라 한다)를 둔다.
② 법원행정처장은 중앙관리소에 전산운영책임관을 두어 전산정보처리조직을 종합적으로 관리·운영하여야 한다.
③ 법원행정처장은 중앙관리소의 출입자 및 전산정보처리조직 사용자의 신원을 관리하는 등 필요한 보안조치를 하여야 한다.

제3장 후견등기부등

제1절 후견등기부 및 등기신청서등

제14조【후견등기부의 보관·관리】 ① 법 제11조제3항에서 규정한 후견등기부의 보관·관리 장소는 중앙관리소로 한다.
② 폐쇄등기부에 대하여도 제1항을 준용한다.
제15조【등기신청서등의 이동 등】 ① 후견등기관이 전쟁·천재지변 그 밖에 이에 준하는 사태를 피하기 위하여 등기신청서등(등기신청서, 등기촉탁서 또는 그 밖의 부속서류를 말한다. 이하 같다)을 가정법원 밖으로 옮긴 경우에는 지체 없이 그 사실을 가정법원장(가정법원의 사무를 지원장이 관장하는 경우에는 지원장을 말한다. 이하 같다)에게 보고하여야 한다.
② 후견등기관이 법원으로부터 등기신청서등의 송부명령 또는 촉탁을 받았을 때에는 그 명령 또는 촉탁과 관계가 있는 부분만 법원에 송부하여야 한다.
③ 제2항의 서류가 전자문서(「전자서명법」 제2조의 전자문서를 말한다. 이하 같다)로 작성된 경우에는 해당 문서를 출력한 후 인증하여 송부하거나 전자문서로 송부한다.
제16조【등기고유번호 등】 ① 후견등기기록을 작성할 때에는 사건본인마다 등기고유번호를 부여하고 이를 등기기록에 기록하여야 한다.
② 성년후견개시·한정후견개시·특정후견·임시후견인 선임에 따른 사전처분의 심판과 후견계약마다 각각 등기일련번호를 부여하고 이를 등기기록에 기록하여야 한다.
제17조【후견등기기록의 양식】 ① 후견등기기록에는 사건본인부와 후견사항부를 둔다.
② 사건본인부에는 사건본인에 관한 사항을 기록한다.
③ 후견사항부에는 후견개시 및 종료에 관한 사항, 후견인에 관한 사항, 후견감독인에 관한 사항을 기록한다.
④ 후견등기기록은 별지 양식에 따른다.
제18조【후견등기부 부본자료의 보관 등】 ① 법 제12조의 후견등기부 부본자료는 전산정보처리조직으로 작성하여야 한다.
② 후견등기부 부본자료는 법원행정처장이 지정하는 장소에 보관하여야 한다.
③ 후견등기부 부본자료는 후견등기부와 동일하게 관리하여야 한다.
제19조【후견등기부 복구 등의 처분명령에 관한 권한 위임】 ① 대법원장은 법 제13조제2항에 따라 후견등기부(폐쇄등기부를 포함한다. 이하 이 절에서 같다)의 손상방지 또는 손상된 후견등기부의 복구 등의 처분명령에 관한 권한을 법원행정처장에게 위임한다.
② 대법원장은 법 제14조제2항에 따라 전자문서로 작성된 등기신청서등의 손상방지 등의 처분명령에 관한 권한은 법원행정처장에게, 서면으로 작성된 등기신청서등의 멸실방지 등의 처분명령에 관한 권한은 가정법원장에게 위임한다.
제20조【후견등기부의 손상과 복구】 ① 후견등기부의 전부 또는 일부가 손상되거나 손상될 염려가 있을 때에는 전산운영책임관은 지체 없이 그 상황을 조사한 후 처리방법을 법원행정처장에게 보고하여야 한다.
② 후견등기부의 전부 또는 일부가 손상된 경우에 전산운영책임관은 제18조의 후견등기부 부본자료에 의하여 그 후견등기부를 복구하여야 한다.
③ 제2항에 따라 후견등기부를 복구한 경우에 전산운영책임관은 지체 없이 그 경과를 법원행정처장에게 보고하여야 한다.
제21조【대리권등목록의 작성】 ① 후견등기관은 대리권등목록이 전자문서로 작성되어 제공된 경우에는 그 전자문서에 번호를 부여하고 이를 대리권등목록으로서 전산정보처리조직에 등록하여야 한다.
② 후견등기관은 대리권등목록이 서면으로 작성되어 제출된 경우에는 그 서면을 전자정보 또는 전자적 이미지정보로 변환하여 그 정보에 번호를 부여하고 이를 대리권등목록으로서 전산정보처리조직에 등록하여야 한다.
③ 대리권등목록의 번호는 서기연수의 네 자리 아라비아숫자, 후견유형별 부호문자와 진행번호인 아라비아숫자로 표시한다.
제22조【대리권등목록의 보존】 대리권등목록은 보조기억장치(자기디스크, 자기테이프 그 밖에 이와 유사한 방법으로 일정한 등기사항을 기록·보관할 수 있는 전자적 정보저장매체를 말한다. 이하 같다)에 저장하여 보존하여야 한다.
제23조【신청정보 등의 보존】 ① 법 제21조제1항에 따라 전자문서에 의한 등기신청으로 후견등기가 이루어진 경우 그 신청정보 및 첨부정보는 보조기억장치에 저장하여 보존하여야 한다.
② 제1항에 따른 등기신청이 취하된 경우 그 취하정보는 보조기억장치에 저장하여 보존하여야 한다.
제24조【대리권등목록 등의 보존기간】 ① 제22조 및 제23조에 따라 보조기억장치에 저장한 정보는 다음 각 호의 구분에 따른 기간 동안 보존하여야 한다.
1. 대리권등목록 : 영구
2. 신청정보, 첨부정보 및 취하정보 : 10년
② 제1항제2호의 보존기간은 해당 연도의 다음 연도부터 기산한다.
③ 보존기간이 만료된 제1항제2호의 정보는 법원행정처장의 인가를 받아 보존기간이 만료되는 연도의 다음 연도 3월말까지 삭제하는 방법으로 폐기한다.

제2절 후견등기에 관한 장부

제25조【장부의 비치】 ① 가정법원에는 다음 각 호의 장부를 갖추어 두어야 한다.
1. 후견등기신청서 접수장
2. 열람 및 증명 신청서 접수장
3. 기타 문서 접수장
4. 결정원본 편철장
5. 이의신청서류 편철장
6. 등기신청서등 편철장
7. 등기신청서등 송부부
8. 각종 통지부
9. 열람신청서류 편철장
10. 제증명신청서류 편철장
11. 그 밖에 대법원예규로 정하는 장부
② 제1항의 장부는 매년 별책으로 하여야 한다. 다만, 필요에 따라 분책 또는 합책할 수 있다.
③ 제1항의 장부는 전자적으로 작성할 수 있다.
제26조【접수장】 ① 후견등기신청서 접수장에는 다음 각 호의 사항을 적어야 한다.
1. 접수연월일과 접수번호
2. 등기의 목적
3. 신청인의 성명 또는 명칭
4. 사건본인의 성명
② 제1항제1호의 접수번호는 1년마다 새로 부여하여야 한다.
③ 등기신청서와 열람 및 증명 신청서 외의 후견등기사무에 관한 문서를 접수할 때에는 기타 문서 접수장에 등재한다.
제27조【등기신청서등 편철장】 등기신청서, 등기촉탁서, 통지서, 참여조서, 취하서 및 그 밖의 부속서류는 접수번호의 순서에 따라 등기신청서등 편철장에 편철하여야 한다.
제28조【각종 통지부】 각종 통지부에는 법 및 이 규칙에서 정하고 있는 통지사항, 통지를 받을 자 및 통지서를 발송하는 연월일을 적어야 한다.
제29조【장부의 보존기간】 ① 가정법원에 갖추어 두어야 할 장부의 보존기간은 다음 각 호와 같다.
1. 후견등기신청서 접수장 : 10년
2. 열람 및 증명 신청서 접수장 : 10년
3. 기타 문서 접수장 : 10년
4. 결정원본 편철장 : 10년
5. 이의신청서류 편철장 : 10년
6. 등기신청서등 편철장 : 10년
7. 등기신청서등 송부부 : 등기신청서등이 반환된 날부터 10년
8. 각종 통지부 : 2년
9. 열람신청서류 편철장 : 2년
10. 제증명신청서류 편철장 : 2년
② 장부의 보존기간은 해당 연도의 다음 연도부터 기산한다.
③ 보존기간이 만료된 장부 또는 서류는 가정법원장의 인가를 받아 보존기간이 만료되는 연도의 다음 연도 3월말까지 폐기한다.
제30조【전자적으로 작성한 장부 등의 보존】 ① 법 및 이 규칙에서 정하고 있는 장부와 서류를 전자적으로 작성한 경우에는 그 전산기록을 보존하는 것으로 장부와 서류의 보존을 갈음할 수 있다.
② 제1항에 따라 장부와 서류를 보존하는 경우에는 제24조제3항을 준용한다.

제3절 등기사항의 증명과 등기신청서등 열람

제31조【등기사항증명서 등의 신청】 ① 등기사항부존재증명서의 발급 청구에 있어서는 신청대상자를 법 제15조제1항제1호의 자로 본다.
② 법 제15조제1항 및 제17조에 따라 등기사항증명서를 발급받거나 등기신청서등을 열람하고자 하는 자는 등기사항증명서의 사용목적 또는 열람하는 특별한 사유를 기재한 신청서를 제출하여야 한다. 다만, 등기신청서등은 이해관계가 있는 부분만 열람할 수 있다.
③ 법 제15조제1항제11호의 "정당한 이해관계가 있는 자"란 다음 각 호의 어느 하나에 해당하는 자를 말한다.
1. 법 제15조제1항제1호, 제3호부터 제6호까지 규정한 자의 상속인 또는 포괄승계인으로서 사건본인의 과거 어느 시점의 행위능력이나 피상속인 권한 등의 확인을 위하여 등기사항증명서의 발급이 필요한 자
2. 그 밖에 공익목적상 합리적 이유가 있는 경우로서 대법원예규가 정하는 자
④ 제2항의 신청서에는 대법원예규가 특별히 규정하고 있는 경우를 제외하고는 사건본인의 성명과 주민등록번호를 기재하여야 하고 다음 각 호에 해당하는 서류를 제출하여야 한다.
1. 법 제15조제1항제2호 및 제7호의 경우에는 이를 소명하는 가족관계등록사항별증명서 등
2. 법 제15조제1항제8호의 경우에는 그 근거법령과 사유를 기재한 신청기관의 공문 및 관계공무원의 신분증명서
3. 법 제15조제1항제9호의 경우에는 법원의 보정명령서, 사실조회서, 촉탁서 등 이를 소명하는 자료
4. 법 제15조제1항제10호의 경우에는 이를 소명하는 자료 및 관계법령에 의한 정당한 권한이 있는 사람임을 확인할 수 있는 자료
5. 법 제15조제1항제11호의 경우에는 그 근거와 사유를 기재한 신청서 및 정당한 이해관계를 소명하는 자료와 신청인의 신분증명서
⑤ 제1항부터 제4항까지에 관하여 필요한 사항은 대법원예규로 정한다.
⑥ 대리인이 등기사항증명서의 발급이나 등기신청서등의 열람을 신청할 때에는 신청서에 그 권한을 증명하는 서면과 위임자의 주민등록증·운전면허증·여권·외국인등록증·국내거소신고증 등의 신분증명서 사본을 첨부하여야 한다.
⑦ 전자문서로 작성된 등기신청서등의 열람 신청은 관할 가정법원이 아닌 다른 가정법원에서도 할 수 있다.
제32조【사전처분이 있는 경우 등기사항증명서의 발급】 법 제15조제2항에 따른 사전처분이 있는 경우에는 법 제15조제1항에 규정된 자와 다음 각 호에 규정된 자가 등기사항증명서의 발급을 청구할 수 있다.
1. 사전처분의 본인 또는 배우자등(배우자 또는 4촌 이내의 친족을 말한다. 이하 같다)
2. 성년후견인등(성년후견인, 한정후견인 또는 특정후견인을 말한다. 이하 같다)·성년후견감독인등(성년후견감독인, 한정후견감독인 또는 특정후견감독인을 말한다. 이하 같다)·임의후견인·임의후견감독인의 직무대행자
3. 임시후견인
4. 제2호, 제3호의 각 직(職)에서 퇴임한 자(자기와 관련된 기록사항에 한정한다)
5. 사전처분의 본인이나 제2호부터 제4호까지 규정된 자의 상속인 또는 포괄승계인으로서 사전처분의 본인의 과거 어느 시점의 권한이나 피상속인 권한 등의 확인을 위하여 등기사항증명서의 발급이 필요한 자
제32조의2【인터넷에 의한 등기사항부존재증명서 발급】 ① 등기사항부존재증명서("후견등기부에 현재 효력이 있는 후견등기사항이 없다는 취지를 증명하는 서면"을 말한다.)의 발급업무는 인터넷을 이용하여 처리할 수 있다.
② 제1항에 따른 업무는 중앙관리소에서 처리하고, 전산운영책임관이 이를 담당한다.
③ 제1항에 따른 발급은 본인만 신청할 수 있다. 이 경우 「전자서명법」 제2조제2호에 따른 전자서명(서명자의 실지명의를 확인할 수 있는 것으로서 법원행정처장이 지정하여 전자후견등기시스템에 공고한 인증서를 이용한 것을 말한다) 정보도 함께 송신하여야 한다.(2021.5.27 후단신설)

④ 제1항에 따른 발급의 범위, 절차 및 방법 등 필요한 사항은 대법원예규로 정한다.
(2018.12.4 본조신설)

제33조【등기사항증명서의 종류】 등기사항증명서의 종류는 다음 각 호로 한다.
1. 등기사항증명서(말소 및 폐쇄사항 포함)
2. 등기사항증명서(말소사항 포함)
3. 등기사항증명서(현재 유효사항)
4. 등기사항증명서(후견별)
5. 등기사항증명서(사전처분)
6. 등기사항증명서(퇴임전 사항)
7. 등기사항부존재증명서

제34조【등기사항증명서의 발급방법】 ① 등기사항증명서를 발급할 때에는 등기사항증명서의 종류를 명시하고, 후견등기기록의 내용과 다름이 없음을 증명하는 내용의 증명문을 기록하며, 발급연월일과 중앙관리소 전산운영책임관의 직명을 적은 후 전자이미지관인을 기록하여야 한다. 이 경우 등기사항증명서가 여러 장으로 이루어진 경우에는 연속성을 확인할 수 있는 조치를 하여 발급하고, 후견계약 등기기록 중 후견감독인에 관한 사항이 없을 때에는 그 뜻을 기록하여야 한다.
② 현재 유효한 대리권등목록은 그 사항의 증명을 제외하는 뜻의 표시가 없는 경우에는 등기사항증명서에 이를 포함하여 발급하고, 말소된 대리권등목록은 그 사항의 증명도 함께 신청하는 뜻의 표시가 있는 경우에만 등기사항증명서에 이를 포함하여 발급한다.
③ 등기신청이 접수된 후견등기기록에 관하여는 후견등기관이 그 등기를 마칠 때까지 등기사항증명서를 발급하지 못한다. 다만, 그 후견등기기록에 등기신청사건이 접수되어 처리 중에 있다는 뜻을 등기사항증명서에 표시하여 발급할 수 있다.

제35조【열람의 방법】 등기신청서등의 열람은 후견등기관이 보는 앞에서 하여야 한다. 다만, 등기신청서등이 전자문서로 작성된 경우에는 전자적 방법에 의하여 그 내용을 보게 하거나 그 내용을 기록한 서면을 교부하는 방법으로 한다.

제36조【등기사항 등의 공시제한】 등기사항증명서를 발급할 때에는 주민등록번호 또는 외국인등록번호의 일부를 공시하지 아니할 수 있으며, 그 범위와 방법 및 절차는 대법원예규로 정한다.

제37조【중복 후견등기의 정리】 동일한 사람에 대하여 2개 이상의 후견등기기록이 있음이 명백히 밝혀진 경우에는 후견등기관은 각 후견등기기록의 최종 관할 가정법원에 그 사실을 통지하여야 한다. 다만, 임의후견감독인이 선임되기 이전의 후견계약 등기의 경우에는 임의후견인에게 그 사실을 통지하여야 한다.

제38조【후견등기기록의 폐쇄와 부활】 ① 후견등기관이 어느 후견사항부에 대하여 종료등기를 하거나 그 전부를 말소하였을 때에는 해당 부분의 후견등기기록을 폐쇄하고, 후견사항부의 후견개시 및 종료에 관한 사항 부분에 폐쇄의 뜻과 그 연월일을 기록하여야 한다.
② 제1항의 등기로 인하여 사건본인의 후견사항부가 모두 폐쇄된 경우에는 사건본인부에도 폐쇄의 뜻과 그 연월일을 기록하여야 한다. 다만, 어느 후견의 종료등기와 개시등기가 동시에 이루어진 경우에는 그러하지 아니하다.
③ 폐쇄한 후견등기기록에 다시 등기할 필요가 있는 때에는 그와 관련된 부분의 후견등기기록을 부활하여야 한다. 이 경우 부활하는 부분에 그 뜻과 연월일을 기록하고, 후견등기기록을 폐쇄한 뜻과 그 연월일을 말소하는 표시를 하여야 한다.

제39조【등기사항증명서 등의 수수료】 등기사항증명서의 발급 및 등기신청서등의 열람 수수료·등기전산정보자료 사용료의 금액, 수수료의 납부 및 면제에 관한 사항은 그 성질에 반하지 아니하는 범위에서 「등기사항증명서 등 수수료규칙」을 준용한다. 다만, 인터넷에 의한 등기사항부존재증명서의 발급수수료는 무료로 한다.
(2018.12.4 단서신설)

제4장 등기절차 및 후견등기부 기록사항

제40조【신청정보】 ① 등기를 신청하는 경우에는 다음 각 호의 사항을 신청정보의 내용으로 가정법원에 제공하여야 한다.
1. 사건본인의 성명, 성별, 출생연월일, 주민등록번호, 등록기준지 및 주소(외국인의 경우에는 주민등록번호 및 등록기준지를 갈음하여 국적 및 외국인등록번호)
2. 신청인의 성명, 주소 및 주민등록번호(법인의 경우에는 명칭, 법인등록번호 및 주된 사무소, 외국인의 경우에는 주민등록번호를 갈음하여 국적 및 외국인등록번호)
3. 신청인이 법인인 경우에는 그 대표자의 성명과 주소
4. 대리인에 의하여 등기를 신청하는 경우에는 그 성명과 주소
5. 등기원인과 그 연월일
6. 등기의 목적
7. 등기할 사항
8. 관할 가정법원의 표시
9. 신청연월일

② 등기의 신청은 1건당 하나의 후견등기기록에 관한 신청정보를 제공하는 방법으로 하여야 한다. 다만, 등기목적과 등기원인이 동일하거나 그 밖에 대법원예규로 정하는 경우에는 같은 관할 내에 있는 여러 후견등기기록에 관한 신청정보를 일괄하여 제공하는 방법으로 할 수 있다.

제41조【첨부정보】 ① 등기를 신청하는 경우에는 다음 각 호의 정보를 그 신청정보와 함께 첨부정보로서 관할 가정법원에 제공하여야 한다.
1. 관할 가정법원을 증명하는 정보
2. 등기원인 및 법 제25조부터 제27조까지의 기록사항을 증명하는 정보
3. 「민법」 제959조의18제1항에 따라 후견계약의 의사표시를 철회하는 경우에는 공증인의 인증을 받은 서면과 그 의사표시가 상대방에게 도달하였음을 증명하는 정보
4. 신청인이 법인인 경우에는 그 대표자의 자격을 증명하는 정보
5. 대리인에 의하여 등기를 신청하는 경우에는 그 권한을 증명하는 정보

② 제1항 및 그 밖의 법령에 따라 가정법원에 제공하여야 하는 첨부정보 중 법원행정처장이 지정하는 첨부정보는 「전자정부법」 제36조제1항에 따른 행정정보 공동이용을 통하여 후견등기관이 확인하고 신청인에게는 그 제공을 면제한다. 다만, 첨부정보가 개인정보를 포함하고 있어 이용에 그 정보주체의 동의가 필요한 경우에는 그 동의가 있음을 증명하는 정보를 가정법원에 제공한 경우에만 그 제공을 면제한다.
③ 첨부정보가 외국어로 작성된 경우에는 그 번역문을 붙여야 한다.

제42조【등기신청의 취하】 ① 등기신청의 취하는 후견등기관이 등기를 마치기 전까지 할 수 있다.
② 제1항의 취하는 신청인 또는 그 대리인이 가정법원에 취하서를 제출하는 방법으로 하여야 한다.

제43조【행정구역 등 변경의 직권등기】 ① 후견등기부에 기록된 행정구역 또는 그 명칭이 변경된 때에는 후견등기관은 직권으로 변경사항을 등기할 수 있다.
② 법령의 변경이나 그 밖의 사유로 제1항 이외의 후견등기부의 기록을 경정하는 경우에는 제1항을 준용한다.
③ 제1항과 제2항에 따라 후견등기부의 기록을 경정하는 경우에는 제56조를 준용한다.

제44조【새 후견등기기록으로의 이기】 ① 법 제28조제1항 및 제2항에 규정된 자가 법 제24조에 규정된 이기를 신청한 경우에 후견등기관은 가정법원장의 허가를 받아 새로운 후견등기기록에 옮겨 기록한다.
② 후견등기관이 법 제24조에 따라 등기를 새로운 후견등기기록에 옮겨 기록한 경우에는 옮겨 기록한 등기의 사건본인부에 같은 규정에 따라 등기를 옮겨 기록한 뜻과 그 연월일을 기록하고, 종전 후견등기기록을 폐쇄하여야 한다.

제45조【등기신청의 방법】 ① 등기신청을 하는 경우에는 등기신청서에 제40조 및 그 밖의 법령에 따라 신청정보의 내용으로 관할 가정법원에 제공하여야 하는 정보를 적고 신청인 또는 그 대리인이 기명날인하거나 서명하여야 한다.
② 등기신청서가 여러 장일 때에는 신청인 또는 그 대리인이 간인을 하여야 하고, 등기신청인이 여러 명일 때에는 그 중 1명이 간인하는 방법으로 한다. 다만, 등기신청서에 서명을 하였을 때에는 각 장마다 연결되는 서명을 함으로써 간인을 대신한다.
③ 제1항의 등기신청서에는 제41조 및 그 밖의 법령에 따라 첨부정보로서 관할 가정법원에 제공하여야 하는 정보를 담고 있는 서면을 첨부하여야 한다.
④ 촉탁에 의하여 등기가 이루어지는 경우에는 전산정보처리조직을 이용한 전자문서를 가정법원에 송신하는 방법으로 한다.

제46조【첨부서면의 원본 환부의 청구】 신청인이 신청서에 첨부한 서류의 원본에 대하여 환부를 청구하는 경우에 그 원본과 같다는 뜻을 적은 사본을 첨부하여야 하고, 후견등기관이 서류의 원본을 환부할 때에는 그 사본에 원본 환부의 뜻을 적고 기명날인하여야 한다. 다만, 다음 각 호의 서류에 대하여는 환부를 청구할 수 없다.
1. 등기신청 위임장 등 해당 등기신청만을 위하여 작성한 서류
2. 인감증명, 법인등기사항증명서, 주민등록표등본·초본, 가족관계등록사항별증명서 및 재판서등본 등 별도의 방법으로 다시 취득할 수 있는 서류

제47조【인감증명의 제출】 ① 다음 각 호의 어느 하나에 해당하는 경우에는 인감증명을 제출하여야 한다. 이 경우 해당 등기신청서(위임에 의한 대리인이 신청하는 경우에는 위임장을 말한다)나 첨부서면에는 그 인감을 날인하여야 한다.
1. 우편 또는 대리로 등기를 신청하는 경우 신청인 또는 위임인의 인감증명
2. 취하서를 제출하는 경우 신청인의 인감증명
3. 그 밖에 제출되는 서면에 대한 작성자의 의사를 확인하기 위하여 대법원예규로 정하는 경우 그 작성자의 인감증명

② 법정대리인이 제1항의 서면을 작성하는 경우에는 법정대리인의 인감증명을 제출하여야 한다.
③ 제1항 각 호의 어느 하나의 서면에 한 서명에 관하여 본인이 직접 작성하였다는 뜻을 공증하는 서면으로 제1항 또는 제2항의 인감증명을 갈음할 수 있다.
④ 인감증명을 제출하여야 하는 자가 외국인인 경우에는 본국의 관공서가 발행한 인감증명을 제출할 수 있다.
⑤ 제3항에도 불구하고 인감증명을 제출하여야 하는 자가 법인(국내에 영업소나 사무소의 설치등기를 하지 않은 외국법인을 제외한다)인 경우에는 「상업등기법」 제11조에 따른 인감증명을 제출하여야 한다.

제48조【인감증명 등의 유효기간】 등기신청서에 첨부하는 인감증명, 법인등기사항증명서, 주민등록표등본·초본, 가족관계등록사항별증명서 및 재판서등본 등은 발행일부터 3개월 이내의 것이어야 한다.

제49조【등기신청서의 접수】 ① 등기신청서를 받은 후견등기관은 전산정보처리조직에 접수연월일, 접수번호, 등기의 목적, 신청인의 성명, 사건본인의 표시 및 그 밖에 대법원예규로 정하는 사항을 입력한 후 등기신청서에 접수연월일과 접수번호를 적어야 한다.
② 후견등기관이 등기신청서를 접수하였을 때에는 신청인의 청구에 따라 그 등기신청서의 접수증을 발급하여야 한다.

제50조【후견등기부의 기록사항】 후견등기부에는 법 제25조부터 제27조까지 규정한 사항 외에 다음 사항도 기록하여야 한다.
1. 사항번호
2. 접수연월일 및 접수번호
3. 등기원인 및 그 연월일
4. 등기사건을 처리한 가정법원 및 등기연월일

제51조【사전처분에 관한 기록사항】 ① 직무집행정지 및 직무대행자 선임에 관한 사전처분의 기록사항은 다음 각 호로 한다.
1. 성년후견인등·임의후견인·성년후견감독인등·임의후견감독인의 직무집행의 전부 또는 일부를 정지하는 사전처분이 된 때는 그 내용
2. 성년후견인등·임의후견인·성년후견감독인등·임의후견감독인의 직무대행자를 선임하는 사전처분이 된 때는 그 직무대행자의 성명, 주민등록번호 및 주소 또는 사무소(법인인 경우에는 명칭, 법인등록번호 및 주된 사무소, 외국인인 경우에는 주민등록번호를 갈음하여 국적 및 외국인등록번호)
3. 직무대행자의 권한의 범위를 정한 경우에는 그 범위 및 제1호에 규정된 자 또는 직무대행자의 권한의 범위를 변경한 경우에는 그 변경된 범위(1호에 규정된 자의 직무집행의 일부를 정지하는 사전처분이 된 경우 그 범위를 포함)
4. 여러 명의 직무대행자가 공동으로 또는 사무를 분장하여 그 권한을 행사하도록 정한 경우에는 그 취지
5. 사전처분이 효력을 상실한 때에는 그 사유 및 연월일

② 임시후견인 선임에 관한 사전처분의 기록사항은 다음 각 호로 한다.
1. 사전처분의 종류, 심판을 한 가정법원, 사건의 표시 및 재판확정일
2. 사전처분 본인의 성명, 성별, 출생연월일, 주민등록번호 및 등록기준지(외국인의 경우에는 주민등록번호 및 등록기준지를 갈음하여 국적 및 외국인등록번호)
3. 임시후견인의 성명, 주민등록번호 및 주소 또는 사무소(법인의 경우에는 명칭, 법인등록번호 및 주된 사무소, 외국인인 경우에는 주민등록번호를 갈음하여 국적 및 외국인등록번호)
4. 임시후견인의 권한의 범위를 정한 경우에는 그 범위, 범위를 변경한 경우에는 그 변경된 범위
5. 여러 명의 임시후견인이 공동으로 또는 사무를 분장하여 그 권한을 행사하도록 정한 경우에는 그 취지
6. 사전처분이 효력을 상실한 때에는 그 사유 및 연월일

③ 후견등기관은 제1항제3호, 제4호, 제2항제4호 및 제5호의 기록사항이 있는 때에는 목록을 작성하여야 한다.
④ 제3항의 목록은 후견등기기록의 일부로 본다.

제52조【사전처분에 관한 변경등기】 ① 성년후견인등·임의후견인의 직무대행자 또는 임시후견인은 법 제25조, 법 제26조 또는 이 규칙 제51조에서 정한 사항이 변경된 것을 알았을 때에는 지체 없이 변경등기를 신청하여야 한다. 다만, 촉탁에 의하여 등기가 이루어지는 경우에는 그러하지 아니하다.
② 사전처분의 본인 또는 배우자등은 제1항의 변경등기를 신청할 수 있다.

제53조【사전처분에 관한 종료등기】 ① 성년후견인등·임의후견인의 직무대행자 또는 임시후견인은 사망이나 그 밖의 사유에 의하여 사전처분의 효력이 상실되었음을 알았을 때에는 지체 없이 종료등기를 신청하여야 한다. 다만, 촉탁에 의하여 등기가 이루어지는 경우에는 그러하지 아니하다.
② 사전처분의 본인 또는 배우자등은 제1항의 종료등기를 신청할 수 있다.

제54조【신청이 경합된 경우의 기록방법】 ① 동일한 등기를 목적으로 하는 수개의 신청이 접수된 경우에는 먼저 접수된 신청에 따라 후견등기부에 기록하여야 한다.
② 제1항의 경우에 뒤에 접수된 신청에 따라 기록한 때에는 먼저 접수된 신청에 맞추어 후견등기기록을 경정하여야 한다.

제55조【후견등기관의 조사】 ① 등기신청서가 접수된 때에는 후견등기관은 지체 없이 신청에 관한 모든 사항을 조사하여야 한다.

② 법 제22조 단서의 보정명령은 등기신청인에게 말로 하거나, 전화, 팩시밀리를 이용하여 할 수 있다.
제56조【후견등기기록의 변경 등의 등기】 ① 후견등기관이 후견등기기록의 변경이나 경정의 등기를 할 때에는 변경이나 경정 전의 등기사항을 말소하는 표시를 하여야 한다.
② 등기를 말소할 때에는 말소의 등기를 한 후 해당 등기를 말소하는 표시를 하여야 한다.
제57조【등기신청의 최고】 후견등기관은 등기신청을 게을리 한 사실을 안 때에는 상당한 기간을 정하여 성년후견인등 또는 임의후견인에 대하여 그 기간 내에 신청할 것을 최고할 수 있다.
제58조【직권에 의한 등기의 말소】 ① 법 제31조제2항의 통지는 등기를 마친 사건의 표시와 사건이 등기할 것이 아닌 사실 또는 이미 등기되어 있는 사실을 적은 통지서로 한다.
② 법 제31조제3항에 따른 공고는 법원 홈페이지에 게시하는 방법에 의한다.
③ 법 제31조제5항에 따라 말소등기를 할 때에는 그 사유와 등기연월일을 기록하여야 한다.
제59조【말소회복등기】 ① 법 제28조제1항 및 제2항에 규정된 자는 부적법하게 말소된 등기의 회복을 신청할 수 있다. 다만, 촉탁에 의하여 등기가 이루어진 경우에는 그 말소회복등기도 촉탁에 의한다.
② 후견등기관의 잘못으로 등기가 부적법하게 말소된 경우에는 지체 없이 그 등기를 직권으로 회복하고, 등기를 신청 또는 촉탁한 자에게 그 뜻을 알려야 한다.
③ 후견등기관이 등기를 회복할 때에는 회복의 등기를 한 후 다시 말소된 등기와 같은 등기를 하여야 한다. 다만, 등기 전부가 아닌 일부 등기사항만 말소된 것일 때에는 부기에 의하여 말소된 등기사항만 다시 등기한다.

제5장 이 의

제60조【이의신청서의 제출】 법 제33조에 따라 후견등기관에게 제출하는 이의신청서에는 이의신청인의 성명과 주소, 이의신청의 대상인 후견등기관의 결정 또는 처분, 이의신청의 취지와 이유, 그 밖에 대법원예규로 정하는 사항을 적고 신청인이 기명날인 또는 서명하여야 한다.
제61조【이미 마쳐진 등기에 대한 이의】 ① 이미 마쳐진 등기에 대하여 법 제22조제2호 또는 제3호의 사유로 이의한 경우 후견등기관은 그 이의가 이유 있다고 인정하면 법 제31조제2항부터 제5항까지의 절차를 거쳐 그 등기를 직권으로 말소한다.
② 후견등기관은 제1항의 이의가 이유 없다고 인정하면 이의신청서를 관할 가정법원에 보내야 한다.
③ 이미 마쳐진 등기에 대하여 법 제22조제2호 또는 제3호 외의 사유로 이의한 경우 후견등기관은 이의신청서를 관할 가정법원에 보내야 한다.
제62조【등본에 의한 통지】 법 제37조제1항의 통지는 결정서 등본에 의하여 한다.
제63조【기록명령에 따른 등기를 할 수 없는 경우】 ① 등기신청의 각하결정에 대한 이의신청에 따라 관할 가정법원이 그 등기의 기록명령을 하였더라도 다음 각 호의 어느 하나에 해당하는 경우에는 그 기록명령에 따른 등기를 할 수 없다.
1. 기록명령이 있었으나 그 기록명령에 따른 등기 전에 양립할 수 없는 다른 등기가 되어 있는 경우
2. 후견등기관이 기록명령에 따른 등기를 하기 위하여 신청인에게 첨부정보를 다시 제공할 것을 명령하였으나 신청인이 이에 응하지 아니한 경우
② 제1항과 같이 기록명령에 따른 등기를 할 수 없는 경우에는 그 뜻을 관할 가정법원과 이의신청인에게 통지하여야 한다.
제64조【부기등기의 말소】 법 제38조에 따른 부기등기는 후견등기관이 관할 가정법원으로부터 이의신청에 대한 기각결정(각하결정, 취하를 포함한다)의 통지를 받았을 때에 말소한다.

제6장 보 칙

제65조【등기전산정보자료의 이용 등】 ① 법 제41조에 따라 등기전산정보자료를 이용 또는 활용하려고 하는 자는 관계 중앙행정기관의 장에게 다음 각 호의 사항을 적은 서면을 제출하고 그 심사를 신청하여야 한다. 이 경우 신청할 수 있는 등기전산정보자료는 필요한 최소한의 범위로 한정하여야 한다.
1. 자료의 이용 또는 활용 목적 및 법률의 근거
2. 자료의 범위
3. 자료의 제공방식 · 보관기관 · 보관기간 및 안전관리대책
② 제1항에 따른 신청을 받은 관계 중앙행정기관의 장은 다음 각 호의 사항을 심사한 후 그 심사결과를 신청인에게 통보하여야 한다.
1. 신청 내용의 타당성 · 적합성 · 공익성
2. 개인의 사생활 침해의 가능성 또는 위험성 여부
3. 자료의 목적 외 사용방지 및 안전관리대책
③ 등기전산정보자료를 이용 또는 활용하려고 하는 자는 제2항에 따른 심사결과를 첨부하여 법원행정처장에게 승인신청을 하여야 한다. 다만, 중앙행정기관의 장이 등기전산정보자료를 이용 또는 활용하려고 하는 경우에는 법원행정처장에게 제1항 각 호의 사항을 적은 서면을 제출하고 그 협의를 요청하여야 한다.
④ 법원행정처장이 제3항에 따른 승인신청 또는 협의요청을 받았을 때에는 다음 각 호의 사항을 심사하여야 한다.
1. 제2항 각 호의 사항
2. 신청한 사항의 처리가 전산정보처리조직으로 가능한지 여부
3. 신청한 사항의 처리가 등기사무처리에 지장이 없는지 여부
⑤ 제4항에 따른 심사결과 신청이 승인되었거나 협의가 성립되었을 때에는 법원행정처장은 등기전산정보자료제공대장에 그 내용을 기록 · 관리하여야 한다.
제66조【과태료의 통지】 후견등기관은 법 제44조에 따른 과태료에 처할 사유가 있다고 인정하면 지체 없이 과태료에 처할 사람의 주소 또는 거소를 관할하는 가정법원에 통지하여야 한다.
제67조【통지의 방법】 법 또는 이 규칙에 따른 통지는 우편이나 그 밖의 편리한 방법으로 한다. 다만, 별도의 규정이 있는 경우에는 그러하지 아니하다.
제68조【대법원예규에의 위임】 후견등기절차와 관련하여 필요한 사항 중 이 규칙에서 정하고 있지 아니한 사항은 대법원예규로 정할 수 있다.

부 칙 (2018.12.4)

이 규칙은 2019년 1월 1일부터 시행한다.

부 칙 (2021.5.27)

제1조【시행일】 이 규칙은 2021년 6월 10일부터 시행한다.
제2조【적용례】 이 규칙은 이 규칙 시행 당시 접수되어 계속 중인 사건에 대하여도 적용한다.

〔별지서식〕 ➡「www.hyeonamsa.com」참조

선박등기법

(1963년 4월 18일
법 률 제1331호)

개정
1982.12.31법 3641호
1991.12.14법 4422호(부동)
1999. 4.15법 5972호(선박법)
2009.12.29법 9870호(선박법)
2011. 4.12법10580호(부등)
2011. 6.15법10797호
2020. 2. 4법16912호(부등)

제1조【목적】 이 법은 「선박법」 제8조제4항에 따라 선박의 등기에 관한 사항을 정함을 목적으로 한다. (2011.6.15 본조개정)
제2조【적용 범위】 이 법은 총톤수 20톤 이상의 기선(機船)과 범선(帆船) 및 총톤수 100톤 이상의 부선(艀船)에 대하여 적용한다. 다만, 「선박법」 제26조제4호 본문에 따른 부선에 대하여는 적용하지 아니한다.(2011.6.15 본조개정)
제3조【등기할 사항】 선박의 등기는 다음 각 호에 열거하는 권리의 설정 · 보존 · 이전 · 변경 · 처분의 제한 또는 소멸에 대하여 한다.
1. 소유권
2. 저당권
3. 임차권
(2011.6.15 본조개정)
제4조【관할 등기소】 선박의 등기는 등기할 선박의 선적항을 관할하는 지방법원, 그 지원(支院) 또는 등기소를 관할 등기소로 한다.(2011.6.15 본조개정)
제5조【준용규정】 「부동산등기법」 제4조부터 제6조까지, 제8조부터 제13조까지, 제14조제2항부터 제4항까지, 제16조부터 제20조까지, 제22조, 제23조, 제24조제1항제1호 및 제2항, 제25조부터 제33조까지, 제48조, 제50조부터 제59조까지, 제63조, 제64조, 제66조제1항, 제67조, 제74조부터 제98조까지, 제100조부터 제109조까지, 제109조의2제1항 · 제3항(제1항에 관련된 부분만 해당한다), 제110조 및 제111조의 규정은 선박의 등기에 준용한다. (2020.2.4 본조개정)
제6조【위임규정】 이 법의 시행에 필요한 사항은 대법원규칙으로 정한다.(2011.6.15 본조개정)

부 칙 (2020.2.4)

제1조【시행일】 이 법은 공포 후 6개월이 경과한 날부터 시행한다.(이하 생략)

선박등기규칙

(2012년 5월 29일
전부개정대법원규칙 제2413호)

제1장 총 칙

제1조【목적】 이 규칙은 「선박등기법」에 따른 선박등기에 필요한 사항을 규정함을 목적으로 한다.
제2조【정의】 이 규칙에서 사용하는 용어의 뜻은 다음과 같다.
1. "선박등기부"란 전산정보처리조직에 의하여 입력 · 처리된 등기정보자료를 이 규칙이 정하는 바에 따라 편성한 것을 말한다.
2. "선박등기기록"이란 1척의 선박에 관한 등기정보자료를 말한다.
제3조【준용규정】 선박등기에 관하여 이 규칙에 특별한 규정이 있는 경우와 「부동산등기규칙」 제27조, 제28조, 제64조 및 제67조부터 제71조까지의 규정을 제외하고는 성질에 반하지 아니하는 한 「부동산등기규칙」을 준용한다.

제2장 선박등기부 등

제4조【물적 편성주의】 선박등기부를 편성할 때에는 1척의 선박에 대하여 1개의 등기기록을 둔다.
제5조【등기기록의 양식】 ① 선박등기기록에는 선박의 표시에 관한 사항을 기록하는 표제부와 소유권에 관한 사항을 기록하는 갑구, 저당권과 임차권에 관한 사항을 기록하는 을구 및 선박관리인에 관한 사항을 기록하는 병구를 둔다.
② 선박등기기록의 표제부에는 표시번호란, 접수란, 선박의 표시란, 등기원인 및 기타사항란을 둔다.
③ 갑구 및 을구에는 순위번호란, 등기목적란, 접수란, 등기원인란, 권리자 및 기타사항란을 둔다.
④ 병구에는 순위번호란, 등기목적란, 접수란, 등기원인란, 선박관리인 및 기타사항란을 둔다.
⑤ 선박등기기록은 별지 제1호 양식에 따른다.
제6조【장부의 비치】 ① 등기소에는 다음 각 호의 장부를 갖추어 두어야 한다.
1. 선박등기신청서 접수장
2. 기타 문서 접수장
3. 결정원본 편철장
4. 이의신청서류 편철장
5. 신청서 기타 부속서류 편철장
6. 신청서 기타 부속서류 송부부
7. 각종 통지부
8. 열람신청서류 편철장
9. 제증명신청서류 편철장
10. 그 밖에 대법원예규로 정하는 장부
② 제1항의 장부는 매년 별책으로 하여야 한다. 다만, 필요에 따라 분책할 수 있다.
③ 제1항의 장부는 전자적으로 작성할 수 있다.
제7조【접수장】 ① 선박등기신청서 접수장에는 다음 각 호의 사항을 적어야 한다.
1. 접수연월일과 접수번호
2. 등기의 목적
3. 신청인의 성명 또는 명칭
4. 선박의 개수
5. 등기신청수수료
6. 취득세 또는 등록면허세
② 제1항제1호의 접수번호는 1년마다 새로 부여하여야 한다.
③ 등기권리자 또는 등기의무자가 여러 명인 경우 선박등기신청서 접수장에 신청인의 성명 또는 명칭을 적을 때에는 신청인 중 1명의 성명 또는 명칭과 나머지 인원을 적는 방법으로 할 수 있다.
④ 등기신청 외의 등기사무에 관한 문서를 접수할 때에는 기타 문서 접수장에 등재한다.
제8조【장부의 보존기간】 ① 등기소에 비치하여야 할 장부의 보존기간은 다음과 같다.
1. 선박등기신청서 접수장 : 5년
2. 기타 문서 접수장 : 10년
3. 결정원본 편철장 : 10년
4. 이의신청서류 편철장 : 10년
5. 신청서 기타 부속서류 편철장 : 5년
6. 신청서 기타 부속서류 송부부 : 신청서 기타 부속서류가 반환된 날부터 5년
7. 각종 통지부 : 1년
8. 열람신청서류 편철장 : 1년
9. 제증명신청서류 편철장 : 1년
② 장부의 보존기간은 해당 연도의 다음해부터 기산한다.
③ 보존기간이 종료된 장부 또는 서류는 지방법원장의 인가를 받아 보존기간이 종료되는 해의 다음해 3월말까지 폐기한다.
제9조【등기사항증명 등의 신청】 ① 등기소를 방문하여 등기사항증명서를 발급받거나 등기기록 또는 신청서나 그 밖의 부속서류를 열람하고자 하는 사람은 신청서를 제출하여야 한다.

② 대리인이 신청서나 그 밖의 부속서류의 열람을 신청할 때에는 신청서에 그 권한을 증명하는 서면을 첨부하여야 한다.

제3장 등기절차

제1절 통 칙

제10조【신청서 기재사항】 ① 등기의 신청서에는 다음 각 호의 사항을 적고 신청인 또는 그 대리인이 기명날인 또는 서명을 하여야 한다.
1. 선박의 종류와 명칭
2. 선적항
3. 선질
4. 총톤수
5. 취득세나 등록면허세 등 등기신청과 관련하여 납부하여야 할 세액 및 과세표준액
6. 「부동산등기규칙」 제43조제1항제2호부터 제9호까지에서 정하고 있는 사항

② 미등기선박의 소유권보존등기를 신청하는 경우에는 신청서에 제1항에서 규정한 사항 이외에 다음 각 호의 사항을 적어야 한다.
1. 기관의 종류와 그 수. 다만, 기관이 없는 선박의 경우에는 이를 적지 아니한다.
2. 추진기의 종류와 그 수. 다만, 추진기가 없는 선박의 경우에는 이를 적지 아니한다.
3. 범선의 범장
4. 진수연월일
5. 국적취득의 연월일. 다만, 국내에서 건조한 선박의 경우에는 이를 적지 아니한다.

제2절 소유권에 관한 등기절차

제11조【소유권보존등기】 ① 미등기선박의 소유권보존등기는 서면에 의하여 자기의 소유권을 증명하는 자가 신청할 수 있다. 이 경우 제10조제1항제6호에도 불구하고 신청서에는 등기원인과 그 연월일을 적을 필요가 없다.
② 미등기선박의 소유권보존등기를 신청하는 경우에는 신청서에 선박 총톤수 측정증명서 또는 어선 총톤수 측정증명서를 첨부하여야 한다.
③ 미등기선박의 소유권보존등기를 할 때에는 표제부에 제10조제1항제1호부터 제4호까지와 같은 조 제2항 각 호에서 정하고 있는 사항을 기록하여야 한다.

제12조【소유권에 관한 등기신청】 ① 소유권에 관한 등기를 신청하는 경우에는 신청서에 등기권리자가 대한민국 국민임을 증명하는 서면을 첨부하여야 한다.
② 제1항의 경우에 등기권리자가 상사회사 기타 법인인 때에는 신청서에 그 본점 또는 주사무소의 소재지 및 대표자(공동대표인 경우에는 그 전원)의 성명과 주소를 적어야 하며, 그 법인이 소유하는 선박이 「선박법」 제2조제3호 또는 제4호의 요건을 갖추었음을 증명하는 서면을 첨부하여야 한다.

제13조【공유자의 지분등기】 ① 소유권에 관한 등기를 신청하는 경우에 선박이 여러 명의 공유에 속하는 때에는 신청서에 각 공유자와 그 지분을 적고 선박관리인을 선임하여 그 성명과 주소를 적어야 한다.
② 선박소유자가 소유권의 일부에 대한 이전등기를 신청하는 경우에는 제1항을 준용한다.

제14조【선적항 등의 변경등기 신청】 ① 제10조제1항제1호부터 제4호까지와 같은 조 제2항제1호부터 제3호까지의 사항에 변경이 있는 때에는 소유권의 등기명의인은 지체 없이 그 등기를 신청하여야 한다.
② 제1항의 경우에는 신청서에 선박원부의 등본 또는 초본을 첨부하여야 한다.

제15조【선적항 등의 변경등기】 제14조제1항의 신청에 따라 변경등기를 할 때에는 변경 전의 등기사항을 말소하는 표시를 하여야 한다.

제16조【선적항 관할변경등기의 신청】 ① 선박의 선적항이 다른 등기소의 관할로 바뀌었을 때에는 종전의 관할등기소에 선적항변경등기를 신청하여야 한다.
② 종전의 관할등기소가 제1항의 등기를 한 때에는 전산정보처리조직을 이용하여 그 선박에 관한 등기기록과 신탁원부, 공동담보목록 및 도면의 처리권한을 다른 등기소로 넘겨주는 조치를 하여야 한다.

제17조【선박관리인 경질의 등기】 ① 선박관리인 경질의 등기는 소유권의 등기명의인이 신청하여야 한다.
② 제1항의 경우에 「부동산등기법」 제52조 및 「부동산등기규칙」 제112조제2항을 준용한다.

제18조【선박관리인 표시변경의 등기】 ① 선박관리인의 표시를 변경하는 등기는 선박관리인이 신청하여야 한다.
② 제1항의 경우에 「부동산등기법」 제52조 및 「부동산등기규칙」 제46조제1항제1호, 제112조제2항 및 제122조를 준용한다.

제19조【공유의 소멸의 경우】 소유권이전등기의 결과로 공유가 소멸한 때에는 선박관리인의 등기를 말소하여야 한다.

제20조【미등기 선박의 처분제한의 등기】 미등기 선박에 대하여 소유권의 처분제한의 등기촉탁에 의하여 등기를 할 때에는 등기기록의 표제부에 선박의 명칭 및 선박의 표시를 적고, 갑구 사항란에 소유자의 성명, 주소 및 처분제한의 등기를 명하는 재판에 의하여 소유권의 등기를 한다는 뜻을 기록하여야 한다.

제21조【말소등기의 신청】 ① 다음 각 호의 어느 하나에 해당하는 경우에는 소유권의 등기명의인은 신청서에 그 사유를 적고 등기의 말소를 신청하여야 한다.
1. 선박이 멸실, 침몰 또는 해체된 때
2. 선박이 대한민국 국적을 상실한 때
3. 선박의 존재 여부가 90일간(어선의 경우에는 6개월 이상) 분명하지 아니한 때
4. 선박이 「선박등기법」 제2조가 적용되지 않는 선박이 되었을 때

② 제1항에 따라 등기의 말소를 신청하는 경우에는 그 사유를 증명하는 선박원부의 등본 또는 초본을 첨부하여야 한다.

제22조【직권에 의한 말소등기】 ① 등기소가 관할관청으로부터 「선박법」 제22조제2항에 따른 같은 법 시행규칙 제31조의 통지 또는 「어선법」 제19조제1항제2호, 제3호, 제4호에 따른 같은 법 시행규칙 제32조의 통지를 받은 경우에는 등기관은 직권으로 통지서의 기재내용에 따른 말소의 등기를 하여야 한다.
② 제1항의 등기를 할 때에는 등기기록 중 표제부에 선박원부 또는 어선원부의 등록말소로 인하여 말소한다는 뜻을 기록하고 표제부의 등기를 말소하는 표시를 한 후 그 등기기록을 폐쇄하여야 한다.
③ 제1항의 등기를 한 때에는 등기관은 지체 없이 그 뜻을 소유권의 등기명의인과 등기상 이해관계인에게 통지하여야 한다.

제3절 저당권에 관한 등기절차

제23조【건조 중인 선박에 관한 저당권의 등기】 ① 건조 중인 선박에 대한 저당권의 등기는 조선지를 관할하는 등기소에 신청하여야 한다.
② 제1항의 등기신청을 하는 경우에는 신청서에 다음 각 호의 사항을 적고 신청인이 기명날인 또는 서명을 하여야 한다.
1. 선박의 종류와 선질
2. 용골의 길이. 다만, 선박에 용골을 설치하지 않은 경우에는 선박의 길이를 적는다.
3. 계획의 폭과 깊이
4. 계획의 총톤수
5. 건조지
6. 조선자의 성명, 주소(조선자가 법인인 때는 그 상호 또는 명칭 및 본점 또는 주된 사무소를 말한다)
7. 「부동산등기규칙」 제43조제1항제2호부터 제6호까지, 제8호 및 제9호에서 정하고 있는 사항
8. 등록면허세액

③ 제1항의 등기신청을 하는 경우에는 제2항제1호부터 제6호까지에서 정하고 있는 사항을 증명하는 조선자의 서면을 첨부하여야 한다.
④ 건조 중인 선박에 대하여 최초로 저당권의 등기를 하는 경우에는 등기기록 중 표제부에 제2항제1호부터 제6호까지에서 정하고 있는 사항을 기록하고, 갑구 사항란에 등기의무자의 성명, 주소와 저당권의 등기신청으로 인하여 등기를 한다는 뜻을 기록하여야 한다.

제24조【건조 중에 저당권등기를 한 선박의 소유권보존등기】 ① 건조 중에 저당권의 등기를 한 선박에 대한 소유권보존등기는 저당권의 등기를 한 등기소에 신청하여야 한다.
② 제1항의 등기는 저당권의 등기를 한 등기기록에 하여야 한다.
③ 제1항의 등기를 할 때에는 등기기록 중 표제부에 이미 기록한 선박의 표시와 제23조제4항에 따라 갑구 사항란에 기록한 등기사항을 말소하는 표시를 하고 소유권보존등기로 인하여 말소한다는 뜻을 기록하여야 한다.

제25조【선적항이 다른 등기소의 관할에 속하는 경우】 제24조제1항의 등기를 하는 경우에 선적항이 다른 등기소의 관할에 속하는 때에는 지체 없이 전산정보처리조직을 이용하여 그 선박에 관한 등기기록과 신탁원부, 공동담보목록 및 도면의 처리권한을 다른 등기소로 넘겨주는 조치를 하여야 한다.

부 칙

이 규칙은 공포한 날부터 시행한다.

〔별지서식〕 ➡ 「www.hyeonamsa.com」 참조

공탁법

(2007년 3월 29일 전부개정법률 제8319호)

개정
2008. 3.21법 8921호 2009.12.29법 9836호
2011. 4. 5법10537호 2014.12.30법12880호
2015.12.15법13565호 2018.12.18법15971호
2020.12. 8법17567호
2021.12.21법18585호(국가재정법)
2022. 1. 4법18669호

제1장 총 칙
(2008.3.21 본장개정)

제1조【목적】 이 법은 법령에 따라 행하는 공탁(供託)의 절차와 공탁물(供託物)을 효율적으로 관리하고 운용하기 위한 사항을 정함을 목적으로 한다.

제2조【공탁사무의 처리】 ① 법령에 따라 행하는 공탁사무는 지방법원장이나 지방법원지원장이 소속 법원서기관 또는 법원사무관 중에서 지정하는 자가 처리한다. 다만, 시·군법원은 지방법원장이나 지방법원지원장이 소속 법원주사 또는 법원주사보 중에서 지정하는 자가 처리할 수 있다.
② 법원행정처장이 지정·고시하는 공탁소의 공탁사무는 대법원규칙으로 정하는 바에 따라 전산정보처리조직을 이용한 전자문서로 처리할 수 있다.(2011.4.5 본항신설)

제3조【공탁물보관자의 지정】 ① 대법원장은 법령에 따라 공탁하는 금전, 유가증권, 그 밖의 물품을 보관할 은행이나 창고업자를 지정한다.
② 대법원장은 제1항에 따라 공탁금 보관은행을 지정할 때에는 공익성과 지역사회 기여도 등 해당 지역의 특수성이 반영될 수 있도록 해당 지방법원장의 의견을 듣고, 제15조에 따른 공탁금관리위원회의 심사를 거쳐야 한다.
③ 제1항에 따라 지정된 은행이나 창고업자는 그의 영업부류(部類)에 속하는 것으로서 보관할 수 있는 수량에 한정하여 보관하며 선량한 관리자의 주의(注意)로써 보관하여야 한다.

제2장 공탁 절차

제4조【공탁 절차】 공탁을 하려는 자는 대법원규칙으로 정하는 바에 따라 공탁서를 작성하여 제2조에 따라 공탁사무를 처리하는 자〔이하 "공탁관(供託官)"이라 한다〕에게 제출한 후 공탁물을 지정된 은행이나 창고업자에게 납입하여야 한다.(2008.3.21 본조개정)

제5조【외국인등을 위한 공탁의 특례】 ① 국내에 주소나 거소(居所)가 없는 외국인이나 재외국민(이하 "외국인등"이라 한다)을 위한 변제공탁(辨濟供託)은 대법원 소재지의 공탁소(供託所)에 할 수 있다.
② 외국인등이 공탁하는 절차나 외국인등을 위하여 공탁하는 절차, 그 밖에 필요한 사항은 대법원규칙으로 정할 수 있다.
(2008.3.21 본조개정)

제5조의2【형사공탁의 특례】 ① 형사사건의 피고인이 법령 등에 따라 피해자의 인적사항을 알 수 없는 경우에 그 피해자를 위하여 하는 변제공탁(이하 "형사공탁"이라 한다)은 해당 형사사건이 계속 중인 법원 소재지의 공탁소에 할 수 있다.
② 형사공탁의 공탁서에는 공탁물의 수령인(이하 이 조에서 "피공탁자"라 한다)의 인적사항을 대신하여 해당 형사사건의 재판이 계속 중인 법원(이하 이 조에서 "법원"이라 한다)과 사건번호, 사건명, 조서, 진술서, 공소장 등에 기재된 피해자를 특정할 수 있는 명칭을 기재하고, 공탁원인사실을 피해 발생시점과 채무의 성질을 특정하는 방식으로 기재할 수 있다.
③ 피공탁자에 대한 공탁통지는 공탁관이 다음 각 호의 사항을 인터넷 홈페이지 등에 공고하는 방법으로 갈음할 수 있다.
1. 공탁신청 연월일, 공탁소, 공탁번호, 공탁물, 공탁근거 법령조항
2. 공탁물 수령·회수와 관련된 사항
3. 그 밖에 대법원규칙으로 정한 사항

④ 공탁물 수령을 위한 피공탁자 동일인 확인은 다음 각 호의 사항이 기재된 법원이나 검찰이 발급한 증명서에 의한다.
1. 사건번호
2. 공탁소, 공탁번호, 공탁물
3. 피공탁자의 성명·주민등록번호
4. 그 밖에 동일인 확인을 위하여 필요한 사항

⑤ 형사공탁의 공탁서 기재사항, 첨부하여야 할 서면, 공탁신청, 공탁공고 및 공탁물 수령·회수 절차 등 그 밖에 필요한 사항은 대법원규칙으로 정한다.
(2020.12.8 본조신설)

제6조【공탁금의 이자】 공탁금에는 대법원규칙으로 정하는 이자를 붙일 수 있다.

제7조【이자 등의 보관】 지정된 은행이나 창고업자는 공탁물을 수령할 자가 청구하는 경우에는 공탁의 목적인 유가증권의 상환금, 이자 또는 배당금을 수령하여 이를 보관한다. 다만, 보증공탁(保證供託)을 할 때에 보증금을

대신하여 유가증권을 공탁한 경우에는 공탁자가 그 이자나 배당금을 청구할 수 있다.(2008.3.21 본조개정)

제8조【보관료】 공탁물을 보관하는 은행이나 창고업자는 그 공탁물을 수령하는 자에게 일반적으로 같은 종류의 물건에 청구하는 보관료를 청구할 수 있다.(2008.3.21 본조개정)

제9조【공탁물의 수령·회수】 ① 공탁물을 수령하려는 자는 대법원규칙으로 정하는 바에 따라 그 권리를 증명하여야 한다.

② 공탁자는 다음 각 호의 어느 하나에 해당하면 그 사실을 증명하여 공탁물을 회수할 수 있다.

1. 「민법」 제489조에 따르는 경우
2. 착오로 공탁을 한 경우
3. 공탁의 원인이 소멸한 경우

③ 제1항 및 제2항의 공탁물이 금전인 경우(제7조에 따른 유가증권상환금, 배당금과 제11조에 따른 물품을 매각하여 그 대금을 공탁한 경우를 포함한다) 그 원금 또는 이자의 수령, 회수에 대한 권리는 그 권리를 행사할 수 있는 때부터 10년간 행사하지 아니할 때에는 시효로 인하여 소멸한다.(2009.12.29 본항신설)

④ 법원행정처장은 제3항에 따른 시효가 완성되기 전에 대법원규칙으로 정하는 바에 따라 제1항 및 제2항의 공탁금 수령·회수권자에게 공탁금을 수령하거나 회수할 수 있는 권리가 있음을 알릴 수 있다.(2018.12.18 본항신설)

(2008.3.21 본조개정)

제10조【반대급부】 공탁물을 수령할 자가 반대급부(反對給付)를 하여야 하는 경우에는 공탁자의 서면 또는 판결문, 공정증서(公正證書), 그 밖의 관공서에서 작성한 공문서 등에 의하여 그 반대급부가 있었음을 증명하지 아니하면 공탁물을 수령하지 못한다.(2008.3.21 본조개정)

제11조【물품공탁의 처리】 공탁물 보관자는 오랫동안 보관하여 공탁된 물품이 그 본래의 기능을 다하지 못하게 되는 등의 특별한 사정이 있으면 공탁 당사자에게 적절한 기간을 정하여 수령을 최고(催告)하고 그 기간에 수령하지 아니하면 대법원규칙으로 정하는 바에 따라 공탁된 물품을 매각하여 그 대금을 공탁하거나 폐기할 수 있다.

(2008.3.21 본조개정)

제3장 이의신청 등

(2008.3.21 본장제목개정)

제12조【처분에 대한 이의신청】 ① 공탁관의 처분에 불복하는 자는 관할 지방법원에 이의신청을 할 수 있다.

② 제1항에 따른 이의신청은 공탁소에 이의신청서를 제출함으로써 하여야 한다.

제13조【공탁관의 조치】 ① 공탁관은 제12조에 따른 이의신청이 이유 있다고 인정하면 신청의 취지에 따르는 처분을 하고 그 내용을 이의신청인에게 알려야 한다.

② 공탁관은 이의신청이 이유 없다고 인정하면 이의신청서를 받은 날부터 5일 이내에 이의신청서에 의견을 첨부하여 관할 지방법원에 송부하여야 한다.

(2008.3.21 본조개정)

제14조【이의신청에 대한 결정과 항고】 ① 관할 지방법원은 이의신청에 대하여 이유를 붙인 결정(決定)으로써 하며 공탁관과 이의신청인에게 결정문을 송부하여야 한다. 이 경우 이의가 이유 있다고 인정하면 공탁관에게 상당한 처분을 할 것을 명하여야 한다.

② 이의신청인은 제1항의 결정에 대하여 「비송사건절차법」에 따라 항고(抗告)할 수 있다.

(2008.3.21 본조개정)

제4장 공탁금관리위원회

제15조【공탁금관리위원회의 설립】 ① 공탁금의 보관·관리 등과 관련된 다음 각 호의 사항을 효율적으로 처리하기 위하여 공탁금관리위원회(이하 "위원회"라 한다)를 설립한다.

1. 공탁금을 보관하는 은행의 지정 심사 및 적격 심사
2. 제19조에 따른 출연금 및 위원회 운영비의 심의·확정 (2015.12.15 본호개정)
3. 그 밖에 대법원규칙으로 정하는 사항

② 위원회는 법인으로 한다.

③ 위원회의 주된 사무소의 소재지는 정관(定款)으로 정한다.

④ 위원회는 그 주된 사무소의 소재지에서 설립등기를 함으로써 성립한다.

⑤ 위원회는 제1항 각 호의 사항에 관한 업무를 독립하여 수행한다.

(2008.3.21 본조개정)

제16조【공탁금관리위원회의 구성 등】 ① 위원회는 위원장 1명을 포함하여 9명의 위원으로 구성한다.

② 위원장과 위원은 법원행정처장이 다음 각 호의 기준에 따라 임명하거나 위촉한다.(2014.12.30 본문개정)

1. 법관 또는 3급 이상의 법원공무원 3명
2. 기획재정부장관이 추천하는 3급 이상의 국가공무원 또는 고위공무원단에 속하는 일반직공무원 1명 (2011.4.5 본호개정)
3. 법무부장관이 추천하는 검사 또는 3급 이상의 국가공무원 또는 고위공무원단에 속하는 일반직공무원 1명
4. 금융위원회가 추천하는 3급 이상의 국가공무원 또는 고위공무원단에 속하는 일반직공무원 1명(2011.4.5 본호개정)
5. 공탁제도에 관하여 학식과 경험이 풍부한 변호사, 공인회계사, 대학교수 중 3명

③ 위원장과 위원의 임기는 2년으로 하되, 연임할 수 있다.

④ 위원이 임기 중 제2항제1호부터 제5호까지에 규정된 직이나 자격을 상실하는 경우에는 위원의 신분을 상실한다.

⑤ 위원장은 위원회를 대표하며 위원회의 사무를 총괄한다.

⑥ 위원회의 업무를 지원하기 위하여 대법원규칙으로 정하는 바에 따라 사무기구(事務機構)를 둘 수 있다.

⑦ 그 밖에 위원회의 운영에 필요한 사항은 정관으로 정한다.

(2008.3.21 본조개정)

제17조【정관】 ① 위원회의 정관에는 다음 각 호의 사항을 적어야 한다.

1. 목적
2. 명칭
3. 사무소의 소재지
4. 업무 및 그 집행
5. 재산 및 회계
6. 사무기구의 설치
7. 위원의 임명·위촉과 해임·해촉(2014.12.30 본호개정)
8. 정관의 변경
9. 공고의 방법

② 위원회는 정관을 작성하고 변경할 때에는 법원행정처장의 승인을 받아야 한다.

(2008.3.21 본조개정)

제18조【등기사항】 위원회의 등기사항은 다음 각 호와 같다.

1. 목적
2. 명칭
3. 사무소의 소재지
4. 위원의 성명, 주민등록번호 및 주소

제19조【출연금】 ① 공탁금을 보관하는 은행은 매년 공탁금 운용수익금의 일부를 위원회에 출연(出捐)할 수 있다.

② 공탁금을 보관하는 은행이 제1항에 따라 위원회에 출연하는 경우 수익금의 범위·방법·조건 등에 필요한 사항은 대법원규칙으로 정한다.

(2008.3.21 본조개정)

제20조~제23조 (2015.12.15 삭제)

제24조【공무원의 겸직】 법원행정처장은 위원장의 요청에 따라 그 소속 공무원을 위원회에 겸직근무하게 할 수 있다.

제25조【감독】 ① 법원행정처장은 위원회를 지휘하고 감독하며 필요하다고 인정하면 위원회에 그 사업에 관한 지시나 명령을 할 수 있다.

② 법원행정처장은 필요하다고 인정하면 위원회에 그 업무·회계 및 재산에 관한 사항을 보고하게 하거나 소속 공무원에게 위원회의 장부·서류나 그 밖의 물건을 검사하게 할 수 있다.

③ 제2항에 따라 검사를 하는 공무원은 그 권한을 나타내는 증표를 지니고 이를 관계인에게 내보여야 한다.

(2008.3.21 본조개정)

제25조의2 (2015.12.15 삭제)

제26조【벌칙 적용 시의 공무원 의제】 위원회의 위원 중 공무원이 아닌 위원은 「형법」이나 그 밖의 법률에 따른 벌칙을 적용할 때에는 공무원으로 본다.(2008.3.21 본조개정)

제27조 (2015.12.15 삭제)

제5장 사법서비스진흥기금

(2015.12.15 본장신설)

제28조【기금의 설치】 법원은 사법제도를 개선하고 법률구조 등 국민들에 대한 사법서비스 수준을 향상시키기 위한 자금을 확보·공급하기 위하여 사법서비스진흥기금(이하 "기금"이라 한다)을 설치한다.

제29조【기금의 조성】 ① 기금은 다음 각 호의 재원(財源)으로 조성한다.

1. 제2항에 따른 위원회의 출연금
2. 다른 회계 또는 기금으로부터의 전입금
3. 위원회 이외의 자가 출연 또는 기부하는 현금, 물품 그 밖의 재산
4. 기금의 운용으로 인하여 생기는 수익금
5. 그 밖에 대법원규칙으로 정하는 수입

② 위원회는 제19조에 따라 위원회에 출연된 출연금 중 위원회의 운영비를 제외한 나머지 자금을 기금에 출연하여야 한다.

③ 제1항제3호에 따라 위원회 외의 자가 출연 또는 기부하는 경우 그 용도를 지정하여 출연 또는 기부할 수 있다.

제30조【기금의 관리·운용】 ① 기금은 법원행정처장이 관리·운용한다.

② 법원행정처장은 기금에 여유자금이 있을 때에는 다음 각 호의 방법으로 이를 운용할 수 있다.

1. 국가·지방자치단체 또는 금융기관에서 직접 발행하거나 채무이행을 보증하는 유가증권의 매입
2. 「은행법」에 따른 은행 및 「우체국예금·보험에 관한 법률」에 따른 체신관서에 예치(預置) 또는 단기 대여
3. 그 밖에 대법원규칙으로 정하는 자금증식 방법

③ 법원행정처장은 기금의 재무건전성을 유지하기 위하여 노력하여야 한다.(2022.1.4 본항신설)

④ 기금의 관리·운용에 관하여 그 밖에 필요한 사항은 대법원규칙으로 정한다.

제31조【기금의 용도】 기금은 다음 각 호에 해당하는 용도에 사용한다.

1. 공탁제도 개선 및 공탁전산시스템의 개발과 운용
2. 국선변호인제도 및 소송구조제도의 운용
3. 조정제도의 운용
4. 법률구조사업 및 범죄피해자법률지원사업의 지원
5. 기금의 조성·관리 및 운용
6. 그 밖에 소년보호지원, 민원서비스개선 등 사법제도 개선이나 국민에 대한 사법서비스 향상을 위한 공익사업으로서 제32조에 따른 심의회의 의결을 거쳐 대법원규칙으로 정하는 사업이나 활동

제32조【기금운용심의회】 ① 기금의 관리·운용에 관한 다음 각 호의 사항을 심의하기 위하여 법원행정처에 사법서비스진흥기금운용심의회(이하 "심의회"라 한다)를 둔다.

1. 기금의 관리 및 운용에 관한 주요 정책
2. 「국가재정법」 제66조에 따른 기금운용계획안의 수립
3. 「국가재정법」 제70조제2항에 따른 주요항목 지출금액의 변경
4. 「국가재정법」 제85조의6제1항에 따른 기금 성과보고서 및 같은 법 제73조에 따른 기금 결산보고서의 작성 (2021.12.21 본호개정)
5. 「국가재정법」 제79조에 따른 자산운용지침의 제정 및 개정
6. 기금의 관리·운용에 관한 중요 사항으로서 대법원규칙으로 정하는 사항과 그 밖에 심의회의 위원장이 필요하다고 인정하여 부의하는 사항

② 심의회 위원은 위원장 1명을 포함하여 10명의 위원으로 구성하되, 다음 각 호의 기준에 따라 법원행정처장이 임명 또는 위촉한다.

1. 법관 또는 3급 이상의 법원공무원 3명
2. 기획재정부장관이 추천하는 3급 이상의 국가공무원 또는 고위공무원단에 속하는 일반직공무원 1명
3. 법무부장관이 추천하는 검사 또는 3급 이상의 국가공무원 또는 고위공무원단에 속하는 일반직공무원 1명
4. 사법서비스에 관하여 학식과 경험이 풍부한 변호사, 공인회계사, 대학교수 중 5명

③ 심의회의 구성 및 운영, 그 밖에 필요한 사항은 대법원규칙으로 정한다.

제33조【기금의 회계기관】 법원행정처장은 기금의 수입과 지출에 관한 사무를 처리하게 하기 위하여 소속 공무원 중에서 기금수입징수관, 기금재무관, 기금지출관 및 기금출납공무원을 임명한다.

제34조【기금의 회계연도】 기금의 회계연도는 정부의 회계연도에 따른다.

제35조【기금의 회계처리】 기금은 기업회계의 원칙에 따라 회계처리한다.

제36조【기금의 일시차입】 법원행정처장은 기금의 운용상 필요한 때에는 기금의 부담으로 한국은행, 그 밖의 금융기관으로부터 자금을 일시 차입할 수 있다.

제37조【기금의 목적 외 사용금지 및 반환】 ① 제31조에 따라 지원받은 기금은 지원받은 목적 외의 용도에 사용하지 못한다.

② 법원행정처장은 기금을 지원받은 자가 거짓이나 그 밖의 부정한 방법으로 기금을 지원받거나 지원받은 기금을 목적 외의 용도에 사용하였을 경우에는 지원을 취소하고 기금의 전부 또는 일부를 반환하게 할 수 있다.

제38조【보고 및 감독】 ① 기금을 지원받는 자는 기금사용계획과 기금사용결과를 대법원규칙으로 정하는 바에 따라 법원행정처장에게 보고하여야 한다.

② 법원행정처장은 필요하다고 인정하면 소속 공무원으로 하여금 기금을 지원받은 자의 장부·서류 등의 물건을 검사하게 할 수 있다.

제39조【이익 및 결손의 처리】 ① 기금의 결산상 이익금이 생긴 때에는 이를 전액 적립하여야 한다.

② 기금의 결산상 손실금이 생긴 때에는 제1항에 따른 적립금으로 보전하고, 그 적립금으로 부족한 때에는 정부가 예산의 범위에서 이를 보전할 수 있다.

제40조【벌칙 적용에서의 공무원 의제】 심의회의 위원 중 공무원이 아닌 위원은 「형법」 제129조부터 제132조까지의 규정을 적용할 때에는 공무원으로 본다.

제41조【대법원규칙】 이 법 시행에 필요한 사항은 대법원규칙으로 정한다.

부 칙 (2020.12.8)

이 법은 공포 후 2년이 경과한 날부터 시행한다.

부 칙 (2021.12.21)

제1조【시행일】 이 법은 공포한 날부터 시행한다.(이하 생략)

부 칙 (2022.1.4)

이 법은 공포한 날부터 시행한다.

공탁규칙

(2007년 12월 31일 전부개정대법원규칙 제2147호)

개정
2010. 2. 1대법원규칙2272호
2011. 9.28대법원규칙2356호(부등규)
2012.10.30대법원규칙2429호 2014.12.30대법원규칙2578호
2016. 6.27대법원규칙2668호(법무사규칙)
2019. 6. 4대법원규칙2848호 2019. 9.17대법원규칙2859호
2020.11.26대법원규칙2929호 2021. 5.27대법원규칙2982호
2022. 6.30대법원규칙3060호 2022.10.27대법원규칙3073호
2023.12.29대법원규칙3119호

제1장 총 칙

제1조【목적】 이 규칙은 「공탁법」(이하 "법"이라 한다)에서 위임한 사항과 그 밖에 공탁사무에 필요한 사항을 정함을 목적으로 한다.

제2조【시·군법원 공탁관의 직무범위】 시·군법원 공탁관(供託官)의 직무범위는 해당 시·군법원의 사건과 관련된 다음 각 호의 업무에 한한다.
1. 변제공탁(辨濟供託)
해당 시·군법원에 계속 중이거나 시·군법원에서 처리한 「소액사건심판법」의 적용을 받는 민사사건과 화해·독촉·조정사건에 대한 채무의 이행으로서 하는 「민법」 제487조, 제488조에 따른 변제공탁
2. 재판상 보증공탁(保證供託)
가. 「민사소송법」 제117조제1항에 따른 소송비용의 담보와 관련된 공탁
나. 「민사소송법」 제213조에 따른 가집행선고와 관련된 공탁
다. 「민사소송법」 제500조제1항에 따른 재심(再審)이나 상소(上訴)의 추후보완신청으로 말미암은 집행정지(執行停止)와 관련된 공탁
라. 「민사소송법」 제501조, 제500조제1항에 따른 상소제기나 변경의 소제기로 말미암은 집행정지와 관련된 공탁
마. 「민사집행법」 제34조제2항, 제16조제2항에 따른 집행문부여 등에 관한 이의신청과 관련된 공탁
바. 「민사집행법」 제46조제2항, 제44조에 따른 청구에 관한 이의의 소의 잠정처분(暫定處分)과 관련된 공탁
사. 「민사집행법」 제46조제2항, 제45조에 따른 집행문부여에 대한 이의의 소의 잠정처분과 관련된 공탁
아. 「민사집행법」 제280조, 제301조에 따른 가압류·가처분명령과 관련된 공탁
자. 「민사집행법」 제286조제5항, 제301조에 따른 가압류·가처분 이의에 대한 재판과 관련된 공탁
차. 「민사집행법」 제288조제1항, 제307조에 따른 가압류·가처분 취소와 관련된 공탁
3. 집행공탁(執行供託)
「민사집행법」 제282조에 따른 가압류 해방금액(解放金額)의 공탁
4. 몰취공탁(沒取供託)
「민사소송법」 제299조제2항에 따른 소명(疏明)에 갈음하는 보증금의 공탁

제3조【공탁관계 장부와 양식】 ① 공탁관은 다음 각 호의 장부(帳簿)를 전산정보처리조직을 이용하여 기록·관리하여야 한다.
1. 공탁물의 종류에 따른 원장(元帳)
2. 공탁물의 종류에 따른 출납부
3. 공탁물의 종류에 따른 사건부
4. 불수리사건 관리부
5. 문서건명부
② 이 규칙의 시행에 필요한 문서의 양식은 대법원 예규로 정한다.

제4조【원장】 ① 공탁관은 원장(각 공탁사건에 관한 주요사항을 전산 등록한 기본장부를 말한다. 이하 같다)을 사건별로 작성하여야 한다.
② 공탁관은 공탁을 수리(受理)하거나 공탁물의 출급·회수를 인가(認可)한 때에는 이를 원장에 등록하여야 한다.

제5조【출납부】 ① 출납부는 공탁물의 종류에 따라 연도별로 작성한다.
② 공탁관은 공탁물보관자가 보내온 공탁물의 납입 및 지급결과에 관한 내용을 일자순으로 등록하여야 한다.
③ 제2항의 공탁물의 납입 및 지급결과에 관한 내용은 원장에도 등록하여야 한다.

제6조【사건부】 ① 사건부는 공탁물의 종류에 따라 연도별로 작성한다.
② 사건부에는 공탁신청사건의 접수사실을 등록하고, 공탁물의 지급 등으로 공탁사건이 완결된 때에는 완결일자를 등록하여야 한다.
③ 사건부에 등록할 공탁번호는 연도, 부호문자와 진행번호에 따라 부여한다. 부호문자는 금전공탁은 "금"으로, 유가증권(「주식·사채 등의 전자등록에 관한 법률」 제63조제1항에 따라 발행된 전자등록증명서를 포함한다. 이하 같다)공탁은 "증"으로, 물품공탁은 "물"로 하고, 진행번호는 접수순서에 따르며 매년 그 번호를 새로 부여한다.
(2019.9.17 본항개정)

제7조【불수리사건 관리부】 공탁관은 불수리사건 관리부에 다음 각 호의 사항을 등록하여야 한다.
1. 제48조의 불수리 결정을 한 경우 결정연월일과 고지연월일
2. 불수리 결정에 대한 이의신청이 있는 경우 이의신청일 및 결과

제8조【문서건명부】 ① 문서건명부에는 공탁신청과 불수리 결정의 고지 이외의 공탁관련 모든 문서의 접수 및 발송사실을 등록한다.
② 문서건명부의 진행번호는 접수문서와 발송문서를 구분하지 않고 등록순서에 따르며 매년 그 번호를 새로 부여한다.

제9조【일계표】 공탁관은 납입 및 지급된 공탁사건에 관하여 매일 일계표를 전산정보처리조직으로 출력하여 법원장(지방법원 지원에서는 지원장, 시·군법원에서는 시·군법원 판사)의 결재를 받아야 한다.

제10조【공탁기록 및 서류철】 ① 공탁사건을 접수한 공탁관은 사건마다 공탁기록을 만들고, 공탁에 관한 서류를 접수순서에 따라 해당 공탁기록에 편철한다.
② 제1항 이외의 서류는 아래와 같이 구분하여 편철한다.
1. 일계표철
2. 월계대사표철
3. 우편발송부
4. 기타 문서철

제11조【날인에 갈음하는 서명 등】 ① 공탁관에게 제출하는 서면에 날인하여야 할 경우에는 서명으로 갈음할 수 있고, 날인이나 서명을 할 수 없을 때에는 무인으로 할 수 있다.
② 제1항은 제출하는 서면에 인감을 날인하고 인감증명서를 첨부하여야 하는 경우에는 적용하지 아니한다.

제12조【기재문자의 정정 등】 ① 공탁서, 공탁물 출급·회수청구서 그 밖에 공탁에 관한 서면에 적는 문자는 자획(字劃)을 명확히 하여야 한다.
② 공탁서, 공탁물 출급·회수청구서, 지급위탁서·증명서에 적은 금전에 관한 숫자는 정정(訂正), 추가나 삭제하지 못한다. 그러나 공탁서의 공탁원인사실과 청구서의 청구사유에 적은 금전에 관한 숫자는 그러하지 아니하다.
③ 정정, 추가나 삭제를 할 때에는 한 줄을 긋고 그 위쪽이나 아래쪽에 바르게 적거나 추가하고, 그 글자 수를 난외(欄外)에 적은 다음 도장을 찍어야 하며, 정정하거나 삭제한 문자는 읽을 수 있도록 남겨두어야 한다.
④ 제3항에 따라 정정 등을 한 서류가 공탁서이거나 공탁물 출급·회수청구서인 때에는 공탁관은 작성자가 도장을 찍은 곳 옆에 인감(제55조제2항의 인감을 말한다. 이하 같다)도장을 찍어 확인하여야 한다.

제13조【계속 기재】 ① 공탁관에게 제출하는 서류에 관하여 양식과 용지의 크기가 정하여져 있는 경우에 한 장에다 전부 적을 수 없는 때에는 해당 용지와 같은 크기의 용지로서 적당한 양식으로 계속 적을 수 있다.
② 제1항의 경우에는 계속 용지임을 명확히 표시하여야 한다.

제14조【서류의 간인】 ① 공탁관에게 제출하는 서류가 두 장 이상인 때에는 작성자는 간인을 하여야 한다.
② 서류의 작성자가 여러 사람인 경우에는 그 중 한 사람이 간인을 하면 된다.
③ 제1항 및 제2항의 서류가 공탁서이거나 공탁물 출급·회수청구서인 때에는 공탁관이 인감도장으로 간인을 하여 확인하여야 한다.

제15조【원본인 첨부서면의 반환】 ① 공탁서, 공탁서 정정신청서, 대공탁·부속공탁청구서, 공탁물 출급·회수청구서 등에 첨부한 원본인 서면의 반환을 청구하는 경우에 청구인은 그 원본과 같다는 뜻을 적은 사본을 제출하여야 한다.
② 공탁관이 서류의 원본을 반환할 때에는 그 사본에 원본을 반환한 뜻을 적고 도장을 찍어야 한다.

제16조【자격증명서 등의 유효기간】 공탁관에게 제출하는 다음 서면은 발급일로부터 3월 이내의 것이어야 한다.
1. 대표자나 관리인의 자격 또는 대리인의 권한을 증명하는 것으로서 관공서에서 발급받은 서면
2. 제21조제3항의 주소를 소명하는 서면으로서 관공서에서 발급받은 서면
3. 인감증명서

제17조【장부 등의 보존기간】 ① 공탁관은 공탁에 관한 장부와 서류를 다음과 같이 구분하여 보존하여야 한다. 그러나 관계서류를 합철하였을 경우에는 그 서류 중 보존기간이 가장 긴 서류에 따라 보존한다.
1. 제3조제1항 각호의 장부
사건별 완결연도의 다음해부터 10년
2. 공탁기록
완결연도의 다음해부터 5년
3. 일계표철, 월계대사표철, 우편발송부, 기타 문서철
각 해당 연도의 다음해부터 2년
② 제1항의 장부와 서류는 보존기간이 끝난 후에도 보존하여야 할 특별한 사유가 있는 때는 그 사유가 존재하는 동안 보존하여야 한다.

제18조【장부 등의 폐기절차】 공탁관이 보존기간이 끝난 장부나 서류를 폐기하려면 그 목록을 작성하여 소속 지방법원장 또는 지원장의 인가를 받아야 한다.

제19조【완료되지 않은 서류 등의 반출금지】 공탁에 관한 서류로서 지급이 완료되지 않은 것은 천재지변(天災地變) 등 긴급한 상황에서 서류의 보존을 위하여 필요한 경우가 아니면 사무실 밖으로 옮기지 못한다.

제2장 공탁 절차

제20조【공탁서】 ① 공탁을 하려는 사람은 공탁관에게 공탁서 2통을 제출하여야 한다.
② 제1항의 공탁서에는 다음 각 호의 사항을 적고 공탁자가 기명날인(記名捺印)하여야 한다. 그러나 대표자나 관리인 또는 대리인이 공탁하는 때에는 그 사람의 주소를 적고 기명날인하여야 하며, 공무원이 그 직무상 공탁하는 경우에는 소속 관서명과 그 직을 적고 기명날인하여야 한다.
1. 공탁자의 성명(상호, 명칭)·주소(본점, 주사무소)·주민등록번호(법인등록번호)
2. 공탁금액, 공탁유가증권의 명칭·장수·총 액면금(액면금이 없을 때에는 그 뜻)·기호·번호·부속이표·최종상환기, 공탁물품의 명칭·종류·수량
3. 공탁원인사실
4. 공탁을 하게 된 관계법령의 조항
5. 공탁물의 수령인(이하 "피공탁자"라 한다)을 지정해야 할 때에는 피공탁자의 성명(상호, 명칭)·주소(본점, 주사무소)·주민등록번호(법인등록번호)
6. 공탁으로 인하여 질권, 전세권, 저당권이 소멸하는 때는 그 질권, 전세권, 저당권의 표시
7. 반대급부를 받아야 할 경우에는 그 반대급부의 내용
8. 공탁물의 출급·회수에 관하여 관공서의 승인, 확인 또는 증명 등을 필요로 하는 경우에는 해당 관공서의 명칭
9. 재판상의 절차에 따른 공탁의 경우에는 해당 법원의 명칭과 사건명
10. 공탁법원의 표시
11. 공탁신청 연월일

제21조【첨부서면】 ① 공탁자가 법인인 경우에는 대표자 또는 관리인의 자격을 증명하는 서면, 법인 아닌 사단이나 재단일 경우에는 정관이나 규약과 대표자 또는 관리인의 자격을 증명하는 서면을 공탁서에 첨부하여야 한다.
② 대리인이 공탁하는 경우에는 대리인의 권한을 증명하는 서면을 첨부하여야 한다.
③ 변제공탁을 하는 경우에 피공탁자의 주소를 표시하는 때에는 그 주소를 소명하는 서면을, 피공탁자의 주소가 불명인 경우에는 이를 소명하는 서면을 첨부하여야 한다.

제22조【첨부서면의 생략】 같은 사람이 동시에 같은 공탁법원에 여러 건의 공탁을 하는 경우에 첨부서면의 내용이 같을 때에는 1건의 공탁서에 1통만을 첨부하면 된다. 이 경우 다른 공탁서에는 그 뜻을 적어야 한다.

제23조【공탁통지서 등 첨부】 ① 공탁자가 피공탁자에게 공탁통지를 하여야 할 경우에는 피공탁자의 수만큼 공탁통지서를 첨부하여야 한다.
② 제1항의 경우 「우편법 시행규칙」 제25조제1항제4호다목에 따른 배달증명을 할 수 있는 우편료를 납입하여야 한다.(2012.10.30 본항개정)
③ 공탁관은 제1항의 공탁통지서를 발송하기 위한 봉투 발신인란에 공탁소의 명칭과 그 소재지 및 공탁관의 성명을 적어야 한다.
(2010.2.1 본조개정)

제24조【기명식유가증권을 공탁하는 요건】 기명식(記名式)유가증권을 공탁하는 경우에는 공탁물을 수령하는 자가 즉시 권리를 취득할 수 있도록 유가증권에 배서(背書)를 하거나 양도증서를 첨부하여야 한다.

제25조【공탁신청서류 조사】 공탁관이 공탁신청서류를 접수한 때는 상당한 사유가 없는 한 지체 없이 모든 사항을 조사하여 신속하게 처리하여야 한다.

제26조【수리절차】 ① 공탁관이 공탁신청을 수리할 때에는 공탁서에 다음 각 호의 사항을 적고 기명날인한 다음 1통을 공탁자에게 내주어 공탁물을 공탁물보관자에게 납입하게 하여야 한다.
1. 공탁을 수리한다는 뜻
2. 공탁번호
3. 공탁물 납입기일
4. 납입기일까지 공탁물을 납입하지 않을 경우에는 수리결정의 효력이 상실된다는 뜻
② 공탁관이 제1항에 따라 공탁신청을 수리한 때에는 주요사항을 전산등록하고, 공탁물보관자에게 그 내용을 전송하여야 한다. 다만, 물품공탁의 경우에는 공탁물보관자에게 전송하는 대신 공탁자에게 공탁물품납입서 1통을 주어야 한다.
③ 공탁자가 제1항제3호의 납입기일까지 공탁물을 납입하지 않을 때는 그 수리결정은 효력을 상실한다.
④ 제3항의 경우에는 원장에 그 뜻을 등록하여야 한다.

제27조【공탁물 납입절차】 공탁물보관자가 공탁물을 납입받은 때에는 공탁서에 공탁물을 납입받았다는 뜻을 적어 공탁자에게 내주고, 그 납입사실을 공탁관에게 전송하여야 한다. 다만, 물품을 납입받은 경우에는 공탁물품 납입통지서를 보내야 한다.

제28조【계좌입금에 의한 공탁금 납입】 ① 공탁관은 금전공탁에서 공탁자가 자기의 비용으로 계좌납입을 신청한 경우 공탁금보관자에게 가상계좌번호를 요청하여 그 계좌로 공탁금을 납입하게 하여야 한다.
② 제1항의 방법으로 공탁금이 납입된 경우 공탁금보관자는 공탁관에게 공탁금이 납입된 사실을 전송하여야 한다.
③ 제2항의 전송을 받은 공탁관은 공탁서에 공탁금이 납입되었다는 뜻을 적어 공탁자에게 내주거나 배달증명 우편으로 보내야 한다.
④ (2012.10.30 삭제)

제29조【공탁통지서의 발송】 ① 공탁관은 제27조의 전송이나 공탁물품납입통지서를 받은 때에는 제23조의 공탁통지서를 피공탁자에게 발송하여야 한다.
② 제1항의 통지서에는 공탁번호, 발송연월일과 공탁관의 성명을 적고 직인을 찍어야 한다.
③ 공탁통지서를 발송한 경우 그 송달정보는 전산정보처리조직에 의하여 관리하여야 한다.(2012.10.30 본항개정)
④ 공탁통지서가 반송된 경우에는 이를 공탁기록에 편철하여야 한다.(2012.10.30 본항개정)

제30조【공탁서 정정】 ① 공탁신청이 수리된 후 공탁서의 착오(錯誤) 기재를 발견한 공탁자는 공탁의 동일성(同一性)을 해하지 아니하는 범위 내에서 공탁서 정정(訂正) 신청을 할 수 있다.
② 제1항의 신청을 하려는 사람은 공탁서 정정신청서 2통과 정정사유를 소명하는 서면을 제출하여야 한다.
③ 제21조제1항 및 제2항, 제22조, 제59조제2항은 공탁서 정정신청에 준용한다.
④ 공탁관이 공탁서 정정신청을 수리한 때에는 공탁서 정정신청서에 그 뜻을 적고 기명날인한 후 그 신청서 1통을 신청인에게 내준다. 이 경우 공탁관은 원장의 내용을 정정등록하여야 한다.
⑤ 수리의 뜻이 적힌 공탁서 정정신청서는 공탁서의 일부로 본다.
⑥ 피공탁자의 주소를 정정하는 경우에는 제23조를 준용한다.

제31조【대공탁 또는 부속공탁 청구】 ① 공탁유가증권의 상환금의 대공탁이나 이자 또는 배당금의 부속공탁을 청구하려는 사람은 대공탁·부속공탁청구서 2통을 제출하여야 한다.
② 유가증권공탁에 관하여 대공탁과 부속공탁을 동시에 청구하는 경우에는 하나의 청구서로 할 수 있다. 이 경우 공탁관은 대공탁과 부속공탁을 별건으로 접수·등록하되 1개의 기록을 만든다.
③ 공탁관이 제1항의 청구를 수리할 때에는 대공탁·부속공탁청구서에 그 뜻과 공탁번호를 적고 기명날인한 다음, 그 중 1통을 유가증권·이표출급의뢰서와 함께 청구인에게 내주어야 한다.
④ 제21조제1항 및 제2항과 제22조는 제1항의 경우에 준용한다.
⑤ 공탁유가증권이 기명식인 때에는 청구인은 제1항의 청구서에 공탁물보관자 앞으로 작성한 상환금 추심 위임장을 첨부하여야 한다.
⑥ 대공탁과 부속공탁 청구절차의 추심비용은 청구인이 부담한다.
⑦ 대공탁과 부속공탁은 금전공탁사건으로 접수하고, 대공탁을 수리하는 경우에는 동시에 유가증권공탁사건부와 원장에 유가증권의 출급 사항을 등록하여야 한다.

제3장 출급 또는 회수절차

제32조【공탁물 출급·회수청구서】 ① 공탁물을 출급·회수하려는 사람은 공탁관에게 공탁물 출급·회수청구서 2통을 제출하여야 한다.
② 제1항의 청구서에는 다음 각 호의 사항을 적고 청구인이 기명날인하여야 한다. 다만, 대표자나 관리인 또는 대리인이 청구하는 때에는 그 사람의 주소를 적고 기명날인하여야 하며, 공무원이 직무상 청구할 때에는 소속 관서명과 그 직을 적고 기명날인하여야 한다.
1. 공탁번호
2. 출급·회수하려는 공탁금액, 유가증권의 명칭·장수·총 액면금·액면금(액면금이 없을 때는 그 뜻)·기호·번호, 공탁물품의 명칭·종류·수량
3. 출급·회수청구사유
4. 이자의 지급을 동시에 받으려는 경우 그 뜻
5. 청구인의 성명(상호, 명칭)·주소(본점, 주사무소)·주민등록번호(사업자등록번호)
6. 청구인이 공탁자나 피공탁자의 권리승계인인 경우 그 뜻
7. 제41조제1항이나 제2항에 따른 출급·회수청구의 경우 그 서류를 첨부한 뜻
8. 공탁법원의 표시
9. 출급·회수청구 연월일

제33조【공탁물 출급청구서의 첨부서류】 공탁물을 출급하려는 사람은 공탁물 출급청구서에 다음 각 호의 서류를 첨부하여야 한다.
1. 제29조에 따라 공탁관이 발송한 공탁통지서. 다만, 다음 중 어느 하나의 사유가 있는 경우에는 그러하지 아니하다.
가. 출급청구하는 공탁금액이 5000만원 이하인 경우(유가증권의 총 액면금액이 5000만원 이하인 경우를 포함한다). 다만, 청구인이 관공서이거나 법인 아닌 사단이나 재단인 때에는 그 금액이 1000만원 이하인 경우
나. 공탁서나 이해관계인의 승낙서를 첨부한 경우
다. 강제집행이나 체납처분에 따라 공탁물 출급청구를 하는 경우
라. 공탁통지서를 발송하지 않았음이 인정되는 경우
2. 출급청구권이 있음을 증명하는 서면. 다만, 다음 중 어느 하나의 사유가 있는 경우에는 그러하지 아니하다. (2023.12.29 단서개정)
가. 공탁서의 내용으로 출급청구권이 있는 사실이 명백한 경우(2023.12.29 본목신설)
나. 제86조제1항에 따른 피공탁자 동일인 확인 증명서가 공탁소에 송부된 경우(2023.12.29 본목신설)
3. 공탁물 출급을 위하여 반대급부를 하여야 할 때는 법 제10조에 따른 증명서류

제34조【공탁물 회수청구서의 첨부서류】 공탁물을 회수하려는 사람은 공탁물 회수청구서에 다음 각 호의 서류를 첨부하여야 한다.
1. 공탁서. 다만, 다음 중 어느 하나의 사유가 있는 경우에는 그러하지 아니하다.
가. 회수청구하는 공탁금액이 5000만원 이하인 경우(유가증권의 총 액면금액이 5000만원 이하인 경우를 포함한다) 다만, 청구인이 관공서이거나 법인 아닌 사단이나 재단인 때에는 그 금액이 1000만원 이하인 경우
나. 이해관계인의 승낙서를 첨부한 경우
다. 강제집행이나 체납처분에 따라 공탁물 회수청구를 하는 경우
2. 회수청구권이 있음을 증명하는 서면. 다만, 공탁서의 내용으로 그 사실이 명백한 경우에는 그러하지 아니하다.

제35조【공탁물 출급·회수의 일괄청구】 같은 사람이 여러 건의 공탁에 관하여 공탁물의 출급·회수를 청구하려는 경우 그 사유가 같은 때에는 공탁종류에 따라 하나의 청구서로 할 수 있다.

제36조【각종 부기문의 기재】 ① 공탁서와 청구서 등에 적을 부기문은 그 서면의 여백에 적을 수 있다. 그러나 다른 용지에 적을 때는 직인으로 간인을 하여야 한다.
② 제1항의 서면 중 1통을 제출자나 공탁물보관자에게 내주는 때에는 두 서면에 직인으로 계인(契印)을 찍어야 한다.

제37조【인감증명서의 제출】 ① 공탁물 출급·회수청구를 하는 사람은 공탁물 출급·회수청구서 또는 위임에 따른 대리인의 권한을 증명하는 서면에 찍힌 인감에 관하여 「인감증명법」 제12조와 「상업등기법」 제16조에 따라 발행한 인감증명서를 제출하여야 한다.(2019.6.4 본항개정)
② 제1항은 법정대리인, 지배인, 그 밖의 등기된 대리인, 법인·법인 아닌 사단이나 재단의 대표자 또는 관리인이 공탁물 출급·회수청구를 하는 경우에는 그 법정대리인, 지배인, 그 밖의 등기된 대리인, 대표자나 관리인에 대하여 준용한다.
③ 제1항과 제2항은 다음 각 호의 경우에는 적용하지 아니한다.
1. 본인이나 제2항에서 말하는 사람이 공탁금을 직접 출급·회수청구하는 경우로써, 그 금액이 1000만원 이하(유가증권의 총 액면금액이 1000만원 이하인 경우를 포함한다)이고, 공탁관이 신분에 관한 증명서(주민등록증·여권·운전면허증 등을 말한다. 이하 "신분증"이라 한다)로 본인이나 제2항에서 말하는 사람임을 확인할 수 있는 경우
2. 관공서가 공탁물의 출급·회수청구를 하는 경우
④ 공탁관이 제3항에 따라 공탁금 출급·회수청구를 인가한 때에는 청구인의 신분증 사본을 해당 공탁기록에 편철하여야 한다.

제38조【자격증명서 등의 첨부】 ① 제21조제1항 및 제2항과 제22조는 공탁물 출급·회수청구에 준용한다.
② 출급·회수청구인이 법인 아닌 사단이나 재단인 경우에는 대표자 또는 관리인의 자격을 증명하는 서면에 그 사실을 확인하는데 상당하다고 인정되는 2명 이상의 성년인 사람이 사실과 같다는 뜻과 성명을 적고 자필서명한 다음, 신분증 사본을 첨부하여야 한다.(2010.2.1 본항개정)
③ 변호사나 법무사[법무법인·법무법인(유한)·법무조합·법무사법인·법무사법인(유한)을 포함한다. 이하 "자격자대리인"이라 한다]가 대리하여 청구하는 경우에는 자격자대리인이 제2항의 서면에 사실과 같다는 뜻을 적고 기명날인하는 것으로 갈음할 수 있다.(2016.6.27 본항개정)

제39조【출급·회수의 절차】 ① 공탁관이 공탁물 출급·회수청구서류를 접수한 때에는 상당한 사유가 없는 한 지체 없이 모든 사항을 조사하여 신속하게 처리하여야 한다.
② 공탁관은 제1항의 청구가 이유 있다고 인정할 때에는 청구서에 인가의 뜻을 적어 기명날인하고 전산등록을 한 다음 청구서 1통을 청구인에게 내주고, 공탁물보관자에게는 그 내용을 전송하여야 한다.
③ 제2항의 경우 공탁관은 청구인으로부터 청구서 수령인을 받아야 한다.

제40조【예금계좌 입금신청 등】 ① 공탁금 출급·회수청구인이 공탁금을 자기의 비용으로 자신의 예금계좌에 입금하여 줄 것을 공탁관에게 신청한 경우에는 공탁금을 신고된 예금계좌에 입금하여서 지급하여야 한다.
② 제1항의 신청을 하려는 사람은 공탁금계좌입금신청서를 공탁관에게 제출하여야 한다.
③ 제1항의 경우에 공탁관은 그 계좌번호를 전산등록한 후 공탁금 출급·회수 인가와 신청계좌로의 입금지시를 공탁물보관자에게 전송하여야 한다.
④ 공탁관으로부터 계좌입금지시를 받은 공탁물보관자는 그 처리결과를 공탁관에게 즉시 전송하여야 한다.
⑤ (2012.10.30 삭제)

제41조【공탁통지서·공탁서를 첨부할 수 없는 경우】 ① 공탁물 출급·회수청구서에 제33조제1호의 공탁통지서나 제34조제1호의 공탁서를 첨부할 수 없는 때에는, 공탁관이 인정하는 2명 이상이 연대하여 그 사건에 관하여 손해가 생기는 때에는 이를 배상한다는 자필서명한 보증서와 그 재산증명서(등기사항증명서등) 및 신분증 사본을 제출하여야 한다.(2011.9.28 본항개정)
② 제1항의 청구인이 관공서인 경우에는 청구하는 공무원의 공탁물 출급·회수 용도의 재직증명서를 보증서 대신 제출할 수 있다.
③ 출급·회수청구를 자격자대리인이 대리하는 경우에는 제1항의 보증서 대신 손해가 생기는 때에는 이를 배상한다는 자격자대리인 명의의 보증서를 작성하여 제출할 수 있다. 보증서에는 자격자대리인이 기명날인하여야 한다.

제42조【일부 지급】 ① 공탁물의 일부를 지급하는 경우에는 공탁관은 청구인이 제출한 공탁통지서나 공탁서에 지급을 인가한 공탁물의 내용을 적고 기명날인한 후 청구인에게 반환하여야 한다.
② 제1항의 경우에는 출급·회수청구서의 여백에 공탁통지서나 공탁서를 반환한 뜻을 적고 수령인을 받아야 한다.

제43조【배당 등에 따른 지급】 ① 배당이나 그 밖에 관공서 결정에 따라 공탁물을 지급하는 경우 해당 관공서는 공탁관에게 지급위탁서를 보내고 지급을 받을 자에게는 그 자격에 관한 증명서를 주어야 한다.
② 제1항의 경우에 공탁물의 지급을 받고자 하는 때에는 제1항의 증명서를 첨부하여 제32조에 따라 출급·회수청구를 하여야 한다.

제44조【양도통지서 등】 ① 공탁관은 제49조제1항의 서면, 제49조제2항의 판결등본 또는 공탁물 출급·회수청구권에 관한 가처분명령서, 가압류명령서, 압류명령서, 전부(轉付) 또는 추심(推尋)명령서, 압류취소명령서, 그 밖에 이전 또는 처분제한의 서면을 받은 때에는 그 서면에 접수연월일, 시, 분을 적고 기명날인하여야 한다.
② 제1항의 서면을 받은 경우 공탁관은 그 내용을 해당 기록표지에 적은 다음 원장에 등록하여야 한다.

제45조【공탁물보관자의 처리】 공탁물보관자는 출급·회수청구가 있는 때에는 공탁관이 전송한 내용과 대조하여 청구한 공탁물과 그 이자나 이표를 청구인에게 지급하고 그 청구서에 수령인을 받는다.

제46조【위와 같다】 공탁물보관자는 제45조의 공탁물을 지급한 후에 지급사실을 공탁관에게 전송한다. 다만, 물품공탁의 경우 지급결과통지서에 지급한 내용을 적어 공탁관에게 보낸다.

제47조【공탁물품의 매각·폐기 등】 ① 「공탁법」 제11조에 따라 보관중인 공탁물품을 매각하거나 폐기하고자 할 경우에는 공탁물보관자의 신청으로 해당 공탁사건의 공탁소 소재지나 공탁물품의 소재지를 관할하는 법원의 허가를 받아야 한다.
② 법원은 직권 또는 공탁물보관자의 신청으로 제1항의 허가재판을 변경할 수 있다.
③ 공탁물품의 매각은 「민사집행법」에 따른다. 다만, 공탁물보관자는 법원의 허가를 받아 임의매각 등 다른 방법으로 환가(換價)할 수 있다.
④ 법원은 제1항부터 제3항까지의 허가나 변경재판을 하기 전에 공탁물보관자, 공탁자 또는 피공탁자를 심문할 수 있다. 그 밖에 재판절차는 「비송사건절차법」에 따른다.
⑤ 제1항부터 제3항까지의 허가나 변경한 재판에 대하여는 불복 신청을 할 수 없다.
⑥ 공탁물보관자가 법원의 허가를 받아 공탁물품을 폐기할 때에는 개인정보가 유출되지 않도록 하여야 한다.

제48조【불수리 결정】 ① 공탁관이 공탁신청이나 공탁물 출급·회수청구를 불수리할 경우에는 이유를 적은 결정으로 하여야 한다.
② 제1항의 불수리 결정에 관하여 필요한 사항은 대법원 예규로 정한다.

제49조【공탁수락서 등의 제출】 ① 공탁소에 대한 민법 제489조제1항의 승인이나 통고는 피공탁자가 공탁을 수락한다는 뜻을 적은 서면을 공탁관에게 제출하는 방법으로 하여야 한다.
② 공탁유효의 확정판결이 있는 경우 공탁자의 회수를 제한하기 위해서는 피공탁자는 그 판결등본을 공탁관에게 제출하여야 한다.

제50조【공탁물보관자 장부와의 대조】 ① 공탁관은 출납부를 공탁물보관자 장부와 대조하기 위하여 전월분 월계대사표를 매달 초에 공탁물보관자에게 보내고, 공탁물보관자는 이를 확인한 후 공탁관에게 보내야 한다. 그러나 물품공탁의 경우에는 전년분에 관하여 매년 초에 이

를 할 수 있다.
② 공탁관이 제1항의 확인을 마친 때에는 지체 없이 증빙서류와 대조를 하여야 한다.
③ 공탁관은 제2항의 대조 결과를 매달 초 소속 지방법원장에게 보고하여야 한다.

제4장 이 자

제51조【공탁금의 이자】 공탁금의 이자에 관하여는 「공탁금의 이자에 관한 규칙」에서 정하는 바에 따른다.
제52조【공탁금의 이자지급】 공탁금의 이자는 원금과 함께 지급한다. 그러나 공탁금과 이자의 수령자가 다를 때에는 원금을 지급한 후에 이자를 지급할 수 있다.
제53조【위와 같다】 ① 공탁금의 이자는 공탁금 출급·회수청구서에 의하여 공탁금보관자가 계산하여 지급한다.
② 이자를 별도로 청구하려는 사람은 공탁관에게 공탁금이자청구서 2통을 제출하여야 한다.
③ 제2항의 청구에는 제35조, 제37조부터 제39조까지, 제45조, 제46조를 준용한다.
제54조【이표의 청구】 ① 공탁유가증권의 이표를 받으려는 사람은 공탁관에게 공탁유가증권이표청구서 2통을 제출하여야 한다.
② 제1항의 청구에는 제53조제1항과 제3항을 준용한다.

제5장 보 칙

제55조【대리공탁관 지정 등】 ① 지방법원장이나 지원장은 공탁관이 직무를 수행할 수 없는 경우에 대비하여 대리공탁관을 지정할 수 있다.
② 지방법원장이나 지원장이 공탁관이나 대리공탁관을 지정한 때에는 공탁물보관자에게 그 성명과 인감을 알려주어야 한다.
제56조【재정보증】 법원행정처장은 공탁관의 재정보증에 관한 사항을 정하여 운용할 수 있다.
제57조【현금 등의 취급 금지】 ① 공탁관은 지정된 공탁물보관자에게 공탁금과 공탁유가증권에 관한 계좌를 각 설치하여야 하며, 공탁금 등을 직접 납부 받거나 보관할 수 없다.
② 대리공탁관은 별도의 계좌를 설치하지 아니하고 공탁관의 계좌를 이용한다.
제58조【사유신고】 ① 공탁금 출급·회수청구권에 대한 압류의 경합 등으로 사유신고를 할 사정이 발생한 때에는 공탁관은 지체 없이 사유신고서 2통을 작성하여 그 1통을 집행법원에 보내고 다른 1통은 해당 공탁기록에 편철한다.
② 제1항에 따라 사유신고를 한 때에는 공탁관은 원장에 사유신고한 뜻과 연월일을 등록하여야 한다.
제59조【열람 및 증명청구】 ① 공탁당사자 및 이해관계인은 공탁관에게 공탁관계 서류의 열람 및 사실증명을 청구할 수 있다.
② 위임에 따른 대리인이 제1항의 청구를 하는 경우에는 대리인의 권한을 증명하는 서면에 인감도장을 찍고 인감증명서를 첨부하여야 한다.
③ 제2항은 자격자대리인 본인이 직접 열람 및 사실증명을 청구하는 경우에는 적용하지 아니한다.
④ 제1항의 청구를 하는 사람은 열람신청서나 사실증명청구서를 제출하여야 한다. 사실증명을 청구하는 때에는 증명을 받고자 하는 수에 1통을 더한 사실증명청구서를 제출하여야 한다.
⑤ (2012.10.30 삭제)
⑥ 공탁관은 제1항의 열람신청이나 사실증명청구에 대하여 전산정보처리조직을 이용하여 열람하게 하거나 증명서를 발급해 줄 수 있다.
제60조【공탁금의 소멸시효 조사】 공탁관은 공탁원금 및 이자의 출급·회수청구권의 소멸시효 완성시기 등을 조사하기 위하여 법원, 그 밖의 관공서에 공탁원인의 소멸여부와 그 시기 등을 조회(照會)할 수 있다.
제60조의2【소멸시효 완성 전 안내】 ① 법원행정처장은 「공탁법」 제9조에 따른 시효가 완성되기 전에 우편 등으로 공탁금 출급·회수에 관한 안내를 할 수 있다.
② 제1항에 따른 업무는 법원행정처 사법등기국 사법등기심의관이 담당한다.
③ 제2항에 따른 안내를 위하여 필요한 경우에는 해당 정보를 보유하는 공공기관·전기통신사업자 등 단체·개인 또는 외국의 공공기관에 다음 각호의 개인정보가 포함된 자료의 송부를 요구할 수 있다.
1. 공탁금 출급·회수권자의 성명(상호, 명칭)
2. 공탁금 출급·회수권자의 주민등록번호(법인등록번호)
3. 공탁금 출급·회수권자의 주소(본점, 주사무소)
4. 공탁금 출급·회수권자의 전화번호
(2022.6.30 본항신설)
④ 제1항에 따른 안내의 절차 및 방법 등 필요한 사항은 대법원예규로 정한다.
⑤ 제3항에 따른 안내를 위하여 필요한 범위 내에서 「개인정보 보호법」 제24조의 고유식별번호, 제24조의2의 주민등록번호가 포함된 자료를 처리할 수 있고, 제공받은 개인정보는 안내 업무 이외의 목적으로 사용할 수 없다.
(2022.6.30 본항신설)
(2019.6.4 본조신설)
제61조【소멸시효 완성 후의 공탁금】 소멸시효가 완성된 공탁금에 대하여 출급·회수청구가 있는 경우 공탁관은 국고수입 납부 전이라도 출급·회수청구를 인가하여서는 안된다.
제62조【공탁금국고귀속조서의 송부】 ① 공탁관은 출급·회수청구권의 소멸시효가 완성되어 국고귀속되는 공탁원금이나 이자가 있는 때에는 해당 연도분을 정리한 다음 공탁금국고귀속조서를 작성하여 다음해 1월 20일까지 이를 해당 법원의 세입세출외 현금출납공무원(이하 "출납공무원"이라 한다)에게 보낸다.
② 출납공무원이 제1항의 조서를 받은 때에는 1월 31일까지 해당 법원의 수입징수관에게 보내야 한다.
③ 공탁관은 제1항 이외의 사유로 국고귀속되는 공탁원금이나 이자가 있는 때에는 그때마다 공탁금국고귀속조서를 작성하여 출납공무원에게 보내고, 출납공무원은 지체 없이 해당 법원의 수입징수관에게 보내야 한다.
제63조【납부고지와 납부】 ① 수입징수관은 제62조에 따른 조서를 받은 때에는 조사한 후 총액에 대한 납부고지서 2통을 해당 출납공무원에게 보낸다.
② 출납공무원은 제1항의 납부고지서를 받은 때에는 지체 없이 그 중 1통을 첨부하여 해당 공탁관에게 하나의 청구서로 한꺼번에 지급청구를 하여야 한다.
③ 공탁관이 제2항의 청구를 받은 때에는 제35조와 제39조에 따라 인가한다.
④ 출납공무원은 제3항의 인가를 받은 때에는 지체 없이 그 금액을 해당 수입징수관 앞으로 납부하여야 한다.
제64조【착오로 국고 귀속된 공탁금의 반환】 공탁관이 착오로 국고귀속조치를 취한 공탁금의 반환절차와 수입징수관의 사무처리절차에 관하여는 「국고금관리법 시행규칙」을 준용한다. 이 경우 공탁관을 과오납부자로 본다.
제64조의2【대법원예규에의 위임】 공탁절차와 관련하여 필요한 사항 중 이 규칙에서 정하고 있지 아니한 사항은 대법원예규로 정할 수 있다.(2012.10.30 본조신설)

제6장 외국인 등을 위한 공탁사무처리 특례

제65조【용어의 정의】 이 장에서 외국인과 재외국민은 다음 각 호의 사람을 말한다.
1. 외국인
가. 대한민국의 국적을 가지지 않은 사람
나. 외국법에 따라 설립된 법인 또는 이에 준하는 단체
2. 재외국민 : 대한민국의 국민으로서 외국의 영주권을 취득한 자 또는 영주할 목적으로 외국에 거주하고 있는 자(2014.12.30 본호개정)
제66조【관할의 특례】 국내에 주소나 거소가 없는 외국인이나 재외국민을 위한 변제공탁은 지참채무(持參債務)의 경우에 다른 법령의 규정이나 당사자의 특약이 없는 한 서울중앙지방법원의 공탁관에게 할 수 있다.
제67조【공탁통지】 ① 공탁자가 피공탁자의 외국주소로 공탁통지를 하여야 할 경우에는 수신인란에 로마문자(영문)와 아라비아 숫자로 피공탁자의 성명과 주소를 적은 국제특급우편 봉투와 우편요금을 첨부하여야 한다.
② 제1항의 우편요금은 「국제우편규정」 제12조제1항제3호에 의한 배달통지가 가능한 외국에 공탁통지를 할 경우는 배달통지로 할 수 있는 금액이어야 한다.
③ 공탁관은 제1항의 봉투 발신인란과 배달통지서의 반송인란에 로마문자(영문)와 아라비아 숫자로 공탁소의 명칭과 그 소재지 및 공탁관의 성명을 적어야 한다.

제7장 전자신청
(2012.10.30 본장신설)

제68조【용어의 정의】 이 장에서 사용하는 용어의 뜻은 다음과 같다.
1. "전자문서"란 「전자서명법」 제2조제1호에 따른 정보처리능력을 가진 장치에 의하여 전자적인 형태로 작성되거나 변환되어 송신·수신 또는 저장되는 정보를 말한다.(2020.11.26 본호개정)
2. "전자서명"이란 「전자서명법」 제2조제2호에 따른 전자서명(서명자의 실지명의를 확인할 수 있는 것으로서 법원행정처장이 지정하는 인증서를 이용한 것을 말한다)을 말한다.(2021.5.27 본호개정)
3. "인증서"란 「전자서명법」 제2조제6호에 따른 인증서(서명자의 실지명의를 확인할 수 있는 것으로서 법원행정처장이 지정하는 인증서를 말한다)를 말한다.
(2021.5.27 본호개정)
4. "전자공탁시스템"이란 법원행정처가 법에 따른 공탁·출급·회수 등의 절차에 필요한 전자문서를 작성·제출·송달하거나 관리할 수 있도록 하드웨어·소프트웨어·데이터베이스·네트워크·보안요소 등을 결합시켜 구축·운영하는 전산정보처리조직을 말한다.
5. "전자공탁홈페이지"란 이 규칙에서 정한 바에 따라 전자문서를 이용하여 공탁절차를 진행할 수 있도록 전자공탁시스템에 의하여 구축된 인터넷 활용공간을 말한다.
제69조【전자문서에 의한 공탁 등의 수행】 금전공탁사건에 관한 신청 또는 청구는 이 규칙에서 정하는 바에 따라 전자공탁시스템을 이용하여 전자문서로 할 수 있다. 다만, 5천만원을 초과하는 공탁금에 대한 출급 또는 회수청구의 경우에는 그러하지 아니하다.
제70조【사용자등록】 ① 전자공탁시스템을 이용하려는 자는 전자공탁시스템에 접속하여 다음 각 호의 회원 유형별로 전자공탁홈페이지에서 요구하는 정보를 해당란에 입력한 후 인증서를 사용하여 사용자등록을 신청하여야 한다. 이 경우 등록한 사용자 정보는 인증서의 내용과 일치하여야 한다.(2020.11.26 전단개정)
1. 개인회원
2. 법인회원
3. 변호사회원
4. 법무사회원
② 제1항의 신청인(법인인 경우 법인의 대표자)이 외국인인 때에는 다음 각 호의 어느 하나에 해당하는 요건을 갖추어야 한다.
1. 「출입국관리법」 제31조에 따른 외국인등록
2. 「재외동포의 출입국과 법적 지위에 관한 법률」 제6조, 제7조에 따른 국내거소신고
③ 대법원예규로 정하는 법인회원은 공탁소에 출석하여 대법원예규로 정하는 사항을 적은 신청서를 제출하여야 하며, 그 신청서에는 「상업등기법」 제16조에 따라 신고한 인감을 날인하고, 그 인감증명과 자격을 증명하는 서면을 첨부하여야 한다.(2019.6.4 본항개정)
④ 사용자등록을 신청하는 변호사회원 또는 법무사회원은 공탁소에 출석하여 그 자격을 증명하는 서면을 제출하여야 한다.
제71조【사용자등록의 변경 및 철회】 제70조제1항에 따라 사용자등록을 한 자는 전자공탁시스템에 접속하여 사용자등록의 변경 또는 철회의 취지를 입력함으로써 사용자등록을 변경하거나 철회할 수 있다. 다만, 이미 전자공탁시스템을 이용하여 이루어진 신청이 계속 중인 경우에는 그 신청에 대한 처리가 종료된 이후에만 사용자등록을 철회할 수 있다.
제72조【사용자등록의 말소 등】 ① 법원행정처장은 다음 각 호의 어느 하나에 해당하는 사유가 있는 경우에는 등록사용자의 사용을 정지하거나 사용자등록을 말소할 수 있다.
1. 등록사용자의 동일성이 인정되지 아니하는 경우
2. 사용자등록을 신청하거나 사용자정보를 변경할 때 거짓의 내용을 입력한 경우
3. 다른 등록사용자의 사용을 방해하거나 그 정보를 도용하는 등 전자공탁시스템을 이용한 공탁업무의 진행에 지장을 준 경우
4. 고의 또는 중대한 과실로 전자공탁시스템에 장애를 일으킨 경우
5. 그 밖에 위 각 호에 준하는 경우로서 대법원예규로 정하는 사유가 있는 경우
② 법원행정처장은 제1항 각 호 가운데 어느 하나에 해당하는지 여부를 결정하기 위하여 필요하다고 인정하는 경우에는 당사자·이해관계인의 신청에 따라 또는 직권으로 해당 등록사용자의 사용을 일시적으로 정지할 수 있다. 이 경우 법원행정처장은 등록사용자에게 적당한 방법으로 그 사실을 통지하여야 한다.
③ 법원행정처장은 제1항에 따라 사용자등록을 말소하기 전에 해당 등록사용자에게 미리 그 사유를 통지하고 소명할 기회를 부여하여야 한다.
④ 등록사용자가 전자공탁시스템을 마지막으로 이용한 날부터 5년이 지나면 사용자등록은 효력을 상실한다.
제73조【전자문서의 작성·제출】 ① 등록사용자의 전자문서 제출은 전자공탁시스템에서 요구하는 사항을 빈칸 채우기 방식으로 입력한 후 나머지 사항을 해당란에 직접 입력하거나 전자문서를 등재하는 방식으로 하여야 한다.
② 등록사용자가 제출하는 전자문서에는 전자서명을 하여야 한다.(2020.11.26 본항개정)
③ 공동의 이해관계를 가진 여러 당사자나 대리인이 공동으로 공탁·출급·회수 등을 신청하는 경우에는 다음 각 호 가운데 어느 하나의 방법에 따라 공동명의로 된 하나의 전자문서를 제출할 수 있다.
1. 해당 전자문서에 공동명의자 전원이 전자서명을 하여 제출하는 방법(2020.11.26 본호개정)
2. 해당 전자문서를 제출하는 등록사용자가 다른 공동명의자 전원의 서명 또는 날인이 이루어진 확인서를 전자문서로 변환하여 함께 제출하는 방법(공탁금을 출급 또는 회수하는 경우에는 제외한다)
④ 제2항 및 제3항의 전자서명은 공탁에 적용되거나 준용되는 법령에서 정한 서명 또는 기명날인으로 본다.
⑤ 제1항의 경우 제22조 및 제35조는 적용하지 아니한다.
⑥ 제1항의 경우 제20조제1항, 제30조제2항, 제32조제1항, 제53조제2항, 제59조제4항에도 불구하고 하나의 전자문서로 제출할 수 있다.
제74조【전자문서의 파일 형식】 ① 법원행정처장은 전자공탁시스템을 이용하여 제출할 수 있는 전자문서의 파일 형식, 구성 방식 그 밖의 사항을 지정하여야 한다.
(2021.5.27 본항개정)
② 제1항에 따라 지정된 파일 형식을 사용하지 아니한 전자문서는 부득이한 사정을 소명하지 아니하는 한 전자공탁시스템을 이용하여 제출할 수 없다.
③ 전자문서는 전자공탁시스템에서 요구하는 방식에 따라 각 별도의 파일로 구분하여 제출하여야 하고, 이를 합하여 하나의 파일로 제출하여서는 아니 된다.

제75조【전자신청의 접수시기】 전자문서에 의한 신청은 그 신청정보가 전자공탁시스템에 저장된 때에 접수된 것으로 본다.
제76조【정정신청 등】 전자공탁시스템에 의한 공탁사건에 대한 정정신청 또는 보정은 전자공탁시스템을 이용하여 하여야 한다.
제77조【전자신청사건의 수리 등】 ① 전자공탁시스템에 의한 공탁사건에 대하여 공탁관이 수리, 인가 등의 처분을 하는 경우, 그 전자문서에 수리, 인가 등의 뜻을 기재하고, 「법원 행정전자서명 인증업무에 관한 규칙」 제2조제2항에 따라 설치된 법원 행정전자서명 인증관리센터에서 발급받은 행정전자서명 인증서에 의한 사법전자서명을 하여야 한다.
② 공탁관은 신청인에게 제1항의 처분결과를 대법원예규로 정하는 방법에 따라 고지하여야 한다.
제78조【전자신청사건의 공탁금 납입】 ① 전자공탁시스템을 이용하여 공탁을 하는 경우 공탁관은 공탁물보관자에게 가상계좌번호를 요청하여 그 계좌로 공탁금을 납입하게 하여야 한다.
② 제1항의 공탁금이 납입된 경우 공탁물보관자는 공탁관에게 공탁금이 납입된 사실을 전송하여야 한다.
③ 제2항의 전송을 받은 공탁관은 공탁서에 공탁금이 납입되었다는 뜻을 전자적으로 확인하여야 한다.
④ 공탁금을 납입한 공탁자는 전자공탁시스템에 접속하여 공탁서를 출력하여야 한다.
제79조【전자문서에 의한 공탁금 출급·회수청구의 특례】 ① 전자문서에 의하여 공탁금의 출급 또는 회수를 청구하는 경우 제37조제1항 및 제2항의 인감증명서는 첨부하지 아니한다.
② 변호사회원 또는 법무사회원이 전자문서에 의하여 공탁금의 출급 또는 회수를 청구하는 경우에는 청구인의 전자서명도 함께 제출하여야 한다.
③ 전자문서에 의한 공탁금의 출급 또는 회수청구에 따라 공탁금을 예금계좌에 입금하여 지급하는 경우 그 예금계좌는 청구인 본인의 예금계좌이어야 한다.
제80조【공고】 이 규칙에 따라 법원행정처장이 지정하는 사항은 전자공탁홈페이지에 공고하여야 한다.
(2021.5.27 본조신설)

제8장 형사공탁의 특례
(2022.10.27 본장신설)

제81조【용어의 정의】 이 장에서 사용하는 용어의 뜻은 다음과 같다.
1. "형사공탁"이란 법 제5조의2에 따라 이루어지는 변제공탁을 말한다.
2. "법령 등에 따라 피해자의 인적사항을 알 수 없음을 확인할 수 있는 서면"이란 피해자의 개인정보보호를 위하여 법령 등에서 피해자의 인적사항 공개를 금지하고 있거나 형사사건의 피고인이 재판기록·수사기록 중 피해자의 인적사항에 대한 열람·복사를 할 수 없는 등의 사정으로 피해자의 인적사항을 알 수 없음을 확인할 수 있는 서면을 말한다.
3. 법 제5조의2제2항의 "피해자를 특정할 수 있는 명칭"이란 공소장, 조서, 진술서, 판결서에 기재된 피해자의 성명(성·가명을 포함한다)을 말한다.
4. "피공탁자 동일인 확인 증명서(이하, "동일인 증명서"라 한다)"란 법 제5조의2제4항에 따라 공탁서에 기재된 피공탁자가 형사사건의 피해자와 동일인임을 법원 또는 검찰이 증명하는 서면을 말한다.(2023.12.29 본호개정)
5. "비실명 처리"란 공탁관계 서류 및 전자기록에 나타난 정보 중 그대로 공개될 경우 개인의 사생활이 침해될 수 있는 사항에 관하여 비실명으로 표시하거나 그 밖의 적절한 방법으로 제3자가 인식하지 못하도록 처리하는 것을 말한다.
제82조【공탁서 기재의 특칙】 제20조제2항제5호에도 불구하고 형사공탁의 공탁서에는 공소장, 조서, 진술서, 판결서에 기재된 피해자의 성명(성·가명을 포함한다)과 해당 형사사건이 계속 중인 법원과 사건번호 및 사건명, 공소장에 기재된 검찰청과 사건번호를 기재하여야 한다. 다만, 피공탁자의 주소와 주민등록번호는 기재하지 아니한다.
제83조【첨부서면의 특칙】 공탁서에는 제21조제1항과 제2항에 따른 서면 외에 다음 각 호의 서류를 첨부하여야 한다.
1. 해당 형사사건이 계속 중인 법원을 확인할 수 있는 서면
2. 피해자를 특정할 수 있는 명칭이 기재된 공소장 부본이나 조서·진술서·판결서 사본
3. 법령 등에 따라 피해자의 인적사항을 알 수 없음을 확인할 수 있는 서면
제84조【형사공탁의 공고】 ① 피공탁자에 대한 공탁통지는 공탁관이 전자공탁홈페이지에 공고하는 방법으로 할 수 있다.
② 공탁관은 공탁물보관자로부터 공탁물 납입사실의 전송이나 공탁물품납입통지서를 받은 때에는 특별한 사정이 없는 한 다음 날까지 다음 각 호의 사항을 공고하여야 한다.
1. 법 제5조의2제3항에 규정된 사항
2. 해당 형사사건이 계속 중인 법원과 사건번호 및 공소장에 기재된 검찰청과 사건번호
3. 그 밖에 대법원예규로 정한 사항
제85조【형사공탁 사실 통지】 ① 공탁관은 제27조에 따라 공탁물보관자로부터 공탁물 납입사실을 전송받거나 공탁물품납입통지서를 받은 때에는 해당 형사사건이 계속 중인 법원과 검찰에 형사공탁에 관한 내용을 통지하여야 한다.
② 피해자에게 변호사가 선임 또는 선정되어 있는 경우 대법원예규에서 정한 바에 따라 법원은 제1항에 의하여 통지받은 내용을 그 변호사에게 고지한다.
제86조【피공탁자 동일인 확인 증명서 발급 등】 ① 법 제5조의2제4항에 따른 공탁물 수령을 위한 피공탁자 동일인 확인은 형사공탁에 관한 내용을 통지받은 법원 또는 검찰이 특별한 사정이 없는 한 지체 없이 동일인 증명서를 발급하여 공탁소에 송부하는 방식으로 한다.
② 제1항에 따른 동일인 증명서 발급·송부는 공탁의 원인이 된 형사사건이 계속 중인 법원(판결선고 후 기록 송부 전인 경우를 포함한다)이 담당한다. 다만, 「특정범죄신고자 등 보호법」 제7조 및 이를 준용하는 법률 등에 따라 피해자의 인적사항을 범죄신고자등 신원관리카드에 등재·관리하는 사건 및 이미 확정되어 기록이 검찰로 인계된 사건의 경우에는 검찰이 담당한다.
③ 형사공탁에 관한 내용을 통지받은 법원은 피해자의 인적사항이 기재된 증거서류가 검찰로부터 제출되지 아니하는 등의 사정으로 피해자의 인적사항을 알 수 없는 경우 해당 사건의 재판절차에서 공판검사에게 인적사항의 제공을 요구할 수 있다.(2023.12.29 본항신설)
④ 제3항의 요구를 받은 검찰은 특별한 사정이 없는 한 지체 없이 법원에 피해자의 인적사항을 제공하여야 한다. 만약 피해자 인적사항이 제공되지 않거나 그 제공이 지체되는 경우 공탁물을 출급하려는 사람은 검찰에 동일인 증명서 발급·송부를 요청할 수 있다.(2023.12.29 본항신설)
⑤ 공탁소에 동일인 증명서가 발급·송부되지 않은 경우 공탁물을 출급하려는 사람은 제2항의 구분에 따라 동일인 증명서 발급·송부를 담당하는 법원 또는 검찰에 동일인 증명서의 발급·송부를 요청할 수 있다.(2023.12.29 본항신설)
⑥ 제4항 후문 및 제5항의 요청을 받은 법원 또는 검찰은 피공탁자 인적사항을 확인할 수 없는 경우가 아닌 한 지체 없이 동일인 증명서를 발급하여 공탁소에 송부하여야 한다.(2023.12.29 본항신설)
(2023.12.29 본조개정)
제87조【열람 및 증명청구의 특칙】 피공탁자나 그 포괄승계인 또는 법정대리인(이하, "피공탁자등"이라 한다)의 인적사항이 기재되어 있는 공탁관계 서류 및 전자기록에 대하여 열람 및 사실증명의 청구가 있는 경우 공탁관은 피공탁자등의 인적사항이 공개되지 않도록 개인정보 보호를 위한 비실명 처리 후 이를 열람하게 하거나 증명서를 발급하여야 한다.(2023.12.29 본조개정)
제88조【군사법원에 계속 중인 사건】 군사법원에 계속 중인 형사사건에 관하여도 이 장의 규정을 적용한다. 이 경우 법원은 군사법원으로, 검찰은 군검찰로 본다.
제89조【대법원예규에의 위임】 형사공탁 절차와 관련하여 필요한 사항 중 이 장에서 정하고 있지 아니한 사항은 대법원예규로 정할 수 있다.

부 칙 (2019.9.17)

이 규칙은 공포한 날부터 시행하되, 2019년 9월 16일부터 적용한다.

부 칙 (2020.11.26)

제1조【시행일】 이 규칙은 2020년 12월 10일부터 시행한다.
제2조【적용례】 이 규칙은 이 규칙 시행 당시 접수되어 계속 중인 사건에 대하여도 적용한다.

부 칙 (2021.5.27)

제1조【시행일】 이 규칙은 2021년 6월 10일부터 시행한다.
제2조【적용례】 이 규칙은 이 규칙 시행 당시 접수되어 계속 중인 사건에 대하여도 적용한다.

부 칙 (2022.6.30)

이 규칙은 2022년 7월 11일부터 시행한다.

부 칙 (2022.10.27)

이 규칙은 2022년 12월 9일부터 시행한다.

부 칙 (2023.12.29)

제1조【시행일】 이 규칙은 2024년 1월 26일부터 시행한다.
제2조【계속사건의 적용례】 제33조제2호 및 제86조의 개정규정은 이 규칙 시행 전에 접수되어 공탁당사자에게 지급되지 아니한 형사공탁 사건에 대하여도 적용한다.

공탁금의 이자에 관한 규칙

(2013년 8월 30일 전부개정대법원규칙 제2485호)

개정
2015. 3.30대법원규칙2595호 2018. 5.29대법원규칙2790호
2020. 6.26대법원규칙2907호 2022. 9.29대법원규칙3068호

제1조【목적】 이 규칙은 「공탁법」 제6조에 따라 공탁금의 이자를 정함을 목적으로 한다.
제2조【이자】 공탁금의 이자는 연 1만분의 35로 한다.
(2022.9.29 본조개정)

부 칙 (2018.5.29)

제1조【시행일】 이 규칙은 2018년 7월 1일부터 시행한다.
제2조【적용례】 이 규칙은 이 규칙 시행 전에 공탁한 공탁금으로서 이 규칙 시행일 이후에 공탁금 지급을 신청한 자에 대하여도 적용한다.

부 칙 (2020.6.26)

이 규칙은 2020년 7월 1일부터 시행한다.

부 칙 (2022.9.29)

이 규칙은 2022년 10월 1일부터 시행한다.

年金的利益의現在價格을호프만(Hoffmann)法에의하여求하기위한數値表

〔별표〕 ➡ 「法典 別册」 參照

라이프니쯔式數値表

〔별표〕 ➡ 「法典 別册」 參照

商法編

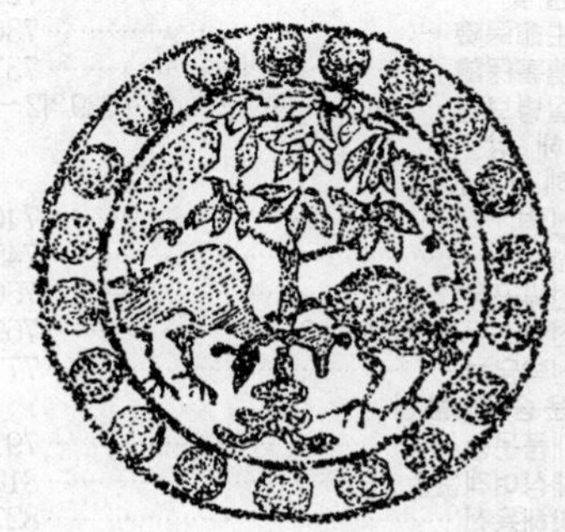

新羅 双禽文 石造物(紋樣)

상 법

(1962年 1月 20日
法 律 第1000號)

改正
1962.12.12法 1212號 1984. 4.10法 3724號
1991. 5.31法 4372號 1991.12.31法 4470號
1994.12.22法 4796號(도농복합)
1995.12.29法 5053號 1998.12.28法 5591號
1999. 2. 5法 5809號(해양사고의조사및심판에관한법)
1999.12.31法 6086號 2001. 7.24法 6488號
2001.12.29法 6545號 2007. 8. 3法 8581號
2007. 8. 3法 8582號(상업등기법)
2009. 1.30法 9362號
2009. 2. 6法 9416號(공증)
2009. 5.28法 9746號 2010. 5.14法10281號
2010. 6.10法10366號(동산・채권등의담보에관한법)
2011. 4.14法10600號 2011. 5.23法10696號
2014. 3.11法12397號 2014. 5.20法12591號
2015.12. 1法13523號
2016. 3.22法14096號(주식・사채등의전자등록에관한법)
2017.10.31法14969號 2018. 9.18法15755號
2020. 6. 9法17354號(전자서명법)
2020. 6. 9法17362號 2020.12.29法17764號

第1編 總 則

第1章 通 則

第1條【商事適用法規】 商事에 관하여 本法에 規定이 없으면 商慣習法에 의하고 商慣習法이 없으면 民法의 規定에 의한다.

참조 [관습법]민1, [관습]민106

판례 중개인의 보수 : 선박을 매매함에 있어 그 대금을 연불조건으로 지급하기로 약정하는 경우의 중개수수료는 연불에 따른 이자를 제외한 선박대금액을 기준으로 산정하여 지급하는 것이 일반거래의 관행이다.(대판 1985.10.8, 85누542)

판례 상인 간의 계속적인 물품공급거래에 있어서 교부되는 인수증의 기재, 발행에 관한 거래관행 : 상인인 법인간의 계속적인 물품공급거래에 있어서는 원칙적으로 기업의 회계자료로서 물품의 매출, 매입 또는 수불관계를 명확하게 하기 위하여 수요자는 공급자에게 사전에 물건의 종류, 규격, 수량을 지정하여 발주하고, 공급자는 발주수량의 물건에 송장을 첨부하여 인도하면 발주자는 이를 검수 확인하고 송장에 수령사실을 확인하거나, 수령할 물건의 명세를 표시한 인수증을 공급자에게 발행하고 그 부본을 발주법인이 보관하되 그 인수증은 물건의 인도, 인수사실을 증명하는 문서이므로 특단의 사정이 없는 한 물품의 종류, 규격, 수량, 인수법인, 인수자의 직위, 성명을 기재하고 작성자의 날인을 하여 인수일자마다 개별적으로 발행함이 거래의 상례라 할 것이다.(대판 1983.2.8, 82다카1275)

第2條【公法人의 商行爲】 公法人의 商行爲에 대하여는 法令에 다른 規定이 없는 경우에 한하여 本法을 適用한다.

참조 [공법인의 예]지방자치3, [지방자치단체의 기업]지방공기업1・2, [상행위]46・47

第3條【一方的 商行爲】 當事者중 그 1人의 行爲가 商行爲인 때에는 全員에 대하여 本法을 適用한다.

참조 [상행위]46・47, [당사자 쌍방이 상인일 경우]55①・58・67－71, [당사자 일방이 상인일 경우]53・55②・60－62, [다수당사자의 채무]57

판례 1인의 행위가 상행위인 경우 : 갑이 상인인 을과 사이에 을이 회수한 갑이 대표이사로 있는 회사 발행의 부도난 어음과 수표 액면금을 갑 개인이 을에게 변제하기로 약정하였다면 특별한 사정이 없는 한 을의 행위는 영업을 위하여 하는 것으로 추정되고, 상인인 을이 영업을 위하여 하는 행위는 상행위로 보아야 하며 이와 같이 당사자 중 그 1인의 행위가 상행위인 때에는 전원에 대하여 상법이 적용되므로 을이 위 약정에 따라 갑에 대하여 취득한 채권은 5년의 단기소멸시효에 걸리는 상사채권이다.(대판 1994.3.22, 93다31740)

第2章 商 人

第4條【商人－當然商人】 自己名義로 商行爲를 하는 者를 商人이라 한다.

참조 [상행위]46・47, [의제상인]5, [소상인]9

판례 의사의 영리추구 활동을 제한하고 직무에 대해 고도의 공공성과 윤리성을 강조하며 의료행위를 보호하는 의료법 규정에 비춰보면 개별 사안에 따라 전문적인 의료지식을 활용해 진료 등을 행하는 의사의 영업활동과는 본질적으로 차이가 있다. 또한 의사의 의료행위와 관련해 형성된 법률관계에 대해 상인의 영업활동 및 그로 인해 형성된 법률관계와 동일하게 상법을 적용해야 할 특별한 사회 경제적 필요 내지 요청이 있다고 볼 수 없어 의사나 의료기관을 상법이 규정하는 상인이라고 볼 수는 없다. 따라서 의사가 의료기관에 대해 갖는 급여, 수당, 퇴직금 등 채권은 상사채권에 해당한다고 할 수 없다. (대판 2022.5.26, 2022다200249)

第5條【同前－擬制商人】 ① 店鋪 기타 類似한 設備에 의하여 商人的 方法으로 營業을 하는 者는 商行爲를 하지 아니하더라도 商人으로 본다.

② 會社는 商行爲를 하지 아니하더라도 前項과 같다.

참조 [상행위]46・47, [당연상인]4, [소상인]9, [상사회사]169, [민사회사]민39

판례 변호사와 법무법인이 상법상 '상인'인지 여부 : 변호사는 상법상 당연상인으로 볼 수 없다. 또한 영리추구 활동을 엄격히 제한하고 그 직무에 관하여 고도의 공공성과 윤리성을 강조하는 변호사법의 여러 규정과 제반 사정을 참작하여 볼 때, 변호사를 상법 제5조제1항이 규정하는 '상인적 방법에 의하여 영업을 하는 자'라고 볼 수도 없으므로 의제상인에도 해당하지 아니하며, 이는 법무법인도 마찬가지이다. 법무법인은 변호사가 그 직무를 조직적・전문적으로 수행하기 위해 변호사법에 따라 설립하는 것으로서 변호사법과 다른 법률에 따른 변호사의 직무를 업무로서 수행할 수 있다. 변호사법은 법무법인에 관해 변호사법에 정한 것 외에는 상법 중 합명회사에 관한 규정을 준용하도록 하고 있을 뿐, 이를 상법상 회사로 인정하고 있지 않으므로 법무법인이 상법 제5조제2항에서 정하는 의제상인에 해당한다고 볼 수도 없기 때문에 변호사가 소속 법무법인에 대해 갖는 급여채권은 상사채권에 해당하지 않는다.
(대판 2023.7.27, 2023다227418)

판례 개업준비행위 및 영업자금의 차입 행위에 관하여 상행위에 관한 상법 규정이 적용되는 경우 : 영업의 목적인 상행위를 개시하기 전에 영업을 위한 준비행위를 하는 자는 영업으로 상행위를 할 의사를 실현하는 것이므로 준비행위를 한 때 상인자격을 취득함과 아울러 개업준비행위는 영업을 위한 행위로서 최초의 보조적 상행위로, 상법의 규정이 적용된다고 보아야 한다. 또한 영업자금 차입 행위는 행위 자체의 성질로 보아서는 영업의 목적인 상행위를 준비하는 행위라고 할 수 없지만, 행위자의 주관적 의사가 영업을 위한 준비행위이었고 상대방도 행위자의 설명 등에 의하여 그 행위가 영업을 위한 준비행위라는 점을 인식하였던 경우에는 상행위에 관한 상법의 규정이 적용된다고 봄이 타당하다.(대판 2012.4.13, 2011다104246)

판례 계주가 '상인적 방법'에 의한 운영이 아니라면 대금, 환금기타 금융거래를 영업으로 운영한 것에 해당한다고 볼 수 없으므로 위 계불입금채권을 5년의 소멸시효가 적용되는 상사채권으로 볼 수 없다.(대판 1993.9.10, 93다21705)

第6條【미성년자의 영업과 등기】 미성년자가 법정대리인의 허락을 얻어 영업을 하는 때에는 등기를 하여야 한다.(2018.9.18 본조개정)

改前 "第6條【無能力者의 營業과 登記】未成年者 또는 限定治産者가 法定代理人의 許諾을 얻어 營業을 하는 때에는 登記를 하여야 한다."

참조 [미성년자]민8・928・950①, [한정후견]민13・950①, [법정대리인]민909－911・928이하・948, [영업의 허락]민8・10, [등기]상업등기법2・11・46－49, [등기의 효력]37

第7條【미성년자와 무한책임사원】 미성년자가 법정대리인의 허락을 얻어 회사의 무한책임사원이 된 때에는 그 사원자격으로 인한 행위에는 능력자로 본다.(2018.9.18 본조개정)

改前 "第7條【無能力者와 無限責任社員】未成年者 또는 限定治産者가 法定代理人의 許諾을 얻어 會社의 無限責任社員이 된 때에는 그 社員資格으로 인한 行爲에는 能力者로 본다."

참조 [미성년자]민5・945・950, [피한정후견인]민13, [법정대리인]민909－911・928이하・948, [영업의 허락]민8・13, [무한책임사원]212・268・269

第8條【법정대리인에 의한 영업의 대리】 ① 법정대리인이 미성년자, 피한정후견인 또는 피성년후견인을 위하여 영업을 하는 때에는 등기를 하여야 한다. (2018.9.18 본항개정)

② 法定代理人의 代理權에 대한 制限은 善意의 第

三者에게 對抗하지 못한다.
(2018.9.18 본조제목개정)

改前 "第8條【法定代理人에 의한 營業의 代理】① 法定代理人이 未成年者, 限定治産者 또는 禁治産者를 위하여 營業을 하는 때에는 登記를 하여야 한다."

참조 [법정대리인]민909-911·928이하·948, [미성년자]민5, [한정후견]민13, [성년후견]민9, [등기]상업등기법2·11·46-49, [등기의 효력]37

第9條【小商人】 支配人, 商號, 商業帳簿와 商業登記에 관한 規定은 小商人에게 適用하지 아니한다.

참조 [지배인]10-14, [상호]18-28, [상업장부]29-33, [상업등기]34-40, [소상인의 범위]부칙1, 상법시행령2

第3章 商業使用人

第10條【支配人의 選任】 商人은 支配人을 選任하여 本店 또는 支店에서 營業을 하게 할 수 있다.

참조 [상인]4·5·9, [지배인의 대리권]11·12, [표현지배인]14, [지배인의 등기]13·34, 상업등기법2·11·50-51, [지배인의 의무]17, 민655이하·680이하, [회사에 있어서의 지배인의 선임]203·274·393·564, [벌칙]622·624·627·628·630·632·633·635, [제한]411, [본조 준용]보험44, [소상인의 경우]9

판례 자금과장으로 호칭되는 회사원의 예금인출 권한을 포괄하여 위임받은 상업사용인으로 볼 수 있는지 여부 : 회사원이 회사지점에서 자금과장으로 호칭되고 위 지점장 바로 다음 직위에 있으며 그 회사원이 위 지점장명의로 은행지점에 개설된 위 회사 보통예금계좌에서 예금을 인출하거나 또는 이에 입금한 사실이 있었다 하여 이 사실만으로 바로 그 회사원이 위 회사로부터 위 회사지점장 명의의 예금계좌에서 예금을 인출할 수 있는 권한을 포괄하여 위임받은 상업사용인이라고는 할 수 없다.
(대판 1987.6.23, 86다카1418)

第11條【支配人의 代理權】 ① 支配人은 營業主에 갈음하여 그 營業에 관한 裁判上 또는 裁判外의 모든 行爲를 할 수 있다.
② 支配人은 支配人이 아닌 店員 기타 使用人을 選任 또는 解任할 수 있다.
③ 支配人의 代理權에 대한 制限은 善意의 第三者에게 對抗하지 못한다.

참조 [권한]48-50, 민114-136, 민소87이하, [선장의 대리권한]773·775, [기타사용인]15·16, [본조 준용]보험44

판례 지배인의 행위에 민법 107조 1항의 유추적용이 가능한지 여부 : 지배인의 행위가 영업에 관한 것으로서 대리권한 범위 내의 행위라 하더라도 영업주 본인의 이익이나 의사에 반하여 자기 또는 제3자의 이익을 도모할 목적으로 그 권한을 행사한 경우에 그 상대방이 지배인의 진의를 알았거나 알 수 있었을 때에는 민법 107조 1항 단서의 유추해석상 그 지배인의 행위에 대하여 영업주 본인은 아무런 책임을 지지 않는다고 보아야 하고, 그 상대방이 지배인의 표시의사가 진의 아님을 알았거나 알 수 있었는가의 여부는 표의자인 지배인과 상대방 사이에 있었던 의사표시 형성 과정과 그 내용 및 그로 인하여 나타나는 효과 등을 객관적인 사정에 따라 합리적으로 판단하여야 한다.
(대판 1999.3.9, 97다7721,7738)

판례 영업주의 영업에 관한 행위의 의미 : 지배인은 영업주에 갈음하여 그 영업에 관한 재판상 또는 재판 외의 모든 행위를 할 수 있고, 지배인의 대리권에 대한 제한은 선의의 제3자에게 대항하지 못하며, 여기서 지배인의 어떤 행위가 영업주의 영업에 관한 것인가의 여부는 지배인의 행위 당시의 주관적인 의사와는 관계없이 그 행위의 객관적 성질에 따라 추상적으로 판단되어야 한다.(대판 1997.8.26, 96다36753)

판례 지배인의 대리권 제한을 상대방에게 주장할 수 있는 경우 : 지배인의 행위가 그 객관적 성질에 비추어 영업주의 영업에 관한 행위로 판단되는 경우에도 지배인이 자기 또는 제3자의 이익을 위하여 또는 그 대리권에 관한 제한에 위반하여 한 행위에 대하여는 그 상대방이 악의인 경우에 한하여 영업주는 그러한 사유를 들어 상대방에게 대항할 수 있다.
(대판 1987.3.24, 86다카2073)

第12條【共同支配人】 ① 商人은 數人의 支配人에게 共同으로 代理權을 行使하게 할 수 있다.
② 前項의 경우에 支配人 1人에 대한 意思表示는 營業主에 대하여 그 效力이 있다.

참조 [공동지배인]11①·13, [등기]13, 상업등기법50, [본조 준용]보험44, ②[수동대리]민114②

판례 공동대표이사의 포괄적 위임 여부 : 주식회사에 있어서의 공동대표제도는 대외 관계에서 수인의 대표이사가 공동으로만 대표권을 행사할 수 있게 하여 업무집행의 통일성을 확보하고, 대표권 행사의 신중을 기함과 아울러 대표이사 상호간의 견제에 의하여 대표권의 남용 내지는 오용을 방지하여 회사의 이익을 도모하려는데 그 취지가 있으므로 공동대표이사의 1인이 그 대표권의 행사를 특정사항에 관하여 개별적으로 다른 공동대표이사에게 위임함은 별론으로 하고, 일반적, 포괄적으로 위임함은 허용되지 아니한다.(대판 1989.5.23, 89다카3677)

第13條【支配人의 登記】 商人은 支配人의 選任과 그 代理權의 消滅에 관하여 그 支配人을 둔 本店 또는 支店所在地에서 登記하여야 한다. 前條第1項에 規定한 事項과 그 變更도 같다.

참조 [선임]10, [대리권의 소멸]50, 민127-129, [지점에서의 등기]35, [등기절차]상업등기법50·51, [등기의 효력]37·38, [본조 준용]보험44

판례 상업등기와 표현책임과의 관계 : 상법 395조와 상업등기와의 관계를 헤아려 보면, 본조는 상업등기와는 다른 차원에서 회사의 표현책임을 인정한 규정이라고 해야 옳으리니 이 책임을 물음에 상업등기가 있는 여부는 고려의 대상에 넣어서는 아니된다고 하겠다. 따라서 원판결이 피고회사의 상호변경등기로 말미암아 피고의 상호변경에 대하여 원고의 악의를 간주한 판단은 당원이 인정치 않는 법리위에 선 것이라 하겠다.
(대판 1979.2.13, 77다2436)

第14條【표현지배인】 ① 본점 또는 지점의 본부장, 지점장, 그 밖에 지배인으로 인정될 만한 명칭을 사용하는 자는 본점 또는 지점의 지배인과 동일한 권한이 있는 것으로 본다. 다만, 재판상 행위에 관하여는 그러하지 아니하다.
② 제1항은 상대방이 악의인 경우에는 적용하지 아니한다.
(2010.5.14 본조개정)

改前 "第14條【表見支配人】① 本店 또는 支店의 營業主任 其他 類似한 名稱을 가진 使用人은 本店 또는 支店의 支配人과 同一한 權限이 있는 것으로 본다. 그러나 裁判上의 行爲에 關하여는 그러하지 아니하다.
② 前項의 規定은 相對方이 惡意인 境遇에는 適用하지 아니한다."

참조 [표현대리]민125·126, [지배인의 권한]11, [본조 준용]보험44

판례 본·지점의 지휘·감독 아래 기계적으로 제한된 보조적 사무만을 처리하는 영업소가 상법상의 영업소인지 여부 : 동조 제1항에 정해진 표현지배인에 관한 규정이 적용되기 위하여는 당해 사용인의 근무장소가 상법상 지점으로서의 실체를 구비하여야 하고, 어떠한 영업장소가 상법상 지점으로서의 실체를 구비하였다고 하려면 그 영업장소가 본점 또는 지점의 지휘·감독 아래 기계적으로 제한된 보조적 사무만을 처리하는 것이 아니라, 일정한 범위 내에서 본점 또는 지점으로부터 독립하여 독자적으로 영업활동에 관한 결정을 하고 대외적인 거래를 할 수 있는 조직을 갖추어야 할 것이므로, 본·지점의 기본적인 업무를 독립하여 처리할 수 있는 것이 아니라 단순히 본·지점의 지휘·감독 아래 기계적으로 제한된 보조적 사무만을 처리하는 영업소는 상법상의 영업소인 본·지점에 준하는 영업장소라고 볼 수 없다.(대판 2000.8.22, 2000다13320)

판례 지점 차장이라는 명칭은 그 명칭 자체로서 상위직의 사용인의 존재를 추측할 수 있게 하는 것이므로 동조 제1항 소정의 영업주임 기타 이에 유사한 명칭을 가진 사용인을 표시하는 것이라고 할 수 없고, 따라서 표현지배인이 아니다.
(대판 1993.12.10, 93다36974)

第15條【部分的 包括代理權을 가진 使用人】 ① 營業의 特定한 種類 또는 特定한 事項에 대한 委任을 받은 使用人은 이에 관한 裁判外의 모든 行爲를 할 수 있다.
② 第11條第3項의 規定은 前項의 경우에 準用한다.

참조 [선임]11②, [위임]민680-692, [회사벌칙의 적용]622·624·627·628·630·632·633, [본조 준용]보험44

판례 영업주가 부분적 포괄대리권에 따른 책임을 지기 위한 요건 : 부분적 포괄대리권을 가진 상업사용인이 특정된 영업이나 특정된 사항에 속하지 않는 행위를 한 경우 영업주가 책임을 지기 위하여는 민법상의 표현대리의 법리에 의하여 그 상업사용인과 거래한 상대방이 그 상업사용인에게 그 권한이 있다고 믿을 만한 정당한 이유가 있어야 한다.
(대판 1999.7.27, 99다12932)

판례 상무이사가 사용인을 겸할 수 있는지 여부 : 주식회사의 기관인 상무이사라 하더라도 상법 15조 소정의 부분적 포괄대리권을 가지는 그 회사의 사용인을 겸임할 수 있다.
(대판 1996.8.23, 95다39472)

第16條【物件販賣店鋪의 使用人】 ① 物件을 販賣하는 店鋪의 使用人은 그 販賣에 관한 모든 權限이 있는 것으로 본다.
② 第14條第2項의 規定은 前項의 경우에 準用한다.

참조 [표현대리]민125·126

판례 상사회사 지점의 외무사원이 물건판매점포의 사용인에 해당되는지 여부 : 상사회사(백화점) 지점의 외무사원은 상법 16조 소정 물건 판매점포의 사용인이 아니므로 위 회사를 대리하여 물품을 판매하거나 또는 물품대금의 선금을 받을 권한이 있다고 할 수 없고 위 외무사원의 점포 밖에서 그 사무집행에 관한 물품거래행위로 인하여 타인에게 손해를 입힌 경우에는 위 회사는 사용자의 배상책임을 면할 수 없다.
(대판 1976.7.13, 76다860)

독판 상법 제16조(독일 상법 제56조에 해당)상의 물건의 판매에는 직접적인 매매계약의 체결이외에 이와 관련되는 행위 예컨대 매매계약의 취소나 매매목적물의 소유권 이전행위 등도 포함되나, 그 사용인이 영업주를 대리하여 전매할 매매목적물을 매입하는 행위까지 포함하지는 않는다. 또한 이러한 대리권을 위하여 상법 제16조를 유추적용시킬 수도 없다.
(독·연방법원 1988.4.5)

第17條【商業使用人의 義務】 ① 商業使用人은 營業主의 許諾없이 自己 또는 第三者의 計算으로 營業主의 營業部類에 속한 去來를 하거나 會社의 無限責任社員, 理事 또는 다른 商人의 使用人이 되지 못한다.
② 商業使用人이 前項의 規定에 違反하여 去來를 한 경우에 그 去來가 自己의 計算으로 한 것인 때에는 營業主는 이를 營業主의 計算으로 한 것으로 볼 수 있고 第三者의 計算으로 한 것인 때에는 營業主는 使用人에 대하여 이로 인한 利得의 讓渡를 請求할 수 있다.(1962.12.12 본항개정)
③ 前項의 規定은 營業主로부터 使用人에 대한 契約의 解止 또는 損害賠償의 請求에 影響을 미치지 아니한다.
④ 第2項에 規定한 權利는 營業主가 그 去來를 안 날로부터 2週間을 經過하거나 그 去來가 있은 날로부터 1年을 經過하면 消滅한다.

참조 [경업금지의무의 다른 경우]89·198·269·287의10·397·567, [타회사 임원겸임의 제한]은행법18, [본조 준용]보험44

第4章 商 號

第18條【商號選定의 自由】 商人은 그 姓名 기타의 名稱으로 商號를 정할 수 있다.

참조 [상인]4·5·9, [제한]19-21·23·28, [특수명칭독점의 예]은행법14, 한국산업은행법8, 중소기업은행법8, 한국은행법10, 농협3, 상공회의소법52, 노노7③, [등기]22, 상업등기법29-45, [상호의 양도]25, [상호의 폐지변경]26·27, [소상인과 상호]9

第19條【회사의 상호】 회사의 상호에는 그 종류에 따라 합명회사, 합자회사, 유한책임회사, 주식회사 또는 유한회사의 문자를 사용하여야 한다.
(2011.4.14 본조개정)

改前 "第19條【會社의 商號】會社의 商號에는 그 種類에 따라 合名會社, 合資會社, 株式會社 또는 有限會社의 文字를 使用하여야 한다."

참조 [회사]169, [특수회사의 상호]은행법14, [등기]180·271①·317②·549②, [퇴사원과 회사의 상호]226

第20條【會社商號의 不當使用의 禁止】 會社가 아니면 商號에 會社임을 表示하는 文字를 使用하지 못한다. 會社의 營業을 讓受한 경우에도 같다.

참조 [회사]169, [과태료의 재판]28

第21條【商號의 單一性】 ① 同一한 營業에는 單一商號를 使用하여야 한다.
② 支店의 商號에는 本店과의 從屬關係를 表示하여야 한다.

참조 [상호사용의 제약]19·20·23

第22條【商號登記의 效力】 他人이 登記한 商號는 동일한 特別市·廣域市·市·郡에서 同種營業의 商號로 登記하지 못한다.(1995.12.29 본조개정)

참조 [상호의 등기]상업등기법29-45, [상호의 폐지와 등기의 말소청구]26·27, [본조 준용]보험44, [상호의 가등기]22의2

판례 동조는 동일한 특별시·광역시·시 또는 군 내에서는 동일한 영업을 위하여 타인이 등기한 상호 또는 확연히 구별할 수 없는 상호의 등기를 금지하는 효력과 함께 그와 같은 상호가 등기된 경우에는 선등기자가 후등기자를 상대로 그와 같은 등기의 말소를 소로써 청구할 수 있는 효력도 인정한 규정이다.
(대판 2004.3.26, 2001다72081)

第22條의2【商號의 假登記】 ① 유한책임회사, 주식회사 또는 有限會社를 設立하고자 할 때에는 本店의 所在地를 관할하는 登記所에 商號의 假登記를 申請할 수 있다.(2020.6.9 본항개정)
② 會社는 商號나 目的 또는 商號와 目的을 변경하고자 할 때에는 本店의 所在地를 관할하는 登記所에 商號의 假登記를 申請할 수 있다.
③ 會社는 本店을 移轉하고자 할 때에는 移轉할 곳을 관할하는 登記所에 商號의 假登記를 申請할 수 있다.
④ 商號의 假登記는 第22條의 적용에 있어서는 商號의 登記로 본다.
⑤ (2007.8.3 삭제)
(1995.12.29 본조신설)

改前 ① "株式會社" 또는 有限會社를 設立하고자 할 때에는 本店의 所在地를 관할하는 登記所에 商號의 假登記를 申請할 수 있다.

참조 [가등기절차]상업등기법38-39

第23條【主體를 誤認시킬 商號의 使用禁止】 ① 누구든지 不正한 目的으로 他人의 營業으로 誤認할 수 있는 商號를 使用하지 못한다.
② 第1項의 規定에 違反하여 商號를 使用하는 者가 있는 경우에 이로 인하여 損害를 받을 念慮가 있는 者 또는 商號를 登記한 者는 그 廢止를 請求할 수 있다.(1984.4.10 본항개정)
③ 第2項의 規定은 損害賠償의 請求에 영향을 미치지 아니한다.(1984.4.10 본항개정)
④ 동일한 特別市·廣域市·市·郡에서 同種營業으로 他人이 登記한 商號를 使用하는 者는 不正한 目的으로 使用하는 것으로 推定한다.(1995.12.29 본항개정)

참조 민750, [제재]28, [부정한 목적]민2①·103·104, [손해배상청구]민750, 부정경쟁5, [본조 준용]보험44

판례 역혼동으로 인해 피해 인정 요건 : 상호를 먼저 사용한 자(선사용자)의 상호와 동일·유사한 상호를 나중에 사용하는 자(후사용자)의 영업규모가 선사용자보다 크고 그 상호가 주지성을 획득한 경우, 후사용자의 상호사용으로 인하여 마치 선사용자가 후사용자의 명성이나 소비자 신용에 편승하여 선사용자의 상품의 출처가 후사용자인 것처럼 소비자를 기망한다는 오해를 받아 선사용자의 신용이 훼손된 때 등에 있어서는 이를 이른바 역혼동에 의한 피해로 보아 후사용자의 선사용자에 대한 손해배상책임을 인정할 여지가 전혀 없지는 않다고 할 것이나, 상호를 보호하는 상법과 부정경쟁방지및영업비밀보호에관한법률의 입법 취지에 비추어, 선사용자의 영업이 후사용자의 영업과 그 종류가 다른 것이거나 영업의 성질이나 내용, 영업방법, 수요자층 등에서 밀접한 관련이 없는 경우 등에 있어서는 위와 같은 역혼동으로 인한 피해를 인정할 수 없다.
(대판 2002.2.26, 2001다73879)

판례 '부정한 목적'이란 어느 명칭을 자기의 상호로 사용함으로써 일반인으로 하여금 자기의 영업을 그 명칭에 의하여 표시된 타인의 영업으로 오인시키려고 하는 의도를 말한다.
(대판 1995.9.29, 94다31365,31372(반소))

판례 주체를 오인시킬 상호인지 여부 : 갑 상인이 그의 간판에 "SINCE 1945 신용의 양과 서울 고려당 마산분점"이라고 표시한 것이 주식회사 고려당과의 관계를 나타내기 위하여 위 회사의 상호를 표시한 것이라면 갑 상인에게 위 상호의 사용과 관련하여 부정경쟁의 목적이 있는가를 판단함에 있어서 갑 상인이 아닌 위 회사와 '마산 고려당'이라는 상호를 사용하는 상인을의 명성과 신용을 비교한 것은 옳다고 판시하는 한편, 갑 상인이 마산고려당의 신용 내지 경제적 가치를 이용하려는 부정한 목적이 있다고는 볼 수 없다.(대판 1993.7.13, 92다49492)

第24條【名義貸與者의 責任】 他人에게 自己의 姓名 또는 商號를 使用하여 營業을 할 것을 許諾한 者는 自己를 營業主로 誤認하여 去來한 第三者에 대하여 그 他人과 連帶하여 辨濟할 責任이 있다.

참조 [동취지의 규정]81·215·281, [표현대리]민125·126·129, [연대]민413이하

판례 명의대여자의 연대책임 및 건설업 면허를 대여받은 자를 대리 또는 대행한 자가 면허대여자 명의로 하도급거래를 한 경우에도 위 책임을 부담하는지 여부(적극) : 건설업 면허를 대여한 자는 자기의 성명 또는 상호를 사용하여 건설업을 할 것을 허락하였다고 할 것인데, 건설업에서는 공정에 따라 하도급거래를 수반하는 것이 일반적이어서 면허를 대여 받은 자가 그 면허를 사용하여 대여한 자의 명의로 하도급거래를 하는 것도 허락하였다고 봄이 상당하므로, 면허를 대여한 자를 영업의 주체로 오인한 하수급인에 대하여도 명의대여자로서의 책임을 지고, 면허를 대여받은 자를 대리 또는 대행한 자가 면허를 대여한 자의 명의로 하도급거래를 한 경우에도 마찬가지이다.
(대판 2008.10.23, 2008다46555)

판례 명의대여자의 사용자책임 인정여부 : 타인에게 어떤 사업에 관하여 자기의 명의를 사용할 것을 허용한 경우에 그 사업이 내부관계에 있어서는 타인의 사업이고 명의자의 고용인이 아니라 하더라도 외부에 대한 관계에 있어서는 그 사업이 명의자의 사업이고 또 그 타인은 명의자의 종업원임을 표명한 것과 다름이 없으므로, 명의사용을 허용받은 사람이 업무수행을 함에 있어 고의 또는 과실로 다른 사람에게 손해를 끼쳤다면 명의사용을 허용한 사람은 민법 756조에 의하여 그 손해를 배상할 책임이 있다.(대판 2001.8.21, 2001다3658)

판례 명의대여자 책임의 입증책임을 누가 부담하는지 여부 : 상법 24조의 규정에 의한 명의대여자의 책임은 명의자를 영업주로 오인하여 거래한 제3자를 보호하기 위한 것이므로 거래 상대방이 명의대여사실을 알았거나 모른 데 대하여 중대한 과실이 있는 때에는 책임을 지지 않는바, 이때 거래의 상대방이 명의대여사실을 알았거나 모른 데 대한 중대한 과실이 있었는지 여부에 대하여는 면책을 주장하는 명의대여자들이 입증책임을 부담한다.(대판 2001.4.13, 2000다10512)

第25條【商號의 讓渡】 ① 商號는 營業을 廢止하거나 營業과 함께 하는 경우에 限하여 이를 讓渡할 수 있다.

② 商號의 讓渡는 登記하지 아니하면 第三者에게 對抗하지 못한다.

참조 [부당 및 부정한 상호사용의 금지]20·28, [등기]상업등기법33

판례 영업과 함께 상호를 양도받은 것을 부인한 경우 : 갑이 식당을 경영하기 시작할 당시 식당의 영업과 함께 상호를 양도받았다면, 영업목적을 위하여 조직화된 유기적 일체로서의 기능재산이 동일성을 유지하면서 일괄하여 이전하는 영업양도의 성질상 당연히 영업재산으로서의 식당의 소유권을 양도받았을 것이고, 따라서 갑의 지위를 승계하였다는 피신청인이 그 후 신청인으로부터 식당을 새삼스레 임차할 아무런 이유가 없었을 것이므로 피신청인이 신청인으로부터 식당을 임차한 사실에 비추어 갑이 식당 영업과 함께 상호를 양도받았다는 주장은 부당하다.
(대판 1994.5.13, 93다56183)

第26條【商號不使用의 效果】 商號를 登記한 者가 正當한 事由없이 2年間 商號를 使用하지 아니하는 때에는 이를 廢止한 것으로 본다.

참조 [상호폐지의 등기]40, 상업등기법32, [이해관계인의 등기말소청구권]27, 상업등기법36, [본조 준용]보험44

第27條【商號登記의 抹消請求】 商號를 變更 또는 廢止한 경우에 2週間內에 그 商號를 登記한 者가 變更 또는 廢止의 登記를 하지 아니하는 때에는 利害關係人은 그 登記의 抹消를 請求할 수 있다.

참조 [상호의 폐지]26, [폐지 또는 변경등기]40, 상업등기법32, [이해관계인의 말소청구]상업등기법36·42, [본조 준용]보험44

第28條【商號 不正使用에 대한 制裁】 第20條와 第23條第1項에 違反한 者는 200萬원 이하의 過怠料에 處한다.(1995.12.29 본조개정)

第5章 商業帳簿

第29條【商業帳簿의 種類·作成原則】 ① 商人은 營業上의 財産 및 損益의 狀況을 明白히 하기 위하여 會計帳簿 및 貸借對照表를 作成하여야 한다.

② 商業帳簿의 作成에 관하여 이 法에 規定한 것을 제외하고는 一般的으로 公正·妥當한 會計慣行에 의한다.
(1984.4.10 본조개정)

참조 [제출의무]32, [보존의무]33, [소상인의 경우]9, [주식회사의 경우등]447, [본조 준용]보험44

第30條【商業帳簿의 作成方法】 ① 會計帳簿에는 去來와 기타 營業上의 財産에 영향이 있는 事項을 記載하여야 한다.

② 商人은 營業을 開始한 때와 매년 1회 이상 일정시기에, 會社는 성립한 때와 매 決算期에 會計帳簿에 의하여 貸借對照表를 作成하고, 作成者가 이에 記名捺印 또는 署名하여야 한다.(1995.12.29 본항개정)
(1984.4.10 본조개정)

참조 1980.4.10부칙3, 1995.12.29부칙3 [제출의무]32, [보존의무]33, [회사의 재산목록, 대차대조표에 관한 특칙]247①·269·447·450·530②·533·613, [벌칙]635①, 채무자회생파산643·651·652·654이하, [소상인의 경우]9, [주식회사의 경우]447, [관재인의 재산목록작성의무]채무자회생파산483, [본조 준용]보험44

第31條 (2010.5.14 삭제)

개정 "第31條【資産評價의 原則】 會計帳簿에 記載될 資産은 다음의 方法에 의하여 評價하여야 한다.
1. 流動資産은 取得價額·製作價額 또는 時價에 의한다. 그러나 時價가 取得價額 또는 製作價額보다 현저하게 낮은 때에는 時價에 의한다.
2. 固定資産은 取得價額 또는 製作價額으로부터 상당한 減價額을 控除한 價額에 의하되, 豫測하지 못한 減損이 생긴 때에도 상당한 減額을 하여야 한다.
(1984.4.10 본조개정)"

第32條【商業帳簿의 提出】 法院은 申請에 의하여 또는 職權으로 訴訟當事者에게 商業帳簿 또는 그 一部分의 提出을 命할 수 있다.

참조 [문서제출의무]민소344, [부제출효과]민소349, [본조 준용]보험44

第33條【商業帳簿등의 保存】 ① 商人은 10年間 商業帳簿와 營業에 관한 重要書類를 保存하여야 한다. 다만, 傳票 또는 이와 유사한 書類는 5年間 이를 보존하여야 한다.(1995.12.29 단서신설)

② 前項의 期間은 商業帳簿에 있어서는 그 閉鎖한 날로부터 起算한다.

③ 第1項의 帳簿와 書類는 마이크로필름 기타의 電算情報處理組織에 의하여 이를 보존할 수 있다.
(1995.12.29 본항신설)

④ 第3項의 規定에 의하여 帳簿와 書類를 保存하는 경우 그 보존방법 기타 필요한 사항은 大統領令으로 정한다.(1995.12.29 본항신설)

참조 [회사장부 등의 보존]266·269·541·613①, [벌칙]채무자회생파산643·651·652·654, [소상인의 경우]9, [기간]민155~161, [본조 준용]보험44

第6章 商業登記

第34條【통칙】 이 법에 따라 등기할 사항은 당사자의 신청에 의하여 영업소의 소재지를 관할하는 법원의 상업등기부에 등기한다.(2010.5.14 본조개정)

개정 "第34條【通則】 本法에 依하여 登記할 事項은 當事者의 申請에 依하여 營業所의 所在地를 管轄하는 法院의 商號登記簿에 登記한다."

참조 [본법에 의한 등기사항]6·8·13·22·25·27·40·180·269·317·549②·614②③, [특별법에 의한 등기사항]채무자회생파산23~25·27, [관할등기소]상업등기법4, [등기절차]상업등기법22이하, [소상인에 대한 예외]9

판례 회사등기의 공신력 : 회사등기에는 공신력이 인정되지 아니하므로, 합자회사의 사원 지분등기가 부실등기인 경우 그 부실등기를 믿고 합자회사 사원의 지분을 양수하였다 하여 그 지분을 양수한 것으로는 될 수 없다.(대판 1996.10.29, 96다19321)

판례 등기공무원의 심사 권한 : 등기공무원은 등기신청에 대하여 실체법상의 권리관계와 일치하는 여부를 심사할 실질적 심사권한은 없고 오직 신청서 및 그 첨부서류와 등기부에 의하여 등기요건에 합당하는지 여부를 심사할 형식적 심사권한 밖에는 없다.(대결 1995.1.20, 94마535)

第34條의2 (2007.8.3 삭제)

개정 "第34條의2【電算情報處理組織에 의한 商業登記】 ① 商業登記事務는 그 전부 또는 일부를 電算情報處理組織에 의하여 처리할 수 있다.
② 第1項의 規定에 의한 商業登記事務의 處理節次는 大法院規則으로 정한다.
(1995.12.29 본조신설)"

第35條【支店所在地에서의 登記】 本店의 所在地에서 登記할 事項은 다른 規定이 없으면 支店의 所在地에서도 登記하여야 한다.

참조 [지점에서의 등기 효력]38, [다른 규정]13, [등기기간]181~183·317③·549, [절차]상업등기법22이하

第36條 (1995.12.29 삭제)

第37條【登記의 效力】 ① 登記할 사항은 이를 登記하지 아니하면 善意의 第三者에게 對抗하지 못한다.

② 登記한 후라도 第三者가 정당한 사유로 인하여 이를 알지 못한 때에는 第1項과 같다.
(1995.12.29 본조개정)

참조 [특별규정]25②·172·225·234·267·616, [지점소재지에서의 등기의 경우]38

판례 상법 37조 소정의 제3자에 조세를 부과하는 국가가 해당되는지 여부 : "등기할 사항은 등기와 공고 후가 아니면 선의의 제3자에게 대항할 수 없다"는 상법 37조 소정의 제3자라 함은 대등한 지위에서 하는 보통의 거래관계의 상대방을 말한다 할 것이고, 조세권에 기하여 조세의 부과처분을 하는 경우의 국가는 여기에 규정된 제3자라 할 수 없다.
(대판 1990.9.28, 90누4235)

판례 선의의 제3자의 의미 : 상법 37조 소정의 "선의의 제3자"라 함은 대등한 지위에서 하는 보통의 거래관계의 상대방을 말한다 할 것이므로 조세권에 기하여 조세의 부과처분을 하는 경우의 국가는 동조 소정의 제3자라 할 수 없다.
(대판 1978.12.26, 78누167)

일판 회사가 상호를 변경하고 대표이사를 선임하고 아직 그 등기를 하기 전에 대표이사가 회사명의로 어음을 발행한 경우에 선의의 어음소지인에 대하여 어음상의 책임을 지는 것은 회사자신이고 대표이사 개인은 아니다.(日·最高 1960.4.14)

독판 상법 제37조 제1항(독일 상법 제15조 제1항에 해당)에 의한 제3자의 신뢰보호는 상업등기부상의 기재 내용을 주장하는 자가 등기부를 실제로 열람하지 아니하였어도 가능하다.
(독·연방법원 1975.12.1)

第38條【支店所在地에서의 登記의 效力】 支店의 所在地에서 登記할 事項을 登記하지 아니한 때에는 前條의 規定은 그 支店의 去來에 限하여 適用한다.

참조 [등기사항]12·35

第39條【不實의 登記】 故意 또는 過失로 인하여 事實과 相違한 事項을 登記한 者는 그 相違를 善意의 第三者에게 對抗하지 못한다.

판례 회사의 상당한 지분을 가진 주주가 허위의 주주총회결의 등의 외관을 만들어 부실등기를 마친 경우, 회사에 상법 제39조에 의한 부실등기 책임을 물을 수 있는지 여부(원칙적 소극) : 등기신청권자 아닌 사람이 주주총회의사록 및 이사회의사록 등을 허위로 작성하여 주주총회결의 및 이사회결의 등의 외관을 만들고 이에 터잡아 대표이사 선임등기를 마친 경우에는, 그 대표이사 선임에 관한 주식회사 내부의 의사결정은 존재하지 아니하여 등기신청권자인 회사가 그 등기가 이루어지는 데 관여할 수 없었을 것이므로, 이를 회사의 고의 또는 과실로 부실등기를 한 것과 동일시할 수 있는 특별한 사정이 없는 한, 회사에 대하여 상법 제39조에 의한 부실등기 책임을 물을 수 없고, 이 경우 위와 같이 허위의 주주총회결의 등의 외관을 만들어 부실등기를 마친 사람이 회사의 상당한 지분을 가진 주주라고 하더라도 그러한 사정만으로는 회사의 고의 또는 과실로 부실등기를 한 것과 동일시할 수는 없다.(대판 2008.7.24, 2006다24100)

판례 이사 선임의 주주총회결의에 대한 취소판결이 확정되어 그 결의가 소급하여 무효가 된다고 하더라도 그 선임 결의가 취소되는 대표이사와 거래한 상대방은 동조의 적용 내지 유추적용에 의하여 보호될 수 있으며, 주식회사의 법인등기의 경우 회사는 대표자를 통하여 등기를 신청하지만 등기신청권자는 회사 자체이므로 취소되는 주주총회결의에 의하여 이사로 선임된 대표이사가 마친 이사 선임 등기는 동조의 '부실등기'에 해당된다.
(대판 2004.2.27, 2002다19797)

판례 부실등기의 고의, 과실의 판단 : 합명회사에 있어서 상법 39조 소정의 부실등기에 대한 고의·과실의 유무는 그 대표사원을 기준으로 판정하여야 하고 대표사원의 유고로 회사정관에 따라 업무를 집행하는 사원이 있다고 하더라도 그 사원을 기준으로 판정하여서는 아니된다.(대판 1981.1.27, 79다1618,1619)

第40條【變更, 消滅의 登記】 登記한 事項에 變更이 있거나 그 事項이 消滅한 때에는 當事者는 지체없이 變更 또는 消滅의 登記를 하여야 한다.

참조 [해당의 경우]25·27·183·228·233·243·253②·258③·286·378·528·549·591·602·614②, [효력]37, [본조 준용]보험31

第7章 營業讓渡

第41條【營業讓渡人의 競業禁止】 ① 營業을 讓渡한 경우에 다른 約定이 없으면 讓渡人은 10年間 동일한 特別市·廣域市·市·郡과 인접 特別市·廣域市·市·郡에서 同種營業을 하지 못한다.

② 讓渡人이 同種營業을 하지 아니할 것을 約定한 때에는 동일한 特別市·廣域市·市·郡과 인접 特別市·廣域市·市·郡에 限하여 20年을 超過하지 아니한 範圍내에서 그 效力이 있다.
(1995.12.29 본조개정)

참조 [회사의 영업양도]374①·576①

판례 영업양도가 이루어졌는지 여부의 판단기준 : 영업양도가 이루어졌는지 여부는 단지 어떠한 영업재산이 어느 정도로 이전되어 있는가에 의하여 결정되어야 하는 것이 아니고 거기에 종래의 영업조직이 유지되어 그 조직이 전부 또는 중요한 일부로서 기능할 수 있는가에 의하여 결정되어야 하므로, 영업재산의 일부를 유보한 채 영업시설을 양도했어도 그 양도한 부분만으로도 종래의 조직이 유지되어 있다고 사회관념상 인정되면 그것을 영업양도라 볼 것이지만, 영업재산의 전부를 양도했어도 그 조직을 해체하여 양도했다면 영업양도로 볼 수 없다.
(대판 2003.5.30, 2002다23826)

판례 영업양도와 근로계약과의 관계 및 계속근로 단절의 효과 : 영업양도의 경우에는 특단의 사정이 없는 한 근로자들의 근로관계 역시 양수인에 의하여 계속적으로 승계되는 것으로, 영업양도시 퇴직금을 수령하였다는 사실만으로 전 회사와의 근로관계가 종료되고 인수한 회사와 새로운 근로관계가 시작되었다고 볼 것은 아니고 다만, 근로자가 자의에 의하여 사직서를 제출하고 퇴직금을 지급받았다면 계속근로의 단절에 동의한 것으로 볼 여지가 있지만, 이와 달리 회사의 경영방침에 따른 일방적 결정으로 퇴직 및 재입사의 형식을 거친 것이라면 퇴직금을 지급받았더라도 계속근로관계는 단절되지 않는 것이다.
(대판 2001.11.13, 2000다18608)

판례 영업양도의 의미 : 영업양도라 함은 일정한 영업목적에 의하여 조직화된 총체 즉 인적, 물적 조직을 그 동일성을 유지하면서 일체로서 이전하는 것을 말하고, 영업의 일부만의 양도도 가능하지만 이 경우에도 해당 영업부문의 인적, 물적 조직이 그 동일성을 유지한 채 일체로서 이전되어야 한다.
(대판 1997.4.25, 96누19314)

第42條【商號를 續用하는 讓受人의 責任】 ① 營業讓受人이 讓渡人의 商號를 繼續使用하는 경우에는 讓渡人의 營業으로 인한 第三者의 債權에 대하여 讓受人도 辨濟할 責任이 있다.

② 前項의 規定은 讓受人이 營業讓渡를 받은 後 지체없이 讓渡人의 債務에 대한 責任이 없음을 登記한 때에는 適用하지 아니한다. 讓渡人과 讓受人이

지체없이 第三者에 대하여 그 뜻을 통지한 경우에 그 통지를 받은 第三者에 대하여도 같다.

참조 [상호의 양수]25, [양도인의 책임]45, [책임을 지지 않는 자의 등기]상업등기법34, [양수인에 대한 변제]43

판례 상법상의 영업양도는 일정한 영업목적에 의하여 조직화된 업체, 즉 인적·물적 조직을 그 동일성은 유지하면서 일체로서 이전하는 것을 의미하고, 영업양도가 이루어졌는가의 여부는 단지 어떠한 영업재산이 어느 정도로 이전되어 있는가에 의하여 결정되어야 하는 것이 아니고 거기에 종래의 영업조직이 유지되어 그 조직이 전부 또는 중요한 일부로서 기능할 수 있는가에 의하여 결정되어야 하므로, 영업재산의 일부를 유보한 채 영업시설을 양도했어도 그 양도한 부분만으로도 종래의 조직이 유지되어 있다고 사회관념상 인정되면 그것을 영업의 양도라 볼 수 있고, 이러한 영업양도는 반드시 영업양도 당사자 사이의 명시적 계약에 의하여야 하는 것은 아니며 묵시적 계약에 의하여도 가능하다.(대판 2009.1.15, 2007다17123,17130)

판례 영업양도의 의미와 그 판단 기준 : 동조 제1항의 '영업'이란 일정한 영업목적에 의하여 조직화된 유기적 일체로서의 기능적 재산을 말하고, 여기서 말하는 유기적 일체로서의 기능적 재산이란 영업을 구성하는 유형·무형의 재산과 경제적 가치를 갖는 사실관계가 서로 유기적으로 결합하여 수익의 원천으로 기능한다는 것과 이와 같이 유기적으로 결합한 수익의 원천으로서의 기능적 재산이 마치 하나의 재화와 같이 거래의 객체가 된다는 것을 뜻하는 것이므로, 영업양도가 있다고 볼 수 있는지의 여부는 양수인이 유기적으로 조직화된 수익의 원천으로서의 기능적 재산을 이전받아 양도인이 하던 것과 같은 영업적 활동을 계속하고 있다고 볼 수 있는지의 여부에 따라 판단되어야 한다.(대판 2005.7.22, 2005다602)

판례 양도인의 영업으로 인한 채무의 의미 : 상법 제42조 제1항은 영업양수인이 양도인의 상호를 계속 사용하는 경우에는 양도인의 영업으로 인한 제3자의 채권에 대하여 양수인도 변제할 책임이 있다고 규정하고 있고, 이 때 양도인의 영업으로 인한 채무란, 영업상의 활동에 관하여 발생한 채무를 말하는 것이다.(대판 2002.6.28, 2000다5862)

판례 특약이 있는 경우 영업양도책임을 지기 위한 요건 : 대리점 계약시 계약이나 그에 의한 권리를 상대방 동의 없이 양도할 수 없다고 약정하였다 하더라도 영업양도 사실을 알면서 영업양수인과 거래한 상대방이 영업양도인에게 책임을 물을 수는 없다.(대판 2002.6.28, 2002다22380)

第43條【營業讓受人에 대한 辨濟】 前條第1項의 경우에 讓渡人의 營業으로 인한 債權에 대하여 債務者가 善意이며 重大한 過失없이 讓受人에게 辨濟한 때에는 그 效力이 있다.

참조 [채권의 준점유자에 대한 변제]민470

第44條【債務引受를 廣告한 讓受人의 責任】 營業讓受人이 讓渡人의 商號를 繼續使用하지 아니하는 경우에 讓渡人의 營業으로 인한 債務를 引受할 것을 廣告한 때에는 讓受人도 辨濟할 責任이 있다.

참조 [상호를 속용하는 양수인의 책임]42, [양도인의 책임존속기간]45

第45條【營業讓渡人의 責任의 存續期間】 營業讓受人이 第42條第1項 또는 前條의 規定에 의하여 辨濟의 責任이 있는 경우에는 讓渡人의 第三者에 대한 債務는 營業讓渡 또는 廣告後 2年이 經過하면 消滅한다.

第2編 商行爲

第1章 通 則

第46條【基本的 商行爲】 營業으로 하는 다음의 行爲를 商行爲라 한다. 그러나 오로지 賃金을 받을 目的으로 物件을 製造하거나 勞務에 從事하는 者의 行爲는 그러하지 아니하다.

1. 動産, 不動産, 有價證券 기타의 財産의 賣買
2. 動産, 不動産, 有價證券 기타의 財産의 賃貸借
3. 製造, 加工 또는 修繕에 관한 行爲
4. 전기, 전파, 가스 또는 물의 공급에 관한 행위(2010.5.14 본호개정)
5. 作業 또는 勞務의 都給의 引受
6. 出版, 印刷 또는 撮影에 관한 行爲
7. 광고, 통신 또는 정보에 관한 행위(2010.5.14 본호개정)
8. 受信·與信·換 기타의 金融去來(1995.12.29 본호개정)
9. 공중(公衆)이 이용하는 시설에 의한 거래(2010.5.14 본호개정)
10. 商行爲의 代理의 引受
11. 仲介에 관한 行爲
12. 委託賣買 기타의 周旋에 관한 行爲
13. 運送의 引受
14. 任置의 引受
15. 信託의 引受
16. 相互賦金 기타 이와 유사한 행위(1995.12.29 본호개정)
17. 保險
18. 鑛物 또는 土石의 採取에 관한 行爲
19. 기계, 시설, 그 밖의 재산의 금융리스에 관한 행위(2010.5.14 본호개정)
20. 商號·商標 등의 使用許諾에 의한 營業에 관한 행위(1995.12.29 본호신설)
21. 營業상 債權의 買入·回收 등에 관한 행위(1995.12.29 본호신설)
22. 신용카드, 전자화폐 등을 이용한 지급결제 업무의 인수(2010.5.14 본호신설)

改前 "4. 電氣, 電波, 까스 또는 물의 供給에 關한 行爲"
"7. 廣告, 通信 또는 情報에 關한 行爲"
"9. 客의 集來를 爲한 施設에 依한 去來"
"19. 機械·施設 기타 財産의 物融에 관한 행위"

참조 [보조적 상행위]47, ⑴[매매]67이하, 민563이하, ⑵[임대차]민618이하, ⑶[가공]민259, ⑸[도급]민664이하, [작업의 도급]건설산업, ⑹[출판]출판문화산업진흥법, ⑺[광고·통신]옥외광고물등의관리와옥외광고산업진흥에관한법, 신문등의진흥에관한법, ⑻은행법, 중소기업은행법, 한국은행법, ⒂151이하, 공중위생관리법, ⑽[대리]민114이하, [위임]민680이하, [대리상]87이하

판례 기본적 상행위의 의미 : 어느 행위가 상법 46조 소정의 기본적 상행위에 해당하기 위하여는 영업으로 동조 각 호 소정의 행위를 하는 경우이어야 하고, 여기서 영업으로 한다고 함은 영리를 목적으로 동종의 행위를 계속 반복적으로 하는 것을 의미한다.(대판 1998.7.10, 98다10793)

第47條【補助的 商行爲】 ① 商人이 營業을 위하여 하는 行爲는 商行爲로 본다.

② 商人의 行爲는 營業을 위하여 하는 것으로 推定한다.

참조 [기본적 상행위]46, [고유상인]4·169, [의제상인]5, [소상인]9

판례 새마을금고의 대출행위가 상행위에 해당하는지 여부 : "새마을금고가 금고의 회원에게 자금을 대출하는 행위는 일반적으로는 영리를 목적으로 하는 행위라고 보기 어렵다."고 하였지만 "새마을금고가 상인인 회원에게 자금을 대출한 경우, 상인의 행위는 특별한 사정이 없는 한 영업을 위하여 하는 것으로 추정되므로 그 대출금채권은 상사채권으로서 5년의 소멸시효기간이 적용된다."고 하여 상인과 일반회원에 대한 대출을 구별하고 있다.(대판 1998.7.10, 98다10793)

판례 동업탈퇴로 인한 정산금채권을 소비대차의 목적으로 하기로 약정한 경우 새로 발생한 채권이 상사채권인지 여부 : 갑과 을이 골재채취업을 동업하다가 을이 탈퇴하고 갑이 을에게 지급할 정산금을 소비대차의 목적으로 하기로 약정한 경우 갑은 골재채취를 영업으로 하는 자이어서 상인이고 이 준소비대차계약은 상인인 갑이 그 영업을 위하여 한 상행위로 추정함이 상당하므로(이 점은 위 약정을 경개라고 하더라도 마찬가지이다), 이에 의하여 새로이 발생한 채권은 상사채권으로서 5년의 상사시효의 적용을 받는다.(대판 1989.6.27, 89다카2957)

第48條【代理의 方式】 商行爲의 代理人이 本人을 위한 것임을 表示하지 아니하여도 그 行爲는 本人에 대하여 效力이 있다. 그러나 相對方이 本人을 위한 것임을 알지 못한 때에는 代理人에 대하여도 履行의 請求를 할 수 있다.

참조 [일반의 대리의 방식]민114·115, [어음, 수표에 관한 특칙]어음8, 수표11, [법정대리인의 등기사항]상업등기법48

판례 조세의 부과 및 징수에 상법 48조 및 395조의 적용 여부 : 상법 48조 및 395조의 각 규정은 거래행위에 관하여 적용되는 규정들로서 조세의 부과 및 징수에 관하여는 적용될 것이 아니다.(대판 1987.7.21, 87누224)

第49條【委任】 商行爲의 委任을 받은 者는 委任의 本旨에 反하지 아니한 範圍內에서 委任을 받지 아니한 行爲를 할 수 있다.

참조 [위임]민680이하, [사무관리]민734이하, [대리권의 범위]민118

第50條【대리권의 존속】 상인이 그 영업에 관하여 수여한 대리권은 본인의 사망으로 인하여 소멸하지 아니한다.(2010.5.14 본조개정)

改前 "第50條【代理權의 存續】 商行爲의 委任에 依한 代理權은 本人의 死亡으로 因하여 消滅하지 아니한다."

참조 [본인의 사망과 대리권의 소멸]민127, [위임과 위임인의 사망]민690

第51條【對話者間의 請約의 拘束力】 對話者間의 契約의 請約은 相對方이 即時 承諾하지 아니한 때에는 그 效力을 잃는다.

참조 [청약의 효력]민527

第52條 (2010.5.14 삭제)

改前 "第52條【隔地者間의 請約의 拘束力】 ① 隔地者間의 契約의 請約은 承諾期間이 없으면 相對方이 相當한 期間內에 承諾의 通知를 發送하지 아니한 때에는 그 效力을 잃는다.
② 民法 第530條의 規定은 前項의 경우에 準用한다."

第53條【請約에 대한 諾否通知義務】 商人이 常時去來關係에 있는 者로부터 그 營業部類에 속한 契約의 請約을 받은 때에는 지체없이 諾否의 通知를 發送하여야 한다. 이를 解怠한 때에는 承諾한 것으로 본다.

참조 [격지자간의 계약 성립]민111·531

판례 통상의 금융거래에 있어서 연대보증인에서 제외시켜 달라는 채무자측의 요청은, 채권자인 금융기관의 입장에서 볼 때 이미 다른 확실한 물적·인적 담보가 확보되어 있다거나 또는 그 연대보증에 대신할 만한 충분한 담보가 새로이 제공된다는 등의 특별한 사정이 없는 한 그에 대한 승낙이 당연히 예상된다고 할 수는 없기 때문에, 위와 같은 특별한 사정이 없는 연대보증인 제외 요청에 대하여 금융기관이 승낙 여부의 통지를 하지 않았다고 하여 상법 제53조에 따라 금융기관이 그 요청을 승낙한 것으로 볼 수는 없다.(대판 2007.5.10, 2007다4691,4707)

일판 은행의 거래선을 위하여 근보증을 한 자는 '상시 거래를 하는 자'에 해당하지 아니하며, 그 자의 보증인변경의 청약은 '그 영업의 부류에 속하는 계약의 청약'에 해당하지 않는다.(日·最高 1984.11.26)

第54條【商事法定利率】 商行爲로 인한 債務의 法定利率은 年 6分으로 한다.(1962.12.12 본조개정)

참조 [민사법정이율]민379, [어음, 수표의 지급과 법정이자]어음48①·49, 수표44·45

판례 상인 간에서 금전소비대차가 있었음을 주장하면서 약정이자의 지급을 구하는 청구에는 약정 이자율이 인정되지 않더라도 상법 소정의 법정이자의 지급을 구하는 취지가 포함되어 있다고 보아야 한다.(대판 2007.3.15, 2006다73072)

판례 상사법정이율은 상행위로 인한 채무나 이와 동일성을 가진 채무에 관하여 적용되는 것이고, 상행위가 아닌 불법행위로 인한 손해배상채무에는 적용되지 아니한다.(대판 2004.3.26, 2003다34045)

판례 가집행선고의 실효에 따른 원상회복의무는 상행위로 인한 채무 또는 그에 준하는 채무라고 할 수는 없으므로 그 지연손해금에 대하여는 민법 소정의 법정이율에 의하여야 하는 것이고 상법 소정의 법정이율을 적용할 것은 아니다.(대판 2004.2.27, 2003다52944)

第55條【법정이자청구권】 ① 상인이 그 영업에 관하여 금전을 대여한 경우에는 법정이자를 청구할 수 있다.

② 상인이 그 영업범위 내에서 타인을 위하여 금전을 체당(替當)하였을 때에는 체당한 날 이후의 법정이자를 청구할 수 있다.
(2010.5.14 본조개정)

改前 "第55條【法定利子請求權】 ① 商人間에서 金錢의 消費貸借를 한 때에는 貸主는 法定利子를 請求할 수 있다.
② 商人이 그 營業範圍內에서 他人을 위하여 金錢을 替當한 때에는 替當한 날 이후의 法定利子를 請求할 수 있다."

참조 [법정이율]54, [어음, 수표의 지급과 법정이자]어음48①·49, 수표44·45

第56條【지점거래의 채무이행장소】 채권자의 지점에서의 거래로 인한 채무이행의 장소가 그 행위의 성질 또는 당사자의 의사표시에 의하여 특정되지 아니한 경우 특정물 인도 외의 채무이행은 그 지점을 이행장소로 본다.(2010.5.14 본조개정)

改前 "第56條【支店去來의 債務履行場所】 支店에서의 去來로 인한 債務履行의 場所가 그 行爲의 性質 또는 當事者의 意思表示에 의하여 特定되지 아니한 경우에는 特定物의 引渡이외의 債務의 履行은 그 支店을 履行場所로 본다."

참조 [변제의 장소]민467, [회사의 본점, 지점]179

第57條【多數債務者間 또는 債務者와 保證人의 連帶】 ① 數人이 그 1人 또는 全員에게 商行爲가 되는 行爲로 인하여 債務를 負擔한 때에는 連帶하여 辨濟할 責任이 있다.

② 保證人이 있는 경우에 그 保證이 商行爲이거나 主債務가 商行爲로 인한 것인 때에는 主債務者와 保證人은 連帶하여 辨濟할 責任이 있다.

참조 [민법상의 원칙]민408, [연대채무]민413-427, ②[보증채무]민428, [민법상의 원칙]민437·439

판례 조합채무가 조합원 전원을 위하여 상행위가 되는 행위로 인하여 부담하게 된 것이라면 그 채무에 관하여 조합원들에 대하여 상법 57조 1항을 적용하여 연대책임을 인정함이 마땅하다.(대판 1995.8.11, 94다18638)

일판 그 권한에 의하여 조합을 위해 그 조합대표자명의로서 발행한 것인 이상 동조합의 조합원은 어음상 각조합원의 성명이 표시된 경우와 같이 그 어음에 관하여 공동발행인으로서 합동해서 책임을 진다.(日·最高 1961.7.31)

第58條【商事留置權】 商人間의 商行爲로 인한 債權이 辨濟期에 있는 때에는 債權者는 辨濟를 받을 때까지 그 債務者에 대한 商行爲로 인하여 自己가 占有하고 있는 債務者所有의 物件 또는 有價證券을 留置할 수 있다. 그러나 當事者間에 다른 約定이 있으면 그러하지 아니하다.

참조 [점유]민192이하, [유치권]민320-328, [상법상 특별한 유치권]91·111·120·147·800②

독판 (우리 민법 제320조와 상법 제58조상의) 유치권은 민법 제213조 단서(독일 민법 제986조에 해당)의 점유권을 구성한다.(독·연방법원 1966.7.1)

第59條【流質契約의 許容】 民法 第339條의 規定은 商行爲로 인하여 생긴 債權을 擔保하기 위하여 設定한 質權에는 適用하지 아니한다.

第60條【物件保管義務】 商人이 그 營業部類에 속한 契約의 請約을 받은 경우에 見品 기타의 物件을 받은 때에는 그 請約을 拒絶한 때에도 請約者의 費用으로 그 物件을 保管하여야 한다. 그러나 그 物件의 價額이 保管의 費用을 償還하기에 不足하거나 保管으로 인하여 損害를 받을 念慮가 있는 때에는 그러하지 아니하다.

참조 [선관의무]62

판례 상법 60조의 물건보관의무의 의미 : 상법 60조는 상거래에 있어 청약을 받은 상인에게 일정한 범위 내에서 청약과 동시에 송부받은 견품 등 물건에 관하여 그 청약을 거절하는 경우라도 이를 반송할 때까지 보관의무를 지움과 아울러 그 보관에 따르는 비용의 상환을 구할 수 있음을 정한 규정으로서 그 송부받은 물건의 현상이나 가치를 반송할 때까지 계속 유지, 보존하는 데 드는 보관비용의 상환에 관한 규정일 뿐 그 물건이 보관된 장소의 사용이익 상당의 손해의 배상에 관한 규정은 아니다.(대판 1996.7.12, 95다41161,41178)

第61條【商人의 報酬請求權】 商人이 그 營業範圍內에서 他人을 위하여 行爲를 한 때에는 이에 대하여 相當한 報酬를 請求할 수 있다.

참조 [위임과 보수]민686, [임치와 보수]62, 민701, [사무관리비]민739

판례 부동산소개업자의 보수청구권 발생 시기 : 부동산소개업자라도 부동산매매중개에 있어서 계약당사자의 일방인 피고의 이익을 위하여 행위한 사실이 인정되지 않는 이상 그 당사자에 대하여는 보수청구권이 없다.(대판 1977.11.22, 77다1889)

판례 부동산매매 소개료 액의 인정방법 : 부동산매매에 있어서 매수인측 소개인이 소개료는 매수인으로부터 받기로 하여 그 액을 약정하지 아니한 경우에는 법원은 제반사정을 참작하여 그 소개료액을 정할 수 있고 그 액수를 정함에 있어서는 반드시 감정에 의하여서만 정할 수 있는 것은 아니다.
(대판 1976.6.8, 76다766)

第62條【任置를 받은 商人의 責任】 商人이 그 營業範圍內에서 物件의 任置를 받은 경우에는 報酬를 받지 아니하는 때에도 善良한 管理者의 注意를 하여야 한다.

참조 [상인]4·5, [특정물인도채권과 채무자의 주의의무]민374, [임치계약]민693이하, [무보수의 수취인의 주의의무]민695, [상인의 행위와 보수]61

판례 창고업자의 무상수치인으로서의 책임가부 : 임치계약의 직접 당사자가 아닌 창고업자에 대하여 적어도 무상수치인으로서의 주의의무가 있다.(대판 1994.4.26, 93다62539,62546)

판례 미반환된 임치물에 대한 수치인의 책임 : 수치인이 적법하게 임치계약을 해지하고 임치인에게 임치물의 회수를 최고하였음에도 불구하고 임치인의 수령지체로 반환하지 못하고 있는 사이에 임치물이 멸실 또는 훼손된 경우에는 수치인에게 고의 또는 중대한 과실이 없는 한 채무불이행으로 인한 손해배상책임이 없다.(대판 1983.11.8, 83다카1476)

第63條【去來時間과 履行 또는 그 請求】 法令 또는 慣習에 의하여 營業時間이 정하여져 있는 때에는 債務의 履行 또는 履行의 請求는 그 時間內에 하여야 한다.

참조 [휴일과 기간]민161, 어음72·81, 수표60·66

第64條【商事時效】 商行爲로 인한 債權은 本法에 다른 規定이 없는 때에는 5年間 行使하지 아니하면 消滅時效가 完成한다. 그러나 다른 法令에 이보다 短期의 時效의 規定이 있는 때에는 그 規定에 의한다.

참조 [다른 규정]121·122·147·154·166·167·487·662·919, [다른 법령의 규정]민163이하, 어음70·77①, 수표51·58, [일반채권의 민사시효]민162

판례 일방적 상행위 또는 보조적 상행위로 인한 채권도 상사소멸시효가 적용되는 상사채권에 해당하는지 여부 : 당사자 일방에 대하여만 상행위에 해당하는 행위로 인한 채권도 상법 제64조 소정의 5년의 소멸시효기간이 적용되는 상사채권에 해당하는 것이고, 그 상행위에는 상법 제46조 각 호에 해당하는 기본적 상행위뿐만 아니라, 상인이 영업을 위하여 하는 보조적 상행위도 포함된다.(대판 2006.4.27, 2006다1381)

판례 근로자의 근로계약상 주의의무 위반으로 인한 손해배상청구권의 소멸시효기간 : 상인이 그의 영업을 위하여 근로자와 체결하는 근로계약은 보조적 상행위에 해당한다고 하더라도 근로자의 근로계약상의 주의의무 위반으로 인한 손해배상청구권은 상거래 관계에 있어서와 같이 정형적으로나 신속하게 해결할 필요가 있다고 볼 것은 아니므로 특별한 사정이 없는 한 5년의 상사 소멸시효기간이 아니라 10년의 민사 소멸시효기간이 적용된다고 봄이 타당하다.(대판 2005.11.10, 2004다22742)

판례 소멸시효가 진행하지 않는 '권리를 행사할 수 없는' 경우의 의미 : '권리를 행사할 수 없는' 경우라 함은 그 권리행사에 법률상의 장애사유, 예컨대 기간의 미도래나 조건불성취 등이 있는 경우를 말하는 것이고, 사실상 권리의 존재나 권리행사 가능성을 알지 못하였고 알지 못함에 과실이 없다고 하여도 이러한 사유는 법률상 장애사유에 해당하지 않는 것이다.
(대판 2004.4.27, 2003다10763)

판례 상사시효가 적용되는 채권의 범위 : 당사자 쌍방에 대하여 모두 상행위가 되는 행위로 인한 채권뿐만 아니라 당사자 일방에 대하여만 상행위에 해당하는 행위로 인한 채권도 상법 제64조 소정의 5년의 소멸시효기간이 적용되는 상사채권에 해당하는 것이고, 그 상행위에는 상법 제46조 각 호에 해당하는 기본적 상행위뿐만 아니라 상인이 영업을 위하여 하는 보조적 상행위도 포함되며, 상인이 영업을 위하여 하는 행위는 상행위로 보되 상인의 행위는 영업을 위하여 하는 것으로 추정되는 것이다.
(대판 2002.9.24, 2002다6760,6777)

第65條【유가증권과 준용규정】 ① 금전의 지급청구권, 물건 또는 유가증권의 인도청구권이나 사원의 지위를 표시하는 유가증권에 대하여는 다른 법률에 특별한 규정이 없으면 「민법」 제508조부터 제525조까지의 규정을 적용하는 외에 「어음법」 제12조제1항 및 제2항을 준용한다.

② 제1항의 유가증권으로서 그 권리의 발생·변경·소멸을 전자등록하는 데에 적합한 유가증권은 제356조의2제1항의 전자등록기관의 전자등록부에 등록하여 발행할 수 있다. 이 경우 제356조의2제2항부터 제4항까지의 규정을 준용한다.(2016.3.22 전단개정)

(2011.4.14 본조개정)

改前 ② "제1항의 유가증권"은 제356조의2제1항의…

第66條【準商行爲】 本章의 規定은 第5條의 規定에 의한 商人의 行爲에 準用한다.

참조 [의제상인]5

第2章 賣 買

第67條【賣渡人의 目的物의 供託, 競賣權】 ① 商人間의 賣買에 있어서 買受人이 目的物의 受領을 拒否하거나 이를 受領할 수 없는 때에는 賣渡人은 그 物件을 供託하거나 相當한 期間을 정하여 催告한 後 競賣할 수 있다. 이 경우에는 지체없이 買受人에 대하여 그 通知를 發送하여야 한다.

② 前項의 경우에 買受人에 대하여 催告를 할 수 없거나 目的物이 滅失 또는 毁損될 念慮가 있는 때에는 催告없이 競賣할 수 있다.

③ 前2項의 規定에 의하여 賣渡人이 그 目的物을 競賣한 때에는 그 代金에서 競賣費用을 控除한 殘額을 供託하여야 한다. 그러나 그 全部나 一部를 賣買代金에 충당할 수 있다.

참조 [변제의 목적물의 공탁]민487~490, 공탁, 공탁규칙, [자조매각]민490, [경매]민집, [유사한 규정]142·145·149②·165

第68條【確定期賣買의 解除】 商人間의 賣買에 있어서 賣買의 性質 또는 當事者의 意思表示에 의하여 一定한 日時 또는 一定한 期間內에 履行하지 아니하면 契約의 目的을 達成할 수 없는 경우에 當事者의 一方이 履行時期를 經過한 때에는 相對方은 卽時 그 履行을 請求하지 아니하면 契約을 解除한 것으로 본다.

참조 [정기행위와 해제]민545

판례 상인간의 확정기매매의 경우 당사자의 일방이 이행시기를 경과하면 상대방은 이행의 최고나 해제의 의사표시 없이 바로 해제의 효력을 주장할 수 있는바, 상인간의 확정기매매인지 여부는 매매목적물의 가격 변동성, 매매계약을 체결한 목적 및 그러한 사정을 상대방이 알고 있었는지 여부, 매매대금의 결제 방법 등과 더불어 이른바 시.아이.에프(C.I.F.) 약관과 같이 선적기간의 표기가 불가결하고 중요한 약관이 있는지 여부, 계약 당사자 사이에 종전에 계약이 체결되어 이행된 방식, 당해 매매계약에서의 구체적인 이행 상황 등을 종합하여 판단하여야 한다.
(대판 2009.7.9, 2009다15565)

판례 상인 사이에 이루어진 '선물환계약'은 약정결제일에 즈음하여 생길 수 있는 환율변동의 위험(이른바, 환리스크)을 회피하기 위하여 체결되는 것으로서, 성질상 약정 결제일에 이행되지 않으면 계약의 목적을 달성할 수 없는 동조 소정의 '확정기매매'에 해당한다.(대판 2003.4.8, 2001다38593)

第69條【買受人의 目的物의 檢査와 瑕疵 通知義務】 ① 商人間의 賣買에 있어서 買受人이 目的物을 受領한 때에는 지체없이 이를 檢査하여야 하며 瑕疵 또는 數量의 不足을 發見한 경우에는 卽時 賣渡人에게 그 通知를 發送하지 아니하면 이로 인한 契約解除, 代金減額 또는 損害賠償을 請求하지 못한다. 賣買의 目的物에 卽時 發見할 수 없는 瑕疵가 있는 경우에 買受人이 6月內에 이를 發見한 때에도 같다.

② 前項의 規定은 賣渡人이 惡意인 경우에는 適用하지 아니한다.

참조 [담보책임]민572~575·580, [대리상과 통지수령권한]90

판례 상법 69조의 적용범위 : 상법 69조는 상거래의 신속한 처리와 매도인의 보호를 위한 규정인 점에 비추어 볼 때, 상인간의 매매에 있어서 매수인은 목적물을 수령한 때부터 지체 없이 이를 검사하여 하자 또는 수량의 부족을 발견한 경우에는 즉시 매도인에게 그 통지를 발송하여야만 그 하자로 인한 계약해제, 대금감액 또는 손해배상을 청구할 수 있고, 설령 매매의 목적물에 상인에게 통상 요구되는 객관적인 주의의무를 다하여도 즉시 발견할 수 없는 하자가 있는 경우에도 매수인은 6월내에 그 하자를 발견하여 지체 없이 이를 통지하지 아니하면 매수인은 과실의 유무를 불문하고 매도인에게 하자담보책임을 물을 수 없다고 해석함이 상당하다.(대판 1999.1.29, 98다1584)

판례 상법 69조의 임대차계약에 준용가부 : 상사매매에 관한 상법 69조는, 민법의 매매에 관한 규정이 민법 567조에 의하여 매매 이외의 유상계약에 준용되는 것과 달리, 상법에 아무런 규정이 없는 이상 상인간의 수량을 지정한 건물의 임대차계약에 준용될 수 없다.(대판 1995.7.14, 94다38342)

독판 [1] 할부금융회사의 개입에 의한 쌍방상사매매의 경우 소상인(小商人)도 매물(賣物)의 하자에 대한 조사 및 통지의무를 부담한다. 따라서 매수인인 소상인이 매물의 하자에 대한 조사와 통지를 해태하면 할부금융회사에 대한 관계에서도 그 하자는 매수인에 의하여 추인된 것으로 볼 것이다.
[2] 하자의 통지가 전화로 이루어질 수 없었다면 지체없이 서신으로 이를 대체이행하여야 할 것이다. 만약 매수인이 이를 해태하였다면 이는 상인에게 요구되는 주의의무를 해태한 것으로 볼 것이다.
(독·연방법원 1979.11.8)

第70條【買受人의 目的物保管, 供託義務】 ① 第69條의 경우에 買受人이 契約을 解除한 때에도 賣渡人의 費用으로 賣買의 目的物을 保管 또는 供託하여야 한다. 그러나 그 目的物이 滅失 또는 毁損될 염려가 있는 때에는 法院의 許可를 얻어 競賣하여 그 代價를 保管 또는 供託하여야 한다.

② 第1項의 規定에 의하여 買受人이 競賣한 때에는 지체없이 賣渡人에게 그 通知를 發送하여야 한다.

③ 第1項 및 第2項의 規定은 目的物의 引渡場所가 賣渡人의 營業所 또는 住所와 동일한 特別市·廣域市·市·郡에 있는 때에는 이를 적용하지 아니한다.
(1995.12.29 본항개정)

(1984.4.10 본조개정)

참조 [해제와 매수인의 의무]민548, ①[관할]비송72

第71條【同前－數量超過 등의 경우】 前條의 規定은 賣渡人으로부터 買受人에게 引渡한 物件이 賣買의 目的物과 相違하거나 數量이 超過한 경우에 그 相違 또는 超過한 部分에 대하여 準用한다.

第3章 相互計算

第72條【意義】 相互計算은 商人間 또는 商人과 非商人間에 常時 去來關係가 있는 경우에 一定한 期間의 去來로 인한 債權債務의 總額에 관하여 相計하고 그 殘額을 支給할 것을 約定함으로써 그 效力이 생긴다.

참조 [상인]4·5, [상계]민492이하, [경개]민500이하, [일정한 기간]74

第73條【商業證券上의 債權債務에 관한 特則】 어음 기타의 商業證券으로 인한 債權債務를 相互計算에 計入한 경우에 그 證券債務者가 辨濟하지 아니한 때에는 當事者는 그 債務의 項目을 相互計算에서 除去할 수 있다.

참조 [변제없는 경우의 상환청구권]어음43, 수표39

第74條【相互計算期間】 當事者가 相計할 期間을 정하지 아니한 때에는 그 期間은 6月로 한다.

참조 [상호계산기간의 규정]72

第75條【計算書의 承認과 異議】 當事者가 債權債務의 各 項目을 記載한 計算書를 承認한 때에는 그 各 項目에 대하여 異議를 하지 못한다. 그러나 錯誤나 脫漏가 있는 때에는 그러하지 아니하다.

참조 [계산서류의 승인과 경개적 효력]민500이하, [착오]민109, [부당이득]민741·748

第76條【殘額債權의 法定利子】 ① 相計로 인한 殘額에 대하여는 債權者는 計算閉鎖日 이후의 法定利子를 請求할 수 있다.

② 前項의 規定에 불구하고 當事者는 各 項目을 相互計算에 計入한 날로부터 利子를 붙일 것을 約定할 수 있다.

참조 [상계]민492이하, [법정이자]54·55

第77條【解止】 各 當事者는 언제든지 相互計算을 解止할 수 있다. 이 경우에는 즉시 計算을 閉鎖하고 殘額의 支給을 請求할 수 있다.

참조 [당사자의 파산]채무자회생파산343

第4章 匿名組合

第78條【意義】 匿名組合은 當事者의 一方이 相對方의 營業을 위하여 出資하고 相對方은 그 營業으로 인한 利益을 分配할 것을 約定함으로써 그 效力이 생긴다.

참조 [익명조합원의 출자]79·86·272, [익명조합원의 감시권]86·277, [익명조합원의 회사대표 금지]86·278, [손실분담의 특약]82③, [조합]민703이하, [합자회사규정의 준용]86

판례 시설제공자에게 일정액을 지급하기로 하는 약정을 익명조합계약으로 볼 수 있는지 여부 : 음식점시설제공자의 이익여부에 관계없이 정기적으로 일정액을 지급할 것을 약정하되 대외적 거래관계는 경영자가 그 명의로 단독으로 하여 그 권리의무가 그에게만 귀속되는 동업관계는 상법상 익명조합도 아니고 민법상 조합도 아니어서 대외적으로는 오로지 경영자만이 권리를 취득하고 채무를 부담하는 것이고 그가 변제자력이 없거나 부족하다는 등의 특별한 사정이 있다고 하더라도 민법 713조가 유추적용될 여지는 없다.(대판 1983.5.10, 81다650)

독판 익명조합계약은 원칙적으로 불요식의 낙성계약이며 묵시적으로도 성립될 수 있다.(독·바이에른주 최고법원, 독일고등법원판례집 38권 196면, 소정일자미상)

第79條【匿名組合員의 出資】 匿名組合員이 出資한 金錢 기타의 財産은 營業者의 財産으로 본다.

참조 [계약종료에 인한 반환]85, [조합재산의 합유]민704

판례 익명조합계약과 횡령죄의 관계 : 익명조합원이 영업을 위하여 출자한 금전 기타의 재산은 상대방인 영업자의 재산으로 되는 것이므로 영업자는 그 영업의 이익금을 함부로 자기용도에 소비하였다 하여도 횡령죄가 되지 아니한다.
(대판 1971.12.28, 71도2032)

第80條【匿名組合員의 對外關係】 匿名組合員은 營業者의 行爲에 관하여서는 第三者에 대하여 權利나 義務가 없다.

참조 [익명조합원의 권한]86·277, [특별한 경우의 책임]81, [합자회사의 유한책임사원의 책임]279, [민법상의 조합원의 책임]민712

第81條【姓名, 商號의 使用許諾으로 인한 責任】 匿名組合員이 自己의 姓名을 營業者의 商號中에 使用하게 하거나 自己의 商號를 營業者의 商號로 使用할 것을 許諾한 때에는 그 使用이후의 債務에 대하여 營業者와 連帶하여 辨濟할 責任이 있다.

참조 [자칭사원의 책임]215·281

第82條【利益配當과 損失分擔】 ① 匿名組合員의 出資가 損失로 인하여 減少된 때에는 그 損失을 塡補한 後가 아니면 利益配當을 請求하지 못한다.

② 損失이 出資額을 超過한 경우에도 匿名組合員은 이미 받은 利益의 返還 또는 增資할 義務가 없다.
③ 前2項의 規定은 當事者間에 다른 約定이 있으면 適用하지 아니한다.
참조 [이익분배의 비율]민711, [출자의 감소와 잔액의 반환]85

第83條【契約의 解止】 ① 組合契約으로 組合의 存續期間을 정하지 아니하거나 어느 當事者의 終身까지 存續할 것을 約定한 때에는 各 當事者는 營業年度末에 契約을 解止할 수 있다. 그러나 이 解止는 6月前에 相對方에게 豫告하여야 한다.
② 組合의 存續期間의 約定의 有無에 불구하고 부득이한 事情이 있는 때에는 各 當事者는 언제든지 契約을 解止할 수 있다.
참조 [본조 이외의 종료사유]84, [합자회사사원의 탈퇴사유]217 · 218 · 269, [조합원의 탈퇴사유, 조합해산사유]민716 · 717 · 720

第84條【계약의 종료】 조합계약은 다음의 사유로 인하여 종료한다.
1. 영업의 폐지 또는 양도
2. 영업자의 사망 또는 성년후견개시
3. 영업자 또는 익명조합원의 파산
(2018.9.18 본조개정)
改前 "第84條【契約의 終了】 組合契約은 다음의 事由로 인하여 終了한다.
1. 營業의 廢止 또는 讓渡
2. 營業者의 死亡 또는 禁治産
3. 營業者 또는 匿名組合員의 破産"
참조 [합자회사에서의 퇴사 · 해산사유]218 · 227 · 269 · 283, [조합에서의 탈퇴 · 해산사유]민717 · 720

第85條【契約終了의 效果】 組合契約이 終了한 때에는 營業者는 匿名組合員에게 그 出資의 價額을 返還하여야 한다. 그러나 出資가 損失로 인하여 減少된 때에는 그 殘額을 返還하면 된다.
참조 [출자]79 · 86 · 272, [조합의 경우]민719

第86條【準用規定】 第272條, 第277條와 第278條의 規定은 匿名組合員에 準用한다.

第4章의2 합자조합
(2011.4.14 본장신설)

第86條의2【의의】 합자조합은 조합의 업무집행자로서 조합의 채무에 대하여 무한책임을 지는 조합원과 출자가액을 한도로 하여 유한책임을 지는 조합원이 상호출자하여 공동사업을 경영할 것을 약정함으로써 그 효력이 생긴다.

第86條의3【조합계약】 합자조합의 설립을 위한 조합계약에는 다음 사항을 적고 총조합원이 기명날인하거나 서명하여야 한다.
1. 목적
2. 명칭
3. 업무집행조합원의 성명 또는 상호, 주소 및 주민등록번호
4. 유한책임조합원의 성명 또는 상호, 주소 및 주민등록번호
5. 주된 영업소의 소재지
6. 조합원의 출자(出資)에 관한 사항
7. 조합원에 대한 손익분배에 관한 사항
8. 유한책임조합원의 지분(持分)의 양도에 관한 사항
9. 둘 이상의 업무집행조합원이 공동으로 합자조합의 업무를 집행하거나 대리할 것을 정한 경우에는 그 규정
10. 업무집행조합원 중 일부 업무집행조합원만 합자조합의 업무를 집행하거나 대리할 것을 정한 경우에는 그 규정
11. 조합의 해산 시 잔여재산 분배에 관한 사항
12. 조합의 존속기간이나 그 밖의 해산사유에 관한 사항
13. 조합계약의 효력 발생일

第86條의4【등기】 ① 업무집행조합원은 합자조합 설립 후 2주 내에 조합의 주된 영업소의 소재지에서 다음의 사항을 등기하여야 한다.
1. 제86조의3제1호부터 제5호까지(제4호의 경우에는 유한책임조합원이 업무를 집행하는 경우에 한정한다), 제9호, 제10호, 제12호 및 제13호의 사항
2. 조합원의 출자의 목적, 재산출자의 경우에는 그 가액과 이행한 부분
② 제1항 각 호의 사항이 변경된 경우에는 2주 내에 변경등기를 하여야 한다.
참조 [등기사항]상업등기법52

第86條의5【업무집행조합원】 ① 업무집행조합원은 조합계약에 다른 규정이 없으면 각자가 합자조합의 업무를 집행하고 대리할 권리와 의무가 있다.
② 업무집행조합원은 선량한 관리자의 주의로써 제1항에 따른 업무를 집행하여야 한다.
③ 둘 이상의 업무집행조합원이 있는 경우에 조합계약에 다른 정함이 없으면 그 각 업무집행조합원의 업무집행에 관한 행위에 대하여 다른 업무집행조합원의 이의가 있는 경우에는 그 행위를 중지하고 업무집행조합원 과반수의 결의에 따라야 한다.

第86條의6【유한책임조합원의 책임】 ① 유한책임조합원은 조합계약에서 정한 출자가액에서 이미 이행한 부분을 뺀 가액을 한도로 하여 조합채무를 변제할 책임이 있다.
② 제1항의 경우 합자조합에 이익이 없음에도 불구하고 배당을 받은 금액은 변제책임을 정할 때에 변제책임의 한도액에 더한다.

第86條의7【조합원의 지분의 양도】 ① 업무집행조합원은 다른 조합원 전원의 동의를 받지 아니하면 그 지분의 전부 또는 일부를 타인에게 양도(讓渡)하지 못한다.
② 유한책임조합원의 지분은 조합계약에서 정하는 바에 따라 양도할 수 있다.
③ 유한책임조합원의 지분을 양수(讓受)한 자는 양도인의 조합에 대한 권리 · 의무를 승계한다.

第86條의8【준용규정】 ① 합자조합에 대하여는 제182조제1항, 제228조, 제253조, 제264조 및 제285조를 준용한다.
② 업무집행조합원에 대하여는 제183조의2, 제198조, 제199조, 제200조의2, 제208조제2항, 제209조, 제212조 및 제287조를 준용한다. 다만, 제198조와 제199조는 조합계약에 다른 규정이 있으면 그러하지 아니하다.
③ 조합계약에 다른 규정이 없으면 유한책임조합원에 대하여는 제199조, 제272조, 제275조, 제277조, 제278조, 제283조 및 제284조를 준용한다.
④ 합자조합에 관하여는 이 법 또는 조합계약에 다른 규정이 없으면 「민법」 중 조합에 관한 규정을 준용한다. 다만, 유한책임조합원에 대하여는 「민법」 제712조 및 제713조는 준용하지 아니한다.

第86條의9【과태료】 합자조합의 업무집행조합원, 제86조의8에 따라 준용되는 제183조의2 또는 제253조에 따른 직무대행자 또는 청산인이 이 장(章)에서 정한 등기를 게을리한 경우에는 500만원 이하의 과태료를 부과한다.

第5章 代理商

第87條【意義】 一定한 商人을 위하여 商業使用人이 아니면서 常時 그 營業部類에 속하는 去來의 代理 또는 仲介를 營業으로 하는 者를 代理商이라 한다.
참조 [대리 또는 중개와 상행위]11 · 46, [상사대리]48~50, [대리상과 본인과의 관계]민680~702, [대리상과 보수]61, [본조 준용]보험44

第88條【通知義務】 代理商이 去來의 代理 또는 仲介를 한 때에는 지체없이 本人에게 그 通知를 發送하여야 한다.
참조 [수임인의 보고의무]민683, [위탁매매인의 통지의무]104, [본조 준용]보험44

第89條【競業禁止】 ① 代理商은 本人의 許諾없이 自己나 第三者의 計算으로 本人의 營業部類에 속한 去來를 하거나 同種營業을 目的으로 하는 會社의 無限責任社員 또는 理事가 되지 못한다.
② 第17條第2項 내지 第4項의 規定은 代理商이 前項의 規定에 違反한 경우에 準用한다.
참조 [경업금지의무의 다른 경우]17 · 198 · 269 · 397 · 567, [본조 준용]보험44

第90條【通知를 받을 權限】 物件의 販賣나 그 仲介의 委託을 받은 代理商은 賣買의 目的物의 瑕疵 또는 數量不足 기타 賣買의 履行에 관한 通知를 받을 權限이 있다.
참조 [매수인의 통지의무]69, 민572~580

第91條【代理商의 留置權】 代理商은 去來의 代理 또는 仲介로 인한 債權이 辨濟期에 있는 때에는 그 辨濟를 받을 때까지 本人을 위하여 占有하는 物件 또는 有價證券을 留置할 수 있다. 그러나 當事者間에 다른 約定이 있으면 그러하지 아니하다.
참조 [상인간의 유치권]58, [위탁매매에의 준용]111, [운송주선인 · 운송인의 유치권]120 · 147, [선장의 유치권]800, [유치권의 효력]민320~328, [본조 준용]보험44

第92條【契約의 解止】 ① 當事者가 契約의 存續期間을 約定하지 아니한 때에는 各 當事者는 2月前에 豫告하고 契約을 解止할 수 있다.
② 第83條第2項의 規定은 代理商에 準用한다.
참조 [위임종료원인]50, 민550 · 689 · 690, [본조 준용]보험44

第92條의2【代理商의 補償請求權】 ① 代理商의 活動으로 本人이 새로운 顧客을 획득하거나 營業상의 去來가 현저하게 증가하고 이로 인하여 契約의 종료후에도 本人이 이익을 얻고 있는 경우에는 代理商은 本人에 대하여 상당한 補償을 請求할 수 있다. 다만, 契約의 종료가 代理商의 責任있는 사유로 인한 경우에는 그러하지 아니하다.
② 第1項의 規定에 의한 補償金額은 契約의 종료전 5年間의 平均年報酬額을 초과할 수 없다. 契約의 存續期間이 5年미만인 경우에는 그 기간의 平均年報酬額을 기준으로 한다.
③ 第1項의 規定에 의한 補償請求權은 契約이 종료한 날부터 6月을 경과하면 消滅한다.
(1995.12.29 본조신설)

第92條의3【代理商의 營業秘密遵守義務】 代理商은 契約의 종료후에도 契約과 관련하여 알게 된 本人의 營業상의 秘密을 준수하여야 한다.(1995.12.29 본조신설)

第6章 仲介業

第93條【意義】 他人間의 商行爲의 仲介를 營業으로 하는 者를 仲介人이라 한다.
참조 [중개에 관한 행위와 상행위]46, [상인]4, [중개대리상]87

第94條【仲介人의 給與受領代理權】 仲介人은 그 仲介한 行爲에 관하여 當事者를 위하여 支給 기타의 履行을 받지 못한다. 그러나 다른 約定이나 慣習이 있으면 그러하지 아니하다.
참조 [중개인과 이행의 책임]99

第95條【見品保管義務】 仲介人이 그 仲介한 行爲에 관하여 見品을 받은 때에는 그 行爲가 完了될 때까지 이를 保管하여야 한다.

第96條【結約書交付義務】 ① 當事者間에 契約이 成立된 때에는 仲介人은 지체없이 各 當事者의 姓名 또는 商號, 契約年月日과 그 要領을 記載한 書面을 作成하여 記名捺印 또는 署名한 後 各 當事者에게 交付하여야 한다.
② 當事者가 즉시 履行을 하여야 하는 경우를 除外하고 仲介人은 各 當事者로 하여금 第1項의 書面에 記名捺印 또는 署名하게 한 後 그 相對方에게 交付하여야 한다.
③ 第1項 및 第2項의 경우에 當事者의 一方이 書面의 受領을 拒否하거나 記名捺印 또는 署名하지 아니한 때에는 仲介人은 지체없이 相對方에게 그 通知를 發送하여야 한다.
(1995.12.29 본조개정)
참조 [성명 · 상호기재의 예외]98, [보수청구의 전제]100①
판례 중개인의 결약서교부의무 : 중개인은 당사자간에 계약이 성립된 때에는 지체없이 각 당사자의 성명 또는 상호계약 년월일과 그 요령을 기재한 서면을 작성하여 기명날인한 후 각 당사자에게 교부하여야 한다.(대판 1972.8.22, 72다1071,1072)

第97條【仲介人의 帳簿作成義務】 ① 仲介人은 前條에 規定한 事項을 帳簿에 記載하여야 한다.
② 當事者는 언제든지 自己를 위하여 仲介한 行爲에 관한 帳簿의 謄本의 交付를 請求할 수 있다.
참조 [장부치]29 · 33, [등본과 성명, 상호기재의 예외]98

第98條【姓名, 상호 묵비의 義務】 當事者가 그 姓名 또는 商號를 相對方에게 表示하지 아니할 것을 仲介人에게 要求한 때에는 仲介人은 그 相對方에게 交付할 第96條第1項의 書面과 前條第2項의 謄本에 이를 記載하지 못한다.
참조 [중개인의 책임]99

第99條【仲介人의 履行責任】 仲介人이 任意로 또는 前條의 規定에 의하여 當事者의 一方의 姓名 또는 商號를 相對方에게 表示하지 아니한 때에는 相對方은 仲介人에 대하여 履行을 請求할 수 있다.
참조 [대위변제]민481, [위탁매매인의 권리의무]102 · 107

第100條【報酬請求權】 ① 仲介人은 第96條의 節次를 終了하지 아니하면 報酬를 請求하지 못한다.
② 仲介人의 報酬는 當事者雙方이 均分하여 負擔한다.
참조 [보수일반]61, [위임 또는 도급과 보수]민656② · 665 · 686
판례 중개인의 보수 : 선박을 매매함에 있어 그 대금을 연불조건으로 지급하기로 약정하는 경우의 중개수수료는 연불에 따른 이자를 제외한 선박대금액을 기준으로 산정하여 지급하는 것이 일반거래의 관행이다.(대판 1985.10.8, 85누542)

第7章 委託賣買業

第101條【意義】 自己名義로써 他人의 計算으로 物件 또는 有價證券의 賣買를 營業으로 하는 者를 委託賣買人이라 한다.
참조 [주선에 관한 행위와 상행위]46, [상인]4, [준위탁매매인]113, [운송주선업]114이하
판례 채권매매거래의 위탁계약의 성립시기 : 채권매매거래의 위탁계약의 성립 시기는 위탁금이나 위탁채권을 받을 직무상의 권한이 있는 직원이 채권매매거래를 위탁한다는 의사로 이를 위탁하는 고객으로부터 금원이나 채권을 수령하면 곧바로 위탁계약이 성립하고, 그 이후에 그 직원의 금원수납에 관한 처리는 계약의 성립에 영향이 없다.(대판 1997.2.14, 95다19140)
판례 수탁판매인의 영업점포 상호변경이나 영업장소 이전이 위탁판매계약의 해지사유가 되는지 여부 : 위탁판매 계약이 수탁판매인의 영업점포의 상호 변경이나 영업장소의 변경으로 당연

히 해지된다고 볼 수 없고, 또한 위탁판매점 계약에서 상품 전시시설이 계약의 중요 요소가 된다고 볼 수 있는 것도 아니므로 수탁 판매인이 영업장소를 이전한 점포에 전시시설이 있는지의 유무에 따라 계약의 해지 여부에 관한 판단이 달라진다고 볼 수 없다.(대판 1995.12.22, 95다16660)

第102條【委託賣買人의 地位】 委託賣買人은 委託者를 위한 賣買로 인하여 相對方에 대하여 직접 權利를 取得하고 義務를 負擔한다.

참조 [매매]민563이하

일판 위탁판매인이 위탁의 실행으로 매매에 의하여 권리를 취득한 후에 이것을 위탁자에게 이전하지 않은 사이에 파산한 경우에는 위탁자는 권리에 관하여 환수권을 행사할 수 있다.(日·最高 1968.7.11)

第103條【委託物의 歸屬】 委託賣買人이 委託者로부터 받은 物件 또는 有價證券이나 委託賣買로 인하여 取得한 物件, 有價證券 또는 債權은 委託者와 委託賣買人 또는 委託賣買人의 債權者間의 關係에서는 이를 委託者의 所有 또는 債權으로 본다.

판례 위탁매매와 횡령죄의 관계 : 위탁판매에 있어서는 위탁품의 소유권은 위임자에게 속하고 그 판매대금은 다른 특약이나 특별한 사정이 없는 한 이를 수령함과 동시에 위탁자에 귀속한다 할 것이므로 위탁매매인이 이를 사용, 소비한 때에는 횡령죄가 성립한다.(대판 1982.2.23, 81도2619)

第104條【通知義務, 計算書提出義務】 委託賣買人이 委託받은 賣買를 한 때에는 지체없이 委託者에 대하여 그 契約의 要領과 相對方의 住所, 姓名의 通知를 發送하여야 하며 計算書를 提出하여야 한다.

참조 [대리상의 통지의무]88, 민683

第105條【委託賣買人의 履行擔保責任】 委託賣買人은 委託者를 위한 賣買에 관하여 相對方이 債務를 履行하지 아니하는 경우에는 委託者에 대하여 이를 履行할 責任이 있다. 그러나 다른 約定이나 慣習이 있으면 그러하지 아니하다.

참조 [대위변제]민481

판례 위탁매매인에 대한 이득상환청구권이나 이행담보책임 이행청구권의 상사소멸시효 적용 여부 : 위탁자의 위탁상품 공급으로 인한 위탁매매인에 대한 이득상환청구권이나 이행담보책임 이행청구권은 위탁자의 위탁매매인에 대한 상품 공급과 서로 대가관계에 있지 아니하여 등가성이 없으므로 민법 제163조 제6호 소정의 '상인이 판매한 상품의 대가'에 해당하지 아니하여 3년의 단기소멸시효의 대상이 아니고, 한편 위탁매매는 상법상 전형적 상행위이며 위탁매매인은 당연한 상인이고 위탁자도 통상 상인일 것이므로, 위탁자의 위탁매매인에 대한 매매 위탁으로 인한 위의 채권은 다른 특별한 사정이 없는 한 통상 상행위로 인하여 발생한 채권이어서 상법 제64조 소정의 5년의 상사소멸시효의 대상이 된다.(대판 1996.1.23, 95다39854)

第106條【指定價額遵守義務】 ① 委託者가 指定한 價額보다 廉價로 賣渡하거나 高價로 買受한 경우에도 委託賣買人이 그 差額을 負擔한 때에는 그 賣買는 委託者에 대하여 效力이 있다.

② 委託者가 指定한 價額보다 高價로 賣渡하거나 廉價로 買受한 경우에는 그 差額은 다른 約定이 없으면 委託者의 利益으로 한다.

참조 [가격의 지정과 위임의 본지]49, 민681, [위탁자에 대한 효력]112

第107條【위탁매매인의 개입권】 ① 위탁매매인이 거래소의 시세가 있는 물건 또는 유가증권의 매매를 위탁받은 경우에는 직접 그 매도인이나 매수인이 될 수 있다. 이 경우의 매매대가는 위탁매매인이 매매의 통지를 발송할 때의 거래소의 시세에 따른다.

② 제1항의 경우에 위탁매매인은 위탁자에게 보수를 청구할 수 있다.

(2010.5.14 본조개정)

改前 "第107條【委託賣買人의 介入權】① 委託賣買人이 去來所의 時勢있는 物件의 賣買를 委託받은 때에는 直接 그 賣渡人이나 買受人이 될 수 있다. 이 경우의 賣買代價는 委託賣買人이 賣買의 通知를 發送한 때의 去來所의 時勢에 의한다.
② 前項의 경우에도 委託賣買人은 委託者에 대하여 報酬를 請求할 수 있다."

참조 [매매의 통지]104, [보수청구권]61·110

독판 매도위탁의 경우 위탁매매인이 개입권을 행사하면 위탁자의 위탁매매인에 대한 매매대금채권은 일반 민법상의 30년의 시효를 갖는 것이 아니라(우리 민법은 제162조에 따라 10년), 독일 민법 제196조에 따라 2년 내지 4년(우리 민법은 제163조 제6호에 따라 3년)으로 단기 시효소멸한다.(독·연방법원 1980.9.26)

第108條【委託物의 毁損, 瑕疵 등의 效果】 ① 委託賣買人이 委託賣買의 目的物을 引渡받은 後에 그 物件의 毁損 또는 瑕疵를 發見하거나 그 物件이 腐敗할 念慮가 있는 때 또는 價格低落의 商況을 안 때에는 지체없이 委託者에게 그 通知를 發送하여야 한다.

② 前項의 경우에 委託者의 指示를 받을 수 없거나 그 指示가 遲延되는 때에는 委託賣買人은 委託者의 利益을 위하여 適當한 處分을 할 수 있다.

참조 [매수인의 하자통지의무]69

第109條【買受物의 供託, 競賣權】 第67條의 規定은 委託賣買人이 買受의 委託을 받은 경우에 委託者가 買受한 物件의 受領을 拒否하거나 이를 受領할 수 없는 때에 準用한다.

第110條【買受委託者가 商人인 경우】 商人인 委託者가 그 營業에 관하여 物件의 買受를 委託한 경우에는 委託者와 委託賣買人間의 關係에는 第68條 내지 第71條의 規定을 準用한다.

第111條【準用規定】 第91條의 規定은 委託賣買人에 準用한다.

第112條【委任에 관한 規定의 適用】 委託者와 委託賣買人間의 關係에는 本章의 規定외에 委任에 관한 規定을 適用한다.

참조 [위임]49, 민680이하

第113條【準委託賣買人】 本章의 規定은 自己名義로써 他人의 計算으로 賣買아닌 行爲를 營業으로 하는 者에 準用한다.

참조 [매매와 위탁매매인]101, [물품운송의 주선]114이하

第8章 運送周旋業

第114條【意義】 自己의 名義로 物件運送의 周旋을 營業으로 하는 者를 運送周旋人이라 한다.

참조 [주선에 관한 행위와 상행위]46, [상인]4, [물품운송]126이하·791이하

판례 운송주선계약에 적용되는 규정 : 상법 제46조 제12호, 제114조에 의하여 자기의 명의로 물건운송의 주선을 영업으로 하는 상인을 운송주선인이라고 하고 여기서 주선이라 함은 자기의 이름으로 타인의 계산 아래 법률행위를 하는 것을 의미하는 것이므로 운송주선계약은 운송주선인이 그 상대방인 위탁자를 위하여 물건운송계약을 체결할 것 등의 위탁을 인수하는 계약으로 민법상의 위임의 일종이기 때문에 운송주선업에 관한 상법의 규정이 적용되는 외에 민법의 위임에 관한 규정이 보충적용된다.(대판 1987.10.13, 85다카1080)

第115條【損害賠償責任】 運送周旋人은 自己나 그 使用人이 運送物의 受領, 引渡, 保管, 運送人이나 다른 運送周旋人의 選擇 기타 運送에 관하여 注意를 懈怠하지 아니하였음을 證明하지 아니하면 運送物의 滅失, 毁損 또는 延着으로 인한 損害를 賠償할 責任을 免하지 못한다.

참조 [손해배상]121, 민390·393·750·756, [고가품과 손해배상]124·153, [유사규정]135·148·152·160·812

일판 운송주선인의 채무불이행에 의한 손해배상청구권과 불법행위에 의한 손해배상청구권과는 경합으로 인정되고, 또 청구권의 경합이 인정됨에는 운송주선인측에 과실이 있으면 족하고 고의·중과실이 있는 경우에 한하지 않는다.(日·最高 1963.11.5)

第116條【介入權】 ① 運送周旋人은 다른 約定이 없으면 直接運送할 수 있다. 이 경우에는 運送周旋人은 運送人과 同一한 權利義務가 있다.

② 運送周旋人이 委託者의 請求에 의하여 貨物相換證을 作成한 때에는 直接運送하는 것으로 본다.

참조 [운송인의 권리의무]125이하·781이하, [화물상환증]128이하·813이하, [개입과 보수 및 비용]107②·123

판례 개입권행사의 상법조건이 되는 운송주선인이 작성한 증권 : 해상운송주선인 갑이 선적선하증권을 자기의 명의로 발행한 것이 아니고 양육항에서의 통관 및 육상운송의 편의를 위하여 화주의 부탁을 받고 양육항의 현지상인이면서 갑과 상호대리관계에 있는 을의 대리인자격으로 발행한 것이라면, 갑과 을간에 상호대리관계가 있다하여도 그것만으로는 이 선하증권이 상법 제116조의 개입권행사의 상법조건이 되는 "운송주선인이 작성한 증권"으로 볼 수는 없다.(대판 1987.10.13, 85다카1080)

第117條【中間運送周旋人의 代位】 ① 數人이 順次로 運送周旋을 하는 경우에는 後者는 前者에 갈음하여 그 權利를 行使할 義務를 負擔한다.

② 前項의 경우에 後者가 前者에게 辨濟한 때에는 前者의 權利를 取得한다.

참조 [변제로 인한 대위]민481, [운송인에의 준용]147

第118條【運送人의 權利의 取得】 前條의 경우에 運送周旋人이 運送人에게 辨濟한 때에는 運送人의 權利를 取得한다.

참조 [운송인의 권리]120·134·147·800·804, [대위변제]민481

第119條【報酬請求權】 ① 運送周旋人은 運送物을 運送人에게 引渡한 때에는 卽時 報酬를 請求할 수 있다.

② 運送周旋契約으로 運賃의 額을 정한 경우에는 다른 約定이 없으면 따로 報酬를 請求하지 못한다.

참조 [보수]61·112·123, 민686, [유치권]120, [단기시효]122

第120條【留置權】 運送周旋人은 運送物에 관하여 받을 報酬, 運賃, 기타 委託者를 위한 替當金이나 先貸金에 관하여서만 그 運送物을 留置할 수 있다.

참조 [유치권]민320, [상인간의 유치권]58, [위탁매매인의 유치권]91·111, [채권의 단기시효]122, 민326, [운송인에의 준용]147

第121條【運送周旋人의 責任의 時效】 ① 運送周旋人의 責任은 受荷人이 運送物을 受領한 날로부터 1年을 經過하면 消滅時效가 完成한다.

② 前項의 期間은 運送物이 全部 滅失한 경우에는 그 運送物을 引渡할 날로부터 起算한다.(1962.12.12 본항개정)

③ 前2項의 規定은 運送周旋人이나 그 使用人이 惡意인 경우에는 適用하지 아니한다.

참조 [책임]115, [상사시효]64, [운송인의 책임에의 준용]147

第122條【運送周旋人의 債權의 時效】 運送周旋人의 委託者 또는 受荷人에 대한 債權은 1年間 行使하지 아니하면 消滅時效가 完成한다.

참조 [운송주선인의 채권]110·119·123·124·141, 민687·688, [상사시효]64, [운송인의 권리에의 준용]47

第123條【準用規定】 運送周旋人에 관하여는 本章의 規定外에 委託賣買人에 관한 規定을 準用한다.

참조 [위탁매매인]101이하

판례 운송주선인의 통지의무 : 운송주선인은 위탁자를 위하여 물건운송의 주선을 하는 것이기 때문에 운송인과의 사이에 물건운송계약을 체결했을 때에는 상법 123조, 104조에 의하여 그 구체적 내용에 관한 통지를 해야 하고 이 경우에는 위탁자와의 내부관계에 있어서는 운송주선인이 체결한 운송계약상의 권리의무는 주선인에 의한 양도 등 특별한 이전절차 없이도 위탁자에 귀속되는 것이지만 위탁자가 그 권리를 운송인에게 주장할 수 있기 위하여는 민법 450조 내지 452조에 따른 채권양도의 통지가 필요하고 다만 지시식이나 무기명식의 선하증권이 발행되어 있을 때에는 민법 508조, 523조에 의하여 운송주선인이 이를 위탁자에게 배서 또는 교부함으로써 그러한 절차를 이행하는 것이 된다.(대판 1987.10.13, 85다카1080)

第124條【同前】 第136條, 第140條와 第141條의 規定은 運送周旋業에 準用한다.

第9章 運送業

第125條【意義】 陸上 또는 湖川, 港灣에서 物件 또는 旅客의 運送을 營業으로 하는 者를 運送人이라 한다.

참조 [운송과 상행위]46, [도급계약]민664이하, [운송인과 동일한 권리의무있는 자]116, [서신의 송달]우편법2, [육상운송에 관한 다른 법규]철도사업법, 궤도운송법, 여객자동차운수사업법, [해상운송]791이하, [공중운송]896이하, 항공사업법

第1節 物件運送

第126條【화물명세서】 ① 送荷人은 運送人의 請求에 의하여 화물명세서를 交付하여야 한다.(2007.8.3 본항개정)

② 화물명세서에는 다음의 事項을 記載하고 送荷人이 記名捺印 또는 署名하여야 한다.(2007.8.3 본문개정)

1. 運送物의 種類, 重量 또는 容積, 包裝의 種別, 個數와 記號
2. 到着地
3. 受荷人과 運送人의 姓名 또는 商號, 營業所 또는 住所
4. 運賃과 그 先給 또는 着給의 區別
5. 화물명세서의 作成地와 作成年月日(2007.8.3 본호개정)

(2007.8.3 본조제목개정)

改前 第126條【"運送狀"】① 送荷人은…의하여 "運送狀"을 交付하여야…
② "運送狀은" 다음의 事項을…
5. "運送狀"의 作成地와 作成年月日

第127條【화물명세서의 虛僞記載에 대한 責任】 ① 送荷人이 화물명세서에 虛僞 또는 不正確한 記載를 한 때에는 運送人에 대하여 이로 인한 損害를 賠償할 責任이 있다.(2007.8.3 본항개정)

② 前項의 規定은 運送人이 惡意인 경우에는 適用하지 아니한다.

(2007.8.3 본조제목개정)

改前 第127條【"運送狀"의 虛僞記載에 대한 責任】① 送荷人이 "運送狀"에 虛僞 또는…

참조 [화물명세서]126

第128條【貨物相換證의 發行】 ① 運送人은 送荷人의 請求에 의하여 貨物相換證을 交付하여야 한다.

② 貨物相換證에는 다음의 事項을 記載하고 運送人이 記名捺印 또는 署名하여야 한다.(1995.12.29 본문개정)

1. 第126條第2項第1號 내지 第3號의 事項
2. 送荷人의 姓名 또는 商號, 營業所 또는 住所
3. 運賃 기타 運送物에 관한 費用과 그 先給 또는 着給의 區別
4. 貨物相換證의 作成地와 作成年月日

참조 인지세법2, [화물상환증]130~133, [운송주선인과 화물상환증의 작성]116, [선하증권]852

第129條【貨物相換證의 相換證券性】 貨物相換證을 作成한 경우에는 이와 相換하지 아니하면 運送物의 引渡를 請求할 수 없다.

참조 [화물상환증]130~133, [창고증권, 선하증권에의 준용]157·820

판례 운송인이 운송물을 선하증권 소지인 아닌 자에게 인도함으로써 선하증권 소지인의 운송물에 대한 권리를 침해한 경우 그 불법행위의 성립 시점 : 선하증권을 발행한 운송인이 선하증권과 상환하지 아니하고 운송물을 선하증권 소지인 아닌 자에게 인도함으로써 선하증권 소지인에게 운송물을 인도하지 못하게 되어 운송물에 대한 그의 권리를 침해하였을 때에는 운송인이 선하증권 소지인이 아닌 자에게 운송물을 인도함으로써 선하증권 소지인의 운송물에 대한 권리의 행사가 어렵게 된 때에 곧바로 불법행위가 성립한다.(대판 2001.4.10, 2000다46795 : 동법 제820조 참조)

商法

판례 상법 129조의 의미 : 상법 820조, 129조의 규정은 운송인에게 선하증권의 제시가 없는 운송물인도청구를 거절할 수 있는 권리와 함께 선하증권의 제시가 없는 경우 운송물의 인도를 거절하여야 할 의무가 있음을 규정하고 있다고 봄이 상당하다.(대판 1991.12.10, 91다14123)

第130條【貨物相換證의 當然한 指示證券性】 貨物相換證은 記名式인 경우에도 背書에 의하여 讓渡할 수 있다. 그러나 貨物相換證에 背書를 禁止하는 뜻을 記載한 때에는 그러하지 아니하다.

참조 [배서]65, 어음12·13·14②, [지시증권성]어음11, 민449이하, [창고증권, 선하증권에의 준용]157·861

판례 배서금지문구가 기재된 선하증권의 양도방법 : 선하증권은 기명식으로 발행된 경우에도 법률상 당연한 지시증권으로서 배서에 의하여 이를 양도할 수 있지만, 배서를 금지하는 뜻이 기재된 경우에는 배서에 의해서는 양도할 수 없고, 그러한 경우에는 일반 지명채권양도의 방법에 의하여서만 이를 양도할 수 있다.(대판 2001.3.27, 99다17890 : 동법 제820조 참조)

第131條【화물상환증 기재의 효력】 ① 제128조에 따라 화물상환증이 발행된 경우에는 운송인과 송하인 사이에 화물상환증에 적힌 대로 운송계약이 체결되고 운송물을 수령한 것으로 추정한다.

② 화물상환증을 선의로 취득한 소지인에 대하여 운송인은 화물상환증에 적힌 대로 운송물을 수령한 것으로 보고 화물상환증에 적힌 바에 따라 운송인으로서 책임을 진다.

(2010.5.14 본조개정)

改前 "第131條【貨物相換證의 文言證券性】 貨物相換證을 作成한 경우에는 運送에 관한 事項은 運送人과 所持人間에 있어서는 貨物相換證에 記載된 바에 의한다."

참조 [창고증권, 선하증권에의 준용]157·861

판례 선하증권의 문언증권성 : 선하증권에 의한 운송물의 인도청구권은 운송인이 송하인으로부터 실제로 받은 운송물 즉 특정물에 대한 것이고 따라서 운송물을 수령 또는 선적하지 않았음에도 불구하고 선하증권이 발행된 경우에는 그 선하증권은 원인과 요건을 구비하지 못하여 목적물의 흠결이 있는 것으로서 이는 누구에 대하여도 무효라고 봄이 상당하다.(대판 1982.9.14, 80다1325)

第132條【貨物相換證의 處分證券性】 貨物相換證을 作成한 경우에는 運送物에 관한 處分은 貨物相換證으로써 하여야 한다.

참조 [운송품의 인도와 화물상환증]129·133, [창고증권, 선하증권에의 준용]157·861

第133條【貨物相換證交付의 物權的 效力】 貨物相換證에 의하여 運送物을 받을 수 있는 者에게 貨物相換證을 交付한 때에는 運送物 위에 行使하는 權利의 取得에 관하여 運送物을 引渡한 것과 同一한 效力이 있다.

참조 [지시에 의한 점유이전]민196, [동산인도의 효력]민188·330, [창고증권, 선하증권에의 준용]157·861

판례 선하증권의 물권적 효력 : 운송물을 처분하는 당사자 간에는 운송물에 관한 처분은 증권으로써 하여야 하며 운송물을 받을 수 있는 자에게 증권을 교부한 때에는 운송물 위에 행사하는 권리의 취득에 관하여 운송물을 인도한 것과 동일한 물권적 효력이 발생하므로 운송물의 권리를 양수한 수하인 또는 그 이후의 자는 선하증권을 교부받음으로써 그 채권적 효력으로 운송계약상의 권리를 취득함과 동시에 그 물권적 효력으로 양도 목적물의 점유를 인도받은 것이 되어 그 운송물의 소유권을 취득한다.(대판 1998.9.4, 96다6240)

第134條【運送物滅失과 運賃】 ① 運送物의 全部 또는 一部가 送荷人의 責任없는 事由로 인하여 滅失한 때에는 運送人은 그 運賃을 請求하지 못한다. 運送人이 이미 그 運賃의 全部 또는 一部를 받은 때에는 이를 返還하여야 한다.

② 運送物의 全部 또는 一部가 그 性質이나 瑕疵 또는 送荷人의 過失로 인하여 滅失한 때에는 運送人은 運賃의 全額을 請求할 수 있다.

참조 [위험부담]민537, [운임]71·139·141, 민665, [반환]민741이하

판례 운송물 일부를 유치한 경우 피담보채권의 범위 : 동일한 기회에 동일한 수하인에게 운송하여 줄 것을 의뢰받은 운송인이 운송물의 일부를 유치한 경우 운송물 전체에 대한 운임채권은 동일한 법률관계에서 발생한 채권으로서 유치의 목적물과 견련관계를 인정하여 피담보채권의 범위에 속한다고 할 수 있다.(대판 1993.3.12, 92다32906)

第135條【손해배상책임】 운송인은 자기 또는 운송주선인이나 사용인, 그 밖에 운송을 위하여 사용한 자가 운송물의 수령, 인도, 보관 및 운송에 관하여 주의를 게을리하지 아니하였음을 증명하지 아니하면 운송물의 멸실, 훼손 또는 연착으로 인한 손해를 배상할 책임이 있다.(2010.5.14 본조개정)

改前 "第135條【損害賠償責任】 運送人은 自己 또는 運送周旋人이나 使用人 기타 運送을 위하여 使用한 者가 運送物의 受領, 引渡, 保管과 運送에 관하여 注意를 懈怠하지 아니하였음을 證明하지 아니하면 運送物의 滅失, 毁損 또는 延着으로 인한 損害를 賠償할 責任을 免하지 못한다."

참조 [손해배상]136-138, 민390·393·750·756, 철도사업법24, [책임의 소멸]121·146·147, [유사규정]115·148·152·160·795

판례 운송계약상 면책특약이 불법행위책임에 적용되는지 여부 : 운송계약상의 채무불이행책임이나 불법행위로 인한 손해배상책임은 병존하고, 운송계약상의 면책특약은 일반적으로 이를 불법행위책임에도 적용하기로 하는 명시적 또는 묵시적 합의가 없는 한 당연히 불법행위책임에 적용되지 않는다.(대판 1999.7.13, 99다8711)

판례 담보권상실로 인해 손해가 발생한 경우 : 운송인이 운송계약상의 의무에 위배하여 수하인이 아닌 수입상에게 직접 화물을 인도하여 운송의뢰인의 수출대금에 대한 담보권을 침해한 경우 수입상에 대한 수출대금채권이 형식적으로 존재한다고 할지라도 수입상이 화물에 하자 있음을 트집잡아 대금을 지급하지 않고 있다면 담보권상실로 인하여 손해가 발생하였다고 할 것이다.(대판 1993.5.27, 92다32180)

第136條【高價物에 대한 責任】 貨幣, 有價證券 기타의 高價物에 대하여는 送荷人이 運送을 委託할 때에 그 種類와 價額을 明示한 경우에 限하여 運送人이 損害를 賠償할 責任이 있다.

참조 [유사규정]124·136·153, [해상운송에의 준용]815

판례 불법행위에 고가물불고지로 인한 면책규정이 적용되는지 여부 : 상법 제136조와 관련되는 고가물불고지로 인한 면책규정은 일반적으로 운송인의 운송계약상의 채무불이행으로 인한 청구에만 적용되고 불법행위로 인한 손해배상청구에는 그 적용이 없으므로 운송인의 운송이행업무를 보조하는 자가 운송과 관련하여 고의 또는 과실로 송하인에게 손해를 가한 경우 동인은 운송계약의 당사자가 아니어서 운송계약상의 채무불이행으로 인한 책임은 부담하지 아니하나 불법행위로 인한 손해배상책임을 부담하므로 위 면책규정은 적용될 여지가 없다.(대판 1991.8.23, 91다15409)

第137條【損害賠償의 額】 ① 운송물이 전부멸실 또는 연착된 경우의 손해배상액은 인도할 날의 도착지의 가격에 따른다.(2011.4.14 본항개정)

② 運送物이 一部 滅失 또는 毁損된 경우의 損害賠償額은 引渡한 날의 到着地의 價格에 의한다.

③ 運送物의 滅失, 毁損 또는 延着이 運送人의 故意나 重大한 過失로 인한 때에는 運送人은 모든 損害를 賠償하여야 한다.

④ 運送物의 滅失 또는 毁損으로 인하여 支給을 要하지 아니하는 運賃 기타 費用은 前3項의 賠償額에서 控除하여야 한다.

改前 "① 運送物이 全部 滅失 또는 延着된 경우의 損害賠償額은 引渡한 날의 到着地의 價格에 의한다."

참조 [채무불이행으로 인한 손해배상에 관한 원칙]민393, [철도운송과 배상액]철도사업법24, [불법행위로 인한 손해배상책임]민750, [해상운송에의 준용]815

독판 상법 제137조 제3항(독일 상법 제430조 제3항)에 규정된 운송인의 고의 또는 중과실의 입증책임은 송하인 또는 수하인 등 손해배상청구권자에게 있다.(독·연방법원 1986.6.19)

독판 상법 제137조(독일 상법 제430조)의 적용으로 채무불이행으로 인한 손해배상에 관한 민법 제393조(독일 민법 제249조 이하)의 규정은 그 적용이 배제된다.(독·연방법원 1980.2.13)

第138條【順次運送人의 連帶責任, 求償權】 ① 數人이 順次로 運送할 경우에는 各 運送人은 運送物의 滅失, 毁損 또는 延着으로 인한 損害를 連帶하여 賠償할 責任이 있다.

② 運送人중 1人이 前項의 規定에 의하여 損害를 賠償한 때에는 그 損害의 原因이 된 行爲를 한 運送人에 대하여 求償權이 있다.

③ 前項의 경우에 그 損害의 原因이 된 行爲를 한 運送人을 알 수 없는 때에는 各 運送人은 그 運賃額의 比率로 損害를 分擔한다. 그러나 그 損害가 自己의 運送區間內에서 發生하지 아니하였음을 證明한 때에는 損害分擔의 責任이 없다.

참조 [연대]민413이하, [순차운송에 있어서의 전자후자의 관계]117·147, [해상운송에의 준용]815

第139條【運送物의 處分請求權】 ① 送荷人 또는 貨物相換證이 發行된 때에는 그 所持人이 運送人에 대하여 運送의 中止, 運送物의 返還 기타의 處分을 請求할 수 있다. 이 경우에 運送人은 이미 運送한 比率에 따른 運賃, 替當金과 處分으로 인한 費用의 支給을 請求할 수 있다.

② (1995.12.29 삭제)

참조 [도급계약해제]민673, ①[매수인의 파산과 매도인의반환청구권 채무자회생파산408, [운임]571②, [유치권]120·122·147

독판 송하인의 운송중인 운송물에 대한 처분청구권은 상대방 있는 의사표시의 효력과 같이 송하인의 청구가 운송인에게 도달하여야 유효하게 행사될 수 있다. 따라서 송하인의 처분청구가 운송인에게 도달하지 못한으로 말미암은 불이익은 송하인 자신의 부담으로 볼 것이다.(독·연방법원 1968.3.27)

第140條【受荷人의 地位】 ① 運送物이 到着地에 到着한 때에는 受荷人은 送荷人과 同一한 權利를 取得한다.

② 運送物이 到着地에 到着한 후 受荷人이 그 引渡를 請求한 때에는 受荷人의 權利가 送荷人의 權利에 우선한다.(1995.12.29 본항신설)

참조 [도착지]126②·128②, [수하인의 의무]141·807

판례 항공운송인 또는 항공운송주선인이 공항에 도착한 수입항공화물을 통관을 위하여 세관이 지정한 보세창고업자에게 인도하는 것만으로 항공화물이 항공운송인이나 항공운송주선인의 지배를 떠나 수하인에게 인도된 것으로 볼 수는 없다.(대판 1998.9.4, 94다46404)

第141條【受荷人의 義務】 受荷人이 運送物을 受領한 때에는 運送人에 대하여 運賃 기타 運送에 관한 費用과 替當金을 支給할 義務를 負擔한다.

참조 [운송물의 수취등과 운송인의 책임소멸]121·146·147, [운송인의 유치권]120·122·147, [수하인의 채권소멸]122·147

第142條【受荷人不明의 경우의 供託, 競賣權】 ① 受荷人을 알 수 없는 때에는 運送人은 運送物을 供託할 수 있다.

② 第1項의 경우에 運送人은 送荷人에 대하여 상당한 기간을 정하여 運送物의 처분에 대한 指示를 催告하여도 그 기간내에 指示를 하지 아니한 때에는 運送物을 競賣할 수 있다.(1995.12.29 본항개정)

③ 運送人이 第1項 및 第2項의 規定에 의하여 運送物의 供託 또는 競賣를 한 때에는 지체없이 送荷人에게 그 통지를 發送하여야 한다.(1995.12.29 본항개정)

참조 [최고불요의 경우]67②·145, [송하인의 지시권]139, [경매와 대가의 공탁]67③·145, [해상운송과 공탁]803, [공탁]공탁, 공탁규칙, [경매]민집

第143條【運送物의 受領拒否, 受領不能의 경우】 ① 前條의 規定은 受荷人이 運送物의 受領을 拒否하거나 受領할 수 없는 경우에 準用한다.

② 運送人이 競賣를 함에는 送荷人에 대한 催告를 하기 전에 受荷人에 대하여 상당한 기간을 정하여 運送物의 受領을 催告하여야 한다.(1995.12.29 본항개정)

참조 [최고불요의 경우]67②·145, [송하인의 지시권]139, [경매와 대가의 공탁]67③·145

第144條【公示催告】 ① 送荷人, 貨物相換證所持人과 受荷人을 알 수 없는 때에는 運送人은 權利者에 대하여 6月이상의 期間을 정하여 그 期間內에 權利를 主張할 것을 公告하여야 한다.

② 第1項의 公告는 官報나 日刊新聞에 2회이상 하여야 한다.(1984.4.10 본항개정)

③ 運送人이 第1項 및 第2項의 規定에 의한 公告를 하여도 그 期間내에 權利를 主張하는 者가 없는 때에는 運送物을 競賣할 수 있다.(1984.4.10 본항개정)

참조 [최고를 요하지 않는 경우]67②·145

第145條【準用規定】 第67條第2項과 第3項의 規定은 前3條의 競賣에 準用한다.

第146條【運送人의 責任消滅】 ① 運送人의 責任은 受荷人 또는 貨物相換證所持人이 留保없이 運送物을 受領하고 運賃 기타의 費用을 支給한 때에는 消滅한다. 그러나 運送物에 즉시 發見할 수 없는 毁損 또는 一部 滅失이 있는 경우에 運送物을 受領한 날로부터 2週間內에 運送人에게 그 通知를 發送한 때에는 그러하지 아니하다.

② 前項의 規定은 運送人 또는 그 使用人이 惡意인 경우에는 適用하지 아니한다.

참조 [운송인의 책임]135-138, [시효로 인한 소멸]121·147, [창고업자에의 준용]168, [해상운송에의 준용]815

독판 상법 제146조 제1항(독일 상법 제438조 제1항)에 따라 수하인이 유보없이 운송물을 수령하고 운임지급을 이행한 때에는 운송인의 책임이 소멸하나 그로 인하여 운송인의 불법행위로 인한 손해배상책임까지 소멸한다고 볼 수는 없다.

(독·연방법원 1984.10.22)

第147條【準用規定】 第117條, 第120條 내지 第122條의 規定은 運送人에 準用한다.

독판 운송인의 불법행위로 인한 손해배상책임이 그 내용상 운송계약상의 채무불이행책임과 경합할 수 있다 할지라도 그 시효기간은 일반민법상의 불법행위책임의 시효규정에 따른다(독일 민법 제852조, 우리 민법 제766조에 따라 3년). 운송인의 불법행위책임의 시효산정에 상법 제147조 및 동법 제121조를 적용할 것은 아니다(독일 상법 제439조 및 제414조).

(독·연방법원 1991.12.12)

第2節 旅客運送

第148條【旅客이 받은 損害의 賠償責任】 ① 運送人은 自己 또는 使用人이 運送에 관한 注意를 懈怠하지 아니하였음을 證明하지 아니하면 旅客이 運送으로 인하여 받은 損害를 賠償할 責任을 免하지 못한다.

② 損害賠償의 額을 정함에는 法院은 被害者와 그 家族의 情狀을 參酌하여야 한다.

참조 [여객운송]철도사업법8-10, 여객자동차운수사업법30이하, [유사규정]11·135·160, [해상여객운송에의 준용]826①, [손해배상]민390·393·396·750·756·763, 자동차손해배상

판례 운송인의 책임을 부정한 경우 : 잠결에 하차하지 못한 피해자가 열차가 출발할 무렵 잠에서 깨어나 서서히 진행 중인 열차에서 뛰어내리다 추락한 사고에 대하여 운송인의 책임을 부정하였다.(대판 1993.2.26, 92다46684)

판례 입장권을 소지한 사람을 전송한 사람과의 여객운송계약 체결 여부 : 입장권을 소지한 사람이 객차 안까지 들어가 전송을 한 다음 진행 중인 열차에서 뛰어 내리다가 사망한 사고에 있어 입장권 발매로써 여객운송계약이 체결되었다고 볼 수 없고 아울러 위 사고가 오로지 위 망인이 안내방송에 따라 우선 열차 내에 오르지 아니하여야 하고 승차한 경우라도 열차 출발전에 조속히 하차하여야 하는 등 주의의무를 위반한 과실로 발생하였다 하여 국가(철도청)의 여객운송인으로서의 책임이나 사용자책임은 부정된다.(대판 1991.11.8, 91다20623)

판례 국가를 상대로한 손해배상 청구가부 : 국영철도에 의한 여객운송 중에 여객이 사망하였으면 피해자는 나라를 상대로 상법 148조에 의한 손해배상 청구도 할 수가 있다.

(대판 1971.12.28, 71다2434)

第149條【引渡를 받은 手荷物에 대한 責任】 ① 運送人은 旅客으로부터 引渡를 받은 手荷物에 관하여

商法

는 運賃을 받지 아니한 경우에도 物件運送人과 同一한 責任이 있다.

② 手荷物이 到着地에 到着한 날로부터 10日내에 旅客이 그 引渡를 請求하지 아니한 때에는 第67條의 規定을 準用한다. 그러나 住所 또는 居所를 알지 못하는 旅客에 대하여는 催告와 通知를 要하지 아니한다.

참조 [물건의 운송인의 책임]135－138, [인도를 받지 아니한 수하물]150, [유사규정]152①, [해상여객운송에의 준용]826①

第150條【引渡를 받지 아니한 手荷物에 대한 責任】 運送人은 旅客으로부터 引渡를 받지 아니한 手荷物의 滅失 또는 毁損에 대하여는 自己 또는 使用人의 過失이 없으면 損害를 賠償할 責任이 없다.

참조 [인도를 받은 수하물]149, [유사규정]152②, [해상여객운송에의 준용]826①

第10章 공중접객업
(2010.5.14 본장개정)

第151條【의의】 극장, 여관, 음식점, 그 밖의 공중이 이용하는 시설에 의한 거래를 영업으로 하는 자를 공중접객업자(公衆接客業者)라 한다.

改前 "第151條【意義】 劇場, 旅館, 飮食店 기타 客의 集來를 위한 施設에 의한 去來를 營業으로 하는 者를 公衆接客業者라 한다."

참조 [공중이 이용하는 시설에 의한 거래와 상행위]46

판례 숙박업자의 보호의무 : 공중접객업인 숙박업을 경영하는 자가 투숙객과 체결하는 숙박계약은 숙박업자가 고객에게 숙박을 할 수 있는 객실을 제공하여 고객으로 하여금 이를 사용할 수 있도록 하고 고객으로부터 그 대가를 받는 일종의 일시 사용을 위한 임대차계약으로서 객실 및 관련 시설은 오로지 숙박업자의 지배 아래 놓여 있는 것이므로 숙박업자는 통상의 임대차와 같이 단순히 여관 등의 객실 및 관련 시설을 제공하여 고객으로 하여금 이를 사용·수익하게 할 의무를 부담하는 것에서 한 걸음 더 나아가 고객에게 위험이 없는 안전하고 편안한 객실 및 관련 시설을 제공함으로써 고객의 안전을 배려하여야 할 보호의무를 부담하며 이러한 의무는 숙박계약의 특수성을 고려하여 신의칙상 인정되는 부수적인 의무로서 숙박업자가 이를 위반하여 고객의 생명·신체를 침해하여 투숙객에게 손해를 입힌 경우 불완전이행으로 인한 채무불이행책임을 부담하고, 이 경우 피해자로서는 구체적 보호의무의 존재와 그 위반 사실을 주장·입증하여야 하며 숙박업자로서는 통상의 채무불이행에 있어서와 마찬가지로 그 채무불이행에 관하여 자기에게 과실이 없음을 주장·입증하지 못하는 한 그 책임을 면할 수는 없다.(대판 2000.11.24, 2000다38718,38725)

第152條【공중접객업자의 책임】 ① 공중접객업자는 자기 또는 그 사용인이 고객으로부터 임치(任置)받은 물건의 보관에 관하여 주의를 게을리하지 아니하였음을 증명하지 아니하면 그 물건의 멸실 또는 훼손으로 인한 손해를 배상할 책임이 있다.

② 공중접객업자는 고객으로부터 임치받지 아니한 경우에도 그 시설 내에 휴대한 물건이 자기 또는 그 사용인의 과실로 인하여 멸실 또는 훼손되었을 때에는 그 손해를 배상할 책임이 있다.

③ 고객의 휴대물에 대하여 책임이 없음을 알린 경우에도 공중접객업자는 제1항과 제2항의 책임을 면하지 못한다.

改前 "第152條【公衆接客業者의 責任】① 公衆接客業者는 客으로부터 任置를 받은 物件의 滅失 또는 毁損에 대하여 不可抗力으로 인함을 證明하지 아니하면 그 損害를 賠償할 責任을 면하지 못한다.
② 公衆接客業者는 客으로부터 任置를 받지 아니한 경우에도 그 施設內에 携帶한 物件이 自己 또는 그 使用人의 過失로 인하여 滅失 또는 毁損된 때에는 그 損害를 賠償할 責任이 있다.
③ 客의 携帶物에 대하여 責任이 없음을 揭示한 때에도 公衆接客業者는 前2項의 責任을 免하지 못한다."

참조 [공중이 이용하는 시설에 의한 거래]46, [고가물에 대한 책임]153, [단기시효]154, ①[유사규정]115·135·148·160, ②[유사규정]150·826①

판례 공중접객업자의 주차차량 관리책임 인정여부 : 공중접객업자가 이용객들의 차량을 주차할 수 있는 주차장을 설치하면서 그 주차장에 차량출입을 통제할 시설이나 인원을 따로 두지 않았다면, 그 주차장은 단지 이용객의 편의를 위한 주차장소로 제공된 것에 불과하고, 공중접객업자와 이용객 사이에 통상 그 주차차량에 대한 관리를 공중접객업자에게 맡긴다는 의사까지는 없다고 봄이 상당하므로, 공중접객업자에게 차량시동열쇠를 보관시키는 등의 명시적이거나 묵시적인 방법으로 주차차량의 관리를 맡겼다는 등의 특수한 사정이 없는 한, 공중접객업자에게 선량한 관리자의 주의로써 주차차량을 관리할 책임이 있다고 할 수 없다.(대판 1998.12.8, 98다37507)

第153條【고가물에 대한 책임】 화폐, 유가증권, 그 밖의 고가물(高價物)에 대하여는 고객이 그 종류와 가액(價額)을 명시하여 임치하지 아니하면 공중접객업자는 그 물건의 멸실 또는 훼손으로 인한 손해를 배상할 책임이 없다.

改前 "第153條【高價物에 대한 責任】 貨幣, 有價證券 기타의 高價物에 대하여는 客이 그 種類와 價額을 明示하여 任置하지 아니하면 公衆接客業者는 그 物件의 滅失 또는 毁損으로 인한 損害를 賠償할 責任이 없다."

참조 [유사규정]124·136·815, [단기시효]154

第154條【공중접객업자의 책임의 시효】 ① 제152조와 제153조의 책임은 공중접객업자가 임치물을 반환하거나 고객이 휴대물을 가져간 후 6개월이 지나면 소멸시효가 완성된다.

② 물건이 전부 멸실된 경우에는 제1항의 기간은 고객이 그 시설에서 퇴거한 날부터 기산한다.

③ 제1항과 제2항은 공중접객업자나 그 사용인이 악의인 경우에는 적용하지 아니한다.

改前 "第154條【公衆接客業者의 責任의 時效】 ① 前2條의 責任은 公衆接客業者가 任置物을 返還하거나 客이 携帶物을 가져간 後 6月을 經過하면 消滅時效가 完成한다.
② 前項의 期間은 物件이 全部 滅失한 경우에는 客이 그 施設을 退去한 날로부터 起算한다.
③ 前2項의 規定은 公衆接客業者나 그 使用人이 惡意인 경우에는 適用하지 아니한다."

참조 [상사시효]64

第11章 倉庫業

第155條【意義】 他人을 위하여 倉庫에 物件을 保管함을 營業으로 하는 者를 倉庫業者라 한다.

참조 [창고업의 등록]물류시설의개발및운영에관한법21의2, [임치계약]민693이하, [수치와 상행위]46, [상인]4

독판 창고임치계약은 낙성계약이다. 창고계약을 성립시키기 위하여 임치목적물의 인도가 요구되지는 않는다. 즉 창고임치계약은 요물계약이 아니라 당사자의 의사의 합치만으로 성립되는 낙성계약이며, 이러한 결과는 운송계약이나 운송주선계약에서도 같은 것이다.(독·연방법원 1966.7.11)

第156條【倉庫證券의 發行】 ① 倉庫業者는 任置人의 請求에 의하여 倉庫證券을 交付하여야 한다.

② 倉庫證券에는 다음의 事項을 記載하고 倉庫業者가 記名捺印 또는 署名하여야 한다.(1995.12.29 본문개정)

1. 任置物의 種類, 品質, 數量, 包裝의 種別, 個數와 記號
2. 任置人의 姓名 또는 商號, 營業所 또는 住所
3. 保管場所
4. 保管料
5. 保管期間을 정한 때에는 그 期間
6. 任置物을 保險에 붙인 때에는 保險金額, 保險期間과 保險者의 姓名 또는 商號, 營業所 또는 住所
7. 倉庫證券의 作成地와 作成年月日

第157條【準用規定】 第129條 내지 第133條의 規定은 倉庫證券에 準用한다.

第158條【分割部分에 대한 倉庫證券의 請求】 ① 倉庫證券所持人은 倉庫業者에 대하여 그 證券을 返還하고 任置物을 分割하여 各 部分에 대한 倉庫證券의 交付를 請求할 수 있다.

② 前項의 規定에 의한 任置物의 分割과 證券交付의 費用은 證券所持人이 負擔한다.

第159條【倉庫證券에 의한 入質과 一部出庫】 倉庫證券으로 任置物을 入質한 경우에도 質權者의 承諾이 있으면 任置人은 債權의 辨濟期前이라도 任置物의 一部返還을 請求할 수 있다. 이 경우에는 倉庫業者는 返還한 任置物의 種類, 品質과 數量을 倉庫證券에 記載하여야 한다.

참조 [창고증권교부의 물권적 효력]133·157, [임치물의 종류, 품질, 수량]156②

第160條【損害賠償責任】 倉庫業者는 自己 또는 使用人이 任置物의 保管에 관하여 注意를 懈怠하지 아니하였음을 證明하지 아니하면 任置物의 滅失 또는 毁損에 대하여 損害를 賠償할 責任을 免하지 못한다.

참조 [수치인의 주의의무]민695, [손해배상책임의 소멸]146·166·168, [유사규정]115·135·148·152

第161條【任置物의 檢査, 見品摘取, 保存處分權】 任置人 또는 倉庫證券所持人은 營業時間內에 언제든지 倉庫業者에 대하여 任置物의 檢査 또는 見品의 摘取를 要求하거나 그 保存에 필요한 處分을 할 수 있다.

第162條【保管料請求權】 ① 倉庫業者는 任置物을 出庫할 때가 아니면 保管料 기타의 費用과 替當金의 支給을 請求하지 못한다. 그러나 保管期間經過後에는 出庫前이라도 이를 請求할 수 있다.

② 任置物의 一部出庫의 경우에는 倉庫業者는 그 比率에 따른 保管料 기타의 費用과 替當金의 支給을 請求할 수 있다.

참조 [수치인과 보수비용등의 청구]686－688, 민701, [상인의 행위와 보수]61, [일부출고]159

第163條【任置期間】 ① 當事者가 任置期間을 定하지 아니한 때에는 倉庫業者는 任置物을 받은 날로부터 6月을 經過한 後에는 언제든지 이를 返還할 수 있다.

② 前項의 경우에 任置物을 返還함에는 2週間前에 豫告하여야 한다.

참조 [수치인과 임치물의 반환]민699

第164條【同前－不得已한 事由가 있는 경우】 不得已한 事由가 있는 경우에는 倉庫業者는 前條의 規定에 不拘하고 언제든지 任置物을 返還할 수 있다.

참조 [수치인과 임치물의 반환]민699

第165條【準用規定】 第67條第1項과 第2項의 規定은 任置人 또는 倉庫證券所持人이 任置物의 受領을 拒否하거나 이를 受領할 수 없는 경우에 準用한다.

참조 [질권과 물상대위]민342

第166條【倉庫業者의 責任의 時效】 ① 任置物의 滅失 또는 毁損으로 인하여 생긴 倉庫業者의 責任은 그 物件을 出庫한 날로부터 1年이 經過하면 消滅時效가 完成한다.

② 前項의 期間은 任置物이 全部 滅失한 경우에는 任置人과 알고 있는 倉庫證券所持人에게 그 滅失의 通知를 發送한 날로부터 起算한다.

③ 前2項의 規定은 倉庫業者 또는 그 使用人이 惡意인 경우에는 適用하지 아니한다.

참조 [창고업자의 책임]160, [책임의 소멸사유]146·168, [상사시효]64

第167條【倉庫業者의 債權의 時效】 倉庫業者의 任置人 또는 倉庫證券所持人에 대한 債權은 그 物件을 出庫한 날로부터 1年間 行使하지 아니하면 消滅時效가 完成한다.

참조 [책임의 시효]166

第168條【準用規定】 第108條와 第146條의 規定은 倉庫業者에 準用한다.(1962.12.12 본조개정)

第12章 금융리스업
(2010.5.14 본장신설)

第168條의2【의의】 금융리스이용자가 선정한 기계, 시설, 그 밖의 재산(이하 이 장에서 "금융리스물건"이라 한다)을 제3자(이하 이 장에서 "공급자"라 한다)로부터 취득하거나 대여받아 금융리스이용자에게 이용하게 하는 것을 영업으로 하는 자를 금융리스업자라 한다.

第168條의3【금융리스업자와 금융리스이용자의 의무】 ① 금융리스업자는 금융리스이용자가 금융리스계약에서 정한 시기에 금융리스계약에 적합한 금융리스물건을 수령할 수 있도록 하여야 한다.

② 금융리스이용자는 제1항에 따라 금융리스물건을 수령함과 동시에 금융리스료를 지급하여야 한다.

③ 금융리스물건수령증을 발급한 경우에는 제1항의 금융리스계약 당사자 사이에 적합한 금융리스물건이 수령된 것으로 추정한다.

④ 금융리스이용자는 금융리스물건을 수령한 이후에는 선량한 관리자의 주의로 금융리스물건을 유지 및 관리하여야 한다.

第168條의4【공급자의 의무】 ① 금융리스물건의 공급자는 공급계약에서 정한 시기에 그 물건을 금융리스이용자에게 인도하여야 한다.

② 금융리스물건이 공급계약에서 정한 시기와 내용에 따라 공급되지 아니한 경우 금융리스이용자는 공급자에게 직접 손해배상을 청구하거나 공급계약의 내용에 적합한 금융리스물건의 인도를 청구할 수 있다.

③ 금융리스업자는 금융리스이용자가 제2항의 권리를 행사하는 데 필요한 협력을 하여야 한다.

第168條의5【금융리스계약의 해지】 ① 금융리스이용자의 책임 있는 사유로 금융리스계약을 해지하는 경우에는 금융리스업자는 잔존 금융리스료 상당액의 일시 지급 또는 금융리스물건의 반환을 청구할 수 있다.

② 제1항에 따른 금융리스업자의 청구는 금융리스업자의 금융리스이용자에 대한 손해배상청구에 영향을 미치지 아니한다.

③ 금융리스이용자는 중대한 사정변경으로 인하여 금융리스물건을 계속 사용할 수 없는 경우에는 3개월 전에 예고하고 금융리스계약을 해지할 수 있다. 이 경우 금융리스이용자는 계약의 해지로 인하여 금융리스업자에게 발생한 손해를 배상하여야 한다.

第13章 가맹업
(2010.5.14 본장신설)

第168條의6【의의】 자신의 상호·상표 등(이하 이 장에서 "상호등"이라 한다)을 제공하는 것을 영업으로 하는 자[이하 "가맹업자"(加盟業者)라 한다]로부터 그의 상호등을 사용할 것을 허락받아 가맹업자가 지정하는 품질기준이나 영업방식에 따라 영업을 하는 자를 가맹상(加盟商)이라 한다.

第168條의7【가맹업자의 의무】 ① 가맹업자는 가맹상의 영업을 위하여 필요한 지원을 하여야 한다.

② 가맹업자는 다른 약정이 없으면 가맹상의 영업지역 내에서 동일 또는 유사한 업종의 영업을 하거나, 동일 또는 유사한 업종의 가맹계약을 체결할 수 없다.

참조 [가맹본부의 준수사항]가맹사업거래의공정화에관한법5

第168條의8【가맹상의 의무】 ① 가맹상은 가맹업자의 영업에 관한 권리가 침해되지 아니하도록 하여야 한다.
② 가맹상은 계약이 종료한 후에도 가맹계약과 관련하여 알게 된 가맹업자의 영업상의 비밀을 준수하여야 한다.
참조 [가맹점사업자의 준수사항]가맹사업거래의공정화에관한법6
第168條의9【가맹상의 영업양도】 ① 가맹상은 가맹업자의 동의를 받아 그 영업을 양도할 수 있다.
② 가맹업자는 특별한 사유가 없으면 제1항의 영업양도에 동의하여야 한다.
第168條의10【계약의 해지】 가맹계약상 존속기간에 대한 약정의 유무와 관계없이 부득이한 사정이 있으면 각 당사자는 상당한 기간을 정하여 예고한 후 가맹계약을 해지할 수 있다.

第14章 채권매입업
(2010.5.14 본장신설)

第168條의11【의의】 타인이 물건·유가증권의 판매, 용역의 제공 등에 의하여 취득하였거나 취득할 영업상의 채권(이하 이 장에서 "영업채권"이라 한다)을 매입하여 회수하는 것을 영업으로 하는 자를 채권매입업자라 한다.
第168條의12【채권매입업자의 상환청구】 영업채권의 채무자가 그 채무를 이행하지 아니하는 경우 채권매입업자는 채권매입계약의 채무자에게 그 영업채권액의 상환을 청구할 수 있다. 다만, 채권매입계약에서 다르게 정한 경우에는 그러하지 아니하다.

第3編 會 社

第1章 通 則

第169條【회사의 의의】 이 법에서 "회사"란 상행위나 그 밖의 영리를 목적으로 하여 설립한 법인을 말한다.(2011.4.14 본조개정)
改前 "第169條【意義】本法에서 會社라 함은 商行爲 기타 營利를 目的으로 하여 設立한 社團을 이른다."
참조 [영리사단법인]민39, [상인]4·5, [상행위]46·47, 담보부사채23②, [민사회사]민39②, [민사회사의 행위]66
판례 甲회사는 乙회사의 채무를 면탈할 목적으로 설립된 것으로서 甲회사가 乙회사의 채권자에 대하여 乙회사와는 별개의 법인격을 가지는 회사라는 주장을 하는 것이 신의성실의 원칙에 반하거나 법인격을 남용하는 것으로 인정되는 경우에도, 권리관계의 공권적인 확정 및 그 신속·확실한 실현을 도모하기 위하여 절차의 명확·안정을 중시하는 소송절차 및 강제집행절차에 있어서는 그 절차의 성격상 乙회사에 대한 판결의 기판력 및 집행력의 범위를 甲 회사에까지 확장하는 것은 허용되지 아니한다.(대판 1995.5.12, 93다44531)
第170條【회사의 종류】 회사는 합명회사, 합자회사, 유한책임회사, 주식회사와 유한회사의 5종으로 한다.(2011.4.14 본조개정)
改前 "第170條【會社의 種類】會社는 合名會社, 合資會社, 株式會社와 有限會社의 4種으로 한다."
참조 [회사의 상호]19·20, [합명회사]178-267, [합자회사]268-287, [유한책임회사]287의2-287의45, [주식회사]288-542, [유한회사]543-613
第171條【회사의 주소】 회사의 주소는 본점소재지에 있는 것으로 한다.(2011.4.14 본조개정)
改前 "第171條【會社의 法人性, 住所】① 會社는 法人으로 한다.
② 會社의 住所는 本店所在地에 있는 것으로 한다."
참조 [주소]민18, [법인의 주소]민36, [정관기재사항]179·270·289①·543②, [등기사항]180·271①·317②·549②, [등기관할]35·172, [주소의 효과]민소5, 형소4①, [상호회사에의 준용]보험44
第172條【會社의 成立】 會社는 本店所在地에서 設立登記를 함으로써 成立한다.
참조 [설립등기]180·271·317·549, [본점의 소재지]179·270·289①·543②, [상호회사에의 준용]보험44
판례 설립 중 회사의 성립시기 설립 중의 회사가 성립하기 위해서는 정관이 작성되고 발기인이 적어도 1주 이상의 주식을 인수하였을 것을 요건으로 한다.(대판 2000.1.28, 99다35737)
판례 설립 중의 회사로서의 실체가 갖추어지기 이전에 발기인이 취득한 권리, 의무를 설립 후의 회사에 귀속시키기 위하여 특별한 이전행위가 있어야 하는지 여부 : 설립 중의 회사라 함은 주식회사의 설립과정에서 발기인이 회사의 설립을 위하여 필요한 행위로 인하여 취득하게 된 권리의무가 회사의 설립과 동시에 그 설립된 회사에 귀속되는 관계를 설명하기 위한 강학상의 개념으로서 정관이 작성되고 발기인이 적어도 1주 이상의 주식을 인수하였을 때 비로소 성립하는 것이고, 이러한 설립중의 회사로서의 실체가 갖추어지기 이전에 발기인이 취득한 권리, 의무는 구체적 사정에 따라 발기인 개인 또는 발기인조합에 귀속되는 것으로서 이들에게 귀속된 권리의무를 설립 후의 회사에 귀속시키기 위하여는 양수나 채무인수 등의 특별한 이전행위가 있어야 한다.(대판 1994.1.28, 93다50215)
第173條【權利能力의 制限】 會社는 다른 會社의 無限責任社員이 되지 못한다.
참조 [무한책임사원]212·268, [상호회사에의 준용]보험44
第174條【會社의 合併】 ① 會社는 合倂을 할 수 있다.
② 합병을 하는 회사의 일방 또는 쌍방이 주식회사, 유한회사 또는 유한책임회사인 경우에는 합병 후 존속하는 회사나 합병으로 설립되는 회사는 주식회사, 유한회사 또는 유한책임회사이어야 한다.
(2011.4.14 본항개정)
③ 解散後의 會社는 存立中의 會社를 存續하는 會社로 하는 경우에 한하여 合倂을 할 수 있다.
改前 "② 合倂을 하는 會社의 一方 또는 雙方이 株式會社 또는 有限會社인 때에는 合倂後 存續하는 會社 또는 合倂으로 인하여 設立되는 會社는 株式會社 또는 有限會社이어야 한다."
참조 [합병의 제한]230·269, 은행법55, [합병과 해산]227·269·517, [합명회사와 합병]230-240·525, [유한책임회사의 합병]287의41, [주식회사와 합병]522-529, [유한회사와 합병]598-603, [본조 준용]보험70
판례 합병으로 소멸하는 회사 사원(주주)의 지위 : 합병으로 소멸회사의 사원(주주)은 1주미만의 단주만을 취득하는 경우나 합병에 반대한 주주로서의 주식매수청구권을 행사하는 경우 등과 같은 특별한 경우를 제외하고는 원칙적으로 합병계약상의 합병비율과 배정방식에 따라 존속회사나 신설회사의 사원권(주주권)을 취득하여 사원(주주)이 된다.
(대판 2003.2.11, 2001다14351)
第175條【同前-設立委員】 ① 會社의 合倂으로 인하여 新會社를 設立하는 경우에는 定款의 作成 기타 設立에 관한 行爲는 各會社에서 選任한 設立委員이 共同으로 하여야 한다.
② 第230條, 第434條와 第585條의 規定은 前項의 選任에 準用한다.
참조 [상호회사에의 준용]보험70
第176條【會社의 解散命令】 ① 法院은 다음의 事由가 있는 경우에는 利害關係人이나 檢事의 請求에 의하여 또는 職權으로 會社의 解散을 命할 수 있다.
1. 會社의 設立目的이 不法한 것인 때
2. 會社가 正當한 事由없이 設立後 1年내에 營業을 開始하지 아니하거나 1年이상 營業을 休止하는 때
3. 理事 또는 會社의 業務를 執行하는 社員이 法令 또는 定款에 違反하여 會社의 存續을 許容할 수 없는 行爲를 한 때
② 前項의 請求가 있는 때에는 法院은 解散을 命하기 前일지라도 利害關係人이나 檢事의 請求에 의하여 또는 職權으로 管理人의 選任 기타 會社財産의 保全에 필요한 處分을 할 수 있다.
③ 利害關係人이 第1項의 請求를 한 때에는 法院은 會社의 請求에 의하여 相當한 擔保를 提供할 것을 命할 수 있다.
④ 會社가 前項의 請求를 함에는 利害關係人의 請求가 惡意임을 疎明하여야 한다.
참조 [해산사유]227·269·517·609, [해산명령의 절차 등]비송72·90-97, [등기]비송93, 상업등기법60·73, [청산]247②·252·542①·613①, [공익법인과 허가취소]민38, [외국회사의 영업소폐쇄명령]619, [상호회사에의 준용]보험44
판례 제1항에 의하여 법원에 회사의 해산명령을 청구할 수 있는 이해관계인이란 회사 존립에 직접 법률상 이해관계가 있는 자라고 보아야 한다.(대결 1995.9.12, 95마686)
第177條【登記期間의 起算點】 本編의 規定에 의하여 登記할 事項으로서 官廳의 許可 또는 認可를 要하는 것에 관하여는 그 書類가 到達한 날로부터 登記期間을 起算한다.
참조 [상호회사에의 준용]보험44

第2章 合名會社

第1節 設 立

第178條【定款의 作成】 合名會社의 設立에는 2人 이상의 社員이 共同으로 定款을 作成하여야 한다.
참조 [계속 및 조직변경의 경우]286
第179條【定款의 絶對的 記載事項】 定款에는 다음의 事項을 記載하고 總社員이 記名捺印 또는 署名하여야 한다.(1995.12.29 본문개정)
1. 目的
2. 商號
3. 社員의 姓名·住民登錄番號 및 住所(1995.12.29 본호개정)
4. 社員의 出資의 目的과 價格 또는 그 評價의 標準
5. 本店의 所在地(1995.12.29 본호개정)
6. 定款의 作成年月日
참조 [상대적 필요사항]204·207·208·217·222·227·247, [벌칙]635①, [목적]169, [상호]19, [본점소재지]171②, [출자의 목적]196·222, [출자의 가격 또는 평가의 표준]195, 민711
第180條【設立의 登記】 합명회사의 설립등기에 있어서는 다음의 사항을 등기하여야 한다.(2011.4.14 본문개정)
1. 第179條第1號 내지 第3號 및 第5號의 사항과 支店을 둔 때에는 그 所在地. 다만, 會社를 代表할 社員을 정한 때에는 그 외의 社員의 住所를 제외한다.
(1995.12.29 본호개정)
2. 社員의 出資의 目的, 財産出資에는 그 價格과 履行한 部分
3. 存立期間 기타 解散事由를 정한 때에는 그 期間 또는 事由
4. 회사를 대표할 사원을 정한 경우에는 그 성명·주소 및 주민등록번호(2011.4.14 본호개정)
5. 數人의 社員이 共同으로 會社를 代表할 것을 정한 때에는 그 規定
改前 第180條【設立의 登記】"合名會社의 設立登記에 있어서는 다음의 事項을 登記하여야 한다.(1995.12.29 본문개정)"
"4. 會社를 代表할 社員을 定한 때에는 그 姓名"
참조 [등기와 회사의 설립]172, [등기사항의 변경과 등기]133, [등기]34-40, [대표사원]207, [공동대표]208, [벌칙]635①
第181條【지점 설치의 등기】 ① 회사의 설립과 동시에 지점을 설치하는 경우에는 설립등기를 한 후 2주 내에 지점소재지에서 제180조제1호 본문(다른 지점의 소재지는 제외한다) 및 제3호부터 제5호까지의 사항을 등기하여야 한다. 다만, 회사를 대표할 사원을 정한 경우에는 그 외의 사원은 등기하지 아니한다.
② 회사의 성립 후에 지점을 설치하는 경우에는 본점소재지에서는 2주 내에 그 지점소재지와 설치 연월일을 등기하고, 그 지점소재지에서는 3주 내에 제180조제1호 본문(다른 지점의 소재지는 제외한다) 및 제3호부터 제5호까지의 사항을 등기하여야 한다. 다만, 회사를 대표할 사원을 정한 경우에는 그 밖의 사원은 등기하지 아니한다.
(2011.4.14 본조개정)
改前 "第181條【支店設置의 登記】① 會社의 設立과 同時에 支店을 設置하는 경우에는 設立登記를 한 後 2週間내에 支店所在地에서 第180條 各號의 사항(다른 支店의 所在地를 제외한다)을 登記하여야 한다.
② 會社의 成立후에 支店을 設置하는 경우에는 本店所在地에서는 2週間내에 그 支店所在地와 設置年月日을 登記하고, 그 支店所在地에서는 3週間내에 第180條 各號의 사항(다른 支店의 所在地를 제외한다)을 登記하여야 한다.
③ (1995.12.29 삭제)
(1995.12.29 본조개정)"
참조 [등기]상업등기법57, [지점에서의 등기]38·177, 상업등기법58-59, [등기사항의 변경과 등기]183, [벌칙]635①, [유한회사에의 준용]549③, [상호회사에의 준용]보험44
第182條【本店, 支店의 移轉登記】 ① 會社가 本店을 移轉하는 경우에는 2週間내에 舊所在地에서는 新所在地와 移轉年月日을, 新所在地에서는 第180條 各號의 사항을 登記하여야 한다.
② 회사가 지점을 이전하는 경우에는 2주 내에 본점과 구지점소재지에서는 신지점소재지와 이전 연월일을 등기하고, 신지점소재지에서는 제180조제1호 본문(다른 지점의 소재지는 제외한다) 및 제3호부터 제5호까지의 사항을 등기하여야 한다. 다만, 회사를 대표할 사원을 정한 경우에는 그 밖의 사원은 등기하지 아니한다.(2011.4.14 본항개정)
③ (1995.12.29 삭제)
(1995.12.29 본조개정)
改前 "② 會社가 支店을 移轉하는 경우에는 2週間내에 本店과 舊支店所在地에서는 新支店所在地와 移轉年月日을 登記하고, 新支店所在地에서는 第180條 各號의 사항(다른 支店所在地를 제외한다)을 登記하여야 한다.(1995.12.29 본항개정)"
참조 [등기사항의 변경과 등기]177·183, 상업등기법54-57, [벌칙]635①, [합자조합에의 준용]86의8, [유한회사에의 준용]549③, [상호회사에의 준용]보험44
第183條【變更登記】 第180條에 揭記한 事項에 變更이 있는 때에는 本店所在地에서는 2週間내, 支店所在地에서는 3週間내에 變更登記를 하여야 한다.
참조 [변경등기]40, [등기]상업등기법32·39-40, [벌칙]635①, [상호회사에의 준용]보험44
판례 대표이사를 포함한 이사가 임기의 만료나 사임에 의하여 퇴임함으로 말미암아 법률 또는 정관에 정한 대표이사나 이사의 원수(최저인원수 또는 특정한 인원수)를 채우지 못하게 되는 결과가 일어나는 경우에, 그 퇴임한 이사는 새로 선임된 이사(후임이사)가 취임할 때까지 이사로서의 권리의무가 있는 것인바, 이러한 경우에는 이사의 퇴임등기를 하여야 하는 2주 또는 3주의 기간은 일반의 경우처럼 퇴임한 이사의 퇴임일부터 기산하는 것이 아니라 후임이사의 취임일부터 기산한다고 보아야 하며, 후임이사가 취임하기 전에는 퇴임한 이사의 퇴임등기만을 따로 신청할 수 없다고 봄이 상당하다.
(대결 2007.6.19, 2007마311)
第183條의2【업무집행정지가처분 등의 등기】 사원의 업무집행을 정지하거나 직무대행자를 선임하는 가처분을 하거나 그 가처분을 변경·취소하는 경우에는 본점 및 지점이 있는 곳의 등기소에서 이를 등기하여야 한다.(2001.12.29 본조신설)
참조 [직무대행자의 권한]200의2, [업무집행조합원에의 준용]86의8
第184條【設立無效, 取消의 訴】 ① 會社의 設立의 無效는 그 社員에 한하여, 設立의 取消는 그 取消權있는 者에 한하여 會社成立의 날로부터 2年내에 訴만으로 이를 主張할 수 있다.
② 民法 第140條의 規定은 前項의 設立의 取消에 準用한다.

참조 [회사의 성립]172, [채권자에 의한 취소의 소]185, [취소원인의 예]민5·10·13·110, [유한책임회사에의 준용]287의6, [취소]민140-146, [관할법원]186

第185條【債權者에 의한 設立取消의 訴】 社員이 그 債權者를 害할 것을 알고 會社를 設立한 때에는 債權者는 그 社員과 會社에 대한 訴로 會社의 設立取消를 請求할 수 있다.

참조 [사해행위]민406, [소 제기의 시기]184①, [유한책임회사에의 준용]287의6, [관할법원]186

第186條【專屬管轄】 前2條의 訴는 本店所在地의 地方法院의 管轄에 專屬한다.

참조 [전속관할]민소31, [본점소재지]179·180, [합병무효의 소에의 준용]240, [사원에 의한 해산청구에의 준용]241, [유한책임회사에의 준용]287의6, [주식회사에의 준용]328②

第187條【訴提起의 公告】 設立無效의 訴 또는 設立取消의 訴가 提起된 때에는 會社는 遲滯없이 公告하여야 한다.

참조 [설립무효의 소]184, [설립취소의 소]184·185, [합병무효의 소에의 준용]240, [유한책임회사에의 준용]287의6, [주식회사에의 준용]328②

第188條【訴의 倂合審理】 數個의 設立無效의 訴 또는 設立取消의 訴가 提起된 때에는 法院은 이를 倂合審理하여야 한다.

참조 [설립무효의 소]184, [설립취소의 소]184·185, [합병무효의 소에의 준용]240, [유한책임회사에의 준용]287의6, [주식회사에의 준용]328②

第189條【瑕疵의 補完 등과 請求의 棄却】 設立無效의 訴 또는 設立取消의 訴가 그 審理中에 原因이 된 瑕疵가 補完되고 會社의 現況과 諸般事情을 參酌하여 設立을 無效 또는 取消하는 것이 부적당하다고 認定한 때에는 法院은 그 請求를 棄却할 수 있다.

참조 [패소원고의 책임]191, [합병무효의 소에의 준용]240, [유한책임회사에의 준용]287의6, [주식회사에의 준용]328②

第190條【判決의 效力】 設立無效의 判決 또는 設立取消의 判決은 第三者에 대하여도 그 效力이 있다. 그러나 判決確定前에 생긴 會社와 社員 및 第三者間의 權利義務에 影響을 미치지 아니한다.

참조 [판결의 효력]민소218, [설립무효·취소판결의 효과]193, [회사의 계속]194, [합병무효의 소에의 준용]240, [유한책임회사에의 준용]287의6, [주식회사에의 준용]328②

판례 주식회사 내부의 의사결정 자체가 아예 존재하지 않는 경우에 이를 확인하는 판결도 상법 제380조 주주총회결의부존재확인판결에 해당한다고 보아 상법 제190조를 준용하여서는 안 된다.(대판 1994.3.25, 93다36097,36103)

第191條【敗訴原告의 責任】 設立無效의 訴 또는 設立取消의 訴를 提起한 者가 敗訴한 경우에 惡意 또는 重大한 過失이 있는 때에는 會社에 대하여 連帶하여 損害를 賠償할 責任이 있다.

참조 [소의 제기]184·185, [합병무효의 소에의 준용]240, [사원에 의한 해산청구에의 준용]241, [유한책임회사에의 준용]287의6, [주식회사에의 준용]328②

第192條【設立無效, 取消의 登記】 設立無效의 判決 또는 設立取消의 判決이 確定된 때에는 本店과 支店의 所在地에서 登記하여야 한다.

참조 [등기절차]비송98, [유한책임회사에의 준용]287의6, [주식회사에의 준용]328②

第193條【設立無效, 取消判決의 效果】 ① 設立無效의 判決 또는 設立取消의 判決이 確定된 때에는 解散의 경우에 準하여 淸算하여야 한다.

② 前項의 경우에는 法院은 社員 기타의 利害關係人의 請求에 의하여 淸算人을 選任할 수 있다.

참조 [청산]250이하, 비송117이하, [청산인]253①·255②·262, 비송119이하, [유한책임회사에의 준용]287의6, [주식회사에의 준용]328②

第194條【設立無效, 取消와 會社繼續】 ① 設立無效의 判決 또는 設立取消의 判決이 確定된 경우에 그 無效나 取消의 原因이 特定한 社員에 한한 것인 때에는 다른 社員 全員의 同意로써 會社를 繼續할 수 있다.

② 前項의 경우에는 그 無效 또는 取消의 原因이 있는 社員은 退社한 것으로 본다.

③ 第229條第2項과 第3項의 規定은 前2項의 경우에 準用한다.

참조 ②[퇴사]218·222·225·226, [유한책임회사에의 준용]287의6, [소(訴)로써만 주장할 수 있는 설립무효·취소]상업등기법27

第2節 會社의 內部關係

第195條【準用法規】 合名會社의 內部關係에 관하여는 定款 또는 本法에 다른 規定이 없으면 組合에 관한 民法의 規定을 準用한다.

참조 [조합]민703-724

第196條【債權出資】 債權을 出資의 目的으로 한 社員은 그 債權이 辨濟期에 辨濟되지 아니한 때에는 그 債權額을 辨濟할 責任을 진다. 이 경우에는 利子를 支給하는 外에 이로 인하여 생긴 損害를 賠償하여야 한다.

참조 [출자의 목적]179·180, [조합원의 담보책임·손해배상책임]195, 민567·579, [제명이유]220①

第197條【持分의 讓渡】 社員은 다른 社員의 同意를 얻지 아니하면 그 持分의 全部 또는 一部를 他人에게 讓渡하지 못한다.

참조 [지분양도인의 책임]225②, [조합원과 지분양도]민676, [합자회사의 유한책임사원의 지분양도]276, [주식의 양도]235, [유한책임회사원의 지분양도]556

판례 합자회사의 정관규정에 따라 지분권에 대한 명의신탁의 해지에 총사원의 동의를 요한다고 본 경우 : 합자회사인 피고 회사의 정관상 사원이 그 지분권을 다른 사람에게 양도함에는 총사원의 동의가 있어야 하도록 되어 있는데, 원고가 무한책임사원인 갑에 대한 채권의 담보로 갑의 지분을 양수하기로 하되 그 전부를 원고 명의로 이전할 경우 피고 회사의 운영권을 좌우하게 되므로 이를 피하기 위하여 다른 무한책임사원인 을, 병 및 원고의 3인 명의로 갑의 지분을 분산하여 변경등기를 경료하였다면 을, 병 명의의 지분변경등기가 원고를 위한 명의신탁이었다고 하여도 원고가 위 을, 병에 대하여 명의신탁을 해지하고 지분이전을 구하려면 정관의 규정에 의하여 총사원의 동의를 얻어야 한다.(대판 1989.11.28, 88다카33626)

판례 무한책임사원의 지분은 이를 양도할 수 있으며 채권자에 의하여 압류될 수도 있다.(대판 1971.10.25, 71다1931)

일반 '지분'이라 함은 사원이 회사에 대해서 가지는 법률상의 지위인 '사원권'을 의미하고, 사원은 이 지위에 의하여 자익권과 공익권을 보유한다. 지분의 이전에 따라 공익권도 당연히 이전한다.(日·最高 1970.7.15)

第198條【社員의 競業의 禁止】 ① 社員은 다른 社員의 同意가 없으면 自己 또는 第三者의 計算으로 會社의 營業部類에 屬하는 去來를 하지 못하며 同種營業을 目的으로 하는 다른 會社의 無限責任社員 또는 理事가 되지 못한다.

② 社員이 前項의 規定에 違反하여 去來를 한 경우에 그 去來가 自己의 計算으로 한 것인 때에는 會社는 이를 會社의 計算으로 한 것으로 볼 수 있고 第三者의 計算으로 한 것인 때에는 그 社員에 대하여 會社는 이로 인한 利得의 讓渡를 請求할 수 있다. (1962.12.12 본항개정)

③ 前項의 規定은 會社의 그 社員에 대한 損害賠償의 請求에 影響을 미치지 아니한다.

④ 第2項의 權利는 다른 社員過半數의 決議에 의하여 行使하여야 하며 다른 社員의 1人이 그 去來를 안 날로부터 2週間을 經過하거나 그 去來가 있은 날로부터 1年을 經過하면 消滅한다.

참조 [본조 위반의 효과]220①, [경업(競業)금지의무의 다른 경우]17·89·269·397·567, [업무집행조합원에의 준용]86의8, [유한책임회사에의 준용]287의10

第199條【社員의 自己去來】 社員은 다른 社員 過半數의 決議가 있는 때에 한하여 自己 또는 第三者의 計算으로 會社와 去來를 할 수 있다. 이 경우에는 民法 第124條의 規定을 適用하지 아니한다.

참조 [이사와 자기거래]398·567, [업무집행조합원에의 준용]86의8

第200條【業務執行의 權利義務】 ① 各社員은 定款에 다른 規定이 없는 때에는 會社의 業務를 執行할 權利와 義務가 있다.

② 各 社員의 業務執行에 관한 行爲에 대하여 다른 社員의 異議가 있는 때에는 곧 行爲를 中止하고 總社員過半數의 決議에 의하여야 한다.

참조 ①70, [제명의 선고]220①, [업무집행의 방법]195·203, 민706·707, [업무집행권 없는 사원의 감시권]195, 민710, [업무집행사원과 벌칙]622·625·627

第200條의2【직무대행자의 권한】 ① 제183조의2의 직무대행자는 가처분명령에 다른 정함이 있는 경우 외에는 법인의 통상업무에 속하지 아니한 행위를 하지 못한다. 다만, 법원의 허가를 얻은 경우에는 그러하지 아니하다.

② 직무대행자가 제1항의 규정에 위반한 행위를 한 경우에도 회사는 선의의 제3자에 대하여 책임을 진다.

(2001.12.29 본조신설)

참조 [업무집행조합원에의 준용]86의8, [유한책임회사에의 준용]287의13

第201條【業務執行社員】 ① 定款으로 社員의 1人 또는 數人을 業務執行社員으로 定한 때에는 그 社員이 會社의 業務를 執行할 權利와 義務가 있다.

② 數人의 業務執行社員이 있는 경우에 그 各 社員의 業務執行에 관한 行爲에 대하여 다른 業務執行社員의 異議가 있는 때에는 곧 그 行爲를 中止하고 業務執行社員 過半數의 決議에 의하여야 한다.

참조 [업무집행의 권리의무]200, [공동업무집행사원]202, [업무집행권 없는 사원의 감시권]195, 민710, [권한상실의 선고]205, [제명의 선고]220①

第202條【共同業務執行社員】 定款으로 數人의 社員을 共同業務執行社員으로 定한 때에는 그 全員의 同意가 없으면 業務執行에 관한 行爲를 하지 못한다. 그러나 遲滯할 念慮가 있는 때에는 그러하지 아니하다.

참조 [업무집행사원]201, [권한상실의 선고]205, [제명의 선고]220

第203條【支配人의 選任과 解任】 支配人의 選任과 解任은 定款에 다른 定함이 없으면 業務執行社員이 있는 경우에도 總社員 過半數의 決議에 의하여야 한다.

참조 [지배인의 선임·해임]10·13, [업무집행의 방법]195, 민706②

第204條【定款의 變更】 定款을 變更함에는 總社員의 同意가 있어야 한다.

참조 [정관]178·179, [사단법인의 정관변경]민42, [유한책임회사의 정관변경]287의16, [유한회사의 정관변경]584이하, [재단법인의 정관변경]민45, [주식회사의 정관변경]433이하, [합자회사의 정관변경]269, [회사의 목적]179·180

第205條【業務執行社員의 權限喪失宣告】 ① 社員이 業務를 執行함에 顯著하게 不適任하거나 重大한 業務에 違反한 行爲가 있는 때에는 法院은 社員의 請求에 의하여 業務執行權限의 喪失을 宣告할 수 있다.

② 前項의 判決이 確定된 때에는 本店과 支店의 所在地에서 登記하여야 한다.

참조 [업무집행권]200·201, [관할법원]186·206, [등기]183, [대표사원에의 준용]216

판례 무한책임사원이 1인 뿐인 합자회사에 있어서 업무집행사원에 대한 권한상실선고 : 상법 제205조가 규정하고 있는 합자회사의 업무집행 사원의 권한상실선고 제도는 회사의 운영에 있어서 장애사유를 제거하는데 목적이 있고 회사를 해산상태로 몰고 가자는데 목적이 있는 것이 아니므로 무한책임사원 1인 뿐인 합자회사에서 업무집행사원에 대한 권한상실신고는 회사의 업무집행사원 및 대표사원이 없는 상태로 돌아가게 되어 권한상실제도의 취지에 어긋나게 되어 회사를 운영할 수 없으므로 이를 할 수 없다.(대판 1977.4.26, 75다1341)

第206條【準用規定】 第186條의 規定은 前條의 訴에 準用한다.

참조 민소31, [본점소재지]179·180, [대표사원에의 준용]216

第3節 會社의 外部關係

第207條【會社代表】 定款으로 業務執行社員을 定하지 아니한 때에는 各社員은 會社를 代表한다. 數人의 業務執行社員을 定한 경우에 各 業務執行社員은 會社를 代表한다. 그러나 定款 또는 總社員의 同意로 業務執行社員中 특히 會社를 代表할 者를 定할 수 있다.

참조 [업무집행사원]201, [대표사원의 등기]180①·205②·216, [권한]208·209·211, [대표권상실의 선고]205①·216, [이사의 대표권]389·562

第208條【共同代表】 ① 會社는 定款 또는 總社員의 同意로 數人의 社員이 共同으로 會社를 代表할 것을 정할 수 있다.

② 前項의 경우에도 第三者의 會社에 대한 意思表示는 共同代表의 權限있는 社員 1人에 대하여 이를 함으로써 그 效力이 생긴다.

참조 [등기]180, [대표권상실의 선고]205·216, [이사의 공동대표]389②·562③, [이사에의 준용]289③·567, ②[업무집행조합원에의 준용]86의8

第209條【代表社員의 權限】 ① 會社를 代表하는 社員은 會社의 營業에 관하여 裁判上 또는 裁判外의 모든 行爲를 할 權限이 있다.

② 前項의 權限에 대한 制限은 善意의 第三者에게 對抗하지 못한다.

참조 [이사에의 준용]289③·567, [지배인의 권한]11①②, [선장의 권한]773·775, [대표사원]207, [등기]180, [재판상의 대표]민소64, [대리권의 제한과 선의의 제3자]민41·49②·60, [타법에의 준용]보험76, [업무집행조합원에의 준용]86의8, [유한책임회사의 대표]287의19

판례 주식회사의 대표이사가 이사회의 결의를 거쳐야 할 대외적 거래행위에 관하여 이를 거치지 아니한 경우, 그 거래 상대방이 그와 같은 이사회결의가 없었다는 점을 알았거나 알 수 있었다면 그 거래행위는 거래 상대방에 대하여 효력이 없다. (대판 2012.8.17, 2012다45443)

판례 약정 내용이 정관 등에 의하여 또는 대표이사의 일상업무에 속하지 아니한 중요한 업무에 해당하여 이사회의 결의를 거쳐야 할 사항인데 대표이사가 이를 거치지 아니한 경우 회사에 대하여 효력이 없다.(대판 1997.6.13, 96다48282)

판례 거래의 상대방이 이사회의 결의가 없었음을 알았거나 알 수 있었음은 이를 주장하는 회사측이 주장·입증하여야 한다. (대판 1996.1.26, 94다42754)

第210條【損害賠償責任】 會社를 代表하는 社員이 그 業務執行으로 인하여 他人에게 損害를 加한 때에는 會社는 그 社員과 連帶하여 賠償할 責任이 있다.

참조 [법인의 손해배상책임]민35①

판례 신용협동조합의 분소장이 고객에게 보관중이던 이사장의 인감을 이용하여 조합 명의의 차용증을 작성·교부하고 금원을 차용한 후 개인 용도로 소비한 경우, 위와 같은 차용행위는 비록 분소책임자로서의 권한 외의 행위라 하더라도 분소책임자로서 본래의 직무와는 밀접한 관계가 있고 외관상으로도 그와 유사하여 거래상 조합의 직무범위에 속하는 행위로 보이며 고객으로서도 조합과의 거래로 알고 있었다는 이유로 조합에게 사용자책임을 인정한 사례이다.(대판 1998.7.24, 97다55706)

第211條【會社와 社員間의 訴에 관한 代表權】 會社가 社員에 대하여 또는 社員이 會社에 대하여 訴를 提起하는 경우에 會社를 代表할 社員이 없을 때에는 다른 社員 過半數의 決議로 選定하여야 한다.

참조 [회사와 사원간의 소송의 예]184·220·236·241, [특별대리인]민소62·64, [이사와 회사간의 소에 관한 대표]394·563

第212條【社員의 責任】 ① 會社의 財産으로 會社의 債務를 完濟할 수 없는 때에는 各 社員은 連帶하여 辨濟할 責任이 있다.

② 會社財産에 대한 强制執行이 奏效하지 못한 때에도 前項과 같다.

③ 前項의 規定은 社員이 會社에 辨濟의 資力이 있으며 執行이 容易한 것을 證明한 때에는 適用하지 아니한다.

商法

참조 [채무완제불능]254④, 채무자회생파산306, [사원의 책임과 항변]214, [신입사원의 책임]213, [자칭사원의 책임]215, [퇴사원, 지분양도자의 책임]225, [책임의 소멸]267, [연대책임]민413이하, [업무집행조합원에의 준용]86의8, [사원의 파산]채무자회생파산432, [합자회사의 유한책임사원의 책임]279, [주주의 책임]331, [유한회사사원의 책임]553, ③[보증인과 항변권]민437

판례 합명회사는 실질적으로 조합적 공동기업체여서 회사의 채무는 실질적으로 각 사원의 공동채무이므로, 합명회사 사원의 책임은 회사가 채무를 부담하면 법률의 규정에 기해 당연히 발생하는 것이고, '회사의 재산으로 회사의 채무를 완제할 수 없는 때' 또는 '회사재산에 대한 강제집행이 주효하지 못한 때'에 비로소 발생하는 것은 아니며, 이는 회사 채권자가 그와 같은 경우에 해당함을 증명하여 합명회사의 사원에게 보충적으로 책임의 이행을 청구할 수 있다는 책임이행의 요건을 정한 것으로 봄이 타당하다. 그리고 합자회사의 장에 다른 규정이 없는 사항은 합명회사에 관한 규정을 준용하므로(상법 제269조), 합자회사의 무한책임사원의 회사 채권자에 대한 책임은 합명회사의 사원의 책임과 동일하다.(대판 2009.5.28, 2006다65903)

판례 무한책임사원 개인 소유의 재산까지 임금 우선변제권의 대상이 되는 '사용자의 총재산'에 포함된다고 해석할 수는 없다.(대판 1996.2.9, 95다719)

第213條【新入社員의 責任】 會社成立後에 加入한 社員은 그 加入前에 생긴 會社債務에 대하여 다른 社員과 同一한 責任을 진다.

참조 [입사]179 · 197 · 204, [사원의 책임]212

판례 합자회사 설립 후 제3자가 합자회사의 사원으로 되는 방법으로는 입사에 의하여 원시적으로 사원 자격을 취득하는 방법과 기존의 사원으로부터 지분을 양수하는 방법이 있는데, 전자의 입사 방법은 입사하려는 자와 회사 사이의 입사계약으로 이루어지고 후자의 입사 방법은 입사하려는 자와 기존 사원 개인 사이의 지분매매계약으로 이루어진다.(대판 2002.4.9, 2001다77567)

第214條【社員의 抗辯】 ① 社員이 會社債務에 관하여 辨濟의 請求를 받은 때에는 會社가 主張할 수 있는 抗辯으로 그 債權者에게 對抗할 수 있다.

② 會社가 그 債權者에 대하여 相計, 取消 또는 解除할 權利가 있는 경우에는 社員은 前項의 請求에 대하여 辨濟를 拒否할 수 있다.

참조 [상계권]민492이하, [취소권]민110 · 140이하, [해지 · 해제권]민543이하

第215條【自稱社員의 責任】 社員이 아닌 者가 他人에게 自己를 社員이라고 誤認시키는 行爲를 하였을 때에는 誤認으로 인하여 會社와 去來한 者에 대하여 社員과 同一한 責任을 진다.

참조 [사원의 책임]212, [퇴사원의 상호변경청구권]226

第216條【準用規定】 第205條와 第206條의 規定은 會社의 代表社員에 準用한다.

第4節 社員의 退社

第217條【社員의 退社權】 ① 定款으로 會社의 存立期間을 定하지 아니하거나 어느 社員의 終身까지 存續할 것을 정한 때에는 社員은 營業年度末에 한하여 退社할 수 있다. 그러나 6月前에 이를 豫告하여야 한다.

② 社員이 不得已한 事由가 있을 때에는 언제든지 退社할 수 있다.

참조 [퇴사사유]194② · 218 · 224① · 229①단서, [존립기간]180, [퇴사와 지분환급]195 · 221 · 223, 민719, [퇴사원과 책임]225, [퇴사와 등기]183, [조합원의 퇴사]민716, ①[유한책임회사 사원의 퇴사]287의24

第218條【퇴사원인】 사원은 전조의 경우 외에 다음의 사유로 인하여 퇴사한다.

1. 정관에 정한 사유의 발생
2. 총사원의 동의
3. 사망
4. 성년후견개시
5. 파산
6. 제명

(2018.9.18 본조개정)

改前 "第218條【退社原因】 社員은 前條의 경우외에 다음의 事由로 인하여 退社한다.
1. 定款에 정한 事由의 發生
2. 總社員의 同意
3. 死亡
4. 禁治産
5. 破産
6. 除名"

참조 [기타의 퇴사사유]194② · 217 · 224① · 229①단서, [퇴사와 등기]183, [유한책임회사 사원의 퇴사]287의24, (3)[청산회사와 사원의 사망]246, (4)[성년후견개시]민9, (5)[회사채권자와 파산채권]채무자회생파산432, (6)[제명]220, [조합원의 퇴사]민717

판례 상법은 제218조제6호, 제220조, 제269조에서 인적 회사인 합명회사, 합자회사에 대하여 사원의 퇴사사유의 하나로서 '제명'을 규정하면서 제명의 사유가 있는 때에는 다른 사원 과반수의 결의에 의하여 그 사원의 제명의 선고를 법원에 청구할 수 있도록 규정하고 있음에 비하여, 주식회사의 경우에는 주주의 제명에 관한 근거 규정과 절차 규정을 두고 있지 아니한바, 이는 상법이 인적 결합이 아닌 자본의 결합을 본질로 하는 물적 회사로서의 주식회사의 특성을 특별히 고려한 입법이라고 해석되므로, 회사의 주주의 구성이 소수에 의하여 제한적으로 이루어져 있다거나 주주 상호간의 신뢰관계를 기초로 하고 있다는 등의 사정이 있다 하더라도, 그러한 사정만으로 인적 회사인 합명회사, 합자회사의 사원 제명에 관한 규정을 물적 회사인 주식회사에 유추적용하여 주주의 제명을 허용할 수 없다.(대판 2007.5.10, 2005다60147)

第219條【社員死亡時 權利承繼의 通知】 ① 定款으로 社員이 死亡한 경우에 그 相續人이 會社에 대한 被相續人의 權利義務를 承繼하여 社員이 될 수 있음을 定한 때에는 相續人은 相續의 開始를 안 날로부터 3月내에 會社에 대하여 承繼 또는 抛棄의 通知를 發送하여야 한다.

② 相續人이 前項의 通知없이 3月을 經過한 때에는 社員이 될 權利를 抛棄한 것으로 본다.

참조 [유한책임회사 사원의 사망]287의26

第220條【除名의 宣告】 ① 社員에게 다음의 事由가 있는 때에는 會社는 다른 社員 過半數의 決議에 의하여 그 社員의 除名의 宣告를 法院에 請求할 수 있다.

1. 出資의 義務를 履行하지 아니한 때
2. 第198條第1項의 規定에 違反한 行爲가 있는 때
3. 會社의 業務執行 또는 代表에 관하여 不正한 行爲가 있는 때, 權限없이 業務를 執行하거나 會社를 代表한 때
4. 기타 重要한 事由가 있는 때

② 第205條第2項과 第206條의 規定은 前項의 경우에 準用한다.

참조 [제명]87 · 218 · 287의27, 민718, [업무집행권]200, [대표권]207 · 208, [관할법원]186 · 206 · 220②, [등기]183

第221條【除名社員과 會社間의 計算】 除名된 社員과 會社와의 計算은 除名의 訴를 提起한 때의 會社財産의 狀態에 따라서 하며 그 때부터 法定利子를 붙여야 한다.

참조 [지분의 계산]195 · 222, 민719, [법정이자]54, 민379

第222條【持分의 還給】 退社한 社員은 勞務 또는 信用으로 出資의 目的으로 한 경우에도 그 持分의 還給을 받을 수 있다. 그러나 定款에 다른 規定이 있는 때에는 그러하지 아니하다.

참조 [퇴사원지분의 계산]195 · 221, 민719

第223條【持分의 押留】 社員의 持分의 押留는 社員이 將來利益의 配當과 持分의 還給을 請求하는 權利에 대하여도 그 效力이 있다.

참조 [압류]민집, [지분압류와 퇴사]224, [지분압류의 효력]247④ · 249, [이익배당]195, 민711, [지분반환]195 · 222, 민707, [지분반환청구권의 보전]비송102

第224條【持分 押留債權者에 의한 退社請求】 ① 社員의 持分을 押留한 債權者는 營業年度末에 그 社員을 退社시킬 수 있다. 그러나 會社와 그 社員에 대하여 6月前에 그 豫告를 하여야 한다.

② 前項 但書의 豫告는 社員이 辨濟를 하거나 相當한 擔保를 提供한 때에는 그 效力을 잃는다.

참조 [퇴사]217 · 218 · 287의29, [지분환급청구권의 보전]222 · 223, 비송102, [사원의 채권자에 의한 설립취소의 소]185

판례 담보를 제공한다는 의미 : 담보를 제공한 때라 함은 압류채권자와의 사이에서 담보물권을 설정하거나 보증계약을 체결한 때를 말하는 것이므로, 실질적으로 보증과 같은 채권확보의 효력이 있는 중첩적 채무인수계약이 압류채권자와의 사이에서 체결되거나 또는 압류채권자가 위 채무인수를 승낙한 때에는 퇴사예고는 그 효력을 잃는다고 보아야 할 것이다.(대판 1989.5.23, 88다카13516)

第225條【退社員의 責任】 ① 退社한 社員은 本店所在地에서 退社登記를 하기 前에 생긴 會社債務에 대하여는 登記後 2年내에는 다른 社員과 同一한 責任이 있다.

② 前項의 規定은 持分을 讓渡한 社員에 準用한다.

참조 [등기의 일반적 효력]37, [퇴사의 등기]183, [책임의 내용]212, [무한책임사원이 유한책임사원으로 되었을 경우의 책임]244 · 282, [해산의 경우의 책임의 존속기간]267, [지분의 양도]197

판례 퇴사한 무한책임사원의 책임 : 상법 269조, 225조에 의하여 합자회사에서 퇴사한 무한책임사원은 본점 소재지에서 퇴사등기를 하기 전에 발생한 회사의 채무에 대하여는 등기후에 2년 이내에는 다른 무한책임사원과 동일한 책임이 있으므로 합자회사에 변제의 자력이 있으며 집행이 용이하다는 사실을 주장입증하지 못하는 한 책임을 면할 수 없다.(대판 1975.2.10, 74다1727)

第226條【退社員의 商號變更請求權】 退社한 社員의 姓名이 會社의 商號中에 使用된 경우에는 그 社員은 會社에 대하여 그 使用의 廢止를 請求할 수 있다.

참조 [상호]18 · 19, [자칭사원의 책임]215, [자기명칭의 사용을 허락한 자의 책임]24

第5節 會社의 解散

第227條【解散原因】 會社는 다음의 事由로 인하여 解散한다.

1. 存立期間의 滿了 기타 定款으로 定한 事由의 發生
2. 總社員의 同意
3. 社員이 1人으로 된 때
4. 合倂
5. 破産
6. 法院의 命令 또는 判決

참조 [해산등기]상업등기법60 · 63 · 64 · 73, (1)[정관에 정한 사유]180, (1)(2)[회사의 계속]229①, (3)[회사의 계속]229② · 242②, [청산]247 · 252, (4)[합병]174 · 230-240, (5)[파산원인]채무자회생파산305 · 306, [파산과 계속]채무자회생파산538-540, (6)[해산명령]176, [해산의 청구]241, [유한책임회사의 해산원인]287의38

第228條【解散登記】 會社가 解散된 때에는 合倂과 破産의 경우외에는 그 解散事由가 있은 날로부터 本店所在地에서는 2週間내, 支店所在地에서는 3週間내에 解散登記를 하여야 한다.

참조 [해산등기]상업등기법60 · 73, [합병의 경우의 등기]233, [파산의 등기]채무자회생파산24 · 25 · 27, [벌칙]635①, [청산종결의 등기]264, [사원의 책임소멸기간의 기산점]267①, [유한회사에의 준용]613①, [상호회사에의 준용]보험70, [합자조합에의 준용]86의8

第229條【會社의 繼續】 ① 第227條第1號와 第2號의 경우에는 社員의 全部 또는 一部의 同意로 會社를 繼續할 수 있다. 그러나 同意를 하지 아니한 社員은 退社한 것으로 본다.

② 第227條第3號의 경우에는 새로 社員을 加入시켜서 會社를 繼續할 수 있다.

③ 前2項의 경우에 이미 會社의 解散登記를 하였을 때에는 本店所在地에서는 2週間내, 支店所在地에서는 3週間내에 會社의 繼續登記를 하여야 한다.

④ 第213條의 規定은 第2項의 新入社員의 責任에 準用한다.

참조 [계속과 동시에 하는 조직변경]242②, [설립무효 · 취소와 계속]194, [해산등기]96, [계속의 등기]상업등기법61, [유한책임회사에의 준용]287의40, [유한회사에의 준용]611, [파산과 계속]채무자회생파산538 · 540, [사업연도의 의제]법인세법8

第230條【合倂의 決議】 會社가 合倂을 함에는 總社員의 同意가 있어야 한다.

참조 [합병]174 · 232-240 · 287의41 · 522 · 525

第231條 (1984.4.10 삭제)

第232條【債權者의 異議】 ① 會社는 合倂의 決議가 있은 날부터 2週내에 會社債權者에 대하여 合倂에 異議가 있으면 일정한 期間내에 이를 제출할 것을 公告하고 알고 있는 債權者에 대하여는 따로따로 이를 催告하여야 한다. 이 경우 그 期間은 1月이상이어야 한다.(1998.12.28 본항개정)

② 債權者가 第1項의 期間내에 異議를 제출하지 아니한 때에는 合倂을 承認한 것으로 본다.(1984.4.10 본항개정)

③ 異議를 提出한 債權者가 있는 때에는 會社는 그 債權者에 대하여 辨濟 또는 相當한 擔保를 提供하거나 이를 目的으로 하여 相當한 財産을 信託會社에 信託하여야 한다.

참조 [합병을 승인하지 아니한 채권자의 보호]236 · 237, [합병에 의한 등기신청]상업등기법62-64, [벌칙]635①, [주식회사 · 유한회사에의 준용]530② · 603, [상호회사에의 준용]보험70, [자본감소 · 조직변경 등의 경우에의 준용]439② · 608, 보험22 · 29, [유한책임회사의 자본금 감소]287의36, [유한책임회사에의 준용]287의41

第233條【合倂의 登記】 會社가 合倂을 한 때에는 本店所在地에서는 2週間내, 支店所在地에서는 3週間내에 合倂後 存續하는 會社의 變更登記, 合倂으로 인하여 消滅하는 會社의 解散登記, 合倂으로 인하여 設立되는 會社의 設立登記를 하여야 한다.

참조 [등기]상업등기법62-64, [벌칙]635, [등기의 효과]234, [유한책임회사에의 준용]287의41

第234條【合倂의 效力發生】 會社의 合倂은 合倂後 存續하는 會社 또는 合倂으로 인하여 設立되는 會社가 그 本店所在地에서 前條의 登記를 함으로써 그 效力이 생긴다.

참조 [합병등기]233, [회사의 성립과 등기]172, [합병의 효과]227, [유한책임회사에의 준용]287의41, [주식회사 · 유한회사에의 준용]530② · 603, [상호회사에의 준용]보험70

第235條【合倂의 效果】 合倂後 存續한 會社 또는 合倂으로 인하여 設立된 會社는 合倂으로 인하여 消滅된 會社의 權利義務를 承繼한다.

참조 [피합병회사의 해산]227 · 250, [유한책임회사에의 준용]287의41, [주식회사 · 유한회사에의 준용]530② · 603, [상호회사에의 준용]보험70

판례 합병의 효력범위 : 회사합병이 있는 경우에는 피합병회사의 권리 의무는 사법상의 관계나 공법상의 관계를 불문하고 그 성질상 이전을 허용하지 않는 것을 제외하고는 모두 합병으로 인하여 존속한 회사에게 승계된다.(대판 1980.3.25, 77누265)

第236條【合倂無效의 訴의 提起】 ① 會社의 合倂의 無效는 各 會社의 社員, 淸算人, 破産管財人 또는 合倂을 承認하지 아니한 會社債權者에 한하여 訴만으로 이를 主張할 수 있다.

② 前項의 訴는 第233條의 登記가 있은 날로부터 6月내에 提起하여야 한다.

참조 [합병무효판결의 효력]239 · 240, [청산인]251 · 252, [파산관재인]채무자회생파산359, [합병을 승인하지 아니한 채권자]232②③ · 237, [주식회사 · 유한회사와 합병무효의 소]529 · 603, [유한책임회사에의 준용]287의41, [상호회사에의 준용]보험70

第237條【準用規定】 第176條第3項과 第4項의 規定은 會社債權者가 前條의 訴를 提起한 때에 準用한다.

참조 [유한책임회사에의 준용]287의41

第238條【合倂無效의 登記】 合倂을 無效로 한 判決이 確定된 때에는 本店과 支店의 所在地에서 合

併後 存續한 會社의 變更登記, 合併으로 인하여 消滅된 會社의 回復登記, 合併으로 인하여 設立된 會社의 解散登記를 하여야 한다.

참조 [등기]비송99, [유한책임회사에의 준용]287의41, [주식회사·유한회사에의 준용]530②·603, [상호회사에의 준용]보험70

第239條【無效判決確定과 會社의 權利義務의 귀속】 ① 合併을 無效로 한 判決이 確定된 때에는 合併을 한 會社는 合併後 存續한 會社 또는 合併으로 인하여 設立된 會社의 合併後 負擔한 債務에 대하여 連帶하여 辨濟할 責任이 있다.
② 合併後 存續한 會社 또는 合併으로 인하여 設立한 會社의 合併後 取得한 財産은 合併을 한 會社의 共有로 한다.
③ 前2項의 경우에 各會社의 協議로 그 負擔部分 또는 持分을 정하지 못한 때에는 法院은 그 請求에 의하여 合併當時의 各 會社의 財産狀態 기타의 事情을 參酌하여 이를 定한다.

참조 [유한책임회사에의 준용]287의41, [주식회사·유한회사에의 준용]530②·603, [상호회사에의 준용]보험70, ①[연대]민413이하, ②[공유]민262이하, ③[재판]비송72·100

第240條【準用規定】 第186條 내지 第191條의 규정은 合併無效의 訴에 準用한다.

참조 [유한책임회사에의 준용]287의41, [주식회사·유한회사에의 준용]530②·603, [상호회사에의 준용]보험70

第241條【社員에 의한 解散請求】 ① 不得已한 事由가 있는 때에는 各 社員은 會社의 解散을 法院에 請求할 수 있다.
② 第186條와 第191條의 規定은 前項의 경우에 準用한다.

참조 [유한책임회사에의 준용]287의42, [조합원의 해산청구]민720, [해산사유]227, [해산명령청구권자의 책임에 관한 경과규정]상법시행법7

일판 합명회사의 업무집행이 다수파 사원에 의하여 불공정하고 이기적으로 행하여져 그로 인하여 소수파 사원이 항상 까닭없는 불이익을 입고 있는 경우에는 이것을 타개하기 위하여 사원 쌍방에 있어서 공정 또는 상당한 수단이 없는 한 본조 제1항의 "부득이한 사유"가 있다.(日·最高 1986.3.13)

第242條【組織變更】 ① 合名會社는 總社員의 同意로 一部社員을 有限責任社員으로 하거나 有限責任社員을 새로 加入시켜서 合資會社로 變更할 수 있다.
② 前項의 規定은 第229條第2項의 規定에 의하여 會社를 繼續하는 경우에 準用한다.

참조 [조직변경과 등기]234, [신입사원의 책임]213, [종전사원으로서 유한책임사원이 된 자의 책임]244, [합자회사를 합명회사로 조직변경]286

판례 회사의 조직변경이 인정되는 경우 : 회사의 조직변경은 회사가 그의 인격의 동일성을 보유하면서 법률상의 조직을 변경하여 다른 종류의 회사로 되는 것을 일컫는다 할 것이고 상법상 합명, 합자회사 상호간 또는 주식, 유한회사 상호간에만 회사의 조직변경이 인정되고 있을 뿐이므로 소외 계룡건설합자회사가 그 목적, 주소, 대표자 등이 동일한 주식회사인 원고 회사를 설립한 다음 동 소외 회사를 흡수 합병하는 형식을 밟아 사실상 합자회사를 주식회사로 변경하는 효과를 꾀하였다 하더라도 이를 법률상의 회사조직변경으로 볼 수는 없다.
(대판 1985.11.12, 85누69)

第243條【組織變更의 登記】 合名會社를 合資會社로 變更한 때에는 本店所在地에서는 2週間내, 支店所在地에서는 3週間내에 合名會社에 있어서는 解散登記, 合資會社에 있어서는 設立登記를 하여야 한다.

참조 [등기]상업등기법65~67

第244條【組織變更에 의하여 有限責任社員이 된 者의 責任】 合名會社社員으로서 第242條第1項의 規定에 의하여 有限責任社員이 된 者는 前條의 規定에 의한 本店登記를 하기 前에 생긴 會社債務에 대하여는 登記後 2年내에는 無限責任社員의 責任을 免하지 못한다.

참조 [무한책임사원의 책임]212, [퇴사원의 책임]212·225

第6節 淸　算

第245條【淸算中의 會社】 會社는 解散된 後에도 淸算의 目的範圍내에서 存續하는 것으로 본다.

참조 [감독]비송118, [해산법인의 권리능력]민81, 채무자회생파산328, [주식회사·유한회사에의 준용]542·613, [상호회사에의 준용]보험73

판례 주식회사는 해산된 뒤에도 청산법인으로 되어 청산의 목적범위 내에서 존속하므로, 그 주주는 주주총회의 결의에 참여할 수 있을 뿐더러 잔여재산의 분배청구권 및 청산인의 해임청구권이 있고, 한편 해산 당시의 이사는 정관에 다른 규정이 있거나 주주총회에서 따로 청산인을 선임하지 아니한 경우에 당연히 청산인이 되고 해산 당시 또는 그 후에 임기가 만료되더라도 새로 청산인이 선임되어 취임할 때까지는 청산인으로서 권리의무를 가진다.(대판 1991.11.22, 91다22131)

第246條【數人의 持分相續人이 있는 경우】 會社의 解散後 社員이 死亡한 경우에 그 相續人이 數人인 때에는 淸算에 관한 社員의 權利를 行使할 者 1人을 정하여야 한다. 이를 정하지 아니한 때에는 會社의 通知 또는 催告는 그 中의 1人에 대하여 하면 全員에 대하여 그 效力이 있다.

참조 [상속인이 수인 있을 경우]민1000이하·1006·1078, [해산전의 사원의 사망]218

第247條【任意淸算】 ① 解散된 會社의 財産處分方法은 定款 또는 總社員의 同意로 이를 정할 수 있다. 이 경우에는 解散事由가 있는 날로부터 2週間내에 財産目錄과 貸借對照表를 作成하여야 한다.
② 前項의 規定은 會社가 第227條第3號 또는 第6號의 事由로 인하여 解散한 경우에는 이를 適用하지 아니한다.
③ 第232條의 規定은 第1項의 경우에 準用한다.
④ 第1項의 경우에 社員의 持分을 押留한 者가 있는 때에는 그 同意를 얻어야 한다.
⑤ 第1項의 會社는 그 財産의 처분을 완료한 날부터 本店所在地에서는 2週間내에, 支店所在地에서는 3週間내에 淸算終結의 登記를 하여야 한다.
(1995.12.29 본항신설)

참조 [처분방법을 정하지 아니한 때]250이하, ①[재산목록·대차대조표]30, [법정청산과 재산목록의 작성]256①, [재산목록 등의 보존]266, [벌칙]635①, ②[법정청산]250이하, ③[위반과 채권자보호]248, [벌칙]635①, ④[지분의 압류]223·224, [위반과 채권자보호]249

第248條【任意淸算과 債權者保護】 ① 會社가 前條第3項의 規定에 違反하여 그 財産을 處分함으로써 會社債權者를 害한 때에는 會社債權者는 그 處分의 取消를 法院에 請求할 수 있다.
② 第186條와 民法 第406條第1項 但書, 第2項 및 第407條의 規定은 前項의 取消의 請求에 準用한다.

第249條【持分押留債權者의 保護】 會社가 第247條第4項의 規定에 違反하여 그 財産을 處分한 때에는 社員의 持分을 押留한 者는 會社에 대하여 그 持分에 相當하는 金額의 支給을 請求할 수 있다. 이 경우에는 前條의 規定을 準用한다.

참조 [처분취소청구권]248, [지분의 압류]223·224

第250條【法定淸算】 第247條第1項의 規定에 의하여 會社財産의 處分方法을 定하지 아니한 때에는 合併과 破産의 경우를 제외하고 第251條 내지 第265條의 規定에 따라서 淸算을 하여야 한다.

참조 [합병의 경우]235, [파산]채무자회생파산294이하, [법정의 청산감독]비송117·118

第251條【淸算人】 ① 會社가 解散된 때에는 總社員過半數의 決議로 淸算人을 選任한다.
② 淸算人의 選任이 없는 때에는 業務執行社員이 淸算人이 된다.

참조 [업무집행사원]201, [청산인이 될 수 없는 자]비송121, [등기]253, [특별규정]193·252, [해임]261·262, [수인의 청산인과 청산집행방법]254②, [청산인과 회사대표]254③·255, [청산인과 회사와의 관계]265·382②·399

第252條【法院選任에 의한 淸算人】 會社가 第227條第3號 또는 第6號의 事由로 인하여 解散된 때에는 法院은 社員 기타의 利害關係人이나 檢事의 請求에 의하여 또는 職權으로 淸算人을 選任한다.

참조 [선임]비송117·119~121, 보험156, [해임]261·262, [특례]보험138, [사무의 인계]635①, [설립의 무효취소의 경우의 청산인]193, [수인의 청산인과 청산집행방법]254②, [청산인과 회사대표]254③·255, [청산인과 회사와의 관계]265·382②·399, [주식회사·유한회사에의 준용]542①·613①

第253條【淸算人의 登記】 ① 淸算人이 選任된 때에는 그 選任된 날로부터, 業務執行社員이 淸算人이 된 때에는 解散된 날로부터 本店所在地에서는 2週間내, 支店所在地에서는 3週間내에 다음의 事項을 登記하여야 한다.
1. 淸算人의 姓名·住民登錄番號 및 住所. 다만, 會社를 代表할 淸算人을 정한 때에는 그 외의 淸算人의 住所를 제외한다.(1995.12.29 본호개정)
2. 會社를 代表할 淸算人을 정한 때에는 그 姓名
3. 數人의 淸算人이 共同으로 會社를 代表 할 것을 정한 때에는 그 規定
② 第183條의 規定은 第1項의 登記에 準用한다.
(1995.12.29 본항개정)

참조 [청산인과 회사대표]255, [벌칙]635①, [주식회사·유한회사에의 준용]542①·613①, [상호회사에의 준용]보험73, ①⑵[대표청산인]207·255①, ⑶[공동대표]208·255②, [합자조합에의 준용]86의8, [등기사항]상업등기법62·68

第254條【淸算人의 職務權限】 ① 淸算人의 職務는 다음과 같다.
1. 現存事務의 終結
2. 債權의 推尋과 債務의 辨濟
3. 財産의 換價處分
4. 殘餘財産의 分配
② 淸算人이 數人인 때에는 淸算의 職務에 관한 行爲는 그 過半數의 決議로 定한다.
③ 會社를 代表할 淸算人은 第1項의 職務에 관하여 裁判上 또는 裁判外의 모든 行爲를 할 權限이 있다.
④ 民法 第93條의 規定은 合名會社에 準用한다.

참조 [공익법인청산인의 직무]민87, [기타직무권한]255~260, [주식회사·유한회사에의 준용]542①·613①, [상호회사에의 준용]보험73, ⑵[채무변제]258·259, ⑷[재산분배의 제한]260·636①, [분배의 표준]195, 민724②, ②[조합의 청산인의 경우]민706·722, [청산인이 자기 또는 제3자를 위하여 회사와 거래를 할 경우]199·265, [상호회사에의 준용]보험81, ③[회사를 대표할 청산인]207·255, [대리권제한과 선의의 제3자]209②·265, 민41, [벌칙]635①

第255條【淸算人의 會社代表】 ① 業務執行社員이 淸算人으로 된 경우에는 從前의 定함에 따라 會社를 代表한다.
② 法院이 數人의 淸算人을 選任하는 경우에는 會社를 代表할 者를 정하거나 數人이 共同하여 會社를 代表할 것을 定할 수 있다.

참조 [회사를 대표할 청산인의 권한]210·254③·265, [등기]253①, [법원이 청산인을 선임할 경우]193②·252, [주식회사·유한회사에의 준용]542①·613①, [상호회사에의 준용]보험73

第256條【淸算人의 義務】 ① 淸算人은 就任한 후 遲滯없이 會社의 財産狀態를 調査하고 財産目錄과 貸借對照表를 作成하여 各 社員에게 交付하여야 한다.
② 淸算人은 社員의 請求가 있는 때에는 언제든지 淸算의 狀況을 報告하여야 한다.

참조 [재산목록·대차대조표]30, [벌칙]635①, [임의청산과 재산목록·대차대조표의 작성]247①, [장부 기타 중요서류의 보존]266

第257條【營業의 讓渡】 淸算人이 會社의 營業의 全部 또는 一部를 讓渡함에는 總社員過半數의 決議가 있어야 한다.

참조 [영업양도]41이하, [주식회사·유한회사와 영업양도]374

第258條【債務完濟不能과 出資請求】 ① 會社의 現存財産이 그 債務를 辨濟함에 不足한 때에는 淸算人은 辨濟期에 不拘하고 各 社員에 대하여 出資를 請求할 수 있다.
② 前項의 出資額은 各 社員의 出資의 比率로 이를 定한다.

참조 [파산과 출자의무]채무자회생파산351·502, [출자]179·180, [사원의 책임]212, [청산인의 파산선고 신청의무]254④, 민93

第259條【債務의 辨濟】 ① 淸算人은 辨濟期에 이르지 아니한 會社債務에 대하여도 이를 辨濟할 수 있다.
② 前項의 경우에 利子없는 債權에 관하여는 辨濟期에 이르기까지의 法定利子를 加算하여 그 債權額에 達할 金額을 辨濟하여야 한다.
③ 前項의 規定은 利子있는 債權으로서 그 利率이 法定利率에 達하지 못하는 것에 이를 準用한다.
④ 第1項의 경우에는 條件附債權, 存續期間이 不確定한 債權 기타 價額이 不確定한 債權에 대하여는 法院이 選任한 鑑定人의 評價에 의하여 辨濟하여야 한다.

참조 [동취지의 규정]민1035, 채무자회생파산425이하, [주식회사·유한회사에의 준용]542①·613①, [상호회사에의 준용]보험73, ①[기한의 이익]민153, ②③[무이자채권의 액]채무자회생파산446, [법정이율]54, 민39, ④[조건]민147~149, [감정인선임]비송124·125

第260條【殘餘財産의 分配】 淸算人은 會社의 債務를 完濟한 後가 아니면 會社財産을 社員에게 分配하지 못한다. 그러나 다툼이 있는 債務에 대하여는 그 辨濟에 필요한 財産을 保留하고 殘餘財産을 分配할 수 있다.

참조 [청산인의 직무]254①, [채무의 변제]259, [분배의 표준]195, 민724②, [벌칙]635①, [주식회사·유한회사에의 준용]542·613①, [상호회사에의 준용]보험73

第261條【淸算人의 解任】 社員이 選任한 淸算人은 總社員過半數의 決議로 解任할 수 있다.

참조 [사임]265·382②, 민689, [등기]253①, 상업등기법60, [사원이 선임한 청산인]251①

第262條【同前】 淸算人이 그 職務를 執行함에 顯著하게 不適任하거나 重大한 任務에 違反한 行爲가 있는 때에는 法院은 社員 기타의 利害關係人의 請求에 의하여 淸算人을 解任할 수 있다.

참조 [해임]비송119, [등기]253①, 상업등기법60

第263條【淸算人의 任務終了】 ① 淸算人은 그 任務가 終了한 때에는 遲滯없이 計算書를 作成하여 各 社員에게 交付하고 그 承認을 얻어야 한다.
② 前項의 計算書를 받은 社員이 1月내에 異議를 하지 아니한 때에는 그 計算을 承認한 것으로 본다. 그러나 淸算人에게 不正行爲가 있는 경우에는 그러하지 아니한다.

참조 [청산인의 임무]254·260, [손해배상책임]265·399

第264條【淸算終結의 登記】 淸算이 終結된 때에는 淸算人은 前條의 規定에 의한 總社員의 承認이 있은 날로부터 本店所在地에서는 2週間내, 支店所在地에서는 3週間내에 淸算終結의 登記를 하여야 한다.

참조 [벌칙]635①, [주식회사·유한회사에의 준용]542①·613①, [상호회사에의 준용]보험73, [합자조합에의 준용]86의8

판례 청산종결의 등기 경료 후 형사소송법상 당사자능력의 존속 여부 : 회사가 해산 및 청산등기 전에 재산형에 해당하는 사건으로 소추당한 후 청산종결의 등기가 경료되었다고 하여도 그 피고사건이 종결되기까지는 회사의 청산사무는 종료되지 아니하고 형사소송법상 당사자 능력도 존속한다고 할 것이다.
(대판 1982.3.23, 81도1450)

第265條【준용규정】 제183조의2·제199조·제200조의2·제207조·제208조·제209조제2항·제210조·제382조제2항·제399조 및 제401조의 규정은 청산인에 준용한다.(2001.12.29 본조개정)

第266條【帳簿, 書類의 保存】 ① 會社의 帳簿와 營業 및 淸算에 관한 重要書類는 本店所在地에서 淸算終結의 登記를 한 후 10年間 이를 보존하여야 한다. 다만, 傳票 또는 이와 유사한 書類는 5年間 이를 보존하여야 한다.

② 第1項의 경우에는 總社員 過半數의 決議로 保存人과 保存方法을 定하여야 한다.
(1995.12.29 본조개정)
참조 [상업장부 기타의 보존의무]33, [해산등기]228, [청산종결등기]264, [벌칙]채무자회생파산643이하, [주식회사·유한회사의 경우]541·613①

第267條【社員의 責任의 消滅時期】 ① 第212條의 規定에 의한 社員의 責任은 本店所在地에서 解散登記를 한 後 5年을 經過하면 消滅한다.
② 前項의 期間經過後에도 分配하지 아니한 殘餘財産이 있는 때에는 會社債權者는 이에 대하여 辨濟를 請求할 수 있다.
참조 [해산등기]228, [퇴사원의 책임존속기간]225

第3章 合資會社

第268條【會社의 組織】 合資會社는 無限責任社員과 有限責任社員으로 組織한다.
참조 [유한책임사원]279, [무한책임사원]212·269, [무한책임사원 또는 유한책임사원의 전원이 퇴사한 경우]285
판례 합자회사의 무한책임사원인 대표사원과 제3자사이의 동업계약이 그 내용에 비추어 제3자가 대표사원 개인에게 대금을 주고 그로부터 합자회사에 대한 지분 일부를 양수하기로 하는 지분매매계약이 아니라 제3자가 합자회사에 출자금을 출자하고 새로 유한책임사원이 지위를 원시취득하기로 하는 입사계약이라고 보아야 한다.(대판 2002.4.9, 2001다77567)

第269條【準用規定】 合資會社에는 本章에 다른 規定이 없는 事項은 合名會社에 관한 規定을 準用한다.
판례 합자회사의 결의방법 : 합자회사는 정관에 특별한 규정이 없는 한 소집절차라든지 결의방법에 특별한 방식이 있을 수 없고, 따라서 사원의 구두 또는 서면에 의한 개별적인 의사표시를 수집하여 본 결과 총사원의 동의나 사원 3분의 2 또는 과반수의 동의 등 법률이나 정관 및 민법의 조합에 관한 규정이 요구하고 있는 결의요건을 갖춘 것으로 판명되면 유효한 결의가 있다고 보아야 한다.(대판 1995.7.11, 95다5820)

第270條【定款의 絶對的 記載事項】 合資會社의 定款에는 第179條에 揭記한 事項외에 各 社員의 無限責任 또는 有限責任인 것을 記載하여야 한다.
참조 [사원책임의 유한·무한]212·279

第271條【등기사항】 ① 합자회사의 설립등기를 할 때에는 제180조 각 호의 사항 외에 각 사원의 무한책임 또는 유한책임인 것을 등기하여야 한다.
② 합자회사가 지점을 설치하거나 이전할 때에는 지점소재지 또는 신지점소재지에서 제180조제1호 본문(다른 지점의 소재지는 제외한다) 및 제3호부터 제5호까지의 사항을 등기하여야 한다. 다만, 무한책임사원만을 등기하되, 회사를 대표할 사원을 정한 경우에는 다른 사원은 등기하지 아니한다.
(2011.4.14 본조개정)
改前 "第271條【登記事項】合資會社의 設立登記에 있어서는 第180條 各號의 사항외에 各社員의 無限責任 또는 有限責任인 것을 登記하여야 한다.(1995.12.29 본조개정)"
참조 [사원책임의 유한·무한]212·279, [등기]상업등기법54이하
판례 합자회사의 신입사원의 지위 취득시점(구법관계) : 합자회사의 성립 후에 신입사원이 입사하여 사원으로서의 지위를 취득하기 위하여는 정관변경을 요하고 따라서 총사원의 동의를 얻어야 하지만, 정관변경은 회사의 내부관계에서는 총사원의 동의만으로 그 효력을 발생하는 것이므로 신입사원은 총사원의 동의가 있으면 정관인 서면의 경정이나 등기부에의 기재를 기다리지 않고 그 동의가 있는 시점에 곧바로 사원으로서의 지위를 취득한다.(대판 1996.10.29, 96다19321)

第272條【有限責任社員의 出資】 有限責任社員은 信用 또는 勞務를 出資의 目的으로 하지 못한다.
참조 [무한책임사원의 출자]195·222, 민703②, [익명조합원에의 준용]86, [유한책임조합원에의 준용]86의8
판례 합자회사에서 각사원의 출자의무는 회사설립과 동시에 회사에 대하여 부담하는 것이므로 사원들의 출자의무가 동시이행관계에 있다고는 할 수 없다.(대판 1972.5.30, 72다369)

第273條【業務執行의 權利義務】 無限責任社員은 定款에 다른 規定이 없는 때에는 各自가 會社의 業務를 執行할 權利와 義務가 있다.
참조 [회사대표]207·269, [합명회사와 업무집행권]200, [유한책임사원의 업무집행금지]278, [특별규정]274

第274條【支配人의 選任, 解任】 支配人의 選任과 解任은 業務執行社員이 있는 경우에도 無限責任社員過半數의 決議에 의하여야 한다.
참조 [지배인]10이하, [합명회사와 지배인의 선임·해임]203

第275條【有限責任社員의 競業의 自由】 有限責任社員은 다른 社員의 同意없이 自己 또는 第三者의 計算으로 會社의 營業部類에 屬하는 去來를 할 수 있고 同種營業을 目的으로 하는 다른 會社의 無限責任社員 또는 理事가 될 수 있다.
참조 [무한책임사원에 대한 제한]198·269, [유한책임조합원에의 준용]86의8

第276條【有限責任社員의 持分讓渡】 有限責任社員은 無限責任社員 全員의 同意가 있으면 그 持分의 全部 또는 一部를 他人에게 讓渡할 수 있다. 持分의 讓渡에 따라 定款을 變更하여야 할 경우에도 같다.
참조 [무한책임사원의 지분양도]197·269, [주식의 양도]335, [유한회사사원의 지분양도]556

第277條【有限責任社員의 監視權】 ① 有限責任社員은 營業年度末에 있어서 營業時間내에 한하여 會社의 會計帳簿·貸借對照表 기타의 書類를 열람할 수 있고 會社의 業務와 財産狀態를 檢査할 수 있다.
② 중요한 사유가 있는 때에는 有限責任社員은 언제든지 法院의 許可를 얻어 第1項의 열람과 檢査를 할 수 있다.
(1984.4.10 본조개정)
참조 [재산목록·대차대조표]30, [벌칙]635①, [익명조합원에의 준용]86, [업무집행권 없는 무한책임사원의 감시권]195·269·287의14, 민710, [유한책임조합원에의 준용]86의8, [관할]비송72, ②[검사를 필요로하는 사유의 소명]비송80

第278條【有限責任社員의 業務執行, 會社代表의 禁止】 有限責任社員은 會社의 業務執行이나 代表行爲를 하지 못한다.
참조 [업무집행]273, [회사대표]207·269, [감시권]277, [익명조합원에의 준용]86
판례 유한책임사원으로 등기한 대표사원자격 흠결의 치유 가부 : 합자회사의 대표사원의 등기를 할 때에는 유한책임 사원의 신분으로 그 등기를 한 흠이 있어도 그 후 그 유한책임 사원을 무한책임 사원으로 변경등기를 한 이상 그는 이 변경등기를 한 때에 그 대표사원 자격의 흠결은 소멸된다.
(대판 1972.5.9, 72다8)

第279條【有限責任社員의 責任】 ① 有限責任社員은 그 出資價額에서 이미 履行한 部分을 控除한 價額을 限度로 하여 會社債務를 辨濟할 責任이 있다.
② 會社에 利益이 없음에도 不拘하고 配當을 받은 金額은 辨濟責任을 정함에 있어서 이를 加算한다.
참조 [출자]179·270·272, [이행을 한 출자의 가액]180·183·271, [책임의 요건]212·269, [유한책임사원의 파산과 회사채권자]채무자회생파산433
판례 주주 유한책임 원칙의 예외인 국세기본법상의 제2차 납세의무제도 적용시 납세의무의 범위 : 국세기본법 39조 2호에 규정된 출자자의 제2차 납세의무제도는 법인의 유한책임사원이나 과점주주(출자자)에 한하여 적용되는 상법상의 주주 등의 유한책임 원칙에 대한 예외적인 규정이라고 보아야 할 것이므로 위 규정에 의한 제2차 납세의무자는 법인의 체납세액 전액에 대하여 납세의무를 부담하는 것이고 그 책임이 주식점유 비율에 따라 한정되는 것은 아니다.(대판 1990.9.11, 90누1083)

第280條【出資減少의 경우의 責任】 有限責任社員은 그 出資를 減少한 後에도 本店所在地에서 登記를 하기 前에 생긴 會社債務에 대하여는 登記後 2年내에는 前條의 責任을 免하지 못한다.
참조 [출자의 감소]179·183·204·270·271, [종전의 책임]279, [무한책임사원이 유한책임사원으로 되었을 경우]282

第281條【自稱 無限責任社員의 責任】 ① 有限責任社員이 他人에게 自己를 無限責任社員이라고 誤認시키는 行爲를 한 때에는 誤認으로 인하여 會社와 去來를 한 者에 대하여 無限責任社員과 同一한 責任이 있다.
② 前項의 規定은 有限責任社員이 그 責任의 限度를 誤認시키는 行爲를 한 경우에 準用한다.
참조 [자칭사원의 책임]215·269, [무한책임사원의 책임]212·269, ②[유한책임사원의 책임의 한도]279

第282條【責任을 變更한 社員의 責任】 第213條의 規定은 有限責任社員이 無限責任社員으로 된 경우에, 第225條의 規定은 無限責任社員이 有限責任社員으로 된 경우에 準用한다.
참조 [유한책임사원의 출자감소의 경우]280, [조직변경의 경우]244

第283條【有限責任社員의 死亡】 ① 有限責任社員이 死亡한 때에는 그 相續人이 그 持分을 承繼하여 社員이 된다.
② 前項의 경우에 相續人이 數人인 때에는 社員의 權利를 行使할 者 1人을 定하여야 한다. 이를 定하지 아니한 때에는 會社의 通知 또는 催告는 그 中의 1人에 대하여 하면 全員에 대하여 그 效力이 있다.
참조 [무한책임사원의 사망과 퇴사사유]218·269, [주식공유의 경우의 권리행사자]333, [청산중의 회사에 있어서 무한책임사원의 사망의 경우]246·269, [타법에의 준용]보험66, [유한책임조합원에의 준용]86의8

第284條【유한책임사원의 성년후견개시】 유한책임사원은 성년후견개시 심판을 받은 경우에도 퇴사되지 아니한다.(2018.9.18 본조개정)
改前 "第284條【有限責任社員의 禁治産】有限責任社員은 禁治産의 宣告를 받은 경우에도 退社되지 아니한다."
참조 [무한책임사원의 성년후견개시와 퇴사사유]218·269, [유한책임조합원에의 준용]86의8

第285條【解散, 繼續】 ① 合資會社는 無限責任社員 또는 有限責任社員의 全員이 退社한 때에는 解散된다.
② 前項의 경우에 殘存한 無限責任社員 또는 有限責任社員은 全員의 同意로 새로 有限責任社員 또는 無限責任社員을 加入시켜서 會社를 繼續할 수 있다.
③ 第213條와 第229條第3項의 規定은 前項의 경우에 準用한다.
참조 [해산등기 후의 계속과 등기]229③·269, [해산등기전의 계속과 등기]183·269·271②, [해산등기]상업등기법60, [설립등기]180, [조직변경]286, [합자조합에의 준용]86의8, [사업연도의 의제]법인세법8

第286條【組織變更】 ① 合資會社는 社員全員의 同意로 그 組織을 合名會社로 變更하여 繼續할 수 있다.
② 有限責任社員全員이 退社한 경우에도 無限責任社員은 그 全員의 同意로 合名會社로 變更하여 繼續할 수 있다.
③ 前2項의 경우에는 本店所在地에서는 2週間내, 支店所在地에서는 3週間내에 合資會社에 있어서는 解散登記를, 合名會社에 있어서는 設立登記를 하여야 한다.
참조 [등기]상업등기법65－67, [합명회사의 조직변경]242

第287條【清算人】 合資會社의 清算人은 無限責任社員過半數의 決議로 選任한다. 이를 選任하지 아니한 때에는 業務執行社員이 清算人이 된다.
참조 [합명회사의 청산인]251, [합자회사의 청산]245·269이하, 비송117이하, [업무집행조합원에의 준용]86의8

第3章의2 유한책임회사
(2011.4.14 본장신설)

第1節 설 립

第287條의2【정관의 작성】 유한책임회사를 설립할 때에는 사원은 정관을 작성하여야 한다.

第287條의3【정관의 기재사항】 정관에는 다음 각 호의 사항을 적고 각 사원이 기명날인하거나 서명하여야 한다.
1. 제179조제1호부터 제3호까지, 제5호 및 제6호에서 정한 사항
2. 사원의 출자의 목적 및 가액
3. 자본금의 액
4. 업무집행자의 성명(법인인 경우에는 명칭) 및 주소

第287條의4【설립 시의 출자의 이행】 ① 사원은 신용이나 노무를 출자의 목적으로 하지 못한다.
② 사원은 정관의 작성 후 설립등기를 하는 때까지 금전이나 그 밖의 재산의 출자를 전부 이행하여야 한다.
③ 현물출자를 하는 사원은 납입기일에 지체 없이 유한책임회사에 출자의 목적인 재산을 인도하고, 등기, 등록, 그 밖의 권리의 설정 또는 이전이 필요한 경우에는 이에 관한 서류를 모두 갖추어 교부하여야 한다.
참조 ③[사원가입시의 현물출자]287의23③

第287條의5【설립의 등기 등】 ① 유한책임회사는 본점의 소재지에서 다음 각 호의 사항을 등기함으로써 성립한다.
1. 제179조제1호·제2호 및 제5호에서 정한 사항과 지점을 둔 경우에는 그 소재지
2. 제180조제3호에서 정한 사항
3. 자본금의 액
4. 업무집행자의 성명, 주소 및 주민등록번호(법인인 경우에는 명칭, 주소 및 법인등록번호). 다만, 유한책임회사를 대표할 업무집행자를 정한 경우에는 그 외의 업무집행자의 주소는 제외한다.
5. 유한책임회사를 대표할 자를 정한 경우에는 그 성명 또는 명칭과 주소
6. 정관으로 공고방법을 정한 경우에는 그 공고방법
7. 둘 이상의 업무집행자가 공동으로 회사를 대표할 것을 정한 경우에는 그 규정
② 유한책임회사가 지점을 설치하는 경우에는 제181조를 준용한다.
③ 유한책임회사가 본점이나 지점을 이전하는 경우에는 제182조를 준용한다.
④ 제1항 각 호의 사항이 변경된 경우에는 본점소재지에서는 2주 내에 변경등기를 하고, 지점소재지에서는 3주 내에 변경등기를 하여야 한다.
⑤ 유한책임회사의 업무집행자의 업무집행을 정지하거나 직무대행자를 선임하는 가처분을 하거나 그 가처분을 변경 또는 취소하는 경우에는 본점 및 지점이 있는 곳의 등기소에서 등기하여야 한다.
참조 ⑤[직무대행자의 권한]200의2·287의13, [등기사항]상업등기법68, [상호의 가등기]상업등기법38

第287條의6【준용규정】 유한책임회사의 설립의 무효와 취소에 관하여는 제184조부터 제194조까지의 규정을 준용한다. 이 경우 제184조 중 "사원"은 "사원 및 업무집행자"로 본다.

第2節 유한책임회사의 내부관계

第287條의7【사원의 책임】 사원의 책임은 이 법에 다른 규정이 있는 경우 외에는 그 출자금액을 한도로 한다.

第287條의8【지분의 양도】 ① 사원은 다른 사원의 동의를 받지 아니하면 그 지분의 전부 또는 일부를 타인에게 양도하지 못한다.

商法

② 제1항에도 불구하고 업무를 집행하지 아니한 사원은 업무를 집행하는 사원 전원의 동의가 있으면 지분의 전부 또는 일부를 타인에게 양도할 수 있다. 다만, 업무를 집행하는 사원이 없는 경우에는 사원 전원의 동의를 받아야 한다.
③ 제1항과 제2항에도 불구하고 정관으로 그에 관한 사항을 달리 정할 수 있다.

第287條의9【유한책임회사에 의한 지분양수의 금지】 ① 유한책임회사는 그 지분의 전부 또는 일부를 양수할 수 없다.
② 유한책임회사가 지분을 취득하는 경우에 그 지분은 취득한 때에 소멸한다.

第287條의10【업무집행자의 경업 금지】 ① 업무집행자는 사원 전원의 동의를 받지 아니하고는 자기 또는 제3자의 계산으로 회사의 영업부류(營業部類)에 속한 거래를 하지 못하며, 같은 종류의 영업을 목적으로 하는 다른 회사의 업무집행자·이사 또는 집행임원이 되지 못한다.
② 업무집행자가 제1항을 위반하여 거래를 한 경우에는 제198조제2항부터 제4항까지의 규정을 준용한다.

第287條의11【업무집행자와 유한책임회사 간의 거래】 업무집행자는 다른 사원 과반수의 결의가 있는 경우에만 자기 또는 제3자의 계산으로 회사와 거래를 할 수 있다. 이 경우에는 「민법」 제124조를 적용하지 아니한다.

第287條의12【업무의 집행】 ① 유한책임회사는 정관으로 사원 또는 사원이 아닌 자를 업무집행자로 정하여야 한다.
② 1명 또는 둘 이상의 업무집행자를 정한 경우에는 업무집행자 각자가 회사의 업무를 집행할 권리와 의무가 있다. 이 경우에는 제201조제2항을 준용한다.
③ 정관으로 둘 이상을 공동업무집행자로 정한 경우에는 그 전원의 동의가 없으면 업무집행에 관한 행위를 하지 못한다.

第287條의13【직무대행자의 권한 등】 제287조의5제5항에 따라 선임된 직무대행자의 권한에 대하여는 제200조의2를 준용한다.

第287條의14【사원의 감시권】 업무집행자가 아닌 사원의 감시권에 대하여는 제277조를 준용한다.

第287條의15【법인이 업무집행자인 경우의 특칙】 ① 법인이 업무집행자인 경우에는 그 법인은 해당 업무집행자의 직무를 행할 자를 선임하고, 그 자의 성명과 주소를 다른 사원에게 통지하여야 한다.
② 제1항에 따라 선임된 직무수행자에 대하여는 제287조의11과 제287조의12를 준용한다.

第287條의16【정관의 변경】 정관에 다른 규정이 없는 경우 정관을 변경하려면 총사원의 동의가 있어야 한다.

第287條의17【업무집행자 등의 권한상실 선고】 ① 업무집행자의 업무집행권한의 상실에 관하여는 제205조를 준용한다.
② 제1항의 소(訴)는 본점소재지의 지방법원의 관할에 전속한다.

第287條의18【준용규정】 유한책임회사의 내부관계에 관하여는 정관이나 이 법에 다른 규정이 없으면 합명회사에 관한 규정을 준용한다.

第3節 유한책임회사의 외부관계

第287條의19【유한책임회사의 대표】 ① 업무집행자는 유한책임회사를 대표한다.
② 업무집행자가 둘 이상인 경우 정관 또는 총사원의 동의로 유한책임회사를 대표할 업무집행자를 정할 수 있다.
③ 유한책임회사는 정관 또는 총사원의 동의로 둘 이상의 업무집행자가 공동으로 회사를 대표할 것을 정할 수 있다.
④ 제3항의 경우에 제3자의 유한책임회사에 대한 의사표시는 공동대표의 권한이 있는 자 1인에 대하여 함으로써 그 효력이 생긴다.
⑤ 유한책임회사를 대표하는 업무집행자에 대하여는 제209조를 준용한다.

第287條의20【손해배상책임】 유한책임회사를 대표하는 업무집행자가 그 업무집행으로 타인에게 손해를 입힌 경우에는 회사는 그 업무집행자와 연대하여 배상할 책임이 있다.

第287條의21【유한책임회사와 사원 간의 소】 유한책임회사가 사원(사원이 아닌 업무집행자를 포함한다. 이하 이 조에서 같다)에 대하여 또는 사원이 유한책임회사에 대하여 소를 제기하는 경우에 유한책임회사를 대표할 사원이 없을 때에는 다른 사원 과반수의 결의로 대표할 사원을 선정하여야 한다.

第287條의22【대표소송】 ① 사원은 회사에 대하여 업무집행자의 책임을 추궁하는 소의 제기를 청구할 수 있다.
② 제1항의 소에 관하여는 제403조제2항부터 제4항까지, 제6항, 제7항 및 제404조부터 제406조까지의 규정을 준용한다.

第4節 사원의 가입 및 탈퇴

第287條의23【사원의 가입】 ① 유한책임회사는 정관을 변경함으로써 새로운 사원을 가입시킬 수 있다.
② 제1항에 따른 사원의 가입은 정관을 변경한 때에 효력이 발생한다. 다만, 정관을 변경한 때에 해당 사원이 출자에 관한 납입 또는 재산의 전부 또는 일부의 출자를 이행하지 아니한 경우에는 그 납입 또는 이행을 마친 때에 사원이 된다.
③ 사원 가입 시 현물출자를 하는 사원에 대하여는 제287조의4제3항을 준용한다.

第287條의24【사원의 퇴사권】 사원의 퇴사에 관하여는 정관으로 달리 정하지 아니하는 경우에는 제217조제1항을 준용한다.

第287條의25【퇴사 원인】 사원의 퇴사 원인에 관하여는 제218조를 준용한다.

第287條의26【사원사망 시 권리승계의 통지】 사원이 사망한 경우에는 제219조를 준용한다.

第287條의27【제명의 선고】 사원의 제명에 관하여는 제220조를 준용한다. 다만, 사원의 제명에 필요한 결의는 정관으로 달리 정할 수 있다.

第287條의28【퇴사 사원 지분의 환급】 ① 퇴사 사원은 그 지분의 환급을 금전으로 받을 수 있다.
② 퇴사 사원에 대한 환급금액은 퇴사 시의 회사의 재산 상황에 따라 정한다.
③ 퇴사 사원의 지분 환급에 대하여는 정관으로 달리 정할 수 있다.

第287條의29【지분압류채권자에 의한 퇴사】 사원의 지분을 압류한 채권자가 그 사원을 퇴사시키는 경우에는 제224조를 준용한다.

第287條의30【퇴사 사원의 지분 환급과 채권자의 이의】 ① 유한책임회사의 채권자는 퇴사하는 사원에게 환급하는 금액이 제287조의37에 따른 잉여금을 초과한 경우에는 그 환급에 대하여 회사에 이의를 제기할 수 있다.
② 제1항의 이의제기에 관하여는 제232조를 준용한다. 다만, 제232조제3항은 지분을 환급하더라도 채권자에게 손해를 끼칠 우려가 없는 경우에는 준용하지 아니한다.

第287條의31【퇴사 사원의 상호변경 청구권】 퇴사한 사원의 성명이 유한책임회사의 상호 중에 사용된 경우에는 그 사원은 유한책임회사에 대하여 그 사용의 폐지를 청구할 수 있다.

第5節 회계 등

第287條의32【회계 원칙】 유한책임회사의 회계는 이 법과 대통령령으로 규정한 것 외에는 일반적으로 공정하고 타당한 회계관행에 따른다.

第287條의33【재무제표의 작성 및 보존】 업무집행자는 결산기마다 대차대조표, 손익계산서, 그 밖에 유한책임회사의 재무상태와 경영성과를 표시하는 것으로서 대통령령으로 정하는 서류를 작성하여야 한다.

第287條의34【재무제표의 비치·공시】 ① 업무집행자는 제287조의33에 규정된 서류를 본점에 5년간 갖추어 두어야 하고, 그 등본을 지점에 3년간 갖추어 두어야 한다.
② 사원과 유한책임회사의 채권자는 회사의 영업시간 내에는 언제든지 제287조의33에 따라 작성된 재무제표(財務諸表)의 열람과 등사를 청구할 수 있다.

第287條의35【자본금의 액】 사원이 출자한 금전이나 그 밖의 재산의 가액을 유한책임회사의 자본금으로 한다.

第287條의36【자본금의 감소】 ① 유한책임회사는 정관 변경의 방법으로 자본금을 감소할 수 있다.
② 제1항의 경우에는 제232조를 준용한다. 다만, 감소 후의 자본금의 액이 순자산액 이상인 경우에는 그러하지 아니하다.

第287條의37【잉여금의 분배】 ① 유한책임회사는 대차대조표상의 순자산액으로부터 자본금의 액을 뺀 액(이하 이 조에서 "잉여금"이라 한다)을 한도로 하여 잉여금을 분배할 수 있다.
② 제1항을 위반하여 잉여금을 분배한 경우에는 유한책임회사의 채권자는 그 잉여금을 분배받은 자에 대하여 회사에 반환할 것을 청구할 수 있다.
③ 제2항의 청구에 관한 소는 본점소재지의 지방법원의 관할에 전속한다.
④ 잉여금은 정관에 다른 규정이 없으면 각 사원이 출자한 가액에 비례하여 분배한다.
⑤ 잉여금의 분배를 청구하는 방법이나 그 밖에 잉여금의 분배에 관한 사항은 정관으로 정할 수 있다.
⑥ 사원의 지분의 압류는 잉여금의 배당을 청구하는 권리에 대하여도 그 효력이 있다.

참조 [채권자의 이의제기]287의30

第6節 해 산

第287條의38【해산 원인】 유한책임회사는 다음 각 호의 어느 하나에 해당하는 사유로 해산한다.
1. 제227조제1호·제2호 및 제4호부터 제6호까지에서 규정한 사항에 해당하는 경우
2. 사원이 없게 된 경우

第287條의39【해산등기】 유한책임회사가 해산된 경우에는 합병과 파산의 경우 외에는 그 해산사유가 있었던 날부터 본점소재지에서는 2주 내에 해산등기를 하고, 지점소재지에서는 3주 내에 해산등기를 하여야 한다.

第287條의40【유한책임회사의 계속】 제287조의38의 해산 원인 중 제227조제1호 및 제2호의 경우에는 제229조제1항 및 제3항을 준용한다.

第287條의41【유한책임회사의 합병】 유한책임회사의 합병에 관하여는 제230조, 제232조부터 제240조까지의 규정을 준용한다.

第287條의42【해산청구】 유한책임회사의 사원이 해산을 청구하는 경우에는 제241조를 준용한다.

第7節 조직변경

第287條의43【조직의 변경】 ① 주식회사는 총회에서 총주주의 동의로 결의한 경우에는 그 조직을 변경하여 이 장에 따른 유한책임회사로 할 수 있다.
② 유한책임회사는 총사원의 동의에 의하여 주식회사로 변경할 수 있다.

第287條의44【준용규정】 유한책임회사의 조직의 변경에 관하여는 제232조 및 제604조부터 제607조까지의 규정을 준용한다.

第8節 청 산

第287條의45【청산】 유한책임회사의 청산(淸算)에 관하여는 제245조, 제246조, 제251조부터 제257조까지 및 제259조부터 제267조까지의 규정을 준용한다.

第4章 株式會社

第1節 設 立

第288條【발기인】 주식회사를 설립함에는 발기인이 정관을 작성하여야 한다.(2001.7.24 본조개정)

참조 [발기인과 정관의 기명날인]289①, [발기인의 특별이익·보수]290, [발기인과 주식인수의무]293, [발기인의 책임]315·321–324, [벌칙의 주체]622·625이하, [설립절차]289이하, [발기설립]296–300, [모집설립]301–316, [유한회사로부터의 조직변경]607, [상호회사에의 준용]보험44

판례 1인회사의 인정여부 및 횡령죄와의 관계 : 주식회사의 주식이 사실상 1인주주에 귀속하는 1인회사에 있어서도 회사와 주주는 분명히 별개의 인격이어서 1인회사의 재산이 곧바로 그 1인 주주의 소유라고 볼 수 없으므로 사실상 1인주주라고 하더라도 회사의 금원을 임의로 처분한 소위는 횡령죄를 구성한다. (대판 1989.5.23, 89도570)

第289條【定款의 作成, 絶對的 記載事項】 ① 발기인은 정관을 작성하여 다음의 사항을 적고 각 발기인이 기명날인 또는 서명하여야 한다.(2011.4.14 본문개정)
1. 目的
2. 商號
3. 會社가 發行할 株式의 總數
4. 액면주식을 발행하는 경우 1주의 금액(2011.4.14 본호개정)
5. 會社의 設立時에 發行하는 株式의 總數
6. 本店의 所在地(1984.4.10 본호개정)
7. 會社가 公告를 하는 方法
8. 發起人의 姓名·住民登錄番號 및 住所(1995.12.29 본호개정)

9. (1984.4.10 삭제)
② (2011.4.14 삭제)
③ 회사의 공고는 관보 또는 시사에 관한 사항을 게재하는 일간신문에 하여야 한다. 다만, 회사는 그 공고를 정관으로 정하는 바에 따라 전자적 방법으로 할 수 있다.(2009.5.28 본항개정)
④ 회사는 제3항에 따라 전자적 방법으로 공고할 경우 대통령령으로 정하는 기간까지 계속 공고하고, 재무제표를 전자적 방법으로 공고할 경우에는 제450조에서 정한 기간까지 계속 공고하여야 한다. 다만, 공고기간 이후에도 누구나 그 내용을 열람할 수 있도록 하여야 한다.(2009.5.28 본항신설)
⑤ 회사가 전자적 방법으로 공고를 할 경우에는 게시 기간과 게시 내용에 대하여 증명하여야 한다.(2009.5.28 본항신설)
⑥ 회사의 전자적 방법으로 하는 공고에 관하여 필요한 사항은 대통령령으로 정한다.(2009.5.28 본항신설)
改前 "① 發起人은 定款을 作成하여 이에 다음의 事項을 記載하고 각 발기인이 記名捺印 또는 署名하여야 한다.(2001.7.24 본문개정)"
"4. 1株의 金額"
"② 會社의 設立時에 發行하는 株式의 總數는 會社가 發行할 株式의 總數의 4分의 1이상이어야 한다.(1984.4.10 본항개정)"
참조 [정관의 상대적 필요사항]243①단서 · 290 · 368① · 386① · 388 · 415, ①[공증인의 인증]292, [인지세]인지세법1①, [정관변경]316 · 433이하, [비치의무]396①, [벌칙]635①, [유한회사의 경우]543, ⑴[목적의 영리성]169, [주식청약서기재사항]302②, [등기사항]317②, ⑵[상호]19, 상업등기규칙, [주식청약서기재사항]302②, [등기사항]317②, ⑶[주식청약서기재사항]302②, [등기사항]317②, [주권기재사항]356, [본호의 의제]상법시행법10①, ⑷[액면주식의 주금액]329, [주식청약서기재사항]302②, [등기사항]317②, [주권기재사항]356, ⑹[본점]171 · 364 · 380② · 396, ⑺[회사가 하는 공고]491의2② · 440 · 442 · 499 · 521 · 530③, ⑶[상호회사에의 준용]보험44
판례 회사의 정관 목적에 의해 제한되는 회사의 권리능력의 범위 : 회사의 권리능력은 회사의 설립 근거가 된 법률과 회사의 정관상의 목적에 의하여 제한되나 그 목적범위 내의 행위라 함은 정관에 명시된 목적 자체에 국한되는 것이 아니라, 그 목적을 수행하는 데 있어 직접, 간접으로 필요한 행위는 모두 포함되고 목적수행에 필요한지의 여부는 행위의 객관적 성질에 따라 판단할 것이고 행위자의 주관적, 구체적 의사에 따라 판단할 것은 아니다.(대판 1999.10.8, 98다2488)
판례 정관의 규정과 다른 종류의 주권 발행시 그 효력 : 설사 대표이사가 정관에 규정된 병합 주권의 종류와 다른 주권을 발행하였다고 하더라도 회사가 이미 발행한 주식을 표창하는 주권을 발행한 것이라면, 단순히 정관의 임의적 기재사항에 불과한 병합 주권의 종류에 관한 규정에 위배되었다는 사유만으로 이미 발행된 주권이 무효라고 할 수는 없다.
(대판 1996.1.26, 94다24039)

第290條【變態設立事項】 다음의 事項은 定款에 記載함으로써 그 效力이 있다.
1. 發起人이 받을 特別利益과 이를 받을 者의 姓名
2. 現物出資를 하는 者의 姓名과 그 目的인 財産의 種類, 數量, 價格과 이에 대하여 附與할 株式의 種類와 數
3. 會社成立後에 讓受할 것을 約定한 財産의 種類, 數量, 價格과 그 讓渡人의 姓名
4. 會社가 負擔할 設立費用과 發起人이 받을 報酬額
참조 [검사인에 의한 검사]299① · 310, [법원 또는 총회에 의한 변경]300 · 314 · 315, [발기인]288 · 289①, [현물출자 등의 증명]299의2
판례 일방은 현물로, 타방은 현금으로 출자하면서 회사 설립 후 매매계약의 형태를 갖춘 경우 현물출자에 관한 규정 적용 여부 : 상법 290조 3호 소정의 "회사 성립 후에 양수할 것을 약정"한다 함은 회사의 변태설립의 일종인 재산인수로서 발기인이 설립될 회사를 위하여 회사의 성립을 조건으로 다른 발기인이나 주식인수인 또는 제3자로부터 일정한 재산을 매매의 형식으로 양수할 것을 약정하는 계약을 의미하므로, 당사자 사이에 회사를 설립하기로 합의하면서 그 일방은 일정한 재산을 현물로 출자하고, 타방은 현금을 출자하되, 현물출자에 따른 번잡함을 피하기 위하여 회사의 성립 후 회사와 현물출자자 사이의 매매계약에 의한 방법에 의하여 위 현물출자를 완성하기로 약정하고 그 후 회사설립을 위한 소정의 절차를 거쳐 위 약정에 따른 현물출자가 이루어진 것이라면, 위 현물출자를 위한 약정은 그대로 위 법조가 규정하는 재산인수에 해당한다고 할 것이어서 정관에 기재되지 아니하는 한 무효이다.
(대판 1994.5.13, 94다323)
판례 정관에 기재가 없는 재산인수 : 상법 290조 3호는 변태설립사항의 하나로서 회사성립 후에 양수할 것을 약정한 재산의 종류, 수량, 가격과 그 양도인의 성명은 정관에 기재함으로써 그 효력이 있다고 규정하고 있고, 이때에 회사의 성립 후에 양수할 것을 약정한다 함은 이른바 재산인수로서 발기인이 회사의 성립을 조건으로 다른 발기인이나 주식인수인 또는 제3자로부터 일정한 재산을 매매의 형식으로 양수할 것을 약정하는 계약을 의미한다고 할 것이고, 아직 원시정관의 작성 전이어서 발기인의 자격이 없는 자가 장래 성립할 회사를 위하여 위와 같은 계약을 체결하고 그 후 그 회사의 설립을 위한 발기인이 되었다면 위 계약은 재산인수에 해당하고 정관에 기재가 없는 한 무효라고 할 것이다.(대판 1992.9.14, 91다33087)

第291條【설립 당시의 주식발행사항의 결정】 회사설립 시에 발행하는 주식에 관하여 다음의 사항은 정관으로 달리 정하지 아니하면 발기인 전원의 동의로 이를 정한다.
1. 주식의 종류와 수
2. 액면주식의 경우에 액면 이상의 주식을 발행할 때에는 그 수와 금액
3. 무액면주식을 발행하는 경우에는 주식의 발행가액과 주식의 발행가액 중 자본금으로 계상하는 금액
(2011.4.14 본조개정)
改前 "第291條【設立當時의 株式發行事項의 決定】 會社設立時에 發行하는 株式에 관하여 다음의 事項은 定款에 다른 定함이 없으면 發起人全員의 同意로 이를 定한다.
1. 株式의 種類와 數
2. 額面이상의 株式을 發行하는 때에는 그 數와 金額"
참조 [수종의 주식]344

第292條【정관의 효력발생】 정관은 공증인의 인증을 받음으로써 효력이 생긴다. 다만, 자본금 총액이 10억원 미만인 회사를 제295조제1항에 따라 발기설립(發起設立)하는 경우에는 제289조제1항에 따라 각 발기인이 정관에 기명날인 또는 서명함으로써 효력이 생긴다.(2009.5.28 본조개정)
改前 "第292條【定款의 認證】 定款은 公證人의 認證을 받음으로써 效力이 생긴다."

第293條【發起人의 株式引受】 各 發起人은 書面에 의하여 株式을 引受하여야 한다.
참조 [발기인의 주식인수와 그 취급]302②

第294條 (1995.12.29 삭제)

第295條【發起設立의 경우의 納入과 現物出資의 履行】 ① 發起人이 會社의 設立時에 發行하는 株式의 總數를 引受한 때에는 遲滯없이 各株式에 대하여 그 引受價額의 全額을 納入하여야 한다. 이 경우 發起人은 納入을 맡을 銀行 기타 金融機關과 納入場所를 지정하여야 한다.(1995.12.29 후단신설)
② 現物出資를 하는 發起人은 納入期日에 遲滯없이 出資의 目的인 財産을 引渡하고 登記, 登錄 기타 權利의 設定 또는 移轉을 要할 경우에는 이에 관한 書類를 完備하여 交付하여야 한다.
참조 ①[모집설립의 경우]301이하, [납입을 결하였을 경우]321, [본항의 준용]보험36, ②[현물출자자]290 · 294, [현물출자 등의 증명]299의2, [등기, 등록]743, 민186, 특허101 · 118③, [모집설립과 본항의 준용]305③, [본항의 적용제외]국유재산65
판례 가장납입에서 주금납입의 효력여부 : 회사를 설립함에 있어 일시적인 차입금을 가지고 주금납입의 형식을 취하여 회사설립절차를 마친 후 곧 그 납입금을 인출하여 차입금을 변제하는 이른바 주금의 가장납입의 경우에도 주금납입의 효력을 부인할 수는 없는 것이므로, 설사 주주가 주금을 가장납입 하였다 하더라도 그 주주를 실질상의 주식인수인에게 명의만을 빌려준 차명주주와 동일시 할 수는 없다.(대판 1994.3.28, 93마1916)
판례 가장납입에서 회사의 주금 상환청구 가부 : 주금의 가장납입의 경우에도 주금납입의 효력을 부인할 수 없으므로 주금납입절차는 일단 완료되고 주식인수인이나 주주의 주금납입의무도 종결되었다고 보아야 하나, 이러한 가장납입에 있어서 회사는 일시 차입금을 가지고 주주들의 주금을 체당 납입한 것과 같이 볼 수 있으므로 주금납입의 절차가 완료된 후에 회사는 주주에 대하여 체당 납입한 주금의 상환을 청구할 수 있다.
(대판 1985.1.29, 84다카1823,84다카1824)

第296條【發起設立의 경우의 任員選任】 ① 前條의 規定에 의한 納入과 現物出資의 履行이 完了된 때에는 發起人은 遲滯없이 議決權의 過半數로 理事와 監事를 選任하여야 한다.
② 發起人의 議決權은 그 引受株式의 1株에 대하여 1個로 한다.
참조 [이사, 감사의 선임]312 · 382 · 409

第297條【發起人의 議事錄作成】 發起人은 議事錄을 作成하여 議事의 經過와 그 結果를 記載하고 記名捺印 또는 署名하여야 한다.(1995.12.29 본조개정)
참조 [창립총회의 의사록]308② · 373, [등기신청의 첨부서류]293②, [벌칙]635①

第298條【理事·監事의 調査·보고와 檢査人의 選任請求】 ① 理事와 監事는 就任後 지체없이 會社의 設立에 관한 모든 사항이 法令 또는 定款의 規定에 위반되지 아니하는지의 여부를 調査하여 發起人에게 보고하여야 한다.
② 理事와 監事중 發起人이었던 者·現物出資者 또는 會社成立後 讓受할 財産의 契約當事者인 者는 第1項의 調査·보고에 참가하지 못한다.
③ 理事와 監事의 全員이 第2項에 해당하는 때에는 理事는 公證人으로 하여금 第1項의 調査·보고를 하게 하여야 한다.
④ 定款으로 第290條 各號의 사항을 정한 때에는 理事는 이에 관한 調査를 하게 하기 위하여 檢査人의 選任을 法院에 請求하여야 한다. 다만, 第299條의2의 경우에는 그러하지 아니하다.
(1995.12.29 본조개정)
참조 [이사의 선임]296, [관할]상업등기법4, 비송72, [검사인의 선임]비송73, [검사인의 보고]299, 비송74, [검사인의 보수]비송77

第299條【검사인의 조사, 보고】 ① 검사인은 제290조 각 호의 사항과 제295조에 따른 현물출자의 이행을 조사하여 법원에 보고하여야 한다.
② 제1항은 다음 각 호의 어느 하나에 해당할 경우에는 적용하지 아니한다.
1. 제290조제2호 및 제3호의 재산총액이 자본금의 5분의 1을 초과하지 아니하고 대통령령으로 정한 금액을 초과하지 아니하는 경우
2. 제290조제2호 또는 제3호의 재산이 거래소에서 시세가 있는 유가증권인 경우로서 정관에 적힌 가격이 대통령령으로 정한 방법으로 산정된 시세를 초과하지 아니하는 경우
3. 그 밖에 제1호 및 제2호에 준하는 경우로서 대통령령으로 정하는 경우
③ 검사인은 제1항의 조사보고서를 작성한 후 지체 없이 그 등본을 각 발기인에게 교부하여야 한다.
④ 검사인의 조사보고서에 사실과 다른 사항이 있는 경우에는 발기인은 이에 대한 설명서를 법원에 제출할 수 있다.
(2011.4.14 본조개정)
改前 "第299條【檢查人의 調査, 報告】 ① 檢查人은 第290條 各號의 사항과 第295條의 規定에 의한 現物出資의 이행을 調査하여 法院에 보고하여야 한다.(1995.12.29 본항개정)
② 檢査人은 前項의 調査報告書를 作成한 後 遲滯없이 그 謄本을 各 發起人에게 交付하여야 한다.
③ 檢査人의 調査報告書에 事實과 相違한 事項이 있는 때에는 發起人은 이에 대한 說明書를 法院에 提出할 수 있다."
참조 [검사인의 보고]비송74, [법원의 처분]비송75, [검사인의 보수]비송77, [모집설립과 검사인]310, [벌칙]625 · 635①, 국유재산82, [관할]비송72, ①[본항의 적용제외]국유재산65

第299條의2【現物出資 등의 증명】 第290條第1號 및 第4號에 기재한 사항에 관하여는 公證人의 調査·보고로, 第290條第2號 및 第3號의 규정에 의한 사항과 第295條의 規定에 의한 現物出資의 이행에 관하여는 公認된 鑑定人의 鑑定으로 第299條第1項의 規定에 의한 檢査人의 調査에 갈음할 수 있다. 이 경우 公證人 또는 鑑定人은 調査 또는 鑑定結果를 法院에 보고하여야 한다.(1998.12.28 후단신설)
참조 [본조의 적용제외]국유재산65, [관할]비송72

第300條【法院의 變更處分】 ① 法院은 檢査人 또는 公證人의 調査報告書 또는 鑑定人의 鑑定結果와 發起人의 說明書를 審査하여 第290條의 規定에 의한 事項을 不當하다고 認定한 때에는 이를 變更하여 各 發起人에게 통고할 수 있다.
② 第1項의 變更에 不服하는 發起人은 그 株式의 引受를 取消할 수 있다. 이 경우에는 定款을 變更하여 設立에 관한 節次를 續行할 수 있다.
③ 法院의 通告가 있은 後 2週내에 株式의 引受를 取消한 發起人이 없는 때에는 定款은 通告에 따라서 變更된 것으로 본다.
(1998.12.28 본조개정)
참조 [검사인의 조사보고]299①, [발기인의 설명서]299④, [법원의 처분]비송75, [관할]비송72

第301條【募集設立의 경우의 株主募集】 發起人이 會社의 設立時에 發行하는 株式의 總數를 引受하지 아니하는 때에는 株主를 募集하여야 한다.
참조 [모집설립절차]302 - 316

第302條【株式引受의 請約, 株式請約書의 記載事項】 ① 株式引受의 請約을 하고자 하는 者는 株式請約書 2通에 引受할 株式의 種類 및 數와 住所를 記載하고 記名捺印 또는 署名하여야 한다.
(1995.12.29 본항개정)
② 주식청약서는 발기인이 작성하고 다음의 사항을 적어야 한다.(2011.4.14 본문개정)
1. 定款의 認證年月日과 公證人의 姓名
2. 第289條第1項과 第290條에 揭記한 事項
3. 會社의 存立期間 또는 解散事由를 定한 때에는 그 規定(1962.12.12 본호개정)
4. 各 發起人이 引受한 株式의 種類와 數
5. 第291條에 揭記한 事項
5의2. 株式의 讓渡에 관하여 理事會의 승인을 얻도록 정한 때에는 그 規定(1995.12.29 본호신설)
6. (2011.4.14 삭제)
7. 株主에게 配當할 利益으로 株式을 消却할 것을 定한 때에는 그 規定
8. 一定한 時期까지 創立總會를 終結하지 아니한 때에는 株式의 引受를 取消할 수 있다는 뜻
9. 納入을 맡을 銀行 기타 金融機關과 納入場所
10. 名義改書代理人을 둔 때에는 그 姓名·住所 및 營業所(1984.4.10 본호신설)
③ 民法 第107條第1項 但書의 規定은 株式引受의 請約에는 適用하지 아니한다.(1962.12.12 본항개정)
改前 ② "株式請約書는 發起人이 이를 作成하고 다음의 事項을 記載하여야 한다."
"6. 開業前에 利子를 配當할 것을 定한 때에는 그 規定"
참조 [청약인의 주소]353①, [벌칙]627 · 635 ⑴[인증]292, ⑷[발기인의 주식인수]293, ⑻[창립총회]308 - 316, ⑼[주금납입취급]305② · 306 · 318 · 628, ⑽[명의개서대리인]337②

第303條【株式引受人의 義務】 株式引受를 請約한 者는 發起人이 配定한 株式의 數에 따라서 引受價額을 納入할 義務를 負擔한다.
참조 [주식수]302①, [납입의무의 범위]331, [제1회의 납입]305

商法

第304條【株式引受人 등에 대한 通知, 催告】 ① 株式引受人 또는 株式請約人에 대한 通知나 催告는 株式引受證 또는 株式請約書에 記載한 住所 또는 그 者로부터 會社에 通知한 住所로 하면 된다.
② 前項의 通知 또는 催告는 普通 그 到達할 時期에 到達한 것으로 본다.
참조 [주주 등에 대한 통지, 최고]353

第305條【株式에 대한 納入】 ① 會社設立時에 發行하는 株式의 總數가 引受된 때에는 發起人은 遲滯없이 株式引受人에 대하여 各 株式에 대한 引受價額의 全額을 納入시켜야 한다.
② 前項의 納入은 株式請約書에 記載한 納入場所에서 하여야 한다.
③ 第295條第2項의 規定은 第1項의 경우에 準用한다.
참조 [창립총회에서의 보고 및 조사]313, [해태와 실권]307, ①[현물출자의 이행]295②·305③, [주식공유와 납입]333①, [발기인의 담보책임]321, [상호회사에의 준용]보험36, ②[납입취급장소]302②·306·318
판례 가장납입 후 회사가 청구한 주금 상당액을 납입하지 아니한 효과 : 회사 설립 당시 원래 주주들이 주식인수인으로서 주식을 인수하고 가장납입의 형태로 주금을 납입한 이상 그들은 바로 회사의 주주이고, 그 후 그들이 회사가 청구한 주금 상당액을 납입하지 아니하였다고 하더라도 이는 회사 또는 대표이사에 대한 채무불이행에 불과할 뿐 그러한 사유만으로 주주로서의 지위를 상실하게 된다고는 할 수 없으며, 또한 주식인수인들이 회사가 정한 납입일까지 주금 상당액을 납입하지 아니한 채 그로부터 상당 기간이 지난 후 비로소 회사의 주주임을 주장하였다고 하여 신의성실의 원칙에 반한다고도 할 수 없다.(대판 1998.12.23, 97다20649)

第306條【納入金의 保管者 등의 變更】 納入金의 保管者 또는 納入場所를 變更할 때에는 法院의 許可를 얻어야 한다.
참조 [납입취급은행 등]302②·305②·318, [관할]비송72

第307條【株式引受人의 失權節次】 ① 株式引受人이 第305條의 規定에 의한 納入을 하지 아니한 때에는 發起人은 一定한 期日을 定하여 그 期日내에 納入을 하지 아니하면 그 權利를 잃는다는 뜻을 期日의 2週間前에 그 株式引受人에게 通知하여야 한다.
② 前項의 通知를 받은 株式引受人이 그 期日내에 納入의 履行을 하지 아니한 때에는 그 權利를 잃는다. 이 경우에는 發起人은 다시 그 株式에 대한 株主를 募集할 수 있다.
③ 前2項의 規定은 그 株式引受人에 대한 損害賠償의 請求에 影響을 미치지 아니한다.
참조 [통지]민111, [발기인의 담보책임]321
일판 주식을 인수한 발기인이 주금의 납입을 하지 않은 경우에도 회사성립후 주주로서의 지위를 취득한다.(日·東京地 1962.5.24)

第308條【創立總會】 ① 第305條의 規定에 의한 納入과 現物出資의 履行을 完了한 때에는 發起人은 遲滯없이 創立總會를 召集하여야 한다.
② 第363條第1項·第2項, 第364條, 제368조제2항·제3항, 第368條의2, 第369條第1項, 第371條第2項, 第372條, 第373條, 第376條 내지 第381條와 第435條의 規定은 創立總會에 準用한다.(2014.5.20 본항개정)
改前 ② 第363條第1項·第2項, 第364條, "第368條第3項·第4項", 第368條의2, 第369條第1項, 第371條第2項, 第372條, 第373條, 第376條 내지 第381條와 第435條의 規定은 創立總會에 準用한다.(1984.4.10 본항개정)
참조 ①[창립총회]311－314·316, [일정한 시기까지 창립총회가 종결하지 아니할 때]302②, [신설합병의 창립총회에의 준용]527③

第309條【創立總會의 決議】 創立總會의 決議는 出席한 株式引受人의 議決權의 3分의 2이상이며 引受된 株式의 總數의 過半數에 該當하는 多數로 하여야 한다.
참조 [주주총회와 정족수]368·434, [신설합병의 창립총회에의 준용]527③

第310條【變態設立의 경우의 調査】 ① 定款으로 第290條에 揭記한 事項을 정한 때에는 發起人은 이에 관한 調査를 하게 하기 위하여 檢査人의 選任을 法院에 請求하여야 한다.
② 前項의 檢査人의 報告書는 이를 創立總會에 提出하여야 한다.
③ 第298條第4項 但書 및 第299條의2의 規定은 第1項의 調査에 관하여 이를 準用한다.(1995.12.29 본항신설)
참조 [발기설립과 검사인선임]298, [상호회사에의 준용]보험44, ①[관할]비송72, [검사인의 선임]비송73, [검사인의 보고]비송74, [법원의 처분]비송75, [검사인의 보수]비송77, [벌칙]625·635①, ②[보고서와 이사의 조사보고]313

第311條【發起人의 報告】 ① 發起人은 會社의 創立에 관한 事項을 書面에 의하여 創立總會에 報告하여야 한다.
② 前項의 報告書에는 다음의 事項을 明確히 記載하여야 한다.
1. 株式引受와 納入에 관한 諸般狀況
2. 第290條에 揭記한 事項에 관한 實態
참조 [발기인의 책임]322, [벌칙]625·635①, [상호회사에의 준용]보험44·154

第312條【任員의 選任】 創立總會에서는 理事와 監事를 選任하여야 한다.
참조 [이사, 감사]296·382·415, [선임결의]309, [이사의 임기]383, [발기설립의 경우]296, [상호회사에의 준용]보험154

第313條【理事, 監事의 調査, 報告】 ① 理事와 監事는 就任後 지체없이 會社의 設立에 관한 모든 사항이 法令 또는 定款의 規定에 위반되지 아니하는지의 여부를 調査하여 創立總會에 보고하여야 한다.
② 第298條第2項 및 第3項의 規定은 第1項의 調査와 보고에 관하여 이를 準用한다.
③ (1995.12.29 삭제)
(1995.12.29 본조개정)
참조 [이사, 감사의 책임]323, [벌칙]625·635①, [상호회사에의 준용]보험44

第314條【變態設立事項의 變更】 ① 創立總會에서는 第290條에 揭記한 事項이 不當하다고 認定한 때에는 이를 變更할 수 있다.
② 第300條第2項과 第3項의 規定은 前項의 경우에 準用한다.
참조 [정관변경]316, [상호회사에의 준용]보험44

第315條【發起人에 대한 損害賠償請求】 前條의 規定은 發起人에 대한 損害賠償의 請求에 影響을 미치지 아니한다.
참조 [발기인의 책임]322, [책임의 추궁]324·403, [면책결의]324, [상호회사에의 준용]보험44

第316條【定款變更, 設立廢止의 決議】 ① 創立總會에서는 定款의 變更 또는 設立의 廢止를 決議할 수 있다.
② 前項의 決議는 召集通知書에 그 뜻의 記載가 없는 경우에도 이를 할 수 있다.
참조 [정관변경의 특칙]314, [결의]308②·309, [소집통지]308②·363①②, [상호회사에의 준용]보험28·44·154

第317條【設立의 登記】 ① 株式會社의 設立登記는 發起人이 會社設立時에 發行한 株式의 總數를 引受한 경우에는 第299條와 第300條의 規定에 의한 節次가 終了한 날로부터, 發起人이 株主를 募集한 경우에는 創立總會가 終結한 날 또는 第314條의 規定에 의한 節次가 終了한 날로부터 2週間내에 이를 하여야 한다.
② 제1항의 설립등기에 있어서는 다음의 사항을 등기하여야 한다.(2011.4.14 본문개정)
1. 第289條第1項第1號 내지 第4號, 第6號와 第7號에 揭記한 事項
2. 자본금의 액(2011.4.14 본호개정)
3. 發行株式의 總數, 그 種類와 各種株式의 內容과 數
3의2. 株式의 讓渡에 관하여 理事會의 승인을 얻도록 정한 때에는 그 規定(1995.12.29 본호신설)
3의3. 株式買受選擇權을 부여하도록 정한 때에는 그 規定(1999.12.31 본호신설)
3의4. 支店의 所在地(1984.4.10 본호신설)
4. 會社의 存立期間 또는 解散事由를 정한 때에는 그 期間 또는 事由
5. (2011.4.14 삭제)
6. 株主에게 配當할 利益으로 株式을 消却할 것을 定한 때에는 그 規定
7. 轉換株式을 發行하는 경우에는 第347條에 揭記한 事項
8. 사내이사, 사외이사, 그 밖에 상무에 종사하지 아니하는 이사, 감사 및 집행임원의 성명과 주민등록번호(2011.4.14 본호개정)
9. 회사를 대표할 이사 또는 집행임원의 성명·주민등록번호 및 주소(2011.4.14 본호개정)
10. 둘 이상의 대표이사 또는 대표집행임원이 공동으로 회사를 대표할 것을 정한 경우에는 그 규정(2011.4.14 본호개정)
11. 名義改書代理人을 둔 때에는 그 商號 및 本店所在地(1995.12.29 본호개정)
12. 監査委員會를 設置한 때에는 監査委員會 委員의 姓名 및 住民登錄番號(1999.12.31 본호신설)
③ 주식회사의 지점 설치 및 이전 시 지점소재지 또는 신지점소재지에서 등기를 할 때에는 제289조제1항제1호·제2호·제6호 및 제7호와 이 조 제2항제4호·제9호 및 제10호에 따른 사항을 등기하여야 한다.(2011.4.14 본항개정)
④ 第181條 내지 第183條의 規定은 株式會社의 登記에 準用한다.
改前 ② "第1項의 設立登記에 있어서는 다음의 事項을 登記하여야 한다.(1995.12.29 본문개정)"
"2. 資本의 總額"
"5. 開業前에 利子를 配當할 것을 定한 때에는 그 規定"
"8. 사내이사, 사외이사, 그 밖에 상무(常務)에 종사하지 아니하는 이사, 감사의 성명과 주민등록번호(2009.1.30 본호개정)
9. 會社를 代表할 理事의 姓名·住民登錄番號 및 住所(1995.12.29 본호개정)
10. 數人의 代表理事가 共同으로 會社를 代表할 것을 定한 때에는 그 規定"
"③ 株式會社의 支店設置 및 移轉時 支店所在地 또는 新支店所在地에서 하는 登記에 있어서는 第2項第1號·第4號·第9號 및 第10號의 規定에 의한 사항을 登記하여야 한다.(1995.12.29 본항신설)"
참조 ①[등기절차]177, 상업등기법22이하, [등기의 효과]57, [유한회사로부터 조직변경의 경우]606·607⑤, [벌칙]625·635①, [상법시행전에 성립한 주식회사의 등기]상법시행법11, ②⑵[본호 의제]상법시행법12, ⑶[수종의 주식]344, ⑹[주식소각]343, ⑻[이사·감사]296·312, [대행이사·감사의 등기]386②·407③·415, ⑼⑽[회사대표]389, [공동대표]389②
판례 법인등기부에 따른 적법한 이사, 감사의 추정 : 법인등기부에 이사 또는 감사로 등재되어 있는 경우에는 특단의 사정이 없는 한 정당한 절차에 의하여 선임된 적법한 이사 또는 감사로 추정된다고 할 것이다.(대판 1991.12.27, 91다4409,4416)

第318條【납입금 보관자의 증명과 책임】 ① 납입금을 보관한 은행이나 그 밖의 금융기관은 발기인 또는 이사의 청구를 받으면 그 보관금액에 관하여 증명서를 발급하여야 한다.
② 제1항의 은행이나 그 밖의 금융기관은 증명한 보관금액에 대하여는 납입이 부실하거나 그 금액의 반환에 제한이 있다는 것을 이유로 회사에 대항하지 못한다.
③ 자본금 총액이 10억원 미만인 회사를 제295조제1항에 따라 발기설립하는 경우에는 제1항의 증명서를 은행이나 그 밖의 금융기관의 잔고증명서로 대체할 수 있다.
(2009.5.28 본조개정)
改前 "第318條【納入金保管者의 證明과 責任】① 納入金을 保管한 銀行 기타의 金融機關은 發起人 또는 理事의 請求가 있는 때에는 그 保管金額에 관하여 證明書를 交付하여야 한다.
② 前項의 銀行 기타의 金融機關은 證明한 保管金額에 대하여는 納入의 不實 또는 그 金額의 返還에 관한 制限이 있음을 理由로 하여 會社에 對抗하지 못한다."
참조 [납입취급은행등]302②·305②·306, [벌칙]628, [상호회사에의 준용]보험36

第319條【權利株의 讓渡】 株式의 引受로 인한 權利의 讓渡는 會社에 대하여 效力이 없다.
참조 [주식의 양도]335①, [주권의 발행과 주식양도]335②·355

第320條【株式引受의 無效 主張, 取消의 制限】 ① 會社成立後에는 株式을 引受한 者는 株式請約書의 要件의 흠결을 理由로 하여 그 引受의 無效를 主張하거나 詐欺, 强迫 또는 錯誤를 理由로 하여 그 引受를 取消하지 못한다.
② 創立總會에 出席하여 그 權利를 行使한 者는 會社의 成立前에도 前項과 같다.
참조 [인수인의 의무]303, [회사의 성립]172, [사기, 강박 또는 착오]민109·110, [주식청약서의 요건]302, [주식청약과 심리유보]300③, [창립총회에서의 권리행사]309·369①

第321條【發起人의 引受, 納入擔保責任】 ① 會社設立時에 發行한 株式으로서 會社成立後에 아직 引受되지 아니한 株式이 있거나 株式引受의 請約이 取消된 때에는 發起人이 이를 共同으로 引受한 것으로 본다.
② 會社成立後 第295條第1項 또는 第305條第1項의 規定에 의한 納入을 完了하지 아니한 株式이 있는 때에는 發起人은 連帶하여 그 納入을 하여야 한다.
③ 第315條의 規定은 前2項의 경우에 準用한다.
참조 [공동인수인]333①, [주식인수의 취소제한]320, [연대]민413－427, [면책]324, [구법에 의하여 성립한 회사에의 제1항 적용]상법시행법13

第322條【發起人의 損害賠償責任】 ① 發起人이 會社의 設立에 관하여 그 任務를 解怠한 때에는 그 發起人은 會社에 대하여 連帶하여 損害를 賠償할 責任이 있다.
② 發起人이 惡意 또는 重大한 過失로 인하여 그 任務를 解怠한 때에는 그 發起人은 第三者에 대하여도 連帶하여 損害를 賠償할 責任이 있다.
참조 [상호회사에의 준용]보험44, ①[특별규정]315·321③, [연대]민413－427, [이사·감사 등의 연대책임]323, [면책]324, [발기인에 대한 소]324·403, [회사 불성립의 경우의 책임]326, ②민750·760, [유사발기인의 책임]327
판례 발기인의 손해배상채권의 회사자산 산입여부 : 발기인에 대한 손해배상채권이 회사의 총자산가액에 산입된다.(대판 1989.9.12, 89누916)

第323條【發起人, 任員의 連帶責任】 理事 또는 監事가 第313條第1項의 規定에 의한 任務를 解怠하여 會社 또는 第三者에 대하여 損害를 賠償할 責任을 지는 경우에 發起人도 責任을 질 때에는 그 理事, 監事와 發起人은 連帶하여 損害를 賠償할 責任이 있다.
참조 [발기인의 책임]322, [성립후의 이사·감사의 책임]399·414, [연대]민413－427, [책임의 면제]324, [책임추궁]403, [상호회사에의 준용]보험44

第324條【發起人의 責任免除, 株主의 代表訴訟】 제400조, 제403조부터 제406조까지 및 제406조의2는 發起人에 準用한다.(2020.12.29 본조개정)
改前 第324條【發起人의 責任免除, 株主의 代表訴訟】"第400條와 第403條 내지 第406條의 規定은" 發起人에 準用한다.
참조 [상호회사에의 준용]보험44

第325條【檢査人의 損害賠償責任】 法院이 選任한 檢査人이 惡意 또는 重大한 過失로 인하여 그 任務

를 懈怠한 때에는 會社 또는 第三者에 대하여 損害를 賠償할 責任이 있다.

참조 [법원에 의한 선임]298, [발기인의 손해배상책임]322, [상호회사에의 준용]보험44

第326條【會社不成立의 경우의 發起人의 責任】 ① 會社가 成立하지 못한 경우에는 發起人은 그 設立에 관한 行爲에 대하여 連帶하여 責任을 진다.

② 前項의 경우에 會社의 設立에 관하여 支給한 費用은 發起人이 負擔한다.

참조 [유사발기인의 책임]327, [조합원의 분할채무]민711・712, [연대]민413~427, [설립비용]290, [상호회사에의 준용]보험44

第327條【類似發起人의 責任】 株式請約書 기타 株式募集에 관한 書面에 姓名과 會社의 設立에 贊助하는 뜻을 記載할 것을 承諾한 者는 發起人과 同一한 責任이 있다.

참조 [발기인과 동일한 책임]322・326, [주식청약서]302, [벌칙]627, [상호회사에의 준용]보험44

第328條【設立無效의 訴】 ① 會社設立의 無效는 株主・理事 또는 監事에 한하여 會社成立의 날로부터 2年내에 訴만으로 이를 主張할 수 있다.

② 第186條 내지 第193條의 規定은 第1項의 訴에 準用한다.

(1984.4.10 본조개정)

참조 [상호회사에의 준용]보험73, [벌칙]631①②

第2節 株 式

第1款 株式과 株券
(2001.7.24 본관제목삽입)

第329條【자본금의 구성】 ① 회사는 정관으로 정한 경우에는 주식의 전부를 무액면주식으로 발행할 수 있다. 다만, 무액면주식을 발행하는 경우에는 액면주식을 발행할 수 없다.

② 액면주식의 금액은 균일하여야 한다.

③ 액면주식 1주의 금액은 100원 이상으로 하여야 한다.

④ 회사는 정관으로 정하는 바에 따라 발행된 액면주식을 무액면주식으로 전환하거나 무액면주식을 액면주식으로 전환할 수 있다.

⑤ 제4항의 경우에는 제440조, 제441조 본문 및 제442조를 준용한다.

(2011.4.14 본조개정)

改前 "第329條【資本의 構成, 株式의 券面額】① (2009.5.28 삭제)
② 株式會社의 資本은 이를 株式으로 分割하여야 한다.
③ 株式의 金額은 均一하여야 한다.
④ 1株의 金額은 100원이상으로 하여야 한다.(1998.12.28 본항개정)"

참조 [자본]289・317②, [주식의 금액]289①・302②・317②, 상법시행법16, [액면미달발행의 제한]330

第329條의2【株式의 分割】 ① 會社는 第434條의 規定에 의한 株主總會의 決議로 株式을 分割할 수 있다.

② 제1항의 경우에 분할 후의 액면주식 1주의 금액은 제329조제3항에 따른 금액 미만으로 하지 못한다.
(2011.4.14 본항개정)

③ 제440조부터 제443조까지의 규정은 第1項의 規定에 의한 株式分割의 경우에 이를 準用한다.
(2014.5.20 본항개정)
(1998.12.28 본조신설)

改前 ③ "第440條 내지 第444條의 規定"은 第1項의 規定에 의한 株式分割의 경우에 이를 準用한다.

第330條【額面未達發行의 制限】 株式은 額面未達의 價額으로 發行하지 못한다. 그러나 第417條의 경우에는 그러하지 아니하다.(1962.12.12 본조개정)

참조 [권면액]289①・329

第331條【株主의 責任】 株主의 責任은 그가 가진 株式의 引受價額을 限度로 한다.

참조 [인수주식수]295・303・321①, [주식의 금액]289①・329②③, [합자회사의 유한책임사원의 책임]279, [유한회사의 사원의 책임]553

第332條【假設人, 他人의 名義에 의한 引受人의 責任】 ① 假設人의 名義로 株式을 引受하거나 他人의 承諾없이 그 名義로 株式을 引受한 者는 株式引受人으로서의 責任이 있다.

② 他人의 承諾을 얻어 그 名義로 株式을 引受한 者는 그 他人과 連帶하여 納入할 責任이 있다.

참조 [벌칙]634, ②[연대]민413~427

판례 명의차용자의 주주 인정여부 : 실제로 주식을 인수하여 그 대금을 납입한 명의차용인만이 실질상의 주식인수인으로 주주가 되고, 단순한 명의대여자에 불과한 자는 주주로 볼 수 없다.(대판 1998.4.10, 97다50619)

第333條【株式의 共有】 ① 數人이 共同으로 株式을 引受한 者는 連帶하여 納入할 責任이 있다.

② 株式이 數人의 共有에 屬하는 때에는 共有者는 株主의 權利를 行使할 者 1人을 정하여야 한다.

③ 株主의 權利를 行使할 者가 없는 때에는 共有者에 대한 通知나 催告는 그 1人에 대하여 하면 된다.

참조 [사채공유의 경우에의 준용]489②, [유한회사지분에의 준용]558, [주주의 권리]369・538, [통지・최고]353

판례 공유주식에 대해 공유물분할의 소를 청구할 수 있는지 여부 : 주식의 공유자들 사이에 공유 주식을 분할하는 판결이 확정되면 그 공유자들 사이에서는 별도의 법률행위를 할 필요 없이 자신에게 귀속된 주식에 대하여 주주로서의 권리를 취득하는 것이고, 이와 같이 공유물 분할의 방법에 의하여 주식을 취득한 자는 회사에 대하여 주주로서의 자격을 보유하기 위하여 자기가 그 주식의 실질상의 소유자라는 것을 증명하여 단독으로 명의개서를 청구할 수 있으므로, 주식의 공유자로서는 공유물 분할의 판결의 효력이 회사에 미치는지 여부와 관계없이 공유주식을 분할하여 공유관계를 해소함으로써 분할된 주식에 대한 단독소유권을 취득하기 위하여 공유물 분할의 소를 제기할 이익이 있다.(대판 2000.1.28, 98다17183)

第334條 (2011.4.14 삭제)

改前 "第334條【株主의 會社에 대한 相計禁止】株主는 納入에 관하여 相計로써 會社에 對抗하지 못한다."

第335條【株式의 讓渡性】 ① 주식은 타인에게 양도할 수 있다. 다만, 회사는 정관으로 정하는 바에 따라 그 발행하는 주식의 양도에 관하여 이사회의 승인을 받도록 할 수 있다.(2011.4.14 본항개정)

② 第1項 但書의 規定에 違反하여 理事會의 승인을 얻지 아니한 株式의 讓渡는 會社에 대하여 效力이 없다.(1995.12.29 본항신설)

③ 株券發行前에 한 株式의 讓渡는 會社에 대하여 效力이 없다. 그러나 會社成立후 또는 新株의 納入期日후 6月이 경과한 때에는 그러하지 아니하다.
(1984.4.10 단서신설)

改前 "① 株式은 他人에게 이를 讓渡할 수 있다. 다만, 株式의 讓渡는 定款이 정하는 바에 따라 理事會의 승인을 얻도록 할 수 있다.(1995.12.29 본항개정)"

참조 [합명회사, 합자회사, 유한회사지분의 양도]197・269・276・556, ①[주식의 양도방법]336, [주식양도의 법률상의 제한]341, [권리주의 양도]319, [주식의 질권설정]338~340, ②[주권의 발행]355

판례 양도인이 채권양도의 통지를 하기 전에 다른 제3자에게 이중으로 양도하여 회사에게 확정일자 있는 양도통지를 하는 등 대항요건을 갖추어 줌으로써 양수인이 그 제3자에게 대항할 수 없게 되었고, 이러한 양도인의 배임행위에 제3자가 적극 가담한 경우라면, 제3자에 대한 양도행위는 사회질서에 반하는 법률행위로서 무효라고 봄이 상당하다.
(대판 2006.9.14, 2005다45537)

판례 주식 양도시 당사자간의 특약의 효력 : 주주권은 주식의 양도나 소각 등 법률에 정하여진 사유에 의하여서만 상실되고 단순히 당사자 사이의 특약이나 주주권 포기의 의사표시만으로 상실되지 아니하며 다른 특별한 사정이 없는 한 그 행사가 제한되지도 아니한다.(대판 2002.12.24, 2002다54691)

第335條의2【讓渡承認의 請求】 ① 株式의 讓渡에 관하여 理事會의 승인을 얻어야 하는 경우에는 株式을 讓渡하고자 하는 株主는 會社에 대하여 讓渡의 相對方 및 讓渡하고자 하는 株式의 종류와 數를 기재한 書面으로 讓渡의 승인을 請求할 수 있다.

② 會社는 第1項의 請求가 있는 날부터 1月이내에 株主에게 그 승인여부를 書面으로 통지하여야 한다.

③ 會社가 第2項의 기간내에 株主에게 거부의 통지를 하지 아니한 때에는 株式의 讓渡에 관하여 理事會의 승인이 있는 것으로 본다.

④ 第2項의 讓渡承認拒否의 통지를 받은 株主는 통지를 받은 날부터 20日내에 會社에 대하여 讓渡의 相對方의 지정 또는 그 株式의 買受를 請求할 수 있다.
(1995.12.29 본조신설)

第335條의3【讓渡相對方의 指定請求】 ① 株主가 讓渡의 相對方을 지정하여 줄 것을 請求한 경우에는 理事會는 이를 지정하고, 그 請求가 있은 날부터 2週間내에 株主 및 지정된 相對方에게 書面으로 이를 통지하여야 한다.

② 第1項의 기간내에 株主에게 相對方지정의 통지를 하지 아니한 때에는 株式의 讓渡에 관하여 理事會의 승인이 있는 것으로 본다.
(1995.12.29 본조신설)

第335條의4【지정된 자의 매도청구권】 ① 第335條의3第1項의 規定에 의하여 相對方으로 지정된 者는 지정통지를 받은 날부터 10日이내에 指定請求를 한 株主에 대하여 書面으로 그 株式을 자기에게 賣渡할 것을 請求할 수 있다.

② 第335條의3第2項의 規定은 株式의 讓渡相對方으로 지정된 者가 第1項의 期間내에 賣渡의 請求를 하지 아니한 때에 이를 準用한다.
(2001.7.24 본조제목개정)
(1995.12.29 본조신설)

第335條의5【매도가액의 결정】 ① 第335條의4의 경우에 그 株式의 매도가액은 株主와 매도청구인간의 協議로 이를 決定한다.

② 제374조의2제4항 및 제5항의 규정은 제335조의4 제1항의 규정에 의한 청구를 받은 날부터 30일 이내에 제1항의 규정에 의한 협의가 이루어지지 아니하는 경우에 이를 준용한다.
(2001.7.24 본조개정)

第335條의6【株式의 買受請求】 제374조의2제2항 내지 제5항의 規定은 第335條의2第4項의 規定에 의하여 株主가 會社에 대하여 株式의 買受를 請求한 경우에 이를 準用한다.(2001.7.24 본조개정)

참조 [관할]비송72

第335條의7【株式의 讓受人에 의한 承認請求】 ① 株式의 讓渡에 관하여 理事會의 승인을 얻어야 하는 경우에 株式을 취득한 者는 會社에 대하여 그 株式의 종류와 數를 기재한 書面으로 그 취득의 승인을 請求할 수 있다.

② 第335條의2第2項 내지 第4項, 第335條의3 내지 第335條의6의 規定은 第1項의 경우에 이를 準用한다.
(1995.12.29 본조신설)

第336條【株式의 讓渡方法】 ① 株式의 讓渡에 있어서는 株券을 交付하여야 한다.

② 株券의 占有者는 이를 適法한 所持人으로 推定한다.

(1984.4.10 본조개정)

참조 ①어음16①, 수표19, [회사에 대한 대항요건]337, [선의취득]359, ②[신주인수권의 양도]420의3

판례 주권의 양도방법 중 양도인의 기명이 누락된 배서의 효력(구법관계) : 양도인이 기명 부분을 양수인에게 보충시킬 의사로 배서란에 날인만 하여 주권을 교부한 경우에는 양수인에게 배서인의 기명에 관한 보충권을 부여한 것이므로 양도인의 기명이 누락되어 있다 하여 그 배서의 효력이 없는 것이라고는 할 수 없다.(대판 1997.12.12, 95다49646)

판례 주식양수계약 해제시 주권을 점유한 양수인의 권리행사 가부 : 주식양도양수계약이 적법하게 해제되었다면 종전의 주식양수인은 주식회사의 주주로서의 지위를 상실하였으므로, 주식회사의 주권을 점유하고 있다고 하더라도, 주주로서의 권리를 행사할 수 있는 것은 아니다.(대판 1994.6.28, 93다44906)

第337條【주식의 이전의 대항요건】 ① 주식의 移轉은 取得者의 姓名과 住所를 株主名簿에 記載하지 아니하면 會社에 對抗하지 못한다.(2014.5.20 본항개정)

② 會社는 定款이 정하는 바에 의하여 名義改書代理人을 둘 수 있다. 이 경우 名義改書代理人이 取得者의 姓名과 住所를 株主名簿의 複本에 記載한 때에는 第1項의 名義改書가 있는 것으로 본다.
(1984.4.10 본항신설)
(2014.5.20 본조제목개정)

改前 第337條【"記名株式의 移轉의 對抗要件"】① "記名株式"의 移轉은 取得者의 姓名과 住所를 株主名簿에 記載하지 아니하면 會社에 對抗하지 못한다.

참조 [주식의 양도성]335, [주주명부]352

판례 명의개서를 하지 아니한 주식양수인에 대하여 주주총회소집통지를 하지 않았다고 하여 주주총회결의에 절차상의 하자가 있다고 할 수 없다.(대판 1996.12.23, 96다32768)

판례 주권발행 전 주식의 이중양도가 문제되는 경우 그 이중양수인 중 일부에 대하여 이미 명의개서가 경료되었는지 여부를 불문하고 누가 우선순위자로서 권리취득자인지를 가려야 할 것이고, 이때 이중양수인 상호간의 우열은 지명채권 이중양도의 경우에 준하여 확정일자 있는 양도통지가 회사에 도달한 일시 또는 확정일자 있는 승낙의 일시의 선후에 의하여 결정함이 원칙이다.(대판 1995.5.23, 94다36421)

第338條【주식의 입질】 ① 주식을 質權의 目的으로 하는 때에는 株券을 質權者에게 交付하여야 한다.
(2014.5.20 본항개정)

② 質權者는 繼續하여 株券을 占有하지 아니하면 그 質權으로써 第三者에게 對抗하지 못한다.
(2014.5.20 본조제목개정)

改前 第338條【"記名株式의 入質"】① "記名株式"을 質權의 目的으로 하는 때에는 株券을 質權者에게 交付하여야 한다.

참조 [주식의 질권설정가능성]335①・341, 민331・355, [등록질]340, [주권]356, [질권의 효력]339・340, 민329~338・345, [대항요건]340, 민349・351

판례 주권발행 전의 주식입질의 가부 및 그 방법 : 주권발행 전의 주식에 대한 양도도 인정되고, 주권발행 전 주식의 담보제공을 금하는 법률규정도 없으므로 주권발행 전 주식에 대한 질권설정도 가능하다고 할 것이지만, 상법 338조 1항은 기명주식을 질권의 목적으로 하는 때에는 주권을 교부하여야 한다고 규정하고 있으나, 이는 주권이 발행된 기명주식의 경우에 해당하는 규정이라고 해석함이 상당하므로, 주권발행 전의 주식 입질에 관하여는 상법 338조 1항의 규정이 아니라 권리질권설정의 일반원칙인 민법 346조로 돌아가 그 권리의 양도방법에 의하여 질권을 설정할 수 있다고 보아야 한다.(대판 2000.8.16, 99그1)

第339條【質權의 物上代位】 株式의 消却, 併合, 分割 또는 轉換이 있는 때에는 이로 인하여 從前의 株主가 받을 金錢이나 株式에 대하여도 從前의 株式을 目的으로 한 質權을 行使할 수 있다.
(1998.12.28 본조개정)

참조 [권리질과 물상대위]민342・345・355, [주식의 소각・병합・전환]343・346~351・440, [등록질의 효력]340, [사채의 주식에의 전환, 주식을 병합하지 않는 합병의 경우와 본조의 준용]516・530④・601①, [주식회사의 조직 변경]보험31

第340條【주식의 등록질】 ① 주식을 질권(質權)의 목적으로 한 경우에 회사가 질권설정자의 청구에 따라 그 성명과 주소를 주주명부에 덧붙여 쓰고 그 성명을 주권(株券)에 적은 경우에는 질권자는 회사로부터 이익배당, 잔여재산의 분배 또는 제339조에 따

른 금전의 지급을 받아 다른 채권자에 우선하여 자기 채권의 변제에 충당할 수 있다.(2014.5.20 본항개정)
② 民法 第353條第3項의 規定은 前項의 경우에 準用한다.
③ 第1項의 質權者는 會社에 대하여 前條의 株式에 대한 株券의 交付를 請求할 수 있다.
(2014.5.20 본조제목개정)
改前 第340條【"記名株式의 登錄質"】① "기명주식"을 질권(質權)의 목적으로 한 경우에 회사가 질권설정자의 청구에…
참조 ①[주주명부]352·396①, [주권]355·356, [이익·이자의 배당]462, [잔여재산의 분배]538, [권리질과 과실취득권]민323·342·343·355, [권리질과 물상대위]339, ①②[유한회사에의 준용]560, ③[주식을 병합하지 아니하는 합병의 경우에의 준용]530④, 보험31

第340條의2【주식매수선택권】 ① 회사는 정관으로 정하는 바에 따라 제434조의 주주총회의 결의로 회사의 설립·경영 및 기술혁신 등에 기여하거나 기여할 수 있는 회사의 이사, 집행임원, 감사 또는 피용자(被用者)에게 미리 정한 가액(이하 "주식매수선택권의 행사가액"이라 한다)으로 신주를 인수하거나 자기의 주식을 매수할 수 있는 권리(이하 "주식매수선택권"이라 한다)를 부여할 수 있다. 다만, 주식매수선택권의 행사가액이 주식의 실질가액보다 낮은 경우에 회사는 그 차액을 금전으로 지급하거나 그 차액에 상당하는 자기의 주식을 양도할 수 있다. 이 경우 주식의 실질가액은 주식매수선택권의 행사일을 기준으로 평가한다.
② 다음 각 호의 어느 하나에 해당하는 자에게는 제1항의 주식매수선택권을 부여할 수 없다.
1. 의결권 없는 주식을 제외한 발행주식총수의 100분의 10 이상의 주식을 가진 주주
2. 이사·집행임원·감사의 선임과 해임 등 회사의 주요 경영사항에 대하여 사실상 영향력을 행사하는 자
3. 제1호와 제2호에 규정된 자의 배우자와 직계존비속
③ 제1항에 따라 발행할 신주 또는 양도할 자기의 주식은 회사의 발행주식총수의 100분의 10을 초과할 수 없다.
④ 제1항의 주식매수선택권의 행사가액은 다음 각 호의 가액 이상이어야 한다.
1. 신주를 발행하는 경우에는 주식매수선택권의 부여일을 기준으로 한 주식의 실질가액과 주식의 권면액(券面額) 중 높은 금액. 다만, 무액면주식을 발행한 경우에는 자본으로 계상되는 금액 중 1주에 해당하는 금액을 권면액으로 본다.
2. 자기의 주식을 양도하는 경우에는 주식매수선택권의 부여일을 기준으로 한 주식의 실질가액
(2011.4.14 본조개정)
改前 "第340條의2【株式買受選擇權】① 會社는 定款이 정한 바에 따라 第434條의 規定에 의한 株主總會의 決議로 會社의 設立·경영과 技術革新 등에 기여하거나 기여할 수 있는 會社의 理事·監事 또는 被用者에게 미리 정한 價額(이하 "株式買受選擇權의 行使價額"이라 한다)으로 新株를 引受하거나 자기의 株式을 買受할 수 있는 權利(이하 "株式買受選擇權"이라 한다)를 부여할 수 있다. 다만, 株式買受選擇權의 行使價額이 株式의 實質價額보다 낮은 경우에 會社는 그 差額을 金錢으로 지급하거나 그 差額에 상당하는 자기의 株式을 양도할 수 있다. 이 경우 株式의 實質價額은 株式買受選擇權의 行使日을 기준으로 評價한다.
② 다음 各號의 1에 해당하는 者에 대하여는 第1項에 規定된 株式買受選擇權을 부여할 수 없다.
1. 議決權없는 株式을 제외한 發行株式總數의 100分의 10 이상의 株式을 가진 株主
2. 理事·監事의 選任과 解任 등 會社의 主要經營事項에 대하여 사실상 影響力을 행사하는 者
3. 第1號와 第2號에 規定된 者의 配偶者와 直系尊·卑屬
③ 第1項의 規定에 의하여 발행할 新株 또는 讓渡할 자기의 株式은 會社의 發行株式總數의 100分의 10을 초과할 수 없다.
④ 第1項에 規定한 株式買受選擇權의 行使價額은 다음 各號의 價額 이상이어야 한다.
1. 新株를 발행하는 경우에는 株式買受選擇權의 附與日을 기준으로 한 株式의 實質價額과 株式의 券面額중 높은 금액
2. 자기의 株式을 讓渡하는 경우에는 株式買受選擇權의 附與日을 기준으로 한 株式의 實質價額
(1999.12.31 본조신설)"
참조 [등기사항]340의3, 상업등기법69

第340條의3【株式買受選擇權의 부여】 ① 第340條의2第1項의 株式買受選擇權에 관한 定款의 規定에는 다음 各號의 사항을 기재하여야 한다.
1. 일정한 경우 株式買受選擇權을 부여할 수 있다는 뜻
2. 株式買受選擇權의 행사로 발행하거나 讓渡할 株式의 종류와 數
3. 株式買受選擇權을 부여받을 者의 資格要件
4. 株式買受選擇權의 행사기간
5. 일정한 경우 理事會決議로 株式買受選擇權의 부여를 取消할 수 있다는 뜻
② 第340條의2第1項의 株式買受選擇權에 관한 株主總會의 決議에 있어서는 다음 各號의 사항을 정하여야 한다.
1. 株式買受選擇權을 부여받을 者의 姓名
2. 株式買受選擇權의 부여방법
3. 株式買受選擇權의 行使價額과 그 調整에 관한 사항
4. 株式買受選擇權의 행사기간
5. 株式買受選擇權을 부여받을 者 각각에 대하여 株式買受選擇權의 행사로 발행하거나 讓渡할 株式의 종류와 數
③ 會社는 第2項의 株主總會 決議에 의하여 株式買受選擇權을 부여받은 者와 契約을 체결하고 상당한 기간내에 그에 관한 契約書를 작성하여야 한다.
④ 會社는 第3項의 契約書를 株式買受選擇權의 행사기간이 종료할 때까지 本店에 비치하고 株主로 하여금 營業時間내에 이를 閱覽할 수 있도록 하여야 한다.
(1999.12.31 본조신설)

第340條의4【株式買受選擇權의 행사】 ① 第340條의2第1項의 株式買受選擇權은 第340條의3第2項 各號의 사항을 정하는 株主總會決議日부터 2年 이상 在任 또는 在職하여야 이를 행사할 수 있다.
② 第340條의2第1項의 株式買受選擇權은 이를 讓渡할 수 없다. 다만, 同條第2項의 規定에 의하여 株式買受選擇權을 행사할 수 있는 者가 死亡한 경우에는 그 相續人이 이를 행사할 수 있다.
(1999.12.31 본조신설)

第340條의5【準用規定】 제350조제2항, 第351條, 제516조의9제1항·제3항·제4항 및 제516조의10 전단은 株式買受選擇權의 행사로 新株를 발행하는 경우에 이를 準用한다.(2020.12.29 본조개정)
改前 第340條의5【準用規定】"第350條第2項, 第350條第3項 後段", 第351條, 第516조의9제1항·제3항·제4항 및…

第341條【자기주식의 취득】 ① 회사는 다음의 방법에 따라 자기의 명의와 계산으로 자기의 주식을 취득할 수 있다. 다만, 그 취득가액의 총액은 직전 결산기의 대차대조표상의 순자산액에서 제462조제1항 각 호의 금액을 뺀 금액을 초과하지 못한다.
1. 거래소에서 시세(時勢)가 있는 주식의 경우에는 거래소에서 취득하는 방법
2. 제345조제1항의 주식의 상환에 관한 종류주식의 경우 외에 각 주주가 가진 주식 수에 따라 균등한 조건으로 취득하는 것으로서 대통령령으로 정하는 방법
② 제1항에 따라 자기주식을 취득하려는 회사는 미리 주주총회의 결의로 다음 각 호의 사항을 결정하여야 한다. 다만, 이사회의 결의로 이익배당을 할 수 있다고 정관으로 정하고 있는 경우에는 이사회의 결의로써 주주총회의 결의를 갈음할 수 있다.
1. 취득할 수 있는 주식의 종류 및 수
2. 취득가액의 총액의 한도
3. 1년을 초과하지 아니하는 범위에서 자기주식을 취득할 수 있는 기간
③ 회사는 해당 영업연도의 결산기에 대차대조표상의 순자산액이 제462조제1항 각 호의 금액의 합계액에 미치지 못할 우려가 있는 경우에는 제1항에 따른 주식의 취득을 하여서는 아니 된다.
④ 해당 영업연도의 결산기에 대차대조표상의 순자산액이 제462조제1항 각 호의 금액의 합계액에 미치지 못함에도 불구하고 회사가 제1항에 따라 주식을 취득한 경우 이사는 회사에 대하여 연대하여 그 미치지 못한 금액을 배상할 책임이 있다. 다만, 이사가 제3항의 우려가 없다고 판단하는 때에 주의를 게을리하지 아니하였음을 증명한 경우에는 그러하지 아니하다.
(2011.4.14 본조개정)
改前 "第341條【自己株式의 取得】會社는 다음의 경우외에는 자기의 計算으로 자기의 株式을 取得하지 못한다.(1984.4.10 본문개정)
1. 株式을 消却하기 위한 때
2. 會社의 合併 또는 다른 會社의 營業全部의 讓受로 인한 때
3. 會社의 權利를 實行함에 있어 그 目的을 達成하기 위하여 필요한 때
4. 端株의 처리를 위하여 필요한 때(1984.4.10 본호신설)
5. 株主가 株式買受請求權을 행사한 때(1995.12.29 본호신설)"
참조 [주식취득 또는 질권의 처분]342, [자기주식과의 결권]369②, [벌칙]625, [유한회사에의 준용]560①, ⑴[소각]343·344, ⑵[합병]235, ⑶[타회사의 영업전부의 양수]374
판례 주주 간의 분쟁 등 일정한 사유가 발생할 경우 특정 주주를 제명하고 회사가 그 주주에게 출자금 등을 환급하도록 규정한 정관이나 내부규정의 효력 : 주주 간의 분쟁 등 일정한 사유가 발생할 경우 어느 주주를 제명시키되 회사가 그 주주에게 출자금 등을 환급해 주기로 하는 내용의 규정을 회사의 정관이나 내부규정에 두는 것은 그것이 회사 또는 주주 등에게 생길지 모르는 중대한 손해를 회피하기 위한 것이라 하더라도 법정사유 이외에는 자기주식의 취득을 금지하는 상법 341조의 규정에 위반되므로, 결국 주주를 제명하고 회사가 그 주주에게 출자금 등을 환급하도록 하는 내용을 규정한 정관이나 내부규정은 물적 회사로서의 주식회사의 본질에 반하고 자기주식의 취득을 금지하는 상법의 규정에도 위반되어 무효이다.
(대판 2007.5.10, 2005다60147)
판례 회사 아닌 제3자 명의의 주식취득이 '자기주식의 취득'에 해당하는 경우 : 회사 아닌 제3자의 명의로 회사의 주식을 취득하더라도 그 주식취득을 위한 자금이 회사의 출연에 의한 것이고 그 주식취득에 따른 손익이 회사에 귀속되는 경우라면, 상법 기타 법률에서 규정하는 예외사유에 해당하지 않는 한, 그러한 주식의 취득은 회사의 계산으로 이루어져 회사의 자본적 기초를 위태롭게 할 우려가 있는 것으로, 동조가 금지하는 자기주식의 취득에 해당한다.(대판 2003.5.16, 2001다44109)

第341條의2【특정목적에 의한 자기주식의 취득】 회사는 다음 각 호의 어느 하나에 해당하는 경우에는 제341조에도 불구하고 자기의 주식을 취득할 수 있다.
1. 회사의 합병 또는 다른 회사의 영업전부의 양수로 인한 경우
2. 회사의 권리를 실행함에 있어 그 목적을 달성하기 위하여 필요한 경우
3. 단주(端株)의 처리를 위하여 필요한 경우
4. 주주가 주식매수청구권을 행사한 경우
(2011.4.14 본조개정)
改前 "第341條의2【株式買受選擇權附與目的등의 自己株式取得】① 會社는 第340條의2第1項의 規定에 의하여 자기의 株式을 讓渡할 目的으로 취득하거나 退職하는 理事·監事 또는 被用者의 株式을 讓受함으로써 자기의 株式을 취득함에 있어서는 發行株式總數의 100分의 10을 초과하지 아니하는 범위안에서 자기의 計算으로 자기의 株式을 취득할 수 있다. 다만, 그 취득금액은 第462條第1項에 規定된 利益配當이 가능한 한도 이내이어야 한다.
② 會社가 第1項의 株式을 發行株式總數의 100分의 10 이상의 株式을 가진 株主로부터 有償으로 취득하는 경우에는 다음 各號의 사항에 관하여 第434條의 規定에 의한 株主總會의 決議가 있어야 한다. 이 경우 會社는 株主總會 決議후 6月 이내에 株式을 취득하여야 한다.
1. 株式을 讓渡하고자 하는 株主의 姓名
2. 취득할 株式의 종류와 數
3. 취득할 株式의 價額
③ 會社가 第1項의 規定에 의하여 자기의 株式을 취득한 경우에는 상당한 時期에 이를 처분하여야 한다.
④ 第433條第2項의 規定은 第2項의 株主總會에 관하여 이를 準用한다.
(1999.12.31 본조신설)"

第341條의3【자기주식의 질취】 회사는 발행주식총수의 20분의 1을 초과하여 자기의 주식을 질권의 목적으로 받지 못한다. 다만, 제341조의2제1호 및 제2호의 경우에는 그 한도를 초과하여 질권의 목적으로 할 수 있다.(2011.4.14 본조개정)
改前 "第341條의3【自己株式의 質取】會社는 發行株式의 總數의 20分의 1을 초과하여 자기의 株式을 質權의 目的으로 받지 못한다. 그러나 第341條第2號 및 第3號의 경우에는 그 限度를 초과하여 質權의 目的으로 할 수 있다.(1984.4.10 본조신설)"

第342條【자기주식의 처분】 회사가 보유하는 자기의 주식을 처분하는 경우에 다음 각 호의 사항으로서 정관에 규정이 없는 것은 이사회가 결정한다.
1. 처분할 주식의 종류와 수
2. 처분할 주식의 처분가액과 납입기일
3. 주식을 처분할 상대방 및 처분방법
(2011.4.14 본조개정)
改前 "第342條【自己株式의 處分】會社는 第341條第1號의 경우에는 지체없이 株式失效의 節次를 밟아야 하며 同條第2號 내지 第5號와 第341條의3但書의 경우에는 상당한 時期에 株式 또는 質權의 處分을 하여야 한다.(1999.12.31 본조개정)"
참조 [주식실효절차]343②·440·441, [벌칙]635①, [유한회사에의 준용]560①

第342條의2【子會社에 의한 母會社株式의 取得】 ① 다른 會社의 發行株式의 總數의 100分의 50을 초과하는 株式을 가진 會社(이하 "母會社"라 한다)의 株式은 다음의 경우를 제외하고는 그 다른 會社(이하 "子會社"라 한다)가 이를 取得할 수 없다.
(2001.7.24 본문개정)
1. 주식의 포괄적 교환, 주식의 포괄적 이전, 회사의 합병 또는 다른 회사의 영업전부의 讓受로 인한 때
(2001.7.24 본호개정)
2. 會社의 權利를 實行함에 있어 그 目的을 達成하기 위하여 필요한 때
② 第1項 各號의 경우 子會社는 그 株式을 取得한 날로부터 6月이내에 母會社의 株式을 처분하여야 한다.
③ 다른 會社의 發行株式의 總數의 100分의 50을 초과하는 株式을 母會社 및 子會社 또는 子會社가 가지고 있는 경우 그 다른 會社는 이 法의 適用에 있어 그 母會社의 子會社로 본다.(2001.7.24 본항개정)
(1984.4.10 본조신설)

참조 [주식의 총수]289①, [가설인(假設人), 타인의 명의에 의한 인수인의 책임]332, [주식의 공유]333, [주식의 양도성]335, [벌칙]625의2

第342條의3【다른 會社의 株式取得】 會社가 다른 會社의 發行株式總數의 10分의 1을 초과하여 취득한 때에는 그 다른 會社에 대하여 지체없이 이를 통지하여야 한다.(1995.12.29 본조신설)

판례 상법 342조의3 적용범위 : 상법 342조의3에는 "회사가 다른 회사의 발행주식 총수의 10분의 1을 초과하여 취득한 때에는 그 다른 회사에 대하여 지체 없이 이를 통지하여야 한다."라고 규정되어 있는바, 이는 회사가 다른 회사의 발행주식 총수의 10분의 1 이상을 취득하여 의결권을 행사하는 경우 경영권의 안정을 위협받게 된 그 다른 회사는 역으로 상대방 회사의 발행주식의 10분의 1 이상을 취득함으로써 이른바 상호보유주식의 의결권 제한 규정(상법 369조 3항)에 따라 서로 상대 회사에 대하여 의결권을 행사할 수 없도록 방어조치를 취하여 다른 회사의 지배가능성을 배제하고 경영권의 안정을 도모하도록 하기 위한 것으로서, 특정 주주총회에 한정하여 각 주주들로부터 개별안건에 대한 의견을 표시하게 하여 의결권을 위임받아 의결권을 대리행사하는 경우에는 회사가 다른 회사의 발행주식 총수의 10분의 1을 초과하여 의결권을 대리행사할 권한을 취득하였다고 하여도 위 규정이 유추적용되지 않는다.
(대판 2001.5.15, 2001다12973)

第343條【주식의 소각】 ① 주식은 자본금 감소에 관한 규정에 따라서만 소각(消却)할 수 있다. 다만, 이사회의 결의에 의하여 회사가 보유하는 자기주식을 소각하는 경우에는 그러하지 아니하다.
② 자본금감소에 관한 규정에 따라 주식을 소각하는 경우에는 제440조 및 제441조를 준용한다.
(2011.4.14 본조개정)

改前 "第343條【株式의 消却】① 株式은 資本減少에 관한 規定에 의하여서만 消却할 수 있다. 그러나 定款의 정한 바에 의하여 株主에게 配當할 利益으로써 株式을 消却하는 경우에는 그러하지 아니하다.
② 第440條와 第441條의 規定은 株式을 消却하는 경우에 準用한다."

참조 [자본감소]438이하, [이익소각에 관한 정관규정과 등기]317②, [배당할 이익]462, [벌칙]635①, [유한회사에의 준용]560①

판례 주식 포기의 의사표시로 인한 주주지위 상실 여부 : 주주권은 주식양도, 주식의 소각 또는 주금 체납에 의한 실권절차 등 법정사유에 의하여서만 상실되고, 단순히 당사자 간의 특약이나 주식 포기의 의사표시만으로는 주식이 소멸되거나 주주의 지위가 상실되지 아니한다.(대판 1999.7.23, 99다14808)

第343條의2 (2011.4.14 삭제)

改前 "第343條의2【총회의 결의에 의한 주식소각】① 회사는 제343조의 규정에 의하는 경우 외에 정기총회에서 제434조의 규정에 의한 결의에 의하여 주식을 매수하여 이를 소각할 수 있다.
② 제1항의 규정에 의한 총회의 결의에서는 매수할 주식의 종류, 총수, 취득가액의 총액 및 주식을 매수할 수 있는 기간을 정하여야 한다.
③ 제2항의 경우에 매수할 수 있는 주식의 취득가액의 총액은 대차대조표상의 순자산액에서 제462조제1항 각호의 금액을 공제한 액을 초과하지 못한다.
④ 제2항의 경우에 주식을 매수할 수 있는 기간은 제1항의 결의 후 최초의 결산기에 관한 정기총회가 종결한 후로 정하지 못한다.
⑤ 회사는 당해 영업연도의 결산기에 대차대조표상의 순자산액이 제462조제1항 각호의 금액의 합계액에 미치지 못할 우려가 있는 때에는 제1항의 규정에 의한 주식의 매수를 하여서는 아니된다.
⑥ 당해 영업연도의 결산기에 대차대조표상의 순자산액이 제462조제1항 각호의 금액의 합계액에 미치지 못함에도 불구하고 회사가 제1항의 규정에 의하여 주식을 매수하여 소각한 경우 이사는 회사에 대하여 연대하여 그 미치지 못한 금액을 배상할 책임이 있다. 이 경우 제462조의3제4항 단서의 규정을 준용한다.
(2001.7.24 본조신설)"

第344條【종류주식】 ① 회사는 이익의 배당, 잔여재산의 분배, 주주총회에서의 의결권의 행사, 상환 및 전환 등에 관하여 내용이 다른 종류의 주식(이하 "종류주식"이라 한다)을 발행할 수 있다.
② 제1항의 경우에는 정관으로 각 종류주식의 내용과 수를 정하여야 한다.
③ 회사가 종류주식을 발행하는 때에는 정관에 다른 정함이 없는 경우에도 주식의 종류에 따라 신주의 인수, 주식의 병합 · 분할 · 소각 또는 회사의 합병 · 분할로 인한 주식의 배정에 관하여 특수하게 정할 수 있다.
④ 종류주식 주주의 종류주주총회의 결의에 관하여는 제435조제2항을 준용한다.
(2011.4.14 본조개정)

改前 "第344條【數種의 株式】① 會社는 利益이나 利子의 配當 또는 殘餘財産의 分配에 관하여 內容이 다른 數種의 株式을 發行할 수 있다.
② 第1項의 경우에는 定款으로 각종의 株式의 내용과 數를 정하여야 하며, 利益配當에 관하여 우선적 내용이 있는 종류의 株式에 대하여는 定款으로 最低配當率을 정하여야 한다.
(1995.12.29 본항개정)
③ 會社가 數種의 株式을 發行하는 때에는 定款에 다른 定함이 없는 경우에도 株式의 種類에 따라 新株의 引受, 株式의 倂合 · 分割 · 消却 또는 會社의 合倂 · 分割로 인한 株式의 配定에 관하여 特殊한 定함을 할 수 있다.(1998.12.28 본항개정)"

참조 ①[이익 · 이자의 배당]462-464, [잔여재산의 분배]538단서, ②[수종의 주식의 내용]302② · 317② · 352① · 356, [합병과 수종의 주식의 발행]523 · 524 · 525, [정관변경과 종류주주총회]435 · 436, [수종의 주식과 전환]346이하, ③[신주의 인수]416 · 418, [감자의 방법]439, [합병에 의한 주식의 배정]523 · 524 · 525②, [종류주주총회]435 · 436

第344條의2【이익배당, 잔여재산분배에 관한 종류주식】 ① 회사가 이익의 배당에 관하여 내용이 다른 종류주식을 발행하는 경우에는 정관에 그 종류주식의 주주에게 교부하는 배당재산의 종류, 배당재산의 가액의 결정방법, 이익을 배당하는 조건 등 이익배당에 관한 내용을 정하여야 한다.
② 회사가 잔여재산의 분배에 관하여 내용이 다른 종류주식을 발행하는 경우에는 정관에 잔여재산의 종류, 잔여재산의 가액의 결정방법, 그 밖에 잔여재산분배에 관한 내용을 정하여야 한다.
(2011.4.14 본조신설)

第344條의3【의결권의 배제 · 제한에 관한 종류주식】 ① 회사가 의결권이 없는 종류주식이나 의결권이 제한되는 종류주식을 발행하는 경우에는 정관에 의결권을 행사할 수 없는 사항과, 의결권행사 또는 부활의 조건을 정한 경우에는 그 조건 등을 정하여야 한다.
② 제1항에 따른 종류주식의 총수는 발행주식총수의 4분의 1을 초과하지 못한다. 이 경우 의결권이 없거나 제한되는 종류주식이 발행주식총수의 4분의 1을 초과하여 발행된 경우에는 회사는 지체 없이 그 제한을 초과하지 아니하도록 하기 위하여 필요한 조치를 하여야 한다.
(2011.4.14 본조신설)

第345條【주식의 상환에 관한 종류주식】 ① 회사는 정관으로 정하는 바에 따라 회사의 이익으로써 소각할 수 있는 종류주식을 발행할 수 있다. 이 경우 회사는 정관에 상환가액, 상환기간, 상환의 방법과 상환할 주식의 수를 정하여야 한다.
② 제1항의 경우 회사는 상환대상인 주식의 취득일부터 2주 전에 그 사실을 그 주식의 주주 및 주주명부에 적힌 권리자에게 따로 통지하여야 한다. 다만, 통지는 공고로 갈음할 수 있다.
③ 회사는 정관으로 정하는 바에 따라 주주가 회사에 대하여 상환을 청구할 수 있는 종류주식을 발행할 수 있다. 이 경우 회사는 정관에 주주가 회사에 대하여 상환을 청구할 수 있다는 뜻, 상환가액, 상환청구기간, 상환의 방법을 정하여야 한다.
④ 제1항 및 제3항의 경우 회사는 주식의 취득의 대가로 현금 외에 유가증권(다른 종류주식은 제외한다)이나 그 밖의 자산을 교부할 수 있다. 다만, 이 경우에는 그 자산의 장부가액이 제462조에 따른 배당가능이익을 초과하여서는 아니 된다.
⑤ 제1항과 제3항에서 규정한 주식은 종류주식(상환과 전환에 관한 것은 제외한다)에 한정하여 발행할 수 있다.
(2011.4.14 본조개정)

改前 "第345條【償還株式】① 前條의 경우에는 利益配當에 관하여 優先的 內容이 있는 種類의 株式에 대하여 利益으로써 消却할 수 있는 것으로 할 수 있다.
② 前項의 경우에는 償還價額, 償還期間, 償還方法과 數를 定款에 記載하여야 한다."

참조 [주식의 소각]343, [주권에의 기재]356

第346條【주식의 전환에 관한 종류주식】 ① 회사가 종류주식을 발행하는 경우에는 정관으로 정하는 바에 따라 주주는 인수한 주식을 다른 종류주식으로 전환할 것을 청구할 수 있다. 이 경우 전환의 조건, 전환의 청구기간, 전환으로 인하여 발행할 주식의 수와 내용을 정하여야 한다.
② 회사가 종류주식을 발행하는 경우에는 정관에 일정한 사유가 발생할 때 회사가 주주의 인수 주식을 다른 종류주식으로 전환할 수 있음을 정할 수 있다. 이 경우 회사는 전환의 사유, 전환의 조건, 전환의 기간, 전환으로 인하여 발행할 주식의 수와 내용을 정하여야 한다.
③ 제2항의 경우에 이사회는 다음 각 호의 사항을 그 주식의 주주 및 주주명부에 적힌 권리자에게 따로 통지하여야 한다. 다만, 통지는 공고로 갈음할 수 있다.
1. 전환할 주식
2. 2주 이상의 일정한 기간 내에 그 주권을 회사에 제출하여야 한다는 뜻
3. 그 기간 내에 주권을 제출하지 아니할 때에는 그 주권이 무효로 된다는 뜻
④ 제344조제2항에 따른 종류주식의 수 중 새로 발행할 주식의 수는 전환청구기간 또는 전환의 기간 내에는 그 발행을 유보(留保)하여야 한다.
(2011.4.14 본조개정)

改前 "第346條【轉換株式의 發行】① 會社가 數種의 株式을 發行하는 경우에는 定款으로 株主는 引受한 株式을 다른 種類의 株式으로 轉換을 請求할 수 있음을 定할 수 있다. 이 경우에는 轉換의 條件, 轉換의 請求期間과 轉換으로 인하여 發行할 株式의 數와 內容을 定하여야 한다.
② 第344條第2項의 規定에 의한 數種의 株式의 數中 轉換으로 인하여 發行할 株式의 數는 前項의 期間내에는 그 發行을 保留하여야 한다."

참조 [전환주식]347-351, [수종의 주식]302② · 317② · 344 · 352① · 356

第347條【轉換株式發行의 節次】 제346조의 경우에는 주식청약서 또는 신주인수권증서에 다음의 사항을 적어야 한다.(2011.4.14 본문개정)
1. 株式을 다른 種類의 株式으로 轉換할 수 있다는 뜻
2. 轉換의 條件
3. 轉換으로 인하여 發行할 株式의 內容
4. 전환청구기간 또는 전환의 기간(2011.4.14 본호개정)

改前 第347條【轉換株式發行의 節次】"第346條第1項의 경우에는 株式請約書 또는 新株引受權證書에 다음의 事項을 記載하여야 한다.(1984.4.10 본문개정)"
"4. 轉換을 請求할 수 있는 期間"

참조 [주식청약서]420, [벌칙]635①

第348條【轉換으로 인하여 發行하는 株式의 發行價額】 轉換으로 인하여 新株式을 發行하는 경우에는 轉換前의 株式의 發行價額을 新株式의 發行價額으로 한다.

참조 [사채 또는 주식의 발행가액]330 · 417 · 474②

第349條【轉換의 請求】 ① 株式의 轉換을 請求하는 者는 請求書 2通에 株券을 添附하여 會社에 提出하여야 한다.
② 第1項의 請求書에는 轉換하고자 하는 株式의 種類, 數와 請求年月日을 記載하고 記名捺印 또는 署名하여야 한다.(1995.12.29 본항개정)
③ (1995.12.29 삭제)

第350條【轉換의 효력발생】 ① 주식의 전환은 주주가 전환을 청구한 경우에는 그 청구한 때에, 회사가 전환을 한 경우에는 제346조제3항제2호의 기간이 끝난 때에 그 효력이 발생한다.(2011.4.14 본항개정)
② 第354條第1項의 기간중에 轉換된 株式의 株主는 그 기간중의 總會의 決議에 관하여는 議決權을 행사할 수 없다.
③ (2020.12.29 삭제)
(1995.12.29 본조개정)

改前 "③ 전환에 의하여 발행된 주식의 이익배당에 관하여는 주주가 전환을 청구한 때 또는 제346조제3항제2호의 기간이 끝난 때가 속하는 영업연도 말에 전환된 것으로 본다. 이 경우 신주에 대한 이익배당에 관하여는 정관으로 정하는 바에 따라 그 청구를 한 때 또는 제346조제3항제2호의 기간이 끝난 때가 속하는 영업연도의 직전 영업연도 말에 전환된 것으로 할 수 있다.
(2011.4.14 본항개정)"

참조 [이익 · 이자와 배당]462-464

판례 주식회사가 타인으로부터 돈을 빌리는 소비대차계약을 체결하면서 차용금액의 일부 또는 전부를 액면가에 따라 주식으로 전환할 수 있는 권한을 대여자에게 부여하는 내용의 계약조항을 둔 경우, 그 조항의 효력 : 주식회사가 타인으로부터 돈을 빌리는 소비대차계약을 체결하면서 "채권자는 만기까지 대여금액의 일부 또는 전부를 회사 주식으로 액면가에 따라 언제든지 전환할 수 있는 권한을 갖는다"는 내용의 계약조항을 둔 경우, 달리 특별한 사정이 없는 한 이는 전환의 청구를 한 때에 그 효력이 생기는 형성권으로서의 전환권을 부여하는 조항이라고 보아야 하는바, 신주의 발행과 관련하여 특별법에서 달리 정한 경우를 제외하고 신주의 발행은 상법이 정하는 방법 및 절차에 의하여만 가능하다는 점에 비추어 볼 때, 위와 같은 전환권 부여조항은 상법이 정한 방법과 절차에 의하지 아니한 신주발행 내지는 주식으로의 전환을 예정하는 것이어서 효력이 없다.
(대판 2007.2.22, 2005다73020)

第351條【전환의 등기】 주식의 전환으로 인한 변경등기는 전환을 청구한 날 또는 제346조제3항제2호의 기간이 끝난 날이 속하는 달의 마지막 날부터 2주 내에 본점소재지에서 하여야 한다.
(2011.4.14 본조개정)

改前 "第351條【轉換의 登記】株式의 轉換으로 인한 變更登記는 轉換을 請求한 날이 속하는 달의 末日부터 2週間내에 本店所在地에서 이를 하여야 한다.(1995.12.29 본조개정)"

第352條【株主名簿의 記載事項】 ① 주식을 發行한 때에는 株主名簿에 다음의 事項을 記載하여야 한다.
(2014.5.20 본문개정)
1. 株主의 姓名과 住所
2. 各 株主가 가진 株式의 種類와 그 數(1984.4.10 본호개정)
2의2. 各 株主가 가진 株式의 株券을 발행한 때에는 그 株券의 番號(1984.4.10 본호신설)
3. 各 株式의 取得年月日
② 제1항의 경우에 轉換株式을 發行한 때에는 第347條에 揭記한 事項도 株主名簿에 記載하여야 한다.
(2014.5.20 본항개정)

改前 ① "記名株式"을 發行한 때에는 株主名簿에 다음의 事項을 記載하여야…
② "無記名式의 株券을 發行한 때에는 株主名簿에 그 種類, 數, 番號와 發行年月日을 記載하여야 한다."
"③ 第1項 및 第2項"의 경우에 轉換株式을 發行한 때에는…

참조 [비치의무]396①, [벌칙]635①, [질권등록]340, [주주의 성명 · 주소]302 · 337, [주식의 종류]344, [전환주식의 발행]346

판례 주주명부 기재의 효과 : 주주명부에 주주로 등재되어 있는 자는 일응 그 회사의 주주로 추정되며, 이를 번복하기 위해서는 그 주주권을 부인하는 측에 입증책임이 있다.
(대판 1985.3.26, 84다카2082)

第352條의2【전자주주명부】 ① 회사는 정관으로 정하는 바에 따라 전자문서로 주주명부(이하 "전자주주명부"라 한다)를 작성할 수 있다.
② 전자주주명부에는 제352조제1항의 기재사항 외에 전자우편주소를 적어야 한다.
③ 전자주주명부의 비치·공시 및 열람의 방법에 관하여 필요한 사항은 대통령령으로 정한다.
(2009.5.28 본조신설)

第353條【株主名簿의 效力】 ① 株主 또는 質權者에 대한 會社의 通知 또는 催告는 株主名簿에 記載한 住所 또는 그 者로부터 會社에 通知한 住所로 하면 된다.
② 第304條第2項의 規定은 前項의 通知 또는 催告에 準用한다.

참조 [통지·최고]307·308②·363·440·521, [질권자]340①, [주식인수인 등에 대한 통지·최고의 도달]304②, 민111, [사채응모자 등에의 준용]489①, [보험계약자에 대한 통지에의 준용]보험24, [유한회사에의 준용]560②

판례 형식주주로 인한 의결권행사의 위법이 인정되기 위한 요건 : 주식회사가 주주명부상의 주주에게 주주총회의 소집을 통지하고 그 주주로 하여금 의결권을 행사하게 하면, 그 주주가 단순히 명의만을 대여한 이른바 형식주주에 불과하여도 그 의결권 행사는 적법하지만, 주식회사가 주주명부상의 주주가 형식주주에 불과하다는 것을 알았거나 중대한 과실로 알지 못하였고 또한 이를 용이하게 증명하여 의결권 행사를 거절할 수 있었음에도 의결권 행사를 용인하거나 의결권을 행사하게 한 경우에는 그 의결권 행사는 위법하게 된다.
(대판 1998.9.8, 96다45818)

第354條【株主名簿의 閉鎖, 基準日】 ① 會社는 議決權을 行使하거나 配當을 받을 者 기타 株主 또는 質權者로서 權利를 行使할 者를 정하기 위하여 一定한 期間을 정하여 株主名簿의 記載變更을 停止하거나 一定한 날에 株主名簿에 記載된 株主 또는 質權者를 그 權利를 行使할 株主 또는 質權者로 볼 수 있다.(1984.4.10 본항개정)
② 第1項의 期間은 3月을 超過하지 못한다.
(1984.4.10 본항개정)
③ 第1項의 날은 株主 또는 質權者로서 權利를 行使할 날에 앞선 3月내의 날로 定하여야 한다.
(1984.4.10 본항개정)
④ 會社가 第1項의 期間 또는 날을 정한 때에는 그 期間 또는 날의 2週間전에 이를 公告하여야 한다. 그러나 定款으로 그 期間 또는 날을 指定한 때에는 그러하지 아니하다.

참조 [주주명부의 기재사항]352

第355條【株券發行의 時期】 ① 會社는 成立後 또는 新株의 納入期日후 遲滯없이 株券을 發行하여야 한다.
② 株券은 會社의 成立後 또는 新株의 納入期日後가 아니면 發行하지 못한다.
③ 前項의 規定에 違反하여 發行한 株券은 無效로 한다. 그러나 發行한 者에 대한 損害賠償의 請求에 影響을 미치지 아니한다.

참조 [회사의 성립]172·317, [주권]356, [외국회사에 있어서의 주권발행시기]618①, [주식양도와 주권]335①·336, 민523, [주권발행전의 주식양도]335②, [벌칙]635①

판례 주권의 효력 발생 시기 : 상법 355조의 주권발행은 같은 법 356조 소정의 형식을 구비한 문서를 작성하여 이를 주주에게 교부하는 것을 말하고 위 문서가 주주에게 교부된 때에 비로소 주권으로서의 효력을 발생하는 것이므로 회사가 주주권을 표창하는 문서를 작성하여 이를 주주가 아닌 제3자에게 교부하여 주었다 할지라도 위 문서는 아직 회사의 주권으로서의 효력을 가지지 못한다.(대판 2000.3.23, 99다67529)

일판 회사가 주권을 발행하지 않는 것이 허용되는 것은 주주가 주권 소지를 원하지 않는 취지의 신청을 한 경우에 한하여 유효하며, 후에 주주가 주권 발행을 청구했을 때에는 회사는 주권 발행의 합의를 했다는 이유로 주권발행을 거부한다는 것은 허용되지 아니한다.(日·名古屋高 1988.1.28)

第356條【株券의 記載事項】 주권에는 다음의 사항과 번호를 기재하고 대표이사가 기명날인 또는 서명하여야 한다.(2011.4.14 본문개정)
1. 會社의 商號
2. 會社의 成立年月日
3. 會社가 發行할 株式의 總數
4. 액면주식을 발행하는 경우 1주의 금액(2011.4.14 본호개정)
5. 會社의 成立後 發行된 株式에 관하여는 그 發行年月日
6. 종류주식이 있는 경우에는 그 주식의 종류와 내용(2011.4.14 본호개정)
6의2. 株式의 譲渡에 관하여 理事會의 승인을 얻도록 정한 때에는 그 規定(1995.12.29 본호신설)
7.~8. (2011.4.14 삭제)

改前 第356條【株券의 記載事項】"株券에는 다음의 事項과 番號를 記載하고 代表理事가 記名捺印 또는 署名하여야 한다.
(1995.12.29 본문개정)"
"4. 1株의 金額"
"6. 數種의 株式이 있는 때에는 그 株式의 種類와 內容"
"7. 償還株式이 있는 때에는 第345條第2項에 정한 事項"
"8. 轉換株式이 있는 때에는 第347條에 揭記한 事項"

참조 [주권발행의 시기]335, [인지세]인지세법1①, [대표이사]389, [벌칙]635①, [주주의 성명기재]337·352①, [질권자의 성명기재]340, (1)[회사의 상호]289①, (2)[회사의 성립]172·234·317·530②, (4)[1주의 금액]289①·329, (6)[종류주식]344

판례 주주명의와 발행연월일을 누락한 주권의 효력 : 대표이사가 주권 발행에 관한 주주총회나 이사회의 결의 없이 주주 명의와 발행연월일을 누락한 채 단독으로 주권을 발행한 경우, 특별한 사정이 없는 한 주권의 발행은 대표이사의 권한이라고 할 것이고, 그 회사 정관의 규정상으로도 주권의 발행에 주주총회나 이사회의 의결을 거치도록 되어 있다고 볼 근거도 없으며, 기명주권의 경우에 주주의 이름이 기재되어 있지 않다거나 또한 주식의 발행연월일의 기재가 누락되어 있다고 하더라도 이는 주식의 본질에 관한 사항이 아니므로, 주권의 무효 사유가 된다고 할 수 없다.(대판 1996.1.26, 94다24039)

第356條의2【주식의 전자등록】 ① 회사는 주권을 발행하는 대신 정관으로 정하는 바에 따라 전자등록기관(유가증권 등의 전자등록 업무를 취급하는 기관을 말한다. 이하 같다)의 전자등록부에 주식을 등록할 수 있다.(2016.3.22 본항개정)
② 전자등록부에 등록된 주식의 양도나 입질(入質)은 전자등록부에 등록하여야 효력이 발생한다.
③ 전자등록부에 주식을 등록한 자는 그 등록된 주식에 대한 권리를 적법하게 보유한 것으로 추정하며, 이러한 전자등록부를 선의(善意)로, 그리고 중대한 과실 없이 신뢰하고 제2항의 등록에 따라 권리를 취득한 자는 그 권리를 적법하게 취득한다.
④ 전자등록의 절차·방법 및 효과, 전자등록기관에 대한 감독, 그 밖에 주식의 전자등록 등에 필요한 사항은 따로 법률로 정한다.(2016.3.22 본항개정)
(2011.4.14 본조신설)

改前 ① 회사는…전자등록 업무를 "취급하는 것으로 지정된 기관"을 말한다. 이하 같다)의…
"④ 전자등록의 절차·방법 및 효과, 전자등록기관의 지정·감독 등 주식의 전자등록 등에 관하여 필요한 사항은 대통령령으로 정한다."

참조 [유가증권의 등록·발행]65②, [신주인수권의 전자등록]420의4

第357條 (2014.5.20 삭제)

改前 "第357條【無記名式의 株券의 發行】① 無記名式의 株券은 定款에 정한 경우에 한하여 이를 發行할 수 있다.
② 株主는 언제든지 無記名式의 株券을 記名式으로 할 것을 會社에 請求할 수 있다."

第358條 (2014.5.20 삭제)

改前 "第358條【無記名株主의 權利行使】無記名式의 株券을 가진 者는 그 株券을 會社에 供託하지 아니하면 株主의 權利를 行使하지 못한다."

第358條의2【株券의 不所持】 ① 株主는 定款에 다른 정함이 있는 경우를 제외하고는 그 주식에 대하여 株券의 소지를 하지 아니하겠다는 뜻을 會社에 申告할 수 있다.(2014.5.20 본항개정)
② 第1項의 申告가 있는 때에는 會社는 지체없이 株券을 발행하지 아니한다는 뜻을 株主名簿와 그 複本에 기재하고, 그 사실을 株主에게 통지하여야 한다. 이 경우 會社는 그 株券을 발행할 수 없다.
③ 第1項의 경우 이미 발행된 株券이 있는 때에는 이를 會社에 제출하여야 하며, 會社는 제출된 株券을 無效로 하거나 名義改書代理人에게 任置하여야 한다.
④ 第1項 내지 第3項의 規定에 불구하고 株主는 언제든지 會社에 대하여 株券의 발행 또는 반환을 請求할 수 있다.
(1995.12.29 본조개정)

改前 ① 株主는 定款에 다른 정함이 있는 경우를 제외하고는 그 "記名株式"에 대하여 株券의 소지를 하지 아니하겠다는…

참조 [주권의 발행]329

第359條【株券의 善意取得】 手票法 第21條의 規定은 株券에 관하여 이를 準用한다.(1984.4.10 본조개정)

참조 [선의취득]수표21, 어음16②

판례 주권의 선의취득이 부정되는 경우의 악의 또는 중대한 과실의 의미 및 판단 시기 : 주권의 취득이 악의 또는 중대한 과실로 인한 때에는 선의취득이 인정되지 않는바(상법 359조, 수표법 21조), 여기서 악의 또는 중대한 과실의 존부는 주권 취득의 시기를 기준으로 결정하여야 하며, 중대한 과실이란 거래에서 필요로 하는 주의의무를 현저히 결여한 것을 말한다.
(대판 2000.9.8, 99다58471)

第360條【株券의 除權判決, 再發行】 ① 株券은 公示催告의 節次에 의하여 이를 無效로 할 수 있다.
② 株券을 喪失한 者는 除權判決을 얻지 아니하면 會社에 대하여 株券의 再發行을 請求하지 못한다.

참조 [공시최고절차]민소492~495, [공시최고절차에 의한 증서의 실효]민521, [제권판결]민소495·496

第2款 주식의 포괄적 교환
(2001.7.24 본관신설)

第360條의2【주식의 포괄적 교환에 의한 완전모회사의 설립】 ① 회사는 이 관의 규정에 의한 주식의 포괄적 교환에 의하여 다른 회사의 발행주식의 총수를 소유하는 회사(이하 "완전모회사"라 한다)가 될 수 있다. 이 경우 그 다른 회사를 "완전자회사"라 한다.
② 주식의 포괄적 교환(이하 이 관에서 "주식교환"이라 한다)에 의하여 완전자회사가 되는 회사의 주주가 가지는 그 회사의 주식은 주식을 교환하는 날에 주식교환에 의하여 완전모회사가 되는 회사에 이전하고, 그 완전자회사가 되는 회사의 주주는 그 완전모회사가 되는 회사가 주식교환을 위하여 발행하는 신주의 배정을 받거나 그 회사 자기주식의 이전을 받음으로써 그 회사의 주주가 된다.
(2015.12.1 본항개정)

改前 ② …그 완전자회사가 되는 회사의 주주는 "그 완전모회사가 되는 회사가 주식교환을 위하여 발행하는 신주의 배정을 받음으로써" 그 회사의 주주가 된다.

第360條의3【주식교환계약서의 작성과 주주총회의 승인 및 주식교환대가가 모회사 주식인 경우의 특칙】 ① 주식교환을 하고자 하는 회사는 주식교환계약서를 작성하여 주주총회의 승인을 얻어야 한다.
② 제1항의 승인결의는 제434조의 규정에 의하여야 한다.
③ 주식교환계약서에는 다음 각호의 사항을 적어야 한다.(2011.4.14 본문개정)
1. 완전모회사가 되는 회사가 주식교환으로 인하여 정관을 변경하는 경우에는 그 규정
2. 완전모회사가 되는 회사가 주식교환을 위하여 신주를 발행하거나 자기주식을 이전하는 경우에는 발행하는 신주 또는 이전하는 자기주식의 총수·종류, 종류별 주식의 수 및 완전자회사가 되는 회사의 주주에 대한 신주의 배정 또는 자기주식의 이전에 관한 사항(2015.12.1 본호개정)
3. 완전모회사가 되는 회사의 자본금 또는 준비금이 증가하는 경우에는 증가할 자본금 또는 준비금에 관한 사항(2015.12.1 본호개정)
4. 완전자회사가 되는 회사의 주주에게 제2호에도 불구하고 그 대가의 전부 또는 일부로서 금전이나 그 밖의 재산을 제공하는 경우에는 그 내용 및 배정에 관한 사항(2015.12.1 본호개정)
5. 각 회사가 제1항의 결의를 할 주주총회의 기일
6. 주식교환을 할 날
7. 각 회사가 주식교환을 할 날까지 이익배당을 할 때에는 그 한도액(2011.4.14 본호개정)
8. (2015.12.1 삭제)
9. 완전모회사가 되는 회사에 취임할 이사와 감사 또는 감사위원회의 위원을 정한 때에는 그 성명 및 주민등록번호
④ 회사는 제363조의 규정에 의한 통지에 다음 각호의 사항을 기재하여야 한다.(2014.5.20 본문개정)
1. 주식교환계약서의 주요내용
2. 제360조의5제1항의 규정에 의한 주식매수청구권의 내용 및 행사방법
3. 일방회사의 정관에 주식의 양도에 관하여 이사회의 승인을 요한다는 뜻의 규정이 있고 다른 회사의 정관에 그 규정이 없는 경우 그 뜻
⑤ 주식교환으로 인하여 주식교환에 관련되는 각 회사의 주주의 부담이 가중되는 경우에는 제1항 및 제436조의 결의 외에 그 주주 전원의 동의가 있어야 한다.(2011.4.14 본항신설)
⑥ 제342조의2제1항에도 불구하고 제3항제4호에 따라 완전자회사가 되는 회사의 주주에게 제공하는 재산이 완전모회사가 되는 회사의 모회사 주식을 포함하는 경우에는 완전모회사가 되는 회사는 그 지급을 위하여 그 모회사의 주식을 취득할 수 있다.
(2015.12.1 본항신설)
⑦ 완전모회사가 되는 회사는 제6항에 따라 취득한 그 회사의 모회사 주식을 주식교환 후에도 계속 보유하고 있는 경우 주식교환의 효력이 발생하는 날부터 6개월 이내에 그 주식을 처분하여야 한다.
(2015.12.1 본항신설)
(2015.12.1 본조제목개정)

改前 第360條의3【"주식교환계약서의 작성과 주주총회의 승인"】① 주식교환을 하고자 하는 회사는 주식교환계약서를…
③ 주식교환계약서에는 다음 각호의 사항을 적어야 한다…
2. 완전모회사가 되는 회사가 주식교환을 위하여 "발행하는 신주의 총수·종류와" 종류별 주식의 수 및 완전자회사가 되는 회사의 주주에 대한 "신주의 배정"에 관한 사항

3. 완전모회사가 되는 회사의 "증가할 자본금과 자본준비금"에 관한 사항(2011.4.14 본호개정)
"4. 완전자회사가 되는 회사의 주주에게 지급할 금액을 정한 때에는 그 규정"
"8. 제360조의6의 규정에 의하여 회사가 자기의 주식을 이전하는 경우에는 이전할 주식의 총수·종류 및 종류별 주식의 수"

第360條의4【주식교환계약서 등의 공시】 ① 이사는 제360조의3제1항의 주주총회의 회일의 2주전부터 주식교환의 날 이후 6월이 경과하는 날까지 다음 각호의 서류를 본점에 비치하여야 한다.
1. 주식교환계약서
2. 완전모회사가 되는 회사가 주식교환을 위하여 신주를 발행하거나 자기주식을 이전하는 경우에는 완전자회사가 되는 회사의 주주에 대한 신주의 배정 또는 자기주식의 이전에 관하여 그 이유를 기재한 서면(2015.12.1 본호개정)
3. 제360조의3제1항의 주주총회의 회일(제360조의9의 규정에 의한 간이 주식교환의 경우에는 동조제2항의 규정에 의하여 공고 또는 통지를 한 날)전 6월 이내의 날에 작성한 주식교환을 하는 각 회사의 최종 대차대조표 및 손익계산서

② 제1항의 서류에 관하여는 제391조의3제3항의 규정을 준용한다.

改前 ① 이사는 제360조의3제1항의 주주총회의 회일의 2주…
"2. 완전자회사가 되는 회사의 주주에 대한 주식의 배정에 관하여 그 이유를 기재한 서면"

第360條의5【반대주주의 주식매수청구권】 ① 제360조의3제1항의 규정에 의한 승인사항에 관하여 이사회의 결의가 있는 때에 그 결의에 반대하는 주주(의결권이 없거나 제한되는 주주를 포함한다. 이하 이 조에서 같다)는 주주총회전에 회사에 대하여 서면으로 그 결의에 반대하는 의사를 통지한 경우에는 그 총회의 결의일부터 20일 이내에 주식의 종류와 수를 기재한 서면으로 회사에 대하여 자기가 소유하고 있는 주식의 매수를 청구할 수 있다.
(2015.12.1 본항개정)

② 제360조의9제2항의 공고 또는 통지를 한 날부터 2주내에 회사에 대하여 서면으로 주식교환에 반대하는 의사를 통지한 주주는 그 기간이 경과한 날부터 20일 이내에 주식의 종류와 수를 기재한 서면으로 회사에 대하여 자기가 소유하고 있는 주식의 매수를 청구할 수 있다.

③ 제1항 및 제2항의 매수청구에 관하여는 제374조의2제2항 내지 제5항의 규정을 준용한다.

改前 ① …그 결의에 반대하는 "주주는" 주주총회전에 회사에 대하여…

第360條의6 (2015.12.1 삭제)

改前 "第360條의6【신주발행에 갈음할 자기주식의 이전】 완전모회사가 되는 회사는 주식교환을 함에 있어서 신주발행에 갈음하여 회사가 소유하는 자기의 주식으로서 제342조의 규정에 의하여 상당한 시기에 처분하여야 할 주식을 완전자회사가 되는 회사의 주주에게 이전할 수 있다.(2001.7.24 본조신설)"

第360條의7【완전모회사의 자본금 증가의 한도액】 ① 완전모회사가 되는 회사의 자본금은 주식교환의 날에 완전자회사가 되는 회사에 현존하는 순자산액에서 다음 각호의 금액을 뺀 금액을 초과하여 증가시킬 수 없다.(2011.4.14 본문개정)
1. 완전자회사가 되는 회사의 주주에게 제공할 금전이나 그 밖의 재산의 가액(2015.12.1 본호개정)
2. 제360조의3제3항제2호에 따라 완전자회사가 되는 회사의 주주에게 이전하는 자기주식의 장부가액의 합계액(2015.12.1 본호개정)

② 완전모회사가 되는 회사가 주식교환 이전에 완전자회사가 되는 회사의 주식을 이미 소유하고 있는 경우에는 완전모회사가 되는 회사의 자본금은 주식교환의 날에 완전자회사가 되는 회사에 현존하는 순자산액에 그 회사의 발행주식총수에 대한 주식교환으로 인하여 완전모회사가 되는 회사에 이전하는 주식의 수의 비율을 곱한 금액에서 제1항 각호의 금액을 뺀 금액의 한도를 초과하여 이를 증가시킬 수 없다.(2011.4.14 본항개정)
(2011.4.14 본조제목개정)

改前 ① 완전모회사가 되는 회사의 자본금은 주식교환의…
1. 완전자회사가 되는 회사의 주주에게 "지급할 금액"
2. "제360조의6의 규정에 의하여" 완전자회사가 되는 회사의 주주에게 이전하는 "주식의 회계장부가액"의 합계액

第360條의8【주권의 실효절차】 ① 주식교환에 의하여 완전자회사가 되는 회사는 주주총회에서 제360조의3제1항의 규정에 의한 승인을 한 때에는 다음 각호의 사항을 주식교환의 날 1월전에 공고하고, 주주명부에 기재된 주주와 질권자에 대하여 따로따로 그 통지를 하여야 한다.
1. 제360조의3제1항의 규정에 의한 승인을 한 뜻
2. 주식교환의 날의 전날까지 주권을 회사에 제출하여야 한다는 뜻
3. 주식교환의 날에 주권이 무효가 된다는 뜻

② 제442조의 규정은 제360조의3제1항의 규정에 의한 승인을 한 경우에 이를 준용한다.(2014.5.20 본항개정)

改前 ② "제442조 및 제444조"의 규정은 제360조의3제1항의 규정에 의한 승인을 한 경우에 이를 준용한다.

第360條의9【간이주식교환】 ① 완전자회사가 되는 회사의 총주주의 동의가 있거나 그 회사의 발행주식총수의 100분의 90 이상을 완전모회사가 되는 회사가 소유하고 있는 때에는 완전자회사가 되는 회사의 주주총회의 승인은 이를 이사회의 승인으로 갈음할 수 있다.

② 제1항의 경우에 완전자회사가 되는 회사는 주식교환계약서를 작성한 날부터 2주내에 주주총회의 승인을 얻지 아니하고 주식교환을 한다는 뜻을 공고하거나 주주에게 통지하여야 한다. 다만, 총주주의 동의가 있는 때에는 그러하지 아니하다.

第360條의10【소규모 주식교환】 ① 완전모회사가 되는 회사가 주식교환을 위하여 발행하는 신주 및 이전하는 자기주식의 총수가 그 회사의 발행주식총수의 100분의 10을 초과하지 아니하는 경우에는 그 회사에서의 제360조의3제1항의 규정에 의한 주주총회의 승인은 이를 이사회의 승인으로 갈음할 수 있다. 다만, 완전자회사가 되는 회사의 주주에게 제공할 금전이나 그 밖의 재산을 정한 경우에 그 금액 및 그 밖의 재산의 가액이 제360조의4제1항제3호에서 규정한 최종 대차대조표에 의하여 완전모회사가 되는 회사에 현존하는 순자산액의 100분의 5를 초과하는 때에는 그러하지 아니하다.(2015.12.1 본항개정)

② (2015.12.1 삭제)

③ 제1항 본문의 경우에는 주식교환계약서에 완전모회사가 되는 회사에 관하여는 제360조의3제1항의 규정에 의한 주주총회의 승인을 얻지 아니하고 주식교환을 할 수 있는 뜻을 기재하여야 하며, 동조제3항제1호의 사항은 이를 기재하지 못한다.

④ 완전모회사가 되는 회사는 주식교환계약서를 작성한 날부터 2주내에 완전자회사가 되는 회사의 상호와 본점, 주식교환을 할 날 및 제360조의3제1항의 승인을 얻지 아니하고 주식교환을 한다는 뜻을 공고하거나 주주에게 통지하여야 한다.

⑤ 완전모회사가 되는 회사의 발행주식총수의 100분의 20 이상에 해당하는 주식을 가지는 주주가 제4항에 따른 공고 또는 통지를 한 날부터 2주 내에 회사에 대하여 서면으로 제1항 본문에 따른 주식교환에 반대하는 의사를 통지한 경우에는 이 조에 따른 주식교환을 할 수 없다.(2011.4.14 본항개정)

⑥ 제1항 본문의 경우에 완전모회사가 되는 회사에 관하여 제360조의4제1항의 규정을 적용함에 있어서는 동조동항 각호외의 부분중 "제360조의3제1항의 주주총회의 회일의 2주전" 및 동조동항제3호중 "제360조의3제1항의 주주총회의 회일"은 각각 "이 조제4항의 규정에 의한 공고 또는 통지의 날"로 한다.

⑦ 제1항 본문의 경우에는 제360조의5의 규정은 이를 적용하지 아니한다.

改前 ① …주식교환을 위하여 "발행하는 신주"의 총수가 그 회사의 발행주식총수의 "100분의 5"를…다만, 완전자회사가 되는 회사의 주주에게 "지급할 금액을 정한 경우에 그 금액이"…회사에 현존하는 순자산액의 "100분의 2"를 초과하는 때에는…
"② 제360조의6의 규정에 의하여 완전자회사가 되는 회사의 주주에게 이전하는 주식은 제1항의 규정을 적용함에 있어서 이를 주식교환을 위하여 발행하는 신주로 본다."

第360條의11【단주처리 등에 관한 규정의 준용】 ① 제443조의 규정은 회사의 주식교환의 경우에 이를 준용한다.

② 제339조 및 제340조제3항의 규정은 주식교환의 경우에 완전자회사가 되는 회사의 주식을 목적으로 하는 질권에 이를 준용한다.

第360條의12【주식교환사항을 기재한 서면의 사후공시】 ① 이사는 다음 각호의 사항을 기재한 서면을 주식교환의 날부터 6월간 본점에 비치하여야 한다.
1. 주식교환의 날
2. 주식교환의 날에 완전자회사가 되는 회사에 현존하는 순자산액
3. 주식교환으로 인하여 완전모회사에 이전한 완전자회사의 주식의 수
4. 그 밖의 주식교환에 관한 사항

② 제1항의 서면에 관하여는 제391조의3제3항의 규정을 준용한다.

第360條의13【완전모회사의 이사·감사의 임기】 주식교환에 의하여 완전모회사가 되는 회사의 이사 및 감사로서 주식교환전에 취임한 자는 주식교환계약서에 다른 정함이 있는 경우를 제외하고는 주식교환후 최초로 도래하는 결산기에 관한 정기총회가 종료하는 때에 퇴임한다.

第360條의14【주식교환무효의 소】 ① 주식교환의 무효는 각 회사의 주주·이사·감사·감사위원회의 위원 또는 청산인에 한하여 주식교환의 날부터 6월내에 소만으로 이를 주장할 수 있다.

② 제1항의 소는 완전모회사가 되는 회사의 본점소재지의 지방법원의 관할에 전속한다.

③ 주식교환을 무효로 하는 판결이 확정된 때에는 완전모회사가 된 회사는 주식교환을 위하여 발행한 신주 또는 이전한 자기 주식의 주주에 대하여 그가 소유하였던 완전자회사가 된 회사의 주식을 이전하여야 한다.(2015.12.1 본항개정)

④ 제187조 내지 제189조, 제190조 본문, 제191조, 제192조, 제377조 및 제431조의 규정은 제1항의 소에, 제339조 및 제340조제3항의 규정은 제3항의 경우에 각각 이를 준용한다.

改前 ③ …주식교환을 위하여 발행한 신주 또는 "제360조의6의 규정에 의하여 이전한 주식"의 주주에 대하여…

第3款 주식의 포괄적 이전
(2001.7.24 본관신설)

第360條의15【주식의 포괄적 이전에 의한 완전모회사의 설립】 ① 회사는 이 관의 규정에 의한 주식의 포괄적 이전(이하 이 관에서 "주식이전"이라 한다)에 의하여 완전모회사를 설립하고 완전자회사가 될 수 있다.

② 주식이전에 의하여 완전자회사가 되는 회사의 주주가 소유하는 그 회사의 주식은 주식이전에 의하여 설립하는 완전모회사에 이전하고, 그 완전자회사가 되는 회사의 주주는 그 완전모회사가 주식이전을 위하여 발행하는 주식의 배정을 받음으로써 그 완전모회사의 주주가 된다.

第360條의16【주주총회에 의한 주식이전의 승인】 ① 주식이전을 하고자 하는 회사는 다음 각호의 사항을 적은 주식이전계획서를 작성하여 주주총회의 승인을 받아야 한다.(2011.4.14 본문개정)
1. 설립하는 완전모회사의 정관의 규정
2. 설립하는 완전모회사가 주식이전에 있어서 발행하는 주식의 종류와 수 및 완전자회사가 되는 회사의 주주에 대한 주식의 배정에 관한 사항
3. 설립하는 완전모회사의 자본금 및 자본준비금에 관한 사항(2011.4.14 본호개정)
4. 완전자회사가 되는 회사의 주주에게 제2호에도 불구하고 금전이나 그 밖의 재산을 제공하는 경우에는 그 내용 및 배정에 관한 사항(2015.12.1 본호개정)
5. 주식이전을 할 시기
6. 완전자회사가 되는 회사가 주식이전의 날까지 이익배당을 할 때에는 그 한도액(2011.4.14 본호개정)
7. 설립하는 완전모회사의 이사와 감사 또는 감사위원회의 위원의 성명 및 주민등록번호
8. 회사가 공동으로 주식이전에 의하여 완전모회사를 설립하는 때에는 그 뜻

② 제1항의 승인결의는 제434조의 규정에 의하여야 한다.

③ 제360조의3제4항의 규정은 제1항의 경우의 주주총회의 승인에 이를 준용한다.

④ 주식이전으로 인하여 주식이전에 관련되는 각 회사의 주주의 부담이 가중되는 경우에는 제1항 및 제436조의 결의 외에 그 주주 전원의 동의가 있어야 한다.(2011.4.14 본항신설)

改前 ① 주식이전을 하고자 하는 회사는 다음 각호의 사항…
4. 완전자회사가 되는 회사의 "주주에 대하여 지급할 금액을 정한 때에는 그 규정"

第360條의17【주식이전계획서 등의 서류의 공시】 ① 이사는 제360조의16제1항의 규정에 의한 주주총회의 회일의 2주전부터 주식이전의 날 이후 6월을 경과하는 날까지 다음 각호의 서류를 본점에 비치하여야 한다.
1. 제360조의16제1항의 규정에 의한 주식이전계획서
2. 완전자회사가 되는 회사의 주주에 대한 주식의 배정에 관하여 그 이유를 기재한 서면
3. 제360조의16제1항의 주주총회의 회일전 6월 이내의 날에 작성한 완전자회사가 되는 회사의 최종 대차대조표 및 손익계산서

② 제1항의 서류에 관하여는 제391조의3제3항의 규정을 준용한다.

第360條의18【완전모회사의 자본금의 한도액】 설립하는 완전모회사의 자본금은 주식이전의 날에 완

전자회사가 되는 회사에 현존하는 순자산액에서 그 회사의 주주에게 제공할 금전 및 그 밖의 재산의 가액을 뺀 액을 초과하지 못한다.(2015.12.1 본조개정)

改前 第360條의18【완전모회사의 자본금의 한도액】설립하는… 그 회사의 주주에게 "지급할 금액"을 뺀 액을 초과하지…

第360條의19【주권의 실효절차】 ① 주식이전에 의하여 완전자회사가 되는 회사는 제360조의16제1항의 규정에 의한 결의를 한 때에는 다음 각호의 사항을 공고하고, 주주명부에 기재된 주주와 질권자에 대하여 따로 따로 그 통지를 하여야 한다.

1. 제360조의16제1항의 규정에 의한 결의를 한 뜻
2. 1월을 초과하여 정한 기간내에 주권을 회사에 제출하여야 한다는 뜻
3. 주식이전의 날에 주권이 무효가 된다는 뜻

② 제442조의 규정은 제360조의16제1항의 규정에 의한 결의를 한 경우에 이를 준용한다.(2014.5.20 본항개정)

改前 ② "제442조 및 제444조"의 규정은 제360조의16제1항의 규정에 의한 결의를 한 경우에 이를 준용한다.

第360條의20【주식이전에 의한 등기】 주식이전을 한 때에는 설립한 완전모회사의 본점의 소재지에서는 2주내에, 지점의 소재지에서는 3주내에 제317조제2항에서 정하는 사항을 등기하여야 한다.

第360條의21【주식이전의 효력발생시기】 주식이전은 이로 인하여 설립한 완전모회사가 그 본점소재지에서 제360조의20의 규정에 의한 등기를 함으로써 그 효력이 발생한다.

第360條의22【주식교환 규정의 준용】 제360조의5, 제360조의11 및 제360조의12의 규정은 주식이전의 경우에 이를 준용한다.

第360條의23【주식이전무효의 소】 ① 주식이전의 무효는 각 회사의 주주·이사·감사·감사위원회의 위원 또는 청산인에 한하여 주식이전의 날부터 6월내에 소만으로 이를 주장할 수 있다.

② 제1항의 소는 완전모회사가 되는 회사의 본점소재지의 지방법원의 관할에 전속한다.

③ 주식이전을 무효로 하는 판결이 확정된 때에는 완전모회사가 된 회사는 주식이전을 위하여 발행한 주식의 주주에 대하여 그가 소유하였던 완전자회사가 된 회사의 주식을 이전하여야 한다.

④ 제187조 내지 제193조 및 제377조의 규정은 제1항의 소에, 제339조 및 제340조제3항의 규정은 제3항의 경우에 각각 이를 준용한다.

第4款 지배주주에 의한 소수주식의 전부 취득 (2011.4.14 본관신설)

第360條의24【지배주주의 매도청구권】 ① 회사의 발행주식총수의 100분의 95 이상을 자기의 계산으로 보유하고 있는 주주(이하 이 관에서 "지배주주"라 한다)는 회사의 경영상 목적을 달성하기 위하여 필요한 경우에는 회사의 다른 주주(이하 이 관에서 "소수주주"라 한다)에게 그 보유하는 주식의 매도를 청구할 수 있다.

② 제1항의 보유주식의 수를 산정할 때에는 모회사와 자회사가 보유한 주식을 합산한다. 이 경우 회사가 아닌 주주가 발행주식총수의 100분의 50을 초과하는 주식을 가진 회사가 보유하는 주식도 그 주주가 보유하는 주식과 합산한다.

③ 제1항의 매도청구를 할 때에는 미리 주주총회의 승인을 받아야 한다.

④ 제3항의 주주총회의 소집을 통지할 때에는 다음 각 호에 관한 사항을 적어야 하고, 매도를 청구하는 지배주주는 주주총회에서 그 내용을 설명하여야 한다.

1. 지배주주의 회사 주식의 보유 현황
2. 매도청구의 목적
3. 매매가액의 산정 근거와 적정성에 관한 공인된 감정인의 평가
4. 매매가액의 지급보증

⑤ 지배주주는 매도청구의 날 1개월 전까지 다음 각 호의 사실을 공고하고, 주주명부에 적힌 주주와 질권자에게 따로 그 통지를 하여야 한다.

1. 소수주주는 매매가액의 수령과 동시에 주권을 지배주주에게 교부하여야 한다는 뜻
2. 교부하지 아니할 경우 매매가액을 수령하거나 지배주주가 매매가액을 공탁(供託)한 날에 주권은 무효가 된다는 뜻

⑥ 제1항의 매도청구를 받은 소수주주는 매도청구를 받은 날부터 2개월 내에 지배주주에게 그 주식을 매도하여야 한다.

⑦ 제6항의 경우 그 매매가액은 매도청구를 받은 소수주주와 매도를 청구한 지배주주 간의 협의로 결정한다.

⑧ 제1항의 매도청구를 받은 날부터 30일 내에 제7항의 매매가액에 대한 협의가 이루어지지 아니한 경우에는 매도청구를 받은 소수주주 또는 매도청구를 한 지배주주는 법원에 매매가액의 결정을 청구할 수 있다.

⑨ 법원이 제8항에 따라 주식의 매매가액을 결정하는 경우에는 회사의 재산상태와 그 밖의 사정을 고려하여 공정한 가액으로 산정하여야 한다.

第360條의25【소수주주의 매수청구권】 ① 지배주주가 있는 회사의 소수주주는 언제든지 지배주주에게 그 보유주식의 매수를 청구할 수 있다.

② 제1항의 매수청구를 받은 지배주주는 매수를 청구한 날을 기준으로 2개월 내에 매수를 청구한 주주로부터 그 주식을 매수하여야 한다.

③ 제2항의 경우 그 매매가액은 매수를 청구한 주주와 매수청구를 받은 지배주주 간의 협의로 결정한다.

④ 제2항의 매수청구를 받은 날부터 30일 내에 제3항의 매매가액에 대한 협의가 이루어지지 아니한 경우에는 매수청구를 받은 지배주주 또는 매수청구를 한 소수주주는 법원에 대하여 매매가액의 결정을 청구할 수 있다.

⑤ 법원이 제4항에 따라 주식의 매매가액을 결정하는 경우에는 회사의 재산상태와 그 밖의 사정을 고려하여 공정한 가액으로 산정하여야 한다.

第360條의26【주식의 이전 등】 ① 제360조의24와 제360조의25에 따라 주식을 취득하는 지배주주가 매매가액을 소수주주에게 지급한 때에 주식이 이전된 것으로 본다.

② 제1항의 매매가액을 지급할 소수주주를 알 수 없거나 소수주주가 수령을 거부할 경우에는 지배주주는 그 가액을 공탁할 수 있다. 이 경우 주식은 공탁한 날에 지배주주에게 이전된 것으로 본다.

第3節 會社의 機關

第1款 株主總會

第361條【總會의 權限】 株主總會는 本法 또는 定款에 정하는 事項에 한하여 決議할 수 있다.

참조 [정기총회]365①②, [임시총회]365③, [본법에 정하는 결의사항]366③·367·374·375·382①·385①·388·394②·397·415·433①·434·438①·439①·449①·517·518·522①③·542

판례 소유와 경영의 분리를 원칙으로 하는 주식회사에서 주주는 주주총회 결의를 통하여 회사 경영을 담당할 이사의 선임과 해임 및 회사의 합병, 분할, 영업양도 등 법률과 정관이 정한 회사의 기초 내지는 영업조직에 중대한 변화를 초래하는 사항에 관한 의사결정을 하기 때문에, 이사가 주주의 의결권행사를 불가능하게 하거나 현저히 곤란하게 하는 것은 주식회사 제도의 본질적 기능을 해하는 것으로서 허용되지 아니하고, 그러한 것을 내용으로 하는 이사회결의는 무효로 보아야 한다.
(대판 2011.6.24, 2009다35033)

第362條【召集의 決定】 總會의 召集은 本法에 다른 規定이 있는 경우외에는 理事會가 이를 決定한다.

참조 [이사회의 결의]391①, [다른 소집권자]366②·467③·542②, [청산의 경우에의 준용]542②, [소집의 사유]365·467③·533①·542, [벌칙]635①, [유한회사의 사원총회]571-578, [상호회사에의 준용]보험59·73

판례 부적법한 소집권자에 의해 소집된 주주총회결의의 효력 : 제1 주주총회결의가 부존재로 된 이상 이에 기하여 대표이사로 선임된 자들은 적법한 주주총회의 소집권자가 될 수 없어 그들에 의하여 소집된 주주총회에서 이루어진 제2 주주총회결의 역시 법률상 결의부존재라고 볼 것이다.
(대판 1993.10.12, 92다28235,28242)

일판 소집권자가 소집절차를 소홀히 한 경우라도 주주전원이 개최에 동의하여 출석한 전원출석 총회에서 총회의 권한에 속하는 사항에 대하여 결의가 있은 때에 그 결의는 유효하다. 주주의 대리인이 출석한 경우라도 주주가 회의의 목적인 사항을 양지하고 위임장을 작성하고 또 결의가 회의의 목적인 범위에 있는 한 그 결의는 유효하다.(日·最高 1985.12.20)

第363條【소집의 통지】 ① 주주총회를 소집할 때에는 주주총회일의 2주 전에 각 주주에게 서면으로 통지를 발송하거나 각 주주의 동의를 받아 전자문서로 통지를 발송하여야 한다. 다만, 그 통지가 주주명부상 주주의 주소에 계속 3년간 도달하지 아니한 경우에는 회사는 해당 주주에게 총회의 소집을 통지하지 아니할 수 있다.

② 제1항의 통지서에는 회의의 목적사항을 적어야 한다.

③ 제1항에도 불구하고 자본금 총액이 10억원 미만인 회사가 주주총회를 소집하는 경우에는 주주총회일의 10일 전에 각 주주에게 서면으로 통지를 발송하거나 각 주주의 동의를 받아 전자문서로 통지를 발송할 수 있다.(2014.5.20 본항개정)

④ 자본금 총액이 10억원 미만인 회사는 주주 전원의 동의가 있을 경우에는 소집절차 없이 주주총회를 개최할 수 있고, 서면에 의한 결의로써 주주총회의 결의를 갈음할 수 있다. 결의의 목적사항에 대하여 주주 전원이 서면으로 동의를 한 때에는 서면에 의한 결의가 있는 것으로 본다.

⑤ 제4항의 서면에 의한 결의는 주주총회의 결의와 같은 효력이 있다.(2014.5.20 본항개정)

⑥ 서면에 의한 결의에 대하여는 주주총회에 관한 규정을 준용한다.

⑦ 제1항부터 제4항까지의 규정은 의결권 없는 주주에게는 적용하지 아니한다. 다만, 제1항의 통지서에 적은 회의의 목적사항에 제360조의5, 제360조의22, 제374조의2, 제522조의3 또는 제530조의11에 따라 반대주주의 주식매수청구권이 인정되는 사항이 포함된 경우에는 그러하지 아니하다.(2015.12.1 단서신설)
(2014.5.20 본조제목개정)
(2009.5.28 본조개정)

改前 第363條【"소집의 통지, 공고"】① 주주총회를 소집…
③ "회사가 무기명식 주권을 발행한 경우에는 주주총회일의 3주 전에 총회를 소집하는 뜻과 회의의 목적사항을 공고하여야 한다."
"④ 제1항 및 제3항"에도 불구하고 자본금 총액이 10억원 … 전자문서로 통지를 발송할 "수 있고, 무기명식의 주권을 발행한 경우에는 주주총회일의 2주 전에 주주총회를 소집하는 뜻과 회의의 목적사항을 공고할 수 있다."
"⑤" 자본금 총액이…
"⑥ 제4항"의 서면에 의한 결의는…
"⑦" 서면에 의한 결의에 대하여는…
"⑧" 제1항부터 "제4항"까지의 규정은…

참조 민71, [소집절차의 생략]372, [창립총회에의 준용]308②, [사채권자집회에의 준용]510①, 담보부사채44, [본조위반의 효과]376①, [벌칙]635①, [유한회사의 경우]571·573, ①[통지선]353, ①②[상호회사총회에의 준용]보험26·39·59·65·154, 자본시장금융투자업190, ②[통지·공고의 기재사항]316②·433②·522②, ④[의결권 없는 주주]369②, [정족수의 계산]371

판례 주식회사에 있어서 총 주식을 한 사람이 소유한 이른바 1인 회사의 경우 그 주주가 유일한 주주로서 주주총회에 출석하면 전원 총회로서 성립하고 그 주주의 의사대로 결의가 될 것임이 명백하므로 따로 총회소집절차가 필요 없으며, 실제로 총회를 개최한 사실이 없었다 하더라도 그 1인 주주에 의하여 의결이 있었던 것으로 주주총회 의사록이 작성되었다면 특별한 사정이 없는 한 그 내용의 결의가 있었던 것으로 볼 수 있고, 이 점은 한 사람이 다른 사람의 명의를 빌려 주주로 등재하였으나 총 주식을 실질적으로 그 한 사람이 모두 소유한 경우에도 마찬가지라고 할 수 있으나, 이와 달리 주식의 소유가 실질적으로 분산되어 있는 경우에는 상법상의 원칙으로 돌아가 실제의 소집절차와 결의절차를 거치지 아니한 채 주주총회의 결의가 있었던 것처럼 주주총회 의사록을 허위로 작성한 것이라면 설사 1인이 총 주식의 대다수를 가지고 있고 그 지배주주에 의하여 의결이 있었던 것으로 주주총회 의사록이 작성되어 있다 하더라도 도저히 그 결의가 존재한다고 볼 수 없을 정도로 중대한 하자가 있는 때에 해당하여 그 주주총회의 결의는 부존재하다고 보아야 한다.(대판 2007.2.22, 2005다73020)

第363條의2【株主提案權】 ① 議決權없는 株式을 제외한 發行株式總數의 100分의 3 이상에 해당하는 株式을 가진 株主는 이사에게 주주총회일(정기주주총회의 경우 직전 연도의 정기주주총회일에 해당하는 그 해의 해당일. 이하 이 조에서 같다)의 6주 전에 서면 또는 전자문서로 일정한 사항을 株主總會의 目的事項으로 할 것을 提案(이하 '株主提案'이라 한다)할 수 있다.

② 第1項의 株主는 이사에게 주주총회일의 6주 전에 서면 또는 전자문서로 會議의 目的으로 할 사항에 추가하여 당해 株主가 제출하는 議案의 要領을 第363條에서 정하는 통지에 기재할 것을 請求할 수 있다.(2014.5.20 본항개정)

③ 理事는 第1項에 의한 株主提案이 있는 경우에는 이를 理事會에 報告하고, 理事會는 株主提案의 내용이 법령 또는 정관을 위반하는 경우와 그 밖에 대통령령으로 정하는 경우를 제외하고는 이를 株主總會의 目的事項으로 하여야 한다. 이 경우 株主提案을 한 者의 請求가 있는 때에는 株主總會에서 당해 議案을 설명할 기회를 주어야 한다.
(2009.1.30 본조개정)

改前 ② …第363條에서 정하는 "통지와 公告"에 기재…

第364條【召集地】 總會는 定款에 다른 정함이 없으면 本店所在地 또는 이에 隣接한 地에 召集하여야 한다.

참조 [본점의 소재지]289①, [본조의 위반]376①, [벌칙]635①, [창립총회에의 준용]308②, [상호회사에의 준용]보험39·59·65·154

일판 주주총회개최의 장소를 변경함에는 정당한 이유가 있고 또 그 변경에 상당한 주지방법을 강구할 수 있는 때에는 소집통지기재의 장소를 변경할 수 있다.(日·廣島高 1961.3.20)

第365條【總會의 召集】 ① 定期總會는 每年 1回 一定한 時期에 이를 召集하여야 한다.

② 年 2回이상의 決算期를 정한 會社는 每期에 總會를 召集하여야 한다.

③ 臨時總會는 필요있는 경우에 隨時 이를 召集한다.
참조 민69, [정기총회와 재무제표의 승인]449, [벌칙]635①, [유한회사에의 준용]578, [상호회사에의 준용]보험59, ②[결산기]30②

第366條【少數株主에 의한 召集請求】 ① 발행주식총수의 100분의 3 이상에 해당하는 주식을 가진 주주는 회의의 목적사항과 소집의 이유를 적은 서면 또는 전자문서를 이사회에 제출하여 임시총회의 소집을 청구할 수 있다.(2009.5.28 본항개정)
② 제1항의 청구가 있은 후 지체 없이 총회소집의 절차를 밟지 아니한 때에는 청구한 주주는 법원의 허가를 받아 총회를 소집할 수 있다. 이 경우 주주총회의 의장은 법원이 이해관계인의 청구나 직권으로 선임할 수 있다.(2011.4.14 본항개정)
③ 第1項 및 第2項의 規定에 의한 總會는 會社의 業務와 財産狀態를 調査하게 하기 위하여 檢査人을 選任할 수 있다.
(1998.12.28 본조개정)
改前 "② 第1項의 請求가 있은 後 遲滯없이 總會召集의 節次를 밟지 아니한 때에는 請求한 株主는 法院의 許可를 얻어 總會를 召集할 수 있다."
참조 민70②, ②[허가신청]비송72 · 80 · 81, [소집통지]363, ②③[유한회사에의 준용]572③, [상호회사에의 준용]보험56
판례 소수주주의 신청에 의해 임시주주총회의 소집을 허가한 결정에 대한 불복 방법 : 상법 366조 2항의 규정에 의한 소수주주의 신청에 의하여 법원이 비송사건절차법 145조 1항의 규정에 의하여 임시주주총회의 소집을 허가한 결정에 대하여는 같은 조 2항에 의하여 불복의 신청을 할 수 없고 민사소송법 420조 소정의 특별항고가 허용된다.(대결 1991.4.30, 90마672)

第366條의2【總會의 秩序維持】 ① 總會의 議長은 定款에서 정함이 없는 때에는 總會에서 選任한다.
② 總會의 議長은 總會의 秩序를 유지하고 議事를 整理한다.
③ 總會의 議長은 故意로 議事進行을 방해하기 위한 發言 · 행동을 하는 등 현저히 秩序를 문란하게 하는 者에 대하여 그 發言의 정지 또는 退場을 명할 수 있다.
(1999.12.31 본조신설)

第367條【검사인의 선임】 ① 총회는 이사가 제출한 서류와 감사의 보고서를 조사하게 하기 위하여 검사인(檢査人)을 선임할 수 있다.
② 회사 또는 발행주식총수의 100분의 1 이상에 해당하는 주식을 가진 주주는 총회의 소집절차나 결의방법의 적법성을 조사하기 위하여 총회 전에 법원에 검사인의 선임을 청구할 수 있다.
(2011.4.14 본조개정)
改前 "第367條【檢査人의 選任】 總會는 理事가 提出한 書類와 監事의 報告書를 調査하게 하기 위하여 檢査人을 選任할 수 있다."
참조 [재무제표 · 보고서]448 · 449, [벌칙]635①, [유한회사에의 준용]578 · 613②, [상호회사에의 준용]보험26 · 59 · 73

第368條【總會의 決議方法과 議決權의 행사】 ① 總會의 決議는 이 法 또는 定款에 다른 정함이 있는 경우를 제외하고는 출석한 株主의 議決權의 過半數와 發行株式總數의 4分의 1이상의 數로써 하여야 한다.(1995.12.29 본항개정)
② 株主는 代理人으로 하여금 그 議決權을 行使하게 할 수 있다. 이 경우에는 그 代理人은 代理權을 證明하는 書面을 總會에 提出하여야 한다.
③ 總會의 決議에 관하여 特別한 利害關係가 있는 者는 議決權을 行使하지 못한다.
(1995.12.29 본조제목개정)
改前 ② "無記名式의 株券을 가진 者는 會日의 1週間전에 그 株券을 會社에 供託하여야 한다."
"③" 株主는 代理人으로 하여금…
"④" 總會의 決議에 관하여 特別한…
참조 [본조의 위반]376, ①[다른 정함]309 · 374 · 375 · 434 · 519 · 522③, [출석한 주주]371②, [공유주식과 의결권행사]333②, [의결권]369, 민73, [주주총회와 증수뢰죄]631①②, ②[창립총회에의 준용]308②, [상호회사의 창립총회에의 준용]보험39 · 59 · 65 · 154, ③[특별이해관계인의 의결권]371② · 381, ②③[유한회사에의 준용]578, ③[의결권 없는 주주의 주식의 제외]371②, 보험26 · 39 · 59 · 65 · 154, [사채권자 집회에의 준용]담보부사채45②
판례 주주의 의결권 행사를 위한 대리인 선임의 한계 : 주주의 자유로운 의결권 행사를 보장하기 위하여 주주가 의결권의 행사를 대리인에게 위임하는 것이 보장되어야 한다고 하더라도 주주의 의결권 행사를 위한 대리인 선임이 무제한적으로 허용되는 것은 아니고, 그 의결권의 대리행사로 말미암아 주주총회의 개최가 부당하게 저해되거나 혹은 회사의 이익이 부당하게 침해될 염려가 있는 등의 특별한 사정이 있는 경우에는 회사가 이를 거절할 수 있다.(대판 2009.4.23, 2005다22701,22718)

第368條의2【議決權의 不統一行使】 ① 株主가 2 이상의 議決權을 가지고 있는 때에는 이를 統一하지 아니하고 行使할 수 있다. 이 경우 주주총회일의 3日전에 會社에 대하여 서면 또는 전자문서로 그 뜻과 이유를 통지하여야 한다.(2009.5.28 후단개정)
② 株主가 株式의 信託을 引受하였거나 기타 他人을 위하여 株式을 가지고 있는 경우외에는 會社는 株主의 議決權의 不統一行使를 拒否할 수 있다.
(1984.4.10 본조신설)
改前 ① 株主가 2 이상의 議決權을 가지고 있는 때에는 이를 統一하지 아니하고 行使할 수 있다. 이 경우 "會日의" 3日전에 會社에 대하여 "書面으로" 그 뜻과 이유를 통지하여야 한다.
참조 [의결권]369
판례 법정 요건을 갖추지 못한 의결권 불통일행사를 위한 주주의 의결권 대리행사의 위임을 회사가 거절할 수 있는지 여부 : 주주가 자신이 가진 복수의 의결권을 불통일행사하기 위하여는 회일의 3일 전에 회사에 대하여 서면으로 그 뜻과 이유를 통지하여야 할 뿐만 아니라, 회사는 주주가 주식의 신탁을 인수하였거나 기타 타인을 위하여 주식을 가지고 있는 경우 외에는 주주의 의결권 불통일행사를 거부할 수 있는 것이므로, 주주가 위와 같은 요건을 갖추지 못한 채 의결권 불통일행사를 위하여 수인의 대리인을 선임하고자 하는 경우에는 회사는 역시 이를 거절할 수 있다.(대판 2001.9.7, 2001도2917)

第368條의3【書面에 의한 議決權의 행사】 ① 株主는 定款이 정한 바에 따라 總會에 출석하지 아니하고 書面에 의하여 議決權을 행사할 수 있다.
② 會社는 總會의 召集通知書에 株主가 第1項의 規定에 의한 議決權을 행사하는데 필요한 書面과 參考資料를 첨부하여야 한다.
(1999.12.31 본조신설)

第368條의4【전자적 방법에 의한 의결권의 행사】 ① 회사는 이사회의 결의로 주주가 총회에 출석하지 아니하고 전자적 방법으로 의결권을 행사할 수 있음을 정할 수 있다.
② 회사는 제363조에 따라 소집통지를 할 때에는 주주가 제1항에 따른 방법으로 의결권을 행사할 수 있다는 내용을 통지하여야 한다.(2014.5.20 본항개정)
③ 회사가 제1항에 따라 전자적 방법에 의한 의결권행사를 정한 경우에 주주는 주주 확인절차 등 대통령령으로 정하는 바에 따라 의결권을 행사하여야 한다. 이 경우 회사는 의결권행사에 필요한 양식과 참고자료를 주주에게 전자적 방법으로 제공하여야 한다.
④ 동일한 주식에 관하여 제1항 또는 제368조의3제1항에 따라 의결권을 행사하는 경우 전자적 방법 또는 서면 중 어느 하나의 방법을 선택하여야 한다.
⑤ 회사는 의결권행사에 관한 전자적 기록을 총회가 끝난 날부터 3개월간 본점에 갖추어 두어 열람하게 하고 총회가 끝난 날부터 5년간 보존하여야 한다.
⑥ 주주 확인절차 등 전자적 방법에 의한 의결권행사의 절차와 그 밖에 필요한 사항은 대통령령으로 정한다.
(2009.5.28 본조신설)
改前 ② 회사는 제363조에 따라 "소집통지나 공고"를 할 때에는 … 행사할 수 있다는 내용을 "통지하거나 공고하여야" 한다.

第369條【議決權】 ① 議決權은 1株마다 1個로 한다.
② 會社가 가진 自己株式은 議決權이 없다.
③ 會社, 母會社 및 子會社 또는 子會社가 다른 會社의 發行株式의 總數의 10分의 1을 초과하는 株式을 가지고 있는 경우 그 다른 會社가 가지고 있는 會社 또는 母會社의 株式은 議決權이 없다.(1984.4.10 본항신설)
참조 ①[1인1표주의]575 · 578, 민73, [창립총회에의 준용]308②, [정족수의 계산]371②, [공유주식과 의결권행사]333②, ②[자기주식]341, [사채권자집회에의 준용]510①, ③[주식의 총수]289
판례 회사가 직원들을 유상증자에 참여시키면서 퇴직시 출자 손실금을 전액 보전해 주기로 약정한 것이 주주평등의 원칙에 위배되어 무효인지 여부 및 위 손실보전약정이 무효라는 이유로 신주인수계약까지 무효가 되는지 여부 : 회사가 직원들을 유상증자에 참여시키면서 퇴직시 출자 손실금을 전액 보전해 주기로 약정한 경우, 그러한 내용의 '손실보전합의 및 퇴직금 특례지급기준'은 유상증자에 참여하여 주주의 지위를 갖게 될 회사의 직원들에게 퇴직시 그 출자 손실금을 전액 보전해 주는 것을 내용으로 하고 있어서 회사가 주주에 대하여 투하자본의 회수를 절대적으로 보장하는 셈이 되고 다른 주주들에게 인정되지 않는 우월한 권리를 부여하는 것으로서 주주평등의 원칙에 위반되어 무효이다. 직원들의 신주인수의 동기가 된 위 손실보전약정이 주주평등의 원칙에 위배되어 무효라는 이유로 신주인수까지 무효로 보아 신주인수인들로 하여금 그 주식인수대금을 부당이득으로서 반환받을 수 있도록 한다면 이는 사실상 다른 주주들과는 달리 그들에게만 투하자본의 회수를 보장하는 결과가 되어 오히려 강행규정인 주주평등의 원칙에 반하는 결과를 초래하게 될 것이므로, 위 신주인수계약까지 무효라고 보아서는 아니된다.(대판 2007.6.28, 2006다38161,38178)

第370條 (2011.4.14 삭제)
改前 "第370條【議決權없는 株式】 ① 會社가 數種의 株式을 發行하는 경우에는 定款으로 利益配當에 관한 優先的 內容이 있는 種類의 株式에 대하여 株主에게 議決權없는 것으로 할 수 있다. 그러나 그 株主는 定款에 定한 優先的 配當을 받지 아니한다는 決議가 있는 總會의 다음 總會부터 그 優先的 配當을 받는다는 決議가 있는 總會의 終了時까지에는 議決權이 있다. ② 前項의 議決權없는 株式의 總數는 發行株式의 總數의 4分의 1을 超過하지 못한다."

第371條【정족수, 의결권수의 계산】 ① 총회의 결의에 관하여는 제344조의3제1항과 제369조제2항 및 제3항의 의결권 없는 주식의 수는 발행주식총수에 산입하지 아니한다.
② 총회의 결의에 관하여는 제368조제3항에 따라 행사할 수 없는 주식의 의결권 수와 제409조제2항 및 제542조의12제4항에 따라 그 비율을 초과하는 주식으로서 행사할 수 없는 주식의 의결권 수는 출석한 주주의 의결권의 수에 산입하지 아니한다.
(2020.12.29 본항개정)
(2011.4.14 본조개정)
改前 ② 총회의 결의에 관하여는 제368조제3항에 따라 행사할 수 없는 주식의 의결권 수와 "제409조제2항 · 제3항 및 제542조의12제3항 · 제4항"에 따라 그 비율을 초과하는 주식으로서…
참조 [의결권 없는 주주]369②, [창립총회에의 준용]308②, [유한회사에의 준용]578, [상호회사에의 준용]보험26 · 39 · 59 · 65 · 154
판례 이해관계 있는 이사의 정족수 계산 : 이해관계 있는 이사는 이사회에서 의결권을 행사할 수는 없으나, 의사정족수 산정의 기초가 되는 이사의 수에는 포함되고, 다만 결의성립에 필요한 출석이사에는 산입되지 아니한다.
(대판 1991.5.28, 90다20084)

第372條【總會의 延期, 續行의 決議】 ① 總會에서는 會議의 續行 또는 延期의 決議를 할 수 있다.
② 前項의 경우에는 第363條의 規定을 適用하지 아니한다.
참조 [창립총회에의 준용]308②, [사채권자집회에의 준용]510①, [유한회사에의 준용]578, [상호회사에의 준용]보험26 · 39 · 59 · 65 · 154

第373條【總會의 議事錄】 ① 總會의 議事에는 議事錄을 作成하여야 한다.
② 議事錄에는 議事의 經過要領과 그 結果를 記載하고 議長과 出席한 理事가 記名捺印 또는 署名하여야 한다.(1995.12.29 본항개정)
참조 [비치의무]396①, [벌칙]635①, [창립총회에의 준용]308②, [사채권자집회에의 준용]510①, [청산회사에의 준용]542②, [유한회사에의 준용]578, [상호회사에의 준용]보험26 · 39 · 59 · 65 · 73 · 154

第374條【營業讓渡, 讓受, 賃貸등】 ① 회사가 다음 각 호의 어느 하나에 해당하는 행위를 할 때에는 제434조에 따른 결의가 있어야 한다.
1. 영업의 전부 또는 중요한 일부의 양도
2. 영업 전부의 임대 또는 경영위임, 타인과 영업의 손익 전부를 같이 하는 계약, 그 밖에 이에 준하는 계약의 체결 · 변경 또는 해약
3. 회사의 영업에 중대한 영향을 미치는 다른 회사의 영업 전부 또는 일부의 양수

(2011.4.14 본항개정)
② 第1項의 행위에 관한 株主總會의 召集의 통지를 하는 때에는 第374條의2第1項 및 第2項의 規定에 의한 株式買受請求權의 내용 및 행사방법을 명시하여야 한다.(2014.5.20 본항개정)
改前 ② …株主總會의 召集의 "통지 또는 公告"를 하는 때…
참조 [이해관계자의 의결권 제한]368④, [상장법인의 영업양도의 경우]자본시장금융투자업408, [특례]자본시장금융투자업165의5
판례 주주총회의 특별결의가 있어야 하는 상법 제374조제1항제1호 소정의 '영업의 전부 또는 중요한 일부의 양도'라 함은 일정한 영업목적을 위하여 조직되고 유기적 일체로 기능하는 재산의 전부 또는 중요한 일부를 총체적으로 양도하는 것을 의미하는 것으로서, 이에는 양수 회사에 의한 양도 회사의 영업적 활동의 전부 또는 중요한 일부분의 승계가 수반되어야 하는 것이므로 단순한 영업용 재산의 양도는 이에 해당하지 않는다. 나아가 주식회사가 사업목적으로 삼는 영업 중 일부를 양도하는 경우 상법 제374조제1항제1호 소정의 '영업의 중요한 일부의 양도'에 해당하는지는 양도대상 영업의 자산, 매출액, 수익 등이 전체 영업에서 차지하는 비중, 일부 영업의 양도가 장차 회사의 영업규모, 수익성 등에 미치는 영향 등을 종합적으로 고려하여 판단하여야 한다.(대판 2014.10.15, 2013다38633)
판례 주주총회의 특별결의를 요하는 상법 374조 1항 1호의 '영업의 전부 또는 중요한 일부의 양도'의 의미 : 주주총회의 특별결의가 있어야 하는 상법 제374조제1항제1호 소정의 '영업의 전부 또는 중요한 일부의 양도'라 함은 일정한 영업목적을 위하여 조직되고 유기적 일체로 기능하는 재산의 전부 또는 중요한 일부를 총체적으로 양도하는 것을 의미하는 것으로서, 이에는 양수 회사에 의한 양도 회사의 영업적 활동의 전부 또는 중요한 일부분의 승계가 수반되어야 하는 것이므로 단순한 영업용 재산의 양도는 이에 해당하지 않으나, 다만 영업용 재산의 처분으로 말미암아 회사 영업의 전부 또는 일부를 양도하거나 폐지하는 것과 같은 결과를 가져오는 경우에는 주주총회의 특별결의가 필요하다. 당해 특허권을 이용한 공사의 수주를 회사의 주된 사업으로 하고, 위 특허권이 회사의 자산에서 대부분의 비중을 차지하는 경우, 위 특허권의 양도는 회사 영업의 전부 또는 일부를 양도하거나 폐지하는 것과 같은 결과를 가져오는 것이므로 특허권의 양도에는 주주총회의 특별결의가 필요하다.
(대판 2004.7.8, 2004다13717)

第374條의2【반대주주의 주식매수청구권】 ① 제374조에 따른 결의사항에 반대하는 주주(의결권이 없거나 제한되는 주주를 포함한다. 이하 이 조에서 같다)는 주주총회 전에 회사에 대하여 서면으로 그 결의에 반대하는 의사를 통지한 경우에는 그 총회의 결의일부터 20일 이내에 주식의 종류와 수를 기재한 서면으로 회사에 대하여 자기가 소유하고 있는 주식의 매수를 청구할 수 있다.(2015.12.1 본항개정)
② 제1항의 청구를 받으면 해당 회사는 같은 항의 매수 청구 기간(이하 이 조에서 "매수청구기간"이라 한다)이 종료하는 날부터 2개월 이내에 그 주식을 매수하여야 한다.(2015.12.1 본항개정)

③ 第2項의 規定에 의한 株式의 買受價額은 株主와 會社間의 協議에 의하여 決定한다.(2001.7.24 단서삭제)

④ 매수청구기간이 종료하는 날부터 30일 이내에 제3항의 규정에 의한 협의가 이루어지지 아니한 경우에는 회사 또는 주식의 매수를 청구한 주주는 법원에 대하여 매수가액의 결정을 청구할 수 있다.
(2015.12.1 본항개정)

⑤ 법원이 제4항의 규정에 의하여 주식의 매수가액을 결정하는 경우에는 회사의 재산상태 그 밖의 사정을 참작하여 공정한 가액으로 이를 산정하여야 한다.(2001.7.24 본항신설)
(2015.12.1 본조제목개정)

改前 第374條의2【"反對株主의 株式買受請求權"】"① 第374條의 規定에 의한 決議事項에 반대하는 株主는 株主總會전에 會社에 대하여 書面으로 그 決議에 反對하는 의사를 통지한 경우에는 그 總會의 決議日부터 20日내에 株式의 종류와 數를 기재한 書面으로 會社에 대하여 자기가 所有하고 있는 株式의 買受를 請求할 수 있다."
"② 會社는 第1項의 請求를 받은 날부터 2月이내에 그 株式을 買受하여야 한다."
④ "제1항의 청구를 받은" 날부터 30일 이내에 제3항의 규정…

참조 [관할]비송72

第374條의3【간이영업양도, 양수, 임대 등】 ① 제374조제1항 각 호의 어느 하나에 해당하는 행위를 하는 회사의 총주주의 동의가 있거나 그 회사의 발행주식총수의 100분의 90 이상을 해당 행위의 상대방이 소유하고 있는 경우에는 그 회사의 주주총회의 승인은 이를 이사회의 승인으로 갈음할 수 있다.

② 제1항의 경우에 회사는 영업양도, 양수, 임대 등의 계약서 작성일부터 2주 이내에 주주총회의 승인을 받지 아니하고 영업양도, 양수, 임대 등을 한다는 뜻을 공고하거나 주주에게 통지하여야 한다. 다만, 총주주의 동의가 있는 경우에는 그러하지 아니하다.

③ 제2항의 공고 또는 통지를 한 날부터 2주 이내에 회사에 대하여 서면으로 영업양도, 양수, 임대 등에 반대하는 의사를 통지한 주주는 그 기간이 경과한 날부터 20일 이내에 주식의 종류와 수를 기재한 서면으로 회사에 대하여 자기가 소유하고 있는 주식의 매수를 청구할 수 있다. 이 경우 제374조의2제2항부터 제5항까지의 규정을 준용한다.
(2015.12.1 본조신설)

第375條【사후설립】 회사가 그 성립 후 2년 내에 그 성립 전부터 존재하는 재산으로서 영업을 위하여 계속하여 사용하여야 할 것을 자본금의 100분의 5 이상에 해당하는 대가로 취득하는 계약을 하는 경우에는 제374조를 준용한다.(2011.4.14 본조개정)

改前 "第375條【事後設立】第374條의 規定은 會社가 그 成立後 2年내에 그 成立前부터 存在하는 財産으로서 營業을 위하여 繼續하여 使用하여야 할 것을 資本의 100分의 5이상에 該當하는 對價로 取得하는 契約을 하는 경우에 이를 準用한다.
(1998.12.28 본조개정)"

참조 [자본]289①·329①, [유한회사의 경우]576②, [상호회사에의 준용]보험59

판례 사후설립의 하자를 주주총회 특별결의로 치유할 수 있는지 여부 : 현물출자를 위한 약정은 그대로 상법 290조 3호가 규정하는 재산인수에 해당한다고 할 것이어서 정관에 기재되지 아니하는 한 무효라고 할 것이나, 위와 같은 방법에 의한 현물출자가 동시에 상법 375조가 규정하는 사후설립에 해당하고 이에 대하여 주주총회의 특별결의에 의한 추인이 있었다면 회사는 유효하게 위 현물출자로 인한 부동산의 소유권을 취득한다.
(대판 1992.9.14, 91다33087)

第376條【決議取消의 訴】 ① 總會의 召集節次 또는 決議方法이 法令 또는 定款에 違反하거나 현저하게 불공정한 때 또는 그 決議의 내용이 定款에 위반한 때에는 株主·理事 또는 監事는 決議의 날로부터 2月내에 決議取消의 訴를 提起할 수 있다.

② 第186條 내지 第188條, 第190條 本文과 第191條의 規定은 第1項의 訴에 準用한다.
(1995.12.29 본조개정)

참조 [소]377·378, [결의무효확인의 소]380, [특별한 경우의 결의취소·변경의소]381, [창립총회에의 준용]308②, [유한회사에의 준용]578·613②, [상호회사에의 준용]보험26·39·59·65·73·154, ①[소집의 절차]362-366, [결의방법]368-371·434·542②, [임원선임결의 취소의 소와 직무집행정지·대행자선임]407·415·542②, [벌칙]631①

판례 이사 선임의 주주총회 결의에 대한 취소판결이 확정된 경우, 그 결의로 선임된 이사들에 의해 선정된 대표이사가 취소판결이 확정되기 전에 한 행위의 효력(무효) : 이사 선임의 주주총회 결의에 대한 취소판결이 확정된 경우 그 결의에 의하여 이사로 선임된 이사들에 의하여 구성된 이사회에서 선정된 대표이사는 소급하여 그 자격을 상실하고, 그 대표이사가 이사 선임의 주주총회 결의에 대한 취소판결이 확정되기 전에 한 행위는 대표권이 없는 자가 한 행위로서 무효가 된다(대판 2004.2.27, 2002다19797 참조).(대판 2013.2.28, 2012다74298)

판례 주주총회결의 취소의 소의 원고적격 : 주주는 다른 주주에 대한 소집절차의 하자를 이유로 주주총회결의 취소의 소를 제기할 수도 있다.(대판 2003.7.11, 2001다45584)

판례 주주총회가 소집권자에 의하여 소집되어 개최된 이상 정족수에 미달한 결의가 이루어졌다고 하더라도 그와 같은 하자는 결의취소의 사유에 불과하고, 무효 또는 부존재한 결의라고 할 수 없다.(대판 1996.12.23, 96다32768,32775,32782)

第377條【提訴株主의 擔保提供義務】 ① 株主가 決議取消의 訴를 提起한 때에는 法院은 會社의 請求에 의하여 相當한 擔保를 提供할 것을 命할 수 있다. 그러나 그 株主가 理事 또는 監事인 때에는 그러하지 아니하다.

② 第176條第4項의 規定은 第1項의 請求에 準用한다.
(1984.4.10 본조개정)

참조 [담보공여절차]민소120-127, [주주의 손해배상의무]191·376②, [회사법상의 소와 담보의 제공]176③·237·380·381②·446·530②, [창립총회에의 준용]308②, [유한회사에의 준용]578·613②, [상호회사에의 준용]보험26·39·59·65·154

第378條【決議取消의 登記】 決議한 事項이 登記된 경우에 決議取消의 判決이 確定된 때에는 本店과 支店의 所在地에서 登記하여야 한다.

참조 [본점과 지점의 소재지]289①, [등기절차]상업등기법22이하, [창립총회에의 준용]308②, [유한회사에의 준용]578, [상호회사에의 준용]보험26·39·59·65·154

第379條【法院의 裁量에 의한 請求棄却】 決議取消의 訴가 提起된 경우에 決議의 內容, 會社의 現況과 諸般事情을 參酌하여 그 取消가 不適當하다고 認定한 때에는 法院은 그 請求를 棄却할 수 있다.

참조 [결의취소원인]376, [상호회사에의 준용]보험26·39·59·65·154

판례 결의 절차에 하자가 있는 경우에 결의를 취소하여도 회사나 주주에게 아무런 효력을 미치지 않는다면, 결의를 취소함으로써 회사에 손해를 끼치거나 거래의 안전을 해치는 것을 막고 결의취소의 소의 남용을 방지하려는 데 동규정의 취지가 있는 바, 위와 같은 사정이 인정되는 경우에는 당사자의 주장이 없더라도 법원이 직권·재량으로 취소청구를 기각할 수 있다.
(대판 2003.7.11, 2001다45584)

第380條【決議無效 및 不存在確認의 訴】 第186條 내지 第188條, 第190條 本文, 第191條, 第377條와 第378條의 規定은 總會의 決議의 內容이 法令에 위반한 것을 理由로 하여 決議無效의 확인을 請求하는 訴와 總會의 召集節次 또는 決議方法에 總會決議가 存在한다고 볼 수 없을 정도의 중대한 瑕疵가 있는 것을 이유로 하여 決議不存在의 확인을 請求하는 訴에 이를 準用한다.(1995.12.29 본조개정)

참조 [벌칙]631①②, [창립총회에의 준용]308②, [유한회사에의 준용]578, [상호회사에의 준용]보험26·39·59·65·154

판례 회사가 종류주주총회의 개최를 명시적으로 거부하고 있는 경우 그 정관변경의 효력을 다투는 방법 : 정관변경결의의 내용에 다툼이 있는 관계로 해당 종류의 주주가 회사를 상대로 일반 민사소송상의 확인의 소를 제기함에 있어서는 정관변경에 필요한 특별요건이 구비되지 않았음을 이유로 하여 정면으로 그 정관변경이 무효라는 확인을 구하면 족한 것이지 그 정관변경을 내용으로 하는 주주총회결의 자체가 아직 효력을 발생하지 않고 있는 상태(이른바 불발효 상태)라는 관념을 애써 만들어서 그 주주총회결의가 그러한 '불발효 상태'에 있다는 것의 확인을 구할 필요는 없다.(대판 2006.1.27, 2004다44575,44582)

第381條【不當決議의 取消, 變更의 訴】 ① 株主가 제368조제3항의 規定에 의하여 議決權을 行使할 수 없었던 경우에 決議가 현저하게 不當하고 그 株主가 議決權을 行使하였더라면 이를 沮止할 수 있었을 때에는 그 株主는 그 決議의 날로부터 2月내에 決議의 取消의 訴 또는 變更의 訴를 提起할 수 있다.
(2014.5.20 본항개정)

② 第186條 내지 第188條, 第190條 本文, 第191條, 第377條와 第378條의 規定은 第1項의 訴에 準用한다.
(1998.12.28 본항개정)

改前 ① 株主가 "第368條第4項"의 規定에 의하여 議決權을…

참조 [벌칙]631①②, [창립총회에의 준용]308②, [유한회사에의 준용]578, [상호회사에의 준용]보험26·39·59·65·154

第2款 理事와 理事會

第382條【이사의 선임, 회사와의 관계 및 사외이사】 ① 이사는 주주총회에서 선임한다.

② 회사와 이사의 관계는 「민법」의 위임에 관한 규정을 준용한다.

③ 사외이사(社外理事)는 해당 회사의 상무(常務)에 종사하지 아니하는 이사로서 다음 각 호의 어느 하나에 해당하지 아니하는 자를 말한다. 사외이사가 다음 각 호의 어느 하나에 해당하는 경우에는 그 직을 상실한다.

1. 회사의 상무에 종사하는 이사·집행임원 및 피용자 또는 최근 2년 이내에 회사의 상무에 종사한 이사·감사·집행임원 및 피용자(2011.4.14 본호개정)
2. 최대주주가 자연인인 경우 본인과 그 배우자 및 직계 존속·비속
3. 최대주주가 법인인 경우 그 법인의 이사·감사·집행임원 및 피용자
4. 이사·감사·집행임원의 배우자 및 직계 존속·비속
5. 회사의 모회사 또는 자회사의 이사·감사·집행임원 및 피용자
6. 회사와 거래관계 등 중요한 이해관계에 있는 법인의 이사·감사·집행임원 및 피용자
7. 회사의 이사·집행임원 및 피용자가 이사·집행임원으로 있는 다른 회사의 이사·감사·집행임원 및 피용자

(2011.4.14 3호~7호개정)
(2009.1.30 본조개정)

改前 ③ 1. 회사의 상무에 "종사하는 이사" 및 피용자 또는 최근 2년 이내에 회사의 상무에 종사한 이사·"감사" 및 피용자
3. 최대주주가 법인인 경우 그 법인의 이사·"감사" 및 피용자
4. 이사·"감사"의 배우자 및 직계 존속·비속
5. 회사의 모회사 또는 자회사의 이사·"감사" 및 피용자
6. 회사와 거래관계 등 중요한 이해관계에 있는 법인의 이사·"감사" 및 피용자
"7. 회사의 이사 및 피용자가 이사로 있는 다른 회사의 이사·감사 및 피용자"

참조 [유한회사에의 준용]567, [상호회사에의 준용]보험59②③·73, ①[초대이사의 선임]296·312, [등기]183·317②③·386②·407③, [자격주]387, [직무대행자]386②·407, [타회사의 임원겸임의 제한]198·269·397·567, 은행법28, 보험11, [타인의 사용인 겸임의 제한]17①, ②[위임]민680-692, [경업피지의무]397, [자기거래]398, [회사에 대한 책임]399, [감사에의 준용]415, [청산인에의 준용]542②, [유한회사청산인에의 준용]613②

第382條의2【集中投票】 ① 2人이상의 理事의 選任을 目的으로 하는 總會의 召集이 있는 때에는 議決權없는 株式을 제외한 發行株式總數의 100分의 3 이상에 해당하는 株式을 가진 株主는 定款에서 달리 정하는 경우를 제외하고는 會社에 대하여 集中投票의 방법으로 理事를 選任할 것을 請求할 수 있다.

② 第1項의 請求는 주주총회일의 7일 전까지 서면 또는 전자문서로 하여야 한다.(2009.5.28 본항개정)

③ 第1項의 請求가 있는 경우에 理事의 選任決議에 관하여 각 株主는 1株마다 選任할 理事의 數와 동일한 數의 議決權을 가지며, 그 議決權은 理事 候補者 1人 또는 數人에게 集中하여 投票하는 방법으로 행사할 수 있다.

④ 第3項의 規定에 의한 投票의 방법으로 理事를 選任하는 경우에는 投票의 最多數를 얻은 者부터 順次的으로 理事에 選任되는 것으로 한다.

⑤ 第1項의 請求가 있는 경우에는 議長은 議決에 앞서 그러한 請求가 있다는 취지를 알려야 한다.

⑥ 第2項의 書面은 總會가 終結될 때까지 이를 本店에 비치하고 株主로 하여금 營業時間내에 閱覽할 수 있게 하여야 한다.
(1998.12.28 본조신설)

改前 ② 第1項의 請求는 "會日의" 7日전까지 "書面으로" 이를 하여야 한다.

第382條의3【理事의 忠實義務】 理事는 法令과 定款의 規定에 따라 會社를 위하여 그 職務를 忠實하게 수행하여야 한다.(1998.12.28 본조신설)

판례 이사는 회사에 대하여 선량한 관리자의 주의의무를 지므로, 법령과 정관에 따라 회사를 위하여 그 의무를 충실히 수행한 때에야 이사로서의 임무를 다한 것이 된다. 이사는 이익이 될 여지가 있는 사업기회가 있으면 이를 회사에 제공하여 회사로 하여금 이를 이용할 수 있도록 하여야 하고, 회사의 승인 없이 이를 자기 또는 제3자의 이익을 위하여 이용하여서는 아니된다. 그러나 회사의 이사회가 그에 관하여 충분한 정보를 수집·분석하고 정당한 절차를 거쳐 회사의 이익을 위하여 의사를 결정함으로써 그러한 사업기회를 포기하거나 어느 이사가 그것을 이용할 수 있도록 승인하였다면 그 의사결정과정에 현저한 불합리가 없는 한 그와 같이 결의한 이사들의 경영판단은 존중되어야 할 것이므로, 이 경우에는 어느 이사가 그러한 사업기회를 이용하게 되었더라도 그 이사나 이사회의 승인 결의에 참여한 이사들이 이사로서 선량한 관리자의 주의의무 또는 충실의무를 위반하였다고 할 수 없다.
(대판 2013.9.12, 2011다57869)

第382條의4【이사의 비밀유지의무】 이사는 재임 중 뿐만 아니라 퇴임후에도 직무상 알게 된 회사의 영업상 비밀을 누설하여서는 아니된다.(2001.7.24 본조신설)

第383條【員數, 任期】 ① 이사는 3명 이상이어야 한다. 다만, 자본금 총액이 10억원 미만인 회사는 1명 또는 2명으로 할 수 있다.(2009.5.28 본항개정)

② 理事의 任期는 3年을 超過하지 못한다.(1984.4.10 본항개정)

③ 第2項의 任期는 定款으로 그 任期중의 最終의 決算期에 관한 定期株主總會의 終結에 이르기까지 延長할 수 있다.(1984.4.10 본항개정)

④ 제1항 단서의 경우에는 제302조제2항제5호의2, 제317조제2항제3호의2, 제335조제1항 단서 및 제2항, 제335조의2제1항·제3항, 제335조의3제1항·제2항, 제335조의7제1항, 제340조의3제1항제5호, 제356조제6호의2, 제397조제1항·제2항, 제397조의2제1항, 제398조, 제416조 본문, 제451조제2항, 제461조제1항 본문 및 제3항, 제462조의3제1항, 제464조의2제1항, 제469조, 제513조제2항 본문 및 제516조의2제2항 본문(준용되는 경우를 포함한다) 중 "이사회"는 각각 "주주총회"로 보며, 제360조의5제1항 및 제522조의3제1항 중 "이사회의 결의가 있는 때"는 "제363조제1항에 따른 주주총회의 소집통지가 있는 때"로 본다.(2011.4.14 본항개정)

⑤ 제1항 단서의 경우에는 제341조제2항 단서, 제390조, 제391조, 제391조의2, 제391조의3, 제392조, 제393조제2항부터 제4항까지, 제399조제2항, 제408조의2제3항 · 제4항, 제408조의3제2항, 제408조의4제2호, 제408조의5제1항, 제408조의6, 제408조의7, 제412조의4, 제449조의2, 제462조제2항 단서, 제526조제3항, 제527조제4항, 제527조의2, 제527조의3제1항 및 제527조의5제2항은 적용하지 아니한다.
(2011.4.14 본항개정)
⑥ 제1항 단서의 경우에는 각 이사(정관에 따라 대표이사를 정한 경우에는 그 대표이사를 말한다)가 회사를 대표하며 제343조제1항 단서, 제346조제3항, 제362조, 제363조의2제3항, 제366조제1항, 제368조의4제1항, 제393조제1항, 제412조의3제1항 및 제462조의3제1항에 따른 이사회의 기능을 담당한다.
(2011.4.14 본항개정)

改前 ④ 제1항…제397조제1항 · 제2항, "제398조, 제416조 본문", 제461조제1항 본문…본다.(2009.5.28 본항개정)
⑤ 제1항…경우에는 "제390조", 제391조,…제393조제2항부터 제4항까지, "제399조제2항", 제526조제3항…한다.(2009.5.28 본항개정)
⑥ 제1항…대표하며 "제362조", 제363조의2제3항, 제366조제1항, 제368조의4제1항, "제393조제1항 및 제412조의3제1항"에 따른…담당한다.(2009.5.28 본항개정)

참조 [결원이 발생하였을 경우]386, [벌칙]635①, [해임]385, [사임]382②, 민689, [초대이사]296 · 312 · 527③, [결산기과 정기총회]30② · 365 · 449, [감사에의 준용]415, [상호회사에의 준용]보험59②③

판례 수인의 이사가 동시에 임기의 만료나 사임에 의하여 퇴임함으로 말미암아 법률 또는 정관에 정한 이사의 원수(최저인원수 또는 특정한 인원수)를 채우지 못하게 되는 결과가 일어나는 경우, 특별한 사정이 없는 한 그 퇴임한 이사 전원은 새로 선임된 이사가 취임할 때까지 이사로서의 권리의무가 있다고 봄이 상당하다.(대판 2007.3.29, 2006다83697)

판례 이사의 임기만료 전 해임에 대한 손해배상청구 : 주식회사의 정관에서 이사의 임기를 별도로 정하지 않은 때에는 상법에서 규정하고 있는 이사의 임기의 최장기인 3년을 경과하지 않는 동안에 이사가 해임되더라도 그로 인한 손해의 배상을 청구할 수 없다.(대판 2001.6.15, 2001다23928)

第384條 (1995.12.29 삭제)

第385條【解任】 ① 理事는 언제든지 第434條의 規定에 의한 株主總會의 決議로 이를 解任할 수 있다. 그러나 理事의 任期를 定한 경우에 정당한 理由없이 그 任期滿了前에 이를 解任한 때에는 그 理事는 會社에 대하여 解任으로 인한 損害의 賠償을 請求할 수 있다.
② 理事가 그 職務에 관하여 不正行爲 또는 法令이나 定款에 違反한 重大한 事實이 있음에도 不拘하고 株主總會에서 그 解任을 否決한 때에는 發行株式의 總數의 100分의 3이상에 該當하는 株式을 가진 株主는 總會의 決議가 있은 날부터 1月내에 그 理事의 解任을 法院에 請求할 수 있다.(1998.12.28 본항개정)
③ 第186條의 規定은 前項의 경우에 準用한다.

참조 [발행주식의 총수]317②, [감사에의 준용]415, [위임과 해제]382, 민689, [임기]283②③, [해임을 목적으로 하는 총회소집]366, [등기]317②③, [유한회사에의 준용]570, [해임의소와 직무집행정지 또는 직무대행자 선임의 가처분]406 · 407, [해임의 판결과 등기]317②③, [벌칙]631①②, [청산인의 경우]539②, [상호회사에의 준용]보험59②

판례 **주식회사와 이사가 고용계약에서 이사가 자신의 의사에 반하여 해임될 경우 주식회사가 퇴직위로금 외에 해직보상금을 지급하기로 약정한 경우, 이사가 주식회사에 해직보상금을 청구하기 위하여 주주총회의 결의가 있어야 하는지 여부** : 주식회사와 이사 사이에 체결된 고용계약에서 이사가 그 의사에 반하여 이사직에서 해임될 경우 퇴직위로금과는 별도로 일정한 금액의 해직보상금을 지급받기로 약정한 경우, 그 해직보상금은 형식상으로는 보수에 해당하지 않는다 하여도 보수와 함께 같은 고용계약의 내용에 포함되어 그 고용계약과 관련하여 지급되는 것일 뿐 아니라, 의사에 반하여 해임된 이사에 대하여 정당한 이유의 유무와 관계없이 지급하도록 되어 있어 이사에게 유리하도록 회사에 추가적인 의무를 부과하는 것인바, 보수에 해당하지 않는다는 이유로 주주총회 결의를 요하지 않는다고 한다면, 이사들이 고용계약을 체결하는 과정에서 개인적인 이득을 취할 목적으로 과다한 해직보상금을 약정하는 것을 막을 수 없게 되어, 이사들의 고용계약과 관련하여 그 사익 도모의 폐해를 방지하여 회사와 주주의 이익을 보호하고자 하는 상법 388조의 입법 취지가 잠탈되고, 나아가 해직보상금액이 특히 거액일 경우 회사의 자유로운 이사해임권 행사를 저해하는 기능을 하게 되어 이사선임기관인 주주총회의 권한을 사실상 제한함으로써 회사법이 규정하는 주주총회의 기능이 심히 왜곡되는 부당한 결과가 초래되므로, 이사의 보수에 관한 상법 388조를 준용 내지 유추적용하여 이사는 해직보상금에 관하여도 정관에서 그 액을 정하지 않는 한 주주총회 결의가 있어야만 회사에 대하여 이를 청구할 수 있다.
(대판 2006.11.23, 2004다49570)

판례 동조가 이사회의 결의에 의한 대표이사의 해임에도 유추적용될 수 있는지 여부 : 동조는 이사의 보수청구권을 보장하는 것을 주된 목적으로 하는 규정이라 할 수 없으므로, 이를 이사회가 대표이사를 해임한 경우에도 유추 적용할 것은 아니고, 대표이사가 그 지위의 해임으로 무보수, 비상근의 이사로 되었다고 하여 달리 볼 것도 아니다.(대판 2004.12.10, 2004다25123)

第386條【缺員의 경우】 ① 法律 또는 定款에 定한 理事의 員數를 缺한 경우에는 任期의 滿了 또는 辭任으로 인하여 退任한 理事는 새로 選任된 理事가 就任할 때까지 理事의 權利義務가 있다.
② 第1項의 경우에 필요하다고 認定할 때에는 法院은 理事, 監事 기타의 利害關係人의 請求에 의하여 一時 理事의 職務를 行할 者를 選任할 수 있다. 이 경우에는 本店의 所在地에서 그 登記를 하여야 한다.
(1995.12.29 본항개정)

참조 [대표이사에의 준용]389③, [감사 · 청산인에의 준용]415 · 542, [유한회사에의 준용]570 · 613②, [상호회사에의 준용]보험59②③ · 73, ①[법정원수]383①, [임기]383②③, [사임]382②, 민689 · 691, [이사회내 위원회에의 준용]393의2, [벌칙]635①, ②[직무대행자의 선임]407, 비송72 · 84

第387條【資格株】 定款으로 理事가 가질 株式의 數를 정한 경우에 다른 規定이 없는 때에는 理事는 그 數의 株券을 監事에게 供託하여야 한다.

참조 [주권의 공탁]368②

第388條【理事의 報酬】 理事의 報酬는 定款에 그 額을 定하지 아니한 때에는 株主總會의 決議로 이를 定한다.

참조 [수임인과 보수]382②, [주주총회의 결의]368, [감사 · 청산인에의 준용]415 · 542②, [발기인의 보수]290① · 300 · 314, [유한회사에의 준용]567 · 613②, [상호회사에의 준용]보험59②③ · 73

판례 법적으로는 주식회사 이사 · 감사의 지위를 갖지만 회사와의 명시적 또는 묵시적 약정에 따라 이사 · 감사로서의 실질적인 직무를 수행하지 않는 이른바 명목상 이사 · 감사도 법인인 회사의 기관으로서 회사가 사회적 실체로서 성립하고 활동하는데 필요한 기초를 제공함과 아울러 상법이 정한 권한과 의무를 갖고 의무 위반에 따른 책임을 부담하는 것은 일반적인 이사 · 감사와 다를 바 없으므로, 과다한 보수에 대한 사법적 통제의 문제는 별론으로 하더라도, 오로지 보수의 지급이라는 형식으로 회사의 자금을 개인에게 지급하기 위한 방편으로 이사 · 감사로 선임한 것이라는 등의 특별한 사정이 없는 한, 회사에 대하여 상법 제388조, 제415조에 따라 정관의 규정 또는 주주총회의 결의에 의하여 결정된 보수의 청구권을 갖는다.
(대판 2015.7.23, 2014다236311)

판례 퇴직 위로금이 상법 388조의 규정된 보수에 해당하는지 여부 : 상법 388조, 415조에 의하면, 주식회사의 이사와 감사의 보수는 정관에 그 액을 정하지 아니한 때에는 주주총회의 결의로 이를 정한다고 되어 있고, 이사 또는 감사에 대한 퇴직위로금은 그 직에서 퇴임한 자에 대하여 그 재직 중 직무집행의 대가로서 지급되는 보수의 일종으로서 상법 388조에 규정된 보수에 포함된다.(대판 1999.2.24, 97다38930)

판례 이사의 보수가 근로기준법 소정의 임금인지 여부 : 회사의 업무집행권을 가진 이사 등 임원은 회사로부터 일정한 사무처리의 위임을 받고 있는 것이므로 사용자의 지휘감독 아래 일정한 근로를 제공하고 소정의 임금을 지급받는 고용관계에 있는 것이 아니며 따라서 일정한 보수를 받는 경우에도 이를 근로기준법 소정의 임금이라 할 수 없다.
(대판 1988.6.14, 87다카2268)

第389條【代表理事】 ① 會社는 理事會의 決議로 會社를 代表할 理事를 選定하여야 한다. 그러나 定款으로 株主總會에서 이를 選定할 것을 定할 수 있다.
② 前項의 경우에는 數人의 代表理事가 共同으로 會社를 代表할 것을 定할 수 있다.
③ 第208條第2項, 第209條, 第210條와 第386條의 規定은 代表理事에 準用한다.(1962.12.12 본항개정)

참조 [회사대표]207 · 269 · 562, [대표청산인에의 준용]542②, [상호회사에의 준용]보험59② · 73, ①[등기]317②, [표현대표이사의 행위와 회사의 책임]395, ②[등기]317②

판례 주식회사의 대표이사가 업무집행을 하면서 고의 또는 과실에 의한 위법행위로 타인에게 손해를 가한 경우 주식회사는 상법 제389조제3항, 제210조에 의하여 제3자에게 손해배상책임을 부담하게 되고, 그 대표이사도 민법 제750조 또는 상법 제389조제3항, 제210조에 의하여 주식회사와 공동불법행위책임을 부담하게 된다. 그리고 주식회사 및 대표이사 이외의 다른 공동불법행위자 중 한 사람이 자신의 부담부분 이상을 변제하여 공동의 면책을 얻게 한 후 구상권을 행사하는 경우에 그 주식회사 및 대표이사는 구상권자에 대한 관계에서는 하나의 책임주체로 평가되어 각자 구상금액의 전부에 대하여 책임을 부담하여야 하고, 이는 위 대표이사가 공동대표이사인 경우에도 마찬가지이다. 따라서 공동면책을 얻은 다른 공동불법행위자가 공동대표이사 중 한 사람을 상대로 구상권을 행사하는 경우 그 공동대표이사는 주식회사가 원래 부담하는 책임부분 전체에 관하여 구상에 응하여야 하고, 주식회사와 공동대표이사들 사이 또는 각 공동대표이사 사이의 내부적인 부담비율을 내세워 구상권자에게 대항할 수는 없다.(대판 2007.5.31, 2005다55473)

판례 권리남용설에 따른 대표권 남용인정 사례 : 주식회사의 대표이사가 그 대표권의 범위 내에서 한 행위는 설사 대표이사가 회사의 영리목적과 관계없이 자기 또는 제3자의 이익을 도모할 목적으로 그 권한을 남용한 것이라 할지라도 일단 회사의 행위로서 유효하고, 다만 그 행위의 상대방이 대표이사의 진의를 알았거나 알 수 있었을 때에는 회사에 대하여 무효가 되는 것이다.
(대판 2005.7.28, 2005다3649)

第390條【理事會의 召集】 ① 理事會는 各 理事가 召集한다. 그러나 理事會의 決議로 召集할 理事를 정한 때에는 그러하지 아니하다.
② 제1항 단서의 규정에 의하여 소집권자로 지정되지 않은 다른 이사는 소집권자인 이사에게 이사회 소집을 요구할 수 있다. 소집권자인 이사가 정당한 이유없이 이사회 소집을 거절하는 경우에는 다른 이사가 이사회를 소집할 수 있다.(2001.7.24 본항신설)
③ 理事會를 召集함에는 會日을 정하고 그 1週間前에 各 理事 및 監事에 대하여 通知를 發送하여야 한다. 그러나 그 期間은 定款으로 短縮할 수 있다.
(1984.4.10 본항개정)
④ 理事會는 理事 및 監事 全員의 同意가 있는 때에는 제3항의 節次없이 언제든지 會議할 수 있다.
(2001.7.24 본항개정)

참조 [청산인에의 준용]542②, [이사회내 위원회에의 준용]393의2, ①[이사의 직무대행자]386② · 407①, [주주총회의 소집권자]362 · 366②, ②[주주총회의 소집통지]363①②, ③[유사한 제도]573

판례 주식회사의 신주발행은 주식회사의 업무집행에 준하는 것으로서 대표이사가 그 권한에 기하여 신주를 발행한 이상 신주발행은 유효하고, 설령 신주발행에 관한 이사회의 결의가 없거나 이사회의 결의에 하자가 있더라도 이사회의 결의는 회사의 내부적 의사결정에 불과하므로 신주발행의 효력에는 영향이 없다고 할 것이다.(대판 2007.2.22, 2005다77060,77077)

第391條【理事會의 決議方法】 ① 理事會의 決議는 理事 過半數의 출석과 出席理事의 過半數로 하여야 한다. 그러나 定款으로 그 比率을 높게 정할 수 있다.
② 定款에서 달리 정하는 경우를 제외하고 理事會는 理事의 전부 또는 일부가 직접 會議에 출석하지 아니하고 모든 理事가 음성을 동시에 송수신하는 원격통신수단에 의하여 決議에 참가하는 것을 허용할 수 있다. 이 경우 당해 理事는 理事會에 직접 출석한 것으로 본다.(2011.4.14 전단개정)
③ 제368조제3항 및 第371條第2項의 規定은 第1項의 경우에 이를 準用한다.(2014.5.20 본항개정)
(1984.4.10 본조개정)

改前 ③ "第368條第4項" 및 第371條第2項의 規定은 第1項…

참조 [주주총회의 경우]368, [청산인에의 준용]368④ · 542②, [이사회내 위원회에의 준용]393의2

판례 이사회 결의요건의 기준시기 : 이사회 결의요건을 충족하는지 여부는 이사회 결의 당시를 기준으로 판단하여야 하고, 그 결의의 대상인 행위가 실제로 이루어진 날을 기준으로 판단할 것은 아니다.(대판 2003.1.24, 2000다20670)

第391條의2【監事의 理事會出席 · 意見陳述權】 ① 監事는 理事會에 出席하여 의견을 陳述할 수 있다.
② 監事는 理事가 法令 또는 定款에 違反한 行爲를 하거나 그 行爲를 할 염려가 있다고 인정한 때에는 理事會에 이를 보고하여야 한다.
(1984.4.10 본조신설)

참조 [감사의 직무 · 권한]387 · 412 · 418 · 569 · 570

第391條의3【理事會의 議事錄】 ① 理事會의 議事에 관하여는 議事錄을 作成하여야 한다.
② 議事錄에는 議事의 案件, 經過要領, 그 결과, 反對하는 者와 그 反對理由를 記載하고 출석한 理事 및 監事가 記名捺印 또는 署名하여야 한다.
(1999.12.31 본항개정)
③ 株主는 營業時間내에 理事會議事錄의 閱覽 또는 謄寫를 請求할 수 있다.(1999.12.31 본항신설)
④ 會社는 第3項의 請求에 대하여 이유를 붙여 이를 거절할 수 있다. 이 경우 株主는 法院의 許可를 얻어 理事會議事錄을 閱覽 또는 謄寫할 수 있다.
(1999.12.31 본항신설)
(1984.4.10 본조신설)

참조 [이사회의 결의]389 · 393, [이사회내 위원회에의 준용]392의2, ④[관할]비송72

第392條【理事會의 延期 · 續行】 第372條의 規定은 理事會에 관하여 이를 準用한다.(1984.4.10 본조개정)

참조 [이사회내 위원회에의 준용]393의2

第393條【理事會의 權限】 ① 중요한 자산의 처분 및 讓渡, 대규모 재산의 借入, 支配人의 選任 또는 解任과 支店의 設置 · 移轉 또는 폐지 등 회사의 업무집행은 理事會의 決議로 한다.(2001.7.24 본항개정)
② 理事會는 理事의 職務의 執行을 監督한다.
③ 이사는 대표이사로 하여금 다른 이사 또는 피용자의 업무에 관하여 이사회에 보고할 것을 요구할 수 있다.(2001.7.24 본항신설)
④ 이사는 3월에 1회 이상 업무의 집행상황을 이사회에 보고하여야 한다.(2001.7.24 본항신설)
(1984.4.10 본조개정)

참조 [지배인의 선임 · 해임]10 · 13, [회사대표]389, [합명회사의 경우]195 · 203, 민706, [합자회사]273 · 274, [상호회사에의 준용]보험59②

판례 동조 제1항 '중요한 자산의 처분'에 해당하는지 여부의 판단 기준 등 : 여기서 말하는 중요한 자산의 처분에 해당하는가 아닌가는 당해 재산의 가액, 총자산에서 차지하는 비율, 회사의 규모, 회사의 영업 또는 재산의 상황, 경영상태, 자산의 보유목적, 회사의 일상적 업무와 관련성, 당해 회사에서의 종래의 취급 등에 비추어 대표이사의 결정에 맡기는 것이 상당한지 여부에 따라 판단하여야 할 것이고, 중요한 자산의 처분에 해당하는 경우에는 이사회가 그에 관하여 직접 결의하지 아니한 채 대표이사에게 그 처분에 관한 사항을 일임할 수 없는 것이므로 이사회규정상 이사회 부의사항으로 정해져 있지 아니하더라도 반드시 이사회의 결의를 거쳐야 한다.
(대판 2005.7.28, 2005다3649)

第393條의2【理事會내 委員會】 ① 理事會는 定款이 정한 바에 따라 委員會를 設置할 수 있다.

② 理事會는 다음 各號의 사항을 제외하고는 그 權限을 委員會에 위임할 수 있다.
1. 株主總會의 승인을 요하는 사항의 提案
2. 代表理事의 選任 및 解任
3. 委員會의 設置와 그 委員의 選任 및 解任
4. 定款에서 정하는 사항
③ 委員會는 2人 이상의 理事로 구성한다.
④ 委員會는 決議된 사항을 각 理事에게 통지하여야 한다. 이 경우 이를 통지받은 각 理事는 理事會의 召集을 요구할 수 있으며, 理事會는 委員會가 決議한 사항에 대하여 다시 決議할 수 있다.
⑤ 第386條第1項·第390條·第391條·第391條의3 및 第392條의 規定은 委員會에 관하여 이를 準用한다.
(1999.12.31 본조신설)
참조 ④[감사위원회 적용의 예외]415의2⑥

第394條【理事와 會社間의 訴에 관한 代表】 ① 會社가 理事에 대하여 또는 理事가 會社에 대하여 訴를 提起하는 경우에 監事는 그 訴에 관하여 會社를 代表한다. 會社가 제403조제1항 또는 제406조의2제1항의 청구를 받은 경우에도 또한 같다.(2020.12.29 후단개정)
② 第415條의2의 規定에 의한 監査委員會의 委員이 訴의 當事者인 경우에는 監査委員會 또는 理事는 法院에 會社를 代表할 者를 選任하여 줄 것을 申請하여야 한다.(1999.12.31 본항신설)
改前 ① 會社가 理事에 대하여…代表한다. 會社가 "第403條第1項의 請求를 받음에 있어서도" 같다.
참조 [특별대표자의 선임]민소62·64, [합명회사의 경우]211, [유한회사의 경우]563, [청산인에의 준용]430②, [상호회사에의 준용]보험59③·73, ①[이사에 대한 소]323·399·428, [회사에 대한 소]328·376·429·445·529, [이사회에 의한 결정]391, [총회에 의한 결정]361·368
판례 퇴임이사에 대한 소제기시 회사를 대표하는 자 : 상법 394조1항에서는 이사와 회사 사이의 소에 있어서 양자 간에 이해의 충돌이 있기 쉬우므로 그 충돌을 방지하고 공정한 소송수행을 확보하기 위하여 비교적 객관적 지위에 있는 감사로 하여금 그 소에 관하여 회사를 대표하도록 규정하고 있는바, 소송의 목적이 되는 권리관계가 이사의 재직중에 일어난 사유로 인한 것이라 할지라도 회사가 그 사람을 이사의 자격으로 제소하는 것이 아니고 이사가 이미 이사의 자리를 떠난 경우에 회사가 그 사람을 상대로 제소하는 경우에는 특별한 사정이 없는 한 위 상법 394조1항은 적용되지 않는다.
(대판 2002.3.15, 2000다9086)

第395條【表見代表理事의 行爲와 會社의 責任】 社長, 副社長, 專務, 常務 기타 會社를 代表할 權限이 있는 것으로 認定될 만한 名稱을 使用한 理事의 行爲에 대하여는 그 理事가 會社를 代表할 權限이 없는 경우에도 會社는 善意의 第三者에 대하여 그 責任을 진다.
참조 [표현대리]민126, [표현지배인]14, [유한회사에의 준용]567, [상호회사에의 준용]보험59② [집행임원설치회사에의 준용]408의5
판례 [1] 표현대표이사에서의 제3자의 범위 : 회사를 대표할 권한이 없는 표현대표이사가 다른 대표이사의 명칭을 사용하여 어음행위를 한 경우, 회사가 책임을 지는 선의의 제3자의 범위에는 표현대표이사로부터 직접 어음을 취득한 상대방뿐만 아니라, 그로부터 어음을 다시 배서양도받은 제3취득자도 포함된다.
[2] 중대한 과실이 있는 제3자에 대한 회사의 책임가부 : 제3자의 신뢰는 보호할 만한 가치가 있는 정당한 것이어야 할 것이므로, 설령 제3자가 회사의 대표이사가 아닌 이사에게 그 거래행위를 함에 있어 회사를 대표할 권한이 있다고 믿었다 할지라도 그와 같이 믿음에 있어서 중대한 과실이 있는 경우에는 회사는 그 제3자에 대하여는 책임을 지지 아니한다.
(대판 2003.9.26, 2002다65073)
판례 제3자가 표현대표이사에게 회사를 대표할 권한이 있다고 믿은데 중과실이 있는 경우, 회사의 제3자에 대한 책임 유무 및 제3자의 중대한 과실의 의미 : 상법 395조가 규정하는 표현대표이사의 행위로 인한 주식회사의 책임이 성립하기 위하여는 법률행위의 상대방이 된 제3자의 선의 이외에 무과실까지도 필요로 하는 것은 아니지만, 그 규정의 취지는 회사의 대표이사가 아닌 이사가 외관상 회사의 대표권이 있는 것으로 인정될 만한 명칭을 사용하여 거래행위를 하고, 이러한 외관이 생겨난 데에 관하여 회사에 귀책사유가 있는 경우에 그 외관을 믿은 선의의 제3자를 보호함으로써 상거래의 신뢰와 안전을 도모하려는 데에 있는 것인바, 그와 같은 제3자의 신뢰는 보호할 만한 가치가 있는 정당한 것이어야 할 것이므로 설령 제3자가 회사의 대표이사가 아닌 이사가 그 거래행위를 함에 있어서 회사를 대표할 권한이 있다고 믿었다 할지라도 그와 같이 믿음에 있어서 중대한 과실이 있는 경우에는 회사는 그 제3자에 대하여는 책임을 지지 아니하고, 여기서 제3자의 중대한 과실이라 함은 제3자가 조금만 주의를 기울였더라면 표현대표이사의 행위가 대표권에 기한 것이 아니라는 사정을 알 수 있었음에도 만연히 이를 대표권에 기한 행위라고 믿음으로써 거래통념상 요구되는 주의의무에 현저히 위반하는 것으로, 공평의 관점에서 제3자를 구태여 보호할 필요가 없다고 봄이 상당하다고 인정되는 상태를 말한다.(대판 2003.7.22, 2002다40432)
판례 '경리담당이사'는 회사를 대표할 권한이 있다고 인정될 만한 명칭에 해당한다고 볼 수 없어 동조에 따른 회사의 책임을 인정할 수 없다.(대판 2003.2.11, 2002다62029)
판례 표현대표이사가 인정되는 명칭 : 상법 395조는 표현대표이사의 명칭을 예시하면서 사장, 부사장, 전무, 상무 등의 명칭을 들고 있는바, 사장, 부사장, 전무, 상무 등의 명칭은 표현대표이사의 명칭으로 될 수 있는 직함을 예시한 것으로서 그와 같은 명칭이 표현대표이사의 명칭에 해당하는가 하는 것은 사회일반의 거래통념에 따라 결정하여야 할 것이다.
(대판 1999.11.12, 99다19797)

第396條【定款 등의 備置, 公示義務】 ① 理事는 會社의 定款, 株主總會의 議事錄을 本店과 支店에, 株主名簿, 社債原簿를 本店에 備置하여야 한다. 이 경우 名義改書代理人을 둔 때에는 株主名簿나 社債原簿 또는 그 複本을 名義改書代理人의 營業所에 備置할 수 있다.(1999.12.31 본항개정)
② 株主와 會社債權者는 營業時間내에 언제든지 第1項의 書類의 閱覽 또는 謄寫를 請求할 수 있다.
(1984.4.10 본항개정)
참조 [청산인에의 준용]542②, [정관]289·290·292, [총회의 의사록]373·435③, [주주명부]352, [사채원부]488, [사채권자 집회의사록]510②, [보존의무]541, [벌칙]635①, [기타 서류의 비치]448①·510②, [기타 열람권]448②·510③
판례 열람등사청구는 회사가 그 청구의 목적이 정당하지 아니함을 주장·입증하는 경우에는 이를 거부할 수 있다.
(대결 1997.3.19, 97그7)

第397條【競業禁止】 ① 理事는 理事會의 承認이 없으면 自己 또는 第三者의 計算으로 會社의 營業部類에 屬한 去來를 하거나 同種營業을 目的으로 하는 다른 會社의 無限責任社員이나 理事가 되지 못한다.
② 理事가 第1項의 規定에 違反하여 去來를 한 경우에 會社는 理事會의 決議로 그 理事의 去來가 自己의 計算으로 한 것인 때에는 이를 會社의 計算으로 한 것으로 볼 수 있고 第三者의 計算으로 한 것인 때에는 그 理事에 대하여 이로 인한 利得의 讓渡를 請求할 수 있다.
③ 第2項의 權利는 去來가 있은 날로부터 1年을 經過하면 消滅한다.
(1995.12.29 본조개정)
참조 [유한회사의 경우]567, [충실의무]382②, [경업피지의 다른 경우]17·89·198·269·275, [인허 없는 경우의 효과]399①
판례 영업준비단계에 있는 회사가 상법 397조1항에 적용되는지 여부 : 경업의 대상이 되는 회사가 영업을 개시하지 못한 채 공장의 부지를 매수하는 등 영업의 준비작업을 추진하고 있는 단계에 있다 하여 상법 397조1항에서 말하는 "동종영업을 목적으로 하는 다른 회사"가 아니라고 볼 수는 없다.
(대판 1993.4.9, 92다53583)

第397條의2【회사의 기회 및 자산의 유용 금지】
① 이사는 이사회의 승인 없이 현재 또는 장래에 회사의 이익이 될 수 있는 다음 각 호의 어느 하나에 해당하는 회사의 사업기회를 자기 또는 제3자의 이익을 위하여 이용하여서는 아니 된다. 이 경우 이사회의 승인은 이사 3분의 2 이상의 수로써 하여야 한다.
1. 직무를 수행하는 과정에서 알게 되거나 회사의 정보를 이용한 사업기회
2. 회사가 수행하고 있거나 수행할 사업과 밀접한 관계가 있는 사업기회
② 제1항을 위반하여 회사에 손해를 발생시킨 이사 및 승인한 이사는 연대하여 손해를 배상할 책임이 있으며 이로 인하여 이사 또는 제3자가 얻은 이익은 손해로 추정한다.
(2011.4.14 본조신설)

第398條【이사 등과 회사 간의 거래】 다음 각 호의 어느 하나에 해당하는 자가 자기 또는 제3자의 계산으로 회사와 거래를 하기 위하여는 미리 이사회에서 해당 거래에 관한 중요사실을 밝히고 이사회의 승인을 받아야 한다. 이 경우 이사회의 승인은 이사 3분의 2 이상의 수로써 하여야 하고, 그 거래의 내용과 절차는 공정하여야 한다.
1. 이사 또는 제542조의8제2항제6호에 따른 주요주주
2. 제1호의 자의 배우자 및 직계존비속
3. 제1호의 자의 배우자의 직계존비속
4. 제1호부터 제3호까지의 자가 단독 또는 공동으로 의결권 있는 발행주식 총수의 100분의 50 이상을 가진 회사 및 그 자회사
5. 제1호부터 제3호까지의 자가 제4호의 회사와 합하여 의결권 있는 발행주식총수의 100분의 50 이상을 가진 회사
(2011.4.14 본조개정)
改前 "第398條【理事와 會社間의 去來】 理事는 理事會의 承認이 있는 때에 한하여 自己 또는 第三者의 計算으로 會社와 去來를 할 수 있다. 이 경우에는 民法 第124條의 規定을 適用하지 아니한다."
참조 [충실의무]382②, [위반의 경우의 책임]399, [합명회사의 경우]199, [유한회사의 경우]564, [상호회사에의 준용]보험59②·73
판례 상법 제398조 전문이 이사와 회사 사이의 거래에 관하여 이사회의 승인을 얻도록 규정하고 있는 취지는, 이사가 그 지위를 이용하여 회사와 거래를 함으로써 자기 또는 제3자의 이익을 도모하고 회사 나아가 주주에게 불측의 손해를 입히는 것을 방지하고자 함에 있는바, 이사회의 승인을 얻은 경우 민법 제124조의 적용을 배제하도록 규정한 상법 제398조 후문의 반대해석상 이사회의 승인을 얻지 아니하고 회사와 거래를 한 이사의 행위는 일종의 무권대리인의 행위로 볼 수 있고 무권대리인의 행위에 대하여 추인이 가능한 점에 비추어 보면, 상법 제398조 전문이 이사와 회사 사이의 이익상반거래에 대하여 이사회의 사전 승인만을 규정하고 사후 승인을 배제하고 있다고 볼 수는 없다 할 것이지만, 어느 경우에나 이사와 회사 사이의 이익상반거래가 비밀리에 행해지는 것을 방지하고 그 거래의 공정성을 확보함과 아울러 이사회에 의한 적정한 직무감독권의 행사를 보장하기 위해서는 그 거래와 관련된 이사는 이사회의 승인을 받기에 앞서 이사회에 그 거래에 관한 자기의 이해관계 및 그 거래에 관한 중요한 사실들을 개시하여야 할 의무가 있다고 할 것이고, 만일 이러한 사항들이 이사회에 개시되지 아니한 채 그 거래가 이익상반거래로서 공정한 것인지 여부가 심의된 것이 아니라 단순히 통상의 거래로서 이를 허용하는 이사회의 결의가 이루어진 것에 불과한 경우 등에는 이를 가리켜 상법 제398조 전문이 규정하는 이사회의 승인이 있다고 할 수 없다.(대판 2007.5.10, 2005다4291)
판례 회사의 채무부담행위가 이사의 자기거래에 해당하여 이사회의 승인을 요한다고 할지라도, 위 규정의 취지가 회사 및 주주에게 예기치 못한 손해를 끼치는 것을 방지함에 있다고 할 것이므로, 그 채무부담행위에 대하여 사전에 주주 전원의 동의가 있었다면 회사는 이사회의 승인이 없었음을 이유로 그 책임을 회피할 수 없다.(대판 2002.7.12, 2002다20544)

第399條【會社에 대한 責任】 ① 이사가 고의 또는 과실로 법령 또는 정관에 위반한 행위를 하거나 그 임무를 게을리한 경우에는 그 이사는 회사에 대하여 연대하여 손해를 배상할 책임이 있다.(2011.4.14 본항개정)
② 前項의 行爲가 理事會의 決議에 의한 것인 때에는 그 決議에 贊成한 理事도 前項의 責任이 있다.
③ 前項의 決議에 參加한 理事로서 異議를 한 記載가 議事錄에 없는 者는 그 決議에 贊成한 것으로 推定한다.
改前 "① 理事가 法令 또는 定款에 違反한 行爲를 하거나 그 任務를 懈怠한 때에는 그 理事는 會社에 대하여 連帶하여 損害를 賠償할 責任이 있다."
참조 [충실의무]382②, [상호회사에의 준용]보험59②③, [증권회사의 경우]자본시장금융투자업185, [감사의 경우]414, ①[이사에 대한 소]403·404, [책임해제]450, [감사와의 연대]414③, [설립에 관한 책임]323
판례 오랜 기간 영업담당임원과 영업팀장 모임을 통하여 여러 품목에 관하여 지속적이고 조직적으로 가격담합이 이루어졌음에도, 가격담합에 직접 관여한 임직원들은 대표이사인 피고를 비롯한 다른 임직원들로부터 그 어떠한 제지나 견제도 받지 않았다. 이는 대표이사인 피고가 가격담합 행위를 의도적으로 외면하였거나 적어도 가격담합의 가능성에 대비한 그 어떠한 주의도 기울이지 않았음을 의미한다. 회사의 영업 성격 및 관련 법령 규정 등에 비추어 가격담합행위가 이루어질 가능성이 높음에도 불구하고 이와 관련된 내부통제시스템을 제대로 구축해 운영하기 위한 노력을 다하지 않고 이로써 지속적, 조직적으로 발생한 담합행위를 인지하지 못했다면 대표이사로서 피고는 회사업무 전반에 대한 감시, 감독의무를 게을리 한 것으로 볼 수 있다.(대판 2021.11.11, 2017다222368)
판례 [1] 주식회사의 이사가 다른 업무담당이사의 업무집행이 위법하다고 의심할 만한 사유가 있음에도 이를 방치한 경우, 회사가 입은 손해에 대하여 배상책임을 지는지 여부(적극) : 이사는 담당업무는 물론 다른 업무담당이사의 업무집행을 전반적으로 감시할 의무가 있으므로, 주식회사의 이사가 다른 업무담당이사의 업무집행이 위법하다고 의심할 만한 사유가 있음에도 불구하고 이를 방치한 때에는 그로 말미암아 회사가 입은 손해에 대하여 배상책임을 면할 수 없다.
[2] 상법 제450조에 따른 이사, 감사의 책임 해제는 재무제표 등에 그 책임사유가 기재되어 정기총회에서 승인을 얻은 경우에 한정된다.
[3] 비상임 감사라는 이유로 선관주의의무 위반에 따른 책임을 면하는지 여부(소극) : 상법이 비상임 감사는 상임 감사에 비해 그 직무와 책임이 감경되는 것으로 규정하고 있지도 않을 뿐 아니라, 우리나라의 회사들이 비상임 감사는 상임 감사의 유고시에만 감사의 직무를 수행하도록 하고 있다는 상관습의 존재도 인정할 수 없으므로, 비상임 감사는 감사로서의 선관주의의무 위반에 따른 책임을 지지 않는다는 주장은 허용될 수 없다.
(대판 2007.12.13, 2007다60080)
판례 대표이사에 의해 이미 실행된 대출에 대한 이사회의 추인결의에서 이사가 선관의무를 다하지 아니하고 찬성한 경우, 위 대출로 인한 손해의 발생과 인과관계가 인정되는지 여부 : 대표이사에 의해 대출이 이미 실행되었다고 하더라도 이에 대한 추인 행위는 대표이사의 하자 있는 거래행위의 효력을 확정적으로 유효로 만들어 주는 것으로서, 이사가 선관의무를 다하지 아니하여 이와 같은 추인 결의에 찬성하였다면 위 대출로 인한 손해의 발생과 인과관계가 인정된다.
(대판 2007.5.31, 2005다56995)
판례 이사가 상법 399조 1항에 정한 '법령에 위반한 행위'로 회사에 손해를 입힌 경우에도 경영판단의 원칙을 적용할 수 있는지 여부 및 이때 '법령'의 의미 : 이사가 임무를 수행함에 있어서 법령을 위반한 행위를 한 때에는 그 행위 자체가 회사에 대하여 채무불이행에 해당하므로, 그로 인하여 회사에 손해가 발생한 이상 손해배상책임을 면할 수 없고, 위와 같은 법령을 위반한 행위에 대하여는 이사가 임무를 수행함에 있어서 선량한 관리자의 주의의무를 위반하여 임무해태로 인한 손해배상책임이 문제되는 경우에 고려될 수 있는 경영판단의 원칙은 적용될 여지가 없다. 다만, 여기서 법령을 위반한 행위라고 할 때 말하는 '법령'은 일반적인 의미에서의 법령, 즉 법률과 그 밖의 법규명령으로서의 대통령령, 총리령, 부령 등을 의미하는 것인바, 종합금융회사 업무운용지침, 외화자금거래취급요령, 외국환업무·외국환은행신설 및 대외환거래계약체결 인가공문, 외국환관리규정, 종합금융회사 내부의 심사관리규정 등은 이에 해당하지 않는다.(대판 2006.11.9, 2004다41651,41668)

일판 이사가 회사를 대표하여 정치헌금의 기부를 함에 있어서는 그 회사의 규모·경영실적 기타 회사적 경제적지위 및 기부의 상대방 등 제반사정을 고려하여 합리적인 범위내에서 그 금액등을 결정할 것이고 범위를 넘어서 불상응한 기부를 하는 것과 같은 것은 이사의 충실의무에 위반되는 것이다.
(日·最高 1970.6.24)

第400條【회사에 대한 책임의 감면】 ① 제399조에 따른 이사의 책임은 주주 전원의 동의로 면제할 수 있다.

② 회사는 정관으로 정하는 바에 따라 제399조에 따른 이사의 책임을 이사가 그 행위를 한 날 이전 최근 1년간의 보수액(상여금과 주식매수선택권의 행사로 인한 이익 등을 포함한다)의 6배(사외이사의 경우는 3배)를 초과하는 금액에 대하여 면제할 수 있다. 다만, 이사가 고의 또는 중대한 과실로 손해를 발생시킨 경우와 제397조, 제397조의2 및 제398조에 해당하는 경우에는 그러하지 아니하다.
(2011.4.14 본조개정)

改前 "第400條【會社에 대한 責任의 免除】 前條의 規定에 의한 理事의 責任은 總株主의 同意로 免除할 수 있다."

참조 [감사에의 준용]415, [타법에의 준용]보험43

판례 상법 399조 소정의 이사의 회사에 대한 책임에 관하여 상법 400조 소정의 총주주의 동의로 이를 면제함에 있어서 그 동의를 묵시적 의사표시의 방법으로 할 수 있는지 여부 및 사실상의 1인 주주의 동의도 총주주의 동의로 볼 수 있는지 여부 : 상법 399조 소정의 이사의 책임은 상법 400조의 규정에 따라 총주주의 동의로 이를 면제할 수 있는데, 이 때 총주주의 동의는 묵시적 의사표시의 방법으로 할 수 있고 반드시 명시적, 적극적으로 이루어질 필요는 없으며, 실질적으로는 1인에게 주식 전부가 귀속되어 있지만 그 주주 명부상으로만 일부 주식이 타인 명의로 신탁되어 있는 경우라도 사실상의 1인 주주가 한 동의도 총주주의 동의로 볼 것이다.(대판 2002.6.14, 2002다11441)

第401條【第三者에 대한 責任】 ① 이사가 고의 또는 중대한 과실로 그 임무를 게을리한 때에는 그 이사는 제3자에 대하여 연대하여 손해를 배상할 책임이 있다.(2011.4.14 본항개정)

② 第399條第2項, 第3項의 規定은 前項의 경우에 準用한다.

改前 "① 理事가 惡意 또는 重大한 過失로 인하여 그 任務를 懈怠한 때에는 그 理事는 第三者에 대하여 連帶하여 損害를 賠償할 責任이 있다."

참조 [감사에의 준용]415, [유한회사의 경우]567, ①[불법행위책임]민750, [법인이사의 책임]35②, [발기인의 책임]322②, [설립에 관한 책임]323, [감사와의 연대]414③, [상호회사에의 준용]보험59②③

판례 기업체의 재무제표 및 이에 대한 외부감사인의 회계감사 결과를 기재한 감사보고서는 대상 기업체의 정확한 재무상태를 드러내는 가장 객관적인 자료로서 증권거래소 등을 통하여 일반에 공시되고, 기업체의 신용도와 상환능력 등의 기초자료로서 그 기업체가 발행하는 회사채나 기업어음의 신용등급평가와 금융기관의 여신 제공 여부의 결정에 중요한 판단근거가 된다. 따라서 기업체의 임직원 등이 대규모의 분식회계에 가담하거나 기업체의 감사가 대규모로 분식된 재무제표의 감사와 관련하여 중요한 감사절차를 수행하지 아니하거나 소홀히 한 잘못이 있는 경우에는, 그로 말미암아 기업체가 발행하는 회사채 등이 신용평가기관으로부터 적정한 신용등급을 얻었고 그에 따라 금융기관이 그 회사채 등을 지급보증하거나 매입하는 방식으로 여신을 제공하기에 이르렀다고 봄이 상당하다.
(대판 2007.6.28, 2006다52259)

판례 제3자에 대한 책임에서 요구되는 '고의 또는 중대한 과실로 인한 임무해태행위'는 회사의 기관으로서 인정되는 직무상 충실 및 선관의무 위반의 행위로서 위법한 사정이 있어야 하므로, 통상의 거래행위로 부담하는 회사의 채무를 이행할 능력이 있었음에도 단순히 그 이행을 지체하여 상대방에게 손해를 끼치는 사실만으로는 임무를 해태한 위법한 경우라고 할 수 없다.
(대판 2006.8.25, 2004다26119)

일판 이사가 아닌데도 이사취임등기를 승낙한 등기부상의 이사는 상법 제14조(우리 상법 제39조)의 유추적용을 받아 선의의 제3자에 대하여 이사로서의 책임을 면할 수 없다.
(日·最高 1972.6.15)

第401條의2【業務執行指示者등의 責任】 ① 다음 각 호의 어느 하나에 해당하는 자가 그 지시하거나 집행한 업무에 관하여 제399조, 제401조, 제403조 및 제406조의2를 적용하는 경우에는 그 자를 "이사"로 본다.(2020.12.29 본문개정)

1. 會社에 대한 자신의 影響力을 이용하여 理事에게 業務執行을 指示한 者
2. 理事의 이름으로 직접 業務를 執行한 者
3. 理事가 아니면서 名譽會長·會長·社長·副社長·專務·常務·理事 기타 會社의 業務를 執行할 權限이 있는 것으로 인정될 만한 명칭을 사용하여 會社의 業務를 執行한 者

② 第1項의 경우에 會社 또는 第3者에 대하여 損害를 賠償할 責任이 있는 理事는 第1項에 規定된 者와 連帶하여 그 責任을 진다.
(1998.12.28 본조신설)

改前 ① "다음 各號의 1에 해당하는 者는 그 지시하거나 執行한 業務에 관하여 第399條·第401條 및 第403條의 적용에 있어서 이를 理事로 본다."

第402條【留止請求權】 理事가 法令 또는 定款에 違反한 行爲를 하여 이로 인하여 會社에 回復할 수 없는 損害가 생길 念慮가 있는 경우에는 監事 또는 發行株式의 總數의 100分의 1이상에 해당하는 株式을 가진 株主는 會社를 위하여 理事에 대하여 그 行爲를 留止할 것을 請求할 수 있다.
(1998.12.28 본조개정)

참조 [벌칙]631①②, [대표소권]403-406, [신주발행의 유지청구]424, [유한회사의 경우]567

판례 주주가 회사가 체결한 계약에 대해 유지청구 외에 직접 제3자와의 계약의 무효를 주장할 수 있는지 여부 : 주식회사의 주주는 주식의 소유자로서 회사의 경영에 이해관계를 가지고 있다고 할 것이나, 회사의 재산관계에 대하여는 단순히 사실상, 경제상 또는 일반적, 추상적인 이해관계만을 가질 뿐, 구체적 또는 법률상의 이해관계를 가진다고는 할 수 없고, 직접 회사의 경영에 참여하지 못하고 주주총회의 결의를 통해서 또는 주주의 감독권에 의하여 회사의 영업에 영향을 미칠 수 있을 뿐이므로 주주는 일정한 요건에 따라 이사를 상대로 그 이사의 행위에 대하여 유지(留止)청구권을 행사하여 그 행위를 유지시키거나, 또는 대표소송에 의하여 그 책임을 추궁하는 소를 제기할 수 있을 뿐 직접 제3자와의 거래관계에 개입하여 회사가 체결한 계약의 무효를 주장할 수는 없다.
(대결 2001.2.28, 2000마7839)

第403條【株主의 代表訴訟】 ① 發行株式의 總數의 100分의 1이상에 該當하는 株式을 가진 株主는 會社에 대하여 理事의 責任을 追窮할 訴의 提起를 請求할 수 있다.(1998.12.28 본항개정)

② 第1項의 請求는 그 理由를 記載한 書面으로 하여야 한다.(1998.12.28 본항개정)

③ 會社가 前項의 請求를 받은 날로부터 30日내에 訴를 提起하지 아니한 때에는 第1項의 株主는 卽時 會社를 위하여 訴를 提起할 수 있다.

④ 第3項의 期間의 經過로 인하여 會社에 回復할 수 없는 損害가 생길 念慮가 있는 경우에는 前項의 規定에 不拘하고 第1項의 株主는 卽時 訴를 提起할 수 있다.(1998.12.28 본항개정)

⑤ 第3項과 第4項의 訴를 제기한 株主의 保有株式이 提訴후 發行株式總數의 100分의 1미만으로 감소한 경우(發行株式을 보유하지 아니하게 된 경우를 제외한다)에도 提訴의 효력에는 영향이 없다.
(1998.12.28 본항신설)

⑥ 회사가 제1항의 청구에 따라 소를 제기하거나 주주가 제3항과 제4항의 訴를 제기한 경우 當事者는 法院의 許可를 얻지 아니하고는 訴의 취하, 請求의 포기·認諾, 和解를 할 수 없다.(2011.4.14 본항개정)

⑦ 第176條第3項, 第4項과 第186條의 規定은 本條의 訴에 準用한다.

改前 ⑥ "第3項과 第4項"의 訴를 제기한 경우 當事者는 法院의 許可를 얻지 아니하고는 訴의 취하, 請求의 포기·認諾, 和解를 할 수 없다.(1998.12.28 본항신설)

참조 [유한회사에의 준용]565②, [대위소송]민404, 채무자회생파산359, 민소218③, [청산인의 책임에의 준용]542②, [이사의 책임]399

판례 대표소송을 제기한 주주가 소송 계속 중에 주식을 전혀 보유하지 않게 돼 주주의 지위를 상실하면, 그 주주는 원고적격을 상실하고 그가 제기한 소는 부적법하게 된다. 이는 그 주주가 자신의 의사에 반하여 주주의 지위를 상실하였다 하여 달리 볼 것은 아니다.(대판 2018.11.29, 2017다35717)

판례 종속회사의 주주가 아닌 지배회사의 주주가 종속회사의 이사를 상대로 이른바 이중대표소송을 제기할 수 있는지 여부 : 어느 한 회사가 다른 회사의 주식의 전부 또는 대부분을 소유하여 양자간에 지배종속관계에 있고, 종속회사가 그 이사 등의 부정행위에 의하여 손해를 입었다고 하더라도, 지배회사와 종속회사는 상법상 별개의 법인격을 가진 회사이고, 대표소송의 제소자격은 책임추궁을 당하여야 하는 이사가 속한 당해 회사의 주주로 한정되어 있으므로, 종속회사의 주주가 아닌 지배회사의 주주는 상법 403조, 415조에 의하여 종속회사의 이사 등에 대하여 책임을 추궁하는 이른바 이중대표소송을 제기할 수 없다.(대판 2004.9.23, 2003다49221)

第404條【代表訴訟과 訴訟參加, 訴訟告知】 ① 會社는 前條第3項과 第4項의 訴訟에 參加할 수 있다.

② 前條第3項과 第4項의 訴를 提起한 株主는 訴를 提起한 後 遲滯없이 會社에 대하여 그 訴訟의 告知를 하여야 한다.

참조 [발기인·감사·청산인에의 준용]324·415·542②, [유한책임회사에의 준용]287의22, [유한회사에의 준용]565②, [소송참가]민소76, [벌칙]631①②, [소송고지]민소84-86

판례 회사가 주주대표소송에 참가하는 경우 법적 성격 : 주주의 대표소송에 있어서 원고 주주가 원고로서 제대로 소송수행을 하지 못하거나 혹은 상대방이 된 이사와 결탁함으로써 회사의 권리보호에 미흡하여 회사의 이익이 침해될 염려가 있는 경우 그 판결의 효력을 받는 권리귀속주체인 회사가 이를 막거나 자신의 권리를 보호하기 위하여 소송수행권한을 가진 정당한 당사자로서 그 소송에 참가할 필요가 있으며, 회사가 대표소송에 당사자로서 참가하는 경우 소송경제가 도모될 뿐만 아니라 판결의 모순·저촉을 유발할 가능성도 없다는 사정과, 동조 제1항에서 특별히 참가에 관한 규정을 두어 주주의 대표소송의 특성을 살려 회사의 권익을 보호하려한 입법 취지를 함께 고려할 때, 동조 제1항에서 규정하고 있는 회사의 참가는 공동소송참가를 의미하는 것으로 해석함이 타당하고, 나아가 이러한 해석이 중복제소를 금지하고 있는 민사소송법 제234조에 반하는 것도 아니다.(대판 2002.3.15, 2000다9086)

第405條【提訴株主의 權利義務】 ① 第403條第3項과 第4項의 規定에 의하여 訴를 提起한 株主가 勝訴한 때에는 그 株主는 會社에 대하여 소송비용 및 그 밖에 소송으로 인하여 지출한 비용중 상당한 금액의 지급을 청구할 수 있다. 이 경우 소송비용을 지급한 회사는 이사 또는 감사에 대하여 求償權이 있다.
(2001.7.24 본항개정)

② 第403條第3項과 第4項의 規定에 의하여 訴를 提起한 株主가 敗訴한 때에는 惡意인 경우 외에는 會社에 대하여 損害를 賠償할 責任이 없다.

참조 [발기인·감사·청산인에 대한 소에의 준용]324·415·542②, [유한책임회사에의 준용]287의22, [유한회사에의 준용]565②, ①[소송비용]민소98이하, 민사소송비용, ②[손해배상]750·760, [담보]176③·403⑤

第406條【代表訴訟과 再審의 訴】 ① 第403條의 訴가 提起된 경우에 原告와 被告의 共謀로 인하여 訴訟의 目的인 會社의 權利를 詐害할 目的으로써 判決을 하게 한 때에는 會社 또는 株主는 確定한 終局判決에 대하여 再審의 訴를 提起할 수 있다.

② 前條의 規定은 前項의 訴에 準用한다.

참조 [발기인·감사·청산인에 대한 소에의 준용]324·415·542②, [유한책임회사에의 준용]287의22, [유한회사에의 준용]565②, [재심의 소]민소451이하

第406條의2【다중대표소송】 ① 모회사 발행주식총수의 100분의 1 이상에 해당하는 주식을 가진 주주는 자회사에 대하여 자회사 이사의 책임을 추궁할 소의 제기를 청구할 수 있다.

② 제1항의 주주는 자회사가 제1항의 청구를 받은 날부터 30일 내에 소를 제기하지 아니한 때에는 즉시 자회사를 위하여 소를 제기할 수 있다.

③ 제1항 및 제2항의 소에 관하여는 제176조제3항·제4항, 제403조제2항, 같은 조 제4항부터 제6항까지 및 제404조부터 제406조까지의 규정을 준용한다.

④ 제1항의 청구를 한 후 모회사가 보유한 자회사의 주식이 자회사 발행주식총수의 100분의 50 이하로 감소한 경우(발행주식을 보유하지 아니하게 된 경우를 제외한다)에도 제1항 및 제2항에 따른 제소의 효력에는 영향이 없다.

⑤ 제1항 및 제2항의 소는 자회사의 본점소재지의 지방법원의 관할에 전속한다.
(2020.12.29 본조신설)

第407條【職務執行停止, 職務代行者選任】 ① 理事選任決議의 無效나 取消 또는 理事解任의 訴가 提起된 경우에는 法院은 當事者의 申請에 의하여 假處分으로써 理事의 職務執行을 停止할 수 있고 또는 職務代行者를 選任할 수 있다. 急迫한 事情이 있는 때에는 本案訴訟의 提起前에도 그 處分을 할 수 있다.

② 法院은 當事者의 申請에 의하여 前項의 假處分을 變更 또는 取消할 수 있다.

③ 前2項의 處分이 있는 때에는 本店과 支店의 所在地에서 그 登記를 하여야 한다.

참조 [감사·청산인에의 준용]415·542, [유한회사에의 준용]567·613②, [상호회사에의 준용]보험59②③, ①[결의무효취소의 소]376·380, [이사해임의 소]385, [가처분]민집300, [직무대행자의 권한]408, [본안의 관할법원]민집278, ②[가처분의 변경취소]민집288, ③[등기]317③, 상업등기법27

판례 직무집행정지 및 직무대행자선임의 가처분 이후 대표이사가 해임되고 새로 선임된 경우의 대표이사로서의 권한유무 : 대표이사의 직무집행정지 및 직무대행자선임의 가처분이 이루어진 이상, 그 후 대표이사가 해임되고 새로운 대표이사가 선임되었다 하더라도 가처분결정이 취소되지 아니하는 한 직무대행자의 권한은 유효하게 존속하는 반면 새로이 선임된 대표이사는 그 선임결의의 적법 여부에 관계없이 대표이사로서의 권한을 가지지 못한다.(대판 1992.5.12, 92다5638)

판례 종전 이사의 직무대행자 선임가부 : 법원이 상법 407조1항의 규정에 의하여 가처분으로서 이사 등의 직무집행을 정지하고 그 대행자를 선임할 경우에 가처분에 의하여 직무집행이 정지된 종전의 이사 등을 직무대행자로 선임할 수는 없다.
(대결 1990.10.31, 90그44)

第408條【職務代行者의 權限】 ① 前條의 職務代行者는 假處分命令에 다른 定함이 있는 경우 외에는 會社의 常務에 屬하지 아니한 行爲를 하지 못한다. 그러나 法院의 許可를 얻은 경우에는 그러하지 아니한다.

② 職務代行者가 前項의 規定에 違反한 行爲를 한 경우에도 會社는 善意의 第三者에 대하여 責任을 진다.

참조 [청산인에의 준용]542②, [유한회사에의 준용]567·613②, [상호회사에의 준용]보험59②, ①[가처분명령과 별단의 규정]민집305, ②[이사의 행위와 회사의 책임]208②·209·389⑧, 민41·60

판례 상법 408조 1항이 규정하는 회사의 '상무'의 의미 및 대표이사 직무대행자가 회사의 경영 및 지배에 영향을 미칠 수 있는 사항이 안건으로 포함된 정기주주총회를 법원의 허가 없이 소집하여 결의한 경우 결의취소사유에 해당하는지 여부 : 상법 408조1항이 규정하는 회사의 '상무'라 함은 일반적으로 회사에서 일상 행해져야 하는 사무, 회사가 영업을 계속함에 있어서 통상 행하는 영업범위 내의 사무 또는 회사경영에 중요한 영향을 주지 않는 통상의 업무 등을 의미하고, 어느 행위가 구체적으로 이 상무에 속하는가 하는 것은 당해 회사의 기구, 업무의 종류·성질, 기타 제반 사정을 고려하여 객관적으로 판단되어야 할 것인바, 직무대행자가 정기주주총회를 소집함에 있어서도 그 안건에 이사회의 구성 자체를 변경하는 행위나 상법 374

조의 특별결의사항에 해당하는 행위 등 회사의 경영 및 지배에 영향을 미칠 수 있는 것이 포함되어 있다면 그 안건의 범위에서 정기총회의 소집이 상무에 속하지 않는다고 할 것이고, 직무대행자가 정기주주총회를 소집하는 행위가 상무에 속하지 아니함에도 법원의 허가 없이 이를 소집하여 결의한 때에는 소집절차상의 하자로 결의취소사유에 해당한다.
(대판 2007.6.28, 2006다62362)

第408條의2【집행임원 설치회사, 집행임원과 회사의 관계】 ① 회사는 집행임원을 둘 수 있다. 이 경우 집행임원을 둔 회사(이하 "집행임원 설치회사"라 한다)는 대표이사를 두지 못한다.
② 집행임원 설치회사와 집행임원의 관계는 「민법」 중 위임에 관한 규정을 준용한다.
③ 집행임원 설치회사의 이사회는 다음의 권한을 갖는다.
1. 집행임원과 대표집행임원의 선임·해임
2. 집행임원의 업무집행 감독
3. 집행임원과 집행임원 설치회사의 소송에서 집행임원 설치회사를 대표할 자의 선임
4. 집행임원에게 업무집행에 관한 의사결정의 위임(이 법에서 이사회 권한사항으로 정한 경우는 제외한다)
5. 집행임원이 여러 명인 경우 집행임원의 직무 분담 및 지휘·명령관계, 그 밖에 집행임원의 상호관계에 관한 사항의 결정
6. 정관에 규정이 없거나 주주총회의 승인이 없는 경우 집행임원의 보수 결정
④ 집행임원 설치회사는 이사회의 회의를 주관하기 위하여 이사회 의장을 두어야 한다. 이 경우 이사회 의장은 정관의 규정이 없으면 이사회 결의로 선임한다.
(2011.4.14 본조신설)

第408條의3【집행임원의 임기】 ① 집행임원의 임기는 정관에 다른 규정이 없으면 2년을 초과하지 못한다.
② 제1항의 임기는 정관에 그 임기 중의 최종 결산기에 관한 정기주주총회가 종결한 후 가장 먼저 소집하는 이사회의 종결 시까지로 정할 수 있다.
(2011.4.14 본조신설)

第408條의4【집행임원의 권한】 집행임원의 권한은 다음 각 호의 사항으로 한다.
1. 집행임원 설치회사의 업무집행
2. 정관이나 이사회의 결의에 의하여 위임받은 업무집행에 관한 의사결정
(2011.4.14 본조신설)

第408條의5【대표집행임원】 ① 2명 이상의 집행임원이 선임된 경우에는 이사회 결의로 집행임원 설치회사를 대표할 대표집행임원을 선임하여야 한다. 다만, 집행임원이 1명인 경우에는 그 집행임원이 대표집행임원이 된다.
② 대표집행임원에 관하여는 이 법에 다른 규정이 없으면 주식회사의 대표이사에 관한 규정을 준용한다.
③ 집행임원 설치회사에 대하여는 제395조를 준용한다.
(2011.4.14 본조신설)

第408條의6【집행임원의 이사회에 대한 보고】 ① 집행임원은 3개월에 1회 이상 업무의 집행상황을 이사회에 보고하여야 한다.
② 집행임원은 제1항의 경우 외에도 이사회의 요구가 있으면 언제든지 이사회에 출석하여 요구한 사항을 보고하여야 한다.
③ 이사는 대표집행임원으로 하여금 다른 집행임원 또는 피용자의 업무에 관하여 이사회에 보고할 것을 요구할 수 있다.
(2011.4.14 본조신설)

第408條의7【집행임원의 이사회 소집 청구】 ① 집행임원은 필요하면 회의의 목적사항과 소집이유를 적은 서면을 이사(소집권자가 있는 경우에는 소집권자를 말한다. 이하 이 조에서 같다)에게 제출하여 이사회 소집을 청구할 수 있다.
② 제1항의 청구를 한 후 이사가 지체 없이 이사회 소집의 절차를 밟지 아니하면 소집을 청구한 집행임원은 법원의 허가를 받아 이사회를 소집할 수 있다. 이 경우 이사회 의장은 법원이 이해관계자의 청구에 의하여 또는 직권으로 선임할 수 있다.
(2011.4.14 본조신설)

第408條의8【집행임원의 책임】 ① 집행임원이 고의 또는 과실로 법령이나 정관을 위반한 행위를 하거나 그 임무를 게을리한 경우에는 그 집행임원은 집행임원 설치회사에 손해를 배상할 책임이 있다.
② 집행임원이 고의 또는 중대한 과실로 그 임무를 게을리한 경우에는 그 집행임원은 제3자에게 손해를 배상할 책임이 있다.
③ 집행임원이 집행임원 설치회사 또는 제3자에게 손해를 배상할 책임이 있는 경우에 다른 집행임원·이사 또는 감사도 그 책임이 있으면 다른 집행임원·이사 또는 감사와 연대하여 배상할 책임이 있다.
(2011.4.14 본조신설)

第408條의9【준용규정】 집행임원에 대해서는 제382조의3, 제382조의4, 제396조, 제397조, 제397조의2, 제398조, 제400조, 제401조의2, 제402조부터 제406조까지, 제406조의2, 제407조, 제408조, 제412조 및 제412조의2를 준용한다.(2020.12.29 본조개정)

改前 第408條의9【준용규정】 집행임원에 "대하여는" 제382조의3,…제401조의2, "제402조부터 제408조까지", 제412조 및 제412조의2를 준용한다.(2011.4.14 본조신설)

第3款 監事 및 監査委員會
(1999.12.31 본관제목개정)

第409條【選任】 ① 監事는 株主總會에서 選任한다.
② 議決權없는 株式을 제외한 發行株式의 總數의 100분의 3(정관에서 더 낮은 주식 보유비율을 정할 수 있으며, 정관에서 더 낮은 주식 보유비율을 정한 경우에는 그 비율로 한다)을 초과하는 數의 株式을 가진 株主는 그 초과하는 株式에 관하여 第1項의 監事의 選任에 있어서는 議決權을 行使하지 못한다.
(2020.12.29 본항개정)
③ 회사가 제368조의4제1항에 따라 전자적 방법으로 의결권을 행사할 수 있도록 한 경우에는 제368조제1항에도 불구하고 출석한 주주의 의결권의 과반수로써 제1항에 따른 감사의 선임을 결의할 수 있다.
(2020.12.29 본항개정)
④ 제1항, 제296조제1항 및 제312조에도 불구하고 자본금의 총액이 10억원 미만인 회사의 경우에는 감사를 선임하지 아니할 수 있다.(2009.5.28 본항신설)
⑤ 제4항에 따라 감사를 선임하지 아니한 회사가 이사에 대하여 또는 이사가 그 회사에 대하여 소를 제기하는 경우에 회사, 이사 또는 이해관계인은 법원에 회사를 대표할 자를 선임하여 줄 것을 신청하여야 한다.(2009.5.28 본항신설)
⑥ 제4항에 따라 감사를 선임하지 아니한 경우에는 제412조, 제412조의2 및 제412조의5제1항·제2항 중 "감사"는 각각 "주주총회"로 본다.(2011.4.14 본항개정)
(1984.4.10 본조제목개정)

改前 ② 議決權없는 株式…總數의 "100分의 3"을 초과하는… "③ 會社는 定款으로 第2項의 比率보다 낮은 比率을 정할 수 있다.(1984.4.10 본항신설)"

참조 [선임방법]410, [감사와 회사와의 관계]382②·415, [임기의 연장]383③·415, [해임]385·415, [사임]415, 민689, [보수]388·415, [직무집행정지·직무대행자선임]407·415, [유한회사의 감사]568·569

第409條의2【監事의 解任에 관한 意見陳述의 權利】 監事는 株主總會에서 監事의 解任에 관하여 의견을 陳述할 수 있다.(1995.12.29 본조신설)

第410條【任期】 監事의 任期는 就任후 3年내의 最終의 決算期에 관한 定期總會의 終結時까지로 한다.
(1995.12.29 본조개정)

참조 [본조적용의 시기]상법시행법31①, [상호회사에의 준용]보험59③

第411條【兼任禁止】 監事는 會社 및 子會社의 理事 또는 支配人 기타의 使用人의 職務를 兼하지 못한다.(1995.12.29 본조개정)

참조 [이사]393, [지배인]10·11, [청산인에의 준용]542②, [유한회사에의 준용]570·613②, [상호회사의 경우]보험59③, [이사의 직무를 행할 감사]상법시행법32

일판 이사로 있었던 자가 영업연도의 도중에 감사로 선임된 경우 그 선임은 위법이 아니고 그 자가 이사였던 기간에 대하여 감사적격이 없다고는 할 수 없다.(日·最高 1987.4.21)

일판 변호사의 자격이 있는 감사가 특정의 소송사건에서 회사의 소송대리인이 되는 것은 본조에 반하지 아니한다.
(日·最高 1986.2.18)

第412條【감사의 직무와 보고요구, 조사의 권한】
① 監事는 理事의 職務의 執行을 監査한다.
② 監事는 언제든지 理事에 대하여 營業에 관한 보고를 要求하거나 會社의 業務와 財産狀態를 調査할 수 있다.
③ 감사는 회사의 비용으로 전문가의 도움을 구할 수 있다.(2011.4.14 본항신설)
(2011.4.14 본조제목개정)
(1984.4.10 본조개정)

改前 第412條【"職務와 報告要求·調査의 權限"】①…

참조 [감사의 직무·권한]412-414, [벌칙]622-635, [회계장부·서류]447, [청산인에의 준용]542②, [유한회사의 경우]569·613②, [상호회사에의 준용]보험59③

第412條의2【理事의 報告義務】 理事는 會社에 현저하게 損害를 미칠 염려가 있는 사실을 발견한 때에는 즉시 監事에게 이를 보고하여야 한다.
(1995.12.29 본조신설)

第412條의3【總會의 召集請求】 ① 監事는 會議의 目的事項과 召集의 理由를 記載한 書面을 理事會에 提出하여 臨時總會의 召集을 請求할 수 있다.
② 第366條第2項의 規定은 監事가 總會를 召集하는 경우에 이를 準用한다.
(1995.12.29 본조신설)

第412條의4【감사의 이사회 소집 청구】 ① 감사는 필요하면 회의의 목적사항과 소집이유를 서면에 적어 이사(소집권자가 있는 경우에는 소집권자를 말한다. 이하 이 조에서 같다)에게 제출하여 이사회 소집을 청구할 수 있다.
② 제1항의 청구를 하였는데도 이사가 지체 없이 이사회를 소집하지 아니하면 그 청구한 감사가 이사회를 소집할 수 있다.
(2011.4.14 본조신설)

第412條의5【子會社의 調査權】 ① 母會社의 監事는 그 職務를 수행하기 위하여 필요한 때에는 子會社에 대하여 營業의 보고를 요구할 수 있다.
② 母會社의 監事는 第1項의 경우에 子會社가 지체없이 보고를 하지 아니할 때 또는 그 보고의 내용을 확인할 필요가 있는 때에는 子會社의 業務와 財産狀態를 調査할 수 있다.
③ 子會社는 정당한 이유가 없는 한 第1項의 規定에 의한 보고 또는 第2項의 規定에 의한 調査를 거부하지 못한다.
(1995.12.29 본조신설)

第413條【調査·報告의 義務】 監事는 理事가 株主總會에 제출할 議案 및 書類를 調査하여 法令 또는 定款에 違反하거나 현저하게 부당한 事項이 있는지의 與否에 관하여 株主總會에 그 의견을 陳述하여야 한다.(1984.4.10 본조개정)

참조 [회계에 관한 서류]447·448①·449①, [창립총회에 있어서의 직무]313, [벌칙]635①, [청산인에의 준용]542②, [유한회사에의 준용]569·613②, [상호회사에의 준용]보험59③

第413條의2【監査錄의 作成】 ① 監事는 監査에 관하여 監査錄을 作成하여야 한다.
② 監査錄에는 監査의 實施要領과 그 결과를 記載하고 監査를 實施한 監事가 記名捺印 또는 署名하여야 한다.(1995.12.29 본항개정)
(1984.4.10 본조신설)

第414條【監事의 責任】 ① 監事가 그 任務를 懈怠한 때에는 그 監事는 會社에 대하여 連帶하여 損害를 賠償할 責任이 있다.
② 監事가 惡意 또는 重大한 過失로 인하여 그 任務를 懈怠한 때에는 그 監事는 第三者에 대하여 連帶하여 損害를 賠償할 責任이 있다.
③ 監事가 會社 또는 第三者에 대하여 損害를 賠償할 責任이 있는 경우에 理事도 그 責任이 있는 때에는 그 監事와 理事는 連帶하여 賠償할 責任이 있다.

참조 [충실의무]382②·415, [책임면제]400·415, [설립에 관한 책임]323, [감사에 대한 소]403-406·415, [연대채무]민413-427, [유한회사에의 준용]570, ②[고의 또는 과실로 인한 손해배상책임]민750, ③[청산인에의 준용]542②, [유한회사에의 준용]613②, [상호회사에의 준용]보험59③

第415條【準用規定】 제382조제2항, 제382조의4, 제385조, 第386條, 第388條, 第400條, 제401조, 제403조부터 제406조까지, 제406조의2 및 제407조는 監事에 準用한다.(2020.12.29 본조개정)

改前 …第400條, "第401條와 第403條 내지 第407條의 規定은" 監事에 準用한다.(2001.7.24 본조개정)

판례 이사 등의 회사에 대한 책임을 면제하기 위한 요건인 '총주주의 동의'를 묵시적인 방법으로 할 수 있는지 여부 : 이사 등의 책임은 상법 제400조, 제415조의 규정에 따라 총주주의 동의로 이를 면제할 수 있는데, 이 때 총주주의 동의는 반드시 명시적, 적극적으로 이루어질 필요는 없고 회사의 주식 전부를 양수·양도하는 과정에서 묵시적 의사표시의 방법으로 할 수 있으나, 이는 주식 전부의 양수인이 이사 등의 책임으로 발생한 부실채권에 대하여 그 발생과 회수 불능에 대한 책임을 이사 등에게 더 이상 묻지 않기로 하는 의사표시를 하였다고 볼만한 사정이 있어야 할 것이다.(대판 2008.12.11, 2005다51471)

판례 감사의 회사에 대한 불법행위 책임의 면제가부 : 상법 415조, 400조에 의하여 총주주의 동의로 면제할 수 있는 감사의 회사에 대한 책임은 위임관계로 인한 채무불이행 책임이지 불법행위 책임이 아니므로, 사실상의 1인 주주가 책임 면제의 의사표시를 하였더라도 감사의 회사에 대한 불법행위 책임은 면제할 수 없다.(대판 1996.4.9, 95다56316)

第415條의2【監査委員會】 ① 會社는 定款이 정한 바에 따라 監事에 갈음하여 第393條의2의 規定에 의한 委員會로서 監査委員會를 設置할 수 있다. 監査委員會를 설치한 경우에는 監事를 둘 수 없다.
② 감사위원회는 제393조의2제3항에도 불구하고 3명 이상의 이사로 구성한다. 다만, 사외이사가 위원의 3분의 2 이상이어야 한다.(2009.1.30 본항개정)
③ 監査委員會의 委員의 解任에 관한 理事會의 決議는 理事 總數의 3分의 2 이상의 決議로 하여야 한다.
④ 監査委員會는 그 決議로 委員會를 代表할 者를 선정하여야 한다. 이 경우 數人의 委員이 공동으로 委員會를 代表할 것을 정할 수 있다.

⑤ 監査委員會는 會社의 費用으로 專門家의 助力을 구할 수 있다.
⑥ 감사위원회에 대하여는 제393조의2제4항 후단을 적용하지 아니한다.(2009.1.30 본항신설)
⑦ 第296條·第312條·第367條·第387條·第391條의2第2項·第394條第1項·第400條·第402條 내지 第407條·第412條 내지 第414條·第447條의3·第447條의4·第450條·第527條의4·第530條의5第1項第9號·第530條의6第1項第10號 및 第534條의 規定은 監査委員會에 관하여 이를 準用한다. 이 경우 第530條의5第1項第9號 및 第530條의6第1項第10號 중 "監事"는 "監査委員會의 委員"으로 본다.
(1999.12.31 본조신설)

改前 "② 監査委員會는 第393條의2第3項의 規定에 불구하고 3人 이상의 理事로 구성한다. 다만, 다음 各號에 해당하는 者가 委員의 3分의 1을 넘을 수 없다.
1. 會社의 業務를 담당하는 理事 및 被用者 또는 選任된 날부터 2年 이내에 業務를 담당한 理事 및 被用者이었던 者
2. 最大株主가 自然人인 경우 本人·配偶者 및 直系尊·卑屬
3. 最大株主가 法人인 경우 그 法人의 理事·監事 및 被用者
4. 理事의 配偶者 및 直系尊·卑屬
5. 會社의 母會社 또는 子會社의 理事·監事 및 被用者
6. 會社와 去來關係 등 중요한 이해관계에 있는 法人의 理事·監事 및 被用者
7. 會社의 理事 및 被用者가 理事로 있는 다른 會社의 理事·監事 및 被用者"

참조 [감사위원회 위원이 소송당사자가 된 경우]394②

第4節 新株의 發行

第416條【發行事項의 決定】 회사가 그 성립 후에 주식을 발행하는 경우에는 다음의 사항으로서 정관에 규정이 없는 것은 이사회가 결정한다. 다만, 이 법에 다른 규정이 있거나 정관으로 주주총회에서 결정하기로 정한 경우에는 그러하지 아니하다.
(2011.4.14 본문개정)
1. 新株의 種類와 數
2. 新株의 發行價額과 納入期日
2의2. 무액면주식의 경우에는 신주의 발행가액 중 자본금으로 계상하는 금액(2011.4.14 본호신설)
3. 新株의 引受方法
4. 現物出資를 하는 者의 姓名과 그 目的인 財産의 種類, 數量, 價額과 이에 대하여 付與할 株式의 種類와 數
5. 株主가 가지는 新株引受權을 讓渡할 수 있는 것에 관한 事項(1984.4.10 본호신설)
6. 株主의 請求가 있는 때에만 新株引受權證書를 발행한다는 것과 그 請求期間(1984.4.10 본호신설)

改前 第416條【發行事項의 決定】"會社가 그 成立後에 株式을 發行하는 경우에는 다음의 事項으로서 定款에 規定이 없는 것은 理事會가 이를 決定한다. 그러나 本法에 다른 規定이 있거나 定款으로 株主總會에서 決定하기로 定한 경우에는 그러하지 아니하다."

참조 [설립의 경우의 결정]291, [이사회의 결의]391, [주식청약서기재사항]420, [본법의 다른 규정]346·513·523, [주주총회에 의한 결정]361·368, [위반의 효과]429, [신주인수권]418·419·420의3·420의4·420의5, [신주인수인의 권리·의무]418·423

판례 전환사채 발행을 자본의 증가로 보아 정관을 적용한 경우 : 회사의 정관에 신주발행 및 인수에 관한 사항은 주주총회에서 결정하고 자본의 증가 및 감소는 발행주식 총수의 과반수에 상당한 주식을 가진 주주의 출석과 출석주주가 가진 의결권의 2/3 이상의 찬성으로 의결하도록 규정되어 있는 경우, 전환사채는 전환권의 행사에 의하여 장차 주식으로 전환될 수 있어 이를 발행하는 것은 사실상 신주발행으로서의 의미를 가지므로, 회사가 전환사채를 발행하기 위하여는 주주총회의 특별결의를 요한다.(대판 1999.6.25, 99다18435)

第417條【額面未達의 發行】 ① 會社가 成立한 날로부터 2年을 經過한 後에 株式을 發行하는 경우에는 會社는 第434條의 規定에 의한 株主總會의 決議와 法院의 認可를 얻어서 株式을 額面未達의 價額으로 發行할 수 있다.(1962.12.12 본항개정)
② 前項의 株主總會의 決議에서는 株式의 最低發行價額을 定하여야 한다.
③ 法院은 會社의 現況과 諸般事情을 參酌하여 最低發行價額을 變更하여 認可할 수 있다. 이 경우에 法院은 會社의 財産狀態 기타 필요한 事項을 調査하게 하기 위하여 檢査人을 選任할 수 있다.
④ 第1項의 株式은 法院의 認可를 얻은 날로부터 1月내에 發行하여야 한다. 法院은 이 期間을 延長하여 認可할 수 있다.

참조 [회사의 성립]172, [액면미달발행의 제한]330, [관할]비송72

第418條【新株引受權의 內容 및 配定日의 指定·公告】 ① 주주는 그가 가진 주식 수에 따라서 신주의 배정을 받을 권리가 있다.(2001.7.24 본항개정)
② 회사는 제1항의 규정에 불구하고 정관에 정하는 바에 따라 주주 외의 자에게 신주를 배정할 수 있다. 다만, 이 경우에는 신기술의 도입, 財務構造의 개선 등 회사의 경영상 목적을 달성하기 위하여 필요한 경우에 한한다.(2001.7.24 본항신설)
③ 會社는 일정한 날을 정하여 그 날에 株主名簿에 記載된 株主가 第1項의 權利를 가진다는 뜻과 新株引受權을 讓渡할 수 있을 경우에는 그 뜻을, 그 날의 2週間전에 公告하여야 한다. 그러나 그 날이 第354條第1項의 期間중인 때에는 그 期間의 初日의 2週間전에 이를 公告하여야 한다.(1984.4.10 본항신설)
④ 제2항에 따라 주주 외의 자에게 신주를 배정하는 경우 회사는 제416조제1호, 제2호, 제2호의2, 제3호 및 제4호에서 정하는 사항을 그 납입기일의 2주 전까지 주주에게 통지하거나 공고하여야 한다.
(2011.4.14 본항신설)
(1984.4.10 본조제목개정)

참조 [주식평등의 원칙]369①·464·538, [인수권의 대상이 되지 않는 신주발행]346·416·513·523, [수종의 주식과 차별적 취급]344③, [전환사채]513, [인수권자에 대한 최고]419, [위반의 경우]424·429

판례 신주발행을 사후에 무효로 하는 경우 거래의 안전과 법적 안정성을 해할 우려가 큰 점을 고려할 때 신주발행무효의 소에서 그 무효원인은 가급적 엄격하게 해석하여야 한다. 그러나 신주발행에 법령이나 정관의 위반이 있고 그것이 주식회사의 본질 또는 회사법의 기본원칙에 반하거나 기존 주주들의 이익과 회사의 경영권 내지 지배권에 중대한 영향을 미치는 경우로서 주식에 관련된 거래의 안전, 주주 기타 이해관계인의 이익 등을 고려하더라도 도저히 묵과할 수 없는 정도라고 평가되는 경우에는 그 신주의 발행을 무효라고 보지 않을 수 없다.
(대판 2009.1.30, 2008다50776)

판례 현물출자자에 대한 신주발행시 일반주주에게 신주인수권이 미치는지 여부 : 주주의 신주인수권은 주주가 종래 가지고 있던 주식의 수에 비례하여 우선적으로 인수의 배정을 받을 수 있는 권리로서 주주의 자격에 기하여 법률상 당연히 인정되는 것이지만 현물출자자에 대하여 발행하는 신주에 대하여는 일반주주의 신주인수권이 미치지 않는다.(대판 1989.3.14, 88누889)

第419條【新株引受權者에 대한 催告】 ① 會社는 新株의 引受權을 가진 者에 대하여 그 引受權을 가지는 株式의 種類 및 數와 일정한 期日까지 株式引受의 請約을 하지 아니하면 그 權利를 잃는다는 뜻을 통지하여야 한다. 이 경우 第416條第5號 및 第6號에 規定한 事項의 정함이 있는 때에는 그 내용도 통지하여야 한다.
② 第1項의 통지는 第1項의 期日의 2週間전에 이를 하여야 한다.(2014.5.20 본항개정)
③ 第1項의 통지에도 불구하고 그 期日까지 株式引受의 請約을 하지 아니한 때에는 新株의 引受權을 가진 者는 그 權利를 잃는다.(2014.5.20 본항개정)
(1984.4.10 본조개정)

改前 ② "會社가 無記名式의 株券을 발행한 때에는 第1項의 事項을 公告하여야 한다."
"③" 第1項의 "통지 또는 第2項의 公告"는 第1項의 期日의…
"④" 第1項의 "통지 또는 第2項의 公告"에도 불구하고 그…

참조 [신주인수권자]419, [주식인수의 청약]302·420·425①③, [주주에 대한 통지]353, [전환사채]513, [벌칙]356①, ①②[위반의 경우]424·429

第420條【株式請約書】 이사는 주식청약서를 작성하여 다음의 사항을 적어야 한다.(2011.4.14 본문개정)
1. 第289條第1項第2號 내지 第4號에 揭記한 事項
2. 第302條第2項第7號·第9號 및 第10號에 揭記한 事項(1984.4.10 본호개정)
3. 第416條第1號 내지 第4號에 揭記한 事項
(1984.4.10 본호개정)
4. 제417조에 따른 주식을 발행한 경우에는 그 발행조건과 미상각액(未償却額)(2011.4.14 본호개정)
5. 株主에 대한 新株引受權의 制限에 관한 事項 또는 特定한 第三者에게 이를 付與할 것을 定한 때에는 그 事項
6. 株式發行의 決議年月日

改前 第420條【株式請約書】"理事는 株式請約書를 作成하여 다음의 事項을 記載하여야 한다."
"4. 第417條의 規定에 의한 株式을 發行한 때에는 그 發行條件과 第455條의 規定에 의한 未償却額"

참조 [작성의 필요]302①·425, [청약과 심리유보]302③·425, [벌칙]627①·635①, [전환주식의 경우의 기재사항]347, [설립의 경우]302②, [유한회사의 경우]589

第420條의2【新株引受權證書의 발행】 ① 第416條第5號에 規定한 事項을 정한 경우에 會社는 同條第6號의 정함이 있는 때에는 그 정함에 따라, 그 정함이 없는 때에는 第419條第1項의 期日의 2週間전에 新株引受權證書를 발행하여야 한다.
② 新株引受權證書에는 다음 事項과 番號를 記載하고 理事가 記名捺印 또는 署名하여야 한다.
(1995.12.29 본문개정)
1. 新株引受權證書라는 뜻의 표시
2. 第420條에 規定한 事項
3. 新株引受權의 目的인 株式의 種類와 數
4. 一定期日까지 株式의 請約을 하지 아니할 때에는 그 權利를 잃는다는 뜻
(1984.4.10 본조신설)

참조 [벌칙]635①

第420條의3【新株引受權의 讓渡】 ① 新株引受權의 讓渡는 新株引受權證書의 交付에 의하여서만 이를 행한다.
② 第336條第2項 및 手票法 第21條의 規定은 新株引受權證書에 관하여 이를 準用한다.
(1984.4.10 본조신설)

第420條의4【신주인수권의 전자등록】 회사는 신주인수권증서를 발행하는 대신 정관으로 정하는 바에 따라 전자등록기관의 전자등록부에 신주인수권을 등록할 수 있다. 이 경우 제356조의2제2항부터 제4항까지의 규정을 준용한다.(2011.4.14 본조신설)

第420條의5【新株引受權證書에 의한 請約】 ① 新株引受權證書를 발행한 경우에는 新株引受權證書에 의하여 株式의 請約을 한다. 이 경우에는 第302條第1項의 規定을 準用한다.
② 新株引受權證書를 喪失한 者는 株式請約書에 의하여 株式의 請約을 할 수 있다. 그러나 그 請約은 新株引受權證書에 의한 請約이 있는 때에는 그 效力을 잃는다.
(1984.4.10 본조신설)

第421條【주식에 대한 납입】 ① 이사는 신주의 인수인으로 하여금 그 배정한 주수(株數)에 따라 납입기일에 그 인수한 주식에 대한 인수가액의 전액을 납입시켜야 한다.
② 신주의 인수인은 회사의 동의 없이 제1항의 납입채무와 주식회사에 대한 채권을 상계할 수 없다.
(2011.4.14 본조개정)

改前 "第421條【株式에 대한 納入】理事는 新株의 引受人으로 하여금 그 配定한 株數에 따라 納入期日에 그 引受한 各株에 대한 引受價額의 全額을 納入시켜야 한다."

참조 [인수인의 납입의무]303·425, [납입기일]416·420, [현물출자의 이행]305·425, [공동인수인]333, [납입취급장소]305②·306·420·425, [발행예정가액]410·416, [책임의 한도]331, [납입의 효과]423①, [납입해태의 효과]423②③

第422條【現物出資의 檢査】 ① 現物出資를 하는 者가 있는 경우에는 理事는 第416條第4號의 事項을 調査하게 하기 위하여 檢査人의 選任을 法院에 請求하여야 한다. 이 경우 公認된 鑑定人의 鑑定으로 檢査人의 調査에 갈음할 수 있다.(1998.12.28 후단신설)
② 다음 각 호의 어느 하나에 해당할 경우에는 제1항을 적용하지 아니한다.
1. 제416조제4호의 현물출자의 목적인 재산의 가액이 자본금의 5분의 1을 초과하지 아니하고 대통령령으로 정한 금액을 초과하지 아니하는 경우
2. 제416조제4호의 현물출자의 목적인 재산이 거래소의 시세 있는 유가증권인 경우 제416조 본문에 따라 결정된 가격이 대통령령으로 정한 방법으로 산정된 시세를 초과하지 아니하는 경우
3. 변제기가 돌아온 회사에 대한 금전채권을 출자의 목적으로 하는 경우로서 그 가액이 회사장부에 적혀 있는 가액을 초과하지 아니하는 경우
4. 그 밖에 제1호부터 제3호까지의 규정에 준하는 경우로서 대통령령으로 정하는 경우
(2011.4.14 본항신설)
③ 法院은 檢査人의 調査報告書 또는 鑑定人의 鑑定結果를 審査하여 第1項의 事項을 不當하다고 認定한 때에는 이를 變更하여 理事와 現物出資를 한 者에게 通告할 수 있다.(1998.12.28 본항개정)
④ 前項의 變更에 不服하는 現物出資를 한 者는 그 株式의 引受를 取消할 수 있다.
⑤ 法院의 通告가 있은 後 2週내에 株式의 引受를 取消한 現物出資를 한 者가 없는 때에는 第1項의 事項은 通告에 따라 變更된 것으로 본다.(1998.12.28 본항개정)

참조 [현물출자]305③·416·420·425, [설립의 경우]290·302②·310·314, [부당평가의 경우]424, [관할]비송72, ①[검사인의 선임·보고]비송73·74, [보수]비송77·78, [벌칙]62·635①, [발행주식의 총수]317②, [본조의 적용제외]국유재산65

第423條【株主가 되는 時期, 納入懈怠의 效果】 ① 新株의 引受人은 納入 또는 現物出資의 履行을 한 때에는 納入期日의 다음날로부터 株主의 權利義務가 있다.(2020.12.29 후단삭제)
② 新株의 引受人이 納入期日에 納入 또는 現物出資의 履行을 하지 아니한 때에는 그 權利를 잃는다.
③ 第2項의 規定은 新株의 引受人에 대한 損害賠償의 請求에 영향을 미치지 아니한다.(1984.4.10 본항개정)

改前 ① 新株의 引受人은 納入 또는 現物出資의 履行을 한 때에는 納入期日의 다음날로부터 株主의 權利義務가 있다. "이 경우 第350條第3項 後段의 規定을 準用한다.(1995.12.29 후단신설)"

참조 [납입]421, [현물출자의 이행]295②·305③·425, [납입기일]416·420, [주권의 발행]355①, [주권의 기재사항]356, [유한회사의 경우]590·592, ②[설립의 경우]307, ③[손해배상]421, 민390

第424條【留止請求權】 會社가 法令 또는 定款에 違反하거나 顯著하게 不公正한 方法에 의하여 株式

을 發行함으로써 株主가 不利益을 받을 念慮가 있는 경우에는 그 株主는 會社에 대하여 그 發行을 留止할 것을 請求할 수 있다.

참조 [법령·정관위반의 예]418·419·422, [불공정한 가액]416, [가처분]민집300, [벌칙]631①②, [이사의 행위의 유지]402, [이사의 회사에 대한 책임]399·403-406

第424條의2【不公正한 價額으로 株式을 引受한 者의 責任】 ① 理事와 通謀하여 현저하게 不公正한 發行價額으로 株式을 引受한 者는 會社에 대하여 公正한 發行價額과의 差額에 상당한 金額을 支給할 義務가 있다.
② 第403條 내지 第406條의 規定은 第1項의 支給을 請求하는 訴에 관하여 이를 準用한다.
③ 第1項 및 第2項의 規定은 理事의 會社 또는 株主에 대한 損害賠償의 責任에 영향을 미치지 아니한다.
(1984.4.10 본조신설)

第425條【準用規定】 ① 第302條第1項, 第3項, 第303條, 第305條第2項, 第3項, 第306條, 第318條와 第319條의 規定은 新株의 發行에 準用한다.
② 第305條第2項의 規定은 新株引受權證書를 발행하는 경우에 이를 準用한다.(1984.4.10 본항신설)

第426條【미상각액의 등기】 제417조에 따른 주식을 발행한 경우에 주식의 발행에 따른 변경등기에는 미상각액을 등기하여야 한다.(2011.4.14 본조개정)

改前 "第426條【未償却額의 登記】第417條의 規定에 의한 株式을 發行한 경우에 株式의 發行으로 인한 變更登記에는 第455條의 規定에 의한 未償却額을 登記하여야 한다."

참조 [신주발행으로 인한 변경등기]183·317②③

第427條【引受의 無效主張, 取消의 制限】 新株의 發行으로 인한 變更登記를 한 날로부터 1年을 經過한 후에는 新株를 引受한 者는 株式請約書 또는 新株引受權證書의 要件의 흠결을 理由로 하여 그 引受의 無效를 主張하거나 詐欺, 强迫 또는 錯誤를 理由로 하여 그 引受를 取消하지 못한다. 그 株式에 대하여 株主의 權利를 行使한 때에도 같다.
(1984.4.10 본조개정)

참조 [신주인수인]303·421·425, [신주발행으로 인한 변경등기]183·317②③, [착오]민109, [주식청약서의 요건]302①·347·420·425, [사기·강박]민110, [주주권의 행사]369·464, [심리유보]302③·425, 민107①단서, [설립의 경우]320

第428條【理事의 引受擔保責任】 ① 新株의 發行으로 인한 變更登記가 있은 後에 아직 引受하지 아니한 株式이 있거나 株式引受의 請約이 取消된 때에는 理事가 이를 共同으로 引受한 것으로 본다.
② 前項의 規定은 理事에 대한 損害賠償의 請求에 影響을 미치지 아니한다.

참조 [설립의 경우]321, ①[신주발행으로 인한 변경의 등기]183·317②③, [인수하지 아니한 주식]423②, [청약의 취소]민5②·10·13, [취소의 제한]427, [공동인수]333, ②[손해배상]382②, 민681

第429條【新株發行無效의 訴】 新株發行의 無效는 株主·理事 또는 監事에 한하여 新株를 發行한 날로부터 6月내에 訴만으로 이를 主張할 수 있다.
(1984.4.10 본조개정)

참조 [유사한 제한]529, [소의 절차]328·430, [판결의 효과]431·432, [발행일]416·423, [벌칙]631①②

판례 전환사채 발행의 실체가 없음에도 전환사채 발행의 등기가 되어 있는 외관이 존재하는 경우, 이를 제거하기 위한 전환사채발행부존재확인의 소에 있어서는 동조 '6월의 제소기간의 제한'이 적용되지 아니한다.(대판 2004.8.16, 2003다9636)

판례 신주발행무효의 소 계속 중 원고 적격의 근거가 되는 주식이 양도된 경우에 주식 양수인이 소송에 승계참가할 수 있는지 여부 : 구 민사소송법(2002.1.26. 법률 제6626호로 전문 개정되기 전의 것) 74조에서 규정하고 있는 소송의 목적물인 권리관계의 승계라 함은 소송물인 권리관계의 양도뿐만 아니라 당사자적격 이전의 원인이 되는 실체법상의 권리 이전을 널리 포함하는 것이므로, 신주발행무효의 소 계속 중 그 원고 적격의 근거가 되는 주식이 양도된 경우에 그 양수인은 제소기간 등의 요건이 충족된다면 새로운 주주의 지위에서 신소를 제기할 수 있을 뿐만 아니라, 양도인이 이미 제기한 기존의 위 소송을 적법하게 승계할 수도 있다.(대판 2003.2.26, 2000다42786)

第430條【準用規定】 第186條 내지 第189條·第190條 本文·第191條·第192條 및 第377條의 規定은 第429條의 訴에 관하여 이를 準用한다.
(1995.12.29 본조개정)

第431條【新株發行無效判決의 效力】 ① 新株發行無效의 判決이 確定된 때에는 新株는 將來에 대하여 그 效力을 잃는다.
② 前項의 경우에는 會社는 遲滯없이 그 뜻과 一定한 期間내에 新株의 株券을 會社에 提出할 것을 公告하고 株主名簿에 記載된 株主와 質權者에 대하여는 各別로 그 通知를 하여야 한다. 그러나 그 期間은 3月이상으로 하여야 한다.

참조 [무효판결의 제3자에 대한 효력]190·430, [유한회사에의 준용]595②, [등기]192·430, [효력의 불소급]328②, [공고]289①③, [통지]353, [등록질권자]340

第432條【無效判決과 株主에의 還給】 ① 新株發行無效의 判決이 確定된 때에는 會社는 新株의 株主에 대하여 그 納入한 金額을 返還하여야 한다.
② 前項의 金額이 前條第1項의 判決確定時의 會社의 財産狀態에 비추어 顯著하게 不當한 때에는 法院은 會社 또는 前項의 株主의 請求에 의하여 그 金額의 增減을 命할 수 있다.
③ 第339條와 第340條第1項, 第2項의 規定은 第1項의 경우에 準用한다.

참조 [유한회사에의 준용]595②, ①[납입한 금액]303·421·425, ②[관할]비송72

第5節　定款의 變更

第433條【定款變更의 方法】 ① 定款의 變更은 株主總會의 決議에 의하여야 한다.
② 定款의 變更에 관한 議案의 要領은 제363조에 따른 통지에 記載하여야 한다.(2014.5.20 본항개정)

改前 ② 定款의 變更에 관한 議案의 要領은 "第363條의 規定에 의한 通知와 公告"에 記載하여야 한다.

참조 [정관]289·290, ①[설립절차중의 정관변경]300·314·316·527②, [총회소집절차]362·363, [결의방법]434-436, [정관변경과 등기]183·317③, [유한회사정관의 변경]584-597, [정관변경과 인가]은행법47, 보험65

판례 주주총회의 특별결의에 의하여 정관변경이 이루어진 경우, 정관변경의 등기 내지 공증인의 인증 여부와 관계없이 정관변경의 효력이 발생하는지 여부 : 주식회사의 원시정관은 공증인의 인증을 받음으로써 효력이 생기는 것이지만 일단 유효하게 작성된 정관을 변경할 경우에는 주주총회의 특별결의가 있으면 그때 유효하게 정관변경이 이루어지는 것이고, 서면인 정관이 고쳐지거나 변경 내용이 등기사항인 때의 등기 여부 내지는 공증인의 인증 여부는 정관변경의 효력발생에는 아무 영향이 없다.(대판 2007.6.28, 2006다62362)

第434條【定款變更의 特別決議】 第433條第1項의 決議는 출석한 株主의 議決權의 3分의 2이상의 數와 發行株式總數의 3分의 1이상의 數로써 하여야 한다.(1995.12.29 본조개정)

참조 [통상결의]368·369, [총주주의 일치를 요하는 경우]604①, [특별결의를 요하는 경우]175②·292의2·374·375·438①·518·519·522③, [본조위반의 결의]376, [창립총회의 결의]309, [유한회사의 경우]585, [보험계약의 이전에 관한 결의]보험138

第435條【種類株主總會】 ① 회사가 종류주식을 발행한 경우에 정관을 변경함으로써 어느 종류주식의 주주에게 손해를 미치게 될 때에는 주주총회의 결의 외에 그 종류주식의 주주의 총회의 결의가 있어야 한다.(2011.4.14 본항개정)
② 第1項의 決議는 출석한 株主의 議決權의 3分의 2이상의 數와 그 종류의 發行株式總數의 3分의 1이상의 數로써 하여야 한다.(1995.12.29 본항개정)
③ 株主總會에 관한 規定은 議決權없는 種類의 株式에 관한 것을 제외하고 第1項의 總會에 準用한다.

改前 "① 會社가 數種의 株式을 發行한 경우에 定款을 變更함으로써 어느 種類의 株主에게 損害를 미치게 될 때에는 株主總會의 決議외에 그 種類의 株主의 總會의 決議가 있어야 한다."

참조 [수종의 주식]344, [주식교환의 결의]360의3⑤

판례 '어느 종류의 주주에게 손해를 미치게 될 때'의 의미 : '어느 종류의 주주에게 손해를 미치게 될 때'라 함에는, 어느 종류의 주주에게 직접적으로 불이익을 가져오는 경우는 물론이고, 외견상 형식적으로는 평등한 것이라고 하더라도 실질적으로는 불이익한 결과를 가져오는 경우도 포함되며, 나아가 어느 종류의 주주의 지위가 정관의 변경에 따라 유리한 면이 있으면서 불이익한 면을 수반하는 경우도 이에 해당된다.
(대판 2006.1.27, 2004다44575,44582)

第436條【준용규정】 제344조제3항에 따라 주식의 종류에 따라 특수하게 정하는 경우와 회사의 분할 또는 분할합병, 주식교환, 주식이전 및 회사의 합병으로 인하여 어느 종류의 주주에게 손해를 미치게 될 경우에는 제435조를 준용한다.(2011.4.14 본조개정)

改前 "第436條【同前】前條의 規定은 第344條第3項의 規定에 의하여 株式의 種類에 따라 特殊한 定함을 하는 경우와 주식교환, 주식이전 및 회사의 합병으로 인하여 어느 種類의 株主에게 損害를 미치게 될 경우에 準用한다.(2001.7.24 본조개정)"

第437條 (1995.12.29 삭제)

第6節　자본금의 감소
(2011.4.14 본절제목개정)

第438條【자본금 감소의 결의】 ① 자본금의 감소에는 제434조에 따른 결의가 있어야 한다.
② 제1항에도 불구하고 결손의 보전(補塡)을 위한 자본금의 감소는 제368조제1항의 결의에 의한다.
③ 자본금의 감소에 관한 의안의 주요내용은 제363조에 따른 통지에 적어야 한다.(2014.5.20 본항개정)
(2011.4.14 본조개정)

改前 ③ 자본금의 감소에 관한 의안의 주요내용은 제363조에 따른 "통지와 공고"에 적어야 한다.

참조 [자본의 액]317②, [유사규정]433, [공고방법]289①③

第439條【자본금 감소의 방법, 절차】 ① 자본금 감소의 결의에서는 그 감소의 방법을 정하여야 한다.
② 자본금 감소의 경우에는 제232조를 준용한다. 다만, 결손의 보전을 위하여 자본금을 감소하는 경우에는 그러하지 아니하다.
③ 사채권자가 이의를 제기하려면 사채권자집회의 결의가 있어야 한다. 이 경우에는 법원은 이해관계인의 청구에 의하여 사채권자를 위하여 이의 제기 기간을 연장할 수 있다.
(2011.4.14 본조개정)

改前 "第439條【資本減少의 方法, 節次】① 資本減少의 決議에서는 그 減少의 方法을 定하여야 한다.
② 第232條의 規定은 資本減少의 경우에 準用한다.(1984.4.10 본항개정)
③ 社債權者가 異議를 함에는 社債權者集會의 決議가 있어야 한다. 이 경우에는 法院은 利害關係人의 請求에 의하여 社債權者를 위하여 異議의 期間을 延長할 수 있다."

참조 [자본감소]440-445, [자본감소의 등기]183·317③, ①[결의]434, [주식의 병합]440-443, [주식의 소각]341·343, [감소의 방법과 수종의 주식]344②, [주식회사의 조직 변경]보험31, ③[사채권자 집회의 결의]495·500, [기간의 연장]비송109·115

第440條【株式併合의 節次】 株式을 併合할 경우에는 會社는 1月이상의 期間을 定하여 그 뜻과 그 期間내에 株券을 會社에 提出할 것을 公告하고 株主名簿에 記載된 株主와 質權者에 대하여는 各別로 그 通知를 하여야 한다.(1995.12.29 본조개정)

참조 [주식이 여러 종 있을 수 있는 경우의 병합]344③·436, [신주권의 교부]442, [단주의 처치]443, [질권의 효력]339, [주식소각에의 준용]343②, [공고]289①③, [통지]353, [등록질권자]340①, [제출불능의 경우]442·443②, [자본감소로 인한 변경등기]183·317③, [합병의 경우에의 준용]530③, [주식분할의 경우에의 준용]329의2

第441條【同前】 株式의 併合은 前條의 期間이 滿了한 때에 그 效力이 생긴다. 그러나 第232條의 規定에 의한 節次가 終了하지 아니한 때에는 그 終了한 때에 效力이 생긴다.

참조 [주식분할 경우의 준용]329의2, [주식소각에의 준용]343②, [합병의 경우에의 준용]530③

第442條【新株券의 交付】 ① 株式을 併合하는 경우에 舊株券을 會社에 提出할 수 없는 者가 있는 때에는 會社는 그 者의 請求에 의하여 3月이상의 期間을 定하고 利害關係人에 대하여 그 株券에 대한 異議가 있으면 그 期間내에 提出할 뜻을 公告하고 그 期間이 經過한 後에 新株券을 請求者에게 交付할 수 있다.
② 前項의 公告의 費用은 請求者의 負擔으로 한다.

참조 [공고]289①③, [질권의 효력]339·340, [주식분할 경우의 준용]329의2, [합병의 경우에의 준용]530③

판례 주식병합으로 발행된 신주권이 병합 전의 주식을 표창하고 그와 동일성을 유지하는지 여부 : 주식병합의 효력이 발생하면 회사는 신주권을 발행하고(동조 제1항), 주주는 병합된 만큼 감소된 수의 신주권을 교부받게 되는 바, 이에 따라 교환된 주권은 병합 전의 주식을 여전히 표창하면서 그와 동일성을 유지한다.(대판 2005.6.23, 2004다51887)

第443條【端株의 처리】 ① 併合에 適當하지 아니한 數의 株式이 있는 때에는 그 併合에 適當하지 아니한 部分에 대하여 發行한 新株를 競賣하여 各 株數에 따라 그 代金을 從前의 株主에게 支給하여야 한다. 그러나 去來所의 時勢있는 株式은 去來所를 통하여 賣却하고, 去來所의 時勢없는 株式은 法院의 許可를 받아 競賣외의 方法으로 賣却할 수 있다.
② 第442條의 規定은 第1項의 경우에 準用한다.
(1984.4.10 본조개정)

참조 [경매]민소734, [질권의 효력]339·340, [주식분할 경우의 준용]329의2, [합병의 경우에의 준용]530③, [유한회사에의 준용]597·603, ①[관할]비송72

第444條 (2014.5.20 삭제)

改前 "第444條【同前】前條의 規定은 無記名式의 株券으로서 第440條의 規定에 의한 提出이 없는 것에 準用한다."

第445條【감자무효의 소】 자본금 감소의 무효는 주주·이사·감사·청산인·파산관재인 또는 자본금의 감소를 승인하지 아니한 채권자만이 자본금 감소로 인한 변경등기가 된 날부터 6개월 내에 소(訴)만으로 주장할 수 있다.(2011.4.14 본조개정)

改前 "第445條【減資無效의 訴】資本減少의 無效는 株主·理事·監事·淸算人·破産管財人 또는 資本減少를 承認하지 아니한 債權者에 한하여 資本減少로 인한 變更登記가 있은 날로부터 6月내에 訴만으로 主張할 수 있다.(1984.4.10 본조개정)"

참조 [유한회사에의 준용]597, [자본감소의 등기]183·317③, [청산인]252·531·542①, [파산관재인]채무자회생파산355이하, [이의채권자]232·439②, [벌칙]631①②, [주식회사의 조직 변경]보험31

판례 주주총회 감자결의의 하자가 자본감소에 미치는 효력 : 주주총회의 감자결의에 결의방법상의 하자가 있으나 그 하자가 감자결의의 결과에 아무런 영향을 미치지 아니하였고, 감자결의를 통한 자본감소 후에 이를 기초로 채권은행 등에 대하여 부채의 출자전환 형식으로 신주발행을 하고 수차례에 걸쳐 제3자에게 영업을 양도하는 등의 사정이 발생하였다면, 자본감소를 무효로 할 경우 부채의 출자전환 형식으로 발행된 신주를 인수한 채권은행 등의 이익이나 거래의 안전을 해할 염려가 있으므로 자본감소를 무효로 하는 것이 부적당하다고 볼 사정이 있다.(대판 2004.4.27, 2003다29616)

第446條【準用規定】 第186條 내지 第189條·第190條 本文·第191條·第192條 및 第377條의 規定은 第445條의 訴에 관하여 이를 準用한다.
(1995.12.29 본조개정)

참조 [타법에의 준용]보험31

판례 감자무효의 소에 대한 법원의 재량기각 : 법원이 감자무효의 소를 재량 기각하기 위해서는 원칙적으로 그 소제기 전이나 그 심리 중에 원인이 된 하자가 보완되어야 한다고 할 수 있을 것이지만, 하자가 추후 보완될 수 없는 성질의 것으로서 자본감소 결의의 효력에는 아무런 영향을 미치지 않는 것인 경우 등에는 그 하자가 보완되지 아니하였다 하더라도 회사의 현황 등 제반 사정을 참작하여 자본감소를 무효로 하는 것이 부적당하다고 인정한 때에는 법원은 그 청구를 기각할 수 있다.
(대판 2004.4.27, 2003다29616)

第7節 회사의 회계
(2011.4.14 본절제목개정)

第446條의2【회계의 원칙】 회사의 회계는 이 법과 대통령령으로 규정한 것을 제외하고는 일반적으로 공정하고 타당한 회계관행에 따른다.(2011.4.14 본조신설)

第447條【재무제표의 작성】 ① 이사는 결산기마다 다음 각 호의 서류와 그 부속명세서를 작성하여 이사회의 승인을 받아야 한다.
1. 대차대조표
2. 손익계산서
3. 그 밖에 회사의 재무상태와 경영성과를 표시하는 것으로서 대통령령으로 정하는 서류

② 대통령령으로 정하는 회사의 이사는 연결재무제표(聯結財務諸表)를 작성하여 이사회의 승인을 받아야 한다.
(2011.4.14 본조개정)

改前 "第447條【財務諸表의 作成】 理事는 每決算期에 다음의 書類와 그 附屬明細書를 작성하여 理事會의 承認을 얻어야 한다.
1. 貸借對照表
2. 損益計算書
3. 利益剩餘金處分計算書 또는 缺損金處理計算書
(1984.4.10 본조개정)"

참조 [감사에 의한 조사]413, [집합투자업자의 경우]자본시장금융투자업90, [공시]448, [재무제표의 승인과 책임해제]449①·450, [벌칙]635①, [청산인의 경우]449·534·542②, [유한회사의 계산]579~583, [특칙]보험64, [공고]449, [이익준비금]458, [준비금의 사용]460, [이익·이자의 배당]462~464

第447條의2【營業報告書의 作成】 ① 理事는 每決算期에 營業報告書를 작성하여 理事會의 承認을 얻어야 한다.

② 營業報告書에는 大統領令이 정하는 바에 의하여 營業에 관한 중요한 事項을 記載하여야 한다.
(1984.4.10 본조신설)

참조 [이사회]382이하, [제출]447의3·449②, [상호회사에의 준용]보험64

판례 상법 447조의2에 따라 작성된 영업보고서의 신빙성 : 원심이 배척한 서증이 심판청구인 회사가 상법 447조의2에 따라 작성한 영업보고서로서 동조에 따른 이사회의 승인과 같은 법 447조의4에 따른 감사를 거친 것이라면 특별한 사정이 없는 한 그 신빙성이 있다고 보아야 할 것이다.
(대판 1990.9.28, 89후2281)

第447條의3【財務諸表등의 제출】 理事는 定期總會會日의 6週間前에 第447條 및 第447條의2의 書類를 監事에게 제출하여야 한다.(1984.4.10 본조신설)

참조 [감사]409이하, [상호회사에의 준용]보험64

第447條의4【감사보고서】 ① 감사는 제447조의3의 서류를 받은 날부터 4주 내에 감사보고서를 이사에게 제출하여야 한다.

② 제1항의 감사보고서에는 다음 각 호의 사항을 적어야 한다.
1. 감사방법의 개요
2. 회계장부에 기재될 사항이 기재되지 아니하거나 부실기재된 경우 또는 대차대조표나 손익계산서의 기재 내용이 회계장부와 맞지 아니하는 경우에는 그 뜻
3. 대차대조표 및 손익계산서가 법령과 정관에 따라 회사의 재무상태와 경영성과를 적정하게 표시하고 있는 경우에는 그 뜻
4. 대차대조표 또는 손익계산서가 법령이나 정관을 위반하여 회사의 재무상태와 경영성과를 적정하게 표시하지 아니하는 경우에는 그 뜻과 이유
5. 대차대조표 또는 손익계산서의 작성에 관한 회계방침의 변경이 타당한지 여부와 그 이유
6. 영업보고서가 법령과 정관에 따라 회사의 상황을 적정하게 표시하고 있는지 여부
7. 이익잉여금의 처분 또는 결손금의 처리가 법령 또는 정관에 맞는지 여부
8. 이익잉여금의 처분 또는 결손금의 처리가 회사의 재무상태나 그 밖의 사정에 비추어 현저하게 부당한 경우에는 그 뜻
9. 제447조의 부속명세서에 기재할 사항이 기재되지 아니하거나 부실기재된 경우 또는 회계장부·대차대조표·손익계산서나 영업보고서의 기재 내용과 맞지 아니하게 기재된 경우에는 그 뜻
10. 이사의 직무수행에 관하여 부정한 행위 또는 법령이나 정관의 규정을 위반하는 중대한 사실이 있는 경우에는 그 사실

③ 감사가 감사를 하기 위하여 필요한 조사를 할 수 없었던 경우에는 감사보고서에 그 뜻과 이유를 적어야 한다.
(2011.4.14 본조개정)

改前 "第447條의4【監査報告書】 ① 監事는 第447條의3의 書類를 받은 날로부터 4週間내에 監査報告書를 理事에게 제출하여야 한다.
② 第1項의 監査報告書에는 다음의 事項을 記載하여야 한다.
1. 監査方法의 槪要
2. 會計帳簿에 記載할 事項의 記載가 없거나 不實記載된 경우 또는 貸借對照表나 損益計算書의 記載가 會計帳簿의 記載와 合致되지 아니하는 경우에는 그 뜻
3. 貸借對照表 및 損益計算書가 法令 및 定款에 따라 會社의 財産 및 損益狀態를 정확하게 표시하고 있는 경우에는 그 뜻
4. 貸借對照表 또는 損益計算書가 法令 또는 定款에 違反하여 會社의 財産 및 損益狀態를 정확하게 표시하지 아니하는 경우에는 그 뜻과 事由
5. 貸借對照表 또는 損益計算書의 작성에 관한 會計方針의 변경이 타당한지의 與否와 그 이유
6. 營業報告書가 法令 및 定款에 따라 會社의 狀況을 정확하게 표시하고 있는지의 與否
7. 利益剩餘金處分計算書 또는 缺損金處理計算書가 法令 및 定款에 적합한지의 與否
8. 利益剩餘金處分計算書 또는 缺損金處理計算書가 會社財産의 狀態 기타의 事情에 비추어 현저하게 부당한 경우에는 그 뜻
9. 第447條의 附屬明細書에 記載할 事項의 記載가 없거나 不實記載된 경우 또는 會計帳簿·貸借對照表·損益計算書나 營業報告書의 記載와 合致되지 아니하는 記載가 있는 경우에는 그 뜻
10. 理事의 職務遂行에 관하여 不正한 行爲 또는 法令이나 定款의 規定에 違反하는 중대한 事實이 있는 경우에는 그 事實
11. 監査를 하기 위하여 필요한 調査를 할 수 없었던 경우에는 그 뜻과 이유
(1984.4.10 본조신설)"

第448條【財務諸表 등의 備置·公示】 ① 理事는 定期總會會日의 1週間전부터 第447條 및 第447條의2의 書類와 監査報告書를 本店에 5年間, 그 謄本을 支店에 3年間 備置하여야 한다.

② 株主와 會社債權者는 營業時間내에 언제든지 第1項의 備置書類를 閱覽할 수 있으며 會社가 定한 費用을 支給하고 그 書類의 謄本이나 抄本의 交付를 請求할 수 있다.
(1984.4.10 본조개정)

참조 [청산의 경우에의 준용]542②, [유한회사에의 준용]579의3·583①·613②, [상호회사에의 준용]보험64·73, [감사의 보고서]413·447, [벌칙]635①

일판 주식회사의 채권자는 특별한 사정이 없는 한 주주총회 종료후도 본조 제2항의 규정의 유추적용하여 회사에 대하여 본조 제1항 소정의 서류 열람 또는 그 등본이나 초본의 교부를 청구할 수 있다.(日·最高 1971.6.3)

第449條【財務諸表 등의 承認·公告】 ① 이사는 제447조의 각 서류를 정기총회에 제출하여 그 승인을 요구하여야 한다.(2011.4.14 본항개정)

② 理事는 第447條의2의 書類를 定期總會에 제출하여 그 내용을 보고하여야 한다.(1984.4.10 본항신설)

③ 理事는 第1項의 書類에 대한 總會의 承認을 얻은 때에는 지체없이 貸借對照表를 公告하여야 한다.
(1984.4.10 본조개정)

改前 "① 理事는 第447條 各號에 規定한 書類를 定期總會에 提出하여 그 承認을 要求하여야 한다.(1984.4.10 본항개정)"

참조 [청산인에의 준용]542②, [상호회사에의 준용]보험64·73, ①[정기총회]365, [검사인의 선임]367, [승인결의]368, [승인과 책임해제]450, [감사의 조사]413, [유한회사에의 준용]583①·613②, ②[공고]289①③, [벌칙]635①

판례 이익배당금의 청구 요건 : 사원총회의 계산서류승인에 의한 배당금의 확정과 배당에 관한 결의가 없는 경우에는 이익배당금 청구는 이유없다.(대판 1983.3.22, 81다343)

第449條의2【재무제표 등의 승인에 대한 특칙】 ① 제449조에도 불구하고 회사는 정관으로 정하는 바에 따라 제447조의 각 서류를 이사회의 결의로 승인할 수 있다. 다만, 이 경우에는 다음 각 호의 요건을 모두 충족하여야 한다.
1. 제447조의 각 서류가 법령 및 정관에 따라 회사의 재무상태 및 경영성과를 적정하게 표시하고 있다는 외부감사인의 의견이 있을 것
2. 감사(감사위원회 설치회사의 경우에는 감사위원을 말한다) 전원의 동의가 있을 것

② 제1항에 따라 이사회가 승인한 경우에는 이사는 제447조의 각 서류의 내용을 주주총회에 보고하여야 한다.
(2011.4.14 본조신설)

第450條【理事, 監事의 責任解除】 定期總會에서 前條第1項의 承認을 한 後 2年내에 다른 決議가 없으면 會社는 理事와 監事의 責任을 解除한 것으로 본다. 그러나 理事 또는 監事의 不正行爲에 대하여는 그러하지 아니하다.

참조 [이사·감사의 책임]399·414, [다른 결의]368·449①, [책임의 면제]324·400·415, [청산인의 경우]540②, [청산인에의 준용]542②, [유한회사에의 준용]583, [상호회사에의 준용]보험64·73

판례 상호신용금고의 대표이사가 충분한 담보를 확보하지 아니하고 동일인 대출한도를 초과한 것이 상법 450조의 적용을 받는지 여부 : 상법 450조에 따른 이사의 책임해제는 재무제표 등에 기재되어 정기총회에서 승인을 얻은 사항에 한정되는데, 상호신용금고의 대표이사가 충분한 담보를 확보하지 아니하고 동일인 대출 한도를 초과하여 대출한 것은 재무제표 등을 통하여 알 수 있는 사항이 아니므로, 상호신용금고의 정기총회에서 재무제표 등을 승인한 후 2년 내에 다른 결의가 없었다고 하여 대표이사의 손해배상책임이 해제되었다고 볼 수 없다.
(대판 2002.2.26, 2001다76854)

第451條【자본금】 ① 회사의 자본금은 이 법에서 달리 규정한 경우 외에는 발행주식의 액면총액으로 한다.

② 회사가 무액면주식을 발행하는 경우 회사의 자본금은 주식 발행가액의 2분의 1 이상의 금액으로서 이사회(제416조 단서에서 정한 주식발행의 경우에는 주주총회를 말한다)에서 자본금으로 계상하기로 한 금액의 총액으로 한다. 이 경우 주식의 발행가액 중 자본금으로 계상하지 아니하는 금액은 자본준비금으로 계상하여야 한다.

③ 회사의 자본금은 액면주식을 무액면주식으로 전환하거나 무액면주식을 액면주식으로 전환함으로써 변경할 수 없다.
(2011.4.14 본조개정)

改前 "第451條【資本】 會社의 資本은 本法에 다른 規定이 있는 경우외에는 發行株式의 額面總額으로 한다."

참조 [자본]317②, [발행주식]317②, [주금액]289①

第452條 (2011.4.14 삭제)

改前 "第452條【資産의 評價方法】 會社의 會計帳簿에 記載될 자산은 다음의 方法에 의하여 評價하여야 한다.(2010.5.14 본문개정)
1. 流動資産은 取得價額 또는 製作價額에 의한다. 그러나 時價가 取得價額 또는 製作價額보다 현저하게 낮은 때에는 時價에 의하여야 한다.
2. (1984.4.10 삭제)
3. 金錢債權은 債權金額에 의한다. 그러나 債權을 債權金額보다 낮은 價額으로 取得한 때 또는 이것에 準하는 경우에는 相當한 減額을 할 수 있다. 推尋不能의 念慮가 있는 債權은 그 豫想額을 減額하여야 한다.
4. 去來所의 時勢있는 社債는 決算期前 1月의 平均價格에 의하고 그 時勢없는 社債는 取得價額에 의한다. 그러나 取得價額과 社債의 金額이 다른 때에는 相當한 增額 또는 減額을 할 수 있다. 推尋不能의 念慮가 있는 社債에는 第3號 後段의 規定을 準用한다. 社債에 準하는 것도 같다.
5. 去來所의 時勢있는 株式은 取得價額에 의한다. 그러나 決算期前 1月의 平均價格이 取得價額보다 낮을 때에는 그 時價에 의한다. 去來 기타의 필요상 長期間 保有할 目的으로 取得한 株式은 去來所의 時勢의 有無를 不拘하고 取得價額에 의한다. 그러나 發行會社의 財産狀態가 현저하게 惡化된 때에는 相當한 減額을 하여야 한다. 有限會社 기타에 대한 出資의 評價에도 같다.
6. 營業權은 有償으로 承繼取得한 경우에 限하여 取得價額을 記載할 수 있다. 이 경우에는 營業權을 取得한 後 5年내의 每決算期에 均等額이상을 償却하여야 한다."

第453條 (2011.4.14 삭제)

改前 "第453條【創業費의 計上】 ① 第290條第4號의 規定에 의한 支出額과 設立登記에 支出한 稅額은 貸借對照表資産의 部에 計上할 수 있다.
② 前項의 計上金額은 會社成立後 또는 開業前에 利子를 配當할 것을 定한 때에는 그 配當을 마친 後 5年내의 每決算期에 均等額 이상의 償却을 하여야 한다."

第453條의2 (2011.4.14 삭제)

改前 "第453條의2【開業費의 計上】 ① 開業의 準備를 위하여 支出한 金額은 貸借對照表 資産의 部에 計上할 수 있다.
② 第1項의 計上金額은 開業후 3年내의 每決算期에 均等額이상의 償却을 하여야 한다.
(1995.12.29 본조신설)"

第454條 (2011.4.14 삭제)

改前 "第454條【新株發行費用의 計上】 ① 新株를 發行한 경우에는 그 發行에 필요한 費用의 額은 貸借對照表資産의 部에 計上할 수 있다.
② 前項의 計上金額은 新株發行後 3年내의 每決算期에 均等額이상의 償却을 하여야 한다."

第455條 (2011.4.14 삭제)

改前 "第455條【額面未達金額의 計上】 ① 第417條의 規定에 의하여 株式을 發行한 경우에는 額面未達金額의 總額은 貸借對照表資産의 部에 計上할 수 있다.
② 前項의 計上金額은 株式發行後 3年내의 每決算期에 均等額이상의 償却을 하여야 한다."

第456條 (2011.4.14 삭제)

改前 "第456條【社債差額의 計上】 ① 社債를 募集한 경우에 그 償還할 總額이 그 募集에 의한 實收額을 超過한 때의 그 差額은 貸借對照表資産의 部에 計上할 수 있다.
② 前項의 計上金額은 社債償還期限내의 每決算期에 均等額 이상의 償却을 하여야 한다.
③ 第454條의 規定은 社債發行에 필요한 費用의 額에 準用한다."

第457條 (2011.4.14 삭제)

改前 "第457條【配當建設利子의 計上】 ① 第463條의 規定에 의하여 配當한 金額은 貸借對照表資産의 部에 計上할 수 있다.
② 前項의 計上金額은 開業後 年 6分이상의 利益을 配當하는 경우에는 그 6分을 超過한 金額과 同額이상의 償却을 하여야 한다."

第457條의2 (2011.4.14 삭제)

改前 "第457條의2【研究開發費의 計上】① 新製品 또는 新技術의 研究 또는 開發과 관련하여 특별히 발생한 費用은 貸借對照表 資産의 部에 計上할 수 있다.
② 第1項의 計上金額은 그 支出후 5年내의 每決算期에 均等額 이상의 償却을 하여야 한다.
(1995.12.29 본조신설)"

第458條【이익준비금】 회사는 그 자본금의 2분의 1이 될 때까지 매 결산기 이익배당액의 10분의 1 이상을 이익준비금으로 적립하여야 한다. 다만, 주식배당의 경우에는 그러하지 아니하다.(2011.4.14 본조개정)

改前 "第458條【利益準備金】會社는 그 資本의 2分의 1에 달할 때까지 每決算期의 金錢에 의한 利益配當額의 10分의 1이상의 金額을 利益準備金으로 積立하여야 한다.(1984.4.10 본조개정)"

참조 [자본]289①·451, [준비금적립과 이익배당]462, [벌칙]635①, [액면 이상의 발행]330, [준비금의 사용]460, [유한회사에의 준용]583①

第459條【자본준비금】 ① 회사는 자본거래에서 발생한 잉여금을 대통령령으로 정하는 바에 따라 자본준비금으로 적립하여야 한다.
② 합병이나 제530조의2에 따른 분할 또는 분할합병의 경우 소멸 또는 분할되는 회사의 이익준비금이나 그 밖의 법정준비금은 합병·분할·분할합병 후 존속되거나 새로 설립되는 회사가 승계할 수 있다.
(2011.4.14 본조개정)

改前 "第459條【資本準備金】① 會社는 다음의 金額을 資本準備金으로 積立하여야 한다.
1. 額面이상의 株式을 發行한 때에는 그 額面을 超過한 金額
1의2. 주식의 포괄적 교환을 한 경우에는 제360조의7에 규정하는 자본증가의 한도액이 완전모회사의 증가한 자본액을 초과한 경우의 그 초과액(2001.7.24 본호신설)
1의3. 주식의 포괄적 이전을 한 경우에는 제360조의18에 규정하는 자본의 한도액이 설립된 완전모회사의 자본액을 초과한 경우의 그 초과액(2001.7.24 본호신설)
2. 資本減少의 경우에 그 減少額이 株式의 消却, 株金의 返還에 要한 金額과 缺損의 塡補에 充當한 金額을 超過한 때에는 그 超過金額
3. 會社合併의 경우에 消滅된 會社로부터 承繼한 財産의 價額이 그 會社로부터 承繼한 債務額, 그 會社의 株主에게 支給한 金額과 合併後 存續하는 會社의 資本增加額 또는 合併으로 인하여 設立된 會社의 資本額을 超過한 때에는 그 超過金額(1984.4.10 단서삭제)
3의2. 第530條의2의 規定에 의한 分割 또는 分割合併으로 인하여 設立된 會社 또는 存續하는 會社에 出資된 財産의 價額이 出資한 會社로부터 承繼한 債務額, 出資한 會社의 株主에게 지급한 금액과 設立된 會社의 資本金 또는 存續하는 會社의 資本增加額을 초과한 때에는 그 초과금액
(1998.12.28 본호신설)
4. 기타 資本去來에서 발생한 剩餘金(1984.4.10 본호신설)
② 第1項第3號 및 第3號의2의 초과금액중 消滅 또는 分割되는 會社의 利益準備金 기타 法定準備金은 合併후 또는 分割·分割合併후 存續 또는 設立되는 會社가 이를 承繼할 수 있다.(1998.12.28 본항개정)"

참조 [사용]460·461, [공제항목]462, [벌칙]635①, [유한회사에의 준용]583①, ⑴[1주의 금액]289①, [발행가액]291·330·348·416·461②, ⑵[자본의 감소]438－446, ⑶[합병차익]523

일판 준비금의 자본전입에 의한 신주의 발행은 주주이외의 제3자에 대하여 할 수는 없다.(日·東京地 1963.7.19)

第460條【법정준비금의 사용】 제458조 및 제459조의 준비금은 자본금의 결손 보전에 충당하는 경우 외에는 처분하지 못한다.(2011.4.14 본조개정)

改前 "第460條【法定準備金의 使用】① 前2條의 準備金은 資本의 缺損塡補에 充當하는 경우외에는 이를 處分하지 못한다.
② 利益準備金으로 資本의 缺損의 塡補에 充當하고서도 不足한 경우가 아니면 資本準備金으로 이에 充當하지 못한다."

참조 [벌칙]635①, [유한회사에의 준용]583①

第461條【준비금의 자본금 전입】 ① 會社는 理事會의 決議에 의하여 準備金의 전부 또는 일부를 자본금에 轉入할 수 있다. 그러나 定款으로 株主總會에서 決定하기로 정한 경우에는 그러하지 아니하다.
(2011.4.14 본문개정)
② 第1項의 경우에는 株主에 대하여 그가 가진 株式의 數에 따라 株式을 발행하여야 한다. 이 경우 1株에 미달하는 端數에 대하여는 第443條第1項의 規定을 準用한다.
③ 第1項의 理事會의 決議가 있은 때에는 會社는 일정한 날을 정하여 그 날에 株主名簿에 기재된 株主가 第2項의 新株의 株主가 된다는 뜻을 그 날의 2週間전에 公告하여야 한다. 그러나 그 날이 第354條第1項의 期間중인 때에는 그 期間의 初日의 2週間전에 이를 公告하여야 한다.
④ 第1項 但書의 경우에 株主는 株主總會의 決議가 있은 때로부터 第2項의 新株의 株主가 된다.
⑤ 第3項 또는 第4項의 規定에 의하여 新株의 株主가 된 때에는 理事는 지체없이 新株를 받은 株主와 株主名簿에 기재된 質權者에 대하여 그 株主가 받은 株式의 種類와 數를 통지하여야 한다.(2014.5.20 본항개정)
⑥ 第339條의 規定은 第2項의 規定에 의하여 株式의 발행이 있는 경우에 이를 準用한다.
(2011.4.14 본조제목개정)
(1984.4.10 본조개정)

改前 "⑥ 第350條第3項 後段의 規定은 第1項의 경우에 이를 準用한다.(1995.12.29 본항신설)"
"⑦" 第339條의 規定은 第2項의 規定에 의하여 株式의 발행이 있는 경우에 이를 準用한다."

참조 ①[주주총회의 결의]368·369, [준비금]458·459, [준비금의 사용]460, [자본구성에 관한 일반원칙]451, [신주발행에 관한 일반원칙]416 이하, [주주가 되는 시기에 관한 일반원칙]423, ③[주주명부]352

판례 주식을 양수하고서 명의개서를 하지 않은 경우에 있어 준비금의 자본전입으로 발행된 신주에 대한 소유권의 귀속 : 상법 461조에 의하여 주식회사가 이사회의 결의로 준비금을 자본에 전입하여 주식을 발행할 경우에는 회사에 대한 관계에서는 이 사회의 결의로 정한 일정한 날에 주주명부에 주주로 기재된 자만이 신주의 주주가 된다고 할 것이므로 갑이 병 주식회사의 기명주식을 실질적으로 취득하였으나 병 주식회사의 이사회가 신주를 발행하면서 정한 기준일 현재 갑이 기명주주의 명의개서를 하지 아니하여 을이 그 주주로 기재되어 있었다면 병 주식회사에 대한 관계에서는 신주의 주주는 을이라 할 것이다.
(대판 1988.6.14, 87다카2599,2600(반소))

第461條의2【준비금의 감소】 회사는 적립된 자본준비금 및 이익준비금의 총액이 자본금의 1.5배를 초과하는 경우에 주주총회의 결의에 따라 그 초과한 금액 범위에서 자본준비금과 이익준비금을 감액할 수 있다.(2011.4.14 본조신설)

참조 [평가이익 등의 익금불산입]법인세법18

第462條【이익의 배당】 ① 회사는 대차대조표의 순자산액으로부터 다음의 금액을 공제한 액을 한도로 하여 이익배당을 할 수 있다.
1. 자본금의 액
2. 그 결산기까지 적립된 자본준비금과 이익준비금의 합계액
3. 그 결산기에 적립하여야 할 이익준비금의 액
4. 대통령령으로 정하는 미실현이익
② 이익배당은 주주총회의 결의로 정한다. 다만, 제449조의2제1항에 따라 재무제표를 이사회가 승인하는 경우에는 이사회의 결의로 정한다.
③ 제1항을 위반하여 이익을 배당한 경우에 회사채권자는 배당한 이익을 회사에 반환할 것을 청구할 수 있다.
④ 제3항의 청구에 관한 소에 대하여는 제186조를 준용한다.
(2011.4.14 본조개정)

改前 "第462條【利益의 配當】① 會社는 貸借對照表上의 순자산액으로부터 다음의 金額을 控除한 額을 限度로 하여 利益配當을 할 수 있다.(2001.7.24 본문개정)
1. 資本의 額
2. 그 決算期까지 積立된 資本準備金과 利益準備金의 合計額
3. 그 決算期에 積立하여야 할 利益準備金의 額
② 前項의 規定에 違反하여 利益을 配當한 때에는 會社債權者는 이를 會社에 返還할 것을 請求할 수 있다.
③ 第186條의 規定은 前項의 請求에 관한 訴에 準用한다."

참조 [자본]289①, [준비금]458·459, [배당에 관한 의안]447①, [배당기준]464, [벌칙]625·635①, [이익배당과 질권자]340①, [유한회사에의 준용]583①

일판 회사가 일반주주에 대하여는 無配로 하면서도 특정한 대주주에 대해서 無配직전의 배당에 대응하는 금액을 보수명의로 증정할 것을 약속한 증여계약은 주주평등의 원칙에 위반되어 무효이다.(日·最高 1970.11.24)

第462條의2【株式配當】 ① 會社는 株主總會의 決議에 의하여 利益의 配當을 새로이 발행하는 株式으로써 할 수 있다. 그러나 株式에 의한 配當은 利益配當總額의 2分의 1에 상당하는 金額을 초과하지 못한다.
② 第1項의 配當은 株式의 券面額으로 하며, 會社가 종류주식을 발행한 때에는 각각 그와 같은 종류의 株式으로 할 수 있다.(2011.4.14 본항개정)
③ 株式으로 配當할 이익의 금액중 株式의 券面額에 미달하는 端數가 있는 때에는 그 부분에 대하여는 第443條第1項의 規定을 準用한다.(1995.12.29 본항개정)
④ 株式으로 配當을 받은 株主는 第1項의 決議가 있는 株主總會가 終結한 때부터 新株의 株主가 된다.
(2020.12.29 후단삭제)
⑤ 理事는 第1項의 決議가 있는 때에는 지체없이 配當을 받을 株主와 株主名簿에 기재된 質權者에게 그 株主가 받을 株式의 種類와 數를 통지하여야 한다.
(2014.5.20 본항개정)
⑥ 第340條第1項의 質權者의 權利는 第1項의 規定에 의한 株主가 받을 株式에 미친다. 이 경우 第340條第3項의 規定을 準用한다.
(1984.4.10 본조신설)

改前 ④ 株式으로…株主가 된다. "이 경우 第350條第3項 後段의 規定을 準用한다."(1995.12.29 본항개정)

第462條의3【中間配當】 ① 年 1回의 決算期를 정한 會社는 營業年度중 1回에 한하여 理事會의 決議로 일정한 날을 정하여 그 날의 株主에 대하여 이익을 配當(이하 이 條에서 "中間配當"이라 한다)할 수 있음을 定款으로 정할 수 있다.(2011.4.14 본항개정)
② 中間配當은 직전 決算期의 貸借對照表상의 순자산액에서 다음 各號의 금액을 공제한 額을 한도로 한다.(2001.7.24 본문개정)
1. 직전 결산기의 자본금의 액(2011.4.14 본호개정)
2. 직전 決算期까지 積立된 資本準備金과 利益準備金의 合計額
3. 직전 決算期의 定期總會에서 이익으로 配當하거나 또는 지급하기로 정한 금액
4. 中間配當에 따라 당해 決算期에 積立하여야 할 利益準備金
③ 會社는 당해 決算期의 貸借對照表상의 순자산액이 第462條第1項 各號의 금액의 合計額에 미치지 못할 우려가 있는 때에는 中間配當을 하여서는 아니된다.(2001.7.24 본항개정)
④ 당해 決算期 貸借對照表상의 순자산액이 第462條第1項 各號의 금액의 合計額에 미치지 못함에도 불구하고 中間配當을 한 경우 理事는 會社에 대하여 連帶하여 그 差額(配當額이 그 差額보다 적을 경우에는 配當額)을 賠償할 責任이 있다. 다만, 理事가 第3項의 우려가 없다고 판단함에 있어 주의를 게을리하지 아니하였음을 증명한 때에는 그러하지 아니하다.(2001.7.24 본문개정)
⑤ 第340條第1項, 제344조제1항, 第354條第1項, 제458조, 第464條 및 第625條第3號의 規定의 적용에 관하여는 中間配當을 第462條第1項의 規定에 의한 이익의 배당으로 본다.(2020.12.29 본항개정)
⑥ 第399條第2項·第3項 및 第400條의 規定은 第4項의 理事의 責任에 관하여, 제462조제3항 및 제4항은 第3項의 規定에 위반하여 中間配當을 한 경우에 이를 準用한다.(2011.4.14 본항개정)
(1998.12.28 본조신설)

改前 ⑤ 第340條第1項, "第344條第1項, 第350條第3項(第423條第1項, 第516條第2項 및 제516조의10에서 準用하는 경우를 포함한다. 이하 이 項에서 같다)", 第354條第1項,…規定에 의한 이익의 "配當으로, 第350條第3項의 規定의 적용에 관하여는 第1項의 일정한 날을 營業年度末로 본다."(2011.4.14 본항개정)

第462條의4【현물배당】 ① 회사는 정관으로 금전 외의 재산으로 배당을 할 수 있음을 정할 수 있다.
② 제1항에 따라 배당을 결정한 회사는 다음 사항을 정할 수 있다.
1. 주주가 배당되는 금전 외의 재산 대신 금전의 지급을 회사에 청구할 수 있도록 한 경우에는 그 금액 및 청구할 수 있는 기간
2. 일정 수 미만의 주식을 보유한 주주에게 금전 외의 재산 대신 금전을 지급하기로 한 경우에는 그 일정 수 및 금액
(2011.4.14 본조신설)

第463條 (2011.4.14 삭제)

改前 "第463條【建設利子의 配當】① 會社는 그 目的인 事業의 性質에 의하여 會社의 成立後 2年이상 그 營業全部를 開始하기가 不能하다고 認定한 때에는 定款으로 一定한 株式에 대하여 그 開業前 一定한 期間내에 一定한 利子를 그 株主에게 配當할 수 있음을 정할 수 있다. 그러나 그 利率은 年 5分을 超過하지 못한다.
② 前項의 定款의 規定 또는 그 變更은 法院의 認可를 얻어야 한다."

第464條【이익배당의 기준】 이익배당은 각 주주가 가진 주식의 수에 따라 한다. 다만, 제344조제1항을 적용하는 경우에는 그러하지 아니하다.
(2011.4.14 본조개정)

改前 "第464條【利益등의 配當의 基準】利益이나 利子의 配當은 各株主가 가진 株式의 數에 따라 支給한다. 그러나 第344條第1項의 規定을 適用하는 경우에는 그러하지 아니하다."

참조 [이익배당]462, [배당과 질권자]340①, [잔여재산의 분배]538

第464條의2【이익배당의 지급시기】 ① 회사는 제464조에 따른 이익배당을 제462조제2항의 주주총회나 이사회의 결의 또는 제462조의3제1항의 결의를 한 날부터 1개월 내에 하여야 한다. 다만, 주주총회 또는 이사회에서 배당금의 지급시기를 따로 정한 경우에는 그러하지 아니하다.(2011.4.14 본항개정)
② 第1項의 配當金의 支給請求權은 5年間 이를 行使하지 아니하면 消滅時效가 完成한다.
(2011.4.14 본조제목개정)
(1984.4.10 본조신설)

改前 第464條의2 "配當金支給時期" "① 會社는 第464條의 規定에 의한 配當金을 第449條第1項의 승인 또는 第462條의3第1項의 決議가 있은 날부터 1月이내에 支給하여야 한다. 다만, 第449條第1項의 總會 또는 第462條의3第1項의 理事會에서 配當金의 支給時期를 따로 정한 경우에는 그러하지 아니하다.
(1998.12.28 본항개정)"

第465條 (1984.4.10 삭제)

第466條【株主의 會計帳簿閱覽權】 ① 發行株式의 總數의 100分의 3이상에 該當하는 株式을 가진 株主는 理由를 붙인 書面으로 會計의 帳簿와 書類의

閱覽 또는 謄寫를 請求할 수 있다.
② 會社는 第1項의 株主의 請求가 不當함을 證明하지 아니하면 이를 拒否하지 못한다.
(1998.12.28 본조개정)
참조 [발행전주식의 총수]317②③, [벌칙]631①②·635①
판례 소수주주의 회계장부열람등사청구권을 피보전권리로 당해 장부 등의 열람등사를 명하는 가처분이 인정되는지 여부 : 상법 466조 1항 소정의 소수주주의 회계장부열람등사청구권을 피보전권리로 하여 당해 장부 등의 열람·등사를 명하는 가처분이 실질적으로 본안소송의 목적을 달성하여 버리는 면이 있다고 할지라도, 나중에 본안소송에서 패소가 확정되면 손해배상청구권이 인정되는 등으로 법률적으로는 여전히 잠정적인 면을 가지고 있기 때문에 임시적인 조치로서 이러한 회계장부열람등사청구권을 피보전권리로 하는 가처분도 허용된다고 볼 것이고, 이러한 가처분을 허용함에 있어서는 피신청인인 회사에 대하여 직접 열람·등사를 허용하라는 명령을 내리는 방법뿐만 아니라, 열람·등사의 대상 장부 등에 관하여 훼손, 폐기, 은닉, 개찬이 행하여질 위험이 있는 때에는 이를 방지하기 위하여 그 장부 등을 집행관에게 이전 보관시키는 가처분을 허용할 수도 있다.(대판 1999.12.21, 99다137)
일판 청구의 목적 및 열람의 대상을 구체적으로 밝히지 않는 회계장부·서류의 열람청구는 인정되지 않는다.
(日·高松高 1986.9.29)

第467條【會社의 業務, 財産狀態의 檢査】 ① 會社의 業務執行에 관하여 不正行爲 또는 法令이나 定款에 違反한 重大한 事實이 있음을 疑心할 事由가 있는 때에는 發行株式의 總數의 100分의 3이상에 該當하는 株式을 가진 株主는 會社의 業務와 財産狀態를 調査하게 하기 위하여 法院에 檢査人의 選任을 請求할 수 있다.(1998.12.28 본항개정)
② 檢査人은 그 調査의 結果를 法院에 報告하여야 한다.
③ 法院은 第2項의 報告에 의하여 필요하다고 認定한 때에는 代表理事에게 株主總會의 召集을 命할 수 있다. 第310條第2項의 規定은 이 경우에 準用한다.
(1995.12.29 본항개정)
④ 理事와 監事는 지체없이 第3項의 規定에 의한 檢査人의 보고서의 정확여부를 調査하여 이를 株主總會에 보고하여야 한다.(1995.12.29 본항신설)
참조 [유한회사의 경우]582, [관할]비송72, [검사인의 선임·보수]비송76·77, ②[검사인의 보고]비송74, ③[총회소집의 명령]635①, 비송79
판례 "회사의 업무집행에 관하여 부정행위 또는 법령이나 정관에 위반한 중대한 사실이 있음을 의심할 사유가 있는 때"에 대하여는, 그 내용을 구체적으로 명확히 적시하여 입증하여야 하고 단순히 일반적으로 그러한 의심이 간다는 정도의 막연한 것만으로는 그 사유로 삼을 수 없다.(대결 1996.7.3, 95마1335)

第467條의2【利益供與의 금지】 ① 會社는 누구에게든지 株主의 權利行使와 관련하여 財産上의 利益을 供與할 수 없다.
② 會社가 特定의 株主에 대하여 無償으로 財産上의 利益을 供與한 경우에는 株主의 權利行使와 관련하여 이를 供與한 것으로 推定한다. 會社가 特定의 株主에 대하여 有償으로 財産上의 利益을 供與한 경우에 있어서 會社가 얻은 利益이 供與한 利益에 비하여 현저하게 적은 때에도 또한 같다.
③ 會社가 第1項의 規定에 違反하여 財産上의 利益을 供與한 때에는 그 利益을 供與받은 者는 이를 會社에 返還하여야 한다. 이 경우 會社에 대하여 對價를 支給한 것이 있는 때에는 그 返還을 받을 수 있다.
④ 第403條 내지 第406條의 規定은 第3項의 利益의 返還을 請求하는 訴에 대하여 이를 準用한다.
(1984.4.10 본조신설)

第468條【사용인의 우선변제권】 신원보증금의 반환을 받을 채권 기타 회사와 사용인간의 고용관계로 인한 채권이 있는 자는 회사의 총재산에 대하여 우선변제를 받을 권리가 있다. 그러나 질권·저당권이나 「동산·채권 등의 담보에 관한 법률」에 따른 담보권에 優先하지 못한다.(2010.6.10 단서개정)
改前 第468條【使用人의 優先辨濟權】身元保證金의 返還을 받을 債權 기타 會社와 使用人間의 雇傭關係로 인한 債權이 있는 者는 會社의 總財産에 대하여 優先辨濟를 받을 權利가 있다. 그러나 "質權이나 抵當權"에 優先하지 못한다.
참조 [유한회사에의 준용]583, [상호회사에의 준용]보험64, [고용관계]민655이하, 근기, [우선파산채권]채무자회생파산441, [질권]민329·345, [저당권]민356

第8節 社 債

第1款 通 則

第469條【사채의 발행】 ① 회사는 이사회의 결의에 의하여 사채(社債)를 발행할 수 있다.
② 제1항의 사채에는 다음 각 호의 사채를 포함한다.
1. 이익배당에 참가할 수 있는 사채
2. 주식이나 그 밖의 다른 유가증권으로 교환 또는 상환할 수 있는 사채
3. 유가증권이나 통화 또는 그 밖에 대통령령으로 정하는 자산이나 지표 등의 변동과 연계하여 미리 정하여진 방법에 따라 상환 또는 지급금액이 결정되는 사채
③ 제2항에 따라 발행하는 사채의 내용 및 발행 방법 등 발행에 필요한 구체적인 사항은 대통령령으로 정한다.
④ 제1항에도 불구하고 정관으로 정하는 바에 따라 이사회는 대표이사에게 사채의 금액 및 종류를 정하여 1년을 초과하지 아니하는 기간 내에 사채를 발행할 것을 위임할 수 있다.
(2011.4.14 본조개정)
改前 "第469條【社債의 募集】會社는 理事會의 決議에 의하여 社債를 募集할 수 있다."
참조 [이사회의 결의]391, [전환사채]513이하, [수종의 사채와 사채권자집회]509

第470條 (2011.4.14 삭제)
改前 "第470條【總額의 制限】① 社債의 總額은 最終의 貸借對照表에 의하여 會社에 現存하는 純資産額의 4倍를 초과하지 못한다.(1995.12.29 본항개정)
② (1995.12.29 삭제)
③ 舊社債를 償還하기 위하여 社債를 募集하는 경우에는 舊社債의 額은 社債의 總額에 算入하지 아니한다. 이 경우에는 新社債의 納入期日, 數回에 分納하는 때에는 第1回의 納入期日로부터 6月내에 舊社債를 償還하여야 한다."

第471條 (2011.4.14 삭제)
改前 "第471條【社債募集의 制限】會社는 前에 募集한 社債의 總額의 納入이 完了된 後가 아니면 다시 社債를 募集하지 못한다."

第472條 (2011.4.14 삭제)
改前 "第472條【社債의 金額】① 各社債의 金額은 1萬원이상으로 하여야 한다.(1984.4.10 본항개정)
② 同一種類의 社債에서는 各社債의 金額은 均一하거나 最低額으로 整除할 수 있는 것이어야 한다."

第473條 (2011.4.14 삭제)
改前 "第473條【券面額超過償還의 制限】社債權者에게 償還할 金額이 券面額을 超過할 것을 定한 때에는 그 超過額은 各社債에 대하여 同率이어야 한다."

第474條【公募發行, 社債請約書】 ① 社債의 募集에 應하고자 하는 者는 社債請約書 2通에 그 引受할 社債의 數와 住所를 記載하고 記名捺印 또는 署名하여야 한다.(1995.12.29 본항개정)
② 사채청약서는 이사가 작성하고 다음의 사항을 적어야 한다.(2011.4.14 본문개정)
1. 會社의 商號
2. 자본금과 준비금의 총액(2011.4.14 본호개정)
3. 最終의 貸借對照表에 의하여 會社에 現存하는 純財産額
4. 社債의 總額
5. 各 社債의 金額
6. 社債發行의 價額 또는 그 最低價額
7. 社債의 利率
8. 社債의 償還과 利子支給의 方法과 期限
9. 社債를 數回에 分納할 것을 定한 때에는 그 分納金額과 時期
10. 債券을 記名式 또는 無記名式에 限한 때에는 그 뜻
10의2. 채권을 발행하는 대신 전자등록기관의 전자등록부에 사채권자의 권리를 등록하는 때에는 그 뜻(2011.4.14 본호신설)
11. 前에 募集한 社債가 있는 때에는 그 償還하지 아니한 金額
12. (2011.4.14 삭제)
13. 社債募集의 委託을 받은 會社가 있는 때에는 그 商號와 住所
13의2. 사채관리회사가 있는 때에는 그 상호와 주소(2011.4.14 본호신설)
13의3. 사채관리회사가 사채권자집회결의에 의하지 아니하고 제484조제4항제2호의 행위를 할 수 있도록 정한 때에는 그 뜻(2011.4.14 본호신설)
14. 第13號의 委託을 받은 會社가 그 募集額의 總額에 達하지 못한 경우에 그 殘額을 引受할 것을 約定한 때에는 그 뜻(1984.4.10 본호개정)
15. 名義改書代理人을 둔 때에는 그 姓名·住所 및 營業所(1984.4.10 본호신설)
③ 社債發行의 最低價額을 定한 경우에는 應募者는 社債請約書에 應募價額을 記載하여야 한다.
改前 ② "社債請約書는 理事가 이를 作成하고 다음의 事項을 記載하여야 한다."
"2. 資本과 準備金의 總額"
"12. 舊社債를 償還하기 위하여 第470條第1項의 制限을 超過하여 社債를 募集하는 때에는 그 뜻(1995.12.29 본호개정)"
참조 [위탁모집]476, 담보부사채18·19, [총액인수]475, 담보부사채20-27, ①[청약서의 불요]475, [수탁회사에 의한 작성]476, [벌칙]627①·635①, ②⑴[상호]289①, ⑵[자본의 총액]317②, [준비금의 총액]258·259, ⑼[분납]476·478①, ⑽[채권]478, ⒀[수탁회사]476

第475條【總額引受의 方法】 前條의 規定은 契約에 의하여 社債의 總額을 引受하는 경우에는 이를 適用하지 아니한다. 社債募集의 委託을 받은 會社가 社債의 一部를 引受하는 경우에는 그 一部에 대하여도 같다.
참조 [수탁회사에 의한 담보부사채의 총액인수]담보부사채20-22, [제3자에 의한 담보부사채의 총액인수]담보부사채23-25, [담보부사채의 합동발행]담보부사채28·29, [도급모집]474②

第476條【納入】 ① 社債의 募集이 完了한 때에는 理事는 遲滯없이 引受人에 대하여 各 社債의 全額 또는 第1回의 納入을 시켜야 한다.
② 社債募集의 委託을 받은 會社는 그 名義로 委託會社를 위하여 第474條第2項과 前項의 行爲를 할 수 있다.
참조 ①[분납]474②, [사채원부의 기재]488, [채권의 발행]478①, ②[수탁회사]474②·481-485

第477條 (1984.4.10 삭제)

第478條【債券의 發行】 ① 債券은 社債全額의 納入이 完了한 後가 아니면 이를 發行하지 못한다.
② 채권에는 다음의 사항을 적고 대표이사가 기명날인 또는 서명하여야 한다.
1. 채권의 번호
2. 제474조제2항제1호·제4호·제5호·제7호·제8호·제10호·제13호·제13호의2 및 제13호의3에 규정된 사항
(2011.4.14 본항개정)
③ 회사는 제1항의 채권(債券)을 발행하는 대신 정관으로 정하는 바에 따라 전자등록기관의 전자등록부에 채권(債權)을 등록할 수 있다. 이 경우 제356조의2제2항부터 제4항까지의 규정을 준용한다.
(2011.4.14 본항신설)
改前 "② 債券에는 다음의 事項을 記載하고 代表理事가 記名捺印 또는 署名하여야 한다.(1995.12.29 본문개정)
1. 債券의 番號
2. 第474條第2項第1號, 第4號, 第5號, 第7號, 第8號, 第10號와 第13號에 揭記한 事項"
참조 [사채권의 종류]474②·480, [신탁증서에 의한 채권]담보부사채31-35, ①[사채의 납입]474②·476, [벌칙]635①, ②[특별기재사항]514①, [벌칙]635①

第479條【記名社債의 移轉】 ① 記名社債의 移轉은 取得者의 姓名과 住所를 社債原簿에 記載하고 그 姓名을 債券에 記載하지 아니하면 會社 기타의 第三者에게 對抗하지 못한다.
② 第337條第2項의 規定은 記名社債의 移轉에 대하여 이를 準用한다.(1984.4.10 본항신설)
참조 [사채의 양도성]민449, [사채원부]488, [채권]478, [기명사채의 질권설정]민347, [무기명사채의 이전·질권설정]65, 민188·330·351·523, 수표21, [사채의 전환과 질권]339·516

第480條【記名式, 無記名式間의 轉換】 社債權者는 언제든지 記名式의 債券을 無記名式으로, 無記名式의 債券을 記名式으로 할 것을 會社에 請求할 수 있다. 그러나 債券을 記名式 또는 無記名式에 限할 것으로 定한 때에는 그러하지 아니하다.
참조 [기명식 또는 무기명식에 한하는 경우]474②, [무기명식사채의 상환]486, [채권]478, [무기명채권]486·488·491④·492②

第480條의2【사채관리회사의 지정·위탁】 회사는 사채를 발행하는 경우에 사채관리회사를 정하여 변제의 수령, 채권의 보전, 그 밖에 사채의 관리를 위탁할 수 있다.(2011.4.14 본조신설)

第480條의3【사채관리회사의 자격】 ① 은행, 신탁회사, 그 밖에 대통령령으로 정하는 자가 아니면 사채관리회사가 될 수 없다.
② 사채의 인수인은 그 사채의 사채관리회사가 될 수 없다.
③ 사채를 발행한 회사와 특수한 이해관계가 있는 자로서 대통령령으로 정하는 자는 사채관리회사가 될 수 없다.
(2011.4.14 본조신설)

第481條【사채관리회사의 사임】 사채관리회사는 사채를 발행한 회사와 사채권자집회의 동의를 받아 사임할 수 있다. 부득이한 사유가 있어 법원의 허가를 받은 경우에도 같다.(2011.4.14 본조개정)
改前 "第481條【受託會社의 辭任】社債募集의 委託을 받은 會社는 社債를 發行한 會社와 社債權者集會의 同意를 얻어서 辭任할 수 있다. 不得已한 事由가 있는 경우에 法院의 許可를 얻은 때에도 같다."
참조 [수임자의 사임]민689, [담보부사채의 수탁회사]담보부사채86·88, [사채권자집회의 동의]495·500·501, 담보부사채45·54-56, [허가]비송110, [사무승계자]483, [해임]482

第482條【사채관리회사의 해임】 사채관리회사가 그 사무를 처리하기에 적임이 아니거나 그 밖에 정당한 사유가 있을 때에는 법원은 사채를 발행하는 회사 또는 사채권자집회의 청구에 의하여 사채관리회사를 해임할 수 있다.(2011.4.14 본조개정)
改前 "第482條【受託會社의 解任】社債募集의 委託을 받은 會社가 그 事務를 處理하기에 不適任하거나 기타 正當한 事由가 있을 때에는 法院은 社債를 發行하는 會社 또는 社債權者集會의 請求에 의하여 이를 解任할 수 있다.(1962.12.12 본조개정)"

참조 [수임자의 해임]민689, [담보부사채신탁의 수탁회사]담보부사채87·88, [사채권자집회의 청구]495②·500·501, [해임의 재판]비송110, [사무승계자]483

第483條【사채관리회사의 사무승계자】 ① 사채관리회사의 사임 또는 해임으로 인하여 사채관리회사가 없게 된 경우에는 사채를 발행한 회사는 그 사무를 승계할 사채관리회사를 정하여 사채권자를 위하여 사채 관리를 위탁하여야 한다. 이 경우 회사는 지체 없이 사채권자집회를 소집하여 동의를 받아야 한다.(2011.4.14 본항개정)
② 不得已한 事由가 있는 때에는 利害關係人은 事務承繼者의 選任을 法院에 請求할 수 있다.
(2011.4.14 본조제목개정)
改前 第483條【"受託會社의 事務承繼者"】① "前2條의 경우에 社債募集의 委託을 받은 會社가 없게 된 때에는 社債를 發行한 會社와 社債權者集會의 一致로써 그 事務의 承繼者를 定할 수 있다."
참조 [담보부사채의 경우]담보부사채86·88-91, [사채권자집회의 결의]495②·500·501, 담보부사채45·54-56, [선임의 재판]비송110, [사채원부의 기재사항]474②·488

第484條【사채관리회사의 권한】 ① 사채관리회사는 사채권자를 위하여 사채에 관한 채권을 변제받거나 채권의 실현을 보전하기 위하여 필요한 재판상 또는 재판 외의 모든 행위를 할 수 있다.
② 사채관리회사는 제1항의 변제를 받으면 지체 없이 그 뜻을 공고하고, 알고 있는 사채권자에게 통지하여야 한다.
③ 제2항의 경우에 사채권자는 사채관리회사에 사채 상환액 및 이자 지급을 청구할 수 있다. 이 경우 사채권이 발행된 때에는 사채권과 상환하여 상환액지급청구를 하고, 이권(利券)과 상환하여 이자지급청구를 하여야 한다.
④ 사채관리회사가 다음 각 호의 어느 하나에 해당하는 행위(사채에 관한 채권을 변제받거나 채권의 실현을 보전하기 위한 행위는 제외한다)를 하는 경우에는 사채권자집회의 결의에 의하여야 한다. 다만, 사채를 발행하는 회사는 제2호의 행위를 사채관리회사가 사채권자집회결의에 의하지 아니하고 할 수 있음을 정할 수 있다.
1. 해당 사채 전부에 대한 지급의 유예, 그 채무의 불이행으로 발생한 책임의 면제 또는 화해
2. 해당 사채 전부에 관한 소송행위 또는 채무자회생 및 파산에 관한 절차에 속하는 행위
⑤ 사채관리회사가 제4항 단서에 따라 사채권자집회의 결의에 의하지 아니하고 제4항제2호의 행위를 한 때에는 지체 없이 그 뜻을 공고하고, 알고 있는 사채권자에게는 따로 통지하여야 한다.
⑥ 제2항과 제5항의 공고는 사채를 발행한 회사가 하는 공고와 같은 방법으로 하여야 한다.
⑦ 사채관리회사는 그 관리를 위탁받은 사채에 관하여 제1항 또는 제4항 각 호에서 정한 행위를 위하여 필요하면 법원의 허가를 받아 사채를 발행한 회사의 업무와 재산상태를 조사할 수 있다.
(2011.4.14 본조개정)
改前 "第484條【受託會社의 權限】① 社債募集의 委託을 받은 會社는 社債權者를 위하여 社債의 償還을 받음에 필요한 裁判上 또는 裁判外의 모든 行爲를 할 權限이 있다.
② 前項의 會社가 社債의 償還을 받은 때에는 遲滯없이 그 뜻을 公告하고 알고 있는 社債權者에 대하여는 各別로 이를 通知하여야 한다.
③ 前項의 경우에 社債權者는 債券과 相換하여 償還額의 支給을 請求할 수 있다."
참조 [수탁회사가 2개 이상 있을 경우]485, ①[수탁회사]474②·476②, [담보부사채의 수탁회사]담보부사채69·71-76, [기타권한]491①·493①·494·501·511·512, ②[통지]353·489①, [공고]289①③, [벌칙]635①, ③[시효]487②, [수탁회사의 보수·비용]507

第484條의2【사채관리회사의 의무 및 책임】 ① 사채관리회사는 사채권자를 위하여 공평하고 성실하게 사채를 관리하여야 한다.
② 사채관리회사는 사채권자에 대하여 선량한 관리자의 주의로 사채를 관리하여야 한다.
③ 사채관리회사가 이 법이나 사채권자집회결의를 위반한 행위를 한 때에는 사채권자에 대하여 연대하여 이로 인하여 발생한 손해를 배상할 책임이 있다.
(2011.4.14 본조신설)

第485條【둘 이상의 사채관리회사가 있는 경우의 권한과 의무】 ① 사채관리회사가 둘 이상 있을 때에는 그 권한에 속하는 행위는 공동으로 하여야 한다.
② 제1항의 경우에 사채관리회사가 제484조제1항의 변제를 받은 때에는 사채관리회사는 사채권자에 대하여 연대하여 변제액을 지급할 의무가 있다.
(2011.4.14 본조개정)
改前 "第485條【2이상의 受託會社가 있는 경우의 權限, 義務】① 社債募集의 委託을 받은 會社가 2이상 있을 때에는 그 權限에 屬하는 行爲는 共同으로 하여야 한다.
② 前項의 경우에 各會社는 社債權者에 대하여 連帶하여 償還額을 支給할 義務가 있다."
참조 [권한]484①, [상환액의 지급]484③, [연대]민413이하

第486條【利券欠缺의 경우】 ① 利券있는 無記名式의 社債를 償還하는 경우에 利券이 欠缺된 때에는 그 利券에 相當한 金額을 償還額으로부터 控除한다.
② 前項의 利券所持人은 언제든지 그 利券과 相換하여 控除額의 支給을 請求할 수 있다.
참조 ①[무기명사채]474②·480, [사채청약서의기재사항]474②, [납입기]474②, ②[공제금액청구권의 시효]487③

第487條【元利請求權의 時效】 ① 社債의 償還請求權은 10年間 行使하지 아니하면 消滅時效가 完成한다.
② 第484條第3項의 請求權도 前項과 같다.
③ 社債의 利子와 前條第2項의 請求權은 5年間 行使하지 아니하면 消滅時效가 完成한다.
참조 ①②[일반채권의 시효]민162①, [상사시효]64, ③[이자청구권의 시효]민163①

第488條【사채원부】 회사는 사채원부를 작성하고 다음 각 호의 사항을 적어야 한다.
1. 사채권자(무기명식 채권이 발행되어 있는 사채의 사채권자는 제외한다)의 성명과 주소
2. 채권의 번호
3. 제474조제2항제4호, 제5호, 제7호부터 제9호까지, 제13호, 제13호의2 및 제13호의3에 규정된 사항
4. 각 사채의 납입금액과 납입연월일
5. 채권의 발행연월일 또는 채권을 발행하는 대신 전자등록기관의 전자등록부에 사채권자의 권리를 등록하는 때에는 그 뜻
6. 각 사채의 취득연월일
7. 무기명식 채권을 발행한 때에는 그 종류, 수, 번호와 발행연월일
(2011.4.14 본조개정)
改前 "第488條【社債原簿】會社는 社債原簿를 作成하고 다음의 事項을 記載하여야 한다.
1. 社債權者의 姓名과 住所
2. 債券의 番號
3. 第474條第2項第4號, 第5號, 第7號 내지 第9號와 第13號에 揭記한 事項
4. 各社債의 納入金額과 納入年月日
5. 債券의 發行年月日
6. 各社債의 取得年月日
7. 無記名式의 債券을 發行한 때에는 그 種類, 數, 番號와 發行年月日"
참조 [비치의무]396, [특별기재사항]514①, 담보부사채36-40, [벌칙]635①, ⑴[명의서환]479, [통지·최고]353·489①, ⑸[채권발행시기]478, ⑺[무기명채권]480·491④·492②

第489條【準用規定】 ① 第353條의 規定은 社債應募者 또는 社債權者에 대한 通知와 催告에 準用한다.
② 第333條의 規定은 社債가 數人의 共有에 屬하는 경우에 準用한다.
참조 [사채원부]488, [사채의 공유]민278·408, [연대]민413이하, [사채권자의결권]492

第2款 社債權者集會

第490條【결의사항】 사채권자집회는 이 법에서 규정하고 있는 사항 및 사채권자의 이해관계가 있는 사항에 관하여 결의를 할 수 있다.(2011.4.14 본조개정)
改前 "第490條【決議事項】社債權者集會는 本法에 다른 規定이 있는 경우외에는 法院의 許可를 얻어 社債權者의 利害에 重大한 關係가 있는 事項에 관하여 決議를 할 수 있다."
참조 [담보부사채의 경우]담보부사채41-58, [본법이 규정하는 결의사항]372·439③·481-483·494·500①·501·504·510①·512·530②, [법원의 허가]비송109, [소집권자]491, [결의방법]492·495·510, [결의의 인가]496-499, [결의의 집행]501-504, [결의사항의 결정의 위임]500, [수종의 사채와 사채권자의 집회]509, [사채권자집회의 비용]508, [사채권자집회와 증수뢰죄]631

第491條【召集權者】 ① 사채권자집회는 사채를 발행한 회사 또는 사채관리회사가 소집한다.
(2011.4.14 본항개정)
② 사채의 종류별로 해당 종류의 사채 총액(상환받은 액은 제외한다)의 10분의 1 이상에 해당하는 사채를 가진 사채권자는 회의 목적인 사항과 소집 이유를 적은 서면 또는 전자문서를 사채를 발행한 회사 또는 사채관리회사에 제출하여 사채권자집회의 소집을 청구할 수 있다.(2011.4.14 본항개정)
③ 第366條第2項의 規定은 前項의 경우에 準用한다.
④ 無記名式의 債券을 가진 者는 그 債券을 供託하지 아니하면 前2項의 權利를 行使하지 못한다.
改前 "① 社債權者集會는 社債를 發行한 會社 또는 社債募集의 委託을 받은 會社가 召集한다.
② 社債總額의 10分의 1에 해당하는 社債權者는 會議의 目的인 事項과 召集의 理由를 記載한 書面을 前項의 會社에 提出하여 社債權者集會의 召集을 請求할 수 있다."
참조 [소집절차]363·493②③·500, [통지]353·489, [집회의 연기속행]372·510①, ①[수탁회사]474②·476②·484, ②[본항의 권리행사와 증수뢰죄]631①②, [법원의 허가]비송109·112, ②③[총회소집비용]508①, ④[공탁]공탁4

第491條의2【소집의 통지, 공고】 ① 제363조제1항 및 제2항은 사채권자집회를 소집할 경우에 이를 준용한다.
② 제1항에도 불구하고 회사가 무기명식의 채권을 발행한 경우에는 주주총회일의 3주(자본금 총액이 10억원 미만인 회사는 2주) 전에 사채권자집회를 소집하는 뜻과 회의의 목적사항을 공고하여야 한다.
(2014.5.20 본조신설)

第492條【議決權】 ① 각 사채권자는 그가 가지는 해당 종류의 사채 금액의 합계액(상환받은 액은 제외한다)에 따라 의결권을 가진다.(2011.4.14 본항개정)
② 無記名式의 債券을 가진 者는 會日로부터 1週間前에 債券을 供託하지 아니하면 그 議決權을 行使하지 못한다.
改前 "① 各社債權者는 社債의 最低額마다 1個의 議決權이 있다."
참조 [담보부사채의 경우]담보부사채45②③, [수종의 사채 있는 경우]509, [공탁]공탁4, [결의방법에 관하여 주주총회의 규정의 준용]434·495①

第493條【사채발행회사 또는 사채관리회사 대표자의 출석 등】 ① 사채를 발행한 회사 또는 사채관리회사는 그 대표자를 사채권자집회에 출석하게 하거나 서면으로 의견을 제출할 수 있다.(2011.4.14 본항개정)
② 社債權者集會의 召集은 前項의 會社에 通知하여야 한다.
③ 第363條第1項과 第2項의 規定은 前項의 通知에 準用한다.
(2011.4.14 본조제목개정)
改前 第493條【"社債發行會社 또는 受託會社의 代表者의 出席"】"① 社債를 發行한 會社 또는 社債募集의 委託을 받은 會社는 그 代表者를 社債權者集會에 出席하게 하거나 書面으로 意見을 提出할 수 있다."
참조 ①[담보부사채의 경우]담보부사채46·47, [출석의 청구]494, [벌칙]635①, [사채권자에 대한 통지]363·510①, [벌칙]635①

第494條【社債發行會社의 代表者의 出席請求】 社債權者集會 또는 그 召集者는 必要있다고 認定하는 때에는 社債를 發行한 會社에 대하여 그 代表者의 出席을 請求할 수 있다.
참조 ①[담보부사채의 경우]담보부사채49, [출석청구의 결의]495②

第495條【決議의 方法】 ① 第434條의 規定은 社債權者集會의 決議에 準用한다.
② 제481조부터 제483조까지 및 제494조의 동의 또는 청구는 제1항에도 불구하고 출석한 사채권자 의결권의 과반수로 결정할 수 있다.(2011.4.14 본항개정)
③ 사채권자집회에 출석하지 아니한 사채권자는 서면에 의하여 의결권을 행사할 수 있다.(2011.4.14 본항신설)
④ 서면에 의한 의결권행사는 의결권행사서면에 필요한 사항을 적어 사채권자집회 전일까지 의결권행사서면을 소집자에게 제출하여야 한다.(2011.4.14 본항신설)
⑤ 제4항에 따라 서면에 의하여 행사한 의결권의 수는 출석한 의결권자의 의결권 수에 포함한다.
(2011.4.14 본항신설)
⑥ 사채권자집회에 대하여는 제368조의4를 준용한다.
(2011.4.14 본항신설)
改前 "② 第481條 내지 第483條와 前條의 同意 또는 請求는 前項의 規定에 不拘하고 出席한 社債權者의 議決權의 過半數로 決定할 수 있다."
참조 [의결권]492①, [결의의 인가]496-499, [결의의 집행]501-503, [대리인에 의한 의결권행사]368③·510①, [자기사채와 의결권]369②·510①, [연기 또는 속행의 결의]372·510①, [의사록]373·510①②③, [결의사항의 결정의 위임]500

第496條【決議의 認可의 請求】 社債權者集會의 召集者는 決議한 날로부터 1週間내에 決議의 認可를 法院에 請求하여야 한다.
참조 [인가되지 않는 경우]497, [인가와 결의의 효력]498, [인가와 공고]499, [인가신청재판 및 불복신청방법]비송109·113, [청구에 관한 비용]508②

第497條【決議의 不認可의 事由】 ① 法院은 다음의 경우에는 社債權者集會의 決議를 認可하지 못한다.
1. 社債權者集會召集의 節次 또는 그 決議方法이 法令이나 社債募集의 計劃書의 記載에 違反한 때
2. 決議가 不當한 方法에 의하여 成立하게 된 때
3. 決議가 현저하게 不公正한 때
4. 決議가 社債權者의 一般의 利益에 反하는 때
② 前項第1號와 第2號의 경우에는 法院은 決議의 內容 기타 모든 事情을 參酌하여 決議를 認可할 수 있다.
참조 담보부사채50①, [인가재판에 대한 항고]비송78, [공고]499, ①⑴[결의취소의 소]376, [소집절차]363·493②③·510①, [결의의 방법]495, 328②·379·446

第498條【결의의 효력】 ① 사채권자집회의 결의는 법원의 인가를 받음으로써 그 효력이 생긴다. 다만, 그 종류의 사채권자 전원이 동의한 결의는 법원의 인가가 필요하지 아니하다.
② 사채권자집회의 결의는 그 종류의 사채를 가진 모든 사채권자에게 그 효력이 있다.
(2011.4.14 본조개정)
改前 "第498條【決議의 效力】① 社債權者集會의 決議는 法院의 認可를 얻음으로써 그 效力이 생긴다.

② 社債權者集會의 決議는 總社債權者에 대하여 그 效力이 있다."

참조 [인가청구]496, [불인가의 사유]497, [인가의 공고]499, [인가의 효력발생]비송18①, [인가재판에 대한 항고]비송78

第499條【決議의 認可, 不認可의 公告】 社債權者集會의 決議에 대하여 認可 또는 不認可의 決定이 있은 때에는 社債를 發行한 會社는 遲滯없이 그 뜻을 公告하여야 한다.

참조 [공고]289①③, [벌칙]635①, [불인가결정]497

第500條【社債權者集會의 代表者】 ① 사채권자집회는 해당 종류의 사채 총액(상환받은 금액은 제외한다)의 500분의 1 이상을 가진 사채권자 중에서 1명 또는 여러 명의 대표자를 선임하여 그 결의할 사항의 결정을 위임할 수 있다.(2011.4.14 본항개정)

② 代表者가 數人인 때에는 前項의 決定은 그 過半數로 한다.

改前 "① 社債權者集會는 社債總額의 500分의 1이상을 가진 社債權者中에서 1人 또는 數人의 代表者를 選任하여 그 決議할 事項의 決定을 委任할 수 있다."

참조 [담보부사채의 경우]담보부사채55－57, [대표자가 한 결정과 인가·공고]490·496－499, [대표자의 보수 및 비용]507, [해임 및 위임사항의 변경]504, [결의의 집행]501·503, [수인의 대표자 있을 경우]502, [벌칙]623·624·630·635

第501條【결의의 집행】 사채권자집회의 결의는 사채관리회사가 집행하고, 사채관리회사가 없는 때에는 제500조의 대표자가 집행한다. 다만, 사채권자집회의 결의로써 따로 집행자를 정한 때에는 그러하지 아니하다.(2011.4.14 본조개정)

改前 "第501條【決議의 執行】社債權者集會의 決議는 社債募集의 委託을 받은 會社, 社債募集의 委託을 받은 會社가 없는 때에는 前條의 代表者가 執行한다. 그러나 社債權者集會의 決議로써 따로 執行者를 定한 때에는 그러하지 아니하다."

참조 [담보부사채의 경우]담보부사채54－56, [대표자 또는 집행자]502－504, [보수·비용]507, [상환에 관한 결의의 집행]503, [벌칙]623·624·630·635

第502條【數人의 代表者, 執行者가 있는 경우】 第485條第1項의 規定은 代表者나 執行者가 數人인 경우에 準用한다.

참조 [수인의 대표자]500, [집행자]501, [상환액지급의 연대책임]485·503

第503條【社債償還에 관한 決議의 執行】 第484條, 第485條第2項과 第487條第2項의 規定은 代表者나 執行者가 社債의 償還에 관한 決議를 執行하는 경우에 準用한다.

第504條【代表者, 執行者의 解任 등】 社債權者集會는 언제든지 代表者나 執行者를 解任하거나 委任한 事項을 變更할 수 있다.

참조 [대표자]502, [집행자]501

第505條 (2011.4.14 삭제)

改前 "第505條【期限의 利益의 喪失】① 會社가 社債의 利子의 支給을 懈怠한 때 또는 定期에 社債의 一部를 償還하여야 할 경우에 그 償還을 懈怠한 때에는 社債權者集會의 決議에 의하여 會社에 대하여 一定한 期間내에 그 辨濟를 하여야 한다는 뜻과 그 期間내에 辨濟를 하지 아니할 때에는 社債의 總額에 관하여 期限의 利益을 잃는다는 뜻을 通知할 수 있다. 그러나 그 期間은 2月을 내리지 못한다.
② 前項의 通知는 書面으로 하여야 한다.
③ 會社가 第1項의 期間내에 辨濟를 하지 아니하는 때에는 社債의 總額에 관하여 期限의 利益을 잃는다."

第506條 (2011.4.14 삭제)

改前 "第506條【期限利益喪失의 公告, 通知】前條의 規定에 의하여 會社가 期限의 利益을 잃은 때에는 前條第1項의 決議를 執行하는 者는 遲滯없이 그 뜻을 公告하고 알고 있는 社債權者에 대하여는 各別로 이를 通知하여야 한다."

第507條【사채관리회사 등의 보수, 비용】 ① 사채관리회사, 대표자 또는 집행자에게 줄 보수와 그 사무 처리에 필요한 비용은 사채를 발행한 회사와의 계약에 약정된 경우 외에는 법원의 허가를 받아 사채를 발행한 회사로 하여금 부담하게 할 수 있다.

② 사채관리회사, 대표자 또는 집행자는 사채에 관한 채권을 변제받은 금액에서 사채권자보다 우선하여 제1항의 보수와 비용을 변제받을 수 있다.

(2011.4.14 본조개정)

改前 "第507條【受託會社등의 報酬, 費用】① 社債募集의 委託을 받은 會社, 代表者 또는 執行者에 대하여 줄 報酬와 그 事務處理에 要할 費用은 社債를 執行한 會社와의 契約에 約定이 있는 경우외에는 法院의 許可를 얻어 會社로 하여금 이를 負擔하게 할 수 있다.(1962.12.12 본항개정)
② 社債募集의 委託을 받은 會社, 代表者 또는 執行者는 償還을 받은 金額에서 社債權者에 優先하여 前項의 報酬와 費用의 辨濟를 받을 수 있다."

참조 [동취지의 규정]담보부사채80－82, [수탁회사]474②·476②·484·501, [대표자]500, [집행자]501, [허가]비송109·114

第508條【社債權者集會의 費用】 ① 社債權者集會에 관한 費用은 社債를 發行한 會社가 負擔한다.

② 第496條의 請求에 관한 費用은 會社가 負擔한다. 그러나 法院은 利害關係人의 申請에 의하여 또는 職權으로 그 全部 또는 一部에 관하여 따로 負擔者를 定할 수 있다.

참조 [동취지의 규정]담보부사채53·81

第509條【數種의 社債있는 경우의 社債權者集會】 數種의 社債를 發行한 경우에는 社債權者集會는 各種의 社債에 관하여 이를 召集하여야 한다.

참조 [분할발행의 경우의 특칙]담보부사채58, [종류주주총회]435

第510條【準用規定】 ① 제368조제2항·제3항, 제369조제2항 및 제371조부터 제373조까지의 규정은 社債權者集會에 準用한다.(2014.5.20 본항개정)

② 社債權者集會의 議事錄은 社債를 發行한 會社가 그 本店에 備置하여야 한다.

③ 사채관리회사와 사채권자는 영업시간 내에 언제든지 제2항의 의사록 열람을 청구할 수 있다.

(2011.4.14 본항개정)

改前 ① "第363條, 第368條第3項, 第4項, 第369條第2項과 第371條 내지 第373條의 規定"은 社債權者集會에 準用한다.

참조 ②③[담보부사채의 경우]담보부사채52, [보존의무]541, [벌칙]635①

第511條【사채관리회사에 의한 취소의 소】 ① 회사가 어느 사채권자에게 한 변제, 화해, 그 밖의 행위가 현저하게 불공정한 때에는 사채관리회사는 소(訴)만으로 그 행위의 취소를 청구할 수 있다.

(2011.4.14 본항개정)

② 제1항의 소는 사채관리회사가 취소의 원인인 사실을 안 때부터 6개월, 행위가 있은 때부터 1년 내에 제기하여야 한다.(2011.4.14 본항개정)

③ 第186條와 民法 第406條第1項 但書 및 第407條의 規定은 第1項의 訴에 準用한다.

(2011.4.14 본조제목개정)

改前 第511條【"受託會社에 의한 取消의 訴"】"① 會社가 어느 社債權者에 대하여 한 辨濟, 和解 기타의 行爲가 현저하게 不公正한 때에는 社債募集의 委託을 받은 會社는 訴만으로 그 行爲의 取消를 請求할 수 있다."
"② 前項의 訴는 社債募集의 委託을 받은 會社가 取消의 原因인 事實을 안 때로부터 6月, 行爲가 있은 때로부터 1年내에 提起하여야 한다."

참조 [수탁회사]476②·484, 담보부사채59·60, [대표자·집행자에 의한 제소]512, [벌칙]631①

第512條【代表者등에 의한 取消의 訴】 社債權者集會의 決議가 있는 때에는 代表者 또는 執行者도 前條第1項의 訴를 提起할 수 있다. 그러나 行爲가 있은 때로부터 1年내에 限한다.

참조 [대표자]500, [집행자]501

第3款 轉換社債

第513條【轉換社債의 발행】 ① 會社는 轉換社債를 발행할 수 있다.

② 第1項의 경우에 다음의 事項으로서 定款에 規定이 없는 것은 理事會가 이를 決定한다. 그러나 定款으로 株主總會에서 이를 決定하기로 정한 경우에는 그러하지 아니하다.

1. 轉換社債의 總額
2. 轉換의 條件
3. 轉換으로 인하여 발행할 株式의 내용
4. 轉換을 請求할 수 있는 期間
5. 株主에게 轉換社債의 引受權을 준다는 뜻과 引受權의 目的인 轉換社債의 額
6. 株主외의 者에게 轉換社債를 발행하는 것과 이에 대하여 발행할 轉換社債의 額

③ 株主외의 者에 대하여 轉換社債를 발행하는 경우에 그 발행할 수 있는 轉換社債의 額, 轉換의 條件, 轉換으로 인하여 발행할 株式의 내용과 轉換을 請求할 수 있는 期間에 관하여 定款에 規定이 없으면 第434條의 決議로써 이를 정하여야 한다. 이 경우 제418조제2항 단서의 규정을 준용한다.

(2001.7.24 후단신설)

④ 第3項의 決議에 있어서 轉換社債의 발행에 관한 議案의 要領은 第363條의 規定에 의한 통지에 記載하여야 한다.(2014.5.20 본항개정)

(1984.4.10 본조개정)

改前 ④ …議案의 要領은 第363條의 規定에 의한 "통지와 公告"에 記載하여야 한다.

참조 [전환사채]514－516, [사채모집결의]469

第513條의2【轉換社債의 引受權을 가진 株主의 權利】 ① 轉換社債의 引受權을 가진 株主는 그가 가진 株式의 數에 따라서 轉換社債의 配定을 받을 權利가 있다. 그러나 각 轉換社債의 金額중 최저액에 미달하는 端數에 대하여는 그러하지 아니하다.

② 제418조제3항은 株主가 轉換社債의 引受權을 가진 경우에 이를 準用한다.(2011.4.14 본항개정)

(1984.4.10 본조신설)

改前 ② "第418條第2項의 規定"은 株主가 轉換社債의 引受權을 가진 경우에 이를 準用한다.

第513條의3【轉換社債의 引受權을 가진 株主에 대한 催告】 ① 株主가 轉換社債의 引受權을 가진 경우에는 각 株主에 대하여 그 引受權을 가지는 轉換社債의 額, 發行價額, 轉換의 條件, 轉換으로 인하여 발행할 株式의 내용, 轉換을 請求할 수 있는 期間과 일정한 기일까지 轉換社債의 請約을 하지 아니하면 그 權利를 잃는다는 뜻을 통지하여야 한다.

② 제419조제2항 및 제3항의 규정은 제1항의 경우에 이를 準用한다.(2014.5.20 본항개정)

(1984.4.10 본조신설)

改前 ② "第419條第2項 내지 第4項의 規定은 第1項"의 경우에 이를 準用한다.

第514條【轉換社債發行의 節次】 ① 轉換社債에 관하여는 社債請約書, 債券과 社債原簿에 다음의 事項을 記載하여야 한다.

1. 社債를 株式으로 轉換할 수 있다는 뜻
2. 轉換의 條件
3. 轉換으로 인하여 發行할 株式의 內容
4. 轉換을 請求할 수 있는 期間
5. 株式의 讓渡에 관하여 理事會의 승인을 얻도록 정한 때에는 그 規定(1995.12.29 본호신설)

② (1984.4.10 삭제)

참조 [사채청약서]474, [채권]478, [사채원부]488, [벌칙]635①

第514條의2【轉換社債의 登記】 ① 會社가 轉換社債를 발행한 때에는 第476條의 規定에 의한 納入이 완료된 날로부터 2週間내에 本店의 所在地에서 轉換社債의 登記를 하여야 한다.(1995.12.29 본항개정)

② 第1項의 規定에 의하여 登記할 事項은 다음 각호와 같다.

1. 轉換社債의 總額
2. 各 轉換社債의 金額
3. 各 轉換社債의 納入金額
4. 第514條第1號 내지 第4號에 정한 事項

③ 第183條의 規定은 第2項의 登記에 대하여 이를 準用한다.

④ 外國에서 轉換社債를 모집한 경우에 登記할 事項이 外國에서 생긴 때에는 登記期間은 그 통지가 도달한 날로부터 起算한다.

(1984.4.10 본조신설)

第515條【轉換의 請求】 ① 轉換을 請求하는 者는 請求書 2通에 債券을 添附하여 會社에 提出하여야 한다. 다만, 제478조제3항에 따라 채권(債券)을 발행하는 대신 전자등록기관의 전자등록부에 채권(債權)을 등록한 경우에는 그 채권을 증명할 수 있는 자료를 첨부하여 회사에 제출하여야 한다.

(2011.4.14 단서신설)

② 第1項의 請求書에는 轉換하고자 하는 社債와 請求의 年月日을 記載하고 記名捺印 또는 署名하여야 한다.(1995.12.29 본항개정)

第516條【準用規定】 ① 제346조제4항, 第424條 및 第424條의2의 規定은 轉換社債의 발행의 경우에 이를 準用한다.(2011.4.14 본항개정)

② 第339條, 第348條, 第350條 및 第351條의 規定은 社債의 轉換의 경우에 이를 準用한다.(1995.12.29 본항개정)

改前 ① "第346條第2項", 第424條 및 第424條의2의…

第4款 新株引受權附社債
(1984.4.10 본관신설)

第516條의2【新株引受權附社債의 발행】 ① 會社는 新株引受權附社債를 발행할 수 있다.

② 第1項의 경우에 다음의 事項으로서 定款에 規定이 없는 것은 理事會가 이를 決定한다. 그러나 定款으로 株主總會에서 이를 決定하도록 정한 경우에는 그러하지 아니하다.

1. 新株引受權附社債의 總額
2. 各 新株引受權附社債에 부여된 新株引受權의 내용
3. 新株引受權을 行使할 수 있는 期間
4. 新株引受權만을 讓渡할 수 있는 것에 관한 事項
5. 新株引受權을 行使하려는 者의 請求가 있는 때에는 新株引受權附社債의 償還에 갈음하여 그 發行價額으로 제516조의9제1항의 納入이 있는 것으로 본다는 뜻(2011.4.14 본호개정)
6. (1995.12.29 삭제)
7. 株主에게 新株引受權附社債의 引受權을 준다는 뜻과 引受權의 目的인 新株引受權附社債의 額
8. 株主외의 者에게 新株引受權附社債를 발행하는 것과 이에 대하여 발행할 新株引受權附社債의 額

③ 各 新株引受權附社債에 부여된 新株引受權의 행사로 인하여 발행할 株式의 發行價額의 合計額은 각 新株引受權附社債의 金額을 초과할 수 없다.

④ 株主외의 者에 대하여 新株引受權附社債를 발행하는 경우에 그 발행할 수 있는 新株引受權附社債의 額, 新株引受權의 내용과 新株引受權을 행사할 수

있는 期間에 관하여 定款에 規定이 없으면 第434條의 決議로써 이를 정하여야 한다. 이 경우 제418조제2항 단서의 규정을 준용한다.(2001.7.24 후단신설)
⑤ 第513條第4項의 規定은 第4項의 경우에 이를 準用한다.
改前 ② 5. 新株引受權을 行使하려는 者의 請求가 있는 때에는 新株引受權附社債의 償還에 갈음하여 그 發行價額으로 "第516條의8第1項"의 納入이 있는 것으로 본다는 뜻
參照 [신주인수권]418

第516條의3【新株引受權附社債의 引受權을 가진 株主에 대한 催告】 ① 株主가 新株引受權附社債의 引受權을 가진 경우에는 각 株主에 대하여 引受權을 가지는 新株引受權附社債의 額, 發行價額, 新株引受權의 내용, 新株引受權을 행사할 수 있는 期間과 일정한 기일까지 新株引受權附社債의 請約을 하지 아니하면 그 權利를 잃는다는 뜻을 통지하여야 한다. 이 경우 第516條의2第2項第4號 또는 第5號에 規定한 事項의 정함이 있는 때에는 그 내용도 통지하여야 한다.
② 제419조제2항 및 제3항의 규정은 제1항의 경우에 이를 準用한다.(2014.5.20 본항개정)
改前 ② "第419條第2項 내지 第4項의 規定은 第1項"의 경우에 이를 準用한다.
參照 [신주인수권]418이하

第516條의4【社債請約書·債券·社債原簿의 記載事項】 新株引受權附社債에 있어서는 社債請約書·債券 및 社債原簿에 다음의 事項을 기재하여야 한다. 그러나 第516條의5第1項의 新株引受權證券을 발행할 때에는 債券에는 이를 기재하지 아니한다.
1. 新株引受權附社債라는 뜻
2. 第516條의2第2項第2號 내지 第5號에 정한 事項
3. 제516조의9에 따라 납입을 맡을 은행이나 그 밖의 금융기관 및 납입장소(2011.4.14 본호개정)
4. 株式의 讓渡에 관하여 理事會의 승인을 얻도록 정한 때에는 그 規定(1995.12.29 본호신설)
改前 "3. 第516條의8의 規定에 의하여 納入을 맡을 銀行 기타 金融機關과 納入場所"

第516條의5【新株引受權證券의 발행】 ① 第516條의2第2項第4號에 規定한 事項을 정한 경우에는 會社는 債券과 함께 新株引受權證券을 발행하여야 한다.
② 新株引受權證券에는 다음의 事項과 番號를 기재하고 理事가 記名捺印 또는 署名하여야 한다.
(1995.12.29 본문개정)
1. 新株引受權證券이라는 뜻의 표시
2. 會社의 商號
3. 第516條의2第2項第2號·第3號 및 第5號에 정한 事項
4. 第516條의4第3號에 정한 事項
5. 株式의 讓渡에 관하여 理事會의 승인을 얻도록 정한 때에는 그 規定(1995.12.29 본호신설)
參照 [신주인수권]418이하

第516條의6【新株引受權의 讓渡】 ① 新株引受權證券이 발행된 경우에 新株引受權의 讓渡는 新株引受權證券의 交付에 의하여서만 이를 행한다.
② 第336條第2項, 第360條 및 手票法 第21條의 規定은 新株引受權證券에 관하여 이를 準用한다.
參照 [신주인수권]418이하

第516條의7【신주인수권의 전자등록】 회사는 신주인수권증권을 발행하는 대신 정관으로 정하는 바에 따라 전자등록기관의 전자등록부에 신주인수권을 등록할 수 있다. 이 경우 제356조의2제2항부터 제4항까지의 규정을 준용한다.(2011.4.14 본조신설)

第516條의8【新株引受權附社債의 登記】 ① 會社가 新株引受權附社債를 발행한 때에는 다음의 事項을 登記하여야 한다.
1. 新株引受權附社債라는 뜻
2. 新株引受權의 行使로 인하여 발행할 株式의 發行價額의 總額
3. 各 新株引受權附社債의 金額
4. 各 新株引受權附社債의 納入金額
5. 第516條의2第2項第1號 내지 第3號에 정한 事項
② 第514條의2第1項·第3項 및 第4項의 規定은 第1項의 登記에 관하여 이를 準用한다.
參照 [신주인수권]418이하

第516條의9【新株引受權의 行使】 ① 新株引受權을 행사하려는 者는 請求書 2通을 會社에 제출하고, 新株의 發行價額의 全額을 納入하여야 한다.
② 第1項의 規定에 의하여 請求書를 제출하는 경우에 新株引受權證券이 발행된 때에는 新株引受權證券을 첨부하고, 이를 발행하지 아니한 때에는 債券을 제시하여야 한다. 다만, 제478조제3항 또는 제516조의7에 따라 채권(債券)이나 신주인수권증권을 발행하는 대신 전자등록기관의 전자등록부에 채권(債權)이나 신주인수권을 등록한 경우에는 그 채권이나 신주인수권을 증명할 수 있는 자료를 첨부하여 회사에 제출하여야 한다.(2011.4.14 단서신설)
③ 第1項의 納入은 債券 또는 新株引受權證券에 기재한 銀行 기타 金融機關의 納入場所에서 하여야 한다.
④ 第302條第1項의 規定은 第1項의 請求書에, 第306條 및 第318條의 規定은 第3項의 納入을 맡은 銀行 기타 金融機關에 이를 準用한다.
參照 [신주인수권]418이하

第516條의10【株主가 되는 時期】 제516조의9제1항에 따라 新株引受權을 행사한 者는 同項의 納入을 한 때에 株主가 된다. 이 경우 제350조제2항을 準用한다.(2020.12.29 후단개정)
改前 …納入을 한 때에 株主가 된다. 이 경우 "第350條第2項 및 第3項의 規定"을 準用한다.(2011.4.14 전단개정)
參照 [신주인수권]418이하

第516條의11【準用規定】 第351條의 規定은 新株引受權의 행사가 있는 경우에, 第513條의2 및 第516條第1項의 規定은 新株引受權附社債에 관하여 이를 準用한다.(1995.12.29 본조개정)

第9節 解 散

第517條【解散事由】 株式會社는 다음의 事由로 인하여 解散한다.
1. 第227條第1號, 第4號 내지 第6號에 정한 事由(1998.12.28 본호개정)
1의2. 第530條의2의 規定에 의한 會社의 分割 또는 分割合併(1998.12.28 본호신설)
2. 株主總會의 決議
參照 [해산의 등기]228·613, 상업등기법60, [회사의 계속]229·519, [조직변경]604·607, 상업등기법65-67, [특수해산사유]은행법56, ⑵[해산결의]518, [인가의 필요]은행법8, [주금의 미완납으로 인한 해산]상법시행법15③·부칙④

第518條【解散의 決議】 解散의 決議는 第434條의 規定에 의하여야 한다.
參照 [해산의 결의]517

第519條【會社의 繼續】 會社가 存立期間의 滿了 기타 定款에 定한 事由의 發生 또는 株主總會의 決議에 의하여 解散한 경우에는 第434條의 規定에 의한 決議로 會社를 繼續할 수 있다.
參照 [해산등기 후의 계속]229, [강제화의·파산폐지와 계속]채무자회생파산538·540, [유한회사에의 조직변경]604·606, [사업연도의 의제]법인세법8

第520條【解散判決】 ① 다음의 경우에 不得已한 事由가 있는 때에는 發行株式의 總數의 100분의 10 이상에 해당하는 株式을 가진 株主는 會社의 解散을 法院에 請求할 수 있다.
1. 會社의 業務가 현저한 停頓狀態를 繼續하여 回復할 수 없는 損害가 생긴 때 또는 생길 念慮가 있는 때
2. 會社財産의 管理 또는 處分의 현저한 失當으로 인하여 會社의 存立을 危殆롭게 한 때
② 第186條와 第191條의 規定은 前項의 請求에 準用한다.
參照 [해산사유]227·517, [합명회사·합자회사의 경우]241·269, [등기]228, 상업등기법60, ①[발행주식의 총수]317②, [벌칙]631①②

第520條의2【休眠會社의 解散】 ① 法院行政處長이 最後의 登記後 5年을 경과한 會社는 本店의 所在地를 管轄하는 法院에 아직 營業을 廢止하지 아니하였다는 뜻의 申告를 할 것을 官報로써 公告한 경우에, 그 公告한 날에 이미 최후의 登記후 5年을 경과한 會社로서 公告한 날로부터 2月이내에 大統領令이 정하는 바에 의하여 申告를 하지 아니한 때에는 그 會社는 그 申告期間이 만료된 때에 解散한 것으로 본다. 그러나 그 期間내에 登記를 한 會社에 대하여는 그러하지 아니하다.
② 第1項의 公告가 있는 때에는 法院은 해당 會社에 대하여 그 公告가 있었다는 뜻의 통지를 發送하여야 한다.
③ 第1項의 規定에 의하여 解散한 것으로 본 會社는 그 후 3年이내에는 第434條의 決議에 의하여 會社를 계속할 수 있다.
④ 第1項의 規定에 의하여 解散한 것으로 본 會社가 第3項의 規定에 의하여 會社를 계속하지 아니한 경우에는 그 會社는 그 3年이 경과한 때에 淸算이 종결된 것으로 본다.
(1984.4.10 본조신설)
參照 [해산등기]상업등기법73
判例 상법 520조의2의 규정에 의하여 해산된 주식회사의 대표자 : 상법 520조의2의 규정에 의하여 해산된 주식회사의 경우 정관에 다른 규정이 있거나 주주총회에서 따로 청산인을 선임하지 아니한 이상 그 해산 당시의 이사는 당연히 청산인이 되고, 그러한 청산인이 없는 때에는 이해관계인의 청구에 의하여 법원이 선임한 자가 청산인이 되며, 이러한 청산인만이 회사의 청산사무를 집행하고 대표하는 기관이 된다.
(대결 2000.10.12, 2000마287)
判例 청산종결회사의 소멸관계 : 상법 520조의2 1항 내지 4항에 의하여 회사가 해산되고 그 청산이 종결된 것으로 보게 되는 회사라도 권리관계가 남아 있어 현실적으로 정리할 필요가 있는 때에는 그 범위 내에서는 아직 완전히 소멸하지 아니한다.
(대결 1991.4.30, 90마672)

第521條【解散의 通知, 公告】 會社가 解散한 때에는 破産의 경우외에는 理事는 遲滯없이 株主에 대하여 그 通知를 하여야 한다.(2014.5.20 본조개정)
改前 …理事는 遲滯없이 株主에 대하여 그 通知를 "하고 無記名式의 株券을 發行한 경우에는 이를 公告하여야" 한다.
參照 [통지]353, [공고]289①③, [벌칙]635①, [파산선고의 공고]채무자회생파산313

第521條의2【準用規定】 第228條와 第229條第3項의 規定은 株式會社의 解散에 관하여 이를 準用한다.
(1998.12.28 본조신설)

第10節 合 併

(1998.12.28 본절제목삽입)

第522條【合併契約書와 그 承認決議】 ① 會社가 合併을 함에는 合併契約書를 作成하여 株主總會의 承認을 얻어야 한다.(1998.12.28 단서삭제)
② 合併契約의 要領은 第363條에 定한 통지에 記載하여야 한다.(2014.5.20 본항개정)
③ 第1項의 承認決議는 第434條의 規定에 의하여야 한다.(1998.12.28 본항개정)
改前 ② …第363條에 定한 "通知와 公告"에 記載하여야 한다.
參照 [합병]174, [합병계약서]523·524, [합병절차]232·439③·440-443·523-528·530②③, [합병의 효력의 발생시기]234·235, [합병의 무효]237-240·529, [유한회사와 합병]598-603, [합병과 인가]은행법55, 보험139, [총회의 기일]523·524, ①[유한회사에의 준용]603, [상호회사에의 준용]보험70, [등기]상업등기법62

第522條의2【합병계약서 등의 공시】 ① 이사는 제522조제1항의 주주총회 회일의 2주 전부터 합병을 한 날 이후 6개월이 경과하는 날까지 다음 각 호의 서류를 본점에 비치하여야 한다.(2015.12.1 본문개정)
1. 合併契約書
2. 합병을 위하여 신주를 발행하거나 자기주식을 이전하는 경우에는 합병으로 인하여 소멸하는 회사의 주주에 대한 신주의 배정 또는 자기주식의 이전에 관하여 그 이유를 기재한 서면(2015.12.1 본호개정)
3. 각 會社의 최종의 貸借對照表와 損益計算書
② 株主 및 會社債權者는 營業時間내에는 언제든지 第1項 各 號의 書類의 閱覽을 請求하거나, 會社가 정한 費用을 支給하고 그 謄本 또는 抄本의 交付를 請求할 수 있다.
(2015.12.1 본조제목개정)
(1998.12.28 본조개정)
改前 第522條의2【"合併契約書등의 公示"】① "理事는 第522條第1項의 株主總會 會日의 2週전부터 合併을 한 날 이후 6月이 경과하는 날까지 다음 各號의 書類를 本店에 비치하여야 한다."
"2. 合併으로 인하여 消滅하는 會社의 株主에게 발행하는 株式의 配定에 관하여 그 이유를 기재한 書面"

第522條의3【합병반대주주의 주식매수청구권】 ① 제522조제1항에 따른 결의사항에 관하여 이사회의 결의가 있는 때에 그 결의에 반대하는 주주(의결권이 없거나 제한되는 주주를 포함한다. 이하 이 조에서 같다)는 주주총회 전에 회사에 대하여 서면으로 그 결의에 반대하는 의사를 통지한 경우에는 그 총회의 결의일부터 20일 이내에 주식의 종류와 수를 기재한 서면으로 회사에 대하여 자기가 소유하고 있는 주식의 매수를 청구할 수 있다.(2015.12.1 본항개정)
② 第527條의2第2項의 公告 또는 통지를 한 날부터 2週내에 會社에 대하여 書面으로 合併에 反對하는 의사를 통지한 株主는 그 期間이 경과한 날부터 20日이내에 株式의 종류와 數를 기재한 書面으로 會社에 대하여 자기가 所有하고 있는 株式의 買受를 請求할 수 있다.(1998.12.28 본항신설)
(2015.12.1 본조제목개정)
改前 第522條의3【"合併反對株主의 株式買受請求權"】① "第522條第1項의 規定에 의한 決議事項에 관하여 理事會의 決議가 있는 때에 그 決議에 反對하는 株主는 株主總會전에 會社에 대하여 書面으로 그 決議에 反對하는 의사를 통지한 경우에는 그 總會의 決議日부터 20日이내에 株式의 종류와 數를 기재한 書面으로 會社에 대하여 자기가 所有하고 있는 株式의 買受를 請求할 수 있다."

第523條【흡수합병의 합병계약서】 합병할 회사의 일방이 합병 후 존속하는 경우에는 합병계약서에 다음의 사항을 적어야 한다.(2011.4.14 본문개정)
1. 存續하는 會社가 合併으로 인하여 그 發行할 株式의 總數를 增加하는 때에는 그 增加할 株式의 總數, 種類와 數
2. 존속하는 회사의 자본금 또는 준비금이 증가하는 경우에는 증가할 자본금 또는 준비금에 관한 사항
(2015.12.1 본호개정)

3. 존속하는 회사가 합병을 하면서 신주를 발행하거나 자기주식을 이전하는 경우에는 발행하는 신주 또는 이전하는 자기주식의 총수, 종류와 수 및 합병으로 인하여 소멸하는 회사의 주주에 대한 신주의 배정 또는 자기주식의 이전에 관한 사항
(2015.12.1 본호개정)
4. 존속하는 회사가 합병으로 소멸하는 회사의 주주에게 제3호에도 불구하고 그 대가의 전부 또는 일부로서 금전이나 그 밖의 재산을 제공하는 경우에는 그 내용 및 배정에 관한 사항(2011.4.14 본호개정)
5. 各 會社에서 合併의 承認決議를 할 社員 또는 株主의 總會의 期日
6. 合併을 할 날(1998.12.28 본호개정)
7. 存續하는 會社가 合併으로 인하여 定款을 변경하기로 정한 때에는 그 規定(1998.12.28 본호신설)
8. 각 회사가 합병으로 이익배당을 할 때에는 그 한도액(2011.4.14 본호개정)
9. 합병으로 인하여 존속하는 회사에 취임할 이사와 감사 또는 監査委員會의 위원을 정한 때에는 그 성명 및 주민등록번호(2001.7.24 본호신설)
(2015.12.1 본조제목개정)

改前 第523條【"吸收合併의 合併契約書"】합병할 회사의…
"2. 존속하는 회사의 증가할 자본금과 준비금의 총액(2011.4.14 본호개정)"
"3. 存續하는 會社가 合併當時에 發行하는 新株의 總數, 種類와 數 및 合併으로 인하여 消滅하는 會社의 株主에 대한 新株의 配定에 관한 事項"

참조 [합병계약서]522, [흡수합병]526, [유한회사에의 준용]603, (2)[신주의 배정과 수종의 주식]344③, [합병으로 인한 등기]상업등기법62-64

판례 흡수합병시 합병비율이 합병할 각 회사의 일방에게 현저하게 불리하게 정해진 경우에는 그 회사의 주주가 합병 전 회사의 재산에 대하여 가지고 있던 지분비율을 합병 후에 유지할 수 없게 됨으로써 실질적으로 주식의 일부를 상실케 되는 결과를 초래하므로, 그 합병계약은 사법관계를 지배하는 신의성실의 원칙이나 공평의 원칙 등에 비추어 무효이므로 합병할 각 회사의 주주 등은 소로써 합병의 무효를 구할 수 있다.
(대판 2008.1.10, 2007다64136)

第523條의2【합병대가가 모회사주식인 경우의 특칙】 ① 제342조의2에도 불구하고 제523조제4호에 따라 소멸하는 회사의 주주에게 제공하는 재산이 존속하는 회사의 모회사주식을 포함하는 경우에는 존속하는 회사는 그 지급을 위하여 모회사주식을 취득할 수 있다.
② 존속하는 회사는 제1항에 따라 취득한 모회사의 주식을 합병 후에도 계속 보유하고 있는 경우 합병의 효력이 발생하는 날부터 6개월 이내에 그 주식을 처분하여야 한다.(2015.12.1 본항신설)
(2011.4.14 본조신설)

第524條【신설합병의 합병계약서】 합병으로 회사를 설립하는 경우에는 합병계약서에 다음의 사항을 적어야 한다.(2011.4.14 본문개정)
1. 설립되는 회사에 대하여 제289조제1항제1호부터 제4호까지에 규정된 사항과 종류주식을 발행할 때에는 그 종류, 수와 본점소재지(2011.4.14 본호개정)
2. 設立되는 會社가 合併當時에 發行하는 株式의 總數와 種類, 數 및 各 會社의 株主에 대한 株式의 配定에 관한 事項
3. 설립되는 회사의 자본금과 준비금의 총액
(2011.4.14 본호개정)
4. 각 회사의 주주에게 제2호에도 불구하고 금전이나 그 밖의 재산을 제공하는 경우에는 그 내용 및 배정에 관한 사항(2015.12.1 본호개정)
5. 제523조제5호 및 제6호에 규정된 사항
(2015.12.1 본호개정)
6. 합병으로 인하여 설립되는 회사의 이사와 감사 또는 監査委員會의 위원을 정한 때에는 그 성명 및 주민등록번호(2001.7.24 본호신설)
(2015.12.1 본조제목개정)

改前 第524條【"新設合併의 合併契約書"】합병으로 회사를…
"4. 各會社의 株主에게 支給할 金額을 定한 때에는 그 規定"
"5. 前條第5號와 第6號에 揭記한 事項"

참조 [합병계약서]522, [신설합병]175·527, [유한회사에의 준용]603, (2)[신주식의 배정과 수종의 주식]344③, [합병으로 인한 등기]상업등기법62-64

第525條【合名會社, 合資會社의 合併契約書】 ① 合併後 存續하는 會社 또는 合併으로 인하여 設立되는 會社가 株式會社인 경우에 合併할 會社의 一方 또는 雙方이 合名會社 또는 合資會社인 때에는 總社員의 同意를 얻어 合併契約書를 作成하여야 한다.
② 前2條의 規定은 前項의 合併契約書에 準用한다.

참조 [합병계약서]522①·523·524, [합명회사 또는 합자회사와 합병]174·175·230·269, [유한회사와 합병]598-603, [등기]상업등기법62-64

第526條【吸收合併의 報告總會】 ① 合併을 하는 會社의 一方이 合併後 存續하는 경우에는 그 理事는 第527條의5의 節次의 종료후, 合併으로 인한 株式의 併合이 있을 때에는 그 效力이 생긴 後, 併合에 적당하지 아니한 株式이 있을 때에는 合併後, 存續하는 會社에 있어서는 第443條의 처분을 한 후, 小規模合併의 경우에는 第527條의3第3項 및 第4項의 節次를 종료한 후 지체없이 株主總會를 召集하고 合併에 관한 事項을 報告하여야 한다.(1998.12.28 본항개정)
② 合併當時에 發行하는 新株의 引受人은 第1項의 株主總會에서 株主와 同一한 權利가 있다.
(1998.12.28 본항개정)
③ 第1項의 경우에 理事會는 公告로써 株主總會에 대한 보고에 갈음할 수 있다.(1995.12.29 본항신설)

참조 [흡수합병]522·523·525, [유한회사에의 준용]603, [채권자의 이의]232·530②, [사채권자의 이의]439③·530②, [주식의 합병]440-443·530③, [상호회사에의 준용]보험70

第527條【新設合併의 創立總會】 ① 合併으로 인하여 會社를 設立하는 경우에는 設立委員은 第527條의5의 節次의 終了後, 合併으로 인한 株式의 併合이 있을 때에는 그 效力이 생긴 後, 併合에 適當하지 아니한 株式이 있을 때에는 第443條의 處分을 한 後 遲滯없이 創立總會를 召集하여야 한다.(1998.12.28 본항개정)
② 創立總會에서는 定款變更의 決議를 할 수 있다. 그러나 合併契約의 趣旨에 違反하는 決議는 하지 못한다.
③ 第308條第2項, 第309條, 第311條, 第312條와 第316條第2項의 規定은 第1項의 創立總會에 準用한다.
④ 第1項의 경우에 理事會는 公告로써 株主總會에 대한 보고에 갈음할 수 있다.(1998.12.28 본항신설)

참조 [신설합병]522·524·525, ①[설립위원]175, [창립총회]308·309, [채권자의 이의]232·530②, [사채권자의 이의]439③·530②, [주식의 병합]440-443·530③, [유한회사에의 준용]603, ②[정관변경]316, ①②[상호회사에의 준용]보험70

第527條의2【簡易合併】 ① 合併할 會社의 一方이 合併후 存續하는 경우에 合併으로 인하여 消滅하는 會社의 總株主의 同意가 있거나 그 會社의 發行株式總數의 100分의 90이상을 合併후 存續하는 會社가 소유하고 있는 때에는 合併으로 인하여 消滅하는 會社의 株主總會의 승인은 이를 理事會의 승인으로 갈음할 수 있다.
② 第1項의 경우에 合併으로 인하여 消滅하는 會社는 合併契約書를 작성한 날부터 2週내에 株主總會의 승인을 얻지 아니하고 合併을 한다는 뜻을 公告하거나 株主에게 통지하여야 한다. 다만 總株主의 同意가 있는 때에는 그러하지 아니하다.
(1998.12.28 본조신설)

第527條의3【소규모합병】 ① 합병 후 존속하는 회사가 합병으로 인하여 발행하는 신주 및 이전하는 자기주식의 총수가 그 회사의 발행주식총수의 100분의 10을 초과하지 아니하는 경우에는 그 존속하는 회사의 주주총회의 승인은 이를 이사회의 승인으로 갈음할 수 있다. 다만, 합병으로 인하여 소멸하는 회사의 주주에게 제공할 금전이나 그 밖의 재산을 정한 경우에 그 금액 및 그 밖의 재산의 가액이 존속하는 회사의 최종 대차대조표상으로 현존하는 순자산액의 100분의 5를 초과하는 경우에는 그러하지 아니하다.(2015.12.1 본항개정)
② 第1項의 경우에 存續하는 會社의 合併契約書에는 株主總會의 승인을 얻지 아니하고 合併을 한다는 뜻을 기재하여야 한다.
③ 第1項의 경우에 存續하는 會社는 合併契約書를 작성한 날부터 2週내에 消滅하는 會社의 商號 및 本店의 所在地, 合併을 할 날, 株主總會의 승인을 얻지 아니하고 合併을 한다는 뜻을 公告하거나 株主에게 통지하여야 한다.
④ 合併후 存續하는 會社의 發行株式總數의 100分의 20이상에 해당하는 株式을 所有한 株主가 第3項의 規定에 의한 公告 또는 통지를 한 날부터 2週내에 會社에 대하여 書面으로 第1項의 合併에 反對하는 의사를 통지한 때에는 第1項 本文의 規定에 의한 合併을 할 수 없다.
⑤ 第1項 本文의 경우에는 第522條의3의 規定은 이를 적용하지 아니한다.
(2015.12.1 본조제목개정)
(1998.12.28 본조신설)

改前 第527條의3【"小規模合併"】"① 合併후 存續하는 會社가 合併으로 인하여 발행하는 新株의 總數가 그 會社의 發行株式總數의 100분의 10을 초과하지 아니하는 때에는 그 存續하는 會社의 株主總會의 승인은 이를 理事會의 승인으로 갈음할 수 있다. 다만, 合併으로 인하여 消滅하는 會社의 株主에게 지급할 금액을 정한 경우에 그 금액이 存續하는 會社의 최종 貸借對照表상으로 현존하는 純資産額의 100분의 5를 초과하는 때에는 그러하지 아니하다.(2011.4.14 본항개정)"

第527條의4【理事·監事의 任期】 ① 合併을 하는 會社의 一方이 合併후 存續하는 경우에 存續하는 會社의 理事 및 監事로서 合併전에 就任한 者는 合併契約書에 다른 정함이 있는 경우를 제외하고는 合併후 최초로 도래하는 決算期의 定期總會가 종료하는 때에 退任한다.
② (2001.7.24 삭제)
(1998.12.28 본조신설)

第527條의5【債權者保護節次】 ① 會社는 第522條의 株主總會의 承認決議가 있은 날부터 2週내에 債權者에 대하여 合併에 異議가 있으면 1月이상의 기간내에 이를 제출할 것을 公告하고 알고 있는 債權者에 대하여는 따로따로 이를 催告하여야 한다.
② 第1項의 規定을 적용함에 있어서 第527條의2 및 第527條의3의 경우에는 理事會의 承認決議를 株主總會의 承認決議로 본다.
③ 第232條第2項 및 第3項의 規定은 第1項 및 第2項의 경우에 이를 準用한다.
(1998.12.28 본조신설)

第527條의6【合併에 관한 書類의 事後公示】 ① 理事는 第527條의5에 規定한 節次의 경과, 合併을 한 날, 合併으로 인하여 消滅하는 會社로부터 승계한 財産의 價額과 債務額 기타 合併에 관한 사항을 기재한 書面을 合併을 한 날부터 6月간 本店에 비치하여야 한다.
② 第522條의2第2項의 規定은 第1項의 書面에 관하여 이를 準用한다.
(1998.12.28 본조신설)

第528條【合併의 登記】 ① 會社가 合併을 한 때에는 第526條의 株主總會가 終結한 날 또는 보고에 갈음하는 公告日, 第527條의 創立總會가 終結한 날 또는 보고에 갈음하는 公告日부터 本店所在地에서는 2週내, 支店所在地에서는 3週내에 合併後 存續하는 會社에 있어서는 變更의 登記, 合併으로 인하여 消滅하는 會社에 있어서는 解散의 登記, 合併으로 인하여 設立된 會社에 있어서는 第317條에 定하는 登記를 하여야 한다.(1998.12.28 본항개정)
② 合併후 存續하는 會社 또는 合併으로 인하여 設立된 會社가 合併으로 인하여 轉換社債 또는 新株引受權附社債를 承繼한 때에는 第1項의 登記와 同時에 社債의 登記를 하여야 한다.(1984.4.10 본항개정)

참조 [벌칙]635①, [등기와 합병의 효력발생시기]234·530②, ①[변경의 등기]183·317③, [해산등기]228, 상업등기법63-64, [설립등기]317, [상호회사에의 준용]보험70, ②[신주인수권부사채의 등기]516의8, [등기사항]상업등기법62

第529條【合併無效의 訴】 ① 合併無效는 各 會社의 株主·理事·監事·清算人·破産管財人 또는 合併을 承認하지 아니한 債權者에 한하여 訴만으로 이를 主張할 수 있다.
② 第1項의 訴는 第528條의 登記가 있은 날로부터 6月내에 提起하여야 한다.
(1984.4.10 본조개정)

참조 [관할]240·530②, [제소채권자의 담보제공의무]237·530②, [무효의 등기]238·530②, [무효판결의 효력]239·240·530②, [청산인]531, [파산관재인]채무자회생파산355이하, [이의채권자]232·530②, [벌칙]631①②, [유한회사에의 준용]603, [상호회사에의 준용]보험70

판례 합병등기 후 합병결의무효확인청구만을 독립된 소로서 구할 수 있는지 여부 : 회사합병에 있어서 합병등기에 의하여 합병의 효력이 발생한 후에는 합병무효의 소를 제기하는 외에 합병결의무효확인청구만을 독립된 소로서 구할 수 없다.
(대판 1993.5.27, 92누14908)

第530條【準用規定】 ① (1998.12.28 삭제)
② 第234條, 第235條, 第237條 내지 第240條, 第329條의2, 第374條第2項, 제374조의2제2항 내지 제5항 및 第439條第3項의 規定은 株式會社의 合併에 관하여 이를 準用한다.(2001.7.24 본항개정)
③ 제440조부터 제443조까지의 규정은 會社의 合併으로 인한 株式併合 또는 株式分割의 경우에 準用한다.(2014.5.20 본항개정)
④ 第339條와 第340條第3項의 規定은 株式을 併合하지 아니하는 경우에 合併으로 인하여 消滅하는 會社의 株式을 目的으로 하는 質權에 準用한다.

改前 ③ "第440條 내지 第444條의 規定은" 會社의 合併으로 인한 株式併合 또는 株式分割의 경우에 準用한다.(1998.12.28 본항개정)

第11節 會社의 分割
(1998.12.28 본절신설)

第530條의2【會社의 分割·分割合併】 ① 會社는 分割에 의하여 1개 또는 수개의 會社를 設立할 수 있다.
② 會社는 分割에 의하여 1개 또는 수개의 存立중의 會社와 合併(이하 "分割合併"이라 한다)할 수 있다.
③ 會社는 分割에 의하여 1개 또는 수개의 會社를 設立함과 동시에 分割合併할 수 있다.
④ 解散후의 會社는 存立중의 會社를 存續하는 會社로 하거나 새로 會社를 設立하는 경우에 한하여 分割 또는 分割合併할 수 있다.

第530條의3【分割計劃書·分割合併契約書의 승인】 ① 會社가 分割 또는 分割合併을 하는 때에는 分割計劃書 또는 分割合併契約書를 작성하여 株主總會의 승인을 얻어야 한다.
② 第1項의 承認決議는 第434條의 規定에 의하여야 한다.
③ 제2항의 결의에 관하여는 제344조의3제1항에 따라 의결권이 배제되는 주주도 의결권이 있다.
(2011.4.14 본항개정)
④ 分割計劃 또는 分割合併契約의 要領은 第363條에 정한 통지에 기재하여야 한다.(2014.5.20 본항개정)
⑤ (2011.4.14 삭제)
⑥ 會社의 分割 또는 分割合併으로 인하여 分割 또는 分割合併에 관련되는 각 會社의 株主의 부담이 加重되는 경우에는 제1항 및 제436조의 決議외에 그 株主全員의 同意가 있어야 한다.(2011.4.14 본항개정)
改前 ④ 分割計劃 또는 分割合併契約의 要領은 第363條에 정한 "통지와 公告"에 기재하여야 한다.

第530條의4【분할에 의한 회사의 설립】 제530조의2에 따른 회사의 설립에 관하여는 이 장 제1절의 회사설립에 관한 규정을 준용한다. 다만, 분할되는 회사(이하 "분할회사"라 한다)의 출자만으로 회사가 설립되는 경우에는 제299조를 적용하지 아니한다.
(2015.12.1 본조개정)
改前 "第530條의4【分割에 의한 會社의 設立】 ① 이 章 第1節의 會社設立에 관한 規定은 第530條의2의 規定에 의한 會社의 設立에 관하여 이를 準用한다.
② 第1項의 規定에 불구하고 分割에 의하여 設立되는 會社는 分割되는 會社의 出資만으로도 設立할 수 있다. 이 경우 分割되는 會社의 株主에게 그 株主가 가지는 그 會社의 株式의 比率에 따라서 設立되는 會社의 株式이 발행되는 때에는 第299條의 規定을 적용하지 아니한다.
(1998.12.28 본조신설)"

第530條의5【분할계획서의 기재사항】 ① 분할에 의하여 회사를 설립하는 경우에는 분할계획서에 다음 각 호의 사항을 기재하여야 한다.(2015.12.1 본문개정)
1. 분할에 의하여 설립되는 회사(이하 "단순분할신설회사"라 한다)의 상호, 목적, 본점의 소재지 및 공고의 방법
2. 단순분할신설회사가 발행할 주식의 총수 및 액면주식·무액면주식의 구분
3. 단순분할신설회사가 분할 당시에 발행하는 주식의 총수, 종류 및 종류주식의 수, 액면주식·무액면주식의 구분
4. 분할회사의 주주에 대한 단순분할신설회사의 주식의 배정에 관한 사항 및 배정에 따른 주식의 병합 또는 분할을 하는 경우에는 그에 관한 사항
5. 분할회사의 주주에게 제4호에도 불구하고 금전이나 그 밖의 재산을 제공하는 경우에는 그 내용 및 배정에 관한 사항
6. 단순분할신설회사의 자본금과 준비금에 관한 사항
7. 단순분할신설회사에 이전될 재산과 그 가액
(2015.12.1 1호~7호개정)
8. 제530조의9제2항의 정함이 있는 경우에는 그 내용
8의2. 분할을 할 날(2015.12.1 본호신설)
9. 단순분할신설회사의 이사와 감사를 정한 경우에는 그 성명과 주민등록번호(2015.12.1 본호개정)
10. 단순분할신설회사의 정관에 기재할 그 밖의 사항
(2015.12.1 본호개정)
② 分割後 會社가 存續하는 경우에는 存續하는 會社에 관하여 分割計劃書에 다음 各號의 사항을 기재하여야 한다.
1. 감소할 자본금과 準備金의 額(2011.4.14 본호개정)
2. 資本減少의 방법
3. 分割로 인하여 移轉할 財産과 그 價額
4. 分割후의 發行株式의 總數
5. 會社가 발행할 株式의 總數를 감소하는 경우에는 그 감소할 株式의 總數, 종류 및 종류별 株式의 數
6. 定款變更을 가져오게 하는 그 밖의 사항
(2015.12.1 본조제목개정)
改前 第530條의5【"分割計劃書의 기재사항"】 ① "分割에 의하여 會社를 設立하는 경우에는 分割計劃書에 다음 各號의 사항을 기재하여야 한다."
"1. 設立되는 會社의 商號, 目的, 本店의 所在地 및 公告의 방법"
2. "설립되는 회사"가 발행할 주식의 총수…
3. "설립되는 회사"가 분할 당시에 발행하는 주식의 총수…
"4. 分割되는 會社의 株主에 대한 設立되는 會社의 株式의 配定에 관한 사항 및 配定에 따른 株式의 倂合 또는 分割을 하는 경우에는 그에 관한 사항"
"5. 分割되는 會社의 株主에게 지급할 금액을 정한 때에는 그 規定"
"6. 設立되는 會社의 자본금과 準備金에 관한 사항(2011.4.14 본호개정)"
"7. 設立되는 會社에 移轉될 財産과 그 價額"
"9. 設立되는 會社의 理事와 監事를 정한 경우에는 그 姓名과 住民登錄番號"
10. "設立되는 會社의 定款"에 기재할 그 밖의 사항

第530條의6【분할합병계약서의 기재사항 및 분할합병대가가 모회사주식인 경우의 특칙】 ① 분할회사의 일부가 다른 회사와 합병하여 그 다른 회사(이하 "분할합병의 상대방 회사"라 한다)가 존속하는 경우에는 분할합병계약서에 다음 각 호의 사항을 기재하여야 한다.(2015.12.1 본문개정)
1. 분할합병의 상대방 회사로서 존속하는 회사(이하 "분할승계회사"라 한다)가 분할합병으로 인하여 발행할 주식의 총수를 증가하는 경우에는 증가할 주식의 총수, 종류 및 종류별 주식의 수
2. 분할승계회사가 분할합병을 하면서 신주를 발행하거나 자기주식을 이전하는 경우에는 그 발행하는 신주 또는 이전하는 자기주식의 총수, 종류 및 종류별 주식의 수
3. 분할승계회사가 분할합병을 하면서 신주를 발행하거나 자기주식을 이전하는 경우에는 분할회사의 주주에 대한 분할승계회사의 신주의 배정 또는 자기주식의 이전에 관한 사항 및 주식의 병합 또는 분할을 하는 경우에는 그에 관한 사항
4. 분할승계회사가 분할회사의 주주에게 제3호에도 불구하고 그 대가의 전부 또는 일부로서 금전이나 그 밖의 재산을 제공하는 경우에는 그 내용 및 배정에 관한 사항
5. 분할승계회사의 자본금 또는 준비금이 증가하는 경우에는 증가할 자본금 또는 준비금에 관한 사항
6. 분할회사가 분할승계회사에 이전할 재산과 그 가액
(2015.12.1 1호~6호개정)
7. 第530條의9第3項의 정함이 있는 경우에는 그 내용
8. 각 會社에서 第530條의3第2項의 決議를 할 株主總會의 期日
9. 分割合併을 할 날
10. 분할승계회사의 이사와 감사를 정한 경우에는 그 성명과 주민등록번호(2015.12.1 본호개정)
11. 분할승계회사의 정관변경을 가져오게 하는 그 밖의 사항(2015.12.1 본호개정)
② 분할회사의 일부가 다른 분할회사의 일부 또는 다른 회사와 분할합병을 하여 회사를 설립하는 경우에는 분할합병계약서에 다음 각 호의 사항을 기재하여야 한다.(2015.12.1 본문개정)
1. 제530조의5제1항제1호·제2호·제6호·제7호·제8호·제8호의2·제9호·제10호에 규정된 사항
2. 분할합병을 하여 설립되는 회사(이하 "분할합병신설회사"라 한다)가 분할합병을 하면서 발행하는 주식의 총수, 종류 및 종류별 주식의 수
(2015.12.1 1호~2호개정)
3. 각 會社의 株主에 대한 株式의 配定에 관한 사항과 配定에 따른 株式의 倂合 또는 分割을 하는 경우에는 그 규정
4. 각 회사가 분할합병신설회사에 이전할 재산과 그 가액(2015.12.1 본호개정)
5. 각 會社의 株主에게 지급할 금액을 정한 때에는 그 規定
6. 각 會社에서 第530條의3第2項의 決議를 할 株主總會의 期日
7. 分割合併을 할 날
③ 第530條의5의 規定은 第1項 및 第2項의 경우에 각 會社의 分割合併을 하지 아니하는 부분의 기재에 관하여 이를 準用한다.
④ 제342조의2제1항에도 불구하고 제1항제4호에 따라 분할회사의 주주에게 제공하는 재산이 분할승계회사의 모회사 주식을 포함하는 경우에는 분할승계회사는 그 지급을 위하여 모회사 주식을 취득할 수 있다.(2015.12.1 본항신설)
⑤ 분할승계회사는 제4항에 따라 취득한 모회사의 주식을 분할합병 후에도 계속 보유하고 있는 경우 분할합병의 효력이 발생하는 날부터 6개월 이내에 그 주식을 처분하여야 한다.(2015.12.1 본항신설)
(2015.12.1 본조제목개정)
改前 第530條의6【"分割合併契約書의 기재사항"】 ① "分割되는 會社의 일부가 다른 會社와 合倂하여 그 다른 會社(이하 "分割合併의 相對方 會社"라 한다)가 存續하는 경우에는 分割合併契約書에 다음 各號의 사항을 기재하여야 한다."
1. "分割合併의 相對方 會社가 分割合併으로" 인하여 발행할 "株式의 總數"를 증가하는 경우에는 증가할 "株式의 總數", 종류 및 종류별 "株式의 數"
"2. 分割合併의 相對方 會社가 分割合併을 함에 있어서 발행하는 新株의 總數, 종류 및 종류별 株式의 數"
"3. 分割되는 會社의 株主에 대한 分割合併의 相對方 會社의 株式의 配定에 관한 사항 및 配定에 따른 株式의 倂合 또는 分割을 하는 경우에는 그에 관한 사항"
"4. 分割되는 會社의 株主에 대하여 分割合併의 相對方 會社가 지급할 금액을 정한 때에는 그 規定"
"5. 分割合併의 相對方 會社의 증가할 자본금의 總額과 準備金에 관한 사항(2011.4.14 본호개정)"
"6. 分割되는 會社가 分割合併의 相對方 會社에 移轉할 財産과 그 價額"
"10. 分割合併의 相對方 會社의 理事와 監事를 정한 때에는 그 姓名과 住民登錄番號"
11. "分割合併의 相對方 會社의 定款變更"을 가져오게 하는 그 밖의 사항
② "分割되는 會社의 일부가 다른 會社 또는 다른 會社의 일부와 分割合併을 하여 會社를 設立하는 경우에는 分割合併契約書에 다음 各號의 사항을 기재하여야 한다."
1. 第530條의5第1項第1號·第2號·"第6號 내지 第10號"에 규정된 사항
"2. 設立되는 會社가 分割合併을 함에 있어서 발행하는 株式의 總數, 종류 및 종류별 株式의 數"
"4. 각 會社가 設立되는 會社에 移轉할 財産과 그 價額"

第530條의7【분할대차대조표 등의 공시】 ① 분할회사의 이사는 제530조의3제1항에 따른 주주총회 회일의 2주 전부터 분할의 등기를 한 날 또는 분할합병을 한 날 이후 6개월 간 다음 각 호의 서류를 본점에 비치하여야 한다.(2015.12.1 본문개정)
1. 分割計劃書 또는 分割合併契約書
2. 分割되는 부분의 貸借對照表
3. 분할합병의 경우 분할합병의 상대방 회사의 대차대조표(2015.12.1 본호개정)
4. 분할 또는 분할합병을 하면서 신주가 발행되거나 자기주식이 이전되는 경우에는 분할회사의 주주에 대한 신주의 배정 또는 자기주식의 이전에 관하여 그 이유를 기재한 서면(2015.12.1 본호개정)
② 제530조의6제1항의 분할승계회사의 이사는 분할합병을 승인하는 주주총회 회일의 2주 전부터 분할합병의 등기를 한 후 6개월 간 다음 각 호의 서류를 본점에 비치하여야 한다.(2015.12.1 본문개정)
1. 分割合併契約書
2. 분할회사의 분할되는 부분의 대차대조표
(2015.12.1 본호개정)
3. 분할합병을 하면서 신주를 발행하거나 자기주식을 이전하는 경우에는 분할회사의 주주에 대한 신주의 배정 또는 자기주식의 이전에 관하여 그 이유를 기재한 서면(2015.12.1 본호개정)
③ 第522條의2第2項의 規定은 第1項 및 第2項의 書類에 관하여 이를 準用한다.
(2015.12.1 본조제목개정)
改前 第530條의7【"分割貸借對照表등의 公示"】 ① "分割되는 會社의 理事는 第530條의3第1項의 規定에 의한 株主總會의 會日의 2週前부터 分割의 登記를 한 날 또는 分割合併을 한 날 이후 6月間 다음 各號의 書類를 本店에 비치하여야 한다."
"3. 分割合併의 경우 分割合併의 相對方 會社의 貸借對照表"
"4. 分割되는 會社의 株主에게 발행할 株式의 配定에 관하여 그 이유를 기재한 書面"
② "第530條의6第1項의 分割合併의 相對方 會社의 理事는 分割合併을 승인하는 株主總會의 會日의 2週前부터 分割合併의 登記를 한 후 6月間 다음 各號의 書類를 本店에 비치하여야 한다."
"2. 分割되는 會社의 分割되는 부분의 貸借對照表"
"3. 分割되는 會社의 株主에게 발행할 株式의 配定에 관하여 그 이유를 기재한 書面"

第530條의8 (2015.12.1 삭제)
改前 "第530條의8【分割 및 分割合併에 관한 計算】 分割 또는 分割合併으로 인하여 設立되는 會社 또는 分割合併의 相對方 會社가 營業權을 취득한 경우에는 그 取得價額을 貸借對照表의 資産의 部에 計上할 수 있다. 이 경우에는 設立登記 또는 分割合併의 登記를 한 후 5年내의 每 決算期에 均等額이상을 償却하여야 한다.(1998.12.28 본조신설)"

第530條의9【분할 및 분할합병 후의 회사의 책임】 ① 분할회사, 단순분할신설회사, 분할승계회사 또는 분할합병신설회사는 분할 또는 분할합병 전의 분할회사 채무에 관하여 연대하여 변제할 책임이 있다.
② 제1항에도 불구하고 분할회사가 제530조의3제2항에 따른 결의로 분할에 의하여 회사를 설립하는 경우에는 단순분할신설회사는 분할회사의 채무 중에서 분할계획서에 승계하기로 정한 채무에 대한 책임만을 부담하는 것으로 정할 수 있다. 이 경우 분할회사가 분할 후에 존속하는 경우에는 단순분할신설회사가 부담하지 아니하는 채무에 대한 책임만을 부담한다.
③ 분할합병의 경우에 분할회사는 제530조의3제2항에 따른 결의로 분할합병에 따른 출자를 받는 분할승계회사 또는 분할합병신설회사가 분할회사의 채무 중에서 분할합병계약서에 승계하기로 정한 채무에 대한 책임만을 부담하는 것으로 정할 수 있다. 이 경우 제2항 후단을 준용한다.
④ 제2항의 경우에는 제439조제3항 및 제527조의5를 준용한다.
(2015.12.1 본조개정)
改前 "第530條의9【分割 및 分割合併후의 會社의 責任】 ① 分割 또는 分割合併으로 인하여 設立되는 會社 또는 存續하는 會

社는 分割 또는 分割合併전의 會社債務에 관하여 連帶하여 辨濟할 責任이 있다.
② 第1項의 規定에 불구하고 分割되는 會社가 第530條의3第2項의 規定에 의한 決議로 分割에 의하여 會社를 設立하는 경우에는 設立되는 會社가 分割되는 會社의 債務중에서 出資한 財産에 관한 債務만을 부담할 것을 정할 수 있다. 이 경우 分割되는 會社가 分割후에 存續하는 때에는 分割로 인하여 設立되는 會社가 부담하지 아니하는 債務만을 부담한다.
③ 分割合併의 경우에 分割되는 會社는 第530條의3第2項의 規定에 의한 決議로 分割合併에 따른 出資를 받는 存立중의 會社가 分割되는 會社의 債務중에서 出資한 財産에 관한 債務만을 부담할 것을 정할 수 있다. 이 경우에는 第2項 後段의 規定을 準用한다.
④ 第439條第3項 및 第527條의5의 規定은 第2項의 경우에 이를 準用한다.
(1998.12.28 본조신설)"

판례 '회사가 알고 있는 채권자'의 의미 : 분할 또는 분할합병으로 인하여 회사의 책임재산에 변동이 생기게 되는 채권자를 보호하기 위하여 상법이 채권자의 이의제출권을 인정하고 그 실효성을 확보하기 위하여 알고 있는 채권자에게 개별적으로 최고하도록 한 입법 취지를 고려하면, 개별 최고가 필요한 '회사가 알고 있는 채권자'란 채권자가 누구이고 채권이 어떠한 내용의 청구권인지가 대체로 회사에게 알려져 있는 채권자를 말하는 것이고, 회사에 알려져 있는지 여부는 개개의 경우에 제반 사정을 종합적으로 고려하여 판단하여야 할 것인데, 회사의 장부 기타 근거에 의하여 성명과 주소가 회사에 알려져 있는 자는 물론이고 회사 대표이사 개인이 알고 있는 채권자도 이에 포함된다고 봄이 타당하다.(대판 2011.9.29, 2011다38516)

판례 주식회사의 분할 또는 분할합병으로 인하여 설립되는 회사와 존속하는 회사가 회사 채권자에게 연대하여 변제할 책임이 있는 분할 또는 분할합병 전의 회사 채무에는 회사 분할 또는 분할합병의 효력발생 전에 발생하였으나 분할 또는 분할합병 당시에는 아직 그 변제기가 도래하지 아니한 채무도 포함된다.
(대판 2008.2.14, 2007다73321)

판례 상법 530조의3 2항에 의한 특별결의로 분할에 의하여 회사를 설립하는 경우, 신설회사에 출자한 재산에 관한 채무의 승계 범위 : 회사분할에 있어서 분할계획서상 분할기준일 이전의 분할전의 회사채무에 관하여 신설회사의 연대책임 원칙을 배제하는 규정을 두고 있음에도, 분할기준일 후의 분할 전의 회사채무에 대하여 분할계획서에 특별한 규정을 두고 있지 아니하는 경우, 회사분할에 있어서 신설회사는 원칙적으로 분할 전의 회사채무에 관하여 연대하여 변제할 책임이 있고(상법 530조의9 1항), 회사가 상법 530조의3 2항의 규정에 의한 특별결의로 분할에 의하여 회사를 설립하면서, 신설회사가 분할되는 회사의 채무 중에서 출자한 재산에 관한 채무 외의 채무에 대하여는 부담하지 아니할 것을 정할 수 있으나(상법 530조의9 2항), 출자한 재산에 관한 채무에 관하여는 위 규정에 의하더라도 신설회사가 그 책임을 면할 수 없는 것이 원칙이므로, 특별한 사정이 없는 한 신설회사에 출자한 재산에 관한 채무는 그것이 분할기준일 후부터 분할 전까지 발생한 것이라도 신설회사에게 승계된다는 것으로 보아야 한다.(대판 2004.7.9, 2004다17191)

第530條의10【분할 또는 분할합병의 효과】 단순분할신설회사, 분할승계회사 또는 분할합병신설회사는 분할회사의 권리와 의무를 분할계획서 또는 분할합병계약서에서 정하는 바에 따라 승계한다.
(2015.12.1 본조개정)

改前 "第530條의10【分割 또는 分割合併의 效果】分割 또는 分割合併으로 인하여 設立되는 會社 또는 存續하는 會社는 分割하는 會社의 權利와 義務를 分割計劃書 또는 分割合併契約書가 정하는 바에 따라서 承繼한다.(1998.12.28 본조신설)"

第530條의11【準用規定】 ① 분할 또는 분할합병의 경우에는 제234조, 제237조부터 제240조까지, 제329조의2, 제440조부터 제443조까지, 제526조, 제527조, 제527조의6, 제528조 및 제529조를 준용한다. 다만, 제527조의 설립위원은 대표이사로 한다.
(2014.5.20 본문개정)
② 第374條第2項, 第439條第3項, 第522條의3, 第527條의2, 第527條의3 및 第527條의5의 規定은 分割合併의 경우에 이를 準用한다.(1999.12.31 본항개정)

改前 ① 분할 또는 분할합병의 경우에는 제234조, 제237조부터 제240조까지, 제329조의2, "제444조"까지…

第530條의12【物的 分割】 이 節의 規定은 分割되는 會社가 分割 또는 分割合併으로 인하여 設立되는 會社의 株式의 總數를 취득하는 경우에 이를 準用한다.

第12節 清 算

第531條【清算人의 決定】 ① 會社가 解散한 때에는 合併·分割·分割合併 또는 破産의 경우외에는 理事가 清算人이 된다. 다만, 定款에 다른 정함이 있거나 株主總會에서 他人을 選任한 때에는 그러하지 아니하다.(1998.12.28 본항개정)
② 前項의 規定에 의한 清算人이 없는 때에는 法院은 利害關係人의 請求에 의하여 清算人을 選任한다.

참조 [청산인의 직무]254·260·533~538·542①, [청산인과 회사와의 관계]382②·388·542②, [회사대표]255·389·542①②, [청산인의 선임]보험156, [청산인의 책임]399~403·414③·542②, [청산인 부적격]비송121, [청산인의 등기]253·542①, 상업등기법60, [청산인의 신고]532, [청산인의 해임]539, [청산인의 직무대행자]386②·407·542②, 비송85·120, [상호회사에의 준용]보험73, [청산법인의 경우]국유재산80, 국유재산시80, ①[해산]518, [합병의 경우]235·530②, [파산의 경우]채무자회생파산384, ②[법원에 의한 선임]비송117·119·123, [특례]보험138, [해산명령의 경우]252·542①, [설립무효의 경우]193·328②

판례 청산인의 결정 : 상법 520조의2의 규정에 의하여 주식회사가 해산되고 그 청산이 종결된 것으로 보게 되는 회사라도 어떤 권리관계가 남아 있어 현실적으로 정리할 필요가 있으면 그 범위 내에서는 아직 완전히 소멸하지 아니하고, 이러한 경우 그 회사의 해산 당시의 이사는 정관에 다른 규정이 있거나 주주총회에서 따로 청산인을 선임하지 아니한 경우에 당연히 청산인이 되고, 그러한 청산인이 없는 때에는 이해관계인의 청구에 의하여 법원이 선임한 자가 청산인이 되므로, 이러한 청산인만이 청산 중인 회사의 청산사무를 집행하고 대표하는 기관이 된다.
(대판 1994.5.27, 94다7607)

第532條【清算人의 申告】 清算人은 就任한 날로부터 2週間내에 다음의 事項을 法院에 申告하여야 한다.
1. 解散의 事由와 그 年月日
2. 清算人의 姓名·住民登錄番號 및 住所(1995.12.29 본호개정)

참조 [관할]비송117, [법원의 청산감독권]비송118, [법원에 의한 검사인의 선임]비송35, [유한회사에의 준용]613①, [상호회사에의 준용]보험73

第533條【會社財産調査報告義務】 ① 清算人은 就任한 後 遲滯없이 會社의 財産狀態를 調査하여 財産目錄과 貸借對照表를 作成하고 이를 株主總會에 提出하여 그 承認을 얻어야 한다.
② 清算人은 前項의 承認을 얻은 後 遲滯없이 財産目錄과 貸借對照表를 法院에 提出하여야 한다.

참조 [재산목록·대차대조표]30, [결산기마다의 작성·제출]534, [보존의무]541, [벌칙]635①, [유한회사에의 준용]613①, [상호회사에의 준용]보험73, ②[법원의 감독]비송118, [청산법인의 경우]국유재산80, 국유재산시80

第534條【貸借對照表·事務報告書·附屬明細書의 제출·監査·公示·承認】 ① 清算人은 定期總會會日로부터 4週間전에 貸借對照表 및 그 附屬明細書와 事務報告書를 작성하여 監事에게 제출하여야 한다.
② 監事는 定期總會會日로부터 1週間전에 第1項의 書類에 관한 監査報告書를 清算人에게 제출하여야 한다.
③ 清算人은 定期總會會日의 1週間전부터 第1項의 書類와 第2項의 監査報告書를 本店에 備置하여야 한다.
④ 第448條第2項의 規定은 第3項의 書類에 관하여 이를 準用한다.
⑤ 清算人은 貸借對照表 및 事務報告書를 定期總會에 제출하여 그 承認을 要求하여야 한다.
(1984.4.10 본조개정)

참조 [재무제표]447, [정기총회]365①②, [벌칙]635①, [재무제표의 비치의무·열람 또는 등초본의 교부]448·542②, [재무제표의 총회제출·공고]449·542②, [재무제표의 승인과 책임해제]450·542②, [유한회사에의 준용]613①, [상호회사에의 준용]보험73

第535條【會社債權者에의 催告】 ① 清算人은 就任한 날로부터 2月내에 會社債權者에 대하여 一定한 期間내에 그 債權을 申告할 것과 그 期間내에 申告하지 아니하면 清算에서 除外될 뜻을 2回이상 公告로써 催告하여야 한다. 그러나 그 期間은 2月이상 이어야 한다.
② 清算人은 알고 있는 債權者에 대하여는 各別로 그 債權의 申告를 催告하여야 하며 그 債權者가 申告하지 아니한 경우에도 이를 清算에서 除外하지 못한다.

참조 민88·89, [벌칙]635①, [유한회사에의 준용]613①, [상호회사에의 준용]보험73, ①[알고 있는 채권자]535, [변제정지]536, [제척]537, [채권의 신고기간]535①·536

第536條【債權申告期間내의 辨濟】 ① 清算人은 前條第1項의 申告期間내에는 債權者에 대하여 辨濟를 하지 못한다. 그러나 會社는 그 辨濟의 遲延으로 인한 損害賠償의 責任을 免하지 못한다.
② 清算人은 前項의 規定에 不拘하고 少額의 債權, 擔保있는 債權 기타 辨濟로 인하여 다른 債權者를 害할 念慮가 없는 債權에 대하여는 法院의 許可를 얻어 이를 辨濟할 수 있다.

참조 [유한회사에의 준용]613①, [상호회사에의 준용]보험73, ①[청산과 채무의 변제]254①·259·542①, [손해배상]민387·396, ②[허가]비송126, [채권신고기간 내의 변제]보험159, [벌칙]635①

第537條【除外된 債權者에 대한 辨濟】 ① 清算에서 除外된 債權者는 分配되지 아니한 殘餘財産에 대하여서만 辨濟를 請求할 수 있다.
② 一部의 株主에 대하여 財産의 分配를 한 경우에는 그와 同一한 比率로 다른 株主에게 分配할 財産은 前項의 殘餘財産에서 控除한다.

참조 [제외된 채권자]535, [동취지의 규정]민92, [유한회사에의 준용]613①, [상호회사에의 준용]보험73

第538條【殘餘財産의 分配】 殘餘財産은 各 株主가 가진 株式의 數에 따라 株主에게 分配하여야 한다. 그러나 第344條第1項의 規定을 適用하는 경우에는 그러하지 아니하다.

참조 [분배의 제한]260·542①, [이익 또는 이자배당의 비례]464, [등록질권자의 권리]340①, [청산법인의 경우]국유재산80, 국유재산시80

第539條【清算人의 解任】 ① 清算人은 法院이 選任한 경우외에는 언제든지 株主總會의 決議로 이를 解任할 수 있다.
② 清算人이 그 業務를 執行함에 현저하게 不適任하거나 重大한 任務에 違反한 行爲가 있는 때에는 發行株式의 總數의 100分의 3이상에 해당하는 株式을 가진 株主는 法院에 그 清算人의 解任을 請求할 수 있다.(1998.12.28 본항개정)
③ 第186條의 規定은 第2項의 請求에 관한 訴에 準用한다.(1998.12.28 본항개정)

참조 [이사의 해임]385, [청산인]531, [해임의 등기]253①②·542①, 비송119, [법원이 선임한 청산인]252·531②·542①, [상호회사에의 준용]보험73, ②[해임재판]비송117·119, [벌칙]631①②

第540條【清算의 終結】 ① 清算事務가 終結한 때에는 清算人은 遲滯없이 決算報告書를 作成하고 이를 株主總會에 提出하여 承認을 얻어야 한다.
② 前項의 承認이 있는 때에는 會社는 清算人에 대하여 그 責任을 解除한 것으로 본다. 그러나 清算人의 不正行爲에 대하여는 그러하지 아니하다.

참조 [청산사무]254·542①, [청산종결의 등기]264·542①, [벌칙]635①, [상호회사에의 준용]보험73, ②[책임]399·542②, [청산종결전의 경우]450·542②, [청산법인의 경우]국유재산80, 국유재산시80

第541條【書類의 保存】 ① 會社의 帳簿 기타 營業과 清算에 관한 重要한 書類는 本店所在地에서 清算終結의 登記를 한 後 10年間 이를 保存하여야 한다. 다만, 傳票 또는 이와 유사한 書類는 5年間 이를 보존하여야 한다.(1995.12.29 단서신설)
② 前項의 保存에 관하여는 清算人 기타의 利害關係人의 請求에 의하여 法院이 保存人과 保存方法을 定한다.

참조 [회사의 장부]29·396①, [상인의 중요서류보존의무]33, [청산종결의 등기]264·542①, [보존인의 선임]비송117·127, [상호회사에의 준용]보험73, [휴면법인의 경우]국유재산80, 국유재산시80

第542條【準用規定】 ① 第245條, 第252條 내지 第255條, 第259條, 第260條와 第264條의 規定은 株式會社에 準用한다.
② 第362條, 第363條의2, 第366條, 第367條, 第373條, 第376條, 第377條, 第382條第2項, 第386條, 第388條 내지 第394條, 第396條, 제398조부터 제406조까지, 제406조의2, 제407조, 제408조, 第411條 내지 第413條, 第414條第3項, 第449條第3項, 第450條와 제466조는 清算人에 準用한다.(2020.12.29 본항개정)

改前 ② 第362條…第388條 내지 第394條, 第396條, "第398條 내지 第408條", 第411條 내지 第413條…第450條와 "第466條의 規定은" 清算人에 準用한다.(1998.12.28 본항개정)

판례 해산등기 후 청산인이 청산절차를 밟지 않을 경우 직무대행자 선임 여부 : 회사가 휴면회사가 되어 해산등기가 마쳐졌음에도 대표청산인이 청산절차를 밟지 않고 있고, 회사채권자인 재항고인의 수차례에 걸친 주소보정에도 불구하고 대표청산인에 대한 재산관계 명시결정이 계속적으로 송달불능 상태에 있는 경우, 직무대행자를 선임할 필요성이 인정된다.
(대결 1998.9.3, 97마1429)

第13節 상장회사에 대한 특례
(2009.1.30 본절신설)

第542條의2【적용범위】 ① 이 절은 대통령령으로 정하는 증권시장(증권의 매매를 위하여 개설된 시장을 말한다)에 상장된 주권을 발행한 주식회사(이하 "상장회사"라 한다)에 대하여 적용한다. 다만, 집합투자(2인 이상에게 투자권유를 하여 모은 금전이나 그 밖의 재산적 가치가 있는 재산을 취득·처분, 그 밖의 방법으로 운용하고 그 결과를 투자자에게 배분하여 귀속시키는 것을 말한다)를 수행하기 위한 기구로서 대통령령으로 정하는 주식회사는 제외한다.
② 이 절은 이 장 다른 절에 우선하여 적용한다.

第542條의3【주식매수선택권】 ① 상장회사는 제340조의2제1항 본문에 규정된 자 외에도 대통령령으로 정하는 관계 회사의 이사, 집행임원, 감사 또는 피용자에게 주식매수선택권을 부여할 수 있다. 다만, 제542조의8제2항제5호의 최대주주 등 대통령령으로 정하는 자에게는 주식매수선택권을 부여할 수 없다.(2011.4.14 본문개정)
② 상장회사는 제340조의2제3항에도 불구하고 발행주식총수의 100분의 20의 범위에서 대통령령으로 정하는 한도까지 주식매수선택권을 부여할 수 있다.
③ 상장회사는 제340조의2제1항 본문에도 불구하고 정관으로 정하는 바에 따라 발행주식총수의 100분의 10의 범위에서 대통령령으로 정하는 한도까지 이사회가 제340조의3제2항 각 호의 사항을 결의함으로써 해당 회사의 집행임원·감사 또는 피용자 및 제1항에 따른 관계회사의 이사·집행임원·감사 또는 피용자에게 주식매수선택권을 부여할 수 있다. 이 경우 주식매수선택권을 부여한 후 처음으로 소집되는 주주총회의 승인을 받아야 한다.(2011.4.14 전단개정)
④ 상장회사의 주식매수선택권을 부여받은 자는 제340조의4제1항에도 불구하고 대통령령으로 정하는

경우를 제외하고는 주식매수선택권을 부여하기로 한 주주총회 또는 이사회의 결의일부터 2년 이상 재임하거나 재직하여야 주식매수선택권을 행사할 수 있다.
⑤ 제1항부터 제4항까지에서 규정한 사항 외에 상장회사의 주식매수선택권 부여, 취소, 그 밖에 필요한 사항은 대통령령으로 정한다.
改前 ① 상장회사는 제340조의2제1항 본문에 규정된 자 외에도 대통령령으로 정하는 관계 회사의 "이사", 감사 또는 피용자에게 주식매수선택권을 부여할 수 있다. 다만,…
③ 상장회사는…제340조의3제2항 각 호의 사항을 결의함으로써 해당 회사의 "감사" 또는 피용자 및 제1항에 따른 관계 회사의 이사·"감사" 또는 피용자에게 주식매수선택권을 부여할 수 있다. 이 경우…

第542條의4【주주총회 소집공고 등】 ① 상장회사가 주주총회를 소집하는 경우 대통령령으로 정하는 수 이하의 주식을 소유하는 주주에게는 정관으로 정하는 바에 따라 주주총회일의 2주 전에 주주총회를 소집하는 뜻과 회의의 목적사항을 둘 이상의 일간신문에 각각 2회 이상 공고하거나 대통령령으로 정하는 바에 따라 전자적 방법으로 공고함으로써 제363조제1항의 소집통지를 갈음할 수 있다.
② 상장회사가 이사·감사의 선임에 관한 사항을 목적으로 하는 주주총회를 소집통지 또는 공고하는 경우에는 이사·감사 후보자의 성명, 약력, 추천인, 그 밖에 대통령령으로 정하는 후보자에 관한 사항을 통지하거나 공고하여야 한다.
③ 상장회사가 주주총회 소집의 통지 또는 공고를 하는 경우에는 사외이사 등의 활동내역과 보수에 관한 사항, 사업개요 등 대통령령으로 정하는 사항을 통지 또는 공고하여야 한다. 다만, 상장회사가 그 사항을 대통령령으로 정하는 방법으로 일반인이 열람할 수 있도록 하는 경우에는 그러하지 아니하다.

第542條의5【이사·감사의 선임방법】 상장회사가 주주총회에서 이사 또는 감사를 선임하려는 경우에는 제542조의4제2항에 따라 통지하거나 공고한 후보자 중에서 선임하여야 한다.

第542條의6【소수주주권】 ① 6개월 전부터 계속하여 상장회사 발행주식총수의 1천분의 15 이상에 해당하는 주식을 보유한 자는 제366조(제542조에서 준용하는 경우를 포함한다) 및 제467조에 따른 주주의 권리를 행사할 수 있다.
② 6개월 전부터 계속하여 상장회사의 의결권 없는 주식을 제외한 발행주식총수의 1천분의 10(대통령령으로 정하는 상장회사의 경우에는 1천분의 5) 이상에 해당하는 주식을 보유한 자는 제363조의2(제542조에서 준용하는 경우를 포함한다)에 따른 주주의 권리를 행사할 수 있다.
③ 6개월 전부터 계속하여 상장회사 발행주식총수의 1만분의 50(대통령령으로 정하는 상장회사의 경우에는 1만분의 25) 이상에 해당하는 주식을 보유한 자는 제385조(제415조에서 준용하는 경우를 포함한다) 및 제539조에 따른 주주의 권리를 행사할 수 있다.
④ 6개월 전부터 계속하여 상장회사 발행주식총수의 1만분의 10(대통령령으로 정하는 상장회사의 경우에는 1만분의 5) 이상에 해당하는 주식을 보유한 자는 제466조(제542조에서 준용하는 경우를 포함한다)에 따른 주주의 권리를 행사할 수 있다.
⑤ 6개월 전부터 계속하여 상장회사 발행주식총수의 10만분의 50(대통령령으로 정하는 상장회사의 경우에는 10만분의 25) 이상에 해당하는 주식을 보유한 자는 제402조(제408조의9 및 제542조에서 준용하는 경우를 포함한다)에 따른 주주의 권리를 행사할 수 있다.(2011.4.14 본항개정)
⑥ 6개월 전부터 계속하여 상장회사 발행주식총수의 1만분의 1 이상에 해당하는 주식을 보유한 자는 제403조(제324조, 제408조의9, 제415조, 제424조의2, 제467조의2 및 제542조에서 준용하는 경우를 포함한다)에 따른 주주의 권리를 행사할 수 있다.
(2011.4.14 본항개정)
⑦ 6개월 전부터 계속하여 상장회사 발행주식총수의 1만분의 50 이상에 해당하는 주식을 보유한 자는 제406조의2(제324조, 제408조의9, 제415조 및 제542조에서 준용하는 경우를 포함한다)에 따른 주주의 권리를 행사할 수 있다.(2020.12.29 본항신설)
⑧ 상장회사는 정관에서 제1항부터 제6항까지 규정된 것보다 단기의 주식 보유기간을 정하거나 낮은 주식 보유비율을 정할 수 있다.
⑨ 제1항부터 제6항까지 및 제542조의7제2항에서 "주식을 보유한 자"란 주식을 소유한 자, 주주권 행사에 관한 위임을 받은 자, 2명 이상 주주의 주주권을 공동으로 행사하는 자를 말한다.
⑩ 제1항부터 제7항까지는 제542조의2제2항에도 불구하고 이 장의 다른 절에 따른 소수주주권의 행사에 영향을 미치지 아니한다.(2020.12.29 본항신설)
改前 "⑦" 상장회사는 정관에서 제1항부터 제6항까지 규정된 것보다 단기의 주식 보유기간을 정하거나…
"⑧" 제1항부터 제6항까지 및 제542조의7제2항에서 "주식을 보유한 자"란 주식을 소유한 자, 주주권 행사에 관한 위임…

第542條의7【집중투표에 관한 특례】 ① 상장회사에 대하여 제382조의2에 따라 집중투표의 방법으로 이사를 선임할 것을 청구하는 경우 주주총회일(정기주주총회의 경우에는 직전 연도의 정기주주총회일에 해당하는 그 해의 해당일. 이하 제542조의8제5항에서 같다)의 6주 전까지 서면 또는 전자문서로 회사에 청구하여야 한다.
② 자산 규모 등을 고려하여 대통령령으로 정하는 상장회사의 의결권 없는 주식을 제외한 발행주식총수의 100분의 1 이상에 해당하는 주식을 보유한 자는 제382조의2에 따라 집중투표의 방법으로 이사를 선임할 것을 청구할 수 있다.
③ 제2항의 상장회사가 정관으로 집중투표를 배제하거나 그 배제된 정관을 변경하려는 경우에는 의결권 없는 주식을 제외한 발행주식총수의 100분의 3을 초과하는 수의 주식을 가진 주주는 그 초과하는 주식에 관하여 의결권을 행사하지 못한다. 다만, 정관에서 이보다 낮은 주식 보유비율을 정할 수 있다.
④ 제2항의 상장회사가 주주총회의 목적사항으로 제3항에 따른 집중투표 배제에 관한 정관 변경에 관한 의안을 상정하려는 경우에는 그 밖의 사항의 정관 변경에 관한 의안과 별도로 상정하여 의결하여야 한다.

第542條의8【사외이사의 선임】 ① 상장회사는 자산 규모 등을 고려하여 대통령령으로 정하는 경우를 제외하고는 이사 총수의 4분의 1 이상을 사외이사로 하여야 한다. 다만, 자산 규모 등을 고려하여 대통령령으로 정하는 상장회사의 사외이사는 3명 이상으로 하되, 이사 총수의 과반수가 되도록 하여야 한다.
② 상장회사의 사외이사는 제382조제3항 각 호 뿐만 아니라 다음 각 호의 어느 하나에 해당되지 아니하여야 하며, 이에 해당하게 된 경우에는 그 직을 상실한다.
1. 미성년자, 피성년후견인 또는 피한정후견인
(2018.9.18 본호개정)
2. 파산선고를 받고 복권되지 아니한 자
3. 금고 이상의 형을 선고받고 그 집행이 끝나거나 집행이 면제된 후 2년이 지나지 아니한 자
4. 대통령령으로 별도로 정하는 법률을 위반하여 해임되거나 면직된 후 2년이 지나지 아니한 자
5. 상장회사의 주주로서 의결권 없는 주식을 제외한 발행주식총수를 기준으로 본인 및 그와 대통령령으로 정하는 특수한 관계에 있는 자(이하 "특수관계인"이라 한다)가 소유하는 주식의 수가 가장 많은 경우 그 본인(이하 "최대주주"라 한다) 및 그의 특수관계인
6. 누구의 명의로 하든지 자기의 계산으로 의결권 없는 주식을 제외한 발행주식총수의 100분의 10 이상의 주식을 소유하거나 이사·집행임원·감사의 선임과 해임 등 상장회사의 주요 경영사항에 대하여 사실상의 영향력을 행사하는 주주(이하 "주요주주"라 한다) 및 그의 배우자와 직계 존속·비속
(2011.4.14 본호개정)
7. 그 밖에 사외이사로서의 직무를 충실하게 수행하기 곤란하거나 상장회사의 경영에 영향을 미칠 수 있는 자로서 대통령령으로 정하는 자
③ 제1항의 상장회사는 사외이사의 사임·사망 등의 사유로 인하여 사외이사의 수가 제1항의 이사회의 구성요건에 미달하게 되면 그 사유가 발생한 후 처음으로 소집되는 주주총회에서 제1항의 요건에 합치되도록 사외이사를 선임하여야 한다.
④ 제1항 단서의 상장회사는 사외이사 후보를 추천하기 위하여 제393조의2의 위원회(이하 이 조에서 "사외이사 후보추천위원회"라 한다)를 설치하여야 한다. 이 경우 사외이사 후보추천위원회는 사외이사가 총위원의 과반수가 되도록 구성하여야 한다.
(2011.4.14 본항개정)
⑤ 제1항 단서에서 규정하는 상장회사가 주주총회에서 사외이사를 선임하려는 때에는 사외이사 후보추천위원회의 추천을 받은 자 중에서 선임하여야 한다. 이 경우 사외이사 후보추천위원회가 사외이사 후보를 추천할 때에는 제363조의2제1항, 제542조의6 제1항·제2항의 권리를 행사할 수 있는 요건을 갖춘 주주가 주주총회일(정기주주총회의 경우 직전연도의 정기주주총회일에 해당하는 해당 연도의 해당일)의 6주 전에 추천한 사외이사 후보를 포함시켜야 한다.(2011.4.14 본항개정)
改前 ② 1. 미성년자, "금치산자 또는 한정치산자"

第542條의9【주요주주 등 이해관계자와의 거래】 ① 상장회사는 다음 각 호의 어느 하나에 해당하는 자를 상대방으로 하거나 그를 위하여 신용공여(금전 등 경제적 가치가 있는 재산의 대여, 채무이행의 보증, 자금 지원적 성격의 증권 매입, 그 밖에 거래상의 신용위험이 따르는 직접적·간접적 거래로서 대통령령으로 정하는 거래를 말한다. 이하 이 조에서 같다)를 하여서는 아니 된다.
1. 주요주주 및 그의 특수관계인
2. 이사(제401조의2제1항 각 호의 어느 하나에 해당하는 자를 포함한다. 이하 이 조에서 같다) 및 집행임원(2011.4.14 본호개정)
3. 감사
② 제1항에도 불구하고 다음 각 호의 어느 하나에 해당하는 경우에는 신용공여를 할 수 있다.
1. 복리후생을 위한 이사·집행임원 또는 감사에 대한 금전대여 등으로서 대통령령으로 정하는 신용공여(2011.4.14 본호개정)
2. 다른 법령에서 허용하는 신용공여
3. 그 밖에 상장회사의 경영건전성을 해칠 우려가 없는 금전대여 등으로서 대통령령으로 정하는 신용공여
③ 자산 규모 등을 고려하여 대통령령으로 정하는 상장회사는 최대주주, 그의 특수관계인 및 그 상장회사의 특수관계인으로서 대통령령으로 정하는 자를 상대방으로 하거나 그를 위하여 다음 각 호의 어느 하나에 해당하는 거래(제1항에 따라 금지되는 거래는 제외한다)를 하려는 경우에는 이사회의 승인을 받아야 한다.
1. 단일 거래규모가 대통령령으로 정하는 규모 이상인 거래
2. 해당 사업연도 중에 특정인과 해당 거래를 포함한 거래총액이 대통령령으로 정하는 규모 이상이 되는 경우의 해당 거래
④ 제3항의 경우 상장회사는 이사회의 승인 결의 후 처음으로 소집되는 정기주주총회에 해당 거래의 목적, 상대방, 그 밖에 대통령령으로 정하는 사항을 보고하여야 한다.
⑤ 제3항에도 불구하고 상장회사가 경영하는 업종에 따른 일상적인 거래로서 다음 각 호의 어느 하나에 해당하는 거래는 이사회의 승인을 받지 아니하고 할 수 있으며, 제2호에 해당하는 거래에 대하여는 그 거래내용을 주주총회에 보고하지 아니할 수 있다.
1. 약관에 따라 정형화된 거래로서 대통령령으로 정하는 거래
2. 이사회에서 승인한 거래총액의 범위 안에서 이행하는 거래
改前 ① "2. 이사(제401조의2제1항 각 호의 어느 하나에 해당하는 자를 포함한다. 이하 이 조에서 같다)"
② 1. 복리후생을 위한 "이사" 또는 감사에 대한 금전대여 등으로서 대통령령으로 정하는 신용공여
참조 [거래위반의 죄]624의2

第542條의10【상근감사】 ① 대통령령으로 정하는 상장회사는 주주총회 결의에 의하여 회사에 상근하면서 감사업무를 수행하는 감사(이하 "상근감사"라고 한다)를 1명 이상 두어야 한다. 다만, 이 절 및 다른 법률에 따라 감사위원회를 설치한 경우(감사위원회 설치 의무가 없는 상장회사가 이 절의 요건을 갖춘 감사위원회를 설치한 경우를 포함한다)에는 그러하지 아니하다.(2011.4.14 단서개정)
② 다음 각 호의 어느 하나에 해당하는 자는 제1항 본문의 상장회사의 상근감사가 되지 못하며, 이에 해당하게 되는 경우에는 그 직을 상실한다.
1. 제542조의8제2항제1호부터 제4호까지 및 제6호에 해당하는 자
2. 회사의 상무(常務)에 종사하는 이사·집행임원 및 피용자 또는 최근 2년 이내에 회사의 상무에 종사한 이사·집행임원 및 피용자. 다만, 이 절에 따른 감사위원회위원으로 재임 중이거나 재임하였던 이사는 제외한다.(2011.4.14 본문개정)
3. 제1호 및 제2호 외에 회사의 경영에 영향을 미칠 수 있는 자로서 대통령령으로 정하는 자
改前 ① 대통령령으로…한다. 다만, "이 법" 및 다른 법률에 따라 감사위원회를 설치한 경우…
② 2. 회사의 상무(常務)에 종사하는 "이사" 및 피용자 또는 최근 2년 이내에 회사의 상무에 종사한 "이사" 및 피용자. 다만,…

第542條의11【감사위원회】 ① 자산 규모 등을 고려하여 대통령령으로 정하는 상장회사는 감사위원회를 설치하여야 한다.
② 제1항의 상장회사의 감사위원회는 제415조의2제2항의 요건 및 다음 각 호의 요건을 모두 갖추어야 한다.
1. 위원 중 1명 이상은 대통령령으로 정하는 회계 또는 재무 전문가일 것
2. 감사위원회의 대표는 사외이사일 것
③ 제542조의10제2항 각 호의 어느 하나에 해당하는 자는 제1항의 상장회사의 사외이사가 아닌 감사위원회위원이 될 수 없고, 이에 해당하게 된 경우에는 그 직을 상실한다.
④ 상장회사는 감사위원회위원인 사외이사의 사임·사망 등의 사유로 인하여 사외이사의 수가 다음 각 호의 감사위원회의 구성요건에 미달하게 되면 그 사유가 발생한 후 처음으로 소집되는 주주총회에서 그 요건에 합치되도록 하여야 한다.
1. 제1항에 따라 감사위원회를 설치한 상장회사는 제2항 각 호 및 제415조의2제2항의 요건
2. 제415조의2제1항에 따라 감사위원회를 설치한 상장회사는 제415조의2제2항의 요건

第542條의12【감사위원회의 구성 등】 ① 제542조의11제1항의 상장회사의 경우 제393조의2에도 불구하고 감사위원회위원을 선임하거나 해임하는 권한은 주주총회에 있다.
② 제542조의11제1항의 상장회사는 주주총회에서 이사를 선임한 후 선임된 이사 중에서 감사위원회위원을 선임하여야 한다. 다만, 감사위원회위원 중 1명(정관에서 2명 이상으로 정할 수 있으며, 정관으로 정한 경우에는 그에 따른 인원으로 한다)은 주주총회 결의로 다른 이사들과 분리하여 감사위원회위원이 되는 이사로 선임하여야 한다.(2020.12.29 단서신설)
③ 제1항에 따른 감사위원회위원은 제434조에 따른 주주총회의 결의로 해임할 수 있다. 이 경우 제2항 단서에 따른 감사위원회위원은 이사와 감사위원회위원의 지위를 모두 상실한다.(2020.12.29 본항개정)
④ 제1항에 따른 감사위원회위원을 선임 또는 해임할 때에는 상장회사의 의결권 없는 주식을 제외한 발행주식총수의 100분의 3(정관에서 더 낮은 주식 보유비율을 정할 수 있으며, 정관에서 더 낮은 주식 보유비율을 정한 경우에는 그 비율로 한다)을 초과하는 수의 주식을 가진 주주(최대주주인 경우에는 사외이사가 아닌 감사위원회위원을 선임 또는 해임할 때에 그의 특수관계인, 그 밖에 대통령령으로 정하는 자가 소유하는 주식을 합산한다)는 그 초과하는 주식에 관하여 의결권을 행사하지 못한다.(2020.12.29 본항개정)
⑤ 상장회사가 주주총회의 목적사항으로 감사의 선임 또는 감사의 보수결정을 위한 의안을 상정하려는 경우에는 이사의 선임 또는 이사의 보수결정을 위한 의안과는 별도로 상정하여 의결하여야 한다.
⑥ 상장회사의 감사 또는 감사위원회는 제447조의4제1항에도 불구하고 이사에게 감사보고서를 주주총회일의 1주 전까지 제출할 수 있다.
⑦ 제4항은 상장회사가 감사를 선임하거나 해임할 때에 준용한다. 이 경우 주주가 최대주주인 경우에는 그의 특수관계인, 그 밖에 대통령령으로 정하는 자가 소유하는 주식을 합산한다.(2020.12.29 본항신설)
⑧ 회사가 제368조의4제1항에 따라 전자적 방법으로 의결권을 행사할 수 있도록 한 경우에는 제368조제1항에도 불구하고 출석한 주주의 의결권의 과반수로써 제1항에 따른 감사위원회위원의 선임을 결의할 수 있다.(2020.12.29 본항신설)
改前 "③ 최대주주, 최대주주의 특수관계인, 그 밖에 대통령령으로 정하는 자가 소유하는 상장회사의 의결권 있는 주식의 합계가 그 회사의 의결권 없는 주식을 제외한 발행주식총수의 100분의 3을 초과하는 경우 그 주주는 그 초과하는 주식에 관하여 감사 또는 사외이사가 아닌 감사위원회위원을 선임하거나 해임할 때에는 의결권을 행사하지 못한다. 다만, 정관에서 이보다 낮은 주식 보유비율을 정할 수 있다."
"④ 대통령령으로 정하는 상장회사의 의결권 없는 주식을 제외한 발행주식총수의 100분의 3을 초과하는 수의 주식을 가진 주주는 그 초과하는 주식에 관하여 사외이사인 감사위원회위원을 선임할 때에 의결권을 행사하지 못한다. 다만, 정관에서 이보다 낮은 주식 보유비율을 정할 수 있다."

第542條의13【준법통제기준 및 준법지원인】 ① 자산 규모 등을 고려하여 대통령령으로 정하는 상장회사는 법령을 준수하고 회사경영을 적정하게 하기 위하여 임직원이 그 직무를 수행할 때 따라야 할 준법통제에 관한 기준 및 절차(이하 "준법통제기준"이라 한다)를 마련하여야 한다.
② 제1항의 상장회사는 준법통제기준의 준수에 관한 업무를 담당하는 사람(이하 "준법지원인"이라 한다)을 1명 이상 두어야 한다.
③ 준법지원인은 준법통제기준의 준수여부를 점검하여 그 결과를 이사회에 보고하여야 한다.
④ 제1항의 상장회사는 준법지원인을 임면하려면 이사회 결의를 거쳐야 한다.
⑤ 준법지원인은 다음 각 호의 사람 중에서 임명하여야 한다.
1. 변호사 자격을 가진 사람
2. 「고등교육법」 제2조에 따른 학교에서 법률학을 가르치는 조교수 이상의 직에 5년 이상 근무한 사람
3. 그 밖에 법률적 지식과 경험이 풍부한 사람으로서 대통령령으로 정하는 사람
⑥ 준법지원인의 임기는 3년으로 하고, 준법지원인은 상근으로 한다.
⑦ 준법지원인은 선량한 관리자의 주의로 그 직무를 수행하여야 한다.
⑧ 준법지원인은 재임 중뿐만 아니라 퇴임 후에도 직무상 알게 된 회사의 영업상 비밀을 누설하여서는 아니 된다.
⑨ 제1항의 상장회사는 준법지원인이 그 직무를 독립적으로 수행할 수 있도록 하여야 하고, 제1항의 상장회사의 임직원은 준법지원인이 그 직무를 수행할 때 자료나 정보의 제출을 요구하는 경우 이에 성실하게 응하여야 한다.
⑩ 제1항의 상장회사는 준법지원인이었던 사람에 대하여 그 직무수행과 관련된 사유로 부당한 인사상의 불이익을 주어서는 아니 된다.
⑪ 준법지원인에 관하여 다른 법률에 특별한 규정이 있는 경우를 제외하고는 이 법에서 정하는 바에 따른다. 다만, 다른 법률의 규정이 준법지원인의 임기를 제6항보다 단기로 정하고 있는 경우에는 제6항을 다른 법률에 우선하여 적용한다.
⑫ 그 밖의 준법통제기준 및 준법지원인에 관하여 필요한 사항은 대통령령으로 정한다.
(2011.4.14 본조신설)

第5章 有限會社

第1節 設 立

第543條【定款의 作成, 絶對的 記載事項】 ① 有限會社를 설립함에는 사원이 定款을 作成하여야 한다.(2001.7.24 본항개정)
② 定款에는 다음의 事項을 記載하고 각 사원이 記名捺印 또는 署名하여야 한다.(2001.7.24 본문개정)
1. 第179條第1號 내지 第3號에 정한 事項(1984.4.10 본호개정)
2. 자본금의 총액(2011.4.14 본호개정)
3. 出資一座의 金額
4. 各 社員의 出資座數
5. 本店의 所在地(1984.4.10 본호신설)
③ 第292條의 規定은 有限會社에 準用한다.
改前 ② "2. 資本의 總額"
참조 ①[주식회사로부터의 조직변경]604-606, ②[주식회사의 경우]289, [인지세]인지세법1①, [비치의무]566①, [벌칙]635①, [정관의 상대적 필요사항]544·547·575·580·586·609-612, (3)[출자1좌의 금액]546, (4)[출자좌수]554·566②·575·580·588·612

第544條【變態設立事項】 다음의 事項은 定款에 記載함으로써 그 效力이 있다.
1. 現物出資를 하는 者의 姓名과 그 目的인 財産의 種類, 數量, 價格과 이에 대하여 付與하는 出資座數
2. 會社의 成立後에 讓受할 것을 約定한 財産의 種類, 數量, 價格과 그 讓渡人의 姓名
3. 會社가 負擔할 設立費用
참조 [주식회사의 경우]290, (1)[현물출자]548·550·551·586, (2)[재산양수]550·586, [사후설립]576②, (3)[설립비용과 대차대조표]583

第545條 (2011.4.14 삭제)
改前 "第545條【社員總數의 制限】 ① 社員의 總數는 50人을 超過하지 못한다. 그러나 特別한 事情이 있는 경우에 法院의 認可를 얻은 때에는 그러하지 아니하다.
② 前項의 規定은 相續 또는 遺贈으로 인하여 社員의 數에 變更이 생기는 경우에는 適用하지 아니한다."

第546條【출자 1좌의 금액의 제한】 출자 1좌의 금액은 100원 이상으로 균일하게 하여야 한다.
(2011.4.14 본조개정)
改前 "第546條【資本總額, 出資 1座의 金額의 制限】 ① 會社의 資本總額은 1千萬원이상으로 하여야 한다.
② 出資 1座의 金額은 5千원이상으로 均一하게 하여야 한다.
(1984.4.10 본조개정)"
참조 ①[자본의 총액]524·543②·549②·597·602·604②, ②[1좌의 금액]543②, [균일성]554·575·580·588·612, [납입]548·551, [액면주식의 1주의 금액]329②③

第547條【初代理事의 選任】 ① 定款으로 理事를 정하지 아니한 때에는 會社成立前에 社員總會를 열어 이를 選任하여야 한다.
② 前項의 社員總會는 各 社員이 召集할 수 있다.
참조 [주식회사의 경우]296·312, [이사]561이하, [성립후에 있어서의 이사의 선임]382①·567, [감사의 선임]568②, [정관]543·544, [사원총회의 소집·결의 등]571이하

第548條【出資의 納入】 ① 理事는 社員으로 하여금 出資全額의 納入 또는 現物出資의 目的인 財産全部의 給與를 시켜야 한다.
② 第295條第2項의 規定은 社員이 現物出資를 하는 경우에 準用한다.
참조 [주식회사의 경우]295·305, [공유자의 납입]333①·558, [납입 또는 이행미제의 출자와 책임]551, [벌칙]634, [증자의 경우에의 준용]596

第549條【設立의 登記】 ① 有限會社의 設立登記는 第548條의 納入 또는 現物出資의 履行이 있은 날로부터 2週間내에 하여야 한다.(1995.12.29 본항개정)
② 제1항의 등기에서 다음 각 호의 사항을 등기하여야 한다.(2011.4.14 본문개정)
1. 第179條第1號·第2號 및 第5號에 規定된 사항과 支店을 둔 때에는 그 所在地(1995.12.29 본호개정)
2. 第543條第2項第2號와 第3號에 揭記한 事項
3. 理事의 姓名·住民登錄番號 및 住所. 다만, 會社를 代表할 理事를 정한 때에는 그 외의 理事의 住所를 제외한다.(1995.12.29 본호개정)
4. 회사를 대표할 이사를 정한 때에는 그 성명, 주소와 주민등록번호(2011.4.14 본호개정)
5. 數人의 理事가 共同으로 會社를 代表할 것을 定한 때에는 그 規定
6. 存立期間 기타의 解散事由를 정한 때에는 그 期間과 事由
7. 監事가 있는 때에는 그 姓名 및 住民登錄番號(1995.12.29 본호개정)
③ 유한회사의 지점 설치 및 이전 시 지점소재지 또는 신지점소재지에서 등기를 하는 때에는 제2항제3호부터 제6호까지에 규정된 사항과 제179조제1호·제2호 및 제5호에 규정된 사항을 등기하여야 한다. 다만, 회사를 대표할 이사를 정한 때에는 그 외의 이사는 등기하지 아니한다.(2011.4.14 본항개정)
④ 第181條 내지 第183條의 規定은 有限會社의 登記에 準用한다.(1962.12.12 본항개정)
改前 ② "第1項의 登記에서 다음의 事項을 登記하여야 한다."
"4. 會社를 代表할 理事를 정한 때에는 그 姓名(1995.12.29 본호개정)"
"③ 有限會社의 支店設置 및 移轉시 支店所在地 또는 新支店所在地에서 하는 登記에 있어서는 第2項第1號 및 第3號 내지 第6號에 規定된 사항을 登記하여야 한다.(1995.12.29 본항신설)"
참조 [주식회사의 경우]317, ①[등기절차]177, [등기의 효력]172, [신설합병의 경우의 등기]602, [주식회사로부터의 조직변경등기]606, 상업등기법65-67, [벌칙]635①, ②(3)[대행이사의 등기]386·567, (4)(5)[회사대표]562, (6)[해산사유]609, (7)[대행감사의 등기]386·570, [상호의 가등기]상업등기법38

第550條【現物出資 등에 관한 會社成立時의 社員의 責任】 ① 第544條第1號와 第2號의 財産의 會社成立當時의 實價가 定款에 정한 價格에 현저하게 不足한 때에는 會社成立當時의 社員은 會社에 대하여 그 不足額을 連帶하여 支給할 責任이 있다.
② 前項의 社員의 責任은 免除하지 못한다.
(1962.12.12 본항신설)
참조 [증자의 경우의 사원의 책임]593, [사원의 책임에 관한 원칙]553, [연대]민413이하, [조직변경의 경우의 주주·이사의 책임]605, [주식회사의 경우]298·313

第551條【出資未畢額에 대한 會社成立時의 社員 등의 責任】 ① 會社成立 後에 出資金額의 納入 또는 現物出資의 履行이 完了되지 아니하였음이 發見된 때에는 會社成立當時의 社員, 理事와 監事는 會社에 대하여 그 納入되지 아니한 金額 또는 履行되지 아니한 現物의 價額을 連帶하여 支給할 責任이 있다.(1962.12.12 본항개정)
② 前項의 社員의 責任은 免除하지 못한다.
(1962.12.12 본항신설)
③ 第1項의 理事와 監事의 責任은 總社員의 同意가 없으면 免除하지 못한다.(1962.12.12 본항신설)
참조 [사원의 책임]550·553, [증자의 경우의 사원의 책임]593, [이사의 책임추궁]565, [주식회사의 경우]321·323·331

第552條【設立無效, 取消의 訴】 ① 會社의 設立의 無效는 그 社員, 理事와 監事에 限하여 設立의 取消는 그 取消權있는 者에 限하여 會社設立의 날로부터 2年내에 訴만으로 이를 主張할 수 있다.
② 第184條第2項과 第185條 내지 第193條의 規定은 前項의 訴에 準用한다.
(1962.12.12 본조개정)

第2節 社員의 權利義務

第553條【社員의 責任】 社員의 責任은 本法에 다른 規定이 있는 경우외에는 그 出資金額을 限度로 한다.
참조 [출자의 금액]543①, [다른 규정]550·551·593·605·607④, [주주의 책임]331, [합자회사의 유한책임사원의 책임]279

第554條【社員의 持分】 各 社員은 그 出資座數에 따라 持分을 가진다.

참조 [출자좌수]543①·566②, [지분의 양도]556, [지분이전의 대항요건]557, [지분증권]555, [출자좌수와 이익배당 및 잔여재산의 분배]580·612, [출자와 결의권]575, [1좌의 금액]543①·546

第555條【持分에 관한 證券】 有限會社는 社員의 持分에 관하여 指示式 또는 無記名式의 證券을 發行하지 못한다.

참조 [지분]554, [지분양도의 제한]556, [벌칙]635①, [지시식주권]336

第556條【지분의 양도】 사원은 그 지분의 전부 또는 일부를 양도하거나 상속할 수 있다. 다만, 정관으로 지분의 양도를 제한할 수 있다.(2011.4.14 본조개정)

改前 "第556條【持分의 讓渡】 ① 社員은 第585條의 規定에 의한 社員總會의 決議가 있는 때에 한하여 그 持分의 全部 또는 一部를 他人에게 讓渡할 수 있다. 그러나 定款으로 讓渡의 制限을 加重할 수 있다.
② 讓渡로 인하여 社員의 總數가 第545條의 規定에 의한 制限을 超過하는 경우에는 遺贈의 경우를 제외하고는 그 讓渡는 效力이 없다.
③ 社員相互間의 持分의 讓渡에 대하여는 第1項의 規定에 不拘하고 定款으로 다른 定함을 할 수 있다.(1962.12.12 본항개정)"

참조 ①[지분의 취득제한]341·560, [사원총회]571이하, [지분의 입질]559, [합명회사·합자회사의 사원지분의 양도]197·269·276, [주식의 양도]335, [선박공유자의 지분의 양도]756·757, [지분의 일부]543②·554, [지분이전의 대항요건]557

판례 유한회사의 지분(사원권)에 관한 명의신탁 해지의 경우에도 사원의 변경을 가져오므로 위 규정을 유추적용하여 사원총회의 특별결의가 있어야 그 효력이 생긴다고 보는 것이 법의 취지에 비추어 상당하다고 할 것이고, 따라서 해지의 의사표시만에 의하여 수탁된 지분이 바로 명의신탁자에게 복귀하는 것은 아니다.(대판 1997.6.27, 95다20140)

第557條【持分移轉의 對抗要件】 持分의 移轉은 取得者의 姓名, 住所와 그 目的이 되는 出資座數를 社員名簿에 記載하지 아니하면 이로써 會社와 第三者에게 對抗하지 못한다.

참조 [지분]554, [지분의 양도]556, [사원명부]566, [지분입질에의 준용]559②, [주식이전의 대항요건]337

第558條【持分의 共有】 第333條의 規定은 持分이 數人의 共有에 屬하는 경우에 準用한다.

참조 [지분의 공동인수인]594, [사원에 대한 통지·최고]353·560

第559條【持分의 入質】 ① 持分은 質權의 目的으로 할 수 있다.
② 第556條와 第557條의 規定은 持分의 入質에 準用한다.

참조 [질권의 효력]339·340①②·560①·601①·607⑤, 민329이하·345·355, [자기지분의 수질]341·342·560①

第560條【準用規定】 ① 사원의 지분에 대하여는 제339조, 제340조제1항·제2항, 제341조의2, 제341조의3, 제342조 및 제343조제1항을 준용한다.
(2011.4.14 본항개정)
② 第353條의 規定은 社員에 대한 通知 또는 催告에 準用한다.

改前 "① 第339條, 第340條第1項, 第2項, 第341條, 第341條의3, 第342條와 第343條第1項의 規定은 社員의 持分에 準用한다.(1999.12.31 본항개정)"

第3節 會社의 管理

第561條【理事】 有限會社에는 1人 또는 數人의 理事를 두어야 한다.

참조 [이사의 선임]382①·547·567, [이사와 회사와의 관계]382②·567, [해임]385①·567, [원수를 결할 경우]386·567, [이사의 책임]399-401·567, [보수]388·567, [직무집행정지·직무대행자의 선임과 그 권한]407·408·567

第562條【會社代表】 ① 理事는 會社를 代表한다.
② 理事가 數人인 경우에 定款에 다른 定함이 없으면 社員總會에서 會社를 代表할 理事를 選定하여야 한다.
③ 定款 또는 社員總會는 數人의 理事가 共同으로 會社를 代表할 것을 定할 수 있다.
④ 第208條第2項의 規定은 前項의 경우에 準用한다.

참조 [주식회사의 경우]389, [등기]549②, [표현대표이사의 행위와 회사의 책임]395·567

第563條【理事, 會社間의 訴에 관한 代表】 會社가 理事에 대하여 또는 理事가 會社에 대하여 訴를 提起하는 경우에는 社員總會는 그 訴에 관하여 會社를 代表할 者를 選定하여야 한다.

참조 [대표에 관한 원칙]562, [이사에 대한 소의 예]565①, [회사에 대한 소의 예]328·376·578·613①, [결의방법]574

第564條【業務執行의 決定, 理事와 會社間의 去來】 ① 理事가 數人인 경우에 定款에 다른 定함이 없으면 會社의 業務執行, 支配人의 選任 또는 解任과 支店의 設置·移轉 또는 廢止는 理事過半數의 決議에 의하여야 한다.(1984.4.10 본항개정)
② 社員總會는 第1項의 規定에 不拘하고 支配人의 選任 또는 解任을 할 수 있다.(1984.4.10 본항개정)
③ 理事는 監事가 있는 때에는 그 承認이, 監事가 없는 때에는 社員總會의 承認이 있는 때에 限하여 自己 또는 第三者의 計算으로 會社와 去來를 할 수 있다. 이 경우에는 民法 第124條의 規定을 適用하지 아니한다.(1962.12.12 본항신설)

참조 [주식회사의 경우]393, [지배인]10이하

第564條의2【留止請求權】 理事가 法令 또는 定款에 위반한 행위를 하여 이로 인하여 會社에 회복할 수 없는 損害가 생길 염려가 있는 경우에는 監事 또는 자본금 總額의 100分의 3 이상에 해당하는 出資座數를 가진 社員은 會社를 위하여 理事에 대하여 그 행위를 留止할 것을 請求할 수 있다.
(2011.4.14 본조개정)

改前 理事가 法令 또는 定款에 위반한…경우에는 監事 또는 "資本의" 總額의 100分의 3 이상에…

第565條【社員의 代表訴訟】 ① 자본금 總額의 100分의 3이상에 該當하는 出資座數를 가진 社員은 會社에 대하여 理事의 責任을 追窮할 訴의 提起를 請求할 수 있다.(2011.4.14 본항개정)
② 第403條第2項 내지 第7項과 第404條 내지 第406條의 規定은 第1項의 경우에 準用한다.(1998.12.28 본항개정)

改前 ① "資本의" 總額의 100分의 3이상에 該當하는…

참조 [주식회사의 경우]403, [감사의 책임에 관한 준용]570, [이사의 책임]551·594·605, [대위소송]민404, 채무자회생파산359, 민소218③, [대표소송과 담보제공]민소110①·111-117, [벌칙]631①②

第566條【書類의 備置, 閱覽】 ① 理事는 定款과 社員總會의 議事錄을 本店과 支店에, 社員名簿를 本店에 備置하여야 한다.
② 社員名簿에는 社員의 姓名, 住所와 그 出資座數를 記載하여야 한다.
③ 社員과 會社債權者는 營業時間내에 언제든지 第1項에 揭記한 書類의 閱覽 또는 謄寫를 請求할 수 있다.

참조 [주식회사의 경우]352·396, [정관]543·544, [의사록]373·578, [사원명부]353·557·560②·601②·604④, [벌칙]635①, [재무제표 및 부속명세서의 비치·열람 등]448·583①, [보존의무]33·541·613①, [청산인에의 준용]613②

第567條【準用規定】 第209條, 第210條, 第382條, 第385條, 第386條, 第388條, 第395條, 第397條, 第399條 내지 第401條, 第407條와 第408條의 規定은 有限會社의 理事에 準用한다. 이 경우 第397條의 "理事會"는 이를 "社員總會"로 본다.(1999.12.31 본조개정)

일판 이사개선을 목적으로 하는 임시사원총회의 소집을 결정한 이사도 후에 사임절차를 밟지 않는 한 사임한 것이 아니다.(日·最高 1974.6.17)

第568條【監事】 ① 有限會社는 定款에 의하여 1人 또는 數人의 監事를 둘 수 있다.
② 第547條의 規定은 定款에서 監事를 두기로 정한 경우에 準用한다.

참조 [주식회사의 경우]409이하, [등기]549, [선임·해임·직무·책임·보수등]570

第569條【監事의 權限】 監事는 언제든지 會社의 業務와 財産狀態를 調査할 수 있고 理事에 대하여 營業에 관한 報告를 要求할 수 있다.

참조 [주식회사의 경우]412, [조사보고의 의무]413·570

第570條【準用規定】 第382條, 第385條第1項, 第386條, 第388條, 第400條, 第407條, 第411條, 第413條, 第414條와 第565條의 規定은 監事에 準用한다.

第571條【사원총회의 소집】 ① 사원총회는 이 법에서 달리 규정하는 경우 외에는 이사가 소집한다. 그러나 임시총회는 감사도 소집할 수 있다.
② 사원총회를 소집할 때에는 사원총회일의 1주 전에 각 사원에게 서면으로 통지서를 발송하거나 각 사원의 동의를 받아 전자문서로 통지서를 발송하여야 한다.
③ 사원총회의 소집에 관하여는 제363조제2항 및 제364조를 준용한다.
(2011.4.14 본조개정)

改前 "第571條【社員總會의 召集】 ① 社員總會는 本法에 다른 規定이 있는 경우외에는 理事가 이를 召集한다. 그러나 臨時總會는 監事도 이를 召集할 수 있다.(1962.12.12 단서신설)
② 社員總會를 召集함에는 會日을 정하고 1週間전에 各社員에 대하여 書面으로 그 通知를 發送하여야 한다. 그러나 이 期間은 定款으로 短縮할 수 있다.
③ 第363條第2項과 第364條의 規定은 社員總會의 召集에 準用한다."

참조 [주주총회의 경우]362·363, [다른 규정]366②③·527·547·572·573·582③·603, [서면에 의한 결의]577, [소집의 시기]365·578, [소집절차의 생략]573, [통지]353·560②, [벌칙]635①

第572條【少數社員에 의한 總會召集請求】 ① 자본금 總額의 100分의 3이상에 해당하는 出資座數를 가진 社員은 會議의 目的事項과 召集의 理由를 記載한 書面을 理事에게 提出하여 總會의 召集을 請求할 수 있다.(2011.4.14 본항개정)
② 前項의 規定은 定款으로 다른 定함을 할 수 있다.
③ 第366條第2項과 第3項의 規定은 第1項의 경우에 準用한다.

改前 ① "資本의" 總額의 100分의 3이상에 해당하는…

참조 [주식회사의 경우]366, ①[자본]543②

第573條【召集節次의 省略】 總社員의 同意가 있을 때에는 召集節次없이 總會를 열 수 있다.

참조 [소집절차]571

第574條【總會의 定足數, 決議方法】 社員總會의 決議는 定款 또는 本法에 다른 規定이 있는 경우외에는 總社員의 議決權의 過半數를 가지는 社員이 出席하고 그 議決權의 過半數로써 하여야 한다.

참조 [다른 규정]577·585·607①, [총사원의 의결권]575

第575條【社員의 議決權】 各 社員은 出資 1座마다 1個의 議決權을 가진다. 그러나 定款으로 議決權의 數에 관하여 다른 정함을 할 수 있다.

참조 [주주의 의결권]369, [출자1좌금액]543②, [출자좌수]543②·554, [의결권의 대리행사]368③·578, [지분의 공유와 의결권행사]333·558, [회사의 자기지분과 의결권]369②·578, [특별이해관계인과 의결권]368④·371②·578

第576條【유한회사의 영업양도 등에 특별결의를 받아야 할 사항】 ① 유한회사가 제374조제1항제1호부터 제3호까지의 규정에 해당되는 행위를 하려면 제585조에 따른 총회의 결의가 있어야 한다.
② 前項의 規定은 有限會社가 그 成立後 2年내에 成立前으로부터 存在하는 財産으로서 營業을 위하여 繼續하여 使用할 것을 자본금의 20分의 1이상에 相當한 對價로 取得하는 契約을 締結하는 경우에 準用한다.
(2011.4.14 본조개정)

改前 第576條【"營業讓渡등과 事後設立"】 "① 有限會社가 第374條第1號 내지 第3號에 揭記한 行爲를 함에는 第585條의 規定에 의한 總會의 決議가 있어야 한다."
② 前項의 規定은…營業을 위하여 繼續하여 使用할 것을 "資本"의 20分의 1이상에 相當한 對價로 取得하는…

참조 ①[주식회사의 경우]374, ②[주식회사의 경우]375, [성립]172, [자본]543②

第577條【書面에 의한 決議】 ① 總會의 決議를 하여야 할 경우에 總社員의 同意가 있는 때에는 書面에 의한 決議를 할 수 있다.
② 決議의 目的事項에 대하여 總社員이 書面으로 同意를 한 때에는 書面에 의한 決議가 있은 것으로 본다.
③ 書面에 의한 決議는 總會의 決議와 同一한 效力이 있다.
④ 總會에 관한 規定은 書面에 의한 決議에 準用한다.

참조 ①[소집절차의 원칙]571, [소집절차의 생략]573, [결의방법]574, [벌칙]631①, ②[총회에 관한 규정]368·373·376-378·380·381·575·578

第578條【準用規定】 第365條, 第367條, 제368조제2항·제3항, 第369條第2項, 第371條第2項, 第372條, 第373條와 第376條 내지 第381條의 規定은 社員總會에 準用한다.(2014.5.20 본조개정)

改前 第578條【準用規定】第365條, 第367條, "第368條第3項, 第4項", 第369條第2項, 第371條第2項, 第372條, 第373條와…

第579條【財務諸表의 作成】 ① 理事는 每決算期에 다음의 書類와 그 附屬明細書를 작성하여야 한다.

1. 貸借對照表
2. 損益計算書
3. 그 밖에 회사의 재무상태와 경영성과를 표시하는 것으로서 제447조제1항제3호에 따른 서류

(2011.4.14 본호개정)
② 監事가 있는 때에는 理事는 定期總會會日로부터 4週間전에 第1項의 書類를 監事에게 제출하여야 한다.
③ 監事는 第2項의 書類를 받은 날로부터 3週間내에 監査報告書를 理事에게 제출하여야 한다.
(1984.4.10 본조개정)

改前 ① "3. 利益剩餘金處分計算書 또는 缺損金處理計算書"

참조 [주식회사의 경우]447, ①[재산목록·대차대조표]543·583①, [준비금]458-460·462·583①, [이익금처분]462, [비치의무·열람·등본초본의 교부]448·583①, [총회에 의한 재무제표의 승인과 책임해제]449①·450·583①, [벌칙]635①, ②[감사의 조사보고서의무]413·570, [정기총회]365·578

第579條의2【營業報告書의 作成】 ① 理事는 每決算期에 營業報告書를 작성하여야 한다.
② 第579條第2項 및 第3項의 規定은 第1項의 營業報告書에 관하여 이를 準用한다.
(1984.4.10 본조신설)

第579條의3【財務諸表등의 備置·公示】 ① 理事는 定期總會會日의 1週間전부터 5年間 第579條 및 第579條의2의 書類와 監査報告書를 本店에 備置하여야 한다.
② 第448條第2項의 規定은 第1項의 書類에 관하여 이를 準用한다.
(1984.4.10 본조신설)

第580條【利益配當의 基準】 利益의 配當은 定款에 다른 정함이 있는 경우외에는 各 社員의 出資座數에 따라 하여야 한다.

참조 [주식회사의 경우]464, [이익배당]462·583①, [출자좌수와 지분]554, [배당과 질권자]340①·560①

第581條【社員의 會計帳簿閱覽權】 ① 자본금의 100分의 3이상에 該當하는 出資座數를 가진 社員은 會計의 帳簿와 書類의 閱覽 또는 謄寫를 請求할 수 있다.(2011.4.14 본항개정)
② 會社는 定款으로 各 社員이 第1項의 請求를 할 수 있다는 뜻을 정할 수 있다. 이 경우 第579條第1項의 規定에 불구하고 附屬明細書는 이를 작성하지 아니한다.(1984.4.10 후단개정)
改前 ① "資本"의 100分의 3이상에 該當하는…
참조 [주식회사의 경우]466, [자본]543② · 549②, [청구의 방식]466① · 583①, [거부할 수 있는 경우]466② · 583① · 613②, [벌칙]631①② · 635①

第582條【業務, 財産狀態의 檢查】 ① 會社의 業務執行에 관하여 不正行爲 또는 法令이나 定款에 違反한 重大한 事由가 있는 때에는 자본금總額의 100分의 3이상에 該當하는 出資座數를 가진 社員은 會社의 業務와 財産狀態를 調査하게 하기 위하여 法院에 檢査人의 選任을 請求할 수 있다.(2011.4.14 본항개정)
② 檢査人은 그 調査의 結果를 書面으로 法院에 報告하여야 한다.
③ 法院은 前項의 報告書에 의하여 필요하다고 認定한 경우에는 監事가 있는 때에는 監事에게, 監事가 없는 때에는 理事에게 社員總會의 召集을 命할 수 있다. 第310條第2項의 規定은 이 경우에 準用한다.(1962.12.12 본항개정)
改前 ① 會社의 業務執行에 관하여 不正行爲 또는 法令이나 定款에 違反한 重大한 事由가 있는 때에는 "資本"總額의 100分의 3이상에 該當하는…
참조 [주식회사의 경우]467, [관할]비송72, ①[자본]543②, 549②, [벌칙]631 · 635①, [검사인의 선임 · 보수 등]130① · 131 · 134 · 135 · 157②, ②[검사인의 보고]비송72 · 74, [벌칙]635①

第583條【準用規定】 ① 유한회사의 계산에 대하여는 제449조제1항 · 제2항, 제450조, 제458조부터 제460조까지, 제462조, 제462조의3 및 제466조를 준용한다.(2011.4.14 본항개정)
② 第468條의 規定은 有限會社와 被用者間에 雇傭關係로 인하여 생긴 債權에 準用한다.
(1999.12.31 본조개정)
改前 "① 第449條第1項 · 第2項, 第450條, 第452條, 第453條, 第453條의2, 第457條의2, 第458條 내지 第460條, 第462條, 第462條의3 및 第466條의 規定은 有限會社의 計算에 準用한다."

第4節 定款의 變更

第584條【定款變更의 方法】 定款을 變更함에는 社員總會의 決議가 있어야 한다.
참조 [주식회사의 경우]433, [정관]543, [결의의 요건]585, [서면에 의한 결의]577, [등기]40 · 183 · 549③ · 591

第585條【定款變更의 特別決議】 ① 前條의 決議는 總社員의 半數이상이며 總社員의 議決權의 4分의 3이상을 가지는 者의 同意로 한다.
② 前項의 規定을 適用함에 있어서는 議決權을 行使할 수 없는 社員은 이를 總社員의 數에, 그 行使할 수 없는 議決權은 이를 議決權의 數에 算入하지 아니한다.
참조 [주식회사의 경우]434, [통상결의]574, [총사원의 일치]607①, [특별결의를 요하는 경우]556① · 576 · 598 · 599 · 609② · 610①, [서면결의]577, [본조위반의 결의]376 · 578, ②[의결권을 행사할 수 없는 경우]368④ · 369② · 578

第586條【자본금 증가의 결의】 다음 각 호의 사항은 정관에 다른 정함이 없더라도 자본금 증가의 결의에서 정할 수 있다.
1. 현물출자를 하는 자의 성명과 그 목적인 재산의 종류, 수량, 가격과 이에 대하여 부여할 출자좌수
2. 자본금 증가 후에 양수할 것을 약정한 재산의 종류, 수량, 가격과 그 양도인의 성명
3. 증가할 자본금에 대한 출자의 인수권을 부여할 자의 성명과 그 권리의 내용
(2011.4.14 본조개정)
改前 "第586條【資本增加의 決議】 다음의 事項은 定款에 다른 정함이 없더라도 資本增加의 決議에서 이를 정할 수 있다.
1. 現物出資를 하는 者의 姓名과 그 目的인 財産의 種類, 數量, 價格과 이에 대하여 付與할 出資座數
2. 資本의 增加후에 讓受할 것을 約定한 財産의 種類, 數量, 價格과 그 讓渡人의 姓名
3. 增加할 資本에 대한 出資의 引受權을 付與할 者의 姓名과 그 權利의 內容"
참조 [자본]543②, [정관변경]584 · 585, (1)[현물출자]544 · 548 · 593 · 594 · 596, [사원의 담보책임]593, (2)[재산양수]544 · 593 · 594, [증자후의 영업용 재산의 취득]576② · 596, (3)[출자인수권]587 · 588

第587條【자본금 증가의 경우의 출자인수권의 부여】 유한회사가 특정한 자에 대하여 장래 그 자본금을 증가할 때 출자의 인수권을 부여할 것을 약속하는 경우에는 제585조에서 정하는 결의에 의하여야 한다.(2011.4.14 본조개정)
改前 "第587條【增資의 경우의 出資引受權의 付與】 有限會社가 特定한 者에 대하여 將來 그 資本을 增加할 경우에 있어서 出資의 引受權을 付與할 것을 約束함에는 第585條에 정하는 決議에 의하여야 한다."
참조 [출자인수권]586 · 588

第588條【社員의 出資引受權】 社員은 增加할 자본금에 대하여 그 持分에 따라 出資를 引受할 權利가 있다. 그러나 前2條의 決議에서 出資의 引受者를 정한 때에는 그러하지 아니하다.(2011.4.14 본문개정)
改前 社員은 增加할 "資本"에 대하여 그 持分에 따라…
참조 [지분]554, [특칙]586 · 587

第589條【出資引受의 方法】 ① 자본금 增加의 경우에 出資의 引受를 하고자 하는 者는 引受를 證明하는 書面에 그 引受할 出資의 座數와 住所를 記載하고 記名捺印 또는 署名하여야 한다.(2011.4.14 본항개정)
② 有限會社는 廣告 기타의 方法에 의하여 引受人을 公募하지 못한다.
改前 ① "資本"增加의 경우에 出資의 引受를 하고자 하는…
참조 [주식회사의 경우]302①, [출자의 납입]548① · 596, ②[벌칙]635①

第590條【出資引受人의 地位】 자본금 增加의 경우에 出資의 引受를 한 者는 出資의 納入의 期日 또는 現物出資의 目的인 財産의 給與의 期日로부터 利益配當에 관하여 社員과 同一한 權利를 가진다.
(2011.4.14 본조개정)
改前 第590條【出資引受人의 地位】 "資本"增加의 경우에…
참조 [주식회사의 경우]423①, [증자의 효력발생]592, [납입 또는 현물출자의 이행]548 · 596, [이익배당]462 · 580 · 583①

第591條【자본금 증가의 등기】 유한회사는 자본금 증가로 인한 출자 전액의 납입 또는 현물출자의 이행이 완료된 날부터 2주 내에 본점소재지에서 자본금 증가로 인한 변경등기를 하여야 한다.
(2011.4.14 본조개정)
改前 "第591條【資本增加의 登記】 有限會社는 資本增加로 인한 出資全額의 納入 또는 現物出資의 履行이 完了된 날로부터 2週間내에 本店의 所在地에서 資本增加로 인한 變更登記를 하여야 한다.(1995.12.29 본조개정)"
참조 [납입 또는 현물출자의 이행]548 · 596, [등기]상업등기법65-67, [벌칙]635①

第592條【자본금 증가의 효력발생】 자본금의 증가는 본점소재지에서 제591조의 등기를 함으로써 효력이 생긴다.(2011.4.14 본조개정)
改前 "第592條【增資의 效力發生】 資本의 增加는 本店所在地에서 前條의 登記를 함으로써 그 效力이 생긴다."

第593條【現物出資 등에 관한 社員의 責任】 ① 第586條第1號와 第2號의 財産의 자본금 增加當時의 實價가 자본금 增加의 決議에 의하여 정한 價格에 현저하게 不足한 때에는 그 決議에 同意한 社員은 會社에 대하여 그 不足額을 連帶하여 支給할 責任이 있다.(2011.4.14 본항개정)
② 第550條第2項과 第551條第2項의 規定은 前項의 경우에 準用한다.(1962.12.12 본항개정)
改前 ① 第586條第1號와 第2號의 財産의 "資本"增加當時의 實價가 "資本"增加의 決議에 의하여 定한 價格에…
참조 [설립 또는 조직변경의 경우의 책임]550 · 605

第594條【未引受出資 등에 관한 理事 등의 責任】 ① 자본금 增加後에 아직 引受되지 아니한 出資가 있는 때에는 理事와 監事가 共同으로 이를 引受한 것으로 본다.(2011.4.14 본항개정)
② 자본금 增加後에 아직 出資全額의 納入 또는 現物出資의 目的인 財産의 給與가 未畢된 出資가 있는 때에는 理事와 監事는 連帶하여 그 納入 또는 給與未畢財産의 價額을 支給할 責任이 있다.
(2011.4.14 본항개정)
③ 第551條第3項의 規定은 前項의 경우에 準用한다.
(1962.12.12 본조개정)
改前 ① "資本"增加後에 아직 引受되지 아니한 出資가…
② "資本"增加後에 아직 出資全額의 納入 또는…
참조 [설립의 경우의 책임]551, [공동인수]333① · 558

第595條【增資無效의 訴】 ① 자본금 增加의 無效는 社員, 理事 또는 監事에 한하여 第591條의 規定에 의한 本店所在地에서의 登記를 한 날로부터 6月내에 訴만으로 이를 主張할 수 있다.(2011.4.14 본항개정)
② 第430條 내지 第432條의 規定은 前項의 경우에 準用한다.
改前 ① "資本"增加의 無效는 社員, 理事 또는 監事에…

第596條【準用規定】 제421조제2항, 第548條와 第576條第2項의 規定은 자본금 增加의 경우에 準用한다.(2011.4.14 본조개정)
改前 第596條【準用規定】 "第334條", 第548條와 第576條第2項의 規定은 "資本"增加의 경우에 準用한다.

第597條【同前】 第439條第1項, 第2項, 第443條, 第445條와 第446條의 規定은 자본금減少의 경우에 準用한다.(2011.4.14 본조개정)
改前 第597條【同前】 第439條第1項, 第2項, 第443條, 第445條와 第446條의 規定은 "資本"減少의 경우에 準用한다.

第5節 合併과 組織變更

第598條【合併의 方法】 有限會社가 다른 會社와 合併을 함에는 第585條의 規定에 의한 社員總會의 決議가 있어야 한다.
참조 [주식회사의 경우]522, [주식회사와의 합병]600

第599條【設立委員의 選任】 第175條의 規定에 의한 設立委員의 選任은 第585條의 規定에 의한 社員總會의 決議에 의하여야 한다.

第600條【有限會社와 株式會社의 合併】 ① 有限會社가 株式會社와 合併하는 경우에 合併後 存續하는 會社 또는 合併으로 인하여 設立되는 會社가 株式會社인 때에는 法院의 認可를 얻지 아니하면 合併의 效力이 없다.
② 合併을 하는 會社의 一方이 社債의 償還을 完了하지 아니한 株式會社인 때에는 合併後 存續하는 會社 또는 合併으로 인하여 設立되는 會社는 有限會社로 하지 못한다.
참조 ①[인가]비송72 · 81 · 104 · 106, ②[사채]469이하, [등기]상업등기법62-64

第601條【物上代位】 ① 有限會社가 株式會社와 合併하는 경우에 合併後 存續하는 會社 또는 合併으로 인하여 設立되는 會社가 有限會社인 때에는 第339條의 規定은 從前의 株式을 目的으로 하는 質權에 準用한다.
② 前項의 경우에 質權의 目的인 持分에 관하여 出資座數와 質權者의 姓名 및 住所를 社員名簿에 記載하지 아니하면 그 質權으로써 會社 기타의 第三者에 對抗하지 못한다.
참조 [조직변경의 경우에의 준용]604④, [주식회사의 경우]530④, ①[지분의 입질]559, [주식회사의 조직변경의 경우에의 준용]607⑤, ②[주식의 등록질]340, [사원명부]566, [지분이전 · 입질의 대항요건]557 · 559

第602條【合併의 登記】 有限會社가 合併을 한 때에는 第603條에서 準用하는 第526條 또는 第527條의 規定에 의한 社員總會가 終結한 날로부터 本店所在地에서는 2週間, 支店所在地에서는 3週間내에 合併後 存續하는 有限會社에 있어서는 變更登記, 合併으로 인하여 消滅되는 有限會社에 있어서는 解散登記, 合併으로 인하여 設立되는 有限會社에 있어서는 第549條第2項에 정한 登記를 하여야 한다.
참조 [등기기간]177, [등기사항]상업등기법62, [변경의 등기]183 · 549③, 상업등기법65-67, [해산의 등기]228 · 613①, 상업등기법63 · 64, [합병에 인한 설립의 등기]549②, [등기와 합병의 효력발생]234 · 603, [벌칙]635①, [주식회사와의 합병 또는 합병에 인한 주식회사설립의 경우의 등기]501① · 528

第603條【準用規定】 第232條, 第234條, 第235條, 第237條 내지 第240條, 第443條, 第522條第1項 · 第2項, 第522條의2, 第523條, 第524條, 第526條第1項 · 第2項, 第527條第1項 내지 第3項 및 第529條의 規定은 有限會社의 合併의 경우에 準用한다.(1998.12.28 본조개정)

第604條【株式會社의 有限會社에의 組織變更】 ① 株式會社는 總株主의 一致에 의한 總會의 決議로 그 組織을 變更하여 이를 有限會社로 할 수 있다. 그러나 社債의 償還을 完了하지 아니한 경우에는 그러하지 아니하다.
② 前項의 組織變更의 경우에는 會社에 現存하는 純財産額보다 많은 金額을 자본금의 總額으로 하지 못한다.(2011.4.14 본항개정)
③ 第1項의 決議에 있어서는 定款 기타 組織變更에 필요한 事項을 정하여야 한다.
④ 第601條의 規定은 第1項의 組織變更의 경우에 準用한다.
改前 ② 前項의 組織變更의 경우에는 會社에 現存하는 純財産額보다 많은 金額을 "資本"의 總額으로 하지 못한다.
참조 [등기]606, [유한책임회사의 조직변경]287의44, ①[조직변경과 채권자보호절차]232 · 608, [사채상환의 필요]602②, [주주총회의 결의]368 · 434, ②[자본의 총액]543② · 549②, [부족액과 책임]550 · 593 · 605, [유한회사와 출자의 전액납입]548, [벌칙]626, ③[정관]543

第605條【理事, 株主의 純財産額塡補責任】 ① 前條의 組織變更의 경우에 會社에 現存하는 純財産額이 자본금의 總額에 不足하는 때에는 前條第1項의 決議當時의 理事와 株主는 會社에 대하여 連帶하여 그 不足額을 支給할 責任이 있다.(2011.4.14 본항개정)
② 第550條第2項과 第551條第2項, 第3項의 規定은 前項의 경우에 準用한다.(1962.12.12 본항개정)
改前 ① 前條의 組織變更의 경우에 會社에 現存하는 純財産額이 "資本"의 總額에 不足하는 때에는…
참조 [유한책임회사의 조직변경]287의44, [주식회사의 조직변경의 경우]607④, [자본충실의 책임]550 · 551 · 593, [자본의 총액]543② · 549②

第606條【組織變更의 登記】 株式會社가 第604條의 規定에 의하여 그 組織을 變更한 때에는 本店所在地에서는 2週間, 支店所在地에서는 3週間내에 株式會社에 있어서는 解散登記, 有限會社에 있어서는 第549條第2項에 정하는 登記를 하여야 한다.

참조 [해산등기]228, 상업등기법60, [조직변경으로 인한 등기]상업등기법65－67, [유한책임회사의 조직변경]287의44, [벌칙]635①

第607條【유한회사의 주식회사로의 조직변경】 ① 유한회사는 총사원의 일치에 의한 총회의 결의로 주식회사로 조직을 변경할 수 있다. 다만, 회사는 그 결의를 정관으로 정하는 바에 따라 제585조의 사원총회의 결의로 할 수 있다.
② 제1항에 따라 조직을 변경할 때 발행하는 주식의 발행가액의 총액은 회사에 현존하는 순재산액을 초과하지 못한다.
③ 제1항의 조직변경은 법원의 인가를 받지 아니하면 효력이 없다.
④ 제1항에 따라 조직을 변경하는 경우 회사에 현존하는 순재산액이 조직변경으로 발행하는 주식의 발행가액 총액에 부족할 때에는 제1항의 결의 당시의 이사, 감사 및 사원은 연대하여 회사에 그 부족액을 지급할 책임이 있다. 이 경우에 제550조제2항 및 제551조제2항·제3항을 준용한다.
⑤ 제1항에 따라 조직을 변경하는 경우 제340조제3항, 제601조제1항, 제604조제3항 및 제606조를 준용한다.
(2011.4.14 본조개정)

改前 "第607條【有限會社의 株式會社에의 組織變更】① 有限會社는 總社員의 一致에 의한 總會의 決議로 그 組織을 變更하여 이를 株式會社로 할 수 있다.
② 前項의 경우에는 組織變更時에 發行하는 株式의 發行價額의 總額은 會社에 現存하는 純財産額을 超過하지 못한다.
③ 第1項의 組織變更은 法院의 認可를 얻지 아니하면 그 效力이 없다.
④ 第1項의 組織變更의 경우에 會社에 現存하는 純財産額이 組織變更時에 發行하는 株式의 發行價額의 總額에 不足하는 때에는 第1項의 決議當時의 理事, 監事와 社員은 會社에 대하여 連帶하여 그 不足額을 支給할 責任이 있다. 이 경우에 第550條第2項과 第551條第2項, 第3項의 規定을 準用한다.
(1962.12.12 본항개정)
⑤ 第340條第3項, 第601條第1項, 第604條第3項과 前條의 規定은 第1項의 組織變更의 경우에 準用한다."

참조 [유한책임회사의 조직변경]287의44, ①[조직변경과 채권자 보호절차]232·608, [사원총회의 결의]574·585, ②[부족액과 책임]605, [벌칙]626, ③[인가]비송72·105·106

第608條【準用規定】 第232條의 規定은 第604條와 第607條의 組織變更의 경우에 準用한다.
(1984.4.10 본조개정)

第6節 解散과 淸算

第609條【解散事由】 ① 有限會社는 다음의 事由로 인하여 解散한다.
1. 제227조제1호·제4호 내지 제6호에 규정된 사유
(2001.7.24 본호개정)
2. 社員總會의 決議
② 前項第2號의 決議는 第585條의 規定에 의하여야 한다.

참조 [주식회사의 경우]517·518, [해산등기]228·613①, 비송65

第610條【會社의 繼續】 ① 第227條第1號 또는 前條第1項第2號의 事由로 인하여 會社가 解散한 경우에는 第585條의 規定에 의한 社員總會의 決議로써 會社를 繼續할 수 있다.
② (2001.7.24 삭제)

참조 [주식회사의 경우]229·519, [해산등기 후의 계속]229③·611, [설립무효 또는 취소와 회사의 계속]194·613①, [사업연도의 의제]법인세법8

第611條【準用規定】 第229條第3項의 規定은 前條의 會社繼續의 경우에 準用한다.

第612條【殘餘財産의 分配】 殘餘財産은 定款에 다른 정함이 있는 경우외에는 各 社員의 出資座數에 따라 社員에게 分配하여야 한다.

참조 [주식회사의 경우]538, [출좌좌수와 지분]543②·554·566②, [분배와 질권자]340①·560, [잔여재산분배와 그 제한]260·613①, [이익배당의 기준]580

第613條【準用規定】 ① 第228條, 第245條, 第252條 내지 第255條, 第259條, 第260條, 第264條, 第520條, 第531條 내지 第537條, 第540條와 第541條의 規定은 有限會社에 準用한다.
② 第209條, 第210條, 第366條第2項·第3項, 第367條, 第373條第2項, 第376條, 第377條, 第382條第2項, 第386條, 第388條, 第399條 내지 第402條, 第407條, 第408條, 第411條 내지 第413條, 第414條第3項, 第450條, 第466條第2項, 第539條, 第562條, 第563條, 第564條第3項, 第565條, 第566條, 第571條, 第572條第1項과 第581條의 規定은 有限會社의 淸算人에 準用한다.(1984.4.10 본항개정)
(1962.12.12 본조개정)

第6章 外國會社

第614條【代表者, 營業所의 設定과 登記】 ① 외국회사가 대한민국에서 영업을 하려면 대한민국에서의 대표자를 정하고 대한민국 내에 영업소를 설치하거나 대표자 중 1명 이상이 대한민국에 그 주소를 두어야 한다.(2011.4.14 본항개정)
② 前項의 경우에는 外國會社는 그 營業所의 設置에 관하여 大韓民國에서 設立되는 同種의 會社 또는 가장 類似한 會社의 支店과 同一한 登記를 하여야 한다.
③ 前項의 登記에서는 會社設立의 準據法과 大韓民國에서의 代表者의 姓名과 그 住所를 登記하여야 한다.
④ 第209條와 第210條의 規定은 外國會社의 代表者에 準用한다.(1962.12.12 본항개정)

改前 "① 外國會社가 大韓民國에서 營業을 하고자 하는 때에는 大韓民國에서의 代表者를 정하고 그 營業所를 設置하여야 한다."

참조 [등기]615·616, [벌칙]635①, ①[영업소]618－620, ②[대표자]209·210, [대표자와 벌칙적용]627①·635①, ③[국내대표자의 퇴임]보험76②

第615條【登記期間의 起算点】 前條第2項과 第3項의 規定에 의한 登記事項이 外國에서 생긴 때에는 登記期間은 그 通知가 到達한 날로부터 起算한다.

第616條【登記前의 繼續去來의 禁止】 ① 外國會社는 그 營業所의 所在地에서 第614條의 規定에 의한 登記를 하기 前에는 繼續하여 去來를 하지 못한다.
② 前項의 規定에 違反하여 去來를 한 者는 그 去來에 대하여 會社와 連帶하여 責任을 진다.

참조 [벌칙]636②

第616條의2【대차대조표 또는 이에 상당하는 것의 공고】 ① 외국회사로서 이 법에 따라 등기를 한 외국회사(대한민국에서의 같은 종류의 회사 또는 가장 비슷한 회사가 주식회사인 것만 해당한다)는 제449조에 따른 승인과 같은 종류의 절차 또는 이와 비슷한 절차가 종결된 후 지체 없이 대차대조표 또는 이에 상당하는 것으로서 대통령령으로 정하는 것을 대한민국에서 공고하여야 한다.
② 제1항의 공고에 대하여는 제289조제3항부터 제6항까지의 규정을 준용한다.
(2011.4.14 본조신설)

참조 [등기사항]상업등기법74

第617條【유사외국회사】 외국에서 설립된 회사라도 대한민국에 그 본점을 설치하거나 대한민국에서 영업할 것을 주된 목적으로 하는 때에는 대한민국에서 설립된 회사와 같은 규정에 따라야 한다.
(2011.4.14 본조개정)

改前 "第617條【適用法規】外國에서 設立된 會社라도 大韓民國에 그 本店을 設置하거나 大韓民國에서 營業할 것을 主된 目的으로 하는 때에는 大韓民國에서 設立된 會社와 同一한 規定에 의하여야 한다."

第618條【準用規定】 ① 제335조, 제335조의2부터 제335조의7까지, 제336조부터 제338조까지, 제340조제1항, 제355조, 제356조, 제356조의2, 제478조제1항, 제479조 및 제480조의 규정은 大韓民國에서의 外國會社의 株券 또는 債券의 發行과 그 株式의 移轉이나 入質 또는 社債의 移轉에 準用한다.
(2014.5.20 본항개정)
② 前項의 경우에는 처음 大韓民國에 設置한 營業所를 本店으로 본다.

改前 ① "第335條 내지 第338條, 第340條第1項, 第355條 내지 第357條, 第478條第1項, 第479條와 第480條의 規定"은 大韓民國에서의 外國會社의 株券 또는 債券의 發行…

참조 [벌칙]627·635

第619條【營業所閉鎖命令】 ① 外國會社가 大韓民國에 營業所를 設置한 경우에 다음의 事由가 있는 때에는 法院은 利害關係人 또는 檢事의 請求에 의하여 그 營業所의 閉鎖를 命할 수 있다.
1. 營業所의 設置目的이 不法한 것인 때
2. 營業所의 設置登記를 한 後 정당한 事由없이 1年내에 營業을 開始하지 아니하거나 1年이상 營業을 休止한 때 또는 정당한 事由없이 支給을 停止한 때
3. 會社의 代表者 기타 業務를 執行하는 者가 法令 또는 善良한 風俗 기타 社會秩序에 違反한 行爲를 한 때(1962.12.12 본호개정)
② 第176條第2項 내지 第4項의 規定은 前項의 경우에 準用한다.

참조 [국내회사의 경우]176, [영업소]614, [관할]비송72, [등기]비송128, [청산]620, [벌칙]635①

第620條【韓國에 있는 財産의 淸算】 ① 前條第1項의 規定에 의하여 營業所의 閉鎖를 命한 경우에는 法院은 利害關係人의 申請에 의하여 또는 職權으로 大韓民國에 있는 그 會社財産의 全部에 대한 淸算의 開始를 命할 수 있다. 이 경우에는 法院은 淸算人을 選任하여야 한다.
② 第535條 내지 第537條와 第542條의 規定은 그 性質이 許하지 아니하는 경우외에는 前項의 淸算에 準用한다.
③ 前2項의 規定은 外國會社가 스스로 營業所를 閉鎖한 경우에 準用한다.

참조 ①[청산절차]비송128

第621條【外國會社의 地位】 外國會社는 다른 法律의 適用에 있어서는 法律에 다른 規定이 있는 경우외에는 大韓民國에서 成立된 同種 또는 가장 類似한 會社로 본다.

참조 [외국인의 지위]헌6②, 국제사법, 채무자회생파산2

第7章 罰 則

第622條【發起人, 理事 기타의 任員등의 特別背任罪】 ① 會社의 發起人, 業務執行社員, 이사, 집행임원, 監査委員會 委員, 監事 또는 第386條第2項, 第407條第1項, 第415條 또는 第567條의 職務代行者, 支配人 기타 會社營業에 관한 어느 種類 또는 特定한 事項의 委任을 받은 使用人이 그 任務에 違背한 行爲로써 財産上의 利益을 取하거나 第三者로 하여금 이를 取得하게 하여 會社에 損害를 加한 때에는 10年이하의 懲役 또는 3千萬원이하의 罰金에 處한다.
(2011.4.14 본항개정)
② 會社의 淸算人 또는 第542條第2項의 職務代行者, 第175條의 設立委員이 第1項의 行爲를 한 때에도 第1項과 같다.(1984.4.10 본항개정)

改前 ① 會社의 發起人, 業務執行社員, "理事", 監査委員會 委員, 監事 또는 第386條第2項…

참조 [배임죄]형355②, [대표자 또는 집행자]500·501, [영업에 관한 어느 종류 또는 특정한 사항의 위임을 받은 사용인]15①, [가중처벌]특정경제범죄3·4②·5④·11

판례 비밀장부 구성시 특별배임죄성부 : 2인주주의 주식회사에서 주주인 대표이사와 이사가 회사의 경비를 허위로 과다하게 지출한 양 경리장부를 작성하게 하여 그 돈을 회사의 정식경리에서 제외시켰더라도 이를 회사의 비밀경리에 입금시켜 회사의 자금으로 관리하고 회사의 사업집행상 필요한 용도에 사용하였다면 특별배임죄는 성립되지 아니하고, 나아가 그 나머지를 합의하여 분배한 경우에도 회사의 재산상태와 경영실적에 비추어 감추어진 상여 또는 감추어진 이익배당으로서 적정규모라고 인정되고 회사의 일반채권자 등 제3자의 이익을 해할 우려가 없다면 역시 특별배임죄를 구성한다고 볼 수 없다.
(대판 1989.10.10, 87도966)

第623條【社債權者集會의 代表者 등의 特別背任罪】 社債權者集會의 代表者 또는 그 決議를 執行하는 者가 그 任務에 違背한 行爲로써 財産上의 利益을 取하거나 第三者로 하여금 이를 取得하게 하여 社債權者에게 損害를 加한 때에는 7年이하의 懲役 또는 2千萬원이하의 罰金에 處한다.(1995.12.29 본조개정)

참조 [배임죄]형355②, 특정경제범죄3, [대표자 또는 집행자]500·501

第624條【特別背任罪의 未遂】 前2條의 未遂犯은 處罰한다.

참조 [배임죄의 미수]형29·359

第624條의2【주요주주 등 이해관계자와의 거래 위반의 죄】 제542조의9제1항을 위반하여 신용공여를 한 자는 5년 이하의 징역 또는 2억원 이하의 벌금에 처한다.(2009.1.30 본조신설)

第625條【會社財産을 危殆롭게 하는 罪】 第622條第1項에 規定된 者, 檢査人, 第298條第3項·第299條의2·第310條第3項 또는 第313條第2項의 公證人(인가공증인의 공증담당변호사를 포함한다. 이하 이 章에서 같다)이나 第299條의2, 第310條第3項 또는 第422條第1項의 鑑定人이 다음의 行爲를 한 때에는 5年이하의 懲役 또는 1千 500萬원이하의 罰金에 處한다.(2009.2.6 본문개정)
1. 株式 또는 出資의 引受나 納入, 現物出資의 履行, 第290條, 第416條第4號 또는 第544條에 規定된 事項에 관하여 法院·總會 또는 發起人에게 不實한 報告를 하거나 事實을 隱蔽한 때(1998.12.28 본호개정)
2. 누구의 名義로 하거나를 不問하고 會社의 計算으로 不正하게 그 株式 또는 持分을 取得하거나 質權의 目的으로 이를 받은 때
3. 법령 또는 정관에 위반하여 이익배당을 한 때
(2011.4.14 본호개정)
4. 會社의 營業範圍외에서 投機行爲를 하기 위하여 會社財産을 處分한 때

改前 "3. 法令 또는 定款의 規定에 違反하여 利益이나 利子의 配當을 한 때"

참조 ⑵[자기주식의 취득]341, ⑶[이익 또는 이자의 배당]290－293·352·423·462－464, [가중처벌]특정경제범죄3

판례 상법 625조 4호에 정한 '회사의 영업범위 외에서 투기행위를 하기 위하여 회사재산을 처분한 때'의 의미 및 판단 기준 : '회사의 영업범위 외'라고 함은 회사의 정관에 명시된 목적 및 그 목적을 수행하는 데 직접 또는 간접적으로 필요한 통상적인 부대업무의 범위를 벗어난 것을 말하는 것으로서, 목적 수행에 필요한지 여부는 행위의 객관적 성질에 따라 추상적으로 판단할 것이지 행위자의 주관적·구체적 의사에 따라 판단할 것은 아니며, 또 '투기행위'라 함은 거래시세의 변동에서 생기는 차액의 이득을 목적으로 하는 거래행위 중에서 사회통념상 회사

의 자금운용방법 또는 자산보유수단으로 용인될 수 없는 행위를 말하는 것으로, 구체적으로 회사 임원 등의 회사재산 처분이 투기행위를 하기 위한 것인지를 판단함에 있어서는 당해 회사의 목적과 주된 영업내용, 회사의 자산 규모, 당해 거래에 이르게 된 경위, 거래 목적물의 특성, 예상되는 시세변동의 폭, 거래의 방법·기간·규모와 횟수, 거래자금의 조성경위, 일반적인 거래관행 및 거래 당시의 경제상황 등 제반 사정을 종합적으로 고려해야 한다.(대판 2007.3.15, 2004도5742)

일판 대표이사가 회사의 손실을 회복하기 위해서 한 투기거래를 위한 재산처분행위는 정관 소정의 목적에 맞은 업무 또는 그 수행상 필요한 부대적 업무의 통상범위 내에 있다고는 인정하기 어려우므로 그것이 사리를 도모하는 것이 아니라도 본조 제4호 위반의 죄가 된다.(日·最高 1971.12.10)

第625條의2【주식의 취득제한 등에 위반한 죄】 다음 각 호의 어느 하나에 해당하는 자는 2천만원 이하의 벌금에 처한다.
1. 제342조의2제1항 또는 제2항을 위반한 자
2. 제360조의3제7항을 위반한 자
3. 제523조의2제2항을 위반한 자
4. 제530조의6제5항을 위반한 자
(2015.12.1 본조개정)

改前 "第625條의2【주식의 취득제한 등에 위반한 죄】 제342조의2제1항 또는 제2항을 위반한 자는 2천만원 이하의 벌금에 처한다.(2011.4.14 본조개정)"

第626條【부실보고죄】 회사의 이사, 집행임원, 감사위원회 위원, 감사 또는 제386조제2항, 제407조제1항, 제415조 또는 제567조의 직무대행자가 제604조 또는 제607조의 조직변경의 경우에 제604조제2항 또는 제607조제2항의 순재산액에 관하여 법원 또는 총회에 부실한 보고를 하거나 사실을 은폐한 경우에는 5년 이하의 징역 또는 1천500만원 이하의 벌금에 처한다.(2011.4.14 본조개정)

改前 "第626條【不實報告罪】 會社의 理事, 監査委員會 委員, 監事 또는 第386條第2項, 第407條第1項, 第415條 또는 第567條의 職務代行者가 第604條 또는 第607條의 組織變更의 경우에 第604條第2項 또는 第607條第2項의 純財産額에 관하여 法院 또는 總會에 不實한 報告를 하거나 事實을 隱蔽한 때에는 5年이하의 懲役 또는 1千500萬원이하의 罰金에 處한다.(1999.12.31 본조개정)"

第627條【不實文書行使罪】 ① 第622條第1項에 揭記한 者, 外國會社의 代表者, 株式 또는 社債의 募集의 委託을 받은 者가 株式 또는 社債를 募集함에 있어서 重要한 事項에 관하여 不實한 記載가 있는 株式請約書, 社債請約書, 事業計劃書, 株式 또는 社債의 募集에 관한 廣告 기타의 文書를 行使한 때에는 5年이하의 懲役 또는 1千500萬원이하의 罰金에 處한다.(1995.12.29 본항개정)
② 株式 또는 社債를 賣出하는 者가 그 賣出에 관한 文書로서 重要한 事項에 관하여 不實한 記載가 있는 것을 行使한 때에도 第1項과 같다.(1984.4.10 본항개정)

參照 [외국회사의 대표자]614③, [사채모집수탁자]476②, [주식청약서]302, [사채청약서]474

第628條【納入假裝罪등】 ① 第622條第1項에 揭記한 者가 納入 또는 現物出資의 履行을 假裝하는 行爲를 한 때에는 5年이하의 懲役 또는 1千500萬원이하의 罰金에 處한다.(1995.12.29 본항개정)
② 第1項의 行爲에 응하거나 이를 仲介한 者도 第1項과 같다.
(1984.4.10 본조개정)

參照 [납입금보관자의 증명과 책임]318

判例 [1] 주금납입취급기관의 납입가장죄 성부 : 상법 628조1항은 발기인이나 이사 등 회사 측 행위자의 납입가장행위를 처벌하는 조항이고 같은 조 2항에서 규정하는 '1항의 행위에 응한 다'라는 것은 주금납입취급기관으로 지정된 금융기관의 임직원이 발기인이나 이사 등 회사 측 행위자의 부탁을 받고 주금의 입출금 및 주금납입증명서 발급업무를 해주는 것을 의미하는 것인바, 주금납입취급기관의 임직원이 회사 측 행위자의 부탁을 받고 실제 처음부터 주금이 입금된 사실조차 없는데도 허위로 납입증명서를 발급해 주거나 주금 자체를 대출해주는 경우뿐만 아니라 제3자로부터 차용한 돈으로 주금을 납입하여 주금납입증명서를 발급받은 다음 즉시 주금을 인출하여 차용금의 변제에 사용하는 방식으로 납입을 가장한다는 사정을 알면서 그 주금의 입출금 및 주금납입증명서 발급업무를 해주기로 회사 측 행위자와 통모한 경우에도 같은 조 제2항의 응납입가장죄가 성립한다.
[2] 납입가장죄 성립 인정시 업무상횡령죄의 성립을 인정할 수 있는지 여부 : 주식회사의 설립업무 또는 증자업무를 담당한 자와 주식인수인이 사전 공모하여 주금납입취급은행 이외의 제3자로부터 납입금에 해당하는 금액을 차입하여 주금을 납입하고 납입취급은행으로부터 납입금보관증명서를 발급받아 회사의 설립등기절차 또는 증자등기절차를 마친 직후 이를 인출하여 위 차용금채무의 변제에 사용하는 경우, 위와 같은 행위는 실질적으로 회사의 자본을 증가시키는 것이 아니고 등기를 위하여 납입을 가장하는 편법에 불과하여 주금의 납입 및 인출의 전과정에서 회사의 자본금에는 실제 아무런 변동이 없다고 보아야 할 것이므로, 그들에게 회사의 돈을 임의로 유용한다는 불법영득의 의사가 있다고 보기 어렵다 할 것이고, 이러한 관점에서 상법상 납입가장죄의 성립을 인정하는 이상 회사 자본이 실질적으로 증가됨을 전제로 한 업무상횡령죄가 성립한다고 할 수는 없다.
(대판 2004.12.10, 2003도3963)

第629條【초과발행의 죄】 회사의 발기인, 이사, 집행임원 또는 제386조제2항 또는 제407조제1항의 직무대행자가 회사가 발행할 주식의 총수를 초과하여 주식을 발행한 경우에는 5년 이하의 징역 또는 1천500만원 이하의 벌금에 처한다.(2011.4.14 본조개정)

改前 "第629條【超過發行의 罪】 會社의 發起人, 理事 또는 第386條第2項 또는 第407條第1項의 職務代行者가 會社가 發行할 株式의 總數를 超過하여 株式을 發行한 때에는 5年이하의 懲役 또는 1千500萬원이하의 罰金에 處한다.(1995.12.29 본조개정)"

參照 [발행예정주식의 총수]289①·524, [신주의 발행]349·416·515, [보류의 필요]346②·513③

第630條【發起人, 理事 기타의 任員의 瀆職罪】 ① 第622條와 第623條에 規定된 者, 檢査人, 第298條第3項·第299條의2·第310條第3項 또는 第313條第2項의 公證人이나 第299條의2, 第310條第3項 또는 第422條第1項의 鑑定人이 그 職務에 관하여 不正한 請託을 받고 財産上의 利益을 收受, 要求 또는 約束한 때에는 5年이하의 懲役 또는 1千500萬원이하의 罰金에 處한다.(1998.12.28 본항개정)
② 第1項의 利益을 約束, 供與 또는 供與의 意思를 表示한 者도 第1項과 같다.
(1984.4.10 본조개정)

參照 [수뢰죄]형129이하, [몰수·추징]633, 형134, ②[뇌물공여죄]형133

判例 상법 제630조의 취지 : 상법 630조의 주식회사의 발기인, 이사 기타 임원의 독직죄에 관한 규정은 그들 임원의 직무의 엄격성을 확보한다는 것보다 회사의 건전한 운영을 위하여 그들의 회사에 대한 충실성을 확보하고 회사에 재산상 손해를 끼칠 염려가 있는 직무위반행위를 금하려는데 그 취지가 있으므로, 단지 감독청의 행정지시에 위반한다거나 사회상규에 반하는 것이라고 해서 부정한 청탁이라고 할 수 없다.
(대판 1980.2.12, 78도3111)

第631條【權利行使妨害등에 관한 贈收賂罪】 ① 다음의 事項에 관하여 不正한 請託을 받고 財産上의 利益을 收受, 要求 또는 約束한 者는 1年이하의 懲役 또는 300萬원이하의 罰金에 處한다.(1995.12.29 본문개정)
1. 創立總會, 社員總會, 株主總會 또는 社債權者集會에서의 發言 또는 議決權의 行使
2. 第3編에 정하는 訴의 提起, 發行株式의 總數의 100分의 1 또는 100분의 3이상에 해당하는 株主, 社債總額의 100分의 10이상에 해당하는 社債權者 또는 자본금의 100分의 3이상에 해당하는 出資座數를 가진 社員의 權利의 行使(2011.4.14 본호개정)
3. 第402條 또는 第424條에 정하는 權利의 行使
② 第1項의 利益을 約束, 供與 또는 供與의 意思를 表示한 者도 第1項과 같다.

改前 ① 2. 第3編에…100分의 10이상에 해당하는 社債權者 또는 "資本"의 100分의 3이상에 해당하는…

參照 ①[수뢰죄]형129이하, 특정경제범죄5, [몰수·추징]633, 형134, ⑴[창립총회]308·527, [주주총회]361이하, [사채권자집회]490이하, ⑵[소의 제기]328·376·380·381·435·511·512·529, [소수주주권]366·539②·542②, [소수사채권자]491②③, ②[뇌물공여죄]형133, 특정경제범죄6

第632條【懲役과 罰金의 併科】 第622條 내지 前條의 懲役과 罰金은 이를 併科할 수 있다.

第633條【沒收, 追徵】 第630條第1項 또는 第631條第1項의 경우에는 犯人이 收受한 利益은 이를 沒收한다. 그 全部 또는 一部를 沒收하기 不能한 때에는 그 價額을 追徵한다.

參照 [몰수·추징]134

第634條【納入責任免脫의 罪】 納入의 責任을 免하기 위하여 他人 또는 假設人의 名義로 株式 또는 出資를 引受한 者는 1年이하의 懲役 또는 300萬원이하의 罰金에 處한다.(1995.12.29 본조개정)

參照 [타인 또는 가설인(假設人)의 명의로 인수]332

第634條의2【株主의 權利行使에 관한 利益供與의 罪】 ① 주식회사의 이사, 집행임원, 감사위원회 위원, 감사, 제386조제2항·제407조제1항 또는 제415조의 직무대행자, 지배인, 그 밖의 사용인이 주주의 권리 행사와 관련하여 회사의 계산으로 재산상의 이익을 공여(供與)한 경우에는 1년 이하의 징역 또는 300만원 이하의 벌금에 처한다.(2011.4.14 본항개정)
② 第1項의 利益을 收受하거나, 第三者에게 이를 供與하게 한 者도 第1項과 같다.
(1984.4.10 본조신설)

改前 "① 株式會社의 理事·監査委員會 委員·監事 또는 第386條第2項, 또는 第407條第1項 또는 第415條의 職務代行者·支配人 기타 使用人이 株主의 權利의 행사와 관련하여 會社의 計算으로 財産上의 利益을 供與한 때에는 1年이하의 懲役 또는 300萬원이하의 罰金에 處한다.(1999.12.31 본항개정)"

第634條의3【양벌규정】 회사의 대표자나 대리인, 사용인, 그 밖의 종업원이 그 회사의 업무에 관하여 제624조의2의 위반행위를 하면 그 행위자를 벌하는 외에 그 회사에도 해당 조문의 벌금형을 과(科)한다. 다만, 회사가 제542조의13에 따른 의무를 성실히 이행한 경우 등 회사가 그 위반행위를 방지하기 위하여 해당 업무에 관하여 상당한 주의와 감독을 게을리하지 아니한 경우에는 그러하지 아니하다.
(2011.4.14 단서개정)

改前 第634條의3【양벌규정】 회사의 대표자나…과(科)한다.
"다만", 회사가 그 위반행위를 방지하기 위하여…

第635條【過怠料에 處할 行爲】 ① 회사의 발기인, 설립위원, 업무집행사원, 업무집행자, 이사, 집행임원, 감사, 감사위원회 위원, 외국회사의 대표자, 검사인, 제298조제3항·제299조의2·제310조제3항 또는 제313조제2항의 공증인, 제299조의2·제310조제3항 또는 제422조제1항의 감정인, 지배인, 청산인, 명의개서대리인, 사채모집을 위탁받은 회사와 그 사무승계자 또는 제386조제2항·제407조제1항·제415조·제542조제2항 또는 제567조의 직무대행자가 다음 각 호의 어느 하나에 해당하는 행위를 한 경우에는 500만원 이하의 과태료를 부과한다. 다만, 그 행위에 대하여 형(刑)을 과(科)할 때에는 그러하지 아니하다.
1. 이 편(編)에서 정한 등기를 게을리한 경우
2. 이 편에서 정한 공고 또는 통지를 게을리하거나 부정(不正)한 공고 또는 통지를 한 경우
3. 이 편에서 정한 검사 또는 조사를 방해한 경우
4. 이 편의 규정을 위반하여 정당한 사유 없이 서류의 열람 또는 등사, 등본 또는 초본의 발급을 거부한 경우
5. 관청, 총회, 사채권자집회 또는 발기인에게 부실한 보고를 하거나 사실을 은폐한 경우
6. 주권, 채권 또는 신주인수권증권에 적을 사항을 적지 아니하거나 부실하게 적은 경우
7. 정당한 사유 없이 주권의 명의개서를 하지 아니한 경우
8. 법률 또는 정관에서 정한 이사 또는 감사의 인원수를 궐(闕)한 경우에 그 선임절차를 게을리한 경우
9. 정관·주주명부 또는 그 복본(複本), 사원명부·사채원부 또는 그 복본, 의사록, 감사록, 재산목록, 대차대조표, 영업보고서, 사무보고서, 손익계산서, 그 밖에 회사의 재무상태와 경영성과를 표시하는 것으로서 제287조의33 및 제447조제1항제3호에 따라 대통령령으로 정하는 서류, 결산보고서, 회계장부, 제447조·제534조·제579조제1항 또는 제613조제1항의 부속명세서 또는 감사보고서에 적을 사항을 적지 아니하거나 부실하게 적은 경우
10. 법원이 선임한 청산인에 대한 사무의 인계(引繼)를 게을리하거나 거부한 경우
11. 청산의 종결을 늦출 목적으로 제247조제3항, 제535조제1항 또는 제613조제1항의 기간을 부당하게 장기간으로 정한 경우
12. 제254조제4항, 제542조제1항 또는 제613조제1항을 위반하여 파산선고 청구를 게을리한 경우
13. 제589조제2항을 위반하여 출자의 인수인을 공모한 경우
14. 제232조, 제247조제3항, 제439조제2항, 제527조의5, 제530조제2항, 제530조의9제4항, 제530조의11제2항, 제597조, 제603조 또는 제608조를 위반하여 회사의 합병·분할·분할합병 또는 조직변경, 회사재산의 처분 또는 자본금의 감소를 한 경우
15. 제260조, 제542조제1항 또는 제613조제1항을 위반하여 회사재산을 분배한 경우
16. 제302조제2항, 제347조, 제420조, 제420조의2, 제474조제2항 또는 제514조를 위반하여 주식청약서, 신주인수권증서 또는 사채청약서를 작성하지 아니하거나 이에 적을 사항을 적지 아니하거나 또는 부실하게 적은 경우
17. 제342조 또는 제560조제1항을 위반하여 주식 또는 지분의 실효 절차, 주식 또는 지분의 질권 처분을 게을리한 경우
18. 제343조제1항 또는 제560조제1항을 위반하여 주식 또는 출자를 소각한 경우
19. 제355조제1항·제2항 또는 제618조를 위반하여 주권을 발행한 경우
20. 제358조의2제2항을 위반하여 주주명부에 기재를 하지 아니한 경우
21. 제363조의2제1항, 제542조제2항 또는 제542조의6제2항을 위반하여 주주가 제안한 사항을 주주총회의 목적사항으로 하지 아니한 경우
22. 제365조제1항·제2항, 제578조, 제467조제3항, 제582조제3항에 따른 법원의 명령을 위반하여 주주총회를 소집하지 아니하거나, 정관으로 정한 곳 외의 장소에서 주주총회를 소집하거나, 제363조, 제364조, 제571조제2항·제3항을 위반하여 주주총회를 소집한 경우

23. 제374조제2항, 제530조제2항 또는 제530조의11 제2항을 위반하여 주식매수청구권의 내용과 행사 방법을 통지 또는 공고하지 아니하거나 부실한 통지 또는 공고를 한 경우
24. 제287조의34제1항, 제396조제1항, 제448조제1항, 제510조제2항, 제522조의2제1항, 제527조의6제1항, 제530조의7, 제534조제3항, 제542조제2항, 제566조제1항, 제579조의3, 제603조 또는 제613조를 위반하여 장부 또는 서류를 갖추어 두지 아니한 경우
25. 제412조의5제3항을 위반하여 정당한 이유 없이 감사 또는 감사위원회의 조사를 거부한 경우
26. 제458조부터 제460조까지 또는 제583조를 위반하여 준비금을 적립하지 아니하거나 이를 사용한 경우
27. 제464조의2제1항의 기간에 배당금을 지급하지 아니한 경우
28. 제478조제1항 또는 제618조를 위반하여 채권을 발행한 경우
29. 제536조 또는 제613조제1항을 위반하여 채무 변제를 한 경우
30. 제542조의5를 위반하여 이사 또는 감사를 선임한 경우
31. 제555조를 위반하여 지분에 대한 지시식 또는 무기명식의 증권을 발행한 경우
32. 제619조제1항에 따른 법원의 명령을 위반한 경우
(2011.4.14 본항개정)
② 발기인, 이사 또는 집행임원이 주권의 인수로 인한 권리를 양도한 경우에도 제1항과 같다.(2011.4.14 본항개정)
③ 제1항 각 호 외의 부분에 규정된 자가 다음 각 호의 어느 하나에 해당하는 행위를 한 경우에는 5천만원 이하의 과태료를 부과한다.
1. 제542조의8제1항을 위반하여 사외이사 선임의무를 이행하지 아니한 경우
2. 제542조의8제4항을 위반하여 사외이사 후보추천위원회를 설치하지 아니하거나 사외이사가 총위원의 2분의 1 이상이 되도록 사외이사 후보추천위원회를 구성하지 아니한 경우
3. 제542조의8제5항에 따라 사외이사를 선임하지 아니한 경우
4. 제542조의9제3항을 위반하여 이사회 승인 없이 거래한 경우
5. 제542조의11제1항을 위반하여 감사위원회를 설치하지 아니한 경우
6. 제542조의11제2항을 위반하여 제415조의2제2항 및 제542조의11제2항 각 호의 감사위원회의 구성요건에 적합한 감사위원회를 설치하지 아니한 경우
7. 제542조의11제4항제1호 및 제2호를 위반하여 감사위원회가 제415조의2제2항 및 제542조의11제2항 각 호의 감사위원회의 구성요건에 적합하도록 하지 아니한 경우
8. 제542조의12제2항을 위반하여 감사위원회위원의 선임절차를 준수하지 아니한 경우
(2009.1.30 본항신설)
④ 제1항 각 호 외의 부분에 규정된 자가 다음 각 호의 어느 하나에 해당하는 행위를 한 경우에는 1천만원 이하의 과태료를 부과한다.
1. 제542조의4에 따른 주주총회 소집의 통지·공고를 게을리하거나 부정한 통지 또는 공고를 한 경우
2. 제542조의7제4항 또는 제542조의12제5항을 위반하여 의안을 별도로 상정하여 의결하지 아니한 경우
(2009.1.30 본항신설)

改前 "① 會社의 發起人, 設立委員, 業務執行社員, 理事, 監事, 監査委員會 委員, 外國會社의 代表者, 檢査人, 第298條第3項·第299條의2·第310條第3項 또는 第422條第1項의 鑑定人 第313條第2項의 公證人, 第299條의2, 第310條第3項 또는 第422條第1項의 鑑定人, 支配人, 淸算人, 名義改書代理人, 社債募集의 委託을 받은 會社와 그 事務承繼者 또는 第386條第2項, 第407條第1項, 第415條, 第542條第2項 또는 第567條의 職務代行者가 다음의 事項에 해당한 行爲를 한 때에는 5百萬원 이하의 過怠料에 處한다. 다만, 그 行爲에 대하여 刑을 科할 때에는 그러하지 아니하다.(1999.12.31 본문개정)
1. 本編에 정한 登記를 懈怠한 때
2. 本編에 정한 公告 또는 通知를 懈怠하거나 不正한 公告 또는 通知를 한 때
3. 本編에 정한 檢査 또는 調査를 妨害한 때
4. 本編의 規定에 違反하여 正當한 事由없이 書類의 閱覽 또는 謄寫, 謄本 또는 抄本의 交付를 拒否한 때
5. 官廳, 總會·社債權者集會 또는 發起人에게 不實한 報告를 하거나 또는 事實을 隱蔽한 때(1995.12.29 본호개정)
6. 株券·債券 또는 新株引受權證券에 기재할 事項을 기재하지 아니하거나 不實한 기재를 한 때(1984.4.10 본호개정)
7. 正當한 事由없이 株券의 名義改書를 하지 아니한 때
8. 法律 또는 定款에 정한 理事 또는 監事의 員數를 闕한 경우에 그 選任節次를 懈怠한 때
9. 定款·株主名簿 또는 그 複本, 社員名簿·社債原簿 또는 그 複本, 議事錄·監査錄·財産目錄·貸借對照表·營業報告書·事務報告書·損益計算書·利益剩餘金處分計算書 또는 缺損金處理計算書·決算報告書·會計帳簿, 第447條·第534條·第579條第1項 또는 第613條第1項의 附屬明細書 또는 監査報告書에 기재할 事項을 기재하지 아니하거나 또는 不實한 기재를 한 때(1984.4.10 본호개정)
10. 法院이 選任한 淸算人에 대한 事務의 引繼를 懈怠하거나 이를 拒否한 때
11. 淸算의 終結을 遲延할 目的으로 第247條第3項, 第535條第1項 또는 第613條第1項의 期間을 不當하게 長期間으로 정한 때
12. 第254條第4項, 第542條第1項 또는 第613條第1項의 規定에 違反하여 破産宣告의 請求를 懈怠한 때(1984.4.10 본호개정)
13. 第589條第2項의 規定에 違反하여 出資의 引受人을 公募한 때
14. 第232條, 第247條第3項, 第439條第2項, 第527條의5, 第530條第2項, 第530條의9第4項, 第530條의11第2項, 第597條, 第603條 또는 第608條의 規定에 違反하여 會社의 合倂·分割·分割合倂 또는 組織變更, 會社財産의 處分 또는 資本의 減少를 한 때(1998.12.28 본호개정)
15. 第260條, 第542條第1項 또는 第613條第1項의 規定에 違反하여 會社財産을 分配한 때
16. 第302條第2項, 第347條, 第420條, 第420條의2, 第474條第2項 또는 第514條의 規定에 違反하여 株式請約書·新株引受權證書 또는 社債請約書를 작성하지 아니하거나 이에 기재할 事項을 기재하지 아니하거나 또는 不實한 기재를 한 때(1984.4.10 본호개정)
17. 第342條 또는 第560條第1項의 規定에 違反하여 株式 또는 持分의 失效節次, 株式 또는 持分의 質權의 處分을 懈怠한 때
18. 第343條第1項 또는 第560條第1項의 規定에 違反하여 株式 또는 出資를 消却한 때
19. 第355條第1項, 第2項 또는 第618條의 規定에 違反하여 株券을 發行한 때(1962.12.12 본호개정)
19의2. 第358條의2第2項의 規定에 違反하여 株主名簿에 기재를 하지 아니한 때(1984.4.10 본호신설)
19의3. 제363조의2제1항, 제542조제2항 또는 제542조의6제2항을 위반하여 株主가 提案한 사항을 株主總會의 目的事項으로 하지 아니한 때(2009.1.30 본호개정)
20. 第365條第1項, 第2項, 第578條의 規定 또는 第467條第3項, 第582條第3項의 規定에 의한 法院의 命令에 違反하여 總會를 召集하지 아니하거나 定款에 정한 곳 이외의 곳에서 또는 第363條, 第364條, 第571條第2項, 第3項의 規定에 違反하여 總會를 召集한 때
20의2. 第374條第2項, 第530條第2項 또는 第530條의11第2項의 規定에 위반하여 株式買受請求權의 내용과 행사방법을 통지 또는 公告하지 아니하거나 不實한 통지 또는 公告를 한 때(1998.12.28 본호개정)
21. 第396條第1項, 第448條第1項, 第510條第2項, 第522條의2第1項, 第527條의6第1項, 第530條의7, 第534條第3項, 第542條第2項, 第566條第1項, 第579條의3, 第603條 또는 第613條의 規定에 違反하여 帳簿 또는 書類를 備置하지 아니한 때(1998.12.28 본호개정)
21의2. 第412條의4第3項의 規定에 위반하여 정당한 이유없이 監事 또는 監査委員會의 調査를 거부한 때(1999.12.31 본호개정)
22. 第458條 내지 第460條 또는 第583條의 規定에 違反하여 準備金을 積立하지 아니하거나 이를 使用한 때
22의2. 第464條의2第1項의 期間내에 配當金을 支給하지 아니한 때(1984.4.10 본호신설)
23. 第470條의 規定에 違反하여 社債를 募集하거나 舊社債를 償還하지 아니한 때
24. 第478條第1項 또는 第618條의 規定에 違反하여 債券을 發行한 때
25. 第536條 또는 第613條第1項의 規定에 違反하여 債務의 辨濟를 한 때
25의2. 제542조의5를 위반하여 이사 또는 감사를 선임한 경우(2009.1.30 본호신설)
26. 第619條第1項의 規定에 의한 法院의 命令에 違反한 때
27. 第555條의 規定에 違反하여 持分에 대한 指示式 또는 無記名式의 證券을 發行한 때
② 發起人 또는 理事가 株式의 引受로 인한 權利를 讓渡한 때에도 第1項과 같다.(1984.4.10 본항개정)"

참조 ①[과태료사건의 관할·재판]비송247-251, ②[주식의 인수로 인한 권리의 양도]319·425

판례 대표이사의 퇴임으로 법률 또는 정관에 정한 대표이사의 수를 채우지 못하게 되어 퇴임한 대표이사에게 후임 대표이사의 취임시까지 대표이사로서의 권리의무가 있는 기간 동안에 후임 대표이사의 선임절차를 해태한 경우, 상법 635조1항8호를 적용하여 퇴임한 대표이사를 과태료에 처할 수 있는지 여부 : 상법 635조1항8호는 '법률 또는 정관에 정한 이사 또는 감사의 원수를 궐한 경우에 그 선임절차를 해태한 때'에 그 선임을 위한 총회소집절차를 밟아야 할 지위에 있는 자에 대하여 과태료의 제재를 가하고 있지만, 여기서 선임의 대상이 되는 '이사'에 '대표이사'는 포함되지 아니하므로, 대표이사가 퇴임하여 법률 또는 정관에 정한 대표이사의 수를 채우지 못하여 퇴임한 대표이사에게 후임 대표이사가 취임할 때까지 대표이사로서의 권리의무가 있는 기간 동안에 후임 대표이사의 선임절차를 해태하였다고 하여 퇴임한 대표이사를 과태료에 처할 수는 없다.
(대결 2007.6.19, 2007마311)

第636條【登記前의 會社名義의 營業등】 ① 會社의 成立前에 會社의 名義로 營業을 한 者는 會社設立의 登錄稅의 倍額에 相當한 過怠料에 處한다.
② 前項의 規定은 第616條第1項의 規定에 違反한 者에 準用한다.

참조 [회사의 성립]172·317②·528①, [등기전의 계속거래의 금지]614·616, [등록면허세 세율]지방세28

第637條【법인에 대한 벌칙의 적용】 제622조, 제623조, 제625조, 제627조, 제628조 또는 제630조제1항에 규정된 자가 법인인 경우에는 이 장의 벌칙은 그 행위를 한 이사, 집행임원, 감사, 그 밖에 업무를 집행한 사원 또는 지배인에게 적용한다.
(2011.4.14 본조개정)

改前 "第637條【法人에 대한 罰則의 適用】 第622條, 第623條, 第625條, 第627條, 第628條 또는 第630條第1項에 揭記한 者가 法人인 때에는 本章의 罰則은 그 行爲를 한 理事, 監事 기타 業務를 執行한 社員 또는 支配人에 適用한다."

第637條의2【과태료의 부과·징수】 ① 제635조(제1항제1호는 제외한다) 또는 제636조에 따른 과태료는 대통령령으로 정하는 바에 따라 법무부장관이 부과·징수한다.
② 제1항에 따른 과태료 처분에 불복하는 자는 그 처분을 고지받은 날부터 60일 이내에 법무부장관에게 이의를 제기할 수 있다.
③ 제1항에 따른 과태료 처분을 받은 자가 제2항에 따라 이의를 제기한 때에는 법무부장관은 지체 없이 관할 법원에 그 사실을 통보하여야 하며, 그 통보를 받은 관할 법원은 「비송사건절차법」에 따른 과태료 재판을 한다.
④ 제2항에서 규정하는 기간 내에 이의를 제기하지 아니하고 과태료를 납부하지 아니한 때에는 국세체납처분의 예에 따라 징수한다.
(2009.1.30 본조신설)

第4編 保 險

第1章 通 則

第638條【보험계약의 의의】 보험계약은 당사자 일방이 약정한 보험료를 지급하고 재산 또는 생명이나 신체에 불확정한 사고가 발생할 경우에 상대방이 일정한 보험금이나 그 밖의 급여를 지급할 것을 약정함으로써 효력이 생긴다.(2014.3.11 본조개정)

改前 "第638條【意義】 保險契約은 當事者一方이 約定한 保險料를 支給하고 相對方이 財産 또는 生命이나 身體에 관하여 不確定한 事故가 생길 경우에 一定한 保險金額 기타의 給與를 支給할 것을 約定함으로써 效力이 생긴다."

참조 [보험의 인수와 상행위]461, [상호보험과 본편규정의 준용]664

판례 보험계약 체결 후 보험자가 보통보험약관을 개정하여 그 내용이 보험계약자에게 유리하게 변경된 경우, 개정 약관의 효력이 개정 전에 체결된 보험계약에 미치는지 여부 : 보험계약이 일단 그 계약 당시의 보통보험약관에 의하여 유효하게 체결된 이상 그 보험계약관계에는 계약 당사자의 약관이 적용되는 것이고, 그 후 보험자가 그 보통보험약관을 개정하여 그 약관의 내용이 상대방에게 불리하게 변경된 경우는 물론 유리하게 변경된 경우라고 하더라도, 당사자가 그 개정약관에 의하여 보험계약의 내용을 변경하기로 하는 취지로 합의하거나 보험자가 구약관에 의한 권리를 주장할 이익을 포기하는 취지의 의사를 표시하는 등의 특별한 사정이 없는 한 개정약관의 효력이 개정 전에 체결된 보험계약에 미친다고 할 수 없다.
(대판 2010.1.14, 2008다89514,89521)

판례 예금부족으로 인한 어음의 지급거절은 당좌거래가 있는 자가 발행한 어음이 지급제시되었으나 발행자의 당좌예금계정에 결제할 예금이 부족하거나 당좌대월계약이 있는 경우에 그 대출금으로도 어음금을 지급할 자금이 부족한 경우에 적용되는 부도사유이고, 한편 어음보증보험계약상 어음의 위·변조가 어음보증보험계약자의 보험책임 면책사유로 규정되어 있는 경우 어음발행인의 위·변조 신고로 인하여 어음이 지급거절되었다고 하더라도 실질적으로는 보험사고에 해당하는 예금부족으로 인하여 지급이 거절되었음이 입증된 경우에는 어음보증보험계약자는 보험책임을 부담하여야 한다.
(대판 2007.9.7, 2006다86139)

판례 민법의 보증에 관한 규정이 보증보험계약에도 적용되는지 여부 : 보증보험은 형식적으로는 채무자의 채무불이행을 보험사고로 하는 보험계약이나 실질적으로는 보증의 성격을 가지고 보증계약과 같은 효과를 목적으로 하는 것이므로 그 성질에 반하지 않는 한 민법의 보증에 관한 규정이 보증보험계약에도 적용된다.(대판 2004.12.24, 2004다20265)

第638條의2【保險契約의 成立】 ① 保險者가 保險契約者로부터 保險契約의 請約과 함께 保險料 相當額의 전부 또는 일부의 支給을 받은 때에는 다른 약정이 없으면 30日내에 그 相對方에 대하여 諾否의 통지를 發送하여야 한다. 그러나 人保險契約의 被保險者가 身體檢査를 받아야 하는 경우에는 그 期間은 身體檢査를 받은 날부터 起算한다.
② 保險者가 第1項의 規定에 의한 期間내에 諾否의 통지를 懈怠한 때에는 승낙한 것으로 본다.
③ 保險者가 保險契約者로부터 保險契約의 請約과 함께 保險料 相當額의 전부 또는 일부를 받은 경우에 그 請約을 승낙하기 전에 保險契約에서 정한 保險事故가 생긴 때에는 그 請約을 거절할 사유가 없는 한 保險者는 保險契約上의 責任을 진다. 그러나 人保險契約의 被保險者가 身體檢査를 받아야 하는 경우에 그 檢査를 받지 아니한 때에는 그러하지 아니하다.
(1991.12.31 본조신설)

판례 갑이 을 주식회사에 피보험자를 병으로 하는 보험계약을 청약하고 보험청약서의 질문표에 병이 최근 5년 이내에 고혈압 등으로 의사에게서 진찰 또는 검사를 통하여 진단을 받았거나 투약 등을 받은 적이 없다고 기재하여 을 회사에 우송하였는데, 사실은 청약 당일 병이 의사에게서 고혈압 진단을 받은 경우, 보험계약을 청약한 이후 보험계약이 성립하기 전에 병이 고혈압 진단을 받았음에도 갑은 청약서의 질문표를 작성하여 을 회사에 우송할 때에 고의 또는 중과실로 그러한 사실이 없다고 기재하는 등 고지의무를 위반하였고 이를 이유로 한 을 회사의 해지 의사표시에 따라 보험계약이 적법하게 해지되었으므로, 보험계약에 기한 을 회사의 보험금 지급의무는 존재하지 아니한다.(대판 2012.8.23, 2010다78135,78142)

第638條의3【보험약관의 교부·설명 의무】 ① 보험자는 보험계약을 체결할 때에 보험계약자에게 보험약관을 교부하고 그 약관의 중요한 내용을 설명하여야 한다.

② 보험자가 제1항을 위반한 경우 보험계약자는 보험계약이 성립한 날부터 3개월 이내에 그 계약을 취소할 수 있다.

(2014.3.11 본조개정)

改前 "第638條의3【保險約款의 교부·명시義務】① 保險者는 保險契約을 체결할 때에 保險契約者에게 保險約款을 교부하고 그 約款의 중요한 내용을 알려주어야 한다.
② 保險者가 第1項의 規定에 위반한 때에는 保險契約者는 保險契約이 成立한 날부터 1月내에 그 契約을 取消할 수 있다.
(1991.12.31 본조신설)"

판례 **타인의 사망을 보험사고로 하는 보험계약의 체결에 있어서 보험모집인이 보험계약자에게 피보험자의 서면동의 등의 요건에 관하여 설명의무를 부담하는지 여부(적극)** : 타인의 사망을 보험사고로 하는 보험계약의 체결에 있어서 보험모집인은 보험계약자에게 피보험자의 서면동의 등의 요건에 관하여 구체적이고 상세하게 설명하여 보험계약자로 하여금 그 요건을 구비할 수 있는 기회를 주어 유효한 보험계약이 체결되도록 조치할 주의의무가 있고, 그럼에도 보험모집인이 위와 같은 설명을 하지 아니하는 바람에 위 요건의 흠결로 보험계약이 무효가 되고 그 결과 보험사고의 발생에도 불구하고 보험계약자가 보험금을 지급받지 못하게 되었다면 보험자는 구 보험업법(2003.5.29 법률 제6891호로 전문 개정되기 전의 것) 158조1항에 기하여 보험계약자에게 그 보험금 상당액의 손해를 배상할 의무가 있다.(대판 2006.4.27, 2003다60259)

판례 **보험약관의 중요한 내용에 해당하는 사항이라 하더라도 보험자의 명시·설명의무가 면제되는 경우** : 보험약관의 중요한 내용에 해당하는 사항이라 하더라도 보험계약자나 그 대리인이 그 내용을 충분히 잘 알고 있거나, 보험계약자가 별도의 설명 없이도 충분히 예상할 수 있었거나, 이미 법령에 의하여 정하여진 것을 되풀이하거나 부연하는 정도에 불과한 사항이라면 그러한 사항에 대하여서까지 보험자에게 명시·설명의무가 인정된다고 할 수는 없다.(대판 2003.1.10, 2002다32776)

판례 **보험약관의 명시·설명의무에 위반된 약관의 내용이 보험계약의 내용으로 주장될 수 있는지 여부** : 보험자 및 보험계약의 체결 또는 모집에 종사하는 자는 보험계약의 체결에 있어서 보험계약의 중요한 내용에 대하여 구체적이고 상세한 명시·설명의무를 부담하는 바, 이러한 보험약관의 명시·설명의무에 위반된 약관의 내용은 보험계약의 내용으로 주장할 수 없다.(대판 2001.9.18, 2001다14917,14924)

판례 **보통 보험약관의 구속력의 근거 및 구속력이 배제되기 위한 요건** : 보통보험약관이 계약당사자에 대하여 구속력을 가지는 것은 그 자체가 법규범 또는 법규범적 성질을 가진 약관이기 때문이 아니라 보험계약 당사자 사이에서 계약내용에 포함시키기로 합의하였기 때문이라고 볼 것인바, 일반적으로 당사자 사이에서 보통보험약관을 계약내용에 포함시킨 보험계약서가 작성된 경우에는 계약자가 그 보험약관의 내용을 알지 못한 경우에도 그 약관의 구속력을 배제할 수 없는 것이 원칙이나 다만 당사자 사이에서 명시적으로 약관에 관하여 달리 약정한 경우에는 위 약관의 구속력은 배제된다 할 것이고, 약관의 내용이 일반적으로 예상되는 방법으로 명시되어 있지 않다든가 중요한 내용이어서 특히 보험업자의 설명을 요하는 경우에는 위 약관의 구속력은 배제된다고 보아야 한다.
(대판 2000.4.25, 99다68027)

第639條【他人을 위한 保險】 ① 保險契約者는 委任을 받거나 委任을 받지 아니하고 특정 또는 불특정의 他人을 위하여 保險契約을 締結할 수 있다. 그러나 損害保險契約의 경우에 그 他人의 委任이 없는 때에는 保險契約者는 이를 保險者에게 告知하여야 하고, 그 告知가 없는 때에는 他人이 그 保險契約이 체결된 사실을 알지 못하였다는 사유로 保險者에게 對抗하지 못한다.

② 第1項의 경우에는 그 他人은 당연히 그 契約의 이익을 받는다. 그러나 損害保險契約의 경우에 保險契約者가 그 他人에게 保險事故의 발생으로 생긴 損害의 賠償을 한 때에는 保險契約者는 그 他人의 權利를 해하지 아니하는 범위안에서 保險者에게 保險金額의 支給을 請求할 수 있다.(1991.12.31 본항신설)

③ 第1項의 경우에는 保險契約者는 保險者에 대하여 保險料를 支給할 義務가 있다. 그러나 保險契約者가 破産宣告를 받거나 保險料의 支給을 遲滯한 때에는 그 他人이 그 權利를 抛棄하지 아니하는 限 그 他人도 保險料를 支給할 義務가 있다.
(1991.12.31 본조개정)

참조 [제3자를 위한 계약]민539, [보험료지급의무]638, [타인을 위한 보험과 피보험자의 의무]657·680, [계약무효와 보험료]648, [적용제외]726의6

판례 부동산을 매수한 자가 그 부동산에 관하여 자신을 피보험자로 하여 화재보험계약을 체결하였다면, 특별한 사정이 없는 한 이는 자기를 위한 보험계약이라고 보아야 한다.
(대판 2011.2.24, 2009다43355)

판례 손해보험에 있어서 보험의 목적물과 위험의 종류만이 정해져 있고 피보험자와 피보험이익이 명확하지 않은 경우에 그 보험계약이 보험계약자 자신을 위한 것인지 아니면 타인을 위한 것인지는 보험계약서 및 당사자가 보험계약의 내용으로 삼은 약관의 내용, 당사자가 보험계약을 체결하게 된 경위와 그 과정, 보험회사의 실무처리 관행 등 제반 사정을 참작하여 결정하여야 한다.(대판 2007.2.22, 2006다72093)

第640條【保險證券의 交付】 ① 保險者는 保險契約이 成立한 때에는 지체없이 保險證券을 作成하여 保險契約者에게 交付하여야 한다. 그러나 保險契約者가 保險料의 전부 또는 최초의 保險料를 支給하지 아니한 때에는 그러하지 아니하다.(1991.12.31 본항개정)

② 기존의 保險契約을 연장하거나 變更한 경우에는 保險者는 그 保險證券에 그 사실을 기재함으로써 保險證券의 교부에 갈음할 수 있다.(1991.12.31 본항신설)

참조 [손해보험증권]666, [인보험증권]728, [인지세]인지세법1①, [증권의 재교부]642

판례 **보험계약의 성립과 보험증권의 증거증권성** : 일반적으로 보험계약은 당사자 사이의 의사 합치에 의하여 성립되는 낙성계약으로서 별도의 서면을 요하지 아니하므로 보험계약을 체결할 때 작성·교부되는 보험증권은 하나의 증거증권에 불과한 것이어서 보험계약의 성립 여부라든가 보험계약의 내용 등은 그 증거증권만이 아니라 계약 체결의 전후 경위 등을 종합하여 인정할 수 있다.(대판 2003.4.25, 2002다64520)

第641條【證券에 관한 異議約款의 效力】 保險契約의 當事者는 保險證券의 交付가 있은 날로부터 一定한 期間내에 한하여 그 證券內容의 正否에 관한 異議를 할 수 있음을 約定할 수 있다. 이 期間은 1月을 내리지 못한다.

第642條【證券의 再交付請求】 保險證券을 滅失 또는 현저하게 毁損한 때에는 保險契約者는 保險者에 대하여 證券의 再交付를 請求할 수 있다. 그 證券作成의 費用은 保險契約者의 負擔으로 한다.

참조 [증권의 교부]640

第643條【遡及保險】 保險契約은 그 契約前의 어느 時期를 保險期間의 始期로 할 수 있다.

第644條【保險事故의 客觀的 確定의 效果】 保險契約當時에 保險事故가 이미 發生하였거나 또는 發生할 수 없는 것인 때에는 그 契約은 無效로 한다. 그러나 當事者 雙方과 被保險者가 이를 알지 못한 때에는 그러하지 아니하다.

참조 [보험사고]666, [계약의 무효와 보험료의 반환]648

판례 보험계약의 당사자 쌍방 및 피보험자가 모두 선의여서 동조 단서가 적용되는 경우라 할지라도 그 보험계약에서 정한 책임개시시기 이후 발생한 보험사고에 대하여 보험자에게 보험금 지급의무가 인정될 수 있을 뿐이고, 보험계약에서 정한 책임개시시기 이전에 보험사고가 발생한 경우 이는 그 보험자가 인수하지 아니한 위험에 해당하므로 보험금지급의무가 인정될 여지는 없다.(대판 2004.8.20, 2002다20889)

第645條 (1991.12.31 삭제)

第646條【代理人이 안 것의 效果】 代理人에 의하여 保險契約을 締結한 경우에 代理人이 안 事由는 그 本人이 안 것과 同一한 것으로 한다.

참조 [대리]민114이하

第646條의2【보험대리상 등의 권한】 ① 보험대리상은 다음 각 호의 권한이 있다.

1. 보험계약자로부터 보험료를 수령할 수 있는 권한
2. 보험자가 작성한 보험증권을 보험계약자에게 교부할 수 있는 권한
3. 보험계약자로부터 청약, 고지, 통지, 해지, 취소 등 보험계약에 관한 의사표시를 수령할 수 있는 권한
4. 보험계약자에게 보험계약의 체결, 변경, 해지 등 보험계약에 관한 의사표시를 할 수 있는 권한

② 제1항에도 불구하고 보험자는 보험대리상의 제1항 각 호의 권한 중 일부를 제한할 수 있다. 다만, 보험자는 그러한 권한 제한을 이유로 선의의 보험계약자에게 대항하지 못한다.

③ 보험대리상이 아니면서 특정한 보험자를 위하여 계속적으로 보험계약의 체결을 중개하는 자는 제1항제1호(보험자가 작성한 영수증을 보험계약자에게 교부하는 경우만 해당한다) 및 제2호의 권한이 있다.

④ 피보험자나 보험수익자가 보험료를 지급하거나 보험계약에 관한 의사표시를 할 의무가 있는 경우에는 제1항부터 제3항까지의 규정을 그 피보험자나 보험수익자에게도 적용한다.
(2014.3.11 본조신설)

第647條【特別危險의 消滅로 인한 保險料의 減額請求】 保險契約의 當事者가 특별한 危險을 豫期하여 保險料의 額을 정한 경우에 保險期間中 그 豫期한 危險이 消滅한 때에는 保險契約者는 그 後의 保險料의 減額을 請求할 수 있다.

참조 [보험료]666·728, [보험사고의 성질]666·728, [보험가액의 감소와 보험료의 감액]669①

第648條【保險契約의 無效로 인한 保險料返還請求】 保險契約의 全部 또는 一部가 無效인 경우에 保險契約者와 被保險者가 善意이며 重大한 過失이 없는 때에는 保險者에 대하여 保險料의 全部 또는 一部의 返還을 請求할 수 있다. 保險契約者와 保險受益者가 善意이며 重大한 過失이 없는 때에도 같다.

참조 민742·746, [계약의 무효]644·669④, [시효]662

第649條【事故發生前의 任意解止】 ① 保險事故가 發生하기 前에는 保險契約者는 언제든지 契約의 全部 또는 일부를 해지할 수 있다. 그러나 第639條의 保險契約의 경우에는 保險契約者는 그 他人의 同意를 얻지 아니하거나 保險證券을 所持하지 아니하면 그 契約을 解止하지 못한다.(1991.12.31 단서신설)

② 保險事故의 발생으로 保險者가 保險金額을 支給한 때에도 保險金額이 減額되지 아니하는 保險의 경우에는 保險契約者는 그 事故發生후에도 保險契約을 解止할 수 있다.(1991.12.31 본항신설)

③ 第1項의 경우에는 保險契約者는 當事者間에 다른 約定이 없으면 未經過保險料의 返還을 請求할 수 있다.(1991.12.31 본항개정)

참조 [보험자의 책임개시]666·728, [계약해지]민543·550, [보험료의 반환]662, 민548, [해상보험에 관한 특칙]701①

판례 **보험사고가 발생하기 전에 보험계약자에 의하여 계약의 전부 또는 일부가 해지된 경우에 민법 541조의 적용한계** : 상법 649조 소정 사유 즉 보험사고가 발생하기 전에 보험계약자에 의하여 계약의 전부 또는 일부가 임의해지된 경우에는 그 해지의 효과로서 그 범위에서 민법 541조의 적용이 배제되며, 민법상의 제3자를 위한 계약에 있어서도 수익의 의사표시 후의 제3자의 지위를 규정한 민법 541조의 규정은 계약 당사자가 제3자의 권리발생 후에 있어서도 그 권리를 변경 소멸시킬 수 있음을 미리 유보한 때에는 그 제한된 범위내에서만 적용이 있다.(대판 1974.12.10, 73다1591)

第650條【保險料의 支給과 지체의 效果】 ① 保險契約者는 契約締結후 지체없이 保險料의 전부 또는 第1回 保險料를 支給하여야 하며, 保險契約者가 이를 支給하지 아니하는 경우에는 다른 약정이 없는 한 契約成立후 2月이 경과하면 그 契約은 解除된 것으로 본다.

② 繼續保險料가 약정한 時期에 支給되지 아니한 때에는 保險者는 상당한 期間을 정하여 保險契約者에게 催告하고 그 期間내에 支給되지 아니한 때에는 그 契約을 解止할 수 있다.

③ 특정한 他人을 위한 保險의 경우에 保險契約者가 保險料의 支給을 지체한 때에는 保險者는 그 他人에게도 상당한 期間을 정하여 保險料의 支給을 催告한 후가 아니면 그 契約을 解除 또는 解止하지 못한다.
(1991.12.31 본조개정)

참조 민544

판례 **보험계약자와 피보험자가 다른 보험계약에서 피보험자에게 보험료 지급을 최고하지 않고 보험금 미지급을 이유로 보험계약을 해지할 수 있는지 여부** : 분할보험료가 약정한 시기에 지급되지 아니한 경우 보험자는 상당한 기간을 정하여 보험계약자에게 최고하고 그 기간 안에 보험료가 지급되지 아니한 때에는 그 보험계약을 해지할 수 있으나, 보험계약자와 피보험자가 다른 때에는 상법 제650조제3항에 따라 피보험자에게도 상당한 기간을 정하여 보험료의 지급을 최고한 뒤가 아니면 그 계약을 해지하지 못한다.(대판 2003.2.11, 2002다64872)

판례 **보험료 납입 연체시 일정기간 경과 후 보험계약은 당연 실효된다는 보험약관의 효력(무효)** : 보험료 납입의 연체를 이유로 보험계약이 일정기간 경과 후 당연히 실효된다고 한 보험약관의 규정은 무효이다.(대판 2002.7.26, 2000다25002)

第650條의2【保險契約의 復活】 第650條第2項에 따라 保險契約이 解止되고 解止還給金이 支給되지 아니한 경우에 保險契約者는 일정한 期間내에 延滯保險料에 約定利子를 붙여 保險者에게 支給하고 그 契約의 復活을 請求할 수 있다. 第638條의2의 규정은 이 경우에 準用한다.(1991.12.31 본조신설)

第651條【告知義務違反으로 인한 契約解止】 保險契約當時에 保險契約者 또는 被保險者가 故意 또는 重大한 過失로 인하여 重要한 事項을 告知하지 아니하거나 不實의 告知를 한 때에는 保險者는 그 事實을 안 날로부터 1月내에, 契約을 締結한 날로부터 3年내에 限하여 契約을 解止할 수 있다. 그러나 保險者가 契約當時에 그 事實을 알았거나 重大한 過失로 인하여 알지 못한 때에는 그러하지 아니하다.
(1991.12.31 본조개정)

참조 [중요한 사항]민109

판례 보험계약자나 피보험자가 보험계약 당시에 보험자에게 고지할 의무를 지는 상법 제651조에서 정한 '중요한 사항'이란, 보험자가 보험사고의 발생과 그로 인한 책임부담의 개연율을 측정하여 보험계약의 체결 여부 또는 보험료나 특별한 면책조항의 부가와 같은 보험계약의 내용을 결정하기 위한 표준이 되는 사항으로서, 객관적으로 보험자가 그 사실을 안다면 계약을 체결하지 않든가 적어도 동일한 조건으로는 계약을 체결하지 않으리라고 생각되는 사항을 말한다. 보험자가 고지의무 위반을

이유로 보험계약을 해지하기 위해서는 보험계약자 또는 피보험자가 고지의무가 있는 사항에 대한 고지의무의 존재와 그러한 사항의 존재에 대하여 이를 알고도 고의로 또는 중대한 과실로 인하여 이를 알지 못하여 고지의무를 다하지 않은 사실이 증명되어야 한다. 여기서 '중대한 과실'이란 고지하여야 할 사실은 알고 있었지만 현저한 부주의로 인하여 그 사실의 중요성의 판단을 잘못하거나 그 사실이 고지하여야 할 중요한 사실이라는 것을 알지 못하는 것을 말한다.
(대판 2011.4.14, 2009다103349,103356)

판례 동조 소정의 '보험자의 악의 또는 중대한 과실'의 인정 범위 : 보험자의 악의나 중대한 과실에는 보험자의 그것뿐만 아니라 이른바 보험자의 보험의(保險醫 : 생명보험계약에 있어서 피보험자의 신체 및 건강상태, 기타 위험측정상의 중요한 사항에 대하여 조사하여 이를 보험자에게 제공하여 주는 의사. 편자주)를 비롯하여 널리 보험자를 위하여 고지를 수령할 수 있는 지위에 있는 자의 악의나 중과실도 당연히 포함된다고 할 것이나, 보험자에게 소속된 의사가 보험계약자 등을 검진함으로써 알게 된 보험계약자 등의 질병을 보험자도 알고 있으리라고 보거나 그것을 알지 못한 것이 보험자의 중대한 과실에 의한 것이라고 할 수는 없다.(대판 2001.1.5, 2000다40353)

판례 [1] '중요한 사항'이란, 보험자가 보험사고의 발생과 그로 인한 책임부담의 개연율을 측정하여 보험계약의 체결여부 또는 보험료나 특별한 면책조항의 부가와 같은 보험계약의 내용을 결정하기위한 표준이 되는 사항으로서, 객관적으로 보험자가 그 사실을 안다면 그 계약을 체결하지 않든가 또는 적어도 동일한 조건으로는 계약을 체결하지 않으리라고 생각되는 사항을 말한다.
[2] 고지의무 위반이 성립하기 위하여는 고지의무자에게 고의 또는 중대한 과실이 있어야 하고, 여기서 말하는 중대한 과실이란 고지하여야 할 사실은 알고 있지만 현저한 부주의로 인하여 그 사실의 중요성의 판단을 잘못하거나 그 사실이 고지하여야 할 중요한 사실이라는 것을 알지 못하는 것을 말한다.
(대판 1996.12.23, 96다27971)

第651條의2【書面에 의한 質問의 效力】 保險者가 書面으로 質問한 사항은 중요한 사항으로 推定한다.
(1991.12.31 본조신설)

판례 고지의무의 대상인 '중요한 사항'의 의미와 그 판단 기준 및 본조에 규정된 '서면'에 보험청약서도 포함되는지 여부(적극) : 보험계약자나 피보험자가 보험계약 당시에 보험자에게 고지할 의무를 지는 상법 651조에서 정한 '중요한 사항'이란 보험자가 보험사고의 발생과 그로 인한 책임부담의 개연율을 측정하여 보험계약의 체결 여부 또는 보험료나 특별한 면책조항의 부가와 같은 보험계약의 내용을 결정하기 위한 표준이 되는 사항으로서 객관적으로 보험자가 그 사실을 안다면 그 계약을 체결하지 아니하든가 또는 적어도 동일한 조건으로는 계약을 체결하지 아니하리라고 생각되는 사항을 말하고, 어떠한 사실이 이에 해당하는가는 보험의 종류에 따라 달라질 수밖에 없는 사실인정의 문제로서 보험의 기술에 비추어 객관적으로 관찰하여 판단되어야 하는 것이나, 보험자가 서면으로 질문한 사항은 보험계약에 있어서 중요한 사항에 해당하는 것으로 추정되고(상법 651조의2), 여기의 서면에는 보험청약서도 포함될 수 있으므로, 보험청약서에 일정한 사항에 관하여 답변을 구하는 취지가 포함되어 있다면 그 사항은 상법 651조에서 말하는 '중요한 사항'으로 추정된다.(대판 2004.6.11, 2003다18494)

第652條【危險變更增加의 通知와 契約解止】 ① 保險期間中에 保險契約者 또는 被保險者가 事故發生의 危險이 현저하게 變更 또는 增加된 事實을 안 때에는 遲滯없이 保險者에게 通知하여야 한다. 이를 解怠한 때에는 保險者는 그 事實을 안 날로부터 1月내에 限하여 契約을 解止할 수 있다.
② 保險者가 第1項의 危險變更增加의 통지를 받은 때에는 1月내에 保險料의 增額을 請求하거나 契約을 解止할 수 있다.(1991.12.31 본항신설)

참조 [귀책사유에 의한 경우]653

판례 보험자가 피보험자 등으로부터 사고발생의 위험이 변경 또는 증가되었다는 통지를 받고 이를 이유로 보험계약을 해지하는 경우, 보험약관에서 미경과기간에 대한 보험료를 반환하도록 정하고 있다면 그 보험약관은 유효하다고 보아야 하고, 그것이 상법 또는 상법상의 원칙에 위반하여 무효라고 볼 수 없다. 그리고 이는 보험기간 중에 보험사고가 발생하였으나 보험계약이 종료되지 않고 원래 약정된 보험금액에서 위 보험사고에 관하여 지급한 보험금액을 감액한 잔액을 나머지 보험기간에 대한 보험금액으로 하여 보험계약을 존속시키는 경우에도 마찬가지다.(대판 2008.1.31, 2005다57806)

판례 생명보험계약에서 보험사고 발생위험의 변경 또는 증가사실에 대한 통지의무를 해태하는 경우 보험금을 삭감하도록 하는 보험약관의 효력 : 피보험자의 직업이나 직종에 따라 보험금 가입한도에 차등이 있는 생명보험계약에서 피보험자가 직업이나 직종을 변경하는 경우에 그 사실을 통지하도록 하면서 그 통지의무를 해태한 경우에 직업 또는 직종이 변경되기 전에 적용된 보험요율의 직업 또는 직종이 변경된 후에 적용해야 할 보험요율에 대한 비율에 따라 보험금을 삭감하여 지급하는 것은 실질적으로 약정된 보험금 중에서 삭감한 부분에 관하여 보험계약을 해지하는 것이라 할 것이므로 그 해지에 관하여는 상법 653조에서 규정하고 있는 해지기간 등에 관한 규정이 여전히 적용되어야 한다.(대판 2003.6.10, 2002다63312)

第653條【保險契約者등의 故意나 重過失로 인한 危險增加와 契約解止】 保險期間中에 保險契約者, 被保險者 또는 保險受益者의 故意 또는 중대한 過失로 인하여 事故發生의 危險이 현저하게 變更 또는 增加된 때에는 保險者는 그 사실을 안 날부터 1月내에 保險料의 增額을 請求하거나 契約을 解止할 수 있다.(1991.12.31 본조개정)

참조 [특별위험의 소멸]647

판례 피보험자가 변경되었을 때 보험자의 승인을 받지 않으면 보험계약은 효력이 상실된다고 규정한 이행(상품판매대금)보증보험약관이 약관의 규제에 관한 법률에 위배되어 무효인지 여부(적극) : 보증보험이 담보하는 물품판매대금채권 발생의 기초가 되는 매매알선계약에 따른 모든 권리, 의무가 영업양도 등에 수반된 계약인수에 의하여 양도된 경우에, 그와 같이 계속적으로 발생하는 물품판매대금채무를 그 보험기간 동안 보험금액 한도 내에서 보증하는 이행(상품판매대금)보증보험계약에 따른 피보험자의 지위도 계약인수와 보증계약의 법리상 이에 부수하여 함께 이전된다고 보아야 할 것인데, 그 보증보험약관 9조1호는 이러한 경우에 보험자의 승인을 받지 않으면 보험계약은 효력이 상실된다고 규정하고 있는바, 이는 실질적으로 그와 같은 피보험자의 변경을 이유로 하여 계약인수인에게 인수된 보증보험계약에 대해 아무런 제한 없는 해지권을 보증보험회사에게 부여한 것에 다름없고 한편, 보증보험약관 9조1호는 상법 652조와 653조를 구체화한 규정으로 볼 수 있는바, 피보험자의 변경은 피보험자의 고의로 사고발생의 위험이 변경되는 한 경우라고는 할 것이지만, 약관의 규정은 653조와 달리 피보험자의 변경으로 위험이 현저하게 변경 또는 증가되었는지를 묻지 않고, 또 계약해지권과 함께 보험료의 증액청구권을 선택적으로 규정하지도 않았으며, 그 계약해지권 행사의 제척기간도 규정하지 않은 점에서 653조의 규정보다 그 해지권의 행사요건을 크게 완화하였음을 알 수 있으므로, 보증보험약관 9조1호는 법률의 규정에 의한 해지권의 행사요건을 완화하여 고객에 대하여 부당하게 불이익을 줄 우려가 있는 조항으로서, 약관의 규제에 관한 법률 6조2항1호를 적용하기에 앞서 같은 법률 9조2호에 의하여 무효라고 하지 않을 수 없으며, 계속적 거래에 따른 채무를 보증하기는 하지만 보증기간과 보증한도가 정해져 있는 보증보험계약의 보험자에게, 그 계속적 거래의 한 당사자인 채권자 및 피보험자가 변경되었다는 사정만으로 그 계속적 거래의 유형이나 거래 내용, 채권자 및 피보험자가 변경되게 된 사유(즉, 단순한 계약인수인지, 영업양도나 합병에 수반된 계약인수인지 등), 그 채권자 및 피보험자의 변경이 채무자의 채무이행에 영향을 미치는지 여부나 그 내용 및 정도, 나아가 그로 인하여 채무자의 채무불이행으로 인한 손해 발생의 위험을 현저히 변경 또는 증가시켰는지 등을 묻지 않고 곧바로 보증관계를 유지할지 여부를 결정할 권한을 무제한적으로 주는 것이어서 납득하기 어렵고, 이는 매매알선계약상의 채권자 변경이 채무자의 채무이행에 영향을 미칠 가능성을 배제할 수 없다거나, 보험자가 영업지침 등으로 그 권한을 다소 제한하고 있다는 사정만으로는 달리 볼 수 없다.(대판 2002.5.10, 2000다70156)

第654條【保險者의 破産宣告와 契約解止】 ① 保險者가 破産의 宣告를 받은 때에는 保險契約者는 契約을 解止할 수 있다.
② 第1項의 規定에 의하여 解止하지 아니한 保險契約은 破産宣告後 3月을 經過한 때에는 그 效力을 잃는다.(1991.12.31 본항개정)

참조 [파산선고]채무자회생파산305이하, [계약의 해지]민543 · 550, [보험계약자의 파산]639②

第655條【계약해지와 보험금청구권】 보험사고가 발생한 후라도 보험자가 제650조, 제651조, 제652조 및 제653조에 따라 계약을 해지하였을 때에는 보험금을 지급할 책임이 없고 이미 지급한 보험금의 반환을 청구할 수 있다. 다만, 고지의무(告知義務)를 위반한 사실 또는 위험이 현저하게 변경되거나 증가된 사실이 보험사고 발생에 영향을 미치지 아니하였음이 증명된 경우에는 보험금을 지급할 책임이 있다.(2014.3.11 본조개정)

改前 "第655條【契約解止와 保險金額請求權】 保險事故가 發生한 後에도 保險者가 第650條, 第651條, 第652條와 第653條의 規定에 의하여 契約을 解止한 때에는 保險金額을 支給할 責任이 없고 이미 支給한 保險金額의 返還을 請求할 수 있다. 그러나 告知義務에 違反한 事實 또는 危險의 현저한 變更이나 增加된 事實이 保險事故의 發生에 影響을 미치지 아니하였음이 證明된 때에는 그러하지 아니하다.(1991.12.31 본조개정)"

참조 [보험사고]666 · 728

판례 보험자가 계속보험료 지급의 연체를 이유로 보험계약을 해지한 경우, 계속보험료 지급의 연체 이전에 발생한 보험사고에 대하여 지급한 보험금의 반환을 구할 수 있는지 여부(소극) : 상법 655조 본문은 보험사고가 발생한 후에도 보험자가 650조의 규정에 의하여 계약을 해지한 때에는 이미 지급한 보험금액의 반환을 청구할 수 있다고 되어 있어, 법문의 외양상으로는 계속보험료(월납분담금) 미지급에 따른 상법 650조2항의 규정에 의한 계약해지의 경우에도 이미 지급한 보험금액의 반환을 청구할 수 있는 것으로 되어 있으나, 상법 650조2항이 보험계약자를 보호하기 위하여 계속보험료가 연체된 경우에 상당한 최고기간을 둔 다음 해지하도록 규정하고 있는 점 등에 비추어 볼 때, 계속보험료의 연체로 인하여 보험계약이 해지된 경우에는 보험자는 계약해지시로부터 더 이상 보험금을 지급할 의무만을 면할 뿐, 계속보험료의 연체가 없었던 기간에 발생한 보험사고에 대하여 이미 보험계약자가 취득한 보험보호를 소급하여 사라지게 하는 것이 아니므로, 보험자는 보험계약자에 대하여 이미 지급한 보험금의 반환을 구할 수 없다 할 것이다.
(대판 2001.4.10, 99다67413)

第656條【保險料의 支給과 保險者의 責任開始】 保險者의 責任은 當事者間에 다른 約定이 없으면 最初의 保險料의 支給을 받은 때로부터 開始한다.

참조 [보험자의 책임개시]666 · 728

판례 보험대리점이 보험계약자에 대하여 한 보험료 대납약정의 법적 효과 : 보험회사를 대리하여 보험료를 수령할 권한이 부여되어 있는 보험대리점이 보험계약자에 대하여 보험료의 대납약정을 하였다면 그것으로 곧바로 보험계약자가 보험회사에 대하여 보험료를 지급한 것과 동일한 법적 효과가 발생하는 것이고, 실제로 보험대리점이 보험회사에 대납을 하여야만 그 효과가 발생하는 것은 아니다.(대판 1995.5.26, 94다60615)

第657條【保險事故發生의 通知義務】 ① 保險契約者 또는 被保險者나 保險受益者는 保險事故의 發生을 안 때에는 遲滯없이 保險者에게 그 通知를 發送하여야 한다.
② 保險契約者 또는 被保險者나 保險受益者가 第1項의 通知義務를 解怠함으로 인하여 損害가 增加된 때에는 保險者는 그 增加된 損害를 補償할 責任이 없다.(1991.12.31 본항신설)

참조 [보험사고]666 · 728

第658條【保險金額의 支給】 保險者는 保險金額의 支給에 관하여 約定期間이 있는 경우에는 그 期間내에 約定期間이 없는 경우에는 第657條第1項의 통지를 받은 후 지체없이 支給할 保險金額을 정하고 그 정하여진 날부터 10日내에 被保險者 또는 保險受益者에게 保險金額을 支給하여야 한다.
(1991.12.31 본조개정)

참조 [보험금액 · 기간]666 · 728

판례 피보험자가 독립한 여러 보험목적물 중 일부에 관하여 실제 손해보다 과다하게 허위의 청구를 한 경우에 다른 보험목적물에 관한 보험금청구권까지 상실하는지 여부(소극) : "보험계약자 또는 피보험자가 손해의 통지 또는 보험금청구에 관한 서류에 고의로 사실과 다른 것을 기재하였거나 그 서류 또는 증거를 위조하거나 변조한 경우 피보험자는 손해에 대한 보험금청구권을 잃게 된다"고 규정하고 있는 보험계약의 약관조항의 취지는 피보험자 등이 서류를 위조하거나 증거를 조작하는 등 신의성실의 원칙에 반하는 사기적인 방법으로 과다한 보험금을 청구하는 경우에는 그에 대한 제재로서 보험금청구권을 상실하도록 하려는 데 있고, 독립한 여러 물건을 보험목적물로 하여 체결된 화재보험계약에서 피보험자가 그 중 일부의 보험목적물에 관하여 실제 손해보다 과다하게 허위의 청구를 한 경우에 허위의 청구를 한 당해 보험목적물에 관하여 위 약관 조항에 따라 보험금청구권을 상실하게 되는 것은 당연하다. 그러나 만일 위 약관 조항을 피보험자가 허위의 청구를 하지 않은 다른 보험목적물에 관한 보험금청구권까지 한꺼번에 상실하게 된다는 취지로 해석한다면, 이는 허위 청구에 대한 제재로서의 상당한 정도를 초과하는 것으로 고객에게 부당하게 불리한 결과를 초래하여 신의성실의 원칙에 반하는 해석이 되므로, 위 약관에 의해 피보험자가 상실하게 되는 보험금청구권은 피보험자가 허위의 청구를 한 당해 보험목적물의 손해에 대한 보험금청구권에 한한다고 해석함이 상당하다.
(대판 2007.2.22, 2006다72093)

第659條【保險者의 免責事由】 ① 保險事故가 保險契約者 또는 被保險者나 保險受益者의 故意 또는 중대한 過失로 인하여 생긴 때에는 保險者는 保險金額을 支給할 責任이 없다.
② (1991.12.31 삭제)

참조 [손해전보책임]638

판례 상법 및 화재보험약관 규정의 형식 및 취지, 화재가 발생한 경우에 보험자에게 면책사유가 존재하지 않는 한 소정의 보험금을 지급하도록 함으로써 피보험자로 하여금 신속하게 화재로 인한 피해를 복구할 수 있게 하려는 화재보험제도의 존재의의에 비추어 보면, 화재보험에서 화재가 발생한 경우에는 일단 우연성의 요건을 갖춘 것으로 추정되고, 다만 보험자가 보험계약자나 피보험자의 고의 또는 중과실에 의하여 발생하였다는 사실을 보험자가 증명하는 경우에는 위와 같은 추정이 번복되는 것으로 보아야 한다.(대판 2009.12.10, 2009다56603,56610)

판례 보험약관의 면책조항에 있어서 '법인의 이사 또는 그 업무를 집행하는 기타의 기관'의 의미 : 보험계약자 또는 피보험자 등이 법인인 경우에는 '법인의 이사 또는 그 업무를 집행하는 기타의 기관'의 고의 또는 중과실에 의한 손해에 대하여 보험자가 면책되도록 한 이 사건 면책 조항에 있어 '법인의 이사 또는 그 업무를 집행하는 기타의 기관'은, 원칙적으로 법인의 대표권 및 업무집행권을 가지는 대표기관을 의미한다고 보아야 할 것이고, 주식회사의 대표권이 없는 이사의 경우에는 그 회사의 규모나 구성, 보험사고의 발생시에 해당 이사의 회사에 있어서의 업무내용이나 지위 및 영향력, 해당 이사와 회사와의 경제적 이해의 공통성 내지 해당 이사가 보험금을 관리 또는 처분할 권한이 있는지 등의 여러 가지 사정을 종합하여, 해당 이사가 회사를 실질적으로 지배하고 있거나 또는 해당 이사가 보험금의 수령에 의한 이익을 직접 받을 수 있는 지위에 있는 등 해당 이사의 고의나 중과실에 의한 보험사고의 유발이 회사의 행위와 동일한 것이라고 평가할 수 있는 경우에 비로소 여기의 '이사'에 해당된다고 보아야 할 것이다.
(대판 2005.3.10, 2003다61580)

판례 자동차보험약관상 면책사유인 '피보험자의 고의에 의한 사고'에서의 '고의'의 의미와 그 입증방법 : 보험약관에서 '피보험자 등의 고의에 의한 사고'를 면책사유로 규정하고 있는 경우 여기에서의 '고의'라 함은 자신의 행위에 의하여 일정한 결과가 발생하리라는 것을 알면서 이를 행하는 심리 상태를 말하는 것으로서 그와 같은 내심의 의사는 이를 인정할 직접적인 증거가 없는 경우에는 사물의 성질상 고의와 상당한 관련성이 있는 간접사실을 증명하는 방법에 의하여 입증할 수밖에 없고, 무엇이 상당한 관련성이 있는 간접사실에 해당할 것인가는 사실관계의 연결상태를 논리와 경험칙에 의하여 합리적으로 판단하여야 할 것임은 물론이지만, 보험사고의 발생에 기여한 복수의 원인이 존재하는 경우, 그 중 하나가 피보험자 등의 고의행위임을 주장하여 보험자가 면책되기 위하여는 그 행위가 단순히 공동원인의 하나이었다는 점을 입증하는 것으로는 부족하고 피보험자 등의 고의행위가 보험사고 발생의 유일하거나 결정적 원인이었음을 입증하여야 할 것이다.(대판 2004.8.20, 2003다26075)

第660條【戰爭危險 등으로 인한 免責】 保險事故가 戰爭 기타의 變亂으로 인하여 생긴 때에는 當事者間에 다른 約定이 없으면 保險者는 保險金額을 支給할 責任이 없다.

참조 [손해전보책임]638

第661條【再保險】 保險者는 保險事故로 인하여 負擔할 責任에 대하여 다른 保險者와 再保險契約을 締結할 수 있다. 이 再保險契約은 原保險契約의 效力에 影響을 미치지 아니한다.

참조 [보험사고]666 · 728

第662條【소멸시효】 보험금청구권은 3년간, 보험료 또는 적립금의 반환청구권은 3년간, 보험료청구권은 2년간 행사하지 아니하면 시효의 완성으로 소멸한다.(2014.3.11 본조개정)

改前 "第662條【消滅時效】保險金額의 請求權과 保險料 또는 積立金의 返還請求權은 2年間, 保險料의 請求權은 1年間 行使하지 아니하면 消滅時效가 完成한다."

참조 [상사시효]64

판례 보험금청구권의 소멸시효의 기산점 : 보험금액청구권의 소멸시효의 기산점은 특별한 사정이 없는 한 보험사고가 발생한 때라고 할 것이지만, 약관 등에 의하여 보험금액청구권의 행사에 특별한 절차를 요구하는 때에는 그 절차를 마친 때, 또는 채권자가 그 책임 있는 사유로 그 절차를 마치지 못한 경우에는 그러한 절차를 마치는 데 소요되는 상당한 기간이 경과한 때로부터 진행한다고 보아야 할 것이므로, 보험금액청구금의 소멸시효기산점을 판단함에 있어서는 그 보험사고가 무엇인지와 보험금액청구권을 행사하는 데 특별한 제한이 있는지를 확정하는 것이 중요한 전제가 된다.(대판 2006.1.26, 2004다19104)

판례 보험금청구권의 소멸시효의 기산점 : 보험금액청구권의 소멸시효는 특별한 다른 사정이 없는 한 원칙적으로 보험사고가 발생한 때로부터 진행한다고 해석해야 할 것이며, 보험사고가 발생한 사실을 확인할 수 없는 객관적인 사정이 있는 경우에는 보험금청구권자가 보험사고의 발생을 알았거나 알 수 있었던 때로부터 보험금액청구권의 소멸시효가 진행한다고 해석할 것이다.(대판 2001.4.27, 2000다31168)

第663條【保險契約者 등의 不利益變更禁止】 이 編의 規定은 當事者間의 特約으로 保險契約者 또는 被保險者나 保險受益者의 不利益으로 變更하지 못한다. 그러나 再保險 및 海上保險 기타 이와 유사한 保險의 경우에는 그러하지 아니하다.(1991.12.31 본조개정)

판례 본조의 불이익변경 금지원칙이 기업보험계약의 체결에 대해서도 적용되는지 여부(소극) : 상법 663조에 규정된 '보험계약자 등의 불이익변경 금지원칙'은 보험계약자와 보험자가 서로 대등한 경제적 지위에서 계약조건을 정하는 이른바 기업보험에 있어서의 보험계약 체결에 있어서는 그 적용이 배제된다.(대판 2005.8.25, 2004다18903)

판례 자기신체사고에 대하여 약관에서 정한 보험금에서 사고 상대방 차량이 가입한 자동차보험의 대인배상약관에 의하여 보상받을 수 있는 금액을 공제한 액수만을 지급하기로 하는 약정의 유효 여부 : 동조에 의하면, 상해보험계약의 경우에 당사자간에 다른 약정이 있는 때에는 피보험자의 권리를 해하지 아니하는 범위 안에서 그 권리를 대위하여 행사할 수 있는 바, 자기신체사고 자동차보험은 인보험의 일종이기는 하지만 그 성질상 상해보험에 속한다고 할 것이므로, 대인배상에 의한 보상을 받을 수 있는 경우에 자기신체사고에 대하여 약관에 정해진 보험금에서 상대 차량이 가입한 자동차보험 또는 공제계약의 대인배상으로 보상받을 수 있는 금액을 공제한 액수만을 지급하기로 하는 약정은 상법 제729조를 피보험자에게 불이익하게 변경한 것이라고 할 수는 없다.(대판 2001.9.7, 2000다21833)

第664條【상호보험, 공제 등에의 준용】 이 편(編)의 규정은 그 성질에 반하지 아니하는 범위에서 상호보험(相互保險), 공제(共濟), 그 밖에 이에 준하는 계약에 준용한다.(2014.3.11 본조개정)

改前 "第664條【相互保險에의 準用】이 編의 規定은 그 性質이 相反되지 아니하는 限度에서 相互保險에 準用한다.(1991.12.31 본조개정)"

판례 학교배상책임공제는 사업의 근거와 내용, 공제계약 체결의 과정, 공제급여의 대상 등을 고려하여 볼 때 상법 제664조에 규정된 '공제'로서 상법의 보험편 규정이 준용되며, 「학교안전사고 예방 및 보상에 관한 법률」에서 직접 창설·규율하는 학교안전공제와는 법적 성격이 다르다. 따라서 학교안전공제중앙회는 학교배상책임공제에 따라 피해자에게 공제금을 지급한 경우에 가해자인 피공제자의 책임보험자에게 피해자의 보험금 직접청구권을 대위행사할 수 없고, 책임보험자와 중복보험의 보험자 관계에서 자기의 부담 부분을 넘어 피해자에게 공제금을 지급하였을 때에 책임보험자의 부담 부분에 한하여 구상권을 행사할 수 있을 뿐이다.(대판 2022.5.26, 2020다301186)

第2章 損害保險

第1節 通則

第665條【損害保險者의 責任】 損害保險契約의 保險者는 保險事故로 인하여 생길 被保險者의 財産上의 損害를 補償할 責任이 있다.

참조 [손해보험의 인수와 상행위]46, [손해보험업]보험2(4), [상호보험과 본장규정의 준용]664, [자동차손해배상책임보험]자동차손해배상, [원자력손해배상책임보험]원자력, [무역보험]무역보험법

판례 손해보험에 있어서 보험의 목적물과 위험의 종류만이 정해져 있고 피보험자와 피보험이익이 명확하지 않은 경우, 피보험자의 결정 기준 : 손해보험에 있어서 보험의 목적물과 위험의 종류만이 정해져 있고 피보험자와 피보험이익이 명확하지 않은 경우에 그 보험계약이 보험계약자 자신을 위한 것인지 아니면 타인을 위한 것인지는 보험계약서 및 당사자가 보험계약의 내용으로 삼은 약관의 내용, 당사자가 보험계약을 체결하게 된 경위와 그 과정, 보험회사의 실무처리 관행 등 제반 사정을 참작하여 결정하여야 한다.(대판 2007.2.22, 2006다72093)

판례 계약이행보증보험에 있어서 보험사고의 판단 기준 : 보험사고란 보험계약에서 보험자의 보험금 지급책임을 구체화하는 불확정한 사고를 의미하는 것으로서, 계약이행보증보험에 있어서 보험사고가 구체적으로 무엇인지는 당사자 사이의 약정으로 계약내용에 편입된 보험약관과 보험약관이 인용하고 있는 보험증권 및 주계약의 구체적인 내용 등을 종합하여 결정하여야 한다.(대판 2006.4.28, 2004다16976)

판례 보험사고의 발생으로 인한 피보험자의 손해의 산정 방법 : 손해보험에 있어서 보험자의 보험금지급의무는 보험기간 내에 보험사고가 발생하고 그 보험사고의 발생으로 인하여 피보험자의 피보험이익에 손해가 생기면 성립되고, 여기서 손해란 피보험이익의 전부 또는 일부가 멸실됐거나 감손된 것을 말하는데 통상 보험사고 발생 시점을 기준으로 그 전후의 재산상태의 차이에 의해 산정할 수 있으며, 보험자가 보상할 손해가 확정적으로 발생한 이상 그 이후 생긴 사정은 손해액의 일부 상환 또는 충당의 문제로 취급될 수 있을 뿐이어서 보험금 지급 시점에 그때까지 실제 얼마가 상환되고 어디에 충당되었는지 여부를 확인하면 족하다.(대판 2005.12.8, 2003다40729)

第666條【損害保險證券】 損害保險證券에는 다음의 事項을 記載하고 保險者가 記名捺印 또는 署名하여야 한다.(1991.12.31 본문개정)

1. 保險의 目的
2. 保險事故의 性質
3. 保險金額
4. 保險料와 그 支給方法
5. 保險期間을 정한 때에는 그 始期와 終期
6. 無效와 失權의 事由
7. 保險契約者의 住所와 姓名 또는 商號

7의2. 피보험자의 주소, 성명 또는 상호(2014.3.11 본호신설)

8. 保險契約의 年月日
9. 保險證券의 作成地와 그 作成年月日

참조 (1)[보험의 목적]685 · 695 · 721, (2)[보험사고]638 · 644 · 659–661 · 683 · 688 · 693 · 715, (3)[보험금액]669–672, (4)[보험료]638 · 647 · 648 · 669, (5)[보험기간]688 · 699 · 700

판례 손해보험계약에서 보험금액의 의의 : 손해보험계약에서 정한 보험금액은 보험사고로 인하여 발생한 손해 가운데 다른 사유로 전보되지 아니한 금액 범위 내에서 보험자가 피보험자에게 지급하여야 할 금액의 한도를 정한 것으로서, 피보험자에게 보험사고로 인한 손해 가운데 다른 사유를 통하여 전보되고 최종적으로 남은 손해가 있는 경우 그 범위 내에서 보험금액을 한도로 보상한다는 뜻이지, 피보험자가 보험사고로 입은 손해 가운데 보험금액을 넘는 손해가 일단 전보되기만 하면 그 보상책임을 면한다는 취지는 아니다.(대판 2002.5.17, 2000다30127)

第667條【喪失利益 등의 不算入】 保險事故로 인하여 喪失된 被保險者가 얻을 利益이나 報酬는 當事者間에 다른 約定이 없으면 保險者가 補償할 損害額에 算入하지 아니한다.

第668條【保險契約의 目的】 保險契約은 金錢으로 算定할 수 있는 利益에 한하여 保險契約의 目的으로 할 수 있다.

참조 [피보험이익의 가액 · 보험가액]669–672 · 674 · 685 · 689 · 696–698

第669條【超過保險】 ① 保險金額이 保險契約의 目的의 價額을 현저하게 超過한 때에는 保險者 또는 保險契約者는 保險料와 保險金額의 減額을 請求할 수 있다. 그러나 保險料의 減額은 將來에 대하여서만 그 效力이 있다.

② 第1項의 價額은 契約當時의 價額에 의하여 정한다.(1991.12.31 본항개정)

③ 保險價額이 保險期間中에 현저하게 減少된 때에도 第1項과 같다.

④ 第1項의 경우에 契約이 保險契約者의 詐欺로 인하여 締結된 때에는 그 契約은 無效로 한다. 그러나 保險者는 그 事實을 안 때까지의 保險料를 請求할 수 있다.

참조 [보험금액]666, [보험계약목적의 가액]668 · 689 · 696–698, [보험가액의 규정]685, [수개의 보험계약을 한 경우]672, [계약의 무효와 보험료의 반환]648

판례 사기로 인해 체결된 중복보험계약의 의미 : 사기로 인하여 체결된 중복보험계약이란 보험계약자가 보험가액을 넘어 위법하게 재산적 이익을 얻을 목적으로 중복보험계약을 체결한 경우를 말하는 것이므로, 통지의무의 해태로 인한 사기의 중복보험을 인정하기 위하여는 보험자가 통지의무가 있는 보험계약자등이 통지의무를 이행하였다면 보험자가 그 청약을 거절하였거나 다른 조건으로 승낙할 것이라는 것을 알면서도 정당한 사유 없이 위법하게 재산상의 이익을 얻을 의사로 통지의무를 이행하지 않았음을 입증하여야 할 것이고, 단지 통지의무를 게을리 하였다는 사유만으로 사기로 인한 중복보험계약이 체결되었다고 추정할 수는 없다.(대판 2000.1.28, 99다50712)

第670條【既評價保險】 當事者間에 保險價額을 정한 때에는 그 價額은 事故發生時의 價額으로 정한 것으로 推定한다. 그러나 그 價額이 事故發生時의 價額을 현저하게 超過할 때에는 事故發生時의 價額을 保險價額으로 한다.

참조 [보험가액의 규정]685, [보험가액에 관한 특별규정]689 · 696–698, [보험가액의 감소]699③, [미평가보험]671

판례 [1] 기평가보험제도의 의의 및 당사자 사이의 보험가액에 대한 합의의 인정기준 : 원래 손해보험에 있어서 보험자가 보상할 손해액은 그 손해가 발생한 때와 곳의 가액에 의하여 산정하는 것이 원칙이지만(상법 676조 1항 본문), 사고발생 후 보험가액을 산정함에 있어서는 목적물의 멸실 훼손으로 인하여 곤란한 점이 있고 이로 인하여 분쟁이 일어날 소지가 많기 때문에 이러한 분쟁을 사전에 방지하고 보험가액의 입증을 용이하게 하기 위하여 보험계약체결시에 당사자 사이에 보험가액을 미리 협정하여 두는 기평가보험제도가 인정되는바, 기평가보험으로 인정되기 위한 당사자 사이의 보험가액에 대한 합의는, 명시적인 것이어야 하기는 하지만 반드시 협정보험가액 혹은 약정보험가액이라는 용어 등을 사용하여야만 하는 것은 아니고 당사자 사이에 보험가액을 체결하게 된 제반 사정과 보험증권의 기재 내용 등을 통하여 당사자의 의사가 보험가액을 미리 합의하고 있는 것이라고 인정할 수 있으면 충분하다.

[2] 협정보험가액이 사고발생시의 가액을 현저하게 초과하는지 여부의 판단 기준 : 상법 670조 단서에서는 당사자 사이에 보험가액을 정한 기평가보험에 있어서 협정보험가액이 사고발생시의 가액을 현저하게 초과할 때에는 사고발생시의 가액을 보험가액으로 하도록 규정하고 있는바, 양자 사이에 현저한 차이가 있는지의 여부는 거래의 통념이나 사회의 통념에 따라 판단하여야 하고, 보험자는 협정보험가액이 사고발생시의 가액을 현저하게 초과한다는 점에 대한 입증책임을 부담한다.(대판 2002.3.26, 2001다6312)

第671條【未評價保險】 當事者間에 保險價額을 정하지 아니한 때에는 事故發生時의 價額을 保險價額으로 한다.

참조 [기평가보험]670

第672條【重複保險】 ① 동일한 保險契約의 目的과 동일한 事故에 관하여 數個의 保險契約이 동시에 또는 順次로 체결된 경우에 그 保險金額의 總額이 保險價額을 초과한 때에는 保險者는 各自의 保險金額의 限度에서 連帶責任을 진다. 이 경우에는 各 保險者의 補償責任은 各自의 保險金額의 比率에 따른다.(1991.12.31 본항개정)

② 동일한 保險契約의 目的과 동일한 事故에 관하여 數個의 保險契約을 체결하는 경우에는 保險契約者는 各 保險者에 대하여 各 保險契約의 내용을 통지하여야 한다.(1991.12.31 본항개정)

③ 第669條第4項의 規定은 第1項의 경우에 準用한다.

참조 [보험자의 1인에 대한 권리의 포기]673, [보험계약의 목적]668

판례 중복보험의 의의 및 요건 : 중복보험이라 함은 동일한 보험계약의 목적과 동일한 사고에 관하여 수개의 보험계약이 동시에 또는 순차로 체결되고 그 보험금액의 총액이 보험가액을 초과하는 경우를 말하므로, 보험계약의 목적 즉 피보험이익이 다르면 중복보험으로 되지 않으며, 한편 수개의 보험계약의 보험계약자가 동일할 필요는 없으나 피보험자가 동일인일 것이 요구되고, 각 보험계약의 보험기간은 전부 공통될 필요는 없고 중복되는 기간에 한하여 중복보험으로 보면 된다.(대판 2005.4.29, 2004다57687)

第673條【重複保險과 保險者 1人에 대한 權利抛棄】 第672條의 規定에 의한 數個의 保險契約을 締結한 경우에 保險者 1人에 대한 權利의 抛棄는 다른 保險者의 權利義務에 影響을 미치지 아니한다.(1991.12.31 본조개정)

참조 [수개의 보험계약]672

第674條【一部保險】 保險價額의 一部를 保險에 붙인 경우에는 保險者는 保險金額의 保險價額에 대한 比率에 따라 補償할 責任을 진다. 그러나 當事者間에 다른 약정이 있는 때에는 保險者는 保險金額의 限度내에서 그 損害를 補償할 責任을 진다.(1991.12.31 단서신설)

참조 [보험가액]668 · 685, [보험금액]666, [일부보험에 관한 기타 규정]681단서 · 694단서 · 714③

第675條【事故發生後의 目的滅失과 補償責任】 保險의 目的에 관하여 保險者가 負擔할 損害가 생긴 경우에는 그 後 그 目的이 保險者가 負擔하지 아니하는 保險事故의 發生으로 인하여 滅失된 때에도 保險者는 이미 생긴 損害를 補償할 責任을 免하지 못한다.(1962.12.12 본조개정)

第676條【損害額의 算定基準】 ① 保險者가 補償할 損害額은 그 損害가 發生한 때와 곳의 價額에 의하여 算定한다. 그러나 當事者間에 다른 약정이 있는 때에는 그 新品價額에 의하여 損害額을 算定할 수 있다.(1991.12.31 단서신설)

② 第1項의 損害額의 算定에 관한 費用은 保險者의 負擔으로 한다.(1991.12.31 본항개정)

참조 [기평가보험]670

第677條【保險料滯納과 補償額의 控除】 保險者가 損害를 補償할 경우에 保險料의 支給을 받지 아니한 殘額이 있으면 그 支給期日이 到來하지 아니한 때라도 補償할 金額에서 이를 控除할 수 있다.

第678條【保險者의 免責事由】 保險의 目的의 性質, 瑕疵 또는 自然消耗로 인한 損害는 保險者가 이를 補償할 責任이 없다.

참조 [손해보상책임]665, [운송보험의 경우]692, [해상보험의 경우]706

第679條【保險目的의 讓渡】 ① 被保險者가 保險의 目的을 讓渡한 때에는 讓受人은 保險契約上의

權利와 義務를 承繼한 것으로 推定한다.(1991.12.31 본항개정)
② 第1項의 경우에 保險의 目的의 讓渡人 또는 讓受人은 保險者에 대하여 지체없이 그 사실을 통지하여야 한다.(1991.12.31 본항신설)

참조 [보험의 목적]666, [손해보험의 경우]664, 보험51

第680條【損害防止義務】 ① 保險契約者와 被保險者는 損害의 방지와 輕減을 위하여 노력하여야 한다. 그러나 이를 위하여 必要 또는 有益하였던 費用과 補償額이 保險金額을 超過한 경우라도 保險者가 이를 負擔한다.(1991.12.31 본항개정)
② (1991.12.31 삭제)

참조 [소방피난에 인한 손해]684

판례 상법 제680조제1항에서 말하는 손해방지비용이라 함은 보험자가 담보하고 있는 보험사고가 발생한 경우에 보험사고로 인한 손해의 발생을 방지하거나 손해의 확대를 방지함은 물론 손해를 경감할 목적으로 행하는 행위에 필요하거나 유익하였던 비용으로서, 보험계약자나 피보험자가 손해의 방지와 경감을 위하여 지출한 비용은 원칙적으로 자신의 보험자에게 청구하여야 한다. 다만, 공동불법행위로 말미암아 공동불법행위자 중 1인이 손해의 방지와 경감을 위하여 비용을 지출한 경우에 위와 같은 손해방지비용은 자신의 보험자뿐 아니라 다른 공동불법행위자의 보험자에 대하여도 손해방지비용에 해당하므로, 공동불법행위자들과 각각 보험계약을 체결한 보험자들은 각자 그 피보험자 또는 보험계약자에 대한 관계에서뿐 아니라 그와 보험계약관계가 없는 다른 공동불법행위자에 대한 관계에서도 그들이 지출한 손해방지비용의 상환의무를 부담한다. 또한 이러한 관계에 있는 보험자들 상호간에는 손해방지비용의 상환의무에 관하여 공동불법행위에 기한 손해배상채무와 마찬가지로 부진정연대채무의 관계에 있다고 볼 수 있으므로, 공동불법행위자 중의 1인과 보험계약을 체결한 보험자가 그 피보험자에게 손해방지비용을 모두 상환하였다면, 그 손해방지비용을 상환한 보험자는 다른 공동불법행위자의 보험자가 부담하여야 할 부분에 대하여 직접 구상권을 행사할 수 있다.(대판 2007.3.15, 2004다64272)

第681條【保險目的에 관한 保險代位】 保險의 目的의 全部가 滅失한 경우에 保險金額의 全部를 支給한 保險者는 그 目的에 대한 被保險者의 權利를 取得한다. 그러나 保險價額의 一部를 保險에 붙인 경우에는 保險者가 取得할 權利는 保險金額의 保險價額에 대한 比率에 따라 이를 정한다.

참조 [손해배상자의 대위]민399, [일부보험과 보험자의 부담]674

第682條【제3자에 대한 보험대위】 ① 손해가 제3자의 행위로 인하여 발생한 경우에 보험금을 지급한 보험자는 그 지급한 금액의 한도에서 그 제3자에 대한 보험계약자 또는 피보험자의 권리를 취득한다. 다만, 보험자가 보상할 보험금의 일부를 지급한 경우에는 피보험자의 권리를 침해하지 아니하는 범위에서 그 권리를 행사할 수 있다.
② 보험계약자나 피보험자의 제1항에 따른 권리가 그와 생계를 같이 하는 가족에 대한 것인 경우 보험자는 그 권리를 취득하지 못한다. 다만, 손해가 그 가족의 고의로 인하여 발생한 경우에는 그러하지 아니하다.
(2014.3.11 본조개정)

改前 "第682條【第三者에 대한 保險代位】 損害가 第三者의 行爲로 因하여 생긴 경우에 保險金額을 支給한 保險者는 그 支給한 金額의 限度에서 그 第三者에 대한 保險契約者 또는 被保險者의 權利를 取得한다. 그러나 保險者가 補償할 保險金額의 一部를 支給한 때에는 被保險者의 權利를 害하지 아니하는 範圍내에서 그 權利를 行使할 수 있다."

참조 [손해배상자의 대위]민399

판례 기명피보험자에게 근로자를 파견하여 피보험자동차의 운전업무에 종사하도록 한 파견사업주의 운행자성 인정 여부(소극): 파견근로자가 운전하는 자동차의 운행으로 인한 운행이익은 사용사업주에 귀속되는 것이지 파견사업주에게 귀속되는 것이 아니고, 파견사업주는 파견근로자가 일으킨 사고에 있어 피보험자동차의 운행에 관하여 지휘·감독할 여지가 없기 때문에 피보험자동차를 지배하거나 지배할 가능성이 없으며, 파견사업주의 운행자성을 인정하게 되면 사용사업주가 자동차종합보험에 가입하지 않은 경우 파견근로자에 대한 선임·감독상의 과실이 없는 경우에도 자동차손해배상 보장법상의 배상책임을 부담하게 되어 부당하므로, 피보험자동차에 대하여 운행자의 지위를 갖지 않는 파견사업주를 승낙피보험자로 의제할 수는 없고, 또 자동차종합보험에서 운전자를 피보험자에 포함시킨 것은 보험자의 책임범위를 넓혀 피보험자 및 피해자를 보호하기 위한 것이지 운전피보험자의 면책이 주된 목적이 아니고, 파견사업주가 파견근로자에 대하여 구상권을 행사할 수 있다고 하더라도 제반 사정에 따라 구상권의 행사가 부인되거나 제한될 수 있으며, 자동차사고에 대하여 과실이 큰 파견근로자에게 일정한 정도의 손해를 분담시키는 것이 반드시 부당하다고 할 수는 없을 것이므로, 기명피보험자가 보험사고를 유발한 파견근로자의 사용자인 파견사업주에 대하여 가지는 사용자책임에 기한 손해배상청구권 등에 대하여 보험자 대위를 인정하는 것이 반드시 불합리하다고 볼 수는 없다.
(대판 2005.9.15, 2005다10531)

第2節 火災保險

第683條【火災保險者의 責任】 火災保險契約의 保險者는 火災로 인하여 생길 損害를 補償할 責任이 있다.

참조 [손해보험]665, [기타손해와 보상책임]688·693·719

판례 피보험자 등이 보험금을 허위 청구하는 경우에는 보험금청구권을 상실한다는 취지의 보험약관 조항의 해석 : "보험계약자 또는 피보험자가 손해의 통지 또는 보험금청구에 관한 서류에 고의로 사실과 다른 것을 기재하였거나 그 서류 또는 증거를 위조하거나 변조한 경우 피보험자는 손해에 대한 보험금 청구권을 잃게 된다"고 규정하고 있는 보험계약의 약관 조항의 취지는 피보험자 등이 서류를 위조하거나 증거를 조작하는 등 신의성실의 원칙에 반하는 사기적인 방법으로 과다한 보험금을 청구하는 경우에는 그에 대한 제재로서 보험금청구권을 상실하도록 하려는 데 있고, 독립한 여러 물건을 보험목적물로 하여 체결된 화재보험계약에서 피보험자가 그 중 일부의 보험목적물에 관하여 실제 손해보다 과다하게 허위의 청구를 한 경우에 허위의 청구를 한 당해 보험목적물에 관하여 위 약관 조항에 따라 보험금청구권을 상실하게 되는 것은 당연하다. 그러나 만일 위 약관 조항을 피보험자가 허위의 청구를 하지 않은 다른 보험목적물에 관한 보험금청구권까지 한꺼번에 상실하게 된다는 취지로 해석한다면, 이는 허위 청구에 대한 제재로서의 상당한 정도를 초과하는 것으로 고객에게 부당하게 불리한 결과를 초래하여 신의성실의 원칙에 반하는 해석이 되므로, 위 약관에 의해 피보험자가 상실하게 되는 보험금청구권은 피보험자가 허위의 청구를 한 당해 보험목적물의 손해에 대한 보험금청구권에 한한다고 해석함이 상당하다.(대판 2007.2.22, 2006다72093)

第684條【消防 등의 措置로 인한 損害의 補償】 保險者는 火災의 消防 또는 損害의 減少에 필요한 措置로 인하여 생긴 損害를 補償할 責任이 있다.

참조 [손해보상책임]683, [손해방지의무]680

第685條【火災保險證券】 火災保險證券에는 第666條에 揭記한 事項외에 다음의 事項을 記載하여야 한다.
1. 建物을 保險의 目的으로 한 때에는 그 所在地, 構造와 用途
2. 動産을 保險의 目的으로 한 때에는 存置한 場所의 狀態와 用途
3. 保險價額을 정한 때에는 그 價額

第686條【集合保險의 目的】 集合된 物件을 一括하여 保險의 目的으로 한 때에는 被保險者의 家族과 使用人의 物件도 保險의 目的에 包含된 것으로 한다. 이 경우에는 그 保險은 그 家族 또는 使用人을 위하여서도 締結한 것으로 본다.

참조 [보험의 목적]666

第687條【同前】 集合된 物件을 一括하여 保險의 目的으로 한 때에는 그 目的에 屬한 物件이 保險期間中에 隨時로 交替된 경우에도 保險事故의 發生時에 現存한 物件은 保險의 目的에 包含된 것으로 한다.

참조 [보험의 목적·기간]666

第3節 運送保險

第688條【運送保險者의 責任】 運送保險契約의 保險者는 다른 約定이 없으면 運送人이 運送物을 受領한 때로부터 受荷人에게 引渡할 때까지 생길 損害를 補償할 責任이 있다.

참조 [운송인]125, [손해보험]665, [보험기간의 규정]666, [해상보험의 경우]699·693·700

第689條【運送保險의 保險價額】 ① 運送物의 保險에 있어서는 發送한 때와 곳의 價額과 到着地까지의 運賃 기타의 費用을 保險價額으로 한다.
② 運送物의 到着으로 인하여 얻을 利益은 約定이 있는 때에 한하여 保險價額中에 算入한다.

참조 [보험가액]669, [가액의 산정]676, [선박·적하의 보험가액]696·697, [적하의 도착으로 인하여 얻을 이익 또는 보수의 보험가액]698

第690條【運送保險證券】 運送保險證券에는 第666條에 揭記한 事項외에 다음의 事項을 記載하여야 한다.
1. 運送의 路順과 方法
2. 運送人의 住所와 姓名 또는 商號
3. 運送物의 受領과 引渡의 場所
4. 運送期間을 정한 때에는 그 期間
5. 保險價額을 정한 때에는 그 價額

참조 [운송의 路順·방법]691

第691條【運送의 中止나 變更과 契約效力】 保險契約은 다른 約定이 없으면 運送의 必要에 의하여 一時運送을 中止하거나 運送의 路順 또는 方法을 變更한 경우에도 그 效力을 잃지 아니한다.

참조 [운송의 路順·방법]690, [해상운송과 항해·항로·선장·선박의 변경]701~703

第692條【運送補助者의 故意, 重過失과 保險者의 免責】 保險事故가 送荷人 또는 受荷人의 故意 또는 重大한 過失로 인하여 發生한 때에는 保險者는 이로 인하여 생긴 損害를 補償할 責任이 없다.

참조 [고의 또는 과실]750

第4節 海上保險

第693條【海上保險者의 責任】 海上保險契約의 保險者는 海上事業에 관한 事故로 인하여 생길 損害를 補償할 責任이 있다.(1991.12.31 본조개정)

참조 [손해보험]665이하, [선박보험]696, [적하보험]697, [적하의 도달로 인하여 얻을 이익 또는 보수의 보험]698, [면책]706

판례 영국 협회선박기간보험약관이 부보위험으로 규정한 '선장 등의 악행'의 의미 : 영국 협회선박기간보험약관 6조 2항 5호에서 부보위험의 하나로 규정하고 있는 '선장 등의 악행(barratry of master officers or crew)'이라 함은 선주나 용선자에게 손해를 끼치는 선장 등에 의하여 고의로 이루어진 모든 부정행위(wrongful act)를 말하는 것인바(영국 해상보험법 1부칙 '보험증권의 해석에 관한 규칙' 11조), 보험계약자가 선장 등의 고의에 의한 부정행위에 해당하는 사실을 입증하면 일응 선장 등의 악행은 추정된다 할 것이나, 이 경우 선주 등의 지시 또는 묵인이 있었다는 사실을 보험자가 입증하면 이는 보험자의 면책사유인 피보험자의 고의적 불법행위(wilful misconduct)에 해당하여 결국 보험자는 보험금 지급의무를 면한다.
(대판 2005.11.25, 2002다59528,59535)

第694條【共同海損分擔額의 補償】 保險者는 被保險者가 支給한 共同海損의 分擔額을 補償할 責任이 있다. 그러나 保險의 目的의 共同海損分擔價額이 保險價額을 초과할 때에는 그 超過額에 대한 分擔額은 補償하지 아니한다.(1991.12.31 단서개정)

참조 [일부보험]674

第694條의2【救助料의 補償】 保險者는 被保險者가 保險事故로 인하여 발생하는 損害를 방지하기 위하여 支給할 救助料를 補償할 責任이 있다. 그러나 保險의 目的物의 救助料分擔價額이 保險價額을 초과할 때에는 그 超過額에 대한 分擔額은 補償하지 아니한다.(1991.12.31 본조신설)

第694條의3【特別費用의 補償】 保險者는 保險의 目的의 安全이나 보존을 위하여 支給할 特別費用을 保險金額의 限度내에서 補償할 責任이 있다.
(1991.12.31 본조신설)

第695條【海上保險證券】 海上保險證券에는 第666條에 揭記한 事項외에 다음의 事項을 記載하여야 한다.
1. 船舶을 保險에 붙인 경우에는 그 船舶의 名稱, 國籍과 종류 및 航海의 범위(1991.12.31 본호개정)
2. 積荷를 保險에 붙인 경우에는 船舶의 名稱, 國籍과 종류, 船積港, 揚陸港 및 出荷地와 到着地를 정한 때에는 그 地名(1991.12.31 본호개정)
3. 保險價額을 정한 때에는 그 價額

참조 [보험증권]640, [항해의 변경]701, [선박의 변경]703, [선박미확정의 예정보험과 확정통고]704

第696條【船舶保險의 保險價額과 保險目的】 ① 船舶의 保險에 있어서는 保險者의 責任이 開始될 때의 船舶價額을 保險價額으로 한다.
② 第1項의 경우에는 船舶의 屬具, 燃料, 糧食 기타 航海에 필요한 모든 物件은 保險의 目的에 包含된 것으로 한다.(1991.12.31 본항개정)

참조 [보험가액]669, [책임개시의 때]699, [선박보험]695·706, [손해액의 산정]676

第697條【積荷保險의 保險價額】 積荷의 保險에 있어서는 船積한 때와 곳의 積荷의 價額과 船積 및 保險에 관한 費用을 保險價額으로 한다.(1962.12.12 본조개정)

참조 [보험가액]669, [적하의 보험]695·699②③·703·706·708·709, [운송품의 보험과 보험가액]689①, [손해액의 산정]676

第698條【希望利益保險의 保險價額】 積荷의 到着으로 인하여 얻을 利益 또는 報酬의 保險에 있어서는 契約으로 保險價額을 정하지 아니한 때에는 保險金額을 保險價額으로 한 것으로 推定한다.

참조 [보험가액]669, [적하의 도달로 인하여 얻을 이익 또는 보수의 보험]695·699②③·703·706, [운송품의 도달로 인하여 얻을 이익과 보험가액]689②

第699條【海上保險의 保險期間의 開始】 ① 航海單位로 船舶을 保險에 붙인 경우에는 保險期間은 荷物 또는 底荷의 船積에 着手한 때에 開始한다.
② 積荷를 保險에 붙인 경우에는 保險期間은 荷物의 船積에 着手한 때에 開始한다. 그러나 出荷地를 정한 경우에는 그 곳에서 運送에 着手한 때에 開始한다.
③ 荷物 또는 底荷의 船積에 着手한 후에 第1項 또는 第2項의 規定에 의한 保險契約이 체결된 경우에는 保險期間은 契約이 成立한 때에 開始한다.
(1991.12.31 본조개정)

참조 [선박보험]696, [적하보험]697, [적하의 도달로 인하여 얻을 이익 또는 보수의 보험]698, [보험기간]666·695, [운송보험의 보험기간]688

第700條【海上保險의 保險期間의 終了】 保險期間은 第699條第1項의 경우에는 到着港에서 荷物 또는 底荷를 揚陸한 때에, 同條第2項의 경우에는 揚陸港 또는 到着地에서 荷物을 引渡한 때에 終了한다. 그러나 不可抗力으로 인하지 아니하고 揚陸이 遲延된 때에는 그 揚陸이 普通終了될 때에 終了된 것으로 한다.(1991.12.31 본문개정)

第701條【航海變更의 效果】 ① 船舶이 保險契約에서 정하여진 發航港이 아닌 다른 港에서 出港한 때에는 保險者는 責任을 지지 아니한다.

② 船舶이 保險契約에서 정하여진 到着港이 아닌 다른 港을 향하여 出港한 때에도 第1項의 경우와 같다.
③ 保險者의 責任이 開始된 후에 保險契約에서 정하여진 到着港이 變更된 경우에는 保險者는 그 航海의 變更이 決定된 때부터 責任을 지지 아니한다.
(1991.12.31 본조개정)

참조 [책임개시]699, [운송보험과 운송의 路順·방법의 변경]691, [위험의 변경증가와 보험계약]652·653·702

第701條의2【離路】 船舶이 정당한 사유없이 保險契約에서 정하여진 航路를 離脫한 경우에는 保險者는 그때부터 責任을 지지 아니한다. 船舶이 損害發生전에 原航路로 돌아온 경우에도 같다.
(1991.12.31 본조신설)

第702條【發航 또는 航海의 遲延의 效果】 被保險者가 정당한 사유없이 發航 또는 航海를 遲延한 때에는 保險者는 發航 또는 航海를 지체한 이후의 事故에 대하여 責任을 지지 아니한다.(1991.12.31 본조개정)

참조 [위험의 변경증가와 보험계약]652·653, [운송보험과 운송의 路順·방법의 변경]691, [선장의 발항의무·직항의무 등]선원8·9

第703條【船舶變更의 效果】 積荷를 保險에 붙인 경우에 保險契約者 또는 被保險者의 責任있는 事由로 인하여 船舶을 變更한 때에는 그 變更後의 事故에 대하여 責任을 지지 아니한다.(1991.12.31 본조개정)

참조 [적하 또는 적하의 도달로 인하여 얻을 이익 또는 보수의 보험]695·697·698, [운송보험과 운송방법의 변경]691, [위험의 변경증가와 보험계약]652·653

第703條의2【船舶의 讓渡 등의 效果】 船舶을 保險에 붙인 경우에 다음의 사유가 있을 때에는 保險契約은 종료한다. 그러나 保險者의 同意가 있는 때에는 그러하지 아니하다.
1. 船舶을 讓渡할 때
2. 船舶의 船級을 變更한 때
3. 船舶을 새로운 管理로 옮긴 때
(1991.12.31 본조신설)

판례 조업허가를 목적으로 허위의 선박매매계약서를 작성하였다는 사정이 본조 1호에 해당하는지 여부(소극) : 상법 703조의2 는 1호에서 "선박을 양도할 때"를 자동종료사유의 하나로 규정하고 있는바, 이처럼 선박의 양도를 보험계약의 자동종료사유의 하나로 규정하는 것은 선박보험계약을 체결함에 있어서 선박소유자가 누구인가 하는 점은 인수 여부의 결정 및 보험료율의 산정에 있어서 매우 중요한 요소이고, 따라서 소유자의 변경은 보험계약에 있어서 중대한 위험의 변경에 해당하기 때문이라고 할 수 있는데, 특별한 사정이 없는 한 조업허가를 얻기 위한 목적으로 허위의 매매계약서를 작성하였다는 점만으로는 보험계약상 중대한 위험의 변경이 발생한다고 보기는 어렵다는 점에 비추어 그와 같은 경우를 상법 703조의2 1호의 "선박을 양도할 때"에 해당한다고 새길 수는 없다.
(대판 2004.11.11, 2003다30807)

第704條【船舶未確定의 積荷豫定保險】 ① 保險契約의 締結當時에 荷物을 積載할 船舶을 指定하지 아니한 경우에 保險契約者 또는 被保險者가 그 荷物이 船積되었음을 안 때에는 遲滯없이 保險者에 대하여 그 船舶의 名稱, 國籍과 荷物의 종류, 數量과 價額의 通知를 發送하여야 한다.
② 第1項의 통지를 懈怠한 때에는 保險者는 그 사실을 안 날부터 1月내에 契約을 解止할 수 있다.
(1991.12.31 본조개정)

참조 [선박의 명칭·국적]695

第705條 (1991.12.31 삭제)

第706條【海上保險者의 免責事由】 保險者는 다음의 損害와 費用을 補償할 責任이 없다.
1. 船舶 또는 運賃을 保險에 붙인 경우에는 發航當時 安全하게 航海를 하기에 필요한 準備를 하지 아니하거나 필요한 書類를 備置하지 아니함으로 인하여 생긴 損害
2. 積荷를 保險에 붙인 경우에는 傭船者, 送荷人 또는 受荷人의 故意 또는 重大한 過失로 인하여 생긴 損害(1991.12.31 본호개정)
3. 導船料, 入港料, 燈臺料, 檢疫料 기타 船舶 또는 積荷에 관한 航海中의 通常費用

참조 [해상보험의 보험사고]693, [손해보험일반에 관한 면책사항]660·678, [감항능력]787, [선장의 검사·서류비치의무]선원7·20, [용선자 또는 송하인의 서류교부의무]786

第707條 (1991.12.31 삭제)

第707條의2【船舶의 一部損害의 補償】 ① 船舶의 일부가 훼손되어 그 훼손된 부분의 전부를 修繕한 경우에는 保險者는 修繕에 따른 費用을 1회의 事故에 대하여 保險金額을 限度로 補償할 責任이 있다.
② 船舶의 일부가 훼손되어 그 훼손된 부분의 일부를 修繕한 경우에는 保險者는 修繕에 따른 費用과 修繕을 하지 아니함으로써 생긴 減價額을 補償할 責任이 있다.
③ 船舶의 일부가 훼손되었으나 이를 修繕하지 아니한 경우에는 保險者는 그로 인한 減價額을 補償할 責任이 있다.
(1991.12.31 본조신설)

第708條【積荷의 一部損害의 補償】 保險의 目的인 積荷가 毁損되어 揚陸港에 到着한 때에는 保險者는 그 毁損된 狀態의 價額과 毁損되지 아니한 狀態의 價額과의 比率에 따라 保險價額의 一部에 대한 損害를 補償할 責任이 있다.

참조 [적하보험]697, [일반원칙]676

第709條【積荷賣却으로 인한 損害의 補償】 ① 航海途中에 不可抗力으로 保險의 目的인 積荷를 賣却한 때에는 保險者는 그 代金에서 運賃 기타 必要한 費用을 控除한 金額과 保險價額과의 差額을 補償하여야 한다.
② 第1項의 경우에 買受人이 代金을 支給하지 아니한 때에는 保險者는 그 金額을 支給하여야 한다. 保險者가 그 金額을 支給한 때에는 被保險者의 買受人에 대한 權利를 取得한다.(1991.12.31 본항개정)

참조 [적하의 매각]139·774①·776·832, ②[손해배상자의 대위]민399, [보험자의 대위]681·682

第710條【保險委付의 原因】 다음의 경우에는 被保險者는 保險의 目的을 保險者에게 委付하고 保險金額의 全部를 請求할 수 있다.
1. 被保險者가 保險事故로 인하여 자기의 船舶 또는 積荷의 占有를 상실하여 이를 회복할 可能性이 없거나 회복하기 위한 費用이 회복하였을 때의 價額을 초과하리라고 豫想될 경우
2. 船舶이 保險事故로 인하여 심하게 훼손되어 이를 修繕하기 위한 費用이 修繕하였을 때의 價額을 초과하리라고 豫想될 경우
3. 積荷가 保險事故로 인하여 심하게 훼손되어서 이를 修繕하기 위한 費用과 그 積荷를 目的地까지 運送하기 위한 費用과의 合計額이 到着하는 때의 積荷의 價額을 초과하리라고 豫想될 경우
(1991.12.31 1호~3호개정)

참조 [보험위부]711~718

第711條【船舶의 行方不明】 ① 船舶의 存否가 2月間 分明하지 아니한 때에는 그 船舶의 行方이 不明한 것으로 한다.
② 第1項의 경우에는 全損으로 推定한다.
(1991.12.31 본조개정)

참조 [행방불명]710, [보험기간]666·695

第712條【代船에 의한 運送의 繼續과 委付權의 消滅】 第710條第2號의 경우에 船長이 遲滯없이 다른 船舶으로 積荷의 運送을 繼續한 때에는 被保險者는 그 積荷를 委付할 수 없다.(1991.12.31 본조개정)

第713條【委付의 通知】 ① 被保險者가 委付를 하고자 할 때에는 상당한 期間내에 保險者에 대하여 그 통지를 發送하여야 한다.(1991.12.31 본항개정)
② (1991.12.31 삭제)

참조 [다른 보험계약에 관한 통지]715, [위험의 발생과 통지의무]657

第714條【委付權行使의 要件】 ① 委付는 無條件이어야 한다.
② 委付는 保險의 目的의 全部에 대하여 이를 하여야 한다. 그러나 委付의 原因이 그 一部에 대하여 생긴 때에는 그 部分에 대하여서만 이를 할 수 있다.
③ 保險價額의 一部를 保險에 붙인 경우에는 委付는 保險金額의 保險價額에 대한 比率에 따라서만 이를 할 수 있다.

참조 [조건]민147이하, [일부보험]674

第715條【다른 保險契約등에 관한 通知】 ① 被保險者가 委付를 함에 있어서는 保險者에 대하여 保險의 目的에 관한 다른 保險契約과 그 負擔에 屬한 債務의 有無와 그 種類 및 內容을 通知하여야 한다.
② 保險者는 第1項의 通知를 받을 때까지 保險金額의 支給을 拒否할 수 있다.(1991.12.31 본항개정)
③ 保險金額의 支給에 관한 期間의 約定이 있는 때에는 그 期間은 第1項의 通知를 받은 날로부터 起算한다.

참조 [중복보험]672·673, [채무]861

第716條【委付의 承認】 保險者가 委付를 承認한 후에는 그 委付에 대하여 異議를 하지 못한다.

참조 [위부를 승인하지 않을 때]717

第717條【委付의 不承認】 保險者가 委付를 承認하지 아니한 때에는 被保險者는 委付의 原因을 證明하지 아니하면 保險金額의 支給을 請求하지 못한다.

참조 [위부원인]710, [위부승인의 경우]716

第718條【委付의 效果】 ① 保險者는 委付로 인하여 그 保險의 目的에 관한 被保險者의 모든 權利를 取得한다.
② 被保險者가 委付를 한 때에는 保險의 目的에 관한 모든 書類를 保險者에게 交付하여야 한다.

참조 [보험자의 대위]681·682

第5節 責任保險

第719條【責任保險者의 責任】 責任保險契約의 保險者는 被保險者가 保險期間中의 事故로 인하여 第三者에게 賠償할 責任을 진 경우에 이를 補償할 責任이 있다.

참조 [손해보험]665, [보험기간의 규정]666, [재보험계약에의 적용]726

판례 책임보험의 보험자가 손해액에 대한 지연손해금까지 지급할 의무가 있는지 여부(한정 적극) : 피보험자에게 지급할 보험금액에 관하여 확정판결에 의하여 피보험자가 피해자에게 배상하여야 할 지연손해금을 포함한 금액으로 규정하고 있는 자동차종합보험약관의 규정 취지에 비추어 보면, 보험자는 피해자와 피보험자 사이에 판결에 의하여 확정된 손해액은 그것이 피보험자에게 법률상 책임이 없는 부당한 손해라는 등의 특별한 사정이 없는 한 원본이든 지연손해금이든 모두 피보험자에게 지급할 의무가 있다.(대판 2000.10.13, 2000다2542)

第720條【被保險者가 支出한 防禦費用의 負擔】 ① 被保險者가 第三者의 請求를 防禦하기 위하여 支出한 裁判上 또는 裁判外의 必要費用은 保險의 目的에 包含된 것으로 한다. 被保險者는 保險者에 대하여 그 費用의 先給을 請求할 수 있다.
② 被保險者가 擔保의 提供 또는 供託으로써 裁判의 執行을 免할 수 있는 경우에는 保險者에 대하여 保險金額의 限度내에서 그 擔保의 提供 또는 供託을 請求할 수 있다.
③ 第1項 또는 第2項의 行爲가 保險者의 指示에 의한 것인 경우에는 그 金額에 損害額을 加算한 金額이 保險金額을 超過하는 때에도 保險者가 이를 負擔하여야 한다.(1991.12.31 본항개정)

참조 [손해방지의무]680, [재보험계약에의 적용]726

판례 상법 제720조제1항 소정의 '방어비용'의 의미 및 보험사고 발생 시 피보험자와 보험자의 법률상 책임 여부가 판명되지 아니한 상태에서 피보험자가 피해자가 제기한 소송에 응소하여 지출하였거나 지출할 것이 명백히 예상되는 필요비용이 이에 해당하는지 여부(적극) : 상법 720조 1항에서 규정한 '방어비용'은 피해자가 보험사고로 인적·물적 손해를 입고 피보험자를 상대로 손해배상청구를 한 경우에 그 방어를 위하여 지출한 재판상 또는 재판 외의 필요비용을 말하는 것으로서, 방어비용 역시 원칙적으로는 보험사고의 발생을 전제로 하는 것이므로, 보험사고의 범위에서 제외되어 있어 보험자에게 보상책임이 없는 사고에 대하여는 보험자로서는 자신의 책임제외 또는 면책 주장만으로 피해자로부터의 보상책임에서 벗어날 수 있기 때문에 피보험자가 지출한 방어비용은 보험자와는 무관한 자기 자신의 방어를 위한 것에 불과하여 이러한 비용까지 보험급여의 범위에 속하는 것이라고 하여 피보험자가 보험자에 대하여 보상을 청구할 수는 없다고 할 것이나, 다만 사고발생시 피보험자 및 보험자의 법률상 책임 여부가 판명되지 아니한 상태에서 피해자라고 주장하는 자의 청구를 방어하기 위하여 피보험자가 재판상 또는 재판 외의 필요비용을 지출하였다면 이로 인하여 발생한 방어비용은 바로 보험자의 보상책임도 아울러 면할 목적의 방어활동의 일환으로 지출한 방어비용과 동일한 성격을 가지는 것으로서 이러한 경우의 방어비용은 당연히 위 법조항에 따라 보험자가 부담하여야 하고, 또한 이 때의 방어비용은 현실적으로 이를 지출한 경우뿐만 아니라 지출할 것이 명백히 예상되는 경우에는 상법 720조 1항 후단에 의하여 피보험자는 보험자에게 그 비용의 선급을 청구할 수도 있다.
(대판 2002.6.28, 2002다22106)

第721條【營業責任保險의 目的】 被保險者가 經營하는 事業에 관한 責任을 保險의 目的으로 한 때에는 被保險者의 代理人 또는 그 事業監督者의 第三者에 대한 責任도 保險의 目的에 包含된 것으로 한다.

참조 [보험의 목적]666·668, [재보험계약에의 적용]726

第722條【피보험자의 배상청구 사실 통지의무】 ① 피보험자가 제3자로부터 배상청구를 받았을 때에는 지체 없이 보험자에게 그 통지를 발송하여야 한다.
② 피보험자가 제1항의 통지를 게을리하여 손해가 증가된 경우 보험자는 그 증가된 손해를 보상할 책임이 없다. 다만, 피보험자가 제657조제1항의 통지를 발송한 경우에는 그러하지 아니하다.
(2014.3.11 본조개정)

改前 "第722條【被保險者의 事故通知義務】 被保險者가 第三者로부터 賠償의 請求를 받은 때에는 遲滯없이 保險者에게 그 通知를 發送하여야 한다."

참조 [보험사고발생의 통지의무]657, [재보험계약에의 적용]726

第723條【被保險者의 辨濟 등의 通知와 保險金額의 支給】 ① 被保險者가 第三者에 대하여 辨濟, 承認, 和解 또는 裁判으로 인하여 債務가 確定된 때에는 遲滯없이 保險者에게 그 通知를 發送하여야 한다.
② 保險者는 特別한 期間의 約定이 없으면 前項의 通知를 받은 날로부터 10日내에 保險金額을 支給하여야 한다.
③ 被保險者가 保險者의 同意없이 第三者에 대하여 辨濟, 承認 또는 和解를 한 경우에는 保險者가 그 責任을 免하게 되는 合意가 있는 때에도 그 行爲가 현저하게 不當한 것이 아니면 保險者는 補償할 責任을 免하지 못한다.

참조 [보험금액의 지급]658, [재보험계약에의 적용]726

第724條【保險者와 第三者와의 關係】 ① 保險者는 被保險者가 責任을 질 事故로 인하여 생긴 損害에 대하여 第三者가 그 賠償을 받기 前에는 保險金額의 全部 또는 一部를 被保險者에게 支給하지 못한다.
② 第三者는 被保險者가 責任을 질 事故로 입은 損害에 대하여 保險金額의 限度내에서 保險者에게 직접 補償을 請求할 수 있다. 그러나 保險者는 被保險者가 그 事故에 관하여 가지는 抗辯으로써 第3者에게 對抗할 수 있다.(1991.12.31 본항개정)
③ 保險者가 第2項의 規定에 의한 請求를 받은 때에는 지체없이 被保險者에게 이를 통지하여야 한다.(1991.12.31 본항신설)
④ 第2項의 경우에 被保險者는 保險者의 요구가 있을 때에는 필요한 書類·증거의 提出, 證言 또는 證人의 출석에 協助하여야 한다.(1991.12.31 본항신설)

참조 [재보험계약에의 적용]726

판례 [1] 자동차보험약관에 본조 1항과 같은 내용의 지급거절 조항이 있는 경우, 보험자가 피보험자의 보험금청구를 거절할 수 있는지 여부(한정 적극) : 보험회사의 자동차보험약관상 상법 724조 1항의 내용과 같이 피보험자가 제3자에게 손해배상을 하기 전에는 피보험자에게 보험금을 지급하지 않는다는 내용의 지급거절조항을 두고 있지 않다면 보험자는 그 약관에 의하여 상법 724조 1항의 지급거절권을 포기한 것으로 보아야 하지만, 만약 약관에 명시적으로 지급거절조항을 두고 있다면 달리 지급거절권을 포기하거나 이를 행사하지 않았다고 볼 만한 특별한 사정이 없는 한 보험자는 상법 724조 1항 및 지급거절조항에 의하여 피보험자의 보험금지급청구를 거절할 권리가 있다.
[2] 피해자가 피보험자들을 상대로 제기한 손해배상 청구소송에서 손해배상금을 지급하라는 내용의 화해권고결정이 확정된 경우에도 보험금지급청구를 거절할 수 있는지 여부(적극) : 피해자가 피보험자들을 상대로 제기한 손해배상 청구소송에서 손해배상금을 지급하라는 내용의 화해권고결정이 확정된 경우에도 자동차보험약관상 "보험자는 손해배상청구권자가 손해배상을 받기 전에는 보험금의 전부 또는 일부를 피보험자에게 지급하지 않으며, 피보험자가 지급한 손해배상액을 초과하여 지급하지 않습니다"는 지급거절조항이 있다면, 보험자는 피해자가 피보험자들로부터 실제 배상을 받기 전에는 상법 724조 1항 및 위 지급거절조항에 따라 피보험자들의 보험금지급청구를 거절할 수 있다.
(대판 2007.1.12, 2006다43330)

第725條【保管者의 責任保險】 賃借人 기타 他人의 物件을 保管하는 者가 그 支給할 損害賠償을 위하여 그 物件을 保險에 붙인 경우에는 그 物件의 所有者는 保險者에 대하여 直接 그 損害의 補償을 請求할 수 있다.

참조 [임차인]민623, [보관자]114·125·155·320·329·374, 민693, [재보험계약에의 적용]726

第725條의2【數個의 責任保險】 被保險者가 동일한 事故로 第三者에게 賠償責任을 짐으로써 입은 損害를 補償하는 數個의 責任保險契約이 동시 또는 順次로 체결된 경우에 그 保險金額의 總額이 被保險者의 第三者에 대한 損害賠償額을 초과하는 때에는 第672條와 第673條의 規定을 準用한다.
(1991.12.31 본조신설)

第726條【재보험에의 준용】 이 절(節)의 규정은 그 성질에 반하지 아니하는 범위에서 재보험계약에 준용한다.(2014.3.11 본조개정)

改前 "第726條【再保險에의 適用】이 節의 規定은 再保險契約에 準用한다.(1991.12.31 본조개정)"

참조 [재보험계약]661

第6節 自動車保險
(1991.12.31 본절신설)

第726條의2【自動車保險者의 責任】 自動車保險契約의 保險者는 被保險者가 自動車를 所有, 사용 또는 管理하는 동안에 발생한 事故로 인하여 생긴 損害를 補償할 責任이 있다.

판례 자동차보험의 만 26세 이상 한정운전 특별약관에 규정된 '피보험자동차를 도난당하였을 경우'의 의미 : 자동차보험의 만 26세 이상 한정약관 2조 2항 소정의 '피보험자동차를 도난당하였을 경우'라 함은 피보험자의 명시적 혹은 묵시적인 의사에 기하지 아니한 채 제3자가 피보험자동차를 운전한 경우를 말하고, 기명피보험자의 승낙을 받아 자동차를 사용하거나 운전하는 자로서 보험계약상 피보험자로 취급되는 승낙피보험자의 승인만이 있는 경우에는 원칙적으로 피보험자의 묵시적인 승인이 없는 것으로 보아야 함은 원심이 설시하고 있는 바와 같다. 그러나 보험약관상 피보험자동차를 운행할 자격이 없는 운전가능연령 미달자(이하 '연령 미달자'라고 한다)에게 자동차를 빌려준 경우에는 그 대여 당시 다른 연령 미달자가 승낙피보험자의 지시 또는 승낙을 받아 그 자동차를 운전하는 것을 승인할 의도가 있었음을 추단할 수 있는 직접적 또는 간접적 표현이 있는 때에 해당한다고 보아야 하고, 나아가 자동차보험계약에서 만 26세 이상 한정약관에 가입된 기명피보험자는 자신의 선택에 따라 적은 보험료를 내는 특혜를 받는 만큼 타인에게 피보험자동차의 운전을 허락하는 경우에는 운전자의 연령이 운전가능연령에 해당한다고 믿을 만한 특별한 사정이 없는 한 운전자의 연령을 확인할 의무가 있음에 비추어 그 확인을 게을리 함으로써 연령 미달자에게 자동차를 빌려 준 경우에도 그 승낙피보험자의 운전은 물론 그의 지시 또는 승낙하의 다른 연령 미달자의 운전 역시 달리 특별한 사정이 없는 한 당초의 한정약관 위반상태의 연장에 불과하여 이를 예견할 수 있었던 것으로 봄이 상당하다 할 것이니, 위 연령 미달자의 운전은 승낙피보험자의 승인뿐만 아니라 기명피보험자의 묵시적인 승인의 의도도 있었던 때에 해당한다고 보아야 할 것이다.
(대판 2006.1.13, 2005다46431)

第726條의3【自動車 保險證券】 自動車 保險證券에는 第666條에 게기한 사항외에 다음의 사항을 기재하여야 한다.
1. 自動車所有者와 그 밖의 保有者의 姓名과 生年月日 또는 商號
2. 被保險自動車의 登錄番號, 車臺番號, 車型年式과 機械裝置
3. 車輛價額을 정한 때에는 그 價額

第726條의4【自動車의 讓渡】 ① 被保險者가 保險期間중에 自動車를 讓渡한 때에는 讓受人은 保險者의 승낙을 얻은 경우에 한하여 保險契約으로 인하여 생긴 權利와 義務를 承繼한다.
② 保險者가 讓受人으로부터 讓受事實을 통지받은 때에는 지체없이 諾否를 통지하여야 하고 통지받은 날부터 10日내에 諾否의 통지가 없을 때에는 승낙한 것으로 본다.

第7節 보증보험
(2014.3.11 본절신설)

第726條의5【보증보험자의 책임】 보증보험계약의 보험자는 보험계약자가 피보험자에게 계약상의 채무불이행 또는 법령상의 의무불이행으로 입힌 손해를 보상할 책임이 있다.

참조 [채무불이행으로 인한 손해배상의 범위]민393

第726條의6【적용 제외】 ① 보증보험계약에 관하여는 제639조제2항 단서를 적용하지 아니한다.
② 보증보험계약에 관하여는 보험계약자의 사기, 고의 또는 중대한 과실이 있는 경우에도 이에 대하여 피보험자에게 책임이 있는 사유가 없으면 제651조, 제652조, 제653조 및 제659조제1항을 적용하지 아니한다.

第726條의7【준용규정】 보증보험계약에 관하여는 그 성질에 반하지 아니하는 범위에서 보증채무에 관한 「민법」의 규정을 준용한다.

참조 민428-448

第3章 人保險

第1節 通則

第727條【인보험자의 책임】 ① 인보험계약의 보험자는 피보험자의 생명이나 신체에 관하여 보험사고가 발생할 경우에 보험계약으로 정하는 바에 따라 보험금이나 그 밖의 급여를 지급할 책임이 있다.
② 제1항의 보험금은 당사자 간의 약정에 따라 분할하여 지급할 수 있다.(2014.3.11 본항신설)
(2014.3.11 본조개정)

改前 第727條【"人保險者의 責任"】"人保險契約의 保險者는 生命 또는 身體에 관하여 保險事故가 생길 경우에 保險契約의 정하는" 바에 따라 "保險金額 기타의 給與를 할 責任이" 있다.

참조 [손해보험]665이하, [보험사고]666·728

판례 인보험계약에 의하여 담보되는 보험사고의 요건 중 우발적인 사고라 함은 피보험자가 예측할 수 없는 원인에 의하여 발생하는 사고로서 고의에 의한 것이 아니고 예견치 않았는데 우발적으로 발생하고 통상적인 과정으로는 기대할 수 없는 결과를 가져오는 사고를 의미하고, 외래의 사고라 함은 사고의 원인이 피보험자의 신체적 결함 즉 질병이나 체질적 요인 등에 기인한 것이 아닌 외부적 요인에 의해 초래된 것을 의미한다. 이러한 사고의 우발성과 외래성 및 상해 또는 사망이라는 결과와 사이의 인과관계에 관해서는 보험금 청구자에게 그 증명책임이 있다.(대판 2010.5.13, 2010다6857)

판례 상해담보특약에 있어서 무면허운전 면책약관의 적용 범위 및 무면허운전에 대한 묵시적 승인의 존부에 관한 판단 기준 : 무보험자동차에 의한 상해담보특약과 같이 자동차보험 대인배상Ⅱ에 가입된 자동차에 의하여 사고를 당한 피해자가 그 자동차보험계약의 무면허운전 면책약관이나 21세 한정운전특약에 의하여 대인배상Ⅱ에서 정한 손해보상을 받지 못하는 경우에 그 손해를 보전하기 위하여 상해담보특약에서 정한 보험금을 지급하는 것을 내용으로 하는 보험계약에 있어서 무면허운전 면책약관에 해당되어 대인배상Ⅱ에서 정한 손해배상을 받지 못하는지는 무면허운전 면책약관은 무면허운전이 보험계약자나 피보험자의 지배 또는 관리가능한 상황에서 이루어진 경우에 한하여 적용되므로 그 자동차보험의 보험계약자나 피보험자와 무면허운전자의 관계, 평소 차량의 운전 및 관리 상황, 당해 무면허운전이 가능하게 된 경위와 그 운행 목적, 평소 무면허운전자의 운전에 관하여 보험계약자 또는 피보험자가 취해 온 태도 등의 제반 사정을 함께 참작하여, 그와 같은 무면허운전에 대하여 보험계약자 또는 피보험자의 승인 의도를 추단할 만한 사정이 있는지에 따라 판단하여야 한다.
(대판 2003.11.13, 2002다31391)

第728條【人保險證券】 人保險證券에는 第666條에 揭記한 事項외에 다음의 事項을 記載하여야 한다.
1. 保險契約의 種類
2. 被保險者의 住所·姓名 및 生年月日(1991.12.31 본호개정)
3. 保險受益者를 정한 때에는 그 住所·姓名 및 生年月日(1991.12.31 본호개정)

참조 [보험증권교부의무]640

第729條【第三者에 대한 保險代位의 禁止】 保險者는 保險事故로 인하여 생긴 保險契約者 또는 保險受益者의 第三者에 대한 權利를 代位하여 行使하지 못한다. 그러나 傷害保險契約의 경우에 當事者間에 다른 약정이 있는 때에는 保險者는 被保險者의 權利를 해하지 아니하는 범위안에서 그 權利를 代位하여 행사할 수 있다.(1991.12.31 단서신설)

참조 [손해보험의 경우]682

판례 무보험자동차 상해보험의 중복보험자 중 1인이 피보험자에게 단독으로 보험금을 지급하고 다른 중복보험자들로부터 분담비율에 따른 분담금 전부 또는 일부를 지급받은 경우 보험자대위의 범위 : 피보험자가 무보험자동차에 의한 교통사고로 상해를 입었을 때에 그 손해에 대하여 배상할 의무자가 있는 경우에 보험자가 약관에 정한 바에 따라 피보험자에게 그 손해를 보상하는 것을 내용으로 하는 무보험자동차에 의한 상해담보특약은 손해보험으로서의 성질과 함께 상해보험으로서의 성질도 갖고 있는 손해보험형 상해보험으로서, 상법 제729조 단서에 따라 당사자 사이에 다른 약정이 있는 때에는 보험자는 피보험자의 권리를 해하지 아니하는 범위 안에서 피보험자의 배상의무자에 대한 손해배상청구권을 대위행사할 수 있다. 이 때 보험사가 보험금을 지급한 뒤 다른 중복보험사에게 분담비율 따라 분담금을 받은 경우, 약관에 따라 지급된 보험금 중 분담금으로 받은 부분을 뺀 나머지의 비율에 상응하는 부분으로 보험자대위가 축소된다.(대판 2023.6.1, 2019다237586)

판례 상법 제729조 전문이나 보험약관에서 보험자대위를 금지하거나 포기하는 규정을 두고 있는 것은, 손해보험의 성질을 갖고 있지 아니한 인보험에 관하여 보험자대위를 허용하게 되면 보험자가 보험사고 발생시 보험금을 피보험자나 보험수익자(이하 '피보험자 등'이라고 한다)에게 지급함으로써 피보험자 등의 의사와 무관하게 법률상 당연히 피보험자 등의 제3자에 대한 권리가 보험자에게 이전하게 되어 피보험자 등의 보호에 소홀해질 우려가 있다는 점 등을 고려한 것이므로, 피보험자 등의 제3자에 대한 권리의 양도가 법률상 금지되어 있다거나 상법 제729조 전문 등의 취지를 잠탈하여 피보험자 등의 권리를 부당히 침해하는 경우에 해당한다는 등의 특별한 사정이 없는 한, 상법 제729조 전문이나 보험약관에서 보험자대위를 금지하거나 포기하는 규정을 두고 있다는 사정만으로 피보험자 등이 보험자와의 다른 원인관계나 대가관계 등에 기하여 자신의 제3자에 대한 권리를 보험자에게 자유롭게 양도하는 것까지 금지된다고 볼 수는 없다.(대판 2007.4.26, 2006다54781)

第2節 生命保險

第730條【생명보험자의 책임】 생명보험계약의 보험자는 피보험자의 사망, 생존, 사망과 생존에 관한 보험사고가 발생할 경우에 약정한 보험금을 지급할 책임이 있다.(2014.3.11 본조개정)

改前 第730條【"生命保險者의 責任"】"生命保險契約의 保險者는 被保險者의 生命에 관한 保險事故가 생길 경우에 約定한 保險金額을 支給할 責任이" 있다.

참조 [인보험자의 책임]727, [생명보험의 인수와 상행위]461, [보험설계사]2(9), [상호보험과 본절 규정의 준용]664

第731條【他人의 生命의 保險】 ① 他人의 死亡을 保險事故로 하는 保險契約에는 保險契約 締結時에 그 他人의 서면(「전자서명법」 제2조제2호에 따른 전자서명이 있는 경우로서 대통령령으로 정하는 바에 따라 본인 확인 및 위조·변조 방지에 대한 신뢰성을 갖춘 전자문서를 포함한다)에 의한 同意를 얻어야 한다.(2020.6.9 본항개정)
② 保險契約으로 인하여 생긴 權利를 被保險者가 아닌 者에게 讓渡하는 경우에도 第1項과 같다.
(1991.12.31 본조개정)

改前 ① 他人의 死亡을 保險事故로 하는 保險契約에는 保險契約 締結時에 그 他人의 서면(「전자서명법」 제2조제2호에 따른 "전자서명 또는 제2조제3호에 따른 공인전자서명"이 있는 경우로서 대통령령으로 정하는 바에 따라 본인 확인 및 위조·변조 방지에 대한 신뢰성을 갖춘 전자문서를 포함한다)에 의한 同意를 얻어야 한다.(2017.10.31 본항개정)

참조 [보험수익자의 지정 또는 변경과 피보험자의 동의]734②, [채권양도]민449이하, [단체보험에 있어서 본조의 적용제외]735의3

판례 타인의 사망을 보험사고로 하는 생명보험계약의 효력요건인 타인의 서면동의의 방식 : 타인의 사망을 보험사고로 하는 보험계약에 있어 피보험자인 타인의 동의는 각 보험계약에 대하여 개별적으로 서면에 의하여 이루어져야 하고 포괄적인 동의 또는 묵시적이거나 추정적 동의만으로는 부족하나, 피보험자인 타인이 서면동의가 그 타인이 보험청약서에 자필 서명하는 것만을 의미하지는 않으므로 피보험자인 타인이 참석한 자리에서 보험계약을 체결하면서 보험계약자나 보험모집인이 타인에게 보험계약의 내용을 설명한 후 타인으로부터 명시적으로 권한을 수여받아 보험청약서에 타인의 서명을 대행하는 경우와 같이, 타인으로부터 특정한 보험계약에 관하여 서면동의를 할 권한을 구체적·개별적으로 수여받았음이 분명한 사람이 권한 범위 내에서 타인을 대리 또는 대행하여 서면동의를 한 경우에도 그 타인의 서면동의는 적법한 대리인에 의하여 유효하게 이루어진 것이다.(대판 2006.12.21, 2006다69141)

第732條【15歲未滿者등에 대한 契約의 禁止】 15歲未滿者, 心神喪失者 또는 心神薄弱者의 死亡을 保險事故로 한 保險契約은 無效로 한다. 다만, 심신박약자가 보험계약을 체결하거나 제735조의3에 따른 단체보험의 피보험자가 될 때에 의사능력이 있는 경우에는 그러하지 아니하다.(2014.3.11 단서신설)

참조 [피보험자의 동의]731, [사무처리능력의 결여·부족]민9·12

第732條의2【중과실로 인한 보험사고 등】 ① 사망을 보험사고로 한 보험계약에서는 사고가 보험계약자 또는 피보험자나 보험수익자의 중대한 과실로 인하여 발생한 경우에도 보험자는 보험금을 지급할 책임을 면하지 못한다.

② 둘 이상의 보험수익자 중 일부가 고의로 피보험자를 사망하게 한 경우 보험자는 다른 보험수익자에 대한 보험금 지급 책임을 면하지 못한다.

(2014.3.11 본조개정)

改前 "第732條의2【重過失로 인한 保險事故】 死亡을 保險事故로 한 保險契約에는 事故가 保險契約者 또는 被保險者나 保險受益者의 중대한 過失로 인하여 생긴 경우에도 保險者는 保險金額을 支給할 責任을 免하지 못한다.(1991.12.31 본조신설)"

판례 재해사망보험상 면책사유로 규정된 자살의 의미 : 자살을 보험자의 면책사유로 규정하고 있는 경우 그 자살은 사망자가 자기의 생명을 끊는다는 것을 의식하고 그것을 목적으로 의도적으로 자기의 생명을 절단하여 사망의 결과를 발생케 한 행위를 의미하고, 피보험자가 정신질환 등으로 자유로운 의사결정을 할 수 없는 상태에서 사망의 결과를 발생케 한 경우까지 포함하는 것이라고 할 수 없을 뿐만 아니라, 그러한 경우 사망의 결과를 발생케 한 직접적인 원인행위가 외래의 요인에 의한 것이라면 그 보험사고는 피보험자의 고의에 의하지 않은 우발적인 사고로서 재해에 해당한다.(대판 2006.3.10, 2005다49713)

第733條【保險受益者의 指定 또는 變更의 權利】 ① 保險契約者는 保險受益者를 指定 또는 變更할 權利가 있다.

② 保險契約者가 第1項의 指定權을 行使하지 아니하고 死亡한 때에는 被保險者를 保險受益者로 하고 保險契約者가 第1項의 變更權을 行使하지 아니하고 死亡한 때에는 保險受益者의 權利가 確定된다. 그러나 保險契約者가 死亡한 경우에는 그 承繼人이 第1項의 權利를 行使할 수 있다는 約定이 있는 때에는 그러하지 아니하다.(1991.12.31 본항개정)

③ 保險受益者가 保險存續中에 死亡한 때에는 保險契約者는 다시 保險受益者를 指定할 수 있다. 이 경우에 保險契約者가 指定權을 行使하지 아니하고 死亡한 때에는 保險受益者의 相續人을 保險受益者로 한다.

④ 保險契約者가 第2項과 第3項의 指定權을 행사하기 전에 保險事故가 생긴 경우에는 被保險者 또는 保險受益者의 相續人을 保險受益者로 한다.

(1991.12.31 본항신설)

참조 [제3자를 위한 계약]민539, [제3자의 이익 향수]민539②, [타인을 위한 보험]639, [지정 또는 변경과 보험자에 대한 통지·피보험자의 동의]734, [상속인]민1000이하

第734條【保險受益者指定權등의 通知】 ① 保險契約者가 契約締結後에 保險受益者를 指定 또는 變更할 때에는 保險者에 대하여 그 通知를 하지 아니하면 이로써 保險者에게 對抗하지 못한다.

② 第731條第1項의 規定은 第1項의 指定 또는 變更에 準用한다.(1991.12.31 본항개정)

참조 [보험수익자의 지정 또는 변경]733, [채권양도와 통지]민450

第735條 (2014.3.11 삭제)

改前 "第735條【養老保險】 被保險者의 死亡을 保險事故로 한 保險契約에는 事故의 發生없이 保險期間이 終了한 때에도 保險金額을 支給할 것을 約定할 수 있다."

第735條의2 (2014.3.11 삭제)

改前 "第735條의2【年金保險】 生命保險契約의 保險者는 被保險者의 生命에 관한 保險事故가 생긴 때에 약정에 따라 保險金額을 年金으로 分割하여 支給할 수 있다.(1991.12.31 본조신설)"

第735條의3【團體保險】 ① 團體가 規約에 따라 構成員의 전부 또는 일부를 被保險者로 하는 生命保險契約을 체결하는 경우에는 第731條를 適用하지 아니한다.

② 第1項의 保險契約이 체결된 때에는 保險者는 保險契約者에 대하여서만 保險證券을 교부한다.

③ 제1항의 보험계약에서 보험계약자가 피보험자 또는 그 상속인이 아닌 자를 보험수익자로 지정할 때에는 단체의 규약에서 명시적으로 정하는 경우 외에는 그 피보험자의 제731조제1항에 따른 서면 동의를 받아야 한다.(2017.10.31 본항개정)

(1991.12.31 본조신설)

改前 ③ 제1항의 보험계약에서 보험계약자가 피보험자 또는 그 상속인이 아닌 자를 보험수익자로 지정할 때에는 단체의 규약에서 명시적으로 정하는 경우 외에는 그 피보험자의 "서면" 동의를 받아야 한다.(2014.3.11 본항개정)

➡ 채무부존재확인·보험금

판례 [1] 단체가 구성원의 전부 또는 일부를 피보험자로 하고 보험계약자 자신을 보험수익자로 하여 체결하는 생명보험계약 내지 상해보험계약은 단체의 구성원에 대하여 보험사고가 발생한 경우를 부보함으로써 단체 구성원에 대한 단체의 재해보상금이나 후생복리비용의 재원을 마련하기 위한 것이므로, 피보험자가 보험사고 이외의 사고로 사망하거나 퇴직 등으로 단체의 구성원으로서의 자격을 상실한 경우 그에 대한 단체보험계약에 의한 보호는 종료되고, 구성원으로서의 자격을 상실한 종전 피보험자는 보험약관이 정하는 바에 따라 자신에 대한 개별계약으로 전환하여 보험 보호를 계속 받을 수 있을 뿐이다.
[2] 단체보험약관에서 보험회사의 승낙 및 피보험자의 동의를 조건으로 보험계약자가 구성원으로서의 자격을 상실한 종전 피보험자를 새로운 피보험자로 변경하는 것을 허용하면서 종전 피보험자의 자격상실 시기를 피보험자변경신청서 접수시로 정하고 있다고 하여도, 이는 보험회사의 승낙과 피보험자의 동의가 있어 피보험자가 변경되는 경우 단체보험의 동일성을 유지하기 위하여 피보험자변경신청서 접수시까지 종전 피보험자의 자격이 유지되는 것으로 의제하는 것이므로, 위 약관조항이 피보험자변경이 없는 경우에까지 적용되는 것으로 볼 수는 없다.(대판 2007.10.12, 2007다42877,42884)

第736條【保險積立金返還義務等】 ① 第649條, 第650條, 第651條 및 第652條 내지 第655條의 規定에 의하여 保險契約이 解止된 때, 第659條와 第660條의 規定에 의하여 保險金額의 支給責任이 免除된 때에는 保險者는 保險受益者를 위하여 積立한 金額을 保險契約者에게 支給하여야 한다. 그러나 다른 約定이 없으면 第659條第1項의 保險事故가 保險契約者에 의하여 생긴 경우에는 그러하지 아니하다.

(1991.12.31 본항개정)

② (1991.12.31 삭제)

참조 [보험금지급의무·보험료반환의무의 소멸시효]662, [상사시효]64

第3節　傷害保險

第737條【傷害保險者의 責任】 傷害保險契約의 保險者는 身體의 傷害에 관한 保險事故가 생길 경우에 保險金額 기타의 給與를 할 責任이 있다.

참조 [인보험자의 책임]727, [생명보험자의 책임]730

판례 상해보험은 피보험자가 보험기간 중에 급격하고 우연한 외래의 사고로 인하여 신체에 손상을 입는 것을 보험사고로 하는 인보험으로서, 일반적으로 외래의 사고 이외에 피보험자의 질병 기타 기왕증이 공동 원인이 되어 상해에 영향을 미친 경우에도 사고로 인한 상해와 그 결과인 사망이나 후유장해 사이에 인과관계가 인정되면 보험계약 체결시 약정한 대로 보험금을 지급할 의무가 발생하고, 다만 보험약관에 계약체결 전에 이미 존재한 신체장해, 질병의 영향에 따라 상해가 중하게 된 때에는 그 영향이 없었을 때에 상당하는 금액을 결정하여 지급하기로 하는 내용이 있는 경우에 한하여 그 약관 조항에 따라 피보험자의 체질 또는 소인 등이 보험사고의 발생 또는 확대에 기여하였다는 사유를 들어 보험금을 감액할 수 있다.(대판 2007.10.11, 2006다42610)

第738條【傷害保險證券】 傷害保險의 경우에 被保險者와 保險契約者가 同一人이 아닐 때에는 그 保險證券記載事項中 第728條第2號에 揭記한 事項에 갈음하여 被保險者의 職務 또는 職位만을 記載할 수 있다.

참조 [보험증권교부의무]640

第739條【準用規定】 傷害保險에 관하여는 第732條를 除外하고 生命保險에 관한 規定을 準用한다.

참조 [생명보험]730-734, 735의3, 736

第4節　질병보험
(2014.3.11 본절신설)

第739條의2【질병보험자의 책임】 질병보험계약의 보험자는 피보험자의 질병에 관한 보험사고가 발생할 경우 보험금이나 그 밖의 급여를 지급할 책임이 있다.

第739條의3【질병보험에 대한 준용규정】 질병보험에 관하여는 그 성질에 반하지 아니하는 범위에서 생명보험 및 상해보험에 관한 규정을 준용한다.

第5編　해　상
(2007.8.3 본편개정)

第1章　해상기업

第1節　선　박

第740條【선박의 의의】 이 법에서 "선박"이란 상행위나 그 밖의 영리를 목적으로 항해에 사용하는 선박을 말한다.

참조 [상행위]46·47, [호천항만과 항해]125, [비상선과 본편규정의 준용]선박법29, [건조중의 선박]790

第741條【적용범위】 ① 항해용 선박에 대하여는 상행위나 그 밖의 영리를 목적으로 하지 아니하더라도 이 편의 규정을 준용한다. 다만, 국유 또는 공유의 선박에 대하여는 「선박법」 제29조 단서에도 불구하고 항해의 목적·성질 등을 고려하여 이 편의 규정을 준용하는 것이 적합하지 아니한 경우로서 대통령령으로 정하는 경우에는 그러하지 아니하다.

② 이 편의 규정은 단정(短艇) 또는 주로 노 또는 상앗대로 운전하는 선박에는 적용하지 아니한다.

참조 [비상선과 본편규정의 준용]선박법29

第742條【선박의 종물】 선박의 속구목록(屬具目錄)에 기재한 물건은 선박의 종물로 추정한다.

참조 [종물]민100, [속구와 선박저당권]787②, [속구목록의 서식]부칙9

第743條【선박소유권의 이전】 등기 및 등록할 수 있는 선박의 경우 그 소유권의 이전은 당사자 사이의 합의만으로 그 효력이 생긴다. 다만, 이를 등기하고 선박국적증서에 기재하지 아니하면 제3자에게 대항하지 못한다.

참조 [등기]선박법8①, [등록사항의 변경]선박법18, [부동산물권이전과 효력발생요건]민186

第744條【선박의 압류·가압류】 ① 항해의 준비를 완료한 선박과 그 속구는 압류 또는 가압류를 하지 못한다. 다만, 항해를 준비하기 위하여 생긴 채무에 대하여는 그러하지 아니하다.

② 제1항은 총톤수 20톤 미만의 선박에는 적용하지 아니한다.

참조 [선박에 대한 강제집행]민집172-186

第2節　선　장

第745條【선장의 선임·해임】 선장은 선박소유자가 선임 또는 해임한다.

第746條【선장의 부당한 해임에 대한 손해배상청구권】 선박소유자가 정당한 사유 없이 선장을 해임한 때에는 선장은 이로 인하여 생긴 손해의 배상을 청구할 수 있다.

참조 [위임의 해지]민689, [고용의 해지]민658-661, [선박공유자와 지분매수청구]761, [선원근로계약의 해지]선원32·33, [선박관리인]764-768

第747條【선장의 계속직무집행의 책임】 선장은 항해 중에 해임 또는 임기가 만료된 경우에도 다른 선장이 그 업무를 처리할 수 있는 때 또는 그 선박이 선적항에 도착할 때까지 그 직무를 집행할 책임이 있다.

第748條【선장의 대선장 선임의 권한 및 책임】 선장은 불가항력으로 인하여 그 직무를 집행하기가 불능한 때에 법령에 다른 규정이 있는 경우를 제외하고는 자기의 책임으로 타인을 선정하여 선장의 직무를 집행하게 할 수 있다.

참조 민62·120·121·657②, [선장의 재선의무]선원10

第749條【대리권의 범위】 ① 선적항 외에서는 선장은 항해에 필요한 재판상 또는 재판 외의 모든 행위를 할 권한이 있다.

② 선적항에서는 선장은 특히 위임을 받은 경우 외에는 해원의 고용과 해고를 할 권한만을 가진다.

참조 [선적항]선박법8, [대리권의 제한]751, [대리권에 관한 특별 규정]750·753, [선하증권발행권]852, [재판상의 대리권]민소83, [지배인의 권한]11, [해원의 고용·해고]선원32-35

第750條【특수한 행위에 대한 권한】 ① 선장은 선박수선료·해난구조료, 그 밖에 항해의 계속에 필요한 비용을 지급하여야 할 경우 외에는 다음의 행위를 하지 못한다.

1. 선박 또는 속구를 담보에 제공하는 일
2. 차재(借財)하는 일
3. 적하의 전부나 일부를 처분하는 일

② 적하를 처분할 경우의 손해배상액은 그 적하가 도달할 시기의 양륙항의 가격에 의하여 정한다. 다만, 그 가격 중에서 지급을 요하지 아니하는 비용을 공제하여야 한다.

참조 [선장의 권한]749, [구조료]883, ①(1)[저당권설정]787, (3)[선장과 적하의 처분권]752, [적하의 처분과 보험]709, ②[운송물멸실과 손해배상의 액]137·815, [양륙항]853

第751條【대리권에 대한 제한】 선장의 대리권에 대한 제한은 선의의 제3자에게 대항하지 못한다.

참조 [선장의 대리권]749, [지배인의 대리권의 제한]11③

第752條【이해관계인을 위한 적하의 처분】 ① 선장이 항해 중에 적하를 처분하는 경우에는 이해관계인의 이익을 위하여 가장 적당한 방법으로 하여야 한다.

② 제1항의 경우에 이해관계인은 선장의 처분으로 인하여 생긴 채권자에게 적하의 가액을 한도로 하여 그 책임을 진다. 다만, 그 이해관계인에게 과실이 있는 때에는 그러하지 아니하다.

참조 [사망여객의 수하물처분의무]824, [선박소유자의 대리인으로서의 적하처분]750, [공동해손처분]865

第753條【선박경매권】 선적항 외에서 선박이 수선하기 불가능하게 된 때에는 선장은 해무관청의 인가를 받아 이를 경매할 수 있다.

참조 [선장의 권한]749, [선박의 수선불능]754, [선적항]선박법8, [경매]민집

第754條【선박의 수선불능】 ① 다음 각 호의 경우에는 선박은 수선하기 불가능하게 된 것으로 본다.

1. 선박이 그 현재지에서 수선을 받을 수 없으며 또 그 수선을 할 수 있는 곳에 도달하기 불가능한 때

2. 수선비가 선박의 가액의 4분의 3을 초과할 때
② 제1항제2호의 가액은 선박이 항해 중 훼손된 경우에는 그 발항한 때의 가액으로 하고 그 밖의 경우에는 그 훼손 전의 가액으로 한다.
참조 [선박의 수선불능과 선장의 매각권한]753, [보험위부의 원인]710
第755條【보고·계산의 의무】 ① 선장은 항해에 관한 중요한 사항을 지체 없이 선박소유자에게 보고하여야 한다.
② 선장은 매 항해를 종료한 때에는 그 항해에 관한 계산서를 지체 없이 선박소유자에게 제출하여 그 승인을 받아야 한다.
③ 선장은 선박소유자의 청구가 있을 때에는 언제든지 항해에 관한 사항과 계산의 보고를 하여야 한다.
참조 [수임인의 보고의무]민683, [선장의 해양항만관청에의 보고]선원21

第3節 선박공유

第756條【선박공유자의 업무결정】 ① 공유선박의 이용에 관한 사항은 공유자의 지분의 가격에 따라 그 과반수로 결정한다.
② 선박공유에 관한 계약을 변경하는 사항은 공유자의 전원일치로 결정하여야 한다.
참조 [공유]민262이하, [조합의 업무집행]민706, [선박공유와 조합]759, [선박공유자의 법률관계]746·757·768, [반대자의 지분매수청구권]758, [전원의 동의 필요]764①
第757條【선박공유와 비용의 부담】 선박공유자는 그 지분의 가격에 따라 선박의 이용에 관한 비용과 이용에 관하여 생긴 채무를 부담한다.
참조 [공유자와 비용등의 부담]민266, [손익분배의 비율]758
第758條【손익분배】 손익의 분배는 매 항해의 종료 후에 있어서 선박공유자의 지분의 가격에 따라서 한다.
참조 [조합에 있어서의 손익분배의 비율]민711, [선박공유자와 지분의 가격]756
第759條【지분의 양도】 선박공유자 사이에 조합관계가 있는 경우에도 각 공유자는 다른 공유자의 승낙 없이 그 지분을 타인에게 양도할 수 있다. 다만, 선박관리인의 경우에는 그러하지 아니하다.
참조 [조합관계]민703이하, [지분이전의 제한]760, [회사의 지분·주식의 양도]197·269·276·335·556, [선박관리인]746·764-768
第760條【공유선박의 국적상실과 지분의 매수 또는 경매청구】 선박공유자의 지분의 이전 또는 그 국적상실로 인하여 선박이 대한민국의 국적을 상실할 때에는 다른 공유자는 상당한 대가로 그 지분을 매수하거나 그 경매를 법원에 청구할 수 있다.
참조 [한국선박의 요건·특권]선박법2·6, [선박공유자의 지분양도]759, [경매]민집
第761條【결의반대자의 지분매수청구권】 ① 선박공유자가 신항해를 개시하거나 선박을 대수선할 것을 결의한 때에는 그 결의에 이의가 있는 공유자는 다른 공유자에 대하여 상당한 가액으로 자기의 지분을 매수할 것을 청구할 수 있다.
② 제1항의 청구를 하고자 하는 자는 그 결의가 있은 날부터, 결의에 참가하지 아니한 경우에는 결의통지를 받은 날부터 3일 이내에 다른 공유자 또는 선박관리인에 대하여 그 통지를 발송하여야 한다.
참조 [결의]756, [선박공유자인 선장의 해임과 매수청구]746
第762條【해임선장의 지분매수청구권】 ① 선박공유자인 선장이 그 의사에 반하여 해임된 때에는 다른 공유자에 대하여 상당한 가액으로 그 지분을 매수할 것을 청구할 수 있다.
② 선박공유자가 제1항의 청구를 하고자 하는 때에는 지체 없이 다른 공유자 또는 선박관리인에 대하여 그 통지를 발송하여야 한다.
第763條【항해 중 선박 등의 양도】 항해 중에 있는 선박이나 그 지분을 양도한 경우에 당사자 사이에 다른 약정이 없으면 양수인이 그 항해로부터 생긴 이익을 얻고 손실을 부담한다.
第764條【선박관리인의 선임·등기】 ① 선박공유자는 선박관리인을 선임하여야 한다. 이 경우 선박공유자가 아닌 자를 선박관리인으로 선임함에는 공유자 전원의 동의가 있어야 한다.
② 선박관리인의 선임과 그 대리권의 소멸은 등기하여야 한다.
참조 [결의]756, [등기]선박법8, [선박관리인의 지위]746·764-768
第765條【선박관리인의 권한】 ① 선박관리인은 선박의 이용에 관한 재판상 또는 재판 외의 모든 행위를 할 권한이 있다.
② 선박관리인의 대리권에 대한 제한은 선의의 제3자에게 대항하지 못한다.
참조 [지배인의 대리권]11, [선장의 권한]749-751, 선원6이하
第766條【선박관리인의 권한의 제한】 선박관리인은 선박공유자의 서면에 의한 위임이 없으면 다음 각 호의 행위를 하지 못한다.
1. 선박을 양도·임대 또는 담보에 제공하는 일
2. 신항해를 개시하는 일
3. 선박을 보험에 붙이는 일
4. 선박을 대수선하는 일
5. 차재하는 일
참조 (2)(4)[지분매수청구권]761, (3)[보험]693이하
第767條【장부의 기재·비치】 선박관리인은 업무집행에 관한 장부를 비치하고 그 선박의 이용에 관한 모든 사항을 기재하여야 한다.
참조 [장부]29
第768條【선박관리인의 보고·승인】 선박관리인은 매 항해의 종료 후에 지체 없이 그 항해의 경과상황과 계산에 관한 서면을 작성하여 선박공유자에게 보고하고 그 승인을 받아야 한다.
참조 [수임인의 보고의무]민683

第4節 선박소유자 등의 책임제한

第769條【선박소유자의 유한책임】 선박소유자는 청구원인의 여하에 불구하고 다음 각 호의 채권에 대하여 제770조에 따른 금액의 한도로 그 책임을 제한할 수 있다. 다만, 그 채권이 선박소유자 자신의 고의 또는 손해발생의 염려가 있음을 인식하면서 무모하게 한 작위 또는 부작위로 인하여 생긴 손해에 관한 것인 때에는 그러하지 아니하다.
1. 선박에서 또는 선박의 운항에 직접 관련하여 발생한 사람의 사망, 신체의 상해 또는 그 선박 외의 물건의 멸실 또는 훼손으로 인하여 생긴 손해에 관한 채권
2. 운송물, 여객 또는 수하물의 운송의 지연으로 인하여 생긴 손해에 관한 채권
3. 제1호 및 제2호 외에 선박의 운항에 직접 관련하여 발생한 계약상의 권리 외의 타인의 권리의 침해로 인하여 생긴 손해에 관한 채권
4. 제1호부터 제3호까지의 채권의 원인이 된 손해를 방지 또는 경감하기 위한 조치에 관한 채권 또는 그 조치의 결과로 인하여 생긴 손해에 관한 채권
참조 [가액에 대한 증명과 평가의 기준]770
第770條【책임의 한도액】 ① 선박소유자가 제한할 수 있는 책임의 한도액은 다음 각 호의 금액으로 한다.
1. 여객의 사망 또는 신체의 상해로 인한 손해에 관한 채권에 대한 책임의 한도액은 그 선박의 선박검사증서에 기재된 여객의 정원에 17만5천 계산단위(국제통화기금의 1 특별인출권에 상당하는 금액을 말한다. 이하 같다)를 곱하여 얻은 금액으로 한다.
2. 여객 외의 사람의 사망 또는 신체의 상해로 인한 손해에 관한 채권에 대한 책임의 한도액은 그 선박의 톤수에 따라서 다음 각 목에 정하는 바에 따라 계산된 금액으로 한다. 다만, 300톤 미만의 선박의 경우에는 16만7천 계산단위에 상당하는 금액으로 한다.
가. 500톤 이하의 선박의 경우에는 33만3천 계산단위에 상당하는 금액
나. 500톤을 초과하는 선박의 경우에는 가목의 금액에 500톤을 초과하여 3천톤까지의 부분에 대하여는 매 톤당 500 계산단위, 3천톤을 초과하여 3만톤까지의 부분에 대하여는 매 톤당 333 계산단위, 3만톤을 초과하여 7만톤까지의 부분에 대하여는 매 톤당 250 계산단위 및 7만톤을 초과한 부분에 대하여는 매 톤당 167 계산단위를 각 곱하여 얻은 금액을 순차로 가산한 금액
3. 제1호 및 제2호 외의 채권에 대한 책임의 한도액은 그 선박의 톤수에 따라서 다음 각 목에 정하는 바에 따라 계산된 금액으로 한다. 다만, 300톤 미만의 선박의 경우에는 8만3천 계산단위에 상당하는 금액으로 한다.
가. 500톤 이하의 선박의 경우에는 16만7천 계산단위에 상당하는 금액
나. 500톤을 초과하는 선박의 경우에는 가목의 금액에 500톤을 초과하여 3만톤까지의 부분에 대하여는 매 톤당 167 계산단위, 3만톤을 초과하여 7만톤까지의 부분에 대하여는 매 톤당 125 계산단위 및 7만톤을 초과한 부분에 대하여는 매 톤당 83 계산단위를 각 곱하여 얻은 금액을 순차로 가산한 금액
② 제1항 각 호에 따른 각 책임한도액은 선박마다 동일한 사고에서 생긴 각 책임한도액에 대응하는 선박소유자에 대한 모든 채권에 미친다.
③ 제769조에 따라 책임이 제한되는 채권은 제1항 각 호에 따른 각 책임한도액에 대하여 각 채권액의 비율로 경합한다.
④ 제1항제2호에 따른 책임한도액이 같은 호의 채권의 변제에 부족한 때에는 제3호에 따른 책임한도액을 그 잔액채권의 변제에 충당한다. 이 경우 동일한 사고에서 제3호의 채권도 발생한 때에는 이 채권과 제2호의 잔액채권은 제3호에 따른 책임한도액에 대하여 각 채권액의 비율로 경합한다.
참조 [선박적량톤수의 계산방법]772, [사망·상해의 경우의 책임의 한도]774, [본조의 적용제외]773
第771條【동일한 사고로 인한 반대채권액의 공제】 선박소유자가 책임의 제한을 받는 채권자에 대하여 동일한 사고로 인하여 생긴 손해에 관한 채권을 가지는 경우에는 그 채권액을 공제한 잔액에 한하여 책임의 제한을 받는 채권으로 한다.
第772條【책임제한을 위한 선박톤수】 제770조제1항에서 규정하는 선박의 톤수는 국제항해에 종사하는 선박의 경우에는 「선박법」에서 규정하는 국제총톤수로 하고 그 밖의 선박의 경우에는 같은 법에서 규정하는 총톤수로 한다.
참조 [선박적량톤수]770·774, [적량의 측정]선박법3
第773條【유한책임의 배제】 선박소유자는 다음 각 호의 채권에 대하여는 그 책임을 제한하지 못한다.
1. 선장·해원, 그 밖의 사용인으로서 그 직무가 선박의 업무에 관련된 자 또는 그 상속인, 피부양자, 그 밖의 이해관계인의 선박소유자에 대한 채권
2. 해난구조로 인한 구조료 채권 및 공동해손의 분담에 관한 채권
3. 1969년 11월 29일 성립한 「유류오염손해에 대한 민사책임에 관한 국제조약」 또는 그 조약의 개정조항이 적용되는 유류오염손해에 관한 채권
4. 침몰·난파·좌초·유기, 그 밖의 해양사고를 당한 선박 및 그 선박 안에 있거나 있었던 적하와 그 밖의 물건의 인양·제거·파괴 또는 무해조치에 관한 채권
5. 원자력손해에 관한 채권
판례 '난파물 제거채권'의 의미 : 동조 제4호의 의미는 선박소유자에게 해상에서의 안전, 위생, 환경보전 등의 공익적인 목적으로 관계 법령에 의하여 그 제거 등의 의무가 부과된 경우에 그러한 법령상의 의무를 부담하는 선박소유자에 한하여 난파물제거채권에 대하여 책임제한을 주장할 수 없는 것으로 봄이 상당하고, 위와 같은 법령상의 의무를 부담하는 선박소유자가 자신에게 부과된 의무나 책임을 이행함으로써 입은 손해에 관하여 그 손해발생에 원인을 제공한 가해선박 소유자에 대하여 그 손해배상을 구하는 채권은 이 조항에 규정된 난파물 제거채권에 해당된다고 볼 수 없다.(대판 2000.8.22, 99다9646)
第774條【책임제한을 할 수 있는 자의 범위】 ① 다음 각 호의 어느 하나에 해당하는 자는 이 절의 규정에 따라 선박소유자의 경우와 동일하게 책임을 제한할 수 있다.
1. 용선자·선박관리인 및 선박운항자
2. 법인인 선박소유자 및 제1호에 규정된 자의 무한책임사원
3. 자기의 행위로 인하여 선박소유자 또는 제1호에 규정된 자에 대하여 제769조 각 호에 따른 채권이 성립하게 한 선장·해원·도선사, 그 밖의 선박소유자 또는 제1호에 규정된 자의 사용인 또는 대리인
② 동일한 사고에서 발생한 모든 채권에 대한 선박소유자 및 제1항에 규정된 자에 의한 책임제한의 총액은 선박마다 제770조에 따른 책임한도액을 초과하지 못한다.
③ 선박소유자 또는 제1항 각 호에 규정된 자의 1인이 책임제한절차개시의 결정을 받은 때에는 책임제한을 할 수 있는 다른 자도 이를 원용할 수 있다.
第775條【구조자의 책임제한】 ① 구조자 또는 그 피용자의 구조활동과 직접 관련하여 발생한 사람의 사망·신체의 상해, 재산의 멸실이나 훼손, 계약상 권리 외의 타인의 권리의 침해로 인하여 생긴 손해에 관한 채권 및 그러한 손해를 방지 혹은 경감하기 위한 조치에 관한 채권 또는 그 조치의 결과로 인하여 생긴 손해에 관한 채권에 대하여는 제769조부터 제774조(제769조제2호 및 제770조제1항제1호를 제외한다)까지의 규정에 따라 구조자도 책임을 제한할 수 있다.
② 구조활동을 선박으로부터 행하지 아니한 구조자 또는 구조를 받는 선박에서만 행한 구조자는 제770조에 따른 책임의 한도액에 관하여 1천500톤의 선박에 의한 구조자로 본다.
③ 구조자의 책임의 한도액은 구조선마다 또는 제2항의 경우에는 구조자마다 동일한 사고로 인하여 생긴 모든 채권에 미친다.
④ 제1항에서 "구조자"란 구조활동에 직접 관련된 용역을 제공한 자를 말하며, "구조활동"이란 해난구조 시의 구조활동은 물론 침몰·난파·좌초·유기, 그 밖의 해양사고를 당한 선박 및 그 선박 안에 있거나 있었던 적하와 그 밖의 물건의 인양·제거·파괴 또는 무해조치 및 이와 관련된 손해를 방지 또는 경감하기 위한 모든 조치를 말한다.

第776條【책임제한의 절차】 ① 이 절의 규정에 따라 책임을 제한하고자 하는 자는 채권자로부터 책임한도액을 초과하는 청구금액을 명시한 서면에 의한 청구를 받은 날부터 1년 이내에 법원에 책임제한절차개시의 신청을 하여야 한다.
② 책임제한절차 개시의 신청, 책임제한의 기금의 형성·공고·참가·배당, 그 밖에 필요한 사항은 별도로 법률로 정한다.

第5節 선박담보

第777條【선박우선특권 있는 채권】 ① 다음의 채권을 가진 자는 선박·그 속구, 그 채권이 생긴 항해의 운임, 그 선박과 운임에 부수한 채권에 대하여 우선특권이 있다.
1. 채권자의 공동이익을 위한 소송비용, 항해에 관하여 선박에 과한 제세금, 도선료·예선료, 최후 입항 후의 선박과 그 속구의 보존비·검사비
2. 선원과 그 밖의 선박사용인의 고용계약으로 인한 채권
3. 해난구조로 인한 선박에 대한 구조료 채권과 공동해손의 분담에 대한 채권
4. 선박의 충돌과 그 밖의 항해사고로 인한 손해, 항해시설·항만시설 및 항로에 대한 손해와 선원이나 여객의 생명·신체에 대한 손해의 배상채권

② 제1항의 우선특권을 가진 선박채권자는 이 법과 그 밖의 법률의 규정에 따라 제1항의 재산에 대하여 다른 채권자보다 자기채권의 우선변제를 받을 권리가 있다. 이 경우 그 성질에 반하지 아니하는 한 「민법」의 저당권에 관한 규정을 준용한다.
第778條【선박·운임에 부수한 채권】 제777조에 따른 선박과 운임에 부수한 채권은 다음과 같다.
1. 선박 또는 운임의 손실로 인하여 선박소유자에게 지급할 손해배상
2. 공동해손으로 인한 선박 또는 운임의 손실에 대하여 선박소유자에게 지급할 상금
3. 해난구조로 인하여 선박소유자에게 지급할 구조료

第779條【운임에 대한 우선특권】 운임에 대한 우선특권은 지급을 받지 아니한 운임 및 지급을 받은 운임 중 선박소유자나 그 대리인이 소지한 금액에 한하여 행사할 수 있다.
第780條【보험금 등의 제외】 보험계약에 의하여 선박소유자에게 지급할 보험금과 그 밖의 장려금이나 보조금에 대하여는 제778조를 적용하지 아니한다.
第781條【선박사용인의 고용계약으로 인한 채권】 제777조제1항제2호에 따른 채권은 고용계약 존속 중의 모든 항해로 인한 운임의 전부에 대하여 우선특권이 있다.
第782條【동일항해로 인한 채권에 대한 우선특권의 순위】 ① 동일항해로 인한 채권의 우선특권이 경합하는 때에는 그 우선의 순위는 제777조제1항 각 호의 순서에 따른다.
② 제777조제1항제3호에 따른 채권의 우선특권이 경합하는 때에는 후에 생긴 채권이 전에 생긴 채권에 우선한다. 동일한 사고로 인한 채권은 동시에 생긴 것으로 본다.
第783條【수회항해에 관한 채권에 대한 우선특권의 순위】 ① 수회의 항해에 관한 채권의 우선특권이 경합하는 때에는 후의 항해에 관한 채권이 전의 항해에 관한 채권에 우선한다.
② 제781조에 따른 우선특권은 그 최후의 항해에 관한 다른 채권과 동일한 순위로 한다.
第784條【동일순위의 우선특권이 경합한 경우】 제781조부터 제783조까지의 규정에 따른 동일순위의 우선특권이 경합하는 때에는 각 채권액의 비율에 따라 변제한다.
第785條【우선특권의 추급권】 선박채권자의 우선특권은 그 선박소유권의 이전으로 인하여 영향을 받지 아니한다.
第786條【우선특권의 소멸】 선박채권자의 우선특권은 그 채권이 생긴 날부터 1년 이내에 실행하지 아니하면 소멸한다.
第787條【선박저당권】 ① 등기한 선박은 저당권의 목적으로 할 수 있다.
② 선박의 저당권은 그 속구에 미친다.
③ 선박의 저당권에는 「민법」의 저당권에 관한 규정을 준용한다.
第788條【선박저당권 등과 우선특권의 경합】 선박채권자의 우선특권은 질권과 저당권에 우선한다.
第789條【등기선박의 입질불허】 등기한 선박은 질권의 목적으로 하지 못한다.
第790條【건조 중의 선박에의 준용】 이 절의 규정은 건조 중의 선박에 준용한다.

第2章 운송과 용선

第1節 개품운송

第791條【개품운송계약의 의의】 개품운송계약은 운송인이 개개의 물건을 해상에서 선박으로 운송할 것을 인수하고, 송하인이 이에 대하여 운임을 지급하기로 약정함으로써 그 효력이 생긴다.
第792條【운송물의 제공】 ① 송하인은 당사자 사이의 합의 또는 선적항의 관습에 의한 때와 곳에서 운송인에게 운송물을 제공하여야 한다.
② 제1항에 따른 때와 곳에서 송하인이 운송물을 제공하지 아니한 경우에는 계약을 해제한 것으로 본다. 이 경우 선장은 즉시 발항할 수 있고, 송하인은 운임의 전액을 지급하여야 한다.
第793條【운송에 필요한 서류의 교부】 송하인은 선적기간 이내에 운송에 필요한 서류를 선장에게 교부하여야 한다.
참조 [적하물에 관한 서류]선원20①
第794條【감항능력 주의의무】 운송인은 자기 또는 선원이나 그 밖의 선박사용인이 발항 당시 다음의 사항에 관하여 주의를 해태하지 아니하였음을 증명하지 아니하면 운송물의 멸실·훼손 또는 연착으로 인한 손해를 배상할 책임이 있다.
1. 선박이 안전하게 항해를 할 수 있게 할 것
2. 필요한 선원의 승선, 선박의장(艤裝)과 필요품의 보급
3. 선창·냉장실, 그 밖에 운송물을 적재할 선박의 부분을 운송물의 수령·운송과 보존을 위하여 적합한 상태에 둘 것

참조 [보험자의 면책사유]706, [선장의 검사의무]선원7
第795條【운송물에 관한 주의의무】 ① 운송인은 자기 또는 선원이나 그 밖의 선박사용인이 운송물의 수령·선적·적부(積付)·운송·보관·양륙과 인도에 관하여 주의를 해태하지 아니하였음을 증명하지 아니하면 운송물의 멸실·훼손 또는 연착으로 인한 손해를 배상할 책임이 있다.
② 운송인은 선장·해원·도선사, 그 밖의 선박사용인의 항해 또는 선박의 관리에 관한 행위 또는 화재로 인하여 생긴 운송물에 관한 손해를 배상할 책임을 면한다. 다만, 운송인의 고의 또는 과실로 인한 화재의 경우에는 그러하지 아니하다.
참조 [운송물의 멸실·훼손 또는 연착과 손해배상책임]136-138·815, [불법행위책임]민750·756, [감항능력주의의무]794, [선박소유자의 유한책임]769, [운송물의 멸실과 운임]134·815, [책임의 소멸]121·146·814
판례 영업용 보세창고업자가 실수입자와 공모하여 화물을 무단 반출함으로써 화물이 멸실된 경우, 선박대리점의 중대한 과실에 의하여 운송물에 대한 소유권이 침해된 것인지 여부(소극) : 해상화물운송에 있어서 선하증권이 발행된 경우 그 화물은 선하증권과 상환으로 선하증권의 소지인에게 인도되어야 하는 것이므로 운송인 또는 그 국내 선박대리점이 선하증권의 소지인이 아닌 자에게 화물을 인도함으로써 멸실케 한 경우에는 선하증권의 소지인에 대하여 불법행위에 기한 손해배상책임을 진다고 할 것이지만, 운송인의 국내 선박대리점이 실수입자의 요청에 의하여 그가 지정하는 영업용 보세창고에 화물을 입고시킨 경우에는 보세창고업자를 통하여 화물에 대한 지배를 계속하고 있다고 할 것이어서 운송인의 국내 선박대리점이 선하증권의 소지인이 아닌 자에게 화물을 인도한 것이라거나, 선하증권의 소지인에게 인도되어야 할 화물을 무단반출의 위험이 현저한 장소에 보관시킨 것이라고 할 수는 없으므로, 영업용 보세창고업자가 실수입자와 공모하여 보세창고에 입고된 화물을 무단반출함으로써 화물이 멸실되었다고 하더라도 선박대리점의 중대한 과실에 의하여 선하증권 소지인의 운송물에 대한 소유권이 침해된 것이라고는 할 수 없다.
(대판 2005.1.27, 2004다12394)
第796條【운송인의 면책사유】 운송인은 다음 각 호의 사실이 있었다는 것과 운송물에 관한 손해가 그 사실로 인하여 보통 생길 수 있는 것임을 증명한 때에는 이를 배상할 책임을 면한다. 다만, 제794조 및 제795조제1항에 따른 주의를 다하였더라면 그 손해를 피할 수 있었음에도 불구하고 그 주의를 다하지 아니하였음을 증명한 때에는 그러하지 아니하다.
1. 해상이나 그 밖에 항행할 수 있는 수면에서의 위험 또는 사고
2. 불가항력
3. 전쟁·폭동 또는 내란
4. 해적행위나 그 밖에 이에 준한 행위
5. 재판상의 압류, 검역상의 제한, 그 밖에 공권에 의한 제한
6. 송하인 또는 운송물의 소유자나 그 사용인의 행위
7. 동맹파업이나 그 밖의 쟁의행위 또는 선박폐쇄
8. 해상에서의 인명이나 재산의 구조행위 또는 이로 인한 항로이탈이나 그 밖의 정당한 사유로 인한 항로이탈
9. 운송물의 포장의 불충분 또는 기호의 표시의 불완전
10. 운송물의 특수한 성질 또는 숨은 하자
11. 선박의 숨은 하자

참조 [운송물에 관한 주의의무]795, [손해배상책임]136-138·815, [상사과실]795·799
第797條【책임의 한도】 ① 제794조부터 제796조까지의 규정에 따른 운송인의 손해배상의 책임은 당해 운송물의 매 포장당 또는 선적단위당 666과 100분의 67 계산단위의 금액과 중량 1킬로그램당 2 계산단위의 금액 중 큰 금액을 한도로 제한할 수 있다. 다만, 운송물에 관한 손해가 운송인 자신의 고의 또는 손해발생의 염려가 있음을 인식하면서 무모하게 한 작위 또는 부작위로 인하여 생긴 것인 때에는 그러하지 아니하다.
② 제1항의 적용에 있어서 운송물의 포장 또는 선적단위의 수는 다음과 같이 정한다.
1. 컨테이너나 그 밖에 이와 유사한 운송용기가 운송물을 통합하기 위하여 사용되는 경우에 그러한 운송용기에 내장된 운송물의 포장 또는 선적단위의 수를 선하증권이나 그 밖에 운송계약을 증명하는 문서에 기재한 때에는 그 각 포장 또는 선적단위를 하나의 포장 또는 선적단위로 본다. 이 경우를 제외하고는 이러한 운송용기 내의 운송물 전부를 하나의 포장 또는 선적단위로 본다.
2. 운송인이 아닌 자가 공급한 운송용기 자체가 멸실 또는 훼손된 경우에는 그 용기를 별개의 포장 또는 선적단위로 본다.

③ 제1항 및 제2항은 송하인이 운송인에게 운송물을 인도할 때에 그 종류와 가액을 고지하고 선하증권이나 그 밖에 운송계약을 증명하는 문서에 이를 기재한 경우에는 적용하지 아니한다. 다만, 송하인이 운송물의 종류 또는 가액을 고의로 현저하게 부실의 고지를 한 때에는 운송인은 자기 또는 그 사용인이 악의인 경우를 제외하고 운송물의 손해에 대하여 책임을 면한다.
④ 제1항부터 제3항까지의 규정은 제769조부터 제774조까지 및 제776조의 적용에 영향을 미치지 아니한다.
판례 해상운송인의 손해배상 책임제한의 기준이 되는 포장의 의미 및 포장의 수에 대한 판단 기준 : 상법 789조의2에 의한 해상운송인의 손해배상 책임제한의 기준이 되는 '포장'이란 운송물의 보호 내지는 취급을 용이하게 하기 위하여 고안된 것으로서 반드시 운송물을 완전히 감싸고 있어야 하는 것도 아니며 구체적으로 무엇이 포장에 해당하는지 여부는 운송업계의 관습 내지는 사회 통념에 비추어 판단하여야 할 것이고, 선하증권의 해석상 무엇이 책임제한의 계산단위가 되는 포장인지의 여부를 판단함에 있어서는 선하증권에 표시된 당사자의 의사를 최우선적인 기준으로 삼아야 할 것이며, 그러한 관점에서 선하증권에 대포장과 그 속의 소포장이 모두 기재된 경우에는 달리 특별한 사정이 없는 한 최소포장단위에 해당하는 소포장을 책임제한의 계산단위가 되는 포장으로 보아야 할 것인바, 비록 '포장의 수'란에 최소포장단위가 기재되어 있지 아니하는 경우라 할지라도 거기에 기재된 숫자를 결정적인 것으로 본다는 명시적인 의사표시가 없는 한 선하증권의 다른 난(欄)의 기재까지 모두 살펴 그 중 최소포장단위에 해당하는 것을 당사자가 합의한 책임제한의 계산단위라고 봄이 상당하고, 포장의 수와 관련하여 선하증권에 'Said to Contain' 또는 'Said to Be'와 같은 유보문구가 기재되어 있다는 사정은 포장당 책임제한조항의 해석에 있어서 아무런 영향이 없다.(대판 2004.7.22, 2002다44267)
第798條【비계약적 청구에 대한 적용】 ① 이 절의 운송인의 책임에 관한 규정은 운송인의 불법행위로 인한 손해배상의 책임에도 적용한다.
② 운송물에 관한 손해배상청구가 운송인의 사용인 또는 대리인에 대하여 제기된 경우에 그 손해가 그 사용인 또는 대리인의 직무집행에 관하여 생긴 것인 때에는 그 사용인 또는 대리인은 운송인이 주장할 수 있는 항변과 책임제한을 원용할 수 있다. 다만, 그 손해가 그 사용인 또는 대리인의 고의 또는 운송물의 멸실·훼손 또는 연착이 생길 염려가 있음을 인식하면서 무모하게 한 작위 또는 부작위로 인하여 생긴 것인 때에는 그러하지 아니하다.
③ 제2항 본문의 경우에 운송인과 그 사용인 또는 대리인의 운송물에 대한 책임제한금액의 총액은 제797조제1항에 따른 한도를 초과하지 못한다.
④ 제1항부터 제3항까지의 규정은 운송물에 관한 손해배상청구가 운송인 외의 실제운송인 또는 그 사용인이나 대리인에 대하여 제기된 경우에도 적용한다.
第799條【운송인의 책임경감금지】 ① 제794조부터 제798조까지의 규정에 반하여 운송인의 의무 또는 책임을 경감 또는 면제하는 당사자 사이의 특약은 효력이 없다. 운송물에 관한 보험의 이익을 운송인에게 양도하는 약정 또는 이와 유사한 약정도 또한 같다.
② 제1항은 산 동물의 운송 및 선하증권이나 그 밖에 운송계약을 증명하는 문서의 표면에 갑판적(甲

板積)으로 운송할 취지를 기재하여 갑판적으로 행하는 운송에 대하여는 적용하지 아니한다.

第800條【위법선적물의 처분】 ① 선장은 법령 또는 계약을 위반하여 선적된 운송물은 언제든지 이를 양륙할 수 있고, 그 운송물이 선박 또는 다른 운송물에 위해를 미칠 염려가 있는 때에는 이를 포기할 수 있다.
② 선장이 제1항의 물건을 운송하는 때에는 선적한 때와 곳에서의 동종 운송물의 최고운임의 지급을 청구할 수 있다.
③ 제1항 및 제2항은 운송인과 그 밖의 이해관계인의 손해배상청구에 영향을 미치지 아니한다.
참조 [선장의 의무]747, [해원・여객이 소지하는 위험물과 선장의 처분권]선원23

第801條【위험물의 처분】 ① 인화성・폭발성이나 그 밖의 위험성이 있는 운송물은 운송인이 그 성질을 알고 선적한 경우에도 그 운송물이 선박이나 다른 운송물에 위해를 미칠 위험이 있는 때에는 선장은 언제든지 이를 양륙・파괴 또는 무해조치할 수 있다.
② 운송인은 제1항의 처분에 의하여 그 운송물에 발생한 손해에 대하여는 공동해손분담책임을 제외하고 그 배상책임을 면한다.

第802條【운송물의 수령】 운송물의 도착통지를 받은 수하인은 당사자 사이의 합의 또는 양륙항의 관습에 의한 때와 곳에서 지체 없이 운송물을 수령하여야 한다.

第803條【운송물의 공탁 등】 ① 수하인이 운송물의 수령을 게을리한 때에는 선장은 이를 공탁하거나 세관이나 그 밖에 법령으로 정한 관청의 허가를 받은 곳에 인도할 수 있다. 이 경우 지체 없이 수하인에게 그 통지를 발송하여야 한다.
② 수하인을 확실히 알 수 없거나 수하인이 운송물의 수령을 거부한 때에는 선장은 이를 공탁하거나 세관이나 그 밖에 법령으로 정한 관청의 허가를 받은 곳에 인도하고 지체 없이 용선자 또는 송하인 및 알고 있는 수하인에게 그 통지를 발송하여야 한다.
③ 제1항 및 제2항에 따라 운송물을 공탁하거나 세관이나 그 밖에 법령으로 정한 관청의 허가를 받은 곳에 인도한 때에는 선하증권소지인이나 그 밖의 수하인에게 운송물을 인도한 것으로 본다.
참조 [공탁]공탁, 공탁규칙, [육상운송과 공탁]142, [상사매매와 공탁]67, [변제목적물의 공탁]민487～491

第804條【운송물의 일부 멸실・훼손에 관한 통지】
① 수하인이 운송물의 일부 멸실 또는 훼손을 발견한 때에는 수령 후 지체 없이 그 개요에 관하여 운송인에게 서면에 의한 통지를 발송하여야 한다. 다만, 그 멸실 또는 훼손이 즉시 발견할 수 없는 것인 때에는 수령한 날부터 3일 이내에 그 통지를 발송하여야 한다.
② 제1항의 통지가 없는 경우에는 운송물이 멸실 또는 훼손 없이 수하인에게 인도된 것으로 추정한다.
③ 제1항 및 제2항은 운송인 또는 그 사용인이 악의인 경우에는 적용하지 아니한다.
④ 운송물에 멸실 또는 훼손이 발생하였거나 그 의심이 있는 경우에는 운송인과 수하인은 서로 운송물의 검사를 위하여 필요한 편의를 제공하여야 한다.
⑤ 제1항부터 제4항까지의 규정에 반하여 수하인에게 불리한 당사자 사이의 특약은 효력이 없다.

第805條【운송물의 중량・용적에 따른 운임】 운송물의 중량 또는 용적으로 운임을 정한 때에는 운송물을 인도하는 때의 중량 또는 용적에 의하여 그 액을 정한다.
참조 [운임]134・806・813・815・853, [운송물의 멸실과 운임]134・810・815, [시효]814, [기간에 의한 운임]806, [공적운임]832①・833・837

第806條【운송기간에 따른 운임】 ① 기간으로 운임을 정한 때에는 운송물의 선적을 개시한 날부터 그 양륙을 종료한 날까지의 기간에 의하여 그 액을 정한다.
② 제1항의 기간에는 불가항력으로 인하여 선박이 선적항이나 항해 도중에 정박한 기간 또는 항해 도중에 선박을 수선한 기간을 산입하지 아니한다.

第807條【수하인의 의무, 선장의 유치권】 ① 수하인이 운송물을 수령하는 때에는 운송계약 또는 선하증권의 취지에 따라 운임・부수비용・체당금・체선료, 운송물의 가액에 따른 공동해손 또는 해난구조로 인한 부담액을 지급하여야 한다.
② 선장은 제1항에 따른 금액의 지급과 상환하지 아니하면 운송물을 인도할 의무가 없다.

第808條【운송인의 운송물경매권】 ① 운송인은 제807조제1항에 따른 금액의 지급을 받기 위하여 법원의 허가를 받아 운송물을 경매하여 우선변제를 받을 권리가 있다.
② 선장이 수하인에게 운송물을 인도한 후에도 운송인은 그 운송물에 대하여 제1항의 권리를 행사할 수 있다. 다만, 인도한 날부터 30일을 경과하거나 제3자가 그 운송물에 점유를 취득한 때에는 그러하지 아니하다.
참조 [경매]민집, [유치권]807, 민320, ①[관할]비송72

第809條【항해용선자 등의 재운송계약시 선박소유자의 책임】 항해용선자 또는 정기용선자가 자기의 명의로 제3자와 운송계약을 체결한 경우에는 그 계약의 이행이 선장의 직무에 속한 범위 안에서 선박소유자도 그 제3자에 대하여 제794조 및 제795조에 따른 책임을 진다.
참조 [선장의 직무]745～755・800・865, 선원6이하
판례 재용선계약에 의하여 재용선자에게 선복을 항해용선하여 준 경우, 선장과 선원에 대한 임면・지휘권을 가지고 선박을 점유・관리하는 자 : 선박의 소유자가 선박임대차계약에 의하여 선박을 임대하여 주고, 선박임차인은 다른 자와 항해용선계약을 체결하여, 그 항해용선자가 재용선계약에 의하여 선복을 제3자인 재용선자에게 항해용선하여 준 경우에 선장과 선원에 대한 임면・지휘권을 가지고 선박을 점유・관리하는 자는 선박의 소유자가 아니라 선박임차인이라 할 것인바, "선박임차인이 상행위 기타 영리를 목적으로 선박을 항해에 사용하는 경우에는 그 이용에 관한 사항에는 제3자에 대하여 선박소유자와 동일한 권리의무가 있다."고 규정한 상법 766조 1항의 취지에 따라, 선박임차인은 재용선자인 제3자에 대하여 상법 806조에 의한 책임, 즉 자신의 지휘・감독 아래에 있는 선장의 직무에 속한 범위 내에서 발생한 손해에 관하여 상법 787조 및 788조의 규정에 의한 책임을 진다 할 것이고, 이는 재용선자가 전부 혹은 일부 선복을 제3자에게 재재용선하여 줌으로써 순차로 재재재용선계약에 이른 경우에도 마찬가지라 할 것이다.
(대판 2004.10.27, 2004다7040)

第810條【운송계약의 종료사유】 ① 운송계약은 다음의 사유로 인하여 종료한다.
1. 선박이 침몰 또는 멸실한 때
2. 선박이 수선할 수 없게 된 때
3. 선박이 포획된 때
4. 운송물이 불가항력으로 인하여 멸실된 때
② 제1항제1호부터 제3호까지의 사유가 항해 도중에 생긴 때에는 송하인은 운송의 비율에 따라 현존하는 운송물의 가액의 한도에서 운임을 지급하여야 한다.
참조 [불가항력으로 인한 운송물멸실과 운임]134・815, [다른 운송물의 선적]812

第811條【법정사유로 인한 해제 등】 ① 항해 또는 운송이 법령을 위반하게 되거나 그 밖에 불가항력으로 인하여 계약의 목적을 달할 수 없게 된 때에는 각 당사자는 계약을 해제할 수 있다.
② 제1항의 사유가 항해 도중에 생긴 경우에 계약을 해지한 때에는 송하인은 운송의 비율에 따라 운임을 지급하여야 한다.
참조 [다른 운송물의 운임]812

第812條【운송물의 일부에 관한 불가항력】 ① 제810조제1항제4호 및 제811조제1항의 사유가 운송물의 일부에 대하여 생긴 때에는 송하인은 운송인의 책임이 가중되지 아니하는 범위 안에서 다른 운송물을 선적할 수 있다.
② 송하인이 제1항의 권리를 행사하고자 하는 때에는 지체 없이 운송물의 양륙 또는 선적을 하여야 한다. 그 양륙 또는 선적을 게을리한 때에는 운임의 전액을 지급하여야 한다.

第813條【선장의 적하처분과 운임】 운송인은 다음 각 호의 어느 하나에 해당하는 경우에는 운임의 전액을 청구할 수 있다.
1. 선장이 제750조제1항에 따라 적하를 처분하였을 때
2. 선장이 제865조에 따라 적하를 처분하였을 때
참조 [불가항력으로 인한 운송물멸실과 운임]134・815, [수하물의 경우]826②

第814條【운송인의 채권・채무의 소멸】 ① 운송인의 송하인 또는 수하인에 대한 채권 및 채무는 그 청구원인의 여하에 불구하고 운송인이 수하인에게 운송물을 인도한 날 또는 인도할 날부터 1년 이내에 재판상 청구가 없으면 소멸한다. 다만, 이 기간은 당사자의 합의에 의하여 연장할 수 있다.
② 운송인이 인수한 운송을 다시 제3자에게 위탁한 경우에 송하인 또는 수하인이 제1항의 기간 이내에 운송인과 배상 합의를 하거나 운송인에게 재판상 청구를 하였다면, 그 합의 또는 청구가 있은 날부터 3개월이 경과하기 이전에는 그 제3자에 대한 운송인의 채권・채무는 제1항에도 불구하고 소멸하지 아니한다. 운송인과 그 제3자 사이에 제1항 단서와 동일한 취지의 약정이 있는 경우에도 또한 같다.
③ 제2항의 경우에 있어서 재판상 청구를 받은 운송인이 그로부터 3개월 이내에 그 제3자에 대하여 소송고지를 하면 3개월의 기간은 그 재판이 확정되거나 그 밖에 종료된 때부터 기산한다.
참조 [상사시효]64, [책임의 시효]121・815
판례 상법 제811조에서 정한 '운송물을 인도할 날'은 통상 운송계약이 그 내용에 좇아 이행되었으면 인도가 행하여져야 했던 날을 말하는데, 운송물이 멸실되거나 운송인이 운송물의 인도를 거절하는 등의 사유로 운송물이 인도되지 않은 경우에는 '운송물을 인도할 날'을 기준으로 위 규정의 제소기간이 지났는지 여부를 판단하여야 한다.(대판 2007.4.26, 2005다5058)

第815條【준용규정】 제134조, 제136조부터 제140조까지의 규정은 이 절에서 정한 운송인에 준용한다.

第816條【복합운송인의 책임】 ① 운송인이 인수한 운송에 해상 외의 운송구간이 포함된 경우 운송인은 손해가 발생한 운송구간에 적용될 법에 따라 책임을 진다.
② 어느 운송구간에서 손해가 발생하였는지 불분명한 경우 또는 손해의 발생이 성질상 특정한 지역으로 한정되지 아니하는 경우에는 운송인은 운송거리가 가장 긴 구간에 적용되는 법에 따라 책임을 진다. 다만, 운송거리가 같거나 가장 긴 구간을 정할 수 없는 경우에는 운임이 가장 비싼 구간에 적용되는 법에 따라 책임을 진다.

第2節 해상여객운송

第817條【해상여객운송계약의 의의】 해상여객운송계약은 운송인이 특정한 여객을 출발지에서 도착지까지 해상에서 선박으로 운송할 것을 인수하고, 이에 대하여 상대방이 운임을 지급하기로 약정함으로써 그 효력이 생긴다.

第818條【기명식의 선표】 기명식의 선표는 타인에게 양도하지 못한다.
참조 [채권의 양도성]민449, [무기명식의 경우]민523

第819條【식사・거처제공의무 등】 ① 여객의 항해 중의 식사는 다른 약정이 없으면 운송인의 부담으로 한다.
② 항해 도중에 선박을 수선하는 경우에는 운송인은 그 수선 중 여객에게 상당한 거처와 식사를 제공하여야 한다. 다만, 여객의 권리를 해하지 아니하는 범위 안에서 상륙항까지의 운송의 편의를 제공한 때에는 그러하지 아니하다.
③ 제2항의 경우에 여객은 항해의 비율에 따른 운임을 지급하고 계약을 해지할 수 있다.

第820條【수하물 무임운송의무】 여객이 계약에 의하여 선내에서 휴대할 수 있는 수하물에 대하여는 운송인은 다른 약정이 없으면 별도로 운임을 청구하지 못한다.
참조 [수하물 운송에 관한 책임]149①・150・826①, [여객사망의 경우의 처분]824, [수하물의 운임]813・826②

第821條【승선지체와 선장의 발항권】 ① 여객이 승선시기까지 승선하지 아니한 때에는 선장은 즉시 발항할 수 있다. 항해 도중의 정박항에서도 또한 같다.
② 제1항의 경우에는 여객은 운임의 전액을 지급하여야 한다.
참조 [물건 운송과 선적기간 경과 후의 발항]792②・831, [선장의 발항의무]선원8, [불가항력으로 인한 여객의 항해불능의 경우]823

第822條【여객의 계약해제와 운임】 여객이 발항 전에 계약을 해제하는 경우에는 운임의 반액을 지급하고, 발항 후에 계약을 해제하는 경우에는 운임의 전액을 지급하여야 한다.
참조 [물건운송계약의 해제]832・833・837, [불가항력으로 인한 여객의 항해불능]823, [법정사유로 인한 해제]811・826

第823條【법정사유에 의한 해제】 여객이 발항 전에 사망・질병이나 그 밖의 불가항력으로 인하여 항해할 수 없게 된 때에는 운송인은 운임의 10분의 3을 청구할 수 있고, 발항 후에 그 사유가 생긴 때에는 운송인의 선택으로 운임의 10분의 3 또는 운송의 비율에 따른 운임을 청구할 수 있다.
참조 [여객이 하는 해제와 운임]822, [객관적 불가항력의 경우]811①・826, [비율운임]811②・825・826

第824條【사망한 여객의 수하물처분의무】 여객이 사망한 때에는 선장은 그 상속인에게 가장 이익이 되는 방법으로 사망자가 휴대한 수하물을 처분하여야 한다.
참조 [사망자 발생 시 선장의 보고 및 인도의무와 유류품의 처리]선원17・18・21, [적하의 경우]752

第825條【법정종료사유】 운송계약은 제810조제1항제1호부터 제3호까지의 사유로 인하여 종료한다. 그 사유가 항해 도중에 생긴 때에는 여객은 운송의 비율에 따른 운임을 지급하여야 한다.
참조 [물건운송계약의 종료]810

第826條【준용규정】 ① 제148조・제794조・제799조제1항 및 제809조는 해상여객운송에 준용한다.
② 제134조・제136조・제149조제2항・제794조부터 제801조까지・제804조・제807조・제809조・제811조 및 제814조는 운송인이 위탁을 받은 여객의 수하물의 운송에 준용한다.
③ 제150조, 제797조제1항・제4항, 제798조, 제799조제1항, 제809조 및 제814조는 운송인이 위탁을 받지 아니한 여객의 수하물에 준용한다.

第3節 항해용선

第827條【항해용선계약의 의의】 ① 항해용선계약은 특정한 항해를 할 목적으로 선박소유자가 용선자에게 선원이 승무하고 항해장비를 갖춘 선박의 전부 또는 일부를 물건의 운송에 제공하기로 약정하고 용선자가 이에 대하여 운임을 지급하기로 약정함으로써 그 효력이 생긴다.
② 이 절의 규정은 그 성질에 반하지 아니하는 한 여객운송을 목적으로 하는 항해용선계약에도 준용한다.
③ 선박소유자가 일정한 기간 동안 용선자에게 선박을 제공할 의무를 지지만 항해를 단위로 운임을 계산하여 지급하기로 약정한 경우에도 그 성질에 반하지 아니하는 한 이 절의 규정을 준용한다.

第828條【용선계약서】 용선계약의 당사자는 상대방의 청구에 의하여 용선계약서를 교부하여야 한다.

참조 [용선계약]810-812·829-838, [용선자와 재운송계약]809

판례 재용선계약 등에 의하여 복수의 해상운송 주체가 있는 경우 운송인의 확정 방법 : 재용선계약의 경우, 선주와 용선자 사이의 주된 용선계약과 용선자와 재용선자 사이의 재용선계약은 각각 독립된 운송계약으로서 선주와 재용선계약의 재용선자와는 아무런 직접적인 관계가 없다 할 것인바, 재용선계약 등에 의하여 복수의 해상운송 주체가 있는 경우 운송의 최종 수요자인 운송의뢰인에 대한 관계에서는, 용선계약에 의하여 그로부터 운송을 인수한 자가 누구인지에 따라 운송인이 확정되는 것이고, 선하증권의 발행자가 운송인으로 인정될 개연성이 높다 하겠지만, 그렇다고 하여 선하증권의 발행사실만으로 당연히 운송인의 지위가 인정되는 것은 아니다.
(대판 2004.10.27, 2004다7040)

第829條【선적준비완료의 통지, 선적기간】 ① 선박소유자는 운송물을 선적함에 필요한 준비가 완료된 때에는 지체 없이 용선자에게 그 통지를 발송하여야 한다.
② 운송물을 선적할 기간의 약정이 있는 경우에는 그 기간은 제1항의 통지가 오전에 있은 때에는 그 날의 오후 1시부터 기산하고, 오후에 있은 때에는 다음날 오전 6시부터 기산한다. 이 기간에는 불가항력으로 인하여 선적할 수 없는 날과 그 항의 관습상 선적작업을 하지 아니하는 날을 산입하지 아니한다.
③ 제2항의 기간을 경과한 후 운송물을 선적한 때에는 선박소유자는 상당한 보수를 청구할 수 있다.

참조 [선적기간 경과 후 발항]831, [선적기간 경과와 계약해제]836, [개품운송과 선적의 지시]792①, [양륙의 경우의 통지·양륙기간]838, [운임의 계산]806, [보수청구권]807·838③, [제3자가 선적인인 경우]830

第830條【제3자가 선적인인 경우의 통지·선적】 용선자 외의 제3자가 운송물을 선적할 경우에 선장이 그 제3자를 확실히 알 수 없거나 그 제3자가 운송물을 선적하지 아니한 때에는 선장은 지체 없이 용선자에게 그 통지를 발송하여야 한다. 이 경우 선적기간 이내에 한하여 용선자가 운송물을 선적할 수 있다.

참조 [선장의 선적준비완료의 통지]829, [선적기간 경과 후 발항]831②③, [선적기간 경과와 계약해제]836

第831條【용선자의 발항청구권, 선장의 발항권】 ① 용선자는 운송물의 전부를 선적하지 아니한 경우에도 선장에게 발항을 청구할 수 있다.
② 선적기간의 경과 후에는 용선자가 운송물의 전부를 선적하지 아니한 경우에도 선장은 즉시 발항할 수 있다.
③ 제1항 및 제2항의 경우에 용선자는 운임의 전액과 운송물의 전부를 선적하지 아니함으로 인하여 생긴 비용을 지급하고, 또한 선박소유자의 청구가 있는 때에는 상당한 담보를 제공하여야 한다.

참조 [발항할 의무 및 권리]792②, 선원8, [선적기간의 기산]829②③, [개품운송의 경우]792

第832條【전부용선의 발항 전의 계약해제 등】 ① 발항 전에는 전부용선자는 운임의 반액을 지급하고 계약을 해제할 수 있다.
② 왕복항해의 용선계약인 경우에 전부용선자가 그 회항 전에 계약을 해지하는 때에는 운임의 3분의 2를 지급하여야 한다.
③ 선박이 다른 항에서 선적항에 항행하여야 할 경우에 전부용선자가 선적항에서 발항하기 전에 계약을 해지하는 때에도 제2항과 같다.

第833條【일부용선과 발항 전의 계약해제 등】 ① 일부용선자나 송하인은 다른 용선자와 송하인 전원과 공동으로 하는 경우에 한하여 제832조의 해제 또는 해지를 할 수 있다.
② 제1항의 경우 외에는 일부용선자나 송하인이 발항 전에 계약을 해제 또는 해지한 때에도 운임의 전액을 지급하여야 한다.
③ 발항 전이라도 일부용선자나 송하인이 운송물의 전부 또는 일부를 선적한 경우에는 다른 용선자와 송하인의 동의를 받지 아니하면 계약을 해제 또는 해지하지 못한다.

第834條【부수비용·체당금 등의 지급의무】 ① 용선자나 송하인이 제832조 및 제833조제1항에 따라 계약을 해제 또는 해지를 한 때에도 부수비용과 체당금을 지급할 책임을 면하지 못한다.
② 제832조제2항 및 제3항의 경우에는 용선자나 송하인은 제1항에 규정된 것 외에도 운송물의 가액에 따라 공동해손 또는 해난구조로 인하여 부담할 금액을 지급하여야 한다.

第835條【선적·양륙비용의 부담】 제833조 및 제834조의 경우에 운송물의 전부 또는 일부를 선적한 때에는 그 선적과 양륙의 비용은 용선자 또는 송하인이 부담한다.

第836條【선적기간 내의 불선적의 효과】 용선자가 선적기간 내에 운송물의 선적을 하지 아니한 때에는 계약을 해제 또는 해지한 것으로 본다.

第837條【발항 후의 계약해지】 발항 후에는 용선자나 송하인은 운임의 전액, 체당금·체선료와 공동해손 또는 해난구조의 부담액을 지급하고 그 양륙하기 위하여 생긴 손해를 배상하거나 이에 대한 상당한 담보를 제공하지 아니하면 계약을 해지하지 못한다.

第838條【운송물의 양륙】 ① 운송물을 양륙함에 필요한 준비가 완료된 때에는 선장은 지체 없이 수하인에게 그 통지를 발송하여야 한다.
② 제829조제2항은 운송물의 양륙기간의 계산에 준용한다.
③ 제2항의 양륙기간을 경과한 후 운송물을 양륙한 때에는 선박소유자는 상당한 보수를 청구할 수 있다.

第839條【선박소유자의 책임경감 금지】 ① 제794조에 반하여 이 절에서 정한 선박소유자의 의무 또는 책임을 경감 또는 면제하는 당사자 사이의 특약은 효력이 없다. 운송물에 관한 보험의 이익을 선박소유자에게 양도하는 약정 또는 이와 유사한 약정도 또한 같다.
② 제799조제2항은 제1항의 경우에 준용한다.

第840條【선박소유자의 채권·채무의 소멸】 ① 선박소유자의 용선자 또는 수하인에 대한 채권 및 채무는 그 청구원인의 여하에 불구하고 선박소유자가 운송물을 인도한 날 또는 인도할 날부터 2년 이내에 재판상 청구가 없으면 소멸한다. 이 경우 제814조제1항 단서를 준용한다.
② 제1항의 기간을 단축하는 선박소유자와 용선자의 약정은 이를 운송계약에 명시적으로 기재하지 아니하면 그 효력이 없다.

第841條【준용규정】 ① 제134조, 제136조, 제137조, 제140조, 제793조부터 제797조까지, 제798조제1항부터 제3항까지, 제800조, 제801조, 제803조, 제804조제1항부터 제4항까지, 제805조부터 제808조까지와 제810조부터 제813조까지의 규정은 항해용선계약에 준용한다.
② 제1항에 따라 제806조의 운임을 계산함에 있어서 제829조제2항의 선적기간 또는 제838조제2항의 양륙기간이 경과한 후에 운송물을 선적 또는 양륙한 경우에는 그 기간경과 후의 선적 또는 양륙기간은 선적 또는 양륙기간에 산입하지 아니하고 제829조제3항 및 제838조제3항에 따라 별도로 보수를 정한다.

第4節 정기용선

第842條【정기용선계약의 의의】 정기용선계약은 선박소유자가 용선자에게 선원이 승무하고 항해장비를 갖춘 선박을 일정한 기간동안 항해에 사용하게 할 것을 약정하고 용선자가 이에 대하여 기간으로 정한 용선료를 지급하기로 약정함으로써 그 효력이 생긴다.

第843條【정기용선자의 선장지휘권】 ① 정기용선자는 약정한 범위 안의 선박의 사용을 위하여 선장을 지휘할 권리가 있다.
② 선장·해원, 그 밖의 선박사용인이 정기용선자의 정당한 지시를 위반하여 정기용선자에게 손해가 발생한 경우에는 선박소유자가 이를 배상할 책임이 있다.

第844條【선박소유자의 운송물유치권 및 경매권】 ① 제807조제2항 및 제808조는 정기용선자가 선박소유자에게 용선료·체당금, 그 밖에 이와 유사한 정기용선계약에 의한 채무를 이행하지 아니하는 경우에 준용한다. 다만, 선박소유자는 정기용선자가 발행한 선하증권을 선의로 취득한 제3자에게 대항하지 못한다.
② 제1항에 따른 선박소유자의 운송물에 대한 권리는 정기용선자가 운송물에 관하여 약정한 용선료 또는 운임의 범위를 넘어서 행사하지 못한다.

第845條【용선료의 연체와 계약해지 등】 ① 정기용선자가 용선료를 약정기일에 지급하지 아니한 때에는 선박소유자는 계약을 해제 또는 해지할 수 있다.
② 정기용선자가 제3자와 운송계약을 체결하여 운송물을 선적한 후 선박의 항해 중에 선박소유자가 제1항에 따라 계약을 해제 또는 해지한 때에는 선박소유자는 적하이해관계인에 대하여 정기용선자와 동일한 운송의무가 있다.
③ 선박소유자가 제2항에 따른 계약의 해제 또는 해지 및 운송계속의 뜻을 적하이해관계인에게 서면으로 통지를 한 때에는 선박소유자의 정기용선자에 대한 용선료·체당금, 그 밖에 이와 유사한 정기용선계약상의 채권을 담보하기 위하여 정기용선자가 적하이해관계인에 대하여 가지는 용선료 또는 운임의 채권을 목적으로 질권을 설정한 것으로 본다.
④ 제1항부터 제3항까지의 규정은 선박소유자 또는 적하이해관계인의 정기용선자에 대한 손해배상청구에 영향을 미치지 아니한다.

第846條【정기용선계약상의 채권의 소멸】 ① 정기용선계약에 관하여 발생한 당사자 사이의 채권은 선박이 선박소유자에게 반환된 날부터 2년 이내에 재판상 청구가 없으면 소멸한다. 이 경우 제814조제1항 단서를 준용한다.
② 제840조제2항은 제1항의 경우에 준용한다.

第5節 선체용선

第847條【선체용선계약의 의의】 ① 선체용선계약은 용선자의 관리·지배 하에 선박을 운항할 목적으로 선박소유자가 용선자에게 선박을 제공할 것을 약정하고 용선자가 이에 따른 용선료를 지급하기로 약정함으로써 그 효력이 생긴다.
② 선박소유자가 선장과 그 밖의 해원을 공급할 의무를 지는 경우에도 용선자의 관리·지배하에서 해원이 선박을 운항하는 것을 목적으로 하면 이를 선체용선계약으로 본다.

第848條【법적 성질】 ① 선체용선계약은 그 성질에 반하지 아니하는 한 「민법」상 임대차에 관한 규정을 준용한다.
② 용선기간이 종료된 후에 용선자가 선박을 매수 또는 인수할 권리를 가지는 경우 및 금융의 담보를 목적으로 채권자를 선박소유자로 하여 선체용선계약을 체결한 경우에도 용선기간 중에는 당사자 사이에서는 이 절의 규정에 따라 권리와 의무가 있다.

第849條【선체용선자의 등기청구권, 등기의 효력】 ① 선체용선자는 선박소유자에 대하여 선체용선등기에 협력할 것을 청구할 수 있다.
② 선체용선을 등기한 때에는 그 때부터 제3자에 대하여 효력이 생긴다.

第850條【선체용선과 제3자에 대한 법률관계】 ① 선체용선자가 상행위나 그 밖의 영리를 목적으로 선박을 항해에 사용하는 경우에는 그 이용에 관한 사항에는 제3자에 대하여 선박소유자와 동일한 권리의무가 있다.
② 제1항의 경우에 선박의 이용에 관하여 생긴 우선특권은 선박소유자에 대하여도 그 효력이 있다. 다만, 우선특권자가 그 이용의 계약에 반함을 안 때에는 그러하지 아니하다.

第851條【선체용선계약상의 채권의 소멸】 ① 선체용선계약에 관하여 발생한 당사자 사이의 채권은 선박이 선박소유자에게 반환된 날부터 2년 이내에 재판상 청구가 없으면 소멸한다. 이 경우 제814조제1항 단서를 준용한다.
② 제840조제2항은 제1항의 경우에 준용한다.

第6節 운송증서

第852條【선하증권의 발행】 ① 운송인은 운송물을 수령한 후 송하인의 청구에 의하여 1통 또는 수통의 선하증권을 교부하여야 한다.
② 운송인은 운송물을 선적한 후 송하인의 청구에 의하여 1통 또는 수통의 선적선하증권을 교부하거나 제1항의 선하증권에 선적의 뜻을 표시하여야 한다.
③ 운송인은 선장 또는 그 밖의 대리인에게 선하증권의 교부 또는 제2항의 표시를 위임할 수 있다.

참조 [수통의 선하증권]853·857-860, [방식]853, [화물상환증]128

판례 운송물을 수령 또는 선적하지 않고 발행한 선하증권의 효력(무효) : 선하증권은 운송물의 인도청구권을 표창하는 유가증권인바, 이는 운송계약에 기하여 작성되는 유인증권으로 상법은 운송인이 송하인으로부터 실제로 운송물을 수령 또는 선적하고 있는 것을 유효한 선하증권 성립의 전제조건으로 삼고 있으므로 운송물을 수령 또는 선적하지 아니하였는데도 발행한 선하증권은 원인과 요건을 구비하지 못하여 목적물의 흠결이 있는 것으로서 무효이다.(대판 2008.2.14, 2006다47585)

第853條【선하증권의 기재사항】 ① 선하증권에는 다음 각 호의 사항을 기재하고 운송인이 기명날인 또는 서명하여야 한다.

1. 선박의 명칭·국적 및 톤수
2. 송하인이 서면으로 통지한 운송물의 종류, 중량 또는 용적, 포장의 종별, 개수와 기호
3. 운송물의 외관상태
4. 용선자 또는 송하인의 성명·상호
5. 수하인 또는 통지수령인의 성명·상호
6. 선적항
7. 양륙항
8. 운임
9. 발행지와 그 발행연월일
10. 수통의 선하증권을 발행한 때에는 그 수
11. 운송인의 성명 또는 상호
12. 운송인의 주된 영업소 소재지

② 제1항제2호의 기재사항 중 운송물의 중량·용적·개수 또는 기호가 운송인이 실제로 수령한 운송물을 정확하게 표시하고 있지 아니하다고 의심할 만한 상당한 이유가 있는 때 또는 이를 확인할 적당한 방법이 없는 때에는 그 기재를 생략할 수 있다.

③ 송하인은 제1항제2호의 기재사항이 정확함을 운송인에게 담보한 것으로 본다.

④ 운송인이 선하증권에 기재된 통지수령인에게 운송물에 관한 통지를 한 때에는 송하인 및 선하증권소지인과 그 밖의 수하인에게 통지한 것으로 본다.

참조 [작성자]852, [화물상환증]128②

판례 선하증권의 소지인이 운송물을 수령하지 않고 선하증권을 발행한 운송인에 대하여 불법행위로 인한 손해배상을 청구할 수 있는지 여부 : 선하증권은 운송물의 인도청구권을 표창하는 유가증권인 바, 이는 운송계약에 기하여 작성되는 유인증권으로 상법은 운송인이 송하인으로부터 실제로 운송물을 수령 또는 선적하고 있는 것을 유효한 선하증권 성립의 전제조건으로 삼고 있으므로 운송물을 수령 또는 선적하지 아니하였는데도 발행된 선하증권은 원인과 요건을 구비하지 못하여 목적물의 흠결이 있는 것으로서 무효라고 봄이 상당하고, 이러한 경우 선하증권의 소지인은 운송물을 수령하지 않고 선하증권을 발행한 운송인에 대하여 불법행위로 인한 손해배상을 청구할 수 있다. (대판 2005.3.24, 2003다5535)

第854條【선하증권 기재의 효력】 ① 제853조제1항에 따라 선하증권이 발행된 경우 운송인과 송하인 사이에 선하증권에 기재된 대로 개품운송계약이 체결되고 운송물을 수령 또는 선적한 것으로 추정한다.

② 제1항의 선하증권을 선의로 취득한 소지인에 대하여 운송인은 선하증권에 기재된 대로 운송물을 수령 혹은 선적한 것으로 보고 선하증권에 기재된 바에 따라 운송인으로서 책임을 진다.

판례 선하증권 기재의 추정적 효력과 "운송물이 외관상 양호한 상태로 선적되었다"는 기재의 의미 및 컨테이너 운송에서 운송인이 선적된 운송물의 내용을 알지 못한다는 '부지약관'이 기재된 무고장선하증권(선적 당시 화물에 하자가 없음을 증명하는 선하증권)이 발행된 경우, 부지약관의 효력과 내용물의 상태에 관한 입증책임의 소재 : 무고장선하증권이 발행된 경우에는 특별한 사정이 없는 한 운송인은 그 운송물을 양호한 상태로 수령 또는 선적한 것으로 추정된다 할 것이며, 상당한 주의를 기울이더라도 발견할 수 없는 운송물의 내부상태에 대하여서는 이러한 추정규정이 적용될 수 없고, 한편 컨테이너 운송의 경우에 이른바 부지(不知) 문구가 선하증권상에 기재되어 있다면 이러한 경우 선하증권 소지인은 송하인이 운송인에게 운송물을 양호한 상태로 인도하였다는 점을 입증하여야 한다. (대판 2001.2.9, 98다49074)

第855條【용선계약과 선하증권】 ① 용선자의 청구가 있는 경우 선박소유자는 운송물을 수령한 후에 제852조 및 제853조에 따라 선하증권을 발행한다.

② 제1항에 따라 선하증권이 발행된 경우 선박소유자는 선하증권에 기재된 대로 운송물을 수령 또는 선적한 것으로 추정한다.

③ 제3자가 선의로 제1항의 선하증권을 취득한 경우 선박소유자는 제854조제2항에 따라 운송인으로서 권리와 의무가 있다. 용선자의 청구에 따라 선박소유자가 제3자에게 선하증권을 발행한 경우에도 또한 같다.

④ 제3항의 경우에 그 제3자는 제833조부터 제835조까지 및 제837조에 따른 송하인으로 본다.

⑤ 제3항의 경우 제799조를 위반하여 운송인으로서의 의무와 책임을 감경 또는 면제하는 특약을 하지 못한다.

第856條【등본의 교부】 선하증권의 교부를 받은 용선자 또는 송하인은 발행자의 청구가 있는 때에는 선하증권의 등본에 기명날인 또는 서명하여 교부하여야 한다.

第857條【수통의 선하증권과 양륙항에 있어서의 운송물의 인도】 ① 양륙항에서 수통의 선하증권 중 1통을 소지한 자가 운송물의 인도를 청구하는 경우에도 선장은 그 인도를 거부하지 못한다.

② 제1항에 따라 수통의 선하증권 중 1통의 소지인이 운송물의 인도를 받은 때에는 다른 선하증권은 그 효력을 잃는다.

참조 [선하증권의 상환증권성]129·861, [양륙항]853, [수통의 선하증권의 발행]857·858, [2인 이상의 소지인이 있을 경우]859·860, [양륙항외에서의 인도]858

第858條【수통의 선하증권과 양륙항 외에서의 운송물의 인도】 양륙항 외에서는 선장은 선하증권의 각 통의 반환을 받지 아니하면 운송물을 인도하지 못한다.

참조 [선하증권의 상환증권성]129·861, [양륙항]853, [양륙항에서의 인도]857①

第859條【2인 이상 소지인의 운송물인도청구와 공탁】 ① 2인 이상의 선하증권소지인이 운송물의 인도를 청구한 때에는 선장은 지체 없이 운송물을 공탁하고 각 청구자에게 그 통지를 발송하여야 한다.

② 선장이 제857조제1항에 따라 운송물의 일부를 인도한 후 다른 소지인이 운송물의 인도를 청구한 경우에도 그 인도하지 아니한 운송물에 대하여는 제1항과 같다.

참조 [선하증권의 상환증권성]129·861, [권리를 행사할 수 있는 소지인]860, [공탁]공탁, 공탁규칙

第860條【수인의 선하증권소지인의 순위】 ① 제859조에 따라 공탁한 운송물에 대하여는 수인의 선하증권소지인에게 공통되는 전 소지인으로부터 먼저 교부를 받은 증권소지인의 권리가 다른 소지인의 권리에 우선한다.

② 격지자에 대하여 발송한 선하증권은 그 발송한 때를 교부받은 때로 본다.

참조 [2인 이상 소지인의 청구와 운송물의 공탁]859

第861條【준용규정】 제129조·제130조·제132조 및 제133조는 제852조 및 제855조의 선하증권에 준용한다.

판례 선하증권상 통지처인 하역회사가 화물을 지정장치장에 입고시킨 경우, 운송인과 지정장치장 화물관리인 사이의 법률관계 : 선하증권이 발행된 화물의 해상운송에 있어서 운송인 또는 그 선박대리점은 선하증권과 상환하여 화물을 인도함으로써 의무의 이행을 다하는 것이므로, 선하증권상의 통지처에 불과한 화주의 의뢰를 받은 하역회사가 화물을 양하하여 통관을 위해 지정장치장에 입고시켰다면, 화물이 운송인 등의 지배를 떠나 화주에게 인도된 것으로 볼 수는 없고, 운송인 등은 지정장치장 화물관리인을 통하여 화물에 대한 지배를 계속하고 있고 지정장치장 화물관리인의 입장에서도 운송인 등으로부터 점유를 이전받았다고 할 것이므로, 운송인 등과 지정장치장 화물관리인 사이에는 화물에 관하여 묵시적인 임치계약관계가 성립하고, 지정장치장 화물관리인은 운송인 등의 지시에 따라 임치물을 인도할 의무를 지게 된다.(대판 2006.12.21, 2003다47362)

第862條【전자선하증권】 ① 운송인은 제852조 또는 제855조의 선하증권을 발행하는 대신에 송하인 또는 용선자의 동의를 받아 법무부장관이 지정하는 등록기관에 등록을 하는 방식으로 전자선하증권을 발행할 수 있다. 이 경우 전자선하증권은 제852조 및 제855조의 선하증권과 동일한 법적 효력을 갖는다.

② 전자선하증권에는 제853조제1항 각 호의 정보가 포함되어야 하며, 운송인이 전자서명을 하여 송신하고 용선자 또는 송하인이 이를 수신하여야 그 효력이 생긴다.

③ 전자선하증권의 권리자는 배서의 뜻을 기재한 전자문서를 작성한 다음 전자선하증권을 첨부하여 지정된 등록기관을 통하여 상대방에게 송신하는 방식으로 그 권리를 양도할 수 있다.

④ 제3항에서 정한 방식에 따라 배서의 뜻을 기재한 전자문서를 상대방이 수신하면 제852조 및 제855조의 선하증권을 배서하여 교부한 것과 동일한 효력이 있고, 제2항 및 제3항의 전자문서를 수신한 권리자는 제852조 및 제855조의 선하증권을 교부받은 소지인과 동일한 권리를 취득한다.

⑤ 전자선하증권의 등록기관의 지정요건, 발행 및 배서의 전자적인 방식, 운송물의 구체적인 수령절차와 그 밖에 필요한 사항은 대통령령으로 정한다.

第863條【해상화물운송장의 발행】 ① 운송인은 용선자 또는 송하인의 청구가 있으면 제852조 또는 제855조의 선하증권을 발행하는 대신 해상화물운송장을 발행할 수 있다. 해상화물운송장은 당사자 사이의 합의에 따라 전자식으로도 발행할 수 있다.

② 해상화물운송장에는 해상화물운송장임을 표시하는 외에 제853조제1항 각 호 사항을 기재하고 운송인이 기명날인 또는 서명하여야 한다.

③ 제853조제2항 및 제4항은 해상화물운송장에 준용한다.

第864條【해상화물운송장의 효력】 ① 제863조제1항의 규정에 따라 해상화물운송장이 발행된 경우 운송인이 그 운송장에 기재된 대로 운송물을 수령 또는 선적한 것으로 추정한다.

② 운송인이 운송물을 인도함에 있어서 수령인이 해상화물운송장에 기재된 수하인 또는 그 대리인이라고 믿을만한 정당한 사유가 있는 때에는 수령인이 권리자가 아니라고 하더라도 운송인은 그 책임을 면한다.

第3章 해상위험

第1節 공동해손

第865條【공동해손의 요건】 선박과 적하의 공동위험을 면하기 위한 선장의 선박 또는 적하에 대한 처분으로 인하여 생긴 손해 또는 비용은 공동해손으로 한다.

참조 [선장의 적하처분의무]752, [적하처분과 운임]813, [공동해손분담청구권]777①·875

第866條【공동해손의 분담】 공동해손은 그 위험을 면한 선박 또는 적하의 가액과 운임의 반액과 공동해손의 액과의 비율에 따라 각 이해관계인이 이를 분담한다.

참조 [선박적하의 가액·손해액]867·869·871-874, [공동해손분담청구권과 우선특권]777①·782·783, [분담자와 유한책임]868, [보험자와 분담액의 보상]694

第867條【공동해손분담액의 산정】 공동해손의 분담액을 정함에 있어서는 선박의 가액은 도달의 때와 곳의 가액으로 하고, 적하의 가액은 양륙의 때와 곳의 가액으로 한다. 다만, 적하에 관하여는 그 가액 중에서 멸실로 인하여 지급을 면하게 된 운임과 그 밖의 비용을 공제하여야 한다.

참조 [산정의 예외]873, [분담자의 책임한도]868, [손해액의 산정]869, [지급불요의 운임]134①·815

第868條【공동해손분담자의 유한책임】 제866조 및 제867조에 따라 공동해손의 분담책임이 있는 자는 선박이 도달하거나 적하를 인도한 때에 현존하는 가액의 한도에서 책임을 진다.

참조 [선박소유자·선박이해관계인의 물적유한책임]752②, [적하의 구조료지급의무와 물적유한책임]884

第869條【공동해손의 손해액산정】 공동해손의 액을 정함에 있어서는 선박의 가액은 도달의 때와 곳의 가액으로 하고, 적하의 가액은 양륙의 때와 곳의 가액으로 한다. 다만, 적하에 관하여는 그 손실로 인하여 지급을 면하게 된 모든 비용을 공제하여야 한다.

참조 [지급불요의 운임]134①·815, [산정의 예외]873, [분담액의 산정]867

第870條【책임있는 자에 대한 구상권】 선박과 적하의 공동위험이 선박 또는 적하의 하자나 그 밖의 과실 있는 행위로 인하여 생긴 경우에는 공동해손의 분담자는 그 책임이 있는 자에 대하여 구상권을 행사할 수 있다.

第871條【공동해손분담제외】 선박에 비치한 무기, 선원의 급료, 선원과 여객의 식량·의류는 보존된 경우에는 그 가액을 공동해손의 분담에 산입하지 아니하고, 손실된 경우에는 그 가액을 공동해손의 액에 산입한다.

참조 [공동해손의 분담]866

第872條【공동해손분담청구에서의 제외】 ① 속구목록에 기재하지 아니한 속구, 선하증권이나 그 밖에 적하의 가격을 정할 수 있는 서류 없이 선적한 하물 또는 종류와 가액을 명시하지 아니한 화폐나 유가증권과 그 밖의 고가물은 보존된 경우에는 그 가액을 공동해손의 분담에 산입하고, 손실된 경우에는 그 가액을 공동해손의 액에 산입하지 아니한다.

② 갑판에 적재한 하물에 대하여도 제1항과 같다. 다만, 갑판에 선적하는 것이 관습상 허용되는 경우와 그 항해가 연안항행에 해당되는 경우에는 그러하지 아니하다.

참조 [선하증권]853, [속구목록]742, [서류에 실제가액과 다른 기재가 있는 경우]873, [연안항행의 범위]부칙10

第873條【적하가격의 부실기재와 공동해손】 ① 선하증권이나 그 밖에 적하의 가격을 정할 수 있는 서류에 적하의 실가보다 고액을 기재한 경우에 그 하물이 보존된 때에는 그 기재액에 의하여 공동해손의 분담액을 정하고, 적하의 실가보다 저액을 기재한 경우에 그 하물이 손실된 때에는 그 기재액을 공동해손의 액으로 한다.

② 제1항은 적하의 가격에 영향을 미칠 사항에 관하여 거짓 기재를 한 경우에 준용한다.

참조 [서류없는 적하와 손해 및 분담]872, [손해산정의 표준]869, [분담산정의 표준]867

第874條【공동해손인 손해의 회복】 선박소유자·용선자·송하인, 그 밖의 이해관계인이 공동해손의 액을 분담한 후 선박·속구 또는 적하의 전부나 일

부가 소유자에게 복귀된 때에는 그 소유자는 공동해손의 상금으로 받은 금액에서 구조료와 일부손실로 인한 손해액을 공제하고 그 잔액을 반환하여야 한다.
참조 [구조료]807, [반환]민741·748, [반환금의 분배]866

第875條【공동해손 채권의 소멸】 공동해손으로 인하여 생긴 채권 및 제870조에 따른 구상채권은 그 계산이 종료한 날부터 1년 이내에 재판상 청구가 없으면 소멸한다. 이 경우 제814조제1항 단서를 준용한다.
참조 [공동해손에 인한 채권]856·866, [선박충돌채권의 시효]881, [상사시효]64, [소멸시효의 기산점]민166

第2節 선박충돌

第876條【선박충돌에의 적용법규】 ① 항해선 상호 간 또는 항해선과 내수항행선 간의 충돌이 있은 경우에 선박 또는 선박 내에 있는 물건이나 사람에 관하여 생긴 손해의 배상에 대하여는 어떠한 수면에서 충돌한 때라도 이 절의 규정을 적용한다.
② 이 절에서 "선박의 충돌"이란 2척 이상의 선박이 그 운용상 작위 또는 부작위로 선박 상호 간에 다른 선박 또는 선박 내에 있는 사람 또는 물건에 손해를 생기게 하는 것을 말하며, 직접적인 접촉의 유무를 묻지 아니한다.
참조 [선박충돌시의 선장의 조치]선원12

第877條【불가항력으로 인한 충돌】 선박의 충돌이 불가항력으로 인하여 발생하거나 충돌의 원인이 명백하지 아니한 때에는 피해자는 충돌로 인한 손해의 배상을 청구하지 못한다.
참조 [과실로 인한 충돌]878-880

第878條【일방의 과실로 인한 충돌】 선박의 충돌이 일방의 선원의 과실로 인하여 발생한 때에는 그 일방의 선박소유자는 피해자에 대하여 충돌로 인한 손해를 배상할 책임이 있다.
참조 [책임제한을 할 수 있는 자의 범위]774, [쌍방의 과실로 인한 충돌]879, [도선사의 과실로 인한 충돌]880

第879條【쌍방의 과실로 인한 충돌】 ① 선박의 충돌이 쌍방의 선원의 과실로 인하여 발생한 때에는 쌍방의 과실의 경중에 따라 각 선박소유자가 손해배상의 책임을 분담한다. 이 경우 그 과실의 경중을 판정할 수 없는 때에는 손해배상의 책임을 균분하여 부담한다.
② 제1항의 경우에 제3자의 사상에 대한 손해배상은 쌍방의 선박소유자가 연대하여 그 책임을 진다.
참조 [일방의 과실로 인한 충돌]878, 민750, [경중을 판정할 수 있는 쌍방의 과실]민396·763, [재판적]민소16, [도선사의 과실로 인한 경우]880

第880條【도선사의 과실로 인한 충돌】 선박의 충돌이 도선사의 과실로 인하여 발생한 경우에도 선박소유자는 제878조 및 제879조를 준용하여 손해를 배상할 책임이 있다.
참조 [도선사]도선법2

第881條【선박충돌채권의 소멸】 선박의 충돌로 인하여 생긴 손해배상의 청구권은 그 충돌이 있은 날부터 2년 이내에 재판상 청구가 없으면 소멸한다. 이 경우 제814조제1항 단서를 준용한다.
참조 [공동해손채권의 시효]875, [상사시효]64, [소멸시효의 기산점]민166

第3節 해난구조

第882條【해난구조의 요건】 항해선 또는 그 적하 그 밖의 물건이 어떠한 수면에서 위난에 조우한 경우에 의무 없이 이를 구조한 자는 그 결과에 대하여 상당한 보수를 청구할 수 있다. 항해선과 내수항행선 간의 구조의 경우에도 또한 같다.
참조 [구조료를 청구할 수 없는 경우]890·892, [선장의 조난선박구조의무]선원13, [선박충돌과 선장상호의 구조의무]선원12, [조난선박과 경찰서장의 구조의무]수상에서의수색·구조등에관한법, [사무관리]민734이하, [선박]740, 선박법29

第883條【보수의 결정】 구조의 보수에 관한 약정이 없는 경우에 그 액에 대하여 당사자 사이에 합의가 성립하지 아니한 때에는 법원은 당사자의 청구에 의하여 구조된 선박·재산의 가액, 위난의 정도, 구조자의 노력과 비용, 구조자나 그 장비가 조우했던 위험의 정도, 구조의 효과, 환경손해방지를 위한 노력, 그 밖의 제반사정을 참작하여 그 액을 정한다.
참조 [구조료액의 제한]884, [구조료에 관한 소의 당사자]894, [재판적]민소17

第884條【보수의 한도】 ① 구조의 보수액은 다른 약정이 없으면 구조된 목적물의 가액을 초과하지 못한다.
② 선순위의 우선특권이 있는 때에는 구조의 보수액은 그 우선특권자의 채권액을 공제한 잔액을 초과하지 못한다.
참조 [구조료에 관하여 특약이 없는 경우]883, [구조료와 우선특권]777·778·786·893

第885條【환경손해방지작업에 대한 특별보상】 ① 선박 또는 그 적하로 인하여 환경손해가 발생할 우려가 있는 경우에 손해의 경감 또는 방지의 효과를 수반하는 구조작업에 종사한 구조자는 구조의 성공 여부 및 제884조와 상관없이 구조에 소요된 비용을 특별보상으로 청구할 수 있다.
② 제1항에서 "비용"이란 구조작업에 실제로 지출한 합리적인 비용 및 사용된 장비와 인원에 대한 정당한 보수를 말한다.
③ 구조자는 발생할 환경손해가 구조작업으로 인하여 실제로 감경 또는 방지된 때에는 보상의 증액을 청구할 수 있고, 법원은 제883조의 사정을 참작하여 증액 여부 및 그 금액을 정한다. 이 경우 증액된다 하더라도 구조료는 제1항의 비용의 배액을 초과할 수 없다.
④ 구조자의 고의 또는 과실로 인하여 손해의 감경 또는 방지에 지장을 가져 온 경우 법원은 제1항 및 제3항에서 정한 금액을 감액 혹은 부인할 수 있다.
⑤ 하나의 구조작업을 시행한 구조자가 제1항부터 제4항까지의 규정에서 정한 특별보상을 청구하는 것 외에 제882조에서 정한 보수도 청구할 수 있는 경우 그 중 큰 금액을 구조료로 청구할 수 있다.

第886條【구조료의 지급의무】 선박소유자와 그 밖에 구조된 재산의 권리자는 그 구조된 선박 또는 재산의 가액에 비례하여 구조에 대한 보수를 지급하고 특별보상을 하는 등 구조료를 지급할 의무가 있다.

第887條【구조에 관한 약정】 ① 당사자가 미리 구조계약을 하고 그 계약에 따라 구조가 이루어진 경우에도 그 성질에 반하지 아니하는 한 구조계약에서 정하지 아니한 사항은 이 절에서 정한 바에 따른다.
② 해난 당시에 구조료의 금액에 대하여 약정을 한 경우에도 그 금액이 현저하게 부당한 때에는 법원은 제883조의 사정을 참작하여 그 금액을 증감할 수 있다.

第888條【공동구조자 간의 구조료 분배】 ① 수인이 공동으로 구조에 종사한 경우에 그 구조료의 분배비율에 관하여는 제883조를 준용한다.
② 인명의 구조에 종사한 자도 제1항에 따라 구조료의 분배를 받을 수 있다.

第889條【1선박 내부의 구조료 분배】 ① 선박이 구조에 종사하여 그 구조료를 받은 경우에는 먼저 선박의 손해액과 구조에 들어간 비용을 선박소유자에게 지급하고 잔액을 절반하여 선장과 해원에게 지급하여야 한다.
② 제1항에 따라 해원에게 지급할 구조료의 분배는 선장이 각 해원의 노력, 그 효과와 사정을 참작하여 그 항해의 종료 전에 분배안을 작성하여 해원에게 고시하여야 한다.
참조 [구조료의 추심]894

第890條【예선의 구조의 경우】 예선의 본선 또는 그 적하에 대한 구조에 관하여는 예선계약의 이행으로 볼 수 없는 특수한 노력을 제공한 경우가 아니면 구조료를 청구하지 못한다.

第891條【동일소유자에 속한 선박 간의 보수】 동일소유자에 속한 선박의 상호 간에 있어서도 구조에 종사한 자는 상당한 구조료를 청구할 수 있다.

第892條【구조료청구권 없는 자】 다음 각 호에 해당하는 자는 구조료를 청구하지 못한다.
1. 구조받은 선박에 종사하는 자
2. 고의 또는 과실로 인하여 해난사고를 야기한 자
3. 정당한 거부에도 불구하고 구조를 강행한 자
4. 구조된 물건을 은닉하거나 정당한 사유 없이 처분한 자
참조 [구조료청구권의 취득]882

第893條【구조자의 우선특권】 ① 구조에 종사한 자의 구조료채권은 구조된 적하에 대하여 우선특권이 있다. 다만, 채무자가 그 적하를 제3취득자에게 인도한 후에는 그 적하에 대하여 이 권리를 행사하지 못한다.
② 제1항의 우선특권에는 그 성질에 반하지 아니하는 한 제777조의 우선특권에 관한 규정을 준용한다.
참조 [선박우선특권 있는 채권]777-790, [물상대위]민342

第894條【구조료지급에 관한 선장의 권한】 ① 선장은 구조료를 지급할 채무자에 갈음하여 그 지급에 관한 재판상 또는 재판 외의 모든 행위를 할 권한이 있다.
② 선장은 그 구조료에 관한 소송의 당사자가 될 수 있고, 그 확정판결은 구조료의 채무자에 대하여도 효력이 있다.
참조 [타인을 위하여 원고 또는 피고가 된 자와 판결의 효력]민소218③, [소송대리인]민소80-83

第895條【구조료청구권의 소멸】 구조료청구권은 구조가 완료된 날부터 2년 이내에 재판상 청구가 없으면 소멸한다. 이 경우 제814조제1항 단서를 준용한다.
참조 [구조료청구권]807, [상사시효]64

第6編 항공운송
(2011.5.23 본편신설)

第1章 통 칙

第896條【항공기의 의의】 이 법에서 "항공기"란 상행위나 그 밖의 영리를 목적으로 운항에 사용하는 항공기를 말한다. 다만, 대통령령으로 정하는 초경량 비행장치(超輕量 飛行裝置)는 제외한다.

第897條【적용범위】 운항용 항공기에 대하여는 상행위나 그 밖의 영리를 목적으로 하지 아니하더라도 이 편의 규정을 준용한다. 다만, 국유(國有) 또는 공유(公有) 항공기에 대하여는 운항의 목적·성질 등을 고려하여 이 편의 규정을 준용하는 것이 적합하지 아니한 경우로서 대통령령으로 정하는 경우에는 그러하지 아니하다.

第898條【운송인 등의 책임감면】 제905조제1항을 포함하여 이 편에서 정한 운송인이나 항공기 운항자의 손해배상책임과 관련하여 운송인이나 항공기 운항자가 손해배상청구권자의 과실 또는 그 밖의 불법한 작위나 부작위가 손해를 발생시켰거나 손해에 기여하였다는 것을 증명한 경우에는, 그 과실 또는 그 밖의 불법한 작위나 부작위가 손해를 발생시켰거나 손해에 기여한 정도에 따라 운송인이나 항공기 운항자의 책임을 감경하거나 면제할 수 있다.

第2章 운 송

第1節 통 칙

第899條【비계약적 청구에 대한 적용 등】 ① 이 장의 운송인의 책임에 관한 규정은 운송인의 불법행위로 인한 손해배상의 책임에도 적용한다.
② 여객, 수하물 또는 운송물에 관한 손해배상청구가 운송인의 사용인이나 대리인에 대하여 제기된 경우에 그 손해가 그 사용인이나 대리인의 직무집행에 관하여 생겼을 때에는 그 사용인이나 대리인은 운송인이 주장할 수 있는 항변과 책임제한을 원용할 수 있다.
③ 제2항에도 불구하고 여객 또는 수하물의 손해가 운송인의 사용인이나 대리인의 고의로 인하여 발생하였거나 또는 여객의 사망·상해·연착(수하물의 경우 멸실·훼손·연착)이 생길 염려가 있음을 인식하면서 무모하게 한 작위 또는 부작위로 인하여 발생하였을 때에는 그 사용인이나 대리인은 운송인이 주장할 수 있는 항변과 책임제한을 원용할 수 없다.
④ 제2항의 경우에 운송인과 그 사용인이나 대리인의 여객, 수하물 또는 운송물에 대한 책임제한금액의 총액은 각각 제905조·제907조·제910조 및 제915조에 따른 한도를 초과하지 못한다.

第900條【실제운송인에 대한 청구】 ① 운송계약을 체결한 운송인(이하 "계약운송인"이라 한다)의 위임을 받아 운송의 전부 또는 일부를 수행한 운송인(이하 "실제운송인"이라 한다)이 있을 경우 실제운송인이 수행한 운송에 관하여는 실제운송인에 대하여도 이 장의 운송인의 책임에 관한 규정을 적용한다. 다만, 제901조의 순차운송에 해당하는 경우는 그러하지 아니하다.
② 실제운송인이 여객·수하물 또는 운송물에 대한 손해배상책임을 지는 경우 계약운송인과 실제운송인은 연대하여 그 책임을 진다.
③ 제1항의 경우 제899조제2항부터 제4항까지를 준용한다. 이 경우 제899조제2항·제3항 중 "운송인"은 "실제운송인"으로, 같은 조 제4항 중 "운송인"은 "계약운송인과 실제운송인"으로 본다.
④ 이 장에서 정한 운송인의 책임과 의무 외에 운송인이 책임과 의무를 부담하기로 하는 특약 또는 이 장에서 정한 운송인의 권리나 항변의 포기는 실제운송인이 동의하지 아니하는 한 실제운송인에게 영향을 미치지 아니한다.

第901條【순차운송】 ① 둘 이상이 순차(順次)로 운송할 경우에는 각 운송인의 운송구간에 관하여 그 운송인도 운송계약의 당사자로 본다.
② 순차운송에서 여객의 사망, 상해 또는 연착으로 인한 손해배상은 그 사실이 발생한 구간의 운송인에게만 청구할 수 있다. 다만, 최초 운송인이 명시적

으로 전 구간에 대한 책임을 인수하기로 약정한 경우에는 최초 운송인과 그 사실이 발생한 구간의 운송인이 연대하여 그 손해를 배상할 책임이 있다.
③ 순차운송에서 수하물의 멸실, 훼손 또는 연착으로 인한 손해배상은 최초 운송인, 최종 운송인 및 그 사실이 발생한 구간의 운송인에게 각각 청구할 수 있다.
④ 순차운송에서 운송물의 멸실, 훼손 또는 연착으로 인한 손해배상은 송하인이 최초 운송인 및 그 사실이 발생한 구간의 운송인에게 각각 청구할 수 있다. 다만, 제918조제1항에 따라 수하인이 운송물의 인도를 청구할 권리를 가지는 경우에는 수하인이 최종 운송인 및 그 사실이 발생한 구간의 운송인에게 그 손해배상을 각각 청구할 수 있다.
⑤ 제3항과 제4항의 경우 각 운송인은 연대하여 그 손해를 배상할 책임이 있다.
⑥ 최초 운송인 또는 최종 운송인이 제2항부터 제5항까지의 규정에 따라 손해를 배상한 경우에는 여객의 사망, 상해 또는 연착이나 수하물·운송물의 멸실, 훼손 또는 연착이 발생한 구간의 운송인에 대하여 구상권을 가진다.
第902條【운송인 책임의 소멸】 운송인의 여객, 송하인 또는 수하인에 대한 책임은 그 청구원인에 관계없이 여객 또는 운송물이 도착지에 도착한 날, 항공기가 도착할 날 또는 운송이 중지된 날 가운데 가장 늦게 도래한 날부터 2년 이내에 재판상 청구가 없으면 소멸한다.
第903條【계약조항의 무효】 이 장의 규정에 반하여 운송인의 책임을 감면하거나 책임한도액을 낮게 정하는 특약은 효력이 없다.

第2節 여객운송

第904條【운송인의 책임】 운송인은 여객의 사망 또는 신체의 상해로 인한 손해에 관하여는 그 손해의 원인이 된 사고가 항공기상에서 또는 승강(乘降)을 위한 작업 중에 발생한 경우에만 책임을 진다.
第905條【운송인의 책임한도액】 ① 제904조의 손해 중 여객 1명당 11만3천100 계산단위의 금액까지는 운송인의 배상책임을 면제하거나 제한할 수 없다.(2014.5.20 본항개정)
② 운송인은 제904조의 손해 중 여객 1명당 11만3천100 계산단위의 금액을 초과하는 부분에 대하여는 다음 각 호의 어느 하나를 증명하면 배상책임을 지지 아니한다.(2014.5.20 본문개정)
1. 그 손해가 운송인 또는 그 사용인이나 대리인의 과실 또는 그 밖의 불법한 작위나 부작위에 의하여 발생하지 아니하였다는 것
2. 그 손해가 오로지 제3자의 과실 또는 그 밖의 불법한 작위나 부작위에 의하여만 발생하였다는 것
改前 ① 제904조의 손해 중 여객 1명당 "10만" 계산단위의… ② …여객 1명당 "10만" 계산단위의 금액을 초과하는 부분에 대하여는 다음 각 호의 어느 하나를…
第906條【선급금의 지급】 ① 여객의 사망 또는 신체의 상해가 발생한 항공기사고의 경우에 운송인은 손해배상청구권자가 청구하면 지체 없이 선급금(先給金)을 지급하여야 한다. 이 경우 선급금의 지급만으로 운송인의 책임이 있는 것으로 보지 아니한다.
② 지급한 선급금은 운송인이 손해배상으로 지급하여야 할 금액에 충당할 수 있다.
③ 선급금의 지급액, 지급 절차 및 방법 등에 관하여는 대통령령으로 정한다.
第907條【연착에 대한 책임】 ① 운송인은 여객의 연착으로 인한 손해에 대하여 책임을 진다. 다만, 운송인이 자신과 그 사용인 및 대리인이 손해를 방지하기 위하여 합리적으로 요구되는 모든 조치를 하였다는 것 또는 그 조치를 하는 것이 불가능하였다는 것을 증명한 경우에는 그 책임을 면한다.
② 제1항에 따른 운송인의 책임은 여객 1명당 4천694 계산단위의 금액을 한도로 한다. 다만, 여객과의 운송계약상 그 출발지, 도착지 및 중간 착륙지가 대한민국 영토 내에 있는 운송의 경우에는 여객 1명당 1천 계산단위의 금액을 한도로 한다.(2014.5.20 본항개정)
③ 제2항은 운송인 또는 그 사용인이나 대리인의 고의로 또는 연착이 생길 염려가 있음을 인식하면서 무모하게 한 작위 또는 부작위에 의하여 손해가 발생한 것이 증명된 경우에는 적용하지 아니한다.
改前 ② …운송인의 책임은 여객 1명당 "4천150" 계산단위의 금액을 한도로 한다. 다만, …대한민국 영토 내에 있는 운송의 경우에는 여객 1명당 "500" 계산단위의 금액을 한도로 한다.
第908條【수하물의 멸실·훼손에 대한 책임】 ① 운송인은 위탁수하물의 멸실 또는 훼손으로 인한 손해에 대하여는 그 손해의 원인이 된 사실이 항공기상에서 또는 위탁수하물이 운송인의 관리하에 있는 기간 중에 발생한 경우에만 책임을 진다. 다만, 그 손해가 위탁수하물의 고유한 결함, 특수한 성질 또는 숨은 하자로 인하여 발생한 경우에는 그 범위에서 책임을 지지 아니한다.
② 운송인은 휴대수하물의 멸실 또는 훼손으로 인한 손해에 대하여는 그 손해가 자신 또는 그 사용인이나 대리인의 고의 또는 과실에 의하여 발생한 경우에만 책임을 진다.
第909條【수하물의 연착에 대한 책임】 운송인은 수하물의 연착으로 인한 손해에 대하여 책임을 진다. 다만, 운송인이 자신과 그 사용인 및 대리인이 손해를 방지하기 위하여 합리적으로 요구되는 모든 조치를 하였다는 것 또는 그 조치를 하는 것이 불가능하였다는 것을 증명한 경우에는 그 책임을 면한다.
第910條【수하물에 대한 책임한도액】 ① 제908조와 제909조에 따른 운송인의 손해배상책임은 여객 1명당 1천131 계산단위의 금액을 한도로 한다. 다만, 여객이 운송인에게 위탁수하물을 인도할 때에 도착지에서 인도받을 때의 예정가액을 미리 신고한 경우에는 운송인은 신고 가액이 위탁수하물을 도착지에서 인도할 때의 실제가액을 초과한다는 것을 증명하지 아니하는 한 신고 가액을 한도로 책임을 진다.(2014.5.20 본문개정)
② 제1항은 운송인 또는 그 사용인이나 대리인의 고의로 또는 수하물의 멸실, 훼손 또는 연착이 생길 염려가 있음을 인식하면서 무모하게 한 작위 또는 부작위에 의하여 손해가 발생한 것이 증명된 경우에는 적용하지 아니한다.
改前 ① 제908조와 제909조에 따른 운송인의 손해배상책임은 여객 1명당 "1천" 계산단위의 금액을 한도로 한다. 다만…
第911條【위탁수하물의 일부 멸실·훼손 등에 관한 통지】 ① 여객이 위탁수하물의 일부 멸실 또는 훼손을 발견하였을 때에는 위탁수하물을 수령한 후 지체 없이 그 개요에 관하여 운송인에게 서면 또는 전자문서로 통지를 발송하여야 한다. 다만, 그 멸실 또는 훼손이 즉시 발견할 수 없는 것일 경우에는 위탁수하물을 수령한 날부터 7일 이내에 그 통지를 발송하여야 한다.
② 위탁수하물이 연착된 경우 여객은 위탁수하물을 처분할 수 있는 날부터 21일 이내에 이의를 제기하여야 한다.
③ 위탁수하물이 일부 멸실, 훼손 또는 연착된 경우에는 제916조제3항부터 제6항까지를 준용한다.
第912條【휴대수하물의 무임운송의무】 운송인은 휴대수하물에 대하여는 다른 약정이 없으면 별도로 운임을 청구하지 못한다.

第3節 물건운송

第913條【운송물의 멸실·훼손에 대한 책임】 ① 운송인은 운송물의 멸실 또는 훼손으로 인한 손해에 대하여 그 손해가 항공운송 중(운송인이 운송물을 관리하고 있는 기간을 포함한다. 이하 이 조에서 같다)에 발생한 경우에만 책임을 진다. 다만, 운송인이 운송물의 멸실 또는 훼손이 다음 각 호의 사유로 인하여 발생하였음을 증명하였을 경우에는 그 책임을 면한다.
1. 운송물의 고유한 결함, 특수한 성질 또는 숨은 하자
2. 운송인 또는 그 사용인이나 대리인 외의 자가 수행한 운송물의 부적절한 포장 또는 불완전한 기호 표시
3. 전쟁, 폭동, 내란 또는 무력충돌
4. 운송물의 출입국, 검역 또는 통관과 관련된 공공기관의 행위
5. 불가항력
② 제1항에 따른 항공운송 중에는 공항 외부에서 한 육상, 해상 운송 또는 내륙 수로운송은 포함되지 아니한다. 다만, 그러한 운송이 운송계약을 이행하면서 운송물의 적재(積載), 인도 또는 환적(換積)할 목적으로 이루어졌을 경우에는 항공운송 중인 것으로 추정한다.
③ 운송인이 송하인과의 합의에 따라 항공운송하기로 예정된 운송의 전부 또는 일부를 송하인의 동의 없이 다른 운송수단에 의한 운송으로 대체하였을 경우에는 그 다른 운송수단에 의한 운송은 항공운송으로 본다.
第914條【운송물 연착에 대한 책임】 운송인은 운송물의 연착으로 인한 손해에 대하여 책임을 진다. 다만, 운송인이 자신과 그 사용인 및 대리인이 손해를 방지하기 위하여 합리적으로 요구되는 모든 조치를 하였다는 것 또는 그 조치를 하는 것이 불가능하였다는 것을 증명한 경우에는 그 책임을 면한다.
第915條【운송물에 대한 책임한도액】 ① 제913조와 제914조에 따른 운송인의 손해배상책임은 손해가 발생한 해당 운송물의 1킬로그램당 19 계산단위의 금액을 한도로 하되, 송하인과의 운송계약상 그 출발지, 도착지 및 중간 착륙지가 대한민국 영토 내에 있는 운송의 경우에는 손해가 발생한 해당 운송물의 1킬로그램당 15 계산단위의 금액을 한도로 한다. 다만, 송하인이 운송물을 운송인에게 인도할 때에 도착지에서 인도받을 때의 예정가액을 미리 신고한 경우에는 운송인은 신고 가액이 도착지에서 인도할 때의 실제가액을 초과한다는 것을 증명하지 아니하는 한 신고 가액을 한도로 책임을 진다.(2014.5.20 본문개정)
② 제1항의 항공운송인의 책임한도를 결정할 때 고려하여야 할 중량은 해당 손해가 발생된 운송물의 중량을 말한다. 다만, 운송물의 일부 또는 운송물에 포함된 물건의 멸실, 훼손 또는 연착이 동일한 항공화물운송장(제924조에 따라 항공화물운송장의 교부에 대체되는 경우를 포함한다) 또는 화물수령증에 적힌 다른 운송물의 가치에 영향을 미칠 때에는 운송인의 책임한도를 결정할 때 그 다른 운송물의 중량도 고려하여야 한다.
改前 ① …운송인의 손해배상책임은 손해가 발생한 해당 운송물의 1킬로그램당 "17" 계산단위의 금액을 한도로 하되,…
第916條【운송물의 일부 멸실·훼손 등에 관한 통지】 ① 수하인은 운송물의 일부 멸실 또는 훼손을 발견하면 운송물을 수령한 후 지체 없이 그 개요에 관하여 운송인에게 서면 또는 전자문서로 통지를 발송하여야 한다. 다만, 그 멸실 또는 훼손이 즉시 발견할 수 없는 것일 경우에는 수령일부터 14일 이내에 그 통지를 발송하여야 한다.
② 운송물이 연착된 경우 수하인은 운송물을 처분할 수 있는 날부터 21일 이내에 이의를 제기하여야 한다.
③ 제1항의 통지가 없는 경우에는 운송물이 멸실 또는 훼손 없이 수하인에게 인도된 것으로 추정한다.
④ 운송물에 멸실 또는 훼손이 발생하였거나 그런 것으로 의심되는 경우에는 운송인과 수하인은 서로 운송물의 검사를 위하여 필요한 편의를 제공하여야 한다.
⑤ 제1항과 제2항의 기간 내에 통지나 이의제기가 없을 경우에는 수하인은 운송인에 대하여 제소할 수 없다. 다만, 운송인 또는 그 사용인이나 대리인이 악의인 경우에는 그러하지 아니하다.
⑥ 제1항부터 제5항까지의 규정에 반하여 수하인에게 불리한 당사자 사이의 특약은 효력이 없다.
第917條【운송물의 처분청구권】 ① 송하인은 운송인에게 운송의 중지, 운송물의 반환, 그 밖의 처분을 청구(이하 이 조에서 "처분청구권"이라 한다)할 수 있다. 이 경우에 운송인은 운송계약에서 정한 바에 따라 운임, 체당금과 처분으로 인한 비용의 지급을 청구할 수 있다.
② 송하인은 운송인 또는 다른 송하인의 권리를 침해하는 방법으로 처분청구권을 행사하여서는 아니 되며, 운송인이 송하인의 청구에 따르지 못할 경우에는 지체 없이 그 뜻을 송하인에게 통지하여야 한다.
③ 운송인이 송하인에게 교부한 항공화물운송장 또는 화물수령증을 확인하지 아니하고 송하인의 처분청구에 따른 경우, 운송인은 그로 인하여 항공화물운송장 또는 화물수령증의 소지인이 입은 손해를 배상할 책임을 진다.
④ 제918조제1항에 따라 수하인이 운송물의 인도를 청구할 권리를 취득하였을 때에는 송하인의 처분청구권은 소멸한다. 다만, 수하인이 운송물의 수령을 거부하거나 수하인을 알 수 없을 경우에는 그러하지 아니하다.
第918條【운송물의 인도】 ① 운송물이 도착지에 도착한 때에는 수하인은 운송인에게 운송물의 인도를 청구할 수 있다. 다만, 송하인이 제917조제1항에 따라 처분청구권을 행사한 경우에는 그러하지 아니하다.
② 운송물이 도착지에 도착하면 다른 약정이 없는 한 운송인은 지체 없이 수하인에게 통지하여야 한다.

第919條【운송인의 채권의 시효】 운송인의 송하인 또는 수하인에 대한 채권은 2년간 행사하지 아니하면 소멸시효가 완성한다.

第920條【준용규정】 항공화물 운송에 관하여는 제120조, 제134조, 제141조부터 제143조까지, 제792조, 제793조, 제801조, 제802조, 제811조 및 제812조를 준용한다. 이 경우 "선적항"은 "출발지 공항"으로, "선장"은 "운송인"으로, "양륙항"은 "도착지 공항"으로 본다.

第4節 운송증서

第921條【여객항공권】 ① 운송인이 여객운송을 인수하면 여객에게 다음 각 호의 사항을 적은 개인용 또는 단체용 여객항공권을 교부하여야 한다.

1. 여객의 성명 또는 단체의 명칭
2. 출발지와 도착지
3. 출발일시
4. 운항할 항공편
5. 발행지와 발행연월일
6. 운송인의 성명 또는 상호

② 운송인은 제1항 각 호의 정보를 전산정보처리조직에 의하여 전자적 형태로 저장하거나 그 밖의 다른 방식으로 보존함으로써 제1항의 여객항공권 교부를 갈음할 수 있다. 이 경우 운송인은 여객이 청구하면 제1항 각 호의 정보를 적은 서면을 교부하여야 한다.

第922條【수하물표】 운송인은 여객에게 개개의 위탁수하물마다 수하물표를 교부하여야 한다.

第923條【항공화물운송장의 발행】 ① 송하인은 운송인의 청구를 받아 다음 각 호의 사항을 적은 항공화물운송장 3부를 작성하여 운송인에게 교부하여야 한다.

1. 송하인의 성명 또는 상호
2. 수하인의 성명 또는 상호
3. 출발지와 도착지
4. 운송물의 종류, 중량, 포장의 종별·개수와 기호
5. 출발일시
6. 운송할 항공편
7. 발행지와 발행연월일
8. 운송인의 성명 또는 상호

② 운송인이 송하인의 청구에 따라 항공화물운송장을 작성한 경우에는 송하인을 대신하여 작성한 것으로 추정한다.
③ 제1항의 항공화물운송장 중 제1원본에는 "운송인용"이라고 적고 송하인이 기명날인 또는 서명하여야 하고, 제2원본에는 "수하인용"이라고 적고 송하인과 운송인이 기명날인 또는 서명하여야 하며, 제3원본에는 "송하인용"이라고 적고 운송인이 기명날인 또는 서명하여야 한다.
④ 제3항의 서명은 인쇄 또는 그 밖의 다른 적절한 방법으로 할 수 있다.
⑤ 운송인은 송하인으로부터 운송물을 수령한 후 송하인에게 항공화물운송장 제3원본을 교부하여야 한다.

第924條【항공화물운송장의 대체】 ① 운송인은 제923조제1항 각 호의 정보를 전산정보처리조직에 의하여 전자적 형태로 저장하거나 그 밖의 다른 방식으로 보존함으로써 항공화물운송장의 교부에 대체할 수 있다.
② 제1항의 경우 운송인은 송하인의 청구에 따라 송하인에게 제923조제1항 각 호의 정보를 적은 화물수령증을 교부하여야 한다.

第925條【복수의 운송물】 ① 2개 이상의 운송물이 있는 경우에는 운송인은 송하인에 대하여 각 운송물마다 항공화물운송장의 교부를 청구할 수 있다.
② 항공화물운송장의 교부가 제924조제1항에 따른 저장·보존으로 대체되는 경우에는 송하인은 운송인에게 각 운송물마다 화물수령증의 교부를 청구할 수 있다.

第926條【운송물의 성질에 관한 서류】 ① 송하인은 세관, 경찰 등 행정기관이나 그 밖의 공공기관의 절차를 이행하기 위하여 필요한 경우 운송인의 요청을 받아 운송물의 성질을 명시한 서류를 운송인에게 교부하여야 한다.
② 운송인은 제1항과 관련하여 어떠한 의무나 책임을 부담하지 아니한다.

第927條【항공운송증서에 관한 규정 위반의 효과】 운송인 또는 송하인이 제921조부터 제926조까지를 위반하는 경우에도 운송계약의 효력 및 이 법의 다른 규정의 적용에 영향을 미치지 아니한다.

第928條【항공운송증서 등의 기재사항에 관한 책임】 ① 송하인은 항공화물운송장에 적었거나 운송인에게 통지한 운송물의 명세 또는 운송물에 관한 진술이 정확하고 충분함을 운송인에게 담보한 것으로 본다.
② 송하인은 제1항의 운송물의 명세 또는 운송물에 관한 진술이 정확하지 아니하거나 불충분하여 운송인이 손해를 입은 경우에는 운송인에게 배상할 책임이 있다.
③ 운송인은 제924조제1항에 따라 저장·보존되는 운송에 관한 기록이나 화물수령증에 적은 운송물의 명세 또는 운송물에 관한 진술이 정확하지 아니하거나 불충분하여 송하인이 손해를 입은 경우 송하인에게 배상할 책임이 있다. 다만, 제1항에 따라 송하인이 그 정확하고 충분함을 담보한 것으로 보는 경우에는 그러하지 아니하다.

第929條【항공운송증서 기재의 효력】 ① 항공화물운송장 또는 화물수령증이 교부된 경우 그 운송증서에 적힌 대로 운송계약이 체결된 것으로 추정한다.
② 운송인은 항공화물운송장 또는 화물수령증에 적힌 운송물의 중량, 크기, 포장의 종별·개수·기호 및 외관상태대로 운송물을 수령한 것으로 추정한다.
③ 운송물의 종류, 외관상태 외의 상태, 포장 내부의 수량 및 부피에 관한 항공화물운송장 또는 화물수령증의 기재 내용은 송하인이 참여한 가운데 운송인이 그 기재 내용의 정확함을 확인하고 그 사실을 항공화물운송장이나 화물수령증에 적은 경우에만 그 기재 내용대로 운송물을 수령한 것으로 추정한다.

第3章 지상 제3자의 손해에 대한 책임

第930條【항공기 운항자의 배상책임】 ① 항공기 운항자는 비행 중인 항공기 또는 항공기로부터 떨어진 사람이나 물건으로 인하여 사망하거나 상해 또는 재산상 손해를 입은 지상(지하, 수면 또는 수중을 포함한다)의 제3자에 대하여 손해배상책임을 진다.
② 이 편에서 "항공기 운항자"란 사고 발생 당시 항공기를 사용하는 자를 말한다. 다만, 항공기의 운항을 지배하는 자(이하 "운항지배자"라 한다)가 타인에게 항공기를 사용하게 한 경우에는 운항지배자를 항공기 운항자로 본다.
③ 이 편을 적용할 때에 항공기등록원부에 기재된 항공기 소유자는 항공기 운항자로 추정한다.
④ 제1항에서 "비행 중"이란 이륙을 목적으로 항공기에 동력이 켜지는 때부터 착륙이 끝나는 때까지를 말한다.
⑤ 2대 이상의 항공기가 관여하여 제1항의 사고가 발생한 경우 각 항공기 운항자는 연대하여 제1항의 책임을 진다.
⑥ 운항지배자의 승낙 없이 항공기가 사용된 경우 운항지배자는 이를 막기 위하여 상당한 주의를 하였음을 증명하지 못하는 한 승낙 없이 항공기를 사용한 자와 연대하여 제932조에서 정한 한도 내의 책임을 진다.

第931條【면책사유】 항공기 운항자는 제930조제1항에 따른 사망, 상해 또는 재산상 손해의 발생이 다음 각 호의 어느 하나에 해당함을 증명하면 책임을 지지 아니한다.

1. 전쟁, 폭동, 내란 또는 무력충돌의 직접적인 결과로 발생하였다는 것
2. 항공기 운항자가 공권력에 의하여 항공기 사용권을 박탈당한 중에 발생하였다는 것
3. 오로지 피해자 또는 피해자의 사용인이나 대리인의 과실 또는 그 밖의 불법한 작위나 부작위에 의하여서만 발생하였다는 것
4. 불가항력

第932條【항공기 운항자의 유한책임】 ① 항공기 운항자의 제930조에 따른 책임은 하나의 항공기가 관련된 하나의 사고에 대하여 항공기의 이륙을 위하여 법으로 허용된 최대중량(이하 이 조에서 "최대중량"이라 한다)에 따라 다음 각 호에서 정한 금액을 한도로 한다.

1. 최대중량이 2천킬로그램 이하의 항공기의 경우 30만 계산단위의 금액
2. 최대중량이 2천킬로그램을 초과하는 항공기의 경우 2천킬로그램까지는 30만 계산단위, 2천킬로그램 초과 6천킬로그램까지는 매 킬로그램당 175 계산단위, 6천킬로그램 초과 3만킬로그램까지는 매 킬로그램당 62.5 계산단위, 3만킬로그램을 초과하는 부분에는 매 킬로그램당 65 계산단위를 각각 곱하여 얻은 금액을 순차로 더한 금액

② 하나의 항공기가 관련된 하나의 사고로 인하여 사망 또는 상해가 발생한 경우 항공기 운항자의 제930조에 따른 책임은 제1항의 금액의 범위에서 사망하거나 상해를 입은 사람 1명당 12만5천 계산단위의 금액을 한도로 한다.
③ 하나의 항공기가 관련된 하나의 사고로 인하여 여러 사람에게 생긴 손해의 합계가 제1항의 한도액을 초과하는 경우, 각각의 손해는 제1항의 한도액에 대한 비율에 따라 배상한다.
④ 하나의 항공기가 관련된 하나의 사고로 인하여 사망, 상해 또는 재산상의 손해가 발생한 경우 제1항에서 정한 금액의 한도에서 사망 또는 상해로 인한 손해를 먼저 배상하고, 남는 금액이 있으면 재산상의 손해를 배상한다.

第933條【유한책임의 배제】 ① 항공기 운항자 또는 그 사용인이나 대리인이 손해를 발생시킬 의도로 제930조제1항의 사고를 발생시킨 경우에는 제932조를 적용하지 아니한다. 이 경우 항공기 운항자의 사용인이나 대리인의 행위로 인하여 사고가 발생한 경우에는 그가 권한 범위에서 행위하고 있었다는 사실이 증명되어야 한다.
② 항공기를 사용할 권한을 가진 자의 동의 없이 불법으로 항공기를 탈취(奪取)하여 사용하는 중 제930조제1항의 사고를 발생시킨 자에 대하여는 제932조를 적용하지 아니한다.

第934條【항공기 운항자의 책임의 소멸】 항공기 운항자의 제930조의 책임은 사고가 발생한 날부터 3년 이내에 재판상 청구가 없으면 소멸한다.

第935條【책임제한의 절차】 ① 이 장의 규정에 따라 책임을 제한하려는 자는 채권자로부터 책임한도액을 초과하는 청구금액을 명시한 서면에 의한 청구를 받은 날부터 1년 이내에 법원에 책임제한절차 개시의 신청을 하여야 한다.
② 책임제한절차 개시의 신청, 책임제한 기금의 형성·공고·참가·배당, 그 밖에 필요한 사항에 관하여는 성질에 반하지 아니하는 범위에서 「선박소유자 등의 책임제한절차에 관한 법률」의 예를 따른다.

附 則

第1條【委任規定】 小商人의 범위는 閣令으로 정한다.

第2條【同前】 第125條의 湖川, 港灣의 범위는 閣令으로 정한다.

第3條【商業登記公告의 猶豫】 (생략)

第4條 (2014.5.20 삭제)

改前 "第4條【大韓民國國民만으로 組織할 會社의 無記名式株券發行의 禁止】法令의 규정에 의하여 大韓民國國民만으로 組織할 株式會社와 大韓民國國民만으로 組織할 것을 條件으로 하여 특별한 權利를 가진 株式會社는 無記名式의 株券을 發行하지 못한다. 이에 違反한 경우에는 그 株券은 無效로 하고 最後의 記名株主를 株主로 한다."

第5條 (1984.4.10 삭제)

第6條【社債募集의 受託者등의 資格】 銀行·信託會社 또는 證券會社가 아니면 社債의 募集의 委任을 받거나 第483條의 事務承繼者가 되지 못한다. (1984.4.10 본조개정)

第7條【無記名式債券所持人의 供託의 方法】 第491條第4項, 第492條第2項 또는 그 準用規定에 의하여 할 供託은 供託公務員에게 이를 하지 아니하는 경우에는 大法院長이 정하는 銀行 또는 信託會社에 하여야 한다.(1962.12.12 본조개정)

第8條【社債權者集會에 관한 公告의 方法】 社債權者集會의 召集, 償還額의 支給 또는 償還에 관한 社債權者集會의 決議를 執行함에 있어야 할 公告는 社債를 發行한 會社의 定款에 정하는 公告方法에 따라야 한다.

第9條【委任規定】 第742條의 屬具目錄의 書式은 閣令으로 정한다.

第10條【同前】 第839條第2項 但書의 沿岸航行의 범위는 閣令으로 정한다.

第11條【同前】 本法 施行에 관한 事項은 따로 法律로 정한다.

第12條【施行期日과 舊法의 效力】 ① 本法은 1963年 1月 1日로부터 施行한다.
② 朝鮮民事令 第1條에 의하여 依用된 商法, 有限會社法, 商法施行法과 商法中改正法律施行法은 本法施行時까지 그 效力이 있다.

附 則 (1962.12.12)

本法은 1963年 1月 1日부터 施行한다.

附 則 (1984.4.10)

第1條【施行日】 이 法은 1984年 9月 1日부터 施行한다.
第2條~第3條 (생략)
第4條【株式會社의 最低資本額에 관한 經過措置】 ① 이 法 施行전에 성립한 株式會社로서 이 法 施行당시 資本金額이 5千萬원미만인 會社는 이 法 施行日로부터 3年이내에 5千萬원이상으로 資本을 增加하거나 有限會社로 조직을 변경하여야 한다.
② 第1項의 期間내에 同項의 절차를 밟지 아니한 會社는 解散된 것으로 본다.
③ 第2項의 規定에 의하여 解散된 것으로 보는 會社중 清算이 終結되지 아니한 會社는 이 法 施行日부터 1年이내에 第434條의 規定에 의한 特別決議로 第1項의 節次를 밟아 會社를 계속할 수 있다. (1991.5.31 본항신설)
第5條~第6條 (생략)
第7條【株券交付에 의한 株式讓渡에 관한 經過措置】 ① 이 法 施行전의 株式의 移轉 또는 株券의 取得에 관하여는 이 法 施行후에도 종전의 第336條 및 第359條의 規定을 적용한다. 그러나, 이 法 施行후의 株券의 占有에 관하여는 第336條第2項의 改正規定을 적용한다.
② 이 法 施行전에 발행된 株券을 이 法 施行후에 取得한 者가 背書의 연속 또는 讓渡證書의 적부에 관한 調査를 하지 아니한 경우에도 第359條의 改正規定의 적용에 관하여는 그 調査를 하지 아니한 것으로 惡意 또는 중대한 과실이 있다고 보지 아니한다.
第8條【名義改書代理人에 관한 經過措置】 ① 이 法 施行전에 資本市場育成에관한法律 第11條의6의 規定에 의하여 둔 名義改書代理人은 이 法 第337條第2項의 改正規定에 의하여 둔 것으로 본다.
② 이 法에 의한 名義改書代理人의 資格은 大統領令으로 정한다.
第9條【子會社에 의한 母會社株式의 取得에 관한 經過措置】 ① 이 法 施行當時 第342條의2의 規定에 의한 子會社가 同規定에 의한 母會社의 株式을 가지고 있는 때에는 그 子會社는 이 法 施行日로부터 3年이내에 그 株式을 處分하여야 한다.
② 第625條의2의 規定은 第1項의 規定에 위반하여 株式의 처분을 하지 않은 경우에 이를 준용한다.
第10條【株券의 不所持에 관한 經過措置】 이 法 施行전에 資本市場育成에관한法律 第11條의7의 規定에 의하여 株券의 不發行에 관한 措置를 한 것은 이 法 第358條의2의 改正規定에 의하여 한 것으로 본다.
第11條【株主名簿 閉鎖期間과 基準日에 관한 經過措置】 株主名簿의 閉鎖期間과 基準日에 관하여 이 法 施行日로부터 2週間내의 날을 그 期間 또는 날로 하는 때에는 종전의 規定에 의한다.
第12條~第23條 (생략)
第24條【有限會社 資本總額등에 관한 經過措置】 ① 이 法 施行전의 有限會社로서 이 法 施行당시 그 資本總額과 出資 1座의 金額이 第546條의 改正規定에 정한 金額에 미달한 會社는 이 法 施行日로부터 3년이내에 資本總額을 1千萬원이상으로, 出資 1座의 金額을 5千원이상으로 增額하여야 한다.
② 第1項의 期間내에 資本總額을 增額하지 아니한 會社는 解散된 것으로 본다.
③ 第2項의 規定에 의하여 解散된 것으로 보는 會社중 清算이 終結되지 아니한 會社는 이 法 施行日부터 1年이내에 第585條의 規定에 의한 特別決議로 第1項의 節次를 밟아 會社를 계속할 수 있다. (1991.5.31 본항신설)
第25條【관계 法律의 改正 및 다른 法律과의 관계】 ①~⑦ ※(해당 法令에 加除整理 하였음)
⑧ 이 法 施行당시 第1項 내지 第7項의 法律외의 法律에서 종전의 商法의 規定을 引用한 경우에 이 法중 그에 해당하는 規定이 있을 때에는 종전의 規定에 갈음하여 이 法의 해당 條項을 引用한 것으로 본다.

附 則 (1991.5.31)

이 法은 공포한 날부터 施行한다.

附 則 (1991.12.31)

第1條【施行日】 이 法은 1993年 1月 1日부터 施行한다.
第2條【經過措置】 ① 이 法 第4編의 規定은 이 法 施行전에 成立한 保險契約에도 이를 適用한다. 그러나 종전의 規定에 의하여 생긴 效力에는 영향을 미치지 아니한다.
② 이 法 第5編의 規定은 이 法 施行전에 발생한 事故로 인하여 생긴 損害에 관한 債權에는 이를 適用하지 아니하고 종전의 예에 의한다.
第3條【責任制限톤數의 適用에 관한 經過措置】 第751條의 適用에 관하여 國際航海에 종사하는 船舶으로서 船舶法 第13條의 規定에 의하여 海運港灣廳長으로부터 國際톤數證書 또는 國際톤數確認書를 아직 교부받지 못한 船舶에 대하여는 國際總톤數 대신에 總톤數를 適用한다.
第4條【다른 法律과의 관계】 이 法 施行당시 다른 法律에서 종전의 商法 規定을 引用한 경우에 이 法중 그에 해당하는 規定이 있을 때에는 종전의 規定에 갈음하여 이 法의 해당 條項을 引用한 것으로 본다.

附 則 (1994.12.22)

第1條【施行日】 이 法은 1995年 1月 1日부터 施行한다.(이하 생략)

附 則 (1995.12.29)

第1條【施行日】 이 法은 1996年 10月 1日부터 施行한다.
第2條【經過措置의 原則】 이 法은 특별한 정함이 있는 경우를 제외하고는 이 法 施行전에 생긴 사항에도 이를 적용한다. 다만, 종전의 規定에 의하여 생긴 효력에는 영향을 미치지 아니한다.
第3條【商業帳簿등에 관한 經過措置】 (생략)
第4條【우선적 내용이 있는 종류의 株式에 관한 經過措置】 이 法 施行전에 발행된 우선적 내용이 있는 종류의 株式에 관하여는 종전의 規定에 의한다.
第5條【監事의 任期에 관한 經過措置】 이 法 施行당시 在任중인 株式會社의 監事의 任期에 관하여는 종전의 規定에 의한다.
第6條【다른 法律과의 관계】 이 法 施行당시 다른 法律에서 종전의 商法의 規定을 인용한 경우에 이 法중 그에 해당하는 規定이 있는 때에는 종전의 規定에 갈음하여 이 法의 해당 條項을 인용한 것으로 본다.

附 則 (1998.12.28)

第1條【施行日】 이 法은 公布한 날부터 施行한다. 다만, 第382條의2의 改正規定은 公布후 6月이 經過한 날부터 施行한다.
第2條【經過措置의 原則】 이 法은 특별한 정함이 있는 경우를 제외하고는 이 法 施行전에 생긴 사항에 대하여도 이를 적용한다. 다만, 종전의 規定에 의하여 생긴 효력에는 영향을 미치지 아니한다.
第3條【合併에 관한 經過措置】 이 法의 施行전에 체결된 合併契約에 의한 合併에 관하여는 이 法 施行후에도 계속하여 종전의 規定에 의한다. 다만, 第232條 및 第527條의5의 規定에 의한 債權者의 異議提出期間은 이 法 施行후 최초로 公告하는 분부터 적용한다.
第4條【罰則의 적용에 관한 經過措置】 이 法 施行전에 한 행위 및 第3條의 規定에 의하여 종전의 規定에 의하도록 한 경우에 이 法 施行후에 한 행위에 대한 罰則의 적용에 관하여는 종전의 規定에 의한다.
第5條【다른 法律의 改正 등】 ①~⑧ ※(해당 法令에 加除整理 하였음)
⑨ 이 法 施行당시 다른 法律에서 종전의 商法規定을 인용한 경우에 이 法중 그에 해당하는 規定이 있는 때에는 종전의 規定에 갈음하여 이 法의 해당 條項을 인용한 것으로 본다.

附 則 (1999.2.5)

第1條【施行日】 이 法은 公布후 6月이 경과한 날부터 施行한다.(이하 생략)

附 則 (1999.12.31)

第1條【施行日】 이 法은 公布한 날부터 施行한다.
第2條【一般的 經過措置】 이 法은 특별한 정함이 있는 경우를 제외하고는 이 法 施行전에 발생된 사항에 대하여도 이를 적용한다. 다만, 종전의 規定에 의하여 생긴 효력에는 영향을 미치지 아니한다.
第3條【分割에 관한 經過措置】 이 法의 施行전에 체결된 分割契約에 의한 分割에 관하여는 이 法 施行후에도 계속하여 종전의 規定에 의한다.
第4條【다른 法律의 改正】 ※(해당 法令에 加除整理 하였음)

附 則 (2001.7.24)

① **【시행일】** 이 법은 공포한 날부터 시행한다.
② **【승소한 제소주주의 소송비용청구에 관한 적용례】** 제405조제1항의 개정규정은 이 법 시행 당시 법원에 계속중인 사건에 대하여도 적용한다.
③ **【일반적인 경과조치】** 이 법은 특별한 규정이 있는 경우를 제외하고는 이 법 시행전에 발생한 사건에 대하여도 이를 적용한다. 다만, 종전의 규정에 의하여 생긴 효력에는 영향을 미치지 아니한다.

附 則 (2001.12.29)

이 법은 2002년 7월 1일부터 시행한다.

附 則 (2007.8.3 法8581號)

第1條【시행일】 이 법은 공포 후 1년이 경과한 날부터 시행한다. 다만, 제797조제1항의 개정규정 중 중량 1킬로그램당 2 계산단위의 금액 부분은 공포 후 3년이 경과한 날부터 시행한다.
第2條【운송장에 관한 경과조치】 이 법 시행 당시 종전의 규정에 따라 발행된 운송장은 제126조의 개정규정에 따라 발행된 화물명세서로 본다.
第3條【손해배상에 관한 경과조치】 이 법 시행 전에 발생한 사고와 그 밖의 손해배상의 원인으로 인하여 생긴 손해에 관한 채권에는 제5편의 개정규정에도 불구하고 종전의 규정에 따른다.
第4條【책임한도액에 관한 경과조치】 이 법 시행 후 3년간 발생한 사고에 대한 제770조제1항제1호의 개정규정에 따른 선박소유자의 책임한도에 관하여는 그 선박의 선박검사증서에 기재된 여객의 정원에 8만7천500 계산단위를 곱하여 얻은 금액을 그 책임한도액으로 한다.
第5條【운송인 등의 채권·채무에 관한 경과조치】 ① 이 법 시행 전에 운송인 또는 선박소유자가 개품운송계약·항해용선계약 또는 정기용선계약을 체결한 경우에 용선자·송하인 또는 수하인에 대한 채권·채무의 소멸에 관하여는 제814조제2항·제840조 및 제846조의 개정규정에도 불구하고 종전의 규정에 따른다.
② 이 법 시행 전에 선박소유자가 선박임대차계약을 체결한 경우에 있어서 당사자 간 채권의 소멸에 관하여는 제851조의 개정규정에도 불구하고 종전의 규정에 따른다.
第6條【선박임대차계약에 관한 경과조치】 이 법 시행 전에 체결된 선박임대차계약은 이 법 시행과 동시에 제847조의 개정규정에 따른 선체용선계약의 효력이 있는 것으로 본다.
第7條【선하증권에 관한 경과조치】 이 법 시행 당시 종전의 규정에 따라 발행된 선하증권은 제853조제1항의 개정규정에 적합한 선하증권으로 본다.
第8條【다른 법률과의 관계】 이 법 시행 당시 다른 법률에서 종전의 「상법」 규정을 인용한 경우에 이 법 중 그에 해당하는 규정이 있을 때에는 종전의 규정에 갈음하여 이 법의 해당 조항을 인용한 것으로 본다.
第9條【다른 법률의 개정】 ①~⑤ ※(해당 법령에 가제정리 하였음)

附 則 (2007.8.3 法8582號)

第1條【시행일】 이 법은 2008년 1월 1일부터 시행한다.(이하 생략)

附 則 (2009.1.30)

① **【시행일】** 이 법은 2009년 2월 4일부터 시행한다.

② 【일반적 경과조치】 이 법은 특별한 규정이 있는 경우를 제외하고는 이 법 시행 전에 발생한 사항에 대하여도 적용한다. 다만, 종전의 규정에 따라 생긴 효력에는 영향을 미치지 아니한다.
③ 【다른 법률 또는 규정의 인용】 이 법 시행 당시 다른 법령에서 종전의 「증권거래법」 또는 그 규정을 인용하고 있는 경우 이 법 중 그에 해당하는 규정이 있을 때에는 이 법 또는 이 법의 해당 규정을 인용한 것으로 본다.

附 則 (2009.2.6)

第1條【시행일】 이 법은 공포 후 1년이 경과한 날부터 시행한다.(이하 생략)

附 則 (2009.5.28)

① 【시행일】 이 법은 공포 후 1년이 경과한 날부터 시행한다. 다만, 제292조, 제318조, 제329조, 제363조, 제383조, 제409조의 개정규정은 공포한 날부터 시행한다.
② 【일반적 경과조치】 이 법은 특별한 규정이 있는 경우를 제외하고는 이 법 시행 전에 발생한 사항에 대하여도 적용한다. 다만, 종전의 규정에 따라 생긴 효력에는 영향을 미치지 아니한다.

附 則 (2010.5.14)

第1條【시행일】 이 법은 공포 후 6개월이 경과한 날부터 시행한다.
第2條【다른 법률의 개정】 ①~② ※(해당 법령에 가제정리 하였음)

附 則 (2010.6.10)

第1條【시행일】 이 법은 공포 후 2년이 경과한 날부터 시행한다.(이하 생략)

附 則 (2011.4.14)

① 【시행일】 이 법은 공포 후 1년이 경과한 날부터 시행한다.
② 【이사 등과 회사 간의 거래에 관한 적용례】 제398조의 개정규정은 이 법 시행 후 최초로 체결된 거래부터 적용한다.
③ 【일반적 경과조치】 이 법은 특별한 규정이 있는 경우를 제외하고는 이 법 시행 전에 발생한 사항에 대하여도 적용한다. 다만, 종전의 규정에 따라 생긴 효력에는 영향을 미치지 아니한다.
④ 【사채모집 수탁회사에 관한 경과조치】 제480조의3의 개정규정에도 불구하고 이 법 시행 전에 사채모집의 위탁을 받은 회사에 대하여는 종전의 규정에 따른다.

附 則 (2011.5.23)

이 법은 공포 후 6개월이 경과한 날부터 시행한다.

附 則 (2014.3.11)

第1條【시행일】 이 법은 공포 후 1년이 경과한 날부터 시행한다.
第2條【적용례】 ① 이 법은 이 법 시행 후에 체결된 보험계약부터 적용한다.
② 제646조의2제3항과 제4항(제3항이 적용되는 경우로 한정한다), 제664조, 제726조, 제726조의5부터 제726조의7까지, 제727조제2항, 제739조의2 및 제739조의3의 개정규정은 이 법 시행 전에 체결된 보험계약(이하 "구 계약"이라 한다)의 보험기간이 이 법 시행일 이후에도 계속되는 경우에도 적용한다.
③ 제655조 단서, 제682조제2항 및 제732조의2제2항의 개정규정은 구 계약의 보험사고가 이 법 시행일 이후에 발생한 경우에도 적용한다.
④ 제662조의 개정규정은 구 계약의 청구권이 이 법 시행일 이후에 발생한 경우에도 적용한다.
⑤ 제722조제2항의 개정규정은 구 계약의 피보험자가 제3자로부터 이 법 시행일 이후에 배상청구를 받는 경우에도 적용한다.
⑥ 제735조의3제3항의 개정규정은 구 계약의 보험계약자가 이 법 시행일 이후에 보험수익자를 지정하는 경우에도 적용한다.

附 則 (2014.5.20)

第1條【시행일】 이 법은 공포한 날부터 시행한다.
第2條【무기명식의 주권에 관한 경과조치】 이 법 시행 전에 발행된 무기명식의 주권에 관하여는 종전의 규정에 따른다.
第3條【운송인의 배상한도에 관한 경과조치】 이 법 시행 당시 이미 운송인의 배상책임이 발생한 경우에 그 한도액에 대하여는 종전의 규정에 따른다.
第4條【다른 법률의 개정】 ①~⑪ ※(해당 법령에 가제정리 하였음)

附 則 (2015.12.1)

第1條【시행일】 이 법은 공포 후 3개월이 경과한 날부터 시행한다.
第2條【의결권 없는 주주에 대한 주주총회의 소집통지에 관한 적용례】 제363조제7항 단서의 개정규정은 이 법 시행 후 주주총회를 소집하는 경우부터 적용한다.
第3條【반대주주의 주식매수청구권의 행사 절차에 관한 적용례】 제374조의2의 개정규정은 이 법 시행 당시 주식매수 청구의 절차가 진행 중인 경우에도 적용한다.

附 則 (2016.3.22)

第1條【시행일】 이 법은 공포 후 4년을 넘지 아니하는 범위에서 대통령령으로 정하는 날부터 시행한다.(이하 생략)

附 則 (2017.10.31)

이 법은 공포 후 1년이 경과한 날부터 시행한다.

附 則 (2018.9.18)

이 법은 공포 후 3개월이 경과한 날부터 시행한다.

附 則 (2020.6.9 法17354號)

第1條【시행일】 이 법은 공포 후 6개월이 경과한 날부터 시행한다.(이하 생략)

附 則 (2020.6.9 法17362號)

第1條【시행일】 이 법은 공포 후 3개월이 경과한 날부터 시행한다.
第2條【다른 법률의 개정】 ※(해당 법령에 가제정리 하였음)

附 則 (2020.12.29)

第1條【시행일】 이 법은 공포한 날부터 시행한다.
第2條【감사위원회위원이 되는 이사의 선임에 관한 적용례】 제542조의12제2항 단서, 같은 조 제4항(선임에 관한 부분으로 한정한다) 및 제8항의 개정규정은 이 법 시행 이후 새로 감사위원회위원을 선임하는 경우부터 적용한다.
第3條【상장회사의 감사위원회위원 및 감사의 해임에 관한 적용례】 제542조의12제3항, 제4항(해임에 관한 부분으로 한정한다) 및 제7항(해임에 관한 부분으로 한정한다)의 개정규정은 이 법 시행 당시 종전 규정에 따라 선임된 감사위원회위원 및 감사를 해임하는 경우에도 적용한다.
第4條【다른 법령의 개정】 ①~③ ※(해당 법령에 가제정리 하였음)

상법시행법

(1962年 12月 12日 法 律 第1213號)

改正
1965. 3.19法 1687號 2010. 7.23法10372號

第1條【定義】 本法에서 商法이라 함은 1962年 法律 第千號로 制定된 商法을 말하며 舊法이라 함은 朝鮮民事令第1條에 依하여 依用된 商法, 有限會社法, 商法施行法과 商法中 改正法律施行法을 말한다.
第2條【原則】 ① 商法은 特別한 規定이 없으면 商法 施行前에 생긴 事項에도 適用한다. 그러나 舊法에 依하여 생긴 效力에 影響을 미치지 아니한다.
② 商法에 抵觸되는 定款의 規定과 契約의 條項은 商法施行의 날로부터 그 效力을 잃는다.
第3條【商事特別法令의 效力】 商事에 關한 特別한 法令은 商法 施行後에도 그 效力이 있다.
第4條【時效에 關한 經過規定】 ① 商法 施行當時 舊法의 規定에 依한 消滅時效期間을 經過하지 아니한 權利에는 商法의 時效에 關한 規定을 適用한다.
② 前項의 規定은 時效期間이 아닌 法定期間에 準用한다.
第5條【期間의 通算】 商法의 規定에 依한 法定期間은 그 期間이 舊法에 依하여 商法 施行前에 開始된 境遇에는 商法施行의 前後의 期間을 通算하고 舊法에 그 期間을 定하지 아니한 境遇에는 商法施行의 날로부터 起算한다.
第6條【營業用固定財産의 評價】 商法 第31條第2項의 規定은 商法 施行後 最初로 到達 하는 決算期의 다음날로부터 適用한다.
第7條【解散命令請求權者의 責任】 商法 施行前에 解散命令의 請求가 있은 境遇에는 그 請求를 却下된 者의 責任에 關하여는 商法 施行後에도 舊法을 適用한다.
第8條【訴의 提起等에 關한 擔保】 解散命令의 請求 또는 訴의 提起에 關하여 提供하여야 할 擔保에 關한 舊法의 規定은 商法 施行前에 提供한 擔保에 關하여만 適用한다.
第9條【株式會社의 設立】 商法 施行前에 發起人이 株式의 總數를 引受하거나 株主의 募集에 着手한 境遇에는 그 設立에 關하여는 商法 施行後에도 舊法을 適用한다. 그러나 商法 施行後에 設立登記를 하는 때에는 그 登記事項에 關하여는 그러하지 아니하다.
第10條【株式會社의 定款】 ① 商法 施行前에 成立한 株式會社에 關하여는 商法 施行前에 發行한 株式의 總數가, 商法 施行後에 舊法에 依하여 成立하는 株式會社에 關하여는 設立時에 發行하는 株式의 數가 會社가 發行할 株式의 總數로서 定款에 定하여져 있는 것으로 본다.
② 舊商法 第168條第1項第2號의 規定에 依하여 定款에 定한 事項은 商法 第344條第2項의 規定에 依하여 定한 것으로 본다.
第11條【株式會社의 登記】 ① 商法 施行前에 成立한 株式會社는 商法施行의 날로부터 6月內에 商法에 依하여 새로 登記할 것으로 된 事項을 登記하여야 한다.
② 前項의 登記를 하기까지에 다른 登記를 하는 때에는 그 登記와 同時에 同項의 登記를 하여야 한다.
③ 第1項의 登記를 하기까지에 同項의 事項에 變更이 생긴 때에는 遲滯없이 變更前의 事項에 關하여 同項의 登記를 하여야 한다.
④ 前3項의 規定에 違反한 때에는 그 會社의 代表理事를 5萬원以下의 過怠料에 處한다.
第12條【資本總額의 擬制】 第15條의 株金全額의 納入이 完了할 때까지는 納入株金의 總額을 商法 第317條第2項第2號의 資本의 總額으로 본다.
第13條【發起人의 引受, 納入擔保責任】 商法 第321條第1項의 規定은 會社가 商法 施行後에 舊法에 依하여 成立한 境遇에도 適用한다. 會社가 商法 施行前에 舊法에 依하여 成立한 境遇에 商法 施行後에 株式의 請約이 取消된 境遇에도 같다.
第14條【設立에 關한 責任의 免除와 追窮】 ① 發起人, 理事 또는 監事의 會社의 設立에 關한 責任을 商法 施行後에 免除하는 境遇에는 그 免除에 關하여는 會社가 舊法에 依하여 成立한 때에도 商法을 適用한다.
② 商法 施行後에 前項의 責任을 追窮하는 訴를 提起하는 境遇에는 그 訴에 關하여도 同項과 같다.
第15條【株金全額의 納入等】 ① 商法 施行時에 株金全額의 納入을 完了하지 아니한 株式에 關하여는 會社는 商法施行의 날로부터 2年內에 株金全額의 納入이 完了한 것으로 하기 爲하여 株金을 納入시키거나 資本을 減少시켜야 한다.
② 前項의 納入을 完了할 때까지 그 株式에 關하여는 商法 施行後에도 舊法을 適用한다.
③ 第1項의 期間內에 株金全額의 納入을 하지 아니하거나 資本減少를 하지 아니할 때에는 會社는 解散한 것으로 본다.

第16條【株式의 金額, 株式의 併合】 ① 商法 施行後에 舊法에 依하여 成立하는 株式會社가 發行하는 株式의 金額에 關하여는 舊商法 第202條第2項의 規定을 適用한다.
② 舊法에 依하여 成立한 株式會社는 額面 5百원未滿의 株式을 額面 5百원以上의 株式으로 하기 爲하여 商法施行의 날로부터 2年內에 商法 第434條의 規定에 依한 決議에 依하여 株式을 併合하여야 한다. 이 境遇에는 商法 第440條 乃至 第444條의 規定을 準用한다.
第17條【株式總數의 增加】 第15條第1項과 前條第2項의 節次를 完了한 後가 아니면 會社가 發行할 株式의 總數를 增加하지 못한다.
第18條【記名株式의 移轉】 商法 施行前에 한 記名株式의 移轉에 關하여는 商法 施行後에도 舊法을 適用한다. 그러나 商法 第336條第2項과 第3項의 適用에 影響을 미치지 아니한다.
第19條【株主名簿의 閉鎖期間과 基準日】 商法 第354條의 規定은 商法 施行後 最初의 定期總會가 終結한 다음날로부터 商法 施行時에 進行中에 있는 株主名簿의 閉鎖期間이 그날 以後에 終了하는 때에는 그 期間이 終了한 다음날로부터 適用한다.
第20條【株券의 取得】 商法 施行前에 背書에 依하여 株券을 取得한 境遇에는 그 取得에 關하여는 商法 施行後에도 舊商法 第229條第2項의 規定을 適用한다. 그러나 商法 施行後에 한 背書에 依하여 그 株券을 取得한 境遇에는 그 取得에 關하여는 商法 第359條의 規定을 適用한다.
第21條【監事에 依한 臨時總會의 召集】 商法 施行前에 監事가 臨時總會를 召集한 境遇에는 그 臨時總會에 關하여는 商法 施行後에도 舊商法 第235條第2項의 規定을 適用한다.
第22條【少數株主의 總會召集의 請求】 商法 施行前에 舊商法 第237條第1項의 規定에 依한 總會召集의 請求가 있는 境遇에는 그 請求는 商法 第366條第1項의 規定에 依한 請求로 본다.
第23條【總會의 決議】 ① 舊法에 依하여 成立한 株式會社 또는 有限會社의 總會의 決議의 要件에 關하여는 다음에 揭記하는 날 中 먼저 오는 날까지는 商法 施行後에도 舊法을 適用한다.
1. 商法 施行後 最初의 定期總會가 終結하는 날
2. 每年 1回定期總會를 召集하는 會社에 있어서는 1963年 12月 31日, 其他의 會社에 있어서는 1963年 6月 30日
② 前項의 規定은 同項 各號에 揭記한 날 中 먼저 오는 날 前에 商法에 따르도록 定款을 變更한 境遇에는 適用하지 아니한다.
③ 商法 施行後에 決議를 하는 總會에 關하여는 商法 施行前에 召集의 通知를 發送하였거나 公告를 한 境遇에는 商法의 施行으로 因하여 議決權을 가지게 된 株主에 對하여는 召集의 通知와 公告를 要하지 아니한다.
④ 前項의 規定은 어느 種類의 株主의 總會에 準用한다.
第24條【決議取消의 訴】 決議取消의 訴에 關하여 商法 施行時 舊商法 第248條第1項이나 舊有限會社法 第41條에서 準用하는 舊商法 第248條第1項에 定한 期間이 經過하지 아니한 境遇에는 그 決議取消의 訴의 提起期間에 關하여는 商法을 適用한다.
第25條【取締役等의 擬制】 商法 施行時의 取締役, 監查役 또는 檢査役은 各各 商法에 依한 理事, 監事 또는 檢査人으로 본다.
第26條【理事의 任期】 商法 施行時 在任中에 있는 이사의 任期에 關하여는 商法 施行後에도 舊法을 適用한다. 그러나 그 任期는 商法施行의 날로부터 2年을 經過한 後의 最初의 定期總會가 終結하는 날을 넘지 못한다.
第27條【代表理事】 ① 舊法에 依하여 會社를 代表하는 權限을 가진 取締役은 商法에 依하여 會社를 代表할 理事로 본다.
② 舊法에 依하여 數人의 理事가 共同으로 會社를 代表할 것을 定한 境遇에는 그 定함은 商法 第389條第2項의 規定에 依하여 定한 것으로 본다.
③ 商法 施行時에 會社를 代表할 理事의 定함이 없는 境遇에는 舊商法 第188條第2項第9號의 取締役의 登記는 商法 第317條第2項第9號의 登記가 있을 때까지는 그 登記와 同一한 效力이 있다.
第28條【理事의 行爲의 責任】 ① 理事가 商法 施行前에 한 行爲의 責任에 關하여는 商法 施行後에도 舊法을 適用한다.
② 商法 施行後에 前項의 責任을 免除하는 境遇에는 그 免除에 關하여는 同項의 規定에 不拘하고 商法을 適用한다.
③ 商法 施行後에 第1項의 責任을 追窮하는 訴를 提起하는 境遇에는 그 訴에 關하여도 前項과 같다.
第29條【理事에 對한 訴와 訴의 提起를 請求한 株主等의 責任】 商法 施行前에 舊商法第267條第1項 또는 同法 第268條第1項의 規定이나 舊有限會社法 第31條의 規定 또는 同法 第32條에서 準用하는 舊商法 第267條第1項의 規定에 依하여 理事에 對한 訴를 提起하는 境遇에 그 訴와 訴를 請求한 株主 또는 社員의 責任에 關하여는 商法 施行後에도 舊法을 適用한다.
第30條【舊法에 依한 理事의 職務代行者의 選任等】 商法 施行前에 舊商法 第272條의 規定이나 舊有限會社法 第32條에서 準用하는 舊商法 第272條의 規定에 依하여 理事의 職務의 執行의 停止 또는 職務代行者의 選任의 請求가 있은 境遇에 關하여는 商法 施行後에도 同條의 規定을 適用한다.
第31條【監事의 選任과 任期】 ① 商法 第410條의 規定은 商法 施行後 最初의 定期總會의 終結의 다음날로부터 適用한다.
② 商法 施行時에 在任中에 있는 監事의 任期에 關하여는 商法 施行後에도 舊法을 適用한다. 그러나 그 任期는 商法施行의 날로부터 1年을 經過한 後의 最初의 定期總會가 終結하는 날을 넘지 못한다.
第32條【理事의 職務를 行할 監事】 商法 施行前에 臨時로 理事의 職務를 行할 監事를 定한 境遇에는 그 監事에 關하여는 商法 施行後에도 舊商法 第276條第1項 但書, 第2項과 第3項의 規定을 適用 또는 準用한다.
第33條【會社와 理事間의 訴에 關한 會社代表】 商法 施行前에 會社가 理事에 對하여 또는 理事가 會社에 對하여 訴를 提起한 境遇에는 그 訴에 關하여 會社를 代表할 者에 關하여는 商法 施行後에도 舊商法 第277條의 規定을 適用 또는 準用한다. 그러나 商法에 依하여 會社를 代表할 者를 定한 後에는 그러하지 아니하다.
第34條【監事가 한 訴의 提起等】 商法 施行前에 監事가 法院에 對하여 訴의 提起, 請求 또는 申請을 한 境遇에는 그 訴, 請求 또는 申請에 關하여는 商法 施行後에도 舊法을 適用한다.
第35條【監事에 對한 訴와 訴의 提起를 請求한 株主等의 責任】 第29條의 規定은 商法施行前에 舊商法 第279條第1項의 規定이나 舊有限會社法 第34條에서 準用하는 同法 第31條 또는 舊商法 第267條第1項의 規定에 依하여 監事에 對하여 提起한 訴와 그 訴의 提起를 請求한 株主 또는 社員의 責任에 關하여 準用한다.
第36條【監事에 關한 準用規定】 第28條와 第30條의 規定은 監事에 準用한다.
第37條【會社의 財産評價】 商法 第452條와 同法 第583條第1項에서 準用하는 同法 第452條의 規定은 商法 施行後 最初로 到達하는 決算期의 다음날로부터 適用한다.
第38條【新株의 發行費用】 商法 施行後에 舊法에 依하여 資本을 增加하는 境遇에는 株式의 發行을 爲하여 必要한 費用의 額에 關하여는 商法 第454條의 規定을 適用한다.
第39條【額面超過額】 商法 施行後에 舊法에 依하여 成立하거나 資本을 增加하는 株式會社가 額面以上의 價額으로 株式을 發行하는 境遇에는 그 額面을 넘는 金額에 關하여는 商法 第459條의 規定을 適用한다.
第40條【準備金】 ① 舊商法 第288條의 規定이나 舊有限會社法 第46條第1項에서 準用하는 舊商法 第288條第1項의 規定에 依하여 積立한 準備金은 利益準備金으로서 積立한 것으로 본다.
② 會社는 商法 施行後 最初로 到達하는 決算期까지에 前項의 利益準備金의 一部를 資本準備金으로 할 수 있다.
第41條【建設利子】 ① 開業前에 利子를 配當할 뜻의 舊法에 依한 定款의 定함은 商法 施行前에 發行한 株式과 商法 施行後에 資本增加에 依하여 發行하는 株式 또는 商法 施行後에 舊法에 依하여 成立하는 株式會社가 設立時에 發行하는 株式에 關하여 開業前에 利子를 配當할 뜻의 商法에 依한 定款의 定함으로 본다. 그러나 그 定款에 資本增加로 因하여 發行하는 株式에 對하여는 利子를 配當하지 아니하는 뜻의 定함이 있는 때에는 그 株式에 關하여는 그러하지 아니하다.
② 商法 施行前에 舊法에 依하여 配當한 利子의 金額은 商法에 依하여 配當한 利子의 金額으로 본다.
第42條【附屬明細書】 商法 第465條와 同法 第583條第1項에서 準用하는 同法 第465條의 規定은 商法 施行後 最初로 到達하는 決算期로부터 適用한다.
第43條【總會召集의 命令】 商法 施行前에 舊商法 第294條第3項의 規定에 依하여 株主總會召集의 命令이 있은 境遇에는 그 總會의 召集에 關하여는 商法 施行後에도 舊法을 適用한다.
第44條【社債의 募集】 商法 施行前에 社債募集의 決議를 한 境遇에는 그 社債募集에 關하여는 商法 施行後에도 舊法을 適用한다.
第45條【社債權者集會의 決議】 商法 施行後에 社債權者集會의 決議를 하는 境遇에는 商法 施行前에 召集의 通知를 發送하였거나 公告를 한 때에도 그 決議의 要件에 關하여는 商法을 適用한다.
第46條【資本增加】 ① 商法 施行前에 資本增加의 決議를 한 境遇에는 그 資本增加에 關하여는 商法 施行後에도 舊法을 適用한다. 그러나 商法 施行後에 하는 資本增加의 登記에 關하여는 商法에 依한 新株發行으로 因한 變更登記를 하여야 한다.
② 前項의 資本增加는 本店 所在地에서 商法에 依한 新株發行으로 因한 變更登記를 함으로써 效力이 생긴다.
③ 商法 施行後에 舊法에 依하여 資本을 增加하는 境遇에는 그 資本增加로 因하여 생기는 株式의 數의 增加는 定款에 定하여 있는 것으로 보게 된 會社가 發行할 株式의 總數의 增加로 본다.
第47條【株式의 額面以下의 發行】 商法 施行前에 成立한 會社에 對하여는 第15條第1項과 第16條第2項의 節次를 完了한 後에는 商法 第417條의 規定에 依한 株式을 發行할 수 있다. 그러나 會社成立의 날로부터 2年을 經過한 境遇에 限한다.
第48條【新株引受權을 주는 契約】 商法 施行前에 舊商法 第349條의 契約을 한 境遇에는 商法에 依하여 會社가 發行할 株式의 總數를 增加할 때에 그 契約에 依하여 新株의 引受權이 附與된 者에 對하여 新株의 引受權을 附與한다는 뜻을 定款에 定하여야 한다.
第49條【理事의 引受擔保責任】 商法 第428條의 規定은 商法 施行後에 舊法에 依하여 資本을 增加하는 境遇에 準用한다.
第50條【轉換株式】 ① 商法 施行前에 舊商法 第359條의 規定에 依하여 定款으로 株主가 그 引受한 新株를 다른 種類의 株式으로 轉換할 것을 請求할 수 있는 뜻을 定한 境遇에는 그 株式에 關하여는 商法 施行後에도 舊商法 第360條 乃至 第362條의 規定을 適用한다.
② 前項의 株式에 關하여 商法 施行後에 轉換이 있은 境遇에는 그 轉換으로 因하여 생기는 各種의 株式의 數의 增減은 定款에 定하여 있는 것으로 보게 된 會社가 發行할 各種의 株式의 數의 增減으로 본다.
③ 前項의 境遇에 轉換으로 因한 變更登記는 每營業年度末로부터 1月內에 本店과 支店의 所在地에서 하여야 한다.
第51條【轉換社債】 ① 商法 施行前에 舊商法 第364條의 規定에 依하여 社債權者가 社債를 株式으로 轉換할 것을 請求할 수 있는 뜻을 決議한 境遇에는 그 社債에 關하여는 商法 施行後에도 舊商法 第365條 乃至 第368條의 規定을 適用한다.
② 前項의 境遇에 商法 施行後에 轉換으로 因하여 發行할 株式의 數와 各種의 株式의 數는 第10條의 規定에 依하여 定款에 定하여 있는 것으로 보게 된 會社가 發行할 株式의 總數와 各種의 株式의 數에 더한 것으로 한다.
③ 商法 第346條第2項의 規定은 前項의 境遇에 準用한다.
④ 第1項의 社債에 關하여 商法 施行後에 轉換이 있은 境遇에 轉換으로 因한 變更登記는 每營業年度末로부터 1月內에 本店과 支店의 所在地에서 하여야 한다.
第52條【會社의 合併】 合併後 存續하는 會社 또는 合併으로 因하여 設立되는 會社가 株式會社인 境遇에 商法 施行前에 合併契約書에 關하여 合併을 하는 會社의 一方의 總社員의 同意 또는 株主總會의 承認이 있은 때에는 그 合併에 關하여는 商法 施行後에도 舊法을 適用한다. 그러나 商法 施行後에 하는 合併으로 因한 變更 또는 設立의 登記에 關하여는 商法에 依한 登記를 하여야 한다.
第53條【清算人에 關한 準用規定】 ① 第22條, 第27條 乃至 第30條, 第32條, 第33條와 第42條의 規定은 株式會社의 清算人에 準用한다.
② 第28條 乃至 第30條, 第32條, 第33條와 第42條의 規定은 有限會社의 清算人에 準用한다.
第54條【會社의 整理】 ① 商法 施行前에 整理開始의 命令이 있은 때에는 그 整理에 關하여는 商法 施行後에도 舊法을 適用한다.
② 商法施行의 날로부터 2年內에 整理終結의 決定이 없는 境遇에는 商法施行의 날로부터 2年을 經過한 날에 「채무자 회생 및 파산에 관한 법률」에 依한 整理開始決定이 있은 것으로 본다.(2010.7.23 본항개정)
第55條【特別清算】 ① 商法 施行前에 特別清算開始의 命令이 있은 때에는 그 特別清算에 關하여는 商法 施行後에도 舊法을 適用한다.
② 商法施行의 날로부터 2年을 經過하여도 協定이 成立하지 아니하거나 協定의 實行의 可望이 없는 때에는 法院은 職權으로 「채무자 회생 및 파산에 관한 법률」에 따라 破産宣告를 하여야 한다.(2010.7.23 본항개정)
第56條【株式合資會社】 ① 商法 施行前에 成立한 株式合資會社에 關하여는 商法 施行後에도 舊法을 適用한다.
② 株式合資會社가 商法 施行後에 合併하는 境遇에는 前項의 規定에 不拘하고 合併後 存續하는 會社 또는 合併으로 因하여 設立되는 會社는 株式會社이어야 한다. 이 境遇에 合併契約書는 商法 第523條와 第524條의 規定에 依하여 作成하여야 한다.
③ 商法施行의 날로부터 2年을 經過한 때에 現存하는 株式合資會社는 그때에 解散한다.
第57條【有限會社】 商法 施行前에 成立한 有限會社로서 그 資本總額과 出資 一座의 金額이 商法 第546條에 定한 金額에 未達한 會社는 商法施行의 날로부터 2年內에 그 金額以上으로 增額하여야 한다.
第58條【有限會社의 組織變更】 商法 施行前에 有限會社가 舊有限會社法 第67條第1項에 規定하는 組織變更의 決議를 할 境遇에는 그 組織變更에 關하여는 舊法을 適

用한다. 그러나 商法 施行後에 設立의 登記를 하는 때에는 그 登記事項에 關하여는 그러하지 아니하다.

第59條【外國會社의 登記】 ① 商法 施行前에 外國會社가 舊法에 依하여 支店設置의 登記를 한 境遇에는 그 支店設置의 登記는 商法 第614條第2項에 定한 營業所設置의 登記로 본다. 그러나 그 會社는 商法施行의 날로부터 6月內에 商法에 依하여 새로 登記할 것으로 된 事項을 登記하여야 한다.

② 商法 第614條第2項과 第3項에 定한 登記를 함을 要하게 된 外國會社는 前項의 境遇를 除外하고 商法施行의 날로부터 6月內에 그 登記를 하여야 한다.

③ 第1項 但書 또는 前項의 規定에 違反한 때에는 그 會社의 大韓民國에서의 代表者를 5萬원以下의 過怠料에 處한다.

第60條【外國會社의 支店閉鎖命令】 第7條의 規定은 舊商法 第484條와 舊有限會社法 第76條에서 準用하는 舊商法 第484條에 定한 事件과 그 事件에 關하여 請求를 却下된 者의 責任에 關하여 準用한다.

第61條【罰則】 商法 施行前에 한 行爲에 對한 罰則의 適用에 關하여는 從前의 例에 依한다.

附 則

①【施行期日】本法은 1963年 1月 1日로부터 施行한다. 그러나 附則 第2項과 第3項의 規定은 公布한 날로부터 施行한다.

②【定款變更의 特例】商法 施行前에 成立한 株式會社는 商法 施行前에 商法施行의 날에 效力이 發生할 定款의 變更을 할 수 있다.

③【同前】商法 施行後에 舊法에 依하여 成立하는 會社에 있어서는 發起人 全員의 同意 또는 創立總會의 決議로 商法 施行前에 商法施行의 날에 效力이 發生할 定款의 變更을 하거나 商法 施行後에 商法에 따르도록 定款을 變更할 수 있다.

④【經過措置】第15條第3項의 規定에 의하여 解散한 것으로 보는 會社는 1965年 12月 31日까지는 解散하지 아니한 것으로 보며, 이 期間內에 第15條第1項의 規定에 의한 措置를 할 수 있다.(1965.3.19 본항신설)

附 則 (1965.3.19)

이 法은 公布한 날로부터 施行한다.

附 則 (2010.7.23)

이 법은 공포한 날부터 시행한다.

상법 시행령

(2012년 4월 10일
전부개정대통령령 제23720호)

개정
2012. 8.31영24076호(전자문서및전자거래기본법시)
2013. 8.27영24697호(자본시장금융투자업시)
2014. 2.24영25214호
2016. 5.31영27205호(기술보증기금법시)
2016. 6.28영27261호(외국법자문사법시)
2016.10.25영27556호(수협시)
2017. 3.29영27971호(항공안전법시)
2017. 7.26영28211호(직제)
2018.10.30영29259호
2018.10.30영29269호(주식회사등의외부감사에관한법시)
2019. 6.25영29892호(주식·사채등의전자등록에관한법시)
2020. 1.29영30363호 2020. 4.14영30613호
2020.12. 8영31222호(전자서명법시)
2021. 2. 1영31422호
2021.12.28영32274호(독점시)
2022. 8. 9영32868호(자격취득등에요구되는실무경력의인정범위확대등을위한일부개정령)
2022. 8.23영32881호(벤처투자촉진에관한법시)
2023.12.19영33968호

제1편 총 칙

제1조【목적】 이 영은 「상법」에서 위임된 사항과 그 시행에 필요한 사항을 정함을 목적으로 한다.

제2조【소상인의 범위】 「상법」(이하 "법"이라 한다) 제9조에 따른 소상인은 자본금액이 1천만원에 미치지 못하는 상인으로서 회사가 아닌 자로 한다.

제3조【전산정보처리조직에 의한 보존】 법 제33조제1항에 따른 상업장부와 영업에 관한 중요서류(이하 이 조에서 "장부와 서류"라 한다)를 같은 조 제3항에 따라 마이크로필름이나 그 밖의 전산정보처리조직(이하 이 조에서 "전산정보처리조직"이라 한다)에 의하여 보존하는 경우에는 다음 각 호의 어느 하나에 해당하는 방법으로 보존하여야 한다. 다만, 법에 따라 작성자가 기명날인 또는 서명하여야 하는 장부와 서류는 그 기명날인 또는 서명이 되어있는 원본을 보존하여야 한다.

1. 「전자문서 및 전자거래 기본법」 제5조제2항에 따라 전자화문서로 보존하는 방법(2012.8.31 본호개정)
2. 제1호 외의 경우에는 다음 각 목의 기준에 따라 보존하는 방법
   가. 전산정보처리조직에 장부와 서류를 보존하기 위한 프로그램의 개발·변경 및 운영에 관한 기록을 보관하여야 하며, 보존의 경위 및 절차를 알 수 있도록 할 것
   나. 법 및 일반적으로 공정·타당한 회계관행에 따라 그 내용을 파악할 수 있도록 보존할 것
   다. 필요한 경우 그 보존 내용을 영상 또는 출력된 문서로 열람할 수 있도록 할 것
   라. 전산정보처리조직에 보존된 자료의 멸실·훼손 등에 대비하는 조치를 마련할 것

제2편 상행위

제4조【호천·항만의 범위】 법 제125조에 따른 호천(湖川), 항만의 범위는 「선박안전법 시행령」 제2조제1항제3호가목에 따른 평수(平水)구역으로 한다.

제3편 회 사

제5조【유한책임회사 재무제표의 범위】 법 제287조의33에서 "대통령령으로 정하는 서류"란 다음 각 호의 어느 하나에 해당하는 서류를 말한다.

1. 자본변동표
2. 이익잉여금 처분계산서 또는 결손금 처리계산서

제6조【전자적 방법을 통한 회사의 공고】 ① 법 제289조제3항 단서에 따라 회사가 전자적 방법으로 공고하려는 경우에는 회사의 인터넷 홈페이지에 게재하는 방법으로 하여야 한다.

② 법 제289조제3항 단서에 따라 회사가 정관에서 전자적 방법으로 공고할 것을 정한 경우에는 회사의 인터넷 홈페이지 주소를 등기하여야 한다.

③ 법 제289조제3항 단서에 따라 회사가 전자적 방법으로 공고하려는 경우에는 그 정보를 회사의 인터넷 홈페이지 초기화면에서 쉽게 찾을 수 있도록 하는 등 이용자의 편의를 위한 조치를 하여야 한다.

④ 법 제289조제3항 단서에 따라 회사가 정관에서 전자적 방법으로 공고할 것을 정한 경우라도 전산장애 또는 그 밖의 부득이한 사유로 전자적 방법으로 공고할 수 없는 경우에는 법 제289조제3항 본문에 따라 미리 정관에서 정하여 둔 관보 또는 시사에 관한 사항을 게재하는 일간신문에 공고하여야 한다.

⑤ 법 제289조제4항 본문에서 "대통령령으로 정하는 기간"이란 다음 각 호에서 정하는 날까지의 기간(이하 이 조에서 "공고기간"이라 한다)을 말한다.

1. 법에서 특정한 날부터 일정한 기간 전에 공고하도록 한 경우 : 그 특정한 날
2. 법에서 공고에서 정하는 기간 내에 이의를 제출하거나 일정한 행위를 할 수 있도록 한 경우 : 그 기간이 지난 날
3. 제1호와 제2호 외의 경우 : 해당 공고를 한 날부터 3개월이 지난 날

⑥ 제5항에 따른 공고기간에 공고가 중단(불특정 다수가 공고된 정보를 제공받을 수 없게 되거나 그 공고된 정보가 변경 또는 훼손된 경우를 말한다)되더라도, 그 중단된 기간의 합계가 공고기간의 5분의 1을 초과하지 않으면 공고의 중단은 해당 공고의 효력에 영향을 미치지 아니한다. 다만, 회사가 공고의 중단에 대하여 고의 또는 중대한 과실이 있는 경우에는 그러하지 아니하다.

제7조【검사인의 조사, 보고의 면제】 ① 법 제299조제2항제1호에서 "대통령령으로 정한 금액"이란 5천만원을 말한다.

② 법 제299조제2항제2호에서 "대통령령으로 정한 방법으로 산정된 시세"란 다음 각 호의 금액 중 낮은 금액을 말한다.

1. 법 제292조에 따른 정관의 효력발생일(이하 이 항에서 "효력발생일"이라 한다)부터 소급하여 1개월간의 거래소에서의 평균 종가(終價), 효력발생일부터 소급하여 1주일간의 거래소에서의 평균 종가 및 효력발생일의 직전 거래일의 거래소에서의 종가를 산술평균하여 산정한 금액
2. 효력발생일 직전 거래일의 거래소에서의 종가

③ 제2항은 법 제290조제2호 및 제3호의 재산에 그 사용, 수익, 담보제공, 소유권 이전 등에 대한 물권적 또는 채권적 제한이나 부담이 설정된 경우에는 적용하지 아니한다.

제8조【명의개서대리인의 자격】 법 제337조제2항에 따른 명의개서대리인의 자격은 「자본시장과 금융투자업에 관한 법률」 제294조제1항에 따라 설립된 한국예탁결제원(이하 "한국예탁결제원"이라 한다) 및 같은 법 제365조제1항에 따라 금융위원회에 등록한 주식회사로 한다.

제9조【자기주식 취득 방법의 종류 등】 ① 법 제341조제1항제2호에서 "대통령령으로 정하는 방법"이란 다음 각 호의 어느 하나에 해당하는 방법을 말한다.

1. 회사가 모든 주주에게 자기주식 취득의 통지 또는 공고를 하여 주식을 취득하는 방법
2. 「자본시장과 금융투자업에 관한 법률」 제133조부터 제146조까지의 규정에 따른 공개매수의 방법

② 자기주식을 취득한 회사는 지체 없이 취득 내용을 적은 자기주식 취득내역서를 본점에 6개월간 갖추어 두어야 한다. 이 경우 주주와 회사채권자는 영업시간 내에 언제든지 자기주식 취득내역서를 열람할 수 있으며, 회사가 정한 비용을 지급하고 그 서류의 등본이나 사본의 교부를 청구할 수 있다.

제10조【자기주식 취득의 방법】 회사가 제9조제1호에 따라 자기주식을 취득하려는 경우에는 다음 각 호의 기준에 따라야 한다.

1. 법 제341조제2항에 따른 결정을 한 회사가 자기주식을 취득하려는 경우에는 이사회의 결의로써 다음 각 목의 사항을 정할 것. 이 경우 주식 취득의 조건은 이사회가 결의할 때마다 균등하게 정하여야 한다.
   가. 자기주식 취득의 목적
   나. 취득할 주식의 종류 및 수
   다. 주식 1주를 취득하는 대가로 교부할 금전이나 그 밖의 재산(해당 회사의 주식은 제외한다. 이하 이 조에서 "금전등"이라 한다)의 내용 및 그 산정 방법
   라. 주식 취득의 대가로 교부할 금전등의 총액
   마. 20일 이상 60일 내의 범위에서 주식양도를 신청할 수 있는 기간(이하 이 조에서 "양도신청기간"이라 한다)
   바. 양도신청기간이 끝나는 날부터 1개월의 범위에서 양도의 대가로 금전등을 교부하는 시기와 그 밖에 주식 취득의 조건
2. 회사는 양도신청기간이 시작하는 날의 2주 전까지 각 주주에게 회사의 재무 현황, 자기주식 보유 현황 및 제1호 각 목의 사항을 서면으로 또는 각 주주의 동의를 받아 전자문서로 통지할 것. 다만, 회사가 무기명식의 주권을 발행한 경우에는 양도신청기간이 시작하는 날의 3주 전에 공고하여야 한다.
3. 회사에 주식을 양도하려는 주주는 양도신청기간이 끝나는 날까지 양도하려는 주식의 종류와 수를 적은 서면으로 주식양도를 신청할 것
4. 주주가 제3호에 따라 회사에 대하여 주식 양도를 신청한 경우 회사와 그 주주 사이의 주식 취득을 위한 계약 성립의 시기는 양도신청기간이 끝나는 날로 정하고, 주주가 신청한 주식의 총수가 제1호나목의 취득할 주식의 총수를 초과하는 경우 계약 성립의 범위는 취득할 주식의 총수를 신청한 주식의 총수로 나눈 수에 제3호에 따라 주주가 신청한 주식의 수를 곱한 수(이 경우 끝수는 버린다)로 정할 것

제11조【전자주주명부】 ① 법 제352조의2에 따라 회사가 전자주주명부를 작성하는 경우에 회사의 본점 또는 명의개서대리인의 영업소에서 전자주주명부의 내용을 서면으로 인쇄할 수 있으면 법 제396조제1항에 따라 주주명부를 갖추어 둔 것으로 본다.

② 주주와 회사채권자는 영업시간 내에 언제든지 서면 또는 파일의 형태로 전자주주명부에 기록된 사항의 열람 또는 복사를 청구할 수 있다. 이 경우 회사는 법 제352조

의2제2항에 따라 기재된 다른 주주의 전자우편주소를 열람 또는 복사의 대상에서 제외하는 조치를 하여야 한다.

제12조【주주제안의 거부】 법 제363조의2제3항 전단에서 "대통령령으로 정하는 경우"란 주주제안의 내용이 다음 각 호의 어느 하나에 해당하는 경우를 말한다.
1. 주주총회에서 의결권의 100분의 10 미만의 찬성밖에 얻지 못하여 부결된 내용과 같은 내용의 의안을 부결된 날부터 3년 내에 다시 제안하는 경우
2. 주주 개인의 고충에 관한 사항인 경우
3. 주주가 권리를 행사하기 위하여 일정 비율을 초과하는 주식을 보유해야 하는 소수주주권에 관한 사항인 경우
4. 임기 중에 있는 임원의 해임에 관한 사항[법 제542조의2제1항에 따른 상장회사(이하 "상장회사"라 한다)만 해당한다]인 경우
5. 회사가 실현할 수 없는 사항 또는 제안 이유가 명백히 거짓이거나 특정인의 명예를 훼손하는 사항인 경우

제13조【전자적 방법에 의한 의결권의 행사】 ① 법 제368조의4에 따라 주주가 의결권을 전자적 방법으로 행사(이하 이 조에서 "전자투표"라 한다)하는 경우 주주는 다음 각 호의 어느 하나에 해당하는 방법으로 주주 본인임을 확인하고, 「전자서명법」 제2조제2호에 따른 전자서명을 통하여 전자투표를 하여야 한다.(2020.1.29 본문개정)
1. 「전자서명법」 제8조제2항에 따른 운영기준 준수사실의 인정을 받은 전자서명인증사업자가 제공하는 본인확인의 방법(2020.12.8 본호개정)
2. 「정보통신망 이용촉진 및 정보보호 등에 관한 법률」 제23조의3에 따른 본인확인기관에서 제공하는 본인확인의 방법(2020.1.29 본호신설)

② 법 제368조의4에 따라 전자적 방법으로 의결권을 행사할 수 있음을 정한 회사는 주주총회 소집의 통지나 공고에 다음 각 호의 사항을 포함하여야 한다.
1. 전자투표를 할 인터넷 주소
2. 전자투표를 할 기간(전자투표의 종료일은 주주총회 전날까지로 하여야 한다)
3. 그 밖에 주주의 전자투표에 필요한 기술적인 사항

③ (2020.1.29 삭제)

④ 회사는 전자투표의 효율성 및 공정성을 확보하기 위하여 전자투표를 관리하는 기관을 지정하여 주주 확인절차 등 의결권 행사절차의 운영을 위탁할 수 있다.

⑤ 회사, 제4항에 따라 지정된 전자투표를 관리하는 기관 및 전자투표의 운영을 담당하는 자는 주주총회에서 개표가 있을 때까지 전자투표의 결과를 누설하거나 직무상 목적 외로 사용해서는 아니 된다.

⑥ 회사 또는 제4항에 따라 지정된 전자투표를 관리하는 기관은 전자투표의 종료일 3일 전까지 주주에게 전자문서로 제2항 각 호의 사항을 한 번 더 통지할 수 있다. 이 경우 주주의 동의가 있으면 전화번호 등을 이용하여 통지할 수 있다.(2020.1.29 본항신설)

제14조【현물출자 검사의 면제】 ① 법 제422조제2항제1호에서 "대통령령으로 정한 금액"이란 5천만원을 말한다.

② 법 제422조제2항제2호에서 "대통령령으로 정한 방법으로 산정된 시세"란 다음 각 호의 금액 중 낮은 금액을 말한다.
1. 법 제416조에 따른 이사회 또는 주주총회의 결의가 있은 날(이하 이 조에서 "결의일"이라 한다)부터 소급하여 1개월간의 거래소에서의 평균 종가, 결의일부터 소급하여 1주일간의 거래소에서의 평균 종가 및 결의일 직전 거래일의 거래소에서의 종가를 산술평균하여 산정한 금액
2. 결의일 직전 거래일의 거래소에서의 종가

③ 제2항은 현물출자의 목적인 재산에 그 사용, 수익, 담보제공, 소유권 이전 등에 대한 물권적 또는 채권적 제한이나 부담이 설정된 경우에는 적용하지 아니한다.

제15조【회계 원칙】 법 제446조의2에서 "대통령령으로 규정한 것"이란 다음 각 호의 구분에 따른 회계기준을 말한다.
1. 「주식회사 등의 외부감사에 관한 법률」 제4조에 따른 외부감사 대상 회사 : 같은 법 제5조제1항에 따른 회계처리기준(2018.10.30 본호개정)
2. 「공공기관의 운영에 관한 법률」 제2조에 따른 공공기관 : 같은 법에 따른 공기업·준정부기관의 회계 원칙
3. 제1호 및 제2호에 해당하는 회사 외의 회사 등 : 회사의 종류 및 규모 등을 고려하여 법무부장관이 중소벤처기업부장관 및 금융위원회와 협의하여 고시한 회계기준(2017.7.26 본호개정)

제16조【주식회사 재무제표의 범위 등】 ① 법 제447조제1항제3호에서 "대통령령으로 정하는 서류"란 다음 각 호의 어느 하나에 해당하는 서류를 말한다. 다만, 「주식회사 등의 외부감사에 관한 법률」 제4조에 따른 외부감사 대상 회사의 경우에는 다음 각 호의 모든 서류, 현금흐름표 및 주석(註釋)을 말한다.(2018.10.30 단서개정)
1. 자본변동표
2. 이익잉여금 처분계산서 또는 결손금 처리계산서

② 법 제447조제2항에서 "대통령령으로 정하는 회사"란 「주식회사 등의 외부감사에 관한 법률」 제4조에 따른 외부감사의 대상이 되는 회사 중 같은 법 제2조제3호에 규정된 지배회사를 말한다.(2018.10.30 본항개정)

제17조【영업보고서의 기재사항】 법 제447조의2제2항에 따라 영업보고서에 기재할 사항은 다음 각 호와 같다.
1. 회사의 목적 및 중요한 사업 내용, 영업소·공장 및 종업원의 상황과 주식·사채의 상황
2. 해당 영업연도의 영업의 경과 및 성과(자금조달 및 설비투자의 상황을 포함한다)
3. 모회사와의 관계, 자회사의 상황, 그 밖에 중요한 기업결합의 상황
4. 과거 3년간의 영업성적 및 재산상태의 변동상황
5. 회사가 대처할 과제
6. 해당 영업연도의 이사·감사의 성명, 회사에서의 지위 및 담당 업무 또는 주된 직업과 회사와의 거래관계
7. 상위 5인 이상의 대주주(주주가 회사인 경우에는 그 회사의 자회사가 보유하는 주식을 합산한다), 그 보유주식 수 및 회사와의 거래관계, 해당 대주주에 대한 회사의 출자 상황
8. 회사, 회사와 그 자회사 또는 회사의 자회사가 다른 회사의 발행주식총수의 10분의 1을 초과하는 주식을 가지고 있는 경우에는 그 주식 수, 그 다른 회사의 명칭 및 그 다른 회사가 가지고 있는 회사의 주식 수
9. 중요한 채권자 및 채권액, 해당 채권자가 가지고 있는 회사의 주식 수
10. 결산기 후에 생긴 중요한 사실
11. 그 밖에 영업에 관한 사항으로서 중요하다고 인정되는 사항

제18조【적립할 자본준비금의 범위】 법 제459조제1항에 따라 회사는 제15조에서 정한 회계기준에 따라 자본잉여금을 자본준비금으로 적립하여야 한다.

제19조【미실현이익의 범위】 ① 법 제462조제1항제4호에서 "대통령령으로 정하는 미실현이익"이란 법 제446조의2의 회계 원칙에 따른 자산 및 부채에 대한 평가로 인하여 증가한 대차대조표상의 순자산액으로서, 미실현손실과 상계(相計)하지 아니한 금액을 말한다.

② 제1항에도 불구하고 다음 각 호의 어느 하나에 해당하는 경우에는 각각의 미실현이익과 미실현손실을 상계할 수 있다.
1. 「자본시장과 금융투자업에 관한 법률」 제4조제2항제5호에 따른 파생결합증권의 거래를 하고, 그 거래의 위험을 회피하기 위하여 해당 거래와 연계된 거래를 한 경우로서 각 거래로 미실현이익과 미실현손실이 발생한 경우
2. 「자본시장과 금융투자업에 관한 법률」 제5조에 따른 파생상품의 거래가 그 거래와 연계된 거래의 위험을 회피하기 위하여 한 경우로서 각 거래로 미실현이익과 미실현손실이 발생한 경우
3. 「보험업법」 제2조제1호에 따른 보험상품의 거래를 하고, 그 거래와 연계된 다음 각 목의 어느 하나에 해당하는 거래를 한 경우로서 각 거래로 미실현이익과 미실현손실이 발생한 경우
   가. 보험계약 관련 부채의 금리변동 위험을 회피하기 위한 「자본시장과 금융투자업에 관한 법률」 제4조제3항에 따른 채무증권 또는 같은 법 제5조에 따른 파생상품의 거래
   나. 보험계약 관련 위험을 이전하기 위한 「상법」 제661조에 따른 재보험의 거래
   다. 「보험업법」 제108조제1항제2호에 따른 보험계약 중 보험금이 자산운용의 성과에 따라 변동하는 보험계약 또는 같은 항 제3호에 따른 변액보험계약에서 발생하는 거래
   (2023.12.19 본호신설)

(2014.2.24 본항신설)

제20조【사채의 발행】 법 제469조제2항제3호에서 "대통령령으로 정하는 자산이나 지표"란 「자본시장과 금융투자업에 관한 법률」 제4조제10항에 따른 기초자산의 가격·이자율·지표·단위 또는 이를 기초로 하는 지수를 말한다.

제21조【이익참가부사채의 발행】 ① 법 제469조제2항제1호에 따라 사채권자가 그 사채발행회사의 이익배당에 참가할 수 있는 사채(이하 "이익참가부사채"라 한다)를 발행하는 경우에 다음 각 호의 사항으로서 정관에 규정이 없는 사항은 이사회가 결정한다. 다만, 정관에서 주주총회에서 이를 결정하도록 정한 경우에는 그러하지 아니하다.
1. 이익참가부사채의 총액
2. 이익배당 참가의 조건 및 내용
3. 주주에게 이익참가부사채의 인수권을 준다는 뜻과 인수권의 목적인 이익참가부사채의 금액

② 주주 외의 자에게 이익참가부사채를 발행하는 경우에 그 발행할 수 있는 이익참가부사채의 가액(價額)과 이익배당 참가의 내용에 관하여 정관에 규정이 없으면 법 제434조에 따른 주주총회의 특별결의로 정하여야 한다.

③ 제2항에 따른 결의를 할 때 이익참가부사채 발행에 관한 의안의 요령은 법 제363조에 따른 통지와 공고에 적어야 한다.

④ 이익참가부사채의 인수권을 가진 주주는 그가 가진 주식의 수에 따라 이익참가부사채의 배정을 받을 권리가 있다. 다만, 각 이익참가부사채의 금액 중 최저액에 미달하는 끝수에 대해서는 그러하지 아니하다.

⑤ 회사는 일정한 날을 정하여, 그 날에 주주명부에 기재된 주주가 이익참가부사채의 배정을 받을 권리를 가진다는 뜻을 그 날의 2주일 전에 공고하여야 한다. 다만, 그 날이 법 제354조제1항의 기간 중일 때에는 그 기간의 초일의 2주일 전에 이를 공고하여야 한다.

⑥ 주주가 이익참가부사채의 인수권을 가진 경우에는 각 주주에게 그 인수권을 가진 이익참가부사채의 액, 발행가액, 이익참가의 조건과 일정한 기일까지 이익참가부사채 인수의 청약을 하지 아니하면 그 권리를 잃는다는 뜻을 통지하여야 한다.

⑦ 회사가 무기명식의 주권을 발행하였을 때에는 제6항의 사항을 공고하여야 한다.

⑧ 제6항에 따른 통지 또는 제7항에 따른 공고는 제5항에 따른 기일의 2주일 전까지 하여야 한다.

⑨ 제6항에 따른 통지 또는 제7항에 따른 공고에도 불구하고 그 기일까지 이익참가부사채 인수의 청약을 하지 아니한 경우에는 이익참가부사채의 인수권을 가진 자는 그 권리를 잃는다.

⑩ 회사가 이익참가부사채를 발행하였을 때에는 법 제476조에 따른 납입이 완료된 날부터 2주일 내에 본점 소재지에서 다음 각 호의 사항을 등기하여야 한다.
1. 이익참가부사채의 총액
2. 각 이익참가부사채의 금액
3. 각 이익참가부사채의 납입금액
4. 이익배당에 참가할 수 있다는 뜻과 이익배당 참가의 조건 및 내용

⑪ 제10항 각 호의 사항이 변경된 때에는 본점 소재지에서는 2주일 내, 지점 소재지에서는 3주일 내에 변경등기를 하여야 한다.

⑫ 외국에서 이익참가부사채를 모집한 경우에 등기할 사항이 외국에서 생겼을 때에는 그 등기기간은 그 통지가 도달한 날부터 기산(起算)한다.

제22조【교환사채의 발행】 ① 법 제469조제2항제2호에 따라 사채권자가 회사 소유의 주식이나 그 밖의 다른 유가증권으로 교환할 수 있는 사채(이하 "교환사채"라 한다)를 발행하는 경우에는 이사회가 다음 각 호의 사항을 결정한다.
1. 교환할 주식이나 유가증권의 종류 및 내용
2. 교환의 조건
3. 교환을 청구할 수 있는 기간

② 주주 외의 자에게 발행회사의 자기주식으로 교환할 수 있는 사채를 발행하는 경우에 사채를 발행할 상대방에 관하여 정관에 규정이 없으면 이사회가 이를 결정한다.

③ 교환사채를 발행하는 회사는 사채권자가 교환청구를 하는 때 또는 그 사채의 교환청구기간이 끝나는 때까지 교환에 필요한 주식 또는 유가증권을 한국예탁결제원에 예탁하거나 「주식·사채 등의 전자등록에 관한 법률」 제2조제6호에 따른 전자등록기관(이하 "전자등록기관"이라 한다)에 전자등록해야 한다. 이 경우 한국예탁결제원 또는 전자등록기관은 그 주식 또는 유가증권을 신탁재산임을 표시하여 관리하여야 한다.(2019.6.25 본항개정)

④ 사채의 교환을 청구하는 자는 청구서 2통에 사채권을 첨부하여 회사에 제출하여야 한다.

⑤ 제4항의 청구서에는 교환하려는 주식이나 유가증권의 종류 및 내용, 수와 청구 연월일을 적고 기명날인 또는 서명하여야 한다.

제23조【상환사채의 발행】 ① 법 제469조제2항제2호에 따라 회사가 그 소유의 주식이나 그 밖의 다른 유가증권으로 상환할 수 있는 사채(이하 "상환사채"라 한다)를 발행하는 경우에는 이사회가 다음 각 호의 사항을 결정한다.
1. 상환할 주식이나 유가증권의 종류 및 내용
2. 상환의 조건
3. 회사의 선택 또는 일정한 조건의 성취나 기한의 도래에 따라 주식이나 그 밖의 다른 유가증권으로 상환한다는 뜻

② 주주 외의 자에게 발행회사의 자기주식으로 상환할 수 있는 사채를 발행하는 경우에 사채를 발행할 상대방에 관하여 정관에 규정이 없으면 이사회가 이를 결정한다.

③ 일정한 조건의 성취나 기한의 도래에 따라 상환할 수 있는 경우에는 상환사채를 발행하는 회사는 조건이 성취되는 때 또는 기한이 도래하는 때까지 상환에 필요한 주식 또는 유가증권을 한국예탁결제원에 예탁하거나 전자등록기관에 전자등록해야 한다. 이 경우 한국예탁결제원 또는 전자등록기관은 그 주식 또는 유가증권을 신탁재산임을 표시하여 관리하여야 한다.(2019.6.25 본항개정)

제24조【파생결합사채의 발행】 법 제469조제2항제3호에 따라 유가증권이나 통화 또는 그 밖에 제20조에 따른 자산이나 지표 등의 변동과 연계하여 미리 정하여진 방법에 따라 상환 또는 지급금액이 결정되는 사채(이하 "파생결합사채"라 한다)를 발행하는 경우에는 이사회가 다음 각 호의 사항을 결정한다.
1. 상환 또는 지급 금액을 결정하는 데 연계할 유가증권이나 통화 또는 그 밖의 자산이나 지표

2. 제1호의 자산이나 지표와 연계하여 상환 또는 지급 금액을 결정하는 방법

제25조【사채청약서 등의 기재사항】 법 제469조제2항 각 호의 사채를 발행하는 경우 사채청약서, 채권 및 사채원부에는 다음 각 호의 구분에 따른 사항이 포함되어야 한다.
1. 이익참가부사채를 발행하는 경우 : 제21조제1항제1호부터 제3호까지의 사항
2. 교환사채를 발행하는 경우 : 제22조제1항제1호부터 제3호까지의 사항
3. 상환사채를 발행하는 경우 : 제23조제1항제1호부터 제3호까지의 사항
4. 파생결합사채를 발행하는 경우 : 제24조제1호 및 제2호의 사항

제26조【사채관리회사의 자격】 법 제480조의3제1항에서 "은행, 신탁회사, 그 밖에 대통령령으로 정하는 자"란 다음 각 호의 어느 하나에 해당하는 자를 말한다.
1. 「은행법」에 따른 은행
2. 「한국산업은행법」에 따른 한국산업은행
3. 「중소기업은행법」에 따른 중소기업은행
4. 「농업협동조합법」에 따른 농협은행
5. 「수산업협동조합법」에 따른 수협은행(2016.10.25 본호개정)
6. 「자본시장과 금융투자업에 관한 법률」에 따라 신탁업 인가를 받은 자로서 일반투자자로부터 금전을 위탁받을 수 있는 자
7. 「자본시장과 금융투자업에 관한 법률」에 따라 투자매매업 인가를 받은 자로서 일반투자자를 상대로 증권의 인수업무를 할 수 있는 자
8. 한국예탁결제원
9. 「자본시장과 금융투자업에 관한 법률」에 따른 증권금융회사

제27조【사채발행회사와의 특수한 이해관계】 법 제480조의3제3항에서 "대통령령으로 정하는 자"란 사채관리회사가 되려는 자가 다음 각 호의 어느 하나에 해당하는 경우 그 회사(사채관리회사가 된 후에 해당하게 된 자를 포함한다)를 말한다.
1. 사채관리회사가 사채발행회사에 대하여 법 제542조의8제2항제5호에 따른 최대주주 또는 같은 항 제6호에 따른 주요주주인 경우
2. 사채발행회사가 사채관리회사에 대하여 다음 각 목의 어느 하나에 해당하는 경우
가. 사채관리회사가 제26조제1호의 은행인 경우 : 「은행법」 제2조제1항제10호에 따른 대주주
나. 사채관리회사가 제26조제6호 및 제7호의 자인 경우 : 「자본시장과 금융투자업에 관한 법률」 제9조제1항에 따른 대주주
3. 사채발행회사와 사채관리회사가 「독점규제 및 공정거래에 관한 법률」 제2조제12호에 따른 계열회사(이하 "계열회사"라 한다)인 경우(2021.12.28 본호개정)
4. 사채발행회사의 주식을 보유하거나 사채발행회사의 임원을 겸임하는 등으로 인하여 사채권자의 이익과 충돌하는 특수한 이해관계가 있어 공정한 사채관리를 하기 어려운 경우로서 법무부장관이 정하여 고시하는 기준에 해당하는 회사

제28조【휴면회사의 신고】 ① 법 제520조의2제1항에 따른 영업을 폐지하지 아니하였다는 뜻의 신고는 서면으로 하여야 한다.
② 제1항의 서면에는 다음 각 호의 사항을 적고, 회사의 대표자 또는 그 대리인이 기명날인하여야 한다.
1. 회사의 상호, 본점의 소재지, 대표자의 성명 및 주소
2. 대리인이 제1항의 신고를 할 때에는 대리인의 성명 및 주소
3. 아직 영업을 폐지하지 아니하였다는 뜻
4. 법원의 표시
5. 신고 연월일
③ 대리인이 제1항의 신고를 할 경우 제1항의 서면에는 그 권한을 증명하는 서면을 첨부하여야 한다.
④ 제1항 또는 제3항의 서면에 찍을 회사 대표자의 인감은 「상업등기법」 제24조제1항에 따라 등기소에 제출된 것이어야 한다. 다만, 법 제520조의2제2항에 따라 법원으로부터 통지서를 받고 이를 첨부하여 신고하는 경우에는 그러하지 아니하다.

제29조【상장회사 특례의 적용범위】 ① 법 제542조의2제1항 본문에서 "대통령령으로 정하는 증권시장"이란 「자본시장과 금융투자업에 관한 법률」 제8조의2제4항제1호에 따른 증권시장을 말한다.(2013.8.27 본항개정)
② 법 제542조의2제1항 단서에서 "대통령령으로 정하는 주식회사"란 「자본시장과 금융투자업에 관한 법률」 제6조제5항에 따른 집합투자를 수행하기 위한 기구인 주식회사를 말한다.

제30조【주식매수선택권】 ① 법 제542조의3제1항 본문에서 "대통령령으로 정하는 관계 회사"란 다음 각 호의 어느 하나에 해당하는 법인을 말한다. 다만, 제1호 및 제2호의 법인은 주식매수선택권을 부여하는 회사의 수출실적에 영향을 미치는 생산 또는 판매 업무를 영위하거나 그 회사의 기술혁신을 위한 연구개발활동을 수행하는 경우로 한정한다.
1. 해당 회사가 총출자액의 100분의 30 이상을 출자하고 최대출자자로 있는 외국법인
2. 제1호의 외국법인이 총출자액의 100분의 30 이상을 출자하고 최대출자자로 있는 외국법인과 그 법인이 총출자액의 100분의 30 이상을 출자하고 최대출자자로 있는 외국법인
3. 해당 회사가 「금융지주회사법」에서 정하는 금융지주회사인 경우 그 자회사 또는 손자회사 가운데 상장회사가 아닌 법인
② 법 제542조의3제1항 단서에서 "제542조의8제2항제5호의 최대주주 등 대통령령으로 정하는 자"란 다음 각 호의 어느 하나에 해당하는 자를 말한다. 다만, 해당 회사 또는 제1항의 관계 회사의 임원이 됨으로써 특수관계인에 해당하게 된 자〔그 임원이 계열회사의 상무(常務)에 종사하지 아니하는 이사·감사인 경우를 포함한다〕는 제외한다.
1. 법 제542조의8제2항제5호에 따른 최대주주 및 그 특수관계인
2. 법 제542조의8제2항제6호에 따른 주요주주 및 그 특수관계인
③ 법 제542조의3제2항에서 "대통령령으로 정하는 한도"란 발행주식총수의 100분의 15에 해당하는 주식 수를 말한다. 이 경우 이를 산정할 때에는 법 제542조의3제3항에 따라 부여한 주식매수선택권을 포함하여 계산한다.
④ 법 제542조의3제3항 전단에서 "대통령령으로 정하는 한도"란 다음 각 호의 구분에 따른 주식 수를 말한다.
1. 최근 사업연도 말 현재의 자본금이 3천억원 이상인 법인 : 발행주식총수의 100분의 1에 해당하는 주식 수
2. 최근 사업연도 말 현재의 자본금이 3천억원 미만인 법인 : 발행주식총수의 100분의 3에 해당하는 주식 수
⑤ 법 제542조의3제4항에서 "대통령령으로 정하는 경우"란 주식매수선택권을 부여받은 자가 사망하거나 그 밖에 본인의 책임이 아닌 사유로 퇴임하거나 퇴직한 경우를 말한다. 이 경우 정년에 따른 퇴임이나 퇴직은 본인의 책임이 아닌 사유에 포함되지 아니한다.
⑥ 상장회사는 다음 각 호의 어느 하나에 해당하는 경우에는 정관에서 정하는 바에 따라 이사회 결의에 의하여 주식매수선택권의 부여를 취소할 수 있다.
1. 주식매수선택권을 부여받은 자가 본인의 의사에 따라 사임하거나 사직한 경우
2. 주식매수선택권을 부여받은 자가 고의 또는 과실로 회사에 중대한 손해를 입힌 경우
3. 해당 회사의 파산 등으로 주식매수선택권 행사에 응할 수 없는 경우
4. 그 밖에 주식매수선택권을 부여받은 자와 체결한 주식매수선택권 부여계약에서 정한 취소사유가 발생한 경우
⑦ 주식매수선택권의 행사기한을 해당 이사·감사 또는 피용자의 퇴임일 또는 퇴직일로 정하는 경우 이들이 본인의 책임이 아닌 사유로 퇴임하거나 퇴직하였을 때에는 그 날부터 3개월 이상의 행사기간을 추가로 부여하여야 한다.

제31조【주주총회의 소집공고】 ① 법 제542조의4제1항에서 "대통령령으로 정하는 수 이하의 주식"이란 의결권 있는 발행주식총수의 100분의 1 이하의 주식을 말한다.
② 상장회사는 「금융위원회의 설치 등에 관한 법률」 제24조에 따라 설립된 금융감독원 또는 「자본시장과 금융투자업에 관한 법률」 제373조의2에 따라 허가를 받은 거래소(이하 "거래소"라 한다)가 운용하는 전자공시시스템을 통하여 법 제542조의4제1항의 공고를 할 수 있다.(2013.8.27 본항개정)
③ 법 제542조의4제2항에서 "대통령령으로 정하는 후보자에 관한 사항"이란 다음 각 호의 사항을 말한다.
1. 후보자와 최대주주와의 관계
2. 후보자와 해당 회사와의 최근 3년간의 거래 내역
3. 주주총회 개최일 기준 최근 5년 이내에 후보자가 「국세징수법」 또는 「지방세징수법」에 따른 체납처분을 받은 사실이 있는지 여부(2020.1.29 본호신설)
4. 주주총회 개최일 기준 최근 5년 이내에 후보자가 임원으로 재직한 기업이 「채무자 회생 및 파산에 관한 법률」에 따른 회생절차 또는 파산절차를 진행한 사실이 있는지 여부(2020.1.29 본호신설)
5. 법령에서 정한 취업제한 사유 등 이사·감사 결격 사유의 유무(2020.1.29 본호신설)
④ 법 제542조의4제3항 본문에서 "사외이사 등의 활동내역과 보수에 관한 사항, 사업개요 등 대통령령으로 정하는 사항"이란 다음 각 호의 사항을 말한다.
1. 사외이사, 그 밖에 해당 회사의 상무에 종사하지 아니하는 이사의 이사회 출석률, 이사회 의안에 대한 찬반 여부 등 활동내역과 보수에 관한 사항
2. 법 제542조의9제3항 각 호에 따른 거래의 내역
3. 영업 현황 등 사업개요와 주주총회의 목적사항별로 금융위원회가 정하는 방법에 따라 작성한 참고서류
4. 「자본시장과 금융투자업에 관한 법률」 제159조에 따른 사업보고서 및 「주식회사 등의 외부감사에 관한 법률」 제23조제1항 본문에 따른 감사보고서. 이 경우 해당 보고서는 주주총회 개최 1주 전까지 전자문서로 발송하거나 회사의 홈페이지에 게재하는 것으로 갈음할 수 있다.(2020.1.29 본호신설)
⑤ 법 제542조의4제3항 단서에서 "대통령령으로 정하는 방법"이란 상장회사가 제4항 각 호에 따른 서류를 회사의 인터넷 홈페이지에 게재하고 다음 각 호의 장소에 갖추어 두어 일반인이 열람할 수 있도록 하는 방법을 말한다.
1. 상장회사의 본점 및 지점
2. 명의개서대행회사
3. 금융위원회
4. 거래소(2013.8.27 본호개정)

제32조【소수주주권 행사요건 완화대상 회사】 법 제542조의6제2항부터 제5항까지의 규정에서 "대통령령으로 정하는 상장회사"란 최근 사업연도 말 현재의 자본금이 1천억원 이상인 상장회사를 말한다.

제33조【집중투표에 관한 특례의 대상 회사】 법 제542조의7제2항에서 "대통령령으로 정하는 상장회사"란 최근 사업연도 말 현재의 자산총액이 2조원 이상인 상장회사를 말한다.

제34조【상장회사의 사외이사 등】 ① 법 제542조의8제1항 본문에서 "대통령령으로 정하는 경우"란 다음 각 호의 어느 하나에 해당하는 경우를 말한다.
1. 「벤처기업육성에 관한 특별조치법」에 따른 벤처기업 중 최근 사업연도 말 현재의 자산총액이 1천억원 미만으로서 코스닥시장(대통령령 제24697호 자본시장과 금융투자업에 관한 법률 시행령 일부개정령 부칙 제8조에 따른 코스닥시장을 말한다. 이하 같다) 또는 코넥스시장(「자본시장과 금융투자업에 관한 법률 시행령」 제11조제2항에 따른 코넥스시장을 말한다. 이하 같다)에 상장된 주권을 발행한 벤처기업인 경우(2013.8.27 본호개정)
2. 「채무자 회생 및 파산에 관한 법률」에 따른 회생절차가 개시되었거나 파산선고를 받은 상장회사인 경우
3. 유가증권시장(「자본시장과 금융투자업에 관한 법률 시행령」 제176조의9제1항에 따른 유가증권시장을 말한다. 이하 같다), 코스닥시장 또는 코넥스시장에 주권을 신규로 상장한 상장회사(신규상장 후 최초로 소집되는 정기주주총회 전날까지만 해당한다)인 경우. 다만, 유가증권시장에 상장된 주권을 발행한 회사로서 사외이사를 선임하여야 하는 회사가 코스닥시장 또는 코넥스시장에 상장된 주권을 발행한 회사로 되는 경우 또는 코스닥시장 또는 코넥스시장에 상장된 주권을 발행한 회사로서 사외이사를 선임하여야 하는 회사가 유가증권시장에 상장된 주권을 발행한 회사로 되는 경우에는 그러하지 아니하다.(2013.8.27 본호개정)
4. 「부동산투자회사법」에 따른 기업구조조정 부동산투자회사인 경우
5. 해산을 결의한 상장회사인 경우
② 법 제542조의8제1항 단서에서 "대통령령으로 정하는 상장회사"란 최근 사업연도 말 현재의 자산총액이 2조원 이상인 상장회사를 말한다.
③ 법 제542조의8제2항제4호에서 "대통령령으로 별도로 정하는 법률"이란 다음 각 호의 금융 관련 법령(이에 상응하는 외국의 금융 관련 법령을 포함한다)을 말한다.
1. 「한국은행법」
2. 「은행법」
3. 「보험업법」
4. 「자본시장과 금융투자업에 관한 법률」
5. 「상호저축은행법」
6. 「금융실명거래 및 비밀보장에 관한 법률」
7. 「금융위원회의 설치 등에 관한 법률」
8. 「예금자보호법」
9. 「한국자산관리공사 설립 등에 관한 법률」(2021.2.1 본호개정)
10. 「여신전문금융업법」
11. 「한국산업은행법」
12. 「중소기업은행법」
13. 「한국수출입은행법」
14. 「신용협동조합법」
15. 「신용보증기금법」
16. 「기술보증기금법」(2016.5.31 본호개정)
17. 「새마을금고법」
18. 「벤처투자 촉진에 관한 법률」(2022.8.23 본호개정)
19. 「신용정보의 이용 및 보호에 관한 법률」
20. 「외국환거래법」
21. 「외국인투자 촉진법」
22. 「자산유동화에 관한 법률」
23. (2021.2.1 삭제)
24. 「금융산업의 구조개선에 관한 법률」
25. 「담보부사채신탁법」
26. 「금융지주회사법」
27. 「기업구조조정투자회사법」
28. 「한국주택금융공사법」
④ 법 제542조의8제2항제5호에서 "대통령령으로 정하는

특수한 관계에 있는 자"란 다음 각 호의 어느 하나에 해당하는 자(이하 "특수관계인"이라 한다)를 말한다.
1. 본인이 개인인 경우에는 다음 각 목의 어느 하나에 해당하는 사람
가. 배우자(사실상의 혼인관계에 있는 사람을 포함한다)
나. 6촌 이내의 혈족
다. 4촌 이내의 인척
라. 본인이 단독으로 또는 본인과 가목부터 다목까지의 관계에 있는 사람과 합하여 100분의 30 이상을 출자하거나 그 밖에 이사·집행임원·감사의 임면 등 법인 또는 단체의 주요 경영사항에 대하여 사실상 영향력을 행사하고 있는 경우에는 해당 법인 또는 단체와 그 이사·집행임원·감사
마. 본인이 단독으로 또는 본인과 가목부터 라목까지의 관계에 있는 자와 합하여 100분의 30 이상을 출자하거나 그 밖에 이사·집행임원·감사의 임면 등 법인 또는 단체의 주요 경영사항에 대하여 사실상 영향력을 행사하고 있는 경우에는 해당 법인 또는 단체와 그 이사·집행임원·감사
2. 본인이 법인 또는 단체인 경우에는 다음 각 목의 어느 하나에 해당하는 자
가. 이사·집행임원·감사
나. 계열회사 및 그 이사·집행임원·감사
다. 단독으로 또는 제1호 각 목의 관계에 있는 자와 합하여 본인에게 100분의 30 이상을 출자하거나 그 밖에 이사·집행임원·감사의 임면 등 본인의 주요 경영사항에 대하여 사실상 영향력을 행사하고 있는 개인 및 그와 제1호 각 목의 관계에 있는 자 또는 단체(계열회사는 제외한다. 이하 이 호에서 같다)와 그 이사·집행임원·감사
라. 본인이 단독으로 또는 본인과 가목부터 다목까지의 관계에 있는 자와 합하여 100분의 30 이상을 출자하거나 그 밖에 이사·집행임원·감사의 임면 등 단체의 주요 경영사항에 대하여 사실상 영향력을 행사하고 있는 경우 해당 단체와 그 이사·집행임원·감사
⑤ 법 제542조의8제2항제7호에서 "대통령령으로 정하는 자"란 다음 각 호의 어느 하나에 해당하는 자를 말한다.
1. 해당 상장회사의 계열회사의 상무에 종사하는 이사·집행임원·감사 및 피용자이거나 최근 3년 이내에 계열회사의 상무에 종사하는 이사·집행임원·감사 및 피용자였던 자(2020.1.29 본호개정)
2. 다음 각 목의 법인 등의 이사·집행임원·감사 및 피용자〔사목에 따른 법무법인, 법무법인(유한), 법무조합, 변호사 2명 이상이 사건의 수임·처리나 그 밖의 변호사 업무수행 시 통일된 형태를 갖추고 수익을 분배하거나 비용을 분담하는 형태로 운영되는 법률사무소, 합작법무법인, 외국법자문법률사무소의 경우에는 해당 법무법인 등에 소속된 변호사, 외국법자문사를 말한다〕이거나 최근 2년 이내에 이사·집행임원·감사 및 피용자였던 자(2016.6.28 본문개정)
가. 최근 3개 사업연도 중 해당 상장회사와의 거래실적의 합계액이 자산총액(해당 상장회사의 최근 사업연도 말 현재의 대차대조표상의 자산총액을 말한다) 또는 매출총액(해당 상장회사의 최근 사업연도 말 현재의 손익계산서상의 매출총액을 말한다. 이하 이 조에서 같다)의 100분의 10 이상인 법인
나. 최근 사업연도 중에 해당 상장회사와 매출총액의 100분의 10 이상의 금액에 상당하는 단일의 거래계약을 체결한 법인
다. 최근 사업연도 중에 해당 상장회사가 금전, 유가증권, 그 밖의 증권 또는 증서를 대여하거나 차입한 금액과 담보제공 등 채무보증을 한 금액의 합계액이 자본금(해당 상장회사의 최근 사업연도 말 현재의 대차대조표상의 자본금을 말한다)의 100분의 10 이상인 법인
라. 해당 상장회사의 정기주주총회일 현재 그 회사가 자본금(해당 상장회사가 출자한 법인의 자본금을 말한다)의 100분의 5 이상을 출자한 법인
마. 해당 상장회사와 기술제휴계약을 체결하고 있는 법인
바. 해당 상장회사의 감사인으로 선임된 회계법인
사. 해당 상장회사와 주된 법률자문·경영자문 등의 자문계약을 체결하고 있는 법무법인, 법무법인(유한), 법무조합, 변호사 2명 이상이 사건의 수임·처리나 그 밖의 변호사 업무수행 시 통일된 형태를 갖추고 수익을 분배하거나 비용을 분담하는 형태로 운영되는 법률사무소, 합작법무법인, 외국법자문법률사무소, 회계법인, 세무법인, 그 밖에 자문용역을 제공하고 있는 법인(2016.6.28 본목개정)
3. 해당 상장회사 외의 2개 이상의 다른 회사의 이사·집행임원·감사로 재임 중인 자
4. 해당 상장회사에 대한 회계감사 또는 세무대리를 하거나 그 상장회사와 법률자문·경영자문 등의 자문계약을 체결하고 있는 변호사(소속 외국법자문사를 포함한다), 공인회계사, 세무사, 그 밖에 자문용역을 제공하고 있는 자
5. 해당 상장회사의 발행주식총수의 100분의 1 이상에 해당하는 주식을 보유(「자본시장과 금융투자업에 관한 법률」 제133조제3항에 따른 보유를 말한다)하고 있는 자
6. 해당 상장회사와의 거래(「약관의 규제에 관한 법률」 제2조제1호의 약관에 따라 이루어지는 해당 상장회사와의 정형화된 거래는 제외한다) 잔액이 1억원 이상인 자
7. 해당 상장회사에서 6년을 초과하여 사외이사로 재직했거나 해당 상장회사 또는 그 계열회사에서 각각 재직한 기간을 더하면 9년을 초과하여 사외이사로 재직한 자(2020.1.29 본호신설)
⑥ 제5항제2호에도 불구하고 다음 각 호의 어느 하나에 해당하는 법인인 기관투자자 및 이에 상당하는 외국금융회사는 제5항에 해당하는 자에서 제외한다.
1. 「은행법」에 따른 은행
2. 「한국산업은행법」에 따른 한국산업은행
3. 「중소기업은행법」에 따른 중소기업은행
4. 「한국수출입은행법」에 따른 한국수출입은행
5. 「농업협동조합법」에 따른 농업협동조합중앙회 및 농협은행
6. 「수산업협동조합법」에 따른 수산업협동조합중앙회
7. 「상호저축은행법」에 따른 상호저축은행중앙회 및 상호저축은행
8. 「보험업법」에 따른 보험회사
9. 「여신전문금융업법」에 따른 여신전문금융회사
10. 「신용협동조합법」에 따른 신용협동조합중앙회
11. 「산림조합법」에 따른 산림조합중앙회
12. 「새마을금고법」에 따른 새마을금고중앙회
13. 「한국주택금융공사법」에 따른 한국주택금융공사
14. 「자본시장과 금융투자업에 관한 법률」에 따른 투자매매업자 및 투자중개업자
15. 「자본시장과 금융투자업에 관한 법률」에 따른 종합금융회사
16. 「자본시장과 금융투자업에 관한 법률」에 따른 집합투자업자
17. 「자본시장과 금융투자업에 관한 법률」에 따른 증권금융회사
18. 법률에 따라 설립된 기금을 관리·운용하는 법인으로서 다음 각 목의 법인
가. 「공무원연금법」에 따른 공무원연금공단
나. 「사립학교교직원 연금법」에 따른 사립학교교직원연금공단
다. 「국민체육진흥법」에 따른 서울올림픽기념국민체육진흥공단
라. 「신용보증기금법」에 따른 신용보증기금
마. 「기술보증기금법」에 따른 기술보증기금(2016.5.31 본목개정)
바. 「무역보험법」에 따른 한국무역보험공사
사. 「중소기업협동조합법」에 따른 중소기업중앙회
아. 「문화예술진흥법」에 따른 한국문화예술위원회
19. 법률에 따라 공제사업을 영위하는 법인으로서 다음 각 목의 법인
가. 「한국교직원공제회법」에 따른 한국교직원공제회
나. 「군인공제회법」에 따른 군인공제회
다. 「건설산업기본법」에 따라 설립된 건설공제조합 및 전문건설공제조합
라. 「전기공사공제조합법」에 따른 전기공사공제조합
마. 「정보통신공사업법」에 따른 정보통신공제조합
바. 「대한지방행정공제회법」에 따른 대한지방행정공제회
사. 「과학기술인공제회법」에 따른 과학기술인공제회

제35조【주요주주 등 이해관계자와의 거래】 ① 법 제542조의9제1항 각 호 외의 부분에서 "대통령령으로 정하는 거래"란 다음 각 호의 어느 하나에 해당하는 거래를 말한다.
1. 담보를 제공하는 거래
2. 어음(「전자어음의 발행 및 유통에 관한 법률」에 따른 전자어음을 포함한다)을 배서(「어음법」 제15조제1항에 따른 담보적 효력이 없는 배서는 제외한다)하는 거래
3. 출자의 이행을 약정하는 거래
4. 법 제542조의9제1항 각 호의 자에 대한 신용공여의 제한(금전·증권 등 경제적 가치가 있는 재산의 대여, 채무이행의 보증, 자금 지원적 성격의 증권 매입, 제1호부터 제3호까지의 어느 하나에 해당하는 거래의 제한을 말한다)을 회피할 목적으로 하는 거래로서 「자본시장과 금융투자업에 관한 법률 시행령」 제38조제1항제4호 각 목의 어느 하나에 해당하는 거래
5. 「자본시장과 금융투자업에 관한 법률 시행령」 제38조제1항제5호에 따른 거래
② 법 제542조의9제2항제1호에서 "대통령령으로 정하는 신용공여"란 학자금, 주택자금 또는 의료비 등 복리후생을 위하여 회사가 정하는 바에 따라 3억원의 범위에서 금전을 대여하는 행위를 말한다.
③ 법 제542조의9제2항제3호에서 "대통령령으로 정하는 신용공여"란 회사의 경영상 목적을 달성하기 위하여 필요한 경우로서 다음 각 호의 자를 상대로 하거나 그를 위하여 적법한 절차에 따라 이행하는 신용공여를 말한다.
1. 법인인 주요주주
2. 법인인 주요주주의 특수관계인 중 회사(자회사를 포함한다)의 출자지분과 해당 법인인 주요주주의 출자지분을 합한 것이 개인인 주요주주의 출자지분과 그의 특수관계인(해당 회사 및 자회사는 제외한다)의 출자지분을 합한 것보다 큰 법인
3. 개인인 주요주주의 특수관계인 중 회사(자회사를 포함한다)의 출자지분과 제1호 및 제2호에 따른 법인의 출자지분을 합한 것이 개인인 주요주주의 출자지분과 그의 특수관계인(해당 회사 및 자회사는 제외한다)의 출자지분을 합한 것보다 큰 법인
④ 법 제542조의9제3항 각 호 외의 부분에서 "대통령령으로 정하는 상장회사"란 최근 사업연도 말 현재의 자산총액이 2조원 이상인 상장회사를 말한다.
⑤ 법 제542조의9제3항 각 호 외의 부분에서 "대통령령으로 정하는 자"란 제34조제4항의 특수관계인을 말한다.
⑥ 법 제542조의9제3항제1호에서 "대통령령으로 정하는 규모"란 자산총액 또는 매출총액을 기준으로 다음 각 호의 구분에 따른 규모를 말한다.
1. 제4항의 회사가 「금융위원회의 설치 등에 관한 법률」 제38조에 따른 검사 대상 기관인 경우 : 해당 회사의 최근 사업연도 말 현재의 자산총액의 100분의 1
2. 제4항의 회사가 「금융위원회의 설치 등에 관한 법률」 제38조에 따른 검사 대상 기관이 아닌 경우 : 해당 회사의 최근 사업연도 말 현재의 자산총액 또는 매출총액의 100분의 1
⑦ 법 제542조의9제3항제2호에서 "대통령령으로 정하는 규모"란 다음 각 호의 구분에 따른 규모를 말한다.
1. 제4항의 회사가 「금융위원회의 설치 등에 관한 법률」 제38조에 따른 검사 대상 기관인 경우 : 해당 회사의 최근 사업연도 말 현재의 자산총액의 100분의 5
2. 제4항의 회사가 「금융위원회의 설치 등에 관한 법률」 제38조에 따른 검사 대상 기관이 아닌 경우 : 해당 회사의 최근 사업연도 말 현재의 자산총액 또는 매출총액의 100분의 5
⑧ 법 제542조의9제4항에서 "대통령령으로 정하는 사항"이란 다음 각 호의 사항을 말한다.
1. 거래의 내용, 날짜, 기간 및 조건
2. 해당 사업연도 중 거래상대방과의 거래유형별 총거래금액 및 거래잔액
⑨ 법 제542조의9제5항제1호에서 "대통령령으로 정하는 거래"란 「약관의 규제에 관한 법률」 제2조제1호의 약관에 따라 이루어지는 거래를 말한다.

제36조【상근감사】 ① 법 제542조의10제1항 본문에서 "대통령령으로 정하는 상장회사"란 최근 사업연도 말 현재의 자산총액이 1천억원 이상인 상장회사를 말한다.
② 법 제542조의10제2항제3호에서 "대통령령으로 정하는 자"란 다음 각 호의 어느 하나에 해당하는 자를 말한다.
1. 해당 회사의 상무에 종사하는 이사·집행임원의 배우자 및 직계존속·비속
2. 계열회사의 상무에 종사하는 이사·집행임원 및 피용자이거나 최근 2년 이내에 상무에 종사한 이사·집행임원 및 피용자

제37조【감사위원회】 ① 법 제542조의11제1항에서 "대통령령으로 정하는 상장회사"란 최근 사업연도 말 현재의 자산총액이 2조원 이상인 상장회사를 말한다. 다만, 다음 각 호의 어느 하나에 해당하는 상장회사는 제외한다.
1. 「부동산투자회사법」에 따른 부동산투자회사인 상장회사
2. 「공공기관의 운영에 관한 법률」 및 「공기업의 경영구조 개선 및 민영화에 관한 법률」을 적용받는 상장회사
3. 「채무자 회생 및 파산에 관한 법률」에 따른 회생절차가 개시된 상장회사
4. 유가증권시장 또는 코스닥시장에 주권을 신규로 상장한 상장회사(신규상장 후 최초로 소집되는 정기주주총회 전날까지만 해당한다). 다만, 유가증권시장에 상장된 주권을 발행한 회사로서 감사위원회를 설치하여야 하는 회사가 코스닥시장에 상장된 주권을 발행한 회사로 되는 경우 또는 코스닥시장에 상장된 주권을 발행한 회사로서 감사위원회를 설치하여야 하는 회사가 유가증권시장에 상장된 주권을 발행한 회사로 되는 경우는 제외한다.
② 법 제542조의11제2항제1호에서 "대통령령으로 정하는 회계 또는 재무 전문가"란 다음 각 호의 어느 하나에 해당하는 사람을 말한다.
1. 공인회계사의 자격을 가진 사람으로서 그 자격과 관련된 업무에 5년 이상 종사한 경력이 있는 사람
2. 회계 또는 재무 분야에서 석사 이상의 학위를 취득한 사람으로서 연구기관 또는 대학에서 회계 또는 재무 관련 분야의 연구원이나 조교수 이상으로 근무한 경력(학위 취득 전의 경력을 포함한다)이 합산하여 5년 이상인 사람(2022.8.9 본호개정)
3. 상장회사에서 회계 또는 재무 관련 업무에 합산하여 임원으로 근무한 경력이 5년 이상 또는 임직원으로 근무한 경력이 10년 이상인 사람
4. 「금융회사의 지배구조에 관한 법률 시행령」 제16조제1항제4호·제5호의 기관 또는 「한국은행법」에 따른 한

국은행에서 회계 또는 재무 관련 업무나 이에 대한 감독 업무에 근무한 경력이 합산하여 5년 이상인 사람(2020.4.14 본호개정)
5. 「금융회사의 지배구조에 관한 법률 시행령」 제16조제1항제6호에 따라 금융위원회가 정하여 고시하는 자격을 갖춘 사람(2020.4.14 본호신설)

제38조【감사 등 선임·해임 시의 의결권 제한】 ① 법 제542조의12제4항에서 "대통령령으로 정하는 자"란 다음 각 호의 어느 하나에 해당하는 자를 말한다.(2021.2.1 본문개정)
1. 최대주주 또는 그 특수관계인의 계산으로 주식을 보유하는 자
2. 최대주주 또는 그 특수관계인에게 의결권(의결권의 행사를 지시할 수 있는 권한을 포함한다)을 위임한 자(해당 위임분만 해당한다)

② 법 제542조의12제7항 후단에서 "대통령령으로 정하는 자"란 제1항 각 호의 어느 하나에 해당하는 자를 말한다.(2021.2.1 본항개정)

제39조【준법통제기준 및 준법지원인 제도의 적용범위】 법 제542조의13제1항에서 "대통령령으로 정하는 상장회사"란 최근 사업연도 말 현재의 자산총액이 5천억원 이상인 회사를 말한다. 다만, 다른 법률에 따라 내부통제기준 및 준법감시인을 두어야 하는 상장회사는 제외한다.

제40조【준법통제기준 등】 ① 법 제542조의13제1항에 따른 준법통제기준(이하 "준법통제기준"이라 한다)에는 다음 각 호의 사항이 포함되어야 한다.
1. 준법통제기준의 제정 및 변경의 절차에 관한 사항
2. 법 제542조의13제2항에 따른 준법지원인(이하 "준법지원인"이라 한다)의 임면절차에 관한 사항
3. 준법지원인의 독립적 직무수행의 보장에 관한 사항
4. 임직원이 업무수행과정에서 준수해야 할 법규 및 법적 절차에 관한 사항
5. 임직원에 대한 준법통제기준 교육에 관한 사항
6. 임직원의 준법통제기준 준수 여부를 확인할 수 있는 절차 및 방법에 관한 사항
7. 준법통제기준을 위반하여 업무를 집행한 임직원의 처리에 관한 사항
8. 준법통제에 필요한 정보가 준법지원인에게 전달될 수 있도록 하는 방법에 관한 사항
9. 준법통제기준의 유효성 평가에 관한 사항

② 준법통제기준을 정하거나 변경하는 경우에는 이사회의 결의를 거쳐야 한다.

제41조【준법지원인 자격요건 등】 법 제542조의13제5항제3호에서 "대통령령으로 정하는 사람"이란 다음 각 호의 어느 하나에 해당하는 사람을 말한다.
1. 상장회사에서 감사·감사위원·준법감시인 또는 이와 관련된 법무부서에서 근무한 경력이 합산하여 10년 이상인 사람
2. 법률학 석사 이상의 학위를 취득한 사람으로서 상장회사에서 감사·감사위원·준법감시인 또는 이와 관련된 법무부서에서 근무한 경력(학위 취득 전의 경력을 포함한다)이 합산하여 5년 이상인 사람(2022.8.9 본호개정)

제42조【준법지원인의 영업 업무 제한】 준법지원인은 자신의 업무수행에 영향을 줄 수 있는 영업 관련 업무를 담당해서는 아니 된다.

제43조【대차대조표에 상당하는 것의 범위】 법 제616조의2제1항에서 "대통령령으로 정하는 것"이란 복식부기의 원리에 의하여 해당 회사의 재무상태를 명확히 하기 위하여 회계연도 말 현재의 모든 자산·부채 및 자본의 현황을 표시한 서류로서 대차대조표에 상당하는 형식을 갖춘 것을 말한다.

제44조【과태료의 부과·징수 절차】 ① 법무부장관은 법 제637조의2에 따라 과태료를 부과할 때에는 해당 위반행위를 조사·확인한 후 위반사실, 과태료 금액, 이의제기방법, 이의제기기간 등을 구체적으로 밝혀 과태료를 낼 것을 과태료 처분 대상자에게 서면으로 통지하여야 한다.

② 법무부장관은 제1항에 따라 과태료를 부과하려는 경우에는 10일 이상의 기간을 정하여 과태료 처분 대상자에게 말 또는 서면(전자문서를 포함한다)으로 의견을 진술할 기회를 주어야 한다. 이 경우 지정된 기일까지 의견을 진술하지 아니하면 의견이 없는 것으로 본다.

③ 법무부장관은 과태료 금액을 정하는 경우 해당 위반행위의 동기와 그 결과, 위반기간 및 위반 정도 등을 고려하여야 한다.

④ 과태료는 국고금 관리법령의 수입금 징수에 관한 절차에 따라 징수한다. 이 경우 납입고지서에는 이의제기방법 및 이의제기기간 등을 함께 적어야 한다.

제3편의2 보 험

(2018.10.30 본편신설)

제44조의2【타인의 생명보험】 법 제731조제1항에 따른 본인 확인 및 위조·변조 방지에 대한 신뢰성을 갖춘 전자문서는 다음 각 호의 요건을 모두 갖춘 전자문서로 한다.
1. 전자문서에 보험금 지급사유, 보험금액, 보험계약자와 보험수익자의 신원, 보험기간이 적혀 있을 것
2. 전자문서에 법 제731조제1항에 따른 전자서명(이하 "전자서명"이라 한다)을 하기 전에 전자서명을 할 사람을 직접 만나서 전자서명을 하는 사람이 보험계약에 동의하는 본인임을 확인하는 절차를 거쳐 작성될 것
3. 전자문서에 전자서명을 한 후에 그 전자서명을 한 사람이 보험계약에 동의하는 본인임을 확인할 수 있도록 지문정보를 이용하는 등 법무부장관이 고시하는 요건을 갖추어 작성될 것
4. 전자문서 및 전자서명의 위조·변조 여부를 확인할 수 있을 것

제4편 해 상

제45조【해상편 규정의 적용이 제외되는 선박의 범위】 법 제741조제1항 단서에서 "대통령령으로 정하는 경우"란 다음 각 호의 어느 하나에 해당하는 국유 또는 공유의 선박인 경우를 말한다.
1. 군함, 경찰용 선박
2. 어업지도선, 밀수감시선
3. 그 밖에 영리행위에 사용되지 아니하는 선박으로서 비상용·인명구조용 선박 등 사실상 공용(公用)으로 사용되는 선박

제46조【연안항행구역의 범위】 법 제872조제2항 단서에 따라 공동해손의 경우 분담 등에 특례가 인정되는 연안항행구역의 범위는 전라남도 영광군 불갑천구 북안에서 같은 군 가음도, 신안군 재원도·비금도·신도, 진도군 가사도·진도, 완도군 보길도·자지도·청산도, 여수시 초도·소리도와 경상남도 거제시 거제도 및 부산광역시 영도를 거쳐 같은 광역시 승두말에 이르는 선 안의 해면으로 한다.

제5편 항공운송

제47조【초경량 비행장치의 범위】 법 제896조 단서에서 "대통령령으로 정하는 초경량 비행장치"란 「항공안전법」 제2조제3호에 따른 초경량비행장치를 말한다.(2017.3.29 본조개정)

제48조【항공운송편 규정의 준용이 제외되는 항공기의 범위】 법 제897조 단서에서 "대통령령으로 정하는 경우"란 다음 각 호의 어느 하나에 해당하는 국유 또는 공유의 항공기인 경우를 말한다.
1. 군용·경찰용·세관용 항공기
2. 「항공안전법」 제2조제1호 각 목의 용도로 사용되는 항공기(2017.3.29 본호개정)
3. 그 밖에 영리행위에 사용되지 아니하는 항공기로서 비상용·인명구조용 항공기 등 사실상 공용(公用)으로 사용되는 항공기

제49조【항공기사고로 인한 선급금의 지급액 등】 ① 법 제906조제1항 전단에 따라 운송인이 지급하여야 하는 선급금은 다음 각 호의 구분에 따른 금액으로 한다.
1. 여객이 사망한 경우 : 1인당 1만6천계산단위의 금액
2. 여객이 신체에 상해를 입은 경우 : 1인당 8천계산단위의 금액 범위에서 진찰·검사, 약제·치료재료의 지급, 처치·수술 및 그 밖의 치료, 예방·재활, 입원, 간호, 이송 등 명칭에 상관없이 그 상해의 치료에 드는 비용 중 법 제906조제1항에 따른 손해배상청구권자(이하 이 조에서 "손해배상청구권자"라 한다) 또는 「민법」에 따라 부양할 의무가 있는 사람이 실제 부담한 금액

② 법 제906조제1항 전단에 따라 손해배상청구권자가 선급금을 청구할 때에는 운송인에 대하여 선급금을 청구한다는 취지와 청구금액을 분명히 밝힌 서면 또는 전자문서에 다음 각 호의 서류를 첨부하여 청구하여야 한다.
1. 가족관계등록부 또는 그 밖에 법률에 따른 권한이 있는 청구권자임을 증명할 수 있는 서류
2. 여객이 신체에 상해를 입은 경우에는 그 상해의 치료에 드는 비용을 실제 부담하였음을 증명할 수 있는 서류

부 칙

제1조【시행일】 이 영은 2012년 4월 15일부터 시행한다.

제2조【이익참가부사채 등의 발행 요건 및 절차에 관한 적용례】 제21조부터 제25조까지의 개정규정은 이 영 시행 후 최초로 이사회의 결의로 이익참가부사채, 교환사채, 상환사채 및 파생결합사채를 발행하는 경우부터 적용한다.

제3조【주식매수선택권에 관한 적용례】 제30조제5항의 개정규정은 이 영 시행 후 최초로 주주총회의 결의 또는 이사회의 결의로 주식매수선택권을 부여하는 경우부터 적용한다.

제4조【사외이사 결격사유에 관한 적용례】 종전의 규정에 따라 선임된 사외이사가 이 영 시행으로 제34조제4항 및 제5항의 개정규정에 위배된 경우에 상장회사는 이 영 시행 후 최초로 개최되는 주주총회에서 제34조제4항 및 제5항의 개정규정에 합치되도록 사외이사를 선임하여야 한다.

제5조【준법통제기준 및 준법지원인 제도의 적용 특례】 제39조의 개정규정에도 불구하고 이 영 시행일부터 2013년 12월 31일까지는 같은 조 중 "5천억원"은 "1조원"으로 본다.

제6조【미실현이익에 관한 경과조치】 회사가 이 영 시행일이 속하는 사업연도까지 이익잉여금으로 순자산액에 반영한 미실현이익이 있는 경우에 그 미실현이익은 제19조의 개정규정에 따른 미실현이익에 포함되지 아니한 것으로 본다.

제7조【법인인 주요주주의 특수관계인에 대한 신용공여에 관한 경과조치】 제35조제3항제2호의 개정규정에도 불구하고 이 영 시행 전에 회사가 종전의 규정에 따라 법인인 주요주주의 특수관계인에게 한 신용공여는 같은 호의 개정규정에 적합한 신용공여로 본다.

제8조【다른 법령의 개정】 ①~② ※(해당 법령에 가제정리 하였음)

제9조【다른 법령과의 관계】 이 영 시행 당시 다른 법령에서 종전의 「상법 시행령」의 규정을 인용한 경우에 이 영 가운데 그에 해당하는 규정이 있으면 종전의 규정을 갈음하여 이 영의 해당 규정을 인용한 것으로 본다.

부 칙 (2019.6.25)

제1조【시행일】 이 영은 2019년 9월 16일부터 시행한다. (이하 생략)

부 칙 (2020.1.29)

제1조【시행일】 이 영은 공포한 날부터 시행한다. 다만, 제31조제4항의 개정규정은 2021년 1월 1일부터 시행한다.

제2조【사외이사 선임에 관한 적용례】 제34조제5항의 개정규정은 이 영 시행 이후 선임하는 사외이사부터 적용한다.

부 칙 (2020.4.14)

이 영은 공포한 날부터 시행한다.

부 칙 (2020.12.8)

제1조【시행일】 이 영은 2020년 12월 10일부터 시행한다. (이하 생략)

부 칙 (2021.2.1)

이 영은 공포한 날부터 시행한다.

부 칙 (2021.12.28)

제1조【시행일】 이 영은 2021년 12월 30일부터 시행한다. (이하 생략)

부 칙 (2022.8.9)

이 영은 공포한 날부터 시행한다.

부 칙 (2022.8.23)

제1조【시행일】 이 영은 공포한 날부터 시행한다.(이하 생략)

부 칙 (2023.12.19)

이 영은 공포한 날부터 시행한다.

상법의 전자선하증권 규정의 시행에 관한 규정

(약칭 : 전자선하증권시행규정)

(2008년 6월 20일 대통령령 제20829호)

개정
2010. 5. 4영22151호(전자정부법시)
2010.11. 2영22467호(행정정보이용감축개정령)
2013. 3.23영24415호(직제)
2020.12. 8영31222호(전자서명법시)

제1조【목적】 이 영은 「상법」 제862조에서 위임된 사항과 그 시행에 필요한 사항을 규정함을 목적으로 한다.

제2조【정의】 이 영에서 사용하는 용어의 뜻은 다음과 같다.

1. "전자선하증권(電子船荷證券)"이란 전자문서로 작성되고 「상법」(이하 "법"이라 한다) 제862조제1항에 따라 전자선하증권의 등록기관에 등록된 선하증권을 말한다.
2. "전자선하증권 등록기관"(이하 "등록기관"이라 한다)이란 법무부장관의 지정을 받아 전자선하증권의 발행등록, 양도, 서면선하증권(書面船荷證券)으로의 전환 및 관련 전자기록의 보존 등의 업무를 처리하는 자를 말한다.
3. "전자선하증권 권리등록부"(이하 "전자등록부"라 한다)란 전자선하증권의 발행등록, 양도 및 서면선하증권으로의 전환에 관한 기재 등을 위하여 등록기관이 전자적 방식으로 관리하는 장부를 말한다.
4. "전자서명"이란 「전자서명법」 제2조제2호에 따른 전자서명을 말한다.(2020.12.8 본호개정)
5. "전자선하증권의 권리자"란 등록기관으로부터 최초로 전자선하증권을 발행받은 자 또는 전자선하증권의 양수인(讓受人)을 말한다.
6. "전자선하증권의 발행등록"(이하 "발행등록"이라 한다)이란 등록기관이 운송인의 신청에 따라 전자선하증권의 발행을 목적으로 전자등록부에 등록하는 것을 말한다.
7. "전자등록부의 폐쇄"란 등록기관이 전자등록부의 기재사항을 삭제·변경·추가 등을 할 수 없도록 하는 조치를 말한다.

제3조【등록기관의 지정요건】 ① 법 제862조제1항에 따른 전자선하증권 등록기관으로 지정받으려는 자는 다음 각 호의 요건을 모두 갖추어야 한다.

1. 법인일 것
2. 기술능력 : 다음 각 목의 기술인력을 합한 수가 12명 이상일 것
   가. 「국가기술자격법」에 따른 정보통신기사, 정보처리기사 및 전자계산기조직응용기사 이상의 국가기술자격이나 이와 동등한 자격이 있다고 법무부장관이 정하여 고시하는 자격을 갖춘 사람 1명 이상
   나. 법무부장관이 정하여 고시하는 정보보호 또는 정보통신 운영·관리 분야에서 2년 이상 근무한 경력이 있는 사람 1명 이상
   다. 「정보통신망 이용촉진 및 정보보호 등에 관한 법률」 제52조의 한국정보보호진흥원에서 실시하는 인증업무에 관한 시설 및 장비의 운영·비상복구대책 및 침해사고의 대응 등에 관한 교육과정을 이수한 사람 1명 이상
   라. 무역 관련 금융업무나 해운물류업무에 3년 이상 종사한 사람 1명 이상
3. 재정능력 : 다음 각 목의 재정능력을 모두 갖출 것
   가. 200억원 이상의 순자산[총자산에서 부채(負債)를 뺀 가액(價額)을 말한다]을 보유할 것
   나. 업무와 관련하여 고의 또는 과실로 이용자에게 손해를 발생시키는 경우에 그 손해를 배상하는 보험에 가입할 것
4. 시설 및 장비 : 다음 각 목의 시설 및 장비를 모두 갖출 것
   가. 운송인, 송하인(送荷人) 또는 수하인(受荷人) 등 등록기관의 이용자가 전자선하증권의 등록, 배서, 양도, 제시 등 권리행사를 할 수 있는 시설 및 장비
   나. 전자선하증권의 송수신 일시를 확인하고, 전자선하증권 관련 기록을 작성하고 보존할 수 있는 시설 및 장비
   다. 전자선하증권의 발행·유통 관련 시설 및 장비를 안전하게 운영하기 위하여 필요한 보호시설 및 장비
   라. 그 밖에 전자선하증권의 발행과 유통을 원활하고 안전하게 하기 위하여 필요한 시설 및 장비
5. 제4호 각 목에 따른 시설 및 장비의 관리·운영 절차와 방법, 제13조에 따른 전자선하증권 및 관련 전자기록의 보존에 관한 사항 등 업무수행에 관련된 전반적인 사항을 규정한 등록기관의 업무준칙을 갖출 것

② 제1항을 적용함에 있어 기술적 이유나 권리 사용상의 이유로 필요한 경우에 제1항제4호에 따른 시설 또는 장비를 보유하고 있거나 그에 관한 권리를 가진 자와 3년 이상의 기간을 정하여 시설 및 장비 사용계약을 체결한 경우에는 제1항제4호에 따른 시설 및 장비를 갖춘 것으로 본다.

제4조【등록기관의 지정 절차】 ① 등록기관으로 지정받으려는 자는 다음 각 호의 서류를 첨부하여 법무부장관에게 지정 신청을 하여야 한다. 이 경우 법무부장관은 「전자정부법」 제36조제1항에 따른 행정정보의 공동이용을 통하여 법인 등기사항증명서와 법인의 대표자 및 임원의 주민등록표 등본을 확인하여야 하며, 법인의 대표자 및 임원이 주민등록표 등본의 확인에 동의하지 아니하는 경우에는 이를 첨부하도록 하여야 한다.(2010.11.2 후단개정)

1. 법인의 정관
2. 제3조제1항 각 호에 따른 기술능력, 재정능력, 시설 및 장비, 업무준칙, 그 밖의 필요한 사항을 갖추었음을 확인할 수 있는 증빙서류
3. 사업계획서
4. 제3조제2항에 따라 시설 및 장비 사용에 관한 계약을 체결한 경우에는 계약사실 및 계약내용을 증명하는 서류

② 법무부장관은 등록기관 지정을 위한 심사에 필요한 경우에는 신청인에게 자료 제출을 요구하거나 신청인의 의견을 들을 수 있다.

③ 법무부장관은 제3조제1항제5호의 업무준칙을 심사하여 필요하다고 인정하는 경우에는 신청인에게 그 내용을 보완하도록 요구할 수 있고, 이 경우 신청인은 정당한 사유가 없으면 그 요구에 따라야 한다.

④ 법무부장관은 제1항의 지정 신청에 대하여 순자산, 기술인력, 시설 및 장비의 적정성 및 등록업무의 수행능력 등을 종합적으로 고려하여 등록기관을 지정하여야 한다.

⑤ 법무부장관은 등록기관을 지정한 경우에는 지정서를 발급하고, 등록기관 지정사실, 지정받은 자의 명칭·주소, 지정일자, 그 밖에 필요한 사항을 관보에 게재하고 법무부 인터넷 홈페이지에 게시하는 방법으로 고시하여야 한다.

제5조【지정요건 변경】 ① 등록기관은 등록기관으로 지정된 후 제3조제1항 각 호의 어느 하나에 해당하는 사항을 변경하려는 경우에는 변경될 내용을 증명하는 서류를 첨부하여 지체 없이 법무부장관에게 알려야 한다.

② 법무부장관이 제1항에 따른 통지를 받은 경우에는 등록기관의 기술능력, 재정능력, 시설 및 장비의 안전 운영 등을 점검한 후 보완을 요구할 수 있다.

제6조【전자선하증권의 발행】 ① 운송인은 전자선하증권을 발행하려면 다음 각 호의 정보가 포함된 발행등록 신청 전자문서에 운송인의 전자서명과 송하인이 전자선하증권 발행에 동의했음을 확인할 수 있는 문서(전자문서를 포함한다)를 첨부하여 등록기관에 송신하여야 한다.(2020.12.8 본문개정)

1. 법 제853조제1항 각 호의 사항
2. 운송물의 수령지 및 인도지
3. 전자적 방식으로 재현된 운송인 또는 그 대리인의 서명

② 운송인은 제1항에 따라 발행등록을 신청하는 경우에 등록기관에 그 전자선하증권의 약관 내용을 송신하여야 한다. 다만, 약관이 사전에 등록기관에 등록되어 있는 경우에는 생략할 수 있다.

③ 등록기관은 제1항의 발행등록 신청을 수신하면 전자등록부에 제1항 각 호의 정보와 약관의 내용이 포함된 발행등록을 한 후 즉시 이를 송하인에게 전자문서로 송신하여야 한다.

④ 전자선하증권이 발행된 경우에는 법 제852조, 제855조 및 제863조의 운송증서를 발행할 수 없다.

제7조【용선계약과 전자선하증권】 법 제855조제1항에 따라 전자선하증권이 발행된 경우에는 운송인은 선박소유자로 보고, 송하인은 용선자로 본다.

제8조【전자선하증권의 양도】 ① 전자선하증권의 권리자가 전자선하증권을 양도하는 경우에는 배서의 뜻을 기재한 전자문서를 작성한 후 전자선하증권을 첨부하여 등록기관에 대하여 양수인에게 송신하여 줄 것을 신청하여야 한다.

② 제1항의 양도 신청 전자문서에는 다음 각 호의 정보가 포함되어야 한다.

1. 전자선하증권의 동일성을 표시하는 정보
2. 양수인에 관한 정보
3. 양도인의 전자서명(2020.12.8 본호개정)

③ 제1항의 양도 신청을 수신한 등록기관은 전자등록부에 제2항 각 호의 정보를 포함하여 양도에 관한 기재를 한 후 즉시 양수인에게 전자문서로 송신하여야 한다.

④ 등록기관은 양수인에게 제3항의 송신을 한 경우에는 그 사실을 즉시 양도인에게 전자문서로 통지하여야 한다.

⑤ 전자선하증권을 양수하려는 양수인은 미리 등록기관에 성명, 주민등록번호 또는 사업자등록번호, 주소 등 자신에 관한 정보를 등록하여야 한다.

제9조【전자선하증권 기재 내용의 변경】 ① 전자선하증권의 권리자가 전자선하증권 기재 내용을 변경하려는 경우에는 등록기관에 전자문서로 변경 신청을 하여야 한다.

② 등록기관은 제1항의 변경 신청을 받으면 운송인에게 즉시 전자문서로 통지하여야 한다.

③ 운송인은 제2항의 통지를 받으면 등록기관에 그 승낙 여부를 전자문서로 통지하여야 한다.

④ 등록기관은 운송인으로부터 제3항의 승낙 여부에 관한 통지를 받으면 즉시 그 내용을 전자선하증권의 권리자에게 전자문서로 통지하여야 한다. 이 경우 운송인이 기재 내용의 변경을 승낙하였으면 전자등록부 기재사항을 변경한 후 통지하여야 한다.

제10조【전자선하증권에 의한 운송물 인도 청구】 ① 전자선하증권의 권리자가 운송물을 인도받으려는 경우에는 운송물 인도 청구의 뜻이 기재된 전자문서를 작성한 후 전자선하증권을 첨부하여 등록기관에 송신하여야 하고, 등록기관은 이를 운송인에게 즉시 전자문서로 송신하여야 한다.

② 제1항의 운송물 인도 청구가 있으면 등록기관은 전자등록부에 해당 전자선하증권이 더 이상 양도될 수 없다는 뜻을 기재하여야 한다.

③ 제1항의 운송물 인도 청구를 받은 운송인이 인도를 거절하려는 경우에는 그 뜻과 사유를 기재한 전자문서를 등록기관에 송신하여야 하고, 등록기관은 이를 즉시 운송물 인도 청구를 한 전자선하증권의 권리자에게 송신하여야 한다.

제11조【운송물의 인도와 전자선하증권의 상환】 ① 등록기관을 통하여 운송물 인도 청구를 받은 운송인은 청구인이 전자등록부상 전자선하증권의 권리자가 맞는지 확인한 후 운송물을 인도하여야 한다.

② 운송인은 운송물을 인도하면 수령인 및 인도 날짜를 등록기관에 전자문서로 통지하여야 하며, 통지를 받은 등록기관은 즉시 전자등록부에 기재한 후 전자등록부를 폐쇄하고 운송인과 수령인에게 전자문서로 통지하여야 한다.

③ 제1항과 제2항에 따라 운송물이 인도된 때에는 운송인에게 전자선하증권이 상환된 것으로 본다.

제12조【서면선하증권으로의 전환】 ① 등록기관은 전자선하증권의 권리자로부터 전자선하증권을 서면선하증권으로 전환하여 줄 것을 요청받은 경우에는 그에게 서면선하증권을 교부하여야 한다. 이 경우 전자적 방식으로 재현된 기명날인 또는 서명은 법 제853조제1항의 기명날인 또는 서명으로 본다.

② 등록기관은 제1항의 서면선하증권의 뒷면에 전자선하증권의 양도에 관한 기록을 기재하여야 한다.

③ 제2항의 서면선하증권의 뒷면에 기재된 양도에 관한 기록은 배서와 동일한 효력이 있다.

④ 등록기관은 제1항에 따라 서면선하증권을 교부한 경우에는 전자등록부에 서면선하증권으로의 전환 사실을 기재하여야 하며, 그 전자선하증권의 전자등록부를 폐쇄하고 그 사실을 운송인에게 전자문서로 통지하여야 한다.

⑤ 제1항에 따라 전환·교부된 서면선하증권의 기재사항에 대하여는 등록기관이 그 정확성을 담보한 것으로 본다.

제13조【전자선하증권 등의 보존】 제3조제1항제5호에 따른 등록기관의 업무준칙에는 전자선하증권 및 그 발행·양도와 양수·전환·변경 등에 관련된 전자기록을 다음 각 호의 기간 이상 보존하는 내용을 규정하여야 한다.

1. 운송물의 인도가 이루어진 경우 인도한 날부터 10년
2. 운송물의 인도가 이루어지지 아니한 경우에는 전자선하증권기록이 작성된 날부터 10년
3. 서면선하증권으로 전환된 경우에는 해당 전자선하증권의 전자등록부를 폐쇄한 날부터 10년

제14조【감독 등】 법무부장관은 등록기관의 법 또는 이 영의 준수 여부를 감독하고, 제3조제1항에 따른 등록기관의 기술·재정 능력 및 시설과 장비의 안전 운영 등에 관하여 확인할 수 있다.

제15조【지정의 취소】 ① 법무부장관은 등록기관이 다음 각 호의 어느 하나에 해당하는 경우에는 지정을 취소할 수 있다.

1. 거짓이나 그 밖의 부정한 방법으로 지정을 받은 경우
2. 제3조제1항 각 호의 지정요건을 중대하게 위반한 경우
3. 법인의 합병·파산·폐업 등으로 사실상 영업을 종료한 경우

② 법무부장관은 제1항에 따른 지정취소를 하려면 청문을 하여야 한다.

③ 법무부장관은 제1항에 따른 지정취소를 하면 지체 없이 그 내용을 관보에 게재하고 법무부 인터넷 홈페이지에 게시하는 방법으로 고시하여야 한다.

④ 법무부장관은 제1항에 따라 지정취소된 등록기관에 대하여 그 취소 전에 이미 발행등록된 전자선하증권의 양도 등 관련 업무를 계속하게 하거나, 관련 전자기록 보존 업무를 다른 등록기관 등에 이관하게 하거나, 제12조에 따른 서면선하증권으로 전환하게 하는 등 필요한 조치를 할 수 있다.

제16조【협력 요청】 법무부장관은 등록기관의 지정 등과 관련된 업무를 수행하기 위하여 필요한 경우 기획재정부장관, 산업통상자원부장관, 해양수산부장관 및 금융위원회 등에 협력을 요청할 수 있다.(2013.3.23 본조개정)

부 칙 (2010.11.2)

이 영은 공포한 날부터 시행한다.

부 칙 (2013.3.23)

제1조【시행일】 이 영은 공포한 날부터 시행한다.(이하 생략)

부 칙 (2020.12.8)

제1조【시행일】 이 영은 2020년 12월 10일부터 시행한다.(이하 생략)

선박소유자 등의 책임제한절차에 관한 법률(약칭 : 선박소유자책임법)

(1991년 12월 31일 법 률 제4471호)

개정
2002. 1.26법6626호(민사소송법)
2002. 1.26법6627호(민사집행법)
2007. 3.29법8319호(공탁)
2007. 8. 3법8581호(상법)
2009.12.29법9833호

제1장 총 칙

(2009.12.29 본장개정)

제1조【목적】 이 법은 「상법」 제769조부터 제776조까지의 규정에 따른 선박소유자 등의 책임제한의 절차에 관하여 필요한 사항을 규정함을 목적으로 한다.

제2조【책임제한사건의 관할】 책임제한사건은 책임을 제한할 수 있는 채권(이하 "제한채권"이라 한다)이 발생한 선박의 선적(船籍) 소재지, 신청인의 보통재판적(普通裁判籍) 소재지, 사고 발생지, 사고 후에 사고선박이 최초로 도달한 곳 또는 제한채권에 의하여 신청인의 재산에 대한 압류 또는 가압류가 집행된 곳을 관할하는 지방법원의 관할에 전속(專屬)한다.

제3조【책임제한사건의 이송】 법원은 현저한 손해 또는 지연을 피하기 위하여 필요하다고 인정할 때에는 직권으로 책임제한사건을 다른 관할 법원이나 제한채권자의 보통재판적 소재지의 관할 법원 또는 동일한 사고로 인하여 생긴 유류오염손해에 관한 책임제한사건이 계속(係屬)하는 법원에 이송(移送)할 수 있다.

제4조【「민사소송법」 등의 준용】 책임제한사건에 관하여는 이 법 외에 「민사소송법」 및 「민사집행법」을 준용한다.

제5조【임의적 변론 및 직권조사】 ① 책임제한절차에 관한 재판은 변론 없이 할 수 있다.
② 법원은 직권으로 책임제한사건에 관하여 필요한 조사를 할 수 있다.

제6조【즉시항고】 ① 책임제한절차에 관한 재판에 대하여는 이해관계인은 이 법에 특별한 규정이 있는 경우에만 즉시항고(卽時抗告)를 할 수 있다.
② 제1항에 따른 즉시항고는 재판의 고지를 받은 날부터 7일 내에 하여야 하며, 재판의 고지를 받지 아니한 경우에는 재판의 공고일부터 30일 내에 하여야 한다.
③ 제2항의 기간은 불변기간(不變期間)으로 한다.

제7조【공고】 ① 이 법에 따른 공고는 법원이 지정하는 일간신문에 두 번 이상 게재함으로써 한다.
② 이 법에 따라 송달을 하여야 할 경우에도 송달을 받을 자의 주소, 거소(居所), 그 밖에 송달을 할 장소를 알기 어려울 때에는 법원은 제1항과 같은 방법으로 공고함으로써 그 송달을 갈음할 수 있다.
③ 공고는 마지막으로 게재된 날의 다음 날에 그 효력이 생긴다.

제8조【공고와 송달】 ① 이 법에 따라 공고와 송달을 하여야 할 경우 송달은 서류를 등기우편으로 발송하는 방법으로 할 수 있다.
② 제1항에 따른 공고는 모든 이해관계인에 대하여 송달의 효력이 있다.
③ 국내에 송달을 받을 장소가 없는 외국의 제한채권자 등에게 송달을 하는 경우에는, 그 제한채권자 등에게 국내에 송달을 받을 장소와 송달영수인(送達領收人)을 정하여 법원에 신고할 것을 명하여야 한다.

제2장 책임제한절차 개시의 신청

(2009.12.29 본장개정)

제9조【절차 개시의 신청】 ① 책임제한절차 개시의 신청은 서면으로 하여야 한다.
② 제1항의 신청서에는 다음 각 호의 사항을 적어야 한다.
1. 신청인의 성명 또는 상호 및 주소
2. 신청의 취지 및 원인
3. 신청인과 사고선박·구조선박 또는 구조자와의 관계
4. 사고선박 또는 구조선박의 국제총톤수 또는 총톤수와 그 밖의 주요 명세
5. 책임한도액 및 그 산정의 기초
6. 제한채권의 원인 및 금액과 그 산정의 기초
7. 알고 있는 제한채권자의 성명 또는 상호 및 주소
8. 동일한 사고에 관하여 책임제한을 할 수 있는 신청인 외의 자(이하 "수익채무자"라 한다)로서 신청인이 알고 있는 자의 성명 또는 상호 및 주소와 사고선박·구조선박 또는 구조자와의 관계

제10조【소명】 책임제한절차 개시의 신청을 할 때에는 사고를 특정하는 데에 필요한 신청의 원인사실과 이로 인하여 발생한 「상법」 제770조제1항 각 호의 구분에 따른 제한채권(그 원인사실이 발생한 이후의 이자나 지연손해금 또는 위약금 등의 청구권은 제외한다. 제18조제1호에서도 또한 같다)의 각 총액이 이에 대응하는 각 책임한도액을 초과함을 소명(疎明)하여야 한다.

제11조【공탁명령】 ① 법원은 책임제한절차 개시의 신청이 타당하다고 인정할 때에는 신청인에 대하여 14일을 넘지 아니하는 일정 기일(이하 "공탁지정일"이라 한다)에 「상법」 제770조제1항 각 호 및 같은 조 제4항에 따른 책임한도액에 상당하는 금전과 이에 대하여 사고발생일이나 그 밖에 법원이 정하는 기산일부터 공탁지정일까지 연 6퍼센트의 비율로 산정한 이자를 더하여 법원에 공탁(供託)할 것을 명하여야 한다.
② 제1항의 책임한도액에 상당하는 금전은 공탁지정일에 가장 가까운 날에 공표되어 있는 계산단위(국제통화기금의 1 특별인출권에 상당하는 금액을 말한다. 이하 같다)에 대한 원화 표시금액에 의하여 산정한다.
③ 제1항에 따른 공탁명령은 신청인에게 송달하여야 한다.
④ 제1항에 따른 결정에 대하여는 즉시항고를 할 수 있다.

제12조【공탁서 정본의 제출】 신청인이 제11조에 따른 공탁명령에 따라 공탁을 하였을 때에는 지체 없이 그 공탁서 정본(正本)을 법원에 제출하여야 한다.

제13조【현금 공탁을 갈음하는 공탁보증서】 ① 신청인은 책임제한절차 개시의 신청을 할 때 공탁보증인이 작성한 공탁보증서를 제출함으로써 현금 공탁을 갈음하는 허가를 법원에 신청할 수 있다. 다만, 법원이 공탁명령을 한 후에는 그러하지 아니하다.
② 제1항의 신청을 할 때에는 보증인의 공탁 이행능력이 충분함을 소명하여야 한다.
③ 공탁보증서는 책임제한절차 개시의 결정이 있는 경우에 계산단위로 그 수치를 명시한 책임한도액에 상당하는 금전과 이에 대하여 사고발생일이나 그 밖에 법원이 정하는 기산일부터 법원이 정하는 공탁지정일까지 연 6퍼센트의 비율로 산정한 이자를 더하여 법원의 명에 따라 공탁의 무를 이행한다는 것을 보증하는 인증증서여야 한다.
④ 법원은 제1항부터 제3항까지의 규정에 따른 신청이 타당하다고 인정할 때에는 제11조에 따른 공탁명령을 갈음하여 공탁보증을 허가하는 결정을 하여야 하고, 그 신청이 이유 없다고 인정할 때에는 제11조를 적용한다.
⑤ 공탁보증을 허가하는 결정에는 공탁보증인이 공탁할 책임한도액과 이자기산일을 정하고 법원의 명령이 있을 때에 공탁보증인은 그 책임한도액에 상당하는 금전과 이에 대한 이자기산일부터 법원이 정하는 공탁지정일까지 연 6퍼센트의 비율로 산정한 이자를 더하여 공탁하여야 한다는 내용을 적어야 한다.
⑥ 공탁보증에 대한 허가 또는 불허가의 결정은 신청인과 공탁보증인에게 송달하여야 한다.
⑦ 제4항에 따라 공탁보증을 허가하는 결정이 있은 후에는 공탁보증인은 법원의 허가 없이 이를 변경하거나 취소하지 못한다.
⑧ 외국의 보험사업자나 선주책임상호보험조합 또는 그 밖에 국내에 송달을 받을 장소가 없는 공탁보증인은 국내에 송달을 받을 장소와 송달영수인을 정하여 법원에 신고하여야 한다.

제14조【공탁보증인에 대한 공탁명령】 ① 법원은 제65조에 따른 배당을 할 때 또는 그 밖에 필요하다고 인정할 때에는 공탁보증인에 대하여 14일을 넘지 아니하는 공탁지정일을 정하여 책임한도액에 상당하는 금전과 이에 대한 공탁보증의 허가결정에서 법원이 정한 기산일부터 공탁지정일까지 연 6퍼센트의 비율로 산정한 이자를 더하여 법원에 공탁할 것을 명하여야 한다.
② 제1항의 책임한도액에 상당하는 금전을 산정할 때에는 제11조제2항을 준용한다.
③ 제1항에 따른 공탁명령은 공탁보증인에게 송달하여야 한다.
④ 공탁보증인이 공탁을 한 경우에는 제12조를 준용한다.
⑤ 공탁보증인이 한 공탁은 신청인이 공탁자로서 한 공탁으로 본다.

제15조【공탁보증인에 대한 공탁 이행강제】 ① 공탁보증인이 제14조에 따른 법원의 공탁명령을 이행하지 아니한 경우 법원은 제20조에 따라 선임된 관리인의 신청에 의하여 공탁보증인에 대하여 공탁보증인이 법원의 공탁지정일에 공탁하였어야 할 금전과 그 중 책임한도액에 대하여 공탁지정일부터 완제일(完濟日)까지 「소송촉진 등에 관한 특례법」 제3조제1항에 따른 이율로 산정한 이자를 더한 금전을 관리인에게 지급할 것을 명하여야 한다.
② 제1항에 따른 결정은 관리인 및 공탁보증인에게 송달하여야 한다.
③ 제1항에 따른 결정은 집행력 있는 채무명의와 동일한 효력이 있다.
④ 제1항의 신청에 대한 재판에 대하여는 즉시항고를 할 수 있다.
⑤ 관리인이 제1항의 명령에 따라 공탁보증인으로부터 금전을 지급받았을 때에는 즉시 이를 공탁하고 그 결과를 법원에 보고하여야 한다. 이 경우에는 제12조를 준용한다.
⑥ 제5항에 따른 관리인의 공탁은 신청인이 공탁자로서 한 공탁으로 본다.

제16조【다른 절차의 정지명령 등】 ① 책임제한절차 개시의 신청이 있는 경우 법원은 신청인 또는 수익채무자의 신청에 의하여 책임제한절차 개시의 결정이 있을 때까지 제한채권에 의하여 신청인 또는 수익채무자의 재산에 대하여 진행 중인 강제집행, 가압류, 가처분 또는 담보권실행으로서의 경매절차의 정지를 명할 수 있다.
② 법원은 직권으로 또는 당사자의 신청에 의하여 제1항에 따른 결정을 변경하거나 취소할 수 있다.

제17조【각하】 법원은 다음 각 호의 경우에는 책임제한절차 개시의 신청을 각하(却下)하여야 한다.
1. 「상법」 제776조제1항의 기간을 초과하여 책임제한절차 개시를 신청한 경우
2. 신청인이 파산선고를 받은 경우
3. 절차비용을 예납(豫納)하지 아니한 경우
4. 신청인이 제11조제1항에 따른 공탁명령을 이행하지 아니한 경우

제18조【기각】 법원은 다음 각 호의 경우에는 책임제한절차 개시의 신청을 기각(棄却)하여야 한다.
1. 「상법」 제770조제1항 각 호의 구분에 따른 제한채권의 각 총액이 이에 대응하는 각 책임한도액을 초과하지 아니함이 명백한 경우
2. 「상법」 제769조 각 호 외의 부분 단서 또는 제773조 각 호의 사유에 해당하는 경우

제3장 책임제한절차 개시의 결정

(2009.12.29 본장개정)

제19조【책임제한절차의 효력 발생시기】 책임제한절차는 그 개시의 결정이 있는 때부터 그 효력이 생긴다.

제20조【개시결정과 동시에 정하여야 할 사항】 법원은 책임제한절차의 개시결정과 동시에 관리인을 선임하고 다음 각 호의 사항을 정하여야 한다.
1. 제한채권의 신고기간. 다만, 그 기간은 결정일부터 30일 이상 90일 이내로 정하여야 한다.
2. 제한채권의 조사기일. 다만, 그 기일은 신고기간 만료 후 7일 이상 30일 이내로 정하여야 한다.

제21조【개시결정의 공고 등】 ① 법원은 책임제한절차 개시의 결정을 하였을 때에는 지체 없이 다음 각 호의 사항을 공고하여야 한다. 다만, 신청인이 알고 있는 제한채권자 및 수익채무자로서 법원에 신고한 자 외에는 이해관계인이 존재하지 아니함을 소명한 경우에는 법원은 공고를 생략할 수 있다.
1. 사건번호와 사건명칭
2. 신청인과 알고 있는 수익채무자의 성명 또는 상호 및 주소, 이들과 사고선박·구조선박 또는 구조자와의 관계
3. 주문(主文)
4. 관리인의 성명 및 주소
5. 책임한도액 및 공탁된 금액 또는 공탁보증인의 상호
6. 제한채권의 신고기간 및 조사기일
7. 신청인과 수익채무자에 대한 제한채권을 그 신고기간에 신고하여야 한다는 내용
8. 국내에 송달을 받을 장소가 없는 외국의 제한채권자가 채권을 신고하는 경우에는 국내에 송달영수인을 정하여 신고하여야 한다는 내용
9. 결정 연월일
② 제1항에 따른 공고 외에 법원은 제1항 각 호의 사항을 적은 서면을 관리인, 신청인 및 알고 있는 제한채권자와 수익채무자에게 송달하여야 한다.
③ 제1항제2호·제4호·제5호 또는 제6호의 사항이 변경된 경우에는 제1항과 제2항을 준용한다. 다만, 제한채권의 조사기일이 변경된 경우에는 공고가 필요하지 아니하다.

제22조【신청서류의 열람】 책임제한절차 개시의 신청에 관한 서류는 이해관계인이 열람할 수 있도록 법원에 갖추어 두어야 한다.

제23조【즉시항고】 ① 책임제한절차 개시의 신청에 관한 재판에 대하여는 즉시항고를 할 수 있다.
② 책임제한절차 개시의 신청을 각하하거나 기각하는 결정에 대하여 즉시항고가 있는 경우에는 제16조를 준용한다.

제24조【공탁보정명령 등】 ① 책임제한절차 개시의 결정에 대한 즉시항고가 있는 경우에 제11조제1항에 따른 공탁명령에서 정하여진 책임한도액이나 사고발생일, 그 밖에 법원이 정한 이자기산일이 부당하여 공탁된 금액이 부족하다고 인정할 때에는 법원은 신청인에 대하여 14일을 넘지 아니하는 공탁지정일에 그 부족한 책임한도액에 상당하는 금전과 이에 대하여 사고발생일이나 그 밖에 법원이 정하는 기산일부터 공탁지정일까지 연 6퍼센트의 비율로 산정한 이자를 더한 금전이나 부족한 이자계산기간에 해당하는 이자를 책임제한법원에 공탁할 것을 명하여야 한다.
② 책임제한절차 개시의 결정에 대한 즉시항고가 있는 경우에 제13조제4항에 따른 공탁보증의 허가결정에서 정하여진 책임한도액이 부족하다고 인정할 때에는 법원은 신청인에 대하여 14일을 넘지 아니하는 일정한 기간에 그 부족한 책임한도액에 관하여 추가로 제13조제3항에 따른 공탁보증서를 책임제한법원에 제출할 것을 명하여야 한다. 그러나 그 부족한 책임한도액이 제13조제3항에 따른 공탁보증인의 보증한도액을 넘지 아니하는 경우에는 그러하지 아니하다.
③ 제1항 또는 제2항에 따른 결정은 항고인과 신청인에게 송달하여야 한다.
④ 제1항에 따른 명령에 따라 공탁을 한 경우에는 제12조를 준용한다.

제25조【개시결정의 취소가 확정된 경우의 공고 등】 ① 책임제한절차 개시의 결정을 취소하는 결정이 확정되었을 때에는 책임제한절차 개시의 결정을 한 법원은 지체 없이 그 사실을 공고하여야 한다. 다만, 이 경우에는 제21조제1항 단서를 준용한다.

② 제1항의 법원은 관리인, 신청인과 알고 있는 제한채권자 및 수익채무자에 대하여 제1항의 공고에 관한 사항을 적은 서면을 송달하여야 한다.
제26조【개시결정이 취소된 경우의 공탁금 회수의 제한】 신청인은 제25조제1항의 결정이 확정된 날부터 30일이 지난 후가 아니면 이 법에 따른 공탁금을 회수(回收)하거나 그 회수청구권을 처분하지 못한다. 다만, 제한채권자 모두가 동의한 경우에는 그러하지 아니하다.
제27조【절차 개시의 효과】 ① 책임제한절차가 개시된 경우 제한채권자는 이 법에 따라 공탁된 금전과 이에 대한 이자의 합계액(이하 "기금"이라 한다)에서 이 법에 정하는 바에 따라 배당을 받을 수 있다.
② 제1항의 경우 제한채권자는 기금 외에 신청인 또는 수익채무자의 재산에 대하여 권리를 행사하지 못한다.
제28조【상계 금지】 책임제한절차가 개시된 경우 제한채권자는 제한채권으로 신청인 또는 수익채무자의 책임제한절차와 관계없는 채권과 상계(相計)하지 못한다.
제29조【강제집행에 대한 이의의 소】 ① 신청인 또는 수익채무자가 제27조제2항의 사유를 주장하여 제한채권에 의한 강제집행의 불허(不許)를 청구하려면 강제집행에 대한 이의(異議)의 소(訴)를 제기하여야 한다.
② 제1항에 따른 소에 대하여는 「민사집행법」 제44조를 준용한다.
제30조【담보권 실행에 대한 이의의 소】 ① 신청인 또는 수익채무자가 제27조제2항의 사유를 주장하여 제한채권에 의한 담보권 실행의 불허를 청구하려면 담보권 실행에 대한 이의의 소를 제기하여야 한다.
② 제1항에 따른 소는 피고의 보통재판적 소재지를 관할하는 법원 또는 담보권의 목적이 되는 재산 소재지의 법원의 관할에 전속한다.
③ 제1항에 따른 소에 대하여는 「민사집행법」 제46조 및 제47조를 준용한다.

제4장 책임제한절차의 확장
(2009.12.29 본장개정)

제31조【절차 확장의 신청】 ① 「상법」 제770조제1항 각 호의 어느 하나에 해당하는 제한채권에 대하여만 책임제한절차가 개시된 경우 신청인 또는 수익채무자는 같은 항의 다른 호에 해당하는 제한채권에 대하여도 책임을 제한하기 위하여 책임제한절차의 확장을 신청할 수 있다. 다만, 제한채권의 조사기일이 시작된 후에는 신청할 수 없다.
② 제1항에 따른 신청에 대하여는 제9조부터 제18조까지의 규정을 준용한다.
제32조【절차 확장의 결정】 ① 책임제한절차를 확장하는 결정에는 책임제한절차가 그 확장되는 제한채권에 대하여도 효력을 미친다는 취지를 적어야 한다.
② 제1항의 결정을 할 경우에는 제3장(제20조 중 관리인의 선임에 관한 부분은 제외한다)을 준용한다.
제33조【수익채무자를 신청인으로 보는 경우】 수익채무자의 신청에 대하여 제32조제1항의 결정이 있는 경우에 제80조부터 제82조까지와 제88조부터 제92조까지의 규정을 적용할 때에는 그 책임제한절차 확장의 신청을 한 수익채무자를 신청인으로 본다.

제5장 관리인
(2009.12.29 본장개정)

제34조【권한】 ① 관리인은 제한채권의 조사기일 동안 의견의 진술, 배당, 그 밖에 이 법에서 규정한 직무를 수행할 권한을 가진다.
② 제1항에 따른 직무를 수행하기 위하여 관리인은 신청인 또는 수익채무자에게 필요한 사항의 보고나 장부 또는 그 밖의 서류의 제출을 요구할 수 있다.
제35조【감독】 관리인은 법원의 감독을 받는다.
제36조【주의의무】 관리인은 선량한 관리자의 주의로 그 직무를 수행하여야 한다.
제37조【관리인대리】 관리인은 그 직무를 수행할 때 법원의 허가를 받아 관리인대리를 선임할 수 있다.
제38조【보수 등】 관리인은 책임제한절차를 위하여 필요한 비용의 선급(先給) 및 법원이 정하는 보수를 받을 수 있다.
제39조【자격증명서의 발급】 ① 법원은 관리인에게 그 의 선임을 증명하는 서면을 발급하여야 한다.
② 관리인은 그 직무를 수행함에 있어서 이해관계인이 요구할 경우에는 제1항의 서면을 제시하여야 한다.
제40조【관리인의 사임 등】 ① 관리인은 정당한 사유가 있으면 법원의 허가를 받아 사임(辭任)할 수 있다.
② 관리인의 직무 수행이 곤란하거나 공정한 직무 수행이 의심스러운 경우에는 법원은 직권으로 또는 이해관계인의 신청에 의하여 관리인을 해임할 수 있다.
③ 제1항과 제2항의 경우 법원은 지체 없이 관리인을 새로 선임하여야 한다.
제41조【계산 보고의무와 긴급처분】 ① 관리인의 임무가 끝났을 때에는 관리인 또는 그 승계인은 지체 없이 법원에 계산(計算)의 보고를 하여야 한다.
② 관리인의 임무가 끝났더라도 급박한 사정이 있는 경우에는 관리인 또는 그 상속인은 후임 관리인이 그 직무를 수행할 수 있을 때까지 필요한 처분을 하여야 한다.

제6장 책임제한절차에의 참가
(2009.12.29 본장개정)

제42조【참가】 ① 제한채권자는 신청인에 대하여 가지는 제한채권(이자, 지연손해금 또는 위약금 등의 청구권은 제한채권의 최초 조사기일까지 발생한 것만 해당한다. 이하 이 장에서 같다)으로 책임제한절차에 참가할 수 있다.
② 제한채권을 변제한 신청인 또는 수익채무자는 그 변제의 한도에서 변제받은 제한채권자를 대위(代位)하여 책임제한절차에 참가할 수 있다.
③ 제한채권에 대하여 장래 제한채권자를 대위하게 되거나 신청인 또는 수익채무자에 대하여 구상권을 가지게 되는 자는 자기의 제한채권을 가지는 것으로 보고 이에 의하여 책임제한절차에 참가할 수 있다. 다만, 제한채권자가 이미 책임제한절차에 참가한 경우에는 그 참가한 한도에서 다시 참가하지 못한다.
④ 신청인 또는 수익채무자가 제한채권에 의하여 외국에서 강제집행을 당할 염려가 있음을 소명한 경우에는 그 강제집행에 따라 지급할 제한채권의 금액에 관하여 신청인 또는 수익채무자가 제한채권을 가지는 것으로 보고 이에 의하여 책임제한절차에 참가할 수 있다. 이 경우에는 제3항 단서를 준용한다.
제43조【참가방법】 ① 책임제한절차에 참가하기 위한 신고는 서면으로 하여야 한다.
② 제1항에 따른 제한채권 신고서에는 다음 각 호의 사항을 적어야 한다.
1. 책임제한사건의 번호
2. 참가인의 성명 또는 상호 및 주소(국내에 송달을 받을 장소가 없는 참가인의 경우에는 송달영수인의 성명과 주소)
3. 제한채권의 원인 및 금액과 그 산정의 기초
4. 「상법」 제770조제1항 각 호의 구분에 따른 제한채권의 분류
③ 제42조제2항부터 제4항까지의 규정에 따른 제한채권 신고서에는 제2항 각 호의 사항 외에 제한채권자의 성명 또는 상호 및 주소와 제한채권으로 보게 될 사유를 적어야 한다.
④ 제2항과 제3항의 신고서에는 각 증거서류 또는 그 등본이나 초본을 첨부하여야 한다.
제44조【제한채권에 대하여 신청인 및 수익채무자 외의 자가 전부이행의무를 지는 경우】 제한채권에 대하여 신청인 또는 수익채무자 외에 그 채권 전액에 대한 이행의 무를 부담하는 자가 있는 경우에 그 자를 위하여도 책임제한절차가 개시 또는 확장된 때에는 제한채권자는 각 책임제한절차가 개시 또는 확장된 때에 가지는 채권의 전액으로 각 책임제한절차에 참가할 수 있다.
제45조【제한채권의 신고기간】 ① 제43조에 따른 신고는 제20조(제32조제2항에서 준용되는 경우를 포함한다)에 따라 법원이 정한 신고기간에 하여야 한다.
② 제42조에 따라 책임제한절차에 참가할 수 있는 자가 그의 책임 없는 사유로 제1항의 기간에 제한채권의 신고를 할 수 없었음을 소명한 경우에는 그 신고기간이 지난 후에도 신고할 수 있다. 다만, 제한채권의 조사기일이 끝난 후에는 그러하지 아니하다.
제46조【변경의 신고 등】 ① 책임제한절차에 참가한 자는 그 신고한 사항이 변경된 경우 또는 신고한 사항을 변경하려는 경우에는 그 뜻을 법원에 신고하여야 한다. 이 경우에는 제43조를 준용한다.
② 다른 제한채권자의 이익을 침해할 변경신고에 대하여는 제45조를 준용한다.
③ 제42조제3항 또는 제4항에 따라 책임제한절차에 참가한 자가 다음 각 호의 어느 하나에 해당하는 경우에는 그 사실을 법원에 신고하여야 하고 그 신고 원인을 증명하여야 한다.
1. 제한채권에 대위한 경우
2. 신청인이나 수익채무자에 대하여 구상권을 취득한 경우
3. 제한채권금액을 지급한 경우
제47조【참가인 지위의 승계】 ① 책임제한절차에 참가한 자의 신고채권을 취득한 자는 그 참가한 자의 지위를 승계할 수 있다.
② 제1항의 승계를 하려는 자는 다음 각 호의 사항을 적은 서면으로 법원에 신고하여야 하고 그 취득 원인을 증명하여야 한다.
1. 책임제한사건의 번호
2. 승계하려는 자의 성명 또는 상호 및 주소
3. 취득한 채권 및 그 원인과 취득 연월일
③ 제42조제1항에 따라 책임제한절차에 참가한 자의 신고채권을 변제한 신청인 또는 수익채무자에 대하여는 제1항과 제2항을 준용한다.
제48조【신고의 각하】 ① 법원은 제한채권의 신고가 제42조제3항 단서 및 제4항, 제43조, 제45조, 제46조제3항, 제47조제2항 및 제3항에 위반된 경우에는 신고를 각하하여야 한다.
② 제1항에 따른 결정에 대하여는 즉시항고를 할 수 있다.
제49조【시효의 중단 등】 ① 책임제한절차에의 참가는 시효중단의 효력이 있다. 다만, 그 신고가 취하되거나 각하된 경우에는 그러하지 아니하다.
② 제척기간을 적용받는 제한채권자가 책임제한절차에 참가한 때에는 그 때부터 그 기간의 진행이 정지된다. 다만, 그 신고가 취하되거나 각하의 결정이 확정된 때에는 그 때부터 제척기간의 남은 기간이 다시 진행된다.
③ 제2항 본문의 경우에 책임제한절차 개시의 결정이 취소되거나 책임제한절차가 폐지된 경우에는 그 채권은 그 취소 또는 폐지가 확정된 날부터 180일 내에 재판상 청구가 없으면 소멸한다.
④ 제한채권자가 가지는 선박 우선특권의 존속기간에 대하여는 제2항과 제3항을 준용한다.
제50조【알고 있는 제한채권자의 신고의무 등】 ① 신청인 및 수익채무자는 제9조제2항제7호(제31조제2항에서 준용되는 경우를 포함한다)에 따라 신고한 제한채권자 외의 제한채권자로서 아직 책임제한절차에 참가하지 아니한 자의 성명 또는 상호 및 주소를 안 때에는 지체 없이 이를 법원에 신고하여야 한다. 다만, 제한채권의 조사기일이 끝난 경우에는 그러하지 아니하다.
② 제1항에 따라 신고된 제한채권자에 대하여는 제21조제2항 및 제3항(제32조제2항에서 준용되는 경우를 포함한다)을 준용한다.
제51조【제한채권자표의 작성 등】 ① 법원의 사무관 등은 법원에 신고된 제한채권에 관하여 제한채권자표를 작성하여 제한채권의 신고 내용과 이에 대한 조사의 결과, 사정(査定)의 재판의 요지 및 이에 대한 이의소송의 결과를 적어야 한다.
② 제한채권이 비금전채권(非金錢債權), 불확정채권 또는 외화표시채권인 경우에는 최초 조사기일 당시의 평가액에 따른다.
③ 법원의 사무관 등은 제한채권자표의 등본을 관리인에게 건네주어야 한다.
제52조【제한채권 신고서류 및 제한채권자표의 비치】 제한채권의 신고에 관한 서류 및 제한채권자표는 이해관계인이 열람할 수 있도록 법원에 갖추어 두어야 한다.

제7장 제한채권의 조사 및 확정
(2009.12.29 본장개정)

제53조【제한채권의 조사】 제한채권의 조사기일에는 신고된 채권이 제한채권인지 여부를 조사하고, 제한채권인 경우에는 그 내용 및 「상법」 제770조제1항 각 호의 구분에 따른 제한채권의 분류를 조사한다.
제54조【관계인의 출석과 이의진술권】 ① 신청인, 수익채무자 및 책임제한절차에 참가한 자 또는 이들의 대리인은 제한채권의 조사기일에 출석하여 신고된 채권에 대하여 이의를 진술할 수 있다.
② 조사기일에 출석하는 대리인은 대리권을 증명하는 서면을 제출하여야 한다.
제55조【관리인의 출석】 제한채권의 조사기일에는 관리인이 출석하여야 한다.
제56조【이의 없는 제한채권의 확정】 제한채권의 조사기일에 관리인 및 제54조에 규정된 자의 이의가 없는 경우에는 신고된 채권이 제한채권이라는 것과 그 내용 및 「상법」 제770조제1항 각 호의 구분에 따른 제한채권의 분류가 확정된다.
제57조【사정의 재판】 ① 법원은 이의가 있는 채권에 대하여 사정의 재판을 하여야 한다.
② 제1항의 재판에서는 그 채권이 제한채권인지 여부를 정하고, 제한채권인 경우에는 그 내용 및 「상법」 제770조제1항 각 호의 구분에 따른 제한채권의 분류를 정한다.
③ 사정의 재판은 그 채권을 신고한 자와 이에 대하여 이의를 진술한 자에게 송달하여야 한다.
제58조【관리인의 조사 등】 법원은 사정의 재판을 할 경우에는 관리인에게 필요한 사항에 관하여 조사를 명하거나 의견을 요구할 수 있다.
제59조【사정의 재판에 대한 이의의 소】 ① 사정의 재판에 불복하는 자(관리인은 제외한다)는 결정의 송달을 받은 날부터 14일 내에 이의의 소를 제기할 수 있다. 위 기간은 불변기간으로 한다.
② 제1항의 소를 제기하는 자가 이의 있는 채권을 신고한 자인 경우에는 이의를 진술한 자를 피고로 하고, 이의를 진술한 자인 경우에는 이의 있는 채권을 신고한 자를 피고로 하여야 한다.
③ 제1항의 소는 책임제한법원의 관할에 전속한다.
④ 동일한 채권에 관하여 여러 개의 소가 동시에 계속하는 경우에는 변론 및 재판은 병합(併合)하여야 한다. 이 경우에는 「민사소송법」 제67조를 준용한다.
⑤ 제1항의 소에 관한 판결을 할 때에는 소가 부적법(不適法)하여 각하하는 경우를 제외하고는 사정의 재판을 인가하거나 변경한다.
제60조【이의소송의 소송목적의 값】 사정의 재판에 대한 이의소송의 소송목적의 값은 배당의 예정액을 표준으로 하여 책임제한법원이 정한다.
제61조【소송절차의 중지】 ① 제42조와 제43조에 따라 책임제한절차에 참가한 제한채권자와 신청인 또는 수익채무자 간에 그 채권에 관한 소송(이하 "절차외소송"이라 한다)이 계속 중일 때에는 법원은 원고의 신청에 의하여 그 소송절차의 중지를 명할 수 있다.
② 법원은 원고의 신청에 의하여 제1항에 따른 중지의 결정을 취소할 수 있다.

제62조【절차외소송의 관할】 사정의 재판에 대한 이의의 소가 계속 중일 때에는 그 소송의 목적인 채권을 가진 자와 신청인 또는 수익채무자 간의 그 채권에 관한 소는 책임제한법원에 제기할 수 있다.

제63조【이송】 ① 사정의 재판에 대한 이의의 소가 계속 중인 경우에 그 소송의 목적인 채권에 관하여 절차외소송이 다른 제1심법원에 계속 중일 때에는 책임제한법원은 당사자의 신청에 의하여 그 소송의 이송을 요구할 수 있다.
② 제1항에 따른 결정이 있는 경우 이송 요구를 받은 법원은 절차외소송을 그 책임제한법원에 이송하여야 한다.
③ 제2항에 따른 이송은 소송절차의 중단 또는 중지 중에도 할 수 있다.

제64조【병합】 책임제한법원에 사정의 재판에 대한 이의의 소와 절차외소송이 계속하는 경우에는 변론 및 재판은 병합하여야 한다.

제8장 배 당
(2009.12.29 본장개정)

제65조【기금의 충당】 기금은 제91조제5항 및 제92조제4항에 따라 기금으로부터 지출되는 비용 등을 제외하고는 배당에 충당한다.

제66조【배당표의 작성】 ① 관리인은 조사기일이 끝난 후에 배당표를 작성하여 법원의 인가를 받아야 한다.
② 배당표에는 「상법」 제770조제1항 각 호에 따른 제한채권의 구분에 따라 다음 각 호의 사항을 적어야 한다.
1. 배당을 받을 제한채권자의 성명 또는 상호 및 주소
2. 배당을 받을 제한채권자의 채권 총액
3. 배당할 금액
4. 배당률
5. 각 제한채권자에 대한 배당액
6. 그 밖에 배당에 필요한 사항

제67조【배당표의 공고 및 비치】 ① 법원이 배당표를 인가하였을 때에는 지체 없이 그 내용을 공고하여야 한다. 다만, 배당을 받을 제한채권자가 소수(少數)인 경우에는 법원은 이들에게 배당표의 등본을 송달함으로써 공고를 갈음할 수 있다.
② 법원이 인가한 배당표는 이해관계인이 열람할 수 있도록 법원에 갖추어 두어야 한다.

제68조【배당표에 대한 이의】 ① 배당표에 불복하는 자는 제67조에 따른 공고일 또는 배당표 등본의 송달을 받은 날부터 14일 내에 법원에 이의를 신청할 수 있다. 위 기간은 불변기간으로 한다.
② 법원은 이의가 타당하다고 인정하는 경우에는 관리인에게 배당표를 경정(更正)할 것을 명하여야 한다.
③ 제2항에 따른 결정서는 이해관계인이 열람할 수 있도록 법원에 갖추어 두어야 한다.
④ 이의에 대한 재판은 이의를 신청한 자에게 송달하여야 한다.
⑤ 이의에 대한 재판에 대하여는 즉시항고를 할 수 있다.

제69조【배당】 ① 관리인은 제68조제1항에 따른 이의기간이 지나면 지체 없이 배당을 하여야 한다.
② 배당표에 대하여 이의신청이 있는 경우에는 이의에 대한 재판이 확정된 후가 아니면 배당을 하지 못한다. 다만, 이의 없는 제한채권자에 대하여는 이의에 대한 재판이 확정되기 전이라도 법원의 허가를 받은 범위에서 배당을 할 수 있다.
③ 배당은 대법원규칙으로 정하는 바에 따라 관리인이 공탁관에게 기금으로부터의 지급을 위탁하는 방법으로 한다.

제70조【배당 유보의 신청】 ① 책임제한절차에 참가한 자는 배당표에 대한 이의신청기간이 지나기 전에 관리인에게 자기의 신고채권에 관하여 절차외소송이 계속 중인 사실 또는 그 채권에 의한 강제집행이나 담보권이 실행 중인 사실을 증명하여 배당의 유보를 신청할 수 있다.
② 제1항의 신청은 서면으로 하여야 한다.

제71조【배당의 유보】 관리인은 다음 각 호의 채권에 대하여는 배당을 유보하여야 한다.
1. 제70조에 따라 배당의 유보가 신청된 채권
2. 제42조제3항 또는 제4항에 따라 책임제한절차에 참가한 자의 신고채권으로서 제46조제3항에 따른 신고가 없는 채권
3. 책임제한절차에서 아직 확정되지 아니한 채권으로서 제1호와 제2호 외의 채권

제72조【비용 등의 유보명령】 ① 제90조제1항에 따라 체당(替當)된 비용 등으로서 그 금액이 확정되지 아니한 것이 있는 경우에는 법원은 관리인에게 기금 중 상당한 금액을 유보할 것을 명하여야 한다.
② 법원은 제1항에 따른 결정을 변경하거나 취소할 수 있다.

제73조【배당의 효과】 책임제한절차에 참가한 자가 공탁에 관한 법령에 따라 기금으로부터 배당액을 수령할 수 있게 된 경우 신청인 및 수익채무자는 책임제한절차 외에서 해당 제한채권에 대하여 그 책임을 면한다.

제74조【절차로부터의 제척】 ① 신고한 채권이 절차외소송에서 제한채권이 아닌 것으로 확정된 경우에는 그 채권은 책임제한절차로부터 제척(除斥)된다.
② 제1항의 경우에 절차외소송의 당사자는 그 확정을 증명하는 서면으로 책임제한법원에 이를 신고하여야 한다.

제75조【유보된 배당의 실시】 제71조 각 호에 규정된 채권에 관하여 다음 각 호의 구분에 따른 사유가 발생하였을 때에는 관리인은 지체 없이 유보된 배당을 하여야 한다.
1. 제71조제1호의 채권 : 그 내용이 확정되고 유보 신청을 한 자가 배당을 청구한 때
2. 제71조제2호의 채권 : 그 내용이 확정되고 제46조제3항에 따른 신고가 있는 때
3. 제71조제3호의 채권 : 그 내용이 확정된 때

제76조【추가 배당】 ① 기금에 새로 배당에 충당할 부분이 생긴 경우 관리인은 추가로 배당을 하여야 한다.
② 관리인은 법원의 허가를 받아 일정 기간 제1항의 배당을 하지 아니할 수 있다.
③ 제1항과 제2항에 따른 추가 배당의 경우에는 제66조부터 제75조까지의 규정을 준용한다.

제77조【배당 실시 완료의 보고】 배당이 모두 끝났을 때에는 관리인은 지체 없이 그 사실을 법원에 보고하여야 한다.

제78조【절차의 종결】 제77조에 따른 보고가 있는 경우 법원은 책임제한절차 종결의 결정을 하고 그 뜻을 공고하여야 한다. 다만, 제한채권자 및 수익채무자가 소수인 경우에는 법원은 이들과 신청인에게 책임제한절차 종결 결정의 정본을 송달함으로써 공고를 갈음할 수 있다.

제79조【손해배상】 신청인 또는 수익채무자는 제9조제2항제7호, 제31조제2항 또는 제50조제1항을 위반하여 알고 있는 제한채권자를 법원에 신고하지 아니하여 그 채권이 책임제한절차에서 제척되었을 경우에는 이로 인하여 손해를 입은 자에게 배상을 할 책임이 있다.

제9장 책임제한절차의 폐지
(2009.12.29 본장개정)

제80조【절차의 폐지】 다음 각 호의 경우 법원은 직권으로 또는 당사자의 신청에 의하여 책임제한절차를 폐지하는 결정을 하여야 한다. 다만, 제2호의 경우에 제한채권자에게 현저한 손해를 입힐 염려가 있다고 인정되는 경우에는 그러하지 아니하다.
1. 신청인이 제24조제1항 또는 제2항(제32조제2항에 따라 준용되는 경우를 포함한다)에 따른 결정에 따르지 아니한 경우
2. 신청인이 제89조제2항에 따른 결정에 따르지 아니한 경우
3. 제15조에 따른 공탁보증인에 대한 공탁명령의 집행이 불가능한 경우

제81조【동의에 의한 절차의 폐지】 ① 신청인은 알고 있는 수익채무자 및 책임제한절차에 참가한 자 모두의 동의를 받아 책임제한절차의 폐지를 신청할 수 있다.
② 제1항의 신청이 있는 경우 법원은 책임제한절차를 폐지하는 결정을 하여야 한다.

제82조【파산선고와 폐지】 신청인이 파산선고를 받은 경우에 책임제한절차를 계속하는 것이 파산채권자를 현저히 해칠 염려가 있다고 인정될 때에는 법원은 파산관재인(破産管財人)의 신청에 의하여 책임제한절차를 폐지하는 결정을 하여야 한다. 다만, 배당표를 인가하는 공고가 있는 경우 또는 파산절차에서 배당공고를 한 경우에는 그러하지 아니하다.

제83조【폐지의 공고와 송달】 ① 법원이 책임제한절차를 폐지하는 결정을 하였을 때에는 지체 없이 그 주문 및 이유의 요지를 공고하여야 한다. 다만, 이 경우에는 제21조제1항 단서를 준용한다.
② 제1항의 경우에는 제25조제2항을 준용한다.

제84조【즉시항고】 책임제한절차의 폐지의 신청을 각하하거나 기각하는 결정 또는 책임제한절차를 폐지하는 결정에 대하여는 즉시항고를 할 수 있다.

제85조【폐지결정의 취소의 공고와 송달】 ① 책임제한절차를 폐지하는 결정을 취소하는 결정이 확정되었을 때에는 책임제한절차를 개시하는 결정을 한 법원은 지체 없이 그 사실을 공고하여야 한다. 다만, 이 경우에는 제21조제1항 단서를 준용한다.
② 제1항의 경우에는 제25조제2항을 준용한다.

제86조【폐지결정의 효력 발생시기】 책임제한절차의 폐지의 결정은 확정됨으로써 그 효력이 생긴다.

제87조【폐지결정이 확정된 경우의 공탁금 회수의 제한】 책임제한절차를 폐지하는 결정이 확정된 경우에는 제26조를 준용한다.

제10장 비 용
(2009.12.29 본장개정)

제88조【비용 부담의 원칙】 책임제한절차를 위하여 필요한 비용 및 관리인의 보수(이하 "비용등"이라 한다)는 신청인의 부담으로 한다. 다만, 이 법에 달리 규정된 경우에는 그러하지 아니하다.

제89조【예납의무】 ① 신청인이 책임제한절차 개시의 신청을 할 때에는 비용등으로서 법원이 정한 금액을 예납하여야 한다.
② 예납한 비용등이 부족한 경우에 법원은 그 부족한 비용등을 예납할 것을 명하여야 한다.

제90조【비용등의 기금으로부터의 체당】 ① 다음 각 호의 경우에는 관리인은 법원의 허가를 받아 비용등의 추산액을 기금으로부터 체당할 수 있다.
1. 제80조제2호에 해당하는 경우에 같은 조 단서에 규정된 사유가 있는 경우
2. 관리인이 사정에 대한 이의의 소의 피고로서 소송을 수행하기 위하여 소송비용(법원이 허가하는 범위의 변호사비용을 포함한다. 이하 같다)이 필요한 경우
② 관리인은 제1항제1호에 따른 비용등을 받은 경우에는 지체 없이 이를 법원에 납부하여야 한다.

제91조【체당 비용등의 회수】 ① 관리인은 제90조제1항제1호에 따라 체당한 비용등을 신청인으로부터 회수하여야 한다.
② 제1항의 경우에 법원은 관리인의 신청에 의하여 신청인에 대하여 관리인이 체당한 비용등과 같은 금액의 금전을 관리인에게 지급할 것을 명하여야 한다.
③ 제2항에 따른 결정은 관리인과 신청인에게 송달하여야 한다.
④ 제2항에 따른 결정에 대하여는 제15조제3항 및 제4항을 준용한다.
⑤ 제1항부터 제4항까지의 규정에 따른 비용등의 회수가 불가능한 경우 관리인은 법원의 허가를 받아 그 비용등을 기금에서 지출한다.

제92조【관리인이 회수한 비용등의 공탁】 ① 관리인은 다음 각 호에 따라 회수 또는 반환된 비용등을 신청인을 위하여 공탁하고, 그 결과를 법원에 보고하여야 한다.
1. 제91조에 따라 신청인으로부터 체당 비용등을 회수한 경우
2. 제90조제2항에 따라 법원에 납부한 체당 비용 중 비용등으로 지출할 필요가 없게 된 금액으로서 신청인으로부터 그 체당 비용등을 회수하지 못하였음을 이유로 관리인이 다시 법원으로부터 반환을 받은 경우
3. 관리인이 제90조제1항제2호에 따라 기금으로부터 체당한 소송비용 중 관리인이 이를 지출할 필요가 없게 되었거나 승소판결이 확정되어 상대방으로부터 이를 회수한 경우
② 제1항에 따른 공탁은 신청인이 공탁자로서 한 공탁으로 본다.
③ 제1항에 따른 관리인의 공탁에 대하여는 제12조를 준용한다.
④ 관리인이 사정에 대한 이의의 소의 피고가 된 경우 판결에 따라 관리인의 부담으로 확정된 소송비용과 상대방으로부터의 회수가 불가능한 소송비용에 대하여는 제91조제5항을 준용한다.

제11장 벌 칙
(2009.12.29 본장개정)

제93조【관리인의 수뢰죄】 ① 관리인 또는 관리인대리가 그 직무에 관하여 뇌물을 수수(收受), 요구 또는 약속한 경우에는 5년 이하의 징역 또는 500만원 이하의 벌금에 처한다.
② 제1항의 경우 수수된 뇌물은 몰수한다. 그 전부 또는 일부를 몰수할 수 없는 경우에는 그 가액(價額)을 추징한다.

제94조【뇌물의 제공 등】 제93조제1항에 따른 뇌물을 약속 또는 제공하거나 제공의 의사를 표시한 자는 3년 이하의 징역 또는 200만원 이하의 벌금에 처한다.

제95조【거짓 보고 등】 ① 제34조제2항에 규정된 자가 같은 조에 따른 보고 또는 서류 제출을 요구받고 이를 이행하지 아니하거나 거짓으로 보고하거나 거짓 서류를 제출한 경우에는 1년 이하의 징역 또는 100만원 이하의 벌금에 처한다.
② 법인의 대표자나 법인 또는 개인의 대리인, 사용인, 그 밖의 종업원이 그 법인 또는 개인의 업무에 관하여 제1항의 위반행위를 하면 그 행위자를 벌하는 외에 그 법인 또는 개인에게도 제1항의 벌금형을 과(科)한다. 다만, 법인 또는 개인이 그 위반행위를 방지하기 위하여 해당 업무에 관하여 상당한 주의와 감독을 게을리하지 아니한 경우에는 그러하지 아니하다.

부 칙 (2009.12.29)

이 법은 공포한 날부터 시행한다.

상업등기법

(2014년 5월 20일 전부개정법률 제12592호)

개정
2016. 2. 3법13953호(법무사법)
2018. 9.18법15756호
2020. 6. 9법17362호(상법)

제1장 총 칙

제1조【목적】 이 법은 상업등기에 관한 사항을 규정함을 목적으로 한다.

제2조【정의】 이 법에서 사용하는 용어의 뜻은 다음과 같다.
1. "상업등기"란 「상법」 또는 다른 법령에 따라 상인 또는 합자조합에 관한 일정한 사항을 등기부에 기록하는 것 또는 그 기록 자체를 말한다.
2. "등기부"란 전산정보처리조직에 의하여 입력·처리된 등기정보자료를 대법원규칙으로 정하는 바에 따라 편성한 것을 말한다.
3. "등기부부본자료"(登記簿副本資料)란 등기부와 동일한 내용으로 보조기억장치에 기록된 자료를 말한다.
4. "등기기록"이란 하나의 회사·합자조합·상호, 한 사람의 미성년자·법정대리인·지배인에 관한 등기정보자료를 말한다.(2018.9.18 본호개정)

제3조【등기신청의 접수시기 및 등기의 효력발생시기】 ① 상업등기(이하 "등기"라 한다)의 신청은 대법원규칙으로 정하는 등기신청정보가 전산정보처리조직에 저장된 때 접수된 것으로 본다.
② 제8조제1항에 따른 등기관이 등기를 마친 경우 그 등기는 접수한 때부터 효력을 발생한다.

제2장 등기소와 등기관

제4조【관할 등기소】 등기사무는 등기 당사자의 영업소 소재지를 관할하는 등기사무를 담당하는 지방법원 또는 그 지원(支院) 또는 등기소(이하 "등기소"라 한다)에서 담당한다.

제5조【관할사무의 위임】 대법원장은 어느 등기소의 관할에 속하는 사무를 다른 등기소에 위임하게 할 수 있다.

제6조【관할변경에 따른 조치】 행정구역의 변경 등으로 인하여 어느 등기소의 관할구역의 전부 또는 일부가 다른 등기소의 관할로 바뀌었을 때에는 종전의 관할 등기소는 대법원규칙으로 정하는 바에 따라 등기기록의 처리 권한을 다른 등기소로 넘겨주는 조치를 하여야 한다.

제7조【등기사무의 정지】 대법원장은 등기소에서 등기사무를 정지하여야 하는 사유가 발생하면 기간을 정하여 등기사무의 정지를 명령할 수 있다.

제8조【등기사무의 처리】 ① 등기사무는 등기소에 근무하는 법원서기관·등기사무관·등기주사 또는 등기주사보(법원사무관·법원주사 또는 법원주사보 중 2001년 12월 31일 이전에 시행한 채용시험에 합격하여 임용된 사람을 포함한다) 중에서 지방법원장(등기소의 사무를 지원장이 관장하는 경우에는 지원장을 말한다. 이하 같다)이 지정하는 사람(이하 "등기관"이라 한다)이 처리한다.
② 등기관은 등기사무를 전산정보처리조직을 이용하여 등기부에 등기사항을 기록하는 방식으로 처리하여야 한다.
③ 등기관은 접수번호의 순서에 따라 등기사무를 처리하여야 한다.
④ 등기관이 등기사무를 처리하였을 때에는 등기사무를 처리한 등기관이 누구인지 알 수 있는 조치를 하여야 한다.

제9조【등기관의 업무처리의 제한】 ① 등기관은 자신, 배우자 또는 4촌 이내의 친족(이하 "배우자등"이라 한다)이 등기를 신청하였을 때에는 성년자로서 등기관의 배우자등이 아닌 사람 2명 이상의 참여가 없으면 등기를 할 수 없다. 배우자등의 관계가 끝난 후에도 같다.
② 등기관은 제1항의 경우에 조서를 작성하여 그 등기에 참여한 사람과 같이 기명날인 또는 서명을 하여야 한다.

제10조【재정보증】 법원행정처장은 등기관의 재정보증(財政保證)에 관한 사항을 정하여 운용할 수 있다.

제3장 등기부 등

제11조【등기부의 종류 등】 ① 등기소에서 편성하여 관리하는 등기부는 다음 각 호와 같다.
1. 상호등기부
2. 미성년자등기부(2018.9.18 본호개정)
3. 법정대리인등기부
4. 지배인등기부
5. 합자조합등기부
6. 합명회사등기부
7. 합자회사등기부
8. 유한책임회사등기부
9. 주식회사등기부
10. 유한회사등기부
11. 외국회사등기부

② 등기부는 영구히 보존하여야 하며, 등기신청서나 그 밖의 부속서류는 대법원규칙으로 정하는 기간 동안 보존하여야 한다.
③ 등기부(부속서류를 포함한다)는 대법원규칙으로 정하는 장소에 보관·관리하여야 하며, 전쟁·천재지변이나 그 밖에 이에 준하는 사태를 피하기 위한 경우 외에는 그 장소 밖으로 옮기지 못한다. 다만, 등기신청서나 그 밖의 부속서류에 대하여 법원의 명령 또는 촉탁이 있거나 법관이 발부한 영장에 의하여 압수되는 경우에는 그러하지 아니하다.

제12조【등기부부본자료의 작성】 등기관은 등기를 마쳤을 때에는 등기부부본자료를 작성하여야 한다.

제13조【등기부의 손상방지와 복구】 ① 대법원장은 등기부의 전부 또는 일부가 손상될 우려가 있거나 손상된 때에는 대법원규칙으로 정하는 바에 따라 등기부의 손상 방지·복구 등 필요한 처분을 명령할 수 있다.
② 대법원장은 대법원규칙으로 정하는 바에 따라 제1항의 처분명령에 관한 권한을 법원행정처장 또는 지방법원장에게 위임할 수 있다.

제14조【부속서류의 손상 등 방지처분】 ① 대법원장은 등기부의 부속서류가 손상되거나 멸실될 우려가 있을 때에는 이를 방지하기 위하여 필요한 처분을 명령할 수 있다.
② 대법원장은 대법원규칙으로 정하는 바에 따라 제1항의 처분명령에 관한 권한을 법원행정처장 또는 지방법원장에게 위임할 수 있다.

제15조【등기사항의 열람과 증명】 ① 누구든지 수수료를 내고 대법원규칙으로 정하는 바에 따라 등기기록에 기록되어 있는 사항의 전부 또는 일부의 열람과 이를 증명하는 등기사항증명서의 발급을 신청할 수 있다. 다만, 등기기록의 부속서류에 대해서는 이해관계 있는 부분만 열람을 신청할 수 있다.
② 제1항에 따른 등기기록의 열람 및 등기사항증명서의 발급 신청은 관할 등기소가 아닌 다른 등기소에서도 할 수 있다.

제16조【인감증명】 ① 다음 각 호의 어느 하나에 해당하는 사람은 수수료를 내고 대법원규칙으로 정하는 바에 따라 그 인감에 관한 증명서의 발급을 신청할 수 있다.
1. 제25조에 따라 인감을 등기소에 제출한 사람
2. 지배인, 「채무자 회생 및 파산에 관한 법률」에 따른 파산관재인·파산관재인대리·관리인·보전관리인·관리인대리·국제도산관리인 및 국제도산관리인대리로서 그 인감을 등기소에 제출한 사람

② 제1항에 따라 인감증명서의 발급을 신청하려면 대법원규칙으로 정하는 바에 따라 수수료를 내고 인감카드를 발급받거나 그 밖의 방법에 따라야 한다.
③ 제1항에 따른 인감증명서의 발급신청은 관할 등기소가 아닌 다른 등기소에서도 할 수 있다.

제17조【전자증명서 발급】 ① 제16조제1항에 따라 등기소에 인감을 제출한 사람은 전자서명 및 자격에 관한 증명을 신청할 수 있다. 이 경우 그 증명은 대법원규칙으로 정하는 바에 따라 증명내용을 휴대용 저장매체에 저장하여 발급하거나 그 밖의 방법에 따른다.
② 제1항의 전자서명 및 자격에 관한 증명을 신청하는 사람은 수수료를 내야 한다.
③ 제1항에 따른 전자서명 및 자격에 관한 증명은 등기신청과 대법원규칙으로 정하는 용도 외에는 사용하지 못한다.

제18조【수수료의 금액 및 면제】 제15조부터 제17조까지의 규정에 따른 수수료의 금액과 면제의 범위는 대법원규칙으로 정한다.

제19조【등기기록의 폐쇄】 회사 또는 합자조합이 해산의 등기를 한 후 또는 해산된 것으로 본 후 10년이 지난 경우 등 대법원규칙으로 정하는 사유가 발생한 경우에는 등기기록을 폐쇄할 수 있다.

제20조【폐쇄한 등기기록】 ① 폐쇄한 등기기록은 법률(이 법 또는 다른 법률을 말한다. 이하 같다)에 다른 규정이 없는 경우에는 보조기억장치에 따로 기록하여 보관한다.
② 폐쇄한 등기기록은 영구히 보존하여야 한다.
③ 폐쇄한 등기기록의 열람과 증명에 관하여는 제15조를 준용한다.
④ 종전의 「비송사건절차법」(법률 제8569호로 개정되기 전의 것을 말한다) 제145조에 따른 종이 폐쇄등기부에 기록되어 있는 사항의 전부 또는 일부의 열람과 이를 증명하는 폐쇄등기부 등본·초본의 발급에 관하여는 제15조제1항을 준용한다.

제21조【등기전산정보자료의 이용 등】 ① 법원행정처장은 국가기관 또는 지방자치단체로부터 등기사무처리와 관련된 전산정보를 제공받을 수 있다.
② 제11조제1항에 따른 등기부 및 제20조제1항에 따른 폐쇄한 등기기록과 제17조에 따른 전자증명에 관한 전산정보자료(이하 "등기전산정보자료"라 한다)를 이용하거나 활용하려는 자는 관계 중앙행정기관의 장의 심사를 거쳐 법원행정처장의 승인을 받아야 한다. 다만, 중앙행정기관의 장이 등기전산정보자료를 이용하거나 활용하려는 경우에는 법원행정처장과 협의하여야 한다.
③ 등기전산정보자료의 이용 또는 활용과 그 사용료 등에 관하여 필요한 사항은 대법원규칙으로 정한다.

제4장 등기절차

제1절 총 칙

제22조【신청주의】 ① 등기는 당사자의 신청 또는 관공서의 촉탁에 따라 한다. 다만, 법률에 다른 규정이 있는 경우에는 그러하지 아니하다.
② 촉탁에 따른 등기절차에 관하여는 법률에 다른 규정이 없는 경우에는 신청에 따른 등기에 관한 규정을 준용한다.
③ 등기를 하려는 자는 대법원규칙으로 정하는 바에 따라 수수료를 내야 한다.

제23조【등기신청인】 ① 회사의 등기는 법률에 다른 규정이 없는 경우에는 그 대표자가 신청한다.
② 합자조합의 등기는 법률에 다른 규정이 없는 경우에는 합자조합의 업무를 집행하고 대리할 권한이 있는 자(이하 "업무집행조합원등"이라 한다)가 신청한다.
③ 외국회사의 등기는 대한민국에서의 대표자가 외국회사를 대표하여 신청한다.

제24조【등기신청의 방법】 ① 등기는 다음 각 호의 어느 하나에 해당하는 방법으로 신청한다.
1. 신청인 또는 그 대리인이 등기소에 출석하여 신청정보 및 첨부정보를 적은 서면을 제출하는 방법. 다만, 대리인이 변호사[법무법인, 법무법인(유한) 및 법무조합을 포함한다]나 법무사[법무사법인 및 법무사법인(유한)을 포함한다]인 경우에는 대법원규칙으로 정하는 사무원을 등기소에 출석하게 하여 그 서면을 제출할 수 있다.
(2016.2.3 단서개정)
2. 대법원규칙으로 정하는 바에 따라 전산정보처리조직을 이용하여 신청정보 및 첨부정보를 등기소에 보내는 방법(법원행정처장이 지정하는 등기유형으로 한정한다)

② 제1항에도 불구하고 다음 각 호의 등기에 관하여는 우편을 이용하여 신청정보 및 첨부정보를 적은 서면을 등기소에 제출하는 방법으로 등기를 신청할 수 있다.
1. 촉탁에 따른 등기
2. 회사의 본점과 지점 소재지에서 공통으로 등기할 사항(이하 "본·지점 공통 등기사항"이라 한다)에 대한 지점 소재지에서의 등기

③ 신청인이 제공하여야 하는 신청정보 및 첨부정보는 대법원규칙으로 정한다.
④ 신청정보를 적은 서면(전자문서를 포함한다. 이하 "등기신청서"라 한다)에는 신청인 또는 그 대리인이 기명날인(대법원규칙으로 정하는 전자서명을 포함한다. 이하 같다)하여야 한다. 다만, 대법원규칙으로 정하는 경우에는 서명으로 이를 갈음할 수 있다.

제25조【인감의 제출】 ① 등기신청서에 기명날인할 사람은 미리 그 인감을 등기소에 제출하여야 한다. 인감을 변경할 때에도 같다.
② 제1항은 대리인에 의하여 등기를 신청하는 경우에 그 위임을 한 사람에게도 적용한다.
③ 제1항은 다음 각 호의 어느 하나에 해당하는 등기에 대해서는 적용하지 아니한다.
1. 촉탁에 따른 등기
2. 본·지점 공통 등기사항에 대한 지점 소재지에서의 등기
3. 제38조제1항에 따른 상호의 가등기
4. 제39조제1항에 따른 본점이전에 관계된 상호의 가등기
5. 제47조제2항·제3항에 따른 미성년자의 등기
(2018.9.18 본호개정)
6. 제49조제2항 본문·제3항·제4항에 따른 법정대리인의 등기
7. 제55조제1항에 따른 본점이전등기
8. 제63조제1항 또는 제71조제1항에 따른 본점 소재지에서 하는 해산등기

제26조【신청의 각하】 등기관은 다음 각 호의 어느 하나에 해당하는 경우에만 이유를 적은 결정으로 신청을 각하하여야 한다. 다만, 신청의 잘못된 부분이 보정될 수 있는 경우로서 등기관이 보정을 명한 날의 다음 날까지 신청인이 그 잘못된 부분을 보정하였을 때에는 그러하지 아니하다.
1. 사건이 그 등기소의 관할이 아닌 경우
2. 사건이 등기할 사항이 아닌 경우
3. 사건이 그 등기소에 이미 등기되어 있는 경우
4. 신청할 권한이 없는 사람이 신청한 경우
5. 제24조제1항제1호에 따라 등기를 신청할 때에 신청인 또는 그 대리인이 출석하지 아니한 경우
6. 신청정보의 제공이 이 법과 대법원규칙으로 정한 방식에 맞지 아니한 경우
7. 제25조에 따라 인감을 제출하지 아니하거나 등기신청서 등 인감을 날인하여야 하는 서면에 찍힌 인감이 같은 조에 따라 제출된 인감과 다른 경우
8. 등기에 필요한 첨부정보를 제공하지 아니한 경우
9. 신청정보와 첨부정보 및 이와 관련된 등기기록(폐쇄한 등기기록을 포함한다)의 각 내용이 일치하지 아니한 경우
10. 등기할 사항에 무효 또는 취소의 원인이 있는 경우
11. 거쳐야 할 등기소를 거치지 아니하고 신청한 경우
12. 동시에 신청하여야 하는 다른 등기를 동시에 신청하지 아니한 경우

13. 사건이 제29조에 따라 등기할 수 없는 상호의 등기 또는 가등기를 목적으로 하는 경우
14. 사건이 법령의 규정에 따라 사용이 금지된 상호의 등기 또는 가등기를 목적으로 하는 경우
15. 상호등기가 말소된 회사가 상호의 등기에 앞서 다른 등기를 신청한 경우
16. 사건이 제38조제3항 · 제39조제2항 또는 제40조제1항 단서를 위반한 경우
17. 등록에 대한 등록면허세 또는 제22조제3항에 따른 수수료를 내지 아니하거나 등기신청과 관련하여 다른 법률에 따라 부과된 의무를 이행하지 아니한 경우

제27조【제소기간이 지난 후의 등기의 신청】 등기할 사항에 소(訴)로써만 주장할 수 있는 무효 또는 취소의 원인이 있는 경우에 그 소가 제기기간 내에 제기되지 아니하였을 때에는 제26조제10호를 적용하지 아니한다.

제28조【행정구역의 변경】 행정구역 또는 그 명칭이 변경되었을 때에는 등기기록에 기록된 행정구역 또는 그 명칭에 대하여 변경등기가 있는 것으로 본다.

제2절 상호의 등기

제29조【등기할 수 없는 상호】 동일한 특별시, 광역시, 특별자치시, 시(행정시를 포함한다. 이하 같다) 또는 군(광역시의 군은 제외한다. 이하 같다)에서는 동종의 영업을 위하여 다른 상인이 등기한 상호(商號)와 동일한 상호를 등기할 수 없다.

제30조【등기사항】 상호의 등기를 할 때에는 다음 각 호의 사항을 등기하여야 한다.
1. 상호
2. 영업소의 소재지
3. 영업의 종류
4. 상호사용자의 성명 · 주민등록번호 및 주소

제31조【영업소의 이전등기】 상호를 등기한 사람이 영업소를 다른 등기소의 관할구역 내로 이전하였을 때에는 구영업소 소재지에서는 신영업소의 소재지와 이전 연월일을 등기하고, 신영업소 소재지에서는 제30조 각 호의 사항을 등기하여야 한다.

제32조【변경등기 등】 상호를 등기한 사람은 제30조 각 호의 사항이 변경되거나 상호를 폐지한 경우에는 변경 또는 상호 폐지의 등기를 신청하여야 한다.

제33조【상호의 상속 또는 양도의 등기】 등기된 상호를 상속하거나 양수한 사람은 그 상호를 계속 사용하려는 경우에는 상호의 상속 또는 양도의 등기를 신청할 수 있다.

제34조【영업양도인의 채무에 대한 양수인의 면책등기】「상법」제42조제2항의 등기는 양수인이 신청하여야 한다.

제35조【상속인에 의한 등기신청】 등기원인이 발생한 후에 상호를 등기한 사람이 사망한 경우에는 상속인이 제31조부터 제34조까지의 규정에 따른 등기를 신청할 수 있다.

제36조【이해관계인의 신청에 따른 상호등기의 말소】
① 상호등기의 말소에 이해관계가 있는 자는「상법」제27조에 따라 그 등기의 말소를 신청할 수 있다.
② 제1항의 신청이 있는 경우의 등기 직권말소 통지, 이의신청에 대한 결정 및 등기 직권말소 등에 관하여는 제78조부터 제80조까지의 규정을 준용한다.
③ 등기관은 제2항에서 준용하는 제79조에 따라 이의신청이 이유 있다고 결정을 하면 제1항의 신청을 각하하여야 한다.

제37조【회사의 상호등기】 ① 회사의 상호는 상호등기부에 따로 등기하지 아니한다.
② 제30조부터 제33조까지 및 제35조는 회사에 대해서는 적용하지 아니한다.

제38조【유한책임회사, 주식회사 또는 유한회사의 설립에 관계된 상호의 가등기】 ①「상법」제22조의2제1항에 따른 상호의 가등기는 발기인 또는 사원(이하 이 절에서 "발기인등"이라 한다)이 본점 소재지를 관할하는 등기소에 신청한다.
② 제1항에 따른 상호의 가등기를 할 때에는 다음 각 호의 사항을 등기하여야 한다.
1. 상호
2. 본점이 소재할 특별시 · 광역시 · 특별자치시 · 시 또는 군
3. 목적
4. 발기인등 전원의 성명 · 주민등록번호 및 주소
5. 본등기를 할 때까지의 기간
③ 제2항제5호의 기간은 2년을 초과할 수 없다.
(2020.6.9 본조제목개정)

제39조【본점이전 등에 관계된 상호의 가등기】 ①「상법」제22조의2제2항 및 제3항에 따른 상호의 가등기를 할 때에는 다음 각 호의 사항을 등기하여야 한다.
1. 상호
2. 본점의 소재지
3. 목적(제4호 또는 제5호에서 규정한 상호의 가등기만 해당한다)
4. 본점이전에 관계된 상호의 가등기의 경우에는 본점을 이전할 특별시 · 광역시 · 특별자치시 · 시 또는 군
5. 상호변경에 관계된 상호의 가등기의 경우에는 변경 후 새로 정하여질 상호
6. 목적변경에 관계된 상호의 가등기의 경우에는 변경 후 새로 정하여질 목적
7. 상호와 목적변경에 관계된 상호의 가등기의 경우에는 변경 후 새로 정하여질 상호와 목적
8. 본등기를 할 때까지의 기간
② 제1항제8호의 기간은 본점이전에 관계된 상호의 가등기의 경우에는 2년을 초과할 수 없고, 상호나 목적 또는 상호와 목적변경에 관계된 상호의 가등기의 경우에는 1년을 초과할 수 없다.

제40조【상호의 가등기의 변경등기】 ① 상호의 가등기를 한 발기인등이나 회사는 제38조제2항제5호 또는 제39조제1항제8호의 기간(이하 "예정기간"이라 한다)을 연장하는 등기를 신청할 수 있다. 다만, 종전의 예정기간과 그 연장된 기간을 합한 기간은 제38조제3항 또는 제39조제2항의 기간을 각각 초과할 수 없다.
② 발기인등은 제38조제2항제3호 또는 제4호의 등기사항이 변경된 경우에는 그 변경등기를 신청하여야 한다.
③ 회사는 제39조제1항제1호부터 제3호까지의 등기사항이 변경된 경우에는 그 변경등기를 신청하여야 한다. 다만, 제42조제1항제1호 또는 제2호에 해당하는 경우에는 그러하지 아니하다.

제41조【상호의 가등기를 위한 공탁】 상호의 가등기 또는 제40조제1항에 따라 예정기간을 연장하는 등기를 신청할 때에는 1천만원의 범위에서 대법원규칙으로 정하는 금액을 공탁하여야 한다.

제42조【상호의 가등기의 말소신청】 ① 회사 또는 발기인등은 다음 각 호의 어느 하나에 해당할 때에는 상호의 가등기의 말소를 신청하여야 한다.
1. 주식회사 또는 유한회사의 설립, 본점이전, 목적변경에 관계된 상호의 가등기의 경우에 상호를 변경하였을 때
2. 상호나 목적 또는 상호와 목적변경에 관계된 상호의 가등기의 경우에 본점을 다른 특별시 · 광역시 · 특별자치시 · 시 또는 군으로 이전하였을 때
3. 그 밖에 상호의 가등기가 필요 없게 되었을 때
② 회사 또는 발기인등이 제1항에 따른 신청을 하지 아니하는 경우에는 제36조와「상법」제27조를 준용한다.

제43조【상호의 가등기의 직권말소】 등기관은 다음 각 호의 어느 하나에 해당하는 경우에는 상호의 가등기를 직권으로 말소하여야 한다.
1. 예정기간 내에 본등기를 하였을 때
2. 본등기를 하지 아니하고 예정기간을 지났을 때

제44조【공탁금의 회수 등】 ① 예정기간 내에 본등기를 하였을 때에는 회사 또는 발기인등은 공탁금을 회수할 수 있다. 다만, 제42조제1항제1호 또는 제2호에 해당하는 경우에는 그러하지 아니하다.
② 상호의 가등기가 말소되면 공탁금은 국고에 귀속된다. 다만, 제1항에 따라 회사 또는 발기인등이 공탁금을 회수할 수 있는 경우에는 그러하지 아니하다.

제45조【상호의 가등기와 등기할 수 없는 상호와의 관계】 상호의 가등기는 제29조를 적용할 때에는 상호의 등기로 본다.

제3절 미성년자와 법정대리인의 등기
(2018.9.18 본절제목개정)

제46조【미성년자등기의 등기사항 등】 ①「상법」제6조에 따른 미성년자의 등기를 할 때에는 다음 각 호의 사항을 등기하여야 한다.(2018.9.18 본문개정)
1. 미성년자라는 사실(2018.9.18 본호개정)
2. 미성년자의 성명 · 주민등록번호 및 주소(2018.9.18 본호개정)
3. 영업소의 소재지
4. 영업의 종류
② 제1항 각 호의 등기사항에 변경이 생긴 때에는 제31조와 제32조를 준용한다.
(2018.9.18 본조제목개정)

제47조【미성년자등기의 신청인】 ① 미성년자의 등기는 그 미성년자가 신청한다.(2018.9.18 본항개정)
② 영업 허락의 취소로 인한 소멸의 등기 또는 영업 허락의 제한으로 인한 변경의 등기는 법정대리인도 신청할 수 있다.
③ 미성년자의 사망으로 인한 소멸의 등기는 법정대리인이 신청한다.(2018.9.18 본항개정)
④ 미성년자가 성년이 됨으로 인한 소멸의 등기는 등기관이 직권으로 할 수 있다.
(2018.9.18 본조제목개정)

제48조【법정대리인등기의 등기사항 등】 ①「상법」제8조에 따른 법정대리인의 등기를 할 때에는 다음 각 호의 사항을 등기하여야 한다.
1. 법정대리인의 성명 · 주민등록번호 및 주소
2. 제한능력자의 성명 · 주민등록번호 및 주소(2018.9.18 본호개정)
3. 영업소의 소재지
4. 영업의 종류
② 제1항 각 호의 등기사항에 변경이 생긴 때에는 제31조와 제32조를 준용한다.

제49조【법정대리인등기의 신청인】 ① 법정대리인의 등기는 그 법정대리인이 신청한다.
② 제한능력자가 능력자로 됨으로 인한 소멸의 등기는 제한능력자도 신청할 수 있다. 다만, 미성년자가 성년이 됨으로 인한 소멸의 등기는 등기관이 직권으로 할 수 있다.
(2018.9.18 본문개정)
③ 법정대리인의 퇴임으로 인한 소멸의 등기는 새로운 법정대리인도 신청할 수 있다.
④ 법정대리인의 사망으로 인한 소멸의 등기는 새로운 법정대리인이 신청한다.

제4절 지배인의 등기

제50조【등기사항 등】 ① 지배인의 등기를 할 때에는 다음 각 호의 사항을 등기하여야 한다.
1. 지배인의 성명 · 주민등록번호 및 주소
2. 영업주의 성명 · 주민등록번호 및 주소
3. 영업주가 2개 이상의 상호로 2개 이상 종류의 영업을 하는 경우에는 지배인이 대리할 영업과 그 사용할 상호
4. 지배인을 둔 장소
5. 2명 이상의 지배인이 공동으로 대리권을 행사할 것을 정한 경우에는 그에 관한 규정
② 제1항 각 호의 등기사항에 변경이 생긴 때에는 제31조와 제32조를 준용한다.

제51조【회사 등의 지배인등기】 ① 회사의 지배인등기는 회사의 등기부에 하고, 합자조합의 지배인등기는 합자조합의 등기부에 한다.
② 제1항의 등기를 할 때에는 제50조제1항제2호 및 제3호의 사항을 등기하지 아니한다.
③ 회사 또는 합자조합의 지배인을 둔 본점(합자조합의 경우에는 주된 영업소를 말한다. 이하 이 항에서 같다) 또는 지점의 이전 · 변경 또는 폐지된 경우에 본점 또는 지점의 이전 · 변경 또는 폐지의 등기신청과 지배인을 둔 장소의 이전 · 변경 또는 폐지의 등기신청은 동시에 하여야 한다.

제5절 합자조합의 등기

제52조【업무집행조합원등이 법인인 경우의 등기사항 등】 ① 업무집행조합원등이 법인인 경우에는「상법」제86조의4제1항 또는 같은 법 제253조제1항 각 호의 사항 외에 그 자의 직무를 행할 사람의 성명 · 주민등록번호 및 주소를 등기하여야 한다.
② 제1항의 직무를 행할 사람에 관한 사항이 변경된 경우에는 그 변경등기를 하여야 한다.

제53조【회사에 관한 규정의 준용】 합자조합의 등기에 관하여는 제54조부터 제56조까지, 제60조 및 제61조를 준용한다.

제6절 회사의 등기

제54조【본점이전등기의 등기사항】 신본점 소재지에서 본점이전의 등기를 할 때에는 회사성립의 연월일과 본점 이전의 뜻 및 그 연월일도 등기하여야 한다.

제55조【본점이전등기의 신청】 ① 본점을 다른 등기소의 관할구역 내로 이전한 경우에 신본점 소재지에서 하는 등기의 신청은 구본점 소재지를 관할하는 등기소를 거쳐야 한다.
② 제1항의 신본점 소재지에서 하는 등기의 신청과 구본점 소재지에서 하는 등기의 신청은 구본점 소재지를 관할하는 등기소에 동시에 하여야 한다.

제56조【본점이전등기신청의 처리】 ① 등기관은 제55조제2항에 따른 등기의 신청 중 어느 하나에 관하여 제26조 각 호의 어느 하나에 해당하는 사유가 있을 때에는 이들 신청을 함께 각하하여야 한다.
② 구본점 소재지를 관할하는 등기소는 제1항의 경우를 제외하고는 지체 없이 제55조제1항에 따른 등기신청이 있었다는 뜻을 신본점 소재지를 관할하는 등기소에 전산정보처리조직을 이용하여 통지하여야 하고, 인감에 관한 기록을 신본점 소재지를 관할하는 등기소에 전산정보처리조직을 이용하여 보내야 한다.
③ 제2항에 따른 통지가 도달한 때에 신본점 소재지를 관할하는 등기소의 등기관이 제55조제1항의 등기신청을 접수한 것으로 본다.
④ 신본점 소재지를 관할하는 등기소는 제2항에 따른 통지를 받아 제55조제1항의 등기를 하였을 때 또는 그 등기의 신청을 각하하였을 때에는 지체 없이 그 뜻을 구본점 소재지를 관할하는 등기소에 전산정보처리조직을 이용하여 통지하여야 한다.
⑤ 구본점 소재지를 관할하는 등기소는 제4항에 따라 등기를 하였다는 뜻의 통지를 받을 때까지는 본점이전의 등기를 하여서는 아니 된다.
⑥ 신본점 소재지를 관할하는 등기소가 제55조제1항의 등기신청을 각하하였을 때에는 구본점 소재지에서 하는 등기의 신청도 각하된 것으로 본다.

제57조【지점설치 · 이전등기의 등기사항】 지점 소재지에서 지점설치의 등기를 하거나 신지점 소재지에서 지점이전의 등기를 할 때에는 회사성립의 연월일과 지점을 설치 또는 이전한 뜻 및 그 연월일도 등기하여야 한다.

제58조【지점 소재지에서 하는 등기의 신청】 ① 회사의 본점과 지점 소재지를 관할하는 등기소가 다른 경우 본 · 지점 공통 등기사항에 관하여 지점 소재지에서 하는

등기의 신청은 대법원규칙으로 정하는 바에 따라 본점 소재지를 관할하는 등기소에 할 수 있다.
② 제1항의 등기의 신청과 본점 소재지에서 하는 등기의 신청은 동시에 하여야 한다.
제59조【지점 소재지에서 하는 등기신청의 처리】 ① 본점 소재지를 관할하는 등기소의 등기관은 제58조제1항의 등기신청에 제26조 각 호의 어느 하나에 해당하는 사유가 있을 때에는 그 신청을 각하하여야 한다.
② 제58조제1항의 신청이 있는 경우 본점 소재지를 관할하는 등기소가 본점 소재지에서 등기할 사항을 등기하였을 때에는 지체 없이 같은 항에 따른 등기신청이 있었다는 뜻을 지점 소재지를 관할하는 등기소에 전산정보처리조직을 이용하여 통지하여야 한다. 다만, 제1항에 따라 그 신청을 각하한 경우에는 그러하지 아니하다.
③ 제2항 본문의 경우에 제58조제1항의 신청이 설립등기의 신청일 때에는 본점 소재지를 관할하는 등기소는 회사성립의 연월일도 통지하여야 한다.
④ 제2항 및 제3항에 따른 통지가 도달한 때에 지점 소재지를 관할하는 등기소의 등기관이 제58조제1항의 등기신청을 접수한 것으로 본다.
제60조【해산등기의 등기사항 등】 ① 해산등기를 할 때에는 해산한 뜻과 그 사유 및 연월일을 등기하여야 한다.
② 해산등기의 신청과 해산으로 인한 청산인의 취임등기의 신청은 동시에 하여야 한다.
제61조【계속등기의 등기사항】 회사계속의 등기를 할 때에는 회사를 계속한 뜻과 그 연월일을 등기하여야 한다.
제62조【합병으로 인한 등기의 등기사항】 ① 합병으로 인한 변경 또는 설립등기를 할 때에는 합병으로 소멸하는 회사(이하 "소멸회사"라 한다)의 상호·본점과 합병을 한 뜻도 함께 등기하여야 한다. 이 경우 지점 소재지에서 합병으로 인한 변경등기를 할 때에는 합병 연월일도 등기하여야 한다.
② 합병으로 인한 해산등기를 할 때에는 합병 후 존속하는 회사(이하 "존속회사"라 한다) 또는 합병으로 설립하는 회사(이하 "신설회사"라 한다) 및 소멸회사의 상호·본점과 합병을 한 뜻 및 그 연월일도 함께 등기하여야 한다.
제63조【합병으로 인한 해산등기의 신청】 ① 합병으로 인한 해산등기는 존속회사 또는 신설회사의 대표자가 소멸회사를 대표하여 신청한다.
② 본점 소재지에서 하는 제1항의 등기신청은 그 등기소의 관할구역 내에 존속회사 또는 신설회사의 본점이 없을 때에는 그 본점 소재지를 관할하는 등기소를 거쳐야 한다.
③ 본점 소재지에서 하는 제62조제1항의 변경 또는 설립등기의 신청과 제1항의 해산등기의 신청은 존속회사 또는 신설회사의 본점 소재지를 관할하는 등기소에 동시에 하여야 한다.
제64조【합병으로 인한 해산등기신청의 처리】 ① 등기관은 제63조제3항에 따른 등기의 신청 중 어느 하나에 관하여 제26조 각 호의 어느 하나에 해당하는 사유가 있을 때에는 이들 신청을 함께 각하하여야 한다.
② 존속회사 또는 신설회사의 본점 소재지를 관할하는 등기소에서 합병으로 인한 변경 또는 설립등기를 하였을 때에는 지체 없이 그 등기 연월일과 제63조제1항에 따른 등기신청이 있었다는 뜻을 소멸회사의 본점 소재지를 관할하는 등기소에 전산정보처리조직을 이용하여 통지하여야 한다.
③ 제2항에 따른 통지가 도달한 때에 소멸회사의 본점 소재지를 관할하는 등기소의 등기관이 제63조제1항의 등기신청을 접수한 것으로 본다.
제65조【조직변경으로 인한 등기의 등기사항】 ① 조직변경으로 인한 변경 후의 회사에 관한 설립등기를 할 때에는 변경 전의 회사의 성립 연월일, 변경 전의 회사의 상호·본점과 조직을 변경한 뜻도 함께 등기하여야 한다.
② 조직변경으로 인한 변경 전의 회사에 관한 해산등기를 할 때에는 변경 후의 회사의 상호·본점과 조직을 변경한 뜻 및 그 연월일도 함께 등기하여야 한다.
제66조【조직변경으로 인한 등기의 신청】 조직변경으로 인한 설립등기의 신청과 해산등기의 신청은 동시에 하여야 한다.
제67조【조직변경으로 인한 등기신청의 처리】 등기관은 제66조에 따른 등기의 신청 중 어느 하나에 관하여 제26조 각 호의 어느 하나에 해당하는 사유가 있을 때에는 이들 신청을 함께 각하하여야 한다.
제68조【유한책임회사의 대표자가 법인인 경우의 등기사항 등】 ① 유한책임회사의 대표자가 법인인 경우에는 「상법」 제253조제1항 각 호의 사항 또는 같은 법 제287조의5제1항 각 호의 사항 외에 그 자의 직무를 행할 사람의 성명·주민등록번호 및 주소를 등기하여야 한다.
② 제1항의 직무를 행할 사람에 관한 사항이 변경된 경우에는 그 변경등기를 하여야 한다.
제69조【주식매수선택권의 등기사항】 「상법」 제340조의2제1항에 따라 이사 등에게 주식매수선택권을 부여하기로 정하였을 때에는 같은 법 제340조의3제1항 각 호의 사항을 등기하여야 한다.
제70조【분할 또는 분할합병으로 인한 등기의 등기사항】 ① 분할 또는 분할합병으로 설립하는 회사(이하 "분할신설회사"라 한다)의 설립등기를 할 때에는 분할 또는 분할합병 후 존속하는 회사(이하 "분할존속회사"라 한다)나 소멸하는 회사(이하 "분할소멸회사"라 한다)의 상호·본점과 분할 또는 분할합병을 한 뜻도 함께 등기하여야 한다.
② 분할합병으로 분할되는 부분을 흡수하는 분할합병의 상대방 회사(이하 "흡수분할합병회사"라 한다)의 변경등기를 할 때에는 분할존속회사나 분할소멸회사의 상호·본점과 분할합병을 한 뜻도 함께 등기하여야 한다. 이 경우 지점 소재지에서 흡수분할합병회사의 변경등기를 할 때에는 분할합병의 연월일도 등기하여야 한다.
③ 분할존속회사의 변경등기 또는 분할소멸회사의 해산등기를 할 때에는 분할신설회사 또는 흡수분할합병회사의 상호·본점과 분할 또는 분할합병을 한 뜻 및 그 연월일도 함께 등기하여야 한다. 이 경우 분할되는 회사의 일부가 다른 회사 또는 다른 회사의 일부와 분할합병을 하여 회사를 설립하는 경우에는 그 다른 회사의 상호·본점도 함께 등기하여야 한다.
제71조【분할 또는 분할합병으로 인한 등기의 신청】 ① 분할 또는 분할합병으로 인한 해산등기는 분할신설회사 또는 흡수분할합병회사의 대표자가 분할소멸회사를 대표하여 신청한다.
② 본점 소재지에서 하는 제70조제3항의 등기신청은 그 등기소의 관할구역 내에 분할신설회사 또는 흡수분할합병회사의 본점이 없을 때에는 그 본점 소재지를 관할하는 등기소를 거쳐야 한다.
③ 본점 소재지에서 하는 분할신설회사·흡수분할합병회사·분할존속회사·분할소멸회사의 설립등기·변경등기·해산등기의 신청은 분할신설회사 또는 흡수분할합병회사의 본점 소재지를 관할하는 등기소에 동시에 하여야 한다.
제72조【분할 또는 분할합병으로 인한 등기신청의 처리】 ① 등기관은 제71조제3항에 따른 등기의 신청 중 어느 하나에 관하여 제26조 각 호의 어느 하나에 해당하는 사유가 있을 때에는 이들 신청을 함께 각하하여야 한다.
② 분할신설회사 또는 흡수분할합병회사의 본점 소재지를 관할하는 등기소에서 분할 또는 분할합병으로 인한 설립 또는 변경등기를 하였을 때에는 지체 없이 그 등기 연월일과 제70조제3항에 따른 등기신청이 있었다는 뜻을 분할존속회사 또는 분할소멸회사의 본점 소재지를 관할하는 등기소에 전산정보처리조직을 이용하여 통지하여야 한다.
③ 제2항에 따른 통지가 도달한 때에 분할존속회사 또는 분할소멸회사의 본점 소재지를 관할하는 등기소의 등기관이 제70조제3항의 등기신청을 접수한 것으로 본다.
제73조【휴면회사의 해산등기】 ① 「상법」 제520조의2제1항에 따른 해산등기는 등기관이 직권으로 하여야 한다.
② 등기관은 제1항의 등기를 하였을 때에는 지체 없이 그 뜻을 지점 소재지를 관할하는 등기소에 전산정보처리조직을 이용하여 통지하여야 한다.
③ 제2항에 따른 통지를 받은 등기관은 지체 없이 해산등기를 하여야 한다.
④ 「상법」 제520조의2제4항에 따른 청산종결등기에 관하여는 제1항부터 제3항까지의 규정을 준용한다.
제74조【외국회사의 공고방법에 관한 등기사항】 대한민국에서의 같은 종류의 회사 또는 가장 비슷한 회사가 주식회사인 외국회사의 경우에는 「상법」 제616조의2에 따른 대한민국에서의 공고방법도 등기하여야 한다.

제7절 등기의 경정과 말소

제75조【경정등기의 신청】 등기 당사자는 등기에 착오나 빠진 부분이 있을 때에는 그 등기의 경정(更正)을 신청할 수 있다.
제76조【등기의 직권경정】 ① 등기관은 등기를 마친 후 그 등기에 착오나 빠진 부분이 있음을 발견하였을 때에는 지체 없이 그 사실을 등기를 한 자에게 통지하여야 한다. 다만, 그 착오나 빠진 부분이 등기관의 잘못으로 인한 것이었을 때에는 그러하지 아니하다.
② 등기관은 등기의 착오나 빠진 부분이 등기관의 잘못으로 인한 것이었을 때에는 지체 없이 그 등기를 직권으로 경정하고 그 사실을 등기를 한 자에게 통지하여야 한다.
제77조【말소등기의 신청】 등기 당사자는 등기가 다음 각 호의 어느 하나에 해당하는 경우에는 그 등기의 말소를 신청할 수 있다.
1. 제26조제1호부터 제3호까지에 해당하는 사유가 있는 경우
2. 등기된 사항에 무효의 원인이 있는 경우(소로써만 그 무효를 주장할 수 있는 경우는 제외한다)

제78조【등기의 직권말소의 통지 등】 ① 등기관은 등기를 마친 후 그 등기가 제77조 각 호의 어느 하나에 해당되는 것임을 발견하였을 때에는 등기를 한 자에게 1개월 이내의 기간을 정하여 그 기간 이내에 이의를 진술하지 아니하면 등기를 말소한다는 뜻을 통지하여야 한다.
② 등기관은 제1항에 따른 통지를 받을 자의 주소 또는 거소를 알 수 없으면 제1항에 따른 통지를 갈음하여 제1항에서 정한 기간 동안 등기소 게시장에 이를 게시하거나 대법원규칙으로 정하는 바에 따라 공고하여야 한다.
제79조【이의에 대한 결정】 등기관은 제78조제1항의 말소에 관하여 이의를 진술한 자가 있으면 그 이의에 대한 결정을 하여야 한다.
제80조【등기의 직권말소】 등기관은 제78조제1항의 기간 이내에 이의를 진술한 자가 없거나 이의를 각하한 경우에는 같은 항의 등기를 직권으로 말소하여야 한다.
제81조【지점 소재지에서의 등기의 직권말소】 ① 본·지점 공통 등기사항의 등기에 관하여는 본점 소재지에서의 등기에 한정하여 제78조부터 제80조까지의 규정을 적용한다. 이 경우 등기관이 본점 소재지에서의 등기를 말소하였을 때에는 지체 없이 그 뜻을 지점 소재지를 관할하는 등기소에 통지하여야 한다.
② 제1항 후단에 따른 통지를 받은 등기관은 지체 없이 지점 소재지에서의 등기를 말소하여야 한다.
③ 지점 소재지를 관할하는 등기소에만 하는 등기에 말소의 사유가 있거나 본·지점 공통 등기사항의 등기에 관하여 지점 소재지에서의 등기에만 말소의 사유가 있을 때에는, 그 지점 소재지를 관할하는 등기소의 등기관은 제78조부터 제80조까지의 규정에 따른 절차를 진행하여야 한다.

제5장 이의신청 등

제82조【이의신청과 그 관할】 등기관의 결정 또는 처분에 이의가 있는 자는 관할 지방법원에 이의신청을 할 수 있다.
제83조【이의신청 방법】 제82조에 따른 이의신청(이하 "이의신청"이라 한다)은 대법원규칙으로 정하는 바에 따라 등기소에 이의신청서를 제출하는 방법으로 한다.
제84조【새로운 사실에 의한 이의신청 금지】 누구든지 새로운 사실이나 새로운 증거방법을 근거로 이의신청을 할 수 없다.
제85조【등기관의 조치】 ① 등기관은 이의신청이 이유 있다고 인정하면 그에 해당하는 처분을 하여야 한다.
② 등기관은 이의신청이 이유 없다고 인정하면 이의신청일부터 3일 이내에 의견을 붙여 이의신청서를 관할 지방법원에 보내야 한다.
③ 등기를 마친 후에 이의신청이 있는 경우 등기관은 3일 이내에 의견을 붙여 이의신청서를 관할 지방법원에 보내고 등기를 한 자에게 이의신청 사실을 통지하여야 한다. 다만, 이미 마친 등기에 대하여 제77조 각 호의 어느 하나에 해당하는 사유로 이의신청을 한 경우, 등기관은 그 이의신청이 이유 있다고 인정하면 제78조부터 제80조까지의 규정에 따른 절차를 거쳐 그 등기를 직권으로 말소한다.
제86조【집행 부정지】 이의신청에는 집행정지의 효력이 없다.
제87조【이의신청에 대한 결정과 항고】 ① 관할 지방법원은 이의신청에 대하여 이유를 붙여 결정을 하여야 한다. 이 경우 이의신청이 이유 있다고 인정하면 등기관에게 그에 해당하는 처분을 명령하고, 그 뜻을 이의신청인과 등기를 한 자에게 통지하여야 한다.
② 제1항의 결정에 대해서는 「비송사건절차법」에 따라 항고할 수 있다.
제88조【처분 전의 부기등기명령】 관할 지방법원은 제85조제3항의 이의신청에 대하여 결정하기 전에 등기관에게 이의신청이 있다는 뜻의 부기등기를 명령할 수 있다.
제89조【관할 법원의 명령에 따른 등기의 방법】 등기관이 제87조제1항에 따라 관할 지방법원의 명령에 따른 등기를 할 때에는 명령을 한 지방법원, 명령 연월일, 명령에 따라 등기를 한다는 뜻과 등기 연월일을 기록하여야 한다.
제90조【송달 등】 ① 송달에 관하여는 「민사소송법」의 규정을 준용한다.
② 이의신청의 비용에 관하여는 「비송사건절차법」의 규정을 준용한다.
제91조【대법원규칙에의 위임】 이 법의 시행에 필요한 사항은 대법원규칙으로 정한다.

부 칙

제1조【시행일】 이 법은 공포 후 6개월이 경과한 날부터 시행한다.
제2조【일반적 적용례】 이 법은 이 법 시행 후 최초로 이 법에 따라 신청한 등기부터 적용한다.
제3조【폐쇄등기기록의 보존기간에 관한 적용례】 이 법 시행 당시 종전의 규정에 따라 폐쇄한 등기기록으로서 종전의 규정에 따른 보존기간이 만료되지 아니한 폐쇄등기기록에 대해서도 제20조제2항의 개정규정을 적용한다.
제4조【다른 법률의 개정】 ①~⑪ ※(해당 법령에 가제정리 하였음)
제5조【다른 법령과의 관계】 ① 이 법 시행 당시 다른 법령에서 종전의 「상업등기법」의 규정을 인용한 경우에 이 법 중 그에 해당하는 규정이 있을 때에는 종전의 규정을 갈음하여 이 법의 해당 규정을 인용한 것으로 본다.
② 다른 법령에서 등기부의 등본 또는 초본을 규정한 경우에는 제15조에 따른 등기사항증명서를 인용한 것으로 본다.

부 칙 (2020.6.9)

제1조【시행일】 이 법은 공포 후 3개월이 경과한 날부터 시행한다.(이하 생략)

상업등기규칙

(2014년 10월 2일
전부개정대법원규칙 제2560호)

개정
2016. 6.27대법원규칙2668호(법무사규칙)
2018.12. 4대법원규칙2812호 2020. 9. 9대법원규칙2913호
2020.11.26대법원규칙2931호(부등규)
2021. 5.27대법원규칙2986호(부등규)
2021. 9.30대법원규칙2997호 2021.11.29대법원규칙3007호

제1장 총 칙

제1조【목적】 이 규칙은 「상업등기법」(이하 "법"이라 한다)에서 위임한 사항과 그 시행에 필요한 사항을 규정함을 목적으로 한다.

제2조【등기기록 등에 사용할 문자 등】 등기를 하거나 신청서, 그 밖의 등기에 관한 서면(「전자서명법」 제2조제1호의 전자문서를 포함한다)을 작성할 때에는 한글과 아라비아숫자를 사용하여야 한다. 다만, 대법원예규로 정하는 바에 따라 한글 또는 한글과 아라비아숫자로 기록한 다음 괄호 안에 로마자, 한자, 아라비아숫자 그리고 부호를 병기할 수 있다.(2020.11.26 본문개정)

제3조【등기신청의 접수시기 및 등기관이 등기를 마친 시기】 ① 법 제3조제1항에서 "대법원규칙으로 정하는 등기신청정보"란 등기의 목적과 신청인의 성명 또는 상호에 관한 정보를 말한다.
② 법 제3조제2항에서 "등기관이 등기를 마친 경우"란 법 제8조제4항에 따라 등기사무를 처리한 등기관이 누구인지 알 수 있는 조치를 하였을 때를 말한다.
③ 법 제8조제4항의 등기사무를 처리한 등기관이 누구인지 알 수 있도록 하는 조치는 각 등기관이 미리 부여받은 식별부호를 기록하는 방법으로 한다.

제4조【개인정보의 처리】 등기관은 다음 각 호의 업무를 수행하기 위하여 「개인정보 보호법」 제2조제1호의 개인정보를 처리할 수 있다.
1. 등기기록 또는 신청서, 촉탁서, 통지서, 취하서, 등기참여조서, 첨부서면 그 밖의 부속서류(이하 "신청서 기타 부속서류"라 한다)의 열람 관련 업무
2. 인감 및 개인감(改印鑑)의 제출과 폐지신청 관련 업무
3. 인감카드 및 전자증명서의 발급, 효력정지, 효력회복, 폐지신청 관련 업무
4. 사용자등록 관련 업무
5. 그 밖에 대법원예규로 정하는 업무

제2장 등기소와 등기관

제5조【회사 본점등기기록의 관할변경 절차】 ① 행정구역의 변경 등으로 회사의 본점소재지가 다른 등기소의 관할로 바뀌었을 때에는 종전의 관할 등기소는 전산정보처리조직을 이용하여 그 본점등기기록과 인감에 관한 기록의 처리권한을 다른 등기소로 넘겨주는 조치를 하여야 한다.
② 종전의 관할 등기소에 지점등기기록이 존속하여야 할 필요가 있는 경우에는 관할변경의 대상이 되는 본점등기기록에서 현재 효력이 있는 등기사항을 기록한 지점등기기록을 개설하고 그 해당란에 회사성립 연월일과 등기기록의 개설 사유 및 연월일을 기록한 후 제1항의 절차에 따른다.
③ 다른 등기소는 관할이 변경된 등기기록의 기타사항란에 관할변경의 원인, 종전의 관할 등기소로부터 관할이 변경된 뜻과 그 연월일을 기록하여야 한다.
④ 다른 등기소에 지점등기기록이 개설되어 있는 경우에는 제3항의 등기를 한 때에 그 지점등기기록을 폐쇄하여야 한다. 다만, 지점등기기록에 지배인에 관한 사항이 있는 경우에는 관할이 변경된 본점등기기록에 이를 기록하여야 한다.
⑤ 다른 등기소는 관할이 변경된 본점등기기록에 등기할 필요가 없는 사항이 있는 경우에는 관할변경으로 말소하는 뜻을 기록하고 그 사항을 말소하여야 한다.

제6조【회사 지점등기기록의 관할변경 절차】 ① 행정구역의 변경 등으로 회사의 지점소재지가 다른 등기소의 관할로 바뀌었을 때에는 종전의 관할 등기소는 전산정보처리조직을 이용하여 그 지점등기기록과 인감에 관한 기록의 처리권한을 다른 등기소로 넘겨주는 조치를 하여야 한다.
② 종전의 관할 등기소에 지점등기기록 또는 본점등기기록이 존속하여야 할 필요가 있는 경우에는 지점등기기록 또는 본점등기기록에서 현재 효력이 있는 등기사항(종전의 관할 등기소의 등기기록에만 기록하여야 할 등기사항은 제외한다)과 등기기록의 개설 사유 및 연월일과 회사성립 연월일을 기록하여 관할변경의 대상인 지점등기기록을 개설하고, 전산정보처리조직을 이용하여 그 지점에 관한 등기기록과 지배인의 인감에 관한 기록의 처리권한을 다른 등기소로 넘겨주는 조치를 하여야 한다.
③ 다른 등기소에 이미 등기기록이 개설되어 있는 경우에는 종전의 관할 등기소는 다른 등기소에 전산정보처리조직을 이용하여 관할이 변경된 구역에 소재하는 지점과 그 지점의 지배인에 관한 등기기록을 통지하고, 해당 지배인의 인감에 관한 기록의 처리권한을 다른 등기소로 넘겨주는 조치를 하여야 한다. 이 경우 종전의 관할 등기소에 등기기록이 존속할 필요가 없을 때에는 그 등기기록을 폐쇄하여야 한다.
④ 다른 등기소가 제1항 및 제2항에 따라 등기기록의 처리권한을 넘겨받은 경우에는 제5조제3항과 동일하게 처리하고, 제3항의 통지를 받은 경우에는 그 통지받은 지점 및 지배인에 관한 사항을 등기하여야 한다.
⑤ 종전의 관할 등기소는 존속하는 본점등기기록 또는 지점등기기록에 등기할 필요가 없는 사항이 있는 경우에는 관할변경으로 말소하는 뜻을 기록하고 그 사항을 말소하여야 한다.

제7조【상호등기기록 등의 관할변경 절차】 상호등기기록, 미성년자등기기록, 법정대리인등기기록, 지배인등기기록, 합자조합등기기록, 외국회사등기기록의 관할변경 절차에 관하여는 제6조를 준용한다.(2018.12.4 본조개정)

제8조【등기번호】 ① 등기번호는 법 제4조의 관할 등기소에서 부여하고 관할 등기소가 변경된 경우에는 새로운 등기번호를 부여한다.
② 제1항의 등기번호는 등기부의 종류별로 등기부에 기록하는 순서에 따라 일련번호로 한다.

제9조【참여조서의 작성방법】 등기관이 법 제9조제2항의 조서(이하 "참여조서"라 한다)를 작성할 때에는 그 조서에 다음 각 호의 사항을 적어야 한다.
1. 신청인의 성명과 주소
2. 업무처리가 제한되는 사유
3. 등기할 대상의 표시 및 등기의 목적
4. 신청서의 접수연월일과 접수번호
5. 참여인의 성명, 주소 및 주민등록번호

제10조【등기정보중앙관리소와 전산운영책임관】 ① 전산정보처리조직에 의한 등기사무처리의 지원, 등기부의 보관과 관리 및 등기정보의 효율적인 활용을 위하여 법원행정처에 등기정보중앙관리소(이하 "중앙관리소"라 한다)를 둔다.
② 법원행정처장은 중앙관리소에 전산운영책임관을 두어 전산정보처리조직을 종합적으로 관리, 운영하여야 한다.
③ 법원행정처장은 중앙관리소의 출입자 및 전산정보처리조직 사용자의 신원을 관리하는 등 필요한 보안조치를 하여야 한다.

제11조【정보의 제공 요청】 법원행정처장은 필요한 경우에 국가기관 또는 지방자치단체의 장에게 등기사무처리와 관련된 전산정보를 요청할 수 있다.

제12조【등기전산정보자료의 이용 등】 ① 법 제21조제2항에 따라 등기전산정보자료를 이용하거나 활용하려는 사람은 다음 각 호의 사항을 기재하여 관계 중앙행정기관의 장에게 그 심사를 신청하여야 한다. 이 경우 신청할 수 있는 등기전산정보자료는 필요한 최소한의 범위로 한정하여야 한다.
1. 자료의 이용 또는 활용 목적 및 근거
2. 자료의 범위
3. 자료의 제공방식과 보관기관 및 안전관리대책
② 제1항에 따른 신청을 받은 관계 중앙행정기관의 장은 다음 각 호의 사항을 심사한 후 그 심사결과를 신청인에게 통보하여야 한다.
1. 신청 내용의 타당성과 적합성 및 공익성
2. 개인의 사생활 침해의 가능성 또는 위험성 여부
3. 자료의 목적 외 사용방지 및 안전관리대책
③ 등기전산정보자료를 이용 또는 활용하고자 하는 사람은 제2항의 심사결과를 첨부하여 법원행정처장에게 승인신청을 하여야 한다. 다만, 중앙행정기관의 장이 등기전산정보자료를 이용 또는 활용하고자 하는 경우에는 법원행정처장에게 제1항 각 호의 사항을 기재한 서면을 제출하고 협의를 요청하여야 한다.
④ 법원행정처장이 제3항에 따른 승인신청 또는 협의요청을 받았을 때에는 다음 각 호의 사항을 심사하여야 한다.
1. 제2항 각 호의 사항
2. 신청한 사항의 처리가 전산정보처리조직으로 가능한지 여부
3. 신청한 사항의 처리가 등기사무처리에 지장이 없는지 여부
⑤ 제4항의 심사결과 신청이 승인되거나 협의가 성립된 때에는 법원행정처장은 전산정보자료제공대장에 그 내용을 기록하고 관리하여야 한다.

제12조의2【민원접수·처리기관을 통한 등기전산정보자료의 제공 등】 ① 민원인이 「민원 처리에 관한 법률」 제10조의2제1항에 따라 민원접수·처리기관을 통하여 본인에 관한 등기전산정보자료의 제공을 요구하는 경우 법원행정처장은 해당 정보를 지체 없이 제공하여야 한다.
② 민원인이 요구할 수 있는 등기전산정보자료의 종류는 행정안전부장관이 법원행정처장과 협의하여 공표한 것에 한한다.(2021.11.29 본항개정)
③ 법원행정처장이 제2항에 따른 협의요청을 받은 때에는 제12조제4항의 사항을 고려하여 제공할 등기전산정보자료의 종류를 결정하여야 한다.
④ 제1항에 따라 제공되는 등기전산정보자료에 대하여는 수수료를 면제한다.
⑤ 등기전산정보자료 제공절차 등과 관련하여 필요한 사항 중 이 규칙에서 정하고 있지 아니한 사항은 대법원예규로 정할 수 있다.
(2021.9.30 본조신설)

제12조의3【정보주체 본인의 요구에 의한 등기전산정보자료의 제공 등】 ① 정보주체가 「전자정부법」 제43조의2제1항에 따라 본인에 관한 등기전산정보자료의 제공을 요구하는 경우 법원행정처장은 해당 정보를 정보주체 본인 또는 본인이 지정하는 자로서 「전자정부법」 제43조의2제1항 각 호의 자에게 지체 없이 제공하여야 한다. 이 경우 정보주체는 정확성 및 최신성이 유지될 수 있도록 정기적인 제공을 요구할 수 있다.
② 제1항에 따라 「전자정부법」 제43조의2제1항제1호의 행정기관등에 제공되는 등기전산정보자료에 대하여는 수수료를 면제한다.
③ 제1항의 경우 제12조의2제2항, 제3항 및 제5항을 준용한다.
(2021.11.29 본조신설)

제3장 등기부 등

제1절 등기부와 인감부 및 신청서 기타 부속서류

제13조【등기기록의 편성】 ① 등기기록은 그 종류에 따라 전산정보처리조직에 의하여 별지 제1호부터 제9호까지 양식의 각 란에 기록한 등기정보로 편성한다. 다만, 외국회사 등기기록은 대한민국에서 설립되는 같은 종류 또는 가장 비슷한 회사의 등기기록의 예에 의하여 편성한다.
② 별지 제8호 양식 중 전환사채란, 신주인수권부사채란, 이익참가부사채란, 그 밖의 법령에 정한 사채란은 발행하는 각 사채별로 편성한다.

제14조【등기부 등의 보관과 관리】 ① 법 제11조제3항에서 규정한 등기부(폐쇄등기부를 포함한다. 이하 같다)와 전자문서(「전자서명법」 제2조제1호의 전자문서를 말한다. 이하 같다)로 작성된 신청서 기타 부속서류는 중앙관리소에서 보관하고 관리한다.(2020.11.26 본항개정)
② 법 제12조의 등기부부본자료는 전산정보처리조직으로 작성하여 법원행정처장이 지정하는 장소에 보관하여야 한다.

제15조【인감부】 ① 법 제16조 및 제25조에 따라 제출된 인감 및 인감제출자에 관한 정보는 보조기억장치(자기디스크, 자기테이프 그 밖에 이와 비슷한 방법으로 일정한 사항을 기록하고 보관할 수 있는 전자적 정보저장매체를 말한다. 이하 같다)에 기록한다(이하 위 보조기억장치에 기록된 자료를 "인감부"라 한다).
② 인감부는 영구히 보존하여야 한다.
③ 인감부의 보관과 관리에 관하여는 제14조를 준용한다.

제16조【등기부등 복구 등의 처분명령에 관한 권한 위임】 ① 대법원장은 법 제13조제2항에 따라 등기부(인감부를 포함한다. 이하 이 절에서 "등기부등"이라 한다)의 손상방지 또는 손상된 등기부등 복구 등의 처분명령에 관한 권한을 법원행정처장에게 위임한다.
② 대법원장은 법 제14조제2항에 따라 전자문서로 작성된 신청서 기타 부속서류의 손상방지 등의 처분명령에 관한 권한은 법원행정처장에게, 종이 형태의 신청서 기타 부속서류의 멸실방지 등의 처분명령에 관한 권한은 지방법원장(등기소의 사무를 지원장이 관장하는 경우에는 지원장을 말한다. 제64조를 제외하고는 이하 같다)에게 위임한다.

제17조【등기부등의 손상과 복구】 ① 등기부등의 전부 또는 일부가 손상되거나 손상될 우려가 있을 때에는 전산운영책임관은 지체 없이 그 상황을 조사한 후 처리방법을 법원행정처장에게 보고하여야 한다.
② 등기부등의 전부 또는 일부가 손상된 경우에 전산운영책임관은 제14조제2항의 등기부부본자료에 의하여 그 등기부등을 복구하여야 한다.

③ 제2항에 따라 등기부등을 복구한 경우에 전산운영책임관은 지체 없이 그 경과를 법원행정처장에게 보고하여야 한다.
제18조【신청서 기타 부속서류의 손상 등 방지】 ① 전자문서로 작성된 신청서 기타 부속서류의 전부 또는 일부가 손상되거나 손상될 우려가 있을 때에는 제17조를 준용한다.
② 종이 형태의 신청서 기타 부속서류가 멸실되거나 멸실될 우려가 있을 때에는 등기관은 지체 없이 그 상황을 조사한 후 처리방법을 지방법원장에게 보고하여야 한다.
제19조【비상이동】 ① 전쟁 또는 천재지변 그 밖에 이에 준하는 사태를 피하기 위하여 중앙관리소에서 보관하는 등기부등 및 전자문서로 작성된 신청서 기타 부속서류를 그 장소 밖으로 옮긴 경우에는 지체 없이 그 사실을 법원행정처장에게 보고하여야 한다.
② 전쟁 또는 천재지변 그 밖에 이에 준하는 사태를 피하기 위하여 등기소에서 보관하는 종이 형태의 신청서 기타 부속서류를 그 장소 밖으로 옮긴 경우에는 지체 없이 그 사실을 지방법원장에게 보고하여야 한다.
제20조【신청서 기타 부속서류의 송부】 ① 법원으로부터 신청서 기타 부속서류에 대한 명령 또는 촉탁이 있는 경우에 등기관은 대법원예규에서 정하는 바에 따라 해당 서류를 송부하여야 한다.
② 제1항의 서류가 전자문서로 작성된 경우에는 해당 문서를 출력한 후 인증하여 송부하거나 전자문서로 송부한다.
제21조【신청정보 등의 보존】 법 제24조제1항제2호에 따라 등기가 이루어지거나 등기신청이 취하된 경우에 그 신청정보와 첨부정보 및 취하정보는 보조기억장치에 저장하여 보존하여야 한다.

제2절 등기에 관한 장부

제22조【장부의 비치】 ① 등기소에는 다음 각 호의 장부를 갖추어 두어야 한다.
1. 상업등기신청서 접수장
2. 기타문서 접수장
3. 결정원본 편철장
4. 이의신청서류 편철장
5. 전자증명서발급신청서류 등 편철장
6. 사용자등록신청서류 등 편철장
7. 신청서 기타 부속서류 편철장
8. 인감신고서류 등 편철장
9. 인감카드발급신청서류 등 편철장
10. 열람신청서류 편철장
11. 신청서 기타 부속서류 송부부
12. 각종 통지부
13. 그 밖에 대법원예규로 정하는 장부

② 제1항의 장부는 매년 별책으로 하여야 한다. 다만, 필요에 따라 분책할 수 있다.
③ 제1항의 장부는 전자적으로 작성할 수 있다.
제23조【상업등기신청서 접수장】 ① 상업등기신청서 접수장에는 다음 각 호의 사항을 기록하여야 한다.
1. 등기의 목적
2. 신청인의 성명 또는 상호(또는 명칭)
3. 접수연월일과 접수번호
4. 대리인의 성명 및 자격
5. 등기신청수수료, 등록면허세액

② 제1항제3호의 접수번호는 매년 새로 부여하여야 한다.
제24조【신청서 기타 부속서류 편철장】 등기사건의 신청서 기타 부속서류는 접수번호의 순서에 따라 신청서 기타 부속서류 편철장에 편철하여야 한다.
제25조【장부의 보존기간】 ① 등기소에 갖추어 두어야 할 장부의 보존기간은 다음 각 호와 같다.
1. 상업등기신청서 접수장 : 5년
2. 기타문서 접수장 : 10년
3. 결정원본 편철장 : 10년
4. 이의신청서류 편철장 : 10년
5. 전자증명서발급신청서류 등 편철장 : 10년
6. 사용자등록신청서류 등 편철장 : 10년
7. 신청서 기타 부속서류 편철장 : 5년
8. 인감신고서류 등 편철장 : 5년
9. 인감카드발급신청서류 등 편철장 : 3년
10. 열람신청서류 편철장 : 1년
11. 신청서 기타 부속서류 송부부 : 5년
12. 각종 통지부 : 1년

② 장부의 보존기간은 해당 연도의 다음 해부터 기산한다.
③ 보존기간이 만료된 종이 형태의 장부 또는 서류는 지방법원장의 인가를 받아 보존기간이 만료되는 해의 다음 해 3월말까지 폐기한다.

제4장 열람과 증명

제1절 총 칙

제26조【열람 및 각종 증명서의 신청방법】 ① 등기소를 방문하여 등기기록 또는 신청서 기타 부속서류를 열람하거나 등기사항의 전부 또는 일부에 대한 증명서(이하 "등기사항증명서"라 한다) 또는 등기소에 제출한 인감에 대한 증명서(이하 "인감증명서"라 한다)를 발급받으려는 사람은 신청서를 제출하여야 한다.
② 대리인이 신청서 기타 부속서류의 열람 또는 인감증명서의 발급을 신청할 때에는 신청서에 그 권한을 증명하는 서면을 첨부하여야 한다.
③ 등기기록 또는 전자문서로 작성된 신청서 기타 부속서류의 열람, 등기사항증명서 또는 인감증명서의 발급신청은 관할 등기소가 아닌 다른 등기소에서도 할 수 있다.
제27조【무인발급기와 인터넷에 의한 열람 및 증명】 무인발급기(신청인이 발급에 필요한 정보를 스스로 입력하여 증명서를 발급받을 수 있게 하는 장치를 말한다. 이하 같다)나 인터넷을 이용하여 열람 및 증명서 등을 발급받는 경우에는 이 장의 규정 중 그 성질에 적합하지 아니한 사항은 적용하지 아니한다.

제2절 등기사항의 열람과 증명

제28조【열람의 신청】 ① 등기기록 또는 신청서 기타 부속서류의 열람신청서에는 다음 각 호의 사항을 적어야 한다.
1. 열람을 신청하는 등기기록 또는 그 신청서 기타 부속서류
2. 폐쇄한 등기기록의 열람을 신청할 때에는 그 뜻

② 신청서 기타 부속서류의 열람신청서에는 이해관계를 명백히 하는 사유를 적거나 이를 적은 서면을 첨부하여야 한다.
제29조【열람의 방법】 등기기록 또는 신청서 기타 부속서류의 열람은 등기기록에 기록된 등기사항을 전자적 방법으로 보게 하거나 그 내용을 기록한 서면을 교부하는 방법으로 한다. 다만, 신청서 기타 부속서류가 종이 형태로 작성된 경우에는 등기관 또는 그가 지정하는 직원이 보는 앞에서 열람하여야 한다.(2018.12.4 단서개정)
제30조【등기사항증명서의 종류 및 내용】 ① 등기사항증명서의 종류는 다음 각 호로 한다.
1. 등기사항전부증명서(말소사항 포함)
2. 등기사항전부증명서(현재 유효사항)
3. 등기사항전부증명서(폐쇄사항)
4. 등기사항일부증명서(말소사항 포함)
5. 등기사항일부증명서(현재 유효사항)
6. 등기사항일부증명서(폐쇄사항)
7. 그 밖에 대법원예규로 정하는 바에 따라 등기기록의 전부 또는 일부를 증명하는 증명서

② 등기사항일부증명서는 대법원예규로 정하는 바에 따라 상호, 법인등록번호 등 해당 등기기록을 특정할 수 있는 사항과 신청인이 청구한 사항을 기록한다.
제31조【등기사항증명서의 발급방법】 ① 등기사항증명서를 발급할 때에는 그 종류를 명시하고, 등기기록의 내용과 다름이 없음을 증명하는 내용의 증명문을 부기하며, 발급연월일과 중앙관리소 전산운영책임관의 직명을 적은 후 전자이미지관인을 기록하여야 한다. 이 경우 등기사항증명서가 여러 장으로 이루어진 경우에는 연속성을 확인할 수 있는 조치를 하여 발급하여야 한다.
② 신청인이 지점 또는 지배인에 관한 증명을 따로 청구하지 아니하였을 때에는 이에 관한 기록을 생략할 수 있다.
③ 등기신청이 접수된 등기기록에 관하여는 등기관이 그 등기를 마칠 때까지 등기사항증명서를 발급하지 아니한다. 다만, 그 등기기록에 등기신청사건이 접수되어 처리 중에 있다는 뜻을 등기사항증명서에 표시하여 발급할 수 있다.
제32조【무인발급기에 의한 등기사항증명】 ① 등기사항증명서는 무인발급기를 이용하여 발급할 수 있다.
② 무인발급기는 등기소 외의 장소에도 설치할 수 있다.
③ 제2항에 따른 설치장소는 법원행정처장이 정한다.
④ 법원행정처장의 지정을 받은 국가기관이나 지방자치단체 또는 그 밖의 자는 그가 관리하는 장소에 무인발급기를 설치할 수 있다.
⑤ 무인발급기의 설치와 관리의 절차 및 비용의 부담 등 필요한 사항은 대법원예규로 정한다.
제33조【인터넷에 의한 등기사항증명 등】 ① 열람 또는 등기사항증명서의 발급업무는 인터넷에 의하여 처리할 수 있다.
② 제1항에 따른 업무는 중앙관리소에서 처리하며, 전산운영책임관이 그 업무를 담당한다.
③ 제1항에 따른 열람과 발급의 범위, 절차 및 방법 등 필요한 사항은 대법원예규로 정한다.
제34조【등기사항의 공시제한】 열람 또는 등기사항증명서 발급의 경우에 대법원예규로 정하는 바에 따라 임원 또는 지배인 등의 주민등록번호 전부 또는 일부를 공시하지 아니할 수 있다.

제3절 인감제출 및 인감증명

제35조【인감의 제출】 ① 인감 또는 개인감(改印鑑)을 제출하는 신고인 또는 그 대리인은 인감제출자에 관한 사항을 적고 사용할 인감을 날인한 인감신고서 또는 개인(改印)신고서를 관할 등기소에 출석하여 제출하는 방법으로 한다. 다만, 대법원예규로 정하는 경우에는 인터넷을 이용하여 제출할 수 있다.
② 등기소에 제출하는 인감신고서 또는 개인신고서에는 「인감증명법」에 따라 신고한 인감을 날인하고 그 인감증명(발행일로부터 3개월 이내의 것이어야 한다. 이하 같다)을 첨부하거나 등기소에 제출한 유효한 종전 인감을 날인하여야 한다. 다만, 그 신고서에 법 제16조 및 제25조에 따라 등기소에 인감을 제출할 사람이 기명날인 또는 서명하였다는 공증인의 인증서면을 첨부하는 경우에는 그러하지 아니하다.
③ 지배인이 제출하는 인감신고서 또는 개인신고서에는 제2항의 방법 대신 영업주가 등기소에 제출한 인감을 날인하고 지배인의 인감임이 틀림없음을 보증하는 서면을 첨부하여야 한다.
④ 인감은 대조에 적당하고 가로 · 세로 2.4센티미터의 정사각형 안에 들어갈 수 있는 것이어야 하며, 가로 · 세로 1센티미터의 정사각형 안에 들어가는 것이 아니어야 한다.
⑤ 인감신고 또는 개인신고에 관하여는 제26조제2항을 준용한다.
제36조【인감의 기록】 등기관은 주민등록증, 운전면허증, 여권, 외국인등록증, 장애인등록증 등의 신분증명서에 의하여 인감신고서 또는 개인신고서를 제출하는 사람의 신분을 확인한 후 제출된 인감과 인감제출자에 관한 사항을 인감부에 기록하여야 한다.
제37조【재날인 등의 요구】 등기신청서 등에 날인된 인감이 제출된 인감과 대조하기 어려운 때에는 등기관은 다시 인감을 날인하게 하거나 그 밖의 상당한 조치를 취할 것을 요구할 수 있다.
제38조【인감의 폐인 등】 ① 인감을 제출한 사람이 그 자격을 상실하거나 개인 또는 인감의 폐지신고를 한 경우 등기관은 인감에 관한 기록을 폐쇄하여야 한다.
② 인감의 폐지신고를 하려는 사람은 폐인(廢印)신고서에 인감제출자에 관한 사항을 적고 등기소에 제출한 인감을 날인하여 관할 등기소에 제출하여야 한다. 다만, 등기소에 제출한 인감을 날인할 수 없을 때에는 「인감증명법」에 따라 신고한 인감을 날인하고 그 인감증명을 첨부하여야 한다.
③ 인감의 폐지신고에 관하여는 제26조제2항 및 제35조제1항과 제2항 단서를 준용한다.
제39조【인감카드의 발급신청 등】 ① 인감카드를 발급받으려는 사람은 인감제출자에 관한 사항을 적고 등기소에 제출한 인감을 날인한 인감카드발급신청서를 작성하여 등기소에 제출하여야 한다. 다만, 대법원예규로 정하는 경우에는 인감카드를 발급하지 아니할 수 있다.
② 인감카드를 분실하거나 인감카드가 훼손되어 인감카드를 재발급받으려는 사람은 인감카드의 재발급을 신청하여야 한다. 이 경우 제1항 본문을 준용한다.
③ 인감카드의 효력정지, 효력회복, 폐지를 신청할 때에는 인감카드사건신고서를 작성하여 등기소에 제출하여야 한다. 다만, 효력정지는 대법원예규로 정하는 바에 따라 전자문서로 신청할 수 있다.
④ 제3항의 인감카드사건신고서에는 등기소에 제출한 인감을 날인하거나 「인감증명법」에 따라 신고한 인감을 날인하고 그 인감증명을 첨부하여야 한다. 다만, 신고서에 인감카드 비밀번호를 기재하여 효력정지를 신고하는 경우에는 그러하지 아니하다.
⑤ 인감카드의 발급과 재발급신청 및 사건신고에 관하여는 제26조제2항 및 제3항을 준용한다.
제40조【인감증명서의 발급신청】 ① 인감증명서를 발급받으려는 사람은 인감증명서발급신청서를 등기소에 제출하고 인감카드 또는 전자증명서를 제시하여야 한다. 부동산매도용 또는 자동차(「자동차관리법」 제5조에 따라 등록된 자동차를 말한다. 이하 같다)매도용 인감증명서 발급신청서에는 매수자의 성명(상호 또는 명칭), 주소(본점 또는 사무소 소재지), 주민등록번호(법인등록번호 등 부동산등기용등록번호)를 적어야 한다.
② 전자증명서를 발급받은 사람은 대법원예규로 정하는 바에 따라 인터넷으로 인감증명서 발급을 신청한 후 등기소에서 이를 교부받을 수 있다.
③ 인감카드 또는 전자증명서를 제시하거나 제2항의 신청에 따른 인감증명서 발급번호와 비밀번호를 제시하면 인감증명서의 발급신청에 관한 권한 또는 인감증명서의 수령에 관한 권한이 있는 것으로 본다.
제41조【인감증명서의 발급방법】 ① 인감증명서에는 등기소에 제출된 인감 및 인감제출자에 관한 사항과 증명문을 부기하고 증명의 연월일과 중앙관리소 전산운영책임관의 직명을 기재한 다음 전자이미지관인을 기록하여야 한다.
② 부동산매도용 또는 자동차매도용 인감증명서에는 제1항의 사항 외에도 매수자에 관한 제40조제1항 후단의 사항을 기재하여야 하고, 매수자에 관한 사항을 별지 목록으로 작성할 때에는 별지 목록과 인감증명서의 연속성을 확인할 수 있는 조치를 취하여야 한다.
제42조【무인발급기에 의한 인감증명서의 발급】 ① 인감증명서는 무인발급기를 이용하여 발급할 수 있다. 다만, 부동산매도용 또는 자동차매도용 인감증명서는 대법원예규로 정하는 경우에 한하여 발급할 수 있다.
② 제1항의 경우에는 제32조제2항부터 제5항까지의 규정을 준용한다.

제4절 전자증명서

제43조【전자증명서의 발급제한】 법 제17조제1항에도

불구하고 다음 각 호의 사람에게는 전자증명서를 발급하지 아니한다.
1. 직무집행정지의 등기가 된 법인의 대표자
2. 「채무자 회생 및 파산에 관한 법률」에 의하여 보전관리, 회생절차개시 또는 파산선고의 등기가 된 법인의 대표자 및 지배인
3. 등기기록상 존립기간이 만료된 법인의 대표자(청산인은 제외한다) 및 지배인
4. 그 밖에 대법원예규로 정하는 사람

제44조【전자증명서의 발급신청】 ① 전자증명서의 발급신청은 신청인이 직접 등기소에 출석하여 하거나 변호사 또는 법무사〔법무법인·법무법인(유한)·법무조합·법무사법인·법무사법인(유한)을 포함한다. 이하 "자격자대리인" 이라 한다〕가 신청인을 대리하여 할 수 있다. (2016.6.27 본항개정)
② 전자증명서를 발급받으려는 사람은 인감제출자에 관한 사항을 적고 등기소에 제출한 인감을 날인한 전자증명서발급신청서를 작성하여 등기소에 제출하여야 한다.
③ 지배인이 전자증명서의 발급을 신청하는 경우에는 제2항의 전자증명서발급신청서에 영업주가 그 발급신청을 확인하는 뜻을 적고 등기소에 제출한 인감을 날인하여 제출하여야 한다.
④ 전자증명서의 발급신청에 관하여는 제26조제2항 및 제3항을 준용한다.

제45조【전자증명서 발급신청의 심사】 ① 등기관은 제36조의 신분증명서에 의하여 전자증명서 발급을 신청한 사람의 신분을 확인하여야 한다.
② 다음 각 호의 어느 하나에 해당하는 사유가 있는 경우에는 전자증명서 발급신청을 수리하지 아니한다.
1. 제1항에 따른 신분 확인이 불가능한 경우
2. 전자증명서발급신청서가 방식에 맞지 아니한 경우
3. 전자증명서발급신청서에 적힌 내용이 등기기록의 내용과 일치하지 아니한 경우
4. 신청자격이 없는 사람 또는 발급이 제한되는 제43조 각 호의 사람이 신청한 경우
5. 그 밖에 대법원예규로 정하는 사유가 있는 경우

제46조【전자증명서의 발급】 ① 전자증명서는 대법원예규로 정하는 바에 따라 휴대용 저장매체에 저장하여 발급한다.
② 전자증명서에는 다음 각 호의 사항을 기록하여야 한다.
1. 인감제출자의 성명, 자격, 주민등록번호(주민등록번호가 없는 재외국민 또는 외국인의 경우에는 생년월일을 기록한다)
2. 회사의 상호와 법인등록번호
3. 전자증명서의 증명기간, 일련번호, 전자서명검증정보
4. 전자서명의 방식
5. 그 밖에 대법원예규로 정하는 사항
③ 제2항제3호의 증명기간은 3년으로 한다.
④ 제1항에 의하여 발급받은 전자증명서를 전자신청 또는 인터넷을 이용한 인감증명서 발급신청에 사용하기 위해서는 대법원예규로 정하는 방법에 따라 인터넷등기소에서 이용등록 절차를 거쳐야 한다.
⑤ 전자증명서는 다음 각 호의 용도 외에는 사용하지 못한다.
1. 등기신청
2. 전자공탁
3. 「주택임대차계약증서상의 확정일자 부여 및 임대차 정보제공에 관한 규칙」에 따른 전자확정일자 정보제공 요청
4. 그 밖에 대법원예규로 정하는 용도

제47조【전자증명서의 효력정지 신청 등】 ① 전자증명서의 효력정지, 효력회복, 폐지를 신청할 때에는 전자증명서사건신고서를 작성하여 등기소에 제출하여야 한다. 다만, 전자증명서의 효력정지는 대법원예규로 정하는 바에 따라 전자문서로 신청할 수 있다.
② 제1항에 관하여는 제26조제2항 및 제3항, 제44조제1항을 준용한다.

제48조【전자증명서의 직권 효력정지 및 효력회복】 ① 다음 각 호의 어느 하나에 해당하는 사유가 발생하였을 때에는 직권으로 전자증명서의 효력을 정지하여야 한다.
1. 전자증명서에 기록된 사항에 변경이 발생하는 등기의 신청서 또는 촉탁서를 접수한 경우
2. 제43조의 전자증명서 발급제한사유에 해당하는 등기의 신청서 또는 촉탁서를 접수한 경우
② 제1항 각 호의 등기신청 또는 등기촉탁이 취하되거나 각하된 때에는 직권으로 전자증명서의 효력을 회복하여야 한다.

제49조【전자증명서의 변경발급 등】 ① 변경등기에 의하여 등기기록의 내용과 전자증명서에 기록되는 내용이 달라진 경우에는 전자증명서를 변경 발급받아야 한다.
② 전자증명서는 증명기간 만료일 3개월 전부터 만료일까지 갱신 발급받을 수 있다.
③ 전자증명서를 분실하거나 전자증명서가 훼손되어 사용할 수 없게 되었을 때에는 기존의 전자증명서를 폐지하고 최초의 발급절차에 의하여 전자증명서를 다시 발급받아야 한다.
④ 전자증명서의 변경 발급과 갱신 발급에 관하여는 제26조제2항 및 제3항, 제35조제1항 단서, 제44조제1항을 준용한다.

제50조【전자증명서의 효력소멸】 다음 각 호의 경우 전자증명서의 효력은 소멸된다.
1. 제43조의 전자증명서 발급제한사유에 해당하는 등기가 된 경우
2. 제46조제3항의 증명기간이 지난 경우
3. 제47조에 의하여 전자증명서가 폐지된 경우
4. 변경등기에 의하여 전자증명서 발급신청권자가 그 지위를 상실한 경우

제5장 등기절차

제1절 총 칙

제1관 통 칙

제51조【신청정보】 ① 등기를 신청하는 경우에는 다음 각 호의 사항을 신청정보의 내용으로 등기소에 제공하여야 한다.
1. 신청인의 성명 및 주소. 다만, 신청인이 회사 또는 합자조합인 경우 다음 각 목의 구분에 따른 사항
가. 신청인이 회사인 경우에는 그 상호, 본점 및 대표자의 성명이나 명칭과 주소 또는 본점소재지(대표자가 법인인 경우에는 그 직무를 행할 사람의 성명 및 주소를 포함한다)
나. 신청인이 합자조합인 경우에는 그 명칭, 주된 영업소 및 업무집행조합원의 성명이나 상호와 주소 또는 본점소재지(업무집행조합원이 법인인 경우에는 그 직무를 행할 사람의 성명 및 주소를 포함한다)
2. 대리인에 의하여 신청할 때에는 그 성명 및 주소
3. 등기의 목적 및 사유
4. 등기할 사항
5. 관청의 허가 또는 인가가 필요한 사항의 등기를 신청하는 경우에는 허가서 또는 인가서의 도달연월일
6. 다른 법률로 부과한 의무사항이 있을 때에는 그 의무사항
7. 회사의 지점소재지에서 하는 등기신청의 경우에는 그 지점의 표시
8. 등록에 대한 등록면허세액과 「지방세법」 제28조제1항제6호가목부터 다목까지의 규정에 따른 등기의 경우에는 그 과세표준액
9. 등기신청수수료액
10. 신청연월일
11. 등기소의 표시
② 다른 등기소의 관할 구역으로 본점 또는 주된 영업소를 이전한 경우에 신소재지에서 하는 등기의 신청에는 해당 등기기록에 따라 조합원의 가입연월일, 사원의 입사연월일, 업무집행자·임원·청산인의 취임연월일을 신청정보의 내용으로 등기소에 제공하여야 한다.
③ 「상법」 제514조의2(같은 법 제516조의8제2항으로 준용되는 경우를 포함한다)와 「상법」 제614조제2항·제3항 등에 의하여 외국에서 생긴 사항의 등기를 신청할 때에는 그 통지가 도달한 연월일을 신청정보의 내용으로 등기소에 제공하여야 한다.

제52조【첨부정보】 ① 등기를 신청하는 경우에는 다음 각 호의 정보를 그 신청정보와 함께 첨부정보로서 등기소에 제공하여야 한다.
1. 대리인에 의하여 등기를 신청하는 경우에는 그 권한을 증명하는 정보
2. 관청의 허가 또는 인가를 필요로 하는 사항의 등기를 신청하는 경우에는 그 허가 또는 인가가 있음을 증명하는 정보
3. 주소, 주민등록번호(또는 생년월일)를 등기하여야 하는 경우에는 이를 증명하는 정보
4. 성명 또는 주소의 변경에 관한 등기를 신청하는 경우에는 그 사실을 증명하는 정보
② 법 제27조에 해당하는 등기를 신청하는 경우에는 법 제27조의 소가 그 제소기간 내에 제기되지 아니한 사실을 증명하는 정보와 등기할 사항의 존재를 증명하는 정보를 첨부정보로서 등기소에 제공하여야 한다. 이 경우 회사는 그 본점소재지를 관할하는 지방법원 또는 그 지원에 법 제27조의 소가 그 제소기간 내에 제기되지 아니한 사실을 증명하는 서면의 발급을 신청할 수 있다.
③ 첨부정보 중 법원행정처장이 지정하는 첨부정보는 「전자정부법」 제36조제1항에 따른 행정정보 공동이용을 통하여 등기관이 확인하고 신청인에게는 그 제공을 면제한다. 다만, 그 첨부정보가 개인정보를 포함하고 있는 경우에는 그 정보주체의 동의가 있음을 증명하는 정보를 등기소에 제공한 경우에만 그 제공을 면제한다.
④ 첨부정보 중 「주민등록법」에 따른 주민등록표등본·초본과 「인감증명법」에 따른 인감증명 및 「가족관계의 등록 등에 관한 법률」에 따른 가족관계등록사항별증명서는 발행일부터 3개월 이내의 것이어야 한다.
⑤ 첨부정보가 외국어로 작성된 경우에는 그 번역문을 함께 제공하여야 한다.

제53조【일괄신청과 동시신청】 ① 동일한 등기기록에 대한 여러 개의 등기신청은 일괄하여 1건의 신청서로 할 수 있다. 다만, 다른 등기소의 관할 구역으로 본점 또는 주된 영업소를 이전하는 등기를 신청하는 경우에는 그러하지 아니하다.
② 같은 등기소에 동시에 여러 건의 등기신청을 하는 경우에 첨부정보의 내용이 같은 것이 있을 때에는 먼저 접수되는 신청서에만 그 첨부정보를 제공하고, 다른 신청서에는 먼저 접수된 신청서에 그 첨부정보를 제공하였다는 뜻을 기재하는 것으로 그 첨부정보의 제공을 갈음할 수 있다. 다만, 전자신청의 경우에는 그러하지 아니하다.
③ 법 제63조 및 제66조, 법 제71조의 해산등기의 신청에 관하여는 신청서의 첨부정보에 관한 규정을 적용하지 아니한다.

제54조【등기신청의 조사】 ① 등기신청이 접수되었을 때에는 등기관은 지체 없이 신청에 관한 모든 사항을 조사하여야 한다.
② 등기소에 제출되어 있는 인감과 등기기록에 관한 사항은 전산정보처리조직을 이용하여 조사하여야 한다.
③ 법 제26조 단서의 보정 요구는 신청인에게 말로 하거나, 전화, 팩시밀리 또는 인터넷을 이용하여 할 수 있다.

제55조【등기의 방법】 ① 등기를 할 때에는 이 규칙에서 따로 정하는 경우를 제외하고는 등기기록 중 해당란에 등기사항, 등기원인 및 그 연월일, 등기연월일을 기록하고 제3조제3항의 등기관의 식별부호를 기록하여야 한다.
② 법원의 재판에 따른 등기를 할 때에는 법원의 명칭, 사건번호 및 재판의 확정연월일 또는 재판연월일을 기록하여야 한다.
③ 변경의 등기를 할 때에는 변경 전의 등기사항을 말소하여야 한다.

제56조【등기신청의 취하】 ① 등기신청의 취하는 등기관이 등기를 마치기 전까지 할 수 있다.
② 제1항의 취하는 다음 각 호의 구분에 따른 방법으로 하여야 한다.
1. 법 제24조제1항제1호에 따른 등기신청(이하 "방문신청"이라 한다) : 신청인 또는 그 대리인이 등기소에 출석하여 취하서를 제출하는 방법
2. 법 제24조제1항제2호에 따른 등기신청(이하 "전자신청"이라 한다) : 전산정보처리조직을 이용하여 취하정보를 전자문서로 등기소에 송신하는 방법

제57조【행정구역 등 변경의 직권등기】 등기기록에 기록된 행정구역 또는 그 명칭이 변경된 경우에 등기관은 직권으로 변경사항을 등기할 수 있다.

제58조【등기기록의 폐쇄 및 부활】 ① 등기기록을 폐쇄하는 때에는 기타사항란에 그 뜻과 연월일을 기록하여야 한다.
② 폐쇄한 등기기록에 다시 등기할 필요가 있는 때에는 그 등기기록을 부활하여야 한다. 이 경우 기타사항란에 그 뜻과 연월일을 기록하고 등기기록을 폐쇄한 뜻과 그 연월일의 등기를 말소하여야 한다.

제59조【해산한 회사의 등기기록 폐쇄 등】 ① 법 제19조 또는 제2항에 의하여 등기기록을 폐쇄한 경우에 회사 또는 합자조합이 본점 또는 주된 영업소 소재지 관할 등기소에 청산을 종결하지 아니하였다는 뜻을 신고한 때에는 등기관은 그 등기기록을 부활하여야 한다.
② 제1항의 신고로 등기기록이 부활된 때부터 5년이 지난 때에는 등기관은 다시 그 등기기록을 폐쇄할 수 있다.
③ 제1항에 따라 회사의 등기기록을 부활하거나 법 제19조 또는 제2항에 따라 회사의 등기기록을 폐쇄한 때에는 전산정보처리조직을 이용하여 지체 없이 그 뜻을 지점소재지의 등기소에 통지하여야 한다. 이 경우 통지를 받은 등기관은 지체 없이 해당 지점등기기록을 부활 또는 폐쇄하여야 한다.

제2관 방문신청

제60조【방문신청의 방법】 ① 방문신청을 하는 경우에는 등기신청서에 제51조 및 그 밖의 법령에 따라 신청정보의 내용으로 등기소에 제공하여야 하는 정보를 적고 신청인 또는 그 대리인이 기명날인하여야 한다.
② 신청서가 2장 이상일 때에는 신청인 또는 그 대리인이 간인을 하여야 하고, 신청인 또는 그 대리인이 2인 이상일 때에는 그 중 1인이 간인을 하여야 한다.
③ 제1항의 등기신청서에는 제52조 및 그 밖의 법령에 따라 첨부정보로서 등기소에 제공하여야 하는 정보를 담고 있는 서면을 첨부하여야 한다.

제61조【서명에 의한 등기신청】 ① 다음 각 호의 등기를 신청하는 경우에는 신청인 또는 그 대리인은 신청서에 제60조제1항의 기명날인을 갈음하여 서명할 수 있다.
1. 회사의 본점과 지점소재지에서 공통으로 등기할 사항에 관하여 지점소재지에서 하는 등기
2. 주소의 변경에 관한 등기
3. 그 밖에 대법원예규로 정하는 등기
② 제1항의 경우 신청서가 2장 이상일 때에는 각 장마다 연결되는 서명을 함으로써 제60조제2항의 간인을 대신한다.

제62조【신청서 등의 문자】 ① 신청서나 그 밖의 등기에 관한 서면을 작성할 때에는 자획(字劃)을 분명히 하여야 한다.
② 제1항의 서면에 적은 문자를 수정, 삽입 또는 삭제할 때에는 서면의 여백에 수정, 삽입 또는 삭제한 글자 수를 표시하고, 그 곳에 날인 또는 서명을 하여야 한다. 이 경우 삭제한 문자는 원래의 글자를 알 수 있도록 글자체를 남겨두어야 한다.

제63조【전자표준양식에 의한 등기신청】 방문신청을 하려는 신청인은 신청서를 등기소에 제출하기 전에 전산정보처리조직에 신청정보를 입력하고, 그 입력한 신청정보를 서면으로 출력하여 등기소에 제출하는 방법으로 할 수 있다.

제64조【자격자대리인의 사무원】 ① 법 제24조제1항제1호 단서에 따라 등기소에 출석하여 등기신청서를 제출할 수 있는 자격자대리인의 사무원은 자격자대리인의 사무소 소재지를 관할하는 지방법원장이 허가하는 1명으로 한다. 다만, 법무법인·법무법인(유한)·법무조합 또는 법무사법인·법무사법인(유한)의 경우에는 그 구성원 및 구성원이 아닌 변호사나 법무사 수만큼의 사무원을 허가할 수 있다.(2016.6.27 단서개정)

② 자격자대리인이 제1항의 허가를 받으려면 지방법원장에게 허가신청서를 제출하여야 한다.

③ 지방법원장이 제1항의 허가를 하였을 때에는 해당 자격자대리인에게 등기소 출입증을 발급하여야 한다.

④ 제1항의 사무원이 그 업무를 함에 있어 위법행위를 한 경우 등 상당한 이유가 있는 때에는 지방법원장은 제1항의 허가를 취소할 수 있다.

제65조【등기신청서의 접수】 ① 등기신청서를 받은 등기관은 전산정보처리조직에 제23조제1항 각 호의 사항을 입력한 후 신청서에 접수번호표를 붙여야 한다.

② 등기관이 신청서를 접수하였을 때에는 신청인의 청구에 따라 그 신청서의 접수증을 발급하여야 한다.

제66조【원본인 첨부서류의 반환】 ① 신청서에 첨부한 원본인 서류의 반환을 청구하는 경우에 신청인은 그 원본과 같다는 뜻을 적은 사본을 첨부하여야 하고, 등기관이 서류의 원본을 반환할 때에는 그 사본에 원본 반환의 뜻을 적고 기명날인하여야 한다. 다만, 다음 각 호의 서류에 대해서는 반환을 청구할 수 없다.

1. 등기신청에 첨부된 위임장 등 해당 등기신청만을 위하여 작성한 서류
2. 인감증명, 법인등기사항증명서, 주민등록표등본·초본, 가족관계등록사항별증명서 등 별도의 방법으로 다시 취득할 수 있는 서류

② 대리인이 제1항의 청구를 할 때에는 신청서에 그 권한을 증명하는 서면을 첨부하여야 한다.

제3관 전자신청

제67조【전자신청의 방법】 ① 전자신청은 신청인이 직접 하거나 자격자대리인이 그 신청인을 대리하여 할 수 있다.

② 제1항에 따라 전자신청을 하는 경우에는 제51조 및 그 밖의 법령에 따라 신청정보의 내용으로 등기소에 제공하여야 하는 정보를 전자문서로 등기소에 송신하여야 한다. 다만, 등기기록에 등기되어 있지 않은 등기신청권자와 법인이 아닌 자격자대리인이 신청하는 경우에는 사용자등록번호도 함께 송신하여야 한다.

③ 제2항의 경우에는 제52조 및 그 밖의 법령에 따라 첨부정보로서 등기소에 제공하여야 하는 정보를 전자문서로 등기소에 송신하거나 대법원예규로 정하는 바에 따라 등기소에 제공하여야 한다.

④ 제2항과 제3항에 따라 전자문서를 송신할 때에는 다음 각 호의 구분에 따른 신청인 또는 작성명의인의 전자서명정보를 함께 송신하여야 한다.(2020.11.26 본문개정)

1. 법인 : 「상업등기법」의 전자증명서
2. 개인 : 「전자서명법」 제2조제6호에 따른 인증서(서명자의 실지명의를 확인할 수 있는 것으로서 법원행정처장이 지정·공고하는 인증서를 말한다)(2021.5.27 본호개정)
3. 관공서인 경우 : 대법원예규로 정하는 전자인증서

⑤ 제4항제2호의 공고는 인터넷등기소에 하여야 한다.(2021.5.27 본항신설)

제68조【사용자등록의 신청】 ① 전자신청을 하기 위해서는 그 등기신청을 하려는 사람 또는 등기신청을 대리할 수 있는 자격자대리인은 최초의 등기신청 전에 사용자등록을 하여야 한다.

② 사용자등록을 신청하려는 사람 또는 자격자대리인은 등기소에 출석하여 대법원예규로 정하는 사항을 적은 신청서를 제출하여야 한다. 다만, 대법원예규로 정하는 등기신청의 경우에는 전산정보처리조직을 이용하여 사용자등록을 신청할 수 있다.

③ 제2항의 사용자등록신청서에는 「인감증명법」에 따라 신고한 인감을 날인하고 그 인감증명과 주소를 증명하는 서면을 첨부하여야 한다.

④ 신청인이 자격자대리인인 경우에는 제3항의 서면 외에 그 자격을 증명하는 서면의 사본도 첨부하여야 한다.

⑤ 전자증명서를 발급받아 송신하거나 관공서가 전자인증서를 송신한 경우 또는 「부동산등기규칙」 제68조에 의하여 사용자등록을 한 경우에는 이 규칙의 사용자등록을 한 것으로 본다.

제69조【사용자등록의 유효기간】 ① 사용자등록의 유효기간은 3년으로 한다.

② 제1항의 유효기간이 지난 경우에는 사용자등록을 다시 하여야 한다.

③ 사용자등록의 유효기간 만료일 3개월 전부터 만료일까지는 그 유효기간의 연장을 신청할 수 있으며, 그 연장기간은 3년으로 한다.

④ 제3항의 유효기간 연장은 전자문서로 신청할 수 있다.

제70조【사용자등록의 효력정지 등】 ① 사용자등록을 한 사람은 사용자등록의 효력정지, 효력회복 또는 해지를 신청할 수 있다.

② 사용자등록의 효력정지 및 해지의 신청은 전자문서로 할 수 있다.

③ 등기소를 방문하여 사용자등록의 효력정지, 효력회복 또는 해지를 신청하는 경우에는 신청서에 기명날인 또는 서명을 하여야 한다.

제71조【사용자등록정보 변경 및 재등록】 ① 사용자등록 후 사용자등록정보가 변경된 경우에는 대법원예규로 정하는 바에 따라 그 변경된 사항을 등록하여야 한다.

② 사용자등록번호를 분실하였을 때에는 사용자등록을 다시 하여야 한다.

제2절 상호 등에 관한 등기

제72조【2개 이상의 상호등기】 한 사람이 2개 이상의 상호등기를 신청한 때에는 각 상호를 다른 등기기록에 등기하여야 한다.

제73조【상호의 상속 또는 양도의 등기】 ① 상호를 등기한 사람의 승계인이 그 상호를 계속 사용하고자 할 경우에는 상속 또는 양도를 증명하는 정보를 제공하여야 한다. 상호를 양도하는 경우에는 양도를 증명하는 정보 외에 「상법」 제25조제1항에 따른 영업양도 또는 영업폐지를 증명하는 정보를 함께 제공하여야 한다.

② 제1항의 양도를 증명하는 서면에는 법 제25조에 따라 등기소에 제출한 양도인의 인감이 날인되어 있어야 한다.

제74조【영업양도의 면책등기】 ① 양수인이 「상법」 제42조제2항의 면책등기를 신청하는 경우에는 양도인의 승낙을 증명하는 정보를 제공하여야 한다.

② 제1항의 승낙을 증명하는 서면에 관하여는 제73조제2항을 준용한다.

③ 제1항의 면책등기는 해당 상호의 등기기록에 하여야 한다. 다만, 회사가 영업의 양도인 또는 양수인인 경우에는 양수인의 상호 등기기록 또는 양수인 회사의 등기기록에 이를 하여야 한다.

제75조【상속인의 신청에 따른 등기】 ① 상호를 등기한 사람이 법 제31조 또는 법 제32조에 따른 등기를 신청하지 아니하고 사망하여 상속인이 그 등기를 신청할 경우에는 그 자격을 증명하는 정보를 제공하여야 한다.

② 상호를 등기한 사람이 제73조 또는 제74조에 따른 등기를 신청하지 아니하고 사망한 경우에도 제1항과 같다.

제76조【이해관계인의 신청에 따른 상호등기의 말소】 「상법」 제27조에 따라 이해관계인이 상호등기의 말소를 신청하는 경우에는 그 말소에 관하여 이해관계가 있음을 증명하는 정보를 제공하여야 한다.

제77조【회사의 상호등기】 회사에 대하여는 제72조, 제73조 및 제75조를 적용하지 아니한다.

제78조【상호의 가등기기록】 「상법」 제22조의2제1항부터 제3항까지의 규정에 따른 상호의 가등기는 별지 제10호부터 제14호까지의 양식 중 해당 양식의 각 란에 해당하는 상호의 가등기에 관한 등기정보를 기록하는 방식으로 한다.

제79조【상호의 가등기를 위한 공탁금액】 법 제41조의 공탁금액은 별표1과 같다.

제80조【상호의 가등기 등】 ① 상호의 가등기 및 법 제40조제1항에 따른 예정기간 연장등기를 신청하는 경우에는 법 제41조에 따라 공탁한 공탁서의 사본을 첨부하여 공탁이 있었음을 증명하여야 한다.

② 유한책임회사, 주식회사 또는 유한회사의 설립에 관계된 상호의 가등기를 신청하는 경우에는 신청서 또는 대리인의 권한을 증명하는 서면에 「인감증명법」에 따라 신고한 인감을 날인하고 그 인감증명과 설립하려는 회사의 정관을 제공하여야 한다.(2020.9.9 본항개정)

③ 유한책임회사, 주식회사 또는 유한회사의 설립에 관계된 상호의 가등기의 변경등기를 신청하는 경우에는 다음 각 호의 구분에 따른 정보를 제공하여야 한다.(2020.9.9 본문개정)

1. 법 제40조제1항에 따른 예정기간 연장등기와 법 제40조제2항에 따른 변경등기 중 발기인 또는 사원에 대한 변경등기의 경우에는 제2항에 따른 인감증명
2. 법 제40조제2항에 따른 변경등기 중 목적의 변경등기의 경우에는 제2항에 따른 인감증명과 정관

④ 유한책임회사, 주식회사 또는 유한회사의 설립에 관계된 상호의 가등기의 말소등기를 신청하는 경우에는 제2항에 따른 인감증명을 제공하여야 한다.(2020.9.9 본항개정)

제81조【공탁서 원본 확인】 등기관은 제80조제1항에 따라 첨부된 공탁서 사본에 관하여 그 원본의 제출을 요구하여 첨부된 사본이 원본과 같음을 확인하고, 사본에 원본을 확인한 뜻을 적고 기명날인하여야 한다.

제82조【공탁금의 회수절차】 ① 회사나 발기인 또는 사원이 법 제44조제1항에 의하여 공탁금을 회수할 수 있는 경우에는 등기관은 회사나 발기인 또는 사원의 청구에 따라 공탁의 원인이 소멸하였음을 증명하는 서면을 발급하여야 한다.

② 제1항의 청구를 할 때에는 다음 각 호의 사항을 적고 청구인이 기명날인을 한 청구서 2통을 등기소에 제출하여야 한다.

1. 상호
2. 공탁법원, 공탁의 연월일, 공탁번호, 공탁금액
3. 공탁의 원인이 소멸한 연월일
4. 증명을 청구하는 취지와 청구연월일

③ 등기관은 제2항의 청구서 중 1통에 「위와 같이 증명합니다」라는 증명문을 부기하고, 증명의 연월일, 등기소, 등기관의 표시 및 그 성명을 적은 후 직인을 날인하여 청구인에게 교부하여야 한다.

제83조【공탁금의 국고 귀속 통지】 법 제44조제2항에 따라 공탁금이 국고에 귀속되는 때에는 등기관은 공탁연월일, 공탁번호, 공탁금액, 공탁자 및 공탁금이 국고에 귀속되는 취지와 그 연월일을 해당 공탁법원의 공탁관에게 통지하여야 한다.

제84조【미성년자등기】 ① 미성년자가 「상법」 제6조에 따른 미성년자등기를 신청하는 경우에는 다음 각 호의 정보를 제공하여야 한다.(2018.12.4 본문개정)

1. 법정대리인의 허락이 있음을 증명하는 정보. 다만, 신청서에 법정대리인의 기명날인이 있는 때에는 그러하지 아니하다.
2. 후견인이 영업의 허락을 한 경우에는 후견감독인이 있으면 그의 동의나 가정법원의 허가가 있음을 증명하는 정보

② 영업 종류의 추가 또는 변경으로 인한 변경등기를 신청하는 경우에는 제1항을 준용한다.

③ 법정대리인이 영업 허락의 제한으로 인한 변경등기 또는 취소로 인한 소멸등기를 신청하는 경우에는 법정대리인임을 증명하는 정보를 제공하여야 한다.

④ 미성년자의 사망으로 인한 소멸등기를 신청하는 경우에는 제3항에 따른 정보와 함께 미성년자의 사망을 증명하는 정보를 제공하여야 한다.(2018.12.4 본항개정)

(2018.12.4 본조제목개정)

제85조【법정대리인등기】 ① 법정대리인이 「상법」 제8조에 따른 법정대리인등기를 신청하는 경우에는 다음 각 호의 정보를 제공하여야 한다.

1. 법정대리인임을 증명하는 정보
2. 후견인이 제한능력자의 영업을 대리하는 경우에는 후견감독인이 있으면 그의 동의나 가정법원의 허가가 있음을 증명하는 정보(2018.12.4 본호개정)

② 영업 종류의 추가 또는 변경으로 인한 변경등기를 신청하는 경우에는 제1항을 준용한다.

③ 법정대리인의 퇴임 또는 사망으로 인한 소멸등기를 신청하는 경우에는 법정대리인의 퇴임 또는 사망을 증명하는 정보를 제공하여야 한다.

④ 새로운 법정대리인이 제3항의 등기를 신청하는 경우에는 제3항에 따른 정보와 신청인이 새로운 법정대리인임을 증명하는 정보를 제공하여야 한다.

제86조【회사 등의 지배인 등기신청】 ① 회사와 합자조합이 지배인선임의 등기를 신청하는 경우에는 지배인의 선임과 법 제50조제1항제5호의 사항을 증명하는 정보를 제공하여야 한다.

② 회사와 합자조합이 지배인의 대리권의 소멸 또는 법 제50조제1항제5호의 사항의 설정 또는 변경이나 소멸의 등기를 신청하는 경우에는 이를 증명하는 정보를 제공하여야 한다.

제87조【2인 이상의 지배인등기】 회사와 합자조합 외의 영업주가 2인 이상의 지배인에 관한 등기신청을 하였을 때에는 각 지배인을 다른 등기기록에 등기하여야 한다.

제88조【해산등기와 지배인에 관한 등기】 해산등기를 하는 때에는 회사와 합자조합의 지배인에 관한 등기를 말소하여야 한다.

제89조【등기기록의 폐쇄】 다음 각 호의 등기는 기타사항란에 하여야 하고, 이를 등기할 때에는 등기기록을 폐쇄하여야 한다.

1. 상호폐지의 등기
2. 회사의 상호와 합자조합의 명칭 외의 상호의 말소등기
3. 상호가등기의 말소등기
4. 미성년자 또는 법정대리인에 관한 소멸의 등기(2018.12.4 본호개정)
5. 회사와 합자조합 외의 영업주가 선임한 지배인의 대리권 소멸의 등기
6. 상호의 등기를 한 자, 미성년자 또는 법정대리인의 영업소를 다른 등기소의 관할구역으로 이전한 경우에 구 소재지에서 하는 영업소 이전의 등기(종전 등기소의 관할 구역 내에 다른 영업소가 있는 경우는 제외한다)(2018.12.4 본호개정)
7. 지배인을 둔 영업소를 다른 등기소의 관할 구역으로 이전한 경우에 구 소재지에서 하는 영업소 이전의 등기(종전 등기소의 관할 구역 내에 그 지배인을 둔 다른 영업소가 있는 경우는 제외한다)

제3절 합자조합의 등기

제90조【첨부정보에 관한 통칙】 ① 조합계약에 규정이 없으면 효력이 없는 사항의 등기를 신청하는 경우에는 조합계약에 관한 정보를 제공하여야 한다.

② 총조합원 또는 어느 조합원이나 청산인의 동의를 필요로 하는 등기를 신청하는 경우에는 그 동의가 있음을 증명하는 정보를 제공하여야 한다.

제91조【설립에 따른 등기】 합자조합의 설립에 따른 등기를 신청하는 경우에는 다음 각 호의 정보를 제공하여야 한다.

1. 조합계약에 관한 정보
2. 재산출자에 관하여 이행을 한 부분을 증명하는 정보
3. 합자조합의 업무를 집행하고 대리할 권한이 있는 자가 법인인 경우에 그 자의 직무를 행할 사람의 선임을 증명하는 정보

제92조【조합원 등의 등기】 ① 업무집행권이 있는 조합원의 등기를 할 때에는 그 자의 성명 또는 상호, 주민등록번호 또는 법인등록번호 및 주소 또는 본점소재지를 등기하여야 한다.
② 업무집행권이 없는 조합원의 등기를 할 때에는 그 자의 성명 또는 상호 및 주민등록번호 또는 법인등록번호를 등기하여야 한다.
③ 조합원 또는 청산인의 등기를 할 때 그 조합원 또는 청산인이 주민등록번호가 없는 재외국민 또는 외국인인 경우에는 주민등록번호를 갈음하여 그 생년월일을 등기하여야 한다.

제93조【변경등기】 ① 출자의 이행으로 인한 변경등기를 신청하는 경우에는 그 이행이 있음을 증명하는 정보를 제공하여야 한다.
② 조합원의 가입 또는 탈퇴로 인한 변경등기를 신청하는 경우에는 그 사실을 증명하는 정보를 제공하여야 한다.
③ 합자조합의 업무를 집행하고 대리할 권한이 있는 자가 법인인 경우 그 자의 직무를 행할 사람에 관한 사항의 변경등기를 신청할 때에는 그 사실이 변경되었음을 증명하는 정보를 제공하여야 한다.

제94조【해산등기】 ① 조합계약에 정한 사유의 발생으로 인한 해산등기를 신청하는 경우에는 그 사유의 발생을 증명하는 정보를 제공하여야 한다.
② 조합원의 해산청구로 인한 해산등기를 신청하는 경우에는 그 해산청구를 증명하는 정보를 제공하여야 한다.

제95조【청산인등기】 ① 조합원이 선임한 청산인의 취임등기를 신청하는 경우에는 그 취임승낙을 증명하는 정보를 제공하여야 한다.
② 청산인의 퇴임등기를 신청하는 경우에는 그 퇴임을 증명하는 정보를 제공하여야 한다.

제96조【합명회사에 관한 규정의 준용】 ① 합자조합의 등기에 관하여는 제99조제1항, 제106조제1항, 제109조제1항, 제110조제2항, 제116조제1항제1호 및 제4호를 준용한다.
② 업무집행권이 있는 조합원의 사임을 증명하는 정보, 청산인의 취임승낙 또는 사임을 증명하는 정보에 관하여는 제104조를 준용한다.
③ 업무집행권과 대리권의 등기에 관하여는 제108조 본문을 준용한다.
④ 주된 사무소를 다른 등기소의 관할 구역으로 이전하는 경우의 등기사항에 관하여는 제115조제1항을 준용한다.

제4절 합명회사의 등기

제97조【첨부정보에 관한 통칙】 ① 정관에 규정이 없으면 효력이 없는 사항의 등기를 신청하는 경우에는 정관을 제공하여야 한다.
② 총사원 또는 어느 사원이나 청산인의 동의를 필요로 하는 등기를 신청하는 경우에는 그 동의가 있음을 증명하는 정보를 제공하여야 한다.

제98조【설립등기】 설립등기를 신청하는 경우에는 다음 각 호의 정보를 제공하여야 한다.
1. 정관
2. 재산출자에 관하여 이행을 한 부분을 증명하는 정보

제99조【본점이전등기의 신청 및 지점등기기록 등의 처리】 ① 법 제55조제1항의 본점이전등기신청은 구소재지 관할 등기소에서 하는 등기의 신청서에 신소재지 관할 등기소에서 하는 등기의 신청에 관한 정보를 함께 기재하여 신청하여야 한다.
② 신소재지 관할 등기소에 지점등기기록이 개설되어 있는 경우 해당 등기소의 등기관은 직권으로 그 지점등기기록을 폐쇄함과 동시에 법 제55조제1항의 등기를 하여야 한다. 이 경우 폐쇄하는 지점등기기록에 지배인에 관한 사항이 있을 때에는 지배인에 관한 사항도 함께 등기하여야 한다.
③ 구소재지 관할 등기소의 관할 구역 내에 소재하는 지점이 있는 경우 해당 등기소의 등기관은 제116조제1항제1호의 등기를 함과 동시에 직권으로 지점등기기록을 개설하여야 한다.

제100조【본점이전등기와 상호변경등기】 ① 본점이전등기신청을 한 회사의 상호가 신소재지 관할 등기소에서 법 제29조에 해당하여 본점이전등기를 할 수 없고, 구소재지 관할 등기소에서도 법 제29조에 해당하여 상호변경등기를 할 수 없는 경우에는 제53조제1항 단서에도 불구하고 그 상호변경등기신청은 본점이전등기신청과 동시에 구소재지 관할 등기소를 거쳐 신소재지 관할 등기소에 할 수 있다.
② 구소재지 관할 등기소는 법 제56조제2항의 통지와 함께 제1항의 상호변경등기의 신청이 있었다는 뜻을 신소재지 관할 등기소에 전산정보처리조직을 이용하여 통지하여야 한다.
③ 법 제55조의 본점이전등기신청이 접수된 후에 법 제29조가 적용되는 등기신청이 접수된 경우, 구소재지 관할 등기소 등기관은 본점이전등기를 하기 전까지 그 등기를 하여서는 아니 된다.

제101조【본점소재지 관할 등기소에 지점소재지에서 하는 등기의 신청】 ① 지점소재지에서 하는 등기의 신청을 본점소재지 관할 등기소에 하는 것을 허용하는 법 제58조는 다음 각 호의 등기신청에는 적용하지 아니한다.
1. 법 제51조제3항에 따라 지배인에 관한 등기와 동시에 신청하여야 할 지점에 관한 등기
2. 본점을 다른 등기소의 관할 구역으로 이전한 경우에 하는 본점이전등기
3. 존속회사 또는 신설회사의 본점소재지를 관할하는 등기소와 소멸하는 회사의 본점소재지를 관할하는 등기소가 다른 경우의 합병등기
4. 그 밖에 대법원예규로 정하는 등기
② 법 제58조의 신청은 본점소재지를 관할하는 등기소에 하는 신청서에, 동시에 신청하고자 하는 지점소재지를 관할하는 등기소를 기재하여 제출하는 방식으로 한다.

제102조【지점소재지에서의 등기】 ① 본점과 지점소재지에서 공통으로 등기할 사항에 관하여 지점소재지에서 등기신청이 있는 경우 등기관은 전산정보처리조직을 이용하여 본점소재지에서 등기가 되었는지를 확인하여야 한다.
② 지점소재지에서 지점의 설치등기를 하는 경우에는 상호에 지점이라고 덧붙여 기록하여야 한다. 신청서에 지점의 명칭이 기록되어 있는 경우에는 지점에 관한 사항란에 그 명칭도 기록한다.

제103조【변경등기】 ① 출자의 이행으로 인한 변경등기를 신청하는 경우에는 그 이행이 있음을 증명하는 정보를 제공하여야 한다.
② 사원의 입사 또는 퇴사로 인한 변경등기를 신청하는 경우에는 그 사실을 증명하는 정보를 제공하여야 한다.
③ 대표사원의 취임 또는 퇴임으로 인한 변경등기를 신청하는 경우에는 그 취임 또는 퇴임을 증명하는 정보를 제공하여야 한다.

제104조【취임승낙을 증명하는 서면 등】 ① 대표사원, 청산인, 대표청산인의 취임승낙 또는 사임을 증명하는 서면에는 「인감증명법」에 따라 신고한 인감을 날인하고 그 인감증명을 첨부하거나 그 서면에 본인이 기명날인 또는 서명하였다는 공증인의 인증서면을 첨부하여야 한다. 다만, 등기소에 인감을 제출한 사람이 중임 또는 사임하는 경우에는 등기소에 제출된 인감이 날인된 중임승낙 또는 사임을 증명하는 서면으로 갈음할 수 있다.
② 제1항의 서면을 작성한 사람이 외국인인 경우에는 그 서면에 본국 관청에 신고한 인감을 날인하고 그 인감증명을 첨부하거나 그 서면에 본인이 서명하였다는 본국 관청의 증명서면을 첨부할 수 있다.

제105조【업무집행권 또는 대표권 상실 등의 등기】 ① 사원의 업무집행권 또는 대표권 상실의 등기는 그 사원의 퇴사 등기를 할 때에 말소하여야 한다.
② 직무집행정지 또는 직무대행자에 관한 등기가 마쳐진 사원에 대하여 제명의 등기를 하거나 업무집행권 또는 대표권 상실의 등기를 할 때에는 그 직무집행정지 또는 직무대행자에 관한 등기를 말소하여야 한다. 직무집행정지 또는 직무대행자에 관한 등기가 마쳐진 청산인에 대하여 해임의 등기를 할 때에도 또한 같다.

제106조【해산등기】 ① 회사를 대표할 청산인이 해산등기를 신청하는 경우에는 그 자격을 증명하는 정보를 제공하여야 한다. 다만, 「상법」 제251조제2항에 따른 청산인에 관하여는 그러하지 아니하다.
② 정관에 정한 사유의 발생으로 인한 해산등기를 신청하는 경우에는 그 사유의 발생을 증명하는 정보를 제공하여야 한다.

제107조【청산인등기】 ① 업무집행사원을 청산인으로 하는 청산인등기를 신청하는 경우에는 정관을 제공하여야 한다.
② 사원이 선임한 청산인의 취임등기를 신청하는 경우에는 그 취임승낙을 증명하는 정보를, 법원이 선임한 청산인의 취임등기를 신청하는 경우에는 그 선임과 「상법」 제253조제1항제2호 및 제3호에 열거한 사항을 증명하는 정보를 각각 제공하여야 한다.
③ 법원이 선임한 청산인에 관한 「상법」 제253조제1항제2호 및 제3호에 열거한 사항의 변경등기를 신청하는 경우에는 그 변경의 사유를 증명하는 정보를 제공하여야 한다.
④ 청산인의 퇴임등기를 신청하는 경우에는 그 퇴임을 증명하는 정보를 제공하여야 한다.

제108조【해산등기와 사원에 관한 등기】 해산등기를 할 때에는 「상법」 제180조제4호 및 제5호의 등기를 말소하여야 한다. 다만, 「상법」 제247조에 따른 임의청산의 경우에는 그러하지 아니하다.

제109조【회사계속등기】 ① 회사 해산 후 회사계속등기를 할 때에는 해산과 청산인에 관한 등기를 말소하여야 한다.
② 「상법」 제194조에 따른 회사계속등기를 신청하는 경우에는 설립무효 또는 설립취소 판결에 관한 정보를 제공하여야 한다.
③ 제2항의 등기를 할 때에는 설립무효 또는 설립취소와 청산인에 관한 등기를 말소하여야 한다.

제110조【청산종결등기】 ① 「상법」 제247조제5항에 따른 청산종결등기를 신청하는 경우에는 회사재산의 처분이 완료되었음을 증명하는 정보를 제공하여야 한다.
② 「상법」 제264조에 따른 청산종결등기를 신청하는 경우에는 청산인이 계산의 승인을 받았음을 증명하는 정보를 제공하여야 한다.

제111조【합병으로 인한 변경등기】 합병으로 인한 변경등기를 신청하는 경우에는 다음 각 호의 정보를 제공하여야 한다.
1. 소멸회사의 총사원의 동의가 있음을 증명하는 정보
2. 「상법」 제232조제1항에 따른 공고 및 최고를 한 사실과 이의를 진술한 채권자가 있는 때에는 이에 대하여 변제 또는 담보를 제공하거나 신탁을 한 사실을 증명하는 정보

제112조【합병으로 인한 설립등기】 합병으로 인한 설립등기를 신청하는 경우에는 다음 각 호의 정보를 제공하여야 한다.
1. 정관
2. 설립위원의 자격을 증명하는 정보
3. 제111조 각 호의 정보

제113조【합병무효의 등기】 합병무효로 인한 회복의 등기를 할 때에는 합병으로 인한 해산의 등기를 말소하여야 한다.

제114조【조직변경으로 인한 설립등기】 합명회사가 합자회사로 조직을 변경함으로 인한 설립등기를 신청하는 경우에는 다음 각 호의 정보를 제공하여야 한다.
1. 정관
2. 유한책임사원을 가입시킨 경우에는 그 가입을 증명하는 정보
3. 유한책임사원의 출자에 관하여 이행을 한 부분을 증명하는 정보

제115조【등기기록의 개설 사유와 연월일의 기록】 ① 법 제54조와 제57조 및 법 제65조제1항의 등기사항(회사성립의 연월일은 제외한다)은 등기기록의 개설 사유 및 연월일란에 기록하여야 한다.
② 합병으로 인한 설립등기에 있어서 법 제62조제1항의 등기사항에 관하여는 제1항을 준용한다.

제116조【등기기록의 폐쇄】 ① 다음 각 호의 등기는 기타사항란에 하여야 하고, 이를 등기한 때에는 그 등기기록을 폐쇄하여야 한다.
1. 본점을 다른 등기소의 관할 구역으로 이전한 경우에 구소재지 관할 등기소에서 하는 본점이전등기
2. 지점을 다른 등기소의 관할 구역으로 이전한 경우에 구소재지 관할 등기소에서 하는 지점이전등기(구소재지 관할 등기소의 관할 구역 내에 본점 또는 다른 지점이 있는 경우는 제외한다)
3. 지점폐지등기(해당 등기소의 관할 구역 내에 본점 또는 다른 지점이 있는 경우는 제외한다)
4. 청산종결의 등기
5. 합병, 합병무효나 조직변경으로 인한 해산등기
② 제1항제4호에 따라 본점등기기록이 폐쇄된 후 3년이 경과한 경우, 등기관은 그 회사의 지점등기기록을 폐쇄할 수 있다.

제5절 합자회사의 등기

제117조【조직변경으로 인한 설립등기】 합자회사가 합명회사로 조직을 변경함으로 인한 설립등기를 신청하는 경우에는 정관을 제공하여야 한다.

제118조【합명회사에 관한 규정의 준용】 합자회사의 등기에 관하여는 제97조부터 제113조까지, 제115조 및 제116조의 규정을 준용한다.

제6절 유한책임회사의 등기

제119조【첨부정보에 관한 통칙】 ① 정관의 규정, 법원의 허가 또는 총사원의 동의가 없으면 효력이 없는 사항의 등기를 신청하는 경우에는 정관, 법원의 허가 또는 총사원의 동의가 있음을 증명하는 정보를 제공하여야 한다.
② 어느 사원이나 업무집행자 또는 청산인의 동의를 필요로 하는 등기를 신청하는 경우에는 그 동의가 있음을 증명하는 정보를 제공하여야 한다.

제120조【설립등기】 설립등기를 신청하는 경우에는 다음 각 호의 정보를 제공하여야 한다.
1. 정관
2. 출자 전액 납입 또는 현물출자의 목적인 재산 전부의 급여가 있음을 증명하는 정보
3. 업무집행자의 취임승낙을 증명하는 정보
4. 대표업무집행자를 정한 경우에는 그 취임승낙을 증명하는 정보
5. 대표업무집행자가 법인인 경우에 그 자의 직무를 행할 사람의 선임을 증명하는 정보

제121조【업무집행자 등의 취임 또는 퇴임으로 인한 변경등기】 ① 업무집행자 또는 대표업무집행자의 취임 또는 퇴임으로 인한 변경등기를 신청하는 경우에는 그 취임승낙 또는 퇴임을 증명하는 정보를 제공하여야 한다.
② 대표업무집행자가 법인인 경우 그 자의 직무를 행할 사람에 관한 사항의 변경등기를 신청할 때에는 그 사실이 변경되었음을 증명하는 정보를 제공하여야 한다.

제122조【자본금의 증가 또는 감소로 인한 변경등기】 ① 자본금의 증가로 인한 변경등기를 신청하는 경우에는 제120조제2호의 정보를 제공하여야 한다.

② 자본금의 감소로 인한 변경등기를 신청하는 경우에는 제111조제2호의 정보를 제공하여야 한다. 다만, 「상법」 제287조의36제2항 단서에 해당하는 경우에는 제111조제2호의 정보를 갈음하여 그에 해당함을 증명하는 정보를 제공하여야 한다.

제123조【해산등기】 사원이 없게 되어 해산등기를 신청하는 경우에는 그 사실을 증명하는 정보를 제공하여야 한다.

제124조【합병으로 인한 변경등기】 합병으로 인한 변경등기를 신청하는 경우에는 다음 각 호의 정보를 제공하여야 한다.
1. 합병계약에 관한 정보
2. 소멸회사의 총사원의 동의가 있음을 증명하는 정보나 주주총회 또는 사원총회의 의사록
3. 소멸회사가 주식회사인 경우에는 사채의 상환을 완료하였음을 증명하는 정보
4. 제111조제2호의 정보

제125조【합병으로 인한 설립등기】 합병으로 인한 설립등기를 신청하는 경우에는 제112조제2호, 제120조제1호, 제3호부터 제5호까지, 제124조 각 호의 정보를 제공하여야 한다.

제126조【조직변경으로 인한 설립등기】 유한책임회사가 주식회사로 조직을 변경함으로 인한 설립등기를 신청하는 경우에는 다음 각 호의 정보를 제공하여야 한다.
1. 정관
2. 제129조제10호 및 제11호의 정보
3. 제152조제2호 및 제4호의 정보

제127조【합명회사에 관한 규정의 준용】 ① 유한책임회사의 등기에 관하여는 제99조부터 제102조까지, 제105조제2항, 제106조, 제107조, 제109조, 제110조제2항, 제113조, 제115조 및 제116조의 규정을 준용한다. 이 경우 제105조제2항 중 "사원"은 "업무집행자"로 본다.
② 업무집행자, 대표업무집행자, 청산인, 대표청산인의 취임승낙 또는 사임을 증명하는 정보에 관하여는 제104조를 준용한다.
③ 업무집행자, 대표업무집행자의 등기에 관하여는 제108조 본문을 준용한다.

제7절　주식회사의 등기

제128조【첨부정보에 관한 통칙】 ① 정관의 규정, 법원의 허가, 총주주 또는 어느 주주나 이사의 동의가 없으면 효력이 없거나 취소할 수 있는 사항의 등기를 신청하는 경우에는 정관, 법원의 허가가 있음을 증명하는 정보, 총주주 또는 그 주주나 이사의 동의가 있음을 증명하는 정보를 제공하여야 한다.
② 주주총회, 종류주주총회, 이사회 또는 청산인회의 결의를 필요로 하는 등기를 신청하는 경우에는 그 의사록을 제공하여야 한다.

제129조【설립등기】 설립등기를 신청하는 경우에는 다음 각 호의 정보를 제공하여야 한다.
1. 정관
2. 주식의 인수를 증명하는 정보
3. 주식의 청약을 증명하는 정보
4. 발기인이 「상법」 제291조에 규정된 사항을 정한 때에는 이를 증명하는 정보
5. 「상법」 제298조 및 제313조에 따른 이사와 감사 또는 감사위원회 및 공증인의 조사보고에 관한 정보
6. 「상법」 제299조, 제299조의2 및 제310조에 따른 검사인이나 공증인의 조사보고 또는 감정인의 감정에 관한 정보
7. 제6호의 검사인이나 공증인의 조사보고 또는 감정인의 감정결과에 관한 재판이 있은 때에는 그 재판이 있음을 증명하는 정보
8. 발기인이 이사와 감사 또는 감사위원회 위원의 선임을 증명하는 정보
9. 창립총회의사록
10. 이사, 대표이사, 집행임원, 대표집행임원, 감사 또는 감사위원회 위원의 취임승낙을 증명하는 정보
11. 명의개서대리인을 둔 때에는 명의개서대리인과의 계약을 증명하는 정보
12. 주금의 납입을 맡은 은행, 그 밖의 금융기관의 납입금 보관을 증명하는 정보. 다만, 자본금 총액이 10억 원 미만인 회사를 「상법」 제295조제1항에 따라 발기설립(發起設立)하는 경우에는 은행이나 그 밖의 금융기관의 잔고를 증명하는 정보로 대체할 수 있다.

제130조【이사 등의 취임 또는 퇴임으로 인한 변경등기】 이사, 대표이사, 집행임원, 대표집행임원, 감사 또는 감사위원회 위원의 취임 또는 퇴임으로 인한 변경등기를 신청하는 경우에는 그 취임승낙 또는 퇴임을 증명하는 정보를 제공하여야 한다.

제131조【일시이사 등의 등기】 ① 이사, 대표이사, 청산인, 대표청산인 또는 감사의 선임의 등기를 할 때에는 「상법」 제386조제2항 등에 의하여 선임된 이사 등의 직무를 일시 행할 자에 관한 등기를 말소하여야 한다.
② 직무집행정지 또는 직무대행자에 관한 등기가 마쳐진 이사, 대표이사, 집행임원, 대표집행임원, 청산인, 대표청산인, 감사 또는 감사위원회 위원에 대하여 그 이사 등의 선임결의의 부존재, 무효나 취소 또는 해임의 등기를 할 때에는 그 직무집행정지 또는 직무대행자에 관한 등기를 말소하여야 한다.

제132조【대표이사 또는 대표집행임원의 등기】 이사 또는 집행임원의 선임결의의 부존재, 무효나 취소 또는 판결에 의한 해임의 등기를 하는 경우에 그 이사 또는 집행임원이 대표이사 또는 대표집행임원일 때에는 그 대표이사 또는 대표집행임원에 관한 등기도 말소하여야 한다.

제133조【신주발행으로 인한 변경등기】 신주발행으로 인한 변경등기를 신청하는 경우에는 다음 각 호의 정보를 제공하여야 한다.
1. 주식의 인수를 증명하는 정보
2. 주식의 청약을 증명하는 정보
3. 「상법」 제418조제2항에 따라 주주 외의 자에게 신주를 배정하는 경우에는 같은 조 제4항에 따른 통지 또는 공고를 하였음을 증명하는 정보
4. 주금의 납입을 맡은 은행, 그 밖의 금융기관의 납입금 보관을 증명하는 정보. 다만, 신주발행의 결과 자본금 총액이 10억 원 미만인 회사에 대해서는 은행이나 그 밖의 금융기관의 잔고를 증명하는 정보로 대체할 수 있다.
5. 「상법」 제421조제2항에 따른 상계가 있는 경우에는 이를 증명하는 정보
6. 「상법」 제422조에 따른 검사인의 조사보고 또는 감정인의 감정에 관한 정보
7. 제6호의 검사인의 조사보고 또는 감정인의 감정결과에 관한 재판이 있은 때에는 그 재판이 있음을 증명하는 정보

제134조【주식매수선택권의 행사로 인한 변경등기】 주식매수선택권의 행사로 인한 변경등기를 신청하는 경우에는 다음 각 호의 정보를 제공하여야 한다.
1. 「상법」 제516조의9제1항에 따른 청구가 있음을 증명하는 정보
2. 제133조제4호 및 제5호의 정보

제135조【신주인수권부사채에 부여된 신주인수권의 행사로 인한 변경등기】 신주인수권부사채에 부여된 신주인수권의 행사로 인한 변경등기를 신청하는 경우에는 다음 각 호의 정보를 제공하여야 한다.
1. 「상법」 제516조의9제1항에 따른 청구가 있음을 증명하는 정보
2. 제133조제4호 및 제5호의 정보 또는 「상법」 제516조의2제2항제5호에 따른 청구를 증명하는 정보

제136조【주식 또는 사채 등의 전환으로 인한 변경등기】 ① 「상법」 제351조(같은 법 제516조에서 준용하는 경우를 포함한다)에 따라 주식 또는 사채의 전환으로 인한 변경등기를 신청하는 경우에는 다음 각 호의 구분에 따른 정보를 제공하여야 한다.
1. 주주가 주식의 전환을 청구하거나 사채권자가 사채의 전환을 청구함으로 인한 변경등기의 경우에는 주식 또는 사채의 전환 청구가 있음을 증명하는 정보
2. 회사가 주식을 전환함으로 인한 변경등기의 경우에는 「상법」 제346조제3항에 따른 통지 또는 공고를 하였음을 증명하는 정보
② 「자본시장과 금융투자업에 관한 법률 시행령」 제176조의12의 사채의 전환으로 인한 변경등기를 신청하는 경우에는 그 변경사실을 증명하는 정보를 제공하여야 한다.

제137조【준비금의 자본금 전입으로 인한 변경등기】 준비금의 자본금 전입으로 인한 변경등기를 신청하는 경우에는 준비금의 존재를 증명하는 정보를 제공하여야 한다.

제138조【주식의 배당으로 인한 변경등기】 주식의 배당으로 인한 변경등기를 신청하는 경우에는 이익이 존재하고 그 배당이 이익배당 총액의 2분의 1에 상당하는 금액을 초과하지 아니함을 증명하는 정보를 제공하여야 한다.

제139조【주식의 병합 또는 분할로 인한 변경등기】 ① 주식의 병합(자본금 감소의 경우는 제외한다)으로 인한 변경등기를 신청하는 경우에는 「상법」 제440조에 따른 공고를 하였음을 증명하는 정보를 제공하여야 한다.
② 주식의 분할로 인한 변경등기의 신청에 관하여는 제1항을 준용한다.

제140조【무액면주식에 관한 변경등기】 「상법」 제329조제4항에 따라 액면주식을 무액면주식으로 전환하거나 무액면주식을 액면주식으로 전환함으로 인한 변경등기를 신청하는 경우에는 제139조제1항의 정보를 제공하여야 한다.

제141조【주식의 소각으로 인한 변경등기】 ① 주주에게 배당할 이익으로써 주식을 소각함으로 인한 변경등기를 신청하는 경우에는 이익의 존재를 증명하는 정보 외에 다음 각 호의 구분에 따른 정보를 제공하여야 한다.
1. 주주가 주식의 상환을 청구함으로 인한 변경등기의 경우에는 주식의 상환 청구가 있음을 증명하는 정보
2. 회사가 주식을 상환함으로 인한 변경등기의 경우에는 「상법」 제345조제2항에 따른 통지 또는 공고를 하였음을 증명하는 정보
② 자기 주식의 소각으로 인한 변경등기를 신청하는 경우에는 그 주식이 회사가 보유한 자기 주식이었음을 증명하는 정보를 제공하여야 한다.

제142조【자본금 감소로 인한 변경등기】 자본금 감소로 인한 변경등기를 신청하는 경우에는 다음 각 호의 정보를 제공하여야 한다.
1. 제111조제2호의 정보(결손의 보전을 위한 자본금 감소임을 증명하는 정보를 제공하는 경우는 제외한다)
2. 주식의 병합 또는 소각을 한 경우에는 제139조제1항의 정보

제143조【명의개서대리인을 둠으로 인한 변경등기】 명의개서대리인을 둠으로 인한 변경등기를 신청하는 경우에는 명의개서대리인과의 계약을 증명하는 정보를 제공하여야 한다.

제144조【전환사채 등의 등기】 ① 전환사채, 신주인수권부사채, 이익참가부사채의 모집으로 인한 발행등기를 신청하는 경우에는 다음 각 호의 정보를 제공하여야 한다.
1. 사채의 인수를 증명하는 정보
2. 사채의 청약을 증명하는 정보
3. 「상법」 제476조에 따른 납입이 있음을 증명하는 정보
② 전환사채, 신주인수권부사채, 이익참가부사채의 제2회 이후의 납입 등으로 인한 변경등기 또는 사채의 전부상환 등으로 인한 말소등기를 신청하는 경우에는 그 사실을 증명하는 정보를 제공하여야 한다.
③ 제136조제2항의 사채의 발행, 변경, 말소등기에 관하여는 성질에 반하지 아니하는 한 제1항 및 제2항을 준용한다.

제145조【해산등기와 이사 등에 관한 등기】 해산등기를 할 때에는 이사, 대표이사, 집행임원, 대표집행임원에 관한 등기를 말소하여야 한다.

제146조【주식교환으로 인한 변경등기】 주식교환으로 인한 변경등기를 신청하는 경우에는 다음 각 호의 정보를 제공하여야 한다.
1. 주식교환계약에 관한 정보
2. 완전자회사의 주주총회의사록 또는 이사회의사록
3. 주식교환으로 인하여 완전자회사의 어느 종류주주에게 손해를 미치게 될 경우에는 그 회사의 종류주주총회의사록
4. 주식교환으로 인하여 완전자회사의 주주의 부담이 가중되는 경우에는 그 주주 전원의 동의가 있음을 증명하는 정보
5. 「상법」 제360조의7에서 규정하는 자본금의 한도액을 증명하는 정보
6. 「상법」 제360조의8제1항에 따른 공고를 하였음을 증명하는 정보
7. 「상법」 제360조의9제2항 또는 「상법」 제360조의10제4항에 따른 공고 또는 통지를 한 경우에는 이를 증명하는 정보
8. 「상법」 제360조의10에 따른 주식교환의 경우에 완전자회사가 되는 회사의 주주에게 지급할 금액을 정한 때에는 완전모회사가 되는 회사의 최종 대차대조표에 관한 정보
9. 「상법」 제360조의10제5항에 따른 반대의사를 통지한 주주가 있는 경우에는 그 주주가 소유하는 주식의 총수를 증명하는 정보

제147조【주식이전으로 인한 설립등기】 주식이전으로 인한 설립등기를 신청하는 경우에는 다음 각 호의 정보를 제공하여야 한다.
1. 완전자회사의 주주총회의사록
2. 주식이전으로 인하여 완전자회사의 어느 종류주주에게 손해를 미치게 될 경우에는 그 회사의 종류주주총회의사록
3. 주식이전으로 인하여 완전자회사의 주주의 부담이 가중되는 경우에는 그 주주 전원의 동의가 있음을 증명하는 정보
4. 「상법」 제360조의18에서 규정하는 자본금의 한도액을 증명하는 정보
5. 「상법」 제360조의19제1항에 따른 공고를 하였음을 증명하는 정보
6. 제129조제1호, 제10호 및 제11호의 정보

제148조【합병으로 인한 변경등기】 합병으로 인한 변경등기를 신청하는 경우에는 다음 각 호의 정보를 제공하여야 한다.
1. 합병계약에 관한 정보
2. 소멸회사의 주주총회 또는 이사회의 의사록이나 사원총회의 의사록 또는 총사원의 동의가 있음을 증명하는 정보
3. 합병으로 인하여 소멸회사의 어느 종류주주에게 손해를 미치게 될 경우에는 그 회사의 종류주주총회의사록
4. 「상법」 제526조제3항에 따른 공고를 한 경우에는 이를 증명하는 정보
5. 「상법」 제527조의2제2항 또는 「상법」 제527조의3제3항에 따른 공고 또는 통지를 한 경우에는 이를 증명하는 정보
6. 「상법」 제527조의3에 따른 합병의 경우에 소멸하는 회사의 주주에게 지급할 금액을 정한 때에는 존속하는 회사의 최종 대차대조표에 관한 정보
7. 「상법」 제527조의3제4항에 따른 반대의사를 통지한 주주가 있는 경우에는 그 주주가 소유하는 주식의 총수를 증명하는 정보

8. 「상법」 제527조의5제1항에 따른 공고 및 최고한 사실과 이의를 진술한 채권자가 있는 때에는 이에 대하여 변제 또는 담보를 제공하거나 신탁을 한 사실을 증명하는 정보
9. 합병으로 주식의 병합 또는 분할을 한 경우에는 제139조제1항의 정보

제149조【합병으로 인한 설립등기】 합병으로 인한 설립등기를 신청하는 경우에는 다음 각 호의 정보를 제공하여야 한다.
1. 「상법」 제527조제4항에 따른 공고를 한 경우에는 이를 증명하는 정보
2. 제112조제2호의 정보
3. 제129조제1호, 제9호부터 제11호까지의 정보
4. 제148조제1호부터 제3호까지, 제8호 및 제9호의 정보

제150조【분할 또는 분할합병으로 인한 설립등기】 법 제70조제1항의 신설회사의 설립등기를 신청하는 경우에는 다음 각 호의 정보를 제공하여야 한다.
1. 분할계획 또는 분할합병계약에 관한 정보
2. 분할 또는 분할합병 후 존속하는 회사나 소멸하는 회사(이하 "분할존속회사 또는 분할소멸회사"라 한다. 이하 같다)의 주주총회의사록
3. 분할존속회사 또는 분할소멸회사의 어느 종류주주에게 손해를 미치게 될 경우에는 그 회사의 종류주주총회의사록
4. 분할존속회사 또는 분할소멸회사의 주주의 부담이 가중되는 경우에는 그 주주 전원의 동의가 있음을 증명하는 정보
5. 제129조제1호, 제9호부터 제11호까지의 정보
6. 분할되는 회사의 출자 외에 다른 출자에 의하여 회사를 설립하는 경우에는 제129조제2호부터 제7호까지, 제12호의 정보
7. 분할 또는 분할합병으로 주식의 병합 또는 분할을 하는 경우에는 제139조제1항의 정보
8. 제148조제8호의 정보(단순분할로 설립되는 회사가 분할되는 회사의 분할 전 채무에 관하여 연대책임을 지는 경우는 제외한다)
9. 제149조제1호의 정보

제151조【분할합병으로 인한 변경등기】 법 제70조제2항의 분할합병의 상대방 회사의 변경등기를 신청하는 경우에는 다음 각 호의 정보를 제공하여야 한다.
1. 분할합병계약에 관한 정보
2. 분할되는 회사의 주주총회의사록 또는 이사회의사록
3. 분할되는 회사의 어느 종류주주에게 손해를 미치게 될 경우에는 그 회사의 종류주주총회의사록
4. 분할되는 회사의 주주의 부담이 가중되는 경우에는 그 주주 전원의 동의가 있음을 증명하는 정보
5. 분할합병으로 주식의 병합 또는 분할을 하는 경우에는 제139조제1항의 정보
6. 제148조제4호부터 제8호까지의 정보

제152조【조직변경으로 인한 설립등기】 주식회사가 유한회사 또는 유한책임회사로 조직을 변경함으로 인한 설립등기를 신청하는 경우에는 다음 각 호의 정보를 제공하여야 한다.
1. 정관
2. 회사에 현존하는 순재산액을 증명하는 정보
3. 사채의 상환을 완료하였음을 증명하는 정보
4. 제111조제2호의 정보
5. 유한책임회사로 조직을 변경한 경우에는 제120조제3호부터 제5호까지의 정보
6. 유한회사로 조직을 변경한 경우에는 제156조제3호부터 제5호까지의 정보

제153조【결의부존재 등의 등기】 ① 주주총회 결의의 부존재, 무효 또는 취소의 등기를 하는 경우에는 결의한 사항에 관한 등기를 말소하고, 그 등기에 의하여 말소된 등기사항이 있을 때에는 그 등기를 회복하여야 한다.
② 창립총회 결의의 부존재, 무효 또는 취소의 등기와 신주발행 또는 자본금 감소의 무효의 등기에 관하여는 제1항을 준용한다.

제154조【합명회사에 관한 규정의 준용】 ① 주식회사의 등기에 관하여는 제99조부터 제102조까지, 제106조, 제107조, 제109조제1항, 제110조제2항, 제113조, 제115조 및 제116조를 준용한다.
② 이사, 대표이사, 집행임원, 대표집행임원, 청산인, 대표청산인, 감사 또는 감사위원회 위원의 취임승낙 또는 사임을 증명하는 정보에 관하여는 제104조를 준용한다.
③ 신설회사 또는 분할합병의 상대방 회사의 본점소재지 관할 등기소와 분할존속회사나 분할소멸회사 또는 분할되는 회사의 본점소재지 관할 등기소가 다른 경우의 분할 또는 분할합병에 따른 등기의 신청에 관하여는 제101조제1항을 준용한다.
④ 분할 또는 분할합병의 무효로 인한 회복의 등기에 관하여는 제113조를 준용한다.
⑤ 분할 또는 분할합병으로 인한 설립등기에 있어서 법 제70조의 등기사항의 기록에 관하여는 제115조제1항을 준용한다.
⑥ 분할 또는 분할합병으로 인한 해산등기와 분할 또는 분할합병의 무효로 인한 해산등기에 관하여는 제116조제1항을 준용한다.

제8절 유한회사의 등기

제155조【첨부정보에 관한 통칙】 ① 정관의 규정, 법원의 허가 또는 총사원의 동의가 없으면 효력이 없거나 취소할 수 있는 사항의 등기를 신청하는 경우에는 정관, 법원의 허가 또는 총사원의 동의가 있음을 증명하는 정보를 제공하여야 한다.
② 사원총회의 결의 또는 어느 이사나 청산인의 동의를 필요로 하는 등기를 신청하는 경우에는 사원총회의 의사록 또는 그 이사나 청산인의 동의가 있음을 증명하는 정보를 제공하여야 한다.

제156조【설립등기】 설립등기를 신청하는 경우에는 다음 각 호의 정보를 제공하여야 한다.
1. 정관
2. 출자 전액 납입 또는 현물출자의 목적인 재산 전부의 급여가 있음을 증명하는 정보
3. 이사의 취임승낙을 증명하는 정보
4. 감사를 둔 경우에는 그의 취임승낙을 증명하는 정보
5. 대표이사를 정한 경우에는 그의 취임승낙을 증명하는 정보

제157조【자본금 증가로 인한 변경등기】 자본금의 증가로 인한 변경등기를 신청하는 경우에는 다음 각 호의 정보를 제공하여야 한다.
1. 출자의 인수를 증명하는 정보
2. 출자 전액 납입 또는 현물출자의 목적인 재산 전부의 급여 또는 상계가 있음을 증명하는 정보

제158조【자본금 감소로 인한 변경등기】 자본금의 감소로 인한 변경등기를 신청하는 경우에는 제111조제2호의 정보를 제공하여야 한다. 다만, 결손의 보전을 위한 자본금 감소임을 증명하는 정보를 제공하는 경우는 제외한다.

제159조【합병으로 인한 변경등기】 합병으로 인한 변경등기를 신청하는 경우에는 다음 각 호의 정보를 제공하여야 한다.
1. 합병계약에 관한 정보
2. 소멸회사의 사원총회나 주주총회의 의사록 또는 총사원의 동의가 있음을 증명하는 정보
3. 소멸회사가 주식회사인 경우에는 사채의 상환을 완료하였음을 증명하는 정보
4. 제111조제2호의 정보

제160조【합병으로 인한 설립등기】 합병으로 인한 설립등기를 신청하는 경우에는 제112조제2호, 제156조제1호, 제3호부터 제5호까지, 제159조 각 호의 정보를 제공하여야 한다.

제161조【조직변경으로 인한 설립등기】 유한회사가 주식회사로 조직을 변경함으로 인한 설립등기를 신청하는 경우에는 다음 각 호의 정보를 제공하여야 한다.
1. 정관
2. 제129조제10호 및 제11호의 정보
3. 제152조제2호 및 제4호의 정보

제162조【합명회사 및 주식회사에 관한 규정의 준용】 ① 유한회사의 등기에 관하여는 제99조부터 제102조까지, 제106조, 제107조, 제109조제1항, 제110조제2항, 제113조, 제115조, 제116조, 제130조부터 제132조까지, 제145조, 제153조, 제154조제2항을 준용한다.
② 자본금 증가 또는 자본금 감소의 무효의 등기에 관하여는 제153조제1항을 준용한다.

제9절 외국회사의 등기

제163조【영업소 설치등기】 ① 영업소 설치등기를 신청하는 경우에는 다음 각 호의 정보를 제공하여야 한다. 다만, 다른 등기소에 이미 영업소 설치등기를 한 때에는 다음 각 호의 정보를 제공하지 아니할 수 있다.
1. 본점의 존재를 인정할 수 있는 정보
2. 대한민국에서의 대표자의 자격을 증명하는 정보
3. 정관 또는 회사의 성질을 식별할 수 있는 정보
4. 법 제74조에 해당하는 외국회사의 경우에는 대한민국에서의 공고방법의 결정을 증명하는 정보

② 제1항 각 호의 정보는 외국회사의 본국의 관할 관청 또는 대한민국에 있는 그 외국의 영사의 인증을 받은 것이어야 한다.

제164조【영업소 변경등기】 ① 대한민국에서의 대표자의 변경 또는 외국에서 생긴 등기사항의 변경으로 인한 등기를 신청하는 경우에는 외국회사의 본국의 관할 관청 또는 대한민국에 있는 그 외국의 영사의 인증을 받은 그 변경의 사실을 증명하는 정보를 제공하여야 한다.
② 다른 등기소에 이미 영업소 변경등기를 마친 후 동일한 내용의 영업소 변경등기를 신청하는 경우에는 제1항의 정보를 제공하지 아니할 수 있다.

제165조【영업소 등기기록의 폐쇄】 다음 각 호의 외국회사 영업소등기에 관하여는 제116조제1항을 준용한다.
1. 영업소를 다른 등기소의 관할 구역으로 이전한 경우에 구소재지 관할 등기소에서 하는 영업소 이전의 등기(구소재지 관할 등기소의 관할 구역 내에 다른 영업소가 있는 경우에는 제외한다)
2. 영업소 폐쇄의 등기(해당 등기소의 관할 구역 내에 다른 영업소가 있는 경우와 청산개시명령이 있는 경우에는 제외한다)
3. 청산종결의 등기

제166조【주식회사에 관한 규정의 준용】 외국회사의 청산인 및 대표청산인의 등기에 관하여는 제131조를 준용한다.

제10절 등기의 경정과 말소

제167조【경정등기신청】 ① 경정등기를 신청하는 경우에는 착오나 빠진 부분이 있음을 증명하는 정보를 제공하여야 한다.
② 등기에 착오나 빠진 부분이 있음이 그 등기의 신청정보 또는 첨부정보에 의하여 명백할 때에는 경정등기의 신청서에 그 뜻을 기재하고 제1항의 첨부정보를 제공하지 아니할 수 있다.

제168조【등기의 경정】 등기를 경정하는 경우에는 경정할 등기에 대하여 말소하는 표시를 하고, 그 등기에 의하여 말소된 등기사항이 있을 때에는 그 등기를 회복하여야 한다.

제169조【말소등기신청】 ① 법 제77조제2호에 해당하는 말소등기를 신청하는 경우에는 무효의 원인이 있음을 증명하는 정보를 제공하여야 한다.
② 등기의 말소 신청에 관하여는 제167조제2항을 준용한다.

제170조【등기의 말소】 ① 등기를 말소하는 경우에는 말소할 등기에 대하여 말소하는 표시를 하고, 그 등기에 의하여 말소된 등기사항이 있을 때에는 그 등기를 회복하여야 한다. 다만, 등기의 말소로 인하여 등기기록을 폐쇄하여야 할 때에는 그러하지 아니하다.
② 법 제78조제2항에 따른 공고는 대법원 인터넷등기소에 게시하는 방법에 의한다.
③ 법 제80조 또는 법 제81조제3항에 따라 등기관이 직권으로 등기를 말소하는 경우에는 그 뜻을 기록하여야 한다.

제6장 이 의

제171조【이의신청서의 제출】 법 제83조에 따라 등기소에 제출하는 이의신청서에는 이의신청인의 성명과 주소, 이의신청의 대상인 등기관의 결정 또는 처분, 이의신청의 취지와 이유, 그 밖에 대법원예규로 정하는 사항을 적고 신청인이 기명날인 또는 서명하여야 한다.

제172조【등본에 의한 통지】 법 제87조제1항의 통지는 결정서 등본에 의하여 한다.

제173조【기록명령에 따른 등기를 할 수 없는 경우】 ① 등기신청의 각하결정에 대한 이의신청에 따라 관할 지방법원이 그 등기의 기록명령을 하였더라도 다음 각 호의 어느 하나에 해당하는 경우에는 그 기록명령에 따른 등기를 할 수 없다.
1. 기록명령에 따른 등기를 하기 전에 그 등기를 함에 장애가 되는 다른 등기가 되어 있는 경우
2. 등기관이 기록명령에 따른 등기를 하기 위하여 신청인에게 첨부정보를 다시 등기소에 제공할 것을 명령하였으나 신청인이 이에 응하지 아니한 경우

② 제1항과 같이 기록명령에 따른 등기를 할 수 없는 경우에는 그 뜻을 관할 지방법원과 이의신청인에게 통지하여야 한다.

제174조【부기등기의 말소】 법 제88조에 따른 부기등기는 등기관이 관할 지방법원으로부터 이의신청에 대한 기각결정(각하, 취하를 포함한다)의 통지를 받았을 때에 말소한다.

제7장 보 칙

제175조【「담보부사채신탁법」에 의한 등기의 촉탁이 있는 경우】 「담보부사채신탁법」 제97조에 따른 금융위원회의 등기촉탁이 있는 경우에는 다음 각 호의 구분에 따라 그 등기를 하여야 한다.
1. 촉탁이 신탁업자의 업무정지에 관한 것일 때에는 그 뜻의 등기
2. 촉탁이 은행사업을 겸하는 신탁업자의 등록취소에 관한 것일 때에는 목적변경의 등기
3. 촉탁이 신탁사업을 전업으로 하는 신탁업자의 등록취소에 관한 것일 때에는 해산의 등기

제176조【과태사항의 통지】 등기관은 그 직무상 과태료 부과대상이 있음을 안 때에는 지체 없이 그 사건을 관할 지방법원 또는 지원에 통지하여야 한다.

제177조【통지의 방법】 법 또는 이 규칙에 따른 통지는 우편이나 그 밖의 편리한 방법으로 한다. 다만, 별도의 규정이 있는 경우에는 그러하지 아니하다.

제178조【대법원예규에의 위임】 상업등기와 관련하여 필요한 사항 중 이 규칙에서 정하고 있지 아니한 사항은 대법원예규로 정할 수 있다.

부 칙

제1조【시행일】 이 규칙은 2014년 11월 21일부터 시행한다.
제2조【경과조치】 이 규칙 시행 당시 종전의 규정에 따라 한 등기는 이 규칙 시행 후에도 그대로 사용한다. 다만, 종류주식과 합자조합의 조합원에 관한 종전의 기록은 이 규칙에 따른 기록 방식으로 이기 신청할 수 있다.
제3조【다른 규칙의 개정】 ①~⑧ ※(해당 법령에 가제정리 하였음)
제4조【다른 법령과의 관계】 이 규칙 시행 당시 다른 법령에서 종전의 「상업등기규칙」의 규정을 인용한 경우에 이 규칙 중 그에 해당하는 규정이 있을 때에는 종전의 규정을 갈음하여 이 규칙의 해당 규정을 인용한 것으로 본다.

부 칙 (2018.12.4)

제1조【시행일】 이 규칙은 2018년 12월 19일부터 시행한다.
제2조【경과조치】 ① 이 규칙 시행 당시 종전의 규정에 따라 마쳐진 미성년자에 대한 "무능력자등기기록" 및 "법정대리인등기기록"은 이 규칙에 따른 "미성년자등기기록" 및 "법정대리인등기기록"으로 본다.
② 이 규칙 시행 당시 종전에 규정에 따라 마쳐진 한정치산자와 금치산 자(법률 제10429호 민법 일부개정법률 부칙 제3조의 적용을 받는 피한정후견인과 피성년후견인을 포함한다)에 대한 "무능력자등기기록" 및 "법정대리인등기기록"은 규칙 제89조제4호에 준하여 등기관이 직권으로 폐쇄한다.

부 칙 (2020.9.9)

이 규칙은 2020년 9월 10일부터 시행한다.

부 칙 (2020.11.26)

제1조【시행일】 이 규칙은 2020년 12월 10일부터 시행한다.(이하 생략)

부 칙 (2021.5.27)

제1조【시행일】 이 규칙은 2021년 6월 10일부터 시행한다.(이하 생략)

부 칙 (2021.9.30)

이 규칙은 2021년 10월 21일부터 시행한다.

부 칙 (2021.11.29)

이 규칙은 2021년 12월 9일부터 시행한다.

〔별표〕 ➡ 「法典 別冊」 참조

〔별지서식〕 ➡ 「www.hyeonamsa.com」 참조

(舊 : 주식회사의 외부감사에 관한 법률)

주식회사 등의 외부감사에 관한 법률(약칭 : 외부감사법)

(2017년 10월 31일 전부개정법률 제15022호)

개정
2020. 5.19법17298호
2023. 1.17법19217호
2023. 3.21법19264호
2024. 1.16법20055호(공인회계사법)

제1장 총 칙

제1조【목적】 이 법은 외부감사를 받는 회사의 회계처리와 외부감사인의 회계감사에 관하여 필요한 사항을 정함으로써 이해관계인을 보호하고 기업의 건전한 경영과 국민경제의 발전에 이바지함을 목적으로 한다.
제2조【정의】 이 법에서 사용하는 용어의 뜻은 다음과 같다.
1. "회사"란 제4조제1항에 따른 외부감사의 대상이 되는 주식회사 및 유한회사를 말한다.
2. "재무제표"란 다음 각 목의 모든 서류를 말한다.
 가. 재무상태표(「상법」 제447조 및 제579조의 대차대조표를 말한다)
 나. 손익계산서 또는 포괄손익계산서(「상법」 제447조 및 제579조의 손익계산서를 말한다)
 다. 그 밖에 대통령령으로 정하는 서류
3. "연결재무제표"란 회사와 다른 회사(조합 등 법인격이 없는 기업을 포함한다)가 대통령령으로 정하는 지배·종속의 관계에 있는 경우 지배하는 회사(이하 "지배회사"라 한다)가 작성하는 다음 각 목의 모든 서류를 말한다.
 가. 연결재무상태표
 나. 연결손익계산서 또는 연결포괄손익계산서
 다. 그 밖에 대통령령으로 정하는 서류
4. "주권상장법인"이란 주식회사 중 「자본시장과 금융투자업에 관한 법률」 제9조제15항제3호에 따른 주권상장법인을 말한다.
5. "대형비상장주식회사"란 주식회사 중 주권상장법인이 아닌 회사로서 직전 사업연도 말의 자산총액이 대통령령으로 정하는 금액 이상인 회사를 말한다.
6. "임원"이란 이사, 감사[「상법」 제415조의2 및 제542조의11에 따른 감사위원회(이하 "감사위원회"라 한다)의 위원을 포함한다], 「상법」 제408조의2에 따른 집행임원 및 같은 법 제401조의2제1항 각 호의 어느 하나에 해당하는 자를 말한다.
7. "감사인"이란 다음 각 목의 어느 하나에 해당하는 자를 말한다.
 가. 「공인회계사법」 제23조에 따른 회계법인(이하 "회계법인"이라 한다)
 나. 「공인회계사법」 제41조에 따라 설립된 한국공인회계사회(이하 "한국공인회계사회"라 한다)에 총리령으로 정하는 바에 따라 등록을 한 감사반(이하 "감사반"이라 한다)
8. "감사보고서"란 감사인이 회사가 제5조제3항에 따라 작성한 재무제표(연결재무제표를 작성하는 회사의 경우에는 연결재무제표를 포함한다. 이하 같다)를 제16조의 회계감사기준에 따라 감사하고 그에 따른 감사의견을 표명(表明)한 보고서를 말한다.
제3조【다른 법률과의 관계】 ① 회사의 외부감사에 관한 다른 법률을 제정하거나 개정하는 경우에는 이 법의 목적과 기본원칙에 맞도록 하여야 한다.
② 공인회계사의 감사에 관한 「자본시장과 금융투자업에 관한 법률」의 규정이 이 법과 다른 경우에는 그 규정을 적용한다. 다만, 회사의 회계처리기준에 관한 사항은 그러하지 아니하다.

제2장 회사 및 감사인

제4조【외부감사의 대상】 ① 다음 각 호의 어느 하나에 해당하는 회사는 재무제표를 작성하여 회사로부터 독립된 외부의 감사인(재무제표 및 연결재무제표의 감사인은 동일하여야 한다. 이하 같다)에 의한 회계감사를 받아야 한다.
1. 주권상장법인
2. 해당 사업연도 또는 다음 사업연도 중에 주권상장법인이 되려는 회사
3. 그 밖에 직전 사업연도 말의 자산, 부채, 종업원수 또는 매출액 등 대통령령으로 정하는 기준에 해당하는 회사. 다만, 해당 회사가 유한회사인 경우에는 본문의 요건 외에 사원 수, 유한회사로 조직변경 후 기간 등을 고려하여 대통령령으로 정하는 기준에 해당하는 유한회사에 한정한다.
② 제1항에도 불구하고 다음 각 호의 어느 하나에 해당하는 회사는 외부의 감사인에 의한 회계감사를 받지 아니할 수 있다.
1. 「공공기관의 운영에 관한 법률」에 따라 공기업 또는 준정부기관으로 지정받은 회사 중 주권상장법인이 아닌 회사
2. 그 밖에 대통령령으로 정하는 회사

제5조【회계처리기준】 ① 금융위원회는 「금융위원회의 설치 등에 관한 법률」에 따른 증권선물위원회(이하 "증권선물위원회"라 한다)의 심의를 거쳐 회사의 회계처리기준을 다음 각 호와 같이 구분하여 정한다.
1. 국제회계기준위원회의 국제회계기준을 채택하여 정한 회계처리기준
2. 그 밖에 이 법에 따라 정한 회계처리기준
② 제1항에 따른 회계처리기준은 회사의 회계처리와 감사인의 회계감사에 통일성과 객관성이 확보될 수 있도록 하여야 한다.
③ 회사는 제1항 각 호의 어느 하나에 해당하는 회계처리기준에 따라 재무제표를 작성하여야 한다. 이 경우 제1항 제1호의 회계처리기준을 적용하여야 하는 회사의 범위와 회계처리기준의 적용 방법은 대통령령으로 정한다.
④ 금융위원회는 제1항에 따른 업무를 대통령령으로 정하는 바에 따라 전문성을 갖춘 민간 법인 또는 단체에 위탁할 수 있다.
⑤ 금융위원회는 이해관계인의 보호, 국제적 회계처리기준과의 합치 등을 위하여 필요하다고 인정되면 증권선물위원회의 심의를 거쳐 제4항에 따라 업무를 위탁받은 민간 법인 또는 단체(이하 "회계기준제정기관"이라 한다)에 회계처리기준의 내용을 수정할 것을 요구할 수 있다. 이 경우 회계기준제정기관은 정당한 사유가 없으면 이에 따라야 한다.
⑥ 「금융위원회의 설치 등에 관한 법률」에 따라 설립된 금융감독원(이하 "금융감독원"이라 한다)은 「자본시장과 금융투자업에 관한 법률」 제442조제1항에 따라 금융감독원이 징수하는 분담금의 100분의 8을 초과하지 아니하는 범위에서 대통령령으로 정하는 바에 따라 회계기준제정기관에 지원할 수 있다.
⑦ 회계기준제정기관은 사업연도마다 총수입과 총지출을 예산으로 편성하여 해당 사업연도가 시작되기 1개월 전까지 금융위원회에 보고하여야 한다.
제6조【재무제표의 작성 책임 및 제출】 ① 회사의 대표이사와 회계담당 임원(회계담당 임원이 없는 경우에는 회계업무를 집행하는 직원을 말한다. 이하 이 조에서 같다)은 해당 회사의 재무제표를 작성할 책임이 있다.
② 회사는 해당 사업연도의 재무제표를 작성하여 대통령령으로 정하는 기간 내에 감사인에게 제출하여야 한다.
③ 「자본시장과 금융투자업에 관한 법률」 제159조제1항에 따른 사업보고서 제출대상법인인 회사는 제2항에 따라 재무제표를 기간 내에 감사인에게 제출하지 못한 경우 사업보고서 공시 후 14일 이내에 그 사유를 공시하여야 한다.
④ 주권상장법인인 회사 및 대통령령으로 정하는 회사는 제2항에 따라 감사인에게 제출한 재무제표 중 대통령령으로 정하는 사항을 증권선물위원회에 제출하여야 한다. 이 경우 제출 기한·방법·절차 등 제출에 필요한 사항은 대통령령으로 정한다.
⑤ 주권상장법인인 회사가 제4항에 따른 제출기한을 넘길 경우 그 사유를 제출기한 만료일의 다음 날까지 증권선물위원회에 제출하여야 한다. 이 경우 증권선물위원회는 해당 사유를 「자본시장과 금융투자업에 관한 법률」 제163조의 방식에 따라 공시하여야 한다.
⑥ 회사의 감사인 및 그 감사인에 소속된 공인회계사는 해당 회사의 재무제표를 대표이사와 회계담당 임원을 대신하여 작성하거나 재무제표 작성과 관련된 회계처리에 대한 자문에 응하는 등 대통령령으로 정하는 행위를 해서는 아니 되며, 해당 회사는 감사인 및 그 감사인에 소속된 공인회계사에게 이러한 행위를 요구해서는 아니 된다.
제7조【지배회사의 권한】 ① 지배회사는 연결재무제표 작성을 위하여 필요한 범위에서 종속회사(제2조제3호에 따른 지배·종속의 관계에 있는 회사 중 종속되는 회사를 말한다. 이하 같다)의 회계에 관한 장부와 서류를 열람 또는 복사하거나 회계에 관한 자료의 제출을 요구할 수 있다.
② 지배회사는 제1항에 따르더라도 연결재무제표 작성에 필요한 자료를 입수할 수 없거나 그 자료의 내용을 확인할 필요가 있을 때에는 종속회사의 업무와 재산상태를 조사할 수 있다.
제8조【내부회계관리제도의 운영 등】 ① 회사는 신뢰할 수 있는 회계정보의 작성과 공시(公示)를 위하여 다음 각 호의 사항이 포함된 내부회계관리규정과 이를 관리·운영하는 조직(이하 "내부회계관리제도"라 한다)을 갖추어야 한다. 다만, 주권상장법인이 아닌 회사로서 직전 사업연도 말의 자산총액이 1천억원 미만인 회사와 대통령령으로 정하는 회사는 그러하지 아니하다.
1. 회계정보(회계정보의 기초가 되는 거래에 관한 정보를 포함한다. 이하 이 조에서 같다)의 식별·측정·분류·기록 및 보고 방법에 관한 사항
2. 회계정보의 오류를 통제하고 이를 수정하는 방법에 관한 사항
3. 회계정보에 대한 정기적인 점검 및 조정 등 내부검증에 관한 사항
4. 회계정보를 기록·보관하는 장부(자기테이프·디스켓, 그 밖의 정보보존장치를 포함한다)의 관리 방법과 위조·변조·훼손 및 파기를 방지하기 위한 통제 절차에 관한 사항
5. 회계정보의 작성 및 공시와 관련된 임직원의 업무 분장과 책임에 관한 사항

6. 그 밖에 신뢰할 수 있는 회계정보의 작성과 공시를 위하여 필요한 사항으로서 대통령령으로 정하는 사항
② 회사는 내부회계관리제도에 의하지 아니하고 회계정보를 작성하거나 내부회계관리제도에 따라 작성된 회계정보를 위조·변조·훼손 및 파기해서는 아니 된다.
③ 회사의 대표자는 내부회계관리제도의 관리·운영을 책임지며, 이를 담당하는 상근이사(담당하는 이사가 없는 경우에는 해당 이사의 업무를 집행하는 자를 말한다) 1명을 내부회계관리자(이하 "내부회계관리자"라 한다)로 지정하여야 한다.
④ 회사의 대표자는 사업연도마다 주주총회, 이사회 및 감사(감사위원회가 설치된 경우에는 감사위원회를 말한다. 이하 이 조에서 같다)에게 해당 회사의 내부회계관리제도의 운영실태를 보고하여야 한다. 다만, 회사의 대표자가 필요하다고 판단하는 경우 이사회 및 감사에 대한 보고는 내부회계관리자가 하도록 할 수 있다.
⑤ 회사의 감사는 내부회계관리제도의 운영실태를 평가하여 이사회에 사업연도마다 보고하고 그 평가보고서를 해당 회사의 본점에 5년간 비치하여야 한다. 이 경우 내부회계관리제도의 관리·운영에 대하여 시정 의견이 있으면 그 의견을 포함하여 보고하여야 한다.
⑥ 감사인은 회계감사를 실시할 때 해당 회사가 이 조에서 정한 사항을 준수했는지 여부 및 제4항에 따른 내부회계관리제도의 운영실태에 관한 보고내용을 검토하여야 한다. 다만, 주권상장법인(직전 사업연도 말의 자산총액이 1천억원 미만인 주권상장법인은 제외한다)의 감사인은 이 조에서 정한 사항을 준수했는지 여부 및 제4항에 따른 내부회계관리제도의 운영실태에 관한 보고내용을 감사하여야 한다.(2023.1.17 단서개정)
⑦ 제6항에 따라 검토 또는 감사를 한 감사인은 그 검토결과 또는 감사결과에 대한 종합의견을 감사보고서에 표명하여야 한다.
⑧ 제1항부터 제7항까지에서 규정한 사항 외에 내부회계관리제도의 운영 등에 필요한 사항은 대통령령으로 정한다.

제9조【감사인의 자격 제한 등】 ① 다음 각 호의 어느 하나에 해당하는 회사의 재무제표에 대한 감사는 회계법인인 감사인이 한다.
1. 주권상장법인. 다만, 대통령령으로 정하는 주권상장법인은 제외한다.
2. 대형비상장주식회사
3. 「금융산업의 구조개선에 관한 법률」 제2조제1호에 해당하는 금융기관, 「농업협동조합법」에 따른 농협은행 또는 「수산업협동조합법」에 따른 수협은행(이하 "금융회사"라 한다)

② 금융위원회는 감사인의 형태와 그에 소속된 공인회계사의 수 등을 고려하여 감사인이 회계감사할 수 있는 회사의 규모 등을 총리령으로 정하는 바에 따라 제한할 수 있다.
③ 회계법인인 감사인은 「공인회계사법」 제33조제1항 각 호의 어느 하나에 해당하는 관계에 있는 회사의 감사인이 될 수 없으며, 감사반인 감사인은 그에 소속된 공인회계사 중 1명 이상이 같은 법 제21조제1항 각 호의 어느 하나에 해당하는 관계에 있는 회사의 감사인이 될 수 없다.
④ 감사인에 소속되어 회계감사업무를 수행할 수 있는 공인회계사는 대통령령으로 정하는 실무수습 등을 이수한 자이어야 한다.
⑤ 회계법인인 감사인은 동일한 이사(「공인회계사법」 제26조제1항에 따른 이사를 말한다. 이하 이 조에서 같다)에게 회사의 연속하는 6개 사업연도(주권상장법인인 회사, 대형비상장주식회사 또는 금융회사의 경우에는 4개 사업연도)에 대한 감사업무를 하게 할 수 없다. 다만, 주권상장법인인 회사, 대형비상장주식회사 또는 금융회사의 경우 연속하는 3개 사업연도에 대한 감사업무를 한 이사에게는 그 다음 연속하는 3개 사업연도의 모든 기간 동안 해당 회사의 감사업무를 하게 할 수 없다.
⑥ 회계법인인 감사인은 동일한 소속공인회계사(「공인회계사법」 제26조제3항에 따른 소속공인회계사를 말한다)에게 주권상장법인인 회사의 연속하는 3개 사업연도에 대한 감사업무를 수행하게 한 경우, 그 다음 사업연도에는 그 소속공인회계사의 3분의 2 이상을 교체하여야 한다.(2024.1.16 본항개정)
⑦ 감사반인 감사인은 대통령령으로 정하는 주권상장법인인 회사의 연속하는 3개 사업연도에 대한 감사업무를 한 경우, 그 다음 사업연도에는 그 감사에 참여한 공인회계사의 3분의 2 이상을 교체하여야 한다.

제9조의2【주권상장법인 감사인의 등록 및 취소】 ① 제9조에도 불구하고 주권상장법인의 감사인이 되려는 자는 다음 각 호의 요건을 모두 갖추어 금융위원회에 등록하여야 한다.
1. 「공인회계사법」 제24조에 따라 금융위원회에 등록된 회계법인일 것
2. 감사품질 확보를 위하여 금융위원회가 정하는 바에 따른 충분한 인력, 예산, 그 밖의 물적 설비를 갖출 것
3. 감사품질 관리를 위한 사후 심리체계, 보상체계, 업무방법, 그 밖에 금융위원회가 정하는 요건을 갖출 것

② 제1항 각 호의 요건을 모두 갖추고 있는지 여부를 심사하는 절차와 관련하여 필요한 세부사항은 대통령령으로 정한다.
③ 금융위원회는 제1항에 따라 주권상장법인 감사인 등록을 결정한 경우 등록결정한 내용을 관보 및 인터넷 홈페이지 등에 공고하여야 한다.
④ 제1항 및 제2항에 따라 주권상장법인 감사인으로 등록한 자는 등록 이후 제1항 각 호의 등록요건을 계속 유지하여야 한다.
⑤ 금융위원회는 제1항에 따라 등록한 감사인이 같은 항의 요건을 갖추지 못하게 되거나 증권선물위원회로부터 대통령령으로 정하는 업무정지 수준 이상의 조치를 받은 경우 해당 감사인의 주권상장법인 감사인 등록을 취소할 수 있다.

제10조【감사인의 선임】 ① 회사는 매 사업연도 개시일부터 45일 이내(다만, 「상법」 제542조의11 또는 「금융회사의 지배구조에 관한 법률」 제16조에 따라 감사위원회를 설치하여야 하는 회사의 경우에는 매 사업연도 개시일 이전)에 해당 사업연도의 감사인을 선임하여야 한다. 다만, 회사가 감사인을 선임한 후 제4조제1항제3호에 따른 기준을 충족하지 못하여 외부감사의 대상에서 제외되는 경우에는 해당 사업연도 개시일부터 4개월 이내에 감사계약을 해지할 수 있다.
② 제1항 본문에도 불구하고 직전 사업연도에 회계감사를 받지 아니한 회사는 해당 사업연도 개시일부터 4개월 이내에 감사인을 선임하여야 한다.
③ 주권상장법인, 대형비상장주식회사 또는 금융회사는 연속하는 3개 사업연도의 감사인을 동일한 감사인으로 선임하여야 한다. 다만, 주권상장법인, 대형비상장주식회사 또는 금융회사가 제7항 각 호의 사유로 감사인을 선임하는 경우에는 해당 사업연도의 다음 사업연도부터 연속하는 3개 사업연도의 감사인을 동일한 감사인으로 선임하여야 한다.
④ 회사는 다음 각 호의 구분에 따라 선정한 회계법인 또는 감사반을 해당 회사의 감사인으로 선임하여야 한다.
1. 주권상장법인, 대형비상장주식회사 또는 금융회사
가. 감사위원회가 설치된 경우 : 감사위원회가 선정한 회계법인 또는 감사반
나. 감사위원회가 설치되지 아니한 경우 : 감사인을 선임하기 위하여 대통령령으로 정하는 바에 따라 구성한 감사인선임위원회(이하 "감사인선임위원회"라 한다)의 승인을 받아 감사가 선정한 회계법인 또는 감사반
2. 그 밖의 회사 : 감사 또는 감사위원회가 선정한 회계법인 또는 감사반. 다만, 다음 각 목의 어느 하나에 해당하는 경우에는 해당 목에서 정한 바에 따라 선정한다.
가. 직전 사업연도의 감사인을 다시 감사인으로 선임하는 경우 : 그 감사인
나. 감사가 없는 대통령령으로 정하는 일정규모 이상의 유한회사인 경우 : 사원총회의 승인을 받은 회계법인 또는 감사반
다. 나목 외의 감사가 없는 유한회사인 경우 : 회사가 선정한 회계법인 또는 감사반

⑤ 감사 또는 감사위원회(제4항제2호 단서에 따라 감사인을 선임한 회사는 회사를 대표하는 이사를 말한다. 이하 이 조에서 같다)는 감사인의 감사보수와 감사시간, 감사에 필요한 인력에 관한 사항을 문서로 정하여야 한다. 이 경우 감사위원회가 설치되지 아니한 주권상장법인, 대형비상장주식회사 또는 금융회사의 감사는 감사인선임위원회의 승인을 받아야 한다.
⑥ 감사 또는 감사위원회는 제23조제1항에 따라 감사보고서를 제출받은 경우 제5항에서 정한 사항이 준수되었는지를 확인하여야 한다. 이 경우 감사위원회가 설치되지 아니한 주권상장법인, 대형비상장주식회사 또는 금융회사의 감사는 제5항에서 정한 사항이 준수되었는지를 확인한 문서를 감사인선임위원회에 제출하여야 한다.
⑦ 회사가 다음 각 호의 구분에 따라 감사인을 선임하는 경우에는 해당 호에서 정한 규정을 적용하지 아니한다.
1. 제11조제1항 및 제2항에 따라 증권선물위원회가 지정하는 자를 감사인으로 선임하거나 변경선임하는 경우 : 제1항 본문, 제2항, 제3항 본문 및 제4항
2. 제15조제1항 또는 제2항에 따라 감사계약이 해지된 경우 : 제1항 본문, 제2항 및 제3항 본문
3. 선임된 감사인이 사업연도 중에 해산 등 대통령령으로 정하는 사유로 감사를 수행하는 것이 불가능한 경우 : 제1항 본문, 제2항 및 제3항 본문

⑧ 회사가 제7항 각 호에 따른 사유로 감사인을 선임하는 경우에는 그 사유 발생일부터 2개월 이내에 감사인을 선임하여야 한다.
⑨ 제1항부터 제8항까지에서 규정한 사항 외에 감사인 선임 절차 및 방법, 감사인선임위원회의 운영 등에 필요한 사항은 대통령령으로 정한다.

제11조【증권선물위원회에 의한 감사인 지정 등】 ① 증권선물위원회는 다음 각 호의 어느 하나에 해당하는 회사에 3개 사업연도의 범위에서 증권선물위원회가 지정하는 회계법인을 감사인으로 선임하거나 변경선임할 것을 요구할 수 있다.
1. 감사 또는 감사위원회(감사위원회가 설치되지 아니한 주권상장법인, 대형비상장주식회사 또는 금융회사의 경우는 감사인선임위원회를 말한다. 이하 이 조에서 같다)의 승인을 받아 제10조에 따른 감사인의 선임기간 내에 증권선물위원회에 감사인 지정을 요청한 회사
2. 제10조에 따른 감사인의 선임기간 내에 감사인을 선임하지 아니한 회사
3. 제10조제3항 또는 제4항을 위반하여 감사인을 선임하거나 증권선물위원회가 회사의 감사인 교체 사유가 부당하다고 인정한 회사
4. 증권선물위원회의 감리 결과 제5조에 따른 회계처리기준을 위반하여 재무제표를 작성한 사실이 확인된 회사. 다만, 증권선물위원회가 정하는 경미한 위반이 확인된 회사는 제외한다.
5. 제6조제6항을 위반하여 회사의 재무제표를 감사인이 대신하여 작성하거나, 재무제표 작성과 관련된 회계처리에 대한 자문을 요구하거나 받은 회사
6. 주권상장법인 중 다음 각 목의 어느 하나에 해당하는 회사
가. 3개 사업연도 연속 영업이익이 0보다 작은 회사
나. 3개 사업연도 연속 영업현금흐름이 0보다 작은 회사
다. 3개 사업연도 연속 이자보상배율이 1 미만인 회사
라. 그 밖에 대통령령으로 정하는 재무기준에 해당하는 회사
7. 주권상장법인 중 대통령령으로 정하는 바에 따라 증권선물위원회가 공정한 감사가 필요하다고 인정하여 지정하는 회사
8. 「기업구조조정 촉진법」 제2조제5호에 따른 주채권은행 또는 대통령령으로 정하는 주주가 대통령령으로 정하는 방법에 따라 증권선물위원회에 감사인 지정을 요청하는 경우의 해당 회사
9. 제13조제1항 또는 제2항을 위반하여 감사계약의 해지 또는 감사인의 해임을 하지 아니하거나 새로운 감사인을 선임하지 아니한 회사
10. 감사인의 감사시간이 제16조의2제1항에서 정하는 표준 감사시간보다 현저히 낮은 수준이라고 증권선물위원회가 인정한 회사
11. 직전 사업연도를 포함하여 과거 3년간 최대주주의 변경이 2회 이상 발생하거나 대표이사의 교체가 3회 이상 발생한 주권상장법인
12. 그 밖에 공정한 감사가 특히 필요하다고 인정되어 대통령령으로 정하는 회사

② 증권선물위원회는 다음 각 호의 어느 하나에 해당하는 회사가 연속하는 6개 사업연도에 대하여 제10조제1항에 따라 감사인을 선임한 경우에는 증권선물위원회가 대통령령이 정하는 기준과 절차에 따라 지정하는 회계법인을 감사인으로 선임하거나 변경선임할 것을 요구할 수 있다.
1. 주권상장법인. 다만, 대통령령으로 정하는 주권상장법인은 제외한다.
2. 제1호에 해당하지 아니하는 회사 가운데 자산총액이 대통령령으로 정하는 금액 이상이고 대주주 및 그 대주주와 대통령령으로 정하는 특수관계에 있는 자가 합하여 발행주식총수(의결권이 없는 주식은 제외한다. 이하 같다)의 100분의 50 이상을 소유하고 있는 회사로서 대주주 또는 그 대주주와 특수관계에 있는 자가 해당 회사의 대표이사인 회사

③ 제2항에도 불구하고 다음 각 호의 어느 하나에 해당되는 회사는 제10조제1항에 따라 감사인을 선임할 수 있다.
1. 증권선물위원회가 정하는 기준일로부터 과거 6년 이내에 제26조에 따른 증권선물위원회의 감리를 받은 회사로서 그 감리 결과 제5조에 따른 회계처리기준 위반이 발견되지 아니한 회사
2. 그 밖에 회계처리의 신뢰성이 양호한 경우로서 대통령령으로 정하는 회사

④ 제1항 및 제2항에 따라 증권선물위원회가 감사인의 선임이나 변경선임을 요구한 경우 회사는 특별한 사유가 없으면 이에 따라야 한다. 다만, 해당 회사 또는 감사인으로 지정받은 자는 대통령령으로 정하는 사유가 있으면 증권선물위원회에 감사인을 다시 지정하여 줄 것을 요청할 수 있다.
⑤ 제4항 단서에 따라 회사가 증권선물위원회에 감사인을 다시 지정하여 줄 것을 요청할 경우 사전에 감사 또는 감사위원회의 승인을 받아야 한다.
⑥ 회사는 제1항 및 제2항에 따라 증권선물위원회로부터 지정받은 감사인을 지정 사업연도 이후 최초로 도래하는 사업연도의 감사인으로 선임할 수 없다.
⑦ 증권선물위원회가 감사인의 선임이나 변경선임을 요구하여 회사가 감사인을 선임하는 경우에도 제10조제5항 및 제6항을 적용한다.

제12조【감사인 선임 등의 보고】 ① 회사는 감사인을 선임 또는 변경선임하는 경우 그 사실을 감사인을 선임한 이후에 소집되는 「상법」에 따른 정기총회에 보고하거나 대통령령으로 정하는 바에 따라 주주 또는 사원(이하 "주주등"이라 한다)에게 통지 또는 공고하여야 한다.
② 회사가 감사인을 선임 또는 변경선임하는 경우 해당 회사 및 감사인은 대통령령으로 정하는 바에 따라 증권선물위원회에 보고하여야 한다. 다만, 회사는 다음 각 호의 어느 하나에 해당되는 경우에는 보고를 생략할 수 있다.
1. 회사의 요청에 따라 증권선물위원회가 지정한 자를 감사인으로 선임한 경우
2. 증권선물위원회의 요구에 따라 감사인을 선임 또는 변경선임하는 경우
3. 주권상장법인, 대형비상장주식회사 또는 금융회사가 아닌 회사가 직전 사업연도의 감사인을 다시 선임한 경우

제13조【감사인의 해임】 ① 감사인이 「공인회계사법」 제21조 또는 제33조를 위반한 경우 회사는 지체 없이 감사인과의 감사계약을 해지하여야 하며, 감사계약을 해지한 후 2개월 이내에 새로운 감사인을 선임하여야 한다.
② 제10조제3항에도 불구하고 주권상장법인, 대형비상장주식회사 또는 금융회사는 연속하는 3개 사업연도의 동일 감사인으로 선임된 감사인이 직무상 의무를 위반하는 등 대통령령으로 정하는 사유에 해당하는 경우에는 연속하는 3개 사업연도 중이라도 매 사업연도 종료 후 3개월 이내에 다음 각 호의 구분에 따라 해임요청된 감사인을 해임하여야 한다. 이 경우 회사는 감사인을 해임한 후 2개월 이내에 새로운 감사인을 선임하여야 한다.
1. 감사위원회가 설치된 경우 : 감사위원회가 해임을 요청한 감사인
2. 감사위원회가 설치되지 아니한 경우 : 감사가 감사인선임위원회의 승인을 받아 해임을 요청한 감사인
③ 주권상장법인, 대형비상장주식회사 또는 금융회사는 제1항 또는 제2항에 따라 감사계약을 해지하거나 감사인을 해임한 경우에는 지체 없이 그 사실을 증권선물위원회에 보고하여야 한다.
제14조【전기감사인의 의견진술권】 ① 회사는 직전 사업연도에 해당 회사에 대하여 감사업무를 한 감사인〔이하 "전기감사인"(前期監査人)이라 한다〕 외의 다른 감사인을 감사인으로 선임하거나 제13조제2항에 따라 전기감사인을 해임하려면 해당 전기감사인에게 감사 또는 감사위원회(감사위원회가 설치되지 아니한 주권상장법인, 대형비상장주식회사 또는 금융회사의 경우에는 감사인선임위원회를 말한다)에 의견을 진술할 수 있는 기회를 주어야 한다.
② 회사는 제13조제2항에 따라 해임되는 감사인이 제1항에 따라 의견을 진술한 경우에는 그 내용을 증권선물위원회에 보고하여야 한다.
③ 제1항과 제2항에 따른 의견진술의 방법, 보고절차 등에 관한 사항은 대통령령으로 정한다.
제15조【감사인의 감사계약 해지】 ① 감사인은 제16조에 따른 회계감사기준에서 정하는 독립성이 훼손된 경우 등 대통령령으로 정하는 사유에 해당하는 경우에는 사업연도 중이라도 감사계약을 해지할 수 있다.
② 제10조제3항에도 불구하고 주권상장법인, 대형비상장주식회사 또는 금융회사의 감사인은 감사의견과 관련하여 부당한 요구나 압력을 받은 경우 등 대통령령으로 정하는 사유에 해당하는 경우에는 연속하는 3개 사업연도 중이라도 매 사업연도 종료 후 3개월 이내에 남은 사업연도에 대한 감사계약을 해지할 수 있다.
③ 감사인은 제1항 또는 제2항에 따라 감사계약을 해지한 경우에는 지체 없이 그 사실을 증권선물위원회에 보고하여야 한다.
제16조【회계감사기준】 ① 감사인은 일반적으로 공정·타당하다고 인정되는 회계감사기준에 따라 감사를 실시하여야 한다.
② 제1항의 회계감사기준은 한국공인회계사회가 감사인의 독립성 유지와 재무제표의 신뢰성 유지에 필요한 사항 등을 포함하여 대통령령으로 정하는 바에 따라 금융위원회의 사전승인을 받아 정한다.
제16조의2【표준 감사시간】 ① 한국공인회계사회는 감사업무의 품질을 제고하고 투자자 등 이해관계인의 보호를 위하여 감사인이 투입하여야 할 표준 감사시간을 정할 수 있다. 이 경우 대통령령으로 정하는 절차에 따라 금융감독원 등 대통령령으로 정하는 이해관계자의 의견을 청취하고 이를 반영하여야 한다.
② 한국공인회계사회는 3년마다 감사환경 변화 등을 고려하여 제1항에서 정한 표준 감사시간의 타당성 여부를 검토하여 이를 반영하고 그 결과를 공개하여야 한다.
제17조【품질관리기준】 ① 감사인은 감사업무의 품질이 보장될 수 있도록 감사인의 업무설계 및 운영에 관한 기준(이하 "품질관리기준"이라 한다)을 준수하여야 한다.
② 품질관리기준은 한국공인회계사회가 감사업무의 품질관리 절차, 감사인의 독립성 유지를 위한 내부통제 등 감사업무의 품질보장을 위하여 필요한 사항을 포함하여 대통령령으로 정하는 바에 따라 금융위원회의 사전승인을 받아 정한다.
③ 감사인의 대표자는 품질관리기준에 따른 업무설계 및 운영에 대한 책임을 지며, 이를 담당하는 이사 1명을 지정하여야 한다.
제18조【감사보고서의 작성】 ① 감사인은 감사결과를 기술(記述)한 감사보고서를 작성하여야 한다.
② 제1항의 감사보고서에는 감사범위, 감사의견과 이해관계인의 합리적 의사결정에 유용한 정보가 포함되어야 한다.
③ 감사인은 감사보고서에 회사가 작성한 재무제표와 대통령령으로 정하는 바에 따라 외부감사 참여 인원수, 감사내용 및 소요시간 등 외부감사 실시내용을 적은 서류를 첨부하여야 한다.
제19조【감사조서】 ① 감사인은 감사를 실시하여 감사의견을 표명한 경우에는 회사의 회계기록으로부터 감사보고서를 작성하기 위하여 적용하였던 감사절차의 내용과 그 과정에서 입수한 정보 및 정보의 분석결과 등을 문서화한 서류(자기테이프·디스켓, 그 밖의 정보보존장치를 포함한다. 이하 "감사조서"라 한다)를 작성하여야 한다.
② 감사인은 감사조서를 감사종료 시점부터 8년간 보존하여야 한다.
③ 감사인(그에 소속된 자 및 그 사용인을 포함한다)은 감사조서를 위조·변조·훼손 및 파기해서는 아니 된다.
제20조【비밀엄수】 다음 각 호의 어느 하나에 해당하는 자는 그 직무상 알게 된 비밀을 누설하거나 부당한 목적을 위하여 이용해서는 아니 된다. 다만, 다른 법률에 특별한 규정이 있는 경우 또는 증권선물위원회가 제26조제1항에 상당하는 업무를 수행하는 외국 감독기관과 정보를 교환하거나 그 외국 감독기관이 하는 감리·조사에 협조하기 위하여 필요하다고 인정한 경우에는 그러하지 아니하다.
1. 감사인
2. 감사인에 소속된 공인회계사
3. 증권선물위원회 위원
4. 감사 또는 감리 업무와 관련하여 제1호부터 제3호까지의 자를 보조하거나 지원하는 자
5. 증권선물위원회의 업무를 위탁받아 수행하는 한국공인회계사회의 관련자
제21조【감사인의 권한 등】 ① 감사인은 언제든지 회사 및 해당 회사의 주식 또는 지분을 일정 비율 이상 소유하고 있는 등 대통령령으로 정하는 관계에 있는 회사(이하 "관계회사"라 한다)의 회계에 관한 장부와 서류를 열람 또는 복사하거나 회계에 관한 자료의 제출을 요구할 수 있으며, 그 직무를 수행하기 위하여 특히 필요하면 회사 및 관계회사의 업무와 재산상태를 조사할 수 있다. 이 경우 회사 및 관계회사는 지체 없이 감사인의 자료 제출 요구에 따라야 한다.
② 연결재무제표를 감사하는 감사인은 그 직무의 수행을 위하여 필요하면 회사 또는 관계회사의 감사인에게 감사 관련 자료의 제출 등 필요한 협조를 요청할 수 있다. 이 경우 회사 또는 관계회사의 감사인은 지체 없이 이에 따라야 한다.
제22조【부정행위 등의 보고】 ① 감사인은 직무를 수행할 때 이사의 직무수행에 관하여 부정행위 또는 법령이나 정관에 위반되는 중대한 사실을 발견하면 감사 또는 감사위원회에 통보하고 주주총회 또는 사원총회(이하 "주주총회등"이라 한다)에 보고하여야 한다.
② 감사인은 회사가 회계처리 등에 관하여 회계처리기준을 위반한 사실을 발견하면 감사 또는 감사위원회에 통보하여야 한다.
③ 제2항에 따라 회사의 회계처리기준 위반사실을 통보받은 감사 또는 감사위원회는 회사의 비용으로 외부전문가를 선임하여 위반사실 등을 조사하도록 하고 그 결과에 따라 회사의 대표자에게 시정 등을 요구하여야 한다.
④ 감사 또는 감사위원회는 제3항에 따른 조사결과 및 회사의 시정조치 결과 등을 즉시 증권선물위원회와 감사인에게 제출하여야 한다.
⑤ 감사 또는 감사위원회는 제3항 및 제4항의 직무를 수행할 때 회사의 대표자에 대해 필요한 자료나 정보 및 비용의 제공을 요청할 수 있다. 이 경우 회사의 대표자는 특별한 사유가 없으면 이에 따라야 한다.
⑥ 감사 또는 감사위원회는 이사의 직무수행에 관하여 부정행위 또는 법령이나 정관에 위반되는 중대한 사실을 발견하면 감사인에게 통보하여야 한다.
⑦ 감사인은 제1항 또는 제6항에 따른 이사의 직무수행에 관하여 부정행위 또는 법령에 위반되는 중대한 사실을 발견하거나 감사 또는 감사위원회로부터 이러한 사실을 통보받은 경우에는 증권선물위원회에 보고하여야 한다.
제23조【감사보고서의 제출 등】 ① 감사인은 감사보고서를 대통령령으로 정하는 기간 내에 회사(감사 또는 감사위원회를 포함한다)·증권선물위원회 및 한국공인회계사회에 제출하여야 한다. 다만, 「자본시장과 금융투자업에 관한 법률」 제159조제1항에 따른 사업보고서 제출대상법인인 회사가 사업보고서에 감사보고서를 첨부하여 금융위원회와 같은 법에 따라 거래소허가를 받은 거래소에 제출하는 경우에는 감사인이 증권선물위원회 및 한국공인회계사회에 감사보고서를 제출한 것으로 본다.
② 증권선물위원회와 한국공인회계사회는 제1항에 따라 감사인으로부터 제출받은 감사보고서를 대통령령으로 정하는 기간 동안 대통령령으로 정하는 바에 따라 일반인이 열람할 수 있게 하여야 한다. 다만, 유한회사의 경우에는 매출액, 이해관계인의 범위 또는 사원 수 등을 고려하여 열람되는 회사의 범위 및 감사보고서의 범위를 대통령령으로 달리 정할 수 있다.
③ 회사는 「상법」에 따라 정기총회 또는 이사회의 승인을 받은 재무제표를 대통령령으로 정하는 바에 따라 증권선물위원회에 제출하여야 한다. 다만, 정기총회 또는 이사회의 승인을 받은 재무제표가 제1항 본문에 따라 감사인이 증권선물위원회 등에 제출하는 감사보고서에 첨부된 재무제표 또는 같은 항 단서에 따라 회사가 금융위원회와 거래소에 제출하는 사업보고서에 적힌 재무제표와 동일하면 제출하지 아니할 수 있다.
④ 직전 사업연도 말의 자산총액이 제11조제2항제2호에서 정하는 금액 이상인 주식회사(주권상장법인은 제외한다)는 같은 호에 따른 대주주 및 그 대주주와 특수관계에 있는 자의 소유주식현황 등 대통령령으로 정하는 서류를 정기총회 종료 후 14일 이내에 증권선물위원회에 제출하여야 한다.
⑤ 회사는 대통령령으로 정하는 바에 따라 재무제표와 감사인의 감사보고서를 비치·공시하여야 한다.
⑥ 주식회사가 「상법」 제449조제3항에 따라 대차대조표를 공고하는 경우에는 감사인의 명칭과 감사의견을 함께 적어야 한다.
⑦ 회사의 주주등 또는 채권자는 영업시간 내에 언제든지 제5항에 따라 비치된 서류를 열람할 수 있으며, 회사가 정한 비용을 지급하고 그 서류의 등본이나 초본의 발급을 청구할 수 있다.
제24조【주주총회등에의 출석】 감사인 또는 그에 소속된 공인회계사는 주주총회등이 요구하면 주주총회등에 출석하여 의견을 진술하거나 주주등의 질문에 답변하여야 한다.
제25조【회계법인의 사업보고서 제출과 비치·공시 등】 ① 회계법인인 감사인은 매 사업연도 종료 후 3개월 이내에 사업보고서를 증권선물위원회와 한국공인회계사회에 제출하여야 한다.
② 제1항의 사업보고서에는 그 회계법인의 상호, 사업내용, 재무에 관한 사항, 감사보고서 품질관리 관련 정보, 연차별 감사투입 인력 및 시간, 이사 보수(개별 보수가 5억원 이상인 경우에 한정한다), 이사의 징계 내역, 그 밖에 총리령으로 정하는 사항을 기재한다.
③ 회계법인인 감사인은 제1항에 따라 제출한 사업보고서를 대통령령으로 정하는 바에 따라 비치·공시하여야 한다.
④ 증권선물위원회와 한국공인회계사회는 제1항에 따라 회계법인으로부터 제출받은 사업보고서를 대통령령으로 정하는 기간 동안 대통령령으로 정하는 바에 따라 일반인이 열람할 수 있게 하여야 한다.
⑤ 주권상장법인의 회계법인인 감사인은 그 회계법인의 경영, 재산, 감사보고서 품질 관리 등에 중대한 영향을 미치는 사항으로서 대통령령으로 정하는 사실이 발생한 경우에는 해당 사실을 적은 보고서(이하 "수시보고서"라 한다)를 지체 없이 증권선물위원회에 제출하여야 한다.
⑥ 제5항에 따른 수시보고서의 작성 절차 및 방법 등에 관한 사항은 총리령으로 정한다.

제3장 감독 및 처분

제26조【증권선물위원회의 감리업무 등】 ① 증권선물위원회는 재무제표 및 감사보고서의 신뢰도를 높이기 위하여 다음 각 호의 업무를 한다.
1. 제23조제1항에 따라 감사인이 제출한 감사보고서에 대하여 제16조에 따른 회계감사기준의 준수 여부에 대한 감리
2. 제23조제3항에 따라 회사가 제출한 재무제표에 대하여 제5조에 따른 회계처리기준의 준수 여부에 대한 감리
3. 감사인의 감사업무에 대하여 제17조에 따른 품질관리기준의 준수 여부에 대한 감리 및 품질관리수준에 대한 평가
4. 그 밖에 대통령령으로 정하는 업무
② 이 법에 따른 증권선물위원회의 업무수행에 필요한 사항은 금융위원회가 증권선물위원회의 심의를 거쳐 정한다.
제27조【자료의 제출요구 등】 ① 증권선물위원회는 제26조제1항에 따른 업무를 수행하기 위하여 필요하면 회사 또는 관계회사와 감사인에게 자료의 제출, 의견의 진술 또는 보고를 요구하거나, 금융감독원의 원장(이하 "금융감독원장"이라 한다)에게 회사 또는 관계회사의 회계에 관한 장부와 서류를 열람하게 하거나 업무와 재산상태를 조사하게 할 수 있다. 이 경우 회사 또는 관계회사에 대한 업무와 재산상태의 조사는 업무수행을 위한 최소한의 범위에서 이루어져야 하며, 다른 목적으로 남용해서는 아니 된다.
② 제1항에 따라 회사 또는 관계회사의 장부와 서류를 열람하거나 업무와 재산상태를 조사하는 자는 그 권한을 표시하는 증표를 지니고 관계인에게 보여 주어야 한다.
③ 증권선물위원회는 제11조에 따른 업무를 수행하기 위하여 필요하면 세무관서의 장에게 대통령령으로 정하는 자료의 제출을 요청할 수 있다. 이 경우 요청을 받은 기관은 특별한 사유가 없으면 이에 따라야 한다.
④ 증권선물위원회는 이 법에 따른 업무를 수행하기 위하여 필요하면 한국공인회계사회 또는 관계 기관에 자료의 제출을 요청할 수 있다. 이 경우 요청을 받은 기관은 특별한 사유가 없으면 이에 따라야 한다.
제28조【부정행위 신고자의 보호 등】 ① 증권선물위원회는 회사의 회계정보와 관련하여 다음 각 호의 어느 하나에 해당하는 사실을 알게 된 자가 그 사실을 대통령령으로 정하는 바에 따라 증권선물위원회에 신고하거나 해당 회사의 감사인 또는 감사에게 고지한 경우에는 그 신고자 또는 고지자(이하 "신고자등"이라 한다)에 대해서는 제29조에 따른 조치를 대통령령으로 정하는 바에 따라 감면(減免)할 수 있다.
1. 제8조에 따른 내부회계관리제도에 의하지 아니하고 회계정보를 작성하거나 내부회계관리제도에 따라 작성된 회계정보를 위조·변조·훼손 또는 파기한 사실
2. 회사가 제5조에 따른 회계처리기준을 위반하여 재무제표를 작성한 사실
3. 회사, 감사인 또는 그 감사인에 소속된 공인회계사가 제6조제6항을 위반한 사실

4. 감사인이 제16조에 따른 회계감사기준에 따라 감사를 실시하지 아니하거나 거짓으로 감사보고서를 작성한 사실
5. 그 밖에 제1호부터 제4호까지의 규정에 준하는 경우로서 회계정보를 거짓으로 작성하거나 사실을 감추는 경우
② 제1항에 따라 신고 또는 고지를 받은 자는 신고자등의 신분 등에 관한 비밀을 유지하여야 한다.
③ 신고자등이 제1항에 따른 신고 또는 고지를 하는 경우 해당 회사(해당 회사의 임직원을 포함한다)는 그 신고 또는 고지와 관련하여 직접 또는 간접적인 방법으로 신고자등에게 불이익한 대우를 해서는 아니 된다.
④ 제3항을 위반하여 불이익한 대우로 신고자등에게 손해를 발생하게 한 회사와 해당 회사의 임직원은 연대하여 신고자등에게 손해를 배상할 책임이 있다.
⑤ 증권선물위원회는 제1항에 따른 신고가 회사의 회계정보와 관련하여 같은 항 각 호의 어느 하나에 해당하는 사항을 적발하거나 그에 따른 제29조 또는 제30조에 따른 조치 등을 하는 데에 도움이 되었다고 인정하면 대통령령으로 정하는 바에 따라 신고자에게 포상금을 지급할 수 있다.
제29조【회사 및 감사인 등에 대한 조치 등】 ① 증권선물위원회는 회사가 다음 각 호의 어느 하나에 해당하면 해당 회사에 임원의 해임 또는 면직 권고, 6개월 이내의 직무정지, 일정 기간 증권의 발행제한, 회계처리기준 위반사항에 대한 시정요구 및 그 밖에 필요한 조치를 할 수 있다.
1. 재무제표를 작성하지 아니하거나 제5조에 따른 회계처리기준을 위반하여 재무제표를 작성한 경우
2. 제6조, 제10조제4항부터 제6항까지, 제12조제2항, 제22조제6항 또는 제23조제3항부터 제6항까지의 규정을 위반한 경우
3. 정당한 이유 없이 제11조제1항 및 제2항에 따른 증권선물위원회의 요구에 따르지 아니한 경우
4. 정당한 이유 없이 제27조제1항에 따른 자료제출 등의 요구·열람 또는 조사를 거부·방해·기피하거나 거짓 자료를 제출한 경우
5. 그 밖에 이 법 또는 이 법에 따른 명령을 위반한 경우
② 증권선물위원회는 퇴임하거나 퇴직한 임원이 해당 회사에 재임 또는 재직 중이었더라면 제1항에 따른 조치를 받았을 것으로 인정되는 경우에는 그 받았을 것으로 인정되는 조치의 내용을 해당 회사에 통보할 수 있다. 이 경우 통보를 받은 회사는 그 사실을 해당 임원에게 통보하여야 한다.
③ 증권선물위원회는 감사인이 별표1 각 호의 어느 하나에 해당하는 경우에는 다음 각 호의 조치를 할 수 있다.
1. 해당 감사인의 등록을 취소할 것을 금융위원회에 건의
2. 일정한 기간을 정하여 업무의 전부 또는 일부 정지를 명할 것을 금융위원회에 건의
3. 제32조에 따른 손해배상공동기금 추가 적립 명령
4. 일정한 기간을 정하여 다음 각 목의 어느 하나에 해당하는 회사에 대한 감사업무 제한
가. 제11조에 따라 증권선물위원회가 감사인을 지정하는 회사
나. 그 밖에 증권선물위원회가 정하는 특정 회사
5. 경고
6. 주의
7. 그 밖에 위법행위를 시정하거나 방지하기 위하여 필요한 조치
④ 증권선물위원회는 감사인에 소속된 공인회계사(「공인회계사법」 제26조제4항에 따른 대표이사를 포함한다)가 별표2 각 호의 어느 하나에 해당하는 경우에는 다음 각 호의 조치를 할 수 있다.
1. 공인회계사 등록을 취소할 것을 금융위원회에 건의
2. 일정한 기간을 정하여 직무의 전부 또는 일부 정지를 명할 것을 금융위원회에 건의
3. 일정한 기간을 정하여 다음 각 목의 어느 하나에 해당하는 회사에 대한 감사업무 제한
가. 주권상장법인
나. 대형비상장주식회사
다. 제11조에 따라 증권선물위원회가 감사인을 지정하는 회사
라. 그 밖에 증권선물위원회가 정하는 특정 회사
4. 경고
5. 주의
6. 그 밖에 위법행위를 시정하거나 방지하기 위하여 필요한 조치
⑤ 증권선물위원회는 감사인에 대한 제26조제1항제3호에 따른 품질관리기준 준수 여부에 대한 감리 결과 감사업무의 품질 향상을 위하여 필요한 경우에는 1년 이내의 기한을 정하여 감사인의 업무설계 및 운영에 대하여 개선을 권고하고, 대통령령으로 정하는 바에 따라 그 이행여부를 점검할 수 있다.
⑥ 증권선물위원회는 제5항의 개선권고사항을 대통령령으로 정하는 바에 따라 외부에 공개할 수 있다.
⑦ 증권선물위원회는 감사인이 제5항에 따른 개선권고를 정당한 이유 없이 이행하지 아니하는 경우에는 미이행 사실을 대통령령으로 정하는 바에 따라 외부에 공개할 수 있다.
제30조【위반행위의 공시 등】 ① 증권선물위원회는 회사 또는 감사인이 다음 각 호의 어느 하나에 해당하는 경우에는 금융위원회가 정하는 바에 따라 그 위반사실이 확정된 날부터 3년 이내의 기간 동안 해당 위반사실을 공시할 수 있다.
1. 제5조에 따른 회계처리기준을 위반하여 재무제표를 작성한 경우
2. 감사보고서에 적어야 할 사항을 적지 아니하거나 거짓으로 적은 경우
3. 제6조에 따른 재무제표를 사전에 제출하지 않은 경우
4. 그 밖에 이 법 또는 「금융실명거래 및 비밀보장에 관한 법률」 등 대통령령으로 정하는 금융 관련 법령을 위반한 경우
② 증권선물위원회는 제26조제1항제1호·제2호에 따른 감리 결과 및 이에 대한 증권선물위원회의 조치내용을 금융위원회가 정하는 바에 따라 인터넷 홈페이지에 게시하고 거래소(대상회사가 주권상장법인인 경우만 해당한다)와 대통령령으로 정하는 금융기관에 각각 통보하여야 한다.
③ 제2항에 따른 금융기관은 증권선물위원회로부터 통보받은 내용을 신용공여의 심사 등에 반영할 수 있다.
제31조【손해배상책임】 ① 감사인이 그 임무를 게을리하여 회사에 손해를 발생하게 한 경우에는 그 감사인은 회사에 손해를 배상할 책임이 있다.
② 감사인이 중요한 사항에 관하여 감사보고서에 적지 아니하거나 거짓으로 적음으로써 이를 믿고 이용한 제3자에게 손해를 발생하게 한 경우에는 그 감사인은 제3자에게 손해를 배상할 책임이 있다. 다만, 연결재무제표에 대한 감사보고서에 중요한 사항을 적지 아니하거나 거짓으로 적은 책임이 종속회사 또는 관계회사의 감사인에게 있는 경우에는 해당 감사인은 이를 믿고 이용한 제3자에게 손해를 배상할 책임이 있다.
③ 제1항 또는 제2항에 해당하는 감사인이 감사반인 경우에는 해당 회사에 대한 감사에 참여한 공인회계사가 연대하여 손해를 배상할 책임을 진다.
④ 감사인이 회사 또는 제3자에게 손해를 배상할 책임이 있는 경우에 해당 회사의 이사 또는 감사(감사위원회가 설치된 경우에는 감사위원회의 위원을 말한다. 이하 이 항에서 같다)도 그 책임이 있으면 그 감사인과 해당 회사의 이사 및 감사는 연대하여 손해를 배상할 책임이 있다. 다만, 손해를 배상할 책임이 있는 자가 고의가 없는 경우에 그 자는 법원이 귀책사유에 따라 정하는 책임비율에 따라 손해를 배상할 책임이 있다.
⑤ 제4항 단서에도 불구하고 손해배상을 청구하는 자의 소득인정액(「국민기초생활 보장법」 제2조제9호에 따른 소득인정액을 말한다)이 대통령령으로 정하는 금액 이하에 해당되는 경우에는 감사인과 해당 회사의 이사 및 감사는 연대하여 손해를 배상할 책임이 있다.
⑥ 제4항 단서에 따라 손해를 배상할 책임이 있는 자 중 배상능력이 없는 자가 있어 손해액의 일부를 배상하지 못하는 경우에는 같은 항 단서에 따라 정해진 각자 책임비율의 100분의 50 범위에서 대통령령으로 정하는 바에 따라 손해액을 추가로 배상할 책임을 진다.
⑦ 감사인 또는 감사에 참여한 공인회계사가 제1항부터 제3항까지의 규정에 따른 손해배상책임을 면하기 위하여는 그 임무를 게을리하지 아니하였음을 증명하여야 한다. 다만, 다음 각 호의 어느 하나에 해당하는 자가 감사인 또는 감사에 참여한 공인회계사에 대하여 손해배상 청구의 소를 제기하는 경우에는 그 자가 감사인 또는 감사에 참여한 공인회계사가 임무를 게을리하였음을 증명하여야 한다.
1. 제10조에 따라 감사인을 선임한 회사
2. 「은행법」 제2조제1항제2호에 따른 은행
3. 「농업협동조합법」에 따른 농협은행 또는 「수산업협동조합법」에 따른 수협은행
4. 「보험업법」에 따른 보험회사
5. 「자본시장과 금융투자업에 관한 법률」에 따른 종합금융회사
6. 「상호저축은행법」에 따른 상호저축은행
⑧ 감사인은 제1항부터 제4항까지의 규정에 따른 손해배상책임을 보장하기 위하여 총리령으로 정하는 바에 따라 제32조에 따른 손해배상공동기금의 적립 또는 보험가입 등 필요한 조치를 하여야 한다.
⑨ 제1항부터 제4항까지의 규정에 따른 손해배상책임은 그 청구권자가 해당 사실을 안 날부터 1년 이내 또는 감사보고서를 제출한 날부터 8년 이내에 청구권을 행사하지 아니하면 소멸한다. 다만, 제10조에 따른 선임을 할 때 계약으로 그 기간을 연장할 수 있다.
제31조의2【기록의 송부】 법원은 제31조에 따라 제3자로부터 손해배상청구의 소가 제기된 때에는 필요한 경우 증권선물위원회에 해당 사건의 기록(증권선물위원회 안건, 의사록 및 그 밖에 재판상 증거가 되는 감리 조사 자료를 포함한다)의 송부를 요구할 수 있다.(2023.3.21 본조신설)
제32조【손해배상공동기금의 적립 등】 ① 회계법인은 제31조제1항 및 제2항에 따른 회사 또는 제3자에 대한 손해를 배상하기 위하여 한국공인회계사회에 손해배상공동기금(이하 "공동기금"이라 한다)을 적립하여야 한다. 다만, 대통령령으로 정하는 배상책임보험에 가입한 경우에는 공동기금 중 제2항에 따른 연간적립금을 적립하지 아니할 수 있다.
② 제1항에 따라 적립하여야 할 공동기금은 기본적립금과 매 사업연도 연간적립금으로 하며, 그 적립한도 및 적립금액은 대통령령으로 정한다.
③ 제1항에 따라 공동기금을 적립한 회계법인은 대통령령으로 정하는 경우 외에는 한국공인회계사회에 적립한 공동기금을 양도하거나 담보로 제공할 수 없으며, 누구든지 이를 압류 또는 가압류할 수 없다.
제33조【공동기금의 지급 및 한도 등】 ① 한국공인회계사회는 회계법인이 제31조제1항 및 제2항에 따른 회사 또는 제3자에 대한 손해배상의 확정판결을 받은 경우에는 해당 회사 또는 제3자의 신청에 따라 공동기금을 지급한다.
② 제1항에 따라 한국공인회계사회가 지급하는 신청자별, 회계법인별 한도는 대통령령으로 정한다.
③ 한국공인회계사회가 제1항에 따른 지급을 하는 경우 회계법인은 제2항에 따른 한도에서 연대책임을 진다.
④ 한국공인회계사회는 제1항에 따른 지급을 한 경우 그 지급의 원인을 제공한 해당 회계법인에 대하여 구상권을 가진다.
⑤ 한국공인회계사회가 제1항에 따른 지급을 한 결과 한국공인회계사회가 정하는 바에 따라 산정한 공동기금의 실질잔액이 제32조제2항에 따른 기본적립금보다 적으면 한국공인회계사회는 대통령령으로 정하는 바에 따라 회계법인으로 하여금 그 부족한 금액을 적립하게 할 수 있다.
제34조【공동기금의 관리 등】 ① 한국공인회계사회는 공동기금을 회계법인별로 구분하여 관리하여야 하며, 한국공인회계사회의 다른 재산과 구분하여 회계처리하여야 한다.
② 공동기금의 운용방법, 지급 시기·절차, 반환, 그 밖에 공동기금의 관리에 필요한 세부사항은 총리령으로 정한다.
③ 금융위원회는 필요하다고 인정되는 경우 한국공인회계사회의 공동기금의 관리 등에 관하여 검사를 할 수 있다.
제35조【과징금】 ① 금융위원회는 회사가 고의 또는 중대한 과실로 제5조에 따른 회계처리기준을 위반하여 재무제표를 작성한 경우에는 그 회사에 대하여 회계처리기준과 달리 작성된 금액의 100분의 20을 초과하지 아니하는 범위에서 과징금을 부과할 수 있다. 이 경우 회사의 위법행위를 알았거나 현저한 주의의무 위반으로 방지하지 못한 「상법」 제401조의2 및 제635조제1항에 규정된 자나 그 밖에 회사의 회계업무를 담당하는 자에 대해서도 회사에 부과하는 과징금의 100분의 10을 초과하지 아니하는 범위에서 과징금을 부과할 수 있다.
② 금융위원회는 감사인이 고의 또는 중대한 과실로 제16조에 따른 회계감사기준을 위반하여 감사보고서를 작성한 경우에는 그 감사인에 대하여 해당 감사로 받은 보수의 5배를 초과하지 아니하는 범위에서 과징금을 부과할 수 있다.
③ 제1항 및 제2항의 규정에 따른 과징금은 각 해당 규정의 위반행위가 있었던 때부터 8년이 경과하면 이를 부과하여서는 아니 된다. 다만, 제26조에 따른 감리가 개시된 경우 위 기간의 진행이 중단된다.
제36조【과징금의 부과·징수】 ① 금융위원회는 제35조에 따른 과징금을 부과하는 경우에는 대통령령으로 정하는 기준에 따라 다음 각 호의 사항을 고려하여야 한다.
1. 회사의 상장 여부
2. 위반행위의 내용 및 정도
3. 위반행위의 기간 및 횟수
4. 위반행위로 인하여 취득한 이익의 규모
② 금융위원회는 고의 또는 중대한 과실로 제5조에 따른 회계처리기준을 위반하여 재무제표를 작성한 법인이 합병을 하는 경우 그 법인이 한 위반행위는 합병 후 존속하거나 합병으로 신설된 법인이 한 위반행위로 보아 과징금을 부과·징수할 수 있다.
③ 금융위원회는 회사 또는 감사인이 동일한 사유로 「자본시장과 금융투자업에 관한 법률」 제429조에 따른 과징금을 부과받는 경우 해당 과징금이 제35조에 따른 과징금보다 적으면 그 차액만을 부과한다.
④ 제35조에 따른 과징금의 부과·징수에 관하여는 「자본시장과 금융투자업에 관한 법률」 제431조부터 제434조까지 및 제434조의2부터 제434조의4까지의 규정을 준용한다.
⑤ 제1항부터 제4항까지에서 규정한 사항 외에 과징금의 부과·징수에 필요한 사항은 대통령령으로 정한다.

제4장 보 칙

제37조【감사 미선임 회사에 대한 특례】 다른 법률에 따라 감사를 선임하지 아니한 회사에 대해서는 제8조, 제10조, 제11조, 제14조, 제22조, 제23조, 제28조, 제31조 또는 제40조에 따른 감사에 관한 사항을 적용하지 아니한다.
제38조【업무의 위탁】 ① 증권선물위원회는 이 법에 따른 업무의 일부를 대통령령으로 정하는 바에 따라 증권선물위원회위원장, 금융감독원장 또는 거래소에 위임하거나 위탁할 수 있다.
② 증권선물위원회는 제26조제1항, 제27조제1항, 제29조제3항 및 제4항에 따른 업무의 전부 또는 일부를 대통령령으로 정하는 바에 따라 한국공인회계사회에 위탁할 수 있다. 이 경우 한국공인회계사회는 감사인의 감사보수 중 일부를 총리령으로 정하는 바에 따라 감리업무 수수료로 징수할 수 있다.

제38조의2【회계의 날】 ① 회계투명성의 가치와 중요성을 국민에게 널리 알리고 회계분야 종사자들의 활동을 장려하기 위하여 매년 10월 31일을 회계의 날로 한다.
② 국가는 회계의 날 취지에 적합한 기념행사 등을 실시하도록 노력하여야 한다.
(2020.5.19 본조신설)

제5장 벌 칙

제39조【벌칙】 ①「상법」 제401조의2제1항 및 제635조제1항에 규정된 자나 그 밖에 회사의 회계업무를 담당하는 자가 제5조에 따른 회계처리기준을 위반하여 거짓으로 재무제표를 작성·공시하거나 감사인 또는 그에 소속된 공인회계사가 감사보고서에 기재하여야 할 사항을 기재하지 아니하거나 거짓으로 기재한 경우에는 10년 이하의 징역 또는 그 위반행위로 얻은 이익 또는 회피한 손실액의 2배 이상 5배 이하의 벌금에 처한다.
② 제1항에도 불구하고 제5조에 따른 회계처리기준을 위반하여 회사의 재무제표상 손익 또는 자기자본 금액이 자산총액의 일정 비중에 해당하는 금액만큼 변경되는 경우에는 다음 각 호에 따라 각각 가중할 수 있다. 다만, 자산총액의 100분의 5에 해당하는 금액이 500억원 이상인 경우에만 적용한다.
1. 재무제표상 변경된 금액이 자산총액의 100분의 10 이상인 경우에는 무기 또는 5년 이상의 징역에 처한다.
2. 재무제표상 변경된 금액이 자산총액의 100분의 5 이상으로서 제1호에 해당하지 아니하는 경우에는 3년 이상의 유기징역에 처한다.

제40조【벌칙】 ① 감사인, 감사인에 소속된 공인회계사, 감사, 감사위원회의 위원 또는 감사인선임위원회의 위원이 그 직무에 관하여 부정한 청탁을 받고 금품이나 이익을 수수(收受)·요구 또는 약속한 경우에는 5년 이하의 징역 또는 5천만원 이하의 벌금에 처한다. 다만, 벌금형에 처하는 경우 그 직무와 관련하여 얻는 경제적 이익의 5배에 해당하는 금액이 5천만원을 초과하면 그 직무와 관련하여 얻는 경제적 이익의 5배에 해당하는 금액 이하의 벌금에 처한다.
② 제1항에 따른 금품이나 이익을 약속·공여하거나 공여의 의사를 표시한 자도 제1항과 같다.

제41조【벌칙】「상법」 제401조의2제1항 및 제635조제1항에 규정된 자, 그 밖에 회사의 회계업무를 담당하는 자, 감사인 또는 그에 소속된 공인회계사나 제20조제4호에 따른 감사업무와 관련된 자가 다음 각 호의 어느 하나에 해당하는 행위를 하면 5년 이하의 징역 또는 5천만원 이하의 벌금에 처한다.
1.「상법」 제401조의2제1항 및 제635조제1항에 규정된 자나 그 밖에 회사의 회계업무 등 내부회계관리제도의 운영에 관련된 자로서 제8조제2항을 위반하여 내부회계관리제도에 따라 작성된 회계정보를 위조·변조·훼손 또는 파기한 경우
2. 감사인 또는 그에 소속된 공인회계사나 감사업무와 관련된 자로서 제19조제3항을 위반하여 감사조서를 위조·변조·훼손 또는 파기한 경우
3. 제22조에 따른 이사의 부정행위 등을 보고하지 아니한 경우
4. 제24조에 따른 주주총회등에 출석하여 거짓으로 진술을 하거나 사실을 감춘 경우
5. 제28조제2항을 위반하여 신고자등의 신분 등에 관한 비밀을 누설한 경우

제42조【벌칙】「상법」 제401조의2제1항 및 제635조제1항에 규정된 자, 그 밖에 회사의 회계업무를 담당하는 자, 감사인 또는 그에 소속된 공인회계사나 제20조제4호에 따른 감사업무와 관련된 자가 다음 각 호의 어느 하나에 해당하는 행위를 하면 3년 이하의 징역 또는 3천만원 이하의 벌금에 처한다.
1. 제6조 및 제23조제3항을 위반하여 재무제표를 제출하지 아니한 경우
2. 제6조제6항을 위반하여 감사인 또는 그에 소속된 공인회계사가 재무제표를 작성하거나 회사가 감사인 또는 그에 소속된 공인회계사에게 재무제표 작성을 요구하는 경우
3. 정당한 이유 없이 제7조 및 제21조에 따른 지배회사 또는 감사인의 열람, 복사, 자료제출 요구 또는 조사를 거부·방해·기피하거나 거짓 자료를 제출한 경우
4. 정당한 이유 없이 제10조제1항·제2항 또는 제8항에 따른 기간 내에 감사인을 선임하지 아니한 경우
5. 제20조를 위반하여 비밀을 누설하거나 부당한 목적을 위하여 이용한 경우
6. 정당한 이유 없이 제27조제1항에 따른 자료제출 등의 요구·열람 또는 조사를 거부·방해·기피하거나 거짓 자료를 제출한 경우
7. 재무제표를 작성하지 아니한 경우
8. 감사인 또는 그에 소속된 공인회계사에게 거짓 자료를 제시하거나 거짓이나 그 밖의 부정한 방법으로 감사인의 정상적인 회계감사를 방해한 경우

제43조【벌칙】 제28조제3항을 위반하여 신고자등에게 「공익신고자 보호법」 제2조제6호에 해당하는 불이익조치를 한 자는 2년 이하의 징역 또는 2천만원 이하의 벌금에 처한다.

제44조【벌칙】「상법」 제401조의2제1항 및 제635조제1항에 규정된 자, 그 밖에 회사의 회계업무를 담당하는 자, 감사인 또는 그에 소속된 공인회계사가 다음 각 호의 어느 하나에 해당하는 행위를 하면 1년 이하의 징역 또는 1천만원 이하의 벌금에 처한다.
1. 정당한 이유 없이 제11조제4항을 위반하여 증권선물위원회의 요구에 따르지 아니한 경우
2. 제11조제6항을 위반하여 감사인을 선임한 경우
3. 제23조제1항에 따른 감사보고서를 제출하지 아니한 경우
4. 제23조제6항을 위반하여 감사인의 명칭과 감사의견을 함께 적지 아니한 경우

제45조【몰수】 제39조제1항을 위반하여 얻은 이익 또는 제40조에 따른 금품이나 이익은 몰수한다. 이 경우 그 전부 또는 일부를 몰수할 수 없으면 그 가액(價額)을 추징한다.

제46조【양벌규정】 법인의 대표자나 법인 또는 개인의 대리인, 사용인, 그 밖의 종업원이 그 법인 또는 개인의 업무에 관하여 제39조부터 제44조까지의 위반행위를 하면 그 행위자를 벌하는 외에 그 법인 또는 개인에게도 해당 조문의 벌금형을 과(科)한다. 다만, 법인 또는 개인이 그 위반행위를 방지하기 위하여 해당 업무에 관하여 상당한 주의와 감독을 게을리하지 아니한 경우에는 그러하지 아니하다.

제47조【과태료】 ① 다음 각 호의 어느 하나에 해당하는 자에게는 5천만원 이하의 과태료를 부과한다.
1. 제28조제2항을 위반하여 신고자등의 인적사항 등을 공개하거나 신고자등임을 미루어 알 수 있는 사실을 다른 사람에게 알려주거나 공개한 자
2. 제28조제3항을 위반하여 신고자등에게 불이익한 대우를 한 자
② 다음 각 호의 어느 하나에 해당하는 자에게는 3천만원 이하의 과태료를 부과한다.
1. 제8조제1항 또는 제3항을 위반하여 내부회계관리제도를 갖추지 아니하거나 내부회계관리자를 지정하지 아니한 자
2. 제8조제4항을 위반하여 내부회계관리제도의 운영실태를 보고하지 아니한 자 또는 같은 조 제5항을 위반하여 운영실태를 평가하여 보고하지 아니하거나 그 평가보고서를 본점에 비치하지 아니한 자
3. 제8조제6항 및 제7항을 위반하여 내부회계관리제도의 운영실태에 관한 보고내용 등에 대하여 검토 및 감사하지 아니하거나 감사보고서에 종합의견을 표명하지 아니한 자
4. 제22조제5항을 위반하여 감사 또는 감사위원회의 직무수행에 필요한 자료나 정보 및 비용의 제공 요청을 정당한 이유 없이 따르지 아니한 회사의 대표자
③ 감사인 또는 그에 소속된 공인회계사가 제24조에 따른 주주총회등의 출석요구에 따르지 아니한 경우 1천만원 이하의 과태료를 부과한다.
④ 다음 각 호의 어느 하나에 해당하는 자에게는 500만원 이하의 과태료를 부과한다.
1. 제12조제2항에 따른 보고를 하지 아니한 자
2. 제23조제5항을 위반하여 재무제표 또는 감사보고서를 비치·공시하지 아니한 자
⑤ 제1항부터 제4항까지의 규정에 따른 과태료는 대통령령으로 정하는 바에 따라 증권선물위원회가 부과·징수한다.

제48조【징역과 벌금의 병과】 제39조제1항에 따라 징역에 처하는 경우에는 같은 항에 따른 벌금을 병과한다.

부 칙

제1조【시행일】 이 법은 공포 후 1년이 경과한 날부터 시행한다.

제2조【유한회사의 외부감사에 관한 적용례】 이 법 중 유한회사에 대한 부분은 이 법 시행일부터 1년이 경과한 날 이후 시작되는 사업연도부터 적용한다.

제3조【내부회계관리제도 감사에 관한 적용례】 제8조제6항 단서의 개정규정에 따른 감사인의 내부회계관리제도 감사는 감사보고서 작성일 기준 전년 말 자산총액 2조원 이상의 주권상장법인에 대해서는 2019년 감사보고서부터, 자산총액 5천억원 이상의 주권상장법인에 대해서는 2020년 감사보고서부터, 자산총액 1천억원 이상의 주권상장법인에 대해서는 2022년 감사보고서부터 적용한다.
(2023.1.17 본조개정)

제4조【감사인 자격 제한 등에 관한 적용례 등】 ① 제9조제5항의 개정규정은 이 법 시행 이후 시작되는 사업연도의 재무제표에 대한 감사업무를 하는 이사부터 적용한다. 이 경우 연속하는 사업연도의 산정은 제9조제5항의 개정규정이 적용되기 전의 사업연도를 포함하여 계산한다.
② 이 법 시행 전에 선임(변경선임을 포함한다)된 감사인에 대해서는 그 임기 동안 제9조제1항의 개정규정에도 불구하고 종전의 제3조제1항에 따른다.

제5조【주권상장법인 감사인 등록제에 관한 적용례】 제9조의2의 개정규정은 이 법 시행일부터 1년이 경과한 날 이후 시작되는 사업연도부터 적용한다. 다만, 주권상장법인 감사인 등록 신청은 제9조의2의 개정규정 적용시점으로부터 6개월 전부터 할 수 있다.

제6조【감사인 선임 등에 관한 적용례 등】 ① 제10조제1항·제5항·제6항, 제12조제2항 및 제13조제2항의 개정규정은 이 법 시행 이후 선임(변경선임을 포함한다) 또는 해임하는 감사인부터 적용한다. 다만, 이 법 시행 전에 이 법 시행일이 속하는 사업연도가 개시된 경우에는 제10조제1항의 개정규정에도 불구하고 종전의 제4조제1항에 따라 감사인을 선임할 수 있다.
② 이 법 시행 전에 종전의 제4조제2항 및 제6항에 따라 선임(변경선임을 포함한다)된 감사인에 대해서는 그 임기 동안 제10조제4항의 개정규정에 따라 선임된 것으로 본다.

제7조【대형비상장주식회사 및 금융회사에 대한 적용례】 제10조제3항, 제11조제1항제1호 및 제14조제1항의 개정규정 중 대형비상장주식회사 및 금융회사에 대한 부분은 이 법 시행 이후 시작되는 사업연도부터 적용한다.

제8조【주권상장법인 감사인 지정제에 관한 적용례】 제11조제2항의 개정규정은 이 법 시행일부터 1년이 경과한 날 이후 시작되는 사업연도부터 적용한다. 이 경우 연속하는 6개 사업연도의 산정은 제11조제2항의 개정규정이 최초로 적용되기 이전의 사업연도를 포함하여 계산한다.

제9조【회계법인의 사업보고서 제출 등에 관한 적용례】
① 제25조제2항의 개정규정은 이 법 시행 이후 시작되는 사업연도부터 적용한다.
② 제25조제5항의 개정규정은 이 법 시행 이후 해당 사실이 발생한 경우부터 적용한다.

제10조【부정행위 신고자의 보호 등에 관한 적용례】 제28조제1항 및 제5항의 개정규정은 이 법 시행 이후 신고하거나 고지하는 자부터 적용한다.

제11조【과징금에 관한 적용례】 제35조 및 제36조의 개정규정은 이 법 시행 이후 회사 또는 감사인이 고의 또는 중대한 과실로 제5조에 따른 회계처리기준을 위반하여 재무제표를 작성하거나 제16조에 따른 회계감사기준을 위반하여 감사보고서를 작성한 경우부터 적용한다.

제12조【회사 및 감사인 등에 대한 조치에 관한 경과조치】 이 법 시행 전의 위반행위에 대하여 조치를 하는 경우에는 제29조의 개정규정에도 불구하고 종전의 제16조에 따른다.

제13조【벌칙 및 과태료에 관한 경과조치】 이 법 시행 전의 위반행위에 대하여 벌칙 및 과태료를 적용하는 경우에는 종전의 규정에 따른다.

제14조【다른 법률의 개정】 ①~㊲ ※(해당 법령에 가제정리 하였음)

제15조【다른 법령과의 관계】 이 법 시행 당시 다른 법령에서 종전의 「주식회사의 외부감사에 관한 법률」 또는 그 규정을 인용한 경우에 이 법 가운데 그에 해당하는 규정이 있으면 종전의 「주식회사의 외부감사에 관한 법률」 또는 그 규정을 갈음하여 이 법 또는 이 법의 해당 규정을 인용한 것으로 본다.

부 칙 (2020.5.19)

이 법은 공포 후 1년이 경과한 날부터 시행한다.

부 칙 (2023.1.17)

이 법은 공포한 날부터 시행한다.

부 칙 (2023.3.21)

제1조【시행일】 이 법은 공포 후 6개월이 경과한 날부터 시행한다.

제2조【손해배상청구소송에서 기록의 송부에 관한 적용례】 제31조의2의 개정규정은 이 법 시행 이후 손해배상청구소송이 제기된 경우부터 적용한다.

부 칙 (2024.1.16)

제1조【시행일】 이 법은 공포한 날부터 시행한다.(이하 생략)

〔별표〕➡「法典 別册」참조

주식회사 등의 외부감사에 관한 법률 시행령

(2018년 10월 30일
전부개정대통령령 제29269호)

개정
2020.10.13영31113호 2021. 1.12영31394호
2021. 2.17영31444호(조세시)
2021.12.21영32244호 2022. 5. 3영32626호
2023. 5. 2영33447호 2023.12.19영34014호

제1조【목적】 이 영은 「주식회사 등의 외부감사에 관한 법률」에서 위임된 사항과 그 시행에 필요한 사항을 규정함을 목적으로 한다.

제2조【재무제표】 「주식회사 등의 외부감사에 관한 법률」(이하 "법"이라 한다) 제2조제2호다목에서 "대통령령으로 정하는 서류"란 다음 각 호의 서류를 말한다.
1. 자본변동표
2. 현금흐름표
3. 주석(註釋)

제3조【연결재무제표 등】 ① 법 제2조제3호 각 목 외의 부분에서 "대통령령으로 정하는 지배·종속의 관계"란 회사가 경제 활동에서 효용과 이익을 얻기 위하여 다른 회사(조합 등 법인격이 없는 기업을 포함한다)의 재무정책과 영업정책을 결정할 수 있는 능력을 가지는 경우로서 법 제5조제1항 각 호의 어느 하나에 해당하는 회계처리기준(이하 "회계처리기준"이라 한다)에서 정하는 그 회사(이하 "지배회사"라 한다)와 그 다른 회사(이하 "종속회사"라 한다)의 관계를 말한다.
② 법 제2조제3호다목에서 "대통령령으로 정하는 서류"란 다음 각 호의 서류를 말한다.
1. 연결자본변동표
2. 연결현금흐름표
3. 주석

제4조【대형비상장주식회사】 법 제2조제5호에서 "대통령령으로 정하는 금액"이란 5천억원을 말한다. 다만, 다음 각 호의 어느 하나에 해당하는 주식회사의 경우에는 1천억원을 말한다.
1. 직전 사업연도 말 기준 「독점규제 및 공정거래에 관한 법률」 제31조제1항에 따른 공시대상기업집단(이하 "공시대상기업집단"이라 한다)에 속하는 국내 회사(같은 법 제33조에 따라 공시대상기업집단의 소속 회사로 편입·통지된 것으로 보는 회사는 제외한다. 이하 같다)
2. 직전 사업연도 말 기준 「자본시장과 금융투자업에 관한 법률」 제159조제1항에 따른 사업보고서 제출대상법인(이하 "사업보고서 제출대상법인"이라 한다)
(2023.5.2 본조개정)

제5조【외부감사의 대상】 ① 법 제4조제1항제3호 본문에서 "직전 사업연도 말의 자산, 부채, 종업원 수 또는 매출액 등 대통령령으로 정하는 기준에 해당하는 회사"란 다음 각 호의 어느 하나에 해당하는 회사를 말한다.
1. 직전 사업연도 말의 자산총액이 500억원 이상인 회사
2. 직전 사업연도의 매출액(직전 사업연도가 12개월 미만인 경우에는 12개월로 환산하며, 1개월 미만은 1개월로 본다. 이하 같다)이 500억원 이상인 회사
3. 다음 각 목의 사항 중 2개 이상에 해당하는 회사
(2020.10.13 본문개정)
  가. 직전 사업연도 말의 자산총액이 120억원 이상
  나. 직전 사업연도 말의 부채총액이 70억원 이상
  다. 직전 사업연도의 매출액이 100억원 이상
  (2020.10.13 가목~다목개정)
  라. 직전 사업연도 말의 종업원(「근로기준법」 제2조제1항제1호에 따른 근로자를 말하며, 다음의 어느 하나에 해당하는 사람은 제외한다. 이하 같다)이 100명 이상
  (2020.10.13 본문개정)
   1) 「소득세법 시행령」 제20조제1항 각 호의 어느 하나에 해당하는 사람
   2) 「파견근로자보호 등에 관한 법률」 제2조제5호에 따른 파견근로자
② 법 제4조제1항제3호 단서에서 "대통령령으로 정하는 기준에 해당하는 유한회사"란 다음 각 호의 어느 하나에 해당하는 유한회사를 말한다. 다만, 2019년 11월 1일 이후 「상법」 제604조에 따라 주식회사에서 유한회사로 조직을 변경한 유한회사의 경우에는 같은 법 제606조에 따라 등기한 날부터 5년까지는 제1항 각 호의 어느 하나에 해당하는 회사를 말한다.
1. 제1항제1호 또는 제2호에 해당하는 유한회사
2. 다음 각 목의 사항 중 3개 이상에 해당하는 유한회사
  가. 직전 사업연도 말의 자산총액이 120억원 이상
  나. 직전 사업연도 말의 부채총액이 70억원 이상
  다. 직전 사업연도의 매출액이 100억원 이상
  라. 직전 사업연도 말의 종업원이 100명 이상
  마. 직전 사업연도 말의 사원(「상법」 제543조제2항제1호에 따라 정관에 기재된 사원을 말한다. 이하 같다)이 50명 이상
(2020.10.13 본항개정)
③ 법 제4조제2항제2호에서 "대통령령으로 정하는 회사"란 다음 각 호의 회사를 말한다.
1. 해당 사업연도에 최초로 「상법」 제172조에 따라 설립등기를 한 회사
2. 법 제10조제1항 및 제2항에 따른 감사인 선임기간의 종료일에 다음 각 목의 어느 하나에 해당되는 회사[감사인을 선임한 후 다음 각 목의 어느 하나에 해당하게 된 회사로서 「금융위원회의 설치 등에 관한 법률」 제19조에 따른 증권선물위원회(이하 "증권선물위원회"라 한다)가 인정하는 회사를 포함한다]
  가. 「지방공기업법」에 따른 지방공기업 중 주권상장법인이 아닌 회사
  나. 「자본시장과 금융투자업에 관한 법률」 제9조제18항제2호 및 제3호에 따른 투자회사 및 투자유한회사, 같은 법 제249조의13에 따른 투자목적회사
  다. 「기업구조조정투자회사법」 제2조제3호에 따른 기업구조조정투자회사
  라. 「자산유동화에 관한 법률」 제2조제5호에 따른 유동화전문회사
  마. 「민법」 제32조에 따라 금융위원회의 허가를 받아 설립된 금융결제원으로부터 거래정지처분을 받고 그 처분의 효력이 지속되고 있는 회사. 다만, 「채무자 회생 및 파산에 관한 법률」에 따라 회생절차의 개시가 결정된 회사는 제외한다.
  바. 해산·청산 또는 파산 사실이 등기되거나 1년 이상 휴업 중인 회사
  사. 「상법」 제174조에 따라 합병절차가 진행 중인 회사로서 해당 사업연도 내에 소멸될 회사
  아. 그 밖에 가목부터 사목까지에 준하는 사유로 외부감사를 할 필요가 없는 회사로서 금융위원회가 고시하는 기준에 해당하는 회사

제6조【회계처리기준】 ① 다음 각 호의 어느 하나에 해당되는 회사는 법 제5조제3항 후단에 따라 같은 조 제1항제1호의 회계처리기준(이하 "한국채택국제회계기준"이라 한다)을 적용하여야 한다.
1. 주권상장법인. 다만, 「자본시장과 금융투자업에 관한 법률 시행령」 제11조제2항에 따른 코넥스시장(이하 "코넥스시장"이라 한다)에 주권을 상장한 법인은 제외한다.
2. 해당 사업연도 또는 다음 사업연도 중에 주권상장법인이 되려는 회사. 다만, 코넥스시장에 주권을 상장하려는 법인은 제외한다.
3. 「금융지주회사법」에 따른 금융지주회사. 다만, 같은 법 제22조에 따른 전환대상자는 제외한다.
4. 「은행법」에 따른 은행
5. 「자본시장과 금융투자업에 관한 법률」에 따른 투자매매업자, 투자중개업자, 집합투자업자, 신탁업자 및 종합금융회사
6. 「보험업법」에 따른 보험회사
7. 「여신전문금융업법」에 따른 신용카드업자
② 제3조제1항에 따른 지배·종속의 관계에 있는 경우로서 지배회사가 연결재무제표에 한국채택국제회계기준을 적용하는 경우에는 연결재무제표가 아닌 재무제표에도 한국채택국제회계기준을 적용하여야 한다.

제7조【회계처리기준 관련 업무 위탁 등】 ① 금융위원회는 법 제5조제4항에 따라 다음 각 호의 업무를 「민법」 제32조에 따라 금융위원회의 허가를 받아 설립된 사단법인 한국회계기준원(이하 "한국회계기준원"이라 한다)에 위탁한다.
1. 회계처리기준의 제정 또는 개정
2. 회계처리기준의 해석(2023.5.2 본호개정)
3. 회계처리기준 관련 질의에 대한 회신(2023.5.2 본호신설)
4. 그 밖에 회계처리기준과 관련하여 금융위원회가 정하는 업무
② 한국회계기준원은 다음 각 호에 관한 사항을 심의·의결하기 위하여 총리령으로 정하는 바에 따라 위원장 1명을 포함하여 9명 이내의 위원으로 구성되는 회계처리기준위원회를 두어야 한다.(2023.5.2 본문개정)
1. 제1항제1호 및 제2호에 관한 사항
2. 제1항제3호에 관한 사항 중 위원장이 회의에 부치는 사항
(2023.5.2 1호~2호신설)
③ 한국회계기준원은 매년 총지출 예산의 10퍼센트에 해당하는 금액을 직전 2개 사업연도 총지출 예산액이 될 때까지 적립하여야 한다.
④ 「금융위원회의 설치 등에 관한 법률」에 따라 설립된 금융감독원(이하 "금융감독원"이라 한다)은 법 제5조제6항에 따라 「자본시장과 금융투자업에 관한 법률」 제442조제1항에 따라 징수한 분담금의 8퍼센트를 넘지 아니하는 범위에서 한국회계기준원의 해당 사업연도 총지출 예산과 제3항에 따라 해당 사업연도에 적립하여야 하는 금액을 더한 금액에서 해당 사업연도 자체수입(금융감독원으로부터 지원받는 금액을 제외한 나머지 수입을 말한다)을 뺀 금액을 지원한다.
⑤ 한국회계기준원은 제4항에 따른 지원금이 감소하는 등 재정상 어려움으로 사업을 정상적으로 유지하기 어렵다고 인정되는 경우에는 금융위원회의 승인을 받아 제3항에 따른 적립금을 사용할 수 있다.
⑥ 제4항에 따른 지원금의 지급 방법, 지급 시기 및 그 밖에 필요한 사항은 금융위원회가 정한다.
⑦ 제1항부터 제6항까지에서 규정한 사항 외에 회계처리기준과 관련된 업무에 필요한 사항은 금융위원회가 정한다.

제8조【재무제표의 작성 책임 및 제출】 ① 법 제6조제2항에서 "대통령령으로 정하는 기간"이란 다음 각 호의 구분에 따른 기한을 말한다.
1. 재무제표 : 정기총회 개최 6주 전(회생절차가 진행 중인 회사는 사업연도 종료 후 45일 이내)
2. 연결재무제표 : 다음 각 목의 구분에 따른 기한
  가. 한국채택국제회계기준을 적용하는 회사 : 정기총회 개최 4주 전(회생절차가 진행 중인 회사는 사업연도 종료 후 60일 이내)
  나. 한국채택국제회계기준을 적용하지 아니하는 회사 : 사업연도 종료 후 90일 이내(사업보고서 제출대상법인 중 직전 사업연도 말의 자산총액이 2조원 이상인 법인은 사업연도 종료 후 70일 이내)(2023.5.2 본목개정)
② 제1항에도 불구하고 사업보고서 제출대상법인이 「자본시장과 금융투자업에 관한 법률」 제159조제1항에 따른 사업보고서 제출기한(이하 "사업보고서 제출기한"이라 한다) 이후 정기총회를 개최하는 경우에 재무제표를 감사인에게 제출하여야 하는 기한은 다음 각 호의 구분에 따른다.
1. 재무제표 : 사업보고서 제출기한 6주 전(회생절차가 진행 중인 회사는 사업연도 종료 후 45일 이내)
2. 연결재무제표 : 다음 각 목의 구분에 따른 기한
  가. 한국채택국제회계기준을 적용하는 회사 : 사업보고서 제출기한 4주 전(회생절차가 진행 중인 회사는 사업연도 종료 후 60일 이내)
  나. 한국채택국제회계기준을 적용하지 아니하는 회사 : 제1항제2호나목의 기한
③ 법 제6조제4항 전단에서 "대통령령으로 정하는 회사"란 다음 각 호의 회사를 말한다.
1. 대형비상장주식회사
2. 「금융산업의 구조개선에 관한 법률」 제2조제1호에 따른 금융기관 및 「농업협동조합법」에 따른 농협은행(이하 "금융회사"라 한다)
④ 법 제6조제4항 전단에서 "대통령령으로 정하는 사항"이란 법 제6조제2항에 따라 회사가 감사인에게 제출한 재무제표를 말한다.
⑤ 주권상장법인인 회사 및 제3항 각 호의 회사는 법 제6조제4항 후단에 따라 감사인에게 재무제표를 제출한 후에 즉시 그 재무제표를 「정보통신망 이용촉진 및 정보보호 등에 관한 법률」 제2조제5호에 따른 전자문서(이하 "전자문서"라 한다)로 증권선물위원회에 제출하여야 한다.
⑥ 법 제6조제6항에서 "대통령령으로 정하는 행위"란 다음 각 호의 어느 하나에 해당하는 행위를 말한다.
1. 해당 회사의 재무제표를 대표이사와 회계담당 이사(회계담당 이사가 없는 경우에는 회계업무를 집행하는 직원을 말한다)를 대신하여 작성하는 행위
2. 해당 회사의 재무제표 작성과 관련된 회계처리에 대한 자문에 응하는 행위
3. 해당 회사의 재무제표 작성에 필요한 계산 또는 회계분개[分介, 부기(簿記)에서 거래 내용을 차변(借邊)과 대변(貸邊)으로 나누어 적는 일을 말한다]를 대신하여 해주는 행위
4. 해당 회사의 재무제표 작성과 관련된 회계처리방법의 결정에 관여하는 행위

제9조【내부회계관리제도의 운영 등】 ① 법 제8조제1항 각 호 외의 부분 단서에서 "대통령령으로 정하는 회사"란 다음 각 호의 어느 하나에 해당되는 회사를 말한다.
1. 유한회사
2. 「법인세법」 제51조의2제1항 각 호의 어느 하나에 해당하거나 「조세특례제한법」 제104조의31제1항에 해당하는 회사(2021.2.17 본호개정)
3. 직전 사업연도 말의 자산총액이 5천억원 미만인 회사. 다만, 다음 각 목의 어느 하나에 해당하는 회사는 제외한다.
  가. 주권상장법인
  나. 직전 사업연도 말 기준 공시대상기업집단에 속하는 국내 회사
  다. 직전 사업연도 말 기준 사업보고서 제출대상법인
  라. 금융회사
  (2023.5.2 본호신설)
4. 그 밖에 회사의 특성을 고려할 때 법 제8조제1항에 따른 내부회계관리제도(이하 "내부회계관리제도"라 한다)를 운영하기가 어려운 회사로서 금융위원회가 정하여 고시하는 기준에 맞는 회사
② 법 제8조제1항제6호에서 "대통령령으로 정하는 사항"이란 다음 각 호의 사항을 말한다.
1. 법 제8조제1항에 따른 내부회계관리규정(이하 "내부회계관리규정"이라 한다)의 제정 및 개정을 위한 절차
2. 법 제8조제3항에 따른 내부회계관리자(이하 "내부회계관리자"라 한다)의 자격요건 및 임면절차
3. 법 제8조제4항에 따른 운영실태[회사의 대표자, 감사(회사에 법 제2조제6호에 따른 감사위원회(이하 "감사위원회"라 한다)가 설치되어 있는 경우에는 감사위원회를 말한다. 이하 이 조에서 같다), 내부회계관리규정을 관리·운영하는 임직원 및 회계정보를 작성·공시하는 임직원(이하 이 조에서 "회사의 대표자등"이라 한다)이 법 제8조제2항을 준수하였는지를 포함한다] 보고의 기준 및 절차
4. 법 제8조제5항에 따른 평가·보고의 기준 및 절차
5. 법 제8조제5항에 따른 평가 결과를 회사의 대표자등의

인사·보수 및 차기 사업연도 내부회계관리제도 운영계획 등에 반영하기 위한 절차 및 방법
6. 연결재무제표에 관한 회계정보를 작성·공시하기 위하여 필요한 사항(지배회사가 주권상장법인인 경우만 해당한다)
7. 내부회계관리규정 위반의 예방 및 사후조치에 관한 다음 각 목의 사항
가. 회사의 대표자등을 대상으로 하는 교육·훈련의 계획·성과평가·평가결과의 활용 등에 관한 사항
나. 회사의 대표자등이 내부회계관리규정을 관리·운영하는 임직원 또는 회계정보를 작성·공시하는 임직원에게 내부회계관리규정에 위반되는 행위를 지시하는 경우에 해당 임직원이 지시를 거부하더라도 그와 관련하여 불이익을 받지 아니하도록 보호하는 제도에 관한 사항
다. 내부회계관리규정 위반행위 신고제도의 운영에 관한 사항
라. 법 제22조제3항·제4항에 따른 조사·시정 등의 요구 및 조사결과 제출 등과 관련하여 필요한 감사의 역할 및 책임에 관한 사항
마. 법 제22조제5항에 따른 자료나 정보 및 비용의 제공과 관련한 회사 대표자의 역할 및 책임에 관한 사항
바. 내부회계관리규정을 위반한 임직원의 징계 등에 관한 사항
8. 그 밖에 내부회계관리규정에 포함하여야 할 사항으로서 금융위원회가 정하는 사항
③ 회사는 내부회계관리규정을 제정하거나 개정할 때 감사의 승인 및 이사회의 결의를 거쳐야 한다. 이 경우 감사와 이사회는 승인 또는 결의의 이유 등을 문서(전자문서를 포함한다. 이하 같다)로 작성·관리하여야 한다.
④ 회사의 대표자는 법 제8조제4항 본문에 따라 다음 각 호의 사항이 포함된 문서(이하 "내부회계관리제도 운영실태보고서"라 한다)를 작성하여 이사회 및 감사에게 대면(對面) 보고를 하여야 한다. 다만, 법 제8조제4항 단서에 따라 내부회계관리자가 보고하는 경우에는 보고 전에 회사의 대표자가 그 사유를 이사회 및 감사에게 문서로 제출하여야 한다.
1. 내부회계관리제도의 운영실태를 점검한 결과 및 취약사항에 대한 시정조치 계획
2. 직전 사업연도에 보고한 제1호에 따른 시정조치 계획의 이행 결과
3. 다음 각 목의 사항을 확인하고 서명하여 보고 내용에 첨부하였다는 사실
가. 보고 내용이 거짓으로 기재되거나 표시되지 아니하였고, 기재하거나 표시하여야 할 사항을 빠뜨리고 있지 아니하다는 사실
나. 보고 내용에 중대한 오해를 일으키는 내용이 기재되거나 표시되지 아니하였다는 사실
다. 충분한 주의를 다하여 보고 내용의 기재 사항을 직접 확인·검토하였다는 사실
⑤ 감사는 법 제8조제5항 전단에 따라 내부회계관리제도의 운영실태를 평가(감사위원회가 설치되어 있는 경우에는 대면 회의를 개최하여 평가하여야 한다)한 후 다음 각 호의 사항을 문서(이하 "내부회계관리제도 평가보고서"라 한다)로 작성·관리하여야 한다.
1. 해당 회사의 내부회계관리제도가 신뢰성 있는 회계정보의 작성 및 공시에 실질적으로 기여하는지를 평가한 결과 및 시정 의견
2. 내부회계관리제도 운영실태보고서에 거짓으로 기재되거나 표시된 사항이 있거나, 기재하거나 표시하여야 할 사항을 빠뜨리고 있는지를 점검한 결과 및 조치 내용
3. 내부회계관리제도 운영실태보고서의 시정 계획이 회사의 내부회계관리제도 개선에 실질적으로 기여할 수 있는지를 검토한 결과 및 대안
⑥ 감사 또는 감사인은 법 제8조제5항 또는 제6항에 따른 평가 또는 검토 등을 하는 데 필요한 자료나 정보를 회사의 대표자에게 요청할 수 있다. 이 경우 회사의 대표자는 특별한 사유가 없으면 지체 없이 이를 제공하여야 한다.
⑦ 감사는 정기총회 개최 1주 전까지 내부회계관리제도 평가보고서를 이사회에 대면 보고하여야 한다.
⑧ 주권상장법인의 감사인은 법 제8조제6항 단서에 따라 감사를 할 때에는 법 제16조에 따른 회계감사기준(이하 "회계감사기준"이라 한다)을 준수하여야 한다.
⑨ 사업보고서 제출대상법인은 금융위원회가 정하는 바에 따라 다음 각 호의 사항을 공시하여야 한다.
1. 내부회계관리제도 운영실태보고서
2. 내부회계관리제도 평가보고서
3. 그 밖에 금융위원회가 정하는 사항
⑩ 제1항부터 제9항까지에서 규정한 사항 외에 내부회계관리제도를 효과적으로 운영하는 데 필요한 사항은 금융위원회가 정한다.

제10조【감사인의 자격】 ① 법 제9조제4항에서 "대통령령으로 정하는 실무수습 등을 이수한 자"란 「공인회계사법 시행령」 제12조제1항 각 호의 어느 하나에 해당하는 기관에서 2년 이상(같은 항 제4호의 기관인 경우에는 3년 이상) 실무수습을 받은 사람을 말한다. 이 경우 실무수습기간을 산정할 때에는 「공인회계사법」 제7조제1항에 따른 실무수습기간을 포함한다.
② 제1항에 따른 실무수습에 관하여는 「공인회계사법 시행령」 제12조제3항 및 제4항을 준용한다.

제11조【주권상장법인 감사인의 등록 및 취소】 ① 법 제9조의2제1항에 따라 주권상장법인의 감사인이 되려는 자(이하 이 조에서 "신청인"이라 한다)는 등록신청서를 금융위원회에 제출하여야 한다.
② 금융위원회는 제1항에 따른 등록신청서를 접수하면 신청인이 법 제9조의2제1항 각 호의 요건(이하 이 조에서 "등록요건"이라 한다)을 모두 갖추었는지를 심사하여 등록신청서를 접수한 날부터 4개월 이내에 등록 여부를 결정하고, 그 결과와 이유를 지체 없이 신청인에게 문서로 통지하여야 한다. 이 경우 등록신청서에 흠결(欠缺)이 있으면 보완을 요구할 수 있으며, 필요한 경우에는 신청인이 등록요건을 갖추었는지를 확인하기 위하여 현장조사를 할 수 있다.
③ 제2항에 따른 심사기간을 산정할 때 등록신청서 흠결의 보완기간 등 금융위원회가 정하는 기간은 심사기간에 산입하지 아니한다.
④ 법 제9조의2제5항에서 "증권선물위원회로부터 대통령령으로 정하는 업무정지 수준 이상의 조치를 받은 경우"란 법 제29조제3항제1호 또는 제2호에 따른 조치를 받은 경우를 말한다.
⑤ 제1항부터 제4항까지에서 규정한 사항 외에 신청인의 등록신청서 제출에 따른 심사, 주권상장법인 감사인의 등록 및 등록취소에 관한 세부적인 사항은 금융위원회가 정한다.

제12조【감사인선임위원회 등】 ① 법 제10조제4항제1호나목에 따른 감사인선임위원회(이하 "감사인선임위원회"라 한다)는 위원장 1명을 포함하여 5명 이상의 위원으로 구성한다.(2021.1.12 본항개정)
② 감사인선임위원회의 위원(이하 이 조에서 "위원"이라 한다)은 다음 각 호의 사람이 된다. 다만, 다음 각 호에 해당하는 사람이 없는 등 부득이한 경우에는 감사인을 선임하는 회사로부터 독립하여 공정하게 심의를 할 수 있는 사람으로서 경영·회계·법률 또는 외부감사에 대한 전문성을 갖춘 사람으로 감사인선임위원회를 구성할 수 있다.
1. 감사 1명
2. 다른 법령에 따라 선임된 사외이사(이사로서 그 회사의 상시업무에 종사하지 아니하는 이사를 말한다. 이하 이 조에서 "사외이사"라 한다)가 있는 회사의 경우에는 그 사외이사 중 2명 이내
3. 「법인세법 시행령」 제43조제7항 및 제8항에 따른 지배주주 및 그와 특수관계에 있는 주주를 제외한 기관투자자(「법인세법 시행령」 제161조제1항제4호에 따른 기관투자자 및 「국민연금법」에 따른 국민연금공단을 말한다. 이하 같다) 중에서 의결권 있는 주식(「자본시장과 금융투자업에 관한 법률」 제9조제17항제3호에 따른 증권금융회사가 같은 법 제326조제1항제2호에 따른 대여 업무 수행을 위하여 담보 목적으로 취득한 주식은 제외하며, 직전 사업연도 말에 소유한 주식을 기준으로 한다. 이하 이 호에서 같다)을 가장 많이 소유하고 있는 기관투자자의 임직원 1명. 다만, 사업연도 개시 후 감사인선임위원회 개최 통보일 전날까지 소유한 의결권 있는 주식 수가 현저하게 감소한 기관투자자는 제외한다.(2022.5.3 본문개정)
4. 다음 각 목의 어느 하나에 해당하는 주주를 제외한 주주 중에서 의결권 있는 주식(「자본시장과 금융투자업에 관한 법률」 제9조제17항제3호에 따른 증권금융회사가 같은 법 제326조제1항제2호에 따른 대여 업무 수행을 위하여 담보 목적으로 취득한 주식은 제외하며, 직전 사업연도 말에 소유한 주식을 기준으로 한다)을 가장 많이 소유한 주주(기관투자자인 경우 소속 임직원을 말한다) 1명. 다만, 사업연도 개시 후 감사인선임위원회 개최 통보일의 전날까지 소유한 의결권 있는 주식(담보 목적으로 취득한 주식은 제외한다) 수가 현저하게 감소한 주주는 제외한다.(2021.1.12 본문개정)
가. 「법인세법 시행령」 제43조제7항 및 제8항에 따른 지배주주 및 그와 특수관계에 있는 주주
나. 해당 회사의 임원인 주주
다. 제3호에 따른 기관투자자
5. 「법인세법 시행령」 제43조제7항 및 제8항에 따른 지배주주 및 그와 특수관계에 있는 주주를 제외한 채권자 중 채권액(감사인선임위원회 개최 통보일의 전날에 보유한 채권을 기준으로 한다)이 가장 많은 금융회사(「한국산업은행법」에 따른 한국산업은행 및 「한국수출입은행법」에 따른 한국수출입은행을 포함한다)의 임직원 1명
(2021.1.12 본호개정)
③ 감사인선임위원회의 위원장(이하 이 조에서 "위원장"이라 한다)은 사외이사 중에서 호선(互選)하되, 사외이사가 없는 경우에는 금융위원회가 정하는 바에 따라 위원 중에서 호선한다.
④ 감사인선임위원회의 회의는 재적위원 3분의 2 이상의 출석으로 개의(開議)하고, 출석위원 과반수의 찬성으로 의결한다.
⑤ 제4항에도 불구하고 위원(질병, 외국거주, 소재불명 또는 그 밖에 이에 준하는 부득이한 사유로 직접 의결권을 행사할 수 없음이 명백한 위원은 제외한다)이 모두 동의할 때에는 다음 각 호의 위원이 모두 출석하면 감사인선임위원회의 회의를 개의하여 출석위원 전원의 찬성으로 의결할 수 있다.
1. 위원장
2. 제2항제1호에 따른 위원
3. 제2항제2호에 따른 위원 중 1명. 다만, 해당 위원이 없거나 부득이한 사유로 의결권을 행사할 수 없는 경우에는 제2항제3호부터 제5호까지의 규정에 따른 위원 중 1명
⑥ 제2항제3호부터 제5호까지의 규정의 어느 하나에 해당하는 위원이 부득이한 사유로 의결권을 행사할 수 없는 경우에는 그 위원의 대리인이 의결권을 행사할 수 있다. 이 경우 그 대리인은 위원이 의결권을 행사하지 못한 사유 및 그 위원의 대리인임을 객관적으로 증명할 수 있는 문서를 감사인선임위원회에 제출하여야 한다.
⑦ 회사는 감사인선임위원회에 출석한 위원의 인적사항 및 감사인선임위원회 회의의 주요 발언 내용 등을 문서로 작성·관리하여야 한다.
⑧ 제1항부터 제7항까지에서 규정한 사항 외에 감사인선임위원회의 운영 등에 필요한 세부적인 사항은 금융위원회가 정한다.

제13조【감사인 선정 등】 ① 법 제10조제4항제2호나목에서 "대통령령으로 정하는 일정규모"란 자본금 10억원을 말한다.
② 법 제10조제7항제3호에서 "해산 등 대통령령으로 정하는 사유"란 다음 각 호의 어느 하나에 해당하는 경우를 말한다.
1. 감사인이 파산 등의 사유로 해산하는 경우(합병으로 인한 해산의 경우는 제외한다)
2. 감사인인 회계법인이 「공인회계사법」 제39조제1항에 따라 등록이 취소되거나 업무의 전부 또는 일부가 정지된 경우
3. 감사인인 감사반의 등록이 총리령으로 정하는 바에 따라 취소되거나 효력이 상실된 경우
4. 감사인인 감사반의 구성원이 「공인회계사법」 제48조제2항제1호부터 제3호까지의 규정에 해당하는 징계를 받은 경우
5. 주권상장법인의 감사인이 법 제9조의2제5항에 따라 등록이 취소된 경우
6. 감사인이 법 제29조제3항 또는 제4항에 따른 조치로 해당 회사에 대한 감사업무를 계속 수행할 수 없는 경우
7. 그 밖에 감사인이 해당 사업연도의 회계감사를 수행할 수 없다고 증권선물위원회가 인정하는 경우
③ 법 제10조제4항에 따라 감사인 선정(승인을 포함한다. 이하 이 조에서 같다)을 하는 자는 미리 선정에 필요한 기준과 절차를 마련하여야 한다. 이 경우 법 제10조제4항제1호나목, 같은 항 제2호나목 또는 같은 호 다목에 해당할 때에는 그 기준과 절차에 대하여 감사인선임위원회 또는 사원총회의 승인을 받아야 한다.
④ 제3항 전단에 따른 기준에는 다음 각 호의 사항이 포함되어야 한다.
1. 감사시간·감사인력·감사보수 및 감사계획의 적정성
2. 감사인의 독립성(감사 의견에 편견을 발생시키는 등 부당한 영향을 미칠 우려가 있는 이해관계를 회피하는 것을 말한다) 및 전문성(감사업무를 수행하는 데 필요한 교육·훈련 및 경험, 감사대상 회사의 업무 등에 대한 전문지식 등을 충분히 갖춘 것을 말한다)
3. 직전 사업연도에 해당 회사에 대하여 감사업무를 한 감사인〔이하 "전기감사인(前期監査人)"이라 한다〕의 의견진술 내용 및 다음 각 목의 사항. 다만, 직전 사업연도에 회계감사를 받지 아니한 경우에는 제외한다.
가. 전기감사인이 감사인 선임 시 합의한 감사시간·감사인력·감사보수·감사계획 등을 충실하게 이행하였는지에 대한 평가 결과
나. 전기감사인이 감사업무와 관련하여 회사에 회계처리기준 해석, 자산 가치평가 등에 대한 자문을 외부기관에 할 것을 요구한 경우 요구 내용에 대한 감사·감사위원회와 전기감사인 간의 협의 내용, 자문 결과 및 그 활용 내용
다. 해당 사업연도의 감사·감사위원회와 전기감사인 간의 대면 회의 개최횟수, 참석자 인적사항, 주요 발언 내용 등
라. 그 밖에 감사인 선정의 객관성 및 신뢰성을 확보하기 위하여 필요한 기준으로서 금융위원회가 정하는 사항
⑤ 감사위원회, 감사인선임위원회 및 사원총회는 감사인을 선정하기 위하여 대면 회의를 개최하여야 한다. 이 경우 다음 각 호의 사항을 문서로 작성·관리하여야 한다.
1. 제4항 각 호의 사항에 대한 검토 결과
2. 대면 회의의 개최횟수, 참석자 인적사항, 주요 발언 내용 등
⑥ 제1항부터 제5항까지에서 규정한 사항 외에 감사·감사위원회·감사인선임위원회 또는 사원총회의 감사인 선임 및 관리 등에 필요한 세부적인 사항은 금융위원회가 정한다.

제14조【증권선물위원회의 감사인 지정을 받는 회사】
①~② (2020.10.13 삭제)
③ 증권선물위원회는 법 제11조제1항제7호에 따라 「자본시장과 금융투자업에 관한 법률」 제390조에 따른 상장규정에 따라 관리종목으로 지정된 회사 중에서 공정한 감사가 필요하다고 인정되는 회사를 지정한다. 다만, 다음 각 호의 어느 하나에 해당하여 관리종목으로 지정된 회사는 제외한다.
1. 주주 수 또는 상장주식 수 등 주식분산 기준을 충족하

지 못한 경우
2. 주식거래량 기준을 충족하지 못한 경우
3. 시가총액 기준을 충족하지 못한 경우
(2023.12.19 본항개정)
④ 법 제11조제1항제8호에서 "대통령령으로 정하는 주주"란 투자대상회사의 장기적인 가치 향상과 지속적인 성장을 추구함으로써 고객과 수익자의 중장기적인 이익을 도모할 책임(이하 "수탁자 책임"이라 한다)을 효과적으로 이행할 기관투자자인 주주로서 증권선물위원회가 인정하는 자를 말한다. 이 경우 증권선물위원회는 금융위원회가 정하는 바에 따라 다음 각 호의 사항을 고려하여야 한다.
1. 기관투자자가 수탁자 책임을 효과적으로 이행하는 데 필요한 핵심 원칙에 따라 주주활동을 수행하였는지 여부
2. 투자대상회사의 지분을 보유한 기간
3. 투자대상회사 지분율
4. 그 밖에 금융위원회가 정하는 사항
⑤ 「기업구조조정 촉진법」 제2조제5호에 따른 주채권은행 및 제4항에 따른 기관투자자인 주주가 법 제11조제1항제8호에 따라 증권선물위원회에 감사인 지정을 요청하려면 금융위원회가 정하는 바에 따라 감사인 지정을 신청하는 서류를 작성하여 제출하여야 한다. 이 경우 제4항에 따른 기관투자자인 주주는 같은 항 각 호의 사항을 증명할 수 있는 자료를 첨부하여야 한다.
⑥ 법 제11조제1항제12호에서 "대통령령으로 정하는 회사"란 다음 각 호의 회사를 말한다.(2022.5.3 본문개정)
1. 해당 사업연도 또는 다음 사업연도 중에 주권상장법인이 되려는 회사. 다만, 다음 각 목의 회사는 제외한다.
가. 대통령령 제24697호 자본시장과 금융투자업에 관한 법률 시행령 일부개정령 부칙 제8조에 따른 코스닥시장에 상장된 주권을 발행한 법인(이하 "코스닥시장상장법인"이라 한다)이 되려는 「자본시장과 금융투자업에 관한 법률 시행령」 제176조의9제1항에 따른 유가증권시장에 상장된 주권을 발행한 법인(이하 "유가증권시장상장법인"이라 한다)(2023.12.19 본목개정)
나. 유가증권시장상장법인이 되려는 코스닥시장상장법인
다. 코넥스시장에 주권을 상장하려는 법인
라. 주권상장법인이 되려는 「자본시장과 금융투자업에 관한 법률 시행령」 제6조제4항제14호의 기업인수목적회사(2022.5.3 본목개정)
2. 제21조제1항제3호부터 제5호까지 및 같은 조 제3항제1호에 해당하여 감사인이 감사업무에 대한 계약을 해지한 회사
3. 다음 각 목의 어느 하나를 위반한 회사. 다만, 증권선물위원회가 정하는 경미한 위반 사항으로 확인된 경우는 제외한다.
가. 법 제6조제2항부터 제5항까지의 규정에 따른 재무제표 제출 및 공시
나. 법 제8조제1항부터 제5항까지 및 이 영 제9조에 따른 내부회계관리제도의 운영
다. 법 제9조제1항에 따른 감사인의 자격제한
라. 법 제10조제5항 및 제6항에 따른 감사인 선임 시 준수 사항
마. 법 제12조에 따른 감사인 선임 등의 보고·통지·공고
바. 법 제13조에 따른 감사인 해임 및 재선임
사. 법 제14조에 따른 의견진술권
아. 법 제21조에 따른 감사인의 권한
자. 법 제22조제3항부터 제6항까지의 규정에 따른 부정행위 등의 조사 및 시정요구 등
차. 법 제28조제2항 및 제3항에 따른 부정행위 신고자의 보호
4. 다른 법률에서 정하는 바에 따라 증권선물위원회에 감사인 지정이 의뢰된 회사
5. 금융위원회가 정하는 금액 이상의 횡령 또는 배임을 하였다는 이유로 주권상장법인이 소속 임직원(퇴임하거나 퇴직한 임직원을 포함한다. 이하 이 호에서 같다)을 고소하거나, 그 임직원에 대하여 공소가 제기된 회사
6. 회사가 제17조제1항을 위반한 경우(제17조제1항에 따라 증권선물위원회에 제출해야하는 자료에 거짓으로 기재되거나 표시된 내용이 있는 경우 또는 기재하거나 표시하여야 할 사항을 빠뜨린 경우를 포함한다)

제15조【주권상장법인 등에 대한 감사인 지정】 ① 증권선물위원회는 법 제11조제2항에 따라 연속하는 6개 사업연도에 대하여 감사인을 선임한 회사에 대하여 그 다음 사업연도부터 연속하는 3개 사업연도에 대하여 증권선물위원회가 지정하는 감사인을 선임하거나 변경선임할 것을 요구할 수 있다.
② 법 제11조제2항제1호 단서에서 "대통령령으로 정하는 주권상장법인"이란 코넥스시장에 상장된 법인을 말한다.
③ 법 제11조제2항제2호에서 "대통령령으로 정하는 금액"이란 직전 사업연도 말을 기준으로 5천억원을 말한다. 다만, 다음 각 호의 어느 하나에 해당하는 회사의 경우에는 1천억원을 말한다.
1. 직전 사업연도 말 기준 공시대상기업집단에 속하는 국내 회사
2. 직전 사업연도 말 기준 사업보고서 제출대상법인
(2023.5.2 본항개정)
④ 법 제11조제2항제2호에서 "대통령령으로 정하는 특수관계에 있는 자"란 「법인세법 시행령」 제43조제8항에 따른 특수관계에 있는 자를 말한다.
⑤ 법 제11조제3항제2호에서 "대통령령으로 정하는 회사"란 다음 각 호의 요건을 모두 갖춘 경우로서 증권선물위원회에 감리를 신청하여 감리 결과 회계처리기준 위반이 발견되지 아니한 회사를 말한다.
1. 증권선물위원회가 감사인의 선임 또는 변경선임을 요구하는 날(이하 이 조 및 제17조에서 "지정기준일"이라 한다)부터 과거 6년 이내에 법 제26조제1항제2호에 따른 감리(이 항 제2호에 따라 신청한 감리는 제외한다)를 받지 아니하였을 것
2. 회사가 증권선물위원회에 감리를 신청한 날이 속하는 사업연도 및 그 직전 2개 사업연도의 감사 의견(내부회계관리제도에 대한 검토 의견을 포함한다. 이하 이 항에서 같다)에 회사의 내부회계관리제도에 중요한 취약점이 발견되었다는 내용이 표명되지 아니하였을 것
3. 회사가 제2호의 감사 의견을 작성한 감사인을 지정기준일 이후 도래하는 다음 3개 사업연도의 감사인으로 선임하지 아니하기로 하는 확약서를 증권선물위원회에 제출할 것
⑥ 제5항에 따른 감리 등에 관한 구체적인 기준 및 절차는 금융위원회가 정한다.

제16조【감사인 지정의 기준】 ① 증권선물위원회는 법 제11조제2항에 따라 다음 각 호의 어느 하나에 해당하는 회계법인 중에서 감사인을 지정한다.
1. 법 제9조의2제1항에 따라 등록된 회계법인
2. 최근 3년간 다음 각 목의 어느 하나에 해당하는 기관으로부터 법 제29조제3항 또는 「공인회계사법」 제39조제1항에 따른 조치로서 금융위원회가 정하는 조치를 받지 아니한 회계법인
가. 금융위원회
나. 증권선물위원회
다. 「공인회계사법」 제41조에 따라 설립된 한국공인회계사회(이하 "한국공인회계사회"라 한다)
② 제1항에도 불구하고 증권선물위원회는 회계법인이 다음 각 호에 해당하는 경우에는 감사인으로 지정하지 않을 수 있다.(2022.5.3 본문개정)
1. 법 제9조의2제1항에 따라 주권상장법인의 감사인으로 등록한 후 같은 조 제4항을 위반하여 등록요건을 계속 유지하지 않은 경우(2022.5.3 본호신설)
2. 법 제23조제1항에 따른 감사보고서에 기재하여야 할 사항을 기재하지 아니하거나 거짓으로 기재한 혐의로 해당 회계법인에 대하여 공소가 제기된 경우
3. 법 제25조제1항에 따른 사업보고서 또는 같은 조 제5항에 따른 수시보고서에 거짓으로 기재하거나 표시한 사항이 있는 경우 또는 보고하여야 할 사항을 빠뜨린 경우
4. 증권선물위원회로부터 지정 사실을 통보받은 날부터 2주 이내에 특별한 사유 없이 해당 회사와 감사계약을 체결하지 아니한 경우
5. 그 밖에 감사인이 그 지위를 이용하여 회사에 부당한 비용 부담을 요구하는 등 금융위원회가 정하는 사유가 있는 경우
③ 증권선물위원회는 법 제11조제2항에 따라 감사인을 지정하려는 경우에는 다음 각 호의 사항을 고려하여야 한다.
1. 해당 회사의 규모나 업종
2. 해당 회계법인에 소속된 등록 공인회계사 수 및 해당 회계법인의 감사품질관리 수준
3. 법 제26조제1항에 따라 감사인을 감리 또는 평가한 결과
4. 그 밖에 금융위원회가 정하는 사항
④ 제1항부터 제3항까지에서 규정한 사항 외에 감사인을 지정하는 기준에 관한 세부적인 사항은 금융위원회가 정한다.

제17조【감사인 지정의 절차】 ① 법 제11조제2항 각 호의 어느 하나에 해당하는 회사는 같은 항에 따른 감사인 선임 또는 변경선임 여부 결정에 필요한 자료를 금융위원회가 정하는 바에 따라 증권선물위원회에 전자문서로 제출하여야 한다.
② 증권선물위원회는 법 제11조제2항에 따라 감사인의 선임 또는 변경선임을 요구하려는 경우에는 해당 회사와 그 회사의 감사인으로 지정하려는 회계법인에 지정기준일부터 4주 전까지 지정 예정 내용을 문서로 통지하여야 한다. 다만, 지정 예정 내용을 신속하게 통지하여야 하는 경우로서 금융위원회가 정하는 경우에는 그 기간을 단축하거나 구두로 통지할 수 있다.
③ 제2항에 따른 통지를 받은 회사와 회계법인은 통지를 받은 날부터 2주 이내에 증권선물위원회에 의견을 제출할 수 있다.
④ 증권선물위원회는 제3항에 따른 의견이 금융위원회가 정하는 기준에 맞다고 판단되면 그 의견을 반영할 수 있다.
⑤ 증권선물위원회는 법 제11조제2항에 따라 감사인의 선임 또는 변경선임을 요구하려는 경우에는 지정기준일까지 해당 회사와 그 회사의 감사인으로 지정하는 회계법인(이하 "지정감사인"이라 한다)에 지정 내용을 통지한다. 이 경우 증권선물위원회는 회사와 지정감사인 간의 감사업무에 대한 계약(이하 "감사계약"이라 한다)을 원활하게 체결하거나 감사품질 확보 등을 위하여 적정 감사시간 또는 적정 감사보수 등을 정하여 권고할 수 있다.
⑥ 회사는 특별한 사유가 없으면 지정기준일부터 2주 이내에 감사계약을 체결하여야 한다.
⑦ 법 제11조제4항 단서에서 "대통령령으로 정하는 사유"란 다음 각 호의 경우를 말한다.(2022.5.3 본문개정)
1. 해당 회사가 「외국인투자 촉진법」 제2조제1항제5호에 따른 외국투자가(개인은 제외하며, 이하 "외국투자가"라 한다)가 출자한 회사로서 그 출자조건에서 감사인을 한정하고 있는 경우
2. 지정감사인이 제16조제2항제1호 및 제3호부터 제5호까지의 규정에 해당하는 경우(2022.5.3 본호개정)
3. 해당 회사가 「공인회계사법」 제33조제1항 각 호의 어느 하나에 해당되는 경우
4. 그 밖에 다른 법령 등에 따른 제한으로 지정감사인을 감사인으로 선임할 수 없는 경우 등 제1호부터 제3호까지의 규정에 준하여 금융위원회가 정하는 경우
⑧ 법 제11조제4항 단서에 따라 감사인을 다시 지정하여 줄 것을 요청하려는 자는 그 요청사유를 증명하는 서류를 첨부하여 제5항 전단에 따른 통지를 받은 날부터 1주 이내에 증권선물위원회에 요청하여야 한다.
⑨ 제1항부터 제8항까지에서 규정한 사항 외에 감사인 지정의 절차에 관한 세부적인 사항은 금융위원회가 정한다.

제18조【감사인 선임 등의 보고】 ① 회사는 법 제12조제1항에 따라 감사인을 선임 또는 변경선임하였다는 사실을 주주(최근 주주명부 폐쇄일의 주주를 말한다) 또는 사원에게 문서로 통지하거나 인터넷 홈페이지에 선임 또는 변경선임한 감사인과의 감사계약이 종료될 때까지 공고하여야 한다.
② 회사는 법 제12조제2항 각 호 외의 부분 본문에 따라 감사계약을 체결한 날부터 2주 이내에 다음 각 호의 서류를 증권선물위원회에 전자문서로 제출하여야 한다.
1. 해당 감사인과의 감사계약서 사본
2. 감사위원회 개최 사실을 증명하는 서류 또는 감사인선임위원회 또는 사원총회의 감사인 선임 승인사실을 증명하는 서류
3. 감사인을 변경선임하는 경우에는 그 사유 및 전기감사인의 의견진술 내용
③ (2020.10.13 삭제)
④ 감사인은 법 제12조제2항 각 호 외의 부분 본문에 따라 감사계약을 체결한 날부터 2주 이내에 해당 회사와의 감사계약서 사본을 증권선물위원회에 전자문서로 제출하여야 한다.
⑤ 제2항에 따른 서류를 제출받은 증권선물위원회는 「전자정부법」 제36조제1항에 따른 행정정보의 공동이용을 통하여 해당 회사의 법인등기사항증명서를 확인해야 한다.
(2020.10.13 본항개정)

제19조【감사인의 해임】 법 제13조제2항에서 "직무상 의무를 위반하는 등 대통령령으로 정하는 사유에 해당하는 경우"란 다음 각 호의 어느 하나에 해당하는 경우를 말한다.
1. 감사인이 회사의 기밀을 누설하는 등 직무상 의무를 위반한 경우
2. 감사인이 그 임무를 게을리하여 회사에 손해를 발생하게 한 경우
3. 감사인이 회계감사와 관련하여 부당한 요구를 하거나 압력을 행사한 경우
4. 외국투자가가 출자한 회사로서 그 출자조건에서 감사인을 한정하고 있는 경우
5. 지배회사 또는 종속회사가 그 지배·종속의 관계에 있는 회사와 같은 지정감사인을 선임하여야 하는 경우

제20조【전기감사인의 의견진술권】 ① 회사는 법 제14조제1항에 따라 전기감사인에게 새로운 감사인과의 감사계약 체결 2주 전까지 문서 또는 구술로 의견을 진술할 수 있다는 사실을 문서로 통지하여야 한다.
② 회사는 법 제13조제2항에 따라 해임되는 전기감사인이 의견을 진술한 경우에는 지체 없이 다음 각 호의 사항을 금융위원회가 정하는 바에 따라 증권선물위원회에 문서로 제출하여야 한다.
1. 전기감사인을 해임한 사유
2. 전기감사인이 진술한 의견
3. 감사위원회 위원 전원 또는 감사인선임위원회 위원 중 과반수가 제1호 및 제2호의 내용을 확인하고 서명한 사실

제21조【감사인의 감사계약 해지】 ① 법 제15조제1항에서 "회계감사기준에서 정하는 독립성이 훼손된 경우 등 대통령령으로 정하는 사유에 해당하는 경우"란 다음 각 호의 어느 하나에 해당하는 경우를 말한다.
1. 법 제9조에 따라 감사인이 될 수 없는 경우
2. 다음 각 목의 어느 하나에 해당하는 경우
가. 회계감사기준에서 정하는 독립성이 훼손된 경우로서 증권선물위원회가 인정하는 경우
나. 「공인회계사법」 제43조제1항에 따른 직업윤리에 관한 규정에서 정한 감사인의 독립성이 훼손된 경우로서 증권선물위원회가 인정하는 경우
3. 회사가 직전 사업연도 또는 해당 사업연도 중 감사보수 지급에 관한 감사계약에 따른 의무를 이행하지 아니한 경우
4. 감사계약을 체결한 후 회사의 합병, 분할 또는 사업의 양도·양수로 주요 사업부문의 성격이나 회사의 규모가 현저히 달라졌으나 감사보수에 대한 재계약이 이루어지지 아니한 경우
5. 감사인(주권상장법인, 대형비상장주식회사 또는 금융

회사의 감사인으로 한정한다)이 감사업무(「자본시장과 금융투자업에 관한 법률 시행령」 제170조제1항에 따라 반기보고서 또는 분기보고서에 첨부하는 회계감사인의 확인 및 의견 표시를 위하여 수행하는 업무를 포함한다)와 관련하여 회사에 자료를 요청하였으나 회사가 특별한 사유 없이 요청한 자료를 제출하지 아니하여 감사업무에 현저한 지장을 주었다고 인정되는 경우

② 감사인이 제1항제3호부터 제5호까지의 규정에 따른 사유로 감사계약을 해지할 수 있는 기한은 해당 회사의 사업연도가 시작된 후 9개월 이 되는 날이 속하는 달의 초일로 한다.

③ 법 제15조제2항에서 "감사의견과 관련하여 부당한 요구나 압력을 받은 경우 등 대통령령으로 정하는 사유에 해당하는 경우"란 다음 각 호의 어느 하나에 해당하는 경우를 말한다.

1. 「상법」 제635조제1항 각 호 외의 부분 본문에서 규정한 자, 회사의 회계업무를 담당하는 자, 주주 또는 채권자로부터 감사 의견과 관련하여 부당한 요구나 압력을 받은 경우
2. 법 제8조제6항 단서에 따른 내부회계관리제도 감사 의견에 2개 사업연도 연속하여 중요한 취약점이 발견되었다는 내용이 포함된 경우

④ 감사인은 법 제15조제3항에 따라 감사계약을 해지한 후에 지체 없이 다음 각 호의 사항을 금융위원회가 정하는 바에 따라 증권선물위원회에 보고하여야 한다.

1. 감사계약을 해지한 사유 및 그 사유를 증명할 수 있는 자료
2. 감사계약 해지에 대한 해당 회사의 의견
3. 그 밖에 금융위원회가 정하는 사항

제22조【회계감사기준】 ① 회계감사기준에는 다음 각 호의 사항이 포함되어야 한다.

1. 감사인의 독립성을 유지하기 위한 요건
2. 감사계획의 수립 방법과 감사 절차
3. 감사 의견의 구분 및 결정 방법
4. 감사조서의 작성 등 감사업무의 관리
5. 감사결과의 보고기준

② 회계감사기준에 관한 사항을 심의·의결하기 위하여 한국공인회계사회에 11명 이내의 위원으로 구성되는 회계감사기준위원회를 둔다.

③ 제2항에 따른 회계감사기준위원회의 구성 및 운영 등에 필요한 사항은 총리령으로 정한다.

④ 한국공인회계사회는 법 제16조제2항에 따라 회계감사기준에 대한 금융위원회의 사전승인을 받기 위하여 회계감사기준 제정안 또는 개정안을 회계감사기준위원회의 심의·의결을 거쳐 금융위원회에 제출하여야 한다.

⑤ 금융위원회는 이해관계인의 보호, 국제적 회계감사기준과의 합치 등을 위하여 필요한 경우 한국공인회계사회에 회계감사기준의 개정을 요청할 수 있다.

제23조【표준 감사시간 제정·변경 절차 등】 ① 법 제16조의2제1항 후단에서 "금융감독원 등 대통령령으로 정하는 이해관계자"란 다음 각 호의 자를 말한다.

1. 회사
2. 회계법인
3. 투자자 또는 회사의 재무제표를 분석하는 업무를 수행하는 사람 등 회계정보이용자
4. 금융감독원

② 한국공인회계사회는 표준 감사시간을 공정하게 정하기 위하여 표준감사시간심의위원회(이하 이 조에서 "위원회"라 한다)를 둔다.

③ 위원회는 위원장 1명을 포함한 14명의 위원으로 구성한다. 이 경우 위원회의 위원(이하 이 조에서 "위원"이라 한다)은 회사·회계법인을 대표하는 위원 각각 5명, 투자자 또는 회사의 재무제표를 분석하는 업무를 수행하는 사람 등 회계정보이용자를 대표하는 위원 3명, 금융감독원 소속 회계 관련 부서의 장 중 금융감독원장이 지명하는 위원 1명으로 구성한다.(2023.12.19 본항개정)

④ 회사를 대표하는 위원은 다음 각 호의 사람이 1명씩 추천하며, 한국공인회계사회 회장이 위촉한다.

1. 「자본시장과 금융투자업에 관한 법률」 제370조에 따른 허가를 받은 한국상장회사협의회 회장
2. 「자본시장과 금융투자업에 관한 법률」 제370조에 따른 허가를 받은 한국코스닥협회 회장
3. 「상공회의소법」에 따라 설립된 대한상공회의소 회장
4. 「중소기업협동조합법」에 따라 설립된 중소기업중앙회 회장
5. 그 밖에 금융위원회가 정하는 단체의 장

⑤ 회계법인을 대표하는 위원은 한국공인회계사회 회장이 위촉한다.(2023.12.19 본항개정)

⑥ 회계정보이용자를 대표하는 위원은 금융감독원장의 추천으로 한국공인회계사회 회장이 위촉한다.
(2023.12.19 본항신설)

⑦ 위원회의 위원장은 회계정보이용자를 대표하는 위원 중에서 한국공인회계사회 회장이 위촉한다.

⑧ 위원회의 회의는 재적위원 3분의 2 이상의 출석으로 개의하고, 출석위원 과반수의 찬성으로 의결한다.
(2020.10.13 본항신설)

⑨ 한국공인회계사회는 위원회 심의를 거친 표준 감사시간 제정안 또는 개정안을 20일 이상 인터넷 홈페이지에 공고하고, 공청회를 개최하여야 한다.

⑩ 한국공인회계사회는 위원회의 심의를 거쳐 표준 감사시간을 정한다.

⑪ 제1항부터 제10항까지에서 규정한 사항 외에 위원회 운영 등에 필요한 세부적인 사항은 한국공인회계사회가 정한다.(2023.12.19 본항개정)

제24조【품질관리기준】 ① 법 제17조제1항에 따른 품질관리기준(이하 "품질관리기준"이라 한다)에는 다음 각 호의 사항이 포함되어야 한다. 이 경우 회계법인의 형태나 규모 등을 고려하여 그 내용 및 적용 방식을 달리 정할 수 있다.

1. 회계법인의 경영진 등 감사업무의 품질관리를 위한 제도를 만들고 운영하는 자의 책임
2. 감사인의 독립성 등 윤리적 요구사항을 준수하는 데 필요한 내부통제 방안
3. 감사대상 회사의 위험에 대한 평가 등 감사업무를 맡고 유지하는 데 필요한 내부통제 방안
4. 감사업무수행 인력 및 감사업무의 품질관리 인력의 운영
5. 감사업무의 품질관리에 필요한 업무방식
6. 제1호부터 제5호까지의 규정에 따른 사항을 지속적으로 점검하고 평가하는 업무와 관련된 사항

② 한국공인회계사회는 법 제17조제2항에 따라 품질관리기준에 대한 금융위원회의 사전승인을 받기 위하여 품질관리기준 제정안 또는 개정안을 회계감사기준위원회의 심의·의결을 거쳐 금융위원회에 제출하여야 한다.

③ 금융위원회는 이해관계인의 보호, 국제적 품질관리기준과의 합치 등을 위하여 필요한 경우 한국공인회계사회에 대하여 품질관리기준의 개정을 요구할 수 있다. 이 경우 한국공인회계사회는 특별한 사유가 없으면 이에 따라야 한다.

제25조【감사보고서의 첨부서류】 ① 법 제18조제3항에 따라 감사인은 다음 각 호의 사항을 감사보고서에 첨부하여야 한다.

1. 직무 또는 직급에 따라 구분된 외부감사 참여인원과 총 외부감사 참여인원
2. 제1호에 따라 구분된 외부감사 참여인원별 감사 시간과 총 감사 시간
3. 회계감사기준에 따른 감사절차에 따라 수행한 주요 감사 내용(감사인이 감사업무와 관련하여 외부 전문가로부터 자문·조언 등의 용역을 제공받은 경우 그 내용을 포함한다)
4. 감사 또는 감사위원회와의 대면 회의 횟수, 각 회의의 참석자 및 주요 논의 내용

② 제1항에 따라 첨부하여야 하는 사항에 관한 서류의 작성서식 및 그 밖의 세부적인 사항은 금융위원회가 정한다.

제26조【관계회사의 범위 등】 ① 법 제21조제1항 전단에서 "해당 회사의 주식 또는 지분을 일정 비율 이상 소유하고 있는 등 대통령령으로 정하는 관계에 있는 회사"란 다음 각 호의 어느 하나에 해당하는 회사를 말한다.

1. 제3조제1항에 따른 지배·종속의 관계에 있는 종속회사
2. 회계처리기준에 따른 관계기업(종속회사는 아니지만 투자자가 일정한 영향력을 보유하는 기업을 말한다)
3. 회계처리기준에 따른 공동기업(둘 이상의 투자자가 공동으로 지배하는 기업을 말한다)
4. 그 밖에 해당 회사와 이해관계가 있는 것으로 금융위원회가 정하는 회사

② 법 제21조에 따라 감사인이 제출 요구 또는 협조 요청을 할 수 있는 자료는 장부, 서류 및 전자문서(회사 경영과정에서 발생하는 정보를 전산처리하는 시스템에 축적된 전자파일 등을 포함한다) 등 그 형태에 관계없이 감사인이 감사업무를 수행하는 데 필요한 정보를 효과적으로 제공할 수 있는 매체로 한다.

제27조【감사보고서의 제출 등】 ① 법 제23조제1항 본문에 따라 감사인이 감사보고서를 회사에 제출하여야 하는 기한은 다음 각 호의 구분에 따른다.

1. 한국채택국제회계기준을 적용하는 회사 : 정기총회 개최 1주 전(회생절차가 진행 중인 회사의 경우에는 사업연도 종료 후 3개월 이내)
2. 한국채택국제회계기준을 적용하지 아니하는 회사 : 다음 각 목의 구분에 따른 기한
   가. 재무제표 : 제1호의 기한
   나. 연결재무제표 : 사업연도 종료 후 120일 이내(사업보고서 제출대상법인 중 직전 사업연도 말 현재 자산총액이 2조원 이상인 법인의 경우에는 사업연도 종료 후 90일 이내)

② 제1항에도 불구하고 감사인은 회사가 사업보고서 제출기한 이후 정기총회를 개최하는 경우로서 해당 회사의 재무제표(한국채택국제회계기준을 적용하지 아니하는 회사의 연결재무제표는 제외한다)를 감사하는 경우에는 감사보고서를 사업보고서 제출기한 1주 전(회생절차가 진행 중인 회사는 사업연도 종료 후 3개월 이내)까지 회사에 제출하여야 한다.

③ 법 제23조제1항 본문에 따라 감사인이 감사보고서를 증권선물위원회 및 한국공인회계사회에 제출해야 하는 기한은 다음 각 호의 구분에 따른다.

1. 재무제표 : 정기총회 종료 후 2주 이내(회생절차가 진행 중인 회사인 경우에는 해당 회사의 관리인에게 보고한 후 2주 이내)
2. 연결재무제표 : 다음 각 목의 구분에 따른 기한
   가. 한국채택국제회계기준을 적용하는 회사 : 제1호의 기한. 이 경우 재무제표에 대한 감사보고서와 동시에 제출한다.
   나. 한국채택국제회계기준을 적용하지 아니하는 회사 : 사업연도 종료 후 120일 이내(사업보고서 제출대상법인 중 직전 사업연도 말 현재 자산총액이 2조원 이상인 법인의 경우에는 사업연도 종료 후 90일 이내)

④ 증권선물위원회 및 한국공인회계사회는 제3항에 따라 감사인으로부터 제출받은 감사보고서를 법 제23조제2항 본문에 따라 3년 동안 일반인이 열람할 수 있도록 하고, 인터넷 홈페이지에 게시하여야 한다.

⑤ 회사는 법 제23조제3항 본문에 따라 재무제표를 정기총회 또는 이사회 승인을 받은 날부터 2주 이내에 증권선물위원회에 제출하여야 한다. 다만, 회생절차가 진행 중인 회사의 경우에는 그 회사의 관리인에게 보고하여 승인받은 날부터 2주 이내에 증권선물위원회에 제출하여야 한다.

⑥ 법 제23조제4항에서 "대주주 및 그 대주주와 특수관계에 있는 자의 소유주식현황 등 대통령령으로 정하는 서류"란 대주주 및 그 대주주와 특수관계에 있는 자의 소유주식현황과 그 변동내용 등을 기재한 문서를 말한다.

⑦ 회사가 법 제23조제5항에 따라 재무제표와 감사인의 감사보고서를 비치·공시할 때에는 다음 각 호의 방법에 따른다.

1. 재무제표 및 감사보고서 : 다음 각 목의 구분에 따른 방법
   가. 주식회사 : 「상법」 제448조제1항에 따라 비치·공시
   나. 유한회사 : 「상법」 제579조의3제1항에 따라 비치·공시
2. 연결재무제표 및 감사보고서 : 제1항에 따른 제출기한이 지난 날부터 본점에 5년간, 지점에 3년간 비치·공시

⑧ 제1항, 제2항, 제5항 및 제6항에 따른 감사보고서 등은 금융위원회가 정하는 바에 따라 전자문서로 제출하여야 한다.

제28조【회계법인의 사업보고서 제출과 비치·공시 등】 ① 회계법인인 감사인은 법 제25조제3항에 따라 사업보고서를 해당 사업연도 종료일부터 3년간 주사무소와 분사무소에 각각 비치하고, 인터넷 홈페이지에 공시해야 한다. 이 경우 사업보고서(법 제9조의2제1항에 따라 등록한 회계법인인 감사인이 제출한 사업보고서로 한정한다) 내용 중 회계법인의 지배구조 등 감사업무의 품질관리와 관련하여 중요한 사항은 금융위원회가 정하는 바에 따라 별도로 인터넷 홈페이지에 공시해야 한다.(2022.5.3 본항개정)

② 증권선물위원회와 한국공인회계사회는 법 제25조제4항에 따라 사업보고서를 3년 동안 일반인이 열람할 수 있도록 하고, 인터넷 홈페이지에 공시하여야 한다.

③ 법 제25조제5항에서 "대통령령으로 정하는 사실"이란 다음 각 호의 사항을 말한다.

1. 감사업무 수행 과정에서 중요 사항이 나타난 사실
2. 회계법인의 내부에 중요한 변화가 발생한 사실
3. 행정청의 처분 등 외부환경의 변화로 회계법인의 경영에 중요한 변화가 발생한 사실
4. 그 밖에 감사업무의 이해관계자 보호 등을 위하여 긴급하게 공시하여야 할 필요가 있다고 금융위원회가 정하는 사항

제29조【증권선물위원회의 감리업무 등】 법 제26조제1항제4호에서 "대통령령으로 정하는 업무"란 다음 각 호의 업무를 말한다.

1. 회사가 내부회계관리제도를 법 제8조에 따라 운영했는지에 대한 감리(법 제26조제1항제2호의 감리 업무를 수행하는 데 필요한 경우로 한정한다) 업무
2. 주권상장법인의 감사인으로 등록한 자가 법 제9조의2제4항에 따라 같은 조 제1항 각 호의 등록요건을 유지하는지에 대한 감리 업무
3. 회사 또는 회사의 감사인과 그 감사인에 소속된 공인회계사가 법 제6조제6항에 따른 의무를 준수하는지에 대한 감리 업무(2023.12.19 본호신설)

(2022.5.3 본조개정)

제30조【자료의 제출요구 등】 법 제27조제3항 전단에서 "대통령령으로 정하는 자료"란 증권선물위원회가 법 제11조제1항 및 제2항에 따라 감사인의 선임 또는 변경선임을 요구하는 데 필요한 회사의 상호, 대표자의 성명, 본점 주소, 사업자등록번호, 법인등록번호, 전화번호, 사업연도의 기간과 그 개시일 및 종료일, 자산총액, 부채총액, 매출액, 종업원 수 및 법인유형 등 국세청의 과세 관련 자료를 말한다.

제31조【부정행위 신고 또는 고지】 ① 법 제28조제1항에 따른 신고 또는 고지는 다음 각 호의 구분에 따라 하여야 한다.

1. 감사인(소속 공인회계사를 포함한다. 이하 이 조 및 제32조에서 같다)이 법 제28조제1항 각 호의 행위(이하 "위반행위"라 한다)를 한 경우(회사의 임직원과 감사인이 공동으로 위반행위를 한 경우를 포함한다) : 증권선물위원회에 신고
2. 회사의 임직원이 위반행위를 한 경우 : 그 회사의 감사인 또는 감사에게 고지하거나 증권선물위원회에 신고

② 법 제28조제1항에 따른 신고 또는 고지를 하는 자(이하 "신고자등"이라 한다)는 다음 각 호의 사항을 적은 문서(이하 "신고서"라 한다)에 위반행위의 증거 등을 첨부하여 제출하여야 한다.

1. 신고자등의 인적사항
2. 위반행위를 한 자
3. 위반행위의 내용
4. 신고 또는 고지의 취지 및 이유
③ 신고자등은 제2항에도 불구하고 신고서를 제출할 수 없는 특별한 사정이 있는 경우에는 구술(口述)로 위반행위를 신고하거나 고지할 수 있다. 이 경우 위반행위의 증거 등을 제출하여야 한다.
④ 제3항에 따른 구술신고 또는 구술고지를 받는 자는 신고서에 신고자등이 말한 사항을 적은 후 신고자등에게 보여주거나 읽어 들려주고 신고자등이 그 신고서에 서명하거나 도장을 찍도록 하여야 한다.
⑤ 제1항제2호에 따른 고지를 받은 감사인 또는 감사는 신고서 및 신고자등으로부터 받은 증거 등을 신속하게 증권선물위원회에 넘겨야 한다.
⑥ 증권선물위원회는 신고 또는 고지 사항에 대하여 신고자등을 대상으로 인적사항, 신고 또는 고지의 경위와 취지 및 그 밖에 신고 또는 고지의 내용을 특정하는 데 필요한 사항 등을 확인할 수 있다. 이 경우 증권선물위원회는 해당 사항의 진위 여부를 확인하는 데 필요한 범위에서 신고자등에게 필요한 자료의 제출을 요구할 수 있다.
⑦ 제1항에 따라 증권선물위원회에 위반행위를 신고(제3항에 따라 구술로 위반행위를 신고하는 경우를 포함한다)하는 자는 제2항에도 불구하고 같은 항 제1호의 사항을 적지 않고 신고서를 제출할 수 있다. 이 경우 법 제33조제1항 전단에 따라 해당 신고가 위반행위로 의결된 경우에는 금융위원회가 정하는 바에 따라 제2항제1호의 사항을 제출할 수 있다.(2023.5.2 본항신설)
⑧ 제1항부터 제7항까지에서 규정한 사항 외에 신고자등이 증권선물위원회에 신고하거나 해당 회사의 감사인 또는 감사에게 고지하는 방법 등은 금융위원회가 정한다.(2023.5.2 본항개정)

제32조【신고자등에 대한 조치의 감면】 ① 증권선물위원회는 법 제28조제1항에 따라 신고자등에 대하여 법 제29조에 따른 조치를 감면(減免)할 때에는 다음 각 호의 구분에 따른다.
1. 신고자등이 다음 각 목의 요건을 모두 갖춘 경우 : 법 제29조에 따른 조치의 감경 또는 면제
 가. 신고자등이 신고하거나 고지한 위반행위의 주도적 역할을 하지 않았고, 다른 관련자들에게 이를 강요한 사실이 없을 것
 나. 증권선물위원회, 감사인 및 감사가 신고자등이 신고하거나 고지한 위반행위에 관한 정보를 입수하지 않았거나 정보를 입수하고 있어도 충분한 증거를 확보하지 않은 상황에서 신고하거나 고지하였을 것
 다. 위반행위를 신고하거나 고지하였으며, 그 위반행위를 증명하는 데 필요한 증거를 제공하고 조사가 완료될 때까지 협조하였을 것
2. 신고자등이 제1호 각 목의 요건 중 하나 이상의 요건을 갖춘 경우 : 법 제29조에 따른 조치의 감경
② 제1항 각 호에 따른 감면의 세부기준은 금융위원회가 정하여 고시한다.
(2023.5.2 본조개정)

제33조【신고자등에 대한 포상】 ① 증권선물위원회는 법 제28조제5항에 따라 같은 조 제1항에 따른 신고 행위를 위반행위로 의결한 날부터 4개월 이내(특별한 사정이 있는 경우를 제외한다)에 10억원의 범위에서 신고된 위반행위의 중요도와 위반행위의 적발 또는 그에 따른 조치 등에 대한 기여도 등을 고려하여 포상금의 지급 여부 및 지급액 등을 심의·의결하여야 한다. 이 경우 금융위원회는 그 심의·의결일부터 1개월 이내에 포상금을 지급한다.
② 그 밖에 포상금 지급기준 등 포상금 지급에 필요한 사항은 금융위원회가 정한다.

제34조【품질관리기준 감리 후 개선권고 이행 점검】 ① 증권선물위원회는 법 제29조제5항에 따라 감사인으로부터 개선권고사항 이행계획 및 실적 등을 문서로 제출받고 필요한 경우 현장조사를 할 수 있다.
② 감사인이 증권선물위원회의 개선권고사항을 금융위원회가 정하는 기한까지 이행하지 아니할 때에는 그 경위 및 향후 처리방안을 증권선물위원회에 지체 없이 보고하여야 한다.
③ 제1항 및 제2항에서 규정한 사항 외에 개선권고사항의 이행 점검에 필요한 세부적인 사항은 금융위원회가 정한다.

제35조【품질관리기준 감리 후 개선권고사항 등의 공개】 ① 증권선물위원회는 법 제29조제6항에 따라 같은 조 제5항의 개선권고사항을 해당 감사인에 개선권고를 한 날부터 3년 이내의 기간 동안 외부에 공개할 수 있다.
② 증권선물위원회는 법 제29조제7항에 따라 감사인이 같은 조 제5항에 따른 개선권고를 받은 날부터 1년 이내에 정당한 이유 없이 해당 개선권고사항을 이행하지 아니하는 경우에는 증권선물위원회가 그 사실을 확인한 날부터 3년 이내의 기간 동안 그 사실을 외부에 공개할 수 있다.
③ 증권선물위원회는 제1항 및 제2항에 따른 공개를 하기 전에 해당 감사인의 의견을 청취하여야 한다.
④ 제1항부터 제3항까지에서 규정한 사항 외에 개선권고사항 및 미이행 사실 등의 공개에 필요한 사항은 금융위원회가 정한다.

제36조【위반행위의 공시 등】 ① 법 제30조제1항제4호에서 "「금융실명거래 및 비밀보장에 관한 법률」 등 대통령령으로 정하는 금융 관련 법령"이란 「기업구조조정투자회사법 시행령」 제5조제1항 각 호의 법령을 말한다.
② 법 제30조제2항에서 "대통령령으로 정하는 금융기관"이란 다음 각 호의 금융기관을 말한다.
1. 「은행법」에 따라 인가를 받은 은행(같은 법 제59조에 따라 은행으로 보는 자를 포함한다)
2. 「농업협동조합법」에 따른 농협은행
3. 「수산업협동조합법」에 따른 수협은행
4. 「한국산업은행법」에 따른 한국산업은행
5. 「한국수출입은행법」에 따른 한국수출입은행
6. 「중소기업은행법」에 따른 중소기업은행
7. 「자본시장과 금융투자업에 관한 법률」에 따른 집합투자업자, 신탁업자 및 종합금융회사
8. 「보험업법」에 따른 보험회사
9. 「신용보증기금법」에 따른 신용보증기금
10. 「기술보증기금법」에 따른 기술보증기금
11. 그 밖에 회사에 대한 신용공여의 심사 등에 반영하기 위하여 증권선물위원회에 감리결과 등의 통보를 요청하는 금융기관

제37조【손해배상책임】 ① 법 제31조제5항에서 "대통령령으로 정하는 금액 이하에 해당하는 경우"란 손해배상을 청구한 날이 속하는 달의 직전 12개월간 손해배상을 청구하는 자의 소득인정액(「국민기초생활 보장법」 제2조제9호에 따른 소득인정액을 말한다)을 합산한 금액이 1억5천만원 이하인 경우를 말한다.
② 법 제31조제6항에 따른 손해액의 추가 배상 책임은 같은 조 제4항 단서에 따라 손해를 배상할 책임이 있는 자 중 배상능력이 없는 자를 제외한 자가 그 배상능력이 없는 자로 인하여 배상하지 못하는 손해액에 대하여 같은 항 단서에 따라 정해진 각자 책임비율의 50퍼센트 내에서 그 책임비율에 비례하여 정한다.

제38조【손해배상책임보험의 가입 등】 ① 법 제32조제1항 단서에서 "대통령령으로 정하는 배상책임보험"이란 다음 각 호의 요건을 모두 갖춘 손해배상책임보험(이하 이 조에서 "손해배상책임보험"이라 한다)을 말한다.
1. 보상한도가 그 회계법인에 소속된 공인회계사의 수에 5천만원을 곱하여 산출한 금액(그 산출금액이 30억원 미만인 경우에는 30억원) 이상인 보험
2. 사고 한 건당 보상한도와 회계법인의 자기부담금이 금융위원회의 승인을 받아 한국공인회계사회가 정하는 기준에 맞는 보험
② 회계법인은 손해배상책임보험에 가입한 경우에는 증명서류를 갖추어 한국공인회계사회에 그 사실을 통지하여야 한다.
③ 한국공인회계사회는 손해배상책임보험에 가입한 회계법인이 다음 각 호의 어느 하나에 해당하는 경우에는 그 회계법인이 법 제32조제2항에 따라 적립한 연간적립금(연간적립금 운용에 따른 수익금을 포함한다)을 반환하여야 한다.
1. 회계법인이 가입한 손해배상책임보험이 가입 전에 발생한 손해배상책임을 보장하는 보험인 경우
2. 소멸시효 완성 등의 사유로 손해배상책임보험 가입 전에 발생한 손해배상책임이 소멸한 경우

제39조【손해배상공동기금의 적립금액 등】 ① 법 제32조제2항에 따라 회계법인이 같은 조 제1항에 따른 손해배상공동기금(이하 "공동기금"이라 한다)으로 적립하여야 하는 기본적립금은 다음 각 호의 구분에 따른 금액으로 한다.
1. 회계법인에 소속된 공인회계사의 수(산정방법은 한국공인회계사회가 정하는 바에 따른다. 이하 같다)가 100명 미만인 경우 : 5천만원
2. 회계법인에 소속된 공인회계사의 수가 100명 이상인 경우 : 2억5천만원
② 법 제32조제2항에 따른 적립한도는 직전 2개 사업연도와 해당 사업연도 감사보수 평균의 20퍼센트로 한다. 이 경우 적립금 총액(회계법인이 공동기금으로 적립하여야 하는 기본적립금과 연간적립금의 누계액 및 그 운용수익금의 합계액을 말한다. 이하 이 조 및 제42조에서 같다) 산정 시 법 제29조제3항제3호에 따른 추가 적립금은 제외한다.
③ 회계법인이 매년 공동기금으로 적립하여야 하는 연간적립금은 해당 사업연도 감사보수의 4퍼센트로 한다. 다만, 금융위원회는 회계법인의 감사보수 증가율, 적립금 총액 또는 법 제33조제5항에 따른 공동기금의 실질잔액 등을 고려하여 회계법인이 연간적립금의 적립비율을 달리하여 적립하게 할 수 있다.
④ 제3항에도 불구하고 증권선물위원회는 법 제29조제3항제3호에 해당하는 회계법인에 직전 사업연도 감사보수의 3퍼센트 이내의 금액을 연간적립금으로 추가 적립하게 할 수 있다.
⑤ 한국공인회계사회는 제4항에 따라 추가로 적립된 연간적립금(그 적립금의 운용수익금은 제외한다)에 대하여 추가 적립의 원인이 되는 감사업무에 대한 법 제31조제9항에 따른 손해배상 청구권 행사기간이 끝났을 때에는 이를 적립한 회계법인의 반환청구에 따라 반환한다. 다만, 손해배상 청구권 행사기간 종료일에 그 감사업무를 원인으로 하여 법 제31조에 따른 손해배상을 청구하는 소송이 진행 중인 경우에는 그 소송의 확정판결이 내려진 후에 반환한다.
⑥ 회계법인은 다음 각 호의 어느 하나에 해당하는 경우 해당 초과분에 상당하는 금액을 인출할 수 있다.
1. 제1항제2호에 해당하는 회계법인이 같은 항 제1호에 해당하게 된 경우 : 기본적립금의 초과분(초과분 운용에 따른 수익금을 포함한다)
2. 해당 회계법인의 적립금 총액이 적립한도의 110퍼센트를 넘게 된 경우 : 적립한도의 초과분

제40조【공동기금의 적립시기】 회계법인은 다음 각 호의 구분에 따른 기간에 기본적립금과 연간적립금을 공동기금으로 적립하여야 한다.
1. 기본적립금 : 설립인가일부터 1년 이내. 다만, 사업연도 중에 공인회계사의 수가 증가하여 100명 이상이 된 경우에는 그 다음 사업연도 종료일 이내로 한다.
2. 연간적립금 : 매 사업연도 종료일부터 3개월 이내

제41조【공동기금의 양도】 ① 회계법인은 법 제32조제3항에 따라 「공인회계사법」 제37조제1항 각 호(제3호는 제외한다)의 사유로 해산하는 경우 공동기금을 양도할 수 있다.
② 회계법인은 제1항에 따른 양도를 하는 경우 그 사유발생일(승인이 필요한 경우에는 그 승인일)부터 3년이 지난 날(이하 이 항에서 "양도가능일"이라 한다) 이후 공동기금을 양도할 수 있다. 다만, 양도가능일에 법 제31조에 따른 해당 회계법인의 손해배상책임과 관련한 소송이 진행 중인 경우에는 그 소송의 확정판결에 따른 공동기금의 지급이 종료된 날부터 양도할 수 있다.

제42조【공동기금의 지급 및 한도 등】 ① 한국공인회계사회는 법 제33조제1항에 따라 공동기금을 지급할 때에는 그 손해배상의 원인을 제공한 회계법인(이하 이 조에서 "배상책임법인"이라 한다)이 적립한 공동기금을 우선 사용하여야 하며, 부족분에 대해서는 같은 조 제2항에 따른 회계법인별 한도(회계법인이 한국공인회계사회에 공동기금 지급을 신청한 날의 직전 사업연도 말 적립금 총액의 2배를 말한다. 이하 이 조에서 같다) 내에서 다른 회계법인이 적립한 금액을 그 적립금액에 비례하여 사용한다. 이 경우 회계법인별 한도 산정 시 법 제29조제3항제3호에 따른 추가 적립금은 적립금 총액에서 제외한다.
② 한국공인회계사회는 제1항에 따라 지급을 하는 경우 신청자별로 지급하여야 할 배상금액의 총계가 회계법인별 한도를 넘게 된 경우에는 회계법인별 한도 내에서 한국공인회계사회가 산정하는 기준에 따라 신청자에게 나누어 지급한다.
③ 법 제33조제2항에 따른 신청자별 한도는 신청자의 손해배상 확정판결 금액과 3천만원 중 적은 금액으로 한다.
④ 한국공인회계사회는 법 제33조제4항에 따라 배상책임법인의 적립금 총액을 넘게 지급한 금액에 대하여 구상권(求償權)을 행사한다.
⑤ 한국공인회계사회는 제4항에 따라 구상한 경우 다른 회계법인이 적립한 공동기금의 사용분을 그 사용비율에 따라 우선하여 보전(補塡)한다.
⑥ 한국공인회계사회는 공동기금의 사용으로 공동기금의 실질잔액이 기본적립금보다 적게 된 경우에 법 제33조제5항에 따라 1년 이내의 기간을 정하여 해당 회계법인으로 하여금 그 부족한 금액을 적립하게 하여야 한다. 다만, 배상책임법인은 그 부족한 금액을 즉시 적립하여야 한다.

제43조【과징금 부과기준 및 부과·징수】 ① 법 제36조제1항 각 호 외의 부분에서 "대통령령으로 정하는 기준"이란 별표1의 기준을 말한다.
② 법 제35조에 따라 과징금을 부과하는 경우에는 금융위원회가 정하여 고시하는 방법에 따라 그 위반행위의 종별과 해당 과징금의 금액을 명시하여 이를 납부할 것을 문서로 통지하여야 하고, 통지를 받은 자는 통지를 받은 날부터 60일 이내에 금융위원회가 정하여 고시하는 수납기관에 과징금을 납부하여야 한다.

제44조【업무의 위탁】 ① 금융위원회는 「금융위원회의 설치 등에 관한 법률」 제71조에 따라 법 제9조의2제1항에 따른 등록 심사에 관한 업무를 금융감독원장에게 위탁한다.
② 증권선물위원회는 법 제38조제1항에 따라 다음 각 호의 업무를 금융감독원장에게 위탁한다.
1. 법 제6조제4항에 따라 회사(주권상장법인은 제외한다)가 제출하는 재무제표를 접수하는 업무(2022.5.3 본호개정)
1의2. 법 제6조제4항 및 이 영 제8조에 따라 재무제표의 제출 기한·방법·절차 등을 준수하였는지 점검하는 업무(2022.5.3 본호신설)
2. 주권상장법인이 법 제6조제4항에 따른 제출기한을 넘겨 재무제표를 제출하는 경우 같은 조 제5항에 따라 그 사유를 접수하고 공시하는 업무
3. 법 제11조 및 이 영 제17조에 따른 감사인 지정 관련 서류 접수, 자료제출 요구 및 심사, 지정감사인 선정 또는 지정 결과 통보 등 집행에 관한 업무
4. 법 제12조제2항에 따라 회사가 감사인 선임 또는 변경선임 사실을 보고하는 경우에 그 보고 내용을 접수·심사하는 업무
5. 법 제13조제3항에 따라 주권상장법인, 대형비상장주식회사 또는 금융회사가 감사계약 해지 또는 감사인 해임 사실을 보고하는 경우에 그 보고 내용을 접수하는 업무
6. 법 제14조제2항에 따른 의견 진술의 보고를 접수하는 업무
7. 법 제15조제3항에 따른 감사계약 해지 사실의 보고를 접수하는 업무

8. 법 제23조제1항에 따라 제출하는 감사보고서를 접수하는 업무
9. 법 제23조제2항에 따라 감사인으로부터 제출받은 감사보고서를 일반인이 열람하도록 하는 업무
10. 법 제23조제3항에 따라 제출하는 재무제표를 접수하는 업무
11. 법 제23조제4항에 따라 제출하는 서류를 접수하는 업무
12. 법 제25조제1항에 따라 제출하는 사업보고서를 접수하는 업무
13. 법 제25조제4항에 따라 회계법인으로부터 제출받은 사업보고서를 일반인이 열람하도록 하는 업무
14. 법 제25조제5항에 따라 제출하는 보고서를 접수하는 업무
15. 법 제26조제1항제1호·제3호 및 이 영 제29조제2호·제3호에 따라 다음 각 목의 감사인에 대하여 감리 또는 평가를 하는 업무(이하 이 호 및 제4항에서 "감사인 감리등"이라 한다)(2023.12.19 본문개정)
가. 주권상장법인 감사인
나. 금융감독원장의 감사인 감리등이 필요하다고 금융위원장 또는 증권선물위원회 위원장이 정하여 금융감독원장에게 통지한 감사인
16. 법 제26조제1항제2호 및 이 영 제29조제1호·제3호에 따라 다음 각 목의 회사에 대하여 감리를 하는 업무(이하 이 호 및 제4항에서 "회사 감리등"이라 한다)(2023.12.19 본문개정)
가. 사업보고서 제출대상 법인
나. 「금융위원회의 설치 등에 관한 법률」 제38조 각 호의 기관
다. 금융감독원장의 회사 감리등이 필요하다고 금융위원장 또는 증권선물위원회 위원장이 정하여 금융감독원장에게 통지한 회사
17. 법 제27조제1항·제3항 및 제4항에 따른 업무(이 조 제4항제2호의 업무는 제외한다)
18. 법 제29조제1항·제3항 또는 제4항에 따른 조치 중 금융위원회가 정하는 업무(이 항 제15호 및 제16호에 관한 업무에 한정한다)
19. 법 제29조제5항에 따라 감사인이 증권선물위원회의 개선권고를 이행하는지를 점검하는 업무
19의2. 법 제29조제6항에 따라 감사인에 대한 개선권고사항을 외부에 공개하는 업무(2022.5.3 본호신설)
19의3. 법 제29조제7항에 따라 감사인의 미이행 사실을 외부에 공개하는 업무(2022.5.3 본호신설)
20. 법 제30조제1항에 따른 위반사실 공시 업무
21. 법 제30조제2항에 따라 감리 결과 및 증권선물위원회의 조치 내용을 인터넷 홈페이지에 게시하는 업무 및 「자본시장과 금융투자업에 관한 법률」 제8조의2제2항에 따른 거래소(이하 "거래소"라 한다)와 금융기관에 통보하는 업무
22. 그 밖에 제1호부터 제21호까지의 업무에 준하는 업무로서 증권선물위원회의 결정을 집행하는 데 필요하다고 금융위원회가 정하여 고시하는 업무
③ 증권선물위원회는 법 제38조제1항에 따라 다음 각 호의 업무를 거래소에 위탁한다.(2023.12.19 본문개정)
1. 법 제6조제4항에 따라 주권상장법인이 제출하는 재무제표를 접수하는 업무
2. 회계법인이 제16조제2항제5호에 해당하는지 여부를 확인하기 위한 사실관계의 검토 및 자료제출 요청 업무(2023.12.19 1호~2호신설)
④ 증권선물위원회는 법 제38조제2항 전단에 따라 다음 각 호의 업무를 한국공인회계사회에 위탁한다.
1. 법 제26조제1항에 따른 업무(이 조 제2항제15호 및 제16호의 업무는 제외한다)
2. 법 제27조제1항에 따른 회사, 관계회사 또는 감사인에 대한 자료 중 제1호에 따른 업무수행에 필요한 범위의 자료 제출 요구 업무
3. 법 제29조제3항 각 호 또는 같은 조 제4항 각 호의 조치를 하는 업무(제1호에 관한 업무에 한정한다)
⑤ 한국공인회계사회는 제4항에 따라 위탁받은 업무를 수행하기 위하여 총리령으로 정하는 바에 따라 위탁감리위원회를 설치하여야 한다.
⑥ 한국공인회계사회는 제4항에 따라 위탁받은 업무의 수행에 관한 규정을 제정하거나 개정하려는 경우에는 증권선물위원회의 승인을 받아야 한다.
⑦ 금융감독원장 및 한국공인회계사회는 제2항 및 제4항에 따라 위탁받은 업무의 처리결과를 금융위원회가 정하는 방법에 따라 증권선물위원회에 보고하여야 한다
⑧ 증권선물위원회는 제2항부터 제4항까지의 규정에 따라 금융감독원장, 거래소 및 한국공인회계사회에 위탁한 업무와 관련하여 자료 제출을 요구하거나 그 밖에 필요한 조치를 할 수 있다.

제45조【전문심의기구】 법 및 이 영에 따른 증권선물위원회의 업무수행을 지원하기 위하여 금융위원회에 전문심의기구를 둘 수 있다.

제46조【금융감독원의 업무 지원】 금융감독원은 법 및 이 영에 따른 금융위원회 및 증권선물위원회의 업무를 지원하기 위하여 해당 업무를 총괄하는 회계전문가 1명을 둘 수 있다.

제47조【민감정보 및 고유식별정보의 처리】 증권선물위원회(제44조에 따라 증권선물위원회의 업무를 위탁받은 자를 포함한다)는 다음 각 호의 사무를 수행하기 위하여 불가피한 경우 「개인정보 보호법 시행령」 제18조제2호에 따른 범죄경력자료에 해당하는 정보 또는 같은 영 제19조제1호·제2호·제4호에 따른 주민등록번호, 여권번호 또는 외국인등록번호가 포함된 자료를 처리할 수 있다.
1. 법 제26조에 따른 감리업무 등의 사무
2. 법 제27조에 따른 자료 제출요구 및 조사 등의 사무
3. 법 제28조에 따른 부정행위 신고자의 보호 및 포상 등에 관한 사무
4. 법 제29조에 따른 조치에 관한 사무

제48조【과태료의 부과기준 등】 ① 법 제47조에 따른 과태료를 부과할 때 금융감독원장은 해당 위반행위를 조사·확인한 후 위반사실을 명시하여 증권선물위원회에 과태료를 부과할 것을 건의할 수 있다.
② 법 제47조제1항부터 제4항까지의 규정에 따른 과태료의 부과기준은 별표2와 같다.

제49조【규제의 재검토】 금융위원회는 제5조에 따른 외부감사의 대상에 대하여 2020년 1월 1일을 기준으로 3년마다(매 3년이 되는 해의 1월 1일 전까지를 말한다) 그 타당성을 검토하여 개선 등의 조치를 하여야 한다.
(2020.10.13 본조개정)

부　칙

제1조【시행일】 이 영은 2018년 11월 1일부터 시행한다.

제2조【외부감사 대상기준에 관한 적용례】 제5조제1항의 개정규정은 다음 각 호의 구분에 따른 사업연도부터 적용한다.
1. 이 영 시행 당시 종전의 「주식회사의 외부감사에 관한 법률 시행령」(대통령령 제00000호로 전부개정되기 전의 것을 말한다. 이하 같다) 제2조제1항 각 호의 어느 하나에 해당하는 주식회사 : 다음 각 목의 구분에 따른 사업연도
가. 제5조제1항 각 호의 개정규정의 어느 하나에 해당하는 주식회사 : 이 영 시행일이 속하는 사업연도
나. 제5조제1항 각 호의 개정규정의 어느 하나에 해당하지 아니하는 주식회사 : 2019년 11월 1일 이후 시작되는 사업연도. 이 경우 2019년 11월 1일 전에 개시된 사업연도에는 종전의 「주식회사의 외부감사에 관한 법률 시행령」 제2조제1항을 적용한다.
2. 이 영 시행 당시 종전의 「주식회사의 외부감사에 관한 법률 시행령」 제2조제1항 각 호의 어느 하나에 해당하지 아니하는 주식회사 : 2019년 11월 1일 이후 시작되는 사업연도

제3조【내부회계관리규정에 관한 적용례】 제9조제2항제6호의 개정규정은 다음 각 호의 구분에 따른 사업연도의 첫날부터 적용한다.
1. 직전 사업연도말 자산총액 2조원 이상인 주권상장법인 : 2022년 12월 31일 이후 시작되는 사업연도. 다만, 자산총액의 급격한 변동 등 부득이한 사유가 있다고 증권선물위원회가 인정하는 주권상장법인은 2025년 1월 1일 이후 시작되는 사업연도로 한다.(2023.12.19 단서신설)
2. 직전 사업연도말 자산총액 5천억원 이상 2조원 미만인 주권상장법인 : 2029년 1월 1일 이후 시작되는 사업연도(2023.12.19 본호개정)
3. 그 밖의 주권상장법인 : 2030년 1월 1일 이후 시작되는 사업연도(2023.12.19 본호개정)

제4조【손해배상공동기금 추가 적립금 반환에 관한 적용례】 제39조제5항의 개정규정은 이 영 시행 이후 법 제29조제3항제3호에 따라 추가로 적립한 연간적립금을 반환하는 경우부터 적용한다.

제5조【한국회계기준원 재정지원에 관한 특례】 한국회계기준원은 이 영 시행 전에 종전의 「주식회사의 외부감사에 관한 법률 시행령」 제7조의3제4항에 따라 적립한 금액에서 2018년 이전 2개 사업연도의 총지출 예산을 뺀 금액의 20퍼센트 이상을 2019년부터 2023년까지의 사업연도마다 제7조제4항의 개정규정에 따른 자체수입에 포함시킨다.

제6조【지배·종속의 관계에 관한 경과조치】 이 영 시행일이 속하는 사업연도의 지배·종속의 관계에 대해서는 제3조제1항의 개정규정에도 불구하고 종전의 「주식회사의 외부감사에 관한 법률 시행령」 제1조의3에 따른다.

제7조【실무수습에 관한 경과조치】 대통령령 제18351호 주식회사의 외부감사에 관한 법률 시행령 일부개정령 시행 전에 「공인회계사법 시행령」(대통령령 제18352호로 개정되기 전의 것을 말한다) 제12조에 따라 실무수습을 받은 사람은 제10조제1항의 개정규정에 따른 실무수습을 받은 것으로 본다.

제8조【부정행위 신고자의 보호 등에 관한 경과조치】 이 영 시행 전에 종전의 「주식회사의 외부감사에 관한 법률」(법률 제15022호로 전부개정되기 전의 것을 말한다. 이하 같다) 제15조의3제1항에 따라 증권선물위원회에 신고하거나 감사인 또는 감사에게 고지한 자에 대해서는 제31조의 개정규정에도 불구하고 종전의 「주식회사의 외부감사에 관한 법률 시행령」 제14조를 적용한다.

제9조【포상금 지급 금액에 관한 경과조치】 대통령령 제28041호 주식회사의 외부감사에 관한 법률 시행령 일부개정령 시행 전에 종전의 「주식회사의 외부감사에 관한 법률」 제15조의3제1항에 따라 증권선물위원회에 신고하거나 감사인 또는 감사에게 고지한 자에 대해서는 제33조제1항 및 제2항의 개정규정에도 불구하고 대통령령 제28041호로 개정되기 전의 「주식회사의 외부감사에 관한 법률 시행령」 제15조의2를 적용한다.

제10조【다른 법령의 개정】 ①~㉛ ※(해당 법령에 가제정리 하였음)

제11조【다른 법령과의 관계】 이 영 시행 당시 다른 법령에서 종전의 「주식회사의 외부감사에 관한 법률 시행령」 또는 그 규정을 인용한 경우에 이 영 가운데 그에 해당하는 규정이 있으면 종전의 「주식회사의 외부감사에 관한 법률 시행령」 또는 그 규정을 갈음하여 이 영 또는 이 영의 해당 규정을 인용한 것으로 본다.

부　칙 (2020.10.13)

제1조【시행일】 이 영은 공포한 날부터 시행한다.

제2조【증권선물위원회의 요구에 따른 감사인 선임에 관한 경과조치】 이 영 시행 전에 증권선물위원회로부터 3개 사업연도의 범위에서 증권선물위원회가 지정하는 회계법인을 감사인으로 선임할 것을 요구받은 회사로서 이 영 시행 당시 그 총 사업연도의 기간이 진행 중에 있는 회사에 대해서는 해당 기간이 끝날 때까지 제14조제1항 및 제2항의 개정규정에도 불구하고 종전의 규정에 따른다.

부　칙 (2021.1.12)

이 영은 공포한 날부터 시행한다.

부　칙 (2021.2.17)

제1조【시행일】 이 영은 공포한 날부터 시행한다.(이하 생략)

부　칙 (2021.12.21)

이 영은 공포한 날부터 시행한다.

부　칙 (2022.5.3)

제1조【시행일】 이 영은 공포한 날부터 시행한다.

제2조【감사인선임위원회의 위원에 관한 경과조치】 이 영 시행 당시 종전의 제12조제2항제3호에 따라 구성된 감사인선임위원회의 위원은 제12조제2항제3호의 개정규정에 따라 구성된 감사인선임위원회의 위원으로 본다.

부　칙 (2023.5.2)

제1조【시행일】 이 영은 공포한 날부터 시행한다.

제2조【대형비상장주식회사에 관한 적용례 등】 ① 제4조의 개정규정은 2023년 1월 1일 이후 사업연도가 시작되는 회사에 대하여 적용한다.
② 이 영 시행 당시 2023년 1월 1일 전에 사업연도가 시작된 종전의 제4조에 따른 대형비상장주식회사의 경우에는 해당 사업연도의 종료일까지는 제4조의 개정규정에도 불구하고 종전의 규정에 따른다.

제3조【내부회계관리제도에 관한 적용례 등】 ① 제9조제1항제3호의 개정규정은 2023년 1월 1일 이후 사업연도가 시작되는 회사에 대하여 적용한다.
② 이 영 시행 당시 법 제8조제1항에 따라 내부회계관리제도를 운영하는 회사로서 2023년 1월 1일 전에 사업연도가 시작된 회사의 경우에는 해당 사업연도의 종료일까지는 제9조제1항제3호의 개정규정에도 불구하고 내부회계관리제도를 운영해야 한다.

제4조【증권선물위원회의 요구에 따른 감사인 선임에 관한 경과조치】 이 영 시행 전에 법 제11조제2항에 따라 증권선물위원회가 지정하는 감사인을 선임할 것을 요구받은 회사의 경우 이 영 시행일이 속하는 사업연도의 종료일까지는 제15조제3항의 개정규정에도 불구하고 종전의 규정에 따른다.

제5조【신고자등에 대한 조치의 감면에 관한 경과조치】 이 영 시행 전에 신고자등이 법 제28조제1항에 따라 신고 또는 고지한 경우 그 신고자등에 대한 법 제29조에 따른 조치의 감면에 관하여는 제32조의 개정규정에도 불구하고 종전의 규정에 따른다.

부　칙 (2023.12.19)

제1조【시행일】 이 영은 공포한 날부터 시행한다. 다만, 제23조의 개정규정은 2024년 3월 1일부터 시행한다.

제2조【증권선물위원회의 요구에 따른 감사인 선임에 관한 적용례 등】 ① 제14조제3항의 개정규정은 이 영 시행 전에 법 제11조제1항에 따라 2024년 1월 1일 이후 시작되는 사업연도에 대하여 증권선물위원회가 지정하는 감사인을 선임할 것을 요구받은 회사에 대해서도 적용한다.
② 이 영 시행 전에 법 제11조제1항에 따라 증권선물위원회가 지정하는 감사인을 선임할 것을 요구받은 회사의 경우 이 영 시행일이 속하는 사업연도의 종료일까지는 제14조제3항의 개정규정에도 불구하고 종전의 규정에 따른다.

[별표] ➡ 「法典 別冊」 참조

어음법

(1962년 1월 20일 법 률 제1001호)

개정
1995.12. 6법 5009호
2007. 5.17법 8441호
2010. 3.31법10198호

제1편 환어음

(2010.3.31 본편개정)

제1장 환어음의 발행과 방식

제1조【어음의 요건】 환어음(換어음)에는 다음 각 호의 사항을 적어야 한다.
1. 증권의 본문 중에 그 증권을 작성할 때 사용하는 국어로 환어음임을 표시하는 글자
2. 조건 없이 일정한 금액을 지급할 것을 위탁하는 뜻
3. 지급인의 명칭
4. 만기(滿期)
5. 지급지(支給地)
6. 지급받을 자 또는 지급받을 자를 지시할 자의 명칭
7. 발행일과 발행지(發行地)
8. 발행인의 기명날인(記名捺印) 또는 서명

참조 75, 수표1, [요건을 결한 경우]2, [백지어음]10, [요건 이외의 기재]2 · 3③ · 4 · 5 · 9② · 11② · 22 · 23② · 34 · 37④ · 41②③ · 46 · 52② · 55① · 64②③, [준거법]국제사법, [인지]인지세법1① · 4, (2)[어음금액]5 · 6 · 28 · 41 · 48, [어음행위의 단순성]12① · 26①, (3)[지급인의 표시]3(2), (4)[만기의 표시]33-37, [기재없는 경우]2, (5)[지급지의 표시]2(2) · 4 · 41 · 56② · 60①, (6)[지급을 받을 자의 표시]3① · 11①②, (7)[발행일자]5③ · 23 · 34 · 36 · 37, [발행지의 표시]2(3) · 37 · 38, 국제사법, (8)[발행인의 기명날인]7 · 8

판례 만기의 일자가 발행일보다 앞선 일자로 기재되어 있는 어음의 효력(무효) : 어음의 요식증권 내지 문언증권으로서의 성질상 어음요건의 성립 여부는 어음상의 기재만에 의하여 판단하여야 하고, 어음요건의 기재가 그 자체로 불가능한 것이거나 각 어음요건이 서로 명백히 모순되어 함께 존립할 수 없게 되는 경우에는 그와 같은 어음은 무효라고 봄이 상당하고, 한편 약속어음의 발행일은 어음요건의 하나로서 그 기재가 없는 상태에서는 어음상의 권리가 적법하게 성립할 수 없는 것이므로, 확정된 날을 만기로 하는 확정일출급 약속어음의 경우에 있어서 만기의 일자가 발행일보다 앞선 일자로 기재되어 있다면 그 약속어음은 어음요건의 기재가 서로 모순되는 것으로서 무효라고 해석하여야 한다.(대판 2000.4.25, 98다59682)

판례 기존채무의 변제기보다 후의 일자가 만기인 어음을 교부한 경우의 법률관계 : 채권자가 기존 채무의 지급을 위하여 그 채무의 변제기보다 후의 일자가 만기로 된 어음의 교부를 받은 때에는 묵시적으로 기존 채무의 지급을 유예하는 의사가 있었다고 보는 것이 상당하므로 기존 채무의 변제기는 어음에 기재된 만기일로 변경된다고 볼 것이다.(대판 1999.8.24, 99다24508)

판례 발행지 기재 없는 어음의 효력 : 어음에 있어서 발행지의 기재는 발행지와 지급지가 국토를 달리하거나 세력(歲曆)을 달리하는 어음 기타 국제어음에 있어서는 어음행위의 중요한 해석 기준이 되는 것이지만 국내에서 발행되고 지급되는 이른바 국내어음에 있어서는 별다른 의미를 가지지 못하고, 또한 일반의 어음거래에 있어서 발행지가 기재되지 아니한 국내어음도 어음요건을 갖춘 완전한 어음과 마찬가지로 당사자 간에 발행 · 양도 등의 유통이 널리 이루어지고 있으며, 어음교환소와 은행 등을 통한 결제 과정에서도 발행지의 기재가 없다는 이유로 지급거절됨이 없이 발행지가 기재된 어음과 마찬가지로 취급되고 있음은 경험에 이른 정도인 점에 비추어 볼 때, 발행지의 기재가 없는 어음의 유통에 관여한 당사자들은 완전한 어음에 의한 것과 같은 유효한 어음행위를 하려고 하였던 것으로 봄이 상당하므로, 어음면의 기재 자체로 보아 국내어음으로 인정되는 경우에 있어서는 그 어음면상 발행지의 기재가 없는 경우라고 할지라도 이를 무효의 어음으로 볼 수는 없다.
(대판 1998.4.23, 95다36466 전원합의체)

판례 약속어음의 발행일 기재 없는 미완성 어음의 효력 : 약속어음의 발행일은 어음요건의 하나이므로 그 기재가 없는 상태에서는 어음상의 권리가 적법하게 성립할 수 없고, 따라서 이러한 미완성 어음으로 지급을 위한 제시를 하였다 하여도 적법한 지급제시가 될 수 없으며 사실심 변론종결일까지도 그 백지부분이 보충되지 아니한 경우에는 그 어음소지인은 발행인에 대하여 이행기에 도달된 약속어음금 채권을 가지고 있다고 볼 수 없다.(대판 1994.9.9, 94다12098,94다12104)

판례 어음행위의 무인성 : 어음행위는 무인행위로서 어음수수의 원인관계로부터 분리하여 다루어져야 하고 어음은 원인관계와 상관없이 일정한 어음상의 권리를 표창하는 증권이라 할 것인바, 원인채무가 변제된 백지약속어음을 소지함을 기화로 이를 부당보충하여 실질적 원인관계없이 배서양도하였다 하더라도 무인성의 법리에 비추어 그 양수인의 약속어음금청구가 바로 신의성실의 원칙에 어긋나는 것으로서 권리남용에 해당한다고 볼 수 없다.(대판 1984.1.24, 82다카1405)

일판 발행인과 서명관계 : 법인을 위한 서명인지 법인명을 직함으로 한 대표자개인서명인지가 어음상의 표시로 판단할 수 없을 때에는 법인 또는 대표자개인의 어느 쪽을 상대해서도 청구할 수 있다.(日 · 最高 1972.2.10)

제2조【어음 요건의 흠】 제1조 각 호의 사항을 적지 아니한 증권은 환어음의 효력이 없다. 그러나 다음 각 호의 경우에는 그러하지 아니하다.
1. 만기가 적혀 있지 아니한 경우 : 일람출급(一覽出給)의 환어음으로 본다.
2. 지급지가 적혀 있지 아니한 경우 : 지급인의 명칭에 부기(附記)한 지(地)를 지급지 및 지급인의 주소지로 본다.
3. 발행지가 적혀 있지 아니한 경우 : 발행인의 명칭에 부기한 지(地)를 발행지로 본다.

참조 76, 수표2, [어음요건]1, [백지어음]10, (1)[만기의 표시]1, [일람출급]33① · 34, [약속어음]75-78, (2)[지급지의 표시]1, [지급인의 주소]21, (3)[발행지의 표시]1, [약속어음]76④

제3조【자기지시어음, 자기앞어음, 위탁어음】 ① 환어음은 발행인 자신을 지급받을 자로 하여 발행할 수 있다.
② 환어음은 발행인 자신을 지급인으로 하여 발행할 수 있다.
③ 환어음은 제3자의 계산으로 발행할 수 있다.

참조 수표6, [자기지시어음]1, [자기앞어음]1

제4조【제3자방 지급의 기재】 환어음은 지급인의 주소지에 있든 다른 지(地)에 있든 관계없이 제3자방(第三者方)에서 지급하는 것으로 할 수 있다.

참조 77②, 수표8, [제3자지급어음]22② · 27

제5조【이자의 약정】 ① 일람출급 또는 일람 후 정기출급의 환어음에는 발행인이 어음금액에 이자가 붙는다는 약정 내용을 적을 수 있다. 그 밖의 환어음에는 이자의 약정을 적어도 이를 적지 아니한 것으로 본다.
② 이율은 어음에 적어야 한다. 이율이 적혀 있지 아니하면 이자를 약정한다는 내용이 적혀 있더라도 이자를 약정하지 아니한 것으로 본다.
③ 특정한 날짜가 적혀 있지 아니한 경우에는 어음을 발행한 날부터 이자를 계산한다.

참조 77②, 수표7, ①[일람출급 또는 일람후정기출급의 어음]33① · 34 · 35, [상환금액과 이자]48①, ③[발행일자]1, [기간의 계산]73

제6조【어음금액의 기재에 차이가 있는 경우】 ① 환어음의 금액을 글자와 숫자로 적은 경우에 그 금액에 차이가 있으면 글자로 적은 금액을 어음금액으로 한다.
② 환어음의 금액을 글자 또는 숫자로 중복하여 적은 경우에 그 금액에 차이가 있으면 최소금액을 어음금액으로 한다.

참조 77②, 수표9, [어음금액]1 · 28 · 41 · 48①

제7조【어음채무의 독립성】 환어음에 다음 각 호의 어느 하나에 해당하는 기명날인 또는 서명이 있는 경우에도 다른 기명날인 또는 서명을 한 자의 채무는 그 효력에 영향을 받지 아니한다.
1. 어음채무를 부담할 능력이 없는 자의 기명날인 또는 서명
2. 위조된 기명날인 또는 서명
3. 가공인물의 기명날인 또는 서명
4. 그 밖의 사유로 환어음에 기명날인 또는 서명을 한 자나 그 본인에게 의무를 부담하게 할 수 없는 기명날인 또는 서명

참조 77②, 수표10, [어음행위자의 책임의 독립성]32② · 65 · 69, [어음행위능력]민4-17, [의사표시의 하자로 인한 무효 · 취소]민107이하, [무권대리]8, 민130이하, [위조기명날인]형239

판례 원인채권의 지급을 확보하기 위하여 어음이 수수된 당사자 사이에서 채권자가 어음채권을 피보전권리로 하여 채무자의 재산을 가압류함으로써 그 권리를 행사한 경우에는 그 원인채권의 소멸시효를 중단시키는 효력을 인정하고 있는데, 원래 위 두 채권이 독립된 것임에도 불구하고 이와 같은 효력을 인정하는 이유는 이러한 어음은 경제적으로 동일한 급부를 위하여 원인채권의 지급수단으로 수수된 것으로서 그 어음채권의 행사는 원인채권을 실현하기 위한 것이고 어음수수 당사자 사이에서 원인채권의 시효소멸은 어음금 청구에 대하여 어음채무자가 대항할 수 있는 인적항변 사유에 해당하므로, 채권자가 어음채권의 소멸시효를 중단하여 두어도 원인채권의 시효소멸로 인한 인적항변에 따라 그 권리를 실현할 수 없게 되는 불합리한 결과가 발생하게 되기 때문이다. 그러나 이미 소멸시효가 완성된 후에는 그 채권이 소멸하고 시효 중단을 인정할 여지가 없으므로, 이미 시효로 소멸한 어음채권을 피보전권리로 하여 가압류 결정을 받는다고 하더라도 이를 어음채권 내지는 원인채권을 실현하기 위한 적법한 권리행사로 볼 수 없을 뿐 아니라, 더 이상 원인채권에 관한 시효 중단 여부가 어음채권의 권리 실현에 영향을 주지 못하여 어떠한 불합리한 결과가 발생하지 아니한다는 점을 함께 참작하여 보면, 가압류 결정 이전에 이미 피보전권리인 어음채권의 시효가 완성되어 소멸한 경우에는 그 가압류 결정에 의하여 그 원인채권의 소멸시효를 중단시키는 효력을 인정할 수 없다.(대판 2007.9.20, 2006다68902)

제8조【어음행위의 무권대리】 대리권 없이 타인의 대리인으로 환어음에 기명날인하거나 서명한 자는 그 어음에 의하여 의무를 부담한다. 그 자가 어음금액을 지급한 경우에는 본인과 같은 권리를 가진다. 권한을 초과한 대리인의 경우도 같다.

참조 77②, 수표11, [대리]민114이하, 상48-50, [무권대리행위]민130이하, [무권대리인의 책임]민135, [표현대리]민125 · 126 · 129, [무권대리인의 기명날인있는 어음에 기명날인한 자의 책임]7

판례 어음 위조에 민법상 표현대리가 인정되는지 여부 및 보호되는 제3자 범위 : 어음행위의 위조에 관하여도 민법상의 표현대리에 관한 규정이 적용 또는 유추적용되고, 다만 이 때 그 규정의 적용을 주장할 수 있는 자는 어음행위의 직접 상대방에 한한다고 할 것이며, 약속어음의 배서행위의 직접 상대방은 당해 배서의 피배서인만을 가리키고 그 피배서인으로부터 다시 어음을 취득한 자는 위 배서행위의 직접 상대방이 아니라 제3취득자에 해당하며, 어음의 제3취득자는 어음행위의 직접 상대방에게 표현대리가 인정되는 경우에 이를 원용하여 피위조자에 대하여 자신의 어음상의 권리를 행사할 수가 있을 뿐이다.
(대판 1999.12.24, 99다13201)

판례 무권대리행위에 대한 추인의 방식 : 무권대리행위에 대한 추인이 있었다고 하려면 그러한 의사가 표시되었다고 볼만한 사유가 있어야 하고, 무권대리행위가 범죄가 되는 경우에 대하여 그 사실을 알고도 장기간 형사고소를 하지 아니하였다 하더라도 그 사실만으로는 묵시적인 추인이 있었다고 할 수는 없는 바, 권한없이 기명날인을 대행하는 방식에 의하여 약속어음을 위조한 경우에 피위조자가 이를 묵시적으로 추인하였다고 인정하려면 추인의 의사가 표시되었다고 볼 만한 사유가 있어야 한다.
(대판 1998.2.10, 97다3113)

판례 소지인의 적법한 지급제시가 배서위조로 인한 사용자책임을 묻기 위한 요건인지 여부 : 어음이 위조된 경우에 피위조자는 민법상 표현대리에 관한 규정이 유추적용될 수 있다는 등의 특별한 경우를 제외하고는 원칙적으로 어음상의 책임을 지지 아니하나, 피용자가 어음위조로 인한 불법행위에 관여한 경우에 그것이 사용자의 업무집행과 관련한 위법한 행위로 인하여 이루어졌으면 그 사용자는 민법 756조에 의한 손해배상책임을 지는 경우가 있고, 이 경우에 사용자가 지는 책임은 어음상의 책임이 아니라 민법상의 불법행위책임이므로 그 책임의 요건과 범위가 어음상의 그것과 일치하는 것이 아니다. 따라서 민법 756조 소정의 사용자 책임을 논함에 있어서는 어음소지인이 어음법상 소구권을 가지고 있느냐는 등 어음법상의 권리 유무를 따질 필요가 없으므로, 어음소지인이 현실적으로 지급제시를 하여 지급거절을 당하였는지의 여부가 어음배서의 위조로 인한 손해배상책임을 묻기 위하여 필요한 요건이라고 할 수 없고, 어음소지인이 적법한 지급제시기간 내에 지급제시를 하지 아니하여 소구권 보전의 절차를 밟지 않았다고 하더라도 이는 어음소지인이 이미 발생한 위조자의 사용자에 대한 불법행위책임을 묻는 것에 장애가 되는 사유라고 할 수 없다.
(대판 1994.11.8, 93다21514 전원합의체)

판례 어음위조와 입증책임 : 어음에 어음채무자로 기재되어 있는 사람이 자신의 기명날인이 위조된 것이라고 주장하는 경우에는 그 사람에 대하여 어음채무의 이행을 청구하는 어음의 소지인이 그 기명날인이 진정한 것임을 증명하지 않으면 안된다.
(대판 1993.8.24, 93다4151 전원합의체)

판례 법인의 어음행위 방식 : 법인의 어음행위는 어음행위의 서면성, 문언성에 비추어 법인의 대표자 또는 대리인이 그 법인의 대표자 또는 대리권자임을 어음면상에 표시하고 기명날인하는 대리방식에 의하던가 법인의 대표자로부터 대리권을 수여받고 직접 법인의 대표자의 명의로 서명할 수 있는 권한이 주어져 있는 자의 대행 방식에 의하여 이루어져야 할 것이고 만일 어음위자가 대리(대행)권한없이 대리(대행)방식에 의하여 아니한 어음행위를 하였다면 무권대리인의 어음행위가 된다.
(대판 1987.4.14, 85다카1189)

제9조【발행인의 책임】 ① 발행인은 어음의 인수(引受)와 지급을 담보한다.
② 발행인은 인수를 담보하지 아니한다는 내용을 어음에 적을 수 있다. 발행인이 지급을 담보하지 아니한다는 뜻의 모든 문구는 적지 아니한 것으로 본다.

참조 [발행인의 담보책임]43 · 47 · 53 · 70②③, [배서인의 담보책임]15, [약속어음 발행인의 책임]78, [수표발행인의 담보책임]수표12

판례 기존 채무의 이행을 위하여 제3자 발행의 어음 · 수표를 교부한 경우의 법률관계 : 채무자가 채권자에게 기존 채무의 이행에 관하여 어음이나 수표를 교부하는 경우 당사자 사이에 특별한 의사표시가 없고, 어음상의 주채무자가 원인관계상의 채무자와 동일하지 아니한 때에는 제3자인 어음상의 주채무자에 의한 지급이 예정되고 있으므로 이는 '지급을 위하여' 교부된 것으로 추정할 것이고, 따라서 특별한 사정이 없는 한 기존의 원인채무는 소멸하지 아니하고 어음 · 수표상의 채무와 병존한다고 보아야 한다.(대판 1997.3.28, 97다126,133)

판례 융통어음을 타에 담보로 제공하고 금원을 차용한 채무에 대하여 그 융통어음의 발행인이 보증책임을 지는지 여부 : 어음행위를 한 자는 특별한 사정이 없는 한 어음상의 문언에 따라 어음상의 채무만을 부담하게 되므로 발행인이 약속어음을 자금융통을 위하여 발행하였다는 사유만으로는 수취인이 위 융통어음을 타에 담보로 제공하고서 금원을 차용한 채무를 보증한 것으로는 볼 수 없다.(대판 1987.4.28, 86다카2630)

제10조【백지어음】 미완성으로 발행한 환어음에 미리 합의한 사항과 다른 내용을 보충한 경우에는 그

합의의 위반을 이유로 소지인에게 대항하지 못한다. 그러나 소지인이 악의 또는 중대한 과실로 인하여 환어음을 취득한 경우에는 그러하지 아니하다.

참조 77②, 수표13, [어음요건 및 그 흠결]1·2, [인적항변]17

판례 만기가 백지인 약속어음의 백지보충권의 소멸시효의 기산점 및 소멸시효기간 : 만기를 백지로 한 약속어음을 발행한 경우, 그 보충권의 소멸시효는 다른 특별한 사정이 없는 한 그 어음발행의 원인관계에 비추어 어음상의 권리를 행사하는 것이 법률적으로 가능하게 된 때부터 진행하고, 백지약속어음의 보충권 행사에 의하여 생기는 채권은 어음금 채권이며 어음법 77조 1항 8호, 70조 1항, 78조 1항에 의하면 약속어음의 발행인에 대한 어음금 채권은 만기의 날로부터 3년간 행사하지 아니하면 소멸시효가 완성되는 점 등을 고려하면, 만기를 백지로 하여 발행된 약속어음의 백지보충권의 소멸시효기간은 백지보충권을 행사할 수 있는 때로부터 3년으로 보아야 한다.
(대판 2003.5.30, 2003다16214)

판례 백지어음의 보충권 수여에 관한 입증책임 : 백지약속어음인지의 여부에 관하여는 보충권을 줄 의사로 발행한 것이 아니라는 점, 즉 백지어음이 아니라 불완전어음으로서 무효라는 점에 관한 입증책임이 발행인에게 있다.
(대판 2001.4.24, 2001다6718)

판례 어음법 10조 소정의 '소지인이 악의 또는 중대한 과실로 인하여 어음을 취득한 때'의 의미 : 어음법 10조가 규정하는 '악의로 어음을 취득한 때'라 함은 소지인이 백지어음이 부당 보충되었다는 사실과 이를 취득할 경우 어음채무자를 해하게 된다는 것을 알면서도 어음을 양수한 때를 말하고, '중대한 과실로 인하여 어음을 취득한 때'라 함은 소지인이 조금만 주의를 기울였더라면 백지어음이 부당 보충되었다는 사실을 알 수 있었음에도 불구하고 그와 같은 주의도 기울이지 아니하고 부당 보충된 어음을 양수한 때를 말한다.(대판 1999.2.9, 98다37736)

판례 제권판결을 받은 자가 어음 외의 의사표시로 백지보충하여 어음상 권리 행사 가부 : 제권판결 제도는 증권 또는 증서를 상실한 자에게 이를 소지하고 있는 것과 같은 형식적 자격을 부여하여 그 권리를 실현할 수 있도록 하려는 것인 점과, 백지어음의 발행인은 백지보충을 조건으로 하는 어음금지급채무를 부담하게 되고, 백지에 대한 보충권과 백지보충을 조건으로 한 어음상의 권리는 백지어음의 양도와 더불어 양수인에게 이전되어 그 소지인은 언제라도 백지를 보충하여 어음상의 권리를 행사할 수 있으므로, 백지어음은 어음거래상 완성어음과 같은 경제적 가치를 가지면서 유통되고 있는 점을 함께 고려하여 보면, 백지어음에 대한 제권판결을 받은 자는 발행인에 대하여 백지보충권과 백지보충을 조건으로 한 어음상의 권리까지를 모두 민사소송법 468조에 규정된 '증서에 의한 권리'로서 주장할 수 있다고 봄이 상당하고, 따라서 백지어음의 제권판결을 받은 자는 발행인에 대하여 백지 부분에 대하여 어음 외의 의사표시에 의하여 보충권을 행사하고 그 어음금의 지급을 구할 수 있다.
(대판 1998.9.4, 97다57573)

판례 발행지 기재 없는 어음의 효력 : 어음에 있어서 발행지의 기재는 발행지와 지급지가 국토를 달리하거나 세력(歲曆)을 달리하는 어음 기타 국제어음에 있어서는 어음행위의 중요한 해석 기준이 되는 것이지만 국내에서 발행되고 지급되는 이른바 국내어음에 있어서는 별다른 의미를 가지지 못하고, 또한 일반의 어음거래에 있어서 발행지가 기재되지 아니한 국내어음도 어음요건을 갖춘 완전한 어음과 마찬가지로 당사자 간에 발행·양도 등의 유통이 널리 이루어지고 있으며, 어음교환소와 은행 등을 통한 결제 과정에서도 발행지의 기재가 없다는 이유로 지급거절됨이 없이 발행지가 기재된 어음과 마찬가지로 취급되고 있음은 관행에 이른 정도인 점에 비추어 볼 때, 발행지의 기재가 없는 어음의 유통에 관여한 당사자들은 완전한 어음에 의한 것과 같은 유효한 어음행위를 하려고 하였던 것으로 봄이 상당하므로, 어음면의 기재 자체로 보아 국내어음으로 인정되는 경우에 있어서는 그 어음면상 발행지의 기재가 없는 경우라고 할지라도 이를 무효의 어음으로 볼 수는 없다.
(대판 1998.4.23, 95다36466 전원합의체)

제2장 배 서

제11조 【당연한 지시증권성】 ① 환어음은 지시식(指示式)으로 발행하지 아니한 경우에도 배서(背書)에 의하여 양도할 수 있다.
② 발행인이 환어음에 "지시 금지"라는 글자 또는 이와 같은 뜻이 있는 문구를 적은 경우에는 그 어음은 지명채권의 양도 방식으로만, 그리고 그 효력으로써만 양도할 수 있다.
③ 배서는 다음 각 호의 자에 대하여 할 수 있으며, 다음 각 호의 자는 다시 어음에 배서할 수 있다.
1. 어음을 인수한 지급인
2. 어음을 인수하지 아니한 지급인
3. 어음의 발행인
4. 그 밖의 어음채무자

참조 77①, 수표14, ①[지급을 받을 자의 표시]1, [배서에 의한 양도]12이하, 민508, [지시채권의 특성]민508-526, 상65, [당연한 지시증권성]상130·157·336·820, ②[지명채권의 양도]민450·451, ③[혼동]민507, [수표의 경우]수표14③·15⑤

판례 배서금지어음이 되기 위한 금지문구의 기재방법 : 약속어음은 원칙적으로 배서에 의하여 양도할 수 있는 것이므로 배서금지어음으로 되기 위하여는 통상인이 어음거래를 함에 있어서 어음면상으로 보아 발행인이 배서를 금지하여 발행한 것임을 알 수 있을 정도로 어음법 11조 2항의 "지시금지"의 문자 또는 동일한 의의가 있는 문언이 명료하게 기재되어야 한다. 약속어음 이면의 배서란 맨 끝부분에 "견질용"이라고 기재된 것만으로는 그 약속어음을 어음법 11조 2항 소정의 지시금지어음이라고 볼 수 없다.(대판 1994.10.21, 94다9948)

판례 배서금지어음의 양도방법 : 배서금지의 문언을 기재한 약속어음은 양도성 자체까지 없어지는 것이 아니고 지명채권의 양도에 관한 방식에 따라서, 그리고 그 효력으로써 이를 양도할 수 있는 것인데 이 경우에는 민법 450조의 대항요건(통지 또는 승낙)을 구비하는 외에 약속어음을 인도(교부)하여야 하고 지급을 위하여서는 어음을 제시하여야 하며 또 어음금을 지급할 때에는 이를 환수하게 되는 것이다.
(대판 1989.10.24, 88다카20774)

제12조 【배서의 요건】 ① 배서에는 조건을 붙여서는 아니 된다. 배서에 붙인 조건은 적지 아니한 것으로 본다.
② 일부의 배서는 무효로 한다.
③ 소지인에게 지급하라는 소지인출급의 배서는 백지식(白地式) 배서와 같은 효력이 있다.

참조 77①, 수표15, [주식의 배서에의 준용]상336②, [다른 유가증권에의 준용]상65, ①[어음행위의 단순성]26①, [배서에 부기할 수 있는 사항]15·18①·19①·22④·23③·34①·45③·46①·53③·55①, ②[어음금액의 일부의 인수·보증·지급]26·30①·39②③·59, ③[백지식배서]13②·14②·16①

제13조 【배서의 방식】 ① 배서는 환어음이나 이에 결합한 보충지[補箋]에 적고 배서인이 기명날인하거나 서명하여야 한다.
② 배서는 피배서인(被背書人)을 지명하지 아니하고 할 수 있으며 배서인의 기명날인 또는 서명만으로도 할 수 있다(백지식 배서). 배서인의 기명날인 또는 서명만으로 하는 백지식 배서는 환어음의 뒷면이나 보충지에 하지 아니하면 효력이 없다.

참조 77①, 수표16, [주식의 배서에의 준용]상336②, ①[일자·보낼 곳의 기재]20②·45③, [등본상의 배서]67③, ②[백지식배서의 효력]14②·16①, [소지인출급의 배서와 백지식배서]12③, [어음의 표면에 한 단순한 기명날인]1·25①·31③, [유가증권에의 준용]상65①

판례 백지식 배서의 피배서인이 교부에 의해 어음을 소지인에게 양도한 경우 선의를 이유로 양도인에게 대항할 수 없었던 사유로 양수인에게 대항할 수 있는지 여부 : 어음에 배서인으로 나타나 있지는 않지만 현재의 어음소지인에게 어음을 양도한 사람이 어음취득 당시 선의였기 때문에 그에게 대항할 수 없었던 사유에 대하여는 현재의 어음소지인이 비록 어음취득 당시 그 사유를 알고 있었다고 하여도 그것으로써 현재의 어음소지인에게 대항할 수 없다.(대판 2001.4.24, 2001다5272)

제14조 【배서의 권리 이전적 효력】 ① 배서는 환어음으로부터 생기는 모든 권리를 이전(移轉)한다.
② 배서가 백지식인 경우에 소지인은 다음 각 호의 행위를 할 수 있다.
1. 자기의 명칭 또는 타인의 명칭으로 백지(白地)를 보충하는 행위
2. 백지식으로 또는 타인을 표시하여 다시 어음에 배서하는 행위
3. 백지를 보충하지 아니하고 또 배서도 하지 아니하고 어음을 교부만으로 제3자에게 양도하는 행위

참조 77①, 수표17, ①[권리이전적 효력없는 배서]18·19, [배서의 담보적 효력 및 자격증명적 효력]15·16①, [선의취득]16②, [배서에 의한 권리이전과 인적항변의 절단]17, ②[백지식배서]12③·13②, [백지식배서와 자격증명적 효력]16①, [주식의 배서에의 준용]상336②

판례 채무변제를 한 제3자 발행 어음 교부의 법적 성질(추심위임설) : 일반적으로 은행의 예금주가 제3자 발행의 어음을 예금으로서 자신의 구좌에 입금시키는 것은 추심의 위임이라고 보아야 하겠지만 은행의 채무자가 그 채무의 변제를 위하여 제3자 발행의 어음을 교부하는 것은 특별한 사정이 없는 한 어음상의 권리의 양도로 보는 것이 합리적이고 이를 단순한 추심권한만의 위임이라고 할 수는 없다.(대판 1988.1.19, 86다카1954)

제15조 【배서의 담보적 효력】 ① 배서인은 반대의 문구가 없으면 인수와 지급을 담보한다.
② 배서인은 자기의 배서 이후에 새로 하는 배서를 금지할 수 있다. 이 경우 그 배서인은 어음의 그 후의 피배서인에 대하여 담보의 책임을 지지 아니한다.

참조 77①, 수표18, [배서인의 담보책임]43·44·46②·47-49·53, [시효]70②③, [배서의 담보적효력의 특례]18·20, [발행인의 담보책임]9, [배서의 기타효력]14①·16·17, [입질증권의 배서인의 담보책임]상157

판례 사인으로부터의 어음할인의 법적 성격 : 통상 어음할인이라 함은, 아직 만기가 도래하지 아니한 어음의 소지인이 상대방에게 어음을 양도하고 상대방이 어음의 액면금액에서 만기까지의 이자 기타 비용을 공제한 금액을 할인의뢰자에게 교부하는 거래를 말하는 것인데, 수표의 경우에는 만기가 없으므로 어음할인과 같은 엄격한 의미에서의 수표할인은 존재할 수 없으나 특정기일 전까지 지급제시를 하지 않기로 하고 수표금액에서 그 기간까지의 이자를 공제하는 방법에 의한 수표할인은 가능한 바, 그와 같은 형태의 어음 또는 수표의 할인이 금융기관이 아닌 사인 간에 이루어진 경우 그 성질이 소비대차에 해당하는 것인지 아니면 어음의 매매에 해당하는 것인지의 여부는 그 거래의 실태와 당사자의 의사에 의하여 결정되어야 할 것이다.
(대판 2002.4.12, 2001다55598)

판례 약속어음 배서와 원인채무에 대한 보증책임 : 다른 사람이 발행 또는 배서양도하는 약속어음에 배서인이 된 사람은 그 배서로 인한 어음상의 채무만을 부담하는 것이 원칙이고, 특별히 채권자에 대하여 자기가 그 발행 또는 배서양도의 원인이 된 채무까지 보증하겠다는 뜻으로 배서한 경우에 한하여 그 원인채무에 대한 보증책임을 부담한다.(대판 1994.8.26, 94다5397)

판례 약속어음 배서인이 원인채무에 대한 보증책임을 부담하기 위한 요건 : 다른 사람이 발행한 약속어음에 보증의 취지로 배서를 한 경우에 배서인은 그 배서행위로 인한 어음상의 채무만을 부담하는 것이 원칙이고 다만 그 어음이 차용증서에 갈음하여 발행된 것으로서 배서인이 그러한 사정을 알고 민사상의 원인채무를 보증하는 의미로 배서한 경우에 한하여 그 원인채무에 대한 보증책임을 부담하는 것이다.
(대판 1993.11.23, 93다23459)

제16조 【배서의 자격 수여적 효력 및 어음의 선의 취득】 ① 환어음의 점유자가 배서의 연속에 의하여 그 권리를 증명할 때에는 그를 적법한 소지인으로 추정(推定)한다. 최후의 배서가 백지식인 경우에도 같다. 말소한 배서는 배서의 연속에 관하여는 배서를 하지 아니한 것으로 본다. 백지식 배서의 다음에 다른 배서가 있는 경우에는 그 배서를 한 자는 백지식 배서에 의하여 어음을 취득한 것으로 본다.
② 어떤 사유로든 환어음의 점유를 잃은 자가 있는 경우에 그 어음의 소지인이 제1항에 따라 그 권리를 증명할 때에는 그 어음을 반환할 의무가 없다. 그러나 소지인이 악의 또는 중대한 과실로 인하여 어음을 취득한 경우에는 그러하지 아니하다.

참조 77①, 수표19·21, ①[배서의 연속]13·14②, [백지식배서]12③·13②·14②, [배서의 말소]50②, [배서연속과 면책적 효력]40③, 민470·518, ②[동산의 선의취득]민249

판례 어음상 권리의 행사와 어음의 소지 : 어음이 어떤 이유로 이미 채무자의 점유에 귀속하는 경우에는 어음의 제시증권성과 상환증권성을 고려할 필요가 없어 어음의 소지는 채무자에 대한 권리행사의 요건이 되지 않고, 채무자는 상환이행의 항변을 하지 못한다.(대판 2001.6.1, 99다60948)

판례 강학상의 어음이론 : 어음을 유통시킬 의사로 어음상에 발행인으로 기명날인하여 외관을 갖춘 어음을 작성한 자는 그 어음이 도난·분실 등으로 인하여 그의 의사에 의하지 아니하고 유통되었다고 하더라도, 배서가 연속되어 있는 그 어음을 외관을 신뢰하고 취득한 소지인에 대하여는 그 소지인이 악의 내지 중과실에 의하여 그 어음을 취득하였음을 주장·입증하지 아니하는 한 발행인으로서의 어음상의 채무를 부담한다.
(대판 1999.11.26, 99다34307)

판례 어음 배서의 형식상 연속이 끊긴 경우, 어음상 권리의 행사 방법(가교의 가부) : 어음에 있어서의 배서의 연속은 형식상 존재함으로써 족하고 또 형식상 존재함을 요한다 할 것이나, 형식상 배서의 연속이 끊어진 경우에 딴 방법으로 그 중단된 부분에 관하여 실질적 관계가 있음을 증명한 소지인이 한 어음상의 권리행사는 적법하다.(대판 1995.9.15, 95다7024)

제17조 【인적 항변의 절단】 환어음에 의하여 청구를 받은 자는 발행인 또는 종전의 소지인에 대한 인적 관계로 인한 항변(抗辯)으로써 소지인에게 대항하지 못한다. 그러나 소지인이 그 채무자를 해할 것을 알고 어음을 취득한 경우에는 그러하지 아니하다.

참조 77①, 수표22, [배서의 권리이전적 효력]14①, [채권양도와 항변]민451·515, [백지어음의 부당보충]10, [특수배서와 항변절단의 유무]18②·19②·20①

판례 인적항변절단과 제3자의 항변(이중무권의 항변) : 어음에 의하여 청구를 받은 자는 종전의 소지인에 대한 인적 관계로 인한 항변으로써 소지인에게 대항하지 못하는 것이 원칙이지만, 이와 같이 인적항변을 제한하는 법의 취지는 어음거래의 안전을 위하여 어음취득자의 이익을 보호하기 위한 것이므로 자기에 대한 배서의 원인관계가 흠결됨으로써 어음소지인이 그 어음을 소지할 정당한 권원이 없어지고 어음금의 지급을 구할 경제적 이익이 없게 된 경우에는 인적항변 절단의 이익을 향유할 지위에 있지 아니하다고 보아야 할 것이다.
(대판 2003.1.10, 2002다46508)

판례 융통어음이라는 사실에 대한 입증책임의 부담자 : 융통어음인 약속어음의 어음금지급청구에 대하여 어음의 발행인이 그 어음이 융통어음이므로 피융통자에 대하여 어음상의 책임을 부담하지 아니한다고 항변하는 경우 융통어음이라는 사실에 대한 입증책임은 어음의 발행자가 부담한다.
(대판 2001.8.24, 2001다28176)

판례 '채무자를 해할 것을 알고 어음을 취득하였을 때'라 함은, 단지 항변사유의 존재를 아는 것만으로는 부족하고 자기가 어음을 취득함으로써 항변이 단절되고 채무자가 손해를 입게 될 사정이 객관적으로 존재한다는 사실까지도 충분히 알아야 한다.
(대판 1996.5.28, 96다7120)

제18조 【추심위임배서】 ① 배서한 내용 중 다음 각 호의 어느 하나에 해당하는 문구가 있으면 소지인은 환어음으로부터 생기는 모든 권리를 행사할 수 있다. 그러나 소지인은 대리(代理)를 위한 배서만을 할 수 있다.
1. 회수하기 위하여
2. 추심(推尋)하기 위하여
3. 대리를 위하여
4. 그 밖에 단순히 대리권을 준다는 내용의 문구
② 제1항의 경우에는 어음의 채무자는 배서인에게 대항할 수 있는 항변으로써만 소지인에게 대항할 수 있다.
③ 대리를 위한 배서에 의하여 주어진 대리권은 그 대리권을 준 자가 사망하거나 무능력자가 되더라도 소멸하지 아니한다.

참조 77①, 수표23, ①[배서의 방식]12-14, [대리]민114이하, [위임]민680이하, [배서의 자격증명적 효력]16①, ②[어음항변]17·19②, ③[본인 또는 위임자의 사망 또는 능력상실과 대리 또는 위임의 종료]민127·690, 상50

판례 숨은 추심위임배서의 유효여부와 인적항변의 절단 여부 : 추심위임의 목적으로 하는 통상의 양도배서 즉 숨은 추심위임배서도 유효하고 이 경우 어음법 18조의 규정에 의하여 인적항변이 절단되지 아니한다.(대판 1990.4.13, 89다카1084)

제19조 【입질배서】 ① 배서한 내용 중 다음 각 호의 어느 하나에 해당하는 문구가 있으면 소지인은 환어음으로부터 생기는 모든 권리를 행사할 수 있다. 그러나 소지인이 한 배서는 대리를 위한 배서의 효력만 있다.

1. 담보하기 위하여
2. 입질(入質)하기 위하여
3. 그 밖에 질권(質權) 설정을 표시하는 문구
② 제1항의 경우 어음채무자는 배서인에 대한 인적 관계로 인한 항변으로써 소지인에게 대항하지 못한다. 그러나 소지인이 그 채무자를 해할 것을 알고 어음을 취득한 경우에는 그러하지 아니하다.
참조 77①, ①[배서의 방식]12-14, [권리질]민345이하, [배서의 자격증명적 효력]16①, [배서의 담보적 효력]15, ②[어음항변]17·18②

제20조【기한 후 배서】 ① 만기 후의 배서는 만기 전의 배서와 같은 효력이 있다. 그러나 지급거절증서가 작성된 후에 한 배서 또는 지급거절증서 작성기간이 지난 후에 한 배서는 지명채권 양도의 효력만 있다.
② 날짜를 적지 아니한 배서는 지급거절증서 작성기간이 지나기 전에 한 것으로 추정한다.
참조 77①, 수표24, ①[만기]33-37, [지급거절증서작성 및 그 기간]43·44①③·54·60①·72-74, [지명채권양도의 효력]민450·451, [배서의 자격증명적 효력]16①, [통상의 배서에 인정되는 기타의 특수효력]15·16②·17, ②[배서일자]12② ·13①
판례 어음면상 지급거절의 사실이 명백한 경우의 지급거절증서 작성 전에 한 만기후배서 : 어음법 20조에 의하면 만기후배서도 그것이 지급거절증서 작성 전 또는 지급거절증서 작성기간 경과 전에 이루어진 것이면 만기 전의 배서와 동일한 효력을 가지고, 비록 만기에 지급제시된 어음에 교환필이라는 스탬프가 압날되고 피사취 또는 예금부족 등의 사유로 지급거절한다는 취지의 지급은행의 부전이 첨부되어 있는 등 지급거절의 사실이 어음면에 명백하게 되어 있다 하더라도 이를 가지고 적법한 지급거절증서가 작성되었다고는 할 수 없으므로, 그러한 어음에 한 배서도 그것이 지급거절증서 작성 전으로서 지급거절증서 작성기간 경과 전이기만 하면 이는 기한후 배서가 아닌 만기후배서로서 만기 전의 배서와 동일한 효력이 있다.
(대판 2000.1.28, 99다44250)

제3장 인 수

제21조【인수 제시의 자유】 환어음의 소지인 또는 단순한 점유자는 만기에 이르기까지 인수를 위하여 지급인에게 그 주소에서 어음을 제시할 수 있다.
참조 [만기]33이하, [인수제시의 허부·요부 및 제시기간]22-24①·46②·54·72-74, 상63, [지급인의 주소]2③, [제시해태의 효과]53, [동지예비지급인의 기재있는 경우의 특례]56②, [수표와 인수의 금지]수표4

제22조【인수 제시의 명령 및 금지】 ① 발행인은 환어음에 기간을 정하거나 정하지 아니하고, 인수를 위하여 어음을 제시하여야 한다는 내용을 적을 수 있다.
② 발행인은 인수를 위한 어음의 제시를 금지한다는 내용을 어음에 적을 수 있다. 그러나 어음이 제3자방에서 또는 지급인의 주소지가 아닌 지(地)에서 지급하여야 하는 것이거나 일람 후 정기출급 어음인 경우에는 그러하지 아니하다.
③ 발행인은 일정한 기일(期日) 전에는 인수를 위한 어음의 제시를 금지한다는 내용을 적을 수 있다.
④ 각 배서인은 기간을 정하거나 정하지 아니하고, 인수를 위하여 어음을 제시하여야 한다는 내용을 적을 수 있다. 그러나 발행인이 인수를 위한 어음의 제시를 금지한 경우에는 그러하지 아니하다.
참조 [인수제시의 자유의 원칙]21, [기간의 계산]37③·72-74, [불가항력에 인한 제시불능]54, ②[제시명령위반의 효과]53②, ①[제3자방지급어음]4·27, [일람후정기출급어음]23·33①·35, ④[제시명령위반의 효과]53③

제23조【일람 후 정기출급 어음의 제시기간】 ① 일람 후 정기출급의 환어음은 그 발행한 날부터 1년 내에 인수를 위한 제시를 하여야 한다.
② 발행인은 제1항의 기간을 단축하거나 연장할 수 있다.
③ 배서인은 제1항 및 제2항의 기간을 단축할 수 있다.
참조 [일람후정기출급어음]33①·35·36, [발행일자]1, [기간의 계산]37③·72-74, [불가항력의 경우]54, [거절증서작성면제와 제시의 필요]46②, [제시금지명령의 불허]22②, [제시기간불준수의 효과]53, [일람후정기출급약속어음의 경우]78②

제24조【유예기간】 ① 지급인은 첫 번째 제시일의 다음 날에 두 번째 제시를 할 것을 청구할 수 있다. 이해관계인은 이 청구가 거절증서에 적혀 있는 경우에만 그 청구에 응한 두 번째 제시가 없었음을 주장할 수 있다.
② 소지인은 인수를 위하여 제시한 어음을 지급인에게 교부할 필요가 없다.
참조 [제2의 제시의 청구]거절증서3②, [인수거절증서작성기간]44·72·74

제25조【인수의 방식】 ① 인수는 환어음에 적어야 하며, "인수" 또는 그 밖에 이와 같은 뜻이 있는 글자로 표시하고 지급인이 기명날인하거나 서명하여야 한다. 어음의 앞면에 지급인의 단순한 기명날인 또는 서명이 있으면 인수로 본다.
② 일람 후 정기출급의 어음 또는 특별한 기재에 의하여 일정한 기간 내에 인수를 위한 제시를 하여야 하는 어음의 경우에는 소지인이 제시한 날짜를 기재할 것을 청구한 경우가 아니면 인수에는 인수한 날짜를 적어야 한다. 날짜가 적혀 있지 아니한 경우 소지인은 배서인과 발행인에 대한 상환청구권(償還請求權)을 보전(保全)하기 위하여는 적법한 시기에 작성시킨 거절증서로써 그 기재가 없었음을 증명하여야 한다.
참조 ①[어음의 표면에 한 단순한 기명날인]1·13②·31③, ②[일람후정기출급어음]33①·35, [인수의 제시를 할 어음]22①④·23·24①, [제시일자의 기재의 청구]24①·44②, [일람후정기출급약속어음의 경우]78②
판례 환어음의 백지인수가 가능한지 여부 : 일람후 정기출급 환어음은 지급인이 그 환어음 원본에 인수 기타 이와 동일한 의미가 있는 문자로 표시하고 인수일자를 기재하거나 또는 기재하지 아니한 채 기명날인하여 이를 그 인수제시인에게 교부 반환하면 인수가 되는 것이고 위와 같이 인수일자를 기재하지 아니할 때에 장차 그 소지인에게 그 제1의 인수제시일자 또는 인수일자의 보충권을 수여하는 이른바 백지인수도 가능하다.
(대판 1980.2.12, 78다1164)

제26조【부단순인수】 ① 인수는 조건 없이 하여야 한다. 그러나 지급인은 어음금액의 일부만을 인수할 수 있다.
② 환어음의 다른 기재사항을 변경하여 인수하였을 때에는 인수를 거절한 것으로 본다. 그러나 인수인은 그 인수 문구에 따라 책임을 진다.
참조 [어음행위의 단순성]1·12①, [제3자방지급의 기재]27, [일부인수]43①·48①·51, 거절증서6②, [어음금액의 일부의 배서·보증·지급]12②·30①·39②·59②, ②[인수거절의 효과]43, [인수인의 책임]28, [인수의 말소]29

제27조【제3자방 지급의 기재】 ① 발행인이 지급인의 주소지와 다른 지급지를 환어음에 적은 경우에 제3자방에서 지급한다는 내용을 적지 아니하였으면 지급인은 인수를 함에 있어 그 제3자를 정할 수 있다. 그에 관하여 적은 내용이 없으면 인수인은 지급지에서 직접 지급할 의무를 부담한 것으로 본다.
② 지급인의 주소에서 지급될 어음의 경우 지급인은 인수를 함에 있어 지급지 내에 위치한 지급장소를 정할 수 있다.
참조 [제3자방 지급의 기재]4, [지급지 및 지급인의 주소지]1·2

제28조【인수의 효력】 ① 지급인은 인수를 함으로써 만기에 환어음을 지급할 의무를 부담한다.
② 지급을 받지 못한 경우에 소지인은 제48조와 제49조에 따라 청구할 수 있는 모든 금액에 관하여 인수인에 대하여 환어음으로부터 생기는 직접청구권을 가진다. 소지인이 발행인인 경우에도 같다.
참조 [인수]25·26, [약속어음의 발행인의 의무]78①, [참가인수인의 의무]58①, [수표의 지급보증인의 의무]수표55, ①[인수인의 의무의 이행기]33·35-37·72, [만기전의 지급]40①②, [인수인의 의무의 시효]70①, ②[만기에 지급없는 경우의 효과]43·47

제29조【인수의 말소】 ① 환어음에 인수를 기재한 지급인이 그 어음을 반환하기 전에 인수의 기재를 말소한 경우에는 인수를 거절한 것으로 본다. 말소는 어음의 반환 전에 한 것으로 추정한다.
② 제1항에도 불구하고 지급인이 소지인이나 어음에 기명날인 또는 서명을 한 자에게 서면으로 인수를 통지한 경우에는 그 상대방에 대하여 인수의 문구에 따라 책임을 진다.
참조 [인수의 방식]25·26, [인수거절]43

제4장 보 증

제30조【보증의 가능】 ① 환어음은 보증에 의하여 그 금액의 전부 또는 일부의 지급을 담보할 수 있다.
② 제3자는 제1항의 보증을 할 수 있다. 어음에 기명날인하거나 서명한 자도 같다.
참조 77③, 수표25, [민사보증]민428이하, [상사보증]상57②, [어음보증의 방식]31, [어음보증의 효력]32, ①[어음금액 일부의 배서·인수·지급]12②·26①·39②·59②, ②[수표보증]수표25②
판례 어음할인거래에 관한 보증인의 책임범위 : 일반적으로 어음할인거래에 관한 기본약정서인 여신한도거래약정서에 거래방법을 제한하는 규정이나 보증인의 보증범위가 주채무자의 상업어음의 거래로 인한 채무만으로 한정된다는 규정이 없고, 또 이와 같은 내용의 특약을 별도로 한 바도 없다면, 금융기관의 내부규정인 할인어음취급요령에서 융통어음의 할인을 금지하고 있다 하더라도, 특별한 사정이 없는 한 보증인이 금융기관에 대하여 부담하는 보증책임의 범위가 제3자가 발행한 상업어음의 할인거래로 인한 주채무자의 채무에 한정되는 것은 아니라고 해석할 것이다.(대판 2000.6.23, 99다57720)

제31조【보증의 방식】 ① 보증의 표시는 환어음 또는 보충지에 하여야 한다.
② 보증을 할 때에는 "보증" 또는 이와 같은 뜻이 있는 문구를 표시하고 보증인이 기명날인하거나 서명하여야 한다.
③ 환어음의 앞면에 단순한 기명날인 또는 서명이 있는 경우에는 보증을 한 것으로 본다. 그러나 지급인 또는 발행인의 기명날인 또는 서명의 경우에는 그러하지 아니하다.
④ 보증에는 누구를 위하여 한 것임을 표시하여야 한다. 그 표시가 없는 경우에는 발행인을 위하여 보증한 것으로 본다.
참조 77③, 수표26, ①[보전상의 보증]13①, [등본상의 보증]67③, ③[배서방식]1·3, [추심위임배서]18, [인수방식]25①, ④[약속어음의 경우]77③, [참가와 피참가인의 표시]57·62①, [거절증서작성면제의 기재]46①, [예비지급인의 기재]55①

판례 조건부 어음보증의 효력 : 어음법상 보증의 경우에는 발행 및 배서의 경우와 같이 단순성을 요구하는 명문이 없을 뿐 아니라, 부수적 채무부담행위인 점에서 보증과 유사한 환어음 인수에 불단순인수를 인정하고 있음에 비추어 어음보증에 대하여 환어음 인수의 경우보다 더 엄격하게 단순성을 요구함은 균형을 잃은 해석이고 또 조건부 보증을 유효로 본다고 하여 어음거래의 안전성이 저해되는 것도 아니므로 조건을 붙인 불단순 보증은 그 조건부 보증문언대로 보증인의 책임이 발생한다고 보는 것이 타당하다.(대판 1986.3.11, 85다카1600)

제32조【보증의 효력】 ① 보증인은 보증된 자와 같은 책임을 진다.
② 보증은 담보된 채무가 그 방식에 흠이 있는 경우 외에는 어떠한 사유로 무효가 되더라도 그 효력을 가진다.
③ 보증인이 환어음의 지급을 하면 보증된 자와 그 자의 어음상의 채무자에 대하여 어음으로부터 생기는 권리를 취득한다.
참조 77③, 수표27, ①[피보증인]31④, [피보증인과 동일한 책임]9·15·28·53·58·70, [보증인의 책임]47, [민사보증인의 책임의 보충성]민428·437·438, [상사보증과 연대성]상57, ②[어음행위자의 책임의 독립성]7·65·69, [민사보증인의 책임의 부종성]민430, ③[어음을 환수한 자의 권리]47③·49·70③, [민사보증과 구상권]민441이하, [복수의 보증인 있는 경우의 구상권]상57, 민425·448

제5장 만 기

제33조【만기의 종류】 ① 환어음은 다음 각 호의 어느 하나로 발행할 수 있다.
1. 일람출급
2. 일람 후 정기출급
3. 발행일자 후 정기출급
4. 확정일출급
② 제1항 외의 만기 또는 분할 출급의 환어음은 무효로 한다.
참조 77①, [만기 기재]1·75, [만기 기재 없는 어음]2②·76, [수표의 일람출급]수표28, ①⑴[일람출급어음]34·37③④·72-74, [일람후정기출급어음]23·35·36·37③④·72-74, ⑵[일람후정기출급약속어음]78②, ⑶[일자후정기출급어음]36·37②-④·72-74, [발행일자]1·75, [확정일출급어음]36③·37①④

제34조【일람출급 어음의 만기】 ① 일람출급의 환어음은 제시된 때를 만기로 한다. 이 어음은 발행일부터 1년 내에 지급을 받기 위한 제시를 하여야 한다. 발행인은 이 기간을 단축하거나 연장할 수 있고 배서인은 그 기간을 단축할 수 있다.
② 발행인은 일정한 기일 전에는 일람출급의 환어음의 지급을 받기 위한 제시를 금지한다는 내용을 적을 수 있다. 이 경우 제시기간은 그 기일부터 시작한다.
참조 77①, [일람출급어음]33①, [발행일자]1·75, [제시기간의 계산]37③④·54·72-74, [제시기간을 준수하지 않은 경우]53, ①[일람후정기출급어음의 인수제시기간과 그 기간단축]23, ②[인수제시금지명령]22②③

제35조【일람 후 정기출급 어음의 만기】 ① 일람 후 정기출급의 환어음의 만기는 인수한 날짜 또는 거절증서의 날짜에 따라 정한다.
② 인수일이 적혀 있지 아니하고 거절증서도 작성되지 아니한 경우에 인수인에 대한 관계에서는 인수제시기간의 말일에 인수한 것으로 본다.
참조 [일람후정기출급어음]33①·77①, [인수의 일자]23·25②, [인수거절증서의 일자]44②, [인수일자 기재없는 경우]25②, [인수제시기간의 말일]23·24①, [일람후정기출급약속어음의 만기의 결정]78②, [기간의 계산]36·37③④·54·72-74

제36조【만기일의 결정 및 기간의 계산】 ① 발행일자 후 또는 일람 후 1개월 또는 수개월이 될 때 지급할 환어음은 지급할 달의 대응일(對應日)을 만기로 한다. 대응일이 없는 경우에는 그 달의 말일을 만기로 한다.
② 발행일자 후 또는 일람 후 1개월 반 또는 수개월 반이 될 때 지급할 환어음은 먼저 전월(全月)을 계산한다.
③ 월초, 월중 또는 월말로 만기를 표시한 경우에는 그 달의 1일, 15일 또는 말일을 말한다.
④ "8일" 또는 "15일"이란 1주 또는 2주가 아닌 만 8일 또는 만 15일을 말한다.
⑤ "반월"(半月)이란 만 15일을 말한다.
참조 77①, [기간의 계산]72·73, 민157-161, ①②[일자후 또는 일람후정기출급어음]33①·37②-④, ③[확정일출급어음]33①

제37조【만기 결정의 표준이 되는 세력】 ① 발행지와 세력(歲曆)을 달리하는 지(地)에서 확정일에 지급할 환어음의 만기일은 지급지의 세력에 따라 정한 것으로 본다.
② 세력을 달리하는 두 지(地) 간에 발행한 발행일자 후 정기출급 환어음은 발행일을 지급지 세력의 대응일로 환산하고 이에 따라 만기를 정한다.
③ 환어음의 제시기간은 제2항에 따라 계산한다.
④ 제1항부터 제3항까지의 규정은 환어음의 문구나 그 밖의 기재사항에 의하여 다른 의사를 알 수 있는 경우에는 적용하지 아니한다.
참조 77①, ①[확정일출급어음]33①·36③, [발행일자·지급지]1·2·75·76, ②[일자후정기출급어음]33①·36, ③[제시기간]22·23·34·38

제6장 지 급

제38조【지급 제시의 필요】 ① 확정일출급, 발행일자 후 정기출급 또는 일람 후 정기출급의 환어음 소지인은 지급을 할 날 또는 그날 이후의 2거래일 내에 지급을 받기 위한 제시를 하여야 한다.
② 어음교환소에서 한 환어음의 제시는 지급을 받기 위한 제시로서의 효력이 있다.
③ 소지인으로부터 환어음의 추심을 위임받은 금융기관(이하 이 장에서 "제시금융기관"이라 한다)이 그 환어음의 기재사항을 정보처리시스템에 의하여 전자적 정보의 형태로 작성한 후 그 정보를 어음교환소에 송신하여 그 어음교환소의 정보처리시스템에 입력되었을 때에는 제2항에 따른 지급을 받기 위한 제시가 이루어진 것으로 본다.

참조 77①, ①[확정일출급·일자후정기출급·일람후정기출급의 어음]33①, [지급을 할 날]35·36·37①②④·72①·74, [지급제시불요의 경우]44④, [거절증서작성면제와 지급제시]46②, [제시기간의 계산]37③④·72-74, [지급제시의 장소와 상대방]2③·4·27·76③·77②, [지급제시해태의 효과]53

판례 금융기관이 어음할인을 하고 취득한 어음을 지급기일에 적법하게 지급제시를 하지 아니하여 소구권을 보전하지 아니하였다 할지라도, 지급기일 후에 어음발행인의 자력이 악화되어 무자력이 되는 바람에 어음채무자가 발행인에 대한 어음채권과 원인채권의 어느 것도 받을 수 없게 됨으로 인하여 손해를 입게 된 것이라면, 이러한 손해는 어음 주채무자인 발행인의 자력의 악화라는 특별 사정으로 인한 손해로서 지급제시 의무를 불이행한 금융기관이 그 의무불이행 당시 어음의 지급기일에 장차 어음발행인의 자력이 악화될 것임을 알았거나 알 수 있었을 때라야 어음을 환매하는 자에 대하여 손해배상채무를 진다.
(대판 2003.1.24, 2002다59849)

판례 약속어음의 발행인은 어음금액을 절대적으로 지급할 채무를 부담하는 자이므로 소지인은 발행인에게 지급을 위한 제시 없이도 어음금을 청구할 수 있다.(대판 1971.7.20, 71다1070)

제39조【상환증권성 및 일부지급】 ① 환어음의 지급인은 지급을 할 때에 소지인에게 그 어음에 영수(領受)를 증명하는 뜻을 적어서 교부할 것을 청구할 수 있다.
② 소지인은 일부지급을 거절하지 못한다.
③ 일부지급의 경우 지급인은 소지인에게 그 지급 사실을 어음에 적고 영수증을 교부할 것을 청구할 수 있다.

참조 77①, 수표34·50①·58②·62②, [채권증서 반환청구]민475, 상129·157·820, [영수증의 청구]민474, ②[어음금액의 일부의 배서·인수·보증·참가지급]12②·26①·30①·59②, [일부지급의 효과]43·48①, [일부지급수락의무의 준거법]국제사법56, ③[영수증의 교부]50①, 민474

제40조【지급의 시기 및 지급인의 조사의무】 ① 환어음의 소지인은 만기 전에는 지급을 받을 의무가 없다.
② 만기 전에 지급을 하는 지급인은 자기의 위험부담으로 하는 것으로 한다.
③ 만기에 지급하는 지급인은 사기 또는 중대한 과실이 없으면 그 책임을 면한다. 이 경우 지급인은 배서의 연속이 제대로 되어 있는지를 조사할 의무가 있으나 배서인의 기명날인 또는 서명을 조사할 의무는 없다.
④ 제38조제3항에 따른 지급 제시의 경우 지급인 또는 지급인으로부터 지급을 위임받은 금융기관은 제3항 후단에 따른 배서의 연속이 제대로 되어 있는지에 대한 조사를 제시금융기관에 위임할 수 있다.

참조 77①, ①[만기]33①이하, [기한의 이익]민153, ②[변제기전의 변제]민468, ③[배서의 연속]16①, [지시채권의 채무자의 조사의무]민518, [채권준점유자에 대한 변제]민470, [수표의 경우]수표35

제41조【지급할 화폐】 ① 지급지의 통화(通貨)가 아닌 통화로 지급한다는 내용이 기재된 환어음은 만기일의 가격에 따라 지급지의 통화로 지급할 수 있다. 어음채무자가 지급을 지체한 경우 소지인은 그 선택에 따라 만기일 또는 지급하는 날의 환시세(換時勢)에 따라 지급지의 통화로 어음금액을 지급할 것을 청구할 수 있다.
② 외국통화의 가격은 지급지의 관습에 따라 정한다. 그러나 발행인은 어음에서 정한 환산율에 따라 지급금액을 계산한다는 뜻을 어음에 적을 수 있다.
③ 제1항 및 제2항은 발행인이 특정한 종류의 통화로 지급한다는 뜻(외국통화 현실지급 문구)을 적은 경우에는 적용하지 아니한다.
④ 발행국과 지급국에서 명칭은 같으나 가치가 다른 통화로써 환어음의 금액을 정한 경우에는 지급지의 통화로 정한 것으로 추정한다.

참조 77①, 수표36, [어음금액의 기재]1·75, ①[외국통화표시채무의 변제]민378, ③[특종통화현실지급약관]민377, ④[발행지]17·75

제42조【어음금액의 공탁】 제38조에 따른 기간 내에 환어음의 지급을 받기 위한 제시가 없으면 각 어음채무자는 소지인의 비용과 위험부담으로 어음금액을 관할 관서에 공탁(供託)할 수 있다.

참조 77①, [공탁]민487-489, 공탁

제7장 인수거절 또는 지급거절로 인한 상환청구

제43조【상환청구의 실질적 요건】 만기에 지급이 되지 아니한 경우 소지인은 배서인, 발행인, 그 밖의 어음채무자에 대하여 상환청구권(償還請求權)을 행사할 수 있다. 다음 각 호의 어느 하나에 해당하는 경우에는 만기 전에도 상환청구권을 행사할 수 있다.
1. 인수의 전부 또는 일부의 거절이 있는 경우
2. 지급인의 인수 여부와 관계없이 지급인이 파산한 경우, 그 지급인이 정지된 경우 또는 그 재산에 대한 강제집행이 주효(奏效)하지 아니한 경우
3. 인수를 위한 어음의 제시를 금지한 어음의 발행인이 파산한 경우

참조 [발행인·배서인·보증인·참가인수인의 의무]9·15·32①·58①, [만기]33이하, [상환청구의 형식적 요건]44이하, [상환청구권의 상실]53, [상환청구권의 시효]70②③, [예비지급인·참가지급인이 있을 경우의 상환청구]56·60, [약속어음과 지급거절로 인한 상환청구]77①, [수표와 지급거절로 인한 상환청구]수표39이하, (1)[인수거절]21이하·26②·29, (2)(3)[파산·지급불능등]채무자회생파산305·306, (3)[인수제시금지어음]22②③

판례 물품대금의 지급을 위하여 교부된 약속어음이 지급기일 이전에 지급거절된 경우 물품대금지급채무의 이행기 도래 여부 : 매수인이 매도인으로부터 물품을 공급받은 다음 그들 사이의 물품대금 지급방법에 관한 약정에 따라 그 대금의 지급을 위하여 물품 매도인에게 지급기일이 물품공급일자 이후로 된 약속어음을 발행·교부한 경우 물품대금지급채무의 이행기는 그 약속어음의 지급기일이고, 위 약속어음이 발행인의 지급정지의 사유로 그 지급기일 이전에 지급거절되었더라도 물품대금지급채무가 그 지급거절된 때에 이행기에 도달하는 것은 아니다.
(대판 2000.9.5, 2000다26333)

제44조【상환청구의 형식적 요건】 ① 인수 또는 지급의 거절은 공정증서(인수거절증서 또는 지급거절증서)로 증명하여야 한다.
② 인수거절증서는 인수를 위한 제시기간 내에 작성시켜야 한다. 다만, 기간의 말일에 제24조제1항에 따른 제시가 있으면 그 다음 날에도 거절증서를 작성시킬 수 있다.
③ 확정일출급, 발행일자 후 정기출급 또는 일람 후 정기출급 환어음의 지급거절증서는 지급을 할 날 이후의 2거래일 내에 작성시켜야 한다. 일람출급 어음의 지급거절증서는 인수거절증서 작성에 관한 제2항에 따라 작성시켜야 한다.
④ 인수거절증서가 작성되었을 때에는 지급을 받기 위한 제시와 지급거절증서의 작성이 필요하지 아니하다.
⑤ 지급인의 인수 여부와 관계없이 지급인이 지급을 정지한 경우 또는 그 재산에 대한 강제집행이 주효하지 아니한 경우 소지인은 지급인에 대하여 지급을 받기 위한 제시를 하고 거절증서를 작성시킨 후가 아니면 상환청구권을 행사하지 못한다.
⑥ 지급인의 인수 여부와 관계없이 지급인이 파산선고를 받은 경우 또는 인수를 위한 제시를 금지한 어음의 발행인이 파산선고를 받은 경우에 소지인이 상환청구권을 행사할 때에는 파산결정서를 제시하면 된다.

참조 77①, 수표39·40, [거절증서불요의 경우]46·54, [거절증서의 작성]84, 거절증서, 공증25이하·56, 공증인수수료19, 집행관5, [거절증서작성해태의 효과]25·43·56·60, ②③④[인수거절]21-25, [지급거절]34·38, [거절증서작성기간의 계산]37·54·72-74, ⑤⑥43, [파산결정서]채무자회생파산310·313

제45조【인수거절 및 지급거절의 통지】 ① 소지인은 다음 각 호의 어느 하나에 해당하는 날 이후의 4거래일 내에 자기의 배서인과 발행인에게 인수거절 또는 지급거절이 있었음을 통지하여야 하고, 각 배서인은 그 통지를 받은 날 이후 2거래일 내에 전(前) 통지자 전원의 명칭과 처소(處所)를 표시하고 자기가 받은 통지를 자기의 배서인에게 통지하여 차례로 발행인에게 미치게 하여야 한다. 이 기간은 각 통지를 받은 때부터 진행한다.
1. 거절증서 작성일
2. 무비용상환(無費用償還)의 문구가 적혀 있는 경우에는 어음 제시일
② 제1항에 따라 환어음에 기명날인하거나 서명한 자에게 통지할 때에는 같은 기간 내에 그 보증인에게도 같은 통지를 하여야 한다.
③ 배서인이 그 처소를 적지 아니하거나 그 기재가 분명하지 아니한 경우에는 그 배서인의 직전(直前)의 자에게 통지하면 된다.
④ 통지를 하여야 하는 자는 어떠한 방법으로도 할 수 있다. 단순히 어음을 반환하는 것으로도 통지할 수 있다.
⑤ 통지를 하여야 하는 자는 적법한 기간 내에 통지를 하였음을 증명하여야 한다. 이 기간 내에 통지서를 우편으로 부친 경우에는 그 기간을 준수한 것으로 본다.
⑥ 제5항의 기간 내에 통지를 하지 아니한 자도 상환청구권을 잃지 아니한다. 그러나 과실로 인하여 손해가 생긴 경우에는 환어음금액의 한도 내에서 배상할 책임을 진다.

참조 77①, 수표41, [불가항력의 통지에의 준용]54②, [참가의 통지]55④, ①[거절증서작성일]44, 거절증서3①, [무비용상환문구 있는 경우]46②, [기간의 계산]72-74, 민155이하, ③[배서의 방식]13, 민113, ⑤[통지의 효력]민111, ⑥[상환청구권 상실]53, [어음금액]1·6

제46조【거절증서 작성 면제】 ① 발행인, 배서인 또는 보증인은 다음 각 호의 어느 하나에 해당하는 문구를 환어음에 적고 기명날인하거나 서명함으로써 소지인의 상환청구권 행사를 위한 인수거절증서 또는 지급거절증서의 작성을 면제할 수 있다.
1. 무비용상환
2. 거절증서 불필요
3. 제1호 및 제2호와 같은 뜻을 가진 문구
② 제1항 각 호의 문구가 있더라도 소지인의 법정기간 내 어음의 제시 및 통지 의무가 면제되는 것은 아니다. 법정기간을 준수하지 아니하였음은 소지인에 대하여 이를 원용(援用)하는 자가 증명하여야 한다.
③ 발행인이 제1항 각 호의 문구를 적은 경우에는 모든 어음채무자에 대하여 효력이 있고, 배서인 또는 보증인이 이 문구를 적은 경우에는 그 배서인 또는 보증인에 대하여만 효력이 있다. 발행인이 이 문구를 적었음에도 불구하고 소지인이 거절증서를 작성시켰으면 그 비용은 소지인이 부담하고, 배서인 또는 보증인이 이 문구를 적은 경우에 거절증서를 작성시켰으면 모든 어음채무자에게 그 비용을 상환하게 할 수 있다.

참조 77①, 수표42, ①[거절증서작성의 필요]25②·44·53·56②·60①, ②[인수제시의 필요]22-24·56②, [지급의 제시의 필요]34·38·44⑤·60, [통지의 필요]45·54②·55④, ③[거절증서작성비용]48①, 공증인수수료19

판례 배서인이 한 지급거절증서작성의무 면제의 효력이 미치는 범위 : 지급거절증서작성의무를 면제하고 약속어음을 배서양도한 배서인 갑으로서는 어음소지인의 소구에 대하여 거절증서 작성이 없다는 이유로 청구를 거절할 수 없으므로, 갑으로부터 어음을 취득한 을이 지급거절증서작성의무를 면제하지 아니하고 최후소지인인 병에게 위 어음을 배서양도하였음에도 병이 대하여 거절증서작성 유무를 확인하지 아니하고 그 소구청구에 응하였다고 하더라도 그 점을 탓할 수 없을 것이므로 을의 소구를 거절할 수 없고, 어음의 배서인은 어음소지인의 소구에 응하였거나 기타의 사유로 어음을 회수한 경우에는 자기의 배서를 말소할 수 있고 그렇게 되면 그 배서는 배서의 연속에 관한 한 없는 것으로 보게 되어 있으므로 병이 적기에 거절증서를 작성하지 아니하였다 하여 갑의 을에 대한 소구의무에 어떠한 영향을 미친다고 할 수 없다.(대판 1990.10.26, 90다카9435)

제47조【어음채무자의 합동책임】 ① 환어음의 발행, 인수, 배서 또는 보증을 한 자는 소지인에 대하여 합동으로 책임을 진다.
② 소지인은 제1항의 어음채무자에 대하여 그 채무부담의 순서에도 불구하고 그중 1명, 여러 명 또는 전원에 대하여 청구할 수 있다.
③ 어음채무자가 그 어음을 환수한 경우에도 제2항의 소지인과 같은 권리가 있다.
④ 어음채무자 중 1명에 대한 청구는 다른 채무자에 대한 청구에 영향을 미치지 아니한다. 이미 청구를 받은 자의 후자(後者)에 대하여도 같다.

참조 77①, 수표43, ①[발행인·배서인·보증인의 책임]9·15·32·43, [인수인의 책임]28, [참가인수인의 책임]58①, [연대책임과의 이동]7·17, 민415이하, ②④[연대채무의 경우와의 유사]민414, ③[어음을 환수한 자의 권리]49·50·58②, [연대채무자의 구상권]민425

판례 약속어음의 발행인과 배서인이 지는 합동책임의 성질 : 약속어음의 발행인과 배서인이 소지인에 대하여 지는 합동책임은 연대채무와는 달라 배서인의 채무이행이나 배서인에 대한 권리의 포기는 발행인에 대하여는 영향을 미치지 않는다.
(대판 1989.2.28, 87다카1356,87다카1357)

제48조【상환청구금액】 ① 소지인은 상환청구권에 의하여 다음 각 호의 금액의 지급을 청구할 수 있다.
1. 인수 또는 지급되지 아니한 어음금액과 이자가 적혀 있는 경우 그 이자
2. 연 6퍼센트의 이율로 계산한 만기 이후의 이자
3. 거절증서의 작성비용, 통지비용 및 그 밖의 비용
② 만기 전에 상환청구권을 행사하는 경우에는 할인에 의하여 어음금액을 줄인다. 그 할인은 소지인의 주소지에서 상환청구하는 날의 공정할인율(은행률)에 의하여 계산한다.

참조 77①, 수표44, [인수인에 대하여 청구할 수 있는 금액]28②, [상환청구의 경우]49, ①(1)[어음금액]1, [이자]5, [일부인수]26①·43, [일부지급]39②, (3)[거절증서작성의 비용]46③, 공증인수수료19, [통지의 비용]45·54②·55④, ②[만기전의 상환청구]43

제49조【재상환청구금액】 환어음을 환수한 자는 그 전자(前者)에 대하여 다음 각 호의 금액의 지급을 청구할 수 있다.
1. 지급한 총금액
2. 제1호의 금액에 대하여 연 6퍼센트의 이율로 계산한 지급한 날 이후의 이자
3. 지출한 비용

참조 77①, 수표45, [어음을 환수한 자의 상환청구권]47③·50·58②, (1)[지급한 총금액]48

판례 백지식 배서에 의하여 어음을 양수한 다음 단순히 교부에 의하여 이를 타인에게 양도한 자가 소구에 의하여 어음을 환수한 경우, 재소구에 관한 권리관계 : 백지식 배서에 의하여 어음을 양수한 다음 단순히 교부에 의하여 이를 타인에게 양도한 자가 소지인의 소구에 응하여 상환을 하고 어음을 환수한 경우, 그 전의 배서인에 대하여 당연히 재소구권을 취득하는 것은 아니라고 하더라도, 그 상환을 받은 소지인이 그 전의 배서인에 대하여 가지는 소구권을 민법상의 지명채권 양도의 방법에 따라 취득하여 행사할 수 있는 것으로 보아야 하고, 다만 그 소구의무자는 이에 대하여 양도인에 대한 모든 인적 항변으로 대항할 수 있을 뿐이다.(대판 1998.8.21, 98다19448)

제50조【상환의무자의 권리】 ① 상환청구(償還請求)를 받은 어음채무자나 받을 어음채무자는 지급과 상환(相換)으로 거절증서, 영수를 증명하는 계산서와 그 어음의 교부를 청구할 수 있다.
② 환어음을 환수한 배서인은 자기의 배서와 후자의 배서를 말소할 수 있다.
참조 77①, 수표46, ①[어음의 상환증권성]39①·58②·62②, 상129·157·820, 민475, [영수증 청구]민474, [일부인수 후의 상환청구의 경우]51, ②[어음을 환수한 자의 권리]47③, [배서의 말소와 자격증명적 효력]16①

제51조【일부인수의 경우의 상환청구】 일부인수 후에 상환청구권을 행사하는 경우에 인수되지 아니한 어음금액을 지급하는 자는 이를 지급한 사실을 어음에 적을 것과 영수증을 교부할 것을 청구할 수 있다. 소지인은 그 후의 상환청구를 할 수 있게 하기 위하여 어음의 증명등본과 거절증서를 교부하여야 한다.
참조 [일부인수 있는 경우의 상환청구]26①·43·48①·49, [영수증청구]민474, [어음의 증명등본]거절증서6②

제52조【역어음에 의한 상환청구】 ① 상환청구권이 있는 자는 어음에 반대문구가 적혀 있지 아니하면 그 전자 중 1명을 지급인으로 하여 그 자의 주소에서 지급할 일람출급의 새 어음(이하 "역어음"이라 한다)을 발행함으로써 상환청구권을 행사할 수 있다.
② 역어음의 어음금액에는 제48조와 제49조에 따른 금액 외에 그 어음의 중개료와 인지세가 포함된다.
③ 소지인이 역어음을 발행하는 경우에 그 금액은 본어음의 지급지에서 그 전자의 주소지에 대하여 발행하는 일람출급 어음의 환시세에 따라 정한다. 배서인이 역어음을 발행하는 경우에 그 금액은 역어음의 발행인이 그 주소지에서 전자의 주소지에 대하여 발행하는 일람출급 어음의 환시세에 따라 정한다.
참조 77①, [인지세]인지세법1①, ③[지급지]1·2⑵

제53조【상환청구권의 상실】 ① 다음 각 호의 기간이 지나면 소지인은 배서인, 발행인, 그 밖의 어음채무자에 대하여 그 권리를 잃는다. 그러나 인수인에 대하여는 그러하지 아니하다.
1. 일람출급 또는 일람 후 정기출급의 환어음의 제시기간
2. 인수거절증서 또는 지급거절증서의 작성기간
3. 무비용상환의 문구가 적혀 있는 경우에 지급을 받기 위한 제시기간
② 발행인이 기재한 기간 내에 인수를 위한 제시를 하지 아니한 소지인은 지급거절과 인수거절로 인한 상환청구권을 잃는다. 그러나 그 기재한 문구에 의하여 발행인에게 인수에 대한 담보의무만을 면할 의사(意思)가 있었음을 알 수 있는 경우에는 그러하지 아니하다.
③ 배서에 제시기간이 적혀 있는 경우에는 그 배서인만이 이를 원용할 수 있다.
참조 77①, [발행인·배서인 기타에 대한 상환청구권]9·15·32·58①, [시효기간]70②③, [인수인의 의무]28·70①, [기간의 계산]37③④·54·72-74, [예비지급인 기재, 참가인수인 있는 경우의 특칙]56②③·60, ①⑴[일람출급 또는 일람후정기출급어음의 제시기간]23·34, ⑵[거절증서작성기간]44②③, ⑶[무비용상환문구 있는 경우]46②, [지급제시기간]34①·38①·60①, ②[발행인의 기재한 인수제시기간]22①·23②, [발행인의 인수무담보표시]9②, ③[배서인의 기재한 제시기간]22④·23③·34①

제54조【불가항력과 기간의 연장】 ① 피할 수 없는 장애[국가법령에 따른 금제(禁制)나 그 밖의 불가항력을 말한다. 이하 "불가항력"이라 한다]로 인하여 법정기간 내에 환어음을 제시하거나 거절증서를 작성하기 어려운 경우에는 그 기간을 연장한다.
② 소지인은 불가항력이 발생하면 자기의 배서인에게 지체 없이 그 사실을 통지하고 어음 또는 보충지에 통지를 하였다는 내용을 적고 날짜를 부기한 후 기명날인하거나 서명하여야 한다. 그 밖의 사항에 관하여는 제45조를 준용한다.
③ 불가항력이 사라지면 소지인은 지체 없이 인수 또는 지급을 위하여 어음을 제시하고 필요한 경우에는 거절증서를 작성시켜야 한다.
④ 불가항력이 만기부터 30일이 지나도 계속되는 경우에는 어음의 제시 또는 거절증서의 작성 없이 상환청구권을 행사할 수 있다.
⑤ 일람출급 또는 일람 후 정기출급의 환어음의 경우 제4항에 따른 30일의 기간은 제시기간이 지나기 전이라도 소지인이 배서인에게 불가항력이 발생하였다고 통지한 날부터 진행한다. 일람 후 정기출급의 환어음의 경우 제4항에 따른 30일의 기간에는 어음에 적은 일람 후의 기간을 가산한다.
⑥ 소지인이나 소지인으로부터 어음의 제시 또는 거절증서 작성을 위임받은 자의 단순한 인적 사유는 불가항력으로 보지 아니한다.
참조 77①, 수표47, ①[제시 또는 거절증서작성의 필요와 그 기간]22-24①·25②·34·38·44①③·46②·53·56②·60①, ②④[기간의 계산]72-74, 민155이하, ⑤[일람출급어음의 만기]34, [일람후정기출급어음의 만기]35

제8장 참 가

제1절 통 칙

제55조【참가의 당사자 및 통지】 ① 발행인, 배서인 또는 보증인은 어음에 예비지급인을 적을 수 있다.
② 상환청구를 받을 어느 채무자를 위하여 참가하는 자도 이 장(章)의 규정에 따라 환어음을 인수하거나 지급할 수 있다.
③ 제3자, 지급인 또는 이미 어음채무를 부담한 자도 참가인이 될 수 있다. 다만, 인수인은 참가인이 될 수 없다.
④ 참가인은 피참가인에 대하여 2거래일 내에 참가하였음을 통지하여야 한다. 참가인이 이 기간을 지키지 아니한 경우에 과실로 인하여 손해가 생기면 그 참가인은 어음금액의 한도에서 배상할 책임을 진다.
참조 ①77①, [예비지급인기재의 효과]56②·60, ②[참가인수]56이하, [참가지급]59이하, ③[제3자에 의한 변제]민469, [제3자에 의한 보증]30②, [인수인의 지위]28, ④[통지]45·46②·54②, [어음금액]1

제2절 참가인수

제56조【참가인수의 요건】 ① 참가인수(參加引受)는 인수를 위한 제시를 금지하지 아니한 환어음의 소지인이 만기 전에 상환청구권을 행사할 수 있는 모든 경우에 할 수 있다.
② 환어음에 지급지에 있는 예비지급인을 기재한 경우 어음의 소지인은 예비지급인에게 어음을 제시하였으나 그 자가 참가인수를 거절하였음을 거절증서로 증명하지 아니하면 예비지급인을 기재한 자와 그 후자에 대하여 만기 전에 상환청구권을 행사하지 못한다.
③ 제2항의 경우 외에는 소지인은 참가인수를 거절할 수 있다. 소지인이 참가인수를 승낙한 때에는 피참가인과 그 후자에 대하여 만기 전에 행사할 수 있는 상환청구권을 잃는다.
참조 ①[인수제시의 금지]22②, [인수제시를 금하지 않는 어음의 만기전 상환청구 요건]43, ②[동지예비지급인의 기재]55①, [인수의 제시와 거절증서의 작성]21이하·44②, 거절증서7, ③[참가인수의 효과]58, [피참가인]55②·57, [참가지급의 거부]61

제57조【참가인수의 방식】 참가인수를 할 때에는 환어음에 그 내용을 적고 참가인이 기명날인하거나 서명하여야 한다. 이 경우 피참가인을 표시하여야 하며, 그 표시가 없을 때에는 발행인을 위하여 참가인수를 한 것으로 본다.
참조 [보증과 피보증인의 표시]31④, [참가지급과 피참가인의 표시]62①

제58조【참가인수의 효력】 ① 참가인수인은 소지인과 피참가인의 후자에 대하여 피참가인과 같은 의무를 부담한다.
② 피참가인과 그 전자는 참가인수에도 불구하고 소지인에 대하여 제48조에 따른 금액의 지급과 상환(相換)으로 어음의 교부를 청구할 수 있다. 거절증서와 영수를 증명하는 계산서가 있는 경우에는 그것을 교부할 것도 청구할 수 있다.
참조 ①[참가인과 그 의무]9·15·32①·43·47-49·53·55②·57·70②③, ②[피참가인 및 그 전자에 의한 상환]39①·50·62②, 민474·475

제3절 참가지급

제59조【참가지급의 요건】 ① 참가지급은 소지인이 만기나 만기 전에 상환청구권을 행사할 수 있는 모든 경우에 할 수 있다.
② 지급은 피참가인이 지급할 전액을 지급하여야 한다.
③ 지급은 지급거절증서를 작성시킬 수 있는 최종일의 다음 날까지 하여야 한다.
참조 77①, ①[소지인이 상환청구권이 있는 경우]43·56①, [참가지급의 거부]61, [제3자에 의한 변제]민469, ②[피참가인]55②, [피참가인의 지급할 금액]48·49, [어음금액의 일부의 배서·인수·보증·지급]12②·26①단서·30①·39②, [지급거절증서 작성기간]34·38·44③·54

제60조【참가지급 제시의 필요】 ① 지급지에 주소가 있는 자가 참가인수를 한 경우 또는 지급지에 주소가 있는 자가 예비지급인으로 기재된 경우에는 소지인은 늦어도 지급거절증서를 작성시킬 수 있는 마지막 날의 다음 날까지 그들 모두에게 어음을 제시하고 필요할 때에는 참가지급거절증서를 작성시켜야 한다.
② 제1항의 기간 내에 거절증서가 작성되지 아니하면 예비지급인을 기재한 자 또는 피참가인과 그 후의 배서인은 의무를 면한다.
참조 77①, ①[지급지]1·2⑵, [참가인수]56-58, [예비지급인의 기재]55①, [지급의 제시]34·38·46②·54, [거절증서작성]44①③·46·54, ②[거절증서 작성해태의 효과]53, [피참가인]55②·62①

제61조【참가지급거절의 효과】 참가지급을 거절한 소지인은 그 지급으로 인하여 의무를 면할 수 있었던 자에 대한 상환청구권을 잃는다.
참조 77①, [참가지급으로 인하여 의무를 면할 자]63②③, [참가지급의 적법조건]59②③, [제3자에 의한 변제]민469, [참가인수의 거부]56②③

제62조【참가지급의 방법】 ① 참가지급이 있었으면 어음에 피참가인을 표시하고 그 영수를 증명하는 문구를 적어야 하며, 그 표시가 없을 때에는 발행인을 위하여 지급한 것으로 본다.
② 환어음은 참가지급인에게 교부하여야 하며, 거절증서를 작성시킨 경우에는 그 거절증서도 교부하여야 한다.
참조 77①, [참가인수와 피참가인의 표시]57, [보증과 피보증인의 표시]31④, [영수증청구]민474, ②[어음의 상환증권성]39①·50①·58②, 민475, [대위변제와 증서의 교부]민484

제63조【참가지급의 효력】 ① 참가지급인은 피참가인과 그의 어음상의 채무자에 대하여 어음으로부터 생기는 권리를 취득한다. 그러나 다시 어음에 배서하지 못한다.
② 피참가인보다 후의 배서인은 의무를 면한다.
③ 참가지급이 경합(競合)하는 경우에는 가장 많은 수의 어음채무자의 의무를 면하게 하는 자가 우선한다. 이러한 사정을 알고도 이 규정을 위반하여 참가지급을 한 자는 의무를 면할 수 있었던 자에 대한 상환청구권을 잃는다.
참조 77①, [어음을 환수한 채무자의 권리]47③, [지급을 한 보증인의 권리]32③, [제3자변제와 대위]민480·481

제9장 복본과 등본

제1절 복 본

제64조【복본 발행의 방식】 ① 환어음은 같은 내용으로 여러 통을 복본(複本)으로 발행할 수 있다.
② 제1항의 복본을 발행할 때에는 그 증권의 본문 중에 번호를 붙여야 하며, 번호를 붙이지 아니한 경우에는 그 여러 통의 복본은 별개의 환어음으로 본다.
③ 어음에 한 통만을 발행한다는 내용을 적지 아니한 경우에는 소지인은 자기의 비용으로 복본의 교부를 청구할 수 있다. 이 경우 소지인은 자기에게 직접 배서한 배서인에게 그 교부를 청구하고 그 배서인은 다시 자기의 배서인에게 청구를 함으로써 이에 협력하여 차례로 발행인에게 그 청구가 미치게 한다. 각 배서인은 새 복본에 배서를 다시 하여야 한다.
참조 수표48, ①②[어음요건]1, ③[배서의 방식]13

제65조【복본의 효력】 ① 복본의 한 통에 대하여 지급한 경우 그 지급이 다른 복본을 무효로 한다는 뜻이 복본에 적혀 있지 아니하여도 의무를 면하게 한다. 그러나 지급인은 인수한 각 통의 복본으로서 반환을 받지 아니한 복본에 대하여 책임을 진다.
② 여럿에게 각각 복본을 양도한 배서인과 그 후의 배서인은 그가 기명날인하거나 서명한 각 통의 복본으로서 반환을 받지 아니한 것에 대하여 책임을 진다.
참조 수표49, [어음행위자의 책임의 독립성]7·32②·69, ①[인수인의 책임]28, [지급과 어음환수]39①, ②[배서인의 책임]15, [상환과 어음환수]50①·58②·62②

제66조【인수를 위하여 하는 송부】 ① 인수를 위하여 복본 한 통을 송부한 자는 다른 각 통의 복본에 이 한 통의 복본을 보유하는 자의 명칭을 적어야 한다. 송부된 복본을 보유하는 자는 다른 복본의 정당한 소지인에게 그 복본을 교부할 의무가 있다.
② 복본 교부를 거절당한 소지인은 거절증서로 다음 각 호의 사실을 증명하지 아니하면 상환청구권을 행사하지 못한다.
1. 인수를 위하여 송부한 한 통의 복본이 소지인의 청구에도 불구하고 교부되지 아니하였다는 것
2. 다른 한 통의 복본으로는 인수 또는 지급을 받을 수 없었다는 것
참조 ②[소지인의 상환청구권]43·44, [거절증서]거절증서7

제2절 등 본

제67조【등본의 작성, 작성방식 및 효력】 ① 환어음의 소지인은 그 등본(謄本)을 작성할 권리가 있다.
② 등본에는 배서된 사항이나 그 밖에 원본에 적힌 모든 사항을 정확히 다시 적고 끝부분임을 표시하

는 기재를 하여야 한다.
③ 등본에 대하여는 원본과 같은 방법에 의하여 같은 효력으로 배서 또는 보증을 할 수 있다.
참조 77①, ③[배서의 방식 및 효력]13-20, [보증의 방식 및 효력]31·32

제68조【등본 보유자의 권리】 ① 등본에는 원본 보유자를 표시하여야 한다. 그 보유자는 등본의 정당한 소지인에 대하여 그 원본을 교부할 의무가 있다.
② 원본 교부를 거절당한 소지인은 원본의 교부를 청구하였음에도 불구하고 받지 못하였음을 거절증서로 증명하지 아니하면 등본에 배서하거나 보증한 자에 대하여 상환청구권을 행사하지 못한다.
③ 등본 작성 전에 원본에 한 최후의 배서의 뒤에 다음 각 호의 어느 하나에 해당하는 문구를 적은 경우에는 원본에 한 그 후의 배서는 무효로 한다.
1. 이 후의 배서는 등본에 한 것만이 효력이 있다.
2. 제1호와 같은 뜻을 가진 문구
참조 77①, ②[배서인, 보증인에 대한 상환청구권]15·32·43·44, [거절증서]거절증서7

제10장 변 조

제69조【변조와 어음행위자의 책임】 환어음의 문구가 변조된 경우에는 그 변조 후에 기명날인하거나 서명한 자는 변조된 문구에 따라 책임을 지고 변조 전에 기명날인하거나 서명한 자는 원래 문구에 따라 책임을 진다.
참조 77①, [어음행위자의 책임의 독립성]7·32②·65, [변조자의 책임]민750, 형231
판례 [1] 어음변조와 배서인의 책임 : 어음발행인이라 하더라도 어음상에 권리의무를 가진 자가 있는 경우에는 이러한 자의 동의를 받지 아니하고 어음의 기재내용에 변경을 가하였다면 이는 변조에 해당할 것이고 약속어음에 배서인이 있는 경우 배서인은 어음행위를 할 당시의 문언에 따라 어음상의 책임을 지는 것이지 그 변조된 문언에 의한 책임을 지울 수는 없다.
[2] 어음변조와 입증책임 : 어음의 문언에 변개(개서)가 되었음이 명백한 경우에 어음소지인이 기명날인자(배서인등)에게 그 변개후의 문언에 따른 책임을 지우자면 그 기명날인이 변개 후에 있은 것 또는 기명날인자가 그 변개에 동의하였다는 것을 입증하여야 하고 그 입증을 다하지 못하면 그 불이익은 어음소지인이 입어야 한다.
(대판 1987.3.24, 86다카37)

제11장 시 효

제70조【시효기간】 ① 인수인에 대한 환어음상의 청구권은 만기일부터 3년간 행사하지 아니하면 소멸시효가 완성된다.
② 소지인의 배서인과 발행인에 대한 청구권은 다음 각 호의 날부터 1년간 행사하지 아니하면 소멸시효가 완성된다.
1. 적법한 기간 내에 작성시킨 거절증서의 날짜
2. 무비용상환의 문구가 적혀 있는 경우에는 만기일
③ 배서인의 다른 배서인과 발행인에 대한 청구권은 그 배서인이 어음을 환수한 날 또는 그 자가 제소된 날부터 6개월간 행사하지 아니하면 소멸시효가 완성된다.
참조 77①, 수표51, [시효]민162이하, 상64, [시효중단의 효력]71, [기간의 계산]73·74, 민155이하, [시효로 인한 어음상의 권리의 소멸의 효과]79, [보증인의 의무]32, [참가인수인의 의무]58①, ①[인수인의 의무]28①·78①, [만기]1·35-37, ②[소지인의 상환청구권]43·53, [거절증서의 일자]44②③, 거절증서3①, [무비용 상환문구의 기재있는 경우]46·53①, ③[시효의 중단]80
판례 만기는 기재되어 있으나 지급지, 지급을 받을 자 등과 같은 어음요건이 백지인 약속어음의 소지인이 그 백지부분을 보충하지 않은 상태에서 어음금을 청구하는 것은 어음상의 청구권에 관하여 잠자는 자가 아님을 객관적으로 표명한 것이고 그 청구로써 어음상의 청구권에 관한 소멸시효는 중단된다. 이 경우 백지에 대한 보충권은 그 행사에 의하여 어음상의 청구권을 완성시키는 것에 불과하여 그 보충권이 어음상의 청구권과 별개로 독립하여 시효에 의하여 소멸한다고 볼 것은 아니므로 어음상의 청구권이 시효중단에 의하여 소멸하지 않고 존속하고 있는 한 이를 행사할 수 있다.
(대판 2010.5.20, 2009다48312 전원합의체)
판례 발행인에 대한 약속어음상의 청구권의 소멸시효는 만기의 날로부터 진행하는 것이 원칙이나, 그 약속어음이 수취인 겸 소지인의 발행인에 대한 장래 발생할 구상채권을 담보하기 위하여 발행된 것이라면, 소지인의 발행인에 대하여 구상채권이 발생하지 않은 기간 중에는 약속어음상의 청구권을 행사할 수 없고, 구상채권이 현실로 발생한 때에 비로소 이를 행사할 수 있게 되는 것이므로, 그 약속어음의 소지인의 발행인에 대한 약속어음상의 청구권의 소멸시효는 위 구상채권이 현실적으로 발생하여 그 약속어음상의 청구권을 행사하는 것이 법률적으로 가능하게 된 때부터 진행된다고 봄이 상당하다.
(대판 2004.12.10, 2003다33769)

제71조【시효의 중단】 시효의 중단은 그 중단사유가 생긴 자에 대하여만 효력이 생긴다.
참조 77①, 수표52, [시효의 중단]민168이하, [시효중단에 관한 특별규정]80
일판 주채무가 어음채무일 경우에도 연대보증인에 대한 재판상의 청구는 어음채무의 소멸시효 중단의 효력이 생긴다.
(日·最高 1973.9.7)

제12장 통 칙

제72조【휴일과 기일 및 기간】 ① 환어음의 만기가 법정휴일인 경우에는 만기 이후의 제1거래일에 지급을 청구할 수 있다. 환어음에 관한 다른 행위, 특히 인수를 위한 제시 및 거절증서 작성 행위는 거래일에만 할 수 있다.
② 제1항의 어느 행위를 일정 기간 내에 하여야 할 경우 그 기간의 말일이 법정휴일이면 말일 이후의 제1거래일까지 기간을 연장하고, 기간 중의 휴일은 그 기간에 산입(算入)한다.
참조 77①, 수표60, [기간·기일]민155이하, [거래일 및 거래시간]민161, 상63, [법정휴일]81, 국경일에관한법, [만기]1·33-37, [인수의 제시]21-24·56②, [지급의 제시]34·38·60①, [거절증서의 작성]25②·44②③·56②·60①·66②·68②, [불가항력과 기간의 연장]54

제73조【기간의 초일 불산입】 법정기간 또는 약정기간에는 그 첫날을 산입하지 아니한다.
참조 77①, 수표61, [초일불산입]민140, [인수제시기간]22-24, [만기의 계산]34-37, [지급제시기간]34·38, [거절증서작성기간]44②③·60①, [통지의 기간]45, [상환청구권 소멸기간]53, [불가항력과 기간]54, [시효기간]70

제74조【은혜일의 불허】 은혜일(恩惠日)은 법률상으로든 재판상으로든 인정하지 아니한다.
참조 77①, 수표62, [불가항력으로 인한 기간 연장]54, [만기]1·28①·33이하·43, [인수제시기간]24, [지급제시기간]34·38, [거절증서작성기간]44②③·60①, [상환청구권의 상실]53, [시효기간]70

제2편 약속어음

(2010.3.31 본편개정)

제75조【어음의 요건】 약속어음에는 다음 각 호의 사항을 적어야 한다.
1. 증권의 본문 중에 그 증권을 작성할 때 사용하는 국어로 약속어음임을 표시하는 글자
2. 조건 없이 일정한 금액을 지급할 것을 약속하는 뜻
3. 만기
4. 지급지
5. 지급받을 자 또는 지급받을 자를 지시할 자의 명칭
6. 발행일과 발행지
7. 발행인의 기명날인 또는 서명
참조 1, 수표1, [요건을 충족하지 못한 경우]10·76·77②, [요건이외의 기재]4·5·11②·23·34·37④·41②③·46·52②·76·77·78②, [준거법]국제사법, [인지]인지세법1①, ⑵[어음금액]5·6·41·48·77, [지급약속]78①, ⑶[만기]77①, [기재없는 경우]76②, [일람후정기출급어음의 만기]78②, ⑷[지급지]41·60①·76③·77①, ⑸[지급을 받을 자]11①②·77①, ⑹[발행일]5③·23·34·36·37②·77·78②, [발행지]37·76⑵⑶·77①
판례 약속어음의 발행에서 발행인의 기명이 반드시 본명과 일치하여야 하는 것은 아니다.(대판 1969.7.22, 69다742)

제76조【어음 요건의 흠】 제75조 각 호의 사항을 적지 아니한 증권은 약속어음의 효력이 없다. 그러나 다음 각 호의 경우에는 그러하지 아니하다.
1. 만기가 적혀 있지 아니한 경우 : 일람출급의 약속어음으로 본다.
2. 지급지가 적혀 있지 아니한 경우 : 발행지를 지급지 및 발행인의 주소지로 본다.
3. 발행지가 적혀 있지 아니한 경우 : 발행인의 명칭에 부기한 지(地)를 발행지로 본다.
참조 2, 수표2, [어음요건]75, [백지어음]10·77②, ②[만기의 표시]75, [일람출급]33①·34·77①, ③[지급지·발행지·발행인 등]75

제77조【환어음에 관한 규정의 준용】 ① 약속어음에 대하여는 약속어음의 성질에 상반되지 아니하는 한도에서 다음 각 호의 사항에 관한 환어음에 대한 규정을 준용한다.
1. 배서(제11조부터 제20조까지)
2. 만기(제33조부터 제37조까지)
3. 지급(제38조부터 제42조까지)
4. 지급거절로 인한 상환청구(제43조부터 제50조까지, 제52조부터 제54조까지)
5. 참가지급(제55조, 제59조부터 제63조까지)
6. 등본(제67조와 제68조)
7. 변조(제69조)
8. 시효(제70조와 제71조)
9. 휴일, 기간의 계산과 은혜일의 인정 금지(제72조부터 제74조까지)
② 약속어음에 관하여는 제3자방에서 또는 지급인의 주소지가 아닌 지(地)에서 지급할 환어음에 관한 제4조 및 제27조, 이자의 약정에 관한 제5조, 어음금액의 기재의 차이에 관한 제6조, 어음채무를 부담하게 할 수 없는 기명날인 또는 서명의 효과에 관한 제7조, 대리권한 없는 자 또는 대리권한을 초과한 자의 기명날인 또는 서명의 효과에 관한 제8조, 백지환어음에 관한 제10조를 준용한다.
③ 약속어음에 관하여는 보증에 관한 제30조부터 제32조까지의 규정을 준용한다. 제31조제4항의 경우에 누구를 위하여 보증한 것임을 표시하지 아니하였으면 약속어음의 발행인을 위하여 보증한 것으로 본다.
참조 [약속어음과 지급약속]78①

제78조【발행인의 책임 및 일람 후 정기출급 어음의 특칙】 ① 약속어음의 발행인은 환어음의 인수인과 같은 의무를 부담한다.
② 일람 후 정기출급의 약속어음은 제23조에 따른 기간 내에 발행인이 일람할 수 있도록 제시하여야 한다. 일람 후의 기간은 발행인이 어음에 일람하였다는 내용을 적고 날짜를 부기하여 기명날인하거나 서명한 날부터 진행한다. 발행인이 일람 사실과 날짜의 기재를 거절한 경우에는 제25조에 따라 거절증서로써 이를 증명하여야 한다. 그 날짜는 일람 후의 기간의 첫날로 한다.
참조 ①[환어음인수인의 의무]28·47·53①단서·70①, ②[일람후정기출급어음]33①·35-37·77①, [거절증서의 작성]44·46·77①, [불가항력]54·77①, [기간]72-74·77①

부 칙

제79조【이득상환청구권】 환어음 또는 약속어음에서 생긴 권리가 절차의 흠결로 인하여 소멸한 때나 그 소멸시효가 완성한 때라도 소지인은 발행인, 인수인 또는 배서인에 대하여 그가 받은 이익의 한도내에서 상환을 청구할 수 있다.
참조 수표63, [절차흠결로 인한 권리소멸]53·54④·56·60·77①, [시효로 인한 권리소멸]70·77①, [소지인]43·47·49, [부당이득반환청구]민741
판례 어음법 79조에서 말하는 "받은 이익"의 의미 : 어음법 79조에서 말하는 "받은 이익"이라는 것은 어음채무자가 어음상의 권리의 소멸에 의하여 어음상의 채무를 면하는 것 자체를 말하는 것이 아니라 어음수수의 원인관계 등 실질관계(기본관계)에 있어서 현실로 받은 재산상의 이익을 말하는 것이다.
(대판 1993.7.13, 93다10897)
판례 채권 지급 확보 위한 어음 최후 소지인의 어음상 권리 상실시 이득상환청구권 발생여부 : 어음법에 의한 이득상환청구권이 발생하기 위하여는 모든 어음상 또는 민법상의 채무자에 대하여 각 권리가 소멸되어야 하는 것인바, 원인관계에 있는 채권의 지급을 확보하기 위하여 발행된 약속어음이 전전양도되어 최후의 소지인이 어음상의 권리를 상실한 경우라도 원인채무는 그대로 존속하는 것이므로 발행인이 바로 어음금액 상당의 이득을 얻고 있다고는 할 수 없다.(대판 1993.3.23, 92다50942)
판례 원인채권의 지급을 확보하기 위하여 어음이 발행된 후 어음채권이 시효소멸한 경우 이득상환청구권의 발생 여부와 어음채권의 시효소멸 전에 원인채권이 소멸된 경우 : 원인관계에 있는 채권의 지급을 확보하기 위하여 어음이 발행된 경우에는 어음채권이 시효로 인하여 소멸하였다 하더라도 이득상환청구권이 발생하지 않는 것이고 이러한 이치는 어음채권이 시효소멸하기 전에 먼저 원인관계에 있는 채권이 시효 등 별개의 원인으로 소멸하였다 하더라도 마찬가지라 할 것이다.
(대판 1992.3.31, 91다40443)

제80조【소송고지로 인한 시효중단】 ① 배서인의 다른 배서인과 발행인에 대한 환어음 상과 약속어음 상의 청구권의 소멸시효는 그 자가 제소된 경우에는 전자에 대한 소송고지를 함으로 인하여 중단한다.
② 전항의 규정에 의하여 중단된 시효는 재판이 확정된 때로부터 다시 진행을 개시한다.
참조 수표64, ①[어음을 환수한 자의 상환청구권의 시효]70③·77①, [시효중단사유]민168, ②[중단된 시효의 진행]민178
판례 원인채권 행사시의 어음채권의 소멸시효중단 여부 : 원인채권의 지급을 확보하기 위한 방법으로 어음이 수수된 경우에 원인채권과 어음채권은 별개로서 채권자는 그 선택에 따라 권리를 행사할 수 있고, 원인채권에 기하여 청구를 한 것만으로는 어음채권 그 자체를 행사한 것으로 볼 수 없어 어음채권의 소멸시효를 중단시키지 못한다.(대판 1999.6.11, 99다16378)
판례 어음채권 행사시의 원인채권의 소멸시효중단 여부 : 원인채권의 지급을 확보하기 위한 방법으로 어음이 수수된 경우, 이러한 어음은 경제적으로 동일한 급부를 위하여 원인채권의 지급수단으로 수수된 것으로서 그 어음채권의 행사는 원인채권을 실현하기 위한 것일 뿐만 아니라, 원인채권의 소멸시효는 어음금 청구소송에 있어서 채무자의 인적항변 사유에 해당하는 관계로 채권자가 어음채권의 소멸시효를 중단하여 두어도 채무자의 인적항변에 따라 그 권리를 실현할 수 없게 되는 불합리한 결과가 발생하게 되므로, 채권자가 원인채권에 기하여 청구를 한 것이 아니라 어음채권에 기하여 청구를 하는 반대의 경우에는 원인채권의 소멸시효를 중단시키는 효력이 있다고 봄이 상당하고, 이러한 법리는 채권자가 어음채권을 피보전권리로 하여 채무자의 재산을 가압류함으로써 그 권리를 행사한 경우에도 마찬가지로 적용된다.(대판 1999.6.11, 99다16378)

제81조【휴일의 의의】 본법에서 휴일이라 함은 국경일, 공휴일, 일요일 기타의 일반휴일을 이른다.
참조 수표66, [휴일]72·77①, 민161, 국경일에관한법, 관공서의공휴일에관한규정

제82조【본법 시행전에 발행한 수형(手形)】 본법 시행전에 발행한 위체수형과 약속수형에 관하여는 종전의 규정에 의한다.
참조 수표68

제83조【어음교환소의 지정】 제38조제2항(제77조제1항에서 준용하는 경우를 포함한다)의 어음교환소는 법무부장관이 지정한다.
참조 수표69, 어음교환소지정에관한규칙

제84조【거절증서에 관한 사항】 거절증서의 작성에 관한 사항은 대통령령으로 정한다.
(1995.12.6 본조개정)

참조 수표70, [거절증서작성의 필요]24①·25②·44①-④·53①·56②·60①·66②·68②·77①·78②, [거절증서작성에 관한 기타의 규정]46·48①·54·72, [대통령령]거절증서

제85조【시행기일, 구법의 폐지】 ① 본법은 서기 1963년 1월 1일부터 시행한다.
② 조선민사령 제1조에 의하여 의용된 수형법은 본법 시행시까지 효력이 있다.

참조 수표71

부 칙 (2007.5.17)

이 법은 공포 후 6개월이 경과한 날부터 시행한다.

부 칙 (2010.3.31)

이 법은 공포한 날부터 시행한다.

거절증서령

(1970년 4월 15일 전개대통령령 제4919호)

개정
2011. 8.19영23077호

제1조【목적】 이 영은 법률 제5009호 어음法 부칙 제84조 및 법률 제5010호 手票法 부칙 제70조에 따라 거절증서의 작성에 관한 사항을 규정함을 목적으로 한다.
(2011.8.19 본조개정)

제2조【작성자】 어음(환어음 및 약속어음을 말한다. 이하 같다) 및 수표의 거절증서는 공증인 또는 집행관이 작성한다.(2011.8.19 본조개정)

제3조【기재사항】 ① 거절증서에는 다음 각 호의 사항을 적고 공증인 또는 집행관이 기명날인하여야 한다.
1. 거절자 및 피거절자의 성명이나 명칭
2. 거절자에 대하여 청구하였다는 사실 및 거절자가 그 청구에 응하지 않았거나 거절자를 면회할 수 없었다는 사실 또는 청구할 장소를 알 수 없었다는 사실
3. 청구를 하였거나 청구를 할 수 없었던 장소 및 연월일
4. 거절증서를 작성한 장소 및 연월일
5. 법정 장소 외의 곳에서 거절증서를 작성할 때에는 거절자가 이를 승낙한 사실

② 지급인이 「어음법」 제24조제1항 전단에 따라 두 번째 제시를 할 것을 청구하였을 때에는 거절증서에 그 사실을 적어야 한다.
(2011.8.19 본조개정)

제4조【작성 방법】 ① 거절증서는 어음이나 수표 또는 이에 결합한 보충지에 적어 작성한다.
② 거절증서는 어음 또는 수표의 뒷면에 적은 사항에 계속하여 작성하고, 보충지에 작성할 경우에는 공증인이나 집행관이 그 이음매에 간인(間印)하여야 한다.
(2011.8.19 본조개정)

제5조【어음이나 수표의 복본 또는 등본이 있는 경우의 작성 방법】 ① 어음이나 수표의 여러 통의 복본 또는 원본 및 등본을 제시한 경우에는 거절증서를 1통의 복본, 원본 또는 보충지에 작성한다.
② 제1항에 따라 거절증서를 작성할 때에는 다른 복본이나 등본에 그 사실을 적고 공증인이나 집행관이 기명날인하여야 한다.
③ 제2항에 따른 복본이나 등본의 작성 방법에 관하여는 제4조를 준용한다.
(2011.8.19 본조개정)

제6조【어음의 원본이 없는 경우의 작성 방법】 ① 「어음법」 제68조제2항(같은 법 제77조제1항에서 준용하는 경우를 포함한다)에 따라 거절증서를 작성할 때에는 어음의 등본 또는 보충지에 작성하여야 한다.
② 인수의 일부 거절로 인하여 거절증서를 작성할 때에는 공증인이나 집행관이 어음의 등본을 작성하고 그 등본 또는 보충지에 작성하여야 한다.
③ 제1항과 제2항에 따른 등본 또는 보충지의 작성 방법에 관하여는 제4조제2항을 준용한다.
(2011.8.19 본조개정)

제7조【거절증서의 수】 여러 명에게 청구하거나 동일인에게 여러 차례 청구하였을 때에는 거절증서 1통을 작성한다.(2011.8.19 본조개정)

제8조【작성 장소】 ① 거절증서는 청구를 한 장소에서 작성하여야 한다. 다만, 거절자가 승낙하였을 때에는 다른 장소에서 작성할 수 있다.
② 청구를 할 장소를 알 수 없을 때에는 거절증서를 작성할 공증인 또는 집행관은 그 장소를 관공서에 조회하여야 한다. 다만, 관공서에 조회하여도 그 장소를 알 수 없을 때에는 그 관공서나 자기의 사무소에서 거절증서를 작성할 수 있다.
(2011.8.19 본조개정)

제9조【거절증서의 등본】 ① 공증인 또는 집행관은 거절증서를 작성하였을 때에는 다음 각 호의 사항을 적은 등본을 작성하여 그 사무소에 갖추어 두어야 한다.
1. 환어음·약속어음 또는 수표의 구별 및 번호가 있을 때에는 그 번호
2. 금액
3. 발행인, 지급인 및 지급받을 자 또는 지급받을 자를 지시하는 자의 성명이나 명칭
4. 발행 연월일 및 발행지
5. 만기 및 지급지
6. 지급을 위하여 지정된 제3자 및 예비 지급인 또는 참가인수인이 있을 때에는 그 성명이나 명칭

② 거절증서가 멸실된 경우에 이해관계인이 청구하면 공증인 또는 집행관은 제1항에 따라 작성한 등본에 따라 거절증서의 등본을 작성하여 이해관계인에게 교부하여야 하며, 이 등본은 원본과 같은 효력이 있다.
(2011.8.19 본조개정)

부 칙 (2011.8.19)

이 영은 공포한 날부터 시행한다.

전자어음의 발행 및 유통에 관한 법률(약칭 : 전자어음법)

(2004년 3월 22일 법 률 제7197호)

개정
2007. 5.17법 8443호
2008. 2.29법 8863호(금융위원회의설치등에관한법)
2009. 1.30법 9364호 2009. 5. 8법 9651호
2010. 5.17법10303호(은행법)
2012. 6. 1법11461호(전자문서및전자거래기본법)
2013. 4. 5법11730호 2016. 5.29법14174호
2017.10.31법15022호(주식회사등의외부감사에관한법)
2020. 6. 9법17354호(전자서명법)

제1장 총 칙

제1조【목적】 이 법은 전자적 방식으로 약속어음을 발행·유통하고 어음상의 권리를 행사할 수 있도록 함으로써 국민경제의 향상에 이바지함을 목적으로 한다.

제2조【정의】 이 법에서 사용하는 용어의 정의는 다음과 같다.
1. "전자문서"란 「전자문서 및 전자거래 기본법」 제2조제1호에 따라 정보처리시스템에 의하여 전자적 형태로 작성, 송신·수신 또는 저장된 정보를 말한다.(2012.6.1 본호개정)
2. "전자어음"이란 전자문서로 작성되고 제5조제1항에 따라 전자어음관리기관에 등록된 약속어음을 말한다.
3. "전자서명"이란 「전자서명법」 제2조제2호에 따른 전자서명(서명자의 실지명의를 확인할 수 있는 것을 말한다)을 말한다.(2020.6.9 본호개정)
4. "전자어음관리기관"이란 제3조제1항에 따라 법무부장관의 지정을 받은 기관을 말한다.
5. "사업자고유정보"란 전자어음과 관련된 당사자의 상호나 사업자등록번호, 회원번호, 법인등록번호 또는 주민등록번호 등 사업자를 식별할 수 있는 정보를 말한다.
6. "금융기관"이란 「은행법」에 따른 은행 및 이에 준하는 업무를 수행하는 금융기관으로 대통령령으로 정하는 기관을 말한다.(2010.5.17 본호개정)
7. "이용자"란 전자어음거래를 위하여 전자어음관리기관에 등록하고 전자어음관리기관의 시스템을 이용하여 전자어음거래를 하는 자를 말한다.
(2009.1.30 본조개정)

제3조【전자어음관리기관】 ① 전자어음관리기관은 법무부장관이 지정한다.
② 전자어음관리기관으로 지정받으려는 자는 다음 각 호의 요건을 갖추어야 한다.
1. 「민법」 제32조에 따라 설립된 법인 또는 「상법」에 따라 설립된 주식회사일 것
2. 대통령령으로 정하는 기술능력·재정능력·시설 및 장비 등을 갖출 것

③ 전자어음관리기관의 지정절차와 그 밖에 필요한 사항은 대통령령으로 정한다.
(2009.1.30 본조개정)

제4조【적용 범위】 전자어음에 관하여 이 법에서 정한 것 외에는 「어음법」에서 정하는 바에 따른다.(2009.1.30 본조개정)

제2장 전자어음의 등록 및 어음행위

(2009.1.30 본장개정)

제5조【전자어음의 등록 등】 ① 전자어음을 발행하려는 자는 그 전자어음을 전자어음관리기관에 등록하여야 한다.
② 전자어음관리기관은 해당 전자어음의 지급을 청구할 금융기관이나 신용조사기관 등의 의견을 참고하여 전자어음의 등록을 거부하거나 전자어음의 연간 총발행금액 등을 제한할 수 있다.
③ 전자어음관리기관의 전자어음 등록에 관한 절차와 방법, 그 밖에 필요한 사항은 대통령령으로 정한다.
④ 전자어음에 배서(背書) 또는 보증을 하거나 전자어음의 권리를 행사하는 것은 이 법에 따른 전자문서로만 할 수 있다.

제6조【전자어음의 발행】 ① 전자어음에는 다음 각 호의 사항을 기재하여야 한다.
1. 「어음법」 제75조제1호·제2호·제3호·제5호 및 제6호에서 정하는 사항
2. 전자어음의 지급을 청구할 금융기관
3. 전자어음의 동일성을 표시하는 정보
4. 사업자고유정보

② 제1항제2호에 따른 금융기관이 있는 지역은 「어음법」 제75조제4호에 따른 지급지(支給地)로 본다.
③ 발행인이 제1항의 전자어음에 전자서명을 한 경우에는 「어음법」 제75조제7호에 따른 기명날인 또는 서명을 한 것으로 본다.(2020.6.9 본항개정)
④ 발행인이 타인에게 「전자문서 및 전자거래 기본법」 제6조제1항에 따라 전자어음을 송신하고 그 타인이 같은 조 제2항에 따라 수신한 때에 전자어음을 발행한 것으로 본다.(2012.6.1 본항개정)
⑤ 전자어음의 만기는 발행일부터 3개월을 초과할 수 없다.
(2016.5.29 본항개정)
⑥ 「어음법」 제10조(같은 법 제77조에서 인용하는 경우의 해당 조항을 말한다)에 따른 백지어음은 전자어음으로 발행할 수 없다.

제6조의2【전자어음의 이용】 「주식회사 등의 외부감사에 관한 법률」 제4조에 따른 외부감사대상 주식회사 및 직전 사업연도 말의 자산총액 등이 대통령령으로 정하는 기준에 해당하는 법인사업자는 약속어음을 발행할 경우 전자어음으로 발행하여야 한다.(2017.10.31 본조개정)

제7조【전자어음의 배서】 ① 전자어음에 배서를 하는 경우에는 전자어음에 배서의 뜻을 기재한 전자문서(이하 "배서전자문서"라 한다)를 첨부하여야 한다.
② 배서전자문서에는 전자어음의 동일성을 표시하는 정보를 기재하여야 한다.
③ 배서인이 타인에게 「전자문서 및 전자거래 기본법」 제6조제1항에 따라 전자어음과 배서전자문서를 송신하고 그 타인이 같은 조 제2항에 따라 수신한 때에는 「어음법」 제13조제1항에 따른 배서 및 교부를 한 것으로 본다.
(2012.6.1 본항개정)
④ 피배서인(被背書人)이 다시 배서를 하는 경우에는 이전에 작성된 배서전자문서를 전자어음에 전부 첨부하고 제1항에 따른 배서를 하여야 한다.
⑤ 전자어음의 총배서횟수는 20회를 초과할 수 없다.
⑥ 전자어음의 배서에 관하여는 제6조제3항을 준용한다. 이 경우 "발행인"은 "배서인"으로 본다.

제7조의2【전자어음의 분할배서】 ① 「어음법」 제12조제2항에도 불구하고 전자어음을 발행받아 최초로 배서하는 자에 한하여 총 5회 미만으로 어음금을 분할하여 그 일부에 관하여 각각 배서할 수 있다. 이 경우 분할된 각각의 전자어음은 제7조에 따른 배서의 방법을 갖추어야 한다.
② 제1항에 따라 배서를 하는 자는 배서하는 전자어음이 분할 전의 전자어음으로부터 분할된 것임을 표시하여야 한다.
③ 분할 후의 전자어음은 그 기재된 금액의 범위에서 분할 전의 전자어음과 동일한 전자어음으로 본다.
④ 분할된 전자어음에 대한 법률행위의 효과는 분할된 다른 전자어음의 법률관계에 영향을 미치지 아니하며, 배서인은 분할 후의 수개의 전자어음이 구별되도록 다른 번호를 붙여야 한다. 번호 부여의 구체적인 방법은 대통령령으로 정한다.
⑤ 분할 후의 어느 전자어음상의 권리가 소멸한 때에는 분할 전의 전자어음은 그 잔액에 관하여 존속하는 것으로 본다.
⑥ 전자어음의 발행인이 전자어음면에 분할금지 또는 이와 동일한 뜻의 기재를 한 때에는 제1항을 적용하지 아니한다.
(2013.4.5 본조신설)

제8조【전자어음의 보증】 ① 전자어음을 보증하는 자는 보증의 뜻을 기재한 전자문서를 그 전자어음에 첨부하여야 한다.
② 전자어음의 보증에 관하여는 제6조제3항·제4항 및 제7조제2항을 준용한다. 이 경우 "발행인"은 "보증인"으로, "발행"은 "보증"으로 본다.

③ 전자어음은 보증에 의하여 그 금액의 일부의 지급을 담보할 수 없다.(2013.4.5 본항신설)

제9조【지급 제시】 ① 전자어음의 소지인이 전자어음 및 전자어음의 배서에 관한 전자문서를 첨부하여 지급청구의 뜻이 기재된 전자문서를 제6조제1항제2호의 지급을 청구할 금융기관에 송신하고 그 금융기관이 수신한 때에는 「어음법」 제38조제1항에서 규정한 지급을 위한 제시를 한 것으로 본다. 다만, 전자어음관리기관에 대한 전자어음의 제시는 지급을 위한 제시와 같은 효력이 있으며 전자어음관리기관이 운영하는 정보처리 조직에 의하여 전자어음의 만기일 이전에 자동으로 지급 제시되도록 할 수 있다.

② 지급 제시를 위한 송신과 수신의 시기는 「전자문서 및 전자거래 기본법」 제6조제1항 및 제2항에 따른다. (2012.6.1 본항개정)

③ 지급 제시를 하는 소지인은 제1항에 따른 지급청구의 뜻이 기재된 전자문서에 어음금을 수령할 금융기관의 계좌를 기재하여야 한다.

④ 제1항에 따른 지급 제시를 받은 금융기관이 어음금을 지급할 때에는 전자어음관리기관에 지급사실을 통지하여야 한다. 다만, 전자어음관리기관에서 운영하는 정보처리 조직에 의하여 지급이 완료된 경우에는 그러하지 아니하다.

제10조【어음의 소멸】 제9조제4항에 따른 통지가 있거나 전자어음관리기관의 정보처리 조직에 의하여 지급이 완료된 경우 어음 채무자가 해당 어음을 환수한 것으로 본다.

제11조【어음의 상환증권성과 일부지급의 적용배제】 「어음법」 제39조제1항부터 제3항까지의 규정은 전자어음에 적용하지 아니한다.

제12조【지급거절】 ① 제9조제1항에 따른 지급 제시를 받은 금융기관이 지급을 거절할 때에는 전자문서(이하 "지급거절 전자문서"라 한다)로 하여야 한다.

② 지급거절 전자문서를 전자어음관리기관에 통보하고 그 기관이 문서 내용을 확인한 경우에는 그 전자문서를 「어음법」 제44조제1항에 따른 공정증서로 본다.

③ 전자어음의 소지인이 제1항에 따른 전자문서를 수신한 날을 공정증서의 작성일로 본다.

④ 제2항에 따른 지급거절 전자문서의 확인 방법 및 절차, 그 밖에 필요한 사항은 대통령령으로 정한다.

제13조【상환청구】 ① 전자어음의 소지인이 상환청구를 할 때에는 다음 각 호의 문서를 첨부하여 상환청구의 뜻을 기재한 전자문서를 상환의무자에게 송신하여야 한다.

1. 전자어음
2. 배서전자문서
3. 지급거절 전자문서

② 상환의무자가 상환금액을 지급한 경우에는 전자어음관리기관에 지급사실을 통지하여야 한다.

③ 제2항의 통지를 하면 상환의무자가 전자어음을 환수한 것으로 본다.

④ 전자어음의 상환청구에 관하여는 제9조제3항을 준용한다. 이 경우 "지급청구"는 "상환청구"로 본다.

제14조【어음의 반환 및 수령 거부】 ① 전자어음을 발행하거나 배서한 자가 착오 등을 이유로 전자어음을 반환받으려면 그 소지인으로 하여금 전자어음관리기관에 반환 의사를 통지하게 하여야 한다.

② 제1항의 통지를 하면 전자어음은 발행되거나 배서되지 아니한 것으로 보며, 전자어음관리기관은 그 전자어음의 발행 또는 배서에 관한 기록을 말소하여야 한다.

③ 전자어음의 수신자는 전자어음의 수령을 거부하려면 전자어음관리기관에 수령 거부 의사를 통지하여야 한다. 수령 거부 의사를 통지한 경우에는 수신자가 전자어음을 수령하지 아니한 것으로 보며, 전자어음관리기관은 수신자가 청구할 경우 그 수신자가 전자어음의 수령을 거부한 사실을 증명하는 문서를 발급하여야 한다.

제3장 전자어음거래의 안전성 확보 및 이용자 보호

(2009.1.30 본장개정)

제15조【안전성 확보 의무】 전자어음관리기관은 전자어음 거래의 안전을 확보하고 지급의 확실성을 보장할 수 있도록 전자어음거래의 전자적 전송·처리를 위한 인력, 시설, 전자적 장치 등에 관하여 대통령령으로 정하는 기준을 준수하여야 한다.

제16조【전자어음거래 기록의 생성 및 보존】 ① 전자어음관리기관은 다음 각 호의 업무를 수행하여야 한다.

1. 전자어음의 발행, 배서, 보증 및 권리행사 등을 할 때에 그 기관의 전자정보처리 조직을 통하여 이루어지도록 하는 조치
2. 전자어음별로 발행인과 배서인에 관한 기록, 전자어음 소지인의 변동사항 및 그 전자어음의 권리행사에 관한 기록의 보존
3. 전자어음거래를 추적·검색하고 오류가 발생할 경우 그 오류를 확인·정정할 수 있는 기록의 생성 및 보존

② 제1항에 따라 전자어음관리기관이 보존하여야 하는 기록의 종류와 방법 및 보존기간은 대통령령으로 정한다.

제17조【전자어음거래 정보의 제공 등】 ① 전자어음관리기관은 이용자가 신청한 경우에는 대통령령으로 정하는 바에 따라 해당 전자어음 관련 발행상황 및 잔액 등의 결제 정보를 제공하여야 한다.

② 전자어음거래와 관련하여 업무상 다음 각 호에 해당하는 사항을 알게 된 자는 이용자의 동의를 받지 아니하고 타인에게 제공하거나 누설하여서는 아니 된다. 다만, 「금융실명거래 및 비밀보장에 관한 법률」 제4조제1항 단서에 따른 경우와 그 밖의 법률에서 정한 경우에는 그러하지 아니하다.

1. 이용자의 신상에 관한 사항
2. 이용자의 거래계좌 및 전자어음거래의 내용과 실적에 관한 정보 또는 자료

③ 전자어음관리기관은 건전한 전자어음 발행·유통과 선의의 거래자 보호를 위하여 대통령령으로 정하는 경우에는 법무부장관의 사전승인을 받아 제1항과 제2항에 규정된 사항 등을 공개할 수 있다.

제18조【약관의 명시·통지 등】 ① 전자어음관리기관은 전자어음을 등록할 때에 이용자에게 전자어음거래에 관한 약관을 구체적으로 밝히고, 이용자가 요청하는 경우에는 대통령령으로 정하는 바에 따라 그 약관을 발급하고 내용을 설명하여야 한다.

② 전자어음관리기관은 전자어음거래에 관한 약관을 제정하거나 변경하려면 법무부장관의 승인을 받아야 한다. 다만, 약관의 변경으로 인하여 이용자의 권익이나 의무에 불리한 영향이 없다고 법무부장관이 정하는 경우에는 변경 후 10일 이내에 법무부장관에게 통보하여야 한다.

제19조【이의제기와 분쟁처리】 ① 전자어음관리기관은 대통령령으로 정하는 바에 따라 전자어음거래와 관련하여 이용자가 제기하는 정당한 의견이나 불만을 반영하고, 이용자가 전자어음거래에서 입은 손해를 배상하기 위한 절차를 마련하여야 한다.

② 전자어음관리기관은 전자어음 등록 시 제1항에 따른 절차를 구체적으로 밝혀야 한다.

제4장 전자어음관리업무의 감독

(2009.1.30 본장개정)

제20조【전자어음관리기관의 감독 및 검사】 ① 법무부장관은 전자어음관리기관에 대하여 이 법 또는 이 법에 따른 명령을 준수하는지를 감독한다.

② 법무부장관은 제1항에 따른 감독을 위하여 필요하면 전자어음관리기관에 대하여 그 업무에 관한 보고를 하게 하거나 대통령령으로 정하는 바에 따라 전자어음관리기관의 전자어음관리 업무에 관한 시설·장비·서류, 그 밖의 물건을 검사할 수 있다.

③ 법무부장관은 전자어음제도의 원활한 운영 및 이용자의 보호 등을 위하여 필요하면 전자어음관리기관에 이용자의 전자어음거래 정보 등 필요한 자료의 제출을 명할 수 있다.

④ 법무부장관은 전자어음관리기관이 이 법 또는 이 법에 따른 명령을 위반하여 전자어음제도의 건전한 운영을 해치거나 이용자의 권익을 침해할 우려가 있다고 인정되는 경우에는 다음 각 호의 어느 하나에 해당하는 조치를 할 수 있다.

1. 해당 위반행위에 대한 시정명령
2. 전자어음관리기관에 대한 주의·경고 또는 그 임직원에 대한 주의·경고 및 문책의 요구
3. 전자어음관리기관 임원의 해임권고 또는 직무정지의 요구

⑤ 법무부장관은 전자어음제도의 운영 및 전자어음관리기관의 감독 또는 검사와 관련하여 필요하면 금융위원회에 협의를 요청하거나 대통령령으로 정하는 바에 따라 그 권한의 일부를 위임하거나 위탁할 수 있다.

제21조【지정의 취소】 ① 법무부장관은 전자어음관리기관이 다음 각 호의 어느 하나에 해당하면 제3조에 따른 지정을 취소할 수 있다.

1. 거짓이나 그 밖의 부정한 방법으로 제3조에 따른 전자어음관리기관으로 지정받은 경우
2. 정당한 사유 없이 1년 이상 계속하여 영업을 하지 아니한 경우
3. 법인의 합병·파산·폐업 등으로 사실상 영업을 종료한 경우

② 전자어음관리기관은 지정이 취소된 경우에도 그 취소처분이 있기 전에 한 전자어음거래의 지급을 위한 업무를 계속하여 할 수 있다.

③ 법무부장관은 제1항에 따라 지정을 취소하려는 경우에는 청문을 하여야 하며 지정을 취소한 경우에는 지체 없이 그 내용을 관보에 공고하고 컴퓨터통신 등을 이용하여 일반인에게 알려야 한다.

제5장 벌 칙

(2009.1.30 본장개정)

제22조【벌칙】 ① 제3조에 따른 전자어음관리기관으로 지정받지 아니하고 전자어음관리 업무를 한 자는 5년 이하의 징역 또는 1억원 이하의 벌금에 처한다.

② 다음 각 호의 어느 하나에 해당하는 자는 3년 이하의 징역 또는 5천만원 이하의 벌금에 처한다.

1. 제5조제1항을 위반하여 전자어음관리기관에 등록하지 아니하고 전자어음을 발행한 자
2. 제17조제2항을 위반하여 전자어음거래 정보를 제공한 자

③ 제20조제2항에 따른 검사를 기피하거나 방해한 자는 1년 이하의 징역 또는 3천만원 이하의 벌금에 처한다.

④ 전자어음은 「형법」 제214조부터 제217조까지 규정된 죄의 유가증권으로 보아 그 유가증권에 관한 죄에 대한 각 조문의 형으로 처벌한다.

제23조【과태료】 ① 다음 각 호의 어느 하나에 해당하는 자에게는 1천만원 이하의 과태료를 부과한다.

1. 제15조에 따른 안전성 기준을 위반한 자
2. 제20조제3항에 따른 자료제출 명령에 대하여 정당한 사유 없이 자료를 제출하지 아니하거나 거짓된 자료를 제출한 자

② 다음 각 호의 어느 하나에 해당하는 자에게는 500만원 이하의 과태료를 부과한다.

1. 제6조의2에 따른 전자어음 이용의무를 위반한 자 (2009.5.8 본호신설)
2. 제16조제1항제2호 및 제3호에 따른 전자어음거래 기록의 보존 의무를 위반한 자
3. 제17조제1항에 따른 신청에 대하여 정당한 사유 없이 결제 정보를 제공하지 아니한 자
4. 제18조제1항에 따른 약관의 설명 의무를 위반한 자
5. 제18조제2항에 따른 승인을 받지 아니하거나 통보를 하지 아니한 자

③ 제1항과 제2항에 따른 과태료는 법무부장관이 부과·징수한다.

제24조【전자어음관리기관의 금융기관 간주】 전자어음관리기관은 「특정경제범죄 가중처벌 등에 관한 법률」 제2조에 따른 금융기관으로 본다.

부 칙 (2013.4.5)

제1조【시행일】 이 법은 공포 후 1년이 경과한 날부터 시행한다.

제2조【적용례】 제7조의2의 개정규정은 이 법 시행 후 최초로 발행하는 전자어음부터 적용한다.

부 칙 (2016.5.29)

제1조【시행일】 이 법은 공포 후 2년이 경과한 날부터 시행한다.

제2조【전자어음의 만기 적용에 관한 특례】 제6조제5항의 개정규정에도 불구하고 이 법 시행일부터 다음 표의 기간 동안 발행하는 전자어음에 대해서는 각각의 적용기간에 해당하는 만기를 적용한다.

적용기간	이 법 시행일부터 이 법 시행 이후 1년이 경과한 날 전날까지	이 법 시행 후 1년이 경과한 날부터 이 법 시행 이후 2년이 경과한 날 전날까지	이 법 시행 후 2년이 경과한 날부터 이 법 시행 이후 3년이 경과한 날 전날까지
만기	6개월	5개월	4개월

제3조【전자어음의 만기에 관한 경과조치】 이 법 시행 전에 발행된 전자어음의 만기에 관하여는 제6조제5항의 개정규정에도 불구하고 종전의 규정에 따른다.

부 칙 (2020.6.9)

제1조【시행일】 이 법은 공포 후 6개월이 경과한 날부터 시행한다.(이하 생략)

수표법

(1962년 1월 20일 법 률 제1002호)

개정
1995.12. 6법 5010호　　2007. 5.17법 8440호
2010. 3.31법10197호

제1장 수표의 발행과 방식
(2010.3.31 본장개정)

제1조【수표의 요건】 수표에는 다음 각 호의 사항을 적어야 한다.
1. 증권의 본문 중에 그 증권을 작성할 때 사용하는 국어로 수표임을 표시하는 글자
2. 조건 없이 일정한 금액을 지급할 것을 위탁하는 뜻
3. 지급인의 명칭
4. 지급지(支給地)
5. 발행일과 발행지(發行地)
6. 발행인의 기명날인(記名捺印) 또는 서명

참조 어음1·75, [요건을 결한 경우]2, [백지수표]13, [요건이외의 기재]2·5·6②·8·14·36②③·37·42·48·68, [효력이 없는 기재]7·12·28①, [준거법]국제사법, [인지]인지세법1①, ⑵[수표금액]7·9·36·44, [수표행위의 단순성]15①·54①, ⑶[지급인의 표시]3·6③·59, ⑷[지급지의 표시]2·29·36, ⑸[발행일자]28-30·68, [발행지의 표시]2, ⑹[발행인의 서명]10·11

판례 발행지 기재 없는 수표의 효력 : 수표면의 기재 자체로 보아 국내수표로 인정되는 경우에 있어서는 발행지의 기재는 별다른 의미가 없는 것이고, 발행지의 기재가 없는 수표도 완전한 수표와 마찬가지로 유통·결제되고 있는 거래의 실정 등에 비추어, 그 수표면상 발행지의 기재가 없는 경우라고 할지라도 이를 무효의 수표로 볼 수는 없다.
(대판 1999.8.19, 99다23383 전원합의체)

판례 수표의 발행일자나 액면 등을 정정하는 경우 기명날인이나 날인을 요하는지 여부 : 수표법상 발행, 배서, 보증, 지급보증 등 이른바 수표행위를 함에 있어서는 기명날인을 그 요건으로 하고 여기서 말하는 기명날인에는 무인을 포함하지 아니하나 위와 같은 수표행위와 수표문언의 사후 정정행위와는 서로 구별되는 것으로서, 이미 기명날인의 요건을 갖추어 적법하게 발행된 수표의 발행일자나 액면 등을 정정하는 경우에도 반드시 정정하는 곳에 기명날인이나 또는 날인을 하여야만 그 정정행위가 유효한 것이라고 볼 수는 없고, 한편 부정수표단속법의 입법목적은 국민의 경제생활의 안정과 유통증권인 수표의 기능을 보장하고자 함에 있으므로 수표법상 유효한 수표가 아닌 경우에도 실제로 유통증권으로서의 기능에 아무런 영향이 없이 유통되고 있는 것이라면 이는 부정수표단속법 2조 2항의 적용대상에서 제외될 수 없다.(대판 1995.12.22, 95도1263)

제2조【수표 요건의 흠】 제1조 각 호의 사항을 적지 아니한 증권은 수표의 효력이 없다. 그러나 다음 각 호의 경우에는 그러하지 아니하다.
1. 지급지가 적혀 있지 아니한 경우 : 지급인의 명칭에 부기(附記)한 지(地)를 지급지로 본다. 지급인의 명칭에 여러 개의 지(地)를 부기한 경우에는 수표의 맨 앞에 적은 지(地)에서 지급할 것으로 한다.
2. 제1호의 기재나 그 밖의 다른 표시가 없는 경우 : 발행지에서 지급할 것으로 한다.
3. 발행지가 적혀 있지 아니한 경우 : 발행인의 명칭에 부기한 지(地)를 발행지로 본다.

참조 어음2·76, [수표요건]1, [백지수표]13, [지급지의 표시]1, [발행지의 표시]1

제3조【수표자금, 수표계약의 필요】 수표는 제시한 때에 발행인이 처분할 수 있는 자금이 있는 은행을 지급인으로 하고, 발행인이 그 자금을 수표에 의하여 처분할 수 있는 명시적 또는 묵시적 계약에 따라서만 발행할 수 있다. 그러나 이 규정을 위반하는 경우에도 수표로서의 효력에 영향을 미치지 아니한다.

참조 [지급인의 표시]1, [은행]59, [지급인자격의 준거법]국제사법, [수표계약]민680-692, 상72-77, [선일자의 경우]28②, [벌칙]67, [자금에 대한 수표소지인의 권리]국제사법

판례 발행한도를 초과하여 발행한 가계수표의 효력 : 가계수표용지에 부동문자로 인쇄되어 있는 '100만원 이하' 등의 문언은 지급은행이 사전에 발행인과의 사이에 체결한 수표계약에 근거하여 기재한 것으로서 이는 단지 수표계약의 일부 내용을 제3자가 알 수 있도록 수표 문면에 기재한 것에 지나지 아니한 것이고, 한편 수표법 3조 단서에 의하면 수표자금에 관한 수표계약에 위반하여 수표를 발행한 경우에도 수표로서의 효력에는 영향을 미치지 아니하므로 발행한도액을 초과하여 발행한 가계수표도 수표로서의 효력에는 아무런 영향이 없다.
(대판 1998.2.13, 97다48319)

제4조【인수의 금지】 수표는 인수하지 못한다. 수표에 적은 인수의 문구는 적지 아니한 것으로 본다.

참조 [인수]어음21-29, [수표인수금지의 취지의 철저]15③·25②, [지급보증]53-58, [인수 등 허부의 준거법]국제사법

제5조【수취인의 지정】 ① 수표는 다음 각 호의 어느 하나의 방식으로 발행할 수 있다.
1. 기명식(記名式) 또는 지시식(指示式)
2. 기명식으로 "지시금지"라는 글자 또는 이와 같은 뜻이 있는 문구를 적은 것
3. 소지인출급식(所持人出給式)

② 기명식 수표에 "또는 소지인에게"라는 글자 또는 이와 같은 뜻이 있는 문구를 적었을 때에는 소지인출급식 수표로 본다.
③ 수취인이 적혀 있지 아니한 수표는 소지인출급식 수표로 본다.

참조 ①⑴[기명식 또는 지시식수표]14①·19·21·35, [자기지시수표]6①, [기명식 또는 지시식어음]어음1·11①·75, [지명채권·지시채권]민450·508이하, ⑵[지시금지수표]14②, [지시금지어음]어음11②·77①, ⑶[소지인출급식수표]188·470, 민523이하, [소지인출급식수표와 배서]20, [소지인출급식수표와 선의취득]21, [소지인출급식수표와 복본의 불허]48, [선택무기명식증서]민525

제6조【자기지시수표, 위탁수표, 자기앞수표】 ① 수표는 발행인 자신을 지급받을 자로 하여 발행할 수 있다.
② 수표는 제3자의 계산으로 발행할 수 있다.
③ 수표는 발행인 자신을 지급인으로 하여 발행할 수 있다.

참조 어음3, [자기지시수표]1·5①, [자기앞수표]1

제7조【이자의 약정】 수표에 적은 이자의 약정은 적지 아니한 것으로 본다.

참조 어음5·77②, [수표금액의 표시]1, [일람출급성]28·29

제8조【제3자방 지급 기재】 수표는 지급인의 주소지에 있든 다른 지(地)에 있든 관계없이 제3자방(第三者方)에서 지급하는 것으로 할 수 있다. 그러나 그 제3자는 은행이어야 한다.

참조 어음4·77②, [지급인과 은행]3·59

제9조【수표금액의 기재에 차이가 있는 경우】 ① 수표의 금액을 글자와 숫자로 적은 경우에 그 금액에 차이가 있으면 글자로 적은 금액을 수표금액으로 한다.
② 수표의 금액을 글자 또는 숫자로 중복하여 적은 경우에 그 금액에 차이가 있으면 최소금액을 수표금액으로 한다.

참조 어음6·77②, [수표금액]1·44

제10조【수표채무의 독립성】 수표에 다음 각 호의 어느 하나에 해당하는 기명날인 또는 서명이 있는 경우에도 다른 기명날인 또는 서명을 한 자의 채무는 그 효력에 영향을 받지 아니한다.
1. 수표채무를 부담할 능력이 없는 자의 기명날인 또는 서명
2. 위조된 기명날인 또는 서명
3. 가공인물의 기명날인 또는 서명
4. 그 밖의 사유로 수표에 기명날인 또는 서명을 한 자나 그 본인에게 의무를 부담하게 할 수 없는 기명날인 또는 서명

참조 어음7·77②, [수표행위자의 책임의 독립성]27②·49·50, [수표행위능력]민3-17, [의사표시의 하자로 인한 무효·취소]민107이하, [무권대리]11, 민130이하, [위조서명]형239, 부정수표5

제11조【수표행위의 무권대리】 대리권 없이 타인의 대리인으로 수표에 기명날인하거나 서명한 자는 그 수표에 의하여 의무를 부담한다. 그 자가 수표금액을 지급한 경우에는 본인과 같은 권리를 가진다. 권한을 초과한 대리인의 경우도 같다.

참조 어음8·77②, [대리]민114이하, 상48-50, [무권대리행위]민130이하, [무권대리인의 책임]민135, [표현대리]민125·126·129, [수표채무독립성]10

판례 표현대리의 인정 : 피고의 처가 수표할인을 받기 위하여 은행에 신고된 피고의 인감도장을 사용하여 수표를 발행하였다면, 피고는 위 수표를 교부받은 자로 하여금 처가 피고 명의의 수표를 발행할 권한이 있다고 믿게 할 만한 외관을 조성하였다 할 것이고, 상대방으로서는 피고의 처에게 피고를 대리하여 피고 명의의 수표를 발행할 권한이 있다고 믿을 만한 충분한 사정이 있었다고 할 것이다.(대판 1991.6.11, 91다3994)

제12조【발행인의 책임】 발행인은 지급을 담보한다. 발행인이 지급을 담보하지 아니한다는 뜻의 모든 문구는 적지 아니한 것으로 본다.

참조 [발행인의 담보책임]39·43·56, [시효]51, [배서인의 담보책임]18, [환어음 발행인의 책임]어음9, [약속어음 발행인의 책임]어음78①, [형사상책임]부정수표2·3

판례 수표의 발행인에게 어느 특정인의 채무를 담보하기 위한 것이라는 수표의 사용 목적에 대한 인식이 있었다거나 수표의 발행인이 채권자의 요구에 따라 그 앞에서 직접 수표를 발행·교부하였다는 사정이 있었다 하더라도, 그러한 사실이 수표의 발행인에게 민사상의 보증채무까지 부담할 의사가 있었다고 인정하는 데 있어 적극적인 요소 중의 하나가 될 수 있음은 별론으로 하고, 그러한 사실로부터 바로 수표의 발행인과 채권자 사이에 민사상 보증계약이 성립한다고 추단할 수는 없다. 그보다 더 나아가 채권자의 입장에서 수표 발행시에 원인이 되는 채무에 대한 민사상의 보증채무를 부담할 것까지도 수표의 발행인에게 요구하는 의사가 있었고 수표의 발행인도 채권자의 그러한 의사 및 채무의 내용을 인식하면서 그에 응하여 수표를 발행하였다는 사실, 즉 수표의 발행인이 단순히 수표법상의 상환의무를 부담한다는 형태로 채권자에게 신용을 공여한 것이 아니라 민사상의 보증의 형태로도 신용을 공여한 것이라는 점이 채권자 및 채무자와 수표의 발행인과의 관계, 수표의 발행에 이르게 된 동기, 수표의 발행인과 채권자 사이의 교섭 과정 및 방법, 수표의 발행으로 인한 실질적 이익의 귀속 등 수표의 발행을 전후한 제반 사정과 거래계의 실정에 비추어 인정될 수 있을 정도에 이르러야만 수표의 발행인과 채권자 사이의 민사상 보증계약의 성립을 인정할 수 있고, 그에 미치지 못하는 경우에는 수표의 발행인은 원칙적으로 수표의 채무자로서 수표가 지급거절된 경우 그 소지인에 대하여 상환청구에 응하지 않으면 안 되는 수표법상의 채무만을 부담할 뿐이다.
(대판 2007.9.7, 2006다17928)

제13조【백지수표】 미완성으로 발행한 수표에 미리 합의한 사항과 다른 내용을 보충한 경우에는 그 합의의 위반을 이유로 소지인에게 대항하지 못한다. 그러나 소지인이 악의 또는 중대한 과실로 인하여 수표를 취득한 경우에는 그러하지 아니하다.

참조 어음10·77②, [수표요건 및 그 흠결]1·2, [인적항변]22

판례 발행일을 백지로 하여 발행된 수표의 소멸시효 기산점 및 기간 : 발행일을 백지로 하여 발행된 수표의 백지보충권의 소멸시효는 다른 특별한 사정이 없는 한 그 수표발행의 원인관계에 비추어 발행 당사자 사이에 수표상의 권리를 행사할 수 있는 것이 법률적으로 가능하게 된 때부터 진행한다. 백지수표의 보충권 행사에 의하여 생기는 채권은 수표금 채권이고, 수표법 51조에 의하면 수표의 발행인에 대한 소구권은 제시기간 경과 후 6개월간 행사하지 아니하면 소멸시효가 완성되는 점 등을 고려하면 발행일을 백지로 하여 발행된 수표의 백지보충권의 소멸시효기간은 백지보충권을 행사할 수 있는 때로부터 6개월로 봄이 상당하다.(대판 2001.10.23, 99다64018)

판례 백지수표 취득자가 그 보충권의 내용을 조회 안 한 것이 중대한 과실인지 여부 : 어음법 10조 소정의 '중대한 과실'에 관하여 "어음금액이 백지로 된 백지어음을 취득한 자가 그 어음의 발행인에게 보충권의 내용에 관하여 직접 조회하지 않았다면 특별한 사정이 없는 한 취득자에게 중대한 과실이 있는 것이라고 보아야 한다."고 판시한 대법원판결(1978.3.14, 77다2020)은, 비록 백지약속어음에 관한 것이기는 하지만, 백지수표에 관한 수표법 13조의 규정과 백지어음에 관한 어음법 10조의 규정은 백지수표와 백지어음의 보충권의 남용 내지 부당보충에 관하여 동일한 법리를 규정하고 있으므로, 백지어음의 부당보충에 관한 위 판결이 취하고 있는 견해는 백지수표에 관하여도 그대로 적용되어야 한다.(대판 1995.8.22, 95다10945)

제2장 양 도
(2010.3.31 본장개정)

제14조【당연한 지시증권성】 ① 기명식 또는 지시식의 수표는 배서(背書)에 의하여 양도할 수 있다.
② 기명식 수표에 "지시금지"라는 글자 또는 이와 같은 뜻이 있는 문구를 적은 경우에는 그 수표는 지명채권의 양도 방식으로만, 그리고 그 효력으로써만 양도할 수 있다.
③ 배서는 발행인이나 그 밖의 채무자에 대하여도 할 수 있다. 이러한 자는 다시 수표에 배서할 수 있다.

참조 어음11·77①, ①[기명식 또는 지시식수표]5①, [배서에 의한 양도]15이하, 민508이하, [지시채권의 특질]민508이하, 상65, [당연한 지시증권]상130·157·820, ②[지시금지수표]5①, [지명채권의 양도]민449이하, ③[혼동]민507, [지급인에 대한 배서]15⑤

제15조【배서의 요건】 ① 배서에는 조건을 붙여서는 아니 된다. 배서에 붙인 조건은 적지 아니한 것으로 본다.
② 일부의 배서는 무효로 한다.
③ 지급인의 배서도 무효로 한다.
④ 소지인에게 지급하라는 소지인출급의 배서는 백지식 배서와 같은 효력이 있다.
⑤ 지급인에 대한 배서는 영수증의 효력만 있다. 그러나 지급인의 영업소가 여러 개인 경우에 그 수표가 지급될 곳으로 된 영업소 외의 영업소에 대한 배서는 그러하지 아니하다.

참조 어음12·77①, ①[수표행위의 단순성]1·23①·24②·41③·42①·54①, ②[수표금액의 일부의 보증·지급]25①·34②, ③[수표의 인수의 금지]4, [지급인의 의한 보증의 금지]25②, [환어음의 지급인의 배서]어음11③, ④[백지식배서]16②·17②·19, ⑤[영수증]34①, 민474

제16조【배서의 방식】 ① 배서는 수표 또는 이에 결합한 보충지[補箋]에 적고 배서인이 기명날인하거나 서명하여야 한다.
② 배서는 피배서인(被背書人)을 지명하지 아니하고 할 수 있으며 배서인의 기명날인 또는 서명만으로도 할 수 있다(백지식 배서). 배서인의 기명날인 또는 서명만으로 하는 백지식 배서는 수표의 뒷면이나 보충지에 하지 아니하면 효력이 없다.

참조 어음13·77①, ①[일자, 보낼 곳의 기재]24②·41③, ②[백지식배서의 효력]17②·19, [소지인출급식배서와 백지식배서]15④, [수표의 앞면에 한 단순한 기명날인]1·26③

판례 대표이사의 대표 방식 : 갑 회사의 대표이사인 을이 그 재직기간 중 수표에 배서함에 있어서 회사의 대표이사의 자격으로 "갑 주식회사, 을"이라고만 기재하고, 그 기명 옆에는 "갑 주식회사 대표이사"라고 조각된 인장을 날인하였다면 그 수표의 회사 명의의 배서는 을이 갑 회사를 대표한다는 뜻이 표시되어 있다고 판단함이 정당하다.(대판 1994.10.11, 94다24626)

제17조【배서의 권리 이전적 효력】 ① 배서는 수표로부터 생기는 모든 권리를 이전(移轉)한다.
② 배서가 백지식인 경우에 소지인은 다음 각 호의 행위를 할 수 있다.
1. 자기의 명칭 또는 타인의 명칭으로 백지(白地)를 보충하는 행위
2. 백지식으로 또는 타인을 표시하여 다시 수표에 배서하는 행위
3. 백지를 보충하지 아니하고 또 배서도 하지 아니하고 수표를 교부만으로 제3자에게 양도하는 행위

참조 어음14·77①, ①[권리이전적 효력없는 배서]23, [배서의 담보적 효력 및 자격 수여적 효력]18·19, [선의취득]21, [배서에 의한 권리이전과 인적항변의 절단]22, ②[백지식배서]15④·16②, [백지식배서와 자격수여적 효력]19

판례 기존채무의 이행을 위하여 수표를 교부한 경우의 법률관계 : 채무자가 채권자에게 기존채무의 이행에 관하여 수표를 교부하는 경우 다른 특별한 사정이 없는 한 이는 '지급을 위하여' 교부된 것으로 추정할 것이고, 따라서 기존의 원인채무는 소멸하지 아니하고 수표상의 채무와 병존한다고 보아야 한다.
(대판 2003.5.30, 2003다13512)

제18조【배서의 담보적 효력】 ① 배서인은 반대의 문구가 없으면 지급을 담보한다.
② 배서인은 자기의 배서 이후에 새로 하는 배서를 금지할 수 있다. 이 경우 그 배서인은 수표의 그 후의 피배서인에 대하여 담보의 책임을 지지 아니한다.

참조 어음15·77①, [배서인의 담보책임]39·43·49②·56, [시효]51, [배서의 담보적 효력의 특례]23·24, [소지인출급식수표의 배서의 담보적 효력]20, [발행인의 담보책임]12①, [지급보증인의 책임]55, [배서의 기타의 효력]17①·19·21·22

제19조【배서의 자격 수여적 효력】 배서로 양도할 수 있는 수표의 점유자가 배서의 연속에 의하여 그 권리를 증명할 때에는 그를 적법한 소지인으로 추정(推定)한다. 최후의 배서가 백지식인 경우에도 같다. 말소한 배서는 배서의 연속에 관하여는 배서를 하지 아니한 것으로 본다. 백지식 배서의 다음에 다른 배서가 있는 경우에는 그 배서를 한 자는 백지식 배서에 의하여 수표를 취득한 것으로 본다.

참조 어음16①·77①, [배서할 수 있는 수표]5①·14①, [배서의 연속]16·17②, [백지식배서]16②·17, [배서의 말소]46②, [배서연속과 수표의 선의취득]21, [배서연속과 면책적 효력]35, 민513

제20조【무기명식 수표의 배서】 소지인출급의 수표에 배서한 자는 상환청구(償還請求)에 관한 규정에 따라 책임을 진다. 그러나 이로 인하여 그 수표가 지시식 수표로 변하지 아니한다.

참조 [소지인출급식수표]5①②③, [상환청구]39-47, [지시식수표]5①·14, [무기명식채권의 이전]민523이하

판례 소지인출급식수표의 양도 방법 : 은행의 자기보통예금구좌에 예입한 수표가 소지인출급식 수표라면 그 인도로 인하여 은행은 그 수표상의 권리를 양도받은 것으로서 예금자와 은행간에는 예금계약이 성립한다.(대판 1987.5.26, 86다카1559)

제21조【수표의 선의취득】 어떤 사유로든 수표의 점유를 잃은 자가 있는 경우에 그 수표의 소지인은 그 수표가 소지인출급식일 때 또는 배서로 양도할 수 있는 수표의 소지인이 제19조에 따라 그 권리를 증명할 때에는 그 수표를 반환할 의무가 없다. 그러나 소지인이 악의 또는 중대한 과실로 인하여 수표를 취득한 경우에는 그러하지 아니하다.

참조 어음16②·77①, [소지인출급식수표]15①②③, [배서할 수 있는 수표]5①·14, [배서연속에 의한 자격증명]19, [동산의 선의취득]민249-251, [주권에 대한 준용]상359

판례 수표의 진정여부에 대하여 전화확인 등을 함이 없이 수표 뒷면에 명판만 압날해 받은 경우 수표취득에 중과실이 있는지 여부 : 어음수표를 취득함에 있어서 통상적인 거래기준으로 판단하여 볼 때 양도인이나 그 어음수표 자체에 의하여 양도인의 실질적인 무권리성을 의심하게 할 만한 사정이 있는데도 불구하고 이와 같은 의심할 만한 사정에 대하여 상당하다고 인정될 만한 조사를 하지 아니하고 만연히 양수한 경우에는 중대한 과실이 있다고 하여야 할 것인바, 갑이 수표거래가 처음인 잡화상 을에게 시계를 판매하고 자기앞수표 2장 액면 합계 8,000,000원을 교부받음에 있어 이미 발행은행에 도난신고가 되어 있어 수표의 진정여부에 대하여 전화확인 등 간단한 방법으로 이를 확인할 수 있었음에도 불구하고 이를 하지 않았고 수표 뒷면에 을의 명판만을 압날해 받았는데 을의 사업자등록이 그 다음날 직권말소된 것으로 밝혀진 경우 갑은 위 수표를 취득함에 있어 중대한 과실이 있었던 할 것이다.
(대판 1990.12.21, 90다카28023)

판례 발행은행에 확인만 하고 주민등록증으로 소지인의 신분을 캐지 아니한 것이 중대한 과실인지 여부 : 귀금속 상인이 고객으로부터 상품대금으로 제시받은 자기앞수표에 관하여 그 자리에서 발행은행에 전화를 하여 진정한 수표인 동시에 사고 수표가 아니라는 점을 확인하였다면 주민등록증에 의하여 수표소지인의 신분을 더 이상 캐지 아니하였다 해서 수표취득에 있어 중대한 과실이 있는 것이라 할 수 없다.
(대판 1987.8.18, 86다카2502)

제22조【인적 항변의 절단】 수표에 의하여 청구를 받은 자는 발행인 또는 종전의 소지인에 대한 인적 관계로 인한 항변(抗辯)으로써 소지인에게 대항하지 못한다. 그러나 소지인이 그 채무자를 해할 것을 알고 수표를 취득한 경우에는 그러하지 아니하다.

참조 어음17·77①, [배서의 권리이전적 효력]17①, [채권양도의 항변]민451·515, [백지수표의 부당보충]13, [기한 후 배서]24①

판례 융통인이 융통수표 재도사용의 항변으로 제3자에게 대항하기 위한 요건 : 융통인이 피융통인에게 신용을 제공할 목적으로 수표에 배서한 경우, 특별한 사정이 없는 한 융통인과 피융통인 사이에 당해 수표에 의하여 자금융통의 목적을 달성한 때는 피융통인이 융통인에게 지급자금을 제공하든가 혹은 당해 수표를 회수하여 융통인의 배서를 말소하기로 합의한 것이라고 보아야 할 것이므로, 피융통인이 당해 수표를 사용하여 금융의 목적을 달성한 다음 이를 반환받은 때에는 위 합의의 효력에 의하여 피융통인은 융통인에 대하여 융통인의 배서를 말소할 의무를 부담하고, 이것을 다시 금융의 목적을 위하여 제3자에게 양도하여서는 아니 된다고 할 것이다. 그럼에도 불구하고, 피융통인이 이를 다시 제3자에게 사용한 경우, 융통인이 당해 수표가 융통수표이었고, 제3자가 그것이 이미 사용되어 그 목적을 달성한 이후 다시 사용되는 것이라는 점에 관하여 알고 있었다는 것을 입증하면, 융통인이 피융통인에 대하여 그 재사용을 허락하였다고 볼 만한 사정이 없는 한, 융통인은 위 융통수표 재도사용의 항변으로 제3자에 대하여 대항할 수 있다.
(대판 2001.12.11, 2000다38596)

판례 수표 취득에 있어 인적 항변이 절단되는 경우 : 수표법 22조 단서에서 규정하는 '채무자를 해할 것을 알고 수표를 취득한 때'라 함은 단지 항변사유의 존재를 아는 것만으로는 부족하고 자기가 수표를 취득함으로써 항변이 절단되고 채무자가 손해를 입게 될 사정이 객관적으로 존재한다는 사실까지도 충분히 알아야 하는 것인바, 발행인이 수표에 횡선을 긋고, 수표 표면 좌측상단에 '제누디세'라는 자신의 상호와 '기일엄수'라는 기재를 하였다는 사정만으로 소지인이 발행인의 인적항변을 충분히 알았다고 볼 수 없다.(대판 1998.2.13, 97다48319)

제23조【추심위임배서】 ① 배서한 내용 중 다음 각 호의 어느 하나에 해당하는 문구가 있으면 소지인은 수표로부터 생기는 모든 권리를 행사할 수 있다. 그러나 소지인은 대리(代理)를 위한 배서만을 할 수 있다.
1. 회수하기 위하여
2. 추심(推尋)하기 위하여
3. 대리를 위하여
4. 그 밖에 단순히 대리권을 준다는 내용의 문구
② 제1항의 경우에는 채무자는 배서인에게 대항할 수 있는 항변으로써만 소지인에게 대항할 수 있다.
③ 대리를 위한 배서에 의하여 주어진 대리권은 그 대리권을 준 자가 사망하거나 무능력자가 되더라도 소멸하지 아니한다.

제24조【기한 후 배서】 ① 거절증서나 이와 같은 효력이 있는 선언이 작성된 후에 한 배서 또는 제시기간이 지난 후에 한 배서는 지명채권 양도의 효력만 있다.
② 날짜를 적지 아니한 배서는 거절증서나 이와 같은 효력이 있는 선언이 작성되기 전 또는 제시기간이 지나기 전에 한 것으로 추정한다.

제3장 보 증
(2010.3.31 본장개정)

제25조【보증의 가능】 ① 수표는 보증에 의하여 그 금액의 전부 또는 일부의 지급을 담보할 수 있다.
② 지급인을 제외한 제3자는 제1항의 보증을 할 수 있다. 수표에 기명날인하거나 서명한 자도 같다.

제26조【보증의 방식】 ① 보증의 표시는 수표 또는 보충지에 하여야 한다.
② 보증을 할 때에는 "보증" 또는 이와 같은 뜻이 있는 문구를 표시하고 보증인이 기명날인하거나 서명하여야 한다.
③ 수표의 앞면에 단순한 기명날인 또는 서명이 있는 경우에는 보증을 한 것으로 본다. 그러나 발행인의 기명날인 또는 서명의 경우에는 그러하지 아니하다.
④ 보증에는 누구를 위하여 한 것임을 표시하여야 한다. 그 표시가 없는 경우에는 발행인을 위하여 보증한 것으로 본다.

제27조【보증의 효력】 ① 보증인은 보증된 자와 같은 책임을 진다.
② 보증은 담보된 채무가 그 방식에 흠이 있는 경우 외에는 어떠한 사유로 무효가 되더라도 그 효력을 가진다.
③ 보증인이 수표의 지급을 하면 보증된 자와 그 자의 수표상의 채무자에 대하여 수표로부터 생기는 권리를 취득한다.

제4장 제시와 지급
(2010.3.31 본장개정)

제28조【수표의 일람출급성】 ① 수표는 일람출급(一覽出給)으로 한다. 이에 위반되는 모든 문구는 적지 아니한 것으로 본다.
② 기재된 발행일이 도래하기 전에 지급을 받기 위하여 제시된 수표는 그 제시된 날에 이를 지급하여야 한다.

참조 [수표의 일람출급성]국제사법59, [지급제시기간]29·30·60·61·68, [지급거절의 효과]39·40·62, [어음의 지급기일]어음33·37·72·77①, [일람출급어음]어음33①·34, ②[발행일자]1

판례 최초의 보험료를 선일자수표로 지급한 경우 보험자의 보험금지급 책임의 발생시기 : 선일자수표는 대부분의 경우 당해 발행일자 이후의 제시기간내의 제시에 따라 결제되는 것이라고 보아야 하므로 선일자수표가 발행 교부된 날에 액면금의 지급효과가 발생된다고 볼 수 없으니, 보험약관상 보험자가 제1회 보험료를 받은 후 보험청약에 대한 승낙이 있기 전에 보험사고가 발생한 때에는 제1회 보험료를 받은 때에 소급하여 그때부터 보험자의 보험금 지급책임이 생긴다고 되어 있는 경우에 있어서 보험모집인이 청약의 의사표시를 한 보험계약자로부터 제1회 보험료로서 선일자수표를 발행받고 보험료 가수증을 해주었더라도 그가 선일자수표를 받은 날을 보험자의 책임발생 시점이 되는 제1회 보험료의 수령일로 보아서는 안된다.
(대판 1989.11.28, 88다카33367)

제29조【지급제시기간】 ① 국내에서 발행하고 지급할 수표는 10일 내에 지급을 받기 위한 제시를 하여야 한다.
② 지급지의 국가와 다른 국가에서 발행된 수표는 발행지와 지급지가 동일한 주(洲)에 있는 경우에는 20일 내에, 다른 주에 있는 경우에는 70일 내에 이를 제시하여야 한다.
③ 제2항에 관하여는 유럽주의 한 국가에서 발행하여 지중해 연안의 한 국가에서 지급할 수표 또는 지중해 연안의 한 국가에서 발행하여 유럽주의 한 국가에서 지급할 수표는 동일한 주에서 발행하고 지급할 수표로 본다.
④ 제1항부터 제3항까지의 기간은 수표에 적힌 발행일부터 기산(起算)한다.

참조 [지급제시의 필요]28·39·42②·55, [제시의 장소·상대방]31, [제시기간]30·61·62, [불가항력에 의한 제시불능]47, [제시기간경과후의 배서]24①, [제시기간경과와 지급위탁취소]32, [제시기간경과와 지급통화]36, [제시기간경과와 수표상의 권리의 시효의 진행]51①·58, [제시기간과 거절증서작성기간]40, [발행지·지급지]1, [일람출급어음의 지급제시]어음34·77①, ④[발행일자]1, [초일불산입]61

판례 수표는 그 제시기간내에 지급을 위한 제시를 하지 아니하면 그 수표발행인에 대하여 수표금채권을 가진다고 볼 수 없다 (위 수표에 관한 이득상환청구권 또는 원인관계상의 채권은 별론으로 한다).(대판 1974.7.26, 73다1922)

제30조【표준이 되는 세력】 세력(歲曆)을 달리하는 두 지(地) 간에 발행한 수표는 발행일을 지급지의 세력의 대응일(對應日)로 환산한다.

참조 어음37②③·77①, [발행일자]1, [지급지]1, [제시기간]29

제31조【어음교환소에서의 제시】 ① 어음교환소에서 한 수표의 제시는 지급을 받기 위한 제시로서의 효력이 있다.
② 소지인으로부터 수표의 추심을 위임받은 은행(이하 제35조제2항 및 제39조제2호에서 "제시은행"이라 한다)이 그 수표의 기재사항을 정보처리시스템에 의하여 전자적 정보의 형태로 작성한 후 그 정보를 어음교환소에 송신하여 그 어음교환소의 정보처리시스템에 입력되었을 때에는 제1항에 따른 지급을 받기 위한 제시가 이루어진 것으로 본다.

참조 어음38②·77①, [지급제시]29, [어음교환소]69, [어음교환소의 지급거절증명선언]39

제32조【지급위탁의 취소】 ① 수표의 지급위탁의 취소는 제시기간이 지난 후에만 그 효력이 생긴다.
② 지급위탁의 취소가 없으면 지급인은 제시기간이 지난 후에도 지급을 할 수 있다.

참조 [지급위탁]1, [지급위탁계약]3, 민680이하, [취소]민141, [제시기간]29, [준거법]국제사법

제33조【발행인의 사망 또는 능력 상실】 수표를 발행한 후 발행인이 사망하거나 무능력자가 된 경우에도 그 수표의 효력에 영향을 미치지 아니한다.

참조 [단순한 지급위탁]1, [위임자의 사망 또는 능력상실과 위임의 종료]민690, 상50, [능력]민3이하

제34조【상환증권성 및 일부지급】 ① 수표의 지급인은 지급을 할 때에 소지인에게 그 수표에 영수(領受)를 증명하는 뜻을 적어서 교부할 것을 청구할 수 있다.
② 소지인은 일부지급을 거절하지 못한다.
③ 일부지급의 경우 지급인은 소지인에게 그 지급 사실을 수표에 적고 영수증을 교부할 것을 청구할 수 있다.

참조 어음39·77①, ①[상환증권성]46①, 민475, 상129·157·820, [영수증 청구]민474, ②[수표금액의 일부의 배서, 보증]15②·25①, [준거법]국제사법

제35조【지급인의 조사의무】 ① 배서로 양도할 수 있는 수표의 지급인은 배서의 연속이 제대로 되어 있는지를 조사할 의무가 있으나 배서인의 기명날인 또는 서명을 조사할 의무는 없다.
② 제31조제2항에 따른 지급제시의 경우 지급인은 제1항에 따른 배서의 연속이 제대로 되어 있는지에 대한 조사를 제시은행에 위임할 수 있다.

참조 어음40③·77①, [배서할 수 있는 수표]5①·14①, [배서의 연속]19, [지시채권의 채무자의 조사의무]민518, [채권의 준점유자에 대한 변제]민470

판례 당좌거래시에 은행과 그 거래선간에 체결되는 면책약관에 "은행이 취급상 보통의 주의를 다한 연후에 수표금을 지급한 때에는 그 지급된 수표가 위조·변조된 것이어서 손해가 생길지라도 은행은 책임을 지지 아니한다"는 취지의 약정이 되어 있는 경우 위 약관상의 "보통의 주의의무"라는 문언을 은행이 중과실이 있는 경우에만 책임지고 경과실로 인하여 위조·변조

사실을 식별치 못한 경우에는 책임을 지지 아니한다는 취지로 판단할 수는 없다.(대판 1975.3.11, 74다53)

제36조【지급할 화폐】 ① 지급지의 통화(通貨)가 아닌 통화로 지급한다는 내용이 기재된 수표는 그 제시기간 내에는 지급하는 날의 가격에 따라 지급지의 통화로 지급할 수 있다. 제시를 하여도 지급을 하지 아니하는 경우에는 소지인은 그 선택에 따라 제시한 날이나 지급하는 날의 환시세(換時勢)에 따라 지급지의 통화로 수표금액을 지급할 것을 청구할 수 있다.
② 외국통화의 가격은 지급지의 관습에 따라 정한다. 그러나 발행인은 수표에서 정한 환산율에 따라 지급금액을 계산한다는 뜻을 수표에 적을 수 있다.
③ 제1항 및 제2항은 발행인이 특정한 종류의 통화로 지급한다는 뜻(외국통화 현실지급 문구)을 적은 경우에는 적용하지 아니한다.
④ 발행국과 지급국에서 명칭은 같으나 가치가 다른 통화로써 수표의 금액을 정한 경우에는 지급지의 통화로 정한 것으로 추정한다.
참조 어음41·77①, [수표금액의 기재]1, [지급지]2·14, ①[제시기간]29, [외국통화표시채무의 변제]민377·378, ③[특종통화현실지급약관]민377②, ④[발행지]1

제5장 횡선수표
(2010.3.31 본장개정)

제37조【횡선의 종류 및 방식】 ① 수표의 발행인이나 소지인은 그 수표에 횡선(橫線)을 그을 수 있다. 이 횡선은 제38조에서 규정한 효력이 있다.
② 횡선은 수표의 앞면에 두 줄의 평행선으로 그어야 한다. 횡선은 일반횡선 또는 특정횡선으로 할 수 있다.
③ 두 줄의 횡선 내에 아무런 지정을 하지 아니하거나 "은행" 또는 이와 같은 뜻이 있는 문구를 적었을 때에는 일반횡선으로 하고, 두 줄의 횡선 내에 은행의 명칭을 적었을 때에는 특정횡선으로 한다.
④ 일반횡선은 특정횡선으로 변경할 수 있으나, 특정횡선은 일반횡선으로 변경하지 못한다.
⑤ 횡선 또는 지정된 은행의 명칭의 말소는 하지 아니한 것으로 본다.
참조 [준거법]국제사법, [계산수표와 횡선수표]65, ③[은행]59

제38조【횡선의 효력】 ① 일반횡선수표의 지급인은 은행 또는 지급인의 거래처에만 지급할 수 있다.
② 특정횡선수표의 지급인은 지정된 은행에만 또는 지정된 은행이 지급인인 경우에는 자기의 거래처에만 지급할 수 있다. 그러나 지정된 은행은 다른 은행으로 하여금 추심하게 할 수 있다.
③ 은행은 자기의 거래처 또는 다른 은행에서만 횡선수표를 취득할 수 있다. 은행은 이 외의 자를 위하여 횡선수표의 추심을 하지 못한다.
④ 여러 개의 특정횡선이 있는 수표의 지급인은 이를 지급하지 못한다. 그러나 2개의 횡선이 있는 경우에 그 하나가 어음교환소에 제시하여 추심하게 하기 위한 것일 때에는 그러하지 아니하다.
⑤ 제1항부터 제4항까지의 규정을 준수하지 아니한 지급인이나 은행은 이로 인하여 생긴 손해에 대하여 수표금액의 한도 내에서 배상할 책임을 진다.
참조 [횡선수표]37, [은행]59, ①[일반횡선수표]37③·65, [어음교환소에 있어서의 추심]23·31·69, ⑤[수표금액]1

제6장 지급거절로 인한 상환청구
(2010.3.31 본장개정)

제39조【상환청구의 요건】 적법한 기간 내에 수표를 제시하였으나 지급받지 못한 경우에 소지인이 다음 각 호의 어느 하나의 방법으로 지급거절을 증명하였을 때에는 소지인은 배서인, 발행인, 그 밖의 채무자에 대하여 상환청구권(償還請求權)을 행사할 수 있다.
1. 공정증서(거절증서)
2. 수표에 제시된 날을 적고 날짜를 부기한 지급인(제31조제2항의 경우에는 지급인의 위임을 받은 제시은행)의 선언
3. 적법한 시기에 수표를 제시하였으나 지급받지 못하였음을 증명하고 날짜를 부기한 어음교환소의 선언
참조 어음43·44①·77①, [발행인·배서인·보증인의 의무]12·18·27①·56, [지급보증인의 책임]55, [수표의 일람출급성]28, [제시기간]29·30·60, [거절증서 또는 이와 동일한 효력을 가진 선언]40·42·47·70, [시효]51, ⑴[거절증서]70, 거절증서, 공증56, ⑶[어음교환소의 선언]31·69
판례 수표소지인의 발행인에 대한 소구권행사의 요건 : 수표의 발행인은 환어음의 인수인이나 약속어음의 발행인이 어음금을 절대적으로 지급할 의무를 부담하는 것과는 달리 수표금의 지급을 담보하는 책임을 지는 것으로서(수표법 12조) 수표가 지급거절된 경우 소구의무를 부담할 뿐인바(수표법 39조), 수표의 소지인이 발행인에 대하여 소구권을 행사하기 위하여는 수표법 1조 소정의 법정기재사항이 기재된 수표에 의하여 적법한 기간 내에 지급제시할 것을 요하고, 위 법정기재사항의 일부라도 기재되지 아니한 수표에 의하여 한 지급제시는 수표법 2조의 규정에 의하여 구제되지 않는 한 적법한 지급제시로서의 효력이 없는 것이므로 그와 같은 경우에는 소구권을 상실한다.(대판 1994.9.30, 94다8754)
판례 자기앞수표를 발행한 은행의 상환의무 : 예금의 출금으로서 은행이 자기를 지급인으로 하여 소지인출급식 수표를 발행한 경우에는 동일인이 발행인과 지급인의 두 가지 자격을 겸하게 되며, 지급인의 자격으로서는 단순히 지급위탁을 받은 것이고 수표상의 채무를 부담하는 것은 아니므로 언제든지 지급청구에 응할 의무가 있는 것이라고는 할 수 없으나, 발행인의 자격으로서는 소지인이 소구권을 행사할 수 있는 요건을 구비하여 상환청구를 한 때에는 언제든지 이에 응할 의무가 있다.(대판 1987.5.26, 86다카1559)
판례 지급거절선언의 방법 : 수표의 지급거절선언은 수표자체에 기재하여야 하고 수표가 아닌 지편에 되어있는 지급인의 지급거절선언은 가사 그 지편이 수표에 부착되어 간인까지 되어 있는 경우라 하더라도 부적법하다.(대판 1982.6.8, 81다107)

제40조【거절증서 등의 작성기간】 ① 거절증서 또는 이와 같은 효력이 있는 선언은 제시기간이 지나기 전에 작성시켜야 한다.
② 제시기간 말일에 제시한 경우에는 거절증서 또는 이와 같은 효력이 있는 선언은 그 날 이후의 제1거래일에 작성시킬 수 있다.
참조 어음44②③·77①, [제시기간]29·30·55, [기간의 계산]60-62, 민155이하, [거절증서등의 작성의 요부]39·42·47④·55②, [거절증서의 작성]70, 거절증서

제41조【지급거절의 통지】 ① 소지인은 다음 각 호의 어느 하나에 해당하는 날 이후의 4거래일 내에 자기의 배서인과 발행인에게 지급거절이 있었음을 통지하여야 하고, 각 배서인은 그 통지를 받은 날 이후의 2거래일 내에 전(前) 통지자 전원의 명칭과 처소(處所)를 표시하고 자기가 받은 통지를 자기의 배서인에게 통지하여 차례로 발행인에게 미치게 하여야 한다. 이 기간은 각 통지를 받은 때부터 진행한다.
1. 거절증서 작성일
2. 거절증서와 같은 효력이 있는 선언의 작성일
3. 무비용상환(無費用償還)의 문구가 적혀 있는 경우에는 수표 제시일
② 제1항에 따라 수표에 기명날인하거나 서명한 자에게 통지할 때에는 같은 기간 내에 그 보증인에게 대하여도 같은 통지를 하여야 한다.
③ 배서인이 그 처소를 적지 아니하거나 그 기재가 분명하지 아니한 경우에는 그 배서인의 직전(直前)의 자에게 통지하면 된다.
④ 통지를 하여야 하는 자는 어떠한 방법으로도 할 수 있다. 단순히 수표를 반환하는 것으로도 통지할 수 있다.
⑤ 통지를 하여야 하는 자는 적법한 기간 내에 통지를 하였음을 증명하여야 한다. 이 기간 내에 통지서를 우편으로 부친 경우에는 그 기간을 준수한 것으로 본다.
⑥ 제5항의 기간 내에 통지를 하지 아니한 자도 상환청구권을 잃지 아니한다. 그러나 과실로 인하여 손해가 생긴 경우에는 수표금액의 한도 내에서 배상할 책임을 진다.
참조 어음45·77①, [불가항력의 통지에의 준용]47②, [거절증서 또는 이와 동일한 효력을 가진 선언의 작성]40, 거절증서3①, [무비용상환문구 있는 경우]42②, [기간의 계산]60-62, 민155이하, [수표금액]1·9

제42조【거절증서 등의 작성 면제】 ① 발행인, 배서인 또는 보증인은 다음 각 호의 어느 하나에 해당하는 문구를 수표에 적고 기명날인하거나 서명함으로써 소지인의 상환청구권 행사를 위한 거절증서 또는 이와 같은 효력이 있는 선언의 작성을 면제할 수 있다.
1. 무비용상환
2. 거절증서 불필요
3. 제1호 및 제2호와 같은 뜻을 가진 문구
② 제1항 각 호의 문구가 있더라도 소지인의 법정기간 내 수표의 제시 및 통지 의무가 면제되는 것은 아니다. 법정기간을 준수하지 아니하였음은 소지인에 대하여 이를 원용(援用)하는 자가 증명하여야 한다.
③ 발행인이 제1항 각 호의 문구를 적은 경우에는 모든 채무자에 대하여 효력이 생기고, 배서인 또는 보증인이 이 문구를 적은 경우에는 그 배서인 또는 보증인에 대하여만 효력이 생긴다. 발행인이 이 문구를 적었음에도 불구하고 소지인이 거절증서 또는 이와 같은 효력이 있는 선언을 작성시켰으면 그 비용은 소지인이 부담하고, 배서인 또는 보증인이 이 문구를 적은 경우에 거절증서 또는 이와 같은 효력이 있는 선언을 작성시켰으면 모든 채무자에게 그 비용을 상환하게 할 수 있다.
참조 어음46·77①, ①[거절증서 또는 이와 동일한 효력을 가진 선언의 작성의 필요]39·55②, ②[제시의 필요]29·30·55①, [통지의 필요]41·47②, ③[거절증서등의 작성의 비용]44, 공증인수수료19

제43조【수표상의 채무자의 합동책임】 ① 수표상의 각 채무자는 소지인에 대하여 합동으로 책임을 진다.
② 소지인은 제1항의 채무자에 대하여 그 채무부담의 순서에도 불구하고 그중 1명, 여러 명 또는 전원에 대하여 청구할 수 있다.
③ 수표의 채무자가 수표를 환수한 경우에도 제2항의 소지인과 같은 권리가 있다.
④ 수표의 채무자 중 1명에 대한 청구는 다른 채무자에 대한 청구에 영향을 미치지 아니한다. 이미 청구를 받은 자의 후자(後者)에 대하여도 같다.
참조 어음47·77①, ①[발행인·배서인·보증인·지급보증인의 책임]12·18·27①·39·55·56, [소지인이 청구할 수 있는 금액]44, [연대책임과의 이동]10·22, 민413이하, ②[연대채무자의 경우와의 유사]민414, ③[수표를 환수한 자의 권리]45·46, [연대채무자의 구상권]민425, ④[시효중단]52

제44조【상환청구금액】 소지인은 상환청구권에 의하여 다음 각 호의 금액의 지급을 청구할 수 있다.
1. 지급되지 아니한 수표의 금액
2. 연 6퍼센트의 이율로 계산한 제시일 이후의 이자
3. 거절증서 또는 이와 같은 효력이 있는 선언의 작성비용, 통지비용 및 그 밖의 비용
참조 어음48·77①, [소지인의 상환청구권]39·43, [상환청구의무자]12·18·27①, [재상환청구]45, [지급보증인의 책임에의 준용]55③, ⑴[수표금액]1, [일부지급]34②, ⑶[거절증서 또는 이와 동일한 효력을 가진 선언의 비용]42③, 공증인수수료19, [통지의 비용]41·47②

제45조【재상환청구금액】 수표를 환수한 자는 그 전자(前者)에 대하여 다음 각 호의 금액의 지급을 청구할 수 있다.
1. 지급한 총금액
2. 제1호의 금액에 대하여 연 6퍼센트의 이율로 계산한 지급한 날 이후의 이자
3. 지출한 비용
참조 어음49·77①, [상환의무자 권리]46, [지급보증인의 책임에의 준용]55③, ⑴[지급한 총금액]44

제46조【상환의무자의 권리】 ① 상환청구(償還請求)를 받은 채무자나 받을 채무자는 지급과 상환(相換)으로 거절증서 또는 이와 같은 효력이 있는 선언, 영수를 증명하는 계산서와 그 수표의 교부를 청구할 수 있다.
② 수표를 환수한 배서인은 자기의 배서와 후자의 배서를 말소할 수 있다.
참조 어음50·77①, ①[상환증권성]341①, 상129·157·820, 민475, [영수증서 청구]민474, ②[수표를 환수한 자의 권리]43③, [배서의 말소와 자격증명적 효력]19

제47조【불가항력과 기간의 연장】 ① 피할 수 없는 장애[국가법령에 따른 금제(禁制)나 그 밖의 불가항력을 말한다. 이하 "불가항력"이라 한다]로 인하여 법정기간 내에 수표를 제시하거나 거절증서 또는 이와 같은 효력이 있는 선언을 작성하기 어려운 경우에는 그 기간을 연장한다.
② 소지인은 불가항력이 발생하면 자기의 배서인에게 지체 없이 그 사실을 통지하고 수표 또는 보충지에 통지를 하였다는 내용을 적고 날짜를 부기한 후 기명날인하거나 서명하여야 한다. 그 밖의 사항에 관하여는 제41조를 준용한다.
③ 불가항력이 사라지면 소지인은 지체 없이 지급을 받기 위하여 수표를 제시하고 필요한 경우에는 거절증서 또는 이와 같은 효력이 있는 선언을 작성시켜야 한다.
④ 불가항력이 제2항의 통지를 한 날부터 15일이 지나도 계속되는 경우에는 제시기간이 지나기 전에 그 통지를 한 경우에도 수표의 제시 또는 거절증서나 이와 같은 효력이 있는 선언을 작성하지 아니하고 상환청구권을 행사할 수 있다.
⑤ 소지인이나 소지인으로부터 수표의 제시 또는 거절증서나 이와 같은 효력이 있는 선언의 작성을 위임받은 자의 단순한 인적 사유는 불가항력으로 보지 아니한다.
참조 어음54·77①, [지급보증인에 대한 권리의 행사에 관한 준용]57, ①[제시 또는 거절증서 혹은 이와 동일한 효력이 있는 선언의 작성의 필요 및 그 기간]29·30·40·42②, ④[기간의 계산]60-62, 민155이하

제7장 복 본
(2010.3.31 본장개정)

제48조【복본 발행의 조건 및 방식】 다음 각 호의 수표는 소지인출급수표 외에는 같은 내용으로 여러 통을 복본(複本)으로 발행할 수 있다. 수표를 복본으로 발행할 때에는 그 증권의 본문 중에 번호를 붙여야 하며, 번호를 붙이지 아니한 경우에는 그 여러 통의 복본은 별개의 수표로 본다.

1. 한 국가에서 발행하고 다른 국가나 발행국의 해외영토에서 지급할 수표
2. 한 국가의 해외영토에서 발행하고 그 본국에서 지급할 수표
3. 한 국가의 해외영토에서 발행하고 같은 해외영토에서 지급할 수표
4. 한 국가의 해외영토에서 발행하고 그 국가의 다른 해외영토에서 지급할 수표

참조 어음65, [소지인출급식수표]5①②③, [발행지·지급지]1·2

제49조【복본의 효력】 ① 복본의 한 통에 대하여 지급한 경우 그 지급이 다른 복본을 무효로 한다는 뜻이 복본에 적혀 있지 아니하여도 의무를 면하게 한다.
② 여럿에게 각각 복본을 양도한 배서인과 그 후의 배서인은 그가 기명날인하거나 서명한 각 통의 복본으로서 반환을 받지 아니한 것에 대하여 책임을 진다.

참조 어음64, [수표행위자의 책임의 독립성]10·27②·50, [배서인의 책임]18, [지급 또는 상환과 수표의 환수]34·46

제8장 변 조
(2010.3.31 본장개정)

제50조【변조와 수표행위자의 책임】 수표의 문구가 변조된 경우에는 그 변조 후에 기명날인하거나 서명한 자는 변조된 문구에 따라 책임을 지고, 변조 전에 기명날인하거나 서명한 자는 원래 문구에 따라 책임을 진다.

참조 어음69·77①, [수표행위자의 책임의 독립성]10·27②·49②, [변조자의 책임]민750, 형214, 부정수표5

제9장 시 효
(2010.3.31 본장개정)

제51조【시효기간】 ① 소지인의 배서인, 발행인, 그 밖의 채무자에 대한 상환청구권은 제시기간이 지난 후 6개월간 행사하지 아니하면 소멸시효가 완성된다.
② 수표의 채무자의 다른 채무자에 대한 상환청구권은 그 채무자가 수표를 환수한 날 또는 그 자가 제소된 날부터 6개월간 행사하지 아니하면 소멸시효가 완성된다.

참조 어음70②③·77①, [시효]민162이하, 상64, [시효중단의 효력]52, [기간의 계산]61·62, 민155이하, [시효로 인한 수표상의 권리소멸의 효과]63, [보증인의 의무]27①, [지급보증인에 대한 권리의 시효]58, ①[상환청구]39, [제시기간]29·30

제52조【시효의 중단】 시효의 중단은 그 중단사유가 생긴 자에 대하여만 효력이 생긴다.

참조 어음71·77①, [시효의 중단]민168이하, [시효중단에 관한 특칙]64

제10장 지급보증
(2010.3.31 본장개정)

제53조【지급보증의 가능방식】 ① 지급인은 수표에 지급보증을 할 수 있다.
② 지급보증은 수표의 앞면에 "지급보증" 또는 그 밖에 지급을 하겠다는 뜻을 적고 날짜를 부기하여 지급인이 기명날인하거나 서명하여야 한다.

참조 [준거법]국제사법, [수표와 인수의 금지]4, [지급인의 배서·보증의 무효]15③·25②, [어음의 인수]어음25

제54조【지급보증의 요건】 ① 지급보증은 조건 없이 하여야 한다.
② 지급보증에 의하여 수표의 기재사항을 변경한 부분은 이를 변경하지 아니한 것으로 본다.

참조 [수표행위의 단순성]1·15①, [어음인수의 단순성]어음26

제55조【지급보증의 효력】 ① 지급보증을 한 지급인은 제시기간이 지나기 전에 수표가 제시된 경우에만 지급할 의무를 부담한다.
② 제1항의 경우에 지급거절이 있을 때에는 수표의 소지인은 제39조에 따라 수표를 제시하였음을 증명하여야 한다.
③ 제2항의 경우에는 제44조와 제45조를 준용한다.

참조 [환어음 인수인의 의무]어음28·53①, ①[제시기간]29·30, [합동책임]43, [시효]58

제56조【지급보증과 수표상의 채무자의 책임】 발행인이나 그 밖의 수표상의 채무자는 지급보증으로 인하여 그 책임을 면하지 못한다.

참조 [발행인·배서인·보증인의 책임]12·18·27·39·43

제57조【불가항력과 기간의 연장】 지급보증을 한 지급인에 대한 권리의 행사에 관하여는 제47조를 준용한다.

제58조【지급보증인의 의무의 시효】 지급보증을 한 지급인에 대한 수표상의 청구권은 제시기간이 지난 후 1년간 행사하지 아니하면 소멸시효가 완성된다.

참조 [지급보증인의 의무]55, [시효]민167~182, 상64, [제시기간]29·30, [기간의 계산]61·62, 민155이하, [시효로 인한 수표상의 권리소멸의 효과]63, [발행인·배서인 등에 대한 권리의 시효]51, [환어음의 인수에 대한 권리의 시효]어음70①

제11장 통 칙
(2010.3.31 본장개정)

제59조【은행의 의의】 이 법에서 "은행"이라는 글자는 법령에 따라 은행과 같은 것으로 보는 사람 또는 시설을 포함한다.

참조 [수표지급인과 은행]3, [횡선수표와 은행]37·38, [은행]은행법3, 수표법적용시은행과동일시되는사람또는시설의지정에관한규정

제60조【수표에 관한 행위와 휴일】 ① 수표의 제시와 거절증서의 작성은 거래일에만 할 수 있다.
② 수표에 관한 행위를 하기 위하여 특히 수표의 제시 또는 거절증서나 이와 같은 효력이 있는 선언의 작성을 위하여 법령에 규정된 기간의 말일이 법정휴일일 때에는 그 말일 이후의 제1거래일까지 기간을 연장한다. 기간 중의 휴일은 그 기간에 산입한다.

참조 어음72·77①, [기간·기일]민155이하, [거래일 및 거래시간]민161, 상63, [법정휴일]66, 국경일에관한법, 관공서의공휴일에관한규정, [제시]29·30·39·55, [거절증서 등의 작성]39·40·42·55②, [불가항력과 기간의 연장]47

제61조【기간과 초일 불산입】 이 법에서 규정하는 기간에는 그 첫날을 산입하지 아니한다.

참조 어음73·77①, [초일불산입]민157, [제시기간]29·30, [거절증서등의 작성기간]40, [통지의 기간]41, [불가항력과 기간]47, [시효기간]51·58

판례 수표의 지급제시기간의 기산 : 수표의 지급 제시기간은 원칙적으로 수표에 기재된 발행일을 기준으로 하여 그 익일부터 기산하여야 할 것이다.(대판 1982.4.13, 81다1000,81다카552)

제62조【은혜일의 불허】 은혜일(恩惠日)은 법률상으로든 재판상으로든 인정하지 아니한다.

참조 어음74·77①, [불가항력과 기간의 연장]47, [제시기간]29·30, [거절증서등의 작성기간]40, [시효기간]51·58

부 칙

제63조【이득상환청구권】 수표에서 생긴 권리가 절차의 흠결로 인하여 소멸한 때나 그 소멸시효가 완성한 때라도 소지인은 발행인, 배서인 또는 지급보증을 한 지급인에 대하여 그가 받은 이익의 한도내에서 상환을 청구할 수 있다.

참조 어음79, [절차흠결로 인한 권리소멸]29·39·40·55, [시효로 인한 권리소멸]51·58, [소지인]39·43·45, [부당이득반환청구]민741

판례 지급제시기간 경과 후의 수표를 취득한 소지인의 이득상환 청구권 유무 : 수표의 지급제시기간 경과후에 수표를 취득한 자는 수표상의 권리가 소멸한 당시의 정당한 소지인이 아니므로 이득상환청구권은 행사할 수 없다.(대판 1983.9.27, 83다429)

판례 자기앞수표의 이득상환청구권을 양수하는데 지명채권양도 방법에 따른 절차가 필요한 경우 : 정당한 수표소지인이 수표를 양도하는 것이 아니라, 수표상의 권리가 소멸한 당시의 정당한 소지인이 누구인지를 가려볼 자료가 없는 수표를 제시기간 경과 후에 양수한 자는 지명채권양도의 방법에 따른 절차를 밟음이 없는 한 이득상환청구권을 양도받았음을 발행인에게 주장할 수 없다.(대판 1983.3.8, 83다40)

판례 지급제시 기간을 도과한 자기앞수표를 양도하는 경우의 법률관계 : 금융기관 발행의 자기앞수표 소지인이 제시기간을 도과하여 수표상의 권리가 소멸한 수표를 양도하는 행위는 수표금액의 지급, 수령권한과 특별한 사정이 없는 한 수표상의 권리의 소멸로 인하여 소지인에게 발생한 이득상환청구권까지도 이를 양도하는 동시에 그에 수반하여 이득을 한 발행은행에 대하여 그 소지인을 대신하여 양도에 관한 통지를 할 수 있는 권능을 부여하는 것으로 보아야 한다.(대판 1981.3.10, 81다220)

제64조【소송고지로 인한 시효중단】 ① 배서인의 다른 배서인과 발행인에 대한 수표상의 청구권의 소멸시효는 그 자가 제소된 경우에는 전자에 대한 소송고지를 함으로 인하여 중단한다.
② 전항의 규정에 의하여 중단된 시효는 재판이 확정된 때로부터 다시 진행을 개시한다.

참조 어음80, ①[수표를 환수한 자의 상환청구권의 시효]51②, [시효중단사유]민168이하, [중단의 효력]52, ②[중단한 시효의 진행]민178

제65조【계산수표】 발행인 또는 소지인이 증권의 표면에 「계산을 위한」의 문자 또는 이와 동일한 의의가 있는 문언을 기재하고 현금의 지급을 금지한 수표로서 외국에서 발행하여 대한민국에서 지급할 것은 일반횡선수표의 효력이 있다.

참조 [일반횡선수표]37·38①③⑤, [준거법]국제사법

제66조【휴일의 의의】 본법에서 휴일이라 함은 국경일, 공휴일, 일요일 기타의 일반휴일을 이른다.

참조 어음81, [휴일]60, 민161, 국경일에관한법, 관공서의공휴일에관한규정

제67조【위법한 발행에 대한 벌칙】 수표의 발행인이 제3조의 규정에 위반한 때에는 50만환이하의 과태료에 처한다.

참조 [과태료의 재판]비송276이하, 벌금, [발행인의 형사상 책임]부정수표2

제68조【본법 시행전에 발행한 수표】 (생략)

제69조【어음교환소의 지정】 제31조의 어음교환소는 법무부장관이 지정한다.

참조 어음83

제70조【거절증서에 관한 사항】 거절증서의 작성에 관한 사항은 대통령령으로 정한다.(1995.12.6 본조개정)

참조 어음84, [거절증서작성의 필요]39·40·55②, [대통령령]거절증서, [거절증서작성에 관한 기타의 규정]42·44·47·57·60

제71조【시행기일, 구법의 폐지】 ①~② (생략)

부 칙 (2007.5.17)

이 법은 공포 후 6개월이 경과한 날부터 시행한다.

부 칙 (2010.3.31)

이 법은 공포한 날부터 시행한다.

수표법 적용 시 은행과 동일시되는 사람 또는 시설의 지정에 관한 규정

(2012년 3월 13일 전부개정대통령령 제23661호)

개정
2016.10.25영27556호(수협시)

「수표법」을 적용할 경우 은행과 동일시(同一視)되는 사람 또는 시설은 다음과 같다.
1. 우체국
2. 「농업협동조합법」 제57조제1항제3호의 신용사업을 하는 지역농업협동조합
3. 「농업협동조합법」 제106조제3호의 신용사업을 하는 지역축산업협동조합
4. 법률 제6018호 농업협동조합법 부칙 제14조에 따라 신용사업을 하는 품목별·업종별 협동조합
5. 「수산업협동조합법」 제60조제1항제3호의 신용사업을 하는 지구별 수산업협동조합
6. (2016.10.25 삭제)
7. 법률 제4820호 수산업협동조합법중개정법률 부칙 제5조에 따라 신용사업을 하는 업종별 수산업협동조합 및 수산물가공 수산업협동조합
8. 「새마을금고법」 제67조제1항제5호의 신용사업을 하는 새마을금고중앙회
9. 「상호저축은행법」 제25조의2제1항의 업무를 하는 상호저축은행중앙회
10. 「신용협동조합법」 제78조제1항제5호의 신용사업을 하는 신용협동조합중앙회

부 칙 (2016.10.25)

제1조【시행일】 이 영은 2016년 12월 1일부터 시행한다.(이하 생략)

民事訴訟編

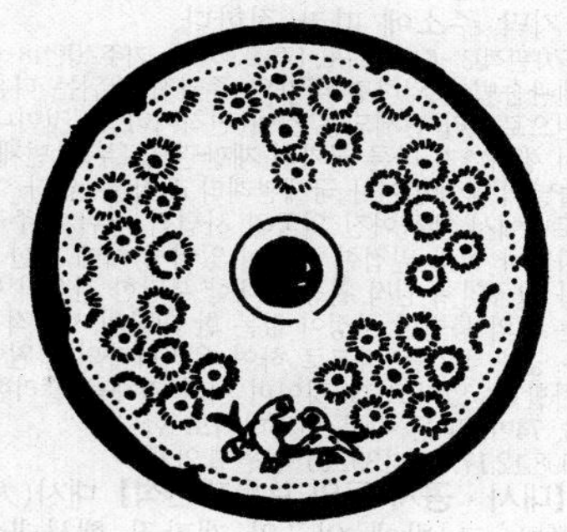

高麗 銅鏡(紋樣)

민사소송법

(2002년 1월 26일
전개법률 제6626호)

개정
2005. 3.31법 7427호(민법)
2005. 3.31법 7428호(채무자회생파산)
2006. 2.21법 7849호(제주자치법)
2007. 5.17법 8438호　2007. 7.13법 8499호
2008.12.26법 9171호　2010. 7.23법10373호
2011. 5.19법10629호(지식재산기본법)
2011. 7.18법10859호　2014. 5.20법12587호
2014.12.30법12882호　2015.12. 1법13521호
2016. 2. 3법13952호　2016. 3.29법14103호
2017.10.31법14966호　2020.12. 8법17568호
2020.12.22법17689호(국가자치경찰)
2021. 8.17법18396호　2023. 4.18법19354호
2023. 7.11법19516호→2025년 7월 12일 시행
2024. 1.16법20003호→2025년 3월 1일 시행

제1편 총 칙

제1조【민사소송의 이상과 신의성실의 원칙】 ① 법원은 소송절차가 공정하고 신속하며 경제적으로 진행되도록 노력하여야 한다.
② 당사자와 소송관계인은 신의에 따라 성실하게 소송을 수행하여야 한다.
참조 [법원]1장 이하, [당사자]2장 이하
판례 해고된 근로자가 아무런 이의의 유보나 조건 없이 퇴직금을 수령한 후 오랜 기간이 지난 후에 해고의 효력을 다투는 소를 제기하는 것이 신의칙이나 금반언의 원칙에 위배되는지 여부(소극) : 사용자로부터 해고된 근로자가 퇴직금 등을 수령하면서 아무런 이의의 유보나 조건을 제기하지 않았다면 해고의 효력을 인정하지 아니하고 이를 다투고 있었다고 볼 수 있는 객관적인 사정이 있다거나 그 외에 상당한 이유가 있는 상황하에서 이를 수령하는 등의 특별한 사정이 없는 한 그 해고의 효력을 인정하였다고 할 것이고, 따라서 그로부터 오랜 기간이 지난 후에 그 해고의 효력을 다투는 소를 제기하는 것은 신의칙이나 금반언의 원칙에 위배되어 허용될 수 없다.
(대판 2000.4.25, 99다34475)

제1장 법 원

제1절 관 할

제2조【보통재판적】 소(訴)는 피고의 보통재판적(普通裁判籍)이 있는 곳의 법원이 관할한다.
참조 [보통재판적]3－6, [특별재판적]7－24, [전속관할]31
판례 국제사법 제2조가 적용된 경우 : 미합중국 미주리 주에 법률상 주소를 두고 있는 미합중국 국적의 남자(원고)가 대한민국 국적의 여자(피고)와 대한민국에서 혼인 후, 미합중국 국적을 취득한 피고와 거주기한을 정하지 아니하고 대한민국에 거주하다가 피고를 상대로 이혼, 친권자 및 양육자지정 등을 청구한 경우, 원·피고 모두 대한민국에 상거소(常居所)를 가지고 있고, 혼인이 대한민국에서 성립되었으며, 그 혼인생활의 대부분이 대한민국에서 형성된 점 등을 고려하면 위 청구는 대한민국과 실질적 관련이 있다고 볼 수 있으므로 국제사법 제2조 제1항의 규정에 의하여 대한민국 법원이 재판관할권을 가진다. 원·피고가 선택에 의한 주소(domicile of choice)를 대한민국에 형성했고, 피고가 소장 부본을 적법하게 송달받고 적극적으로 응소한 점까지 고려하면 국제사법 제2조 제2항에 규정된 '국제재판관할의 특수성'을 고려하더라도 대한민국 법원의 재판관할권 행사에 아무런 문제가 없다.(대판 2006.5.26, 2005므884)
판례 국제재판관할 결정시 판단기준 : 국제재판관할을 결정함에 있어서는 당사자 간의 공평, 재판의 적정, 신속 및 경제를 기한다는 기본이념에 따라야 할 것이고, 구체적으로는 소송당사자들의 공평, 편의 그리고 예측가능성과 같은 개인적인 이익뿐만 아니라 재판의 적정, 신속, 효율 및 판결의 실효성 등과 같은 법원 내지 국가의 이익도 함께 고려하여야 할 것이며, 이러한 다양한 이익 중 어떠한 이익을 보호할 필요가 있을지 여부는 개별 사건에서 법정지와 당사자와의 실질적 관련성 및 법정지와 분쟁이 된 사안과의 실질적 관련성을 객관적인 기준으로 삼아 합리적으로 판단하여야 한다.
(대판 2005.1.27, 2002다59788)

제3조【사람의 보통재판적】 사람의 보통재판적은 그의 주소에 따라 정한다. 다만, 대한민국에 주소가 없거나 주소를 알 수 없는 경우에는 거소에 따라 정하고, 거소가 일정하지 아니하거나 거소도 알 수 없으면 마지막 주소에 따라 정한다.
참조 [보통재판적]2－6, 민소규6, [주소·거소·가주소]민18－21
판례 국제관습법에 의하면 국가의 주권적 행위는 다른 국가의 재판권으로부터 면제되는 것이 원칙이라 할 것이나, 국가의 사법적 행위까지 다른 국가의 재판권으로부터 면제된다는 것이 오늘날의 국제법이나 국제관례라고 할 수 없다. 우리 나라의 영토내에서 행하여진 외국의 사법적 행위가 주권적 활동에 속하거나 이와 밀접한 관련이 있어서 이에 대한 재판권의 행사가 외국의 주권적 활동에 대한 부당한 간섭이 될 우려가 있다는 등의 특별한 사정이 없는 한 외국의 사법적 행위에 대하여는 당해 국가를 피고로 하여 우리나라의 법원이 재판권을 행사할 수 있다고 할 것이며 이와 견해를 달리한 '대결 1975.5.23, 74마281'은 이를 변경하기로 한다.
(대판 1998.12.17, 97다39216 전원합의체)

제4조【대사·공사 등의 보통재판적】 대사(大使)·공사(公使), 그 밖에 외국의 재판권 행사대상에서 제외되는 대한민국 국민이 제3조의 규정에 따른 보통재판적이 없는 경우에는 이들의 보통재판적은 대법원이 있는 곳으로 한다.
참조 [보통재판적]2－6, 민소규6, [주소·거소·가주소]민18－21

제5조【법인 등의 보통재판적】 ① 법인, 그 밖의 사단 또는 재단의 보통재판적은 이들의 주된 사무소 또는 영업소가 있는 곳에 따라 정하고, 사무소와 영업소가 없는 경우에는 주된 업무담당자의 주소에 따라 정한다.
② 제1항의 규정을 외국법인, 그 밖의 사단 또는 재단에 적용하는 경우 보통재판적은 대한민국에 있는 이들의 사무소·영업소 또는 업무담당자의 주소에 따라 정한다.
참조 [보통재판적]민소규6, [법인이 아닌 사단 등의 당사자능력]52, [주된 사무소]민36, 상171
판례 외국법인의 국내지점 영업에 관한 것이 아닌 분쟁에 대해서도 우리 법원의 관할권을 인정할 수 있는지 여부(한정적극) : 구 민소법(2002.1.26. 법률 제6626호로 전문 개정 전) 제4조에 의하면 외국법인 등이 대한민국 내에 사무소, 영업소 또는 업무담당자의 주소를 가지고 있는 경우에는 그 사무소 등에 보통재판적이 인정된다고 할 것이므로, 증거수집의 용이성이나 소송수행의 부담 정도 등 구체적인 제반 사정을 고려하여 그 응소를 강제하는 것이 민사소송의 이념에 비추어 보아 심히 부당한 결과에 이르게 되는 특별한 사정이 없는 한, 원칙적으로 그 분쟁이 외국법인의 대한민국 지점이 영업에 관한 것이 아니라 하더라도 우리 법원의 관할권을 인정하는 것이 조리에 맞는다.
(대판 2000.6.9, 98다35037)

제6조【국가의 보통재판적】 국가의 보통재판적은 그 소송에서 국가를 대표하는 관청 또는 대법원이 있는 곳으로 한다.
참조 [보통재판적]민소규6, [국가의 대표자]국가소송2

제7조【근무지의 특별재판적】 사무소 또는 영업소에 계속하여 근무하는 사람에 대하여 소를 제기하는 경우에는 그 사무소 또는 영업소가 있는 곳을 관할하는 법원에 제기할 수 있다.
참조 [주된 사무소]민36·40, 상171

제8조【거소지 또는 의무이행지의 특별재판적】 재산권에 관한 소를 제기하는 경우에는 거소지 또는 의무이행지의 법원에 제기할 수 있다.
참조 [거소지]민19·20, [의무이행지]민467, 상56, [전속관할]31
판례 채권자가 수익자로부터 책임재산의 회복을 구하는 사해행위취소의 소에서의 의무이행지 : 채권자가 사해행위의 취소와 함께 수익자 또는 전득자로부터 책임재산의 회복을 구하는 사해행위취소의 소를 제기한 경우 그 취소의 효과는 채권자와 수익자 또는 전득자 사이의 관계에서만 생기는 것이므로, 수익자 또는 전득자가 사해행위의 취소로 인한 원상회복 또는 이에 갈음하는 가액배상을 하여야 할 의무를 부담한다고 하더라도 이는 채권자에 대한 관계에서 생기는 법률효과에 불과하고 채무자와 사이에서 그 취소로 인한 법률관계가 형성되는 것은 아닐뿐만 아니라, 이 경우 채권자의 주된 목적은 사해행위의 취소 그 자체보다는 일탈한 책임재산의 회복에 있는 것이므로, 사해행위취소의 소에 있어서의 의무이행지는 '취소의 대상인 법률행위의 의무이행지'가 아니라 '취소로 인하여 형성되는 법률관계에 있어서의 의무이행지'라고 보아야 한다.
(대결 2002.5.10, 2002마1156)

제9조【어음·수표 지급지의 특별재판적】 어음·수표에 관한 소를 제기하는 경우에는 지급지의 법원에 제기할 수 있다.
참조 [지급지]어음1·75, 수표1, [전속관할]31
판례 약속어음금 지급청구소송의 재판적 : 약속어음은 그 어음에 표시된 지급지가 의무이행지이고, 그 의무이행을 구하는 소송의 토지관할권은 지급지를 관할하는 법원에 있고, 채권자의 주소지를 관할하는 법원에 있는 것이 아니다.
(대결 1980.7.22, 80마208)

제10조【선원·군인·군무원에 대한 특별재판적】
① 선원에 대하여 재산권에 관한 소를 제기하는 경우에는 선적(船籍)이 있는 곳의 법원에 제기할 수 있다.
② 군인·군무원에 대하여 재산권에 관한 소를 제기하는 경우에는 군사용 청사가 있는 곳 또는 군용 선박의 선적이 있는 곳의 법원에 제기할 수 있다.
참조 [선원]선원2, [선적]선박법8·9·22·26, [전속관할]31

제11조【재산이 있는 곳의 특별재판적】 대한민국에 주소가 없는 사람 또는 주소를 알 수 없는 사람에 대하여 재산권에 관한 소를 제기하는 경우에는 청구의 목적 또는 담보의 목적이나 압류할 수 있는 피고의 재산이 있는 곳의 법원에 제기할 수 있다.
참조 [압류가 금지되는 물건과 채권]민집195·246, [채권의 소재지]민집224, 채무자회생파산3, [전속관할]31

제12조【사무소·영업소가 있는 곳의 특별재판적】 사무소 또는 영업소가 있는 사람에 대하여 그 사무소 또는 영업소의 업무와 관련이 있는 소를 제기하는 경우에는 그 사무소 또는 영업소가 있는 곳의 법원에 제기할 수 있다.
참조 [전속관할]31

제13조【선적이 있는 곳의 특별재판적】 선박 또는 항해에 관한 일로 선박소유자, 그 밖의 선박이용자에 대하여 소를 제기하는 경우에는 선적이 있는 곳의 법원에 제기할 수 있다.
참조 [선박소유자]상769－773·809·839·840, [선박공유]상756－768, [전속관할]31

제14조【선박이 있는 곳의 특별재판적】 선박채권(船舶債權), 그 밖에 선박을 담보로 한 채권에 관한 소를 제기하는 경우에는 선박이 있는 곳의 법원에 제기할 수 있다.
참조 [선박]선박법1의2, [선박 등에 대한 강제집행]민집172－185, [선박담보]상777－790, [전속관할]31

제15조【사원 등에 대한 특별재판적】 ① 회사, 그 밖의 사단이 사원에 대하여 소를 제기하거나 사원이 다른 사원에 대하여 소를 제기하는 경우에는 그 소가 사원의 자격으로 말미암은 것이면 회사, 그 밖의 사단의 보통재판적이 있는 곳의 법원에 소를 제기할 수 있다.
② 사단 또는 재단이 그 임원에 대하여 소를 제기하거나 회사가 그 발기인 또는 검사인에 대하여 소를 제기하는 경우에는 제1항의 규정을 준용한다.
참조 [보통재판적]5, [사단·재단의 임원]민57－67·82, [회사의 임원]상207·251·287·382·386·407·408·531·561·568, [발기인]상288·322, [검사인]상298·310·366③·367·467·582, [전속관할]31

제16조【사원 등에 대한 특별재판적】 회사, 그 밖의 사단의 채권자가 그 사원에 대하여 소를 제기하는 경우에는 그 소가 사원의 자격으로 말미암은 것이면 제15조에 규정된 법원에 제기할 수 있다.
참조 [전속관할]31, [본조의 소의 예]상212·213·215·268·279, [사원 등에 대한 특별재판적]15

제17조【사원 등에 대한 특별재판적】 회사, 그 밖의 사단, 재단, 사원 또는 사단의 채권자가 그 사원·임원·발기인 또는 검사인이었던 사람에 대하여 소를 제기하는 경우와 사원이었던 사람이 그 사원에 대하여 소를 제기하는 경우에는 제15조 및 제16조의 규정을 준용한다.
참조 [전속관할]31, [본조의 소의 예]상225, [사원 등에 대한 특별재판적]15·16

제18조【불법행위지의 특별재판적】 ① 불법행위에 관한 소를 제기하는 경우에는 행위지의 법원에 제기할 수 있다.
② 선박 또는 항공기의 충돌이나 그 밖의 사고로 말미암은 손해배상에 관한 소를 제기하는 경우에는 사고선박 또는 항공기가 맨 처음 도착한 곳의 법원에 제기할 수 있다.
참조 [불법행위의 원칙적 규정]민35·750－766, 상746, [국가배상책임]헌29, 국가배상1, [광해배상책임]광업75, [선박]선박법1의2, 상740, [선박의 충돌]상876－881, [공동해손]상865－875

民訴

제19조【해난구조에 관한 특별재판적】 해난구조(海難救助)에 관한 소를 제기하는 경우에는 구제된 곳 또는 구제된 선박이 맨 처음 도착한 곳의 법원에 제기할 수 있다.
참조 [선박]선박법1의2, 상740, [해난구조]상882-895, [전속관할]31

제20조【부동산이 있는 곳의 특별재판적】 부동산에 관한 소를 제기하는 경우에는 부동산이 있는 곳의 법원에 제기할 수 있다.
참조 [부동산]민99①, [부동산에 대한 강제집행]민집78-171, [전속관할]31

제21조【등기·등록에 관한 특별재판적】 등기·등록에 관한 소를 제기하는 경우에는 등기 또는 등록할 공공기관이 있는 곳의 법원에 제기할 수 있다.
참조 [전속관할]31, [등기·등록]부등7, 비송60, 특허87, 저작53-55
판례 사해행위취소에 따른 원상회복으로서의 소유권이전등기 말소등기의무의 이행지 : 부동산등기의 신청에 협조할 의무의 이행지는 성질상 등기지의 특별재판적에 관한 구 민소법 제19조에 규정된 '등기할 공무소 소재지'라고 할 것이므로, 원고가 사해행위취소의 소의 채권자라고 하더라도 사해행위취소에 따른 원상회복으로서의 소유권이전등기 말소등기의무의 이행지는 그 등기관서 소재지라고 볼 것이지, 원고의 주소지를 그 의무이행지로 볼 수는 없다.(대결 2002.5.10, 2002마1156)

제22조【상속·유증 등의 특별재판적】 상속(相續)에 관한 소 또는 유증(遺贈), 그 밖에 사망으로 효력이 생기는 행위에 관한 소를 제기하는 경우에는 상속이 시작된 당시 피상속인의 보통재판적이 있는 곳의 법원에 제기할 수 있다.
참조 [전속관할]31, [사람의 보통재판적]3, [상속권]민1000·1001·1003·1004, [상속회복청구]민999, [유증]민1074-1090, [상속개시원인]민997

제23조【상속·유증 등의 특별재판적】 상속채권, 그 밖의 상속재산에 대한 부담에 관한 것으로 제22조의 규정에 해당되지 아니하는 소를 제기하는 경우에는 상속재산의 전부 또는 일부가 제22조의 법원관할구역안에 있으면 그 법원에 제기할 수 있다.
참조 [전속관할]31, [상속재산의 부담]민998의2·1107, [상속 유증 등의 특별재판적]22

제24조【지식재산권 등에 관한 특별재판적】 ① 특허권, 실용신안권, 디자인권, 상표권, 품종보호권(이하 "특허권등"이라 한다)을 제외한 지식재산권과 국제거래에 관한 소를 제기하는 경우에는 제2조 내지 제23조의 규정에 따른 관할법원 소재지를 관할하는 고등법원이 있는 곳의 지방법원에 제기할 수 있다. 다만, 서울고등법원이 있는 곳의 지방법원은 서울중앙지방법원으로 한정한다.(2015.12.1 본항개정)
② 특허권등의 지식재산권에 관한 소를 제기하는 경우에는 제2조부터 제23조까지의 규정에 따른 관할법원 소재지를 관할하는 고등법원이 있는 곳의 지방법원의 전속관할로 한다. 다만, 서울고등법원이 있는 곳의 지방법원은 서울중앙지방법원으로 한정한다.(2015.12.1 본항신설)
③ 제2항에도 불구하고 당사자는 서울중앙지방법원에 특허권등의 지식재산권에 관한 소를 제기할 수 있다.(2015.12.1 본항신설)
改前 제24조【지식재산권 등에 관한 특별재판적】"지식재산권"과 국제거래에 관한 소를……
참조 [전속관할]31, [보통재판적 및 각종 특별재판적]2-23, ②③[항소]법원조직28의4

제25조【관련재판적】 ① 하나의 소로 여러 개의 청구를 하는 경우에는 제2조 내지 제24조의 규정에 따라 그 여러 개 가운데 하나의 청구에 대한 관할권이 있는 법원에 소를 제기할 수 있다.
② 소송목적이 되는 권리나 의무가 여러 사람에게 공통되거나 사실상 또는 법률상 같은 원인으로 말미암아 그 여러 사람이 공동소송인(共同訴訟人)으로서 당사자가 되는 경우에는 제1항의 규정을 준용한다.
참조 [전속관할]31, [청구를 병합한 경우의 소송]27·65·253, [보통재판적 및 각종 특별재판적]2-24
판례 민사소송의 당사자와 소송관계인은 신의에 따라 성실하게 소송을 수행하여야 하고(민사소송법 제1조), 민사소송의 일방 당사자가 다른 청구에 관하여 관할만을 발생시킬 목적으로 본래 제소할 의사 없는 청구를 병합한 것이 명백한 경우에는 관할선택권의 남용으로서 신의칙에 위배되어 허용될 수 없으므로, 그와 같은 경우에는 관련재판적에 관한 민사소송법 제25조의 규정을 적용할 수 없다.(대결 2011.9.29, 2011마62)

제26조【소송목적의 값의 산정】 ① 법원조직법에서 소송목적의 값에 따라 관할을 정하는 경우 그 값은 소로 주장하는 이익을 기준으로 계산하여 정한다.
② 제1항의 값을 계산할 수 없는 경우 그 값은 민사소송등인지법의 규정에 따른다.
참조 [관할]법원조직32①, [산정기준시기]33, [소송목적의 값]민사소송등인지법2

제27조【청구를 병합한 경우의 소송목적의 값】 ① 하나의 소로 여러 개의 청구를 하는 경우에는 그 여러 청구의 값을 모두 합하여 소송목적의 값을 정한다.
② 과실(果實)·손해배상·위약금(違約金) 또는 비용의 청구가 소송의 부대목적(附帶目的)이 되는 경우에는 그 값은 소송목적의 값에 넣지 아니한다.
참조 [병합]65·253·262·264, [과실]민101, [손해배상]민390, [위약금]민398④, [비용]민387·544, 어음48①·49
판례 소유권보존등기명의자, 이전등기명의자 등을 각 피고로 한 말소등기청구의 소가 산정 : 소유권보존등기가 이루어지고 이에 터잡아 근저당권설정등기가 경료된 후 그 소유등기명의가 전전 이전된 동일 부동산에 대하여 소유권보존등기명의자, 근저당권자 및 전득자 등을 공동피고로 하여 제기된 소유권보존등기, 근저당권설정등기, 소유권이전등기의 각 말소를 구하는 소송에 있어서는 1개의 소로써 주장하는 수 개의 청구의 경제적 이익이 동일하거나 중복되는 때에 해당하므로 중복되는 범위 내에서 흡수되고 그 중 가장 다액인 청구의 가액을 소가로 한다.(대결 1998.7.27, 98마938)

제28조【관할의 지정】 ① 다음 각호 가운데 어느 하나에 해당하면 관계된 법원과 공통되는 바로 위의 상급법원이 그 관계된 법원 또는 당사자의 신청에 따라 결정으로 관할 법원을 정한다.
1. 관할 법원이 재판권을 법률상 또는 사실상 행사할 수 없는 때
2. 법원의 관할 구역이 분명하지 아니한 때
② 제1항의 결정에 대하여는 불복할 수 없다.
참조 [관할지정의 신청]민소규7①·8①, [소송절차의 정지]민소규9, [신청]161, [재판권 행사불능의 예]41·43·49, [결정]134·221, [신청각하에 대한 불복]439

제29조【합의관할】 ① 당사자는 합의로 제1심 관할 법원을 정할 수 있다.
② 제1항의 합의는 일정한 법률관계로 말미암은 소에 관하여 서면으로 하여야 한다.
참조 [전속관할]31, [불항소합의]390, [관할]법원조직28·32①
판례 관할합의 효력의 주관적 범위 : 관할의 합의는 소송법상의 행위로서 합의 당사자 및 그 일반승계인을 제외한 제3자에게 그 효력이 미치지 않는 것이 원칙이지만, 관할에 관한 당사자의 합의로 관할이 변경된다는 것을 실체법적으로 보면, 권리행사의 조건으로서 그 권리관계에 불가분적으로 부착된 실체적 이해의 변경이라 할 수 있으므로, 지명채권과 같이 그 권리관계의 내용을 당사자가 자유롭게 정할 수 있는 경우에는, 당해 권리관계의 특정승계인은 그와 같이 변경된 권리관계를 승계한 것이라고 할 것이어서 관할합의의 효력은 특정승계인에게도 미친다.(대결 2006.3.2, 2005마902)
판례 전속적인 국제관할 합의의 유효요건 : 대한민국 법원의 관할을 배제하고 외국의 법원을 관할법원으로 하는 전속적인 국제관할의 합의가 유효하기 위하여는, 당해 사건이 대한민국 법원의 전속관할에 속하지 아니하고, 지정된 외국법원이 그 외국법상 당해 사건에 대하여 관할권을 가져야 하는 외에, 당해 사건이 그 외국법원에 대하여 합리적인 관련성을 가질 것이 요구된다고 할 것이고, 한편 전속적인 관할 합의가 현저하게 불합리하고 불공정한 경우에는 그 관할 합의는 공서양속에 반하는 법률행위에 해당하는 점에서도 무효이다.
(대판 2004.3.25, 2001다53349)

제30조【변론관할】 피고가 제1심 법원에서 관할위반이라고 항변(抗辯)하지 아니하고 본안(本案)에 대하여 변론(辯論)하거나 변론준비기일(辯論準備期日)에서 진술하면 그 법원은 관할권을 가진다.
참조 [전속관할]31, [본안의 변론]118·134·266, [변론준비절차의 진술]280-284

제31조【전속관할에 따른 제외】 전속관할(專屬管轄)이 정하여진 소에는 제2조, 제7조 내지 제25조, 제29조 및 제30조의 규정을 적용하지 아니한다.
참조 [전속관할의 소송법상 효과]34·35·264①·269·411·419·424①, [전속관할]453①·463·476①, 법원조직28·32, 민집21, 가소2·13·22·26·30·35·44·46·51, 상186·240·241②·269·376②·380·381②·446·578·597·613, 행소9, 채무자회생파산3

제32조【관할에 관한 직권조사】 법원은 관할에 관한 사항을 직권으로 조사할 수 있다.
참조 [전속관할]31
판례 관할의 원인이 본안의 내용과 관련이 있는 경우의 관할권 유무에 대한 판단 : 관할의 원인이 동시에 본안의 내용과 관련이 있는 때에는 원고의 청구원인사실을 기초로 하여 관할권의 유무를 판단할 것이지, 본안의 심리를 한 후에 관할의 유무를 결정할 것은 아니다.(대결 2004.7.14, 2004무20)

제33조【관할의 표준이 되는 시기】 법원의 관할은 소를 제기한 때를 표준으로 정한다.
참조 [제소의 시기]248·262·264·269·270·473①

제34조【관할위반 또는 재량에 따른 이송】 ① 법원은 소송의 전부 또는 일부에 대하여 관할권이 없다고 인정하는 경우에는 결정으로 이를 관할법원에 이송한다.
② 지방법원 단독판사는 소송에 대하여 관할권이 있는 경우라도 상당하다고 인정하면 직권 또는 당사자의 신청에 따른 결정으로 소송의 전부 또는 일부를 같은 지방법원 합의부에 이송할 수 있다.
③ 지방법원 합의부는 소송에 대하여 관할권이 없는 경우라도 상당하다고 인정하면 직권으로 또는 당사자의 신청에 따라 소송의 전부 또는 일부를 스스로 심리·재판할 수 있다.
④ 전속관할이 정하여진 소에 대하여는 제2항 및 제3항의 규정을 적용하지 아니한다.
참조 [이송결정에 관한 의견진술]민소규11, [관할]2-40, [결정]134·221, [사건의 이송]행소7, [전속관할]31

제35조【손해나 지연을 피하기 위한 이송】 법원은 소송에 대하여 관할권이 있는 경우라도 현저한 손해 또는 지연을 피하기 위하여 필요하면 직권 또는 당사자의 신청에 따른 결정으로 소송의 전부 또는 일부를 다른 관할 법원에 이송할 수 있다. 다만, 전속관할이 정하여진 소의 경우에는 그러하지 아니하다.
참조 [이송결정에 대한 의견진술]민소규11, [전속관할]31, [신청]161, [결정]134·221, [즉시항고]39

제36조【지식재산권 등에 관한 소송의 이송】 ① 법원은 특허권등을 제외한 지식재산권과 국제거래에 관한 소가 제기된 경우 직권 또는 당사자의 신청에 따른 결정으로 그 소송의 전부 또는 일부를 제24조제1항에 따른 관할 법원에 이송할 수 있다. 다만, 이로 인하여 소송절차를 현저하게 지연시키는 경우에는 그러하지 아니하다.
② 제1항은 전속관할이 정하여져 있는 소의 경우에는 적용하지 아니한다.
③ 제24조제2항 또는 제3항에 따라 특허권등의 지식재산권에 관한 소를 관할하는 법원은 현저한 손해 또는 지연을 피하기 위하여 필요한 때에는 직권 또는 당사자의 신청에 따른 결정으로 소송의 전부 또는 일부를 제2조부터 제23조까지의 규정에 따른 지방법원으로 이송할 수 있다.(2015.12.1 본항신설)
(2015.12.1 본조개정)
改前 제36조【지식재산권 등에 관한 소송의 이송】① 법원은 "지식재산권"과 국제거래에 관한…일부를 "제24조의 규정"…
② "전속관할이 정하여져 있는 소의 경우에는 제1항의 규정을" 적용하지 아니한다.
참조 [지식재산권에 관한 특별재판적]24, [이송결정에 대한 의견진술]민소규11, [전속관할]31, [결정]134·221

제37조【이송결정이 확정된 뒤의 긴급처분】 법원은 소송의 이송결정이 확정된 뒤라도 급박한 사정이 있는 때에는 직권으로 또는 당사자의 신청에 따라 필요한 처분을 할 수 있다. 다만, 기록을 보낸 뒤에는 그러하지 아니하다.
참조 [이송결정]34·35·38

제38조【이송결정의 효력】 ① 소송을 이송받은 법원은 이송결정에 따라야 한다.
② 소송을 이송받은 법원은 사건을 다시 다른 법원에 이송하지 못한다.
참조 [이송]34·35

제39조【즉시항고】 이송결정과 이송신청의 기각결정(棄却決定)에 대하여는 즉시항고(卽時抗告)를 할 수 있다.
참조 [이송]34·35, [즉시항고]444

제40조【이송의 효과】 ① 이송결정이 확정된 때에는 소송은 처음부터 이송받은 법원에 계속(係屬)된 것으로 본다.
② 제1항의 경우에는 이송결정을 한 법원의 법원서기관·법원사무관·법원주사 또는 법원주사보(이하 "법원사무관등"이라 한다)는 그 결정의 정본(正本)을 소송기록에 붙여 이송받을 법원에 보내야 한다.
참조 [이송]34·35, [상소심에서의 이송]419·436, [정본]162

제2절 법관 등의 제척·기피·회피

제41조【제척의 이유】 법관은 다음 각호 가운데 어느 하나에 해당하면 직무집행에서 제척(除斥)된다.
1. 법관 또는 그 배우자나 배우자이었던 사람이 사건의 당사자가 되거나, 사건의 당사자와 공동권리자·공동의무자 또는 상환의무자의 관계에 있는 때
2. 법관이 당사자와 친족의 관계에 있거나 그러한 관계에 있었을 때(2005.3.31 본호개정)
3. 법관이 사건에 관하여 증언이나 감정(鑑定)을 하였을 때
4. 법관이 사건당사자의 대리인이었거나 대리인이 된 때
5. 법관이 불복사건의 이전심급의 재판에 관여하였을 때. 다만, 다른 법원의 촉탁에 따라 그 직무를 수행한 경우에는 그러하지 아니하다.
改前 2. 법관이 당사자와 "친족·호주·가족"의 관계에 있거나 그러한 관계에 있었을 때
참조 [법관]법원조직41-52, [본조위반의 효과]424①·451①, [친족의 범위]민777, [촌수계산]민770-772, [증인]303-332, [감정인]333-342, [소송상 법정대리인]51·62·64, [소송대리인]87-97, [수탁판사]160
판례 재심의 대상인 원재판이 '이전심급의 재판'에 해당하는지 여부(소극)(구법관계) : 재심사건에 있어서 그 재심의 대상으로 삼고 있는 원재판은 구 민소법 제37조 제5호의 "전심재판"에 해당된다 할 수 없고, 따라서 그 재심대상 재판에 관여한 법관이 당해 재심사건의 재판에 관여하였다 하더라도 이는 민소법 제422조 제1항 제2호 소정의 '법률상 그 재판에 관여하지 못할 법관이 관여한 때'에 해당한다고 할 수 없다.
(대판 2000.8.18, 2000재다87)

제42조【제척의 재판】 법원은 제척의 이유가 있는 때에는 직권으로 또는 당사자의 신청에 따라 제척의 재판을 한다.
참조 [신청]44·161, [제척의 원인]41, [제척의 재판]46-48, 법원조직32①

제43조【당사자의 기피권】 ① 당사자는 법관에게 공정한 재판을 기대하기 어려운 사정이 있는 때에는 기피신청을 할 수 있다.

② 당사자가 법관을 기피할 이유가 있다는 것을 알면서도 본안에 관하여 변론하거나 변론준비기일에서 진술을 한 경우에는 기피신청을 하지 못한다.

참조 [신청]44·161, [변론]272-278, [준비절차]279-287, [기피의 재판]46-48

판례 ○○그룹 회장의 장녀 A와 B의 이혼 및 친권자지정청구의 소송 중 B가 담당 재판장에 대하여 기피신청을 한 사안에 대하여, 기피신청 대상자인 법관과 ○○그룹의 사장급 임원 C 사이에 사적인 내용들이 포함된 다수의 문자메시지가 오고간 정황, ○○그룹에서의 C의 지위 및 A와 C 사이의 밀접한 협력관계 등을 볼 때, 법관이 불공정한 재판을 할 수 있다는 의심을 할 만한 객관적인 사정이 있는 때에는 실제로 법관에게 편파성이 존재하지 아니하거나 헌법과 법률이 정한 바에 따라 공정한 재판을 할 수 있는 경우에도 기피가 인정될 수 있다.
(대결 2019.1.4, 2018스563)

제44조【제척과 기피신청의 방식】 ① 합의부의 법관에 대한 제척 또는 기피는 그 합의부에, 수명법관(受命法官)·수탁판사(受託判事) 또는 단독판사에 대한 제척 또는 기피는 그 법관에게 이유를 밝혀 신청하여야 한다.
② 제척 또는 기피하는 이유와 소명방법은 신청한 날부터 3일 이내에 서면으로 제출하여야 한다.

참조 [신청]161, [기간]170, [소명]299

제45조【제척 또는 기피신청의 각하 등】 ① 제척 또는 기피신청이 제44조의 규정에 어긋나거나 소송의 지연을 목적으로 하는 것이 분명한 경우에는 신청을 받은 법원 또는 법관은 결정으로 이를 각하(却下)한다.
② 제척 또는 기피를 당한 법관은 제1항의 경우를 제외하고는 바로 제척 또는 기피신청에 대한 의견서를 제출하여야 한다.

참조 [제척 또는 기피신청의 방식]44, [결정]134·221

제46조【제척 또는 기피신청에 대한 재판】 ① 제척 또는 기피신청에 대한 재판은 그 신청을 받은 법관의 소속 법원 합의부에서 결정으로 하여야 한다.
② 제척 또는 기피신청을 받은 법관은 제1항의 재판에 관여하지 못한다. 다만, 의견을 진술할 수 있다.
③ 제척 또는 기피신청을 받은 법관의 소속 법원이 합의부를 구성하지 못하는 경우에는 바로 위의 상급법원이 결정하여야 한다.

참조 [불복신청]47, [결정]134·221, [합의부]법원조직7·32·40·40의7

판례 민사소송의 당사자가 법관에 대하여 기피신청을 한 경우, 당해 법관의 소속 법원 합의부에서 기피재판을 하도록 규정한 민사소송법 제46조 제1항 중 '기피신청에 대한 재판은 그 신청을 받은 법관의 소속 법원 합의부에서 결정으로 하여야 한다'는 부분은 입법재량의 범위 내에서 형성된 것이므로 청구인의 공정한 재판을 받을 권리를 침해한다고 보기 어려우므로 헌법에 위반되지 않는다.(헌재결 2013.3.21, 2011헌바219)

제47조【불복신청】 ① 제척 또는 기피신청에 정당한 이유가 있다는 결정에 대하여는 불복할 수 없다.
② 제45조제1항의 각하결정(却下決定) 또는 제척이나 기피신청이 이유 없다는 결정에 대하여는 즉시항고를 할 수 있다.
③ 제45조제1항의 각하결정에 대한 즉시항고는 집행정지의 효력을 가지지 아니한다.

참조 [제척·기피신청의 각하]45, [즉시항고]444

제48조【소송절차의 정지】 법원은 제척 또는 기피신청이 있는 경우에는 그 재판이 확정될 때까지 소송절차를 정지하여야 한다. 다만, 제척 또는 기피신청이 각하된 경우 또는 종국판결(終局判決)을 선고하거나 긴급을 요하는 행위를 하는 경우에는 그러하지 아니하다.

참조 [제척·기피신청의 방식]44, [결정확정시기]47·444

판례 기피신청에도 불구하고 판결선고기일을 지정한 경우의 불복방법 : 법원이 기피신청을 받았음에도 소송절차를 정지하지 아니하고 변론을 종결하여 판결 선고기일을 지정하였다고 하더라도 종국판결에 대한 불복절차에 의하여 그 당부를 다툴 수 있을 뿐 이에 대하여 별도로 항고로써 불복할 수 없다.
(대결 2000.4.15, 2000그20)

제49조【법관의 회피】 법관은 제41조 또는 제43조의 사유가 있는 경우에는 감독권이 있는 법원의 허가를 받아 회피(回避)할 수 있다.

참조 [제척이유]41, [당사자의 기피권]43, [감독권 있는 법원]법원조직13②·26③·29③

제50조【법원사무관등에 대한 제척·기피·회피】
① 법원사무관등에 대하여는 이 절의 규정을 준용한다.
② 제1항의 법원사무관등에 대한 제척 또는 기피의 재판은 그가 속한 법원이 결정으로 하여야 한다.

참조 [법원사무관등]법원조직10·53-55, [집행관의 제척]집행관13

제2장 당사자

제1절 당사자능력과 소송능력

제51조【당사자능력·소송능력 등에 대한 원칙】 당사자능력(當事者能力), 소송능력(訴訟能力), 소송무능력자(訴訟無能力者)의 법정대리와 소송행위에 필요한 권한의 수여는 이 법에 특별한 규정이 없으면 민법, 그 밖의 법률에 따른다.

참조 [특별규정]52·55·57, [당사자능력]민3·4·34·762·1000③, 상245, 채무자회생파산328, 행소12·13, 특허187, [소송능력]민5①·6·8①·10·13, 상7, [법정대리]민909-940의7

▣ 당사자의 확정

판례 소제기 전 사망한 자에 대한 상소의 효력 : 당사자가 소제기 이전에 이미 사망하여 주민등록이 말소된 사실을 간과한 채 본안 판단에 나아간 원심판결은 당연무효라 할 것이나, 민사소송이 당사자의 대립을 그 본질적 형태로 하는 것임에 비추어 사망한 자를 상대로 한 상고는 허용될 수 없다 할 것이므로, 이미 사망한 자를 상대방으로 하여 제기한 상고는 부적법하다.
(대판 2000.10.27, 2000다33775)

▣ 당사자적격

판례 당사자능력 유무의 판단을 위해 법원이 취해야 할 조치 등 : 당사자능력의 문제는 법원의 직권조사사항에 속하는 것이므로 그 당사자능력 판단의 전제가 되는 사실에 관하여는 법원이 당사자의 주장에 구속될 필요 없이 직권으로 조사하여야 할 것이나, 그 사실에 기하여 당사자의 능력 유무를 판단함에 있어서는 당사자가 내세우는 단체의 목적, 조직, 구성원 등 단체를 사회적 실체로서 규정짓는 요소를 갖춘 단체가 실재하는지의 여부만을 가려 그와 같은 의미의 단체가 실재한다면 그로써 소송상 당사자능력은 충족되는 것이고, 그렇지 않다면 소를 부적법한 것으로서 각하하면 족한 것이며, 당사자의 주장과는 전혀 다른 단체의 실체를 인정하여 당사자능력을 인정하는 것은 소송상 무의미할 뿐 아니라 당사자를 변경하는 결과로 되어 허용될 수 없다.(대판 2002.5.10, 2002다4863)

▣ 당사자능력

판례 당사자능력이 인정되지 않는 경우 표시정정 허용 여부 : 소송에 있어서 당사자가 누구인가는 당사자능력, 당사자적격 등에 관한 문제와 직결되는 중요한 사항이므로, 사건을 심리·판결하는 법원으로서는 직권으로 소송당사자가 누구인가를 확정하여 심리를 진행하여야 하는 것이며, 이 때 당사자가 누구인가는 소장에 기재된 표시 및 청구의 내용과 원인 사실 등 소장의 전취지를 합리적으로 해석하여 확정하여야 할 것이고, 소장에 표시된 원고에게 당사자능력이 인정되지 않는 경우에는 소장의 전취지를 합리적으로 해석한 결과 인정되는 올바른 당사자능력자로 그 표시를 정정하는 것은 허용되며, 소장에 표시된 당사자가 잘못된 경우에 당사자표시를 정정케 하는 조치를 취함이 없이 바로 소를 각하할 수는 없다.
(대판 2001.11.13, 99두2017)

판례 학교의 당사자능력 여부(소극) : 서울대학교는 국가가 설립·경영하는 학교임은 공지의 사실이고, 학교는 법인도 아니고 대표자 있는 법인격 없는 사단 또는 재단도 아닌 교육시설의 명칭에 불과하여 민사소송에 있어 당사자능력을 인정할 수 없다.(대판 2001.6.29, 2001다21991)

▣ 소송능력

판례 의사무능력자에 대하여 법정대리인의 대리 인정되는지 여부 : 사실상 의사능력을 상실한 상태에 있어 소송능력이 없는 사람에 대하여 소송을 제기하는 경우에도 특별대리인을 선임할 수 있다.(대판 1993.7.27, 93다8986)

제52조【법인이 아닌 사단 등의 당사자능력】 법인이 아닌 사단이나 재단은 대표자 또는 관리인이 있는 경우에는 그 사단이나 재단의 이름으로 당사자가 될 수 있다.

참조 [법인]민31-39, [대표자의 지위]64

판례 종중이 당사자인 사건에 있어서 그 종중의 대표자에게 적법한 대표권이 있는지 여부는 소송요건에 관한 것으로서 법원의 직권조사사항이므로, 법원으로서는 그 판단의 기초자료인 사실과 증거를 직권으로 탐지할 의무까지는 없다 하더라도, 이미 제출된 자료들에 의하여 그 대표권의 적법성에 의심이 갈 만한 사정이 엿보인다면 이에 관하여 심리·조사할 의무가 있다 할 것이다.(대판 2007.3.29, 2006다74273)

판례 총유재산에 관한 소송은 법인 아닌 사단이 그 명의로 사원총회의 결의를 거쳐 하거나 또는 그 구성원 전원이 당사자가 되어 필수적 공동소송의 형태로 할 수 있을 뿐 그 사단의 구성원은 설령 그가 사단의 대표자라거나 사원총회의 결의를 거쳤다 하더라도 그 소송의 당사자가 될 수 없고, 이러한 법리는 총유재산의 보존행위로서 소를 제기하는 경우에도 마찬가지라 할 것이다.(대판 2005.9.15, 2004다44971 전원합의체)

판례 성균관의 당사자능력 인정 여부(적극) : 재단법인 성균관과 '성균관'의 설립 연혁과 경위, 대표기관 등의 조직, 존립목적과 활동 등 여러 사정에 비추어 볼 때, '성균관'은 재단법인 성균관의 설립 이전부터 이미 독자적인 존립목적과 대표기관을 갖고 활동을 하는 등 법인 아닌 사단으로서의 실체를 가지고 존립하여 왔으므로 그 후 설립된 재단법인 성균관의 정관 일부 조항을 가지고 '성균관'의 단체성을 부정하여 위 법인의 기관에 불과하다고 볼 수는 없다.(대판 2004.11.12, 2002다46423)

제53조【선정당사자】 ① 공동의 이해관계를 가진 여러 사람이 제52조의 규정에 해당되지 아니하는 경우에는, 이들은 그 가운데에서 모두를 위하여 당사자가 될 한 사람 또는 여러 사람을 선정하거나 이를 바꿀 수 있다.
② 소송이 법원에 계속된 뒤 제1항의 규정에 따라 당사자를 바꾼 때에는 그 전의 당사자는 당연히 소송에서 탈퇴한 것으로 본다.

참조 [자격증명]58, [자격이 없을 때의 소송행위]59-61, [자격상실]54·215②, [자격소멸통지]63②, [판결의 효력]218③, 민집25

판례 갑 등이 을 등을 상대로 소송을 제기하면서 그들 모두를 위한 선정당사자로 병을 선정하여 소송을 수행하도록 하였는데, 병이 선정당사자 지위에서 을 등과 '을 등은 연대하여 병에게 500만원을 지급하고, 병은 소송을 취하하며 민·형사상의 책임을 묻지 않겠다'는 취지로 합의한 후 소를 취하한 사안에서, 병이 소송 도중 을 등과 한 합의는 갑 등을 위하여 500만원을 지급받는 대신 소송을 취하하여 종료시킴과 아울러 을 등을 상대로 동일한 소송을 다시 제기하지 않기로 한 것으로서, 이는 선정당사자가 할 수 있는 소송수행에 필요한 사법상의 행위에 해당하고, 갑 등으로부터 개별적인 동의를 받았는지에 관계없이 그들 모두에게 그 효력이 미친다.
(대판 2012.3.15, 2011다105966)

판례 다수자 사이에 공동소송인이 될 관계에 있기는 하지만 주요한 공격방어방법을 공통으로 하는 것이 아니어서 공동의 이해관계가 없는 자가 선정당사자로 선정되었음에도 법원이 그러한 선정당사자 자격의 흠을 간과하여 그를 당사자로 한 판결이 확정된 경우, 선정자가 스스로 당해 소송의 공동소송인 중 1인인 선정당사자에게 소송수행권을 수여하는 선정행위를 하였다면 그 선정자로서는 실질적인 소송행위를 할 기회 또는 적법하게 당해 소송에 관여할 기회를 박탈당한 것이 아니므로, 비록 그 선정당사자와의 사이에 공동의 이해관계가 없었다고 하더라도 그러한 사정은 민사소송법 제451조 제1항 제3호가 정하는 재심사유에 해당하지 않는 것으로 봄이 상당하고, 이러한 법리는 그 선정당사자에 대한 판결이 확정된 경우뿐만 아니라 그 선정당사자가 청구를 인낙하여 인낙조서가 확정된 경우에도 마찬가지다.(대판 2007.7.12, 2005다10470)

판례 선정당사자에 대한 소가 취하되거나 판결이 확정된 경우 선정당사자 자격의 상실 여부(적극) : 선정당사자는 공동의 이해관계를 가진 여러 사람 중에서 선정되어야 하므로, 선정당사자 본인에 대한 부분의 소가 취하되거나 판결이 확정되는 등으로 공동의 이해관계가 소멸하는 경우에는 선정당사자의 자격을 상실한다.(대판 2006.9.8, 2006다28775)

판례 선정당사자 선정의 효력 및 심급을 한정하여 선정당사자의 자격을 부여하는 선정행위의 허용 여부 : 공동의 이해관계가 있는 다수자가 당사자를 선정한 경우에는 선정된 당사자는 당해 소송의 종결에 이르기까지 총원을 위하여 소송을 수행할 수 있고, 상소와 같은 것도 역시 이러한 당사자로부터 제기되어야 하는 것이지만, 당사자 선정은 총원의 합의로써 장래를 향하여 이를 취소·변경할 수 있는 만큼 당초부터 특히 어떠한 심급을 한정하여 당사자인 자격을 보유하게 할 목적으로 선정하는 것도 역시 허용된다고 할 것이나, 선정당사자의 선정행위시 심급의 제한에 관한 약정 등이 없는 한 선정의 효력은 소송이 종료에 이르기까지 계속되는 것이다.(대판 2003.11.14, 2003다34038)

제54조【선정당사자 일부의 자격상실】 제53조의 규정에 따라 선정된 여러 당사자 가운데 죽거나 그 자격을 잃은 사람이 있는 경우에는 다른 당사자가 모두를 위하여 소송행위를 한다.

참조 [선정당사자]53, [자격상실의 통지]63②, [전원의 자격상실로 인한 중단]237②

제55조【제한능력자의 소송능력】 ① 미성년자 또는 피성년후견인은 법정대리인에 의해서만 소송행위를 할 수 있다. 다만, 다음 각 호의 경우에는 그러하지 아니하다.
1. 미성년자가 독립하여 법률행위를 할 수 있는 경우
2. 피성년후견인이 「민법」 제10조제2항에 따라 취소할 수 없는 법률행위를 할 수 있는 경우
② 피한정후견인은 한정후견인의 동의가 필요한 행위에 관하여는 대리권 있는 한정후견인에 의해서만 소송행위를 할 수 있다.
(2016.2.3 본조개정)

改前 "제55조【미성년자·한정치산자·금치산자의 소송능력】 미성년자·한정치산자 또는 금치산자는 법정대리인에 의하여서만 소송행위를 할 수 있다. 다만, 미성년자 또는 한정치산자가 독립하여 법률행위를 할 수 있는 경우에는 그러하지 아니하다."

참조 [법정대리인의 소송법상 지위]140①·145·179·235·249①·372, [대리권 흠결의 효과]424①·451①, [미성년자]민5-8, [피성년후견인의 행위와 취소]민10, [미성년자의 법정대리인]민909-911·928·932, [성년후견]민929, [피한정후견인의 행위와 동의]민13

제56조【법정대리인의 소송행위에 관한 특별규정】
① 미성년후견인, 대리권 있는 성년후견인 또는 대리권 있는 한정후견인이 상대방의 소 또는 상소 제기에 관하여 소송행위를 하는 경우에는 그 후견감독인으로부터 특별한 권한을 받을 필요가 없다.
② 제1항의 법정대리인이 소의 취하, 화해, 청구의 포기·인낙(認諾) 또는 제80조에 따른 탈퇴를 하기 위해서는 후견감독인으로부터 특별한 권한을 받아야 한다. 다만, 후견감독인이 없는 경우에는 가정법원으로부터 특별한 권한을 받아야 한다.
(2016.2.3 본조개정)

改前 "제56조【법정대리인의 소송행위에 대한 특별규정】 ① 법정대리인이 상대방의 소 또는 상소 제기에 관하여 소송행위를 하는 경우에는 친족회로부터 특별한 권한을 받을 필요가 없다. ② 법정대리인이 소의 취하, 화해, 청구의 포기·인낙(認諾) 또는 제80조의 규정에 따른 탈퇴를 하기 위하여서는 특별한 권한을 받아야 한다."

참조 [본항 준용]69, [후견감독인의 동의를 요하는 경우]민950①, [소의 취하]266·393·425, [수권의 증명]58, [보정명령]59, [수권흠결의 추인]60·424②

제57조【외국인의 소송능력에 대한 특별규정】 외국인은 그의 본국법에 따르면 소송능력이 없는 경우라도 대한민국의 법률에 따라 소송능력이 있는 경우에는 소송능력이 있는 것으로 본다.

참조 [법정대리인의 소송행위에 필요한 수권]51, [외국인의 행위능력]국제사법80

제58조【법정대리권 등의 증명】 ① 법정대리권이 있는 사실 또는 소송행위를 위한 권한을 받은 사실은 서면으로 증명하여야 한다. 제53조의 규정에 따라서 당사자를 선정하고 바꾸는 경우에도 또한 같다.

② 제1항의 서면은 소송기록에 붙여야 한다.
참조 [선정당사자]53, [법정대리인]55 · 56, [제2항의 준용]97, [증명불능인 경우의 소송비용의 부담]107②

제59조【소송능력 등의 흠에 대한 조치】 소송능력 · 법정대리권 또는 소송행위에 필요한 권한의 수여에 흠이 있는 경우에는 법원은 기간을 정하여 이를 보정(補正)하도록 명하여야 하며, 만일 보정하는 것이 지연됨으로써 손해가 생길 염려가 있는 경우에는 법원은 보정하기 전의 당사자 또는 법정대리인으로 하여금 일시적으로 소송행위를 하게 할 수 있다.
참조 [소송능력, 법정대리권, 수권]51 · 55–57, [법정기간]172, [본조준용]61 · 97
판례 법인 대표자의 대표권에 대한 직권조사의 한계 : 직권조사의 대상은 당해 소송에 있어 법인 대표자의 적법한 대표권 유무이고, 당해 소송 이전에 법인이 행한 어떠한 법률행위에 있어 법인 대표자가 적법한 대표권에 기하여 행한 것인지 여부는 여전히 당사자가 주장 · 입증하여야 할 문제라고 할 것이어서 법원이 이러한 사항까지 직권으로 탐지하여 조사하여야 할 의무가 있다고는 할 수 없다.(대판 2004.5.14, 2003다61054)
판례 대표권이 흠결된 경우 법원이 취할 조치 : 민소 제64조의 규정에 따라 법인의 대표자에게도 준용되는 같은 법 제59조 전단 및 제60조는 소송능력 · 법정대리권 또는 소송행위에 필요한 권한의 수여에 흠이 있는 경우에는 법원은 기간을 정하여 이를 보정하도록 명하여야 하고, 소송능력, 법정대리권 또는 소송행위에 필요한 권한의 수여에 흠이 있는 사람이 소송행위를 한 뒤에 보정된 당사자나 법정대리인이 이를 추인한 경우에는 그 소송행위는 이를 한 때에 소급하여 효력이 생긴다고 규정하고 있는바, 법원은 이러한 민사소송법의 규정에 따라 소송당사자인 재건축주택조합 대표자의 대표권이 흠결된 경우에는 그 흠결을 보정할 수 없음이 명백한 때가 아닌 한 기간을 정하여 보정을 명하여야 할 의무가 있다고 할 것이고, 이와 같은 대표권의 보정은 항소심에서도 가능하다.
(대판 2003.3.28, 2003다2376)

제60조【소송능력 등의 흠과 추인】 소송능력, 법정대리권 또는 소송행위에 필요한 권한의 수여에 흠이 있는 사람이 소송행위를 한 뒤에 보정된 당사자나 법정대리인이 이를 추인(追認)한 경우에는, 그 소송행위는 이를 한 때에 소급하여 효력이 생긴다.
참조 [소송능력 · 법정대리권 · 수권]59, [추인과 상고이유]425, [추인이 없을 때의 소송비용의 부담]107②, [본조준용]61 · 97
판례 항소의 제기에 관하여 필요한 수권이 흠결된 소송대리인의 항소장 제출이 있었다고 하더라도 당사자 또는 적법한 소송대리인이 항소심에서 본안에 관하여 변론하였다면 이로써 그 항소제기 행위를 추인하였다고 할 것이어서, 그 항소는 당사자가 적법하게 제기한 것으로 된다.
(대판 2007.2.22, 2006다81653)

제61조【선정당사자에 대한 준용】 제53조의 규정에 따른 당사자가 소송행위를 하는 경우에는 제59조 및 제60조의 규정을 준용한다.
참조 [선정당사자]53, [소송능력의 흠에 대한 조치와 추인]59 · 60, [선정과 변경의 증명]58

제62조【제한능력자를 위한 특별대리인】 ① 미성년자 · 피한정후견인 또는 피성년후견인이 당사자인 경우, 그 친족, 이해관계인(미성년자 · 피한정후견인 또는 피성년후견인을 상대로 소송행위를 하려는 사람을 포함한다), 대리권 없는 성년후견인, 대리권 없는 한정후견인, 지방자치단체의 장 또는 검사는 다음 각 호의 경우에 소송절차가 지연됨으로써 손해를 볼 염려가 있다는 것을 소명하여 수소법원(受訴法院)에 특별대리인을 선임하여 주도록 신청할 수 있다.
1. 법정대리인이 없거나 법정대리인에게 소송에 관한 대리권이 없는 경우
2. 법정대리인이 사실상 또는 법률상 장애로 대리권을 행사할 수 없는 경우
3. 법정대리인의 불성실하거나 미숙한 대리권 행사로 소송절차의 진행이 현저하게 방해받는 경우
② 법원은 소송계속 후 필요하다고 인정하는 경우 직권으로 특별대리인을 선임 · 개임하거나 해임할 수 있다.
③ 특별대리인은 대리권 있는 후견인과 같은 권한이 있다. 특별대리인의 대리권의 범위에서 법정대리인의 권한은 정지된다.
④ 특별대리인의 선임 · 개임 또는 해임은 법원의 결정으로 하며, 그 결정은 특별대리인에게 송달하여야 한다.
⑤ 특별대리인의 보수, 선임 비용 및 소송행위에 관한 비용은 소송비용에 포함된다.
(2016.2.3 본조개정)
改前 "제62조【특별대리인】 ① 법정대리인이 없거나 법정대리인이 대리권을 행사할 수 없는 경우에 미성년자 · 한정치산자 또는 금치산자를 상대로 소송행위를 하고자 하는 사람은 소송절차가 지연됨으로써 손해를 볼 염려가 있다는 것을 소명하여 수소법원(受訴法院)에 특별대리인을 선임하여 주도록 신청할 수 있다.
② 제1항의 경우로서 미성년자 · 한정치산자 또는 금치산자가 소송행위를 하는 데 필요한 경우에는 그 친족 · 이해관계인 또는 검사는 소송절차가 지연됨으로써 손해를 볼 염려가 있다는 것을 소명하여 수소법원에 특별대리인을 선임하여 주도록 신청할 수 있다.
③ 법원은 언제든지 특별대리인을 개임(改任)할 수 있다.
④ 특별대리인이 소송행위를 하기 위하여서는 후견인(後見人)과 같은 권한을 받아야 한다.
⑤ 특별대리인의 선임 또는 개임은 법원의 결정으로 하며, 그 결정은 특별대리인에게 송달하여야 한다.
⑥ 특별대리인의 선임에 관한 비용과 특별대리인의 소송행위에 관한 비용은 신청인에게 부담하도록 명할 수 있다."
참조 [법정대리인]51 · 55 · 64, [민법상의 특별대리인]민64 · 921, [소명의 방법]299, [신청]161, ④[후견인에게 수권이 필요한 경우]56, 민950, ⑤[송달]174–193
판례 특별대리인 대리권의 범위(구법관계) : 민소법 제58조에 의하여 선임된 특별대리인은 당해 소송에 있어서는 법정대리인으로서의 권한을 보유한다 할 것이므로 특별대리인은 당해 소송행위를 할 권한뿐만 아니라 당해 소송에 있어서 공격방어의 방법으로서 필요한 때에는 사법상의 실체적 권리도 이를 행사할 수 있다 할 것이나, 무권리자의 부동산처분행위에 대한 추인과 같은 행위는 부동산에 관한 권리의 소멸변경을 초래하는 것이어서 민법 제950조에 의한 특별수권이 없는 한 이를 할 수 없다.(대판 1993.7.27, 93다8986)

제62조의2【의사무능력자를 위한 특별대리인의 선임 등】 ① 의사능력이 없는 사람을 상대로 소송행위를 하려고 하거나 의사능력이 없는 사람이 소송행위를 하는 데 필요한 경우 특별대리인의 선임 등에 관하여는 제62조를 준용한다. 다만, 특정후견인 또는 임의후견인도 특별대리인의 선임을 신청할 수 있다.
② 제1항의 특별대리인이 소의 취하, 화해, 청구의 포기 · 인낙 또는 제80조에 따른 탈퇴를 하는 경우 법원은 그 행위가 본인의 이익을 명백히 침해한다고 인정할 때에는 그 행위가 있는 날부터 14일 이내에 결정으로 이를 허가하지 아니할 수 있다. 이 결정에 대해서는 불복할 수 없다.
(2016.2.3 본조신설)

제63조【법정대리권의 소멸통지】 ① 소송절차가 진행되는 중에 법정대리권이 소멸한 경우에는 본인 또는 대리인이 상대방에게 소멸된 사실을 통지하지 아니하면 소멸의 효력을 주장하지 못한다. 다만, 법원에 법정대리권의 소멸사실이 알려진 뒤에는 그 법정대리인은 제56조제2항의 소송행위를 하지 못한다.
② 제53조의 규정에 따라 당사자를 바꾸는 경우에는 제1항의 규정을 준용한다.
참조 [법정대리권소멸의 신고]민소규13, [소송대리권소멸통지의 신고]민소규17, [대리권의 소멸과 중단]235, [본조 준용]97, [법정대리권의 소멸]민924 · 925 · 927 · 939 · 940

제64조【법인 등 단체의 대표자의 지위】 법인의 대표자 또는 제52조의 대표자 또는 관리인에게는 이 법 가운데 법정대리와 법정대리인에 관한 규정을 준용한다.
참조 [비법인 사단 · 재단]52, [법정대리와 법정대리인에 관한 규정]51 · 58 · 60 · 62 · 63
판례 민법상 법인 등의 대표자에 대해 직무집행정지 및 직무대행자 선임의 가처분이 내려진 경우 본안소송에서 단체를 대표하는 자 : 민법상의 법인이나 법인이 아닌 사단 또는 재단의 대표자를 선출한 결의의 무효 또는 부존재 확인을 구하는 소송에서 그 단체를 대표할 자는 의연히 무효 또는 부존재확인 청구의 대상이 결의에 의해 선출된 대표자라 할 것이나, 그 대표자에 대해 직무집행정지 및 직무대행자선임 가처분이 된 경우에는, 그 가처분에 특별한 정함이 없는 한 그 대표자는 그 본안소송에서 그 단체를 대표할 권한을 포함한 일체의 직무집행에서 배제되고 직무대행자로 선임된 자가 대표자의 직무를 대행하게 되므로, 그 본안소송에서 그 단체를 대표할 자도 직무집행을 정지당한 대표자가 아니라 대표자 직무대행자로 보아야 한다.
(대판 1995.12.12, 95다31348)

제2절 공동소송

제65조【공동소송의 요건】 소송목적이 되는 권리나 의무가 여러 사람에게 공통되거나 사실상 또는 법률상 같은 원인으로 말미암아 생긴 경우에는 그 여러 사람이 공동소송인으로서 당사자가 될 수 있다. 소송목적이 되는 권리나 의무가 같은 종류의 것이고, 사실상 또는 법률상 같은 종류의 원인으로 말미암은 것인 경우에도 또한 같다.
참조 [권리의무가 공통된 경우]민262 · 409 · 411 · 413, 신탁50 · 51, [공동불법행위자의 책임]민760, [가사소송과 필수적 공동소송]가소15 · 24② · 28 · 31

제66조【통상공동소송인의 지위】 공동소송인 가운데 한 사람의 소송행위 또는 이에 대한 상대방의 소송행위와 공동소송인 가운데 한 사람에 관한 사항은 다른 공동소송인에게 영향을 미치지 아니한다.
참조 [필수적 공동소송의 특칙]67 · 69
판례 통상공동소송에서 주장공통의 원칙이 적용되는지 여부(소극)(구법관계) : 민소법 제62조의 명문의 규정과 우리 민사소송법이 취하고 있는 변론주의 소송구조 등에 비추어 볼 때, 통상의 공동소송에 있어서 이른바 주장공통의 원칙은 적용되지 아니한다.(대판 1994.5.10, 93다47196)

제67조【필수적 공동소송에 대한 특별규정】 ① 소송목적이 공동소송인 모두에게 합일적으로 확정되어야 할 공동소송의 경우에 공동소송인 가운데 한 사람의 소송행위는 모두의 이익을 위하여서만 효력을 가진다.
② 제1항의 공동소송에서 공동소송인 가운데 한 사람에 대한 상대방의 소송행위는 공동소송인 모두에게 효력이 미친다.
③ 제1항의 공동소송에서 공동소송인 가운데 한 사람에게 소송절차를 중단 또는 중지하여야 할 이유가 있는 경우 그 중단 또는 중지는 모두에게 효력이 미친다.
참조 ①[합일적으로만 확정할 경우]민집249, 신탁50, 가소15 · 24② · 28 · 31, 상236 · 376 · 380 · 381, 채무자회생파산462 · 464 · 466 · 468, [공동소송참가]83, ③[소송절차의 중단 또는 중지가 생기는 경우]233–240 · 246, [준용규정]79②
◘ 고유필수적 공동소송
판례 비법인사단의 구성원 1인이 재산보존을 위하여 소송을 제기할 수 있는지 여부(소극) : 총유재산에 관한 소송은 법인 아닌 사단이 그 명의로 사원총회의 결의를 거쳐 하거나 또는 그 구성원 전원이 당사자가 되어 필수적 공동소송의 형태로 할 수 있을 뿐 그 사단의 구성원은 설령 그가 사단의 대표자라거나 사원총회의 결의를 거쳤다 하더라도 그 소송의 당사자가 될 수 없고, 이러한 법리는 총유재산의 보존행위로서 소를 제기하는 경우에도 마찬가지이다.(대판 2005.9.15, 2004다44971 전원합의체)
◘ 유사필수적 공동소송
판례 수인이 제기하는 채권자대위소송의 경우 : 채무자가 채권자대위권에 의한 소송이 제기된 것을 알았을 경우에는 그 확정판결의 효력은 채무자에게도 미친다는 것이 판례인바, 다수의 채권자가 각 채권자대위권에 기하여 공동하여 채무자의 권리를 행사하는 이 사건의 경우 소송계속 중 채무자인 박봉규가 제1심 증인으로 증언까지 한 바 있어 당연히 채권자대위권에 의한 소송이 제기중인 것을 알았다고 인정되므로 그 판결의 효력은 위 박봉규에게도 미치게 된다. 따라서 위 망인의 소송수계인들은 유사필요적 공동소송관계에 있다.
(대판 1991.12.27, 91다23486)
◘ 필수적 공동소송의 심판
판례 공동소송인 중 일부가 상소를 제기한 경우의 심판범위 : 공유물분할청구의 소는 분할을 청구하는 공유자가 원고가 되어 다른 공유자 전부를 공동피고로 하여야 하는 고유필수적 공동소송이고, 공동소송인과 상대방 사이에 판결의 합일확정을 필요로 하는 고유필수적 공동소송에 있어서는 공동소송인 중 일부가 제기한 상소는 다른 공동소송인에게도 그 효력이 미치는 것이므로 공동소송인 전원에 대한 관계에서 판결의 확정이 차단되고 그 소송은 전체로서 상소심에 이심되며, 상소심판결의 효력은 상소를 하지 아니한 공동소송인에게 미치므로 상소심으로서는 공동소송인 전원에 대하여 심리 · 판단하여야 한다.
(대판 2003.12.12, 2003다44615)

제68조【필수적 공동소송인의 추가】 ① 법원은 제67조제1항의 규정에 따른 공동소송인 가운데 일부가 누락된 경우에는 제1심의 변론을 종결할 때까지 원고의 신청에 따라 결정으로 원고 또는 피고를 추가하도록 허가할 수 있다. 다만, 원고의 추가는 추가될 사람의 동의를 받은 경우에만 허가할 수 있다.
② 제1항의 허가결정을 한 때에는 허가결정의 정본을 당사자 모두에게 송달하여야 하며, 추가될 당사자에게는 소장 부본도 송달하여야 한다.
③ 제1항의 규정에 따라 공동소송인이 추가된 경우에는 처음의 소가 제기된 때에 추가된 당사자와의 사이에 소가 제기된 것으로 본다.
④ 제1항의 허가결정에 대하여 이해관계인은 추가될 원고의 동의가 없었다는 것을 사유로 하는 경우에만 즉시항고를 할 수 있다.
⑤ 제4항의 즉시항고는 집행정지의 효력을 가지지 아니한다.
⑥ 제1항의 신청을 기각한 결정에 대하여는 즉시항고를 할 수 있다.
참조 [필수적 공동소송에 대한 특별규정]67, [필수적 공동소송인의 추가신청]민소규14, [공동소송참가]83, [즉시항고]444, [당사자의 추가 · 경정]가소15

제69조【필수적 공동소송에 대한 특별규정】 제67조제1항의 공동소송인 가운데 한 사람이 상소를 제기한 경우에 다른 공동소송인이 그 상소심에서 하는 소송행위에는 제56조제1항의 규정을 준용한다.
참조 [상소]390 · 422, [재심]451

제70조【예비적 · 선택적 공동소송에 대한 특별규정】 ① 공동소송인 가운데 일부의 청구가 다른 공동소송인의 청구와 법률상 양립할 수 없거나 공동소송인 가운데 일부에 대한 청구가 다른 공동소송인에 대한 청구와 법률상 양립할 수 없는 경우에는 제67조 내지 제69조를 준용한다. 다만, 청구의 포기 · 인낙, 화해 및 소의 취하의 경우에는 그러하지 아니하다.
② 제1항의 소송에서는 모든 공동소송인에 관한 청구에 대하여 판결을 하여야 한다.
판례 [1] 민사소송법 제70조 제1항에 있어서 '법률상 양립할 수 없다'는 것은, 두 청구들 사이에서 한 쪽 청구에 대한 판단 이유가 다른 쪽 청구에 대한 판단 이유에 영향을 주어 각 청구에 대한 판단 과정이 필연적으로 상호 결합되어 있는 관계를 의미하며, 실체법적으로 서로 양립할 수 없는 경우뿐 아니라 소송법상으로 서로 양립할 수 없는 경우를 포함하는 것으로 봄이 상당하다.
[2] 법인 또는 비법인 등 당사자능력이 있는 단체의 대표자 또는 구성원의 지위에 관한 확인소송에서 그 대표자 또는 구성원

개인뿐 아니라 그가 소속된 단체를 공동피고로 하여 소가 제기된 경우에 있어서는, 누가 피고적격을 가지는지에 관한 법률적 평가에 따라 어느 한 쪽에 대한 청구는 부적법하고 다른 쪽의 청구만이 적법하게 될 수 있으므로 이는 민사소송법 제70조 제1항 소정의 예비적·선택적 공동소송의 요건인 각 청구가 서로 법률상 양립할 수 없는 관계에 해당한다.
(대판 2007.6.26, 2007마515)

제3절 소송참가

제71조【보조참가】 소송결과에 이해관계가 있는 제3자는 한 쪽 당사자를 돕기 위하여 법원에 계속 중인 소송에 참가할 수 있다. 다만, 소송절차를 현저하게 지연시키는 경우에는 그러하지 아니하다.

참조 [당사자참가]79~83, [소송고지]84~86, [참가인으로서 할 수 있는 행위]76

판례 특정 소송사건에서 당사자 일방을 보조하기 위하여 보조참가를 하려면 당해 소송의 결과에 대하여 법률상의 이해관계가 있어야 할 것이고, 이는 당해 소송의 판결의 기판력이나 집행력을 당연히 받는 경우 또는 당해 소송의 판결의 효력이 직접 미치지는 아니한다고 하더라도 적어도 그 판결을 전제로 하여 보조참가를 하려는 자의 법률상의 지위가 결정되는 관계에 있는 경우를 의미하는 것이다.(대판 2007.4.26, 2005다19156)

판례 보조참가인의 소송수행권능은 피참가인으로부터 유래된 것이 아니라 독립의 권능이라고 할 것이므로 피참가인과는 별도로 보조참가인에 대하여도 기일의 통지, 소송서류의 송달 등을 행하여야 하고, 보조참가인에게 기일통지서 또는 출석요구서를 송달하지 아니함으로써 변론의 기회를 부여하지 아니한 채 행하여진 기일의 진행은 적법한 것으로 볼 수 없다.
(대판 2007.2.22, 2006다75641)

제72조【참가신청의 방식】 ① 참가신청은 참가의 취지와 이유를 밝혀 참가하고자 하는 소송이 계속된 법원에 제기하여야 한다.
② 서면으로 참가를 신청한 경우에는 법원은 그 서면을 양쪽 당사자에게 송달하여야 한다.
③ 참가신청은 참가인으로서 할 수 있는 소송행위와 동시에 할 수 있다.

참조 [신청]161, ②[송달]174이하, ③[참가인으로서 할 수 있는 행위]76, [본조준용]79②·83②

판례 행정청이 민사소송법상의 보조참가를 할 수 있는지 여부(소극) : 타인 사이의 항고소송에서 소송의 결과에 관하여 이해관계가 있다고 주장하면서 민소법 제71조에 의한 보조참가를 할 수 있는 제3자는 민사소송법상의 당사자능력 및 소송능력을 갖춘 자이어야 하므로, 그러한 당사자능력 및 소송능력이 없는 행정청으로서는 민사소송법상의 보조참가를 할 수는 없고 다만 행정소송법 제17조 제1항에 의한 소송참가를 할 수 있을 뿐이다.
(대판 2002.9.24, 99두1519)

제73조【참가허가여부에 대한 재판】 ① 당사자가 참가에 대하여 이의를 신청한 때에는 참가인은 참가의 이유를 소명하여야 하며, 법원은 참가를 허가할 것인지 아닌지를 결정하여야 한다.
② 법원은 직권으로 참가인에게 참가의 이유를 소명하도록 명할 수 있으며, 참가의 이유가 있다고 인정되지 아니하는 때에는 참가를 허가하지 아니하는 결정을 하여야 한다.
③ 제1항 및 제2항의 결정에 대하여는 즉시항고를 할 수 있다.

참조 [소명]299, [이의로 인하여 발생한 소송비용의 부담]103, [이의가 취하된 경우의 비용부담]114, [결정]134·221, ②[즉시항고]444

제74조【이의신청권의 상실】 당사자가 참가에 대하여 이의를 신청하지 아니한 채 변론하거나 변론준비기일에서 진술을 한 경우에는 이의를 신청할 권리를 잃는다.

참조 [변론]134이하, [준비절차]279이하

제75조【참가인의 소송관여】 ① 참가인은 그의 참가에 대한 이의신청이 있는 경우라도 참가를 허가하지 아니하는 결정이 확정될 때까지 소송행위를 할 수 있다.
② 당사자가 참가인의 소송행위를 원용(援用)한 경우에는 참가를 허가하지 아니하는 결정이 확정되어도 그 소송행위는 효력을 가진다.

참조 [참가]72, [참가이의]73

제76조【참가인의 소송행위】 ① 참가인은 소송에 관하여 공격·방어·이의·상소, 그 밖의 모든 소송행위를 할 수 있다. 다만, 참가할 때의 소송의 진행정도에 따라 할 수 없는 소송행위는 그러하지 아니하다.
② 참가인의 소송행위가 피참가인의 소송행위에 어긋나는 경우에는 그 참가인의 소송행위는 효력을 가지지 아니한다.

참조 [공격, 방어방법]146, [이의]73·151·223·441, [상소]390·422·439·442, [소송의 정도에 따라 할 수 없는 것]149·201·285·411·423·432

판례 피고 보조참가인은 참가할 때의 소송의 진행 정도에 따라 피참가인이 할 수 없는 소송행위를 할 수 없으므로, 피고 보조참가인이 상고장을 제출한 경우에 피고 보조참가인에 대하여 판결정본이 송달된 때로부터 기산한다면 상고기간 내의 상고라 하더라도 이미 피참가인인 피고에 대한 관계에 있어서 상고기간이 경과한 것이라면 피고 보조참가인의 상고 역시 상고기간 경과 후의 것이 되어 피고 보조참가인의 상고는 부적법하다.
(대판 2007.9.6, 2007다41966)

제77조【참가인에 대한 재판의 효력】 재판은 다음 각호 가운데 어느 하나에 해당하지 아니하면 참가인에게도 그 효력이 미친다.
1. 제76조의 규정에 따라 참가인이 소송행위를 할 수 없거나, 그 소송행위가 효력을 가지지 아니하는 때
2. 피참가인이 참가인의 소송행위를 방해한 때
3. 피참가인이 참가인이 할 수 없는 소송행위를 고의나 과실로 하지 아니한 때

참조 [소송고지와 본조의 효과]86, [판결의 집행력]민집25①

제78조【공동소송적 보조참가】 재판의 효력이 참가인에게도 미치는 경우에는 그 참가인과 피참가인에 대하여 제67조 및 제69조를 준용한다.

참조 [필수적 공동소송에 대한 특별규정]67~69

판례 공동소송적 보조참가에 해당하지 않는다고 인정한 사례 : 피고로부터 부동산을 매수한 참가인이 소유권이전등기를 마루고 있는 사이에 원고가 피고에 대한 채권이 있다 하여 당시 피고의 소유명의로 남아 있던 위 부동산에 대하여 가압류를 하고 본안소송을 제기하자 참가인이 피고보조참가를 한 사안에서, 원고가 승소하면 위 가압류에 기하여 위 부동산에 대한 강제집행에 나설 것이고 그렇게 되면 참가인은 그 후 소유권이전등기를 마친 위 부동산의 소유권을 상실하게 되는 손해를 입게 되며, 원고가 피고에게 구하는 채권이 허위채권으로 보여지는데도 피고가 원고의 주장사실을 자백하여 원고를 승소시키려 한다는 사유만으로는 참가인의 참가가 이른바 공동소송적 보조참가에 해당하여 참가인이 피참가인인 피고와 저촉되는 소송행위를 할 수 있는 지위에 있다고 할 수 없다.
(대판 2001.1.19, 2000다59333)

제79조【독립당사자참가】 ① 소송목적의 전부나 일부가 자기의 권리라고 주장하거나, 소송결과에 따라 권리가 침해된다고 주장하는 제3자는 당사자의 양쪽 또는 한 쪽을 상대방으로 하여 당사자로서 소송에 참가할 수 있다.
② 제1항의 경우에는 제67조 및 제72조의 규정을 준용한다.

참조 [참가로 인한 승계]81, [필요적 공동소송의 특칙]67, [참가신청의 방식]72

판례 독립당사자참가 중 권리주장참가는 소송의 목적의 전부나 일부가 자기의 권리임을 주장하면 되는 것이므로 참가하려는 소송에 수개의 청구가 병합된 경우 그 중 어느 하나의 청구라도 독립당사자참가인의 주장과 양립하지 않는 관계에 있으면 그 본소청구에 대한 참가가 허용된다고 할 것이고, 양립할 수 없는 본소청구에 관하여 본안에 들어가 심리한 결과 이유가 없는 것으로 판단된다고 하더라도 참가신청이 부적법하게 되는 것은 아니다.(대판 2007.6.15, 2006다80322,80339)

판례 독립당사자참가에 의한 소송에서 원·피고 사이에만 재판상 화해를 하는 것이 허용되는지 여부 : 동조에 의한 소송은 동일한 권리관계에 관하여 원고, 피고 및 참가인 상호간의 다툼을 하나의 소송절차로 한꺼번에 모순 없이 해결하려는 소송형태로서 두 당사자 사이의 소송행위는 나머지 1인에게 불이익이 되는 한 두 당사자 간에도 효력이 발생하지 않는다고 할 것이므로, 원·피고 사이에만 재판상 화해를 하는 것은 3자 간의 합일확정의 목적에 반하기 때문에 허용되지 않는다.
(대판 2005.5.26, 2004다25901,25918)

▣ 독립당사자참가의 요건

판례 참가인은 우선 참가하려는 소송의 원·피고에 대하여 본소 청구와 양립할 수 없는 별개의 청구를 하여야 하고, 그 청구는 소의 이익을 갖추는 이외에 그 주장 자체에 의하여 성립할 수 있음을 요한다.(대판 1995.8.25, 94다20426)

▣ 필수(요)적 공동소송관계

판례 원고와 피고가 각 수명이고 독립당사자 참가인이 그중 일부원고와 일부피고만을 피참가인으로 하여 참가소송을 하였을 경우에는 피참가인으로 지명되지 아니한 나머지 원고나 피고는 단지 원고나 피고의 지위에 있다는 사유만으로서 피참가인(삼면소송의 당사자)이 되는 것은 아니며 또 패소한 원고와 수명의 피고들 중 일부피고만이 상소하였을 때에는 피고들 상호간에 필요적 공동소송관계가 있지 않는 한 그 상소한 피고에 대한 관계에 있어서만 원고 대 피고, 독립당사자 참가인 대 피고간의 삼면소송이 상소심에 계속되는 것이고 상소하지 아니한 피고에 대한 관계에 있어서의 삼면소송은 상소기간초과로서 종료(확정)된다.(대판 1974.6.11, 73다374,375)

▣ 기타의 법률관계

판례 독립당사자참가 중 사해방지참가를 하기 위한 요건 : 독립당사자참가 중 사해방지참가를 하기 위하여는 본소의 원고와 피고가 당해 소송을 통하여 제3자를 해할 의사를 갖고 있다고 객관적으로 인정되고 그 소송의 결과 제3자의 권리나 법률상의 지위가 침해될 우려가 있다고 인정되어야 한다.
(대판 2003.6.13, 2002다694,700)

제80조【독립당사자참가소송에서의 탈퇴】 제79조의 규정에 따라 자기의 권리를 주장하기 위하여 소송에 참가한 사람이 있는 경우 그가 참가하기 전의 원고나 피고는 상대방의 승낙을 받아 소송에서 탈퇴할 수 있다. 다만, 판결은 탈퇴한 당사자에 대하여도 그 효력이 미친다.

참조 [독립당사자참가]79, [특별수권의 필요]56②·90②, [판결의 집행력]민집25

제81조【승계인의 소송참가】 소송이 법원에 계속되어 있는 동안에 제3자가 소송목적인 권리 또는 의무의 전부나 일부를 승계하였다고 주장하며 제79조의 규정에 따라 소송에 참가한 경우 그 참가는 소송이 법원에 처음 계속된 때에 소급하여 시효의 중단 또는 법률상 기간준수의 효력이 생긴다.

참조 [시효중단·기간준수의 시기]265, 민169, [승계인의 소송인수]82, [일반승계의 경우의 중단과 수계]233·234, [법률상의 기간]민205·406·823·896, 상376①

판례 원고에 대한 승계참가가 이루어졌으나 피고의 부동의로 원고가 탈퇴하지 못한 경우, 그 소송의 구조 및 법원이 취할 조치 : 원고가 소송의 목적인 손해배상채권을 승계참가인에게 양도하고 피고들에게 채권양도의 통지를 한 다음 승계참가인이 승계참가신청을 하자 탈퇴를 신청하였으나 피고들의 부동의로 탈퇴하지 못한 경우, 원고의 청구와 승계참가인의 청구는 통상의 공동소송으로서 모두 유효하게 존속하는 것이므로 법원은 원고의 청구 및 승계참가인의 청구 양자에 대하여 판단을 하여야 한다.(대판 2004.7.9, 2002다16729)

판례 법률심인 상고심에서 승계인의 소송참가는 허용되지 아니한다.(대판 2002.12.10, 2002다48399)

제82조【승계인의 소송인수】 ① 소송이 법원에 계속되어 있는 동안에 제3자가 소송목적인 권리 또는 의무의 전부나 일부를 승계한 때에는 법원은 당사자의 신청에 따라 그 제3자로 하여금 소송을 인수하게 할 수 있다.
② 법원은 제1항의 규정에 따른 결정을 할 때에는 당사자와 제3자를 심문(審問)하여야 한다.
③ 제1항의 소송인수의 경우에는 제80조의 규정 가운데 탈퇴 및 판결의 효력에 관한 것과, 제81조의 규정 가운데 참가의 효력에 관한 것을 준용한다.

참조 [신청]161, [결정절차와 당사자심문]34, [심문]134②·160, [독립당사자참가소송에서의 탈퇴]80, [승계인의 소송참가]81, [판결의 집행력]민집25

판례 소송 계속 중에 소송목적인 의무의 승계가 있다는 이유로 하는 소송인수신청이 있는 경우 신청의 이유로서 주장하는 사실관계 자체에서 그 승계적격의 흠결이 명백하지 않는 한 결정으로 그 신청을 인용하여야 하는 것이고, 그 승계인에 해당하는가의 여부는 피인수신청인에 대한 청구의 당부와 관련하여 판단할 사항으로 심리한 결과 승계 사실이 인정되지 않으면 청구기각의 본안판결을 하면 되는 것이지 인수참가신청 자체가 부적법하게 되는 것은 아니다.
(대판 2005.10.27, 2003다66691)

제83조【공동소송참가】 ① 소송목적이 한 쪽 당사자와 제3자에게 합일적으로 확정되어야 할 경우 그 제3자는 공동소송인으로 소송에 참가할 수 있다.
② 제1항의 경우에는 제72조의 규정을 준용한다.

참조 [참가신청의 방식]72, [필수적 공동소송의 처리]67, [추심소송에서의 채권자참가]민집249

판례 항소심에서의 공동소송참가 허용 여부 : 공동소송참가는 항소심에서도 할 수 있는 것이고, 항소심절차에서 공동소송참가가 이루어진 이후에 피참가소가 소송요건의 흠결로 각하된다고 할지라도 소송의 목적이 당사자 일방과 제3자에 대하여 합일적으로 확정될 경우에 한하여 인정되는 공동소송참가의 특성에 비추어 볼 때, 심급이익 박탈의 문제는 발생하지 않는다.
(대판 2002.3.15, 2000다9086)

제84조【소송고지의 요건】 ① 소송이 법원에 계속된 때에는 당사자는 참가할 수 있는 제3자에게 소송고지(訴訟告知)를 할 수 있다.
② 소송고지를 받은 사람은 다시 소송고지를 할 수 있다.

참조 [참가]69·77·82~85, [고지]85·86·민집238

판례 소송고지가 의무인 경우 소제기요건이거나 직권조사사항인지 여부(구법관계) : 민소법 제571조 규정에 의한 채무자에 대한 소송고지는 채권자의 추심의 소제기자체에 대한 필요적 요건도 아니고 법원의 직권조사사항이라고도 볼 수 없다.
(대판 1976.9.28, 76다1145, 1146)

제85조【소송고지의 방식】 ① 소송고지를 위하여서는 그 이유와 소송의 진행정도를 적은 서면을 법원에 제출하여야 한다.
② 제1항의 서면은 상대방에게 송달하여야 한다.

참조 [송달]174~193

판례 소송고지의 효력이 발생하는 시점 : 소송고지는 그 고지서를 법원에 제출한 때 생기는 것이 아니라 피고지자에게 적법하게 송달된 때에 비로소 생긴다.(대판 1975.4.22, 74다1519)

제86조【소송고지의 효과】 소송고지를 받은 사람이 참가하지 아니한 경우라도 제77조의 규정을 적용할 때에는 참가할 수 있었을 때에 참가한 것으로 본다.

참조 [참가인에 대한 재판의 효력]77, [소송고지로 인한 시효중단]어음70③·80

제4절 소송대리인

제87조【소송대리인의 자격】 법률에 따라 재판상 행위를 할 수 있는 대리인 외에는 변호사가 아니면 소송대리인이 될 수 없다.

참조 [변호사의 선임명령]144②③, [대리인]상11①·761①, 국가소송2·5①·6②·7, [단독판사심판사건]법원조직7④, [소송대리의 특칙]소액8①

제88조【소송대리인의 자격의 예외】 ① 단독판사가 심리·재판하는 사건 가운데 그 소송목적의 값이 일정한 금액 이하인 사건에서, 당사자와 밀접한 생활관계를 맺고 있고 일정한 범위안의 친족관계에 있는 사람 또는 당사자와 고용계약 등으로 그 사건

에 관한 통상사무를 처리·보조하여 오는 등 일정한 관계에 있는 사람이 법원의 허가를 받은 때에는 제87조를 적용하지 아니한다.
② 제1항의 규정에 따라 법원의 허가를 받을 수 있는 사건의 범위, 대리인의 자격 등에 관한 구체적인 사항은 대법원규칙으로 정한다.
③ 법원은 언제든지 제1항의 허가를 취소할 수 있다.
참조 [소송대리인의 자격]87, [단독사건에서 소송대리의 허가]민소규15, [단독판사사건]법원조직7, [친족의 범위]민767·777
판례 비변호사의 소송대리권 발생 시기 : 단독판사가 심판하는 사건에 있어서 소송대리 허가신청에 의한 소송대리권은 법원의 허가를 얻은 때로부터 발생하는 것이므로 소송대리인이 대리인의 자격으로 변론기일 소환장을 수령한 날자가 법원이 허가한 날짜 이전이라면 그 변론기일 소환장은 소송대리권이 없는 자에 대한 송달로서 부적법하다.(대판 1982.7.27, 82다68)

제89조【소송대리권의 증명】 ① 소송대리인의 권한은 서면으로 증명하여야 한다.
② 제1항의 서면이 사문서인 경우에는 법원은 공증인, 그 밖의 공증업무를 보는 사람(이하 "공증사무소"라 한다)의 인증을 받도록 소송대리인에게 명할 수 있다.
③ 당사자가 말로 소송대리인을 선임하고, 법원사무관등이 조서에 그 진술을 적어 놓은 경우에는 제1항 및 제2항의 규정을 적용하지 아니한다.
참조 [증명]소액8②, [인증]공증2·8, [조서]152·161②③, [소송기록에의 첨부]58②
판례 수권행위의 성질 및 위임계약과의 구별(구법관계) : 통상 소송위임장이라는 것은 민소법 제81조 제1항에 따른 소송대리인의 권한을 증명하는 전형적인 서면이라고 할 것인데, 여기에서의 소송위임(수권행위)은 소송대리권의 발생이라는 소송법상의 효과를 목적으로 하는 단독 소송행위로서 그 기초관계인 의뢰인과 변호사 사이의 사법상의 위임계약과는 성격을 달리하는 것이고, 의뢰인과 변호사 사이의 권리의무는 수권행위가 아닌 위임계약에 의하여 발생한다.(대판 1997.12.12, 95다20775)

제90조【소송대리권의 범위】 ① 소송대리인은 위임을 받은 사건에 대하여 반소(反訴)·참가·강제집행·가압류·가처분에 관한 소송행위 등 일체의 소송행위와 변제(辨濟)의 영수를 할 수 있다.
② 소송대리인은 다음 각호의 사항에 대하여는 특별한 권한을 따로 받아야 한다.
1. 반소의 제기
2. 소의 취하, 화해, 청구의 포기·인낙 또는 제80조의 규정에 따른 탈퇴
3. 상소의 제기 또는 취하
4. 대리인의 선임
참조 [참가]71－86, [강제집행]민집24－60, [가압류와 가처분]민집276－310, [반소]269·270, [소의 취하]266·267, [화해]145·385－389, [포기·인낙]220, [항소와 그 취하]390·393, [상고]422·425, [대리인의 자격]87－89
판례 가압류·가처분 등 보전소송사건을 수임받은 소송대리인의 소송대리권은 수임받은 사건에 관하여 포괄적으로 미친다고 할 것이므로 가압류사건을 수임받은 변호사의 소송대리권은 그 가압류신청사건에 관한 소송행위뿐만 아니라 본안의 제소명령을 신청하거나 상대방의 신청으로 발하여진 제소명령결정을 송달받을 권한에까지 미친다.(대결 2003.3.31, 2003마324)

제91조【소송대리권의 제한】 소송대리권은 제한하지 못한다. 다만, 변호사가 아닌 소송대리인에 대하여는 그러하지 아니하다.
참조 [변호사가 아닌 소송대리인]87, [소송대리권의 범위]90

제92조【법률에 의한 소송대리인의 권한】 법률에 의하여 재판상 행위를 할 수 있는 대리인의 권한에는 제90조와 제91조의 규정을 적용하지 아니한다.
참조 [소송대리권의 제한]91, [법률에 의하여 재판상의 행위를 할 수 있는 대리인]87

제93조【개별대리의 원칙】 ① 여러 소송대리인이 있는 때에는 각자가 당사자를 대리한다.
② 당사자가 제1항의 규정에 어긋나는 약정을 한 경우 그 약정은 효력을 가지지 못한다.
참조 [송달]174－197, [공동대리]상11①·12·208·389②

제94조【당사자의 경정권】 소송대리인의 사실상 진술은 당사자가 이를 곧 취소하거나 경정(更正)한 때에는 그 효력을 잃는다.
참조 [소송대리인]87·88

제95조【소송대리권이 소멸되지 아니하는 경우】 다음 각호 가운데 어느 하나에 해당하더라도 소송대리권은 소멸되지 아니한다.
1. 당사자의 사망 또는 소송능력의 상실
2. 당사자인 법인의 합병에 의한 소멸
3. 당사자인 수탁자(受託者)의 신탁임무의 종료
4. 법정대리인의 사망, 소송능력의 상실 또는 대리권의 소멸·변경
참조 [소송대리권]90－92, [임의대리의 소멸원인]민127·128, [합병으로 인한 소멸]상227·235·530의2·609①, [신탁의 임무종료]신탁12－16·19·69·70
판례 대리권 불소멸의 의미 : 소송계속 중 회사인 일방 당사자의 합병에 의한 소멸로 인하여 소송절차 중단 사유가 발생하였음에도 이를 간과하고 변론이 종결되어 판결이 선고된 경우에는 그 판결은 소송에 관여할 수 있는 적법한 수계인의 권한을 배제한 결과가 되는 절차상 위법은 있지만 그 판결이 당연무효라 할 수는 없고, 다만 그 판결은 대리인에 의하여 적법하게 대리되지 않았던 경우와 마찬가지로 보아 대리권 흠결을 이유로 상소 또는 재심에 의하여 그 취소를 구할 수 있을 뿐이나, 소송대리인이 선임되어 있는 경우에는 민소법 제95조에 의하여 그 소송대리권은 당사자인 법인의 합병에 의한 소멸로 인하여 소멸되지 않고 그 대리인은 새로운 소송수행권자로부터 종전과 같은 내용의 위임을 받은 것과 같은 대리권을 가지는 것으로 볼 수 있으므로, 법원으로서는 당사자의 변경을 간과하여 판결에 구 당사자를 표시하여 선고한 때에는 소송수계인을 당사자로 경정하면 될 뿐, 구 당사자 명의로 선고된 판결을 대리권 흠결을 이유로 상소 또는 재심에 의하여 취소할 수는 없다.(대판 2002.9.24, 2000다49374)

제96조【소송대리권이 소멸되지 아니하는 경우】 ① 일정한 자격에 의하여 자기의 이름으로 남을 위하여 소송당사자가 된 사람에게 소송대리인이 있는 경우에 그 소송대리인의 대리권은 당사자가 자격을 잃더라도 소멸되지 아니한다.
② 제53조의 규정에 따라 선정된 당사자가 그 자격을 잃은 경우에는 제1항의 규정을 준용한다.
참조 [중단과 소송대리인]237·238, [타인을 위하여 소송당사자가 되는 경우]상859②, 채무자회생파산78·359, 신탁68, [선정당사자의 자격상실]54·63·237②

제97조【법정대리인에 관한 규정의 준용】 소송대리인에게는 제58조제2항·제59조·제60조 및 제63조의 규정을 준용한다.
참조 [법정대리권 등의 증명]58②, [소송능력의 흠에 대한 조치와 추인]59·60, [법정대리권의 소멸통지]63, [소송대리권 소멸통지의 신고]민소규17

제3장 소송비용

제1절 소송비용의 부담

제98조【소송비용부담의 원칙】 소송비용은 패소한 당사자가 부담한다.
참조 [비용범위]383·389단서·473④, [소송의 비용담보]117－127, [소송상 구조]128－133
판례 소송비용으로 지출한 금액을 별도로 청구할 수 있는지 여부(소극) : 피해자가 법원의 감정명령에 따라 신체감정을 받으면서 그 감정을 위한 제반 검사비용으로 지출하였다는 금액은 예납의 절차에 의하지 않고 직접 지출하였다 하더라도 감정비용에 포함되는 것으로서 소송비용에 해당하는 것이고, 소송비용으로 지출한 금액은 소송비용확정의 절차를 거쳐 상환받을 수 있는 것이어서 이를 별도로 소구할 이익이 없다.(대판 2000.5.12, 99다68577)

제99조【원칙에 대한 예외】 법원은 사정에 따라 승소한 당사자로 하여금 그 권리를 늘리거나 지키는 데 필요하지 아니한 행위로 말미암은 소송비용 또는 상대방의 권리를 늘리거나 지키는 데 필요한 행위로 말미암은 소송비용의 전부나 일부를 부담하게 할 수 있다.
참조 [패소자부담의 원칙]98

제100조【원칙에 대한 예외】 당사자가 적당한 시기에 공격이나 방어의 방법을 제출하지 아니하였거나, 기일이나 기간의 준수를 게을리 하였거나, 그 밖에 당사자가 책임져야 할 사유로 소송이 지연된 때에는 법원은 지연됨으로 말미암은 소송비용의 전부나 일부를 승소한 당사자에게 부담하게 할 수 있다.
참조 [공격·방어]146·149·285, [기일의 해태]148·153, [기일과 기간]165이하

제101조【일부패소의 경우】 일부패소의 경우에 당사자들이 부담할 소송비용은 법원이 정한다. 다만, 사정에 따라 한 쪽 당사자에게 소송비용의 전부를 부담하게 할 수 있다.
참조 [공격방어]146·149·285, [기일해태]148·150③·153·284, [기일·기간]165－173
판례 일부패소의 경우 소송비용부담의 결정방법 : 일부패소의 경우, 각 당사자가 부담할 소송비용의 비율은 법원이 그 재량에 의하여 정할 수 있는 것이고 반드시 청구액과 인용액의 비율에 따라 정하여야 하는 것은 아니다.(대판 2000.1.18, 98다18506)

제102조【공동소송의 경우】 ① 공동소송인은 소송비용을 균등하게 부담한다. 다만, 법원은 사정에 따라 공동소송인에게 소송비용을 연대하여 부담하게 하거나 다른 방법으로 부담하게 할 수 있다.
② 제1항의 규정에 불구하고 법원은 권리를 늘리거나 지키는 데 필요하지 아니한 행위로 생긴 소송비용은 그 행위를 한 당사자에게 부담하게 할 수 있다.
참조 [공동소송인]65－70·83, [연대]민413－427
판례 판결주문에서 공동소송인별로 소송비용의 부담비율을 정하거나, 연대부담을 명하지 아니하고 단순히 소송비용은 피고들의 부담으로 한다고 정하였다면, 공동소송인들 상호간에 내부적으로 비용분담 문제가 생기더라도 그들 사이의 합의와 실체법에 의하여 해결되어야 한다.(대결 2001.10.16, 2001마1774)

제103조【참가소송의 경우】 참가소송비용에 대한 참가인과 상대방 사이의 부담과, 참가이의신청의 소송비용에 대한 참가인과 이의신청 당사자 사이의 부담에 대하여는 제98조 내지 제102조의 규정을 준용한다.
참조 [이의]71이하

제104조【각 심급의 소송비용의 재판】 법원은 사건을 완결하는 재판에서 직권으로 그 심급의 소송비용 전부에 대하여 재판하여야 한다. 다만, 사정에 따라 사건의 일부나 중간의 다툼에 관한 재판에서 그 비용에 대한 재판을 할 수 있다.
참조 [종국판결]198·199, [중간판결]201, [일부판결]200

제105조【소송의 총비용에 대한 재판】 상급법원이 본안의 재판을 바꾸는 경우 또는 사건을 환송받거나 이송받은 법원이 그 사건을 완결하는 재판을 하는 경우에는 소송의 총비용에 대하여 재판하여야 한다.
참조 [재판의 변경]416－418·436·437, [사건의 환송]418·436, [사건의 이송]34－40·419·436, [독립항소의 금지]391

제106조【화해한 경우의 비용부담】 당사자가 법원에서 화해한 경우(제231조의 경우를 포함한다) 화해비용과 소송비용의 부담에 대하여 특별히 정한 바가 없으면 그 비용은 당사자들이 각자 부담한다.
참조 [화해]113·145·385이하, [화해조서의 효력]220, 민집57

제107조【제3자의 비용상환】 ① 법정대리인·소송대리인·법원사무관등이나 집행관이 고의 또는 중대한 과실로 쓸데없는 비용을 지급하게 한 경우에는 수소법원은 직권으로 또는 당사자의 신청에 따라 그에게 비용을 갚도록 명할 수 있다.
② 법정대리인 또는 소송대리인으로서 소송행위를 한 사람이 그 대리권 또는 소송행위에 필요한 권한을 받았음을 증명하지 못하거나, 추인을 받지 못한 경우에 그 소송행위로 말미암아 발생한 소송비용에 대하여는 제1항의 규정을 준용한다.
③ 제1항 및 제2항의 결정에 대하여는 즉시항고를 할 수 있다.
참조 [신청]161, [소송비용의 부담]311·318·326, [대리권 수권]58·97, [소송행위시 필요한 수권]56·62④, [추인]60·97, [즉시항고]444

제108조【무권대리인의 비용부담】 제107조제2항의 경우에 소가 각하된 경우에는 소송비용은 그 소송행위를 한 대리인이 부담한다.
참조 [법정대리인의 소송비용 부담명령]107②, [패소자부담의 원칙]98
판례 파산절차에서도 소송대리권의 증명 및 무권대리인의 소송비용 부담에 관한 규정이 적용되는지 여부(적극) : 소송절차에서의 소송대리권 증명 및 무권대리인의 소송비용 부담에 관한 법리는 파산절차에도 준용된다.(대결 1997.9.22, 97마1574)

제109조【변호사의 보수와 소송비용】 ① 소송을 대리한 변호사에게 당사자가 지급하였거나 지급할 보수는 대법원규칙이 정하는 금액의 범위안에서 소송비용으로 인정한다.
② 제1항의 소송비용을 계산할 때에는 여러 변호사가 소송을 대리하였더라도 한 변호사가 대리한 것으로 본다.
참조 [변호사의 보수]변호사보수의 소송비용 산입에 관한 규칙1

제110조【소송비용액의 확정결정】 ① 소송비용의 부담을 정하는 재판에서 그 액수가 정하여지지 아니한 경우에 제1심 법원은 그 재판이 확정되거나, 소송비용부담의 재판이 집행력을 갖게 된 후에 당사자의 신청을 받아 결정으로 그 소송비용액을 확정한다.
② 제1항의 확정결정을 신청할 때에는 비용계산서, 그 등본과 비용액을 소명하는 데 필요한 서면을 제출하여야 한다.
③ 제1항의 결정에 대하여는 즉시항고를 할 수 있다.
참조 [소송비용액의 확정신청]민소규18·26③, [재판의 집행력]213·221·444, [신청]161, [소명]299, [즉시항고]444, [2항·3항의 준용]113·114, 민집규24②
판례 소송비용의 부담을 정하는 재판에서 그 액수가 정해지지 않은 경우에는 제1심법원이 그 재판이 확정되거나 소송비용 부담의 재판이 집행력을 갖게 된 후에 당사자의 신청을 받아 그 소송비용액을 확정하는 결정을 하는 것인바, 상소심에 제기된 재심청구 사건의 판결에서 소송비용의 부담자만을 정하고 그 액수를 정하지 아니한 경우에도 그 소송비용액의 확정결정은 제1심법원이 하여야 한다.(대판 2008.3.31, 2006마1488)

제111조【상대방에 대한 최고】 ① 법원은 소송비용액을 결정하기 전에 상대방에게 비용계산서의 등본을 교부하고, 이에 대한 진술을 할 것과 일정한 기간 이내에 비용계산서와 비용액을 소명하는 데 필요한 서면을 제출할 것을 최고(催告)하여야 한다.
② 상대방이 제1항의 서면을 기간 이내에 제출하지 아니한 때에는 법원은 신청인의 비용에 대하여서만 결정할 수 있다. 다만, 상대방도 제110조제1항의 확정결정을 신청할 수 있다.
참조 [본조준용]113·114, ①[비용액 확정결정]110, [기간]170·172①, [비용계산서의 등본]110②, [소명]299, ②[본항의 경우의 비용의 상계]112

제112조【부담비용의 상계】 법원이 소송비용을 결정하는 경우에 당사자들이 부담할 비용은 대등한 금액에서 상계(相計)된 것으로 본다. 다만, 제111조제2항의 경우에는 그러하지 아니하다.
참조 [소송비용액 확정결정]110, [상계]민492·493, [본조준용]113·114

제113조【화해한 경우의 비용액확정】 ① 제106조의 경우에 당사자가 소송비용부담의 원칙만을 정하

民訴

고 그 액수를 정하지 아니한 때에는 법원은 당사자의 신청에 따라 결정으로 그 액수를 정하여야 한다.
② 제1항의 경우에는 제110조제2항·제3항, 제111조 및 제112조의 규정을 준용한다.
참조 [화해한 경우의 비용부담]106, [소송비용액확정신청의 방식]민소규18, [신청]161, [결정]134·221, [부담비용의 상계]112

제114조【소송이 재판에 의하지 아니하고 끝난 경우】 ① 제113조의 경우 외에 소송이 재판에 의하지 아니하고 끝나거나 참가 또는 이에 대한 이의신청이 취하된 경우에는 법원은 당사자의 신청에 따라 결정으로 소송비용의 액수를 정하고, 이를 부담하도록 명하여야 한다.
② 제1항의 경우에는 제98조 내지 제103조, 제110조제2항·제3항, 제111조 및 제112조의 규정을 준용한다.
참조 [소송비용확정신청의 방식]민소규18, [재판에 의하지 않는 소송완결]220·266·267·393–395·425, [참가]73, [신청]161, [법원사무관등에 의한 계산]115
판례 "소취하일 이후의 소송비용은 원고의 부담으로 한다"고 선고한 판결에서 '소취하일 이후의 소송비용'은 위 날짜 이후에 민사소송법이 규정하는 소송절차를 수행하기 위하여 새롭게 지출한 비용을 의미하는 것이고, 전체 소송을 위하여 위 날짜 이전에 지출한 비용을 그 비용지출일로부터 소송종료일까지의 기간 중 위 날짜 이후부터 소송종료일까지의 기간의 비율에 해당하는 금액으로 환산한 비용을 의미하는 것은 아니다.
(대결 2005.5.20, 2004마1038)

제115조【법원사무관등에 의한 계산】 제110조제1항의 신청이 있는 때에는 법원은 법원사무관등에게 소송비용액을 계산하게 하여야 한다.
참조 [소송비용확정신청의 방식]민소규26③, [계산하여야 할 경우]110·113·114, 민집규24②

제116조【비용의 예납】 ① 비용을 필요로 하는 소송행위에 대하여 법원은 당사자에게 그 비용을 미리 내게 할 수 있다.
② 비용을 미리 내지 아니하는 때에는 법원은 그 소송행위를 하지 아니할 수 있다.
참조 [예납의무자등]민소규19, [예납불요의 비용의 추심]민사소송비용12, [소송상의 구조]129①, [비용의 국고체당]비송30, 채무자회생파산303·304
판례 예납명령에 대하여 독립하여 불복할 수 있는지 여부 : 그 보수 상당액의 예납명령에 대하여는 불예납을 이유로 하여 청구인에게 불이익한 심판 등이 이루어질 경우 그에 대한 불복절차에서 그 당부를 다툴 수 있을 뿐 독립하여 불복할 수 없다.
(대결 2001.8.22, 2000으2)

제2절 소송비용의 담보

제117조【담보제공의무】 ① 원고가 대한민국에 주소·사무소와 영업소를 두지 아니한 때 또는 소장·준비서면, 그 밖의 소송기록에 의하여 청구가 이유 없음이 명백한 때 등 소송비용에 대한 담보제공이 필요하다고 판단되는 경우에 피고의 신청이 있으면 법원은 원고에게 소송비용에 대한 담보를 제공하도록 명하여야 한다. 담보가 부족한 경우에도 또한 같다.(2010.7.23 본항개정)
② 제1항의 경우에 법원은 직권으로 원고에게 소송비용에 대한 담보를 제공하도록 명할 수 있다.
(2010.7.23 본항신설)
③ 청구의 일부에 대하여 다툼이 없는 경우에는 그 액수가 담보로 충분하면 제1항의 규정을 적용하지 아니한다.
改前 "① 원고가 대한민국에 주소·사무소와 영업소를 두지 아니한 경우에는 법원은 피고의 신청에 따라 원고에게 소송비용에 대한 담보를 제공하도록 명하여야 한다. 담보가 부족한 경우에도 또한 같다."
참조 [주소]민18–21·36, 상171, [신청]161, [담보제공의 방식]122, [담보의 취소]125, ②[청구의 인낙]220
판례 담보가 부족한 경우의 의미(구법관계) : 민소법 제107조 제1항에서 말하는 '담보가 부족한 때'란 상소 제기나 소의 확장 등으로 말미암아 소송비용이 추가로 소요될 것이 예상되는 경우 등 소송의 경과에 따라 제공된 담보가 충분하지 않게 된 경우를 말하고, 그와 같은 사유가 있음을 알면서도 응소한 경우에만 같은 법 제108조에 의하여 담보제공 신청권을 상실하며, 담보가 부족한지 여부는 지출할 소송비용의 총액과 담보액을 대비하여 정할 것이고, 전자가 후자를 초과할 때에 피고가 담보의 부족이 생긴 것을 안 것으로 추정할 것이다.
(대결 2002.8.14, 2002카담20)

제118조【소송에 응함으로 말미암은 신청권의 상실】 담보를 제공할 사유가 있다는 것을 알고도 피고가 본안에 관하여 변론하거나 변론준비기일에서 진술한 경우에는 담보제공을 신청하지 못한다.
참조 [담보]117①, [본안의 변론]134, [준비절차]279–286

제119조【피고의 거부권】 담보제공을 신청한 피고는 원고가 담보를 제공할 때까지 소송에 응하지 아니할 수 있다.
참조 [담보]117①, [본조준용]127

제120조【담보제공결정】 ① 법원은 담보를 제공하도록 명하는 결정에서 담보액과 담보제공의 기간을 정하여야 한다.
② 담보액은 피고가 각 심급에서 지출할 비용의 총액을 표준으로 하여 정하여야 한다.
참조 [담보]117①, [결정]134·221, [기간]170·172, [담보를 제공하지 아니한 효과]124, [제1항 준용]127

제121조【불복신청】 담보제공신청에 관한 결정에 대하여는 즉시항고를 할 수 있다.
참조 [담보]177①, [즉시항고]444, [본조준용]127

제122조【담보제공방식】 담보의 제공은 금전 또는 법원이 인정하는 유가증권을 공탁(供託)하거나, 대법원규칙이 정하는 바에 따라 지급을 보증하겠다는 위탁계약을 맺은 문서를 제출하는 방법으로 한다. 다만, 당사자들 사이에 특별한 약정이 있으면 그에 따른다.
참조 [지급보증위탁계약]민소규22, [담보물의 변환]126, [본조 준용]127·214·502, [공탁]공탁, 공탁규칙, 민사조정규칙5④
판례 담보제공자 발행의 당좌수표가 공탁할 유가증권으로 적절한지 여부(소극) : 본래의 현금공탁에 대신하여 공탁담보물의 변환을 구하는 담보제공자 발행의 당좌수표는 금융기관 발행의 수표와는 달리 그 지급 여부가 개인의 신용에 의존하는 것으로서 환가가 확실하다고 볼 수 없으므로 공탁할 유가증권이 되기에 적절하지 못하다.(대결 2000.5.31, 2000그22)

제123조【담보물에 대한 피고의 권리】 피고는 소송비용에 관하여 제122조의 규정에 따른 담보물에 대하여 질권자와 동일한 권리를 가진다.
참조 [질권]민329–355, [권리실행의 방법]민354, 공탁규칙, [본조준용]127·214, 민사조정규칙5④

제124조【담보를 제공하지 아니한 효과】 담보를 제공하여야 할 기간 이내에 원고가 이를 제공하지 아니하는 때에는 법원은 변론없이 판결로 소를 각하할 수 있다. 다만, 판결하기 전에 담보를 제공한 때에는 그러하지 아니하다.
참조 [담보를 제공할 기간]120, [구술변론의 원칙]134③, [본조준용]127, [판결확정]205·207

제125조【담보의 취소】 ① 담보제공자가 담보하여야 할 사유가 소멸되었음을 증명하면서 취소신청을 하면, 법원은 담보취소결정을 하여야 한다.
② 담보제공자가 담보취소에 대한 담보권리자의 동의를 받았음을 증명한 때에도 제1항과 같다.
③ 소송이 완결된 뒤 담보제공자가 신청하면, 법원은 담보권리자에게 일정한 기간 이내에 그 권리를 행사하도록 최고하고, 담보권리자가 그 행사를 하지 아니하는 때에는 담보취소에 대하여 동의한 것으로 본다.
④ 제1항과 제2항의 규정에 따른 결정에 대하여는 즉시항고를 할 수 있다.
참조 [관할법원]민소규23, [담보]117①, [신청]161, [기간]170·172①, [결정]134·221, [즉시항고]444, [본조준용]127·214, 민사조정규칙5④
판례 보전처분에 관한 본안소송이 이미 제기되어 계속 중인 경우에는, 비록 보전처분이 그에 대한 이의신청 등을 통하여 취소 확정되고 그 집행이 해제되었다고 하더라도 그것만으로 민사소송법 제125조에서 말하는 '소송이 완결된 뒤'라고 볼 수 없고, 계속 중인 본안사건까지 확정되어야만 소송의 완결로 인정할 수 있다.(대결 2010.5.20, 2009마1073 전원합의체)
판례 이행권고결정의 확정이 민사소송법 제125조 제1항 소정의 담보취소사유에 해당하는지 여부 : 가압류 채권자가 본안소송에서 승소의 확정판결을 얻은 것과 같이 이미 집행된 가압류 등 보전처분의 정당성이 인용됨으로써 손해가 발생되지 아니할 것이 확실하게 된 경우도 담보사유가 소멸된 것에 해당한다고 할 것인바, 이행권고결정이 확정된 경우에도 본안승소의 확정판결을 받은 것과 같이 담보사유가 소멸되었다고 해석함이 상당하다.(대결 2006.6.30, 2006마257)

제126조【담보물변경】 법원은 담보제공자의 신청에 따라 결정으로 공탁한 담보물을 바꾸도록 명할 수 있다. 다만, 당사자가 계약에 의하여 공탁한 담보물을 다른 담보로 바꾸겠다고 신청한 때에는 그에 따른다.
참조 [관할법원]민소규23, [신청]161, [담보제공의 방식]122, [결정]134·221, [본조준용]127·214, 민사조정규칙5④

제127조【준용규정】 다른 법률에 따른 소제기에 관하여 제공되는 담보에는 제119조, 제120조제1항, 제121조 내지 제126조의 규정을 준용한다.
참조 [다른 법률에 의한 소제기에 담보를 제공할 경우]상176③·237·377·380·381②·530②·542②·578·603·613·619②

제3절 소송구조

제128조【구조의 요건】 ① 법원은 소송비용을 지출할 자금능력이 부족한 사람의 신청에 따라 또는 직권으로 소송구조(訴訟救助)를 할 수 있다. 다만, 패소할 것이 분명한 경우에는 그러하지 아니하다.
② 제1항 단서에 해당하는 경우 같은 항 본문에 따른 소송구조 신청에 필요한 소송비용과 제133조에 따른 불복신청에 필요한 소송비용에 대하여도 소송구조를 하지 아니한다.(2023.4.18 본항신설)
③ 제1항의 신청인은 구조의 사유를 소명하여야 한다.
④ 소송구조에 대한 재판은 소송기록을 보관하고 있는 법원이 한다.
⑤ 제1항에서 정한 소송구조요건의 구체적인 내용과 소송구조절차에 관하여 상세한 사항은 대법원규칙으로 정한다.
참조 [신청]161, [불복신청]133, [결정]134·221, [소명]299, [구조신청의 방식]민소규24①, [소송비용의 지급요청]민소규25①
판례 소송구조 신청의 소명방법 : 소송구조의 신청은 서면에 의하여야 하고, 신청인은 구조의 사유를 소명하여야 하며, 그 신청서에는 신청인 및 그와 같이 사는 가족의 자금능력을 적은 서면을 붙여야 하는데 이와 같은 자금능력에 대한 서면의 제출은 신청인이 소송비용을 지출할 자금능력이 부족한 사람이라는 점을 소명하기 위한 하나의 방법으로 예시된 것으로 봄이 상당하므로 신청인으로서는 다른 방법으로 자금능력의 부족에 대한 소명을 하는 것도 가능하다고 할 것이고, 법원은 자유심증에 따라 그 소명 여부를 판단하여야 한다.
(대결 2003.5.23, 2003마89)
판례 동조 제3항의 규정 취지 : 동규정의 취지는 관할법원에 관한 명문 규정이 없던 구 민사소송법이 적용되던 때에 원심재판장이 인지를 첩부하지 않거나 부족한 인지를 첩부한 상소인에 대하여 인지보정명령을 하였음에도 상소인이 인지첩부의 유예를 구하는 소송구조신청을 하게 되면 원심재판장은 상소장 각하명령을 하지 못하고 기록을 상소법원에 송부하게 되고 상소법원이 소송구조신청에 대한 재판과 상소장의 심사를 담당하는 것으로 되는 결과, 소송구조신청이 소송 지연책으로 악용되거나 원심재판장의 상소장 심사를 회피하기 위한 편법으로 이용될 여지가 있었기에 그를 방지하려는 것이고, 또한 소송구조의 신청이 상소와 함께 이루어진 경우에는 그에 대한 심리가 상소장 심사와 밀접하게 관련되어 있을 뿐만 아니라, 소송구조의 부여 여부에 관한 재판의 심리는 비교적 용이한 것이므로, 신속한 소송구조를 촉진함과 동시에 소송구조를 악용하는 것을 막기 위함이다.(대결 2003.5.13, 2003마219)

제129조【구조의 객관적 범위】 ① 소송과 강제집행에 대한 소송구조의 범위는 다음 각호와 같다. 다만, 법원은 상당한 이유가 있는 때에는 다음 각호 가운데 일부에 대한 소송구조를 할 수 있다.
1. 재판비용의 납입유예
2. 변호사 및 집행관의 보수와 체당금(替當金)의 지급유예
3. 소송비용의 담보면제
4. 대법원규칙이 정하는 그 밖의 비용의 유예나 면제
② 제1항제2호의 경우에는 변호사나 집행관이 보수를 받지 못하면 국고에서 상당한 금액을 지급한다.
참조 [변호사보수의 지급]민소규26①②, [비용예납]116, [유예한 비용추심]132, [법원이 선임을 강제한 변호사]144②, [담보제공의무]117, [강제집행]민집24–60, [집행관의 체당금]집행관19

제130조【구조효력의 주관적 범위】 ① 소송구조는 이를 받은 사람에게만 효력이 미친다.
② 법원은 소송승계인에게 미루어 둔 비용의 납입을 명할 수 있다.
참조 [국가채권발생]민소규20·21, [소송의 승계인]233①·234①, [유예한 비용]129, 민사소송비용12, [불복신청]133
판례 소송구조는 이를 받은 사람에게만 효력이 미치는 것이므로 여러 선정자가 그 중의 여러 사람을 선정당사자로 선정하고 그 선정당사자가 소송구조를 신청한 경우에 있어서는, 그 선정당사자와 선정자와의 관계를 밝히고 어느 선정자에 대하여 어느 범위에서 소송구조를 하는 것인지를 명백히 하여야 한다.
(대결 2003.5.23, 2003마89)

제131조【구조의 취소】 소송구조를 받은 사람이 소송비용을 납입할 자금능력이 있다는 것이 판명되거나, 자금능력이 있게 된 때에는 소송기록을 보관하고 있는 법원은 직권으로 또는 이해관계인의 신청에 따라 언제든지 구조를 취소하고, 납입을 미루어 둔 소송비용을 지급하도록 명할 수 있다.
참조 [구조의 요건]128, [국가채권발생]민소규20, [소송기록 있는 법원]40·152–160·400·421, [신청]161, [불복신청]133, [유예비용추심의 방식]민사소송비용12

제132조【납입유예비용의 추심】 ① 소송구조를 받은 사람에게 납입을 미루어 둔 비용은 그 부담의 재판을 받은 상대방으로부터 직접 지급받을 수 있다.
② 제1항의 경우에 변호사 또는 집행관은 소송구조를 받은 사람의 집행권원으로 보수와 체당금에 관한 비용액의 확정결정신청과 강제집행을 할 수 있다.
③ 변호사 또는 집행관은 보수와 체당금에 대하여 당사자를 대위(代位)하여 제113조 또는 제114조의 결정신청을 할 수 있다.
참조 [유예한 비용]129, [국가채권발생]민소규20, [변호사의 보수]129·144②, [집행관의 체당금]129, 집행관19, [집행권원]민집56, [비용액을 정하는 신청]110, [불복신청]133, [재판에 의하지 않고 소송이 완결된 경우의 비용확정]114

제133조【불복신청】 이 절에 규정한 재판에 대하여는 즉시항고를 할 수 있다. 다만, 상대방은 제129조제1항제3호의 소송구조결정을 제외하고는 불복할 수 없다.
참조 [재판]128③·130②·131·132, [즉시항고]444
판례 인지를 붙이지 아니한 소송구조 신청과 소장의 각하 여부(구법관계) : 원고가 소장을 제출하면서 소정의 인지를 첩부하지 아니하고 소송상 구조신청을 한 경우, 민소법 제123조에서 소송상 구조신청에 대한 기각결정에 대하여도 즉시항고를 할 수 있도록 규정하고 있는 취지에 비추어 볼 때, 소송상 구조신청에 대한 기각결정이 확정되기 전에 소장의 인지가 첩부되어 있지 아니함을 이유로 소장을 각하하여서는 안 된다.
(대결 2002.9.27, 2002마3411)

民訴

제4장 소송절차

제1절 변 론

제134조【변론의 필요성】 ① 당사자는 소송에 대하여 법원에서 변론하여야 한다. 다만, 결정으로 완결할 사건에 대하여는 법원이 변론을 열 것인지 아닌지를 정한다.
② 제1항 단서의 규정에 따라 변론을 열지 아니할 경우에, 법원은 당사자와 이해관계인, 그 밖의 참고인을 심문할 수 있다.
③ 이 법에 특별한 규정이 있는 경우에는 제1항과 제2항의 규정을 적용하지 아니한다.

참조 [변론기일지정]165 · 258, [결정]221 · 224, [개정장소]법원조직56, [변론공개]헌109, 법원조직57, [변론을 거치지 않은 소송의 판결]124 · 219, 413 · 425 · 430, 소액9①, [심문을 필요로 하는 경우]82② · 317① · 347③, 민집167③ · 262, [심문이 불필요한 경우]467, 민집226

판례 주요사실에 대한 간접적인 주장이 있는 것으로 인정되는 경우 : 당사자의 주요사실에 대한 주장은 직접적으로 명백히 한 경우뿐만 아니라 당사자가 법원에 서증을 제출하며 그 입증취지를 진술함으로써 서증에 기재된 사실을 주장하거나 그 밖에 당사자의 변론을 전체적으로 관찰하여 간접적으로 주장한 것으로 볼 수 있는 경우에도 주요사실의 주장이 있는 것으로 보아야 한다.(대판 2002.11.8, 2002다38361,38378)

제135조【재판장의 지휘권】 ① 변론은 재판장(합의부의 재판장 또는 단독판사를 말한다. 이하 같다)이 지휘한다.
② 재판장은 발언을 허가하거나 그의 명령에 따르지 아니하는 사람의 발언을 금지할 수 있다.

참조 [소송지휘에 관한 명령의 취소]222, [재판장의 기일지정권]165①, [재판장의 질서유지권]법원조직58-60

제136조【석명권(釋明權) · 구문권(求問權) 등】 ① 재판장은 소송관계를 분명하게 하기 위하여 당사자에게 사실상 또는 법률상 사항에 대하여 질문할 수 있고, 증명을 하도록 촉구할 수 있다.
② 합의부원은 재판장에게 알리고 제1항의 행위를 할 수 있다.
③ 당사자는 필요한 경우 재판장에게 상대방에 대하여 설명을 요구하여 줄 것을 요청할 수 있다.
④ 법원은 당사자가 간과하였음이 분명하다고 인정되는 법률상 사항에 관하여 당사자에게 의견을 진술할 기회를 주어야 한다.

참조 [석명권의 행사에 따른 법원사무관의 조치]민소규30, [법원의 석명처분]140, [석명하지 않은 경우의 처리]149②, [준비절차에 준용]286

▣ 석명권

판례 석명권 행사의 내용과 한계 : 법원의 석명권 행사는 당사자의 주장에 모순된 점이 있거나 불완전 · 불명료한 점이 있을 때에 이를 지적하여 정정 · 보충할 수 있는 기회를 주고, 계쟁 사실에 대한 증거의 제출을 촉구하는 것을 그 내용으로 하는 것으로서, 당사자가 주장하지도 아니한 법률효과에 관한 요건사실이나 독립된 공격방어방법을 시사하여 그 제출을 권유함과 같은 행위를 하는 것은 변론주의의 원칙에 위배되는 것으로서 석명권 행사의 한계를 일탈하는 것이다.(대판 2004.3.12, 2001다79013)

▣ 석명을 요하는 경우

판례 소송자료 보충을 위한 석명이 인정되는지 여부 : 당사자가 어떠한 법률효과를 주장하면서 미처 깨닫지 못하고 그 요건사실 일부를 빠뜨린 경우에는 법원은 그 누락사실을 지적하고, 당사자가 이 점에 관하여 변론을 하지 아니하는 취지가 무엇인지를 밝혀 당사자에게 그에 대한 변론을 할 기회를 주어야 할 의무가 있다.(대판 2005.3.11, 2002다60207)

판례 매매대상에서 제외하기로 한 건물의 일부분을 포함시켜 소유권이전등기를 청구한 경우의 조치 : 건물매매계약의 당사자가 건물의 일부에 불과할 뿐 구조상으로나 이용상 다른 부분과 구분되는 독립성이 없기 때문에 구분소유권의 대상이 될 수 없는 부분을 매매대상에서 제외하기로 약정하였음에도 매수인이 건물 전체에 대한 소유권이전등기청구를 한 경우, 당사자의 의사는 위 매매대상 건물 전체 면적 중 이를 제외한 나머지 면적에 상응하는 비율로 지분소유권이전등기를 마치려는 것이라고 해석할 여지가 있으므로, 법원으로서는 매수인의 청구가 매매대상 건물 중 매도인이 매매대상에서 제외한 면적에 상응하는 비율만큼의 지분소유권이전등기를 구하는 취지인지 석명을 구한 후 그에 대하여 심리하여야 한다.
(대판 2003.3.14, 2001다7599)

▣ 석명을 요하지 않는 경우

판례 민사소송법 제136조 제4항은 "법원은 당사자가 명백히 간과한 것으로 인정되는 법률상 사항에 관하여 당사자에게 의견을 진술할 기회를 주어야 한다"라고 규정하고 있으므로, 당사자가 부주의 또는 오해로 인하여 명백히 간과한 법률상의 사항이 있거나 당사자의 주장이 법률상의 관점에서 보아 모순이나 불명료한 점이 있는 경우 법원은 적극적으로 석명권을 행사하여 당사자에게 의견진술의 기회를 주어야 하고 만일 이를 게을리 한 경우에는 석명 또는 지적의무를 다하지 아니한 것으로서 위법하다.(대판 2010.2.11, 2009다83599)

제137조【석명준비명령】 재판장은 제136조의 규정에 따라 당사자에게 설명 또는 증명하거나 의견을 진술할 사항을 지적하고 변론기일 이전에 이를 준비하도록 명할 수 있다.

참조 [석명권의 행사에 따른 법원사무관의 조치]민소규30, [소송지휘재판의 취소]222, [합의부에 의한 감독]138, [준비절차에 준용]286

제138조【합의부에 의한 감독】 당사자가 변론의 지휘에 관한 재판장의 명령 또는 제136조 및 제137조의 규정에 따른 재판장이나 합의부원의 조치에 대하여 이의를 신청한 때에는 법원은 결정으로 그 이의신청에 대하여 재판한다.

참조 [재판장의 명령에 관한 이의신청]민소규28①, [석명과 석명준비명령]136 · 137, [지휘]135, [결정]134 · 221 · 224, [준비절차에 준용]286

제139조【수명법관의 지정 및 촉탁】 ① 수명법관으로 하여금 그 직무를 수행하게 하고자 할 경우에는 재판장이 그 판사를 지정한다.
② 법원이 하는 촉탁은 특별한 규정이 없으면 재판장이 한다.

참조 [수명법관의 직무]145 · 165② · 172③ · 297 · 313 · 335 · 337 · 354 · 365, [촉탁]140 · 294 · 296 · 297 · 313 · 338① · 341① · 352 · 366 · 민집55 · 94 · 163 · 171④, [관공서에 대한 조회]356

제140조【법원의 석명처분】 ① 법원은 소송관계를 분명하게 하기 위하여 다음 각호의 처분을 할 수 있다.
1. 당사자 본인 또는 그 법정대리인에게 출석하도록 명하는 일
2. 소송서류 또는 소송에 인용한 문서, 그 밖의 물건으로서 당사자가 가지고 있는 것을 제출하게 하는 일
3. 당사자 또는 제3자가 제출한 문서, 그 밖의 물건을 법원에 유치하는 일
4. 검증을 하고 감정을 명하는 일
5. 필요한 조사를 촉탁하는 일
② 제1항의 검증 · 감정과 조사의 촉탁에는 이 법의 증거조사에 관한 규정을 준용한다.

참조 [법원의 석명처분]민소규29, [재판장의 명령에 관한 이의신청]민소규30, [법정대리인]51 · 55 · 64, [검증]364-366, [감정]333-342, [조사]294, [재판장의 석명처분]136 · 137, [비용예납]116, [준비절차에 준용]286

제141조【변론의 제한 · 분리 · 병합】 법원은 변론의 제한 · 분리 또는 병합을 명하거나, 그 명령을 취소할 수 있다.

참조 [일부판결]200, [결정]221, [변론의 병합을 요하는 경우]상188 · 376② · 380 · 381② · 446

제142조【변론의 재개】 법원은 종결된 변론을 다시 열도록 명할 수 있다.

참조 [종결]198, [결정]221, [변론기일지정]민소규43, [준비절차에의 준용]286

판례 당사자가 변론종결 후 그 항변 및 입증을 위하여 변론재개신청을 한 경우에 그 입증의 여하에 따라 판결의 결과가 달라질 수도 있는 관건적 요증사실에 해당하는 등의 특별한 사정이 없는 한 당사자의 변론재개신청을 받아들이느냐의 여부는 법원의 재량에 속한 사항이므로 당사자가 항변을 제출할 수 있는 기회가 충분히 있었음에도 이를 하지 않다가 변론종결 후에 한 변론재개신청을 법원이 받아들이지 아니하였다 하여 이를 심리미진의 위법사유에 해당한다고 할 수는 없다.
(대판 2007.4.26, 2005다53866)

판례 사실심의 변론종결 후에 변론의 재개신청을 함과 동시에 승계참가인의 승계참가신청이 있었던 경우, 사실심이 본래의 소송에 대하여 변론재개를 하지 않은 채 그대로 판결하는 한편, 참가신청에 대하여는 이를 분리하여 각하하는 판결을 하였더라도 위법은 아니다.(대판 2005.3.11, 2004다26997)

판례 변론재개신청에 대하여 법원이 허부결정을 하여야 하는지 여부 : 변론의 재개신청은 법원의 직권발동을 촉구하는 의미밖에 없으며, 변론의 재개 여부는 법원의 직권사항이고 당사자에게 신청권이 없으므로 이에 대한 허부의 결정을 할 필요가 없으며, 또한 변론재개신청이 있다 하여 법원에 재개의무가 있는 것도 아니다.(대판 2004.7.9, 2004다13083)

제143조【통역】 ① 변론에 참여하는 사람이 우리말을 하지 못하거나, 듣거나 말하는 데 장애가 있으면 통역인에게 통역하게 하여야 한다. 다만, 위와 같은 장애가 있는 사람에게는 문자로 질문하거나 진술하게 할 수 있다.
② 통역인에게는 이 법의 감정인에 관한 규정을 준용한다.

참조 [조서에의 기재]153, [허위통역과 재심사유]451①, [감정인]333-342, [변론준비절차에 준용]286, [법정용어]법원조직62, [허위통역죄]형154, [일당 · 여비 · 숙박료]민사소송비용4 · 6 · 11

제143조의2【진술 보조】 ① 질병, 장애, 연령, 그 밖의 사유로 인한 정신적 · 신체적 제약으로 소송관계를 분명하게 하기 위하여 필요한 진술을 하기 어려운 당사자는 법원의 허가를 받아 진술을 도와주는 사람과 함께 출석하여 진술할 수 있다.
② 법원은 언제든지 제1항의 허가를 취소할 수 있다.
③ 제1항 및 제2항에 따른 진술보조인의 자격 및 소송상 지위와 역할, 법원의 허가 요건 · 절차 등 허가 및 취소에 관한 사항은 대법원규칙으로 정한다.
(2016.2.3 본조신설)

참조 [진술보조인이 될 수 있는 사람]민소규30의2

제144조【변론능력이 없는 사람에 대한 조치】 ① 법원은 소송관계를 분명하게 하기 위하여 필요한 진술을 할 수 없는 당사자 또는 대리인의 진술을 금지하고, 변론을 계속할 새 기일을 정할 수 있다.
② 제1항의 규정에 따라 진술을 금지하는 경우에 필요하다고 인정하면 법원은 변호사를 선임하도록 명할 수 있다.
③ 제1항 또는 제2항의 규정에 따라 대리인에게 진술을 금지하거나 변호사를 선임하도록 명하였을 때에는 본인에게 그 취지를 통지하여야 한다.
④ 소 또는 상소를 제기한 사람이 제2항의 규정에 따른 명령을 받고도 제1항의 새 기일까지 변호사를 선임하지 아니한 때에는 법원은 결정으로 소 또는 상소를 각하할 수 있다.
⑤ 제4항의 결정에 대하여는 즉시항고를 할 수 있다.

참조 [법정대리인]51 · 62, [소송대리인]87-97, [준비절차에의 준용]286

제145조【화해의 권고】 ① 법원은 소송의 정도와 관계없이 화해를 권고하거나, 수명법관 또는 수탁판사로 하여금 권고하게 할 수 있다.
② 제1항의 경우에 법원 · 수명법관 또는 수탁판사는 당사자 본인이나 그 법정대리인의 출석을 명할 수 있다.

참조 [준비절차에의 준용]286, ①[화해]106 · 113 · 154 · 220 · 385이하, [화해조서]민소규31, [수명법관]139①, [수탁판사]160, ②[법정대리인]51 · 62, [본인출석의 원칙]가소49, 민사조정31 · 32

판례 민사소송절차에서 법원이 화해를 권고하거나 화해권고결정을 할 것인지 여부는 당사자의 이익, 그 밖의 모든 사정을 참작하여 직권으로 행하는 것이므로, 청구권의 발생 자체는 명백하지만 신의칙에 의하여 이를 배척하는 경우에 판결에 앞서 화해적 해결을 시도하지 않았다고 하여 위법이라고 할 수 없다.
(대판 2009.12.10, 2008다78279)

제146조【적시제출주의】 공격 또는 방어의 방법은 소송의 정도에 따라 적절한 시기에 제출하여야 한다.

참조 [특별규정]276 · 285 · 410, [실기한 공격 · 방어방법의 제출]149 · 451①, [준비절차에의 준용]286

제147조【제출기간의 제한】 ① 재판장은 당사자의 의견을 들어 한 쪽 또는 양 쪽 당사자에 대하여 특정한 사항에 관하여 주장을 제출하거나 증거를 신청할 기간을 정할 수 있다.
② 당사자가 제1항의 기간을 넘긴 때에는 주장을 제출하거나 증거를 신청할 수 없다. 다만, 당사자가 정당한 사유로 그 기간 이내에 제출 또는 신청하지 못하였다는 것을 소명한 경우에는 그러하지 아니하다.

참조 [서증사본의 제출기간]민소규108, [기일의 지정과 변경]165, [기일의 통지]167

제148조【한 쪽 당사자가 출석하지 아니한 경우】
① 원고 또는 피고가 변론기일에 출석하지 아니하거나, 출석하고서도 본안에 관하여 변론하지 아니한 때에는 그가 제출한 소장 · 답변서, 그 밖의 준비서면에 적혀 있는 사항을 진술한 것으로 보고 출석한 상대방에게 변론을 명할 수 있다.
② 제1항의 규정에 따라 당사자가 진술한 것으로 보는 답변서, 그 밖의 준비서면에 청구의 포기 또는 인낙의 의사표시가 적혀 있고 공증사무소의 인증을 받은 때에는 그 취지에 따라 청구의 포기 또는 인낙이 성립된 것으로 본다.
③ 제1항의 규정에 따라 당사자가 진술한 것으로 보는 답변서, 그 밖의 준비서면에 화해의 의사표시가 적혀 있고 공증사무소의 인증을 받은 경우에, 상대방 당사자가 변론기일에 출석하여 그 화해의 의사표시를 받아들인 때에는 화해가 성립된 것으로 본다.

참조 [최초 기일의 지정 · 변경]165, [소장]249, [준비서면]274 · 276, [준비절차에의 준용]286

판례 한쪽 당사자가 변론기일에 불출석한 상태에서 법원이 변론을 진행하기 위하여는 반드시 불출석한 당사자가 그때까지 제출한 소장 · 답변서 그 밖의 준비서면에 기재된 사항을 진술간주하여야 하는지 여부(적극) : 출석한 당사자만으로 변론을 진행할 때에는 반드시 불출석한 당사자가 그때까지 제출한 소장 · 답변서, 그 밖의 준비서면에 적혀 있는 사항을 진술한 것으로 보아야 한다.(대판 2008.5.8, 2008다2890)

제149조【실기한 공격 · 방어방법의 각하】 ① 당사자가 제146조의 규정을 어기어 고의 또는 중대한 과실로 공격 또는 방어방법을 뒤늦게 제출함으로써 소송의 완결을 지연시키게 하는 것으로 인정할 때에는 법원은 직권으로 또는 상대방의 신청에 따라 결정으로 이를 각하할 수 있다.
② 당사자가 제출한 공격 또는 방어방법의 취지가 분명하지 아니한 경우에, 당사자가 필요한 설명을 하지 아니하거나 설명할 기일에 출석하지 아니한 때에는 법원은 직권으로 또는 상대방의 신청에 따라 결정으로 이를 각하할 수 있다.

참조 [예외]가소12, [준비절차에의 준용]286, ①[제출시기의 원칙]146, [소송비용의 부담]100, [신청]161, [결정]134 · 221, ②[재판장의 석명처분]136 · 137, [법원의 석명처분]140, [석명을 할 기일]30 · 140①

판례 소송완결이 지연되지 않는다고 판단한 예 : 실기한 공격방어방법이라고 하더라도 어차피 기일의 속행을 필요로 하고 그 속행기일의 범위 내에서 공격방어방법의 심리도 마칠 수 있거나 그 내용이 이미 심리를 마친 소송자료의 범위 안에 포함되어 있는 때에는 소송의 완결을 지연시키는 것으로 볼 수 없으므로 이를 각하할 수 없다.(대판 2000.4.7, 99다53742)

제150조【자백간주】 ① 당사자가 변론에서 상대방이 주장하는 사실을 명백히 다투지 아니한 때에는 그 사실을 자백한 것으로 본다. 다만, 변론 전체

의 취지로 보아 그 사실에 대하여 다툰 것으로 인정되는 경우에는 그러하지 아니하다.
② 상대방이 주장한 사실에 대하여 알지 못한다고 진술한 때에는 그 사실을 다툰 것으로 추정한다.
③ 당사자가 변론기일에 출석하지 아니하는 경우에는 제1항의 규정을 준용한다. 다만, 공시송달의 방법으로 기일통지서를 송달받은 당사자가 출석하지 아니한 경우에는 그러하지 아니하다.

참조 [자백]288, [변론의 전취지]202, [공시송달]194이하, [준비절차에의 준용]286

판례 공시송달의 방법으로 기일통지서를 송달받은 당사자가 변론기일에 출석하지 아니한 경우 자백간주 규정을 준용하지 않는 민사소송법 제150조 제3항 단서는, 그 상대방 당사자의 효율적이고 공정한 재판을 받을 권리를 침해하지 않으므로 헌법에 위반되지 않는다.(헌재결 2013.3.21, 2012헌바128)

판례 소송대리권의 존부에 관하여 의제자백 규정이 적용되는지 여부(소극) : 소송대리권의 존부는 법원의 직권탐지사항으로서, 이에 대하여는 의제자백에 관한 규정이 적용될 여지가 없다.(대판 1999.2.24, 97다38930)

판례 항소심에서 의제자백이 성립되는 경우 : 제1심에서 원고의 주장사실을 명백히 다투지 아니하여 의제자백으로 패소한 피고가 항소심에서도 원고 청구기각의 판결을 구하였을 뿐 원고가 청구원인으로 주장한 사실에 대하여는 아무런 답변도 진술하지 않았다면 그 사실을 다툰 것으로 인정되지 않는 한 항소심에서도 의제자백이 성립한다.
(대판 1989.7.25, 89다카4045)

제151조【소송절차에 관한 이의권】 당사자는 소송절차에 관한 규정에 어긋난 것임을 알거나, 알 수 있었을 경우에 바로 이의를 제기하지 아니하면 그 권리를 잃는다. 다만, 그 권리가 포기할 수 없는 것인 때에는 그러하지 아니하다.

참조 [재판장의 명령에 대한 이의신청]민소규28①, [직권조사사항]285①·434, [본조준용]286

판례 보조참가인에 대하여 기일통지를 하지 아니한 절차진행상의 흠이 치유되었다고 본 사례 : 기록에 의하면, 본안에 관한 보조참가인의 주장이 기재된 보조참가신청서가 원심 제1차 변론준비기일에 진술한 것으로 간주되었고 보조참가인이 원심 제2차 변론기일에 직접 출석하여 변론할 기회를 가졌으며 위 변론 당시 보조참가인은 위와 같이 기일통지서를 송달받지 못한 점에 관하여 아무런 이의를 하지 아니하였음을 알 수 있는바, 그렇다면 보조참가인에 대하여 기일통지를 하지 아니한 위와 같은 절차진행상의 흠은 치유가 되었다고 봄이 상당하고 판결 결과에도 아무런 영향을 미치지 않았다고 할 것이다.
(대판 2007.2.22, 2006다75641)

판례 수임제한에 위반한 변호사의 소송행위에 대하여 다툴 수 있는 시적 제한 : 변호사법 제31조 제1호의 규정에 위반한 변호사의 소송행위에 대하여는 상대방 당사자가 법원에 대하여 이의를 제기하는 경우 그 소송행위는 무효이고, 그러한 이의를 받은 법원으로서는 그러한 변호사의 소송관여를 더 이상 허용하여서는 아니될 것이지만 다만 상대방 당사자가 그와 같은 사실을 알았거나 알 수 있었음에도 불구하고 사실심 변론종결시까지 아무런 이의를 제기하지 아니하였다면 그 소송행위는 소송법상 완전한 효력이 생긴다.(대판 2003.5.30, 2003다15556)

제152조【변론조서의 작성】 ① 법원사무관등은 변론기일에 참여하여 기일마다 조서를 작성하여야 한다. 다만, 변론을 녹음하거나 속기하는 경우 그 밖에 이에 준하는 특별한 사정이 있는 경우에는 법원사무관등을 참여시키지 아니하고 변론기일을 열 수 있다.
② 재판장은 필요하다고 인정하는 경우 법원사무관등을 참여시키지 아니하고 변론기일 및 변론준비기일 외의 기일을 열 수 있다.
③ 제1항 단서 및 제2항의 경우에는 법원사무관등은 그 기일이 끝난 뒤에 재판장의 설명에 따라 조서를 작성하고, 그 취지를 덧붙여 적어야 한다.

참조 [기일]165－169, [조서의 증명력]158

제153조【형식적 기재사항】 조서에는 법원사무관등이 다음 각호의 사항을 적고, 재판장과 법원사무관등이 기명날인 또는 서명한다. 다만, 재판장이 기명날인 또는 서명할 수 없는 사유가 있는 때에는 합의부원이 그 사유를 적은 뒤에 기명날인 또는 서명하며, 법관 모두가 기명날인 또는 서명할 수 없는 사유가 있는 때에는 법원사무관등이 그 사유를 적는다.(2017.10.31 본문개정)

1. 사건의 표시
2. 법관과 법원사무관등의 성명
3. 출석한 검사의 성명
4. 출석한 당사자·대리인·통역인과 출석하지 아니한 당사자의 성명
5. 변론의 날짜와 장소
6. 변론의 공개여부와 공개하지 아니한 경우에는 그 이유

개정 …재판장과 법원사무관등이 "기명날인"한다. 다만, 재판장이 "기명날인할" 수 없는 사유가 있는 때에는 합의부원이 그 사유를 적은 뒤에 "기명날인하며," 법관 모두가 "기명날인할" 수 없는 사유가 있는…

참조 [조서의 증명력]158, [재판장]법원조직58, [합의부원]법원조직66, (5)[변론의 장소]법원조직56, (6)[변론의 공개]헌106, 법원조직57, [공개와 절대적 상고이유]424①, [화해·조서의 작성방식]민소규31

제154조【실질적 기재사항】 조서에는 변론의 요지를 적되, 특히 다음 각호의 사항을 분명히 하여야 한다.

1. 화해, 청구의 포기·인낙, 소의 취하와 자백
2. 증인·감정인의 선서와 진술
3. 검증의 결과
4. 재판장이 적도록 명한 사항과 당사자의 청구에 따라 적는 것을 허락한 사항
5. 서면으로 작성되지 아니한 재판
6. 재판의 선고

참조 [조서]153·155－158, (1)[화해]145·220·385이하, [포기·인낙]220·394·425·443, [취하]266·393·425·443, [자백]288, (2)[증인]319이하, [감정인]333·338, (3)[검증]364이하, (5)[결정·명령]221·224, (6)[재판의 선고]205－207·224

제155조【조서기재의 생략 등】 ① 조서에 적을 사항은 대법원규칙이 정하는 바에 따라 생략할 수 있다. 다만, 당사자의 이의가 있으면 그러하지 아니하다.
② 변론방식에 관한 규정의 준수, 화해, 청구의 포기·인낙, 소의 취하와 자백에 대하여는 제1항 본문의 규정을 적용하지 아니한다.

참조 [조서에 기재할 사항]153·154, [서면 등 인용첨부]156, [변론방식의 준수]158, [화해]145·154·220, [포기·인낙]154·220, [취하]154·266－268·271, [자백]154·288

제156조【서면 등의 인용·첨부】 조서에는 서면, 사진, 그 밖에 법원이 적당하다고 인정한 것을 인용하고 소송기록에 붙여 이를 조서의 일부로 삼을 수 있다.

참조 [조서의 작성]152

제157조【관계인의 조서낭독 등 청구권】 조서는 관계인이 신청하면 그에게 읽어 주거나 보여주어야 한다.

참조 [조서의 작성]152, [신청]161, [이의]223

판례 조서의 기재에 대한 불복과 상고이유(구법관계) : 증인신문조서의 기재에 관하여 불복이 있으면 민소법 제146조 제2항의 규정에 의한 이의 방법에 의하여야 한다. 따라서 증인신문조서에 증인들의 증언내용과 현저히 다르게 기재되어 있고 증언한 바 없는 내용도 기재되어 있어 잘못이라는 이유를 상고이유로 삼을 수는 없다.(대판 1981.9.8, 81다86)

제158조【조서의 증명력】 변론방식에 관한 규정이 지켜졌다는 것은 조서로만 증명할 수 있다. 다만, 조서가 없어진 때에는 그러하지 아니하다.

참조 [조서작성]152

제159조【변론의 속기와 녹음】 ① 법원은 필요하다고 인정하는 경우에는 변론의 전부 또는 일부를 녹음하거나, 속기자로 하여금 받아 적도록 명할 수 있으며, 당사자가 녹음 또는 속기를 신청하면 특별한 사유가 없는 한 이를 명하여야 한다.
② 제1항의 녹음테이프와 속기록은 조서의 일부로 삼는다.
③ 제1항 및 제2항의 규정에 따라 녹음테이프 또는 속기록으로 조서의 기재를 대신한 경우에, 소송이 완결되기 전까지 당사자가 신청하거나 그 밖에 대법원규칙이 정하는 때에는 녹음테이프나 속기록의 요지를 정리하여 조서를 작성하여야 한다.
④ 제3항의 규정에 따라 조서가 작성된 경우에는 재판이 확정되거나, 양 쪽 당사자의 동의가 있으면 법원은 녹음테이프와 속기록을 폐기할 수 있다. 이 경우 당사자가 녹음테이프와 속기록을 폐기한다는 통지를 받은 날부터 2주 이내에 이의를 제기하지 아니하면 폐기에 대하여 동의한 것으로 본다.

참조 [변론의 속기와 녹음]민소규33①·34①③·35②·36·37①, [신청]161, [조서]152·156, [합의]29·165·390①단서

제160조【다른 조서에 준용하는 규정】 법원·수명법관 또는 수탁판사의 신문(訊問) 또는 심문과 증거조사에는 제152조 내지 제159조의 규정을 준용한다.

참조 [변론조서의 작성]152, [변론의 속기와 녹음]159, [심문]134, [수명법관]139, [수탁판사의 증거조사권한]160·297·313·335·337·354·365, [수탁판사의 화해권한]145, [수탁판사의 송달권한]197, [수탁판사의 심문권한]160·165·167

제161조【신청 또는 진술의 방법】 ① 신청, 그 밖의 진술은 특별한 규정이 없는 한 서면 또는 말로 할 수 있다.
② 말로 하는 경우에는 법원사무관등의 앞에서 하여야 한다.
③ 제2항의 경우에 법원사무관등은 신청 또는 진술의 취지에 따라 조서 또는 그 밖의 서면을 작성한 뒤 기명날인 또는 서명하여야 한다.(2017.10.31 본항개정)

개정 ③ …그 밖의 서면을 작성한 뒤 "기명날인"하여야 한다.

참조 [특별규정]85·248·263·264·266③

제162조【소송기록의 열람과 증명서의 교부청구】 ① 당사자나 이해관계를 소명한 제3자는 대법원규칙이 정하는 바에 따라, 소송기록의 열람·복사, 재판서·조서의 정본·등본·초본의 교부 또는 소송에 관한 사항의 증명서의 교부를 법원사무관등에게 신청할 수 있다.
② 누구든지 권리구제·학술연구 또는 공익적 목적으로 대법원규칙으로 정하는 바에 따라 법원사무관등에게 재판이 확정된 소송기록의 열람을 신청할 수 있다. 다만, 공개를 금지한 변론에 관련된 소송기록에 대하여는 그러하지 아니하다.(2007.5.17 본항신설)
③ 법원은 제2항에 따른 열람 신청시 당해 소송관계인이 동의하지 아니하는 경우에는 열람하게 하여서는 아니 된다. 이 경우 당해 소송관계인의 범위 및 동의 등에 관하여 필요한 사항은 대법원규칙으로 정한다.(2007.5.17 본항신설)
④ 소송기록을 열람·복사한 사람은 열람·복사에 의하여 알게 된 사항을 이용하여 공공의 질서 또는 선량한 풍속을 해하거나 관계인의 명예 또는 생활의 평온을 해하는 행위를 하여서는 아니 된다.
(2007.5.17 본항신설)
⑤ 제1항 및 제2항의 신청에 대하여는 대법원규칙이 정하는 수수료를 내야 한다.(2007.5.17 본항개정)
⑥ 재판서·조서의 정본·등본·초본에는 그 취지를 적고 법원사무관등이 기명날인 또는 서명하여야 한다.(2017.10.31 본항개정)

개정 ⑤ "제1항의 신청"에 대하여는 대법원규칙이 정하는 수수료를 내야 한다.
⑥ …그 취지를 적고 법원사무관등이 "기명날인"하여야 한다.

참조 [법원사무관등의 처분에 대한 이의]223, [법원사무관등]법원조직53, [법원사무관등의 집행문부여]민집28, [열람방법]민소규37

제163조【비밀보호를 위한 열람 등의 제한】 ① 다음 각호 가운데 어느 하나에 해당한다는 소명이 있는 경우에는 법원은 당사자의 신청에 따라 결정으로 소송기록중 비밀이 적혀 있는 부분의 열람·복사, 재판서·조서중 비밀이 적혀 있는 부분의 정본·등본·초본의 교부(이하 "비밀 기재부분의 열람 등"이라 한다)를 신청할 수 있는 자를 당사자로 한정할 수 있다.

1. 소송기록 중에 당사자의 사생활에 관한 중대한 비밀이 적혀 있고, 제3자에게 비밀 기재부분의 열람 등을 허용하면 당사자의 사회생활에 지장이 클 우려가 있는 때
2. 소송기록 중에 당사자가 가지는 영업비밀(부정경쟁방지및영업비밀보호에관한법률 제2조제2호에 규정된 영업비밀을 말한다)이 적혀 있는 때

② 제1항의 신청이 있는 경우에는 그 신청에 관한 재판이 확정될 때까지 제3자는 비밀 기재부분의 열람 등을 신청할 수 없다.
③ 소송기록을 보관하고 있는 법원은 이해관계를 소명한 제3자의 신청에 따라 제1항 각호의 사유가 존재하지 아니하거나 소멸되었음을 이유로 제1항의 결정을 취소할 수 있다.
④ 제1항의 신청을 기각한 결정 또는 제3항의 신청에 관한 결정에 대하여는 즉시항고를 할 수 있다.
⑤ 제3항의 취소결정은 확정되어야 효력을 가진다.

② 소송관계인의 생명 또는 신체에 대한 위해의 우려가 있다는 소명이 있는 경우에는 법원은 해당 소송관계인의 신청에 따라 결정으로 소송기록의 열람·복사·송달에 앞서 주소 등 대법원규칙으로 정하는 개인정보로서 해당 소송관계인이 지정하는 부분(이하 "개인정보 기재부분"이라 한다)이 제3자(당사자를 포함한다. 이하 제3항·제4항 중 이 항과 관련된 부분에서 같다)에게 공개되지 아니하도록 보호조치를 할 수 있다.(2023.7.11 본항신설 : 2025.7.12 시행)
③ 제1항 또는 제2항의 신청이 있는 경우에는 그 신청에 관한 재판이 확정될 때까지 제3자는 개인정보 기재부분 또는 비밀 기재부분의 열람 등을 신청할 수 없다.(2023.7.11 본항개정 : 2025.7.12 시행)
④ 소송기록을 보관하고 있는 법원은 이해관계를 소명한 제3자의 신청에 따라 제1항 또는 제2항의 사유가 존재하지 아니하거나 소멸되었음을 이유로 제1항 또는 제2항의 결정을 취소할 수 있다.
(2023.7.11 본항개정 : 2025.7.12 시행)
⑤ 제1항 또는 제2항의 신청을 기각한 결정 또는 제4항의 신청에 관한 결정에 대하여는 즉시항고를 할 수 있다.(2023.7.11 본항개정 : 2025.7.12 시행)
⑥ 제4항의 취소결정은 확정되어야 효력을 가진다.
(2023.7.11 본항개정 : 2025.7.12 시행)

참조 [열람등 제한의 신청방식]민소규38, [소송기록의 열람·교부청구]162, [즉시항고]444

제163조의2【판결서의 열람·복사】 ① 제162조에도 불구하고 누구든지 판결이 선고된 사건의 판결서(확정되지 아니한 사건에 대한 판결서를 포함하며, 「소액사건심판법」이 적용되는 사건의 판결서와 「상고심절차에 관한 특례법」 제4조 및 이 법 제429조 본문에 따른 판결서는 제외한다. 이하 이 조에서 같다)를 인터넷, 그 밖의 전산정보처리시스템을 통한 전자적 방법 등으로 열람 및 복사할 수 있다. 다만, 변론의 공개를 금지한 사건의 판결서로서 대법원규칙으로 정하는 경우에는 열람 및 복사를 전부 또는 일부 제한할 수 있다.(2020.12.8 본문개정)
② 제1항에 따라 열람 및 복사의 대상이 되는 판결

서는 대법원규칙으로 정하는 바에 따라 판결서에 기재된 문자열 또는 숫자열이 검색어로 기능할 수 있도록 제공되어야 한다.(2020.12.8 본항신설)
③ 법원사무관등이나 그 밖의 법원공무원은 제1항에 따른 열람 및 복사에 앞서 판결서에 기재된 성명 등 개인정보가 공개되지 아니하도록 대법원규칙으로 정하는 보호조치를 하여야 한다.
④ 제3항에 따라 개인정보 보호조치를 한 법원사무관등이나 그 밖의 법원공무원은 고의 또는 중대한 과실로 인한 것이 아니면 제1항에 따른 열람 및 복사와 관련하여 민사상·형사상 책임을 지지 아니한다.(2020.12.8 본항개정)
⑤ 제1항의 열람 및 복사에는 제162조제4항·제5항 및 제163조를 준용한다.
⑥ 판결서의 열람 및 복사의 방법과 절차, 개인정보 보호조치의 방법과 절차, 그 밖에 필요한 사항은 대법원규칙으로 정한다.
(2020.12.8 본조제목개정)
(2011.7.18 본조신설)
改前 제163조의2【"확정 판결서"의 열람·복사】① 제162조에도 불구하고 누구든지 "판결이 확정된 사건의 판결서(「소액사건심판법」이 적용되는 사건의 판결서와 「상고심절차에 관한 특례법」 제4조 및 이 법 제429조 본문에 따른 판결서는 제외한다)"를 인터넷, 그 밖의 전산정보처리시스템을 통한…
"③ 제2항"에 따라 개인정보 보호조치를 한 법원사무관등이나 그 밖의 법원공무원은 고의 또는…

제164조【조서에 대한 이의】 조서에 적힌 사항에 대하여 관계인이 이의를 제기한 때에는 조서에 그 취지를 적어야 한다.
참조 [조서]152-161, [이의]73-76

제2절 전문심리위원
(2007.7.13 본절신설)

제164조의2【전문심리위원의 참여】 ① 법원은 소송관계를 분명하게 하거나 소송절차(증거조사·화해 등을 포함한다. 이하 이 절에서 같다)를 원활하게 진행하기 위하여 직권 또는 당사자의 신청에 따른 결정으로 제164조의4제1항에 따라 전문심리위원을 지정하여 소송절차에 참여하게 할 수 있다.
② 전문심리위원은 전문적인 지식을 필요로 하는 소송절차에서 설명 또는 의견을 기재한 서면을 제출하거나 기일에 출석하여 설명이나 의견을 진술할 수 있다. 다만, 재판의 합의에는 참여할 수 없다.
③ 전문심리위원은 기일에 재판장의 허가를 받아 당사자, 증인 또는 감정인 등 소송관계인에게 직접 질문할 수 있다.
④ 법원은 제2항에 따라 전문심리위원이 제출한 서면이나 전문심리위원의 설명 또는 의견의 진술에 관하여 당사자에게 구술 또는 서면에 의한 의견진술의 기회를 주어야 한다.

제164조의3【전문심리위원 참여결정의 취소】 ① 법원은 상당하다고 인정하는 때에는 직권이나 당사자의 신청으로 제164조의2제1항에 따른 결정을 취소할 수 있다.
② 제1항에도 불구하고 당사자가 합의로 제164조의2제1항에 따른 결정을 취소할 것을 신청하는 때에는 법원은 그 결정을 취소하여야 한다.

제164조의4【전문심리위원의 지정 등】 ① 법원은 제164조의2제1항에 따라 전문심리위원을 소송절차에 참여시키는 경우 당사자의 의견을 들어 각 사건마다 1인 이상의 전문심리위원을 지정하여야 한다.
② 전문심리위원에게는 대법원규칙으로 정하는 바에 따라 수당을 지급하고, 필요한 경우에는 그 밖의 여비, 일당 및 숙박료를 지급할 수 있다.
③ 전문심리위원의 지정에 관하여 그 밖에 필요한 사항은 대법원규칙으로 정한다.

제164조의5【전문심리위원의 제척 및 기피】 ① 전문심리위원에게 제41조부터 제45조까지 및 제47조를 준용한다.
② 제척 또는 기피 신청을 받은 전문심리위원은 그 신청에 관한 결정이 확정될 때까지 그 신청이 있는 사건의 소송절차에 참여할 수 없다. 이 경우 전문심리위원은 당해 제척 또는 기피 신청에 대하여 의견을 진술할 수 있다.

제164조의6【수명법관 등의 권한】 수명법관 또는 수탁판사가 소송절차를 진행하는 경우에는 제164조의2제2항부터 제4항까지의 규정에 따른 법원 및 재판장의 직무는 그 수명법관이나 수탁판사가 행한다.

제164조의7【비밀누설죄】 전문심리위원 또는 전문심리위원이었던 자가 그 직무수행 중에 알게 된 다른 사람의 비밀을 누설하는 경우에는 2년 이하의 징역이나 금고 또는 1천만원 이하의 벌금에 처한다.

제164조의8【벌칙 적용에서의 공무원 의제】 전문심리위원은 「형법」 제129조부터 제132조까지의 규정에 따른 벌칙의 적용에서는 공무원으로 본다.

제3절 기일과 기간

제165조【기일의 지정과 변경】 ① 기일은 직권으로 또는 당사자의 신청에 따라 재판장이 지정한다. 다만, 수명법관 또는 수탁판사가 신문하거나 심문하는 기일은 그 수명법관 또는 수탁판사가 지정한다.
② 첫 변론기일 또는 첫 변론준비기일을 바꾸는 것은 현저한 사유가 없는 경우라도 당사자들이 합의하면 이를 허가한다.
참조 [변론기일의 지정]258, [재판장]135, 민소규39-45, [수명법관]139, [수탁판사]160, [신청]161
판례 당사자 일방이 화해조서의 당연무효 : 사유를 주장하며 기일지정신청을 한 경우의 법원의 조치 재판상의 화해를 조서에 기재한 때에는 그 조서는 확정판결과 동일한 효력이 있고 당사자간에 기판력이 생기는 것이므로, 확정판결의 당연무효 사유와 같은 사유가 없는 한 재심의 소에 의하여만 효력을 다툴 수 있는 것이나, 당사자 일방이 화해조서의 당연무효 사유를 주장하며 기일지정신청을 한 때에는 법원으로서는 그 무효사유의 존재 여부를 가리기 위하여 기일을 지정하여 심리를 한 다음 무효사유가 존재한다고 인정되지 아니한 때에는 판결로써 소송종료선언을 하여야 한다.(대판 2000.3.10, 99다67703)

제166조【공휴일의 기일】 기일은 필요한 경우에만 공휴일로도 정할 수 있다.
참조 [일반의 휴일]국경일에관한법률, 관공서의공휴일에관한규정, [일반의 휴일의 소송법상의 효과]190

제167조【기일의 통지】 ① 기일은 기일통지서 또는 출석요구서를 송달하여 통지한다. 다만, 그 사건으로 출석한 사람에게는 기일을 직접 고지하면 된다.
② 법원은 대법원규칙이 정하는 간이한 방법에 따라 기일을 통지할 수 있다. 이 경우 기일에 출석하지 아니한 당사자·증인 또는 감정인 등에 대하여 법률상의 제재, 그 밖에 기일을 게을리 함에 따른 불이익을 줄 수 없다.
참조 [기일의 지정]165, 민소규45, [송달]174-193, [소환장의 공시송달]195

제168조【출석승낙서의 효력】 소송관계인이 일정한 기일에 출석하겠다고 적은 서면을 제출한 때에는 기일통지서 또는 출석요구서를 송달한 것과 같은 효력을 가진다.
참조 [기일]165, [소환의 방식]167, [송달]174-197

제169조【기일의 시작】 기일은 사건과 당사자의 이름을 부름으로써 시작된다.
참조 [기간의 기산점]민156·157
판례 기일개시요건인 당사자 호명은 당사자 본인을 호명함으로써 족한 것이므로 그 소송수행자까지 당일법정에 있었다는 사실심리까지 다하여야 할 필요는 없는 것이다.
(대판 1970.11.24, 70다1893)

제170조【기간의 계산】 기간의 계산은 민법에 따른다.
참조 [기간에 관한 민법 규정]민155-161

제171조【기간의 시작】 기간을 정하는 재판에 시작되는 때를 정하지 아니한 경우에 그 기간은 재판의 효력이 생긴 때부터 진행한다.
참조 [기간을 정하는 재판]59·97·111①·120①·125③·254①·270②·277②·402, 민집46④·96·97·287①, [판결의 효력 발생시기]205

제172조【기간의 신축, 부가기간】 ① 법원은 법정기간 또는 법원이 정한 기간을 늘이거나 줄일 수 있다. 다만, 불변기간은 그러하지 아니하다.
② 법원은 불변기간에 대하여 주소 또는 거소가 멀리 떨어진 곳에 있는 사람을 위하여 부가기간(附加期間)을 정할 수 있다.
③ 재판장·수명법관 또는 수탁판사는 제1항 및 제2항의 규정에 따라 법원이 정한 기간 또는 자신이 정한 기간을 늘이거나 줄일 수 있다.
참조 [법정기간]44②·173·196·268·427·468, [재정기간]59·97·111①·120①, [불변기간]396②·425·444②·456①·491①, 행소5, ②[주소]민18·21-36, 상171②, ③[재판장]135, [수명법관]150, [수탁판사]160, [본조의 부적용]173②

제173조【소송행위의 추후보완】 ① 당사자가 책임질 수 없는 사유로 말미암아 불변기간을 지킬 수 없었던 경우에는 그 사유가 없어진 날부터 2주 이내에 게을리 한 소송행위를 보완할 수 있다. 다만, 그 사유가 없어질 당시 외국에 있던 당사자에 대하여는 이 기간을 30일로 한다.
② 제1항의 기간에 대하여는 제172조의 규정을 적용하지 아니한다.
참조 [불변기간]172, [기간의 계산]170
판례 지병으로 인한 집중력 저하와 정신과 치료 등의 사유로 상고기간을 도과하였다며 추완상고장을 제출한 사안에서, 위 사유는 민사소송법 제173조제1항의 '당사자가 책임질 수 없는 사유'에 해당한다고 볼 수 없다.(대판 2011.12.27, 2011후2688)
판례 소송이 처음부터 공시송달의 방법으로 송달된 경우 : '사유가 없어진 후'라 함은 당사자나 소송대리인이 단순히 판결이 있었던 사실을 안 때가 아니고 나아가 그 판결이 공시송달의 방법으로 송달된 사실을 안 때를 가리키는 것으로서, 다른 특별한 사정이 없는 한 통상의 경우에는 당사자나 소송대리인이 그 사건기록의 열람을 하거나 또는 새로이 판결정본을 영수한 때에 비로소 그 판결이 공시송달의 방법으로 송달된 사실을 알게 되었다고 보아야 한다.(대판 2000.9.5, 2000므87)

제4절 송 달

제174조【직권송달의 원칙】 송달은 이 법에 특별한 규정이 없으면 법원이 직권으로 한다.
참조 [공시송달의 요건]194①
판례 사망한 자에 대한 송달의 하자가 치유된 것으로 인정되는 경우 : 사망한 자에 대하여 실시된 송달은 위법하여 원칙적으로 무효이나, 그 사망자의 상속인이 현실적으로 그 송달서류를 수령한 경우에는 하자가 치유되어 그 송달은 그 때에 상속인에 대한 송달로서 효력을 발생한다.(대판 1998.2.13, 95다15667)

제175조【송달사무를 처리하는 사람】 ① 송달에 관한 사무는 법원사무관등이 처리한다.
② 법원사무관등은 송달하는 곳의 지방법원에 속한 법원사무관등 또는 집행관에게 제1항의 사무를 촉탁할 수 있다.
참조 [법원사무관등]법원조직10, [촉탁의 원칙적 기관]139②

제176조【송달기관】 ① 송달은 우편 또는 집행관에 의하거나, 그 밖에 대법원규칙이 정하는 방법에 따라서 하여야 한다.
② 우편에 의한 송달은 우편집배원이 한다.
③ 송달기관이 송달하는 데 필요한 때에는 경찰공무원에게 원조를 요청할 수 있다.(2020.12.22 본항개정)
改前 ③ 송달기관이 송달하는 데 필요한 때에는 "국가경찰공무원에게" 원조를 요청할 수 있다.(2006.2.21 본항개정)
참조 [집행관]법원조직55, 집행관2, [송달통지]193, [법원사무관등에 의한 송달]177, [우편으로 하는 송달]187·189

제177조【법원사무관등에 의한 송달】 ① 해당 사건에 출석한 사람에게는 법원사무관등이 직접 송달할 수 있다.
② 법원사무관등이 그 법원안에서 송달받을 사람에게 서류를 교부하고 영수증을 받은 때에는 송달의 효력을 가진다.
참조 [송달통지]193

제178조【교부송달의 원칙】 ① 송달은 특별한 규정이 없으면 송달받을 사람에게 서류의 등본 또는 부본을 교부하여야 한다.
② 송달할 서류의 제출에 갈음하여 조서, 그 밖의 서면을 작성한 때에는 그 등본이나 초본을 교부하여야 한다.
참조 [특별한 규정]167·210①, [보충송달과 유치송달]186, [우편송달]185②·187, [공시송달]195, ②[서류에 갈음하여 조서를 작성하는 경우]161③, [등본·초본]162, [송달통지]193, [전화등송달]민소규46, [변호사간의 송달]민소규47
판례 민사소송법상 결정·명령의 송달방식 : 민소법 제224조 제1항 본문에 의하면 성질에 어긋나지 아니하는 한 결정과 명령에는 판결에 관한 규정을 준용하고, 같은 법 제210조 제2항은 판결서는 정본으로 송달하도록 하고 있지만, 같은 법 제178조 제1항이 송달은 특별한 규정이 없으면 송달받을 사람에게 서류의 등본 또는 부본을 교부하여 하도록 하고 있으므로, 결정·명령이 집행권원이 되는 등 그 성질상 정본의 송달을 필요로 하거나 또는 특별한 규정이 있는 경우를 제외하고는 결정·명령의 송달은 같은 법 제178조 제1항에 따라 그 등본을 송달하는 방법에 의하더라도 무방하고, 반드시 정본으로 송달하여야 하는 것은 아니다.(대결 2003.10.14, 2003마1144)

제179조【소송무능력자에게 할 송달】 소송무능력자에게 할 송달은 그의 법정대리인에게 한다.
참조 [소송무능력자]51·55, [법정대리인]51·62·64, [법정대리인에 대한 송달의 장소]183, [송달수령인의 신고]184

제180조【공동대리인에게 할 송달】 여러 사람이 공동으로 대리권을 행사하는 경우의 송달은 그 가운데 한 사람에게 하면 된다.
참조 [공동대리인]92, [지배인]상12, [대표사원]상208, [대표이사]상389·562, [개별대리의 원칙]93, [송달 영수인의 신고]184, 민소규49

제181조【군관계인에게 할 송달】 군사용의 청사 또는 선박에 속하여 있는 사람에게 할 송달은 그 청사 또는 선박의 장에게 한다.
참조 [송달서류의 교부의무]민소규50, 민집규22
판례 군사용의 청사에 속하는 자에 대한 송달은 그 청사의 장에게 하고 그 청사의 장의 예하 본부 중대 소속 문서수발병은 민사소송법 제172조 소정의 송달을 받을 수 있는 자에 해당한다.(대판 1972.12.26, 72다1408)

제182조【구속된 사람 등에게 할 송달】 교도소·구치소 또는 국가경찰관서의 유치장에 체포·구속 또는 유치(留置)된 사람에게 할 송달은 교도소·구치소 또는 국가경찰관서의 장에게 한다.(2006.2.21 본조개정)
참조 [교도소]형의집행수용자11, [접견·서신수수·전화통화]형의집행수용자41·42

제183조【송달장소】 ① 송달은 받을 사람의 주소·거소·영업소 또는 사무소(이하 "주소등"이라 한다)에서 한다. 다만, 법정대리인에게 할 송달은 본인의 영업소나 사무소에서도 할 수 있다.
② 제1항의 장소를 알지 못하거나 그 장소에서 송달

할 수 없는 때에는 송달받을 사람이 고용·위임 그 밖에 법률상 행위로 취업하고 있는 다른 사람의 주소등(이하 "근무장소"라 한다)에서 송달할 수 있다.
③ 송달받을 사람의 주소등 또는 근무장소가 국내에 없거나 알 수 없는 때에는 그를 만나는 장소에서 송달할 수 있다.
④ 주소등 또는 근무장소가 있는 사람의 경우에도 송달받기를 거부하지 아니하면 만나는 장소에서 송달할 수 있다.

참조 [송달을 받을 사람]179~182·184, [법정대리인에 대한 송달]179, [송달장소가 분명치 않을 경우]194, [주소]민18~21·36, 상171

판례 송달받을 사람의 영업소 또는 사무소의 의미 : 송달은 원칙적으로 받을 사람의 주소·거소·영업소 또는 사무소에서 해야 하는데(민소법 제183조 제1항), 여기서 말하는 영업소 또는 사무소는 송달받을 사람 자신이 경영하는 영업소 또는 사무소를 의미하는 것이지 송달받을 사람의 근무장소는 이에 해당하지 않으며(민소법 제183조 제2항 참조), 송달받을 사람이 경영하는, 그와 별도의 법인격을 가지는 회사의 사무실은 송달받을 사람의 영업소나 사무소라 할 수 없고, 이는 그의 근무장소에 지나지 아니한다. 한편 근무장소에서의 송달을 규정한 민소법 제183조 제2항에 의하면, 근무장소에서의 송달은 송달받을 자의 주소 등의 장소를 알지 못하거나 그 장소에서 송달할 수 없는 때에 한하여 할 수 있는 것이므로 소장, 지급명령신청서 등에 기재된 주소 등의 장소에 대한 송달을 시도하지 않은 채 근무장소로 한 송달은 위법하다.(대결 2004.7.21, 2004마535)

제184조【송달받을 장소의 신고】 당사자·법정대리인 또는 소송대리인은 주소등 외의 장소(대한민국안의 장소로 한정한다)를 송달받을 장소로 정하여 법원에 신고할 수 있다. 이 경우에는 송달 영수인을 정하여 신고할 수 있다.

참조 [법정대리인]51·62·64, [소송대리인]87이하, [주소]민18~21·36, 상171, [우편송달]187·189·193

판례 소송대리인이 상고를 제기하면서 자신의 사무실을 송달장소로 기재한 경우와 송달영수인으로 신고한 취지로 인정할 수 있는지 여부(구법관계)(적극) : 민소법 제171조 제1항, 제3항에 의하면, 소송대리인은 송달영수인을 지정하여 법원에 신고할 수 있으므로 상소의 특별수권을 받은 소송대리인은 상소심절차에서의 송달 편의를 위하여 송달영수인을 지정, 신고할 수 있다고 할 것이고, 만일 그 소송대리인이 상고를 제기하면서 상고장에 자신의 사무실을 송달장소로 기재하여 법원에 제출하였다면, 달리 특별한 사정이 없는 한 이에는 원심 소송대리인이었던 자신을 상고심절차에서 당사자인 의뢰인을 위한 송달영수인으로 지정, 신고하는 취지가 포함되어 있다고 할 것이며, 한편 송달영수인의 지정, 신고가 있는 경우 민소법 제172조 제1항에 의하여 송달영수인의 사무원에게 한 송달은 적법한 보충송달이 된다.(대판 2001.5.29, 2000재다186)

제185조【송달장소변경의 신고의무】 ① 당사자·법정대리인 또는 소송대리인이 송달받을 장소를 바꿀 때에는 바로 그 취지를 법원에 신고하여야 한다.
② 제1항의 신고를 하지 아니한 사람에게 송달할 서류는 달리 송달할 장소를 알 수 없는 경우 종전에 송달받던 장소에 대법원규칙이 정하는 방법으로 발송할 수 있다.

참조 [발송의 방법]민소규51, [송달불능에 따른 소송복귀]59①, [법정대리인]51·62·64, [소송대리인]87~97, [우편송달]187·188, [송달장소]183, 민사조정규칙15의2④

판례 당사자가 송달장소로 신고한 바 있다고 하더라도 그 송달장소에 송달된 바가 없다면 그 곳을 위 조항에 규정된 '종전에 송달받던 장소'라고 볼 수는 없다.(대결 2005.8.2, 2005마201)

판례 달리 송달할 장소를 알 수 없는 경우의 의미(구법관계) : 민소법 제171조의2 제2항에서 말하는 '달리 송달할 장소를 알 수 없는 때에 한하여'라 함은 상대방에게 주소보정을 명하거나 직권으로 주민등록표 등을 조사할 필요까지는 없지만 적어도 기록에 현출되어 있는 자료로 송달할 장소를 알 수 없는 경우에 한하여 등기우편에 의한 발송송달을 할 수 있음을 뜻하는 것으로 풀이함이 상당하다.(대판 2004.10.15, 2004다11988)

제186조【보충송달·유치송달】 ① 근무장소 외의 송달할 장소에서 송달받을 사람을 만나지 못한 때에는 그 사무원, 피용자(被用者) 또는 동거인으로서 사리를 분별할 지능이 있는 사람에게 서류를 교부할 수 있다.
② 근무장소에서 송달받을 사람을 만나지 못한 때에는 제183조제2항의 다른 사람 또는 그 법정대리인이나 피용자 그 밖의 종업원으로서 사리를 분별할 지능이 있는 사람이 서류의 수령을 거부하지 아니하면 그에게 서류를 교부할 수 있다.
③ 서류를 송달받을 사람 또는 제1항의 규정에 의하여 서류를 넘겨받을 사람이 정당한 사유 없이 송달받기를 거부하는 때에는 송달할 장소에 서류를 놓아둘 수 있다.

참조 [송달장소]183, [송달영수인]179~182·184, 민집규22⑥

판례 민사소송법 제186조 제1항에서 규정한 보충송달에서 수령대행인이 될 수 있는 사무원이란 반드시 송달받을 사람과 고용관계가 있어야 하는 것은 아니고, 평소 본인을 위하여 사무 등을 보조하는 자이면 충분하다.(대판 2010.10.14, 2010다48455)

판례 송달받을 사람의 동거인에게 송달할 서류가 교부되고 그 동거인이 사리를 분별할 지능이 있는 이상 송달받을 사람이 그 서류의 내용을 실제로 알지 못한 경우에도 송달의 효력은 있다 할 것인바, 이 경우 사리를 분별할 지능이 있다고 하려면, 사법제도 일반이나 소송행위의 효력까지 이해할 수 있는 능력이 있어야 한다고 할 수는 없을 것이지만 적어도 송달의 취지를 이해하고 그가 영수한 서류를 송달받을 사람에게 교부하는 것을 기대할 수 있는 정도의 능력은 있어야 한다고 보아야 한다.(대결 2005.12.5, 2005마1039)

판례 근무장소에서의 보충송달에 관한 민사소송법 제186조 제2항은 본래 원칙적인 송달장소에서 송달이 불가능하거나 또는 송달장소를 알 수 없을 때에 보충적인 송달장소인 근무장소, 즉 송달받을 사람이 고용·위임 그 밖에 법률상 행위로 취업하고 있는 다른 사람의 주소 등에서 송달하는 경우(민사소송법 제183조 제2항)뿐 아니라 송달받을 사람이 자신의 근무장소를 송달받을 장소로 신고한 경우에도 마찬가지로 적용된다고 할 것이다.(대판 2005.10.28, 2005다25779)

제187조【우편송달】 제186조의 규정에 따라 송달할 수 없는 때에는 법원사무관등은 서류를 등기우편 등 대법원규칙이 정하는 방법으로 발송할 수 있다.

참조 [송달사무처리자]175, [완료시기]189, [송달통지]193, [송달의 방법]민소규51·59, [송달불능]민사조정규칙15의2④

판례 항소장에 피고의 대리인이 기재한 주소지라 해도 소송서류를 받아 볼 가능성이 없다면 적법한 송달 장소가 아니며, 수령 가능성이 없는 주소로 변론기일 통지서가 보내져 소송당사자가 재판에 나오지 못했다면 법원이 불출석을 이유로 소송을 종결할 수 없다.(대판 2023.5.18, 2023다204224)

판례 등기우편에 의한 발송송달은 송달사무처리기관인 법원사무관 등이 동시에 송달실시기관이 되어 송달을 시행하는 것이므로 스스로 송달보고서를 작성하여야 하고, 그 송달보고서 작성시에는 소정의 양식에 따라 송달장소, 송달일시 등을 기재하되, 사건번호가 명기된 우체국의 특수우편물수령증을 첨부하여야 하며, 이러한 송달은 발송시에 그 송달의 효력이 발생하는 관계로 우편물 발송일시가 중요하고 그 송달일시의 증명은 확정일자 있는 우체국의 특수우편물수령증에 의할 수밖에 없으므로, 위와 같이 특수우편물수령증이 첨부되지 아니한 송달보고서에 의한 송달은 부적법하여 그 효력을 발생할 수 없다.(대결 2009.8.31, 2009스75)

제188조【송달함 송달】 ① 제183조 내지 제187조의 규정에 불구하고 법원안에 송달할 서류를 넣을 함(이하 "송달함"이라 한다)을 설치하여 송달할 수 있다.
② 송달함을 이용하는 송달은 법원사무관등이 한다.
③ 송달받을 사람이 송달함에서 서류를 수령하여 가지 아니한 경우에는 송달함에 서류를 넣은 지 3일이 지나면 송달된 것으로 본다.
④ 송달함의 이용절차와 수수료, 송달함을 이용하는 송달방법 및 송달함으로 송달할 서류에 관한 사항은 대법원규칙으로 정한다.

참조 [송달장소]183, [우편송달]187, [송달함의 이용]민소규52

제189조【발신주의】 제185조제2항 또는 제187조의 규정에 따라 서류를 발송한 경우에는 발송한 때에 송달된 것으로 본다.

참조 [송달장소불신고의 송달]185②, [우편송달]187, [도달주의]민111

제190조【공휴일 등의 송달】 ① 당사자의 신청이 있는 때에는 공휴일 또는 해뜨기 전이나 해진 뒤에 집행관 또는 대법원규칙이 정하는 사람에 의하여 송달할 수 있다.
② 제1항의 규정에 따라 송달하는 때에는 법원사무관등은 송달할 서류에 그 사유를 덧붙여 적어야 한다.
③ 제1항과 제2항의 규정에 어긋나는 송달은 서류를 교부받을 사람이 이를 영수한 때에만 효력을 가진다.

참조 [집행관에 의한 송달]176①, ②[송달사무처리자로서의 사무관등]175

제191조【외국에서 하는 송달의 방법】 외국에서 하여야 하는 송달은 재판장이 그 나라에 주재하는 대한민국의 대사·공사·영사 또는 그 나라의 관할 공공기관에 촉탁한다.

참조 [재판장이 하는 촉탁]139②, [공시송달의 발효시기]196②

제192조【전쟁에 나간 군인 또는 외국에 주재하는 군관계인 등에게 할 송달】 ① 전쟁에 나간 군대, 외국에 주둔하는 군대에 근무하는 사람 또는 군에 복무하는 선박의 승무원에게 할 송달은 재판장이 그 소속 사령관에게 촉탁한다.
② 제1항의 송달에 대하여는 제181조의 규정을 준용한다.

참조 [군관계인에게 할 송달]181, [송달통지]193

제193조【송달통지】 송달한 기관은 송달에 관한 사유를 대법원규칙이 정하는 방법으로 법원에 알려야 한다.

참조 [송달실시기관]176·177, [송달통지]민소규53

판례 송달보고서 기재의 흠과 송달의 적부(구법관계) : 형사소송절차에 있어서도 형소법 제65조에 따라 송달에 관한 민소법의 규정이 준용되는바, 같은 법 제178조의 규정에 의하여 송달한 기관이 송달에 관한 사유를 서면으로 작성하여 법원에 제출하는 송달보고서는 송달사실에 대한 증거방법에 지나지 않는다고 할 것이고, 송달보고서는 공문서로서 그의 진정성립이 추정되기에 송달보고서 기재상의 흠이 있다고 하여 바로 그 송달이 부적법하게 되어 무효가 되는 것은 아니고, 다른 증거방법에 의하여 송달실시행위가 적법하게 이루어졌음이 증명되는 한 송달은 유효한 것으로 해석되며, 다른 증거방법에 의하여도 송달실시행위가 적법하게 이루어졌음을 증명할 수 없는 경우에만 송달을 무효로 볼 것이다.(대결 2000.8.22, 2000모42)

제194조【공시송달의 요건】 ① 당사자의 주소등 또는 근무장소를 알 수 없는 경우 또는 외국에서 하여야 할 송달에 관하여 제191조의 규정에 따를 수 없거나 이에 따라도 효력이 없을 것으로 인정되는 경우에는 법원사무관등은 직권으로 또는 당사자의 신청에 따라 공시송달을 할 수 있다.(2014.12.30 본항개정)
② 제1항의 신청에는 그 사유를 소명하여야 한다.
③ 재판장은 제1항의 경우에 소송의 지연을 피하기 위하여 필요하다고 인정하는 때에는 공시송달을 명할 수 있다.(2014.12.30 본항신설)
④ 원고가 소권(항소권을 포함한다)을 남용하여 청구가 이유 없음이 명백한 소를 반복적으로 제기한 것에 대하여 법원이 변론 없이 판결로 소를 각하하는 경우에는 재판장은 직권으로 피고에 대하여 공시송달을 명할 수 있다.(2023.4.18 본항신설)
⑤ 재판장은 직권으로 또는 신청에 따라 법원사무관등의 공시송달처분을 취소할 수 있다.(2014.12.30 본항신설)

改前 ① 당사자의 주소 등 또는…"재판장"은 직권으로…

참조 [주소]민18~21·36, 상171, [송달할 장소]183·184, [신청]161, [직권송달의 원칙]174, [공시송달의 발효시기]196, [공시송달방법]민소규54·59, [송달불능]민사조정규칙15의2④

판례 당사자의 주소, 거소 기타 송달할 장소를 알 수 없는 경우가 아님이 명백함에도 재판장이 당사자에 대한 변론기일 소환장을 공시송달에 의할 것으로 명함으로써 당사자에 대한 변론기일 소환장이 공시송달된 경우…(중략)…그 당사자가 출석하지 아니하였다고 하여 쌍방 불출석의 효과가 발생한다고 볼 수 없다.(대판 1997.7.11, 96므1380)

제195조【공시송달의 방법】 공시송달은 법원사무관등이 송달할 서류를 보관하고 그 사유를 법원게시판에 게시하거나, 그 밖에 대법원규칙이 정하는 방법에 따라서 하여야 한다.

참조 [공시송달의 방법]민소규54①, [송달불능에 따른 소송복귀]민소규59①, [송달처리자]175, [독촉절차의 예외]462단서, [외국에서 하는 송달의 방법]191, 민집규22⑥, 민사조정규칙15의2④

판례 외국에서 할 공시송달의 방법(구법관계) : 공시송달할 재판서의 정본에 수송달자의 주소가 외국으로 표시되어 있다면 다른 특별한 사정이 없는 한 법원은 그 수송달자가 외국에 거주하고 있음을 전제로 공시송달을 명한 것이므로 이 경우 공시송달은 민소법 제180조 제3항의 규정에 따라 외국에서 할 송달에 대한 공시송달의 방법에 의하여야 한다.(대결 1991.12.16, 91마239)

제196조【공시송달의 효력발생】 ① 첫 공시송달은 제195조의 규정에 따라 실시한 날부터 2주가 지나야 효력이 생긴다. 다만, 같은 당사자에게 하는 그 뒤의 공시송달은 실시한 다음 날부터 효력이 생긴다.
② 외국에서 할 송달에 대한 공시송달의 경우에는 제1항 본문의 기간은 2월로 한다.
③ 제1항 및 제2항의 기간은 줄일 수 없다.

참조 [기간]170·172①·191, [공시송달불능]민소규59, [송달불능]민사조정규칙15의2④

제197조【수명법관 등의 송달권한】 수명법관 및 수탁판사와 송달하는 곳의 지방법원판사도 송달에 대한 재판장의 권한을 행사할 수 있다.

참조 [수명법관]139, [수탁판사]160, [재판장의 권한]190·191·194

제5절 재 판

제198조【종국판결】 법원은 소송의 심리를 마치고 나면 종국판결(終局判決)을 한다.

참조 [종국판결과 불복]390·422·451, [종국판결과 강제집행]민집24, [재판의 누락]212

제199조【종국판결 선고기간】 판결은 소가 제기된 날부터 5월 이내에 선고한다. 다만, 항소심 및 상고심에서는 기록을 받은 날부터 5월 이내에 선고한다.

참조 [소의 제기]248, [기록송부]400·425

제200조【일부판결】 ① 법원은 소송의 일부에 대한 심리를 마친 경우 그 일부에 대한 종국판결을 할 수 있다.
② 변론을 병합한 여러 개의 소송 가운데 한 개의 심리를 마친 경우와, 본소(本訴)나 반소의 심리를 마친 경우에는 제1항의 규정을 준용한다.

참조 [소송비용]104단서, [소의 주관적 병합]253, [변론의 병합]141, [반소]269·270

제201조【중간판결】 ① 법원은 독립된 공격 또는 방어의 방법, 그 밖의 중간의 다툼에 대하여 필요한 때에는 중간판결(中間判決)을 할 수 있다.
② 청구의 원인과 액수에 대하여 다툼이 있는 경우에 그 원인에 대하여도 중간판결을 할 수 있다.

참조 [공격·방어의 방법]146, [소송인수신청]85①②, [수계신청에 대한 재판]243, [소변경불허재판]263, [제출신청의 허가여부에 대한 재판]347, [청구의 원인]249①·262·263, [소송비용]104단서

판례 가압류명령취소판결이 중간판결인지 여부(소극) : 중간판결은 종국판결의 전제가 되는 개개의 쟁점을 미리 정리·판단하여 종국판결을 준비하는 재판이다. 그런데 가압류이의는 이미 집행력있는 가압류명령이 발하여져 있는 상태에서 구두변론에 의하여 가압류신청과 가압류명령의 당부에 관하여 재심사하여 줄 것을 요구하는 신청이고, 가압류신청의 당부에 관한 판단과 가압류명령에 대한 당부에 관한 판단은 서로 표리관계에 있어서 분리될 수 있는 성질의 것이 아니고, 가압류명령을 취소하는 제1심법원의 판단에는 가압류신청을 기각하는 취지도 포함되어 있는 것이라고 보지 않을 수 없다. 따라서 제1심법원이 가압류명령을 취소하는 주문을 내면서 동시에 신청인의 가압류신

民訴

청을 기각하는 주문을 내지 아니하였다고 하더라도 이는 제1심이 당사자에게 오해를 불러일으킬 수 있는 정도의 불명확한 판결주문을 낸 것에 불과하고, 이를 가리켜 판결이 탈루된 것이라거나 종국판결을 하기에 앞서 선결문제에 관하여 중간판결을 한 것이라고는 볼 수 없다.(대판 1994.12.27, 94다38366)

제202조【자유심증주의】 법원은 변론 전체의 취지와 증거조사의 결과를 참작하여 자유로운 심증으로 사회정의와 형평의 이념에 입각하여 논리와 경험의 법칙에 따라 사실주장이 진실한지 아닌지를 판단한다.

참조 [자백·현저한 사실등]150·288·349·350·369, 가소12

■ 증거의 채부와 증거판단

판례 수술 도중 환자에게 사망의 원인이 된 증상이 발생한 경우와 의료상의 과실 : 의료행위는 고도의 전문적 지식을 필요로 하는 분야로서 전문가가 아닌 일반인으로서는 의사의 의료행위의 과정에 주의의무 위반이 있는지의 여부나 그 주의의무 위반과 손해 발생 사이에 인과관계가 있는지 여부를 밝혀내기가 극히 어려운 특수성이 있으므로, 수술 도중 환자에게 사망의 원인이 된 증상이 발생한 경우 그 증상 발생에 관하여 의료상의 과실 이외의 다른 원인이 있다고 보기 어려운 간접사실들을 증명함으로써 그와 같은 증상이 의료상의 과실에 기한 것이라고 추정하는 것도 가능하다고 하겠으나, 그 경우에도 의사의 과실로 인한 결과 발생을 추정할 수 있을 정도의 개연성이 담보되지 않는 사정들을 가지고 막연하게 중한 결과에서 의사의 과실과 인과관계를 추정함으로써 결과적으로 의사에게 무과실의 증명책임을 지우는 것까지 허용되는 것은 아니다.
(대판 2007.5.31, 2005다5867)

■ 증거능력과 증명력

판례 어떤 문서를 처분문서라고 할 수 있기 위해서는 증명하고자 하는 공법상 또는 사법상의 행위가 그 문서에 의하여 행하여졌어야 하고, 그 문서의 내용이 작성자 자신의 법률행위에 관한 것이라 할지라도 그 법률행위를 외부적 사실로서 보고·기술하고 있거나 그에 관한 의견이나 감상을 기재하고 있는 경우에는 처분문서가 아니라 보고문서이다.
(대판 2010.5.13, 2010다6222)

판례 처분문서의 진정성립을 인정하기 위한 심리의 정도 : 문서에 대한 진정성립의 인정 여부는 법원이 모든 증거자료와 변론의 전취지에 터잡아 자유심증에 따라 판단하게 되는 것이고, 처분문서는 진정성립이 인정되면 그 기재 내용을 부정할만한 분명하고도 수긍할 수 있는 반증이 없는 이상 문서의 기재 내용에 따른 의사표시의 존재 및 내용을 인정하여야 한다는 점을 감안하면 처분문서의 진정성립을 인정함에 있어서는 신중하여야 할 것이다.(대판 2003.4.8, 2001다29254)

■ 논리와 경험칙

판례 잔금 지급 이전에 소유권이전등기를 해 주는 것이 경험칙상 이례에 속하는지 여부(적극) : 매매계약시 잔금지급 이전에 매매목적물인 부동산에 관한 소유권이전등기를 매수인에게 경료하여 준다는 특별한 약정이 없는 한 잔금지급 이전에 소유권이전등기를 경료하여 주는 것은 극히 이례에 속하므로, 어느 부동산에 관하여 잔금지급과 상환으로 소유권이전등기를 경료하여 주기로 하는 내용의 부동산매매계약이 체결되고 매매목적물에 관하여 매수인 명의로 소유권이전등기가 경료되었다면 특단의 사정이 없는 한 매수인의 잔금지급의무는 이미 이행되었다고 봄이 경험칙상 상당하고, 그와 같은 사정에도 불구하고 매매대금이 전부 지급된 것이 아니라고 판단하기 위하여는 특단의 사정에 대한 이유 설시가 선행되어야 한다.
(대판 1996.10.25, 96다29700)

■ 채증법칙

판례 민사재판에 있어서의 관련 형사판결의 증명력 : 관련 형사판결에서 인정된 사실은 달리 특별한 사정이 없는 한 민사재판에서도 유력한 증거자료가 되지만, 민사재판에 제출된 다른 증거 내용에 비추어 형사판결의 사실 판단을 그대로 채용하기 어렵다고 인정되는 경우에는 법원이 이를 배척할 수 있다.
(대판 2004.4.28, 2004다4386)

■ 채증법칙에 합당한 사례

판례 부동산의 소유권을 취득하였다고 주장하는 당사자가 별소에서 주장한 소유권취득원인사실과 다른 원인사실을 주장하였다 하여 위법이라고 할 수 없다.(대판 1971.4.30, 71다452)

■ 자유심증의 범위와 방법

판례 미확정 판결의 증거성 판결이 확정되지 아니한 것이라고 하여 증거로 사용될 수 없다고는 할 수 없고 다만, 그 신빙성이 문제될 수 있을 뿐이다.(대판 1995.4.28, 94누11583)

제202조의2【손해배상 액수의 산정】 손해가 발생한 사실은 인정되나 구체적인 손해의 액수를 증명하는 것이 사안의 성질상 매우 어려운 경우에 법원은 변론 전체의 취지와 증거조사의 결과에 의하여 인정되는 모든 사정을 종합하여 상당하다고 인정되는 금액을 손해배상 액수로 정할 수 있다.
(2016.3.29 본조신설)

제203조【처분권주의】 법원은 당사자가 신청하지 아니한 사항에 대하여는 판결하지 못한다.

참조 [예외]소송비용95·96, [가집행]99·508②

판례 어느 재산이 종중재산임을 주장하는 당사자는 그 재산이 종중재산으로 설정된 경위에 관하여 주장·입증을 하여야 할 것이나 이는 반드시 명시적임을 요하지 아니하며, 주장·입증속에 그 설정 경위에 관한 사실이 포함되어 있다고 볼 수 있으면 족하고 그 설정 경위의 입증은 간접사실 등을 주장·입증함으로써 그 요건사실을 추정할 수 있으면 족하다.
(대판 2007.2.22, 2006다68506)

■ 청구와 판결범위

판례 의사표시가 강박에 의한 것이어서 당연무효라는 주장 속에 강박에 의한 의사표시이므로 취소한다는 주장이 당연히 포함되어 있다고는 볼 수 없다.(대판 1996.12.23, 95다40038)

■ 법원의 책무등

판례 법원은 변론에서 당사자가 주장하지 않은 이상 이를 인정할 수 없으나, 이와 같은 주장은 반드시 명시적인 것이어야 하는 것은 아니고 당사자의 주장 취지에 비추어 이러한 주장이 포함되어 있는 것으로 볼 수 있다면, 당연히 재판의 기초로 삼을 수 있다.(대판 1996.2.9, 95다27998)

제204조【직접주의】 ① 판결은 기본이 되는 변론에 관여한 법관이 하여야 한다.
② 법관이 바뀐 경우에 당사자는 종전의 변론결과를 진술하여야 한다.
③ 단독사건의 판사가 바뀐 경우에 종전에 신문한 증인에 대하여 당사자가 다시 신문신청을 한 때에는 법원은 그 신문을 하여야 한다. 합의부 법관의 반수 이상이 바뀐 경우에도 또한 같다.

참조 [변론결과의 진술]287·407②, [증인신문]303－332, [신청]161, [예외]소액9②, [단독사건]법원조직7④, [합의부]법원조직32

제205조【판결의 효력발생】 판결은 선고로 효력이 생긴다.

참조 [선고]206·207, [결정·명령]221①

제206조【선고의 방식】 판결은 재판장이 판결 원본에 따라 주문을 읽어 선고하며, 필요한 때에는 이유를 간략히 설명할 수 있다.

참조 [판결원본]207, [주문]213③·216①, [이유]424①

제207조【선고기일】 ① 판결은 변론이 종결된 날부터 2주 이내에 선고하여야 하며, 복잡한 사건이나 그 밖의 특별한 사정이 있는 때에도 변론이 종결된 날부터 4주를 넘겨서는 아니 된다.
② 판결은 당사자가 출석하지 아니하여도 선고할 수 있다.

참조 [변론종결]198, [변론재개]142, [기간의 계산]170, [기간의 신축]172①, [기간의 지정]165, [소송절차중단과 판결의 선고]247①

판례 재정하지 않은 당사자에 대한 판결 선고의 효력 : 판결의 선고는 당사자가 재정하지 아니하는 경우에도 할 수 있는 것이므로 법원이 적법하게 변론을 진행한 후 이를 종결하고 판결선고기일을 고지한 때에는 재정하지 아니한 당사자에게도 그 효력이 있는 것이고, 그 당사자에 대하여 판결선고기일 소환장을 송달하지 아니하였다 하여도 이를 위법이라고 할 수 없다.
(대판 2003.4.25, 2002다72514)

제208조【판결서의 기재사항 등】 ① 판결서에는 다음 각호의 사항을 적고, 판결한 법관이 서명날인하여야 한다.
1. 당사자와 법정대리인
2. 주문
3. 청구의 취지 및 상소의 취지
4. 이유
5. 변론을 종결한 날짜. 다만, 변론 없이 판결하는 경우에는 판결을 선고하는 날짜
6. 법원
② 판결서의 이유에는 주문이 정당하다는 것을 인정할 수 있을 정도로 당사자의 주장, 그 밖의 공격·방어방법에 관한 판단을 표시한다.
③ 제2항의 규정에 불구하고 제1심 판결로서 다음 각호 가운데 어느 하나에 해당하는 경우에는 청구를 특정함에 필요한 사항과 제216조제2항의 판단에 관한 사항만을 간략하게 표시할 수 있다.
1. 제257조의 규정에 의한 무변론 판결
2. 제150조제3항이 적용되는 경우의 판결
3. 피고가 제194조 내지 제196조의 규정에 의한 공시송달로 기일통지를 받고 변론기일에 출석하지 아니한 경우의 판결
④ 법관이 판결서에 서명날인함에 지장이 있는 때에는 다른 법관이 판결에 그 사유를 적고 서명날인하여야 한다.

참조 [항소심의 판결]420, ①[선고]206, [당사자와 법정대리인]51이하, [이유]424①, ②[변론]134이하, [특례]소액11②

판례 판결이유에서 증거가치판단의 설시 정도 : 판결서의 이유에는 주문이 정당하다는 것을 인정할 수 있을 정도로 당사자의 주장과 그 밖의 공격·방어방법에 관한 판단을 표시하여야 하므로(민소법 제208조 제2항), 쟁점인 사실에 관하여 증거조사의 결과와 변론의 전취지에 의하여 사실을 인정하고, 그 인정된 사실과 증명을 요하지 아니하는 사실을 합하여 거기에 법령을 적용함으로써 주문의 결론에 도달한 판단과정을 표시하여야 하는데, 증거의 취사 선택은 사실심법관의 자유로운 심증에 맡겨져 있으므로 처분문서 등 특별한 증거가 아닌 한 그 채부의 이유를 일일이 밝힐 필요는 없는 것이고, 증거를 취사하여 인정한 사실이 경험칙상 통상적인 사회적 사실이라고 할 수 없을 경우에는 그와 같은 인정의 근거가 된 이유를 밝혀야 함이 상당하지만, 경험칙상 통상적인 사실로 인정되는 경우에는 그 인정근거까지 밝힐 필요는 없는 것이고, 또한 사실심 법관으로서는 상당하다고 인정하는 경우에는 쟁점이 된 주장사실을 인정하기에 부족한 증거들을 일일이 적시하여 배척하는 대신 일괄하여 간략하게 배척하는 방법으로 표시할 수도 있다.
(대판 2004.3.26, 2003다60549)

제209조【법원사무관등에 대한 교부】 판결서는 선고한 뒤에 바로 법원사무관등에게 교부하여야 한다.

참조 [사무관등]법원조직10③, [결정·명령]221①

제210조【판결서의 송달】 ① 법원사무관등은 판결서를 받은 날부터 2주 이내에 당사자에게 송달하여야 한다.
② 판결서는 정본으로 송달한다.

참조 [교부]209, [사무관등]175, [기일]170·172①, [송달]174－197, [정본]162②, [경정결정의 송달]211②, [송달과 상소기간]396·425, [송달과 강제집행]민집39①

제211조【판결의 경정】 ① 판결에 잘못된 계산이나 기재, 그 밖에 이와 비슷한 잘못이 있음이 분명한 때에 법원은 직권으로 또는 당사자의 신청에 따라 경정결정(更正決定)을 할 수 있다.
② 경정결정은 판결의 원본과 정본에 덧붙여 적어야 한다. 다만, 정본에 덧붙여 적을 수 없을 때에는 결정의 정본을 작성하여 당사자에게 송달하여야 한다.
③ 경정결정에 대하여는 즉시항고를 할 수 있다. 다만, 판결에 대하여 적법한 항소가 있는 때에는 그러하지 아니하다.

참조 [신청]174, [원본]208·209, [정본]162·210, [송달]174이하, [즉시항고]444, [항소]390

판례 판결경정제도의 취지 : 판결에 위산, 오기 기타 이에 유사한 오류가 있는 것이 명백한 때 행하여지는 판결의 경정은 일단 선고된 판결에 대하여 그 내용을 실질적으로 변경하지 않는 범위 내에서 판결의 표현상의 기재 잘못이나 계산의 착오 또는 이와 유사한 오류를 법원 스스로가 결정으로써 정정 또는 보충하여 강제집행이나 호적의 정정 또는 등기의 기재 등 광의의 집행에 지장이 없도록 하자는 데 그 취지가 있다.
(대결 2001.12.4, 2001그112)

판례 당사자의 과실에 의한 오류의 경정이 허용되는지 여부(적극)(구법관계) : 판결경정이 가능한 오류에는 그것이 법원의 과실로 인하여 생긴 경우뿐만 아니라 당사자의 청구에 잘못이 있어 생긴 경우도 포함된다고 할 것이며, 경정결정을 함에 있어서는 그 소송 전 과정에 나타난 자료는 물론 경정대상인 판결 선고 후에 제출된 자료도 다른 당사자에게 아무런 불이익이 없는 경우나 이를 다툴 수 있는 기회가 있었던 경우에는 소송경제상 이를 참작하여 그 오류가 명백한지 여부를 판단할 수 있다.
(대결 2000.5.24, 99그82)

제212조【재판의 누락】 ① 법원이 청구의 일부에 대하여 재판을 누락한 경우에 그 청구부분에 대하여는 그 법원이 계속하여 재판한다.
② 소송비용의 재판을 누락한 경우에는 법원은 직권으로 또는 당사자의 신청에 따라 그 소송비용에 대한 재판을 한다. 이 경우 제114조의 규정을 준용한다.
③ 제2항의 규정에 따른 소송비용의 재판은 본안판결에 대하여 적법한 항소가 있는 때에는 그 효력을 잃는다. 이 경우 항소법원은 소송의 총비용에 대하여 재판을 한다.

참조 [소송비용]107이하, [일부판결]200, [신청]174, [소송비용의 재판]114·115

판례 재판의 누락이 있었는지 여부를 판정하는 기준 : 판결에는 법원의 판단을 분명하게 하기 위하여 결론을 주문에 기재하도록 되어 있으므로 재판의 누락이 있는지 여부는 우선 주문의 기재에 의하여 판정하여야 하고, 판결이유에서 청구가 이유없다고 설시하고 있더라도 주문에서 설시가 없으면 특별한 사정이 없는 한 재판의 누락이 있다고 보아야 한다.
(대판 2004.8.30, 2004다24083)

제213조【가집행의 선고】 ① 재산권의 청구에 관한 판결은 가집행(假執行)의 선고를 붙이지 아니할 상당한 이유가 없는 한 직권으로 담보를 제공하거나, 제공하지 아니하고 가집행을 할 수 있다는 것을 선고하여야 한다. 다만, 어음금·수표금 청구에 관한 판결에는 담보를 제공하게 하지 아니하고 가집행의 선고를 하여야 한다.
② 법원은 직권으로 또는 당사자의 신청에 따라 채권전액을 담보로 제공하고 가집행을 면제받을 수 있다는 것을 선고할 수 있다.
③ 제1항 및 제2항의 선고는 판결주문에 적어야 한다.

참조 [예외]민집302, ①[신청]161, [담보]214, [상급심과 가집행]406·435, [강제집행과 가집행]민집24, [가집행 선고의 주관적 범위]215④, ②[집행에서의 특별취급]민집201②·208·235, ③[판결주문]208①

판례 가집행선고가 붙은 판결에 기한 변제의 효과 : 가집행선고가 붙은 제1, 2심판결에 기한 금원 지급에 의한 채권소멸의 효과는 확정적인 것이 아니라 상소심에서 가집행선고가 붙은 판결이 취소 또는 변경되지 아니하고 확정된 때에 비로소 발생한다.(대판 2000.12.22, 2000다56259)

제214조【소송비용담보규정의 준용】 제213조의 담보에는 제122조·제123조·제125조 및 제126조의 규정을 준용한다.

참조 [가집행의 선고]213, [담보제공방식]122, [담보물변경]126

제215조【가집행선고의 실효, 가집행의 원상회복과 손해배상】 ① 가집행의 선고는 그 선고 또는 본안판결을 바꾸는 판결의 선고로 바뀌는 한도에서 그 효력을 잃는다.
② 본안판결을 바꾸는 경우에는 법원은 피고의 신청에 따라 그 판결에서 가집행의 선고에 따라 지급한 물건을 돌려 줄 것과, 가집행으로 말미암은 손해 또는 그 면제를 받기 위하여 입은 손해를 배상할 것을 원고에게 명하여야 한다.
③ 가집행의 선고를 바꾼 뒤 본안판결을 바꾸는 경우에는 제2항의 규정을 준용한다.

참조 [본안판결을 변경하는 판결]416 · 417 · 419 · 436 · 437, [가집행선고만의 변경]201, [가집행 취소와 강제집행]민집49 · 50

판례 가집행선고부 제1심판결 중 항소심판결에 의하여 취소된 부분에 관한 강제집행정지신청의 적법 여부 : 가집행선고부 제1심판결 중 항소심판결에 의하여 취소된 부분의 가집행선고는 항소심판결의 선고로 인하여 그 효력을 잃고, 항소심판결의 정본을 집행법원에 제출함으로써 이 부분에 관한 강제집행을 정지할 수 있으므로, 별도로 강제집행정지신청을 할 이익이 없어 이 부분 신청은 부적법하다.(대결 2006.4.14, 2006카기62)

판례 가지급물반환 신청은 소송중의 소의 일종으로서 그 성질은 예비적 반소이다.(대판 2005.1.13, 2004다19647)

판례 가집행선고 실효에 따른 원상회복의무의 지연손해금에 대하여 상사법정이율이 적용되는지 여부(소극) : 가집행선고의 실효에 따른 원상회복의무는 상행위로 인한 채무 또는 그에 준하는 채무라고 할 수는 없으므로 그 지연손해금에 대하여는 민법 소정의 법정이율에 의하여야 하는 것이고 상법 소정의 법정이율을 적용할 것은 아니다.(대판 2004.2.27, 2003다52944)

판례 상고심에서 피상고인이 동조 제2항에 의한 가집행의 원상회복과 손해배상을 구하는 신청을 할 수 있는지 여부 : 제1심에서 가집행선고가 붙은 패소의 이행판결을 선고받고 항소한 당사자는 항소심에서 동조 제2항의 재판을 구하는 신청을 하지 아니하고 제1심의 본안판결을 바꾸는 판결을 선고받아 상대방이 상고한 경우에는 상고심에서 위와 같은 신청을 하지 못한다.
(대판 2003.6.10, 2003다14010,14027)

제216조【기판력의 객관적 범위】 ① 확정판결(確定判決)은 주문에 포함된 것에 한하여 기판력(既判力)을 가진다.

② 상계를 주장한 청구가 성립되는지 아닌지의 판단은 상계하자고 대항한 액수에 한하여 기판력을 가진다.

참조 [주문]208①, [상계]민492－499, [기판력의 주관적 범위]218, [확정판결과의 저촉과 재심이유]451①, [확정판결과 동일한 효력을 가지는 것]220

판례 법원이 지료급부이행소송의 판결이유에서 정한 지료에 관한 결정의 효력 : 토지 소유자와 관습에 의한 지상권자 사이의 지료급부이행소송의 판결이유에서 정해진 지료에 관한 결정은 그 소송의 당사자인 토지 소유자와 관습에 의한 지상권자 사이에서는 지료결정으로서의 효력이 있다.
(대판 2003.12.26, 2002다61934)

◘ 기판력의 의의, 효력, 판단기준

판례 확정판결의 기판력이 미치는 범위 : 확정판결의 기판력은 소송물로 주장된 법률관계의 존부에 관한 판단의 결론에만 미치고 그 전제가 되는 법률관계의 존부에까지 미치는 것이 아니므로, 전의 소송에서 확정된 법률관계란 확정판결의 기판력이 미치는 법률관계를 의미하는 것이지 그 전제가 되는 법률관계까지 의미하는 것은 아니다.(대판 2005.12.23, 2004다55698)

◘ 기판력이 미치는 범위

판례 불법행위로 인한 적극적 손해의 배상을 명한 전소송의 변론종결 후에 새로운 적극적 손해가 발생한 경우에 그 소송의 변론종결 당시 그 손해의 발생을 예견할 수 없었고 또 그 부분 청구를 포기하였다고 볼 수 없는 등 특별한 사정이 있다면 전 소송에서 그 부분에 관한 청구가 유보되어 있지 않다고 하더라도 이는 전소송의 소송물과는 별개의 소송물이므로 전소송의 기판력에 저촉되는 것이 아니다.(대판 2007.4.13, 2006다78640)

판례 과세처분취소소송에서 청구가 기각된 확정판결과 과세처분 무효확인소송 : 과세처분의 취소소송은 과세처분의 실체적, 절차적 위법을 그 취소원인으로 하는 것으로서 그 심리의 대상은 과세관청의 과세처분에 의하여 인정된 조세채무인 과세표준 및 세액의 객관적 존부 즉 당해 과세처분의 적부가 심리의 대상이 되는 것이며, 과세처분 취소청구를 기각하는 판결이 확정되면 그 처분이 적법하다는 점에 관하여 기판력이 생기고, 그 후 원고가 이를 무효라 하여 무효확인을 소구할 수 없는 것이어서 과세처분의 취소소송에서 청구가 기각된 확정판결의 기판력은 그 과세처분의 무효확인을 구하는 소송에도 미친다.
(대판 2003.5.16, 2002두3669)

판례 소송판결의 기판력이 미치는 범위 : 소송판결의 기판력은 그 판결에서 확정한 소송요건의 흠결에 관하여 미치는 것이지만, 당사자가 그러한 소송요건의 흠결을 보완하여 다시 소를 제기한 경우에는 그 기판력의 제한을 받지 않는다.
(대판 2003.4.8, 2002다70181)

◘ 기판력이 미치지 않는 사례

판례 소유권이전등기 말소청구소송에서 패소한 당사자도 그 후 소유권확인을 구하거나 진정한 소유자 명의의 회복을 위한 소유권이전등기를 청구할 수 있다.(대판 1996.12.20, 95다37988)

제217조【외국재판의 승인】 ① 외국법원의 확정판결 또는 이와 동일한 효력이 인정되는 재판(이하 "확정재판등"이라 한다)은 다음 각호의 요건을 모두 갖추어야 승인된다.(2014.5.20 본문개정)

1. 대한민국의 법령 또는 조약에 따른 국제재판관할의 원칙상 그 외국법원의 국제재판관할권이 인정될 것
2. 패소한 피고가 소장 또는 이에 준하는 서면 및 기일통지서나 명령을 적법한 방식에 따라 방어에 필요한 시간여유를 두고 송달받았거나(공시송달이나 이와 비슷한 송달에 의한 경우를 제외한다) 송달받지 아니하였더라도 소송에 응하였을 것
3. 그 확정재판등의 내용 및 소송절차에 비추어 그 확정재판등의 승인이 대한민국의 선량한 풍속이나 그 밖의 사회질서에 어긋나지 아니할 것
4. 상호보증이 있거나 대한민국과 그 외국법원이 속하는 국가에 있어 확정재판등의 승인요건이 현저히 균형을 상실하지 아니하고 중요한 점에서 실질적으로 차이가 없을 것

(2014.5.20 3호～4호개정)

② 법원은 제1항의 요건이 충족되었는지에 관하여 직권으로 조사하여야 한다.(2014.5.20 본항신설)
(2014.5.20 본조제목개정)

改前 제217조【"외국판결의 효력"】외국법원의 "확정판결"은 다음 각호의 요건을 모두 갖추어야 "효력이 인정된다."
3. 그 "판결의 효력을 인정하는 것이" 대한민국의 선량한 풍속이나 그 밖의 사회질서에 어긋나지 아니할 것
4. 상호보증이 "있을" 것

참조 [외국법원의 판결]민집26 · 27, [공시송달]194－196, [선량한 풍속등]민103

판례 보충송달 방식이 적법한 송달에 포함되는지 여부 : 외국법원의 소송서류를 한국에 있는 피고의 거소에서 그 남편에게 보충송달하고 그에 따라 외국법원의 판결이 선고 · 확정된 경우, 그 송달이 방어에 필요한 시간 여유를 두고 적법하게 이루어졌다면 적법한 송달방식에 의하여 송달이 이루어졌다고 보아야 한다.(대판 2021.12.23, 2017다257746)

판례 [1] 사기적인 방법으로 외국판결을 편취하였다는 사유와 외국판결에 대한 승인 : 민사집행법 제27조 제2항 제2호 및 민소법 제217조 제3호에 의하면 외국법원의 확정판결의 효력을 인정하는 것이 대한민국의 선량한 풍속이나 그 밖의 사회질서에 어긋나지 아니하여야 한다는 점이 외국판결의 승인 및 집행의 요건인바, 외국판결의 내용자체가 선량한 풍속이나 그 밖의 사회질서에 어긋나는 경우뿐만 아니라 그 외국판결의 성립절차에 있어서 선량한 풍속이나 그 밖의 사회질서에 어긋나는 경우도 승인 및 집행을 거부할 사유에 포함된다고 할 것이나, 민사집행법 제27조 제1항이 "집행판결은 재판의 옳고 그름을 조사하지 아니하고 하여야 한다."고 규정하고 있을 뿐만 아니라 사기적인 방법으로 편취한 판결인지 여부를 심리한다는 명목으로 실질적으로 외국판결의 옳고 그름을 전면적으로 재심사하는 것은 외국판결에 대하여 별도의 집행판결제도를 둔 취지에도 반하는 것이어서 허용할 수 없으므로, 위조 · 변조 내지는 폐기된 서류를 사용하였다거나 위증을 이용하는 것과 같은 사기적인 방법으로 외국판결을 얻었다는 사유는 원칙적으로 승인 및 집행을 거부할 사유가 될 수 없고, 다만 재심사유에 관한 민사소송법 제451조 제1항 제6호, 제7호, 제2항의 내용에 비추어 볼 때 피고가 판결국 법정에서 위와 같은 사기적인 사유를 주장할 수 없었고 또한 처벌받을 사기적인 행위에 대하여 유죄의 판결과 같은 고도의 증명이 있는 경우에 한하여 승인 또는 집행을 구하는 외국판결을 무효화하는 별도의 절차를 당해 판결국에서 거치지 아니하였다 할지라도 바로 우리나라에서 승인 내지 집행을 거부할 수는 있다.
[2] 상호보증 유무의 판단기준 및 직권조사사항인지 여부(적극) : 우리나라와 외국 사이에 동종 판결의 승인요건이 현저히 균형을 상실하지 아니하고 외국에서 정한 요건이 우리나라에서 정한 그것보다 전체로서 과중하지 아니하며 중요한 점에서 실질적으로 거의 차이가 없는 정도라면 민소법 제217조 제4호에서 정하는 상호보증의 요건을 구비하였다고 봄이 상당하고, 또한 이와 같은 상호의 보증은 외국의 법령, 판례 및 관례 등에 의하여 승인요건을 비교하여 인정되면 충분하고 반드시 당사국과의 조약이 체결되어 있을 필요는 없으며, 당해 외국에서 구체적으로 우리나라의 동종 판결을 승인한 사례가 없더라도 실제로 승인할 것이라고 기대할 수 있는 상태이면 충분하다 할 것이고, 이와 같은 상호의 보증이 있다는 사실은 법원이 직권으로 조사하여야 하는 사항이다.
(대판 2004.10.28, 2002다74213)

제217조의2【손해배상에 관한 확정재판등의 승인】 ① 법원은 손해배상에 관한 확정재판등이 대한민국의 법률 또는 대한민국이 체결한 국제조약의 기본질서에 현저히 반하는 결과를 초래할 경우에는 해당 확정재판등의 전부 또는 일부를 승인할 수 없다.

② 법원은 제1항의 요건을 심리할 때에는 외국법원이 인정한 손해배상의 범위에 변호사보수를 비롯한 소송과 관련된 비용과 경비가 포함되는지와 그 범위를 고려하여야 한다.
(2014.5.20 본조신설)

제218조【기판력의 주관적 범위】 ① 확정판결은 당사자, 변론을 종결한 뒤의 승계인(변론 없이 한 판결의 경우에는 판결을 선고한 뒤의 승계인) 또는 그를 위하여 청구의 목적물을 소지한 사람에 대하여 효력이 미친다.

② 제1항의 경우에 당사자가 변론을 종결할 때(변론 없이 한 판결의 경우에는 판결을 선고할 때)까지 승계사실을 진술하지 아니한 때에는 변론을 종결한 뒤(변론 없이 한 판결의 경우에는 판결을 선고한 뒤)에 승계한 것으로 추정한다.

③ 다른 사람을 위하여 원고나 피고가 된 사람에 대한 확정판결은 그 다른 사람에 대하여도 효력이 미친다.

④ 가집행의 선고에는 제1항 내지 제3항의 규정을 준용한다.

참조 [집행력의 주관적 범위]민집25, 민165, [판결의 효력]소송참가71 · 73 · 75③ · 79, [파산채권자]채무자회생파산468, [회사관계]상190 · 240 · 269 · 328② · 376② · 380 · 381② · 430 · 552② · 578, ③[선정당사자]53, [파산관재인]채무자회생파산359, [선장]상859②, ④[가집행의 선고]210

판례 소유권이전등기청구권이 소송물인 전소의 변론종결 후에 이전등기를 넘겨받은 사람이 본조의 승계인에 해당하는지 여부(소극) : 전소의 소송물이 채권적 청구권인 소유권이전등기청구권인 경우에는 전소의 변론종결 후에 그 목적물에 관한 소유권이전등기를 넘겨받은 사람은 변론종결 후의 승계인에 해당하지 아니한다.(대판 2003.5.13, 2002다64148)

제219조【변론 없이 하는 소의 각하】 부적법한 소로서 그 흠을 보정할 수 없는 경우에는 변론 없이 판결로 소를 각하할 수 있다.

참조 [필요적 변론의 원칙]134, [소장각하명령]254, [본조와 동일한 조치]413 · 425 · 430

판례 취소소송에서의 처분이 부존재인 경우 : 원고가 취소를 구하는 토지초과이득세 부과처분이 부존재한다면, 행정소송에 있어 쟁송의 대상이 되는 행정처분의 존재는 소송의 적법요건이라고 할 것이므로, 원고가 취소를 구하는 부과처분이 존재하지 아니하는 이상 소는 부적법하여 각하되어야 한다.
(대판 1997.8.26, 96누6707)

제219조의2【소권 남용에 대한 제재】 원고가 소권(항소권을 포함한다)을 남용하여 청구가 이유 없음이 명백한 소를 반복적으로 제기한 경우에는 법원은 결정으로 500만원 이하의 과태료에 처한다.
(2023.4.18 본조신설)

제220조【화해, 청구의 포기 · 인낙조서의 효력】 화해, 청구의 포기 · 인낙을 변론조서 · 변론준비기일조서에 적은 때에는 그 조서는 확정판결과 같은 효력을 가진다.

참조 [화해]145 · 385이하, [조서]154, [확정판결]216 · 218, 민집24, 민165, [화해 · 포기 · 인낙의 비용]106 · 113 · 114, [청구의 인낙]가소12, [본조와 동지의 규정]채무자회생파산460, 민사조정29, 가소49

판례 조정조서에 인정되는 확정판결과 동일한 효력이 미치는 범위 : 조정은 당사자 사이에 합의된 사항을 조서에 기재함으로써 성립하고 조정조서는 재판상의 화해조서와 같이 확정판결과 동일한 효력이 있으며 창설적 효력을 가지는 것이어서 당사자 사이에 조정이 성립하면 종전의 법률관계를 바탕으로 한 권리, 의무관계는 소멸하고 조정의 내용에 따른 새로운 권리, 의무관계가 성립한다. 이러한 조정조서에 인정되는 확정판결과 동일한 효력은 소송물인 권리관계의 존부에 관한 판단에만 미친다고 할 것이므로, 소송절차 진행 중에 사건이 조정에 회부되어 조정이 성립한 경우 소송물 이외의 권리관계에도 조정의 효력이 미치려면 특별한 사정이 없는 한 그 권리관계가 조정조항에 특정되거나 조정조서 중 청구의 표시 다음에 부가적으로 기재됨으로써 조정조서의 기재내용에 의하여 소송물인 권리관계가 되었다고 인정할 수 있어야 한다.(대판 2007.4.26, 2006다78732)

판례 재판상 화해에 있어서 법원에 계속중인 다른 소송을 취하하기로 하는 내용의 화해조서가 작성된 경우, 그 화해조서의 효력 : 재판상 화해에 있어서 법원에 계속 중인 다른 소송을 취하하기로 하는 내용의 화해조서가 작성되었다면 당사자 사이에는 법원에 계속 중인 다른 소송을 취하하기로 하는 합의가 이루어졌다 할 것이므로, 다른 소송이 계속중인 법원에 취하서를 제출하지 않는 이상 그 소송이 취하로 종결되지는 않지만 위 재판상 화해가 재심의 소에 의하여 취소 또는 변경되는 등의 특별한 사정이 없는 한 그 소송의 원고에게는 권리보호의 이익이 없게 되어 그 소는 각하되어야 한다.(대판 2005.6.10, 2005다14861)

판례 주주총회결의의 하자를 다투는 소와 화해 및 조정의 가부 : 주주총회결의의 부존재 · 무효를 확인하거나 결의를 취소하는 판결이 확정되면 당사자 이외의 제3자에게도 그 효력이 미쳐 제3자도 이를 다툴 수 없게 되므로, 주주총회결의의 하자를 다투는 소에 있어서 청구의 인낙이나 그 결의의 부존재 · 무효를 확인하는 내용의 화해 · 조정은 할 수 없고, 가사 이러한 내용의 청구인낙 또는 화해 · 조정이 이루어졌다 하여도 그 인낙조서나 화해 · 조정조서는 효력이 없다.
(대판 2004.9.24, 2004다28047)

판례 강행법규에 위반된 화해조서의 효력 : 제소전 화해조서는 확정판결과 동일한 효력이 있어 당사자 사이에 기판력이 생기는 것이므로, 거기에 확정판결의 당연무효 사유와 같은 사유가 없는 한 설령 그 내용이 강행법규에 위반된다 할지라도 그것은 단지 제소전 화해에 하자가 있음에 지나지 아니하여 준재심절차에 의하여 구제받는 것은 별문제로 하고 그 화해조서를 무효라고 주장할 수는 없다.(대판 2002.12.6, 2002다44014)

제221조【결정 · 명령의 고지】 ① 결정과 명령은 상당한 방법으로 고지하면 효력을 가진다.

② 법원사무관등은 고지의 방법 · 장소와 날짜를 재판의 원본에 덧붙여 적고 날인하여야 한다.

참조 [임의적 구술변론]134①, [선고가 필요한 결정]민집126 · 128②, [송달이 필요한 결정]채무자회생파산8, [판결규정의 준용]224, [판결의 효력발생]205

판례 판결과 달리 선고가 필요하지 않은 결정이나 명령(이하 '결정'이라고만 한다)과 같은 재판은 원본이 법원사무관등에게 교부되었을 때 성립한 것으로 보아야 하고, 일단 성립한 결정은 취소 또는 변경을 허용하는 별도의 규정이 있는 등의 특별한 사정이 없는 한 결정법원이라도 이를 취소 · 변경할 수 없다. 또한 결정법원은 즉시항고가 제기되었는지 여부와 관계없이 일단 성립한 결정을 당사자에게 고지하여야 하고 고지는 상당한 방법으로 가능하며(민사소송법 제221조제1항), 재판기록이 항고심으로 송부된 이후에는 항고심에서의 고지도 가능하므로 결정의 고지에 의한 효력 발생이 당연히 예정되어 있다. 이미 성립한 결정에 대하여는 결정이 고지되어 효력을 발생하기 전에도 결정에 불복하여 항고할 수 있다.
(대결 2014.10.8, 2014마667 전원합의체)

제222조【소송지휘에 관한 재판의 취소】 소송의 지휘에 관한 결정과 명령은 언제든지 취소할 수 있다.

참조 [본조와 동지의 규정]87② · 141

제223조【법원사무관등의 처분에 대한 이의】 법원사무관등의 처분에 관한 이의신청에 대하여는 그 법원사무관등이 속한 법원이 결정으로 재판한다.

참조 [사무관등의 처분]157 · 162, 민집28 · 29, [결정]134 · 221, [본조와 동지의 규정]민집34

民訴

제224조【판결규정의 준용】 ① 성질에 어긋나지 아니하는 한, 결정과 명령에는 판결에 관한 규정을 준용한다. 다만, 법관의 서명은 기명으로 갈음할 수 있고, 이유를 적는 것을 생략할 수 있다.
② 이 법에 따른 과태료재판에는 비송사건절차법 제248조 및 제250조 가운데 검사에 관한 규정을 적용하지 아니한다.
참조 [판결]198－224, [과태료재판의 절차와 약식재판]비송248・250
판례 실체관계의 내용에 대한 결정・명령의 기판력 : 확정된 종국판결은 소송물로 주장된 법률관계의 존부에 관한 판단의 결론에 관하여 기판력을 가지며, 결정 명령재판에도 실체관계를 종국적으로 판단하는 내용의 것인 경우에는 기판력이 있다. (대결 2002.9.23, 2000마5257)

제6절 화해권고결정

제225조【결정에 의한 화해권고】 ① 법원・수명법관 또는 수탁판사는 소송에 계속중인 사건에 대하여 직권으로 당사자의 이익, 그 밖의 모든 사정을 참작하여 청구의 취지에 어긋나지 아니하는 범위안에서 사건의 공평한 해결을 위한 화해권고결정(和解勸告決定)을 할 수 있다.
② 법원사무관등은 제1항의 결정내용을 적은 조서 또는 결정서의 정본을 당사자에게 송달하여야 한다. 다만, 그 송달은 제185조제2항・제187조 또는 제194조에 규정한 방법으로는 할 수 없다.
참조 [화해권고결정서]민소규57②・58・59①, [화해의 권고]145, [조서]152－154, [송달장소변경의 신고]185②, [우편송달]187, [공시송달]194

제226조【결정에 대한 이의신청】 ① 당사자는 제225조의 결정에 대하여 그 조서 또는 결정서의 정본을 송달받은 날부터 2주 이내에 이의를 신청할 수 있다. 다만, 그 정본이 송달되기 전에도 이의를 신청할 수 있다.
② 제1항의 기간은 불변기간으로 한다.
참조 [화해권고결정]225, [송달]174이하, [불변기간]172

제227조【이의신청의 방식】 ① 이의신청은 이의신청서를 화해권고결정을 한 법원에 제출함으로써 한다.
② 이의신청서에는 다음 각호의 사항을 적어야 한다.
1. 당사자와 법정대리인
2. 화해권고결정의 표시와 그에 대한 이의신청의 취지
③ 이의신청서에는 준비서면에 관한 규정을 준용한다.
④ 제226조제1항의 규정에 따라 이의를 신청한 때에는 이의신청의 상대방에게 이의신청서의 부본을 송달하여야 한다.
참조 [화해권고결정에 대한 이의신청]226, [준비서면의 제출・기재사항]273・274

제228조【이의신청의 취하】 ① 이의신청을 한 당사자는 그 심급의 판결이 선고될 때까지 상대방의 동의를 얻어 이의신청을 취하할 수 있다.
② 제1항의 취하에는 제266조제3항 내지 제6항을 준용한다. 이 경우 "소"는 "이의신청"으로 본다.
참조 [화해권고결정에 대한 이의신청]226, [소의 취하]266

제229조【이의신청권의 포기】 ① 이의신청권은 그 신청전까지 포기할 수 있다.
② 이의신청권의 포기는 서면으로 하여야 한다.
③ 제2항의 서면은 상대방에게 송달하여야 한다.
참조 [화해권고결정에 대한 이의신청]226, [청구의 포기]220, [송달]174

제230조【이의신청의 각하】 ① 법원・수명법관 또는 수탁판사는 이의신청이 법령상의 방식에 어긋나거나 신청권이 소멸된 뒤의 것임이 명백한 경우에는 그 흠을 보정할 수 없으면 결정으로 이를 각하하여야 하며, 수명법관 또는 수탁판사가 각하하지 아니한 때에는 수소법원이 결정으로 각하한다.
② 제1항의 결정에 대하여는 즉시항고를 할 수 있다.
참조 [화해권고결정에 대한 이의신청]226, [이의신청의 방식]227, [즉시항고]444

제231조【화해권고결정의 효력】 화해권고결정은 다음 각호 가운데 어느 하나에 해당하면 재판상 화해와 같은 효력을 가진다.
1. 제226조제1항의 기간 이내에 이의신청이 없는 때
2. 이의신청에 대한 각하결정이 확정된 때
3. 당사자가 이의신청을 취하하거나 이의신청권을 포기한 때
참조 [화해권고결정]225, [이의신청]226, [화해권고결정에 대한 이의신청의 취하・포기]228・229

제232조【이의신청에 의한 소송복귀 등】 ① 이의신청이 적법한 때에는 소송은 화해권고결정 이전의 상태로 돌아간다. 이 경우 그 이전에 행한 소송행위는 그대로 효력을 가진다.
② 화해권고결정은 그 심급에서 판결이 선고된 때에는 그 효력을 잃는다.
참조 [이의신청]226, [화해권고결정]225, [화해권고결정의 취소]민소규59②, [판결의 선고]198

제7절 소송절차의 중단과 중지

제233조【당사자의 사망으로 말미암은 중단】 ① 당사자가 죽은 때에 소송절차는 중단된다. 이 경우 상속인・상속재산관리인, 그 밖에 법률에 의하여 소송을 계속하여 수행할 사람이 소송절차를 수계(受繼)하여야 한다.
② 상속인은 상속포기를 할 수 있는 동안 소송절차를 수계하지 못한다.
참조 [본조의 부적용]238, ①[상속재산 관리인]민1053－1059, 민소62③, ②[포기를 할 수 있는 기간]민1019－1021, [가소의 경우]가소16, [수계]241－244
판례 공무원으로서의 지위는 일신전속권으로서 상속의 대상이 되지 않으므로, 의원면직처분에 대한 무효확인을 구하는 소송은 당해 공무원이 사망함으로써 중단됨이 없이 종료된다. (대판 2007.7.26, 2005두15748)
판례 단체의 의사결정기관 구성원의 지위가 상속인에게 승계되는지 여부(소극) : 단체의 정관에 따른 의사결정기관의 구성원이 그 지위에 기하여 위 단체를 상대로 그 의사결정기관이 한 결의의 존재나 효력을 다투는 민사소송을 제기하였다가 그 소송 계속 중에 사망하였거나 승소 확정판결을 받은 후 그에 대한 재심소송 계속 중에 사망하였다면, 단체의 의사결정기관 구성원으로서의 지위는 일신전속권으로서 상속의 대상이 된다고 할 수 없어 소송수계의 여지가 없으므로 위 소송이나 재심소송은 본인의 사망으로 중단됨이 없이 그대로 종료된다. (대판 2004.4.27, 2003다64381)
판례 소송계속 중 당사자가 사망하고 그 상속인의 존부가 분명하지 않은 경우와 법원의 조치 : 민법 제1053조 제1항은 '상속인의 존부가 분명하지 아니한 때에는 법원은 제777조의 규정에 의한 피상속인의 친족 기타 이해관계인 또는 검사의 청구에 의하여 상속재산관리인을 선임하고 지체없이 이를 공고하여야 한다'고 규정하고 있고, 이러한 상속재산관리인은 민사소송법에 따라 소송을 수계할 수 있는 것이므로, 법원으로서는 소송절차를 중단한 채 상속재산관리인의 선임을 기다려 그로 하여금 소송을 수계하도록 하였어야 한다.(대판 2002.10.25, 2000다21802)

제234조【법인의 합병으로 말미암은 중단】 당사자인 법인이 합병에 의하여 소멸된 때에 소송절차는 중단된다. 이 경우 합병에 의하여 설립된 법인 또는 합병한 뒤의 존속법인이 소송절차를 수계하여야 한다.
참조 [합병]상227・235・269・530②・609①, [수계]241－244, [본조의 부적용]238

제235조【소송능력의 상실, 법정대리권의 소멸로 말미암은 중단】 당사자가 소송능력을 잃은 때 또는 법정대리인이 죽거나 대리권을 잃은 때에 소송절차는 중단된다. 이 경우 소송능력을 회복한 당사자 또는 법정대리인이 된 사람이 소송절차를 수계하여야 한다.
참조 [소송능력]51, [법정대리인]51・62・64, [법정대리권]63①, [수계]241－244, [본조의 부적용]238

제236조【수탁자의 임무가 끝남으로 말미암은 중단】 신탁으로 말미암은 수탁자의 위탁임무가 끝난 때에 소송절차는 중단된다. 이 경우 새로운 수탁자가 소송절차를 수계하여야 한다.
참조 [신탁의 임무종료]신탁12－16・19・69・70, [수계]241－244, [본조의 부적용]238

제237조【자격상실로 말미암은 중단】 ① 일정한 자격에 의하여 자기 이름으로 남을 위하여 소송당사자가 된 사람이 그 자격을 잃거나 죽은 때에 소송절차는 중단된다. 이 경우 같은 자격을 가진 사람이 소송절차를 수계하여야 한다.
② 제53조의 규정에 따라 당사자가 될 사람을 선정한 소송에서 선정된 당사자 모두가 자격을 잃거나 죽은 때에 소송절차는 중단된다. 이 경우 당사자를 선정한 사람 모두 또는 새로 당사자로 선정된 사람이 소송절차를 수계하여야 한다.
참조 [본조의 부적용]238, [수계]241－244, ①[일정한 자격자]채무자회생파산359, 상859, ②[선정당사자의 자격상실등]54・63②
판례 부재자재산관리인의 해임과 소송절차의 중단 : 재산관리인이 부재자를 대리하여 부재자 소유의 부동산을 매매하고 매수인에게 이에 대한 허가신청절차를 이행하기로 약정하고서도 그 이행을 하지 아니하여 매수인으로부터 허가신청절차의 이행을 소구당한 경우, 재산관리인의 지위는 형식상으로는 소송상 당사자이지만 그 허가신청절차의 이행으로 개시된 절차에서 만일 법원이 허가결정을 하면 재산관리인이 부재자를 대리하여서 한 매매계약이 유효하게 됨으로써 실질적으로 부재자에게 그 효과가 귀속되는 것으로 법원에 대하여 허가신청절차를 이행하기로 한 약정에 터잡아 그 이행을 소구당한 부재자 재산관리인이 소송 계속 중 해임되어 관리권을 상실하는 경우 소송절차는 중단되고 새로 선임된 재산관리인이 소송을 수계한다고 봄이 상당하다.(대판 2002.1.11, 2001다41971)

제238조【소송대리인이 있는 경우의 제외】 소송대리인이 있는 경우에는 제233조제1항, 제234조 내지 제237조의 규정을 적용하지 아니한다.
참조 [소송대리권의 불소멸]94・95, [상소의 특별수권]91②
판례 당사자가 사망하였으나 그를 위한 소송대리인이 있는 경우에는 소송절차가 중단되지 아니하고, 그 소송대리인은 상속인들 전원을 위하여 소송을 수행하게 되어 그 사건의 판결은 상속인들 전원에 대하여 효력이 있다고 할 것이며, 다만 심급대리의 원칙상 그 판결정본이 소송대리인에게 송달된 때에는 소송절차가 중단된다.(대판 1996.2.9, 94다61649)

제239조【당사자의 파산으로 말미암은 중단】 당사자가 파산선고를 받은 때에 파산재단에 관한 소송절차는 중단된다. 이 경우 「채무자 회생 및 파산에 관한 법률」에 따른 수계가 이루어지기 전에 파산절차가 해지되면 파산선고를 받은 자가 당연히 소송절차를 수계한다.(2005.3.31 본조개정)
참조 [파산관재인]채무자회생파산359, [파산채권의 행사제한]채무자회생파산424, [소송수계]채무자회생파산347①・464, [절차의 해지]채무자회생파산317・325・538・545, [파산종결]채무자회생파산530, [채권자취소소송의 중단・수계]채무자회생파산406

제240조【파산절차의 해지로 말미암은 중단】 「채무자 회생 및 파산에 관한 법률」에 따라 파산재단에 관한 소송의 수계가 이루어진 뒤 파산절차가 해지된 때에 소송절차는 중단된다. 이 경우 파산선고를 받은 자가 소송절차를 수계하여야 한다.
(2005.3.31 본조개정)
참조 [파산재단]채무자회생파산359・382・384, [채무자 회생 및 파산에 관한 법률에 의한 수계]채무자회생파산347・458・464, [파산절차의 해지]채무자회생파산325・538・545, [채권자 취소소송의 중단]채무자회생파산406

제241조【상대방의 수계신청권】 소송절차의 수계신청은 상대방도 할 수 있다.
참조 [수계신청방식]민소규60

제242조【수계신청의 통지】 소송절차의 수계신청이 있는 때에는 법원은 상대방에게 이를 통지하여야 한다.
참조 [신청]161, [통지]247②

제243조【수계신청에 대한 재판】 ① 소송절차의 수계신청은 법원이 직권으로 조사하여 이유가 없다고 인정한 때에는 결정으로 기각하여야 한다.
② 재판이 송달된 뒤에 중단된 소송절차의 수계에 대하여는 그 재판을 한 법원이 결정하여야 한다.
참조 [수계신청]242, [불복신청]439, [결정]134・221
판례 법률에 의한 법인의 승계와 소송상의 지위 : 법인의 권리의무가 법률의 규정에 의하여 새로 설립된 법인에 승계되는 경우에는 특별한 사유가 없는 한 계속 중인 소송에서 그 법인의 법률상 지위도 새로 설립된 법인에 승계된다.
(대판 2002.11.26, 2001다44352)

제244조【직권에 의한 속행명령】 법원은 당사자가 소송절차를 수계하지 아니하는 경우에 직권으로 소송절차를 계속하여 진행하도록 명할 수 있다.
참조 [당사자의 수계신청]241－243

제245조【법원의 직무집행 불가능으로 말미암은 중지】 천재지변, 그 밖의 사고로 법원이 직무를 수행할 수 없을 경우에 소송절차는 그 사고가 소멸될 때까지 중지된다.
참조 [중지의 효과]247

제246조【당사자의 장애로 말미암은 중지】 ① 당사자가 일정하지 아니한 기간 동안 소송행위를 할 수 없는 장애사유가 생긴 경우에는 법원은 결정으로 소송절차를 중지하도록 명할 수 있다.
② 법원은 제1항의 결정을 취소할 수 있다.
참조 [재판에 의한 중지]485, 특허164, [중지의 효과]247②, [결정]134・221

제247조【소송절차 정지의 효과】 ① 판결의 선고는 소송절차가 중단된 중에도 할 수 있다.
② 소송절차의 중단 또는 중지는 기간의 진행을 정지시키며, 소송절차의 수계사실을 통지한 때 또는 소송절차를 다시 진행한 때부터 전체기간이 새로이 진행된다.
참조 [판결의 선고]206, [중단]233－240, [중지]245・246, [통지]242, [속행명령]244, [기간]170이하

제2편 제1심의 소송절차

제1장 소의 제기

제248조【소제기의 방식】 ① 소를 제기하려는 자는 법원에 소장을 제출하여야 한다.
② 법원은 소장에 붙이거나 납부한 인지액이 「민사소송 등 인지법」 제13조제2항 각 호에서 정한 금액에 미달하는 경우 소장의 접수를 보류할 수 있다.
③ 법원에 제출한 소장이 접수되면 소장이 제출된 때에 소가 제기된 것으로 본다.
(2023.4.18 본조개정)
改前 제248조【소제기의 방식】 소는 법원에 소장을 제출함으로써 제기한다.
참조 [소제기로 간주되는 경우]472, [중간확인의 소]264, [반소]270, [소장의 기재사항]249, [소장의 송달]255, [사법상의 효과]265, 민168－178
판례 법원이 교회의 권징재판에 의한 징계의 당부를 판단할 수 있는지 여부(원칙적 소극) : 교회의 권징재판은 종교단체가 교리를 확립하고 단체 및 신앙상의 질서를 유지하기 위하여 행하는 종교단체의 내부적인 제재에 지나지 아니하므로 원칙적으로 사법심사의 대상이 되지 아니하고, 그 효력과 집행은 교회 내부의 자율에 맡겨져 있는 것이므로 그 권징재판으로 말미암은 목사, 장로의 자격에 관한 시비는 직접적으로 법원의 심판의 대상이 된다고 할 수 없고, 다만 그 효력의 유무와 관련하여 구체적인 권리 또는 법률관계를 둘러싼 분쟁이 존재하고 또한 그 청구의 당부를 판단하기에 앞서 그 징계의 당부를 판단할 필요가

民訴

있는 경우에는 그 판단의 내용이 종교 교리의 해석에 미치지 아니하는 한 법원으로서는 위 징계의 당부를 판단하여야 한다.
(대결 2007.6.29, 2007마224)

판례 종교단체 내에서 개인이 누리는 지위에 영향을 미치는 단체법상 행위가 사법심사의 대상이 되는지 여부 : 교인으로서 비위가 있는 자에게 종교적인 방법으로 징계·제재하는 종교단체 내부의 규제(권징재판)가 아닌 한 종교단체 내에서 개인이 누리는 지위에 영향을 미치는 단체법상의 행위라 하여 반드시 사법심사의 대상에서 제외하거나 소의 이익을 부정할 것은 아니다.
(대판 2006.2.10, 2003다63104)

판례 종단에 사찰등록을 마친 사찰 주지의 지위에 관한 소의 적법성 : 일반적으로 종단에 등록을 마친 사찰은 독자적인 권리능력과 당사자능력을 가진 법인격 없는 사단이나 재단이라 할 것이고 그러한 사찰의 주지는 종교상의 지위와 아울러 비법인 사단 또는 단체인 당해 사찰의 대표자로서의 지위를 겸유하면서 사찰 재산의 관리처분권 등을 갖게 되므로 그 주지 지위의 확인이나 주지해임무효확인 등을 구하는 것이 구체적인 권리 또는 법률관계와는 무관한 단순한 종교상의 자격에 관한 시비에 불과하다고 볼 수는 없다.(대판 2005.6.24, 2005다10388)

판례 근저당권이전의 부기등기만의 말소를 구하는 소의 이익이 인정되는 경우 : 근저당권이전의 부기등기가 기존의 주등기인 근저당권설정등기에 종속되어 주등기와 일체를 이룬 경우에는 부기등기만의 말소를 따로 인정할 아무런 실익이 없지만, 근저당권의 이전원인만이 무효로 되거나 취소 또는 해제된 경우, 즉 근저당권의 주등기 자체는 유효한 것을 전제로 이와는 별도로 근저당권이전의 부기등기에 한하여 무효사유가 있다는 이유로 부기등기만의 효력을 다투는 경우에는 그 부기등기의 말소를 소구할 필요가 있으므로 예외적으로 소의 이익이 있다.
(대판 2005.6.10, 2002다15412,15429)

제249조【소장의 기재사항】
① 소장에는 당사자와 법정대리인, 청구의 취지와 원인을 적어야 한다.
② 소장에는 준비서면에 관한 규정을 준용한다.

참조 [법정대리인]51·62·64, [청구의 취지와 원인]262, [소장심사권]254, [준비서면]273-276

판례 진정한 상속인이 참칭상속인을 상대로 상속재산인 부동산에 관한 등기의 말소 등을 청구하는 경우와 상속회복청구의 소 : 재산상속에 관한 진정한 상속인임을 전제로 그 상속으로 인한 재산권의 귀속을 주장하고, 참칭상속인 또는 자기들만이 재산상속을 하였다는 일부 공동상속인들을 상대로 상속재산인 부동산에 관한 등기의 말소(또는 진정명의 회복을 위한 등기의 이전) 등을 청구하는 경우, 그 소유권 또는 지분권이 귀속되었다는 주장이 상속을 원인으로 하는 것인 이상, 그 청구원인 여하에 불구하고 이는 민법 제999조에 정한 상속회복청구의 소라고 해석함이 상당하다.(대판 2006.7.4, 2005다45452)

판례 상속인으로의 표시정정에서 실질적 피고 : 원고가 사망 사실을 모르고 사망자를 피고로 표시하여 소를 제기한 경우에, 청구의 내용과 원인사실, 당해 소송을 통하여 분쟁을 실질적으로 해결하려는 원고의 소제기 목적 내지는 사망 사실을 안 이후의 원고의 피고 표시 정정신청 등 여러 사정을 종합하여 볼 때 사망자의 상속인이 처음부터 실질적인 피고이고 다만 그 표시를 잘못한 것으로 인정된다면, 사망자의 상속인으로 피고의 표시를 정정할 수 있다. 그리고 이 경우에 실질적인 피고로 해석되는 사망자의 상속인은 실제로 상속을 하는 사람을 가리킨다.
(대결 2006.7.4, 2005마425)

판례 채권자가 채무자의 어떤 금원지급행위가 사해행위에 해당된다고 하여 그 취소를 청구하면서 다만 그 금원지급행위의 법률적 평가와 관련하여 증여 또는 변제로 달리 주장하는 것은 그 사해행위취소권을 이유 있게 하는 공격방법에 관한 주장을 달리하는 것일 뿐이지 소송물 또는 청구 자체를 달리하는 것으로 볼 수 없다.(대판 2005.3.25, 2004다10985,10992)

제250조【증서의 진정여부를 확인하는 소】
확인의 소는 법률관계를 증명하는 서면이 진정한지 아닌지를 확정하기 위하여서도 제기할 수 있다.

참조 [서증신청의 방식]343, [공문서의 진정추정]356, [사문서의 진정추정]358

판례 토지의 일부에 대한 소유권의 귀속에 관하여 다툼이 있는 경우에 적극적으로 그 부분에 대한 자기의 소유권확인을 구하지 아니하고 소극적으로 상대방 소유권의 부존재 확인을 구하는 것은, 원고에게 내세울 소유권이 없더라도 피고의 소유권이 부인되면 그로써 원고의 법적 지위의 불안이 제거되어 분쟁이 해결될 수 있는 경우가 아닌 한 소유권의 귀속에 관한 분쟁을 근본적으로 해결하는 즉시확정의 방법이 되지 못하며, 또한 그러한 판결만으로는 토지의 일부에 대한 자기의 소유권이 확인되지 아니하여 소유권자로서 지적도의 경계에 대한 정정을 신청할 수도 없으므로, 확인의 이익이 없다.
(대판 2016.5.24, 2012다87898)

판례 공동상속인 사이에 어떤 재산이 피상속인의 상속재산에 속하는지 여부에 관하여 다툼이 있어 일부 공동상속인이 다른 공동상속인을 상대로 그 재산이 상속재산임의 확인을 구하는 소를 제기한 경우, 이는 그 재산이 현재 공동상속인들의 상속재산분할 전 공유관계에 있음의 확인을 구하는 소송으로서, 그 승소확정판결에 의하여 그 재산이 상속재산분할의 대상이라는 점이 확정되어 상속재산분할심판 절차 또는 분할심판이 확정된 후에 다시 그 재산이 상속재산분할의 대상이라는 점에 대하여 다툴 수 없게 되고, 그 결과 공동상속인 간의 상속재산분할의 대상인지 여부에 관한 분쟁을 종국적으로 해결할 수 있으므로 확인의 이익이 있다. 공동상속인이 다른 공동상속인을 상대로 어떤 재산이 상속재산임의 확인을 구하는 소는 이른바 고유필수적 공동소송이라고 할 것이고, 고유필수적 공동소송에서는 원고들 일부의 소 취하 또는 피고들 일부에 대한 소 취하는 특별한 사정이 없는 한 그 효력이 생기지 않는다.
(대판 2007.8.24, 2006다40980)

판례 이사회의 결의로써 대표이사직에서 해임된 사람이 그 이사회 결의가 있은 후에 개최된 유효한 주주총회 결의에 의하여 이사직에서 해임된 경우, 그 주주총회가 무권리자에 의하여 소집된 총회라는 하자 이외의 다른 절차상, 내용상의 하자로 인하여 부존재 또는 무효임이 인정되거나 그 결의가 취소되는 등의 특별한 사정이 없는 한 대표이사 해임에 관한 이사회결의에 어떠한 하자가 있다고 할지라도, 그 결의의 부존재나 무효확인 또는 그 결의의 취소를 구하는 것은 과거의 법률관계 내지 권리관계의 확인을 구하는 것에 귀착되어 확인의 소로서 권리보호요건을 결여한 것으로 보아야 한다.
(대판 2007.4.26, 2005다38348)

판례 어떤 채권에 기한 이행의 소에 대하여 동일 채권에 관한 채무부존재확인의 반소를 제기하는 것은 그 청구의 내용이 실질적으로 본소청구의 기각을 구하는 데 그치는 것이므로 부적법하다.(대판 2007.4.13, 2005다40709,40716)

판례 확인의 소에 있어서는 권리보호요건으로서 확인의 이익이 있어야 하고 확인의 이익은 확인판결을 받는 것이 원고의 권리 또는 법률상의 지위에 현존하는 불안·위험을 제거하는 가장 유효적절한 수단일 때에 인정되는 것이므로, 확인의 소에 있어서는 원고의 권리 또는 법률상의 지위에 불안·위험을 초래하고 있거나 초래할 염려가 있는 자가 피고로서의 적격을 가진다.
(대판 2007.2.9, 2006다68650,68667)

판례 확인의 소에 있어서의 확인의 이익 : 확인의 소는 원고의 법적 지위가 불안·위험할 때에 그 불안·위험을 제거함에 확인판결로 판단하는 것이 가장 유효·적절한 수단인 경우에 인정된다.(대판 2005.12.22, 2003다55059)

판례 사찰의 주지 임기가 만료되었거나, 해임처분으로 해임된 당사자가 해임처분 후 임기가 만료되었더라도, 후임자의 선임이 없거나, 그 선임이 있었다 하더라도 그 선임이 부존재 하거나 선임에 무효사유나 취소사유가 있는 등 특별한 사정이 있는 경우에는, 자신에 대한 해임처분에 대하여 무효확인을 구할 법률상 확인의 이익이 있다.(대판 2005.6.24, 2005다10388)

판례 소송당사자의 일방과 제3자 사이 또는 제3자 상호간의 법률관계에 대한 확인의 소에 확인의 이익이 인정되는 경우 : 확인의 소는 반드시 당사자 간의 법률관계에 한하지 아니하고, 당사자의 일방과 제3자 또는 제3자 상호간의 법률관계도 그 대상이 될 수 있지만, 그 법률관계의 확인이 '확인의 이익'이 있기 위하여는 그 법률관계에 따라 제소자의 권리 또는 법적 지위에 현존하는 위험·불안이 야기되어야 하고, 그 위험·불안을 제거하기 위하여 그 법률관계를 확인의 대상으로 한 확인판결에 의하여 즉시로 확정할 필요가 있고, 또한 그것이 가장 유효 적절한 수단이 되어야 한다.(대판 2004.8.20, 2002다20353)

제251조【장래의 이행을 청구하는 소】
장래에 이행할 것을 청구하는 소는 미리 청구할 필요가 있어야 제기할 수 있다.

참조 [집행문 부여]민집30, [집행개시의 요건]민집40

판례 이행기 미도래 내지 조건 미성취의 청구권에 있어 장래이행의 소를 제기할 수 있는 '미리 청구할 필요'의 의미 : 장래의 이행을 청구하는 소는 미리 청구할 필요가 있는 경우에 한하여 제기할 수 있는바, 여기서 '미리 청구할 필요가 있는 경우'라 함은 이행기가 도래하지 않았거나 조건 미성취의 청구권에 있어서는 채무자가 미리부터 채무의 존재를 다투기 때문에 이행기가 도래되거나 조건이 성취되었을 때에 임의의 이행을 기대할 수 없는 경우를 말한다.(대판 2004.1.15, 2002다3891)

제252조【정기금판결과 변경의 소】
① 정기금(定期金)의 지급을 명한 판결이 확정된 뒤에 그 액수산정의 기초가 된 사정이 현저하게 바뀜으로써 당사자 사이의 형평을 크게 침해할 특별한 사정이 생긴 때에는 그 판결의 당사자는 장차 지급할 정기금 액수를 바꾸어 달라는 소를 제기할 수 있다.
② 제1항의 소는 제1심 판결법원의 전속관할로 한다.

참조 [소장첨부서류]민소규63③, [판결의 확정]498, [청구의 변경]262

제253조【소의 객관적 병합】
여러 개의 청구는 같은 종류의 소송절차에 따르는 경우에만 하나의 소로 제기할 수 있다.

참조 [수개의 청구]25·27, [관련청구소송의 병합]행소10

판례 본소청구의 배척이 예비적 반소에 미치는 영향 : 피고가 제1심에서 각하된 반소에 대하여 항소를 하지 아니하였다는 사유만으로 예비적 반소가 원심의 심판대상으로 될 수 없는 것은 아니라고 할 것이고, 따라서 원심으로서는 원고의 항소를 받아들여 원고의 본소청구를 인용한 이상 피고의 예비적 반소청구를 심판대상으로 삼아 이를 판단하였어야 할 것이다.
(대판 2006.6.29, 2006다19061,19078)

판례 항소심에서의 선택적 병합의 판결 : 수개의 청구가 제1심에서 처음부터 선택적으로 병합되고 그 중 어느 한 개의 청구에 대한 인용판결이 선고되어 피고가 항소를 제기한 경우는 물론, 원고의 청구를 인용한 판결에 대하여 피고가 항소를 제기하여 항소심에 이심된 후 청구가 선택적으로 병합된 경우에 있어서도 항소심은 제1심에서 인용된 청구를 먼저 심리하여 판단할 필요는 없고, 원심이 한 것처럼 선택적으로 병합된 수개의 청구 중 제1심에서 심판되지 아니한 청구를 임의로 선택하여 심판할 수 있다고 할 것이나, 심리한 결과 그 청구가 이유 있다고 인정되고 그 결론이 제1심판결의 주문과 동일한 경우에도 피고의 항소를 기각하여서는 안 되며 제1심판결을 취소한 다음 새로이 청구를 인용하는 주문을 선고하여야 한다.
(대판 2006.4.27, 2006다7587,7594)

판례 부동산소유권 이전등기청구의 판결확정 후 그 소유권이전등기의무가 집행불능이 된 뒤에 별소로 그 전보배상을 구하는 것도 당연히 허용되며, 이는 부동산소유권이전등기 말소청구권의 경우에도 마찬가지이다.(대판 2006.3.10, 2005다55411)

판례 양립 가능한 경우의 예비적 병합의 허부와 그 심판 : 주위적 청구원인과 예비적 청구원인이 양립 가능한 경우에도 당사자가 심판의 순위를 붙여 청구를 할 합리적인 필요성이 있는 경우에는 심판의 순위를 붙여 청구할 수 있다 할 것이고, 이러한 경우 주위적 청구가 전부 인용되지 않을 경우에는 주위적 청구에서 인용되지 아니한 수액 범위 내에서의 예비적 청구에 대해서도 판단하여 주기를 바라는 취지로 불가분적으로 결합시켜 제소할 수도 있는 것이므로, 주위적 청구가 일부만 인용되는 경우에 나아가서 예비적 청구를 심리할 것인지의 여부는 소송에서의 당사자의 의사 해석에 달린 문제라 할 것이어서, 법원이 주위적 청구원인에 기한 청구의 일부를 기각하고 예비적 청구 취지보다 적은 금액만을 인용할 경우에는, 원고에게 주위적 청구가 전부 인용되지 않을 경우에는 주위적 청구에서 인용되지 아니한 수액 범위 내에서의 예비적 청구에 대해서도 판단하여 주기를 바라는 취지인지 여부를 석명하여 그 결과에 따라 예비적 청구에 대한 판단 여부를 정하여야 할 것이다.
(대판 2002.10.25, 2002다23598)

판례 예비적 청구에 대한 판단을 누락한 때의 이심의 범위 : 예비적 병합의 경우에는 수개의 청구가 하나의 소송절차에 불가분적으로 결합되어 있기 때문에 주위적 청구에 대하여만 판단하고 예비적 청구에 대하여 판단하지 아니한 경우에도 그 판결에 대하여 상소가 제기되면 판단이 누락된 예비적 청구 부분 역시 상소심으로 이심이 되는 것이다.
(대판 2002.10.25, 2002다23598)

제254조【재판장등의 소장심사권】
① 소장이 제249조제1항의 규정에 어긋나는 경우와 소장에 법률의 규정에 따른 인지를 붙이지 아니한 경우에는 재판장은 상당한 기간을 정하고, 그 기간 이내에 흠을 보정하도록 명하여야 한다. 재판장은 법원사무관등으로 하여금 위 보정명령을 하게 할 수 있다.
(2014.12.30 본항개정)
② 원고가 제1항의 기간 이내에 흠을 보정하지 아니한 때에는 재판장은 명령으로 소장을 각하하여야 한다.
③ 제2항의 명령에 대하여는 즉시항고를 할 수 있다.
④ 재판장은 소장을 심사하면서 필요하다고 인정하는 경우에는 원고에게 청구하는 이유에 대응하는 증거방법을 구체적으로 적어 내도록 명할 수 있으며, 원고가 소장에 인용한 서증(書證)의 등본 또는 사본을 붙이지 아니한 경우에는 이를 제출하도록 명할 수 있다.
(2014.12.30 본조제목개정)

改前 제254조【"재판장의 소장심사권"】① 소장이…인지를 붙이지 아니한 "경우에는"…명하여야 한다. "소장에 법률의 규정에 따른 인지를 붙이지 아니한 경우에도 또한 같다."

참조 [소장의 기재사항]249①, [본조 준용]255, [재정기간]172, [명령]221, [즉시항고]444

판례 민사소송 등 인지법, 민사소송 등 인지규칙, 송달료 규칙, 법원의 송무예규인 '인지의 보정명령 및 그 현금 납부에 따른 유의사항(재일 92-4)', 재판예규인 '송달료규칙의 시행에 따른 업무처리요령(재일 87-4)' 등 인지 첨부와 송달료의 예납 및 그에 갈음하는 현금 납부의 절차에 관한 관계 법규와 규정들을 종합하면, 인지 등 보정명령에 따른 인지 등 상당액의 현금 납부에 관하여는 송달료규칙 제3조에 정한 송달료 수납은행에 현금을 납부한 때에 인지 등 보정의 효과가 발생되는 것이고, 이 납부에 따라 발부받은 영수필확인서 등을 보정서 등 소송서류에 첨부하여 접수 담당 법원사무관 등에게 제출하고 또 그 접수 담당 법원사무관 등이 이를 소장 등 소송서류에 첨부하여 소인하는 등의 행위는 소송기록상 그 납부 사실을 확인케 하기 위한 절차에 불과하다.(대결 2007.3.30, 2007마80)

제255조【소장부본의 송달】
① 법원은 소장의 부본을 피고에게 송달하여야 한다.
② 소장의 부본을 송달할 수 없는 경우에는 제254조제1항 내지 제3항의 규정을 준용한다.

참조 [재판장의 소장심사권]254, [송달]174-197, 소액6, [소장의 첨부서류]민소규63, [소장부본의 송달시기]민소규64

판례 소송진행 도중의 공시송달과 당사자의 소송진행상황의 조사의무 : 소송의 진행 도중 소송서류의 송달이 불능하게 된 결과 부득이 공시송달의 방법에 의하게 된 경우에는 처음부터 공시송달의 방법에 의한 경우와는 달라서 당사자에게 소송의 진행상황을 조사할 의무가 있는 것이므로, 당사자가 법원에 소송의 진행상황을 알아보지 않았다면 과실이 없다고 할 수 없고, 또한 이러한 의무는 당사자가 변론기일에서 출석하여 변론을 하였는지 여부, 출석한 변론기일에서 다음 변론기일의 고지를 받았는지 여부나, 소송대리인을 선임한 바 있는지 여부를 불문하고 부담하는 것이다.(대판 2006.3.10, 2006다3844)

판례 공시송달신청에 대한 허부재판을 도외시한 채 주소보정 흠결을 이유로 한 소장각하명령 : 제1심에서 원고가 공시송달 신청을 하면서 제출한 소명자료와 그 동안의 송달 결과, 특히 법정경위 작성의 송달불능보고서의 내용을 종합하면 민소법 제194조가 규정하는 공시송달의 요건인 '당사자의 주소 등 또는 근무장소를 알 수 없는 경우'에 해당한다고 볼 여지가 충분함에도 위 공시송달 신청에 대하여는 아무런 결정을 하지 아니한 채 주소보정 흠결을 이유로 소장각하명령을 한 경우, 항고심으로서는 소장 부본 송달상의 흠결 보정에 관하여 선결문제가 되는 공시송달신청의 허부에 대하여도 함께 판단하여 제1심 재판장의 소장 각하명령의 당부를 판단하였어야 함에도 불구하고 이에 이르지 아니한 채 원고가 최종의 주소보정명령에 따른 주소보정조치를 취하지 아니한 이상 제1심 재판장의 소장각하명령에 위법이 있다고 할 수 없다는 이유 설시만으로 항고를 배척한 것은 위법하다.(대결 2003.12.12, 2003마1694)

제256조【답변서의 제출의무】
① 피고가 원고의 청구를 다투는 경우에는 소장의 부본을 송달받은 날부터 30일 이내에 답변서를 제출하여야 한다. 다만, 피고가 공시송달의 방법에 따라 소장의 부본을 송달받은 경우에는 그러하지 아니하다.
② 법원은 소장의 부본을 송달할 때에 제1항의 취지를 피고에게 알려야 한다.
③ 법원은 답변서의 부본을 원고에게 송달하여야 한다.

④ 답변서에는 준비서면에 관한 규정을 준용한다.
참조 [답변서의 기재사항]민소규65①, [소장 송달]255, [준비서면]273·274·276·277

제257조【변론 없이 하는 판결】 ① 법원은 피고가 제256조제1항의 답변서를 제출하지 아니한 때에는 청구의 원인이 된 사실을 자백한 것으로 보고 변론 없이 판결할 수 있다. 다만, 직권으로 조사할 사항이 있거나 판결이 선고되기까지 피고가 원고의 청구를 다투는 취지의 답변서를 제출한 경우에는 그러하지 아니하다.
② 피고가 청구의 원인이 된 사실을 모두 자백하는 취지의 답변서를 제출하고 따로 항변을 하지 아니한 때에는 제1항의 규정을 준용한다.
③ 법원은 피고에게 소장의 부본을 송달할 때에 제1항 및 제2항의 규정에 따라 변론 없이 판결을 선고할 기일을 함께 통지할 수 있다.
참조 [답변서의 제출의무]256, [변론]134, [기일의 통지]167, [소장 송달]255

제258조【변론기일의 지정】 ① 재판장은 제257조제1항 및 제2항에 따라 변론 없이 판결하는 경우 외에는 바로 변론기일을 정하여야 한다. 다만, 사건을 변론준비절차에 부칠 필요가 있는 경우에는 그러하지 아니하다.
② 재판장은 변론준비절차가 끝난 경우에는 바로 변론기일을 정하여야 한다.
(2008.12.26 본조개정)
改前 "제258조【변론준비절차】① 재판장은 제257조제1항 및 제2항의 규정에 따라 변론 없이 판결하는 경우 외에는 바로 사건을 변론준비절차에 부쳐야 한다. 다만, 변론준비절차를 따로 거칠 필요가 없는 경우에는 그러하지 아니하다.
② 제1항 단서에 해당되는 경우 또는 변론준비절차가 끝난 경우에는 재판장은 바로 변론기일을 정하고 당사자에게 이를 통지하여야 한다."
참조 [변론 없이 하는 판결]257, [변론]134, [기일 지정]165, 소액7, [기일의 통지]167
판례 변론준비기일에서 양쪽 당사자 불출석의 효과가 변론기일에 승계되는지 여부(소극) : 변론준비절차는 원칙적으로 변론기일에 앞서 주장과 증거를 정리하기 위하여 진행되는 변론 전 절차에 불과할 뿐이어서 변론준비기일을 변론기일의 일부라고 볼 수 없고, 변론준비기일과 그 이후에 진행되는 변론기일이 일체성을 갖는다고 볼 수도 없는 점, 변론준비기일이 수소법원 아닌 재판장 등에 의하여 진행되며 변론기일과 달리 비공개로 진행될 수 있어서 직접주의와 공개주의가 후퇴하는 점, 변론준비기일에 있어서 양쪽 당사자의 불출석이 밝혀진 경우 재판장 등은 양쪽의 불출석으로 처리하여 새로운 변론준비기일을 지정하는 외에도 당사자 불출석을 이유로 변론준비절차를 종결할 수 있는 점, 나아가 양쪽 당사자 불출석으로 인한 취하간주제도는 적극적 당사자에게 불리한 제도로서 적극적 당사자의 소송유지의사 유무와 관계없이 일률적으로 법률적 효과가 발생한다는 점까지 고려할 때 변론준비기일에서 양쪽 당사자 불출석의 효과는 변론기일에 승계되지 아니하므로 소를 취하한 것으로 볼 수 없다.(대판 2006.10.27, 2004다69581)
판례 항소심에 이르러 대법원판결의 취지를 토대로 한 새로운 주장을 제출한 것이 실기한 공격·방어방법에 해당하는지 여부(소극) : 미성년자의 신용카드이용계약 취소에 따른 부당이득반환청구사건에서 항소심에 이르러, 동일한 쟁점에 관한 대법원의 첫 판결이 선고되자 그 판결의 취지를 토대로 신용카드 가맹점과의 개별계약 취소의 주장을 새로이 제출한 경우, 대법원 판결이 선고되기 전까지는 미성년자의 신용카드이용계약이 취소되더라도 신용카드회원과 해당 가맹점 사이에 체결된 개별적인 매매계약이 유효하게 존속한다는 점을 알지 못한 데에 중대한 과실이 있었다고 단정할만한 자료가 없는 점, 취소권 행사를 전제로 하는 공격·방어방법의 경우에는 취소권 행사에 신중을 기할 수밖에 없어 조기 제출에 어려움이 있다는 점 등에 비추어 위 주장이 당사자의 고의 또는 중대한 과실로 시기에 늦게 제출되었거나 제1심의 변론준비기일에 제출되지 아니한 데 중대한 과실이 있었다고 보기 어렵다.
(대판 2006.3.10, 2005다46363,46370,46387,46394)

제259조【중복된 소제기의 금지】 법원에 계속되어 있는 사건에 대하여 당사자는 다시 소를 제기하지 못한다.
참조 [제기의 방식]248, [각하]219
판례 복수의 채권자 취소소송과 중복제소여부(소극) : 채권자취소권의 요건을 갖춘 각 채권자는 고유의 권리로서 채무자의 재산처분 행위를 취소하고 그 원상회복을 구할 수 있으므로, 여러 명의 채권자가 동시에 또는 시기를 달리하여 사해행위취소 및 원상회복청구의 소를 제기한 경우 이들 소는 중복제소에 해당하지 않으며, 어느 한 채권자가 동일한 사해행위에 관하여 사해행위취소 및 원상회복청구를 하여 승소판결을 받아 그 판결이 확정되었다는 것만으로는 그 후에 제기된 다른 채권자의 동일한 청구가 권리보호의 이익이 없게 되는 것은 아니고, 그에 기하여 재산이나 가액의 회복을 마친 경우에 비로소 다른 채권자의 사해행위취소 및 원상회복청구는 그와 중첩되는 범위 내에서 권리보호의 이익이 없게 된다.(대판 2005.11.25, 2005다51457)

제260조【피고의 경정】 ① 원고가 피고를 잘못 지정한 것이 분명한 경우에는 제1심 법원은 변론을 종결할 때까지 원고의 신청에 따라 결정으로 피고를 경정하도록 허가할 수 있다. 다만, 피고가 본안에 관하여 준비서면을 제출하거나, 변론준비기일에서 진술하거나 변론을 한 뒤에는 그의 동의를 받아야 한다.
② 피고의 경정은 서면으로 신청하여야 한다.
③ 제2항의 서면은 상대방에게 송달하여야 한다. 다만, 피고에게 소장의 부본을 송달하지 아니한 경우에는 그러하지 아니하다.
④ 피고가 제3항의 서면을 송달받은 날부터 2주 이내에 이의를 제기하지 아니하면 제1항 단서와 같은 동의를 한 것으로 본다.
참조 [피고경정신청서의 기재사항]민소규66, [당사자의 추가경정]가소15

제261조【경정신청에 관한 결정의 송달 등】 ① 제260조제1항의 신청에 대한 결정은 피고에게 송달하여야 한다. 다만, 피고에게 소장의 부본을 송달하지 아니한 때에는 그러하지 아니하다.
② 신청을 허가하는 결정을 한 때에는 그 결정의 정본과 소장의 부본을 새로운 피고에게 송달하여야 한다.
③ 신청을 허가하는 결정에 대하여는 동의가 없었다는 사유로만 즉시항고를 할 수 있다.
④ 신청을 허가하는 결정을 한 때에는 종전의 피고에 대한 소는 취하된 것으로 본다.
참조 [피고의 경정]260, [소장 송달]255, [즉시항고]444, [소의 취하]266

제262조【청구의 변경】 ① 원고는 청구의 기초가 바뀌지 아니하는 한도안에서 변론을 종결할 때(변론 없이 한 판결의 경우에는 판결을 선고할 때)까지 청구의 취지 또는 원인을 바꿀 수 있다. 다만, 소송절차를 현저히 지연시키는 경우에는 그러하지 아니하다.
② 청구취지의 변경은 서면으로 신청하여야 한다.
③ 제2항의 서면은 상대방에게 송달하여야 한다.
참조 [청구취지와 원인]249, [청구변경의 불허가]263, [송달]174-196
판례 청구취지를 변경하더라도 최초의 소 제기시에 발생한 제척기간의 준수효과 : 공동저당권이 설정된 수 개의 부동산에 관한 일괄 매매행위가 사해행위에 해당함을 이유로 그 매매계약의 전부 취소 및 그 원상회복으로서 각 소유권이전등기의 말소를 구하다가 사해행위 이후 저당권이 소멸된 사정을 감안하여 법률상 이러한 경우 원상회복이 허용되는 범위 내의 가액배상을 구하는 것으로 청구취지를 변경하면서 그에 맞추어 사해행위취소의 청구취지를 변경한 데에 불과한 경우에는 하나의 매매계약으로서의 당해 사해행위의 취소를 구하는 소 제기의 효과는 그대로 유지되고 있다고 봄이 상당하다 할 것이므로, 비록 취소소송의 제척기간이 경과한 후에 당초의 청구취지변경이 잘못 되었음을 이유로 다시 위 매매계약의 전부취소 및 소유권이전등기의 말소를 구하는 것으로 청구취지를 변경한다 해도 최초 소 제기시에 발생한 제척기간 준수의 효과에는 영향이 없다.(대판 2005.5.27, 2004다67806)
판례 사해행위취소소송에서 피보전채권을 변경하는 것이 소의 변경에 해당하는지 여부 : 채권자가 사해행위의 취소를 청구하면서 그 보전하고자 하는 채권을 추가하거나 교환하는 것은 그 사해행위취소권을 이유 있게 하는 공격방법에 관한 주장을 변경하는 것일 뿐이지 소송물 또는 청구 자체를 변경하는 것이 아니므로 소의 변경이라 할 수 없다.
(대판 2003.5.27, 2001다13532)

제263조【청구의 변경의 불허가】 법원이 청구의 취지 또는 원인의 변경이 옳지 아니하다고 인정한 때에는 직권으로 또는 상대방의 신청에 따라 변경을 허가하지 아니하는 결정을 하여야 한다.
참조 [청구의 변경]262, [신청]161, [결정]134·221

제264조【중간확인의 소】 ① 재판이 소송의 진행중에 쟁점이 된 법률관계의 성립여부에 매인 때에 당사자는 따로 그 법률관계의 확인을 구하는 소를 제기할 수 있다. 다만, 이는 그 확인청구가 다른 법원의 관할에 전속되지 아니하는 때에 한한다.
② 제1항의 청구는 서면으로 하여야 한다.
③ 제2항의 서면은 상대방에게 송달하여야 한다.
참조 [전속관할]31, [송달]174-196, [시효중단]265
일판 건물철거 토지명도 청구소송에 있어서 토지의 경계확정을 구하는 중간 확인의 소를 제기하는 것은 허용되지 아니한다. 경계확정은 소유권에 기인한 토지명도소송의 선결관계로 되지 아니하기 때문이다.(일·최고 1982.12.2)

제265조【소제기에 따른 시효중단의 시기】 시효의 중단 또는 법률상 기간을 지킴에 필요한 재판상 청구는 소를 제기한 때 또는 제260조제2항·제262조제2항 또는 제264조제2항의 규정에 따라 서면을 법원에 제출한 때에 그 효력이 생긴다.
참조 [서면에 의한 피고의 경정]260②, [서면에 의한 청구의 변경]262②, [서면에 의한 중간확인의 소]264②, [시효중단]민168

제266조【소의 취하】 ① 소는 판결이 확정될 때까지 그 전부나 일부를 취하할 수 있다.
② 소의 취하는 상대방이 본안에 관하여 준비서면을 제출하거나 변론준비기일에서 진술하거나 변론을 한 뒤에는 상대방의 동의를 받아야 효력을 가진다.
③ 소의 취하는 서면으로 하여야 한다. 다만, 변론 또는 변론준비기일에서 말로 할 수 있다.
④ 소장을 송달한 뒤에는 취하의 서면을 상대방에게 송달하여야 한다.
⑤ 제3항 단서의 경우에 상대방이 변론 또는 변론준비기일에 출석하지 아니한 때에는 그 기일의 조서등본을 송달하여야 한다.
⑥ 소취하의 서면이 송달된 날부터 2주 이내에 상대방이 이의를 제기하지 아니한 경우에는 소취하에 동의한 것으로 본다. 제3항 단서의 경우에 있어서, 상대방이 기일에 출석한 경우에는 소를 취하한 날부터, 상대방이 기일에 출석하지 아니한 경우에는 제5항의 등본이 송달된 날부터 2주 이내에 상대방이 이의를 제기하지 아니하는 때에도 또한 같다.
참조 [소 취하의 효과]267, [소 취하의 의제]268·행소14⑤, [소송비용의 부담]114, [3항 내지 5항의 준용]393②, [판결의 확정]498, [취하]56②·90②, [준비서면]273-277, [준비절차]279-286, [변론]134·258, [반소의 취하]271, [소장의 송달]174이하·255·256, [기간]170
판례 소의 일부취하의 경우 상대방의 동의 여부가 결정되지 아니한 상태에서 재판을 할 수 있는지 여부(소극) : 소 취하서 또는 소 일부취하서가 상대방이 본안에 관한 준비서면을 제출하거나 변론준비기일에서 진술하거나 변론을 한 뒤에 법원에 제출된 경우에는 상대방의 동의를 받아야 효력을 가지는 것이지만, 이 경우에 원심은 그 취하서 등본을 상대방에게 송달한 다음 상대방의 동의 여부에 따라 심판범위를 확정하여 재판하여야 하고, 상대방의 동의 여부가 결정되지 않은 상태에서 종전의 청구에 대하여 재판하면 안된다.
(대판 2005.7.14, 2005다19477)
판례 수량적 가분인 동일 청구권에 기한 청구금액의 감축의 의미 : 수량적으로 가분인 동일 청구권에 기한 청구금액의 감축은 소의 일부 취하로 해석되고, 소의 취하는 원고가 제기한 소를 철회하여 소송계속을 소멸시키는 원고의 법원에 대한 소송행위이며, 소송행위는 일반 사법상의 행위와 달리 내심의 의사보다 그 표시를 기준으로 하여 그 효력 유무를 판정할 수밖에 없는 것이므로 원고가 착오로 소의 일부를 취하하였다 하더라도 이를 무효라고 볼 수는 없다.(대판 2004.7.9, 2003다46758)

제267조【소취하의 효과】 ① 취하된 부분에 대하여는 소가 처음부터 계속되지 아니한 것으로 본다.
② 본안에 대한 종국판결이 있은 뒤에 소를 취하한 사람은 같은 소를 제기하지 못한다.
참조 [소의 취하]266, [효력을 다투는 절차]민소규67, [종국판결]198·200, [제1항준용]393②
판례 소취하의 합의 후 취하의 전제요건인 약정에 위반하여 소를 제기한 경우의 권리보호이익 : 종국판결 후 소를 취하하였다가 피고가 그 소 취하의 전제조건인 약정을 위반하여 약정이 해제 또는 실효되는 사정변경이 생겼음을 이유로 다시 동일한 소를 제기하는 것은 재소금지의 원칙에 위배되지 않는다.
(대판 2000.12.22, 2000다46399)

제268조【양 쪽 당사자가 출석하지 아니한 경우】 ① 양 쪽 당사자가 변론기일에 출석하지 아니하거나 출석하였다 하더라도 변론하지 아니한 때에는 재판장은 다시 변론기일을 정하여 양 쪽 당사자에게 통지하여야 한다.
② 제1항의 새 변론기일 또는 그 뒤에 열린 변론기일에 양 쪽 당사자가 출석하지 아니하거나 출석하였다 하더라도 변론하지 아니한 때에는 1월 이내에 기일지정신청을 하지 아니하면 소를 취하한 것으로 본다.
③ 제2항의 기일지정신청에 따라 정한 변론기일 또는 그 뒤의 변론기일에 양 쪽 당사자가 출석하지 아니하거나 출석하였다 하더라도 변론하지 아니한 때에는 소를 취하한 것으로 본다.
④ 상소심의 소송절차에는 제1항 내지 제3항의 규정을 준용한다. 다만, 상소심에서는 상소를 취하한 것으로 본다.
참조 [구술변론]134, [기일지정의 신청]165, [기간]170·172①, [신청]161, [소의 취하]267, [준용]286, 민소규68

제269조【반소】 ① 피고는 소송절차를 현저히 지연시키지 아니하는 경우에만 변론을 종결할 때까지 본소가 계속된 법원에 반소를 제기할 수 있다. 다만, 소송의 목적이 된 청구가 다른 법원의 관할에 전속되지 아니하고 본소의 청구 또는 방어의 방법과 서로 관련이 있어야 한다.
② 본소가 단독사건인 경우에 피고가 반소로 합의사건에 속하는 청구를 한 때에는 법원은 직권 또는 당사자의 신청에 따른 결정으로 본소와 반소를 합의부에 이송하여야 한다. 다만, 반소에 관하여 제30조의 규정에 따른 관할권이 있는 경우에는 그러하지 아니하다.
참조 [본소·반소에 대한 일부판결]200②, [전속관할]31, [상소심에서의 반소]412·425
판례 본소청구에 반소청구의 기각을 구하는 것 이상의 적극적 내용이 포함되어 있지 않은 반소청구가 적법한지 여부(소극) : 반소청구에 본소청구의 기각을 구하는 것 이상의 적극적 내용이 포함되어 있지 않다면 반소청구로서의 이익이 없고, 어떤 채권에 기한 이행의 소에 대하여 동일 채권에 관한 채무부존재확인의 반소를 제기하는 것은 그 청구의 내용이 실질적으로 본소청구의 기각을 구하는 데 그치는 것이므로 부적법하다.
(대판 2007.4.13, 2005다40709,40716)
판례 항소심이 피고의 예비적 반소청구를 심판대상으로 삼아 판단하여야 하는지 여부(적극) : 피고의 예비적 반소는 본소청구가 인용될 것을 조건으로 심판을 구하는 것으로서 제1심이 원고의 본소청구를 배척한 이상 피고의 예비적 반소는 제1심의 심판대상이 될 수 없는 것이고, 이와 같이 심판대상이 될 수 없는 소에 대하여 제1심이 판단하였다고 하더라도 그 효력이 없다고 할 것이므로, 피고가 제1심에서 각하된 반소에 대하여 항소를 하지 아니하였다는 사유만으로 이 사건 예비적 반소가 원심의 심판대상으로 될 수 없는 것은 아니라고 할 것이고, 따라서 원심으로서는 원고의 항소를 받아들여 원고의 본소청구를 인용한 이상 피고의 예비적 반소청구를 심판대상으로 삼아 이를 판단하였어야 한다.(대판 2006.6.29, 2006다19061,19078)

제270조【반소의 절차】 반소는 본소에 관한 규정을 따른다.

참조 [제기의 방식]248 · 249, [반소에 관한 소송대리권]90①②

제271조【반소의 취하】 본소가 취하된 때에는 피고는 원고의 동의 없이 반소를 취하할 수 있다.

참조 [소의 취하]266

제2장 변론과 그 준비

제272조【변론의 집중과 준비】 ① 변론은 집중되어야 하며, 당사자는 변론을 서면으로 준비하여야 한다.

② 단독사건의 변론은 서면으로 준비하지 아니할 수 있다. 다만, 상대방이 준비하지 아니하면 진술할 수 없는 사항은 그러하지 아니하다.

참조 [구술변론]134, [준비서면 기재사항]274, [소취하의 경우]266②, [준비서면에 적지 아니한 효과]276

제273조【준비서면의 제출 등】 준비서면은 그것에 적힌 사항에 대하여 상대방이 준비하는 데 필요한 기간을 두고 제출하여야 하며, 법원은 상대방에게 그 부본을 송달하여야 한다.

참조 [준비서면의 기재사항]274, [기간]170 · 172③, [송달]174이하

제274조【준비서면의 기재사항】 ① 준비서면에는 다음 각호의 사항을 적고, 당사자 또는 대리인이 기명날인 또는 서명한다.

1. 당사자의 성명 · 명칭 또는 상호와 주소
2. 대리인의 성명과 주소
3. 사건의 표시
4. 공격 또는 방어의 방법
5. 상대방의 청구와 공격 또는 방어의 방법에 대한 진술
6. 덧붙인 서류의 표시
7. 작성한 날짜
8. 법원의 표시

② 제1항제4호 및 제5호의 사항에 대하여는 사실상 주장을 증명하기 위한 증거방법과 상대방의 증거방법에 대한 의견을 함께 적어야 한다.

참조 [상호]상18 – 21, [주소]민18 – 21 · 36, 상171, [법정대리인]51 · 55, [소송대리인]87, [공격 · 방어 방법]146 · 149 · 201, [부속서류]275 · 277, [본조준용]249② · 398

제275조【준비서면의 첨부서류】 ① 당사자가 가지고 있는 문서로서 준비서면에 인용한 것은 그 등본 또는 사본을 붙여야 한다.

② 문서의 일부가 필요한 때에는 그 부분에 대한 초본을 붙이고, 문서가 많을 때에는 그 문서를 표시하면 된다.

③ 제1항 및 제2항의 문서는 상대방이 요구하면 그 원본을 보여주어야 한다.

참조 [부속서류의 표시]274, [본조준용]249② · 398, [법원의 석명처분]140

제276조【준비서면에 적지 아니한 효과】 준비서면에 적지 아니한 사실은 상대방이 출석하지 아니한 때에는 변론에서 주장하지 못한다. 다만, 제272조제2항 본문의 규정에 따라 준비서면을 필요로 하지 아니하는 경우에는 그러하지 아니하다.

참조 [불출석자의 의제자유]150③, [준비서면]274, [준비절차 종결의 효과]285②

제277조【번역문의 첨부】 외국어로 작성된 문서에는 번역문을 붙여야 한다.

참조 [법정의 용어]법원조직62, [부속문서]274, [본조준용]249② · 398

제278조【요약준비서면】 재판장은 당사자의 공격방어방법의 요지를 파악하기 어렵다고 인정하는 때에는 변론을 종결하기에 앞서 당사자에게 쟁점과 증거의 정리 결과를 요약한 준비서면을 제출하도록 할 수 있다.

참조 [공격 · 방어방법]146 · 149 · 201, [변론]134, [준비서면의 제출]273, [작성방법]민소규69의5

제279조【변론준비절차의 실시】 ① 변론준비절차에서는 변론이 효율적이고 집중적으로 실시될 수 있도록 당사자의 주장과 증거를 정리하여야 한다.
(2008.12.26 본항개정)

② 재판장은 특별한 사정이 있는 때에는 변론기일을 연 뒤에도 사건을 변론준비절차에 부칠 수 있다.

改前 ① 변론준비절차에서는…실시될 수 있도록 "당사자의 주장과 증거를 정리하여 소송관계를 뚜렷하게 하여야 한다."

참조 [변론준비절차의 효과]285 · 286, [다음 기일의 지정]민소규42

판례 배당이의의 소의 취하간주를 규정한 민사집행법 제158조의 '첫 변론기일'에 '첫 변론준비기일'이 포함되는지 여부(소극) : 변론준비절차는 변론이 효율적이고 집중적으로 실시될 수 있도록 당사자의 주장과 증거를 정리하여 소송관계를 뚜렷이 하기 위하여 마련된 제도로서 당사자는 변론준비기일을 마친 뒤의 변론기일에서 변론준비기일의 결과를 진술하여야 하는 등 변론준비기일의 제도적 취지, 그 진행방법과 효과, 규정의 형식 등에 비추어 볼 때, 민사집행법 제158조에서 말하는 '첫 변론기일'에 '첫 변론준비기일'은 포함되지 않는다.
(대판 2006.11.10, 2005다41856)

제280조【변론준비절차의 진행】 ① 변론준비절차는 기간을 정하여, 당사자로 하여금 준비서면, 그 밖의 서류를 제출하게 하거나 당사자 사이에 이를 교환하게 하고 주장사실을 증명할 증거를 신청하게 하는 방법으로 진행한다.

② 변론준비절차의 진행은 재판장이 담당한다.

③ 합의사건의 경우 재판장은 합의부원을 수명법관으로 지정하여 변론준비절차를 담당하게 할 수 있다.

④ 재판장은 필요하다고 인정하는 때에는 변론준비절차의 진행을 다른 판사에게 촉탁할 수 있다.

참조 [준비절차의 시행방법]민소규70, [준비서면]273 · 274, [증거의 신청]289, [절차이행의 촉구]민소규70의3

제281조【변론준비절차에서의 증거조사】 ① 변론준비절차를 진행하는 재판장, 수명법관, 제280조제4항의 판사(이하 "재판장등"이라 한다)는 변론의 준비를 위하여 필요하다고 인정하면 증거결정을 할 수 있다.

② 합의사건의 경우에 제1항의 증거결정에 대한 당사자의 이의신청에 관하여는 제138조의 규정을 준용한다.

③ 재판장등은 제279조제1항의 목적을 달성하기 위하여 필요한 범위안에서 증거조사를 할 수 있다. 다만, 증인신문 및 당사자신문은 제313조에 해당되는 경우에만 할 수 있다.

④ 제1항 및 제3항의 경우에는 재판장등이 이 법에서 정한 법원과 재판장의 직무를 행한다.

참조 [변론준비절차]279 · 280, [합의부에 의한 감독]138, [증인신문]308, [당사자신문]367, [수명법관 · 수탁판사에 의한 증인신문]313

제282조【변론준비기일】 ① 재판장등은 변론준비절차를 진행하는 동안에 주장 및 증거를 정리하기 위하여 필요하다고 인정하는 때에는 변론준비기일을 열어 당사자를 출석하게 할 수 있다.

② 사건이 변론준비절차에 부쳐진 뒤 변론준비기일이 지정됨이 없이 4월이 지난 때에는 재판장등은 즉시 변론준비기일을 지정하거나 변론준비절차를 끝내야 한다.

③ 당사자는 재판장등의 허가를 얻어 변론준비기일에 제3자와 함께 출석할 수 있다.

④ 당사자는 변론준비기일이 끝날 때까지 변론의 준비에 필요한 주장과 증거를 정리하여 제출하여야 한다.

⑤ 재판장등은 변론준비기일이 끝날 때까지 변론의 준비를 위한 모든 처분을 할 수 있다.

참조 [변론의 준비절차]279 · 280, [변론준비절차의 종결]284

제283조【변론준비기일의 조서】 ① 변론준비기일의 조서에는 당사자의 진술에 따라 제274조제1항제4호와 제5호에 규정한 사항을 적어야 한다. 이 경우 특히 증거에 관한 진술은 명확히 하여야 한다.

② 변론준비기일의 조서에는 제152조 내지 제159조의 규정을 준용한다.

참조 [준비서면의 기재사항]274, [변론준비기일조서]민소규71 · 72, [변론조서의 작성]152 – 159

제284조【변론준비절차의 종결】 ① 재판장등은 다음 각호 가운데 어느 하나에 해당하면 변론준비절차를 종결하여야 한다. 다만, 변론의 준비를 계속하여야 할 상당한 이유가 있는 때에는 그러하지 아니하다.

1. 사건을 변론준비절차에 부친 뒤 6월이 지난 때
2. 당사자가 제280조제1항의 규정에 따라 정한 기간 이내에 준비서면 등을 제출하지 아니하거나 증거의 신청을 하지 아니한 때
3. 당사자가 변론준비기일에 출석하지 아니한 때

② 변론준비절차를 종결하는 경우에 재판장등은 변론기일을 미리 지정할 수 있다.

참조 [예외]가소12, [수명법관]139, [절차의 재개]142 · 286, [쌍방 불출석]286, [종결의 효과]285

제285조【변론준비기일을 종결한 효과】 ① 변론준비기일에 제출하지 아니한 공격방어방법은 다음 각호 가운데 어느 하나에 해당하여야만 변론에서 제출할 수 있다.

1. 그 제출로 인하여 소송을 현저히 지연시키지 아니하는 때
2. 중대한 과실 없이 변론준비절차에서 제출하지 못하였다는 것을 소명한 때
3. 법원이 직권으로 조사할 사항인 때

② 제1항의 규정은 변론에 관하여 제276조의 규정을 적용하는 데에 영향을 미치지 아니한다.

③ 소장 또는 변론준비절차전에 제출한 준비서면에 적힌 사항은 제1항의 규정에 불구하고 변론에서 주장할 수 있다. 다만, 변론준비절차에서 철회되거나 변경된 때에는 그러하지 아니하다.

참조 [예외]가소12, [조서 또는 이에 갈음할 준비서면]283, [직권조사사항]434, [소명]299, [본조 효과의 상급심에서의 존속]410

제286조【준용규정】 변론준비절차에는 제135조 내지 제138조, 제140조, 제142조 내지 제151조, 제225조 내지 제232조, 제268조 및 제278조의 규정을 준용한다.

참조 [준용규정]민소규68, [재판장의 지휘권]135, [합의부에 의한 감독]138, [법원의 석명처분]140, [변론의 재개]142, [소송절차에 관한 이의권]151, [결정에 의한 화해권고]225, [이의신청에 의한 소송복귀]232, [양쪽 당사자의 불출석]268, [요약준비서면]278

제287조【변론준비절차를 마친 뒤의 변론】 ① 법원은 변론준비절차를 마친 경우에는 첫 변론기일을 거친 뒤 바로 변론을 종결할 수 있도록 하여야 하며, 당사자는 이에 협력하여야 한다.

② 당사자는 변론준비기일을 마친 뒤의 변론기일에서 변론준비기일의 결과를 진술하여야 한다.

③ 법원은 변론기일에 변론준비절차에서 정리된 결과에 따라서 바로 증거조사를 하여야 한다.

참조 [변론준비기일의 조서]283, [변론]134, [결과의 진술]204② · 407②

제287조의2【비디오 등 중계장치 등에 의한 기일】 ① 재판장 · 수명법관 또는 수탁판사는 상당하다고 인정하는 때에는 당사자의 신청을 받거나 동의를 얻어 비디오 등 중계장치에 의한 중계시설을 통하거나 인터넷 화상장치를 이용하여 변론준비기일 또는 심문기일을 열 수 있다.

② 법원은 교통의 불편 또는 그 밖의 사정으로 당사자가 법정에 직접 출석하기 어렵다고 인정하는 때에는 당사자의 신청을 받거나 동의를 얻어 비디오 등 중계장치에 의한 중계시설을 통하거나 인터넷 화상장치를 이용하여 변론기일을 열 수 있다. 이 경우 법원은 심리의 공개에 필요한 조치를 취하여야 한다.

③ 제1항과 제2항에 따른 기일에 관하여는 제327조의2제2항 및 제3항을 준용한다.
(2021.8.17 본조신설)

참조 [영상기일의 신청 및 동의]민소규73의2, 민사조정규칙6의2

제3장 증 거

제1절 총 칙

제288조【불요증사실】 법원에서 당사자가 자백한 사실과 현저한 사실은 증명을 필요로 하지 아니한다. 다만, 진실에 어긋나는 자백은 그것이 착오로 말미암은 것임을 증명한 때에는 취소할 수 있다.

참조 [예외]가소12, [자백간주]150, [조서에의 기재]154

판례 일반적으로 법원에서 당사자가 자백한 사실은 증명을 필요로 하지 아니하고, 자백이 성립된 사실은 법원을 기속한다. 그러나 이는 법률 적용의 전제가 되는 주요사실에 한정되고, 사실에 대한 법적 판단이나 평가 또는 적용할 법률이나 법적 효과는 자백의 대상이 되지 아니한다.
(대판 2016.3.24, 2013다81514)

판례 배당이의소송에 있어서의 배당이의사유에 관한 증명책임도 일반 민사소송에서의 증명책임 분배의 원칙에 따라야 하므로, 원고가 피고의 채권이 성립하지 아니하였음을 주장하는 경우에는 피고에게 채권의 발생원인사실을 입증할 책임이 있고, 원고가 그 채권이 통정허위표시로서 무효라거나 변제에 의하여 소멸되었음을 주장하는 경우에는 원고에게 그 장해 또는 소멸사유에 해당하는 사실을 증명할 책임이 있다.
(대판 2007.7.12, 2005다39617)

판례 재판상 자백의 일종인 소위 선행자백은 당사자 일방이 자기에게 불리한 사실상의 진술을 자진하여 한 후 그 상대방이 이를 원용함으로써 그 사실에 관하여 당사자 쌍방의 주장이 일치함을 요하므로 그 일치가 있기 전에는 전자의 진술을 선행자백이라 할 수 없고 따라서 일단 자기에게 불리한 사실을 진술한 당사자도 그 후 그 상대방의 원용이 있기 전에는 그 자인한 진술을 철회하고 이와 모순되는 진술을 자유로이 할 수 있으며 이 경우 앞의 자인진술은 소송자료로부터 제거된다.
(대판 2007.3.30, 2006다79544)

판례 행정소송의 일종인 심결취소소송에서도 원칙적으로 변론주의가 적용되어 주요사실에 대해서는 당사자의 불리한 진술인 자백이 성립한다고 할 것인바, 특허발명의 진보성 판단에 제공되는 선행발명이 어떤 구성요소를 가지고 있는지는 주요사실로서 당사자의 자백의 대상이 된다.
(대판 2006.8.24, 2004후905)

판례 사실에 대한 법적 판단 내지 평가가 자백의 대상이 되는지 여부(소극) : 등록상표가 구 상표법 제6조 제1항 제3호의 '상품의 산지 · 품질 · 원재료 · 효능 · 용도 · 수량 · 형상 · 가격 · 생산방법 · 가공방법 · 사용방법 또는 시기를 보통으로 사용하는 방법으로 표시한 표장만으로 된 상표'인지 여부 및 제7조 제1항 제12호의 '국내 또는 외국의 수요자간에 특정인의 상품을 표시하는 것이라고 현저하게 인식되어 있는 상표와 동일 또는 유사한 상표'인지 여부는 법적 판단에 관한 사항으로서 자백의 대상이 될 수 없다.(대판 2006.6.2, 2004다70789)

판례 후유장해등급이 자백의 대상이 되는지 여부(적극) : 인신사고로 인한 손해배상청구사건에 있어 노동능력상실 비율이 자백의 대상이 된다는 점에 견주어 볼 때, 그에 상응하는 구 자동차손해배상 보장법 시행령(1999. 6. 30. 대통령령 제16463호로 개정되기 전의 것) 제3조 제1항 제3호 [별표2]의 후유장해등급 역시 자백의 대상이 된다고 봄이 상당하다.
(대판 2006.4.27, 2005다5485)

판례 선행자백의 효력 : 당사자가 변론에서 상대방이 주장하기도 전에 스스로 자신에게 불이익한 사실을 진술하는 경우, 상대방이 이를 명시적으로 원용하거나 그 진술과 일치되는 진술을 하게 되면 재판상 자백이 성립되는 것이어서, 법원도 그 자백에 구속되어 그 자백에 저촉되는 사실을 인정할 수 없다.
(대판 2005.11.25, 2002다59528,59535)

판례 공해소송에 있어서 증명책임의 분배 : 공해로 인한 손해배상청구소송에 있어서는 가해행위와 손해발생 사이의 인과관계의 고리를 모두 자연과학적으로 증명하는 것은 곤란 내지 불가능한 경우가 대부분이고, 가해기업은 기술적 · 경제적으로 피해자보다 원인조사가 용이할 뿐 아니라 자신이 배출하는 물질이 유해하지 않다는 것을 입증할 사회적 의무를 부담한다고 할 것이므로, 가해기업이 배출한 어떤 물질이 피해 물건에 도달하여 손해가 발생하였다면 가해자측에서 그 무해함을 입증하지 못하는 한 책임을 면할 수 없다고 봄이 사회 형평의 관념에 적합하다.(대판 2004.11.26, 2003다2123)

제289조【증거의 신청과 조사】 ① 증거를 신청할 때에는 증명할 사실을 표시하여야 한다.
② 증거의 신청과 조사는 변론기일 전에도 할 수 있다.
참조 [신청의 방법]161, 민소규74, [증인신문신청]308, [감정신청]333, [서증신청]343, [검증신청]364
판례 보조참가인이 신청한 증거로 피참가인에게 불이익한 사실을 인정할 수 있는지 여부(적극) : 보조참가인의 증거신청행위가 피참가인의 소송행위와 저촉되지 아니하고, 그 증거들이 적법한 증거조사절차를 거쳐 법원에 현출되었다면 법원이 이들 증거에 터잡아 피참가인에게 불이익한 사실을 인정하였다 하여 그것이 민소법 제70조 제2항에 위배된다고 할 수 없다.(대판 1994.4.29, 94다3629)

제290조【증거신청의 채택여부】 법원은 당사자가 신청한 증거를 필요하지 아니하다고 인정한 때에는 조사하지 아니할 수 있다. 다만, 그것이 당사자가 주장하는 사실에 대한 유일한 증거인 때에는 그러하지 아니하다.
참조 [증거의 신청]289, 민소규74, [자유심증주의]202
판례 유일한 증거와 당사자 본인신문 : 당사자 본인신문은 보충적 증거방법에 불과하여 다른 증거없이 오로지 당사자 본인 신문의 결과만으로 주요사실을 인정할 수는 없는 것인바, 원고가 환송 후 원심에서 새로이 매매계약해제 주장을 하고서 이에 대한 입증을 위하여 증인신청을 하여 채택이 되었으나 증인의 행방을 찾지 못하였다는 이유로 철회한 다음 원고 본인신문신청을 한 것이므로 법원이 이를 채택하지 아니하였다 하여도 당사자의 주장사실에 대한 유일한 증거를 채택하지 아니한 위법이 있다고 할 수 없다.(대판 2000.11.24, 99두3980)

제291조【증거조사의 장애】 법원은 증거조사를 할 수 있을지, 언제 할 수 있을지 알 수 없는 경우에는 그 증거를 조사하지 아니할 수 있다.
참조 [증거의 조사]289 · 292

제292조【직권에 의한 증거조사】 법원은 당사자가 신청한 증거에 의하여 심증을 얻을 수 없거나, 그 밖에 필요하다고 인정한 때에는 직권으로 증거조사를 할 수 있다.
참조 [직권에 의한 증거조사]32, 행소26, 비송11, 소액10, 가소34, 민사조정22
판례 법인 대표자가 적법한 대표권에 기하여 행한 것인지 여부가 법원의 직권조사사항에 해당하는지 여부(소극) : 법원이 직권으로 법인의 대표자에게 적법한 대표권이 있는지 여부를 조사하여야 하는 이유는 당해 소송에 있어 법인이 당사자능력 또는 소송능력이 있는지 여부를 판단하기 위한 것이므로 직권조사의 대상은 당해 소송에 있어 법인 대표자의 적법한 대표권 유무이고, 당해 소송 이전에 법인이 행한 어떠한 법률행위에 있어 법인 대표자가 적법한 대표권에 기하여 행한 것인지 여부는 여전히 당사자가 주장 · 입증하여야 할 문제라고 할 것이어서 법원이 이러한 사항까지 직권으로 탐지하여 조사하여야 할 의무가 있다고는 할 수 없다.(대판 2004.5.14, 2003다61054)
판례 사해행위취소의 소에서 제소기간의 준수 여부를 직권조사하지 않아도 되는 경우 : 사해행위취소의 소는 법률행위 있은 날로부터 5년 내에 제기하여야 하고, 이는 제소기간이므로 법원은 그 기간의 준수 여부에 관하여 직권으로 조사하여 그 기간을 도과한 후에 제기된 사해행위취소의 소는 부적법한 것으로 각하하여야 하므로 그 기간 준수 여부에 대하여 의심이 있는 경우에는 법원이 필요한 정도에 따라 직권으로 증거조사를 할 수 있으나, 법원에 현출된 모든 소송자료를 통하여 살펴보았을 때 그 기간이 도과하였다고 의심할 만한 사정이 발견되지 않는 경우까지 법원이 직권으로 추가적인 증거조사를 하여 기간 준수 여부를 확인하여야 할 의무는 없다.(대판 2002.7.26, 2001다73138,73145)

제293조【증거조사의 집중】 증인신문과 당사자신문은 당사자의 주장과 증거를 정리한 뒤 집중적으로 하여야 한다.
참조 [증인신문]308, [당사자신문]367, [증거조사비의 예납]민소규77

제294조【조사의 촉탁】 법원은 공공기관 · 학교, 그 밖의 단체 · 개인 또는 외국의 공공기관에게 그 업무에 속하는 사항에 관하여 필요한 조사 또는 보관중인 문서의 등본 · 사본의 송부를 촉탁할 수 있다.
참조 [촉탁기관]139② · 140①, [사실조사의 촉탁]가소8, [부본제출]민소규76

제295조【당사자가 출석하지 아니한 경우의 증거조사】 증거조사는 당사자가 기일에 출석하지 아니한 때에도 할 수 있다.
참조 [변론에서의 당사자결석]148 · 268

제296조【외국에서 시행하는 증거조사】 ① 외국에서 시행할 증거조사는 그 나라에 주재하는 대한민국 대사 · 공사 · 영사 또는 그 나라의 관할 공공기관에 촉탁한다.
② 외국에서 시행한 증거조사는 그 나라의 법률에 어긋나더라도 이 법에 어긋나지 아니하면 효력을 가진다.
참조 [촉탁기관]139② · 140①

제297조【법원밖에서의 증거조사】 ① 법원은 필요하다고 인정할 때에는 법원밖에서 증거조사를 할 수 있다. 이 경우 합의부원에게 명하거나 다른 지방법원 판사에게 촉탁할 수 있다.
② 수탁판사는 필요하다고 인정할 때에는 다른 지방법원 판사에게 증거조사를 다시 촉탁할 수 있다. 이 경우 그 사유를 수소법원과 당사자에게 통지하여야 한다.
참조 [개정 장소]법원조직56, [기일지정]165, [수명법관과 수탁판사에 의한 증거조사]313 · 333 · 354 · 365

제298조【수탁판사의 기록송부】 수탁판사는 증거조사에 관한 기록을 바로 수소법원에 보내야 한다.
참조 [증거조사조서]160, [증거조사촉탁]297

제299조【소명의 방법】 ① 소명은 즉시 조사할 수 있는 증거에 의하여야 한다.
② 법원은 당사자 또는 법정대리인으로 하여금 보증금을 공탁하게 하거나, 그 주장이 진실하다는 것을 선서하게 하여 소명에 갈음할 수 있다.
③ 제2항의 선서에는 제320조, 제321조제1항 · 제3항 · 제4항 및 제322조의 규정을 준용한다.
참조 [소명하여야 할 경우]44② · 62① · 73① · 110② · 111① · 128③ · 285① · 316 · 337② · 377②, 민집301, [법정대리인]51 · 62 · 64, [허위진술의 제재]300 · 301, [위증에 대한 벌의 경고]320, [선서의 방식]321, [선서무능력]322

제300조【보증금의 몰취】 제299조제2항의 규정에 따라 보증금을 공탁한 당사자 또는 법정대리인이 거짓 진술을 한 때에 법원은 결정으로 보증금을 몰취(沒取)한다.
참조 [결정]134 · 221, [불복신청]302, [소명에 갈음하는 공탁]299②

제301조【거짓 진술에 대한 제재】 제299조제2항의 규정에 따라 선서한 당사자 또는 법정대리인이 거짓 진술을 한 때에 법원은 결정으로 200만원 이하의 과태료에 처한다.
참조 [결정]134 · 221, [과태료]민집60, [불복신청]302

제302조【불복신청】 제300조 및 제301조의 결정에 대하여는 즉시항고를 할 수 있다.
참조 [즉시항고]444, [보증금의 몰취]300, [과태료 제재]301

제2절 증인신문

제303조【증인의 의무】 법원은 특별한 규정이 없으면 누구든지 증인으로 신문할 수 있다.
참조 [제척]41, [특별한 규정]305 · 307, [감정증인]340, [허위증언과 재심]451, [증인의 일당 · 여비등]민사소송비용4 · 11 · 12

제304조【대통령 · 국회의장 · 대법원장 · 헌법재판소장의 신문】 대통령 · 국회의장 · 대법원장 및 헌법재판소장 또는 그 직책에 있었던 사람을 증인으로 하여 직무상 비밀에 관한 사항을 신문할 경우에 법원은 그의 동의를 받아야 한다.
참조 [제척]41, [특별한 규정]305 · 307, [감정증인]340, [허위증언과 재심]451, [증인의 일당 · 여비등]민사소송비용4 · 11 · 12, [직무상 비밀]민소규78

제305조【국회의원 · 국무총리 · 국무위원의 신문】 ① 국회의원 또는 그 직책에 있었던 사람을 증인으로 하여 직무상 비밀에 관한 사항을 신문할 경우에 법원은 국회의 동의를 받아야 한다.
② 국무총리 · 국무위원 또는 그 직책에 있었던 사람을 증인으로 하여 직무상 비밀에 관한 사항을 신문할 경우에 법원은 국무회의의 동의를 받아야 한다.
참조 [국무위원]헌86 · 87②, [국무회의]헌88 · 89, [국회의원]헌41

제306조【공무원의 신문】 제304조와 제305조에 규정한 사람 외의 공무원 또는 공무원이었던 사람을 증인으로 하여 직무상 비밀에 관한 사항을 신문할 경우에 법원은 그 소속 관청 또는 감독 관청의 동의를 받아야 한다.
참조 [증언거절에 대한 재판]317①, [공무원의 수비의무]국가공무원60, 지방공무원52, 교육공무원43

제307조【거부권의 제한】 제305조와 제306조의 경우에 국회 · 국무회의 또는 제306조의 관청은 국가의 중대한 이익을 해치는 경우를 제외하고는 동의를 거부하지 못한다.
참조 [국회]헌40 · 41, [국무회의]헌88 · 89

제308조【증인신문의 신청】 당사자가 증인신문을 신청하고자 하는 때에는 증인을 지정하여 신청하여야 한다.
참조 [증인신문사항의 제출]민소규75, [증거신청]289①, [재신문의 신청]204

제309조【출석요구서의 기재사항】 증인에 대한 출석요구서에는 다음 각호의 사항을 적어야 한다.
1. 당사자의 표시
2. 신문 사항의 요지
3. 출석하지 아니하는 경우의 법률상 제재
참조 [증인의 출석요구서의 기재사항]민소규81, [기일의 통지]167, [본조 준용]333 · 373

제310조【증언에 갈음하는 서면의 제출】 ① 법원은 증인과 증명할 사항의 내용 등을 고려하여 상당하다고 인정하는 때에는 출석 · 증언에 갈음하여 증언할 사항을 적은 서면을 제출하게 할 수 있다.
② 법원은 상대방의 이의가 있거나 필요하다고 인정하는 때에는 제1항의 증인으로 하여금 출석 · 증언하게 할 수 있다.
참조 [서면에 의한 증언]민소규84, [증인의 의무]303

제311조【증인이 출석하지 아니한 경우의 과태료 등】 ① 증인이 정당한 사유 없이 출석하지 아니한 때에 법원은 결정으로 증인에게 이로 말미암은 소송비용을 부담하도록 명하고 500만원 이하의 과태료에 처한다.
② 법원은 증인이 제1항의 규정에 따른 과태료의 재판을 받고도 정당한 사유 없이 다시 출석하지 아니한 때에는 결정으로 증인을 7일 이내의 감치(監置)에 처한다.
③ 법원은 감치재판기일에 증인을 소환하여 제2항의 정당한 사유가 있는지 여부를 심리하여야 한다.
④ 감치에 처하는 재판은 그 재판을 한 법원의 재판장의 명령에 따라 법원공무원 또는 경찰공무원이 경찰서유치장 · 교도소 또는 구치소에 유치함으로써 집행한다.(2020.12.22 본항개정)
⑤ 감치의 재판을 받은 증인이 제4항에 규정된 감치시설에 유치된 때에는 당해 감치시설의 장은 즉시 그 사실을 법원에 통보하여야 한다.
⑥ 법원은 제5항의 통보를 받은 때에는 바로 증인신문기일을 열어야 한다.
⑦ 감치의 재판을 받은 증인이 감치의 집행 중에 증언을 한 때에는 법원은 바로 감치결정을 취소하고 그 증인을 석방하도록 명하여야 한다.
⑧ 제1항과 제2항의 결정에 대하여는 즉시항고를 할 수 있다. 다만, 제447조의 규정은 적용하지 아니한다.
⑨ 제2항 내지 제8항의 규정에 따른 재판절차 및 그 집행 그 밖에 필요한 사항은 대법원규칙으로 정한다.
改前 ④ 감치에 처하는…명령에 따라 법원공무원 또는 "국가경찰공무원이"…집행한다.(2006.2.21 본항개정)
참조 [불출석 신고]민소규83, [증인에 대한 과태료 · 감치]민소규85 · 86, [불출석에 대한 다른 제재]312, [본조준용]318 · 326

제312조【출석하지 아니한 증인의 구인】 ① 법원은 정당한 사유 없이 출석하지 아니한 증인을 구인(拘引)하도록 명할 수 있다.
② 제1항의 구인에는 형사소송법의 구인에 관한 규정을 준용한다.
참조 [구인]형소71 · 152 · 166, [영장집행]집행관6

제313조【수명법관 · 수탁판사에 의한 증인신문】 법원은 다음 각호 가운데 어느 하나에 해당하면 수명법관 또는 수탁판사로 하여금 증인을 신문하게 할 수 있다.
1. 증인이 정당한 사유로 수소법원에 출석하지 못하는 때
2. 증인이 수소법원에 출석하려면 지나치게 많은 비용 또는 시간을 필요로 하는 때
3. 그 밖의 상당한 이유가 있는 경우로서 당사자가 이의를 제기하지 아니하는 때
참조 [수명법관]139①, [증거조사]160 · 297 · 332

제314조【증언거부권】 증인은 그 증언이 자기나 다음 각호 가운데 어느 하나에 해당하는 사람이 공소제기되거나 유죄판결을 받을 염려가 있는 사항 또는 자기나 그들에게 치욕이 될 사항에 관한 것인 때에는 이를 거부할 수 있다.
1. 증인의 친족 또는 이러한 관계에 있었던 사람(2005.3.31 본호개정)
2. 증인의 후견인 또는 증인의 후견을 받는 사람
改前 1. 증인의 "친족 · 호주 · 가족" 또는 이러한 관계에 있었던 사람
참조 [거부에 대한 재판]317, [선서의 면제]323, [선서거부권]324, [본조에 게기한 자의 감정인 부적격]334, [친족]민777, [후견인]민928~940

제315조【증언거부권】 ① 증인은 다음 각호 가운데 어느 하나에 해당하면 증언을 거부할 수 있다.
1. 변호사 · 변리사 · 공증인 · 공인회계사 · 세무사 · 의료인 · 약사, 그 밖에 법령에 따라 비밀을 지킬 의무가 있는 직책 또는 종교의 직책에 있거나 이러한 직책에 있었던 사람이 직무상 비밀에 속하는 사항에 대하여 신문을 받을 때
2. 기술 또는 직업의 비밀에 속하는 사항에 대하여 신문을 받을 때
② 증인이 비밀을 지킬 의무가 면제된 경우에는 제1항의 규정을 적용하지 아니한다.
참조 [거부이유의 소명]316, [거부에 대한 재판]317, [직무상의 묵비의무]변호사26, 변리사23, 공증5, 공인회계사법20, 세무사법11, 행정사법23, 법무사법27, 의료법19, [업무상비밀누설]형317
일판 신문기사에 관하여 그 기자는 그 취재원에 대한 증언을 거절할 수 있다.(일 · 최고결 1980.3.9 조일신문)

제316조【거부이유의 소명】 증언을 거부하는 이유는 소명하여야 한다.
참조 [증언거부권]314 · 315, [소명의 방법]299, [증언거부에 대한 재판]318, [준용규정]326

제317조【증언거부에 대한 재판】 ① 수소법원은 당사자를 심문하여 증언거부가 옳은 지를 재판한다.

② 당사자 또는 증인은 제1항의 재판에 대하여 즉시항고를 할 수 있다.

참조 [심문]134③, [재판]134 · 224, [거부권 있는 경우]314 · 315, [본조준용]326, [즉시항고]444

제318조【증언거부에 대한 제재】 증언의 거부에 정당한 이유가 없다고 한 재판이 확정된 뒤에 증인이 증언을 거부한 때에는 제311조제1항, 제8항 및 제9항의 규정을 준용한다.

참조 [증언거부에 대한 재판]317

제319조【선서의 의무】 재판장은 증인에게 신문에 앞서 선서를 하게 하여야 한다. 다만, 특별한 사유가 있는 때에는 신문한 뒤에 선서를 하게 할 수 있다.

참조 [예외]322－324, [선서]154 · 320 · 321 · 325, [거부의 제재]326, [위증죄]형152 · 153, [본조준용]333 · 373

제320조【위증에 대한 벌의 경고】 재판장은 선서에 앞서 증인에게 선서의 취지를 밝히고, 위증의 벌에 대하여 경고하여야 한다.

참조 [위증죄]형152 · 153, [본조준용]299③ · 333 · 373

제321조【선서의 방식】 ① 선서는 선서서에 따라서 하여야 한다.

② 선서서에는 "양심에 따라 숨기거나 보태지 아니하고 사실 그대로 말하며, 만일 거짓말을 하면 위증의 벌을 받기로 맹세합니다."라고 적어야 한다.

③ 재판장은 증인으로 하여금 선서서를 소리내어 읽고 기명날인 또는 서명하게 하며, 증인이 선서서를 읽지 못하거나 기명날인 또는 서명하지 못하는 경우에는 참여한 법원사무관등이나 그 밖의 법원공무원으로 하여금 이를 대신하게 한다.

④ 증인은 일어서서 엄숙하게 선서하여야 한다.

참조 [선서의무]319, [감정인의 선서방식]338, [본조준용]304③ · 373

제322조【선서무능력】 다음 각호 가운데 어느 하나에 해당하는 사람을 증인으로 신문할 때에는 선서를 시키지 못한다.

1. 16세 미만인 사람
2. 선서의 취지를 이해하지 못하는 사람

참조 [위증벌의 경고]320, [조서에의 기재]154 · 325, [동취지의 규정]형소159, [본조준용]299③ · 373

제323조【선서의 면제】 제314조에 해당하는 증인으로서 증언을 거부하지 아니한 사람을 신문할 때에는 선서를 시키지 아니할 수 있다.

참조 [증언거부권]314, [변론조서의 기재]154 · 325

제324조【선서거부권】 증인이 자기 또는 제314조 각호에 규정된 어느 한 사람과 현저한 이해관계가 있는 사항에 관하여 신문을 받을 때에는 선서를 거부할 수 있다.

참조 [증언거부권]314, [선서의 거부]316 · 317 · 326

제325조【조서에의 기재】 선서를 시키지 아니하고 증인을 신문한 때에는 그 사유를 조서에 적어야 한다.

참조 [선서를 시키지 않는 경우]322－324, [조서]154

제326조【선서거부에 대한 제재】 증인이 선서를 거부하는 경우에는 제316조 내지 제318조의 규정을 준용한다.

참조 [거부이유의 소명]316, [증언거부에 대한 제재]318, [선서의 거부]316 · 317 · 326

제327조【증인신문의 방식】 ① 증인신문은 증인을 신청한 당사자가 먼저 하고, 다음에 다른 당사자가 한다.

② 재판장은 제1항의 신문이 끝난 뒤에 신문할 수 있다.

③ 재판장은 제1항과 제2항의 규정에 불구하고 언제든지 신문할 수 있다.

④ 재판장이 알맞다고 인정하는 때에는 당사자의 의견을 들어 제1항과 제2항의 규정에 따른 신문의 순서를 바꿀 수 있다.

⑤ 당사자의 신문이 중복되거나 쟁점과 관계가 없는 때, 그 밖에 필요한 사정이 있는 때에 재판장은 당사자의 신문을 제한할 수 있다.

⑥ 합의부원은 재판장에게 알리고 신문할 수 있다.

참조 [증인신문의 순서]민소규89, [증인신청자가 불출석한 때의 신문]민소규90, [증인신문의 신청]289 · 308, [특칙]소액10②, [본조 준용]333

제327조의2【비디오 등 중계장치에 의한 증인신문】 ① 법원은 다음 각 호의 어느 하나에 해당하는 사람을 증인으로 신문하는 경우 상당하다고 인정하는 때에는 당사자의 의견을 들어 비디오 등 중계장치에 의한 중계시설을 통하거나 인터넷 화상장치를 이용하여 신문할 수 있다.(2021.8.17 본문개정)

1. 증인이 멀리 떨어진 곳 또는 교통이 불편한 곳에 살고 있거나 그 밖의 사정으로 말미암아 법정에 직접 출석하기 어려운 경우
2. 증인이 나이, 심신상태, 당사자나 법정대리인과의 관계, 신문사항의 내용, 그 밖의 사정으로 말미암아 법정에서 당사자 등과 대면하여 진술하면 심리적인 부담으로 정신의 평온을 현저하게 잃을 우려가 있는 경우

② 제1항에 따른 증인신문은 증인이 법정에 출석하여 이루어진 증인신문으로 본다.

③ 제1항에 따른 증인신문의 절차와 방법, 그 밖에 필요한 사항은 대법원규칙으로 정한다.
(2016.3.29 본조신설)

改前 ① 법원은…비디오 등 중계장치에 의한 중계시설을 "통하여" 신문할 수 있다.

참조 [방법과 절차]민소규95의2

제328조【격리신문과 그 예외】 ① 증인은 따로따로 신문하여야 한다.

② 신문하지 아니한 증인이 법정(法廷)안에 있을 때에는 법정에서 나가도록 명하여야 한다. 다만, 필요하다고 인정한 때에는 신문할 증인을 법정안에 머무르게 할 수 있다.

참조 [대질신문]329

제329조【대질신문】 재판장은 필요하다고 인정한 때에는 증인 서로의 대질을 명할 수 있다.

참조 [대질]368

제330조【증인의 행위의무】 재판장은 필요하다고 인정한 때에는 증인에게 문자를 손수 쓰게 하거나 그 밖의 필요한 행위를 하게 할 수 있다.

참조 [수기]361, [본조준용]373

제331조【증인의 진술원칙】 증인은 서류에 의하여 진술하지 못한다. 다만, 재판장이 허가하면 그러하지 아니하다.

참조 [조서에의 기재]154, [본조준용]373

제332조【수명법관 · 수탁판사의 권한】 수명법관 또는 수탁판사가 증인을 신문하는 경우에는 법원과 재판장의 직무를 행한다.

참조 [수명법관등의 신문]313, [수명법관등에 의한 증거조사]297 · 298, [법원의 직무]303－305 · 307 · 311 · 312 · 317 · 318, [재판장의 직무]319－321 · 327－330, [본조준용]333 · 373

제3절 감 정

제333조【증인신문규정의 준용】 감정에는 제2절의 규정을 준용한다. 다만, 제311조제2항 내지 제7항, 제312조, 제321조제2항, 제327조 및 제327조의2는 그러하지 아니하다.(2016.3.29 단서개정)

改前 제333조【증인신문규정의 준용】 감정에는 제2절의 규정을 준용한다. 다만, 제311조제2항 내지 제7항, "제312조 및 제321조제2항의 규정은" 그러하지 아니하다.

참조 [감정증인]340, [준용규정]140②, [증인신문규정의 준용]민소규104, [증인신문]2절, [증인 불출석 때의 과태료 및 구인]311 · 312, [선서의 방식]321②

제334조【감정의무】 ① 감정에 필요한 학식과 경험이 있는 사람은 감정할 의무를 진다.

② 제314조 또는 제324조의 규정에 따라 증언 또는 선서를 거부할 수 있는 사람과 제322조에 규정된 사람은 감정인이 되지 못한다.

참조 [증언거부권]314, [선서무능력]322, [선서거부권]324, [허위감정과 재심사유]451①

판례 법원의 착오로 선서를 누락한 감정인의 감정결과서면을 사실인정의 자료로 삼을 수 있는지 여부(적극) : 선서하지 아니한 감정인에 의한 감정 결과는 증거능력이 없으므로, 이를 사실인정의 자료로 삼을 수 없다 할 것이나, 한편 소송법상 감정인 신문이나 감정의 촉탁방법에 의한 것이 아니고 소송 외에서 전문적인 학식 경험이 있는 자가 작성한 감정의견을 기재한 서면이라 하더라도 그 서면이 서증으로 제출되었을 때 법원이 이를 합리적이라고 인정하면 이를 사실인정의 자료로 할 수 있다는 것인바, 그 감정인이 작성한 감정 결과를 기재한 서면이 당사자에 의하여 서증으로 제출되고, 법원이 그 내용을 합리적이라고 인정하는 때에는, 이를 사실인정의 자료로 삼을 수 있다.
(대판 2006.5.25, 2005다77848)

제335조【감정인의 지정】 감정인은 수소법원 · 수명법관 또는 수탁판사가 지정한다.

참조 [수명법관]139, [수탁판사]160, [감정인]민집97 · 167 · 200

제335조의2【감정인의 의무】 ① 감정인은 감정사항이 자신의 전문분야에 속하지 아니하는 경우 또는 그에 속하더라도 다른 감정인과 함께 감정을 하여야 하는 경우에는 곧바로 법원에 감정인의 지정 취소 또는 추가 지정을 요구하여야 한다.

② 감정인은 감정을 다른 사람에게 위임하여서는 아니 된다.
(2016.3.29 본조신설)

참조 [의무의 고지]민소규100의2

제336조【감정인의 기피】 감정인이 성실하게 감정할 수 없는 사정이 있는 때에 당사자는 그를 기피할 수 있다. 다만, 당사자는 감정인이 감정사항에 관한 진술을 하기 전부터 기피할 이유가 있다는 것을 알고 있었던 때에는 감정사항에 관한 진술이 이루어진 뒤에 그를 기피하지 못한다.

참조 [법관과 사무관등에 대한 기피]43－48 · 50, [기피신청]민소규102

제337조【기피의 절차】 ① 기피신청은 수소법원 · 수명법관 또는 수탁판사에게 하여야 한다.

② 기피하는 사유는 소명하여야 한다.

③ 기피하는 데 정당한 이유가 있다고 한 결정에 대하여는 불복할 수 없고, 이유가 없다고 한 결정에 대하여는 즉시항고를 할 수 있다.

참조 [신청]161, [소명]299, [결정]134 · 221, [즉시항고]444

제338조【선서의 방식】 선서서에는 "양심에 따라 성실히 감정하고, 만일 거짓이 있으면 거짓감정의 벌을 받기로 맹세합니다."라고 적어야 한다.

참조 [증인의 선서]321②, [조서에의 기재]154, [허위감정죄]형154

제339조【감정진술의 방식】 ① 재판장은 감정인으로 하여금 서면이나 말로써 의견을 진술하게 할 수 있다.

② 재판장은 여러 감정인에게 감정을 명하는 경우에는 다 함께 또는 따로따로 의견을 진술하게 할 수 있다.

③ 법원은 제1항 및 제2항에 따른 감정진술에 관하여 당사자에게 서면이나 말로써 의견을 진술할 기회를 주어야 한다.(2016.3.29 본항신설)

참조 [조서에의 기재]154, [구술의 원칙]331, [의견진술]민소규101의3

제339조의2【감정인신문의 방식】 ① 감정인은 재판장이 신문한다.

② 합의부원은 재판장에게 알리고 신문할 수 있다.

③ 당사자는 재판장에게 알리고 신문할 수 있다. 다만, 당사자의 신문이 중복되거나 쟁점과 관계가 없는 때, 그 밖에 필요한 사정이 있는 때에는 재판장은 당사자의 신문을 제한할 수 있다.
(2016.3.29 본조신설)

제339조의3【비디오 등 중계장치 등에 의한 감정인신문】 ① 법원은 다음 각 호의 어느 하나에 해당하는 사람을 감정인으로 신문하는 경우 상당하다고 인정하는 때에는 당사자의 의견을 들어 비디오 등 중계장치에 의한 중계시설을 통하여 신문하거나 인터넷 화상장치를 이용하여 신문할 수 있다.

1. 감정인이 법정에 직접 출석하기 어려운 특별한 사정이 있는 경우
2. 감정인이 외국에 거주하는 경우

② 제1항에 따른 감정인신문에 관하여는 제327조의2 제2항 및 제3항을 준용한다.
(2016.3.29 본조신설)

참조 [촉탁받은 감정인의 설명]341

제340조【감정증인】 특별한 학식과 경험에 의하여 알게 된 사실에 관한 신문은 증인신문에 관한 규정을 따른다. 다만, 비디오 등 중계장치 등에 의한 감정증인신문에 관하여는 제339조의3을 준용한다.
(2016.3.29 단서신설)

참조 [증인신문]303－332

제341조【감정의 촉탁】 ① 법원이 필요하다고 인정하는 경우에는 공공기관 · 학교, 그 밖에 상당한 설비가 있는 단체 또는 외국의 공공기관에 감정을 촉탁할 수 있다. 이 경우에는 선서에 관한 규정을 적용하지 아니한다.

② 제1항의 경우에 법원은 필요하다고 인정하면 공공기관 · 학교, 그 밖의 단체 또는 외국 공공기관이 지정한 사람으로 하여금 감정서를 설명하게 할 수 있다.

③ 제2항의 경우에는 제339조의3을 준용한다.
(2016.3.29 본항신설)

참조 [촉탁의 기관]139②, [감정서의 설명]민소규103, [촉탁의 보수등]민사소송비용6

판례 신체감정촉탁에 의한 여명감정결과의 증명력 : 상해의 후유증이 평균여명에 어떠한 영향을 미쳐 여명이 얼마나 단축될 것인가는 후유증의 구체적 내용에 따라 의학적 견지에서 개별적으로 판단할 것인바, 신체감정촉탁에 의한 여명감정결과는 의학적 판단에 속하는 것으로서 특별한 사정이 없는 한 그에 관한 감정인의 판단은 존중되어야 한다.
(대판 1992.11.27, 92다26673)

제342조【감정에 필요한 처분】 ① 감정인은 감정을 위하여 필요한 경우에는 법원의 허가를 받아 남의 토지, 주거, 관리 중인 가옥, 건조물, 항공기, 선박, 차량, 그 밖의 시설물안에 들어갈 수 있다.

② 제1항의 경우 저항을 받을 때에는 감정인은 경찰공무원에게 원조를 요청할 수 있다.(2020.12.22 본항개정)

改前 ② 제1항의 경우 저항을 받을 때에는 감정인은 "국가경찰공무원에게" 원조를 요청할 수 있다.(2006.2.21 본항개정)

참조 [감정인]민집97 · 200

제4절 서 증

제343조【서증신청의 방식】 당사자가 서증(書證)을 신청하고자 하는 때에는 문서를 제출하는 방식 또는 문서를 가진 사람에게 그것을 제출하도록 명할 것을 신청하는 방식으로 한다.

참조 [문서가 있는 장소에서의 서증신청]민소규112, [신청]161, [증거신청방식]289, [문서제출의무]344, [문서제출신청]345－348, [문서의 제출방법]355, [본조준용]366

판례 처분문서의 의미 : 처분문서란 그에 의하여 증명하려고 하는 법률상의 행위가 그 문서에 의하여 이루어진 것을 의미하므로, 부동산 교환계약의 처분문서는 그 부동산교환계약서일 뿐이고 교환계약상의 등록의무를 이행하기 위하여 사후에 형식적으로 작성된 임차권 양도계약서(ASSIGNMENT OF LEASE)는

교환계약에 대한 처분문서가 아니므로 이와 저촉되는 사실을 인정하였다 하여 처분문서의 증명력에 관한 법리를 오해한 위법을 저질렀다고 할 수 없다.(대판 1997.5.30, 97다2986)

제344조【문서의 제출의무】 ① 다음 각호의 경우에 문서를 가지고 있는 사람은 그 제출을 거부하지 못한다.

1. 당사자가 소송에서 인용한 문서를 가지고 있는 때
2. 신청자가 문서를 가지고 있는 사람에게 그것을 넘겨 달라고 하거나 보겠다고 요구할 수 있는 사법상의 권리를 가지고 있는 때
3. 문서가 신청자의 이익을 위하여 작성되었거나, 신청자와 문서를 가지고 있는 사람 사이의 법률관계에 관하여 작성된 것인 때. 다만, 다음 각목의 사유 가운데 어느 하나에 해당하는 경우에는 그러하지 아니하다.
   가. 제304조 내지 제306조에 규정된 사항이 적혀있는 문서로서 같은 조문들에 규정된 동의를 받지 아니한 문서
   나. 문서를 가진 사람 또는 그와 제314조 각호 가운데 어느 하나의 관계에 있는 사람에 관하여 같은 조에서 규정된 사항이 적혀 있는 문서
   다. 제315조제1항 각호에 규정된 사항중 어느 하나에 규정된 사항이 적혀 있고 비밀을 지킬 의무가 면제되지 아니한 문서

② 제1항의 경우 외에도 문서(공무원 또는 공무원이었던 사람이 그 직무와 관련하여 보관하거나 가지고 있는 문서를 제외한다)가 다음 각호의 어느 하나에도 해당하지 아니하는 경우에는 문서를 가지고 있는 사람은 그 제출을 거부하지 못한다.

1. 제1항제3호나목 및 다목에 규정된 문서
2. 오로지 문서를 가진 사람이 이용하기 위한 문서

참조 [대통령 등의 신문]304, [공무원의 신문]306, [증언거부권]314, [증언거부권]315①, [부제출, 사용방해효과]349 · 350, [제3자의 부제출제재]351, [상업장부의 제출의무]상32, [열람을 구할 수 있는 경우]상277 · 396②

판례 민사소송법 제344조 제2항은 같은 조 제1항에서 정한 문서에 해당하지 아니한 문서라도 문서의 소지자는 원칙적으로 그 제출을 거부하지 못하나, 다만 '공무원 또는 공무원이었던 사람이 그 직무와 관련하여 보관하거나 가지고 있는 문서'는 예외적으로 제출을 거부할 수 있다고 규정하고 있는바, 여기서 말하는 '공무원 또는 공무원이었던 사람이 그 직무와 관련하여 보관하거나 가지고 있는 문서'는 국가기관이 보유·관리하는 공문서를 의미한다고 할 것이고, 이러한 공문서의 공개에 관하여는 공공기관의 정보공개에 관한 법률에서 정한 절차와 방법에 의하여야 할 것이다.(대결 2010.1.19, 2008마546)

판례 문서제출명령을 할 때의 문서의 존재와 소지에 관한 증명책임 : 문서의 제출의무는 그 문서를 소지하고 있는 자에게 있는 것이므로 법원이 문서제출명령을 발함에 있어서는 먼저 그 문서의 존재와 소지가 증명되어야 하고 그 입증책임은 원칙적으로 신청인에게 있는 것이다.(대결 2005.7.11, 2005마259)

일판 '소지자'라 함은 본안소송의 당사자외의 제3자를 포함하고 제3자에는 사인외의 오사카 수도기업관리자와 같은 지방공공단체의 기관도 포함한다.(日 · 大阪高 1987.3.18)

제345조【문서제출신청의 방식】 문서제출신청에는 다음 각호의 사항을 밝혀야 한다.

1. 문서의 표시
2. 문서의 취지
3. 문서를 가진 사람
4. 증명할 사실
5. 문서를 제출하여야 하는 의무의 원인

참조 [신청]161 · 343, 민소규75, [문서제출신청]민소규110

제346조【문서목록의 제출】 제345조의 신청을 위하여 필요하다고 인정하는 경우에는, 법원은 신청대상이 되는 문서의 취지나 그 문서로 증명할 사실을 개괄적으로 표시한 당사자의 신청에 따라, 상대방 당사자에게 신청내용과 관련하여 가지고 있는 문서 또는 신청내용과 관련하여 서증으로 제출할 문서에 관하여 그 표시와 취지 등을 적어 내도록 명할 수 있다.

참조 [문서제출의무]344, [문서제출신청]민소규110

제347조【제출신청의 허가여부에 대한 재판】 ① 법원은 문서제출신청에 정당한 이유가 있다고 인정한 때에는 결정으로 문서를 가진 사람에게 그 제출을 명할 수 있다.
② 문서제출의 신청이 문서의 일부에 대하여만 이유 있다고 인정한 때에는 그 부분만의 제출을 명하여야 한다.
③ 제3자에 대하여 문서의 제출을 명하는 경우에는 제3자 또는 그가 지정하는 자를 심문하여야 한다.
④ 법원은 문서가 제344조에 해당하는지를 판단하기 위하여 필요하다고 인정하는 때에는 문서를 가지고 있는 사람에게 그 문서를 제시하도록 명할 수 있다. 이 경우 법원은 그 문서를 다른 사람이 보도록 하여서는 안된다.

참조 [문서제출신청]343－345, 민소규110, [결정]134 · 221, [불복신청]348, [본조준용]366, [문서사본제출의무]민소규115

제348조【불복신청】 문서제출의 신청에 관한 결정에 대하여는 즉시항고를 할 수 있다.

참조 [본조준용]366, [즉시항고]444

제349조【당사자가 문서를 제출하지 아니한 때의 효과】 당사자가 제347조제1항·제2항 및 제4항의 규정에 의한 명령에 따르지 아니한 때에는 법원은 문서의 기재에 대한 상대방의 주장을 진실한 것으로 인정할 수 있다.

참조 [예외]가소12, [본조준용]366

제350조【당사자가 사용을 방해한 때의 효과】 당사자가 상대방의 사용을 방해할 목적으로 제출의무가 있는 문서를 훼손하여 버리거나 이를 사용할 수 없게 한 때에는, 법원은 그 문서의 기재에 대한 상대방의 주장을 진실한 것으로 인정할 수 있다.

참조 [예외]가소12, [문서제출의무]344, [본조준용]366

제351조【제3자가 문서를 제출하지 아니한 때의 제재】 제3자가 제347조제1항·제2항 및 제4항의 규정에 의한 명령에 따르지 아니한 때에는 제318조의 규정을 준용한다.

참조 [문서제출의무]344, [문서제출명령]347①, [결정]134 · 221, [제3자에의 심문]347③, [과태료]민집60, [즉시항고]444

제352조【문서송부의 촉탁】 서증의 신청은 제343조의 규정에 불구하고 문서를 가지고 있는 사람에게 그 문서를 보내도록 촉탁할 것을 신청함으로써도 할 수 있다. 다만, 당사자가 법령에 의하여 문서의 정본 또는 등본을 청구할 수 있는 경우에는 그러하지 아니하다.

참조 [신청]161, 민소규110, [문서제출의 방법]355, [법령에 의하여 정본·등본을 청구할 수 있는 경우]162①, 가족관계등록14, 비송192, [일부문서에 대한 송부촉탁]민소규113, [본조준용]366

제352조의2【협력의무】 ① 제352조에 따라 법원으로부터 문서의 송부를 촉탁받은 사람 또는 제297조에 따른 증거조사의 대상인 문서를 가지고 있는 사람은 정당한 사유가 없는 한 이에 협력하여야 한다.
② 문서의 송부를 촉탁받은 사람이 그 문서를 보관하고 있지 아니하거나 그 밖에 송부촉탁에 따를 수 없는 사정이 있는 때에는 법원에 그 사유를 통지하여야 한다.
(2007.5.17 본조신설)

참조 [법원밖에서의 증거조사]297, [문서송부의 촉탁]352

제353조【제출문서의 보관】 법원은 필요하다고 인정하는 때에는 제출되거나 보내 온 문서를 맡아 둘 수 있다.

참조 [제출]343, [보관증]민소규111, [송부]352, [석명처분으로서의 유치]140①, [본조준용]366

제354조【수명법관·수탁판사에 의한 조사】 ① 법원은 제297조의 규정에 따라 수명법관 또는 수탁판사에게 문서에 대한 증거조사를 하게 하는 경우에 그 조서에 적을 사항을 정할 수 있다.
② 제1항의 조서에는 문서의 등본 또는 초본을 붙여야 한다.

참조 [수명법관]139, [수탁판사]160, [본조준용]66

제355조【문서제출의 방법 등】 ① 법원에 문서를 제출하거나 보낼 때에는 원본, 정본 또는 인증이 있는 등본으로 하여야 한다.
② 법원은 필요하다고 인정하는 때에는 원본을 제출하도록 명하거나 이를 보내도록 촉탁할 수 있다.
③ 법원은 당사자로 하여금 그 인용한 문서의 등본 또는 초본을 제출하게 할 수 있다.
④ 문서가 증거로 채택되지 아니한 때에는 법원은 당사자의 의견을 들어 제출된 문서의 원본·정본·등본·초본 등을 돌려주거나 폐기할 수 있다.

참조 [제출]343, [송부]352, [정본·등본]162, 공증46－55, [인증]가족관계등록14, 공증57이하, [인용한 문서]40① · 274 · 344①

제356조【공문서의 진정의 추정】 ① 문서의 작성 방식과 취지에 의하여 공무원이 직무상 작성한 것으로 인정한 때에는 이를 진정한 공문서로 추정한다.
② 공문서가 진정한지 의심스러운 때에는 법원은 직권으로 해당 공공기관에 조회할 수 있다.
③ 외국의 공공기관이 작성한 것으로 인정한 문서에는 제1항 및 제2항의 규정을 준용한다.

참조 [증서의 진정여부 확인의 소]250, [사문서]357 · 358

판례 공문서의 진정성립 추정 및 그 증명력 : 공문서는 그 진정성립이 추정됨과 아울러 그 기재 내용의 증명력 역시 진실에 반한다는 등의 특별한 사정이 없는 한 함부로 배척할 수 없다.(대판 2006.6.15, 2006다16055)

판례 공문서의 진정성립 추정과 주말(朱抹)된 부분의 증명력 : 진정성립이 추정되는 공문서는 진실에 반한다는 등의 특별한 사정이 없는 한 그 내용의 증명력을 쉽게 배척할 수는 없다고 할 것이고, 그 공문서의 기재 중 붉은 선으로 그어 말소된 부분이 있는 경우에도 그 말소의 경위나 태양 등에 있어 비정상으로 이루어졌다는 등의 특별한 사정이 없는 한 그 말소된 기재 내용대로의 증명력을 가진다.(대판 2002.2.22, 2001다78768)

제357조【사문서의 진정의 증명】 사문서는 그것이 진정한 것임을 증명하여야 한다.

참조 [공문서]356, [진정성립 부인]민소규116

판례 문서의 진정성립 인정 여부의 판단 방법 : 문서에 대한 진정성립의 인정 여부는 법원이 모든 증거자료와 변론 전체의 취지에 터 잡아 자유심증에 따라 판단하게 되는 것이고, 사문서의 진정성립에 관한 증명 방법에 관하여는 특별한 제한이 없으나 그 증명 방법은 신빙성이 있어야 하고, 증인의 증언에 의하여 그 진정성립을 인정하는 경우 그 신빙성 여부를 판단함에 있어서는 증언 내용의 합리성, 증인의 증언 태도, 다른 증거와의 합치 여부, 증인의 사건에 대한 이해관계, 당사자와의 관계 등을 종합적으로 검토하여야 한다.(대판 2005.12.9, 2004다40306)

제358조【사문서의 진정의 추정】 사문서는 본인 또는 대리인의 서명이나 날인 또는 무인(拇印)이 있는 때에는 진정한 것으로 추정한다.

참조 [사문서의 진정증명]357

판례 날인행위가 작성명의인 이외의 자에 의한 것이 밝혀진 경우 정당한 권원에 대한 입증책임 : 문서에 날인된 작성명의인의 인영이 그의 인장에 의하여 현출된 것이라면 특별한 사정이 없는 한 그 인영의 진정성립, 즉 날인행위가 작성명의인의 의사에 기한 것임이 사실상 추정되고, 일단 인영의 진정성립이 추정되면 그 문서 전체의 진정성립이 추정되나, 위와 같은 사실상 추정은 날인행위가 작성명의인 이외의 자에 의하여 이루어진 것임이 밝혀진 경우에는 깨어지는 것이므로, 문서제출자는 그 날인행위가 작성명의인으로부터 위임받은 정당한 권원에 의한 것이라는 사실까지 증명할 책임이 있다.
(대판 2009.9.24, 2009다3783)

판례 인영 부분 등의 진정성립이 인정된다면 다른 특별한 사정이 없는 한 당해 문서는 그 전체가 완성되어 있는 상태에서 작성명의인이 그러한 서명·날인·무인을 하였다고 추정할 수 있다.
(대판 2003.4.11, 2001다11406)

판례 인영의 진정성립 추정에 의한 사문서 전체의 진정성립 추정 : 사문서에 날인된 작성 명의인의 인영이 그의 인장에 의하여 현출된 것이라면 특단의 사정이 없는 한 그 인영의 진정성립, 즉 날인행위가 작성 명의인의 의사에 기한 것임이 추정되고, 일단 인영의 진정성립이 추정되면 민소법 제358조에 의하여 그 문서 전체의 진정성립이 추정되나, 그와 같은 인영의 진정성립, 즉 날인행위가 작성 명의인의 의사에 기한 것이라는 추정은 사실상의 추정이므로, 인영의 진정성립을 다투는 자가 반증을 들어 인영의 날인행위가 작성 명의인의 의사에 기한 것임에 관하여 법원으로 하여금 의심을 품게할 수 있는 사정을 입증하면 그 진정성립의 추정은 깨어진다.
(대판 2003.2.11, 2002다59122)

제359조【필적 또는 인영의 대조】 문서가 진정하게 성립된 것인지 어떤지는 필적 또는 인영(印影)을 대조하여 증명할 수 있다.

참조 [증서의 진정여부 확인의 소]250, [증인의 수기의무]330, [상대방의 수기의무]361

판례 무인 감정 결과를 배척하기 위한 요건 : 과학적인 방법이라고 할 수 있는 무인 감정 결과를 배척하기 위하여는 특별한 사정이 없는 한, 감정 경위나 감정 방법의 잘못 등 감정 자체에 있어서의 배척 사유가 있어야 한다.(대판 1999.4.9, 98다57198)

제360조【대조용문서의 제출절차】 ① 대조에 필요한 필적이나 인영이 있는 문서, 그 밖의 물건을 법원에 제출하거나 보내는 경우에는 제343조, 제347조 내지 제350조, 제352조 내지 제354조의 규정을 준용한다.
② 제3자가 정당한 사유 없이 제1항의 규정에 의한 제출명령에 따르지 아니한 때에 법원은 결정으로 200만원 이하의 과태료에 처한다.
③ 제2항의 결정에 대하여는 즉시항고를 할 수 있다.

참조 [대조용문서의 첨부]362, [서증신청의 방식]343, [제출신청의 허가여부에 대한 재판]347, [당사자가 사용을 방해한 때의 효과]350, [문서송부의 촉탁]352, [수명법관에 의한 조사]354, [즉시항고]444, [결정]134 · 221, [과태료의 재판 집행]민집60

제361조【상대방이 손수 써야 하는 의무】 ① 대조하는 데에 적당한 필적이 없는 때에는 법원은 상대방에게 그 문자를 손수 쓰도록 명할 수 있다.
② 상대방이 정당한 이유 없이 제1항의 명령에 따르지 아니한 때에는 법원은 문서의 진정여부에 관한 확인신청자의 주장을 진실한 것으로 인정할 수 있다. 필치(筆致)를 바꾸어 손수 쓴 때에도 또한 같다.

참조 [증인의 수기의무]330, [필적의 대조]359

제362조【대조용문서의 첨부】 대조하는 데에 제공된 서류는 그 원본·등본 또는 초본을 조서에 붙여야 한다.

참조 [대조문서의 제출절차]360, [증인의 수기의무]330, [상대방의 수기의무]361, [조서]152

제363조【문서성립의 부인에 대한 제재】 ① 당사자 또는 그 대리인이 고의나 중대한 과실로 진실에 어긋나게 문서의 진정을 다툰 때에는 법원은 결정으로 200만원 이하의 과태료에 처한다.
② 제1항의 결정에 대하여는 즉시항고를 할 수 있다.
③ 제1항의 경우에 문서의 진정에 대하여 다툰 당사자 또는 대리인이 소송이 법원에 계속된 중에 그 진정을 인정하는 때에는 법원은 제1항의 결정을 취소할 수 있다.

참조 [소송능력]51 · 55, [법정대리인]민920 · 928 · 929 · 949, [소송대리인]87, [결정]134 · 221, [과태료의 재판집행]민집60, [즉시항고]444

제5절 검 증

제364조【검증의 신청】 당사자가 검증을 신청하고자 하는 때에는 검증의 목적을 표시하여 신청하여야 한다.

참조 [검증물건의 제출]민소규117 · 118, [증거신청]289①, [검증의 결과기재]154, [본조준용]140②

제365조【검증할 때의 감정 등】 수명법관 또는 수탁판사는 검증에 필요하다고 인정할 때에는 감정을 명하거나 증인을 신문할 수 있다.

참조 [수명법관]139, [수탁판사]160, [감정]333이하

제366조【검증의 절차 등】 ① 검증할 목적물을 제출하거나 보내는 데에는 제343조, 제347조 내지 제350조, 제352조 내지 제354조의 규정을 준용한다.
② 제3자가 정당한 사유 없이 제1항의 규정에 의한 제출명령에 따르지 아니한 때에는 법원은 결정으로 200만원 이하의 과태료에 처한다. 이 결정에 대하여는 즉시항고를 할 수 있다.
③ 법원은 검증을 위하여 필요한 경우에는 제342조제1항에 규정된 처분을 할 수 있다. 이 경우 저항을 받은 때에는 경찰공무원에게 원조를 요청할 수 있다.(2020.12.22 후단개정)

改前 ③ …이 경우 저항을 받은 때에는 "국가경찰공무원에게" 원조를 요청할 수 있다.(2006.2.21 후단개정)

참조 [검증목적물의 제출]민소규117·118, [서증신청의 방식]343, [제출신청의 허가여부에 대한 재판]347, [당사자가 사용을 방해한 때의 효과]350, [문서송부의 촉탁]352, [수명법관에 의한 조사]354, [결정]134·221, [과태료의 재판 집행]민집60, [즉시항고]444, [감정에 필요한 처분]342①

제6절 당사자신문

제367조【당사자신문】 법원은 직권으로 또는 당사자의 신청에 따라 당사자 본인을 신문할 수 있다. 이 경우 당사자에게 선서를 하게 하여야 한다.

참조 [신청]161, [석명처분으로서의 본인의 출석명령]140①, [당사자의 선서]319－322·373, [가사소송에서의 직권신문]가소17

제368조【대질】 재판장은 필요하다고 인정한 때에 당사자 서로의 대질 또는 당사자와 증인의 대질을 명할 수 있다.

참조 [증인상호의 대질]329

제369조【출석·선서·진술의 의무】 당사자가 정당한 사유 없이 출석하지 아니하거나 선서 또는 진술을 거부한 때에는 법원은 신문사항에 관한 상대방의 주장을 진실한 것으로 인정할 수 있다.

참조 [증인의 불출석, 선서·증언거부]311·312·318·326, [당사자가 문서를 제출하지 아니한 때, 문서사용방해의 효과]349·350, [대조문자의 수기불응]361②

제370조【거짓 진술에 대한 제재】 ① 선서한 당사자가 거짓 진술을 한 때에는 법원은 결정으로 500만원 이하의 과태료에 처한다.
② 제1항의 결정에 대하여는 즉시항고를 할 수 있다.
③ 제1항의 결정에는 제363조제3항의 규정을 준용한다.

참조 [당사자의 선서]367, [결정]134·221, [과태료의 재판집행]민집60, [즉시항고]444, [재심사유]451①②, [증인·감정인의 허위진술에 대한 제재]형152－154

제371조【신문조서】 당사자를 신문한 때에는 선서의 유무와 진술 내용을 조서에 적어야 한다.

참조 [당사자의 선서]367, [조서에의 기재]154·325

제372조【법정대리인의 신문】 소송에서 당사자를 대표하는 법정대리인에 대하여는 제367조 내지 제371조의 규정을 준용한다. 다만, 당사자 본인도 신문할 수 있다.

참조 [당사자를 대표하는 법정대리인]51·55·62·64, [준용]민소규119

제373조【증인신문 규정의 준용】 이 절의 신문에는 제309조, 제313조, 제319조 내지 제322조, 제327조, 제327조의2와 제330조 내지 제332조의 규정을 준용한다.(2021.8.17 본조개정)

改前 제373조【증인신문 규정의 준용】 이 절의…제322조, "제327조"와 제330조 내지 제332조의 규정을 준용한다.

참조 [출석요구서의 기재사항]309, [수명법관에 의한 증인신문]313, [선서의 의무]319, [선서무능력]322, [증인신문의 방식]327, [증인의 행위의무]330, [수명법관의 권한]332

제7절 그 밖의 증거

제374조【그 밖의 증거】 도면·사진·녹음테이프·비디오테이프·컴퓨터용 자기디스크, 그 밖에 정보를 담기 위하여 만들어진 물건으로서 문서가 아닌 증거의 조사에 관한 사항은 제3절 내지 제5절의 규정에 준하여 대법원규칙으로 정한다.

참조 [증거의 조사]289·292, [감정, 서증, 검증]3절－5절, [그 밖의 증거]민소규120－122

제8절 증거보전

제375조【증거보전의 요건】 법원은 미리 증거조사를 하지 아니하면 그 증거를 사용하기 곤란할 사정이 있다고 인정한 때에는 당사자의 신청에 따라 이 장의 규정에 따라 증거조사를 할 수 있다.

참조 [신청]161·377, [직권으로 하는 경우]379, [증거보전기록 송부]민소규125

제376조【증거보전의 관할】 ① 증거보전의 신청은 소를 제기한 뒤에는 그 증거를 사용할 심급의 법원에 하여야 한다. 소를 제기하기 전에는 신문을 받을 사람이나 문서를 가진 사람의 거소 또는 검증하고자 하는 목적물이 있는 곳을 관할하는 지방법원에 하여야 한다.
② 급박한 경우에는 소를 제기한 뒤에도 제1항 후단에 규정된 지방법원에 증거보전의 신청을 할 수 있다.

참조 [거소]민19·20, [지방법원의 심판권]법원조직7③④·29

제377조【신청의 방식】 ① 증거보전의 신청에는 다음 각호의 사항을 밝혀야 한다.
1. 상대방의 표시
2. 증명할 사실
3. 보전하고자 하는 증거
4. 증거보전의 사유
② 증거보전의 사유는 소명하여야 한다.

참조 [상대방지정불능의 경우]378, [소명]299

제378조【상대방을 지정할 수 없는 경우】 증거보전의 신청은 상대방을 지정할 수 없는 경우에도 할 수 있다. 이 경우 법원은 상대방이 될 사람을 위하여 특별대리인을 선임할 수 있다.

참조 [신청의 방식]377, [상대방의 소환]381

제379조【직권에 의한 증거보전】 법원은 필요하다고 인정한 때에는 소송이 계속된 중에 직권으로 증거보전을 결정할 수 있다.

참조 [결정]134·221, [불복신청금지]380, [증거보전]375

제380조【불복금지】 증거보전의 결정에 대하여는 불복할 수 없다.

참조 [증거보전]375

제381조【당사자의 참여】 증거조사의 기일은 신청인과 상대방에게 통지하여야 한다. 다만, 긴급한 경우에는 그러하지 아니하다.

참조 [상대방]377①, [소환의 방식]167, [당사자 불출석의 경우]295

제382조【증거보전의 기록】 증거보전에 관한 기록은 본안소송의 기록이 있는 법원에 보내야 한다.

참조 [본안소송의 기록있는 법원]40·162·421

제383조【증거보전의 비용】 증거보전에 관한 비용은 소송비용의 일부로 한다.

참조 [소송비용]98－116

제384조【변론에서의 재신문】 증거보전절차에서 신문한 증인을 당사자가 변론에서 다시 신문하고자 신청한 때에는 법원은 그 증인을 신문하여야 한다.

참조 [변론]134, [증인신문]308

제4장 제소전화해(提訴前和解)의 절차

제385조【화해신청의 방식】 ① 민사상 다툼에 관하여 당사자는 청구의 취지·원인과 다투는 사정을 밝혀 상대방의 보통재판적이 있는 곳의 지방법원에 화해를 신청할 수 있다.
② 당사자는 제1항의 화해를 위하여 대리인을 선임하는 권리를 상대방에게 위임할 수 없다.
③ 법원은 필요한 경우 대리권의 유무를 조사하기 위하여 당사자본인 또는 법정대리인의 출석을 명할 수 있다.
④ 화해신청에는 그 성질에 어긋나지 아니하면 소에 관한 규정을 준용한다.

참조 [청구의 취지·원인]249①·262, [소송상화해]145·220, [보통재판적]2－6, [소송대리인]87－97, [출석의 통지]167, [소에 관한 규정]233－247·254－259·265·266①·267①

판례 제소전 화해에 기하여 마쳐진 소유권이전등기가 원인무효라고 주장하여 말소등기절차의 이행을 청구하는 것이 기판력에 저촉되는지 여부(적극) : 제소전 화해조서는 확정판결과 같은 효력이 있어 당사자 사이에 기판력이 생기는 것이므로, 원고가 피고에게 토지에 관하여 신탁해지를 원인으로 한 소유권이전등기절차를 이행하기로 한 제소전 화해가 준재심에 의하여 취소되지 않은 이상, 그 제소전 화해에 기하여 마쳐진 소유권이전등기가 원인무효라고 주장하며 말소등기절차의 이행을 청구하는 것은 제소전 화해에 의하여 확정된 소유권이전등기청구권을 부인하는 것이어서 그 기판력에 저촉된다.
(대판 2002.12.6, 2002다44014)

제386조【화해가 성립된 경우】 화해가 성립된 때에는 법원사무관등은 조서에 당사자, 법정대리인, 청구의 취지와 원인, 화해조항, 날짜와 법원을 표시하고 판사와 법원사무관등이 기명날인 또는 서명한다.(2017.10.31 본조개정)

改前 …화해조항, 날짜와 법원을 표시하고 판사와 법원사무관등이 "기명날인"한다.

참조 [조서]152－160, [화해조서의 효력]220, [청구의 취지·원인]262·305①, [화해의 비용]106·389

제387조【화해가 성립되지 아니한 경우】 ① 화해가 성립되지 아니한 때에는 법원사무관등은 그 사유를 조서에 적어야 한다.
② 신청인 또는 상대방이 기일에 출석하지 아니한 때에는 법원은 이들의 화해가 성립되지 아니한 것으로 볼 수 있다.
③ 법원사무관등은 제1항의 조서등본을 당사자에게 송달하여야 한다.

참조 [조서]152－160, [화해조서의 효력]220, 민집57, [화해불성립의 경우의 비용]389, [화해불성립에 있어서의 시효중단의 효력유지]민173

제388조【소제기신청】 ① 제387조의 경우에 당사자는 소제기신청을 할 수 있다.
② 적법한 소제기신청이 있으면 화해신청을 한 때에 소가 제기된 것으로 본다. 이 경우 법원사무관등은 바로 소송기록을 관할 법원에 보내야 한다.
③ 제1항의 신청은 제387조제3항의 조서등본이 송달된 날부터 2주 이내에 하여야 한다. 다만, 조서등본이 송달되기 전에도 신청할 수 있다.
④ 제3항의 기간은 불변기간으로 한다.

참조 [화해의 불성립]387, [소제기]248, [관할법원]2－5·28, 법원조직7, [법원사무관 등]법원조직53, [조서등본의 송달]387③, [조서]152－160·220, 민집57, [불변기간]172·173

제389조【화해비용】 화해비용은 화해가 성립된 경우에는 특별한 합의가 없으면 당사자들이 각자 부담하고, 화해가 성립되지 아니한 경우에는 신청인이 부담한다. 다만, 소제기신청이 있는 경우에는 화해비용을 소송비용의 일부로 한다.

참조 [비용부담]106

제3편 상 소

제1장 항 소

제390조【항소의 대상】 ① 항소(抗訴)는 제1심 법원이 선고한 종국판결에 대하여 할 수 있다. 다만, 종국판결 뒤에 양 쪽 당사자가 상고(上告)할 권리를 유보하고 항소를 하지 아니하기로 합의한 때에는 그러하지 아니하다.
② 제1항 단서의 합의에는 제29조제2항의 규정을 준용한다.

참조 [항소의 금지]391·490, [부대항소]403－405, [참가인의 항소]75①, [종국판결전의 재판]392, [종국판결]198·200, [항소심]법원조직25·29②, [비약상고의 대상]422②

판례 판결이유에만 불만이 있는 경우의 상소의 이익 유무(소극) : 상소는 자기에게 불이익한 재판에 대하여 자기에게 유리하게 취소변경을 구하기 위하여 하는 것이고, 재판이 상소인에게 불이익한 것인지 여부는 원칙적으로 재판의 주문을 표준으로 하여 판단하여야 하는 것이어서, 재판의 주문상 청구의 인용부분에 대하여 불만이 없다면 비록 그 판결 이유에 불만이 있더라도 그에 대하여는 상소의 이익이 없다.
(대판 2004.7.9, 2003므2251,2268)

제391조【독립한 항소가 금지되는 재판】 소송비용 및 가집행에 관한 재판에 대하여는 독립하여 항소를 하지 못한다.

참조 [소송비용]98이하, [소송비용재판의 누락]212②③

제392조【항소심의 판단을 받는 재판】 종국판결 이전의 재판은 항소법원의 판단을 받는다. 다만, 불복할 수 없는 재판과 항고(抗告)로 불복할 수 있는 재판은 그러하지 아니하다.

참조 [종국판결]197·198, [종국판결전의 재판]138·140－143·149·201·246·263, [불복할 수 없는 재판]27②·47①·337·380·465②·490①, 민집47③·48③, [항고로 불복을 신청할 수 있는 재판]39·47·50·73②·107③·110③·113·114·121·125④·127·132③·133·211③·214·254③·255·302·311·317②·318·326·333·337③·348·351·360②·363①·366②·370①·372·402·425·439·440②·441·471·488, 민집129①②·299④

판례 중간판결의 의미와 기속력 및 중간판결도 상소심의 판단대상인지 여부 : 중간판결은 그 심급에서 사건의 전부 또는 일부를 완결하는 재판인 종국판결을 하기에 앞서 종국판결의 전제가 되는 개개의 쟁점을 미리 정리·판단하여 종국판결을 준비하는 재판으로서, 중간판결이 선고되면 판결을 한 법원은 이에 구속되므로 종국판결을 할 때에도 그 주문의 판단을 전제로 하여야 하며, 설령 중간판결의 판단이 그릇된 것이라 하더라도 이에 저촉되는 판단을 할 수 없다. 이러한 중간판결은 종국판결 이전의 재판으로서 종국판결과 함께 상소심의 판단을 받는다.
(대판 2011.9.29, 2010다65818)

제393조【항소의 취하】 ① 항소는 항소심의 종국판결이 있기 전에 취하할 수 있다.
② 항소의 취하에는 제266조제3항 내지 제5항 및 제267조제1항의 규정을 준용한다.

참조 [항소권의 포기]395②, [소취하의 효과]267, [항소의 취하와 부대항소]403·404, [소송비용]114

판례 환송 후 항소심에서 항소인이 임의로 항소를 취하하여 결과적으로 부대항소인인 청구인이 항소심 판단을 다시 받지 못하게 되었다고 하더라도 이는 부대항소의 종속성에서 도출되는 당연한 결과이므로 이것 때문에 항소심의 재판을 받을 청구인의 권리가 침해된 것으로 볼 수는 없다.
(헌재결 2005.6.30, 2003헌바117)

판례 항고 취하의 종기 : 항소는 항소심의 종국판결이 있기 전까지 취하할 수 있는바, 항고법원의 소송절차에는 항소에 관한 규정이 준용되므로(동조 제1항, 제443조 제1항), 항고 역시 항고심의 결정이 있기 전까지만 취하할 수 있다.
(대결 2004.7.21, 2004마535)

제394조【항소권의 포기】 항소권은 포기할 수 있다.

참조 [포기의 방식]395, [항소의 포기와 부대항소]403

판례 상대방이 전부 승소하여 항소의 이익이 없는 경우에는 항

소권을 가진 패소자만 항소포기를 하면 상대방의 항소기간이 만료하지 않았어도 제1심판결은 확정된다.
(대결 2006.5.2, 2005마933)

제395조【항소권의 포기방식】 ① 항소권의 포기는 항소를 하기 이전에는 제1심 법원에, 항소를 한 뒤에는 소송기록이 있는 법원에 서면으로 하여야 한다.
② 항소권의 포기에 관한 서면은 상대방에게 송달하여야 한다.
③ 항소를 한 뒤의 항소권의 포기는 항소취하의 효력도 가진다.

참조 [항소취하]393, [송달]174－193

판례 항소권 포기의 효력발생시기 : 민소법 제395조 제1항은 "항소권의 포기는 항소를 하기 이전에는 제1심법원에, 항소를 한 뒤에는 소송기록이 있는 법원에 서면으로 하여야 한다."고 규정하고 있는바, 그 규정의 문언과 취지에 비추어 볼 때 항소를 한 뒤 소송기록이 제1심법원에 있는 동안 제1심법원에 항소권포기서를 제출한 경우에는 제1심법원에 항소권포기서를 제출한 즉시 항소권 포기의 효력이 발생한다고 봄이 상당하다.
(대결 2006.5.2, 2005마933)

제396조【항소기간】 ① 항소는 판결서가 송달된 날부터 2주 이내에 하여야 한다. 다만, 판결서 송달전에도 할 수 있다.
② 제1항의 기간은 불변기간으로 한다.

참조 [판결의 송달]210, [기간의 계산]170, [불변기간]172①단서

판례 민사소송의 당사자는 민사소송법 제396조 제1항에 의하여 판결정본이 송달된 날부터 2주 이내에 항소를 제기하여야 한다. 한편 당사자에게 여러 소송대리인이 있는 때에는 민사소송법 제93조에 의하여 각자가 당사자를 대리하게 되므로, 여러 사람이 공동으로 대리권을 행사하는 경우 그 중 한 사람에게 송달을 하도록 한 민사소송법 제180조가 적용될 여지가 없어 법원으로서는 판결정본을 송달함에 있어 여러 소송대리인에게 각각 송달을 하여야 하지만, 그와 같은 경우에도 소송대리인 모두 당사자 본인을 위하여 소송서류를 송달받을 지위에 있으므로 당사자에 대한 판결정본 송달의 효력은 결국 소송대리인 중 1인에게 최초로 판결정본이 송달되었을 때 발생한다. 따라서 당사자에게 여러 소송대리인이 있는 경우 항소기간은 소송대리인 중 1인에게 최초로 판결정본이 송달되었을 때부터 기산된다.
(대결 2011.9.29, 2011마1335)

판례 판결정본이 공시송달된 경우 항소기간을 준수하지 못한 책임이 피고에게 있는지 여부 : 피고는 구 주소에서 신 주소로 이사를 하면서 구 주소 관할 우체국에 주소이전신고를 하였고 따라서 그 이후 소장부본 등을 송달하게 된 우편집배원은 피고가 이사한 사실을 이미 알고 있었으므로 이러한 경우 우편집배원으로서는 관련 송무예규('우편집배원에 대한 교육' 송일 79－3, 개정 1999. 4. 16. 송무예규 제712호)에 따라 우편송달통지서의 송달장소란에 '이사하여 전송'이라고 기재하여 송달받을 자가 법원소재지 외의 장소로 이사한 경우로 처리하여야 함에도 송달하지 못한 곳에서 다른 곳으로 이사한 사실을 우편송달통지서에 나타냈어야 함에도 단지 '교하우체국 창구교부'라고만 기재한 잘못이 있고, 그 결과 제1심법원의 법원주사보는 피고가 구 주소에서 소장부본 등을 송달받은 것으로 오인하여 제1회 변론기일소환장을 구 주소로 송달하였다가 주소이전신고로 인한 3개월의 전송기간이 경과되어 이사불명의 사유로 송달불능되자 등기우편에 의한 발송송달을 하게 되었으며 결과적으로 그 송달이 잘못되었고, 나아가 제1심판결정본이 공시송달의 방법으로 송달되는 데까지 이르게 됨으로써 그로 인하여 피고가 불변기간인 항소기간을 준수하지 못하게 된 것인 이상 이는 피고의 책임 있는 사유보다도 우편집배원의 불성실한 업무처리에 기인한 것이라고 보아야 한다.
(대판 2003.6.10, 2002다67628)

제397조【항소의 방식, 항소장의 기재사항】 ① 항소는 항소장을 제1심 법원에 제출함으로써 한다.
② 항소장에는 다음 각호의 사항을 적어야 한다.
1. 당사자와 법정대리인
2. 제1심 판결의 표시와 그 판결에 대한 항소의 취지

참조 [항소제기의 능력·대리권]56·69·90②, [항소장의 심사]402, [법정대리인]민911·949

판례 항소장의 항소취지란에 본소청구에 관한 부분이 누락되어 있는 경우의 본소 반소전체에 대한 항소의 여부(한정적극) : 피고가 제출한 항소장의 항소취지란에 본소청구에 관한 부분이 누락되어 있더라도, 항소장에 본소 부분에 대한 항소에 관한 인지도 첩부되어 있고, 제1심판결의 본소 반소에 관한 사건명과 번호의 표시와 함께 제1심판결에 대하여 전부 불복이므로 항소를 제기한다는 취지가 기재되어 있으며, 그 불복하는 제1심판결의 표시란에는 본소 반소 전체에 걸친 주문 내용이 명기되어 있다면, 피고는 본소 및 반소의 패소 부분 전부에 대하여 항소한 것으로 보아야 한다.(대판 2001.4.13, 99다62036,62043)

제398조【준비서면규정의 준용】 항소장에는 준비서면에 관한 규정을 준용한다.

참조 [준비서면]274－278

제399조【원심재판장등의 항소장심사권】 ① 항소장이 제397조제2항의 규정에 어긋난 경우와 항소장에 법률의 규정에 따른 인지를 붙이지 아니한 경우에는 원심재판장은 항소인에게 상당한 기간을 정하여 그 기간 이내에 흠을 보정하도록 명하여야 한다. 원심재판장은 법원사무관등으로 하여금 위 보정명령을 하게 할 수 있다.(2014.12.30 후단신설)
② 항소인이 제1항의 기간 이내에 흠을 보정하지 아니한 때와, 항소기간을 넘긴 것이 분명한 때에는 원심재판장은 명령으로 항소장을 각하하여야 한다.
③ 제2항의 명령에 대하여는 즉시항고를 할 수 있다.
(2014.12.30 본조제목개정)

改前 제399조【"원심재판장의" 항소장심사권】① 항소장이 제397조제12항의 규정에…

참조 [재판장의 소장심사권]254①, [항소장의 기재사항]397②, [항소기간]396, [즉시항고]444

판례 제1심판결이 확정된 후에 항소장이 제출된 경우 원심재판장이 항소장 각하명령을 할 수 있는지 여부(적극) : 민소법 제399조 제2항에 의하면, '항소기간을 넘긴 것이 분명한 때'에는 원심재판장이 명령으로 항소장을 각하하도록 규정하고 있는바, 그 규정의 취지에 비추어 볼 때 항소권의 포기 등으로 제1심판결이 확정된 후에 항소장이 제출되었음이 분명한 경우도 이와 달리 볼 이유가 없으므로, 이 경우에도 원심재판장이 항소장 각하명령을 할 수 있는 것으로 봄이 상당하다.(대결 2006.5.2, 2005마933)

제400조【항소기록의 송부】 ① 항소장이 각하되지 아니한 때에 원심법원의 법원사무관등은 항소장이 제출된 날부터 2주 이내에 항소기록에 항소장을 붙여 항소법원으로 보내야 한다.
② 제399조제1항의 규정에 의하여 원심재판장등이 흠을 보정하도록 명한 때에는 그 흠이 보정된 날부터 1주 이내에 항소기록을 보내야 한다.(2014.12.30 본항개정)
③ 제1항 또는 제2항에 따라 항소기록을 송부받은 항소법원의 법원사무관등은 바로 그 사유를 당사자에게 통지하여야 한다.(2024.1.16 본항신설 : 2025.3.1 시행)

改前 ② 제399조제1항의 규정에 의하여 "원심재판장"이 흠을…

참조 [항소기록송부기간]민소규127, [보정명령]399①

판례 상소 후 본안의 소송기록이 상소심법원으로 송부되기 전에 원심법원이 한 집행정지 결정에 대한 즉시항고사건의 관할법원 : 행정소송에 있어서 본안판결에 대한 상소 후 본안의 소송기록이 송부되기 전에 원심법원이 한 집행정지에 관한 결정은 원심법원이 상소심법원의 재판을 대신하여 하는 2차적 판단이 아니라 그 소송기록을 보관하고 있는 원심법원이 집행정지의 필요 여부에 관하여 그 고유권한으로 하는 1차적 판단이고, 그에 대한 행정소송법 제23조 제5항 본문의 즉시항고는 성질상 원심법원의 집행정지에 관한 결정에 대한 것으로서 그에 관한 관할법원은 상소심법원이다.(대결 2005.12.12, 2005무67)

제401조【항소장부본의 송달】 항소장의 부본은 피항소인에게 송달하여야 한다.

참조 [송달]174－194, [항소장부본의 송달이 불능의 경우의 처리]402

제402조【항소심재판장등의 항소장심사권】 ① 항소장이 제397조제2항의 규정에 어긋나거나 항소장에 법률의 규정에 따른 인지를 붙이지 아니하였음에도 원심재판장등이 제399조제1항의 규정에 의한 명령을 하지 아니한 경우, 또는 항소장의 부본을 송달할 수 없는 경우에는 항소심재판장은 항소인에게 상당한 기간을 정하여 그 기간 이내에 흠을 보정하도록 명하여야 한다. 항소심재판장은 법원사무관등으로 하여금 위 보정명령을 하게 할 수 있다.
(2014.12.30 본항개정)
② 항소인이 제1항의 기간 이내에 흠을 보정하지 아니한 때, 또는 제399조제2항의 규정에 따라 원심재판장이 항소장을 각하하지 아니한 때에는 항소심재판장은 명령으로 항소장을 각하하여야 한다.
③ 제2항의 명령에 대하여는 즉시항고를 할 수 있다.
(2014.12.30 본조제목개정)

改前 제402조【"항소심재판장의 항소장심사권"】① 항소장이… 인지를 붙이지 아니하였음에도 "원심재판장"이…

참조 [항소장의 기재사항]397②, [소송기록의 송부]421, [항소장 심사와 보정명령]399①, [항소장의 각하]399②, [즉시항고]444

판례 항소장의 송달비용 미납에 대한 보정명령에 불응한 경우 와 체당지급 절차 없이 항소장 각하명령을 할 수 있는지 여부(적극) : 항소장의 송달에 필요한 비용이 예납되지 않은 경우에는 이를 항소장의 송달 불능의 상태로 보아 항소심 재판장은 상당한 기간을 정하여 그 기간 내에 그 흠결을 보정할 것을 명할 수 있고, 그 기간 내에 보정이 없는 경우에는 항소장 각하명령을 할 수가 있으며, 항소심 재판장이 그 송달비용을 국고에서 체당지급받아 지출하지 아니하고 항소장 각하명령을 하였다거나 항소장 각하명령에 개개의 당사자의 성명과 주소를 기재하지 아니하였다고 하여 위법하다고 할 수 없다.
(대결 1995.10.5, 94마2452)

제402조의2【항소이유서의 제출】 ① 항소장에 항소이유를 적지 아니한 항소인은 제400조제3항의 통지를 받은 날부터 40일 이내에 항소이유서를 항소법원에 제출하여야 한다.
② 항소법원은 항소인의 신청에 따른 결정으로 제1항에 따른 제출기간을 1회에 한하여 1개월 연장할 수 있다.
(2024.1.16 본조신설 : 2025.3.1 시행)

제402조의3【항소이유서 미제출에 따른 항소각하 결정】 ① 항소인이 제402조의2제1항에 따른 제출기간(같은 조 제2항에 따라 제출기간이 연장된 경우에는 그 연장된 기간을 말한다) 내에 항소이유서를 제출하지 아니한 때에는 항소법원은 결정으로 항소를 각하하여야 한다. 다만, 직권으로 조사하여야 할 사유가 있거나 항소장에 항소이유가 기재되어 있는 때에는 그러하지 아니하다.
② 제1항 본문의 결정에 대하여는 즉시항고를 할 수 있다.
(2024.1.16 본조신설 : 2025.3.1 시행)

제403조【부대항소】 피항소인은 항소권이 소멸된 뒤에도 변론이 종결될 때까지 부대항소(附帶抗訴)를 할 수 있다.

참조 [항소권소멸]394·396, [변론종결]198, [부대항소의 종속성]404, [부대항소의 방식]405

판례 부대항소의 범위가 항소부분에 제한되는지 여부(소극) : 부대항소란 피항소인의 항소권이 소멸하여 독립하여 항소를 할 수 없게 된 후에도 상대방이 제기한 항소의 존재를 전제로 이에 부대하여 원판결을 자기에게 유리하게 변경을 구하는 제도로서, 피항소인이 부대항소를 할 수 있는 범위는 항소인이 주된 항소에 의하여 불복을 제기한 범위에 의하여 제한을 받지 아니한다.(대판 2003.9.26, 2001다68914)

제404조【부대항소의 종속성】 부대항소는 항소가 취하되거나 부적법하여 각하된 때에는 그 효력을 잃는다. 다만, 항소기간 이내에 한 부대항소는 독립된 항소로 본다.

참조 [항소취하]393, [항소장의 각하]402, [항소각하]413, [항소의 요건]390－392

제405조【부대항소의 방식】 부대항소에는 항소에 관한 규정을 적용한다.

참조 [부대항소]403, [항소의 방식]385·397－402

제406조【가집행의 선고】 ① 항소법원은 제1심 판결 중에 불복신청이 없는 부분에 대하여는 당사자의 신청에 따라 결정으로 가집행의 선고를 할 수 있다.
② 제1항의 신청을 기각한 결정에 대하여는 즉시항고를 할 수 있다.

참조 [신청]161, [결정]134·221, [가집행선고]213－215

제407조【변론의 범위】 ① 변론은 당사자가 제1심 판결의 변경을 청구하는 한도안에서 한다.
② 당사자는 제1심 변론의 결과를 진술하여야 한다.

참조 [제1심판결의 변경의 한도]408·415, [결과의 진술]204②

판례 일부청구의 기각판결에 대하여 일방만이 항소한 경우 항소심에서 당해 청구권의 전반에 관하여 심리할 수 있는지 여부(적극) : 1개의 청구의 일부를 기각하는 제1심판결에 대하여 일방의 당사자만이 항소를 하였더라도 제1심판결의 심판대상이었던 청구 전부가 불가분적으로 항소심에 이심되나, 항소심의 심판범위는 이심된 부분 가운데 항소인이 불복신청한 한도로 제한되지만, 심판범위에 속하는 청구의 당부를 심사하기 위하여 그 청구권의 발생 등 당해 청구권의 전반에 관하여 심리하는 것은 부득이 하고, 그것이 심판범위를 제한한 취지에 반하는 것이라고 할 수 없다.(대판 2003.4.11, 2002다67321)

제408조【제1심 소송절차의 준용】 항소심의 소송절차에는 특별한 규정이 없으면 제2편제1장 내지 제3장의 규정을 준용한다.

참조 [소의 제기, 변론과 그 준비, 증거]제2편제1장－제3장

제409조【제1심 소송행위의 효력】 제1심의 소송행위는 항소심에서도 그 효력을 가진다.

참조 [제1심 변론결과 진술]407②

판례 채권자가 외화채권을 우리나라 통화로 환산하여 청구하는 경우의 환산 기준시점(=사실심 변론종결 당시의 외국환시세) : 채권액이 외국통화로 지정된 금전채권인 외화채권을 채권자가 대용급부의 권리를 행사하여 우리나라 통화로 환산하여 청구하는 경우 법원이 채무자에게 그 이행을 명함에 있어서는 채무자가 현실로 이행할 때에 가장 가까운 사실심 변론종결 당시의 외국환시세를 우리나라 통화로 환산하는 기준시로 삼아야 하고, 그와 같은 제1심 이행판결에 대하여 채무자만이 불복·항소한 경우, 항소심은 속심이므로 채무자가 항소이유로 삼거나 심리 과정에서 내세운 주장이 이유 없다고 하더라도 법원으로서는 항소심 변론종결 당시의 외국환시세를 기준으로 채권액을 다시 환산해 본 후 불이익변경금지원칙에 반하지 않는 한 채무자의 항소를 일부 인용하여야 한다.
(대판 2007.4.12, 2006다72765)

제410조【제1심의 변론준비절차의 효력】 제1심의 변론준비절차는 항소심에서도 그 효력을 가진다.

참조 [준비절차의 효력]285, [제1심 변론결과 진술]407②, [변론준비절차]민소규69－73

제411조【관할위반 주장의 금지】 당사자는 항소심에서 제1심 법원의 관할위반을 주장하지 못한다. 다만, 전속관할에 대하여는 그러하지 아니하다.

참조 [관할의 표준시기]33, [전속관할]31·419·424①

제412조【반소의 제기】 ① 반소는 상대방의 심급의 이익을 해할 우려가 없는 경우 또는 상대방의 동의를 받은 경우에 제기할 수 있다.
② 상대방이 이의를 제기하지 아니하고 반소의 본안에 관하여 변론을 한 때에는 반소제기에 동의한 것으로 본다.

참조 [반소]269－271·408

판례 '상대방의 심급의 이익을 해할 우려가 없는 경우'라 함은 반소청구의 기초를 이루는 실질적인 쟁점이 제1심에서 본소의 청구원인 또는 방어방법과 관련하여 충분히 심리되어 상대방에게 제1심에서의 심급의 이익을 잃게 할 염려가 없는 경우를 말한다.(대판 2005.11.24, 2005다20064,20071)

판례 추완항소가 부적법 각하된 경우 추완항소시에 제기된 반소에 대한 소송종료 여부 : 피고가 본소에 대한 추완항소를 하면서 항소심에서 비로소 반소를 제기한 경우에 항소가 부적법 각하되면 반소도 소멸한다.
(대판 2003.6.13, 2003다16962,16979)

제413조【변론 없이 하는 항소각하】 부적법한 항소로서 흠을 보정할 수 없으면 변론 없이 판결로 항소를 각하할 수 있다.

참조 [구술변론의 원칙]134

판례 소제기 이전에 사망한 자를 상대로 한 상고의 적법 여부 : 민사소송은 당사자의 대립을 그 본질적인 형태로 하는 점에 비추어 피고가 소 제기 이전에 이미 사망한 경우 원고가 피고를 상대로 제기한 상고는 이미 사망한 자를 상대방으로 하여 제기된 부적법한 상고로서 그 흠결이 보정될 수 없으므로 각하한다.(대판 2002.8.23, 2001다69122)

제414조【항소기각】 ① 항소법원은 제1심 판결을 정당하다고 인정한 때에는 항소를 기각하여야 한다.
② 제1심 판결의 이유가 정당하지 아니한 경우에도 다른 이유에 따라 그 판결이 정당하다고 인정되는 때에는 항소를 기각하여야 한다.

판례 항소심에 이르러 새로운 청구가 추가된 경우, 항소심은 추가된 청구에 대하여는 실질상 제1심으로서 재판하여야 하므로 제1심이 기존의 청구를 배척하면서 "원고의 청구를 기각한다."고 판결하였는데, 항소심이 기존의 청구와 항소심에서 추가된 청구를 모두 배척할 경우 단순히 "항소를 기각한다."는 주문 표시만 하면 되는 것은 아니고, 이와 함께 항소심에서 추가된 청구에 대하여 "원고의 청구를 기각한다."는 주문 표시를 하여야 한다.(대판 2004.8.30, 2004다24083)

제415조【항소를 받아들이는 범위】 제1심 판결은 그 불복의 한도안에서 바꿀 수 있다. 다만, 상계에 관한 주장을 인정한 때에는 그러하지 아니하다.

참조 [구술변론의 한도]407①, [부대항소]403–405, [소송비용]105

판례 원고 일부 승소판결에 대하여 피고가 불복을 하지 않았는데 원심이 변경판결을 한 경우와 상고의 범위 : 본소에 관한 원고 일부 승소의 제1심판결에 대하여 아무런 불복을 제기하지 않은 피고는 원심이 변경판결을 한 경우에도 마찬가지로 제1심판결에서 본소에 관하여 원고가 승소한 부분에 관하여는 상고를 제기할 수 없다.(대판 2006.1.27, 2005다16591,16607)

판례 동시이행 판결의 반대급부가 원고에게 불리하게 변경된 경우와 불이익변경금지 원칙 : 항소심은 당사자의 불복신청범위 내에서 제1심판결의 당부를 판단할 수 있을 뿐이므로, 설사 제1심판결이 부당하다고 인정되는 경우라 하더라도 그 판결을 불복당사자의 불이익으로 변경하는 것은 당사자가 신청한 불복의 한도를 넘어 제1심판결의 당부를 판단하는 것이 되어 허용될 수 없다 할 것인바, 원고만이 항소한 경우에 항소심으로서는 제1심보다 원고에게 불리한 판결을 할 수는 없고, 한편 불이익하게 변경된 것인지 여부는 기판력의 범위를 기준으로 하나 공동소송의 경우 원·피고별로 각각 판단하여야 하며, 동시이행의 판결에 있어서는 원고가 그 반대급부를 제공하지 아니하고는 판결에 따른 집행을 할 수 없어 비록 피고의 반대급부이행청구에 관하여 기판력이 생기지 아니하더라도 반대급부의 내용이 원고에게 불리하게 변경된 경우에는 불이익변경금지 원칙에 반하게 된다.(대판 2005.8.19, 2004다8197,8203)

판례 원고 전부승소에 대하여 피고가 지연손해금 부분에 대해서만 항소하고 원고가 부대항소로서 청구취지를 확장변경한 경우와 불이익변경금지의 원칙 : 원고의 청구가 모두 인용된 제1심판결에 대하여 피고가 지연손해금 부분에 대하여만 항소를 제기하고, 원금 부분에 대하여는 항소를 제기하지 아니하였다고 하더라도 제1심에서 전부 승소한 원고가 항소심 계속 중 부대항소로서 청구취지를 확장할 수 있는 것이므로, 항소심이 원고의 부대항소를 받아들여 제1심판결의 인용금액을 초과하여 원고 청구를 인용하였더라도 거기에 불이익변경금지의 원칙이나 항소심의 심판범위에 관한 법리오해의 위법이 없다.
(대판 2003.9.26, 2001다68914)

제416조【제1심 판결의 취소】 항소법원은 제1심 판결을 정당하지 아니하다고 인정한 때에는 취소하여야 한다.

참조 [제1심판결 취소 후의 조치]418·419, [소송비용]105

판례 선택적 병합의 심리결과 청구가 이유 있다고 인정되고 결론이 제1심판결의 주문과 동일한 경우의 주문표시방법 : 수개의 청구가 제1심에서 처음부터 선택적으로 병합되고 그중 어느 한 개의 청구에 대한 인용판결이 선고되어 피고가 항소를 제기한 경우는 물론, 원고의 청구를 인용한 판결에 대하여 피고가 항소를 제기하여 항소심에 이심된 후 청구가 선택적으로 병합된 경우에도 항소심은 제1심에서 인용된 청구를 먼저 심리하여 판단할 필요는 없고, 선택적으로 병합된 수개의 청구 중 제1심에서 심판되지 아니한 청구를 임의로 선택하여 심판할 수 있다고 할 것이나, 심리한 결과 그 청구가 이유 있다고 인정되고 그 결론이 제1심판결의 주문과 동일한 경우에도 피고의 항소를 기각하여서는 안되며 제1심판결을 취소한 다음 새로이 청구를 인용하는 주문을 선고해야 한다.(대판 1992.9.14, 92다7023)

제417조【판결절차의 위법으로 말미암은 취소】 제1심 판결의 절차가 법률에 어긋날 때에 항소법원은 제1심 판결을 취소하여야 한다.

참조 [판결절차]203–208, [사건의 환송]418, [소송비용]105

판례 제1심판결의 절차가 법률에 어긋나는 경우의 항소심의 조치 : 제1심법원은 변론기일소환장을 피고에게 제대로 송달하지 않고 피고가 출석하지도 아니한 상태에서 변론기일을 진행하였으므로 적법하게 변론을 진행한 것이라고 볼 수 없고, 부적법하게 진행된 변론기일에 변론을 종결하고 판결선고기일을 지정·고지한 만큼 그 지정·고지의 효력이 피고에게 미친다고 할 수도 없으며, 판결선고기일소환장은 아예 송달하지도 아니하였으므로, 제1심의 중대한 소송절차가 법률에 어긋난 경우에 해당하여 제1심판결은 부당하다고 아니할 수 없고, 제1심의 판결절차(판결의 선고절차) 역시 법률에 어긋난 것으로 보지 않을 수 없다. 따라서 원심은 민소법 제416조, 제417조에 의하여 제1심판결 전부를 일단 취소하고 소자의 진술을 비롯하여 소송서류의 송달과 증거의 제출 등 모든 변론절차를 새로 진행한 다음 본안에 대하여 다시 판단하여야 한다.
(대판 2004.10.15, 2004다11988)

판례 변론기일과 판결선고기일을 송달하지 아니한 채 판결을 선고한 경우와 제1심 판결절차의 위법 여부 : 가처분취소 사건의 제1심 제1차 변론기일에 본안 재판부로의 이부 신청 및 이에 대한 동의절차만을 진행하고 다음 변론기일을 추후 지정하기로 한 뒤, 그 후 지정된 제2차 변론기일 소환장을 쌍방 당사자와 소송대리인 모두에게 송달하지 아니하는 등 그 변론기일 지정명령을 적법하게 고지하지 아니하여 피신청인이 출석하지 못한 변론기일에서 판결선고기일을 지정·고지하고, 그 후 판결선고기일 소환장을 피신청인이나 그 소송대리인에게 따로 송달하지 아니한 채 판결을 선고한 경우 제1심의 판결절차가 위법하다.(대판 2003.4.25, 2002다72514)

제418조【필수적 환송】 소가 부적법하다고 각하한 제1심 판결을 취소하는 경우에는 항소법원은 사건을 제1심 법원에 환송(還送)하여야 한다. 다만, 제1심에서 본안판결을 할 수 있을 정도로 심리가 된 경우, 또는 당사자의 동의가 있는 경우에는 항소법원은 스스로 본안판결을 할 수 있다.

참조 [소의 부적법각하]219, [제1심판결의 취소]416, [소송비용]105

제419조【관할위반으로 말미암은 이송】 관할위반을 이유로 제1심 판결을 취소한 때에는 항소법원은 판결로 사건을 관할 법원에 이송하여야 한다.

참조 [관할위반]411, [제1심판결의 취소]416, [이송]38·40, [소송비용]105

제420조【판결서를 적는 방법】 판결이유를 적을 때에는 제1심 판결을 인용할 수 있다. 다만, 제1심 판결이 제208조제3항에 따라 작성된 경우에는 그러하지 아니하다.

참조 [판결서의 간이한 이유기재]208

제421조【소송기록의 반송】 소송이 완결된 뒤 상고가 제기되지 아니하고 상고기간이 끝난 때에는 법원사무관등은 판결서 또는 제402조의 규정에 따른 명령의 정본을 소송기록에 붙여 제1심 법원에 보내야 한다.

제421조【소송기록의 반송】 소송이 완결된 뒤 상고가 제기되지 아니하고 상고기간이 끝난 때에는 법원사무관등은 판결서, 제402조에 따른 명령 또는 제402조의3에 따른 결정의 정본을 소송기록에 붙여 제1심 법원에 보내야 한다.(2024.1.16 본조개정 : 2025.3.1 시행)

참조 [상고기간]396·425, [항소장각하명령]402

제2장 상 고

제422조【상고의 대상】 ① 상고는 고등법원이 선고한 종국판결과 지방법원 합의부가 제2심으로서 선고한 종국판결에 대하여 할 수 있다.
② 제390조제1항 단서의 경우에는 제1심의 종국판결에 대하여 상고할 수 있다.

참조 [종국판결]198·200, [대법원의 관할권]법원조직14, [비약상고의 특칙]433, [참가인과 상고]76, [상고제기능력과 대리권]56·69·89②

판례 재판탈루의 판정기준 및 탈루부분에 대한 상고의 적법 여부(소극) : 판결에는 법원의 판단을 분명하게 하기 위하여 결론을 주문에 기재하도록 되어 있으므로 재판의 탈루가 있는지 여부는 오로지 주문의 기재에 의하여 판정하여야 하고, 항소심이 재판을 탈루한 경우에 그 부분은 아직 항소심에 소송이 계속 중이라고 볼 것이므로, 그에 대한 상고는 불복의 대상이 부존재하여 부적법하다고 결국 각하를 면할 수 없다.
(대판 2005.5.27, 2004다43824)

제423조【상고이유】 상고는 판결에 영향을 미친 헌법·법률·명령 또는 규칙의 위반이 있다는 것을 이유로 드는 때에만 할 수 있다.

참조 [상고이유서의 기재등]민소규129–133, [재항고]442, [상고이유]424, [소액사건]소액3

판례 증거의 취사와 사실의 인정이 상고이유인지 여부 : 증거의 취사와 사실의 인정은 사실심의 전권에 속하는 것으로서 이것이 자유심증주의의 한계를 벗어나지 않는 한 적법한 상고이유로 삼을 수 없다.(대판 2006.6.29, 2005다11602,11619)

판례 원심에서 주장하지 않은 새로운 상고이유의 적부 : 원심에서 주장한 바 없이 상고심에 이르러 새로이 하는 주장은 원심판결에 대한 적법한 상고이유가 될 수 없다.
(대판 2002.9.24, 2001다9311,9328)

제424조【절대적 상고이유】 ① 판결에 다음 각호 가운데 어느 하나의 사유가 있는 때에는 상고에 정당한 이유가 있는 것으로 한다.
1. 법률에 따라 판결법원을 구성하지 아니한 때
2. 법률에 따라 판결에 관여할 수 없는 판사가 판결에 관여한 때
3. 전속관할에 관한 규정에 어긋난 때
4. 법정대리권·소송대리권 또는 대리인의 소송행위에 대한 특별한 권한의 수여에 흠이 있는 때
5. 변론을 공개하는 규정에 어긋난 때
6. 판결의 이유를 밝히지 아니하거나 이유에 모순이 있는 때
② 제60조 또는 제97조의 규정에 따라 추인한 때에는 제1항제4호의 규정을 적용하지 아니한다.

참조 [상고이유의 기재방식]민소규130, [판결법원의 구성]법원조직7, [재판에 관여할 수 없는 판사]41·43·204①·436③, [전속관할]31, [전속관할위반]411·419, [법정대리권]51·56·62·64, [소송대리권]87–97, [수권]56·89–92, [수권흠결]451①, [변론의 공개]헌109, 법원조직57, [판결의 이유기재]208①, [상고이유의 제한]소액3, [소송능력의 흠과 추인]60, [법정대리인에 관한 규정의 준용]97

판례 변호사 아닌 지방자치단체 소속 공무원으로 하여금 소송수행자로서 지방자치단체의 소송대리를 하도록 한 경우의 흠결 : 변호사 아닌 피고 소속 공무원이 피고를 대리하여 소송을 수행하였음을 알 수 있는바, 지방자치단체는 국가를 당사자로 하는 소송에 관한 법률의 적용대상이 아니어서 같은 법률 제3조, 제7조에서 정한 바와 같은 소송수행자의 지정을 할 수 없고 또한 민소법 제87조가 정하는 변호사대리의 원칙에 따라 변호사 아닌 사람의 소송대리는 허용되지 않는 것이므로, 원심이 변호사 아닌 피고 소속 공무원으로 하여금 소송수행자로서 피고의 소송대리를 하도록 한 것은 민소법 제424조 제1항 제4호가 정하는 '소송대리권의 수여에 흠이 있는 경우'에 해당하는 위법이 있다.(대판 2006.6.9, 2006두4035)

판례 판결에 이유의 기재가 누락되거나 불명확한 경우 절대적 상고이유가 되는지 여부 : 판결의 이유는 판단과정과 재판과정이 합리적·객관적이라는 것을 밝힐 수 있도록 그 결론에 이르게 된 과정에 필요한 판단을 빠짐없이 기재하여야 하고, 그와 같은 기재가 누락되거나 불명확한 경우에는 민사소송법 제424조 제6호의 절대적 상고이유가 된다.(대판 2005.1.28, 2004다38624)

판례 동조 제1항 제6호 '판결에 이유를 명시하지 아니한 경우'의 의미 : 판결에 이유를 전혀 기재하지 아니하거나 이유의 일부를 빠뜨리는 경우 또는 이유의 어느 부분이 명확하지 아니하여 법원이 어떻게 사실을 인정하고 법규를 해석·적용하여 주문에 이르렀는지가 불명확한 경우가 이에 해당한다.
(대판 2004.5.28, 2001다81245)

제425조【항소심절차의 준용】 상고와 상고심의 소송절차에는 특별한 규정이 없으면 제1장의 규정을 준용한다.

참조 [항소]제1장, 민소규135·136

제426조【소송기록 접수의 통지】 상고법원의 법원사무관등은 원심법원의 법원사무관등으로부터 소송기록을 받은 때에는 바로 그 사유를 당사자에게 통지하여야 한다.

참조 [소송기록의 송부]397·400·425, 민소규132

제427조【상고이유서 제출】 상고장에 상고이유를 적지 아니한 때에 상고인은 제426조의 통지를 받은 날부터 20일 이내에 상고이유서를 제출하여야 한다.

참조 [상고장]397·425, [기간]170·172①, [상고기각]429

판례 구체적이고 명시적인 이유의 기재가 없는 상고이유서의 적부 : 상고법원은 상고이유에 의하여 불복신청한 한도 내에서만 조사·판단할 수 있으므로, 상고이유서에는 상고이유를 특정하여 원심판결의 어떤 점이 법령에 어떻게 위반되었는지에 관하여 구체적이고도 명시적인 이유의 설시가 있어야 할 것이고, 상고인이 제출한 상고이유서에 위와 같은 구체적이고도 명시적인 이유의 설시가 없는 때에는 상고이유서를 제출하지 않은 것으로 취급할 수밖에 없다.(대판 2004.10.28, 2003다65438,65445)

판례 부대상고의 제기기간 및 그 이유서의 제출기간 : 피상고인은 상고권이 소멸된 후에도 부대상고를 할 수 있지만 상고이유서 제출기간 내에 부대상고를 제기하고 부대상고이유서를 제출하여야 한다.(대판 2004.9.24, 2004다7286)

제428조【상고이유서, 답변서의 송달 등】 ① 상고이유서를 제출받은 상고법원은 바로 그 부본이나 등본을 상대방에게 송달하여야 한다.
② 상대방은 제1항의 서면을 송달받은 날부터 10일 이내에 답변서를 제출할 수 있다.
③ 상고법원은 제2항의 답변서의 부본이나 등본을 상고인에게 송달하여야 한다.

참조 [상고이유서]423·427, [소장송달]255, [기간]170·172①, [답변서]272, [송달]174–197

제429조【상고이유서를 제출하지 아니함으로 말미암은 상고기각】 상고인이 제427조의 규정을 어기어 상고이유서를 제출하지 아니한 때에는 상고법원은 변론 없이 판결로 상고를 기각하여야 한다. 다만, 직권으로 조사하여야 할 사유가 있는 때에는 그러하지 아니하다.

참조 [상고이유서제출기간]427

제430조【상고심의 심리절차】 ① 상고법원은 상고장·상고이유서·답변서, 그 밖의 소송기록에 의하여 변론없이 판결할 수 있다.
② 상고법원은 소송관계를 분명하게 하기 위하여 필요한 경우에는 특정한 사항에 관하여 변론을 열어 참고인의 진술을 들을 수 있다.

참조 [상고이유서]427, [답변서]428②, [구술변론의 예외]134③, [참고인의 진술]민소규134

제431조【심리의 범위】 상고법원은 상고이유에 따라 불복신청의 한도 안에서 심리한다.

참조 [상고이유서]427, [예외]434

제432조【사실심의 전권】 원심판결이 적법하게 확정한 사실은 상고법원을 기속한다.

참조 [예외]434

판례 과실상계 사유에 관한 사실인정 및 비율확정이 사실심의 전권사항인지 여부(한정적극) : 불법행위에 있어서 과실상계는 공평 내지 신의칙의 견지에서 손해배상액을 정함에 있어 피해자의 과실을 참작하는 것으로, 그 적용에 있어서는 가해자와 피해자의 고의·과실의 정도, 위법행위의 발생 및 손해의 확대에 관하여 어느 정도의 원인이 되어 있는가 등의 제반 사정을 고려하여 배상액의 범위를 정하는 것이나, 그 과실상계 사유에 관한 사실인정이나 그 비율을 정하는 것은 그것이 형평의 원칙에 비추어 현저히 불합리하다고 인정되지 않는 한 사실심의 전권사항에 속한다.(대판 2000.6.9, 98다54397)

제433조【비약적 상고의 특별규정】 상고법원은 제422조제2항의 규정에 따른 상고에 대하여는 원심판결의 사실확정이 법률에 어긋난다는 것을 이유로 그 판결을 파기하지 못한다.

참조 [예외]434, [제1심판결에 대한 상고]422②

제434조【직권조사사항에 대한 예외】 법원이 직권으로 조사하여야 할 사항에 대하여는 제431조 내지 제433조의 규정을 적용하지 아니한다.

참조 [직권으로 조사할 사항]132·292, 가소8, 행소26, 민사조정22, [심리의 범위]431, [비약적 상고]433

판례 판결의 이유불비에 관하여 법원이 직권으로 조사할 수 있는 경우 : 판결에 이유를 밝히지 아니한 위법이 이유의 일부를 빠뜨리거나 이유의 어느 부분을 명확하게 하지 아니한 정도가 아니라 판결에 이유를 전혀 기재하지 아니한 것과 같은 정도가 되어 당사자가 상고이유로 내세우는 법령 위반 등의 주장의 당부를 판단할 수도 없게 되었다면 그와 같은 사유는 당사자의 주장이 없더라도 법원이 직권으로 조사하여 판단할 수 있다.(대판 2005.1.28, 2004다38624)

제435조【가집행의 선고】 상고법원은 원심판결중 불복신청이 없는 부분에 대하여는 당사자의 신청에 따라 결정으로 가집행의 선고를 할 수 있다.

참조 [결정]134·221·224, [가집행의 선고]213−215

제436조【파기환송, 이송】 ① 상고법원은 상고에 정당한 이유가 있다고 인정할 때에는 원심판결을 파기하고 사건을 원심법원에 환송하거나, 동등한 다른 법원에 이송하여야 한다.

② 사건을 환송받거나 이송받은 법원은 다시 변론을 거쳐 재판하여야 한다. 이 경우에는 상고법원이 파기의 이유로 삼은 사실상 및 법률상 판단에 기속된다.

③ 원심판결에 관여한 판사는 제2항의 재판에 관여하지 못한다.

참조 [소송기록의 송부]438, [하급심의 기속]법원조직8, [소송비용]105, [본항위반]424·451

판례 파기 환송판결의 기속력이 부수적으로 지적한 사항에도 미치는지 여부(소극) : 종전 환송판결에서 의사들의 설명의무 위반은 인정되지만 그 설명의무 위반과 수술 후에 나타난 뇌전색과의 사이에 상당인과관계가 있다고 보기는 어렵다는 이유로, 환송 전 원심판결에서 그 상당인과관계가 있다는 전제하에 소극적 손해와 적극적 손해까지의 배상을 명한 조치에는 의사의 설명의무 위반시 손해배상의 범위에 관한 법리를 오해한 위법이 있다고 하여 그 원심판결을 파기환송하면서, 위의 상당인과관계가 없다는 근거의 하나로서 위 의사들에게 의료상의 과실이 없었다는 점을 들고 있었으나, 종전의 환송판결에서 의료상의 과실이 없었다고 한 위 부분은 설명의무 위반과 관련한 법률적 판단에 부가하여 설시한 것에 불과하여 거기에는 기속력이 인정되지 않는다.(대판 1997.7.22, 96다37862)

제437조【파기자판】 다음 각호 가운데 어느 하나에 해당하면 상고법원은 사건에 대하여 종국판결을 하여야 한다.

1. 확정된 사실에 대하여 법령적용이 어긋난다 하여 판결을 파기하는 경우에 사건이 그 사실을 바탕으로 재판하기 충분한 때
2. 사건이 법원의 권한에 속하지 아니한다 하여 판결을 파기하는 때

참조 [법원의 권한]법원조직2, [종국판결]198, [파기환송, 이송]436

제438조【소송기록의 송부】 사건을 환송하거나 이송하는 판결이 내려졌을 때에는 법원사무관등은 2주 이내에 그 판결의 정본을 소송기록에 붙여 사건을 환송받거나 이송받을 법원에 보내야 한다.

참조 [사무관등]법원조직10③, [파기환송·이송]436

제3장 항 고

제439조【항고의 대상】 소송절차에 관한 신청을 기각한 결정이나 명령에 대하여 불복하면 항고할 수 있다.

참조 [항고를 할 수 있다고 규정한 경우]440·441②, [즉시항고를 할 수 있는 경우]39·47②·50·73②·107③·110③·113·114·121·125④·127·132③·133·211③·214·217②·254③·255·302·311·318·326·333·337③·348·351·360②·363①·366②·370·372·402·425·471②·488, 민집129①②·299④, [특별항고]449, [항고의 관할법원]법원조직14·28·32②, [항고절차]443

판례 가압류신청에 대하여 담보를 명한 부분의 불복방법 : 무담보의 가압류결정을 구하는 신청에 대하여 법원이 일정한 액수의 담보를 제공하는 것을 조건으로 가압류를 명하는 경우 이는 실질적으로 가압류신청에 대한 일부 기각의 재판과 같은 성격을 가지는 것이므로 신청인으로서는 위 일부 기각 부분(담보를 조건으로 명한 부분)에 대하여 불복할 이익을 갖는다고 할 것이고, 담보의 수액이 지나치게 과다하다고 다투는 경우도 마찬가지로 보아야 할 것인데, 이 때 담보를 제공할 것을 명한 부분을 다투거나 담보의 수액이 지나치게 많다고 하여 다툴 수 있는 방법은 법률상 다른 특별한 규정이 없는 이상 가압류신청의 일부 또는 전부가 기각이나 각하된 경우와 마찬가지로 통상의 항고로써 다툴 수 있다.(대결 2000.8.28, 99그30)

제440조【형식에 어긋나는 결정·명령에 대한 항고】 결정이나 명령으로 재판할 수 없는 사항에 대하여 결정 또는 명령을 한 때에는 항고할 수 있다.

참조 [판결로 재판할 경우]124·219·413

제441조【준항고】 ① 수명법관이나 수탁판사의 재판에 대하여 불복하는 당사자는 수소법원에 이의를 신청할 수 있다. 다만, 그 재판이 수소법원의 재판인 경우로서 항고할 수 있는 것인 때에 한한다.

② 제1항의 이의신청에 대한 재판에 대하여는 항고할 수 있다.

③ 상고심이나 제2심에 계속된 사건에 대한 수명법관이나 수탁판사의 재판에는 제1항의 규정을 준용한다.

참조 [수명법관]139, [수탁판사]160, [항고]439

제442조【재항고】 항고법원·고등법원 또는 항소법원의 결정 및 명령에 대하여는 재판에 영향을 미친 헌법·법률·명령 또는 규칙의 위반을 이유로 드는 때에만 재항고(再抗告)할 수 있다.

참조 [법령위배]423·424, [재항고절차]443②, 민소규137

판례 항소법원인 지방법원 합의부의 법원사무관이 한 처분과 이에 대한 불복 : 항소법원인 지방법원 합의부의 법원사무관 등이 한 처분에 대한 이의신청을 기각한 법원의 결정에 대하여 제기된 항고는 재항고로 보아야 함에도 불구하고 기록이 대법원이 아닌 고등법원에 송부되자 고등법원이 이를 항고사건으로 심리하여 기각한 경우, 위 결정은 권한 없는 법원이 한 것에 귀착되므로 취소되어야 한다.(대결 2004.4.28, 2004스19)

판례 경락허가결정에 대한 즉시항고에 대하여 항고법원이 항고를 기각한 경우와 항고를 인용하여 경락허가결정이 취소된 경우의 재항고권자 : 경락허가결정에 대한 즉시항고에 대하여 항고법원이 항고를 기각한 경우 항고인만이 재항고를 할 수 있고 다른 사람은 그 결정에 이해관계가 있다 할지라도 재항고를 할 수 없는 것이지만 항고법원이 항고를 인용하여 원결정을 취소하고 다시 상당한 결정을 하거나 원심법원으로 환송하는 결정을 하였을 때에는 그 새로운 결정에 따라 손해를 볼 이해관계인은 재항고를 할 수 있다.(대결 2002.12.24, 2001마1047 전원합의체)

제443조【항소 및 상고의 절차규정준용】 ① 항고법원의 소송절차에는 제1장의 규정을 준용한다.

② 재항고와 이에 관한 소송절차에는 제2장의 규정을 준용한다.

참조 [항소]1장, [상고]2장, [항소와 상고의 절차규정 준용]민소규137

제444조【즉시항고】 ① 즉시항고는 재판이 고지된 날부터 1주 이내에 하여야 한다.

② 제1항의 기간은 불변기간으로 한다.

참조 [즉시항고를 할 수 있는 경우]제439조 참조문 참조, [고지]221, [기간]170, [불변기간]172①단서·173·443

판례 항고심결정이 공시송달되어 재항고기간이 지난 후에 이를 알고 재항고장을 뒤늦게 제출한 경우와 추완재항고 : 재항고인은 제1심의 결정이 있은 후 항고를 제기하고 그 소송기록이 원심법원에 송부되기 전에 주소정정신청서를 제1심법원에 제출하여 주소보정을 하였는데, 제1심법원이 원심법원에 이를 소송기록과 함께 송부하지 아니하고 뒤늦게 추가송부하여 원심법원에서는 주소보정 전의 종전주소를 재항고인의 주소로 표기하여 송달하였으며, 그 결과 송달이 불능되자 결정을 1990.2.1 공시송달한 후 재항고인이 같은 해 6월29일에야 원심결정정본을 영수하고 같은 해 7월2일 재항고장을 원심법원에 제출한 경우에는 재항고인은 원심결정정본을 영수할 무렵 그 사실을 알았다고 볼 것이므로, 재항고인이 책임질 수 없는 사유로 인하여 재항고제기기간을 지나버렸다 할 것이어서 위 재항고를 적법한 추완재항고로 보아야 한다.(대결 1990.8.28, 90마606)

제445조【항고제기의 방식】 항고는 항고장을 원심법원에 제출함으로써 한다.

참조 [항고법원]법원조직14·28·32②, [항고의 처리]446

제446조【항고의 처리】 원심법원이 항고에 정당한 이유가 있다고 인정하는 때에는 그 재판을 경정하여야 한다.

참조 [항고없이 스스로 취소할 수 있는 경우]87②·141·222, [흠결보정과 경정]254

제447조【즉시항고의 효력】 즉시항고는 집행을 정지시키는 효력을 가진다.

참조 [즉시항고를 할 수 있는 경우]제439조 참조문 참조, [강제집행의 정지·취소]민집49·50

제448조【원심재판의 집행정지】 항고법원 또는 원심법원이나 판사는 항고에 대한 결정이 있을 때까지 원심재판의 집행을 정지하거나 그 밖에 필요한 처분을 명할 수 있다.

참조 [강제집행의 정지·취소]민집49·50

제449조【특별항고】 ① 불복할 수 없는 결정이나 명령에 대하여는 재판에 영향을 미친 헌법위반이 있거나, 재판의 전제가 된 명령·규칙·처분의 헌법 또는 법률의 위반여부에 대한 판단이 부당하다는 것을 이유로 하는 때에만 대법원에 특별항고(特別抗告)를 할 수 있다.

② 제1항의 항고는 재판이 고지된 날부터 1주 이내에 하여야 한다.

③ 제2항의 기간은 불변기간으로 한다.

참조 [대법원의 최종심사권]헌107②, [절차]450, [기간]170, [불변기간]172①단서

판례 재판에 영향을 미친 법률위반이 있다고 주장하여 특별항고를 할 수 있는지 여부(소극) 및 특별항고사건에서 대법원의 심판 범위 : 단순히 재판에 영향을 미친 법률위반이 있다고 주장하는 것은 적법한 특별항고이유에 해당하지 않는다. 특별항고사건에서도 대법원은 원심법원의 결정이나 명령에 재판에 영향을 미친 헌법위반을 비롯한 특별항고사유가 있는지 여부에 한정하여 심사해야 하고, 단순한 법률위반이 있다는 이유만으로 원심결정 등을 파기할 수는 없다.(대결 2008.10.23, 2007그40)

판례 행정소송에서 피고경정신청을 인용한 결정에 대한 종전 피고의 불복방법 : 행정소송에서 피고경정신청이 이유 있다 하여 인용한 결정에 대하여는 종전 피고는 항고제기의 방법으로 불복신청할 수 없고, 행정소송법 제8조 제2항에 의하여 준용되는 민소법 제449조 소정의 특별항고가 허용될 뿐이다.(대결 2006.2.23, 2005부4)

판례 잠정처분의 신청을 기각하는 결정에 대한 항고의 성질 : 잠정처분의 신청을 기각하는 결정에 대하여는 불복이 허용되지 않으므로 그 결정에 대한 항고는 민소법 제449조의 특별항고에 해당한다.(대결 2005.12.19, 2005그128)

판례 판결경정신청을 기각한 결정에 대하여 헌법 위반을 이유로 동조 제1항에 의한 특별항고를 할 수 있는 경우 : 동조에 의한 특별항고에 있어서 결정이나 명령에 대하여 재판에 영향을 미친 헌법 위반이 있다고 함은 결정이나 명령의 절차에 있어서 헌법 제27조 등에서 규정하고 있는 적법한 절차에 따라 공정한 재판을 받을 권리가 침해된 경우를 포함한다 할 것인데, 판결경정신청을 기각한 결정에 대하여 위와 같은 헌법 위반이 있으려면, 신청인이 그 재판에 필요한 자료를 제출할 기회를 전혀 부여받지 못한 상태에서 그러한 결정이 있었다든가, 판결과 그 소송의 전 과정에 나타난 자료 및 판결 선고 후에 제출된 자료에 의하여 판결에 오류가 있음이 분명하여 판결이 경정되어야 하는 사안임이 명백함에도 불구하고 법원이 이를 간과함으로써 기각 결정을 한 경우 등이 이에 해당될 수 있다.(대결 2004.6.25, 2003그136)

제450조【준용규정】 특별항고와 그 소송절차에는 제448조와 상고에 관한 규정을 준용한다.

참조 [원심재판의 집행정지]448, [상고]422−438

제4편 재 심

제451조【재심사유】 ① 다음 각호 가운데 어느 하나에 해당하면 확정된 종국판결에 대하여 재심의 소를 제기할 수 있다. 다만, 당사자가 상소에 의하여 그 사유를 주장하였거나, 이를 알고도 주장하지 아니한 때에는 그러하지 아니하다.

1. 법률에 따라 판결법원을 구성하지 아니한 때
2. 법률상 그 재판에 관여할 수 없는 법관이 관여한 때
3. 법정대리권·소송대리권 또는 대리인이 소송행위를 하는 데에 필요한 권한의 수여에 흠이 있는 때. 다만, 제60조 또는 제97조의 규정에 따라 추인한 때에는 그러하지 아니하다.
4. 재판에 관여한 법관이 그 사건에 관하여 직무에 관한 죄를 범한 때
5. 형사상 처벌을 받을 다른 사람의 행위로 말미암아 자백을 하였거나 판결에 영향을 미칠 공격 또는 방어방법의 제출에 방해를 받은 때
6. 판결의 증거가 된 문서, 그 밖의 물건이 위조되거나 변조된 것인 때
7. 증인·감정인·통역인의 거짓 진술 또는 당사자신문에 따른 당사자나 법정대리인의 거짓 진술이 판결의 증거가 된 때
8. 판결의 기초가 된 민사나 형사의 판결, 그 밖의 재판 또는 행정처분이 다른 재판이나 행정처분에 따라 바뀐 때
9. 판결에 영향을 미칠 중요한 사항에 관하여 판단을 누락한 때
10. 재심을 제기할 판결이 전에 선고한 확정판결에 어긋나는 때
11. 당사자가 상대방의 주소 또는 거소를 알고 있었음에도 있는 곳을 잘 모른다고 하거나 주소나 거소를 거짓으로 하여 소를 제기한 때

② 제1항제4호 내지 제7호의 경우에는 처벌받을 행위에 대하여 유죄의 판결이나 과태료부과의 재판이 확정된 때 또는 증거부족 외의 이유로 유죄의 확정판결이나 과태료부과의 확정재판을 할 수 없을 때에만 재심의 소를 제기할 수 있다.

③ 항소심에서 사건에 대하여 본안판결을 하였을 때에는 제1심 판결에 대하여 재심의 소를 제기하지 못한다.

참조 [종국판결]198·200, [준재심]461, [재심의 소와 집행정지]500, [상소]390·422, [판결의 확정시기]498, [지급명령의 확정]474, [자백]288, [공격방어방법]146·149, [당사자의 신문]367, [법정대리인의 신문]372, [허위진술에 대한 제재]370·372, [직무에 관한 범죄]형124·129−131, [출소기간의 특례]457

판례 민사소송법 제451조 제1항은 '확정된 종국판결'에 대하여 재심의 소를 제기할 수 있도록 규정하고 있는데, 재심의 소에서 확정된 종국판결도 위 조항에서 말하는 '확정된 종국판결'에 해당하므로 확정된 재심판결에 위 조항에서 정한 재심사유가 있을 때에는 확정된 재심판결에 대하여 재심의 소를 제기할 수 있다.(대판 2015.12.23, 2013다17124)

판례 재심사유를 상소심에서 주장한 경우 그 재심사유를 이유로 재심의 소를 제기할 수 없도록 규정한 민사소송법 제451조 제1항 제9호 중 "상소에 의하여 그 사유를 주장하였거나"의 부분이 재판청구권을 침해하지 아니하므로 헌법에 위반되지 아니한다는 이유로 합헌을 선고하였다. 재심의 보충성을 규정한 민사소송법 조항의 위헌 여부에 대한 헌법재판소 최초의 판시로, 재판청구권의 본질을 심각하게 훼손하는 등 입법형성권의 한계

를 일탈하여 그 내용이 자의적이라고 볼 수 없다는 이유로 합헌 결정이 내려졌다.(현재결 2012.12.27, 2011헌바5)

판례 재심사유는 재심대상판결의 기판력과 전에 선고한 확정판결의 기판력과의 충돌을 조정하기 위하여 마련된 것이므로 그 규정의 '재심을 제기할 판결이 전에 선고한 확정판결과 저촉되는 때'란 전에 선고한 확정판결의 효력이 재심대상판결 당사자에게 미치는 경우로서 양 판결이 저촉되는 때를 말하고, 전에 선고한 확정판결이 재심대상판결과 내용이 유사한 사건에 관한 것이라고 하여도 당사자들을 달리하여 판결의 기판력이 재심대상판결의 당사자에게 미치지 아니하는 때에는 위 규정의 재심사유에 해당하는 것으로 볼 수 없다.
(대판 2011.7.21, 2011재다199 전원합의체)

판례 구체적인 대법원의 재판에서 어떠한 표현으로 법의 해석에 관한 일정한 견해가 설시되어 있다고 하더라도, 그것이 진정으로 의미하는 바가 무엇인가, 즉 어떠한 내용으로 또는 어떠한 범위에서 장래 국민의 법생활 또는 법관을 비롯한 법률가의 법운용을 '구속'하는 효력, 즉 판례로서의 효력을 가져서 그 변경에 대법원 전원합의체의 판단이 요구되는가를 살펴려면, 사람의 의사표현행위 일반에서와 마찬가지로, 그 설시의 문구에만 구애될 것이 아니라 당해 판결의 전체적인 법판단에 있어서 그 설시가 어떠한 위상을 가지는가에 유의하면서 또 다른 재판례들과의 관련을 고려하면서 면밀하게 따져보아야 한다. 특히, 판결은 1차적으로 개별적인 사건에 법적인 해결을 부여하는 것을 지향하는 것이고, 대법원 판결에서의 추상적·일반적 법명제의 설시도 기본적으로 당해 사건의 해결을 염두에 두고 행하여지므로, 그 설시의 위와 같은 '의미'는 당해 사건의 사안과의 관련에서 이해되어야 한다.(대판 2009.7.23, 2009재다516)

판례 상고이유가 상고심절차에 관한 특례법 소정의 심리불속행사유에 해당한다고 보아 더 나아가 심리를 하지 아니하고 상고를 기각한 재심대상판결에는, 상고이유에 대한 판단유탈이 있을 수 없으므로 이를 민사소송법 제451조 제1항 제9호의 재심사유로 삼을 수 없다.(대판 2007.3.30, 2006재후29)

판례 공소시효의 완성으로 문서위조행위의 유죄판결을 할 수 없는 경우와 그 범인의 특정 : 판결의 증거가 된 문서가 위조된 것이 분명하고 공소시효의 완성으로 그 문서의 위조행위의 범인에 대하여 유죄판결을 할 수 없게 되었다면, 그 위조행위의 범인이 구체적으로 특정되지 않았다고 하더라도 민소법 제451조 제2항의 '증거부족 외의 이유로 유죄의 확정판결을 할 수 없을 때'에 해당한다.(대판 2006.10.12, 2005다72508)

판례 환송판결의 의미 : 대법원의 환송판결은 재심의 대상이 되는 "확정된 종국판결"에 해당한다고 볼 수 없다.
(대판 2005.10.14, 2004재다610)

판례 동조항 제8호 중 '재판이 판결의 기초로 되었다'고 함은 재판이 확정판결에 법률적으로 구속력을 미치는 경우 또는 재판내용이 확정판결에서 사실인정의 자료가 되었고, 그 재판의 변경이 확정판결의 사실인정에 영향을 미칠 가능성이 있는 경우를 말한다. 또한, 재판내용이 확정판결에서 사실인정의 자료가 되었고 그 재판의 변경이 확정판결의 사실인정에 영향을 미칠 가능성이 있는 이상 재심사유는 있는 것이고, 재판내용이 그 변경진 문서가 확정판결이 선고된 소송절차에서 반드시 증거방법으로 제출되어 그 문서의 기재 내용이 증거자료로 채택된 경우에 한정되는 것은 아니다.(대판 2005.6.24, 2003다55936)

판례 재심사유의 규정과 헌법위반 : 민소법 제451조 제1항은 재심사유를 한정적으로 열거하고 있으나 이는 확정판결의 법적 안정성을 유지하고 불필요한 재심을 방지하여 분쟁해결의 실효성을 확보함과 아울러 법원의 업무부담을 경감하기 위한 것으로서 재심제도의 취지에 부합하는 것이고, 이 사건 법률조항의 규정내용을 살펴보면 재심사유가 객관적이고 구체적으로 열거되어 있어 법원의 자의적 판단의 소지를 배제하고 있다고 할 수 있다. 따라서 이 사건 법률조항이 그와 같이 재심사유를 한정하고 있다고 하더라도 이는 입법자에게 주어진 합리적 재량의 범위 내의 것으로 보여지고, 달리 입법자가 그 재량을 행사함에 있어서 헌법재판소가 개입하여야 할 정도로 현저히 불합리하게 또는 자의적으로 행사함으로써 불완전하거나 불충분한 입법에 이른 것으로 볼만한 사정을 찾아 볼 수 없다.
(현재결 2004.12.16, 2003헌바105)

판례 동조항 제9호에 정하여진 '판결에 영향을 미칠 중요한 사항에 관하여 판단을 누락한 때'라고 함은, 직권조사사항에 해당하는지 여부를 불문하고 그 판단 여하에 따라 판결의 결론에 영향을 미치는 사항으로서 당사자가 구술변론에서 주장하거나 또는 법원의 직권조사를 촉구하였음에도 불구하고 판단을 하지 아니한 경우를 말하는 것이므로 당사자가 주장하지 아니하거나 그 조사를 촉구하지 아니한 사항은 이에 해당하지 아니한다.
(대결 2004.9.13, 2004마660)

제452조【기본이 되는 재판의 재심사유】 판결의 기본이 되는 재판에 제451조에 정한 사유가 있을 때에는 그 재판에 대하여 독립된 불복방법이 있는 경우라도 그 사유를 재심의 이유로 삼을 수 있다.
참조 [재심사유]451, [종국판결전의 재판에 대한 독립상소의 금지]392 단서·425

제453조【재심관할 법원】 ① 재심은 재심을 제기할 판결을 한 법원의 전속관할로 한다.
② 심급을 달리하는 법원이 같은 사건에 대하여 내린 판결에 대한 재심의 소는 상급법원이 관할한다. 다만, 항소심판결과 상고심판결에 각각 독립된 재심사유가 있는 때에는 그러하지 아니하다.
참조 [전속관할]31, [제심판결에 대한 재심의 소]451③

제454조【재심사유에 관한 중간판결】 ① 법원은 재심의 소가 적법한지 여부와 재심사유가 있는지 여부에 관한 심리 및 재판을 본안에 관한 심리 및 재판과 분리하여 먼저 시행할 수 있다.
② 제1항의 경우에 법원은 재심사유가 있다고 인정한 때에는 그 취지의 중간판결을 한 뒤 본안에 관하여 심리·재판한다.
참조 [재심사유]451, [기본이 되는 재판의 재심사유]452, [중간판결]201

제455조【재심의 소송절차】 재심의 소송절차에는 각 심급의 소송절차에 관한 규정을 준용한다.
참조 [재심의 소송절차]민소규138

판례 재심에 불이익변경금지의 원칙이 적용되는지 여부 : 재심은 상소와 유사한 성질을 갖는 것으로서 부대재심이 제기되지 않는 한 재심원고에 대하여 원래의 확정판결보다 불이익한 판결을 할 수 없다.(대판 2003.7.22, 2001다76298)

제456조【재심제기의 기간】 ① 재심의 소는 당사자가 판결이 확정된 뒤 재심의 사유를 안 날부터 30일 이내에 제기하여야 한다.
② 제1항의 기간은 불변기간으로 한다.
③ 판결이 확정된 뒤 5년이 지난 때에는 재심의 소를 제기하지 못한다.
④ 재심의 사유가 판결이 확정된 뒤에 생긴 때에는 제3항의 기간은 그 사유가 발생한 날부터 계산한다.
참조 [예외]457, ①[재심사유]451, [기간]170, ②[불변기간]172①단서·173

제457조【재심제기의 기간】 대리권의 흠 또는 제451조제1항제10호에 규정한 사항을 이유로 들어 제기하는 재심의 소에는 제456조의 규정을 적용하지 아니한다.
참조 [대리권의 흠결]451①, [재심제기의 기간]456

제458조【재심소장의 필수적 기재사항】 재심소장에는 다음 각호의 사항을 적어야 한다.
1. 당사자와 법정대리인
2. 재심할 판결의 표시와 그 판결에 대하여 재심을 청구하는 취지
3. 재심의 이유
참조 [첨부서류]민소규91, [당사자와 법정대리인]51이하, 민909－911·928－940, [재심사유]451

제459조【변론과 재판의 범위】 ① 본안의 변론과 재판은 재심청구이유의 범위안에서 하여야 한다.
② 재심의 이유는 바꿀 수 있다.
참조 [심판의 범위]262·263, [재심소송기록]민소규140

제460조【결과가 정당한 경우의 재심기각】 재심의 사유가 있는 경우라도 판결이 정당하다고 인정한 때에는 법원은 재심의 청구를 기각하여야 한다.
참조 [재심사유]451①②

제461조【준재심】 제220조의 조서 또는 즉시항고로 불복할 수 있는 결정이나 명령이 확정된 경우에 제451조제1항에 규정된 사유가 있는 때에는 확정판결에 대한 제451조 내지 제460조의 규정에 준하여 재심을 제기할 수 있다.
참조 [준재심절차에 대한 준용]민소규141, [화해, 청구의 포기·인낙조서의 효력]220, [즉시항고로 불복할 수 있는 재판]439·444, 민집130③, [재심사유 및 예외]451①, [재심사유·재심기각]451－460

판례 대법원 결정에 대한 준재심을 인정한 사례 : 재항고이유서 제출기간 내에 제출된 재항고이유서에 사건번호가 잘못 기재되어 있었던 관계로 재항고이유서가 사건의 기록에 편철되지 아니하여, 준재심대상결정이 재항고장에 재항고이유의 기재가 없고 재항고이유서 제출기간 내에 재항고이유서를 제출하지 아니하였다는 이유로 재항고이유에 관하여 판단하지 않고 재항고를 기각한 경우, 준재심대상결정은 결정에 영향을 미칠 중요한 사항에 관하여 판단을 유탈하였으므로 이는 민소법 제431조, 제422조 제1항 제9호에 해당하는 준재심사유가 된다.
(대결 2000.1.7, 99재마4)

제5편　독촉절차

제462조【적용의 요건】 금전, 그 밖에 대체물(代替物)이나 유가증권의 일정한 수량의 지급을 목적으로 하는 청구에 대하여 법원은 채권자의 신청에 따라 지급명령을 할 수 있다. 다만, 대한민국에서 공시송달 외의 방법으로 송달할 수 있는 경우에 한한다.
참조 [신청]161·465, [공시송달]194－196

제463조【관할 법원】 독촉절차는 채무자의 보통재판적이 있는 곳의 지방법원이나 제7조 내지 제9조, 제12조 또는 제18조의 규정에 의한 관할법원의 전속관할로 한다.
참조 [보통재판적]2－5, [전속관할]31, [관할위반으로 인한 신청각하]465

제464조【지급명령의 신청】 지급명령의 신청에는 그 성질에 어긋나지 아니하면 소에 관한 규정을 준용한다.
참조 [신청]161, [소에 관한 규정]248이하, [취하]263, [지급명령신청과 시효중단]265, 민172

제465조【신청의 각하】 ① 지급명령의 신청이 제462조 본문 또는 제463조의 규정에 어긋나거나, 신청의 취지로 보아 청구에 정당한 이유가 없는 것이 명백한 때에는 그 신청을 각하하여야 한다. 청구의 일부에 대하여 지급명령을 할 수 없는 때에 그 일부에 대하여도 또한 같다.
② 신청을 각하하는 결정에 대하여는 불복할 수 없다.
참조 [관할에 관한 규정]463, [결정]134·221

제466조【지급명령을 하지 아니하는 경우】 ① 채권자는 법원으로부터 채무자의 주소를 보정하라는 명령을 받은 경우에 소제기신청을 할 수 있다.
② 지급명령을 공시송달에 의하지 아니하고는 송달할 수 없거나 외국으로 송달하여야 할 때에는 법원은 직권에 의한 결정으로 사건을 소송절차에 부칠 수 있다.
③ 제2항의 결정에 대하여는 불복할 수 없다.
참조 [주소]민18－21, [공시송달]194－196, [결정]134·221

제467조【일방적 심문】 지급명령은 채무자를 심문하지 아니하고 한다.
참조 [심문]134③, [신청]161

제468조【지급명령의 기재사항】 지급명령에는 당사자, 법정대리인, 청구의 취지와 원인을 적고, 채무자가 지급명령이 송달된 날부터 2주 이내에 이의신청을 할 수 있다는 것을 덧붙여 적어야 한다.
참조 [당사자·법정대리인·청구의 취지·원인]249, [송달]174이하·469, [기간]170·172①, [이의]469②

제469조【지급명령의 송달】 ① 지급명령은 당사자에게 송달하여야 한다.
② 채무자는 지급명령에 대하여 이의신청을 할 수 있다.
참조 [송달]174이하, [정본에 의한 판결송달]210②

제470조【이의신청의 효력】 ① 채무자가 지급명령을 송달받은 날부터 2주 이내에 이의신청을 한 때에는 지급명령은 그 범위안에서 효력을 잃는다.
② 제1항의 기간은 불변기간으로 한다.
참조 [이의신청]468·469②, [불변기간]172

제471조【이의신청의 각하】 ① 법원은 이의신청이 부적법하다고 인정한 때에는 결정으로 이를 각하하여야 한다.
② 제1항의 결정에 대하여는 즉시항고를 할 수 있다.
참조 [이의신청]468·469②·470, [결정]134·221, [즉시항고]444

제472조【소송으로의 이행】 ① 채권자가 제466조제1항의 규정에 따라 소제기신청을 한 경우, 또는 법원이 제466조제2항의 규정에 따라 지급명령신청사건을 소송절차에 부치는 결정을 한 경우에는 지급명령을 신청한 때에 소가 제기된 것으로 본다.
② 채무자가 지급명령에 대하여 적법한 이의신청을 한 경우에는 지급명령을 신청한 때에 이의신청된 청구목적의 값에 관하여 소가 제기된 것으로 본다.
참조 [결정]21·134, [소 제기 신청]466①, [소송절차에 부치는 결정]466②

제473조【소송으로의 이행에 따른 처리】 ① 제472조의 규정에 따라 소가 제기된 것으로 보는 경우, 지급명령을 발령한 법원은 채권자에게 상당한 기간을 정하여, 소를 제기하는 경우 소장에 붙여야 할 인지액에서 소제기신청 또는 지급명령신청시에 붙인 인지액을 뺀 액수의 인지를 보정하도록 명하여야 한다.
② 채권자가 제1항의 기간 이내에 인지를 보정하지 아니한 때에는 위 법원은 결정으로 지급명령신청서를 각하하여야 한다. 이 결정에 대하여는 즉시항고를 할 수 있다.
③ 제1항에 규정된 인지가 보정되면 법원사무관 등은 바로 소송기록을 관할 법원에 보내야 한다. 이 경우 사건이 합의부의 관할에 해당되면 법원사무관등은 바로 소송기록을 관할 법원 합의부에 보내야 한다.
④ 제472조의 경우 독촉절차의 비용은 소송비용의 일부로 한다.
참조 [소송으로의 이행]472, [인지의 보정]254, [결정]134·221, [즉시항고]444, [목적의 가액과 관할]26·27, 법원조직7·32①

제474조【지급명령의 효력】 지급명령에 대하여 이의신청이 없거나, 이의신청을 취하하거나, 각하결정이 확정된 때에는 지급명령은 확정판결과 같은 효력이 있다.
참조 [이의신청의 각하]471, [확정판결]216·218, 민165, [지급명령과 강제집행]민집56－58

제6편　공시최고절차

제475조【공시최고의 적용범위】 공시최고(公示催告)는 권리 또는 청구의 신고를 하지 아니하면 그 권리를 잃게 될 것을 법률로 정한 경우에만 할 수 있다.
참조 [공시최고의 적용이 있는 경우]민521·524, 상360, 부등56

제476조【공시최고절차를 관할하는 법원】 ① 공시최고는 법률에 다른 규정이 있는 경우를 제외하고는 권리자의 보통재판적이 있는 곳의 지방법원이 관할한다. 다만, 등기 또는 등록을 말소하기 위한 공시최고는 그 등기 또는 등록을 한 공공기관이 있는 곳의 지방법원에 신청할 수 있다.
② 제492조의 경우에는 증권이나 증서에 표시된 이행지의 지방법원이 관할한다. 다만, 증권이나 증서에 이행지의 표시가 없는 때에는 발행인의 보통재판적이 있는 곳의 지방법원이, 그 법원이 없는 때에

는 발행 당시에 발행인의 보통재판적이 있었던 곳의 지방법원이 각각 관할한다.
③ 제1항 및 제2항의 관할은 전속관할로 한다.
참조 [보통재판적]2－6, [지방법원의 권한]법원조직7④⑤・32, [증권의 무효선고를 위한 공시최고]492, [전속관할]31

제477조【공시최고의 신청】 ① 공시최고의 신청에는 그 신청의 이유와 제권판결(除權判決)을 청구하는 취지를 밝혀야 한다.
② 제1항의 신청은 서면으로 하여야 한다.
③ 법원은 여러 개의 공시최고를 병합하도록 명할 수 있다.
참조 [신청]161, [증권의 무효선고를 위한 공시최고]492－497, [공시최고기간]481

제478조【공시최고의 허가여부】 ① 공시최고의 허가여부에 대한 재판은 결정으로 한다. 허가하지 아니하는 결정에 대하여는 즉시항고를 할 수 있다.
② 제1항의 경우에는 신청인을 심문할 수 있다.
참조 [결정]134・221, [즉시항고]444, [심문]134②

제479조【공시최고의 기재사항】 ① 공시최고의 신청을 허가한 때에는 법원은 공시최고를 하여야 한다.
② 공시최고에는 다음 각호의 사항을 적어야 한다.
1. 신청인의 표시
2. 공시최고기일까지 권리 또는 청구의 신고를 하여야 한다는 최고
3. 신고를 하지 아니하면 권리를 잃게 될 사항
4. 공시최고기일
참조 [신청]161, [증권의 무효선고를 위한 공시최고의 특칙]495, [공시최고기간]481

제480조【공고방법】 공시최고는 대법원규칙이 정하는 바에 따라 공고하여야 한다.
참조 [공시최고의 공고]민소규142

제481조【공시최고기간】 공시최고의 기간은 공고가 끝난 날부터 3월 뒤로 정하여야 한다.
참조 [기간]170, [공고방법]480, [기간 부준수에 대한 불복]490②

제482조【제권판결전의 신고】 공시최고기일이 끝난 뒤에도 제권판결에 앞서 권리 또는 청구의 신고가 있는 때에는 그 권리를 잃지 아니한다.
참조 [제권판결에 대한 불복소송]490

제483조【신청인의 불출석과 새 기일의 지정】 ① 신청인이 공시최고기일에 출석하지 아니하거나, 기일변경신청을 하는 때에는 법원은 1회에 한하여 새 기일을 정하여 주어야 한다.
② 제1항의 새 기일은 공시최고기일부터 2월을 넘기지 아니하여야 하며, 공고는 필요로 하지 아니한다.
참조 [공시최고기일]479②・481, [기간]170・172①

제484조【취하간주】 신청인이 제483조의 새 기일에 출석하지 아니한 때에는 공시최고신청을 취하한 것으로 본다.
참조 [새 기일의 지정]483, [공시최고의 신청]477, [소 취하의 의제]268②

제485조【신고가 있는 경우】 신청이유로 내세운 권리 또는 청구를 다투는 신고가 있는 때에는 법원은 그 권리에 대한 재판이 확정될 때까지 공시최고절차를 중지하거나, 신고한 권리를 유보하고 제권판결을 하여야 한다.
참조 [재판의 확정]498, [불복신청]488

제486조【신청인의 진술의무】 공시최고의 신청인은 공시최고기일에 출석하여 그 신청을 하게 된 이유와 제권판결을 청구하는 취지를 진술하여야 한다.
참조 [공시최고기일]479・481

제487조【제권판결】 ① 법원은 신청인이 진술을 한 뒤에 제권판결신청에 정당한 이유가 없다고 인정할 때에는 결정으로 신청을 각하하여야 하며, 이유가 있다고 인정할 때에는 제권판결을 선고하여야 한다.
② 법원은 제1항의 재판에 앞서 직권으로 사실을 탐지할 수 있다.
참조 [결정]134・221, [신청인의 진술의무]486, [제권판결에서의 유보]485, [불복신청]488, [제권판결의 공고]489, [직권탐지]가소17
판례 주권을 교부한 자가 이를 분실하였다고 허위로 공시최고신청을 하여 제권판결을 선고받아 확정되었다면, 그 제권판결의 적극적 효력에 의해 그 자는 그 주권을 소지하지 않고도 주권을 소지한 자로서의 권리를 행사할 수 있는 지위를 취득하였다고 할 것이므로, 이로써 사기죄에 있어서의 재산상 이익을 취득한 것으로 보기에 충분하고, 이는 제권판결이 그 신청인에게 주권상의 권리를 행사할 수 있는 형식적 자격을 인정하는 데 그치며 그를 실질적 권리자로 확정하는 것이 아니라고 하여 달리 볼 것은 아니다.(대판 2007.5.31, 2006도8488)

제488조【불복신청】 제권판결의 신청을 각하한 결정이나, 제권판결에 덧붙인 제한 또는 유보에 대하여는 즉시항고를 할 수 있다.
참조 [신청]161, [제권판결에 부가한 제한 또는 보류]485, [즉시항고]444

제489조【제권판결의 공고】 법원은 제권판결의 요지를 대법원규칙이 정하는 바에 따라 공고할 수 있다.
참조 [제권판결의 공고]민소규143

제490조【제권판결에 대한 불복소송】 ① 제권판결에 대하여는 상소를 하지 못한다.
② 제권판결에 대하여는 다음 각호 가운데 어느 하나에 해당하면 신청인에 대한 소로써 최고법원에 불복할 수 있다.
1. 법률상 공시최고절차를 허가하지 아니할 경우일 때
2. 공시최고의 공고를 하지 아니하였거나, 법령이 정한 방법으로 공고를 하지 아니한 때
3. 공시최고기간을 지키지 아니한 때
4. 판결을 한 판사가 법률에 따라 직무집행에서 제척된 때
5. 전속관할에 관한 규정에 어긋난 때
6. 권리 또는 청구의 신고가 있음에도 법률에 어긋나는 판결을 한 때
7. 거짓 또는 부정한 방법으로 제권판결을 받은 때
8. 제451조제1항제4호 내지 제8호의 재심사유가 있는 때
참조 [판결에 대한 상소]390・422, [최고법원]476①, [공고방법]480・492, [공시최고기간]481, [제척원인]41, [제권판결 전의 신고]482, [이의의 신고]485
판례 약속어음의 전소지인이 그 약속어음의 현소지인을 알면서도 그 소재를 모르는 것처럼 공시최고기일에 출석하여 그 신청의 원인과 제권판결을 구하는 취지를 진술하여 공시최고법원을 기망하고, 이에 속은 공시최고법원으로부터 제권판결을 얻었다면, 그 제권판결의 소극적 효과로서 그 약속어음은 무효가 되어 그 정당한 소지인은 그 약속어음상의 권리를 행사할 수 없게 되고 적법한 소지인임을 전제로 한 이득상환청구권도 발생하지 않게 된 손해를 입었다고 할 것이므로 전소지인은 그 약속어음의 정당한 소지인에게 불법행위로 인한 손해를 배상할 책임이 있다.(대판 1995.2.3, 93다52334)

제491조【소제기기간】 ① 제490조제2항의 소는 1월 이내에 제기하여야 한다.
② 제1항의 기간은 불변기간으로 한다.
③ 제1항의 기간은 원고가 제권판결이 있다는 것을 안 날부터 계산한다. 다만, 제490조제2항제4호・제7호 및 제8호의 사유를 들어 소를 제기하는 경우에는 원고가 이러한 사유가 있음을 안 날부터 계산한다.
④ 이 소는 제권판결이 선고된 날부터 3년이 지나면 제기하지 못한다.
참조 [기간]170, [불변기간]172・173, [판결선고기간]207, [제권판결에 대한 불복소송]490

제492조【증권의 무효선고를 위한 공시최고】 ① 도난・분실되거나 없어진 증권, 그 밖에 상법에서 무효로 할 수 있다고 규정한 증서의 무효선고를 청구하는 공시최고절차에는 제493조 내지 제497조의 규정을 적용한다.
② 법률상 공시최고를 할 수 있는 그 밖의 증서에 관하여 그 법률에 특별한 규정이 없으면 제1항의 규정을 적용한다.
참조 [상법에 무효로 할 수 있음을 규정한 증서]상360, [다른 증서]민521・524

제493조【증서에 관한 공시최고신청권자】 무기명증권 또는 배서(背書)로 이전할 수 있거나 약식배서(略式背書)가 있는 증권 또는 증서에 관하여는 최종소지인이 공시최고절차를 신청할 수 있으며, 그 밖의 증서에 관하여는 그 증서에 따라서 권리를 주장할 수 있는 사람이 공시최고절차를 신청할 수 있다.
참조 [무기명증권]민523－526, 상357・480, 어음12③・13②, 수표15④・16②, [증서로 권리를 주장할 수 있는 사람]어음16, 수표19, 민513

제494조【신청사유의 소명】 ① 신청인은 증서의 등본을 제출하거나 또는 증서의 존재 및 그 중요한 취지를 충분히 알리기에 필요한 사항을 제시하여야 한다.
② 신청인은 증서가 도난・분실되거나 없어진 사실과, 그 밖에 공시최고절차를 신청할 수 있는 이유가 되는 사실 등을 소명하여야 한다.
참조 [소명]299, [공시최고신청]477・492

제495조【신고최고, 실권경고】 공시최고에는 공시최고기일까지 권리 또는 청구의 신고를 하고 그 증서를 제출하도록 최고하고, 이를 게을리 하면 권리를 잃게 되어 증서의 무효가 선고된다는 것을 경고하여야 한다.
참조 [공시최고의 일반적 기재사항]479, [공시최고기일]479②・481

제496조【제권판결의 선고】 제권판결에서는 증권 또는 증서의 무효를 선고하여야 한다.
참조 [제권판결]487

제497조【제권판결의 효력】 제권판결이 내려진 때에는 신청인은 증권 또는 증서에 따라 의무를 지는 사람에게 증권 또는 증서에 따른 권리를 주장할 수 있다.
참조 [제권판결]487, [증서로 권리를 주장할 수 있는 사람]어음16, 수표19, 민513

제7편 판결의 확정 및 집행정지

제498조【판결의 확정시기】 판결은 상소를 제기할 수 있는 기간 또는 그 기간 이내에 적법한 상소제기가 있을 때에는 확정되지 아니한다.
참조 [기간]170・173, [확정판결]216, [상소제기]396・425, 민165

제499조【판결확정증명서의 부여자】 ① 원고 또는 피고가 판결확정증명서를 신청한 때에는 제1심 법원의 법원사무관등이 기록에 따라 내어 준다.
② 소송기록이 상급심에 있는 때에는 상급법원의 법원사무관등이 그 확정부분에 대하여만 증명서를 내어 준다.
참조 [확정증명서를 필요로 하는 경우]216, [제1심 법원사무관의 기록보관]421・425, [상급심 법원사무관의 기록보관]400

제500조【재심 또는 상소의 추후보완신청으로 말미암은 집행정지】 ① 재심 또는 제173조에 따른 상소의 추후보완신청이 있는 경우에 불복하는 이유로 내세운 사유가 법률상 정당한 이유가 있다고 인정되고, 사실에 대한 소명이 있는 때에는 법원은 당사자의 신청에 따라 담보를 제공하게 하거나 담보를 제공하지 아니하게 하고 강제집행을 일시정지하도록 명할 수 있으며, 담보를 제공하게 하고 강제집행을 실시하도록 명하거나 실시한 강제처분을 취소하도록 명할 수 있다.
② 담보 없이 하는 강제집행의 정지는 그 집행으로 말미암아 보상할 수 없는 손해가 생기는 것을 소명한 때에만 한다.
③ 제1항 및 제2항의 재판은 변론 없이 할 수 있으며, 이 재판에 대하여는 불복할 수 없다.
④ 상소의 추후보완신청의 경우에 소송기록이 원심법원에 있으면 그 법원이 제1항 및 제2항의 재판을 한다.
참조 [재심]451이하, [신청]161, [집행정지취소]민집49・50, [소명]299, [집행정지 신청방식]민소규144
판례 가처분 판결에 기한 집행을 예외적으로 정지할 수 있는 경우 : 가처분 결정에 대한 이의신청이 있고, 앞으로 그 가처분 재판이 취소되거나 변경될 가능성이 있는 경우라고 하더라도 구체적인 가처분의 내용이 권리보전의 범위에 그치지 아니하고 소송물인 권리 또는 법률관계의 내용이 이행된 것과 같은 종국적 만족을 얻게 하는 것으로서, 그 집행에 의하여 채무자에게 회복할 수 없는 손해를 생기게 할 우려가 있는 때가 아니면 원칙적으로 가처분 재판에 대한 집행의 정지는 허용될 수 없다.(대결 2002.5.8, 2002그31)

제501조【상소제기 또는 변경의 소제기로 말미암은 집행정지】 가집행의 선고가 붙은 판결에 대하여 상소를 한 경우 또는 정기금의 지급을 명한 확정판결에 대하여 제252조제1항의 규정에 따른 소를 제기한 경우에는 제500조의 규정을 준용한다.
참조 [가집행선고]213①, [상소제기]396・425, [이의신청]458・473, [신청]161, [집행정지 신청방법]민소규144
판례 가집행선고부 판결부분에 관하여 상고를 제기하지 않은 피고가 상고심 법원에 그 판결에 기한 강제집행의 정지를 구할 수 있는지 여부 : 가집행선고부 제1심판결 중 항소심판결에 의하여 유지된 부분에 관하여 불복하여 상고를 제기하지 않은 신청인으로서는 상고심 법원에 그 판결에 기한 강제집행의 정지를 구할 수 없다 할 것이므로 이 부분에 관한 강제집행정지신청도 역시 부적법하다.(대결 2006.4.14, 2006카기62)

제502조【담보를 공탁할 법원】 ① 이 편의 규정에 의한 담보의 제공이나 공탁은 원고나 피고의 보통재판적이 있는 곳의 지방법원 또는 집행법원에 할 수 있다.
② 담보를 제공하거나 공탁을 한 때에는 법원은 당사자의 신청에 따라서 증명서를 주어야 한다.
③ 이 편에 규정된 담보에는 달리 규정이 있는 경우를 제외하고는 제122조・제123조・제125조 및 제126조의 규정을 준용한다.
참조 [담보의 제공]민집34②・46②・47①・48③・102①・113・280②・286③・288①・301・307, [공탁]282, [보통재판적]2－5, [집행법원]민집79・173・224・296, [공탁]공탁・공탁규칙
판례 가집행선고부 판결에 대한 강제집행의 정지를 위하여 공탁한 담보의 피담보채무의 범위 : 가집행선고부 판결에 대한 강제집행정지를 위하여 공탁한 담보는 강제집행정지로 인하여 채권자에게 생길 손해를 담보하기 위한 것이고 정지의 대상인 기본채권 자체를 담보하는 것은 아니므로, 채권자는 그 손해배상청구권에 한하여서만 질권자와 동일한 권리가 있을 뿐 기본채권에까지 담보적 효력이 미치는 것은 아닌바, 건물명도 및 그 명도시까지의 차임 상당액의 지급을 명한 가집행선고부 판결에 대한 강제집행정지를 위하여 담보공탁을 한 경우, 그 건물의 명도집행이 지연됨으로 인한 손해에는 반대되는 사정이 없는 한 집행의 정지가 효력을 갖는 기간 내에 발생된 차임 상당의 손해가 포함되고, 그 경우 차임 상당의 그 손해배상청구권은 기본채권 자체라 할 것은 아니어서 명도집행정지를 위한 공탁금의 피담보채무가 된다.(대판 2000.1.14, 98다24914)

부 칙

제1조【시행일】 이 법은 2002년 7월 1일부터 시행한다.
제2조【계속사건에 관한 경과조치】 이 법은 특별한 규정이 없으면 이 법 시행 당시 법원에 계속중인 사건에도 적용한다. 다만, 이 법 시행 전의 소송행위의 효력에는 영향을 미치지 아니한다.
제3조【법 적용의 시간적 범위】 이 법은 이 법 시행 이전에 생긴 사항에도 적용한다. 다만, 종전의 규정에 따라 생긴 효력에는 영향을 미치지 아니한다.

제4조【관할에 관한 경과조치】 이 법 시행 당시 법원에 계속 중인 사건은 이 법에 따라 관할권이 없는 경우에도 종전의 규정에 따라 관할권이 있으면 그에 따른다.
제5조【법정기간에 관한 경과조치】 이 법 시행전부터 진행된 법정기간과 그 계산은 종전의 규정에 따른다.
제6조【다른 법률의 개정】 ①~㉙ ※(해당 법령에 가제정리 하였음)
제7조【다른 법률과의 관계】 이 법 시행 당시 다른 법률에서 종전의 민사소송법의 규정을 인용한 경우에 이 법중 그에 해당하는 규정이 있는 때에는 이 법의 해당 규정을 인용한 것으로 본다.

부 칙 (2005.3.31 법7427호)

제1조【시행일】 이 법은 2008년 1월 1일부터 시행한다.(이하 생략)

부 칙 (2005.3.31 법7428호)

제1조【시행일】 이 법은 공포 후 1년이 경과한 날부터 시행한다.(이하 생략)

부 칙 (2006.2.21)

제1조【시행일】 이 법은 2006년 7월 1일부터 시행한다.(이하 생략)

부 칙 (2007.5.17)

이 법은 2008년 1월 1일부터 시행한다.

부 칙 (2007.7.13)

① **【시행일】** 이 법은 공포 후 1개월이 경과한 날부터 시행한다.
② **【전문심리위원에 대한 적용례】** 제164조의2부터 제164조의8까지의 개정규정은 이 법 시행 당시 법원에 계속 중인 사건에도 적용한다.

부 칙 (2008.12.26)

① **【시행일】** 이 법은 공포한 날부터 시행한다.
② **【계속사건에 대한 경과조치】** 이 법은 이 법 시행 당시 법원에 계속 중인 사건에 대하여도 적용한다.

부 칙 (2010.7.23)

① **【시행일】** 이 법은 공포 후 3개월이 경과한 날부터 시행한다.
② **【적용례】** 제117조의 개정규정은 이 법 시행 후 최초로 소송제기되는 경우부터 적용한다.

부 칙 (2011.5.19)

제1조【시행일】 이 법은 공포 후 2개월이 경과한 날부터 시행한다.(이하 생략)

부 칙 (2011.7.18)

① **【시행일】** 이 법은 2015년 1월 1일부터 시행한다.
② **【적용례】** 제163조의2의 개정규정은 이 법 시행 후 최초로 판결이 확정되는 사건의 판결서부터 적용한다.

부 칙 (2014.5.20)

이 법은 공포한 날부터 시행한다.

부 칙 (2014.12.30)

제1조【시행일】 이 법은 공포 후 6개월이 경과한 날부터 시행한다.
제2조【계속사건에 대한 경과조치】 이 법은 이 법 시행 당시 법원에 계속 중인 사건에 대하여도 적용한다.

부 칙 (2015.12.1)

제1조【시행일】 이 법은 2016년 1월 1일부터 시행한다.
제2조【적용례】 이 법은 이 법 시행 후 최초로 소장이 접수된 사건부터 적용한다.

부 칙 (2016.2.3)

제1조【시행일】 이 법은 공포 후 1년이 경과한 날부터 시행한다.
제2조【계속사건에 관한 적용례 등】 이 법은 특별한 규정이 없으면 이 법 시행 당시 법원에 계속 중인 사건에도 적용한다. 다만, 이 법 시행 전의 소송행위의 효력에는 영향을 미치지 아니한다.
제3조【금치산자 등에 대한 경과조치】 제55조, 제56조 및 제62조의 개정규정에도 불구하고 법률 제10429호 민법 일부개정법률 부칙 제2조에 따라 금치산 또는 한정치산 선고의 효력이 유지되는 사람에 대해서는 종전의 규정에 따른다.
제4조【다른 법률의 개정】 ①~② ※(해당 법령에 가제정리 하였음)

부 칙 (2016.3.29)

제1조【시행일】 이 법은 공포 후 6개월이 경과한 날부터 시행한다.
제2조【계속사건에 관한 경과조치】 이 법은 이 법 시행 당시 법원에 계속 중인 사건에 대하여도 적용한다.

부 칙 (2017.10.31)

제1조【시행일】 이 법은 공포한 날부터 시행한다.
제2조【적용례】 이 법의 개정규정은 이 법 시행 후 최초로 조서 또는 그 밖의 서면을 작성하거나 재판서·조서의 정본·등본·초본을 교부하는 경우부터 적용한다.

부 칙 (2020.12.8)

제1조【시행일】 이 법은 2023년 1월 1일부터 시행한다.
제2조【적용례】 제163조의2의 개정규정은 이 법 시행 후 최초로 판결이 선고되는 사건의 판결서부터 적용한다.

부 칙 (2020.12.22)

제1조【시행일】 이 법은 2021년 1월 1일부터 시행한다.(이하 생략)

부 칙 (2021.8.17)

제1조【시행일】 이 법은 공포 후 3개월이 경과한 날부터 시행한다.
제2조【계속사건에 대한 경과조치】 이 법은 이 법 시행 당시 법원에 계속 중인 사건에 대하여도 적용한다.

부 칙 (2023.4.18)

제1조【시행일】 이 법은 공포 후 6개월이 경과한 날부터 시행한다.
제2조【소송구조에 관한 적용례】 제128조제2항의 개정규정은 이 법 시행 이후 소송구조를 신청한 경우부터 적용한다.
제3조【소권 및 항소권의 남용에 관한 적용례】 제194조제4항, 제219조의2, 제248조의 개정규정은 이 법 시행 이후 소 및 항소를 제기한 경우부터 적용한다.
제4조【다른 법률의 개정】 ※(해당 법령에 가제정리 하였음)

부 칙 (2023.7.11)

이 법은 공포 후 2년이 경과한 날부터 시행한다.

부 칙 (2024.1.16)

제1조【시행일】 이 법은 2025년 3월 1일부터 시행한다.
제2조【항소이유서의 제출에 관한 적용례】 이 법은 이 법 시행 후 최초로 항소장 또는 항고장이 제출되는 사건부터 적용한다.
제3조【다른 법률의 개정】 ※(해당 법령에 가제정리 하였음)

민사소송규칙

(2002년 6월 28일 전개대법원규칙 제1761호)

개정
2006. 3.23대법원규칙2012호
2007. 7.31대법원규칙2094호
2007.11.28대법원규칙2115호
2009. 1. 9대법원규칙2203호
2009.12. 3대법원규칙2259호
2010.12.13대법원규칙2311호
2011. 9.28대법원규칙2356호(부등규)
2012. 5. 2대법원규칙2396호
2014. 8. 6대법원규칙2545호
2014.12.30대법원규칙2575호
2015. 1.28대법원규칙2585호
2015. 6.29대법원규칙2606호
2016. 8. 1대법원규칙2670호
2016. 9. 6대법원규칙2675호
2017. 2. 2대법원규칙2711호
2018. 1.31대법원규칙2771호
2020. 6. 1대법원규칙2900호
2020. 6.26대법원규칙2905호
2021.10.29대법원규칙3001호

제1편 총 칙

제1장 통 칙

제1조【목적】 이 규칙은 민사소송법(다음부터 "법"이라 한다)이 대법원규칙에 위임한 사항, 그 밖에 민사소송절차에 관하여 필요한 사항을 규정함을 목적으로 한다.
제2조【법원에 제출하는 서면의 기재사항】 ① 당사자 또는 대리인이 법원에 제출하는 서면에는 특별한 규정이 없으면 다음 각호의 사항을 적고 당사자 또는 대리인이 기명날인 또는 서명하여야 한다.
1. 사건의 표시
2. 서면을 제출하는 당사자와 대리인의 이름·주소와 연락처(전화번호·팩시밀리번호 또는 전자우편주소 등을 말한다. 다음부터 같다)
3. 덧붙인 서류의 표시
4. 작성한 날짜
5. 법원의 표시
② 당사자 또는 대리인이 제출한 서면에 적은 주소 또는 연락처에 변동사항이 없는 때에는 그 이후에 제출하는 서면에는 주소 또는 연락처를 적지 아니하여도 된다.
제3조【최고·통지】 ① 민사소송절차에서 최고와 통지는 특별한 규정이 없으면 상당하다고 인정되는 방법으로 할 수 있다.
② 제1항의 최고나 통지를 한 때에는 법원서기관·법원사무관·법원주사 또는 법원주사보(다음부터 이 모두를 "법원사무관등"이라 한다)는 그 취지와 최고 또는 통지의 방법을 소송기록에 표시하여야 한다.
③ 이 규칙에 규정된 통지(다만, 법에 규정된 통지를 제외한다)를 받을 사람이 외국에 있거나 있는 곳이 분명하지 아니한 때에는 통지를 하지 아니하여도 된다. 이 경우 법원사무관등은 그 사유를 소송기록에 표시하여야 한다.
④ 당사자, 그 밖의 소송관계인에 대한 통지는 법원사무관등으로 하여금 그 이름으로 하게 할 수 있다.
제4조【소송서류의 작성방법 등】 ① 소송서류는 간결한 문장으로 분명하게 작성하여야 한다.

② 소송서류는 특별한 사정이 없으면 다음 양식에 따라 세워서 적어야 한다.
1. 용지는 A4(가로 210㎜×세로 297㎜) 크기로 하고, 위로부터 45㎜, 왼쪽 및 오른쪽으로부터 각각 20㎜, 아래로부터 30㎜(장수 표시 제외)의 여백을 둔다.
2. 글자크기는 12포인트(가로 4.2㎜×세로 4.2㎜) 이상으로 하고, 줄간격은 200% 또는 1.5줄 이상으로 한다.
(2016.8.1 본항개정)
③ 법원은 제출자의 의견을 들어 변론기일 또는 변론준비기일에서 진술되지 아니하거나 불필요한 소송서류를 돌려주거나 폐기할 수 있다.(2016.8.1 본항신설)
제5조【소송서류의 접수와 보정권고】 ① 당사자, 그 밖의 소송관계인이 제출하는 소송서류는 정당한 이유 없이 접수를 거부하여서는 아니 된다.
② 소송서류를 접수한 공무원은 소송서류를 제출한 사람이 요청한 때에는 바로 접수증을 교부하여야 한다.
③ 법원사무관등은 접수된 소송서류의 보완을 위하여 필요한 사항을 지적하고 보정을 권고할 수 있다.

제2장 법 원

제6조【보통재판적】 법 제3조 내지 법 제6조의 규정에 따라 보통재판적을 정할 수 없는 때에는 대법원이 있는 곳을 보통재판적으로 한다.
제7조【관할지정의 신청 등】 ① 법 제28조제1항의 규정에 따라 관계된 법원 또는 당사자가 관할지정을 신청하는 때에는 그 사유를 적은 신청서를 바로 위의 상급법원에 제출하여야 한다.
② 소 제기 후의 사건에 관하여 제1항의 신청을 한 경우, 신청인이 관계된 법원인 때에는 그 법원이 당사자 모두에게, 신청인이 당사자인 때에는 신청을 받은 법원이 소송이 계속된 법원과 상대방에게 그 취지를 통지하여야 한다.
제8조【관할지정신청에 대한 처리】 ① 법 제28조제1항의 규정에 따른 신청을 받은 법원은 그 신청에 정당한 이유가 있다고 인정하는 때에는 관할 법원을 지정하는 결정을, 이유가 없다고 인정하는 때에는 신청을 기각하는 결정을 하여야 한다.
② 소 제기 전의 사건에 관하여 제1항의 결정을 한 경우에는 신청인에게, 소 제기 후의 사건에 관하여 제1항의 결정을 한 경우에는 소송이 계속된 법원과 당사자 모두에게 그 결정정본을 송달하여야 한다.
③ 소송이 계속된 법원이 바로 위의 상급법원으로부터 다른 법원을 관할 법원으로 지정하는 결정정본을 송달받은 때에는, 그 법원의 법원사무관등은 바로 그 결정정본과 소송기록을 지정된 법원에 보내야 한다.
제9조【소송절차의 정지】 소 제기 후의 사건에 관하여 법 제28조제1항의 규정에 따른 관할지정신청이 있는 때에는 그 신청에 대한 결정이 있을 때까지 소송절차를 정지하여야 한다. 다만, 긴급한 필요가 있는 행위를 하는 경우에는 그러하지 아니하다.
제10조【이송신청의 방식】 ① 소송의 이송신청을 하는 때에는 신청의 이유를 밝혀야 한다.
② 이송신청은 기일에 출석하여 하는 경우가 아니면 서면으로 하여야 한다.
제11조【이송결정에 관한 의견진술】 ① 법 제34조제2항·제3항, 법 제35조 또는 법 제36조제1항의 규정에 따른 신청이 있는 때에는 법원은 결정에 앞서 상대방에게 의견을 진술할 기회를 주어야 한다.
② 법원이 직권으로 법 제34조제2항, 법 제35조 또는 법 제36조의 규정에 따른 이송결정을 하는 때에는 당사자의 의견을 들을 수 있다.

제3장 당사자

제12조【법인이 아닌 사단 등의 당사자능력을 판단하는 자료의 제출】 법원은 법인이 아닌 사단 또는 재단이 당사자가 되어 있는 때에는 정관·규약, 그 밖에 그 당사자의 당사자능력을 판단하기 위하여 필요한 자료를 제출하게 할 수 있다.
제13조【법정대리권 소멸 및 선정당사자 선정취소·변경 통지의 신고】 ① 법 제63조제1항의 규정에 따라 법정대리권 소멸통지를 한 사람은 그 취지를 법원에 서면으로 신고하여야 한다.
② 법 제63조제2항의 규정에 따라 선정당사자 선정취소와 변경의 통지를 한 사람에게는 제1항의 규정을 준용한다.
제14조【필수적 공동소송인의 추가신청】 법 제68조제1항의 규정에 따른 필수적 공동소송인의 추가신청은 추가될 당사자의 이름·주소와 추가신청의 이유를 적은 서면으로 하여야 한다.
제15조【단독사건에서 소송대리의 허가】 ① 단독판사가 심리·재판하는 사건으로서 다음 각 호의 어느 하나에 해당하는 사건에서는 변호사가 아닌 사람도 법원의 허가를 받아 소송대리인이 될 수 있다.
1. 「민사 및 가사소송의 사물관할에 관한 규칙」 제2조 단서 각 호의 어느 하나에 해당하는 사건
2. 제1호 사건 외의 사건으로서 다음 각 목의 어느 하나에 해당하지 아니하는 사건
가. 소송목적의 값이 소제기 당시 또는 청구취지 확장(변론의 병합 포함) 당시 1억원을 넘는 소송사건
나. 가목의 사건을 본안으로 하는 신청사건 및 이에 부수하는 신청사건(다만, 가압류·다툼의 대상에 관한 가처분 신청사건 및 이에 부수하는 신청사건은 제외한다)
(2016.9.6 본항개정)
② 제1항과 법 제88조제1항의 규정에 따라 법원의 허가를 받을 수 있는 사람은 다음 각호 가운데 어느 하나에 해당하여야 한다.
1. 당사자의 배우자 또는 4촌 안의 친족으로서 당사자와의 생활관계에 비추어 상당하다고 인정되는 경우
2. 당사자와 고용, 그 밖에 이에 준하는 계약관계를 맺고 그 사건에 관한 통상사무를 처리·보조하는 사람으로서 그 사람이 담당하는 사무와 사건의 내용 등에 비추어 상당하다고 인정되는 경우
③ 제1항과 법 제88조제1항에 규정된 허가신청은 서면으로 하여야 한다.
④ 제1항과 법 제88조제1항의 규정에 따른 허가를 한 후 사건이 제1항제2호 각 목의 어느 하나에 해당하는 사건(다만, 제1항제1호에 해당하는 사건은 제외한다) 또는 민사소송등인지법 제2조제4항에 해당하게 된 때에는 법원은 허가를 취소하고 당사자 본인에게 그 취지를 통지하여야 한다.(2016.9.6 본항개정)
제16조【법률상 소송대리인의 자격심사 등】 ① 법원은 지배인·선장 등 법률상 소송대리인의 자격 또는 권한을 심사할 수 있고 그 심사에 필요한 때에는 그 소송대리인·당사자 본인 또는 참고인을 심문하거나 관련 자료를 제출하게 할 수 있다.
② 법원은 법률상 소송대리인이 그 자격 또는 권한이 없다고 인정하는 때에는 재판상 행위를 금지하고 당사자 본인에게 그 취지를 통지하여야 한다.
제17조【소송대리권 소멸통지의 신고】 법 제97조에서 준용하는 법 제63조제1항의 규정에 따라 소송대리인 권한의 소멸통지를 한 사람에게는 제13조제1항의 규정을 준용한다.
제17조의2【기일 외 진술 등의 금지】 ① 당사자나 대리인은 기일 외에서 구술, 전화, 휴대전화 문자전송, 그 밖에 이와 유사한 방법으로 사실상 또는 법률상 사항에 대하여 진술하는 등 법령이나 재판장의 지휘에 어긋나는 절차와 방식으로 소송행위를 하여서는 아니 된다.
② 재판장은 제1항을 어긴 당사자나 대리인에게 주의를 촉구하고 기일에서 그 위반사실을 알릴 수 있다.
(2016.9.6 본조신설)

제4장 소송비용

제1절 소송비용의 부담

제18조【소송비용액의 확정을 구하는 신청의 방식】 법 제110조제1항, 법 제113조제1항 또는 법 제114조제1항의 규정에 따른 신청은 서면으로 하여야 한다.
제19조【소송비용의 예납의무자】 ① 법 제116조제1항의 규정에 따라 법원이 소송비용을 미리 내게 할 수 있는 당사자는 그 소송행위로 이익을 받을 당사자로 하되, 다음 각호의 기준을 따라야 한다.
1. 송달료는 원고(상소심에서는 상소인을 말한다. 다음부터 이 조문 안에서 같다)
2. 변론의 속기 또는 녹음(듣거나 말하는 데 장애가 있는 사람을 위한 속기, 녹음 및 제37조에 따라 녹음에 준하여 이루어지는 녹화를 제외한다. 다음부터 이 조문 안에서 같다)에 드는 비용은 신청인. 다만, 직권에 의한 속기 또는 녹음의 경우에 그 속기 또는 녹음으로 이익을 받을 당사자가 분명하지 아니한 때에는 원고(2020.6.26 본문개정)
3. 증거조사를 위한 증인·감정인·통역인(듣거나 말하는 데 장애가 있는 사람을 위한 통역인은 제외한다. 다음부터 이 조문 안에서 같다) 등에 대한 여비·일당·숙박료 및 감정인·통역인 등에 대한 보수와 법원 외에서의 증거조사를 위한 법관, 그 밖의 법원공무원의 여비·숙박료는 그 증거조사를 신청한 당사자. 다만, 직권에 의한 증거조사의 경우에 그 증거조사로 이익을 받을 당사자가 분명하지 아니한 때에는 원고(2020.6.26 본문개정)
4. 상소법원에 소송기록을 보내는 비용은 상소인
② 제1항제2호의 속기 또는 녹음, 제1항제3호의 증거조사를 양쪽 당사자가 신청한 경우와 제1항제4호의 상소인이 양쪽 당사자인 경우에는 필요한 비용을 균등하게 나누어 미리 내게 하여야 한다. 다만, 사정에 따라 미리 낼 금액의 비율을 다르게 할 수 있다.
제19조의2【듣거나 말하는 데 장애가 있는 사람을 위한 비용 등】 ① 듣거나 말하는 데 장애가 있는 사람을 위한 속기, 녹음 및 제37조에 따라 녹음에 준하여 이루어지는 녹화에 드는 비용은 국고에서 지급하고, 소송비용에는 산입하지 아니한다.
② 듣거나 말하는 데 장애가 있는 사람을 위한 통역인에게는 「민사소송비용규칙」에서 정하는 바에 따라 여비, 일당 및 숙박료를 지급하고 통역에 관한 특별요금은 법원이 정한 금액을 지급한다. 이에 소요되는 비용은 국고에서 지급하고, 소송비용에는 산입하지 아니한다.
(2020.6.26 본조신설)
제20조【소송비용 예납 불이행시의 국고대납】 법원은 소송비용을 미리 내야 할 사람이 내지 아니하여(부족액을 추가로 내지 아니하는 경우를 포함한다) 소송절차의 진행 또는 종료 후의 사무처리가 현저히 곤란한 때에는 그 소송비용을 국고에서 대납받아 지출할 수 있다.
제21조【소송비용의 대납지급 요청】 ① 소송비용의 대납지급 요청은 재판장이 법원의 경비출납공무원에게 서면이나 재판사무시스템을 이용한 전자적인 방법으로 하여야 한다. 다만, 서류 송달료의 대납지급 요청은 법원사무관등이 한다.(2009.12.3 본항개정)
② 제1항의 요청은 소송비용을 지출할 사유가 발생할 때마다 하여야 한다. 다만, 서류의 송달료에 관하여는 필요한 범위 안에서 여러 번 실시할 비용의 일괄 지급을 요청할 수 있다.

제2절 소송비용의 담보

제22조【지급보증위탁계약】 ① 법 제122조의 규정에 따라 지급보증위탁계약을 맺은 문서를 제출하는 방법으로 담보를 제공하려면 미리 법원의 허가를 받아야 한다.
② 제1항의 규정에 따른 지급보증위탁계약은 담보제공명령을 받은 사람이 은행법의 규정에 따른 금융기관이나 보험회사(다음부터 이 모두를 "은행등"이라 한다)와 맺은 것으로서 다음 각호의 요건을 갖춘 것이어야 한다.
1. 은행등이 담보제공명령을 받은 사람을 위하여, 법원이 정한 금액 범위 안에서, 담보에 관계된 소송비용상환청구권에 관한 집행권원 또는 그 소송비용상환청구권의 존재를 확인하는 것으로서 확정판결과 같은 효력이 있는 것에 표시된 금액을 담보권리자에게 지급한다는 것
2. 담보취소의 결정이 확정될 때까지 계약의 효력이 존속된다는 것
3. 계약을 변경 또는 해제할 수 없다는 것
4. 담보권리자가 신청한 때에는 은행등은 지급보증위탁계약을 맺은 사실을 증명하는 서면을 담보권리자에게 교부한다는 것
③ 법 제122조의 규정이 준용되는 다른 절차에는 제1항과 제2항의 규정을 준용한다.
제23조【담보취소와 담보물변경 신청사건의 관할법원】 ① 법 제125조의 규정에 따른 담보취소신청사건과 법 제126조의 규정에 따른 담보물변경신청사건은 담보제공결정을 한 법원 또는 그 기록을 보관하고 있는 법원이 관할한다.
② 법 제125조 또는 법 제126조의 규정이 준용되는 다른 절차에는 제1항의 규정을 준용한다.

제3절 소송구조

제24조【구조신청의 방식】 ① 법 제128조제1항의 규정에 따른 소송구조신청은 서면으로 하여야 한다.
② 제1항의 신청서에는 신청인 및 그와 같이 사는 가족의 자금능력을 적은 서면을 붙여야 한다.
제25조【소송비용의 지급 요청】 ① 법 제128조제1항의 규정에 따라 구조결정을 한 사건에 관하여 증거조사나 서류의 송달을 위한 비용, 그 밖에 당사자가 미리 내야 할 소송비용을 지출할 사유가 발생한 때에는 법원사무관등은 서면이나 재판사무시스템을 이용한 전자적인 방법으로 경비출납공무원에게 그 소송비용의 대납지급을 요청하여야 한다.(2009.12.3 본항개정)
② 제1항의 경우에는 제21조제2항의 규정을 준용한다.
제26조【변호사보수 등의 지급】 ① 법 제129조제2항의 규정에 따른 변호사나 집행관의 보수는 구조결정을 한 법원이 보수를 받을 사람의 신청에 따라 그 심급의 소송절차가 완결된 때 또는 강제집행절차가 종료된 때에 지급한다.
② 제1항과 법 제129조제2항의 규정에 따라 지급할 변호사나 집행관의 보수액은 변호사보수의소송비용산입에관한규칙 또는 집행관수수료규칙을 참조하여 재판장의 감독 하에 법원사무관등이 정한다.
(2015.1.28 본항개정)

③ 제1항의 규정에 따른 신청에는 법 제110조제2항(다만, 등본에 관한 부분을 제외한다)을 준용한다.
(2015.1.28 본항개정)

제27조【구조의 취소 등】 ① 법 제131조의 규정에 따른 재판은 구조결정을 한 대상사건의 절차가 판결의 확정, 그 밖의 사유로 종료된 뒤 5년이 지난 때에는 할 수 없다.
② 소송구조를 받은 사람이 자금능력이 있게 된 때에는 구조결정을 한 법원에 그 사실을 신고하여야 한다. 다만, 제1항의 기간이 지난 때에는 그러하지 아니하다.

제5장 소송절차

제1절 변 론

제28조【변론의 방법】 ① 변론은 당사자가 말로 중요한 사실상 또는 법률상 사항에 대하여 진술하거나, 법원이 당사자에게 말로 해당사항을 확인하는 방식으로 한다.
② 법원은 변론에서 당사자에게 중요한 사실상 또는 법률상 쟁점에 관하여 의견을 진술할 기회를 주어야 한다.
(2007.11.28 본조신설)

제28조의2【재판장의 명령 등에 관한 이의신청】 ① 법 제138조의 규정에 따른 이의신청은 그 명령 또는 조치가 있은 후 바로 하여야 한다. 다만, 법 제151조 단서에 해당하는 사유가 있는 때에는 그러하지 아니하다.
② 제1항의 이의신청을 하는 때에는 그 이유를 구체적으로 밝혀야 한다.

제28조의3【당사자 본인의 최종진술】 ① 당사자 본인은 변론이 종결되기 전에 재판장의 허가를 받아 최종의견을 진술할 수 있다. 다만 변론에서 이미 충분한 의견진술 기회를 가졌거나 그 밖의 특별한 사정이 있는 경우에는 그러하지 아니하다.
② 재판장은 당사자 본인의 수가 너무 많은 경우에는 당사자 본인 중 일부에 대하여 최종의견 진술기회를 제한할 수 있다.
③ 재판장은 필요하다고 인정할 때에는 제1항에 따른 최종의견 진술시간을 제한할 수 있다.
(2015.6.29 본조신설)

제29조【법원의 석명처분】 법 제140조제1항의 규정에 따른 검증·감정과 조사의 촉탁에는 이 규칙의 증거조사에 관한 규정을 준용한다.

제29조의2【당사자 본인 등에 대한 출석명령】 ① 법원은 필요한 때에는 당사자 본인 또는 그 법정대리인에게 출석하도록 명할 수 있다.
② 법원은 필요한 때에는 소송대리인에게 당사자 본인 또는 그 법정대리인의 출석을 요청할 수 있다.
(2007.11.28 본조신설)

제30조【석명권의 행사 등에 따른 법원사무관등의 조치】 법 제136조 또는 법 제137조의 규정에 따른 조치나 법 제140조제1항의 규정에 따른 처분이 있는 경우에 재판장 또는 법원은 법원사무관등으로 하여금 그 조치나 처분의 이행여부를 확인하고 그 이행을 촉구하게 할 수 있다.

제30조의2【진술 보조】 ① 법 제143조의2에 따라 법원의 허가를 받아 진술보조인이 될 수 있는 사람은 다음 각 호 중 어느 하나에 해당하고, 듣거나 말하는 데 장애가 없어야 한다.
1. 당사자의 배우자, 직계친족, 형제자매, 가족, 그 밖에 동거인으로서 당사자와의 생활관계에 비추어 상당하다고 인정되는 경우
2. 당사자와 고용, 그 밖에 이에 준하는 계약관계 또는 신뢰관계를 맺고 있는 사람으로서 그 사람이 담당하는 사무의 내용 등에 비추어 상당하다고 인정되는 경우
② 제1항과 법 제143조의2제1항에 따른 허가신청은 심급마다 서면으로 하여야 한다.
③ 제1항과 법 제143조의2제1항에 따른 법원의 허가를 받은 진술보조인은 변론기일에 당사자 본인과 동석하여 다음 각 호의 행위를 할 수 있다. 이 때 당사자 본인은 진술보조인의 행위를 즉시 취소하거나 경정할 수 있다.
1. 당사자 본인의 진술을 법원과 상대방, 그 밖의 소송관계인이 이해할 수 있도록 중개하거나 설명하는 행위
2. 법원과 상대방, 그 밖의 소송관계인의 진술을 당사자 본인이 이해할 수 있도록 중개하거나 설명하는 행위
④ 법원은 제3항에 따라 진술보조인이 한 중개 또는 설명행위의 정확성을 확인하기 위하여 직접 진술보조인에게 질문할 수 있다.
⑤ 진술보조인이 변론에 출석한 때에는 조서에 그 성명을 기재하고, 제3항에 따라 중개 또는 설명행위를 한 때에는 그 취지를 기재하여야 한다.
⑥ 법원은 법 제143조의2제2항에 따라 허가를 취소한 경우 당사자 본인에게 그 취지를 통지하여야 한다.
(2017.2.2 본조신설)

제31조【화해 등 조서의 작성방식】 화해 또는 청구의 포기·인낙이 있는 경우에 그 기일의 조서에는 화해 또는 청구의 포기·인낙이 있다는 취지만을 적고, 별도의 용지에 법 제153조에 규정된 사항과 화해조항 또는 청구의 포기·인낙의 취지 및 청구의 취지와 원인을 적은 화해 또는 청구의 포기·인낙의 조서를 따로 작성하여야 한다. 다만, 소액사건심판법 제2조제1항의 소액사건에서는 특히 필요하다고 인정하는 경우 외에는 청구의 원인을 적지 아니한다.

제32조【조서기재의 생략 등】 ① 소송이 판결에 의하지 아니하고 완결된 때에는 재판장의 허가를 받아 증인·당사자 본인 및 감정인의 진술과 검증결과의 기재를 생략할 수 있다.
② 법원사무관등은 제1항의 재판장의 허가가 있는 때에는 바로 그 취지를 당사자에게 통지하여야 한다.
③ 당사자가 제2항의 통지를 받은 날부터 1주 안에 이의를 한 때에는 법원사무관등은 바로 그 증인·당사자 본인 및 감정인의 진술과 검증결과를 적은 조서를 작성하여야 한다.
④ 제1심에서 피고에게 법 제194조 내지 제196조에 따라 송달을 한 사건의 경우, 법원사무관등은 재판장의 허가를 받아 서증 목록에 적을 사항을 생략할 수 있다. 다만, 공시송달 명령 또는 처분이 취소되거나 상소가 제기된 때에는 서증 목록을 작성하여야 한다.
(2015.6.29 단서개정)

제33조【변론의 속기와 녹음】 ① 법 제159조제1항의 규정에 따른 변론의 속기 또는 녹음의 신청은 변론기일을 열기 전까지 하여야 하며, 비용(듣거나 말하는 데 장애가 있는 사람을 위한 속기 또는 녹음에 필요한 비용은 제외한다)이 필요한 때에는 법원이 정하는 금액을 미리 내야 한다.(2020.6.26 본항개정)
② 당사자의 신청이 있음에도 불구하고 속기 또는 녹음을 하지 아니하는 때에는 재판장은 변론기일에 그 취지를 고지하여야 한다.

제34조【녹음테이프·속기록의 보관 등】 ① 법 제159조제1항·제2항의 녹음테이프와 속기록은 소송기록과 함께 보관하여야 한다.
② 당사자나 이해관계를 소명한 제3자는 법원사무관등에게 제1항의 녹음테이프를 재생하여 들려줄 것을 신청할 수 있다.
③ 법 제159조제4항의 규정에 따라 녹음테이프 또는 속기록을 폐기한 때에는 법원사무관등은 그 취지와 사유를 소송기록에 표시하여야 한다.

제35조【녹취서의 작성】 ① 재판장은 필요하다고 인정하는 때에는 법원사무관등 또는 속기자에게 녹음테이프에 녹음된 내용에 대하여 녹취서를 작성할 것을 명할 수 있다.
② 제1항의 규정에 따라 작성된 녹취서에 관하여는 제34조제1항·제3항과 법 제159조제4항의 규정을 준용한다.

제36조【조서의 작성 등】 ① 법원사무관등이 법 제152조제3항에 따라 조서를 작성하는 때에는 재판장의 허가를 받아 녹음테이프 또는 속기록을 조서의 일부로 삼을 수 있다. 이 경우 녹음테이프와 속기록의 보관 등에 관하여는 제34조제1항·제2항을 준용한다.
② 제1항 전문 및 법 제159조제1항·제2항에 따라 녹음테이프 또는 속기록을 조서의 일부로 삼은 경우라도 재판장은 법원사무관등으로 하여금 당사자, 증인, 그 밖의 소송관계인의 진술 중 중요한 사항을 요약하여 조서의 일부로 기재하게 할 수 있다.(2014.12.30 본항개정)
③ 제1항 전문 및 법 제159조제1항·제2항에 따라 녹음테이프를 조서의 일부로 삼은 경우 다음 각 호 가운데 어느 하나에 해당하면 녹음테이프의 요지를 정리하여 조서를 작성하여야 한다. 다만, 제2항의 조서 기재가 있거나 속기록 또는 제35조에 따른 녹취서가 작성된 경우에는 그러하지 아니한다.(2014.12.30 본문개정)
1. 상소가 제기된 때
2. 법관이 바뀐 때(2014.12.30 본호개정)
④ 제3항 및 법 제159조제3항에 따라 조서를 작성하는 때에는, 재판장의 허가를 받아, 속기록 또는 제35조에 따른 녹취서 가운데 필요한 부분을 그 조서에 인용할 수 있다.(2014.12.30 본항개정)
⑤ 제3항 및 법 제159조제3항에 따른 조서는 변론 당시의 법원사무관등이 조서를 작성할 수 없는 특별한 사정이 있는 때에는 당해 사건에 관여한 다른 법원사무관등이 작성할 수 있다.(2014.12.30 본항개정)
(2007.11.28 본조개정)

제37조【준용규정】 ① 녹화테이프, 컴퓨터용 자기디스크·광디스크, 그 밖에 이와 비슷한 방법으로 음성이나 영상을 녹음 또는 녹화하여 재생할 수 있는 매체를 이용하여 변론의 전부나 일부를 녹음 또는 녹화하는 때에는 제33조 내지 제36조 및 법 제159조의 규정을 준용한다.
② 법원·수명법관 또는 수탁판사의 신문 또는 심문과 증거조사에는 제31조 내지 제36조 및 제1항의 규정을 준용한다.

제37조의2【소송기록의 열람과 증명서의 교부청구】 ① 법 제162조제1항에 따라 소송기록의 열람·복사, 재판서·조서의 정본·등본·초본의 교부 또는 소송에 관한 증명서의 교부를 신청할 때에는 신청인의 자격을 적은 서면으로 하여야 한다.
② 법 제162조제2항에 따라 확정된 소송기록의 열람을 신청할 때에는 열람을 신청하는 이유와 열람을 신청하는 범위를 적은 서면으로 하여야 한다.
(2007.11.28 본조신설)

제37조의3【당해 소송관계인의 범위와 동의】 ① 법 제162조제3항에 따른 당해 소송관계인은 소송기록의 열람과 이해관계가 있는 다음 각호의 사람이다.
1. 당사자 또는 법정대리인
2. 참가인
3. 증인
② 법원은 법 제162조제2항에 따른 신청이 있는 때에는 당해 소송관계인에게 그 사실을 통지하여야 한다.
③ 제2항에 따른 통지는 소송기록에 표시된 당해 소송관계인의 최후 주소지에 등기우편으로 발송하는 방법으로 할 수 있다.
④ 제3항에 따라 발송한 때에는 발송한 때에 송달된 것으로 본다.
⑤ 제2항에 따른 통지를 받은 당해 소송관계인은 통지를 받은 날부터 2주 이내에 소송기록의 열람에 관한 동의 여부를 서면으로 밝혀야 한다. 다만, 당해 소송관계인이 위 기간 이내에 동의 여부에 관한 서면을 제출하지 아니한 때에는 소송기록의 열람에 관하여 동의한 것으로 본다.
(2007.11.28 본조신설)

제38조【열람 등 제한의 신청방식 등】 ① 법 제163조제1항의 규정에 따른 결정을 구하는 신청은 소송기록 가운데 비밀이 적혀 있는 부분을 특정하여 서면으로 하여야 한다.
② 법 제163조제1항의 규정에 따른 결정은 소송기록 가운데 비밀이 적혀 있는 부분을 특정하여 하여야 한다.

제2절 전문심리위원
(2007.7.31 본절신설)

제38조의2【전문심리위원의 지정】 법원은 별도의 대법원규칙에 따라 정해진 전문심리위원후보자 중에서 전문심리위원을 지정하여야 한다.

제38조의3【기일 외의 전문심리위원에 대한 설명 등의 요구와 조치】 재판장이 기일 외에서 전문심리위원에 대하여 설명 또는 의견을 요구한 사항이 소송관계를 분명하게 하는 데 중요한 사항일 때에는 법원사무관등은 양쪽 당사자에게 그 사항을 통지하여야 한다.

제38조의4【서면의 사본 송부】 전문심리위원이 설명이나 의견을 기재한 서면을 제출한 경우에는 법원사무관등은 양쪽 당사자에게 그 사본을 보내야 한다.

제38조의5【전문심리위원에 대한 준비지시】 ① 재판장은 전문심리위원을 소송절차에 참여시키기 위하여 필요하다고 인정한 때에는 전문심리위원에게 소송목적물의 확인 등 적절한 준비를 지시할 수 있다.
② 재판장이 제1항의 준비를 지시한 때에는 법원사무관등은 양쪽 당사자에게 그 취지를 통지하여야 한다.

제38조의6【증인신문기일에서의 재판장의 조치】 재판장은 전문심리위원의 말이 증인의 증언에 영향을 미치지 않게 하기 위하여 필요하다고 인정할 때에는 직권 또는 당사자의 신청에 따라 증인의 퇴정 등 적절한 조치를 취할 수 있다.

제38조의7【조서의 기재】 ① 전문심리위원이 소송절차의 기일에 참여한 때에는 조서에 그 성명을 기재하여야 한다.
② 전문심리위원이 재판장, 수명법관 또는 수탁판사의 허가를 받아 소송관계인에게 질문을 한 때에는 조서에 그 취지를 기재하여야 한다.

제38조의8【전문심리위원 참여결정의 취소 신청 방식 등】 ① 법 제164조의2제1항의 규정에 따른 결정의 취소 신청은 기일에서 하는 경우를 제외하고는 서면으로 하여야 한다.
② 제1항의 신청을 할 때에는 신청 이유를 밝혀야 한다. 다만, 양쪽 당사자가 동시에 신청할 때에는 그러하지 아니하다.

제38조의9【수명법관 등의 권한】 수명법관 또는 수탁판사가 소송절차를 진행하는 경우에는 제38조의5 내지 제38조의7의 규정에 따른 재판장의 직무는 그 수명법관이나 수탁판사가 행한다.

제38조의10【비디오 등 중계장치 등에 의한 참여】 ① 법원은 전문심리 위원이 법정에 직접 출석하기 어려운 특별한 사정이 있는 경우 당사자의 의견을 들어 전문심리위원으로 하여금 비디오 등 중계장치에 의한 중계시설을 통하거나 인터넷 화상장치를 이용하여 설

명이나 의견을 진술하거나 소송관계인에게 질문하게 할 수 있다.
② 제1항에 따른 절차와 방법에 관하여는 제73조의3을 준용한다.
(2021.10.29 본조신설)

제3절 기일과 기간

제39조【변론 개정시간의 지정】 재판장은 사건의 변론 개정시간을 구분하여 지정하여야 한다.
제40조【기일변경신청】 기일변경신청을 하는 때에는 기일변경이 필요한 사유를 밝히고, 그 사유를 소명하는 자료를 붙여야 한다.
제41조【기일변경의 제한】 재판장등은 법 제165조제2항에 따른 경우 외에는 특별한 사정이 없으면 기일변경을 허가하여서는 아니 된다.(2007.11.28 본조개정)
제42조【다음 기일의 지정】 ① 기일을 변경하거나 변론을 연기 또는 속행하는 때에는 소송절차의 중단 또는 중지, 그 밖에 다른 특별한 사정이 없으면 다음 기일을 바로 지정하여야 한다. 다만, 법 제279조제2항에 따라 변론기일을 연 뒤에 바로 사건을 변론준비절차에 부치는 경우에는 그러하지 아니하다.
② 기일을 변경하는 때에는 바로 당사자에게 그 사실을 알려야 한다.
(2007.11.28 본조개정)
제43조【변론재개결정과 변론기일지정】 법 제142조에 따라 변론재개결정을 하는 때에는 재판장은 특별한 사정이 없으면 그 결정과 동시에 변론기일을 지정하고 당사자에게 변론을 재개하는 사유를 알려야 한다.
(2007.11.28 본조개정)
제44조【증인 등에 대한 기일변경통지】 ① 증인·감정인 등 당사자 외의 사람에 대하여 출석요구를 한 후에 그 기일이 변경된 때에는 바로 그 취지를 출석요구를 받은 사람에게 통지하여야 한다. 다만, 통지할 시간적 여유가 없는 때에는 그러하지 아니하다.
② 증인·감정인 등 당사자 외의 사람에 대하여 출석요구를 한 후에 소의 취하, 그 밖의 사정으로 그 기일을 실시하지 아니하게 된 경우에는 제1항의 규정을 준용한다.
제45조【기일의 간이통지】 ① 법 제167조제2항의 규정에 따른 기일의 간이통지는 전화·팩시밀리·보통우편 또는 전자우편으로 하거나, 그 밖에 상당하다고 인정되는 방법으로 할 수 있다.
② 제1항의 규정에 따라 기일을 통지한 때에는 법원사무관등은 그 방법과 날짜를 소송기록에 표시하여야 한다.

제4절 송 달

제46조【전화 등을 이용한 송달방법】 ① 변호사인 소송대리인에 대한 송달은 법원사무관등이 전화·팩시밀리·전자우편 또는 휴대전화 문자전송을 이용하여 할 수 있다.(2007.11.28 본항개정)
② 제1항의 규정에 따른 송달을 한 경우 법원사무관등은 송달받은 변호사로부터 송달을 확인하는 서면을 받아 소송기록에 붙여야 한다.
③ 법원사무관등은 변호사인 소송대리인에 대한 송달을 하는 때에는 제1항에 따른 송달을 우선적으로 고려하여야 한다.(2007.11.28 본항신설)
제47조【변호사 사이의 송달】 ① 양쪽 당사자가 변호사를 소송대리인으로 선임한 경우 한쪽 당사자의 소송대리인인 변호사가 상대방 소송대리인인 변호사에게 송달될 소송서류의 부본을 교부하거나 팩시밀리 또는 전자우편으로 보내고 그 사실을 법원에 증명한 때에는 송달의 효력이 있다. 다만, 그 소송서류가 당사자 본인에게 교부되어야 할 경우에는 그러하지 아니하다.
② 제1항의 규정에 따른 송달의 증명은 소송서류의 부본을 교부받거나 팩시밀리 또는 전자우편으로 받은 취지와 그 날짜를 적고 송달받은 변호사가 기명날인 또는 서명한 영수증을 제출함으로써 할 수 있다. 다만, 소송서류 원본의 표면 여백에 송달받았다는 취지와 그 날짜를 적고 송달받은 변호사의 날인 또는 서명을 받아 제출하는 때에는 따로 영수증을 제출할 필요가 없다.
③ 제1항의 규정에 따라 소송서류를 송달받은 변호사는 제2항의 규정에 따른 송달의 증명절차에 협력하여야 하며, 제1항에 규정된 방법으로 소송서류를 송달한 변호사는 송달한 서류의 원본을 법원에 바로 제출하여야 한다.
제48조【부본제출의무 등】 ① 송달을 하여야 하는 소송서류를 제출하는 때에는 특별한 규정이 없으면 송달에 필요한 수의 부본을 함께 제출하여야 한다.
② 법원은 필요하다고 인정하는 때에는 소송서류를 제출한 사람에게 그 문서의 전자파일을 전자우편이나 그 밖에 적당한 방법으로 법원에 보내도록 요청할 수 있다.
제49조【공동대리인에게 할 송달】 법 제180조의 규정에 따라 송달을 하는 경우에 그 공동대리인들이 송달을 받을 대리인 한 사람을 지정하여 신고한 때에는 지정된 대리인에게 송달하여야 한다.
제50조【송달서류의 교부의무 등】 ① 법 제181조와 법 제182조의 규정에 따라 송달을 받은 청사·선박·교도소·구치소 또는 경찰관서(다음부터 이 조문 안에서 이 모두를 "청사등"이라 한다)의 장은 송달을 받을 본인에게 송달된 서류를 바로 교부하여야 한다.
② 제1항의 청사등의 장은 부득이한 사유가 없는 한 송달을 받은 본인이 소송수행에 지장을 받지 아니하도록 조치하여야 한다.
③ 제1항의 청사등의 장은 제2항에 규정된 조치를 취하지 못할 사유가 있는 때에는 그 사유를 적은 서면을 법원에 미리 제출하여야 한다.
제51조【발송의 방법】 법 제185조제2항과 제187조의 규정에 따른 서류의 발송은 등기우편으로 한다.
제52조【송달함을 이용한 송달절차】 ① 송달함의 이용신청은 법원장 또는 지원장에게 서면으로 하여야 한다.
② 송달함을 이용하는 사람은 그 수수료를 미리 내야 한다.
③ 송달함을 이용하는 사람은 송달함에서 서류를 대신 수령할 사람을 서면으로 지정할 수 있다.
④ 송달함을 설치한 법원 또는 지원은 송달함의 관리에 관한 장부를 작성·비치하여야 한다.
⑤ 법원장 또는 지원장은 법원의 시설, 송달업무의 부담 등을 고려하여 송달함을 이용할 사람·이용방법, 그 밖에 필요한 사항을 정할 수 있다.
제53조【송달통지】 송달한 기관은 송달에 관한 사유를 서면으로 법원에 통지하여야 한다. 다만, 법원이 상당하다고 인정하는 때에는 전자통신매체를 이용한 통지로 서면통지에 갈음할 수 있다.
제54조【공시송달의 방법】 ① 법 제194조제1항, 제3항에 따른 공시송달은 법원사무관등이 송달할 서류를 보관하고, 다음 각 호 가운데 어느 하나의 방법으로 그 사유를 공시함으로써 행한다.(2015.6.29 본문개정)
1. 법원게시판 게시
2. 관보·공보 또는 신문 게재
3. 전자통신매체를 이용한 공시
② 법원사무관등은 제1항에 규정된 방법으로 송달한 때에는 그 날짜와 방법을 기록에 표시하여야 한다.

제5절 재 판

제55조【종전 변론결과의 진술】 법 제204조제2항에 따른 종전 변론결과의 진술은 당사자가 사실상 또는 법률상 주장, 정리된 쟁점 및 증거조사 결과의 요지 등을 진술하거나, 법원이 당사자에게 해당사항을 확인하는 방식으로 할 수 있다.(2007.11.28 본조신설)
제55조의2【상소에 대한 고지】 판결서의 정본을 송달하는 때에는 법원사무관등은 당사자에게 상소기간과 상소장을 제출할 법원을 고지하여야 한다.
제56조【화해 등 조서정본의 송달】 법원사무관등은 화해 또는 청구의 포기·인낙이 있는 날부터 1주 안에 그 조서의 정본을 당사자에게 송달하여야 한다.

제6절 화해권고결정

제57조【화해권고결정서의 기재사항 등】 ① 화해권고결정서에는 청구의 취지와 원인을 적어야 한다. 다만, 소액사건심판법 제2조제1항의 소액사건에서는 특히 필요하다고 인정하는 경우 외에는 청구의 원인을 적지 아니한다.
② 법 제225조제1항의 결정 내용을 적은 조서의 작성방식에 관하여는 제31조의 규정을 준용한다.
제58조【당사자에 대한 고지사항】 법 제225조제2항의 규정에 따라 화해권고결정 내용을 적은 조서 또는 결정서의 정본을 송달하는 때에는, 그 조서 또는 결정서의 정본을 송달받은 날부터 2주 안에 이의를 신청하지 아니하면 화해권고결정이 재판상 화해와 같은 효력을 가지게 된다는 취지를 당사자에게 고지하여야 한다.
제59조【송달불능에 따른 소송복귀 등】 ① 법 제185조제2항, 법 제187조 또는 법 제194조 내지 법 제196조의 규정에 따른 송달 외의 방법으로 양쪽 또는 한쪽 당사자에게 법 제225조제2항의 조서 또는 결정서의 정본을 송달할 수 없는 때에는 법원은 직권 또는 당사자의 신청에 따라 화해권고결정을 취소하여야 한다.
② 제1항의 규정에 따라 화해권고결정이 취소된 경우에 관하여는 법 제232조제1항의 규정을 준용한다.

제7절 소송절차의 중단과 중지

제60조【소송절차 수계신청의 방식】 ① 소송절차의 수계신청은 서면으로 하여야 한다.
② 제1항의 신청서에는 소송절차의 중단사유와 수계할 사람의 자격을 소명하는 자료를 붙여야 한다.
제61조【소송대리인에 의한 중단사유의 신고】 소송절차의 중단사유가 생긴 때에는 소송대리인은 그 사실을 법원에 서면으로 신고하여야 한다.

제2편 제1심의 소송절차

제1장 소의 제기

제62조【소장의 기재사항】 소장의 청구원인에는 다음 각호의 사항을 적어야 한다.
1. 청구를 뒷받침하는 구체적 사실
2. 피고가 주장할 것이 명백한 방어방법에 대한 구체적인 진술
3. 입증이 필요한 사실에 대한 증거방법
(2007.11.28 본조신설)
제62조의2【증거보전이 이루어진 경우의 소장 기재사항】 소 제기 전에 증거보전을 위한 증거조사가 이루어진 때에는 소장에 증거조사를 한 법원과 증거 보전사건의 사건번호·사건명을 적어야 한다.
제63조【소장의 첨부서류】 ① 피고가 소송능력 없는 사람인 때에는 법정대리인, 법인인 때에는 대표자, 법인이 아닌 사단이나 재단인 때에는 대표자 또는 관리인의 자격을 증명하는 서면을 소장에 붙여야 한다.
② 부동산에 관한 사건은 그 부동산의 등기사항증명서, 친족·상속관계 사건은 가족관계기록사항에 관한 증명서, 어음 또는 수표사건은 그 어음 또는 수표의 사본을 소장에 붙여야 한다. 그 외에도 소장에는 증거로 될 문서 가운데 중요한 것의 사본을 붙여야 한다.
(2011.9.28 전단개정)
③ 법 제252조제1항에 규정된 소의 소장에는 변경을 구하는 확정판결의 사본을 붙여야 한다.
제64조【소장부본의 송달시기】 ① 소장의 부본은 특별한 사정이 없으면 바로 피고에게 송달하여야 한다.
② 반소와 중간확인의 소의 소장, 필수적 공동소송인의 추가·참가·피고의 경정·청구의 변경 신청서 등 소장에 준하는 서면이 제출된 때에도 제1항의 규정을 준용한다.
제65조【답변서의 기재사항 등】 ① 답변서에는 법 제256조제4항에서 준용하는 법 제274조제1항의 각호 및 제2항에 규정된 사항과 청구의 취지에 대한 답변 외에 다음 각호의 사항을 적어야 한다.
1. 소장에 기재된 개개의 사실에 대한 인정 여부
2. 항변과 이를 뒷받침하는 구체적 사실
3. 제1호 및 제2호에 관한 증거방법
② 답변서에는 제1항제3호에 따른 증거방법 중 입증이 필요한 사실에 관한 중요한 서증의 사본을 첨부하여야 한다.
③ 제1항 및 제2항의 규정에 어긋나는 답변서가 제출된 때에는 재판장은 법원사무관등으로 하여금 방식에 맞는 답변서의 제출을 촉구하게 할 수 있다.
(2007.11.28 본조개정)
제66조【피고경정신청서의 기재사항】 법 제260조제2항의 규정에 따른 피고의 경정신청서에는 새로 피고가 될 사람의 이름·주소와 경정신청의 이유를 적어야 한다.
제67조【소 취하의 효력을 다투는 절차】 ① 소의 취하가 부존재 또는 무효라는 것을 주장하는 당사자는 기일지정신청을 할 수 있다.
② 제1항의 신청이 있는 때에는 법원은 변론을 열어 신청사유에 관하여 심리하여야 한다.
③ 법원이 제2항의 규정에 따라 심리한 결과 신청이 이유 없다고 인정하는 경우에는 판결로 소송의 종료를 선언하여야 하고, 신청이 이유 있다고 인정하는 경우에는 취하 당시의 소송정도에 따라 필요한 절차를 계속하여 진행하고 중간판결 또는 종국판결에 그 판단을 표시하여야 한다.
④ 종국판결이 선고된 후 상소기록을 보내기 전에 이루어진 소의 취하에 관하여 제1항의 신청이 있는 때에는 다음 각호의 절차를 따른다.
1. 상소의 이익 있는 당사자 모두가 상소를 한 경우(당사자 일부가 상소하고 나머지 당사자의 상소권이 소멸된 경우를 포함한다)에는 판결법원의 법원사무관등은 소송기록을 상소법원으로 보내야 하고, 상소법원은 제2항과 제3항에 규정된 절차를 취하여야 한다.
2. 제1호의 경우가 아니면 판결법원은 제2항에 규정된 절차를 취한 후 신청이 이유 없다고 인정하는 때에는 판결로 소송의 종료를, 신청이 이유 있다고 인정하는 때에는 판결로 소의 취하가 무효임을 각 선언하여야 한다.
⑤ 제4항제2호 후단의 소취하무효선언판결이 확정된 때에는 판결법원은 종국판결 후에 하였어야 할 절차를 계속하여 진행하여야 하고, 당사자는 종국판결 후에 할 수 있었던 소송행위를 할 수 있다. 이 경우 상소기간은 소취하무효선언판결이 확정된 다음날부터 전체기간이 새로이 진행된다.
제68조【준용규정】 법 제268조(법 제286조의 규정에 따라 준용되는 경우를 포함한다)의 규정에 따른 취하간주의 효력을 다투는 경우에는 제67조제1항 내지 제3항의 규정을 준용한다.

제2장 변론과 그 준비

제69조【변론기일의 지정 등】 ① 재판장은 답변서가 제출되면 바로 사건을 검토하여 가능한 최단기간 안의 날로 제1회 변론기일을 지정하여야 한다.
② 법원은 변론이 집중되도록 함으로써 변론이 가능한 한 속행되지 않도록 하여야 하고, 당사자는 이에 협력하여야 한다.
③ 법 제258조제1항 단서에 해당하는 경우, 재판장은 사건의 신속한 진행을 위하여 필요한 때에는 사건을 변론준비절차에 부침과 동시에 변론준비기일을 정하고 기간을 정하여 당사자로 하여금 준비서면, 그 밖의 서류를 제출하게 하거나 당사자 사이에 이를 교환하게 하고 주장 사실을 증명할 증거를 신청하게 할 수 있다.
(2009.1.9 본조개정)

제69조의2【당사자의 조사의무】 당사자는 주장과 입증을 충실히 할 수 있도록 사전에 사실관계와 증거를 상세히 조사하여야 한다.

제69조의3【준비서면의 제출기간】 새로운 공격방어방법을 포함한 준비서면은 변론기일 또는 변론준비기일의 7일 전까지 상대방에게 송달될 수 있도록 적당한 시기에 제출하여야 한다.(2007.11.28 본조신설)

제69조의4【준비서면의 분량 등】 ① 준비서면의 분량은 30쪽을 넘어서는 아니 된다. 다만, 제70조제4항에 따라 그에 관한 합의가 이루어진 경우에는 그러하지 아니하다.
② 재판장, 수명법관 또는 법 제280조제4항의 판사(이하 "재판장등"이라 한다)는 제1항 본문을 어긴 당사자에게 해당 준비서면을 30쪽 이내로 줄여 제출하도록 명할 수 있다.
③ 준비서면에는 소장, 답변서 또는 앞서 제출한 준비서면과 중복·유사한 내용을 불필요하게 반복 기재하여서는 아니 된다.
(2016.8.1 본조신설)

제69조의5【요약준비서면 작성방법】 법 제278조에 따른 요약준비서면을 작성할 때에는 특정 부분을 참조하는 뜻을 적는 방법으로 소장, 답변서 또는 앞서 제출한 준비서면의 전부 또는 일부를 인용하여서는 아니 된다.(2016.8.1 본조신설)

제70조【변론준비절차의 시행방법】 ① 재판장등은 변론준비절차에서 쟁점과 증거의 정리, 그 밖에 효율적이고 신속한 변론진행을 위한 준비가 완료되도록 노력하여야 하며, 당사자는 이에 협력하여야 한다.
(2016.8.1 본항개정)
② 당사자는 제1항에 규정된 사항에 관하여 상대방과 협의를 할 수 있다. 재판장등은 당사자에게 변론진행의 준비를 위하여 필요한 협의를 하도록 권고할 수 있다.
③ 재판장등은 변론준비절차에서 효율적이고 신속한 변론진행을 위하여 당사자와 변론의 준비와 진행 및 변론에 필요한 시간에 관한 협의를 할 수 있다.
(2007.11.28 본항신설)
④ 재판장등은 당사자와 준비서면의 제출횟수, 분량, 제출기간 및 양식에 관한 협의를 할 수 있고, 이에 관한 합의가 이루어진 경우 당사자는 그 합의에 따라 준비서면을 제출하여야 한다.(2007.11.28 본항신설)
⑤ 재판장등은 기일을 열거나 당사자의 의견을 들어 양 쪽 당사자와 음성의 송수신에 의하여 동시에 통화를 하거나 인터넷 화상장치를 이용하여 제3항 및 제4항에 따른 협의를 할 수 있다.(2020.6.1 본항개정)
⑥ (2021.10.29 삭제)

제70조의2【변론준비기일에서의 주장과 증거의 정리방법】 변론준비기일에서는 당사자가 말로 변론의 준비에 필요한 주장과 증거를 정리하여 진술하거나, 법원이 당사자에게 말로 해당사항을 확인하여 정리하여야 한다.(2007.11.28 본조신설)

제70조의3【절차이행의 촉구】 ① 법 제280조에 따른 변론준비절차를 진행하는 경우 재판장등은 법원사무관등으로 하여금 그 이름으로 준비서면, 증거신청서 및 그 밖의 서류의 제출을 촉구하게 할 수 있다.
② 법원이나 재판장등의 결정, 명령, 촉탁 등에 대한 회신 등 절차이행이 지연되는 경우 재판장등은 법원사무관등으로 하여금 그 이름으로 해당 절차이행을 촉구하게 할 수 있다.
(2015.1.28 본조신설)

제71조【변론준비기일의 조서】 ① 변론준비기일의 조서에는 법 제283조제1항에 규정된 사항 외에 제70조의 규정에 따른 변론준비절차의 시행결과를 적어야 한다.
② 변론준비기일의 조서에는 제31조 내지 제37조제1항의 규정을 준용한다.

제72조【변론준비절차를 거친 사건의 변론기일지정 등】 ① 변론준비절차를 거친 사건의 경우 그 심리에 2일 이상이 소요되는 때에는 가능한 한 종결에 이르기까지 매일 변론을 진행하여야 한다. 다만, 특별한 사정이 있는 경우에도 가능한 최단기간 안의 날로 다음 변론기일을 지정하여야 한다.
② 변론준비기일을 거친 사건의 경우 변론기일을 지정하는 때에는 당사자의 의견을 들어야 한다.
③ 제1항의 규정에 따라 지정된 변론기일은 사실과 증거에 관한 조사가 충분하지 아니하다는 이유로 변경할 수 없다.

제72조의2【변론준비기일 결과의 진술】 변론준비기일 결과의 진술은 당사자가 정리된 쟁점 및 증거조사 결과의 요지 등을 진술하거나, 법원이 당사자에게 해당사항을 확인하는 방식으로 할 수 있다.
(2007.11.28 본조신설)

제73조【준용규정】 변론준비절차에는 제28조의2 내지 제30조의 규정을 준용한다.(2007.11.28 본조개정)

제73조의2【비디오 등 중계장치 등에 의한 기일의 신청 및 동의】 ① 법 제287조의2제1항 및 제2항에 따른 기일(이하 "영상기일"이라 한다)의 신청은 기일에서 하는 경우를 제외하고는 서면으로 하여야 한다. 이 경우 신청의 대상이 되는 영상기일의 종류와 신청의 이유를 밝혀야 한다.
② 법 제287조의2제1항의 재판장등 또는 같은 조 제2항의 법원(이하 "재판장등 또는 법원"이라 한다)은 영상기일의 신청에 이유가 없다고 인정하거나 비디오 등 중계장치에 의한 중계시설 또는 인터넷 화상장치를 이용하기 곤란한 사정이 있는 때에는 영상기일을 열지 아니할 수 있다.
③ 영상기일의 신청이 있는 경우 재판장등 또는 법원은 지체 없이 영상기일의 실시 여부를 당사자에게 통지하여야 한다. 이 경우 서면으로 통지할 시간적 여유가 없는 때에는 제45조에 따른 간이한 방법으로 통지할 수 있다.
④ 다음 각 호의 어느 하나에 해당하는 경우에는 영상기일을 열지 아니하는 것으로 본다.
1. 영상기일의 신청 이후 법정에 직접 출석하는 기일을 지정하는 경우
2. 법정에 직접 출석하는 기일의 개정시간까지 제3항의 통지가 없는 경우
⑤ 당사자는 서면으로 영상기일의 신청을 취하하거나 동의를 철회할 수 있다. 다만, 양 쪽 당사자의 신청 또는 동의에 따라 영상기일이 지정된 이후에는 상대방의 동의를 받아야 한다.
⑥ 재판장등 또는 법원은 한 쪽 당사자로부터 영상기일의 신청 또는 동의가 있는 경우 양 쪽 당사자에 대한 영상기일이 필요하다고 인정하는 때에는 상대방에 대하여 영상기일 동의 여부를 확인할 수 있다.
⑦ 재판장등 또는 법원은 영상기일을 연기 또는 속행하는 때에는 당사자의 동의 여부를 확인하여 다음 기일의 영상기일 실시 여부를 정할 수 있다.
(2021.10.29 본조신설)

제73조의3【영상기일의 실시】 ① 영상기일은 당사자, 그 밖의 소송관계인을 비디오 등 중계장치에 의한 중계시설에 출석하게 하거나 인터넷 화상장치를 이용하여 지정된 인터넷주소에 접속하게 하고, 영상과 음향의 송수신에 의하여 법관, 당사자, 그 밖의 소송관계인이 상대방을 인식할 수 있는 방법으로 한다.
② 제1항의 비디오 등 중계장치에 의한 중계시설은 법원 청사 안에 설치하되, 필요한 경우 법원 청사 밖의 적당한 곳에 설치할 수 있다.
③ 재판장등 또는 법원은 제2항 후단에 따라 비디오 등 중계장치에 의한 중계시설이 설치된 관공서나 그 밖의 공사단체의 장에게 영상기일의 원활한 진행에 필요한 조치를 요구할 수 있다.
④ 영상기일에서 제96조제1항의 문서 등을 제시하는 경우 비디오 등 중계장치에 의한 중계시설, 인터넷 화상장치 또는 「민사소송 등에서의 전자문서 이용 등에 관한 규칙」 제2조제1호에 정한 전자소송시스템을 이용하거나 모사전송, 전자우편, 그 밖에 이에 준하는 방법으로 할 수 있다.
⑤ 인터넷 화상장치를 이용하는 경우 영상기일에 지정된 인터넷 주소에 접속하지 아니한 때에는 불출석한 것으로 본다. 다만, 당사자가 책임질 수 없는 사유로 접속할 수 없었던 때에는 그러하지 아니하다.
⑥ 통신불량, 소음, 문서 등 확인의 불편, 제3자 관여 우려 등의 사유로 영상기일의 실시가 상당하지 아니한 당사자가 있는 경우 재판장등 또는 법원은 영상기일을 연기 또는 속행하면서 그 당사자가 법정에 직접 출석하는 기일을 지정할 수 있다.
⑦ 영상기일에 「법원조직법」 제58조제2항에 따른 명령을 위반하는 행위, 같은 법 제59조에 위반하는 행위, 심리방해행위 또는 재판의 위신을 현저히 훼손하는 행위가 있는 경우 감치 또는 과태료에 처하는 재판에 관하여는 「법정등의질서유지를위한재판에관한규칙」에 따른다.
⑧ 영상기일을 실시한 경우 그 취지를 조서에 적어야 한다.
(2021.10.29 본조신설)

제73조의4【개정의 장소 및 심리의 공개】 ① 영상기일은 법원 청사 내의 적당한 장소에서 열되, 법원장의 허가가 있는 경우 법원 청사 외의 장소에서 열 수 있다.
② 법 제287조의2제2항에 따른 변론기일을 법정에서 열지 아니하는 경우 다음 각 호 중 하나의 방법으로 심리를 공개하여야 한다. 다만, 「법원조직법」 제57조제1항 단서에 의해 비공개 결정을 한 경우에는 그러하지 아니하다.
1. 법정 등 법원 청사 내 공개된 장소에서의 중계
2. 법원행정처장이 정하는 방법에 따른 인터넷 중계
(2021.10.29 본조신설)

제3장 증 거

제1절 총 칙

제74조【증거신청】 증거를 신청하는 때에는 증거와 증명할 사실의 관계를 구체적으로 밝혀야 한다.

제75조【증인신문과 당사자신문의 신청】 ① 증인신문은 부득이한 사정이 없는 한 일괄하여 신청하여야 한다. 당사자신문을 신청하는 경우에도 마찬가지이다.
② 증인신문을 신청하는 때에는 증인의 이름·주소·연락처·직업, 증인과 당사자의 관계, 증인이 사건에 관여하거나 내용을 알게 된 경위, 증인신문에 필요한 시간 및 증인의 출석을 확보하기 위한 협력방안을 밝혀야 한다.(2007.11.28 본항개정)

제76조【감정서 등 부본 제출】 법원이 감정을 명하거나 법 제294조 또는 법 제341조의 규정에 따라 촉탁을 하는 때에는 감정서 또는 회답서 등의 부본을 제출하게 할 수 있다.

제76조의2【민감정보 등의 처리】 ① 법원은 재판업무 수행을 위하여 필요한 범위 내에서 「개인정보 보호법」 제23조의 민감정보, 제24조의 고유식별정보, 제24조의2의 주민등록번호 및 그 밖의 개인정보를 처리할 수 있다.
② 법원이 법 제294조 또는 법 제352조에 따라 촉탁을 하는 때에는 필요한 범위 내에서 제1항의 민감정보, 고유식별정보, 주민등록번호 및 그 밖의 개인정보가 포함된 자료의 송부를 요구할 수 있다.
③ 법원사무관등은 소송관계인의 특정을 위한 개인정보를 재판사무시스템을 이용한 전자적인 방법으로 관리한다.(2018.1.31 본항신설)
④ 당사자는 법원사무관등에게 서면으로 제3항의 개인정보에 대한 정정을 신청할 수 있다. 그 신청서에는 정정 사유를 소명하는 자료를 붙여야 한다.(2018.1.31 본항신설)
⑤ 법원은 재판서가 보존되어 있는 동안 제3항의 개인정보를 보관하여야 한다.(2018.1.31 본항신설)
(2014.8.6 본조개정)

제77조【증거조사비용의 예납】 ① 법원이 증거조사의 결정을 한 때에는 바로 제19조제1항제3호 또는 같은 조 제2항의 규정에 따라 그 비용을 부담할 당사자에게 필요한 비용을 미리 내게 하여야 한다.
② 증거조사를 신청한 사람은 제1항의 명령이 있기 전에도 필요한 비용을 미리 낼 수 있다.
③ 법원은 당사자가 제1항의 명령에 따른 비용을 내지 아니하는 경우에는 증거조사결정을 취소할 수 있다.

제2절 증인신문

제78조【직무상 비밀에 관한 증언】 ① 법 제304조와 제305조에 규정한 사람 외의 공무원 또는 공무원이었던 사람이 직무상 비밀에 관한 사항에 대하여 증언하게 된 때에는 증언할 사항이 직무상 비밀에 해당하는 사유를 구체적으로 밝혀 법원에 미리 신고하여야 한다.
② 제1항의 신고가 있는 경우 법원은 필요하다고 인정하는 때에는 그 소속 관청 또는 감독 관청에 대하여 신문할 사항이 직무상 비밀에 해당하는지 여부에 관하여 조회할 수 있다.

제79조【증인진술서의 제출 등】 ① 법원은 효율적인 증인신문을 위하여 필요하다고 인정하는 때에는 증인을 신청한 당사자에게 증인진술서를 제출하게 할 수 있다.
② 증인진술서에는 증언할 내용을 그 시간 순서에 따라 적고, 증인이 서명날인하여야 한다.
③ 증인진술서 제출명령을 받은 당사자는 법원이 정한 기한까지 원본과 함께 상대방의 수에 2(다만, 합의부에서는 상대방의 수에 3)를 더한 만큼의 사본을 제출하여야 한다.
④ 법원사무관등은 증인진술서 사본 1통을 증인신문기일 전에 상대방에게 송달하여야 한다.

제80조【증인신문사항의 제출 등】 ① 증인신문을 신청한 당사자는 법원이 정한 기한까지 상대방의 수에 3(다만, 합의부에서는 상대방의 수에 4)을 더한 통수의 증인신문사항을 적은 서면을 제출하여야 한다. 다만, 제79조의 규정에 따라 증인진술서를 제출하는 경우로서 법원이 증인신문사항을 제출할 필요가 없다고 인정하는 때에는 그러하지 아니하다.
② 법원사무관등은 제1항의 서면 1통을 증인신문기일 전에 상대방에게 송달하여야 한다.
③ 재판장은 제출된 증인신문사항이 개별적이고 구체적이지 아니하거나 제95조제2항 각호의 신문이 포함

되어 있는 때에는 증인신문사항의 수정을 명할 수 있다. 다만, 같은 항 제2호 내지 제4호의 신문에 관하여 정당한 사유가 있는 경우에는 그러하지 아니하다.

제81조【증인 출석요구서의 기재사항 등】 ① 증인의 출석요구서에는 법 제309조에 규정된 사항 외에 다음 각호의 사항을 적어야 한다.
1. 출석하지 아니하는 경우에는 그 사유를 밝혀 신고하여야 한다는 취지
2. 제1호의 신고를 하지 아니하는 경우에는 정당한 사유 없이 출석하지 아니한 것으로 인정되어 법률상 제재를 받을 수 있다는 취지

② 증인에 대한 출석요구서는 출석할 날보다 2일 전에 송달되어야 한다. 다만, 부득이한 사정이 있는 경우에는 그러하지 아니하다.

제82조【증인의 출석 확보】 증인이 채택된 때에는 증인신청을 한 당사자는 증인이 기일에 출석할 수 있도록 노력하여야 한다.

제83조【불출석의 신고】 증인이 출석요구를 받고 기일에 출석할 수 없을 경우에는 바로 그 사유를 밝혀 신고하여야 한다.

제84조【서면에 의한 증언】 ① 법 제310조제1항의 규정에 따라 출석·증언에 갈음하여 증언할 사항을 적은 서면을 제출하게 하는 경우 법원은 증인을 신청한 당사자의 상대방에 대하여 그 서면에서 회답을 바라는 사항을 적은 서면을 제출하게 할 수 있다.

② 법원이 법 제310조제1항의 규정에 따라 출석·증언에 갈음하여 증언할 사항을 적은 서면을 제출하게 하는 때에는 다음 각호의 사항을 증인에게 고지하여야 한다.
1. 증인에 대한 신문사항 또는 신문사항의 요지
2. 법원이 출석요구를 하는 때에는 법정에 출석·증언하여야 한다는 취지
3. 제출할 기한을 정한 때에는 그 취지

③ 증인은 증언할 사항을 적은 서면에 서명날인하여야 한다.

제85조【증인에 대한 과태료 등】 ① 법 제311조제1항의 규정에 따른 과태료와 소송비용 부담의 재판은 수소법원이 관할한다.

② 제1항과 법 제311조제1항의 규정에 따른 재판절차에 관하여는 비송사건절차법 제248조와 제250조(다만, 제248조제3항 후문과 검사에 관한 부분을 제외한다)의 규정을 준용한다.

제86조【증인에 대한 감치】 ① 법 제311조제2항 내지 제8항의 규정에 따른 감치재판은 수소법원이 관할한다.

② 감치재판절차는 법원의 감치재판개시결정에 따라 개시된다. 이 경우 감치사유가 발생한 날부터 20일이 지난 때에는 감치재판개시결정을 할 수 없다.

③ 감치재판절차를 개시한 후 감치결정 전에 그 증인이 증언을 하거나 그 밖에 감치에 처하는 것이 상당하지 아니하다고 인정되는 때에는 법원은 불처벌결정을 하여야 한다.

④ 제2항의 감치재판개시결정과 제3항의 불처벌결정에 대하여는 불복할 수 없다.

⑤ 법 제311조제7항의 규정에 따라 증인을 석방한 때에는 재판장은 바로 감치시설의 장에게 그 취지를 서면으로 통보하여야 한다.

⑥ 제1항 내지 제5항 및 법 제311조제2항 내지 제8항의 규정에 따른 감치절차에 관하여는 법정등의질서유지를위한재판에관한규칙 제6조 내지 제8조, 제10조, 제11조, 제13조, 제15조 내지 제19조, 제21조 내지 제23조 및 제25조제1항·제2항(다만, 제13조중 의견서에 관한 부분은 삭제하고, 제19조제2항 중 "3일"은 "1주"로, 제23조제8항 중 "감치의 집행을 한 날"은 "법 제311조제5항의 규정에 따른 통보를 받은 날"로 고쳐 적용한다)의 규정을 준용한다.

제87조【증인의 구인】 정당한 사유 없이 출석하지 아니한 증인의 구인에 관하여는 형사소송규칙 중 구인에 관한 규정을 준용한다.

제88조【증인의 동일성 확인】 재판장은 증인으로부터 주민등록증 등 신분증을 제시받거나 그 밖의 적당한 방법으로 증인임이 틀림없음을 확인하여야 한다. (2006.3.23 본조개정)

제89조【신문의 순서】 ① 법 제327조제1항의 규정에 따른 증인의 신문은 다음 각호의 순서를 따른다. 다만, 재판장은 주신문에 앞서 증인으로 하여금 그 사건과의 관계와 쟁점에 관하여 알고 있는 사실을 개략적으로 진술하게 할 수 있다.
1. 증인신문신청을 한 당사자의 신문(주신문)
2. 상대방의 신문(반대신문)
3. 증인신문신청을 한 당사자의 재신문(재주신문)

② 제1항의 순서에 따른 신문이 끝난 후에는 당사자는 재판장의 허가를 받은 때에만 다시 신문할 수 있다.

③ 재판장은 정리된 쟁점별로 제1항의 순서에 따라 신문하게 할 수 있다.(2007.11.28 본항신설)

제90조【주신문을 할 당사자가 출석하지 아니한 경우의 신문】 증인신문을 신청한 당사자가 신문기일에 출석하지 아니한 경우에는 재판장이 그 당사자에 갈음하여 신문을 할 수 있다.

제91조【주신문】 ① 주신문은 증명할 사항과 이에 관련된 사항에 관하여 한다.

② 주신문에서는 유도신문을 하여서는 아니된다. 다만, 다음 각호 가운데 어느 하나에 해당하는 경우에는 그러하지 아니하다.
1. 증인과 당사자의 관계, 증인의 경력, 교우관계 등 실질적인 신문에 앞서 미리 밝혀둘 필요가 있는 준비적인 사항에 관한 신문의 경우
2. 증인이 주신문을 하는 사람에 대하여 적의 또는 반감을 보이는 경우
3. 증인이 종전의 진술과 상반되는 진술을 하는 때에 그 종전 진술에 관한 신문의 경우
4. 그 밖에 유도신문이 필요한 특별한 사정이 있는 경우

③ 재판장은 제2항 단서의 각호에 해당하지 아니하는 경우의 유도신문은 제지하여야 하고, 유도신문의 방법이 상당하지 아니하다고 인정하는 때에는 제한할 수 있다.

제92조【반대신문】 ① 반대신문은 주신문에 나타난 사항과 이에 관련된 사항에 관하여 한다.

② 반대신문에서 필요한 때에는 유도신문을 할 수 있다.

③ 재판장은 유도신문의 방법이 상당하지 아니하다고 인정하는 때에는 제한할 수 있다.

④ 반대신문의 기회에 주신문에 나타나지 아니한 새로운 사항에 관하여 신문하고자 하는 때에는 재판장의 허가를 받아야 한다.

⑤ 제4항의 신문은 그 사항에 관하여는 주신문으로 본다.

제93조【재주신문】 ① 재주신문은 반대신문에 나타난 사항과 이와 관련된 사항에 관하여 한다.

② 재주신문은 주신문의 예를 따른다.

③ 재주신문에 관하여는 제92조제4항·제5항의 규정을 준용한다.

제94조【증언의 증명력을 다투기 위하여 필요한 사항의 신문】 ① 당사자는 증언의 증명력을 다투기 위하여 필요한 사항에 관한 신문을 할 수 있다.

② 제1항에 규정된 신문은 증인의 경험·기억 또는 표현의 정확성 등 증언의 신빙성에 관련된 사항 및 증인의 이해관계·편견 또는 예단 등 증인의 신용성에 관련된 사항에 관하여 한다.

제95조【증인신문의 방법】 ① 신문은 개별적이고 구체적으로 하여야 한다.

② 재판장은 직권 또는 당사자의 신청에 따라 다음 각호 가운데 어느 하나에 해당하는 신문을 제한할 수 있다. 다만, 제2호 내지 제4호에 규정된 신문에 관하여 정당한 사유가 있는 때에는 그러하지 아니하다.
1. 증인을 모욕하거나 증인의 명예를 해치는 내용의 신문
2. 제91조 내지 제94조의 규정에 어긋나는 신문
3. 의견의 진술을 구하는 신문
4. 증인이 직접 경험하지 아니한 사항에 관하여 진술을 구하는 신문

제95조의2【비디오 등 중계장치 등에 의한 증인신문】 법 제327조의2에 따른 증인신문의 절차와 방법에 관하여는 제73조의3을 준용한다.(2021.10.29 본조개정)

제96조【문서 등을 이용한 신문】 ① 당사자는 재판장의 허가를 받아 문서·도면·사진·모형·장치, 그 밖의 물건(다음부터 이 조문 안에서 이 모두를 "문서등"이라 한다)을 이용하여 신문할 수 있다.

② 제1항의 경우에 문서등이 증거조사를 하지 아니한 것인 때에는 신문에 앞서 상대방에게 열람할 기회를 주어야 한다. 다만, 상대방의 이의가 없는 때에는 그러하지 아니하다.

③ 재판장은 조서에 붙이거나 그 밖에 다른 필요가 있다고 인정하는 때에는 당사자에게 문서등의 사본(사본으로 제출할 수 없는 경우에는 그 사진이나 그 밖의 적당한 물건)을 제출할 것을 명할 수 있다.

제97조【이의신청】 ① 증인신문에 관한 재판장의 명령 또는 조치에 대한 이의신청은 그 명령 또는 조치가 있은 후 바로 하여야 하며, 그 이유를 구체적으로 밝혀야 한다.

② 법원은 제1항의 규정에 따른 이의신청에 대하여 바로 결정으로 재판하여야 한다.

제98조【재정인의 퇴정】 법정 안에 있는 특정인 앞에서는 충분히 진술하기 어려운 현저한 사유가 있는 때에는 재판장은 당사자의 의견을 들어 그 증인이 진술하는 동안 그 사람을 법정에서 나가도록 명할 수 있다.

제99조【서면에 따른 질문 또는 회답의 낭독】 듣지 못하는 증인에게 서면으로 물은 때 또는 말을 못하는 증인에게 서면으로 답하게 한 때에는 재판장은 법원사무관등으로 하여금 질문 또는 회답을 적은 서면을 낭독하게 할 수 있다.

제100조【수명법관·수탁판사의 권한】 수명법관 또는 수탁판사가 증인신문을 하는 경우에는 이 절에 규정된 법원과 재판장의 직무를 행한다.

제3절 감 정

제100조의2【감정인 의무의 고지】 법원은 감정인에게 선서를 하게 하기에 앞서 법 제335조의2에 따른 의무를 알려야 한다.(2016.9.6 본조신설)

제101조【감정사항의 결정 등】 ① 감정을 신청하는 때에는 감정을 구하는 사항을 적은 서면을 함께 제출하여야 한다. 다만, 부득이한 사유가 있는 때에는 재판장이 정하는 기한까지 제출하면 된다.

② 제1항의 서면은 상대방에게 송달하여야 한다. 다만, 그 서면의 내용을 고려하여 법원이 송달할 필요가 없다고 인정하는 때에는 그러하지 아니하다.

③ 상대방은 제1항의 서면에 관하여 의견이 있는 때에는 의견을 적은 서면을 법원에 제출할 수 있다. 이 경우 재판장은 미리 그 제출기한을 정할 수 있다. (2016.9.6 후단신설)

④ 법원은 제1항의 서면을 토대로 하되, 제3항의 규정에 따라 의견이 제출된 때에는 그 의견을 고려하여 감정사항을 정하여야 한다. 이 경우 법원이 감정사항을 정하기 위하여 필요한 때에는 감정인의 의견을 들을 수 있다.

⑤ (2016.9.6 삭제)

제101조의2【감정에 필요한 자료제공 등】 ① 법원은 감정에 필요한 자료를 감정인에게 보낼 수 있다.

② 당사자는 감정에 필요한 자료를 법원에 내거나 법원의 허가를 받아 직접 감정인에게 건네줄 수 있다.

③ 감정인은 부득이한 사정이 없으면 제1항, 제2항에 따른 자료가 아닌 자료를 감정의 전제가 되는 사실 인정에 사용할 수 없다.

④ 법원은 감정인에게 감정에 사용한 자료를 제출하게 하거나 그 목록을 보고하게 할 수 있다. (2016.9.6 본조신설)

제101조의3【감정의견에 관한 의견진술】 ① 법원은 법 제339조제1항, 제2항에 따른 감정인의 의견진술이 있는 경우에 당사자에게 기한을 정하여 그에 관한 의견을 적은 서면을 제출하게 할 수 있다.

② 법원은 법 제339조제1항, 제2항에 따른 감정인의 서면 의견진술이 있는 경우에 그에 관하여 말로 설명할 필요가 있다고 인정하는 때에는 감정인에게 법정에 출석하게 할 수 있다.

③ 제2항의 경우 법원은 당사자에게 기한을 정하여 감정인에게 질문할 사항을 적은 서면을 감정인이 출석할 신문기일 전에 제출하게 할 수 있다.

④ 법원사무관등은 제3항에 따른 서면의 부본을 감정인이 출석할 신문기일 전에 상대방에게 송달하여야 한다. (2016.9.6 본조신설)

제102조【기피신청의 방식】 ① 감정인에 대한 기피는 그 이유를 밝혀 신청하여야 한다.

② 기피하는 이유와 소명방법은 신청한 날부터 3일 안에 서면으로 제출하여야 한다.

제103조【감정서의 설명】 ① 법 제341조제2항의 규정에 따라 감정서를 설명하게 하는 때에는 당사자를 참여하게 하여야 한다.

② 제1항의 설명의 요지는 조서에 적어야 한다.

제103조의2 (2021.10.29 삭제)

제104조【증인신문규정의 준용】 감정에는 그 성질에 어긋나지 아니하는 범위 안에서 제2절의 규정을 준용한다.

제4절 서 증

제105조【문서를 제출하는 방식에 의한 서증신청】 ① 문서를 제출하여 서증의 신청을 하는 때에는 문서의 제목·작성자 및 작성일을 밝혀야 한다. 다만, 문서의 기재상 명백한 경우에는 그러하지 아니하다.

② 서증을 제출하는 때에는 상대방의 수에 1을 더한 수의 사본을 함께 제출하여야 한다. 다만, 상당한 이유가 있는 때에는 법원은 기간을 정하여 사본을 제출하게 할 수 있다.

③ 제2항의 사본은 명확한 것이어야 하며 재판장은 사본이 불명확한 때에는 사본을 다시 제출하도록 명할 수 있다.

④ 문서의 일부를 증거로 하는 때에도 문서의 전부를 제출하여야 한다. 다만, 그 사본은 재판장의 허가를 받아 증거로 원용할 부분의 초본만을 제출할 수 있다.

⑤ 법원은 서증에 대한 증거조사가 끝난 후에도 서증 원본을 다시 제출할 것을 명할 수 있다.

제106조【증거설명서의 제출 등】 ① 재판장은 서증의 내용을 이해하기 어렵거나 서증의 수가 방대한 경우 또는 서증의 입증취지가 불명확한 경우에는 당사자에게 서증과 증명할 사실의 관계를 구체적으로 밝힌 설명서를 제출할 것을 명할 수 있다.

② 서증이 국어 아닌 문자 또는 부호로 되어 있는 때에는 그 문서의 번역문을 붙여야 한다. 다만, 문서의 일부를 증거로 하는 때에는 재판장의 허가를 받아 그 부분의 번역문만을 붙일 수 있다.

제107조【서증 사본의 작성 등】 ① 당사자가 제105조제2항의 규정에 따라 서증 사본을 작성하는 때에는 서증 내용의 전부를 복사하여야 한다. 이 경우 재판장이 필요하다고 인정하는 때에는 서증 사본에 원본과 틀림이 없다는 취지를 적고 기명날인 또는 서명하여야 한다.
② 서증 사본에는 다음 각호의 구분에 따른 부호와 서증의 제출순서에 따른 번호를 붙여야 한다.
1. 원고가 제출하는 것은 "갑"
2. 피고가 제출하는 것은 "을"
3. 독립당사자참가인이 제출하는 것은 "병"
③ 재판장은 같은 부호를 사용할 당사자가 여러 사람인 때에는 제2항의 부호 다음에 "가" "나" "다" 등의 가지부호를 붙여서 사용하게 할 수 있다.
제108조【서증 사본의 제출기간】 법 제147조제1항의 규정에 따라 재판장이 서증신청(문서를 제출하는 방식으로 하는 경우에 한한다)을 할 기간을 정한 때에는 당사자는 그 기간이 끝나기 전에 서증의 사본을 제출하여야 한다.
제109조【서증에 대한 증거결정】 당사자가 서증을 신청한 경우 다음 각호 가운데 어느 하나에 해당하는 사유가 있는 때에는 법원은 그 서증을 채택하지 아니하거나 채택결정을 취소할 수 있다.
1. 서증과 증명할 사실 사이에 관련성이 인정되지 아니하는 때
2. 이미 제출된 증거와 같거나 비슷한 취지의 문서로서 별도의 증거가치가 있음을 당사자가 밝히지 못한 때
3. 국어 아닌 문자 또는 부호로 되어 있는 문서로서 그 번역문을 붙이지 아니하거나 재판장의 번역문 제출명령에 따르지 아니한 때
4. 제106조제1항의 규정에 따른 재판장의 증거설명서 제출명령에 따르지 아니한 때
5. 문서의 작성자 또는 그 작성일이 분명하지 아니한 경우로서 이를 밝히도록 한 재판장의 명령에 따르지 아니한 때
제110조【문서제출신청의 방식 등】 ① 법 제345조의 규정에 따른 문서제출신청은 서면으로 하여야 한다.
② 상대방은 제1항의 신청에 관하여 의견이 있는 때에는 의견을 적은 서면을 법원에 제출할 수 있다.
③ 법 제346조의 규정에 따른 문서목록의 제출신청에 관하여는 제1항과 제2항의 규정을 준용한다.
제111조【제시·제출된 문서의 보관】 ① 법원은 필요하다고 인정하는 때에는 법 제347조제4항 전문의 규정에 따라 제시받은 문서를 일시적으로 맡아 둘 수 있다.
② 제1항의 경우 또는 법 제353조의 규정에 따라 문서를 맡아 두는 경우 문서를 제시하거나 제출한 사람이 요구하는 때에는 법원사무관등은 문서의 보관증을 교부하여야 한다.
제112조【문서가 있는 장소에서의 서증신청 등】 ① 제3자가 가지고 있는 문서를 법 제343조 또는 법 제352조가 규정하는 방법에 따라 서증으로 신청할 수 없거나 신청하기 어려운 사정이 있는 때에는 법원은 그 문서가 있는 장소에서 서증의 신청을 받아 조사할 수 있다.
② 제1항의 경우 신청인은 서증으로 신청한 문서의 사본을 법원에 제출하여야 한다.
제113조【기록 가운데 일부문서에 대한 송부촉탁】 ① 법원·검찰청, 그 밖의 공공기관(다음부터 이 조문 안에서 이 모두를 "법원등"이라 한다)이 보관하고 있는 기록의 불특정한 일부에 대하여도 법 제352조의 규정에 따른 문서송부의 촉탁을 신청할 수 있다.
② 법원이 제1항의 신청을 채택한 때에는 기록을 보관하고 있는 법원등에 대하여 그 기록 가운데 신청인 또는 소송대리인이 지정하는 부분의 인증등본을 보내줄 것을 촉탁하여야 한다.
③ 제2항의 규정에 따른 촉탁을 받은 법원등은 법 제352조의2제2항에 규정된 사유가 있는 경우가 아니면 문서송부촉탁 신청인 또는 소송대리인에게 그 기록을 열람하게 하여 필요한 부분을 지정할 수 있도록 하여야 한다.(2012.5.2 본항개정)
제114조 (2007.11.28 삭제)
제115조【송부촉탁 신청인의 사본제출의무 등】 제113조, 법 제347조제1항 또는 법 제352조의 규정에 따라 법원에 문서가 제출된 때에는 신청인은 그 중 서증으로 제출하고자 하는 문서를 개별적으로 지정하고 그 사본을 법원에 제출하여야 한다. 다만, 제출된 문서가 증거조사를 마친 후 돌려 줄 필요가 없는 것인 때에는 따로 사본을 제출하지 아니하여도 된다.
제116조【문서의 진정성립을 부인하는 이유의 명시】 문서의 진정성립을 부인하는 때에는 그 이유를 구체적으로 밝혀야 한다.

제5절 검 증

제117조【검증목적물의 제출】 검증목적물의 제출절차에 관하여는 제107조제2항·제3항의 규정을 준용한다. 이 경우에는 그 부호 앞에 "검"이라고 표시하여야 한다.
제118조【검증목적물의 보관 등】 제출된 검증목적물에 관하여는 제105조제5항과 제111조제2항의 규정을 준용한다.

제6절 당사자신문

제119조【증인신문 규정의 준용】 당사자 본인이나 당사자를 대리·대표하는 법정대리인·대표자 또는 관리인의 신문에는 제81조, 제83조 및 제88조 내지 제100조의 규정을 준용한다. 이 경우 제81조제1항제2호 중 "법률상 제재를 받을 수 있다는 취지"는 "법률상 불이익을 받을 수 있다는 취지"로 고쳐 적용한다.
(2015.6.29 전단개정)
제119조의2【당사자진술서 또는 당사자신문사항의 제출 등】 ① 법원은 효율적인 당사자신문을 위하여 필요하다고 인정하는 때에는 당사자신문을 신청한 당사자에게 당사자진술서 또는 당사자신문사항을 제출하게 할 수 있다.
② 제1항에 따른 당사자진술서의 제출 등에 관하여는 제79조제2항부터 제4항까지를, 당사자신문사항의 제출 등에 관하여는 제80조제1항 본문, 제2항 및 제3항을 각 준용한다.
(2015.6.29 본조신설)

제7절 그 밖의 증거

제120조【자기디스크등에 기억된 문자정보 등에 대한 증거조사】 ① 컴퓨터용 자기디스크·광디스크, 그 밖에 이와 비슷한 정보저장매체(다음부터 이 조문 안에서 이 모두를 "자기디스크등"이라 한다)에 기억된 문자정보를 증거자료로 하는 경우에는 읽을 수 있도록 출력한 문서(다음부터 이 조문 안에서 "출력문서"라고 한다)를 제출할 수 있다.
② 자기디스크등에 기억된 문자정보를 증거로 하는 경우에 증거조사를 신청한 당사자는 법원이 명하거나 상대방이 요구한 때에는 자기디스크등에 입력한 사람과 입력한 일시, 출력한 사람과 출력한 일시를 밝혀야 한다.
③ 자기디스크등에 기억된 정보가 도면·사진 등에 관한 것인 때에는 제1항과 제2항의 규정을 준용한다.
제121조【음성·영상자료 등에 대한 증거조사】 ① 녹음·녹화테이프, 컴퓨터용 자기디스크·광디스크, 그 밖에 이와 비슷한 방법으로 음성이나 영상을 녹음 또는 녹화(다음부터 이 조문 안에서 "녹음등"이라 한다)하여 재생할 수 있는 매체(다음부터 이 조문 안에서 "녹음테이프등"이라 한다)에 대한 증거조사를 신청하는 때에는 음성이나 영상이 녹음등이 된 사람, 녹음등을 한 사람 및 녹음등을 한 일시·장소를 밝혀야 한다.
② 녹음테이프등에 대한 증거조사는 녹음테이프등을 재생하여 검증하는 방법으로 한다.
③ 녹음테이프등에 대한 증거조사를 신청한 당사자는 법원이 명하거나 상대방이 요구한 때에는 녹음테이프등의 녹취서, 그 밖에 그 내용을 설명하는 서면을 제출하여야 한다.
제122조【감정 등 규정의 준용】 도면·사진, 그 밖에 정보를 담기 위하여 만들어진 물건으로서 문서가 아닌 증거의 조사에 관하여는 특별한 규정이 없으면 제3절 내지 제5절의 규정을 준용한다.

제8절 증거보전

제123조【증거보전절차에서의 증거조사】 증거보전절차에서의 증거조사에 관하여는 이 장의 규정을 적용한다.
제124조【증거보전의 신청방식 등】 ① 증거보전의 신청은 서면으로 하여야 한다.
② 제1항의 신청서에는 증거보전의 사유에 관한 소명자료를 붙여야 한다.
제125조【증거보전 기록의 송부】 ① 증거보전에 관한 기록은 증거조사를 마친 후 2주 안에 본안소송의 기록이 있는 법원에 보내야 한다.
② 증거보전에 따른 증거조사를 마친 후에 본안소송이 제기된 때에는 본안소송이 계속된 법원의 송부요청을 받은 날부터 1주 안에 증거보전에 관한 기록을 보내야 한다.

제3편 상 소

제1장 항 소

제126조【항소취하를 할 법원】 소송기록이 원심법원에 있는 때에는 항소의 취하는 원심법원에 하여야 한다.
제126조의2【준비서면 등】 ① 항소인은 항소의 취지를 분명하게 하기 위하여 항소장 또는 항소심에서 처음 제출하는 준비서면에 다음 각호의 사항을 적어야 한다.
1. 제1심 판결 중 사실을 잘못 인정한 부분 또는 법리를 잘못 적용한 부분
2. 항소심에서 새롭게 주장할 사항
3. 항소심에서 새롭게 신청할 증거와 그 입증취지
4. 제2호와 제3호에 따른 주장과 증거를 제1심에서 제출하지 못한 이유
② 재판장등은 피항소인에게 상당한 기간을 정하여 제1항제1호에 따른 항소인의 주장에 대한 반박내용을 기재한 준비서면을 제출하게 할 수 있다.(2016.8.1 본항신설)
(2016.8.1 본조제목개정)
(2007.11.28 본조신설)
제127조【항소기록 송부기간】 ① 항소장이 판결정본의 송달 전에 제출된 경우 항소기록 송부기간은 판결정본이 송달된 날부터 2주로 한다.
② 원심재판장등이 판결 정본의 송달 전에 제출된 항소장에 대하여 보정명령을 내린 경우의 항소기록 송부기간은 판결 정본의 송달 전에 그 흠이 보정된 때에는 판결 정본이 송달된 날부터 2주, 판결 정본의 송달 이후에 그 흠이 보정된 때에는 보정된 날부터 1주로 한다.(2015.6.29 본항개정)
제127조의2【제1심 변론결과의 진술】 제1심 변론결과의 진술은 당사자가 사실상 또는 법률상 주장, 정리된 쟁점 및 증거조사 결과의 요지 등을 진술하거나, 법원이 당사자에게 해당사항을 확인하는 방식으로 할 수 있다.(2007.11.28 본조신설)
제128조【제1심 소송절차의 준용】 항소심의 소송절차에 관하여는 그 성질에 어긋나지 아니하는 범위 안에서 제2편의 규정을 준용한다.

제2장 상 고

제129조【상고이유의 기재방식】 ① 판결에 영향을 미친 헌법·법률·명령 또는 규칙(다음부터 이 장 안에서 "법령"이라 한다)의 위반이 있다는 것을 이유로 하는 상고의 경우에 상고이유는 법령과 이에 위반하는 사유를 밝혀야 한다.
② 제1항의 규정에 따라 법령을 밝히는 때에는 그 법령의 조항 또는 내용(성문법 외의 법령에 관하여는 그 취지)을 적어야 한다.
③ 제1항의 규정에 따라 법령에 위반하는 사유를 밝히는 경우에 그 법령이 소송절차에 관한 것인 때에는 그에 위반하는 사실을 적어야 한다.
제130조【절대적 상고이유의 기재방식】 법 제424조제1항의 어느 사유를 상고이유로 삼는 때에는 상고이유에 그 조항과 이에 해당하는 사실을 밝혀야 한다.
제131조【판례의 적시】 원심판결이 대법원판례와 상반되는 것을 상고이유로 하는 경우에는 그 판례를 구체적으로 밝혀야 한다.
제132조【소송기록 접수의 통지방법】 법 제426조의 규정에 따른 소송기록 접수의 통지는 그 사유를 적은 서면을 당사자에게 송달하는 방법으로 한다.
제133조【상고이유서의 통수】 상고이유서를 제출하는 때에는 상대방의 수에 6을 더한 수의 부본을 붙여야 한다.
제133조의2【상고이유서 등의 분량】 상고이유서와 답변서는 그 분량을 30쪽 이내로 하여 제출하여야 한다.(2016.8.1 본조신설)
제134조【참고인의 진술】 ① 법 제430조제2항의 규정에 따라 참고인의 진술을 듣는 때에는 당사자를 참여하게 하여야 한다.
② 제1항의 진술의 요지는 조서에 적어야 한다.
제134조의2【참고인 의견서 제출】 ① 국가기관과 지방자치단체는 공익과 관련된 사항에 관하여 대법원에 재판에 관한 의견서를 제출할 수 있고, 대법원은 이들에게 의견서를 제출하게 할 수 있다.
② 대법원은 소송관계를 분명하게 하기 위하여 공공단체 등 그 밖의 참고인에게 의견서를 제출하게 할 수 있다.
(2015.1.28 본조신설)
제135조【항소심절차규정의 준용】 상고와 상고심의 소송절차에는 그 성질에 어긋나지 아니하는 범위 안에서 제1장의 규정을 준용한다.
제136조【부대상고에 대한 준용】 부대상고에는 제129조 내지 제135조의 규정을 준용한다.

제3장 항 고

제137조【항소·상고의 절차규정 준용】 ① 항고와 그에 관한 절차에는 그 성질에 어긋나지 아니하는 범위 안에서 제1장의 규정을 준용한다.

② 재항고 또는 특별항고와 그에 관한 절차에는 그 성질에 어긋나지 아니하는 범위 안에서 제2장의 규정을 준용한다.

제4편 재 심

제138조【재심의 소송절차】 재심의 소송절차에는 그 성질에 어긋나지 아니하는 범위 안에서 각 심급의 소송절차에 관한 규정을 준용한다.
제139조【재심소장의 첨부서류】 재심소장에는 재심의 대상이 되는 판결의 사본을 붙여야 한다.
제140조【재심소송기록의 처리】 ① 재심절차에서 당사자가 제출한 서증의 번호는 재심 전 소송의 서증의 번호에 연속하여 매긴다.
② 재심사건에 대하여 상소가 제기된 때에는 법원사무관등은 상소기록에 재심 전 소송기록을 붙여 상소법원에 보내야 한다.
제141조【준재심절차에 대한 준용】 법 제461조의 규정에 따른 재심절차에는 제138조 내지 제140조의 규정을 준용한다.

제5편 공시최고절차

제142조【공시최고의 공고】 ① 공시최고의 공고는 다음 각 호 가운데 어느 하나의 방법으로 한다. 이 경우 필요하다고 인정하는 때에는 적당한 방법으로 공고사항의 요지를 공시할 수 있다.
1. 법원게시판 게시
2. 관보·공보 또는 신문 게재
3. 전자통신매체를 이용한 공고
② 법원사무관등은 공고한 날짜와 방법을 기록에 표시하여야 한다.
제143조【제권판결의 공고】 제권판결의 요지를 공고하는 때에는 제142조의 규정을 준용한다.

제6편 판결의 확정 및 집행정지

제144조【집행정지신청 등의 방식】 법 제500조제1항 또는 법 제501조의 규정에 따른 집행정지 등의 신청은 서면으로 하여야 한다.

부 칙

제1조【시행일】 이 규칙은 2002년 7월 1일부터 시행한다.
제2조【계속사건에 관한 경과조치】 이 규칙은 특별한 규정이 없으면 이 규칙 시행 당시 법원에 계속중인 사건에도 적용한다. 다만, 종전의 규정에 따라 생긴 효력에는 영향을 미치지 아니한다.
제3조【증인감치에 관한 경과조치】 제86조와 법 제311조의 증인감치에 관한 규정은 법 시행 후 과태료의 재판을 고지받은 증인에 대하여 적용한다.

부 칙 (2006.3.23)

이 규칙은 공포한 날부터 시행한다.

부 칙 (2007.7.31)

제1조【시행일】 이 규칙은 2007년 8월 14일부터 시행한다.
제2조【경과조치】 이 규칙은 이 규칙 시행 당시에 법원에 계속 중인 사건에도 적용한다.

부 칙 (2007.11.28)

제1조【시행일】 이 규칙은 2008년 1월 1일부터 시행한다.
제2조【계속사건에 관한 경과조치】 이 규칙은 특별한 규정이 없으면 이 규칙 시행 당시 법원에 계속 중인 사건에도 적용한다. 다만, 종전의 규정에 따라 생긴 효력에는 영향을 미치지 아니한다.

부 칙 (2009.1.9)

제1조【시행일】 이 규칙은 공포한 날부터 시행한다.
제2조【계속사건에 관한 경과조치】 이 규칙은 이 규칙 시행 당시 법원에 계속 중인 사건에도 적용한다.

부 칙 (2009.12.3)

이 규칙은 공포한 날부터 시행한다.

부 칙 (2010.12.13)

제1조【시행일】 이 규칙은 2011년 1월 1일부터 시행한다.
제2조【계속사건에 관한 경과조치】 이 규칙은 이 규칙 시행 당시 법원에 계속 중인 사건에도 적용한다.

부 칙 (2011.9.28)

제1조【시행일】 이 규칙은 2011년 10월 13일부터 시행한다.(이하 생략)

부 칙 (2012.5.2)

제1조【시행일】 이 규칙은 공포한 날부터 시행한다.
제2조【계속 사건에 관한 적용례】 이 규칙은 이 규칙 시행 당시 법원에 계속 중인 사건에도 적용한다.

부 칙 (2014.8.6)

이 규칙은 2014년 8월 7일부터 시행한다.

부 칙 (2014.12.30)

이 규칙은 2015년 1월 1일부터 시행한다.

부 칙 (2015.1.28)

제1조【시행일】 이 규칙은 공포한 날부터 시행한다. 다만, 제15조제1항 및 같은 조 제4항의 개정규정은 2015년 2월 13일부터 시행하고, 제26조제2항, 같은 조 제3항의 개정규정 및 제70조의3의 신설규정은 2015년 7월 1일부터 시행한다.
제2조【계속사건에 관한 경과조치】 이 규칙은 이 규칙 시행 당시 법원에 계속 중인 사건에도 적용한다.

부 칙 (2015.6.29)

제1조【시행일】 이 규칙은 2015년 7월 1일부터 시행한다.
제2조【계속사건에 관한 경과조치】 이 규칙은 이 규칙 시행 당시에 법원에 계속 중인 사건에도 적용한다.

부 칙 (2016.8.1)

제1조【시행일】 이 규칙은 공포한 날부터 시행한다.
제2조【계속사건에 관한 경과조치】 이 규칙은 이 규칙 시행 당시 법원에 계속 중인 사건에도 적용한다. 다만, 종전 규정에 따라 생긴 효력에는 영향을 미치지 아니한다.

부 칙 (2016.9.6)

제1조【시행일】 이 규칙은 2016년 9월 30일부터 시행한다. 다만, 제15조제1항 및 제4항의 개정규정은 2016년 10월 1일부터 시행하고, 제17조의2의 개정규정은 공포한 날부터 시행한다.
제2조【계속사건에 관한 경과조치】 이 규칙은 이 규칙 시행 당시에 법원에 계속 중인 사건에도 적용한다. 다만, 종전의 규정에 따라 생긴 효력에 영향을 미치지 아니한다.

부 칙 (2017.2.2)

제1조【시행일】 이 규칙은 2017년 2월 4일부터 시행한다.
제2조【계속사건에 관한 경과조치】 이 규칙은 이 규칙 시행 당시 법원에 계속 중인 사건에도 적용한다. 다만, 종전 규칙에 따라 생긴 효력에는 영향을 미치지 아니한다.

부 칙 (2018.1.31)
(2020.6.1)
(2020.6.26)

이 규칙은 공포한 날부터 시행한다.

부 칙 (2021.10.29)

제1조【시행일】 이 규칙은 2021년 11월 18일부터 시행한다.
제2조【계속사건에 관한 경과조치】 이 규칙은 이 규칙 시행 당시 법원에 계속 중인 사건에 대하여도 적용한다.
제3조【다른 규칙의 개정】 ※(해당 법령에 가제정리 하였음)

민사집행법

(2002년 1월 26일
법 률 제6627호)

개정
2005. 1.27법 7358호
2007. 8. 3법 8581호(상법)
2007. 8. 3법 8622호(소형선박저당법)
2009. 3.25법 9525호(자동차특정동산)
2010. 7.23법10376호 2011. 4. 5법10539호
2011. 4.12법10580호(부등)
2014. 5.20법12588호 2015. 5.18법13286호
2016. 2. 3법13952호(민사소송법)
2022. 1. 4법18671호

제1편 총 칙

제1조【목적】 이 법은 강제집행, 담보권 실행을 위한 경매, 민법·상법, 그 밖의 법률의 규정에 의한 경매(이하 "민사집행"이라 한다) 및 보전처분의 절차를 규정함을 목적으로 한다.
참조 [다른 법률의 강제집행]소송촉진34, [과태료]60, [벌금]비송249, 형소477
제2조【집행실시자】 민사집행은 이 법에 특별한 규정이 없으면 집행관이 실시한다.
참조 [집행관]43, 법원조직55, 집행관2, [이의신청]16, [집행일시 지정]민집규3
제3조【집행법원】 ① 이 법에서 규정한 집행행위에 관한 법원의 처분이나 그 행위에 관한 법원의 협력사항을 관할하는 집행법원은 법률에 특별히 지정되어 있지 아니하면 집행절차를 실시할 곳이나 실시한 곳을 관할하는 지방법원이 된다.
② 집행법원의 재판은 변론 없이 할 수 있다.
참조 [집행행위의 부동산·채권·가압류]79·223·291, [집행행위에 대한 협력]5③, [공휴일·야간의 집행]8, [압류금지물 재판]196, [임시의 지위를 정하기 위한 가처분]304, [집행에 관한 이의신청]16, [잠정처분]46④, [특별대리인의 선임]52②, [전속관할]21, [가처분의 재판]303
제4조【집행신청의 방식】 민사집행의 신청은 서면으로 하여야 한다.
참조 [강제경매]80·81, [부동산]163, [압류명령]225, [담보권실행]264, [가압류]279, [유체동산]민집규131, [신청의 방법]민소161
제5조【집행관의 강제력 사용】 ① 집행관은 집행을 하기 위하여 필요한 경우에는 채무자의 주거·창고 그 밖의 장소를 수색하고, 잠근 문과 기구를 여는 등 적절한 조치를 할 수 있다.
② 제1항의 경우에 저항을 받으면 집행관은 경찰 또는 국군의 원조를 요청할 수 있다.
③ 제2항의 국군의 원조는 법원에 신청하여야 하며, 법원이 국군의 원조를 요청하는 절차는 대법원규칙으로 정한다.
참조 [국군원조요청의 절차]민집규4
제6조【참여자】 집행관은 집행하는 데 저항을 받거나 채무자의 주거에서 집행을 실시하려는데 채무자나 사리를 분별할 지능이 있는 그 친족·고용인을 만나지 못한 때에는 성년 두 사람이나 특별시·광역시의 구 또는 동 직원, 시·읍·면 직원(도농복합형태의 시의 경우 동지역에서는 시 직원, 읍·면지역에서는 읍·면 직원) 또는 경찰공무원 중 한 사람을 증인으로 참여하게 하여야 한다.
참조 [집행참여자의 의무]민집규5, [친족]민767·777, [성년]민6·826의2
제7조【집행관에 대한 원조요구】 ① 집행관 외의 사람으로서 법원의 명령에 의하여 민사집행에 관한 직무를 행하는 사람은 그 신분 또는 자격을 증명하는 문서를 지니고 있다가 관계인이 신청할 때에는 이를 내보여야 한다.

② 제1항의 사람이 그 직무를 집행하는 데 저항을 받으면 집행관에게 원조를 요구할 수 있다.
③ 제2항의 원조요구를 받은 집행관은 제5조 및 제6조에 규정된 권한을 행사할 수 있다.
참조 [집행관 외의 사람]97, [관리인]166, [보관인]244①, [공공기관의 원조]20, [집행관의 강제력 사용]5, [참여자]6

제8조【공휴일 · 야간의 집행】 ① 공휴일과 야간에는 법원의 허가가 있어야 집행행위를 할 수 있다.
② 제1항의 허가명령은 민사집행을 실시할 때에 내보여야 한다.

제9조【기록열람 · 등본부여】 집행관은 이해관계 있는 사람이 신청하면 집행기록을 볼 수 있도록 허가하고, 기록에 있는 서류의 등본을 교부하여야 한다.
참조 [집행조서]10, [집행정지서류]49, [강제경매신청서]81

제10조【집행조서】 ① 집행관은 집행조서(執行調書)를 작성하여야 한다.
② 제1항의 조서(調書)에는 다음 각호의 사항을 밝혀야 한다.
1. 집행한 날짜와 장소
2. 집행의 목적물과 그 중요한 사정의 개요
3. 집행참여자의 표시
4. 집행참여자의 서명날인
5. 집행참여자에게 조서를 읽어 주거나 보여 주고, 그가 이를 승인하고 서명날인한 사실
6. 집행관의 기명날인 또는 서명
③ 제2항제4호 및 제5호의 규정에 따라 서명날인할 수 없는 경우에는 그 이유를 적어야 한다.
참조 [집행조서의 기재사항]민집규6

제11조【집행행위에 속한 최고, 그 밖의 통지】 ① 집행행위에 속한 최고(催告) 그 밖의 통지는 집행관이 말로 하고 이를 조서에 적어야 한다.
② 말로 최고나 통지를 할 수 없는 경우에는 민사소송법 제181조 · 제182조 및 제187조의 규정을 준용하여 그 조서의 등본을 송달한다. 이 경우 송달증서를 작성하지 아니한 때에는 조서에 송달한 사유를 적어야 한다.
③ 집행하는 곳과 법원의 관할 구역안에서 제2항의 송달을 할 수 없는 경우에는 최고나 통지를 받을 사람에게 대법원규칙이 정하는 방법으로 조서의 등본을 발송하고 그 사유를 조서에 적어야 한다.
참조 [매수가격신고 차순위]115, [압류통지]189③, [배당요구]219①, [입찰]민집규65①, [집행법원의 최고 · 통지]민집규8, [군관계인에게 할 송달]민소181, [구속된 사람 등에게 할 송달]민소182, [우편송달]민소187

제12조【송달 · 통지의 생략】 채무자가 외국에 있거나 있는 곳이 분명하지 아니한 때에는 집행행위에 속한 송달이나 통지를 하지 아니하여도 된다.
참조 [송달 · 통지의 생략]민집규8④

제13조【외국송달의 특례】 ① 집행절차에서 외국으로 송달이나 통지를 하는 경우에는 송달이나 통지와 함께 대한민국 안에 송달이나 통지를 받을 장소와 영수인을 정하여 상당한 기간 이내에 신고하도록 명할 수 있다.
② 제1항의 기간 이내에 신고가 없는 경우에는 그 이후의 송달이나 통지를 하지 아니할 수 있다.
참조 [송달받을 장소의 신고]민집규10, 민소184

제14조【주소 등이 바뀐 경우의 신고의무】 ① 집행에 관하여 법원에 신청이나 신고를 한 사람 또는 법원으로부터 서류를 송달받은 사람이 송달받을 장소를 바꾼 때에는 그 취지를 법원에 바로 신고하여야 한다.
② 제1항의 신고를 하지 아니한 사람에 대한 송달은 달리 송달할 장소를 알 수 없는 경우에는 법원에 신고된 장소 또는 종전에 송달을 받던 장소에 대법원규칙이 정하는 방법으로 발송할 수 있다.
③ 제2항의 규정에 따라 서류를 발송한 경우에는 발송한 때에 송달된 것으로 본다.
참조 [변경송달장소의 신고의무]민집규9, 민소185, [발신주의]민소189

제15조【즉시항고】 ① 집행절차에 관한 집행법원의 재판에 대하여는 특별한 규정이 있어야만 즉시항고(即時抗告)를 할 수 있다.
② 항고인(抗告人)은 재판을 고지받은 날부터 1주의 불변기간 이내에 항고장(抗告狀)을 원심법원에 제출하여야 한다.
③ 항고장에 항고이유를 적지 아니한 때에는 항고인은 항고장을 제출한 날부터 10일 이내에 항고이유서를 원심법원에 제출하여야 한다.
④ 항고이유는 대법원규칙이 정하는 바에 따라 적어야 한다.
⑤ 항고인이 제3항의 규정에 따른 항고이유서를 제출하지 아니하거나 항고이유가 제4항의 규정에 위반한 때 또는 항고가 부적법하고 이를 보정(補正)할 수 없음이 분명한 때에는 원심법원은 결정으로 그 즉시항고를 각하하여야 한다.
⑥ 제1항의 즉시항고는 집행정지의 효력을 가지지 아니한다. 다만, 항고법원(재판기록이 원심법원에 남아 있는 때에는 원심법원)은 즉시항고에 대한 결정이 있을 때까지 담보를 제공하게 하거나 담보를 제공하게 하지 아니하고 원심재판의 집행을 정지하거나 집행절차의 전부 또는 일부를 정지하도록 명할 수 있고, 담보를 제공하게 하고 그 집행을 계속하도록 명할 수 있다.
⑦ 항고법원은 항고장 또는 항고이유서에 적힌 이유에 대하여서만 조사한다. 다만, 원심재판에 영향을 미칠 수 있는 법령위반 또는 사실오인이 있는지에 대하여 직권으로 조사할 수 있다.
⑧ 제5항의 결정에 대하여는 즉시항고를 할 수 있다.
⑨ 제6항 단서의 규정에 따른 결정에 대하여는 불복할 수 없다.
⑩ 제1항의 즉시항고에 대하여는 이 법에 특별한 규정이 있는 경우를 제외하고는 민사소송법 제3편제3장중 즉시항고에 관한 규정을 준용한다.
참조 [즉시항고가 허용되는 집행법원의 재판]17① · 18③ · 62⑧ · 63⑤ · 66② · 83⑤ · 86③ · 87⑤ · 102③ · 111② · 129 · 164④ · 171③ · 193⑤ · 227④ · 229⑥ · 260③ · 261② · 299③, [서면주의]민소397②, [즉시항고제기기간 기산점의 특례]민집규12, [기산점의 특례]민소170 · 172 · 173, [기간의 계산]민157, [집행절차의 취소]17②, [매각허가여부]126③, [선박운행허가]176④, [전부명령]229⑦, [채권의 특별현금화]241④, [변론 또는 심문]민소134①②, [즉시항고]민소444, [이의의 재판에서의 잠정처분]47③ · 48③, [이송]182②
판례 경락허가결정에 대한 추완항고의 종기 : 경락허가결정에 대하여 이해관계인이 추완에 의한 항고를 제기한 경우 항고법원에서 추완신청이 허용되었다면 비록 다른 이유로 항고가 이유 없는 경우에도 경락허가결정은 확정되지 아니하고 따라서 그 이전에 이미 경락허가결정이 확정된 것으로 알고 경매법원이 경락대금 납부기일을 정하여 경락인으로 하여금 경락대금을 납부하게 하였다고 하더라도 이는 적법한 경락대금의 납부라고 할 수 없는 것이어서, 배당절차가 종료됨으로써 경매가 완결되었다고 하여 그 추완신청을 받아들일 수 없는 것은 아니다.(대결 2002.12.24, 2001마1047 전원합의체)
판례 이행강제금 부과처분에 대한 불복방법 : 건축법 제83조 제6항, 제82조 제4항의 규정에 의하면 건축법 제83조에 의하여 부과되는 이행강제금에 대하여 이의를 제기한 경우에는 비송사건절차법에 의한 과태료의 재판에 준하여 결정을 하도록 되어 있고, 비송사건절차법 제248조 제3항에 의하면 "당사자와 검사는 과태료의 재판에 대하여 즉시항고를 할 수 있다."고 되어 있으므로, 이행강제금에 대한 이의에 대한 재판에 대하여는 즉시항고만을 할 수 있다 할 것이고, 그 항고심의 결정에 대한 재항고 역시 즉시항고에 해당하여 이 경우의 재항고는 항고심의 재판고지가 있은 날로부터 1주일 내에 제기하여야 하고 그 기간은 불변기간이다.(대결 2002.8.16, 2002마362)

제16조【집행에 관한 이의신청】 ① 집행법원의 집행절차에 관한 재판으로서 즉시항고를 할 수 없는 것과, 집행관의 집행처분, 그 밖에 집행관이 지킬 집행절차에 대하여서는 법원에 이의를 신청할 수 있다.
② 법원은 제1항의 이의신청에 대한 재판에 앞서, 채무자에게 담보를 제공하게 하거나 제공하게 하지 아니하고 집행을 일시정지하도록 명하거나, 채권자에게 담보를 제공하게 하고 그 집행을 계속하도록 명하는 등 잠정처분(暫定處分)을 할 수 있다.
③ 집행관이 집행을 위임받기를 거부하거나 집행행위를 지체하는 경우 또는 집행관이 계산한 수수료에 대하여 다툼이 있는 경우에는 법원에 이의를 신청할 수 있다.
참조 [야간집행의 허가]8, [집행처분의 일시유지]50① · 266②, [매각물건명세서의 작성]105①, [전속관할]21, 민소34, [이의신청의 방식]민집규15, 민소134 · 203, [잠정처분]15⑥
판례 불복방법을 집행이의로 인정한 사례 : 가처분 채권자의 가처분해제신청은 가처분집행신청의 취하 내지 그 집행취소신청에 해당하는 것인바, 이러한 신청은 가처분의 집행절차를 이루는 행위이고, 그 신청이 가처분 채권자의 의사에 기한 것인지 여부는 집행법원이 조사 · 판단하여야 할 사항이라고 할 것이므로, 그 신청서가 위조되었다는 사유는 그 신청에 기한 집행행위, 즉 가처분기입등기의 말소촉탁에 대한 집행이의의 사유가 된다고 보아야 할 것이며, 따라서 가처분해제신청서가 위조되었다고 주장하는 가처분 채권자로서는 가처분의 집행법원에 대하여 집행이의를 통하여 말소회복을 구할 수 있을 것이고, 그 집행이의가 이유 있다면 집행법원은 가처분기입등기의 말소회복등기의 촉탁을 하여야 한다.(대판 2000.3.24, 99다27149)

제17조【취소결정의 효력】 ① 집행절차를 취소하는 결정, 집행절차를 취소한 집행관의 처분에 대한 이의신청을 기각 · 각하하는 결정 또는 집행관에게 집행절차의 취소를 명하는 결정에 대하여는 즉시항고를 할 수 있다.
② 제1항의 결정은 확정되어야 효력을 가진다.
참조 [즉시항고의 신청]15, [집행이의의 신청]16, [집행비용의 예납]18, [집행처분의 취소 · 일시유지]50, [목적물의 멸실]96, [무잉여]102, [집행채권의 변제]171②, [보증의 제공]181, [압류명령의 취소]196①, [가압류집행의 취소]299

제18조【집행비용의 예납 등】 ① 민사집행의 신청을 하는 때에는 채권자는 민사집행에 필요한 비용으로서 법원이 정하는 금액을 미리 내야 한다. 법원이 부족한 비용을 미리 내라고 명하는 때에도 또한 같다.
② 채권자가 제1항의 비용을 미리 내지 아니한 때에는 법원은 결정으로 신청을 각하하거나 집행절차를 취소할 수 있다.
③ 제2항의 규정에 따른 결정에 대하여는 즉시항고를 할 수 있다.
참조 [비용의 예납]집행관수수료규25, 민소116, [소송상의 구조]민소128, [즉시항고]15

제19조【담보제공 · 공탁 법원】 ① 이 법의 규정에 의한 담보의 제공이나 공탁은 채권자나 채무자의 보통재판적(普通裁判籍)이 있는 곳의 지방법원 또는 집행법원에 할 수 있다.
② 당사자가 담보를 제공하거나 공탁을 한 때에는, 법원은 그의 신청에 따라 증명서를 주어야 한다.
③ 이 법에 규정된 담보에는 특별한 규정이 있는 경우를 제외하고는 민사소송법 제122조 · 제123조 · 제125조 및 제126조의 규정을 준용한다.
참조 [즉시항고에 의한 집행정지]15⑥, [집행에 관한 이의신청에 의한 집행정지]16②, [청구에 관한 이의의 소에 의한 집행정지 · 취소]46②, [가압류 · 가처분에 대한 이의신청에 의한 변경 또는 취소판결]286⑨ · 301, [제3자이의의 소에서 피고가 하는 집행의 속행]48, [가압류 · 가처분]280 · 301, [가압류 · 가처분에 대한 이의신청에서 인가 또는 변경판결]286③ · 301, [제3자이의의 소에 의한 집행의 정지 · 취소]46② · 48③, [채권자가 추심한 금전의 공탁]236②, [지급보증위탁계약]민소규22, [담보제공방식]민소122, [담보물에 대한 피고의 권리]민소123, [담보의 취소]민소125, [담보물 변경]민소126
판례 담보권리자가 권리행사를 위하여 제기한 소송의 소송비용이 강제집행정지를 위한 담보공탁금의 피담보채권에 포함되는지 여부(적극) : 강제집행정지를 위하여 법원의 명령으로 제공된 공탁금은 채권자가 강제집행정지 자체로 인하여 입은 손해배상금채권을 담보하는 것이나, 그 손해의 범위는 민법 제393조에 의하여 정해져야 할 것인바, 담보제공자의 권리행사최고에 따라 담보권리자가 권리행사를 위하여 제기한 소송의 소송비용은 강제집행정지로 인하여 입은 통상손해에 해당한다고 할 것이므로 위 소송비용은 강제집행정지를 위하여 법원의 명령으로 제공된 담보공탁금의 피담보채권이 된다고 할 것이다.(대결 2004.7.5, 2004마177)

제20조【공공기관의 원조】 법원은 집행을 하기 위하여 필요하면 공공기관에 원조를 요청할 수 있다.
참조 [집행관의 원조요청]5②, [국군에 대한 원조요청]5③, [외국공공기관에 대한 집행촉탁]55①, [경매개시결정]94①, [경매개시 말소촉탁]141, [등기촉탁]144, [집행이의]16①

제21조【재판적】 이 법에 정한 재판적(裁判籍)은 전속관할(專屬管轄)로 한다.
참조 [집행법원]3①, [집행이의]16, [집행판결을 청구하는 소]26②, [집행문부여의 소]33, [집행문부여 등에 관한 이의신청]34①, [청구이의의 소]44①, [지급명령에 대한 청구이의의 소]58④, [재산명시신청]61①, [재산조회신청]74①, [부동산의 집행법원]79, [배당이의의 소]156, [선박의 집행법원]173, [간접강제]261, [가압류법원]293② · 295②, [가처분재판]303
판례 '최고가매수신고인이 부동산을 매수할 능력이나 자격이 없는 때'의 의미 : 매각허가에 대한 이의신청사유로 '최고가매수신고인이 부동산을 매수할 능력이나 자격이 없는 때'를 규정하고 있는바, 여기서 '매수할 능력이 없는 때'는 미성년자, 금치산자, 한정치산자와 같이 독립하여 법률행위를 할 수 있는 능력이 없는 경우를 의미하고, '매수할 자격이 없는 때'는 법률의 규정에 의하여 매각부동산을 취득할 자격이 없거나 그 부동산을 취득하려면 관청의 증명이나 인 · 허가를 받아야 하는 경우를 의미하는 것으로서, 부동산을 매수할 경제적 능력을 의미하는 것이 아니다.(대결 2009.10.5, 2009마1302)

제22조【시 · 군법원의 관할에 대한 특례】 다음 사건은 시 · 군법원이 있는 곳을 관할하는 지방법원 또는 지방법원지원이 관할한다.
1. 시 · 군법원에서 성립된 화해 · 조정(민사조정법 제34조제4항의 규정에 따라 재판상의 화해와 동일한 효력이 있는 결정을 포함한다. 이하 같다) 또는 확정된 지급명령에 관한 집행문부여의 소, 청구에 관한 이의의 소 또는 집행문부여에 대한 이의의 소로서 그 집행권원에서 인정된 권리가 소액사건심판법의 적용대상이 아닌 사건
2. 시 · 군법원에서 한 보전처분의 집행에 대한 제3자 이의의 소
3. 시 · 군법원에서 성립된 화해 · 조정에 기초한 대체집행 또는 간접강제
4. 소액사건심판법의 적용대상이 아닌 사건을 본안으로 하는 보전처분
참조 [시 · 군법원의 관할]법원조직34①

제23조【민사소송법의 준용 등】 ① 이 법에 특별한 규정이 있는 경우를 제외하고는 민사집행 및 보전처분의 절차에 관하여는 민사소송법의 규정을 준용한다.
② 이 법에 정한 것 외에 민사집행 및 보전처분의 절차에 관하여 필요한 사항은 대법원규칙으로 정한다.
참조 [서면주의]4, [열람제한]9, [즉시항고]15, [최고, 송달]11–13, [비용예납]18, [재판적]21, [가압류재판의 형식]281, [가처분의 집행정지]309, [최고, 통지]민집규3, [기록송부]14
판례 이행권고결정의 확정과 담보취소사유 : 민집 제23조에 의하여 가압류를 위한 담보에도 준용되는 민소 제125조 제1항에서 담보의 취소사유로 규정하고 있는 담보사유가 소멸된 것이

란 그 담보를 제공할 원인이 부존재인 경우는 물론이고 그 후 담보의 존속을 계속시킬 원인이 부존재하게 된 경우 또는 장래에 있어서 손해발생의 가능성이 없게 된 경우 등을 의미하는 것으로서, 가압류채권자가 본안소송에서 승소의 확정판결을 얻은 것과 같이 이미 집행된 가압류 등 보전처분의 정당성이 인용됨으로서 손해가 발생되지 아니할 것이 확실하게 된 경우도 이에 해당한다고 할 것인바, 소액사건심판법 제5조의7 제1항에서는 확정된 이행권고결정도 확정판결과 같은 효력을 가진다고 규정하고 있으므로, 이행권고결정이 확정된 경우에도 본안승소의 확정판결을 받은 것과 같이 담보사유가 소멸되었다고 해석함이 상당하다.(대판 2006.6.15, 2006다10408)

판례 가처분이의신청에 대한 판결의 이유의 기재 정도 : 가처분이의신청에 대한 재판은 판결로 하여야 하고, 민사집행법에 특별한 규정이 있는 경우를 제외하고는 보전처분의 절차에 관하여는 민사소송법의 규정이 준용되며, 민사집행법에 가처분이의 신청에 대한 판결의 이유 기재에 관하여 특별한 규정을 두고 있지 아니하므로 가처분이의신청에 대한 판결에는 그 이유를 기재하여야 하고, 그 이유에는 주문이 정당하다는 것을 인정할 수 있을 정도로 당사자의 주장과 그 밖의 공격·방어방법에 관한 판단을 표시하여야 한다.(대판 2005.1.28, 2004다38624)

제2편 강제집행

제1장 총 칙

제24조【강제집행과 종국판결】 강제집행은 확정된 종국판결(終局判決)이나 가집행의 선고가 있는 종국판결에 기초하여 한다.

참조 [가집행의 선고있는 판결]민소213①, [종국판결]민소198·200, [판결의 확정]민소498, [외국법원의 판결에 대한 집행판결]26①, [그 밖의 집행권원]56, [가압류 및 가처분명령]291·301, [검사의 집행명령]60, [확정된 화해권고결정]민소231, [중재판정에 대한 집행판결]중재37①, [조정조서 및 조정에 갈음하는 결정]민사조정29·30·34④, [회생채권자표]채무자회생파산292②, [이행권고결정]소액5의7①, [과태료재판의 집행]비송249, 형소477, [배상명령]소송촉진34①, 가정폭력범죄의처벌등에관한특례법61①

제25조【집행력의 주관적 범위】 ① 판결이 그 판결에 표시된 당사자 외의 사람에게 효력이 미치는 때에는 그 사람에 대하여 집행하거나 그 사람을 위하여 집행할 수 있다. 다만, 민사소송법 제71조의 규정에 따른 참가인에 대하여는 그러하지 아니하다.

② 제1항의 집행을 위한 집행문(執行文)을 내어 주는데 대하여는 제31조 내지 제33조의 규정을 준용한다.

참조 [기판력의 주관적범위]민소218, [결정과 명령에 준용]민소224, [보조참가]민소71, [승계집행문]31, [재판장의 명령]32, [집행문부여의 소]33

일판 통모에 의한 허위의 등기명의를 진정한 것으로 회복하기 위한 소유권이전등기절차청구소송에서의 피고패소의 확정판결은, 구두변론종결 후 피고로부터 선의로서 당해 부동산을 양수한 제3자에 대해서 그 효력이 없다.(日·最高 1973.6.21)

제26조【외국재판의 강제집행】 ① 외국법원의 확정판결 또는 이와 동일한 효력이 인정되는 재판(이하 "확정재판등"이라 한다)에 기초한 강제집행은 대한민국 법원에서 집행판결로 그 강제집행을 허가하여야 할 수 있다.(2014.5.20 본항개정)

② 집행판결을 청구하는 소(訴)는 채무자의 보통재판적이 있는 곳의 지방법원이 관할하며, 보통재판적이 없는 때에는 민사소송법 제11조의 규정에 따라 채무자에 대한 소를 관할하는 법원이 관할한다.

(2014.5.20 본조제목개정)

改前 제26조【"외국판결의 강제집행"】① "외국법원의 판결에" 기초한 강제집행은 대한민국 법원에서 집행판결로 그 "적법함을 선고하여야 할 수 있다."

참조 [집행판결]27, [외국판결의 효력]민소217, [재산이 있는 곳의 특별재판적]민소11, [전속관할]21, [소의 제기]민소248·249, 민사소송등인지법2

판례 민사집행법 제26조 제1항은 "외국법원의 판결에 기초한 강제집행은 대한민국 법원에서 집행판결로 그 적법함을 선고하여야 한다"라고 규정하고 있다. 여기서 정하여진 집행판결의 제도는, 재판권이 있는 외국의 법원에서 행하여진 판결에서 확인된 당사자의 권리를 우리나라에서 강제적으로 실현하고자 하는 경우에 다시 소를 제기하는 등 이중의 절차를 강요할 필요 없이 그 외국의 판결을 기초로 하되 단지 우리나라에서 그 판결의 강제실현이 허용되는지 여부만을 심사하여 이를 승인하는 집행판결을 얻도록 함으로써 당사자의 원활한 권리실현의 요구를 국가의 독점적·배타적 강제집행권 행사와 조화시켜 그 사이에 적절한 균형을 도모하려는 취지에서 나온 것이다. 이러한 제도적 취지에 비추어 보면, 위 규정에서 정하는 '외국법원의 판결'이라고 함은 재판권을 가지는 외국의 사법기관이 그 권한에 기하여 사법상(私法上)의 법률관계에 관하여 대립적 당사자에 대한 상호간의 심문이 보장된 절차에서 종국적으로 한 재판으로서 구체적 급부의 이행 등 그 강제적 실현에 적합한 내용을 가지는 것을 의미하고, 그 재판의 명칭이나 형식 등이 어떠한지는 문제되지 아니한다.

(대판 2010.4.29, 2009다68910)

제27조【집행판결】 ① 집행판결은 재판의 옳고 그름을 조사하지 아니하고 하여야 한다.

② 집행판결을 청구하는 소는 다음 각호 가운데 어느 하나에 해당하면 각하하여야 한다.

1. 외국법원의 확정재판등이 확정된 것을 증명하지 아니한 때(2014.5.20 본호개정)
2. 외국법원의 확정재판등이 민사소송법 제217조의 조건을 갖추지 아니한 때(2014.5.20 본호개정)

改前 1. "외국법원의 판결이" 확정된 것을 증명하지 아니한 때
2. "외국판결이" 민사소송법 제217조의 조건을 갖추지 아니한 때

참조 [외국판결의 효력]민소217, [국제재판관할]국제사법2

판례 중재판정의 승인이나 집행거부에 대한 판단기준 : 외국중재판정의승인및집행에관한협약(뉴욕협약) 제5조에서는 집행의 거부사유를 제한적으로 열거하고 있는데, 그 중 제2항 (나)호에 의하면 중재판정의 승인이나 집행이 그 국가의 공공의 질서에 반하는 경우에는 집행국 법원은 중재판정의 승인이나 집행을 거부할 수 있는바, 이는 중재판정의 승인이나 집행이 집행국의 기본적인 도덕적 신념과 사회질서를 해하는 것을 방지하여 이를 보호하려는 데 그 취지가 있다 할 것이므로, 그 판단에 있어서는 국내적인 사정뿐만 아니라 국제적 거래질서의 안정이라는 측면도 함께 고려하여 제한적으로 해석하여야 할 것이고, 해당 중재판정을 인정할 경우 그 구체적 결과가 집행국의 선량한 풍속 기타 사회질서에 반할 때에 승인이나 집행을 거부할 수 있다.

(대판 2003.4.11, 2001다20134)

제28조【집행력 있는 정본】 ① 강제집행은 집행문이 있는 판결정본(이하 "집행력 있는 정본"이라 한다)이 있어야 할 수 있다.

② 집행문은 신청에 따라 제1심 법원의 법원서기관·법원사무관·법원주사 또는 법원주사보(이하 "법원사무관등"이라 한다)가 내어 주며, 소송기록이 상급심에 있는 때에는 그 법원의 법원사무관등이 내어 준다.

③ 집행문을 내어 달라는 신청은 말로 할 수 있다.

참조 [심판의 집행력]가소41, [집행판결]27, [그 밖의 집행권원]56, [선고의 방식]민소206, [지급명령]58①, [이행권고결정]소액5의8①, [가압류, 가처분명령]292①·301, [이의신청에 대한 재결]공토법86①, [수권결정의 집행]260①, [집행문]29－32·35·36·59①, [소송기록의 반송]민소421, [신청]민집규19

제29조【집행문】 ① 집행문은 판결정본의 끝에 덧붙여 적는다.

② 집행문에는 "이 정본은 피고 아무개 또는 원고 아무개에 대한 강제집행을 실시하기 위하여 원고 아무개 또는 피고 아무개에게 준다."라고 적고 법원사무관등이 기명날인하여야 한다.

참조 [집행문의 기재사항]민집규20, [기타 기재사항]31②·32③·35③, [경정]민소211

제30조【집행문부여】 ① 집행문은 판결이 확정되거나 가집행의 선고가 있는 때에만 내어 준다.

② 판결을 집행하는 데에 조건이 붙어 있어 그 조건이 성취되었음을 채권자가 증명하여야 하는 때에는 이를 증명하는 서류를 제출하여야만 집행문을 내어 준다. 다만, 판결의 집행이 담보의 제공을 조건으로 하는 때에는 그러하지 아니하다.

참조 [판결의 확정]민소498, [가집행의 선고]민소213·406·435, [증명서]39③, 민집규19①, [담보제공]19·40②

제31조【승계집행문】 ① 집행문은 판결에 표시된 채권자의 승계인을 위하여 내어 주거나 판결에 표시된 채무자의 승계인에 대한 집행을 위하여 내어 줄 수 있다. 다만, 그 승계가 법원에 명백한 사실이거나, 증명서로 승계를 증명한 때에 한한다.

② 제1항의 승계가 법원에 명백한 사실인 때에는 이를 집행문에 적어야 한다.

참조 [정본의 부여기관]28②, [승계인에 대한 판결의 효력]민소218①, [재판장명령의 필요]32, [집행문부여의 소]33, [증명서]39③, [채무자의 이의]34·45, [집행문부여신청방식]민집규19·21·23, [집행개시후의 채권자 승계]민집규23

판례 판결에 표시된 채무자 이외의 자에 대하여 승계집행문이 부여될 수 있는지 여부 : 승계집행문은 판결에 표시된 채무자의 포괄승계인이나 그 판결에 기한 채무를 특정하여 승계한 자에 대한 집행을 위하여 부여하는 것인바, 이와 같은 강제집행절차에 있어서는 권리관계의 공권적인 확정 및 그 신속·확실한 실현을 도모하기 위하여 절차의 명확·안정을 중시하여야 하므로, 그 기초되는 채무가 판결에 표시된 채무자 이외의 자가 실질적으로 부담하여야 하는 채무라거나 그 채무가 발생하는 기초적인 권리관계가 판결에 표시된 채무자 이외의 자에게 승계되었다고 하더라도, 판결에 표시된 채무자 이외의 자가 판결에 표시된 채무자의 포괄승계인이거나 그 판결상의 채무 자체를 특정하여 승계하지 아니한 한, 판결에 표시된 채무자 이외의 그 자에 대하여 새로이 그 채무의 이행을 소구하는 것은 별론으로 하고, 판결에 표시된 채무자에 대한 판결의 기판력 및 집행력의 범위를 그 채무자 이외의 자에게 확장하여 승계집행문을 부여할 수는 없다.(대판 2002.10.11, 2002다43851)

제32조【재판장의 명령】 ① 재판을 집행하는 데에 조건을 붙인 경우와 제31조의 경우에는 집행문은 재판장(합의부의 재판장 또는 단독판사를 말한다. 이하 같다)의 명령이 있어야 내어 준다.

② 재판장은 그 명령에 앞서 서면이나 말로 채무자를 심문(審問)할 수 있다.

③ 제1항의 명령은 집행문에 적어야 한다.

참조 [재판의 집행에 조건을 붙인 경우]30, [승계]31, [채무자의 심문]민소134②

제33조【집행문부여의 소】 제30조제2항 및 제31조의 규정에 따라 필요한 증명을 할 수 없는 때에는 채권자는 집행문을 내어 달라는 소를 제1심 법원에 제기할 수 있다.

참조 [조건의 성취]30②, [승계의 증명]31, [관할]21, 채무자회생파산255③

제34조【집행문부여 등에 관한 이의신청】 ① 집행문을 내어 달라는 신청에 관한 법원사무관등의 처분에 대하여 이의신청이 있는 경우에는 그 법원사무관등이 속한 법원이 결정으로 재판한다.

② 집행문부여에 대한 이의신청이 있는 경우에는 법원은 제16조제2항의 처분에 준하는 결정을 할 수 있다.

참조 [집행력 있는 정본]28②, [재판장의 명령]32, [집행문부여에 대한 이의의 소와의 관계]45단서, [사무관 등의 처분에 대한 이의]민소223, [정지·취소 등]49·50, [본조의 특칙]57·59

제35조【여러 통의 집행문의 부여】 ① 채권자가 여러 통의 집행문을 신청하거나 전에 내어 준 집행문을 돌려주지 아니하고 다시 집행문을 신청한 때에는 재판장의 명령이 있어야만 이를 내어 준다.

② 재판장은 그 명령에 앞서 서면이나 말로 채무자를 심문할 수 있으며, 채무자를 심문하지 아니하고 여러 통의 집행문을 내어 주거나 다시 집행문을 내어 준 때에는 채무자에게 그 사유를 통지하여야 한다.

③ 여러 통의 집행문을 내어 주거나 다시 집행문을 내어 주는 때에는 그 사유를 원본과 집행문에 적어야 한다.

참조 [집행문부여신청방식]민집규19, [재판장의 명령과 심문]32

제36조【판결원본에의 기재】 집행문을 내어 주는 경우에는 판결원본 또는 상소심 판결정본에 원고 또는 피고에게 이를 내어 준다는 취지와 그 날짜를 적어야 한다.

참조 [집행력 있는 정본]28, [판결원본]민소209

제37조【집행력 있는 정본의 효력】 집행력 있는 정본의 효력은 전국 법원의 관할구역에 미친다.

참조 [집행력 있는 정본]28

제38조【여러 통의 집행력 있는 정본에 의한 동시집행】 채권자가 한 지역에서 또는 한 가지 방법으로 강제집행을 하여도 모두 변제를 받을 수 없는 때에는 여러 통의 집행력 있는 정본에 의하여 여러 지역에서 또는 여러 가지 방법으로 동시에 강제집행을 할 수 있다.

참조 [여러 통의 집행력 있는 정본]35

제39조【집행개시의 요건】 ① 강제집행은 이를 신청한 사람과 집행을 받을 사람의 성명이 판결이나 이에 덧붙여 적은 집행문에 표시되어 있고 판결을 이미 송달하였거나 동시에 송달한 때에만 개시할 수 있다.

② 판결의 집행이 그 취지에 따라 채권자가 증명할 사실에 매인 때 또는 판결에 표시된 채권자의 승계인을 위하여 하는 것이거나 판결에 표시된 채무자의 승계인에 대하여 하는 것일 때에는 집행할 판결 외에, 이에 덧붙여 적은 집행문을 강제집행을 개시하기 전에 채무자의 승계인에게 송달하여야 한다.

③ 증명서에 의하여 집행문을 내어 준 때에는 그 증명서의 등본을 강제집행을 개시하기 전에 채무자에게 송달하거나 강제집행과 동시에 송달하여야 한다.

참조 [집행권원의 송달]민소174－197·210·469, 민소규56, [예외]292③·301, 형소477③, 비송29②·249②, [집행증서의 송달]공증56의5, 민집규22의2

제40조【집행개시의 요건】 ① 집행을 받을 사람이 일정한 시일에 이르러야 그 채무를 이행하게 되어 있는 때에는 그 시일이 지난 뒤에 강제집행을 개시할 수 있다.

② 집행이 채권자의 담보제공에 매인 때에는 채권자는 담보를 제공한 증명서류를 제출하여야 한다. 이 경우의 집행은 그 증명서류의 등본을 채무자에게 이미 송달하였거나 동시에 송달하는 때에만 개시할 수 있다.

참조 [장래 이행의 소]민소251, [담보]민소213·502

제41조【집행개시의 요건】 ① 반대의무의 이행과 동시에 집행할 수 있다는 것을 내용으로 하는 집행권원의 집행은 채권자가 반대의무의 이행 또는 이행의 제공을 하였다는 것을 증명하여야만 개시할 수 있다.

② 다른 의무의 집행이 불가능한 때에 그에 갈음하여 집행할 수 있다는 것을 내용으로 하는 집행권원의 집행은 채권자가 그 집행이 불가능하다는 것을 증명하여야만 개시할 수 있다.

참조 [반대의무의 이행]263②

제42조【집행관에 의한 영수증의 작성·교부】 ① 채권자가 집행관에게 집행력 있는 정본을 교부하고 강제집행을 위임한 때에는 집행관은 특별한 권한을 받지 못하였더라도 지급이나 그 밖의 이행을 받고 그에 대한 영수증서를 작성하고 교부할 수 있다. 집행관은 채무자가 그 의무를 완전히 이행한 때에는 집행력 있는 정본을 채무자에게 교부하여야 한다.

② 채무자가 그 의무의 일부를 이행한 때에는 집행관은 집행력 있는 정본에 그 사유를 덧붙여 적고 영수증서를 채무자에게 교부하여야 한다.

③ 채무자의 채권자에 대한 영수증 청구는 제2항의 규정에 의하여 영향을 받지 아니한다.

참조 [집행관]2, [제3자의 변제]민469, [영수증]민474

제43조【집행관의 권한】 ① 집행관은 집행력 있는 정본을 가지고 있으면 채무자와 제3자에 대하여 강제집행을 하고 제42조에 규정된 행위를 할 수 있는 권한을 가지며, 채권자는 그에 대하여 위임의 흠이나 제한을 주장하지 못한다.

② 집행관은 집행력 있는 정본을 가지고 있다가 관계인이 요청할 때에는 그 자격을 증명하기 위하여 이를 내보여야 한다.

참조 [집행관]2, [집행력있는 정본]42①, [신분증]집행관17①

제44조【청구에 관한 이의의 소】 ① 채무자가 판결에 따라 확정된 청구에 관하여 이의하려면 제1심 판결법원에 청구에 관한 이의의 소를 제기하여야 한다.

② 제1항의 이의는 그 이유가 변론이 종결된 뒤(변론 없이 한 판결의 경우에는 판결이 선고된 뒤)에 생긴 것이어야 한다.

③ 이의이유가 여러 가지인 때에는 동시에 주장하여야 한다.

참조 [관할]21, 채무자회생파산255③, [1심판결법원]22 · 58④⑤ · 59④, [청구 이의 주장 예외]58③, 59③, [이행권고결정]소액5의8③, [배상명령]소송촉진34④

판례 한정승인 사실이 적법한 청구이의사유인지 여부 : 채권자가 피상속인의 금전채무를 상속한 상속인을 상대로 그 상속채무의 이행을 구하여 제기한 소송에서 채무자가 한정승인 사실을 주장하지 않으면 책임의 범위는 현실적인 심판대상으로 등장하지 아니하여 주문에서는 물론 이유에서도 판단되지 않으므로 그에 관하여 기판력이 미치지 않는다. 그러므로 채무자가 한정승인을 하고도 채권자가 제기한 소송의 사실심 변론종결시까지 그 사실을 주장하지 아니하여 책임의 범위에 관한 유보가 없는 판결이 선고되어 확정되었다고 하더라도, 채무자는 그 후 위 한정승인 사실을 내세워 청구에 관한 이의의 소를 제기할 수 있다.(대판 2006.10.13, 2006다23138)

제45조【집행문부여에 대한 이의의 소】 제30조제2항과 제31조의 경우에 채무자가 집행문부여에 관하여 증명된 사실에 의한 판결의 집행력을 다투거나, 인정된 승계에 의한 판결의 집행력을 다투는 때에는 제44조의 규정을 준용한다. 다만, 이 경우에도 제34조의 규정에 따라 집행문부여에 대하여 이의를 신청할 수 있는 채무자의 권한은 영향을 받지 아니한다.

참조 [집행권원에 조건이 달려있는 때]30②, [승계집행문]31, [청구에 관한 이의의 소]44, [집행문부여의 소]33, [집행문부여에 대한 이의신청]34, [지급명령]58④, [공정증서]59④, [전속관할]21, [잠정처분]46 · 47 · 57

판례 집행증서의 무효를 이유로 한 집행문의 취소 : 집행증서상의 명의를 모용당하였다고 주장하는 채무자는 위 집행증서에 채무자 본인의 집행촉탁 및 집행수락의 의사가 결여되었음을 내세워 집행문 부여에 대한 이의로써 무효인 집행증서에 대하여 부여된 집행문의 취소를 구하는 것도 가능하고, 그 경우 이의를 심리하는 법원으로서는 임의적 변론을 거쳐 결정의 형식으로 그 당부를 판단하면 족하며, 반드시 심문 또는 변론절차를 열거나 제출된 자료만으로 소명이 부족하다 하여 신청인에게 추가 소명의 기회를 주어야 하는 것은 아니다.
(대결 1999.6.23, 99그20)

제46조【이의의 소와 잠정처분】 ① 제44조 및 제45조의 이의의 소는 강제집행을 계속하여 진행하는 데에는 영향을 미치지 아니한다.

② 제1항의 이의를 주장한 사유가 법률상 정당한 이유가 있다고 인정되고, 사실에 대한 소명(疎明)이 있을 때에는 수소법원(受訴法院)은 당사자의 신청에 따라 판결이 있을 때까지 담보를 제공하게 하거나 담보를 제공하게 하지 아니하고 강제집행을 정지하도록 명할 수 있으며, 담보를 제공하게 하고 그 집행을 계속하도록 명하거나 실시한 집행처분을 취소하도록 명할 수 있다.

③ 제2항의 재판은 변론 없이 하며 급박한 경우에는 재판장이 할 수 있다.

④ 급박한 경우에는 집행법원이 제2항의 권한을 행사할 수 있다. 이 경우 집행법원은 상당한 기간 이내에 제2항에 따른 수소법원의 재판서를 제출하도록 명하여야 한다.

⑤ 제4항 후단의 기간을 넘긴 때에는 채권자의 신청에 따라 강제집행을 계속하여 진행한다.

참조 [청구에 관한 이의의 소]44, [집행문부여에 대한 이의의 소]45, [집행법원]3, [담보]19, [집행의 정지, 취소, 속행]49 · 50, [소명]민소299, [임의적 변론]민소134

제47조【이의의 재판과 잠정처분】 ① 수소법원은 이의의 소의 판결에서 제46조의 명령을 내리고 이미 내린 명령을 취소 · 변경 또는 인가할 수 있다.

② 판결중 제1항에 규정된 사항에 대하여는 직권으로 가집행의 선고를 하여야 한다.

③ 제2항의 재판에 대하여는 불복할 수 없다.

참조 [잠정처분]46, [일시정지]49, [가집행의 선고]민소213

제48조【제3자이의의 소】 ① 제3자가 강제집행의 목적물에 대하여 소유권이 있다고 주장하거나 목적물의 양도나 인도를 막을 수 있는 권리가 있다고 주장하는 때에는 채권자를 상대로 그 강제집행에 대한 이의의 소를 제기할 수 있다. 다만, 채무자가 그 이의를 다투는 때에는 채무자를 공동피고로 할 수 있다.

② 제1항의 소는 집행법원이 관할한다. 다만, 소송물이 단독판사의 관할에 속하지 아니할 때에는 집행법원이 있는 곳을 관할하는 지방법원의 합의부가 이를 관할한다.

③ 강제집행의 정지와 이미 실시한 집행처분의 취소에 대하여는 제46조 및 제47조의 규정을 준용한다. 다만, 집행처분을 취소할 때에는 담보를 제공하게 하지 아니할 수 있다.

참조 [집행법원]3①, [합의부]법원조직32, [소의 제기]민소248 · 249, [정지처분]46 · 47

판례 민집 제48조의 강제집행에 대한 제3자이의의 소는 이미 개시된 집행의 목적물에 대하여 소유권 기타 목적물의 양도나 인도를 막을 수 있는 권리가 있다고 주장함으로써 그에 대한 집행의 배제를 구하는 것이니만큼 그 소의 원인이 되는 권리는 집행채권자에 대항할 수 있는 것이어야 한다.
(대판 2007.5.10, 2007다7409)

판례 집행목적물에 대한 채권적청구권이 제3자이의의 소의 이의원인이 되는지 여부(한정적극) : 제3자이의의 소의 이의원인은 소유권에 한정되는 것이 아니고 집행목적물의 양도나 인도를 막을 수 있는 권리이면 족하며, 집행목적물이 집행채무자의 소유에 속하지 아니한 경우에는 집행채무자와 사이의 계약관계에 의거하여 집행채무자에 대하여 목적물의 반환을 구할 채권적 청구권을 가지고 있는 제3자는 집행에 의한 양도나 인도를 막을 이익이 있으므로 그 채권적 청구권도 제3자이의의 소의 이의원인이 될 수 있다.(대판 2003.6.13, 2002다16576)

제49조【집행의 필수적 정지 · 제한】 강제집행은 다음 각호 가운데 어느 하나에 해당하는 서류를 제출한 경우에 정지하거나 제한하여야 한다.

1. 집행할 판결 또는 그 가집행을 취소하는 취지나, 강제집행을 허가하지 아니하거나 그 정지를 명하는 취지 또는 집행처분의 취소를 명한 취지를 적은 집행력 있는 재판의 정본
2. 강제집행의 일시정지를 명한 취지를 적은 재판의 정본
3. 집행을 면하기 위하여 담보를 제공한 증명서류
4. 집행할 판결이 있은 뒤에 채권자가 변제를 받았거나, 의무이행을 미루도록 승낙한 취지를 적은 증서
5. 집행할 판결, 그 밖의 재판이 소의 취하 등의 사유로 효력을 잃었다는 것을 증명하는 조서등본 또는 법원사무관등이 작성한 증서
6. 강제집행을 하지 아니한다거나 강제집행의 신청이나 위임을 취하한다는 취지를 적은 화해조서(和解調書)의 정본 또는 공정증서(公正證書)의 정본

참조 [집행정지서류의 제출]민집규50, [강제관리]민집규88 · 90②, [집행정지중의 매각]민집규126①, [배당액 공탁]민집규156①, [집행정지의 통지]민집규161, [부동산의 경매]민집규194, [담보권실행을 위한 경매절차의 정지사유]266, [강제집행을 허가하지 아니하는 재판]34 · 44 · 45 · 48, [집행처분의 취소를 명하는 재판]46~48, 민소500 · 501, [강제집행의 일시정지를 명한 재판]16② · 34② · 46~48③ · 196③, [담보제공의 증명서류]19② · 282, 민소213②③ · 502②, [판결을 취소하는 재판]민소416 · 436, [가집행을 취소하는 재판]민소215

판례 채권압류 및 추심명령의 신청에 관한 재판에 대하여 집행채권이 변제나 시효완성 등에 의하여 소멸되었다거나 존재하지 아니한다는 등의 실체상의 사유는 특별한 사정이 없는 한 적법한 항고이유가 되지 못하지만, 채권압류 및 추심명령의 기초가 된 가집행의 선고가 있는 판결을 취소한 상소심판결의 정본은 민사집행법 제49조 제1호 소정의 집행취소 서류에 해당하므로, 채권압류 및 추심명령의 기초가 된 가집행의 선고가 있는 판결이 상소심에서 취소되었다는 사실은 적법한 항고이유가 될 수 있다.(대결 2007.3.15, 2006마75)

제50조【집행처분의 취소 · 일시유지】 ① 제49조제1호 · 제3호 · 제5호 및 제6호의 경우에는 이미 실시한 집행처분을 취소하여야 하며, 같은 조 제2호 및 제4호의 경우에는 이미 실시한 집행처분을 일시적으로 유지하게 하여야 한다.

② 제1항에 따라 집행처분을 취소하는 경우에는 제17조의 규정을 적용하지 아니한다.

참조 [잠정처분]46② · 47 · 48③ · 49, 민소500①, [재판의 실효]49, [강제집행의 취하]49, [집행의 요건불비]18② · 102 · 171② · 180 · 188③, [즉시항고]17, [재판을 고지받을 사람의 범위]민집규7①

제51조【변제증서 등의 제출에 의한 집행정지의 제한】 ① 제49조제4호의 증서 가운데 변제를 받았다는 취지를 적은 증서를 제출하여 강제집행이 정지되는 경우 그 정지기간은 2월로 한다.

② 제49조제4호의 증서 가운데 의무이행을 미루도록 승낙하였다는 취지를 적은 증서를 제출하여 강제집행이 정지되는 경우 그 정지는 2회에 한하며 통산하여 6월을 넘길 수 없다.

참조 [변제를 받았다는 증서 및 의무이행을 미루도록 승낙한 증서]49

제52조【집행을 개시한 뒤 채무자가 죽은 경우】
① 강제집행을 개시한 뒤에 채무자가 죽은 때에는 상속재산에 대하여 강제집행을 계속하여 진행한다.

② 채무자에게 알려야 할 집행행위를 실시할 경우에 상속인이 없거나 상속인이 있는 곳이 분명하지 아니하면 집행법원은 채권자의 신청에 따라 상속재산 또는 상속인을 위하여 특별대리인을 선임하여야 한다.

③ 제2항의 특별대리인에 관하여는 「민사소송법」 제62조제2항부터 제5항까지의 규정을 준용한다.
(2016.2.3 본항개정)

改前 ③ 제2항의 특별대리인에 관하여는 "민사소송법 제62조제3항 내지 제6항의 규정"을 준용한다.

참조 [집행개시후의 채권자의 승계]민집규23, [채무자에게 알려야 할 집행행위]83④ · 189③ · 219 · 227② · 241⑤ · 255 · 258②, [특별대리인에 대한 준용]민소62②③④⑤, [상속인의 부존재]민1053~1059

제53조【집행비용의 부담】 ① 강제집행에 필요한 비용은 채무자가 부담하고 그 집행에 의하여 우선적으로 변상을 받는다.

② 강제집행의 기초가 된 판결이 파기된 때에는 채권자는 제1항의 비용을 채무자에게 변상하여야 한다.

참조 [집행비용의 변상]민집규24, [담보권실행에 준용]275, [제3자의 집행비용부담]138③

판례 집행비용은 집행권원 없이도 배당재단으로부터 각 채권액에 우선하여 배당받을 수 있다. 여기서 집행비용이란 각 채권자가 지출한 비용의 전부가 아니라 배당재단으로부터 우선변제를 받을 집행비용만을 의미하며, 이에 해당하는 것으로서는 당해 경매절차를 통하여 모든 채권자를 위하여 체당한 비용으로서의 성질을 띤 집행비용(공익비용)에 한한다. 집행비용에는 민사집행의 준비 및 실시를 위하여 필요한 비용이 포함된다.
(대판 2011.2.10, 2010다79565)

판례 가압류에서 본압류로 이행된 후에 본압류의 집행배제를 구하기 위하여 변제하여야 하는 금액의 범위 : 민집 제53조 제1항의 '강제집행에 필요한 비용'에는 가압류의 집행비용이 당연히 포함된다. 그리고 가압류가 집행된 후 그 가압류가 본압류로 이행된 때에는 가압류집행이 본집행에 포섭됨으로써 당초부터 본집행이 있었던 것과 같은 효력이 있다. 그러므로 가압류만 되어 있을 뿐 아직 본압류로 이행되지 아니한 단계에서는 가압류채권자가 그 가압류의 집행비용을 변상받을 수 없고, 따라서 제3취득자가 가압류의 집행비용을 고려함이 없이 그 처분금지의 효력이 미치는 객관적 범위에 속하는 청구금액만을 변제함으로써 가압류의 배제를 소구할 수 있지만, 가압류에서 본압류로 이행된 후에는 민집 제53조 제1항의 적용을 받게 되므로 가압류 후 본압류로의 이행 전에 가압류의 목적물의 소유권을 취득한 제3취득자로서는 가압류의 청구금액 외에 그 가압류의 집행비용 및 본집행의 비용 중 가압류의 본압류로의 이행에 대응하는 부분까지를 아울러 변제하여야만 가압류에서 이행된 본압류의 집행배제를 구할 수 있다.(대판 2006.11.24, 2006다35223)

판례 집행법원의 집행비용액확정결정이 없는 경우와 강제경매절차에서의 추심 : 강제집행에 필요한 비용은 채무자가 부담하고 그 강제집행절차에서 우선적으로 변상받을 수 있으나, 당해 강제집행절차에서 변상을 받지 못한 비용은 집행법원의 집행비용액확정결정을 받아 이를 집행권원으로 하는 별도의 금전집행을 하여야 하므로, 부동산 명도 강제집행의 집행비용에 대한 집행법원의 집행비용액확정결정이 없는 경우, 그 집행비용을 위 부동산 명도 강제집행의 집행권원인 확정판결에 기한 강제경매절차에서 추심할 수 없다.
(대판 2006.10.12, 2004재다818)

제54조【군인 · 군무원에 대한 강제집행】 ① 군인 · 군무원에 대하여 병영 · 군사용 청사 또는 군용 선박에서 강제집행을 할 경우 법원은 채권자의 신청에 따라 군판사 또는 부대장(部隊長)이나 선장에게 촉탁하여 이를 행한다.

② 촉탁에 따라 압류한 물건은 채권자가 위임한 집행관에게 교부하여야 한다.

참조 [군판사]군사법원23, 군법무관임용등에관한법2, [집행관]2

제55조【외국에서 할 집행】 ① 외국에서 강제집행을 할 경우에 그 외국 공공기관의 법률상 공조를 받을 수 있는 때에는 제1심 법원이 채권자의 신청에 따라 외국 공공기관에 이를 촉탁하여야 한다.

② 외국에 머물고 있는 대한민국 영사(領事)에 의하여 강제집행을 할 수 있는 때에는 제1심 법원은 그 영사에게 이를 촉탁하여야 한다.

제56조【그 밖의 집행권원】 강제집행은 다음 가운데 어느 하나에 기초하여서도 실시할 수 있다.

1. 항고로만 불복할 수 있는 재판
2. 가집행의 선고가 내려진 재판
3. 확정된 지급명령
4. 공증인이 일정한 금액의 지급이나 대체물 또는 유가증권의 일정한 수량의 급여를 목적으로 하는 청구에 관하여 작성한 공정증서로서 채무자가 강제집행을 승낙한 취지가 적혀 있는 것
5. 소송상 화해, 청구의 인낙(認諾) 등 그 밖에 확정판결과 같은 효력을 가지는 것

참조 [종국판결]24, [집행판결]26, [검사의 집행명령]60, [비용액상환결정]민소107, [소송비용액확정결정]민소110, [소송비용부담결정]민소114, [소송비용납입명령]민소130② · 131, [강제관리개시결정]164①, [대체집행]260, [가집행선고있는 재판]민소406 · 435, [확정된 지급명령]민소474, [집행증서]공증2, [화해, 인낙]민소220, [민사조정]민사조정29, [가사조정]가소59②, [가정법원판결]가소12, [회생채권자표]채무자회생파산255

판례 대리권 흠결이 있는 공정증서 중 집행인낙에 대한 추인의 방식 : 공정증서상의 집행인낙의 의사표시는 공증인가 합동법률사무소 또는 공증인에 대한 채무자의 단독 의사표시로서 성규의 방식에 따라 작성된 증서에 의한 소송행위이어서, 대리권

흠결이 있는 공정증서 중 집행인낙에 대한 추인의 의사표시 또한 당해 공정증서를 작성한 공증인가 합동법률사무소 또는 공증인에 대하여 그 의사표시를 공증하는 방식으로 하여야 하므로, 그러한 방식에 의하지 아니한 추인행위가 있다 한들 그 추인행위에 의하여는 채무자가 실체법상의 채무를 부담하게 됨은 별론으로 하고 무효의 채무명의가 유효하게 될 수는 없다.
(대판 2006.3.26, 2006다2803)

제57조【준용규정】 제56조의 집행권원에 기초한 강제집행에 대하여는 제58조 및 제59조에서 규정하는 바를 제외하고는 제28조 내지 제55조의 규정을 준용한다.

참조 [준용]28－55, [준용제외]58 · 59

제58조【지급명령과 집행】 ① 확정된 지급명령에 기한 강제집행은 집행문을 부여받을 필요없이 지급명령 정본에 의하여 행한다. 다만, 다음 각호 가운데 어느 하나에 해당하는 경우에는 그러하지 아니하다.
1. 지급명령의 집행에 조건을 붙인 경우
2. 당사자의 승계인을 위하여 강제집행을 하는 경우
3. 당사자의 승계인에 대하여 강제집행을 하는 경우
② 채권자가 여러 통의 지급명령 정본을 신청하거나, 전에 내어준 지급명령 정본을 돌려주지 아니하고 다시 지급명령 정본을 신청한 때에는 법원사무관등이 이를 부여한다. 이 경우 그 사유를 원본과 정본에 적어야 한다.
③ 청구에 관한 이의의 주장에 대하여는 제44조제2항의 규정을 적용하지 아니한다.
④ 집행문부여의 소, 청구에 관한 이의의 소 또는 집행문부여에 대한 이의의 소는 지급명령을 내린 지방법원이 관할한다.
⑤ 제4항의 경우에 그 청구가 합의사건인 때에는 그 법원이 있는 곳을 관할하는 지방법원의 합의부에서 재판한다.

참조 [지급명령의 효력]민소474, [강제집행의 특례]소액5의8, [청구이의의 소의 시적한계]44②, [관할]민소463

제59조【공정증서와 집행】 ① 공증인이 작성한 증서의 집행문은 그 증서를 보존하는 공증인이 내어준다.
② 집행문을 내어 달라는 신청에 관한 공증인의 처분에 대하여 이의신청이 있는 때에는 그 공증인의 사무소가 있는 곳을 관할하는 지방법원 단독판사가 결정으로 재판한다.
③ 청구에 관한 이의의 주장에 대하여는 제44조제2항의 규정을 적용하지 아니한다.
④ 집행문부여의 소, 청구에 관한 이의의 소 또는 집행문부여에 대한 이의의 소는 채무자의 보통재판적이 있는 곳의 법원이 관할한다. 다만, 그러한 법원이 없는 때에는 민사소송법 제11조의 규정에 따라 채무자에 대하여 소를 제기할 수 있는 법원이 관할한다.

참조 [공정증서]공증24 · 41, [집행문의 부여]29 · 57, 공증56의2⑤, [청구이의의 소의 시적한계]44②, [재산이 있는 곳의 특별재판적]민소11

제60조【과태료의 집행】 ① 과태료의 재판은 검사의 명령으로 집행한다.
② 제1항의 명령은 집행력 있는 집행권원과 같은 효력을 가진다.

참조 [증인이 출석하지 아니한 경우의 과태료 등]민소311, [증언거부]민소318, [선서거부]민소326, [증인불출석]형소151, [제3자에 대한 제출명령]민소360②, [비송의 과태료재판]민97, 상635, 공증87, 법원조직61, 변호사117, 가소67, [과태료의 집행]형소477, [과태료 재판]비송248 · 249

제2장 금전채권에 기초한 강제집행

제1절 재산명시절차 등

제61조【재산명시신청】 ① 금전의 지급을 목적으로 하는 집행권원에 기초하여 강제집행을 개시할 수 있는 채권자는 채무자의 보통재판적이 있는 곳의 법원에 채무자의 재산명시를 요구하는 신청을 할 수 있다. 다만, 민사소송법 제213조에 따른 가집행의 선고가 붙은 판결 또는 같은 조의 준용에 따른 가집행의 선고가 붙어 집행력을 가지는 집행권원의 경우에는 그러하지 아니하다.
② 제1항의 신청에는 집행력 있는 정본과 강제집행을 개시하는데 필요한 문서를 붙여야 한다.

참조 [가집행의 선고가 붙은 판결]민소213, [민사소송법 제213조의 준용에 따른 가집행의 선고가 붙어 집행력이 있는 재판]행소8②, 가소12, 소송촉진31③, [신청]4, 민집규25①

제62조【재산명시신청에 대한 재판】 ① 재산명시신청에 정당한 이유가 있는 때에는 법원은 채무자에게 재산상태를 명시한 재산목록을 제출하도록 명할 수 있다.
② 재산명시신청에 정당한 이유가 없거나, 채무자의 재산을 쉽게 찾을 수 있다고 인정한 때에는 법원은 결정으로 이를 기각하여야 한다.
③ 제1항 및 제2항의 재판은 채무자를 심문하지 아니하고 한다.
④ 제1항의 결정은 신청한 채권자 및 채무자에게 송달하여야 하고, 채무자에 대한 송달에서는 결정에 따르지 아니할 경우 제68조에 규정된 제재를 받을 수 있음을 함께 고지하여야 한다.
⑤ 제4항의 규정에 따라 채무자에게 하는 송달은 민사소송법 제187조 및 제194조에 의한 방법으로는 할 수 없다.
⑥ 제1항의 결정이 채무자에게 송달되지 아니한 때에는 법원은 채권자에게 상당한 기간을 정하여 그 기간 이내에 채무자의 주소를 보정하도록 명하여야 한다.
⑦ 채권자가 제6항의 명령을 받고도 이를 이행하지 아니한 때에는 법원은 제1항의 결정을 취소하고 재산명시신청을 각하하여야 한다.
⑧ 제2항 및 제7항의 결정에 대하여는 즉시항고를 할 수 있다.
⑨ 채무자는 제1항의 결정을 송달받은 뒤 송달장소를 바꾼 때에는 그 취지를 법원에 바로 신고하여야 하며, 그러한 신고를 하지 아니한 경우에는 민사소송법 제185조제2항 및 제189조의 규정을 준용한다.

참조 [재산명시신청]61, [재산조회]74 · 75, [채무자의 심문]3②, 민소134②, [공시송달]민소194, 민집규26, [즉시항고]15, [준용]민소185②, [발신주의]민소189

판례 재산명시명령의 송달 : 민집 제62조 제1항, 제4항은 재산명시신청에 정당한 이유가 있어 법원이 결정의 형식으로 재산명시명령을 한 때에는 그 결정을 채무자에게 송달하도록 하면서도 정본으로 송달할 것인지 아니면 등본으로 송달할 것인지에 관하여는 아무런 규정을 두고 있지 않은바, 같은 법 제23조 제1항은 민사집행법에 특별한 규정이 있는 경우를 제외하고는 민사집행절차에 관하여는 민사소송법의 규정을 준용하도록 하고 있고, 재산명시명령은 그 성질상 정본의 송달을 필요로 한다고 할 수도 없으므로, 재산명시명령의 송달은 민소 제178조 제1항에 의하여 그 등본으로도 가능하다.
(대결 2003.10.14, 2003마1144)

제63조【재산명시명령에 대한 이의신청】 ① 채무자는 재산명시명령을 송달받은 날부터 1주 이내에 이의신청을 할 수 있다.
② 채무자가 제1항에 따라 이의신청을 한 때에는 법원은 이의신청사유를 조사할 기일을 정하고 채권자와 채무자에게 이를 통지하여야 한다.
③ 이의신청에 정당한 이유가 있는 때에는 법원은 결정으로 재산명시명령을 취소하여야 한다.
④ 이의신청에 정당한 이유가 없거나 채무자가 정당한 사유 없이 기일에 출석하지 아니한 때에는 법원은 결정으로 이의신청을 기각하여야 한다.
⑤ 제3항 및 제4항의 결정에 대하여는 즉시항고를 할 수 있다.

참조 [재산명시신청]62, 민집규2 · 7②, [즉시항고]15

제64조【재산명시기일의 실시】 ① 재산명시명령에 대하여 채무자의 이의신청이 없거나 이를 기각한 때에는 법원은 재산명시를 위한 기일을 정하여 채무자에게 출석하도록 요구하여야 한다. 이 기일은 채권자에게도 통지하여야 한다.
② 채무자는 제1항의 기일에 강제집행의 대상이 되는 재산과 다음 각호의 사항을 명시한 재산목록을 제출하여야 한다.
1. 재산명시명령이 송달되기 전 1년 이내에 채무자가 한 부동산의 유상양도(有償讓渡)
2. 재산명시명령이 송달되기 전 1년 이내에 채무자가 배우자, 직계혈족 및 4촌 이내의 방계혈족과 그 배우자, 배우자의 직계혈족과 형제자매에게 한 부동산 외의 재산의 유상양도
3. 재산명시명령이 송달되기 전 2년 이내에 채무자가 한 재산상 무상처분(無償處分). 다만, 의례적인 선물은 제외한다.
③ 재산목록에 적을 사항과 범위는 대법원규칙으로 정한다.
④ 제1항의 기일에 출석한 채무자가 3월 이내에 변제할 수 있음을 소명한 때에는 법원은 그 기일을 3월의 범위내에서 연기할 수 있으며, 채무자가 새 기일에 채무액의 3분의 2 이상을 변제하였음을 증명하는 서류를 제출한 때에는 다시 1월의 범위내에서 연기할 수 있다.

참조 [채무자의 출석요구서]민집규27①, [재산목록에 적을 사항]민집규28, [기일]민소165, [조서]23, 민소152 · 158 · 160, [친족]민777

제65조【선서】 ① 채무자는 재산명시기일에 재산목록이 진실하다는 것을 선서하여야 한다.
② 제1항의 선서에 관하여는 민사소송법 제320조 및 제321조의 규정을 준용한다. 이 경우 선서서(宣誓書)에는 다음과 같이 적어야 한다.
"양심에 따라 사실대로 재산목록을 작성하여 제출하였으며, 만일 숨긴 것이나 거짓 작성한 것이 있으면 처벌을 받기로 맹세합니다."

참조 [재산명시기일]64①, [위증에 대한 벌의 경고]민소320, [선서의 방식]민소321

제66조【재산목록의 정정】 ① 채무자는 명시기일에 제출한 재산목록에 형식적인 흠이 있거나 불명확한 점이 있는 때에는 제65조의 규정에 의한 선서를 한 뒤라도 법원의 허가를 얻어 이미 제출한 재산목록을 정정할 수 있다.
② 제1항의 허가에 관한 결정에 대하여는 즉시항고를 할 수 있다.

참조 [재산목록]62① · 64②, [정정신청]23, 민소161, [즉시항고]15, 민집규7①

제67조【재산목록의 열람 · 복사】 채무자에 대하여 강제집행을 개시할 수 있는 채권자는 재산목록을 보거나 복사할 것을 신청할 수 있다.

참조 [소송기록의 열람 · 복사]23, 민소162, 민집규29

제68조【채무자의 감치 및 벌칙】 ① 채무자가 정당한 사유 없이 다음 각호 가운데 어느 하나에 해당하는 행위를 한 경우에는 법원은 결정으로 20일 이내의 감치(監置)에 처한다.
1. 명시기일 불출석
2. 재산목록 제출 거부
3. 선서 거부
② 채무자가 법인 또는 민사소송법 제52조의 사단이나 재단인 때에는 그 대표자 또는 관리인을 감치에 처한다.
③ 법원은 감치재판기일에 채무자를 소환하여 제1항 각호의 위반행위에 대하여 정당한 사유가 있는지 여부를 심리하여야 한다.
④ 제1항의 결정에 대하여는 즉시항고를 할 수 있다.
⑤ 채무자가 감치의 집행 중에 재산명시명령을 이행하겠다고 신청한 때에는 법원은 바로 명시기일을 열어야 한다.
⑥ 채무자가 제5항의 명시기일에 출석하여 재산목록을 내고 선서하거나 신청채권자에 대한 채무를 변제하고 이를 증명하는 서면을 낸 때에는 법원은 바로 감치결정을 취소하고 그 채무자를 석방하도록 명하여야 한다.
⑦ 제5항의 명시기일은 신청채권자에게 통지하지 아니하고도 실시할 수 있다. 이 경우 제6항의 사실을 채권자에게 통지하여야 한다.
⑧ 제1항 내지 제7항의 규정에 따른 재판절차 및 그 집행 그 밖에 필요한 사항은 대법원규칙으로 정한다.
⑨ 채무자가 거짓의 재산목록을 낸 때에는 3년 이하의 징역 또는 500만원 이하의 벌금에 처한다.
⑩ 채무자가 법인 또는 민사소송법 제52조의 사단이나 재단인 때에는 그 대표자 또는 관리인을 제9항의 규정에 따라 처벌하고, 채무자는 제9항의 벌금에 처한다.

참조 [감치의 재판]민집규30, 법정질서규칙6, [즉시항고]15, [재산명시기일]64

제69조【명시신청의 재신청】 재산명시신청이 기각 · 각하된 경우에는 그 명시신청을 한 채권자는 기각 · 각하사유를 보완하지 아니하고서는 같은 집행권원으로 다시 재산명시신청을 할 수 없다.

제70조【채무불이행자명부 등재신청】 ① 채무자가 다음 각호 가운데 어느 하나에 해당하면 채권자는 그 채무자를 채무불이행자명부(債務不履行者名簿)에 올리도록 신청할 수 있다.
1. 금전의 지급을 명한 집행권원이 확정된 후 또는 집행권원을 작성한 후 6월 이내에 채무를 이행하지 아니하는 때. 다만, 제61조제1항 단서에 규정된 집행권원의 경우를 제외한다.
2. 제68조제1항 각호의 사유 또는 같은 조 제9항의 사유 가운데 어느 하나에 해당하는 때
② 제1항의 신청을 할 때에는 그 사유를 소명하여야 한다.
③ 제1항의 신청에 대한 재판은 제1항제1호의 경우에는 채무자의 보통재판적이 있는 곳의 법원이 관할하고, 제1항제2호의 경우에는 재산명시절차를 실시한 법원이 관할한다.

참조 [채무불이행자명부 등재신청]민집규31①, [등재신청의 제외]61①단서

제71조【등재신청에 대한 재판】 ① 제70조의 신청에 정당한 이유가 있는 때에는 법원은 채무자를 채무불이행자명부에 올리는 결정을 하여야 한다.
② 등재신청에 정당한 이유가 없거나 쉽게 강제집행할 수 있다고 인정할 만한 명백한 사유가 있는 때에는 법원은 결정으로 이를 기각하여야 한다.
③ 제1항 및 제2항의 재판에 대하여는 즉시항고를 할 수 있다. 이 경우 민사소송법 제447조의 규정은 준용하지 아니한다.

참조 [심리]23, 민소134②, [명부의 작성]민집규32, [즉시항고]15, [집행정지의 효력]민소447, 민소규6

제72조【명부의 비치】 ① 채무불이행자명부는 등재결정을 한 법원에 비치한다.
② 법원은 채무불이행자명부의 부본을 채무자의 주소지(채무자가 법인인 경우에는 주된 사무소가 있는 곳) 시(구가 설치되지 아니한 시를 말한다. 이하 같다)·구·읍·면의 장(도농복합형태의 시의 경우 동지역은 시·구의 장, 읍·면지역은 읍·면의 장으로 한다. 이하 같다)에게 보내야 한다.
③ 법원은 채무불이행자명부의 부본을 대법원규칙이 정하는 바에 따라 일정한 금융기관의 장이나 금융기관 관련단체의 장에게 보내어 채무자에 대한 신용정보로 활용하게 할 수 있다.
④ 채무불이행자명부나 그 부본은 누구든지 보거나 복사할 것을 신청할 수 있다.
⑤ 채무불이행자명부는 인쇄물 등으로 공표되어서는 아니 된다.
참조 [채무불이행자명부 부본의 송부 등]민집규33, [기록의 열람, 등본부여]9, 민소162

제73조【명부등재의 말소】 ① 변제, 그 밖의 사유로 채무가 소멸되었다는 것이 증명된 때에는 법원은 채무자의 신청에 따라 채무불이행자명부에서 그 이름을 말소하는 결정을 하여야 한다.
② 채권자는 제1항의 결정에 대하여 즉시항고를 할 수 있다. 이 경우 민사소송법 제447조의 규정은 준용하지 아니한다.
③ 채무불이행자명부에 오른 다음 해부터 10년이 지난 때에는 법원은 직권으로 그 명부에 오른 이름을 말소하는 결정을 하여야 한다.
④ 제1항과 제3항의 결정을 한 때에는 그 취지를 채무자의 주소지(채무자가 법인인 경우에는 주된 사무소가 있는 곳) 시·구·읍·면의 장 및 제72조제3항의 규정에 따라 채무불이행자명부의 부본을 보낸 금융기관 등의 장에게 통지하여야 한다.
⑤ 제4항의 통지를 받은 시·구·읍·면의 장 및 금융기관 등의 장은 그 명부의 부본에 오른 이름을 말소하여야 한다.
참조 [즉시항고]15, [불준용]민소447, [직권말소]민집규34, 민165①

제74조【재산조회】 ① 재산명시절차의 관할 법원은 다음 각호의 어느 하나에 해당하는 경우에는 그 재산명시를 신청한 채권자의 신청에 따라 개인의 재산 및 신용에 관한 전산망을 관리하는 공공기관·금융기관·단체 등에 채무자명의의 재산에 관하여 조회할 수 있다.
1. 재산명시절차에서 채권자가 제62조제6항의 규정에 의한 주소보정명령을 받고도 민사소송법 제194조제1항의 규정에 의한 사유로 인하여 채권자가 이를 이행할 수 없었던 것으로 인정되는 경우
2. 재산명시절차에서 채무자가 제출한 재산목록의 재산만으로는 집행채권의 만족을 얻기에 부족한 경우
3. 재산명시절차에서 제68조제1항 각호의 사유 또는 동조제9항의 사유가 있는 경우
(2005.1.27 본항개정)
② 채권자가 제1항의 신청을 할 경우에는 조회할 기관·단체를 특정하여야 하며 조회에 드는 비용을 미리 내야 한다.
③ 법원이 제1항의 규정에 따라 조회할 경우에는 채무자의 인적 사항을 적은 문서에 의하여 해당 기관·단체의 장에게 채무자의 재산 및 신용에 관하여 그 기관·단체가 보유하고 있는 자료를 한꺼번에 모아 제출하도록 요구할 수 있다.
④ 공공기관·금융기관·단체 등은 정당한 사유 없이 제1항 및 제3항의 조회를 거부하지 못한다.
改前 "① 재산명시절차가 끝난 경우에, 제68조제1항 각호의 사유 또는 같은 조 제9항의 사유가 있거나 채무자가 제출한 재산목록의 재산만으로는 집행채권의 만족을 얻기에 부족하면, 재산명시절차를 실시한 법원은 그 재산명시를 신청한 채권자의 신청에 따라 개인의 재산 및 신용에 관한 전산망을 관리하는 공공기관·금융기관·단체 등에 채무자 명의의 재산에 관하여 조회할 수 있다."
참조 [재산조회제도]75-77, [재산조회의 신청방식]민집규35, [조회대상의 재산]민집규36, [조회절차]민집규37

제75조【재산조회의 결과 등】 ① 법원은 제74조제1항 및 제3항의 규정에 따라 조회한 결과를 채무자의 재산목록에 준하여 관리하여야 한다.
② 제74조제1항 및 제3항의 조회를 받은 기관·단체의 장이 정당한 사유 없이 거짓 자료를 제출하거나 자료를 제출할 것을 거부한 때에는 결정으로 500만원 이하의 과태료에 처한다.
③ 제2항의 결정에 대하여는 즉시항고를 할 수 있다.
참조 [과태료재판의 관할]민집규39①, [재판절차]비송248·250

제76조【벌칙】 ① 누구든지 재산조회의 결과를 강제집행 외의 목적으로 사용하여서는 아니된다.
② 제1항의 규정에 위반한 사람은 2년 이하의 징역 또는 500만원 이하의 벌금에 처한다.

제77조【대법원규칙】 제74조제1항 및 제3항의 규정에 따라 조회를 할 공공기관·금융기관·단체 등의 범위 및 조회절차, 제74조제2항의 규정에 따라 채권자가 내야 할 비용, 제75조제1항의 규정에 따른 조회결과의 관리에 관한 사항, 제75조제2항의 규정에 의한 과태료의 부과절차 등은 대법원규칙으로 정한다.
참조 [재산조회와 과태료부과]민집규37-39, [채무자 재산조회]74①③, [조회비용]74②, [조회결과의 관리]75①, [과태료의 부과 절차]75②

제2절 부동산에 대한 강제집행

제1관 통 칙

제78조【집행방법】 ① 부동산에 대한 강제집행은 채권자의 신청에 따라 법원이 한다.
② 강제집행은 다음 각호의 방법으로 한다.
1. 강제경매
2. 강제관리
③ 채권자는 자기의 선택에 의하여 제2항 각호 가운데 어느 한 가지 방법으로 집행하게 하거나 두 가지 방법을 함께 사용하여 집행하게 할 수 있다.
④ 강제관리는 가압류를 집행할 때에도 할 수 있다.
참조 ①[부동산]민99①, [부동산에 관한 규정의 준용]광업10①, [경매개시결정 통지]민집규43, ②[강제경매]80이하, [강제관리]163이하

제79조【집행법원】 ① 부동산에 대한 강제집행은 그 부동산이 있는 곳의 지방법원이 관할한다.
② 부동산이 여러 지방법원의 관할 구역에 있는 때에는 각 지방법원에 관할권이 있다. 이 경우 법원이 필요하다고 인정한 때에는 사건을 다른 관할 지방법원으로 이송할 수 있다.
참조 [지방법원]법원조직7④⑤·32, [이송]민소34-40, [부동산가압류의 집행법원]293②

제2관 강제경매

제80조【강제경매신청서】 강제경매신청서에는 다음 각호의 사항을 적어야 한다.
1. 채권자·채무자와 법원의 표시
2. 부동산의 표시
3. 경매의 이유가 된 일정한 채권과 집행할 수 있는 일정한 집행권원
참조 [강제집행신청]78①, [경매신청의 등기]94, [집행법원]79①, [채무명의]26·56·60
판례 담보권 실행을 위한 경매절차에서 청구금액을 확장할 수 있는지 여부(소극) : 신청채권자가 경매신청서에 피담보채권의 일부만을 청구금액으로 하여 경매를 신청하였을 경우에는 다른 특별한 사정이 없는 한 신청채권자의 청구금액은 그 기재된 채권액을 한도로 확정되고 그 후 신청채권자가 채권계산서에 청구금액을 확장하여 제출하는 등 방법에 의하여 청구금액을 확장할 수 없으나, 이러한 법리는 신청채권자가 경매신청서에 경매청구채권으로 이자 등 부대채권을 표시한 경우에 나중에 채권계산서에 의하여 부대채권을 증액하는 방법으로 청구금액을 확장하는 것까지 금지하는 취지는 아니다.
(대판 2001.3.23, 99다11526)

제81조【첨부서류】 ① 강제경매신청서에는 집행력 있는 정본 외에 다음 각호 가운데 어느 하나에 해당하는 서류를 붙여야 한다.
1. 채무자의 소유로 등기된 부동산에 대하여는 등기사항증명서(2011.4.12 본호개정)
2. 채무자의 소유로 등기되지 아니한 부동산에 대하여는 즉시 채무자명의로 등기할 수 있다는 것을 증명할 서류. 다만, 그 부동산이 등기되지 아니한 건물인 경우에는 그 건물이 채무자의 소유임을 증명할 서류, 그 건물의 지번·구조·면적을 증명할 서류 및 그 건물에 관한 건축허가 또는 건축신고를 증명할 서류
② 채권자는 공적 장부를 주관하는 공공기관에 제1항제2호 단서의 사항들을 증명하여 줄 것을 청구할 수 있다.
③ 제1항제2호 단서의 경우에 건물의 지번·구조·면적을 증명하지 못한 때에는, 채권자는 경매신청과 동시에 그 조사를 집행법원에 신청할 수 있다.
④ 제3항의 경우에 법원은 집행관에게 그 조사를 하게 하여야 한다.
⑤ 강제관리를 하기 위하여 이미 부동산을 압류한 경우에 그 집행기록에 제1항 각호 가운데 어느 하나에 해당하는 서류가 붙어 있으면 다시 그 서류를 붙이지 아니할 수 있다.
改前 1. 채무자의 소유로 등기된 부동산에 대하여는 "등기부등본"
참조 [송달증명]39·40②·41, [부동산의 경매신청]민집규42, [선박의 경매신청]177①, 민집규95, [자동차의 경매신청]민집규108, [미등기부동산]부등65·66, [강제관리]163이하

제82조【집행관의 권한】 ① 집행관은 제81조제4항의 조사를 위하여 건물에 출입할 수 있고, 채무자 또는 건물을 점유하는 제3자에게 질문하거나 문서를 제시하도록 요구할 수 있다.
② 집행관은 제1항의 규정에 따라 건물에 출입하기 위하여 필요한 때에는 잠긴 문을 여는 등 적절한 처분을 할 수 있다.
참조 [건물의 지번·구조·면적의 조사]81④, [집행관의 권한]2·5·43, [강제력 사용]민집규4

제83조【경매개시결정 등】 ① 경매절차를 개시하는 결정에는 동시에 그 부동산의 압류를 명하여야 한다.
② 압류는 부동산에 대한 채무자의 관리·이용에 영향을 미치지 아니한다.
③ 경매절차를 개시하는 결정을 한 뒤에는 법원은 직권으로 또는 이해관계인의 신청에 따라 부동산에 대한 침해행위를 방지하기 위하여 필요한 조치를 할 수 있다.
④ 압류는 채무자에게 그 결정이 송달된 때 또는 제94조의 규정에 따른 등기가 된 때에 효력이 생긴다.
⑤ 강제경매신청을 기각하거나 각하하는 재판에 대하여는 즉시항고를 할 수 있다.
참조 [강제경매신청]40·41·80, [경매개시결정]3②·21, [침해행위방지를 위한 조치]민집규44, [경매개시결정의 등기]94, [즉시항고]15
판례 압류 이후의 부동산점유자의 유치권과 그 대항력 : 채무자 소유의 건물 등 부동산에 강제경매개시결정의 기입등기가 경료되어 압류의 효력이 발생한 이후에 채무자가 위 부동산에 관한 공사대금 채권자에게 그 점유를 이전함으로써 그로 하여금 유치권을 취득하게 한 경우, 그와 같은 점유의 이전은 목적물의 교환가치를 감소시킬 우려가 있는 처분행위에 해당하여 민집 제92조 제1항, 제83조 제4항에 따른 압류의 처분금지효에 저촉되므로 점유자로서는 위 유치권을 내세워 그 부동산에 관한 경매절차의 매수인에게 대항할 수 없다.
(대판 2005.8.19, 2005다22688)

제84조【배당요구의 종기결정 및 공고】 ① 경매개시결정에 따른 압류의 효력이 생긴 때(그 경매개시결정전에 다른 경매개시결정이 있은 경우를 제외한다)에는 집행법원은 절차에 필요한 기간을 고려하여 배당요구를 할 수 있는 종기(終期)를 첫 매각기일 이전으로 정한다.(2022.1.4 본항개정)
② 배당요구의 종기가 정하여진 때에는 법원은 경매개시결정을 한 취지 및 배당요구의 종기를 공고하고, 제91조제4항 단서의 전세권자 및 법원에 알려진 제88조제1항의 채권자에게 이를 고지하여야 한다.
③ 제1항의 배당요구의 종기결정 및 제2항의 공고는 경매개시결정에 따른 압류의 효력이 생긴 때부터 1주 이내에 하여야 한다.
④ 법원사무관등은 제148조제3호 및 제4호의 채권자 및 조세, 그 밖의 공과금을 주관하는 공공기관에 대하여 채권의 유무, 그 원인 및 액수(원금·이자·비용, 그 밖의 부대채권(附帶債權)을 포함한다)를 배당요구의 종기까지 법원에 신고하도록 최고하여야 한다.
⑤ 제148조제3호 및 제4호의 채권자가 제4항의 최고에 대한 신고를 하지 아니한 때에는 그 채권자의 채권액은 등기사항증명서 등 집행기록에 있는 서류와 증빙(證憑)에 따라 계산한다. 이 경우 다시 채권액을 추가하지 못한다.(2011.4.12 전단개정)
⑥ 법원은 특별히 필요하다고 인정하는 경우에는 배당요구의 종기를 연기할 수 있다.
⑦ 제6항의 경우에는 제2항 및 제4항의 규정을 준용한다. 다만, 이미 배당요구 또는 채권신고를 한 사람에 대하여는 같은 항의 고지 또는 최고를 하지 아니한다.
改前 ① 경매개시결정에 따른…필요한 기간을 "감안"하여 배당요구를 할 수 있는 종기(終期)를 첫 매각기일 이전으로 정한다.
참조 [배당요구]88·145·146, [전세권자]91④단서, [채권자]88①, [첫 경매개시결정 등기 전에 등기된 가압류채권자]148, [최고]민집규8, [담보가등기]가등기담보16

제85조【현황조사】 ① 법원은 경매개시결정을 한 뒤에 바로 집행관에게 부동산의 현상, 점유관계, 차임(借賃) 또는 보증금의 액수, 그 밖의 현황에 관하여 조사하도록 명하여야 한다.
② 집행관이 제1항의 규정에 따라 부동산을 조사할 때에는 그 부동산에 대하여 제82조에 규정된 조치를 할 수 있다.
참조 [집행법원]79, [집행관의 권한]82, [현황조사]105·106·112, 민집규46·128②
판례 구분건물에 대한 경매에 있어서 비록 경매신청서에 대지사용권에 대한 아무런 표시가 없는 경우에도 집행법원으로서는 대지사용권이 있는지, 그 전유부분 및 공용부분과 분리처분이 가능한 규약이나 공정증서가 있는지 등에 관하여 집달관에게 현황조사명령을 하는 때에 이를 조사하도록 지시하는 한편, 그 스스로도 관련자를 심문하는 등의 가능한 방법으로 필요한 자료를 수집하여야 하고, 그 결과 전유부분과 불가분적인 일체로서 경매의 대상이 되어야 할 대지사용권의 존재가 밝혀진 때에는 이를 경매목적물의 일부로서 경매평가에 포함시켜 최저입찰가격을 정하여야 할 뿐만 아니라 입찰기일의 공고와 입찰명세서의 작성에 있어서도 그 존재를 표시하여야 한다.
(대결 2006.3.27, 2004마978)

제86조【경매개시결정에 대한 이의신청】 ① 이해관계인은 매각대금이 모두 지급될 때까지 법원에 경매개시결정에 대한 이의신청을 할 수 있다.
② 제1항의 신청을 받은 법원은 제16조제2항에 준하는 결정을 할 수 있다.
③ 제1항의 신청에 관한 재판에 대하여 이해관계인은 즉시항고를 할 수 있다.
참조 [이의신청]16, [이해관계인]90, [잠정처분]16②, [심리와 재판]3②, 민소134②, 민집규2, [재판의 고지]23①, 민소221①, [즉시항고]15·83⑤
판례 경매개시결정에 대한 이의신청의 재판 후에 이루어진 이의신청 취하의 효력(무효) : 경매개시결정에 대한 이의신청은 그에 대한 재판이 있기 전까지만 이를 취하할 수 있다고 보아야 할 것이므로, 이의신청에 대한 재판이 있은 후에 이루어진 이의신청의 취하는 아무런 효력이 없다.
(대결 2004.3.26, 2003마1481)

제87조【압류의 경합】 ① 강제경매절차 또는 담보권 실행을 위한 경매절차를 개시하는 결정을 한 부동산에 대하여 다른 강제경매의 신청이 있는 때에는 법원은 다시 경매개시결정을 하고, 먼저 경매개시결정을 한 집행절차에 따라 경매한다.
② 먼저 경매개시결정을 한 경매신청이 취하되거나 그 절차가 취소된 때에는 법원은 제91조제1항의 규정에 어긋나지 아니하는 한도 안에서 뒤의 경매개시결정에 따라 절차를 계속 진행하여야 한다.
③ 제2항의 경우에 뒤의 경매개시결정이 배당요구의 종기 이후의 신청에 의한 것인 때에는 집행법원은 새로이 배당요구를 할 수 있는 종기를 정하여야 한다. 이 경우 이미 제84조제2항 또는 제4항의 규정에 따라 배당요구 또는 채권신고를 한 사람에 대하여는 같은 항의 고지 또는 최고를 하지 아니한다.
④ 먼저 경매개시결정을 한 경매절차가 정지된 때에는 법원은 신청에 따라 결정으로 뒤의 경매개시결정(배당요구의 종기까지 행하여진 신청에 의한 것에 한한다)에 기초하여 절차를 계속하여 진행할 수 있다. 다만, 먼저 경매개시결정을 한 경매절차가 취소되는 경우 제105조제1항제3호의 기재사항이 바뀔 때에는 그러하지 아니하다.
⑤ 제4항의 신청에 대한 재판에 대하여는 즉시항고를 할 수 있다.
참조 [압류의 경합]215, [경매절차개시결정]83, [담보권실행을 위한 경매절차]264, [이중경매신청의 통지]89, 민집규47, [경매신청의 취하]93, [절차의 취소]93·96·102②, [인수주의와 잉여주의]91①, [배당요구의 종기에 대한 고지 및 최고]84②④, [등기된 부동산에 대한 권리 또는 가처분으로서 매각으로 효력을 잃지 아니하는 것]105①, [즉시항고]15
판례 동조 제1항의 경우, 이해관계인의 범위도 선행의 경매사건을 기준으로 정하여야 하는바, 선행사건의 배당요구의 종기 이후에 설정된 후순위 근저당권자로서 위 배당요구의 종기까지 아무런 권리신고를 하지 아니한 위 배당요구의 종기 이후의 이중경매신청인은 선행사건에서 이루어진 낙찰허가결정에 대하여 즉시항고를 제기할 수 있는 이해관계인이 아니다.
(대결 2005.5.19, 2005마59)

제88조【배당요구】 ① 집행력 있는 정본을 가진 채권자, 경매개시결정이 등기된 뒤에 가압류를 한 채권자, 민법·상법, 그 밖의 법률에 의하여 우선변제청구권이 있는 채권자는 배당요구를 할 수 있다.
② 배당요구에 따라 매수인이 인수하여야 할 부담이 바뀌는 경우 배당요구를 한 채권자는 배당요구의 종기가 지난 뒤에 이를 철회하지 못한다.
참조 [배당요구의 방식]4, 민집규48, [집행력있는 정본]28·56, [가압류채권자]148, [우선변제청구권]주택임대차3의2·8, 상건보5·14, 상468, 근기38, [배당요구의 종기]84①
판례 구 민소법 제605조 제1항에서 규정하는 배당요구채권자는 경락기일까지 배당요구를 한 경우에 한하여 비로소 배당을 받을 수 있고, 적법한 배당요구를 하지 아니한 경우에는 실체법상 우선변제청구권이 있는 채권자라 하더라도 그 경락대금으로부터 배당을 받을 수는 없으며, 또한 경락기일까지 배당요구한 채권자라 할지라도 채권의 일부 금액만을 배당요구한 경우에 경락기일 이후에는 배당요구하지 아니한 채권을 추가하거나 확장할 수 없다. 그리고 배당요구를 하여야만 배당절차에 참여할 수 있는 채권자가 경락기일까지 배당요구를 하지 아니한 채권액에 대하여 경락기일 이후에 추가 또는 확장하여 배당요구를 하였으나 그 부분을 배당에서 배제하는 것으로 배당표가 작성·확정되고 그 확정된 배당표에 따라 배당이 실시되었다면, 그가 적법한 배당요구를 한 경우에 배당받을 수 있었던 금액 상당의 금원이 후순위 채권자에게 배당되었다고 하여 이를 법률상 원인이 없는 것이라고 할 수 없다.(대판 2005.8.25, 2005다14595)
판례 임금채권자의 우선배당을 받을 수 있는 종기 : 근로기준법에 의하여 우선변제청구권을 갖는 임금채권자라고 하더라도 임의경매절차에서 배당요구의 종기까지 배당요구를 하여야만 우선배당을 받을 수 있는 것이 원칙이나, 경매절차개시 전의 부동산 가압류권자는 배당요구를 하지 않았더라도 당연히 배당요구를 한 것과 동일하게 취급하여 설사 그가 별도로 채권계산서를 제출하지 아니하였다 하여도 배당에서 제외하여서는 아니되므로, 민사집행절차의 안정성을 보장하여야 하는 절차법적 요청과 근로자의 임금채권을 보호하여야 하는 실체법적 요청을 형량하여 보면 근로기준법상 우선변제권이 있는 임금채권자가 경매절차개시 전에 경매 목적 부동산을 가압류한 경우에는 배당요구의 종기까지 우선권 있는 임금채권임을 소명하지 않았다고 하더라도 배당표가 확정되기 전까지 그 가압류의 청구채권이 우선변제권 있는 임금채권임을 소명하면 우선배당을 받을 수 있다.(대판 2004.7.22, 2002다52312)

판례 주택임대차보호법에 의하여 우선변제청구권이 인정되는 소액임차인의 소액보증금반환채권은 동조(구 민사소송법 제605조) 제1항에서 규정하는 배당요구가 필요한 배당요구채권에 해당한다.(대판 2002.1.22, 2001다70702)

제89조【이중경매신청 등의 통지】 법원은 제87조제1항 및 제88조제1항의 신청이 있는 때에는 그 사유를 이해관계인에게 통지하여야 한다.
참조 [압류의 경합]87①, [배당요구]88①, [이해관계인]90

제90조【경매절차의 이해관계인】 경매절차의 이해관계인은 다음 각호의 사람으로 한다.
1. 압류채권자와 집행력 있는 정본에 의하여 배당을 요구한 채권자
2. 채무자 및 소유자
3. 등기부에 기입된 부동산 위의 권리자
4. 부동산 위의 권리자로서 그 권리를 증명한 사람
참조 [집행력 있는 정본에 의한 배당요구채권자]88①, [등기부에 기입된 부동산의 권리자]부등3, [집행에 관한 이의신청]16, [부동산에 대한 침해방지신청]83①, [경매개시결정에 대한 이의신청]86, [배당요구 등의 경우 통지받을 수 있는 권리]89, [부동산의 일괄매각신청]98, [매각기일을 통지받는 권리]104②·146, [즉시항고]111②·129, [매각조건의 변경에 대한 합의]110②, [매각허가에 대한 의견진술]120·149
판례 동조 각 호에서 열거한 자에 해당하지 아니한 자가 한 매각허가결정에 대한 즉시항고는 부적법하고 또한 보정할 수 없음이 분명하므로 동법 제15조 제5항에 의하여 집행법원이 결정으로 즉시항고를 각하하여야 하고, 집행법원이 항고각하결정을 하지 않은 채 항고심으로 기록을 송부한 경우에는 항고심에서 항고를 각하하여야 한다.(대결 2005.5.19, 2005마59)
판례 가압류권자가 경매절차의 '이해관계인'에 해당하는지 여부 : 여기서 '이해관계인'이라 함은 압류채권자와 집행력 있는 정본에 의하여 배당을 요구한 채권자, 채무자 및 소유자, 등기부에 기입된 부동산 위의 권리자로서 그 권리를 증명한 자를 말하는 것이고, 경매절차에 관하여 사실상의 이해관계를 가진 자라 하더라도 위 조항에서 열거한 자에 해당하지 아니한 경우에는 경매절차에 있어서의 이해관계인이라고 할 수 없으므로, 가압류를 한 자는 여기서 말하는 이해관계인이라 할 수 없다.
(대판 2004.7.22, 2002다52312)

제91조【인수주의와 잉여주의의 선택 등】 ① 압류채권자의 채권에 우선하는 채권에 관한 부동산의 부담을 매수인에게 인수하게 하거나, 매각대금으로 그 부담을 변제하는 데 부족하지 아니하다는 것이 인정된 경우가 아니면 그 부동산을 매각하지 못한다.
② 매각부동산 위의 모든 저당권은 매각으로 소멸된다.
③ 지상권·지역권·전세권 및 등기된 임차권은 저당권·압류채권·가압류채권에 대항할 수 없는 경우에는 매각으로 소멸된다.
④ 제3항의 경우 외의 지상권·지역권·전세권 및 등기된 임차권은 매수인이 인수한다. 다만, 그 중 전세권의 경우에는 전세권자가 제88조에 따라 배당요구를 하면 매각으로 소멸된다.
⑤ 매수인은 유치권자(留置權者)에게 그 유치권(留置權)으로 담보하는 채권을 변제할 책임이 있다.
참조 [매각조건]110·111·205③, [부동산의 매각방법]103, [매각으로 소멸되는 것]가등기담보15, [저당권]민356이하, [지상권]민279이하, [지역권]민291이하, [전세권]민303이하, [등기된 임차권]민621, [유치권]민320이하
판례 부동산에 관하여 가압류등기가 마쳐졌다가 등기가 아무런 원인 없이 말소되었다는 사정만으로는 곧바로 가압류의 효력이 소멸하는 것은 아니지만, 가압류등기가 원인 없이 말소된 이후에 부동산의 소유권이 제3자에게 이전되고 그 후 제3취득자의 채권자 등 다른 권리자의 신청에 따라 경매절차가 진행되어 매각허가결정이 확정되고 매수인이 매각대금을 다 낸 때에는, 경매절차에서 집행법원이 가압류의 부담을 매수인이 인수할 것을 특별매각조건으로 삼지 않은 이상 원인 없이 말소된 가압류의 효력은 소멸한다. 그리고 말소회복등기절차에서 등기상 이해관계 있는 제3자가 있어 그의 승낙이 필요한 경우라 하더라도 제3자가 등기권리자에 대한 관계에서 승낙을 하여야 할 실체법상의 의무가 있는 경우가 아니면 승낙요구에 응하여야 할 이유가 없다.(대판 2017.1.25, 2016다28897)

제92조【제3자와 압류의 효력】 ① 제3자는 권리를 취득할 때에 경매신청 또는 압류가 있다는 것을 알았을 경우에는 압류에 대항하지 못한다.
② 부동산이 압류채권을 위하여 의무를 진 경우에는 압류한 뒤 소유권을 취득한 제3자가 소유권을 취득할 때에 경매신청 또는 압류가 있다는 것을 알지 못하였더라도 경매절차를 계속하여 진행하여야 한다.
참조 [경매개시결정과 압류]83①, [강제경매신청]80
판례 압류의 효력이 발생한 후에 부동산의 점유를 이전받아 유치권을 취득한 채권자의 대항력 : 채무자 소유의 부동산에 경매개시결정의 기입등기가 경료되어 압류의 효력이 발생한 이후에 채권자가 채무자로부터 위 부동산의 점유를 이전받고 이에 관한 공사 등을 시행함으로써 채무자에 대한 공사대금채권 및 이를 피담보채권으로 한 유치권을 취득한 경우, 이러한 점유의 이전은 목적물의 교환가치를 감소시킬 우려가 있는 처분행위에 해당하여 민집 제92조 제1항, 제83조 제4항에 따른 압류의 처분금지효에 저촉되므로, 위와 같은 경위로 부동산을 점유한 채권자로서는 위 유치권을 내세워 그 부동산에 관한 경매절차의 매수인에게 대항할 수 없고, 이 경우 위 부동산에 경매개시결정의 기입등기가 경료되어 있음을 채권자가 알았는지 여부 또는 이를 알지 못한 것에 관하여 과실이 있는지 여부 등은 채권자가 그 유치권을 매수인에게 대항할 수 없다는 결론에 아무런 영향을 미치지 못한다.(대판 2006.8.25, 2006다22050)
판례 경매신청의 기입등기 후에 갑 명의의 소유권이전등기가 경료되고 갑이 경락인이 되어 경락대금을 완납한 상태에서 갑의 채권자인 을이 가압류를 하였는데 경매법원의 촉탁에 의하여 갑 명의의 소유권이전등기와 을 명의의 가압류등기가 모두 말소된 다음 갑 명의로 낙찰을 원인으로 한 소유권이전등기가 이루어지고 이에 터 잡아 병 명의의 근저당권설정등기가 경료된 경우, 을은 병을 상대로 말소된 가압류등기의 회복등기에 대한 승낙의 의사표시를 구할 수 없다.
(대판 2002.8.23, 2000다29295)

제93조【경매신청의 취하】 ① 경매신청이 취하되면 압류의 효력은 소멸된다.
② 매수신고가 있은 뒤 경매신청을 취하하는 경우에는 최고가매수신고인 또는 매수인과 제114조의 차순위매수신고인의 동의를 받아야 그 효력이 생긴다.
③ 제49조제3호 또는 제6호의 서류를 제출하는 경우에는 제1항 및 제2항의 규정을, 제49조제4호의 서류를 제출하는 경우에는 제2항의 규정을 준용한다.
참조 [경매신청의 취하]23①, 민소90②·161·267, [취하의 통지]민집규16, [차순위 매수신고인]114, [이중경매개시결정]87②, [집행의 필수적 정지·제한]49, [임의경매절차에 준용]268
판례 대위변제자에 대한 경매신청 취하의 효력 : 임의경매절차가 개시된 후 경매신청의 기초가 된 담보물권이 대위변제에 의하여 이전된 경우에는 경매절차의 진행에는 아무런 영향이 없고, 대위변제자가 경매신청인의 지위를 승계하므로, 종전의 경매신청인이 한 취하는 효력이 없다.
(대결 2001.12.28, 2001마2094)

제94조【경매개시결정의 등기】 ① 법원이 경매개시결정을 하면 법원사무관등은 즉시 그 사유를 등기부에 기입하도록 등기관(登記官)에게 촉탁하여야 한다.
② 등기관은 제1항의 촉탁에 따라 경매개시결정사유를 기입하여야 한다.
참조 [경매개시결정]83①④, [촉탁에 의한 등기]부등22·96~99, [기입등기의 말소]141, 민집규77 [임의경매]268, [강제관리]163, [선박]172, [등록된 자동차]민집규108

제95조【등기사항증명서의 송부】 등기관은 제94조에 따라 경매개시결정사유를 등기부에 기입한 뒤 그 등기사항증명서를 법원에 보내야 한다.
(2011.4.12 본조개정)
改前 제95조【"등기부등본의 송부"】등기관은 제94조에…그 "등기부의 등본"을 법원에 보내야 한다.
참조 [경매개시결정의 등기]94, [등기사항증명서]부등19

제96조【부동산의 멸실 등으로 말미암은 경매취소】 ① 부동산이 없어지거나 매각 등으로 말미암아 권리를 이전할 수 없는 사정이 명백하게 된 때에는 법원은 강제경매의 절차를 취소하여야 한다.
② 제1항의 취소결정에 대하여는 즉시항고를 할 수 있다.
참조 [경매절차의 취소]17②·102·121·127, [취소결정에 대한 즉시항고]15, [취소되지 않을 때의 불복]16

제97조【부동산의 평가와 최저매각가격의 결정】 ① 법원은 감정인(鑑定人)에게 부동산을 평가하게 하고 그 평가액을 참작하여 최저매각가격을 정하여야 한다.
② 감정인은 제1항의 평가를 위하여 필요하면 제82조제1항에 규정된 조치를 할 수 있다.
③ 감정인은 제7조의 규정에 따라 집행관의 원조를 요구하는 때에는 법원의 허가를 얻어야 한다.
참조 [부동산의 현황조사]85, [최저매각가격]101·104·106·110·119, [집행관의 건물출입]82①, [집행관에 대한 원조요구]7, [즉시항고]130①
판례 민사소송법이 입찰기일을 공고함에 있어서 부동산의 표시를 요구하고 있는 것은 입찰목적물의 특정과 입찰목적물에 대한 객관적 실가를 평가할 자료를 이해관계인에게 주지케 하자는 데 그 뜻이 있고, 최저입찰가격 제도를 채용하고 있는 것은 재산으로서의 중요성이 인정되는 부동산이 그 실시세보다 훨씬 저가로 매각되게 되면 채무자 또는 소유자의 이익을 해치게 될 뿐만 아니라 채권자에게도 불이익하게 되므로 부동산의 공정타당한 가격을 유지하여 부당하게 염가로 매각되는 것을 방지함과 동시에 목적부동산의 적정한 가격을 표시하여 입찰신고를 하려는 사람에게 기준을 제시함으로써 입찰이 공정하게 이루어지도록 하고자 함에 있다.(대결 1995.7.29, 95마540)

제98조【일괄매각결정】 ① 법원은 여러 개의 부동산의 위치·형태·이용관계 등을 고려하여 이를 일괄매수하게 하는 것이 알맞다고 인정하는 경우에는 직권으로 또는 이해관계인의 신청에 따라 일괄매각하도록 결정할 수 있다.
② 법원은 부동산을 매각할 경우에 그 위치·형태·이용관계 등을 고려하여 다른 종류의 재산(금전채권을 제외한다)을 그 부동산과 함께 일괄매수하게 하는 것이 알맞다고 인정하는 때에는 직권으로 또는 이해관계인의 신청에 따라 일괄매각하도록 결정할 수 있다.
③ 제1항 및 제2항의 결정은 그 목적물에 대한 매각기일 이전까지 할 수 있다.

참조 [개별매각의 원칙]124①, [일괄매각사건의 병합과 관할]99·100, [일괄매각절차]101, [여러 개의 유체동산에 대한 일괄매각]197, [다른 재산권에 대한 일괄매각]251①, [일괄매각결정에 대한 불복]16①·121·130①

판례 농지와 농지가 아닌 토지를 일괄매각할 수 있는지 여부 : 농지와 농지가 아닌 토지는 특별한 사정이 없는 한 그 상호간에 이용관계에 있어서 견련성이 없으며, 농지법상의 농지인 경우에는 매수인의 자격이 법령에 의하여 제한되므로 농지와 농지가 아닌 토지를 일괄하여 매각하게 되면 농지취득자격증명을 받을 수 없는 사람은 매수신고를 할 수 없게 되어 매수희망자를 제한하게 되므로 경매목적인 토지 중 일부 토지만이 농지에 해당하는 경우에는 일괄매각의 요건을 갖추지 못한 것이다.
(대결 2004.11.30, 2004마796)

판례 경매목적 부동산이 2개 이상 있는 경우 분할경매를 할 것인지 일괄경매를 할 것인지 여부는 집행법원의 자유재량에 의하여 결정할 성질의 것이나, 토지와 그 지상건물이 동시에 매각되는 경우, 토지와 건물이 하나의 기업시설을 구성하고 있는 경우, 2필지 이상의 토지를 매각하면서 분할경매에 의하여 일부 토지만 매각되면 나머지 토지가 맹지 등이 되어 값이 현저히 하락하게 될 경우 등 분할경매를 하는 것보다 일괄경매를 하는 것이 당해 물건 전체의 효용을 높이고 그 가액도 현저히 고가로 될 것이 명백히 예측되는 경우 등에는 일괄경매를 하는 것이 부당하다고 인정할 특별한 사유가 없는 한 일괄경매의 방법에 의하는 것이 타당하고, 이러한 경우에도 이를 분할경매하는 것은 그 부동산이 유기적 관계에서 갖는 가치를 무시하는 것으로써 집행법원의 재량권의 범위를 넘어 위법한 것이 된다.
(대결 2004.11.9, 2004마94)

제99조【일괄매각사건의 병합】 ① 법원은 각각 경매신청된 여러 개의 재산 또는 다른 법원이나 집행관에 계속된 경매사건의 목적물에 대하여 제98조제1항 또는 제2항의 결정을 할 수 있다.
② 다른 법원이나 집행관에 계속된 경매사건의 목적물의 경우에 그 다른 법원 또는 집행관은 그 목적물에 대한 경매사건을 제1항의 결정을 한 법원에 이송한다.
③ 제1항 및 제2항의 경우에 법원은 그 경매사건들을 병합한다.

참조 [일괄매각결정]98①②, [관할]100

제100조【일괄매각사건의 관할】 제98조 및 제99조의 경우에는 민사소송법 제31조에 불구하고 같은 법 제25조의 규정을 준용한다. 다만, 등기할 수 있는 선박에 관한 경매사건에 대하여서는 그러하지 아니하다.

참조 [일괄매각결정]98, [일괄매각사건의 병합]99, [전속관할에 따른 제외]민소31, [관련재판적]25, [등기할 수 있는 선박에 대한 강제집행]172

제101조【일괄매각절차】 ① 제98조 및 제99조의 일괄매각결정에 따른 매각절차는 이 관의 규정에 따라 행한다. 다만, 부동산 외의 재산의 압류는 그 재산의 종류에 따라 해당되는 규정에서 정하는 방법으로 행하고, 그 중에서 집행관의 압류에 따르는 재산의 압류는 집행법원이 집행관에게 이를 압류하도록 명하는 방법으로 행한다.
② 제1항의 매각절차에서 각 재산의 대금액을 특정할 필요가 있는 경우에는 각 재산에 대한 최저매각가격의 비율을 정하여야 하며, 각 재산의 대금액은 총대금액을 각 재산의 최저매각가격비율에 따라 나눈 금액으로 한다. 각 재산이 부담할 집행비용액을 특정할 필요가 있는 경우에도 또한 같다.
③ 여러 개의 재산을 일괄매각하는 경우에 그 가운데 일부의 매각대금으로 모든 채권자의 채권액과 강제집행비용을 변제하기에 충분하면 다른 재산의 매각을 허가하지 아니한다. 다만, 토지와 그 위의 건물을 일괄매각하는 경우나 재산을 분리하여 매각하면 그 경제적 효용이 현저하게 떨어지는 경우 또는 채무자의 동의가 있는 경우에는 그러하지 아니하다.
④ 제3항 본문의 경우에 채무자는 그 재산 가운데 매각할 것을 지정할 수 있다.
⑤ 일괄매각절차에 관하여 이 법에서 정한 사항을 제외하고는 대법원규칙으로 정한다.

참조 [일괄매각결정에 따른 매각절차]98·99, [집행관]2, 법원조직55, [최저매각가격]97·104·106·110·119, [과잉매각금지]124, [집행비용]18·53, [채무자의 매각재산 지정]민집규52

제102조【남을 가망이 없을 경우의 경매취소】 ① 법원은 최저매각가격으로 압류채권자의 채권에 우선하는 부동산의 모든 부담과 절차비용을 변제하면 남을 것이 없겠다고 인정한 때에는 압류채권자에게 이를 통지하여야 한다.
② 압류채권자가 제1항의 통지를 받은 날부터 1주 이내에 제1항의 부담과 비용을 변제하고 남을 만한 가격을 정하여 그 가격에 맞는 매수신고가 없을 때에는 자기가 그 가격으로 매수하겠다고 신청하면서 충분한 보증을 제공하지 아니하면, 법원은 경매절차를 취소하여야 한다.
③ 제2항의 취소 결정에 대하여는 즉시항고를 할 수 있다.

참조 [최저매각가격]97, [부동산의 부담]91, [절차비용]53, [압류채권자가 남을 가망이 있음을 증명한 때의 조치]민집규53, [기간]민소170·172, [즉시항고]15, [임의경매]268

제103조【강제경매의 매각방법】 ① 부동산의 매각은 집행법원이 정한 매각방법에 따른다.
② 부동산의 매각은 매각기일에 하는 호가경매(呼價競賣), 매각기일에 입찰 및 개찰하게 하는 기일입찰 또는 입찰기간 이내에 입찰하게 하여 매각기일에 개찰하는 기간입찰의 세 가지 방법으로 한다.
③ 부동산의 매각절차에 관하여 필요한 사항은 대법원규칙으로 정한다.

참조 [집행법원]79, [매각기일의 지정]104, [호가경매]민집규72, [기일입찰]민집규61－67, [기간입찰]민집규68－71

제104조【매각기일과 매각결정기일 등의 지정】 ① 법원은 최저매각가격으로 제102조제1항의 부담과 비용을 변제하고도 남을 것이 있다고 인정하거나 압류채권자가 제102조제2항의 신청을 하고 충분한 보증을 제공한 때에는 직권으로 매각기일과 매각결정기일을 정하여 대법원규칙이 정하는 방법으로 공고한다.
② 법원은 매각기일과 매각결정기일을 이해관계인에게 통지하여야 한다.
③ 제2항의 통지는 집행기록에 표시된 이해관계인의 주소에 대법원규칙이 정하는 방법으로 발송할 수 있다.
④ 기간입찰의 방법으로 매각할 경우에는 입찰기간에 관하여도 제1항 내지 제3항의 규정을 적용한다.

참조 [압류채권에 우선하는 부동산의 부담과 절차비용]102①, [압류채권자의 매수신청]102②, [매각결정기일]106, [공고]106, 민집규11·56, [이해관계인]90, [발송]민집규9·73, [기간입찰]103②, 민집규68－71

판례 기일통지의 누락은 경락에 대한 이의사유가 되는 것이며, 같은 법 제663조 제2항에 의하여 준용되는 입찰의 경우에 있어서도 마찬가지이다.(대결 1995.12.5, 95마1053)

제105조【매각물건명세서 등】 ① 법원은 다음 각 호의 사항을 적은 매각물건명세서를 작성하여야 한다.
1. 부동산의 표시
2. 부동산의 점유자와 점유의 권원, 점유할 수 있는 기간, 차임 또는 보증금에 관한 관계인의 진술
3. 등기된 부동산에 대한 권리 또는 가처분으로서 매각으로 효력을 잃지 아니하는 것
4. 매각에 따라 설정된 것으로 보게 되는 지상권의 개요

② 법원은 매각물건명세서·현황조사보고서 및 평가서의 사본을 법원에 비치하여 누구든지 볼 수 있도록 하여야 한다.

참조 [부동산의 현황조사]85, [부동산평가]97, [부동산의 점유]민192이하, [지상권]민279이하, 민집규49, 공장광업재단24③, 입목6

판례 구분건물에 대한 경매에 있어서 비록 경매신청서에 대지사용권에 대한 아무런 표시가 없는 경우에도 집행법원은 대지사용권이 있는지, 그 전유부분 및 공용부분과 분리처분이 가능한 규약이나 공정증서가 있는지 등에 관하여 집달관에게 현황조사명령을 하는 때에 이를 조사하도록 지시하는 한편, 그 스스로도 관련자를 심문하는 등의 가능한 방법으로 필요한 자료를 수집하여야 하고, 그 결과 전유부분과 불가분적인 일체로서 경매의 대상이 되어야 할 대지사용권의 존재가 밝혀진 때에는 이를 경매목적물의 일부로서 경매평가에 포함시켜 최저입찰가격을 정하여야 할 뿐만 아니라 입찰기일의 공고와 입찰명세서의 작성에 있어서도 그 존재를 표시하여야 한다.
(대결 2006.3.27, 2004마978)

제106조【매각기일의 공고내용】 매각기일의 공고내용에는 다음 각호의 사항을 적어야 한다.
1. 부동산의 표시
2. 강제집행으로 매각한다는 취지와 그 매각방법
3. 부동산의 점유자, 점유의 권원, 점유하여 사용할 수 있는 기간, 차임 또는 보증금약정 및 그 액수
4. 매각기일의 일시·장소, 매각기일을 진행할 집행관의 성명 및 기간입찰의 방법으로 매각할 경우에는 입찰기간·장소
5. 최저매각가격
6. 매각결정기일의 일시·장소
7. 매각물건명세서·현황조사보고서 및 평가서의 사본을 매각기일 전에 법원에 비치하여 누구든지 볼 수 있도록 제공한다는 취지
8. 등기부에 기입할 필요가 없는 부동산에 대한 권리를 가진 사람은 채권을 신고하여야 한다는 취지
9. 이해관계인은 매각기일에 출석할 수 있다는 취지

참조 [매각기일의 지정]104, [공고내용 등]민집규56·98·113, [매각허가에 대한 이의사유]121, (4)[매각기일]104, (5)[최저가격]97, (6)[매각기일]109, (7)[집행기록의 열람]112, (8)[부동산위의 권리자]90·91②, (9)[이해관계인]90

제107조【매각장소】 매각기일은 법원안에서 진행하여야 한다. 다만, 집행관은 법원의 허가를 얻어 다른 장소에서 매각기일을 진행할 수 있다.

참조 [매각장소의 공고]106, [매각결정기일]109②, [집행관]3, 법원조직55, 집행관2

제108조【매각장소의 질서유지】 집행관은 다음 각 호 가운데 어느 하나에 해당한다고 인정되는 사람에 대하여 매각장소에 들어오지 못하도록 하거나 매각장소에서 내보내거나 매수의 신청을 하지 못하도록 할 수 있다.
1. 다른 사람의 매수신청을 방해한 사람
2. 부당하게 다른 사람과 담합하거나 그 밖에 매각의 적정한 실시를 방해한 사람
3. 제1호 또는 제2호의 행위를 교사(教唆)한 사람
4. 민사집행절차에서의 매각에 관하여 형법 제136조·제137조·제140조·제140조의2·제142조·제315조 및 제323조 내지 제327조에 규정된 죄로 유죄판결을 받고 그 판결확정일부터 2년이 지나지 아니한 사람

참조 [집행관]3, 법원조직55, 집행관2, [매각장소의 질서유지]민집규57, [매수신청의 제한]민집규60, [공무집행방해]형136, [공무상비밀표시무효]형140, [부동산강제집행효용침해]형140의2, [공무상 보관물의 무효]형142, [경매입찰의 방해]형315

제109조【매각결정기일】 ① 매각결정기일은 매각기일부터 1주 이내로 정하여야 한다.
② 매각결정절차는 법원안에서 진행하여야 한다.

참조 [매각결정기일]104·106, [변경된 기일의 통지]민집규73, [매각결정기일조서]126②, 민소152－154

제110조【합의에 의한 매각조건의 변경】 ① 최저매각가격 외의 매각조건은 법원이 이해관계인의 합의에 따라 바꿀 수 있다.
② 이해관계인은 배당요구의 종기까지 제1항의 합의를 할 수 있다.

참조 [최저매각가격]97·106, [잉여주의]91①·102, [법정매각조건]135·136①·142②·144, 민578, [직권에 의한 매각조건의 변경]111, [집행관의 고지]112

제111조【직권에 의한 매각조건의 변경】 ① 거래의 실상을 반영하거나 경매절차를 효율적으로 진행하기 위하여 필요한 경우에 법원은 배당요구의 종기까지 매각조건을 바꾸거나 새로운 매각조건을 설정할 수 있다.
② 이해관계인은 제1항의 재판에 대하여 즉시항고를 할 수 있다.
③ 제1항의 경우에 법원은 집행관에게 부동산에 대하여 필요한 조사를 하게 할 수 있다.

참조 [배당요구의 종기]84·148, [매각조건의 변경]110, [이해관계인]10, [즉시항고]15, [현황조사]82·85, 민집규46·58

제112조【매각기일의 진행】 집행관은 기일입찰 또는 호가경매의 방법에 의한 매각기일에는 매각물건명세서·현황조사보고서 및 평가서의 사본을 볼 수 있게 하고, 특별한 매각조건이 있는 때에는 이를 고지하며, 법원이 정한 매각방법에 따라 매수가격을 신고하도록 최고하여야 한다.

참조 [기일입찰 및 호가경매]103②, [열람]9·106, [특별한매각조건]110·111, [매각물건명세서]105·106, [평가서]97·106, [매수신청의 금지와 제한]민집규59·60

제113조【매수신청의 보증】 매수신청인은 대법원규칙이 정하는 바에 따라 집행법원이 정하는 금액과 방법에 맞는 보증을 집행관에게 제공하여야 한다.

참조 [매수신청의 보증]민565, [매수신청의 보증금액]민집규63①·64·70－72④, [담보의 대금액 산입]142③④, [보증의 반환]115③·116③, [재매각절차에서의 보증반환 불허]138④

판례 공유자의 우선매수신고 및 보증 제공의 시한(구법관계) : 구 민소(2002.1.26. 법률 제6626호로 전문 개정되기 전의 것) 제650조 제1항은 공유자는 경매기일까지 보증을 제공하고 최고매수신고가격과 동일한 가격으로 채무자의 지분을 우선매수할 것을 신고할 수 있다고 규정하고, 같은 조 제2항은 제1항의 경우에 법원은 최고가매수신고에 불구하고 그 공유자에게 경락을 허가하여야 한다고 규정하고 있는바, 이와 같은 공유자의 우선매수권은 일단 최고가매수신고인이 결정된 후에 공유자에게 그 가격으로 경락 내지 낙찰을 받을 수 있는 기회를 부여하는 제도이므로, 입찰의 경우에도 공유자의 우선매수신고 및 보증의 제공은 집행관이 입찰의 종결을 선언하기 전까지면 되고 입찰마감시각까지로 제한할 것은 아니다.
(대결 2004.10.14, 2004마581)

제114조【차순위매수신고】 ① 최고가매수신고인 외의 매수신고인은 매각기일을 마칠 때까지 집행관에게 최고가매수신고인이 대금지급기한까지 그 의무를 이행하지 아니하면 자기의 매수신고에 대하여 매각을 허가하여 달라는 취지의 신고(이하 "차순위매수신고"라 한다)를 할 수 있다.
② 차순위매수신고는 그 신고액이 최고가매수신고액에서 그 보증액을 뺀 금액을 넘는 때에만 할 수 있다.

참조 [차매수신고인의 지정]115①, [송달영수인 신고]118, [매각허가여부 결정]137, [매수신청의 보증]113, [보증의 반환청구]142⑥

제115조【매각기일의 종결】 ① 집행관은 최고가매수신고인의 성명과 그 가격을 부르고 차순위매수신고를 최고한 뒤, 적법한 차순위매수신고가 있으면 차순위매수신고인을 정하여 그 성명과 가격을 부른 다음 매각기일을 종결한다고 고지하여야 한다.
② 차순위매수신고를 한 사람이 둘 이상인 때에는 신고한 매수가격이 높은 사람을 차순위매수신고인으로 정한다. 신고한 매수가격이 같은 때에는 추첨으로 차순위매수신고인을 정한다.
③ 최고가매수신고인과 차순위매수신고인을 제외한 다른 매수신고인은 제1항의 고지에 따라 매수의 책임을 벗게 되고, 즉시 매수신청의 보증을 돌려 줄 것을 신청할 수 있다.

④ 기일입찰 또는 호가경매의 방법에 의한 매각기일에서 매각기일을 마감할 때까지 허가할 매수가격의 신고가 없는 때에는 집행관은 즉시 매각기일의 마감을 취소하고 같은 방법으로 매수가격을 신고하도록 최고할 수 있다.
⑤ 제4항의 최고에 대하여 매수가격의 신고가 없어 매각기일을 마감하는 때에는 매각기일의 마감을 다시 취소하지 못한다.

참조 [차순위 매수신고]114, [매각기일조서]116①, [매수신청의 보증]113, [보증반환의 영수증]116③, [기일입찰]민집규61－67, [호가경매]민집규72, [매각의 불허]123－125, [새매각기일]119

제116조【매각기일조서】 ① 매각기일조서에는 다음 각호의 사항을 적어야 한다.
1. 부동산의 표시
2. 압류채권자의 표시
3. 매각물건명세서·현황조사보고서 및 평가서의 사본을 볼 수 있게 한 일
4. 특별한 매각조건이 있는 때에는 이를 고지한 일
5. 매수가격의 신고를 최고한 일
6. 모든 매수신고가격과 그 신고인의 성명·주소 또는 허가할 매수가격의 신고가 없는 일
7. 매각기일을 마감할 때까지 허가할 매수가격의 신고가 없어 매각기일의 마감을 취소하고 다시 매수가격의 신고를 최고한 일
8. 최종적으로 매각기일의 종결을 고지한 일시
9. 매수하기 위하여 보증을 제공한 일 또는 보증을 제공하지 아니하므로 그 매수를 허가하지 아니한 일
10. 최고가매수신고인과 차순위매수신고인의 성명과 그 가격을 부른 일

② 최고가매수신고인 및 차순위매수신고인과 출석한 이해관계인은 조서에 서명날인하여야 한다. 그들이 서명날인할 수 없을 때에는 집행관이 그 사유를 적어야 한다.
③ 집행관이 매수신청의 보증을 돌려 준 때에는 영수증을 받아 조서에 붙여야 한다.

참조 [매각기일조서]10, [기일입찰조서의 기재사항]민집규67·71·72④, [최고가매수인]115·118, [이해관계인]90, [매수신청의 보증]113, [보증의 반환]115③, [매각물건명세서 열람]105②

제117조【조서와 금전의 인도】 집행관은 매각기일조서와 매수신청의 보증으로 받아 돌려주지 아니한 것을 매각기일부터 3일 이내에 법원사무관등에게 인도하여야 한다.

참조 [매수신청의 보증]113, [보증의 반환]115③, [매각기일조서]116

제118조【최고가매수신고인 등의 송달영수인신고】 ① 최고가매수신고인과 차순위매수신고인은 대한민국안에 주소·거소와 사무소가 없는 때에는 대한민국 안에 송달이나 통지를 받을 장소와 영수인을 정하여 법원에 신고하여야 한다.
② 최고가매수신고인이나 차순위매수신고인이 제1항의 신고를 하지 아니한 때에는 법원은 그에 대한 송달이나 통지를 하지 아니할 수 있다.
③ 제1항의 신고는 집행관에게 말로 할 수 있다. 이 경우 집행관은 조서에 이를 적어야 한다.

참조 [외국송달의 특례]13, [주거]민18－21·36, 상171, [집행법원]79①, [집행관조서]10

판례 최고가매수신고인이 그 송달장소를 경매법원의 소재지가 아닌, 그것도 송달절차가 복잡하고 시간이 많이 걸리는 국외로 변경하여 신고한 것은 허용될 수 없는 것이다.
(대결 1993.12.17, 93재마8)

제119조【새 매각기일】 허가할 매수가격의 신고가 없이 매각기일이 최종적으로 마감된 때에는 제91조제1항의 규정에 어긋나지 아니하는 한도에서 법원은 최저매각가격을 상당히 낮추고 새 매각기일을 정하여야 한다. 그 기일에 허가할 매수가격의 신고가 없는 때에도 또한 같다.

참조 [매각할 수 없는 경우]91①, [매수가격의 신고]114·115·116①, [새매각기일이 필요없는 경우]102, [최저매각결정]97, [합의에 의한 매각조건의 변경]110, [매각기일의 공고]민집규11

판례 과도하게 가격을 낮춘 최저경매가격 저감절차의 효력 : 신경매로 인한 경매목적물의 최저경매가액을 저감함에 있어서 합리적이고 객관적인 타당성을 구비하지 못할 정도로 과도하게 가격을 낮춘 최저경매가격 저감절차는 위법하여 무효이다.
(대결 1994.8.27, 94마1171)

제120조【매각결정기일에서의 진술】 ① 법원은 매각결정기일에 출석한 이해관계인에게 매각허가에 관한 의견을 진술하게 하여야 한다.
② 매각허가에 관한 이의는 매각허가가 있을 때까지 신청하여야 한다. 이미 신청한 이의에 대한 진술도 또한 같다.

참조 [매각결정기일]104·106⑥·109, [이해관계인]90, [이의]121－123

제121조【매각허가에 대한 이의신청사유】 매각허가에 관한 이의는 다음 각호 가운데 어느 하나에 해당하는 이유가 있어야 신청할 수 있다.
1. 강제집행을 허가할 수 없거나 집행을 계속 진행할 수 없을 때
2. 최고가매수신고인이 부동산을 매수할 능력이나 자격이 없는 때
3. 부동산을 매수할 자격이 없는 사람이 최고가매수신고인을 내세워 매수신고를 한 때
4. 최고가매수신고인, 그 대리인 또는 최고가매수신고인을 내세워 매수신고를 한 사람이 제108조 각호 가운데 어느 하나에 해당되는 때
5. 최저매각가격의 결정, 일괄매각의 결정 또는 매각물건명세서의 작성에 중대한 흠이 있는 때
6. 천재지변, 그 밖에 자기가 책임을 질 수 없는 사유로 부동산이 현저하게 훼손된 사실 또는 부동산에 관한 중대한 권리관계가 변동된 사실이 경매절차의 진행 중에 밝혀진 때
7. 경매절차에 그 밖의 중대한 잘못이 있는 때

참조 [매각허가여부에 대한 항고사유]130①, [이의신청시기]128②, [이의제한]122, [이의와 매각불허]123②, [무능력자]민5－8·10·13, [무권리인]민130, [외국인의 부동산취득능력]부동산거래신고등에관한법7, [매각조건변경]110·111, [매각장소의 질서유지]108

판례 [1] 최고가매수신고인이 부동산을 매수할 능력이나 자격이 없는 때의 의미(구법관계) : 구 민소(2002.1.26. 법률 제6626호로 전문 개정되기 전의 것) 제633조 제2호는 경락허가에 대한 이의신청사유로 '최고가매수신고인이 부동산을 매수할 능력이나 자격이 없는 때'를 규정하고 있는바, 여기서 '매수할 능력이 없는 때'는 미성년자, 금치산자, 한정치산자와 같이 독립하여 법률행위를 할 수 있는 능력이 없는 경우를 의미하고, '매수할 자격이 없는 때'는 법률의 규정에 의하여 매각부동산을 취득할 자격이 없거나 그 부동산을 취득하려면 관청의 증명이나 인·허가를 받아야 하는 경우를 의미하는 것으로서, 부동산을 매수할 경제적 능력을 의미하는 것이 아니다.
[2] 최저경매가격의 결정에 중대한 하자가 있는 경우(구법관계) : 제635조 제2항, 제633조 제6호는 최저경매가격의 결정에 중대한 하자가 있는 때에는 낙찰을 허가하지 아니하도록 규정하고 있는바, 최저경매가격의 결정에 중대한 하자가 있다고 하려면 그 결정이 법에 정한 절차에 위반하여 이루어지거나 감정인의 자격 또는 평가방법에 위법사유가 있어 이에 기초한 결정이 위법한 것으로 되는 등의 사정이 있어야 할 것이고, 단순히 감정인의 평가액과 이에 의하여 결정한 최저경매가격이 매우 저렴하다는 사유는 이의사유가 될 수 없으나, 감정에 의하여 산정한 평가액이 감정 평가의 일반적 기준에 현저하게 반하다거나 사회통념상 현저하게 부당하다고 인정되는 경우에는 그러한 사유만으로도 최저경매가격의 결정에 중대한 하자가 있는 것으로 보아야 한다.
(대결 2004.11.9, 2004마94)

제122조【이의신청의 제한】 이의는 다른 이해관계인의 권리에 관한 이유로 신청하지 못한다.

참조 [이해관계인]90, [본조준용]268

제123조【매각의 불허】 ① 법원은 이의신청이 정당하다고 인정한 때에는 매각을 허가하지 아니한다.
② 제121조에 규정한 사유가 있는 때에는 직권으로 매각을 허가하지 아니한다. 다만, 같은 조 제2호 또는 제3호의 경우에는 능력 또는 자격의 흠이 제거되지 아니한 때에 한한다.

참조 [매각허가여부의 결정]126, [새 매각기일]125, [매각허가에 대한 이의신청사유]121, [최고가매수신고인이 매수능력이 없는 때]121, [매수자격이 없는 사람이 최고가매수신고인을 내세워 매수신고를 한 때]121

판례 이해관계인에 대한 입찰기일 통지가 누락된 채 낙찰이 있은 경우와 불복제기의 가부(한정적극) : 경매법원이 이해관계인에게 입찰기일 및 낙찰기일을 통지하지 아니한 채 입찰기일의 경매절차를 속행하여 낙찰이 이루어지게 하였다면, 이해관계인이 입찰기일을 스스로 알고 그 기일에 출석하여 입찰에 참가함으로써 자신의 권리보호에 필요한 조치를 취할 수 있었다는 등의 사정이 없는 한 이로 인하여 법이 보장하고 있는 절차상의 권리를 침해당한 손해를 받았다고 할 것이어서 낙찰허가결정에 대하여 즉시항고를 할 수 있으며, 입찰기일 또는 낙찰기일을 통지받지 못함으로 인하여 그 이해관계인에게 구체적 또는 추상적으로 재산상의 손해가 발생한 경우에 한하여 그 이해관계인이 즉시항고를 할 수 있는 것은 아니며, 경매법원이 이해관계인 등에게 경매기일 등의 통지를 하지 아니하여 그가 경락허가결정에 대한 항고기간을 준수하지 못하였다면 특단의 사정이 없는 한 그 이해관계인은 자기책임에 돌릴 수 없는 사유로 항고기간을 준수하지 못한 것으로 보아야 하며, 그러한 경우에는 형평의 원칙으로부터 인정된 구제방법으로서의 추완이 허용되어야 한다.(대결 2002.12.24, 2001마1047 전원합의체)

제124조【과잉매각되는 경우의 매각불허가】 ① 여러 개의 부동산을 매각하는 경우에 한 개의 부동산의 매각대금으로 모든 채권자의 채권액과 강제집행비용을 변제하기에 충분하면 다른 부동산의 매각을 허가하지 아니한다. 다만, 제101조제3항 단서에 따른 일괄매각의 경우에는 그러하지 아니하다.
② 제1항 본문의 경우에 채무자는 그 부동산 가운데 매각할 것을 지정할 수 있다.

참조 [최저매각가격결정]97, [집행절차비용]53, [토지와 건물을 일괄매각하는 경우 그 경제적 효용이 떨어지는 경우]101③단서, [채무자의 매각부동산지정]민집규52

제125조【매각을 허가하지 아니할 경우의 새 매각기일】 ① 제121조와 제123조의 규정에 따라 매각을 허가하지 아니하고 다시 매각을 명하는 때에는 직권으로 새 매각기일을 정하여야 한다.
② 제121조제6호의 사유로 제1항의 새 매각기일을 열게 된 때에는 제97조 내지 제105조의 규정을 준용한다.

참조 [매각허가에 대한 이의신청사유]121, [매각의 불허]123, [매수가격의 불신고로 인한 새 매각기일]104·119, [최저매각가격의 결정을 비롯한 매각절차]97－105

제126조【매각허가여부의 결정선고】 ① 매각을 허가하거나 허가하지 아니하는 결정은 선고하여야 한다.
② 매각결정기일조서에는 민사소송법 제152조 내지 제154조와 제156조 내지 제158조 및 제164조의 규정을 준용한다.
③ 제1항의 결정은 확정되어야 효력을 가진다.

참조 [결정의 고지]민소221, [허가결정]128, [불허결정]133, [불복신청]129－132, [본조준용]268

제127조【매각허가결정의 취소신청】 ① 제121조 제6호에서 규정한 사실이 매각허가결정의 확정 뒤에 밝혀진 경우에는 매수인은 대금을 낼 때까지 매각허가결정의 취소신청을 할 수 있다.
② 제1항의 신청에 관한 결정에 대하여는 즉시항고를 할 수 있다.

참조 [천재지변으로 부동산이 훼손된 사실이 경매절차의 진행중에 밝혀진 때]121, [매각기일]104·107, [매각조건변경]110·111·121, [경매의 취소]96, [담보책임]민576·578, [즉시항고]15

제128조【매각허가결정】 ① 매각허가결정에는 매각한 부동산, 매수인과 매각가격을 적고 특별한 매각조건으로 매각한 때에는 그 조건을 적어야 한다.
② 제1항의 결정은 선고하는 외에 대법원규칙이 정하는 바에 따라 공고하여야 한다.

참조 [매각허가결정]126①, [특별한 매각조건]110－112, [공고]민집규11, [불준용]민집규124③

판례 낙찰대금에 그 부동산의 낙찰에 대한 부가가치세가 포함되어 있지 아니한 경우에는 낙찰인이 거래징수를 당하는 매입세액 자체가 없으므로 낙찰인이 낙찰대금에 부가가치세가 포함되어 있다는 전제 아래 경매 부동산의 소유자로부터 세금계산서를 받아 제출하였다고 하더라도 부가가치세의 원리상 이를 매입세액으로 공제할 여지가 없는 것이고, 이러한 법리는 경매부동산의 소유자가 부가가치세법상의 사업자인 경우에 그 경매와 관련하여 부가가치세를 납부할 의무를 부담하게 된다고 하여 달리 볼 것이 아니다.(대판 2004.2.13, 2003다49153)

제129조【이해관계인 등의 즉시항고】 ① 이해관계인은 매각허가여부의 결정에 따라 손해를 볼 경우에만 그 결정에 대하여 즉시항고를 할 수 있다.
② 매각허가에 정당한 이유가 없거나 결정에 적은 것 외의 조건으로 허가하여야 한다고 주장하는 매수인 또는 매각허가를 주장하는 매수신고인도 즉시항고를 할 수 있다.
③ 제1항 및 제2항의 경우에 매각허가를 주장하는 매수신고인은 그 신청한 가격에 대하여 구속을 받는다.

참조 [이해관계인]90·120, [매각허가여부결정]126, [즉시항고]15, [매수신고인]113－116

판례 동조 제1항, 제2항에 의한 부동산매각허가결정에 대한 즉시항고를 제기할 수 있는 이해관계인의 범위 : 동조항에 의한 부동산매각허가결정에 대한 즉시항고는 이해관계인, 매수인 및 매수신고인만이 제기할 수 있고, 여기서 이해관계인이란 동법 제90조 각 호에서 규정하는 압류채권자와 집행력 있는 정본에 의하여 배당을 요구한 채권자, 채무자 및 소유자, 등기부에 기입된 부동산 위의 권리자, 부동산 위의 권리자로서 그 권리를 증명한 자를 말하고, 경매절차에 관하여 사실상의 이해관계를 가진 자라 하더라도 위에서 열거한 자에 해당하지 아니한 경우에는 경매절차에 있어서의 이해관계인이라고 할 수 없다.
(대결 2005.5.19, 2005마59)

제130조【매각허가여부에 대한 항고】 ① 매각허가결정에 대한 항고는 이 법에 규정한 매각허가에 대한 이의신청사유가 있다거나, 그 결정절차에 중대한 잘못이 있다는 것을 이유로 드는 때에만 할 수 있다.
② 민사소송법 제451조제1항 각호의 사유는 제1항의 규정에 불구하고 매각허가 또는 불허가결정에 대한 항고의 이유로 삼을 수 있다.
③ 매각허가결정에 대하여 항고를 하고자 하는 사람은 보증으로 매각대금의 10분의 1에 해당하는 금전 또는 법원이 인정한 유가증권을 공탁하여야 한다.
④ 항고를 제기하면서 항고장에 제3항의 보증을 제공하였음을 증명하는 서류를 붙이지 아니한 때에는 원심법원은 항고장을 받은 날부터 1주 이내에 결정으로 이를 각하하여야 한다.
⑤ 제4항의 결정에 대하여는 즉시항고를 할 수 있다.
⑥ 채무자 및 소유자가 한 제3항의 항고가 기각된 때에는 항고인은 보증으로 제공한 금전이나 유가증권을 돌려 줄 것을 요구하지 못한다.
⑦ 채무자 및 소유자 외의 사람이 한 제3항의 항고가 기각된 때에는 항고인은 보증으로 제공한 금전이나, 유가증권을 현금화한 금액 가운데 항고를 한 날부터 항고기각결정이 확정된 날까지의 매각대금에 대한 대법원규칙이 정하는 이율에 의한 금액(보증으로 제공한 금전이나, 유가증권을 현금화한 금액을 한도로 한다)에 대하여는 돌려 줄 것을 요구할

수 없다. 다만, 보증으로 제공한 유가증권을 현금화하기 전에 위의 금액을 항고인이 지급한 때에는 그 유가증권을 돌려 줄 것을 요구할 수 있다.
⑧ 항고인이 항고를 취하한 경우에는 제6항 또는 제7항의 규정을 준용한다.
참조 [매각허가여부의 결정]126① · 128, [이의신청사유]121, [매각기일조서]116 · 126②, [매각불허원인]123 · 124 · 127, [재심사유]민소451 · 461, [매수신청의 보증]113–116, [재매각시 보증반환 불능]138④
판례 [1] 매각허가결정에 대하여 즉시항고를 제기하는 항고인이 2인 이상인 경우의 공탁방법 : 민집 제130조 제3항의 입법취지는 매각허가결정에 불복하는 모든 항고인에 대하여 보증금을 공탁할 의무를 지움으로써 무익한 항고를 제기하여 절차를 지연시키는 것을 방지하고자 하는데 있는 점, 매각허가결정에 대한 항고는 이해관계인이 매각허가에 대한 이의신청사유가 있는 경우 등에만 할 수 있는데, 그 이의에 대하여 민집 제122조는 다른 이해관계인의 권리에 관한 이유로 이의를 신청하지 못한다고 규정하고 있는 점, 민집 제90조에서 경매절차의 이해관계인이 될 수 있는 사람을 제한적으로 열거하고 있는 점, 복수의 항고인이 매각허가결정에 대하여 항고를 제기하는 경우 항고장을 함께 제출하는지 별도로 제출하는지 라는 우연한 사정에 따라 제공할 보증의 액이 달라지는 것은 불합리한 점 등을 종합하여 보면, 매각허가결정에서의 이해관계의 기초가 되는 권리관계를 공유하는 등의 특별한 사정이 없는 한 항고인별로 각각 매각대금의 10분의 1에 해당하는 금전 또는 유가증권을 공탁하여야 한다고 봄이 상당하다.
[2] 항고장에 보증제공의 서류를 붙이지 아니한 경우와 보정명령의 여부 : 항고장에 민집 제130조 제4항에 정한 보증으로 매각대금의 10분의 1에 해당하는 현금 또는 법원이 인정한 유가증권을 담보로 공탁하였음을 증명하는 서류를 붙이지 아니한 경우 법원이 항고장을 각하함에 있어 적당한 기간을 정하여 그 공탁을 명하거나 그 서류를 제출할 것을 내용으로 하는 보정명령을 하여야 하는 것은 아니다.
(대결 2006.11.23, 2006마513)

제131조【항고심의 절차】 ① 항고법원은 필요한 경우에 반대진술을 하게 하기 위하여 항고인의 상대방을 정할 수 있다.
② 한 개의 결정에 대한 여러 개의 항고는 병합한다.
③ 항고심에는 제122조의 규정을 준용한다.
참조 [항고법원]법원조직28 · 32②, [변론의 병합]민소141, [이의신청의 제한]122, [결정의 고지]23①, 민소221

제132조【항고법원의 재판과 매각허가여부결정】 항고법원이 집행법원의 결정을 취소하는 경우에 그 매각허가여부의 결정은 집행법원이 한다.
참조 [집행법원]79①, [집행법원의 허가여부결정]126①, [허가결정공고]128②, [본조준용]268

제133조【매각을 허가하지 아니하는 결정의 효력】 매각을 허가하지 아니한 결정이 확정된 때에는 매수인과 매각허가를 주장한 매수신고인은 매수에 관한 책임이 면제된다.
참조 [매각불허]123 · 124① · 127, [불허결정선고]126, [결정의 확정]129, 민소444, [본조준용]268, [매각허부결정 고지의 효력시기]민집규74

제134조【최저매각가격의 결정부터 새로할 경우】 제127조의 규정에 따라 매각허가결정을 취소한 경우에는 제97조 내지 제105조의 규정을 준용한다.
참조 [매각허가결정의 취소신청]127, [최저매각가격의 결정을 비롯한 매각절차]97–105

제135조【소유권의 취득시기】 매수인은 매각대금을 다 낸 때에 매각의 목적인 권리를 취득한다.
참조 [대금의 지급]142, [등기]민187, [담보책임]민578
판례 부동산에 대한 선순위가압류등기 후 가압류목적물의 소유권이 제3자에게 이전되고 그 후 제3취득자의 채권자가 경매를 신청하여 매각된 경우, 가압류채권자는 그 매각절차에서 당해 가압류목적물의 매각대금 중 가압류결정 당시의 청구금액을 한도로 배당을 받을 수 있고, 이 경우 종전 소유자를 채무자로 한 가압류등기는 말소촉탁의 대상이 될 수 있다. 그러나 경우에 따라서는 집행법원이 종전 소유자를 채무자로 하는 가압류등기의 부담을 매수인이 인수하는 것을 전제로 하여 위 가압류채권자를 배당절차에서 배제하고 매각절차를 진행시킬 수도 있으며, 이와 같이 매수인이 위 가압류등기의 부담을 인수하는 것을 전제로 매각절차를 진행시킨 경우에는 위 가압류의 효력이 소멸하지 아니하므로 집행법원의 말소촉탁이 될 수 없다. 따라서 종전 소유자를 채무자로 하는 가압류등기가 이루어진 부동산에 대하여 매각절차가 진행되었다는 사정만으로 위 가압류의 효력이 소멸하였다고 단정할 수 없고, 구체적인 매각절차를 살펴 집행법원이 위 가압류등기의 부담을 매수인이 인수하는 것을 전제로 하여 매각절차를 진행하였는가 여부에 따라 위 가압류 효력의 소멸 여부를 판단하여야 한다.
(대판 2007.4.13, 2005다8682)

제136조【부동산의 인도명령 등】 ① 법원은 매수인이 대금을 낸 뒤 6월 이내에 신청하면 채무자 · 소유자 또는 부동산 점유자에 대하여 부동산을 매수인에게 인도하도록 명할 수 있다. 다만, 점유자가 매수인에게 대항할 수 있는 권원에 의하여 점유하고 있는 것으로 인정되는 경우에는 그러하지 아니하다.
② 법원은 매수인 또는 채권자가 신청하면 매각허가가 결정된 뒤 인도할 때까지 관리인에게 부동산을 관리하게 할 것을 명할 수 있다.
③ 제2항의 경우 부동산의 관리를 위하여 필요하면 법원은 매수인 또는 채권자의 신청에 따라 담보를 제공하게 하거나 제공하게 하지 아니하고 제1항의 규정에 준하는 명령을 할 수 있다.
④ 법원이 채무자 및 소유자 외의 점유자에 대하여 제1항 또는 제3항의 규정에 따른 인도명령을 하려면 그 점유자를 심문하여야 한다. 다만, 그 점유자가 매수인에게 대항할 수 있는 권원에 의하여 점유하고 있지 아니함이 명백한 때 또는 이미 그 점유자를 심문한 때에는 그러하지 아니하다.
⑤ 제1항 내지 제3항의 신청에 관한 결정에 대하여는 즉시항고를 할 수 있다.
⑥ 채무자 · 소유자 또는 점유자가 제1항과 제3항의 인도명령에 따르지 아니할 때에는 매수인 또는 채권자는 집행관에게 그 집행을 위임할 수 있다.
참조 [매수인의 불이행과 재매각]138, [매각허가결정]126 · 128, [신청]민소161, [인도의 집행]258
판례 제1심의 인도명령에 대한 즉시항고를 기각한 원심의 항고기각결정에 대하여 재항고인이 재항고를 제기하면서 10일 이내에 재항고이유서를 제출하지 않은 경우, 원심으로서는 결정으로 재항고를 각하하여야 하고, 원심이 이를 각하하지 않은 때에는 대법원이 재항고를 각하하여야 한다.
(대결 2004.9.13, 2004마505)
판례 사회복지법인의 기본재산인 부동산에 관한 낙찰과 주무관청의 허가 : 사회복지법인의 기본재산의 매도, 담보제공 등에 관한 사회복지사업법 제23조 제3항의 규정은 강행규정으로서 사회복지법인이 이에 위반하여 주무관청의 허가를 받지 않고 그 기본재산을 매도하더라도 효력이 없으므로, 법원의 부동산 임의경매절차에서 사회복지법인의 기본재산인 부동산에 관한 낙찰이 있었고 낙찰대금이 완납되었다 하더라도 위 낙찰에 대하여 주무관청의 허가가 없었다면 그 부동산에 관한 소유권은 낙찰인에게 이전되지 않는다.(대결 2003.9.26, 2002마4353)

제137조【차순위매수신고인에 대한 매각허가여부결정】 ① 차순위매수신고인이 있는 경우에 매수인이 대금지급기한까지 그 의무를 이행하지 아니한 때에는 차순위매수신고인에게 매각을 허가할 것인지를 결정하여야 한다. 다만, 제142조제4항의 경우에는 그러하지 아니하다.
② 차순위매수신고인에 대한 매각허가결정이 있는 때에는 매수인은 매수신청의 보증을 돌려 줄 것을 요구하지 못한다.
참조 [차순위 매수신고]114, [대금지급기한]142②, [대금지급기한의 재결정]142④, [매각허가결정]126 · 128, [매수신청의 보증]113, [재매각에서의 매수인의 제재]138④

제138조【재매각】 ① 매수인이 대금지급기한 또는 제142조제4항의 다시 정한 기한까지 그 의무를 완전히 이행하지 아니하였고, 차순위매수신고인이 없는 때에는 법원은 직권으로 부동산의 재매각을 명하여야 한다.
② 재매각절차에도 종전에 정한 최저매각가격, 그 밖의 매각조건을 적용한다.
③ 매수인이 재매각기일의 3일 이전까지 대금, 그 지급기한이 지난 뒤부터 지급일까지의 대금에 대한 대법원규칙이 정하는 이율에 따른 지연이자와 절차비용을 지급한 때에는 재매각절차를 취소하여야 한다. 이 경우 차순위매수신고인이 매각허가결정을 받았던 때에는 위 금액을 먼저 지급한 매수인이 매매목적물의 권리를 취득한다.
④ 재매각절차에서는 전의 매수인은 매수신청을 할 수 없으며 매수신청의 보증을 돌려 줄 것을 요구하지 못한다.
참조 [매각대금]147①, [대금지급기한]142①②, [대금지급기한의 재결정]142④, 민집규56, [최저매각가격]97 · 119, [특별매각조건]110–112, [기간]23, 민소170, 민집규75, [매수신청의 보증]113①

제139조【공유물지분에 대한 경매】 ① 공유물지분을 경매하는 경우에는 채권자의 채권을 위하여 채무자의 지분에 대한 경매개시결정이 있음을 등기부에 기입하고 다른 공유자에게 그 경매개시결정이 있다는 것을 통지하여야 한다. 다만, 상당한 이유가 있는 때에는 통지하지 아니할 수 있다.
② 최저매각가격은 공유물 전부의 평가액을 기본으로 채무자의 지분에 관하여 정하여야 한다. 다만, 그와 같은 방법으로 정확한 가치를 평가하기 어렵거나 그 평가에 부당하게 많은 비용이 드는 등 특별한 사정이 있는 경우에는 그러하지 아니하다.
참조 [공유물지분]민262 · 263 · 266 · 267, [지분등기]부등44, [최저매각가격의 결정]97, [경매개시결정]83–86, [공유지분매각에서의 특칙]140
판례 구분소유적 공유지분에 대한 입찰에서의 감정평가의 대상 : 1동의 건물 중 위치 및 면적이 특정되고 구조상 및 이용상 독립성이 있는 일부분씩을 2인 이상이 구분소유하기로 하는 약정을 하고 등기만은 편의상 각 구분소유의 면적에 해당하는 비율로 공유지분등기를 하여 놓은 경우 공유자들 사이에 상호 명의신탁관계에 있는 이른바 구분소유적 공유관계에 해당하고, 낙찰에 의한 소유권취득은 성질상 승계취득이어서 1동의 건물 중 특정부분에 대한 구분소유적 공유관계를 표상하는 공유지분을 목적으로 하는 근저당권이 설정된 후 그 근저당권의 실행에 의하여 위 공유지분을 취득한 낙찰자는 구분소유적 공유지분을 그대로 취득하는 것이므로, 건물에 관한 구분소유적 공유지분에 대한 입찰을 실시하는 집행법원으로서는 감정인에게 위 건물의 지분에 대한 평가가 아닌 특정 구분소유 목적물에 대한 평가를 하게 하고 그 평가액을 참작하여 최저입찰가격을 정한 후 입찰을 실시하여야 한다.(대결 2001.6.15, 2000마2633)

제140조【공유자의 우선매수권】 ① 공유자는 매각기일까지 제113조에 따른 보증을 제공하고 최고매수신고가격과 같은 가격으로 채무자의 지분을 우선매수하겠다는 신고를 할 수 있다.
② 제1항의 경우에 법원은 최고가매수신고가 있더라도 그 공유자에게 매각을 허가하여야 한다.
③ 여러 사람의 공유자가 우선매수하겠다는 신고를 하고 제2항의 절차를 마친 때에는 특별한 협의가 없으면 공유지분의 비율에 따라 채무자의 지분을 매수하게 한다.
④ 제1항의 규정에 따라 공유자가 우선매수신고를 한 경우에는 최고가매수신고인을 제114조의 차순위매수신고인으로 본다.
참조 [매수신청의 보증]113, [매각기일]104 · 119, [최고매수신고가격]115 · 116, [우선매수권행사 절차]민집규76, [매각허가결정]128, [공유물지분의 경매]139, [공유지분]민262 · 263 · 266, [차순위 매수신고]114
판례 일괄매각결정과 공유자의 우선매수권 행사의 가부 : 집행법원이 여러 개의 부동산을 일괄매각하기로 결정한 경우, 집행법원이 일괄매각결정을 유지하는 이상 매각대상 부동산 중 일부에 대한 공유자는 특별한 사정이 없는 한 매각대상 부동산 전체에 대하여 공유자의 우선매수권을 행사할 수 없다고 봄이 상당하다.(대결 2006.3.13, 2005마1078)
판례 공유자가 우선매수권을 행사한 경우, 최고가입찰자가 더 높은 입찰가격을 제시할 수 있는지 여부(소극)(구법관계) : 구 민소(2002.1.26. 법률 제6626호로 전문 개정되기 전의 것) 제663조 제2항에 의하여 입찰에 준용되는 같은 법 제650조 제1항, 제2항은 공유자가 우선매수권을 행사한 경우 법원은 그 공유자에게 경락을 허가하여야 한다고 규정하고 있고, 최고가입찰자로 하여금 당해 입찰기일에서 더 높은 입찰가격을 제시하도록 하는 것은 입찰의 본질에 반하는 것이며, 공유자와 최고가입찰자만이 참여하여 더 높은 입찰가격 내지 호가를 제시할 수 있는 새로운 입찰기일 등에 관한 절차규정도 없으므로, 공유자가 우선매수권을 행사한 경우에 최고가입찰자는 더 높은 입찰가격을 제시할 수 없다.(대결 2004.10.14, 2004마581)

제141조【경매개시결정등기의 말소】 경매신청이 매각허가 없이 마쳐진 때에는 법원사무관등은 제94조와 제139조제1항의 규정에 따른 기입을 말소하도록 등기관에게 촉탁하여야 한다.
참조 [경매개시결정의 등기]94, [공유물지분에 대한 경매의 등기]139①, [매각을 허가하지 않은 경우]93 · 102, [매각불허결정]123 · 126 · 132, [과잉매각]124, [촉탁등기]부등27, [말소촉탁비용]민집규77

제142조【대금의 지급】 ① 매각허가결정이 확정되면 법원은 대금의 지급기한을 정하고, 이를 매수인과 차순위매수신고인에게 통지하여야 한다.
② 매수인은 제1항의 대금지급기한까지 매각대금을 지급하여야 한다.
③ 매수신청의 보증으로 금전이 제공된 경우에 그 금전은 매각대금에 넣는다.
④ 매수신청의 보증으로 금전 외의 것이 제공된 경우로서 매수인이 매각대금중 보증액을 뺀 나머지 금액만을 낸 때에는, 법원은 보증을 현금화하여 그 비용을 뺀 금액을 보증액에 해당하는 매각대금 및 이에 대한 지연이자에 충당하고, 모자라는 금액이 있으면 다시 대금지급기한을 정하여 매수인으로 하여금 내게 한다.
⑤ 제4항의 지연이자에 대하여는 제138조제3항의 규정을 준용한다.
⑥ 차순위매수신고인은 매수인이 대금을 모두 지급한 때 매수의 책임을 벗게 되고 즉시 매수신청의 보증을 돌려 줄 것을 요구할 수 있다.
참조 [대금지급기한]민집규78, [매수신고인의 송달영수신고]118, [매수신청의 보증]113, [특별한 지급방법]143①, [지연이자]138③, [보증의 반환불능]130⑥ · 137② · 138④

제143조【특별한 지급방법】 ① 매수인은 매각조건에 따라 부동산의 부담을 인수하는 외에 배당표(配當表)의 실시에 관하여 매각대금의 한도에서 관계채권자의 승낙이 있으면 대금의 지급에 갈음하여 채무를 인수할 수 있다.
② 채권자가 매수인인 경우에는 매각결정기일이 끝날 때까지 법원에 신고하고 배당받아야 할 금액을 제외한 대금을 배당기일에 낼 수 있다.
③ 제1항 및 제2항의 경우에 매수인이 인수한 채무나 배당받아야 할 금액에 대하여 이의가 제기된 때에는 매수인은 배당기일이 끝날 때까지 이에 해당하는 대금을 내야 한다.
참조 [매수인]114 · 128 · 137, [배당표실시]159, [매각결정기일]104 · 109, [배당기일]146, [배당할 금액]147, [이의]151

제144조【매각대금 지급 뒤의 조치】 ① 매각대금이 지급되면 법원사무관등은 매각허가결정의 등본을 붙여 다음 각호의 등기를 촉탁하여야 한다.
1. 매수인 앞으로 소유권을 이전하는 등기
2. 매수인이 인수하지 아니한 부동산의 부담에 관한 기입을 말소하는 등기
3. 제94조 및 제139조제1항의 규정에 따른 경매개시결정등기를 말소하는 등기
② 매각대금을 지급할 때까지 매수인과 부동산을 담보로 제공받으려고 하는 사람이 대법원규칙으로

정하는 바에 따라 공동으로 신청한 경우, 제1항의 촉탁은 등기신청의 대리를 업으로 할 수 있는 사람으로서 신청인이 지정하는 사람에게 촉탁서를 교부하여 등기소에 제출하도록 하는 방법으로 하여야 한다. 이 경우 신청인이 지정하는 사람은 지체 없이 그 촉탁서를 등기소에 제출하여야 한다.
(2010.7.23 본항신설)
③ 제1항의 등기에 드는 비용은 매수인이 부담한다.

참조 [매수인의 소유권취득]135, 민187, 부등3·6, [매수인이 인수하지 아니한 부담의 소멸]91, [경매개시결정의 등기]94, [공유물지분에 대한 경매]139①, [집행비용부담]53

판례 제1, 2순위의 근저당권설정등기 사이에 소유권이전등기청구권 보전의 가등기가 경료된 부동산에 대하여 위 제1순위 근저당권의 실행을 위한 경매절차에서 매각허가결정이 확정되고 매각대금이 완납된 경우 위 가등기 및 그에 기한 본등기상의 권리는 모두 소멸하고, 위 각 등기는 민사집행법 제144조 제1항 제2호에 규정된 매수인이 인수하지 아니한 부동산의 부담에 관한 기입에 해당하여 말소촉탁의 대상이 되며, 이와 같은 매각허가결정의 확정으로 인한 물권변동의 효력은 그에 관한 등기에 관계없이 이루어지는 것이다. 그리고 소유권이전등기청구권 보전의 가등기 및 그에 기한 본등기절차의 말소등기절차의 이행을 구하는 소송 도중에 위 각 등기가 경료된 부동산에 대하여 매각허가결정이 확정되고 매각대금이 완납됨으로써 위 각 등기상의 권리가 모두 소멸하고 위 각 등기가 말소촉탁의 대상이 되어 장차 말소될 수밖에 없는 경우에는 더 이상 위 각 등기의 말소를 구할 법률상의 이익이 없다.(대판 2007.12.13, 2007다57459)

판례 선순위 가압류등기 후 목적 부동산의 소유권이 이전되고 신소유자의 채권자가 경매신청을 하여 매각된 경우, 위 가압류등기가 말소촉탁의 대상이 되는지 여부의 판단 기준 : 부동산에 대한 선순위가압류등기 후 가압류목적물의 소유권이 제3자에게 이전되고 그 후 제3취득자의 채권자가 경매를 신청하여 매각된 경우, 가압류채권자는 그 매각절차에서 당해 가압류목적물의 매각대금 중 가압류결정 당시의 청구금액을 한도로 배당을 받을 수 있고, 이 경우 종전 소유자를 채무자로 한 가압류등기는 말소촉탁의 대상이 될 수 있다. 그러나 경우에 따라서는 집행법원이 종전 소유자를 채무자로 하는 가압류등기의 부담을 매수인이 인수하는 것을 전제로 하여 위 가압류채권자를 배당절차에서 배제하고 매각절차를 진행시킬 수도 있으며, 이와 같이 매수인이 위 가압류등기의 부담을 인수하는 것을 전제로 매각절차를 진행시킨 경우에는 위 가압류의 효력이 소멸되지 아니하므로 집행법원의 말소촉탁이 될 수 없다. 따라서 종전 소유자를 채무자로 하는 가압류등기가 이루어진 부동산에 대하여 매각절차가 진행되었다는 사정만으로 위 가압류의 효력이 소멸되었다고 단정할 수 없고, 구체적인 매각절차를 살펴 집행법원이 위 가압류등기의 부담을 매수인이 인수하는 것을 전제로 하여 매각절차를 진행하였는가 여부에 따라 위 가압류 효력의 소멸 여부를 판단하여야 한다.(대판 2007.4.13, 2005다8682)

제145조【매각대금의 배당】 ① 매각대금이 지급되면 법원은 배당절차를 밟아야 한다.
② 매각대금으로 배당에 참가한 모든 채권자를 만족하게 할 수 없는 때에는 법원은 민법·상법, 그 밖의 법률에 의한 우선순위에 따라 배당하여야 한다.

참조 [매각허가결정]126①·128, [매각대금]142·143, [배당할 금액]147, [배당에 참여하는 채권자]84·88①·90·148·150, [민법이 인정하는 우선권]민303·329·356·648-650, [상법이 정한 우선권]상339·340·468·560·583②·777·787·893, [특별법이 정한 우선권]국세35, 지방세기본법71, 주택임대차3의2②·8①, 상건보5②, 근기38, 국민연금98, 국민보험85

판례 대지와 건물이 일괄매각된 경우 배당받을 채권자가 다른 때의 배당표의 작성방법 : 대지와 건물을 일괄경매하더라도 배당절차는 기본적으로 개별경매의 경우와 다르지 않으므로, 대지와 건물을 개별경매하는 경우와 마찬가지로 대지에 대한 권리자는 대지매각대금에서, 건물에 대한 권리자는 건물매각대금에서 각 배당을 받아야 하고, 따라서 대지와 건물을 일괄매각하는 경우 각 재산의 매각대금에서 배당받을 채권자 및 채권이 다른 때에는 각 부동산의 매각대금마다 구분하여 이른바 개별 배당재단을 형성한 후 각 대금마다 따로 배당표를 작성하여야 하며, 이 경우 배당표에 대한 이의는 각 물건마다 작성된 배당표를 대상으로 따로 처리되어야 하는 것이고, 설령 대지와 건물에 대한 배당표가 하나로 작성되었다고 하더라도 이는 대지매각대금에 대한 배당표와 건물매각대금에 대한 배당표의 각 채권자의 배당액이 합산되어 하나로 작성된 것에 불과하므로, 대지 매각대금이 모두 대지에 대한 권리자들에게 배당되었는데, 다만 그들 사이의 배당순위만 문제되는 경우 대지에 대한 선순위 채권자로서 배당을 받지 못한 자는 대지에 대한 후순위 채권자로서 선순위 채권자에 우선하여 배당받은 채권자를 상대로 배당이의를 할 수 있는 것이고, 후순위권자가 건물매각대금으로부터 배당을 받을 수 있어서 결과적으로 후순위 채권자의 배당액에 변경이 없을 것이라고 하여 달리 볼 것이 아니다.
(대판 2003.9.5, 2001다66291)

제146조【배당기일】 매수인이 매각대금을 지급하면 법원은 배당에 관한 진술 및 배당을 실시할 기일을 정하고 이해관계인과 배당을 요구한 채권자에게 이를 통지하여야 한다. 다만, 채무자가 외국에 있거나 있는 곳이 분명하지 아니한 때에는 통지하지 아니한다.

참조 [매각대금의 지급]142·143, [이해관계인]90, [배당받을 채권자]148

제147조【배당할 금액 등】 ① 배당할 금액은 다음 각호에 규정한 금액으로 한다.
1. 대금
2. 제138조제3항 및 제142조제4항의 경우에는 대금지급기한이 지난 뒤부터 대금의 지급·충당까지의 지연이자
3. 제130조제6항의 보증(제130조제8항에 따라 준용되는 경우를 포함한다)
4. 제130조제7항 본문의 보증 가운데 항고인이 돌려줄 것을 요구하지 못하는 금액 또는 제130조제7항 단서의 규정에 따라 항고인이 낸 금액(각각 제130조제8항에 따라 준용되는 경우를 포함한다)
5. 제138조제4항의 규정에 의하여 매수인이 돌려줄 것을 요구할 수 없는 보증(보증이 금전 외의 방법으로 제공되어 있는 때에는 보증을 현금화하여 그 대금에서 비용을 뺀 금액)
② 제1항의 금액 가운데 채권자에게 배당하고 남은 금액이 있으면, 제1항제4호의 금액의 범위안에서 제1항제4호의 보증 등을 제공한 사람에게 돌려준다.
③ 제1항의 금액 가운데 채권자에게 배당하고 남은 금액으로 제1항제4호의 보증 등을 돌려주기 부족한 경우로서 그 보증 등을 제공한 사람이 여럿인 때에는 제1항제4호의 보증 등의 비율에 따라 나누어 준다.

참조 [대금]142, [차순위 매수신고인의 보증]137②, 민집규79, [지연이자]138③·142④, [보증금]130⑥⑧·138④, 민집규80②

제148조【배당받을 채권자의 범위】 제147조제1항에 규정한 금액을 배당받을 채권자는 다음 각호에 규정된 사람으로 한다.
1. 배당요구의 종기까지 경매신청을 한 압류채권자
2. 배당요구의 종기까지 배당요구를 한 채권자
3. 첫 경매개시결정등기전에 등기된 가압류채권자
4. 저당권·전세권, 그 밖의 우선변제청구권으로서 첫 경매개시결정등기전에 등기되었고 매각으로 소멸하는 것을 가진 채권자

참조 [배당할 금액]147①, [경매신청채권자]80, [배당요구채권자]88, [매각으로 소멸한 채권자]91

판례 부동산에 대한 가압류집행 후 가압류목적물의 소유권이 제3자에게 이전된 경우 가압류의 처분금지적 효력이 미치는 것은 가압류결정 당시의 청구금액의 한도 안에서 가압류목적물의 교환가치이고, 위와 같은 처분금지적 효력은 가압류채권자와 제3취득자 사이에서만 있는 것이므로 가압류의 처분금지적 효력이 미치는 매각대금 부분은 가압류채권자가 우선적인 권리를 행사할 수 있고 제3취득자의 채권자들은 이를 수인하여야 한다.
(대판 2006.7.28, 2006다19986)

판례 제3취득자의 채권자가 신청한 경매절차에서 가압류채권자가 배당받을 수 있는지 여부 : 가압류채권자는 그 매각절차에서 당해 가압류목적물의 매각대금에서 가압류결정 당시의 청구금액을 한도로 하여 배당을 받을 수 있고, 제3취득자의 채권자는 위 매각대금 중 가압류의 처분금지적 효력이 미치는 범위의 금액에 대하여는 배당을 받을 수 없다.
(대판 2006.7.28, 2006다19986)

판례 임차권등기를 한 임차인과 배당을 받을 수 있는 채권자 : 임차권등기명령에 의하여 임차권등기를 한 임차인은 우선변제권을 가지며, 위 임차권등기는 임차인으로 하여금 기왕의 대항력이나 우선변제권을 유지하도록 해 주는 담보적 기능을 주목적으로 하고 있으므로, 위 임차권등기가 첫 경매개시결정등기전에 등기된 경우, 배당받을 채권자의 범위에 관하여 규정하고 있는 민집 제148조 제4호의 '저당권·전세권, 그 밖의 우선변제청구권으로서 첫 경매개시결정 등기 전에 등기되었고 매각으로 소멸하는 것을 가진 채권자'에 준하여, 그 임차인은 별도로 배당요구를 하지 않아도 당연히 배당받을 채권자에 속하는 것으로 보아야 한다.(대판 2005.9.15, 2005다33039)

제149조【배당표의 확정】 ① 법원은 채권자와 채무자에게 보여 주기 위하여 배당기일의 3일전에 배당표원안(配當表原案)을 작성하여 법원에 비치하여야 한다.
② 법원은 출석한 이해관계인과 배당을 요구한 채권자를 심문하여 배당표를 확정하여야 한다.

참조 [배당할 금액]147, [배당표의 기재사항]150, [배당기일]146, 민집규81, [이해관계인]90

판례 경매담당법관의 잘못된 배당표작성과 국가배상책임 : 원심이 인정한 사실관계에 의하면, 이 사건 임의경매절차에서 경매담당 법관이 갑의 제1번 근저당권이 경매목적물인 이 사건 토지 지분에 설정된 것이 아니라고 오인하여 그 기재를 누락한 채 배당표 원안을 작성한 잘못이 있고 위 갑이 배당표 원안을 열람하거나 배당기일에 출석하여 이의를 진술하는 등 불복절차를 취하지 아니함으로써 실체적 권리관계와 다른 배당표가 그대로 확정되었음을 알 수 있으나, 나아가 담당 법관이 위법 또는 부당한 목적을 가지고 배당표를 작성, 확정하였다거나 법이 법관의 직무수행상 준수할 것을 요구하고 있는 기준을 현저하게 위반하는 등 그에게 부여된 권한의 취지에 명백히 어긋나게 그 권한을 행사하였다고 인정할 자료를 기록상 찾아볼 수 없으므로, 경매담당 법관의 위 직무행위가 국가배상법 제2조 제1항에서 말하는 위법한 행위로서 불법행위를 구성한다고 할 수 없다.
(대판 2001.4.24, 2000다16114)

제150조【배당표의 기재 등】 ① 배당표에는 매각대금, 채권자의 채권의 원금, 이자, 비용, 배당의 순위와 배당의 비율을 적어야 한다.
② 출석한 이해관계인과 배당을 요구한 채권자가 합의한 때에는 이에 따라 배당표를 작성하여야 한다.

참조 [매각대금]137②·147, 민집규79, [집행비용]53①, [배당순위]145②, [이해관계인]90

제151조【배당표에 대한 이의】 ① 기일에 출석한 채무자는 채권자의 채권 또는 그 채권의 순위에 대하여 이의할 수 있다.
② 제1항의 규정에 불구하고 채무자는 제149조제1항에 따라 법원에 배당표원안이 비치된 이후 배당기일이 끝날 때까지 채권자의 채권 또는 그 채권의 순위에 대하여 서면으로 이의할 수 있다.
③ 기일에 출석한 채권자는 자기의 이해에 관계되는 범위 안에서는 다른 채권자를 상대로 그의 채권 또는 그 채권의 순위에 대하여 이의할 수 있다.

참조 [배당받을 채권자]148, [배당할 금액]147, [배당표원안의 비치]149①, [배당기일]146, [배당이의의 소]154

판례 배당이의는 배당받은 각 채권자의 채권의 존부 및 범위, 배당순위에 대한 것이지 배당액에 대한 것이 아니므로 배당이의의 소에 있어서 피고의 채권액이 그 받은 배당액보다 많다고 하더라도 배당의 기초가 된 채권액(배당요구액)에 대하여 다툼이 있고, 그 채권액이 줄어들 경우 민사집행법상의 배당법리에 따라 배당하면 결과적으로 배당액이 줄어들 경우에는 배당이의를 할 수 있고, 한편 배당이의의 소에 있어서 원고는 배당기일 후 그 사실심 변론종결시까지 발생한 사유를 이의사유로 주장할 수 있으므로, 배당기일 후 배당이의 소송중에 가압류채권자의 채권액이 변제 등의 사유로 일부 소멸하여 그 잔존 채권액이 그 가압류 청구금액에 미달하게 된 경우에도 이를 이의사유로 주장할 수 있다.(대판 2007.8.23, 2007다27427)

판례 배당이의소송은 대립하는 당사자 사이의 배당액을 둘러싼 분쟁을 그들 사이에서 상대적으로 해결하는 것에 지나지 아니하여 그 판결의 효력은 오직 그 소송의 당사자에게만 미칠 뿐이므로, 어느 채권자가 배당이의소송에서의 승소확정판결에 기하여 경정된 배당표에 따라 배당을 받은 경우에 있어서도, 그 배당이 배당이의소송에서 패소확정판결을 받은 자 아닌 다른 배당요구채권자가 배당받을 몫까지도 배당받은 결과로 된다면 그 다른 배당요구채권자는 위 법리에 의하여 배당이의소송의 승소확정판결에 따라 배당받은 채권자를 상대로 부당이득반환청구를 할 수 있다.(대판 2007.2.9, 2006다39546)

판례 근저당권부채권양도의 이전등기가 되기 전에 실시된 배당절차에서 배당표의 경정을 구할 수 있는지 여부(소극) : 피담보채권과 근저당권을 함께 양도하는 경우에 채권양도는 당사자 사이의 의사표시만으로 양도의 효력이 발생하지만 근저당권이전은 이전등기를 하여야 하므로 채권양도와 근저당권이전등기 사이에 어느 정도 시차가 불가피한 이상 피담보채권이 먼저 양도되어 일시적으로 피담보채권과 근저당권의 귀속이 달라진다고 하여 근저당권이 무효로 된다고 볼 수는 없으나, 위 근저당권은 그 피담보채권의 양수인에게 이전되어야 할 것에 불과하고, 근저당권의 명의인은 피담보채권을 양도하여 결국 피담보채권을 상실한 셈이므로 집행채무자로부터 변제를 받기 위하여 배당표에 자신에게 배당하는 것으로 배당표의 경정을 구할 수 있는 지위에 있다고 볼 수 없다.
(대판 2003.10.10, 2001다77888)

판례 배당이의 소의 원고적격이 있는 자는 배당기일에 출석하여 배당표에 대한 실체상의 이의를 신청한 채권자 또는 채무자에 한하고, 제3자 소유의 물건이 채무자의 소유로 오인되어 강제집행목적물로서 경락된 경우에도 그 제3자는 경매절차의 이해관계인에 해당하지 아니하므로 배당기일에 출석하여 배당표에 대한 실체상의 이의를 신청할 권한이 없으며, 따라서 제3자가 배당기일에 출석하여 배당표에 대한 이의를 신청하였다고 하더라도 이는 부적법한 이의신청에 불과하고, 그 제3자에게 배당이의 소를 제기할 원고적격이 없다.
(대판 2002.9.4, 2001다63155)

제152조【이의의 완결】 ① 제151조의 이의에 관계된 채권자는 이에 대하여 진술하여야 한다.
② 관계인이 제151조의 이의를 정당하다고 인정하거나 다른 방법으로 합의한 때에는 이에 따라 배당표를 경정(更正)하여 배당을 실시하여야 한다.
③ 제151조의 이의가 완결되지 아니한 때에는 이의가 없는 부분에 한하여 배당을 실시하여야 한다.

참조 [배당표에 대한 이의]151, [배당의 실시]61·159, [배당표의 변경]157·161②, [준용]256

제153조【불출석한 채권자】 ① 기일에 출석하지 아니한 채권자는 배당표와 같이 배당을 실시하는 데에 동의한 것으로 본다.
② 기일에 출석하지 아니한 채권자가 다른 채권자가 제기한 이의에 관계된 때에는 그 채권자는 이의를 정당하다고 인정하지 아니한 것으로 본다.

참조 [배당기일]146, [배당표 실시]159-161, [기일에 출석하지 않은 채권자의 배당액 공탁]160②, [출석채권자의 진술]152①

제154조【배당이의의 소 등】 ① 집행력 있는 집행권원의 정본을 가지지 아니한 채권자(가압류채권자를 제외한다)에 대하여 이의한 채무자와 다른 채권자에 대하여 이의한 채권자는 배당이의의 소를 제기하여야 한다.
② 집행력 있는 집행권원의 정본을 가진 채권자에 대하여 이의한 채무자는 청구이의의 소를 제기하여야 한다.
③ 이의한 채권자나 채무자가 배당기일부터 1주 이내에 집행법원에 대하여 제1항의 소를 제기한 사실을 증명하는 서류를 제출하지 아니한 때 또는 제2항의 소를 제기한 사실을 증명하는 서류와 그 소에 관한 집행정지재판의 정본을 제출하지 아니한 때에는 이의가 취하된 것으로 본다.

참조 [집행권원]24·28·56·60, [배당액의 공탁]160①, [청구이의의 소]44, [배당기일]146, [취하간주]158, [집행정지]49, [출소기간]민소173

판례 집행공탁과 변제공탁이 혼합되어 공탁된 혼합공탁의 경우에 어떤 사유로 배당이 실시되었고 그 배당표상의 지급 또는

변제받을 채권자와 금액에 관하여 다툼이 있으면, 이를 배당이의의 소라는 단일의 절차에 의하여 한꺼번에 확정하여 분쟁을 해결함이 상당하다고 할 것이고, 따라서 이 경우에도 공탁금에서 지급 또는 변제받을 권리가 있음에도 불구하고 지급 또는 변제를 받지 못하였음을 주장하는 자는 배당표에 배당을 받는 것으로 기재된 다른 채권자들을 상대로 배당이의의 소를 제기할 수 있다.(대판 2006.2.9, 2005다28747)

판례 배당이의의 소에서 이의를 하지 아니한 피고가 원고의 채권 자체의 존재를 부인할 수 있는지 여부(적극) : 배당이의의 소에 있어서 피고는 원고의 청구를 배척할 수 있는 모든 주장을 방어방법으로 내세울 수 있다 할 것인바, 배당기일에 피고가 원고에 대하여 이의를 하지 아니하였다 하더라도 피고는 원고의 청구를 배척할 수 있는 사유로서 원고의 채권 자체의 존재를 부인할 수 있다.(대판 2004.6.25, 2004다9398)

제155조【이의한 사람 등의 우선권 주장】 이의한 채권자가 제154조제3항의 기간을 지키지 아니한 경우에도 배당표에 따른 배당을 받은 채권자에 대하여 소로 우선권 및 그 밖의 권리를 행사하는 데 영향을 미치지 아니한다.

참조 [소제기증명서류 제출기간]154③, [배당의 실시]149·152·153·161

판례 근로기준법상 우선변제권이 있는 임금채권자가 경매절차개시 전에 경매 목적 부동산을 가압류하고 배당표가 확정되기 전까지 그 가압류의 청구채권이 우선변제권 있는 임금채권임을 소명하였음에도 경매법원이 임금채권자에게 우선배당을 하지 아니한 채 후순위 채권자에게 배당하는 것으로 배당표를 작성하고 그 배당표가 그대로 확정된 경우에는 배당을 받아야 할 자가 배당을 받지 못하고 배당을 받지 못할 자가 배당을 받은 것으로서 배당에 관하여 이의를 한 여부 또는 형식상 배당절차가 확정되었는가의 여부에 관계없이 배당을 받지 못한 임금채권자는 배당을 받은 후순위 채권자를 상대로 부당이득반환청구권을 갖는다.(대판 2004.7.22, 2002다52312)

제156조【배당이의의 소의 관할】 ① 제154조제1항의 배당이의의 소는 배당을 실시한 집행법원이 속한 지방법원의 관할로 한다. 다만, 소송물이 단독판사의 관할에 속하지 아니할 경우에는 지방법원의 합의부가 이를 관할한다.
② 여러 개의 배당이의의 소가 제기된 경우에 한 개의 소를 합의부가 관할하는 때에는 그 밖의 소도 함께 관할한다.
③ 이의한 사람과 상대방이 이의에 관하여 단독판사의 재판을 받을 것을 합의한 경우에는 제1항 단서와 제2항의 규정을 적용하지 아니한다.

참조 [배당이의의 소]154①, [배당법원]21·79, [단독판사의 관할]법원조직7④, [합의부의 관할]법원조직7⑤·32

제157조【배당이의의 소의 판결】 배당이의의 소에 대한 판결에서는 배당액에 대한 다툼이 있는 부분에 관하여 배당을 받을 채권자와 그 액수를 정하여야 한다. 이를 정하는 것이 적당하지 아니하다고 인정한 때에는 판결에서 배당표를 다시 만들고 다른 배당절차를 밟도록 명하여야 한다.

참조 [배당이의의 소]154·156

판례 허위의 근저당권에 대하여 배당이 이루어진 경우, 통정한 허위의 의사표시는 당사자 사이에서는 물론 제3자에 대하여도 무효이고 다만, 선의의 제3자에 대하여만 이를 대항하지 못한다고 할 것이므로, 배당채권자는 채권자취소의 소로써 통정허위표시를 취소하지 않았다 하더라도 그 무효를 주장하여 그에 기한 채권의 존부, 범위, 순위에 관한 배당이의의 소를 제기할 수 있다.(대판 2001.5.8, 2000다9611)

제158조【배당이의의 소의 취하간주】 이의한 사람이 배당이의의 소의 첫 변론기일에 출석하지 아니한 때에는 소를 취하한 것으로 본다.

참조 [이의의 소]154·156, [변론기일에서의 불출석]23①, 민소268②

판례 본조에서 말하는 '첫 변론기일'에 '첫 변론준비기일'은 포함되지 않는다.(대판 2006.11.10, 2005다41856)

제159조【배당실시절차·배당조서】 ① 법원은 배당표에 따라 제2항 및 제3항에 규정된 절차에 의하여 배당을 실시하여야 한다.
② 채권 전부의 배당을 받을 채권자에게는 배당액지급증을 교부하는 동시에 그가 가진 집행력 있는 정본 또는 채권증서를 받아 채무자에게 교부하여야 한다.
③ 채권 일부의 배당을 받을 채권자에게는 집행력 있는 정본 또는 채권증서를 제출하게 한 뒤 배당액을 적어서 돌려주고 배당액지급증을 교부하는 동시에 영수증을 받아 채무자에게 교부하여야 한다.
④ 제1항 내지 제3항의 배당실시절차는 조서에 명확히 적어야 한다.

참조 [배당의 실시]153·161, [집행력있는 정본의 교부]42, [채권증서의 교부]민475, [배당조서]민소153·154

제160조【배당금액의 공탁】 ① 배당을 받아야 할 채권자의 채권에 대하여 다음 각호 가운데 어느 하나의 사유가 있으면 그에 대한 배당액을 공탁하여야 한다.
1. 채권에 정지조건 또는 불확정기한이 붙어 있는 때
2. 가압류채권자의 채권인 때
3. 제49조제2호 및 제266조제1항제5호에 규정된 문서가 제출되어 있는 때
4. 저당권설정의 가등기가 마쳐져 있는 때
5. 제154조제1항에 의한 배당이의의 소가 제기된 때
6. 민법 제340조제2항 및 같은 법 제370조에 따른 배당금액의 공탁청구가 있는 때
② 채권자가 배당기일에 출석하지 아니한 때에는 그에 대한 배당액을 공탁하여야 한다.

참조 [공탁법원]19, [조건과 기한]민147－154, [공탁금의 배당]161, [강제집행의 일시정지를 명한 재판정본]49, [배당이의의 소]154①, [저당권자에 대한 배당금액의 공탁청구]민340②·370, [불출석한 채권자]153, [배당금교부의 절차]민집규82

제161조【공탁금에 대한 배당의 실시】 ① 법원이 제160조제1항의 규정에 따라 채권자에 대한 배당액을 공탁한 뒤 공탁의 사유가 소멸한 때에는 법원은 공탁금을 지급하거나 공탁금에 대한 배당을 실시하여야 한다.
② 제1항에 따라 배당을 실시함에 있어서 다음 각호 가운데 어느 하나에 해당하는 때에는 법원은 배당에 대하여 이의하지 아니한 채권자를 위하여서도 배당표를 바꾸어야 한다.
1. 제160조제1항제1호 내지 제4호의 사유에 따른 공탁에 관련된 채권자에 대하여 배당을 실시할 수 없게 된 때
2. 제160조제1항제5호의 공탁에 관련된 채권자가 채무자로부터 제기당한 배당이의의 소에서 진 때
3. 제160조제1항제6호의 공탁에 관련된 채권자가 저당물의 매각대가로부터 배당을 받은 때
③ 제160조제2항의 채권자가 법원에 대하여 공탁금의 수령을 포기하는 의사를 표시한 때에는 그 채권자의 채권이 존재하지 아니하는 것으로 보고 배당표를 바꾸어야 한다.
④ 제2항 및 제3항의 배당표변경에 따른 추가 배당기일에 제151조의 규정에 따라 이의할 때에는 종전의 배당기일에서 주장할 수 없었던 사유만을 주장할 수 있다.

참조 [공탁사유]160, [공탁법원]19, [배당금액]147, [배당표에 대한 이의]151, [배당표의 변경]152②·157

제162조【공동경매】 여러 압류채권자를 위하여 동시에 실시하는 부동산의 경매절차에는 제80조 내지 제161조의 규정을 준용한다.

참조 [강제경매]80－161

제3관 강제관리

제163조【강제경매규정의 준용】 강제관리에는 제80조 내지 제82조, 제83조제1항·제3항 내지 제5항, 제85조 내지 제89조 및 제94조 내지 제96조의 규정을 준용한다.

참조 [강제관리신청서]80·81, 민집규83·94, [집행관의 권한]82, [부동산의 압류명령]83①, [경매절차개시결정에 따른 조치]83③, [압류의 효력발생시기]83④, [즉시항고]83⑤, [현황조사]85, [경매개시결정에 대한 이의신청]86, [압류의 경합]87, [배당요구]88, [이중경매신청통지]89, [경매개시결정의 등기]94, [등기부등본의 송부]95, [강제경매절차의 취소]96

제164조【강제관리개시결정】 ① 강제관리를 개시하는 결정에는 채무자에게는 관리사무에 간섭하여서는 아니되고 부동산의 수익을 처분하여서도 아니된다고 명하여야 하며, 수익을 채무자에게 지급할 제3자에게는 관리인에게 이를 지급하도록 명하여야 한다.
② 수확하였거나 수확할 과실(果實)과, 이행기에 이르렀거나 이르게 될 과실은 제1항의 수익에 속한다.
③ 강제관리개시결정은 제3자에게는 결정서를 송달하여야 효력이 생긴다.
④ 강제관리신청을 기각하거나 각하하는 재판에 대하여는 즉시항고를 할 수 있다.

참조 [강제관리개시결정]83, 민소224①, [관리인]166, [과실]민101·102, [채무자에 대한 압류의 효력]83④, [송달]민소174이하

제165조【강제관리개시결정 등의 통지】 법원은 강제관리를 개시하는 결정을 한 부동산에 대하여 다시 강제관리의 개시결정을 하거나 배당요구의 신청이 있는 때에는 관리인에게 이를 통지하여야 한다.

참조 [개시결정의 통지]민집규84, [관리인]166, [배당요구]88·163, [통지]89·163

제166조【관리인의 임명 등】 ① 관리인은 법원이 임명한다. 다만, 채권자는 적당한 사람을 관리인으로 추천할 수 있다.
② 관리인은 관리와 수익을 하기 위하여 부동산을 점유할 수 있다. 이 경우 저항을 받으면 집행관에게 원조를 요구할 수 있다.
③ 관리인은 제3자가 채무자에게 지급할 수익을 추심(推尋)할 권한이 있다.

참조 [관리인의 임명]민집규85·86, [관리인의 사무]167·169·170, [채무자의 관리수익권박탈]164①, [집행관에 대한 원조요구]7, [관리인의 추심권한]164①

제167조【법원의 지휘·감독】 ① 법원은 관리에 필요한 사항과 관리인의 보수를 정하고, 관리인을 지휘·감독한다.
② 법원은 관리인에게 보증을 제공하도록 명할 수 있다.
③ 관리인에게 관리를 계속할 수 없는 사유가 생긴 경우에는 법원은 직권으로 또는 이해관계인의 신청에 따라 관리인을 해임할 수 있다. 이 경우 관리인을 심문하여야 한다.

참조 [보증]19, [관리인의 사임 해임]민집규87, [심문]민소134·160

제168조【준용규정】 제3자가 부동산에 대한 강제관리를 막을 권리가 있다고 주장하는 경우에는 제48조의 규정을 준용한다.

참조 [제3자이의의 소]48

제169조【수익의 처리】 ① 관리인은 부동산수익에서 그 부동산이 부담하는 조세, 그 밖의 공과금을 뺀 뒤에 관리비용을 변제하고, 그 나머지 금액을 채권자에게 지급한다.
② 제1항의 경우 모든 채권자를 만족하게 할 수 없는 때에는 관리인은 채권자 사이의 배당협의에 따라 배당을 실시하여야 한다.
③ 채권자 사이에 배당협의가 이루어지지 못한 경우에 관리인은 그 사유를 법원에 신고하여야 한다.
④ 제3항의 신고가 있는 경우에는 제145조·제146조 및 제148조 내지 제161조의 규정을 준용하여 배당표를 작성하고 이에 따라 관리인으로 하여금 채권자에게 지급하게 하여야 한다.

참조 [수익의 처리]민집규91, [관리인의 배당액공탁]민집규92, [사유신고의 방식]민집규93, [공과금주관공무소에의 최고]84④, [집행비용의 부담]53, [집행법원]79①, [매각대금의 배당]145, [배당기일]146, [배당받을 채권자를 비롯한 배당표의 확정 및 배당실시 등]148－161

제170조【관리인의 계산보고】 ① 관리인은 매년 채권자·채무자와 법원에 계산서를 제출하여야 한다. 그 업무를 마친 뒤에도 또한 같다.
② 채권자와 채무자는 계산서를 송달받은 날부터 1주 이내에 집행법원에 이에 대한 이의신청을 할 수 있다.
③ 제2항의 기간 이내에 이의신청이 없는 때에는 관리인의 책임이 면제된 것으로 본다.
④ 제2항의 기간 이내에 이의신청이 있는 때에는 관리인을 심문한 뒤 결정으로 재판하여야 한다. 신청한 이의를 매듭 지은 때에는 법원은 관리인의 책임을 면제한다.

참조 [관리인]166, 민681, [채권자]80·163, [송달]11·12, [집행법원]79①, [이의신청]16①, 민소161, [심문]민소134, [집행법원의 재판]3②

제171조【강제관리의 취소】 ① 강제관리의 취소는 법원이 결정으로 한다.
② 채권자들이 부동산수익으로 전부 변제를 받았을 때에는 법원은 직권으로 제1항의 취소결정을 한다.
③ 제1항 및 제2항의 결정에 대하여는 즉시항고를 할 수 있다.
④ 강제관리의 취소결정이 확정된 때에는 법원사무관등은 강제관리에 관한 기입등기를 말소하도록 촉탁하여야 한다.

참조 [취소결정]민소134·221, [강제관리 취소사유]민집규88·89, [취소의 통지]민집규90, [즉시항고]15, [등기말소 촉탁]94·163

제3절 선박 등에 대한 강제집행

제172조【선박에 대한 강제집행】 등기할 수 있는 선박에 대한 강제집행은 부동산의 강제경매에 관한 규정에 따른다. 다만, 사물의 성질에 따른 차이가 있거나 특별한 규정이 있는 경우에는 그러하지 아니하다.

참조 [선박에 대한 강제집행]172－186, 민집규95－105, [부동산의 강제경매]78－162, [선박]상740·741, [선박의 압류]상744, [선박의 가압류]295, 민집규208

제173조【관할법원】 선박에 대한 강제집행의 집행법원은 압류 당시에 그 선박이 있는 곳을 관할하는 지방법원으로 한다.

참조 [집행법원]3, [전속관할]21

제174조【선박국적증서등의 제출】 ① 법원은 경매개시결정을 한 때에는 집행관에게 선박국적증서 그 밖에 선박운행에 필요한 문서(이하 "선박국적증서등"이라 한다)를 선장으로부터 받아 법원에 제출하도록 명하여야 한다.
② 경매개시결정이 송달 또는 등기되기 전에 집행관이 선박국적증서등을 받은 경우에는 그 때에 압류의 효력이 생긴다.

참조 [경매개시결정]83·86·172, [선박국적증서수취의 통지]민집규96, [선박국적증서불수취의 신고]민집규97, [경매개시결정의 등기]94·96·172

제175조【선박집행신청전의 선박국적증서등의 인도명령】 ① 선박에 대한 집행의 신청전에 선박국적증서등을 받지 아니하면 집행이 매우 곤란할 염려가 있을 경우에는 선적(船籍)이 있는 곳을 관할하는 지방법원(선적이 없는 때에는 대법원규칙이 정하는

법원)은 신청에 따라 채무자에게 선박국적증서등을 집행관에게 인도하도록 명할 수 있다. 급박한 경우에는 선박이 있는 곳을 관할하는 지방법원도 이 명령을 할 수 있다.
② 집행관은 선박국적증서등을 인도받은 날부터 5일 이내에 채권자로부터 선박집행을 신청하였음을 증명하는 문서를 제출받지 못한 때에는 그 선박국적증서등을 돌려 주어야 한다.
③ 제1항의 규정에 따른 재판에 대하여는 즉시항고를 할 수 있다.
④ 제1항의 규정에 따른 재판에는 제292조제2항 및 제3항의 규정을 준용한다.
참조 [선박집행의 관할법원]173, [선박국적증서]174·183, [선적이 없는 때의 관할법원]민집규98, [즉시항고]15, [가압류에 대한 재판과 그 집행기간]292②③

제176조【압류선박의 정박】 ① 법원은 집행절차를 행하는 동안 선박이 압류 당시의 장소에 계속 머무르도록 명하여야 한다.
② 법원은 영업상의 필요, 그 밖에 상당한 이유가 있다고 인정할 경우에는 채무자의 신청에 따라 선박의 운행을 허가할 수 있다. 이 경우 채권자·최고가매수신고인·차순위매수신고인 및 매수인의 동의가 있어야 한다.
③ 제2항의 선박운행허가결정에 대하여는 즉시항고를 할 수 있다.
④ 제2항의 선박운행허가결정은 확정되어야 효력이 생긴다.
참조 [관할 법원]173, [운행허가결정]민집규100, [선박국적증서의 재수취명령]민집규101, [즉시항고]15

제177조【경매신청의 첨부서류】 ① 강제경매신청을 할 때에는 다음 각호의 서류를 내야 한다.
1. 채무자가 소유자인 경우에는 소유자로서 선박을 점유하고 있다는 것을, 선장인 경우에는 선장으로서 선박을 지휘하고 있다는 것을 소명할 수 있는 증서
2. 선박에 관한 등기사항을 포함한 등기부의 초본 또는 등본
② 채권자는 공적 장부를 주관하는 공공기관이 멀리 떨어진 곳에 있는 때에는 제1항제2호의 초본 또는 등본을 보내주도록 법원에 신청할 수 있다.
참조 [강제경매신청서]80·81·172, 민집규95, [선박]상740–790, [관할 법원]173

제178조【감수·보존처분】 ① 법원은 채권자의 신청에 따라 선박을 감수(監守)하고 보존하기 위하여 필요한 처분을 할 수 있다.
② 제1항의 처분을 한 때에는 경매개시결정이 송달되기 전에도 압류의 효력이 생긴다.
참조 [감수·보존처분의 시기]민집규102, [감수·보존처분의 방식]민집규103, [경매개시결정의 송달]83·172

제179조【선장에 대한 판결의 집행】 ① 선장에 대한 판결로 선박채권자를 위하여 선박을 압류하면 그 압류는 소유자에 대하여도 효력이 미친다. 이 경우 소유자도 이해관계인으로 본다.
② 압류한 뒤에 소유자나 선장이 바뀌더라도 집행절차에는 영향을 미치지 아니한다.
③ 압류한 뒤에 선장이 바뀐 때에는 바뀐 선장만이 이해관계인이 된다.
참조 [선박소유자]상747–752, [이해관계인]90

제180조【관할 위반으로 말미암은 절차의 취소】 압류 당시 선박이 그 법원의 관할안에 없었음이 판명된 때에는 그 절차를 취소하여야 한다.
참조 [선박집행의 관할법원]173, [사건의 이송]182, [경매절차의 취소]183

제181조【보증의 제공에 의한 강제경매절차의 취소】 ① 채무자가 제49조제2호 또는 제4호의 서류를 제출하고 압류채권자 및 배당을 요구한 채권자의 채권과 집행비용에 해당하는 보증을 매수신고 전에 제공한 때에는 법원은 신청에 따라 배당절차 외의 절차를 취소하여야 한다.
② 제1항에 규정한 서류를 제출함에 따른 집행정지가 효력을 잃은 때에는 법원은 제1항의 보증금을 배당하여야 한다.
③ 제1항의 신청을 기각한 재판에 대하여는 즉시항고를 할 수 있다.
④ 제1항의 규정에 따른 집행취소결정에는 제17조제2항의 규정을 적용하지 아니한다.
⑤ 제1항의 보증의 제공에 관하여 필요한 사항은 대법원규칙으로 정한다.
참조 [집행정지를 명하는 재판정본의 제출]49, [채권자의 변제수령증서]49, [집행비용]18·53, [즉시항고]15, [즉시항고와 집행정지의 효력]17②, [보증의 제공에 따른 강제경매절차의 취소]민집규104

제182조【사건의 이송】 ① 압류된 선박이 관할구역 밖으로 떠난 때에는 집행법원은 선박이 있는 곳을 관할하는 법원으로 사건을 이송할 수 있다.
② 제1항의 규정에 따른 결정에 대하여는 불복할 수 없다.
참조 [관할 법원]173, [소송의 이송]민소34이하

제183조【선박국적증서등을 넘겨받지 못한 경우의 경매절차취소】 경매개시결정이 있은 날부터 2월이 지나기까지 집행관이 선박국적증서등을 넘겨받지 못하고, 선박이 있는 곳이 분명하지 아니한 때에는 법원은 강제경매절차를 취소할 수 있다.

제184조【매각기일의 공고】 매각기일의 공고에는 선박의 표시와 그 정박한 장소를 적어야 한다.
참조 [매각기일의 공고]106·172, 민집규56
판례 철창문으로 잠겨져 있는 법원게시판의 경매기일 공고 : 경매법원이 경매기일 공고 서류를 게시하는 경우, 공고 내용을 게시판에서 읽을 수 있는 한 법원게시판이 철창문으로 잠겨져 있다 해서 위법하다고 할 수 없다.(대결 1995.9.6, 95마596)

제185조【선박지분의 압류명령】 ① 선박의 지분에 대한 강제집행은 제251조에서 규정한 강제집행의 예에 따른다.
② 채권자가 선박의 지분에 대하여 강제집행신청을 하기 위하여서는 채무자가 선박의 지분을 소유하고 있다는 사실을 증명할 수 있는 선박등기부의 등본이나 그 밖의 증명서를 내야 한다.
③ 압류명령은 채무자 외에 「상법」 제764조에 의하여 선임된 선박관리인(이하 이 조에서 "선박관리인"이라 한다)에게도 송달하여야 한다.(2007.8.3 본항개정)
④ 압류명령은 선박관리인에게 송달되면 채무자에게 송달된 것과 같은 효력을 가진다.
改前 ③ …채무자 외에 "상법 제760조에" 의하여 선임된…
참조 [부동산외의 다른 재산권에 대한 집행]251, [선박지분에 대한 강제집행의 신청]251, [선박소유권의 이전]상743, [선박관리인]상764, [송달]11·12, 민소174이하

제186조【외국선박의 압류】 외국선박에 대한 강제집행에는 등기부에 기입할 절차에 관한 규정을 적용하지 아니한다.
참조 [선박의 국적]172, 선박법2, [선박국적증서]174·175, 상743
판례 외국선박에 대한 집행절차에서 구 민소법 제681조 제1항 제2호의 적용이 배제되는지 여부(소극)(구법관계) : 구 민소(2002.1.26. 법률 제6626호로 전문 개정되기 전의 것) 제688조는 외국선박에 대한 강제집행에는 등기부에 기입할 절차에 관한 규정도 적용하지 아니한다고 규정하고 있었는바, 이는 국내에 외국선박의 등기부가 있을 수 없으므로 경매개시결정 등을 촉탁할 수 없다는 취지이지, 외국선박에 대한 집행절차에서 선박에 관한 등기부초본을 제출하도록 규정하고 있는 같은 법 제681조 제1항 제2호의 적용을 배제하는 근거가 될 수는 없을 뿐만 아니라, 외국선박에 대한 집행절차에서 선박에 관한 등기부초본이 현실적으로 제출되기 곤란하여 선박등기부상의 권리관계를 확인하기 어려운 사정이 있다고 하더라도, 이러한 사정만으로 외국선박에 대하여 선적국의 법률에 따라 저당권을 설정하고 등기(공시절차)를 갖춘 적법한 저당권자를 구 민소(2002.1.26. 법률 제6626호로 전문 개정되기 전의 것) 제605조에서 규정하고 있는 법률상 우선변제권이 있는 채권자와 동일시할 수는 없으므로, 외국선박에 대한 집행절차에 있어서 경매개시결정등기 전에 선적국의 법률에 따라 저당권을 설정하고 등기(공시절차)를 갖춘 저당권자가 배당표 확정 이전에 이러한 사실을 입증하였다면 이러한 외국선박의 저당권자도 등기부에 기입된 선박위의 권리자로서 배당요구와 상관없이 배당을 받을 수 있다.(대판 2004.10.28, 2002다25693)

제187조【자동차 등에 대한 강제집행】 자동차·건설기계·소형선박(「자동차 등 특정동산 저당법」 제3조제2호에 따른 소형선박을 말한다) 및 항공기(「자동차 등 특정동산 저당법」 제3조제4호에 따른 항공기 및 경량항공기를 말한다)에 대한 강제집행절차는 제2편제2장제2절부터 제4절까지의 규정에 준하여 대법원규칙으로 정한다.(2015.5.18 본조개정)
改前 자동차·건설기계·소형선박…및 "항공기"에 대한 강제집행절차는 "제2절 내지 제4절의 규정"에 준하여…
참조 [자동차에 대한 강제집행]민집규108–129·210, [건설기계에 대한 강제집행]민집규130·211, [항공기에 대한 강제집행]민집규106·107·209
판례 중기관리법이 정하는 바에 따라 적법하게 등록을 마친 중기 소유권의 득실 변경은 그 등록을 마침으로써 그 효력이 생긴다.(대판 1991.8.9, 91다13267)

제4절 동산에 대한 강제집행

제1관 통 칙

제188조【집행방법, 압류의 범위】 ① 동산에 대한 강제집행은 압류에 의하여 개시한다.
② 압류는 집행력 있는 정본에 적은 청구금액의 변제와 집행비용의 변상에 필요한 한도안에서 하여야 한다.
③ 압류물을 현금화하여도 집행비용 외에 남을 것이 없는 경우에는 집행하지 못한다.
참조 [동산]민98·99, [부동산집행에 준하는 것]172·187, [압류]189이하, 민168②, [공무상비밀표시무효죄]형140, [초과압류의 취소]민집규140, [집행력있는 정본]28, [변제]민460이하, [강제집행비용]53, [인수주의와 잉여주의]91

제2관 유체동산에 대한 강제집행

제189조【채무자가 점유하고 있는 물건의 압류】 ① 채무자가 점유하고 있는 유체동산의 압류는 집행관이 그 물건을 점유함으로써 한다. 다만, 채권자의 승낙이 있거나 운반이 곤란한 때에는 봉인(封印), 그 밖의 방법으로 압류물임을 명확히 하여 채무자에게 보관시킬 수 있다.
② 다음 각호 가운데 어느 하나에 해당하는 물건은 이 법에서 유체동산으로 본다.
1. 등기할 수 없는 토지의 정착물로서 독립하여 거래의 객체가 될 수 있는 것
2. 토지에서 분리하기 전의 과실로서 1월 이내에 수확할 수 있는 것
3. 유가증권으로서 배서가 금지되지 아니한 것
③ 집행관은 채무자에게 압류의 사유를 통지하여야 한다.
참조 [유체동산 집행신청]민집규131, [유체동산]민99, [압류한 유체동산의 선택]민집규132, [직무집행구역 밖에서의 압류]민집규133, [압류조서의 기재사항]민집규134, [압류물의 보관 점검회수]민집규136이하, [봉인]형140, [압류물 보존]198, [과실]민101·102, [배서금지]어음11②·77, 수표14, [채무자 증인의 참여]6, [통지]11·12

제190조【부부공유 유체동산의 압류】 채무자와 그 배우자의 공유로서 채무자가 점유하거나 그 배우자와 공동으로 점유하고 있는 유체동산은 제189조의 규정에 따라 압류할 수 있다.
참조 [부부 공유 추정]민830, [배우자의 우선매수권]206, [배우자의 매각대금 지급요구]221
판례 민집 제190조의 규정은 체납처분의 경우에 유추적용을 배제할 만한 특수성이 없으므로 이를 체납처분의 경우에도 유추적용할 수 있다.(대판 2006.4.13, 2005두15151)

제191조【채무자 외의 사람이 점유하고 있는 물건의 압류】 채권자 또는 물건의 제출을 거부하지 아니하는 제3자가 점유하고 있는 물건은 제189조의 규정을 준용하여 압류할 수 있다.
참조 [채무자가 점유하고 있는 물건의 압류]189
판례 점유개정의 방법으로 동산에 대한 이중의 양도담보설정계약이 체결된 경우의 후순위 채권자의 지위 : 금전채무를 담보하기 위하여 채무자가 그 소유의 동산을 채권자에게 양도하되 점유개정의 방법으로 인도하고 채무자가 이를 계속 점유하기로 약정한 경우 특별한 사정이 없는 한 그 동산의 소유권은 신탁적으로 이전되는 것에 불과하여, 채권자와 채무자 사이의 대내적 관계에서는 채무자가 소유권을 보유하나 대외적인 관계에서의 채무자는 동산의 소유권을 이미 채권자에게 양도한 무권리자가 되는 것이어서 다시 다른 채권자와 사이에 양도담보설정계약을 체결하고 점유개정의 방법으로 인도하더라도 선의취득이 인정되지 않는 한 나중에 설정계약을 체결한 채권자로서는 양도담보권을 취득할 수 없는데, 현실의 인도가 아닌 점유개정의 방법으로는 선의취득이 인정되지 아니하므로 결국 뒤의 채권자는 적법하게 양도담보권을 취득할 수 없다.(대판 2005.2.18, 2004다37430)

제192조【국고금의 압류】 국가에 대한 강제집행은 국고금을 압류함으로써 한다.
참조 [국가의 보통재판적]민소6, [유체동산의 압류]188·189

제193조【압류물의 인도】 ① 압류물을 제3자가 점유하게 된 경우에는 법원은 채권자의 신청에 따라 그 제3자에 대하여 그 물건을 집행관에게 인도하도록 명할 수 있다.
② 제1항의 신청은 압류물을 제3자가 점유하고 있는 것을 안 날부터 1주 이내에 하여야 한다.
③ 제1항의 재판은 상대방에게 송달되기 전에도 집행할 수 있다.
④ 제1항의 재판은 신청인에게 고지된 날부터 2주가 지난 때에는 집행할 수 없다.
⑤ 제1항의 재판에 대하여는 즉시항고를 할 수 있다.
참조 [인도명령의 집행과 통지]민집규139, [제3자점유물의 압류]191, [기간]민소170–172, [보전처분의 집행]292②, [즉시항고]15

제194조【압류의 효력】 압류의 효력은 압류물에서 생기는 천연물에도 미친다.
참조 [천연과실수취권]민102①, [압류의 범위]188

제195조【압류가 금지되는 물건】 다음 각호의 물건은 압류하지 못한다.
1. 채무자 및 그와 같이 사는 친족(사실상 관계에 따른 친족을 포함한다. 이하 이 조에서 "채무자등"이라 한다)의 생활에 필요한 의복·침구·가구·부엌기구, 그 밖의 생활필수품
2. 채무자등의 생활에 필요한 2월간의 식료품·연료 및 조명재료
3. 채무자등의 생활에 필요한 1월간의 생계비로서 대통령령이 정하는 액수의 금전(2005.1.27 본호개정)
4. 주로 자기 노동력으로 농업을 하는 사람에게 없어서는 아니될 농기구·비료·가축·사료·종자, 그 밖에 이에 준하는 물건
5. 주로 자기의 노동력으로 어업을 하는 사람에게 없어서는 아니될 고기잡이 도구·어망·미끼·새끼고기, 그 밖에 이에 준하는 물건

6. 전문직 종사자·기술자·노무자, 그 밖에 주로 자기의 정신적 또는 육체적 노동으로 직업 또는 영업에 종사하는 사람에게 없어서는 아니 될 제복·도구, 그 밖에 이에 준하는 물건
7. 채무자 또는 그 친족이 받은 훈장·포장·기장, 그 밖에 이에 준하는 명예증표
8. 위패·영정·묘비, 그 밖에 상례·제사 또는 예배에 필요한 물건
9. 족보·집안의 역사적인 기록·사진첩, 그 밖에 선조숭배에 필요한 물건
10. 채무자의 생활 또는 직무에 없어서는 아니 될 도장·문패·간판, 그 밖에 이에 준하는 물건
11. 채무자의 생활 또는 직업에 없어서는 아니 될 일기장·상업장부, 그 밖에 이에 준하는 물건
12. 공표되지 아니한 저작 또는 발명에 관한 물건
13. 채무자등이 학교·교회·사찰, 그 밖의 교육기관 또는 종교단체에서 사용하는 교과서·교리서·학습용구, 그 밖에 이에 준하는 물건
14. 채무자등의 일상생활에 필요한 안경·보청기·의치·의수족·지팡이·장애보조용 바퀴의자, 그 밖에 이에 준하는 신체보조기구
15. 채무자등의 일상생활에 필요한 자동차로서 자동차관리법이 정하는 바에 따른 장애인용 경형자동차
16. 재해의 방지 또는 보안을 위하여 법령의 규정에 따라 설비하여야 하는 소방설비·경보기구·피난시설, 그 밖에 이에 준하는 물건

改前 3. …생계비로서 "대법원규칙"이 정하는 액수의 금전

참조 [압류금지물의 범위]국세징수41, [압류금지물건을 정하는 재판]196, [압류한 유체동산의 선택]민집규132, [압류가 금지되는 생계비]민집시2, [다른 법령에 의한 압류금지]국민기초생활35, 아동64, 장애인82, 우편법7·8, 공장광업재단8·14·54, 건설산업88, 전통사찰의보존및지원에 관한법14

판례 공장저당의 목적인 동산은 공장저당법에 의하여 유체동산 집행의 대상이 되지 아니하는 이른바 압류금지물에 해당하므로 집행관은 압류하여서는 아니되지만, 금지규정을 어겨 압류한 경우에는 집행관은 집행에 관한 이의에 의한 법원의 결정이나 채권자의 신청에 의하지 아니하고는 스스로 압류를 해제할 수 없는 것이고, 압류의 부당해제의 경우 집행관의 처분에 대한 이의로서 구제받을 것을 예정하고 있다고 하더라도, 그러한 구제절차를 취하였더라면 부당한 압류해제로 인한 손해를 방지할 수 있었다고 단정할 수 없는 이상 구제절차를 취하지 아니하였다는 사유만으로 부당한 압류해제로 인한 손해발생을 부정할 수는 없다.(대판 2003.9.26, 2001다52773)

제196조【압류금지 물건을 정하는 재판】 ① 법원은 당사자가 신청하면 채권자와 채무자의 생활형편, 그 밖의 사정을 고려하여 유체동산의 전부 또는 일부에 대한 압류를 취소하도록 명하거나 제195조의 유체동산을 압류하도록 명할 수 있다.
② 제1항의 결정이 있은 뒤에 그 이유가 소멸되거나 사정이 바뀐 때에는 법원은 직권으로 또는 당사자의 신청에 따라 그 결정을 취소하거나 바꿀 수 있다.
③ 제1항 및 제2항의 경우에 법원은 제16조제2항에 준하는 결정을 할 수 있다.
④ 제1항 및 제2항의 결정에 대하여는 즉시항고를 할 수 있다.
⑤ 제3항의 결정에 대하여는 불복할 수 없다.

참조 [압류금지의 물건]195, [압류금지물 변경의 재판]3①·21, 법원조직32, [강제집행의 일시정지 등 잠정처분]16②, [즉시항고]15

제197조【일괄매각】 ① 집행관은 여러 개의 유체동산의 형태, 이용관계 등을 고려하여 일괄매수하게 하는 것이 알맞다고 인정하는 때에는 직권으로 또는 이해관계인의 신청에 따라 일괄하여 매각할 수 있다.
② 제1항의 경우에는 제98조제3항, 제99조, 제100조, 제101조제2항 내지 제5항의 규정을 준용한다.

참조 [부동산일괄매각의 결정시기]98③, [일괄매각사건의 병합]99, [일괄매각사건의 관할]100, [일괄매각절차]101②-⑤

제198조【압류물의 보존】 ① 압류물을 보존하기 위하여 필요한 때에는 집행관은 적당한 처분을 하여야 한다.
② 제1항의 경우에 비용이 필요한 때에는 채권자로 하여금 이를 미리 내게 하여야 한다. 채권자가 여럿인 때에는 요구하는 액수에 비례하여 미리 내게 한다.
③ 제49조제2호 또는 제4호의 문서가 제출된 경우에 압류물을 즉시 매각하지 아니하면 값이 크게 내릴 염려가 있거나, 보관에 지나치게 많은 비용이 드는 때에는 집행관은 그 물건을 매각할 수 있다.
④ 집행관은 제3항의 규정에 따라 압류물을 매각하였을 때에는 그 대금을 공탁하여야 한다.

참조 [집행관의 권한]43·82, [비용예납]18, [압류물의 점검]민집규137, [압류물의 매각]199, [매각대금의 공탁]222

제199조【압류물의 매각】 집행관은 압류를 실시한 뒤 입찰 또는 호가경매의 방법으로 압류물을 매각하여야 한다.

참조 [압류채권자의 매각최고]216, [호가경매]민집규145-150, [입찰]민집규151

제200조【값비싼 물건의 평가】 매각할 물건 가운데 값이 비싼 물건이 있는 때에는 집행관은 적당한 감정인에게 이를 평가하게 하여야 한다.

참조 [금은붙이의 현금화]209, [압류물의 평가]민집규144

제201조【압류금전】 ① 압류한 금전은 채권자에게 인도하여야 한다.
② 집행관이 금전을 추심한 때에는 채무자가 지급한 것으로 본다. 다만, 담보를 제공하거나 공탁을 하여 집행에서 벗어날 수 있도록 채무자에게 허가한 때에는 그러하지 아니하다.

참조 [담보제공과 집행]208, 민소213, [다수채권자 또는 압류금전에 잉여가 있는 경우의 처리]민집규155-157

제202조【매각일】 압류일과 매각일 사이에는 1주 이상 기간을 두어야 한다. 다만, 압류물을 보관하는 데 지나치게 많은 비용이 들거나, 시일이 지나면 그 물건의 값이 크게 내릴 염려가 있는 때에는 그러하지 아니하다.

참조 [1주의 기간]민157·159·161, [조기매각의 예외]198③·296⑤, [경매시기의 제한]213, [채권자의 매각최고]216

판례 유체동산 경매기일의 변경이 허용되는 기준(구법관계) : 구 민소(2002.1.26. 법률 제6626호로 전문 개정되기 전의 것) 제538조는 압류일과 경매일 간에는 7일 이상의 기간을 두어야 한다고 규정하고 있으므로 압류일과 매각일 사이에 1주의 기간을 두기만 하면 언제를 경매기일로 정하느냐 하는 것은 집행관의 재량이라고 할 것이고, 같은 법 제551조는 상당한 기간을 경과하여도 집행관이 경매하지 아니하는 때에는 압류채권자는 일정한 기간 내에 경매할 것을 최고하고 그 최고에 응하지 아니하는 때에는 법원에 필요한 명령을 신청할 수 있다고 규정하고 있다고 하더라도, 경매기일은 함부로 이를 변경 또는 연기할 수 없는 것이고, 다만 매각목적물이 적정한 가격에 매각되는 것은 이해관계인 모두에게 이익이 되는 것이므로 재감정의 필요성에 합리적인 이유가 있다면 경매기일의 연기는 수긍할 수 있으나 그렇다고 하더라도 그 연기기간은 합리적인 범위로 제한되어야 한다.(대판 2003.9.26, 2001다52773)

제203조【매각장소】 ① 매각은 압류한 유체동산이 있는 시·구·읍·면(도농복합형태의 시의 경우 동지역은 시·구, 읍·면지역은 읍·면)에서 진행한다. 다만, 압류채권자와 채무자가 합의하면 합의된 장소에서 진행한다.
② 매각일자와 장소는 대법원규칙이 정하는 방법으로 공고한다. 공고에는 매각할 물건을 표시하여야 한다.

참조 [다른 장소에서의 매각]214, 민집규135·145②, [공고할 사항]민집규146·151③

제204조【준용규정】 매각장소의 질서유지에 관하여는 제108조의 규정을 준용한다.

참조 [매각장소의 질서유지]108, 법원조직58, [경매입찰방해죄]형315

제205조【매각·재매각】 ① 집행관은 최고가매수신고인의 성명과 가격을 말한 뒤 매각을 허가한다.
② 매각물은 대금과 서로 맞바꾸어 인도하여야 한다.
③ 매수인이 매각조건에 정한 지급기일에 대금의 지급과 물건의 인도청구를 게을리 한 때에는 재매각을 하여야 한다. 지급기일을 정하지 아니한 경우로서 매각기일의 마감에 앞서 대금의 지급과 물건의 인도청구를 게을리 한 때에도 또한 같다.
④ 제3항의 경우에는 전의 매수인은 재매각절차에 참가하지 못하며, 뒤의 매각대금이 처음의 매각대금보다 적은 때에는 그 부족한 액수를 부담하여야 한다.

참조 [집행관의 매수자격]집행관15①, [압류물의 매각방법]199, [매각조건의 고지]민집규147①·151③, [매수신청]59, 민집규158, [집행조서]10, 민집규6·150

제206조【배우자의 우선매수권】 ① 제190조의 규정에 따라 압류한 유체동산을 매각하는 경우에 배우자는 매각기일에 출석하여 우선매수할 것을 신고할 수 있다.
② 제1항의 우선매수신고에는 제140조제1항 및 제2항의 규정을 준용한다.

참조 [부부공유재산 추정]민830②, [부부공유 유체동산의 압류]190, [공유자의 우선매수권]140, [매각대금의 지급요구]221

제207조【매각의 한도】 매각은 매각대금으로 채권자에게 변제하고 강제집행비용을 지급하기에 충분하게 되면 즉시 중지하여야 한다. 다만, 제197조제2항 및 제101조제3항 단서에 따른 일괄매각의 경우에는 그러하지 아니하다.

참조 [압류한도]188②, [강제집행비용]53, [일괄매각의 예외]101③단서·197②, [초과압류 등의 취소]민집규140

제208조【집행관이 매각대금을 영수한 효과】 집행관이 매각대금을 영수한 때에는 채무자가 지급한 것으로 본다. 다만, 담보를 제공하거나 공탁을 하여 집행에서 벗어날 수 있도록 채무자에게 허가한 때에는 그러하지 아니하다.

참조 [금전의 추심과 지급의제]201②, [매득금의 영수]205②③, [매각대금처리]민집규155, [집행력있는 정본의 회수]42, [매각대금의 공탁]222, [담보제공]19

제209조【금·은붙이의 현금화】 금·은붙이는 그 금·은의 시장가격 이상의 금액으로 일반 현금화의 규정에 따라 매각하여야 한다. 시장가격 이상의 금액으로 매수하는 사람이 없는 때에는 집행관은 그 시장가격에 따라 적당한 방법으로 매각할 수 있다.

참조 [특별한 현금화 방법]214, [값비싼 물건의 평가]200

제210조【유가증권의 현금화】 집행관이 유가증권을 압류한 때에는 시장가격이 있는 것은 매각하는 날의 시장가격에 따라 적당한 방법으로 매각하고 그 시장가격이 형성되지 아니한 것은 일반 현금화의 규정에 따라 매각하여야 한다.

참조 [배서가 금지되지 아니한 유가증권]189②, [기명유가증권의 명의개서]211

제211조【기명유가증권의 명의개서】 유가증권이 기명식인 때에는 집행관은 매수인을 위하여 채무자에 갈음하여 배서 또는 명의개서에 필요한 행위를 할 수 있다.

참조 [유가증권의 현금화]210, [매각재산의 권리이전절차]국세징수91, [명의개서]상337·479

제212조【어음 등의 제시의무】 ① 집행관은 어음·수표 그 밖의 금전의 지급을 목적으로 하는 유가증권(이하 "어음등"이라 한다)으로서 일정한 기간 안에 인수 또는 지급을 위한 제시 또는 지급의 청구를 필요로 하는 것을 압류하였을 경우에 그 기간이 개시되면 채무자에 갈음하여 필요한 행위를 하여야 한다.
② 집행관은 미완성 어음등을 압류한 경우에 채무자에게 기한을 정하여 어음등에 적을 사항을 보충하도록 최고하여야 한다.

참조 [무기명증권]민523이하, [압류물의 보존]198, [어음의 지급제시]어음21·38·77, 수표29, [미완성어음의 보충]어음2·76

판례 발행지의 기재가 없는 어음의 효력 : 어음에 있어서 발행지의 기재는 발행지와 지급지가 국토를 달리하거나 세력을 달리하는 어음 기타 국제어음에 있어서는 어음행위의 중요한 해석 기준이 되는 것이지만 국내에서 발행되고 지급되는 이른바 국내어음에 있어서는 별다른 의미를 가지지 못하고, 또한 일반의 어음거래에 있어서 발행지가 기재되지 아니한 국내어음도 어음요건을 갖춘 완전한 어음과 마찬가지로 당사자 간에 발행·양도 등의 유통이 널리 이루어지고 있으며, 어음교환소와 은행 등을 통한 결제 과정에서도 발행지의 기재가 없다는 이유로 지급거절됨이 없이 발행지가 기재된 어음과 마찬가지로 취급되고 있음은 관행에 이른 정도인 점에 비추어 볼 때, 발행지의 기재가 없는 어음의 유통에 관여한 당사자들은 완전한 어음에 의한 것과 같은 유효한 어음행위를 하려고 하였던 것으로 봄이 상당하므로, 어음면의 기재 자체로 보아 국내어음으로 인정되는 경우에 있어서는 그 어음면상 발행지의 기재가 없는 경우라고 할지라도 이를 무효의 어음으로 볼 수는 없다.(대판 1998.4.23, 95다36466 전원합의체)

제213조【미분리과실의 매각】 ① 토지에서 분리되기 전에 압류한 과실은 충분히 익은 다음에 매각하여야 한다.
② 집행관은 매각하기 위하여 수확을 하게 할 수 있다.

참조 [과실]민101·102, [유체동산으로 간주되는 과실]189②, [특별한 현금화 방법]214, [압류제한]195·196

제214조【특별한 현금화 방법】 ① 법원은 필요하다고 인정하면 직권으로 또는 압류채권자, 배당을 요구한 채권자 또는 채무자의 신청에 따라 일반 현금화의 규정에 의하지 아니하고 다른 방법이나 다른 장소에서 압류물을 매각하게 할 수 있다. 또한 집행관에게 위임하지 아니하고 다른 사람으로 하여금 매각하게 하도록 명할 수 있다.
② 제1항의 재판에 대하여는 불복할 수 없다.

참조 [신청방식]민소161, [집행법원]3·21, [관할구역 밖에서의 매각]203, 민집규135

제215조【압류의 경합】 ① 유체동산을 압류하거나 가압류한 뒤 매각기일에 이르기 전에 다른 강제집행이 신청된 때에는 집행관은 집행신청서를 먼저 압류한 집행관에게 교부하여야 한다. 이 경우 더 압류할 물건이 있으면 이를 압류한 뒤에 추가압류조서를 교부하여야 한다.
② 제1항의 경우에 집행에 관한 채권자의 위임은 먼저 압류한 집행관에게 이전된다.
③ 제1항의 경우에 각 압류한 물건은 강제집행을 신청한 모든 채권자를 위하여 압류한 것으로 본다.
④ 제1항의 경우에 먼저 압류한 집행관은 뒤에 강제집행을 신청한 채권자를 위하여 다시 압류한다는 취지를 덧붙여 그 압류조서에 적어야 한다.

참조 [부동산압류의 경합]87, [금전의 동시압류]222②, [통지]219, [동산에 대한 압류]296, [압류조서]10, [압류조서의 열람청구]민집규152

제216조【채권자의 매각최고】 ① 상당한 기간이 지나도 집행관이 매각하지 아니하는 때에는 압류채권자는 집행관에게 일정한 기간 이내에 매각하도록 최고할 수 있다.
② 집행관이 제1항의 최고에 따르지 아니하는 때에는 압류채권자는 법원에 필요한 명령을 신청할 수 있다.

참조 [매각일]202, 민집규145①·151, [집행법원]3

제217조【우선권자의 배당요구】 민법·상법, 그 밖의 법률에 따라 우선변제청구권이 있는 채권자는 매각대금의 배당을 요구할 수 있다.

참조 [배당요구의 절차]218, 민집규48·158, [배당요구의 시기]220, [집행력있는 정본]28·38·247, [배당요구를 할 수 있는 채권자]민329, 상468·777·893, 근기38, 어선원및어선재해보상보험법47의2

판례 배당요구채권자가 적법한 배당요구를 하지 아니한 경우 배당에서 제외되는지 여부(구법관계) : 구 민사소송법에 의하면, 민법·상법 기타 법률에 의하여 우선변제청구권이 있는 채권자, 집행력 있는 정본을 가진 채권자 및 경매신청의 등기 후에 가압류를 한 채권자는 경락기일까지 배당요구를 할 수 있고(제605조 제1항), 위 조항에서 규정하는 배당요구채권자는 경락기일까지 배당요구를 한 경우에 한하여 비로소 배당을 받을 수 있고, 적법한 배당요구를 하지 아니한 경우에는 실체법상 우선변제청구권이 있는 채권자라 하더라도 그 경락대금으로부터 배당을 받을 수는 없으며, 또한 경락기일까지 배당요구한 채권자라 할지라도 채권의 일부 금액만을 배당요구한 경우에 경락기일 이후에는 배당요구하지 아니한 채권을 추가하거나 확장할 수 없다. 그리고 배당요구를 하여야만 배당절차에 참여할 수 있는 채권자가 경락기일까지 배당요구를 하지 아니한 채권액에 대하여 경락기일 이후에 추가 또는 확장하여 배당요구를 하였으나 그 부분을 배당에서 배제하는 것으로 배당표가 작성·확정되고 그 확정된 배당표에 따라 배당이 실시되었다면, 그가 적법한 배당요구를 한 경우에 배당받을 수 있었던 금액 상당의 금원이 후순위 채권자에게 배당되었다고 하여 이를 법률상 원인이 없는 것이라고 할 수 없다.(대판 2005.8.25, 2005다14595)

제218조【배당요구의 절차】 제217조의 배당요구는 이유를 밝혀 집행관에게 하여야 한다.

참조 [우선권자의 배당요구]217, [배당요구의 방식]민집규48·158, [배당요구의 시기]220

제219조【배당요구 등의 통지】 제215조제1항 및 제218조의 경우에는 집행관은 그 사유를 배당에 참가한 채권자와 채무자에게 통지하여야 한다.

참조 [압류의 경합]215①, [배당요구의 절차]217, [통지]11·12, 민집규8

제220조【배당요구의 시기】 ① 배당요구는 다음 각호의 시기까지 할 수 있다.

1. 집행관이 금전을 압류한 때 또는 매각대금을 영수한 때
2. 집행관이 어음·수표 그 밖의 금전의 지급을 목적으로 한 유가증권에 대하여 그 금전을 지급받은 때

② 제198조제4항에 따라 공탁된 매각대금에 대하여는 동산집행을 계속하여 진행할 수 있게 된 때까지, 제296조제5항 단서에 따라 공탁된 매각대금에 대하여는 압류의 신청을 한 때까지 배당요구를 할 수 있다.

참조 [배당요구]217, [금전의 압류]201, [유가증권의 현금화]210, [집행관의 매각대금 공탁]198④, [가압류의 매각대금 공탁]296⑤

제221조【배우자의 지급요구】 ① 제190조의 규정에 따라 압류한 유체동산에 대하여 공유지분을 주장하는 배우자는 매각대금을 지급하여 줄 것을 요구할 수 있다.

② 제1항의 지급요구에는 제218조 내지 제220조의 규정을 준용한다.

③ 제219조의 통지를 받은 채권자가 배우자의 공유주장에 대하여 이의가 있는 때에는 배우자를 상대로 소를 제기하여 공유가 아니라는 것을 확정하여야 한다.

④ 제3항의 소에는 제154조제3항, 제155조 내지 제158조, 제160조제1항제5호 및 제161조제1항·제2항·제4항의 규정을 준용한다.

참조 [부부공유 유체동산의 압류]190, [부부의 공유 추정]민830, [배당요구의 절차 및 시기]218－220, [배당요구의 통지]219, [배우자의 공유주장에 대한 이의]민집규154, [공유관계부인의 소]157·158, [배당이의의 소의 취하간주]154③, [배당이의의 소에서의 우선권주장]155, [배당이의의 소의 관할]156, [배당이의의 소의 판결]157, [배당이의의 소의 취하간주]158, [배당액의 공탁]160①, [공탁금에 대한 배당표의 변경]161①②④

제222조【매각대금의 공탁】 ① 매각대금으로 배당에 참가한 모든 채권자를 만족하게 할 수 없고 매각허가된 날부터 2주 이내에 채권자 사이에 배당협의가 이루어지지 아니한 때에는 매각대금을 공탁하여야 한다.

② 여러 채권자를 위하여 동시에 금전을 압류한 경우에도 제1항과 같다.

③ 제1항 및 제2항의 경우에 집행관은 집행절차에 관한 서류를 붙여 그 사유를 법원에 신고하여야 한다.

참조 [매각대금의 영수]208, [집행관의 매각대금처리]민집규155, [집행관의 배당액공탁]민집규156, [금전의 압류]201, [집행법원]3, [신고]민집규156·157

제3관 채권과 그 밖의 재산권에 대한 강제집행

제223조【채권의 압류명령】 제3자에 대한 채무자의 금전채권 또는 유가증권, 그 밖의 유체물의 권리이전이나 인도를 목적으로 한 채권에 대한 강제집행은 집행법원의 압류명령에 의하여 개시한다.

참조 [집행법원]224, [압류명령의 발효시]227③·251②, [압류명령]226, [유체물]민98

판례 수급인의 보수채권에 대한 압류가 행하여지면 그 효력으로 채무자가 압류된 채권을 처분하더라도 채권자에게 대항할 수 없고, 제3채무자도 채권을 소멸 또는 감소시키는 등의 행위는 할 수 없으며, 그와 같은 행위로 채권자에게 대항할 수 없는 것이지만, 그 압류로써 위 압류채권의 발생원인인 도급계약관계에 대한 채무자나 제3채무자의 처분까지도 구속하는 효력은 없으므로 채무자나 제3채무자는 기본적계약관계인 도급계약자체를 해지할 수 있고, 채무자나 제3채무자 사이의 기본적 계약관계인 도급계약이 해지된 이상 그 계약에 의하여 발생한 보수채권은 소멸하게 되므로 이를 대상으로 한 압류명령 또한 실효될 수밖에 없으며, 위의 경우에 도급계약이 해지되기 전에 피압류채권에 대한 전부명령이 내려지고 그 전부명령이 확정되었더라도 전부명령의 효력은 피압류채권이 기초가 된 도급계약이 해지되기 전에 발생한 보수채권에 미칠 뿐 그 계약이 해지된 후 제3채무자와 제3자 사이에 새로 체결된 공사계약에서 발생한 공사대금채권에는 미칠 수 없다.
(대판 2006.1.26, 2003다29456)

판례 가압류를 본집행절차로 이행한 후 본압류의 신청을 취하한 경우 가압류집행의 효력 : 채권자가 금전채권의 가압류를 본압류로 전이하는 압류 및 추심명령을 받아 본집행절차로 이행한 후 본압류의 신청만을 취하함으로써 본집행절차가 종료한 경우, 특단의 사정이 없는 한 그 가압류집행에 의한 보전 목적이 달성된 것이라거나 그 목적 달성이 불가능하게 된 것이라고는 볼 수 없으므로 그 가압류집행의 효력이 본집행과 함께 당연히 소멸되는 것은 아니므로, 채권자는 제3채무자에 대하여 그 가압류집행의 효력을 주장할 수 있다.
(대판 2000.6.9, 97다34594)

제224조【집행법원】 ① 제223조의 집행법원은 채무자의 보통재판적이 있는 곳의 지방법원으로 한다.

② 제1항의 지방법원이 없는 경우 집행법원은 압류한 채권의 채무자(이하 "제3채무자"라 한다)의 보통재판적이 있는 곳의 지방법원으로 한다. 다만, 이 경우에 물건의 인도를 목적으로 하는 채권과 물적 담보권 있는 채권에 대한 집행법원은 그 물건이 있는 곳의 지방법원으로 한다.

③ 가압류에서 이전되는 채권압류의 경우에 제223조의 집행법원은 가압류를 명한 법원이 있는 곳을 관할하는 지방법원으로 한다.

참조 [채권의 압류명령]223, [원칙적 집행법원]3, [전속관할]21, [보통재판적]민소2－6 [채권가압류의 집행법원]296②③, [물상담보권]민320·329·345·356

제225조【압류명령의 신청】 채권자는 압류명령신청에 압류할 채권의 종류와 액수를 밝혀야 한다.

참조 [압류명령 신청방식]4, 민집규159, [압류명령신청의 취하]민소266③, 민집규160

제226조【심문의 생략】 압류명령은 제3채무자와 채무자를 심문하지 아니하고 한다.

참조 [심문]민소134②③, [제3채무자의 진술]237

제227조【금전채권의 압류】 ① 금전채권을 압류할 때에는 법원은 제3채무자에게 채무자에 대한 지급을 금지하고 채무자에게 채권의 처분과 영수를 금지하여야 한다.

② 압류명령은 제3채무자와 채무자에게 송달하여야 한다.

③ 압류명령이 제3채무자에게 송달되면 압류의 효력이 생긴다.

④ 압류명령의 신청에 관한 재판에 대하여는 즉시항고를 할 수 있다.

참조 [채권의 가압류]296③, [제3채무자의 지위]민487·498, [채무자의 증서인도의무]234, [압류명령]223, [송달]민소174이하, [통지]11·12, [압류명령에 대한 불복과 집행정지]15

판례 채권가압류에 있어서 채권자가 가압류신청을 취하하면 가압류결정은 그로써 효력이 소멸되지만, 채권가압류결정정본이 제3채무자에게 이미 송달되어 가압류결정이 집행되었다면 그 취하통지서가 제3채무자에게 송달되었을 때 비로소 가압류집행의 효력이 장래를 향하여 소멸되는 것인바, 이러한 법리는 그 취하통지서가 제3채무자에게 송달되기 전에 제3채무자가 집행법원 법원사무관 등의 통지에 의하지 아니한 다른 방법으로 가압류신청 취하사실을 알게 된 경우에도 마찬가지다.
(대판 2008.1.17, 2007다73826,2000다19373)

판례 제3채무자의 압류채무자에 대한 자동채권이 수동채권인 피압류채권과 동시이행의 관계에 있는 경우에는, 비록 압류명령이 제3채무자에게 송달되어 압류의 효력이 생긴 후에 비로소 자동채권이 발생하였다고 하더라도 동시이행의 항변권을 주장할 수 있는 제3채무자로서는 그 채권에 의한 상계로써 압류채권자에게 대항할 수 있는 것으로서, 이 경우 자동채권이 발생한 기초가 되는 원인은 수동채권이 압류되기 전에 이미 성립하여 존재하고 있었던 것이므로 그 자동채권은 민법 제498조에 규정된 '지급을 금지하는 명령을 받은 제3채무자가 그 후에 취득한 채권'에 해당하지 않는다.(대판 2005.11.10, 2004다37676)

판례 압류 등의 경합이 있는 경우 추심명령을 얻은 추심채권자의 채권행사의 내용 : 추심채권자가 추심을 마쳤음에도 지체 없이 공탁 및 사유신고를 하지 아니한 경우에는 그로 인한 손해배상으로서, 제3채무자로부터 추심금을 지급받은 후 공탁 및 사유신고에 필요한 상당한 기간을 경과한 때부터 실제 추심금을 공탁할 때까지의 기간 동안 금전채무의 이행을 지체한 경우에 관한 법정지연손해금 상당의 금원도 공탁하여야 할 의무가 있다.(대판 2005.7.28, 2004다8753)

제228조【저당권이 있는 채권의 압류】 ① 저당권이 있는 채권을 압류할 경우 채권자는 채권압류사실을 등기부에 기입하여 줄 것을 법원사무관등에게 신청할 수 있다. 이 신청은 채무자의 승낙 없이 법원에 대한 압류명령의 신청과 함께 할 수 있다.

② 법원사무관등은 의무를 지는 부동산 소유자에게 압류명령이 송달된 뒤에 제1항의 신청에 따른 등기를 촉탁하여야 한다.

참조 [저당권]민356이하, 부등75, [집행법원]224, [압류명령신청]225, [송달]민소174이하, [등기촉탁]민집규167·168

제229조【금전채권의 현금화방법】 ① 압류한 금전채권에 대하여 압류채권자는 추심명령(推尋命令)이나 전부명령(轉付命令)을 신청할 수 있다.

② 추심명령이 있는 때에는 압류채권자는 대위절차(代位節次) 없이 압류채권을 추심할 수 있다.

③ 전부명령이 있는 때에는 압류된 채권은 지급에 갈음하여 압류채권자에게 이전된다.

④ 추심명령에 대하여는 제227조제2항 및 제3항의 규정을, 전부명령에 대하여는 제227조제2항의 규정을 각각 준용한다.

⑤ 전부명령이 제3채무자에게 송달될 때까지 그 금전채권에 관하여 다른 채권자가 압류·가압류 또는 배당요구를 한 경우에는 전부명령은 효력을 가지지 아니한다.

⑥ 제1항의 신청에 관한 재판에 대하여는 즉시항고를 할 수 있다.

⑦ 전부명령은 확정되어야 효력을 가진다.

⑧ 전부명령이 있은 뒤에 제49조제2호 또는 제4호의 서류를 제출한 것을 이유로 전부명령에 대한 즉시항고가 제기된 경우에는 항고법원은 다른 이유로 전부명령을 취소하는 경우를 제외하고는 항고에 관한 재판을 정지하여야 한다.

참조 [압류명령신청]4·225, 민소161, [특별한 현금화 방법]241, [대위]민404, 비송45이하, [추심명령의 효과]232, [전부명령의 효과]231, [압류명령의 송달]227②③, [송달]민소174이하, [가압류]276이하, [배당요구]247, [즉시항고]15, [강제집행의 일시정지 재판정본의 제출]49(2), [채권자의 변제수령증서의 제출]49(4), [항고법원의 집행정지]민소448

판례 압류된 금전채권에 대한 전부명령이 절차상 적법하게 발부되어 확정되었어도, 전부명령이 제3채무자에게 송달될 때 피압류채권이 존재하지 않으면 전부명령은 무효이므로, 피압류채권이 전부채권자에게 이전되거나 집행채권이 변제되어 소멸하는 효과는 발생할 수 없다.(대판 2007.4.12, 2005다1407)

판례 주택임대차보호법 제3조 제1항의 대항요건을 갖춘 임차인의 임대차보증금반환채권에 대한 압류 및 전부명령이 확정되어 임차인의 임대차보증금반환채권이 집행채권자에게 이전된 경우 제3채무자인 임대인으로서는 임차인에 대하여 부담하고 있던 채무를 집행채권자에 대하여 부담하게 될 뿐 그가 임대차목적물인 주택의 소유자로서 이를 제3자에게 매도할 권능은 그대로 보유하는 것이며, 위와 같이 소유자인 임대인이 당해 주택을 매도한 경우 주택임대차보호법 제3조 제2항에 따라 전부채권자에 대한 보증금지급의무를 면하게 되므로, 결국 임대인은 전부금지급의무를 부담하지 않는다.(대판 2005.9.9, 2005다23773)

판례 강제집행의 기초가 된 법률행위에 무효사유가 있는 경우의 전부명령의 효력(적극) : 채무자 또는 그 대리인의 유효한 작성촉탁과 집행인낙의 의사표시에 터잡아 작성된 공정증서를 집행권원으로 하는 금전채권에 대한 강제집행절차에서, 비록 그 공정증서에 표시된 청구권의 기초가 되는 법률행위에 무효사유가 있다고 하더라도 그 강제집행절차가 청구이의의 소 등을 통하여 적법하게 취소·정지되지 아니한 채 계속 진행되어 채권압류 및 전부명령이 적법하게 확정되었다면, 그 강제집행절차가 반사회적 법률행위의 수단으로 이용되었다는 등의 특별한 사정이 없는 한, 단지 이러한 법률행위의 무효사유를 내세워 확정된 전부명령에 따라 전부채권자에게 피전부채권이 이전되는 효력 자체를 부정할 수는 없고, 다만 위와 같이 전부명령이 확정된 후 그 집행권원인 집행증서의 기초가 된 법률행위 중 전부 또는 일부에 무효사유가 있는 것으로 판명된 경우에 그 무효부분에 관하여는 집행채권자가 부당이득을 한 셈이 되므로, 그 집행채권자는 집행채무자에게, 위 전부명령에 따라 전부받은 채권 중 실제로 추심한 금전 부분에 관하여는 그 상당액을 반환하여야 하고, 추심하지 아니한 나머지 부분에 관하여는 그 채권 자체를 양도하는 방법에 의하여 반환하여야 한다.
(대판 2005.4.15, 2004다70024)

판례 채권압류 및 전부명령에 대하여 채무자가 채권의 부존재를 이유로 불복할 수 있는지 여부(소극) : 채권의 압류 및 전부명령은 금전채권의 채무명의를 가지는 채권자가, 그 채무명의상의 채무자가 제3채무자에 대하여 가지는 금전채권을 대상으로 하는 강제집행으로서, 법원은 압류 및 전부명령의 결정을 함에 있어서는 채무명의의 송달, 선행하는 압류명령의 존부, 피전부적격의 유무 등의 요건을 심리하면 되고, 실지로 채무자가 제3채무자에게 압류 및 전부명령의 대상이 되는 채권을 가지고 있는지 여부는 따질 필요가 없는 것이 원칙이고, 만일 채무자가 제3채무자에 대한 그와 같은 채권이 존재하지 아니하는 경우에는 전부명령이 확정되더라도 변제의 효력이 없는 것이며, 채무자로서는 제3채무자에게 그와 같은 채권을 가지고 있지 않다고 하더라도 특별한 사정이 없는 한 이로 인하여 어떠한 불이익이 있는 것이 아니므로, 이것을 이유로 하여서는 스스로 불복의 사유로 삼을 수 없다.
(대결 2004.1.5, 2003마1667)

제230조【저당권이 있는 채권의 이전】 저당권이 있는 채권에 관하여 전부명령이 있는 경우에는 제228조의 규정을 준용한다.

참조 [저당권이 있는 채권의 압류]228, [전부명령]229·231, [저당권이전등기의 촉탁]민집규167

제231조【전부명령의 효과】 전부명령이 확정된 경우에는 전부명령이 제3채무자에게 송달된 때에 채무자가 채무를 변제한 것으로 본다. 다만, 이전된 채권이 존재하지 아니한 때에는 그러하지 아니하다.

참조 [전부명령]229, [전부명령 제외]245, [전부명령후의 배당요구 불가능]247②

판례 "전부명령이 확정된 경우에는 전부명령이 제3채무자에게 송달된 때에 채무자가 채무를 변제한 것으로 본다"고 규정하고 있는바, 이는 집행채권자가 전부명령에 의하여 피전부채권에 대하여 독점적인 권리를 취득하는 것에 상응하여 전부명령으로 집행채권이 변제되는 것과 동일한 효과가 발생한다는 취지를 정하고 있는 것으로 해석된다. 그러므로 채권자가 약속어음금 채권을 집행채권으로 하여 약속어음 채무자가 제3채무자에 대하여 가지는 채권의 압류 및 전부명령을 받아 확정되었다면 위 전부명령이 제3채무자에게 송달된 때에 소급하여 피전부채권이 채권자에게 이전되고, 이는 집행채무자가 채무의 이행에 갈음하여 현실적인 출연을 한 것과 법률상 동일하게 취급되어 집행채권인 약속어음금 채권은 변제된 것으로 보아 소멸한다.
(대판 2009.2.12, 2006다88234)

판례 **피압류 채권의 존부 및 범위가 불확실한 장래의 채권인 경우의 전부명령의 효력(적극)** : 전부명령이 확정되면 피압류채권은 전부명령이 제3채무자에게 송달된 때에 소급하여 집행채권의 범위 안에서 당연히 전부채권자에게 이전하고 동시에 집행채권 소멸의 효력이 발생하며, 이 점은 피압류채권이 그 존부 및 범위를 불확실하게 하는 요소를 내포하고 있는 장래의 채권인 경우에도 마찬가지고, 따라서 장래의 채권에 관하여 압류 및 전부명령이 확정되면 그 부분 피압류채권은 이미 전부채권자에게 이전된 것이므로 그 이후 동일한 장래의 채권에 관하여 다시 압류 및 전부명령이 발하여졌다고 하더라도 압류의 경합은 생기지 않고, 다만 장래의 채권 중 선행 전부채권자에게 이전된 부분을 제외한 나머지 중 해당 부분 피압류채권이 후행 전부채권자에게 이전될 뿐이다.(대판 2004.9.23, 2004다29354)

판례 **집행채권이 소멸하였거나 실제 채무액을 초과하는 경우의 채권압류 및 전부명령의 효력(적극)** : 집행력 있는 집행권원에 기하여 채권압류 및 전부명령이 적법하게 이루어진 이상 피압류채권은 집행채권의 범위 내에서 당연히 집행채권자에게 이전한다 할 것이어서 그 집행채권이 이미 소멸하였거나 실제 채무액을 초과하더라도 그 채권압류 및 전부명령에는 아무런 영향이 없고, 제3채무자로서는 채무자에 대하여 부담하고 있는 채무액의 한도 내에서 집행채권자에게 변제하면 완전히 면책된다.
(대판 2004.5.28, 2004다6542)

제232조【추심명령의 효과】 ① 추심명령은 그 채권전액에 미친다. 다만, 법원은 채무자의 신청에 따라 압류채권자를 심문하여 압류액수를 그 채권자의 요구액수로 제한하고 채무자에게 그 초과된 액수의 처분과 영수를 허가할 수 있다.

② 제1항 단서의 제한부분에 대하여 다른 채권자는 배당요구를 할 수 없다.

③ 제1항의 허가는 제3채무자와 채권자에게 통지하여야 한다.

참조 [추심명령]229, [집행법원]224, [신청]민소161, [심문]민소134②③ · 160, [추심신고]236, [추심명령과 배당요구]247①, [추심의 소]238 · 249, [추심명령 후 집행정지시의 통지]민집규161

판례 추심명령을 얻은 추심채권자는 일종의 추심기관으로서 채무자를 대신하여 추심의 목적에 맞도록 채권을 행사하여야 하고, 특히 압류 등의 경합이 있는 경우에는 압류 또는 배당에 참가한 모든 채권자를 위하여 제3채무자로부터 채권을 추심하여야 한다.(대판 2005.7.28, 2004다8753)

판례 **제3채무자의 정당한 추심권자에 대한 변제의 효력(소극)** : 추심명령을 얻어 채권을 추심하는 채권자는 일종의 추심기관으로서 제3채무자로부터 추심을 하는 것이므로 제3채무자로서도 정당한 추심권자에게 지급하면 피압류채권은 소멸하는 것이고, 채권압류명령은 그 명령이 제3채무자에게 송달됨으로써 효력이 생기는 것이므로, 제3채무자의 지급으로 인하여 피압류채권이 소멸한 이상 설령 다른 채권자가 그 변제 전에 동일한 피압류채권에 대하여 채권압류명령을 신청하고 나아가 압류명령을 얻었다고 하더라도 제3채무자가 추심권자에게 지급한 후에 그 압류명령이 제3채무자에게 송달된 경우에는 추심권자가 추심한 금원에 그 압류의 효력이 미친다고 볼 수 없다.
(대판 2005.1.13, 2003다29937)

제233조【지시채권의 압류】 어음 · 수표 그 밖에 배서로 이전할 수 있는 증권으로서 배서가 금지된 증권채권의 압류는 법원의 압류명령으로 집행관이 그 증권을 점유하여 한다.

참조 [압류명령]223, [채무자가 점유하고 있는 물건의 압류]189−191, [배서로 이전할 수 있는 증권]민508이하, 상65 · 130 · 157 · 336 · 861, 어음11 · 77①, 수표14, [유가증권의 명의개서]211, [어음의 제시의무]212

제234조【채권증서】 ① 채무자는 채권에 관한 증서가 있으면 압류채권자에게 인도하여야 한다.

② 채권자는 압류명령에 의하여 강제집행의 방법으로 그 증서를 인도받을 수 있다.

참조 [채권증서]민475, [압류명령]223

제235조【압류의 경합】 ① 채권 일부가 압류된 뒤에 그 나머지 부분을 초과하여 다시 압류명령이 내려진 때에는 각 압류의 효력은 그 채권 전부에 미친다.

② 채권 전부가 압류된 뒤에 그 채권 일부에 대하여 다시 압류명령이 내려진 때 그 압류의 효력도 제1항과 같다.

참조 [채권압류경합의 효과]229⑤ · 247 · 248③

판례 계속적 수입채권에 대하여 여러 건의 압류가 시기를 달리하여 발해진 결과 압류경합이 된 경우에 각 압류에서 그 압류의 효력이 미치는 채권의 발생시기를 특별히 제한하여 명시한 경우가 아니라면 각 압류의 효력은 그 압류 후에 발생한 계속적 수입채권 전부에 미치고, 다른 압류보다 뒤에 발해진 압류라도 그 압류 전에 다른 사유로 압류의 효력이 배제된 경우를 제외하고는 원칙적으로 당해 압류 전에 발생한 채권 전부에 대하여 그 효력이 미친다. 그리고 압류경합의 경우, 추심명령을 받아 채권을 추심하는 채권자는 집행법원의 수권에 따라 일종의 추심기관으로서 압류나 배당에 참가한 모든 채권자를 위하여 제3채무자로부터 추심을 하는 것이므로 제3채무자로서도 정당한 추심권자에게 변제하면 그 효력은 압류경합 관계에 있는 모든 채권자에게 미치고 또한 제3채무자가 집행공탁을 하거나 상계 기타의 사유로 압류채권을 소멸시키면 그 효력도 압류경합 관계에 있는 모든 채권자에게 미친다.
(대판 2003.5.30, 2001다10748)

제236조【추심의 신고】 ① 채권자는 추심한 채권액을 법원에 신고하여야 한다.

② 제1항의 신고전에 다른 압류 · 가압류 또는 배당요구가 있었을 때에는 채권자는 추심한 금액을 바로 공탁하고 그 사유를 신고하여야 한다.

참조 [배당요구의 불허]247①, [추심신고의 방식]민집규162, [공탁후의 배당절차]252

판례 채권압류 및 추심명령을 받은 채권자가 제3채무자로부터 피압류채권을 추심한 다음 추심신고를 한 경우 그때까지 다른 압류 · 가압류 또는 배당요구가 없으면 그 추심한 범위 내에서 피압류채권은 소멸하고, 집행법원은 추심금의 충당관계 등을 조사하여 집행채권 전액이 변제된 경우에는 집행력 있는 정본을 채무자에게 교부하며, 일부 변제가 된 경우에는 그 취지를 집행력 있는 정본 등에 적은 다음 채권자에게 돌려주는 등의 조치를 취함으로써 채권집행이 종료하게 된다. 한편, 가압류가 본압류로 이행되어 강제집행이 이루어진 경우에는 가압류집행은 본집행에 포섭됨으로써 당초부터 본집행이 있었던 것과 같은 효력이 있게 되므로, 본집행이 되어 있는 한 채무자는 가압류에 대한 이의신청이나 취소신청 또는 가압류집행 자체의 취소 등을 구할 실익이 없게 되고, 특히 강제집행조차 종료한 경우에는 그 강제집행의 근거가 된 가압류결정 자체의 취소나 가압류집행의 취소를 구할 이익은 더 이상 없다.
(대판 2004.12.10, 2004다54725)

제237조【제3채무자의 진술의무】 ① 압류채권자는 제3채무자로 하여금 압류명령을 송달받은 날부터 1주 이내에 서면으로 다음 각호의 사항을 진술하게 하도록 법원에 신청할 수 있다.

1. 채권을 인정하는지의 여부 및 인정한다면 그 한도
2. 채권에 대하여 지급할 의사가 있는지의 여부 및 의사가 있다면 그 한도
3. 채권에 대하여 다른 사람으로부터 청구가 있는지의 여부 및 청구가 있다면 그 종류
4. 다른 채권자에게 채권을 압류당한 사실이 있는지의 여부 및 그 사실이 있다면 그 청구의 종류

② 법원은 제1항의 진술을 명하는 서면을 제3채무자에게 송달하여야 한다.

③ 제3채무자가 진술을 게을리 한 때에는 법원은 제3채무자에게 제1항의 사항을 심문할 수 있다.

참조 [압류명령의 송달]227②③, [기간]민소170 · 172①, [신청]민소161, [집행법원]224, [송달]민소174이하, [심문]민소134②

제238조【추심의 소제기】 채권자가 명령의 취지에 따라 제3채무자를 상대로 소를 제기할 때에는 일반규정에 의한 관할법원에 제기하고 채무자에게 그 소를 고지하여야 한다. 다만, 채무자가 외국에 있거나 있는 곳이 분명하지 아니한 때에는 고지할 필요가 없다.

참조 [명령의 취지]229①, [추심의 소]249, [소송고지]민소84−86, [판결의 효력]민소218③

제239조【추심의 소홀】 채권자가 추심할 채권의 행사를 게을리 한 때에는 이로써 생긴 채무자의 손해를 부담한다.

참조 [채무자의 추심 금지]227①, [채권자의 추심 최고]250, [추심명령]229① · 232

제240조【추심권의 포기】 ① 채권자는 추심명령에 따라 얻은 권리를 포기할 수 있다. 다만, 기본채권에는 영향이 없다.

② 제1항의 포기는 법원에 서면으로 신고하여야 한다. 법원사무관등은 그 등본을 제3채무자와 채무자에게 송달하여야 한다.

참조 [채권자의 추심권]229① · 232, [압류명령신청의 취하]225, [포기신고서의 송달]227③, 민소174이하

제241조【특별한 현금화방법】 ① 압류된 채권이 조건 또는 기한이 있거나, 반대의무의 이행과 관련되어 있거나 그 밖의 이유로 추심하기 곤란할 때에는 법원은 채권자의 신청에 따라 다음 각호의 명령을 할 수 있다.

1. 채권을 법원이 정한 값으로 지급함에 갈음하여 압류채권자에게 양도하는 양도명령
2. 추심에 갈음하여 법원이 정한 방법으로 그 채권을 매각하도록 집행관에게 명하는 매각명령
3. 관리인을 선임하여 그 채권의 관리를 명하는 관리명령
4. 그 밖에 적당한 방법으로 현금화하도록 하는 명령

② 법원은 제1항의 경우 그 신청을 허가하는 결정을 하기 전에 채무자를 심문하여야 한다. 다만, 채무자가 외국에 있거나 있는 곳이 분명하지 아니한 때에는 심문할 필요가 없다.

③ 제1항의 결정에 대하여는 즉시항고를 할 수 있다.

④ 제1항의 결정은 확정되어야 효력을 가진다.

⑤ 압류된 채권을 매각한 경우에는 집행관은 채무자를 대신하여 제3채무자에게 서면으로 양도의 통지를 하여야 한다.

⑥ 양도명령에는 제227조제2항 · 제229조제5항 · 제230조 및 제231조의 규정을, 매각명령에 의한 집행관의 매각에는 제108조의 규정을, 관리명령에는 제227조제2항의 규정을, 관리명령에 의한 관리에는 제167조, 제169조 내지 제171조, 제222조제2항 · 제3항의 규정을 각각 준용한다.

참조 [금전채권의 현금화방법]229, [채권의 평가]민집규163, [양도명령]민집규164, [매각명령]민집규165, [그 밖의 현금화명령]민집규166, [심문]민소134②, [즉시항고]15, [압류명령 · 전부명령의 송달]227② · 229⑤, [저당권이 있는 채권에 대한 전부명령과 효과]230 · 231, [매각장소의 질서유지]108, [관리인에 대한 법원의 지휘 · 감독과 관리인의 의무]167 · 169−171, [매각대금의 공탁과 신고]222②③

제242조【유체물인도청구권 등에 대한 집행】 부동산 · 유체동산 · 선박 · 자동차 · 건설기계 · 항공기 · 경량항공기 등 유체물의 인도나 권리이전의 청구권에 대한 강제집행에 대하여는 제243조부터 제245조까지의 규정을 우선적용하는 것을 제외하고는 제227조부터 제240조까지의 규정을 준용한다.
(2015.5.18 본조개정)

改前 …자동차 · 건설기계 · "항공기" 등…강제집행에 대하여는 "제243조 및 제245조의 규정"을 우선적용하는 것을 제외하고는 "제227조 내지 제240조의 규정"을 준용한다.

참조 [유체동산 및 부동산청구권의 압류]243 · 244, [전부명령 제외]245, [금전채권의 압류, 추심 및 전부명령]227−240

제243조【유체동산에 관한 청구권의 압류】 ① 유체동산에 관한 청구권을 압류하는 경우에는 법원이 제3채무자에 대하여 그 동산을 채권자의 위임을 받은 집행관에게 인도하도록 명한다.

② 채권자는 제3채무자에 대하여 제1항의 명령의 이행을 구하기 위하여 법원에 추심명령을 신청할 수 있다.

③ 제1항의 동산의 현금화에 대하여는 압류한 유체동산의 현금화에 관한 규정을 적용한다.

참조 [유체동산]민98, [제3자점유물의 인도]191 · 193, [추심명령]229 · 232, [유체동산의 현금화]민집규165④ · 169, [압류물의 환가규정]199이하

제244조【부동산청구권에 대한 압류】 ① 부동산에 관한 인도청구권의 압류에 대하여는 그 부동산소재지의 지방법원은 채권자 또는 제3채무자의 신청에 의하여 보관인을 정하고 제3채무자에 대하여 그 부동산을 보관인에게 인도할 것을 명하여야 한다.

② 부동산에 관한 권리이전청구권의 압류에 대하여는 그 부동산소재지의 지방법원은 채권자 또는 제3채무자의 신청에 의하여 보관인을 정하고 제3채무자에 대하여 그 부동산에 관한 채무자명의의 권리이전등기절차를 보관인에게 이행할 것을 명하여야 한다.

③ 제2항의 경우에 보관인은 채무자명의의 권리이전등기신청에 관하여 채무자의 대리인이 된다.

④ 채권자는 제3채무자에 대하여 제1항 또는 제2항의 명령의 이행을 구하기 위하여 법원에 추심명령을 신청할 수 있다.

참조 [인도된 부동산의 집행]민집규170, [부동산]민99①, [신청]161, [부동산에 대한 강제집행]78 · 79, [관리인]166, [추심명령]229 · 232, [추심의 소]238 · 249

판례 **소유권이전등기청구권에 대한 압류후의 제3채무자의 처분과 불법행위** : 소유권이전등기청구권에 대한 압류가 있으면 그 변제금지의 효력에 의하여 제3채무자는 채무자에게 임의로 이전등기를 이행하여서는 안되나, 그와 같은 압류는 채권에 대한 것이지 등기청구권의 목적물인 부동산에 대한 것이 아니고, 채무자와 제3채무자에게 결정을 송달하는 외에 현행법상 등기부에 이를 공시하는 방법이 없는 것으로서 당해 채권자와 채무자 및 제3채무자 사이에만 효력을 가지며, 제3자에 대하여는 압류의 변제금지의 효력을 주장할 수 없으므로 소유권이전등기청구권의 압류는 청구권의 목적물인 부동산 자체의 처분을 금지하는 대물적 효력은 없어서 제3채무자나 채무자로부터 이전등기를 경료한 제3자에 대하여는 취득한 등기가 원인무효라고 주장하여 말소를 청구할 수 없고, 제3채무자가 압류결정을 무시하고 이전등기를 이행하고 채무자가 다시 제3자에게 이전등기를 경료해 준 결과 채권자에게 손해를 입힌 때에는 불법행위를 구성하고 그에 따른 배상책임을 지게 된다.
(대판 2000.2.11, 98다35327)

제245조【전부명령 제외】 유체물의 인도나 권리이전의 청구권에 대하여는 전부명령을 하지 못한다.

참조 [전부명령]229① · 231, [유체물]민98

제246조【압류금지채권】 ① 다음 각호의 채권은 압류하지 못한다.

1. 법령에 규정된 부양료 및 유족부조료(遺族扶助料)
2. 채무자가 구호사업이나 제3자의 도움으로 계속 받는 수입
3. 병사의 급료
4. 급료 · 연금 · 봉급 · 상여금 · 퇴직연금, 그 밖에 이와 비슷한 성질을 가진 급여채권의 2분의 1에 해당하는 금액. 다만, 그 금액이 국민기초생활보장

법에 의한 최저생계비를 고려하여 대통령령이 정하는 금액에 미치지 못하는 경우 또는 표준적인 가구의 생계비를 고려하여 대통령령이 정하는 금액을 초과하는 경우에는 각각 당해 대통령령이 정하는 금액으로 한다.(2022.1.4 단서개정)

5. 퇴직금 그 밖에 이와 비슷한 성질을 가진 급여채권의 2분의 1에 해당하는 금액(2005.1.27 본호신설)
6. 「주택임대차보호법」 제8조, 같은 법 시행령의 규정에 따라 우선변제를 받을 수 있는 금액 (2010.7.23 본호신설)
7. 생명, 상해, 질병, 사고 등을 원인으로 채무자가 지급받는 보장성보험의 보험금(해약환급 및 만기환급금을 포함한다). 다만, 압류금지의 범위는 생계유지, 치료 및 장애 회복에 소요될 것으로 예상되는 비용 등을 고려하여 대통령령으로 정한다.
8. 채무자의 1월간 생계유지에 필요한 예금(적금·부금·예탁금과 우편대체를 포함한다). 다만, 그 금액은 「국민기초생활 보장법」에 따른 최저생계비, 제195조제3호에서 정한 금액 등을 고려하여 대통령령으로 정한다.

(2011.4.5 7호~8호신설)

② 법원은 제1항제1호부터 제7호까지에 규정된 종류의 금원이 금융기관에 개설된 채무자의 계좌에 이체되는 경우 채무자의 신청에 따라 그에 해당하는 부분의 압류명령을 취소하여야 한다.(2011.4.5 본항신설)

③ 법원은 당사자가 신청하면 채권자와 채무자의 생활형편, 그 밖의 사정을 고려하여 압류명령의 전부 또는 일부를 취소하거나 제1항의 압류금지채권에 대하여 압류명령을 할 수 있다.

④ 제3항의 경우에는 제196조제2항 내지 제5항의 규정을 준용한다.(2011.4.5 본항개정)

改前 4. …다만, …최저생계비를 "감안"하여 대통령령이 정하는 금액에 미치지 못하는 경우 또는 표준적인 가구의 생계비를 "감안"하여 대통령령이 정하는 금액을 초과하는 경우에는…

참조 [압류금지물]195·196, [다른 법률의 압류금지]공무원연금39, 군인연금18, 국민연금58, 산업재해88②, 근기86, 어선원및어선재해보상보험법34·56, 형사보상및명예회복에관한법23, 국가유공자등예우19, 국세징수41-42, [부양료청구권]민974-979, [병사]군인사3④, [최저생계비]국민기초생활2, [압류명령]223, [압류금지물건을 정하는 재판의 취소]196②-⑤

판례 소액임차보증금 반환채권 압류 금지 : 주택임대차보호법을 비롯한 여러 법률에서 소액임차보증금의 회수를 보장하기 위한 특례규정을 두고 있으나, 이러한 규정들만으로는 채권자가 강제집행을 통하여 소액임차인인 채무자로부터 소액임차보증금의 처분권을 박탈하는 것을 막을 수 없다. 따라서 소액임차인의 주거생활의 안정을 도모하고 이들의 인간다운 생활을 보장하기 위하여 강제집행을 제한하고 소액임차보증금 반환채권의 압류를 금지하는 것은 채권자인 청구인들의 재산권을 침해한다고 볼 수 없다.(헌재결 2019.12.27, 2018헌마825)

판례 민사집행법은 제246조제1항제4호에서 퇴직연금 그 밖에 이와 비슷한 성질을 가진 급여채권은 그 1/2에 해당하는 금액만 압류하지 못하는 것으로 규정하고 있으나, 이는 '근로자퇴직급여 보장법'(이하 '퇴직급여법'이라고 한다)상 양도금지 규정과의 사이에서 일반법과 특별법의 관계에 있으므로, 퇴직급여법상 퇴직연금채권은 그 전액에 관하여 압류가 금지된다고 보아야 한다.(대판 2014.1.23, 2013다71180)

판례 퇴직위로금이나 명예퇴직수당은 그 직에서 퇴임하는 자에 대하여 그 재직 중 직무집행의 대가로서 지급되는 후불적 임금으로서의 보수의 성질을 아울러 가지므로 퇴직금과 유사하고, 따라서 이들은 민소 제579조 제4호 소정의 압류금지채권인 퇴직금 기타 유사한 급여채권에 해당한다.
(대결 2000.6.8, 2000마1439)

제247조【배당요구】 ① 민법·상법, 그 밖의 법률에 의하여 우선변제청구권이 있는 채권자와 집행력 있는 정본을 가진 채권자는 다음 각호의 시기까지 법원에 배당요구를 할 수 있다.

1. 제3채무자가 제248조제4항에 따른 공탁의 신고를 한 때
2. 채권자가 제236조에 따른 추심의 신고를 한 때
3. 집행관이 현금화한 금전을 법원에 제출한 때

② 전부명령이 제3채무자에게 송달된 뒤에는 배당요구를 하지 못한다.

③ 제1항의 배당요구에는 제218조 및 제219조의 규정을 준용한다.

④ 제1항의 배당요구는 제3채무자에게 통지하여야 한다.

참조 [조세채권]국세35①, 지방세기본법71, [임금채권]근기38, [사용인의 우선변제권]상468, [선박우선특권]상777, [보험료]국민보험85, [집행력 있는 정본]28·38, [시효중단]민168·175, [제3채무자의 채무액공탁]248④, [채권자의 추심신고]236, [전부명령]229①·231, [배당요구의 절차]218, [배당요구의 방식]민집규48·173, [집행관의 배당요구통지]219, [통지]11·12

판례 민사집행법 제247조 제1항 제1호가 배당요구의 종기를 제3채무자의 공탁사유 신고시까지로 제한하고 있는 이유는 제3채무자가 채무액을 공탁하고 사유 신고를 마치면 배당할 금액이 판명되어 배당절차를 개시할 수 있는 만큼 늦어도 그 때까지는 배당요구가 마쳐져야 배당절차의 혼란과 지연을 막을 수 있다고 본 때문이다. 따라서 배당가입차단효는 배당을 전제로 한 집행공탁에 대하여만 발생하므로, 집행공탁과 변제공탁이 혼합된 소위 혼합공탁의 경우 변제공탁에 해당하는 부분에 대하여는 제3채무자의 공탁사유신고에 의한 배당가입차단효가 발생할 여지가 없다.(대판 2008.5.15, 2006다74693)

판례 국세징수법상의 압류와 민사집행법상의 압류의 효력의 차이 및 체납처분절차와 강제집행절차의 차이 등에 비추어 볼 때, 민사집행법 제248조 제1항 및 공익사업보상법 제40조 제2항 제4호 소정의 공탁의 전제가 되는 '압류'에는 국세징수법에 의한 채권의 압류는 포함되지 않는다고 보아야 할 것이다. 그렇다면 국세징수법상의 체납처분에 의한 압류만을 이유로 집행공탁이 이루어진 경우에는 사업시행자가 민사집행법 제248조 제4항에 따라 법원에 공탁사유를 신고하였다고 하더라도 민사집행법 제247조 제1항에 의한 배당요구 종기가 도래한다고 할 수는 없다.(대판 2007.4.12, 2004다20326)

판례 구 민소(2002.1.26. 법률 제6626호로 전문 개정되기 전의 것) 제580조 제1항은 금전채권에 대한 강제집행에 있어서 배당요구를 할 수 있는 채권자의 범위를 '민법·상법 기타 법률에 의하여 우선변제청구권이 있는 채권자'와 '집행력 있는 정본을 가진 채권자'로 제한하여 규정하고 있으므로, 그 어느 것에도 해당하지 않는 채권자는, 위 조항 각 호의 사유 발생 전에 미리 가압류를 하여 이른바 경합압류채권자로서 배당에 참가하게 되는 것은 별론으로 하고, 별도의 배당요구를 할 자격이 없다.
(대판 2003.12.11, 2003다47638)

제248조【제3채무자의 채무액의 공탁】 ① 제3채무자는 압류에 관련된 금전채권의 전액을 공탁할 수 있다.

② 금전채권에 관하여 배당요구서를 송달받은 제3채무자는 배당에 참가한 채권자의 청구가 있으면 압류된 부분에 해당하는 금액을 공탁하여야 한다.

③ 금전채권중 압류되지 아니한 부분을 초과하여 거듭 압류명령 또는 가압류명령이 내려진 경우에 그 명령을 송달받은 제3채무자는 압류 또는 가압류채권자의 청구가 있으면 그 채권의 전액에 해당하는 금액을 공탁하여야 한다.

④ 제3채무자가 채무액을 공탁한 때에는 그 사유를 법원에 신고하여야 한다. 다만, 상당한 기간 이내에 신고가 없는 때에는 압류채권자, 가압류채권자, 배당에 참가한 채권자, 채무자, 그 밖의 이해관계인이 그 사유를 법원에 신고할 수 있다.

참조 [공탁법원]19, [배당요구의 통지]247④, [공탁신고방식]민집규172, [가압류된 금전채권액의 공탁]297

판례 채권가압류를 이유로 한 제3채무자의 공탁은 압류를 이유로 한 제3채무자의 공탁과 달리 그 공탁금으로부터 배당을 받을 수 있는 채권자의 범위를 확정하는 효력이 없고, 가압류의 제3채무자가 공탁을 하고 공탁사유를 법원에 신고하더라도 배당절차를 실시할 수 없으며, 공탁금에 대한 채무자의 출급청구권에 대하여 압류 및 공탁사유신고가 있을 때 비로소 배당절차를 실시할 수 있다.(대판 2006.3.10, 2005다15765)

판례 제3채무자가 채권양도 등과 압류경합 등을 이유로 공탁한 경우에 제3채무자가 변제공탁을 한 것인지, 집행공탁을 한 것인지, 아니면 혼합공탁을 한 것인지는 피공탁자의 지정 여부, 공탁의 근거조문, 공탁사유, 공탁사유신고 등을 종합적·합리적으로 고려하여 판단하는 수밖에 없다.
(대판 2005.5.26, 2003다12311)

판례 공탁사유신고의 각하결정과 배당가입차단의 효력(구법관계) : 채무액을 공탁한 제3채무자가 구 민소(2002.1.26. 법률 제6626호로 전문 개정되기 전의 것) 제581조 제3항에 따라 그 사유를 법원에 신고하면 배당절차가 개시되는 것이 원칙이지만 법원이 사유신고서를 접수한 결과 배당절차에 의할 것이 아니라고 판단될 경우 그 신고서를 각하하는 결정을 할 수 있고, 이 경우에는 배당절차가 개시되는 것이 아니므로 그 사유신고에는 새로운 권리자의 배당가입을 차단하는 같은 법 제580조 제1항 제1호 소정의 효력이 없다.(대판 2005.5.13, 2005다1766)

판례 추심금 승소 확정판결에 기한 강제집행을 저지하기 위하여 집행공탁을 할 때의 공탁할 금액(구법관계) : 구 민소(2002.1.26. 법률 제6626호로 전문 개정되기 전의 것) 581조 1항에 기한 제3채무자의 집행공탁은 피압류채권에 대한 압류경합을 요건으로 하는 것으로서, 이 경우 제3채무자가 위 법 규정에 따라 공탁하여야 할 금액은 채무 전액이라고 할 것이고, 이러한 법리는 압류경합상태에 있는 피압류채권 중 일부에 관하여 일부 압류채권자가 추심명령을 얻은 후 추심금청구소송을 제기하여 승소확정된 경우 제3채무자가 그 추심금청구 사건의 확정판결에 기한 강제집행을 저지하기 위하여 위 법 규정에 따라 집행공탁하는 경우에도 달리 볼 것이 아니다.
(대판 2004.7.22, 2002다22700)

제249조【추심의 소】 ① 제3채무자가 추심절차에 대하여 의무를 이행하지 아니하는 때에는 압류채권자는 소로써 그 이행을 청구할 수 있다.

② 집행력 있는 정본을 가진 모든 채권자는 공동소송인으로 원고 쪽에 참가할 권리가 있다.

③ 소를 제기당한 제3채무자는 제2항의 채권자를 공동소송인으로 원고 쪽에 참가하도록 명할 것을 첫 변론기일까지 신청할 수 있다.

④ 소에 대한 재판은 제3항의 명령을 받은 채권자에 대하여 효력이 미친다.

참조 [추심명령]229·232, [추심의 소 제기]238, [제3채무자의 의무불이행]248②, [집행력있는 정본]28, [공동소송]민소65-70, [공동소송 참가]민소83, [참가신청의 방식]민소72, [첫 변론기일]민소165②, [기판력의 주관적범위]민소218③, [유사필요적공동소송]민소67

제250조【채권자의 추심최고】 압류채권자가 추심절차를 게을리 한 때에는 집행력 있는 정본으로 배당을 요구한 채권자는 일정한 기간내에 추심하도록 최고하고, 최고에 따르지 아니한 때에는 법원의 허가를 얻어 직접 추심할 수 있다.

참조 [추심명령]229·232, [추심의 소 제기]238, [추심의 소홀로 인한 손해배상]239

제251조【그 밖의 재산권에 대한 집행】 ① 앞의 여러 조문에 규정된 재산권 외에 부동산을 목적으로 하지 아니한 재산권에 대한 강제집행은 이 관의 규정 및 제98조 내지 제101조의 규정을 준용한다.

② 제3채무자가 없는 경우에 압류는 채무자에게 권리처분을 금지하는 명령을 송달한 때에 효력이 생긴다.

참조 [앞의 여러 조문에 규정된 재산권]61-250, [그 밖의 재산권에 대한 집행]민집규174·175, [예탁유가증권에 대한 강제집행]민집규176-182, [부동산에 대한 강제집행]78-171, [이관의 규정]223-251, [일괄매각의 결정과 절차]98-101, [압류명령의 송달]227②③

판례 사해행위취소권은 채무자와 수익자 간의 사해행위를 취소함으로써 채무자의 책임재산을 보전하는데 그 목적이 있으므로, 공법상의 허가권 등의 양도행위가 사해행위로서 채권자취소권의 대상이 되기 위해서는, 행정관청의 허가 없이 그 허가권 등을 자유로이 양도할 수 있는 등으로 그 허가권 등이 독립한 재산적 가치를 가지고 있어 민사집행법 제251조 소정의 '그 밖의 재산권'에 대한 집행방법에 의하여 강제집행할 수 있어야 할 것이다.(대판 2010.4.29, 2009다105734)

제4관 배당절차

제252조【배당절차의 개시】 법원은 다음 각호 가운데 어느 하나에 해당하는 경우에는 배당절차를 개시한다.

1. 제222조의 규정에 따라 집행관이 공탁한 때
2. 제236조의 규정에 따라 추심채권자가 공탁하거나 제248조의 규정에 따라 제3채무자가 공탁한 때
3. 제241조의 규정에 따라 현금화된 금전을 법원에 제출한 때

참조 [우선권자의 배당요구]217·247, [매각대금의 공탁]222, [채권자의 추심신고]236, [제3채무자의 채무액공탁]248, [특별한 현금화방법]241, [배당절차의 개시]민집규183·184, [배당법원]3①·21·222③

제253조【계산서 제출의 최고】 법원은 채권자들에게 1주 이내에 원금·이자·비용, 그 밖의 부대채권의 계산서를 제출하도록 최고하여야 한다.

참조 [배당절차의 개시]252, [계산서제출의 최고]민집규185②, [기간]민소170·172①, [비용]53①

제254조【배당표의 작성】 ① 제253조의 기간이 끝난 뒤에 법원은 배당표를 작성하여야 한다.

② 제1항의 기간을 지키지 아니한 채권자의 채권은 배당요구서와 사유신고서의 취지 및 그 증빙서류에 따라 계산한다. 이 경우 다시 채권액을 추가하지 못한다.

참조 [1주 이내의 제출기간]253, [배당표 비치]149, [배당요구]217·247, [사유신고서]222③·248④

판례 실체적 하자 있는 배당표에 기한 배당으로 인하여 배당받을 권리를 침해당한 자는 원칙적으로 배당기일에 출석하여 이의를 하고 배당이의의 소를 제기하여 구제받을 수 있고, 가사 배당기일에 출석하여 이의를 하지 않음으로써 배당표가 확정되었다고 하더라도, 확정된 배당표에 의하여 배당을 실시하는 것은 실체법상의 권리를 확정하는 것이 아니기 때문에 부당이득금반환청구의 소를 제기할 수 있지만, 배당표가 정당하게 작성되어 배당표 자체에 실체적 하자가 없는 경우에는 그 확정된 배당표에 따른 배당액의 지급을 들어 법률상 원인이 없는 것이라고 할 수 없다.(대판 2002.10.11, 2001다3054)

제255조【배당기일의 준비】 법원은 배당을 실시할 기일을 지정하고 채권자와 채무자에게 이를 통지하여야 한다. 다만, 채무자가 외국에 있거나 있는 곳이 분명하지 아니한 때에는 통지하지 아니한다.

참조 [기일통지서의 송달]23①, 민소167

제256조【배당표의 작성과 실시】 배당표의 작성, 배당표에 대한 이의 및 그 완결과 배당표의 실시에 대하여는 제149조 내지 제161조의 규정을 준용한다.

참조 [배당표의 작성]149, [배당표에 대한 이의]151, [이의의 완결]152, [배당이의의 소]154, [배당실시절차]159, [배당금액의 공탁]160, [배당의 실시]161

제3장 금전채권 외의 채권에 기초한 강제집행

제257조【동산인도청구의 집행】 채무자가 특정한 동산이나 대체물의 일정한 수량을 인도하여야 할 때에는 집행관은 이를 채무자로부터 빼앗아 채권자에게 인도하여야 한다.

참조 [동산인도청구의 집행]민집규186, [인도집행종료의 통지]민집규187, [동산]민99②, [동산에 대한 강제집행]188이하, [특정물 인도]민374·467, [대체물의 이행]민375, [집행관]2, 법원조직55

제258조【부동산 등의 인도청구의 집행】 ① 채무자가 부동산이나 선박을 인도하여야 할 때에는 집행관은 채무자로부터 점유를 빼앗아 채권자에게 인도하여야 한다.

② 제1항의 강제집행은 채권자나 그 대리인이 인도받기 위하여 출석한 때에만 한다.

③ 강제집행의 목적물이 아닌 동산은 집행관이 제거하여 채무자에게 인도하여야 한다.
④ 제3항의 경우 채무자가 없는 때에는 집행관은 채무자와 같이 사는 사리를 분별할 지능이 있는 친족 또는 채무자의 대리인이나 고용인에게 그 동산을 인도하여야 한다.
⑤ 채무자와 제4항에 적은 사람이 없는 때에는 집행관은 그 동산을 채무자의 비용으로 보관하여야 한다.
⑥ 채무자가 그 동산의 수취를 게을리 한 때에는 집행관은 집행법원의 허가를 받아 동산에 대한 강제집행의 매각절차에 관한 규정에 따라 그 동산을 매각하고 비용을 뺀 뒤에 나머지 대금을 공탁하여야 한다.

참조 [부동산]민99①, [집행관]2, 법원조직55, 집행관2, [선박에 대한 강제집행]172이하, [동산]민99②, [친족의 범위]민777, [압류물 보관]198, [집행법원]3, [압류물의 매각]199·214, [공탁]19, [인도집행 종료의 통지]민집규187, [집행시 취한 조치의 통지]민집규188, [집행조서]민집규189

판례 부동산의 간접점유자에 대한 인도집행 : 간접점유자가 직접점유자를 통하여 부동산을 간접적으로 점유하고 있는 경우 간접점유자 및 직접점유자에 대한 채무명의를 가지고 부동산에 대한 인도청구권을 집행하는 채권자로서는 현실적으로 직접점유자에 대하여 인도집행을 함으로써 간접점유자에 대한 인도집행을 한꺼번에 할 수밖에 없으므로, 직접점유자에 대하여 부동산에 대한 인도집행을 마치면 간접점유자에 대하여도 집행을 종료한 것으로 보아야 할 것이고, 또한 강제집행정지는 집행 종료 후에는 허용되지 아니한다.(대결 2000.2.11, 99그92)

제259조【목적물을 제3자가 점유하는 경우】 인도할 물건을 제3자가 점유하고 있는 때에는 채권자의 신청에 따라 금전채권의 압류에 관한 규정에 따라 채무자의 제3자에 대한 인도청구권을 채권자에게 넘겨야 한다.

참조 [제3자가 점유하는 목적물]민집규190, [신청]민소161, [금전채권의 압류]223이하, [동산의 인도청구]257, [부동산·선박의 인도청구]258

제260조【대체집행】 ① 민법 제389조제2항 후단과 제3항의 경우에는 제1심 법원은 채권자의 신청에 따라 민법의 규정에 의한 결정을 하여야 한다.
② 채권자는 제1항의 행위에 필요한 비용을 미리 지급할 것을 채무자에게 명하는 결정을 신청할 수 있다. 다만, 뒷날 그 초과비용을 청구할 권리는 영향을 받지 아니한다.
③ 제1항과 제2항의 신청에 관한 재판에 대하여는 즉시항고를 할 수 있다.

참조 [부작위채무의 위반]민389③, [필요적 심문]262, [관할법원]21, 법원조직7④⑤, [신청]4, 민소161, [즉시항고]15

제261조【간접강제】 ① 채무의 성질이 간접강제를 할 수 있는 경우에 제1심 법원은 채권자의 신청에 따라 간접강제를 명하는 결정을 한다. 그 결정에는 채무의 이행의무 및 상당한 이행기간을 밝히고, 채무자가 그 기간 이내에 이행을 하지 아니하는 때에는 늦어진 기간에 따라 일정한 배상을 하도록 명하거나 즉시 손해배상을 하도록 명할 수 있다.
② 제1항의 신청에 관한 재판에 대하여는 즉시항고를 할 수 있다.

참조 [간접강제의 결정]민집규191, [필요적 심문]262, [신청]4, 민소161, [제1심법원]21, 법원조직7④⑤·32, [집행권원]56·57, [즉시항고]15

판례 고속도로로부터 발생하는 소음이 피해 주민들 주택을 기준으로 일정 한도를 초과하여 유입되지 않도록 하라는 취지의 유지청구는 소음발생원을 특정하여 일정한 종류의 생활방해를 일정 한도 이상 미치게 하는 것을 금지하는 것으로 청구가 특정되지 않은 것이라고 할 수 없고, 이러한 내용의 판결이 확정될 경우 민집 제261조 제1항에 따라 간접강제의 방법으로 집행을 할 수 있으므로, 이러한 청구가 내용이 특정되지 않거나 강제집행이 불가능하여 부적법하다고 볼 수는 없다.
(대판 2007.6.15, 2004다37904,37911)

판례 간접강제결정 효력의 존속여부가 보전의 필요성 여부를 판단함에 있어 참작사유가 되는지 여부(소극) : 간접강제란 채무불이행에 대한 제재를 고지함으로써 그 제재를 면하기 위해 채무를 이행하도록 동기를 부여하는 것을 목적으로 하는 집행방법이고, 간접강제결정은 가처분결정의 집행방법에 불과하므로, 채권자가 채무자의 의무위반행위로 인해 간접강제결정에서 정한 배상금채권을 취득하고, 나아가 그 배상금채권의 강제집행절차에 나아갔다 해도, 그러한 사정만으로 피보전권리가 점포에 대한 점유권에 기한 방해배제청구권 내지는 방해예방청구권인 가처분신청에 있어서 보전의 필요성이 존재한다거나, 가처분결정이 계속 유지되어야 한다고 볼 수는 없으며, 간접강제결정 효력의 계속존속여부는 보전의 필요성 여부를 판단함에 있어 참작하여야 할 사유가 되지 않는다.
(대판 2003.10.24, 2003다36331)

제262조【채무자의 심문】 제260조 및 제261조의 결정은 변론 없이 할 수 있다. 다만, 결정하기 전에 채무자를 심문하여야 한다.

참조 [수권결정 및 비용선지급결정]260, [간접강제결정]261, [심문]민소134②③

제263조【의사표시의무의 집행】 ① 채무자가 권리관계의 성립을 인낙한 때에는 그 조서로, 의사의 진술을 명한 판결이 확정된 때에는 그 판결로 권리관계의 성립을 인낙하거나 의사를 진술한 것으로 본다.
② 반대의무가 이행된 뒤에 권리관계의 성립을 인낙하거나 의사를 진술할 것인 경우에는 제30조와 제32조의 규정에 따라 집행문을 내어 준 때에 그 효력이 생긴다.

참조 [법률행위를 목적으로 하는 채무]민389②, [인낙]민소220, [판결의 확정시기]민소498, [집행문의 부여 및 재판장의 명령]30·32, [집행문부여신청]민집규19

제3편 담보권 실행 등을 위한 경매

제264조【부동산에 대한 경매신청】 ① 부동산을 목적으로 하는 담보권을 실행하기 위한 경매신청을 함에는 담보권이 있다는 것을 증명하는 서류를 내야 한다.
② 담보권을 승계한 경우에는 승계를 증명하는 서류를 내야 한다.
③ 부동산 소유자에게 경매개시결정을 송달할 때에는 제2항의 규정에 따라 제출된 서류의 등본을 붙여야 한다.

참조 [부동산에 대한 경매]민집규40－82, [담보권실행의 경매신청]민집규192, [전세권자 및 저당권자의 경매신청]민318·363, [가등기담보권자의 경매신청]가등기담보12①, [압류채권자승계의 통지]민집규193, [경매개시결정의 송달]83④

판례 근저당권자의 피담보채무 불이행을 이유로 한 경매신청에서의 피담보채무액의 확정 시기 근저당권자가 피담보채무의 불이행을 이유로 경매신청을 한 경우에는 경매신청시에 근저당 채무액이 확정되고, 그 이후부터 근저당권은 부종성을 가지게 되어 보통의 저당권과 같은 취급을 받게 되는바, 위와 같이 경매신청을 하여 경매개시결정이 있은 후에 경매신청이 취하되었다고 하더라도 채무확정의 효과가 번복되는 것은 아니다.
(대판 2002.11.26, 2001다73022)

제265조【경매개시결정에 대한 이의신청사유】 경매절차의 개시결정에 대한 이의신청사유로 담보권이 없다는 것 또는 소멸되었다는 것을 주장할 수 있다.

참조 [경매개시결정에 대한 이의신청]16·86①, [대금완납에 따른 부동산취득의 효과]267, [변제공탁]민487, [경매절차의 정지]266

제266조【경매절차의 정지】 ① 다음 각호 가운데 어느 하나에 해당하는 문서가 경매법원에 제출되면 경매절차를 정지하여야 한다.
1. 담보권의 등기가 말소된 등기사항증명서
(2011.4.12 본호개정)
2. 담보권 등기를 말소하도록 명한 확정판결의 정본
3. 담보권이 없거나 소멸되었다는 취지의 확정판결의 정본
4. 채권자가 담보권을 실행하지 아니하기로 하거나 경매신청을 취하하겠다는 취지 또는 피담보채권을 변제받았거나 그 변제를 미루도록 승낙한다는 취지를 적은 서류
5. 담보권 실행을 일시정지하도록 명한 재판의 정본
② 제1항제1호 내지 제3호의 경우와 제4호의 서류가 화해조서의 정본 또는 공정증서의 정본인 경우에는 경매법원은 이미 실시한 경매절차를 취소하여야 하며, 제5호의 경우에는 그 재판에 따라 경매절차를 취소하지 아니한 때에만 이미 실시한 경매절차를 일시적으로 유지하게 하여야 한다.
③ 제2항의 규정에 따라 경매절차를 취소하는 경우에는 제17조의 규정을 적용하지 아니한다.

改前 1. 담보권의 등기가 말소된 "등기부의 등본"

참조 [집행권원에 기한 강제집행에서의 집행정지]49·50, [화해조서]민소220·231, [공정증서]59, [집행절차취소결정에 대한 즉시항고]17

제267조【대금완납에 따른 부동산취득의 효과】 매수인의 부동산 취득은 담보권 소멸로 영향을 받지 아니한다.

참조 [소유권의 취득시기]135

판례 임의경매의 정당성은 실체적으로 유효한 담보권의 존재에 근거하므로, 담보권에 실체적 하자가 있다면 그에 기초한 경매는 원칙적으로 무효이다. 특히 채권자가 경매를 신청할 당시 실행하고자 하는 담보권이 이미 소멸하였다면, 그 경매개시결정은 아무런 처분권한이 없는 자가 국가에 처분권을 부여한 데에 따라 이루어진 것으로서 위법하다. 반면 일단 유효한 담보권에 기하여 경매개시결정이 개시되었다면, 이는 그 처분권이 적법하게 국가에 주어진 것이다. 이러한 점에서 이미 소멸한 저당권에 기하여 임의경매가 개시되고 매각이 이루어진 경우, 경매개시결정이 있은 뒤 담보권이 소멸한 경우에만 그 경매가 유효하다.
(대판 2022.8.25, 2018다205209 전원합의체)

판례 채무자와 수익자 사이의 저당권설정행위가 사해행위로 인정되어 저당권설정계약이 취소되는 경우에도 당해 부동산이 이미 입찰절차에 의하여 낙찰되어 대금이 완납되었을 때에는 낙찰인의 소유권취득에는 영향을 미칠 수 없으므로, 채권자취소권의 행사에 따르는 원상회복의 방법으로 입찰인의 소유권이전등기를 말소할 수는 없고, 수익자가 받은 배당금을 반환하여야 한다.(대판 2001.2.27, 2000다44348)

제268조【준용규정】 부동산을 목적으로 하는 담보권 실행을 위한 경매절차에는 제79조 내지 제162조의 규정을 준용한다.

참조 [부동산에 대한 강제집행절차]79－162, [부동산담보권실행을 위한 경매]민집규194

제269조【선박에 대한 경매】 선박을 목적으로 하는 담보권 실행을 위한 경매절차에는 제172조 내지 제186조, 제264조 내지 제268조의 규정을 준용한다.

참조 [선박저당권]상787, [선박우선특권]상777, [선박에 대한 경매절차]172－186, 민집규95－104·195, [담보권실행을 위한 경매]264－268

제270조【자동차 등에 대한 경매】 자동차·건설기계·소형선박(「자동차 등 특정동산 저당법」 제3조제2호에 따른 소형선박을 말한다) 및 항공기(「자동차 등 특정동산 저당법」 제3조제4호에 따른 항공기 및 경량항공기를 말한다)를 목적으로 하는 담보권 실행을 위한 경매절차는 제264조부터 제269조까지, 제271조 및 제272조의 규정에 준하여 대법원규칙으로 정한다.(2015.5.18 본조개정)

改前 자동차·건설기계·소형선박…및 "항공기"를…경매절차는 "제264조 내지 제269조," 제271조 및 제272조의…

참조 [자동차, 건설기계, 항공기를 목적으로 하는 담보권]자동차특정동산3, [부동산을 목적으로 하는 담보권실행의 경매]269, 민집규195, [유체동산에 대한 경매]271·272, [자동차에 대한 경매절차]민집규197, [건설기계에 대한 경매절차]민집규198, [항공기에 대한 경매절차]민집규196

제271조【유체동산에 대한 경매】 유체동산을 목적으로 하는 담보권 실행을 위한 경매는 채권자가 그 목적물을 제출하거나, 그 목적물의 점유자가 압류를 승낙한 때에 개시한다.

참조 [동산을 목적으로 하는 담보권]274, 민329, [유체동산을 목적으로 하는 담보권실행의 경매]민집규199, [제3자점유물의 압류]191

제272조【준용규정】 제271조의 경매절차에는 제2편제2장제4절제2관의 규정과 제265조 및 제266조의 규정을 준용한다.

참조 [유체동산을 목적으로 하는 담보권실행의 경매]271, [유체동산에 대한 강제집행]4절2관, [경매개시결정에 대한 이의신청사유]265, [경매절차의 정지]266

제273조【채권과 그 밖의 재산권에 대한 담보권의 실행】 ① 채권, 그 밖의 재산권을 목적으로 하는 담보권의 실행은 담보권의 존재를 증명하는 서류(권리의 이전에 관하여 등기나 등록을 필요로 하는 경우에는 그 등기사항증명서 또는 등록원부의 등본)가 제출된 때에 개시한다.(2011.4.12 본항개정)
② 민법 제342조에 따라 담보권설정자가 받을 금전, 그 밖의 물건에 대하여 권리를 행사하는 경우에도 제1항과 같다.
③ 제1항과 제2항의 권리실행절차에는 제2편제2장제4절제3관의 규정을 준용한다.

改前 ① 채권, 그 밖의…그 "등기부" 또는 등록원부의 등본…

참조 [권리질권의 실행]민345·354, [채권의 압류명령]223, [그 밖의 재산권에 대한 집행]251, [채권 그 밖의 재산권에 대한 담보권실행]민집규200, [예탁유가증권에 대한 담보권실행]민집규201, [물상대위권의 행사]민342, [채권과 그 밖의 재산권에 대한 강제집행]4절3관

판례 저당권자의 물상대위권의 행사 방법과 그 시한(구법관계) : 민법 제370조, 제342조에 의한 저당권자의 물상대위권의 행사는 구 민소 제733조(2002.1.26. 법률 제6626호로 전문 개정되어 2002.7.1.부터 시행되기 전의 것, 이하 같다)에 의하여 담보권의 존재를 증명하는 서류를 집행법원에 제출하여 채권압류 및 전부명령을 신청하거나, 구 민소 제580조에 의하여 배당요구를 하는 방법에 의하여 하는 것이고, 이는 늦어도 구 민소 제580조 제1항 각 호 소정의 배당요구의 종기까지 하여야 하는 것으로 그 이후에는 물상대위권자로서의 우선변제권을 행사할 수 없다고 하여야 할 것인바, 물상대위권자로서의 권리행사의 방법과 시한을 위와 같이 제한하는 취지는 물상대위의 목적인 채권의 특정성을 유지하여 그 효력을 보전하고 평등배당을 기대한 다른 일반 채권자의 신뢰를 보호하는 등 제3자에게 불측의 손해를 입히지 아니함과 동시에 집행절차의 안정과 신속을 꾀하고자 함에 있다고 할 것이고, 저당권자의 물상대위권 행사로서의 압류 및 전부는 그 명령이 제3채무자에게 송달됨으로써 효력이 생기며, 위에서 본 '특정성의 유지'나 '제3자의 보호'는 물상대위권자의 압류 및 전부명령이 효력을 발생함으로써 비로소 달성될 수 있는 것이므로, 배당요구의 종기가 지난 후에 물상대위에 기한 채권압류 및 전부명령이 제3채무자에게 송달되었을 경우에는, 물상대위권자는 배당절차에서 우선변제를 받을 수 없다.(대판 2003.3.28, 2002다13539)

제274조【유치권 등에 의한 경매】 ① 유치권에 의한 경매와 민법·상법, 그 밖의 법률이 규정하는 바에 따른 경매(이하 "유치권 등에 의한 경매"라 한다)는 담보권 실행을 위한 경매의 예에 따라 실시한다.
② 유치권 등에 의한 경매절차는 목적물에 대하여 강제경매 또는 담보권 실행을 위한 경매절차가 개시된 경우에는 이를 정지하고, 채권자 또는 담보권자를 위하여 그 절차를 계속하여 진행한다.
③ 제2항의 경우에 강제경매 또는 담보권 실행을 위한 경매가 취소되면 유치권 등에 의한 경매절차를 계속하여 진행하여야 한다.

참조 [유치권의 경매신청권]민322①, [민사유치권]민320, [상사유치권]상58·91·111·113·120·147·800②, [공유물분할을 위한 경매]민269②, [상속재산분할을 위한 경매]민1013②, [변제자의 경매]민490

제275조【준용규정】 이 편에 규정한 경매 등 절차에는 제42조 내지 제44조 및 제46조 내지 제53조의 규정을 준용한다.

참조 [집행관의 권한]42·43, [청구에 관한 이의의 소]44, [잠정처분]46·47, [제3자이의의 소]48, [집행의 필수적 정지·취소·집행정지의 제한]49－51, [채무자의 사망]52, [집행비용의 부담]53

제276조【가압류의 목적】 ① 가압류는 금전채권이나 금전으로 환산할 수 있는 채권에 대하여 동산 또는 부동산에 대한 강제집행을 보전하기 위하여 할 수 있다.
② 제1항의 채권이 조건이 붙어 있는 것이거나 기한이 차지 아니한 것인 경우에도 가압류를 할 수 있다.
참조 [보전의 필요성]277, [부동산과 동산]78·188, 민99, [유체동산에 대한 가압류]민집규212, [채권과 그 밖의 재산권에 대한 가압류]민집규213, [조건과 기한]민147~154, [집행에서의 조건성취와 기한도래]30②·40①
판례 가압류채무자가 가압류에 반하는 처분행위를 한 경우 그 처분의 유효를 가압류채권자에게 주장할 수 없지만, 이러한 가압류의 처분제한의 효력은 가압류채권자의 이익보호를 위하여 인정되는 것이므로 가압류채권자는 그 처분행위의 효력을 긍정할 수도 있다.(대판 2007.1.11, 2005다47175)
판례 가압류의 처분금지의 효력이 미치는 객관적 범위는 가압류결정에 표시된 청구금액에 한정되므로, 가압류의 청구금액으로 채권의 원금만이 기재되어 있다면 가압류채권자가 가압류채무자에 대하여 원금채권 외에 그에 부대하는 이자 또는 지연손해금채권을 가지고 있다고 하더라도 가압류의 청구금액을 넘어서는 부분에 대하여는 가압류채권자가 처분금지의 효력을 주장할 수 없다.(대판 2006.11.24, 2006다35223)
판례 가압류채권자는 그 매각절차에서 당해 가압류목적물의 매각대금에서 가압류결정 당시의 청구금액을 한도로 하여 배당을 받을 수 있고, 제3취득자의 채권자는 위 매각대금 중 가압류의 처분금지적 효력이 미치는 범위의 금액에 대하여는 배당을 받을 수 없다.(대판 2006.7.28, 2006다19986)
판례 **압류 후에 발생한 제3채무자의 자동채권에 의하여 피압류채권과 상계할 수 있는지 여부(적극)** : 제3채무자의 압류채무자에 대한 자동채권이 수동채권인 피압류채권과 동시이행의 관계에 있는 경우에는, 비록 압류명령이 제3채무자에게 송달되어 압류의 효력이 생긴 후에 비로소 자동채권이 발생하였다고 하더라도 동시이행의 항변권을 주장할 수 있는 제3채무자로서는 그 채권에 의한 상계로써 압류채권자에게 대항할 수 있는 것으로서, 이 경우 자동채권이 발생한 기초가 되는 원인은 수동채권이 압류되기 전에 이미 성립하여 존재하고 있었던 것이므로 그 자동채권은 민법 제498조에 규정된 '지급을 금지하는 명령을 받은 제3채무자가 그 후에 취득한 채권'에 해당하지 않는다.(대판 2005.11.10, 2004다37676)
판례 **체납처분절차에 의한 압류와 민사집행절차에 의한 압류가 경합하는 경우의 법률관계** : 현행법상 국세체납절차와 민사집행절차는 별개의 절차로서 양 절차 상호간의 관계를 조정하는 법률의 규정이 없으므로 한쪽의 절차가 다른 쪽의 절차에 간섭할 수 없는 반면, 쌍방 절차에서 각 채권자는 서로 다른 절차에서 정한 방법으로 그 다른 절차에 참여할 수밖에 없으므로, 동일한 채권에 대하여 체납처분절차에 의한 압류와 민사집행절차에 의한 압류가 서로 경합하는 경우에도 세무공무원은 체납처분에 의하여 압류한 채권을 추심할 수 있고, 청산절차가 종결되면 그 채권에 대한 민사집행절차에 의한 가압류나 압류의 효력은 상실되고, 따라서 보전처분에 기하여 가압류가 된 채권에 대하여 체납처분에 의한 압류가 있고 그에 기하여 피압류채권의 추심이 이루어진 후에 그 체납처분의 기초가 된 조세부과처분이 취소되었다고 하더라도, 특별한 사정이 없는 한 그 환급금채권은 조세를 납부한 자에게 귀속되므로 민사집행절차에 의한 가압류 및 압류 채권자로서는 조세부과처분의 취소에 따른 환급금에 대하여 부당이득반환을 구할 수는 없다.(대판 2002.12.24, 2000다26036)

제277조【보전의 필요】 가압류는 이를 하지 아니하면 판결을 집행할 수 없거나 판결을 집행하는 것이 매우 곤란할 염려가 있을 경우에 할 수 있다.
참조 [가압류의 목적]276
판례 **피보전권리와 보전의 필요성에 대한 심리** : 모든 보전처분에 있어서는 피보전권리와 보전의 필요성의 존재에 관한 소명이 있어야 하고, 이 두 요건은 서로 별개의 독립된 요건이기 때문에 그 심리에 있어서도 상호 관계없이 독립적으로 심리되어야 한다.(대결 2005.8.19, 2003마482)

제278조【가압류법원】 가압류는 가압류할 물건이 있는 곳을 관할하는 지방법원이나 본안의 관할법원이 관할한다.
참조 [가압류명령]280, [가압류할 물건]민98, [지방법원]32, 법원조직7④⑤, [본안의 관할법원]311, [전속관할]21

제279조【가압류신청】 ① 가압류신청에는 다음 각 호의 사항을 적어야 한다.
1. 청구채권의 표시, 그 청구채권이 일정한 금액이 아닌 때에는 금전으로 환산한 금액
2. 제277조의 규정에 따라 가압류의 이유가 될 사실의 표시
② 청구채권과 가압류의 이유는 소명하여야 한다.
참조 [신청의 방식]민집규203, [서면신청]4·23①, 민소248·249·274, [보전의 필요성]277, [신청의 효과]민168, [소명]민소299

제280조【가압류명령】 ① 가압류신청에 대한 재판은 변론 없이 할 수 있다.
② 청구채권이나 가압류의 이유를 소명하지 아니한 때에도 가압류로 생길 수 있는 채무자의 손해에 대하여 법원이 정한 담보를 제공한 때에는 법원은 가압류를 명할 수 있다.
③ 청구채권과 가압류의 이유를 소명한 때에도 법원은 담보를 제공하게 하고 가압류를 명할 수 있다.
④ 담보를 제공한 때에는 그 담보의 제공과 담보제공의 방법을 가압류명령에 적어야 한다.
참조 [가압류신청]279, [임의적 변론]민소134①, [소명의 필요]279②, [담보]19, [담보제공의 방식]민집규204, 민소122, 민소규22, [명령기재사항]민소208·224, [가압류해방금액의 기재]282
판례 부당한 채권가압류의 집행으로 인하여 가압류채무자가 제3채무자로부터 제때 채권금을 지급받지 못하는 손해를 입은 경우, 가압류채무자는 가압류채권자에 대하여 그 손해의 배상을 구할 수 있는 것이나, 부당한 채권가압류의 집행이 있었다하더라도 그 집행기간동안 기한의 미도래나 조건의 불성취 등의 사유로 인해 가압류채무자가 제3채무자로부터 채권을 바로 지급받을 수 없는 사정이 있었다면, 가압류채무자가 부당한 채권가압류의 집행으로 인하여 어떤 손해를 입었다고 할 수는 없다.(대판 2006.6.15, 2006다10408)
판례 **채권가압류결정정본이 제3채무자에게 송달되지 아니한 경우의 손해 발생** : 불법행위로 인한 손해배상청구권은 현실적으로 손해가 발생한 때에 성립하는 것이고, 현실적으로 손해가 발생하였는지 여부는 사회통념에 비추어 객관적이고 합리적으로 판단하여야 하는 것이므로, 집행법원의 과실로 채권가압류결정정본이 제3채무자에게 송달되지 아니하여 가압류의 효력이 생기지 아니하였다고 하더라도, 그 사실을 안 가압류채권자로서는 피보전채권으로 채무자의 다른 재산에 대하여 강제집행을 함으로써 채권의 만족을 얻을 수 있는 것이므로, 집행법원의 위와 같은 잘못으로 말미암아 채무자에 대한 채권추심이 곤란해졌다는 등의 특별한 사정이 없는 한 가압류채권자로서는 채권가압류결정정본이 제3채무자에게 송달되지 아니하였다는 사유만으로는 가압류의 효력이 생기지 아니한 채권액 상당의 손해가 현실적으로 발생하였다고 할 수 없고, 그러한 손해가 현실적으로 발생하였다는 점에 대하여는 피해자인 가압류채권자가 이를 증명하여야 한다.(대판 2003.4.8, 2000다53038)

제281조【재판의 형식】 ① 가압류신청에 대한 재판은 결정으로 한다.(2005.1.27 본항개정)
② 채권자는 가압류신청을 기각하거나 각하하는 결정에 대하여 즉시항고를 할 수 있다.
③ 담보를 제공하게 하는 재판, 가압류신청을 기각하거나 각하하는 재판과 제2항의 즉시항고를 기각하거나 각하하는 재판은 채무자에게 고지할 필요가 없다.
改前 "① 가압류신청에 대한 재판은 변론하는 경우에는 종국판결로, 그 밖의 경우에는 결정으로 한다."
참조 [결정]민소221, [임의적 변론]280①, [즉시항고]15

제282조【가압류해방금액】 가압류명령에는 가압류의 집행을 정지시키거나 집행한 가압류를 취소시키기 위하여 채무자가 공탁할 금액을 적어야 한다.
참조 [가압류명령]280, [공탁과 가압류집행의 취소]299, [공탁]19
판례 **가처분을 발령함에 있어서 해방금액을 정할 수 있는지 여부(소극)** : 금전채권이나 금전으로 환산할 수 있는 채권의 보전을 목적으로 하는 가압류와 달리 가처분은 금전채권을 제외한 특정물에 대한 이행청구권 또는 다툼이 있는 권리관계의 보전에 그 본래의 목적이 있다는 점과 민집 제307조에서 특별사정으로 인한 가처분의 취소를 별도로 규정한 법의 등에 비추어 볼 때 해방공탁금에 관한 민집 제282조의 규정은 가처분에는 준용할 수 없다고 해석함이 타당하다.(대결 2002.9.25, 2000마282)

제283조【가압류결정에 대한 채무자의 이의신청】 ① 채무자는 가압류결정에 대하여 이의를 신청할 수 있다.
② 제1항의 이의신청에는 가압류의 취소나 변경을 신청하는 이유를 밝혀야 한다.
③ 이의신청은 가압류의 집행을 정지하지 아니한다.
참조 [가압류명령]281①, [신청]민소161, [이의재판]286, [가압류집행]291~299, [가처분의 집행정지]309
판례 보전처분에 대한 이의신청은 그 보전처분이 유효하게 존재하고 취소나 변경을 구할 이익이 있는 경우에 한하여 허용되는 것이므로, 서비스표의 사용을 금지하는 가처분에서 금지기간을 정한 경우에 그 금지기간의 경과로 가처분의 효력이 상실되었다면 채무자로서는 일단 더 이상 이의신청으로 가처분의 취소나 변경을 구할 이익이 없다. 그러나 위 가처분결정과 함께 그 의무 위반에 대한 간접강제결정이 내려진 경우에는 채무자는 위 금지기간 경과 후에도 간접강제결정에 기하여 집행당할 위험이 존재하므로 그 배제를 위하여 이의신청으로 가처분의 취소를 구할 이익이 있고, 또 위 이의신청에 따른 재판에 대하여 항고할 이익도 있다.(대결 2007.6.14, 2006마910)
판례 가처분이의절차에서 법원의 심리대상이 되는 것은 가처분신청의 당부로서 그 변론종결시점을 기준으로 하여 가처분신청이 이유있다고 판단하는 경우에 가처분결정을 유지하게 된다.(대판 2006.5.26, 2004다62597)

제284조【가압류이의신청사건의 이송】 법원은 가압류이의신청사건에 관하여 현저한 손해 또는 지연을 피하기 위한 필요가 있는 때에는 직권으로 또는 당사자의 신청에 따라 결정으로 그 가압류사건의 관할권이 있는 다른 법원에 사건을 이송할 수 있다. 다만, 그 법원이 심급을 달리하는 경우에는 그러하지 아니하다.
참조 [가압류 이의신청]283, [결정]민소134①·221, [이송]민소35·38~40

제285조【가압류이의신청의 취하】 ① 채무자는 가압류이의신청에 대한 재판이 있기 전까지 가압류이의신청을 취하할 수 있다.(2005.1.27 본항개정)
② 제1항의 취하에는 채권자의 동의를 필요로 하지 아니한다.
③ 가압류이의신청의 취하는 서면으로 하여야 한다. 다만, 변론기일 또는 심문기일에서는 말로 할 수 있다.(2005.1.27 단서개정)
④ 가압류이의신청서를 송달한 뒤에는 취하의 서면을 채권자에게 송달하여야 한다.
⑤ 제3항 단서의 경우에 채권자가 변론기일 또는 심문기일에 출석하지 아니한 때에는 그 기일의 조서등본을 송달하여야 한다.(2005.1.27 본항개정)
改前 ① "채무자는 종국판결이 선고되기 전까지" 가압류이의신청을 취하할 수 있다.
③ …다만, "변론 또는 변론준비기일"에서는 말로 할 수 있다.
⑤ …채권자가 "변론 또는 변론준비기일"에 출석하지 아니한…
참조 [이의신청의 취하]민소228·266, [이의신청에 대한 재판]286, [신청취하의 효력을 다투는 절차]민집규205, 민소규67, [변론]민소134, [서면 또는 말]민소161, [송달]민소174이하, [당사자의 불출석]민소148·268

제286조【이의신청에 대한 심리와 재판】 ① 이의신청이 있는 때에는 법원은 변론기일 또는 당사자 쌍방이 참여할 수 있는 심문기일을 정하고 당사자에게 이를 통지하여야 한다.
② 법원은 심리를 종결하고자 하는 경우에는 상당한 유예기간을 두고 심리를 종결할 기일을 정하여 이를 당사자에게 고지하여야 한다. 다만, 변론기일 또는 당사자 쌍방이 참여할 수 있는 심문기일에는 즉시 심리를 종결할 수 있다.
③ 이의신청에 대한 재판은 결정으로 한다.
④ 제3항의 규정에 의한 결정에는 이유를 적어야 한다. 다만, 변론을 거치지 아니한 경우에는 이유의 요지만을 적을 수 있다.
⑤ 법원은 제3항의 규정에 의한 결정으로 가압류의 전부나 일부를 인가·변경 또는 취소할 수 있다. 이 경우 법원은 적당한 담보를 제공하도록 명할 수 있다.
⑥ 법원은 제3항의 규정에 의하여 가압류를 취소하는 결정을 하는 경우에는 채권자가 그 고지를 받은 날부터 2주를 넘지 아니하는 범위 안에서 상당하다고 인정하는 기간이 경과하여야 그 결정의 효력이 생긴다는 뜻을 선언할 수 있다.
⑦ 제3항의 규정에 의한 결정에 대하여는 즉시항고를 할 수 있다. 이 경우 민사소송법 제447조의 규정을 준용하지 아니한다.
(2005.1.27 본조개정)
改前 "제286조【이의신청에 대한 재판】 ① 이의신청이 있는 때에는 법원은 변론기일을 정하고 당사자에게 이를 통지하여야 한다.
② 법원은 종국판결로 가압류의 전부나 일부의 인가·변경 또는 취소를 선고할 수 있다.
③ 제2항의 경우에 법원은 적당한 담보를 제공하도록 명할 수 있다."
참조 [이의신청]283, [변론과 심문]민소134, [통지]11·12, [변론의 종결]민소198, [가압류신청에 대한 재판]281①, [재판의 이유기재]민소208, 소액11의2③, [담보]19·280②③, [가압류의 취소]287③·288·289, [즉시항고]15, [집행정지의 효력]민소447
판례 가집행선고부 가처분취소판결의 집행에 의하여 처분금지가처분등기가 말소된 경우 그 말소된 효력은 확정적인 것이므로, 처분행위가 금지된 부동산을 매수한 제3자는 그 후에는 아무런 제한을 받지 아니하고 소유권취득의 효력을 가처분 채권자에게 대항할 수 있게 된다.(대판 2000.10.6, 2000다32147)

제287조【본안의 제소명령】 ① 가압류법원은 채무자의 신청에 따라 변론 없이 채권자에게 상당한 기간 이내에 본안의 소를 제기하여 이를 증명하는 서류를 제출하거나 이미 소를 제기하였으면 소송계속사실을 증명하는 서류를 제출하도록 명하여야 한다.
② 제1항의 기간은 2주 이상으로 정하여야 한다.
③ 채권자가 제1항의 기간 이내에 제1항의 서류를 제출하지 아니한 때에는 법원은 채무자의 신청에 따라 결정으로 가압류를 취소하여야 한다.
④ 제1항의 서류를 제출한 뒤에 본안의 소가 취하되거나 각하된 경우에는 그 서류를 제출하지 아니한 것으로 본다.
⑤ 제3항의 신청에 관한 결정에 대하여는 즉시항고를 할 수 있다. 이 경우 민사소송법 제447조의 규정은 준용하지 아니한다.
참조 [가압류법원]278·311, [제소명령신청]민집규203, [제소명령의 송달]민집규206, [기간]민소170·172, [결정]민소134, [가압류의 취소]288·289, [소의 취하]민소266·267, [즉시항고]15, [집행정지의 효력]민소447
판례 **기간이 지난 뒤에 제소증명 서류를 제출한 경우의 조치** : 민집 제287조에 규정된 본안의 소의 부제기 등에 의한 가압류취소는 채권자에게 본안의 소를 제기할 것을 명하고 채권자가 본안의 소를 제기하였다는 등을 증명하는 서류를 일정한 기간 이내에 제출하지 않은 때에 가압류명령을 취소하는 제도로서, 제소명령에 정하여진 기간 이내에 본안의 소를 제기하지 않거나 본안의 소가 계속되지 있지 않은 때는 물론이고 정해진 기간 이내에 본안의 소가 제기되었거나 이미 소를 제기하여 계속되고 있었음에도 불구하고 채권자가 그러한 사실을 증명하는 서류를 기간 이내에 법원에 제출하지 않은 경우에도 법원은 가압류명령을 취소하여야 하고, 그 기간이 지난 뒤에 증명서류를 제출하였다고 하더라도 마찬가지이다.(대결 2003.6.18, 2003마793)

제288조【사정변경 등에 따른 가압류취소】 ① 채무자는 다음 각호의 어느 하나에 해당하는 사유가

있는 경우에는 가압류가 인가된 뒤에도 그 취소를 신청할 수 있다. 제3호에 해당하는 경우에는 이해관계인도 신청할 수 있다.

1. 가압류이유가 소멸되거나 그 밖에 사정이 바뀐 때
2. 법원이 정한 담보를 제공한 때
3. 가압류가 집행된 뒤에 3년간 본안의 소를 제기하지 아니한 때

② 제1항의 규정에 의한 신청에 대한 재판은 가압류를 명한 법원이 한다. 다만, 본안이 이미 계속된 때에는 본안법원이 한다.

③ 제1항의 규정에 의한 신청에 대한 재판에는 제286조제1항 내지 제4항·제6항 및 제7항을 준용한다.

(2005.1.27 본조개정)

改前 "제288조【사정변경에 따른 가압류취소】① 채무자는 가압류이유가 소멸되거나 그 밖에 사정이 바뀌거나 법원이 정한 담보를 제공한 때에는 가압류가 인가된 뒤에도 그 취소를 신청할 수 있다.
② 제1항의 신청에 대하여는 종국판결로 재판한다.
③ 제2항의 재판은 가압류를 명한 법원이 한다. 다만, 본안이 이미 계속된 때에는 본안법원이 한다.
④ 가압류가 집행된 뒤에 5년간 본안의 소를 제기하지 아니한 때에는 가압류법원은 채무자 또는 이해관계인의 신청에 따라 결정으로 가압류를 취소하여야 한다.
⑤ 제4항의 신청에 관한 결정에 대하여는 즉시항고를 할 수 있다. 이 경우 민사소송법 제447조의 규정은 준용하지 아니한다."

參照 [가압류이유]277·279, [담보]19, [가압류의 인가]286⑤, [신청]민소161, [가압류법원]278, [이의신청에 대한 심리와 재판]286

判例 채권압류 및 추심명령을 받은 채권자가 제3채무자로부터 피압류채권을 추심한 다음 민집 제236조 제1항에 따른 추심신고를 한 경우 그때까지 다른 압류·가압류 또는 배당요구가 없으면 그 추심한 범위 내에서 피압류채권은 소멸하고, 집행법원은 추심금의 충당관계 등을 조사하여 집행채권 전액이 변제된 경우에는 집행력 있는 정본을 채무자에게 교부하며, 일부 변제가 된 경우에는 그 취지를 집행력 있는 정본 등에 적은 다음 채권자에게 돌려주는 등의 조치를 취함으로써 채권집행이 종료하게 된다. 한편, 가압류가 본압류로 이행되어 강제집행이 이루어진 경우에는 가압류집행은 본집행에 포섭됨으로써 당초부터 본집행이 있었던 것과 같은 효력이 있게 되므로, 본집행이 되어 있는 한 채무자는 가압류에 대한 이의신청이나 취소신청 또는 가압류집행 자체의 취소 등을 구할 실익이 없게 되고, 특히 강제집행조차 종료한 경우에는 그 강제집행의 근거가 된 가압류결정 자체의 취소나 가압류집행의 취소를 구할 이익은 더 이상 없다.(대판 2004.12.10, 2004다54725)

判例 장래 성립할 권리를 피보전권리로 한 가압류의 본안소송에서 청구를 기각하는 판결이 확정된 경우 : 가압류의 본안 소송에서 피보전권리에 기한 청구를 기각한 판결이 선고되어 확정되었다면 이를 민집 제288조 제1항 소정의 사정변경으로 보아 가압류를 취소할 수 있는 것이 보통일 것이나, 장래에 성립할 권리를 피보전권리로 하여 가압류가 이루어진 이후 본안 소송에서 그 장래 청구권의 기초적 법률관계의 존재는 인정되나 아직 그 청구권 자체의 발생이 확정되지 않았다고 할 수 없다는 이유로 위 가압류의 본안 청구를 기각하는 판결이 선고되어 확정된 데 불과한 경우에는, 그 가압류의 기초인 법률관계가 상존하고 있고 피보전권리의 부존재가 아직 확정된 것이 아니므로 위와 같은 확정 판결이 있다는 것만으로 가압류를 취소할 사정의 변경이 생겼다고 단정할 수 없다.
(대판 2003.6.24, 2003다18005)

제289조【가압류취소결정의 효력정지】 ① 가압류를 취소하는 결정에 대하여 즉시항고가 있는 경우에, 불복의 이유로 주장한 사유가 법률상 정당한 사유가 있다고 인정되고 사실에 대한 소명이 있으며, 그 가압류를 취소함으로 인하여 회복할 수 없는 손해가 생길 위험이 있다는 사정에 대한 소명이 있는 때에는, 법원은 당사자의 신청에 따라 담보를 제공하게 하거나 담보를 제공하지 아니하게 하고 가압류취소결정의 효력을 정지시킬 수 있다.

② 제1항의 규정에 의한 소명은 보증금을 공탁하거나 주장이 진실함을 선서하는 방법으로 대신할 수 없다.

③ 재판기록이 원심법원에 있는 때에는 원심법원이 제1항의 규정에 의한 재판을 한다.

④ 항고법원은 항고에 대한 재판에서 제1항의 규정에 의한 재판을 인가·변경 또는 취소하여야 한다.

⑤ 제1항 및 제4항의 규정에 의한 재판에 대하여는 불복할 수 없다.

(2005.1.27 본조개정)

改前 "제289조【가압류취소재판의 효력정지】① 가집행의 선고가 붙은 가압류의 취소판결에 대하여 상소가 제기된 경우에, 불복의 이유로 주장한 사유가 법률상 정당한 이유가 있다고 인정되고 사실에 대한 소명이 있으며, 그 가집행에 의하여 회복할 수 없는 손해가 생길 위험이 있다는 사정에 대한 소명이 있는 때에는, 법원은 당사자의 신청에 따라 담보를 제공하게 하거나 담보를 제공하지 아니하게 하고 가집행선고의 효력을 정지시킬 수 있다.
② 제1항에서 규정한 소명은 보증금을 공탁하거나 주장이 진실함을 선서하는 방법으로 대신할 수 없다.
③ 재판기록이 원심법원에 있는 때에는 원심법원이 제1항의 재판을 한다.
④ 제1항의 재판에 대하여는 불복할 수 없다.
⑤ 제287조제3항 및 제288조제4항에 의한 가압류취소결정에 대하여 즉시항고가 있는 경우에는 제1항 내지 제4항의 규정을 준용한다."

參照 [가압류취소결정]286－288, [가처분의 집행정지]309, [소명]민소299, [담보]19·280, [증인의 선서]민소321

제290조【가압류 이의신청규정의 준용】 ① 제287조제3항, 제288조제1항에 따른 재판의 경우에는 제284조의 규정을 준용한다.

② 제287조제1항·제3항 및 제288조제1항에 따른 신청의 취하에는 제285조의 규정을 준용한다.

(2005.1.27 본조개정)

改前 ① 제287조제3항, "제288조제1항·제4항"에 따른…
② …제3항 및 "제288조제1항·제4항"에 따른…

參照 [본안의 소 서류제출명령]287①, [소 제기서류의 불제출로 인한 가압류취소결정]287③, [사정변경에 따른 가압류취소]288①, [가압류이의신청사건의 이송]284, [가압류이의신청의 취하]285

제291조【가압류집행에 대한 본집행의 준용】 가압류의 집행에 대하여는 강제집행에 관한 규정을 준용한다. 다만, 아래의 여러 조문과 같이 차이가 나는 경우에는 그러하지 아니하다.

參照 [강제집행에 관한 규정]24－275, 민집규218

判例 압류집행이 있은 후 그 가압류가 강제경매개시결정으로 인하여 본압류로 이행된 경우에 가압류집행이 본집행에 포섭됨으로써 당초부터 본집행이 있었던 것과 같은 효력이 있고, 본집행의 효력이 유효하게 존속하는 한 상대방은 가압류집행의 효력을 다툴 수는 없고 오로지 본집행의 효력에 대하여만 다투어야 하는 것이므로, 본집행이 취소, 실효되지 않는 한 가압류집행이 취소되었다고 하여도 이미 그 효력을 발생한 본집행에는 아무런 영향을 미치지 않는다.(대결 2002.3.15, 2001마6620)

제292조【집행개시의 요건】 ① 가압류에 대한 재판이 있은 뒤에 채권자나 채무자의 승계가 이루어진 경우에 가압류의 재판을 집행하려면 집행문을 덧붙여야 한다.

② 가압류에 대한 재판의 집행은 채권자에게 재판을 고지한 날부터 2주를 넘긴 때에는 하지 못한다.
(2005.1.27 본항개정)

③ 제2항의 집행은 채무자에게 재판을 송달하기 전에도 할 수 있다.

改前 ② …채권자에게 "재판을 고지하거나 송달한" 날부터…

參照 [승계집행문]31－33, [가압류명령]280①·281①, [기간]민소170, 민157, [재판의 송달과 집행개시의 요건]39①·57

제293조【부동산가압류집행】 ① 부동산에 대한 가압류의 집행은 가압류재판에 관한 사항을 등기부에 기입하여야 한다.

② 제1항의 집행법원은 가압류재판을 한 법원으로 한다.

③ 가압류등기는 법원사무관등이 촉탁한다.

參照 [부동산에 대한 강제집행방법]78, [가압류법원]278

判例 부동산에 대한 가압류등기가 무효인 등기라면 부동산소유자는 가압류채권자를 상대로 그 가압류등기의 말소청구를 할 수 있다.(대판 1988.10.11, 87다카2136)

제294조【가압류를 위한 강제관리】 가압류의 집행으로 강제관리를 하는 경우에는 관리인이 청구채권액에 해당하는 금액을 지급받아 공탁하여야 한다.

參照 [가압류를 위한 강제관리]민집규83·207, [강제관리]78②③·163－171, [공탁]19

제295조【선박가압류집행】 ① 등기할 수 있는 선박에 대한 가압류를 집행하는 경우에는 가압류등기를 하는 방법이나 집행관에게 선박국적증서등을 선장으로부터 받아 집행법원에 제출하도록 명하는 방법으로 한다. 이들 방법은 함께 사용할 수 있다.

② 가압류등기를 하는 방법에 의한 가압류집행은 가압류명령을 한 법원이, 선박국적증서등을 받아 제출하도록 명하는 방법에 의한 가압류집행은 선박이 정박하여 있는 곳을 관할하는 지방법원이 집행법원으로서 관할한다.

③ 가압류등기를 하는 방법에 의한 가압류의 집행에는 제293조제3항의 규정을 준용한다.

參照 [선박에 대한 가압류]민집규95·208, [선박에 대한 강제집행]172, [선박]상740·741, [선박압류의 제한]상744, [선박국적증서의 제출]174·175, [가압류법원]278, [가압류등기의 촉탁]293③

제296조【동산가압류집행】 ① 동산에 대한 가압류의 집행은 압류와 같은 원칙에 따라야 한다.

② 채권가압류의 집행법원은 가압류명령을 한 법원으로 한다.

③ 채권의 가압류에는 제3채무자에 대하여 채무자에게 지급하여서는 아니 된다는 명령만을 하여야 한다.

④ 가압류한 금전은 공탁하여야 한다.

⑤ 가압류물은 현금화를 하지 못한다. 다만, 가압류물을 즉시 매각하지 아니하면 값이 크게 떨어질 염려가 있거나 그 보관에 지나치게 많은 비용이 드는 경우에는 집행관은 그 물건을 매각하여 매각대금을 공탁하여야 한다.

參照 [동산에 대한 강제집행]188, 민집규212, [채권의 압류명령]223, [전속관할]21, [공탁]19, [압류금전의 인도]201, [압류물의 매각]199, [매각대금의 공탁]222

判例 채권가압류 후에 채무자가 제3채무자를 상대로 그 이행의 소를 제기할 수 있는지 여부(적극) : 일반적으로 채권에 대한 가압류가 있더라도 이는 채무자가 제3채무자로부터 현실로 급부를 추심하는 것만을 금지하는 것일 뿐 채무자는 제3채무자를 상대로 그 이행을 구하는 소송을 제기할 수 있고 법원은 가압류가 되어 있음을 이유로 이를 배척할 수는 없는 것이 원칙이다. 또한 위와 같은 채권가압류의 처분금지의 효력은 본안소송에서 가압류채권자가 승소하여 채무명의를 얻는 등으로 피보전권리의 존재가 확정되는 것을 조건으로 하여 발생하는 것이므로 채권가압류결정의 채권자가 본안소송에서 승소하는 등으로 채무명의를 취득하는 경우에는 가압류에 의하여 권리가 제한된 상태의 채권을 양수받는 양수인에 대한 채권양도는 무효가 된다고 할 것이다.(대판 2002.4.26, 2001다59033)

제297조【제3채무자의 공탁】 제3채무자가 가압류집행된 금전채권액을 공탁한 경우에는 그 가압류의 효력은 그 청구채권액에 해당하는 공탁금액에 대한 채무자의 출급청구권에 대하여 존속한다.

參照 [제3채무자의 공탁]248, [가압류해방금액]282

判例 채권가압류를 이유로 한 제3채무자의 공탁과 배당절차의 실시 : 채권가압류를 이유로 한 제3채무자의 공탁은 압류를 이유로 한 제3채무자의 공탁과 달리 그 공탁금으로부터 배당을 받을 수 있는 채권자의 범위를 확정하는 효력이 없고, 가압류의 제3채무자가 공탁을 하고 공탁사유를 법원에 신고하더라도 배당절차를 실시할 수 없으며, 공탁금에 대한 채무자의 출급청구권에 대하여 압류 및 공탁사유신고가 있을 때 비로소 배당절차를 실시할 수 있다.(대판 2006.3.10, 2005다15765)

제298조【가압류취소결정의 취소와 집행】 ① 가압류의 취소결정을 상소법원이 취소한 경우로서 법원이 그 가압류의 집행기관이 되는 때에는 그 취소의 재판을 한 상소법원이 직권으로 가압류를 집행한다.(2005.1.27 본항개정)

② 제1항의 경우에 그 취소의 재판을 한 상소법원이 대법원인 때에는 채권자의 신청에 따라 제1심 법원이 가압류를 집행한다.

(2005.1.27 본조제목개정)

改前 제298조【"가압류취소재판"의 취소와 집행】① "가집행의 선고가 붙은 가압류의 취소판결 또는 취소결정"을 상소법원이 직권으로…

參照 [가압류취소결정에 대한 불복과 효력정지]289, [상소법원]법원조직14·28

제299조【가압류집행의 취소】 ① 가압류명령에 정한 금액을 공탁한 때에는 법원은 결정으로 집행한 가압류를 취소하여야 한다.(2005.1.27 본항개정)

② (2005.1.27 삭제)

③ 제1항의 취소결정에 대하여는 즉시항고를 할 수 있다.

④ 제1항의 취소결정에 대하여는 제17조제2항의 규정을 준용하지 아니한다.

改前 ① …법원은 "집행한 가압류"를 취소하여야 한다.
"② 제1항의 재판은 변론없이 할 수 있다."

參照 [가압류해방금액]282, [공탁]19, [결정]민소221, [즉시항고]15, [취소결정의 효력]17②

判例 채권가압류의 취소재판이 있었으나 그 집행이 취소되지 않은 경우 제3채무자가 채무자에게 한 가압류금원 지급의 효력(소극) : 가압류의 취소를 명하는 가집행선고부 판결이 있다고 하더라도, 채무자가 그 판결 정본을 집행법원에 제출하면서 가압류의 집행취소를 신청하여, 집행법원이 이에 따른 가압류의 집행취소절차(채권가압류의 경우 통상 집행법원이 제3채무자에게 가압류집행취소통지서를 송달하는 방법에 의한다.)를 밟기에 이르지 아니한 이상 가압류 집행의 효력은 여전히 유지되는 것이고, 이러한 절차가 취하여지지 않은 채 집행법원 아닌 가압류이의 사건의 제1심법원이 소송당사자 아닌 제3채무자에게 위 가집행선고부 판결 정본을 송달하였다 하더라도 그것만으로 위 가압류의 집행이 당연히 취소되었다고 할 수 없는 것이므로, 제3채무자가 채무자에게 가압류된 임금 및 퇴직금을 지급한 것은 유효한 변제로 볼 수 없다.
(대판 2003.7.22, 2003다24598)

判例 가압류집행이 있은 후 그 가압류가 강제경매개시결정으로 인하여 본압류로 이행된 경우에 가압류집행이 본집행에 포섭됨으로써 당초부터 본집행이 있었던 것과 같은 효력이 있고, 본집행의 효력이 유효하게 존속하는 한 상대방은 가압류집행의 효력을 다툴 수는 없고 오로지 본집행의 효력에 대하여만 다투어야 하는 것이므로, 본집행이 취소, 실효되지 않는 한 가압류집행이 취소되었다고 하여도 이미 그 효력을 발생한 본집행에는 아무런 영향을 미치지 않는다.(대결 2002.3.15, 2001마6620)

제300조【가처분의 목적】 ① 다툼의 대상에 관한 가처분은 현상이 바뀌면 당사자가 권리를 실행하지 못하거나 이를 실행하는 것이 매우 곤란할 염려가 있을 경우에 한다.

② 가처분은 다툼이 있는 권리관계에 대하여 임시의 지위를 정하기 위하여도 할 수 있다. 이 경우 가처분은 특히 계속하는 권리관계에 끼칠 현저한 손해를 피하거나 급박한 위험을 막기 위하여, 또는 그 밖의 필요한 이유가 있을 경우에 하여야 한다.

參照 [가처분의 방법]305, 민집규203, [관할법원]303, [이사직무정지가처분]상407·408, [임시의 지위를 정하기 위한 가처분]304, [가처분의 취소]307

判例 기간을 정하여 서비스표의 사용을 금지하는 가처분과 함께 그 의무 위반에 대한 간접강제결정이 내려진 경우, 위 금지기간 경과 후에 가처분의 취소를 구할 이익이 있는지 여부(적극) : 보전처분에 대한 이의신청은 그 보전처분이 유효하게 존

재하고 취소나 변경을 구할 이익이 있는 경우에 한하여 허용되는 것이므로, 서비스표의 사용을 금지하는 가처분에서 금지기간을 정한 경우에 그 금지기간의 경과로 가처분의 효력이 상실되었다면 채무자로서는 일단 더 이상 이의신청으로 가처분의 취소나 변경을 구할 이익이 없다. 그러나 위 가처분결정과 함께 그 의무 위반에 대한 간접강제결정이 내려진 경우에는 채무자는 위 금지기간 경과 후에도 간접강제결정에 기하여 집행당할 위험이 존재하므로 그 배제를 위하여 이의신청으로 가처분의 취소를 구할 이익이 있고, 또 위 이의신청에 따른 재판에 대하여 항고할 이익도 있다.(대결 2007.6.14, 2006마910)

판례 보전처분의 피보전권리와 본안의 소송물인 권리는 엄격히 일치할 필요가 없고 청구의 기초의 동일성이 인정되는 한 그 보전처분에 의한 보전의 효력은 본안소송의 권리에 미친다.
(대판 2006.11.24, 2006다35223)

판례 **동종영업의 금지를 구하는 가처분에서의 보전의 필요성에 관한 판단기준** : 동종영업의 금지를 구하는 가처분은 민집 제300조 제2항에서 규정하고 있는 임시의 지위를 정하기 위한 가처분의 일종으로서, 이러한 가처분은 그 다툼 있는 권리관계가 본안소송에 의하여 확정되기 전까지 가처분권리자에게 끼칠 현저한 손해를 피하거나 급박한 위험을 막기 위하여 또는 기타 필요한 이유가 있을 경우에 한하여 응급적·잠정적 처분으로 허용되는 것인바, 본안판결 전에 채권자에게 만족을 주는 경우도 있어 채무자의 고통이 크다고 볼 수 있으므로 그 필요성의 인정에 신중을 기해야 한다.(대결 2006.7.4, 2006마164,165)

판례 인격권이나 시설관리권 등과 같은 대세적 권리를 침해하는 행위에 대한 부작위청구권은 대세적 권리에 대한 침해의 우려가 있다는 점 또는 이미 침해가 있었고 그 재발의 위험성이 있다는 점 등을 요건으로 하는 것이며, 이 경우 부작위명령의 대상이 되는 것은 가해자들이 이미 저지른 행위와 동일한 행위뿐만 아니라 그와 유사한 행위로서 장래에 저질러질 우려가 있는 행위를 포함한다.(대판 2006.5.26, 2004다62597)

판례 **가처분결정에 의하여 선임된 학교법인 이사직무대행자의 법적 지위 및 권한 범위** : 가처분결정에 의하여 학교법인의 이사의 직무를 대행하는 자는 가처분결정에 다른 정함이 있는 경우 외에는 학교법인을 종전과 같이 그대로 유지하면서 관리하는 한도 내의 학교법인의 통상업무에 속하는 사무만을 행할 수 있으므로 그 가처분의 본안소송에 대하여 항소권을 포기하는 행위는 학교법인의 통상업무에 속하지 않는다고 보아야 할 것이다.(대판 2006.1.26, 2003다36225)

판례 **피보전권리에 관한 소명의 인정과 보전의 필요성** : 다툼의 대상에 관한 가처분은 현상이 바뀌면 당사자가 권리를 실행하지 못하거나 이를 실행하는 것이 매우 곤란할 염려가 있을 경우에 허용되는 것으로서(민집 제300조 제1항), 이른바 만족적 가처분의 경우와는 달리 보전처분의 잠정성·신속성 등에 비추어 피보전권리에 관한 소명이 인정된다면 다른 특별한 사정이 없는 한 보전의 필요성도 인정되는 것으로 보아야 하고, 비록 동일한 피보전권리에 관하여 다른 채권자에 의하여 동종의 가처분집행이 이미 마쳐졌다거나, 선행 가처분에 따른 본안소송에 공동피고로 관여할 수 있다거나 또는 나아가 장차 후행 가처분신청에 따른 본안소송이 중복소송에 해당될 여지가 있다는 등의 사정이 있다고 하더라도 그러한 사정만으로 곧바로 보전의 필요성이 없다고 단정하여서는 아니 된다.
(대결 2005.10.17, 2005마814)

판례 **사망한 자를 채무자로 한 처분금지가처분결정의 효력** : 보전처분명령이 결정으로 이루어지는 경우에는 당사자대립주의는 통상의 판결절차에서와 같이 전면적이고 완전한 형태로 나타나지 않다가 보전처분에 대한 이의나 불복신청의 절차에서 비로소 분명한 형태로 나타나게 된다고 하더라도 보전소송도 민사소송절차의 일환으로서 대립당사자의 존재를 전제로 하는 것이므로, 이미 사망한 자를 채무자로 한 처분금지가처분신청은 부적법하고 그 신청에 따른 처분금지가처분결정이 있었다고 하여도 그 결정은 당연무효로서 그 효력이 상속인에게 미치지 아니한다.(대판 2004.12.10, 2004다38921,38938)

판례 **조망이익의 침해에 대한 보호요건** : 어느 토지나 건물의 소유자가 종전부터 향유하고 있던 경관이나 조망이 그에게 하나의 생활이익으로서의 가치를 가지고 있다고 객관적으로 인정된다면 법적인 보호의 대상이 될 수 있는 것인바, 이와 같은 조망이익은 원칙적으로 특정의 장소가 그 장소로부터 외부를 조망함에 있어 특별한 가치를 가지고 있고, 그와 같은 조망이익의 향유를 하나의 중요한 목적으로 하여 그 장소에 건물이 건축된 경우와 같이 당해 건물의 소유자나 점유자가 그 건물로부터 향유하는 조망이익이 사회통념상 독자의 이익으로 승인되어야 할 정도로 중요성을 갖는다고 인정되는 경우에 비로소 법적인 보호의 대상이 되는 것이라고 할 것이고, 그와 같은 정도에 이르지 못하는 조망이익의 경우에는 특별한 사정이 없는 한 법적인 보호의 대상이 될 수 없다고 할 것이다. 그리고 조망이익이 법적인 보호의 대상이 되는 경우에 이를 침해하는 행위가 사법상 위법한 가해행위로 평가되기 위해서는 조망이익의 침해 정도가 사회통념상 일반적으로 인용하는 수인한도를 넘어야 하고, 그 수인한도를 넘었는지 여부는 조망의 대상이 되는 경관의 내용과 피해건물이 입지하고 있는 지역에 있어서 건조물의 전체적 상황 등의 사정을 포함한 넓은 의미에서의 지역성, 피해건물의 위치 및 구조와 조망상황, 특히 조망과의 관계에서의 건물의 건축·사용목적 등 피해건물의 상황, 주관적 성격이 강한 것인지 여부와 여관·식당 등의 영업과 같이 경제적 이익과 밀접하게 결부되어 있는지 여부 등 당해 조망이익의 내용, 가해건물의 위치 및 구조와 조망방해의 상황 및 건축·사용목적 등 가해건물의 상황, 가해건물 건축의 경위, 조망방해를 회피할 수 있는 가능성의 유무, 조망방해에 관하여 가해자측이 해의를 가졌는지의 유무, 조망이익이 피해이익으로서 보호가 필요한 정도 등 모든 사정을 종합적으로 고려하여 판단하여야 한다.
(대판 2004.9.13, 2003다64602)

제301조【가압류절차의 준용】 가처분절차에는 가압류절차에 관한 규정을 준용한다. 다만, 아래의 여러 조문과 같이 차이가 나는 경우에는 그러하지 아니하다.

참조 [가압류절차에 관한 규정]276-299, [처분금지가처분의 집행]민집규215, [그 밖의 재산권에 대한 집행]민집규216, [예탁유가증권에 대한 가처분]민집규217, [보전처분집행에 대한 본집행의 준용]민집규218

제302조 (2005.1.27 삭제)

改前 "제302조【가집행의 선고】 가처분의 취소 판결에는 재산권과 관계가 없는 청구에 대하여도 가집행의 선고를 할 수 있다."

제303조【관할법원】 가처분의 재판은 본안의 관할법원 또는 다툼의 대상이 있는 곳을 관할하는 지방법원이 관할한다.

참조 [본안의 관할법원]278·311, [전속관할]21

제304조【임시의 지위를 정하기 위한 가처분】 제300조제2항의 규정에 의한 가처분의 재판에는 변론기일 또는 채무자가 참석할 수 있는 심문기일을 열어야 한다. 다만, 그 기일을 열어 심리하면 가처분의 목적을 달성할 수 없는 사정이 있는 때에는 그러하지 아니하다.

참조 [임시의 지위를 정하기 위한 가처분]300②, [변론기일]민소65·258, [심문]134②

제305조【가처분의 방법】 ① 법원은 신청목적을 이루는 데 필요한 처분을 직권으로 정한다.

② 가처분으로 보관인을 정하거나, 상대방에게 어떠한 행위를 하거나 하지 말도록, 또는 급여를 지급하도록 명할 수 있다.

③ 가처분으로 부동산의 양도나 저당을 금지한 때에는 법원은 제293조의 규정을 준용하여 등기부에 그 금지한 사실을 기입하게 하여야 한다.

참조 [처분권주의]23, 민소203, [가처분의 목적]300, [부동산가압류집행으로서의 등기부 기입]293

제306조【법인임원의 직무집행정지 등 가처분의 등기촉탁】 법원사무관등은 법원이 법인의 대표자 그 밖의 임원으로 등기된 사람에 대하여 직무의 집행을 정지하거나 그 직무를 대행할 사람을 선임하는 가처분을 하거나 그 가처분을 변경·취소한 때에는, 법인의 주사무소 및 분사무소 또는 본점 및 지점이 있는 곳의 등기소에 그 등기를 촉탁하여야 한다. 다만, 이 사항이 등기하여야 할 사항이 아닌 경우에는 그러하지 아니하다.

참조 [이사의 직무집행정지 및 직무대행자선임 가처분]상407·408·415·567·570·613, [가처분의 취소]307, [가처분의 등기]민52의2, 60의2, 상183의2·200의2·265

제307조【가처분의 취소】 ① 특별한 사정이 있는 때에는 담보를 제공하게 하고 가처분을 취소할 수 있다.

② 제1항의 경우에는 제284조, 제285조 및 제286조제1항 내지 제4항·제6항·제7항의 규정을 준용한다.(2005.1.27 본항개정)

改前 ② …경우에는 "제284조 및 제285조"의 규정을 준용한다.

참조 [담보]19, [가압류해방금액]282, [가압류이의신청사건의 이송]284, [가압류이의신청의 취하]285, [이의신청에 대한 심리와 재판]286

판례 담보를 제공하게 하고 가처분을 취소할 수 있는 '특별한 사정이 있는 때'라 함은 가처분에 의하여 보전되는 권리가 금전적 보상으로써 그 종국의 목적을 달성할 수 있는 사정이 있거나 또는 가처분집행으로 가처분채무자가 특히 현저한 손해를 받고 있는 사정이 있는 경우를 말하고, 여기에서 금전보상이 가능한가의 여부는 장래 본안소송에 있어서의 청구의 내용, 당해 가처분의 목적 등 모든 사정을 참작하여 사회통념에 따라 객관적으로 판단하여야 하고, 채무자가 특히 현저한 손해를 입게 될 사정이 있는지 여부는 가처분의 종류, 내용 등 제반 사정을 종합적으로 고려하여 채무자가 입을 손해가 가처분 당시 예상된 것보다 훨씬 클 염려가 있어 가처분을 유지하는 것이 채무자에게 가혹하고 공평의 이념에 반하는지 여부에 의하여 결정된다.
(대결 2006.7.4, 2006마164,165)

제308조【원상회복재판】 가처분을 명한 재판에 기초하여 채권자가 물건을 인도받거나, 금전을 지급받거나 또는 물건을 사용·보관하고 있는 경우에는, 법원은 가처분을 취소하는 재판에서 채무자의 신청에 따라 채권자에 대하여 그 물건이나 금전을 반환하도록 명할 수 있다.

참조 [가처분의 방법]305, [가처분의 취소]288·307

제309조【가처분의 집행정지】 ① 소송물인 권리 또는 법률관계가 이행되는 것과 같은 내용의 가처분을 명한 재판에 대하여 이의신청이 있는 경우에, 이의신청으로 주장한 사유가 법률상 정당한 사유가 있다고 인정되고 주장사실에 대한 소명이 있으며, 그 집행에 의하여 회복할 수 없는 손해가 생길 위험이 있다는 사정에 대한 소명이 있는 때에는, 법원은 당사자의 신청에 따라 담보를 제공하게 하거나 담보를 제공하게 하지 아니하고 가처분의 집행을 정지하도록 명할 수 있고, 담보를 제공하게 하고 집행한 처분을 취소하도록 명할 수 있다.

② 제1항에서 규정한 소명은 보증금을 공탁하거나 주장이 진실함을 선서하는 방법으로 대신할 수 없다.

③ 재판기록이 원심법원에 있는 때에는 원심법원이 제1항의 규정에 의한 재판을 한다.

④ 법원은 이의신청에 대한 결정에서 제1항의 규정에 의한 명령을 인가·변경 또는 취소하여야 한다.

⑤ 제1항·제3항 또는 제4항의 규정에 의한 재판에 대하여는 불복할 수 없다.

(2005.1.27 본조개정)

改前 "제309조【가처분의 집행정지】 ① 소송물인 권리 또는 법률관계가 이행되는 것과 같은 내용의 가처분을 명한 재판에 대하여 이의신청 또는 상소가 있는 경우에, 이의신청 또는 상소의 이유로 주장한 사유가 법률상 정당한 이유가 있다고 인정되고 주장사실에 대한 소명이 있으며, 그 집행에 의하여 회복할 수 없는 손해가 생길 위험이 있다는 사정에 대한 소명이 있는 때에는, 법원은 당사자의 신청에 따라 담보를 제공하게 하거나 담보를 제공하게 하지 아니하고 가처분의 집행을 정지하도록 명할 수 있고, 담보를 제공하게 하고 집행한 처분을 취소하도록 명할 수 있다.

② 제1항에서 규정한 소명은 보증금을 공탁하거나 주장이 진실함을 선서하는 방법으로 대신할 수 없다.

③ 재판기록이 원심법원에 있는 때에는 원심법원이 제1항의 재판을 한다.

④ 법원은 이의신청 또는 상소에 대한 판결에서 제1항의 명령을 취소·변경 또는 인가하여야 한다.

⑤ 판결중 제4항의 재판에 대하여는 직권으로 가집행의 선고를 하여야 한다.

⑥ 제1항, 제3항 내지 제5항의 재판에 대하여는 불복할 수 없다."

참조 [이의신청]283-286·301, [집행의 필수적 정지·제한]49, [소명과 담보]280②

제310조【준용규정】 제301조에 따라 준용되는 제287조제3항, 제288조제1항 또는 제307조의 규정에 따른 가처분취소신청이 있는 경우에는 제309조의 규정을 준용한다.(2005.1.27 본조개정)

改前 "제310조【준용규정】 제301조에 따라 준용되는 제288조제1항 또는 제307조에 따른 가처분취소신청이 있는 경우에는 제309조의 규정을, 제301조에 따라 준용되는 제287조제3항 및 제288조제4항에 따른 가처분취소신청이 있는 경우에는 제309조제1항 내지 제4항 및 제6항의 규정을 각각 준용한다."

참조 [가압류절차의 준용]301, [본안의 제소명령서류의 미제출로 인한 가압류의 취소]287③, [사정변경 등에 따른 가압류의 취소신청]288①, [특별한 사정에 따른 가처분의 취소]307, [가처분의 집행정지]309

제311조【본안의 관할 법원】 이 편에 규정한 본안법원은 제1심 법원으로 한다. 다만, 본안이 제2심에 계속된 때에는 그 계속된 법원으로 한다.

참조 [본안의 관할법원]278·288②·303, [제1심법원]법원조직7④·32①, [제2심법원]법원조직7⑤·28·32②

제312조【재판장의 권한】 급박한 경우에 재판장은 이 편의 신청에 대한 재판을 할 수 있다.
(2005.1.27 본조개정)

改前 제312조【재판장의 권한】 급박한 경우에 "변론을 필요로 하지 아니하는 것에 한하여 재판장은" 이 편의 신청에 대한…

참조 [재판장]민소135

부 칙

제1조【시행일】 이 법은 2002년 7월 1일부터 시행한다.

제2조【계속사건에 관한 경과조치】 ① 이 법 시행전에 신청된 집행사건에 관하여는 종전의 규정에 따른다.

② 이 법 시행 당시 종전의 민사소송법의 규정에 따라 이 법 시행전에 행한 집행처분 그 밖의 행위는 이 법의 적용에 관하여는 이 법의 해당 규정에 따라 한 것으로 본다.

③ 제1항 및 제2항에 규정한 것 외에 이 법의 시행 당시 이미 법원에 계속되거나 집행관이 취급하고 있는 사건의 처리에 관하여 필요한 사항은 대법원규칙으로 정한다.

제3조【관할에 관한 경과조치】 이 법 시행 당시 법원에 계속중인 사건은 이 법에 따라 관할권이 없는 경우에도 종전의 규정에 따라 관할권이 있으면 그에 따른다.

제4조【법정기간에 대한 경과조치】 이 법 시행전부터 진행된 법정기간과 그 계산은 종전의 규정에 따른다.

제5조【법 적용의 시간적 범위】 이 법은 이 법 시행전에 생긴 사항에도 적용한다. 다만, 종전의 규정에 따라 생긴 효력에는 영향을 미치지 아니한다.

제6조【다른 법률의 개정】 ①~55 ※(해당 법령에 가제정리 하였음)

제7조【다른 법률과의 관계】 ① 이 법 시행 당시 다른 법률에서 종전의 민사소송법의 규정을 인용한 경우에 이 법중 그에 해당하는 규정이 있는 때에는 이 법의 해당 규정을 인용한 것으로 본다.

② 이 법 시행 당시 다른 법률에서 규정한 "재산관계명시절차"와 "채무명의"는 각각 "재산명시절차"와 "집행권원"으로 본다.

부 칙 (2005.1.27)

제1조【시행일】 이 법은 공포 후 6월이 경과한 날부터 시행한다.

제2조【계속사건에 관한 경과조치】 이 법 시행 전에 신청된 재산조회 사건·동산에 대한 강제집행 사건·보전명령 사건·보전명령에 대한 이의 및 취소신청 사건에 관하여는 종전의 규정에 의한다. 다만, 보전명령이 종국판결로 선고된 경우에는 이에 대한 상소 또는 취소 신청이 이 법 시행 후에 된 경우에도 종전의 규정에 의한다.

제3조【다른 법률의 개정】 ①~③ ※(해당 법령에 가제정리 하였음)

제4조【다른 법령과의 관계】 이 법 시행 당시 다른 법령에서 종전의 민사집행법의 규정을 인용한 경우에 이 법 중 그에 해당하는 규정이 있는 때에는 그 규정에 갈음하여 이 법의 해당 규정을 인용한 것으로 본다.

부 칙 (2007.8.3 법8581호)

제1조【시행일】 이 법은 공포 후 1년이 경과한 날부터 시행한다.(이하 생략)

부 칙 (2007.8.3 법8622호)

① **【시행일】** 이 법은 2008년 7월 1일부터 시행한다.(이하 생략)

부 칙 (2009.3.25)

제1조【시행일】 이 법은 공포 후 6개월이 경과한 날부터 시행한다.(이하 생략)

부 칙 (2010.7.23)

이 법은 공포 후 3개월이 경과한 날부터 시행한다. 다만, 제246조제1항제6호의 개정규정은 공포한 날부터 시행한다.

부 칙 (2011.4.5)

① **【시행일】** 이 법은 공포 후 3개월이 경과한 날부터 시행한다.
② **【적용례】** 제246조제1항제7호·제8호 및 같은 조 제2항의 개정규정은 이 법 시행 후 최초로 접수된 압류명령 신청 및 취소사건부터 적용한다.

부 칙 (2011.4.12)

제1조【시행일】 이 법은 공포 후 6개월이 경과한 날부터 시행한다.(이하 생략)

부 칙 (2014.5.20)

이 법은 공포한 날부터 시행한다.

부 칙 (2015.5.18)

이 법은 공포 후 6개월이 경과한 날부터 시행한다.

부 칙 (2016.2.3)

제1조【시행일】 이 법은 공포 후 1년이 경과한 날부터 시행한다.(이하 생략)

부 칙 (2022.1.4)

이 법은 공포한 날부터 시행한다.

민사집행법 시행령

(2005년 7월 26일 대통령령 제18964호)

개정
2011. 7. 1영23004호 2019. 3. 5영29603호

제1조【목적】 이 영은 「민사집행법」에서 위임된 사항과 그 시행에 필요한 사항을 규정함을 목적으로 한다.(2011.7.1 본조개정)

제2조【압류금지 생계비】 「민사집행법」(이하 "법"이라 한다) 제195조제3호에서 "대통령령이 정하는 액수의 금전"이란 185만원을 말한다. 다만, 법 제246조제1항제8호에 따라 압류하지 못한 예금(적금·부금·예탁금과 우편대체를 포함하며, 이하 "예금등"이라 한다)이 있으면 185만원에서 그 예금등의 금액을 뺀 금액으로 한다.(2019.3.5 본조개정)

제3조【압류금지 최저금액】 법 제246조제1항제4호 단서에서 "「국민기초생활 보장법」에 의한 최저생계비를 감안하여 대통령령이 정하는 금액"이란 월 185만원을 말한다.(2019.3.5 본조개정)

제4조【압류금지 최고금액】 법 제246조제1항제4호 단서에서 "표준적인 가구의 생계비를 감안하여 대통령령이 정하는 금액"이란 제1호에 규정된 금액 이상으로서 제1호와 제2호의 금액을 합산한 금액을 말한다.(2011.7.1 본문개정)
1. 월 300만원
2. 법 제246조제1항제4호 본문에 따른 압류금지금액(월액으로 계산한 금액을 말한다)에서 제1호의 금액을 뺀 금액의 2분의 1(2011.7.1 본호개정)

제5조【급여채권이 중복되거나 여러 종류인 경우의 계산방법】 제3조 및 제4조의 금액을 계산할 때 채무자가 다수의 직장으로부터 급여를 받거나 여러 종류의 급여를 받는 경우에는 이를 합산한 금액을 급여채권으로 한다.(2011.7.1 본조개정)

제6조【압류금지 보장성 보험금 등의 범위】 ① 법 제246조제1항제7호에 따라 다음 각 호에 해당하는 보장성보험의 보험금, 해약환급금 및 만기환급금에 관한 채권은 압류하지 못한다.
1. 사망보험금 중 1천만원 이하의 보험금
2. 상해·질병·사고 등을 원인으로 채무자가 지급받는 보장성보험의 보험금 중 다음 각 목에 해당하는 보험금
가. 진료비, 치료비, 수술비, 입원비, 약제비 등 치료 및 장애 회복을 위하여 실제 지출되는 비용을 보장하기 위한 보험금
나. 치료 및 장애 회복을 위한 보험금 중 가목에 해당하는 보험금을 제외한 보험금의 2분의 1에 해당하는 금액
3. 보장성보험의 해약환급금 중 다음 각 목에 해당하는 환급금
가. 「민법」 제404조에 따라 채권자가 채무자의 보험계약 해지권을 대위행사하거나 추심명령(推尋命令) 또는 전부명령(轉付命令)을 받은 채권자가 해지권을 행사하여 발생하는 해약환급금
나. 가목에서 규정한 해약사유 외의 사유로 발생하는 해약환급금 중 150만원 이하의 금액
4. 보장성보험의 만기환급금 중 150만원 이하의 금액

② 채무자가 보장성보험의 보험금, 해약환급금 또는 만기환급금 채권을 취득하는 보험계약이 둘 이상인 경우에는 다음 각 호의 구분에 따라 제1항 각 호의 금액을 계산한다.
1. 제1항제1호, 제3호나목 및 제4호 : 해당하는 보험계약별 사망보험금, 해약환급금, 만기환급금을 각각 합산한 금액에 대하여 해당 압류금지채권의 상한을 계산한다.
2. 제1항제2호나목 및 제3호가목 : 보험계약별로 계산한다.
(2011.7.1 본조신설)

제7조【압류금지 예금등의 범위】 법 제246조제1항제8호에 따라 압류하지 못하는 예금등의 금액은 개인별 잔액이 185만원 이하인 예금등으로 한다. 다만, 법 제195조제3호에 따라 압류하지 못한 금전이 있으면 185만원에서 그 금액을 뺀 금액으로 한다.(2019.3.5 본조개정)

부 칙

이 영은 2005년 7월 28일부터 시행한다.

부 칙 (2011.7.1)

제1조【시행일】 이 영은 2011년 7월 6일부터 시행한다.

제2조【압류금지 생계비 및 급여채권에 관한 적용례】 제2조 및 제3조의 개정규정은 이 영 시행 후 최초로 접수된 압류명령 신청사건부터 적용한다.

부 칙 (2019.3.5)

제1조【시행일】 이 영은 2019년 4월 1일부터 시행한다.

제2조【압류금지 생계비, 급여채권 및 예금등에 관한 적용례】 제2조, 제3조 및 제7조의 개정규정은 이 영 시행 이후 접수되는 압류명령 신청사건부터 적용한다.

민사집행규칙

(2002년 6월 28일 대법원규칙 제1762호)

개정
2003. 7.19대법원규칙1835호 2004. 6. 1대법원규칙1891호
2005. 7.28대법원규칙1953호 2006.11.13대법원규칙2047호
2008. 2.18대법원규칙2160호 2010.10. 4대법원규칙2304호
2011. 7.28대법원규칙2345호
2011. 9.28대법원규칙2356호(부등규)
2011.12.30대법원규칙2375호
2012.12.27대법원규칙2441호(재판기록열람·복사규)
2013.11.27대법원규칙2495호 2014. 7. 1대법원규칙2542호
2014.10. 2대법원규칙2560호(상업등기규)
2014.11.27대법원규칙2567호 2015. 6. 2대법원규칙2600호
2015. 8.27대법원규칙2617호 2015.10.29대법원규칙2623호
2015.12.29대법원규칙2633호 2016. 9. 6대법원규칙2676호
2018. 4.27대법원규칙2787호(동산·채권의담보등기등에관한규)
2018.12.31대법원규칙2819호 2019. 8. 2대법원규칙2855호
2019. 9.17대법원규칙2858호 2019.12.26대법원규칙2875호
2020.12.28대법원규칙2938호
2022. 2.25대법원규칙3041호(동산·채권의담보등기등에관한규)

제1편 총 칙

제1조【목적】 이 규칙은 「민사집행법」(다음부터 "법"이라 한다)이 대법원규칙에 위임한 사항, 그 밖에 법 제1조의 민사집행과 보전처분의 절차를 규정함을 목적으로 한다.(2005.7.28 본조개정)

제2조【집행법원의 심문】 집행법원은 집행처분을 하는 데 필요한 때에는 이해관계인, 그 밖의 참고인을 심문할 수 있다.

제3조【집행관의 집행일시 지정】 ① 집행관은 민사집행의 신청을 받은 때에는 바로 민사집행을 개시할 일시를 정하여 신청인에게 통지하여야 한다. 다만, 신청인이 통지가 필요 없다는 취지의 신고를 한 때에는 그러하지 아니하다.
② 제1항의 규정에 따른 집행일시는 부득이한 사정이 없으면 신청을 받은 날부터 1주 안의 날로 정하여야 한다.

제4조【국군원조요청의 절차】 ① 법 제5조제3항의 규정에 따라 법원이 하는 국군원조의 요청은 다음 각호

의 사항을 적은 서면으로 하여야 한다.
1. 사건의 표시
2. 채권자·채무자와 그 대리인의 표시
3. 원조를 요청한 집행관의 표시
4. 집행할 일시와 장소
5. 원조가 필요한 사유와 원조의 내용
② 제1항의 규정에 따라 작성한 서면은 법원장 또는 지원장과 법원행정처장을 거쳐 국방부장관에게 보내야 한다.

제5조【집행참여자의 의무】 법 제6조의 규정에 따라 집행관으로부터 집행실시의 증인으로 참여하도록 요구받은 특별시·광역시의 구 또는 동 직원, 특별자치시의 동 직원, 시·읍·면 직원 또는 경찰공무원은 정당한 이유 없이 그 요구를 거절하여서는 아니된다. (2019.12.26 본조개정)

제6조【집행조서의 기재사항】 ① 집행조서에는 법 제10조제2항제2호의 규정에 따른 "중요한 사정의 개요"로서 다음 각호의 사항을 적어야 한다.
1. 집행에 착수한 일시와 종료한 일시
2. 실시한 집행의 내용
3. 집행에 착수한 후 정지한 때에는 그 사유
4. 집행에 저항을 받은 때에는 그 취지와 이에 대하여 한 조치
5. 집행의 목적을 달성할 수 없었던 때에는 그 사유
6. 집행을 속행한 때에는 그 사유
② 제150조제2항, 법 제10조제2항제4호 또는 법 제116조제2항(이 조항들이 준용되거나 그 예에 따르는 경우를 포함한다)에 규정된 서명날인은 서명무인으로 갈음할 수 있다.

제7조【재판을 고지받을 사람의 범위】 ① 다음 각호의 재판은 그것이 신청에 기초한 경우에는 신청인과 상대방에게, 그 밖의 경우에는 민사집행의 신청인과 상대방에게 고지하여야 한다.
1. 이송의 재판(다만, 민사집행을 개시하는 결정이 상대방에게 송달되기 전에 이루어진 재판을 제외한다)
2. 즉시항고를 할 수 있는 재판(다만, 신청을 기각하거나 각하하는 재판을 제외한다)
3. 법 제50조제1항 전단 또는 법 제266조제2항 전단(이 조항들이 준용되거나 그 예에 따르는 경우를 포함한다)의 규정에 따른 집행절차취소의 재판
4. 법 제16조제2항의 규정에 따른 재판과 이 재판이 이루어진 경우에는 법 제16조제1항의 규정에 따른 신청에 관한 재판
5. 법 제86조제2항(이 조항이 준용되거나 그 예에 따르는 경우를 포함한다)의 규정에 따른 재판
6. 법 제196조제3항(이 조항이 준용되거나 그 예에 따르는 경우를 포함한다)의 규정에 따른 재판과 이 재판이 이루어진 경우에는 법 제196조제1항·제2항 또는 법 제246조제3항(이 조항들이 준용되거나 그 예에 따르는 경우를 포함한다)의 규정에 따른 신청을 기각하거나 각하하는 재판(2011.7.28 본호개정)
② 제1항 각호에 규정되지 아니한 재판으로서 신청에 기초한 재판에 대하여는 신청인에게 고지하여야 한다.

제8조【최고·통지】 ① 민사집행절차에서 최고와 통지는 특별한 규정이 없으면 상당하다고 인정되는 방법으로 할 수 있다.
② 제1항의 최고나 통지를 한 때에는 법원서기관·법원사무관·법원주사 또는 법원주사보(다음부터 이 모두를 "법원사무관등"이라 한다)나 집행관은 그 취지와 최고 또는 통지의 방법을 기록에 표시하여야 한다.
③ 최고를 받을 사람이 외국에 있거나 있는 곳이 분명하지 아니한 때에는 최고할 사항을 공고하면 된다. 이 경우 최고는 공고를 한 날부터 1주가 지나면 효력이 생긴다.
④ 이 규칙에 규정된 통지(다만, 법에 규정된 통지를 제외한다)를 받을 사람이 외국에 있거나 있는 곳이 분명하지 아니한 때에는 통지를 하지 아니하여도 된다. 이 경우 법원사무관등이나 집행관은 그 사유를 기록에 표시하여야 한다.
⑤ 당사자, 그 밖의 관계인에 대한 통지(다만, 법 제102조제1항에 규정된 통지를 제외한다)는 법원사무관등 또는 집행관으로 하여금 그 이름으로 하게 할 수 있다.

제9조【발송의 방법】 법 제11조제3항, 법 제14조제2항 또는 법 제104조제3항의 규정에 따른 발송은 등기우편으로 한다.

제10조【외국으로 보내는 첫 송달서류의 기재사항】 민사집행절차에서 외국으로 보내는 첫 송달서류에는 대한민국 안에 송달이나 통지를 받을 장소와 영수인을 정하여 일정한 기간 안에 신고하도록 명함과 아울러 그 기간 안에 신고가 없는 경우에는 그 이후의 송달이나 통지를 하지 아니할 수 있다는 취지를 적어야 한다.

제11조【공고】 ① 민사집행절차에서 공고는 특별한 규정이 없으면 다음 각호 가운데 어느 하나의 방법으로 한다. 이 경우 필요하다고 인정하는 때에는 적당한 방법으로 공고사항의 요지를 공시할 수 있다.
1. 법원게시판 게시
2. 관보·공보 또는 신문 게재
3. 전자통신매체를 이용한 공고
② 법원사무관등 또는 집행관은 공고한 날짜와 방법을 기록에 표시하여야 한다.

제12조【즉시항고제기기간 기산점의 특례】 즉시항고를 할 수 있는 사람이 재판을 고지받아야 할 사람이 아닌 경우 즉시항고의 제기기간은 그 재판을 고지받아야 할 사람 모두에게 고지된 날부터 진행한다.

제13조【즉시항고이유의 기재방법】 ① 즉시항고의 이유는 원심재판의 취소 또는 변경을 구하는 사유를 구체적으로 적어야 한다.
② 제1항의 사유가 법령위반인 때에는 그 법령의 조항 또는 내용과 법령에 위반되는 사유를, 사실의 오인인 때에는 오인에 관계되는 사실을 구체적으로 밝혀야 한다.

제14조【즉시항고기록의 송부】 ① 즉시항고가 제기된 경우에 집행법원이 상당하다고 인정하는 때에는 항고사건의 기록만을 보내거나 민사집행사건의 기록 일부의 등본을 항고사건의 기록에 붙여 보낼 수 있다.
② 제1항의 규정에 따라 항고사건의 기록 또는 민사집행사건의 기록 일부의 등본이 송부된 경우에 항고법원은 필요하다고 인정하는 때에는 민사집행사건의 기록 또는 필요한 등본의 송부를 요구할 수 있다.

제14조의2【재항고】 ① 집행절차에 관한 항고법원·고등법원 또는 항소법원의 결정 및 명령으로서 즉시항고를 할 수 있는 재판에 대하여는 재판에 영향을 미친 헌법·법률·명령 또는 규칙의 위반을 이유로 드는 때에만 재항고(再抗告)할 수 있다.
② 제1항의 재항고에 관하여는 법 제15조의 규정을 준용한다.
(2005.7.28 본조신설)

제15조【집행에 관한 이의신청의 방식】 ① 법 제16조제1항·제3항의 규정에 따른 이의신청은 집행법원이 실시하는 기일에 출석하여 하는 경우가 아니면 서면으로 하여야 한다.
② 제1항의 이의신청을 하는 때에는 이의의 이유를 구체적으로 밝혀야 한다.

제16조【민사집행신청의 취하통지】 민사집행을 개시하는 결정이 상대방에게 송달된 후 민사집행의 신청이 취하된 때에는 법원사무관등은 상대방에게 그 취지를 통지하여야 한다.

제17조【집행관이 실시한 민사집행절차의 취소통지】 집행관은 민사집행절차를 취소한 때에는 채권자에게 그 취지와 취소의 이유를 통지하여야 한다.

제18조【「민사소송규칙」의 준용】 민사집행과 보전처분의 절차에 관하여는 특별한 규정이 없으면 「민사소송규칙」의 규정을 준용한다.(2005.7.28 본조개정)

제18조의2【재정보증】 법원행정처장은 법 제1조의 민사집행 및 보전처분 사무를 처리하는 법원사무관등의 재정보증에 관한 사항을 정하여 운용할 수 있다. (2011.12.30 본조신설)

제2편 강제집행

제1장 총 칙

제19조【집행문부여신청의 방식】 ① 집행문을 내어 달라는 신청을 하는 때에는 다음 각호의 사항을 밝혀야 한다.
1. 채권자·채무자와 그 대리인의 표시
2. 집행권원의 표시
3. 법 제30조제2항, 법 제31조, 법 제35조(법 제57조의 규정에 따라 이 조항들이 준용되는 경우를 포함한다) 또는 법 제263조제2항의 규정에 따라 집행문을 내어 달라는 신청을 하는 때에는 그 취지와 사유
4. 집행권원에 채권자·채무자의 주민등록번호(주민등록번호가 없는 사람의 경우에는 여권번호 또는 등록번호, 법인 또는 법인 아닌 사단이나 재단의 경우에는 사업자등록번호·납세번호 또는 고유번호를 말한다. 다음부터 이 모두와 주민등록번호를 "주민등록번호등"이라 한다)가 적혀 있지 않은 경우에는 채권자·채무자의 주민등록번호등(2014.11.27 본호신설)
② 확정되어야 효력이 있는 재판에 관하여 제1항의 신청을 하는 때에는 그 재판이 확정되었음이 기록상 명백한 경우가 아니면 그 재판이 확정되었음을 증명하는 서면을 붙여야 한다.
③ 집행문을 내어 달라는 신청을 하는 때에는 법원사무관등은 채권자·채무자 또는 승계인의 주소 또는 주민등록번호등을 소명하는 자료를 제출하게 할 수 있다.(2014.11.27 본항개정)

제20조【집행문의 기재사항】 ① 집행권원에 표시된 청구권의 일부에 대하여 집행문을 내어 주는 때에는 강제집행을 할 수 있는 범위를 집행문에 적어야 한다.
② 집행권원에 채권자·채무자의 주민등록번호등이 적혀 있지 아니한 때에는 집행문에 채권자·채무자의 주민등록번호등을 적어야 한다.(2014.11.27 본항개정)
③ 법 제31조(법 제57조의 규정에 따라 준용되는 경우를 포함한다)의 규정에 따라 집행문을 내어주는 때에는 집행문에 승계인의 주민등록번호등 또는 주소를 적어야 한다.(2014.11.27 본항신설)

제21조【집행권원 원본에 적을 사항】 ① 집행문을 내어 주는 때에는 집행권원의 원본 또는 정본에 법 제35조제3항과 법 제36조에 규정된 사항 외에 다음 각호의 사항을 적고 법원사무관등이 기명날인하여야 한다.
1. 법 제31조(법 제57조의 규정에 따라 준용되는 경우를 포함한다)의 규정에 따라 내어 주는 때에는 그 취지와 승계인의 이름
2. 제20조제1항의 규정에 따라 내어 주는 때에는 강제집행을 할 수 있는 범위
② 법원사무관등이 재판사무시스템에 법 제35조제3항, 제36조에 규정된 사항 및 제1항 각 호의 사항을 등록한 때에는 집행권원의 원본 또는 정본에 해당 사항을 적고 기명날인한 것으로 본다.(2006.11.13 본항신설)

제22조【공증인의 집행문 부여에 관한 허가 절차】 ① 공증인은 「공증인법」 제56조의3제3항에 따라 집행권원으로 보는 증서(다음부터 "인도 등에 관한 집행증서"라 한다)에 대한 집행문을 내어주기 위해 인도 등에 관한 집행증서의 표시와 내어줄 집행문의 문구를 적은 집행문부여허가청구서 및 그 부본 1통을 그 공증인의 사무소가 있는 곳을 관할하는 지방법원 또는 지원의 민사집행업무를 담당하는 과에 제출한다.
② 공증인은 집행문부여허가청구서에 당사자가 제출한 다음 각 호의 서류 또는 자료를 첨부하여야 한다.
1. 집행문부여신청서(대리인에 의해 신청된 경우 대리권 증명서류 포함)
2. 인도 등에 관한 집행증서 정본
3. 제19조제1항제3호의 사유를 증명하기 위한 자료 또는 제19조제3항에서 정한 소명자료
③ 제1항의 관할 지방법원 또는 지원의 법원사무관등이 집행문부여허가청구서와 제2항의 첨부서류 및 자료(다음부터 "허가청구서 등"이라 한다)를 접수한 때에는 집행문부여허가사건처리부(다음부터 "사건처리부"라 한다)에 접수사실을 적고, 집행문부여허가서 용지와 허가청구서 등을 담당 판사에게 회부한다.
④ 담당 판사는 집행문부여를 전부 또는 일부 허가하지 아니할 때에는 집행문부여허가청구서에 그 취지및 이유를 적고 서명날인한다. 집행문부여를 일부 허가하지 아니할 때에는 허가서에 그 취지와 허가되지 않은 부분을 적는다.
⑤ 법원사무관등은 집행문부여허가서가 발부된 경우에 해당사항을 사건처리부에 적고 집행문부여허가서와 허가청구서 등을 공증인 사무소 담당직원이나 집행문부여신청인(대리인에 의해 신청된 경우 그 대리인 또는 그로부터 허가청구서 등의 수령권한을 위임받은 사람을 포함한다. 다음부터 이 조문 안에서 같다)에게 인계한다. 집행문부여가 일부 허가되지 아니한 경우에도 같다.
⑥ 법원사무관등은 집행문부여가 전부 허가되지 않은 경우에 해당사실을 사건처리부에 적고 허가청구서 등을 공증인 사무소 담당 직원이나 집행문부여신청인에게 인계한다.
⑦ 각급 법원은 사건처리부와 집행문부여허가청구서 부본철을 청구일이 속한 다음해의 1월 1일부터 다음 각호의 기간 동안 비치·보존한다. 다만, 재판사무시스템에 입력함으로써 사건처리부의 기재 및 비치·보존에 갈음할 수 있다.
1. 사건처리부 : 10년
2. 허가청구서 부본철 : 1년
(2013.11.27 본조신설)

제22조의2【공정증서정본등의 송달방법】 ① 「공증인법」 제56조의5제1항의 규정에 따른 송달은 아래 제2항 내지 제6항에서 정하는 방법으로 한다.
(2013.11.27 본항개정)
② 채권자는 「공증인법」 제56조의5제1항에 규정된 서류(다음부터 "공정증서정본등"이라 한다)의 송달과 동시에 강제집행할 것을 위임하는 경우 또는 같은 법 제56조의5제1항의 규정에 따른 우편송달로는 그 목적을 달성할 수 없는 때에는 집행관에게 공정증서정본등의 송달을 위임할 수 있다.(2013.11.27 본항개정)
③ 제2항의 위임에 따라 공정증서정본등을 송달한 집행관은 그 송달에 관한 증서를 위임인에게 교부하여야 한다.
④ 채권자는 공증인의 직무상 주소를 관할하는 지방법원에 외국에서 할 공정증서정본등의 송달을 신청할 수 있다.

⑤ 채권자는 「민사소송법」 제194조제1항의 사유가 있는 때에는 공증인의 직무상 주소를 관할하는 지방법원에 공시송달을 신청할 수 있다.(2005.7.28 본항개정)
⑥ 제2항의 규정에 따른 송달에는 「민사소송법」 제178조제1항, 같은 법 제179조 내지 제183조 및 같은 법 제186조의 규정을, 제4항의 규정에 따른 송달에는 「민사소송법」 제191조의 규정을, 제5항의 규정에 따른 공시송달에는 「민사소송법」 제194조 내지 제196조 및 「민사소송규칙」 제54조의 규정을 각 준용한다.(2005.7.28 본항개정)

제23조【집행개시 후 채권자의 승계】 ① 강제집행을 개시한 후 신청채권자가 승계된 경우에 승계인이 자기를 위하여 강제집행의 속행을 신청하는 때에는 법 제31조(법 제57조의 규정에 따라 준용되는 경우를 포함한다)에 규정된 집행문이 붙은 집행권원의 정본을 제출하여야 한다.
② 제1항에 규정된 집행권원의 정본이 제출된 때에는 법원사무관등 또는 집행관은 그 취지를 채무자에게 통지하여야 한다.

제24조【집행비용 등의 변상】 ① 법 제53조제1항의 규정에 따라 채무자가 부담하여야 할 집행비용으로서 그 집행절차에서 변상받지 못한 비용과 법 제53조제2항의 규정에 따라 채권자가 변상하여야 할 금액은 당사자의 신청을 받아 집행법원이 결정으로 정한다.
② 제1항의 신청과 결정에는 「민사소송법」 제110조제2항·제3항, 같은 법 제111조제1항 및 같은 법 제115조의 규정을 준용한다.(2005.7.28 본항개정)

제2장 금전채권에 기초한 강제집행

제1절 재산명시절차 등

제25조【재산명시신청】 ① 법 제61조제1항의 규정에 따른 채무자의 재산명시를 요구하는 신청은 다음 각호의 사항을 적은 서면으로 하여야 한다.
1. 채권자·채무자와 그 대리인의 표시
2. 집행권원의 표시
3. 채무자가 이행하지 아니하는 금전채무액
4. 신청취지와 신청사유

② 법원사무관등은 제1항의 신청인으로부터 집행문이 있는 판결정본(다음부터 "집행력 있는 정본"이라 한다)의 사본을 제출받아 기록에 붙인 후 집행력 있는 정본을 채권자에게 바로 돌려주어야 한다.

제26조【채무자에 대한 고지사항】 법 제62조제1항의 규정에 따른 결정을 채무자에게 송달하는 때에는, 법 제62조제4항 후단에 규정된 사항 외에 결정을 송달받은 뒤 송달장소를 바꾼 때에는 그 취지를 법원에 바로 신고하여야 하며 그 신고를 하지 아니하여 달리 송달할 장소를 알 수 없는 경우 종전에 송달받던 장소에 등기우편으로 발송할 수 있음을 함께 고지하여야 한다.

제27조【명시기일의 출석요구】 ① 법 제64조제1항의 규정에 따른 채무자에 대한 출석요구는 다음 각호의 사항을 적은 서면으로 하여야 한다.
1. 채권자와 채무자의 표시
2. 제28조와 법 제64조제2항의 규정에 따라 재산목록에 적거나 명시할 사항과 범위
3. 재산목록을 작성하여 명시기일에 제출하여야 한다는 취지
4. 법 제68조에 규정된 감치와 벌칙의 개요

② 채무자가 소송대리인을 선임한 경우에도 제1항에 규정된 출석요구서는 채무자 본인에게 송달하여야 한다.
③ 채권자는 명시기일에 출석하지 아니하여도 된다.

제28조【재산목록의 기재사항 등】 ① 채무자가 제출하여야 하는 재산목록에는 채무자의 이름·주소와 주민등록번호등을 적고, 법 제64조제2항 각호의 사항을 명시하는 때에는 유상양도 또는 무상처분을 받은 사람의 이름·주소·주민등록번호등과 그 거래내역을 적어야 한다.
② 법 제64조제2항·제3항의 규정에 따라 재산목록에 적어야 할 재산은 다음 각호와 같다. 다만, 법 제195조에 규정된 물건과 법 제246조제1항제1호 내지 제3호에 규정된 채권을 제외한다.
1. 부동산에 관한 소유권·지상권·전세권·임차권·인도청구권과 그에 관한 권리이전청구권
2. 등기 또는 등록의 대상이 되는 자동차·건설기계·선박·항공기의 소유권, 인도청구권과 그에 관한 권리이전청구권
3. 광업권·어업권, 그 밖에 부동산에 관한 규정이 준용되는 권리와 그에 관한 권리이전청구권
4. 특허권·상표권·저작권·디자인권·실용신안권, 그 밖에 이에 준하는 권리와 그에 관한 권리이전청구권(2005.7.28 본호개정)
5. 50만원 이상의 금전과 합계액 50만원 이상의 어음·수표
6. 합계액 50만원 이상의 예금과 보험금 50만원 이상의 보험계약
7. 합계액 50만원 이상의 주권·국채·공채·회사채, 그 밖의 유가증권
8. 50만원 이상의 금전채권과 가액 50만원 이상의 대체물인도채권(같은 채무자에 대한 채권액의 합계가 50만원 이상인 채권을 포함한다), 저당권 등의 담보물권으로 담보되는 채권은 그 취지와 담보물권의 내용
9. 정기적으로 받을 보수·부양료, 그 밖의 수입
10. 「소득세법」상의 소득으로서 제9호에서 정한 소득을 제외한 각종소득 가운데 소득별 연간 합계액 50만원 이상인 것(2005.7.28 본호개정)
11. 합계액 50만원 이상의 금·은·백금·금은제품과 백금제품
12. 품목당 30만원 이상의 시계·보석류·골동품·예술품과 악기
13. 품목당 30만원 이상의 의류·가구·가전제품 등을 포함한 가사비품
14. 합계액 50만원 이상의 사무기구
15. 품목당 30만원 이상의 가축과 농기계를 포함한 각종 기계
16. 합계액 50만원 이상의 농·축·어업생산품(1월 안에 수확할 수 있는 과실을 포함한다), 공업생산품과 재고상품
17. 제11호 내지 제16호에 규정된 유체동산에 관한 인도청구권·권리이전청구권, 그 밖의 청구권
18. 제11호 내지 제16호에 규정되지 아니한 유체동산으로 품목당 30만원 이상인 것과 그에 관한 인도청구권·권리이전청구권, 그 밖의 청구권
19. 가액 30만원 이상의 회원권, 그 밖에 이에 준하는 권리와 그에 관한 이전청구권
20. 그 밖에 강제집행의 대상이 되는 것으로서 법원이 범위를 정하여 적을 것을 명한 재산

③ 제2항 및 법 제64조제2항·제3항의 규정에 따라 재산목록을 적는 때에는 다음 각호의 기준을 따라야 한다.
1. 제2항에 규정된 재산 가운데 권리의 이전이나 그 행사에 등기·등록 또는 명의개서(다음부터 이 조문안에서 "등기등"이라고 한다)가 필요한 재산으로서 제3자에게 명의신탁 되어 있거나 신탁재산으로 등기등이 되어 있는 것도 적어야 한다. 이 경우에는 재산목록에 명의자와 그 주소를 표시하여야 한다.
2. 제2항제8호 및 제11호 내지 제19호에 규정된 재산의 가액은 재산목록을 작성할 당시의 시장가격에 따른다. 다만, 시장가격을 알기 어려운 경우에는 그 취득가액에 따른다.
3. 어음·수표·주권·국채·공채·회사채 등 유가증권의 가액은 액면금액으로 한다. 다만, 시장가격이 있는 증권의 가액은 재산목록을 작성할 당시의 거래가격에 따른다.
4. 제2항제1호 내지 제4호에 규정된 것 가운데 미등기 또는 미등록인 재산에 대하여는 도면·사진 등을 붙이거나 그 밖에 적당한 방법으로 특정하여야 한다.

④ 법원은 필요한 때에는 채무자에게 재산목록에 적은 사항에 관한 참고자료의 제출을 명할 수 있다.

제29조【재산목록 등의 열람·복사】 법 제67조 또는 법 제72조제4항의 규정에 따라 재산목록 또는 법원이 비치한 채무불이행자명부나 그 부본을 보거나 복사할 것을 신청하는 사람이 납부하여야 할 수수료의 액에 관하여는 「재판 기록 열람·복사 규칙」 제4조부터 제6조까지를 준용한다.(2012.12.27 본조개정)

제30조【채무자의 감치】 ① 법 제68조제1항 내지 제7항의 규정에 따른 감치재판은 법 제62조제1항의 규정에 따른 결정을 한 법원이 관할한다.
② 감치재판절차는 법원의 감치재판개시결정에 따라 개시된다. 이 경우 감치사유가 발생한 날부터 20일이 지난 때에는 감치재판개시결정을 할 수 없다.
③ 감치재판절차를 개시한 후 감치결정 전에 채무자가 재산목록을 제출하거나 그 밖에 감치에 처하는 것이 상당하지 아니하다고 인정되는 때에는 법원은 불처벌결정을 하여야 한다.
④ 제2항의 감치재판개시결정과 제3항의 불처벌결정에 대하여는 불복할 수 없다.
⑤ 감치의 재판을 받은 채무자가 감치시설에 유치된 때에는 감치시설의 장은 바로 그 사실을 법원에 통보하여야 한다.
⑥ 법 제68조제6항의 규정에 따라 출석하여 재산목록을 내고 선서한 채무자를 석방한 때에는 법원은 바로 감치시설의 장에게 그 취지를 서면으로 통보하여야 한다.
⑦ 법 제68조제6항의 규정에 따라 채무변제를 증명하는 서면을 낸 채무자에 대하여 감치결정을 취소한 때에는 법원은 바로 감치시설의 장에게 채무자를 석방하도록 서면으로 명하여야 한다.
⑧ 제1항 내지 제7항 및 법 제68조제1항 내지 제7항의 규정에 따른 감치절차에 관하여는 「법정 등의 질서유지를 위한 재판에 관한 규칙」 제6조 내지 제8조, 제10조, 제11조, 제13조, 제15조 내지 제19조, 제21조 내지 제23조 및 제25조제2항(다만, 제13조중 의견서에 관한 부분은 삭제하고, 제19조제2항중 "3일"은 "1주"로, 제23조제8항 중 "감치집행을 한 날"은 "「민사집행규칙」 제30조제5항의 규정에 따른 통보를 받은 날"로 고쳐 적용한다)의 규정을 준용한다.(2005.7.28 본항개정)

제31조【채무불이행자명부 등재신청】 ① 법 제70조제1항의 규정에 따른 채무불이행자명부 등재신청에는 제25조제1항의 규정을 준용한다.
② 채무불이행자명부 등재신청을 하는 때에는 채무자의 주소를 소명하는 자료를 내야 한다.

제32조【채무불이행자명부의 작성】 ① 법 제71조제1항의 결정이 있는 때에는 법원사무관등은 바로 채무자별로 채무불이행자명부를 작성하여야 한다.
② 채무불이행자명부에는 채무자의 이름·주소·주민등록번호 등 및 집행권원과 불이행한 채무액을 표시하고, 그 등재사유와 날짜를 적어야 한다.
③ 채무불이행자명부 말소결정이 취소되거나 채무불이행자명부 등재결정을 취소하는 결정이 취소된 경우에는 제1항과 제2항의 규정을 준용한다.

제33조【채무불이행자명부 부본의 송부 등】 ① 법 제71조제1항의 결정에 따라 채무불이행자명부에 올린 때에는 법원은 한국신용정보원의 장에게 채무불이행자명부의 부본을 보내거나 전자통신매체를 이용하여 그 내용을 통지하여야 한다.(2015.12.29 본항개정)
② 제1항 또는 법 제72조제2항의 규정에 따른 송부나 통지는 법원사무관등으로 하여금 그 이름으로 하게 할 수 있다.
③ 시·구·읍·면의 장은 법 제72조제2항의 규정에 따라 채무불이행자명부의 부본을 송부받은 경우에 그 시·구·읍·면이 채무자의 주소지가 아닌 때에는 바로 그 취지를 법원에 서면으로 신고하여야 한다. 이 서면에는 송부받은 채무불이행자명부의 부본을 붙여야 하고, 그 채무자의 주소가 변경된 때에는 변경된 주소를 적어야 한다.

제34조【직권말소】 ① 채무불이행자명부에 등재한 후 등재결정이 취소되거나 등재신청이 취하된 때 또는 등재결정이 확정된 후 채권자가 등재의 말소를 신청한 때에는 명부를 비치한 법원의 법원사무관등은 바로 그 명부를 말소하여야 한다.
② 제1항의 경우 제33조제1항·제2항 또는 법 제72조제2항의 규정에 따라 채무불이행자명부의 부본을 이미 보내거나 그 내용을 통지한 때에는 법원사무관등은 바로 법 제73조제4항에 규정된 조치를 취하여야 한다.

제35조【재산조회의 신청방식】 ① 법 제74조의 규정에 따른 재산조회신청은 다음 각호의 사항을 적은 서면으로 하여야 한다.
1. 제25조제1항 각호에 적은 사항
2. 조회할 공공기관·금융기관 또는 단체
3. 조회할 재산의 종류
4. 제36조제2항의 규정에 따라 과거의 재산보유내역에 대한 조회를 요구하는 때에는 그 취지와 조회기간

② 제1항의 신청을 하는 때에는 신청의 사유를 소명하여야 하고, 채무자의 주소·주민등록번호등, 그 밖에 채무자의 인적사항에 관한 자료를 내야 한다.

제36조【조회할 기관과 조회대상 재산 등】 ① 재산조회는 별표 "기관·단체"란의 기관 또는 단체의 장에게 그 기관 또는 단체가 전산망으로 관리하는 채무자 명의의 재산(다만, 별표 "조회할 재산"란의 각 해당란에 적은 재산에 한정한다)에 관하여 실시한다.
② 제1항의 경우 채권자의 신청이 있는 때에는 별표 순번 1에 적은 기관의 장에게 재산명시명령이 송달되기 전(법 제74조제1항제1호의 규정에 따른 재산조회의 경우에는 재산조회신청을 하기 전) 2년 안에 채무자가 보유한 재산내역을 조회할 수 있다.(2005.7.28 본항개정)
③ 법원은 별표 순번 5부터 12까지, 15 기재 "기관·단체"란의 금융기관이 회원사, 가맹사 등으로 되어 있는 중앙회·연합회·협회 등(다음부터 "협회등"이라 한다)이 개인의 재산 및 신용에 관한 전산망을 관리하고 있는 경우에는 그 협회등의 장에게 채무자 명의의 재산에 관하여 조회할 수 있다.(2016.9.6 본항개정)

제37조【조회의 절차 등】 ① 법 제74조제1항·제3항의 규정에 따른 재산조회는 다음 각호의 사항을 적은 서면으로 하여야 한다.

1. 채무자의 이름·주소·주민등록번호등, 그 밖에 채무자의 인적사항
2. 조회할 재산의 종류
3. 조회에 대한 회답기한
4. 제36조제2항의 규정에 따라 채무자의 재산보유내역에 대한 조회를 요구하는 때에는 그 취지와 조회기간
5. 법 제74조제3항의 규정에 따라 채무자의 재산 및 신용에 관한 자료의 제출을 요구하는 때에는 그 취지
6. 법 제75조제2항에 규정된 벌칙의 개요
7. 금융기관에 대하여 재산조회를 하는 경우에 관련법령에 따른 재산 및 신용에 관한 정보등의 제공사실 통보의 유예를 요청하는 때에는 그 취지와 통보를 유예할 기간

② 같은 협회등에 소속된 다수의 금융기관에 대한 재산조회는 협회등을 통하여 할 수 있다.

③ 재산조회를 받은 기관·단체의 장은 다음 각호의 사항을 적은 조회회보서를 정하여진 날까지 법원에 제출하여야 한다. 이 경우 법 제74조제3항의 규정에 따라 자료의 제출을 요구받은 때에는 그 자료도 함께 제출하여야 한다.
1. 사건의 표시
2. 채무자의 표시
3. 조회를 받은 다음날 오전 영시 현재 채무자의 재산보유내역. 다만, 제1항제4호와 제36조제2항의 규정에 따른 조회를 받은 때에는 정하여진 조회기간 동안의 재산보유내역

④ 제2항에 규정된 방법으로 재산조회를 받은 금융기관의 장은 소속 협회등의 장에게 제3항 각호의 사항에 관한 정보와 자료를 제공하여야 하고, 그 협회등의 장은 제공받은 정보와 자료를 정리하여 한꺼번에 제출하여야 한다.

⑤ 재산조회를 받은 기관·단체의 장은 제3항에 규정된 조회회보서나 자료의 제출을 위하여 필요한 때에는 소속 기관·단체, 회원사, 가맹사, 그 밖에 이에 준하는 기관·단체에게 자료 또는 정보의 제공·제출을 요청할 수 있다.

⑥ 법원은 제출된 조회회보서나 자료에 흠이 있거나 불명확한 점이 있는 때에는 다시 조회하거나 자료의 재제출을 요구할 수 있다.

⑦ 제1항 내지 제6항에 규정된 절차는 별도의 대법원규칙이 정하는 바에 따라 전자통신매체를 이용하는 방법으로 할 수 있다.

제38조【재산조회결과의 열람·복사】 재산조회결과의 열람·복사절차에 관하여는 제29조와 법 제67조의 규정을 준용한다. 다만, 제37조제7항의 규정에 따라 전자통신매체를 이용하는 방법으로 재산조회를 한 경우의 열람·복사절차에 관하여는 별도의 대법원규칙으로 정한다.

제39조【과태료부과절차】 ① 법 제75조제2항의 규정에 따른 과태료 재판은 재산조회를 한 법원이 관할한다.

② 법 제75조제2항의 규정에 따른 과태료 재판의 절차에 관하여는 「비송사건절차법」 제248조와 제250조(다만, 검사에 관한 부분을 제외한다)의 규정을 준용한다.(2005.7.28 본항개정)

제2절 부동산에 대한 강제집행

제1관 통 칙

제40조【지상권에 대한 강제집행】 금전채권에 기초한 강제집행에서 지상권과 그 공유지분은 부동산으로 본다.

제41조【집행법원】 법률 또는 이 규칙에 따라 부동산으로 보거나 부동산에 관한 규정이 준용되는 것에 대한 강제집행은 그 등기 또는 등록을 하는 곳의 지방법원이 관할한다.

제2관 강제경매

제42조【미등기 건물의 집행】 ① 법 제81조제3항·제4항의 규정에 따라 집행관이 건물을 조사한 때에는 다음 각호의 사항을 적은 서면에 건물의 도면과 사진을 붙여 정하여진 날까지 법원에 제출하여야 한다.
1. 사건의 표시
2. 조사의 일시·장소와 방법
3. 건물의 지번·구조·면적
4. 조사한 건물의 지번·구조·면적이 건축허가 또는 건축신고를 증명하는 서류의 내용과 다른 때에는 그 취지와 구체적인 내역

② 법 제81조제1항제2호 단서의 규정에 따라 채권자가 제출한 서류 또는 제1항의 규정에 따라 집행관이 제출한 서면에 의하여 강제경매신청을 한 건물의 지번·구조·면적이 건축허가 또는 건축신고된 것과 동일하다고 인정되지 아니하는 때에는 법원은 강제경매신청을 각하하여야 한다.

제43조【경매개시결정의 통지】 강제관리개시결정이 된 부동산에 대하여 강제경매개시결정이 있는 때에는 법원사무관등은 강제관리의 압류채권자, 배당요구를 한 채권자와 관리인에게 그 취지를 통지하여야 한다.

제44조【침해행위 방지를 위한 조치】 ① 채무자·소유자 또는 부동산의 점유자가 부동산의 가격을 현저히 감소시키거나 감소시킬 우려가 있는 행위(다음부터 이 조문 안에서 "가격감소행위등"이라 한다)를 하는 때에는, 법원은 압류채권자(배당요구의 종기가 지난 뒤에 강제경매 또는 담보권 실행을 위한 경매신청을 한 압류채권자를 제외한다. 다음부터 이 조문 안에서 같다) 또는 최고가매수신고인의 신청에 따라 매각허가결정이 있을 때까지 담보를 제공하게 하거나 담보를 제공하게 하지 아니하고 그 행위를 하는 사람에 대하여 가격감소행위등을 금지하거나 일정한 행위를 할 것을 명할 수 있다.

② 부동산을 점유하는 채무자·소유자 또는 부동산의 점유자로서 그 점유권원을 압류채권자·가압류채권자 혹은 법 제91조제2항 내지 제4항의 규정에 따라 소멸되는 권리를 갖는 사람에 대하여 대항할 수 없는 사람이 제1항의 규정에 따른 명령에 위반한 때 또는 가격감소행위등을 하는 경우에 제1항의 규정에 따른 명령으로는 부동산 가격의 현저한 감소를 방지할 수 없다고 인정되는 특별한 사정이 있는 때에는, 법원은 압류채권자 또는 최고가매수신고인의 신청에 따라 매각허가결정이 있을 때까지 담보를 제공하게 하고 그 명령에 위반한 사람 또는 그 행위를 한 사람에 대하여 부동산의 점유를 풀고 집행관에게 보관하게 할 것을 명할 수 있다.

③ 법원이 채무자·소유자 외의 점유자에 대하여 제1항 또는 제2항의 규정에 따른 결정을 하려면 그 점유자를 심문하여야 한다. 다만, 그 점유자가 압류채권자·가압류채권자 또는 법 제91조제2항 내지 제4항의 규정에 따라 소멸되는 권리를 갖는 사람에 대하여 대항할 수 있는 권원에 기초하여 점유하고 있지 아니한 것이 명백한 때 또는 이미 그 점유자를 심문한 때에는 그러하지 아니하다.

④ 법원은 사정의 변경이 있는 때에는 신청에 따라 제1항 또는 제2항의 규정에 따른 결정을 취소하거나 변경할 수 있다.

⑤ 제1항·제2항 또는 제4항의 규정에 따른 결정에 대하여는 즉시항고를 할 수 있다.

⑥ 제4항의 규정에 따른 결정은 확정되어야 효력이 있다.

⑦ 제2항의 규정에 따른 결정은 신청인에게 고지된 날부터 2주가 지난 때에는 집행할 수 없다.

⑧ 제2항의 규정에 따른 결정은 상대방에게 송달되기 전에도 집행할 수 있다.

제45조【미지급 지료 등의 지급】 ① 건물에 대한 경매개시결정이 있는 때에 그 건물의 소유를 목적으로 하는 지상권 또는 임차권에 관하여 채무자가 지료나 차임을 지급하지 아니하는 때에는, 압류채권자(배당요구의 종기가 지난 뒤에 강제경매 또는 담보권 실행을 위한 경매신청을 한 압류채권자를 제외한다)는 법원의 허가를 받아 채무자를 대신하여 미지급된 지료 또는 차임을 변제할 수 있다.

② 제1항의 허가를 받아 지급한 지료 또는 차임은 집행비용으로 한다.

제46조【현황조사】 ① 집행관이 법 제85조의 규정에 따라 부동산의 현황을 조사한 때에는 다음 각호의 사항을 적은 현황조사보고서를 정하여진 날까지 법원에 제출하여야 한다.
1. 사건의 표시
2. 부동산의 표시
3. 조사의 일시·장소 및 방법
4. 법 제85조제1항에 규정된 사항과 그 밖에 법원이 명한 사항 등에 대하여 조사한 내용

② 현황조사보고서에는 조사의 목적이 된 부동산의 현황을 알 수 있도록 도면·사진 등을 붙여야 한다.

③ 집행관은 법 제85조의 규정에 따른 현황조사를 하기 위하여 필요한 때에는 소속 지방법원의 관할구역 밖에서도 그 직무를 행할 수 있다.

제47조【이중경매절차에서의 통지】 먼저 경매개시결정을 한 경매절차가 정지된 때에는 법원사무관등은 뒤의 경매개시결정에 관한 압류채권자에게 그 취지를 통지하여야 한다.

제48조【배당요구의 방식】 ① 법 제88조제1항의 규정에 따른 배당요구는 채권(이자, 비용, 그 밖의 부대채권을 포함한다)의 원인과 액수를 적은 서면으로 하여야 한다.

② 제1항의 배당요구서에는 집행력 있는 정본 또는 그 사본, 그 밖에 배당요구의 자격을 소명하는 서면을 붙여야 한다.

제49조【경매신청의 취하 등】 ① 법 제87조제1항의 신청(배당요구의 종기가 지난 뒤에 한 신청을 제외한다. 다음부터 이 조문 안에서 같다)이 있는 경우 매수신고가 있은 뒤 압류채권자가 경매신청을 취하하더라도 법 제105조제1항제3호의 기재사항이 바뀌지 아니하는 때에는 법 제93조제2항의 규정을 적용하지 아니한다.

② 법 제87조제1항의 신청이 있는 경우 매수신고가 있은 뒤 법 제49조제3호 또는 제6호의 서류를 제출하더라도 법 제105조제1항제3호의 기재사항이 바뀌지 아니하는 때에는 법 제93조제3항 전단의 규정을 적용하지 아니한다.

제50조【집행정지서류 등의 제출시기】 ① 법 제49조제1호·제2호 또는 제5호의 서류는 매수인이 매각대금을 내기 전까지 제출하면 된다.

② 매각허가결정이 있은 뒤에 법 제49조제2호의 서류가 제출된 경우에는 매수인은 매각대금을 낼 때까지 매각허가결정의 취소신청을 할 수 있다. 이 신청에 관한 결정에 대하여는 즉시항고를 할 수 있다.

③ 매수인이 매각대금을 낸 뒤에 법 제49조 각호 가운데 어느 서류가 제출된 때에는 절차를 계속하여 진행하여야 한다. 이 경우 배당절차가 실시되는 때에는 그 채권자에 대하여 다음 각호의 구분에 따라 처리하여야 한다.
1. 제1호·제3호·제5호 또는 제6호의 서류가 제출된 때에는 그 채권자를 배당에서 제외한다.
2. 제2호의 서류가 제출된 때에는 그 채권자에 대한 배당액을 공탁한다.
3. 제4호의 서류가 제출된 때에는 그 채권자에 대한 배당액을 지급한다.

제51조【평가서】 ① 법 제97조의 규정에 따라 부동산을 평가한 감정인은 다음 각호의 사항을 적은 평가서를 정하여진 날까지 법원에 제출하여야 한다.
1. 사건의 표시
2. 부동산의 표시
3. 부동산의 평가액과 평가일
4. 부동산이 있는 곳의 환경
5. 평가의 목적이 토지인 경우에는 지적, 법령에서 정한 규제 또는 제한의 유무와 그 내용 및 공시지가, 그 밖에 평가에 참고가 된 사항
6. 평가의 목적이 건물인 경우에는 그 종류·구조·평면적, 그 밖에 추정되는 잔존 내구연수 등 평가에 참고가 된 사항
7. 평가액 산출의 과정
8. 그 밖에 법원이 명한 사항

② 평가서에는 부동산의 모습과 그 주변의 환경을 알 수 있는 도면·사진 등을 붙여야 한다.

제52조【일괄매각 등에서 채무자의 매각재산 지정】 법 제101조제4항 또는 법 제124조제2항의 규정에 따른 지정은 매각허가결정이 선고되기 전에 서면으로 하여야 한다.

제53조【압류채권자가 남을 가망이 있음을 증명한 때의 조치】 법 제102조제1항의 규정에 따른 통지를 받은 압류채권자가 통지를 받은 날부터 1주 안에 최저매각가격으로 압류채권자의 채권에 우선하는 부동산의 모든 부담과 절차비용을 변제하고 남을 것이 있다는 사실을 증명한 때에는 법원은 경매절차를 계속하여 진행하여야 한다.

제54조【남을 가망이 없는 경우의 보증제공방법 등】 ① 법 제102조제2항의 규정에 따른 보증은 다음 각호 가운데 어느 하나를 법원에 제출하는 방법으로 제공하여야 한다. 다만, 법원은 상당하다고 인정하는 때에는 보증의 제공방법을 제한할 수 있다.
1. 금전
2. 법원이 상당하다고 인정하는 유가증권
3. 「은행법」의 규정에 따른 금융기관 또는 보험회사(다음부터 "은행등"이라 한다)가 압류채권자를 위하여 일정액의 금전을 법원의 최고에 따라 지급한다는 취지의 기한의 정함이 없는 지급보증위탁계약이 압류채권자와 은행등 사이에 체결된 사실을 증명하는 문서(2005.7.28 본호개정)

② 제1항의 보증에 관하여는 「민사소송법」 제126조 본문의 규정을 준용한다.(2005.7.28 본항개정)

제55조【매각물건명세서 사본 등의 비치】 매각물건명세서·현황조사보고서 및 평가서의 사본은 매각기일(기간입찰의 방법으로 진행하는 경우에는 입찰기간의 개시일)마다 그 1주 전까지 법원에 비치하여야 한다. 다만, 법원은 상당하다고 인정하는 때에는 매각물건명세서·현황조사보고서 및 평가서의 기재내용을 전자통신매체로 공시함으로써 그 사본의 비치에 갈음할 수 있다.

제56조【매각기일의 공고내용 등】 법원은 매각기일(기간입찰의 방법으로 진행하는 경우에는 입찰기간의

개시일)의 2주 전까지 법 제106조에 규정된 사항과 다음 각호의 사항을 공고하여야 한다.
1. 법 제98조의 규정에 따라 일괄매각결정을 한 때에는 그 취지
2. 제60조의 규정에 따라 매수신청인의 자격을 제한한 때에는 그 제한의 내용
3. 법 제113조의 규정에 따른 매수신청의 보증금액과 보증제공방법

제57조【매각장소의 질서유지】 ① 집행관은 매각기일이 열리는 장소의 질서유지를 위하여 필요하다고 인정하는 때에는 그 장소에 출입하는 사람의 신분을 확인할 수 있다.
② 집행관은 법 제108조의 규정에 따른 조치를 하기 위하여 필요한 때에는 법원의 원조를 요청할 수 있다.

제58조【매각조건 변경을 위한 부동산의 조사】 법 제111조제3항의 규정에 따른 집행관의 조사에는 제46조제3항과 법 제82조의 규정을 준용한다.

제59조【채무자 등의 매수신청금지】 다음 각호의 사람은 매수신청을 할 수 없다.
1. 채무자
2. 매각절차에 관여한 집행관
3. 매각 부동산을 평가한 감정인(감정평가법인이 감정인인 때에는 그 감정평가법인 또는 소속 감정평가사)

제60조【매수신청의 제한】 법원은 법령의 규정에 따라 취득이 제한되는 부동산에 관하여는 매수신청을 할 수 있는 사람을 정하여진 자격을 갖춘 사람으로 제한하는 결정을 할 수 있다.

제61조【기일입찰의 장소 등】 ① 기일입찰의 입찰장소에는 입찰자가 다른 사람이 알지 못하게 입찰표를 적을 수 있도록 설비를 갖추어야 한다.
② 같은 입찰기일에 입찰에 부칠 사건이 두 건 이상이거나 매각할 부동산이 두 개 이상인 경우에는 각 부동산에 대한 입찰을 동시에 실시하여야 한다. 다만, 법원이 따로 정하는 경우에는 그러하지 아니하다.

제62조【기일입찰의 방법】 ① 기일입찰에서 입찰은 매각기일에 입찰표를 집행관에게 제출하는 방법으로 한다.
② 입찰표에는 다음 각호의 사항을 적어야 한다. 이 경우 입찰가격은 일정한 금액으로 표시하여야 하며, 다른 입찰가격에 대한 비례로 표시하지 못한다.
1. 사건번호와 부동산의 표시
2. 입찰자의 이름과 주소
3. 대리인을 통하여 입찰을 하는 때에는 대리인의 이름과 주소
4. 입찰가격
③ 법인인 입찰자는 대표자의 자격을 증명하는 문서를 집행관에게 제출하여야 한다.
④ 입찰자의 대리인은 대리권을 증명하는 문서를 집행관에게 제출하여야 한다.
⑤ 공동으로 입찰하는 때에는 입찰표에 각자의 지분을 분명하게 표시하여야 한다.
⑥ 입찰은 취소·변경 또는 교환할 수 없다.

제63조【기일입찰에서 매수신청의 보증금액】 ① 기일입찰에서 매수신청의 보증금액은 최저매각가격의 10분의 1로 한다.
② 법원은 상당하다고 인정하는 때에는 보증금액을 제1항과 달리 정할 수 있다.

제64조【기일입찰에서 매수신청보증의 제공방법】 제63조의 매수신청보증은 다음 각호 가운데 어느 하나를 입찰표와 함께 집행관에게 제출하는 방법으로 제공하여야 한다. 다만, 법원은 상당하다고 인정하는 때에는 보증의 제공방법을 제한할 수 있다.
1. 금전
2. 「은행법」의 규정에 따른 금융기관이 발행한 자기앞수표로서 지급제시기간이 끝나는 날까지 5일 이상의 기간이 남아 있는 것(2005.7.28 본조개정)
3. 은행등이 매수신청을 하려는 사람을 위하여 일정액의 금전을 법원의 최고에 따라 지급한다는 취지의 기한의 정함이 없는 지급보증위탁계약이 매수신청을 하려는 사람과 은행등 사이에 맺어진 사실을 증명하는 문서

제65조【입찰기일의 절차】 ① 집행관이 입찰을 최고하는 때에는 입찰마감시각과 개찰시각을 고지하여야 한다. 다만, 입찰표의 제출을 최고한 후 1시간이 지나지 아니하면 입찰을 마감하지 못한다.
② 집행관은 입찰표를 개봉할 때에 입찰을 한 사람을 참여시켜야 한다. 입찰을 한 사람이 아무도 참여하지 아니하는 때에는 적당하다고 인정하는 사람을 참여시켜야 한다.
③ 집행관은 입찰표를 개봉할 때에 입찰목적물, 입찰자의 이름 및 입찰가격을 불러야 한다.

제66조【최고가매수신고인 등의 결정】 ① 최고가매수신고를 한 사람이 둘 이상인 때에는 집행관은 그 사람들에게 다시 입찰하게 하여 최고가매수신고인을 정한다. 이 경우 입찰자는 전의 입찰가격에 못미치는 가격으로는 입찰할 수 없다.
② 제1항의 규정에 따라 다시 입찰하는 경우에 입찰자 모두가 입찰에 응하지 아니하거나(전의 입찰가격에 못미치는 가격으로 입찰한 경우에는 입찰에 응하지 아니한 것으로 본다) 두 사람 이상이 다시 최고의 가격으로 입찰한 때에는 추첨으로 최고가매수신고인을 정한다.
③ 제2항 또는 법 제115조제2항 후문의 규정에 따라 추첨을 하는 경우 입찰자가 출석하지 아니하거나 추첨을 하지 아니하는 때에는 집행관은 법원사무관등 적당하다고 인정하는 사람으로 하여금 대신 추첨하게 할 수 있다.

제67조【기일입찰조서의 기재사항】 ① 기일입찰조서에는 법 제116조에 규정된 사항 외에 다음 각호의 사항을 적어야 한다.
1. 입찰을 최고한 일시, 입찰을 마감한 일시 및 입찰표를 개봉한 일시
2. 제65조제2항 후문의 규정에 따라 입찰을 한 사람 외의 사람을 개찰에 참여시킨 때에는 그 사람의 이름
3. 제66조 또는 법 제115조제2항의 규정에 따라 최고가매수신고인 또는 차순위매수신고인을 정한 때에는 그 취지
4. 법 제108조에 규정된 조치를 취한 때에는 그 취지
5. 법 제140조제1항의 규정에 따라 공유자의 우선매수신고가 있는 경우에는 그 취지 및 그 공유자의 이름과 주소
6. 제76조제3항의 규정에 따라 차순위매수신고인의 지위를 포기한 매수신고인이 있는 때에는 그 취지
② 기일입찰조서에는 입찰표를 붙여야 한다.

제68조【입찰기간 등의 지정】 기간입찰에서 입찰기간은 1주 이상 1월 이하의 범위 안에서 정하고, 매각기일은 입찰기간이 끝난 후 1주 안의 날로 정하여야 한다.

제69조【기간입찰에서 입찰의 방법】 기간입찰에서 입찰은 입찰표를 넣고 봉함을 한 봉투의 겉면에 매각기일을 적어 집행관에게 제출하거나 그 봉투를 등기우편으로 부치는 방법으로 한다.

제70조【기간입찰에서 매수신청보증의 제공방법】 기간입찰에서 매수신청보증은 다음 각호 가운데 어느 하나를 입찰표와 같은 봉투에 넣어 집행관에게 제출하거나 등기우편으로 부치는 방법으로 제공하여야 한다.
1. 법원의 예금계좌에 일정액의 금전을 입금하였다는 내용으로 금융기관이 발행한 증명서
2. 제64조제3호의 문서

제71조【기일입찰규정의 준용】 기간입찰에는 제62조제2항 내지 제6항, 제63조, 제65조제2항·제3항, 제66조 및 제67조의 규정을 준용한다.

제72조【호가경매】 ① 부동산의 매각을 위한 호가경매는 호가경매기일에 매수신청의 액을 서로 올려가는 방법으로 한다.
② 매수신청을 한 사람은 더 높은 액의 매수신청이 있을 때까지 신청액에 구속된다.
③ 집행관은 매수신청의 액 가운데 최고의 것을 3회 부른 후 그 신청을 한 사람을 최고가매수신고인으로 정하며, 그 이름과 매수신청의 액을 고지하여야 한다.
④ 호가경매에는 제62조제3항 내지 제5항, 제63조, 제64조 및 제67조제1항의 규정을 준용한다.

제73조【변경된 매각결정기일의 통지】 ① 매각기일을 종결한 뒤에 매각결정기일이 변경된 때에는 법원사무관등은 최고가매수신고인·차순위매수신고인 및 이해관계인에게 변경된 기일을 통지하여야 한다.
② 제1항의 통지는 집행기록에 표시된 주소지에 등기우편으로 발송하는 방법으로 할 수 있다.

제74조【매각허부결정 고지의 효력발생시기】 매각을 허가하거나 허가하지 아니하는 결정은 선고한 때에 고지의 효력이 생긴다.

제75조【대법원규칙으로 정하는 이율】 법 제130조제7항과 법 제138조제3항(법 제142조제5항의 규정에 따라 준용되는 경우를 포함한다)의 규정에 따른 이율은 연 100분의 12로 한다.(2019.8.2 본조개정)

제76조【공유자의 우선매수권 행사절차 등】 ① 법 제140조제1항의 규정에 따른 우선매수의 신고는 집행관이 매각기일을 종결한다는 고지를 하기 전까지 할 수 있다.
② 공유자가 법 제140조제1항의 규정에 따른 신고를 하였으나 다른 매수신고인이 없는 때에는 최저매각가격을 법 제140조제1항의 최고가매수신고가격으로 본다.
③ 최고가매수신고인을 법 제140조제4항의 규정에 따라 차순위매수신고인으로 보게 되는 경우 그 매수신고인은 집행관이 매각기일을 종결한다는 고지를 하기 전까지 차순위매수신고인의 지위를 포기할 수 있다.

제77조【경매개시결정등기의 말소촉탁비용】 법 제141조의 규정에 따른 말소등기의 촉탁에 관한 비용은 경매를 신청한 채권자가 부담한다.

제78조【대금지급기한】 법 제142조제1항에 따른 대금지급기한은 매각허가결정이 확정된 날부터 1월 안의 날로 정하여야 한다. 다만, 경매사건기록이 상소법원에 있는 때에는 그 기록을 송부받은 날부터 1월 안의 날로 정하여야 한다.

제78조의2【등기촉탁 공동신청의 방식 등】 ① 법 제144조제2항의 신청은 다음 각 호의 사항을 기재한 서면으로 하여야 한다.
1. 사건의 표시
2. 부동산의 표시
3. 신청인의 성명 또는 명칭 및 주소
4. 대리인에 의하여 신청을 하는 때에는 대리인의 성명 및 주소
5. 법 제144조제2항의 신청인이 지정하는 자(다음부터 이 조문 안에서 "피지정자"라 한다)의 성명, 사무소의 주소 및 직업
② 제1항의 서면에는 다음 각 호의 서류를 첨부하여야 한다.
1. 매수인으로부터 부동산을 담보로 제공받으려는 자가 법인인 때에는 그 법인의 등기사항증명서(2014.10.2 본호개정)
2. 부동산에 관한 담보 설정의 계약서 사본
3. 피지정자의 지정을 증명하는 문서
4. 대리인이 신청을 하는 때에는 그 권한을 증명하는 서면
5. 등기신청의 대리를 업으로 할 수 있는 피지정자의 자격을 증명하는 문서의 사본
(2010.10.4 본조신설)

제79조【배당할 금액】 차순위매수신고인에 대하여 매각허가결정이 있는 때에는 법 제137조제2항의 보증(보증이 금전 외의 방법으로 제공되어 있는 때에는 보증을 현금화하여 그 대금에서 비용을 뺀 금액)은 법 제147조제1항의 배당할 금액으로 한다.

제80조【보증으로 제공된 유가증권 등의 현금화】 ① 법 제142조제4항의 규정에 따라 매수신청의 보증(법 제102조제2항의 규정에 따라 제공된 보증을 포함한다)을 현금화하는 경우와 법 제147조제1항제3호·제5호 또는 제79조의 규정에 따라 매수신청 또는 항고의 보증이 배당할 금액에 산입되는 경우 그 보증이 유가증권인 때에는, 법원은 집행관에게 현금화하게 하여 그 비용을 뺀 금액을 배당할 금액에 산입하여야 한다. 이 경우 현금화비용은 보증을 제공한 사람이 부담한다.
② 법 제147조제1항제4호의 규정에 따라 항고의 보증 가운데 항고인이 돌려줄 것을 요구하지 못하는 금액이 배당할 금액에 산입되는 경우 그 보증이 유가증권인 때에는, 법원은 집행관에게 현금화하게 하여 그 비용을 뺀 금액 가운데 항고인이 돌려 줄 것을 요구하지 못하는 금액을 배당할 금액에 산입하고, 나머지가 있을 경우 이를 항고인에게 돌려준다. 이 경우 현금화비용은 보증을 제공한 사람이 부담한다. 다만, 집행관이 그 유가증권을 현금화하기 전에 항고인이 법원에 돌려줄 것을 요구하지 못하는 금액에 상당하는 금전을 지급한 때에는 그 유가증권을 항고인에게 돌려주고, 항고인이 지급한 금전을 배당할 금액에 산입하여야 한다.
③ 제1항과 제2항 본문의 현금화에는 법 제210조 내지 법 제212조의 규정을 준용한다.
④ 집행관은 제1항과 제2항 본문의 현금화를 마친 후에는 바로 그 대금을 법원에 제출하여야 한다.
⑤ 제1항의 경우에 그 보증이 제54조제1항제3호 또는 제64조제3호(제72조제4항의 규정에 따라 준용되는 경우를 포함한다)의 문서인 때에는 법원이 은행등에 대하여 정하여진 금액의 납부를 최고하는 방법으로 현금화한다.

제81조【계산서 제출의 최고】 배당기일이 정하여진 때에는 법원사무관등은 각 채권자에 대하여 채권의 원금·배당기일까지의 이자, 그 밖의 부대채권 및 집행비용을 적은 계산서를 1주 안에 법원에 제출할 것을 최고하여야 한다.

제82조【배당금 교부의 절차 등】 ① 채권자와 채무자에 대한 배당금의 교부절차, 법 제160조의 규정에 따른 배당금의 공탁과 그 공탁금의 지급위탁절차는 법원사무관등이 그 이름으로 실시한다.
② 배당기일에 출석하지 아니한 채권자가 배당액을 입금할 예금계좌를 신고한 때에는 법원사무관등은 법 제160조제2항의 규정에 따른 공탁에 갈음하여 배당액을 그 예금계좌에 입금할 수 있다.

제3관 강제관리

제83조【강제관리신청서】 강제관리신청서에는 법 제163조에서 준용하는 법 제80조에 규정된 사항 외에 수익의 지급의무를 부담하는 제3자가 있는 경우에는 그 제3자의 표시와 그 지급의무의 내용을 적어야 한다.

제84조【개시결정의 통지】 강제관리개시결정을 한 때에는 법원사무관등은 조세, 그 밖의 공과금을 주관하는 공공기관에게 그 사실을 통지하여야 한다.

제85조【관리인의 임명】① 법원은 강제관리개시결정과 동시에 관리인을 임명하여야 한다.
② 신탁회사, 은행, 그 밖의 법인도 관리인이 될 수 있다.
③ 관리인이 임명된 때에는 법원사무관등은 압류채권자·채무자 및 수익의 지급의무를 부담하는 제3자에게 그 취지를 통지하여야 한다.
④ 법원은 관리인에게 그 임명을 증명하는 문서를 교부하여야 한다.

제86조【관리인이 여러 사람인 때의 직무수행 등】① 관리인이 여러 사람인 때에는 공동으로 직무를 수행한다. 다만, 법원의 허가를 받아 직무를 분담할 수 있다.
② 관리인이 여러 사람인 때에는 제3자의 관리인에 대한 의사표시는 그 중 한 사람에게 할 수 있다.

제87조【관리인의 사임·해임】① 관리인은 정당한 이유가 있는 때에는 법원의 허가를 받아 사임할 수 있다.
② 관리인이 제1항의 규정에 따라 사임하거나 법 제167조제3항의 규정에 따라 해임된 때에는 법원사무관등은 압류채권자·채무자 및 수익의 지급명령을 송달받은 제3자에게 그 취지를 통지하여야 한다.

제88조【강제관리의 정지】① 법 제49조제2호 또는 제4호의 서류가 제출된 경우에는 배당절차를 제외한 나머지 절차는 그 당시의 상태로 계속하여 진행할 수 있다.
② 제1항의 규정에 따라 절차를 계속하여 진행하는 경우에 관리인은 배당에 충당될 금전을 공탁하고, 그 사유를 법원에 신고하여야 한다.
③ 제2항의 규정에 따라 공탁된 금전으로 채권자의 채권과 집행비용의 전부를 변제할 수 있는 경우에는 법원은 배당절차를 제외한 나머지 절차를 취소하여야 한다.

제89조【남을 가망이 없는 경우의 절차취소】수익에서 그 부동산이 부담하는 조세, 그 밖의 공과금 및 관리비용을 빼면 남을 것이 없겠다고 인정하는 때에는 법원은 강제관리절차를 취소하여야 한다.

제90조【관리인과 제3자에 대한 통지】① 강제관리신청이 취하된 때 또는 강제관리취소결정이 확정된 때에는 법원사무관등은 관리인과 수익의 지급명령을 송달받은 제3자에게 그 사실을 통지하여야 한다.
② 법 제49조제2호 또는 제4호의 서류가 제출된 때 또는 법 제163조에서 준용하는 법 제87조제4항의 재판이 이루어진 때에는 법원사무관등은 관리인에게 그 사실을 통지하여야 한다.

제91조【수익의 처리】① 법 제169조제1항에 규정된 관리인의 부동산 수익처리는 법원이 정하는 기간마다 하여야 한다. 이 경우 위 기간의 종기까지 배당요구를 하지 아니한 채권자는 그 수익의 처리와 배당절차에 참가할 수 없다.
② 채권자가 한 사람인 경우 또는 채권자가 두 사람 이상으로서 법 제169조제1항에 규정된 나머지 금액으로 각 채권자의 채권과 집행비용 전부를 변제할 수 있는 경우에는 관리인은 채권자에게 변제금을 교부하고 나머지가 있으면 채무자에게 교부하여야 한다.
③ 제2항 외의 경우에는 관리인은 제1항의 기간이 지난 후 2주 안의 날을 배당협의기일로 지정하고 채권자에게 그 일시와 장소를 서면으로 통지하여야 한다. 이 통지에는 수익금·집행비용 및 각 채권자의 채권액 비율에 따라 배당될 것으로 예상되는 금액을 적은 배당계산서를 붙여야 한다.
④ 관리인은 배당협의기일까지 채권자 사이에 배당에 관한 협의가 이루어진 경우에는 그 협의에 따라 배당을 실시하여야 한다. 관리인은 제3항의 배당계산서와 다른 협의가 이루어진 때에는 그 협의에 따라 배당계산서를 다시 작성하여야 한다.
⑤ 관리인은 배당협의가 이루어지지 못한 경우에는 바로 법 제169조제3항에 따른 신고를 하여야 한다.
⑥ 관리인이 제2항의 규정에 따라 변제금을 교부한 때, 제4항 또는 법 제169조제4항의 규정에 따라 배당을 실시한 때에는 각 채권자로부터 제출받은 영수증을 붙여 법원에 신고하여야 한다.

제92조【관리인의 배당액 공탁】① 관리인은 제91조제2항 또는 제4항 전문의 규정에 따라 교부 또는 배당(다음부터 "배당등"이라 한다)을 실시하는 경우에 배당등을 받을 채권자의 채권에 관하여 법 제160조제1항에 적은 어느 사유가 있는 때에는 그 배당등의 액에 상당하는 금액을 공탁하고 그 사유를 법원에 신고하여야 한다.
② 관리인은 배당등을 수령하기 위하여 출석하지 아니한 채권자 또는 채무자의 배당등의 액에 상당하는 금액을 공탁하고, 그 사유를 법원에 신고하여야 한다.

제93조【사유신고의 방식】① 제88조제2항 또는 제92조의 규정에 따른 사유신고는 다음 각호의 사항을 적은 서면으로 하고, 공탁서와 함께 배당계산서가 작성된 경우에는 배당계산서를 붙여야 한다.
1. 사건의 표시
2. 압류채권자와 채무자의 이름
3. 공탁의 사유와 공탁금액
② 법 제169조제3항의 규정에 따른 사유신고는 다음 각호의 사항을 적은 서면으로 하고, 배당계산서를 붙여야 한다.
1. 제1항제1호·제2호에 적은 사항
2. 법 제169조제1항에 규정된 나머지 금액과 그 산출근거
3. 배당협의가 이루어지지 아니한 취지와 그 사정의 요지

제94조【강제경매규정의 준용】강제관리에는 제46조 내지 제48조 및 제82조제2항의 규정을 준용한다. 이 경우 제82조제2항에 "법원사무관등"이라고 규정된 것은 "관리인"으로 본다.

제3절 선박에 대한 강제집행

제95조【신청서의 기재사항과 첨부서류】① 선박에 대한 강제경매신청서에는 법 제80조에 규정된 사항 외에 선박의 정박항 및 선장의 이름과 현재지를 적어야 한다.
② 아래의 선박에 대한 강제경매신청서에는 그 선박이 채무자의 소유임을 증명하는 문서와 함께 다음 서류를 붙여야 한다.
1. 등기가 되지 아니한 대한민국 선박 : 「선박등기규칙」 제11조제2항에 규정된 증명서 및 같은 규칙 제12조제1항 또는 제2항에 규정된 증명서면
(2013.11.27 본호개정)
2. 대한민국 선박 외의 선박 : 그 선박이 「선박등기법」 제2조에 규정된 선박임을 증명하는 문서
(2005.7.28 본호개정)

제96조【선박국적증서등 수취의 통지】집행관은 법 제174조제1항과 법 제175조제1항의 규정에 따라 선박국적증서, 그 밖에 선박운행에 필요한 문서(다음부터 "선박국적증서등"이라 한다)를 받은 때에는 바로 그 취지를 채무자·선장 및 선적항을 관할하는 해운관서의 장에게 통지하여야 한다.

제97조【선박국적증서등을 수취하지 못한 경우의 신고】집행관이 법 제174조제1항에 규정된 명령에 따라 선박국적증서등을 수취하려 하였으나 그 목적을 달성하지 못한 때에는 그 사유를 법원에 서면으로 신고하여야 한다.

제98조【대법원규칙이 정하는 법원】선적이 없는 때하는 선박집행신청 전 선박국적증서등의 인도명령신청사건의 관할법원은 서울중앙지방법원·인천지방법원·수원지방법원평택지원·춘천지방법원강릉지원·춘천지방법원속초지원·대전지방법원홍성지원·대전지방법원서산지원·대구지방법원포항지원·부산지방법원·울산지방법원·창원지방법원·창원지방법원진주지원·창원지방법원통영지원·광주지방법원목포지원·광주지방법원순천지원·광주지방법원해남지원·전주지방법원군산지원 또는 제주지방법원으로 한다.(2005.7.28 본조개정)

제99조【현황조사보고서】① 집행관이 선박의 현황조사를 한 때에는 다음 각호의 사항을 적은 현황조사보고서를 정하여진 날까지 법원에 제출하여야 한다.
1. 사건의 표시
2. 선박의 표시
3. 선박이 정박한 장소
4. 조사의 일시·장소 및 방법
5. 점유자의 표시와 점유의 상황
6. 그 선박에 대하여 채무자의 점유를 풀고 집행관에게 보관시키는 가처분이 집행되어 있는 때에는 그 취지와 집행관이 보관을 개시한 일시
7. 그 밖에 법원이 명한 사항
② 현황조사보고서에는 선박의 사진을 붙여야 한다.

제100조【운행허가결정】① 법원은 법 제176조제2항의 규정에 따른 결정을 하는 때에는 운행의 목적·기간 및 수역 등에 관하여 적당한 제한을 붙일 수 있다.
② 제1항과 법 제176조제2항의 규정에 따른 결정은 채권자·채무자·최고가매수신고인·차순위매수신고인 및 매수인에게 고지하여야 한다.

제101조【선박국적증서등의 재수취명령】① 법 제176조제2항의 규정에 따라 허가된 선박의 운행이 끝난 후 법원에 선박국적증서등이 반환되지 아니한 때에는, 법원은 직권 또는 이해관계인의 신청에 따라 집행관에 대하여 선박국적증서등을 다시 수취할 것을 명할 수 있다.
② 제1항에 규정된 명령에 따라 집행관이 선박국적증서등을 수취하는 경우에는 제96조와 제97조의 규정을 준용한다.

제102조【감수·보존처분의 시기】법 제178조제1항에 규정된 감수 또는 보존처분은 경매개시결정 전에도 할 수 있다.

제103조【감수·보존처분의 방식】① 법원이 법 제178조제1항의 규정에 따른 감수 또는 보존처분을 하는 때에는 집행관, 그 밖에 적당하다고 인정되는 사람을 감수인 또는 보존인으로 정하고, 감수 또는 보존을 명하여야 한다.
② 제1항의 감수인은 선박을 점유하고, 선박이나 그 속구의 이동을 방지하기 위하여 필요한 조치를 취할 수 있다.
③ 제1항의 보존인은 선박이나 그 속구의 효용 또는 가치의 변동을 방지하기 위하여 필요한 조치를 취할 수 있다.
④ 감수처분과 보존처분은 중복하여 할 수 있다.

제104조【보증의 제공에 따른 강제경매절차의 취소】① 법 제181조제1항의 규정에 따른 보증은 다음 각호 가운데 어느 하나를 집행법원에 제출하는 방법으로 제공하여야 한다. 다만, 제2호의 문서를 제출하는 때에는 채무자는 미리 집행법원의 허가를 얻어야 한다.
1. 채무자가 금전 또는 법원이 상당하다고 인정하는 유가증권을 공탁한 사실을 증명하는 문서
2. 은행등이 채무자를 위하여 일정액의 금전을 법원의 최고에 따라 지급한다는 취지의 기한의 정함이 없는 지급보증위탁계약이 채무자와 은행 등 사이에 체결된 사실을 증명하는 문서
② 법 제181조제2항의 규정에 따라 보증을 배당하는 경우 집행법원은 보증으로 공탁된 유가증권을 제출받을 수 있다.
③ 제1항과 법 제181조제1항의 규정에 따른 보증제공에 관하여는 법 제19조제1항·제2항의 규정을, 위 보증이 금전공탁 외의 방법으로 제공된 경우의 현금화에 관하여는 제80조의 규정을 각 준용한다.

제105조【부동산강제경매규정의 준용】선박에 대한 강제집행에는 제2절제2관의 규정을 준용한다.

제4절 항공기에 대한 강제집행

제106조【강제집행의 방법】「항공안전법」에 따라 등록된 항공기(다음부터 "항공기"라 한다)에 대한 강제집행은 선박에 대한 강제집행의 예에 따라 실시한다(다만, 현황조사와 물건명세서에 관한 규정 및 제95조제2항의 규정은 제외한다). 이 경우 법과 이 규칙에 "등기"라고 규정된 것은 "등록"으로, "등기부"라고 규정된 것은 "항공기등록원부"로, "등기관"이라고 규정된 것은 "국토교통부장관"으로, "정박"이라고 규정된 것은 "정류 또는 정박"으로, "정박항" 또는 "정박한 장소"라고 규정된 것은 "정류 또는 정박하는 장소"로, "운행"이라고 규정된 것은 "운항"으로, "수역"이라고 규정된 것은 "운항지역"으로, "선박국적증서"라고 규정된 것은 "항공기등록증명서"로, "선적항" 또는 "선적이 있는 곳"이라고 규정된 것은 "정치장"으로, "선적항을 관할하는 해운관서의 장"이라고 규정된 것은 "국토교통부장관"으로 보며, 법 제174조제1항 중 "선장으로부터 받아"는 "받아"로, 제95조제1항 중 "및 선장의 이름과 현재지를 적어야 한다."는 "를 적어야 한다."로 고쳐 적용한다.(2019.12.26 본조개정)

제107조【평가서 사본의 비치 등】① 법원은 매각기일(기간입찰의 방법으로 진행할 경우에는 입찰기간의 개시일)의 1월 전까지 평가서의 사본을 법원에 비치하고, 누구든지 볼 수 있도록 하여야 한다.
② 법원사무관등은 평가서의 사본을 비치한 날짜와 그 취지를 기록에 적어야 한다.

제5절 자동차에 대한 강제집행

제108조【강제집행의 방법】「자동차관리법」에 따라 등록된 자동차(다음부터 "자동차"라 한다)에 대한 강제집행(다음부터 "자동차집행"이라 한다)은 이 규칙에 특별한 규정이 없으면 부동산에 대한 강제경매의 규정을 따른다. 이 경우 법과 이 규칙에 "등기"라고 규정된 것은 "등록"으로, "등기부"라고 규정된 것은 "자동차등록원부"로, "등기관"이라고 규정된 것은 "특별시장·광역시장·특별자치시장 또는 도지사"로 본다.
(2019.12.26 본조개정)

제109조【집행법원】① 자동차집행의 집행법원은 자동차등록원부에 기재된 사용본거지를 관할하는 지방법원으로 한다. 다만, 제119조제1항의 규정에 따라 사건을 이송한 때에는 그러하지 아니하다.
② 제113조제1항에 규정된 결정에 따라 집행관이 자동차를 인도받은 경우에는 제1항 본문의 법원 외에 자동차가 있는 곳을 관할하는 지방법원도 집행법원으로 한다.

제110조【경매신청서의 기재사항과 첨부서류】자동차에 대한 강제경매신청서에는 법 제80조에 규정된

사항 외에 자동차등록원부에 기재된 사용본거지를 적고, 집행력 있는 정본 외에 자동차등록원부등본을 붙여야 한다.

제111조【강제경매개시결정】 ① 법원은 강제경매개시결정을 하는 때에는 법 제83조제1항에 규정된 사항을 명하는 외에 채무자에 대하여 자동차를 집행관에게 인도할 것을 명하여야 한다. 다만, 그 자동차에 대하여 제114조제1항의 규정에 따른 신고가 되어 있는 때에는 채무자에 대하여 자동차 인도명령을 할 필요가 없다.
② 제1항의 개시결정에 기초한 인도집행은 그 개시결정이 채무자에게 송달되기 전에도 할 수 있다.
③ 강제경매개시결정이 송달되거나 등록되기 전에 집행관이 자동차를 인도받은 경우에는 그때에 압류의 효력이 생긴다.
④ 제1항의 개시결정에 대하여는 즉시항고를 할 수 있다.

제112조【압류자동차의 인도】 제3자가 점유하게 된 자동차의 인도에 관하여는 법 제193조의 규정을 준용한다. 이 경우 법 제193조제1항과 제2항의 "압류물"은 "압류의 효력 발생 당시 채무자가 점유하던 자동차"로 본다.

제113조【강제경매신청 전의 자동차인도명령】 ① 강제경매신청 전에 자동차를 집행관에게 인도하지 아니하면 강제집행이 매우 곤란할 염려가 있는 때에는 그 자동차가 있는 곳을 관할하는 지방법원은 신청에 따라 채무자에게 자동차를 집행관에게 인도할 것을 명할 수 있다.(2015.8.27 본항개정)
② 제1항의 신청에는 집행력 있는 정본을 제시하고, 신청의 사유를 소명하여야 한다.
③ 집행관은 자동차를 인도받은 날부터 10일 안에 채권자가 강제경매신청을 하였음을 증명하는 문서를 제출하지 아니하는 때에는 자동차를 채무자에게 돌려주어야 한다.
④ 제1항의 규정에 따른 결정에 대하여는 즉시항고를 할 수 있다.
⑤ 제1항의 규정에 따른 결정에는 법 제292조제2항·제3항의 규정을 준용한다.

제114조【자동차를 인도받은 때의 신고】 ① 집행관이 강제경매개시결정에 따라 자동차를 인도받은 때, 제112조에서 준용하는 법 제193조의 규정에 따른 재판을 집행한 때 또는 제113조의 규정에 따라 인도받은 자동차에 대하여 강제경매개시결정이 있는 때에는 바로 그 취지·보관장소·보관방법 및 예상되는 보관비용을 법원에 신고하여야 한다.
② 집행관은 제1항의 신고를 한 후에 자동차의 보관장소·보관방법 또는 보관비용이 변경된 때에는 법원에 신고하여야 한다.

제115조【자동차의 보관방법】 집행관은 상당하다고 인정하는 때에는 인도받은 자동차를 압류채권자, 채무자, 그 밖의 적당한 사람에게 보관시킬 수 있다. 이 경우에는 공시서를 붙여 두거나 그 밖의 방법으로 그 자동차를 집행관이 점유하고 있음을 분명하게 표시하고, 제117조의 규정에 따라 운행이 허가된 경우를 제외하고는 운행을 하지 못하도록 적당한 조치를 하여야 한다.

제116조【자동차인도집행불능시의 집행절차취소】 강제경매개시결정이 있은 날부터 2월이 지나기까지 집행관이 자동차를 인도받지 못한 때에는 법원은 집행절차를 취소하여야 한다.

제117조【운행의 허가】 ① 법원은 영업상의 필요, 그 밖의 상당한 이유가 있다고 인정하는 때에는 이해관계를 가진 사람의 신청에 따라 자동차의 운행을 허가할 수 있다.
② 법원이 제1항의 허가를 하는 때에는 운행에 관하여 적당한 조건을 붙일 수 있다.
③ 제1항의 운행허가결정에 대하여는 즉시항고를 할 수 있다.

제118조【자동차의 이동】 ① 법원은 필요하다고 인정하는 때에는 집행관에게 자동차를 일정한 장소로 이동할 것을 명할 수 있다.
② 집행법원 외의 법원 소속의 집행관이 자동차를 점유하고 있는 경우, 집행법원은 제119조제1항의 규정에 따라 사건을 이송하는 때가 아니면 그 집행관 소속 법원에 대하여 그 자동차를 집행법원 관할구역 안의 일정한 장소로 이동하여 집행법원 소속집행관에게 인계하도록 명할 것을 촉탁하여야 한다.
③ 제2항의 규정에 따라 집행법원 소속집행관이 자동차를 인계받은 경우에는 제114조의 규정을 준용한다.

제119조【사건의 이송】 ① 집행법원은 다른 법원 소속집행관이 자동차를 점유하고 있는 경우에 자동차를 집행법원 관할 구역안으로 이동하는 것이 매우 곤란하거나 지나치게 많은 비용이 든다고 인정하는 때에는 사건을 그 법원으로 이송할 수 있다.
② 제1항의 규정에 따른 결정에 대하여는 불복할 수 없다.

제120조【매각의 실시시기】 법원은 그 관할 구역안에서 집행관이 자동차를 점유하게 되기 전에는 집행관에게 매각을 실시하게 할 수 없다.

제121조【최저매각가격결정의 특례】 ① 법원은 상당하다고 인정하는 때에는 집행관으로 하여금 거래소에 자동차의 시세를 조회하거나 그 밖의 상당한 방법으로 매각할 자동차를 평가하게 하고, 그 평가액을 참작하여 최저매각가격을 정할 수 있다.
② 제1항의 규정에 따라 자동차를 평가한 집행관은 다음 각호의 사항을 적은 평가서를 정하여진 날까지 법원에 제출하여야 한다.
1. 사건의 표시
2. 자동차의 표시
3. 자동차의 평가액과 평가일
4. 거래소에 대한 조회결과 또는 그 밖의 평가근거

제122조【매각기일의 공고】 매각기일의 공고에는 법 제106조제2호, 제4호 내지 제7호, 제9호에 규정된 사항, 제56조제1호·제3호에 규정된 사항, 자동차의 표시 및 자동차가 있는 장소를 적어야 한다.

제123조【입찰 또는 경매 외의 매각방법】 ① 법원은 상당하다고 인정하는 때에는 집행관에게 입찰 또는 경매 외의 방법으로 자동차의 매각을 실시할 것을 명할 수 있다. 이 경우에는 매각의 실시방법과 기한, 그 밖의 다른 조건을 붙일 수 있다.
② 법원은 제1항의 규정에 따른 매각의 실시를 명하는 때에는 미리 압류채권자의 의견을 들어야 한다.
③ 법원은 제1항의 규정에 따라 매각의 실시를 명하는 때에는 매수신고의 보증금액을 정하고 아울러 그 보증의 제공은 금전 또는 법원이 상당하다고 인정하는 유가증권을 집행관에게 제출하는 방법으로 하도록 정하여야 한다.
④ 제1항의 규정에 따른 결정이 있는 때에는 법원사무관등은 각 채권자와 채무자에게 그 취지를 통지하여야 한다.
⑤ 집행관은 제1항의 규정에 따른 결정에 기초하여 자동차를 매각하는 경우에 매수신고가 있는 때에는 바로 자동차의 표시·매수신고를 한 사람의 표시 및 매수신고의 액과 일시를 적은 조서를 작성하여, 보증으로 제공된 금전 또는 유가증권과 함께 법원에 제출하여야 한다.
⑥ 제5항의 조서가 제출된 때에는 법원은 바로 매각결정기일을 지정하여야 한다.
⑦ 제6항의 규정에 따른 매각결정기일이 정하여진 때에는 법원사무관등은 이해관계인과 매수신고를 한 사람에게 매각결정기일을 통지하여야 한다.
⑧ 제5항의 조서에 관하여는 법 제116조제2항의 규정을 준용한다.

제124조【양도명령에 따른 매각】 ① 법원은 상당하다고 인정하는 때에는 압류채권자의 매수신청에 따라 그에게 자동차의 매각을 허가할 수 있다.
② 제1항의 규정에 따라 매각을 허가하는 결정은 이해관계인에게 고지하여야 한다.
③ 양도명령에 따른 매각절차에 관하여는 제74조, 법 제109조, 법 제113조, 법 제126조제1항·제2항 및 법 제128조제2항의 규정을 준용하지 아니한다.

제125조【매수인에 대한 자동차의 인도】 ① 매수인이 대금을 납부하였음을 증명하는 서면을 제출한 때에는 집행관은 자동차를 매수인에게 인도하여야 한다. 이 경우 그 자동차를 집행관 외의 사람이 보관하고 있는 때에는, 집행관은 매수인의 동의를 얻어 보관자에 대하여 매수인에게 그 자동차를 인도할 것을 통지하는 방법으로 인도할 수 있다.
② 집행관은 매수인에게 자동차를 인도한 때에는 그 취지와 인도한 날짜를 집행법원에 신고하여야 한다.

제126조【집행정지 중의 매각】 ① 법 제49조제2호 또는 제4호에 적은 서류가 제출된 때에는 법원사무관등은 집행관에게 그 사실을 통지하여야 한다.
② 집행관은 제1항의 규정에 따른 통지를 받은 경우 인도를 받은 자동차의 가격이 크게 떨어질 염려가 있거나 그 보관에 지나치게 많은 비용이 드는 때에는 압류채권자·채무자 및 저당권자에게 그 사실을 통지하여야 한다.
③ 제2항에서 규정하는 경우에 압류채권자 또는 채무자의 신청이 있는 때에는 법원은 자동차를 매각하도록 결정할 수 있다.
④ 제3항의 규정에 따른 결정이 있는 때에는 법원사무관등은 제3항의 신청을 하지 아니한 압류채권자 또는 채무자에게 그 사실을 통지하여야 한다.
⑤ 제3항의 규정에 따른 결정에 기초하여 자동차가 매각되어 그 대금이 집행법원에 납부된 때에는 법원사무관등은 매각대금을 공탁하여야 한다.

제127조【자동차집행의 신청이 취하된 경우 등의 조치】 ① 자동차집행의 신청이 취하된 때 또는 강제경매절차를 취소하는 결정의 효력이 생긴 때에는 법원사무관등은 집행관에게 그 취지를 통지하여야 한다.
② 집행관이 제1항의 규정에 따른 통지를 받은 경우 자동차를 수취할 권리를 갖는 사람이 채무자 외의 사람인 때에는 집행관은 그 사람에게 자동차집행의 신청이 취하되었다거나 또는 강제경매절차가 취소되었다는 취지를 통지하여야 한다.
③ 집행관은 제1항의 규정에 따른 통지를 받은 때에는 자동차를 수취할 권리를 갖는 사람에게 자동차가 있는 곳에서 이를 인도하여야 한다. 다만, 자동차를 수취할 권리를 갖는 사람이 자동차를 보관하고 있는 경우에는 그러하지 아니하다.
④ 집행관이 제3항의 규정에 따라 인도를 할 수 없는 때에는 법원은 집행관의 신청을 받아 자동차집행의 절차에 따라 자동차를 매각한다는 결정을 할 수 있다.
⑤ 제4항의 규정에 따른 결정이 있은 때에는 법원사무관등은 채무자와 저당권자에게 그 취지를 통지하여야 한다.
⑥ 제4항의 규정에 따른 결정에 기초하여 자동차가 매각되어 그 대금이 법원에 납부된 때에는 법원은 그 대금에서 매각과 보관에 든 비용을 빼고, 나머지가 있는 때에는 매각대금의 교부계산서를 작성하여 저당권자에게 변제금을 교부하고, 그 나머지를 채무자에게 교부하여야 한다.
⑦ 제6항의 규정에 따른 변제금 등을 교부하는 경우에는 제81조, 제82조, 법 제146조, 법 제160조 및 법 제161조제1항의 규정을 준용한다.

제128조【준용규정 등】 ① 자동차집행절차에는 제107조·제138조의 규정을 준용한다. 이 경우 제107조제1항에 "1월"이라고 규정된 것은 "1주"로, 제138조제1항에 "압류물이 압류한"이라고 규정된 것은 "집행관이 점유를 취득한 자동차가"로 본다.
② 자동차집행절차에 관하여는 제43조 내지 제46조, 제51조제1항제4호 내지 제6호, 제2항, 제55조, 제56조제2호, 제60조, 제68조 내지 제71조, 법 제79조, 법 제81조, 법 제83조제2항·제3항, 법 제85조, 법 제91조제5항, 법 제105조 및 법 제136조의 규정과 법 제103조제2항 중 기간입찰에 관한 부분을 준용하지 아니한다.

제129조【자동차지분에 대한 강제집행】 자동차의 공유지분에 대한 강제집행은 법 제251조에 규정된 강제집행의 예에 따라 실시한다.

제6절 건설기계·소형선박에 대한 강제집행
(2008.2.18 본절개정)

제130조【강제집행의 방법】 ①「건설기계관리법」에 따라 등록된 건설 기계(다음부터 "건설기계"라 한다) 및「자동차 등 특정동산 저당법」의 적용을 받는 소형선박(다음부터 "소형선박"이라 한다)에 대한 강제집행에 관하여는 제5절의 규정을 준용한다. 이 경우 제108조 내지 제110조에 "자동차등록원부"라고 규정된 것은 각 "건설기계등록원부", "선박원부·어선원부·수상레저기구등록원부"로 본다.(2010.10.4 전단개정)
② 소형선박에 대한 강제집행의 경우 제108조에 "특별시장·광역시장·특별자치시장 또는 도지사"라고 규정된 것은 "지방해양수산청장(지방해양수산청해양수산사무소장을 포함한다. 다음부터 같다)"이나 "시장·군수 또는 구청장(자치구의 구청장을 말한다. 다음부터 같다)"으로 본다.(2019.12.26 본항개정)
③ 소형선박에 대한 강제집행의 경우 제109조 및 제110조에 "사용본거지"라고 규정된 것은 "선적항" 또는 "보관장소"로 본다.

제7절 동산에 대한 강제집행

제1관 유체동산에 대한 강제집행

제131조【유체동산 집행신청의 방식】 유체동산에 대한 강제집행신청서에는 다음 각호의 사항을 적고 집행력 있는 정본을 붙여야 한다.
1. 채권자·채무자와 그 대리인의 표시
2. 집행권원의 표시
3. 강제집행 목적물인 유체동산이 있는 장소
4. 집행권원에 표시된 청구권의 일부에 관하여 강제집행을 구하는 때에는 그 범위

제132조【압류할 유체동산의 선택】 집행관이 압류할 유체동산을 선택하는 때에는 채권자의 이익을 해치지 아니하는 범위 안에서 채무자의 이익을 고려하여야 한다.

제132조의2【압류할 유체동산의 담보권 확인 등】 ① 집행관은 유체동산 압류시에 채무자에 대하여「동산·채권 등의 담보에 관한 법률」제2조제7호에 따른 담보등기가 있는지 여부를 담보등기부를 통하여 확인하여야 하고, 담보등기가 있는 경우에는 등기사항전부증명서(말소사항 포함)를, 담보등기가 없는 경우에는 등기기록미개설증명서(다만, 등기기록미개설증명서를 발급받을 수 없는 경우에는 이를 확인할 수 있는

자료)를 집행기록에 편철하여야 한다.(2022.2.25 본항개정)
② 집행관은 제1항에 따라 담보권의 존재를 확인한 경우에 그 담보권자에게 매각기일에 이르기까지 집행을 신청하거나, 법 제220조에서 정한 시기까지 배당요구를 하여 매각대금의 배당절차에 참여할 수 있음을 고지하여야 한다.
(2014.7.1 본조신설)

제133조【직무집행구역 밖에서의 압류】 집행관은 동시에 압류하고자 하는 여러 개의 유체동산 가운데 일부가 소속 법원의 관할구역 밖에 있는 경우에는 관할구역 밖의 유체동산에 대하여도 압류할 수 있다.

제134조【압류조서의 기재사항】 ① 유체동산 압류조서에는 제6조와 법 제10조제2항·제3항에 규정된 사항외에 채무자가 자기 소유가 아니라는 진술이나 담보가 설정되어 있다는 진술을 한 압류물에 관하여는 그 취지를 적어야 한다.(2014.7.1 본항개정)
② 유체동산 압류조서에 집행의 목적물을 적는 때에는 압류물의 종류·재질, 그 밖에 압류물을 특정하는데 필요한 사항과 수량 및 평가액(토지에서 분리하기 전의 과실에 대하여는 그 과실의 수확시기·예상수확량과 예상평가액)을 적어야 한다.

제135조【직무집행구역 밖에서의 압류물보관】 집행관은 특히 필요하다고 인정하는 때에는 압류물 보관자로 하여금 소속법원의 관할구역 밖에서 압류물을 보관하게 할 수 있다.

제136조【압류물의 보관에 관한 조서 등】 ① 집행관이 채무자·채권자 또는 제3자에게 압류물을 보관시킨 때에는 보관자의 표시, 보관시킨 일시·장소와 압류물, 압류표시의 방법과 보관조건을 적은 조서를 작성하여 보관자의 기명날인 또는 서명을 받아야 한다.
② 집행관이 보관자로부터 압류물을 반환받은 때에는 그 취지를 기록에 적어야 한다.
③ 제2항의 경우에 압류물에 부족 또는 손상이 있는 때에는 집행관은 보관자가 아닌 압류채권자와 채무자에게 그 취지를 통지하여야 하고, 아울러 부족한 압류물 또는 압류물의 손상정도와 이러한 압류물에 대하여 집행관이 취한 조치를 적은 조서를 작성하여야 한다.

제137조【보관압류물의 점검】 ① 집행관은 채무자 또는 채권자나 제3자에게 압류물을 보관시킨 경우에 압류채권자 또는 채무자의 신청이 있거나 그 밖에 필요하다고 인정하는 때에는 압류물의 보관상황을 점검하여야 한다.
② 집행관이 제1항의 규정에 따른 점검을 한 때에는 압류물의 부족 또는 손상의 유무와 정도 및 이에 관하여 집행관이 취한 조치를 적은 점검조서를 작성하고, 부족 또는 손상이 있는 경우에는 보관자가 아닌 채권자 또는 채무자에게 그 취지를 통지하여야 한다.

제138조【직무집행구역 밖에서의 압류물 회수 등】
① 압류물이 압류한 집행관이 소속하는 법원의 관할구역 밖에 있게 된 경우에 이를 회수하기 위하여 필요한 때에는 집행관은 소속 법원의 관할구역 밖에서도 그 직무를 행할 수 있다.
② 제1항의 경우에 압류물을 회수하기 위하여 지나치게 많은 비용이 든다고 인정하는 때에는 집행관은, 압류채권자의 의견을 들어, 압류물이 있는 곳을 관할하는 법원 소속집행관에게 사건을 이송할 수 있다.

제139조【압류물의 인도명령을 집행한 경우의 조치 등】 ① 법 제193조제1항의 규정에 따른 인도명령을 집행한 집행관은 그 압류물의 압류를 한 집행관이 다른 법원에 소속하는 때에는 그 집행관에 대하여 인도명령을 집행하였다는 사실을 통지하여야 한다.
② 제1항의 규정에 따른 통지를 받은 집행관은 압류물을 인수하여야 한다. 다만, 압류물을 인수하기 위하여 지나치게 많은 비용이 든다고 인정하는 때에는, 압류채권자의 의견을 들어, 인도명령을 집행한 집행관에게 사건을 이송할 수 있다.

제140조【초과압류 등의 취소】 ① 집행관은 압류 후에 그 압류가 법 제188조제2항의 한도를 넘는 사실이 분명하게 된 때에는 넘는 한도에서 압류를 취소하여야 한다.
② 집행관은 압류후에 압류물의 매각대금으로 압류채권자의 채권에 우선하는 채권과 집행비용을 변제하면 남을 것이 없겠다고 인정하는 때에는 압류를 취소하여야 한다.

제141조【매각의 가망이 없는 경우의 압류의 취소】 집행관은 압류물에 관하여 상당한 방법으로 매각을 실시하였음에도 매각의 가망이 없는 때에는 그 압류물의 압류를 취소할 수 있다.

제142조【압류취소의 방법 등】 ① 유체동산 압류를 취소하는 때에는 집행관은 압류물을 수취할 권리를 갖는 사람에게 압류취소의 취지를 통지하고 압류물이 있는 장소에서 이를 인도하여야 한다. 다만, 압류물을 수취할 권리를 갖는 사람이 그 압류물을 보관 중인 때에는 그에게 압류취소의 취지를 통지하면 된다.
② 집행관은 제1항의 경우에 압류물을 수취할 권리를 갖는 사람이 채무자 외의 사람인 때에는 채무자에게 압류가 취소되었다는 취지를 통지하여야 한다.
③ 압류가 취소된 유체동산을 인도할 수 없는 경우에는 법 제258조제6항의 규정을 준용한다.

제143조 (2005.7.28 삭제)

제144조【압류물의 평가】 ① 집행관은 법 제200조에 규정된 경우외에도 필요하다고 인정하는 때에는 적당한 감정인을 선임하여 압류물을 평가하게 할 수 있다.
② 제1항 또는 법 제200조의 규정에 따라 물건을 평가한 감정인은 다음 각호의 사항을 적은 평가서를 정하여진 날까지 집행관에게 제출하여야 한다.
1. 사건의 표시
2. 유체동산의 표시
3. 유체동산의 평가액과 평가일
4. 평가액 산출의 과정
5. 그 밖에 집행관이 명한 사항
③ 제2항의 평가서가 제출된 경우 집행관은 평가서의 사본을 매각기일마다 그 3일 전까지 집행관 사무실 또는 그 밖에 적당한 장소에 비치하고 누구든지 볼 수 있도록 하여야 한다.

제145조【호가경매기일의 지정 등】 ① 집행관은 호가경매의 방법으로 유체동산을 매각하는 때에는 경매기일의 일시와 장소를 정하여야 한다. 이 경우 경매기일은 부득이한 사정이 없는 한 압류일부터 1월 안의 날로 정하여야 한다.
② 집행관은 집행법원의 허가를 받은 때에는 소속 법원의 관할 구역밖에서 경매기일을 열 수 있다.

제146조【호가경매공고의 방법 등】 ① 집행관은 호가경매기일의 3일 전까지 다음 각호의 사항을 공고하여야 한다.
1. 사건의 표시
2. 매각할 물건의 종류·재질, 그 밖에 그 물건을 특정하는 데 필요한 사항과 수량 및 평가액(토지에서 분리하기 전의 과실에 대하여는 그 과실의 수확시기·예상수확량과 예상평가액)
3. 평가서의 사본을 비치하는 때에는 그 비치장소와 누구든지 볼 수 있다는 취지
4. 제158조에서 준용하는 제60조의 규정에 따라 매수신고를 할 수 있는 사람의 자격을 제한한 때에는 그 제한의 내용
5. 매각할 유체동산을 호가경매기일 전에 일반인에게 보여주는 때에는 그 일시와 장소
6. 대금지급기일을 정한 때에는 매수신고의 보증금액과 그 제공방법 및 대금지급일
② 집행관은 경매의 일시와 장소를 각 채권자·채무자 및 압류물 보관자에게 통지하여야 한다. 법 제190조의 규정에 따라 압류한 재산을 경매하는 경우에는 집행기록상 주소를 알 수 있는 배우자에게도 같은 사항을 통지하여야 한다.
③ 제2항의 통지는 집행기록에 표시된 주소지에 등기우편으로 발송하는 방법으로 할 수 있다.

제147조【호가경매의 절차】 ① 집행관이 경매기일을 개시하는 때에는 매각조건을 고지하여야 한다.
② 집행관은 매수신청의 액 가운데 최고의 것을 3회 부른 후 그 신청을 한 사람의 이름·매수신청의 액 및 그에게 매수를 허가한다는 취지를 고지하여야 한다. 다만, 매수신청의 액이 상당하지 아니하다고 인정하는 경우에는 매수를 허가하지 아니할 수 있다.
③ 집행관은 소속 법원 안에서 호가경매를 실시하는 경우 법 제108조의 조치를 위하여 필요한 때에는 법원의 원조를 요청할 수 있다.
④ 유체동산의 호가경매절차에는 제57조제1항, 제62조제3항·제4항 및 제72조제1항·제2항의 규정을 준용한다.

제148조【호가경매로 매각할 유체동산의 열람】 ① 집행관은 호가경매기일 또는 그 기일 전에 매각할 유체동산을 일반인에게 보여주어야 한다.
② 매각할 유체동산을 호가경매기일 전에 일반인에게 보여주는 경우에 그 유체동산이 채무자가 점유하고 있는 건물 안에 있는 때에는 집행관은 보여주는 자리에 참여하여야 한다. 그 밖의 경우에도 매각할 유체동산을 보관하는 사람의 신청이 있는 때에는 마찬가지이다.
③ 집행관은 매각할 유체동산을 호가경매기일 전에 일반인에게 보여준 때와 제2항의 규정에 따라 유체동산을 보여주는 자리에 참여한 때에는 그 취지를 기록에 적어야 한다.

제149조【호가경매에 따른 대금의 지급 등】 ① 호가경매기일에서 매수가 허가된 때에는 그 기일이 마감되기 전에 매각대금을 지급하여야 한다. 다만, 제2항의 규정에 따라 대금지급일이 정하여진 때에는 그러하지 아니하다.
② 집행관은 압류물의 매각가격이 고액으로 예상되는 때에는 호가경매기일부터 1주 안의 날을 대금지급일로 정할 수 있다.
③ 제2항의 규정에 따라 대금지급일이 정하여진 때에는 매수신고를 하려는 사람은 집행관에 대하여 매수신고가격의 10분의 1에 상당하는 액의 보증을 제공하여야 한다. 이 경우 매수신고보증의 제공방법에 관하여는 제64조의 규정을 준용한다.
④ 제3항의 규정에 따른 매수신고의 보증으로 금전이 제공된 경우에 그 금전은 매각대금에 넣는다.
⑤ 매수인이 대금지급일에 대금을 지급하지 아니하여 다시 유체동산을 매각하는 경우 뒤의 매각가격이 처음의 매각가격에 미치지 아니하는 때는 전의 매수인이 제공한 매수신고의 보증은 그 차액을 한도로 매각대금에 산입한다. 이 경우 매수인은 매수신고의 보증금액 가운데 매각대금에 산입되는 금액에 상당하는 부분의 반환을 청구할 수 없다.
⑥ 매수신고의 보증이 제3항 후문에서 준용하는 제64조제3호의 문서를 제출하는 방법으로 제공된 경우에는 집행관은 은행등에 대하여 제5항 전문의 규정에 따라 매각대금에 산입되는 액의 금전을 지급하라는 취지를 최고하여야 한다.
⑦ 집행관은 대금지급일을 정하여 호가경매를 실시한 때에는 대금지급일에 대금이 지급되었는지 여부를 기록에 적어야 한다.

제150조【호가경매조서의 기재사항】 ① 제6조제1항 제2호의 규정에 따라 호가경매조서에 적을 "실시한 집행의 내용"은 다음 각호의 사항으로 한다.
1. 매수인의 표시·매수신고가격 및 대금의 지급여부
2. 법 제206조제1항의 규정에 따른 배우자의 우선매수신고가 있는 경우에는 그 취지와 배우자의 표시
3. 적법한 매수신고가 없는 때에는 그 취지
4. 대금지급일을 정하여 호가경매를 실시한 때에는 대금지급일과 매수인의 매수신고보증의 제공방법
② 매수인 또는 그 대표자나 대리인은 호가경매조서에 서명날인하여야 한다. 그들이 서명날인할 수 없는 때에는 집행관이 그 사유를 적어야 한다.

제151조【입찰】 ① 유체동산 매각을 위한 입찰은 입찰기일에 입찰을 시킨 후 개찰을 하는 방법으로 한다.
② 개찰이 끝난 때에는 집행관은 최고의 가액으로 매수신고를 한 입찰자의 이름·입찰가격 및 그에 대하여 매수를 허가한다는 취지를 고지하여야 한다.
③ 유체동산의 입찰절차에는 제57조제1항, 제62조, 제65조, 제66조, 제145조, 제146조, 제147조제1항·제2항 단서·제3항 및 제148조 내지 제150조의 규정을 준용한다.

제152조【압류조서의 열람청구】 법 제215조제1항에 규정된 조치를 취하기 위하여 필요한 때에는 집행관은 먼저 압류한 집행관에게 압류조서를 보여줄 것을 청구할 수 있다.

제153조【지급요구의 방식】 법 제221조제1항의 규정에 따른 지급요구는 매각기일에 출석하여 하는 경우가 아니면 서면으로 하여야 한다.

제154조【배우자의 공유주장에 대한 이의】 법 제221조제3항의 규정에 따라 채권자가 배우자의 공유주장에 대하여 이의하고 그 이의가 완결되지 아니한 때에는 집행관은 배우자가 주장하는 공유지분에 해당하는 매각대금에 관하여 법 제222조에 규정된 조치를 취하여야 한다.

제155조【집행관의 매각대금 처리】 ① 채권자가 한 사람인 경우 또는 채권자가 두 사람 이상으로서 매각대금 또는 압류금전으로 각 채권자의 채권과 집행비용의 전부를 변제할 수 있는 경우에는 집행관은 채권자에게 채권액을 교부하고, 나머지가 있으면 채무자에게 교부하여야 한다.
② 압류금전이나 매각대금으로 각 채권자의 채권과 집행비용의 전부를 변제할 수 없는 경우에는 집행관은 법 제222조제1항에 규정된 기간 안의 날을 배당협의기일로 지정하고 각 채권자에게 그 일시와 장소를 서면으로 통지하여야 한다. 이 통지에는 매각대금 또는 압류금전, 집행비용, 각 채권자의 채권액 비율에 따라 배당될 것으로 예상되는 금액을 적은 배당계산서를 붙여야 한다.
③ 집행관은 배당협의기일까지 채권자 사이에 배당협의가 이루어진 때에는 그 협의에 따라 배당을 실시하여야 한다. 집행관은 제2항의 배당계산서와 다른 협의가 이루어진 때에는 그 협의에 따라 배당계산서를 다시 작성하여야 한다.
④ 집행관은 배당협의가 이루어지지 아니한 때에는 바로 법 제222조에 규정된 조치를 취하여야 한다.

제156조【집행관의 배당액 공탁】 ① 제155조제1항 또는 제3항의 규정에 따라 집행관이 채권액의 배당등을 실시하는 경우 배당등을 받을 채권자의 채권에 관하여 다음 각호 가운데 어느 하나의 사유가 있는 때에는 집행관은 그 배당등의 액에 상당하는 금액을 공탁하고 그 사유를 법원에 신고하여야 한다.
1. 채권에 정지조건 또는 불확정기한이 붙어 있는 때
2. 가압류채권자의 채권인 때
3. 법 제49조제2호 또는 법 제272조에서 준용하는 법 제266조제1항제5호에 적은 문서가 제출되어 있는 때

② 집행관은 배당등을 수령하기 위하여 출석하지 아니한 채권자 또는 채무자에 대한 배당등의 액에 상당하는 금액을 공탁하여야 한다.

제157조【사유신고서의 방식】 ① 법 제222조제3항의 규정에 따른 사유신고는 다음 각호의 사항을 적은 서면으로 하여야 한다.
1. 사건의 표시
2. 압류채권자와 채무자의 이름
3. 매각대금 또는 압류금전의 액수
4. 집행비용
5. 배당협의가 이루어지지 아니한 취지와 그 사정의 요지

② 제156조제1항의 규정에 따른 사유신고는 다음 각호의 사항을 적은 서면으로 하여야 한다.
1. 제1항제1호·제2호에 적은 사항
2. 공탁의 사유와 공탁금액

③ 제1항 또는 제2항의 서면에는 공탁서와 사건기록을 붙여야 한다.

제158조【부동산강제집행규정의 준용】 유체동산 집행에는 제48조, 제59조제1호, 제60조 및 제82조제2항의 규정을 준용한다.(2010.10.4 본조개정)

제2관 채권과 그 밖의 재산권에 대한 강제집행

제159조【압류명령신청의 방식】 ① 채권에 대한 압류명령신청서에는 법 제225조에 규정된 사항외에 다음 각호의 사항을 적고 집행력 있는 정본을 붙여야 한다.
1. 채권자·채무자·제3채무자와 그 대리인의 표시
2. 집행권원의 표시
3. 집행권원에 표시된 청구권의 일부에 관하여만 압류명령을 신청하거나 목적채권의 일부에 대하여만 압류명령을 신청하는 때에는 그 범위

② 법 제224조제3항의 규정에 따라 가압류를 명한 법원이 있는 곳을 관할하는 지방법원에 채권압류를 신청하는 때에는 가압류결정서 사본과 가압류 송달증명을 붙여야 한다.

제160조【신청취하 등의 통지】 ① 압류명령의 신청이 취하되거나 압류명령을 취소하는 결정이 확정된 때에는 법원사무관등은 압류명령을 송달받은 제3채무자에게 그 사실을 통지하여야 한다.

② 추심명령·전부명령 또는 법 제241조제1항의 규정에 따른 명령의 신청이 취하되거나 이를 취소하는 결정이 확정된 때에도 제1항과 같다.

제161조【집행정지의 통지】 ① 추심명령이 있은 후 법 제49조제2호 또는 제4호의 서류가 제출된 때에는 법원사무관등은 압류채권자와 제3채무자에 대하여 그 서류가 제출되었다는 사실과 서류의 요지 및 위 서류의 제출에 따른 집행정지가 효력을 잃기 전에는 압류채권자는 채권의 추심을 하여서는 아니되고 제3채무자는 채권의 지급을 하여서는 아니된다는 취지를 통지하여야 한다.

② 법 제242조에 규정된 유체물의 인도청구권이나 권리이전청구권에 대하여 법 제243조제1항 또는 법 제244조제1항·제2항(제171조제1항·제2항의 규정에 따라 이 조항들이 준용되는 경우를 포함한다)의 명령이 있은 후 법 제49조제2호 또는 제4호의 서류가 제출된 경우에는 제1항의 규정을 준용한다.

제161조의2【채권자 승계에 따른 통지】 추심명령이 있은 후 제23조제1항에 따른 승계집행문이 붙은 집행권원의 정본이 제출된 때에는 법원사무관등은 제3채무자에게 그 서류가 제출되었다는 사실과 추심권이 승계인에게 이전된다는 취지를 통지하여야 한다.
(2020.12.28 본조신설)

제162조【추심신고의 방식】 ① 법 제236조제1항의 규정에 따른 신고는 다음 각호의 사항을 적은 서면으로 하여야 한다.
1. 사건의 표시
2. 채권자·채무자 및 제3채무자의 표시
3. 제3채무자로부터 지급받은 금액과 날짜

② 법 제236조제2항의 규정에 따른 신고는 제1항에 규정된 사항과 공탁사유 및 공탁한 금액을 적은 서면에 공탁서를 붙여서 하여야 한다.

제163조【채권의 평가】 ① 법원은 법 제241조제1항의 규정에 따른 명령을 하는 경우에 필요가 있다고 인정하는 때에는 감정인에게 채권의 가액을 평가하게 할 수 있다.

② 제1항의 감정인이 채권의 가액을 평가한 때에는 정하여진 날까지 그 평가결과를 서면으로 법원에 보고하여야 한다.

제164조【양도명령에 관한 금전의 납부와 교부】 ① 법 제241조제1항제1호의 규정에 따른 양도명령(다음부터 "양도명령"이라 한다)을 하는 경우에 법원이 정한 양도가액이 채권자의 채권과 집행비용의 액을 넘는 때에는 법원은 양도명령을 하기 전에 채권자에게 그 차액을 납부시켜야 한다.

② 법원은 양도명령이 확정된 때에는 제1항의 규정에 따라 납부된 금액을 채무자에게 교부하여야 한다. 채무자에 대한 교부절차에 관하여는 제82조의 규정을 준용한다.

제165조【매각명령에 따른 매각】 ① 법원은 압류된 채권의 매각대금으로 압류채권자의 채권에 우선하는 채권과 절차비용을 변제하면 남을 것이 없겠다고 인정하는 때에는 법 제241조제1항제2호의 규정에 따른 매각명령(다음부터 "매각명령"이라 한다)을 하여서는 아니된다.

② 집행관은 압류채권자의 채권에 우선하는 채권과 절차비용을 변제하고 남을 것이 있는 가격이 아니면 압류된 채권을 매각하여서는 아니된다.

③ 집행관은 대금을 지급받은 후가 아니면 매수인에게 채권증서를 인도하거나 법 제241조제5항의 통지를 하여서는 아니된다.

④ 집행관은 매각절차를 마친 때에는 바로 매각대금과 매각에 관한 조서를 법원에 제출하여야 한다.

제166조【그 밖의 방법에 따른 현금화명령】 법 제241조제1항제4호의 규정에 따라 법원이 그 밖에 적당한 방법으로 현금화를 명하는 경우와 그 명령에 따른 현금화절차에는 제164조·제165조의 규정을 준용한다.

제167조【저당권이전등기 등의 촉탁】 ① 저당권이 있는 채권에 관하여 전부명령이나 양도명령이 확정된 때 또는 매각명령에 따른 매각을 마친 때에는 법원사무관등은 신청에 따라 등기관에게 다음 각호의 사항을 촉탁하여야 한다.
1. 채권을 취득한 채권자 또는 매수인 앞으로 저당권을 이전하는 등기
2. 법 제228조의 규정에 따른 등기의 말소

② 제1항의 규정에 따른 촉탁은 전부명령이나 양도명령의 정본 또는 매각조서의 등본을 붙인 서면으로 하여야 한다.

③ 제1항의 촉탁에 관한 비용은 채권을 취득한 채권자 또는 매수인이 부담한다.

④ 법 제228조의 규정에 따른 등기가 된 경우 압류된 채권이 변제 또는 공탁에 따라 소멸되었음을 증명하는 문서가 제출된 때에는 법원사무관등은 신청에 따라 그 등기의 말소를 촉탁하여야 한다. 압류명령신청이 취하되거나 압류명령의 취소결정이 확정된 때에도 같다.

⑤ 제4항의 규정에 따른 촉탁비용은 그 전문의 경우에는 채무자가, 그 후문의 경우에는 압류채권자가 각기 부담한다.

제168조【저당권이전등기 등의 촉탁을 신청할 때 제출할 문서 등】 ① 전부명령 또는 양도명령이 확정된 경우에 제167조제1항의 신청을 하는 때에는, 기록상 분명한 경우가 아니면, 압류된 채권에 관하여 위 명령이 제3채무자에게 송달될 때까지 다른 압류 또는 가압류의 집행이 없다는 사실을 증명하는 문서를 제출하여야 한다.

② 채권을 취득한 채권자는 제1항의 문서를 제출하기 어려운 사정이 있는 때에는 제3채무자로 하여금 전부명령 또는 양도명령이 제3채무자에게 송달될 때까지 다른 압류 또는 가압류의 집행이 있었는지 여부에 관하여 진술하게 하도록 법원에 신청할 수 있다.

③ 제3채무자가 제2항에 규정된 진술을 게을리하는 때에는 법원은 제3채무자를 심문할 수 있다.

제169조【유체동산 매각대금의 처리 등】 집행관이 법 제243조제3항의 규정에 따라 유체동산을 현금화한 경우에는 제165조제4항의 규정을 준용한다.

제170조【인도 또는 권리이전된 부동산의 집행】 법 제244조의 규정에 따라 인도 또는 권리이전된 부동산의 강제집행에 대하여는 부동산 강제집행에 관한 규정을 적용한다.

제171조【선박 등 청구권에 대한 집행】 ① 선박 또는 항공기의 인도청구권에 대한 압류에 관하여는 법 제244조제1항·제4항의 규정을, 선박·항공기·자동차 또는 건설기계의 권리이전청구권에 대한 압류에 관하여는 법 제244조제2항 내지 제4항의 규정을 준용한다.

② 자동차 또는 건설기계의 인도청구권에 대한 압류에 관하여는 법 제243조제1항·제2항의 규정을 준용한다.

③ 제1항 또는 제2항의 규정에 따라 인도 또는 권리이전된 선박·항공기·자동차 또는 건설기계의 강제집행에 대하여는 선박·항공기·자동차 또는 건설기계 강제집행에 관한 규정을 각기 적용한다.

제172조【제3채무자 등의 공탁신고의 방식】 ① 법 제248조제4항의 규정에 따른 신고는 다음 각호의 사항을 적은 서면으로 하여야 한다.
1. 사건의 표시
2. 채권자·채무자 및 제3채무자의 이름
3. 공탁사유와 공탁한 금액

② 제1항의 서면에는 공탁서를 붙여야 한다. 다만, 법 제248조제4항 단서에 규정된 사람이 신고하는 때에는 그러하지 아니하다.

③ 압류된 채권에 관하여 다시 압류명령 또는 가압류명령이 송달된 경우에 제1항의 신고는 먼저 송달된 압류명령을 발령한 법원에 하여야 한다.

제173조【부동산강제집행규정의 준용】 채권에 대한 강제집행의 배당요구에 관하여는 제48조의 규정을, 매각명령에 따른 집행관의 매각에는 제59조의 규정을, 관리명령에는 그 성질에 어긋나지 아니하는 범위안에서 제2절제3관의 규정을 준용한다.

제174조【그 밖의 재산권에 대한 집행】 법 제251조제1항에 규정된 재산권(다음부터 "그 밖의 재산권"이라 한다)에 대한 강제집행에는 그 성질에 어긋나지 아니하는 범위안에서 제159조 내지 제173조의 규정을 준용한다.

제175조【등기 또는 등록이 필요한 그 밖의 재산권에 대한 집행】 ① 권리이전에 등기 또는 등록(다음부터 이 조문안에서 "등기등"이라 한다)이 필요한 그 밖의 재산권에 대한 압류명령신청서에는 집행력 있는 정본외에 권리에 관한 등기사항증명서 또는 등록원부의 등본이나 초본을 붙여야 한다.(2011.9.28 본항개정)

② 제1항의 그 밖의 재산권에 대한 강제집행에 관하여는 그 등기등을 하는 곳을 관할하는 지방법원을 법 제251조제1항에서 준용하는 법 제224조제2항의 집행법원으로 한다.

③ 제1항의 그 밖의 재산권에 관하여 압류의 등기등이 압류명령의 송달 전에 이루어진 경우에는 압류의 효력은 압류의 등기등이 된 때에 발생한다. 다만, 그 밖의 재산권으로 권리 처분의 제한에 관하여 등기등을 하지 아니하면 효력이 생기지 아니하는 것에 대한 압류의 효력은 압류의 등기등이 압류명령의 송달 뒤에 된 때에도 압류의 등기등이 된 때에 발생한다.

④ 제1항의 그 밖의 재산권에 관하여 압류의 효력 발생 전에 등기등이 된 담보권으로서 매각으로 소멸하는 것이 설정되어 있는 때에는, 법원사무관등은 담보권자에게 압류사실을 통지하고 그 담보권의 피담보채권의 현존액을 신고할 것을 최고하여야 한다.

⑤ 제1항의 그 밖의 재산권에 대한 강제집행에는 법 제94조 내지 법 제96조, 법 제141조 및 법 제144조의 규정을 준용한다.

제3관 예탁유가증권에 대한 강제집행

제176조【예탁유가증권집행의 개시】 「자본시장과 금융투자업에 관한 법률」 제309조제2항의 규정에 따라 한국예탁결제원(다음부터 "예탁결제원"이라 한다)에 예탁된 유가증권(같은 법 제310조제4항의 규정에 따라 예탁결제원에 예탁된 것으로 보는 경우를 포함한다. 다음부터 "예탁유가증권"이라 한다)에 대한 강제집행(다음부터 "예탁유가증권집행"이라 한다)은 예탁유가증권에 관한 공유지분(다음부터 "예탁유가증권지분"이라 한다)에 대한 법원의 압류명령에 따라 개시한다.(2013.11.27 본조개정)

제177조【압류명령】 법원이 예탁유가증권지분을 압류하는 때에는 채무자에 대하여는 계좌대체청구·「자본시장과 금융투자업에 관한 법률」 제312조제2항에 따른 증권반환청구, 그 밖의 처분을 금지하고, 채무자가 같은 법 제309조제2항에 따른 예탁자(다음부터 "예탁자"라 한다)인 경우에는 예탁결제원에 대하여, 채무자가 고객인 경우에는 예탁자에 대하여 계좌대체와 증권의 반환을 금지하여야 한다.(2013.11.27 본조개정)

제178조【예탁원 또는 예탁자의 진술의무】 압류채권자는 예탁결제원 또는 예탁자로 하여금 압류명령의 송달을 받은 날부터 1주 안에 서면으로 다음 각호의 사항을 진술하게 할 것을 법원에 신청할 수 있다.
(2013.11.27 본문개정)
1. 압류명령에 표시된 계좌가 있는지 여부
2. 제1호의 계좌에 압류명령에 목적물로 표시된 예탁유가증권지분이 있는지 여부 및 있다면 그 수량
3. 위 예탁유가증권지분에 관하여 압류채권자에 우선하는 권리를 가지는 사람이 있는 때에는 그 사람의 표시 및 그 권리의 종류와 우선하는 범위
4. 위 예탁유가증권지분에 관하여 다른 채권자로부터 압류·가압류 또는 가처분의 집행이 되어 있는지 여부 및 있다면 그 명령에 관한 사건의 표시·채권자의 표시·송달일과 그 집행의 범위
5. 위 예탁유가증권지분에 관하여 신탁재산인 뜻의 기재가 있는 때에는 그 사실

제179조【예탁유가증권지분의 현금화】 ① 법원은 압류채권자의 신청에 따라 압류된 예탁유가증권지분에 관하여 법원이 정한 값으로 지급함에 갈음하여 압류채권자에게 양도하는 명령(다음부터 "예탁유가증권지분양도명령"이라 한다) 또는 추심에 갈음하여 법원이 정한 방법으로 매각하도록 집행관에게 명하는 명령(다음부터 "예탁유가증권지분매각명령"이라 한다)을 하거나 그 밖에 적당한 방법으로 현금화하도록 명할 수 있다.

② 제1항의 신청에 관한 재판에 대하여는 즉시항고를 할 수 있다.
③ 제1항의 규정에 따른 재판은 확정되어야 효력이 있다.

제180조【예탁유가증권지분양도명령】 ① 예탁유가증권지분양도명령의 신청서에는 채무자의 계좌를 관리하는 예탁결제원 또는 예탁자에 개설된 압류채권자의 계좌번호를 적어야 한다.
② 예탁유가증권지분양도명령이 확정된 때에는 법원사무관등은 제1항의 예탁결제원 또는 예탁자에 대하여 양도명령의 대상인 예탁유가증권지분에 관하여 압류채권자의 계좌로 계좌대체의 청구를 하여야 한다.
③ 제2항의 규정에 따른 계좌대체청구를 받은 예탁결제원 또는 예탁자는 그 취지에 따라 계좌대체를 하여야 한다. 다만, 제182조제2항에서 준용하는 법 제229조제5항의 규정에 따라 예탁유가증권지분양도명령의 효력이 발생하지 아니한 사실을 안 때에는 그러하지 아니하다.
(2013.11.27 본조개정)

제181조【예탁유가증권지분매각명령】 ① 법원이 집행관에 대하여 예탁유가증권지분매각명령을 하는 경우에 채무자가 고객인 때에는 채무자의 계좌를 관리하는 투자매매업자나 투자중개업자(다음부터 "투자매매업자 등"이라 한다)에게, 채무자가 예탁자인 때에는 그 채무자를 제외한 다른 투자매매업자 등에게 매각일의 시장가격이나 그 밖의 적정한 가액으로 매각을 위탁할 것을 명하여야 한다.(2013.11.27 본항개정)
② 채무자가 예탁자인 경우에 집행관은 제1항의 예탁유가증권지분매각명령을 받은 때에는 투자매매업자등(채무자가 투자매매업자 등인 경우에는 그 채무자를 제외한 다른 투자매매업자 등)에 그 명의의 계좌를 개설하고, 예탁결제원에 대하여 압류된 예탁유가증권지분에 관하여 그 계좌로 계좌대체의 청구를 하여야 한다.(2013.11.27 본항개정)
③ 제2항의 규정에 따라 집행관으로부터 계좌대체청구를 받은 예탁결제원은 그 청구에 따라 집행관에게 계좌대체를 하여야 한다.(2013.11.27 본항개정)
④ 제1항의 규정에 따른 매각위탁을 받은 투자매매업자 등은 위탁의 취지에 따라 그 예탁유가증권지분을 매각한 뒤, 매각한 예탁유가증권지분에 관하여는 매수인의 계좌로 계좌대체 또는 계좌대체의 청구를 하고 매각대금에서 조세, 그 밖의 공과금과 위탁수수료를 뺀 나머지를 집행관에게 교부하여야 한다.
(2013.11.27 본항개정)
⑤ 집행관이 제1항의 규정에 따른 매각위탁과 제2항의 규정에 따른 계좌대체청구를 하는 경우에는 예탁유가증권지분매각명령등본과 그 확정증명을, 제2항의 규정에 따른 계좌대체청구를 하는 경우에는 그 명의의 계좌가 개설되어 있음을 증명하는 서면을 각기 붙여야 한다.

제182조【채권집행규정 등의 준용】 ① 예탁유가증권집행에 관하여는 제48조, 제159조, 제160조제1항, 제161조제1항, 법 제188조제2항, 법 제224조, 법 제225조, 법 제226조, 법 제227조제2항 내지 제4항, 법 제234조, 법 제235조, 법 제237조제2항·제3항, 법 제239조 및 법 제247조의 규정을, 예탁유가증권집행에 관하여 법원이 실시하는 배당등의 절차에 관하여는 법 제2편제2장제4절제4관, 법 제149조, 법 제150조 및 법 제219조의 규정을 각 준용한다. 이 경우 제159조제1항제1호, 제160조제1항, 제161조제1항, 법 제224조제2항, 법 제226조, 법 제227조제2항·제3항, 법 제237조제2항·제3항 및 법 제247조에 "제3채무자"라고 규정된 것은 "예탁원 또는 예탁자"로 본다.
② 예탁유가증권지분양도명령과 예탁유가증권지분매각명령에 관하여는 제163조의 규정을, 예탁유가증권지분양도명령에 관하여는 제164조, 법 제229조제5항 및 법 제231조의 규정을, 예탁유가증권지분양도명령에 대한 즉시항고에 관하여는 법 제229조제8항의 규정을, 예탁유가증권지분매각명령에 관하여는 제59조와 제165조제1항·제4항의 규정을 각 준용한다. 이 경우 제163조제1항에 "법 제241조제1항"이라고 규정된 것은 "제179조제1항"으로, 법 제229조제5항과 법 제231조에 "제3채무자"라고 규정된 것은 "예탁원 또는 예탁자"로 본다.

제3관의2 전자등록주식등에 대한 강제집행
(2019.9.17 본관신설)

제182조의2【전자등록주식등집행의 개시】 「주식·사채 등의 전자등록에 관한 법률」 제2조4호에 따른 전자등록주식등(다음부터 "전자등록주식등"이라 한다)에 대한 강제집행은 전자등록주식등에 대한 법원의 압류명령에 따라 개시한다.

제182조의3【압류명령】 법원이 전자등록주식등을 압류하는 때에는 채무자에 대하여는 「주식·사채 등의 전자등록에 관한 법률」 제30조에 의한 계좌대체의 전자등록신청, 같은 법 제33조에 따른 말소등록의 신청이나 추심·그 밖의 처분을 금지하고, 채무자가 같은 법 제23조제1항에 따른 계좌관리기관등(다음부터 "계좌관리기관등"이라 한다)인 경우에는 같은 법 제2조제6호에 따른 전자등록기관(다음부터 "전자등록기관"이라 한다)에 대하여, 채무자가 고객인 경우에는 같은 법 제2조제7호의 규정에 따른 계좌관리기관(다음부터 "계좌관리기관"이라 한다)에 대하여 「주식·사채 등의 전자등록에 관한 법률」에 따른 계좌대체와 말소를 금지하여야 한다.

제182조의4【전자등록기관 또는 계좌관리기관의 진술의무】 압류채권자는 전자등록기관 또는 계좌관리기관으로 하여금 압류명령의 송달을 받은 날부터 1주일 안에 서면으로 다음 각 호의 사항을 진술하게 할 것을 법원에 신청할 수 있다.
1. 압류명령에 표시된 계좌가 있는지 여부
2. 제1호의 계좌에 압류명령에 목적물로 표시된 전자등록주식등이 있는지 여부 및 있다면 그 수량
3. 위 전자등록주식등에 관하여 압류채권자에 우선하는 권리를 가지는 사람이 있는 때에는 그 사람의 표시 및 그 권리의 종류와 우선하는 범위
4. 위 전자등록주식등에 관하여 다른 채권자로부터 압류·가압류 또는 가처분의 집행이 되어 있는지 여부 및 있다면 그 명령에 관한 사건의 표시·채권자의 표시·송달일과 그 집행의 범위
5. 위 전자등록주식등에 관하여 신탁재산인 뜻의 기재가 있는 때에는 그 사실

제182조의5【전자등록주식등의 현금화】 ① 법원은 압류채권자의 신청에 따라 압류된 전자등록주식등에 관하여 법원이 정한 값으로 지급함에 갈음하여 압류채권자에게 양도하는 명령(다음부터 "전자등록주식등양도명령"이라 한다) 또는 추심에 갈음하여 법원이 정한 방법으로 매각하도록 집행관에게 명하는 명령(다음부터 "전자등록주식등매각명령"이라 한다)을 하거나 그 밖에 적당한 방법으로 현금화하도록 명할 수 있다.
② 제1항의 신청에 관한 재판에 대하여는 즉시항고를 할 수 있다.
③ 제1항의 규정에 따른 재판은 확정되어야 효력이 있다.

제182조의6【전자등록주식등양도명령】 ① 전자등록주식등양도명령의 신청서에는 채무자의 계좌를 관리하는 전자등록기관 또는 계좌관리기관에 개설된 압류채권자의 계좌번호를 적어야 한다.
② 전자등록주식등양도명령이 확정된 때에는 법원사무관등은 제1항의 전자등록기관 또는 계좌관리기관에 대하여 양도명령의 대상인 전자등록주식등에 관하여 압류채권자의 계좌로 계좌대체의 청구를 하여야 한다.
③ 제2항의 규정에 따른 계좌대체청구를 받은 전자등록기관 또는 계좌관리기관은 그 취지에 따라 계좌대체를 하여야 한다. 다만, 제182조의9제2항에서 준용하는 법 제229조제5항의 규정에 따라 전자등록주식등양도명령의 효력이 발생하지 아니한 사실을 안 때에는 그러하지 아니하다.

제182조의7【전자등록주식등매각명령】 ① 법원이 집행관에 대하여 전자등록주식등매각명령을 하는 경우에 채무자가 고객인 때에는 채무자의 계좌를 관리하는 계좌관리기관에게, 채무자가 계좌관리기관등인 때에는 그 채무자를 제외한 다른 계좌관리기관에게 매각일의 시장가격이나 그 밖의 적정한 가액으로 매각을 위탁할 것을 명하여야 한다.
② 채무자가 계좌관리기관등인 경우에 집행관은 제1항의 전자등록주식등매각명령을 받은 때에는 계좌관리기관(채무자가 계좌관리기관인 경우에는 그 채무자를 제외한 다른 계좌관리기관)에 그 명의의 계좌를 개설하고, 전자등록기관에 대하여 압류된 전자등록주식등에 관하여 그 계좌로 계좌대체의 청구를 하여야 한다.
③ 제2항의 규정에 따라 집행관으로부터 계좌대체청구를 받은 전자등록기관은 그 청구에 따라 집행관에게 계좌대체를 하여야 한다.
④ 제1항의 규정에 따른 매각위탁을 받은 계좌관리기관은 위탁의 취지에 따라 그 전자등록주식등을 매각한 뒤, 매각한 전자등록주식등에 관하여는 매수인의 계좌로 계좌대체 또는 계좌대체의 청구를 하고 매각대금에서 조세, 그 밖의 공과금과 위탁수수료를 뺀 나머지를 집행관에게 교부하여야 한다.
⑤ 집행관이 제1항의 규정에 따른 매각위탁과 제2항의 규정에 따른 계좌대체청구를 하는 경우에는 전자등록주식등매각명령등본과 그 확정증명을, 제2항의 규정에 따른 계좌대체청구를 하는 경우에는 그 명의의 계좌가 개설되어 있음을 증명하는 서면을 각기 붙여야 한다.

제182조의8【전자등록기관 또는 계좌관리기관의 공탁】 ① 전자등록주식등 중 사채, 국채, 지방채, 그 밖에 이와 유사한 것으로서 원리금지급청구권이 있는 것(다음부터 "전자등록사채등"이라 한다)이 압류된 경우 그 만기 도래, 그 밖의 사유로 발행인으로부터 원리금을 수령한 전자등록기관 또는 계좌관리기관은 채무자에게 수령한 원리금 중 압류된 부분에 해당하는 금액을 지급할 수 없고, 위 금액을 지체 없이 공탁하여야 한다. 다만 압류에 관련된 전자등록사채등에 관하여 수령한 금액 전액을 공탁할 수 있다.
② 전자등록사채등 중 압류되지 아니한 부분을 초과하여 거듭 압류명령 또는 가압류명령이 내려진 경우에 그 명령을 송달받은 전자등록기관 또는 계좌관리기관이 제1항에 따른 금액을 수령한 때에는 수령한 금액 전액을 지체 없이 공탁하여야 한다.
③ 제1항·제2항에 따른 공탁은 법 제248조에 따른 공탁에 준하는 것으로 본다.
④ 전자등록기관 또는 계좌관리기관이 제1항·제2항에 따라 공탁한 때에는 그 사유를 법원에 신고하여야 한다. 다만, 상당한 기간 이내에 신고가 없는 때에는 압류채권자, 가압류채권자, 배당에 참가한 채권자, 채무자, 그 밖의 이해관계인이 그 사유를 법원에 신고할 수 있다.
⑤ 제4항의 신고에는 제172조를 준용한다. 이 경우 제172조의 "제3채무자"라고 규정된 것은 "전자등록기관 또는 계좌관리기관"으로, "법 제248조제4항"이라고 규정된 것은 "제182조의8제4항"으로 본다.

제182조의9【채권집행규정 등의 준용】 ① 전자등록주식등집행에 관하여는 제48조, 제159조, 제160조제1항, 제161조제1항, 법 제188조제2항, 법 제224조, 법 제225조, 법 제226조, 법 제227조제2항·제3항·제4항, 법 제234조, 법 제235조, 법 제237조제2항·제3항 및 법 제247조(다만, 제1항제2호는 제외한다)의 규정을, 전자등록주식등집행에 관하여 법원이 실시하는 배당등의 절차에 관하여는 법 제2편제2장제4절제4관(법 제252조제2호전단은 제외한다), 법 제149조, 법 제150조 및 법 제219조의 규정을 각각 준용한다. 이 경우 제159조제1항제1호, 제160조제1항, 제161조제1항, 법 제224조제2항, 법 제226조, 법 제227조제2항·제3항, 법 제237조제2항·제3항 및 법 제247조에 "제3채무자"라고 규정된 것은 각 "전자등록기관 또는 계좌관리기관"으로 본다.
② 전자등록주식등양도명령과 전자등록주식등매각명령에 관하여는 제163조의 규정을, 전자등록주식등양도명령에 관하여는 제164조, 법 제229조제5항 및 법 제231조의 규정을, 전자등록주식등양도명령에 대한 즉시항고에 관하여는 법 제229조제8항의 규정을, 전자등록주식등매각명령에 관하여는 제59조와 제165조제1항·제4항의 규정을 각각 준용한다. 이 경우 제163조제1항에 "법 제241조제1항"이라고 규정된 것은 "제182조의5제1항"으로, 법 제229조제5항 및 법 제231조에 "제3채무자"라고 규정된 것은 각 "전자등록기관 또는 계좌관리기관"으로 본다.

제4관 배당절차

제183조【배당절차의 개시】 법원은 법 제252조의 경우외에도 제169조의 규정에 따라 집행관이 현금화된 금전을 제출한 때에는 배당절차를 개시한다.

제184조【배당에 참가할 채권자의 조사】 ① 제183조와 법 제252조의 규정에 따라 배당절차를 개시하는 경우에 집행법원은 제3채무자, 등기·등록관서, 그 밖에 적당하다고 인정되는 사람에게 조회하는 등의 방법으로 그 채권이나 그 밖의 재산권에 대하여 다른 압류명령이나 가압류명령이 있는지 여부를 조사할 수 있다.
② 제1항의 조사결과 다른 법원에서 압류명령이나 가압류명령을 한 사실이 밝혀진 때에는 집행법원은 그 법원에 대하여 사건기록을 보내도록 촉탁하여야 한다.

제185조【부동산강제집행규정의 준용 등】 ① 제183조와 법 제252조의 규정에 따른 배당절차에는 제82조와 법 제145조제2항의 규정을 준용한다.
② 법 제253조의 규정에 따른 최고는 법원사무관등으로 하여금 그 이름으로 하게 할 수 있다.

제3장 금전채권 외의 채권에 기초한 강제집행

제186조【동산인도청구의 집행】 ① 집행관은 법 제257조에 규정된 강제집행의 장소에 채권자 또는 그 대리인이 출석하지 아니한 경우에 목적물의 종류·수량 등을 고려하여 부득이하다고 인정하는 때에는 강제집행의 실시를 유보할 수 있다.
② 집행관은 제1항의 강제집행의 장소에 채권자 또는 그 대리인이 출석하지 아니한 경우에 채무자로부터 목적물을 빼앗은 때에는 이를 보관하여야 한다.
③ 법 제257조에 규정된 강제집행에 관하여는 제133조와 법 제258조제3항 내지 제6항의 규정을 준용한다.

제187조【인도집행 종료의 통지】 법 제257조 또는 법 제258조의 규정에 따른 인도집행을 마친 때에는 집행관은 채무자에게 그 취지를 통지하여야 한다.

제188조【부동산 등 인도청구의 집행시 취한 조치의 통지】 집행관은 법 제258조의 규정에 따라 강제집행을 한 경우에 그 목적물안에 압류·가압류 또는 가처분의 집행이 된 동산이 있었던 때에는 그 집행을 한 집행관에게 그 취지와 그 동산에 대하여 취한 조치를 통지하여야 한다.

제189조【부동산 등 인도청구의 집행조서】 법 제258조의 규정에 따라 강제집행을 한 때에 작성하는 조서에는 제6조와 법 제10조제2항·제3항에 규정된 사항 외에 다음 각호의 사항을 적어야 한다.

1. 강제집행의 목적물이 아닌 동산을 법 제258조제3항·제4항에 규정된 사람에게 인도한 때에는 그 취지
2. 집행관이 위의 동산을 보관한 때에는 그 취지와 보관한 동산의 표시

제190조【목적물을 제3자가 점유하는 경우】 법 제259조에 규정된 강제집행절차에 관하여는 제159조, 제160조제1항, 제161조, 법 제224조, 법 제226조, 법 제227조, 법 제234조 및 법 제237조 내지 제239조의 규정을 준용한다.

제191조【간접강제】 ① 법 제261조제1항의 규정에 따른 결정을 한 제1심 법원은 사정의 변경이 있는 때에는 채권자 또는 채무자의 신청에 따라 그 결정의 내용을 변경할 수 있다.

② 제1항의 규정에 따라 결정을 하는 경우에는 신청의 상대방을 심문하여야 한다.

③ 제1항의 규정에 따른 결정에 대하여는 즉시항고를 할 수 있다.

제3편 담보권 실행 등을 위한 경매

제192조【신청서의 기재사항】 담보권 실행을 위한 경매, 법 제273조의 규정에 따른 담보권 실행이나 권리행사 제201조에 규정된 예탁유가증권에 대한 담보권 실행 또는 제201조의2에 규정된 전자등록주식등에 대한 담보권 실행(다음부터 "경매등"이라 한다)을 위한 신청서에는 다음 각호의 사항을 적어야 한다.
(2019.9.17 본문개정)

1. 채권자·채무자·소유자(광업권·어업권, 그 밖에 부동산에 관한 규정이 준용되는 권리를 목적으로 하는 경매의 신청, 법 제273조의 규정에 따른 담보권 실행 또는 권리행사의 신청 제201조에 규정된 예탁유가증권에 대한 담보권 실행 신청 및 제201조의2에 규정된 전자등록주식등에 대한 담보권 실행 신청의 경우에는 그 목적인 권리의 권리자를 말한다. 다음부터 이 편 안에서 같다)와 그 대리인의 표시
(2019.9.17 본호개정)
2. 담보권과 피담보채권의 표시
3. 담보권 실행 또는 권리행사의 대상인 재산의 표시
4. 피담보채권의 일부에 대하여 담보권 실행 또는 권리행사를 하는 때에는 그 취지와 범위

제193조【압류채권자 승계의 통지】 경매등이 개시된 후 압류채권자가 승계되었음을 증명하는 문서가 제출된 때에는 법원사무관등 또는 집행관은 채무자와 소유자에게 그 사실을 통지하여야 한다.

제194조【부동산에 대한 경매】 부동산을 목적으로 하는 담보권 실행을 위한 경매에는 제40조 내지 제82조의 규정을 준용한다. 다만, 매수인이 매각대금을 낸 뒤에 화해조서의 정본 또는 공정증서의 정본인 법 제266조제1항제4호의 서류가 제출된 때에는 그 채권자를 배당에서 제외한다.

제195조【선박에 대한 경매】 ① 선박을 목적으로 하는 담보권 실행을 위한 경매 신청서에는 제192조에 규정된 사항 외에 선박의 정박항 및 선장의 이름과 현재지를 적어야 한다.

② 법원은 경매신청인의 신청에 따라 신청인에게 대항할 수 있는 권원을 가지지 아니한 선박의 점유자에 대하여 선박국적증서등을 집행관에게 인도할 것을 명할 수 있다.

③ 제2항의 신청에 관한 재판에 대하여는 즉시항고를 할 수 있다.

④ 제2항의 규정에 따른 결정은 상대방에게 송달되기 전에도 집행할 수 있다.

⑤ 선박을 목적으로 하는 담보권 실행을 위한 경매에는 제95조제2항 내지 제104조 및 제194조의 규정을 준용한다.

제196조【항공기에 대한 경매】 항공기를 목적으로 하는 담보권 실행을 위한 경매에는 제106조, 제107조, 제195조(다만, 제5항을 제외한다) 및 법 제264조 내지 법 제267조의 규정을 준용한다. 이 경우 제195조제1항 중 "정박항 및 선장의 이름과 현재지를 적어야 한다"는 "정류 또는 정박하는 장소를 적어야 한다"로 고쳐 적용하며, 제195조제2항에 "선박국적증서"라고 규정된 것은 "항공기등록증명서"로 본다.

제197조【자동차에 대한 경매】 ① 자동차를 목적으로 하는 담보권 실행을 위한 경매(「자동차 등 특정 동산 저당법」 제8조 규정에 따른 양도명령을 포함한다)를 신청하는 때에는 제192조에 규정된 사항외에 자동차등록원부에 기재된 사용본거지를 적고, 자동차등록원부등본을 붙여야 한다.(2019.12.26 본항개정)

② 제1항의 규정에 따른 경매에는 제108조, 제109조, 제111조 내지 제129조, 제195조제2항 내지 제4항 및 법 제264조 내지 법 제267조의 규정을 준용한다. 이 경우 제111조 내지 제113조, 제115조, 제123조, 제126조 및 제127조에 "채무자"라고 규정된 것은 "소유자"로 보며, 제195조제2항에 "선박의"라고 규정된 것은 "자동차의"로, 같은 항에 "선박국적증서등"이라고 규정된 것은 "자동차"로 본다.

제198조【건설기계·소형선박에 대한 경매】 건설기계·소형선박을 목적으로 하는 담보권 실행을 위한 경매(「자동차 등 특정동산 저당법」 제8조의 규정에 따른 양도명령을 포함한다)에는 제197조의 규정을 준용한다. 이 경우 "자동차등록원부"는 각 "건설기계등록원부", "선박원부·어선원부·수상레저기구등록원부"로 보며, "사용본거지"는 소형선박에 대하여는 "선적항" 또는 "보관장소"로 본다.(2010.10.4 전단개정)

제199조【유체동산에 대한 경매】 ① 유체동산을 목적으로 하는 담보권 실행을 위한 경매신청서에는 제192조에 규정된 사항외에 경매의 목적물인 유체동산이 있는 장소를 적어야 한다.

② 유체동산에 대한 경매에는 이 규칙 제2편제2장제7절제1관(다만, 제131조, 제132조 및 제140조제1항을 제외한다)의 규정과 법 제188조제3항 및 제2편제2장제4절제4관의 규정을 준용한다.(2013.11.27 본항개정)

제200조【채권, 그 밖의 재산권에 대한 담보권의 실행】 ① 법 제273조제1항·제2항의 규정에 따른 담보권 실행 또는 권리행사를 위한 신청서에는 제192조에 규정된 사항외에 제3채무자가 있는 경우에는 이를 표시하여야 한다.

② 제1항의 규정에 따른 절차에는 제160조 내지 제175조, 법 제264조 내지 법 제267조 및 법 제2편제2장제4절제4관의 규정을 준용한다.

제201조【예탁유가증권에 대한 담보권의 실행】 ① 예탁원 또는 예탁자는 예탁유가증권지분에 관한 질권자의 청구가 있는 때에는 그 이해관계있는 부분에 관한 예탁자계좌부 또는 고객계좌부의 사본을 교부하여야 한다.

② 예탁유가증권에 대한 질권의 실행을 위한 신청서에는 그 질권에 관한 기재가 있는 예탁자계좌부 또는 고객계좌부의 사본을 붙여야 한다.

③ 예탁유가증권에 대한 담보권의 실행절차에 관하여는 제2편제2장제7절제3관(다만, 제182조에서 준용하는 제159조와 법 제188조제2항을 제외한다), 제200조제1항, 법 제265조 내지 법 제267조, 법 제273조제1항 및 법 제275조의 규정을 준용한다. 이 경우 제200조제1항에 "제3채무자"라고 규정된 것은 "예탁원 또는 예탁자"로 본다.

제201조의2【전자등록주식등에 대한 담보권의 실행】 ① 전자등록기관 또는 계좌관리기관은 전자등록주식등에 관한 질권자의 청구가 있는 때에는 그 이해관계 있는 부분에 관한 계좌관리기관등 자기계좌부 또는 고객계좌부의 사본을 교부하여야 한다.

② 전자등록주식등에 대한 질권의 실행을 위한 신청서에는 그 질권에 관한 기재가 있는 계좌관리기관등 자기계좌부 또는 고객계좌부의 사본을 붙여야 한다.

③ 전자등록주식등에 대한 담보권의 실행절차에 관하여는 제2편제2장제7절제3관의2(다만, 제182조의9에서 준용하는 제159조와 법 제188조제2항을 제외한다), 제200조제1항, 법 제265조, 법 제266조, 법 제267조, 법 제273조제1항 및 법 제275조의 규정을 각각 준용한다. 이 경우 제200조제1항에 "제3채무자"라고 규정된 것은 "전자등록기관 또는 계좌관리기관"으로 본다.
(2019.9.17 본조신설)

제202조【강제집행규정의 준용】 이 편에 규정된 경매등 절차에는 그 성질에 어긋나지 아니하는 범위 안에서 제2편제1장의 규정을 준용한다.

제4편 보전처분

제203조【신청의 방식】 ① 다음 각호의 신청은 서면으로 하여야 한다.

1. 보전처분의 신청
2. 보전처분의 신청을 기각 또는 각하한 결정에 대한 즉시항고
3. 보전처분에 대한 이의신청
4. 본안의 제소명령신청
5. 보전처분의 취소신청
6. 보전처분의 집행신청(다만, 등기나 등록의 방법 또는 제3채무자나 이에 준하는 사람에게 송달하는 방법으로 집행하는 경우는 제외한다)(2014.7.1 단서신설)
7. 제3호·제5호의 신청에 관한 결정에 대한 즉시항고
(2005.7.28 본호신설)

② 제1항의 신청서에는 신청의 취지와 이유 및 사실상의 주장을 소명하기 위한 증거 방법을 적어야 한다.
(2005.7.28 본항개정)

제203조의2【신청취하】 ① 제203조제1항제1호·제2호·제6호·제7호 신청의 취하는 서면으로 하여야 한다. 다만, 변론기일 또는 심문기일에서는 말로 할 수 있다.

② 제1항의 취하가 있는 때에는 법원사무관등은 변론기일 또는 심문기일의 통지를 받은 채권자 또는 채무자에게 그 취지를 통지하여야 한다.
(2005.7.28 본조신설)

제203조의3【결정서를 적는 방법】 ① 제203조제1항제2호·제7호의 신청에 대한 결정의 이유를 적을 때에는 제1심 결정을 인용할 수 있다.

② 제203조제1항제3호·제5호의 신청에 대한 결정의 이유를 적을 때에는 보전처분의 신청에 대한 결정을 인용할 수 있다.
(2005.7.28 본조신설)

제203조의4【결정의 송달】 제203조제1항제1호·제2호·제3호·제5호·제7호의 신청에 대한 결정은 당사자에게 송달하여야 한다.(2005.7.28 본조신설)

제204조【담보제공방식에 관한 특례】 채권자가 부동산·자동차 또는 채권에 대한 가압류신청을 하는 때에는 미리 은행등과 지급보증위탁계약을 맺은 문서를 제출하고 이에 대하여 법원의 허가를 받는 방법으로 민사소송규칙 제22조의 규정에 따른 담보제공을 할 수 있다.

제205조 (2005.7.28 삭제)

제206조【이의신청서 등의 송달】 ① 법 제287조제1항(법 제301조의 규정에 따라 준용되는 경우를 포함한다)의 규정에 따른 명령은 채권자에게 송달하여야 한다.

② 법 제283조제1항, 제288조제1항(법 제301조의 규정에 따라 준용되는 경우를 포함한다)의 규정에 따른 신청이 있는 때에는 그 신청서 부본을 채권자에게 송달하여야 한다.(2005.7.28 본항개정)
(2005.7.28 본조제목개정)

제207조【가압류를 위한 강제관리】 강제관리의 방법으로 하는 부동산에 대한 가압류에는 제46조, 제83조 내지 제87조 및 제90조의 규정을 준용한다.

제208조【선박에 대한 가압류】 선박에 대한 가압류에는 제95조, 제96조 및 제100조 내지 제103조의 규정을 준용한다.

제209조【항공기에 대한 가압류】 항공기에 대한 가압류는 선박에 대한 가압류의 예에 따라 실시한다. 이 경우에는 제106조 후문의 규정을 준용한다.

제210조【자동차에 대한 가압류】 ① 자동차에 대한 가압류는 아래 제2항 내지 제4항에서 정하는 사항 외에는 부동산에 대한 가압류(강제관리의 방법은 제외한다)의 예에 따라 실시한다. 이 경우에는 제108조 후문의 규정을 준용한다.

② 가압류법원은 채권자의 신청에 따라 채무자에 대하여 자동차를 집행관에게 인도할 것을 명할 수 있다.

③ 제2항의 규정에 따라 집행관이 자동차를 인도받은 경우에는 제111조제3항, 제112조, 제114조, 제115조, 제117조, 제118조제1항 및 법 제296조제5항의 규정을 준용한다.

④ 자동차의 공유지분에 대한 가압류에는 제129조의 규정을 준용한다.

제211조【건설기계·소형선박에 대한 가압류】 건설기계·소형선박에 대한 가압류에는 제210조의 규정을 준용한다. 이 경우 제210조제1항에서 준용하는 제108조 후문의 규정 중 "자동차등록원부"는 각 "건설기계등록원부", "선박원부·어선원부·수상레저기구등록원부"로 보며, "특별시장·광역시장·특별자치시장 또는 도지사"는 소형선박에 대하여는 "지방해양수산청장"이나 "시장·군수 또는 구청장"으로 본다.
(2019.12.26 본조개정)

제212조【유체동산에 대한 가압류】 ① 유체동산에 대한 가압류의 집행위임은 다음 각호의 사항을 적은 서면에 가압류명령정본을 붙여서 하여야 한다.

1. 채권자·채무자와 그 대리인의 표시
2. 가압류명령의 표시
3. 가압류 목적물인 유체동산이 있는 장소
4. 가압류채권의 일부에 관하여 집행을 구하는 때에는 그 범위

② 유체동산에 대한 가압류의 집행에는 제132조 내지 제142조의 규정을 준용한다.(2005.7.28 본항개정)

제213조【채권과 그 밖의 재산권에 대한 가압류】 ① 권리이전에 등기 또는 등록이 필요한 그 밖의 재산권에 대한 가압류는 등기 또는 등록을 하는 곳을 관할하는 지방법원이나 본안의 관할 법원이 관할한다.
② 채권과 그 밖의 재산권에 대한 가압류에는 제159조, 제160조제1항, 제167조제4항, 제172조, 제174조, 제175조제1항·제3항, 법 제94조 내지 법 제96조 및 법 제141조의 규정을 준용한다.

제214조【예탁유가증권에 대한 가압류】 ① 예탁유가증권을 가압류하는 때에는 예탁원 또는 예탁자에 대하여 예탁유가증권지분에 관한 계좌대체와 증권의 반환을 금지하는 명령을 하여야 한다.
② 예탁유가증권에 대한 가압류에는 제159조, 제160조제1항, 제178조, 법 제188조제2항, 법 제226조, 법 제227조제2항·제3항, 법 제234조, 법 제235조, 법 제237조제2항·제3항 및 법 제296조제2항의 규정을 준용한다. 이 경우 제159조제1항제1호, 제160조제1항, 법 제226조, 법 제227조제2항·제3항 및 법 제237조제2항·제3항에 "제3채무자"라고 규정된 것은 "예탁원 또는 예탁자"로, 법 제296조제2항에 "채권가압류"라고 규정된 것은 "「민사집행규칙」 제214조제1항의 가압류"로 본다.(2005.7.28 본항개정)

제214조의2【전자등록주식등에 대한 가압류】 ① 전자등록주식등을 가압류하는 때에는 전자등록기관 또는 계좌관리기관에 대하여 전자등록주식등에 관한 계좌대체와 말소를 금지하는 명령을 하여야 한다.
② 전자등록주식등에 대한 가압류에는 제159조, 제160조제1항, 제182조의4, 제182조의8, 법 제188조제2항, 법 제 226조, 법 제227조제2항·제3항, 법 제234조, 법 제235조, 법 제237조제2항·제3항, 법 제282조, 법 제296조제2항, 법 제297조의 규정을 각각 준용한다. 이 경우 제159조제1항제1호, 제160조제1항, 법 제226조, 법 제227조제2항·제3항, 법 제237조제2항·제3항 및 법 제297조에 "제3채무자"라고 규정된 것은 각 "전자등록기관 또는 계좌관리기관"으로 법 제296조제2항에 "채권가압류"라고 규정된 것은 "「민사집행규칙」 제214조의2제1항의 가압류"로 본다.
(2019.9.17 본조신설)

제215조【처분금지가처분의 집행】 물건 또는 권리의 양도, 담보권 설정, 그 밖의 처분을 금지하는 가처분의 집행은 그 성질에 어긋나지 아니하는 범위 안에서 가압류의 집행의 예에 따라 실시한다.

제216조【그 밖의 재산권에 대한 가처분】 권리이전에 등기 또는 등록이 필요한 그 밖의 재산권에 대한 가처분에는 제213조제1항의 규정을 준용한다.

제217조【예탁유가증권에 대한 가처분】 예탁유가증권의 처분을 금지하는 가처분에는 제214조의 규정을 준용한다.

제217조의2【전자등록주식등에 대한 가처분】 전자등록주식등의 처분을 금지하는 가처분에는 제214조의2의 규정을 준용한다.(2019.9.17 본조신설)

제218조【보전처분집행에 대한 본집행의 준용】 보전처분의 집행에 관하여는 특별한 규정이 없으면 강제집행에 관한 규정을 준용한다.

부　칙

제1조【시행일】 이 규칙은 2002년 7월 1일부터 시행한다. 다만, 제35조 내지 제39조의 규정에 따른 별표 순번 2 내지 16에 적은 기관·단체에 대한 재산조회(제36조제3항의 규정에 따른 협회등에 대한 재산조회를 포함한다)는 2003년 1월 1일부터 시행한다.

제2조【계속사건에 관한 경과조치】 종전의 규정에 따라 이 규칙 시행 전에 한 집행처분, 그 밖의 행위는 이 규칙의 적용에 관하여는 법 또는 이 규칙의 해당 규정에 따라 한 것으로 본다.

제3조【관할에 관한 경과조치】 이 규칙 시행 당시 법원에 계속 중인 사건은 이 규칙에 따라 관할권이 없는 경우에도 종전의 규정에 따라 관할권이 있으면 그에 따른다.

제4조【부동산 경매절차 등에 관한 경과조치】 ① 법 시행 전의 신청에 기초하여 종전의 규정에 따라 강제경매절차 또는 담보권 실행을 위한 경매절차를 개시하는 결정을 한 부동산에 대하여 법 시행 후의 신청에 기초하여 강제경매 또는 담보권 실행을 위한 경매개시결정이 이루어진 때는 먼저 개시결정을 한 사건의 처리에 대하여는 종전의 규정을 따른다.
② 제1항이 규정하는 경우에 먼저 개시결정을 한 사건의 경매신청이 취하되거나 그 절차가 취소되는 때에는 종전의 규정에 따라 법 시행후에 한 집행처분, 그 밖의 행위는 법 또는 이 규칙의 해당 규정에 따른 집행처분, 그 밖의 행위로 본다. 제1항이 규정하는 경우에 먼저 개시결정을 한 사건의 경매절차가 정지되어 법 제87조제4항(법 제268조의 규정에 따라 준용되는 경우를 포함한다)의 재판이 이루어진 때에도 마찬가지이다.
③ 법 시행 전의 신청에 기초하여 종전의 규정에 따라 강제관리개시결정(가압류의 집행으로 이루어진 것도 포함한다)을 한 부동산에 대하여 법 시행 후의 신청에 기초하여 강제관리개시결정(가압류의 집행으로 이루어지는 것도 포함한다)이 이루어진 경우에는 제1항과 제2항의 규정을 준용한다.

제5조【선박 등 경매절차에 관한 경과조치】 법 시행 전의 신청에 기초하여 종전의 규정에 따라 강제경매절차 또는 담보권 실행을 위한 경매절차를 개시하는 결정을 한 선박·항공기·자동차 또는 건설기계에 대하여 법 시행 후의 신청에 기초하여 강제경매 또는 담보권 실행을 위한 경매개시결정이 이루어진 경우에는 제4조제1항·제2항의 규정을 준용한다.

제6조【유체동산에 관한 경과조치】 ① 법 시행 전의 신청에 기초하여 종전의 규정에 따라 유체동산이 압류된 채무자에 대하여 그 압류장소에 관하여 법 시행 후에 유체동산 집행 또는 유체동산 경매의 신청이 있는 때에는 법 또는 이 규칙이 정한 절차에 따라 처리한다. 이 경우 종전의 규정에 따라 법 시행 후에 한 집행처분, 그 밖의 행위는 법 또는 이 규칙의 해당 규정에 따른 집행처분, 그 밖의 행위로 본다.
② 법 시행 전의 신청에 기초하여 종전의 규정에 따라 유체동산이 압류된 채무자에 대하여 그 압류장소에 관하여 법 시행 후에 유체동산 가압류집행의 신청이 있는 경우에는 제1항의 규정을 준용한다.

제7조【채권과 그 밖의 재산권에 관한 경과조치】 ① 법 시행 전의 신청에 기초하여 종전의 규정에 따라 압류된 채권과 그 밖의 재산권에 대한 배당절차에 관하여는 그 채권 또는 그 밖의 재산권에 대하여 법 시행 후의 신청에 기초하여 압류가 이루어진 경우에만 법 또는 이 규칙의 규정을 적용한다.
② 법 시행 전의 신청에 기초하여 종전의 규정에 따라 법 시행 후에 제3채무자에게 송달된 금전채권의 압류 또는 가압류는 법 제248조(법 제291조의 규정에 따라 준용되는 경우를 포함한다)와 법 제297조의 적용에 관하여는 법 또는 이 규칙의 해당규정에 따라 한 것으로 본다.

제8조【일괄매각에 관한 경과규정】 법 시행 전의 신청에 기초하여 종전의 규정에 따른 강제경매절차 또는 담보권 실행을 위한 경매절차를 개시하는 결정을 한 재산과 법 시행 후의 신청에 따라 강제경매 또는 담보권 실행을 위한 경매개시결정을 한 재산이 이 법에 정한 일괄매각 요건에 맞는 때에는 법 또는 이 규칙이 정한 절차에 따라 일괄매각할 수 있다. 이 경우 종전의 규정에 따라 법 시행 후에 한 집행처분, 그 밖의 행위는 법 또는 이 규칙의 해당 규정에 따른 집행처분, 그 밖의 행위로 본다.

제9조【보전처분에 관한 경과규정】 ① 법 시행 전의 신청에 기초한 보전처분 사건에 관하여도 특별한 규정이 없으면 법 또는 이 규칙을 적용한다. 다만, 종전의 규정에 따라 생긴 효력에는 영향을 미치지 아니한다.
② 법 시행 전에 이루어진 보전처분신청 기각결정이나 각하결정에 대하여는 법 시행일부터 1주 안에 즉시항고를 할 수 있다.
③ 법 제288조제4항(법 제301조에서 준용하는 경우를 포함한다)에 규정된 기간의 계산에 관하여는 법 부칙 제4조의 규정을 따른다.

부　칙 (2003.7.19)

① **【시행일】** 이 규칙은 2003년 8월 1일부터 시행한다.
② **【계속사건에 관한 경과조치】** 이 규칙은 2002년 7월 1일 이후 신청되어 계속 중인 집행사건에 대하여도 적용한다. 다만, 그 사건에 대한 이율은 2003년 7월 31일까지는 종전의 이율에 의하고 2003년 8월 1일부터 이 규칙에 따른 이율에 의한다.

부　칙 (2004.6.1)

제1조【시행일】 이 규칙은 2004년 7월 1일부터 시행한다.

제2조【경과규정】 이 규칙은 2004년 7월 1일 이전에 접수된 사건에 대하여는 이를 적용하지 아니한다.

부　칙 (2005.7.28)

제1조【시행일】 이 규칙은 2005년 7월 28일부터 시행한다.

제2조【계속사건에 관한 경과조치】 이 규칙 시행 전에 신청된 재산조회 사건·동산에 대한 강제집행 사건·보전명령 사건·보전명령 사건에 대한 이의 및 취소신청 사건에 관하여는 종전의 규정에 의한다. 다만, 보전명령이 종국판결로 선고된 경우에는 이에 대한 상소 또는 취소 신청이 이 규칙 시행 후에 된 경우에도 종전의 규정에 의한다.

제3조【법정기간에 대한 경과조치】 법(2005. 1. 27. 법률 제7358호로 개정된 것) 시행 전부터 진행된 법정기간과 그 계산은 종전의 규정에 따른다.

부　칙 (2006.11.13)

이 규칙은 공포한 날부터 시행한다.

부　칙 (2008.2.18)

제1조【시행일】 이 규칙은 2008년 7월 1일부터 시행한다.

제2조【다른 규칙의 개정】 ①~② ※(해당 법령에 가제정리 하였음)

부　칙 (2010.10.4)

이 규칙은 공포한 날부터 시행한다. 다만, 제78조의2의 규정은 2010년 10월 24일부터 시행한다.

부　칙 (2011.7.28)
(2011.12.30)

이 규칙은 공포한 날부터 시행한다.

부　칙 (2013.11.27)

이 규칙은 2013년 11월 29일부터 시행한다.

부　칙 (2014.7.1)

제1조【시행일】 이 규칙은 2014년 7월 1일부터 시행한다. 다만, 제132조의2, 제134조제1항의 규정은 2014년 9월 1일부터 시행한다.

제2조【적용례】 제132조의2, 제134조제1항의 개정규정은 이 규칙 시행 후 최초로 신청서가 접수된 유체동산에 대한 집행절차부터 적용한다.

부　칙 (2014.11.27)

제1조【시행일】 이 규칙은 2015년 1월 1일부터 시행한다.

제2조【적용례】 이 규칙은 이 규칙 시행 후 최초로 접수되는 집행문부여신청 사건부터 적용한다.

부　칙 (2015.6.2)

제1조【시행일】 이 규칙은 2015년 6월 15일부터 시행한다.

제2조【적용례】 이 규칙은 이 규칙 시행 후 최초로 접수되는 사건부터 적용한다.

부　칙 (2015.8.27)

제1조【시행일】 이 규칙은 2015년 9월 1일부터 시행한다.

제2조【계속 중인 사건에 관한 경과조치】 이 규칙은 이 규칙 시행 당시 법원에 계속 중인 사건에도 적용한다. 다만, 종전의 규정에 따라 생긴 효력에는 영향을 미치지 아니한다.

부　칙 (2015.10.29)

제1조【시행일】 이 규칙은 2015년 11월 1일부터 시행한다.

제2조【계속사건에 관한 경과조치】 이 규칙은 이 규칙 시행 당시 계속 중인 집행사건에 대하여도 적용한다. 다만, 그 사건에 대한 이율은 2015년 10월 31일까지는 종전의 이율에 의하고, 2015년 11월 1일부터 이 규칙에 따른 이율에 의한다.

부　칙 (2015.12.29)

제1조【시행일】 이 규칙은 2016년 1월 1일부터 시행한다.

제2조【계속사건에 관한 경과조치】 이 규칙은 이 규칙 시행 당시 법원에 계속 중인 사건에 대하여도 적용한다.

부　칙 (2016.9.6)

이 규칙은 공포한 날부터 시행하되, 2016년 8월 30일부터 적용한다.

부　칙 (2018.4.27)

제1조 【시행일】 이 규칙은 2018년 8월 1일부터 시행한다.(이하 생략)

부　칙 (2018.12.31)

제1조 【시행일】 이 규칙은 2019년 1월 1일부터 시행한다.
제2조 【적용례】 이 규칙은 이 규칙 시행 후 최초로 접수되는 사건부터 적용한다.

부　칙 (2019.8.2)

제1조 【시행일】 이 규칙은 2019년 9월 1일부터 시행한다.
제2조 【계속사건에 관한 적용례】 이 규칙은 이 규칙 시행 당시 계속 중인 집행사건에 대하여도 적용한다. 다만, 해당 사건에 대한 이율은 2019년 8월 31일까지는 종전의 규정에 따르고, 2019년 9월 1일부터는 이 규칙에 따른다.

부　칙 (2019.9.17)

제1조 【시행일】 이 규칙은 공포한 날부터 시행하되, 2019년 9월 16일부터 적용한다.
제2조 【계속 중인 사건에 관한 경과조치】 ① 이 규칙 시행 전에 신청된 제176조 및 제201조의 예탁유가증권에 대한 강제집행, 담보권 실행사건의 계속 중 해당 예탁유가증권이 「주식·사채 등의 전자등록에 관한 법률」 부칙 제3조제1항 및 부칙 제4조제2항에 따라 전자등록주식등으로 전환되는 경우에, 해당 사건은 이 규칙 시행일에 전자등록주식등에 대한 이 규칙의 규정에 따른 민사집행절차로 이행한다. 이 경우 이 규칙 시행 전 제177조에 의한 예탁유가증권지분압류명령, 제180조제1항에 의한 예탁유가증권지분양도명령 또는 제181조제1항에 의한 예탁유가증권지분매각명령(다음부터 "압류명령등"이라 한다)이 있는 경우에는 해당 압류명령등은 제182조의3에 따른 압류명령, 제182조의6에 따른 전자등록주식등에 대한 양도명령 또는 제182조의7에 따른 전자등록주식등에 대한 매각명령으로서 효력을 갖는 것으로 본다.
② 이 규칙 시행 전에 신청된 제214조, 제217조의 예탁유가증권에 대한 보전명령사건의 경우에는 제1항을 준용한다.

부　칙 (2019.12.26)

제1조 【시행일】 이 규칙은 공포한 날부터 시행한다.
제2조 【계속사건에 관한 적용례】 이 규칙은 시행 당시 법원에 계속 중인 사건에 대하여도 적용한다.

부　칙 (2020.12.28)

제1조 【시행일】 이 규칙은 공포한 날부터 시행한다.
제2조 【계속사건에 관한 적용례】 이 규칙은 이 규칙 시행 당시 법원에 계속 중인 사건에 대하여도 적용한다.

부　칙 (2022.2.25)

제1조 【시행일】 이 규칙은 2022년 4월 21일부터 시행한다.(이하 생략)

〔별표〕 ➡ 「法典 別冊」 참조

민사소송 등에서의 전자문서 이용 등에 관한 법률

(약칭 : 민소전자문서법)

(2010년 3월 24일
법 률 제10183호)

개정
2014. 5.20법12586호
2020. 6. 9법17354호(전자서명법)
2023. 4.18법19352호
2023. 8. 8법19581호→시행일 부칙 참조

제1조 【목적】 이 법은 민사소송 등에서 전자문서 이용에 대한 기본 원칙과 절차를 규정함으로써 민사소송 등의 정보화를 촉진하고 신속성, 투명성을 높여 국민의 권리 실현에 이바지함을 목적으로 한다.
제2조 【정의】 이 법에서 사용하는 용어의 뜻은 다음과 같다.
1. "전자문서"란 컴퓨터 등 정보처리능력을 가진 장치에 의하여 전자적인 형태로 작성되거나 변환되어 송신·수신 또는 저장되는 정보를 말한다.
2. "전산정보처리시스템"이란 제3조 각 호의 어느 하나에 해당하는 법률에 따른 절차(이하 "민사소송등"이라 한다)에 필요한 전자문서를 작성·제출·송달하거나 관리하는 데에 이용되는 정보처리능력을 가진 전자적 장치 또는 체계로서 법원행정처장이 지정하는 것을 말한다.
3. "전자서명"이란 「전자서명법」 제2조제2호에 따른 전자서명(서명자의 실지명의를 확인할 수 있는 것을 말한다)과 「전자정부법」 제2조제9호에 따른 행정전자서명을 말한다.(2020.6.9 본호개정)
4. "사법전자서명"이란 「전자정부법」 제2조제9호의 행정전자서명으로서 법관·사법보좌관 또는 법원서기관·법원사무관·법원주사·법원주사보(이하 "법원사무관등"이라 한다)가 민사소송등에서 사용하는 것을 말한다.(2014.5.20 본호개정)
제3조 【적용 범위】 이 법은 다음 각 호의 법률에 따른 절차에 적용한다.
1. 「민사소송법」(2014.5.20 본호개정)
2. 「가사소송법」
3. 「행정소송법」
4. 「특허법」(제9장에 한정한다)
5. 「민사집행법」
6. 「채무자 회생 및 파산에 관한 법률」
7. 「비송사건절차법」
8. 제1호부터 제7호까지의 법률을 적용하거나 준용하는 법률
제4조 【전산정보처리시스템의 운영】 법원행정처장은 전산정보처리시스템을 설치·운영한다.
제5조 【전자문서에 의한 민사소송등의 수행】 ① 당사자, 소송대리인, 그 밖에 대법원규칙으로 정하는 자는 민사소송등에서 법원에 제출할 서류를 전산정보처리시스템을 이용하여 이 법에서 정하는 바에 따라 전자문서로 제출할 수 있다.
② 이 법에 따라 작성·제출·송달·보존하는 전자문서는 다른 법률에 특별한 규정이 있는 경우를 제외하고 제3조 각 호의 법률에서 정한 요건과 절차에 따른 문서로 본다.
제6조 【사용자등록】 ① 전산정보처리시스템을 이용하려는 자는 대법원규칙으로 정하는 바에 따라 사용자등록을 하여야 한다.
② 제1항에 따라 사용자등록을 한 자(이하 "등록사용자"라 한다)는 대법원규칙으로 정하는 절차 및 방법에 따라 사용자등록을 철회할 수 있다.
③ 법원행정처장은 다음 각 호의 어느 하나에 해당하는 사유가 있는 경우에는 등록사용자의 사용을 정지하거나 사용자등록을 말소할 수 있다.
1. 등록사용자의 동일성이 인정되지 아니하는 경우
2. 사용자등록을 신청하거나 사용자정보를 변경할 때 거짓의 내용을 입력한 경우
3. 다른 등록사용자의 사용을 방해하거나 그 정보를 도용하는 등 전산정보처리시스템을 이용한 민사소송등의 진행에 지장을 준 경우
4. 고의 또는 중대한 과실로 전산정보처리시스템에 장애를 일으킨 경우
5. 그 밖에 대법원규칙으로 정하는 사유가 있는 경우
④ 제3항에 따른 등록사용자의 사용 정지 및 사용자등록 말소의 구체적인 절차와 방법은 대법원규칙으로 정한다.
제7조 【전자서명】 ① 제5조에 따라 법원에 전자문서를 제출하려는 자는 제출하는 전자문서에 전자서명을 하여야 한다. 다만, 대법원규칙으로 정하는 경우에는 그러하지 아니하다.
② 법관·사법보좌관 또는 법원사무관등은 재판서, 조서 등을 전자문서로 작성하거나 그 서류를 전자문서로 변환하는 경우에 대법원규칙으로 정하는 바에 따라 사법전자서명을 하여야 한다.(2014.5.20 본항개정)
③ 제1항의 전자서명과 제2항의 사법전자서명은 민사소송등에 적용되거나 준용되는 법령에서 정한 서명, 서명날인 또는 기명날인으로 본다.
제8조 【문서제출방법】 등록사용자로서 전산정보처리시스템을 이용한 민사소송등의 진행에 동의한 자는 법원에 제출할 서류를 전산정보처리시스템을 이용하여 대법원규칙으로 정하는 바에 따라 전자문서로 제출하여야 한다. 다만, 다음 각 호의 어느 하나에 해당하는 경우로서 대법원규칙으로 정하는 사유가 있는 경우에는 그러하지 아니하다.
1. 전산정보처리시스템에 장애가 있는 경우
2. 전자문서로 제출하는 것이 현저히 곤란하거나 적합하지 아니한 경우

제8조의2 【행정기관 등이 보유하는 행정정보의 제출】 ① 법원행정처장은 등록사용자가 법원에 제출할 서류가 다음 각 호의 요건을 모두 갖춘 경우에는 「전자정부법」에 따른 행정기관 또는 공공기관(이하 이 조에서 "행정기관등"이라 한다)으로부터 전산정보처리시스템을 통하여 해당 서류를 전자문서로 제공받아 등재할 수 있다.
1. 「전자정부법」 제36조제1항에 따라 공동이용이 가능한 행정정보일 것
2. 등록사용자가 제4항에 따른 방법으로 제출하려는 서류일 것
② 등록사용자는 행정기관등이 보유하고 있는 행정정보를 법원에 제출하기 위하여 「전자정부법」 제43조의2에 따라 행정기관등에 대해서 해당 행정정보를 전자문서로 법원행정처장에게 제공하도록 전산정보처리시스템을 통하여 요구할 수 있다.
③ 법원행정처장은 제1항 및 제2항에 따라 행정기관등으로부터 행정정보를 제공받기 위하여 전산정보처리시스템을 행정안전부장관이 구축하여 운영하는 다음 각 호의 시스템과 연계하여 활용한다.
1. 「전자정부법」 제36조에 따른 행정정보의 공동이용을 위한 시스템
2. 「전자정부법」 제43조의2에 따른 본인정보 제공 관련 업무를 수행하기 위한 시스템
④ 등록사용자는 제1항 또는 제2항에 따라 법원행정처장에게 제공된 전자문서를 법원에 제출하려는 경우에는 이를 전산정보처리시스템에 등재하여 줄 것을 법원행정처장에게 신청할 수 있다.
⑤ 법원행정처장은 대법원규칙으로 정하는 바에 따라 제1항부터 제4항까지에 따른 등재 업무에 필요한 수수료를 신청인으로부터 받을 수 있다.
⑥ 제1항부터 제4항까지에 따라 법원행정처장이 제공받은 전자문서를 전산정보처리시스템에 등재하는 절차와 방법 등에 필요한 사항은 대법원규칙으로 정한다.
(2023.8.8 본조신설 : 시행일 부칙 참조)

제9조 【전자문서의 접수】 ① 전산정보처리시스템을 이용하여 제출된 전자문서는 전산정보처리시스템에 전자적으로 기록된 때에 접수된 것으로 본다.

① 전산정보처리시스템을 이용하여 제출된 전자문서는 전산정보처리시스템에 전자적으로 기록된 때에 접수된 것으로 본다. 다만, 제8조의2제4항에 따라 등재한 경우에는 등재를 신청한 때에 접수된 것으로 본다.
(2023.8.8 단서신설 : 시행일 부칙 참조)

② 전산정보처리시스템을 이용하여 제출된 전자문서가 「민사소송 등 인지법」 제13조제2항에 따른 소장, 참가신청서, 재심소장 또는 준재심소장(이하 "소장등"이라 한다)인 경우 접수사무를 담당하는 법원사무관등은 「민사소송 등 인지법」 제13조제2항에 따른 접수 보류 사유가 없으면 그에 대하여 전산정보처리시스템에 전자적으로 접수확인을 하여야 한다. 이 경우 접수확인을 받은 소장등은 전산정보처리시스템을 이용하여 제출된 때 접수된 것으로 본다.(2023.4.18 본항신설)
③ 제2항에 따른 접수확인 등에 관한 구체적인 절차와 방법은 대법원규칙으로 정한다.(2023.4.18 본항신설)
④ 법원사무관등은 제1항부터 제3항까지에 따라 전자문서가 접수된 경우에는 대법원규칙으로 정하는 바에 따라 즉시 그 문서를 제출한 등록사용자에게 접수사실을 전자적으로 통지하여야 한다.(2023.4.18 본항개정)
제10조 【사건기록의 전자문서화】 ① 법관·사법보좌관 또는 법원사무관등은 민사소송등에서 재판서, 조서 등을 전자문서로 작성하거나 그 서류를 전자문서로 변환하여 전산정보처리시스템에 등재하여야 한다.(2014.5.20 본항개정)
② 법원사무관등은 대법원규칙으로 정하는 사유가 없으면 전자문서가 아닌 형태로 제출된 서류를 전자문서로 변환하고 사법전자서명을 하여 전산정보처리시스템에 등재하여야 한다.
③ 제1항과 제2항에 따라 변환되어 등재된 전자문서는 원래의 서류와 동일한 것으로 본다.
④ 전자문서가 아닌 형태로 제출된 서류를 전자문서로 변환·등재하는 절차와 방법은 대법원규칙으로 정하되, 원래의 서류와 동일성이 확보되도록 기술적 조치를 하여야 한다.
제11조 【전자적 송달 또는 통지】 ① 법원사무관등은 송달이나 통지를 받을 자가 다음 각 호의 어느 하나에 해당하는 경우에는 전산정보처리시스템에 의하여 전자적으로 송달하거나 통지할 수 있다.

1. 미리 전산정보처리시스템을 이용한 민사소송등의 진행에 동의한 등록사용자로서 대법원규칙으로 정하는 자인 경우
2. 전자문서를 출력한 서면이나 그 밖의 서류를 송달받은 후 등록사용자로서 전산정보처리시스템을 이용한 민사소송등의 진행에 동의한 자인 경우
3. 등록사용자가 국가, 지방자치단체, 그 밖에 그에 준하는 자로서 대법원규칙으로 정하는 자인 경우
② 소송대리인이 있는 경우에는 제1항의 송달 또는 통지는 소송대리인에게 하여야 한다.
③ 제1항에 따른 송달은 법원사무관등이 송달할 전자문서를 전산정보처리시스템에 등재하고 그 사실을 송달받을 자에게 전자적으로 통지하는 방법으로 한다.
④ 제3항의 경우 송달받을 자가 등재된 전자문서를 확인한 때에 송달된 것으로 본다. 다만, 그 등재사실을 통지한 날부터 1주 이내에 확인하지 아니하는 때에는 등재사실을 통지한 날부터 1주가 지난 날에 송달된 것으로 본다.
⑤ 전산정보처리시스템의 장애로 인하여 송달받을 자가 전자문서를 확인할 수 없는 기간은 제4항 단서의 기간에 산입하지 아니한다. 이 경우 전자문서를 확인할 수 없는 기간의 계산은 대법원규칙으로 정하는 바에 따른다.

제12조【전자문서를 출력한 서면에 의한 송달】 ① 법원사무관등은 다음 각 호의 어느 하나에 해당하는 경우에는 전자문서를 전산정보처리시스템을 통하여 출력하여 그 출력한 서면을 「민사소송법」에 따라 송달하여야 한다. 이 경우 법원사무관등은 대법원규칙으로 정하는 바에 따라 전자문서를 제출한 등록사용자에게 전자문서의 출력서면을 제출하게 할 수 있다.
1. 송달을 받을 자가 「민사소송법」 제181조, 제182조 또는 제192조에 해당하는 경우
2. 송달을 받을 자가 제11조제1항 각 호의 어느 하나에 해당하지 아니하는 경우
3. 대법원규칙으로 정하는 전산정보처리시스템의 장애나 그 밖의 사유가 있는 경우
② 법원사무관등이 등재된 전자문서를 출력하여 그 출력서면을 당사자에게 송달한 때에는 그 출력서면은 등재된 전자문서와 동일한 것으로 본다.
③ 제1항에 따라 전자문서를 출력하는 절차와 방법은 대법원규칙으로 정하되, 전자문서와 동일성이 확보되도록 기술적 조치를 하여야 한다.

제13조【증거조사에 관한 특례】 ① 전자문서에 대한 증거조사는 다음 각 호의 구분에 따른 방법으로 할 수 있다.
1. 문자, 그 밖의 기호, 도면·사진 등에 관한 정보에 대한 증거조사 : 전자문서를 모니터, 스크린 등을 이용하여 열람하는 방법
2. 음성이나 영상정보에 대한 증거조사 : 전자문서를 청취하거나 시청하는 방법
② 전자문서에 대한 증거조사에 관하여는 그 성질에 반하지 아니하는 범위에서 「민사소송법」 제2편제3장제3절부터 제5절까지의 규정을 준용한다.

제14조【상고심절차에 관한 특례】 ① 「상고심절차에 관한 특례법」 제5조제3항에 따른 판결 원본의 교부, 영수일자의 부기와 날인, 송달은 전산정보처리시스템을 이용하여 전자적인 방법으로 한다.
② 「상고심절차에 관한 특례법」 제6조제2항에 정하여진 4개월의 기간은 상고사건이 대법원에 전자적인 방법으로 이관된 날부터 기산한다.

제15조【소송비용 등의 납부】 ① 등록사용자는 인지액 등 민사소송등에 필요한 비용과 전산정보처리시스템 이용수수료를 대법원규칙으로 정하는 방식에 따라 전자적인 방법으로 낼 수 있다.
② 전산정보처리시스템 이용수수료의 범위와 액수는 대법원규칙으로 정한다.

제16조【위임규정】 이 법에서 규정하는 사항 외에 민사소송등에서의 전자문서 이용·관리 및 전산정보처리시스템의 운영에 필요한 사항은 대법원규칙으로 정한다.

부 칙

① 【시행일】 이 법은 공포한 날부터 시행한다. 다만, 공포한 날부터 5년을 넘지 아니하는 범위에서 제3조 각 호의 법률에 따른 절차별 또는 법원별로 대법원규칙으로 적용시기를 달리 정할 수 있다.
② 【「전자정부법」에 관한 경과조치】 제2조제3호 및 제4호 중 "「전자정부법」 제2조제9호"는 2010년 5월 4일까지는 "「전자정부법」 제2조제6호"로 본다.

부 칙 (2014.5.20)

제1조【시행일】 이 법은 2014년 12월 1일부터 시행한다.
제2조【다른 법률의 폐지】 독촉절차에서의 전자문서 이용 등에 관한 법률은 폐지한다.
제3조【독촉절차에 관한 경과조치】 이 법 시행 당시 종전의 「독촉절차에서의 전자문서 이용 등에 관한 법률」에 따라 신청한 지급명령에 관하여는 종전의 「독촉절차에서의 전자문서 이용 등에 관한 법률」에 따른다.

부 칙 (2020.6.9)

제1조【시행일】 이 법은 공포 후 6개월이 경과한 날부터 시행한다.(이하 생략)

부 칙 (2023.4.18)

제1조【시행일】 이 법은 공포 후 6개월이 경과한 날부터 시행한다.
제2조【접수확인에 관한 적용례】 제9조의 개정규정은 이 법 시행 이후 전산정보처리시스템을 이용하여 소장등을 제출하는 경우부터 적용한다.

부 칙 (2023.8.8)

제1조【시행일】 이 법은 2024년 8월 1일부터 시행한다. 다만, 이 법 시행일부터 2년을 넘지 아니하는 범위에서 대법원규칙으로 시행시기를 달리 정할 수 있다.
제2조【행정기관 등이 보유하는 행정정보의 제출에 관한 적용례】 제8조의2 및 제9조제1항 단서의 개정규정은 이 법 시행 당시 법원에 계속 중인 사건에서 서류를 제출하는 경우에도 적용한다.

민사소송 등에서의 전자문서 이용 등에 관한 규칙

(2011년 3월 28일 대법원규칙 제2332호)

개정
2012. 5. 2대법원규칙2397호
2012.12.27대법원규칙2437호(대법원규칙등의제·개정절차등에관한규)
2012.12.27대법원규칙2441호(재판기록열람·복사규)
2013. 1. 8대법원규칙2444호 2013. 6.27대법원규칙2478호
2014. 4. 3대법원규칙2527호 2014.11.27대법원규칙2568호
2017. 2. 2대법원규칙2713호 2017. 6.29대법원규칙2747호
2020.11.26대법원규칙2920호 2021. 5.27대법원규칙2980호
2023. 8.31대법원규칙3105호

제1장 총 칙

제1조【목적】 이 규칙은 「민사소송 등에서의 전자문서 이용 등에 관한 법률」(다음부터 "법"이라 한다)에 따른 소송절차별 전자문서의 이용에 관한 사항 및 전산정보처리시스템의 운영에 관하여 필요한 사항을 규정함으로써, 편리하고 투명한 소송절차 이용과 재판사무의 효율적 운영 및 법정 중심의 충실한 심리를 도모함을 목적으로 한다.

제2조【정의】 이 규칙에서 사용하는 용어의 뜻은 다음과 같다.
1. "전자소송시스템"이란 법원행정처가 법 제3조 각 호 가운데 어느 하나에 해당하는 법률에 따른 절차(다음부터 "민사소송 등"이라 한다)에 필요한 전자문서를 작성·제출·송달하거나 관리할 수 있도록 하드웨어·소프트웨어·데이터베이스·네트워크·보안요소 등을 결합시켜 구축·운영하는 전산정보처리시스템으로서 법 제2조제2호에 따라 지정된 것을 말한다.
2. "전자소송홈페이지"란 이 규칙에서 정한 바에 따라 전자문서를 이용하여 소송을 진행할 수 있도록 전자소송시스템에 의하여 구축된 인터넷 활용공간을 말한다.
3. "전자기록"이란 법 제10조 및 이 규칙 제19조에서 정한 기준에 따라 전자문서화 되는 사건의 기록을 말하고, 사건기록이 전자기록으로 관리되는 사건을 "전자기록사건"이라 한다.
4. "정보통신망"이란 「전기통신기본법」 제2조제2호에 의한 전기통신설비를 이용하거나 전기통신설비와 컴퓨터 및 컴퓨터의 이용기술을 활용하여 정보를 수집·가공·저장·검색·송신 또는 수신하는 정보통신체제를 말한다.

제3조【전자문서를 제출할 수 있는 자】 법 제5조제1항에 따라 당사자와 소송대리인 이외에 전자소송시스템을 이용하여 전자문서를 제출할 수 있는 자는 다음과 같다.
(2013.1.8 본문개정)
1. 법 제3조 각 호의 법률에 따른 참가인(2013.1.8 본호신설)
1의2. 회생사건·파산사건·개인회생사건 및 국제도산사건(다음부터 "회생·파산사건"이라 한다)의 채무자 중 신청인이 아닌 자(2014.4.3 본호신설)
1의3. 법원이 「민사집행법」에 따라 진행하는 경매사건의 이해관계인으로서 같은 법 제90조 각 호 중 어느 하나에 해당하거나 이에 준하는 지위에 있는 자
(2014.11.27 본호신설)
1의4. 과태료사건의 검사(2014.11.27 본호신설)
2. 법정대리인
3. 특별대리인
4. 사건본인(2013.1.8 본호신설)
5. 증인
6. 전문심리위원
7. 법원으로부터 조사 또는 문서의 송부를 촉탁 받은 자
8. 감정인, 법원으로부터 감정을 촉탁 받은 기관
9. 법원으로부터 문서제출명령을 받은 자
10. 조정위원
10의2. 상담위원, 법원으로부터 상담을 촉탁 받은 기관
(2013.6.27 7호~10호의2개정)
10의3. 성년후견·한정후견·특정후견·임의후견·미성년후견의 후견인, 후견감독인(2013.6.27 본호신설)
10의4. 회생·파산사건의 채권자·주주·지분권자 중 신청인이 아닌 자, 관리인·보전관리인·조사위원·감사·파산관재인·감사위원·국제도산관리인(다음부터 관리인 이하의 자를 "회생·파산사건의 절차관계인"이라 한다)(2014.4.3 본호신설)
10의5. 법원이 「민사집행법」에 따라 진행하는 사건과 관련된 집행관, 관리인, 감수·보존인(다음부터 "집행관등"이라 한다)(2014.11.27 본호신설)
11. 그 밖에 이해관계를 소명하거나 법 제3조 각 호의 법률에 따른 절차에 관하여 서면을 제출할 정당한 권한이 있는 제3자 또는 기관(2014.11.27 본호개정)

제2장 사용자등록

제4조【사용자등록】 ① 전자소송시스템을 이용하려는 자는 전자소송시스템에 접속하여 다음 각 호의 회원 유형별로 전자소송홈페이지에서 요구하는 정보를 해당란에 입력한 후 전자서명을 위한 인증서를 사용하여 사용자등록을 신청하여야 한다. 등록한 사용자 정보는 인증서의 내용과 일치하여야 한다.
1. 개인회원
2. 법인회원
3. 변호사회원
4. 법무사회원
5. 회생·파산사건의 절차관계인회원(2014.4.3 본호신설)
6. 집행관등(2014.11.27 본호신설)
② 제1항제2호부터 제6호까지의 사용자등록을 한 자(다음부터 "등록사용자"라 한다)는 이용권한의 범위를 정하여 소속사용자를 지정할 수 있고, 그에 따라 지정된 자는 전자소송시스템에 소속사용자로 등록할 수 있다.
(2014.11.27 본항개정)
③ 법원은 다음 각 호의 어느 하나에 해당하는 경우에 소송을 수행할 자에게 사용자등록과 전자소송시스템을 이용한 민사소송 등의 진행에 대한 동의(다음부터 "전자소송 동의"라고 한다)를 할 것을 명할 수 있다.
1. 전자기록사건에서 소송대리인의 선임·변경·해임·사임이나 소송수계 그 밖의 사유로 소송을 수행할 자가 변경된 때
2. 제24조제1항제2호 또는 제25조제1항 각 호의 자가 소송대리인을 선임한 때
3. 제11조제3항 단서에 따라 전자소송 동의를 할 것임을 확약하는 취지의 서면을 작성한 위임인이 전자소송 동의 없이 직접 소송서류를 제출하거나 송달받으려 할 때
(2013.1.8 본호신설)
(2012.5.2 본항개정)
④ 전자기록사건에서 사용자등록 또는 전자소송 동의를 하지 않은 당사자, 소송대리인 및 제3조제1호부터 제4호까지의 자에 대하여 재판장, 수명법관, 수탁판사, 조정담당판사, 조정장 또는 사법보좌관(다음부터 "재판장등"이라 한다)은 사용자등록과 전자소송 동의를 할 것을 권고할 수 있다. 다만, 당사자 등의 권리 행사에 현저한 지장을 초래할 것으로 예상되는 경우에는 그러하지 아니하다.
(2014.11.27 본문개정)

제5조【사용자등록의 철회 등】 ① 등록사용자는 전자소송시스템에 접속하여 사용자등록 철회의 취지를 입력함으로써 사용자등록을 철회할 수 있다.
② 계속 중인 사건이 있으면 그 전부에 관하여 제10조제2항에 따른 절차를 마친 때에만 제1항의 철회를 할 수 있다.

제6조【사용자등록의 말소 등】 ① 다음 각 호 가운데 어느 하나에 해당하면 법 제6조제3항제5호에 따라 등록사용자(제4조제2항이 정하는 소속사용자를 포함한다. 이하 같다)의 사용을 정지하거나 사용자등록을 말소할 수 있다.
1. 사용자등록이 소송 지연 등 본래의 용도와 다른 목적으로 이용되는 경우
2. 등록사용자에게 소송능력이 없는 경우
3. 그 밖에 위 각 호의 사유에 준하는 경우
② 법원행정처장은 법 제6조제3항 각 호 가운데 어느 하나에 해당하는지 여부를 결정하기 위하여 필요하다고 인정하는 때에는 당사자·이해관계인의 신청에 따라 또는 직권으로 해당 등록사용자의 사용을 일시적으로 정지할 수 있다. 이 때 법원행정처장은 등록사용자에게 적당한 방법으로 그 사실을 통지하여야 한다.
③ 법원행정처장은 법 제6조제3항에 따라 사용자등록을 말소하기 전에 해당 등록사용자에게 미리 그 사유를 통지하고 소명할 기회를 부여하여야 한다.
④ 등록사용자가 전자소송시스템을 마지막으로 이용한 날부터 5년이 지나면 사용자등록은 효력을 상실한다.

제3장 전자문서의 제출 및 접수

제7조【전자서명 등】 ① 법 제5조에 따라 법원에 전자문서를 제출하는 자는 이 규칙에서 달리 정하는 경우를 제외하고는 전자문서에 「전자정부법」 제2조제9호에 따른 행정전자서명 또는 전자서명법 제2조제2호에 따른 전자

서명(서명자의 실지명의를 확인할 수 있는 것으로서 법원행정처장이 지정·공고하는 인증서를 말한다)을 하여야 한다.(2021.5.27 본항개정)
② 법관·사법보좌관 또는 법원서기관·법원사무관·법원주사·법원주사보(다음부터 "법원사무관등"이라 한다)가 재판서나 조서 등을 작성하는 때에는 「법원 행정전자서명 인증업무에 관한 규칙」 제2조제2항에 따라 설치된 '법원 행정전자서명 인증관리센터'에서 발급받은 행정전자서명 인증서에 의한 사법전자서명을 하여야 한다.
(2014.11.27 본항개정)
③ 전자소송시스템을 이용하여 전자문서를 제출할 필요성이 있다고 인정되고 그 신원이 확인되고 재판장등의 허가를 받은 자는 전자서명(서명자의 실지명의를 확인할 수 있는 것을 제외한다)을 하거나 전자서명을 하지 아니하고 사용자등록 또는 전자문서 제출을 할 수 있다.
(2020.11.26 본항개정)
④ 제1항과 제3항에 따라 전자문서를 제출하는 경우에는 법 제3조 각 호의 법률에 따른 절차에서 인감의 날인 또는 인감증명서 첨부를 하지 아니할 수 있다.
(2014.4.3 본항신설)
⑤ 이 규칙에서 달리 정한 경우 이외에는 재판장등의 허가가 있으면 민사소송 등에 적용되거나 준용되는 법령에서 정한 서명, 서명날인 또는 기명날인은 전자서명(서명자의 실지명의를 확인할 수 있는 것을 제외한다)으로 대신할 수 있다.(2020.11.26 본항개정)
⑥ 제1항의 공고는 전자소송홈페이지에 하여야 한다.
(2021.5.27 본항신설)

제8조【전자문서의 파일 형식 등】 ① 법원행정처장은 전자소송시스템을 이용하여 제출할 수 있는 전자문서의 파일 형식, 구성 방식 그 밖의 사항을 지정하여 전자소송홈페이지에 공고하여야 한다.
② 제1항에 따라 지정된 파일 형식을 사용하지 아니한 전자문서는 부득이한 사정을 소명하지 아니하는 한 전자소송시스템을 이용하여 제출할 수 없다.
③ 주장, 증거, 그 밖의 사항을 담은 전자문서는 전자소송홈페이지에서 요구하는 방식에 따라 각 별도의 파일로 구분하여 제출하여야 하고 이를 합하여 하나의 파일로 제출하여서는 아니된다.
④ 등록사용자가 작성한 전자문서(서증 제외)의 경우 부득이한 사정이 없는 한 문자정보의 검색 및 추출이 가능한 파일로 제출하여야 한다.(2017.6.29 본항신설)

제9조【전자문서로 제출할 의무】 법 제11조제1항제3호의 자가 서류를 제출할 때에는 법 제8조에 따라 전자문서로 제출하여야 한다.

제10조【전자소송 동의의 효력기간과 철회】 ① 전자소송 동의는 당해 사건이 확정될 때까지 효력이 있다. 다만 소송대리인의 전자소송 동의는 당해 심급에만 효력이 있으나, 원심과 상소심의 소송대리인이 동일인일 때에는 상소심에도 효력이 있다.
② 전자소송 동의를 한 등록사용자는 재판장등의 허가를 받아 전자소송 동의를 철회하거나 그 철회를 취소할 수 있다.(2013.1.8 본항개정)
③ 본안사건에 관한 전자소송 동의의 효력은 그에 부수하는 신청사건에도 미친다.(2012.5.2 본항신설)

제11조【전자문서의 작성·제출】 ① 등록사용자는 전자소송홈페이지에서 요구하는 사항을 빈칸 채우기 방식으로 입력한 후, 나머지 사항을 해당란에 직접 입력하거나 전자문서를 등재하는 방식으로 소송서류를 작성·제출할 수 있다.
② 공동의 이해관계를 가진 여러 당사자나 대리인은 다음 각 호 가운데 어느 하나의 방법에 따라 공동 명의로 하나의 전자문서를 제출할 수 있다.
1. 해당 전자문서에 공동명의자 전원이 전자서명(서명자의 실지명의를 확인할 수 있는 것으로서 법원행정처장이 지정·공고하는 인증서를 말한다)을 하여 제출하는 방법(2021.5.27 본호개정)
2. 해당 전자문서를 최초로 제출하는 등록사용자가 그 전자문서 속에 다른 공동명의자 전원의 전자서명(서명자의 실지명의를 확인할 수 있는 것을 제외한다)을 포함시켜 제출하는 방법(2020.11.26 본호개정)
3. 해당 전자문서를 최초로 제출하는 등록사용자가 다른 공동명의자 전원의 서명 또는 날인이 이루어진 확인서를 전자문서로 변환하여 함께 제출하는 방법
③ 제4조제1항제4호의 법무사회원은 다음 각 호 가운데 어느 하나의 방법에 따라 전자문서를 작성·제출할 수 있다. 다만, 민사소송 등의 당사자, 소송대리인 또는 제3조제1호부터 제4호까지 규정된 자에 해당하는 위임인이 전자소송 동의를 하지 않은 경우에는 제24조제1항제3호에 따라 등록사용자를 송달영수인으로 신고하는 취지의 서면 및 추후 위임인이 직접 소송서류를 제출하거나 송달받을 때에 전자소송 동의를 할 것임을 확약하는 취지의 서면을 첨부하여야 한다.
1. 제7조에 의한 위임인 본인의 전자서명 정보를 함께 전송하는 방법
2. 제2항제2호 또는 제3호의 방법
(2013.1.8 본항개정)
④ 「민사소송법」 제89조제1항의 규정에 따른 소송대리인의 권한의 증명은 전자문서로 할 수 있다.
⑤ 「공증인법」 제5장의2(전자문서등에 대한 인증)의 각 규정에 따라 인증된 전자문서를 제출할 때에는 그 취지와 인증의 증명에 관한 사항을 밝혀야 한다.
⑥ 제4조제1항제2호 법인회원(제25조제1항 각 호의 자 포함)으로부터 제4조제2항에 따라 전자문서 제출권한을 지정받은 소속사용자는 다음 각 호 가운데 어느 하나의 방법으로 전자문서를 제출할 수 있다.
1. 해당 전자문서에 등록사용자의 전자서명(서명자의 실지명의를 확인할 수 있는 것으로서 법원행정처장이 지정·공고하는 인증서를 말한다)을 하여 제출하는 방법
(2021.5.27 본호개정)
2. 등록사용자의 위임장과 제2항제3호에 따른 확인서(전산양식 A6105)를 전자문서로 변환하여 함께 제출하는 방법
(2014.11.27 본항신설)

제12조【전자문서로의 변환·제출】 ① 전자소송 동의를 한 등록사용자가 전자문서가 아닌 서류를 법원에 제출하고자 할 때에는 그 서류를 전자문서로 변환하여 제출하여야 한다.
② 제1항의 규정을 따르지 아니하는 경우 그 서류는 제출되지 아니한 것으로 본다. 다만, 제19조제1항에 따라 전자문서화되지 아니한 사건에 대해서는 그러하지 아니한다.
(2014.11.27 본항개정)
③ 제1항에 따라 변환된 전자문서로 소송서류를 제출한 경우 제출자는 그 원본을 해당 소송절차가 확정될 때까지 보관하여야 한다.

제13조【멀티미디어 자료의 제출 등】 ① 등록사용자는 주장이나 공격·방어방법에 관한 음성·영상 등 멀티미디어 방식의 자료를 전자소송시스템을 이용하여 제출할 수 있다. 이 때 「민사소송규칙」 제69조의3이 정하는 적당한 시기에 전자소송홈페이지에서 요구하는 방식에 따라 제출하되, 해당 자료의 주요 내용, 제출 취지 및 용량을 밝혀야 한다.
② 제1항의 멀티미디어 자료는 재판장등이 허가한 경우에만 전자기록에 편입하거나 기일에서 진술할 수 있다.
(2013.1.8 본항개정)
③ 제2항의 허가를 받은 멀티미디어 자료는 상대방에게 상당하다고 인정되는 방법으로 송달할 수 있다. 법원은 이를 위하여 멀티미디어 자료를 제출한 자에게 해당 자료를 자기디스크 등에 담아 제출하거나 그 출력물을 제출하게 할 수 있다.
④ 법원은 제1항의 멀티미디어 자료가 공공의 질서 또는 선량한 풍속을 해하거나 관계인의 명예 또는 생활의 평온을 해할 우려가 있는 때에는 「민사소송법」 제162조제1항에 따른 복사를 제한할 수 있다.
⑤ 제2항에 따른 허부의 결정 및 제4항에 따른 복사 제한 여부의 결정에 대하여는 불복할 수 없다.

제14조【전자소송시스템 등을 이용할 수 없는 경우의 제출방법 등】 ① 전자소송시스템 또는 정보통신망에 장애가 발생한 경우로서 다음 각 호 가운데 어느 하나에 해당하면, 등록사용자는 법 제8조에 따라 법원에 제출할 서류를 자기디스크 등에 전자문서의 형태로 담아 제출하거나 전자문서가 아닌 형태로 제출할 수 있다.
1. 전자소송시스템의 장애가 언제 제거될 수 있는지 알 수 없는 경우
2. 전자소송시스템의 장애가 제거될 시점에 서류를 제출하면 소송이 지연되거나 권리 행사에 불이익을 입을 염려가 있는 경우
3. 등록사용자가 사용하는 정보통신망의 장애가 제거될 시점에 서류를 제출하면 소송이 지연되거나 권리 행사에 불이익을 입을 염려가 있는 경우
② 제1항에 따라 전자문서를 자기디스크 등에 담아 제출할 때에는 다음 각 호의 사항을 밝혀야 한다.
1. 사건의 표시, 자기디스크 등을 제출하는 당사자와 대리인의 이름·주소와 연락처, 자기디스크 등에 담긴 전자문서의 표시, 작성자의 이름과 작성한 날짜, 작성자와 제출자와의 관계, 법원의 표시
2. 전자문서를 자기디스크 등에 담아 제출하여야 하는 사유
③ 전자서명 방식으로 작성되지 아니한 전자문서를 제2항에 따라 제출하는 경우에는 작성자의 의사에 따라 작성한 것이라는 취지를 추가로 밝혀야 한다.
④ 재판장등은 제1항에 따라 서류를 제출한 등록사용자에게 제1항 각 호의 장애가 해소된 뒤에 해당 서류를 전자적 방법으로 제출할 것을 명할 수 있다. 이 명령에 따른 경우에는 최초에 제출한 때에 제출한 것으로 본다.
(2013.1.8 전단개정)
⑤ 제43조제3항의 전자소송시스템 장애로 인하여 불변기간을 지킬 수 없었던 경우에는 「민사소송법」 제173조에 따라 게을리 한 소송행위를 보완할 수 있다.(2012.5.2 본항신설)
(2012.5.2 본조제목개정)

제15조【전자문서화가 곤란하거나 부적합한 경우】 ① 전자문서로 제출하는 것이 현저히 곤란하거나 적합하지 아니한 경우로서 다음 각 호의 어느 하나에 해당하면, 등록사용자는 법 제8조에 따라 법원에 제출할 서류를 전자문서가 아닌 형태로 제출할 수 있다.
1. 서적을 제출하는 경우(이 경우 서적의 내용 가운데 중요한 부분을 전자문서로 변환하여 그 서적과 함께 제출하여야 한다)
2. 기술적으로 서류를 전자문서로 변환하기 어려운 경우
3. 서류에 당사자가 가지는 영업비밀(「부정경쟁방지 및 영업비밀보호에 관한 법률」 제2조제2호에 규정된 영업비밀을 말한다)에 관한 정보가 담겨 있는 경우
4. 사생활 보호 또는 그 밖의 사유로 필요하다고 인정하여 재판장등이 허가한 경우(2013.1.8 본호개정)
② 제1항제3호 및 제4호에 해당하는 서류가 전자문서로 작성되어 있을 때에는 등록사용자는 그 원본을 당해 소송절차가 확정될 때까지 보관하여야 한다.

제16조【기일에서의 소송서류 제출】 전자소송 동의를 한 등록사용자는 기일에 재판장등의 허가가 있는 경우에만 전자문서인 소송서류를 자기디스크 등을 이용하여 제출할 수 있다. 이 경우 제14조제3항을 준용한다.
(2013.1.8 본조개정)

제17조【제출·변환된 전자문서의 확인의무】 ① 전자소송 동의를 한 등록사용자가 제11조제1항 또는 제12조제1항에 의하여 전자문서를 제출한 날부터 1주일이 경과하거나 기일이 끝날 때까지 이의를 제기하지 아니한 때에는 제출하고자 한 문서와 전자소송시스템에 등재된 전자문서 사이의 동일성에 관하여 이의를 제기할 권리를 잃는다.(2013.6.27 본항개정)
② 전자기록사건에서 전자소송 동의를 하지 아니한 당사자가 전자문서가 아닌 형태로 제출한 서류를 법원사무관등이 법 제10조제2항에 따라 전자문서로 변환하고 제출자에게 그 동일성을 확인할 기회를 부여한 때에도 제1항과 같다.
(2013.6.27 본조제목개정)

제18조【제출된 전자문서의 보완】 ① 재판장등은 전자문서로 변환·제출된 서류의 판독이 곤란하거나 그 밖에 원본을 확인할 필요가 있을 때에는 이를 제출한 자에게 상당한 기간을 정하여 판독이 가능한 전자문서를 다시 제출하거나 원본을 제출할 것을 명할 수 있다.
(2013.1.8 본항개정)
② 제1항의 명령에 따른 경우 최초에 제출한 때에 제출한 것으로 보고, 이 명령에 따르지 아니하는 경우 해당 서류를 제출하지 아니한 것으로 본다.
③ 등록사용자가 전자소송시스템을 이용하여 소송서류를 제출한 후에는 전자소송시스템에서 이를 삭제하거나 수정된 내용으로 다시 등재할 수 없다. 이 때 등록사용자는 법원사무관등에게 해당 소송서류의 삭제나 등재사항의 수정을 요청할 수 있다.

제18조의2【전자문서의 접수통지】 법 제9조제4항에서 정한 전자문서 접수사실의 전자적 통지는 전자우편, 그 밖에 이에 준하는 것으로서 법원행정처장이 정하는 방법에 따른다.(2023.8.31 본조개정)

제18조의3【법 적용 전 전자문서의 제출】 법 제3조 각 호의 법률에 따른 절차 중 법 적용시기가 도래하지 아니한 절차에 관하여 전자소송시스템을 통하여 제출된 전자문서는 제출되지 아니한 것으로 본다.(2013.6.27 본조신설)

제4장 사건기록의 전자문서화

제19조【사건기록의 전자문서화】 ① 법 제10조제2항의 사유는 다음 각 호 가운데 어느 하나에 해당하는 경우를 말한다. 다만, 이 경우에도 재판장등은 사건기록의 전자문서화를 명할 수 있다.(2013.6.27 본문개정)
1. 상소심 사건의 원심사건이 전자기록사건이 아닌 경우
2. 재심 또는 준재심 사건의 대상사건이 전자기록사건이 아닌 경우
3. 기본이 되는 본안사건 또는 신청사건이 전자기록사건이 아닌 경우 그에 부수하는 신청사건. 단, 보전처분 신청사건은 본안사건의 전자기록화 여부에 따르지 아니한다.(2014.11.27 본호개정)
4. 그 밖에 법원행정처장이 전자기록화의 대상이 아닌 사건으로 정하여 전자소송홈페이지에 공고한 사건
② 전자기록사건에 있어서 법원사무관등은 전자문서를 출력한 서면을 제출한 자에게 해당 전자문서를 자기디스크 등에 담아 제출하게 하거나 지정된 전자우편주소로 전송하게 한 후 그 전자문서에 사법전자서명을 하고 전자소송시스템에 등재할 수 있다. 이러한 방식으로 제출한 전자문서는 이를 출력하여 제출한 서면을 갈음하는 것으로 본다.
③ 제14조제2항, 제3항의 규정은 제2항에 따라 전자문서를 자기디스크 등에 담아 제출하는 경우에 준용한다.

제19조의2【재판서, 조서 등의 전자문서화】 ① 법 제10조제1항에 따라 재판서, 조서 등을 전자문서화함에 있어 전자소송시스템의 장애 그밖에 현저히 곤란하거나 부적합한 사유가 발생한 경우에는 전자문서가 아닌 형태로 작성할 수 있다.
② 제1항의 규정에 따라 작성된 재판서, 조서 등은 이후 장애 등 사유가 해소되어 전자소송시스템에 등재되기 전에는 이를 원본으로 본다.
(2014.11.27 본조신설)

제20조【전자문서가 아닌 형태로 제출된 서류의 관리】 ① 전자기록사건에서 전자문서로 제출하지 아니한 서류가 제15조제1항에 정하여진 서류에 해당하는 때에는 법 제10조제2항에 따른 변환 및 등재를 하지 아니할 수 있다. 이 경우 법원사무관등은 전자문서로 변환하지 않은 서류

를 별도의 기록으로 관리·보존하고 전자소송시스템에 그 사실을 입력하여야 한다.
② 제19조제2항에 의하여 제출된 출력서면은 그 제출자에게 반환하거나 폐기한다. 법 제10조제2항에 따라 전자문서가 아닌 형태로 제출된 서류로서 제17조제2항에 따른 확인의 기회를 부여한 경우에도 같다.

제21조【조서 등의 폐기 또는 정정】 ① 법원사무관등은 전자문서로 작성한 조서(화해·조정 조서, 청구의 포기·인낙 조서는 제외한다)에 잘못이 있는 때에는 전자소송시스템을 이용하여 다음 각 호의 예에 따라 바로잡을 수 있다.
1. 전산등재 과정에서의 잘못 등으로 효력이 없음이 분명한 경우 : 폐기
2. 잘못된 계산이나 기재 등이 있음이 분명한 때 : 정정
② 제1항의 폐기 또는 정정의 절차와 방법은 법원행정처장이 정한다.
③ 전자문서로 작성한 재판서와 화해·조정 조서, 청구의 포기·인낙 조서는 제1항에 따라 폐기할 수 있다.
④ 법원은 제1항, 제3항의 폐기 또는 정정에 대하여 당사자의 이의가 있는 때에는 폐기 또는 정정 전의 조서 또는 재판서를 확인할 수 있도록 하여야 한다.(2014.4.3 본항개정)
(2013.6.27 본조개정)

제22조【전자문서의 반환·폐기】 법원은 제출자의 의견을 들어 변론기일 또는 변론준비기일에서 진술하지 아니하거나 불필요한 전자문서를 돌려주거나 폐기할 수 있다.

제23조【법원사무관등에 의한 전자기록 관리】 ① 법원사무관등은 전자문서의 형태, 제출방식, 전자소송시스템 이용 방식 등에 관하여 필요한 사항을 지적하고 보정을 권고할 수 있다.
② 법원사무관등은 전자적으로 제출된 소송서류가 전자소송홈페이지에서 요구하는 방식과 달리 등재되거나 소송서류에 관한 정보 입력이 잘못된 때에는 재판장등의 허가를 얻어 이를 정정·변경할 수 있다.(2013.1.8 본항개정)

제5장 전자적 송달 및 통지

제24조【전자적 송달·통지를 받을 자】 ① 법 제11조제1항제1호에 따른 전자적 송달 또는 통지를 받을 자는 다음 각 호와 같다.
1. 민사소송 등의 개별 사건에 관하여 전자소송 동의를 한 등록사용자
2. 1년의 범위에서 일정한 기간을 정하여 그 기간 안에 민사소송 등의 당사자 또는 제3조 각 호의 자가 될 것을 예정하여 전자소송시스템을 이용한 진행에 동의한 등록사용자
3. 민사소송 등의 당사자와 소송대리인 및 제3조제1호부터 제4호까지 규정된 자가 「민사소송법」 제184조에 의하여 송달영수인으로 신고한 등록사용자
② 법원사무관등은 전자문서로 작성된 재판서 또는 조서의 송달을 신청한 등록사용자에게 전자소송시스템을 이용하여 전자적인 방법으로 송달할 수 있다.
③ 제1항제3호의 신고가 있는 경우에 법 제11조제1항의 송달 또는 통지는 그 송달영수인에게 하여야 한다.

제25조【전자적 송달·통지를 받을 기관 등】 ① 법 제11조제1항제3호에 따른 전자적 송달 또는 통지를 받을 자는 다음 각 호와 같다.
1. 국가
2. 지방자치단체
3. 행정사건, 특허사건과 관련된 행정청(2013.1.8 본호개정)
3의2. 가사사건, 비송(과태료 포함)사건과 관련된 검사(2014.11.27 본호개정)
3의3. 가사사건과 관련된 지방자치단체의 장(2013.6.27 본호신설)
3의4. 회생·파산사건의 절차관계인(2014.4.3 본호신설)
4. 「공공기관의 운영에 관한 법률」에 따라 지정된 공공기관 및 「지방공기업법」에 따라 설립된 지방공사 중 법원행정처장이 지정하여 전자소송홈페이지에 공고하는 기관
② 제1항 각 호의 자는 미리 전자적 송달 또는 통지를 받을 수 있도록 사용자등록을 하여야 한다.
③ 사용자등록을 하지 않은 제1항 각 호의 자를 상대로 소가 제기된 경우 재판장등은 사용자등록을 할 것을 명할 수 있다.(2013.1.8 본항개정)

제25조의2【국가 또는 행정청에 대한 전자적 송달·통지】 국가 또는 행정청이 「국가를 당사자로 하는 소송에 관한 법률」 제3조제1항, 제2항, 제5조제1항 또는 제6조제2항에 따라 지정한 소송수행자가 제4조제3항의 명령에 따르지 아니하는 경우 법원사무관등은 국가에 대하여는 같은 법률 제9조제1항에서 정한 검찰청의 장에게, 행정청에 대하여는 그 장에게 전자적으로 송달하거나 통지할 수 있다.(2014.4.3 본조신설)

제26조【전자적 송달·통지의 방법 등】 ① 법 제11조제3항에 따른 전자문서 등재사실의 통지는 등록사용자가 전자소송시스템에 입력한 전자우편주소로 전자우편을 보내고, 휴대전화번호로 문자메시지를 보내는 방법으로 한다. 다만, 문자메시지는 등록사용자의 요청에 따라 보내지 아니할 수 있다.(2013.6.27 본항개정)
② 제1항의 통지는 전자우편이 전자우편주소로 전송된 때 또는 문자메시지가 휴대전화번호로 전송된 때 효력이 생긴다.(2013.6.27 본항신설)
③ 등록사용자가 책임질 수 없는 사유로 전자소송시스템에 등재된 전자문서를 법 제11조제4항의 기간 안에 확인하지 못한 경우에는 「민사소송법」 제173조에 따라 게을리 한 소송행위를 보완할 수 있다.
④ 제1항의 통지를 받은 등록사용자는 전자소송시스템에 접속하여 등재된 전자문서를 확인 또는 출력할 수 있다.
⑤ 전자소송시스템을 이용하여 송달한 전자문서 정본에 의하여 출력한 서면은 정본의 효력이 있다. 이 경우 전자소송시스템 장애 등 등록사용자가 책임질 수 없는 사유로 등재된 전자문서 정본의 출력이 정상적으로 끝나지 아니하였으면, 등록사용자는 그 사유를 소명하여 재발급을 신청할 수 있다.

제27조【법정에서의 전자문서 송달】 전자소송시스템에 의하여 제출된 소송서류를 법정에서 법 제11조제1항의 등록사용자에게 송달할 필요가 있을 때에는 「민사소송법」 제177조에 의한 방법 이외에 그 제출자로 하여금 해당 전자문서의 요지를 설명하게 하고, 송달받을 자의 요청에 따라 컴퓨터 등 정보처리능력을 갖춘 장치에 의하여 전자문서를 현출한 화면을 이용하여 주요 부분을 즉석에서 열람하는 방법으로 할 수 있다.

제28조【기간의 계산】 ① 송달받을 자가 전자소송시스템 장애로 인하여 전자문서를 확인할 수 없는 기간이 1일당 1시간을 초과하는 경우에는 해당 일을 법 제11조제4항 단서의 기간에 산입하지 아니한다. 그 기간의 마지막 날 오전 9시 이후에 전자소송시스템 장애로 인하여 전자문서를 확인할 수 없게 된 때에도 1일을 그 기간에 산입하지 아니한다.
② 전자소송시스템의 유지·보수를 위하여 그 사용을 일시 중단한 경우로서 법원행정처장이 사전에 공지한 경우에는 제1항을 적용하지 아니한다.

제29조【출력서면의 송달 등】 ① 법 제12조제1항제3호의 사유는 다음 각 호 가운데 어느 하나를 말한다.
1. 제14조제1항 또는 제15조제1항에 해당하는 경우
2. 송달받을 자가 책임질 수 없는 사유로 전자소송시스템에 등재된 전자문서를 확인할 수 없다는 점을 소명하여 출력서면의 송달을 신청한 경우
3. 그 밖에 재판장등이 출력서면의 송달이 필요하다고 인정하는 경우(2013.1.8 본호개정)
② 법원사무관등은 법 제12조제1항에 따라 출력서면을 송달하는 경우 다음 각 호 가운데 어느 하나에 해당하면 그 제출자로 하여금 전자문서의 출력서면을 제출하게 할 수 있다.
1. 출력할 서면의 분량이 상당히 많은 경우
2. 송달받을 상대방의 수가 상당히 많은 경우
3. 당해 전자문서에 표시된 색상이 나타나도록 서면을 출력할 필요가 있는 경우
4. 「민사소송규칙」 제4조제2항에 따른 소송서류의 용지와 다른 크기의 서면을 출력할 필요가 있는 경우
5. 그 밖에 위 각 호의 사유에 준하는 경우
③ 법 제12조제1항에 따라 전자문서를 출력할 경우에는 전자소송시스템을 이용하여 출력문서와 전자문서 사이의 동일성에 관한 사항을 출력문서에 표시되도록 하여야 한다.
④ 법원사무관등은 법 제12조제1항에 따라 전자문서를 출력한 서면을 송달하는 경우 「우편법」 제15조제3항, 「우편법 시행규칙」 제25조제1항제12호에서 정한 전자우편을 이용하여 할 수 있다.(2013.6.27 본항신설)

제6장 변론과 증거조사

제30조【전자문서에 의한 변론 등의 방법】 ① 소장, 답변서, 준비서면 그 밖에 이에 준하는 서류가 전자문서로 등재되어 있는 경우 그에 따른 변론은 당사자가 말로 중요한 사실상 또는 법률상 사항에 대하여 진술하거나 법원이 당사자에게 말로 해당사항을 확인하는 방식으로 한다.
② 제1항에 따른 변론은 컴퓨터 등 정보처리능력을 갖춘 장치에 의하여 전자문서를 현출한 화면에서 필요한 사항을 지적하면서 할 수 있다.
③ 제13조에 의하여 제출된 멀티미디어 방식의 자료에 따른 변론은 제1항의 방식과 함께 컴퓨터 등 정보처리능력을 갖춘 장치에 의하여 재생되는 음성이나 영상 중 필요한 부분을 청취 또는 시청하는 방법으로 한다.
④ 변론준비기일에서 당사자가 변론의 준비에 필요한 주장과 증거를 정리하는 경우, 변론기일에서 변론준비기일의 결과를 진술하는 경우 또는 항소심에서 제1심 변론결과를 진술하는 경우에 제1항 내지 제3항을 준용한다.

제31조【전자문서에 대한 증거조사의 신청 등】 ① 전자문서에 대한 증거조사의 신청은 다음 각 호의 구분에 의한다.
1. 전자문서가 전자소송시스템에 등재되어 있는 경우에는 그 취지를 진술한다.
2. 전자문서가 자기디스크 등에 담긴 경우에는 이를 제출한다.
3. 다른 사람이 전자문서를 가지고 있을 경우에는 그것을 제출하도록 명할 것을 신청한다.
② 다음 각 호 가운데 어느 하나에 해당하면 증거신청을 하는 전자문서를 자기디스크 등에 담아 제출할 수 있다. 이때에는 제14조제3항을 준용한다.
1. 전자문서에 대한 증거조사를 신청하는 자가 전자소송시스템을 이용한 소송의 진행에 동의하지 아니한 경우
2. 제14조제1항 각 호 가운데 어느 하나에 해당하는 사유가 있는 경우
3. 제15조제1항제3호 또는 제4호에 해당하는 서류가 전자문서로 작성되어 있을 경우
③ 전자문서에 대한 증거조사를 신청하는 때에는 전자문서의 내용에 따라 다음 각 호의 사항을 밝혀야 한다. 다만, 전자문서의 내용에 비추어 명백한 경우에는 그러하지 아니하다.
1. 전자문서가 문자, 그 밖의 기호, 도면, 사진 등에 관한 정보(다음부터 "문자등 정보"라고 한다)인 경우에는 전자문서의 명칭과 작성자 및 작성일(전자문서로 변환하여 제출된 경우에는 원본의 작성자와 작성일을 말한다)
2. 전자문서가 음성·음향이나 영상정보(다음부터 "음성·영상등 정보"라고 한다)인 경우에는 음성이나 영상이 녹음 또는 녹화된 사람, 녹음 또는 녹화를 한 사람 및 그 일시·장소, 주요내용과 용량, 입증할 사항과 사이의 적합한 관련성

제32조【문자등 정보에 대한 증거조사】 ① 문자등 정보에 해당하는 전자문서에 대한 증거조사는 법 제13조제1항제1호의 방법 이외에 필요한 경우 직권 또는 당사자의 신청에 따라 검증 또는 감정의 방법으로 할 수 있다.
② 전자문서로 변환하여 제출된 증거에 대하여 원본의 존재나 내용에 대하여 이의가 있는 때에는 원본을 열람하는 방법에 의한다.
③ 컴퓨터 등 정보처리능력을 갖춘 장치를 이용하여 증거조사를 하기 곤란한 사유가 있을 때에는 그 출력문서로 증거조사를 할 수 있다. 이때에는 「민사소송규칙」 제120조제2항을 준용한다.

제33조【음성·영상등 정보에 대한 증거조사】 ① 음성·영상등 정보에 해당하는 전자문서에 대한 증거조사는 법 제13조제1항제2호의 방법 이외에 필요한 경우 직권 또는 당사자의 신청에 따라 다른 방법으로 검증하거나 감정의 방법으로 할 수 있다.
② 제1항의 전자문서에 대한 증거조사를 신청한 당사자는 법원이 명하거나 상대방이 요구한 경우에는 녹취서, 그 밖에 그 내용을 설명하는 문서를 전자문서로 제출하여야 한다.
③ 법원사무관등이 증거조사 결과에 따라 조서를 작성하는 때에는 재판장등의 허가를 받아 제2항에 따라 제출된 전자문서 가운데 필요한 부분을 그 조서에 인용할 수 있다.(2013.1.8 본항개정)
④ 음성·영상등 정보인 증거의 복사에 대하여는 제13조제4항 및 제5항을 준용한다.

제34조【증거조사의 특칙】 ① 법 제13조 및 이 규칙 제32조, 제33조에 따른 증거조사는 주요 변론내용과 관련된 부분에 한정하여 할 수 있다.
② 재판장등은 증거인 전자문서 중 주요 변론내용과 관련된 부분을 특정할 것을 명할 수 있다.(2013.1.8 본항개정)
③ 증거신청인의 상대방이 사전에 증거인 전자문서를 열람·청취·시청할 수 있었던 경우 또는 법원이나 증거신청인이 기일에서 전자문서의 주요내용을 설명한 경우에는 증거신청인과 상대방에게 그에 관한 의견을 진술하게 하고 법 제13조 및 이 규칙 제32조, 제33조가 규정하는 절차의 전부 또는 일부를 생략할 수 있다.

제35조【증인진술서 등의 제출】 ① 「민사소송규칙」 제79조의 증인진술서는 전자소송시스템을 이용하여 전자적으로 제출할 수 있다.
② 재판장등이 명하거나 상대방이 신청한 때에는 제1항의 증인진술서 원본을 제출하여야 한다.(2013.1.8 본항개정)

제36조【전자문서 등을 이용한 신문·설명】 ① 전자기록사건에서 당사자는 재판장등의 허가를 받아 멀티미디어 자료 등 전자문서를 이용하여 증인을 신문할 수 있다.(2013.1.8 본항개정)
② 제1항의 규정은 「민사소송법」 제339조에 따른 의견진술과 같은 법 제341조제2항에 따른 감정서의 설명에 준용한다.
③ 제1항 및 제2항의 경우 제33조제3항, 「민사소송규칙」 제96조제2항, 제3항을 준용한다.

제37조【문서송부촉탁 등의 특칙】 ① 전자기록사건에서 제3조제6호부터 제10조의2까지에 해당하는 기관 등이 그 촉탁사항이나 송부대상인 문서를 전자데이터 또는 전자문서로 가지고 있는 경우에는 전자소송시스템을 이용하여 이를 전송하여야 한다.(2013.1.8 본항개정)
② 법원은 제1항의 촉탁사항이나 송부대상인 문서가 전자데이터 또는 전자문서가 아닌 경우 이를 전자문서로 변환하여 전송하여 줄 것을 요청할 수 있다.
③ 법원은 제1항의 각종 촉탁 등을 전자적 송달 또는 통지의 방법으로 할 수 있다.(2012.5.2 본항신설)

제7장 전자적 열람과 이관

제38조【전자기록의 열람 등】 ① 등록사용자로서 전자소송 동의를 한 당사자, 소송대리인 또는 제3조제1호부터 제4호까지의 자(제38조의2의 적용을 받는 자를 제외한다)가 「민사소송법」 제162조제1항에 따라 전자기록을 열람, 출력 또는 복제하는 경우에는, 전자소송시스템에 접속한 후 전자소송홈페이지에서 그 내용을 확인하고 이를 서면으로 출력하거나 해당 사항을 자신의 자기디스크 등에 내려받는 방식으로 한다.(2014.11.27 본항개정)

②「민사소송법」제162조에 따라 민사소송 등의 전자기록을 열람하고자 하는 자가 법원에 출석하여 당해 사건의 전자기록 열람을 신청한 때에는, 법원사무관등은 법원에 비치된 컴퓨터 단말기를 이용하여 해당 내용을 열람하게 할 수 있다. 이 때 당사자나 이해관계를 소명한 제3자의 신청에 따라 해당 사항을 복제하게 하거나 출력한 서면을 교부할 수도 있다.
③ 제3조제5호부터 제11호(제38조의2의 적용을 받는 자를 제외한다)까지의 등록사용자는 재판장등의 허가를 얻어 제1항에 따른 전자적 방법으로 전자기록을 열람·복제·출력할 수 있다.(2014.11.27 본항개정)
④ 사용자등록을 한 법무사는 당사자 또는 법정대리인 등의 위임을 받아 전자소송시스템을 이용하여 전자기록 열람을 신청할 수 있다.
⑤ (2014.4.3 삭제)

제38조의2【가사사건과 회생·파산사건에 관한 특칙】 가사사건의 전자기록은「가사소송법」제10조의2제2항제2호에 따라, 회생·파산사건의 전자기록은「채무자회생 및 파산에 관한 법률」제28조에 따라 열람, 출력 또는 복제할 수 있다. 이 경우 그 방식에 관하여는 제38조제1항, 제2항에 따른다.(2014.4.3 본조신설)

제39조【전자기록의 열람 등에 따른 수수료】 ① 전자기록의 열람, 출력 또는 복제를 신청할 경우 납부하여야 할 수수료의 금액은 별표1과 같다.
② 민사소송 등이 법원에 계속되는 동안에 제38조, 제38조의2에 따라 전자기록을 열람, 출력 또는 복제하는 경우 다음 각 호의 어느 하나에 해당하면 제1항의 수수료를 납부하지 아니한다.(2014.4.3 본문개정)
1. 법원에서 제공되지 아니하는 컴퓨터 등을 이용하여 열람, 출력 또는 복제하는 경우
2. 법원에서 제공되는 컴퓨터 등을 이용하여 열람하는 경우
③ 전자기록의 열람·출력 또는 복제에 관하여 이 규칙에 특별한 규정이 없으면「재판기록 열람·복사 규칙」을 준용한다.(2012.12.27 본항개정)

제40조【사건기록의 전자적 이관】 ① 심급사이 또는 이송결정에 따른 전자기록 송부는 전자적인 방법으로 한다. 다만, 제20조제1항에 의하여 별도로 보관하는 기록 또는 문서는 그 자체를 송부하는 방법으로 한다.
② 제1항에 따라 기록을 송부할 때「상고심절차에 관한 특례법」제6조제2항에 정해진 기간은 대법원이 마지막으로 기록을 받은 날부터 진행한다.

제8장 보 칙

제41조【소송비용 등의 납부 등】 ① 등록사용자는 인지액, 송달료(문자메시지 전송으로 인한 비용을 포함한다), 그 밖에 소송행위에 필요한 비용과 전자소송시스템의 이용수수료(다음부터 "이용수수료"라 한다)를 신용카드에 의한 결제 방식 또는 계좌이체에 의한 결제 방식 그 밖에 법원행정처장이 정하여 전자소송홈페이지에 공고하는 방식에 따라 전자적으로 납부할 수 있다. 다만, 민사소송법 제5편 독촉절차에 따른 사건에서는 전자적으로 납부하여야 한다.(2014.11.27 본항개정)
② 법원행정처장은 이용수수료를 당사자가 납부할 인지액, 송달료 그 밖에 소송행위에 필요한 비용 상당액에 다음 각 호의 구분에 따른 비율을 곱하여 산정한 금액의 범위 안에서 전자소송홈페이지에 공고한다.
(2017.2.2 본문개정)
1. 신용카드·직불카드 또는 금융기관 계좌이체를 이용하여 납부하는 경우 : 1000분의 35
2. 그 외 결제수단을 이용하는 경우 : 1000분의 80
(2017.2.2 1호~2호신설)
③ 제2항에 따라 산정한 값이 200원 미만인 경우에 이용수수료 금액은 200원으로 한다.
④ 제1항의 이용수수료는「민사소송비용법」제9조에 따라 그 전액을 소송비용으로 본다.

제42조【전자문서의 이용·관리】 ① 전자소송시스템에 기록된 전자문서는 전자파일로 보존하되, 위조·변조·훼손·유출 등을 방지하기 위한 보안조치를 하여야 한다.
② 전자기록사건의 경우 법원행정처장은「법원재판사무처리규칙」제4장 각 조의 사항에 관하여 전자기록의 특성을 고려하여 달리 정할 수 있다.
③ 전자기록사건의 경우 법관 또는 법원사무관등은 현장검증이나 서증조사 등 법원 밖에서의 증거조사 또는 재택근무 그 밖에 업무상 필요하다고 인정되는 때에는 법원청사 이외의 곳에서 전자기록을 이용할 수 있다. 이 때 전자기록이 정당한 이유 없이 공개되지 않도록 조치하여야 한다.(2014.4.3 본항개정)

제43조【전자소송시스템의 운영】 ① 법원행정처장은 제41조제1항에서 정한 소송비용 등의 전자적 납부를 위하여 필요한 범위 안에서 전자소송시스템의 이용시간을 지정할 수 있다.
② 법원행정처장은 전자소송시스템의 점검을 위하여 필요한 시간 동안 전자소송시스템의 이용시간을 일시 제한할 수 있다.
③ 법원행정처장은 전자소송시스템에 장애가 발생하거나 그 밖에 부득이한 사정이 있을 때에는 장애발생사실 및 그 복구사실을 법원 홈페이지 및 전자소송홈페이지에 게시하여야 한다.(2012.12.27 본항개정)
④ 법원행정처장은 전자기록사건에 관하여 담당 재판장 등이 전자소송시스템의 장애 또는 그 밖의 사유로 기술적 지원을 요청한 경우 필요한 범위 내에서 사건 정보 또는 기록 등을 열람하거나 그 밖의 조치를 취할 수 있다.(2013.6.27 본항신설)

제44조【특칙】 ①「민사집행법」에 따라 강제집행의 실시를 위하여 집행권원이나 그 집행력 있는 정본(이하 "집행권원 등"이라 한다)을 전자문서로 변환하여 제출하는 자는 법원이 그 집행권원 등에 부여한 문서고유번호를 전자소송시스템에 입력하여야 한다.
② 제1항의 문서고유번호를 입력하지 못한 경우에는, 제출하고자 한 집행권원 등을 전자문서가 아닌 본래의 형태로 법원에 제출하여야 한다.
③ 제2항에 따라 집행권원 등을 제출하지 아니한 때에는 해당 서류를 제출하지 아니한 것으로 본다. 제2항에 따라 제출된 집행권원 등의 관리에 대하여는 제20조제1항제2문을 준용한다.
(2014.11.27 본조개정)

부 칙

제1조【시행일】 이 규칙은 2011년 5월 2일부터 시행한다.
제2조【적용시기】 ① 법과 이 규칙의 적용 시기는 별표2와 같다. 다만 법원행정처장은 시·군법원의 사건에 대하여 그 적용시기를 달리 정할 수 있다.
② 제1항의 규정에도 불구하고 법원행정처장이 정하는 재판서·조서 등에 관하여는 2015년 3월 22일까지 법 제10조제1항을 적용하지 아니한다.(2014.11.27 본항개정)
제3조【적용례】 ① 이 규칙은 이 규칙 시행 후 제1심에 최초로 접수되는 사건부터 적용한다. 다만, 병합사건 중 일부가 이 규칙 시행 당시 계속 중인 사건 및 이 규칙 시행 이전에 접수된 사건에 대한 재심 또는 준재심사건은 그러하지 아니하다.
② 재판장은 제1항에 해당하지 아니하는 사건의 경우에도 제19조제1항에 의한 전자기록화를 명할 수 있다.
제4조【다른 규칙의 폐지 등】 ①「특허소송에서의 전자문서 이용 등에 관한 규칙」및「민사소송 등에서의 전자문서 이용 등에 관한 법률 적용시기에 관한 규칙」은 이를 모두 폐지한다.
② 이 규칙 시행 전에「특허소송에서의 전자문서 이용 등에 관한 규칙」에 따라 접수된 사건은 이 규칙에 의한다.

부 칙 (2013.1.8)

제1조【시행일】 이 규칙은 2013년 1월 21일부터 시행한다.
제2조【적용례】 ① 이 규칙은「가사소송법」(제63조, 제6편에 따른 사건 제외) 및「행정소송법」의 적용을 받는 사건에 관하여는 이 규칙 시행 후 제1심에 최초로 접수되는 사건부터 적용한다. 다만, 병합 사건 중 일부가 이 규칙 시행 당시 계속 중인 사건 및 이 규칙 시행 이전에 접수된 사건에 대한 재심 또는 준재심사건은 그러하지 아니하다.
② 재판장등은 제1항에 해당하지 아니하는 사건의 경우에도 제19조제1항에 따른 전자기록화를 명할 수 있다.
③ 제4조 및 제11조의 개정규정은 이 규칙 시행 당시 법원에 계속 중인 사건에도 적용한다. 다만, 종전의 규정에 따라 생긴 효력에는 영향을 미치지 아니한다.

부 칙 (2013.6.27)

제1조【시행일】 이 규칙은 2013년 7월 1일부터 시행한다.
제2조【계속 중인 사건에 관한 경과조치】 이 규칙은 특별한 규정이 없으면 이 규칙 시행 당시 법원에 계속 중인 사건에도 적용한다. 다만, 종전의 규정에 따라 생긴 효력에는 영향을 미치지 아니한다.
제3조【적용례】 ① 이 규칙은「민사소송법」제2편제4장, 제6편에 따른 사건,「가사소송법」제3편에 따른 사건 중 2013년 7월 1일부터 시행되는 제도에 관한 사건에 관하여 해당 절차에 관한 법 적용시기 이후 최초로 접수되는 제1심 사건부터 적용하고,「민사집행법」제4편과「가사소송법」제63조에 따른 보전처분 신청사건과 그에 부수하는 보전처분 이의·취소 신청사건, 제소명령 신청사건, 담보에 관한 신청사건, 등기 또는 등록의 기입을 촉탁하거나 재판서 정본을 송달하는 방법으로 집행하는 보전처분의 집행취소 신청사건 및 선박가압류에 따른 감수·보존처분 신청사건에 관하여 해당 절차에 관한 법 적용시기 이후 최초로 접수되는 보전처분 신청사건부터 적용한다. 다만, 그 사건이 해당 절차에 관한 법 적용 당시 법원에 계속 중인 사건에 병합된 경우 또는 해당 절차에 관한 법 적용 전에 접수된 사건에 대한 재심 또는 준재심 사건인 경우에는 그러하지 아니하다.(2014.4.3 본문개정)
② 제29조제4항의 개정규정은 법 제3조제1호·제2호의 법률에 대하여는 2013. 11. 4.부터 적용한다.
③ 재판장등은 이 규칙이 적용되지 아니하는 사건의 경우에도 제19조제1항에 따라 전자기록화를 명할 수 있다.

부 칙 (2014.4.3)

제1조【시행일】 이 규칙은 공포한 날부터 시행한다. 다만, 제3조제1호의2, 제10호의4, 제4조제1항제5호, 제4조제2항, 제25조제1항제3호의4, 제38조, 제38조의2, 제39조제2항의 개정규정은 2014년 4월 28일부터 시행한다.
제2조【계속 중인 사건에 관한 경과조치】 이 규칙은 특별한 규정이 없으면 이 규칙 시행 당시 법원에 계속 중인 사건에도 적용한다. 다만, 종전의 규정에 따라 생긴 효력에는 영향을 미치지 아니한다.
제3조【적용례】 ① 이 규칙은「채무자 회생 및 파산에 관한 법률」에 따른 사건에 관하여는 법 적용시기 이후 최초로 접수되는 제1심 사건부터 적용한다. 다만, 그 사건이 법 적용 당시 법원에 계속 중인 사건에 병합된 경우 또는 같은 개정규정 시행 전 접수된 사건에 대한 준재심사건인 경우에는 적용하지 아니한다.
② 재판장등은 제1항에 따라 이 규칙이 적용되지 아니하는 사건에 관하여도 전자기록화를 명할 수 있다.

부 칙 (2014.11.27)

제1조【시행일】 이 규칙은 2014년 12월 1일부터 시행한다. 다만, 제3조, 제4조제1항, 제4조제2항, 제11조제6항, 제19조, 제25조, 제38조, 제44조에 관한 규정은 2015. 3. 23.부터 시행한다.
제2조【계속 중인 사건에 관한 경과조치】 이 규칙은 특별한 규정이 없으면 이 규칙 시행 당시 법원에 계속 중인 사건에도 적용한다. 다만, 종전의 규정에 따라 생긴 효력에는 영향을 미치지 아니한다.
제3조【적용례】 ① 이 규칙은「민사집행법」제2편제2장(단, 제4절제2관에 따라 집행관이 집행하는 사건 제외), 제3장 및 제3편에 따라 진행하는 각종 신청사건이나 비송사건에 관하여는 2015. 3. 23.부터 접수되는 사건(항고심, 재항고심 제외)부터 적용한다. 다만, 그 사건이 법 적용 당시 법원에 계속 중인 사건에 병합되거나 민사집행법 제87조제1항에 따라 이미 경매개시결정을 한 절차에 따라 경매하여야 하는 경우, 같은 개정규정 시행 전 접수된 사건에 대한 준재심 사건인 경우에는 적용하지 아니한다.
② 재판장등은 이 규칙이 적용되지 아니하는 사건의 경우에도 제19조제1항에 따라 전자기록화를 명할 수 있다.
제4조【다른 규칙의 폐지 등】 ①「독촉절차에서의 전자문서 이용 등에 관한 규칙」은 폐지한다.
② 이 규칙 시행 전에「독촉절차에서의 전자문서 이용 등에 관한 규칙」에 따라 신청한 지급명령에 관하여는 종전의「독촉절차에서의 전자문서 이용 등에 관한 규칙」에 따른다.

부 칙 (2017.2.2)

제1조【시행일】 이 규칙은 2017년 4월 1일부터 시행한다.
제2조【계속사건에 관한 경과조치】 이 규칙은 이 규칙 시행 당시에 법원에 계속 중인 사건에도 적용한다.

부 칙 (2017.6.29)

제1조【시행일】 이 규칙은 2018년 1월 1일부터 시행한다.
제2조【계속사건에 관한 적용례】 이 규칙은 이 규칙 시행 당시에 법원에 계속 중인 사건에도 적용한다.

부 칙 (2020.11.26)

제1조【시행일】 이 규칙은 2020년 12월 10일부터 시행한다.
제2조【적용례】 이 규칙은 이 규칙 시행 당시 법원에 계속 중인 사건에 대하여도 적용한다.

부 칙 (2021.5.27)

이 규칙은 2021년 6월 10일부터 시행한다.

부 칙 (2023.8.31)

이 규칙은 2023년 10월 19일부터 시행한다.

〔별표〕 ➡「法典 別冊」참조

재산조회규칙

(2002년 6월 28일 대법원규칙 제1765호)

개정
2003. 9.13대법원규칙1845호 2012. 5.29대법원규칙2410호
2014. 7. 1대법원규칙2543호 2015. 6. 2대법원규칙2601호
2016. 9. 6대법원규칙2677호 2018.12.31대법원규칙2818호

제1조【목적】 이 규칙은 민사집행법(다음부터 "법"이라 한다) 제74조의 규정에 의한 재산조회의 비용과 전자통신매체를 사용한 재산조회절차, 재산조회결과의 관리에 관하여 필요한 사항 및 법이 위임한 사항을 정함으로써 재산조회 신청사건을 신속하고 효율적으로 처리하고, 재산조회결과가 강제집행 이외의 목적으로 사용되는 것을 방지함을 목적으로 한다.

제2조【재산조회시스템】 ① 법원행정처장은 대법원 웹서버에 인터넷을 이용하여 접속이 가능한 재산조회시스템(다음부터 "재산조회시스템"이라 한다)을 설치·운영하여야 한다.
② 별표 "기관·단체"란의 기관 또는 단체의 장 및 별표 순번 5부터 12까지, 15 기재 "기관·단체"란의 금융기관이 회원사, 가맹사 등으로 되어 있는 중앙회·연합회·협회 등(다음부터 "협회등"이라 한다)의 장(다음부터 "조회대상기관의 장"이라 한다)은 법원행정처장에게 재산조회시스템에 접속할 수 있는 권한을 부여하여 달라는 신청을 할 수 있다.(2016.9.6 본항개정)
③ 제2항의 신청을 한 조회대상기관의 장은 법원행정처장에게 수신가능한 전자우편주소를 신고하여야 한다.

제3조【재산조회절차】 ① 법원은 재산조회시스템에 다음 각호의 사항을 입력하는 방법으로 법 제74조제1항 또는 제3항에 규정된 재산조회를 할 수 있다.
1. 사건의 표시
2. 조회대상기관의 명칭
3. 채무자의 이름·주소·주민등록번호(주민등록번호가 없는 사람의 경우에는 여권번호 또는 등록번호, 법인 또는 법인 아닌 사단이나 재단의 경우에는 법인등록번호·사업자등록번호·납세번호 또는 고유번호를 말한다. 다음부터 이 모두를 "주민등록번호등"이라 한다), 그 밖에 채무자의 인적사항(2012.5.29 본호개정)
4. 조회할 재산의 종류
5. 조회에 대한 회답기한
6. 별표 순번 1에 적은 기관의 장에게 재산명시명령이 송달되기 전 2년안에 채무자가 보유한 재산내역에 대한 조회를 요구하는 때에는 그 취지와 조회기간
7. 법 제74조제3항의 규정에 따라 채무자의 재산 및 신용에 관한 자료의 제출을 요구하는 때에는 그 취지
8. 법 제75조제2항에 규정된 벌칙의 개요
9. 금융기관에 대하여 재산조회를 하는 경우에 관련법령에 따른 재산 및 신용에 관한 정보 등의 제공사실 통보의 유예를 요청하는 때에는 그 취지와 통보를 유예할 기간
② 재산조회시스템에 접속할 권한을 가진 협회등에 소속된 다수의 금융기관에 대한 재산조회를 협회등을 통하여 하는 경우에도 제1항과 같은 방법으로 할 수 있다.
③ 법원은 제출된 조회회보서나 자료에 흠이 있거나 불명확한 점이 있을 때에도 제1항과 같은 방법으로 다시 조회하거나 자료의 재제출을 요구할 수 있다.
④ 법원서기관·법원사무관·법원주사 또는 법원주사보(다음부터 "법원사무관등"이라 한다)는 필요한 경우에 제1항 내지 제3항의 재산조회명령(다음부터 "조회명령"이라 한다)을 하였음을 알리는 전자우편을 제2조제3항에 따라 신고된 전자우편주소로 발송할 수 있다.
⑤ 재산조회시스템에 조회명령을 입력한 날을 조회대상기관의 장에게 조회명령이 도달한 날로 본다.

제4조【조회회보절차】 ① 재산조회시스템에 접속할 권한이 있는 조회대상기관의 장은 수시로 인터넷을 통하여 재산조회시스템에 접속하여 조회명령이 있는지 여부를 확인하여야 한다.
② 조회명령을 받은 기관의 장은 정하여진 회답기한까지 재산조회시스템에 접속하여 다음 각호의 사항을 포함한 재산조회결과를 법원행정처장이 정하는 전자적 방법으로 기록하여야 한다.
1. 사건의 표시
2. 채무자의 표시
3. 조회를 받은 다음날 오전 영시 현재 채무자의 재산보유내역. 다만, 제3조제1항제6호의 규정에 따른 조회를 받은 때에는 정하여진 조회기간동안의 재산보유내역
③ 조회명령을 받은 기관의 장은 회답기한 내에 재산조회결과를 회보하지 못하는 정당한 사유가 있을 때에는 재산조회시스템에 접속하여 법원행정처장이 정하는 방법으로 그 사유를 신고하여야 한다.
④ 제3조제2항의 방법으로 재산조회를 받은 금융기관의 장은 소속협회등의 장에게 제2항 각호의 사항에 관한 정보와 자료를 제공하여야 하고, 그 협회등의 장은 제공받은 정보와 자료를 정리하여 한꺼번에 제2항과 같은 전자적 방법으로 기록하여야 한다.
⑤ 재산조회시스템에 장애가 발생한 경우에 제3조제1항제5호의 회답기한은 장애가 지속된 기간만큼 연장된다.
⑥ 법원사무관등은 조회명령을 받은 기관의 장에게 재산조회결과의 회보를 촉구하는 내용의 전자우편을 제2조제3항의 규정에 따라 신고된 전자우편주소로 발송할 수 있다.
⑦ 재산조회시스템에 재산조회결과를 제2항과 같은 전자적 방법으로 기록한 날을 법원에 재산조회결과를 회보한 날로 본다.

제5조【인증업무】 법원행정처장은 제3조의 규정에 따라 법원이 한 조회명령의 내용과 그 일시, 조회명령을 받은 기관의 장이 제4조의 규정에 따라 기록한 재산조회결과의 내용과 그 일시를 확인할 수 있는 인증업무를 행한다.

제6조【사건의 종결】 ① 회답기한이 경과된 사건은 그 다음날 20일에 종결된다.
② 조회명령을 받은 기관의 장이 제4조제3항의 신고를 한 경우에도 상당한 기간내에 재산조회결과를 회보하지 아니하면 법원사무관등은 재판장의 명령에 따라 사건을 종결한다.
③ 재판장이 재산조회신청서를 각하하거나 법원이 결정으로 재산조회신청을 각하한 경우에는 즉시항고기간이 경과한 후에 사건을 종결한다.
④ 법원이 재산조회신청을 기각한 경우에는 그 다음달 20일에 사건을 종결한다.

제7조【조회비용】 재산조회의 신청인이 예납하여야 할 비용은 별표와 같다. 다만, 제3조제1항제6호의 신청을 함께 하는 경우에는 2배액, 협회등의 장에게 재산조회를 하는 경우(같은 협회등에 소속된 다수의 금융기관에 대한 재산조회를 협회등을 통하여 하는 경우를 포함한다)에는 4배액으로 한다.

제8조【비용예납절차】 재산조회의 신청인은 법원보관금취급규칙 제4조의 규정에 따라 지정된 법원보관금의 취급점(다음부터 "취급점"이라 한다) 또는 재산조회 신청사건을 접수하는 법원사무관등에게 조회비용의 잔액환급용 예금계좌를 신고하여야 한다.(2003.9.13 본조개정)

제9조【비용출급절차】 ① 조회대상기관의 장은 법원행정처장에게 조회비용을 송금받을 금융기관 예금계좌를 신고하여야 한다.
② 사건이 종결되면 법원사무관등은 출납공무원에게 조회회보서를 제출한 기관에게 지급할 비용액을 통지하여야 한다.
③ 출납공무원은 제2항의 규정에 따른 통지를 받은 즉시 제1항의 규정에 따라 신고된 예금계좌로 조회비용을 입금하여야 한다.
④ 제3조제2항의 방법으로 협회등을 통하여 재산조회를 실시한 경우에는 협회등에게 조회비용을 지급한다.

제10조【비용환급절차】 ① 사건이 종결되면 법원사무관등은 조회비용의 잔액이 남아 있는지의 여부를 확인하여 잔액이 남아 있을 때에는 출납공무원에게 그 사실을 통지하여야 한다.
② 제1항의 통지를 받은 출납공무원은 제9조의 규정에 따른 예금계좌의 신고가 있을 때에는 즉시, 그 신고가 없을 때에는 재산조회의 신청인이 출석한 때에, 각 환급지시사항을 취급점에 전송하고, 재산조회의 신청인에게 환급지시서를 교부하여 취급점에 제출하게 하여야 한다.
③ 법원이 조회명령을 한 이후에 재산조회신청을 취하하더라도 조회명령을 받은 기관에게 지급할 비용을 재산조회의 신청인에게 환급하지 아니한다.

제11조【적용규정】 조회비용에 관하여 이 규칙이 정하는 사항 이외에는 법원보관금취급규칙에 따른다.(2003.9.13 본조개정)

제12조【전담관리자의 지정】 ① 법원장 또는 지원장은 재산조회결과를 전담하여 관리하는 직원(다음부터 "전담관리자"라 한다)을 지정하여야 한다.
② 전담관리자는 재산조회결과가 강제집행 외의 목적으로 사용되지 않도록 주의하여 업무를 처리하여야 하고 재산조회결과의 열람·출력의 신청이 있는 경우에만 재산조회결과를 검색할 수 있다.
③ 전담관리자가 아니면 재산조회결과를 검색하거나 열람·출력할 수 없다.

제13조【재산조회결과의 열람·출력 신청】 ① 재산조회결과의 열람·출력의 신청은 다음 각호의 사항을 적은 서면에 의하여야 한다.
1. 채권자와 그 대리인의 이름·주소·주민등록번호등
2. 채무자의 주소 또는 주민등록번호등
3. 재산조회 신청사건의 표시(재산조회를 신청한 채권자가 재산조회결과의 열람·출력을 신청한 경우에 한한다)
② 채무자에 대하여 강제집행을 개시할 수 있는 채권자로서 재산조회신청을 하지 아니한 채권자가 재산조회결과의 열람·출력을 신청하는 때에 집행권원의 사본을 제출하여야 한다.
③ 전담관리자는 제1항 및 제2항의 채권자와 그 대리인의 신분 및 대리권이 있음을 확인하여야 한다.

제14조【회보결과의 검색 등】 ① 전담관리자는 재산조회 프로그램을 사용하여 재산조회결과를 검색하기 전에 제13조제1항제1호에 규정된 사항을 입력하여야 한다.
② 재산조회결과의 열람은 재산조회결과가 현출되어 있는 컴퓨터 모니터를 보게 하는 방법으로 한다.
③ 재산조회결과를 출력한 때에는 법원사무관등은 출력물의 표지에 출력물의 기재내용이 재산조회결과와 동일함을 확인하고 기명날인하여야 한다.

제15조【수수료】 ① 재산조회결과의 열람·출력을 신청하는 사람이 납부하여야 할 수수료의 액은 다음 각호와 같다. 다만, 100원 단위 미만 금액은 이를 계산하지 아니한다.(2012.5.29 단서신설)
1. 열람·출력의 신청
1건마다 500원(이 경우 출력이 열람과 동시에 또는 열람 후 즉시 이루어지는 때에는 1건의 출력으로 본다)
2. 출력물의 교부
1장마다 50원
(2003.9.13 본호개정)
② 수수료는 수입인지로 납부하여야 한다.
③ 재산조회사건의 당사자 및 그 법정대리인, 소송대리인, 보조인 등이 그 사건의 재산조회결과의 열람·출력을 신청하는 때에는 제1항제1호에 규정된 수수료를 납부하지 아니한다. 다만, 출력물의 교부를 받는 경우에는 출력물 1장마다 50원의 수수료를 납부하여야 한다.
(2003.9.13 본항개정)

제16조【정보등의 제공 금지】 전담관리자, 조회대상기관의 장, 조회대상기관에서 조회업무를 담당하는 사람은 관련법령에 정하여진 경우가 아니면 재산조회 업무처리과정에서 얻은 자료나 정보를 다른 사람에게 제공하거나 누설하여서는 아니된다.

부 칙

제1조【시행일】 이 규칙은 2002년 7월 1일부터 시행한다. 다만, 별표 순번 2 내지 16에 적은 기관·단체에 대한 재산조회(제2조제2항에 규정된 협회등에 대한 재산조회를 포함한다)는 2003년 1월 1일부터 시행한다.

부 칙 (2015.6.2)

제1조【시행일】 이 규칙은 2015년 6월 15일부터 시행한다.
제2조【적용례】 이 규칙은 이 규칙 시행 후 최초로 접수되는 사건부터 적용한다.

부 칙 (2016.9.6)

이 규칙은 공포한 날부터 시행하되, 2016년 8월 30일부터 적용한다.

부 칙 (2018.12.31)

제1조【시행일】 이 규칙은 2019년 1월 1일부터 시행한다.
제2조【적용례】 이 규칙은 이 규칙 시행 후 최초로 접수되는 사건부터 적용한다.

〔별표〕 ➡ 「法典 別冊」 참조

비송사건절차법

(1991년 12월 14일
전개법률 제4423호)

개정
1994.12.31법 4834호 1996.12.30법 5206호
1998.12.28법 5591호(상법)
1998.12.28법 5592호(부등)
1999.12.31법 6086호(상법)
2001. 7.24법 6498호 2001.12.19법 6526호
2002. 1.26법 6626호(민사소송법)
2002. 1.26법 6627호(민사집행법)
2005. 1.27법 7357호(변호사)
2005. 3.31법 7428호(채무자회생파산)
2007. 5.17법 8435호(가족관계등록)
2007. 7.27법 8569호
2007. 8. 3법 8581호(상법)
2011. 4.12법 10580호(부등)
2011. 7.25법 10924호(신탁법)
2013. 5.28법 11827호
2014. 5.20법 12592호(상업등기법)
2016. 1.19법 13765호
2020. 2. 4법 16912호(부등)
2020. 6. 9법 17366호(피한정후견인결격조항정비를위한일부개정법률)

제1편 총 칙

(2013.5.28 본편개정)

제1조【적용 범위】 이 편(編)의 규정은 법원의 관할에 속하는 비송사건(非訟事件, 이하 "사건"이라 한다) 중 이 법 또는 그 밖의 다른 법령에 특별한 규정이 있는 경우를 제외한 모든 사건에 적용한다.

제2조【관할법원】 ① 법원의 토지 관할이 주소에 의하여 정하여질 경우 대한민국에 주소가 없을 때 또는 대한민국 내의 주소를 알지 못할 때에는 거소지(居所地)의 지방법원이 사건을 관할한다.
② 거소가 없을 때 또는 거소를 알지 못할 때에는 마지막 주소지의 지방법원이 사건을 관할한다.
③ 마지막 주소가 없을 때 또는 그 주소를 알지 못할 때에는 재산이 있는 곳 또는 대법원이 있는 곳을 관할하는 지방법원이 사건을 관할한다.

제3조【우선관할 및 이송】 관할법원이 여러 개인 경우에는 최초로 사건을 신청받은 법원이 그 사건을 관할한다. 이 경우 해당 법원은 신청에 의하여 또는 직권으로 적당하다고 인정하는 다른 관할법원에 그 사건을 이송할 수 있다.

제4조【관할법원의 지정】 ① 관할법원의 지정은 여러 개의 법원의 토지 관할에 관하여 의문이 있을 때에 한다.
② 관할법원의 지정은 관계 법원에 공통되는 바로 위 상급법원이 신청에 의하여 결정(決定)함으로써 한다. 이 결정에 대하여는 불복신청을 할 수 없다.

제5조【법원 직원의 제척·기피】 사건에 관하여는 법원 직원의 제척(除斥) 또는 기피(忌避)에 관한 「민사소송법」의 규정을 준용한다.

제6조【대리인】 ① 사건의 관계인은 소송능력자로 하여금 소송행위를 대리(代理)하게 할 수 있다. 다만, 본인이 출석하도록 명령을 받은 경우에는 그러하지 아니하다.
② 법원은 변호사가 아닌 자로서 대리를 영업으로 하는 자의 대리를 금하고 퇴정(退廷)을 명할 수 있다. 이 명령에 대하여는 불복신청을 할 수 없다.

제7조【대리권의 증명】 ① 제6조에 따른 대리인에 관하여는 「민사소송법」 제89조를 준용한다.
② 대리인의 권한을 증명하는 사문서(私文書)에 관계 공무원 또는 공증인의 인증(認證)을 받아야 한다는 명령에 대하여는 불복신청을 할 수 없다.

제8조【신청 및 진술의 방법】 신청 및 진술에 관하여는 「민사소송법」 제161조를 준용한다.

제9조【신청서의 기재사항, 증거서류의 첨부】 ① 신청서에는 다음 각 호의 사항을 적고 신청인이나 그 대리인이 기명날인하거나 서명하여야 한다. (2016.1.19 본문개정)
1. 신청인의 성명과 주소
2. 대리인에 의하여 신청할 때에는 대리인의 성명과 주소
3. 신청의 취지와 그 원인이 되는 사실
4. 신청 연월일
5. 법원의 표시
② 증거서류가 있을 때에는 그 원본 또는 등본(謄本)을 신청서에 첨부하여야 한다.

제10조【「민사소송법」의 준용】 사건에 관하여는 기일(期日), 기간, 소명(疎明) 방법, 인증(人證)과 감정(鑑定)에 관한 「민사소송법」의 규정을 준용한다.

제11조【직권에 의한 탐지 및 증거조사】 법원은 직권으로 사실의 탐지와 필요하다고 인정하는 증거의 조사를 하여야 한다.

제12조【촉탁할 수 있는 사항】 사실 탐지, 소환, 고지(告知), 재판의 집행에 관한 행위는 촉탁할 수 있다.

제13조【심문의 비공개】 심문(審問)은 공개하지 아니한다. 다만, 법원은 심문을 공개함이 적정하다고 인정하는 자에게는 방청을 허가할 수 있다.

제14조【조서의 작성】 법원서기관, 법원사무관, 법원주사 또는 법원주사보(이하 "법원사무관등"이라 한다)는 증인 또는 감정인(鑑定人)의 심문에 관하여는 조서(調書)를 작성하고, 그 밖의 심문에 관하여는 필요하다고 인정하는 경우에만 조서를 작성한다.

제15조【검사의 의견 진술 및 심문 참여】 ① 검사는 사건에 관하여 의견을 진술하고 심문에 참여할 수 있다.
② 사건 및 그에 관한 심문의 기일은 검사에게 통지하여야 한다.

제16조【검사에 대한 통지】 법원, 그 밖의 관청, 검사와 공무원은 그 직무상 검사의 청구에 의하여 재판을 하여야 할 경우가 발생한 것을 알았을 때에는 그 사실을 관할법원에 대응한 검찰청 검사에게 통지하여야 한다.

제17조【재판의 방식】 ① 재판은 결정으로써 한다.
② 재판의 원본에는 판사가 서명날인하여야 한다. 다만, 신청서 또는 조서에 재판에 관한 사항을 적고 판사가 이에 서명날인함으로써 원본을 갈음할 수 있다.
③ 재판의 정본(正本)과 등본에는 법원사무관등이 기명날인하고, 정본에는 법원인(法院印)을 찍어야 한다.
④ 제2항에 따른 서명날인은 기명날인으로 갈음할 수 있다.

제18조【재판의 고지】 ① 재판은 이를 받은 자에게 고지함으로써 효력이 생긴다.
② 재판의 고지는 법원이 적당하다고 인정하는 방법으로 한다. 다만, 공시송달(公示送達)을 하는 경우에는 「민사소송법」의 규정에 따라야 한다.
③ 법원사무관등은 재판의 원본에 고지의 방법, 장소, 연월일을 부기(附記)하고 도장을 찍어야 한다.

제19조【재판의 취소·변경】 ① 법원은 재판을 한 후에 그 재판이 위법 또는 부당하다고 인정할 때에는 이를 취소하거나 변경할 수 있다.
② 신청에 의하여만 재판을 하여야 하는 경우에 신청을 각하(却下)한 재판은 신청에 의하지 아니하고는 취소하거나 변경할 수 없다.
③ 즉시항고(卽時抗告)로써 불복할 수 있는 재판은 취소하거나 변경할 수 없다.

제20조【항고】 ① 재판으로 인하여 권리를 침해당한 자는 그 재판에 대하여 항고할 수 있다.
② 신청에 의하여만 재판을 하여야 하는 경우에 신청을 각하한 재판에 대하여는 신청인만 항고할 수 있다.

제21조【항고의 효력】 항고는 특별한 규정이 있는 경우를 제외하고는 집행정지의 효력이 없다.

제22조【항고법원의 재판】 항고법원의 재판에는 이유를 붙여야 한다.

제23조【항고의 절차】 이 법에 따른 항고에 관하여는 특별한 규정이 있는 경우를 제외하고는 항고에 관한 「민사소송법」의 규정을 준용한다.

제24조【비용의 부담】 재판 전의 절차와 재판의 고지 비용은 부담할 자를 특별히 정한 경우를 제외하고는 사건의 신청인이 부담한다. 다만, 검사가 신청한 경우에는 국고에서 부담한다.

제25조【비용에 관한 재판】 법원은 제24조에 따른 비용에 관하여 재판을 할 필요가 있다고 인정할 때에는 그 금액을 확정하여 사건의 재판과 함께 하여야 한다.

제26조【관계인에 대한 비용 부담 명령】 법원은 특별한 사유가 있을 때에는 이 법에 따라 비용을 부담할 자가 아닌 관계인에게 비용의 전부 또는 일부의 부담을 명할 수 있다.

제27조【비용의 공동 부담】 비용을 부담할 자가 여럿인 경우에는 「민사소송법」 제102조를 준용한다.

제28조【비용의 재판에 대한 불복신청】 비용의 재판에 대하여는 그 부담의 명령을 받은 자만 불복신청을 할 수 있다. 이 경우 독립하여 불복신청을 할 수 없다.

제29조【비용 채권자의 강제집행】 ① 비용의 채권자는 비용의 재판에 의하여 강제집행을 할 수 있다.
② 제1항에 따른 강제집행의 경우에는 「민사집행법」의 규정을 준용한다. 다만, 집행을 하기 전에 재판서의 송달은 하지 아니한다.
③ 비용의 재판에 대한 항고가 있을 때에는 「민사소송법」 제448조 및 제500조를 준용한다.

제30조【국고에 의한 비용의 체당】 직권으로 하는 탐지, 사실조사, 소환, 고지, 그 밖에 필요한 처분의 비용은 국고에서 체당(替當)하여야 한다.

제31조【신청의 정의】 이 편에서 "신청"이란 신청과 신고를 말한다.

제2편 민사(民事)비송사건

(2013.5.28 본편개정)

제1장 법인에 관한 사건

제32조【재단법인의 정관 보충 사건의 관할】 ① 「민법」 제44조에 따른 사건은 법인설립자 사망 시의 주소지의 지방법원이 관할한다.
② 법인설립자의 주소가 국내에 없을 때에는 그 사망 시의 거소지 또는 법인설립지의 지방법원이 관할한다.

제33조【임시이사 또는 특별대리인의 선임, 법인의 해산·청산의 감독의 관할】 ① 임시이사 또는 특별대리인의 선임(選任)은 법인의 주된 사무소 소재지의 지방법원 합의부가 관할한다.
② 법인의 해산 및 청산에 대한 감독은 그 주된 사무소 소재지의 지방법원이 관할한다.

제34조【임시총회 소집 사건에 관한 관할】 ① 「민법」 제70조제3항에 따른 사건은 법인의 주된 사무소 소재지의 지방법원 합의부가 관할한다.
② 「민법」 제70조제3항에 따른 임시총회 소집의 허가신청과 그 사건의 재판에 관하여는 제80조 및 제81조를 각각 준용한다.

제35조【법인에 대한 검사인의 선임】 법원은 특별히 선임한 자로 하여금 법인의 감독에 필요한 검사(檢査)를 하게 할 수 있다.

제36조【청산인】 법인의 청산인(淸算人)에 관하여는 제117조제1항, 제119조 및 제121조를 준용한다.

제37조【청산인 또는 검사인의 보수】 법원이 법인의 청산인 또는 제35조에 따라 검사할 자를 선임한 경우에는 제77조 및 제78조를 준용한다.

제38조【감정인의 선임 비용 등】 「민법」 제91조제2항에 따른 감정인을 선임하는 경우에는 제124조 및 제125조를 준용한다.

제2장 신탁에 관한 사건

제39조【관할법원】 ① 「신탁법」에 따른 사건(이하 "신탁사건"이라 한다)은 특별한 규정이 있는 경우를 제외하고는 수탁자의 보통재판적이 있는 곳의 지방법원이 관할한다.
② 수탁자의 임무가 종료된 후 신수탁자(新受託者)의 임무가 시작되기 전에는 전수탁자(前受託者)의 보통재판적이 있는 곳의 지방법원이 신탁사건을 관할한다.
③ 수탁자 또는 전수탁자가 여럿인 경우에는 그 중 1인의 보통재판적이 있는 곳의 지방법원이 신탁사건을 관할한다.
④ 「신탁법」 제21조제3항에 따른 사건은 유언자 사망 시 주소지의 지방법원이 관할한다.

⑤ 제1항부터 제4항까지의 규정에 따른 관할법원이 없는 경우에는 신탁재산이 있는 곳(채권의 경우에는 재판상의 청구를 할 수 있는 곳을 그 재산이 있는 곳으로 본다)의 지방법원이 신탁사건을 관할한다.
⑥ 제1항부터 제3항까지 및 제5항에도 불구하고 「신탁법」 제18조제1항제1호 및 제2호에 따른 신탁재산관리인의 선임에 관한 사건은 다음 각 호의 구분에 따른 법원이 관할한다.
1. 「신탁법」 제18조제1항제1호에 따른 신탁재산관리인의 선임에 관한 사건 : 「가사소송법」 제2조제1항제2호가목37) 및 제44조에 따라 해당 상속재산관리인의 선임사건을 관할하는 법원
2. 「신탁법」 제18조제1항제2호에 따른 신탁재산관리인의 선임에 관한 사건 : 「채무자 회생 및 파산에 관한 법률」 제3조에 따라 해당 파산선고를 관할하는 법원

제40조【부정한 목적으로 신탁선언에 의하여 설정된 신탁의 종료 재판】 ① 「신탁법」 제3조제3항에 따른 청구에 의한 재판을 하는 경우 법원은 수탁자의 의견을 들어야 한다.
② 제1항에 따른 청구에 대한 재판은 이유를 붙인 결정으로써 하여야 한다.
③ 제1항에 따른 청구에 대한 재판은 수탁자와 수익자에게 고지하여야 한다.
④ 제1항에 따른 청구를 인용(認容)하는 재판에 대하여는 수탁자 또는 수익자가 즉시항고를 할 수 있다. 이 경우 즉시항고는 집행정지의 효력이 있다.
⑤ 제1항에 따른 청구를 기각(棄却)하는 재판에 대하여는 그 청구를 한 자가 즉시항고를 할 수 있다.

제41조【수탁자 사임허가의 재판】 ① 수탁자가 「신탁법」 제14조제2항에 따른 사임허가의 재판을 신청하는 경우에는 그 사유를 소명하여야 한다.
② 제1항에 따른 신청에 대한 재판에 대하여는 불복신청을 할 수 없다.

제42조【수탁자 해임의 재판】 ① 「신탁법」 제16조제3항에 따른 수탁자 해임 청구에 대한 재판을 하는 경우 법원은 수탁자를 심문하여야 한다.
② 제1항에 따른 재판은 이유를 붙인 결정으로써 하여야 한다.
③ 제1항에 따른 재판은 위탁자, 수탁자 및 수익자에게 고지하여야 한다.
④ 제1항에 따른 재판에 대하여는 위탁자, 수탁자 또는 수익자가 즉시항고를 할 수 있다.

제43조【신탁재산관리인 선임의 재판】 ① 수탁자와 수익자 간의 이해가 상반되어 수탁자가 신탁사무를 수행하는 것이 적절하지 아니하다는 이유로 「신탁법」 제17조제1항에 따라 신탁재산관리인을 선임하는 재판을 하는 경우 법원은 수익자와 수탁자의 의견을 들어야 한다.
② 제1항에 따른 재판은 이유를 붙인 결정으로써 하여야 한다.
③ 제1항에 따른 재판은 수익자와 수탁자에게 고지하여야 한다.
④ 제1항에 따른 재판에 대하여는 수익자 또는 수탁자가 즉시항고를 할 수 있다.

제44조【신탁재산관리인 선임의 재판】 ① 다음 각 호의 어느 하나에 해당하는 재판을 하는 경우 법원은 이해관계인의 의견을 들을 수 있다.
1. 「신탁법」 제17조제1항에 따른 신탁재산관리인 선임의 재판(수탁자의 임무가 종료되었음을 이유로 하는 재판만 해당한다)
2. 「신탁법」 제18조제1항에 따른 필수적 신탁재산관리인 선임의 재판
3. 「신탁법」 제19조제4항에 따른 새로운 신탁재산관리인 선임의 재판
② 제1항에 따른 재판에 대하여는 불복신청을 할 수 없다.

제44조의2【신탁재산관리인의 보수 결정 재판】 ① 「신탁법」 제17조제6항 및 제18조제3항에 따른 신탁재산관리인의 보수를 정하는 재판을 하는 경우 법원은 수익자 또는 수탁자가 여럿인 경우의 다른 수탁자의 의견을 들어야 한다.
② 제1항에 따른 재판은 수익자와 수탁자가 여럿인 경우의 다른 수탁자에게 고지하여야 한다.
③ 제1항에 따른 재판에 대하여는 수익자 또는 수탁자가 여럿인 경우의 다른 수탁자가 즉시항고를 할 수 있다.
(2013.5.28 본조신설)

제44조의3【신탁재산관리인 사임허가 및 해임의 재판】 ① 신탁재산관리인이 「신탁법」 제19조제2항에 따른 사임허가의 재판을 신청하는 경우에는 그 사유를 소명하여야 한다.
② 「신탁법」 제19조제3항에 따라 신탁재산관리인을 해임하는 재판을 하는 경우 법원은 이해관계인의 의견을 들을 수 있다.
③ 제1항 및 제2항에 따른 재판에 대하여는 불복신청을 할 수 없다.
(2013.5.28 본조신설)

제44조의4【신수탁자 선임의 재판】 ① 「신탁법」 제21조제2항에 따라 신수탁자의 선임을 청구하는 경우에는 그 사유를 소명하여야 한다.
② 제1항에 따른 청구에 대한 재판을 하는 경우 법원은 이해관계인의 의견을 들을 수 있다.
③ 제1항에 따른 청구에 대한 재판은 위탁자, 수익자 및 수탁자가 여럿인 경우의 다른 수탁자에게 고지하여야 한다.
④ 제1항에 따른 청구에 대한 재판에 대하여는 위탁자, 수익자 또는 수탁자가 여럿인 경우의 다른 수탁자가 즉시항고를 할 수 있다.
(2013.5.28 본조신설)

제44조의5【유언신탁의 신수탁자 선임 재판】 ① 「신탁법」 제21조제3항에 따라 신수탁자를 선임하는 재판을 하는 경우에는 제44조의4제1항 및 제2항을 준용한다.
② 제1항에 따른 재판에 대하여는 불복신청을 할 수 없다.
(2013.5.28 본조신설)

제44조의6【신수탁자의 보수 결정 재판】 「신탁법」 제21조제4항에 따른 신수탁자의 보수를 정하는 재판을 하는 경우 그 절차에 관하여는 제44조의2를 준용한다.(2013.5.28 본조신설)

제44조의7【신탁재산의 첨부로 인한 귀속의 결정】 ① 「신탁법」 제28조 단서에 따라 가공(加工)으로 인하여 생긴 물건을 원재료 소유자에게 귀속시키는 재판은 위탁자, 수탁자(신탁재산관리인이 선임된 경우에는 신탁재산관리인을 말한다. 이하 이 조에서 같다) 또는 수익자가 신청할 수 있다. 이 경우 수탁자가 여럿일 때에는 수탁자 각자가 신청할 수 있다.
② 제1항에 따른 신청에 대한 재판의 경우 법원은 위탁자, 수탁자 및 수익자의 의견을 들어야 한다.
③ 제1항에 따른 신청에 대한 재판은 이유를 붙인 결정으로써 하여야 한다.
④ 제1항에 따른 신청에 대한 재판은 위탁자, 수익자 및 수탁자에게 고지하여야 한다. 수탁자가 여럿일 때에는 수탁자 각자에게 고지하여야 한다.
⑤ 제1항에 따른 신청에 대한 재판에 대하여는 위탁자, 수익자 또는 수탁자(수탁자가 가공한 경우에는 다른 수탁자에 한한다)가 즉시항고를 할 수 있다. 이 경우 수탁자가 여럿일 때에는 수탁자 각자가 즉시항고를 할 수 있다.
(2013.5.28 본조신설)

제44조의8【이익에 반하는 행위에 대한 법원의 허가】 ① 수탁자가 「신탁법」 제34조제2항제3호에 따른 이익에 반하는 행위의 허가를 신청하는 경우에는 그 사유를 소명하여야 한다.
② 제1항에 따른 신청에 대한 재판을 하는 경우 법원은 다른 수탁자(신탁재산관리인이 선임된 경우에는 신탁재산관리인을 말한다. 이하 이 조에서 같다) 및 수익자의 의견을 들어야 한다.
③ 제1항에 따른 신청에 대한 재판은 이유를 붙인 결정으로써 하여야 한다.
④ 제1항에 따른 신청에 대한 재판은 다른 수탁자와 수익자에게 고지하여야 한다.
⑤ 제1항에 따른 신청에 대한 재판에 대하여는 다른 수탁자 또는 수익자가 즉시항고를 할 수 있다. 이 경우 즉시항고는 집행정지의 효력이 있다.
(2013.5.28 본조신설)

제44조의9【신탁관리인 선임의 재판】 ① 「신탁법」 제67조제1항 · 제2항 또는 제70조제6항에 따른 신탁관리인 선임의 재판을 하는 경우 법원은 이해관계인의 의견을 들을 수 있다.
② 제1항에 따른 재판에 대하여는 불복신청을 할 수 없다.
(2013.5.28 본조신설)

제44조의10【신탁관리인의 보수 결정 재판】 ① 「신탁법」 제67조제4항에 따른 신탁관리인의 보수를 정하는 재판을 하는 경우 법원은 수탁자(신탁재산관리인이 선임된 경우에는 신탁재산관리인을 말한다. 이하 이 조에서 같다)의 의견을 들어야 한다.
② 제1항에 따른 재판은 수탁자에게 고지하여야 한다.
③ 제1항에 따른 재판에 대하여는 수탁자가 즉시항고를 할 수 있다.
(2013.5.28 본조신설)

제44조의11【신탁관리인 사임허가 및 해임의 재판】 ① 신탁관리인이 「신탁법」 제70조제2항에 따른 사임허가의 재판을 신청하는 경우에는 그 사유를 소명하여야 한다.
② 「신탁법」 제70조제4항에 따라 신탁관리인을 해임하는 재판을 하는 경우 법원은 이해관계인의 의견을 들을 수 있다.
③ 제1항 및 제2항에 따른 재판에 대하여는 불복신청을 할 수 없다.
(2013.5.28 본조신설)

제44조의12【수익자집회 소집허가의 재판】 ① 「신탁법」 제72조제4항에 따른 수익자집회 소집의 허가를 신청하는 경우에는 수탁자가 수익자집회의 소집을 게을리한 사실을 소명하여야 한다.
② 제1항에 따른 신청은 서면으로 하여야 한다.
③ 「신탁법」 제72조제4항에 따른 수익자집회 소집의 허가신청과 그 사건의 재판에 관하여는 제81조를 준용한다.
(2013.5.28 본조신설)

제44조의13【신탁사채에 관한 사건】 수탁자가 「신탁법」 제87조제1항에 따라 사채(社債)를 발행한 경우에 관하여는 다음 각 호의 구분에 따른 규정을 준용한다.
1. 사채모집을 위탁받은 회사의 사임허가 신청과 해임청구 및 그 회사의 사무승계자 선임청구에 대한 재판 : 제110조
2. 사채권자집회의 소집 허가신청 : 제112조
3. 사채권자집회의 결의 인가청구 : 제113조
4. 사채모집을 위탁받은 회사, 대표자 또는 집행자에게 줄 보수와 그 사무처리에 필요한 비용의 신탁재산 부담 허가신청 : 제114조
(2013.5.28 본조신설)

제44조의14【신탁변경의 재판】 ① 「신탁법」 제88조제3항에 따른 신탁변경의 재판은 서면으로 신청하여야 한다.
② 제1항에 따른 신청에 대한 재판을 하는 경우 법원은 위탁자, 수탁자 및 수익자의 의견을 들어야 한다.
③ 제1항에 따른 신청에 대한 재판은 이유를 붙인 결정으로써 하여야 한다.
④ 제1항에 따른 신청에 대한 재판은 위탁자, 수탁자 및 수익자에게 고지하여야 한다.
⑤ 제1항에 따른 신청에 대한 재판에 대하여는 위탁자, 수탁자 또는 수익자가 즉시항고를 할 수 있다. 이 경우 즉시항고는 집행정지의 효력이 있다.
(2013.5.28 본조신설)

제44조의15【수익권 매수가액의 결정】 ① 「신탁법」 제89조제4항, 제91조제3항 또는 제95조제3항에 따른 매수가액 결정의 청구는 서면으로 하여야 한다.
② 제1항에 따른 청구에 대한 재판을 하는 경우 법원은 수탁자와 매수청구를 한 수익자의 의견을 들어야 한다.
③ 제1항에 따른 청구에 대한 재판은 이유를 붙인 결정으로써 하여야 한다.
④ 제1항에 따른 청구에 대한 재판은 수탁자와 매수청구를 한 수익자에게 고지하여야 한다.
⑤ 제1항에 따른 청구에 대한 재판에 대하여는 수탁자 또는 매수청구를 한 수익자가 즉시항고를 할 수 있다. 이 경우 즉시항고는 집행정지의 효력이 있다.
(2013.5.28 본조신설)

제44조의16【사정변경에 의한 신탁종료의 재판】 ① 「신탁법」 제100조에 따른 청구에 대한 재판을 하는 경우 법원은 위탁자, 수탁자 및 수익자의 의견을 들어야 한다.
② 제1항에 따른 청구에 대한 재판은 이유를 붙인 결정으로써 하여야 한다.
③ 제1항에 따른 청구에 대한 재판은 위탁자, 수탁자 및 수익자에게 고지하여야 한다.
④ 제1항에 따른 청구에 대한 재판에 대하여는 위탁자, 수탁자 또는 수익자가 즉시항고를 할 수 있다. 이 경우 즉시항고는 집행정지의 효력이 있다.
(2013.5.28 본조신설)

제44조의17【검사인 선임의 재판】 ① 「신탁법」 제105조제2항에 따른 검사인(檢査人)의 선임 청구는 서면으로 하여야 한다.
② 제1항에 따른 청구서에는 제9조제1항 각 호의 기재사항 외에 검사 목적을 적어야 한다.
③ 제1항에 따른 청구에 대한 재판에 대하여는 불복신청을 할 수 없다.
(2013.5.28 본조신설)

제44조의18【검사인의 보수】 ① 법원은 「신탁법」 제105조제2항에 따라 검사인을 선임한 경우 신탁재산에서 검사인의 보수를 지급하게 할 수 있다.
② 제1항에 따라 검사인의 보수를 정하는 재판을 하는 경우 법원은 수탁자의 의견을 들어야 한다.
③ 제1항에 따른 재판은 수탁자에게 고지하여야 한다.
④ 제1항에 따른 재판에 대하여는 수탁자가 즉시항고를 할 수 있다.
(2013.5.28 본조신설)

제44조의19【검사인의 보고】 ① 「신탁법」 제105조제2항에 따라 선임된 검사인은 법원에 검사 결과를 서면으로 보고하여야 한다.

② 법원은 검사에 관한 설명이 필요할 때에는 「신탁법」 제105조제2항에 따라 선임된 검사인을 심문할 수 있다.
③ 법원은 제1항에 따른 검사 결과에 따라 수탁자에게 시정을 명할 수 있다.
④ 수탁자는 제3항에 따른 명령을 받은 즉시 그 사실을 수익자에게 알려야 한다.
⑤ 제3항에 따른 명령에 대하여는 불복신청을 할 수 없다.
(2013.5.28 본조신설)

제44조의20【유한책임신탁에 관한 신탁사건의 신청】 ① 「신탁법」 제114조제1항에 따른 유한책임신탁에 관한 신탁사건의 신청은 서면으로 하여야 한다.
② 제1항에 따른 신청서에는 제9조제1항 각 호의 기재사항 외에 유한책임신탁의 명칭, 수탁자의 성명이나 명칭 또는 「신탁법」 제114조제2항제4호에 따른 신탁사무처리지를 적어야 한다.
(2013.5.28 본조신설)

제44조의21【청산수탁자의 변제허가】 「신탁법」 제133조제1항에 따른 청산수탁자가 같은 법 제135조제2항에 따른 변제허가의 신청을 할 때에는 그 사유를 소명하여야 한다.(2013.5.28 본조신설)

제44조의22【감정인 선임의 절차와 비용】 ① 「신탁법」 제136조제4항에 따른 감정인 선임의 재판에 대하여는 불복신청을 할 수 없다.
② 「신탁법」 제136조제4항에 따른 감정인 선임절차에 드는 비용은 같은 법 제133조제1항에 따른 청산수탁자가 부담한다. 감정인의 소환 및 심문 비용의 경우에도 또한 같다.
(2013.5.28 본조신설)

제44조의23【신탁관리인의 권한】 「신탁법」 제67조제1항 또는 제2항에 따라 신탁관리인이 선임된 경우 이 장(章)의 규정을 적용할 때에는 신탁관리인을 수익자로 본다.(2013.5.28 본조신설)

제44조의24【법원의 감독】 ① 법원은 신탁사건의 감독을 위하여 필요하다고 인정할 때에는 이해관계인의 신청에 의하여 또는 직권으로 재산목록, 신탁사무에 관한 장부와 서류의 제출을 명하고, 신탁사무 처리에 관하여 수탁자와 그 밖의 관계인을 심문할 수 있다.
② 제1항에 따른 신청은 서면으로 하여야 한다.
③ 제1항에 따른 재판에 대하여는 불복신청을 할 수 없다.
(2013.5.28 본조신설)

제3장 재판상의 대위에 관한 사건

제45조【재판상 대위의 신청】 채권자는 자기 채권의 기한 전에 채무자의 권리를 행사하지 아니하면 그 채권을 보전할 수 없거나 보전하는 데에 곤란이 생길 우려가 있을 때에는 재판상의 대위(代位)를 신청할 수 있다.

제46조【관할법원】 재판상의 대위는 채무자의 보통재판적이 있는 곳의 지방법원이 관할한다.

제47조【대위신청의 기재사항】 대위의 신청에는 제9조제1항 각 호의 기재사항 외에 다음 각 호의 사항을 적어야 한다.
1. 채무자와 제3채무자의 성명과 주소
2. 신청인이 보전하려는 채권 및 그가 행사하려는 권리의 표시

제48조【대위신청의 허가】 법원은 대위의 신청이 이유 있다고 인정한 경우에는 담보를 제공하게 하거나 제공하게 하지 아니하고 허가할 수 있다.

제49조【재판의 고지】 ① 대위의 신청을 허가한 재판은 직권으로 채무자에게 고지하여야 한다.
② 제1항에 따른 고지를 받은 채무자는 그 권리를 처분할 수 없다.

제50조【즉시항고】 ① 대위의 신청을 각하한 재판에 대하여는 즉시항고를 할 수 있다.
② 대위의 신청을 허가한 재판에 대하여는 채무자가 즉시항고를 할 수 있다.
③ 제1항 및 제2항에 따른 항고의 기간은 채무자가 재판의 고지를 받은 날부터 기산(起算)한다.

제51조【항고 비용의 부담】 항고절차의 비용과 항고인이 부담하게 된 전심(前審)의 비용에 대하여는 신청인과 항고인을 당사자로 보고 「민사소송법」 제98조에 따라 부담할 자를 정한다.

제52조【심리의 공개 및 검사의 불참여】 이 장의 규정에 따른 절차에 관하여는 제13조 및 제15조를 적용하지 아니한다.

제4장 보존·공탁·보관과 감정에 관한 사건

제53조【공탁소의 지정 및 공탁물보관인의 선임】 ① 「민법」 제488조제2항에 따른 공탁소의 지정 및 공탁물보관인의 선임은 채무이행지의 지방법원이 관할한다.
② 법원은 제1항에 따른 지정 및 선임에 관한 재판을 하기 전에 채권자와 변제자를 심문하여야 한다.
③ 법원이 제1항에 따른 지정 및 선임을 한 경우에 그 절차의 비용은 채권자가 부담한다.

제54조【공탁물보관인의 의무】 제53조에 따른 공탁물보관인의 의무에 관하여는 「민법」 제694조부터 제697조까지 및 제700조를 준용한다. 다만, 「민법」 제696조에 따른 통지는 변제자에게 하여야 한다.

제54조의2【공탁물보관인의 사임허가 등】 ① 법원은 제53조에 따른 공탁물보관인의 사임을 허가하거나 공탁물보관인을 해임할 수 있다. 공탁물보관인의 사임을 허가하는 경우 법원은 다시 공탁물보관인을 선임하여야 한다.
② 공탁물보관인의 사임허가 절차에 관하여는 제44조의11제1항을 준용한다.
(2013.5.28 본조신설)

제55조【경매 대가의 공탁】 「민법」 제490조에 따른 법원의 허가에 관하여는 제53조를 준용한다.

제56조【질물에 의한 변제충당의 허가】 ① 「민법」 제338조제2항에 따라 질물(質物)로 직접 변제에 충당할 것을 청구하는 경우에는 제53조제1항 및 제2항을 준용한다.
② 법원이 제1항에 따른 청구를 허가한 경우에는 그 절차의 비용은 질권설정자가 부담한다.

제57조【환매권 대위 행사 시의 감정인 선임】 ① 「민법」 제593조에 따른 감정인의 선임·소환 및 심문은 물건 소재지의 지방법원이 관할한다.
② 법원이 제1항에 따른 선임을 한 경우에는 그 절차의 비용은 매수인이 부담한다.

제58조【검사의 불참여】 이 장의 규정에 따른 절차에 관하여는 제15조를 적용하지 아니한다.

제59조【불복신청의 금지】 이 장의 규정에 따라 지정 또는 선임을 하거나 허가를 한 재판에 대하여는 불복신청을 할 수 없다.

제5장 법인의 등기

제60조【관할등기소】 ① 법인등기에 관하여는 법인의 사무소 소재지를 관할하는 지방법원, 그 지원 또는 등기소를 관할등기소로 한다.
② 대한민국에 사무소를 둔 외국법인의 등기에 관하여는 제1항을 준용한다.

제61조 (2007.7.27 삭제)

제62조【이사·청산인의 등기】 법인의 이사 또는 청산인의 등기를 할 때에는 그 주민등록번호도 등기하여야 한다.

제63조【설립등기의 신청】 ① 법인설립의 등기는 법인을 대표할 사람이 신청한다.
② 제1항에 따른 등기의 신청서에는 다음 각 호의 서류를 첨부하여야 한다.
1. 법인의 정관
2. 이사의 자격을 증명하는 서면
3. 주무관청의 허가서 또는 그 인증이 있는 등본
4. 재산목록

제64조【변경의 등기】 ① 법인 사무소의 신설·이전, 그 밖의 등기사항의 변경등기 신청서에는 사무소의 신설·이전 또는 등기사항의 변경을 증명하는 서면을 첨부하되, 주무관청의 허가가 필요한 사항은 그 허가서 또는 그 인증이 있는 등본을 첨부하여야 한다.
② 임시이사가 제1항에 따른 등기를 신청하는 경우에는 신청서에 그 자격을 증명하는 서면을 첨부하여야 한다.

제65조【해산의 등기】 법인의 해산등기 신청서에는 해산의 사유를 증명하는 서면을 첨부하고, 이사가 청산인으로 된 경우를 제외하고는 청산인의 자격을 증명하는 서면을 첨부하여야 한다.

제65조의2【등기사항의 공고】 등기한 사항의 공고는 신문에 한 차례 이상 하여야 한다.

제65조의3【등기사항을 공고할 신문의 선정】 ① 지방법원장은 매년 12월에 다음 해에 등기사항의 공고를 게재할 신문을 관할구역의 신문 중에서 선정하고, 일간신문에 이를 공고하여야 한다.
② 공고를 게재할 신문이 휴간되거나 폐간되었을 때에는 다시 다른 신문을 선정하여 제1항과 같은 방법으로 공고하여야 한다.

제65조의4【신문 공고를 갈음하는 게시】 지방법원장은 그 관할구역에 공고를 게재할 적당한 신문이 없다고 인정할 때에는 신문에 게재하는 공고를 갈음하여 등기소와 그 관할구역의 시·군·구의 게시판에 공고할 수 있다.

제66조【「상업등기법」의 준용】 ① 법인과 대한민국에 사무소를 둔 외국법인의 등기에 관하여는 「상업등기법」 제3조, 제5조부터 제10조까지, 제11조제2항·제3항, 제12조부터 제22조까지, 제24조, 제25조, 제26조제1호부터 제12호까지 및 제14호·제17호, 제28조, 제75조부터 제80조까지, 제82조부터 제86조까지, 제87조제1항, 제88조, 제89조 및 제91조를 준용한다. 다만, 임시이사의 등기신청에 관하여는 「상업등기법」 제25조제1항 및 제2항을 준용하지 아니한다.
② 법인의 등기에 관하여는 「상업등기법」 제54조부터 제60조까지 및 제81조를 준용한다.
③ 대한민국에 사무소를 둔 외국법인의 등기에 관하여는 「상업등기법」 제23조제3항을 준용한다.
(2014.5.20 본조개정)

제67조【법인등기 규정의 특수법인등기에의 적용 등】 ① 이 법 중 법인의 등기에 관한 규정은 「민법」 및 「상법」 외의 법령에 따라 설립된 법인의 등기에 대하여도 적용한다. 다만, 그 법령에 특별한 규정이 있거나 성질상 허용되지 아니하는 경우에는 그러하지 아니하다.
② 제1항에 규정된 법인의 업무에 관하여 재판상 또는 재판 외의 모든 행위를 할 수 있는 대리인에 관하여는 「상업등기법」 제16조 및 제17조 중 지배인에 관한 규정과 같은 법의 회사의 지배인등기에 관한 규정을 준용한다.(2014.5.20 본항개정)

제6장 부부재산 약정의 등기

제68조【관할등기소】 부부재산 약정(約定)의 등기에 관하여는 남편이 될 사람의 주소지를 관할하는 지방법원, 그 지원 또는 등기소를 관할등기소로 한다.

제69조 (2011.4.12 삭제)

제70조【부부재산 약정에 관한 등기신청인】 부부재산 약정에 관한 등기는 약정자 양쪽이 신청한다. 다만, 부부 어느 한쪽의 사망으로 인한 부부재산 약정 소멸의 등기는 다른 한쪽이 신청한다.

제71조【「부동산등기법」의 준용】 부부재산 약정의 등기에는 「부동산등기법」 제2조제1호부터 제3호까지, 제6조, 제8조부터 제13조까지, 제14조제2항부터 제4항까지, 제16조부터 제20조까지, 제22조, 제24조제1항제1호 및 같은 조 제2항, 제29조제1호부터 제5호까지 및 제8호부터 제10호까지, 제31조부터 제33조까지, 제58조, 제100조부터 제109조까지, 제109조의2제1항·제3항(제1항에 관련된 부분만 해당한다) 및 제113조를 준용한다.(2020.2.4 본조개정)

제3편 상사(商事)비송사건

제1장 회사와 경매에 관한 사건
(2013.5.28 본장개정)

제72조【관할】 ① 「상법」 제176조, 제306조, 제335조의5, 제366조제2항, 제374조의2제4항, 제386조제2항, 제432조제2항, 제443조제1항 단서와 그 준용규정에 따른 사건 및 같은 법 제277조제2항, 제298조, 제299조, 제299조의2, 제300조, 제310조제1항, 제391조의3제4항, 제417조, 제422조, 제467조, 제582조, 제607조제3항에 따른 사건은 본점 소재지의 지방법원 합의부가 관할한다.
② 「상법」 제239조제3항과 그 준용규정에 따른 사건은 합병무효의 소(訴)에 관한 제1심 수소법원(受訴法院)이 관할한다.
③ 「상법」 제619조에 따른 사건은 폐쇄를 명하게 될 외국회사 영업소 소재지의 지방법원이 관할한다.
④ 「상법」 제600조제1항에 따른 사건은 합병 후 존속하는 회사 또는 합병으로 인하여 설립되는 회사 본점 소재지의 지방법원이 관할한다.
⑤ 「상법」 제70조제1항 및 제808조제1항에 관한 사건은 경매할 물건 소재지의 지방법원이 관할한다.
⑥ 「상법」 제394조제2항에 관한 사건은 같은 법 제403조에 따른 사건의 관할법원이 관할한다.

제73조【검사인 선임신청의 방식】 ① 검사인의 선임신청은 서면으로 하여야 한다.
② 제1항에 따른 신청서에는 다음 각 호의 사항을 적고 신청인이 기명날인하여야 한다.
1. 신청의 사유
2. 검사의 목적
3. 신청 연월일
4. 법원의 표시

제74조【검사인의 보고】 ① 검사인의 보고는 서면으로 하여야 한다.
② 법원은 검사에 관한 설명이 필요할 때에는 검사인을 심문할 수 있다.

제75조【변태설립사항의 변경에 관한 재판】 ① 「상법」 제300조에 따른 변태설립사항의 변경에 관한 재판은 이유를 붙인 결정으로써 하여야 한다.

② 법원은 재판을 하기 전에 발기인과 이사의 진술을 들어야 한다.
③ 발기인과 이사는 제1항에 따른 재판에 대하여 즉시항고를 할 수 있다.
제76조【검사인 선임의 재판】「상법」 제467조제1항에 따른 검사인의 선임에 관한 재판을 하는 경우 법원은 이사와 감사의 진술을 들어야 한다.
제77조【검사인의 보수】 법원은 「상법」 제298조, 제310조제1항, 제422조제1항 또는 제467조제1항에 따라 검사인을 선임한 경우 회사로 하여금 검사인에게 보수를 지급하게 할 수 있다. 이 경우 그 보수액은 이사와 감사의 의견을 들어 법원이 정한다.
제78조【즉시항고】 제76조 및 제77조에 따른 재판에 대하여는 즉시항고를 할 수 있다.
제79조【업무·재산상태의 검사를 위한 총회 소집】 법원은 「상법」 제467조에 따른 검사를 할 때에 주주총회의 소집이 필요하다고 인정하면 일정 기간 내에 그 소집을 할 것을 명하여야 한다.
제80조【업무·재산상태의 검사 및 총회소집 허가의 신청】 ① 「상법」 제277조제2항에 따른 검사의 허가를 신청하는 경우에는 검사를 필요로 하는 사유를 소명하고, 같은 법 제366조제2항에 따른 총회 소집의 허가를 신청하는 경우에는 이사가 그 소집을 게을리한 사실을 소명하여야 한다.
② 제1항에 따른 신청은 서면으로 하여야 한다.
제81조【업무·재산상태의 검사 등의 신청에 대한 재판】 ① 제80조에 따른 신청에 대하여는 법원은 이유를 붙인 결정으로써 재판을 하여야 한다.
② 신청을 인용한 재판에 대하여는 불복신청을 할 수 없다.
제82조【납입금의 보관자 등의 변경 허가신청】「상법」 제306조(「상법」 제425조제1항 및 제516조의9제4항에서 준용하는 경우를 포함한다)에 따른 허가의 신청은 그 사유를 소명하고 발기인 또는 이사가 공동으로 하여야 한다.
제83조【단주 매각의 허가신청】「상법」 제443조제1항 단서(「상법」 제461조제2항 및 제530조제3항에서 준용하는 경우를 포함한다)에 따른 허가의 신청에 관하여는 제82조를 준용한다.
제84조【직무대행자 선임의 재판】 ① 「상법」 제386조제2항(「상법」 제415조에서 준용하는 경우를 포함한다)에 따른 직무대행자 선임에 관한 재판을 하는 경우 법원은 이사와 감사의 진술을 들어야 한다.
② 제1항의 경우에는 제77조, 제78조 및 제81조를 준용한다.
제84조의2【소송상 대표자 선임의 재판】 ① 「상법」 제394조제2항에 따른 소송상 대표자 선임에 관한 재판을 하는 경우 법원은 이사 또는 감사위원회의 진술을 들어야 한다.
② 제1항의 경우에는 제81조를 준용한다.
제85조【직무대행자의 상무 외 행위의 허가신청】
① 「상법」 제408조제1항 단서에 따른 상무(常務) 외 행위의 허가신청은 직무대행자가 하여야 한다.
② 신청을 인용한 재판에 대하여는 즉시항고를 할 수 있다. 이 경우 항고기간은 직무대행자가 재판의 고지를 받은 날부터 기산한다.
③ 제2항에 따른 항고는 집행정지의 효력이 있다.
제86조【주식의 액면 미달 발행의 인가신청 등】
① 「상법」 제417조에 따른 주식의 액면 미달 발행의 인가신청은 서면으로 하여야 한다.
② 제1항에 따른 신청에 대한 재판은 이유를 붙인 결정으로써 하여야 한다.
③ 법원은 재판을 하기 전에 이사의 진술을 들어야 한다.
④ 제2항에 따른 재판에 대하여는 즉시항고를 할 수 있다.
⑤ 제4항에 따른 항고는 집행정지의 효력이 있다.
제86조의2【주식매도가액 및 주식매수가액 결정의 재판】 ① 법원은 「상법」 제335조의5 및 그 준용규정에 따른 주식매도가액의 결정 또는 같은 법 제374조의2제4항 및 그 준용규정에 따른 주식매수가액의 결정에 관한 재판을 하기 전에 주주와 매도청구인 또는 주주와 이사의 진술을 들어야 한다.
② 여러 건의 신청사건이 동시에 계속(係屬) 중일 때에는 심문과 재판을 병합하여야 한다.
③ 제1항에 따른 재판에 관하여는 제86조제1항·제2항·제4항 및 제5항을 준용한다.
제87조 (2013.5.28 삭제)
제88조【신주의 발행 무효로 인하여 신주의 주주가 받을 금액의 증감 신청】 ① 「상법」 제432조제2항에 따른 신청은 신주발행 무효 판결이 확정된 날부터 6개월 내에 하여야 한다.
② 심문은 제1항에 따른 기간이 경과한 후에만 할 수 있다.
③ 여러 건의 신청사건이 동시에 계속 중일 때에는 심문과 재판을 병합하여야 한다.
④ 법원은 제1항에 따른 신청을 받으면 지체 없이 그 사실을 관보에 공고하여야 한다.
제89조【제88조의 신청에 대한 재판의 효력】 ① 제88조제1항에 따른 신청에 대한 재판은 총주주(總株主)에 대하여 효력이 있다.
② 제1항에 따른 재판에 관하여는 제75조제1항, 제76조, 제78조 및 제85조제3항을 준용한다.
제90조【해산을 명하는 재판】 ① 「상법」 제176조제1항에 따른 재판에 관하여는 제75조제1항을 준용한다.
② 법원은 재판을 하기 전에 이해관계인의 진술과 검사의 의견을 들어야 한다.
제91조【즉시항고】 회사, 이해관계인 및 검사는 제90조에 따른 재판에 대하여 즉시항고를 할 수 있다. 이 경우 항고는 집행정지의 효력이 있다.
제92조【해산명령신청의 공고와 그 방법】「상법」 제176조제1항에 따른 해산명령의 신청이 있는 경우에는 제88조제4항을 준용한다.
제93조【해산재판의 확정과 등기촉탁】 회사의 해산을 명한 재판이 확정되면 법원은 회사의 본점과 지점 소재지의 등기소에 그 등기를 촉탁하여야 한다.
제94조【해산명령 전의 회사재산 보전에 필요한 처분】 ① 「상법」 제176조제2항에 따라 관리인의 선임, 그 밖에 회사재산의 보전에 필요한 처분을 하는 경우에는 제44조의9, 제77조 및 제78조를 준용한다.
② 제1항에 따른 관리인에 관하여는 「민법」 제681조, 제684조, 제685조 및 제688조를 준용한다.
제94조의2【관리인의 사임허가 등】 ① 법원은 제94조에 따른 관리인의 사임을 허가하거나 관리인을 해임할 수 있다. 관리인의 사임을 허가하는 경우 법원은 다시 관리인을 선임하여야 한다.
② 관리인의 사임허가 또는 해임 절차에 관하여는 제44조의11을 준용한다.
(2013.5.28 본조신설)
제95조【회사관리인의 회사 재산상태 보고 등】 ① 법원은 그 선임한 관리인에게 재산상태를 보고하고 관리계산(管理計算)을 할 것을 명할 수 있다. 이 재판에 대하여는 불복신청을 할 수 없다.
② 이해관계인은 제1항에 따른 보고와 계산에 관한 서류의 열람을 신청하거나 수수료를 내고 그 등본의 발급을 신청할 수 있다.
③ 검사는 제2항에 따른 서류를 열람할 수 있다.
제96조【비용의 부담】 ① 법원이 「상법」 제176조제2항에 따라 직권으로 재판을 하였거나 신청에 상응한 재판을 한 경우에는 재판 전의 절차와 재판의 고지 비용은 회사가 부담한다. 법원이 명한 처분에 필요한 비용도 또한 같다.
② 법원이 항고인의 신청에 상응한 재판을 한 경우에는 항고절차의 비용과 항고인이 부담하게 된 전심의 비용은 회사가 부담한다.
제97조【해산명령 청구자의 담보제공】「상법」 제176조제3항에 따라 제공할 담보에 관하여는 「민사소송법」 제120조제1항 및 제121조부터 제126조까지의 규정을 준용한다.
제98조【설립 무효판결의 확정과 등기촉탁】 회사설립을 무효로 하는 판결이 확정되면 제1심 수소법원은 회사의 본점과 지점 소재지의 등기소에 그 등기를 촉탁하여야 한다.
제99조【합병 등의 무효판결의 확정과 등기촉탁】 회사의 합병, 주식회사의 분할 또는 분할합병을 무효로 하는 판결이 확정된 경우에는 제98조를 준용한다.
제100조【합병회사의 채무부담부분 결정의 재판】「상법」 제239조제3항(「상법」 제269조 및 제530조제2항에서 준용하는 경우를 포함한다)에 따른 재판에 관하여는 제75조제1항, 제78조 및 제85조제3항을 준용한다.
제101조【유한회사와 외국회사 영업소 폐쇄에의 준용】 ① 유한회사에 관하여는 제76조부터 제81조까지, 제83조, 제84조, 제84조의2, 제85조, 제88조, 제89조 및 제100조를 준용한다.
② 외국회사 영업소의 폐쇄를 명하는 경우에는 제90조부터 제94조까지, 제94조의2 및 제95조부터 제97조까지의 규정을 준용한다.
제102조【지분압류채권자의 보전청구】 ① 「상법」 제224조제1항 단서(「상법」 제269조에서 준용하는 경우를 포함한다)에 따른 예고를 한 채권자는 회사의 본점 소재지의 지방법원 합의부에 지분환급청구권의 보전(保全)에 필요한 처분을 할 것을 청구할 수 있다.
② 제1항에 따른 청구에 대한 재판에 관하여는 제75조제1항 및 제78조를 준용한다.
제103조 (2013.5.28 삭제)
제104조【유한회사와 주식회사의 합병 인가신청】「상법」 제600조제1항에 따른 합병의 인가신청은 합병을 할 회사의 이사와 감사가 공동으로 신청하여야 한다.
제105조【유한회사의 조직 변경 인가신청】「상법」 제607조제3항에 따른 인가신청을 하는 경우에는 제104조를 준용한다.
제106조【유한회사의 합병 인가신청 등에 관한 재판】 제104조 및 제105조에 따른 신청이 있는 경우에는 제81조를 준용한다.
제107조【그 밖의 등기촉탁을 할 경우】 다음 각 호의 어느 하나에 해당하는 경우에는 제1심 수소법원은 회사의 본점과 지점 소재지의 등기소에 그 등기를 촉탁하여야 한다.
1. 회사 청산인의 해임 재판이 있는 경우
2. 합명회사, 합자회사 또는 유한회사의 설립을 취소하는 판결이 확정된 경우
3. 합명회사 또는 합자회사의 사원 제명(除名) 또는 그 업무집행권한이나 대표권 상실의 판결이 확정된 경우
4. 주식회사의 이사·감사·대표이사 또는 청산인이나 유한회사의 이사·감사 또는 청산인의 직무를 일시적으로 맡아 할 사람을 선임한 경우
5. 주식회사의 이사 또는 감사나 유한회사 이사의 해임 판결이 확정된 경우
6. 주식회사의 창립총회 또는 주주총회나 유한회사의 사원총회가 결의한 사항이 등기된 경우에 결의 취소·결의무효확인·결의부존재확인(決議不存在確認) 또는 부당결의의 취소나 변경의 판결이 확정된 경우
7. 주식회사의 신주 발행 또는 자본 감소의 무효판결이 확정된 경우
8. 주식회사의 주식 교환 또는 이전(移轉)의 무효판결이 확정된 경우
9. 유한회사의 자본 증가 또는 자본 감소의 무효판결이 확정된 경우
제108조【등기촉탁서의 첨부서면】 이 법에 따라 법원이 회사의 본점과 지점 소재지의 등기소에 등기를 촉탁할 때에는 촉탁서에 재판의 등본을 첨부하여야 한다.

제2장 사채에 관한 사건
(2013.5.28 본장개정)

제109조【관할법원】「상법」 제439조제3항(그 준용규정을 포함한다), 제481조, 제482조, 제483조제2항, 제491조제3항, 제496조 및 제507조제1항에 따른 사건은 사채를 발행한 회사의 본점 소재지의 지방법원 합의부가 관할한다.
제110조【사채모집의 수탁회사에 관한 재판】 ① 「상법」 제481조에 따른 허가신청, 같은 법 제482조에 따른 해임청구 또는 같은 법 제483조제2항에 따른 선임청구에 대한 재판은 이해관계인의 의견을 들은 후 이유를 붙인 결정으로써 하여야 한다.
② 신청 및 청구를 인용한 재판에 대하여는 불복신청을 할 수 없다.
③ 신청 및 청구를 인용하지 아니한 재판에 대하여는 즉시항고를 할 수 있다.
제111조 (2013.5.28 삭제)
제112조【사채권자집회의 소집 허가신청】「상법」 제491조제3항에 따른 허가신청에 관하여는 제80조 및 제81조를 준용한다.
제113조【사채권자집회의 결의 인가청구】 ① 「상법」 제496조에 따른 결의의 인가를 청구하는 경우에는 의사록(議事錄)을 제출하여야 한다.
② 제1항에 따른 청구가 있는 경우에는 제78조, 제85조제3항 및 제110조제1항을 준용한다.
제114조【사채모집 위탁의 보수 등 부담 허가신청】 ① 「상법」 제507조제1항에 따른 허가신청은 사채모집을 위탁받은 회사, 대표자 또는 집행자가 하여야 한다.
② 제1항에 따른 신청이 있는 경우에는 제113조제2항을 준용한다.
제115조【사채권자 이의기간 연장의 신청】「상법」 제439조제3항(「상법」 제530조제2항에서 준용하는 경우를 포함한다)에 따른 기간의 연장 허가신청이 있는 경우에는 제110조를 준용한다.
제116조【검사의 불참여】 이 장의 절차에 관하여는 제15조를 적용하지 아니한다.

제3장 회사의 청산에 관한 사건
(2013.5.28 본장개정)

제117조【관할법원】 ① 합명회사와 합자회사의 청산에 관한 사건은 회사의 본점 소재지의 지방법원이 관할한다.

② 주식회사와 유한회사의 청산에 관한 사건은 회사의 본점 소재지의 지방법원 합의부가 관할한다.

제118조【법원의 감독】 ① 회사의 청산은 법원의 감독을 받는다.

② 법원은 회사의 업무를 감독하는 관청에 의견의 진술을 요청하거나 조사를 촉탁할 수 있다.

③ 회사의 업무를 감독하는 관청은 법원에 그 회사의 청산에 관한 의견을 진술할 수 있다.

제119조【청산인의 선임·해임 등의 재판】 청산인의 선임 또는 해임의 재판에 대하여는 불복신청을 할 수 없다.

제120조【청산인의 업무대행자】 주식회사와 유한회사의 청산인에 관하여는 제84조 및 제85조를 준용한다.

제121조【청산인의 결격사유】 다음 각 호의 어느 하나에 해당하는 자는 청산인으로 선임될 수 없다.

1. 미성년자
2. 피성년후견인(2020.6.9 본호개정)
3. 자격이 정지되거나 상실된 자
4. 법원에서 해임된 청산인
5. 파산선고를 받은 자

제122조 (2013.5.28 삭제)

제123조【청산인의 보수】 법원이 청산인을 선임한 경우에는 제77조 및 제78조를 준용한다.

제124조【감정인의 선임 비용】 법원이「상법」제259조제4항 또는 그 준용규정에 따른 감정인을 선임한 경우 그 비용은 회사가 부담한다. 감정인의 소환 및 심문 비용의 경우에도 또한 같다.

제125조【감정인 선임의 절차 및 재판】 제124조에 따른 감정인의 선임 절차와 재판에 관하여는 제58조 및 제59조를 준용한다.

제126조【청산인의 변제 허가신청】「상법」제536조제2항 또는 그 준용규정에 따른 허가의 신청에 관하여는 제81조제1항 및 제82조를 준용한다.

제127조【서류 보존인 선임의 재판】「상법」제541조제2항 또는 그 준용규정에 따른 서류 보존인 선임의 재판에 대하여는 불복신청을 할 수 없다.

제128조【외국회사의 영업소 폐쇄 시의 청산절차】「상법」제620조에 따른 청산에 관하여는 그 성질상 허용되지 아니하는 경우를 제외하고는 이 장의 규정을 준용한다.

제4장 상업등기

제1절 등기소와 등기관

제129조~제132조 (2007.7.27 삭제)

제133조~제135조 (1996.12.30 삭제)

제2절 등기부등

제136조~제146조 (2007.7.27 삭제)

제3절 등기절차

제147조~제238조의5 (2007.7.27 삭제)

제4절 이의등

제239조~제246조 (2007.7.27 삭제)

제4편 보 칙

(2013.5.28 본편개정)

제247조【과태료사건의 관할】 과태료사건은 다른 법령에 특별한 규정이 있는 경우를 제외하고는 과태료를 부과받을 자의 주소지의 지방법원이 관할한다.

제248조【과태료재판의 절차】 ① 과태료재판은 이유를 붙인 결정으로써 하여야 한다.

② 법원은 재판을 하기 전에 당사자의 진술을 듣고 검사의 의견을 구하여야 한다.

③ 당사자와 검사는 과태료재판에 대하여 즉시항고를 할 수 있다. 이 경우 항고는 집행정지의 효력이 있다.

④ 과태료재판 절차의 비용은 과태료를 부과하는 선고가 있는 경우에는 그 선고를 받은 자가 부담하고, 그 밖의 경우에는 국고에서 부담한다.

⑤ 항고법원이 당사자의 신청을 인정하는 재판을 한 경우에는 항고절차의 비용 및 전심에서 당사자가 부담하게 된 비용은 국고에서 부담한다.

제249조【과태료재판의 집행】 ① 과태료재판은 검사의 명령으로써 집행한다. 이 경우 그 명령은 집행력 있는 집행권원과 같은 효력이 있다.

② 과태료재판의 집행절차는「민사집행법」의 규정에 따른다. 다만, 집행을 하기 전에 재판의 송달은 하지 아니한다.

제250조【약식재판】 ① 법원은 타당하다고 인정할 때에는 당사자의 진술을 듣지 아니하고 과태료 재판을 할 수 있다.

② 당사자와 검사는 제1항에 따른 재판의 고지를 받은 날부터 1주일 내에 이의신청을 할 수 있다.

③ 제1항에 따른 재판은 이의신청에 의하여 그 효력을 잃는다.

④ 이의신청이 있는 경우 법원은 당사자의 진술을 듣고 다시 재판하여야 한다.

제251조【외국인에 관한 비송사건절차】 외국인에 관한 사건의 절차로서 조약(條約)에 의하여 특별히 정하여야 할 사항은 대법원규칙으로 정한다.

부 칙 (2007.7.27)

제1조【시행일】 이 법은 2008년 1월 1일부터 시행한다. 다만, 제66조제1항 및 제67조의 개정규정(「상업등기법」제12조, 제18조제2항 및 제4항의 준용부분에 한한다)은 2008년 4월 1일부터 시행한다.

제2조【등기에 관한 적용례】 이 법은 이 법 시행 전에 발생한 등기사항에 대하여도 적용한다. 다만, 종전의 규정에 따라 등기를 마친 등기사항은 그러하지 아니하다.

제3조【등기관 지정에 관한 경과조치】 ① 이 법 시행 당시 법원에 재직 중인 법원사무직류의 일반직 공무원(2002년 1월 1일 이후 시행한 채용시험에 합격하여 임용된 자를 제외한다)은 제66조제1항에서 준용하는「상업등기법」제4조에도 불구하고 등기관으로 지정될 수 있다.

② 이 법 시행 당시 종전의 규정에 따라 등기관으로 지정받은 자는 이 법에 따라 지정된 것으로 본다.

제4조【폐쇄등기용지 및 폐쇄등기기록에 관한 경과조치】 이 법 시행 당시 종전의 규정에 따라 폐쇄된 등기용지는 종전의 규정에 따라 처리한다. 다만, 전산정보처리조직에 의하여 폐쇄된 등기기록으로 이 법 시행 당시 종전의 규정에 따른 보존기간을 경과하지 아니한 폐쇄등기기록에 대하여는 제66조제1항의 개정규정(「상업등기법」제14조제2항을 준용한 부분에 한한다)을 적용한다.

제5조【일반적 경과조치】 ① 이 법 시행 당시 종전의 규정에 따라 등기절차가 진행 중인 등기사무에 대하여는 종전의 규정에 따른다.

② 이 법 시행 당시 종전의 규정에 따라 행한 처분·절차, 그 밖의 행위는 이 법의 해당 규정에 따라 한 것으로 본다.

부 칙 (2013.5.28)

제1조【시행일】 이 법은 공포한 날부터 시행한다.

제2조【적용례】 이 법은 이 법 시행 당시 법원에 계속 중인 사건에 대하여도 적용한다. 다만, 종전의 규정에 따라 발생한 효력에는 영향을 미치지 아니한다.

제3조【금치산자 등에 대한 경과조치】 제121조제2호의 개정규정에 따른 피성년후견인 및 피한정후견인에는 법률 제10429호 민법 일부개정법률 부칙 제2조에 따라 금치산 또는 한정치산 선고의 효력이 유지되는 자를 포함하는 것으로 본다.

제4조【피성년후견인 등에 대한 경과조치】 제121조제2호의 개정규정 중 "피성년후견인" 및 "피한정후견인"은 2013년 6월 30일까지는 각각 "금치산자" 및 "한정치산자"로 본다.

부 칙 (2016.1.19)

제1조【시행일】 이 법은 공포한 날부터 시행한다.

제2조【신청서 작성에 관한 적용례】 제9조제1항의 개정규정은 이 법 시행 후 최초로 신청서를 작성하는 경우부터 적용한다.

부 칙 (2020.2.4)

제1조【시행일】 이 법은 공포 후 6개월이 경과한 날부터 시행한다.(이하 생략)

부 칙 (2020.6.9)

이 법은 공포한 날부터 시행한다.

소액사건심판법

(1973년 2월 24일 법 률 제2547호)

개정

1975.12.31법 2821호　　1980. 1. 4법 3246호
1990. 1.13법 4205호　　1996.11.23법 5166호
2001. 1.29법 6410호　　2002. 1.26법 6630호
2005. 3.31법 7427호(민법)
2023. 3.28법19281호

제1조【목적】 이 법은 지방법원 및 그 지원(支院)에서 소액(少額)의 민사사건을 간이한 절차에 따라 신속히 처리하기 위하여「민사소송법」에 대한 특례를 규정함을 목적으로 한다.(2023.3.28 본조개정)

제2조【적용 범위 등】 ① 이 법은 지방법원 및 그 지원의 관할사건 중 대법원규칙으로 정하는 민사사건(이하 "소액사건"이라 한다)에 적용한다.

② 소액사건에 대해서는 이 법에 특별한 규정이 있는 경우를 제외하고는「민사소송법」의 규정을 적용한다.

(2023.3.28 본조개정)

제3조【상고 및 재항고】 소액사건에 대한 지방법원 본원(本院) 합의부의 제2심 판결이나 결정·명령에 대해서는 다음 각 호의 어느 하나에 해당하는 경우에만 대법원에 상고(上告) 또는 재항고(再抗告)를 할 수 있다.

1. 법률·명령·규칙 또는 처분의 헌법 위반 여부와 명령·규칙 또는 처분의 법률 위반 여부에 대한 판단이 부당한 경우
2. 대법원의 판례에 상반되는 판단을 한 경우

(2023.3.28 본조개정)

판례 아파트 매매계약을 앞두고 가계약금을 집주인에게 송금한 경우, 명시적인 계약 또는 가계약금을 해약금으로 하기로 하는 약정이 따로 없었다면 가계약금을 해약금이라고 볼 수 없다. 따라서 중간에 임대차계약을 체결하지 않게 되더라도 가계약금을 집주인이 몰취할 수 없다. 명시적 계약 또는 가계약금 수수에 있어 이를 해약금으로 처리하기로 하는 약정이 있었다고 볼만한 특별한 사정이 없는 한, 교섭단계에서 수수되는 가계약금은 해약금으로 볼 수 없다.(대판 2022.9.29, 2022다247187)

판례 소액사건심판법 제3조 제1호에서 정하는 '법률·명령·규칙 또는 처분의 헌법 위반 여부와 명령·규칙 또는 처분의 법률 위반 여부에 대한 판단이 부당한 때'라고 함은 하위법규가 상위법규에 위반하는지 여부에 관한 판단이 잘못된 때를 가리키는 것으로서 그 중 제2경우로 정하여진 것은 법규로서의 성질을 가지는 명령·규칙 또는 처분이 헌법이나 법률에 위반됨에도 불구하고 이를 합헌 또는 합법이라고 하여 당해 사건에 적용한 경우 또는 그 반대의 경우를 말한다. 따라서 거기서 정하는 '처분'은 행정기관 등의 구체적·일회적 처분이 아니라 법규적 효력을 가지는 처분을 가리킨다.
(대판 2009.12.10, 2009다84431)

판례 동조 제2호 '대법원의 판례에 상반되는 판단을 한 때'의 의미 : 여기서 '대법원의 판례에 상반되는 판단을 한 때'라 함은 구체적인 당해 사건에 적용될 법령의 해석에 관하여 대법원이 내린 판단과 상반되는 해석을 한 경우를 말하고, 단순한 법리오해나 채증법칙 위반 내지 심리미진과 같은 법령 위반 사유는 이에 해당하지 않는다.(대판 2004.8.20, 2003다1878)

제4조【구술에 의한 소의 제기】 ① 소(訴)는 구술로써 제기할 수 있다.

② 구술로써 소를 제기할 때에는 법원서기관·법원사무관·법원주사 또는 법원주사보(이하 "법원사무관등"이라 한다) 앞에서 진술하여야 한다.

③ 제2항의 경우에 법원사무관등은 제소조서(提訴調書)를 작성하고 이에 기명날인하여야 한다.

(2023.3.28 본조개정)

제5조【임의출석에 의한 소의 제기】 ① 당사자 양쪽은 임의로 법원에 출석하여 소송에 관하여 변론할 수 있다.

② 제1항의 경우에 소의 제기는 구술에 의한 진술로써 한다.

(2023.3.28 본조개정)

제5조의2【일부청구의 제한】 ① 채권자는 금전, 그 밖의 대체물이나 유가증권의 일정한 수량의 지급을 목적으로 하는 청구의 경우에는 이 법을 적용받기 위해 청구를 분할하여 그 일부만을 청구할 수 없다.

② 제1항을 위반한 소는 판결로 각하(却下)하여야 한다.

(2023.3.28 본조개정)

제5조의3【결정에 의한 이행권고】 ① 법원은 소가 제기된 경우 결정으로 소장 부본이나 제소조서 등본을 첨부하여 피고에게 청구취지대로 이행할 것을 권고할 수 있다. 다만, 다음 각 호의 어느 하나에 해당하는 경우에는 이행권고를 할 수 없다.

1. 독촉절차 또는 조정절차에서 소송절차로 이행된 경우
2. 청구취지나 청구원인이 분명하지 아니한 경우

3. 그 밖에 이행권고를 하는 것이 적절하지 아니하다고 인정하는 경우

② 이행권고결정에는 당사자, 법정대리인, 청구의 취지와 원인 및 이행조항을 적고, 피고가 이의신청을 할 수 있음과 이행권고결정의 효력의 취지를 덧붙여 적어야 한다.

③ 법원사무관등은 이행권고결정서의 등본을 피고에게 송달하여야 한다. 다만, 그 송달은 「민사소송법」 제187조 및 제194조부터 제196조까지에서 규정한 방법으로는 할 수 없다.

④ 법원은 제3항에도 불구하고 「민사소송법」 제187조 및 제194조부터 제196조까지에서 규정한 방법으로만 피고에게 이행권고결정서의 등본을 송달할 수 있는 경우에는 지체 없이 변론기일을 지정하여야 한다.

(2023.3.28 본조개정)

제5조의4【이행권고결정에 대한 이의신청】 ① 피고는 이행권고결정서의 등본을 송달받은 날부터 2주일 이내에 서면으로 이의신청을 할 수 있다. 다만, 그 등본이 송달되기 전에도 이의신청을 할 수 있다.

② 제1항 본문의 기간은 불변기간(不變期間)으로 한다.

③ 법원은 제1항에 따른 이의신청이 있을 때에는 지체 없이 변론기일을 지정하여야 한다.

④ 이의신청을 한 피고는 제1심 판결이 선고되기 전까지 이의신청을 취하(取下)할 수 있다.

⑤ 피고가 이의신청을 하였을 때에는 원고가 주장한 사실을 다툰 것으로 본다.

(2023.3.28 본조개정)

제5조의5【이의신청의 각하】 ① 법원은 이의신청이 적법하지 아니하다고 인정되는 경우에는 그 흠을 보정할 수 없으면 결정으로 그 이의신청을 각하하여야 한다.

② 제1항의 결정에 대해서는 즉시항고를 할 수 있다.

(2023.3.28 본조개정)

제5조의6【이의신청의 추후보완】 ① 피고는 부득이한 사유로 제5조의4제1항 본문의 기간 내에 이의신청을 할 수 없었던 경우에는 그 사유가 없어진 후 2주일 이내에 이의신청을 추후보완할 수 있다. 다만, 그 사유가 없어질 당시 외국에 있던 피고는 30일 이내에 이의신청을 추후보완할 수 있다.

② 피고는 이의신청과 동시에 서면으로 그 추후보완의 사유를 소명하여야 한다.

③ 법원은 추후보완의 사유가 이유 없다고 인정하는 경우에는 결정으로 이의신청을 각하하여야 한다.

④ 제3항의 결정에 대해서는 즉시항고를 할 수 있다.

⑤ 이의신청의 추후보완에 따른 집행정지 등에 관하여는 「민사소송법」 제500조를 준용한다.

(2023.3.28 본조개정)

제5조의7【이행권고결정의 효력】 ① 이행권고결정은 다음 각 호의 어느 하나에 해당하면 확정판결과 같은 효력을 가진다.

1. 피고가 제5조의4제1항 본문의 기간 내에 이의신청을 하지 아니한 경우
2. 이의신청에 대한 각하결정이 확정된 경우
3. 이의신청이 취하된 경우

② 법원사무관등은 이행권고결정이 확정판결과 같은 효력을 가지게 된 경우에는 이행권고결정서의 정본을 원고에게 송달하여야 한다.

③ 제1항 각 호의 어느 하나에 해당하지 아니하는 이행권고결정은 제1심 법원에서 판결이 선고되면 그 효력을 잃는다.

(2023.3.28 본조개정)

제5조의8【이행권고결정에 따른 강제집행의 특례】

① 이행권고결정에 따른 강제집행은 집행문을 부여받을 필요 없이 제5조의7제2항의 이행권고결정서 정본에 의하여 한다. 다만, 다음 각 호의 어느 하나에 해당하는 경우에는 그러하지 아니하다.

1. 이행권고결정의 집행에 조건을 붙인 경우
2. 당사자의 승계인을 위하여 강제집행을 하는 경우
3. 당사자의 승계인에 대하여 강제집행을 하는 경우

② 법원사무관등은 다음 각 호의 어느 하나에 해당하는 경우에는 원고에게 이행권고결정서의 정본을 내주고, 그 사유를 원본과 정본에 각각 적어야 한다.

1. 원고가 여러 통의 이행권고결정서의 정본을 신청한 경우
2. 원고가 전에 내어준 이행권고결정서의 정본을 돌려주지 아니하고 다시 이행권고결정서의 정본을 신청한 경우

③ 청구에 관한 이의의 주장에 관하여는 「민사집행법」 제44조제2항에 따른 제한을 받지 아니한다.

(2023.3.28 본조개정)

제6조【소장의 송달】 소장 부본이나 제소조서 등본은 지체 없이 피고에게 송달하여야 한다. 다만, 피고에게 이행권고결정서의 등본이 송달된 경우에는 소장 부본이나 제소조서 등본이 송달된 것으로 본다.

(2023.3.28 본조개정)

제7조【기일의 지정 등】 ① 소가 제기된 경우 판사는 「민사소송법」 제256조부터 제258조까지의 규정에도 불구하고 바로 변론기일을 정할 수 있다.

② 판사는 제1항의 경우 되도록 한 차례의 변론기일로 심리(審理)를 마치도록 하여야 한다.

③ 판사는 제2항의 목적을 달성하기 위하여 변론기일 전이라도 당사자로 하여금 증거신청을 하게 하는 등 필요한 조치를 할 수 있다.

(2023.3.28 본조개정)

제7조의2【공휴일·야간의 개정】 판사는 필요한 경우 근무시간 외의 시간이나 공휴일에도 개정(開廷)할 수 있다.(2023.3.28 본조개정)

제8조【소송대리에 관한 특칙】 ① 당사자의 배우자·직계혈족 또는 형제자매는 법원의 허가 없이 소송대리인이 될 수 있다.

② 제1항에 따른 소송대리인은 당사자와의 신분관계와 수권관계(授權關係)를 서면으로 증명하여야 한다. 다만, 수권관계에 대해서는 당사자가 판사 앞에서 구술로 제1항에 따른 소송대리인을 선임하고 법원사무관등이 조서에 그 사실을 적은 경우에는 예외로 한다.

(2023.3.28 본조개정)

제9조【심리절차상의 특칙】 ① 법원은 소장·준비서면, 그 밖의 소송기록에 의하여 청구가 이유 없음이 명백한 경우에는 변론 없이 청구를 기각(棄却)할 수 있다.

② 판사가 바뀐 경우라도 변론의 갱신(更新) 없이 판결할 수 있다.

(2023.3.28 본조개정)

제10조【증거조사에 관한 특칙】 ① 판사는 필요하다고 인정하는 경우에는 직권으로 증거조사를 할 수 있다. 이 경우 그 증거조사의 결과에 관하여는 당사자의 의견을 들어야 한다.

② 증인신문(證人訊問)은 판사가 한다. 다만, 당사자는 판사에게 알리고 증인신문을 할 수 있다.

③ 판사는 상당하다고 인정하는 경우에는 증인 또는 감정인에게 신문을 갈음하여 서면을 제출하게 할 수 있다.

(2023.3.28 본조개정)

제11조【조서의 기재 생략】 ① 판사가 허가한 경우에는 조서에 적을 사항을 생략할 수 있다. 다만, 당사자의 이의가 있는 경우에는 생략할 수 없다.

② 제1항 본문은 변론의 방식에 관한 규정의 준수와 화해(和解)·인낙(認諾)·포기·취하 및 자백에 대해서는 적용하지 아니한다.

(2023.3.28 본조개정)

제11조의2【판결에 관한 특례】 ① 판결의 선고는 변론종결 후 즉시 할 수 있다.

② 판결을 선고할 때에는 주문(主文)을 읽어 주고 그 주문의 정당성이 인정될 수 있는 범위에서 그 이유의 요지를 구술로 설명하여야 한다.

③ 판결서에는 「민사소송법」 제208조에도 불구하고 이유를 적지 아니할 수 있다. 다만, 다음 각 호의 어느 하나에 해당하는 경우에는 청구를 특정함에 필요한 사항 및 주문의 정당함을 뒷받침하는 공격방어방법에 관한 판단 요지를 판결서의 이유에 기재하도록 노력하여야 한다.

1. 판결이유에 의하여 기판력의 객관적 범위가 달라지는 경우
2. 청구의 일부를 기각하는 사건에서 계산의 근거를 명확하게 제시할 필요가 있는 경우
3. 소송의 쟁점이 복잡하고 상대방의 주장, 그 밖의 공격방어방법에 대한 다툼이 상당한 사건 등 당사자에 대한 설명이 필요한 경우

(2023.3.28 본조개정)

제12조~제14조 (1990.1.13 삭제)

제15조 (1996.11.23 삭제)

제16조【시행규칙】 이 법의 시행에 필요한 사항은 대법원규칙으로 정한다.(2023.3.28 본조개정)

부 칙 (2002.1.26)

이 법은 2002년 7월 1일부터 시행한다.

부 칙 (2005.3.31)

제1조【시행일】 이 법은 2008년 1월 1일부터 시행한다.(이하 생략)

부 칙 (2023.3.28)

제1조【시행일】 이 법은 공포한 날부터 시행한다.

제2조【판결서의 이유 기재 노력의무에 관한 적용례】 제11조의2제3항의 개정규정은 이 법 시행 이후 소를 제기하는 경우부터 적용한다.

소액사건심판규칙

(1973년 7월 25일 대법원규칙 제530호)

개정

1974. 2. 1대법원규칙 547호	1974.12. 7대법원규칙 565호
1975.12.31대법원규칙 597호	1976.12.22대법원규칙 619호
1978.12.28대법원규칙 667호	1979. 8.28대법원규칙 694호
1980. 1.14대법원규칙 707호	1980. 5.28대법원규칙 721호
1980. 8.18대법원규칙 728호	1981. 2.23대법원규칙 757호
1981. 6.23대법원규칙 769호	1982. 7.30대법원규칙 815호
1983. 4. 6대법원규칙 837호	1983. 7. 9대법원규칙 847호
1983. 8. 5대법원규칙 855호	1984. 9.27대법원규칙 886호
1985. 9.23대법원규칙 912호	1985.12.23대법원규칙 918호
1986. 1. 4대법원규칙 922호	1986. 9.25대법원규칙 944호
1987. 8.19대법원규칙 977호	1987.12.19대법원규칙 984호
1988. 2.13대법원규칙1000호	1988. 5. 4대법원규칙1015호
1990. 8.21대법원규칙1121호	1991. 8.26대법원규칙1177호
1993. 9. 8대법원규칙1266호	1997.12.31대법원규칙1507호
2001. 2. 3대법원규칙1683호	2002. 6.28대법원규칙1779호
2016.11.29대법원규칙2694호	

제1조【목적】 이 규칙은 소액사건심판법(이하 "법"이라 한다)의 시행에 필요한 사항을 규정함을 목적으로 한다.(2001.2.3 본조개정)

제1조의2【소액사건의 범위】 법 제2조제1항에 따른 소액사건은 제소한 때의 소송목적의 값이 3,000만원을 초과하지 아니하는 금전 기타 대체물이나 유가증권의 일정한 수량의 지급을 목적으로 하는 제1심의 민사사건으로 한다. 다만, 다음 각호에 해당하는 사건은 이를 제외한다.(2016.11.29 본문개정)

1. 소의 변경으로 본문의 경우에 해당하지 아니하게 된 사건
2. 당사자참가, 중간확인의 소 또는 반소의 제기 및 변론의 병합으로 인하여 본문의 경우에 해당하지 않는 사건과 병합심리하게 된 사건

(1985.12.23 본조개정)

제2조【상고 또는 재항고 이유서의 기재방식】 상고 또는 재항고 이유서에는 법 제3조 각호에 해당되는 사유만을 구체적으로 명시하여야 하며 이밖의 사유를 기재한 때에는 기재하지 아니한 것으로 본다.

제3조【구술제소】 ① 법 제4조 또는 법 제5조제2항에 의하여 구술제소를 하는 경우에 법원서기관, 법원사무관, 법원주사 또는 법원주사보(이하 "법원사무관등"이라 한다)는 제소조서의 말미에 민사소송법 제274조제1항에 규정된 사항을 첨가할 수 있다.

(2002.6.28 본항개정)

② (2001.2.3 삭제)

제3조의2【소장부본】 원고는 소장에 원고와 피고의 수에 1을 더한 숫자만큼의 소장부본을 첨부하여야 한다.(2001.2.3 본조신설)

제3조의3【변론기일 지정신청】 ① 원고는 법 제5조의3제1항에 의한 이행권고결정이 피고에게 송달되지 아니하여 법원으로부터 피고의 주소에 대한 보정명령을 받은 경우에 민사소송법 제187조 또는 제194조 내지 제196조에 규정된 방법에 의하지 아니하고는 송달할 방법이 없음을 소명하여 변론기일 지정신청을 할 수 있다.(2002.6.28 본항개정)

② 제1항의 경우에 법원은 지체없이 변론기일을 지정하여야 한다.

(2001.2.3 본조신설)

제4조 (1991.8.26 삭제)

제5조【최초의 기일통지서의 기재사항】 ① 법 제7조제2항의 목적을 달성하기 위하여 원고에 대한 최초의 기일통지서에는 다음 각호의 사항을 적어야 한다.(2002.6.28 본문개정)

1. 최초의 기일에 필요한 모든 증거방법을 제출할 수 있도록 사전준비를 할 것
2. 최초의 기일전이라도 증거신청이 가능하다는 것
3. 서증을 제출할 때에는 동시에 그 사본 2통을 첨가하여 제출하여야 한다는 것(상대방의 수가 2인 이상일 때에는 그 수에 1을 더한 통수)(2001.2.3 본호개정)
4. 증인신문을 신청하는 때에는 신청서와 동시에 신문사항의 요령을 기재한 서면 4통을 제출하여야 한다는 것(상대방의 수가 2인 이상일 때에는 그 수에 3을 더한 통수)(2001.2.3 본호개정)

② (2001.2.3 삭제)

(2002.6.28 본조제목개정)

제6조【서면신문의 방식】 ① 법 제10조제3항에 의하여 신문에 갈음하여 서면을 제출하기로 결정된 증인 또는 감정인은 법원에 그 신문서를 제출할 때에 주민등록표 초본이나, 동·이장이 그 동일성을 증명하는 서면을 첨부하여야 한다.

② 증인 또는 감정인에 대한 서면신문은 재판사무에 관한 문서양식에 따른 신문서를 송달하여 행한다.(2002.6.28 본항개정)

③ 신문서에는 증인 또는 감정인이 서명·날인하여야 한다.

제7조 (2001.2.3 삭제)

제8조【민사소송규칙의 적용】 소액사건의 심판에 관하여 이 규칙에 특별한 규정이 있는 경우를 제외하고는 민사소송규칙의 규정을 적용한다.
(1990.8.21 본조개정)

제9조~제10조 (1990.8.21 삭제)

제11조 (1988.2.13 삭제)

부 칙 (2002.6.28)

이 규칙은 2002. 7. 1.부터 시행한다.

부 칙 (2016.11.29)

제1조【시행일】 이 규칙은 2017년 1월 1일부터 시행한다.

제2조【경과조치】 이 규칙 시행 당시 법의 적용을 받지 않는 사건으로서 법원에 계속 중인 사건에 관하여는 종전의 예에 의한다.

[별표] (1988.2.13 삭제)

行政訴訟法

(1984年 12月 15日)
(全改法律 第3754號)

改正
1988. 8. 5法 4017號(헌재)
1994. 7.27法 4770號
2002. 1.26法 6626號(민사소송법)
2002. 1.26法 6627號(민사집행법)
2013. 3.23法11690號(정부조직)
2014. 5.20法12596號
2014.11.19法12844號(정부조직)
2017. 7.26法14839號(정부조직)

第1章 總 則

第1條【目的】 이 法은 行政訴訟節次를 통하여 行政廳의 違法한 處分 그 밖에 公權力의 행사·不行使등으로 인한 國民의 權利 또는 이익의 침해를 救濟하고, 公法上의 權利關係 또는 法適用에 관한 다툼을 적정하게 解決함을 目的으로 한다.

참조 [재판청구권]헌27①, [대법원의 최종적 심사권]헌107②, [법원의 권한]법원조직2

판례 행정처분은 그 근거 법령이 개정된 경우에도 경과규정에서 달리 정함이 없는 한 처분 당시 시행되는 개정 법령과 그에 정한 기준에 의하는 것이 원칙이고, 그 개정 법령이 기존의 사실 또는 법률관계를 적용대상으로 하면서 국민의 재산권과 관련하여 종전보다 불리한 법률효과를 규정하고 있는 경우에도 그러한 사실 또는 법률관계가 개정법령이 시행되기 이전에 이미 완성 또는 종결된 것이 아니라면 이를 헌법상 금지되는 소급입법에 의한 재산권 침해라고 할 수는 없으며, 그러한 개정 법령의 적용과 관련하여서는 개정 전 법령의 존속에 대한 국민의 신뢰가 개정 법령의 적용에 관한 공익상의 요구보다 더 보호가치가 있다고 인정되는 경우에 그러한 국민의 신뢰를 보호하기 위하여 그 적용이 제한될 수 있는 여지가 있을 따름이다. 그리고 이러한 신뢰보호의 원칙 위배 여부를 판단하기 위해서는 한편으로는 침해받은 이익의 보호가치, 침해의 중한 정도, 신뢰가 손상된 정도, 신뢰침해의 방법 등과 다른 한편으로는 개정 법령을 통해 실현하고자 하는 공익적 목적을 종합적으로 비교·형량하여야 한다.
(대판 2009.9.10, 2008두9324)

판례 부당결부금지의 원칙이란 행정주체가 행정작용을 함에 있어서 상대방에게 이와 실질적인 관련이 없는 의무를 부과하거나 그 이행을 강제하여서는 아니 된다는 원칙을 말한다.
(대판 2009.2.12, 2005다65500)

판례 국민의 적극적 행위 신청에 대하여 행정청이 그 신청에 따른 행위를 하지 않겠다고 거부한 행위가 항고소송의 대상이 되는 행정처분에 해당하는 것이라고 하려면, 그 신청한 행위가 공권력의 행사 또는 이에 준하는 행정작용이어야 하고, 그 거부행위가 신청인의 법률관계에 어떤 변동을 일으키는 것이어야 하며, 그 국민에게 그 행위발동을 요구할 법규상 또는 조리상의 신청권이 있어야 하는바, 여기에서 '신청인의 법률관계에 어떤 변동을 일으키는 것'이라는 의미는 신청인의 실체상의 권리관계에 직접적인 변동을 일으키는 것은 물론, 그렇지 않다 하더라도 신청인이 실체상의 권리자로서 권리를 행사함에 중대한 지장을 초래하는 것도 포함한다.
(대판 2007.10.11, 2007두1316)

판례 일반적으로 행정처분에 효력기간이 정하여져 있는 경우에는 그 기간의 경과로 그 행정처분의 효력은 상실되고, 다만 허가에 붙은 기한이 그 허가된 사업의 성질상 부당하게 짧은 경우에는 이를 그 허가 자체의 존속기간이 아니라 그 허가조건의 존속기간으로 보아 그 기한이 도래함으로써 그 조건의 개정을 고려한다는 뜻으로 해석할 수는 있지만, 그와 같은 경우라 하더라도 그 허가기간이 연장되기 위하여는 그 종기가 도래하기 전에 그 허가기간의 연장에 관한 신청이 있어야 하며, 만일 그러한 연장신청이 없는 상태에서 허가기간이 만료하였다면 그 허가의 효력은 상실된다.(대판 2007.10.11, 2005두12404)

판례 행정청이 국민의 신청에 대하여 한 거부행위가 항고소송의 대상이 되는 행정처분으로 되려면, 행정청의 행위를 요구할 법규상 또는 조리상의 신청권이 국민에게 있어야 하고, 이러한 신청권의 근거 없이 한 국민의 신청을 행정청이 받아들이지 아니한 경우에는 그 거부로 인하여 신청인의 권리나 법적 이익에 어떤 영향을 주는 것이 아니므로 이를 항고소송의 대상이 되는 행정처분이라 할 수 없다. 그리고 제소기간이 이미 도과하여 불가쟁력이 생긴 행정처분에 대하여는 개별 법규에서 그 변경을 요구할 신청권을 규정하고 있거나 관계 법령의 해석상 그러한 신청권이 인정될 수 있는 등 특별한 사정이 없는 한 국민에게 그 행정처분의 변경을 구할 신청권이 있다 할 수 없다.
(대판 2007.4.26, 2005두11104)

판례 허가신청 후 허가기준이 변경된 경우 변경된 허가기준에 따라 처분을 하여야 하는지 여부 : 허가 등의 행정처분은 원칙적으로 처분시의 법령과 허가기준에 의하여 처리되어야 하고 허가신청 당시의 기준에 따라야 하는 것은 아니며, 비록 허가신청 후 허가기준이 변경되었다 하더라도 그 허가관청이 허가신청을 수리하고도 정당한 이유 없이 그 처리를 늦추어 그 사이에 허가기준이 변경된 것이 아닌 이상 변경된 허가기준에 따라서 처분을 하여야 한다.(대판 2006.8.25, 2004두2974)

판례 행정행위의 취소를 그 명칭에 불구하고 행정행위의 철회로 보아야 하는 경우 : 관할청이 사립학교법인에 대하여 한 기존의 자금차입허가의 취소사유가 본래의 허가 용도가 아닌 다른 용도에 사용하였다는 것으로서, 이는 허가처분 당시에 그 처분에 위와 같은 흠이 존재하였던 것은 아니므로, 위와 같은 취소처분은 그 명칭에 불구하고 행정행위의 철회에 해당하는 것으로서 위 자금차입허가의 효력은 장래에 향하여 소멸한다.
(대판 2006.5.11, 2003다37969)

판례 공공사업의 경제성 또는 사업성의 결여로 인하여 행정처분이 무효로 되기 위한 요건(새만금 사업 판례) : 공공사업의 경제성 내지 사업성의 결여로 인하여 행정처분이 무효로 되기 위하여는 공공사업을 시행함으로 인하여 얻는 이익에 비하여 공공사업에 소요되는 비용이 훨씬 커서 이익과 비용이 현저하게 균형을 잃음으로써 사회통념에 비추어 행정처분으로 달성하고자 하는 사업 목적을 실질적으로 실현할 수 없는 정도에 이르렀다고 볼 정도로 과다한 비용과 희생이 요구되는 등 그 하자가 중대하여야 할 뿐만 아니라, 그러한 사정이 객관적으로 명백한 경우라야 한다.(대판 2006.3.16, 2006두330 전원합의체)

판례 과거에 법률에 의하여 당연퇴직된 공무원의 복직 또는 재임용신청에 대한 행정청의 거부행위가 항고소송의 대상이 되는 행정처분인지 여부(소극) : 과거에 법률에 의하여 당연퇴직된 공무원이 자신을 복직 또는 재임용시켜 줄 것을 요구하는 신청에 대하여 그와 같은 조치가 불가능하다는 행정청의 거부행위는 당연퇴직의 효과가 계속하여 존재한다는 것을 알려주는 일종의 안내에 불과하므로 당연퇴직된 공무원의 실체상의 권리관계에 직접적인 변동을 일으키는 것으로 볼 수 없고, 당연퇴직의 근거 법률이 헌법재판소의 위헌결정으로 효력을 잃게 되었다고 하더라도 당연퇴직된 이후 헌법소원 등의 청구기간이 도과한 경우에는 당연퇴직의 내용과 상반되는 처분을 요구할 수 있는 조리상의 신청권을 인정할 수도 없다고 할 것이어서, 이와 같은 경우 행정청의 복직 또는 재임용거부행위는 항고소송의 대상이 되는 행정처분에 해당한다고 할 수 없다.(대판 2005.11.25, 2004두12421)

第2條【定義】 ① 이 法에서 사용하는 用語의 定義는 다음과 같다.

1. "處分등"이라 함은 行政廳이 행하는 구체적 사실에 관한 法執行으로서의 公權力의 행사 또는 그 거부와 그 밖에 이에 準하는 行政作用(이하 "處分"이라 한다) 및 行政審判에 대한 裁決을 말한다.
2. "不作爲"라 함은 行政廳이 當事者의 申請에 대하여 상당한 期間내에 일정한 處分을 하여야 할 法律上 義務가 있음에도 불구하고 이를 하지 아니하는 것을 말한다.

② 이 法을 適用함에 있어서 行政廳에는 法令에 의하여 行政權限의 委任 또는 委託을 받은 行政機關, 公共團體 및 그 機關 또는 私人이 포함된다.

참조 [취소소송의 대상]19, [행정심판법상 처분]행정심판2(1), [행정절차법상 처분]행정절차2(2)

판례 인터넷 포털사이트 등의 개인정보 유출사고로 자신들의 주민등록번호 등 개인정보가 불법 유출되자 이를 이유로 관할 구청장에게 주민등록번호를 변경해 줄 것을 신청하였으나 구청장이 '주민등록번호가 불법 유출되었다 하더라도 주민등록법상 변경이 허용되지 않는다'며 주민등록번호 변경을 거부한 사안에서, 현실은 피해자의 의사와 무관하게 주민등록번호가 불법 유출된 경우 개인의 사생활뿐만 아니라 생명·신체에 대한 위해나 재산에 대한 피해를 입을 우려가 있고, 실제 유출된 주민등록번호가 다른 개인정보와 연계되어 각종 광고 마케팅에 이용되거나 사기, 보이스피싱 등의 범죄에 악용되는 등 사회적으로 많은 피해가 발생하고 있다. 그러나 주민등록번호가 유출된 경우 그로 인하여 이미 발생하였거나 발생할 수 있는 피해 등을 최소화할 수 있는 충분한 권리구제방법을 찾기 어려운데도 구 주민등록법(2016.5.29. 법률 제14191호로 개정되기 전의 것)에서는 주민등록번호 변경에 관한 아무런 규정을 두고 있지 않으며, 관련 규정이 없다거나 주민등록번호 변경에 따른 사회적 혼란 등을 이유로 위와 같은 불이익을 피해자가 부득이한 것으로 받아들여야 한다고 보는 것은 피해자의 개인정보자기결정권 등 국민의 기본권 보장의 측면에서 타당하지 않다. 주민등록번호를 관리하는 국가로서는 주민등록번호가 유출된 경우 그로 인한 피해가 최소화되도록 제도를 정비하고 보완해야 할 의무가 있으며, 만약 주민등록번호 변경이 필요한 경우가 있다면 그 변경에 관한 규정을 두어서 이를 허용해야 한다. 이 사안에서 처럼 피해자의 의사와 무관하게 주민등록번호가 유출된 경우에는 조리상 주민등록번호의 변경을 요구할 신청권을 인정함이 타당하고, 구청장의 주민등록번호 변경신청 거부행위는 항고소송의 대상이 되는 행정처분에 해당한다.(대판 2017.6.15, 2013두2945)

판례 국민의 적극적 신청행위에 대하여 행정청이 그 신청에 따른 행위를 하지 않겠다고 거부한 행위가 항고소송의 대상이 되는 행정처분에 해당하는 것이라고 하려면, 그 신청한 행위가 공권력의 행사 또는 이에 준하는 행정작용이어야 하고, 그 거부행위가 신청인의 법률관계에 어떤 변동을 일으키는 것이어야 하며, 그 국민에게 그 행위발동을 요구할 법규상 또는 조리상의 신청권이 있어야 한다.(대판 2009.9.10, 2007두20638)

판례 공사중지명령의 해제를 요구할 수 있는 권리가 인정되는지 여부(적극) : 지방자치단체장이 공장시설을 신축하는 회사에 대하여 사업승인 내지 건축허가 당시 부가하였던 조건을 이행할 때까지 신축공사를 중지하라는 명령을 한 경우, 위 회사에게는 중지명령의 원인사유가 해소되었음을 이유로 당해 공사중지명령의 해제를 요구할 수 있는 권리가 조리상 인정된다.
(대판 2007.5.11, 2007두1811)

판례 항고소송의 대상이 되는 행정처분은 행정청의 공법상의 행위로서 특정사항에 대하여 법률에 의하여 권리를 설정하고 의무를 명하며, 기타 법률상 효과를 발생케 하는 등 국민의 권리의무에 직접 관계가 있는 행위이어야 하고, 다른 집행행위의

매개 없이 그 자체로서 국민의 구체적인 권리의무나 법률관계에 직접적인 변동을 초래케 하는 것이 아닌 일반적, 추상적인 법령 등은 그 대상이 될 수 없다.(대판 2007.4.12, 2005두15168)

판례 **국토의 계획 및 이용에 관한 법률 소정의 토지거래허가구역 지정이 행정처분인지 여부(적극)** : 국토의 계획 및 이용에 관한 법률에 따라 토지거래계약에 관한 허가구역으로 지정되는 경우, 허가구역 안에 있는 토지에 대하여 소유권이전 등을 목적으로 하는 거래계약을 체결하고자 하는 당사자는 공동으로 행정관청으로부터 허가를 받아야 하는 등 일정한 제한을 받게 되고, 허가를 받지 아니하고 체결한 토지거래계약은 그 효력이 발생하지 아니하며, 허가를 받은 자는 5년의 범위 이내에서 대통령령이 정하는 기간 동안 그 토지를 허가받은 목적대로 이용하여야 하는 의무도 부담하는 등 토지거래계약에 관한 허가구역의 지정은 개인의 권리 내지 법률상의 이익을 구체적으로 규제하는 효과를 가져오게 하는 행정청의 처분에 해당한다.
(대판 2006.12.22, 2006두12883)

판례 **과세관청의 소득처분에 따른 소득금액변동통지가 항고소송의 대상이 되는 처분인지 여부(적극)** : 과세관청의 소득처분과 그에 따른 소득금액변동통지가 있는 경우 원천징수의무자인 법인은 소득금액변동통지서를 받은 날에 그 통지서에 기재된 소득의 귀속자에게 당해 소득금액을 지급한 것으로 의제되어 그 때 원천징수하는 소득세의 납세의무가 성립함과 동시에 확정되고, 원천징수의무자인 법인으로서는 원천징수세액을 그 다음달 10일까지 관할 세무서장 등에게 납부하여야 할 의무를 부담하므로 소득금액변동통지는 원천징수의무자인 법인의 납세의무에 직접 영향을 미치는 과세관청의 행위로서, 항고소송의 대상이 되는 조세행정처분이라고 봄이 상당하다.
(대판 2006.4.20, 2002두1878 전원합의체)

판례 **국세환급금의 충당이 항고소송의 대상이 되는 처분인지 여부** : 국세환급금의 충당은 국가의 환급금 채무와 조세채권이 대등액에서 소멸되는 점에서 민법상의 상계와 비슷하고, 소멸대상인 조세채권이 존재하지 아니하거나 당연무효 또는 취소되는 경우에는 그 충당의 효력이 없는 것으로서 이러한 사유가 있는 경우에 납세의무자로서는 충당의 효력이 없음을 주장하여 언제든지 민사소송에 의하여 이미 결정된 국세환급금의 반환을 청구할 수 있다고 할 것이므로, 이는 국세환급결정이나 그 국세환급신청에 대한 거부결정과 마찬가지로 항고소송의 대상이 되는 처분이라고 할 수 없다.(대판 2005.6.10, 2005다15482)

판례 **금융감독원장의 금융기관의 임원에 대한 문책경고가 행정처분에 해당되는지 여부(적극)** : 금융기관의 임원에 대한 금융감독원장의 문책경고는 그 상대방에 대한 직업선택의 자유를 직접 제한하는 효과를 발생하게 하는 등 상대방의 권리의무에 직접 영향을 미치는 행위로서 항고소송의 대상이 되는 행정처분에 해당한다.(대판 2005.2.17, 2003두14765)

판례 **행정소송에 있어서 행정처분의 존부가 직권조사사항인지 여부 등** : 행정소송에서 쟁송의 대상이 되는 행정처분의 존부는 소송요건으로서 직권조사사항이고, 자백의 대상이 될 수 없는 것이므로, 설사 그 존재를 당사자들이 다투지 아니한다 하더라도 그 존부에 관하여 의심이 있는 경우에는 이를 직권으로 밝혀 보아야 할 것이고, 사실심에서 변론종결시까지 당사자가 주장하지 않던 직권조사사항에 해당하는 사항을 상고심에서 비로소 주장하는 경우 그 직권조사사항에 해당하는 사항은 상고심의 심판범위에 해당한다.(대판 2004.12.24, 2003두15195)

판례 **처분의 근거가 행정규칙에 규정되어 있는 경우, 그 처분이 행정소송의 대상인 행정처분에 해당하기 위한 요건** : 어떠한 처분의 근거가 행정규칙에 규정되어 있다고 하더라도, 그 처분이 상대방에게 권리의 설정 또는 의무의 부담을 명하거나 기타 법적인 효과를 발생하게 하는 등으로 그 상대방의 권리의무에 직접 영향을 미치는 행위라면, 이 경우에도 항고소송의 대상이 되는 행정처분에 해당한다.(대판 2004.11.26, 2003두10251,10268)

판례 **항공노선에 대한 운수권배분처분이 행정소송의 대상인 행정처분인지 여부(적극)** : 노선을 배분받은 항공사는 잠정협정 및 비밀양해각서에 의한 지정항공사로서의 지위를 취득하고, 중국의 지정항공사와 상무협정을 체결하는 등 노선면허를 취득하기 위한 후속절차를 밟아 중국 항공당국으로부터 운항허가를 받을 수 있게 되며, 중국의 영역 내에서 무착륙비행, 비운수목적의 착륙 등의 제 권리를 가지게 되는 반면, 노선배분을 받지 못한 항공사는 노선면허 취득을 위한 후속절차를 밟을 수 없을 뿐만 아니라 중국 항공당국으로부터 운항허가를 받을 수도 없는 지위에 놓이게 되고, 이러한 법리에 비추어 보면, 각 노선에 대한 운수권배분처분은 항고소송의 대상이 되는 행정처분에 해당한다.(대판 2004.11.26, 2003두10251,10268)

판례 **대학교원의 신규채용에 있어서 유일한 면접심사 대상자로 선정된 임용지원자에 대한 교원신규채용 중단조치가 행정처분인지 여부(적극)** : 임용지원자가 당해 대학의 교원임용규정 등에 정한 심사단계 중 중요한 대부분의 단계를 통과하여 다수의 임용지원자 중 유일한 면접심사 대상자로 선정되는 등으로 장차 나머지 일부의 심사단계를 거쳐 대학교원으로 임용될 것을 상당한 정도로 기대할 수 있는 지위에 이르렀다면, 그러한 임용지원자는 임용에 관한 법률상 이익을 가진 자로서 임용권자에 대하여 나머지 심사를 공정하게 진행하여 그 심사에서 통과되면 대학교원으로 임용해 줄 것을 신청할 조리상의 권리가 있다고 보아야 할 것이고, 또한 유일한 면접심사 대상자로 선정된 임용지원자에 대한 교원신규채용업무를 중단하는 조치는 교원신규채용절차의 진행을 유보하였다가 다시 속개하기 위한 중간처분 또는 사무처리절차상 하나의 행위에 불과한 것이라고는 볼 수 없고, 유일한 면접심사 대상자로서 임용에 관한 법률상 이익을 가지는 임용지원자에 대한 신규임용을 사실상 거부하는 종국적인 조치에 해당하는 것이며, 임용지원자에게 직접 고지되지 않았다고 하더라도 임용지원자가 이를 알게 됨으로써 효력이 발생한 것으로 보아야 할 것이므로, 이는 임용지원자의 권리 내지 법률상 이익에 직접 관계되는 것으로서 항고소송의 대상이 되는 처분 등에 해당한다.(대판 2004.6.11, 2001두7053)

판례 **'고시'가 항고소송의 대상이 되는 행정처분에 해당하기 위한 요건** : 어떠한 고시가 일반적·추상적 성격을 가질 때에는 법규명령 또는 행정규칙에 해당할 것이지만, 다른 집행행위의 매개 없이 그 자체로서 직접 국민의 구체적인 권리의무나 법률관계를 규율하는 성격을 가질 때에는 항고소송의 대상이 되는 행정처분에 해당한다.(대결 2003.10.9, 2003무23)

第3條【行政訴訟의 종류】 行政訴訟은 다음의 네가지로 구분한다.

1. 抗告訴訟 : 行政廳의 處分등이나 不作爲에 대하여 제기하는 訴訟
2. 當事者訴訟 : 行政廳의 處分등을 원인으로 하는 法律關係에 관한 訴訟 그 밖에 公法上의 法律關係에 관한 訴訟으로서 그 法律關係의 한쪽 當事者를 被告로 하는 訴訟
3. 民衆訴訟 : 國家 또는 公共團體의 機關이 法律에 위반되는 행위를 한 때에 직접 자기의 法律上 이익과 관계없이 그 是正을 구하기 위하여 제기하는 訴訟
4. 機關訴訟 : 國家 또는 公共團體의 機關 상호간에 있어서의 權限의 存否 또는 그 행사에 관한 다툼이 있을 때에 이에 대하여 제기하는 訴訟. 다만, 憲法裁判所法 第2條의 規定에 의하여 憲法裁判所의 管掌事項으로 되는 訴訟은 제외한다.

(1988.8.5 단서신설)

참조 [재판청구권]헌27①, [사법권의 귀속]헌101①, 법원조직2①, [부작위]2①, [피고적격등]39－44, [보상금증감소송]공토법85②, [당사자 소송]특허187단서, [소의 제기]45, [국민투표무효소송]국민투표법92, [선거무효소송, 당선무효소송]공선222·223, [주민소송]지방자치22, [권한쟁의심판]헌재61, [지방의회의 의결에 대한 재의요구와 제소]지방자치192, [권한쟁의심판]헌111①

판례 **하천법부칙과 특별조치법의 규정에 의한 손실보상금의 지급을 구하거나 손실보상청구권의 확인을 구하는 소송의 형태** : 하천법 부칙 제2조와 '법률 제3782호 하천법 중 개정법률 부칙 제2조의 규정에 의한 보상청구권의 소멸시효가 만료된 하천구역 편입토지 보상에 관한 특별조치법' 제2조, 제6조의 각 규정들을 종합하면, 위 규정들에 의한 손실보상청구권은 1984.12.31. 전에 토지가 하천구역으로 된 경우에는 당연히 발생되는 것이지, 관리청의 보상금지급결정에 의하여 비로소 발생하거나 하는 것은 아니므로, 위 규정들에 의한 손실보상금의 지급을 구하거나 손실보상청구권의 확인을 구하는 소송은 행소법 제3조 제2호 소정의 당사자소송에 의하여야 한다.
(대판 2006.5.18, 2004다6207 전원합의체)

판례 **공무원연금관리공단이 공무원연금법령의 개정에 따라 퇴직연금 중 일부 금액에 대하여 지급거부의 의사표시를 한 경우 그 의사표시가 행정처분인지 여부(소극)** : 공무원연금관리공단의 인정에 의하여 퇴직연금을 지급받아 오던 중 공무원연금법령의 개정 등으로 퇴직연금 중 일부 금액의 지급이 정지된 경우에는 당연히 개정된 법령에 따라 퇴직연금이 확정되는 것이지 공무원연금관리공단의 퇴직연금 결정과 통지에 의하여 비로소 그 금액이 확정되는 것이 아니므로, 공무원연금관리공단이 퇴직연금 중 일부 금액에 대하여 지급거부의 의사표시를 하였다고 하더라도 그 의사표시는 퇴직연금 청구권을 형성·확정하는 행정처분이 아니라 공법상의 법률관계의 한쪽 당사자로서 그 지급의무의 존부 및 범위에 관하여 나름대로의 사실상·법률상 의견을 밝힌 것에 불과하다고 할 것이어서, 이를 행정처분이라고 볼 수는 없고, 이러한 미지급 퇴직연금에 대한 지급청구권은 공법상 권리로서 그 지급을 구하는 소송은 공법상의 법률관계에 관한 소송인 공법상 당사자소송에 해당한다.
(대판 2004.12.24, 2003두15195)

판례 **항고소송의 절차를 거치지 아니하고 곧바로 국가를 상대로 한 당사자소송으로 급여의 지급을 구하는 것의 허부(소극)** : 구 군인연금법의 관계 규정을 종합하면, 같은 법에 의한 퇴역연금 등의 급여를 받을 권리는 법령의 규정에 의하여 직접 발생하는 것이 아니라 각 군 참모총장의 확인을 거쳐 국방부장관이 인정함으로써 비로소 구체적인 권리가 발생하고, 위와 같은 급여를 받으려고 하는 자는 우선 관계 법령에 따라 국방부장관에게 그 권리의 인정을 청구하여 국방부장관이 그 인정 청구를 거부하거나 청구 중의 일부만을 인정하는 처분을 하는 경우 그 처분을 대상으로 항고소송을 제기하는 등으로 구체적 권리를 인정받은 다음 비로소 당사자소송으로 그 급여의 지급을 구하여야 할 것이고, 구체적인 권리가 발생하지 않은 상태에서 곧바로 국가를 상대로 한 당사자소송으로 그 권리의 확인이나 급여의 지급을 소구하는 것은 허용되지 아니한다.
(대판 2003.9.5, 2002두3522)

第4條【抗告訴訟】 抗告訴訟은 다음과 같이 구분한다.

1. 取消訴訟 : 行政廳의 違法한 處分등을 取消 또는 變更하는 訴訟
2. 無效등 確認訴訟 : 行政廳의 處分등의 效力 유무 또는 存在여부를 확인하는 訴訟
3. 不作爲違法確認訴訟 : 行政廳의 不作爲가 違法하다는 것을 확인하는 訴訟

참조 [재판관할]9－11, [당사자]12－17, [소의 제기]18－24, [심리]25·26, [재판의 효력등]27－34, [원고적격]35·36 [소의 변경]37, [취소소송의 준용]38

판례 **예방적 부작위소송 허용여부** : 행정소송법상 행정청이 일정한 처분을 하지 못하도록 그 부작위를 구하는 청구는 허용되지 않는 부적법한 소송이라 할 것이므로, 피고 국민건강보험공단은 이 사건 고시를 적용하여 요양급여비용을 결정하여서는 아니 된다는 내용의 원고들의 위 피고에 대한 이 사건 청구는 부적법하다 할 것이다.(대판 2006.5.25, 2003두11988)

판례 **부작위위법확인소송의 적법요건** : 부작위위법확인의 소에 있어 당사자가 행정청에 대하여 어떠한 행정행위를 하여 줄 것을 요구할 수 있는 법규상 또는 조리상 권리를 갖고 있지 아니한 경우에는 원고적격이 없거나 항고소송의 대상이 위법한 부작위가 있다고 볼 수 없어 그 부작위위법확인의 소는 부적법하다.
(대판 1999.12.7, 97누17568)

판례 **무효확인소송과 취소소송의 선택적 병합이나 단순 병합 허용 여부** : 행정처분에 대한 무효확인과 취소청구는 서로 양립할 수 없는 청구로서 주위적·예비적 청구로서만 병합이 가능하고 선택적 청구로서의 병합이나 단순 병합은 허용되지 아니한다.(대판 1999.8.20, 97누6889)

第5條【國外에서의 期間】 이 法에 의한 期間의 計算에 있어서 國外에서의 訴訟行爲追完에 있어서는 그 期間을 14日에서 30日로, 第3者에 의한 再審請求에 있어서는 그 期間을 30日에서 60日로, 訴의 제기에 있어서는 그 期間을 60日에서 90日로 한다.

참조 [제소기간]20, [제3자에 의한 재심청구]31②, [소송행위의 추완]민소173

第6條【命令·規則의 違憲判決등 公告】 ① 行政訴訟에 대한 大法院判決에 의하여 命令·規則이 憲法 또는 法律에 違反된다는 것이 확정된 경우에는 大法院은 지체없이 그 사유를 행정안전부장관에게 통보하여야 한다.

② 第1項의 規定에 의한 통보를 받은 행정안전부장관은 지체없이 이를 官報에 게재하여야 한다.
(2017.7.26 본조개정)

참조 [법원의 명령·규칙심사권]헌107②

第7條【事件의 移送】 민사소송법 제34조제1항의 規定은 原告의 故意 또는 중대한 過失없이 行政訴訟이 審級을 달리하는 法院에 잘못 제기된 경우에도 適用한다.(2002.1.26 본조개정)

참조 [관련청구소송의 이송]10①, [이송의 효과]민소40①, [관할위반이송]민소34①

판례 **행정사건을 민사사건으로 오해하여 민사소송을 제기한 경우의 수소법원의 조치** : 원고가 고의 또는 중대한 과실 없이 행정소송으로 제기하여야 할 사건을 민사소송으로 잘못 제기한 경우, 수소법원으로서는 만약 그 행정소송에 대한 관할도 동시에 가지고 있다면 이를 행정소송으로 소 변경을 하도록 하여 그 1심법원으로 심리·판단하여야 하고, 그 행정소송에 대한 관할을 가지고 있지 아니하다면 당해 소송이 행정소송으로서의 소송요건을 결하고 있음이 명백하여 행정소송으로 제기되었더라도 어차피 부적법하게 되는 경우가 아닌 이상 이를 부적법한 소라고 하여 각하할 것이 아니라 관할 법원에 이송하여야 한다.
(대판 1997.5.30, 95다28960)

第8條【法適用例】 ① 行政訴訟에 대하여는 다른 法律에 특별한 規定이 있는 경우를 제외하고는 이 法이 정하는 바에 의한다.

② 行政訴訟에 관하여 이 法에 특별한 規定이 없는 사항에 대하여는 法院組織法과 민사소송법 및 민사집행법의 規定을 準用한다.(2002.1.26 본항개정)

참조 [심판권]법원조직40의4, [합의관할]민소29, [변론관할]민소30, [관할위반이송]민소34①, [손해나 지연을 피하기 위한 이송]민소35, [이송의 효과]민소37－40, [당사자능력]민소51·52, [소송능력]민소55－60, [소송의 특정승계]민소81·82, [처분권주의]민소203, [소송의 당연승계]민소233·234·237·239, [청구의 변경]민소262, [선거소송에 준용]공선227

판례 **청구의 기초가 바뀌지 않는 경우, 공법상 당사자소송에서 민사소송으로 소 변경이 허용되는지 여부** : 행정소송법 제8조 제2항은 행정소송에 관하여 민사소송법을 준용하도록 하고 있으므로, 행정소송의 성질에 비추어 적절하지 않다고 인정되는 경우가 아닌 이상 공법상 당사자소송의 경우도 민사소송법 제262조에 따라 청구의 기초가 바뀌지 아니하는 한도 안에서 변론을 종결할 때까지 청구의 취지를 변경할 수 있다. 소 변경 필요성이 인정되는데도 공법상 당사자소송과 민사소송이 서로 다른 소송절차에 해당한다는 이유만으로 이미 제기한 소를 취하하고 새로 민사상의 소를 제기하도록 하는 것은 당사자의 권리구제나 소송경제의 측면에서도 바람직하지 않다. 따라서 공법상 당사자소송에 대하여도 청구의 기초가 바뀌지 아니하는 한도 안에서 민사소송으로 소 변경이 가능하다고 해석하는 것이 타당하다.(대판 2023.6.29, 2022두44262)

판례 **행정소송인 심결취소소송에서 자백이 성립할 수 있는지 여부(적극) 및 자백의 대상** : 행정소송인 심결취소소송에서도 원칙적으로 변론주의가 적용되므로 주요사실에 대한 당사자의 불리한 진술인 자백이 성립할 수 있지만, 자백의 대상은 사실에 한하는 것이어서, 사실에 대한 법적 판단 내지 평가는 자백의 대상이 되지 않는다.(대판 2006.6.2, 2005후1882)

판례 **민사소송법 준용에 의한 승계** : 구 국가유공자등예우및지원에관한법률에 의하여 국가유공자와 유족으로 등록되어 보상금을 받고, 교육보호 등 각종 보호를 받을 수 있는 권리는 국가유공자와 유족에 대한 응분의 예우와 국가유공자에 준하는 군경 등에 대한 지원을 행함으로써 이들의 생활안정과 복지향상을 도모하기 위하여 당해 개인에게 부여되어진 일신전속적인 권리이어서, 같은 법 규정에 비추어 상속의 대상으로도 될 수 없다고 할 것이므로 전상군경등록거부처분취소청구소송은 원고의 사망과 동시에 종료하였고, 원고의 상속인들에 의하여 승계될 여지는 없다.(대판 2003.8.19, 2003두5037)

第2章 取消訴訟

第1節 裁判管轄

第9條【재판관할】 ① 取消訴訟의 第1審管轄法院은 被告의 所在地를 관할하는 行政法院으로 한다.
(2014.5.20 단서삭제)

② 제1항에도 불구하고 다음 각 호의 어느 하나에 해당하는 피고에 대하여 취소소송을 제기하는 경우에는 대법원소재지를 관할하는 행정법원에 제기할 수 있다.

1. 중앙행정기관, 중앙행정기관의 부속기관과 합의제행정기관 또는 그 장
2. 국가의 사무를 위임 또는 위탁받은 공공단체 또는 그 장

(2014.5.20 본항신설)

③ 土地의 收用 기타 不動産 또는 특정의 場所에 관

계되는 處分등에 대한 取消訴訟은 그 不動産 또는 場所의 所在地를 관할하는 行政法院에 이를 제기할 수 있다.
(2014.5.20 본조제목개정)
(1994.7.27 본조개정)

참조 [무효등 확인소송에 준용]38①, [부작위위법확인소송의 준용]38②, [당사자소송에 준용]40, [민중소송·기관소송에 준용]46, [행정소송]보안관찰23, 독점100, 지방자치157, 약관의규제에관한법30의2, 하도급거래공정화에관한법27, [국민투표 무효의 소송]국민투표92, 지방자치5·120·188·189·192, [선거소송의 관할]공선222①②, [당선무효소송의 관할]공선223①②

第10條【關聯請求訴訟의 移送 및 併合】 ① 取消訴訟과 다음 各號의 1에 해당하는 訴訟(이하 "關聯請求訴訟"이라 한다)이 각각 다른 法院에 係屬되고 있는 경우에 關聯請求訴訟이 係屬된 法院이 상당하다고 인정하는 때에는 當事者의 申請 또는 職權에 의하여 이를 取消訴訟이 係屬된 法院으로 移送할 수 있다.
1. 당해 處分등과 관련되는 損害賠償·不當利得返還·原狀回復등 請求訴訟
2. 당해 處分등과 관련되는 取消訴訟
② 取消訴訟에는 事實審의 辯論終結時까지 關聯請求訴訟을 併合하거나 被告외의 者를 상대로 한 關聯請求訴訟을 取消訴訟이 係屬된 法院에 併合하여 제기할 수 있다.

참조 [즉시항고]민소39, [이송결정의 기속력]민소38②, [무효등확인소송에 준용]38①, [부작위위법확인소송에 준용]38②, [당사자소송에 준용]44②, [민중소송·기관소송에 준용]46

판례 제10조는 처분의 취소를 구하는 취소소송에 당해 처분과 관련되는 부당이득반환소송을 관련 청구로 병합할 수 있다고 규정하고 있는바, 이 조항을 둔 취지에 비추어 보면, 취소소송에 병합할 수 있는 당해 처분과 관련되는 부당이득반환소송에는 당해 처분의 취소를 선결문제로 하는 부당이득반환청구가 포함되고, 이러한 부당이득반환청구가 인용되기 위해서는 그 소송절차에서 판결에 의해 당해 처분이 취소되면 충분하고 그 처분의 취소가 확정되어야 하는 것은 아니라고 보아야 한다.
(대판 2009.4.9, 2008두23153)

판례 **관련청구소송의 병합에서 본래의 취소소송의 적법함이 요건인지 여부(적극)** : 행정소송법 제10조 소정의 관련 청구소송의 병합은 본래의 항고소송이 적법할 것을 요건으로 하는 것인데, 직권면직처분부존재·무효확인 등의 본래의 항고소송이 행정처분이 아닌 것을 대상으로 한 부적법한 것이어서 각하되어야 하는 이상 금원지급청구의 소 역시 각하를 면할 수 없다.
(대판 1997.11.11, 97누1990)

第11條【先決問題】 ① 處分등의 效力 유무 또는 存在 여부가 民事訴訟의 先決問題로 되어 당해 民事訴訟의 受訴法院이 이를 審理·判斷하는 경우에는 第17條, 第25條, 第26條 및 第33條의 規定을 準用한다.
② 第1項의 경우 당해 受訴法院은 그 處分등을 행한 行政廳에게 그 先決問題로 된 사실을 통지하여야 한다.

참조 [민중소송·기관소송에 준용]46①

판례 **처분 위반을 이유로 처벌하기 위해서는 처분의 적법성이 전제되어야 하는지 여부(적극)** : 구 도시계획법 제78조에 정한 처분이나 조치명령을 받은 자가 이에 위반한 경우 이로 인하여 같은 법 제92조에 정한 처벌을 하기 위하여는 그 처분이나 조치명령이 적법한 것이라야 하고, 그 처분이 당연무효가 아니라 하더라도 그것이 위법한 처분으로 인정되는 한 같은 법 제92조 위반죄가 성립될 수 없다.(대판 2004.5.14, 2001도2841)

第2節 當事者

第12條【原告適格】 取消訴訟은 處分등의 取消를 구할 法律上 이익이 있는 者가 제기할 수 있다. 處分등의 효과가 期間의 경과, 處分등의 執行 그 밖의 사유로 인하여 消滅된 뒤에도 그 處分등의 取消로 인하여 회복되는 法律上 이익이 있는 者의 경우에는 또한 같다.

판례 감사원이 한국방송공사에 대한 감사를 실시한 결과 사장 갑에게 부실 경영 등 문책사유가 있다는 이유로 한국방송공사 이사회에 갑에 대한 해임제청을 요구한 사안에서, 해임처분 무효확인 또는 취소소송 계속 중 임기가 만료되어 해임처분의 무효확인 또는 취소로 지위를 회복할 수는 없다고 할지라도, 그 무효확인 또는 취소로 해임처분일부터 임기만료일까지 기간에 대한 보수 지급을 구할 수 있는 경우에는 해임처분의 무효확인 또는 취소를 구할 법률상 이익이 있다고 보아야 한다.
(대판 2012.2.23, 2011두5001)

판례 행정소송법 제12조에서 말하는 '법률상 이익'이란 당해 행정처분의 근거 법률에 의하여 보호되는 직접적이고 구체적인 이익을 말하고, 당해 행정처분과 관련하여 간접적이거나 사실적·경제적 이해관계를 가지는 데 불과한 경우는 여기에 포함되지 않으나, 행정처분의 직접 상대방이 아닌 제3자라고 하더라도 당해 행정처분으로 인하여 법률상 보호되는 이익을 침해당한 경우에는 취소소송을 제기하여 그 당부의 판단을 받을 자격이 있다.(대판 2010.5.13, 2009두19168)

판례 **취소되어 존재하지 않는 행정처분을 대상으로 한 취소소송의 소의 이익 유무(소극)** : 행정처분이 취소되면 그 처분은 취소로 인하여 그 효력이 상실되어 더 이상 존재하지 않는 것이고, 존재하지 않는 행정처분을 대상으로 한 취소소송은 소의 이익이 없어 부적법하다.(대판 2006.9.28, 2004두5317)

판례 위법한 행정처분의 취소를 구하는 소는 위법한 처분에 의하여 발생한 위법상태를 배제하여 원상으로 회복시키고 그 처분으로 침해되거나 방해받은 권리와 이익을 보호·구제하고자 하는 소송이므로, 비록 그 위법한 처분을 취소한다고 하더라도 원상회복이 불가능한 경우에는 그 취소를 구할 이익이 없다.
(대판 2006.7.28, 2004두13219)

판례 **제재기간이 경과되었으나 일정 전제요건으로 장래의 제재적 행정처분을 하도록 정하고 있는 경우, 그 제재적 행정처분의 취소를 구할 소의 이익 유무(한정 적극)** : 제재적 행정처분이 그 처분에서 정한 제재기간의 경과로 인하여 그 효과가 소멸되었으나, 부령인 시행규칙 또는 지방자치단체의 규칙의 형식으로 정한 처분기준에서 제재적 행정처분을 받은 것을 가중사유나 전제요건으로 삼아 장래의 제재적 행정처분을 하도록 정하고 있는 경우, 제재적 행정처분의 가중사유나 전제요건에 관한 규정이 법령이 아니라 규칙의 형식으로 되어 있다고 하더라도, 그러한 규칙이 법령에 근거를 두고 있는 이상 그 법적 성질이 대외적·일반적 구속력을 갖는 법규명령인지 여부와는 상관없이, 관할 행정청이나 담당공무원은 이를 준수할 의무가 있으므로 이들이 그 규칙에 정해진 바에 따라 행정작용을 할 것이 당연히 예견되고, 그 결과 행정작용의 상대방인 국민으로서는 그 규칙의 영향을 받을 수밖에 없다. 따라서 그러한 규칙이 정한 바에 따라 선행처분을 받은 상대방이 그 처분의 존재로 인하여 장래에 받을 불이익, 즉 후행처분의 위험은 구체적이고 현실적인 것이므로, 상대방에게는 선행처분의 취소소송을 통하여 그 불이익을 제거할 필요가 있다. 또한, 나중에 후행처분에 대한 취소소송에서 선행처분의 사실관계나 위법 등을 다툴 수 있는 여지가 남아 있다고 하더라도, 이러한 사정은 후행처분이 이루어지기 전에 이를 방지하기 위하여 직접 선행처분의 위법을 다투는 취소소송을 제기할 필요성을 부정할 이유가 되지 못한다.
(대판 2006.6.22, 2003두1684 전원합의체)

판례 **감액경정청구 거부처분에 대한 취소소송의 소의 이익 유무(소극)** : 납세자가 감액경정청구 거부처분에 대한 취소소송을 제기한 후 증액경정처분이 이루어져서 그 증액경정처분에 대하여도 취소소송을 제기한 경우에는 특별한 사정이 없는 한 동일한 납세의무의 확정에 관한 심리의 중복과 판단의 저촉을 피하기 위하여 감액경정청구 거부처분의 취소를 구하는 소는 그 취소를 구할 이익이나 필요가 없어 부적법하다.
(대판 2005.10.14, 2004두8972)

판례 **소집해제처분이 있는 경우 소집해제신청 거부처분의 취소를 구할 소의 이익 유무(소극)** : 공익근무요원 소집해제신청을 거부한 후에 원고가 계속하여 공익근무요원으로 복무함에 따라 복무기간 만료를 이유로 소집해제처분을 한 경우, 원고가 입게 되는 권리와 이익의 침해는 소집해제처분으로 해소되었으므로 위 거부처분의 취소를 구할 소의 이익이 없다.
(대판 2005.5.13, 2004두4369)

판례 **법인의 주주가 당해 법인에 대한 행정처분의 취소를 구할 원고적격이 있는지 여부(적극)** : 일반적으로 법인의 주주는 당해 법인에 대한 행정처분에 관하여 사실상이나 간접적인 이해관계를 가질 뿐이어서 스스로 그 처분의 취소를 구할 원고적격이 없는 것이 원칙이라고 할 것이지만, 그 처분으로 인하여 궁극적으로 주식이 소각되거나 주주의 법인에 대한 권리가 소멸하는 등 주주의 지위에 중대한 영향을 초래하게 되는데도 그 처분의 성질상 당해 법인이 이를 다툴 것을 기대할 수 없고 달리 주주의 지위를 보전할 구제방법이 없는 경우에는 주주도 그 처분에 관하여 직접적이고 구체적인 법률상 이해관계를 가진다고 보이므로 그 취소를 구할 원고적격이 있다.
(대판 2004.12.23, 2000두2648)

판례 **수허가자의 지위를 양수한 양수인의 관할 행정청의 채석허가 취소처분을 다툴 원고적격 인정여부(적극)** : 수허가자의 지위를 양수받아 명의변경신고를 할 수 있는 양수인의 지위는 단순한 반사적 이익이나 사실상의 이익이 아니라 산림법령에 의하여 보호되는 직접적이고 구체적인 이익으로서 법률상 이익이라고 할 것이고, 채석허가가 유효하게 존속하고 있다는 것이 양수인의 명의변경신고의 전제가 된다는 의미에서 관할 행정청이 양도인에 대하여 채석허가를 취소하는 처분을 하였다면 이는 양수인의 지위에 대한 직접적 침해가 된다고 할 것이므로 양수인은 채석허가를 취소하는 처분의 취소를 구할 법률상 이익을 가진다.(대판 2003.7.11, 2001두6289)

판례 **정보공개거부처분을 받은 청구인의 거부처분의 취소를 구할 원고적격 인정여부(적극)** : 국민의 정보공개청구권은 법률상 보호되는 구체적인 권리이므로, 공공기관에 대하여 정보의 공개를 청구하였다가 공개거부처분을 받은 청구인은 행정소송을 통하여 그 공개거부처분의 취소를 구할 법률상의 이익이 있다.
(대판 2003.3.11, 2001두6425)

第13條【被告適格】 ① 取消訴訟은 다른 法律에 특별한 規定이 없는 한 그 處分등을 행한 行政廳을 被告로 한다. 다만, 處分등이 있은 뒤에 그 處分등에 관계되는 權限이 다른 行政廳에 承繼된 때에는 이를 承繼한 行政廳을 被告로 한다.
② 第1項의 規定에 의한 行政廳이 없게 된 때에는 그 處分등에 관한 事務가 귀속되는 國家 또는 公共團體를 被告로 한다.

참조 [행정청의 범위]2②, [피고적격]국가공무원16②, 국회사무처법4③, 법원조직70, 헌재17⑤, [행정소송 수행에 대한 법무부장관의 지휘]국가소송6①, [무효등확인소송에 준용]38①, [부작위위법확인소송에 준용]38②, [민중소송·기관소송에 준용]46

판례 **대리권을 수여받은 행정청이 대리관계를 밝힘이 없이 자신의 명의로 행정처분을 한 경우, 그 행정처분에 대한 소송의 피고적격** : 대리권을 수여받은 행정청이 대리관계를 밝힘이 없이 그 자신의 명의로 행정처분을 하였다면 그에 대하여는 처분명의자인 당해 행정청이 항고소송의 피고가 되어야 하는 것이 원칙이지만, 대리관계를 명시적으로 밝히지는 아니하였다 하더라도 처분명의자가 피대리 행정청 산하의 행정기관으로서 피대리 행정청을 대리한다는 의사로 행정처분을 하였고 처분명의자는 물론 그 상대방도 그 행정처분이 피대리 행정청을 대리하여 한 것임을 알고서 이를 받아들인 예외적인 경우에는 피대리 행정청이 피고가 되어야 한다.(대결 2006.2.23, 2005부4)

판례 **'그 처분등에 관계되는 권한이 다른 행정청에 승계된 때'의 의미** : '그 처분 등에 관계되는 권한이 다른 행정청에 승계된 때'라고 함은 처분 등이 있은 뒤에 행정기구의 개혁, 행정주체의 합병·분리 등에 의하여 처분청의 당해 권한이 타 행정청에 승계된 경우뿐만 아니라 처분 등의 상대방인 사인의 지위나 주소의 변경 등에 의하여 변경 전의 처분 등에 관한 행정청의 관할이 이전된 경우 등을 말한다.(대판 2000.11.14, 99두5481)

第14條【被告更正】 ① 原告가 被告를 잘못 지정한 때에는 法院은 原告의 申請에 의하여 決定으로써 被告의 更正을 許可할 수 있다.
② 法院은 第1項의 規定에 의한 決定의 正本을 새로운 被告에게 송달하여야 한다.
③ 第1項의 規定에 의한 申請을 却下하는 決定에 대하여는 卽時抗告할 수 있다.
④ 第1項의 規定에 의한 決定이 있은 때에는 새로운 被告에 대한 訴訟은 처음에 訴를 제기한 때에 제기된 것으로 본다.
⑤ 第1項의 規定에 의한 決定이 있은 때에는 종전의 被告에 대한 訴訟은 取下된 것으로 본다.
⑥ 取消訴訟이 제기된 후에 第13條第1項 但書 또는 第13條第2項에 해당하는 사유가 생긴 때에는 法院은 當事者의 申請 또는 職權에 의하여 被告를 更正한다. 이 경우에는 第4項 및 第5項의 規定을 準用한다.

참조 [소의 변경]21, [무효등확인소송에 준용]38①, [부작위위법확인소송에 준용]38②, [당사자소송에 준용]44①, [민중소송·기관소송에 준용]46

판례 **피고경정허가결정에 대한 종전 피고의 불복방법** : 행정소송에서 피고경정신청이 이유 있다 하여 인용한 결정에 대하여는 종전 피고는 항고제기의 방법으로 불복신청할 수 없고, 행소법 제8조 제2항에 의하여 준용되는 민소법 제449조 소정의 특별항고가 허용될 뿐이다.(대결 2006.2.23, 2005부4)

판례 원고가 피고를 잘못 지정하였다면 법원으로서는 당연히 석명권을 행사하여 원고로 하여금 피고를 경정하게 하여 소송을 진행케 하였어야 할 것임에도 불구하고, 법원이 이러한 조치를 취하지 아니한 채 피고의 지정이 잘못되었다는 이유로 소를 각하한 것은 위법하다.(대판 2004.7.8, 2002두7852)

第15條【共同訴訟】 數人의 請求 또는 數人에 대한 請求가 處分등의 取消請求와 관련되는 請求인 경우에 한하여 그 數人은 共同訴訟人이 될 수 있다.

참조 [무효등확인소송에 준용]38①, [부작위위법확인소송에 준용]38②, [당사자소송에 준용]44①, [민중소송·기관소송에 준용]46

第16條【第3者의 訴訟參加】 ① 法院은 訴訟의 결과에 따라 權利 또는 이익의 침해를 받을 第3者가 있는 경우에는 當事者 또는 第3者의 申請 또는 職權에 의하여 決定으로써 그 第3者를 訴訟에 참가시킬 수 있다.
② 法院이 第1項의 規定에 의한 決定을 하고자 할 때에는 미리 當事者 및 第3者의 의견을 들어야 한다.
③ 第1項의 規定에 의한 申請을 한 第3者는 그 申請을 却下한 決定에 대하여 卽時抗告할 수 있다.
④ 第1項의 規定에 의하여 訴訟에 참가한 第3者에 대하여는 민사소송법 제67조의 規定을 準用한다.
(2002.1.26 본항개정)

참조 [취소판결등의 효력]29①, [무효등확인소송에 준용]38①, [부작위위법확인소송에 준용]38②, [당사자소송에 준용]44①, [민중소송·기관소송에 준용]46, [필수적 공동소송에 대한 특별규정]민소67

第17條【行政廳의 訴訟參加】 ① 法院은 다른 行政廳을 訴訟에 참가시킬 필요가 있다고 인정할 때에는 當事者 또는 당해 行政廳의 申請 또는 職權에 의하여 決定으로써 그 行政廳을 訴訟에 참가시킬 수 있다.
② 法院은 第1項의 規定에 의한 決定을 하고자 할 때에는 當事者 및 당해 行政廳의 의견을 들어야 한다.
③ 第1項의 規定에 의하여 訴訟에 참가한 行政廳에 대하여는 민사소송법 제76조의 規定을 準用한다.
(2002.1.26 본항개정)

참조 [취소판결의 기속력]30①, [무효등확인소송에 준용]38①, [부작위위법확인소송에 준용]38②, [당사자소송에 준용]44①, [민중소송·기관소송에 준용]46, [참가인의 소송행위]민소76

판례 **다른 행정청을 참가시킬 필요성의 판단 기준** : 참가의 필요성은 관계되는 다른 행정청을 소송에 참가시킴으로써 소송자료 및 증거자료가 풍부하게 되어 그 결과 사건의 적정한 심리와 재판을 하기 위하여 필요한 경우를 가리킨다.
(대판 2002.9.24, 99두1519)

第3節 訴의 제기

第18條【行政審判과의 관계】 ① 取消訴訟은 法令의 規定에 의하여 당해 處分에 대한 行政審判을 제기할 수 있는 경우에도 이를 거치지 아니하고 제기할 수 있다. 다만, 다른 法律에 당해 處分에 대한 行政審判의 裁決을 거치지 아니하면 取消訴訟을 제기할 수 없다는 規定이 있는 때에는 그러하지 아니하다.(1994.7.27 본항개정)
② 第1項 但書의 경우에도 다음 各號의 1에 해당하는 사유가 있는 때에는 行政審判의 裁決을 거치지 아니하고 取消訴訟을 제기할 수 있다.(1994.7.27 본문개정)
1. 行政審判請求가 있은 날로부터 60日이 지나도 裁決이 없는 때
2. 處分의 執行 또는 節次의 續行으로 생길 중대한 損害를 豫防하여야 할 긴급한 필요가 있는 때
3. 法令의 規定에 의한 行政審判機關이 議決 또는 裁決을 하지 못할 사유가 있는 때
4. 그 밖의 정당한 사유가 있는 때

③ 第1項 但書의 경우에 다음 各號의 1에 해당하는 사유가 있는 때에는 行政審判을 제기함이 없이 取消訴訟을 제기할 수 있다.(1994.7.27 본문개정)

1. 同種事件에 관하여 이미 行政審判의 棄却裁決이 있은 때
2. 서로 내용상 관련되는 處分 또는 같은 目的을 위하여 段階的으로 進行되는 處分중 어느 하나가 이미 行政審判의 裁決을 거친 때
3. 行政廳이 事實審의 辯論終結후 訴訟의 대상인 處分을 변경하여 당해 변경된 處分에 관하여 訴를 제기하는 때
4. 處分을 행한 行政廳이 行政審判을 거칠 필요가 없다고 잘못 알린 때

④ 第2項 및 第3項의 規定에 의한 사유는 이를 疎明하여야 한다.

참조 [행정심판전심절차]헌107③, 국세56②, 관세120②, [부작위위법확인소송에 준용]38②, [민중소송·기관소송에 준용]46, [심사청구와의 관계]감사46의2

판례 부당이득금 부과처분과 가산금 징수처분을 받은 사람이 부당이득금 부과처분에 대하여만 전심절차를 거친 경우, 가산금 징수처분에 대하여도 부당이득금 부과처분과 함께 행정소송으로 다툴 수 있는지 여부(적극) : 하천구역의 무단 점용을 이유로 부당이득금 부과처분과 가산금 징수처분을 받은 사람이 가산금 징수처분에 대하여 행정청이 안내한 전심절차를 밟지 않았다 하더라도 부당이득금 부과처분에 대하여 전심절차를 거친 이상 가산금 징수처분에 대하여도 부당이득금 부과처분과 함께 행정소송으로 다툴 수 있다.(대판 2006.9.8, 2004두947)

판례 감액경정처분에 의한 당초처분의 하자 시정방법 : 감액경정처분은 당초처분의 일부 취소로서의 성질을 가지고 있으므로, 당초처분에 취소사유인 하자가 있는 경우 그것이 처분 전체에 영향을 미치는 절차상 사유에 해당하는 등의 사정이 없는 한 당초처분 자체를 취소하고 새로운 과세처분을 하는 대신 하자가 있는 해당부분 세액을 감액하는 경정처분에 의해 당초처분의 하자를 시정할 수 있다.(대판 2006.3.9, 2003두2861)

第19條【取消訴訟의 대상】 取消訴訟은 處分등을 대상으로 한다. 다만, 裁決取消訴訟의 경우에는 裁決 자체에 固有한 違法이 있음을 이유로 하는 경우에 한한다.

참조 [무효등확인소송에 준용]38①, [부작위위법확인소송에 준용]38②, [민중소송·기관소송에 준용]46, [재결주의 채택]감사36·40, 노동위26·27, 노노85, 디자인보호64, 상표157-161, 실용신안33, 특허186·189

판례 하자 있는 행정처분이 당연무효가 되기 위하여는 그 하자가 법규의 중요한 부분을 위반한 중대한 것으로서 객관적으로 명백한 것이어야 하며, 하자가 중대하고 명백한지 여부를 판별할 때에는 그 법규의 목적, 의미, 기능 등을 목적론적으로 고찰함과 동시에 구체적 사안 자체의 특수성에 관하여도 합리적으로 고찰함을 요한다. 행정청이 어느 법률관계나 사실관계에 대하여 어느 법률의 규정을 적용하여 행정처분을 한 경우에 그 법률관계나 사실관계에 대하여는 그 법률의 규정을 적용할 수 없다는 법리가 명백히 밝혀져 그 해석에 다툼의 여지가 없음에도 행정청이 위 규정을 적용하여 처분을 한 때에는 그 하자가 중대하고도 명백하다고 할 것이나, 그 법률관계나 사실관계에 대하여 그 법률의 규정을 적용할 수 없다는 법리가 명백히 밝혀지지 아니하여 그 해석에 다툼의 여지가 있는 때에는 행정관청이 이를 잘못 해석하여 행정처분을 하였더라도 이는 그 처분 요건사실을 오인한 것에 불과하여 그 하자가 명백하다고 할 수 없다.(대판 2009.9.24, 2009두2825)

판례 과세처분에 대한 취소소송에서 청구기각판결이 확정된 후 과세관청이 증액의 재처분을 한 경우, 당초 처분이 재처분에 흡수되는지 여부 : 당초의 과세처분에 대한 취소소송에서 청구기각판결이 확정된 경우에는 당초 처분은 그 적법성이 확정되어 효력을 유지하게 되므로, 그 후 과세관청이 납세자의 탈루소득이나 재산누락을 발견하였음을 이유로 당초 처분에서 인정된 과세표준과 세액을 포함하여 전체의 과세표준과 세액을 새로이 결정한 다음 당초 처분의 세액을 공제한 나머지를 추가로 고지하는 내용의 재처분을 하였을 경우, 추가된 재처분 외에 다시 당초 처분 부분의 취소를 구하는 것은 확정판결의 기판력에 저촉되어 허용될 수 없고, 당초 처분이 재처분에 흡수되어 소멸된다고 할 수도 없다.(대판 2004.12.9, 2003두4034)

판례 행정처분의 근거가 된 법률에 대하여 위헌결정이 된 경우, 당해 행정처분이 당연무효인지 여부 : 행정청이 법률에 근거하여 행정처분을 한 후에 헌법재판소가 그 법률을 위헌으로 결정하였다면 그 행정처분은 결과적으로 법률의 근거가 없이 행하여진 것과 마찬가지가 되어 하자가 있다고 할 것이나, 하자 있는 행정처분이 당연무효가 되기 위하여는 그 하자가 중대할 뿐만 아니라 명백한 것이어야 하는데, 일반적으로 법률이 헌법에 위반된다는 사정은 헌법재판소의 위헌결정이 있기 전에는 객관적으로 명백한 것이라고 할 수 없으므로, 특별한 사정이 없는 한 이러한 하자는 위 행정처분의 취소사유에 해당할 뿐 당연무효사유는 아니라고 보아야 할 것이다.(대판 2000.6.9, 2000다16329)

第20條【提訴期間】 ① 取消訴訟은 處分등이 있음을 안 날부터 90日 이내에 제기하여야 한다. 다만, 第18條第1項 但書에 규정한 경우와 그 밖에 行政審判請求를 할 수 있는 경우 또는 行政廳이 行政審判請求를 할 수 있다고 잘못 알린 경우에 行政審判請求가 있은 때의 期間은 裁決書의 正本을 송달받은 날부터 起算한다.

② 取消訴訟은 處分등이 있은 날부터 1年(第1項 但書의 경우는 裁決이 있은 날부터 1年)을 경과하면 이를 제기하지 못한다. 다만, 정당한 사유가 있는 때에는 그러하지 아니하다.

③ 第1項의 規定에 의한 期間은 不變期間으로 한다.(1994.7.27 본조개정)

참조 [제소기간 특례]공토법85①, 교원의지위향상및교육활동보호를위한특별법10④, 보안관찰23·24, 국세56③, 관세120③, [재결서 정본의 송달]행정심판48, [부작위위법확인소송에 준용]38②, [민중소송·기관소송에 준용]46, [기간의 신축, 부가기간]민소172①②, [소송행위의 추후보완]민소173

판례 행정소송법상 항고소송으로 제기해야 할 사건을 민사소송으로 잘못 제기한 경우, 수소법원이 항고소송에 대한 관할을 가지고 있지 않아 관할법원에 이송하는 결정을 해 이송결정이 확정된 후 원고가 항고소송으로 소 변경을 했다면 항고소송에 대한 제소기간의 준수 여부는 원칙적으로 '처음에 소를 제기한 때'를 기준으로 해야 한다.(대판 2022.11.17, 2021두44425)

판례 부작위위법확인의 소는 부작위상태가 계속되는 한 그 위법의 확인을 구할 이익이 있다고 보아야 하므로 원칙적으로 제소기간의 제한을 받지 않는다. 그러나 행정소송법 제38조 제2항이 제소기간을 규정한 같은 법 제20조를 부작위위법확인소송에 준용하고 있는 점에 비추어 보면, 행정심판 등 전심절차를 거친 경우에는 행정소송법 제20조가 정한 제소기간 내에 부작위위법확인의 소를 제기하여야 한다.(대판 2009.7.23, 2008두10560)

판례 고시 또는 공고에 의한 행정처분의 경우, 행정처분이 있음을 안 날 : 통상 고시 또는 공고에 의하여 행정처분을 하는 경우에는 그 처분의 상대방이 불특정 다수인이고 그 처분의 효력이 불특정 다수인에게 일률적으로 적용되는 것이므로, 행정처분에 이해관계를 갖는 자가 고시 또는 공고가 있었다는 사실을 현실적으로 알았는지 여부에 관계없이 고시가 효력을 발생하는 날에 행정처분이 있음을 알았다고 보아야 한다.
(대판 2007.6.14, 2004두619)

판례 행정청이 영업자에게 행정제재처분을 한 후 당초 처분을 영업자에게 유리하게 변경하는 처분을 한 경우, 취소소송의 대상 및 제소기간 판단기준이 되는 처분(=당초처분) : 행정청이 식품위생법령에 따라 영업자에게 행정제재처분을 한 후 그 처분을 영업자에게 유리하게 변경하는 처분을 한 경우, 변경처분에 의하여 당초 처분은 소멸하는 것이 아니고 당초부터 유리하게 변경된 내용의 처분을 존재하는 것이므로, 변경처분에 의하여 유리하게 변경된 내용의 행정제재가 위법하다 하여 취소를 구하는 경우 그 취소소송의 대상은 변경된 내용의 당초 처분이지 변경처분은 아니고, 제소기간의 준수 여부도 변경처분이 아닌 변경된 내용의 당초 처분을 기준으로 판단하여야 한다.
(대판 2007.4.27, 2004두9302)

판례 행정청이 행정심판청구를 할 수 있다고 잘못 알려 행정심판청구를 한 경우 취소소송의 제소기간 기산점(=재결서 정본 송달일) : 행소법 제20조 제1항에 의하면 취소소송은 원칙적으로 처분 등이 있음을 안 날부터 90일 이내에 제기하여야 하나, 행정청이 행정심판청구를 할 수 있다고 잘못 알려 행정심판의 청구를 한 경우에는 그 제소기간은 행정심판 재결서의 정본을 송달받은 날부터 기산하여야 한다.(대판 2006.9.8, 2004두947)

판례 특정인에 대한 행정처분을 주소불명 등의 이유로 송달할 수 없어 관보 등에 공고한 경우, 상대방이 그 처분이 있음을 안 날 : 특정인에 대한 행정처분을 주소불명 등의 이유로 송달할 수 없어 관보·공보·게시판·일간신문 등에 공고한 경우에는, 공고가 효력을 발생하는 날에 상대방이 그 행정처분이 있음을 알았다고 볼 수는 없고, 상대방이 당해 처분이 있었다는 사실을 현실적으로 안 날에 그 처분이 있음을 알았다고 보아야 한다.
(대판 2006.4.28, 2005두14851)

판례 취소소송에 있어서 소의 변경이 있는 경우, 새로운 소에 대한 제소기간 준수 여부의 기준시점(=소 변경시) : 청구취지를 변경하여 구 소가 취하되고 새로운 소가 제기된 것으로 변경되었을 때에 새로운 소에 대한 제소기간의 준수 등은 원칙적으로 소의 변경이 있은 때를 기준으로 하여야 한다.
(대판 2004.11.25, 2004두7023)

第21條【訴의 變更】 ① 法院은 取消訴訟을 당해 處分등에 관계되는 事務가 귀속하는 國家 또는 公共團體에 대한 當事者訴訟 또는 取消訴訟외의 抗告訴訟으로 變更하는 것이 상당하다고 인정할 때에는 請求의 기초에 變更이 없는 한 事實審의 辯論終結時까지 原告의 申請에 의하여 決定으로써 訴의 變更을 許可할 수 있다.

② 第1項의 規定에 의한 許可를 하는 경우 被告를 달리하게 될 때에는 法院은 새로이 被告로 될 者의 의견을 들어야 한다.

③ 第1項의 規定에 의한 許可決定에 대하여는 卽時抗告할 수 있다.

④ 第1項의 規定에 의한 許可決定에 대하여는 第14條第2項·第4項 및 第5項의 規定을 準用한다.

참조 [청구의 변경]민소262, [무효등확인소송과 부작위위법확인소송에 준용]37, [당사자소송에 준용]42

第22條【處分變更으로 인한 訴의 變更】 ① 法院은 行政廳이 訴訟의 대상인 處分을 訴가 제기된 후 變更한 때에는 原告의 申請에 의하여 決定으로써 請求의 취지 또는 원인의 變更을 許可할 수 있다.

② 第1項의 規定에 의한 申請은 處分의 변경이 있음을 안 날로부터 60日이내에 하여야 한다.

③ 第1項의 規定에 의하여 變更되는 請求는 第18條第1項 但書의 規定에 의한 요건을 갖춘 것으로 본다.(1994.7.27 본항개정)

참조 [무효등확인소송에 준용]38①, [당사자소송에 준용]44①, [민중소송·기관소송에 준용]46

판례 행정소송에서 민사소송법상의 청구의 변경이 인정되는지 여부(적극) : 행소법 제21조와 제22조가 정하는 소의 변경은 그 법조에 의하여 특별히 인정되는 것으로서 민소법상의 소의 변경을 배척하는 것이 아니므로, 행정소송의 원고는 행정소송법 제8조 제2항에 의하여 준용되는 민사소송법 제235조에 따라 청구의 기초에 변경이 없는 한도에서 청구의 취지 또는 원인을 변경할 수 있다.(대판 1999.11.26, 99두9407)

第23條【執行停止】 ① 取消訴訟의 제기는 處分등의 效力이나 그 執行 또는 節次의 續行에 영향을 주지 아니한다.

② 取消訴訟이 제기된 경우에 處分등이나 그 執行 또는 節次의 續行으로 인하여 생길 회복하기 어려운 損害를 豫防하기 위하여 긴급한 필요가 있다고 인정할 때에는 本案이 係屬되고 있는 法院은 當事者의 申請 또는 職權에 의하여 處分등의 效力이나 그 執行 또는 節次의 續行의 전부 또는 일부의 정지(이하 "執行停止"라 한다)를 決定할 수 있다. 다만, 處分의 效力停止는 處分등의 執行 또는 節次의 續行을 정지함으로써 目的을 달성할 수 있는 경우에는 허용되지 아니한다.

③ 執行停止는 公共福利에 중대한 영향을 미칠 우려가 있을 때에는 허용되지 아니한다.

④ 第2項의 規定에 의한 執行停止의 決定을 申請함에 있어서는 그 이유에 대한 疎明이 있어야 한다.

⑤ 第2項의 規定에 의한 執行停止의 決定 또는 棄却의 決定에 대하여는 卽時抗告할 수 있다. 이 경우 執行停止의 決定에 대한 卽時抗告에는 決定의 執行을 정지하는 效力이 없다.

⑥ 第30條第1項의 規定은 第2項의 規定에 의한 執行停止의 決定에 이를 準用한다.

참조 [취소판결등의 효력]29②, [무효등확인소송에 준용]38①, [민중소송·기관소송에 준용]46, [재심의의 효력]감사40②

판례 행정소송법 제23조 제2항에서 정하고 있는 효력정지 요건인 '회복하기 어려운 손해'란, 특별한 사정이 없는 한 금전으로 보상할 수 없는 손해로서 금전보상이 불가능한 경우 내지는 금전보상으로는 사회관념상 행정처분을 받은 당사자가 참고 견딜 수 없거나 참고 견디기가 현저히 곤란한 경우의 유형, 무형의 손해를 일컫는다. 그리고 '처분 등이나 그 집행 또는 절차의 속행으로 인하여 생길 회복하기 어려운 손해를 예방하기 위하여 긴급한 필요'가 있는지는 처분의 성질과 태양 및 내용, 처분상대방이 입는 손해의 성질·내용 및 정도, 원상회복·금전배상의 방법 및 난이 등은 물론 본안청구의 승소가능성 정도 등을 종합적으로 고려하여 구체적·개별적으로 판단하여야 한다.
(대결 2011.4.21, 2010무111 전원합의체)

판례 행정소송법 제23조 소정의 처분에 대한 집행정지의 취지 및 그 효력의 시적 범위 : 행소법 제23조에 정해져 있는 처분에 대한 집행정지는 본안판결이 있을 때까지 당해 행정처분의 집행을 잠정적으로 정지함으로써 손해를 예방하고자 함에 그 취지가 있고, 그 집행정지의 효력 또한 당해 결정의 주문에 표시된 시기까지 존속하다가 그 시기의 도래와 동시에 당연히 소멸한다.(대판 2003.7.11, 2002다48023)

판례 효력정지신청을 구할 수 있는 요건으로서의 법률상 이익의 의미 : 행정처분에 대한 효력정지신청을 구함에 있어서도 이를 구할 법률상 이익이 있어야 하는바, 이 경우 법률상 이익이라 함은 그 행정처분으로 인하여 발생하거나 확대되는 손해가 당해 처분의 근거 법률에 의하여 보호되는 직접적이고 구체적인 이익과 관련된 것을 말하는 것이고 단지 간접적이거나 사실적·경제적 이해관계를 가지는 데 불과한 경우는 여기에 포함되지 않는다.(대결 2000.10.10, 2000무17)

第24條【執行停止의 取消】 ① 執行停止의 決定이 확정된 후 執行停止가 公共福利에 중대한 영향을 미치거나 그 정지사유가 없어진 때에는 當事者의 申請 또는 職權에 의하여 決定으로써 執行停止의 決定을 取消할 수 있다.

② 第1項의 規定에 의한 執行停止決定의 取消決定과 이에 대한 불복의 경우에는 第23條第4項 및 第5項의 規定을 準用한다.

참조 [취소판결등의 효력]29②, [무효등확인소송에 준용]38①, [민중소송·기관소송에 준용]46

第4節 審 理

第25條【行政審判記錄의 提出命令】 ① 法院은 當事者의 申請이 있는 때에는 決定으로써 裁決을 행한 行政廳에 대하여 行政審判에 관한 記錄의 제출을 명할 수 있다.

② 第1項의 規定에 의한 提出命令을 받은 行政廳은 지체없이 당해 行政審判에 관한 記錄을 法院에 제출하여야 한다.

참조 [문서제출의 방법]민소355①, [무효등확인소송에 준용]38①, [부작위위법확인소송에 준용]38②, [당사자소송에 준용]44①, [민중소송·기관소송에 준용]46

第26條【職權審理】 法院은 필요하다고 인정할 때에는 職權으로 證據調査를 할 수 있고, 當事者가 主張하지 아니한 사실에 대하여도 판단할 수 있다.

참조 [무효등확인소송에 준용]38①, [부작위위법확인소송에 준용]38②, [당사자소송에 준용]44①, [민중소송, 기관소송에 준용]46

판례 납세의무자가 신고한 비용 중의 일부 금액에 관한 세금계산서가 실물거래 없이 허위로 작성되었다는 점이 과세관청에 의해 상당한 정도로 증명되어 그것이 실지비용인지 여부가 다투어지고 납세의무자가 주장하는 비용의 용도와 그 지급의 상대방이 허위임이 상당한 정도로 증명된 경우에는, 그러한 비용이 실제로 지출되었다는 점에 관하여 장부와 증빙 등 자료를 제시하기가 용이한 납세의무자가 이를 증명할 필요가 있다.
(대판 2009.8.20, 2007두1439)

판례 일반적으로 세금부과처분취소소송에 있어서 과세요건사실에 관한 입증책임은 과세권자에게 있다 할 것이나, 구체적인 소송과정에서 경험칙에 비추어 과세요건 사실이 추정되는 사실이 밝혀지면 상대방이 문제로 된 당해 사실이 경험칙 적용의 대상 적격이 되지 못하는 사정을 입증하지 않는 한, 당해 과세처분이 과세요건을 충족시키지 못한 위법한 처분이라고 단정할 수 없다.(대판 2007.2.22, 2006두6604)

판례 과세처분취소소송에 있어서 과세표준액 등의 존부 및 범위에 관한 자료의 제출시기 : 과세처분취소소송에 있어서 심리

의 대상은 과세관청이 결정한 과세가액의 존부이고, 소송당사자는 사실심변론종결시까지 과세표준액 등의 존부 내지 범위에 관한 모든 자료를 제출하고 그 때까지 제출된 자료에 의하여 과세처분의 적법 여부를 심판해 줄 것을 주장할 수 있다.
(대판 2004.5.14, 2003두12615)

판례 직권취소의 예외의 인정요건 및 입증책임의 소재 : 행정처분의 성립과정에서 뇌물이 수수되었다고 하더라도 그 행정처분이 기속적 행정행위이고 그 처분의 요건이 충족되었음이 객관적으로 명백하여 다른 선택의 여지가 없었던 경우에는 직권취소의 예외가 될 수 있을 것이지만, 그 경우 이에 대한 입증책임은 이를 주장하는 측에게 있다.(대판 2003.7.22, 2002두11066)

판례 세금부과처분취소소송에서 과세요건사실에 관한 입증책임 소재와 입증 정도 : 일반적으로 세금부과처분취소소송에서 과세요건사실에 관한 입증책임은 과세권자에게 있다 할 것이나, 구체적인 소송과정에서 경험칙에 비추어 과세요건사실을 추정할 수 있는 사실이 밝혀지면, 상대방이 문제된 당해 사실이 경험칙 적용의 대상적격이 되지 못하는 사정을 입증하지 않는 한 과세요건을 충족시키지 못한 위법한 처분이라고 단정할 수 없다.(대판 2002.11.13, 2002두6392)

第5節 裁 判

第27條【裁量處分의 取消】 行政廳의 裁量에 속하는 處分이라도 裁量權의 限界를 넘거나 그 濫用이 있는 때에는 法院은 이를 取消할 수 있다.

참조 [부작위위법확인소송에 준용]38②, [민중소송·기관소송에 준용]46

판례 수익적 행정처분에 있어서는 법령에 특별한 근거규정이 없다고 하더라도 그 부관으로서 부담을 붙일 수 있고, 그와 같은 부담은 행정청이 행정처분을 하면서 일방적으로 부가할 수도 있지만 부담을 부가하기 이전에 상대방과 협의하여 부담의 내용을 협약의 형식으로 미리 정한 다음 행정처분을 하면서 이를 부가할 수도 있다.(대판 2009.2.12, 2005다65500)

판례 지방자치단체장이 공장시설을 신축하는 회사에 대하여 사업승인 내지 건축허가 당시 부가하였던 조건을 이행할 때까지 신축공사를 중지하라는 명령을 한 경우, 위 회사에게는 중지명령의 원인사유가 해소되었음을 이유로 당해 공사중지명령의 해제를 요구할 수 있는 권리가 조리상 인정된다.
(대판 2007.5.11, 2007두1811)

판례 행정주체의 행정계획결정에 관한 재량의 한계 : 행정주체는 구체적인 행정계획을 입안·결정함에 있어서 비교적 광범위한 형성의 자유를 가지는 것이지만, 행정계획을 입안·결정함에 있어서 이익형량을 전혀 행하지 아니하거나 이익형량의 고려 대상에 마땅히 포함시켜야 할 사항을 누락한 경우 또는 이익형량을 하였으나 정당성과 객관성이 결여된 경우에는 위법하다.
(대판 2006.9.8, 2003두5426)

판례 처분사유의 추가변경의 허용한계 : 행정처분의 취소를 구하는 항고소송에 있어서, 처분청은 당초처분의 근거로 삼은 사유와 기본적 사실관계가 동일성이 있다고 인정되는 한도 내에서만 다른 사유를 추가하거나 변경할 수 있을 뿐, 기본적 사실관계와 동일성이 인정되지 않는 별개의 사실을 들어 처분사유로서 주장함은 허용되지 아니한다.(대판 2005.4.15, 2004두10883)

판례 기본적 사실관계의 동일성 유무의 판단 기준 : 당초 처분의 근거로 삼은 사유와 기본적 사실관계에 있어서 동일성이 있다고 인정되는 한도 내에서는 다른 사유를 추가하거나 변경할 수 있고, 여기서 기본적 사실관계의 동일성 유무는 처분사유를 법률적으로 평가하기 이전의 구체적인 사실에 착안하여 그 기초가 되는 사회적 사실관계가 기본적인 점에서 동일한지 여부에 따라 결정된다.(대판 2004.11.26, 2004두4482)

판례 행정처분의 위법 여부 판단의 기준시점 및 하자 있는 행정행위의 치유가 허용되기 위한 요건 : 행정소송에서 행정처분의 위법 여부는 행정처분이 있을 때의 법령과 사실상태를 기준으로 하여 판단하여야 하고, 처분 후 법령의 개폐나 사실상태의 변동에 영향을 받지는 않는다. 그리고 하자 있는 행정행위의 치유는 행정행위의 성질이나 법치주의의 관점에서 볼 때 원칙적으로 허용될 수 없는 것이다. 따라서 예외적으로 행정행위의 무용한 반복을 피하고 당사자의 법적 안정성을 위해 이를 허용하는 때에도 국민의 권리나 이익을 침해하지 않는 범위에서 구체적 사정에 따라 합목적적으로 인정하여야 한다.
(대판 2002.7.9, 2001두10684)

第28條【事情判決】 ① 原告의 請求가 이유있다고 인정하는 경우에도 處分등을 取消하는 것이 현저히 公共福利에 적합하지 아니하다고 인정하는 때에는 法院은 原告의 請求를 棄却할 수 있다. 이 경우 法院은 그 判決의 主文에서 그 處分등이 違法함을 명시하여야 한다.
② 法院이 第1項의 規定에 의한 判決을 함에 있어서는 미리 原告가 그로 인하여 입게 될 損害의 정도와 賠償方法 그 밖의 事情을 調査하여야 한다.
③ 原告는 被告인 行政廳이 속하는 國家 또는 公共團體를 상대로 損害賠償, 除害施設의 設置 그 밖에 적당한 救濟方法의 請求를 당해 取消訴訟등이 係屬된 法院에 併合하여 제기할 수 있다.

第29條【取消判決등의 效力】 ① 處分등을 取消하는 確定判決은 第3者에 대하여도 效力이 있다.
② 第1項의 規定은 第23條의 規定에 의한 執行停止의 決定 또는 第24條의 規定에 의한 그 執行停止決定의 取消決定에 準用한다.

참조 [무효등확인소송에 준용]38①, [부작위위법확인소송에 준용]38②, [민중소송·기관소송에 준용]46

판례 행정처분이 항고소송에서 취소된 사실만으로 당해 행정처분이 공무원의 고의 또는 과실로 인한 것으로서 불법행위를 구성하는지 여부(소극) : 어떠한 행정처분이 후에 항고소송에서 취소되었다고 할지라도 그 기판력에 의하여 당해 행정처분이 곧바로 공무원의 고의 또는 과실로 인한 것으로서 불법행위를 구성한다고 단정할 수는 없는 것이다.
(대판 2000.5.12, 99다70600)

第30條【取消判決등의 羈束力】 ① 處分등을 取消하는 確定判決은 그 事件에 관하여 當事者인 行政廳과 그 밖의 關係行政廳을 羈束한다.
② 判決에 의하여 取消되는 處分이 當事者의 申請을 거부하는 것을 내용으로 하는 경우에는 그 處分을 행한 行政廳은 判決의 취지에 따라 다시 이전의 申請에 대한 處分을 하여야 한다.
③ 第2項의 規定은 申請에 따른 處分이 節次의 違法을 이유로 取消되는 경우에 準用한다.

참조 [무효등확인소송에 준용]38①, [부작위위법확인소송에 준용]38②, [당사자소송에 준용]44①, [민중소송·기관소송에 준용]46

판례 동조 제2항의 규정에 의하면 행정청의 거부처분을 취소하는 판결이 확정된 경우에는 그 처분을 행한 행정청이 판결의 취지에 따라 이전의 신청에 대하여 재처분할 의무가 있다고 할 것이나, 그 취소사유가 행정처분의 절차, 방법의 위법으로 인한 것이라면 그 처분 행정청은 그 확정판결의 취지에 따라 그 위법사유를 보완하여 다시 종전의 신청에 대한 거부처분을 할 수 있고, 그러한 처분도 위 조항에 규정된 재처분에 해당된다.
(대판 2005.1.14, 2003두13045)

판례 원심판결의 이유는 위법하지만 결론이 정당하다는 이유로 상고기각판결이 선고되어 원심판결이 확정된 경우, 동조 제2항에서 규정하고 있는 '판결의 취지'는 상고심판결의 이유와 원심판결의 결론을 의미한다.(대판 2004.1.15, 2002두2444)

판례 거부처분에 대한 취소판결의 확정 후 행정청의 조치 : 취소소송에서 소송의 대상이 된 거부처분을 실체법상의 위법사유에 기하여 취소하는 판결이 확정된 경우에는 당해 거부처분을 한 행정청은 원칙적으로 신청을 인용하는 처분을 하여야 하고, 사실심 변론종결 이전의 사유를 내세워 다시 거부처분을 하는 것은 확정판결의 기속력에 저촉되어 허용되지 아니한다.
(대판 2001.3.23, 99두5238)

第6節 補 則

第31條【第3者에 의한 再審請求】 ① 處分등을 取消하는 判決에 의하여 權利 또는 이익의 침해를 받은 第3者는 자기에게 責任없는 사유로 訴訟에 참가하지 못함으로써 判決의 결과에 영향을 미칠 攻擊 또는 防禦方法을 제출하지 못한 때에는 이를 이유로 확정된 終局判決에 대하여 再審의 請求를 할 수 있다.
② 第1項의 規定에 의한 請求는 確定判決이 있음을 안 날로부터 30日 이내, 判決이 확정된 날로부터 1年 이내에 제기하여야 한다.
③ 第2項의 規定에 의한 期間은 不變期間으로 한다.

참조 [취소판결등의 효력]29, [소송참가]16·17·38①②, [무효등확인소송에 준용]38①, [부작위위법확인소송에 준용]38②, [민중소송·기관소송에 준용]46

第32條【訴訟費用의 부담】 取消請求가 第28條의 規定에 의하여 棄却되거나 行政廳이 處分등을 取消 또는 變更함으로 인하여 請求가 却下 또는 棄却된 경우에는 訴訟費用은 被告의 부담으로 한다.

참조 [당사자소송에 준용]44①, [민중소송·기관소송에 준용]46

第33條【訴訟費用에 관한 裁判의 效力】 訴訟費用에 관한 裁判이 확정된 때에는 被告 또는 參加人이었던 行政廳이 소속하는 國家 또는 公共團體에 그 效力을 미친다.

참조 [무효등확인소송에 준용]38①, [부작위위법확인소송에 준용]38②, [당사자소송에 준용]44①, [민중소송·기관소송에 준용]46

第34條【拒否處分取消判決의 間接强制】 ① 行政廳이 第30條第2項의 規定에 의한 處分을 하지 아니하는 때에는 第1審受訴法院은 當事者의 申請에 의하여 決定으로써 상당한 期間을 정하고 行政廳이 그 期間내에 이행하지 아니하는 때에는 그 遲延期間에 따라 일정한 賠償을 할 것을 명하거나 즉시 損害賠償을 할 것을 명할 수 있다.
② 第33條와 민사집행법 제262조의 規定은 第1項의 경우에 準用한다.(2002.1.26 본항개정)

참조 [간접강제]민집261, [채무자의 심문]민집262, [부작위위법확인소송에 준용]38②, [민중소송·기관소송에 준용]46

판례 간접강제결정에 기한 배상금의 성질 및 그 배상금의 추심이 허용되는지 여부(소극) : 행소법 제34조 소정의 간접강제결정에 기한 배상금은 거부처분취소판결이 확정된 경우 그 처분을 행한 행정청으로 하여금 확정판결의 취지에 따른 재처분의 무의 이행을 확실히 담보하기 위한 것으로서, 이는 확정판결의 취지에 따른 재처분의 지연에 대한 제재나 손해배상이 아니고 재처분의 이행에 관한 심리적 강제수단에 불과한 것으로 보아야 하므로, 특별한 사정이 없는 한 간접강제결정에서 정한 의무이행기한이 경과한 후에라도 확정판결의 취지에 따른 재처분의 이행이 있으면 배상금을 추심함으로써 심리적 강제를 꾀할 목적이 상실되어 처분상대방이 더 이상 배상금을 추심하는 것은 허용되지 않는다.(대판 2004.1.15, 2002두2444)

판례 거부처분취소판결의 간접강제신청에 필요한 요건 : 거부처분에 대한 취소의 확정판결이 있음에도 행정청이 아무런 재처분을 하지 아니하거나 재처분을 하였다 하더라도 그것이 종전 거부처분에 대한 취소의 확정판결의 기속력에 반하는 등으로 당연무효라면 이는 아무런 재처분을 하지 아니한 때와 마찬가지라 할 것이므로, 이는 동조 제1항 등에 의한 간접강제신청에 필요한 요건을 갖춘 것으로 보아야 한다.
(대결 2002.12.11, 2002무22)

第3章 取消訴訟외의 抗告訴訟

第35條【無效등 確認訴訟의 原告適格】 無效등 確認訴訟은 處分등의 效力 유무 또는 存在 여부의 확인을 구할 法律上 이익이 있는 者가 제기할 수 있다.

판례 '법률상 보호되는 이익'의 의미 : 행정처분의 직접 상대방이 아닌 제3자라 하더라도 당해 행정처분으로 인하여 법률상 보호되는 이익을 침해당한 경우에는 그 처분의 무효확인을 구하는 행정소송을 제기할 수 있으나, 여기에서 말하는 법률상 보호되는 이익이라 함은 당해 처분의 근거 법규 및 관련 법규에 의하여 보호되는 개별적·직접적·구체적 이익이 있는 경우를 말하고, 공익보호의 결과로 국민 일반이 공통적으로 가지는 일반적·간접적·추상적 이익이 생기는 경우에는 법률상 보호되는 이익이 있다고 할 수 없다.(대판 2006.3.16, 2006두330)

판례 사업양도·양수에 따른 허가관청의 지위승계신고의 수리는 적법한 사업의 양도·양수가 있었음을 전제로 하는 것이므로 그 수리대상인 사업양도·양수가 존재하지 아니하거나 무효인 때에는 수리를 하였다 하더라도 그 수리는 유효한 대상이 없는 것으로서 당연히 무효라 할 것이고, 사업의 양도행위가 무효라고 주장하는 양도자는 민사쟁송으로 양도·양수행위의 무효를 구함이 없이 막바로 허가관청을 상대로 하여 행정소송으로 위 신고수리처분의 무효확인을 구할 법률상 이익이 있다.
(대판 2005.12.23, 2005두3554)

판례 행정처분 부존재확인소송의 원고적격 : 행정처분의 부존재확인소송은 행정처분의 부존재확인을 구할 법률상 이익이 있는 자만이 제기할 수 있고, 여기에서 법률상 이익은 원고의 권리나 법률상 지위에 현존하는 불안·위험이 있고 이를 제거함에는 확인판결을 받는 것이 가장 유효적절한 수단일 때 인정된다.
(대판 2002.12.27, 2001두2799)

第36條【不作爲違法確認訴訟의 原告適格】 不作爲違法確認訴訟은 處分의 申請을 한 者로서 不作爲의 違法의 확인을 구할 法律上 이익이 있는 者만이 제기할 수 있다.

참조 [민원사무처리기준표]민원처리에관한법36·37, [처리기간의 공표]행정절차법19, 공공기관의정보공개에관한법11④

판례 부작위위법확인의 소의 제도적 취지 : 부작위위법확인의 소는 행정청이 당사자의 법규상 또는 조리상의 권리에 기한 신청에 대하여 상당한 기간 내에 그 신청을 인용하는 적극적 처분을 하거나 각하 또는 기각하는 등의 소극적 처분을 하여야 할 법률상의 응답의무가 있음에도 불구하고 이를 하지 아니하는 경우, 그 부작위의 위법을 확인함으로써 행정청의 응답을 신속하게 하여 부작위 내지 무응답이라고 하는 소극적인 위법상태를 제거하는 것을 목적으로 하는 것이다.
(대판 2002.6.28, 2000두4750)

판례 부작위위법확인의 소의 상고심 계속 중에 정년퇴직한 경우 확인을 구할 소의 이익 유무(소극) : 지방자치단체가 조례를 통하여 노동운동이 허용되는 사실상의 노무에 종사하는 공무원의 구체적 범위를 규정하지 않고 있는 것에 대하여 버스전용차로 통행위반 단속업무에 종사하는 자가 부작위위법확인의 소를 제기하였으나 상고심 계속중에 정년퇴직한 경우, 위 조례를 제정하지 아니한 부작위가 위법하다는 확인을 구할 소의 이익이 상실되었다.(대판 2002.6.28, 2000두4750)

第37條【訴의 變更】 第21條의 規定은 無效등 確認訴訟이나 不作爲違法確認訴訟을 取消訴訟 또는 當事者訴訟으로 변경하는 경우에 準用한다.

참조 [소의 변경]21, [변경의 효과]14④⑤

第38條【準用規定】 ① 第9條, 第10條, 第13條 내지 第17條, 第19條, 第22條 내지 第26條, 第29條 내지 第31條 및 第33條의 規定은 無效등 確認訴訟의 경우에 準用한다.
② 第9條, 第10條, 第13條 내지 第19條, 第20條, 第25條 내지 第27條, 第29條 내지 第31條, 第33條 및 第34條의 規定은 不作爲違法確認訴訟의 경우에 準用한다.(1994.7.27 본항개정)

참조 [재판관할]9, [관련청구소송의 이송 및 병합]10, [피고적격]13, [피고경정]14, [공동소송]15, [제3자의 소송참가]16, [행정청의 소송참가]17, [취소소송의 대상]19, [처분변경으로 인한 소의 변경]22, [집행정지]23, [집행정지의 취소]24, [행정심판기록의 제출명령]25, [직권심리]26, [취소판결등의 효력]29, [취소판결등의 기속력]30, [제3자에 의한 재심청구]31, [소송비용에 관한 재판의 효력]33, [거부처분취소판결의 간접강제]34

第4章 當事者訴訟

第39條【被告適格】 當事者訴訟은 國家·公共團體 그 밖의 權利主體를 被告로 한다.

참조 [피고경정]14·44, [국가소송의 대표]국가소송2, [지방자치단체의 대표]지방자치22, [형식적 당사자소송의 피고적격]특허187·191, 디자인보호167, 실용신안33, 공토법85②

판례 납세의무부존재확인의 소의 성격 및 피고적격 : 납세의무부존재확인의 소는 공법상의 법률관계 그 자체를 다투는 소송으로서 당사자소송이라 할 것이므로 행소법 제3조 제2호, 제39조에 의하여 그 법률관계의 한쪽 당사자인 국가·공공단체 그 밖의 권리주체가 피고적격을 가진다.(대판 2000.9.8, 99두2765)

第40條【裁判管轄】 第9條의 規定은 當事者訴訟의 경우에 準用한다. 다만, 國家 또는 公共團體가 被告인 경우에는 關係行政廳의 所在地를 被告의 所在地로 본다.

참조 [재판관할]9

第41條【提訴期間】 當事者訴訟에 관하여 法令에 提訴期間이 정하여져 있는 때에는 그 期間은 不變期間으로 한다.

참조 [부가기간]민소172, [소송행위의 추후보완]민소173

第42條【訴의 變更】 第21條의 規定은 當事者訴訟을 抗告訴訟으로 變更하는 경우에 準用한다.

참조 [소의 변경]21, [변경의 효과]14④⑤

第43條【假執行宣告의 제한】 國家를 상대로 하는 當事者訴訟의 경우에는 假執行宣告를 할 수 없다.

第44條【準用規定】 ① 第14條 내지 第17條, 第22條, 第25條, 第26條, 第30條第1項, 第32條 및 第33條의 規定은 當事者訴訟의 경우에 準用한다.

② 第10條의 規定은 當事者訴訟과 關聯請求訴訟이 각각 다른 法院에 係屬되고 있는 경우의 移送과 이들 訴訟의 併合의 경우에 準用한다.

참조 [피고경정]14, [공동소송]15, [제3자의 소송참가]16, [행정청의 소송참가]17, [처분변경으로 인한 소의 변경]22, [행정심판기록의 제출명령]25, [직권심리]26, [취소판결등의 기속력]30①, [소송비용의 부담]32, [소송비용에 관한 재판의 효력]33, [관련청구소송의 이송 및 병합]10

第5章 民衆訴訟 및 機關訴訟

第45條【訴의 제기】 民衆訴訟 및 機關訴訟은 法律이 정한 경우에 法律에 정한 者에 한하여 제기할 수 있다.

참조 [행정소송의 종류]3, [국민투표무효소송]국민투표10장, [선거무효소송]공선222 · 223, [주민소송]지방자치22, [행정소송의 종류]3, [권한쟁의심판]헌재61, [지방의회의 의결에 대한 재의요구와 제소]지방자치192, [위법 · 부당한 명령 · 처분의 시정]지방자치188, [직무이행명령에 대한 이의소송]지방자치189

판례 예산삭감조정재의결과 제소 : 지방자치법 제98조는 지방의회의 의결이 월권 또는 법령에 위반되거나 공익을 현저히 해한다고 인정하는 때에는 재의를 요구할 수 있다고 규정하는 바, 법령 자체에 위반되는 예산삭감의 경우에는 지방자치법 제99조에 해당하는 경우보다 그 시정의 필요성이 더한 점, 지방자치법 제99조의 규정이 이에 해당하지 않는 예산에 관련된 모든 의결의 재의를 봉쇄하고 있다고는 보이지 않는 점 등을 고려할 때, 예산삭감에 관한 의결도 지방자치법 제98조 제1항의 요건을 충족할 경우에는 그 조문에 의하여 재의요구가 가능하고 지방의회가 같은 내용으로 재의결을 할 때에는 법령위반이라고 인정되는 경우 소를 제기할 수도 있다고 해석된다.
(대판 2004.5.27, 2003추68)

판례 시 · 도지사의 동의 없는 자치단체장의 소취하와 제소기간 : 지방자치법 제159조 제4항은, 행정자치부장관 또는 시 · 도지사(이하 '시 · 도지사 등'이라 한다)는 재의결된 사항이 법령에 위반된다고 판단됨에도 당해 지방자치단체의 장이 소를 제기하지 아니하는 때에는 당해 지방자치단체의 장에게 제소를 지시하거나 직접 제소할 수 있도록 규정하고 있는바, 지방자치단체의 장이 재의결된 사항이 법령에 위반된다고 판단됨에도 재의결된 날부터 20일 이내에 대법원에 소를 제기하지 아니하던 중 시 · 도지사 등의 제소지시를 받고 제소를 하였다가 시 · 도지사 등의 동의 없이 이를 취하하였다면 소취하의 소급효에 의하여 처음부터 소가 제기되지 아니한 셈이므로, 이는 결국 지방자치법 제159조 제4항의 '당해 지방자치단체의 장이 소를 제기하지 아니하는 때'에 준하는 경우로 볼 수 있고, 따라서 시 · 도지사 등은 직접 제소할 수 있다 할 것인데, 이 경우의 제소기간은 지방자치법 제159조 제6항에서 시 · 도지사 등의 독자적인 제소기간을 당해 지방자치단체의 장의 제소기간 경과일부터 7일로 규정한 취지에 비추어 지방자치단체의 장에 의한 소취하의 효력 발생을 안 날로부터 7일 이내로 봄이 상당하다.(대판 2002.5.31, 2001추88)

第46條【準用規定】 ① 民衆訴訟 또는 機關訴訟으로써 處分등의 取消를 구하는 訴訟에는 그 性質에 反하지 아니하는 한 取消訴訟에 관한 規定을 準用한다.

② 民衆訴訟 또는 機關訴訟으로써 處分등의 效力 유무 또는 存在 여부나 不作爲의 違法의 확인을 구하는 訴訟에는 그 性質에 反하지 아니하는 한 각각 無效등 確認訴訟 또는 不作爲違法確認訴訟에 관한 規定을 準用한다.

③ 民衆訴訟 또는 機關訴訟으로서 第1項 및 第2項에 規定된 訴訟외의 訴訟에는 그 性質에 反하지 아니하는 한 當事者訴訟에 관한 規定을 準用한다.

참조 [관련청구소송의 이송 및 병합]10, [피고적격]13, [피고경정]14, [공동소송]15, [제3자의 소송참가]16, [행정청의 소송참가]17, [행정심판과의 관계]18, [취소소송의 대상]19, [소의 변경]21, [처분변경으로 인한 소의 변경]22, [집행정지의 취소]24, [행정심판기록의 제출명령]25, [직권심리]26, [취소판결등의 기속력]30, [제3자에 의한 재심청구]31, [소송비용의 부담]32, [소송비용에 관한 재판의 효력]33, [거부처분취소판결의 간접강제]34

附 則 (2014.5.20)

第1條【시행일】 이 법은 공포한 날부터 시행한다.

第2條【재판관할에 관한 적용례】 제9조의 개정규정은 이 법 시행 후 최초로 취소소송을 제기하는 경우부터 적용한다.

附 則 (2014.11.19)

第1條【시행일】 이 법은 공포한 날부터 시행한다.(이하 생략)

附 則 (2017.7.26)

第1條【시행일】 ① 이 법은 공포한 날부터 시행한다.(이하 생략)

행정소송규칙

(2023년 8월 31일
대법원규칙 제3108호)

제1장 총 칙

제1조【목적】 이 규칙은 「행정소송법」(이하 "법"이라 한다)에 따른 행정소송절차에 관하여 필요한 사항을 규정함을 목적으로 한다.

제2조【명령 · 규칙의 위헌판결 등 통보】 ① 대법원은 재판의 전제가 된 명령 · 규칙이 헌법 또는 법률에 위배된다는 것이 법원의 판결에 의하여 확정된 경우에는 그 취지를 해당 명령 · 규칙의 소관 행정청에 통보하여야 한다.

② 대법원 외의 법원이 제1항과 같은 취지의 재판을 하였을 때에는 해당 재판서 정본을 지체 없이 대법원에 송부하여야 한다.

제3조【소송수행자의 지정】 소송수행자는 그 직위나 업무, 전문성 등에 비추어 해당 사건의 소송수행에 적합한 사람이 지정되어야 한다.

제4조【준용규정】 행정소송절차에 관하여는 법 및 이 규칙에 특별한 규정이 있는 경우를 제외하고는 그 성질에 반하지 않는 한 「민사소송규칙」 및 「민사집행규칙」의 규정을 준용한다.

제2장 취소소송

제5조【재판관할】 ① 국가의 사무를 위임 또는 위탁받은 공공단체 또는 그 장에 대하여 그 지사나 지역본부 등 종된 사무소의 업무와 관련이 있는 소를 제기하는 경우에는 그 종된 사무소의 소재지를 관할하는 행정법원에 제기할 수 있다.

② 법 제9조제3항의 '기타 부동산 또는 특정의 장소에 관계되는 처분등'이란 부동산에 관한 권리의 설정, 변경 등을 목적으로 하는 처분, 부동산에 관한 권리행사의 강제, 제한, 금지 등을 명령하거나 직접 실현하는 처분, 특정구역에서 일정한 행위를 할 수 있는 권리나 자유를 부여하는 처분, 특정구역을 정하여 일정한 행위의 제한 · 금지를 하는 처분 등을 말한다.

제6조【피고경정】 법 제14조제1항에 따른 피고경정은 사실심 변론을 종결할 때까지 할 수 있다.

제7조【명령 · 규칙 소관 행정청에 대한 소송통지】 ① 법원은 명령 · 규칙의 위헌 또는 위법 여부가 쟁점이 된 사건에서 그 명령 · 규칙 소관 행정청이 피고와 동일하지 아니한 경우에는 해당 명령 · 규칙의 소관 행정청에 소송계속 사실을 통지할 수 있다.

② 제1항에 따른 통지를 받은 행정청은 법원에 해당 명령 · 규칙의 위헌 또는 위법 여부에 관한 의견서를 제출할 수 있다.

제8조【답변서의 제출】 ① 피고가 원고의 청구를 다투는 경우에는 소장의 부본을 송달받은 날부터 30일 이내에 다음 각 호의 사항이 포함된 답변서를 제출하여야 한다.

1. 사건의 표시
2. 피고의 명칭과 주소 또는 소재지
3. 대리인의 이름과 주소 또는 소송수행자의 이름과 직위
4. 청구의 취지에 대한 답변
5. 처분등에 이른 경위와 그 사유
6. 관계 법령
7. 소장에 기재된 개개의 사실에 대한 인정 여부
8. 항변과 이를 뒷받침하는 구체적 사실
9. 제7호 및 제8호에 관한 피고의 증거방법과 원고의 증거방법에 대한 의견
10. 덧붙인 서류의 표시
11. 작성한 날짜
12. 법원의 표시

② 답변서에는 제1항제9호에 따른 증거방법 중 증명이 필요한 사실에 관한 중요한 서증의 사본을 첨부하여야 한다.

③ 제1항 및 제2항의 규정에 어긋나는 답변서가 제출된 때에는 재판장은 법원사무관등으로 하여금 방식에 맞는 답변서의 제출을 촉구하게 할 수 있다.

④ 재판장은 필요한 경우 제1항제5호 및 제6호의 사항을 각각 별지로 작성하여 따로 제출하도록 촉구할 수 있다.

제9조【처분사유의 추가 · 변경】 행정청은 사실심 변론을 종결할 때까지 당초의 처분사유와 기본적 사실관계가 동일한 범위 내에서 처분사유를 추가 또는 변경할 수 있다.

제10조【집행정지의 종기】 법원이 법 제23조제2항에 따른 집행정지를 결정하는 경우 그 종기는 본안판결 선고일부터 30일 이내의 범위에서 정한다. 다만, 법원은 당사자의 의사, 회복하기 어려운 손해의 내용 및 그 성질, 본안 청구의 승소가능성 등을 고려하여 달리 정할 수 있다.

제11조【비공개 정보의 열람 · 심사】 ① 재판장은 「공공기관의 정보공개에 관한 법률」 제20조제1항에 따른 취소소송 사건, 같은 법 제21조제2항에 따른 취소소송이나 이를 본안으로 하는 집행정지신청 사건의 심리를 위해 같은 법 제20조제2항에 따른 비공개 열람 · 심사를 하는 경우 피고에게 공개 청구된 정보의 원본 또는 사본 · 복제물의 제출을 명할 수 있다.

② 제1항에 따른 제출 명령을 받은 피고는 변론기일 또는 심문기일에 해당 자료를 제출하여야 한다. 다만, 특별한 사정이 있으면 재판장은 그 자료를 다른 적당한 방법으로 제출할 것을 명할 수 있고, 이 경우 자료를 제출받은 재판장은 지체 없이 원고에게 제1항의 명령에 따른 자료를 제출받은 사실을 통지하여야 한다.

③ 제2항에 따라 제출된 자료는 소송기록과 분리하여 해당 사건을 심리하는 법관만이 접근할 수 있는 방법으로 보관한다.

④ 법원은 제1항의 취소소송이나 집행정지신청 사건에 대한 재판이 확정된 경우 제2항에 따라 제출받은 자료를 반환한다. 다만, 법원은 당사자가 그 자료를 반환받지 아니한다는 의견을 표시한 경우 또는 위 확정일부터 30일이 지났음에도 해당 자료를 반환받지 아니하는 경우에는 그 자료를 적당한 방법으로 폐기할 수 있다.

⑤ 당사자가 제1항의 취소소송이나 집행정지신청 사건의 재판에 관하여 불복하는 경우 법원은 제2항에 따라 제출받은 자료를 제3항에 따른 방법으로 상소법원에 송부한다.

제12조【행정청의 비공개 처리】 ① 피고 또는 관계행정청이 「민사소송법」 제163조제1항 각 호의 어느 하나에 해당하는 정보 또는 법령에 따라 비공개 대상인 정보가 적혀 있는 서면 또는 증거를 제출 · 제시하는 경우에는 해당 정보가 공개되지 아니하도록 비실명 또는 공란으로 표시하거나 그 밖의 적절한 방법으로 제3자가 인식하지 못하도록 처리(이하 "비공개 처리"라 한다)할 수 있다.

② 법원은 피고 또는 관계행정청이 제1항에 따라 비공개 처리를 한 경우에도 사건의 심리를 위해 필요하다고 인정하는 경우에는 다음 각 호의 어느 하나를 제출 · 제시할 것을 명할 수 있다.

1. 비공개 처리된 정보의 내용
2. 비공개 처리를 하지 않은 서면 또는 증거

③ 법원은 제2항 각 호의 자료를 다른 사람이 보도록 하여서는 안 된다. 다만, 당사자는 법원에 해당 자료의 열람 · 복사를 신청할 수 있다.

④ 제3항의 열람 · 복사 신청에 관한 결정에 대해서는 즉시항고를 할 수 있다.

⑤ 제3항의 신청을 인용하는 결정은 확정되어야 효력을 가진다.

제13조【피해자의 의견 청취】 ① 법원은 필요하다고 인정하는 경우에는 해당 처분의 처분사유와 관련하여 다음 각 호에 해당하는 사람(이하 '피해자'라 한다)으로부터 그 처분에 관한 의견을 기재한 서면을 제출받는 등의 방법으로 피해자의 의견을 청취할 수 있다.

1. 「성폭력방지 및 피해자보호 등에 관한 법률」 제2조제3호의 성폭력피해자
2. 「양성평등기본법」 제3조제2호의 성희롱으로 인하여 피해를 입은 사람
3. 「학교폭력예방 및 대책에 관한 법률」 제2조제4호의 피해학생 및 그 보호자

② 당사자와 소송관계인은 제1항에 따라 청취한 피해자의 의견을 이용하여 피해자의 명예 또는 생활의 평온을 해치는 행위를 하여서는 아니 된다.

③ 제1항에 따라 청취한 의견은 처분사유의 인정을 위한 증거로 할 수 없다.

제14조【사정판결】 법원이 법 제28조제1항에 따른 판결을 할 때 그 처분등을 취소하는 것이 현저히 공공복리에 적합하지 아니한지 여부는 사실심 변론을 종결할 때를 기준으로 판단한다.

제15조【조정권고】 ① 재판장은 신속하고 공정한 분쟁 해결과 국민의 권익 구제를 위하여 필요하다고 인정하는 경우에는 소송계속 중인 사건에 대하여 직권으로 소의 취하, 처분등의 취소 또는 변경, 그 밖에 다툼을 적정하게 해결하기 위해 필요한 사항을 서면으로 권고할 수 있다.

② 재판장은 제1항의 권고를 할 때에는 권고의 이유나 필요성 등을 기재할 수 있다.

③ 재판장은 제1항의 권고를 위하여 필요한 경우에는 당사자, 이해관계인, 그 밖의 참고인을 심문할 수 있다.

제3장 취소소송외의 항고소송

제16조【무효확인소송에서 석명권의 행사】 재판장은 무효확인소송이 법 제20조에 따른 기간 내에 제기된

경우에는 원고에게 처분등의 취소를 구하지 아니하는 취지인지를 명확히 하도록 촉구할 수 있다. 다만, 원고가 처분등의 취소를 구하지 아니함을 밝힌 경우에는 그러하지 아니하다.

제17조【부작위위법확인소송의 소송비용부담】 법원은 부작위위법확인소송 계속 중 행정청이 당사자의 신청에 대하여 상당한 기간이 지난 후 처분등을 함에 따라 소를 각하하는 경우에는 소송비용의 전부 또는 일부를 피고가 부담하게 할 수 있다.

제18조【준용규정】 ① 제5조부터 제13조까지 및 제15조는 무효등 확인소송의 경우에 준용한다.
② 제5조부터 제8조까지, 제11조, 제12조 및 제15조는 부작위위법확인소송의 경우에 준용한다.

제4장 당사자소송

제19조【당사자소송의 대상】 당사자소송은 다음 각 호의 소송을 포함한다.
1. 다음 각 목의 손실보상금에 관한 소송
 가.「공익사업을 위한 토지 등의 취득 및 보상에 관한 법률」제78조제1항 및 제6항에 따른 이주정착금, 주거이전비 등에 관한 소송
 나.「공익사업을 위한 토지 등의 취득 및 보상에 관한 법률」제85조제2항에 따른 보상금의 증감(增減)에 관한 소송
 다.「하천편입토지 보상 등에 관한 특별조치법」제2조에 따른 보상금에 관한 소송
2. 그 존부 또는 범위가 구체적으로 확정된 공법상 법률관계 그 자체에 관한 다음 각 목의 소송
 가. 납세의무 존부의 확인
 나.「부가가치세법」제59조에 따른 환급청구
 다.「석탄산업법」제39조의3제1항 및 같은 법 시행령 제41조제4항제5호에 따른 재해위로금 지급청구
 라.「5·18민주화운동 관련자 보상 등에 관한 법률」제5조, 제6조 및 제7조에 따른 관련자 또는 유족의 보상금 등 지급청구
 마. 공무원의 보수·퇴직금·연금 등 지급청구
 바. 공법상 신분·지위의 확인
3. 처분에 이르는 절차적 요건의 존부나 효력 유무에 관한 다음 각 목의 소송
 가.「도시 및 주거환경정비법」제35조제5항에 따른 인가 이전 조합설립변경에 대한 총회결의의 효력 등을 다투는 소송
 나.「도시 및 주거환경정비법」제50조제1항에 따른 인가 이전 사업시행계획에 대한 총회결의의 효력 등을 다투는 소송
 다.「도시 및 주거환경정비법」제74조제1항에 따른 인가 이전 관리처분계획에 대한 총회결의의 효력 등을 다투는 소송
4. 공법상 계약에 따른 권리·의무의 확인 또는 이행청구 소송

제20조【준용규정】 제5조부터 제8조까지, 제12조 및 제13조는 당사자소송의 경우에 준용한다.

부 칙

제1조【시행일】 이 규칙은 공포한 날부터 시행한다.
제2조【계속사건에 관한 적용례】 이 규칙은 이 규칙 시행 당시 법원에 계속 중인 사건에 대해서도 적용한다.

민사 및 가사소송의 사물관할에 관한 규칙

(1980년 1월 14일 대법원규칙 제706호)

개정
1983. 7. 9대법원규칙 845호
1987. 8.19대법원규칙 976호
1988. 3.23대법원규칙1004호(등기소의설치와그관할구역에관한규)
1990.12.31대법원규칙1141호
1991. 8. 3대법원규칙1172호
1997.12.31대법원규칙1506호
2001. 2.10대법원규칙1693호
2002. 6.28대법원규칙1772호
2004.12.29대법원규칙1918호
2008. 2.20대법원규칙2163호
2010.12.13대법원규칙2310호
2015. 1.28대법원규칙2584호
2015. 2.17대법원규칙2591호
2015. 7.28대법원규칙2612호
2016. 2.19대법원규칙2640호
2016. 9. 6대법원규칙2674호
2016.11. 1대법원규칙2690호
2022. 1.28대법원규칙3028호
2023. 1.31대법원규칙3088호

제1조【목적】 이 규칙은「법원조직법」제28조제2호, 제32조제1항제2호, 제40조제1항제1호에 따라 고등법원이 심판할 사건과 지방법원 및 지방법원지원의 합의부가 심판할 민사사건, 가정법원 및 가정법원지원의 합의부가 심판할 가사사건의 범위를 정함을 목적으로 한다.
(2022.1.28 본조개정)

제2조【지방법원 및 그 지원 합의부의 심판범위】 지방법원 및 지방법원지원의 합의부는 소송목적의 값이 5억원을 초과하는 민사사건 및「민사소송 등 인지법」제2조제4항의 규정에 해당하는 민사사건을 제1심으로 심판한다. 다만, 다음 각호의 1에 해당하는 사건을 제외한다.
(2022.1.28 본문개정)
1. 수표금·약속어음금 청구사건
2. 은행·농업협동조합·수산업협동조합·축산업협동조합·산림조합·신용협동조합·신용보증기금·기술신용보증기금·지역신용보증재단·새마을금고·상호저축은행·종합금융회사·시설대여회사·보험회사·신탁회사·증권회사·신용카드회사·할부금융회사 또는 신기술사업금융회사가 원고인 대여금·구상금·보증금 청구사건(2004.12.29 본호개정)
3.「자동차손해배상 보장법」에서 정한 자동차·원동기장치자전거·철도차량의 운행 및 근로자의 업무상재해로 인한 손해배상 청구사건과 이에 관한 채무부존재확인사건(2022.1.28 본호개정)
4. 단독판사가 심판할 것으로 합의부가 결정한 사건
(2001.2.10 본조개정)

제3조【가정법원 및 그 지원 합의부의 심판범위】 가정법원 및 가정법원지원의 합의부는「가사소송법」제2조제1항, 제2항의 사건 중 다음 사건을 제1심으로 심판한다.
(2015.7.28 본문개정)
1. 소송목적의 값이 5억원을 초과하는 다류 가사소송사건. 다만, 단독판사가 심판할 것으로 합의부가 결정한 사건을 제외한다.(2023.1.31 본호개정)
2.「가사소송법」제2조제1항제2호 나목 9), 10) 사건 및 4) 사건 중 청구목적의 값이 5억원을 초과하는 사건. 다만, 단독판사가 심판할 것으로 합의부가 결정한 사건을 제외한다.(2023.1.31 본호개정)
2의2. 다류 가사소송사건과「가사소송법」제2조제1항제2호 나목 4) 사건으로서 그 소송목적의 값과 청구목적의 값을 더한 금액이 5억원을 초과하는 사건. 다만, 단독판사가 심판할 것으로 합의부가 결정한 사건을 제외한다.(2023.1.31 본호개정)
3. 제1호부터 제2호의2까지 본문에 해당하지 아니하는 사건으로서 합의부가 심판할 것으로 합의부가 결정한 사건.(2016.2.19 본호개정)

제4조【고등법원의 심판범위】 ① 고등법원은 다음 각 호의 어느 하나에 해당하는 사건에 대한 지방법원 단독판사의 제1심 판결·결정·명령에 대한 항소 또는 항고사건을 심판한다. 다만, 제2조 각 호의 어느 하나에 해당하는 사건을 제외한다.
1. 소송목적의 값이 소제기 당시 또는 청구취지 확장(변론의 병합 포함) 당시 2억원을 초과한 민사소송사건
2. 제1호의 사건을 본안으로 하는 민사신청사건 및 이에 부수하는 신청사건(가압류, 다툼의 대상에 관한 가처분 신청사건 및 이에 부수하는 신청사건은 제외)
② 고등법원은 다음 각 호의 어느 하나에 해당하는 사건에 대한 가정법원 단독판사의 제1심 판결·결정·명령에 대한 항소 또는 항고사건을 심판한다.
1. 소송목적의 값이 소제기 당시 또는 청구취지 확장 당시 2억원을 초과한 다류 가사소송사건
2.「가사소송법」제2조제1항제2호나목4) 사건 중 청구목적의 값이 소제기 당시 또는 청구취지 확장 당시 2억원을 초과한 사건
3. 다류 가사소송사건과「가사소송법」제2조제1항제2호나목4) 사건을 병합한 사건으로서 그 소송목적의 값과 청구목적의 값을 더한 금액이 소제기 당시 또는 청구취지 확장 당시 2억원을 초과한 사건
4. 제1호부터 제3호까지의 사건을 본안으로 하는 가사신청사건 및 이에 부수하는 신청사건(가압류, 다툼의 대상에 관한 가처분 신청사건 및 이에 부수하는 신청사건은 제외)
(2023.1.31 본항신설)
(2022.1.28 본조신설)

부 칙 (2015.7.28)

제1조【시행일】 이 규칙은 2015년 10월 16일부터 시행한다.
제2조【경과규정】 이 규칙은 이 규칙 시행 전에 법원에 접수된 사건에 대하여는 적용하지 아니한다.

부 칙 (2016.2.19)

제1조【시행일】 이 규칙은 2016년 7월 1일부터 시행한다.
제2조【경과규정】 이 규칙은 이 규칙 시행 전에 법원에 접수된 사건에 대하여는 적용하지 아니한다.

부 칙 (2016.9.6)

제1조【시행일】 이 규칙은 2016년 10월 1일부터 시행한다.
제2조【경과규정】 이 규칙은 이 규칙 시행 후 최초로 항소장 또는 항고장이 접수되는 사건부터 적용한다.

부 칙 (2016.11.1)

제1조【시행일】 이 규칙은 2017년 1월 1일부터 시행한다.
제2조【경과규정】 이 규칙은 이 규칙 시행 전에 법원에 접수된 사건에 대하여는 적용하지 아니한다.

부 칙 (2022.1.28)

제1조【시행일】 이 규칙은 2022년 3월 1일부터 시행한다.
제2조【경과규정】 이 규칙은 이 규칙 시행 전에 법원에 접수된 사건에 대하여는 적용하지 아니한다.

부 칙 (2023.1.31)

제1조【시행일】 이 규칙은 2023년 3월 1일부터 시행한다.
제2조【경과규정】 이 규칙은 이 규칙 시행 전에 법원에 접수된 사건에 대하여는 적용하지 아니한다.

상고심절차에 관한 특례법

(약칭 : 상고심법)

(1994년 7월 27일 법 률 제4769호)

개정
2002. 1.26법6626호(민사소송법)
2009.11. 2법9816호

제1조【목적】 이 법은 상고심절차(上告審節次)에 관한 특례를 규정함으로써 대법원이 법률심(法律審)으로서의 기능을 효율적으로 수행하고, 법률관계를 신속하게 확정함을 목적으로 한다.(2009.11.2 본조개정)

제2조【적용 범위】 이 법은 민사소송, 가사소송 및 행정소송(「특허법」 제9장과 이를 준용하는 규정에 따른 소송을 포함한다. 이하 같다)의 상고사건(上告事件)에 적용한다.(2009.11.2 본조개정)

제3조【「민사소송법」 적용의 배제】 「민사소송법」의 규정(다른 법률에 따라 준용하는 경우를 포함한다)이 이 법의 규정에 저촉되는 경우에는 이 법에 따른다.
(2009.11.2 본조개정)

제4조【심리의 불속행】 ① 대법원은 상고이유에 관한 주장이 다음 각 호의 어느 하나의 사유를 포함하지 아니한다고 인정하면 더 나아가 심리(審理)를 하지 아니하고 판결로 상고를 기각(棄却)한다.
1. 원심판결(原審判決)이 헌법에 위반되거나, 헌법을 부당하게 해석한 경우
2. 원심판결이 명령·규칙 또는 처분의 법률위반 여부에 대하여 부당하게 판단한 경우
3. 원심판결이 법률·명령·규칙 또는 처분에 대하여 대법원 판례와 상반되게 해석한 경우
4. 법률·명령·규칙 또는 처분에 대한 해석에 관하여 대법원 판례가 없거나 대법원 판례를 변경할 필요가 있는 경우
5. 제1호부터 제4호까지의 규정 외에 중대한 법령위반에 관한 사항이 있는 경우
6. 「민사소송법」 제424조제1항제1호부터 제5호까지에 규정된 사유가 있는 경우

② 가압류 및 가처분에 관한 판결에 대하여는 상고이유에 관한 주장이 제1항제1호부터 제3호까지에 규정된 사유를 포함하지 아니한다고 인정되는 경우 제1항의 예에 따른다.
③ 상고이유에 관한 주장이 제1항 각 호의 사유(가압류 및 가처분에 관한 판결의 경우에는 제1항제1호부터 제3호까지에 규정된 사유)를 포함하는 경우에도 다음 각 호의 어느 하나에 해당할 때에는 제1항의 예에 따른다.
1. 그 주장 자체로 보아 이유가 없는 때
2. 원심판결과 관계가 없거나 원심판결에 영향을 미치지 아니하는 때

(2009.11.2 본조개정)

제5조【판결의 특례】 ① 제4조 및 「민사소송법」 제429조 본문에 따른 판결에는 이유를 적지 아니할 수 있다.
② 제1항의 판결은 선고(宣告)가 필요하지 아니하며, 상고인에게 송달됨으로써 그 효력이 생긴다.
③ 제1항의 판결은 그 원본을 법원서기관, 법원사무관, 법원주사 또는 법원주사보(이하 "법원사무관등"이라 한다)에게 교부하며, 법원사무관등은 즉시 이를 받은 날짜를 덧붙여 적고 도장을 찍은 후 당사자에게 송달하여야 한다.
(2009.11.2 본조개정)

제6조【특례의 제한】 ① 제4조 및 제5조는 「법원조직법」 제7조제1항 단서에 따라 재판하는 경우에만 적용한다.
② 원심법원으로부터 상고기록을 받은 날부터 4개월 이내에 제5조에 따른 판결의 원본이 법원사무관등에게 교부되지 아니한 경우에는 제4조 및 제5조를 적용하지 아니한다.
(2009.11.2 본조개정)

제7조【재항고 및 특별항고에의 준용】 민사소송, 가사소송 및 행정소송의 재항고(再抗告) 및 특별항고 사건에는 제3조, 제4조제2항·제3항, 제5조제1항·제3항 및 제6조를 준용한다.(2009.11.2 본조개정)

부 칙

① **【시행일】** 이 법은 1994년 9월 1일부터 시행한다. 다만, 특허법 제9장의 규정과 이를 준용하는 규정에 의한 소송의 상고·재항고 및 특별항고 사건에 대하여는 1998년 3월 1일부터 시행한다.
② **【경과조치】** (생략)
③ **【다른 법률의 개정】** ※(해당 법령에 가제정리 하였음)

부 칙 (2009.11.2)

이 법은 공포한 날부터 시행한다.

소송촉진 등에 관한 특례법

(약칭 : 소송촉진법)

(1981년 1월 29일 법 률 제3361호)

개정
1990. 1.13법 4203호
1998. 1.13법 5507호(이자제한법폐지법)
1999.12.28법 6039호
2002. 1.26법 6626호(민사소송법)
2002. 1.26법 6627호(민사집행법)
2003. 5.10법 6868호
2005. 3.31법 7427호(민법)
2005.12.14법 7728호
2009.11. 2법 9818호
2009.12.29법 9838호
2010. 5.17법10303호(은행법)
2012. 1.17법11163호
2012.12.18법11556호(성폭력범죄의처벌등에관한특례법)
2012.12.18법11572호(아동·청소년의성보호에관한법)
2014.10.15법12780호
2015.12.22법13613호(예금자보호법)
2016. 1. 6법13719호(형법)
2016. 1.19법13767호
2016. 3.29법14122호(기술보증기금법)
2016. 5.29법14242호(수협)
2017.10.31법14971호
2019.11.26법16652호(자산관리)
2021. 7.20법18300호
2022. 1. 4법18676호
2023. 3.28법19280호
2023. 6.13법19433호
2024. 1.16법20006호

제1장 총 칙
(2009.11.2 본장개정)

제1조【목적】 이 법은 소송의 지연(遲延)을 방지하고, 국민의 권리·의무의 신속한 실현과 분쟁처리의 촉진을 도모함을 목적으로 한다.

제2조【특례의 범위】 이 법은 제1조의 목적을 달성하기 위하여 법정이율(法定利率)과 독촉절차 및 형사소송에 관한 특례를 규정한다.(2014.10.15 본조개정)

제2장 법정이율에 관한 특례
(2009.11.2 본장개정)

제3조【법정이율】 ① 금전채무의 전부 또는 일부의 이행을 명하는 판결(심판을 포함한다. 이하 같다)을 선고할 경우, 금전채무 불이행으로 인한 손해배상액 산정의 기준이 되는 법정이율은 그 금전채무의 이행을 구하는 소장(訴狀) 또는 이에 준하는 서면(書面)이 채무자에게 송달된 날의 다음 날부터는 연 100분의 40 이내의 범위에서 「은행법」에 따른 은행이 적용하는 연체금리 등 경제 여건을 고려하여 대통령령으로 정하는 이율에 따른다. 다만, 「민사소송법」 제251조에 규정된 소(訴)에 해당하는 경우에는 그러하지 아니하다.(2010.5.17 본문개정)
② 채무자에게 그 이행의무가 있음을 선언하는 사실심(事實審) 판결이 선고되기 전까지 채무자가 그 이행의무의 존재 여부나 범위에 관하여 항쟁(抗爭)하는 것이 타당하다고 인정되는 경우에는 그 타당한 범위에서 제1항을 적용하지 아니한다.

제3장 민사소송에 관한 특례

제4조~제16조 (1990.1.13 삭제)

제4장 제1심 소액사건심판에 관한 특례

제17조~제20조 (1990.1.13 삭제)

제5장 독촉절차에 관한 특례
(2014.10.15 본장신설)

제20조의2【공시송달에 의한 지급명령】 ① 다음 각 호의 어느 하나에 해당하는 자가 그 업무 또는 사업으로 취득하여 행사하는 대여금, 구상금, 보증금 및 그 양수금 채권에 대하여 지급명령을 신청하는 경우에는 「민사소송법」 제462조 단서 및 같은 법 제466조제2항 중 공시송달에 관한 규정을 적용하지 아니한다.
1. 「은행법」에 따른 은행
2. 「중소기업은행법」에 따른 중소기업은행
3. 「한국산업은행법」에 따른 한국산업은행
4. 「농업협동조합법」에 따른 조합과 그 중앙회 및 농협은행
5. 「농업협동조합의 구조개선에 관한 법률」에 따른 농업협동조합자산관리회사
6. 「수산업협동조합법」에 따른 조합과 그 중앙회 및 수협은행(2016.5.29 본호개정)
6의2. 「상호저축은행법」에 따른 상호저축은행(2023.3.28 본호신설)
7. 「신용협동조합법」에 따른 신용협동조합 및 신용협동조합중앙회
8. 「새마을금고법」에 따른 금고 및 중앙회
9. 「보험업법」에 따른 보험회사
10. 「여신전문금융업법」에 따른 여신전문금융회사
11. 「기술보증기금법」에 따른 기술보증기금(2016.3.29 본호개정)
12. 「신용보증기금법」에 따른 신용보증기금
13. 「산림조합법」에 따른 지역조합·전문조합과 그 중앙회
14. 「지역신용보증재단법」에 따른 신용보증재단 및 신용보증재단중앙회
15. 「한국주택금융공사법」에 따른 한국주택금융공사
16. 「한국자산관리공사 설립 등에 관한 법률」에 따른 한국자산관리공사(2019.11.26 본호개정)
17. 「예금자보호법」에 따른 예금보험공사 및 정리금융회사(2015.12.22 본호개정)
18. 「자산유동화에 관한 법률」에 따라 제1호부터 제6호까지, 제6호의2, 제7호부터 제17호까지의 어느 하나에 해당하는 자가 청구 채권의 자산보유자인 유동화전문회사(2023.3.28 본호개정)
19. 「주택도시기금법」에 따른 주택도시보증공사(2021.7.20 본호신설)
20. 「중소기업진흥에 관한 법률」에 따른 중소벤처기업진흥공단(2023.6.13 본호신설)
21. 「소상공인 보호 및 지원에 관한 법률」에 따른 소상공인시장진흥공단(2024.1.16 본호신설)
22. 그 밖에 제1호부터 제6호까지, 제6호의2, 제7호부터 제21호까지에 준하는 자로서 대법원규칙으로 정하는 자(2024.1.16 본호개정)

② 제1항의 채권자는 지급명령을 공시송달에 의하지 아니하고는 송달할 수 없는 경우 청구원인을 소명하여야 한다.
③ 제2항에 따른 청구원인의 소명이 없는 때에는 결정으로 그 신청을 각하하여야 한다. 청구의 일부에 대하여 지급명령을 할 수 없는 때에 그 일부에 대하여도 또한 같다.
④ 제3항의 결정에 대하여는 불복할 수 없다.
⑤ 제1항에 따라 지급명령이 공시송달의 방법으로 송달되어 채무자가 이의신청의 기간을 지킬 수 없었던 경우 「민사소송법」 제173조제1항에서 정한 소송행위의 추후보완 사유가 있는 것으로 본다.

제6장 형사소송에 관한 특례
(2009.11.2 본장개정)

제21조【판결 선고기간】 판결의 선고는 제1심에서는 공소가 제기된 날부터 6개월 이내에, 항소심(抗訴審) 및 상고심(上告審)에서는 기록을 송부받은 날부터 4개월 이내에 하여야 한다.

제22조【약식명령기간】 약식명령(略式命令)은 「형사소송법」 제450조의 경우를 제외하고는 그 청구가 있은 날부터 14일 이내에 하여야 한다.

제23조【제1심 공판의 특례】 제1심 공판절차에서 피고인에 대한 송달불능보고서(送達不能報告書)가 접수된 때부터 6개월이 지나도록 피고인의 소재(所在)를 확인할 수 없는 경우에는 대법원규칙으로 정하는 바에 따라 피고인의 진술 없이 재판할 수 있다. 다만, 사형, 무기 또는 장기(長期) 10년이 넘는 징역이나 금고에 해당하는 사건의 경우에는 그러하지 아니하다.(2009.12.29 단서개정)

제23조의2【재심】 ① 제23조 본문에 따라 유죄판결을 받고 그 판결이 확정된 자가 책임을 질 수 없는 사유로 공판절차에 출석할 수 없었던 경우 「형사소송법」 제424조에 규정된 자는 그 판결이 있었던 사실을 안 날부터 14일 이내[재심청구인(再審請求人)이 책임을 질 수 없는 사유로 위 기간에 재심청구를 하지 못한 경우에는 그 사유가 없어진 날부터 14일 이내]에 제1심 법원에 재심을 청구할 수 있다.
② 제1항에 따른 청구가 있을 때에는 법원은 재판의 집행을 정지하는 결정을 하여야 한다.
③ 제2항에 따른 집행정지 결정을 한 경우에 피고인을 구금할 필요가 있을 때에는 구속영장을 발부하여야 한다. 다만, 「형사소송법」 제70조의 요건을 갖춘 경우로 한정한다.
④ 재심청구인은 재심청구서에 송달 장소를 적고, 이를 변경하는 경우에는 지체 없이 그 취지를 법원에 신고하여야 한다.
⑤ 재심청구인이 제4항에 따른 기재 또는 신고를 하지 아니하여 송달을 할 수 없는 경우에는 「형사소송법」 제64조에 따른 공시송달(公示送達)을 할 수 있다.
⑥ 재심 개시 결정이 확정된 후 공판기일에 재심청구인이 출석하지 아니한 경우에는 「형사소송법」 제365조를 준용한다.
⑦ 이 법에 따른 재심에 관하여는 「형사소송법」 제426조, 제427조, 제429조부터 제434조까지, 제435조제1항, 제437조부터 제440조까지의 규정을 준용한다.

제24조 (2012.1.17 삭제)

제25조【배상명령】 ① 제1심 또는 제2심의 형사공판 절차에서 다음 각 호의 죄 중 어느 하나에 관하여 유죄판결

을 선고할 경우, 법원은 직권에 의하여 또는 피해자나 그 상속인(이하 "피해자"라 한다)의 신청에 의하여 피고사건의 범죄행위로 인하여 발생한 직접적인 물적(物的) 피해, 치료비 손해 및 위자료의 배상을 명할 수 있다.
1. 「형법」 제257조제1항, 제258조제1항 및 제2항, 제258조의2제1항(제257조제1항의 죄로 한정한다)·제2항(제258조제1항·제2항의 죄로 한정한다), 제259조제1항, 제262조(존속폭행치사상의 죄는 제외한다), 같은 법 제26장, 제32장(제304조의 죄는 제외한다), 제38장부터 제40장까지 및 제42장에 규정된 죄(2016.1.6 본호개정)
2. 「성폭력범죄의 처벌 등에 관한 특례법」 제10조부터 제14조까지, 제15조(제3조부터 제9조까지의 미수범은 제외한다), 「아동·청소년의 성보호에 관한 법률」 제12조 및 제14조에 규정된 죄(2012.12.18 본호개정)
3. 제1호의 죄를 가중처벌하는 죄 및 그 죄의 미수범을 처벌하는 경우 미수의 죄
(2012.1.17 본항개정)
② 법원은 제1항에 규정된 죄 및 그 외의 죄에 대한 피고사건에서 피고인과 피해자 사이에 합의된 손해배상액에 관하여도 제1항에 따라 배상을 명할 수 있다.
③ 법원은 다음 각 호의 어느 하나에 해당하는 경우에는 배상명령을 하여서는 아니 된다.
1. 피해자의 성명·주소가 분명하지 아니한 경우
2. 피해 금액이 특정되지 아니한 경우
3. 피고인의 배상책임의 유무 또는 그 범위가 명백하지 아니한 경우
4. 배상명령으로 인하여 공판절차가 현저히 지연될 우려가 있거나 형사소송 절차에서 배상명령을 하는 것이 타당하지 아니하다고 인정되는 경우

제25조의2【배상신청의 통지】 검사는 제25조제1항에 규정된 죄로 공소를 제기한 경우에는 지체 없이 피해자 또는 그 법정대리인(피해자가 사망한 경우에는 그 배우자·직계친족·형제자매를 포함한다)에게 제26조제1항에 따라 배상신청을 할 수 있음을 통지하여야 한다.
(2009.11.2 본조신설)

제26조【배상신청】 ① 피해자는 제1심 또는 제2심 공판의 변론이 종결될 때까지 사건이 계속(係屬)된 법원에 제25조에 따른 피해배상을 신청할 수 있다. 이 경우 신청서에 인지(印紙)를 붙이지 아니한다.
② 피해자는 배상신청을 할 때에는 신청서와 상대방 피고인 수만큼의 신청서 부본(副本)을 제출하여야 한다.
③ 신청서에는 다음 각 호의 사항을 적고 신청인 또는 대리인이 서명·날인하여야 한다.
1. 피고사건의 번호, 사건명 및 사건이 계속된 법원
2. 신청인의 성명과 주소
3. 대리인이 신청할 때에는 그 대리인의 성명과 주소
4. 상대방 피고인의 성명과 주소
5. 배상의 대상과 그 내용
6. 배상 청구 금액
④ 신청서에는 필요한 증거서류를 첨부할 수 있다.
⑤ 피해자가 증인으로 법정에 출석한 경우에는 말로써 배상을 신청할 수 있다. 이 때에는 공판조서(公判調書)에 신청의 취지를 적어야 한다.
⑥ 신청인은 배상명령이 확정되기 전까지는 언제든지 배상신청을 취하(取下)할 수 있다.
⑦ 피해자는 피고사건의 범죄행위로 인하여 발생한 피해에 관하여 다른 절차에 따른 손해배상청구가 법원에 계속 중일 때에는 배상신청을 할 수 없다.
⑧ 배상신청은 민사소송에서의 소의 제기와 동일한 효력이 있다.

제27조【대리인】 ① 피해자는 법원의 허가를 받아 그의 배우자, 직계혈족(直系血族) 또는 형제자매에게 배상신청에 관하여 소송행위를 대리하게 할 수 있다.
② 피고인의 변호인은 배상신청에 관하여 피고인의 대리인으로서 소송행위를 할 수 있다.

제28조【피고인에 대한 신청서 부본의 송달】 법원은 서면에 의한 배상신청이 있을 때에는 지체 없이 그 신청서 부본을 피고인에게 송달하여야 한다. 이 경우 법원은 직권 또는 신청인의 요청에 따라 신청서 부본 상의 신청인 성명과 주소 등 신청인의 신원을 알 수 있는 사항의 전부 또는 일부를 가리고 송달할 수 있다.(2016.1.19 후단신설)

제29조【공판기일 통지】 ① 법원은 배상신청이 있을 때에는 신청인에게 공판기일을 알려야 한다.
② 신청인이 공판기일을 통지받고도 출석하지 아니하였을 때에는 신청인의 진술 없이 재판할 수 있다.

제30조【기록의 열람과 증거조사】 ① 신청인 및 그 대리인은 공판절차를 현저히 지연시키지 아니하는 범위에서 재판장의 허가를 받아 소송기록을 열람할 수 있고, 공판기일에 피고인이나 증인을 신문(訊問)할 수 있으며, 그 밖에 필요한 증거를 제출할 수 있다.
② 제1항의 허가를 하지 아니한 재판에 대하여는 불복(不服)을 신청하지 못한다.

제31조【배상명령의 선고 등】 ① 배상명령은 유죄판결의 선고와 동시에 하여야 한다.
② 배상명령은 일정액의 금전 지급을 명함으로써 하고 배상의 대상과 금액을 유죄판결의 주문(主文)에 표시하여야 한다. 배상명령의 이유는 특히 필요하다고 인정되는 경우가 아니면 적지 아니한다.
③ 배상명령은 가집행(假執行)할 수 있음을 선고할 수 있다.
④ 제3항에 따른 가집행선고에 관하여는 「민사소송법」 제213조제3항, 제215조, 제500조 및 제501조를 준용한다.
⑤ 배상명령을 하였을 때에는 유죄판결서의 정본(正本)을 피고인과 피해자에게 지체 없이 송달하여야 한다.

제32조【배상신청의 각하】 ① 법원은 다음 각 호의 어느 하나에 해당하는 경우에는 결정(決定)으로 배상신청을 각하(却下)하여야 한다.
1. 배상신청이 적법하지 아니한 경우
2. 배상신청이 이유 없다고 인정되는 경우
3. 배상명령을 하는 것이 타당하지 아니하다고 인정되는 경우
② 유죄판결의 선고와 동시에 제1항의 재판을 할 때에는 이를 유죄판결의 주문에 표시할 수 있다.
③ 법원은 제1항의 재판서에 신청인 성명과 주소 등 신청인의 신원을 알 수 있는 사항의 기재를 생략할 수 있다.(2016.1.19 본항신설)
④ 배상신청을 각하하거나 그 일부를 인용(認容)한 재판에 대하여 신청인은 불복을 신청하지 못하며, 다시 동일한 배상신청을 할 수 없다.

제33조【불복】 ① 유죄판결에 대한 상소가 제기된 경우에는 배상명령은 피고사건과 함께 상소심(上訴審)으로 이심(移審)된다.
② 상소심에서 원심(原審)의 유죄판결을 파기하고 피고사건에 대하여 무죄, 면소(免訴) 또는 공소기각(公訴棄却)의 재판을 할 때에는 원심의 배상명령을 취소하여야 한다. 이 경우 상소심에서 원심의 배상명령을 취소하지 아니한 경우에는 그 배상명령을 취소한 것으로 본다.
③ 원심에서 제25조제2항에 따라 배상명령을 하였을 때에는 제2항을 적용하지 아니한다.
④ 상소심에서 원심판결을 유지하는 경우에도 원심의 배상명령을 취소하거나 변경할 수 있다.
⑤ 피고인은 유죄판결에 대하여 상소를 제기하지 아니하고 배상명령에 대하여만 상소 제기기간에 「형사소송법」에 따른 즉시항고(卽時抗告)를 할 수 있다. 다만, 즉시항고 제기 후 상소권자의 적법한 상소가 있는 경우에는 즉시항고는 취하된 것으로 본다.

제34조【배상명령의 효력과 강제집행】 ① 확정된 배상명령 또는 가집행선고가 있는 배상명령이 기재된 유죄판결서의 정본은 「민사집행법」에 따른 강제집행에 관하여는 집행력 있는 민사판결 정본과 동일한 효력이 있다.
② 이 법에 따른 배상명령이 확정된 경우 피해자는 그 인용된 금액의 범위에서 다른 절차에 따른 손해배상을 청구할 수 없다.
③ 지방법원이 민사지방법원과 형사지방법원으로 분리 설치된 경우에 배상명령에 따른 청구에 관한 이의의 소는 형사지방법원의 소재지를 관할하는 민사지방법원을 제1심 판결법원으로 한다.
④ 청구에 대한 이의의 주장에 관하여는 「민사집행법」 제44조제2항에 규정된 제한에 따르지 아니한다.

제35조【소송비용】 배상명령의 절차비용은 특별히 그 비용을 부담할 자를 정한 경우를 제외하고는 국고의 부담으로 한다.

제36조【민사상 다툼에 관한 형사소송 절차에서의 화해】 ① 형사피고사건의 피고인과 피해자 사이에 민사상 다툼(해당 피고사건과 관련된 피해에 관한 다툼을 포함하는 경우로 한정한다)에 관하여 합의한 경우, 피고인과 피해자는 그 피고사건이 계속 중인 제1심 또는 제2심 법원에 합의 사실을 공판조서에 기재하여 줄 것을 공동으로 신청할 수 있다.
② 제1항의 합의가 피고인의 피해자에 대한 금전 지급을 내용으로 하는 경우에 피고인 외의 자가 피해자에 대하여 그 지급을 보증하거나 연대하여 의무를 부담하기로 합의하였을 때에는 제1항의 신청과 동시에 그 피고인 외의 자는 피고인 및 피해자와 공동으로 그 취지를 공판조서에 기재하여 줄 것을 신청할 수 있다.(2022.1.4 본항개정)
③ 제1항 및 제2항에 따른 신청은 변론이 종결되기 전까지 공판기일에 출석하여 서면으로 하여야 한다.
④ 제3항에 따른 서면에는 해당 신청과 관련된 합의 및 그 합의가 이루어진 민사상 다툼의 목적인 권리를 특정할 수 있는 충분한 사실을 적어야 한다.
⑤ 합의가 기재된 공판조서의 효력 및 화해비용에 관하여는 「민사소송법」 제220조 및 제389조를 준용한다.

제37조【화해기록】 ① 제36조제1항 또는 제2항에 따른 신청에 따라 공판조서에 기재된 합의를 한 자나 이해관계를 소명(疎明)한 제3자는 「형사소송법」 제55조에도 불구하고 대법원규칙으로 정하는 바에 따라 법원서기관, 법원사무관, 법원주사 또는 법원주사보(이하 "법원사무관등"이라 한다)에게 다음 각 호의 사항을 신청할 수 있다.
1. 다음 각 목에 해당하는 서류(이하 "화해기록"이라 한다)의 열람 또는 복사
가. 해당 공판조서(해당 합의 및 그 합의가 이루어진 민사상 다툼의 목적인 권리를 특정할 수 있는 충분한 사실이 기재된 부분으로 한정한다)
나. 해당 신청과 관련된 제36조제3항에 따른 서면
다. 그 밖에 해당 합의에 관한 기록
2. 조서의 정본·등본 또는 초본의 발급
3. 화해에 관한 사항의 증명서의 발급
② 제1항에 따라 신청하는 자는 대법원규칙으로 정하는 바에 따라 수수료를 내야 한다.
③ 제1항 각 호의 신청에 관한 법원사무관등의 처분에 대한 이의신청은 「민사소송법」 제223조의 예에 따르고, 화해기록에 관한 비밀보호를 위한 열람 등의 제한 절차는 같은 법 제163조의 예에 따른다.
④ 화해기록은 형사피고사건이 종결된 후에는 그 피고사건의 제1심 법원에서 보관한다.

제38조【화해 절차 당사자 등에 관한 「민사소송법」의 준용】 제36조 및 제37조에 따른 민사상 다툼에 관한 형사소송 절차에서의 화해 절차의 당사자 및 대리인에 관하여는 그 성질에 반하지 아니하면 「민사소송법」 제1편제2장 제1절(선정당사자 및 특별대리인에 관한 규정은 제외한다) 및 제4절을 준용한다.

제39조【집행문 부여의 소 등에 대한 관할 특칙】 제36조에 따른 민사상 다툼에 관한 형사소송 절차에서의 화해에 관련된 집행문 부여의 소, 청구에 관한 이의의 소 또는 집행문 부여에 대한 이의의 소에 대하여는 「민사집행법」 제33조, 제44조제1항 및 제45조에도 불구하고 해당 피고사건의 제1심 법원의 관할에 전속한다.

제40조【위임규정】 배상명령의 절차에 관하여 이 법에 특별한 규정이 없는 사항은 대법원규칙으로 정하는 바에 따르고, 제36조부터 제39조까지의 규정에서 정하는 것 외에 민사상 다툼에 관한 형사소송 절차에서의 화해에 관하여 필요한 사항은 대법원규칙으로 정한다.

부 칙 (2014.10.15)

제1조【시행일】 이 법은 2014년 12월 1일부터 시행한다.
제2조【경과조치】 이 법 시행 전에 접수된 독촉사건에 대하여는 종전의 규정에 따른다.
제3조【다른 법률의 개정】 ※(해당 법령에 가제정리 하였음)

부 칙 (2017.10.31)

제1조【시행일】 이 법은 공포 후 3개월이 경과한 날부터 시행한다.
제2조【경과조치】 이 법 시행 전에 접수된 독촉사건에 대하여는 종전의 규정에 따른다.

부 칙 (2021.7.20)

제1조【시행일】 이 법은 공포 후 6개월이 경과한 날부터 시행한다.
제2조【경과조치】 이 법 시행 전에 접수된 독촉사건에 대하여는 종전의 규정에 따른다.

부 칙 (2022.1.4)

이 법은 공포한 날부터 시행한다.

부 칙 (2023.3.28)

제1조【시행일】 이 법은 공포 후 6개월이 경과한 날부터 시행한다.
제2조【공시송달에 의한 지급명령에 관한 경과조치】 이 법 시행 전에 접수된 독촉사건에 대해서는 제20조의2제1항의 개정규정에도 불구하고 종전의 규정에 따른다.

부 칙 (2023.6.13)

제1조【시행일】 이 법은 2023년 9월 29일부터 시행한다.
제2조【공시송달에 의한 지급명령에 관한 경과조치】 이 법 시행 전에 접수된 독촉사건에 대해서는 종전의 규정에 따른다.

부 칙 (2024.1.16)

제1조【시행일】 이 법은 공포 후 3개월이 경과한 날부터 시행한다.
제2조【공시송달에 의한 지급명령에 관한 경과조치】 이 법 시행 전에 접수된 독촉사건에 대해서는 종전의 규정에 따른다.

소송촉진 등에 관한 특례법 제3조제1항 본문의 법정이율에 관한 규정

(2015년 9월 25일 전부개정대통령령 제26553호)

개정
2019. 5.21영29768호

「소송촉진 등에 관한 특례법」 제3조제1항 본문에서 "대통령령으로 정하는 이율"이란 연 100분의 12를 말한다. (2019.5.21 개정)

부 칙

제1조 【시행일】 이 영은 2015년 10월 1일부터 시행한다.
제2조 【경과조치】 ① 이 영의 개정규정에도 불구하고 이 영 시행 당시 법원에 계속 중인 사건으로서 제1심의 변론이 종결된 사건에 대해서는 종전의 규정에 따른다.
② 이 영 시행 당시 법원에 계속 중인 사건으로서 제1심의 변론이 종결되지 아니한 사건에 대한 법정이율에 관하여는 2015년 9월 30일까지는 종전의 규정에 따른 이율에 의하고, 2015년 10월 1일부터는 이 영의 개정규정에 따른 이율에 의한다.

부 칙 (2019.5.21)

제1조 【시행일】 이 영은 2019년 6월 1일부터 시행한다.
제2조 【경과조치】 ① 이 영 시행 당시 법원에 계속 중인 사건으로서 제1심의 변론이 종결된 사건에 대한 법정이율은 이 영의 개정규정에도 불구하고 종전의 규정에 따른다.
② 이 영 시행 당시 법원에 계속 중인 사건으로서 제1심의 변론이 종결되지 아니한 사건에 대한 법정이율은 2019년 5월 31일까지 발생한 분에 대해서는 종전의 규정에 따르고, 2019년 6월 1일 이후 발생하는 분에 대해서는 이 영의 개정규정에 따른다.

소송촉진 등에 관한 특례규칙

(1981년 2월 23일 대법원규칙 제756호)

개정
1988. 3.23대법원규칙1004호(등기소의설치와그관할구역에관한규칙)
1988. 5. 4대법원규칙1013호
1990. 8.21대법원규칙1122호
2002. 6.28대법원규칙1778호
2006. 6.14대법원규칙2028호
2007.10.29대법원규칙2111호
2014.11.27대법원규칙2569호
2016.10. 4대법원규칙2684호
2018. 1.31대법원규칙2772호
2021. 9.30대법원규칙2999호
2023. 8.31대법원규칙3107호

제1장 총 칙

제1조 【목적】 ① 이 규칙은 「소송촉진 등에 관한 특례법」(이하 "법"이라 한다)에 의하여 대법원규칙에 위임된 사항 및 기타 이 법 시행에 관하여 필요한 사항을 규정함을 목적으로 한다.(2006.6.14 본항개정)
② (1990.8.21 삭제)

제2장 허가에 의한 상고

제2조~제16조 (1990.8.21 삭제)

제3장 경락허가결정에 대한 항고

제17조 (1990.8.21 삭제)

제4장 독촉절차
(2014.11.27 본장신설)

제17조의2 【공시송달에 의한 지급명령】 법 제20조의2 제1항제21호에서 "대법원규칙으로 정하는 자"란 다음 각 호의 자를 말한다.(2023.8.31 본문개정)
1. 법 제20조의2제1항제16호의 한국자산관리공사가 자산관리자인 주식회사 국민행복기금
2. 「서민의 금융생활 지원에 관한 법률」에 따른 서민금융진흥원 및 동 법인이 운영하거나 지원·감독하는 신용대출사업자(2016.10.4 본호개정)
3. 「자산유동화에 관한 법률」에 따라 법 제20조의2제1항 제18호 또는 제21호에 해당하는 자가 청구 채권의 자산보유자인 유동화전문회사(2023.8.31 본호개정)

제5장 불출석 피고인에 대한 형사재판

제18조 【주소의 보고와 보정】 ① 재판장은 피고인에 대한 인정신문을 마친 뒤 피고인에 대하여 그 주소의 변동이 있을 때에는 이를 법원에 보고할 것을 명하고, 피고인의 소재가 확인되지 않는 때에는 그 진술없이 재판할 경우가 있음을 경고하여야 한다.
② 피고인에 대한 송달이 불능인 경우에 재판장은 그 소재를 확인하기 위하여 소재조사촉탁, 구인장의 발부 기타 필요한 조치를 취하여야 한다.
③ 공소장에 기재된 피고인의 주소가 특정되어 있지 아니하거나 그 기재된 주소에 공소제기당시 피고인이 거주하지 아니한 사실이 인정된 때에는 재판장은 검사에게 상당한 기간을 정하여 그 주소를 보정할 것을 요구하여야 한다.
제19조 【불출석피고인에 대한 재판】 ① 피고인에 대한 송달불능보고서가 접수된 때로부터 6월이 경과하도록 제18조제2항 및 제3항의 규정에 의한 조치에도 불구하고 피고인의 소재가 확인되지 아니한 때에는 그 후 피고인에 대한 송달은 공시송달의 방법에 의한다.
② 피고인이 제1항의 규정에 의한 공판기일의 소환을 2회 이상 받고도 출석하지 아니한 때에는 법 제23조의 규정에 의하여 피고인의 진술없이 재판할 수 있다.

제6장 형사소송절차에 있어서의 배상명령

제20조 【배상신청인 등의 좌석】 법 제26조의 규정에 의하여 피해배상을 신청한 자(다음부터 "배상신청인"이라 한다) 또는 그 대리인은 법관의 정면에 위치한다.(2007.10.29 본조개정)
제21조 【배상신청인등의 확인】 재판장은 공판을 개정한 때에는 배상신청인 및 그 대리인을 호명하여 출석여부와 배상신청인의 성명, 연령, 주거 및 직업 등을 확인하여야 한다.
제22조 【배상신청인의 퇴석】 ① 출석한 배상신청인은 언제든지 재판장의 허가를 받고 퇴석할 수 있다.
② 재판장은 공판기일의 심리가 배상명령과 관계없는 경우에는 출석한 배상신청인을 퇴석하게 할 수 있다.
제23조 【공판조서의 기재요건】 공판조서에 배상신청인의 성명, 출석여부 및 신청서의 진술에 관한 사항을 기재하여야 한다.
제24조 【증거조사】 ① 법원은 필요한 때에는 언제든지 피고인의 배상책임 유무와 그 범위를 인정함에 필요한 증거를 조사할 수 있다.
② 법원은 피고사건의 범죄사실에 관한 증거를 조사할 경우 피고인의 배상책임 유무와 그 범위에 관련된 사실을 함께 조사할 수 있다.
③ 피고사건의 범죄사실을 인정할 증거는 피고인의 배상책임 유무와 그 범위를 인정할 증거로 할 수 있다.
④ 제3항에 규정된 증거 이외의 증거를 조사할 경우 증거조사의 방식 및 증거능력에 관하여는 「형사소송법」의 관계규정에 의한다.(2006.6.14 본항개정)
제25조 【즉시항고와 기록송부】 ① 피고인이 법 제33조 제5항의 규정에 의하여 즉시항고를 제기한 때에는 원심법원은 소송기록과 증거물을 14일 이내에 항고법원에 송부하여야 한다. 다만, 피고인에 대하여 사형을 선고한 판결이 확정된 때에는 그러하지 아니하다.
② 제1항의 규정은 재항고의 경우에 이를 준용한다.
제26조 【재판 정본의 보관】 ① 배상명령이 확정된 때에는 제1심판결법원은 확정된 유죄판결 등의 정본을 보관하여야 한다.
② 배상명령이 제1심판결법원 이외의 법원에서 확정된 때에는 그 법원은 확정된 재판의 정본을 제1심판결법원에 지체없이 송부하여야 한다.
③ 제1심판결법원이 제2항의 규정에 의하여 확정된 재판의 정본을 송부받은 때에는 형사공판사건부의 비고란에 그 취지를 기재하여야 한다.
④ 제1항의 규정에 의한 정본의 보존기간은 「법원재판사무처리규칙」 제29조 [별표2]에 규정된 [영구]로 한다.(2006.6.14 본항개정)
제27조 【재판 정본의 교부】 ① 배상명령이 확정된 경우, 제1심판결법원 또는 소송기록을 보관한 상급심법원은 「민사집행법」이 규정한 집행력있는 정본의 부여절차에 의하여 확정된 유죄판결 등의 정본을 교부한다.(2006.6.14 본항개정)
② 가집행선고부 배상명령이 있는 때에는 소송기록을 보관한 법원이 제1항에 규정된 절차에 의하여 유죄판결등의 정본을 교부한다.

제7장 민사상 다툼에 관한 형사소송절차에서의 화해
(2006.6.14 본장신설)

제28조 【화해신청서의 기재사항】 법 제36조제3항의 서면에는 다음 각 호의 사항을 기재하고 신청인 또는 대리인이 기명날인 또는 서명하여야 한다.
1. 형사피고사건의 번호, 사건명 및 사건이 계속된 법원
2. 신청인의 성명 및 주소
3. 대리인이 신청할 때에는 그 성명 및 주소
4. 신청인이 당해 형사피고사건의 피고인일 때는 그 취지
5. 신청인이 법 제36조제2항에서 규정하는 피고인의 금전지불을 보증하거나 연대하여 의무를 부담하기로 한 사람일 때는 그 취지
6. 당해 신청과 관련된 합의 및 그 합의가 이루어진 민사상 다툼의 목적인 권리를 특정함에 충분한 사실
제29조 【공판기일에서의 절차】 법 제36조제3항에 따라 신청인이 공판기일에 출석한 경우 그 성질에 반하지 않는 한 제20조 내지 제22조의 규정을 준용한다.
제30조 【공판조서의 기재사항 등】 ① 법 제36조제1항 또는 제2항의 규정에 의한 신청이 있는 경우 공판조서에는 그 신청사실을 기재하여야 한다.
② 법 제36조제1항 또는 제2항의 규정에 의한 신청에 따른 합의를 공판조서에 기재하는 조치를 취한 경우에 해당 기일조서에는 합의가 있다는 취지만을 기재하고, 다음 각 호의 사항을 기재한 화해조서를 작성한다.
1. 사건의 표시
2. 법관과 법원사무관등의 성명
3. 신청인의 성명 및 주소
4. 출석한 신청인 및 대리인의 성명
5. 당해 신청과 관련된 합의 및 그 합의가 이루어진 민사상 다툼의 목적인 권리를 특정함에 충분한 사실
③ 화해조서의 말미에는 법원사무관등과 재판장이 기명날인한다.
④ 법원사무관등은 제2항의 화해조서의 정본을 화해가 있는 날로부터 7일 안에 신청인에게 송달하여야 한다.
제31조 【화해기록의 작성 및 보관】 ① 법 제37조에 따른 화해기록은 형사피고사건기록과 구별하여 별책으로 편성한다.
② 항소심에서 제1항의 화해기록을 작성한 경우에는 형사피고사건이 확정되거나 상고장이 접수된 후 14일 이내에 그 화해기록을 당해 피고사건의 제1심 법원으로 송부한다.
③ 법 제37조제4항에 따라 제1심 법원이 화해기록을 보관할 경우에 그 보존방식과 보존기간 등은 민사소송절차에서의 제소전화해사건기록의 보존에 준한다.
제32조 【준용규정】 법 제36조 및 제37조에서 규정하는 민사상 다툼에 관한 형사소송절차에서의 화해절차에 있어서는 「민사소송규칙」 제1편제3장(제13조제2항 및 제14조를 제외한다) 및 제38조의 규정을 준용한다.

부 칙 (2014.11.27)

제1조 【시행일】 이 규칙은 2014년 12월 1일부터 시행한다.
제2조 【적용례】 이 규칙은 이 규칙 시행 후 최초로 접수되는 사건부터 적용한다.

부 칙 (2016.10.4)

이 규칙은 공포한 날부터 시행한다.

부 칙 (2018.1.31)

제1조 【시행일】 이 규칙은 2018년 2월 1일부터 시행한다.
제2조 【경과조치】 이 규칙 시행 전에 접수된 독촉사건에 대하여는 종전의 규정에 따른다.

부 칙 (2021.9.30)

이 규칙은 2022년 1월 21일부터 시행한다.

부 칙 (2023.8.31)

이 규칙은 2023년 9월 29일부터 시행한다.

정정보도청구 등 사건 심판 규칙

(2005년 7월 13일 대법원규칙 제1951호)

제1조【목적】 이 규칙은 「언론중재 및 피해구제 등에 관한 법률」(이하 '법'이라 한다)의 규정에 의한 법원의 정정보도청구, 반론보도청구 및 추후보도청구(이하 '정정보도청구등'이라 한다) 사건의 심판과 언론중재위원회의 직권조정결정에 대한 이의신청으로 소가 제기된 것으로 보는 경우의 절차에 관하여 필요한 사항을 정함을 목적으로 한다.

제2조【신청】 ① 법 제26조에 의한 정정보도청구등을 신청하는 경우에는 신청서에 다음 각호의 사항을 기재하여야 한다.

1. 신청의 취지로서 게재 또는 방송을 구하는 정정보도문, 반론보도문 또는 추후보도문과 그 게재 또는 방송을 구하는 크기, 시기, 회수, 게재부위 또는 방송순서 및 「민사집행법」 제261조에 의한 신청을 하는 때에는 그 취지
2. 신청의 원인으로서 정정보도, 반론보도 또는 추후보도, 「민사집행법」 제261조에 의한 신청을 구하는 이유

② 제1항의 신청서에는 이의대상인 기사의 본문 또는 보도내용, 사건이 언론중재위원회의 조정 또는 중재를 거친 경우에는 그 사실을 소명할 서류를 첨부하여야 한다.

제3조【심리 및 재판】 ① 법원은 정정보도청구등 사건을 심리할 경우에는 변론을 열어야 한다.

② 부적법한 정정보도청구등의 신청으로서 그 흠결을 보정할 수 없는 경우에는 법원은 변론 없이 결정으로 이를 각하할 수 있다.

③ 정정보도청구등의 신청서가 접수되면 법원은 제2항의 경우 이외에는 즉시 변론기일을 지정하여야 한다.

④ 정정보도청구등의 신청에 대한 재판에는 「민사집행법」 제280조제2항 내지 제4항, 제282조 및 제288조는 적용하지 아니한다.

⑤ 정정보도청구등의 신청에 대한 재판은 그 재판서의 정본을 당사자에게 송달하여야 한다.

제4조【집행】 ① 정정보도청구등 사건의 판결에 대한 집행정지는 「민사집행법」 제309조에 규정된 절차를 따른다.

② 정정보도청구등 사건의 판결에 의한 집행에 있어서 「민사집행법」 제292조제2항은 적용하지 아니한다.

③ 피신청인이 정정보도, 반론보도 또는 추후보도를 명하는 판결에 따라 정정보도, 반론보도 또는 추후보도의 내용을 게재 또는 방송한 때에는 그 사실을 5일 이내에 신청인 및 담당재판부에 통지하여야 한다.

제5조【소가 제기된 것으로 보는 경우】 ① 법 제22조제4항에 의하여 소가 제기된 것으로 보는 경우에는 언론중재위원회에 접수된 조정신청서를 소장 또는 제2조제1항의 신청서로 본다.

② 제1항의 경우 언론중재위원회는 지체없이 조정기록을 관할 법원에 송부하여야 한다.

③ 소송절차 진행중에 직권조정결정에 대한 이의신청이 취하된 경우에는 법원은 제2항의 규정에 따라 송부받은 기록과 이의신청취하서를 언론중재위원회에 송부하여야 한다.

제6조【기록인증등본의 송부촉탁】 법원은 사건이 언론중재위원회의 조정 또는 중재를 거친 경우에는 제5조제2항의 경우를 제외하고 직권으로 또는 당사자의 신청에 따라 관할 언론중재위원회에 당해 조정 또는 중재사건기록의 인증등본의 송부를 촉탁할 수 있다.

제7조【첩부할 인지 및 인지의 보정】 ① 제2조제1항의 신청서에는 「민사소송 등 인지법」 제2조제4항의 규정에 따른 인지를 붙여야 한다.

② 법 제22조제4항에 의하여 소가 제기된 것으로 보는 경우에는 소를 제기하는 경우에 소장 등에 붙여야 할 인지액에서 법 제18조제5항의 규정에 의한 조정신청의 수수료를 뺀 금액 상당의 인지를 보정하여야 한다.

제8조【소송절차의 중지】 언론중재위원회에 조정의 신청이 있는 사건에 관하여 소송이 계속된 때에는 법원은 결정으로 조정이 종료될 때까지 소송절차를 중지할 수 있다. 다만, 당사자의 어느 한 쪽이라도 반대의 의사표시를 한 경우에는 그러하지 아니하다.

부 칙

제1조【시행일】 이 규칙은 2005년 7월 28일부터 시행한다.

제2조【경과조치】 이 규칙 시행당시 법원에 계속중인 사건은 종전의 규정에 따른다.

제3조【다른 규칙의 폐지】 「반론보도 등 청구사건 심판규칙」은 이를 폐지한다.

國際民事司法共助法

(1991年 3月 8日 法 律 第4342號)

改正
2013. 3.23法11690號(정부조직)

第1章 總 則

第1條【目的】 이 法은 民事事件에 있어 外國으로의 司法共助囑託節次와 外國으로부터의 司法共助囑託에 대한 處理節次를 規定함을 目的으로 한다.

第2條【定義】 이 法에서 사용하는 用語의 定義는 다음과 같다.

1. "司法共助"라 함은 裁判上 書類의 송달 또는 證據調査에 관한 國內節次의 外國에서의 수행 또는 外國節次의 國內에서의 수행을 위하여 행하는 法院 기타 公務所등의 協助를 말한다.
2. "外國으로의 囑託"이라 함은 大韓民國 法院이 外國法院 기타 公務所 또는 外國에 駐在하는 大韓民國의 大使·公使 또는 領事에 대하여 하는 司法共助囑託을 말한다.
3. "外國으로부터의 囑託"이라 함은 外國法院이 大韓民國의 法院에 대하여 하는 司法共助囑託을 말한다.

第3條【條約등과의 관계】 이 法에 정한 司法共助節次에 관하여 條約 기타 이에 準하는 國際法規에 다른 規定이 있는 경우에는 그 規定에 따른다.

第4條【相互主義】 司法共助에 관한 條約이 체결되어 있지 아니한 경우에도 司法共助를 囑託하는 外國法院이 속하는 國家가 동일 또는 유사한 사항에 관하여 大韓民國 法院의 司法共助囑託에 응한다는 保證을 한 경우에는 이 法을 適用한다.

第2章 外國으로의 囑託

第5條【囑託의 相對方】 ① 外國으로의 囑託은 受訴法院의 裁判長이 그 外國의 管轄法院 기타 公務所에 대하여 한다.

② 受訴法院의 裁判長은 다음 各號에 따라 外國으로의 囑託을 할 수 있다.

1. 송달받을 者 또는 證人訊問을 받을 者가 大韓民國 國民으로서 領事關係에관한비엔나協約에 加入한 外國에 居住하는 경우에는 그 外國에 駐在하는 大韓民國의 大使·公使 또는 領事에 대하여 한다. 이 경우 그 外國의 法令 또는 意思表示에 違背되지 아니하여야 한다.
2. 外國이 명백한 意思表示로써 승인하는 경우에는 그 意思表示에 따른 實施機關에 대하여 한다.

第6條【囑託의 經路】 ① 外國으로의 囑託을 하고자 하는 裁判長이 속하는 法院의 長은 法院行政處長에게 囑託書 기타 關係書類를 송부할 것을 요청하여야 한다.

② 法院行政處長은 외교부장관에게 第1項의 規定에 의한 囑託書 기타 關係書類를 外交上의 經路를 통하여 第5條에 規定된 受託機關으로 송부할 것을 의뢰하여야 한다. (2013.3.23 본항개정)

第7條【飜譯文의 첨부】 ① 外國法院 기타 公務所에 대하여 司法共助를 囑託하는 경우에는 그 外國의 公用語로 된 囑託書 기타 關係書類의 飜譯文을 첨부하여야 한다. 다만, 그 外國의 公用語를 알 수 없는 경우에는 英語로 된 飜譯文을 첨부할 수 있다.

② 當事者는 受訴法院에 제출하여야 할 外國으로의 囑託關係書類에 飜譯文을 첨부하여야 한다.

③ 송달받을 者가 外國人으로서 第5條第2項第2號의 規定에 의하여 그 外國의 승인에 따라 그 外國에 駐在하는 大韓民國의 大使·公使 또는 領事를 實施機關으로 하여 송달을 囑託하는 경우에 그 송달할 書類에 관하여는 第1項 및 第2項의 規定을 準用한다.

④ 第1項 및 第3項의 規定에 의하여 飜譯文을 첨부함에 따른 飜譯費用은 訴訟費用으로 한다.

第8條【大使등에 의한 송달방법】 外國에 駐在하는 大韓民國의 大使·公使 또는 領事가 이 法에 의한 송달을 실시하는 경우에는 송달받을 者에게 送達書類를 직접 교부하거나 송달받을 者에 대한 配達事實을 증명할 수 있는 郵便의 방법에 의하여야 한다.

第9條【囑託의 費用】 이 法에 의한 송달 또는 證據調査에 소요되는 費用을 當事者가 부담하여야 할 경우에는 費用의 槪算額을 豫納하여야 한다.

第10條【公示送達】 ① 外國에서 할 송달에 대한 公示送達은 法院書記官·法院事務官·法院主事 또는 法院主事補가 송달할 書類를 보관하고 그 사유를 法院揭示板에 게시함과 아울러 그 外國에 駐在하는 大韓民國의 大使·公使 또는 領事에게 통지하여야 한다.

② 第6條의 規定은 第1項의 規定에 의한 통지를 하는 경우에 이를 準用한다.

第3章 外國으로부터의 囑託

第11條【管轄法院】 外國으로부터의 囑託은 送達囑託의 경우에는 송달을 할 場所, 證據調査囑託의 경우에는 證人의 住所 또는 證據物 기타 檢證·鑑定目的物의 所在地를 관할하는 第1審 法院이 관할한다.

第12條【共助의 요건】 外國으로부터의 囑託에 대한 司法共助는 그 囑託이 다음 各號의 요건을 갖춘 경우에 한하여 이를 할 수 있다.

1. 囑託法院이 속하는 國家와 司法共助條約이 체결되어 있거나 第4條의 規定에 의한 保證이 있을 것
2. 大韓民國의 安寧秩序와 美風良俗을 해할 우려가 없을 것
3. 囑託이 外交上의 經路를 거칠 것
4. 送達囑託은 송달받을 者의 姓名·國籍·住所 또는 居所를 기재한 書面에 의할 것
5. 證據調査囑託은 訴訟事件의 當事者, 事件의 요지, 證據方法의 종류, 證人訊問의 경우에는 訊問받을 者의 姓名·國籍·住所 또는 居所와 訊問事項을 기재한 書面에 의할 것
6. 國語로 작성된 飜譯文이 첨부되어 있을 것
7. 囑託法院이 속하는 國家가 受託事項의 실시에 필요한 費用의 부담을 保證할 것

第13條【囑託書의 접수】 ① 外國으로부터의 司法共助囑託書는 法院行政處長이 이를 접수하여 第11條의 規定에 의한 管轄法院에 송부한다.

② 法院行政處長은 外國으로부터의 囑託이 第12條의 規定에 의한 요건을 갖추지 아니한 것으로 인정되는 때에는 이유를 기재하여 이를 返送하여야 한다.

第14條【移送】 第13條의 規定에 의하여 司法共助囑託書를 송부받은 法院은 受託事項이 그 관할에 속하지 아니할 경우 決定으로 管轄法院에 移送하고, 그 사실을 法院行政處長에게 통지하여야 한다.

第15條【準據法】 外國으로부터의 囑託에 따른 受託事項은 大韓民國의 法律에 의하여 이를 실시한다. 다만, 外國法院이 特定方式에 의한 실시를 요청하는 경우 그 方式이 大韓民國의 法律에 저촉되지 아니하는 때에는 그 方式에 의한다.

第16條【결과의 回信】 ① 外國으로부터의 囑託이 送達囑託의 경우에는 受託法院의 長이 送達結果에 관한 證明書를, 證據調査囑託의 경우에는 受託判事가 證人訊問調書 기타 證據調査의 결과를 기재한 調書 또는 證據調査가 不能하게 된 사유를 기재한 書面을 각각 外國法院에 송부하여야 한다. 다만, 外國法院이 特定方式에 의한 回信을 요청하는 경우 그 方式이 大韓民國의 法律에 저촉되지 아니하는 때에는 그 方式에 의한다.

② 第6條의 規定은 第1項의 規定에 의하여 書類를 송부하는 경우에 이를 準用한다.

第17條【大法院規則】 司法共助에 소요되는 費用의 支出, 償還 기타 이 法의 執行에 관하여 필요한 사항은 大法院規則으로 정한다.

附 則

이 法은 公布후 30日이 경과한 날부터 施行한다.

附 則 (2013.3.23)

第1條【시행일】 ① 이 법은 공포한 날부터 시행한다.(이하 생략)

국가를 당사자로 하는 소송에 관한 법률(약칭 : 국가소송법)

(1981년 12월 17일
전개법률 제3466호)

개정
1982.11.29법3563호
1990. 1.13법4201호(민사소송법)
1994.12.31법4835호
1997.12.13법5427호
1998.12.28법5587호
2009. 1.30법9359호

제1조【목적】 이 법은 국가를 당사자 또는 참가인으로 하는 소송 및 행정소송(행정청을 참가인으로 하는 경우를 포함한다. 이하 같다)에 필요한 사항을 규정함으로써 소송의 효율적인 수행과 소송사무의 적정한 관리를 도모함을 목적으로 한다.(2009.1.30 본조개정)

제2조【국가의 대표자】 국가를 당사자 또는 참가인으로 하는 소송(이하 "국가소송"이라 한다)에서는 법무부장관이 국가를 대표한다.(2009.1.30 본조개정)

제2조의2【행정청의 범위】 이 법의 적용을 받는 행정청에는 법령에 따라 행정권한의 위임 또는 위탁을 받은 행정기관, 공공단체, 그 기관 또는 사인(私人)이 포함된다.(2009.1.30 본조개정)

제3조【국가소송 수행자의 지정 및 소송대리인의 선임】 ① 법무부장관은 법무부의 직원, 각급 검찰청의 검사(이하 "검사"라 한다) 또는 「공익법무관에 관한 법률」에서 정한 공익법무관(이하 "공익법무관"이라 한다)을 지정하여 국가소송을 수행하게 할 수 있다.
② 법무부장관은 행정청의 소관사무나 감독사무에 관한 국가소송에서 필요하다고 인정하면 해당 행정청의 장의 의견을 들은 후 행정청의 직원을 지정하여 그 소송을 수행하게 할 수 있다.
③ 제2항의 지정을 받은 사람은 해당 소송에 관하여 법무부장관의 지휘를 받아야 한다.
④ 법무부장관은 변호사를 소송대리인으로 선임(選任)하여 국가소송을 수행하게 할 수 있다.
(2009.1.30 본조개정)

제4조【의견의 제출】 법무부장관은 국가 이익 또는 공공복리와 중대한 관계가 있는 국가소송 및 행정소송에 관하여는 법원의 허가를 받아 법원에 법률적 의견을 제출하거나 법무부의 직원, 검사 또는 공익법무관을 지정하여 의견을 제출하게 할 수 있다.(2009.1.30 본조개정)

제5조【행정소송 수행자의 지정 및 소송대리인의 선임】 ① 행정청의 장은 그 행정청의 직원 또는 상급 행정청의 직원(이 경우에는 미리 해당 상급 행정청의 장의 승인을 받아야 한다)을 지정하여 행정소송을 수행하게 할 수 있다.
② 행정청의 장은 변호사를 소송대리인으로 선임하여 행정소송을 수행하게 할 수 있다.
(2009.1.30 본조개정)

제6조【행정청의 장에 대한 법무부장관의 지휘 등】 ① 행정소송을 수행할 때 행정청의 장은 법무부장관의 지휘를 받아야 한다.
② 법무부장관은 행정소송에 관하여 필요하다고 인정되면 법무부의 직원, 검사 또는 공익법무관을 지정하여 그 소송을 수행하게 할 수 있으며, 제5조제1항 또는 제2항에 따라 행정청의 장이 지정하거나 선임한 사람을 해임하게 할 수 있다.
(2009.1.30 본조개정)

제7조【지정대리인의 권한】 제3조제1항 · 제2항, 제5조제1항 또는 제6조제2항에 따라 법무부장관, 각급 검찰청의 장(제13조에 따라 권한이 위임된 경우만 해당된다) 또는 행정청의 장이 지정한 사람은 그 소송에 관하여 대리인 선임을 제외한 모든 재판상의 행위를 할 수 있다.
(2009.1.30 본조개정)

제8조【소송총괄관의 임명】 ① 중앙행정기관의 장은 대통령령으로 정하는 바에 따라 법무 및 송무 사무를 담당하는 4급 이상의 소속 직원 중에서 소관 소송사무를 총괄할 소송총괄관 1명을 임명하여야 한다.
② 소송총괄관은 소관 소송사무에 관하여 법무부장관의 지휘를 받아야 한다.
③ 소송총괄관은 해당 기관의 소송에 관하여 소송수행자로 지정된 그 기관의 직원을 지휘 · 감독한다.
(2009.1.30 본조개정)

제9조【송달의 대상】 ① 국가소송에서 국가에 대한 송달은 수소법원(受訴法院)에 대응하는 검찰청(수소법원이 지방법원 지원인 경우에는 지방검찰청을 말한다)의 장에게 한다. 다만, 고등검찰청 소재지의 지방법원(산하 지방법원 지원을 포함한다)에 소(訴)가 제기된 경우에는 그 고등검찰청의 장에게 송달한다.
② 소송수행자 또는 소송대리인이 있는 경우에는 제1항에도 불구하고 소송수행자 또는 소송대리인에게 송달한다.
(2009.1.30 본조개정)

제10조【임의변제의 절차 등】 국가소송에서 금전 지급을 목적으로 하는 사건이 국가의 패소로 확정되어 국가에서 임의변제를 하려는 경우 그 지급기관, 지급절차, 지급방법, 그 밖에 필요한 사항은 대통령령으로 정한다.
(2009.1.30 본조개정)

제11조【소송비용의 계상】 ① 국가소송의 비용은 법무부 소관의 예산에 일괄 계상(計上)한다.
② 국가소송의 비용 중 특별회계로 운영되는 사무 또는 사업에 관한 비용은 법무부 세입징수관이 발행하는 고지서에 의하여 그 특별회계에서 법무부 소관 일반회계로 세입(歲入) 조치한다.
(2009.1.30 본조개정)

제12조【조정사건 등에의 준용】 조정사건, 중재사건, 그 밖의 비송사건에 관하여는 제2조부터 제8조까지의 규정을 준용한다.(2009.1.30 본조개정)

제13조【권한의 위임】 법무부장관은 대통령령으로 정하는 바에 따라 제3조, 제6조 및 제8조제2항에 따른 권한의 일부를 검찰총장, 고등검찰청검사장 또는 지방검찰청검사장에게 위임할 수 있다.(2009.1.30 본조개정)

제14조 (2009.1.30 삭제)

부 칙 (2009.1.30)

이 법은 공포한 날부터 시행한다.

국가를 당사자로 하는 소송에 관한 법률 시행령

(1982년 3월 17일
전개대통령령 제10765호)

개정
1995. 2.18영14527호
1998. 2.19영15634호
2006. 6.12영19513호(고위공무원단인사규정)
2014. 8. 6영25532호(민감정보고유식별정보)
2016.11.15영27582호
2020. 8. 5영30907호
2021. 1. 5영31380호(법령용어정비)

제1조【목적】 이 영은 「국가를 당사자로 하는 소송에 관한 법률」(이하 "법"이라 한다)에서 위임된 사항과 그 시행에 필요한 사항을 규정함을 목적으로 한다.
(2016.11.15 본조개정)

제2조【권한위임의 한계】 법무부장관은 국가를 당사자 또는 참가인으로 하는 소송(이하 "국가소송"이라 한다)에 대한 법 제3조에 따른 권한을 다음의 구분에 따라 검찰총장, 고등검찰청검사장 및 지방검찰청검사장(이하 "각급 검찰청의 장"이라 한다)에게 위임한다.

수임자	수임의 한계
검찰총장	대법원에 계속 중인 법 제2조 및 제12조의 사건
고등검찰청 검사장	관할구역을 같이 하는 고등법원에 계속 중인 법 제2조 및 제12조의 사건과 해당 고등검찰청 소재지에 있는 지방법원 또는 그 지원에 관할권이 있는 법 제2조 및 제12조의 사건
고등검찰청 소재지 외의 지방검찰청검사장	관할구역을 같이 하는 지방법원 또는 그 지원에 관할권이 있는 법 제2조 및 제12조의 사건

(2020.8.5 본조개정)

제3조【수임사건에 대한 제한】 각급 검찰청의 장은 제2조에 따라 그 권한에 속하는 소송사건 중 법무부령으로 정하는 소송사건에 관하여 소의 제기 및 취하, 상소의 포기 및 취하, 화해, 청구의 포기 및 인낙(認諾), 소송대리인의 선임 및 해임의 소송행위를 하려는 때에는 법무부장관의 승인을 받아야 한다.(2020.8.5 본조개정)

제4조【소송총괄관】 ① 법 제8조제1항에서 "중앙행정기관의 장"이라 함은 정부조직법 제2조의 규정에 의한 중앙행정기관의 장을 말한다.
② 중앙행정기관의 장은 소송총괄관을 임명한 때에는 지체없이 이를 법무부장관에게 통보하여야 한다.
③ 소송총괄관은 당해 기관의 소송에 관하여 다음 각호의 사항을 관장한다.
1. 소송행정에 대한 조사 · 연구 · 분석 및 대책의 수립
2. 소송수행자에 대한 지휘 · 감독 및 교육
3. 국가소송의 재판집행에 대한 지휘 · 감독
4. 임의변제 예산편성 자료의 작성
5. 소송통계의 작성 · 유지
6. 소송사무의 보고
7. 기타 소송사무에 관한 사항

제5조【국가소송의 수행】 ① 각급 검찰청의 장은 국가소송을 제기하거나 국가소송이 제기된 경우에는 검사 또는 공익법무관을 소송수행자로 지정하여 소송을 수행하게 하여야 한다. 다만, 필요하다고 인정하는 경우에는 당해 행정청의 장의 의견을 들어 당해 행정청의 직원을 소송수행자로 지정하여 검사 또는 공익법무관인 소송수행자와 공동으로 소송을 수행하게 할 수 있다.
(1995.2.18 본항개정)
② 각급 검찰청의 장은 소송물가액이 법무부령이 정하는 금액미만인 민사본안사건 및 민사신청사건에 관하여는 소관행정청의 직원만을 소송수행자로 지정하여 그 지휘를 받아 소송을 수행하게 할 수 있다.

제6조【행정소송의 수행】 ① 행정소송사건 중 다음 각 호에 해당하는 사건(이하 "공동수행사건"이라 한다)은 법무부의 직원과 소관 행정청의 소송수행자가 공동으로 소송을 수행한다.(2020.8.5 본문개정)
1. 부과조세액이 법무부령이 정하는 금액이상인 조세부과처분에 관한 사건
2. 일반직 3급 이상의 국가공무원(고위공무원단에 속하는 일반직공무원을 포함한다) 또는 지방공무원 및 이에 준하는 공무원의 신분관계에 관한 사건으로서 법무부장관이 공동수행사건으로 함이 상당하다고 인정하는 사건(2006.6.12 본호개정)
3. 감사원의 시정 또는 징계요구에 의한 처분 및 변상판정에 관한 사건
4. 정부시책에 중대한 영향을 미칠 우려가 있거나 사회의 이목을 끌만한 사건으로서 법무부장관이 공동수행사건으로 함이 상당하다고 인정하는 사건
② 제1항 각 호 외의 행정소송사건(이하 "지휘사건"이라 한다)은 소관행정청의 소송수행자가 법무부장관의 지휘를 받아 그 소송을 수행한다.(2020.8.5 본항개정)
③ 행정청의 장은 관할 특허법원 · 행정법원 또는 지방법원으로부터 행정소송사건에 관한 소장을 송달받은 때에는 지체 없이 소송수행자를 지정하거나 소송대리인을 선임하고 법무부장관에게 이를 통보 또는 보고해야 한다.
(2020.8.5 본항개정)
④ 제3항에 따른 소 제기의 통보 또는 보고를 받은 법무부장관은 공동수행사건에 관하여는 법무부의 직원을 소송수행자로 지정하여 소관행정청의 소송수행자와 공동으로 소송을 수행하게 하고, 지휘사건에 관하여는 법무부의 직원으로 하여금 소관행정청의 소송수행자를 지휘하게 해야 한다.(2020.8.5 본항개정)

제7조【소송수행자의 지정등】 ① 각급 검찰청의 장은 검사 또는 공익법무관을 소송수행자로 지정할 때에는 소속검사(지방검찰청의 경우에는 관하 지청의 검사를 포함한다) 또는 당해 검찰청에 근무하는 공익법무관(지방검찰청의 경우에는 관하 지청에 근무하는 공익법무관을 포함한다)중에서 이를 지정하여야 한다.(1995.2.18 본항개정)
② 검찰총장과 고등검찰청 검사장은 그 권한에 속하는 소송사건을 수행하기 위하여 필요하다고 인정하는 경우에는 하급검찰청 소속검사 또는 하급경찰청에 근무하는 공익법무관을 소송수행자로 지정할 수 있다.
(1995.2.18 본항개정)
③ 법무부장관, 각급 검찰청의 장 또는 행정청의 장이 소송수행자를 지정하거나 소송대리인을 선임하는 경우에는 지정서 또는 위임장을, 소송수행자 또는 대리인을 해임하는 경우에는 해임서를 지체 없이 법원에 제출해야 한다.(2020.8.5 본항개정)

제8조【소송수행자 등의 준수사항】 소송수행자와 소송대리인은 지정서와 위임장에 기재된 지시사항과 주의사항을 준수하여야 한다.

제9조【관계행정청과의 협조】 국가소송 또는 행정소송을 수행하는 법무부의 직원, 검사, 공익법무관 또는 행정청의 직원은 법무부장관, 소속검찰청의 장 또는 행정청의 장을 통하여 관계 행정청의 장에게 소송수행에 필요한 자료를 요청할 수 있다.(2020.8.5 본조개정)

제10조【재판결과 보고】 행정청의 장은 행정소송사건에 관한 판결문을 송달받은 때에는 지체 없이 법무부장관에게 이를 통보 또는 보고해야 한다.(2020.8.5 본조개정)

제11조【집행권원 이관 및 집행】 ① 제1심 해당 고등검찰청 또는 지방검찰청 검사장은 국가소송에 관하여 집행권원을 받은 때에는 지체 없이 이를 소관 행정청의 장에게 이관해야 한다.(2021.1.5 본항개정)
② 제1심 해당 고등검찰청 또는 지방검찰청 검사장은 소관행정청의 장으로부터 국가소송에 관한 집행권원의 집행요청을 받은 때에는 소속검사 또는 해당 검찰청에 근무하는 공익법무관으로 하여금 이를 집행하게 할 수 있다.
(2021.1.5 본조제목개정)
(2016.11.15 본조개정)

제12조【확정사건의 처리】 ① 제1심 해당 고등검찰청 또는 지방검찰청 검사장은 국가소송에 관한 재판이 확정된 때에는 그 사건기록을 검토하고 소관행정청의 장의 의견을 들어 구상권행사 여부를 결정하여야 한다.
② 국가패소판결의 확정으로 승소자에게 지급할 소송비용은 제1심 해당 고등검찰청 또는 지방검찰청 검사장이 법원의 소송비용 확정결정서 정본에 의하여 지급한다.
③ 국가승소판결의 확정으로 패소자로부터 회수할 소송비용은 제1심 해당 고등검찰청 또는 지방검찰청 검사장이 법원의 소송비용 확정결정을 받아 소관행정청의 장으로 하여금 회수하게 하여야 한다.
(1998.2.19 본조개정)

제13조【임의변제의 절차등】 ① 법 제10조의 규정에 의한 임의변제의 지급기관은 다음과 같다.
1. 국가배상법에 의한 손해배상청구사건에 관하여는 제1심 해당 고등검찰청 또는 지방검찰청 검사장. 다만, 특별배상심의회 및 그 소속지구배상심의회 소관사건에 관하여는 국방부장관으로 하고, 각 특별회계 소관사건에 관하여는 각 특별회계 해당 행정청의 장으로 한다.
(1998.2.19 본호개정)

2. 제1호외의 금전지급을 목적으로 하는 사건에 관하여는 소관행정청의 장

② 임의변제를 받고자 하는 자는 임의변제청구서에 법무부령이 정하는 서류를 첨부하여 제1항의 규정에 의한 지급기관에 제출하여야 한다.

③ 제2항의 규정에 의한 임의변제청구서를 받은 지급기관은 접수일로부터 1주일이내에(특별회계 소관사건에 관하여는 2주일이내에) 그 금액을 지급하여야 한다.

제14조【소송수행해태】 ① 법무부장관은 그가 지휘하는 사건의 소송수행자가 소송해태행위를 한 때에는 지체없이 소송총괄관에게 통보해야 한다.(2020.8.5 본항신설)

② 각급 검찰청의 장은 그가 지정한 소송수행자 또는 그가 지휘하는 사건의 소송수행자가 소송해태행위를 한 때에는 지체없이 법무부장관에게 보고하고, 소송총괄관에게 통보하여야 한다.

③ 소송총괄관은 제1항 및 제2항에 따른 통보를 받은 때에는 소속행정청의 장에게 해당 소송수행자의 징계를 건의할 수 있다.(2020.8.5 본항개정)

제15조【소송수행업무의 지휘감독 등】 ① 법무부장관은 행정청에 대하여 국가소송 및 행정소송 등의 수행에 관련된 업무처리실태를 확인하고, 필요한 사항을 지도·교육할 수 있다.(2020.8.5 본항개정)

② 각급 검찰청의 장은 행정청에 대하여 법 제3조 및 이 영 제2조에 따라 각급 검찰청의 장이 소송수행자를 지정하는 국가소송 등의 수행에 관련된 업무처리실태를 확인하고, 필요한 사항을 지도·교육할 수 있다.
(2020.8.5 본항신설)

제15조의2【국가송무정보시스템의 구축·운영 등】 ① 법무부장관은 국가소송 및 행정소송 관련 업무를 효율적으로 수행하고 체계적으로 관리하기 위하여 국가송무정보시스템을 구축·운영할 수 있다.

② 법무부장관(법 제13조에 따라 법무부장관의 권한을 위임받은 자를 포함한다)은 소관행정청의 장에 대하여 국가소송 및 행정소송 관련 업무를 국가송무정보시스템을 통하여 처리하도록 할 수 있다.
(2016.11.15 본조신설)

제16조【민감정보 및 고유식별정보의 처리】 ① 법무부장관(법 제13조에 따라 법무부장관의 권한을 위임받은 자를 포함한다)은 다음 각 호의 사무를 수행하기 위하여 불가피한 경우 「개인정보 보호법」 제23조에 따른 민감정보나 같은 법 시행령 제19조에 따른 주민등록번호, 여권번호, 운전면허의 면허번호 또는 외국인등록번호가 포함된 자료를 처리할 수 있다.

1. 법 제2조 및 제3조에 따른 국가소송의 수행·지휘에 관한 사무
2. 법 제6조에 따른 행정소송의 수행·지휘에 관한 사무
3. 법 제10조에 따른 임의변제에 관한 사무
4. 법 제12조에 따른 조정사건, 중재사건 및 그 밖의 비송사건의 수행·지휘에 관한 사무
5. 제11조에 따른 집행권원 이관 및 집행에 관한 사무 (2021.1.5 본호개정)
6. 제12조에 따른 확정사건의 처리에 관한 사무
7. 제15조에 따른 행정청에 대한 업무실태 확인 및 지도·교육에 관한 사무
8. 제15조의2에 따른 국가송무정보시스템의 구축·운영에 관한 사무

② 행정청의 장은 다음 각 호의 사무를 수행하기 위하여 불가피한 경우 「개인정보 보호법」 제23조에 따른 민감정보나 같은 법 시행령 제19조에 따른 주민등록번호, 여권번호, 운전면허의 면허번호 또는 외국인등록번호가 포함된 자료를 처리할 수 있다.

1. 법 제3조에 따른 국가소송의 수행에 관한 사무
2. 법 제5조에 따른 행정소송의 수행에 관한 사무
3. 법 제10조에 따른 임의변제에 관한 사무
4. 법 제12조에 따른 조정사건, 중재사건 및 그 밖의 비송사건의 수행에 관한 사무
5. 제11조에 따른 집행권원 이관 및 집행에 관한 사무 (2021.1.5 본호개정)
6. 제12조에 따른 확정사건의 처리에 관한 사무
7. 제15조의2에 따른 국가송무정보시스템의 이용에 관한 사무

(2016.11.15 본조개정)

부 칙 (2020.8.5)

제1조【시행일】 이 영은 2020년 12월 28일부터 시행한다.

제2조【계속 사건에 관한 적용례】 이 영은 이 영 시행 당시 법원에 계속 중인 사건에 대해서도 적용한다. 다만, 이 영 시행 전의 소송행위의 효력에는 영향을 미치지 않는다.

부 칙(2021.1.5)

이 영은 공포한 날부터 시행한다.(이하 생략)

증권관련 집단소송법

(2004년 1월 20일
법 률 제7074호)

개정
2005. 3.10법 7387호
2007. 8. 3법 8635호(자본시장금융투자업)
2010. 3.31법10208호
2013. 5.28법11845호(자본시장금융투자업)

제1장 총 칙
(2010.3.31 본장개정)

제1조【목적】 이 법은 증권의 거래과정에서 발생한 집단적인 피해를 효율적으로 구제하고 이를 통하여 기업의 경영투명성을 높이기 위하여 증권관련집단소송에 관하여 「민사소송법」에 대한 특례를 정하는 것을 목적으로 한다.

제2조【정의】 이 법에서 사용하는 용어의 뜻은 다음과 같다.

1. "증권관련집단소송"이란 증권의 매매 또는 그 밖의 거래과정에서 다수인에게 피해가 발생한 경우 그 중의 1인 또는 수인(數人)이 대표당사자가 되어 수행하는 손해배상청구소송을 말한다.
2. "총원"(總員)이란 증권의 매매 또는 그 밖의 거래과정에서 다수인에게 피해가 발생한 경우 그 손해의 보전(補塡)에 관하여 공통의 이해관계를 가지는 피해자 전원을 말한다.
3. "구성원"이란 총원을 구성하는 각각의 피해자를 말한다.
4. "대표당사자"란 법원의 허가를 받아 총원을 위하여 증권관련집단소송 절차를 수행하는 1인 또는 수인의 구성원을 말한다.
5. "제외신고"(除外申告)란 구성원이 증권관련집단소송에 관한 판결 등의 기판력(旣判力)을 받지 아니하겠다는 의사를 법원에 신고하는 것을 말한다.
6. "증권"이란 「자본시장과 금융투자업에 관한 법률」 제4조에 따른 증권을 말한다.

제3조【적용 범위】 ① 증권관련집단소송의 소(訴)는 다음 각 호의 손해배상청구에 한정하여 제기할 수 있다.

1. 「자본시장과 금융투자업에 관한 법률」 제125조에 따른 손해배상청구
2. 「자본시장과 금융투자업에 관한 법률」 제162조(제161조에 따른 주요사항보고서의 경우는 제외한다)에 따른 손해배상청구
3. 「자본시장과 금융투자업에 관한 법률」 제175조, 제177조 또는 제179조에 따른 손해배상청구
4. 「자본시장과 금융투자업에 관한 법률」 제170조에 따른 손해배상청구

② 제1항에 따른 손해배상청구는 「자본시장과 금융투자업에 관한 법률」 제9조제15항제3호에 따른 주권상장법인이 발행한 증권의 매매 또는 그 밖의 거래로 인한 것이어야 한다.

제4조【관할】 증권관련집단소송은 피고의 보통재판적(普通裁判籍) 소재지를 관할하는 지방법원 본원 합의부의 전속관할로 한다.

제5조【소송대리인의 선임】 ① 증권관련집단소송의 원고와 피고는 변호사를 소송대리인으로 선임(選任)하여야 한다.

② 증권관련집단소송의 대상이 된 증권을 소유하거나, 그 증권과 관련된 직접적인 금전적 이해관계가 있는 등의 사유로 이 법에 따른 소송절차에서 소송대리인의 업무를 수행하기에 부적절하다고 판단될 정도로 총원과 이해관계가 충돌되는 자는 증권관련집단소송의 원고측 소송대리인이 될 수 없다.

제6조【「민사소송법」의 적용】 증권관련집단소송에 관하여 이 법에 특별한 규정이 없는 경우에는 「민사소송법」을 적용한다.

제2장 소의 제기 및 허가 절차
(2010.3.31 본장개정)

제7조【소의 제기 및 소송허가 신청】 ① 대표당사자가 되기 위하여 증권관련집단소송의 소를 제기하는 자는 소장(訴狀)과 소송허가신청서를 법원에 제출하여야 한다.

② 증권관련집단소송의 소장에 붙이는 인지액(印紙額)은 「민사소송 등 인지법」 제2조제1항에 따라 산출된 금액의 2분의 1에 같은 조 제2항을 적용한 금액으로 한다. 이 경우 인지액의 상한은 5천만원으로 한다.

③ 증권관련집단소송의 항소심(抗訴審) 및 상고심(上告審)에서의 인지액에 대하여는 「민사소송 등 인지법」 제3조를 준용한다.

④ 법원은 제1항에 따라 소장과 소송허가신청서가 제출된 사실을 「자본시장과 금융투자업에 관한 법률」에 따라 거래소허가를 받은 거래소로서 금융위원회가 지정하는 거래소(이하 "지정거래소"라 한다)에 즉시 통보하여야 하며, 지정거래소는 그 사실을 일반인이 알 수 있도록 공시하여야 한다.(2013.5.28 본항개정)

제8조【소장의 기재사항】 소장에는 다음 각 호의 사항을 적어야 한다.

1. 제7조제1항에 따라 소를 제기하는 자와 그 법정대리인
2. 원고측 소송대리인
3. 피고
4. 청구의 취지와 원인
5. 총원의 범위

제9조【소송허가신청서의 기재사항 및 첨부서류】 ① 소송허가신청서에는 다음 각 호의 사항을 적어야 한다.

1. 제7조제1항에 따라 소를 제기하는 자와 그 법정대리인
2. 원고측 소송대리인
3. 피고
4. 총원의 범위
5. 제7조제1항에 따라 소를 제기하는 자와 원고측 소송대리인의 경력
6. 허가 신청의 취지와 원인
7. 변호사 보수(報酬)에 관한 약정

② 제7조제1항에 따라 소를 제기하는 자는 소송허가신청서에 다음 각 호의 사항을 진술한 문서를 첨부하여야 한다.

1. 해당 증권관련집단소송을 수행하기 위하여 또는 소송대리인의 지시에 따라 해당 증권관련집단소송과 관련된 증권을 취득하지 아니하였다는 사실
2. 최근 3년간 대표당사자로 관여한 증권관련집단소송의 내역

③ 소송허가신청서에는 소송대리인이 다음 각 호의 사항을 진술한 문서를 첨부하여야 한다.

1. 최근 3년간 소송대리인으로 관여한 증권관련집단소송의 내역
2. 제5조제2항에 위반되지 아니한다는 사실

제10조【소 제기의 공고 및 대표당사자의 선임】 ① 법원은 제7조에 따른 소장 및 소송허가신청서를 접수한 날부터 10일 이내에 다음 각 호의 사항을 공고하여야 한다.

1. 증권관련집단소송의 소가 제기되었다는 사실
2. 총원의 범위
3. 청구의 취지 및 원인의 요지
4. 대표당사자가 되기를 원하는 구성원은 공고가 있는 날부터 30일 이내에 법원에 신청서를 제출하여야 한다는 사실

② 제1항에 따른 공고는 전국을 보급지역으로 하는 일간신문에 게재하는 등 대법원규칙으로 정하는 방법으로 한다.

③ 제1항제4호에 따라 대표당사자가 되기를 원하는 구성원은 경력과 신청의 취지를 적은 신청서에 제9조제2항의 문서를 첨부하여 법원에 제출하여야 한다.

④ 법원은 제1항에 따른 공고를 한 날부터 50일 이내에 제7조제1항에 따라 소를 제기하는 자와 제1항제4호에 따라 신청서를 제출한 구성원 중 제11조에 따른 요건을 갖춘 자로서 총원의 이익을 대표하기에 가장 적합한 자를 결정(決定)으로 대표당사자로 선임한다.

⑤ 제4항의 결정에 대하여는 불복할 수 없다.

⑥ 제4항에 따라 대표당사자로 선임된 자는 제7조제1항에 따라 소를 제기하는 자 중 대표당사자로 선임되지 아니한 자가 붙인 인지의 액면금액을 그에게 지급하여야 한다.

제11조【대표당사자 및 소송대리인의 요건】 ① 대표당사자는 구성원 중 해당 증권관련집단소송으로 얻을 수 있는 경제적 이익이 가장 큰 자 등 총원의 이익을 공정하고 적절하게 대표할 수 있는 구성원이어야 한다.

② 증권관련집단소송의 원고측 소송대리인은 총원의 이익을 공정하고 적절하게 대리할 수 있는 자이어야 한다.

③ 최근 3년간 3건 이상의 증권관련집단소송에 대표당사자 또는 대표당사자의 소송대리인으로 관여하였던 자는 증권관련집단소송의 대표당사자 또는 원고측 소송대리인이 될 수 없다. 다만, 여러 사정에 비추어 볼 때 제1항 및 제2항에 따른 요건을 충족하는 데에 지장이 없다고 법원이 인정하는 자는 그러하지 아니하다.

제12조【소송허가 요건】 ① 증권관련집단소송 사건은 다음 각 호의 요건을 갖추어야 한다.

1. 구성원이 50인 이상이고, 청구의 원인이 된 행위 당시를 기준으로 그 구성원이 보유하고 있는 증권의 합계가 피고 회사의 발행 증권 총수의 1만분의 1 이상일 것
2. 제3조제1항 각 호의 손해배상청구로서 법률상 또는 사실상의 중요한 쟁점이 모든 구성원에게 공통될 것
3. 증권관련집단소송이 총원의 권리 실현이나 이익 보호에 적합하고 효율적인 수단일 것
4. 제9조에 따른 소송허가신청서의 기재사항 및 첨부서류에 흠이 없을 것

② 증권관련집단소송의 소가 제기된 후 제1항제1호의 요건을 충족하지 못하게 된 경우에도 제소(提訴)의 효력에는 영향이 없다.

제13조【소송허가 절차】① 대표당사자는 소송허가 신청의 이유를 소명(疎明)하여야 한다.
② 증권관련집단소송의 허가 여부에 관한 재판은 제7조제1항에 따라 소를 제기하는 자와 피고를 심문(審問)하여 결정으로 한다.
③ 법원은 제2항에 따른 재판을 함에 있어서 손해배상청구의 원인이 되는 행위를 감독·검사하는 감독기관으로부터 손해배상청구 원인행위에 대한 기초조사 자료를 제출받는 등 직권으로 필요한 조사를 할 수 있다.
제14조【소송허가 신청이 경합된 경우의 처리】① 동일한 분쟁에 관하여 여러 개의 증권관련집단소송의 소송허가신청서가 동일한 법원에 제출된 경우 법원은 이를 병합심리(併合審理)하여야 한다.
② 동일한 분쟁에 관한 여러 개의 증권관련집단소송의 소송허가신청서가 각각 다른 법원에 제출된 경우 관계 법원에 공통되는 바로 위의 상급법원은 관계 법원이나 제7조제1항에 따라 소를 제기하는 자, 대표당사자 또는 피고의 신청에 의하여 결정으로 이를 심리할 법원을 정한다.
③ 제2항에 따라 여러 개의 증권관련집단소송을 심리할 법원으로 결정된 법원은 이를 병합심리하여야 한다.
④ 법원은 제1항 및 제3항에 따라 병합심리하는 경우에는 제7조제1항에 따라 소를 제기하는 자, 제10조제1항제4호에 따라 신청서를 제출한 구성원 또는 대표당사자들의 의견을 들어 소송을 수행할 대표당사자 및 소송대리인을 정할 수 있다.
⑤ 제2항 및 제4항의 결정에 대하여는 불복할 수 없다.
제15조【소송허가 결정】① 법원은 제3조·제11조 및 제12조의 요건에 적합한 경우에만 결정으로 증권관련집단소송을 허가한다.
② 증권관련집단소송의 허가결정서에는 다음 각 호의 사항을 적고 결정을 한 법관이 기명날인하여야 한다.
1. 대표당사자와 그 법정대리인
2. 원고측 소송대리인
3. 피고
4. 총원의 범위
5. 주문(主文)
6. 이유
7. 청구의 취지 및 원인의 요지
8. 제외신고의 기간과 방법
9. 제16조에 따른 비용의 예납(豫納)에 관한 사항
10. 제1호부터 제9호까지에서 규정한 사항 외에 필요한 사항
③ 법원은 상당하다고 인정할 때에는 결정으로 총원의 범위를 조정(調整)하여 허가할 수 있다.
④ 제1항 및 제3항의 결정에 대하여는 즉시항고(卽時抗告)할 수 있다.
제16조【소송비용의 예납】법원은 제15조제1항에 따른 소송허가 결정을 할 때에는 고지·공고·감정(鑑定) 등에 필요한 비용의 예납을 명하여야 한다.
제17조【소송불허가 결정】① 대표당사자는 증권관련집단소송의 불허가 결정에 대하여 즉시항고할 수 있다.
② 제1항에 따른 불허가 결정이 확정된 때에는 증권관련집단소송의 소가 제기되지 아니한 것으로 본다.
제18조【소송허가 결정의 고지】① 법원은 제15조제1항에 따른 소송허가 결정이 확정되면 지체 없이 다음 각 호의 사항을 구성원에게 고지하여야 한다.
1. 대표당사자와 그 법정대리인의 성명·명칭 또는 상호 및 주소
2. 원고측 소송대리인의 성명·명칭 또는 상호 및 주소
3. 피고의 성명·명칭 또는 상호 및 주소
4. 총원의 범위
5. 청구의 취지 및 원인의 요지
6. 제외신고의 기간과 방법
7. 제외신고를 한 자는 개별적으로 소를 제기할 수 있다는 사실
8. 제외신고를 하지 아니한 구성원에 대하여는 증권관련집단소송에 관한 판결 등의 효력이 미친다는 사실
9. 제외신고를 하지 아니한 구성원은 증권관련집단소송의 계속(繫屬) 중에 법원의 허가를 받아 대표당사자가 될 수 있다는 사실
10. 변호사 보수에 관한 약정
11. 제1호부터 제10호까지에서 규정한 사항 외에 법원이 필요하다고 인정하는 사항
② 제1항에 따른 고지는 구성원 모두에게 주지시킬 수 있는 적당한 방법으로서 대법원규칙으로 정하는 방법으로 하여야 한다.
③ 제1항에 따른 고지 내용은 전국을 보급지역으로 하는 일간신문에 게재하여야 한다.
제19조【소송허가 결정의 통보】① 법원은 제18조제1항 각 호의 사항을 지정거래소에 즉시 통보하여야 한다.
② 제1항에 따른 통보를 받은 지정거래소는 그 내용을 일반인이 알 수 있도록 공시하여야 한다.
(2013.5.28 본조개정)
제20조【복수의 대표당사자의 소송수행】대표당사자가 둘 이상인 경우에는 「민사소송법」 제67조제1항 및 제2항을 준용한다.
제21조【대표당사자에 관한 허가】① 구성원은 증권관련집단소송의 계속 중에 법원의 허가를 받아 대표당사자가 될 수 있다.
② 제1항의 결정에 관하여는 제13조제2항 및 제3항을 준용한다.
③ 제1항의 결정에 대하여는 불복할 수 없다.
제22조【대표당사자의 소송수행 금지】① 법원은 대표당사자가 총원의 이익을 공정하고 적절하게 대표하고 있지 못하거나 그 밖의 중대한 사유가 있을 때에는 직권으로 또는 다른 대표당사자의 신청에 의하여 그 대표당사자의 소송수행을 결정으로 금지할 수 있다.
② 제1항의 결정에 관하여는 제13조제2항 및 제3항을 준용한다.
③ 제1항의 결정에 대하여는 즉시항고할 수 있다.
제23조【대표당사자의 사임】대표당사자는 정당한 이유가 있을 때에는 법원의 허가를 받아 사임(辭任)할 수 있다.
제24조【대표당사자의 결원】① 대표당사자의 전부가 사망 또는 사임하거나 제22조제1항에 따라 소송수행이 금지된 경우에는 소송절차는 중단된다.
② 제1항의 경우 대표당사자가 되려는 구성원은 제21조에 따른 법원의 허가를 받아 중단된 소송절차를 수계(受繼)하여야 한다.
③ 제1항에 따른 소송절차의 중단 후 1년 이내에 수계신청이 없는 때에는 소가 취하(取下)된 것으로 본다.
제25조【대표당사자 변경의 고지】법원은 제21조, 제23조 또는 제24조에 따라 대표당사자가 변경된 경우에는 적절한 방법으로 구성원에게 그 사실을 고지하여야 한다.
제26조【소송대리인의 사임 등】① 증권관련집단소송의 원고측 소송대리인은 정당한 이유가 있을 때에는 법원의 허가를 받아 사임할 수 있다.
② 대표당사자는 상당한 사유가 있을 때에는 법원의 허가를 받아 소송대리인을 해임, 추가 선임 또는 교체할 수 있다.
③ 증권관련집단소송의 원고측 소송대리인 전원이 사망 또는 사임하거나 해임된 경우에는 소송절차는 중단된다.
④ 제3항의 경우 대표당사자는 법원의 허가를 받아 소송대리인을 선임하여 소송절차를 수계하여야 한다.
⑤ 제3항에 따른 소송절차의 중단 후 1년 이내에 수계신청이 없는 때에는 그 증권관련집단소송은 취하된 것으로 본다.
제27조【총원의 범위 변경】① 법원은 필요하다고 인정할 때에는 직권 또는 신청에 의하여 결정으로 총원의 범위를 변경할 수 있다.
② 제1항의 결정에 대하여는 즉시항고할 수 있다.
③ 법원은 제1항의 결정에 의하여 구성원에서 제외되는 자와 새로 구성원이 되는 자에게 결정 내용을 고지하여야 한다. 이 경우 새로 구성원이 되는 자에게는 제18조제1항 각 호의 사항을 함께 고지하여야 한다.
④ 제3항에 따른 고지에 관하여는 제18조제2항 및 제3항을 준용한다.
제28조【제외신고】① 구성원은 제18조제1항 또는 제27조제3항에 따라 고지한 제외신고 기간 내에 서면으로 법원에 제외신고를 할 수 있다.
② 제1항에 따른 제외신고 기간이 끝나기 전에 증권관련집단소송의 목적으로 된 권리와 동일한 권리에 대하여 개별적으로 소를 제기하는 자는 제외신고를 한 것으로 본다. 다만, 제외신고 기간 내에 소를 취하한 경우에는 그러하지 아니하다.
③ 증권관련집단소송의 피고는 제2항에 따라 개별적으로 제기된 소에 관하여 법원에 신고하여야 한다.
④ 법원은 제1항 및 제3항에 따라 신고된 사항을 대표당사자와 피고에게 통지하여야 한다.
제29조【시효중단의 효력】증권관련집단소송의 소 제기로 인한 시효중단의 효력은 다음 각 호의 어느 하나에 해당하는 사유가 발생한 때부터 6개월 이내에 그 청구에 관하여 소가 제기되지 아니한 경우에 소멸한다.
1. 제17조에 따라 소송불허가 결정이 확정된 경우
2. 제27조에 따른 결정에 의하여 구성원에서 제외된 경우
3. 제28조에 따른 제외신고를 한 경우

제3장 소송절차
(2010.3.31 본장개정)

제30조【직권증거조사】법원은 필요하다고 인정할 때에는 직권으로 증거조사를 할 수 있다.
제31조【구성원 및 대표당사자의 신문】법원은 필요하다고 인정할 때에는 구성원과 대표당사자를 신문(訊問)할 수 있다.
제32조【문서제출 명령 등】① 법원은 필요하다고 인정할 때에는 소송과 관련 있는 문서를 가지고 있는 자에게 그 문서의 제출을 명하거나 송부를 촉탁할 수 있다.
② 제1항에 따른 문서제출 명령이나 문서송부 촉탁을 받은 자는 정당한 이유 없이 그 제출이나 송부를 거부할 수 없다. 다만, 다음 각 호의 어느 하나에 해당하는 문서의 경우에는 그러하지 아니하다.
1. 「공공기관의 정보공개에 관한 법률」 제4조제3항 및 제9조제1항 각 호의 사유가 있는 문서
2. 「민사소송법」에 따라 제출을 거부할 수 있는 문서
③ 대표당사자와 피고는 법원에 제1항에 따른 문서제출 명령 등을 신청할 수 있다.
제33조【증거보전】법원은 미리 증거조사를 하지 아니하면 그 증거를 사용하기 곤란한 사정이 있지 아니한 경우에도 필요하다고 인정할 때에는 당사자의 신청에 의하여 증거조사를 할 수 있다.
제34조【손해배상액의 산정】① 손해배상액의 산정에 관하여 「자본시장과 금융투자업에 관한 법률」이나 그 밖의 다른 법률에 규정이 있는 경우에는 그에 따른다.
② 법원은 제1항에 따르거나 증거조사를 통하여도 정확한 손해액을 산정하기 곤란한 경우에는 여러 사정을 고려하여 표본적·평균적·통계적 방법 또는 그 밖의 합리적인 방법으로 손해액을 정할 수 있다.
제35조【소 취하, 화해 또는 청구 포기의 제한】① 증권관련집단소송의 경우 소의 취하, 소송상의 화해 또는 청구의 포기는 법원의 허가를 받지 아니하면 그 효력이 없다.
② 법원은 제1항에 따라 소의 취하, 소송상의 화해 또는 청구의 포기의 허가에 관한 결정을 하려는 경우에는 미리 구성원에게 이를 고지하여 의견을 진술할 기회를 주어야 한다.
③ 제2항에 따른 고지에 관하여는 제18조제2항 및 제3항을 준용한다.
④ 증권관련집단소송에 관하여는 「민사소송법」 제268조를 적용하지 아니한다.
제36조【판결서의 기재사항 등】① 판결서에는 「민사소송법」 제208조제1항 각 호의 사항 외에 다음 각 호의 사항을 적어야 한다.
1. 원고측 소송대리인과 피고측 소송대리인
2. 총원의 범위
3. 제외신고를 한 구성원
② 법원은 금전 지급의 판결을 선고할 때에는 여러 사정을 고려하여 지급의 유예, 분할지급 또는 그 밖의 적절한 방법에 의한 지급을 허락할 수 있다.
③ 법원은 판결의 주문과 이유의 요지를 구성원에게 고지하여야 한다.
④ 제3항에 따른 고지에 관하여는 제18조제2항 및 제3항을 준용한다.
제37조【기판력의 주관적 범위】확정판결은 제외신고를 하지 아니한 구성원에 대하여도 그 효력이 미친다.
제38조【상소 취하 및 상소권 포기의 제한】① 상소의 취하 또는 상소권의 포기에 관하여는 제35조를 준용한다.
② 대표당사자가 정하여진 기간 이내에 상소하지 아니한 경우에는 상소제기 기간이 끝난 때부터 30일 이내에 구성원이 법원의 허가를 받아 상소를 목적으로 하는 대표당사자가 될 수 있다.
③ 제2항에 따라 대표당사자가 된 자의 상소는 법원의 허가를 받은 날부터 2주 이내에 제기하여야 한다.

제4장 분배절차
(2010.3.31 본장개정)

제39조【분배법원】이 장의 규정에 따른 분배에 관한 법원의 처분·감독 및 협력 등은 제1심 수소법원(受訴法院)의 전속관할로 한다.
제40조【권리실행】① 대표당사자는 집행권원(執行權原)을 취득하였을 때에는 지체 없이 그 권리를 실행하여야 한다.
② 대표당사자는 권리실행으로 금전 등을 취득한 경우에는 대법원규칙으로 정하는 바에 따라 보관하여야 한다.
③ 대표당사자는 권리실행이 끝나면 그 결과를 법원에 보고하여야 한다.
제41조【분배관리인의 선임】① 법원은 직권으로 또는 대표당사자의 신청에 의하여 분배관리인을 선임하여야 한다.
② 제1항에 따른 분배관리인(이하 “분배관리인”이라 한다)은 법원의 감독하에 권리실행으로 취득한 금전 등의 분배업무를 수행한다.
③ 법원은 분배관리인이 분배업무를 적절히 수행하지 못하거나 그 밖의 중대한 사유가 있을 때에는 직권 또는 신청에 의하여 분배관리인을 변경할 수 있다.
제42조【분배계획안의 작성】① 분배관리인은 법원이 정한 기간 이내에 분배계획안을 작성하여 법원에 제출하여야 한다.
② 제1항에 따른 분배계획안(이하 “분배계획안”이라 한다)에는 다음 각 호의 사항을 적어야 한다.
1. 총원의 범위와 채권의 총액
2. 집행권원의 표시금액, 권리실행금액 및 분배할 금액
3. 제44조제1항에 따른 공제항목과 그 금액
4. 분배의 기준과 방법
5. 권리신고의 기간·장소 및 방법
6. 권리의 확인방법
7. 분배금의 수령기간, 수령장소 및 수령방법

8. 제1호부터 제7호까지에서 규정한 사항 외에 필요하다고 인정되는 사항

제43조【분배의 기준 등】 ① 분배의 기준은 판결 이유 중의 판단이나 화해조서 또는 인낙조서(認諾調書)의 기재내용에 따른다.
② 권리신고 기간 내에 신고하여 확인된 권리의 총액이 분배할 금액을 초과하는 경우에는 안분비례(按分比例)의 방법으로 분배한다.

제44조【분배에서 제외하는 비용 등】 ① 분배관리인은 권리실행으로 취득한 금액에서 다음 각 호의 비용을 공제할 수 있다.
1. 소송비용 및 변호사 보수
2. 권리실행 비용
3. 분배비용(분배관리인에게 지급하는 것이 타당하다고 인정되는 액수의 보수를 포함한다)
② 분배관리인은 제46조제1항에 따른 분배계획안의 인가를 받기 전에 제1항제1호부터 제3호까지의 비용을 지급하려면 법원의 허가를 받아야 한다.
③ 법원은 분배관리인, 대표당사자 또는 구성원이 신청한 경우에는 소송의 진행과정 및 결과 등 여러 사정을 고려하여 제1항제1호의 변호사 보수를 감액할 수 있다. 이 경우 법원은 신청인과 대표당사자의 소송대리인을 심문하여야 한다.
④ 제3항의 신청은 제46조제1항에 따른 분배계획안의 인가 전까지 하여야 한다.
⑤ 제3항에 따른 결정에 대하여는 즉시항고를 할 수 있다.

제45조【금액이 비용을 지급하기에 부족한 경우】 ① 법원은 권리실행으로 취득한 금액이 제44조제1항 각 호의 비용을 지급하기에 부족한 경우에는 분배하지 아니한다는 결정을 하여야 한다.
② 제1항의 결정이 있는 경우 분배관리인은 법원의 허가를 받아 권리실행한 금액을 적절한 방법으로 제44조제1항 각 호의 비용에 분배하여야 한다.

제46조【분배계획안의 인가】 ① 법원은 분배계획안이 공정하며 형평에 맞다고 인정되면 결정으로 이를 인가하여야 한다.
② 법원은 상당하다고 인정할 때에는 직권으로 분배계획안을 수정하여 인가할 수 있다. 이 경우 법원은 미리 분배관리인을 심문하여야 한다.
③ 제1항 및 제2항의 결정에 대하여는 불복할 수 없다.

제47조【분배계획의 고지】 법원은 분배계획을 인가하였을 때에는 적절한 방법으로 다음 각 호의 사항을 구성원에게 고지하여야 한다.
1. 집행권원의 요지
2. 분배관리인의 성명 및 주소
3. 분배계획의 요지

제48조【분배계획의 변경】 ① 법원은 상당한 이유가 있다고 인정할 때에는 직권으로 또는 분배관리인의 신청에 의하여 결정으로 분배계획을 변경할 수 있다.
② 제1항의 결정에 대하여는 불복할 수 없다.
③ 법원은 분배계획을 변경하는 경우 필요하다고 인정하면 적절한 방법으로 변경의 내용을 구성원에게 고지하여야 한다.

제49조【권리의 신고와 확인】 ① 구성원은 분배계획에서 정하는 바에 따라 권리신고 기간 내에 분배관리인에게 권리를 신고하여야 한다.
② 구성원은 책임 없는 사유로 권리신고 기간 내에 신고를 하지 못한 경우에는 그 사유가 종료된 후 1개월이 지나기 전에 신고할 수 있다. 다만, 제53조에 따른 공탁금의 출급청구 기간이 끝나기 전에 신고하여야 한다.
③ 분배관리인은 신고된 권리를 확인하여야 한다.
④ 분배관리인은 권리신고를 한 자 및 피고에게 권리확인의 결과를 통지하여야 한다.

제50조【권리확인에 관한 이의】 ① 권리신고를 한 자 또는 피고는 분배관리인의 권리확인에 이의가 있을 때에는 제49조제4항에 따른 확인 결과를 통지받은 날부터 2주일 이내에 법원에 그 권리의 확인을 구하는 신청을 할 수 있다.
② 법원은 제1항의 신청에 대하여 결정으로 재판하여야 한다.
③ 제2항의 결정에 대하여는 불복할 수 없다.

제51조【잔여금의 공탁】 분배관리인은 분배금의 수령기간이 지난 후 남은 금액이 있을 때에는 지체 없이 이를 공탁하여야 한다.

제52조【분배보고서】 ① 분배관리인은 분배금의 수령기간이 지난 후 분배보고서를 법원에 제출하여야 한다.
② 제1항에 따른 분배보고서에는 다음 각 호의 사항을 적어야 한다.
1. 권리신고를 한 자의 성명, 주소 및 신고금액
2. 권리가 확인된 자 및 확인금액
3. 분배받은 자 및 분배금액
4. 남은 금액
5. 제1호부터 제4호까지에서 규정한 사항 외에 필요한 사항
③ 분배보고서는 이해관계인이 열람할 수 있도록 제56조 본문에 따른 기간이 지날 때까지 법원에 갖추어 두어야 한다.

제53조【수령기간 경과 후의 지급】 권리가 확인된 구성원으로서 분배금의 수령기간 내에 분배금을 수령하지 아니한 자 또는 신고기간이 지난 후에 권리를 신고하여 권리를 확인받은 자는 수령기간이 지난 후 6개월까지만 공탁금의 출급을 청구할 수 있다.

제54조【분배종료보고서】 ① 분배관리인은 제53조에 따른 공탁금의 출급청구 기간이 끝나면 지체 없이 법원에 분배종료보고서를 제출하여야 한다.
② 제1항에 따른 분배종료보고서에는 다음 각 호의 사항을 적어야 한다.
1. 수령기간이 지난 후에 분배금을 받은 자의 성명, 주소 및 분배금액
2. 지급한 분배금의 총액
3. 남은 금액의 처분 내용
4. 분배비용
5. 제1호부터 제4호까지에서 규정한 사항 외에 필요한 사항
③ 분배종료보고서에 관하여는 제52조제3항을 준용한다.

제55조【잔여금의 처분】 법원은 제54조제1항에 따른 분배종료보고서가 제출된 경우 남은 금액이 있을 때에는 직권으로 또는 피고의 출급청구에 의하여 이를 피고에게 지급한다.

제56조【분배관리인에 대한 손해배상청구권】 분배관리인의 직무상 행위에 관한 손해배상청구권은 분배종료보고서를 제출한 날부터 2년이 지나면 소멸한다. 다만, 분배관리인의 부정행위로 인한 손해배상청구권인 경우에는 그러하지 아니하다.

제57조【금전 외의 물건의 분배】 ① 권리의 실행으로 취득한 금전 외의 물건을 분배하는 경우에는 그 성질에 반하지 아니하는 범위에서 금전에 준하여 분배한다.
② 분배관리인은 법원의 허가를 받아 권리의 실행으로 취득한 금전 외의 물건의 전부 또는 일부를 금전으로 환산하여 분배할 수 있다.

제58조【추가 분배】 제54조제1항에 따른 분배종료보고서가 제출된 후에 새로 권리실행이 가능하게 된 경우의 분배절차에 관하여는 제39조부터 제57조까지의 규정을 준용한다.

제5장 시행규칙
(2010.3.31 본장개정)

제59조【대법원규칙】 이 법 시행에 필요한 사항은 대법원규칙으로 정한다.

제6장 벌 칙
(2010.3.31 본장개정)

제60조【배임수재】 ① 제7조제1항에 따라 증권관련집단소송의 소를 제기하는 자, 대표당사자, 원고측 소송대리인 또는 분배관리인이 그 직무에 관하여 부정한 청탁을 받고 금품 또는 재산상의 이익을 수수(收受)·요구 또는 약속한 경우에는 다음 각 호의 구분에 따라 처벌한다.
1. 수수·요구 또는 약속한 금품 또는 재산상의 이익의 가액(이하 "수수액"이라 한다)이 1억원 이상인 경우 : 무기 또는 10년 이상의 유기징역에 처하되, 수수액에 상당하는 금액 이하의 벌금을 병과(倂科)할 수 있다.
2. 수수액이 3천만원 이상 1억원 미만인 경우 : 5년 이상의 유기징역에 처하되, 수수액에 상당하는 금액 이하의 벌금을 병과할 수 있다.
3. 수수액이 3천만원 미만인 경우 : 7년 이하의 징역 또는 1억원 이하의 벌금에 처한다.
② 제7조제1항에 따라 증권관련집단소송의 소를 제기하는 자, 대표당사자, 원고측 소송대리인 또는 분배관리인이 그 직무에 관하여 부정한 청탁을 받고 제3자에게 금품 또는 재산상의 이익을 공여하게 하거나 공여하게 할 것을 요구 또는 약속한 경우에도 제1항과 같은 형에 처한다.
③ 제1항 및 제2항의 죄에 대하여는 10년 이하의 자격정지를 병과할 수 있다.

제61조【배임증재 등】 ① 제7조제1항에 따라 증권관련집단소송의 소를 제기하는 자, 대표당사자, 원고측 소송대리인 또는 분배관리인에게 그 직무에 관하여 부정한 청탁을 하고 금품 또는 재산상의 이익을 약속 또는 공여한 자나 공여의 의사를 표시한 자는 7년 이하의 징역 또는 1억원 이하의 벌금에 처한다.
② 제1항의 행위에 제공할 목적으로 제3자에게 금품을 교부하거나 그 정을 알면서 교부받은 자도 제1항과 같은 형에 처한다.

제62조【몰수·추징】 제60조 및 제61조의 죄를 범한 자 또는 그 정을 아는 제3자가 취득한 금품 또는 재산상의 이익은 몰수하며, 몰수할 수 없을 때에는 그 가액을 추징(追徵)한다.

제63조【과태료】 다음 각 호의 어느 하나에 해당하는 자에게는 3천만원 이하의 과태료를 부과한다.
1. 제9조제1항제4호의 내용을 거짓으로 적은 자
2. 제9조제2항 또는 제3항의 문서를 거짓으로 작성하여 첨부한 자
3. 정당한 이유 없이 제32조제2항에 따른 문서제출 명령 또는 문서송부 촉탁을 거부한 자

부 칙

① **【시행일】** 이 법은 2005년 1월 1일부터 시행한다.
② **【적용례】** 이 법은 이 법 시행후 최초로 행하여진 행위로 인한 손해배상청구부터 적용한다. 이 경우 제3조제1항제1호 및 제2호의 규정에 따른 손해배상청구의 원인이 되는 행위는 허위의 기재 또는 표시를 하거나 중요한 사항을 기재 또는 표시하지 아니하고 「증권거래법」 제8조·제12조, 제186조의2 또는 제186조의3의 규정에 따라 유가증권신고서, 사업설명서, 사업보고서, 반기보고서 또는 분기보고서(이하 "유가증권신고서등"이라 한다)를 이 법 시행 후 최초로 금융감독위원회 또는 한국증권선물거래소에 제출하거나 일반인에게 공람하게 하는 행위를 말한다.(2005.3.10 후단신설)
③ **【자산총액 2조원 미만인 법인에 대한 적용례】** 이 법 시행일을 기준으로 직전 사업연도말 현재 자산총액이 2조원 미만인 증권거래법 제2조제13항제3호의 규정에 의한 주권상장법인 또는 동법 제2조제15항의 규정에 의한 협회등록법인이 발행한 유가증권의 매매 그 밖의 거래로 인한 손해배상청구로서 제3조제1항제1호·제2호 및 제4호의 규정에 의한 손해배상청구에 대하여는 2007년 1월 1일 이후 최초로 행하여진 행위로 인한 손해배상청구분부터 이 법을 적용한다.
④ **【과거 회계처리기준위반에 대한 적용특례】** 부칙 제2항 및 제3항의 규정에 불구하고 손해배상청구의 원인이 된 행위가 다음 각 호에 해당하는 경우에는 이 법을 적용하지 아니한다.
1. 이 법 시행일 전에 결산일이 도래한 사업연도의 재무제표에 회계처리기준(「주식회사의 외부감사에 관한 법률」 제13조의 규정에 따른 기준을 말한다)을 위반하여 금액 등의 과대 계상, 과소 계상 또는 누락이 있을 것
2. 제1호의 규정의 금액 등이 이 법 시행 후 재무제표 작성 시 그대로 반영되어 변동이 없거나 과대 계상된 금액 등의 감소, 과소 계상된 금액 등의 증가 또는 누락된 금액 등의 계상 등 실질에 맞는 방향으로 이루어질 것
3. 제2호에 해당하는 금액 등을 2006년 12월 31일까지 결산일이 도래하는 사업연도의 재무제표에 포함하여 유가증권신고서등을 「증권거래법」 제8조·제12조·제186조의2 또는 제186조의3의 규정에 따라 금융감독위원회 또는 한국증권선물거래소에 제출하거나 일반인에게 공람하게 하는 행위일 것
(2005.3.10 본항신설)
⑤ **【감사인의 손해배상책임에 대한 적용특례】** 부칙 제2항 및 제3항의 규정에 불구하고 제4항의 규정에 따라 이 법이 적용되지 않는 부분에 대한 감사인의 손해배상책임에 대하여는 이 법을 적용하지 아니한다.
(2005.3.10 본항신설)

부 칙 (2013.5.28)

제1조【시행일】 이 법은 공포 후 3개월이 경과한 날부터 시행한다.(이하 생략)

증권관련집단소송규칙

(2004년 12월 29일
대법원규칙 제1916호)

제1조【목적】 이 규칙은 증권관련집단소송법(이하 "법"이라 한다)이 대법원규칙에 위임한 사항, 그 밖에 증권관련집단소송절차에 관하여 필요한 사항을 정하는 것을 목적으로 한다.

제2조【민사소송규칙의 적용】 증권관련집단소송에 관하여 이 규칙에 특별한 규정이 없는 경우에는 민사소송규칙을 적용한다.

제3조【소의 제기 및 소송허가신청의 방법】 소장과 소송허가신청서는 별개의 서면으로 작성·제출하여야 한다.

제4조【공고비용의 예납】 ① 법 제7조제1항의 규정에 의하여 소를 제기하는 자는 법 제10조제1항의 공고에 필요한 비용을 예납하여야 한다.
② 법 제7조제1항의 규정에 의하여 소송을 제기하는 자가 제1항의 규정에 의한 공고비용을 예납하지 않는 경우에는 재판장은 즉시 5일 이내의 기간을 정하여 공고비용을 예납할 것을 명하여야 한다.
③ 법 제7조 제1항의 규정에 의하여 소를 제기하는 자가 제2항의 기간 이내에 공고비용을 예납하지 아니한 때에는 재판장은 명령으로 소장 및 소송허가신청서를 각하할 수 있다.
④ 제3항의 명령에 대하여는 즉시항고할 수 있다.

제5조【증권관련집단소송에의 관여】 ① 법 제9조제2항·제3항 또는 제11조제3항의 규정에 의한 최근 3년간 관여한 증권관련집단소송은 소의 제기일부터 역산하여 3년 이내에 대표당사자 또는 대표당사자의 소송대리인으로 선임된 증권관련집단소송으로 한다.
② 증권관련집단소송의 대표당사자, 대표당사자의 소송대리인으로 선임된 자는 그 후 소송수행금지·사임·변경·해임·교체 등의 사정이 발생한 경우에도 최초 선임된 시점에 그 증권관련집단소송에 관여한 것으로 본다.

제6조【소제기의 공고】 ① 법 제10조제1항의 규정에 의한 공고는 전국을 보급지역으로 하는 일간신문에 게재함으로써 한다.
② 법원서기관·법원사무관·법원주사 또는 법원주사보(이하 "법원사무관등"이라 한다)는 공고한 날짜와 방법을 기록에 표시하여야 한다.

제7조【대표당사자 선임을 위한 심문】 법원은 법 제10조제4항의 규정에 의한 대표당사자 선임결정을 함에 있어 법 제7조제1항의 규정에 의하여 소를 제기하는 자와 법 제10조제1항제4호의 규정에 의하여 신청서를 제출한 구성원을 심문하여야 한다.

제8조【소송허가절차에서의 대표당사자 심문】 법원은 법 제13조제2항의 규정에 의한 심문을 함에 있어 법 제7조제1항에 의하여 소를 제기하는 자 이외의 자가 대표당사자로 선임된 경우에는 그 대표당사자를 심문할 수 있다.

제9조【심리할 법원지정의 신청 등】 ① 법 제14조제2항의 규정에 의하여 심리할 법원지정을 신청하는 때에는 그 사유를 적은 신청서를 공통되는 직근상급법원에 제출하여야 한다.
② 신청서를 제출받은 법원은 소송이 계속된 법원과 법 제7조제1항의 규정에 의하여 소를 제기한 자, 법 제10조제1항제4호의 규정에 의하여 신청서를 제출한 구성원, 대표당사자 및 피고에게 그 취지를 통지하여야 한다.

제10조【심리할 법원지정신청에 대한 처리】 ① 법 제14조제2항의 규정에 의한 신청을 받은 법원은 그 신청에 정당한 이유가 있다고 인정하는 때에는 심리할 법원을 지정하는 결정을, 이유가 없다고 인정하는 때에는 신청을 기각하는 결정을 하여야 한다.
② 제1항의 결정을 한 경우에는 소송이 계속된 법원과 법 제7조제1항의 규정에 의하여 소를 제기한 자, 법 제10조제1항제4호의 규정에 의하여 신청서를 제출한 구성원, 대표당사자 및 피고에게 그 결정정본을 송달하여야 한다.
③ 소송이 계속된 법원이 직근상급법원으로부터 다른 법원을 심리할 법원으로 지정하는 결정정본을 송달받은 때에는, 그 법원의 법원사무관등은 바로 그 결정정본과 소송기록을 지정된 법원에 보내야 한다.

제11조【소송절차의 정지】 법 제14조제2항의 규정에 의한 심리할 법원지정신청이 있는 때에는 그 신청에 대한 결정이 있을 때까지 소송절차를 정지하여야 한다. 다만, 긴급한 필요가 있는 행위를 하는 경우에는 그러하지 아니하다.

제12조【병합사건의 대표당사자 및 소송대리인 지정의 효력】 ① 법 제14조제4항의 규정에 의하여 소송을 수행할 대표당사자 및 소송대리인으로 지정된 자는 병합된 사건 전체의 대표당사자 및 소송대리인이 된다.
② 제1항의 경우 다른 대표당사자 및 소송대리인은 그 지위를 상실한다.

제13조【소송비용 예납명령】 ① 법 제16조의 규정에 의한 소송비용의 예납은 소송허가결정이 확정된 날부터 상당한 기간으로 정하여 명하여야 한다.
② 대표당사자가 제1항의 예납명령을 이행하지 아니한 때에는 법원은 소송허가결정을 취소하고 소송불허가결정을 할 수 있다.
③ 법원은 전자통신매체를 이용하여 제2항의 결정을 공고하여야 하고, 법원사무관등은 공고한 날짜와 방법을 기록에 표시하여야 한다.
④ 제2항의 결정에 대하여는 즉시항고할 수 있다.

제14조【소송허가 여부 결정의 송달】 소송허가결정·소송불허가결정 및 제13조제2항의 규정에 의한 결정은 대표당사자 및 피고에게 그 결정등본을 송달하여야 한다.

제15조【소송허가결정의 구성원에 대한 고지】 ① 법 제18조제2항의 규정에 의한 구성원에 대한 고지는 우편법 제14조제1항제1호의 규정에 의한 통상우편을 발송함으로써 한다. 다만, 법원은 우편물발송 대행업체에 위 발송업무를 위탁할 수 있다.
② 법원은 대표당사자, 피고 또는 증권예탁원, 한국증권거래소, 한국증권업협회 등에게 법원이 지정하는 방법에 따라 구성원의 성명 및 주소가 입력된 전자파일의 제출을 요구할 수 있다.
③ 합리적 노력에 의하여도 주소 등을 확인할 수 없는 구성원에 대하여는 제1항의 규정에 불구하고 법 제18조제3항의 규정에 의한 일간신문 게재로 구성원에 대한 고지를 한 것으로 본다.
④ 법원사무관등은 고지한 날짜와 방법을 기록에 표시하여야 한다.

제16조【대표당사자 허가신청】 법 제21조의 규정에 의하여 대표당사자가 되기를 원하는 구성원은 경력과 신청의 취지를 기재한 신청서에 법 제9조제2항 각호의 문서를 첨부하여 법원에 제출하여야 한다.

제17조【대표당사자 변경의 고지방법】 ① 법 제25조의 규정에 의한 고지는 전자통신매체를 이용하여 공고함으로써 한다.
② 법원사무관등은 공고한 날짜와 방법을 기록에 표시하여야 한다.

제18조【소송대리인의 변경】 ① 법 제26조제2항의 규정에 의하여 새로운 소송대리인을 선임하고자 하는 대표당사자는 법원에 다음 각호의 사항을 기재한 허가신청서를 제출하여야 한다.
1. 소송대리인의 성명·명칭 또는 상호 및 주소
2. 소송대리인의 경력
3. 변호사 보수에 관한 약정
② 제1항의 규정에 의한 신청서에는 법 제9조제3항 각호의 서류를 첨부하여야 한다.

제19조【총원의 범위 변경신청】 ① 법 제27조제1항의 규정에 의하여 총원의 범위의 변경을 구하는 대표당사자 또는 피고는 신청의 취지와 이유를 기재한 신청서를 제출하여야 한다.
② 법원이 총원의 범위를 변경하는 결정을 하는 경우에는 대표당사자와 피고를 심문하여야 한다.

제20조【구성원의 신문】 법 제31조의 규정에 의한 구성원에 대한 신문은 당사자신문에 관한 민사소송법 제367조 내지 제373조의 규정을 준용한다.

제21조【증거보전】 ① 법 제33조의 규정에 의한 증거보전신청은 법 제7조제1항의 규정에 의하여 대표당사자가 되기 위하여 소를 제기하거나 제기할 자도 신청할 수 있다.
② 법원은 법 제33조의 규정에 의한 신청이 있는 경우 증거조사를 할 필요성이 있는지에 관하여 신청인을 심문하여야 한다.

제22조【화해 등의 허가신청】 ① 법 제35조제1항의 소의 취하, 소송상의 화해 또는 청구의 포기(이하 "화해 등"이라고 한다)에 대한 허가를 받고자 하는 당사자는 법원에 허가신청서를 제출하여야 한다.
② 제1항의 허가신청서에는 대표당사자, 대표당사자의 소송대리인, 피고 및 화해 등에 관여한 제3자 사이의 화해 등에 관련된 일체의 합의내용을 기재한 서면을 첨부하여야 한다.
③ 법원은 법 제35조제2항의 규정에 의한 고지 전에도 당사자를 심문하거나 직권으로 필요한 조사를 할 수 있다.

제23조【화해 등의 고지】 ① 법 제35조제2항의 규정에 의한 고지는 다음 각호의 사항을 포함하여야 한다.
1. 총원의 범위
2. 화해 등의 이유
3. 원고측에 지급될 총 금액 및 증권당 금액
4. 변호사 보수
5. 분배의 기준 및 방법
6. 제24조제1항의 규정에 의한 심문의 일시 및 장소
7. 원고측 소송대리인의 주소·연락처 및 문의방법
② 민사소송법 제225조의 규정에 의한 화해권고결정, 민사조정법 제28조의 규정에 의한 조정의 성립, 제30조의 규정에 의한 조정에 갈음하는 결정을 하는 경우에는 법 제35조제2항·제3항의 규정을 준용한다.

제24조【화해 등 허가 여부 결정】 ① 법원은 화해 등의 허가 여부를 결정하기 위하여 당사자를 심문하여야 한다.
② 구성원은 서면으로 의견을 제출하거나 심문기일에 출석하여 의견을 진술할 수 있다.

제25조【소송허가결정 확정전의 화해 등 허가신청】 ① 당사자는 소송허가결정 확정 전에도 제22조의 규정에 의하여 구성원에게 효력을 미치기 위한 화해 등 허가신청을 할 수 있다.
② 법원은 제1항의 경우 법 제35조제2항의 규정에 의한 고지를 법 제18조제1항의 규정에 의한 소송허가결정의 고지와 동시에 하여야 한다. 다만, 화해 등에 대한 허가 여부 결정은 소송허가결정에서 정한 제외신고의 기간이 경과된 후에 하여야 한다.

제26조【양쪽 당사자가 출석하지 아니한 경우의 절차】 양쪽 당사자가 변론준비기일 또는 변론기일에 출석하지 아니하거나 출석하였다 하더라도 변론하지 아니한 때에는 재판장은 다시 변론준비기일 또는 변론기일을 정할 수 있다.

제27조【상소를 목적으로 하는 대표당사자】 법 제38조제2항의 규정에 의한 대표당사자의 허가에 관하여는 제16조를 준용한다.

제28조【소송비용액확정결정에 의한 권리실행】 대표당사자는 민사소송법 제110조의 규정에 의하여 소송비용액의 확정결정을 받을 수 있는 때에는 그 확정결정을 받아 권리를 실행하여야 한다.

제29조【대표당사자의 금전 등 보관】 ① 대표당사자가 권리실행으로 금전을 취득한 경우에는 법원보관금취급규칙이 정하는 바에 따라 보관하여야 한다.
② 대표당사자가 권리실행으로 금전 외의 물건을 취득한 경우에는 그 보관방법에 관하여 법원의 허가를 받아야 한다.

제30조【권리실행의 결과보고】 대표당사자는 법 제40조제3항의 규정에 의하여 법원에 권리실행 결과보고를 할 때에는 다음 각호의 사항을 기재한 결과보고서 및 자료를 제출하여야 한다.
1. 집행권원의 표시
2. 권리실행의 방법
3. 권리실행으로 취득한 금전 등의 종류·수량 및 보관방법
4. 집행권원 중 집행이 완료되지 아니한 부분
5. 기타 필요한 사항

제31조【분배관리인의 선임 및 변경】 ① 법 제41조제1항·제3항의 규정에 의한 분배관리인의 선임·변경신청은 신청의 취지와 이유를 기재한 서면으로 하여야 한다.
② 법원은 분배업무를 공정하고 공평하게 효율적으로 관리할 수 있는 자를 분배관리인으로 선임하거나 변경하여야 한다.
③ 법원은 기간을 정하여 분배관리인에게 분배계획안을 제출할 것을 명하여야 한다. 위 명령은 분배관리인의 선임·변경 결정과 동시에 할 수 있다.

제32조【수인의 분배관리인의 직무집행】 ① 분배관리인이 수인인 경우에는 공동으로 그 직무를 행한다. 다만, 법원의 허가를 받아 직무를 분장할 수 있다.
② 분배관리인이 수인인 경우 분배관리인에 대한 의사표시는 그 중 1인에 대하여 할 수 있다.

제33조【분배관리인의 금전 등 보관】 ① 법 제41조제1항·제3항의 규정에 의하여 분배관리인이 선임되거나 변경된 경우 대표당사자 및 변경전 분배관리인은 보관중인 금전 등을 선임되거나 변경된 분배관리인에게 즉시 인계하여야 한다.
② 분배관리인의 금전 등 보관방법에 관하여는 제29조를 준용한다.

제34조【분배계획안의 작성·제출 및 공고】 ① 권리실행으로 금전을 취득한 경우 분배관리인은 분배계획안에 권리실행금에 대한 이자의 귀속 및 처분에 관한 사항을 포함하여야 한다.
② 분배계획안에는 소송비용 및 권리실행비용을 지출하였음을 소명할 수 있는 자료를 첨부하여야 한다.
③ 법원은 전자통신매체를 이용하여 분배계획안을 공고하여야 하고, 법원사무관등은 공고한 날짜와 방법을 기록에 표시하여야 한다.

제35조【분배에서 제외하는 비용 등】 ① 법 제44조제1항제1호의 소송비용은 민사소송비용법에 의하여 산정된 소송비용으로 한다.
② 법 제44조제2항의 규정에 의한 분배계획 인가전 비용지급 허가신청은 취지와 이유를 기재한 서면으로 하여야 한다.

제36조【변호사 보수의 감액】 ① 법 제44조제3항의 규정에 의한 변호사 보수 감액 신청은 취지와 이유를 기재한 서면으로 하여야 한다.
② 법원은 변호사 보수를 감액함에 있어서 다음 사항을 고려하여야 한다.
1. 변호사 보수에 관한 약정
2. 소송의 소요기간 및 사안의 난이도
3. 승소금액·권리실행금액·구성원에게 분배되는 금액

4. 소송대리인의 변론 내용
5. 소송대리인이 변론준비 및 변론에 투입한 시간
6. 그 밖에 변호사 보수의 적정성을 판단하기 위하여 필요한 사항

③ 제2항제5호의 사항을 판단하기 위하여 필요한 자료는 대표당사자의 소송대리인이 제출하거나 법원이 그 제출을 요구할 수 있다.

제37조【분배하지 아니하는 결정】 ① 분배관리인은 권리실행으로 취득한 금액이 법 제44조제1항 각호의 비용의 지급에 부족하다고 판단되는 경우에도 분배계획안을 작성·제출하여야 한다. 다만, 이 경우에 분배계획안에는 법 제42조제2항제4호 내지 제7호의 기재를 생략할 수 있다.

② 법원은 법 제46조제2항의 규정에 의하여 분배계획안의 내용을 수정하더라도 권리실행으로 취득한 금액이 법 제44조제1항 각호의 비용을 지급하기에 부족하다고 판단하는 경우에 한하여 분배하지 아니한다는 결정을 할 수 있다.

제38조【분배계획 및 변경의 고지방법】 ① 법 제47조 및 제48조제3항의 규정에 의한 고지는 전자통신매체를 이용하여 공고함으로써 한다.

② 법원사무관등은 공고한 날짜와 방법을 기록에 표시하여야 한다.

제39조【권리신고】 법 제49조제1항 및 제2항의 규정에 의한 권리신고에는 다음 각호의 사항을 기재하여야 하고, 권리확인에 필요한 자료를 첨부하여야 한다.

1. 권리신고인의 성명 및 주소(전자우편주소 포함)
2. 권리신고의 내용
3. 분배액을 송금받기 위한 금융기관 등의 계좌번호

제40조【분배관리인의 소송기록 열람·복사】 분배관리인은 권리확인을 위하여 필요한 경우 법원에 보관된 소송기록을 열람 및 복사할 수 있다.

제41조【분배관리인의 권리확인】 ① 법 제49조제4항의 규정에 의한 권리확인의 결과에는 다음 각호의 사항이 포함되어야 한다.

1. 권리신고인의 성명 및 주소
2. 권리신고의 내용
3. 권리확인의 내용
4. 권리확인에 이의가 있는 때에는 그 통지를 받은 날부터 2주일 이내에 법원에 그 권리의 확인을 구하는 신청을 할 수 있다는 취지

② 법 제49조제4항의 규정에 의한 권리확인의 결과 통지는 권리신고를 한 자 및 피고가 그 통지를 수령한 일자를 확인할 수 있는 방법에 의하여야 한다.

제42조【법원에 대한 권리확인신청】 ① 법 제50조제1항의 규정에 의한 권리확인신청은 신청의 취지와 이유를 기재한 서면으로 하여야 한다.

② 제1항의 신청서에는 분배관리인으로부터 통지받은 권리확인의 결과 및 권리확인에 필요한 자료를 첨부하여야 한다.

제43조【법원의 권리확인】 ① 법원은 권리확인을 위하여 필요한 때에는 권리신고를 한 자, 피고 또는 분배관리인을 심문하거나 직권으로 필요한 조사를 할 수 있다.

② 법원은 권리확인신청이 부적법하다고 인정한 때에는 이를 각하하여야 한다.

③ 법원은 권리확인신청 중 이유가 있는 부분에 한하여 이를 확인하고, 나머지 신청은 이를 기각하여야 한다.

④ 법원은 권리확인신청서가 접수된 날부터 3월 이내에 결정하여야 한다.

⑤ 권리확인신청에 대한 결정은 분배관리인에게도 고지하여야 한다.

제44조【잔여금을 공탁할 곳】 법 제51조의 규정에 의한 공탁은 수소법원 소재지의 공탁소에 하여야 한다.

제45조【공탁금출급청구권의 증명】 법원은 법 제55조의 규정에 의한 잔여금이 있는 때에는 직권 또는 피고의 신청에 따라 피고가 공탁금 출급청구권자임을 증명하는 서면을 교부하여야 한다.

제46조【금전외의 물건의 환가】 분배관리인은 법 제57조제2항의 규정에 의하여 금전외의 물건을 환가하는 경우에 그 환가방법에 대하여도 법원의 허가를 받아야 한다.

부 칙

이 규칙은 2005년 1월 1일부터 시행한다.

소비자단체소송규칙

(2007년 11월 28일 대법원규칙 제2117호)

제1조【목적】 이 규칙은 「소비자기본법」(다음부터 "법"이라고 한다) 제70조에 따라 제기된 금지·중지 청구에 관한 소송(다음부터 "소비자단체소송"이라고 한다)의 절차에 관하여 필요한 사항을 정하는 것을 목적으로 한다.

제2조【「민사소송규칙」의 적용】 소비자단체소송에 관하여 이 규칙에 특별한 규정이 없는 때에는 「민사소송규칙」을 적용한다.

제3조【소의 제기 및 소송허가신청의 방법】 소장과 소송허가신청서는 별개의 서면으로 작성하여 제출하여야 한다.

제4조【소장의 기재사항】 소장에는 다음 각 호의 사항을 적어야 한다.

1. 원고 및 그 소송대리인
2. 피고
3. 청구의 취지와 원인

제5조【소송허가신청서의 기재사항】 소송허가신청서에는 다음 각 호의 사항을 적어야 한다.

1. 원고 및 그 소송대리인
2. 피고
3. 허가신청의 취지와 원인
4. 금지·중지를 구하는 사업자의 소비자권익침해행위의 범위
5. 법 제74조제1항제3호에 따른 서면요청의 연월일

제6조【소송허가신청서에 붙일 자료】 ① 법 제70조제1호에 규정된 단체는 소송허가신청서에 다음 각 호의 자료 등을 붙여야 한다.

1. 단체의 정관
2. 단체의 정회원수가 1천명 이상임을 소명할 수 있는 자료
3. 법 제29조에 따라 소비자단체로 등록한 사실 및 등록일자를 소명하는 서면

② 전국 단위의 경제단체로서 「소비자기본법시행령」 제63조에 따라 재정경제부장관이 고시하는 단체는 소송허가신청서에 그 사실을 소명하는 서면을 붙여야 한다.

③ 법 제70조제3호에 규정된 단체는 소송허가신청서에 다음 각 호의 자료 등을 붙여야 한다.

1. 단체의 정관
2. 법 제28조에 규정된 업무 등 소비자의 권익증진과 관련된 최근 3년 간의 활동실적
3. 단체의 상시 구성원수가 5천명 이상임을 소명할 수 있는 자료
4. 중앙행정기관에 등록되어 있음을 소명하는 서면
5. 단체소송의 제기를 요청한 소비자의 이름·주소와 연락처(전화번호·팩시밀리번호 또는 전자우편주소 등을 말한다. 다음부터 같다)
6. 제5호의 소비자들이 단체소송의 제기를 요청한 서면(각 소비자별 침해의 내용과 서명 또는 날인을 포함하여야 한다)

④ 소제기단체는 소송허가신청서에 법 제74조제1항제3호에 따라 사업자에게 요청한 서면 및 이에 대한 사업자의 의견서를 붙여야 한다. 다만, 서면 요청 후 14일 이내에 사업자의 응답이 없을 때에는 사업자의 의견서를 붙이지 않을 수 있다.

제7조【금지·중지요청의 방법】 소제기단체가 법 제74조제1항제3호에 따라 사업자에게 소비자권익침해행위의 금지·중지를 요청하는 때에는 그 서면에 다음 각 호의 사항을 적어야 한다.

1. 단체의 명칭, 주소 및 대표자의 이름
2. 연락처
3. 사업자의 이름 또는 명칭 및 주소
4. 법 제74조제1항제3호에 따른 요청이라는 취지
5. 침해행위의 내용 및 금지·중지의 대상

제8조【소송허가신청서의 심사】 ① 소송허가신청서의 기재사항 및 소송허가신청서에 붙일 서류에 흠이 있는 때에는 재판장은 상당한 기간을 정하여 그 기간 이내에 흠을 보정하도록 명하여야 한다.

② 원고가 제1항에 따른 재판장의 명령에도 불구하고 흠을 보정하지 아니한 때에는 법원은 결정으로 단체소송을 불허가한다.

제9조【소송허가신청서부본의 송달】 소송허가신청서의 부본은 소장부본과 함께 피고에게 송달한다.

제10조【소송허가신청의 심리】 법원은 소송허가 여부를 결정하기 위하여 필요하다고 인정하는 때에는 원고의 대표자, 피용자, 회원 또는 구성원, 피고 및 소비자 등을 심문할 수 있다.

제11조【소송허가여부에 대한 결정】 ① 소송허가결정서 및 소송불허가결정서에는 다음 각 호의 사항을 기재하고 결정을 한 법관이 기명날인하여야 한다.

1. 원고 및 그 소송대리인
2. 피고
3. 주문
4. 이유

② 소송불허가결정서의 이유에는 흠결이 있는 소송허가요건을 명시하여야 한다.

③ 소송허가결정 및 소송불허가결정은 그 결정등본을 원고와 피고에게 송달하여야 한다.

④ 소송불허가결정이 확정된 때에는 단체소송이 제기되지 아니한 것으로 본다.

제12조【소송대리인의 사임 등】 ① 원고의 소송대리인 전원이 사망 또는 사임하거나 해임된 때에는 원고가 새로운 소송대리인을 선임할 때까지 소송절차가 중지된다.

② 제1항에 따라 소송절차가 중지된 경우 법원은 원고에게 1개월 이상의 기간을 정하여 변호사를 선임할 것을 명하여야 한다.

③ 원고가 제2항에 따른 명령을 받고도 정해진 기간 내에 변호사를 선임하지 아니한 때에는 법원은 결정으로 소를 각하하여야 한다.

④ 제3항의 결정에 대하여는 즉시항고를 할 수 있다.

제13조【공동소송참가】 ① 법 제70조 각 호의 어느 하나에 해당하는 단체는 제74조제1항에 따른 법원의 허가를 받아 다른 단체와 사업자 사이에 계속 중인 소비자단체소송에 「민사소송법」 제83조에 따른 공동소송인으로 참가할 수 있다. 이 때 공동소송참가신청서와 공동소송참가허가신청서는 법 제73조제1항의 소장과 소송허가신청서로 본다.

② 제1항의 경우 법 제73조제2항제2호, 제74조제1항제3호의 규정은 적용하지 아니한다.

제14조【청구의 변경】 원고가 청구의 기초가 바뀌지 아니하는 한도안에서 청구의 취지 또는 원인을 바꿀 때에는 법 제73조 및 제74조의 규정을 적용하지 아니한다.

제15조【변론의 병합】 동일한 법원에 청구의 기초와 피고인 사업자가 같은 여러 개의 소비자단체소송이 계속 중인 때에는 이를 병합하여 심리하여야 한다. 다만, 심리상황이나 그 밖의 사정을 고려하여 병합심리가 타당하지 아니한 때에는 그러하지 아니하다.

부 칙

이 규칙은 2008년 1월 1일부터 시행한다.

개인정보 단체소송규칙

(2011년 9월 28일 대법원규칙 제2358호)

제1조【목적】 이 규칙은 「개인정보 보호법」(다음부터 "법"이라고 한다) 제51조에 따라 제기된 금지·중지 청구에 관한 소송(다음부터 '개인정보 단체소송'이라고 한다)의 절차에 관하여 필요한 사항을 정하는 것을 목적으로 한다.

제2조【「민사소송규칙」의 적용】 개인정보 단체소송에 관하여 이 규칙에 특별한 규정이 없는 때에는 「민사소송규칙」을 적용한다.

제3조【소의 제기 및 소송허가신청의 방법】 소장과 소송허가신청서는 별개의 서면으로 작성하여 제출하여야 한다.

제4조【소장의 기재사항】 소장에는 다음 각 호의 사항을 적어야 한다.

1. 원고 및 그 소송대리인
2. 피고
3. 청구의 취지와 원인

제5조【소송허가신청서의 기재사항】 소송허가신청서에는 다음 각 호의 사항을 적어야 한다.

1. 원고 및 그 소송대리인
2. 피고
3. 허가신청의 취지와 원인
4. 정보주체의 침해된 권리의 내용

제6조【소송허가신청서에 붙일 자료】 ① 법 제51조제1호에 규정된 단체는 소송허가신청서에 다음 각 호의 자료 등을 붙여야 한다.

1. 단체의 정관
2. 단체의 정회원수가 1천명 이상임을 소명할 수 있는 자료
3. 「소비자기본법」 제29조에 따라 소비자단체로 등록한 사실 및 등록일자를 소명하는 서면

② 법 제51조제2호에 규정된 단체는 소송허가신청서에 다음 각 호의 자료 등을 붙여야 한다.

1. 단체의 정관
2. 개인정보 보호와 관련된 최근 3년간의 활동실적
3. 단체의 상시 구성원수가 5천명 이상임을 소명할 수 있는 자료

4. 중앙행정기관에 등록되어 있음을 소명하는 서면
5. 단체소송의 제기를 요청한 정보주체의 이름·주소와 연락처(전화번호·팩시밀리번호 또는 전자우편주소 등을 말한다)
6. 제5호의 정보주체들이 단체소송의 제기를 요청한 서면(각 정보주체별 침해의 내용과 서명 또는 날인을 포함하여야 한다)

③ 소제기단체는 소송허가신청서에 법 제54조제2항제2호에 따라 개인정보처리자가 법 제49조에 따른 집단분쟁조정을 거부하거나 집단분쟁조정의 결과를 수락하지 아니하였음을 증명하는 서류를 붙여야 한다.

제7조【소송허가신청서의 심사】 ① 소송허가신청서의 기재사항 및 소송허가신청서에 붙일 서류에 흠이 있는 때에는 재판장은 상당한 기간을 정하여 그 기간 이내에 흠을 보정하도록 명하여야 한다.

② 원고가 제1항에 따른 재판장의 명령에도 불구하고 흠을 보정하지 아니한 때에는 법원은 결정으로 단체소송을 불허가한다.

제8조【소송허가신청서 부본의 송달】 소송허가신청서의 부본은 소장부본과 함께 피고에게 송달한다.

제9조【소송허가신청의 심리】 법원은 소송허가 여부를 결정하기 위하여 필요하다고 인정하는 때에는 원고의 대표자, 피용자, 회원 또는 구성원, 피고 및 정보주체 등을 심문할 수 있다.

제10조【소송허가 여부에 대한 결정】 ① 소송허가결정서 및 소송불허가결정서에는 다음 각 호의 사항을 기재하고 결정을 한 법관이 기명날인하여야 한다.
1. 원고 및 그 소송대리인
2. 피고
3. 주문
4. 이유

② 소송불허가결정서의 이유에는 흠결이 있는 소송허가 요건을 명시하여야 한다.

③ 소송허가결정 및 소송불허가결정은 그 결정등본을 원고와 피고에게 송달하여야 한다.

④ 소송불허가결정이 확정된 때에는 단체소송이 제기되지 아니한 것으로 본다.

제11조【소송대리인의 사임 등】 ① 원고의 소송대리인 전원이 사망 또는 사임하거나 해임된 때에는 원고가 새로운 소송대리인을 선임할 때까지 소송절차가 중지된다.

② 제1항에 따라 소송절차가 중지된 경우 법원은 원고에게 1개월 이상의 기간을 정하여 변호사를 선임할 것을 명하여야 한다.

③ 원고가 제2항에 따른 명령을 받고도 정해진 기간 내에 변호사를 선임하지 아니한 때에는 법원은 결정으로 소를 각하하여야 한다.

④ 제3항의 결정에 대하여는 즉시항고를 할 수 있다.

제12조【공동소송참가】 ① 법 제51조 각 호의 어느 하나에 해당하는 단체는 법 제55조제1항에 따른 법원의 허가를 받아 다른 단체와 개인정보처리자 사이에 계속 중인 개인정보 단체소송에 「민사소송법」 제83조에 따른 공동소송인으로 참가할 수 있다. 이 때 공동소송참가신청서와 공동소송참가허가신청서는 법 제54조제1항의 소장과 소송허가신청서로 본다.

② 제1항의 경우 법 제54조제2항제2호, 제55조제1항제1호의 규정은 적용하지 아니한다.

제13조【청구의 변경】 원고가 청구의 기초가 바뀌지 아니하는 한도 안에서 청구의 취지 또는 원인을 바꿀 때에는 법 제54조 및 제55조의 규정을 적용하지 아니한다.

제14조【변론의 병합】 동일한 법원에 청구의 기초와 피고인 개인정보처리자가 같은 여러 개의 개인정보 단체소송이 계속 중인 때에는 이를 병합하여 심리하여야 한다. 다만, 심리상황이나 그 밖의 사정을 고려하여 병합심리가 타당하지 아니한 때에는 그러하지 아니한다.

부 칙

이 규칙은 2011년 9월 30일부터 시행한다.

가사소송법

(1990년 12월 31일 법 률 제4300호)

개정
1991.12.14법 4423호(비송)
1992.11.30법 4505호(민사조정)
2002. 1.26법 6626호(민사소송법)
2002. 1.26법 6627호(민사집행법)
2005. 3.24법 7405호
2005. 3.31법 7427호(민법)
2007. 5.17법 8433호
2007. 5.17법 8435호(가족관계등록)
2007.12.21법 8715호
2009. 5. 8법 9652호
2010. 3.31법10212호
2013. 4. 5법11725호
2013. 7.30법11949호
2014.10.15법12773호
2016. 1.19법13760호
2016.12. 2법14278호(민법)
2017.10.31법14961호
2021. 1.26법17905호(민법)
2023. 4.18법19354호(민사소송법)

제1편 총 칙

(2010.3.31 본편개정)

제1조【목적】 이 법은 인격의 존엄과 남녀 평등을 기본으로 하고 가정의 평화 및 친족 간에 서로 돕는 미풍양속을 보존하고 발전시키기 위하여 가사(家事)에 관한 소송(訴訟)과 비송(非訟) 및 조정(調停)에 대한 절차의 특례를 규정함을 목적으로 한다.

제2조【가정법원의 관장 사항】 ① 다음 각 호의 사항(이하 "가사사건"이라 한다)에 대한 심리(審理)와 재판은 가정법원의 전속관할(專屬管轄)로 한다.
1. 가사소송사건
가. 가류(類) 사건
1) 혼인의 무효
2) 이혼의 무효
3) 인지(認知)의 무효
4) 친생자관계 존부 확인(親生子關係 存否 確認)
5) 입양의 무효
6) 파양(罷養)의 무효
나. 나류(類) 사건
1) 사실상 혼인관계 존부 확인
2) 혼인의 취소
3) 이혼의 취소
4) 재판상 이혼
5) 아버지의 결정
6) 친생부인(親生否認)
7) 인지의 취소
8) 인지에 대한 이의(異議)
9) 인지청구
10) 입양의 취소
11) 파양의 취소
12) 재판상 파양
13) 친양자(親養子) 입양의 취소
14) 친양자의 파양
다. 다류(類) 사건
1) 약혼 해제(解除) 또는 사실혼관계 부당 파기(破棄)로 인한 손해배상청구(제3자에 대한 청구를 포함한다) 및 원상회복의 청구
2) 혼인의 무효·취소, 이혼의 무효·취소 또는 이혼을 원인으로 하는 손해배상청구(제3자에 대한 청구를 포함한다) 및 원상회복의 청구
3) 입양의 무효·취소, 파양의 무효·취소 또는 파양을 원인으로 하는 손해배상청구(제3자에 대한 청구를 포함한다) 및 원상회복의 청구
4) 위한 「민법」 제839조의3에 따른 재산분할청구권 보전을 위한 사해행위(詐害行爲) 취소 및 원상회복의 청구
2. 가사비송사건
가. 라류(類) 사건
1) 「민법」 제9조제1항, 제11조, 제14조의3제2항 및 제959조의20에 따른 성년후견 개시의 심판과 그 종료의 심판(2013.4.5 개정)
1)의2 「민법」 제10조제2항 및 제3항에 따른 취소할 수 없는 피성년후견인의 법률행위의 범위 결정 및 그 변경(2013.4.5 신설)
1)의3 「민법」 제12조제1항, 제14조, 제14조의3제1항 및 제959조의20에 따른 한정후견 개시의 심판과 그 종료의 심판(2013.4.5 신설)
1)의4 「민법」 제13조제1항부터 제3항까지의 규정에 따른 피한정후견인이 한정후견인의 동의를 받아야 하는 행위의 범위 결정과 그 변경 및 한정후견인의 동의를 갈음하는 허가(2013.4.5 신설)
1)의5 「민법」 제14조의2, 제14조의3 및 제959조의20에 따른 특정후견의 심판과 그 종료의 심판(2013.4.5 신설)
2) 「민법」 제22조부터 제26조까지의 규정에 따른 부재자 재산의 관리에 관한 처분
2)의2 「민법」 제909조의2제5항에 따라 친권자 또는 미성년후견인의 임무를 대행할 사람(이하 "임무대행자"라 한다)의 같은 법 제25조에 따른 권한을 넘는 행위의 허가(2013.7.30 신설)
3) 「민법」 제27조부터 제29조까지의 규정에 따른 실종의 선고와 그 취소
4) 「민법」 제781조제4항에 따른 성(姓)과 본(本)의 창설 허가
5) 「민법」 제781조제5항에 따른 자녀의 종전 성과 본의 계속사용허가
6) 「민법」 제781조제6항에 따른 자녀의 성과 본의 변경허가
7) 「민법」 제829조제2항 단서에 따른 부부재산약정의 변경에 대한 허가
7)의2 「민법」 제854조의2에 따른 친생부인의 허가(2017.10.31 신설)
7)의3 「민법」 제855조의2제1항 및 제2항에 따른 인지의 허가(2017.10.31 신설)
8) 「민법」 제867조에 따른 미성년자의 입양에 대한 허가(2013.7.30 개정)
8)의2 「민법」 제873조제2항에 따라 준용되는 같은 법 제867조에 따른 피성년후견인이 입양을 하거나 양자가 되는 것에 대한 허가(2013.7.30 신설)
9) 「민법」 제871조제2항에 따른 부모의 동의를 갈음하는 심판(2013.7.30 개정)
10) (2013.7.30 삭제)
11) 「민법」 제906조제1항 단서에 따른 양자의 친족 또는 이해관계인의 파양청구에 대한 허가(2013.7.30 개정)
12) 「민법」 제908조의2에 따른 친양자 입양의 허가
13) 「민법」 제909조제2항 단서에 따른 친권 행사 방법의 결정
13)의2 「민법」 제909조의2제1항부터 제5항까지(같은 법 제927조의2제1항 각 호 외의 부분 본문에 따라 준용되는 경우를 포함한다)에 따른 친권자의 지정, 미성년후견인의 선임 및 임무대행자의 선임(2013.7.30 신설)
13)의3 「민법」 제909조의2제6항에 따른 후견의 종료 및 친권자의 지정(2013.7.30 신설)
14) (2021.1.26 삭제)
15) 「민법」 제918조(같은 법 제956조에 따라 준용되는 경우를 포함한다)에 따른 재산관리인의 선임(選任) 또는 개임(改任)과 재산관리에 관한 처분
16) 「민법」 제921조(「민법」 제949조의3에 따라 준용되는 경우를 포함한다)에 따른 특별대리인의 선임(2013.4.5 개정)
17) 「민법」 제927조에 따른 친권자의 법률행위 대리권 및 재산관리권의 사퇴(辭退) 또는 회복에 대한 허가
17)의2 「민법」 제927조의2제2항에 따른 친권자의 지정(2013.7.30 신설)
17)의3 「민법」 제931조제2항에 따른 후견의 종료 및 친권자의 지정(2013.7.30 신설)
18) 「민법」 제932조, 제936조제1항부터 제3항까지, 제940조, 제959조의3 및 제959조의9에 따른 미성년후견인·성년후견인·한정후견인·특정후견인의 선임 또는 변경(2013.4.5 개정)
18)의2 「민법」 제938조제2항부터 제4항까지의 규정에 따른 성년후견인의 법정대리권의 범위 결정과 그 변경 및 성년후견인이 피성년후견인의 신상에 관하여 결정할 수 있는 권한의 범위 결정과 그 변경(2013.4.5 신설)
18)의3 「민법」 제940조의7에 따라 준용되는 제940조와 제940조의3, 제940조의4, 제959조의5 및 제959조의10에 따른 미성년후견감독인·성년후견감독인·한정후견감독인·특정후견감독인의 선임 또는 변경(2013.4.5 신설)
19) 「민법」 제939조(「민법」 제940조의7, 제959조의3제2항, 제959조의5제2항, 제959조의9제2항, 제959조의10제2항에 따라 준용되는 경우 및 제959조의16제3항에 따라 준용되는 제940조의7에 따라 다시 준용되는 경우를 포함한다)에 따른 미성년후견인·성년후견인·한정후견인·특정후견인·미성년후견감독인·성년후견감독인·한정후견감독인·특정후견감독인·임의후견감독인의 사임에 대한 허가(2013.4.5 개정)
20) 「민법」 제941조제1항 단서(같은 법 제948조에 따라 준용되는 경우를 포함한다)에 따른 후견인의 재산목록 작성을 위한 기간의 연장허가
21) 「민법」 제947조의2제2항(「민법」 제959조의6에 따라 준용되는 경우를 포함한다)에 따른 피성년후견인

또는 피한정후견인의 격리에 대한 허가 및 「민법」 제947조의2제4항(「민법」 제940조의7, 제959조의5제2항 및 제959조의6에 따라 준용되는 경우를 포함한다)에 따른 피미성년후견인, 피성년후견인 또는 피한정후견인에 대한 의료행위의 동의에 대한 허가 (2013.4.5 개정)

21)의2 「민법」 제947조의2제5항(「민법」 제940조의7, 제959조의5제2항 및 제959조의6에 따라 준용되는 경우를 포함한다)에 따른 피미성년후견인, 피성년후견인 또는 피한정후견인이 거주하는 건물 또는 그 대지에 대한 매도 등에 대한 허가(2013.4.5 신설)

21)의3 「민법」 제949조의2(「민법」 제940조의7, 제959조의5제2항, 제959조의6, 제959조의10제2항, 제959조의12에 따라 준용되는 경우 및 제959조의16제3항에 따라 준용되는 제940조의7에 따라 다시 준용되는 경우를 포함한다)에 따른 여러 명의 성년후견인·한정후견인·특정후견인·성년후견감독인·한정후견감독인·특정후견감독인·임의후견감독인의 권한 행사에 관한 결정과 그 변경 또는 취소 및 성년후견인·한정후견인·특정후견인·성년후견감독인·한정후견감독인·특정후견감독인·임의후견감독인의 의사표시를 갈음하는 재판(2013.4.5 신설)

21)의4 「민법」 제950조제2항(「민법」 제948조 및 제959조의6에 따라 준용되는 경우를 포함한다)에 따른 미성년후견감독인·성년후견감독인·한정후견감독인의 동의를 갈음하는 허가(2013.4.5 신설)

22) 「민법」 제954조(「민법」 제948조, 제959조의6 및 제959조의12에 따라 준용되는 경우를 포함한다)에 따른 피미성년후견인, 피성년후견인, 피한정후견인 또는 피특정후견인의 재산상황에 대한 조사 및 그 재산관리 등 후견임무 수행에 관하여 필요한 처분명령 (2013.4.5 개정)

22)의2 「민법」 제909조의2제5항에 따라 준용되는 같은 법 제954조에 따른 미성년자의 재산상황에 대한 조사 및 그 재산관리 등 임무대행자의 임무 수행에 관하여 필요한 처분명령(2013.7.30 신설)

23) 「민법」 제955조(「민법」 제940조의7, 제948조, 제959조의5제2항, 제959조의6, 제959조의10제2항, 제959조의12에 따라 준용되는 경우 및 제959조의16제3항에 따라 준용되는 제940조의7에 따라 다시 준용되는 경우를 포함한다)에 따른 미성년후견인·성년후견인·한정후견인·특정후견인·미성년후견감독인·성년후견감독인·한정후견감독인·특정후견감독인·임의후견감독인에 대한 보수(報酬)의 수여(2013.4.5 개정)

24) 「민법」 제957조제1항 단서(「민법」 제959조의7 및 제959조의13에 따라 준용되는 경우를 포함한다)에 따른 후견 종료 시 관리계산기간의 연장허가(2013.4.5 개정)

24)의2 「민법」 제959조의4에 따른 한정후견인에게 대리권을 수여하는 심판과 그 범위 변경 및 한정후견인이 피한정후견인의 신상에 관하여 결정할 수 있는 권한의 범위 결정과 그 변경(2013.4.5 신설)

24)의3 「민법」 제959조의8에 따른 피특정후견인의 후원을 위하여 필요한 처분명령(2013.4.5 신설)

24)의4 「민법」 제959조의11에 따른 특정후견인에게 대리권을 수여하는 심판(2013.4.5 신설)

24)의5 「민법」 제959조의16제3항에 따라 준용되는 제940조의7에 따라 다시 준용되는 제940조 및 제959조의15제1항·제3항·제4항에 따른 임의후견감독인의 선임 또는 변경(2013.4.5 신설)

24)의6 「민법」 제959조의16제2항에 따른 임의후견감독인에 대한 감독사무에 관한 보고 요구, 임의후견인의 사무 또는 본인의 재산상황에 대한 조사명령 또는 임의후견감독인의 직무에 관하여 필요한 처분명령 (2013.4.5 신설)

24)의7 「민법」 제959조의17제2항에 따른 임의후견인의 해임(2013.4.5 신설)

24)의8 「민법」 제959조의18제2항에 따른 후견계약 종료의 허가(2013.4.5 신설)

25)~29) (2013.4.5 삭제)

30) 「민법」 제1019조제1항 단서에 따른 상속의 승인 또는 포기를 위한 기간의 연장허가

31) 「민법」 제1023조(같은 법 제1044조에 따라 준용되는 경우를 포함한다)에 따른 상속재산 보존을 위한 처분

32) 「민법」 제1024조제2항, 제1030조 및 제1041조에 따른 상속의 한정승인신고 또는 포기신고의 수리(受理)와 한정승인 취소신고 또는 포기 취소신고의 수리

33) 「민법」 제1035조제2항(같은 법 제1040조제3항, 제1051조제3항 및 제1056조제2항에 따라 준용되는 경우를 포함한다) 및 제1113조제2항에 따른 감정인(鑑定人)의 선임

34) 「민법」 제1040조제1항에 따른 공동상속재산을 위한 관리인의 선임

35) 「민법」 제1045조에 따른 상속재산의 분리

36) 「민법」 제1047조에 따른 상속재산 분리 후의 상속재산 관리에 관한 처분

37) 「민법」 제1053조에 따른 관리인의 선임 및 그 공고와 재산관리에 관한 처분

38) 「민법」 제1057조에 따른 상속인 수색(搜索)의 공고

39) 「민법」 제1057조의2에 따른 상속재산의 분여(分與)

40) 「민법」 제1070조제2항에 따른 유언의 검인(檢認)

41) 「민법」 제1091조에 따른 유언의 증서 또는 녹음(錄音)의 검인

42) 「민법」 제1092조에 따른 유언증서의 개봉

43) 「민법」 제1096조에 따른 유언집행자의 선임 및 그 임무에 관한 처분

44) 「민법」 제1097조제2항에 따른 유언집행자의 승낙 또는 사퇴를 위한 통지의 수리

45) 「민법」 제1104조제1항에 따른 유언집행자에 대한 보수의 결정

46) 「민법」 제1105조에 따른 유언집행자의 사퇴에 대한 허가

47) 「민법」 제1106조에 따른 유언집행자의 해임

48) 「민법」 제1111조에 따른 부담(負擔) 있는 유언의 취소

나. 마류(類) 사건

1) 「민법」 제826조 및 제833조에 따른 부부의 동거·부양·협조 또는 생활비용의 부담에 관한 처분

2) 「민법」 제829조제3항에 따른 재산관리자의 변경 또는 공유재산(共有財産)의 분할을 위한 처분

3) 「민법」 제837조 및 제837조의2(같은 법 제843조에 따라 위 각 조항이 준용되는 경우 및 혼인의 취소 또는 인지를 원인으로 하는 경우를 포함한다)에 따른 자녀의 양육에 관한 처분과 그 변경, 면접교섭권(面接交涉權)의 처분 또는 제한·배제·변경 (2016.12.2 개정)

4) 「민법」 제839조의2제2항(같은 법 제843조에 따라 준용되는 경우 및 혼인의 취소를 원인으로 하는 경우를 포함한다)에 따른 재산 분할에 관한 처분

5) 「민법」 제909조제4항 및 제6항(혼인의 취소를 원인으로 하는 경우를 포함한다)에 따른 친권자의 지정과 변경

6) 「민법」 제922조의2에 따른 친권자의 동의를 갈음하는 재판(2014.10.15 개정)

7) 「민법」 제924조, 제924조의2, 제925조 및 제926조에 따른 친권의 상실, 일시 정지, 일부 제한 및 그 실권 회복의 선고 또는 법률행위의 대리권과 재산관리권의 상실 및 그 실권 회복의 선고(2014.10.15 신설)

8) 「민법」 제976조부터 제978조까지의 규정에 따른 부양(扶養)에 관한 처분

9) 「민법」 제1008조의2제2항 및 제4항에 따른 기여분(寄與分)의 결정

10) 「민법」 제1013조제2항에 따른 상속재산의 분할에 관한 처분

② 가정법원은 다른 법률이나 대법원규칙에서 가정법원의 권한으로 정한 사항에 대하여도 심리·재판한다.

③ 제2항의 사건에 관한 절차는 법률이나 대법원규칙으로 따로 정하는 경우를 제외하고는 라류 가사비송사건의 절차에 따른다.

제3조【지방법원과 가정법원 사이의 관할의 지정】 ① 사건이 가정법원과 지방법원 중 어느 법원의 관할에 속하는지 명백하지 아니한 경우에는 관계 법원의 공통되는 고등법원이 관할법원을 지정한다.

② 제1항의 관할법원 지정에 관하여는 「민사소송법」 제28조를 준용한다.

③ 제1항에 따라 가정법원의 관할로 정하여진 사건은 이 법에서 정하는 절차에 따라 처리하고, 지방법원의 관할로 정하여진 사건은 민사소송 절차에 따라 처리한다.

제4조【제척·기피 및 회피】 법원 직원의 제척·기피 및 회피에 관한 「민사소송법」의 규정 중 법관에 관한 사항은 조정장(調停長)과 조정위원에 준용하고, 법원사무관등에 관한 사항은 가사조사관(家事調査官)에 준용한다.

제5조【수수료】 이 법에 따른 소(訴)의 제기, 심판의 청구, 조정의 신청이나 그 밖의 재판과 처분의 신청에는 대법원규칙으로 정하는 바에 따라 수수료를 내야 한다.

제6조【가사조사관】 ① 가사조사관은 재판장, 조정장 또는 조정담당판사의 명을 받아 사실을 조사한다.

② 가사조사관의 사실조사 방법과 절차에 관한 사항은 대법원규칙으로 정한다.

제7조【본인 출석주의】 ① 가정법원, 조정위원회 또는 조정담당판사의 변론기일, 심리기일 또는 조정기일에 소환을 받은 당사자 및 이해관계인은 본인 또는 법정대리인이 출석하여야 한다. 다만, 특별한 사정이 있을 때에는 재판장, 조정장 또는 조정담당판사의 허가를 받아 대리인을 출석하게 할 수 있고 보조인을 동반할 수 있다.

② 변호사 아닌 자가 대리인 또는 보조인이 되려면 미리 재판장, 조정장 또는 조정담당판사의 허가를 받아야 한다.

③ 재판장, 조정장 또는 조정담당판사는 언제든지 제1항 및 제2항의 허가를 취소할 수 있고, 본인이 법정대리인 또는 대리인과 함께 출석할 것을 명할 수 있다.

제8조【사실조사의 촉탁】 재판장, 조정장, 조정담당판사 또는 가사조사관은 사실조사를 위하여 필요한 경우에는 경찰 등 행정기관이나 그 밖에 상당하다고 인정되는 단체 또는 개인에게 사실의 조사를 촉탁하고 필요한 사항을 보고하도록 요구할 수 있다.

제9조【가족관계등록부 기록 등의 촉탁】 가정법원은 대법원규칙으로 정하는 판결 또는 심판이 확정되거나 효력을 발생한 경우에는 대법원규칙으로 정하는 바에 따라 지체 없이 가족관계등록 사무를 처리하는 사람에게 가족관계등록부에 등록할 것을 촉탁하거나 후견등기 사무를 처리하는 사람에게 후견등기부에 등기할 것을 촉탁하여야 한다.(2013.4.5 본조개정)

제10조【보도 금지】 가정법원에서 처리 중이거나 처리한 사건에 관하여는 성명·연령·직업 및 용모 등을 볼 때 본인이 누구인지 미루어 짐작할 수 있는 정도의 사실이나 사진을 신문, 잡지, 그 밖의 출판물에 게재하거나 방송할 수 없다.

제10조의2【기록의 열람 등】 ① 당사자나 이해관계를 소명한 제3자는 다음 각 호의 사항을 법원서기관, 법원사무관, 법원주사 또는 법원주사보(이하 "법원사무관등"이라 한다)에게 신청할 수 있다.

1. 재판서의 정본(正本)·등본·초본의 발급
2. 소송에 관한 사항의 증명서 발급

② 당사자나 이해관계를 소명한 제3자는 재판장의 허가를 받아 다음 각 호의 사항을 법원사무관등에게 신청할 수 있다.

1. 조서(調書)의 정본·등본·초본의 발급
2. 기록의 열람·복사

③ 제1항제1호, 제2항제1호의 신청에 따라 발급되는 재판서·조서의 정본·등본·초본에는 그 취지를 적고 법원사무관등이 기명날인하여야 한다.

④ 제1항 또는 제2항에 따른 신청을 할 때에는 대법원규칙으로 정하는 수수료를 내야 한다.

(2013.4.5 본조개정)

제11조【위임 규정】 가사사건의 재판과 조정의 절차에 관하여 필요한 사항은 대법원규칙으로 정한다.

제2편 가사소송

(2010.3.31 본편개정)

제1장 통 칙

제12조【적용 법률】 가사소송 절차에 관하여는 이 법에 특별한 규정이 있는 경우를 제외하고는 「민사소송법」에 따른다. 다만, 가류 및 나류 가사소송사건에 관하여는 「민사소송법」 제147조제2항, 제149조, 제150조제1항, 제284조제1항, 제285조, 제349조, 제350조, 제410조의 규정 및 같은 법 제220조 중 청구의 인낙(認諾)에 관한 규정과 같은 법 제288조 중 자백에 관한 규정은 적용하지 아니한다.

제13조【관할】 ① 가사소송은 이 법에 특별한 규정이 있는 경우를 제외하고는 피고의 보통재판적(普通裁判籍)이 있는 곳의 가정법원이 관할한다.

② 당사자 또는 관계인의 주소, 거소(居所) 또는 마지막 주소에 따라 관할이 정하여지는 경우에 그 주소, 거소 또는 마지막 주소가 국내에 없거나 이를 알 수 없을 때에는 대법원이 있는 곳의 가정법원이 관할한다.

③ 가정법원은 소송의 전부 또는 일부에 대하여 관할권이 없음을 인정한 경우에는 결정(決定)으로 관할법원에 이송하여야 한다.

④ 가정법원은 그 관할에 속하는 가사소송사건에 관하여 현저한 손해 또는 지연을 피하기 위하여 필요한 경우에는 직권으로 또는 당사자의 신청에 의하여 다른 관할가정법원에 이송할 수 있다.

⑤ 이송결정과 이송신청의 기각결정에 대하여는 즉시항고를 할 수 있다.

제14조【관련 사건의 병합】 ① 여러 개의 가사소송사건 또는 가사소송사건과 가사비송사건의 청구의 원인이 동일한 사실관계에 기초하거나 1개의 청구의 당부(當否)가 다른 청구의 당부의 전제가 되는 경우에는 이를 1개의 소로 제기할 수 있다.

② 제1항의 사건의 관할법원이 다를 때에는 가사소송사건 중 1개의 청구에 대한 관할권이 있는 가정법원에 소를 제기할 수 있다.

③ 가류 또는 나류 가사소송사건의 소의 제기가 있고, 그 사건과 제1항의 관계에 있는 다류 가사소송사건 또는 가사비송사건이 각각 다른 가정법원에 계속(係屬)된 경우에는 가류 또는 나류 가사소송사건의 수소법원(受訴法院)은 직권으로 또는 당사자의 신청에 의하여 결정으로 다류 가사소송사건 또는 가사비송사건을 병합할 수 있다.

④ 제1항이나 제3항에 따라 병합된 여러 개의 청구에 관하여는 1개의 판결로 재판한다.

제15조【당사자의 추가·경정】 ① 「민사소송법」 제68조 또는 제260조에 따라 필수적 공동소송인을 추가하거나 피고를 경정(更正)하는 것은 사실심(事實審)의 변론종결 시까지 할 수 있다.

② 제1항에 따라 피고를 경정한 경우에는 신분에 관한 사항에 한정하여 처음의 소가 제기된 때에 경정된 피고와의 사이에 소가 제기된 것으로 본다.

제16조【소송 절차의 승계】 ① 가류 또는 나류 가사소송사건의 원고가 사망이나 그 밖의 사유(소송 능력을 상실한 경우는 제외한다)로 소송 절차를 계속하여 진행할 수 없게 된 때에는 다른 제소권자(提訴權者)가 소송 절차를 승계할 수 있다.

② 제1항의 승계신청은 승계 사유가 생긴 때부터 6개월 이내에 하여야 한다.

③ 제2항의 기간 내에 승계신청이 없을 때에는 소가 취하된 것으로 본다.

제17조【직권조사】 가정법원이 가류 또는 나류 가사소송사건을 심리할 때에는 직권으로 사실조사 및 필요한 증거조사를 하여야 하며, 언제든지 당사자 또는 법정대리인을 신문할 수 있다.

제18조【소송비용 부담의 특칙】 검사가 소송 당사자로서 패소한 경우 그 소송비용은 국고에서 부담한다.

제19조【항소】 ① 가정법원의 판결에 대하여 불복하는 경우에는 판결정본이 송달된 날부터 14일 이내에 항소할 수 있다. 다만, 판결정본 송달 전에도 항소할 수 있다.
② 항소법원의 소송 절차에는 제1심의 소송 절차에 관한 규정을 준용한다.
③ 항소법원은 항소가 이유 있는 경우에도 제1심 판결을 취소하거나 변경하는 것이 사회정의와 형평의 이념에 맞지 아니하거나 가정의 평화와 미풍양속을 유지하기에 적합하지 아니하다고 인정하는 경우에는 항소를 기각할 수 있다.

제20조【상고】 항소법원의 판결에 대하여 불복하는 경우에는 판결정본이 송달된 날부터 14일 이내에 대법원에 상고할 수 있다. 다만, 판결정본 송달 전에도 상고할 수 있다.

제21조【기판력의 주관적 범위에 관한 특칙】 ① 가류 또는 나류 가사소송사건의 청구를 인용(認容)한 확정판결은 제3자에게도 효력이 있다.
② 제1항의 청구를 배척한 판결이 확정된 경우에는 다른 제소권자는 사실심의 변론종결 전에 참가하지 못한 데 대하여 정당한 사유가 있지 아니하면 다시 소를 제기할 수 없다.

제2장 혼인관계소송

제22조【관할】 혼인의 무효나 취소, 이혼의 무효나 취소 및 재판상 이혼의 소는 다음 각 호의 구분에 따른 가정법원의 전속관할로 한다.
1. 부부가 같은 가정법원의 관할 구역 내에 보통재판적이 있을 때에는 그 가정법원
2. 부부가 마지막으로 같은 주소지를 가졌던 가정법원의 관할 구역 내에 부부 중 어느 한쪽의 보통재판적이 있을 때에는 그 가정법원
3. 제1호와 제2호에 해당되지 아니하는 경우로서 부부 중 어느 한쪽이 다른 한쪽을 상대로 하는 경우에는 상대방의 보통재판적이 있는 곳의 가정법원, 부부 모두를 상대로 하는 경우에는 부부 중 어느 한쪽의 보통재판적이 있는 곳의 가정법원
4. 부부 중 어느 한쪽이 사망한 경우에는 생존한 다른 한쪽의 보통재판적이 있는 곳의 가정법원
5. 부부가 모두 사망한 경우에는 부부 중 어느 한쪽의 마지막 주소지의 가정법원

제23조【혼인무효 및 이혼무효의 소의 제기권자】 당사자, 법정대리인 또는 4촌 이내의 친족은 언제든지 혼인무효나 이혼무효의 소를 제기할 수 있다.

제24조【혼인무효·취소 및 이혼무효·취소의 소의 상대방】 ① 부부 중 어느 한쪽이 혼인의 무효나 취소 또는 이혼무효의 소를 제기할 때에는 배우자를 상대방으로 한다.
② 제3자가 제1항에 규정된 소를 제기할 때에는 부부를 상대방으로 하고, 부부 중 어느 한쪽이 사망한 경우에는 그 생존자를 상대방으로 한다.
③ 제1항과 제2항에 따라 상대방이 될 사람이 사망한 경우에는 검사를 상대방으로 한다.
④ 이혼취소의 소에 관하여는 제1항과 제3항을 준용한다.

제25조【친권자 지정 등에 관한 협의권고】 ① 가정법원은 미성년자인 자녀가 있는 부부의 혼인의 취소나 재판상 이혼의 청구를 심리할 때에는 그 청구가 인용될 경우를 대비하여 부모에게 다음 각 호의 사항에 관하여 미리 협의하도록 권고하여야 한다.
1. 미성년자인 자녀의 친권자로 지정될 사람
2. 미성년자인 자녀에 대한 양육과 면접교섭권
② 가정법원이 혼인무효의 청구를 심리하여 그 청구가 인용되는 경우에 남편과 부자관계가 존속되는 미성년자인 자녀가 있는 경우에도 제1항과 같다.

제3장 부모와 자녀 관계소송

제1절 친생자관계

제26조【관할】 ① 친생부인, 인지의 무효나 취소 또는 「민법」 제845조에 따른 아버지를 정하는 소는 자녀의 보통재판적이 있는 곳의 가정법원의 전속관할로 하고, 자녀가 사망한 경우에는 자녀의 마지막 주소지의 가정법원의 전속관할로 한다.
② 인지에 대한 이의(異議)의 소, 인지청구의 소 또는 「민법」 제865조에 따른 친생자관계 존부 확인의 소는 상대방(상대방이 여러 명일 때에는 그중 1명)의 보통재판적이 있는 곳의 가정법원의 전속관할로 하고, 상대방이 모두 사망한 경우에는 그중 1명의 마지막 주소지의 가정법원의 전속관할로 한다.

제27조【아버지를 정하는 소의 당사자】 ① 「민법」 제845조에 따른 아버지를 정하는 소는 자녀, 어머니, 어머니의 배우자 또는 어머니의 전(前) 배우자가 제기할 수 있다.
② 자녀가 제기하는 경우에는 어머니, 어머니의 배우자 및 어머니의 전 배우자를 상대방으로 하고, 어머니가 제기하는 경우에는 그 배우자 및 전 배우자를 상대방으로 한다.
③ 어머니의 배우자가 제기하는 경우에는 어머니 및 어머니의 전 배우자를 상대방으로 하고, 어머니의 전 배우자가 제기하는 경우에는 어머니 및 어머니의 배우자를 상대방으로 한다.
④ 제2항과 제3항의 경우에 상대방이 될 사람 중에 사망한 사람이 있을 때에는 생존자를 상대방으로 하고, 생존자가 없을 때에는 검사를 상대방으로 하여 소를 제기할 수 있다.

제28조【준용규정】 인지무효의 소에는 제23조 및 제24조를 준용하고, 인지취소의 소, 인지에 대한 이의의 소 또는 친생자관계 존부 확인의 소에는 제24조를 준용하며, 인지청구의 소에는 제25조제1항을 준용한다.

제29조【혈액형 등의 수검 명령】 ① 가정법원은 당사자 또는 관계인 사이의 혈족관계의 유무를 확정할 필요가 있는 경우에 다른 증거조사에 의하여 심증(心證)을 얻지 못한 때에는 검사를 받을 사람의 건강과 인격의 존엄을 해치지 아니하는 범위에서, 당사자 또는 관계인에게 혈액채취에 의한 혈액형의 검사 등 유전인자의 검사나 그 밖에 적당하다고 인정되는 방법에 의한 검사를 받을 것을 명할 수 있다.
② 제1항의 명령을 할 때에는 제67조에 규정된 제재(制裁)를 고지하여야 한다.

제2절 입양·친양자 입양관계

제30조【관할】 다음 각 호의 소는 양부모 중 1명의 보통재판적이 있는 곳의 가정법원의 전속관할로 하고, 양부모가 모두 사망한 경우에는 그중 1명의 마지막 주소지의 가정법원의 전속관할로 한다.
1. 입양의 무효
2. 입양 또는 친양자 입양의 취소
3. 파양
4. 친양자의 파양
5. 파양의 무효나 취소

제31조【준용규정】 입양무효 및 파양무효의 소에 관하여는 제23조 및 제24조를 준용하고, 입양·친양자 입양의 취소, 친양자의 파양 및 파양취소의 소에 관하여는 제24조를 준용한다.

제4장 호주승계관계소송

제32조~제33조 (2005.3.31 삭제)

제3편 가사비송
(2010.3.31 본편개정)

제1장 통 칙

제34조【준용 법률】 가사비송 절차에 관하여는 이 법에 특별한 규정이 없으면 「비송사건절차법」 제1편을 준용한다. 다만, 「비송사건절차법」 제15조는 준용하지 아니한다.

제35조【관할】 ① 이 법과 대법원규칙으로 관할법원을 정하지 아니한 가사비송사건은 대법원이 있는 곳의 가정법원이 관할한다.
② 가사비송사건에 관하여는 제13조제2항부터 제5항까지의 규정을 준용한다.

제36조【청구의 방식】 ① 가사비송사건의 청구는 가정법원에 심판청구를 함으로써 한다.
② 심판의 청구는 서면 또는 구술로 할 수 있다.
③ 심판청구서에는 다음 각 호의 사항을 적고 청구인이나 대리인이 기명날인하거나 서명하여야 한다.
(2016.1.19 본문개정)
1. 당사자의 등록기준지, 주소, 성명, 생년월일, 대리인이 청구할 때에는 대리인의 주소와 성명
2. 청구 취지와 청구 원인
3. 청구 연월일
4. 가정법원의 표시
④ 구술로 심판청구를 할 때에는 가정법원의 법원사무관등의 앞에서 진술하여야 한다.
⑤ 제4항의 경우에 법원사무관등은 제3항 각 호의 사항을 적은 조서를 작성하고 기명날인하여야 한다.

제37조【이해관계인의 참가】 ① 심판청구에 관하여 이해관계가 있는 자는 재판장의 허가를 받아 절차에 참가할 수 있다.
② 재판장은 상당하다고 인정하는 경우에는 심판청구에 관하여 이해관계가 있는 자를 절차에 참가하게 할 수 있다.

제37조의2【절차의 구조】 ① 가정법원은 가사비송사건의 절차에 소요되는 비용을 지출할 자금능력이 없거나 그 비용을 지출하면 생활에 현저한 지장이 있는 사람에 대하여 그 사람의 신청에 따라 또는 직권으로 절차구조(節次救助)를 할 수 있다. 다만, 신청인이 부당한 목적으로 심판청구를 하는 것이 명백한 경우에는 그러하지 아니하다.
② 제1항의 절차구조에 관하여는 「민사소송법」 제128조 제3항부터 제5항까지, 제129조부터 제133조까지를 준용한다. 다만, 「민사소송법」 제132조 및 제133조 단서는 마류 가사비송사건에 한정하여 준용한다.(2023.4.18 본문개정)
(2013.4.5 본조신설)

제38조【증거 조사】 가정법원은 필요하다고 인정할 경우에는 당사자 또는 법정대리인을 당사자 신문(訊問) 방식으로 심문(審問)할 수 있고, 그 밖의 관계인을 증인 신문 방식으로 심문할 수 있다.

제39조【재판의 방식】 ① 가사비송사건에 대한 제1심 종국재판(終局裁判)은 심판으로써 한다. 다만, 절차상의 이유로 종국재판을 하여야 하는 경우에는 그러하지 아니하다.
② 심판서에는 다음 각 호의 사항을 적고 심판한 법관이 기명날인하여야 한다. 심판한 법관이 기명날인하는 데 지장이 있는 경우에는 다른 법관이 그 사유를 적고 기명날인하여야 한다.
1. 당사자와 법정대리인
2. 주문(主文)
3. 이유
4. 법원
③ 라류 가사비송사건의 심판서에는 이유를 적지 아니할 수 있다.
④ 심판에 관하여는 「민사소송법」 중 결정에 관한 규정을 준용한다.

제40조【심판의 효력발생 시기】 심판의 효력은 심판을 받을 사람이 심판을 고지받음으로써 발생한다. 다만, 제43조에 따라 즉시항고를 할 수 있는 심판은 확정되어야 효력이 있다.

제41조【심판의 집행력】 금전의 지급, 물건의 인도(引渡), 등기, 그 밖에 의무의 이행을 명하는 심판은 집행권원(執行權原)이 된다.

제42조【가집행】 ① 재산상의 청구 또는 유아(幼兒)의 인도에 관한 심판으로서 즉시항고의 대상이 되는 심판에는 담보를 제공하게 하지 아니하고 가집행할 수 있음을 명하여야 한다.
② 가정법원은 직권으로 또는 당사자의 신청에 의하여 이행의 목적인 재산에 상당한 금액을 담보로 제공하고 가집행을 면제받을 수 있음을 명할 수 있다.
③ 관결로 유아의 인도를 명하는 경우에도 제1항을 준용한다.

제43조【불복】 ① 심판에 대하여는 대법원규칙으로 따로 정하는 경우에 한정하여 즉시항고만을 할 수 있다.
② 항고법원의 재판 절차에는 제1심의 재판 절차에 관한 규정을 준용한다.
③ 항고법원은 항고가 이유 있다고 인정하는 경우에는 원심판을 취소하고 스스로 적당한 결정을 하여야 한다. 다만, 항고법원이 스스로 결정하기에 적당하지 아니하다고 인정하는 경우에는 사건을 원심법원에 환송하여야 한다.
④ 항고법원의 결정에 대하여는 재판에 영향을 미친 헌법, 법률, 명령 또는 규칙 위반이 있음을 이유로 하는 경우에 한정하여 대법원에 재항고할 수 있다.
⑤ 즉시항고는 대법원규칙으로 정하는 날부터 14일 이내에 하여야 한다.

제2장 라류 가사비송사건

제44조【관할 등】 ① 라류 가사비송사건은 다음 각 호의 가정법원이 관할한다.
1. 다음 각 목의 어느 하나에 해당하는 사건은 사건 본인의 주소지의 가정법원
가. (2013.4.5 삭제)
나. 실종에 관한 사건
다. 성(姓)과 본(本)의 창설에 관한 사건
라. 자녀의 종전 성과 본의 계속 사용에 관한 사건
마. 자녀의 성과 본의 변경에 관한 사건
1의2. 미성년후견·성년후견·한정후견·특정후견 및 임의후견에 관한 사건은 각 피후견인(피후견인이 될 사람을 포함한다)의 주소지의 가정법원. 다만, 성년후견·한정후견 개시의 심판, 특정후견의 심판, 미성년후견인·임의후견감독인 선임 심판이 각각 확정된 이후의 후견에 관한 사건은 후견개시 등의 심판을 한 가정법원(항고법원이 후견개시 등의 심판을 한 경우에는 그 제1심 법원인 가정법원)(2017.10.31 단서신설)
2. 부재자의 재산관리에 관한 사건은 부재자의 마지막 주소지 또는 부재자의 재산이 있는 곳의 가정법원
3. 부부 사이의 재산약정의 변경에 관한 사건, 공동의 자녀에 대한 친권 행사방법의 결정사건은 제22조제1호부터 제3호까지의 가정법원
3의2. 친생부인의 허가 및 인지의 허가에 관한 사건은 자녀의 주소지의 가정법원(2017.10.31 본호신설)
4. 입양, 친양자 입양 또는 파양에 관한 사건은 양자·친양자의 주소지 또는 양자·친양자가 될 사람의 주소지의 가정법원
5. 친권에 관한 사건(부부 사이의 공동의 자녀에 대한 친권 행사방법의 결정사건은 제외한다)은 미성년자인 자녀의 주소지의 가정법원(2013.4.5 본호개정)
6. 상속에 관한 사건은 상속 개시지(開始地)의 가정법원
7. 유언에 관한 사건은 상속 개시지의 가정법원. 다만, 「민법」 제1070조제2항에 따른 유언의 검인(檢認) 사건은 상속 개시지 또는 유언자 주소지의 가정법원

8. 제1호부터 제7호까지에 해당되지 아니하는 사건은 대법원규칙으로 정하는 가정법원
② 가정법원은 피후견인의 이익을 위하여 필요한 경우에는 직권 또는 후견인, 후견감독인, 피후견인, 피후견인의 배우자·4촌 이내의 친족, 검사, 지방자치단체의 장의 신청에 따른 결정으로 제1항제1호의2 단서의 관할 가정법원을 피후견인의 주소지의 가정법원으로 변경할 수 있다.(2017.10.31 본항신설)
③ 변경신청을 기각하는 결정에 대하여는 신청인이, 변경결정에 대하여는 후견인, 후견감독인, 피후견인이 즉시항고를 할 수 있다. 변경결정의 즉시항고의 경우에는 집행정지의 효력이 있다.(2017.10.31 본항신설)
(2017.10.31 본조제목개정)

제45조【심리 방법】 라류 가사비송사건의 심판은 이 법과 다른 법률 또는 대법원규칙에 특별한 규정이 있는 경우를 제외하고는 사건관계인을 심문하지 아니하고 할 수 있다.(2013.4.5 본조개정)

제45조의2【정신상태의 감정 등】 ① 가정법원은 성년후견 개시 또는 한정후견 개시의 심판을 할 경우에는 피성년후견인이 될 사람이나 피한정후견인이 될 사람의 정신상태에 관하여 의사에게 감정을 시켜야 한다. 다만, 피성년후견인이 될 사람이나 피한정후견인이 될 사람의 정신상태를 판단할 만한 다른 충분한 자료가 있는 경우에는 그러하지 아니하다.
② 가정법원은 특정후견의 심판을 할 경우에는 의사나 그 밖에 전문지식이 있는 사람의 의견을 들어야 한다. 이 경우 의견을 말로 진술하게 하거나 진단서 또는 이에 준하는 서면으로 제출하게 할 수 있다.
(2013.4.5 본조신설)

제45조의3【성년후견·한정후견·특정후견 관련 심판에서의 진술 청취】 ① 가정법원은 다음 각 호의 어느 하나에 해당하는 심판을 하는 경우에는 해당 호에서 정한 사람의 진술을 들어야 한다. 다만, 피성년후견인(피성년후견인이 될 사람을 포함한다)이나 피임의후견인(피임의후견인이 될 사람을 포함한다)이 의식불명, 그 밖의 사유로 자신의 의사를 표명할 수 없는 경우에는 그러하지 아니하다.
1. 성년후견 개시의 심판, 한정후견 개시의 심판 및 특정후견의 심판을 하는 경우에는 피성년후견인이 될 사람, 피한정후견인이 될 사람 또는 피특정후견인이 될 사람. 다만, 후견계약이 등기되어 있는 경우에는 피임의후견인과 임의후견인
2. 성년후견·한정후견·특정후견 종료의 심판을 하는 경우에는 피성년후견인과 성년후견인, 피한정후견인과 한정후견인 또는 피특정후견인과 특정후견인
3. 성년후견인·한정후견인·특정후견인의 선임 심판을 하는 경우에는 피성년후견인(피성년후견인이 될 사람을 포함한다)과 성년후견인이 될 사람, 피한정후견인(피한정후견인이 될 사람을 포함한다)과 한정후견인이 될 사람, 피특정후견인(피특정후견인이 될 사람을 포함한다)과 특정후견인이 될 사람
4. 성년후견감독인·한정후견감독인·특정후견감독인의 선임 심판을 하는 경우에는 피성년후견인(피성년후견인이 될 사람을 포함한다)과 성년후견감독인이 될 사람, 피한정후견인(피한정후견인이 될 사람을 포함한다)과 한정후견감독인이 될 사람, 피특정후견인(피특정후견인이 될 사람을 포함한다)과 특정후견감독인이 될 사람
5. 성년후견인·한정후견인·특정후견인의 변경 심판을 하는 경우에는 피성년후견인과 그 변경이 청구된 성년후견인 및 성년후견인이 될 사람, 피한정후견인과 그 변경이 청구된 한정후견인 및 한정후견인이 될 사람, 피특정후견인과 그 변경이 청구된 특정후견인 및 특정후견인이 될 사람
6. 성년후견감독인·한정후견감독인·특정후견감독인의 변경 심판을 하는 경우에는 피성년후견인과 그 변경이 청구된 성년후견감독인 및 성년후견감독인이 될 사람, 피한정후견인과 그 변경이 청구된 한정후견감독인 및 한정후견감독인이 될 사람, 피특정후견인과 그 변경이 청구된 특정후견감독인 및 특정후견감독인이 될 사람
7. 취소할 수 없는 피성년후견인의 법률행위의 범위 결정과 그 변경 또는 성년후견인·한정후견인의 대리권의 범위 결정과 그 변경 심판을 하는 경우에는 피성년후견인(피성년후견인이 될 사람을 포함한다) 또는 피한정후견인(피한정후견인이 될 사람을 포함한다)
8. 성년후견인·한정후견인이 피성년후견인·피한정후견인의 신상에 관하여 결정할 수 있는 권한의 범위 결정과 그 변경 또는 피성년후견인·피한정후견인의 격리에 대한 허가 심판을 하는 경우에는 피성년후견인(피성년후견인이 될 사람을 포함한다) 또는 피한정후견인(피한정후견인이 될 사람을 포함한다)
9. 피미성년후견인·피성년후견인·피한정후견인에 대한 의료행위의 동의에 대한 허가 심판을 하는 경우에는 피미성년후견인(피미성년후견인이 될 사람을 포함한다), 피성년후견인(피성년후견인이 될 사람을 포함한다) 또는 피한정후견인(피한정후견인이 될 사람을 포함한다)
10. 피한정후견인이 한정후견인의 동의를 받아야 하는 행위의 범위 결정과 그 변경 심판을 하는 경우에는 피한정후견인(피한정후견인이 될 사람을 포함한다)
11. 한정후견인의 동의를 갈음하는 허가 심판을 하는 경우에는 피한정후견인과 한정후견인
12. 피미성년후견인, 피성년후견인 또는 피한정후견인이 거주하는 건물이나 그 대지에 대한 매도 등에 대한 허가 심판을 하는 경우에는 피미성년후견인, 피성년후견인 또는 피한정후견인
13. 특정후견인에게 대리권을 수여하는 심판을 하는 경우에는 피특정후견인(피특정후견인이 될 사람을 포함한다)
② 가정법원이 제1항제1호 또는 제2호에 따라 진술을 듣는 경우에는 피성년후견인(피성년후견인이 될 사람을 포함한다), 피한정후견인(피한정후견인이 될 사람을 포함한다) 또는 피특정후견인(피특정후견인이 될 사람을 포함한다)을 심문하여야 한다. 다만, 그 사람이 자신의 의사를 밝힐 수 없거나 출석을 거부하는 등 심문할 수 없는 특별한 사정이 있는 때에는 그러하지 아니하다.
③ 제2항의 심문을 위하여 검증이 필요한 경우에는 「민사소송법」 제365조 및 제366조제1항·제3항을 준용한다.
(2013.4.5 본조신설)

제45조의4【후견사무의 감독】 ① 가정법원은 전문성과 공정성을 갖추었다고 인정할 수 있는 사람에게 성년후견사무·한정후견사무·특정후견사무의 실태 또는 피성년후견인·피한정후견인·피특정후견인의 재산상황을 조사하게 하거나 임시로 재산관리를 하게 할 수 있다. 이 경우 가정법원은 법원사무관등이나 가사조사관에게 사무의 실태나 재산상황을 조사하게 하거나 임시로 재산관리를 하게 할 수 있다.
② 가정법원은 제1항에 따라 사무의 실태나 재산상황을 조사하거나 임시로 재산관리를 하는 사람에게 피성년후견인·피한정후견인·피특정후견인의 재산 중에서 상당한 보수를 지급할 수 있다. 다만, 법원사무관등이나 가사조사관과 같은 법원 소속 공무원에 대하여는 별도의 보수를 지급하지 아니한다.
③ 제1항에 따라 임시로 재산관리를 하는 사람에 대하여는 「민법」 제681조, 제684조, 제685조 및 제688조를 준용한다.
(2013.4.5 본조신설)

제45조의5【진단결과 등의 청취】 가정법원은 임의후견감독인을 선임할 경우에는 피임의후견인이 될 사람의 정신상태에 관하여 의사나 그 밖에 전문지식이 있는 사람의 의견을 들어야 한다. 이 경우 의견을 말로 진술하게 하거나 진단서 또는 이에 준하는 서면으로 제출하게 할 수 있다.(2013.4.5 본조신설)

제45조의6【임의후견 관련 심판에서의 진술 청취】 ① 가정법원은 다음 각 호의 어느 하나에 해당하는 심판을 하는 경우에는 해당 호에서 정한 사람의 진술을 들어야 한다. 다만, 피임의후견인(피임의후견인이 될 사람을 포함한다)이 의식불명, 그 밖의 사유로 그 의사를 표명할 수 없는 경우에는 그러하지 아니하다.
1. 임의후견감독인의 선임 심판을 하는 경우에는 피임의후견인이 될 사람, 임의후견감독인이 될 사람 및 임의후견인이 될 사람
2. 임의후견감독인의 변경 심판을 하는 경우에는 피임의후견인, 임의후견인, 그 변경이 청구된 임의후견감독인 및 임의후견감독인이 될 사람
3. 임의후견인의 해임 심판을 하는 경우에는 피임의후견인 및 그 해임이 청구된 임의후견인
4. 후견계약의 종료에 관한 허가 심판을 하는 경우에는 피임의후견인 및 임의후견인
② 가정법원은 제1항제1호 또는 제4호의 심판을 하는 경우에는 피임의후견인(피임의후견인이 될 사람을 포함한다)을 심문하여야 한다. 다만, 그 사람이 자신의 의사를 밝힐 수 없거나 출석을 거부하는 등 심문할 수 없는 특별한 사정이 있는 때에는 그러하지 아니하다.
③ 제2항의 심문을 위하여 검증이 필요한 경우에는 「민사소송법」 제365조 및 제366조제1항·제3항을 준용한다.
(2013.4.5 본조신설)

제45조의7【임의후견감독사무의 실태 조사】 가정법원은 법원사무관등이나 가사조사관에게 임의후견감독사무의 실태를 조사하게 할 수 있다.(2013.4.5 본조신설)

제45조의8【친생부인의 허가 및 인지의 허가 관련 심판에서의 진술 청취】 ① 가정법원은 다음 각 호의 어느 하나에 해당하는 심판을 하는 경우에는 어머니의 전 배우자와 그 성년후견인(성년후견인이 있는 경우에 한정한다)에게 의견을 진술할 기회를 줄 수 있다.
1. 「민법」 제854조의2에 따른 친생부인의 허가 심판
2. 「민법」 제855조의2제1항 및 제2항에 따른 인지의 허가 심판
② 제1항의 진술을 들을 때에는 심문하는 방법 외에도 가사조사관을 통한 조사나 서면조회 등의 방법으로 진술을 들을 수 있다.
(2017.10.31 본조신설)

제45조의9【입양허가의 절차】 ① 가정법원은 입양의 허가 심판을 하는 경우에 다음 각 호의 사람의 의견을 들어야 한다. 다만, 그 사람이 의식불명, 그 밖의 사유로 자신의 의사를 표명할 수 없는 경우에는 그러하지 아니하다.
1. 양자가 될 사람(양자가 될 사람이 13세 이상인 경우만 해당한다)
2. 양자가 될 사람의 법정대리인 및 후견인
3. 양자가 될 사람의 부모(「민법」 제870조에 따라 부모의 동의가 필요한 경우를 말한다)
4. 양자가 될 사람의 부모의 후견인
5. 양부모가 될 사람
6. 양부모가 될 사람의 성년후견인
② 가정법원은 양자가 될 사람의 복리를 위하여 필요하다고 인정하는 경우 다음 각 호의 구분에 따라 해당 자료를 제공할 것을 요청할 수 있다. 이 경우 자료 제공을 요청받은 기관은 정당한 사유가 없으면 이에 따라야 한다.
1. 양부모가 될 사람의 주소지 및 가족관계 등을 확인하기 위한 범위 : 시장·군수·구청장에 대하여 주민등록표 등본·초본
2. 양부모가 될 사람의 소득을 확인하기 위한 범위 : 국세청장에 대하여 근로소득자료 및 사업소득자료
3. 양부모가 될 사람의 범죄경력을 확인하기 위한 범위 : 경찰청장에 대하여 범죄경력자료
4. 양부모가 될 사람이 양육능력과 관련된 질병이나 심신장애를 가지고 있는지 확인하기 위하여 특히 필요하다고 인정되는 범위 : 「의료법」에 따른 의료기관의 장 또는 「국민건강보험법」에 따른 국민건강보험공단의 장에 대하여 진료기록자료
(2013.7.30 본조신설)

제3장 마류 가사비송사건

(2017.10.31 본장제목삽입)

제46조【관할】 마류 가사비송사건은 상대방의 보통재판적이 있는 곳의 가정법원이 관할한다.(2014.10.15 단서삭제)

제47조【공동소송에 관한 규정의 준용】 마류 가사비송사건의 청구인 또는 상대방이 여러 명일 때에는 「민사소송법」 중 공동소송에 관한 규정을 준용한다.

제48조【심리 방법】 마류 가사비송사건의 심판은 특별한 사정이 없으면 사건관계인을 심문하여 하여야 한다.

제48조의2【재산 명시】 ① 가정법원은 재산분할, 부양료 및 미성년자인 자녀의 양육비 청구사건을 위하여 특히 필요하다고 인정하는 경우에는 직권으로 또는 당사자의 신청에 의하여 당사자에게 재산상태를 구체적으로 밝힌 재산목록을 제출하도록 명할 수 있다.
② 제1항의 재산 명시 절차, 방법 등에 대하여 필요한 사항은 대법원규칙으로 정한다.

제48조의3【재산조회】 ① 가정법원은 제48조의2의 재산명시 절차에 따라 제출된 재산목록만으로는 재산분할, 부양료 및 미성년자인 자녀의 양육비 청구사건의 해결이 곤란하다고 인정할 경우에 직권으로 또는 당사자의 신청에 의하여 당사자 명의의 재산에 관하여 조회할 수 있다.
② 제1항의 재산조회에 관하여는 그 성질에 반하지 아니하는 범위에서 「민사집행법」 제74조를 준용한다.
③ 재산조회를 할 공공기관, 금융기관, 단체 등의 범위 및 조회절차, 당사자가 내야 할 비용, 조회결과의 관리에 관한 사항, 과태료의 부과절차 등은 대법원규칙으로 정한다.
④ 누구든지 재산조회의 결과를 심판 외의 목적으로 사용하여서는 아니 된다.

제4편 가사조정

(2010.3.31 본편개정)

제49조【준용법률】 가사조정에 관하여는 이 법에 특별한 규정이 있는 경우를 제외하고는 「민사조정법」을 준용한다. 다만, 「민사조정법」 제18조 및 제23조는 준용하지 아니한다.

제50조【조정 전치주의】 ① 나류 및 다류 가사소송사건과 마류 가사비송사건에 대하여 가정법원에 소를 제기하거나 심판을 청구하려는 사람은 먼저 조정을 신청하여야 한다.
② 제1항의 사건에 관하여 조정을 신청하지 아니하고 소를 제기하거나 심판을 청구한 경우에는 가정법원은 그 사건을 조정에 회부하여야 한다. 다만, 공시송달의 방법이 아니면 당사자의 어느 한쪽 또는 양쪽을 소환할 수 없거나 그 사건을 조정에 회부하더라도 조정이 성립될 수 없다고 인정하는 경우에는 그러하지 아니하다.

제51조【관할】 ① 가사조정사건은 그에 상응하는 가사소송사건이나 가사비송사건을 관할하는 가정법원 또는 당사자가 합의로 정한 가정법원이 관할한다.
② 가사조정사건에 관하여는 제13조제3항부터 제5항까지의 규정을 준용한다.

제52조【조정기관】 ① 가사조정사건은 조정장 1명과 2명 이상의 조정위원으로 구성된 조정위원회가 처리한다.
② 조정담당판사는 상당한 이유가 있는 경우에는 당사자가 반대의 의사를 명백하게 표시하지 아니하면 단독으로 조정할 수 있다.

제53조【조정장 등 및 조정위원의 지정】 ① 조정장이나 조정담당판사는 가정법원장 또는 가정법원지원장이 그 관할법원의 판사 중에서 지정한다.
② 조정위원회를 구성하는 조정위원은 학식과 덕망이 있는 사람으로서 매년 미리 가정법원장이나 가정법원지원장이 위촉한 사람 또는 당사자가 합의하여 선정한 사람 중에서 각 사건마다 조정장이 지정한다.

제54조【조정위원】 조정위원은 조정위원회에서 하는 조정에 관여할 뿐 아니라 가정법원, 조정위원회 또는 조정담당판사의 촉탁에 따라 다른 조정사건에 관하여 전문적 지식에 따른 의견을 진술하거나 분쟁의 해결을 위하여 사건 관계인의 의견을 듣는다.

제55조【조정의 신청】 조정의 신청에 관하여는 제36조제2항부터 제5항까지의 규정을 준용한다.
제56조【사실의 사전 조사】 조정장이나 조정담당판사는 특별한 사정이 없으면 조정을 하기 전에 기한을 정하여 가사조사관에게 사건에 관한 사실을 조사하게 하여야 한다.
제57조【관련 사건의 병합신청】 ① 조정의 목적인 청구와 제14조에 규정된 관련 관계에 있는 나류, 다류 및 마류 가사사건의 청구는 병합하여 조정신청할 수 있다.
② 당사자 간의 분쟁을 일시에 해결하기 위하여 필요하면 당사자는 조정위원회 또는 조정담당판사의 허가를 받아 조정의 목적인 청구와 관련 있는 민사사건의 청구를 병합하여 조정신청할 수 있다.
제58조【조정의 원칙】 ① 조정위원회는 조정을 할 때 당사자의 이익뿐 아니라 조정으로 인하여 영향받게 되는 모든 이해관계인의 이익을 고려하고 분쟁을 평화적·종국적(終局的)으로 해결할 수 있는 방안을 마련하여 당사자를 설득하여야 한다.
② 자녀의 친권을 행사할 사람의 지정과 변경, 양육 방법의 결정 등 미성년자인 자녀의 이해(利害)에 직접적인 관련이 있는 사항을 조정할 때에는 미성년자인 자녀의 복지를 우선적으로 고려하여야 한다.
제59조【조정의 성립】 ① 조정은 당사자 사이에 합의된 사항을 조서에 적음으로써 성립한다.
② 조정이나 확정된 조정을 갈음하는 결정은 재판상 화해와 동일한 효력이 있다. 다만, 당사자가 임의로 처분할 수 없는 사항에 대하여는 그러하지 아니하다.
제60조【이의신청 등에 의한 소송으로의 이행】 제57조제2항에 따라 조정신청된 민사사건의 청구에 관하여는 「민사조정법」 제36조를 준용한다. 이 경우 가정법원은 결정으로 그 민사사건을 관할법원에 이송하여야 한다.
제61조【조정장 등의 의견 첨부】 조정의 목적인 가사사건의 청구에 관하여 「민사조정법」 제36조에 따라 소가 제기된 것으로 의제(擬制)되거나, 제50조제2항에 따라 조정에 회부된 사건을 다시 가정법원에 회부할 때에는 조정장이나 조정담당판사는 의견을 첨부하여 기록을 관할가정법원에 보내야 한다.

제5편 이행의 확보
(2010.3.31 본편개정)

제62조【사전처분】 ① 가사사건의 소의 제기, 심판청구 또는 조정의 신청이 있는 경우에 가정법원, 조정위원회 또는 조정담당판사는 사건을 해결하기 위하여 특히 필요하다고 인정하면 직권으로 또는 당사자의 신청에 의하여 상대방이나 그 밖의 관계인에게 현상(現狀)을 변경하거나 물건을 처분하는 행위의 금지를 명할 수 있고, 사건에 관련된 재산의 보존을 위한 처분, 관계인의 감호(監護)와 양육을 위한 처분 등 적당하다고 인정되는 처분을 할 수 있다.
② 제1항의 처분을 할 때에는 제67조제1항에 따른 제재를 고지하여야 한다.
③ 급박한 경우에는 재판장이나 조정장은 단독으로 제1항의 처분을 할 수 있다.
④ 제1항과 제3항의 처분에 대하여는 즉시항고를 할 수 있다.
⑤ 제1항의 처분은 집행력을 갖지 아니한다.
제63조【가압류, 가처분】 ① 가정법원은 제62조에도 불구하고 가사소송사건 또는 마류 가사비송사건을 본안(本案) 사건으로 하여 가압류 또는 가처분을 할 수 있다. 이 경우 「민사집행법」 제276조부터 제312조까지의 규정을 준용한다.
② 제1항의 재판은 담보를 제공하게 하지 아니하고 할 수 있다.
③ 「민사집행법」 제287조를 준용하는 경우 이 법에 따른 조정신청이 있으면 본안의 제소가 있는 것으로 본다.
제63조의2【양육비 직접지급명령】 ① 가정법원은 양육비를 정기적으로 지급할 의무가 있는 사람(이하 "양육비채무자"라 한다)이 정당한 사유 없이 2회 이상 양육비를 지급하지 아니한 경우에 정기금 양육비 채권에 관한 집행권원을 가진 채권자(이하 "양육비채권자"라 한다)의 신청에 따라 양육비채무자에 대하여 정기적 급여채무를 부담하는 소득세원천징수의무자(이하 "소득세원천징수의무자"라 한다)에게 양육비채무자의 급여에서 정기적으로 양육비를 공제하여 양육비채권자에게 직접 지급하도록 명할 수 있다.
② 제1항에 따른 지급명령(이하 "양육비 직접지급명령"이라 한다)은 「민사집행법」에 따라 압류명령과 전부명령을 동시에 명한 것과 같은 효력이 있고, 위 지급명령에 관하여는 압류명령과 전부명령에 관한 「민사집행법」을 준용한다. 다만, 「민사집행법」 제40조제1항과 관계없이 해당 양육비 채권 중 기한이 되지 아니한 것에 대하여도 양육비 직접지급명령을 할 수 있다.
③ 가정법원은 양육비 직접지급명령의 목적을 달성하지 못할 우려가 있다고 인정할 만한 사정이 있는 경우에는 양육비채권자의 신청에 의하여 양육비 직접지급명령을 취소할 수 있다. 이 경우 양육비 직접지급명령은 장래에 향하여 그 효력을 잃는다.
④ 가정법원은 제1항과 제3항의 명령을 양육비채무자와 소득세원천징수의무자에게 송달하여야 한다.
⑤ 제1항과 제3항의 신청에 관한 재판에 대하여는 즉시항고를 할 수 있다.
⑥ 소득세원천징수의무자는 양육비채무자의 직장 변경 등 주된 소득원의 변경사유가 발생한 경우에는 그 사유가 발생한 날부터 1주일 이내에 가정법원에 변경사실을 통지하여야 한다.
제63조의3【담보제공명령 등】 ① 가정법원은 양육비를 정기금으로 지급하게 하는 경우에 그 이행을 확보하기 위하여 양육비채무자에게 상당한 담보의 제공을 명할 수 있다.
② 가정법원은 양육비채무자가 정당한 사유 없이 그 이행을 하지 아니하는 경우에는 양육비채권자의 신청에 의하여 양육비채무자에게 상당한 담보의 제공을 명할 수 있다.
③ 제2항의 결정에 대하여는 즉시항고를 할 수 있다.
④ 제1항이나 제2항에 따라 양육비채무자가 담보를 제공하여야 할 기간 이내에 담보를 제공하지 아니하는 경우에는 가정법원은 양육비채권자의 신청에 의하여 양육비의 전부 또는 일부를 일시금으로 지급하도록 명할 수 있다.
⑤ 제2항과 제4항의 명령에 관하여는 제64조제2항을 준용한다.
⑥ 제1항과 제2항의 담보에 관하여는 그 성질에 반하지 아니하는 범위에서 「민사소송법」 제120조제1항, 제122조, 제123조, 제125조 및 제126조를 준용한다.
제64조【이행 명령】 ① 가정법원은 판결, 심판, 조정조서, 조정을 갈음하는 결정 또는 양육비부담조서에 의하여 다음 각 호의 어느 하나에 해당하는 의무를 이행하여야 할 사람이 정당한 이유 없이 그 의무를 이행하지 아니하는 경우에는 당사자의 신청에 의하여 일정한 기간 내에 그 의무를 이행할 것을 명할 수 있다.
1. 금전의 지급 등 재산상의 의무
2. 유아의 인도 의무
3. 자녀와의 면접교섭 허용 의무
② 제1항의 명령을 할 때에는 특별한 사정이 없으면 미리 당사자를 심문하고 그 의무를 이행하도록 권고하여야 하며, 제67조제1항 및 제68조에 규정된 제재를 고지하여야 한다.
제65조【금전의 임치】 ① 판결, 심판, 조정조서 또는 조정을 갈음하는 결정에 의하여 금전을 지급할 의무가 있는 자는 권리자를 위하여 가정법원에 그 금전을 임치(任置)할 것을 신청할 수 있다.
② 가정법원은 제1항의 임치신청이 의무를 이행하기에 적합하다고 인정하는 경우에는 허가하여야 한다. 이 경우 그 허가에 대하여는 불복하지 못한다.
③ 제2항의 허가가 있는 경우 그 금전을 임치하면 임치된 금액의 범위에서 의무자(義務者)의 의무가 이행된 것으로 본다.

제6편 벌 칙
(2010.3.31 본편개정)

제66조【불출석에 대한 제재】 가정법원, 조정위원회 또는 조정담당판사의 소환을 받은 사람이 정당한 이유 없이 출석하지 아니하면 가정법원, 조정위원회 또는 조정담당판사는 결정으로 50만원 이하의 과태료를 부과할 수 있고 구인(拘引)할 수 있다.
제67조【의무 불이행에 대한 제재】 ① 당사자 또는 관계인이 정당한 이유 없이 제29조, 제63조의2제1항, 제63조의3제1항·제2항 또는 제64조의 명령이나 제62조의 처분을 위반한 경우에는 가정법원, 조정위원회 또는 조정담당판사는 직권으로 또는 권리자의 신청에 의하여 결정으로 1천만원 이하의 과태료를 부과할 수 있다.
② 제29조에 따른 수검 명령을 받은 사람이 제1항에 따른 제재를 받고도 정당한 이유 없이 다시 수검 명령을 위반한 경우에는 가정법원은 결정으로 30일의 범위에서 그 의무를 이행할 때까지 위반자에 대한 감치(監置)를 명할 수 있다.
③ 제2항의 결정에 대하여는 즉시항고를 할 수 있다.
제67조의2【제출명령 위반에 대한 제재】 가정법원은 제3자가 정당한 사유 없이 제45조의3제3항 또는 제45조의6제3항에 따라 준용되는 「민사소송법」 제366조제1항의 제출명령에 따르지 아니한 경우에는 결정으로 200만원 이하의 과태료를 부과한다. 이 결정에 대하여는 즉시항고를 할 수 있다.(2013.7.30 본조개정)
제67조의3【재산목록 제출 거부 등에 대한 제재】 제48조의2제1항에 따른 명령을 받은 사람이 정당한 사유 없이 재산목록의 제출을 거부하거나 거짓 재산목록을 제출하면 1천만원 이하의 과태료를 부과한다.
제67조의4【거짓 자료 제출 등에 대한 제재】 제48조의3제2항에 따라 준용되는 「민사집행법」 제74조제1항 및 제3항의 조회를 받은 기관·단체의 장이 정당한 사유 없이 거짓 자료를 제출하거나 자료를 제출할 것을 거부하면 1천만원 이하의 과태료를 부과한다.
제68조【특별한 의무 불이행에 대한 제재】 ① 제63조의3제4항 또는 제64조의 명령을 받은 사람이 다음 각 호의 어느 하나에 해당하면 가정법원은 권리자의 신청에 의하여 결정으로 30일의 범위에서 그 의무를 이행할 때까지 의무자에 대한 감치를 명할 수 있다.
1. 금전의 정기적 지급을 명령받은 사람이 정당한 이유 없이 3기(期) 이상 그 의무를 이행하지 아니한 경우
2. 유아의 인도를 명령받은 사람이 제67조제1항에 따른 제재를 받고도 30일 이내에 정당한 이유 없이 그 의무를 이행하지 아니한 경우
3. 양육비의 일시금 지급명령을 받은 사람이 30일 이내에 정당한 사유 없이 그 의무를 이행하지 아니한 경우
② 제1항의 결정에 대하여는 즉시항고를 할 수 있다.
제69조【과태료 사건의 절차】 「비송사건절차법」 제248조 및 제250조 중 검사에 관한 규정은 제66조, 제67조제1항 및 제67조의2부터 제67조의4까지의 규정에 따른 과태료 재판에 적용하지 아니한다.(2013.4.5 본조개정)
제70조【감치를 명하는 재판 절차】 제67조제2항 및 제68조에 규정된 감치를 명하는 재판 절차와 그 밖에 필요한 사항은 대법원규칙으로 정한다.
제71조【비밀누설죄】 ① 조정위원이거나 조정위원이었던 사람이 정당한 이유 없이 합의의 과정이나 조정장·조정위원의 의견 및 그 의견별 조정위원의 숫자를 누설하면 30만원 이하의 벌금에 처한다.
② 조정위원이거나 조정위원이었던 사람이 정당한 이유 없이 그 직무수행 중에 알게 된 다른 자의 비밀을 누설하면 2년 이하의 징역 또는 100만원 이하의 벌금에 처한다.
③ 제2항의 죄에 대하여 공소를 제기하려면 고소가 있어야 한다.
제72조【보도 금지 위반죄】 제10조에 따른 보도 금지 규정을 위반한 사람은 2년 이하의 금고 또는 100만원 이하의 벌금에 처한다.
제73조【재산조회 결과 등의 목적 외 사용죄】 제48조의2에 따른 재산목록, 제48조의3에 따른 재산조회 결과를 심판 외의 목적으로 사용한 사람은 2년 이하의 징역 또는 500만원 이하의 벌금에 처한다.

부 칙 (2009.5.8)

① **【시행일】** 이 법은 공포 후 6개월이 경과한 날부터 시행한다.
② **【효력의 불소급】** 이 법은 종전의 규정에 따라 생긴 효력에 영향을 미치지 아니한다.
③ **【과태료에 관한 경과조치】** 이 법 시행 전의 행위에 대한 과태료의 적용에 있어서는 종전의 규정에 따른다.

부 칙 (2013.4.5)

제1조【시행일】 이 법은 2013년 7월 1일부터 시행한다.
제2조【적용례】 이 법은 이 법 시행 당시 가정법원에 계속 중인 사건에 대하여도 적용한다. 다만, 종전의 규정에 따라 발생한 효력에는 영향을 미치지 아니한다.
제3조【계속 중인 사건에 관한 경과조치】 이 법 시행 당시 종전의 규정에 따라 청구되어 가정법원에 계속 중인 "금치산 선고 사건" 및 "한정치산 선고 사건"은 각각 이 법에 따라 청구된 "성년후견 개시 심판 사건" 및 "한정후견 개시 심판 사건"으로 본다.

부 칙 (2014.10.15)

이 법은 공포 후 1년이 경과한 날부터 시행한다.

부 칙 (2016.1.19)

제1조【시행일】 이 법은 공포한 날부터 시행한다.
제2조【가사비송 심판청구서 작성에 관한 적용례】 제36조제3항의 개정규정은 이 법 시행 후 최초로 심판청구서를 작성하는 경우부터 적용한다.

부 칙 (2016.12.2)

제1조【시행일】 이 법은 공포 후 6개월이 경과한 날부터 시행한다.(이하 생략)

부 칙 (2017.10.31)

제1조【시행일】 이 법은 공포 후 3개월이 경과한 날부터 시행한다. 다만, 제44조제1항제1호의2 단서 및 같은 조 제2항·제3항의 개정규정은 공포 후 6개월이 경과한 날부터 시행한다.
제2조【후견개시 등의 심판 확정 이후의 후견에 관한 사건의 관할에 관한 적용례】 제44조제1항제1호의2의 개정규정은 같은 개정규정 시행 당시 가정법원에 계속 중인 사건에 대하여도 적용한다. 다만, 종전의 규정에 따라 발생한 효력에는 영향을 미치지 아니한다.

부 칙 (2021.1.26)

제1조【시행일】 이 법은 공포한 날부터 시행한다.
제2조~제3조 (생략)
제4조【「가사소송법」의 개정에 관한 경과조치】 이 법 시행 전에 법원에 감화 또는 교정기관 위탁에 대한 허가를 신청하여 이 법 시행 당시 법원에 계속 중인 사건에 관하여는 부칙 제3조에 따라 개정되는 「가사소송법」 제2조제1항제2호가목14)의 개정규정에도 불구하고 종전의 규정에 따른다.

부 칙 (2023.4.18)

제1조【시행일】 이 법은 공포 후 6개월이 경과한 날부터 시행한다.(이하 생략)

가사소송규칙

(1990년 12월 31일 대법원규칙 제1139호)

개정

1998.12. 4대법원규칙1574호	2002. 6.28대법원규칙1766호
2006. 3.23대법원규칙2009호	2007.12.31대법원규칙2139호
2008. 6. 5대법원규칙2177호	2009.11. 4대법원규칙2256호
2010. 3.30대법원규칙2281호	2011.12.12대법원규칙2371호
2013. 6. 5대법원규칙2467호	2013. 6.27대법원규칙2477호
2015. 7.28대법원규칙2611호	2016. 4. 8대법원규칙2658호
2016.12.29대법원규칙2704호	2017. 2. 2대법원규칙2715호
2017.12.27대법원규칙2764호	2018. 4.27대법원규칙2785호
2019. 8. 2대법원규칙2856호	

제1편 총 칙

제1장 통 칙

제1조【규칙의 취지】 가사사건의 재판과 조정의 절차에 관하여는 「가사소송법」(이하 "법"이라 한다)의 규정에 의하는 외에 이 규칙이 정하는 바에 의한다.
(2006.3.23 본조개정)

제2조【가정법원의 관장사항】 ① 가정법원은 법 제2조제1항 각호의 사항외에, 다음 각호의 사항에 대하여도 이를 심리·재판한다.
1. 미성년후견인의 순위확인(2013.6.5 본호개정)
2. 「민법」 제1014조의 규정에 의한 피인지자등의 상속분에 상당한 가액의 지급청구(2006.3.23 본호개정)
3. 양친자관계존부확인(1998.12.4 본호신설)
4. 「민법」 제924조제3항에 따른 친권의 일시 정지 기간 연장 청구(2015.7.28 본호개정)
5.~13. (2015.7.28 삭제)
② 제1항제1호·제3호의 사건은 법 및 이 규칙이 정한 가류 가사소송사건의 절차에 의하여, 제2호의 사건은 다류 가사소송사건의 절차에 의하여, 제4호의 사건은 마류 가사비송사건의 절차에 의하여 심리·재판한다.
(2015.7.28 본항개정)

제3조【사실조사의 촉탁등】 재판장, 조정장, 조정담당판사 또는 가사조사관은 필요한 때에는 공무소, 은행, 회사, 학교, 관계인의 고용주 기타의 자에 대하여 관계인의 예금, 재산, 수입, 교육관계 기타의 사항에 관한 사실조사를 촉탁하고 필요한 사항의 보고를 요구할 수 있다.

제3조의2【다른 가정법원에 대한 사실조사 등의 촉탁등】 ① 재판장, 조정장, 조정담당판사는 필요한 경우에는 다른 가정법원에 사실조사 또는 제12조에 따른 조치를 촉탁할 수 있다.
② 제1항의 촉탁을 받은 가정법원은 가사조사관으로 하여금 그 촉탁받은 사실조사 또는 제12조에 따른 조치를 하게 할 수 있다.
(2016.12.29 본조신설)

제4조【비용의 예납등】 ① 법 및 이 규칙에 의한 사실조사·증거조사·소환·고지·공고 기타 심판절차의 비용의 예납에 관하여는 특별한 규정이 있는 경우를 제외하고는 「민사소송법」 제116조, 「민사소송규칙」 제19조, 제20조의 규정을 준용한다.
② 당사자가 예납하여야 할 비용의 범위와 액 및 그 지급에 관하여는 「민사소송비용법」 및 「민사소송비용규칙」의 규정을 준용한다.
(2006.3.23 본조개정)

제5조【가족관계등록부기록을 촉탁하여야 할 판결등】 ① 법 제9조의 규정에 의하여 대법원 규칙으로 정하는 가족관계등록부기록을 촉탁하여야 할 판결 또는 심판은 다음 각호의 것으로 한다.(2013.6.5 본문개정)
1. 친권, 법률행위대리권, 재산관리권의 상실선고의 심판 또는 그 실권회복선고의 심판
1의2. 친권의 일시 정지, 일부 제한, 일시 정지에 대한 기간연장의 심판 또는 그 실권 회복의 심판(2015.7.28 본호신설)
2. 친권자의 지정과 변경의 판결 또는 심판(2006.3.23 본호개정)
2의2. 미성년후견의 종료 및 친권자의 지정의 심판
2의3. 친권자·미성년후견인의 임무대행자 선임의 심판
(2013.6.27 2호의2~2호의3신설)
3. 미성년후견인·미성년후견감독인의 선임, 변경 또는 사임허가의 심판(2013.6.5 본호개정)
4. 법 제62조의 규정에 의하여 친권자의 친권, 법률행위대리권, 재산관리권의 전부 또는 일부의 행사를 정지하거나 미성년후견인·미성년후견감독인의 임무수행을 정지하는 재판과 그 대행자를 선임하는 재판
(2013.6.5 본호개정)
② 제1항제4호의 재판이 본안심판의 확정, 심판청구의 취하 기타의 사유로 효력을 상실하게 된 때에는 가정법원의 법원서기관, 법원사무관, 법원주사 또는 법원주사보(이하 "법원사무관등"이라 한다)는 법 제9조의 예에 의하여 가족관계등록부기록을 촉탁하여야 한다.
(2007.12.31 본항개정)
(2007.12.31 본조제목개정)

제5조의2【후견등기부기록을 촉탁하여야 할 심판등】 ① 법 제9조에 따라 대법원규칙으로 정하는 후견등기부기록을 촉탁하여야 할 심판은 다음 각 호 각 목의 것으로 한다.
1. 성년후견에 관한 심판
가. 성년후견의 개시 또는 그 종료의 심판
나. 성년후견인·성년후견감독인의 선임 또는 그 변경의 심판
다. 성년후견인·성년후견감독인의 사임에 대한 허가의 심판
라. 취소할 수 없는 피성년후견인의 법률행위의 범위 결정 또는 그 변경의 심판
마. 성년후견인의 법정대리권의 범위 결정 또는 그 변경의 심판
바. 성년후견인이 피성년후견인의 신상에 관하여 결정할 수 있는 권한의 범위 결정 또는 그 변경의 심판
사. 여러 명의 성년후견인·성년후견감독인의 권한 행사에 관한 결정과 그 변경 또는 취소의 심판
2. 한정후견에 관한 심판
가. 한정후견의 개시 또는 그 종료의 심판
나. 한정후견인·한정후견감독인의 선임 또는 변경의 심판
다. 한정후견인·한정후견감독인의 사임에 대한 허가의 심판
라. 피한정후견인이 한정후견인의 동의를 받아야 하는 행위의 범위 결정 또는 그 변경의 심판
마. 한정후견인에 대한 대리권 수여 또는 그 범위 변경의 심판
바. 한정후견인이 피한정후견인의 신상에 관하여 결정할 수 있는 권한의 범위 결정 또는 그 변경의 심판
사. 여러 명의 한정후견인·한정후견감독인의 권한 행사에 관한 결정과 그 변경 또는 취소의 심판
3. 특정후견에 관한 심판
가. 특정후견의 심판 또는 그 종료의 심판
나. 특정후견인·특정후견감독인의 선임 또는 변경의 심판
다. 특정후견인·특정후견감독인의 사임에 대한 허가의 심판
라. 피특정후견인의 후원을 위하여 필요한 처분명령의 심판
마. 특정후견인에 대한 대리권 수여의 심판(대리권 행사에 가정법원이나 특정후견감독인의 동의를 받도록 명한 부분 포함)
바. 여러 명의 특정후견인·특정후견감독인의 권한 행사에 관한 결정과 그 변경 또는 취소의 심판
4. 임의후견에 관한 심판
가. 임의후견감독인의 선임 또는 변경의 심판
나. 임의후견감독인의 사임에 대한 허가의 심판
다. 여러 명의 임의후견감독인의 권한 행사에 관한 결정과 그 변경 또는 취소의 심판
라. 임의후견인의 해임 심판
마. 후견계약 종료의 허가 심판
5. 법 제62조에 따른 재판
가. 성년후견인·한정후견인·특정후견인·임의후견인·성년후견감독인·한정후견감독인·특정후견감독인·임의후견감독인의 권한 범위를 변경하거나 그 직무집행의 전부 또는 일부를 정지하는 재판 및 그 직무대행자를 선임하는 재판
나. 성년후견, 한정후견 및 특정후견에 관한 사건에서 임시후견인을 선임하는 재판
다. 직무대행자, 임시후견인을 해임 또는 개임하는 재판 및 그 권한의 범위를 정하거나 변경하는 재판
라. 여러 명의 직무대행자, 임시후견인의 권한 행사에 관한 결정과 그 변경 또는 취소의 재판
② 제1항제5호의 재판이 본안심판의 확정, 심판청구의 취하 기타의 사유로 효력을 상실하게 된 때와 「민법」 제959조의20제1항에 따라 후견계약이 종료된 때에는 가정법원의 법원사무관등은 법 제9조의 예에 의하여 후견등기부기록을 촉탁하여야 한다.
(2013.6.5 본조신설)

제6조【가족관계등록부기록등 촉탁의 방식】 ① 가족관계등록부 또는 후견등기부기록의 촉탁은 재판장의 명을 받아 가정법원의 법원사무관등이 이를 한다.(2013.6.5 본항개정)
② 촉탁서에는 다음 각호의 사항을 기재하고 법원사무관등이 기명날인하여야 한다.
1. 당사자 및 사건본인의 성명, 등록기준지(외국인의 경우에는 국적), 주소, 주민등록번호(외국인의 경우에는 외국인등록번호, 외국인등록을 하지 아니한 외국국적동포의 경우에는 국내거소신고번호)(2016.4.8 본호개정)
2. 가족관계등록부 또는 후견등기부기록의 원인 및 그 원인일자(2013.6.5 본호개정)
2의2. 후견등기의 목적과 등기할 사항(2013.6.5 본호신설)
3. 촉탁 연월일
4. 법원사무관등의 관직과 성명 및 소속법원의 표시
③ 제2항의 촉탁서에는 확정된 판결등본, 효력을 발생한 심판서의 등본 기타 가족관계등록부 또는 후견등기부기록의 원인을 증명하는 서면을 첨부하여야 한다.
(2013.6.5 본항개정)
④ 제1항부터 제3항까지의 촉탁 및 서면 첨부는 전산정보처리조직을 이용하여 「민사소송 등에서의 전자문서 이용 등에 관한 법률」 제2조제1호의 전자문서로 할 수 있다.
(2011.12.12 본항신설)
(2013.6.5 본조제목개정)

제7조【가족관계등록사무를 처리하는 자에 대한 통지】 ① 다음 각호의 판결이 확정되거나 심판이 효력을 발생한 때에는 법원사무관등은 지체없이 당사자 또는 사건본인의 등록기준지의 가족관계등록사무를 처리하는 자에게 그 뜻을 통지하여야 한다.(2007.12.31 본문개정)
1. 가류 및 나류 가사소송사건의 청구를 인용한 판결. 다만, 사실혼관계존부확인사건을 제외한다.
2. (2013.6.5 삭제)
3. 실종선고와 그 취소의 심판
3의2. 친양자 입양 허가의 심판(2007.12.31 본호신설)
4. 친권자의 법률행위대리권, 재산관리권의 사퇴 또는 회복허가의 심판
5. (2013.6.5 삭제)
6. 성·본 계속사용허가의 심판(2011.12.12 본호신설)
7. 성·본 변경허가의 심판(2011.12.12 본호신설)
② 제1항의 통지에는 제6조의 규정을 준용한다. 다만, 판결 또는 심판서의 등본에 확정일자 또는 효력발생일자를 부기하여 송부함으로써 통지에 갈음할 수 있다.
(2007.12.31 본조제목개정)

제2장 가사조사관

제8조【가사조사관의 임무】 가사조사관은 재판장, 조정장 또는 조정담당판사의 명을 받아 사실을 조사하고 의무이행상태를 점검하며 당사자 또는 사건관계인의 가정 기타 주위 환경의 조정을 위한 조치를 행한다.

제9조【가사조사관의 사실조사】 가사조사관은 조사를 명령받은 사항에 관하여 독립하여 조사한다.
② 가사조사관은 필요에 따라 사건관계인의 학력, 경력, 생활상태, 재산상태와 성격, 건강 및 가정환경 등에 대하여 심리학, 사회학, 경제학, 교육학 기타 전문적 지식을 활용하여 조사하여야 한다.

제10조【조사기간】 가사조사관이 재판장, 조정장 또는 조정담당판사의 조사명령을 받은 경우에 그 명령에 기한의 정함이 없는 때에는 그 명령을 받은 때로부터 2월이내에 조사를 완료하여야 한다.

제11조【조사보고서의 작성】 ① 가사조사관이 사실조사를 마친 때에는 조사보고서를 작성하여 조사명령을 한 재판장, 조정장 또는 조정담당판사에게 보고하여야 한다.
② 조사보고서에는 조사의 방법과 결과 및 가사조사관의 의견을 기재하여야 한다.
③ 가사조사관은 전문가의 감정 기타 조력이 필요하다고 인정할 때에는 그 취지를 기재하여야 한다.

제12조【사회복지기관과의 연락등】 재판장, 조정장 또는 조정담당판사는 사건처리를 위하여 당사자 또는 사건관계인의 가정 기타의 환경을 조정할 필요가 있는 때에는 가사조사관으로 하여금 사회복지기관과의 연락, 기타의 조정조치를 하게 할 수 있다. 이 경우에는 제11조제1항 및 제2항의 규정을 준용한다.

제12조의2【상담 권고】 ① 가정법원은 필요한 경우 당사자에게 상담에 관하여 전문적인 지식과 경험을 갖춘 전문상담인의 상담을 받을 것을 권고할 수 있다.
② 가정법원은 전문상담인을 상담위원으로 위촉하여 제1항의 상담을 담당하게 할 수 있고, 상담위원의 일당 및

수당은 매년 대법관회의에서 이를 정하여 국고 등에서 지급할 수 있다.
③ 가정법원은 당사자가 다른 가정법원 관할구역 내에 거주하는 등 필요한 경우에는 다른 가정법원에서 위촉한 상담위원으로 하여금 제1항의 상담을 담당하게 할 수 있다.(2016.12.29 본항신설)
(2008.6.5 본조신설)

제12조의3【전문가 등의 자문】 가정법원은 미성년자인 자녀의 복리를 위하여 필요한 경우에는 정신건강의학과의사 · 심리학자 · 아동학자, 그 밖의 관련 전문가 또는 사회복지기관 등으로부터 자문을 받을 수 있다.
(2016.12.29 본조신설)

제13조【가사조사관의 기일에의 출석】 가정법원, 조정위원회 또는 조정담당판사는 가사조사관을 기일에 출석시켜 의견을 진술하게 할 수 있다.

제2편 가사소송

제14조【준용규정】 가사소송절차에 관하여는 법 및 이 규칙에 특별한 규정이 있는 경우를 제외하고는 「민사소송규칙」의 규정을 준용한다.(2006.3.23 본조개정)

제15조【병합신청에 대한 재판 등】 ① 법 제14조제3항의 규정에 의하여 관련사건의 병합신청을 받은 가정법원은 그 신청이 이유있다고 인정한 때에는 관련사건을 병합하는 취지의 결정을, 이유없다고 인정한 때에는 신청을 기각하는 취지의 결정을 하여야 한다.
② 병합결정을 한 때에는 당사자 전원에게, 병합신청을 기각하는 결정을 한 때에는 신청인에게 이를 고지하여야 한다.
③ 병합결정에 대하여는 즉시항고를 할 수 있다. 그러나 병합신청을 기각한 결정에 대하여는 불복하지 못한다.
④ 가정법원은 병합결정이 확정된 때에는 병합되어야 할 사건이 계속된 가정법원에 그 결정 정본을 송달하여야 하고, 이를 송달받은 가정법원은 지체없이 병합결정을 한 가정법원에 그 사건기록을 송부하여야 한다. 다만, 병합결정을 송달받은 가정법원이 이미 그 사건에 대한 변론 또는 심리를 종결하거나 종국재판을 한 경우에는 그러하지 아니하다.
⑤ 제4항 단서의 경우에는 병합결정을 한 가정법원에 그 취지를 통지하여야 한다.

제16조【소송절차의 승계신청】 ① 법 제16조제1항의 규정에 의한 소송절차의 승계신청은 서면으로 하여야 한다.
② 제1항의 승계신청서에는 다음 각호의 사항을 기재하고 신청인이 기명날인 또는 서명하여야 한다.
(2002.6.28 본문개정)
1. 사건번호와 피승계인의 성명
2. 신청인의 성명, 등록기준지, 주소와 자격
(2007.12.31 본호개정)
3. 승계신청의 사유

제17조【승계신청에 대한 재판등】 가정법원은 제16조의 규정에 의한 승계신청이 부적법하거나 이유없다고 인정한 때에는 결정으로 이를 기각하여야 하고, 이유있다고 인정한 때에는 소송절차를 속행하여야 한다.

제18조【친권자 지정 등에 관한 조치】 ① 법 제25조의 규정에 의한 가정법원의 협의권고에 따라 부모 사이에 미성년자인 자의 친권자로 지정될 자 또는 미성년인 자의 양육과 면접교섭권에 관한 사항에 대한 협의가 성립되거나 가정법원이 직권으로 이를 정한 때에는 가정법원은 이를 판결주문에 기재하여야 한다. 다만, 위 협의가 자의 복리에 반하는 경우에는 가정법원은 보정을 명하거나 직권으로 해당 사항을 정하여 판결주문에 기재하여야 한다.(2008.6.5 본항개정)
② 제1항의 규정은 인지청구의 소에도 준용한다.
(2006.3.23 본조개정)

제18조의2【자의 의견의 청취】 가정법원이 미성년자인 자의 친권자 지정, 양육과 면접교섭권에 관한 사항을 직권으로 정하는 경우 자(子)가 13세이상인 때에는 가정법원은 그 자(子)의 의견을 들어야 한다. 다만, 자(子)의 의견을 들을 수 없거나 자(子)의 의견을 듣는 것이 오히려 자(子)의 복지를 해할만한 특별한 사정이 있다고 인정되는 때에는 그러하지 아니하다.(2013.6.5 본문개정)

제19조【혈액형등의 수검명령】 법 제29조제1항의 규정에 의한 수검명령을 함에는 검사를 받을 자에게 다음 각호의 사항을 고지하여야 한다.
1. 검사의 목적
2. 검사의 일시, 장소 및 방법
3. 검사자
4. 검사를 받을 자가 제2호의 일시, 장소에 출석하여 검사를 받아야 한다는 취지
5. 법 제67조의 규정에 의한 제재의 개요

제3편 가사비송

제1장 총 칙

제20조【사건본인의 기재】 심판이 당사자 이외에 사건본인의 신분관계 기타 권리, 의무에 관계된 것인 때에는 심판서에 그 사건본인의 성명, 생년월일, 등록기준지 및 주소를 기재하여야 한다.(2007.12.31 본조개정)

제20조의2【가사비송사건의 병합】 수개의 가사비송사건의 청구가 법 제14조제1항의 요건을 갖춘 때에는 이를 1개의 심판청구로 제기할 수 있다.(1998.12.4 본조신설)

제21조【이해관계인의 참가신청】 ① 법 제37조제1항의 규정에 의한 이해관계인의 참가신청은 참가의 취지와 이유를 기재한 서면으로 하여야 한다.
② 참가신청인은 참가의 이유를 소명하여야 한다.

제22조【참가신청에 대한 재판등】 ① 재판장은 제21조제1항의 참가신청이 있는 때에는 그 허부의 결정을 하여야 한다.
② 제1항의 규정에 의한 참가허가의 결정과 법 제37조제2항의 규정에 의한 참가명령은 당사자 및 참가신청인 또는 참가명령을 받은 자에게 고지하여야 한다.
③ 제1항의 규정에 의한 참가허부의 결정과 법 제37조제2항의 규정에 의한 참가명령에 대하여는 불복하지 못한다.

제22조의2【절차의 구조】 법 제37조의2제1항의 절차구조에 관하여는 「민사소송규칙」 제24조부터 제27조까지의 규정을 준용한다.(2013.6.5 본조신설)

제23조【증거조사 등】 ① 가정법원은 직권으로 사실을 조사하고 필요한 증거조사를 하여야 한다.
② 가정법원은 증거조사를 다른 가정법원에 촉탁할 수 있다.(2016.12.29 본항개정)
③ (2016.12.29 삭제)
④ 증거조사에 관하여는 가사소송의 예에 의한다.

제24조 (2007.12.31 삭제)

제25조【심판의 고지】 심판은 이 규칙에 특별한 규정이 있는 경우를 제외하고는, 당사자와 절차에 참가한 이해관계인에게 고지하여야 한다.

제26조【공고】 가사비송절차에서 공고에 관하여는 「민사소송규칙」 제142조의 규정을 준용한다.(2006.3.23 본조개정)

제27조【청구기각심판에 대한 불복】 청구에 의하여서만 심판하여야 할 경우에 그 청구를 기각한 심판에 대하여는 특별한 규정이 있는 경우를 제외하고는 청구인에 한하여 즉시항고를 할 수 있다.

제28조【즉시항고 제기의 방식】 즉시항고는 원심가정법원에 즉시항고장을 제출함으로써 한다.

제29조【항고심의 재판절차】 항고심의 재판절차에는 이 규칙 중 제1심의 재판절차에 관한 규정을 준용한다.

제29조의2【청구인에 대한 통지】 가사비송청구를 인용한 심판에 대하여 이해관계인이 즉시항고한 경우 항고심법원은 상당하다고 인정하는 때에는 제1심 청구인에게 사건이 계속된 사실을 통지하거나 제1심 청구인을 심문할 수 있다.(1998.12.4 본조신설)

제30조【재항고심의 재판절차】 재항고심의 재판절차에는 그 성질에 반하지 아니하는 한 「민사소송법」 및 「민사소송규칙」 중 재항고에 관한 규정을 준용한다.
(2006.3.23 본조개정)

제2장 라류 가사비송사건

제1절 총 칙

제31조【즉시항고 기간의 진행】 즉시항고의 기간은, 특별한 규정이 있는 경우를 제외하고는, 즉시항고를 할 수 있는 자가 심판을 고지받는 경우에는 그 고지를 받은 날부터, 심판을 고지받지 아니하는 경우에는 청구인(청구인이 수인일 때에는 최후로 심판을 고지받은 청구인)이 심판을 고지받은 날부터 진행한다.

제31조의2【관할변경신청에 관한 처리】 ① 법 제44조제2항에 따른 변경결정은 신청인 외에 후견인, 후견감독인에게 고지하여야 하고, 가정법원의 법원사무관등은 지체 없이 피후견인에게 그 뜻을 통지하여야 한다.
② 가정법원의 법원사무관등은 법 제44조제2항에 따른 변경결정이 확정되면 바로 그 결정정본과 후견사무의 감독에 관한 소송기록을 변경된 관할법원에 보내야 한다.
(2018.4.27 본조신설)

제2절 성년후견, 한정후견, 특정후견 및 임의후견
(2013.6.5 본절제목개정)

제32조【사전처분】 ① 성년후견, 한정후견, 특정후견 및 임의후견에 관한 사건에 있어서, 가정법원이 법 제62조에 따른 사전처분으로서 직무대행자를 선임한 때에는, 그 직무대행자에 대하여는 특별한 규정이 있는 경우를 제외하고 해당 후견인 또는 해당 후견감독인에 관한 규정을 준용한다.
② 제1항에 따른 직무대행자의 선임처분은 그 선임된 자, 해당 후견인 및 해당 후견감독인에게 고지하여야 하고, 가정법원의 법원사무관등은 지체 없이 사건본인에게 그 뜻을 통지하여야 한다.
③ 가정법원은 상당하다고 인정할 때에는 언제든지 제1항의 직무대행자에게, 사건본인의 신상보호 또는 재산관리에 필요한 명령을 할 수 있고, 그 선임한 직무대행자를 해임하거나 개임할 수 있다.
④ 가정법원이 법 제62조에 따른 사전처분으로 임시후견인을 선임한 경우, 특별한 규정이 있는 경우를 제외하고, 성년후견 및 한정후견에 관한 사건의 임시후견인에 대하여는 한정후견인에 관한 규정을, 특정후견에 관한 사건의 임시후견인에 대하여는 특정후견인에 관한 규정을 각 준용한다.
⑤ 제2항 및 제3항의 규정은 제4항의 임시후견인을 선임한 경우에 이를 준용한다.
⑥ 제1항의 직무대행자에 대하여는 사건본인의 재산 중에서, 제4항의 임시후견인에 대하여는 청구인 또는 사건본인의 재산 중에서 각 상당한 보수를 지급할 것을 명할 수 있다.
(2013.6.5 본조개정)

제33조~제34조 (2013.6.5 삭제)

제35조【심판의 고지등】 ① 성년후견 · 한정후견 · 특정후견 및 임의후견에 관한 심판은 제25조에서 정한 자 이외에 후견인(그 심판 및 법률에 의하여 임무가 개시되거나 종료될 자를 포함한다) 및 후견감독인(그 심판 및 법률에 의하여 임무가 개시되거나 종료될 자를 포함한다)에게도 고지하여야 한다.
② 제1항의 심판이 있는 때에는 가정법원의 법원사무관등은 지체 없이 사건본인에게 그 뜻을 통지하여야 한다.
(2013.6.5 본조개정)

제36조【즉시항고】 ① 법 제2조제1항제2호가목에 정한 심판사항 중 다음의 각 호 각 목에서 정하는 심판에 대하여는 해당 각 호 각 목에서 정하는 자가 즉시항고를 할 수 있다.
1. 성년후견에 관한 심판
  가. 성년후견의 개시 심판 : 「민법」 제9조제1항에 규정한 자 및 「민법」 제959조의20제1항의 임의후견인, 임의후견감독인
  나. 성년후견인 · 성년후견감독인의 변경 심판 : 변경 대상 성년후견인 · 성년후견감독인
  다. 피성년후견인의 격리에 대한 허가, 피성년후견인에 대한 의료행위의 동의에 대한 허가 및 피성년후견인이 거주하는 건물 또는 그 대지에 대한 매도 등에 대한 허가 심판 : 피성년후견인, 친족, 성년후견인, 성년후견감독인, 검사, 지방자치단체의 장
2. 한정후견에 관한 심판
  가. 한정후견의 개시 심판 : 「민법」 제12조제1항에 규정한 자 및 「민법」 제959조의20제1항의 임의후견인, 임의후견감독인
  나. 한정후견인 · 한정후견감독인의 변경 심판 : 변경 대상 한정후견인 · 한정후견감독인
  다. 피한정후견인의 격리에 대한 허가, 피한정후견인에 대한 의료행위의 동의에 대한 허가 및 피한정후견인이 거주하는 건물 또는 그 대지에 대한 매도 등에 대한 허가 심판 : 피한정후견인, 친족, 한정후견인, 한정후견감독인, 검사, 지방자치단체의 장
3. 특정후견에 관한 심판
  가. 특정후견의 심판 : 「민법」 제14조의2제1항에 규정한 자 및 「민법」 제959조의20제1항의 임의후견인, 임의후견감독인
  나. 특정후견인 · 특정후견감독인의 변경 심판 : 변경 대상 특정후견인 · 특정후견감독인
4. 임의후견에 관한 심판
  가. 임의후견감독인의 변경 심판 : 변경 대상 임의후견감독인
  나. 임의후견인의 해임 심판 : 본인, 임의후견인
  다. 후견계약 종료의 허가 심판 : 「민법」 제959조의18제2항에 규정한 자
② 법 제2조제1항제2호가목에 정한 심판사항 중 다음의 각 호에서 정하는 심판에 대하여는 제27조에 정한 자 이외에 해당 각 호에서 정하는 자도 즉시항고를 할 수 있다.
1. 성년후견의 종료청구 기각 심판 : 「민법」 제11조에 규정한 자
2. 성년후견인 · 성년후견감독인의 변경청구 기각 심판 : 「민법」 제940조에 규정한 자
3. 한정후견의 종료청구 기각 심판 : 「민법」 제14조에 규정한 자
4. 한정후견인 · 한정후견감독인의 변경청구 기각 심판 : 「민법」 제959조의3제2항, 제959조의5제2항에 따라 준용되는 같은 법 제940조에 규정한 자
5. 특정후견인 · 특정후견감독인의 변경청구 기각 심판 : 「민법」 제959조의9제2항, 제959조의10제2항에 따라 준용되는 같은 법 제940조에 규정한 자
6. 임의후견감독인의 변경청구 기각 심판 : 「민법」 제959조의16제3항에 따라 준용되는 같은 법 제940조의7에 따라 다시 준용되는 같은 법 제940조에 규정한 자
7. 임의후견인의 해임청구 기각 심판 : 「민법」 제959조의17제2항에 규정한 자
(2013.6.5 본조개정)

제37조 (2013.6.5 삭제)

제38조【정신상태의 감정】 가정법원은 성년후견 종료 또는 한정후견 종료의 심판을 할 경우에는 피성년후견인 또는 피한정후견인의 정신상태에 관하여 의사에게 감정을 시킬 수 있다.(2013.6.5 본조개정)

제38조의2【후견사무등에 관한 지시】 가정법원이 성년후견인 · 한정후견인 · 특정후견인 · 성년후견감독인 · 한정후견감독인 · 특정후견감독인 · 임의후견감독인을 선임한 때에는 그 후견인 또는 후견감독인에 대하여 그 후견사무 또는 후견감독사무에 관하여 필요하다고 인정되는 사항을 지시할 수 있다.(2013.6.5 본조신설)

제38조의3【격리치료등의 허가와 지시】 ① 가정법원이 다음 각 호의 허가를 하는 때에는, 성년후견인·성년후견감독인 또는 한정후견인·한정후견감독인에게 피성년후견인 또는 피한정후견인의 신상보호 또는 재산관리에 관하여 필요하다고 인정되는 사항을 지시할 수 있다.

1. 「민법」 제947조의2제2항(같은 법 제959조의6에 따라 준용되는 경우를 포함한다)에 따른 피성년후견인 또는 피한정후견인의 격리에 대한 허가
2. 「민법」 제947조의2제4항(같은 법 제940조의7, 제959조의5제2항 및 제959조의6에 따라 준용되는 경우를 포함한다)에 따른 피성년후견인 또는 피한정후견인에 대한 의료행위의 동의에 대한 허가
3. 「민법」 제947조의2제5항(같은 법 제940조의7, 제959조의5제2항 및 제959조의6에 따라 준용되는 경우를 포함한다)에 따른 피성년후견인 또는 피한정후견인이 거주하는 건물 또는 그 대지에 대한 매도 등에 대한 허가

② 가정법원은 필요하다고 인정한 때에는 언제든지 제1항 및 제38조의2의 허가 기타 지시를 취소하거나 변경할 수 있다.
(2013.6.5 본조신설)

제38조의4【특별대리인의 대리권 제한】 가정법원이 성년후견인 또는 한정후견인에 대하여 「민법」 제949조의3에 따라 준용되는 같은 법 제921조(같은 법 제959조의3제2항의 규정에 따라 준용되는 같은 법 제949조의3에 따라 다시 준용되는 경우를 포함한다)에 의하여 특별대리인을 선임할 때에는, 제68조 및 제68조의2의 규정을 준용한다.(2013.6.5 본조신설)

제38조의5【재산관리등】 제41조부터 제52조까지의 규정은 「민법」 제956조에 따라 준용되는 같은 법 제918조에 따른 재산관리인의 선임 또는 개임과 재산관리에 관한 처분 및 「민법」 제954조(같은 법 제959조의6, 제959조의12에 따라 준용되는 경우를 포함한다)에 따른 성년후견사무·한정후견사무·특정후견사무에 관한 처분에 이를 준용한다.(2013.6.5 본조신설)

제38조의6【후견사무등의 감독】 ① 법 제45조의4 및 제45조의7에 따라 가정법원으로부터 사무의 실태 또는 재산상황을 조사하거나 임시로 재산관리를 할 수 있는 권한을 부여받은 사람은 그 업무 처리를 위하여 가정법원의 허가를 얻어 그 후견인 또는 후견감독인에게 그 후견사무 또는 후견감독사무에 관한 자료의 제출을 요구하거나 제출한 자료에 대한 설명을 요구할 수 있다.
② 제1항에 규정한 사람은 업무를 수행함에 있어 그 후견인 또는 후견감독인을 변경할 필요가 있거나 「민법」 제954조에 따른 조사 또는 처분의 필요가 있다고 판단한 때에는 즉시 이를 가정법원에 보고하여야 한다.
③ 제2항의 보고에 대하여는 제11조의 규정을 준용한다.
④ 가정법원은 법 제45조의4제1항에 따라 임시로 재산관리를 하는 사람에 대하여 그 재산관리에 필요하다고 인정되는 사항을 지시할 수 있다.
(2013.6.5 본조신설)

제3절 부재자의 재산관리

제39조【부재자 재산관리 사건부의 작성】 ① 부재자의 재산관리에 관한 사건의 심판을 청구받은 재산소재지의 가정법원은 그 부재자의 최후주소지를 관할하는 가정법원(최후주소가 없거나 이를 알 수 없을 때에는 대법원 소재지의 가정법원, 이하 같다)에 그 청구의 내용과 심판의 요지를 통지하여야 한다.
② 부재자의 최후주소지를 관할하는 가정법원은 부재자의 재산관리사건에 관하여 부재자별로 심판의 청구와 그에 대한 심판의 요지를 기재한 사건부를 작성, 비치하여야 한다.
③ 부재자의 재산관리에 관한 사건의 심판을 청구받은 재산소재지의 가정법원은 심판에 앞서 그 부재자의 최후주소지를 관할하는 가정법원에 제2항의 규정에 의한 사건부의 존부와 심판의 내용에 관하여 조회하여야 한다.

제40조【사건의 이송】 부재자의 재산관리에 관한 사건의 심판을 청구받은 가정법원은 제39조제3항의 규정에 의한 조회 기타의 방법으로 다른 가정법원이 이미 동일한 부재자의 재산관리에 관한 사건을 심판을 하였음이 밝혀진 경우에는, 그 가정법원으로 사건을 이송하여야 한다. 그러나 긴급을 필요로 하는 경우에는 그러하지 아니하다.

제41조【관리인의 선임·개임】 ① 가정법원이 재산관리인을 선임하거나 개임할 경우에는 이해관계인의 의견을 들을 수 있다.
② 부재자가 정한 재산관리인을 개임할 때에는 그 재산관리인을 절차에 참가하게 하여야 한다.

제42조【선임한 관리인의 개임】 ① 가정법원은 언제든지 그 선임한 재산관리인을 개임할 수 있다.
② 가정법원이 선임한 재산관리인이 사임하고자 할 때에는 가정법원에 그 사유를 신고하여야 한다. 이 경우, 가정법원은 다시 재산관리인을 선임하여야 한다.

제43조【심판의 고지】 재산관리인의 선임, 개임 또는 해임의 심판은 당사자 및 절차에 참가한 이해관계인 외에 그 재산관리인에게도 고지하여야 한다.

제44조【재산상황의 보고와 관리의 계산】 ① 가정법원은 그 선임한 재산관리인에게 재산상황의 보고 및 관리의 계산을 명할 수 있다.
② 가정법원은 「민법」 제24조제3항의 경우에는, 부재자가 정한 재산관리인에게도 제1항의 보고 및 계산을 명할 수 있다.(2006.3.23 본항개정)

제45조【담보의 증감·변경·면제】 가정법원은 재산관리인이 제공한 담보의 증감·변경 또는 면제를 명할 수 있다.

제46조【저당권설정등기의 촉탁】 ① 가정법원이 재산관리인의 담보제공방법으로서 그 소유의 부동산 또는 선박에 저당권을 설정할 것을 명한 때에는 그 설정등기의 촉탁을 하여야 한다.
② 제1항의 촉탁에는 저당권의 설정을 명한 심판서의 등본을 첨부하여야 한다.
③ 제1항 및 제2항의 규정은 설정한 저당권의 변경 또는 해제를 명하는 경우에 이를 준용한다.

제47조【재산목록의 내용】 ① 「민법」 제24조제1항 또는 제2항의 규정에 의하여 재산관리인이 작성할 재산목록에는 다음 각호의 사항을 기재하고 재산관리인과 참여인이 기명날인 또는 서명하여야 한다.(2006.3.23 본문개정)

1. 작성의 일시, 장소와 그 사유
2. 청구인의 성명과 주소
3. 부동산의 표시
4. 동산의 종류와 수량
5. 채권과 채무의 표시
6. 장부, 증서 기타의 서류

② 재산목록은 2통을 작성하여 그 1통은 재산관리인이 보관하고 다른 1통은 가정법원에 제출하여야 한다.
③ 이해관계인은 가정법원의 허가를 얻어 재산관리인의 재산목록 작성에 참여할 수 있다.

제48조【공증인에 의한 재산목록의 작성】 ① 가정법원은 재산관리인이 작성한 재산목록이 불충분하다고 인정하거나 기타 필요한 때에는, 재산관리인에게, 공증인으로 하여금 재산목록을 작성하게 할 것을 명할 수 있다.
② 제47조의 규정은 공증인이 재산목록을 작성할 경우에 이를 준용한다.

제49조【부재자재산의 매각】 가정법원이 부재자의 재산을 매각하게 할 경우에는 「민사집행법」 제3편, 「민사집행규칙」 제3편의 규정에 의하여 매각하게 할 수 있다.
(2006.3.23 본조개정)

제49조의2【부재자에 대한 조사 등】 ① 가정법원은 재산관리인에게 부재자의 생사 여부, 재산관리의 가능 여부 등의 조사를 명할 수 있다.
② 가정법원은 재산관리인에게 부재자에 대한 실종의 선고를 관할 가정법원에 청구할 것을 명할 수 있다.
(2016.12.29 본조신설)

제50조【처분의 취소】 사건본인이 스스로 그 재산을 관리하게 된 때 또는 그 사망이 분명하게 되거나 실종선고가 있는 때 또는 관리할 재산이 더 이상 남아 있지 아니한 때에는 가정법원은 사건본인 또는 이해관계인의 청구에 의하여 그 명한 처분을 취소하여야 한다.
(2016.12.29 본조개정)

제51조【즉시항고】 부재자가 정한 재산관리인을 개임하는 심판에 대하여는 그 재산관리인이 즉시항고를 할 수 있다.

제52조【비용의 부담】 ① 가정법원이 부재자의 재산관리에 관하여 직권으로 심판하거나 청구에 상응한 심판을 한 경우에는, 심판전의 절차와 심판의 고지비용은 부재자의 재산의 부담으로 한다. 가정법원이 명한 처분에 필요한 비용도 같다.
② 제1항의 규정은 항고법원이 항고인의 신청에 상응한 재판을 한 경우에 있어서의 항고절차의 비용과 항고인의 부담이 된 제1심의 비용에 관하여 이를 준용한다.

제4절 실 종

제53조【공시최고】 실종을 선고함에는 공시최고의 절차를 거쳐야 한다.

제54조【공시최고의 기재 사항】 ① 공시최고에는 다음 사항을 기재하여야 한다.

1. 청구인의 성명과 주소
2. 부재자의 성명, 출생연월일, 등록기준지 및 주소
(2007.12.31 본호개정)
3. 부재자는 공시최고 기일까지 그 생존의 신고를 할 것이며, 그 신고를 하지 않으면 실종의 선고를 받는다는 것
4. 부재자의 생사를 아는 자는 공시최고 기일까지 그 신고를 할 것
5. 공시최고 기일

② 공시최고의 기일은 공고종료일부터 6월 이후로 정하여야 한다.

제55조【공시최고의 공고】 공시최고의 공고는 제26조의 규정에 의한다.

제56조【사망간주일자의 기재】 실종선고의 심판서에는 부재자가 사망한 것으로 간주되는 일자를 기재하여야 한다.

제57조【즉시항고】 실종을 선고한 심판과 실종선고의 취소청구를 기각한 심판에 대하여는 사건본인 또는 이해관계인이, 실종선고를 취소한 심판에 대하여는 이해관계인이 즉시항고를 할 수 있다.

제58조【비용의 부담】 제52조의 규정은 실종선고의 심판이 있은 때의 절차 비용에 이를 준용한다.

제59조【심판의 공고】 실종선고 또는 실종선고의 취소 심판이 확정된 때에는 가정법원의 법원사무관등은 지체없이 그 뜻을 공고하여야 한다.(2013.6.5 본조개정)

제5절 성과 본에 관한 사건

제59조의2【관계자의 의견의 청취】 ① 가정법원은 「민법」 제781조제5항의 규정에 의한 자의 종전의 성과 본의 계속사용허가 청구가 있는 경우, 부, 모 및 자가 13세 이상인 때에는 그 자의 의견을 들을 수 있다.
② 가정법원은 「민법」 제781조제6항의 규정에 의한 자의 성과 본의 변경허가 청구가 있는 경우, 부, 모 및 자가 13세 이상인 때에는 그 자의 의견을 들을 수 있다. 자의 부모 중 자와 성과 본이 동일한 사람의 사망 그 밖의 사유로 의견을 들을 수 없는 경우에는 자와 성과 본이 동일한 최근친 직계존속의 의견을 들을 수 있다.
(2013.6.5 본조개정)

제6절 부부재산약정의 변경에 관한 사건

제60조【청구】 「민법」 제829조제2항 단서의 규정에 의한 부부재산약정의 변경을 허가하는 심판은 부부 쌍방의 청구에 의하여야 한다.(2006.3.23 본조개정)

제61조【즉시항고】 제60조의 심판에 대하여는 이해관계인이 즉시항고를 할 수 있다.

제7절 친생부인허가와 인지허가에 관한 사건
(2017.12.27 본절신설)

제61조의2【즉시항고】 친생부인을 허가하는 심판과 인지를 허가하는 심판에 대하여는 민법 제854조의2 제1항에 규정한 자가 즉시항고를 할 수 있다.

제8절 입양·친양자입양 또는 파양에 관한 사건
(2007.12.31 본절제목개정)

제62조【심리검사의 촉탁】 ① 재판장 또는 가사조사관은 입양사건의 심리를 위하여 필요한 경우에는 의사, 심리검사전문가 등에게 당사자 또는 관계인의 심리검사를 촉탁할 수 있다.
② 제1항의 심리검사에 관한 비용의 예납에 관하여는 「민사소송법」 제116조, 「민사소송규칙」 제19조, 제20조의 규정을, 예납하여야 할 비용의 범위와 액 및 그 지급에 관하여는 「민사소송비용법」 및 「민사소송비용규칙」의 규정을 각 준용한다.
③~⑤ (2016.12.29 삭제)
(2016.12.29 본조개정)

제62조의2【친양자 입양의 청구】 친양자 입양의 청구에는 다음의 사항을 명백히 하여야 한다.

1. 친양자가 될 사람의 친생부모가 친양자 입양에 동의한 사실 또는 그 동의가 없는 경우에 「민법」 제908조의2제1항제3호 단서 및 같은 조 제2항 각 호에 해당된다는 것을 나타내는 사정
2. 친양자가 될 사람에 대하여 친권을 행사하는 사람으로서 부모 이외의 사람의 이름과 주소와 친양자가 될 사람의 부모의 후견인의 이름과 주소
3. 「민법」 제908조의2제1항제4호에 따른 법정대리인의 동의 또는 같은 항 제5호에 따른 법정대리인의 입양승낙, 그 동의 또는 승낙이 없는 경우에는 「민법」 제908조의2제2항 각 호에 해당된다는 것을 나타내는 사정
4. 「사회복지사업법」에 의한 사회복지법인의 입양 알선에 의한 청구인 경우에는 해당 사회복지법인의 명칭 및 소재지와 친양자가 될 사람이 보호되고 있는 보장시설의 명칭 및 소재지

(2013.6.27 본조개정)

제62조의3【관계자의 의견의 청취】 ① 가정법원은 친양자 입양에 관한 심판을 하기 전에, 친양자가 될 사람이 13세 이상인 경우에는 친양자가 될 사람, 양부모가 될 사람, 친양자가 될 사람의 친생부모, 친양자가 될 사람의 후견인, 친양자가 될 사람에 대하여 친권을 행사하는 사람으로서 부모 이외의 사람, 친양자가 될 사람의 부모의 후견인의 의견을 들어야 한다.
② 제1항의 경우에 친양자가 될 사람의 친생부모의 사망 그 밖의 사유로 의견을 들을 수 없는 경우에는 최근친 직계존속(동순위가 수인일 때에는 연장자)의 의견을 들어야 한다.
(2013.6.27 본조개정)

제62조의4【심판의 고지 등】 ① 친양자 입양을 허가하는 심판은 제25조에서 정한 자 이외에 친양자가 될 사람의 친생부모와 친양자가 될 사람의 법정대리인에게도 고지하여야 한다.(2013.6.27 본항개정)
② 가정법원은 청구인 아닌 사람에게 심판문 정본을 송달하여 고지하는 경우 심판문 정본상의 청구인의 주민등록번호, 주소, 등록기준지 등 개인정보의 전부 또는 일부를 삭제하는 등의 조치를 하여 송달할 수 있다.
(2016.12.29 본항신설)
(2016.12.29 본조제목개정)

제62조의5【즉시항고】 친양자 입양을 허가하는 심판에 대하여는 제62조의3에 규정한 자(양부모가 될 사람은 제외)가 즉시항고를 할 수 있다.(2013.6.27 본조개정)

제62조의6【사회복지법인 등에 대한 통지】 친양자 입양에 관한 심판이 확정된 때 법원사무관등은 지체 없이 해당 친양자 입양을 알선한 사회복지법인에 대하여 그

내용을 통지하여야 한다. 해당 친양자 입양에 대해서 가정법원으로부터의 촉탁에 응하여 조사를 한 보장시설에 대하여도 마찬가지이다.(2007.12.31 본조신설)

제62조의7【입양의 청구】① 미성년자 입양의 청구에는 다음의 사항을 명백히 하여야 한다.

1. 양자가 될 사람의 부모가 입양에 동의한 사실 또는 그 동의가 없는 경우에는「민법」제870조제1항 각 호 및 같은 조 제2항 각 호에 해당된다는 것을 나타내는 사정
2. 양자가 될 사람에 대하여 친권을 행사하는 사람으로서 부모 이외의 사람의 이름과 주소와 양자가 될 사람의 부모의 후견인의 이름과 주소
3.「민법」제869조제1항에 따른 법정대리인의 동의 또는 같은 조 제2항에 따른 법정대리인의 입양승낙, 그 동의 또는 승낙이 없는 경우에는「민법」제869조제3항 각 호에 해당된다는 것을 나타내는 사정
4.「사회복지사업법」에 의한 사회복지법인의 입양 알선에 의한 청구인 경우에는 해당 사회복지법인의 명칭 및 소재지와 양자가 될 사람이 보호되고 있는 보장시설의 명칭 및 소재지

② 피성년후견인 입양의 청구에는「민법」제873조제1항에 따른 성년후견인의 동의,「민법」제871조제1항에 따른 부모의 동의 또는 그 동의가 없는 경우에는「민법」제873조제3항에 해당된다는 것을 나타내는 사정을 명백히 하여야 한다.
(2013.6.27 본조신설)

제62조의8【준용규정】① 미성년자 입양을 허가하는 심판 및 피성년후견인이 입양을 하거나 양자가 되는 것에 대한 허가 심판의 고지에 관하여는 제62조의4제1항을 준용한다. 이 경우 "친양자 입양"은 "입양"으로, "친양자"는 "양자"로 본다.(2016.12.29 본항개정)
② 미성년자 입양을 허가하는 심판 및 피성년후견인이 입양을 하거나 양자가 되는 것에 대한 허가 심판에 대한 즉시항고에 관하여는 제62조의5를 준용한다. 이 경우 "친양자 입양"은 "입양"으로, "제62조의3"은 "법 제45조의8 제1항 각 호"로 본다.(2016.12.29 후단개정)
③ 미성년자 입양에 관한 심판에 관하여는 제62조의6을 준용한다. 이 경우 "친양자 입양"은 "입양"으로 본다.
(2013.6.27 본조신설)

제62조의9【미성년자 양육에 관한 교육 등】가정법원은 친양자 입양에 관한 심판 및 미성년자 입양을 허가하는 심판을 함에 있어서 필요한 경우 양부모가 될 사람에 대하여 미성년자 양육에 관한 교육을 실시하거나 입양기관, 사회복지기관 등에서 실시하는 미성년자 양육을 위한 교육을 받을 것을 명할 수 있다.
(2016.12.29 본조신설)

제9절 친권과 미성년후견에 관한 사건
(2013.6.5 본절제목개정)

제63조 (2006.3.23 삭제)

제64조【친권행사방법의 결정】민법 제909조제2항 단서의 규정에 의하여 친권행사방법을 결정함에는 청구인이 아닌 친권자를 절차에 참가하게 하여야 한다.

제65조【미성년후견인, 미성년후견감독인의 선임·변경】① 미성년후견인·미성년후견감독인을 선임함에는 미성년후견인·미성년후견감독인이 될 자의 의견을 들어야 한다.
② 미성년후견인·미성년후견감독인을 변경할 때에는 그 변경이 청구된 미성년후견인·미성년후견감독인을 절차에 참가하게 하여야 한다.
③ 가정법원이 미성년후견인·미성년후견감독인을 선임한 때에는 미성년후견인·미성년후견감독인에 대하여 그 후견사무 또는 후견감독사무에 관하여 필요하다고 인정되는 사항을 지시할 수 있다.
④ 가정법원은 미성년후견인·미성년후견감독인의 선임과 변경 심판을 하는 경우 그 미성년자가 13세 이상인 때에는 그 미성년자의 의견을 들어야 한다. 다만, 미성년자의 의견을 들을 수 없거나 미성년자의 의견을 듣는 것이 오히려 미성년자의 복지를 해할만한 특별한 사정이 있다고 인정되는 때에는 그러하지 아니하다.
(2013.6.5 본조개정)

제65조의2【친권자의 지정 등】친권자의 지정 또는 미성년후견의 종료 및 친권자의 지정에 관한 심판을 하는 경우 제65조제4항을 준용한다.(2013.6.27 본조신설)

제66조【교정기관에의 위탁등의 허가와 지시】① 가정법원이 다음 각 호의 허가를 하는 때에는, 친권자 또는 미성년후견인·미성년후견감독인에 대하여, 미성년자의 교육과 신상보호 및 재산관리에 관하여 필요하다고 인정되는 사항을 지시할 수 있다.

1.「민법」제915조 및 제945조(제948조에 따라 위 각 조항이 준용되는 경우를 포함한다)에 따른 감화 또는 교정기관에의 위탁에 대한 허가
2.「민법」제940조의7에 따라 준용되는 같은 법 제947조의2제4항에 따른 피미성년후견인에 대한 의료행위의 동의에 대한 허가
3.「민법」제940조의7에 따라 준용되는 같은 법 제947조의2제5항에 따른 피미성년후견인이 거주하는 건물 또는 그 대지에 대한 매도 등에 대한 허가

(2013.6.5 본항개정)
② 가정법원은 필요하다고 인정한 때에 언제든지 제1항의 허가 기타 지시를 취소하거나 변경할 수 있다.

제67조【즉시항고】① 법 제2조제1항제2호가목 및 이 규칙 제2조에 정한 심판사항 중 다음의 각 호에서 정하는 심판에 대하여는 해당 각 호에서 정하는 자가 즉시항고를 할 수 있다.(2013.6.27 본문개정)

1. 미성년후견인의 선임 심판 : 미성년자, 미성년자의 부모와 친족, 이해관계인, 검사, 지방자치단체의 장 (2013.6.27 본호개정)
2. 미성년후견인·미성년후견감독인의 변경 심판 : 변경대상 미성년후견인·미성년후견감독인
3. 감화 또는 교정기관에 위탁하는 것에 대한 허가, 피미성년후견인에 대한 의료행위의 동의에 대한 허가 및 피미성년후견인이 거주하는 건물 또는 그 대지에 대한 매도 등에 대한 허가 심판 : 미성년자, 미성년자의 부모와 친족, 미성년후견인, 미성년후견감독인, 검사, 지방자치단체의 장(2013.6.27 본호개정)
4. 친권자의 지정 심판 : 미성년자, 미성년자의 부모와 친족(2013.6.27 본호신설)
5. 미성년후견종료 및 친권자 지정 심판 : 미성년자, 미성년자의 부모와 친족, 미성년후견인(2013.6.27 본호신설)

② 미성년후견인·미성년후견감독인의 변경청구를 기각한 심판에 대하여는 제27조에서 정한 자 이외에「민법」제940조에 규정한 자도 즉시항고를 할 수 있다.
(2013.6.5 본조개정)

제68조【특별대리인의 대리권 제한】가정법원이「민법」제921조(미성년후견인에 대하여 같은 법 제949조의3에 따라 준용되는 경우를 포함한다)에 따라 특별대리인을 선임할 때에는, 그 특별대리인의 대리권행사에 관하여 필요한 제한을 가할 수 있다.(2013.6.5 본조개정)

제68조의2【특별대리인의 개임】가정법원은 언제든지 법 제2조제1항제2호가목16)에 따른 특별대리인을 개임할 수 있다.(2013.6.5 본조개정)

제69조【재산관리등】제41조 내지 제52조의 규정은「민법」제918조(제956조의 규정에 의하여 준용되는 경우를 포함한다)의 규정에 의한 재산관리인의 선임 또는 개임과 재산관리에 관한 처분 및「민법」제954조(제948조의 규정에 의하여 준용되는 경우를 포함한다)의 규정에 의한 미성년후견사무에 관한 처분에 이를 준용한다.
(2013.6.5 본조개정)

제69조의2【후견사무의 감독】미성년후견인 또는 미성년후견감독인에 대하여 제38조의6의 규정을 준용한다.
(2013.6.5 본조신설)

제10절 친족회에 관한 사건

제70조~제74조 (2013.6.5 삭제)

제11절 상속에 관한 사건

제75조【한정승인·포기의 신고】① 상속의 한정승인 또는 포기의 신고는 법 제36조제3항에 규정한 사항 외에 다음 각호의 사항을 기재하고, 신고인 또는 대리인이 기명날인 또는 서명한 서면에 의하여야 한다.
(2002.6.28 본문개정)

1. 피상속인의 성명과 최후주소
2. 피상속인과의 관계
3. 상속개시 있음을 안 날
4. 상속의 한정승인 또는 포기를 하는 뜻

② 제1항의 신고서에는 신고인 또는 대리인의 인감증명서를 첨부하여야 한다.
③ 가정법원이 제1항의 신고를 수리할 때에는, 그 신고의 일자 및 대리인에 의한 신고인 경우에는 그 대리인의 주소와 성명을 기재한 심판서를 작성하여야 한다.

제76조【한정승인·포기의 취소】① 상속의 한정승인 또는 포기의 취소는, 제75조제3항의 심판을 한 가정법원에 신고인 또는 대리인이 기명날인 또는 서명한 서면으로 신고함으로써 한다.(2002.6.28 본항개정)
② 제1항의 신고서에는 제75조제1항제1호 및 제2호의 사항 외에 다음 각호의 사항을 기재하여야 한다.

1. 상속의 한정승인 또는 포기신고가 수리된 일자
2. 상속의 한정승인 또는 포기를 취소하는 원인
3. 추인할 수 있게 된 날
4. 상속의 한정승인 또는 포기의 취소를 하는 뜻

③ 제75조제2항 및 제3항의 규정은 제1항의 신고 및 그 수리에 이를 준용한다.

제77조【상속재산의 분리】상속재산과 상속인의 고유재산의 분리를 명한 심판에 대하여는 청구인 또는「민법」제1045조제1항에 규정한 자가 즉시항고를 할 수 있다.
(2006.3.23 본조개정)

제78조【상속재산의 관리와 보존】제41조 내지 제52조의 규정은「민법」제1023조(제1044조의 규정에 의하여 준용되는 경우를 포함한다), 제1040조제1항, 제1047조 및「민법」제1053조의 규정에 의한 상속재산의 관리와 보존에 관한 처분에 이를 준용한다.(2008.6.5 본조개정)

제79조【상속재산관리인의 공고】「민법」제1053조제1항의 공고에는 다음 각호의 사항을 기재하여야 한다.
(2006.3.23 본문개정)

1. 청구인의 성명과 주소
2. 피상속인의 성명, 직업과 최후주소
3. 피상속인의 출생과 사망장소 및 그 일자
4. 상속재산관리인의 성명과 주소

제80조【상속인 수색의 공고】「민법」제1057조의 공고에는 다음 각호의 사항을 기재하여야 한다.(2006.3.23 본문개정)

1. 제79조제1호 내지 제3호의 사항
2. 상속인은 일정한 기간 내에 그 권리를 주장하라는 뜻의 최고

제81조【공고비용의 부담】제79조 및 제80조의 공고에 필요한 비용은 상속재산의 부담으로 한다.

제82조【감정인 선임등의 비용의 부담】「민법」제1035조제2항(제1040조제3항, 제1051조제3항, 제1056조제2항의 규정에 의하여 준용되는 경우를 포함한다) 및「민법」제1113조제2항의 규정에 의한 감정인의 선임과 그 감정인의 감정에 소요된 비용은 상속재산의 부담으로 한다.(2006.3.23 본조개정)

제83조【상속재산의 분여】「민법」제1057조의2의 규정에 의한 상속재산 분여의 심판에 대하여는「민법」제1057조의2제1항에 규정한 자가 즉시항고를 할 수 있다.
(2006.3.23 본조개정)

제12절 유언에 관한 사건

제84조【유언집행자의 선임·해임】① 유언집행자를 선임한 심판에 대하여는 이해관계인이 즉시항고를 할 수 있다.
② 유언집행자를 해임할 때에는 그 유언집행자를 절차에 참가하게 하여야 한다.
③ 제2항의 심판에 대하여는 그 유언집행자가 즉시항고를 할 수 있다.

제85조【구수증서에 의한 유언의 검인】①「민법」제1070조제2항의 규정에 의하여 유언을 검인함에 있어서는 유언방식에 관한 모든 사실을 조사하여야 한다.
② 유언검인의 심판에 대하여는 이해관계인이, 유언검인의 청구를 기각한 심판에 대하여는「민법」제1070조제2항에 규정한 자가 즉시항고를 할 수 있다.
(2006.3.23 본조개정)

제86조【유언증서, 녹음의 검인】①「민법」제1091조제1항의 규정에 의한 유언의 증서 또는 녹음의 검인을 청구함에는 그 유언의 증서 또는 녹음대를 제출하여야 한다.
(2006.3.23 본항개정)
② 봉인한 유언증서를 개봉하고자 할 때에는 미리 그 기일을 정하여 상속인 또는 그 대리인을 소환하고, 기타 이해관계인에게 통지하여야 한다.
③ 유언의 증서 또는 녹음을 검인함에 있어서는 유언방식에 관한 모든 사실을 조사하여야 한다.

제87조【조서작성】① 유언증서의 개봉과 검인에 관하여는 조서를 작성하여야 한다.
② 조서에는 다음 각호의 사항을 기재하고, 판사, 법원사무관등이 기명날인하여야 한다.(1998.12.4 본문개정)

1. 제출자의 성명과 주소
2. 제출, 개봉과 검인의 일자
3. 참여인의 성명과 주소
4. 심문한 증인, 감정인, 상속인, 기타 이해관계인의 성명, 주소와 그 진술의 요지
5. 사실조사의 결과

제88조【불출석한 자 등에 대한 고지】가정법원이 유언증서의 개봉과 검인을 한 때에는 출석하지 아니한 상속인 기타 유언의 내용에 관계있는 자에게 그 사실을 고지하여야 한다.

제89조【부담있는 유언의 취소】①「민법」제1111조의 규정에 의한 부담있는 유언의 취소의 심판을 할 때에는 수증자를 절차에 참가하게 하여야 한다.(2006.3.23 본항개정)
② 제1항의 심판에 대하여는 수증자 기타 이해관계인이 즉시항고를 할 수 있다.

제90조【비용의 부담】① 가정법원이 유언에 관한 청구에 상응한 심판을 한 경우에 심판 전의 절차비용과 심판의 고지비용은 유언자 또는 상속재산의 부담으로 한다.
② 제1항의 규정은 항고법원이 항고인의 신청에 상응한 재판을 한 경우의 항고절차의 비용과 항고인의 부담이 된 제1심의 비용에 관하여 이를 준용한다.

제3장 마류 가사비송사건

제1절 총 칙

제91조【상대방의 지정】마류 가사비송사건의 심판청구서에는 상대방의 성명, 생년월일, 등록기준지 및 주소를 기재하여야 한다.(2007.12.31 본조개정)

제92조【상대방의 반대청구】상대방은 제1심의 절차종결시까지 청구인의 청구와 견련관계에 있는 마류 가사비송사건으로서 금전의 지급이나 물건의 인도, 기타 재산상의 의무이행을 구하는 반대청구를 할 수 있다.

제93조【심판의 원칙 등】① 가정법원은 가정의 평화와 사회정의를 위하여 가장 합리적인 방법으로 청구의 목적이 된 법률관계를 조정할 수 있는 내용의 심판을 하여야 한다.
② 금전의 지급이나 물건의 인도, 기타 재산상의 의무이행을 구하는 청구에 대하여는, 그 청구의 취지를 초과하

여 의무의 이행을 명할 수 없다. 다만, 가정법원이 자의 복리를 위하여 양육에 관한 사항을 정하는 경우에는 그러하지 아니하다.(2010.3.30 단서신설)

제94조【즉시항고】 ① 심판에 대하여는 청구인과 상대방이 즉시항고를 할 수 있다.
② 청구인과 상대방 이외의 제3자는 특별한 규정이 있는 경우에 한하여 즉시항고를 할 수 있다.
③ 즉시항고의 기간은, 특별한 규정이 있는 경우를 제외하고는, 즉시항고를 할 수 있는 자가 심판을 고지받는 경우에는 그 고지를 받은 날부터, 심판을 고지받지 아니하는 경우에는 당사자에게 심판이 최후로 고지된 날부터 진행한다.

제95조【비용부담액의 확정】 ① 가정법원이 수액을 정하지 아니하고 절차비용 부담의 재판을 한 경우, 그 비용액의 확정에 관하여는 「민사소송법」 중 소송비용액확정결정에 관한 규정을 준용한다.(2006.3.23 본항개정)
② 제1항의 규정은 항고심과 재항고심의 절차비용에 이를 준용한다.

제95조의2【재산명시신청】 ① 법 제48조의2제1항에 따른 당사자의 재산명시를 요구하는 신청은 신청취지와 신청사유를 적은 서면으로 하여야 한다.
② 가정법원은 제1항의 신청서를 상대방에게 송달하여 의견을 표명할 기회를 주어야 한다.
(2009.11.4 본조신설)

제95조의3【재산명시명령 등】 ① 가정법원이 법 제48조의2제1항에 따른 결정(다음부터 "재산명시명령"이라 한다)을 할 때에는 재산목록을 제출할 상당한 기간을 정하여야 한다.
② 재산명시명령은 재산명시명령을 받은 당사자(다음부터 "재산명시 대상 당사자"라 한다)에게 송달하여야 하고, 명령에 따르지 아니할 경우 법 제67조의3에 따른 제재를 받을 수 있음을 함께 고지하여야 한다.
(2016.12.29 본항개정)
③ 재산명시명령을 재산명시 대상 당사자에게 송달함에 있어서는 「민사소송법」 제187조 및 제194조에 따른 방법으로는 할 수 없다.
④ 재산명시명령이 재산명시 대상 당사자에게 송달되지 아니한 때에는 가정법원은 상대방에게 상당한 기간을 정하여 재산명시 대상 당사자의 주소를 보정하도록 명하여야 한다.
⑤ 상대방이 제4항의 명령을 받고도 이를 이행하지 아니한 때에는 가정법원은 재산명시명령을 취소하고, 재산명시신청을 각하하여야 한다.
(2009.11.4 본조신설)

제95조의4【재산목록의 제출】 ① 재산명시 대상 당사자는 제95조의3제1항의 기간 이내에 자신이 보유하고 있는 재산과 다음 각 호의 사항을 명시한 재산목록을 제출하여야 한다. 다음 각 호의 사항을 명시하는 때에는 양도나 처분을 받은 사람의 이름·주소·주민등록번호 등과 그 거래내역을 함께 적어야 한다.
1. 재산명시명령이 송달되기 전 2년 이내에 한 부동산의 양도
2. 재산명시명령이 송달되기 전 2년 이내에 배우자, 직계혈족 및 4촌 이내의 방계혈족과 그 배우자, 배우자의 직계혈족과 형제자매에게 한 부동산 외의 재산으로서 권리의 이전이나 행사에 등기·등록 또는 명의개서(다음부터 이 조문 안에서 "등기등"이라 한다)가 필요한 재산의 양도
3. 그 밖에 가정법원이 정하는 재산의 처분행위
② 재산목록에 적어야 할 재산은 다음 각 호와 같다. 다만, 당사자 및 당사자와 같이 사는 친족(사실상 관계에 따른 친족을 포함)의 생활에 필요한 의복, 침구, 가구, 부엌기구 등 생활필수품과 그 밖의 공동생활용품은 제외한다.
1. 부동산에 관한 소유권·지상권·전세권·임차권·인도청구권과 그에 관한 권리이전청구권
2. 등기 또는 등록의 대상이 되는 자동차·건설기계·선박·항공기의 소유권, 인도청구권과 그에 관한 권리이전청구권
3. 광업권·어업권, 그 밖에 부동산에 관한 규정이 준용되는 권리와 그에 관한 권리이전청구권
4. 특허권·상표권·저작권·디자인권·실용신안권, 그 밖에 이에 준하는 권리와 그에 관한 권리이전청구권
5. 100만 원 이상의 금전과 합계액 100만 원 이상의 어음·수표
6. 합계액 100만 원 이상의 예금과 보험금 100만 원 이상의 보험 계약
7. 합계액 100만 원 이상의 주권·국채·공채·회사채, 그 밖의 유가 증권
8. 100만 원 이상의 금전채권과 가액 100만 원 이상의 대체물인도 채권(같은 채무자에 대한 채권액의 합계가 100만 원 이상인 채권을 포함한다), 저당권 등의 담보물권으로 담보되는 채권은 그 취지와 담보물권의 내용
9. 정기적으로 받을 보수·부양료, 그 밖의 수입
10. 「소득세법」상의 소득으로서 제9호에서 정한 소득을 제외한 각종소득 가운데 소득별 연간합계액 100만 원 이상인 것
11. 합계액 100만 원 이상의 금·은·백금·금은제품과 백금제품
12. 품목당 100만 원 이상의 시계·보석류·골동품·예술품과 악기
13. 합계액 100만 원 이상의 사무기구
14. 품목당 100만 원 이상의 가축과 농기계를 포함한 각종 기계
15. 합계액 100만 원 이상의 농·축·어업생산품(1월 안에 수확할 수 있는 과실을 포함한다), 공업생산품과 재고상품
16. 제11호부터 제15호까지 규정된 유체동산에 관한 인도청구권·권리이전청구권, 그 밖의 청구권
17. 제11호부터 제15호까지 규정되지 아니한 유체동산으로 품목당 100만 원 이상인 것과 그에 관한 인도청구권·권리이전청구권, 그 밖의 청구권
18. 가액 100만 원 이상의 회원권, 그 밖에 이에 준하는 권리와 그에 관한 이전청구권
19. 그 밖에 가정법원이 범위를 정하여 적을 것을 명한 재산
③ 가정법원은 재산목록에 기재할 재산의 종류와 하한이 되는 액수를 제2항 각 호와 다르게 정할 수 있다.
④ 재산명시 대상 당사자는 합계액 100만 원 이상의 금전채무, 합계액 100만 원 이상인 목적물에 대한 인도·권리이전 채무, 재산명시명령을 송달받은 날부터 6개월이 경과한 날 이후까지 정기적으로 지출이 예상되는 비용을 재산목록에 기재할 수 있다.
⑤ 제1항부터 제3항까지의 규정에 따라 재산목록을 적는 때에는 다음 각 호의 기준을 따라야 한다.
1. 제2항에 규정된 재산 가운데 권리의 이전이나 그 행사에 등기등이 필요한 재산으로서 제3자에게 명의신탁 되어 있거나 신탁재산으로 등기등이 되어 있는 것도 적어야 한다. 이 경우에는 재산목록에 명의자와 그 주소를 표시하여야 한다.
2. 제2항제8호 및 제11호부터 제18호까지 규정된 재산의 가액은 재산목록을 작성할 당시의 시장가격에 따른다. 다만, 시장가격을 알기 어려운 경우에는 그 취득가액에 따른다.
3. 어음·수표·주권·국채·공채·회사채 등 유가증권의 가액은 액면금액으로 한다. 다만, 시장가격이 있는 증권의 가액은 재산목록을 작성할 당시의 거래가격에 따른다.
4. 제2항제1호부터 제4호까지 규정된 것 가운데 미등기 또는 미등록인 재산에 대하여는 도면·사진 등을 붙이거나 그 밖에 적당한 방법으로 특정하여야 한다.
⑥ 가정법원은 필요한 때에는 당사자에게 재산목록에 적은 사항에 관한 참고자료의 제출을 명할 수 있다.
⑦ 당사자는 가정법원에 제출한 재산목록에 형식적인 흠이 있거나 불명확한 점이 있는 때에는 가정법원의 허가를 얻어 이미 제출한 재산목록을 정정할 수 있다.
(2009.11.4 본조신설)

제95조의5【준용규정】 재산조회에 관하여는 법 및 이 규칙에 특별한 규정이 있는 경우를 제외하고는 성질에 반하지 않는 한 「민사집행규칙」·「재산조회규칙」의 규정을 준용한다. 다만, 「민사집행규칙」 제38조, 「재산조회규칙」 제13조, 제14조제2항, 제15조의 규정은 그러하지 아니하다.(2009.11.4 본조신설)

제95조의6【재산조회신청 등】 ① 법 제48조의3제1항에 따른 당사자 명의의 재산에 관한 조회를 요구하는 신청은 다음 각 호의 사항을 적은 서면으로 하여야 한다.
1. 조회의 대상이 되는 당사자(다음부터 "조회대상자"라 한다)
2. 조회할 공공기관, 금융기관 또는 단체
3. 조회할 재산의 종류
4. 과거의 재산보유내역에 대한 조회를 요구하는 때에는 그 취지와 조회기간
5. 신청취지와 신청사유
② 제1항의 신청을 하는 때에는 신청의 사유를 소명하여야 한다.
(2009.11.4 본조신설)

제95조의7【재산조회비용의 예납 등】 ① 법 제48조의3제1항의 재산조회를 신청하는 당사자는 재산조회에 필요한 비용으로서 가정법원이 정하는 금액을 미리 내야 한다. 가정법원이 부족한 비용을 미리 내라고 명하는 때에도 또한 같다.
② 가정법원이 직권으로 재산조회를 하는 때에는 그 재산조회로 이익을 받을 당사자에게 제1항의 비용을 내게 할 수 있다. 재산조회로 이익을 받을 당사자가 분명하지 아니한 때에는 조회대상자의 상대방을 재산조회로 이익을 받을 당사자로 본다.
③ 가정법원은 제1항, 제2항의 당사자가 비용을 내지 아니하는 경우에는 신청을 각하하거나 재산조회결정을 취소할 수 있다.
(2009.11.4 본조신설)

제95조의8【과태료사건의 관할】 법 제67조의3 및 제67조의4에 따른 과태료 재판은 재산명시명령, 재산조회를 한 가정법원이 관할한다.(2016.12.29 본조개정)

제2절 부부관계에 관한 사건

제96조【당사자】 「민법」 제826조, 제833조의 규정에 의한 부부의 동거·부양·협조 또는 생활비용의 부담에 관한 심판, 「민법」 제829조제3항의 규정에 의한 재산관리자의 변경 또는 공유재산의 분할의 심판 및 「민법」 제839조의2제2항(제843조의 규정에 의하여 준용되는 경우 및 혼인취소를 원인으로 하는 경우를 포함한다)의 규정에 의한 재산분할의 심판은, 부부 중 일방이 다른 일방을 상대방으로 하여 청구하여야 한다.
(2006.3.23 본조개정)

제97조【이행명령】 제96조에 규정된 청구에 관한 심판을 함에 있어서는, 금전의 지급, 물건의 인도, 등기 기타의 의무이행을 동시에 명할 수 있다.

제98조【부부재산의 분할】 「민법」 제269조제2항의 규정은 「민법」 제829조제3항 및 「민법」 제839조의2제2항(제843조의 규정에 의하여 준용되는 경우 및 혼인의 취소를 원인으로 하는 경우를 포함한다)의 규정에 의한 재산분할의 심판에 이를 준용한다.(2006.3.23 본조개정)

제3절 친권자의 지정과 자의 양육에 관한 사건

(2006.3.23 본절제목개정)

제99조【당사자】 ① 자(子)의 양육에 관한 처분과 변경 및 친권자의 지정과 변경에 관한 심판은 부모중 일방이 다른 일방을 상대방으로 하여 청구하여야 한다.
② 면접교섭권의 처분 또는 제한·배제·변경에 관한 심판은 다음 각 호의 자들 상호간에 일방이 다른 일방을 상대방으로 하여 청구하여야 한다.
1. 부(父)와 모(母)
2. 자를 직접 양육하지 아니하는 부(父) 또는 모(母)의 직계존속과 자를 직접 양육하는 부(父) 또는 모(母)
(2017.2.2 본항신설)
③ 제1항의 심판을 청구함에 있어, 부모 아닌 자가 자(子)를 양육하고 있을 때에는, 그 자를 공동상대방으로 하여 자(子)의 인도를 청구할 수 있다.
(2017.2.2 본조개정)

제100조【자의 의견의 청취】 제99조제1항 및 제2항에 규정한 청구가 있는 경우에, 자(子)가 13세 이상인 때에는, 가정법원은 심판에 앞서 그 자(子)의 의견을 들어야 한다. 다만, 자(子)의 의견을 들을 수 없거나 자(子)의 의견을 듣는 것이 오히려 자(子)의 복지를 해할 만한 특별한 사정이 있다고 인정되는 때에는 그러하지 아니하다.
(2017.2.2 본문개정)

제4절 친권의 상실 등에 관한 사건

제101조【상대방】 ① 「민법」 제922조의2의 규정에 의한 친권자의 동의를 갈음하는 심판, 「민법」 제924조, 제924조의2, 제925조의 규정에 의한 친권의 상실, 일시 정지, 일시 정지에 대한 기간 연장, 일부 제한 및 법률행위 대리권과 재산관리권의 상실 선고의 심판은 그 친권자를 상대방으로 하여 청구하여야 한다.
② 「민법」 제926조의 규정에 의한 실권회복선고의 심판은, 청구 당시 친권 또는 친권의 일부, 법률행위대리권, 재산관리권을 행사하거나 이를 대행하고 있는 자를 상대방으로 하여 청구하여야 한다.
(2015.7.28 본조개정)

제102조【대행자의 지정】 ① 제101조제1항에 규정한 심판청구가 있는 경우에, 법 제62조의 규정에 의한 사전처분으로서, 친권자의 친권, 법률행위대리권, 재산관리권의 전부 또는 일부의 행사를 정지하여 이를 행사할 자가 없게 된 때에는, 심판의 확정시까지 그 권한을 행사할 자를 동시에 지정하여야 한다.
② 제1항의 권한대행자에 대하여는 미성년자의 재산중에서 상당한 보수를 지급할 것을 명할 수 있다.

제103조【즉시항고】 친권자의 동의를 갈음하는 심판, 친권의 상실, 일시 정지, 일시 정지에 대한 기간 연장, 일부 제한 및 그 실권 회복의 선고 또는 법률행위의 대리권과 재산관리권의 상실 및 그 실권 회복의 선고 심판에 대하여는 상대방 또는 「민법」 제925조에 규정한 자가 즉시항고를 할 수 있다.(2015.7.28 본조개정)

제5절 친족회의 결의에 대한 이의사건

제104조~제105조 (2013.6.5 삭제)

제6절 부양에 관한 사건

제106조【이해관계인의 참가】 「민법」 제976조 내지 제978조의 규정에 의한 부양에 관한 심판청구가 있는 경우에, 그 심판이 당사자 이외의 부양권리자 또는 부양의무자의 부양의 순위, 정도 및 방법에 직접 관련되는 것인 때에는, 가정법원은 그 부양권리자 또는 부양의무자를 절차에 참가하게 하여야 한다.(2006.3.23 본조개정)

제107조【부양의 정도, 방법의 결정과 지시】 가정법원이 부양의 정도 또는 방법을 정하거나 이를 변경하는 심판을 하는 경우에는, 필요하다고 인정되는 지시를 할 수 있다.

제108조【이행명령】 제97조의 규정은 부양에 관한 심판에 이를 준용한다.

제109조【즉시항고】 부양에 관한 심판에 대하여는 당사자 또는 이해관계인이 즉시항고를 할 수 있다.

제7절 상속에 관한 사건

제110조【당사자】 「민법」 제1008조의2제2항, 제4항의 규정에 의한 기여분의 결정 및 「민법」 제1013조제2항의 규정에 의한 상속재산의 분할에 관한 심판은 상속인중의

1인 또는 수인이 나머지 상속인 전원을 상대방으로 하여 청구하여야 한다.(2006.3.23 본조개정)

제111조【기여분의 결정】 기여분의 결정을 구하는 심판청구서에는 제75조제1항제1호 및 제2호에 규정한 사항 외에 다음 각호의 사항을 기재하여야 한다.

1. 기여의 시기, 방법, 정도 및 기타의 사정
2. 동일한 상속재산에 관한 다른 기여분결정 청구사건 또는 상속재산분할 청구사건이 있는 경우에는 그 사건 및 가정법원의 표시

제112조【사건의 병합】 ① 동일한 상속재산에 관한 수개의 기여분결정 청구사건은 병합하여 심리, 재판하여야 한다.

② 기여분결정 청구사건은 동일한 상속재산에 관한 상속재산분할 청구사건에 병합하여 심리, 재판하여야 한다.

③ 제1항 및 제2항의 규정에 의하여 병합된 수개의 청구에 관하여는 1개의 심판으로 재판하여야 한다.

제113조【청구기간의 지정】 ① 상속재산분할 청구가 있는 때에는, 가정법원은 당사자가 기여분의 결정을 청구할 수 있는 기간을 정하여 고지할 수 있다. 그 기간은 1월 이상이어야 한다.

② 가정법원은 제1항의 규정에 의하여 정한 기간을 도과하여 청구된 기여분 결정 청구는 이를 각하할 수 있다.

제114조【상속재산의 분할청구】 상속재산 분할의 심판청구서에는 다음 각호의 사항을 기재하여야 한다.

1. 이해관계인의 성명과 주소
2. 공동상속인 중 상속재산으로부터 증여 또는 유증을 받은 자가 있는 때에는 그 내용
3. 상속재산의 목록

제115조【상속재산 분할의 심판】 ① 가정법원은 제1심 심리종결시까지 분할이 청구된 모든 상속재산에 대하여 동시에 분할의 심판을 하여야 한다.

② 가정법원은 분할의 대상이 된 상속재산 중 특정의 재산을 1인 또는 수인의 상속인의 소유로 하고, 그의 상속분 및 기여분과 그 특정의 재산의 가액의 차액을 현금으로 정산할 것을 명할 수 있다.

③ 제97조의 규정은 상속재산분할의 심판에 이를 준용한다.

제116조【즉시항고】 ① 기여분 결정의 심판과 상속재산분할의 심판에 대하여는 당사자 또는 이해관계인이 즉시항고를 할 수 있다.

② 제112조제3항 또는 제115조제1항의 규정에 의한 심판이 있는 경우에, 즉시항고권자 중 1인의 즉시항고는 당사자 전원에 대하여 그 효력이 있고, 심판의 일부에 대한 즉시항고는 심판 전부에 대하여 그 효력이 있다.

제4편 가사조정

제117조【준용규정】 ① 가사조정에 관하여는 법 및 이 규칙에 특별한 규정이 있는 경우를 제외하고는 「민사조정규칙」의 규정을 준용한다.(2006.3.23 본항개정)

② 제16조, 제17조 및 제20조의 규정은 가사조정사건에 이를 준용한다.

제118조【조정장소】 조정위원회 또는 조정담당판사는 필요하다고 인정한 때에는 법원 외의 적당한 장소에서 조정할 수 있다.

제119조【격지조정】 ① 조정위원회 또는 조정담당판사는 당사자가 동시에 출석하여 조정할 수 없는 사정이 있다고 인정한 때에는, 서면으로 조정안을 작성하여 각 당사자에게 제시할 수 있다. 이 경우, 조정안에는 그 조정으로 인한 효과를 기재하여야 한다.

② 당사자가 제1항의 조정안에 동의한 때에는, 조정위원회 또는 조정담당판사가 지명한 조정위원의 면전에서 조정안에 기명날인 또는 서명하여야 한다.
(2002.6.28 본항개정)

③ 당사자 전원이 제2항의 규정에 의한 동의를 한 때에는 조정이 성립된 것으로 본다. 이 경우, 조정조서에는 격지조정에 의하여 조정이 성립되었음을 기재하고, 각 당사자가 기명날인 또는 서명한 조정안을 첨부하여야 한다.
(2002.6.28 본항개정)

제120조【조정장의 기명날인】 조정위원회가 작성하는 조정안, 결정서, 조서, 의견서 등에는 조정위원회를 대표하여 조정장이 기명날인한다.

제5편 이행의 확보

제1장 양육비 직접지급명령
(2009.11.4 본장신설)

제120조의2【준용규정】 양육비 직접지급명령에 관하여는 법 및 이 규칙에 특별한 규정이 있는 경우를 제외하고는 성질에 반하지 않는 한 「민사집행규칙」의 규정을 준용한다.

제120조의3【양육비 직접지급명령의 관할】 ① 법 제63조의2에 따른 양육비 직접지급명령에 관한 사건은 미성년자인 자녀의 보통재판적이 있는 곳의 가정법원의 전속관할로 한다.(2016.12.29 본항개정)

② 제1항의 가정법원이 없는 경우 소득세원천징수의무자의 보통재판적이 있는 곳의 가정법원의 전속관할로 한다.

제120조의4【양육비 직접지급명령신청의 방식】 양육비 직접지급명령신청서에는 다음 각 호의 사항을 적고 집행력 있는 정본을 붙여야 한다.

1. 양육비채권자 · 양육비채무자 · 소득세원천징수의무자와 그 대리인, 미성년자인 자녀의 표시(2016.12.29 본호개정)
2. 집행권원의 표시
3. 2회 이상 양육비가 지급되지 않은 구체적인 내역과 직접지급을 구하고 있는 기한이 도래하지 아니한 정기금 양육비 채권의 구체적인 내용
4. 집행권원에 표시된 양육비 채권의 일부에 관하여만 직접지급명령을 신청하거나 목적채권의 일부에 대하여만 직접지급명령을 신청하는 때에는 그 범위

제120조의5【양육비 직접지급명령 취소의 관할】 법 제63조의2제3항에 따른 양육비 직접지급명령 취소에 관한 사건은 양육비 직접지급명령을 발령한 가정법원의 전속관할로 한다.

제120조의6【즉시항고】 법 제63조의2제5항에 따른 즉시항고는 재판을 고지 받은 날부터 1주 이내에 항고장을 그 재판을 행한 가정법원에 제출하여야 한다.

제2장 담보제공명령 · 일시금지급명령
(2009.11.4 본장신설)

제120조의7【신청에 의한 담보제공명령 및 일시금지급명령의 관할】 ① 법 제63조의3제2항 및 제4항에 따른 담보제공명령 및 일시금지급명령에 관한 사건은 미성년자인 자녀의 보통재판적이 있는 곳의 가정법원의 전속관할로 한다.(2016.12.29 본항개정)

② 제1항의 가정법원이 없는 경우 대법원소재지의 가정법원의 전속관할로 한다.

제120조의8【담보제공의 신청】 법 제63조의3제2항에 따른 채무자의 담보제공을 요구하는 신청은 다음 각 호의 사항을 기재하고 신청인 또는 대리인이 기명날인 또는 서명한 서면으로 하여야 한다.

1. 신청인, 피신청인과 그 대리인, 미성년자인 자녀의 표시(2016.12.29 본호개정)
2. 집행권원의 표시 및 내용
3. 채무자가 이행하지 아니하는 금전채무액 및 그 기간
4. 신청취지와 신청사유

제120조의9【즉시항고】 ① 법 제63조의3제3항에 따른 즉시항고는 재판을 고지 받은 날부터 1주 이내에 하여야 한다.

② 즉시항고는 집행을 정지시키는 효력을 가진다.

제120조의10【일시금지급의 신청】 법 제63조의3제4항에 따른 일시금 지급을 요구하는 신청은 다음 각 호의 사항을 기재하고 신청인 또는 대리인이 기명날인 또는 서명한 서면으로 하여야 한다.

1. 신청인, 피신청인과 그 대리인, 미성년자인 자녀의 표시(2016.12.29 본호개정)
2. 집행권원의 표시 및 내용
3. 법 제63조의3제1항 및 제2항에 따른 담보제공명령의 표시 및 내용
4. 신청취지와 신청사유

제3장 이행명령

제121조【이행명령의 관할】 ① 다음 각 호의 의무위반을 이유로 한 법 제64조의 규정에 의한 이행명령 사건은 미성년자인 자녀의 보통재판적이 있는 곳의 가정법원의 전속관할로 한다. 다만, 관할 가정법원이 없는 경우에는 대법원소재지의 가정법원의 전속관할로 한다.

1. 법 제64조제1항제1호 중 신청 당시 미성년자인 자녀에 관한 양육비 지급의무
2. 법 제64조제1항제2호 · 제3호의 의무

② 제1항 각 호 이외의 의무위반을 이유로 한 법 제64조의 규정에 의한 이행명령 사건은 의무자의 보통재판적이 있는 곳의 가정법원의 전속관할로 한다. 다만, 관할 가정법원이 없는 경우에는 대법원소재지의 가정법원의 전속관할로 한다.
(2016.12.29 본조개정)

제122조【가사조사관에 의한 조사 등】 가정법원은 권리자의 신청이 있는 때에는, 이행명령을 하기 전이나 후에, 가사조사관으로 하여금 의무자의 재산상황과 의무이행의 실태에 관하여 조사하고, 의무이행을 권고하게 할 수 있다.

제123조【이행명령의 범위】 이행명령은 그 명령을 하기까지 의무자가 이행하지 아니한 의무의 전부 또는 일부에 대하여 이를 할 수 있다.

제4장 금전임치

제124조【금전임치의 관할】 ① 법 제65조제1항의 규정에 의한 금전임치의 신청에 대한 허가사건은 그 의무이행을 명한 판결, 심판, 조정을 한 가정법원(고등법원이 판결, 결정을 한 경우에는 제1심 가정법원)의 전속관할로 한다.

② 금전임치의 허가에 임치할 가정법원을 따로 정하지 아니한 경우에는 그 금전임치를 허가한 가정법원에 금전을 임치하여야 한다.

제125조【임치의 신청 및 납부】 ① 금전임치의 신청은 다음 각호의 사항을 기재하고 신청인 또는 대리인이 기명날인 또는 서명한 서면으로 하여야 한다.
(2002.6.28 본문개정)

1. 의무자와 권리자 및 대리인의 표시
2. 집행권원의 표시 및 내용(2002.6.28 본호개정)
3. 의무자가 이행하여야 할 금전채무액 및 임치할 금액
4. 임치사유
5. 반대의무 또는 조건이 있을 때에는 그 내용

② 제1항의 신청에 대한 가정법원의 허가가 있는 때에는 가정법원의 법원사무관등은 지체없이 의무자에게 납부지시서를 발부하여야 한다.

③ 제2항의 납부지시서를 발부받은 신청인은 세입세출외 현금출납공무원에게 임치금을 납부하여야 한다.

제126조【보관표】 제125조제3항의 규정에 의하여 임치금을 수납한 세입세출외 현금출납공무원은 신청인에게 영수증을 교부하고, 그 수납에 관한 사항을 기재한 보관표를 작성하여 가정법원의 법원사무관등에게 송부하여야 한다.

제127조【통지】 제126조의 보관표를 송부받은 가정법원의 법원사무관등은 지체없이 임치금사건부에 등재하고 권리자에게 금전임치사실을 통지하여야 한다.

제128조【권리자에의 지급】 ① 임치금의 지급절차에 관하여는 「법원보관금취급규칙」의 규정을 준용한다.
(2006.3.23 본항개정)

② 임치금의 수령에 조건이 붙거나 반대의무의 이행이 있어야 할 경우에는, 권리자는 그 조건의 성취 또는 반대의무의 이행을 증명하는 서면을 제출하여야 한다.

제129조【위임규정】 임치금사건의 처리에 필요한 문서양식 기타의 사항은 대법원예규로 정한다.

제6편 감치의 재판

제130조【준용규정】 법 제67조제2항 및 법 제68조의 규정에 의한 감치에 처하는 재판절차 기타의 사항에 관하여는, 법 및 이 규칙에 특별한 규정이 있는 경우를 제외하고는 성질에 반하지 아니하는 한 「법정등의질서유지를위한재판에관한규칙」의 규정을 준용한다. 다만, 「법정등의질서유지를위한재판에관한규칙」 제3조 내지 제5조, 제12조 내지 제14조, 제20조, 제21조제5항, 제23조제8항, 제25조제3항, 제4항 및 제26조의 규정은 그러하지 아니하다.
(2019.8.2 본조개정)

제131조【관할】 감치에 처하는 재판은 수검명령 · 이행명령 또는 일시금지급명령을 한 가정법원의 전속관할로 한다.(2009.11.4 본조개정)

제132조【감치재판의 신청】 법 제68조제1항의 규정에 의한 권리자의 감치재판의 신청은 다음 각호의 사항을 기재하고, 권리자가 기명날인 또는 서명한 서면에 의하여야 한다.(2002.6.28 본문개정)

1. 의무자의 성명과 주소
2. 집행권원의 표시(2002.6.28 본호개정)
3. 법 제64조의 이행명령 또는 법 제63조의3제4항의 일시금지급명령이 의무자에게 고지된 일자(2009.11.4 본호개정)
4. 의무자가 이행하지 아니한 의무의 내용
5. 감치의 재판을 구하는 뜻

제133조【신청각하의 재판】 ① 가정법원은, 제132조의 규정에 의한 권리자의 신청이 부적법하다고 인정한 때에는 그 신청을 각하는 결정을 하여야 한다.

② 제1항의 결정에 대하여는 불복하지 못한다.

제134조【재판기일의 지정 등】 ① 가정법원의 직권으로 위반자 또는 의무자를 감치에 처하고자 할 때 또는 제132조의 규정에 의한 권리자의 신청이 이유있다고 인정한 때에는, 재판장은 재판기일을 정하여 위반자 또는 의무자를 소환하여야 한다.

② 제1항의 소환을 받은 위반자 또는 의무자가 정당한 사유없이 재판기일에 출석하지 아니한 때에는, 재판장은 위반자 또는 의무자를 구인할 수 있다.

제135조【감치의 재판등】 ① 감치에 처하는 재판에는 위반자가 위반한 수검명령의 내용 또는 의무자가 이행하지 아니한 의무의 내용, 감치의 기간, 감치할 장소 및 감치의 기간이 만료되기 이전이라도 수검명령에 응하거나 의무를 이행한 때에는 감치의 집행이 종료된다는 뜻을 명확히 하여야 한다.

② 가정법원은, 위반자 또는 의무자를 감치에 처함이 상당하지 아니하다고 인정하거나 위반자 또는 의무자가 재판기일까지 그 의무이행사실을 증명한 때에는 불처벌의 결정을 하여야 한다.

③ 제2항의 결정에 대하여는 불복하지 못한다.

제136조【즉시항고】 ① 법 제67조제3항 또는 법 제68조제2항의 규정에 의한 즉시항고는, 위반자 또는 의무자가 재판의 고지를 받은 날부터 3일 이내에 하여야 한다.

② 즉시항고는 이유를 기재한 항고장을 재판법원에 제출함으로써 한다.

③ 즉시항고는 집행정지의 효력이 없다.

제136조의2【감치의 집행기간】 법 제67조제2항 또는 법 제68조의 규정에 따른 감치에 처하는 재판은 그 선고일부터 6개월이 경과된 후에는 이를 집행할 수 없다.
(2019.8.2 본조신설)

제137조【의무이행에 의한 감치집행의 종료】 ① 법 제67조제2항의 규정에 의한 감치의 재판을 받은 자가 그 감치의 집행 중에 수검명령에 응할 뜻을 표시한 때에는, 재판장은 지체없이 그 위반자에 대하여 혈액채취 기타 검사에 필요한 조치를 취한 후 위반자가 유치되어 있는 감치시설의 장에게 위반자의 석방을 명하여야 한다.
② 법 제68조제1항의 규정에 의한 감치의 재판을 받은 자가, 그 감치의 집행 중에, 의무를 이행하고 이를 증명하는 서면을 제출한 때에는, 재판장은 지체없이 의무자가 유치되어 있는 감치시설의 장에게 의무자의 석방을 명하여야 한다.
③ 제1항 및 제2항의 석방명령은 서면으로 하여야 한다. 다만, 긴급을 필요로 하는 경우에는 그러하지 아니하다.
제138조【위임규정】 감치의 재판절차에 필요한 문서양식 기타의 사항은 대법원예규로 정한다.

부 칙

제1조【시행일】 이 규칙은 1991년 1월 1일부터 시행한다.
제2조【폐지규칙】 가사심판규칙 및 임치금취급규칙은 이를 폐지한다.
제3조【계속사건에 대한 경과조치】 ① 이 규칙은 특별한 규정이 있는 경우를 제외하고는 이 규칙 시행당시 법원에 계속 중인 사건에도 이를 적용한다. 다만, 이 규칙 시행전의 소송행위의 효력에는 영향을 미치지 아니한다.
② 법 시행당시 폐지된 인사소송법 또는 가사심판법의 적용범위에 해당하지 아니하여 지방법원 및 지방법원지원에 계속 중인 사건은 종전의 예에 의한다.
③ 법 시행당시 폐지된 인사소송법 또는 가사심판법의 적용범위에 해당하여 가정법원 및 가정법원지원에 계속 중인 사건으로서 법 제2조제1항 및 제2항 또는 이 규칙 제2조제1항의 규정에 해당하지 아니하는 사건은 종전의 예에 의한다.
④ 법 시행당시 법원에 계속 중인 가사사건으로서 심리종결된 사건, 상소 중인 사건 및 상소사건은 종전의 예에 의한다.
제4조【법정기간에 대한 경과조치】 이 규칙 시행전부터 진행된 법정기간과 그 계산은 종전의 규정에 의한다.
제5조【재산봉인사건에 대한 경과조치】 이 규칙 시행당시 가정법원에 계속 중인 재산봉인사건에 대하여는 종전의 규정을 적용한다.
제6조【다른 법령과의 관계】 이 규칙 시행당시 다른 법령에서 가사심판규칙 또는 임치금취급규칙이나 그 조문을 인용한 경우에 이 규칙중 그에 해당하는 규정이 있을 때에는 종전의 규정에 대치하여 이 규칙 또는 이 규칙중 해당조문을 인용한 것으로 본다.

부 칙 (2013.6.5)

제1조【시행일】 이 규칙은 2013년 7월 1일부터 시행한다.
제2조【적용례】 이 규칙은 이 규칙 시행 당시 가정법원에 계속 중인 사건에 대해서도 적용한다. 다만, 종전의 규정에 따라 발생한 효력에는 영향을 미치지 아니한다.
제3조【금치산 등에 관한 경과조치】 ① 이 규칙 시행 당시 종전의 규정에 따라 청구되어 가정법원에 계속 중인 "금치산 선고 사건" 및 "한정치산 선고 사건"은 각각 이 규칙에 따라 청구된 "성년후견 개시 심판 사건" 및 "한정후견 개시 심판 사건"으로 본다.
② 이 규칙 시행 당시 이미 금치산 또는 한정치산의 선고를 받은 사람에 대하여는 종전의 규정을 적용한다.
제4조【가족관계등록부기록의 촉탁】 민법 부칙(2011. 3. 7. 제10429호로 개정된 것) 제2조제2항에 따라 성년후견, 한정후견, 특정후견이 개시되거나 임의후견감독인이 선임되어, 금치산 또는 한정치산 선고가 장래를 향하여 효력을 잃게 된 때에는 가정법원의 법원사무관등은 법 제9조의 예에 의하여 가족관계등록부기록을 촉탁하여야 한다.

부 칙 (2013.6.27)

제1조【시행일】 이 규칙은 2013년 7월 1일부터 시행한다.
제2조【적용례】 이 규칙은 이 규칙 시행 당시 가정법원에 계속 중인 사건에 대해서도 적용한다. 다만, 종전의 규정에 따라 발생한 효력에는 영향을 미치지 아니한다.

부 칙 (2015.7.28)

제1조【시행일】 이 규칙은 2015년 10월 16일부터 시행한다.
제2조【경과규정】 이 규칙은 이 규칙 시행 전에 법원에 접수된 사건에 대하여는 적용하지 아니한다.

부 칙 (2016.4.8)

이 규칙은 2016년 7월 1일부터 시행한다.

부 칙 (2016.12.29)

제1조【시행일】 이 규칙은 2017년 2월 1일부터 시행한다.
제2조【경과조치】 ① 이 규칙은 이 규칙 시행 당시 가정법원에 계속 중인 사건에도 적용한다. 다만 종전의 규정에 따라 발생한 효력에는 영향을 미치지 아니한다.
② 이 규칙 시행당시 가정법원에 계속 중인 사건으로서 이 규칙에 의한 관할권이 없는 사건의 경우에는 종전의 규정에 의하여 관할권이 있으면 그에 따른다.

부 칙 (2017.2.2)

이 규칙은 2017년 6월 3일부터 시행한다.

부 칙 (2017.12.27)

제1조【시행일】 이 규칙은 2018년 2월 1일부터 시행한다.
제2조【적용례】 이 규칙은 이 규칙 시행 후 최초로 접수되는 사건부터 적용한다.

부 칙 (2018.4.27)

제1조【시행일】 이 규칙은 2018년 5월 1일부터 시행한다.
제2조【경과조치】 이 규칙은 이 규칙 시행 당시 가정법원에 계속 중인 사건에도 적용한다. 다만, 종전의 규정에 따라 발생한 효력에는 영향을 미치지 아니한다.

부 칙 (2019.8.2)

제1조【시행일】 이 규칙은 공포한 날부터 시행한다.
제2조【적용례】 이 규칙은 이 규칙 시행 당시 가정법원에 계속 중인 사건에도 적용한다. 다만, 종전의 규정에 따라 발생한 효력에는 영향을 미치지 아니한다.

가사소송수수료규칙

(1990년 12월 31일
대법원규칙 제1140호)

개정
1997.12.20대법원규칙1487호　1998.12. 4대법원규칙1575호
2007.12.31대법원규칙2142호　2013. 1. 8대법원규칙2445호
2013.10.11대법원규칙2488호(민사조정규칙)
2015. 7.28대법원규칙2613호　2016. 2.19대법원규칙2639호

제1조【목적】 이 규칙은 가사소송법(이하 "법"이라 한다) 제5조의 규정에 의하여 가사사건에 있어서 당사자가 납부하여야 할 수수료의 범위와 액을 정함을 목적으로 한다.
제2조【가사소송절차의 수수료】 ① 가류 및 나류 가사소송사건의 소의 제기의 수수료는 1건당 20,000원으로 한다.
② 다류 가사소송사건의 소의 제기의 수수료는 「민사소송 등 인지법」 제2조에 따라 계산한 금액의 2분의 1로 한다.(2016.2.19 본항개정)
③ 항소제기의 수수료는 사건의 종류에 따라 제1항 또는 제2항 규정액의 1.5배액으로 하고, 상고제기의 수수료는 그 2배액으로 한다.(1997.12.20 본항개정)
④ 제1심에서의 반소제기의 수수료는 사건의 종류에 따라 제1항 또는 제2항 규정액으로 하고, 항소심에서의 반소제기의 수수료는 그 1.5배액으로 한다.
(1997.12.20 본항개정)
⑤ 재심청구의 수수료는 사건의 종류 및 심급에 따라 제1항, 제2항, 제3항 또는 제4항 규정액으로 한다.
제3조【가사비송절차의 수수료】 ① 라류 가사비송사건의 심판 청구의 수수료는 1건당 5,000원으로 하고, 마류 가사비송사건의 심판 청구의 수수료는 1건당 다음 각 호의 금액으로 한다.
1. 법 제2조제1항제2호 나목 4) 사건 : 「민사소송 등 인지법」 제2조를 준용하여 계산한 금액의 2분의 1
2. 법 제2조제1항제2호 나목 10) 사건 : 해당 심판 청구를 공유물분할청구의 소로 보아 「민사소송 등 인지법」 제2조를 준용하여 계산한 금액
3. 제1호, 제2호 외의 사건 : 10,000원
② 항고 및 재항고 제기의 수수료는 사건의 종류에 따라 제1항 규정액의 배액으로 한다. 다만, 제1항 후단 제1호·제2호 사건에 관한 항고 제기의 수수료는 그 규정액의 1.5배액으로 한다.
③ 반대청구의 수수료는 사건의 종류에 따라 제1항 규정액으로 한다. 이 경우 반대청구가 본래의 청구와 그 목적이 같은 때에는 본래의 청구의 수수료를 뺀다.
④ 가사비송사건의 재판에 대한 준재심 청구의 수수료는 사건의 종류 및 심급에 따라 제1항, 제2항 또는 제3항 전단 규정액으로 한다.
(2016.2.19 본조개정)
제4조【그 밖의 신청수수료】 이 규칙에 규정된 것을 제외하고, 가사소송절차, 가사비송절차, 가사조정절차 및 가사신청절차에서 그 밖의 신청수수료의 범위와 액은 대법원예규로 정한다.(2013.1.8 본조개정)
제5조【병합청구의 수수료】 ① 법 제14조제1항의 규정에 의하여 수개의 가사소송청구 또는 가사소송청구와 가사비송청구를 병합청구하는 경우에는 수개의 청구 중 다액인 수수료에 의한다. 다만, 다류 가사소송청구와 법 제2조제1항제2호 나목 4)의 가사비송청구를 병합청구하는 경우에는 그 소송목적의 값과 청구목적의 값을 더한 금액에 관하여 1개의 다류 가사소송청구를 한 것으로 보아 제2조제2항에 따라 수수료를 계산한다.
(2016.2.19 본항개정)
② 가사소송규칙 제20조의2의 규정에 의하여 수개의 가사비송청구를 병합청구하는 경우에는 수개의 청구의 수수료를 합산한다.
③ 가사비송청구의 개수를 정하는 기준은 다음 각 호와 같다.
1. 법 제2조제1항제2호가목, 나목 내의 각 번호를 달리하는 청구는 수개의 청구로 본다.
2. 라류 가사비송청구중 법 제2조제1항제2호가목의 1)부터 6), 8)부터 9), 11)부터 24)의8은 사건본인마다, 31), 33)부터 38)은 피상속인마다, 30)은 기간연장의 대상이 되는 상속인마다, 32), 39)는 청구인마다, 40)은 검인의 대상이 되는 구수증서마다, 41)은 검인의 대상이 되는 유언서·녹음대마다, 42)는 봉인된 유언서마다, 43)부터 47)은 유언집행자마다, 48)은 부담 있는 유언마다 각 1개의 청구로 본다.
3. 마류 가사비송청구 중 법 제2조제1항제2호나목의 3), 5), 6), 7)은 사건본인마다, 8)은 부양권리자마다, 9)는 청구인마다 각 1개의 청구로 본다. 다만, 7)의 청구중 부모 쌍방에 대한 청구는 2건으로 본다.
(2015.7.28 1호~3호개정)
(1998.12.4 본조개정)
제6조【조정절차의 수수료】 ① 가사조정신청의 수수료는 5,000원으로 한다.
② 민사사건의 청구를 병합하여 조정신청하는 경우에는, 그 민사상의 청구에 대하여 「민사조정법」 제5조제4항에 따른 수수료와 제1항 규정액중 다액을 수수료로 한다.
(2013.10.11 본항개정)
③ 제1항 및 제2항에 규정된 것을 제외하고, 조정절차에 있어서의 기타 신청의 수수료에 관하여는 제4조의 규정을 준용한다.
④ 법 제49조 및 법 제60조의 규정에 의하여 준용되는 민사조정법 제36조의 규정에 의하여 조정신청을 한 때에 소의 제기 또는 심판의 청구가 있는 것으로 보는 경우에는, 조정신청인은 소를 제기하거나 심판을 청구하는 경우에 납부하여야 할 수수료액으로부터 제1항 또는 제2항의 규정에 의하여 납부한 수수료액을 공제한 액의 수수료를 추가로 납부하여야 한다.
제7조【수수료의 납부】 ① 수수료는 수입인지로 납부하여야 한다. 다만, 법원은 따로 대법원규칙으로 정하는 바에 의하여 이를 현금이나 신용카드·직불카드 등으로 납부하게 할 수 있다.(2015.7.28 단서개정)
② 이 규칙이 정한 수수료를 납부하지 아니한 신청은 부적법하다. 다만, 법원은 신청인에게 보정을 명할 수 있고, 신청인이 그 명령에 의하여 상당한 수수료를 납부한 때에는 그러하지 아니하다.
제8조【전자소송에서의 특례】 ① 「민사소송 등에서의 전자문서 이용 등에 관한 법률」 제8조에 따라 등록사용자로서 전산정보처리시스템을 이용한 민사소송 등의 진행에 동의한 자가 전자문서로 제출하는 소장, 항소장, 상고장, 반소장 및 재심소장에는 제2조에 따른 수수료의 10분의 9에 해당하는 수수료를 납부하여야 한다.
② 제1항은 제3조, 제5조 및 제6조의 경우에 준용한다.
(2013.1.8 본조신설)

부 칙 (1997.12.20)

① **【시행일】** 이 규칙은 1997년 12월 20일부터 시행한다.
② **【경과조치】** 이 규칙 시행 당시 법원에 계속 중인 사건에 대하여는 종전의 예에 의하되, 이 규칙 시행 후 상소, 반소, 청구취지변경신청, 당사자참가신청 등이 제기된 경우에는 이 규칙에 의한다.

부 칙 (2013.1.8)

이 규칙은 2013년 1월 21일부터 시행한다.

부 칙 (2015.7.28)

제1조【시행일】 이 규칙은 2015년 10월 16일부터 시행한다.
제2조【경과규정】 이 규칙은 이 규칙 시행 전에 법원에 접수된 사건에 대하여는 적용하지 아니한다.

부 칙 (2016.2.19)

제1조【시행일】 이 규칙은 2016년 7월 1일부터 시행한다.
제2조【경과규정】 이 규칙은 이 규칙 시행 전에 법원에 접수된 사건에 대하여는 적용하지 아니한다.

채무자 회생 및 파산에 관한 법률(약칭 : 채무자회생법)

(2005년 3월 31일
법 률 제7428호)

개정
2006. 3.24법 7892호
2006.12.30법 8138호(교통·에너지·환경세법)
2007. 8. 3법 8635호(자본시장금융투자업)
2007.12.27법 8814호(근로자직업능력개발법)
2007.12.31법 8829호(개별소비세법)
2008. 2.29법 8863호(금융위원회의설치등에관한법)
2009. 1.30법 9346호(교통·에너지·환경세법폐지법)→2025년 1월 1일 시행이므로 추후 수록
2009.10.21법 9804호
2010. 1. 1법 9924호(지방세)
2010. 1.22법 9935호(취업후학자금상환특별법)
2010. 3.31법 10219호(지방세기본법)
2010. 5.14법 10281호(상법)
2010. 5.17법 10303호(은행법)
2010. 6.10법 10366호(동산·채권등의담보에관한법)
2011. 5.19법 10682호(금융부실)
2013. 5.28법 11828호
2014. 1. 1법 12153호(지방세)
2014. 5.20법 12591호(상법)
2014. 5.20법 12595호 2014.10.15법 12783호
2014.12.30법 12892호 2016. 5.29법 14177호
2016.12.27법 14472호
2016.12.27법 14476호(지방세징수법)
2017.12.12법 15158호
2019. 8.27법 16568호(양식산업발전법)
2019.11.26법 16652호(자산관리)
2020. 2. 4법 16920호 2020. 3.24법 17088호
2020. 6. 9법 17364호
2020.12.29법 17769호(지방세)
2020.12.29법 17799호(독점)
2021. 4.20법 18084호 2021.12.28법 18652호
2022.12.27법 19102호
2024년 1월 25일 제412회 국회 본회의 통과

제1편 총 칙

제1조【목적】 이 법은 재정적 어려움으로 인하여 파탄에 직면해 있는 채무자에 대하여 채권자·주주·지분권자 등 이해관계인의 법률관계를 조정하여 채무자 또는 그 사업의 효율적인 회생을 도모하거나, 회생이 어려운 채무자의 재산을 공정하게 환가·배당하는 것을 목적으로 한다.

판례 재정적 어려움으로 인하여 파탄에 직면해 있는 채무자로 하여금 회생계획을 통하여 제3자에 대하여 신주 또는 회사채를 발행하도록 허용하고, 그 신주 또는 회사채 인수대금으로 사업의 유지·재건을 효율적으로 도모할 수 있도록 한 채무자 회생 및 파산에 관한 법률 제1조, 제193조 제2항 제5호, 제206조 제3항, 제209조, 제266조, 제268조, 제277조의 입법 취지에 비추어 보면, 재정적 어려움을 극복하고 사업을 회생시키기 위하여 회생절차개시의 신청 전이나 직후부터 공개경쟁입찰 등 적정하고 합리적인 방법으로 채무자가 발행하는 신주 또는 회사채를 인수할 제3자를 선정하고 그 제3자가 지급하는 신주 또는 회사채 인수대금으로 채무를 변제하는 내용의 회생계획안의 작성·제출을 추진하는 것은 법률이 규정하고 있는 효율적인 회생방안 중의 하나를 선택하여 이용하는 것이므로 적법하다.(대결 2007.10.11, 2007마919)

제2조【외국인 및 외국법인의 지위】 외국인 또는 외국법인은 이 법의 적용에 있어서 대한민국 국민 또는 대한민국 법인과 동일한 지위를 가진다.

제3조【재판관할】 ① 회생사건, 간이회생사건 및 파산사건 또는 개인회생사건은 다음 각 호의 어느 한 곳을 관할하는 회생법원의 관할에 전속한다.(2016.12.27 본문개정)
1. 채무자의 보통재판적이 있는 곳
2. 채무자의 주된 사무소나 영업소가 있는 곳 또는 채무자가 계속하여 근무하는 사무소나 영업소가 있는 곳
3. 제1호 또는 제2호에 해당하는 곳이 없는 경우에는 채무자의 재산이 있는 곳(채권의 경우에는 재판상의 청구를 할 수 있는 곳을 말한다)
(2014.5.20 본항개정)
② 제1항에도 불구하고 회생사건 및 파산사건은 채무자의 주된 사무소 또는 영업소의 소재지를 관할하는 고등법원 소재지의 회생법원에도 신청할 수 있다.
(2016.12.27 본항개정)
③ 제1항에도 불구하고 다음 각 호의 신청은 다음 각 호의 구분에 따른 회생법원에도 할 수 있다.(2016.12.27 본문개정)
1. 「독점규제 및 공정거래에 관한 법률」 제2조제12호에 따른 계열회사에 대한 회생사건 또는 파산사건이 계속되어 있는 경우 계열회사 중 다른 회사에 대한 회생절차개시·간이회생절차개시의 신청 또는 파산신청 : 그 계열회사에 대한 회생사건 또는 파산사건이 계속되어 있는 회생법원(2020.12.29 본호개정)
2. 법인에 대한 회생사건 또는 파산사건이 계속되어 있는 경우 그 법인의 대표자에 대한 회생절차개시·간이회생절차개시의 신청, 파산신청 또는 개인회생절차개시의 신청 : 그 법인에 대한 회생사건 또는 파산사건이 계속되어 있는 회생법원(2016.12.27 본호개정)
3. 다음 각 목의 어느 하나에 해당하는 자에 대한 회생사건, 파산사건 또는 개인회생사건이 계속되어 있는 경우 그 목에 규정된 다른 자에 대한 회생절차개시·간이회생절차개시의 신청, 파산신청 또는 개인회생절차개시의 신청 : 그 회생사건, 파산사건 또는 개인회생사건이 계속되어 있는 회생법원(2016.12.27 본문개정)
가. 주채무자 및 보증인
나. 채무자 및 그와 함께 동일한 채무를 부담하는 자
다. 부부
(2014.5.20 본항개정)
④ 제1항에도 불구하고 채권자의 수가 300인 이상으로서 대통령령으로 정하는 금액 이상의 채무를 부담하는 법인에 대한 회생사건 및 파산사건은 서울회생법원에도 신청할 수 있다.(2016.12.27 본항개정)
⑤ 개인이 아닌 채무자에 대한 회생사건 또는 파산사건은 제1항부터 제4항까지의 규정에 따른 회생법원의 합의부의 관할에 전속한다.(2016.12.27 본항개정)
⑥ 상속재산에 관한 파산사건은 상속개시지를 관할하는 회생법원의 관할에 전속한다.(2016.12.27 본항개정)
⑦ 「신탁법」 제114조에 따라 설정된 유한책임신탁에 속하는 재산(이하 "유한책임신탁재산"이라 한다)에 관한 파산사건은 수탁자의 보통재판적 소재지(수탁자가 여럿인 경우에는 그 중 1인의 보통재판적 소재지를 말한다)를 관할하는 회생법원의 관할에 전속한다.(2016.12.27 본항개정)
⑧ 제7항에 따른 관할법원이 없는 경우에는 유한책임신탁재산의 소재지(채권의 경우에는 재판상의 청구를 할 수 있는 곳을 그 소재지로 본다)를 관할하는 회생법원의 관할에 전속한다.(2016.12.27 본항개정)
⑨ (2016.12.27 삭제)
⑩ 제1항에도 불구하고 제579조제1호에 따른 개인채무자의 보통재판적 소재지가 강릉시·동해시·삼척시·속초시·양양군·고성군인 경우에 그 개인채무자에 대한 파산선고 또는 개인회생절차개시의 신청은 춘천지방법원 강릉지원에도 할 수 있다.(2014.5.20 본항신설)
⑪ 제1항에도 불구하고 채무자의 제1항 각 호의 소재지가 울산광역시나 경상남도인 경우에 회생사건, 간이회생사건, 파산사건 또는 개인회생사건은 부산회생법원에도 신청할 수 있다.(2022.12.27 본항신설)

제4조【손해나 지연을 피하기 위한 이송】 법원은 현저한 손해 또는 지연을 피하기 위하여 필요하다고 인정하는 때에는 직권으로 회생사건·파산사건 또는 개인회생사건을 다음 각 호의 어느 하나에 해당하는 회생법원으로 이송할 수 있다.
1. 채무자의 다른 영업소 또는 사무소나 채무자재산의 소재지를 관할하는 회생법원
2. 채무자의 주소 또는 거소를 관할하는 회생법원
3. 제3조제2항 또는 제3항에 따른 회생법원
4. 제3조제2항 또는 제3항에 따라 해당 회생법원에 회생사건·파산사건 또는 개인회생사건이 계속되어 있는 때에는 제3조제1항에 따른 회생법원
(2016.12.27 본조개정)

제5조【법원간의 공조】 이 법에 의한 절차에서 법원은 서로 법률상의 협조를 구할 수 있다.

제6조【회생절차폐지 등에 따른 파산선고】 ① 파산선고를 받지 아니한 채무자에 대하여 회생계획인가가 있은 후 회생절차폐지 또는 간이회생절차폐지의 결정이 확정된 경우 법원은 그 채무자에게 파산의 원인이 되는 사실이 있다고 인정하는 때에는 직권으로 파산을 선고하여야 한다.(2014.12.30 본항개정)
② 파산선고를 받지 아니한 채무자에 대하여 다음 각 호의 어느 하나에 해당하는 결정이 확정된 경우 법원은 그 채무자에게 파산의 원인이 되는 사실이 있다고 인정하는 때에는 채무자 또는 관리인의 신청에 의하거나 직권으로 파산을 선고할 수 있다.
1. 회생절차개시신청 또는 간이회생절차개시신청의 기각결정(제293조의5제2항제2호가목의 회생절차개시결정이 있는 경우는 제외한다)(2014.12.30 본호개정)
2. 회생계획인가 전 회생절차폐지결정 또는 간이회생절차폐지결정(제293조의5제3항에 따른 간이회생절차폐지결정 시 같은 조 제4항에 따라 회생절차가 속행된 경우는 제외한다)(2014.12.30 본호개정)
3. 회생계획불인가결정
③ 제1항 및 제2항의 규정에 의하여 파산선고를 한 경우 다음 각 호의 어느 하나에 해당하는 등기 또는 등록의 촉탁은 파산의 등기 또는 등록의 촉탁과 함께 하여야 한다.
1. 제23조제1항, 제24조제4항·제5항의 규정에 의한 등기의 촉탁
2. 제27조에서 준용하는 제24조제4항 및 제5항의 규정에 의한 등록의 촉탁
④ 제1항 또는 제2항의 규정에 의한 파산선고가 있는 경우 제3편(파산절차)의 규정을 적용함에 있어서 그 파산선고 전에 지급의 정지 또는 파산의 신청이 없는 때에는 다음 각 호의 어느 하나에 해당하는 행위를 지급의 정지 또는 파산의 신청으로 보며, 공익채권은 재단채권으로 한다.
1. 회생절차개시 또는 간이회생절차개시의 신청
(2014.12.30 본호개정)
2. 제650조의 사기파산죄에 해당하는 법인인 채무자의 이사(업무집행사원 그 밖에 이에 준하는 자를 포함한다. 이하 같다)의 행위
⑤ 회생계획인가결정 전에 제2항의 규정에 의한 파산선고가 있는 경우 제3편(파산절차)의 규정을 적용함에 있어서 제2편(회생절차)에 의한 회생채권의 신고, 이의와 조사 또는 확정은 파산절차에서 행하여진 파산채권의 신고, 이의와 조사 또는 확정으로 본다. 다만, 제134조 내지 제138조의 규정에 의한 채권의 이의, 조사 및 확정에 관하여는 그러하지 아니하다.
⑥ 제1항 또는 제2항의 규정에 의한 파산선고가 있는 때에는 관리인 또는 보전관리인이 수행하는 소송절차는 중단된다. 이 경우 파산관재인 또는 그 상대방이 이를 수계할 수 있다.
⑦ 제1항 또는 제2항의 규정에 의한 파산선고가 있는 때에는 제2편(회생절차)의 규정에 의하여 회생절차에서 행하여진 다음 각 호의 어느 하나에 해당하는 자의 처분·행위 등은 그 성질에 반하지 아니하는 한 파산절차에서도 유효한 것으로 본다. 이 경우 법원은 필요하다고 인정하는 때에는 유효한 것으로 보는 처분·행위 등의 범위를 파산선고와 동시에 결정으로 정할 수 있다.
1. 법원
2. 관리인·보전관리인·조사위원·간이조사위원·관리위원회·관리위원·채권자협의회(2014.12.30 본호개정)
3. 채권자·담보권자·주주·지분권자(주식회사가 아닌 회사의 사원 및 그 밖에 이와 유사한 지위에 있는 자를 말한다. 이하 같다)
4. 그 밖의 이해관계인
⑧ 파산선고를 받은 채무자에 대한 회생계획인가결정으로 파산절차가 효력을 잃은 후 제288조에 따라 회생절차

폐지결정 또는 간이회생절차폐지결정이 확정된 경우에는 법원은 직권으로 파산을 선고하여야 한다.
(2014.12.30 본항개정)
⑨ 제8항의 경우 제3편(파산절차)의 규정을 적용함에 있어서 회생계획인가결정으로 효력을 잃은 파산절차에서의 파산신청이 있은 때에 파산신청이 있은 것으로 보며, 공익채권은 재단채권으로 한다.
⑩ 제3항·제6항 및 제7항의 규정은 제8항의 경우에 관하여 준용한다.

제7조【파산절차가 속행되는 경우의 공익채권 등】 ① 파산선고를 받은 채무자에 대하여 다음 각 호의 어느 하나에 해당하는 결정이 확정되어 파산절차가 속행되는 때에는 공익채권은 재단채권으로 한다.
1. 회생절차개시신청 또는 간이회생절차개시신청의 기각결정(제293조의5제2항제2호가목의 회생절차개시결정이 있는 경우는 제외한다)(2014.12.30 본호개정)
2. 회생계획인가 전 회생절차폐지결정 또는 간이회생절차폐지결정(제293조의5제3항에 따른 간이회생절차폐지결정 시 같은 조 제4항에 따라 회생절차가 속행된 경우는 제외한다)(2014.12.30 본호개정)
3. 회생계획불인가결정
② 제6조제5항 내지 제7항의 규정은 파산선고를 받은 채무자에 대하여 제1항 각 호의 어느 하나에 해당하는 결정이 확정되어 파산절차가 속행되는 경우에 관하여 준용한다.

제8조【송달】 ① 이 법의 규정에 의한 재판은 직권으로 송달하여야 한다.
② 회사인 채무자의 사채권자 또는 주주·지분권자에 대한 송달은 사채권자 또는 주주·지분권자가 이 법에 의하여 주소를 신고한 때에는 그 주소에, 주소를 신고하지 아니한 때에는 사채원부·주주명부·사원명부 또는 등기부에 기재된 주소 또는 그 자가 회사인 채무자에게 통지한 주소에 서류를 우편으로 발송하여 할 수 있다.
③ 등기된 담보권을 가진 담보권자에 대한 송달은 그 담보권자가 이 법의 규정에 의하여 주소를 신고한 때에는 그 주소에, 주소를 신고하지 아니한 때에는 등기부에 기재된 주소에 서류를 우편으로 발송하여 할 수 있다.
④ 제2항 및 제3항의 규정에 의하여 서류를 우편으로 발송한 때에는 그 우편물이 보통 도달할 수 있는 때에 송달된 것으로 본다.
⑤ 제2항 및 제3항의 경우 법원서기관·법원사무관·법원주사 또는 법원주사보(이하 "법원사무관등"이라 한다)는 서면을 작성하여 다음 각 호의 사항을 기재하고 기명날인하여야 한다.
1. 송달을 받을 자의 성명 및 주소
2. 발송의 연·월·일·시
⑥ 제1항 내지 제5항의 규정은 이 법에 특별한 정함이 있는 때에는 적용하지 아니한다.

제9조【공고】 ① 이 법의 규정에 의한 공고는 관보에의 게재 또는 대법원규칙이 정하는 방법에 의하여 행한다.
② 제1항의 규정에 의한 공고는 관보에 게재된 날의 다음 날 또는 대법원규칙이 정하는 방법에 의한 공고가 있은 날의 다음 날에 그 효력이 생긴다.
③ 제1항의 규정에 의하여 재판의 공고가 있는 때에는 모든 관계인에 대하여 그 재판의 고지가 있은 것으로 본다. 다만, 이 법에 특별한 정함이 있는 때에는 그러하지 아니하다.

제10조【송달에 갈음하는 공고】 ① 이 법의 규정에 의하여 송달을 하여야 하는 경우 송달하여야 하는 장소를 알기 어렵거나 대법원규칙이 정하는 사유가 있는 때에는 공고로써 송달을 갈음할 수 있다.
② 제1항의 규정은 이 법에 특별한 정함이 있는 때에는 적용하지 아니한다.

제11조【공고 및 송달을 모두 하여야 하는 경우】 ① 이 법의 규정에 의하여 공고 및 송달을 모두 하여야 하는 경우에는 송달은 서류를 우편으로 발송하여 할 수 있다.
② 제1항의 규정에 의한 공고는 모든 관계인에 대하여 송달의 효력이 있다.

제12조【임의적 변론과 직권조사】 ① 이 법의 규정에 의한 재판은 변론을 열지 아니하고 할 수 있다.
② 법원은 직권으로 회생사건·파산사건·개인회생사건 및 국제도산사건에 관하여 필요한 조사를 할 수 있다.

제13조【즉시항고】 ① 이 법의 규정에 의한 재판에 대하여 이해관계를 가진 자는 이 법에 따로 규정이 있는 때에 한하여 즉시항고를 할 수 있다.
② 제1항의 규정에 의한 즉시항고는 재판의 공고가 있는 때에는 그 공고가 있은 날부터 14일 이내에 하여야 한다.
③ 제1항의 규정에 의한 즉시항고는 집행정지의 효력이 있다. 다만, 이 법에 특별한 정함이 있는 경우에는 그러하지 아니하다.

제14조【불복의 방법】 이 법의 규정에 의한 재판에 대한 불복은 서면으로 하여야 한다.

제15조【관리위원회의 설치】 이 법의 규정에 의한 절차를 적정·신속하게 진행하기 위하여 대법원규칙이 정하는 회생법원에 관리위원회를 둔다.(2016.12.27 본조개정)

제16조【관리위원회의 구성 등】 ① 관리위원회는 위원장 1인을 포함한 3인 이상 15인 이내의 관리위원으로 구성한다.
② 관리위원의 임기는 3년으로 한다.
③ 관리위원은 다음 각 호의 어느 하나에 해당하는 자 중에서 회생법원장이 위촉한다.(2016.12.27 본문개정)
1. 변호사 또는 공인회계사의 자격이 있는 자
2. 「은행법」에 의한 은행 그 밖에 대통령령이 정하는 법인에서 15년 이상 근무한 경력이 있는 자(2010.5.17 본호개정)
3. 상장기업의 임원으로 재직한 자
4. 법률학·경영학·경제학 또는 이와 유사한 학문의 석사학위 이상을 취득한 자로서 이와 관련된 분야에서 7년 이상 종사한 자
5. 제1호 내지 제4호에 규정된 자에 준하는 자로서 학식과 경험을 갖춘 자
④ 다음 각 호의 어느 하나에 해당하는 자는 관리위원이 될 수 없다.
1. 피성년후견인·피한정후견인 또는 파산선고를 받은 자로서 복권되지 아니한 자(2016.5.29 본호개정)
2. 금고 이상의 실형의 선고를 받고 그 집행이 종료(집행이 종료된 것으로 보는 경우를 포함한다)되거나 집행이 면제된 날부터 5년이 경과되지 아니한 자
3. 금고 이상의 형의 집행유예선고를 받고 그 유예기간이 만료된 날부터 2년이 경과되지 아니한 자
4. 금고 이상의 형의 선고유예를 받고 그 유예기간 중에 있는 자
5. 다른 법률 또는 법원의 판결에 의하여 자격이 정지 또는 상실된 자
⑤ 관리위원회는 재적위원 과반수의 출석과 출석위원 과반수의 찬성으로 의결한다.
⑥ 관리위원회의 설치·조직 및 운영, 관리위원의 자격요건·신분보장 및 징계 등에 관하여는 대법원규칙으로 정한다.
⑦ 관리위원은 「형법」 그 밖의 법률의 규정에 의한 벌칙의 적용에 있어서는 이를 공무원으로 본다.

제17조【관리위원회의 업무 및 권한】 ① 관리위원회는 법원의 지휘를 받아 다음 각 호의 업무를 행한다.
1. 관리인·보전관리인·조사위원·간이조사위원·파산관재인·회생위원 및 국제도산관리인의 선임에 대한 의견의 제시(2014.12.30 본호개정)
2. 관리인·보전관리인·조사위원·간이조사위원·파산관재인 및 회생위원의 업무수행의 적정성에 관한 감독 및 평가(2014.12.30 본호개정)
3. 회생계획안·변제계획안에 대한 심사
4. 채권자협의회의 구성과 채권자에 대한 정보의 제공
5. 이 법의 규정에 의한 절차의 진행상황에 대한 평가
6. 관계인집회 및 채권자집회와 관련된 업무
7. 그 밖에 대법원규칙 또는 법원이 정하는 업무
② 관리위원회는 제1항 각 호의 업무를 효율적으로 수행하기 위하여 관리위원에게 업무의 일부를 위임할 수 있다.
③ 법원은 제2항의 규정에 의하여 업무를 수행하는 관리위원이 그 업무를 수행하는 것이 적절하지 아니하다고 인정하는 때에는 관리위원회에 그 업무를 다른 관리위원에게 위임할 것을 요구할 수 있다.
④ 관리위원회가 설치되어 있지 아니한 때에는 다음 각 호의 사항은 적용하지 아니한다.
1. 제6조제7항, 제18조, 제19조 및 제30조제1항 중 관리위원에 관한 사항
2. 제6조제7항, 제42조, 제43조제1항·제3항·제4항, 제50조제1항, 제62조제2항, 제87조제1항, 제92조, 제114조제4항, 제132조제3항, 제257조제3항·제4항, 제287조제3항, 제288조제2항 및 제355조제1항 중 관리위원회에 관한 사항

제18조【관리위원에 대한 허가사무의 위임】 법원은 제61조제1항 각 호의 행위 중 통상적인 업무에 관한 허가사무 또는 파산절차에 관한 허가사무를 관리위원에게 위임할 수 있다. 이 경우 위임의 범위·절차 등에 관하여 필요한 사항은 대법원규칙으로 정한다.

제19조【관리위원의 행위에 대한 이의신청】 ① 제18조의 규정에 의하여 위임을 받아 관리위원이 행한 결정 또는 처분에 불복하는 자는 관리위원에게 이의신청서를 제출하여야 한다.
② 관리위원은 제1항의 규정에 의한 이의신청이 이유있다고 인정하는 때에는 지체 없이 그에 따른 상당한 처분을 하고 이를 법원에 통지하여야 한다.
③ 관리위원은 제1항의 규정에 의한 이의신청이 이유없다고 인정하는 때에는 이의신청서를 제출받은 날부터 3일 이내에 이의신청서를 법원에 송부하여야 한다.
④ 제1항의 규정에 의한 이의신청은 집행정지의 효력이 없다.
⑤ 법원은 제3항의 규정에 의하여 이의신청서를 송부받은 때에는 이유를 붙여 결정을 하여야 하며, 이의신청이 이유있다고 인정하는 때에는 관리위원에게 상당한 처분을 명하고 그 뜻을 이의신청인에게 통지하여야 한다.

제19조의2【보고서의 발간 및 국회 상임위원회 보고】 ① 회생법원장은 관리위원회를 통한 관리·감독 업무에 관한 실적을 매년 법원행정처장에게 보고하여야 한다.
② 법원행정처장은 제1항에 따른 관리·감독 업무에 관한 실적과 다음 연도 추진계획을 담은 연간 보고서를 발간하여야 하며, 그 보고서는 국회 소관 상임위원회에 보고하여야 한다.
(2016.12.27 본조신설)

제20조【채권자협의회의 구성】 ① 관리위원회(관리위원회가 설치되지 아니한 때에는 법원을 말한다. 이하 이 조에서 같다)는 회생절차개시신청·간이회생절차개시신청 또는 파산신청이 있은 후 채무자의 주요채권자를 구성원으로 하는 채권자협의회를 구성하여야 한다. 다만, 채무자가 개인 또는 「중소기업기본법」 제2조제1항의 규정에 의한 중소기업자(이하 "중소기업자"라 한다)인 때에는 채권자협의회를 구성하지 아니할 수 있다.
(2014.12.30 본문개정)
② 채권자협의회는 10인 이내로 구성한다.
③ 관리위원회는 필요하다고 인정하는 때에는 소액채권자를 채권자협의회의 구성원으로 참여하게 할 수 있다.
④ 제1항의 경우 채무자의 주요채권자는 관리위원회에 채권자협의회 구성에 관한 의견을 제시할 수 있다.
(2016.5.29 본항신설)

제21조【채권자협의회의 기능 등】 ① 채권자협의회는 채권자간의 의견을 조정하여 다음 각 호의 행위를 할 수 있다.
1. 회생절차 및 파산절차에 관한 의견의 제시
2. 관리인·파산관재인 및 보전관리인의 선임 또는 해임에 관한 의견의 제시
3. 법인인 채무자의 감사(「상법」 제415조의2의 규정에 의한 감사위원회의 위원을 포함한다. 이하 같다) 선임에 대한 의견의 제시
4. 회생계획인가 후 회사의 경영상태에 관한 실사의 청구
5. 그 밖에 법원이 요구하는 회생절차 및 파산절차에 관한 사항
6. 그 밖에 대통령령이 정하는 행위
② 채권자협의회의 의사는 출석한 구성원 과반수의 찬성으로 결정한다.
③ 법원은 결정으로 채권자협의회의 활동에 필요한 비용을 채무자에게 부담시킬 수 있다.
④ 채권자협의회의 구성 및 운영에 관하여 필요한 사항은 대법원규칙으로 정한다.
⑤ 채권자협의회가 구성되어 있지 아니한 때에는 제50조제1항·제62조제2항·제132조제3항·제203조제4항·제259조·제287조제3항 및 제288조제2항 중 채권자협의회에 관한 사항은 적용하지 아니한다.

제22조【채권자협의회에 대한 자료제공】 ① 법원은 회생절차 또는 파산절차의 신청에 관한 서류·결정서·감사보고서 그 밖에 대법원규칙이 정하는 주요자료의 사본을 채권자협의회에 제공하여야 한다.
② 관리인 또는 파산관재인은 법원에 대한 보고서류 중 법원이 지정하는 주요서류를 채권자협의회에 분기별로 제출하여야 한다.
③ 채권자협의회는 대법원규칙이 정하는 바에 따라 관리인 또는 파산관재인에게 필요한 자료의 제공을 청구할 수 있다.
④ 제3항의 규정에 의하여 자료제공을 요청받은 자는 대법원규칙이 정하는 바에 따라 자료를 제공하여야 한다.
⑤ 채권자협의회에 속하지 아니하는 채권자의 요청이 있는 때에는 채권자협의회는 제1항 내지 제3항의 규정에 의하여 제공받은 자료를 제공하여야 한다.

제22조의2【신규자금대여자의 의견제시권한 및 그에 대한 자료제공】 ① 제179조제1항제5호 및 제12호에 따라 자금을 대여한 공익채권자는 다음 각 호의 행위를 할 수 있다.
1. 채무자의 영업 또는 사업의 전부 또는 중요한 일부를 양도하는 것에 대한 의견의 제시
2. 회생계획안에 대한 의견의 제시
3. 회생절차의 폐지 또는 종결에 대한 의견의 제시
② 제179조제1항제5호 및 제12호에 따라 자금을 대여한 공익채권자는 대법원규칙으로 정하는 바에 따라 관리인에게 필요한 자료의 제공을 청구할 수 있다. 이 경우 관리인은 대법원규칙으로 정하는 바에 따라 자료를 제공하여야 한다.
(2016.5.29 본조신설)

제23조【법인에 관한 등기의 촉탁】 ① 법인인 채무자에 대하여 다음 각 호의 어느 하나에 해당하는 사유가 있는 경우에는 법원사무관등은 직권으로 지체 없이 촉탁서에 결정서의 등본 또는 초본 등 관련 서류를 첨부하여 채무자의 각 사무소 및 영업소(외국에 주된 사무소 또는 영업소가 있는 때에는 대한민국에 있는 사무소 또는 영업소를 말한다. 이하 이 조에서 같다)의 소재지의 등기소에 그 등기를 촉탁하여야 한다.
1. 회생절차개시(제293조의5제4항에 따라 회생절차가 속행된 경우를 포함한다)·간이회생절차개시 또는 파산선고의 결정이 있는 경우(2014.12.30 본호개정)
2. 회생절차개시결정취소·간이회생절차개시결정취소, 회생절차폐지·간이회생절차폐지 또는 회생계획불인가의 결정이 확정된 경우(2014.12.30 본호개정)
3. 회생계획인가 또는 회생절차종결·간이회생절차종결의 결정이 있는 경우(2014.12.30 본호개정)
4. 제265조 및 제266조에 따른 신주발행, 제267조 및 제268조에 따른 사채발행, 제269조에 따른 주식의 포괄적 교환, 제270조에 따른 주식의 포괄적 이전, 제271조에 따른 합병, 제272조에 따른 분할 또는 분할합병이나 제273조 및 제274조에 따른 신회사의 설립이 있는 경우 [국회통과 본호개정]
5. 파산취소·파산폐지 또는 파산종결의 결정이 있는 경우

② 법인인 채무자에 대하여 제43조제3항, 제74조제1항·제3항, 제355조 또는 제636조제1항제4호에 따른 처분이 있는 때에는 법원사무관등은 직권으로 지체 없이 촉탁서에 그 처분의 등본 또는 초본을 첨부하여 그 처분의 등기를 채무자의 각 사무소 및 영업소의 소재지의 등기소에 촉탁하여야 한다. 등기된 처분이 변경 또는 취소된 때에도 또한 같다.[국회통과 전단개정]
③ 제2항에 따른 처분의 등기(제74조제3항 본문에 따른 처분의 등기는 제외한다)에는 관리인·보전관리인·파산관재인 또는 국제도산관리인의 성명 또는 명칭과 주소 또는 사무소를 기재하여야 한다. 이 경우 기재사항이 변경된 때에는 법원사무관등은 지체 없이 그 변경의 등기를 채무자의 각 사무소 및 영업소의 소재지의 등기소에 촉탁하여야 한다.[국회통과 전단개정]
④ 제2항에 따른 처분의 등기 중 제74조제3항 본문에 따른 처분의 등기를 촉탁할 때에는 법인인 채무자의 대표자를 관리인으로 본다는 취지의 등기를 함께 촉탁하여야 한다. 이 경우 그 대표자의 성명 또는 주소가 변경된 때에는 법원사무관등은 지체 없이 그 변경의 등기를 채무자의 각 사무소 및 영업소의 소재지의 등기소에 촉탁하여야 한다.[국회통과 본항신설]
⑤ 법원사무관등은 제1항부터 제4항까지에서 규정한 사항 외에 회생계획의 수행이나 이 법의 규정에 따라 회생절차 또는 파산절차가 종료되기 전에 법인인 채무자나 신회사에 관하여 등기할 사항이 생긴 경우에는 직권으로 지체 없이 촉탁서에 결정서의 등본 또는 초본 등 관련 서류를 첨부하여 채무자의 각 사무소 및 영업소의 소재지의 등기소에 그 등기를 촉탁하여야 한다.[국회통과 본항신설]
⑥ 제5항에 따른 등기사항의 유형 및 범위 등에 관하여 필요한 사항은 대법원규칙으로 정한다.[국회통과 본항신설]

제24조【등기된 권리에 관한 등기 등의 촉탁】 ① 다음 각 호의 경우 법원사무관등은 직권으로 지체 없이 촉탁서에 결정서의 등본 또는 초본을 첨부하여 회생절차개시·간이회생절차개시의 등기 또는 그 보전처분의 등기를 촉탁하여야 한다. 제2호 또는 제3호의 보전처분이 변경 또는 취소되거나 효력을 상실한 때에도 또한 같다.
(2014.12.30 전단개정)
1. 법인이 아닌 채무자에 대하여 회생절차개시 또는 간이회생절차개시의 결정이 있는 경우 그 채무자의 재산에 속하는 권리 중에 등기된 것이 있는 때(2014.12.30 본호개정)
2. 처분대상인 채무자의 재산에 속하는 권리로서 등기된 것에 관하여 제43조제1항의 규정에 의한 보전처분이 있는 때
3. 등기된 권리에 관하여 제114조제1항 또는 제3항의 규정에 의한 보전처분이 있는 때

② 법원은 회생계획의 수행이나 이 법의 규정에 의하여 회생절차가 종료되기 전에 등기된 권리의 득실이나 변경이 생긴 경우에는 직권으로 지체 없이 그 등기를 촉탁하여야 한다. 다만, 채무자·채권자·담보권자·주주·지분권자와 신회사 외의 자를 권리자로 하는 등기의 경우에는 그러하지 아니하다.
③ 법원사무관등은 다음 각 호의 어느 하나에 해당하는 때에는 직권으로 지체 없이 촉탁서에 결정서의 등본 또는 초본을 첨부하여 파산등기 또는 보전처분의 등기를 촉탁하여야 한다. 제3호 또는 제4호의 보전처분이 변경 또는 취소되거나 효력을 상실한 때에도 또한 같다.
1. 법인이 아닌 파산선고를 받은 채무자에 관한 등기가 있는 것을 안 때
2. 법인이 아닌 파산선고를 받은 채무자의 파산재단에 속하는 권리로서 등기된 것이 있음을 안 때
3. 채무자의 재산에 속하는 권리로서 등기된 것에 관하여 제323조제1항에 따른 보전처분이 있는 때
4. 등기된 권리에 관하여 제351조제1항 또는 제3항에 따른 보전처분이 있는 때

[국회통과 본항개정]
④ 법원사무관등은 파산관재인이 파산등기가 되어 있는 권리를 파산재단으로부터 포기하고 그 등기촉탁의 신청을 하는 경우에는 촉탁서에 권리포기허가서의 등본을 첨부하여 권리포기의 등기를 촉탁하여야 한다.
⑤ 제1항 및 제3항의 규정은 제23조제1항제1호 내지 제3호·제5호의 경우에 관하여 준용한다.
⑥ 법원사무관등은 채무자의 재산에 속하는 권리로서 등기된 것에 대하여 개인회생절차에 의한 보전처분 및 그 취소 또는 변경이 있는 때에는 직권으로 지체 없이 촉탁서에 결정서의 등본 또는 초본을 첨부하여 그 처분의 등기를 촉탁하여야 한다.
⑦ 법원사무관등은 제636조제1항제3호 또는 제4호의 규정에 의한 처분이 있는 경우 채무자의 재산에 속하는 권리로서 등기된 것이 있음을 안 때에는 직권으로 지체 없이 촉탁서에 결정서의 등본 또는 초본을 첨부하여 그 처분의 등기를 촉탁하여야 한다. 제635조제1항의 규정에 의하여 외국도산절차의 승인결정 전에 제636조제1항제3호의 처분이 있는 경우에도 또한 같다.

제25조【등기소의 직무】 ① 등기소는 제23조 또는 제24조의 규정에 의한 등기의 촉탁을 받은 때에는 지체 없이 그 등기를 하여야 한다.
② 등기소는 회생계획인가의 등기를 하는 경우 채무자에 대하여 파산등기가 있는 때에는 직권으로 그 등기를 말소하여야 한다.
③ 등기소는 회생계획인가취소의 등기를 하는 경우 제2항의 규정에 의하여 말소한 등기가 있는 때에는 직권으로 그 등기를 회복하여야 한다.
④ [국회통과 삭제]
[국회통과 본조제목개정]

제26조【부인의 등기】 ① 등기의 원인인 행위가 부인된 때에는 관리인, 파산관재인 또는 개인회생절차에서의 부인권자는 부인의 등기를 신청하여야 한다. 등기가 부인된 때에도 또한 같다.
② [국회통과 삭제]
③ 제23조제1항제1호 내지 제3호 및 제5호의 규정은 제1항의 경우에 관하여 준용한다.
④ 법원은 관리인 또는 파산관재인이 제1항의 부인의 등기가 된 재산을 임의매각한 경우에 그 임의매각을 원인으로 하는 등기가 된 때에는 이해관계인의 신청에 의하여 제1항의 부인의 등기, 부인된 행위를 원인으로 하는 등기, 부인된 등기 및 위 각 등기의 뒤에 되어 있는 등기로서 회생채권자 또는 파산채권자에게 대항할 수 없는 것의 말소를 촉탁하여야 한다.

제27조【등록된 권리에의 준용】 제24조부터 제26조까지의 규정은 채무자의 재산, 제114조제1항이나 제351조제1항에 따른 이사등의 재산, 파산재단 또는 개인회생재단에 속하는 권리로서 등록된 것에 관하여 준용한다.
[국회통과 본조개정]

제28조【사건기록의 열람 등】 ① 이해관계인은 법원에 사건기록(문서 그 밖의 물건을 포함한다)의 열람·복사, 재판서·조서의 정본·등본이나 초본의 교부 또는 사건에 관한 증명서의 교부를 청구할 수 있다.
② 제1항의 규정은 사건기록 중 녹음테이프 또는 비디오테이프(이에 준하는 방법에 의하여 일정한 사항을 기록한 물건을 포함한다. 이하 이 조에서 같다)에 관하여는 적용하지 아니한다. 다만, 이해관계인의 신청이 있는 때에는 법원은 그 복제를 허용할 수 있다.
③ 제1항 및 제2항의 규정에 불구하고 다음 각 호의 자는 해당 각 호의 각 목에서 정하는 재판의 어느 하나가 있을 때까지는 제1항 및 제2항의 규정에 의한 신청을 할 수 없다. 다만, 그 자가 회생절차개시 또는 간이회생절차개시의 신청인인 때에는 그러하지 아니하다.(2014.12.30 본문개정)
1. 채무자 외의 이해관계인
   가. 제43조제1항의 규정에 의한 보전처분
   나. 제43조제3항의 규정에 의한 보전관리명령
   다. 제44조제1항의 규정에 의한 중지명령
   라. 제45조제1항의 규정에 의한 포괄적 금지명령
   마. 회생절차개시 또는 간이회생절차개시의 신청에 대한 재판(2014.12.30 본목개정)
2. 채무자
   가. 제1호 각 목의 재판
   나. 회생절차개시 또는 간이회생절차개시의 신청에 관한 변론기일의 지정(2014.12.30 본목개정)
   다. 채무자를 소환하는 심문기일의 지정

④ 법원은 채무자의 사업유지 또는 회생에 현저한 지장을 초래할 우려가 있거나 채무자의 재산에 현저한 손해를 줄 우려가 있는 때에는 제1항 및 제2항의 규정에 의한 열람·복사, 정본·등본이나 초본의 교부 또는 녹음테이프 또는 비디오테이프의 복제를 허가하지 아니할 수 있다.
⑤ 제4항의 규정에 의한 불허가결정에 대하여는 즉시항고를 할 수 있다.

제29조【채무자의 재산 등에 관한 조회】 ① 법원은 필요한 경우 관리인·파산관재인 그 밖의 이해관계인의 신청에 의하거나 직권으로 채무자의 재산 및 신용에 관한 전산망을 관리하는 공공기관·금융기관·단체 등에 채무자명의의 재산에 관하여 조회할 수 있다.
② 면책의 효력을 받을 이해관계인이 제1항의 규정에 의한 신청을 하는 때에는 조회할 공공기관·금융기관 또는 단체를 특정하여야 한다. 이 경우 법원은 조회에 드는 비용을 미리 납부하도록 명하여야 한다.
③ 제1항의 규정에 의한 조회에 관하여는 「민사집행법」 제74조(재산조회)제3항·제4항 및 제75조(재산조회의 결과 등)제1항의 규정을 준용한다.
④ 제1항 내지 제3항의 규정에 따라 조회를 할 공공기관·금융기관 또는 단체 등의 범위 및 조회절차, 이해관계인이 납부하여야 할 비용, 조회결과의 관리에 관한 사항 등은 대법원규칙으로 정한다.

제30조【관리인 등의 보수 등】 ① 다음 각 호의 자는 비용을 미리 받거나 보수 또는 특별보상금을 받을 수 있다. 이 경우 보수 및 특별보상금의 액은 법원이 정한다.
1. 관리인·관리인대리·보전관리인·파산관재인·파산관재인대리
2. 조사위원·간이조사위원·회생위원·고문
(2014.12.30 본호개정)
3. 그 직무를 수행하는 관리위원

② 제1항의 규정에 의한 보수 및 특별보상금은 그 직무와 책임에 상응한 것이어야 한다.
③ 제1항의 규정에 의한 결정에 대하여는 즉시항고를 할 수 있다.

제31조【대리위원 등의 보상금 등】 ① 법원은 다음 각 호의 자에 대하여 적절한 범위 안에서 비용을 상환하거나 보상금을 지급할 것을 허가할 수 있다. 이 경우 비용 또는 보상금의 액은 법원이 정한다.
1. 회생절차에서 회생에 공적이 있는 채권자·담보권자·주주·지분권자나 그 대리위원 또는 대리인
2. 파산절차에서 파산재단의 관리 또는 환가에 공적이 있는 자

② 제1항의 규정에 의한 결정에 대하여는 즉시항고를 할 수 있다.

제32조【시효의 중단】 다음 각 호의 경우에는 시효중단의 효력이 있다.
1. 제147조의 목록의 제출 그 밖의 회생절차참가. 다만, 그 목록에 기재되어 있지 아니한 회생채권자 또는 회생담보권자가 그 신고를 취하하거나 그 신고가 각하된 때에는 그러하지 아니하다.
2. 파산절차참가. 다만, 파산채권자가 그 신고를 취하하거나 그 신고가 각하된 때에는 그러하지 아니하다.
3. 제589조제2항의 개인회생채권자목록의 제출 그 밖의 개인회생절차참가. 다만, 그 목록에 기재되어 있지 아니한 개인회생채권자가 그 조사확정재판신청을 취하하거나 그 신청이 각하된 때에는 그러하지 아니하다.

판례 개인회생절차에서 변제계획인가결정이 있더라도 변제계획에 따른 권리의 변경은 면책결정이 확정되기까지는 생기지 않는다. 변제계획인가결정만으로는 시효중단의 효력에 영향이 없고, 이와 같은 시효중단의 효력은 연대보증인에게도 미친다.
(대판 2019.8.30, 2019다235528)

제32조의2【차별적 취급의 금지】 누구든지 이 법에 따른 회생절차·파산절차 또는 개인회생절차 중에 있다는 이유로 정당한 사유 없이 취업의 제한 또는 해고 등 불이익한 처우를 받지 아니한다.(2006.3.24 본조신설)

제33조【「민사소송법」 및 「민사집행법」의 준용】 회생절차·파산절차·개인회생절차 및 국제도산절차에 관하여 이 법에 규정이 없는 때에는 「민사소송법」 및 「민사집행법」을 준용한다.

제2편 회생절차

제1장 회생절차의 개시

제1절 회생절차개시의 신청

제34조【회생절차개시의 신청】 ① 다음 각 호의 어느 하나에 해당하는 경우 채무자는 법원에 회생절차개시의 신청을 할 수 있다.
1. 사업의 계속에 현저한 지장을 초래하지 아니하고는 변제기에 있는 채무를 변제할 수 없는 경우
2. 채무자에게 파산의 원인인 사실이 생길 염려가 있는 경우

② 제1항제2호의 경우에는 다음 각 호의 구분에 따라 당해 각 호의 각 목에서 정하는 자도 회생절차개시를 신청할 수 있다.
1. 채무자가 주식회사 또는 유한회사인 때
   가. 자본의 10분의 1 이상에 해당하는 채권을 가진 채권자
   나. 자본의 10분의 1 이상에 해당하는 주식 또는 출자지분을 가진 주주·지분권자
2. 채무자가 주식회사 또는 유한회사가 아닌 때
   가. 5천만원 이상의 금액에 해당하는 채권을 가진 채권자
   나. 합명회사·합자회사 그 밖의 법인 또는 이에 준하는 자에 대하여는 출자총액의 10분의 1 이상의 출자지분을 가진 지분권자

③ 법원은 제2항의 규정에 의하여 채권자·주주·지분권자가 회생절차개시의 신청을 한 때에는 채무자에게 경영 및 재산상태에 관한 자료를 제출할 것을 명할 수 있다.

제35조【파산신청의무와 회생절차개시의 신청】 ① 채무자의 청산인은 다른 법률에 의하여 채무자에 대한 파산을 신청하여야 하는 때에도 회생절차개시의 신청을 할 수 있다.
② 청산 중이거나 파산선고를 받은 회사인 채무자가 회생절차개시의 신청을 하는 때에는 「상법」 제229조(회사의 계속)제1항, 제285조(해산, 계속)제2항, 제519조(회사의 계속) 또는 제610조(회사의 계속)의 규정을 준용한다.

제36조【신청서】 회생절차개시의 신청은 다음 각 호의 사항을 기재한 서면으로 하여야 한다.
1. 신청인 및 그 법정대리인의 성명 및 주소
2. 채무자가 개인인 경우에는 채무자의 성명·주민등록번호(주민등록번호가 없는 사람의 경우에는 외국인등록번호 또는 국내거소번호를 말한다. 이하 같다) 및 주소
3. 채무자가 개인이 아닌 경우에는 채무자의 상호, 주된 사무소 또는 영업소(외국에 주된 사무소 또는 영업소가 있는 때에는 대한민국에 있는 주된 사무소 또는 영업소를 말한다)의 소재지, 채무자의 대표자(외국에 주된 사무소 또는 영업소가 있는 때에는 대한민국에서의 대표자를 말한다. 이하 같다)의 성명
4. 신청의 취지
5. 회생절차개시의 원인
6. 채무자의 사업목적과 업무의 상황

7. 채무자의 발행주식 또는 출자지분의 총수, 자본의 액과 자산, 부채 그 밖의 재산상태
8. 채무자의 재산에 관한 다른 절차 또는 처분으로서 신청인이 알고 있는 것
9. 회생계획에 관하여 신청인에게 의견이 있는 때에는 그 의견
10. 채권자가 회생절차개시를 신청하는 때에는 그가 가진 채권의 액과 원인
11. 주주·지분권자가 회생절차개시를 신청하는 때에는 그가 가진 주식 또는 출자지분의 수 또는 액

제37조【서류의 비치】 회생절차개시의 신청에 관한 서류는 이해관계인의 열람을 위하여 법원에 비치하여야 한다.

제38조【소명】 ① 회생절차개시의 신청을 하는 자는 회생절차개시의 원인인 사실을 소명하여야 한다. 이 경우 채무자에 대하여 제628조제1호의 규정에 의한 외국도산절차가 진행되고 있는 때에는 그 채무자에게 파산의 원인인 사실이 있는 것으로 추정한다.
② 채권자·주주·지분권자가 회생절차개시의 신청을 하는 때에는 그가 가진 채권의 액 또는 주식이나 출자지분의 수 또는 액도 소명하여야 한다.

제39조【비용의 예납 등】 ① 회생절차개시의 신청을 하는 때에는 신청인은 회생절차의 비용을 미리 납부하여야 한다.
② 제1항의 규정에 의한 비용은 사건의 대소 등을 고려하여 법원이 정한다. 이 경우 채무자 외의 자가 신청을 하는 때에는 회생절차개시 후의 비용에 관하여 채무자의 재산에서 지급할 수 있는 금액도 고려하여야 한다.
③ 채무자 외의 자가 회생절차개시를 신청하여 회생절차개시결정이 있는 때에는 신청인은 채무자의 재산으로부터 제1항의 규정에 의하여 납부한 비용을 상환받을 수 있다.
④ 제3항의 규정에 의한 신청인의 비용상환청구권은 공익채권으로 한다.

제39조의2【회생절차의 진행에 관한 법원의 감독 등】 ① 법원은 채권자 일반의 이익과 채무자의 회생 가능성을 해하지 아니하는 범위에서 회생절차를 신속·공정하고 효율적으로 진행하여야 한다.
② 법원은 필요하다고 인정하는 경우 이해관계인의 신청이나 직권으로 다음 각 호의 조치를 취할 수 있다.
1. 회생절차의 진행에 관한 이해관계인과의 협의
2. 회생절차의 진행에 관한 일정표의 작성·운용
3. 채무자, 관리인 또는 보전관리인에게 다음 각 목의 사항에 관한 보고 또는 자료 제출의 요청
  가. 채무자의 업무 및 재산의 관리 상황
  나. 회생절차의 진행 상황
  다. 제179조제1항제5호 및 제12호에 따라 차입된 자금의 사용목적이 정하여진 경우 그 자금집행 사항(2016.5.29 본목신설)
  라. 그 밖에 채무자의 회생에 필요한 사항
4. 관계인집회의 병합
5. 제98조의2에 따른 관계인설명회의 개최 명령
6. 그 밖에 채무자의 회생에 필요한 조치

(2014.12.30 본조신설)

제40조【감독행정청에의 통지 등】 ① 주식회사인 채무자에 대하여 회생절차개시의 신청이 있는 때에는 법원은 다음 각 호의 자에게 그 뜻을 통지하여야 한다.
1. 채무자의 업무를 감독하는 행정청
2. 금융위원회(2008.2.29 본호개정)
3. 채무자의 주된 사무소 또는 영업소(외국에 주된 사무소 또는 영업소가 있는 때에는 대한민국에 있는 주된 사무소 또는 영업소를 말한다)의 소재지를 관할하는 세무서장

② 법원은 필요하다고 인정하는 때에는 다음 각 호의 어느 하나에 해당하는 자에 대하여 회생절차에 관한 의견의 진술을 요구할 수 있다.
1. 채무자의 업무를 감독하는 행정청
2. 금융위원회(2008.2.29 본호개정)
3. 「국세징수법」 또는 「지방세징수법」에 의하여 징수할 수 있는 청구권(국세징수의 예, 국세 또는 지방세 체납처분의 예에 의하여 징수할 수 있는 청구권으로서 그 징수우선순위가 일반 회생채권보다 우선하는 것을 포함한다)에 관하여 징수의 권한을 가진 자(2016.12.27 본호개정)

③ 제2항 각 호의 어느 하나에 해당하는 자는 법원에 대하여 회생절차에 관하여 의견을 진술할 수 있다.

제41조【심문】 ① 회생절차개시의 신청이 있는 때에는 법원은 채무자 또는 그 대표자를 심문하여야 한다.
② 제1항의 규정에 불구하고 다음 각 호의 사유가 있는 때에는 심문을 하지 아니할 수 있다.
1. 채무자 또는 그 대표자가 외국에 거주하여 채무자에 대한 심문이 절차를 현저히 지체시킬 우려가 있는 때
2. 채무자 또는 그 대표자의 소재를 알 수 없는 때

제42조【회생절차개시신청의 기각사유】 다음 각 호의 어느 하나에 해당하는 경우 법원은 회생절차개시의 신청을 기각하여야 한다. 이 경우 관리위원회의 의견을 들어야 한다.
1. 회생절차의 비용을 미리 납부하지 아니한 경우
2. 회생절차개시신청이 성실하지 아니한 경우
3. 그 밖에 회생절차에 의함이 채권자 일반의 이익에 적합하지 아니한 경우

제43조【가압류·가처분 그 밖의 보전처분】 ① 법원은 회생절차개시의 신청이 있는 때에는 이해관계인의 신청에 의하거나 직권으로 회생절차개시신청에 대한 결정이 있을 때까지 채무자의 업무 및 재산에 관하여 가압류·가처분 그 밖에 필요한 보전처분을 명할 수 있다. 이 경우 법원은 관리위원회의 의견을 들어야 한다.
② 이해관계인이 제1항의 규정에 의한 보전처분을 신청한 때에는 법원은 신청일부터 7일 이내에 보전처분 여부를 결정하여야 한다.
③ 법원은 제1항의 규정에 의한 보전처분 외에 필요하다고 인정하는 때에는 관리위원회의 의견을 들어 보전관리인에 의한 관리를 명할 수 있다. 이 경우 법원은 1인 또는 여럿의 보전관리인을 선임하여야 한다.
④ 법원은 관리위원회의 의견을 들어 제1항의 규정에 의한 보전처분 또는 제3항의 규정에 의한 보전관리명령을 변경하거나 취소할 수 있다.
⑤ 제1항·제3항 및 제4항의 규정에 의한 재판 및 그 신청을 기각하는 재판은 결정으로 한다.
⑥ 제5항의 규정에 의한 결정에 대하여는 즉시항고를 할 수 있다.
⑦ 제6항의 즉시항고는 집행정지의 효력이 없다.
⑧ 법원은 제3항의 규정에 의한 보전관리명령을 하거나 이를 변경 또는 취소한 때에는 이를 공고하여야 한다.

제44조【다른 절차의 중지명령 등】 ① 법원은 회생절차개시의 신청이 있는 경우 필요하다고 인정하는 때에는 이해관계인의 신청에 의하거나 직권으로 회생절차개시의 신청에 대한 결정이 있을 때까지 다음 각 호의 어느 하나에 해당하는 절차의 중지를 명할 수 있다. 다만, 제2호의 규정에 의한 절차의 경우 그 절차의 신청인인 회생채권자 또는 회생담보권자에게 부당한 손해를 끼칠 염려가 있는 때에는 그러하지 아니하다.
1. 채무자에 대한 파산절차
2. 회생채권 또는 회생담보권에 기한 강제집행, 가압류, 가처분 또는 담보권실행을 위한 경매절차(이하 "회생채권 또는 회생담보권에 기한 강제집행등"이라 한다)로서 채무자의 재산에 대하여 이미 행하여지고 있는 것
3. 채무자의 재산에 관한 소송절차
4. 채무자의 재산에 관하여 행정청에 계속되어 있는 절차
5. 「국세징수법」 또는 「지방세징수법」에 의한 체납처분, 국세징수의 예(국세 또는 지방세 체납처분의 예를 포함한다. 이하 같다)에 의한 체납처분 또는 조세채무담보를 위하여 제공된 물건의 처분. 이 경우 징수의 권한을 가진 자의 의견을 들어야 한다.(2016.12.27 전단개정)

② 제1항제5호의 규정에 의한 처분의 중지기간 중에는 시효는 진행하지 아니한다.
③ 법원은 제1항의 규정에 의한 중지명령을 변경하거나 취소할 수 있다.
④ 법원은 채무자의 회생을 위하여 특히 필요하다고 인정하는 때에는 채무자(보전관리인이 선임되어 있는 때에는 보전관리인을 말한다)의 신청에 의하거나 직권으로 중지된 회생채권 또는 회생담보권에 기한 강제집행등의 취소를 명할 수 있다. 이 경우 법원은 담보를 제공하게 할 수 있다.

제45조【회생채권 또는 회생담보권에 기한 강제집행등의 포괄적 금지명령】 ① 법원은 회생절차개시의 신청이 있는 경우 제44조제1항의 규정에 의한 중지명령에 의하여는 회생절차의 목적을 충분히 달성하지 못할 우려가 있다고 인정할 만한 특별한 사정이 있는 때에는 이해관계인의 신청에 의하거나 직권으로 회생절차개시의 신청에 대한 결정이 있을 때까지 모든 회생채권자 및 회생담보권자에 대하여 회생채권 또는 회생담보권에 기한 강제집행등의 금지를 명할 수 있다.
② 제1항의 규정에 의한 금지명령(이하 "포괄적 금지명령"이라 한다)을 할 수 있는 경우는 채무자의 주요한 재산에 관하여 다음 각 호의 처분 또는 명령이 이미 행하여졌거나 포괄적 금지명령과 동시에 다음 각 호의 처분 또는 명령을 행하는 경우에 한한다.
1. 제43조제1항의 규정에 의한 보전처분
2. 제43조제3항의 규정에 의한 보전관리명령

③ 포괄적 금지명령이 있는 때에는 채무자의 재산에 대하여 이미 행하여진 회생채권 또는 회생담보권에 기한 강제집행등은 중지된다.
④ 법원은 포괄적 금지명령을 변경하거나 취소할 수 있다.
⑤ 법원은 채무자의 사업의 계속을 위하여 특히 필요하다고 인정하는 때에는 채무자(보전관리인이 선임되어 있는 때에는 보전관리인을 말한다)의 신청에 의하여 제3항의 규정에 의하여 중지된 회생채권 또는 회생담보권에 기한 강제집행등의 취소를 명할 수 있다. 이 경우 법원은 담보를 제공하게 할 수 있다.
⑥ 포괄적 금지명령, 제4항의 규정에 의한 결정 및 제5항의 규정에 의한 취소명령에 대하여는 즉시항고를 할 수 있다.
⑦ 제6항의 즉시항고는 집행정지의 효력이 없다.
⑧ 포괄적 금지명령이 있는 때에는 그 명령이 효력을 상실한 날의 다음 날부터 2월이 경과하는 날까지 회생채권 및 회생담보권에 대한 시효는 완성되지 아니한다.

제46조【포괄적 금지명령에 관한 공고 및 송달 등】 ① 포괄적 금지명령이나 이를 변경 또는 취소하는 결정이 있는 때에는 법원은 이를 공고하고 그 결정서를 채무자(보전관리인이 선임되어 있는 때에는 보전관리인을 말한다) 및 신청인에게 송달하여야 하며, 그 결정의 주문을 기재한 서면을 법원이 알고 있는 회생채권자·회생담보권자 및 채무자(보전관리인이 선임되어 있는 때에 한한다)에게 송달하여야 한다.
② 포괄적 금지명령 및 이를 변경 또는 취소하는 결정은 채무자(보전관리인이 선임되어 있는 때에는 보전관리인을 말한다)에게 결정서가 송달된 때부터 효력을 발생한다.
③ 제45조제5항의 규정에 의한 취소명령과 같은 조 제6항의 즉시항고에 대한 재판(포괄적 금지명령을 변경 또는 취소하는 결정을 제외한다)이 있는 때에는 법원은 그 결정서를 당사자에게 송달하여야 한다. 이 경우 제10조 및 제11조의 규정은 적용하지 아니한다.

제47조【포괄적 금지명령의 적용 배제】 ① 법원은 포괄적 금지명령이 있는 경우 회생채권 또는 회생담보권에 기한 강제집행등의 신청인인 회생채권자 또는 회생담보권자에게 부당한 손해를 끼칠 우려가 있다고 인정하는 때에는 그 회생채권자 또는 회생담보권자의 신청에 의하여 그 회생채권자 또는 회생담보권자에 대하여 결정으로 포괄적 금지명령의 적용을 배제할 수 있다. 이 경우 그 회생채권자 또는 회생담보권자는 채무자의 재산에 대하여 회생채권 또는 회생담보권에 기한 강제집행등을 할 수 있으며, 포괄적 금지명령이 있기 전에 그 회생채권자 또는 회생담보권자가 행한 회생채권 또는 회생담보권에 기한 강제집행등의 절차는 속행된다.
② 제1항의 규정에 의한 결정을 받은 자에 대하여 제45조제8항의 규정을 적용하는 때에는 제45조제8항 중 "그 명령이 효력을 상실한 날"은 "제47조제1항의 규정에 의한 결정이 있은 날"로 한다.
③ 제1항의 규정에 의한 신청에 관한 재판에 대하여는 즉시항고를 할 수 있다.
④ 제3항의 즉시항고는 집행정지의 효력이 없다.
⑤ 제1항의 규정에 의한 신청에 대한 재판과 제3항의 즉시항고에 대한 재판이 있는 때에는 법원은 그 결정서를 당사자에게 송달하여야 한다. 이 경우 제10조의 규정은 적용하지 아니한다.

제48조【회생절차개시신청 등의 취하의 제한】 ① 회생절차개시의 신청을 한 자는 회생절차개시결정 전에 한하여 그 신청을 취하할 수 있다.
② 다음 각 호의 결정이 있은 후에는 법원의 허가를 받지 아니하면 회생절차개시신청 및 보전처분신청을 취하할 수 없다.
1. 제43조제1항의 규정에 의한 보전처분
2. 제43조제3항의 규정에 의한 보전관리명령
3. 제44조제1항의 규정에 의한 중지명령
4. 제45조제1항의 규정에 의한 포괄적 금지명령

제2절 회생절차개시의 결정

제49조【회생절차개시의 결정】 ① 채무자가 회생절차개시를 신청한 때에는 법원은 회생절차개시의 신청일부터 1월 이내에 회생절차개시 여부를 결정하여야 한다.
② 회생절차개시결정서에는 결정의 연·월·일·시를 기재하여야 한다.
③ 회생절차개시결정은 그 결정시부터 효력이 생긴다.

제50조【회생절차개시결정과 동시에 정하여야 할 사항】 ① 법원은 회생절차개시결정과 동시에 관리위원회와 채권자협의회의 의견을 들어 1인 또는 여럿의 관리인을 선임하고 다음 각 호의 사항을 정하여야 한다.
1. 관리인이 제147조제1항에 규정된 목록을 작성하여 제출하여야 하는 기간(제223조제4항에 따른 목록이 제출된 경우는 제외한다). 이 경우 기간은 회생절차개시결정일부터 2주 이상 2월 이하이어야 한다.(2016.5.29 전단개정)
2. 회생채권·회생담보권·주식 또는 출자지분의 신고기간(이하 이 편에서 "신고기간"이라 한다). 이 경우 신고기간은 제1호에 따라 정하여진 제출기간의 말일(제223조제4항에 따른 목록이 제출된 경우에는 회생절차개시결정일)부터 1주 이상 1월 이하이어야 한다.
(2016.5.29 후단개정)
3. 목록에 기재되어 있거나 신고된 회생채권·회생담보권의 조사기간(이하 이 편에서 "조사기간"이라 한다). 이 경우 조사기간은 신고기간의 말일부터 1주 이상 1월 이하이어야 한다.(2016.5.29 후단개정)
4. 회생계획안의 제출기간. 이 경우 제출기간은 조사기간의 말일(제223조제1항에 따른 회생계획안이 제출된 경우에는 회생절차개시결정일)부터 4개월 이하(채무자가 개인인 경우에는 조사기간의 말일부터 2개월 이하)여야 한다.(2016.5.29 후단개정)

② 법원은 특별한 사정이 있는 때에는 제1항제1호부터 제3호까지의 규정에 따른 기일을 늦추거나 기간을 늘일 수 있다.(2014.12.30 본항개정)
③ 법원은 이해관계인의 신청에 의하거나 직권으로 제1항제4호에 따른 제출기간을 2개월 이내에서 늘일 수 있다. 다만, 채무자가 개인이거나 중소기업자인 경우에는 제출기간의 연장은 1개월을 넘지 못한다.(2014.12.30 본항신설)

제51조【회생절차개시의 공고와 송달】 ① 법원은 회생절차개시의 결정을 한 때에는 지체 없이 다음 각 호의 사항을 공고하여야 한다.

1. 회생절차개시결정의 주문
2. 관리인의 성명 또는 명칭
3. 제50조의 규정에 의하여 정하여진 기간 및 기일
4. 회생절차가 개시된 채무자의 재산을 소지하고 있거나 그에게 채무를 부담하는 자는 회생절차가 개시된 채무자에게 그 재산을 교부하여서는 아니된다는 뜻이나 그 채무자에게 그 채무를 변제하여서는 아니된다는 뜻과 회생절차가 개시된 채무자의 재산을 소지하고 있거나 그에게 채무를 부담하고 있다는 사실을 일정한 기간 안에 관리인에게 신고하여야 한다는 뜻의 명령
5. 제221조와 제223조제1항에 규정된 내용의 취지 (2014.12.30 본호신설)

② 법원은 다음 각 호의 자에게 제1항 각 호의 사항을 기재한 서면을 송달하여야 한다.
1. 관리인
2. 채무자
3. 알고 있는 회생채권자 · 회생담보권자 · 주주 · 지분권자
4. 회생절차가 개시된 채무자의 재산을 소지하고 있거나 그에게 채무를 부담하는 자

③ 제1항 및 제2항의 규정은 제1항제2호 내지 제4호의 사항에 변경이 생긴 경우에 관하여 준용한다. 다만, 조사기간의 변경은 공고하지 아니할 수 있다.
④ 고의 또는 과실로 제1항제4호의 규정에 의한 신고를 게을리한 자는 이로 인하여 채무자의 재산에 생긴 손해를 배상하여야 한다.

제52조【회생절차개시의 통지】 주식회사인 채무자에 대하여 회생절차개시의 결정을 한 때에는 법원은 제51조제1항 각 호의 사항을 채무자의 업무를 감독하는 행정청, 법무부장관과 금융위원회에 통지하여야 한다. 제51조제1항제2호 및 제3호의 사항에 변경이 생긴 경우도 또한 같다.(2008.2.29 본조개정)

제53조【회생절차개시신청에 관한 재판에 대한 즉시항고】 ① 회생절차개시의 신청에 관한 재판에 대하여는 즉시항고를 할 수 있다.
② 제43조 내지 제47조의 규정은 회생절차개시신청을 기각하는 결정에 대하여 제1항의 즉시항고가 있는 경우에 관하여 준용한다.
③ 제1항의 규정에 의한 즉시항고는 집행정지의 효력이 없다.
④ 항고법원은 즉시항고의 절차가 법률에 위반되거나 즉시항고가 이유없다고 인정하는 때에는 결정으로 즉시항고를 각하 또는 기각하여야 한다.
⑤ 항고법원은 즉시항고가 이유있다고 인정하는 때에는 원심법원의 결정을 취소하고 사건을 원심법원에 환송하여야 한다.

제54조【회생절차개시결정의 취소】 ① 법원은 회생절차개시결정을 취소하는 결정이 확정된 때에는 즉시 그 주문을 공고하여야 한다.
② 제51조제2항 및 제52조의 규정은 제1항의 경우에 관하여 준용한다.
③ 관리인은 회생절차개시결정을 취소하는 결정이 확정된 때에는 공익채권을 변제하여야 하며, 이의있는 공익채권의 경우에는 그 채권자를 위하여 공탁하여야 한다.

제55조【회생절차개시 후의 자본감소 등】 ① 회생절차개시 이후부터 그 회생절차가 종료될 때까지는 채무자는 회생절차에 의하지 아니하고는 다음 각 호의 행위를 할 수 없다.
1. 자본 또는 출자액의 감소
2. 지분권자의 가입, 신주 또는 사채의 발행
3. 자본 또는 출자액의 증가
4. 주식의 포괄적 교환 또는 주식의 포괄적 이전
5. 합병 · 분할 · 분할합병 또는 조직변경
6. 해산 또는 회사의 계속
7. 이익 또는 이자의 배당

② 회생절차개시 이후부터 그 회생절차가 종료될 때까지 회생절차에 의하지 아니하고 법인인 채무자의 정관을 변경하고자 하는 때에는 법원의 허가를 받아야 한다.

제56조【회생절차개시 후의 업무와 재산의 관리】 ① 회생절차개시결정이 있는 때에는 채무자의 업무의 수행과 재산의 관리 및 처분을 하는 권한은 관리인에게 전속한다.
② 개인인 채무자 또는 개인이 아닌 채무자의 이사는 제1항에 규정에 의한 관리인의 권한을 침해하거나 부당하게 그 행사에 관여할 수 없다.

제57조【정보 등의 제공】 관리인은 다음 각 호의 어느 하나에 해당하는 행위를 하고자 하는 자에 대하여는 대법원규칙이 정하는 바에 따라 채무자의 영업 · 사업에 관한 정보 및 자료를 제공하여야 한다. 다만, 정당한 사유가 있는 때에는 관리인은 정보 및 자료의 제공을 거부할 수 있다.
1. 채무자의 영업, 사업, 중요한 재산의 전부나 일부의 양수
2. 채무자의 경영권을 인수할 목적으로 하는 주식 또는 출자지분의 양수
3. 채무자의 주식의 포괄적 교환, 주식의 포괄적 이전, 합병 또는 분할합병

제58조【다른 절차의 중지 등】 ① 회생절차개시결정이 있는 때에는 다음 각 호의 행위를 할 수 없다.
1. 파산 또는 회생절차개시의 신청
2. 회생채권 또는 회생담보권에 기한 강제집행등
3. 국세징수의 예에 의하여 징수할 수 있는 청구권으로서 그 징수우선순위가 일반 회생채권보다 우선하지 아니한 것에 기한 체납처분

② 회생절차개시결정이 있는 때에는 다음 각 호의 절차는 중지된다.
1. 파산절차
2. 채무자의 재산에 대하여 이미 행한 회생채권 또는 회생담보권에 기한 강제집행등
3. 국세징수의 예에 의하여 징수할 수 있는 청구권으로서 그 징수우선순위가 일반 회생채권보다 우선하지 아니한 것에 기한 체납처분

③ 회생절차개시결정이 있는 때에는 다음 각 호의 기간 중 말일이 먼저 도래하는 기간 동안 회생채권 또는 회생담보권에 기한 채무자의 재산에 대한 「국세징수법」 또는 「지방세징수법」에 의한 체납처분, 국세징수의 예에 의하여 징수할 수 있는 청구권으로서 그 징수우선순위가 일반 회생채권보다 우선하는 것에 기한 체납처분과 조세채무담보를 위하여 제공된 물건의 처분은 할 수 없으며, 이미 행한 처분은 중지된다. 이 경우 법원은 필요하다고 인정하는 때에는 관리인의 신청에 의하거나 직권으로 1년 이내의 범위에서 그 기간을 늘일 수 있다.(2016.12.27 전단개정)
1. 회생절차개시결정이 있는 날부터 회생계획인가가 있는 날까지
2. 회생절차개시결정이 있는 날부터 회생절차가 종료되는 날까지
3. 회생절차개시결정이 있는 날부터 2년이 되는 날까지

④ 제3항의 규정에 의하여 처분을 할 수 없거나 처분이 중지된 기간 중에는 시효는 진행하지 아니한다.
⑤ 법원은 회생에 지장이 없다고 인정하는 때에는 관리인이나 제140조제2항의 청구권에 관하여 징수의 권한을 가진 자의 신청에 의하거나 직권으로 제2항의 규정에 의하여 중지한 절차 또는 처분의 속행을 명할 수 있으며, 회생을 위하여 필요하다고 인정하는 때에는 관리인의 신청에 의하거나 직권으로 담보를 제공하게 하거나 제공하게 하지 아니하고 제2항의 규정에 의하여 중지한 절차 또는 처분의 취소를 명할 수 있다. 다만, 파산절차에 관하여는 그러하지 아니하다.
⑥ 제5항의 규정에 의하여 속행된 절차 또는 처분에 관한 채무자에 대한 비용청구권은 공익채권으로 한다.

제59조【소송절차의 중단 등】 ① 회생절차개시결정이 있는 때에는 채무자의 재산에 관한 소송절차는 중단된다.
② 제1항의 규정에 의하여 중단한 소송절차 중 회생채권 또는 회생담보권과 관계없는 것은 관리인 또는 상대방이 이를 수계할 수 있다. 이 경우 채무자에 대한 소송비용청구권은 공익채권으로 한다.
③ 제2항의 규정에 의한 수계가 있기 전에 회생절차가 종료한 때에는 채무자는 당연히 소송절차를 수계한다.
④ 제2항의 규정에 의한 수계가 있은 후에 회생절차가 종료한 때에는 소송절차는 중단된다. 이 경우 채무자는 소송절차를 수계하여야 한다.
⑤ 제4항의 경우에는 상대방도 소송절차를 수계할 수 있다.
⑥ 제1항 내지 제5항의 규정은 채무자의 재산에 관한 사건으로서 회생절차개시 당시 행정청에 계속되어 있는 것에 관하여 준용한다.

제60조【이송】 ① 회생계속법원(회생사건이 계속되어 있는 회생법원을 말한다. 이하 같다)은 회생절차개시 당시 채무자의 재산에 관한 소송이 다른 법원에 계속되어 있는 때에는 결정으로써 그 이송을 청구할 수 있다. 회생절차개시 후 다른 법원에 계속되어 있게 된 것에 관하여도 또한 같다.(2016.12.27 전단개정)
② 제1항의 결정이 있는 때에는 이송의 청구를 받은 법원은 소송을 회생계속법원에 이송하여야 한다. (2016.12.27 본항개정)
③ 제2항의 규정에 의한 이송은 소송절차의 중단 또는 중지 중에도 할 수 있다.
④ 제1항 내지 제3항의 규정은 상소심법원에 계속되어 있는 소송에 관하여는 적용하지 아니한다.

제61조【법원의 허가를 받아야 하는 행위】 ① 법원은 필요하다고 인정하는 때에는 관리인이 다음 각 호의 어느 하나에 해당하는 행위를 하고자 하는 때에 법원의 허가를 받도록 할 수 있다.
1. 재산의 처분
2. 재산의 양수
3. 자금의 차입 등 차재
4. 제119조의 규정에 의한 계약의 해제 또는 해지
5. 소의 제기
6. 화해 또는 중재계약
7. 권리의 포기
8. 공익채권 또는 환취권의 승인
9. 그 밖에 법원이 지정하는 행위

② 관리인은 법원의 허가를 받지 아니하고는 다음 각 호의 행위를 하지 못한다.
1. 채무자의 영업 또는 재산을 양수하는 행위
2. 채무자에 대하여 자기의 영업 또는 재산을 양도하는 행위
3. 그 밖에 자기 또는 제3자를 위하여 채무자와 거래하는 행위

③ 법원의 허가를 받지 아니하고 한 제1항 각 호 또는 제2항 각 호의 행위는 무효로 한다. 다만, 선의의 제3자에게 대항하지 못한다.

제62조【영업 등의 양도】 ① 회생절차개시 이후 회생계획인가 전이라도 관리인은 채무자의 회생을 위하여 필요한 경우 법원의 허가를 받아 채무자의 영업 또는 사업의 전부 또는 중요한 일부를 양도할 수 있다.
② 제1항의 규정에 의한 허가를 하는 때에는 법원은 다음 각 호의 자의 의견을 들어야 한다.
1. 관리위원회
2. 채권자협의회
3. 채무자의 근로자의 과반수로 조직된 노동조합
4. 제3호의 노동조합이 없는 때에는 채무자의 근로자의 과반수를 대표하는 자

③ 제1항의 규정에 의한 허가를 하는 경우 법원은 양도대가의 사용방법을 정하여야 한다.
④ 제1항의 허가를 하는 경우 주식회사인 채무자의 부채총액이 자산총액을 초과하는 때에는 법원은 관리인의 신청에 의하여 결정으로 「상법」 제374조(영업양도 · 양수 · 임대 등)제1항의 규정에 의한 주주총회의 결의에 갈음하게 할 수 있다. 이 경우 「상법」 제374조(영업양도 · 양수 · 임대 등)제2항 및 제374조의2(반대주주의 주식매수청구권)와 「자본시장과 금융투자업에 관한 법률」 제165조의5(주식매수청구권의 특례)의 규정은 적용하지 아니한다.(2014.5.20 후단개정)
⑤ 제61조제3항의 규정은 제1항의 규정에 의한 허가를 받지 아니하고 행한 행위에 관하여 준용한다.

제63조【주식회사의 영업 등의 양도에 대한 허가결정의 송달 등】 ① 법원은 제62조제4항의 규정에 의한 결정을 한 때에는 그 결정서를 관리인에게 송달하고 그 결정의 요지를 기재한 서면을 주주에게 송달하여야 한다.
② 제62조제4항의 규정에 의한 결정은 그 결정서가 관리인에게 송달된 때에 효력이 발생한다.
③ 제62조제4항의 규정에 의한 결정에 대하여 주주는 즉시항고를 할 수 있다.

제64조【회생절차개시 후의 채무자의 행위】 ① 채무자가 회생절차개시 이후 채무자의 재산에 관하여 법률행위를 한 때에는 회생절차와의 관계에 있어서는 그 효력을 주장하지 못한다.
② 제1항의 규정을 적용하는 경우 채무자가 회생절차개시가 있은 날에 행한 법률행위는 회생절차개시 이후에 한 것으로 추정한다.

제65조【회생절차개시 후의 권리취득】 ① 회생절차개시 이후 회생채권 또는 회생담보권에 관하여 채무자의 재산에 대한 권리를 채무자의 행위에 의하지 아니하고 취득한 때에도 회생절차와의 관계에 있어서는 그 효력을 주장하지 못한다.
② 제64조제2항의 규정은 제1항의 규정에 의한 취득에 관하여 준용한다.

제66조【회생절차개시 후의 등기와 등록】 ① 부동산 또는 선박에 관하여 회생절차개시 전에 생긴 등기원인으로 회생절차개시 후에 한 등기 및 가등기는 회생절차와의 관계에 있어서는 그 효력을 주장하지 못한다. 다만, 등기권리자가 회생절차개시의 사실을 알지 못하고 한 본등기는 그러하지 아니하다.
② 제1항의 규정은 권리의 설정 · 이전 또는 변경에 관한 등록 또는 가등록에 관하여 준용한다.

제67조【회생절차개시 후의 채무자에 대한 변제】 ① 회생절차개시 이후 그 사실을 알지 못하고 한 채무자에 대한 변제는 회생절차와의 관계에 있어서도 그 효력을 주장할 수 있다.
② 회생절차개시 이후 그 사실을 알고 한 채무자에 대한 변제는 채무자의 재산이 받은 이익의 한도에서만 회생절차와의 관계에 있어서 그 효력을 주장할 수 있다.

제68조【선의 또는 악의의 추정】 제66조 및 제67조의 규정을 적용함에 있어서 회생절차개시의 공고 전에는 그 사실을 알지 못한 것으로 추정하고, 공고 후에는 그 사실을 안 것으로 추정한다.

제69조【공유관계】 ① 채무자가 타인과 공동으로 재산권을 가진 경우 채무자와 그 타인 사이에 그 재산권을 분할하지 아니한다는 약정이 있더라도 회생절차가 개시된 때에는 관리인은 분할의 청구를 할 수 있다.
② 제1항의 경우 다른 공유자는 상당한 대가를 지급하고 채무자의 지분을 취득할 수 있다.

제70조【환취권】 회생절차개시는 채무자에게 속하지 아니하는 재산을 채무자로부터 환취하는 권리에 영향을 미치지 아니한다.

제71조【운송 중인 매도물의 환취】 ① 매도인이 매매의 목적인 물건을 매수인에게 발송하였으나 매수인이 그 대금의 전액을 변제하지 아니하고, 도달지에서 그 물건을 수령하지 아니한 상태에서 매수인에 관하여 회생절차가 개시된 때에는 매도인은 그 물건을 환취할 수 있다. 이 경우 관리인은 법원의 허가를 받아 대금 전액을 지급하고 그 물건의 인도를 청구할 수 있다.
② 제1항의 규정은 제119조의 적용을 배제하지 아니한다.

제72조【위탁매매인의 환취권】 제71조제1항의 규정은 물건매수의 위탁을 받은 위탁매매인이 그 물건을 위탁자에게 발송한 경우에 관하여 준용한다.

제73조【대체적 환취권】 ① 채무자가 회생절차개시 전에 환취권의 목적인 재산을 양도한 때에는 환취권자는 반대급부의 이행청구권의 이전을 청구할 수 있다. 관리인이 환취권의 목적인 재산을 양도한 때에도 또한 같다.
② 제1항의 경우 관리인이 반대급부의 이행을 받은 때에는 환취권자는 관리인이 반대급부로 받은 재산의 반환을 청구할 수 있다.

제2장 회생절차의 기관

제1절 관리인

제74조【관리인의 선임】 ① 법원은 관리위원회와 채권자협의회의 의견을 들어 관리인의 직무를 수행함에 적합한 자를 관리인으로 선임하여야 한다.
② 법원은 다음 각 호에 해당하는 때를 제외하고 개인인 채무자나 개인이 아닌 채무자의 대표자를 관리인으로 선임하여야 한다.
1. 채무자의 재정적 파탄의 원인이 다음 각 목의 어느 하나에 해당하는 자가 행한 재산의 유용 또는 은닉이나 그에게 중대한 책임이 있는 부실경영에 기인하는 때
 가. 개인인 채무자
 나. 개인이 아닌 채무자의 이사
 다. 채무자의 지배인
2. 채권자협의회의 요청이 있는 경우로서 상당한 이유가 있는 때
3. 그 밖에 채무자의 회생에 필요한 때
③ 제1항의 규정에 불구하고 채무자가 개인, 중소기업, 그 밖에 대법원규칙이 정하는 자인 경우에는 관리인을 선임하지 아니할 수 있다. 다만, 회생절차의 진행 중에 제2항 각 호의 사유가 있다고 인정되는 경우에는 관리인을 선임할 수 있다.
④ 관리인이 선임되지 아니한 경우에는 채무자(개인이 아닌 경우에는 그 대표자를 말한다)는 이 편의 규정에 의한 관리인으로 본다.
⑤ 관리인을 선임하는 경우 법원은 급박한 사정이 있는 때를 제외하고는 채무자나 채무자의 대표자를 심문하여야 한다.
⑥ 법인은 관리인이 될 수 있다. 이 경우 그 법인은 이사 중에서 관리인의 직무를 행할 자를 지명하고 법원에 신고하여야 한다.
⑦ 채권자협의회는 제2항 각 호에 해당하는 경우 법원에 관리인 후보자를 추천할 수 있다.(2016.5.29 본항신설)
제75조【여럿인 관리인의 직무집행】 ① 관리인이 여럿인 때에는 공동으로 그 직무를 행한다. 이 경우 법원의 허가를 받아 직무를 분장할 수 있다.
② 관리인이 여럿인 때에는 제3자의 의사표시는 그 1인에 대하여 하면 된다.
제76조【관리인대리】 ① 관리인은 필요한 때에는 그 직무를 행하게 하기 위하여 자기의 책임으로 1인 또는 여럿의 관리인대리를 선임할 수 있다.
② 제1항의 규정에 의한 관리인대리의 선임은 법원의 허가를 받아야 한다.
③ 법원은 제2항의 규정에 의한 허가를 한 때에는 이를 공고하여야 한다. 관리인대리의 선임에 관한 허가를 변경하거나 취소한 때에도 또한 같다.
④ 채무자가 법인인 경우 제2항의 규정에 의한 허가가 있는 때에는 법원사무관등은 직권으로 지체 없이 촉탁서에 결정서의 등본을 첨부하여 관리인대리의 선임에 관한 등기를 촉탁하여야 한다. 관리인대리의 선임에 관한 허가가 변경 또는 취소된 때에도 또한 같다.
⑤ 관리인대리는 관리인에 갈음하여 재판상 또는 재판외의 모든 행위를 할 수 있다.
제77조【고문】 관리인은 필요한 때에는 법원의 허가를 받아 법률 또는 경영에 관한 전문가를 고문으로 선임할 수 있다.
제78조【당사자적격】 채무자의 재산에 관한 소송에서는 관리인이 당사자가 된다.
제79조【관리인의 검사 등】 ① 관리인은 다음 각 호의 어느 하나에 해당하는 자에 대하여 채무자의 업무와 재산의 상태에 관하여 보고를 요구할 수 있으며, 채무자의 장부·서류·금전 그 밖의 물건을 검사할 수 있다.
1. 개인인 채무자나 그 법정대리인
2. 개인이 아닌 채무자의 이사·감사·청산인 및 이에 준하는 자
3. 채무자의 지배인 또는 피용자
② 관리인은 필요한 경우 법원의 허가를 받아 감정인을 선임하여 감정을 하게 할 수 있다.
③ 관리인이 제1항의 규정에 의한 검사를 하는 때에는 법원의 허가를 받아 집행관의 원조를 요구할 수 있다.
제80조【우편물의 관리 및 그 해제】 ① 법원은 체신관서·운송인 그 밖의 자에 대하여 채무자에게 보내오는 우편물·전보 그 밖의 운송물을 관리인에게 배달할 것을 촉탁할 수 있다.
② 관리인은 그가 받은 제1항의 규정에 의한 우편물·전보 그 밖의 운송물을 열어볼 수 있다.
③ 채무자는 제2항의 규정에 의한 우편물·전보 그 밖의 운송물의 열람을 요구할 수 있으며, 채무자의 재산과 관련이 없는 것의 교부를 요구할 수 있다.
④ 법원은 채무자의 청구에 의하거나 직권으로 관리인의 의견을 들어 제1항의 규정에 의한 촉탁을 취소 또는 변경할 수 있다.
⑤ 회생절차가 종료한 때에는 법원은 제1항의 규정에 의한 촉탁을 취소하여야 한다.
제81조【관리인에 대한 감독】 ① 관리인은 법원의 감독을 받는다.
② 법원은 관리인에게 그 선임을 증명하는 서면을 교부하여야 한다.
③ 관리인은 그 직무를 수행하는 경우 이해관계인의 요구가 있는 때에는 제2항의 규정에 의한 서면을 제시하여야 한다.
제82조【관리인의 의무 등】 ① 관리인은 선량한 관리자의 주의로써 직무를 수행하여야 한다.
② 관리인은 제1항의 규정에 의한 주의를 게을리한 때에는 이해관계인에게 손해를 배상할 책임이 있다. 이 경우 주의를 게을리한 관리인이 여럿 있는 때에는 연대하여 손해를 배상할 책임이 있다.
제83조【관리인의 사임 및 해임】 ① 관리인은 정당한 사유가 있는 때에는 법원의 허가를 얻어 사임할 수 있다.
② 법원은 다음 각 호의 어느 하나에 해당하는 사유가 있는 때에는 이해관계인의 신청에 의하거나 직권으로 관리인을 해임할 수 있다. 이 경우 법원은 그 관리인을 심문하여야 한다.
1. 관리인으로 선임된 후 그 관리인에게 제74조제2항제1호의 사유가 발견된 때
2. 관리인이 제82조제1항의 규정에 의한 의무를 위반한 때
3. 관리인이 경영능력이 부족한 때
4. 그 밖에 상당한 이유가 있는 때
③ 제2항의 규정에 의한 관리인의 해임결정에 대하여는 즉시항고를 할 수 있다.
④ 제3항의 즉시항고는 집행정지의 효력이 없다.
⑤ 법원은 제2항의 규정에 의하여 관리인을 해임한 후 새로운 관리인을 선임하는 때에는 제74조제2항의 규정을 적용하지 아니한다.
제84조【임무종료의 경우의 보고의무 등】 ① 관리인의 임무가 종료된 때에는 관리인 또는 그 승계인은 지체 없이 법원에 계산에 관한 보고를 하여야 한다.
② 관리인의 임무가 종료된 경우 급박한 사정이 있는 때에는 관리인 또는 그 승계인은 후임의 관리인 또는 채무자가 재산을 관리할 수 있게 될 때까지 필요한 처분을 하여야 한다.

제2절 보전관리인

제85조【보전관리인의 권한】 제43조제3항의 규정에 의한 보전관리명령이 있는 때에는 회생절차개시결정 전까지 채무자의 업무수행, 재산의 관리 및 처분을 하는 권한은 보전관리인에게 전속한다.
제86조【관리인에 관한 규정 등의 준용】 ① 제61조, 제74조, 제75조, 제78조 내지 제84조 및 제89조의 규정은 보전관리인에 관하여 준용한다.
② 제59조제1항 및 제2항의 규정은 보전관리명령이 있는 경우에, 제59조제3항 내지 제5항의 규정은 보전관리명령이 효력을 상실한 경우에 관하여 각각 준용한다.
③ 제59조제1항 내지 제5항의 규정은 채무자의 재산에 관한 사건으로서 보전관리명령 당시 행정청에 계속되어 있는 것에 관하여 준용한다. 이 경우 제59조제3항 및 제4항 중 "회생절차가 종료한 때"는 "보전관리명령이 효력을 상실한 때"로 본다.

제3절 조사위원

제87조【조사위원】 ① 법원은 필요하다고 인정하는 때에는 채권자협의회 및 관리위원회의 의견을 들어 1인 또는 여럿의 조사위원을 선임할 수 있다.(2016.5.29 본항개정)
② 조사위원은 조사에 필요한 학식과 경험이 있는 자로서 그 회생절차에 이해관계가 없는 자 중에서 선임하여야 한다.
③ 법원은 조사위원을 선임한 때에는 기간을 정하여 조사위원에게 제90조 내지 제92조에 규정된 사항을 조사하게 하고, 회생절차를 진행함이 적정한지의 여부에 관한 의견을 제출하게 할 수 있다.
④ 법원은 필요하다고 인정하는 때에는 조사위원에게 제3항의 규정에 의한 사항 외의 사항을 조사하여 보고하게 할 수 있다.
⑤ 법원은 상당한 이유가 있는 때에는 이해관계인의 신청에 의하여 또는 직권으로 조사위원을 해임할 수 있다. 이 경우 법원은 그 조사위원을 심문하여야 한다.
⑥ 법원은 회생절차개시 후 채무자에게 자금을 대여하려는 자가 채무자의 업무 및 자산·부채, 그 밖의 재산상태에 관한 자료를 요청하는 경우 그 자금 차입이 채무자의 사업을 계속하는 데에 필요하고 자료 요청에 상당한 이유가 있다고 인정하는 때에는 조사위원에게 그 요청과 관련한 사항을 조사하여 보고하게 한 후 조사결과의 전부 또는 일부를 자금차입에 필요한 범위에서 자료요청자에게 제공할 수 있다.(2016.5.29 본항신설)
제88조【관리인에 관한 규정의 준용】 제79조 및 제81조 내지 제83조제1항의 규정은 조사위원에 관하여 준용한다.

제3장 채무자재산의 조사 및 확보

제1절 채무자의 재산상황의 조사

제89조【채무자의 업무와 재산의 관리】 관리인은 취임 후 즉시 채무자의 업무와 재산의 관리에 착수하여야 한다.
제90조【재산가액의 평가】 관리인은 취임 후 지체 없이 채무자에게 속하는 모든 재산의 회생절차개시 당시의 가액을 평가하여야 한다. 이 경우 지체될 우려가 있는 때를 제외하고는 채무자가 참여하도록 하여야 한다.
제91조【재산목록과 대차대조표의 작성】 관리인은 취임 후 지체 없이 회생절차개시 당시 채무자의 재산목록 및 대차대조표를 작성하여 법원에 제출하여야 한다.
제92조【관리인의 조사보고】 ① 관리인은 지체 없이 다음 각 호의 사항을 조사하여 법원이 정한 기한까지 법원과 관리위원회에 보고하여야 한다. 다만, 제223조제4항에 따라 다음 각 호의 사항을 기재한 서면이 제출된 경우에는 그러하지 아니하다.(2016.5.29 단서신설)
1. 채무자가 회생절차의 개시에 이르게 된 사정
2. 채무자의 업무 및 재산에 관한 사항
3. 제114조제1항의 규정에 의한 보전처분 또는 제115조제1항의 규정에 의한 조사확정재판을 필요로 하는 사정의 유무
4. 그 밖에 채무자의 회생에 관하여 필요한 사항
② 제1항에 따라 법원이 정하는 기한은 회생절차개시결정일부터 4개월을 넘지 못한다. 다만, 법원은 특별한 사정이 있는 경우에는 그 기한을 늦출 수 있다.
(2014.12.30 본항신설)
제93조【그 밖의 보고 등】 관리인은 제90조 내지 제92조의 규정에 의한 것 외에 법원이 정하는 바에 따라 채무자의 업무와 재산의 관리상태 그 밖에 법원이 명하는 사항을 법원에 보고하고, 회생계획인가의 시일 및 법원이 정하는 시기의 채무자의 재산목록 및 대차대조표를 작성하여 그 등본을 법원에 제출하여야 한다.
제94조【영업용 고정재산의 평가】 ① 관리인이 채무자의 재산목록 및 대차대조표를 작성하는 때에는 일반적으로 공정·타당하다고 인정되는 회계관행에 따라야 한다.
② (2010.5.14 삭제)
제95조【서류의 비치】 제87조·제91조 내지 제93조의 규정에 의하여 법원에 제출된 서류는 이해관계인이 열람할 수 있도록 법원에 비치하여야 한다.
제96조【영업의 휴지】 채무자의 영업을 계속하는 것이 부적당하다고 인정할 만한 특별한 사정이 있는 경우에는 관리인은 법원의 허가를 얻어 그 영업을 휴지시킬 수 있다.
제97조【재산의 보관방법 등】 법원은 금전 그 밖의 재산의 보관방법과 금전의 수입과 지출에 관하여 필요한 사항을 정할 수 있다.
제98조【관리인 보고를 위한 관계인집회】 ① 법원은 필요하다고 인정하는 경우 관리인으로 하여금 제92조제1항 각 호에 규정된 사항에 관하여 보고하게 하기 위한 관계인집회를 소집할 수 있다. 이 경우 관리인은 제92조제1항 각 호에 규정된 사항의 요지를 관계인집회에 보고하여야 한다.
② 법원은 제1항의 관계인집회를 소집하게 할 필요성이 인정되지 아니하는 경우에는 관리인에 대하여 다음 각 호 중 하나 이상의 조치를 취할 것을 명하여야 한다. 이 경우 관리인은 해당 조치를 취한 후 지체 없이 그 결과를 법원에 보고하여야 한다.
1. 회생계획 심리를 위한 관계인집회의 개최 또는 제240조제1항에 따른 서면결의에 부치는 결정 전에 법원이 인정하는 방법으로 제92조제1항 각 호에 규정된 사항의 요지를 제182조제1항 각 호의 자에게 통지할 것
2. 제98조의2제2항에 따른 관계인설명회의 개최
3. 그 밖에 법원이 필요하다고 인정하는 적절한 조치
③ 관리인은 제2항 각 호에 따른 조치를 취하는 경우에는 제182조제1항 각 호의 자에게 제92조제1항 각 호에 규정된 사항에 관한 의견을 법원에 서면으로 제출할 수 있다는 뜻을 통지하여야 한다.
(2014.12.30 본조개정)
제98조의2【관계인설명회】 ① 채무자(보전관리인이 선임되어 있는 경우에는 보전관리인을 포함한다. 이하 이 조에서 같다)는 회생절차의 개시 전에 회생채권자·회생담보권자·주주에게 다음 각 호의 사항에 관하여 설명하기 위하여 관계인설명회를 개최할 수 있다.
1. 채무자의 업무 및 재산에 관한 현황
2. 회생절차의 진행 현황
3. 그 밖에 채무자의 회생에 필요한 사항
② 관리인은 회생절차의 개시 후에 제182조제1항 각 호의 자에게 제92조제1항 각 호에 규정된 사항에 관하여 설명하기 위하여 관계인설명회를 개최할 수 있다.
③ 채무자 또는 관리인은 제1항 또는 제2항의 관계인설명회를 개최한 경우에는 그 결과의 요지를 지체 없이 법원에 보고하여야 한다.
(2014.12.30 본조신설)
제99조【법원의 의견청취】 법원은 제98조제1항에 따른 관리인 보고를 위한 관계인집회에서 다음 각 호의 자로부터 관리인 및 조사위원·간이조사위원의 선임, 채무자의

업무 및 재산의 관리, 회생절차를 계속 진행함이 적정한지의 여부 등에 관한 의견을 들어야 한다.(2014.12.30 본문개정)
1. 관리인·조사위원·간이조사위원(2014.12.30 본호개정)
2. 채무자
3. 제147조제1항의 규정에 의한 목록에 기재되어 있거나 신고한 회생채권자·회생담보권자·주주·지분권자

제2절 부인권

제100조【부인할 수 있는 행위】 ① 관리인은 회생절차개시 이후 채무자의 재산을 위하여 다음 각 호의 행위를 부인할 수 있다.
1. 채무자가 회생채권자 또는 회생담보권자를 해하는 것을 알고 한 행위. 다만, 이로 인하여 이익을 받은 자가 그 행위 당시 회생채권자 또는 회생담보권자를 해하는 사실을 알지 못한 경우에는 그러하지 아니하다.
2. 채무자가 지급의 정지, 회생절차개시의 신청 또는 파산의 신청(이하 이 조 내지 제103조에서 "지급의 정지등"이라 한다)이 있은 후에 한 회생채권자 또는 회생담보권자를 해하는 행위와 담보의 제공 또는 채무의 소멸에 관한 행위. 다만, 이로 인하여 이익을 받은 자가 그 행위 당시 지급의 정지등이 있는 것 또는 회생채권자나 회생담보권자를 해하는 사실을 알고 있은 때에 한한다.
3. 채무자가 지급의 정지등이 있은 후 또는 그 전 60일 이내에 한 담보의 제공 또는 채무의 소멸에 관한 행위로서 채무자의 의무에 속하지 아니하거나 그 방법이나 시기가 채무자의 의무에 속하지 아니한 것. 다만, 채권자가 그 행위 당시 채무자가 다른 회생채권자 또는 회생담보권자와의 평등을 해하게 되는 것을 알지 못한 경우(그 행위가 지급의 정지등이 있은 후에 행한 것인 때에는 지급의 정지등이 있은 것도 알지 못한 경우에 한한다)에는 그러하지 아니하다.
4. 채무자가 지급의 정지등이 있은 후 또는 그 전 6월 이내에 한 무상행위 및 이와 동일시할 수 있는 유상행위

② 제1항의 규정은 채무자가 제140조제1항 및 제2항의 청구권에 관하여 그 징수의 권한을 가진 자에 대하여 한 담보의 제공 또는 채무의 소멸에 관한 행위에 관하여는 적용하지 아니한다.

판례 회생절차의 채무자가 주채무자를 위하여 보증을 제공한 것이 채권자의 주채무자에 대한 출연의 직접적 원인이 되는 경우에도, 채무자의 보증행위와 이로써 이익을 얻은 채권자의 출연과의 사이에는 사실상의 관계가 있음에 지나지 않고 채무자가 취득하게 될 구상권이 언제나 보증행위의 대가로서의 경제적 이익에 해당한다고 볼 수도 없으므로, 달리 채무자가 보증의 대가로서 직접적이고도 현실적인 경제적 이익을 받지 아니하는 한 그 보증행위의 무상성을 부정할 수는 없다.(대판 2009.2.12, 2008다48117)

제101조【특수관계인을 상대방으로 한 행위에 대한 특칙】 ① 제100조제1항제2호 단서를 적용하는 경우 이익을 받은 자가 채무자와 대통령령이 정하는 범위의 특수관계에 있는 자(이하 이 조에서 "특수관계인"이라 한다)인 때에는 그 특수관계인이 그 행위 당시 지급의 정지등이 있은 것과 회생채권자 또는 회생담보권자를 해하는 사실을 알고 있었던 것으로 추정한다.
② 제100조제1항제3호의 규정을 적용하는 경우 특수관계인을 상대방으로 하는 행위인 때에는 같은 호 본문에 규정된 "60일"을 "1년"으로 하고, 같은 호 단서를 적용하는 경우에는 그 특수관계인이 그 행위 당시 채무자가 다른 회생채권자 또는 회생담보권자와의 평등을 해하게 되는 것을 알았던 것으로 추정한다.
③ 제100조제1항제4호의 규정을 적용하는 경우 특수관계인을 상대방으로 하는 행위인 때에는 같은 호에 규정된 "6월"을 "1년"으로 한다.

제102조【어음채무지급의 예외】 ① 제100조제1항의 규정은 채무자로부터 어음의 지급을 받은 자가 그 지급을 받지 아니하면 채무자의 1인 또는 여럿에 대한 어음상의 권리를 상실하게 된 경우에는 적용하지 아니한다.
② 제1항의 경우 최종의 상환의무자 또는 어음의 발행을 위탁한 자가 그 발행 당시 지급의 정지등이 있는 것을 알았거나 과실로 인하여 알지 못한 때에는 관리인은 그로 하여금 채무자가 지급한 금액을 상환하게 할 수 있다.

제103조【권리변동의 성립요건 또는 대항요건의 부인】 ① 지급의 정지등이 있은 후 권리의 설정·이전 또는 변경을 제3자에게 대항하기 위하여 필요한 행위를 한 경우 그 행위가 권리의 설정·이전 또는 변경이 있은 날부터 15일을 경과한 후에 지급의 정지등이 있음을 알고 한 것인 때에는 이를 부인할 수 있다. 다만, 가등기 또는 가등록을 한 후 이에 의하여 본등기 또는 본등록을 한 때에는 그러하지 아니하다.
② 제1항의 규정은 권리취득의 효력을 발생하는 등기 또는 등록에 관하여 준용한다.

제104조【집행행위의 부인】 부인권은 부인하고자 하는 행위에 관하여 집행력있는 집행권원이 있는 때 또는 그 행위가 집행행위에 의한 것인 때에도 행사할 수 있다.

제105조【부인권의 행사방법】 ① 부인권은 소, 부인의 청구 또는 항변의 방법으로 관리인이 행사한다.
② 법원은 회생채권자·회생담보권자·주주·지분권자의 신청에 의하거나 직권으로 관리인에게 부인권의 행사를 명할 수 있다.
③ 제1항의 규정에 의한 소와 부인의 청구사건은 회생계속법원의 관할에 전속한다.(2016.12.27 본항개정)

제106조【부인의 청구】 ① 관리인은 부인의 청구를 하는 때에는 그 원인인 사실을 소명하여야 한다.
② 부인의 청구를 인용하거나 그것을 기각하는 재판은 이유를 붙인 결정으로 하여야 한다.
③ 법원은 제2항의 결정을 하는 때에는 상대방을 심문하여야 한다.
④ 법원은 부인의 청구를 인용하는 결정을 한 때에는 그 결정서를 당사자에게 송달하여야 한다.

제107조【부인의 청구를 인용하는 결정에 대한 이의의 소】 ① 부인의 청구를 인용하는 결정에 불복이 있는 자는 그 송달을 받은 날부터 1월 이내에 이의의 소를 제기할 수 있다.
② 제1항의 규정에 의한 기간은 불변기간으로 한다.
③ 제1항의 규정에 의한 소는 회생계속법원의 관할에 전속한다.(2016.12.27 본항개정)
④ 제1항의 규정에 의한 소에 대한 판결에서는 부인의 청구를 인용하는 결정을 인가·변경 또는 취소한다. 다만, 부적법한 것으로 각하하는 때에는 그러하지 아니하다.
⑤ 부인의 청구를 인용하는 결정의 전부 또는 일부를 인가하는 판결이 확정된 때에는 그 결정(그 판결에서 인가된 부분에 한한다)은 확정판결과 동일한 효력이 있다. 제1항의 소가 같은 항에서 규정한 기간 이내에 제기되지 아니한 때, 취하된 때 또는 각하된 경우의 부인의 청구를 인용하는 결정에 관하여도 또한 같다.

제108조【부인권행사의 효과 등】 ① 부인권의 행사는 채무자의 재산을 원상으로 회복시킨다.
② 제100조제1항제4호의 규정에 의한 행위가 부인된 경우 상대방이 그 행위 당시 지급정지 등을 알지 못한 때에는 이익이 현존하는 한도 안에서 상환하면 된다.
③ 채무자의 행위가 부인된 경우 상대방은 다음 각 호의 구분에 따라 권리를 행사할 수 있다.
1. 채무자가 받은 반대급부가 채무자의 재산 중에 현존하는 때에는 그 반대급부의 반환을 청구하는 권리
2. 채무자가 받은 반대급부에 의하여 생긴 이익의 전부가 채무자의 재산 중에 현존하는 때에는 공익채권자로서 현존이익의 반환을 청구하는 권리
3. 채무자가 받은 반대급부에 의하여 생긴 이익이 채무자의 재산 중에 현존하지 아니하는 때에는 회생채권자로서 반대급부의 가액상환을 청구하는 권리
4. 채무자가 받은 반대급부에 의하여 생긴 이익의 일부가 채무자의 재산 중에 현존하는 때에는 공익채권자로서 그 현존이익의 반환을 청구하는 권리와 회생채권자로서 반대급부와 현존이익과의 차액의 상환을 청구하는 권리

제109조【상대방의 채권의 회복】 ① 채무자의 행위가 부인된 경우 상대방이 그가 받은 급부를 반환하거나 그 가액을 상환한 때에는 상대방의 채권은 원상으로 회복된다.
② 채무자의 행위가 회생계획안 심리를 위한 관계인집회가 끝난 후 또는 제240조의 규정에 의한 서면결의에 부치는 결정이 있은 후에 부인된 때에는 제152조제3항의 규정에 불구하고 상대방은 부인된 날부터 1월 이내에 신고를 추후 보완할 수 있다.

제110조【전득자에 대한 부인권】 ① 다음 각 호의 어느 하나에 해당하는 경우에는 부인권은 전득자(轉得者)에 대하여도 행사할 수 있다.
1. 전득자가 전득 당시 각각 그 전자(前者)에 대하여 부인의 원인이 있음을 안 때
2. 전득자가 제101조의 규정에 의한 특수관계인인 때. 다만, 전득 당시 각각 그 전자(前者)에 대하여 부인의 원인이 있음을 알지 못한 때에는 그러하지 아니하다.
3. 전득자가 무상행위 또는 그와 동일시할 수 있는 유상행위로 인하여 전득한 경우 각각 그 전자(前者)에 대하여 부인의 원인이 있는 때
② 제108조제2항의 규정은 제1항제3호의 규정에 의하여 부인권이 행사된 경우에 관하여 준용한다.

제111조【지급정지를 안 것을 이유로 하는 부인의 제한】 회생절차개시의 신청이 있은 날부터 1년 전에 한 행위는 지급정지의 사실을 안 것을 이유로 하여 부인하지 못한다.

제112조【부인권행사의 기간】 부인권은 회생절차개시일부터 2년이 경과한 때에는 행사할 수 없다. 제100조제1항 각 호의 행위를 한 날부터 10년이 경과한 때에도 또한 같다.

제113조【채권자취소소송 등의 중단】 ①「민법」 제406조제1항이나 「신탁법」 제8조에 따라 회생채권자가 제기한 소송 또는 파산절차에 의한 부인의 소송이 회생절차개시 당시 계속되어 있는 때에는 소송절차는 중단된다.
② 제59조제2항 내지 제5항의 규정은 제1항의 경우에 관하여 준용한다. 이 경우 제59조제3항 및 제4항 중 "채무자"는 이를 "회생채권자 또는 파산관재인"으로 본다.(2013.5.28 본조개정)

제113조의2【신탁행위의 부인에 관한 특칙】 ① 채무자가 「신탁법」에 따라 위탁자로서 한 신탁행위를 부인할 때에는 수탁자, 수익자 또는 그 전득자를 상대방으로 한다.
② 신탁행위가 제100조제1항제1호, 제2호 또는 제3호의 행위에 해당하여 수탁자를 상대방으로 하여 신탁행위를 부인할 때에는 같은 조 제1항제1호 단서, 제2호 단서 또는 제3호 단서를 적용하지 아니한다.
③ 신탁행위가 제100조제1항제1호 또는 제2호의 행위에 해당하여 수익자를 상대방으로 하여 신탁행위를 부인하는 경우 같은 조 제1항제1호 단서 또는 제2호 단서를 적용할 때에는 "이로 인하여 이익을 받은 자"를 부인의 상대방인 수익자로 본다.
④ 관리인은 수익자(수익권의 전득자가 있는 경우에는 그 전득자를 말한다) 전부에 대하여 부인의 원인이 있을 때에만 수탁자에게 신탁재산의 원상회복을 청구할 수 있다. 이 경우 부인의 원인이 있음을 알지 못한 수탁자에게는 현존하는 신탁재산의 범위에서 원상회복을 청구할 수 있다.
⑤ 관리인은 수익권 취득 당시 부인의 원인이 있음을 알고 있는 수익자(전득자가 있는 경우 전득자를 포함한다)에게 그가 취득한 수익권을 채무자의 재산으로 반환할 것을 청구할 수 있다.
⑥ 채무자가 위탁자로서 한 신탁행위가 부인되어 신탁재산이 원상회복된 경우 그 신탁과 관련하여 수탁자와 거래한 선의의 제3자는 그로 인하여 생긴 채권을 원상회복된 신탁재산의 한도에서 공익채권자로서 행사할 수 있다.(2013.5.28 본조신설)

제3절 법인의 이사등의 책임

제114조【법인의 이사등의 재산에 대한 보전처분】 ① 법원은 법인인 채무자에 대하여 회생절차개시결정이 있는 경우 필요하다고 인정하는 때에는 관리인의 신청에 의하거나 직권으로 채무자의 발기인·이사(「상법」 제401조의2제1항의 규정에 의하여 이사로 보는 자를 포함한다)·감사·검사인 또는 청산인(이하 이 조 내지 제116조에서 "이사등"이라 한다)에 대한 출자이행청구권 또는 이사등의 책임에 기한 손해배상청구권을 보전하기 위하여 이사등의 재산에 대한 보전처분을 할 수 있다.
② 관리인은 제1항의 규정에 의한 청구권이 있음을 알게 된 때에는 법원에 제1항의 규정에 의한 보전처분을 신청하여야 한다.
③ 법원은 긴급한 필요가 있다고 인정하는 때에는 회생절차개시결정 전이라도 채무자(보전관리인이 선임되어 있는 때에는 보전관리인을 말한다)의 신청에 의하거나 직권으로 제1항의 규정에 의한 보전처분을 할 수 있다.
④ 법원은 관리위원회의 의견을 들어 제1항 또는 제3항의 규정에 의한 보전처분을 변경 또는 취소할 수 있다.
⑤ 제1항 또는 제3항의 규정에 의한 보전처분이나 제4항의 규정에 의한 결정에 대하여는 즉시항고를 할 수 있다.
⑥ 제5항의 즉시항고는 집행정지의 효력이 없다.
⑦ 제1항 또는 제3항의 규정에 의한 보전처분이나 제4항의 규정에 의한 결정과 이에 대한 즉시항고에 대한 재판이 있는 때에는 그 결정서를 당사자에게 송달하여야 한다.

제115조【손해배상청구권 등의 조사확정재판】 ① 법원은 법인인 채무자에 대하여 회생절차개시결정이 있는 경우 필요하다고 인정하는 때에는 관리인의 신청에 의하거나 직권으로 이사등에 대한 출자이행청구권이나 이사등의 책임에 기한 손해배상청구권의 존부와 그 내용을 조사확정하는 재판을 할 수 있다.
② 관리인은 제1항의 규정에 의한 청구권이 있음을 알게 된 때에는 법원에 제1항의 규정에 의한 재판을 신청하여야 한다.
③ 관리인은 제1항의 규정에 의한 신청을 하는 때에는 그 원인되는 사실을 소명하여야 한다.
④ 법원은 직권으로 조사확정절차를 개시하는 때에는 그 취지의 결정을 하여야 한다.
⑤ 제1항의 규정에 의한 신청이 있거나 제4항의 규정에 의한 조사확정절차개시결정이 있은 때에는 시효의 중단에 관하여는 재판상의 청구가 있은 것으로 본다.
⑥ 제1항의 규정에 의한 조사확정의 재판과 조사확정의 신청을 기각하는 재판은 이유를 붙인 결정으로 하여야 한다.
⑦ 법원은 제6항의 규정에 의한 결정을 하는 때에는 미리 이해관계인을 심문하여야 한다.
⑧ 조사확정절차(조사확정결정이 있은 후의 것을 제외한다)는 회생절차가 종료한 때에는 종료한다.
⑨ 조사확정결정이 있은 때에는 그 결정서를 당사자에게 송달하여야 한다.

제116조【이의의 소】 ① 제115조제1항의 규정에 의한 조사확정의 재판에 불복이 있는 자는 결정을 송달받은 날부터 1월 이내에 이의의 소를 제기할 수 있다.
② 제1항의 규정에 의한 기간은 불변기간으로 한다.
③ 제1항의 소는 이를 제기하는 자가 이사등인 때에는 관리인을, 관리인인 때에는 이사등을 각각 피고로 하여야 한다.
④ 제1항의 소는 회생계속법원의 관할에 전속하며, 변론은 결정을 송달받은 날부터 1월을 경과한 후가 아니면 개시할 수 없다.(2016.12.27 본항개정)
⑤ 여러 개의 소가 동시에 계속되어 있는 때에는 법원은 변론을 병합하여야 한다.
⑥ 제1항의 규정에 의한 소에 대한 판결에서는 같은 항의 결정을 인가·변경 또는 취소한다. 다만, 부적법한 것으로 각하하는 때에는 그러하지 아니하다.
⑦ 조사확정의 결정을 인가하거나 변경한 판결은 강제집행에 관하여는 이행을 명한 확정판결과 동일한 효력이 있다.

제117조【조사확정재판의 효력】 제116조제1항의 규정에 의한 소가 같은 항의 기간 안에 제기되지 아니하거나 취하된 때 또는 각하된 때에는 조사확정의 재판은 이행을 명한 확정판결과 동일한 효력이 있다.

제4장 회생채권자·회생담보권자·주주·지분권자

제1절 회생채권자·회생담보권자·주주·지분권자의 권리

제118조【회생채권】 다음 각 호의 청구권은 회생채권으로 한다.
1. 채무자에 대하여 회생절차개시 전의 원인으로 생긴 재산상의 청구권
2. 회생절차개시 후의 이자
3. 회생절차개시 후의 불이행으로 인한 손해배상금 및 위약금
4. 회생절차참가의 비용

제119조【쌍방미이행 쌍무계약에 관한 선택】 ① 쌍무계약에 관하여 채무자와 그 상대방이 모두 회생절차개시 당시에 아직 그 이행을 완료하지 아니한 때에는 관리인은 계약을 해제 또는 해지하거나 채무자의 채무를 이행하고 상대방의 채무이행을 청구할 수 있다. 다만, 관리인은 회생계획안 심리를 위한 관계인집회가 끝난 후 또는 제240조의 규정에 의한 서면결의에 부치는 결정이 있은 후에는 계약을 해제 또는 해지할 수 없다.
② 제1항의 경우 상대방은 관리인에 대하여 계약의 해제나 해지 또는 그 이행의 여부를 확답할 것을 최고할 수 있다. 이 경우 관리인이 그 최고를 받은 후 30일 이내에 확답을 하지 아니하는 때에는 관리인은 제1항의 규정에 의한 해제권 또는 해지권을 포기한 것으로 본다.
③ 법원은 관리인 또는 상대방의 신청에 의하거나 직권으로 제2항의 규정에 의한 기간을 늘이거나 줄일 수 있다.
④ 제1항 내지 제3항의 규정은 단체협약에 관하여는 적용하지 아니한다.
⑤ 제1항에 따라 관리인이 국가를 상대방으로 하는 「방위사업법」 제3조에 따른 방위력개선사업 관련 계약을 해제 또는 해지하고자 하는 경우 방위사업청장과 협의하여야 한다.(2014.5.20 본항신설)

제120조【지급결제제도 등에 대한 특칙】 ① 지급결제의 완결성을 위하여 한국은행총재가 금융위원회와 협의하여 지정한 지급결제제도(이 항에서 "지급결제제도"라 고 한다)의 참가자에 대하여 회생절차가 개시된 경우, 그 참가자에 관련된 이체지시 또는 지급 및 이와 관련된 이행, 정산, 차감, 증거금 등 담보의 제공·처분·충당 그 밖의 결제에 관하여는 이 법의 규정에 불구하고 그 지급결제제도를 운영하는 자가 정한 바에 따라 효력이 발생하며 해제, 해지, 취소 및 부인의 대상이 되지 아니한다. 지급결제제도의 지정에 관하여 필요한 구체적인 사항은 대통령령으로 정한다.(2008.2.29 본항개정)
② 「자본시장과 금융투자업에 관한 법률」, 그 밖의 법령에 따라 증권·파생금융거래의 청산결제업무를 수행하는 자 그 밖에 대통령령에서 정하는 자가 운영하는 청산결제제도의 참가자에 대하여 회생절차가 개시된 경우 그 참가자와 관련된 채무의 인수, 정산, 차감, 증거금 그 밖의 담보의 제공·처분·충당 그 밖의 청산결제에 관하여는 이 법의 규정에 불구하고 그 청산결제제도를 운영하는 자가 정한 바에 따라 효력이 발생하며 해제, 해지, 취소 및 부인의 대상이 되지 아니한다.(2007.8.3 본항개정)
③ 일정한 금융거래에 관한 기본적 사항을 정한 하나의 계약(이 항에서 "기본계약"이라 한다)에 근거하여 다음 각 호의 거래(이 항에서 "적격금융거래"라고 한다)를 행하는 당사자 일방에 대하여 회생절차가 개시된 경우 적격금융거래의 종료 및 정산에 관하여는 이 법의 규정에 불구하고 기본계약에서 당사자가 정한 바에 따라 효력이 발생하고 해제, 해지, 취소 및 부인의 대상이 되지 아니하며, 제4호의 거래는 중지명령 및 포괄적 금지명령의 대상이 되지 아니한다. 다만, 채무자가 상대방과 공모하여 회생채권자 또는 회생담보권자를 해할 목적으로 적격금융거래를 행한 경우에는 그러하지 아니하다.
1. 통화, 유가증권, 출자지분, 일반상품, 신용위험, 에너지, 날씨, 운임, 주파수, 환경 등의 가격 또는 이자율이나 이를 기초로 하는 지수 및 그 밖의 지표를 대상으로 하는 선도, 옵션, 스왑 등 파생금융거래로서 대통령령이 정하는 거래
2. 현물환거래, 유가증권의 환매거래, 유가증권의 대차거래 및 담보콜거래
3. 제1호 내지 제2호의 거래가 혼합된 거래
4. 제1호 내지 제3호의 거래에 수반되는 담보의 제공·처분·충당

제121조【쌍방미이행 쌍무계약의 해제 또는 해지】 ① 제119조의 규정에 의하여 계약이 해제 또는 해지된 때에는 상대방은 손해배상에 관하여 회생채권자로서 그 권리를 행사할 수 있다.
② 제1항의 규정에 의한 해제 또는 해지의 경우 채무자가 받은 반대급부가 채무자의 재산 중에 현존하는 때에는 상대방은 그 반환을 청구할 수 있으며, 현존하지 아니하는 때에는 상대방은 그 가액의 상환에 관하여 공익채권자로서 그 권리를 행사할 수 있다.

제122조【계속적 급부를 목적으로 하는 쌍무계약】 ① 채무자에 대하여 계속적 공급의무를 부담하는 쌍무계약의 상대방은 회생절차개시신청 전의 공급으로 발생한 회생채권 또는 회생담보권을 변제하지 아니함을 이유로 회생절차개시신청 후 그 의무의 이행을 거부할 수 없다.
② 제1항의 규정은 단체협약에 관하여는 적용하지 아니한다.

제123조【개시 후의 환어음의 인수 등】 ① 환어음의 발행인 또는 배서인인 채무자에 관하여 회생절차가 개시된 경우 지급인 또는 예비지급인이 그 사실을 알지 못하고 인수 또는 지급을 한 때에는 그 지급인 또는 예비지급인은 이로 인하여 생긴 채권에 관하여 회생채권자로서 그 권리를 행사할 수 있다.
② 제1항의 규정은 수표와 금전 그 밖의 물건 또는 유가증권의 지급을 목적으로 하는 유가증권에 관하여 준용한다.
③ 제68조의 규정은 제1항 및 제2항의 적용에 관하여 준용한다.

제124조【임대차계약 등】 ① 임대인인 채무자에 대하여 회생절차가 개시된 때에는 차임의 선급 또는 차임채권의 처분은 회생절차가 개시된 때의 당기(當期)와 차기(次期)에 관한 것을 제외하고는 회생절차의 관계에서는 그 효력을 주장할 수 없다.
② 제1항의 규정에 의하여 회생절차의 관계에서 그 효력을 주장하지 못함으로 인하여 손해를 받은 자는 회생채권자로서 손해배상청구권을 행사할 수 있다.
③ 제1항 및 제2항의 규정은 지상권에 관하여 준용한다.
④ 임대인인 채무자에 관하여 회생절차가 개시된 경우 임차인이 다음 각 호의 어느 하나에 해당하는 때에는 제119조의 규정을 적용하지 아니한다.
1. 「주택임대차보호법」 제3조(대항력 등)제1항의 대항요건을 갖춘 때
2. 「상가건물 임대차보호법」 제3조(대항력 등)의 대항요건을 갖춘 때

제125조【상호계산】 ① 상호계산은 당사자의 일방에 관하여 회생절차가 개시된 때에는 종료한다. 이 경우 각 당사자는 계산을 폐쇄하고 잔액의 지급을 청구할 수 있다.
② 채무자의 상대방이 갖게 된 제1항의 규정에 의한 청구권은 회생채권으로 한다.

제126조【채무자가 다른 자와 더불어 전부의 이행을 할 의무를 지는 경우】 ① 여럿이 각각 전부의 이행을 하여야 하는 의무를 지는 경우 그 전원 또는 일부에 관하여 회생절차가 개시된 때에는 채권자는 회생절차개시 당시 가진 채권의 전액에 관하여 각 회생절차에서 회생채권자로서 그 권리를 행사할 수 있다.
② 제1항의 경우에 다른 전부의 이행을 할 의무를 지는 자가 회생절차 개시 후에 채권자에 대하여 변제 그 밖에 채무를 소멸시키는 행위(이하 이 조에서 "변제 등"이라고 한다)를 한 때라도 그 채권의 전액이 소멸한 경우를 제외하고는 그 채권자는 회생절차의 개시시에 가지는 채권의 전액에 관하여 그 권리를 행사할 수 있다.
③ 제1항의 경우에 채무자에 대하여 장래에 행사할 가능성이 있는 구상권을 가진 자는 그 전액에 관하여 회생절차에 참가할 수 있다. 다만, 채권자가 회생절차개시시에 가지는 채권 전액에 관하여 회생절차에 참가한 때에는 그러하지 아니하다.
④ 제1항의 규정에 의하여 채권자가 회생절차에 참가한 경우 채무자에 대하여 장래에 행사할 가능성이 있는 구상권을 가지는 자가 회생절차 개시 후에 채권자에 대한 변제 등으로 그 채권의 전액이 소멸한 경우에는 그 구상권의 범위 안에서 채권자가 가진 권리를 행사할 수 있다.
⑤ 제2항 내지 제4항의 규정은 채무자의 채무를 위하여 담보를 제공한 제3자가 채권자에게 변제 등을 하거나 채무에 대하여 장래에 행사할 가능성이 있는 구상권을 가지는 경우에 준용한다.

제127조【채무자가 보증채무를 지는 경우】 보증인인 채무자에 관하여 회생절차가 개시된 때에는 채권자는 회생절차개시 당시 가진 채권의 전액에 관하여 회생채권자로서 권리를 행사할 수 있다.

제128조【법인의 채무에 대해 무한의 책임을 지는 자에 대하여 회생절차가 개시된 경우의 절차 참가】 법인의 채무에 대하여 무한의 책임을 지는 자에 관하여 회생절차개시의 결정이 있는 경우에 해당 법인의 채권자는 회생절차개시시에 가진 채권의 전액에 관하여 회생절차에 참가할 수 있다.

제129조【법인의 채무에 대해 유한책임을 지는 자에 대하여 회생절차가 개시된 경우의 절차 참가 등】 ① 법인의 채무에 관하여 유한책임을 지는 사원에 대하여 회생절차개시의 결정이 있는 경우에 법인의 채권자는 회생절차에 참가할 수 없다.
② 법인에 대하여 회생절차개시의 결정이 있는 경우에 법인의 채권자는 법인의 채무에 관하여 유한의 책임을 지는 사원에 대하여 그 권리를 행사할 수 없다.

제130조【일부보증의 경우】 제126조 및 제127조의 규정은 여럿의 보증인이 각각 채무의 일부를 부담하는 경우 그 부담부분에 관하여 준용한다.

제131조【회생채권의 변제금지】 회생채권에 관하여는 회생절차가 개시된 후에는 이 법에 특별한 규정이 있는 경우를 제외하고는 회생계획에 규정된 바에 따르지 아니하고는 변제하거나 변제받는 등 이를 소멸하게 하는 행위(면제를 제외한다)를 하지 못한다. 다만, 관리인이 법원의 허가를 받아 변제하는 경우와 제140조제2항의 청구권에 해당하는 경우로서 다음 각 호의 어느 하나에 해당하는 경우에는 그러하지 아니하다.
1. 그 체납처분이나 담보물권의 처분 또는 그 속행이 허용되는 경우
2. 체납처분에 의한 압류를 당한 채무자의 채권(압류의 효력이 미치는 채권을 포함한다)에 관하여 그 체납처분의 중지 중에 제3채무자가 징수의 권한을 가진 자에게 임의로 이행하는 경우

제132조【회생채권의 변제허가】 ① 채무자의 거래상대방인 중소기업자가 그가 가지는 소액채권을 변제받지 아니하면 사업의 계속에 지장을 초래할 우려가 있는 때에는 법원은 회생계획인가결정 전이라도 관리인·보전관리인 또는 채무자의 신청에 의하여 그 전부 또는 일부의 변제를 허가할 수 있다.(2016.5.29 본항개정)
② 법원은 회생채권의 변제가 채무자의 회생을 위하여 필요하다고 인정하는 때에는 회생계획인가결정 전이라도 관리인·보전관리인 또는 채무자의 신청에 의하여 그 전부 또는 일부의 변제를 허가할 수 있다.(2016.5.29 본항개정)
③ 법원은 제1항 및 제2항의 규정에 의한 허가를 함에 있어서는 관리위원회 및 채권자협의회의 의견을 들어야 하며, 채무자와 채권자의 거래상황, 채무자의 자산상태, 이해관계인의 이해 등 모든 사정을 참작하여야 한다.

제133조【회생채권자의 권리】 ① 회생채권자는 그가 가진 회생채권으로 회생절차에 참가할 수 있다.
② 회생채권자는 제134조 내지 제138조에 규정된 채권에 관하여는 그 규정에 의하여 산정한 금액에 따라, 그 밖의 채권에 관하여는 그 채권액에 따라 의결권을 가진다.

제134조【이자없는 기한부채권】 기한이 회생절차개시 후에 도래하는 이자없는 채권은 회생절차가 개시될 때부터 기한에 이르기까지의 법정이율에 의한 이자와 원금의 합계가 기한 도래 당시의 채권액이 되도록 계산한 다음 그 채권액에서 그 이자를 공제한 금액으로 한다.

제135조【정기금채권】 제134조는 금액과 존속기간이 확정되어 있는 정기금채권에 준용한다.

제136조【이자없는 불확정기한채권 등】 기한이 불확정한 이자없는 채권은 회생절차가 개시된 때의 평가금액으로 한다. 정기금채권의 금액 또는 존속기간이 불확정한 때에도 또한 같다.

제137조【비금전채권 등】 채권의 목적이 금전이 아니거나 그 액이 불확정한 때와 외국의 통화로서 정하여진 때에는 회생절차가 개시된 때의 평가금액으로 한다.

제138조【조건부채권과 장래의 청구권】 ① 조건부채권은 회생절차가 개시된 때의 평가금액으로 한다.
② 제1항의 규정은 채무자에 대하여 행사할 수 있는 장래의 청구권에 관하여 준용한다.

제139조【우선권의 기간의 계산】 일정한 기간 안의 채권액에 관하여 우선권이 있는 때에는 그 기간은 회생절차가 개시된 때부터 소급하여 계산한다.

제140조【벌금·조세 등의 감면】 ① 회생절차개시 전의 벌금·과료·형사소송비용·추징금 및 과태료의 청구권에 관하여는 회생계획에서 감면 그 밖의 권리에 영향을 미치는 내용을 정하지 못한다.
② 회생계획에서 「국세징수법」 또는 「지방세징수법」에 의하여 징수할 수 있는 청구권(국세징수의 예에 의하여 징수할 수 있는 청구권으로서 그 징수우선순위가 일반 회생채권보다 우선하는 것을 포함한다)에 관하여 3년 이하의 기간 동안 징수를 유예하거나 체납처분에 의한 재산의 환가를 유예하는 내용을 정하는 때에는 징수의 권한을 가진 자의 의견을 들어야 한다.(2016.12.27 본항개정)
③ 회생계획에서 제2항의 규정에 의한 청구권에 관하여 3년을 초과하는 기간 동안 징수를 유예하거나 체납처분에 의한 재산의 환가를 유예하는 내용을 정하거나, 채무의 승계, 조세의 감면 또는 그 밖에 권리에 영향을 미치는 내용을 정하는 때에는 징수의 권한을 가진 자의 동의를 얻어야 한다.
④ 제2항의 규정에 의한 청구권에 관하여 징수의 권한을 가진 자는 제3항의 규정에 의한 동의를 할 수 있다.
⑤ 제2항 및 제3항의 규정에 의하여 징수를 유예하거나 체납처분에 의한 재산의 환가를 유예하는 기간 중에는 시효는 진행하지 아니한다.

제141조【회생담보권자의 권리】 ① 회생채권이나 회생절차개시 전의 원인으로 생긴 채무자 외의 자에 대한 재산상의 청구권으로서 회생절차개시 당시 채무자의 재산상에 존재하는 유치권·질권·저당권·양도담보권·가등기담보권·「동산·채권 등의 담보에 관한 법률」에 따른 담보권·전세권 또는 우선특권으로 담보된 범위의 것은 회생담보권으로 한다. 다만, 이자 또는 채무불이행으로 인한 손해배상이나 위약금의 청구권에 관하여는 회생절차개시결정 전날까지 생긴 것에 한한다.(2010.6.10 본문개정)
② 제126조 내지 제131조 및 제139조의 규정은 회생담보권에 관하여 준용한다.
③ 회생담보권자는 그가 가진 회생담보권으로 회생절차에 참가할 수 있다.
④ 회생담보권자는 그 채권액 중 담보권의 목적의 가액(선순위의 담보권이 있는 때에는 그 담보권으로 담보된 채권액을 담보권의 목적의 가액으로부터 공제한 금액을 말한다. 이하 이 조에서 같다)을 초과하는 부분에 관하여는 회생채권자로서 회생절차에 참가할 수 있다.

⑤ 회생담보권자는 그 담보권의 목적의 가액에 비례하여 의결권을 가진다. 다만, 피담보채권액이 담보권의 목적의 가액보다 적은 때에는 그 피담보채권액에 비례하여 의결권을 가진다.
⑥ 제133조제2항 및 제134조 내지 제138조의 규정은 회생담보권자의 의결권에 관하여 준용한다.
제142조【대리위원】 ① 회생채권자·회생담보권자·주주·지분권자는 법원의 허가를 받아 공동으로 또는 각각 1인 또는 여럿의 대리위원을 선임할 수 있다.
② 대리위원의 권한은 서면으로 증명하여야 한다.
③ 대리위원은 그를 선임한 회생채권자·회생담보권자·주주·지분권자를 위하여 회생절차에 관한 모든 행위를 할 수 있다.
④ 대리위원이 여럿인 때에는 공동으로 그 권한을 행사한다. 그러나 제3자의 의사표시는 그중 1인에 대하여 하면 된다.
⑤ 법원은 대리위원의 권한의 행사가 현저하게 불공정하다고 인정하는 때에는 제1항의 규정에 의한 허가를 취소할 수 있다.
⑥ 회생채권자·회생담보권자·주주·지분권자는 대리위원을 해임한 때에는 지체 없이 그 사실을 법원에 신고하여야 한다.
제143조【수탁회사】 ①「담보부사채신탁법」의 규정에 의한 수탁회사는 사채권자집회의 결의에 의하여 총사채권자를 위하여 회생채권 또는 회생담보권의 신고, 의결권의 행사 그 밖의 회생절차에 관한 모든 행위를 할 수 있다.
② 수탁회사가 총사채권자를 위하여 제1항의 규정에 의한 행위를 하는 때에는 각각의 사채권자를 표시하지 아니할 수 있다.
제144조【상계권】 ① 회생채권자 또는 회생담보권자가 회생절차개시 당시 채무자에 대하여 채무를 부담하는 경우 채권과 채무의 쌍방이 신고기간만료 전에 상계할 수 있게 된 때에는 회생채권자 또는 회생담보권자는 그 기간 안에 한하여 회생절차에 의하지 아니하고 상계할 수 있다. 채무가 기한부인 때에도 같다.
② 회생채권자 또는 회생담보권자의 회생절차개시 후의 차임채무에 관하여는 당기(當期)와 차기(次期)의 것에 한하여 제1항의 규정에 의하여 상계할 수 있다. 다만, 보증금이 있는 때에는 그 후의 차임채무에 관하여도 상계할 수 있다.
③ 제2항의 규정은 지료(地料)에 관하여 준용한다.
제145조【상계의 금지】 다음 각 호의 어느 하나에 해당하는 때에는 상계하지 못한다.
1. 회생채권자 또는 회생담보권자가 회생절차개시 후에 채무자에 대하여 채무를 부담한 때
2. 회생채권자 또는 회생담보권자가 지급의 정지, 회생절차개시의 신청 또는 파산의 신청이 있음을 알고 채무자에 대하여 채무를 부담한 때. 다만, 다음 각목의 어느 하나에 해당하는 때를 제외한다.
  가. 그 부담이 법률에 정한 원인에 기한 때
  나. 회생채권자 또는 회생담보권자가 지급의 정지, 회생절차개시의 신청 또는 파산의 신청이 있은 것을 알기 전에 생긴 원인에 의한 때
  다. 회생절차개시시점 및 파산선고시점 중 가장 이른 시점보다 1년 이상 전에 생긴 원인에 의한 때
3. 회생절차가 개시된 채무자의 채무자가 회생절차개시 후에 타인의 회생채권 또는 회생담보권을 취득한 때
4. 회생절차가 개시된 채무자의 채무자가 지급의 정지, 회생절차개시의 신청 또는 파산의 신청이 있음을 알고 회생채권 또는 회생담보권을 취득한 때. 다만, 제2호 각목의 어느 하나에 해당하는 때를 제외한다.
제146조【주주·지분권자의 권리】 ① 주주·지분권자는 그가 가진 주식 또는 출자지분으로 회생절차에 참가할 수 있다.
② 주주·지분권자는 그가 가진 주식 또는 출자지분의 수 또는 액수에 비례하여 의결권을 가진다.
③ 회생절차의 개시 당시 채무자의 부채총액이 자산총액을 초과하는 때에는 주주·지분권자는 의결권을 가지지 아니한다. 다만, 제282조의 규정에 의한 회생계획의 변경계획안을 제출할 당시 채무자의 자산총액이 부채총액을 초과하는 때에는 그러하지 아니하다.
④ 제282조의 규정에 의한 회생계획의 변경계획안을 제출할 당시 채무자의 부채총액이 자산총액을 초과하는 때에는 주주·지분권자는 그 변경계획안에 대하여 의결권을 가지지 아니한다.

제2절 회생채권자·회생담보권자·주주·지분권자의 목록작성 및 신고

제147조【회생채권자·회생담보권자·주주·지분권자의 목록】 ① 관리인은 회생채권자의 목록, 회생담보권자의 목록과 주주·지분권자의 목록(이 편에서 "목록"이라 한다)을 작성하여 제50조제1항제1호에 따른 기간 안에 제출하여야 한다.(2014.12.30 본항개정)
② 목록에는 다음 각 호의 사항을 기재하여야 한다.
1. 회생채권자의 목록
  가. 회생채권자의 성명과 주소
  나. 회생채권의 내용과 원인
  다. 의결권의 액수
  라. 일반의 우선권 있는 채권이 있는 때에는 그 뜻
2. 회생담보권자의 목록
  가. 회생담보권자의 성명 및 주소
  나. 회생담보권의 내용 및 원인, 담보권의 목적 및 그 가액, 회생절차가 개시된 채무자 외의 자가 채무자인 때에는 그 성명 및 주소
  다. 의결권의 액수
3. 주주·지분권자의 목록
  가. 주주·지분권자의 성명 및 주소
  나. 주식 또는 출자지분의 종류 및 수
③ 법원은 신고기간 동안 이해관계인이 목록을 열람할 수 있도록 하여야 한다.
④ 관리인은 신고기간의 말일까지 대법원규칙이 정하는 바에 따라 법원의 허가를 받아 목록에 기재된 사항을 변경 또는 정정할 수 있다.
제148조【회생채권의 신고】 ① 회생절차에 참가하고자 하는 회생채권자는 신고기간 안에 다음 각 호의 사항을 법원에 신고하고 증거서류 또는 그 등본이나 초본을 제출하여야 한다.
1. 성명 및 주소
2. 회생채권의 내용 및 원인
3. 의결권의 액수
4. 일반의 우선권 있는 채권인 때에는 그 뜻
② 회생채권 중에서 일반의 우선권 있는 부분은 따로 신고하여야 한다.
③ 회생채권에 관하여 회생절차개시 당시 소송이 계속하는 때에는 회생채권자는 제1항 및 제2항에 규정된 사항 외에 법원·당사자·사건명 및 사건번호를 신고하여야 한다.
제149조【회생담보권의 신고】 ① 회생절차에 참가하고자 하는 회생담보권자는 신고기간 안에 다음 각 호의 사항을 법원에 신고하고 증거서류 또는 그 등본이나 초본을 제출하여야 한다.
1. 성명 및 주소
2. 회생담보권의 내용 및 원인
3. 회생담보권의 목적 및 그 가액
4. 의결권의 액수
5. 회생절차가 개시된 채무자 외의 자가 채무자인 때에는 그 성명 및 주소
② 제148조제3항의 규정은 제1항의 경우에 관하여 준용한다.
제150조【주식 또는 출자지분의 신고】 ① 회생절차에 참가하고자 하는 주주·지분권자는 신고기간 안에 다음 각 호의 사항을 법원에 신고하고 주권 또는 출자지분증서 그 밖의 증거서류 또는 그 등본이나 초본을 제출하여야 한다.
1. 성명 및 주소
2. 주식 또는 출자지분의 종류 및 수 또는 액수
② 법원은 기간을 정하여 주주명부를 폐쇄할 수 있다. 이 경우 그 기간은 2월을 넘지 못한다.
③ 제148조제3항의 규정은 제1항의 경우에 관하여 준용한다.
제151조【신고의 의제】 목록에 기재된 회생채권·회생담보권·주식 또는 출자지분은 제148조 내지 제150조의 규정에 의하여 신고된 것으로 본다.
제152조【신고의 추후 보완】 ① 회생채권자 또는 회생담보권자는 그 책임을 질 수 없는 사유로 인하여 신고기간 안에 신고를 하지 못한 때에는 그 사유가 끝난 후 1월 이내에 그 신고를 보완할 수 있다.
② 제1항의 규정에 의한 기간은 불변기간으로 한다.
③ 제1항의 규정에 의한 신고는 다음 각 호의 어느 하나에 해당하는 때에는 하지 못한다.
1. 회생계획안심리를 위한 관계인집회가 끝난 후
2. 회생계획안을 제240조의 규정에 의한 서면결의에 부친다는 결정이 있은 후
④ 제1항 내지 제3항의 규정은 회생채권자 또는 회생담보권자가 그 책임을 질 수 없는 사유로 인하여 신고한 사항에 관하여 다른 회생채권자 또는 회생담보권자의 이익을 해하는 내용으로 변경하는 경우에 관하여 준용한다.
제153조【신고기간 경과 후 생긴 회생채권 등의 신고】 ① 신고기간이 경과한 후에 생긴 회생채권과 회생담보권에 관하여는 그 권리가 발생한 후 1월 이내에 신고하여야 한다.
② 제152조제2항 내지 제4항의 규정은 제1항의 규정에 의한 신고에 관하여 준용한다.
제154조【명의의 변경】 ① 목록에 기재되거나 신고된 회생채권 또는 회생담보권을 취득한 자는 신고기간이 경과한 후에도 신고명의를 변경할 수 있다.
② 제1항의 규정에 의한 명의변경을 하고자 하는 자는 다음 각 호의 사항을 법원에 신고하고 증거서류 또는 그 등본이나 초본을 제출하여야 한다.
1. 성명 및 주소
2. 취득한 권리와 그 취득의 일시 및 원인
제155조【주식 또는 출자지분의 추가신고】 ① 법원은 상당하다고 인정하는 때에는 신고기간이 경과한 후 다시 기간을 정하여 주식 또는 출자지분의 추가신고를 하게 할 수 있다. 이 경우 법원은 그 뜻을 공고하고, 다음 각 호의 자에게 그 뜻을 기재한 서면을 송달하여야 한다.
1. 관리인
2. 채무자
3. 알고 있는 주주·지분권자로서 신고를 하지 아니한 자
② 제162조 내지 제165조의 규정은 제1항의 경우에 관하여 준용한다.
제156조【벌금·조세 등의 신고】 ① 제140조제1항 및 제2항의 청구권을 가지고 있는 자는 지체 없이 그 액 및 원인과 담보권의 내용을 법원에 신고하여야 한다.
② 제167조제1항의 규정은 제1항의 규정에 의하여 신고된 청구권에 관하여 준용한다.
제157조【회생절차개시 전의 벌금 등에 대한 불복】 ① 관리인은 제156조제1항의 규정에 의하여 신고된 청구권의 원인이 행정심판, 소송 그 밖의 불복이 허용되는 처분인 때에는 그 청구권에 관하여 채무자가 할 수 있는 방법으로 불복을 신청할 수 있다.
② 제172조, 제175조 및 제176조제1항의 규정은 제1항에 의한 불복의 신청에 관하여 준용한다.

제3절 회생채권·회생담보권 등의 조사 및 확정

제158조【회생채권자표·회생담보권자표와 주주·지분권자표】 법원사무관등은 목록에 기재되거나 신고된 회생채권, 회생담보권, 주식 또는 출자지분에 대하여 회생채권자표·회생담보권자표와 주주·지분권자표를 작성하여 권리의 성질에 따라 분류하고 각각 다음 각 호의 사항을 기재하여야 한다.
1. 회생채권자표
  가. 회생채권자의 성명과 주소
  나. 회생채권의 내용과 원인
  다. 의결권의 액수
  라. 일반의 우선권이 있는 채권이 있는 때에는 그 뜻
2. 회생담보권자표
  가. 회생담보권자의 성명과 주소
  나. 회생담보권의 내용 및 원인, 담보권의 목적 및 그 가액, 채무자 외의 자가 채무자인 때에는 그 성명 및 주소
  다. 의결권의 액수
3. 주주·지분권자표
  가. 주주·지분권자의 성명 및 주소
  나. 주식 또는 출자지분의 종류와 수 또는 액수
제159조【등본의 교부】 법원사무관등은 회생채권자표·회생담보권자표와 주주·지분권자표의 등본을 관리인에게 교부하여야 한다.
제160조【조사기간 동안의 서류열람】 다음 각 호의 서류는 조사기간 동안 이해관계인의 열람을 위하여 법원에 비치하여야 한다.
1. 목록
2. 신고 및 이의에 관한 서류
3. 회생채권자표·회생담보권자표와 주주·지분권자표
제161조【회생채권 및 회생담보권에 대한 이의 등】 ① 다음 각 호의 자는 조사기간 안에 목록에 기재되거나 신고된 회생채권 및 회생담보권에 관하여 서면으로 법원에 이의를 제출할 수 있다.
1. 관리인
2. 채무자
3. 목록에 기재되거나 신고된 회생채권자·회생담보권자·주주·지분권자
② 조사기간을 변경하는 결정을 한 때에는 법원은 그 결정서를 제1항 각 호의 자에게 송달하여야 한다.
③ 제2항의 규정에 의한 송달은 서류를 우편으로 발송하여 할 수 있다.
제162조【신고기간 후에 신고된 회생채권 및 회생담보권의 조사】 법원은 제152조제1항 및 제153조제1항의 규정에 의하여 신고된 회생채권 및 회생담보권을 조사하기 위한 특별기일(이하 "특별조사기일"이라 한다)을 정하여야 한다. 이 경우 조사비용은 그 회생채권자 또는 회생담보권자의 부담으로 한다.
제163조【특별조사기일의 송달】 법원은 특별조사기일을 정하는 결정을 한 때에는 그 결정서를 다음 각 호의 자에게 송달하여야 한다.
1. 관리인
2. 채무자
3. 목록에 기재되거나 신고된 회생채권자·회생담보권자·주주·지분권자
제164조【관계인의 출석】 ① 개인인 채무자 또는 개인이 아닌 채무자의 대표자는 특별조사기일에 출석하여 의견을 진술하여야 한다. 다만, 정당한 사유가 있는 때에는 대리인을 출석하게 할 수 있다.
② 목록에 기재되거나 신고된 회생채권자·회생담보권자·주주·지분권자나 그 대리인은 특별조사기일에 출석하여 다른 회생채권 또는 회생담보권에 관하여 이의를 할 수 있다.
③ 제1항 및 제2항의 규정에 의한 대리인은 대리권을 증명하는 서면을 제출하여야 한다.
제165조【관리인의 출석】 특별조사기일에 관리인이 출석하지 아니한 때에는 회생채권과 회생담보권을 조사하지 못한다.
제166조【회생채권 및 회생담보권 등의 확정】 조사기간 안에 또는 특별조사기일에 관리인·회생채권자·회생담보권자·주주·지분권자의 이의가 없는 때에는 다음 각 호의 권리의 내용과 의결권의 액수가 확정되며, 우선권 있는 채권에 관하여는 우선권 있는 것이 확정된다.
1. 신고된 회생채권 및 회생담보권

2. 신고된 회생채권 또는 회생담보권이 없는 때에는 관리인이 제출한 목록에 기재되어 있는 회생채권 또는 회생담보권

제167조【회생채권자표 및 회생담보권자표에의 기재】 ① 법원사무관등은 회생채권 및 회생담보권에 대한 조사결과를 회생채권자표 및 회생담보권자표에 기재하여야 한다. 채무자가 제출한 이의도 또한 같다.
② 법원사무관등은 확정된 회생채권 및 회생담보권의 증서에 확정된 뜻을 기재하고 법원의 인(印)을 찍어야 한다.
③ 법원사무관등은 회생채권자 또는 회생담보권자의 청구에 의하여 그 권리에 관한 회생채권자표 또는 회생담보권자표의 초본을 교부하여야 한다.

제168조【기재의 효력】 확정된 회생채권 및 회생담보권을 회생채권자표 및 회생담보권자표에 기재한 때에는 그 기재는 회생채권자·회생담보권자·주주·지분권자 전원에 대하여 확정판결과 동일한 효력이 있다.

제169조【이의의 통지】 회생채권 또는 회생담보권에 관하여 이의가 있는 때에는 법원은 이를 그 권리자에게 통지하여야 한다.

제170조【회생채권 및 회생담보권 조사확정의 재판】 ① 목록에 기재되거나 신고된 회생채권 및 회생담보권에 관하여 관리인·회생채권자·회생담보권자·주주·지분권자가 이의를 한 때에는 그 회생채권 또는 회생담보권(이하 이 편에서 "이의채권"이라 한다)을 보유한 권리자는 그 권리의 확정을 위하여 이의자 전원을 상대방으로 하여 법원에 채권조사확정의 재판(이하 이 편에서 "채권조사확정재판"이라 한다)을 신청할 수 있다. 다만, 제172조 및 제174조의 경우에는 그러하지 아니하다.
② 제1항 본문의 규정에 의한 신청은 조사기간의 말일 또는 특별조사기일부터 1월 이내에 하여야 한다.
③ 채권조사확정재판에서는 이의채권의 존부 또는 그 내용을 정한다.
④ 법원은 채권조사확정재판을 하는 때에는 이의자를 심문하여야 한다.
⑤ 법원은 채권조사확정재판의 결정서를 당사자에게 송달하여야 한다.

제171조【채권조사확정재판에 대한 이의의 소】 ① 채권조사확정재판에 불복하는 자는 그 결정서의 송달을 받은 날부터 1월 이내에 이의의 소를 제기할 수 있다.
② 제1항의 소는 회생계속법원의 관할에 전속한다. (2016.12.27 본항개정)
③ 제1항의 소를 제기하는 자가 이의채권을 보유하는 권리자인 때에는 이의자 전원을 피고로 하고, 이의자인 때에는 그 회생채권자 또는 회생담보권자를 피고로 하여야 한다.
④ 제1항의 소의 변론은 결정서를 송달받은 날부터 1월을 경과한 후가 아니면 개시할 수 없다.
⑤ 동일한 이의채권에 관하여 여러 개의 소가 계속되어 있는 때에는 법원은 변론을 병합하여야 한다.
⑥ 제1항의 소에 대하여 법원은 그 소가 부적법하여 각하하는 경우를 제외하고는 채권조사확정재판을 인가하거나 변경하는 판결을 하여야 한다.

제172조【이의채권에 관한 소송의 수계】 ① 회생절차개시 당시 이의채권에 관하여 소송이 계속하는 경우 회생채권자 또는 회생담보권자가 그 권리의 확정을 구하고자 하는 때에는 이의자 전원을 그 소송의 상대방으로 하여 소송절차를 수계하여야 한다.
② 제167조제3항 및 제170조제2항의 규정은 제1항의 규정에 의하여 소송절차를 수계하기 위한 신청에 관하여 준용한다.

제173조【주장의 제한】 회생채권자 또는 회생담보권자는 채권조사확정재판, 제171조제1항의 규정에 의한 채권조사확정재판에 대한 이의의 소 및 제172조제1항의 규정에 의하여 수계한 소송절차에서 이의채권의 원인 및 내용에 관하여 회생채권자표 및 회생담보권자표에 기재된 사항만을 주장할 수 있다.

제174조【집행력있는 집행권원이 있는 채권 등에 대한 이의】 ① 이의채권 중 집행력있는 집행권원 또는 종국판결이 있는 것에 대하여는 이의자는 채무자가 할 수 있는 소송절차에 의하여서만 이의를 주장할 수 있다.
② 회생절차개시 당시 제1항의 규정에 의한 회생채권 또는 회생담보권에 관하여 법원에 소송이 계속되는 경우 이의자가 같은 항의 규정에 의한 이의를 주장하고자 하는 때에는 이의자는 그 회생채권 또는 회생담보권을 보유한 회생채권자 또는 회생담보권자를 상대방으로 하여 소송절차를 수계하여야 한다.
③ 제170조제2항의 규정은 제1항의 규정에 의한 이의의 주장 또는 제2항의 규정에 의한 수계에 대하여 준용하고, 제171조제4항 및 제5항과 제173조의 규정은 제1항 및 제2항에 관하여 준용한다. 이 경우 제171조제4항 중 "결정서를 송달받은 날부터 1월"은 "이의채권에 관계되는 조사기간의 말일 또는 특별조사기일부터 1월의 불변기간"으로 본다.
④ 제3항의 규정에 의하여 준용하는 제170조제2항의 규정에 의한 기간 안에 제1항의 규정에 의한 이의의 주장이나 제2항의 규정에 의한 수계가 행하여지지 아니한 경우 이의자가 회생채권자 또는 회생담보권자인 때에는 제161조제1항 또는 제164조제2항의 규정에 의한 이의는 없었던 것으로 보며, 이의자가 관리인인 때에는 관리인이 그 회생채권 또는 회생담보권을 인정한 것으로 본다.

제175조【회생채권 및 회생담보권의 확정에 관한 소송결과의 기재】 법원사무관등은 관리인·회생채권자 또는 회생담보권자의 신청에 의하여 회생채권 또는 회생담보권의 확정에 관한 소송결과(채권조사확정재판에 대한 이의의 소가 제171조제1항의 규정에 의한 기간 안에 제기되지 아니하거나 각하된 때에는 그 재판의 내용을 말한다)를 회생채권자표 및 회생담보권자표에 기재하여야 한다.

제176조【회생채권 및 회생담보권의 확정에 관한 소송의 판결 등의 효력】 ① 회생채권 및 회생담보권의 확정에 관한 소송에 대한 판결은 회생채권자·회생담보권자·주주·지분권자 전원에 대하여 그 효력이 있다.
② 채권조사확정재판에 대한 이의의 소가 제171조제1항의 규정에 의한 기간 안에 제기되지 아니하거나 각하된 때에는 그 재판은 회생채권자·회생담보권자·주주·지분권자 전원에 대하여 확정판결과 동일한 효력이 있다.

제177조【소송비용의 상환】 채무자의 재산이 회생채권 또는 회생담보권의 확정에 관한 소송(채권조사확정재판을 포함한다)으로 이익을 받은 때에는 이익을 주장한 회생채권자 또는 회생담보권자, 주주·지분권자는 그 이익의 한도 안에서 공익채권자로서 소송비용의 상환을 청구할 수 있다.

제178조【회생채권 또는 회생담보권 확정소송의 목적의 가액】 회생채권 또는 회생담보권의 확정에 관한 소송의 목적의 가액은 회생계획으로 얻을 이익의 예정액을 표준으로 하여 회생계속법원이 정한다.(2016.12.27 본조개정)

제4절 공익채권과 개시후기타채권

제179조【공익채권이 되는 청구권】 ① 다음 각 호의 어느 하나에 해당하는 청구권은 공익채권으로 한다.
1. 회생채권자, 회생담보권자와 주주·지분권자의 공동의 이익을 위하여 한 재판상 비용청구권
2. 회생절차개시 후의 채무자의 업무 및 재산의 관리와 처분에 관한 비용청구권
3. 회생계획의 수행을 위한 비용청구권. 다만, 회생절차종료 후에 생긴 것을 제외한다.
4. 제30조 및 제31조의 규정에 의한 비용·보수·보상금 및 특별보상금청구권
5. 채무자의 업무 및 재산에 관하여 관리인이 회생절차개시 후에 한 자금의 차입 그 밖의 행위로 인하여 생긴 청구권
6. 사무관리 또는 부당이득으로 인하여 회생절차개시 이후 채무자에 대하여 생긴 청구권
7. 제119조제1항의 규정에 의하여 관리인이 채무의 이행을 하는 때에 상대방이 갖는 청구권
8. 계속적 공급의무를 부담하는 쌍무계약의 상대방이 회생절차개시신청 후 회생절차개시 전까지 한 공급으로 생긴 청구권
8의2. 회생절차개시신청 전 20일 이내에 채무자가 계속적이고 정상적인 영업활동으로 공급받은 물건에 대한 대금청구권(2016.5.29 본호신설)
9. 다음 각목의 조세로서 회생절차개시 당시 아직 납부기한이 도래하지 아니한 것
가. 원천징수하는 조세. 다만, 「법인세법」 제67조(소득처분)의 규정에 의하여 대표자에게 귀속된 것으로 보는 상여에 대한 조세는 원천징수된 것에 한한다.
나. 부가가치세·개별소비세·주세 및 교통·에너지·환경세
다. 본세의 부과징수의 예에 따라 부과징수하는 교육세 및 농어촌특별세
라. 특별징수의무자가 징수하여 납부하여야 하는 지방세
10. 채무자의 근로자의 임금·퇴직금 및 재해보상금
11. 회생절차개시 전의 원인으로 생긴 채무자의 근로자의 임치금 및 신원보증금의 반환청구권
12. 채무자 또는 보전관리인이 회생절차개시신청 후 그 개시 전에 법원의 허가를 받아 행한 자금의 차입, 자재의 구입 그 밖에 채무자의 사업을 계속하는 데에 불가결한 행위로 인하여 생긴 청구권
13. 제21조제3항의 규정에 의하여 법원이 결정한 채권자협의회의 활동에 필요한 비용
14. 채무자 및 그 부양을 받는 자의 부양료(2014.5.20 본호신설)
15. 제1호부터 제8호까지, 제8호의2, 제9호부터 제14호까지에 규정된 것 외의 것으로서 채무자를 위하여 지출하여야 하는 부득이한 비용(2016.5.29 본호개정)
② 제1항제5호 및 제12호에 따른 자금의 차입을 허가함에 있어 법원은 채권자협의회의 의견을 들어야 하며, 채무자와 채권자의 거래상황, 채무자의 재산상태, 이해관계인의 이해 등 모든 사정을 참작하여야 한다.(2016.5.29 본항개정)

제180조【공익채권의 변제 등】 ① 공익채권은 회생절차에 의하지 아니하고 수시로 변제한다.
② 공익채권은 회생채권과 회생담보권에 우선하여 변제한다.
③ 법원은 다음 각 호의 어느 하나에 해당하는 때에는 관리인의 신청에 의하거나 직권으로 담보를 제공하게 하거나 담보를 제공하게 하지 아니하고 공익채권에 기하여 채무자의 재산에 대하여 한 강제집행 또는 가압류의 중지나 취소를 명할 수 있다.
1. 그 강제집행 또는 가압류가 회생에 현저하게 지장을 초래하고 채무자에게 환가하기 쉬운 다른 재산이 있는 때
2. 채무자의 재산이 공익채권의 총액을 변제하기에 부족한 것이 명백하게 된 때
④ 법원은 제3항의 규정에 의한 중지명령을 변경하거나 취소할 수 있다.
⑤ 제3항의 규정에 의한 중지 또는 취소의 명령과 제4항의 규정에 의한 결정에 대하여는 즉시항고를 할 수 있다.
⑥ 제5항의 즉시항고는 집행정지의 효력이 없다.
⑦ 채무자의 재산이 공익채권의 총액을 변제하기에 부족한 것이 명백하게 된 때에는 제179조제1항제5호 및 제12호의 청구권 중에서 채무자의 사업을 계속하기 위하여 법원의 허가를 받아 차입한 자금에 관한 채권을 우선적으로 변제하고 그 밖의 공익채권은 법령에 정하는 우선권에 불구하고 아직 변제하지 아니한 채권액의 비율에 따라 변제한다. 다만, 공익채권을 위한 유치권·질권·저당권·「동산·채권 등의 담보에 관한 법률」에 따른 담보권·전세권 및 우선특권의 효력에는 영향을 미치지 아니한다.(2010.6.10 단서개정)

제181조【개시후기타채권】 ① 회생절차개시 이후의 원인에 기하여 발생한 재산상의 청구권으로서 공익채권, 회생채권 또는 회생담보권이 아닌 청구권(이하 "개시후기타채권"이라 한다)에 관하여는, 회생절차가 개시된 때부터 회생계획으로 정하여진 변제기간이 만료하는 때(회생계획인가의 결정 전에 회생절차가 종료된 경우에는 회생절차가 종료된 때, 그 기간만료 전에 회생계획에 기한 변제가 완료된 경우에는 변제가 완료된 때를 말한다)까지의 사이에는 변제를 하거나 변제를 받는 행위 그 밖에 이를 소멸시키는 행위(면제를 제외한다)를 할 수 없다.
② 제1항에 규정된 기간 중에는 개시후기타채권에 기한 채무자의 재산에 대한 강제집행, 가압류, 가처분 또는 담보권 실행을 위한 경매의 신청을 할 수 없다.

판례 아파트 건설공사를 도급받은 업체를 위하여 그 이행을 연대보증한 회사가 수급업체에 대한 회사정리절차의 개시결정이 내려진 뒤 그 공사의 잔여 부분을 대신 완공함으로써 취득한 사후구상금 채권은 그 발생의 기초적 법률관계가 연대보증시에 성립하였다고 하더라도 회사정리절차 개시결정 후 위 아파트 건설공사의 잔여 부분을 완공하기 전까지는 아직 그 시공보증채무를 이행한 데 따른 사후구상금 채권이 발생하지 않았다고 할 것이어서 재산상의 청구권으로서 공익채권이 아닌 것으로서 후순위정리채권에 해당한다.(대판 2006.8.25, 2005다16959)

제5장 관계인집회

제182조【기일의 통지】 ① 법원은 다음 각 호의 자에게 관계인집회의 기일을 통지하여야 한다.
1. 관리인
2. 조사위원·간이조사위원(2014.12.30 본호개정)
3. 채무자
4. 목록에 기재되어 있거나 신고한 회생채권자·회생담보권자·주주·지분권자
5. 회생을 위하여 채무를 부담하거나 담보를 제공한 자가 있는 때에는 그 자
② 제1항의 규정에 불구하고 의결권을 행사할 수 없는 회생채권자·회생담보권자·주주·지분권자에게는 관계인집회의 기일을 통지하지 아니할 수 있다.(2014.12.30 본항개정)

제183조【기일의 통지】 법원은 주식회사인 채무자의 업무를 감독하는 행정청과 법무부장관 및 금융위원회에게 관계인집회의 기일을 통지하여야 한다.(2008.2.29 본조개정)

제184조【법원의 지휘】 관계인집회는 법원이 지휘한다.

제185조【기일과 목적의 공고】 ① 법원은 관계인집회의 기일과 회의의 목적인 사항을 공고하여야 한다.
② 관계인집회의 연기 또는 속행에 관하여 선고가 있는 때에는 송달 또는 공고를 하지 아니하여도 된다.

제186조【관계인집회의 기일과 특별조사기일의 병합】 법원은 상당하다고 인정하는 때에는 관리인의 신청에 의하거나 직권으로 관계인집회의 기일과 특별조사기일을 병합할 수 있다.

제187조【의결권에 대한 이의】 다음 각 호의 자는 관계인집회에서 회생채권자·회생담보권자·주주·지분권자의 의결권에 관하여 이의를 할 수 있다. 다만, 이 편 제4장 제3절의 규정에 의한 조사절차에서 확정된 회생채권 또는 회생담보권을 가진 회생채권자 또는 회생담보권자의 의결권에 관하여는 그러하지 아니하다.
1. 관리인
2. 목록에 기재되어 있거나 신고된 회생채권자·회생담보권자·주주·지분권자

제188조【의결권의 행사】 ① 확정된 회생채권 또는 회생담보권을 가진 회생채권자 또는 회생담보권자는 그 확정된 액이나 수에 따라, 이의없는 의결권을 가진 주주·지분권자는 목록에 기재되거나 신고한 액이나 수에 따라 의결권을 행사할 수 있다.
② 법원은 이의있는 권리에 관하여는 의결권을 행사하게 할 것인지 여부와 의결권을 행사하게 할 액 또는 수를 결정한다.
③ 법원은 이해관계인의 신청에 의하거나 직권으로 언제든지 제2항의 규정에 의한 결정을 변경할 수 있다.
④ 제2항 및 제3항의 규정에 의한 결정은 송달을 하지 아니하여도 된다.

제189조【의결권의 불통일행사】 ① 의결권자는 의결권을 통일하지 아니하고 행사할 수 있다.
② 제1항의 경우 의결권자는 관계인집회 7일 전까지 법원에 그 취지를 서면으로 신고하여야 한다.

제190조【부당한 의결권자의 배제】 ① 법원은 권리취득의 시기, 대가 그 밖의 사정으로 보아 의결권을 가진 회생채권자·회생담보권자·주주·지분권자가 결의에 관하여 재산상의 이익을 수수하는 등 부당한 이익을 얻을 목적으로 그 권리를 취득한 것으로 인정되는 때에는 그에 대하여 그 의결권을 행사하지 못하게 할 수 있다.
② 법원은 제1항의 규정에 의한 처분을 하기 전에 그 의결권자를 심문하여야 한다.

제191조【의결권을 행사할 수 없는 자】 다음 각 호의 어느 하나에 해당하는 자는 의결권을 행사하지 못한다.
1. 회생계획으로 그 권리에 영향을 받지 아니하는 자
2. 제140조제1항 및 제2항의 청구권을 가지는 자
3. 제118조제2호 내지 제4호의 청구권을 가지는 자
4. 제188조 및 제190조의 규정에 의하여 의결권을 행사할 수 없는 자
5. 제244조제2항의 규정에 의하여 보호되는 자

제192조【의결권의 대리행사】 ① 회생채권자·회생담보권자·주주·지분권자는 대리인에 의하여 그 의결권을 행사할 수 있다. 이 경우 대리인은 대리권을 증명하는 서면을 제출하여야 한다.
② 대리인이 위임받은 의결권을 통일하지 아니하고 행사하는 경우에는 제189조제2항을 준용한다.

제6장 회생계획

제1절 회생계획의 내용

제193조【회생계획의 내용】 ① 회생계획에는 다음 각 호의 사항을 정하여야 한다.
1. 회생채권자·회생담보권자·주주·지분권자의 권리의 전부 또는 일부의 변경
2. 공익채권의 변제
3. 채무의 변제자금의 조달방법
4. 회생계획에서 예상된 액을 넘는 수익금의 용도
5. 알고 있는 개시후기타채권이 있는 때에는 그 내용

② 회생계획에는 다음 각 호의 사항을 정할 수 있다.
1. 영업이나 재산의 양도, 출자나 임대, 경영의 위임
2. 정관의 변경
3. 이사·대표이사(채무자가 주식회사가 아닌 때에는 채무자를 대표할 권한이 있는 자를 포함한다)의 변경
4. 자본의 감소
5. 신주나 사채의 발행
6. 주식의 포괄적 교환 및 이전, 합병, 분할, 분할합병
7. 해산
8. 신회사의 설립
9. 그 밖에 회생을 위하여 필요한 사항

③ 제92조제1항에 따라 법원이 정한 기한까지 전부 또는 일부의 채권자들 사이에 그들이 가진 채권의 변제순위에 관한 합의가 되어 있는 때에는 회생계획안 중 다른 채권자를 해하지 아니하는 범위 안에서 변제순위에 관한 합의가 되어 있는 채권에 관한 한 그에 반하는 규정을 정하여서는 아니된다. 이 경우 채권자들은 합의를 증명하는 자료를 제92조제1항에 따라 법원이 정한 기한까지 법원에 제출하여야 한다.(2014.12.30 본항개정)

제194조【회생채권자 등의 권리】 ① 회생채권자·회생담보권자·주주·지분권자의 권리를 변경하는 때에는 회생계획에 변경되는 권리를 명시하고, 변경 후의 권리의 내용을 정하여야 한다.
② 회생채권자·회생담보권자·주주·지분권자로서 회생계획에 의하여 그 권리에 영향을 받지 아니하는 자가 있는 때에는 그 자의 권리를 명시하여야 한다.

제195조【채무의 기한】 회생계획에 의하여 채무를 부담하거나 채무의 기한을 유예하는 경우 그 채무의 기한은 담보가 있는 때에는 그 담보물의 존속기간을 넘지 못하며, 담보가 없거나 담보물의 존속기간을 판정할 수 없는 때에는 10년을 넘지 못한다. 다만, 회생계획의 정함에 의하여 사채를 발행하는 경우에는 그러하지 아니하다.

제196조【담보의 제공과 채무의 부담】 ① 채무자 또는 채무자 외의 자가 회생을 위하여 담보를 제공하는 때에는 회생계획에 담보를 제공하는 자를 명시하고 담보권의 내용을 정하여야 한다.
② 채무자 외의 자가 채무를 인수하거나 보증인이 되는 등 회생을 위하여 채무를 부담하는 때에는 회생계획에 그 자를 명시하고 그 채무의 내용을 정하여야 한다.

제197조【미확정의 회생채권 등】 ① 이의있는 회생채권 또는 회생담보권으로서 그 확정절차가 종결되지 아니한 것이 있는 때에는 그 권리확정의 가능성을 고려하여 회생계획에 이에 대한 적당한 조치를 정하여야 한다.
② 회생계획에는 제109조제2항의 규정에 의하여 신고할 수 있는 채권에 관하여 적당한 조치를 정하여야 한다.

제198조【변제한 회생채권 등】 회생채권 및 회생담보권 중 제131조 단서, 제132조제1항 및 제2항의 규정에 의하여 변제한 것은 회생계획에 이를 명시하여야 한다.

제199조【공익채권】 공익채권에 관하여는 회생계획에 이미 변제한 것을 명시하고 장래 변제할 것에 관하여 정하여야 한다.

제200조【영업 또는 재산의 양도 등】 ① 다음 각 호의 어느 하나에 해당하는 경우에는 회생계획에 그 목적물·대가·상대방 그 밖의 사항을 정하여야 한다.
1. 채무자의 영업이나 재산의 전부나 일부를 양도·출자 또는 임대하는 경우
2. 채무자의 사업의 경영의 전부나 일부를 위임하는 경우
3. 타인과 영업의 손익을 같이 하는 계약 그 밖에 이에 준하는 계약을 체결·변경 또는 해약하는 경우
4. 타인의 영업이나 재산의 전부나 일부를 양수하는 경우

② 제1항의 경우 대가를 회생채권자·회생담보권자·주주·지분권자에게 분배하는 때에는 그 분배의 방법도 정하여야 한다.

제201조【분쟁이 해결되지 아니한 권리】 채무자에게 속하는 권리로서 분쟁이 해결되지 아니한 것이 있는 때에는 회생계획에 화해나 조정의 수락에 관한 사항을 정하거나 관리인에 의한 소송의 수행 그 밖에 권리의 실행에 관한 방법을 정하여야 한다.

제202조【정관의 변경】 채무자의 정관을 변경하는 때에는 회생계획에 그 변경의 내용을 정하여야 한다.

제203조【이사 등의 변경】 ① 법인인 채무자의 이사를 선임하거나 대표이사(채무자가 주식회사가 아닌 때에는 채무자를 대표할 권한이 있는 자를 포함한다. 이하 이 조에서 "대표이사"라 한다)를 선정하는 때에는 회생계획에 선임이나 선정될 자와 임기 또는 선임이나 선정의 방법과 임기를 정하여야 한다.
② 법인인 채무자의 이사 또는 대표이사 중 유임하게 할 자가 있는 때에는 회생계획에 그 자와 임기를 정하여야 한다. 다만, 이사 또는 대표이사에 의한 채무자 재산의 도피, 은닉 또는 고의적인 부실경영 등의 원인에 의하여 회생절차가 개시된 때에는 유임하게 할 수 없다.
③ 제1항 및 제2항의 경우 여럿의 대표이사에게 공동으로 채무자를 대표하게 하는 때에는 회생계획에 그 뜻을 정하여야 한다.
④ 법인인 채무자의 감사는 채권자협의회의 의견을 들어 법원이 이를 선임한다. 이 경우에 임기를 정하여야 한다.
⑤ 제1항 및 제2항의 규정에 의한 이사의 임기는 1년을 넘지 못한다.

제204조【이사 등의 선임 등에 관한 사항】 법인인 채무자 또는 신회사(합병 또는 분할합병으로 인하여 설립되는 신회사를 제외한다)의 이사·대표이사 또는 감사의 선임·선정 또는 유임이나 그 선임 또는 선정의 방법에 관한 회생계획은 형평에 맞아야 하며, 회생채권자·회생담보권자·주주·지분권자 일반의 이익에 합치하여야 한다.

제205조【주식회사 또는 유한회사의 자본감소】 ① 주식회사인 채무자의 자본을 감소하는 때에는 회생계획에 다음 각 호의 사항을 정하여야 한다.
1. 감소할 자본의 액
2. 자본감소의 방법

② 제1항에 따른 자본감소는 다음 각 호의 사항을 참작하여 정하여야 한다.
1. 채무자의 자산 및 부채와 수익능력
2. 제206조에서 규정하는 신주발행에 관한 사항

(2014.5.20 본항개정)

③ (2014.5.20 삭제)

④ 주식회사인 채무자의 이사나 지배인의 중대한 책임이 있는 행위로 인하여 회생절차개시의 원인이 발생한 때에는 회생계획에 그 행위에 상당한 영향력을 행사한 주주 및 그 친족 그 밖에 대통령령이 정하는 범위의 특수관계에 있는 주주가 가진 주식의 3분의 2 이상을 소각하거나 3주 이상을 1주로 병합하는 방법으로 자본을 감소할 것을 정하여야 한다.
⑤ 제4항의 규정에 의한 자본감소 후 제206조의 규정에 의하여 신주를 발행하는 때에는 제4항의 규정에 의한 주주는 신주를 인수할 수 없다. 다만, 제4항의 규정에 의한 주주에 대하여「상법」제340조의2(주식매수선택권)의 규정에 의한 주식매수선택권을 부여할 수 있다.
⑥ 제1항 내지 제4항 및 제5항 본문의 규정은 유한회사의 경우에 준용한다.

판례 제205조에 의하여 자본감소를 한 후 같은 법 제206조에 의하여 신주를 발행하는 경우, 회생절차개시의 원인을 발생시킨 주식회사인 채무자의 이사나 지배인의 중대한 책임이 있는 행위에 상당한 영향력을 행사한 주주 및 그 친족 그 밖에 같은 법 시행령 제4조가 정하는 범위의 특수관계에 있는 주주에 해당하는 자에 대하여는 신주를 인수할 수 없도록 규정하고 있는바, 제3자가 위 규정에 의하여 신주인수가 금지되는 자에 해당한다는 등의 특별한 사정이 없는 한 회생절차개시 전에 회생채무자와 거래관계가 있었다는 등의 사정만으로 회생채무자가 발행하는 신주를 인수할 자격이 제한된다고는 할 수 없다.(대결 2007.10.11, 2007마919)

제206조【주식회사 또는 유한회사의 신주발행】 ① 주식회사인 채무자가 회생채권자·회생담보권자 또는 주주에 대하여 새로 납입 또는 현물출자를 하게 하지 아니하고 신주를 발행하는 때에는 회생계획에 다음 각 호의 사항을 정하여야 한다.
1. 신주의 종류와 수
2. 신주의 배정에 관한 사항
3. 신주의 발행으로 인하여 증가하게 되는 자본과 준비금의 액
4. 신주의 발행으로 감소하게 되는 부채액

② 주식회사인 채무자가 회생채권자·회생담보권자 또는 주주로 하여금 새로 납입 또는 현물출자를 하게 하고 신주를 발행하는 때에는 회생계획에 다음 각 호의 사항을 정하여야 한다.
1. 제1항제1호 및 제3호의 사항
2. 납입금액 그 밖에 신주의 배정에 관한 사항과 신주의 납입기일
3. 새로 현물출자를 하는 자가 있는 때에는 그 자, 출자의 목적인 재산, 그 가격과 이에 대하여 부여할 주식의 종류와 수

③ 제1항 및 제2항의 경우를 제외하고 주식회사인 채무자가 신주를 발행하는 때에는 회생계획에 다음 각 호의 사항을 정하여야 한다.
1. 제1항제1호의 사항
2. 제2항제3호의 사항
3. 신주의 발행가액과 납입기일
4. 신주의 발행가액 중 자본에 추가되지 아니하는 금액

④ 제1항의 규정에 의하여 신주를 발행하는 경우에는 다음 각 호의 규정을 적용하지 아니한다.
1. 「은행법」 제37조 및 제38조제1호
2. 「보험업법」 제19조
3. 「자본시장과 금융투자업에 관한 법률」 제344조 (2007.8.3 본호개정)
4. 「금융산업의 구조개선에 관한 법률」 제24조
5. 그 밖의 금융기관(「한국자산관리공사 설립 등에 관한 법률」 제2조 및 「금융산업의 구조개선에 관한 법률」 제2조에 의한 금융기관을 말한다)의 출자, 유가증권취득 및 재산운용을 제한하는 내용의 법령(2019.11.26 본호개정)

⑤ 제1항 내지 제3항의 규정은 유한회사의 경우에 준용한다.

제207조【주식회사의 주식의 포괄적 교환】 주식회사인 채무자가 다른 회사와 주식의 포괄적 교환을 하는 때에는 회생계획에 다음 각 호의 사항을 정하여야 한다.
1. 다른 회사의 상호
2. 다른 회사가 「상법」 제360조의2(주식의 포괄적 교환에 의한 완전모회사의 설립)제1항의 규정에 의한 완전모회사(이하 "완전모회사"라 한다)로 되는 경우 그 회사가 주식의 포괄적 교환에 의하여 정관을 변경하는 때에는 그 규정
3. 완전모회사로 되는 회사가 주식의 포괄적 교환을 위하여 발행하는 신주의 총수·종류 및 종류별 주식의 수와 「상법」 제360조의2(주식의 포괄적 교환에 의한 완전모회사의 설립)제1항의 규정에 의한 완전자회사(이하 "완전자회사"라 한다)가 되는 회사의 주주에 대한 신주의 배정에 관한 사항
4. 완전모회사로 되는 회사의 증가하게 되는 자본의 액과 준비금에 관한 사항
5. 다른 회사의 주주에게 금전을 지급하거나 사채를 배정할 것을 정하는 때에는 그 규정
6. 다른 회사의 주식의 포괄적 교환계약서 승인결의를 위한 주주총회의 일시(그 회사가 주주총회의 승인을 얻지 아니하고 주식의 포괄적 교환을 하는 때에는 그 뜻)
7. 주식의 포괄적 교환을 하는 날
8. 다른 회사가 주식의 포괄적 교환을 하는 날까지 이익을 배당하거나 「상법」 제462조의3(중간배당)제1항의 규정에 의하여 금전으로 이익배당을 하는 때에는 그 한도액
9. 「상법」 제360조의6(신주발행에 갈음할 자기주식의 이전)의 규정에 의하여 완전모회사가 되는 회사가 자기의 주식을 이전하는 때에는 이전할 주식의 총수 및 종류와 종류별 주식의 수
10. 완전모회사가 되는 회사에 취임하는 이사 및 감사를 정하는 때에는 그 성명 및 주민등록번호

제208조【주식회사의 주식의 포괄적 이전】 주식회사인 채무자가 주식의 포괄적 이전을 하여 완전모회사인 신회사를 설립하는 때에는 회생계획에 다음 각 호의 사항을 정하여야 한다.
1. 신회사의 상호
2. 신회사의 정관의 규정
3. 신회사가 주식의 포괄적 이전을 위하여 발행하는 주식의 종류와 수와 완전자회사가 되는 채무자의 회생채권자·회생담보권자 또는 주주에 대한 주식의 배정에 관한 사항
4. 신회사의 자본의 액과 준비금에 관한 사항
5. 완전자회사가 되는 채무자의 주주에게 금전을 지급하거나 사채를 배정할 것을 정하는 때에는 그 규정
6. 주식의 포괄적 이전을 하는 시기
7. 완전자회사가 되는 채무자가 주식의 포괄적 이전의 날까지 이익을 배당하거나 「상법」 제462조의3(중간배당)제1항의 규정에 의하여 금전으로 이익배당을 하는 때에는 그 한도액
8. 신회사의 이사 및 감사의 성명 및 주민등록번호

제209조【주식회사의 사채발행】 주식회사인 채무자가 사채를 발행하는 때에는 회생계획에 다음 각 호의 사항을 정하여야 한다.
1. 사채의 총액
2. 각 사채의 금액, 사채의 이율, 사채상환의 방법 및 기한, 이자지급의 방법 그 밖에 사채의 내용
3. 사채발행의 방법과 회생채권자·회생담보권자 또는 주주에 대하여 새로 납입하게 하거나 납입하게 하지 아니하고 사채를 발행하는 때에는 그 배정에 관한 사항
4. 담보부사채인 때에는 그 담보권의 내용

제210조【회사의 흡수합병】 회사인 채무자가 다른 회사와 합병하여 그 일방이 합병 후 존속하는 때에는 회생계획에 다음 각 호의 사항을 정하여야 한다.
1. 다른 회사의 상호
2. 존속하는 회사가 합병시 발행하는 주식 또는 출자지분의 종류와 수, 그 주식 또는 출자지분에 대한 주주·지분권자의 신주인수권 또는 출자지분인수권의 제한에 관한 사항과 특정한 제3자에게 부여할 것을 정하는 때에는 이에 관한 사항
3. 합병으로 인하여 소멸하는 회사의 회생채권자·회생담보권자·주주·지분권자에 대하여 발행할 주식 또는 출자지분의 종류 및 수와 그 배정에 관한 사항
4. 존속하는 회사의 증가할 자본과 준비금의 액
5. 합병으로 인하여 소멸하는 회사의 주주·지분권자에게 금전을 지급하거나 사채를 배정할 것을 정하는 때에는 그 규정
6. 합병계약서의 승인결의를 위한 다른 회사의 주주총회 또는 사원총회의 일시
7. 합병을 하는 날
8. 존속하는 회사가 합병으로 인하여 정관을 변경하기로 정한 경우에는 그 규정
9. 다른 회사가 합병으로 인하여 이익의 배당 또는 「상법」 제462조의3(중간배당)제1항의 규정에 의하여 금전으로 이익배당을 하는 때에는 그 한도액
10. 합병으로 인하여 존속하는 회사에 취임하게 될 이사 및 감사(감사위원회 위원을 포함한다. 이하 이 조 내지 제213조에서 같다)를 정하는 때에는 그 성명 및 주민등록번호

제211조【회사의 신설합병】 회사인 채무자가 다른 회사와 합병하여 신회사를 설립하는 때에는 회생계획에 다음 각 호의 사항을 정하여야 한다.
1. 다른 회사의 상호
2. 신회사의 상호, 목적, 본점 및 지점의 소재지, 자본과 준비금의 액 및 공고방법
3. 신회사가 발행하는 주식 또는 출자지분의 종류와 수 및 그 배정에 관한 사항
4. 신회사설립시에 정하는 신회사가 발행하는 주식 또는 출자지분에 대한 주주·지분권자의 신주인수권 또는 출자지분인수권의 제한에 관한 사항과 특정한 제3자에게 부여할 것을 정하는 때에는 이에 관한 사항
5. 회생채권자·회생담보권자 또는 각 채무자의 주주·지분권자 또는 다른 회사의 주주·지분권자에 대하여 발행하는 주식 또는 출자지분의 종류 및 수와 그 배정에 관한 사항
6. 각 회사의 주주·지분권자에게 금전을 지급하거나 사채를 배정하는 것을 정하는 때에는 그 규정
7. 합병계약서 승인결의를 위한 다른 회사의 주주총회 또는 사원총회의 일시
8. 합병을 하는 날
9. 다른 회사가 합병으로 인하여 이익의 배당 또는 「상법」 제462조의3(중간배당)제1항의 규정에 의하여 금전으로 이익배당을 하는 때에는 그 한도액
10. 합병으로 인하여 존속하는 회사에 취임하게 될 이사 및 감사를 정하는 때에는 그 성명 및 주민등록번호

제212조【주식회사의 분할】 ① 주식회사인 채무자가 분할되어 신회사를 설립하는 때에는 회생계획에 다음 각 호의 사항을 정하여야 한다.
1. 신회사의 상호, 목적, 본점 및 지점의 소재지, 발행할 주식의 수, 1주의 금액, 자본과 준비금의 액 및 공고의 방법
2. 신회사가 발행하는 주식의 총수, 종류 및 종류별 주식의 수
3. 신회사설립시에 정하는 신회사가 발행하는 주식에 대한 주주의 신주인수권의 제한에 관한 사항과 특정한 제3자에게 신주인수권을 부여하는 것을 정하는 때에는 그에 관한 사항
4. 채무자의 회생채권자·회생담보권자 또는 주주에 대하여 새로이 납입을 시키지 아니하고 신회사의 주식을 배정하는 때에는 발행하는 주식의 총수 및 종류, 종류별 주식의 수 및 그 배정에 관한 사항과 배정에 따라 주식의 병합 또는 분할을 하는 때에는 그에 관한 사항
5. 채무자의 주주에게 금전을 지급하거나 사채를 배정하는 것을 정하는 때에는 그 규정
6. 신회사에 이전되는 재산과 그 가액
7. 「상법」 제530조의9(분할 및 분할합병 후의 회사의 책임)제2항의 규정에 의한 정함이 있는 때에는 그 내용
8. 신회사의 이사·대표이사 및 감사가 될 자나 그 선임 또는 선정의 방법 및 임기. 이 경우 임기는 1년을 넘을 수 없다.
9. 신회사가 사채를 발행하는 때에는 제209조 각 호의 사항
10. 회생채권자·회생담보권자·주주 또는 제3자에 대하여 새로 납입하게 하고 주식을 발행하는 때에는 그 납입금액 그 밖에 주식의 배정에 관한 사항과 납입기일
11. 현물출자를 하는 자가 있는 때에는 그 성명 및 주민등록번호, 출자의 목적인 재산, 그 가격과 이에 대하여 부여하는 주식의 종류 및 수
12. 그 밖에 신회사의 정관에 기재하고자 하는 사항
13. 자본과 준비금의 액
14. 분할하는 날

② 분할 후 채무자가 존속하는 때에는 회생계획에 채무자에 관하여 다음 각 호의 사항을 정하여야 한다.
1. 감소하는 자본과 준비금의 액
2. 자본감소의 방법
3. 분할로 인하여 이전하는 재산과 그 가액
4. 분할 후의 발행주식의 총수
5. 채무자가 발행하는 주식의 총수를 감소하는 때에는 그 감소하는 주식의 총수·종류 및 종류별 주식의 수
6. 그 밖에 정관변경을 가져 오게 하는 사항

제213조【주식회사의 분할합병】 ① 주식회사인 채무자가 분할되어 그 일부가 다른 회사와 합병하여 그 다른 회사가 존속하는 때와 다른 회사가 분할되어 그 일부가 주식회사인 채무자와 합병하여 그 채무자가 존속하는 때에는 회생계획에 다음 각 호의 사항을 정하여야 한다.
1. 다른 회사의 상호
2. 존속하는 회사가 분할합병으로 인하여 발행하여야 하는 주식의 총수가 증가하는 때에는 증가하는 주식의 총수·종류 및 종류별 주식의 수, 그 주식에 대한 주주의 신주인수권의 제한에 관한 사항과 특정한 제3자에게 신주인수권을 부여하는 것을 정하는 때에는 그에 관한 사항
3. 분할되는 채무자의 회생채권자·회생담보권자 또는 주주에 대하여 발행하는 신주의 총수 및 종류, 종류별 주식의 수 및 그 배정에 관한 사항과 배정에 따른 주식의 병합 또는 분할을 하는 때에는 그에 관한 사항
4. 분할되는 회사의 주주에게 금전을 지급하거나 사채를 배정하는 것을 정하는 때에는 그에 관한 사항
5. 존속하는 회사의 증가하는 자본의 총액과 준비금에 관한 사항
6. 분할되는 채무자가 존속하는 회사에 이전하는 재산과 그 가액
7. 「상법」 제530조의9(분할 및 분할합병 후의 회사의 책임)제3항의 규정에 의한 정함이 있는 때에는 그에 관한 사항
8. 분할합병계약서를 승인하는 결의를 하기 위한 다른 회사의 주주총회의 일시
9. 분할합병을 하는 날
10. 다른 회사가 존속하는 경우 그 회사의 이사 및 감사를 정하는 때에는 그 성명 및 주민등록번호
11. 그 밖에 존속하는 채무자의 정관변경을 가져오게 하는 사항

② 채무자가 분할되어 그 일부가 다른 회사 또는 다른 회사의 일부와 분할합병을 하여 신회사를 설립하는 때와 다른 회사가 분할되어 그 일부가 채무자 또는 채무자의 일부와 분할합병을 하여 신회사를 설립하는 때에는 회생계획에 다음 각 호의 사항을 정하여야 한다.
1. 다른 회사의 상호
2. 신회사의 상호, 목적, 본점 및 지점의 소재지, 발행할 주식의 수, 1주의 금액, 자본과 준비금의 액 및 공고방법
3. 신회사설립시에 정하는 신회사가 발행하는 주식에 대한 주주의 신주인수권의 제한에 관한 사항과 특정한 제3자에게 신주인수권을 부여하는 것을 정하는 때에는 그에 관한 사항
4. 채무자 또는 다른 회사가 신회사에 이전하는 재산과 그 가액
5. 「상법」 제530조의9(분할 및 분할합병 후의 회사의 책임)제2항의 규정에 의한 정함이 있는 때에는 그 내용
6. 그 밖에 신회사의 정관에 기재하고자 하는 사항
7. 채무자의 회생채권자·회생담보권자·주주 또는 다른 회사의 주주에 대하여 발행하는 주식의 총수 및 종류, 종류별 주식의 수 및 그 배정에 관한 사항과 배정에 따른 주식의 병합 또는 분할을 하는 때에는 그에 관한 사항
8. 채무자 또는 다른 회사의 주주에게 금전을 지급하거나 사채를 배정하는 것을 정하는 때에는 그 사항
9. 다른 회사에서 분할합병계약서를 승인하는 결의를 하기 위한 주주총회의 일시
10. 분할합병을 하는 날
11. 신회사의 이사·대표이사 및 감사가 될 자나 그 선임 또는 선정의 방법 및 임기. 이 경우 임기는 1년을 넘을 수 없다.

③ 제212조의 규정은 제1항 및 제2항의 규정에 의하여 채무자의 분할합병을 하지 아니하는 부분을 정하는 경우에 관하여 준용한다.

제214조【주식회사의 물적분할】 제212조 및 제213조의 규정은 분할되는 주식회사인 채무자가 분할 또는 분할합병으로 인하여 설립되는 회사의 주식의 총수를 취득하는 경우에 관하여 준용한다.

제215조【주식회사 또는 유한회사의 신회사 설립】 ① 회생채권자·회생담보권자·주주·지분권자에 대하여 새로 납입 또는 현물출자를 하지 아니하고 주식 또는 출자지분을 인수하게 함으로써 신회사(주식회사 또는 유한회사에 한한다. 이하 이 조에서 같다)를 설립하는 때에는 회생계획에 다음 각 호의 사항을 정하여야 한다.
1. 신회사의 상호, 목적, 본점 및 지점의 소재지와 공고의 방법
2. 신회사가 발행하는 주식 또는 출자지분의 종류와 수
3. 1주 또는 출자 1좌의 금액
4. 신회사설립시에 정하는 신회사가 발행하는 주식 또는 출자지분에 대한 주주의 신주인수권 또는 지분권자의 출자지분인수권의 제한에 관한 사항과 특정한 제3자에게 부여하는 것을 정하는 때에는 이에 관한 사항
5. 회생채권자·회생담보권자·주주·지분권자에 대하여 발행하는 주식 또는 출자지분의 종류 및 수와 그 배정에 관한 사항
6. 그 밖에 신회사의 정관에 기재하는 사항
7. 신회사의 자본 또는 출자액의 준비금의 액
8. 채무자에서 신회사로 이전하는 재산과 그 가액
9. 신회사의 이사·대표이사 및 감사가 될 자나 그 선임 또는 선정의 방법 및 임기. 이 경우 임기는 1년을 넘을 수 없다.
10. 신회사가 사채를 발행하는 때에는 제209조 각 호의 사항

② 제1항에 규정된 경우를 제외하고 주식의 포괄적 이전·합병·분할 또는 분할합병에 의하지 아니하고 신회사를 설립하는 때에는 회생계획에 다음 각 호의 사항을 정하여야 한다.
1. 제1항제1호 내지 제3호, 제6호 및 제8호 내지 제10호의 사항
2. 신회사설립 당시 발행하는 주식 또는 출자지분의 종류 및 수와 회생채권자·회생담보권자 또는 주주·지분권자에 대하여 새로 납입 또는 현물출자를 하게 하거나 하게 하지 아니하고 주식 또는 출자지분을 인수하게 하는 때에는 제1항제5호의 사항
3. 새로 현물출자를 하는 자가 있는 때에는 그 성명 및 주민등록번호, 출자의 목적인 재산, 그 가액과 이에 대하여 부여하는 주식 또는 출자지분의 종류와 수

제216조【해산】 채무자가 합병·분할 또는 분할합병에 의하지 아니하고 해산하는 때에는 회생계획에 그 뜻과 해산의 시기를 정하여야 한다.

제217조【공정하고 형평한 차등】 ① 회생계획에서는 다음 각 호의 규정에 의한 권리의 순위를 고려하여 회생계획의 조건에 공정하고 형평에 맞는 차등을 두어야 한다.
1. 회생담보권
2. 일반의 우선권 있는 회생채권
3. 제2호에 규정된 것 외의 회생채권
4. 잔여재산의 분배에 관하여 우선적 내용이 있는 종류의 주주·지분권자의 권리
5. 제4호에 규정된 것 외의 주주·지분권자의 권리

② 제1항의 규정은 제140조제1항 및 제2항의 청구권에 관하여는 적용하지 아니한다.

제218조【평등의 원칙】 ① 회생계획의 조건은 같은 성질의 권리를 가진 자 간에는 평등하여야 한다. 다만, 다음 각 호의 어느 하나에 해당하는 때에는 그러하지 아니하다.
1. 불이익을 받는 자의 동의가 있는 때
2. 채권이 소액인 회생채권자, 회생담보권자 및 제118조 제2호 내지 제4호의 청구권을 가지는 자에 대하여 다르게 정하거나 차등을 두어도 형평을 해하지 아니하는 때
3. 채무자의 거래상대방인 중소기업자의 회생채권에 대하여 그 사업의 계속에 현저한 지장을 초래할 우려가 있어 다른 회생채권보다 우대하여 변제하는 때
(2016.5.29 본호신설)
4. 그 밖에 동일한 종류의 권리를 가진 자 사이에 차등을 두어도 형평을 해하지 아니하는 때

② 회생계획에서는 다음 각 호의 청구권을 다른 회생채권과 다르게 정하거나 차등을 두어도 형평을 해하지 아니한다고 인정되는 경우에는 다른 회생채권보다 불이익하게 취급할 수 있다.
1. 회생절차개시 전에 채무자와 대통령령이 정하는 범위의 특수관계에 있는 자의 채무자에 대한 금전소비대차로 인한 청구권
2. 회생절차개시 전에 채무자가 대통령령이 정하는 범위의 특수관계에 있는 자를 위하여 무상으로 보증인이 된 경우의 보증채무에 대한 청구권
3. 회생절차개시 전에 채무자와 대통령령이 정하는 범위의 특수관계에 있는 자가 채무자를 위하여 보증인이 된 경우 채무자에 대한 보증채무로 인한 구상권

제219조【특별한 이익을 주는 행위의 무효】 채무자가 자신 또는 제3자의 명의로 회생계획에 의하지 아니하고 일부 회생채권자·회생담보권자·주주·지분권자에게 특별한 이익을 주는 행위는 무효로 한다.

제2절 회생계획안의 제출

제220조【회생계획안의 제출】 ① 관리인은 제50조제1항제4호 또는 같은 조 제3항에 따라 법원이 정한 기간 안에 회생계획안을 작성하여 법원에 제출하여야 한다.
② 관리인은 제1항의 기간 안에 회생계획안을 작성할 수 없는 때에는 그 기간 안에 그 사실을 법원에 보고하여야 한다.
(2014.12.30 본조개정)

제221조【회생채권자 등의 회생계획안 제출】 다음 각 호의 어느 하나에 해당하는 자는 제220조제1항에 따른 기간 안에 회생계획안을 작성하여 법원에 제출할 수 있다.
1. 채무자
2. 목록에 기재되어 있거나 신고한 회생채권자·회생담보권자·주주·지분권자
(2014.12.30 본조개정)

제222조【청산 또는 영업양도 등을 내용으로 하는 회생계획안】 ① 법원은 채무자의 사업을 청산할 때의 가치가

채무자의 사업을 계속할 때의 가치보다 크다고 인정하는 때에는 다음 각 호의 어느 하나에 해당하는 자의 신청에 의하여 청산(영업의 전부 또는 일부의 양도, 물적 분할을 포함한다)을 내용으로 하는 회생계획안의 작성을 허가할 수 있다. 다만, 채권자 일반의 이익을 해하는 때에는 그러하지 아니하다.
1. 관리인
2. 채무자
3. 목록에 기재되어 있거나 신고한 회생채권자 · 회생담보권자 · 주주 · 지분권자
② 제1항의 규정은 회생절차개시 후 채무자의 존속, 합병, 분할, 분할합병, 신회사의 설립 등에 의한 사업의 계속을 내용으로 하는 회생계획안의 작성이 곤란함이 명백하게 된 경우에 관하여 준용한다.
③ 법원은 회생계획안을 결의에 부칠 때까지는 언제든지 제1항 또는 제2항의 규정에 의한 허가를 취소할 수 있다.
④ 제236조제4항의 규정은 제1항 및 제2항에 의한 허가에 관하여 준용한다.
제223조【회생계획안의 사전제출】 ① 채무자의 부채의 2분의 1 이상에 해당하는 채권을 가진 채권자 또는 이러한 채권자의 동의를 얻은 채무자는 회생절차개시의 신청이 있은 때부터 회생절차개시 전까지 회생계획안을 작성하여 법원에 제출할 수 있다.(2016.5.29 본항개정)
② 법원은 제1항의 규정에 의하여 제출된 회생계획안(제228조 또는 제229조제2항의 규정에 의하여 회생계획안을 수정한 때에는 그 수정된 회생계획안을 말한다. 이하 이 조에서 "사전계획안"이라 한다)을 법원에 비치하여 이해관계인에게 열람하게 하여야 한다.
③ 사전계획안을 제출한 채권자 외의 채권자는 회생계획안의 결의를 위한 관계인집회의 기일 전날 또는 제240조제2항에 따라 법원이 정하는 기간 초일의 전날까지 그 사전계획안에 동의한다는 의사를 서면으로 법원에 표시할 수 있다.(2016.5.29 본항개정)
④ 사전계획안을 제출하는 자는 회생절차개시 전까지 회생채권자 · 회생담보권자 · 주주 · 지분권자의 목록(제147조제2항 각 호의 내용을 포함하여야 한다), 제92조제1항 각 호에 규정된 사항을 기재한 서면 및 그 밖에 대법원규칙으로 정하는 서면을 법원에 제출하여야 한다.
(2016.5.29 본항신설)
⑤ 제4항의 회생채권자 · 회생담보권자 · 주주 · 지분권자의 목록이 제출된 때에는 이 목록을 제147조제1항의 목록으로 본다.(2016.5.29 본항신설)
⑥ 사전계획안이 제출된 때에는 관리인은 법원의 허가를 받아 회생계획안을 제출하지 아니하거나 제출한 회생계획안을 철회할 수 있다.
⑦ 사전계획안을 제출하거나 그 사전계획안에 동의한다는 의사를 표시한 채권자는 결의를 위한 관계인집회에서 그 사전계획안을 가결하는 때에 동의한 것으로 본다. 다만, 사전계획안의 내용이 그 채권자에게 불리하게 수정되거나, 현저한 사정변경이 있거나 그 밖에 중대한 사유가 있는 때에는 결의를 위한 관계인집회의 기일 전날까지 법원의 허가를 받아 동의를 철회할 수 있다.
(2014.12.30 본문개정)
⑧ 사전계획안을 제240조제1항에 따라 서면결의에 부친 경우 사전계획안을 제출하거나 같은 조 제2항의 회신기간 전에 그 사전계획안에 동의한다는 의사를 표시한 채권자는 위 회신기간 안에 동의한 것으로 본다. 다만, 사전계획안의 내용이 그 채권자에게 불리하게 수정되거나, 현저한 사정변경이 있거나 그 밖에 중대한 사유가 있는 때에는 위 회신기간 종료일까지 법원의 허가를 받아 동의를 철회할 수 있다.(2016.5.29 본항신설)
제224조【회생계획안심리를 위한 관계인집회】 회생계획안의 제출이 있는 때에는 법원은 그 회생계획안을 심리하기 위하여 기일을 정하여 관계인집회를 소집하여야 한다. 다만, 제240조의 규정에 의한 서면결의에 부치는 때에는 그러하지 아니하다.
제225조【회생계획안에 대한 의견청취】 제224조의 규정에 의한 관계인집회에서는 회생계획안의 제출자로부터 회생계획안에 대한 설명을 들은 후 법원은 다음 각 호의 자로부터 회생계획안에 대한 의견을 들어야 한다.
1. 관리인
2. 채무자
3. 목록에 기재되어 있거나 신고한 회생채권자 · 회생담보권자 · 주주 · 지분권자
제226조【감독행정청 등의 의견】 ① 법원은 필요하다고 인정하는 때에는 채무자의 업무를 감독하는 행정청, 법무부장관, 금융위원회 그 밖의 행정기관에 대하여 회생계획안에 대한 의견의 진술을 요구할 수 있다.
(2008.2.29 본항개정)
② 행정청의 허가 · 인가 · 면허 그 밖의 처분을 요하는 사항을 정하는 회생계획안에 관하여는 법원은 그 사항에 관하여 그 행정청의 의견을 들어야 한다.
③ 채무자의 업무를 감독하는 행정청, 법무부장관 또는 금융위원회는 언제든지 법원에 대하여 회생계획안에 관하여 의견을 진술할 수 있다.(2008.2.29 본항개정)
제227조【채무자의 노동조합 등의 의견】 법원은 회생계획안에 관하여 다음 각 호의 어느 하나에 해당하는 자의 의견을 들어야 한다.
1. 채무자의 근로자의 과반수로 조직된 노동조합
2. 제1호의 규정에 의한 노동조합이 없는 때에는 채무자의 근로자의 과반수를 대표하는 자
제228조【회생계획안의 수정】 회생계획안의 제출자는 회생계획안의 심리를 위한 관계인집회의 기일 또는 제240조의 규정에 의한 서면결의에 부치는 결정이 있는 날까지는 법원의 허가를 받아 회생계획안을 수정할 수 있다.
제229조【회생계획안의 수정명령】 ① 법원은 이해관계인의 신청에 의하거나 직권으로 회생계획안의 제출자에 대하여 회생계획안을 수정할 것을 명할 수 있다.
② 제1항의 규정에 의한 법원의 명령이 있는 때에는 회생계획안의 제출자는 법원이 정하는 기한 안에 회생계획안을 수정하여야 한다.
제230조【관계인집회의 재개】 ① 회생계획안 심리를 위한 관계인집회의 기일 후에 제229조의 규정에 의한 수정이 있는 때에는 법원은 그 수정안을 심리하기 위하여 다시 기일을 정하여 관계인집회를 소집할 수 있다.
② 제225조의 규정은 제1항의 관계인집회에 관하여 준용한다.
제231조【회생계획안의 배제】 회생계획안이 다음 각 호의 어느 하나에 해당하는 경우에는 법원은 회생계획안을 관계인집회의 심리 또는 결의에 부치지 아니할 수 있다.
1. 회생계획안이 법률의 규정을 위반한 경우
2. 회생계획안이 공정하지 아니하거나 형평에 맞지 아니한 경우
3. 회생계획안의 수행이 불가능한 경우
제231조의2【회생계획안의 배제에 대한 특칙】 ① 회생계획안이 제57조 각 호의 어느 하나에 해당하는 행위를 내용으로 하는 경우로서 다음 각 호의 요건을 모두 충족하는 경우에는 법원은 회생계획안을 관계인집회의 심리 또는 결의에 부치지 아니할 수 있다.
1. 다음 각 목의 어느 하나에 해당하는 자의 중대한 책임이 있는 행위로 인하여 회생절차개시의 원인이 발생하였다고 인정될 것
가. 회사인 채무자의 이사(「상법」 제401조의2제1항에 따라 이사로 보는 자를 포함한다)나 해당 이사와 제101조제1항에 따른 특수관계에 있는 자
나. 회사인 채무자의 감사
다. 회사인 채무자의 지배인
2. 제57조 각 호의 어느 하나에 해당하는 행위를 하려는 자가 다음 각 목의 어느 하나의 경우에 해당할 것
가. 제1호에 해당하는 자의 자금제공, 담보제공이나 채무보증 등을 통하여 제57조 각 호의 어느 하나에 해당하는 행위를 하는 데에 필요한 자금을 마련한 경우
나. 현재 및 과거의 거래관계, 지분소유관계 및 자금제공관계 등을 고려할 때 제1호에 해당하는 자와 채무자의 경영권 인수 등 사업 운영에 관하여 경제적 이해관계를 같이하는 것으로 인정되는 경우
다. 제1호에 해당하는 자와 배우자, 직계혈족 등 대통령령으로 정하는 특수관계에 있는 경우
② 회생계획안이 제57조 각 호의 어느 하나에 해당하는 행위를 내용으로 하는 경우로서 그 행위를 하려는 자 또는 그와 대통령령으로 정하는 특수관계에 있는 자가 다음 각 호의 어느 하나에 해당하는 경우에는 법원은 회생계획안을 관계인집회의 심리 또는 결의에 부쳐서는 아니 된다.
1. 채무자를 상대로 「형법」 제347조(사기) · 제347조의2(컴퓨터등 사용사기) · 제349조(부당이득) · 제355조(횡령, 배임) · 제356조(업무상의 횡령과 배임) · 제357조(배임수증재)의 죄(「형법」 또는 다른 법률에 따라 가중처벌되는 경우 및 미수범을 포함한다)를 범하여 금고 이상의 실형을 선고받고 그 집행이 끝나거나(집행이 끝난 것으로 보는 경우를 포함한다) 집행이 면제된 날부터 10년이 지나지 아니한 경우
2. 채무자를 상대로 제1호의 죄를 범하여 금고 이상의 형의 집행유예 또는 선고유예를 선고받고 그 유예기간 중에 있는 경우
3. 이 법을 위반하여 금고 이상의 실형을 선고받고 그 집행이 끝나거나(집행이 끝난 것으로 보는 경우를 포함한다) 집행이 면제된 날부터 5년이 지나지 아니한 경우
4. 이 법을 위반하여 금고 이상의 형의 집행유예 또는 선고유예를 선고받고 그 유예기간 중에 있는 경우
③ 법원은 제1항 또는 제2항의 내용을 확인하기 위하여 필요한 경우에는 채무자, 관리인, 보전관리인, 그 밖의 이해관계인 등에게 정보의 제공 또는 자료의 제출을 명할 수 있다.
(2014.10.15 본조신설)
제232조【회생계획안의 결의를 위한 관계인집회】 ① 제224조 또는 제230조의 규정에 의한 관계인집회의 심리를 거친 회생계획안에 관하여 수정명령을 하지 아니하는 때에는 법원은 회생계획안에 관하여 결의를 하기 위하여 기일을 정하여 관계인집회를 소집하여야 한다.
② 제1항의 경우 법원은 미리 그 계획안의 사본 또는 그 요지를 다음 각 호의 자에게 송달하여야 한다.
1. 관리인
2. 채무자
3. 목록에 기재되어 있거나 신고한 회생채권자 · 회생담보권자 · 주주 · 지분권자(의결권을 행사할 수 없는 자를 제외한다)
4. 회생을 위하여 채무를 부담하거나 담보를 제공하는 자
③ 제2항의 규정에 의한 송달은 서류를 우편으로 발송하여 할 수 있다.
④ 제3항의 송달에 관하여는 제8조제4항 · 제5항의 규정을 준용한다.
제233조【회생을 위하여 채무를 부담하는 자 등의 출석】 ① 회생을 위하여 채무를 부담하거나 담보를 제공하는 자는 제232조제1항의 규정에 의한 기일에 출석하여 그 뜻을 진술하여야 한다. 다만, 정당한 사유가 있는 때에는 대리인을 출석하게 할 수 있다.
② 제1항 단서의 규정에 의한 대리인은 대리권을 증명하는 서면을 제출하여야 한다.
③ 제240조의 규정에 의한 서면결의에 부치는 때에는 그 채무를 부담하거나 그 담보를 제공하는 자의 동의를 얻어 회생계획안에 그 내용을 정함으로써 제1항의 규정에 의한 진술에 갈음한다.
제234조【회생계획안의 변경】 회생계획안의 제출자는 회생채권자 · 회생담보권자 · 주주 · 지분권자에게 불리한 영향을 주지 아니하는 때에 한하여 제232조제1항의 규정에 의한 관계인집회에서 법원의 허가를 받아 회생계획안을 변경할 수 있다.

제3절 회생계획안의 결의

제235조【결의의 시기】 회생계획안은 조사기간의 종료 전에는 결의에 부치지 못한다.
제236조【결의의 방법과 회생채권자 등의 분류】 ① 제232조제1항의 규정에 의하여 관계인집회에서 결의하거나 제240조의 규정에 의하여 서면결의에 의하는 때에는 회생채권자 · 회생담보권자 · 주주 · 지분권자는 제2항, 제3항 및 제5항의 규정에 의하여 분류된 조별로 결의하여야 한다.
② 회생채권자 · 회생담보권자 · 주주 · 지분권자는 회생계획안의 작성과 결의를 위하여 다음 각 호의 조로 분류한다. 다만, 제140조제1항 및 제2항의 청구권을 가진 자는 그러하지 아니한다.
1. 회생담보권자
2. 일반의 우선권 있는 채권을 가진 회생채권자
3. 제2호에 규정된 회생채권자 외의 회생채권자
4. 잔여재산의 분배에 관하여 우선적 내용을 갖는 종류의 주식 또는 출자지분을 가진 주주 · 지분권자
5. 제4호에 규정된 주주 · 지분권자 외의 주주 · 지분권자
③ 법원은 제2항 각 호의 자가 가진 권리의 성질과 이해관계를 고려하여 2개 이상의 호의 자를 하나의 조로 분류하거나 하나의 호에 해당하는 자를 2개 이상의 조로 분류할 수 있다. 다만, 회생담보권자 · 회생채권자 · 주주 · 지분권자는 각각 다른 조로 분류하여야 한다.
④ 다음 각 호의 어느 하나에 해당하는 자는 제3항의 규정에 의한 분류에 관하여 의견을 진술할 수 있다.
1. 관리인
2. 채무자
3. 목록에 기재되어 있거나 신고한 회생채권자 · 회생담보권자 · 주주 · 지분권자
⑤ 법원은 회생계획안을 결의에 부칠 때까지는 언제든지 제2항 및 제3항의 규정에 의한 분류를 변경할 수 있다.
⑥ 제163조의 규정은 제3항 및 제5항의 규정에 의한 결정의 송달에 관하여 준용한다. 다만, 관계인집회의 기일에 선고가 있는 때에는 송달을 하지 아니할 수 있다.
제237조【가결의 요건】 관계인집회에서는 다음 각 호의 구분에 의하여 회생계획안을 가결한다.
1. 회생채권자의 조
의결권을 행사할 수 있는 회생채권자의 의결권의 총액의 3분의 2 이상에 해당하는 의결권을 가진 자의 동의가 있을 것
2. 회생담보권자의 조
가. 제220조의 규정에 의한 회생계획안에 관하여는 의결권을 행사할 수 있는 회생담보권자의 의결권의 총액의 4분의 3 이상에 해당하는 의결권을 가진 자의 동의가 있을 것
나. 제222조의 규정에 의한 회생계획안에 관하여는 의결권을 행사할 수 있는 회생담보권자의 의결권의 총액의 5분의 4 이상에 해당하는 의결권을 가진 자의 동의가 있을 것
3. 주주 · 지분권자의 조
회생계획안의 가결을 위한 관계인집회에서 의결권을 행사하는 주주 · 지분권자의 의결권의 총수의 2분의 1 이상에 해당하는 의결권을 가진 자의 동의가 있을 것
제238조【속행기일의 지정】 관계인집회에서 회생계획안이 가결되지 아니한 경우 다음 각 호의 자가 모두 기일의 속행에 동의한 때에는 법원은 관리인 또는 채무자나 의결권을 행사할 수 있는 회생채권자 · 회생담보권자 · 주주 · 지분권자의 신청에 의하거나 직권으로 속행기일을 정할 수 있다.
1. 회생채권자의 조에서 의결권을 행사할 수 있는 회생채권자의 의결권의 총액의 3분의 1 이상에 해당하는 의결권을 가진 자(2014.12.30 본호개정)
2. 회생담보권자의 조에서 의결권을 행사할 수 있는 회생담보권자의 의결권의 총액의 2분의 1 이상에 해당하는 의결권을 가진 자(2014.12.30 본호개정)
3. 주주 · 지분권자의 조에서 의결권을 행사하는 주주 · 지분권자의 의결권의 총수의 3분의 1 이상에 해당하는 의결권을 가진 자

제239조【가결의 시기】 ① 회생계획안의 가결은 제232조제1항의 규정에 의한 관계인집회의 제1기일부터 2월 이내에 하여야 한다.
② 법원은 필요하다고 인정하는 때에는 계획안제출자의 신청에 의하거나 직권으로 제1항의 규정에 의한 기간을 늘일 수 있다. 이 경우 그 기간은 1월을 넘지 못한다.
③ 회생계획안의 가결은 회생절차개시일부터 1년 이내에 하여야 한다. 다만, 불가피한 사유가 있는 때에는 법원은 6월의 범위 안에서 그 기간을 늘일 수 있다.

제240조【서면에 의한 결의】 ① 법원은 회생계획안이 제출된 때에 상당하다고 인정하는 때에는 회생계획안을 서면에 의한 결의(이하 이 편에서 "서면결의"라 한다)에 부치는 취지의 결정을 할 수 있다. 이 경우 법원은 그 뜻을 공고하여야 한다.
② 제1항의 규정에 의한 서면결의를 결정한 때에는 법원은 제182조제1항에 규정된 자에 대하여 회생계획안의 사본 또는 그 요지를 송달함과 동시에 의결권자에 대하여는 회생계획안에 동의하는지 여부와 인가 여부에 관한 의견, 회생계획안이 가결되지 아니한 경우 속행기일의 지정에 동의하는지 여부(제223조제2항의 사전계획안이 제출된 때에는 속행기일의 지정에 동의하는지 여부는 묻지 아니한다)를 법원이 정하는 기간(이하 이 장에서 "회신기간"이라 한다) 안에 서면으로 회신하여야 한다는 뜻을 기재한 서면을 송달하여야 한다. 이 경우 회신기간은 제1항의 규정에 의한 결정일부터 2월을 넘을 수 없다.
(2016.5.29 전단개정)
③ 제2항의 규정에 의한 송달은 서류를 우편으로 발송하여 할 수 있다.
④ 제2항의 규정에 의하여 회생계획안을 송달한 때에는 제224조의 회생계획안 심리를 위한 관계인집회가 완료된 것으로 본다.
⑤ 회신기간 안에 회생계획안에 동의한다는 뜻을 서면으로 회신하여 법원에 도달한 의결권자의 동의가 제237조의 규정에 의한 가결요건을 충족하는 때에는 그 회생계획안은 가결된 것으로 본다.
⑥ 제188조제1항 내지 제3항 및 제189조의 규정은 서면결의에 관하여 준용한다.
⑦ 서면결의로 가결되지 아니한 회생계획안에 대하여 제238조의 규정에 의한 속행기일이 지정된 때에는 속행기일에서 결의에 부쳐야 하고 다시 서면결의에 부칠 수 없다.

제241조【회생계획안이 가결된 경우의 법인의 존속】 청산 중이거나 파산선고를 받은 사단법인 또는 재단법인인 채무자에 대하여 회생절차가 개시되어 회생계획안이 가결된 때에는 그 사단법인은 정관의 변경에 관한 규정에 따라, 재단법인은 주무관청의 인가를 받아 법인을 존속하게 할 수 있다.

제4절 회생계획의 인가 등

제242조【회생계획의 인가 여부】 ① 관계인집회에서 회생계획안을 가결한 때에는 법원은 그 기일에 또는 즉시로 선고한 기일에 회생계획의 인가 여부에 관하여 결정을 하여야 한다.
② 제1항의 규정에 의한 기일에서 다음 각 호의 어느 하나에 해당하는 자는 회생계획의 인가 여부에 관하여 의견을 진술할 수 있다.
1. 제182조제1항 각 호의 자
2. 채무자의 업무를 감독하는 행정청·법무부장관 및 금융위원회(2008.2.29 본호개정)
③ 회생계획의 인가 여부의 기일을 정하는 결정은 선고를 한 때에는 공고와 송달을 하지 아니할 수 있다.
④~⑤ (2016.5.29 삭제)

제242조의2【서면결의를 거친 경우 회생계획의 인가 여부】 ① 서면결의에 의하여 회생계획안이 가결된 때에는 법원은 지체 없이 회생계획의 인가 여부에 관하여 결정을 하여야 한다.
② 법원은 제1항에 따른 회생계획의 인가 여부에 관한 결정에 앞서 제240조제2항의 회신기간 이후로 기일을 정하여 회생계획 인가 여부에 관한 이해관계인의 의견을 들을 수 있다.
③ 제242조제2항 각 호의 어느 하나에 해당하는 자는 제2항에 따른 기일에서 회생계획의 인가 여부에 관하여 의견을 진술할 수 있다.
④ 제2항에 따른 기일을 정하는 결정이 있는 때에는 법원은 이를 공고하고 그 결정서를 제240조제2항에 따라 회생계획 인가 여부에 관한 의견을 서면으로 회신한 자에게 송달하여야 한다.
⑤ 법원은 상당하다고 인정하는 때에는 관리인의 신청에 의하거나 직권으로 제2항에 따른 기일과 특별조사기일을 병합할 수 있다.
⑥ 법원은 제1항에 따라 회생계획의 인가 또는 불인가의 결정을 한 때에는 제182조제1항 각 호의 자에게 그 주문 및 이유의 요지를 기재한 서면을 송달하여야 한다.
(2016.5.29 본조신설)

제243조【회생계획인가의 요건】 ① 법원은 다음의 요건을 구비하고 있는 경우에 한하여 회생계획인가의 결정을 할 수 있다.
1. 회생절차 또는 회생계획이 법률의 규정에 적합할 것
2. 회생계획이 공정하고 형평에 맞아야 하며 수행이 가능할 것
3. 회생계획에 대한 결의를 성실·공정한 방법으로 하였을 것
4. 회생계획에 의한 변제방법이 채무자의 사업을 청산할 때 각 채권자에게 변제하는 것보다 불리하지 아니하게 변제하는 내용일 것. 다만, 채권자가 동의한 경우에는 그러하지 아니하다.
5. 합병 또는 분할합병을 내용으로 한 회생계획에 관하여는 다른 회사의 주주총회 또는 사원총회의 합병계약서 또는 분할합병계약서의 승인결의가 있었을 것. 다만, 그 회사가 주주총회 또는 사원총회의 승인결의를 요하지 아니하는 경우를 제외한다.
6. 회생계획에서 행정청의 허가·인가·면허 그 밖의 처분을 요하는 사항이 제226조제2항의 규정에 의한 행정청의 의견과 중요한 점에서 차이가 없을 것
7. 주식의 포괄적 교환을 내용으로 하는 회생계획에 관하여는 다른 회사의 주주총회의 주식의 포괄적 교환계약서의 승인결의가 있을 것. 다만, 그 회사가 「상법」 제360조의9(간이주식교환) 및 제360조의10(소규모 주식교환)의 규정에 의하여 주식의 포괄적 교환을 하는 경우를 제외한다.
② 회생계획의 인가 여부 결정에 이르기까지의 절차가 법률의 규정에 위반되는 경우에도 그 위반의 정도, 채무자의 현황 그 밖의 모든 사정을 고려하여 회생계획을 인가하지 아니하는 것이 부적당하다고 인정되는 때에는 법원은 회생계획인가의 결정을 할 수 있다.

제243조의2【회생계획의 불인가】 ① 회생계획안이 제57조 각 호의 어느 하나에 해당하는 행위를 내용으로 하는 경우로서 제231조의2제1항 각 호의 요건을 모두 충족하는 경우에는 법원은 회생계획불인가의 결정을 할 수 있다.
② 회생계획안이 제57조 각 호의 어느 하나에 해당하는 행위를 내용으로 하는 경우로서 그 행위를 하려는 자 또는 그와 대통령령으로 정하는 특수관계에 있는 자가 제231조의2제2항 각 호의 어느 하나에 해당하는 경우에는 법원은 회생계획불인가의 결정을 하여야 한다.
③ 법원은 제1항 또는 제2항의 내용을 확인하기 위하여 필요한 경우에는 채무자, 관리인, 보전관리인, 그 밖의 이해관계인 등에게 정보의 제공 또는 자료의 제출을 명할 수 있다.
(2014.10.15 본조신설)

제244조【동의하지 아니하는 조가 있는 경우의 인가】 ① 회생계획안에 관하여 관계인집회에서 결의하거나 제240조의 규정에 의한 서면결의에 부치는 경우 법정의 액 또는 수 이상의 의결권을 가진 자의 동의를 얻지 못한 조가 있는 때에도 법원은 회생계획안을 변경하여 그 조의 회생채권자·회생담보권자·주주·지분권자를 위하여 다음 각 호의 어느 하나에 해당하는 방법에 의하여 그 권리를 보호하는 조항을 정하고 회생계획인가의 결정을 할 수 있다.
1. 회생담보권자에 관하여 그 담보권의 목적인 재산을 그 권리가 존속되도록 하면서 신회사에 이전하거나 타인에게 양도하거나 채무자에게 유보하는 방법
2. 회생담보권자에 관하여는 그 권리의 목적인 재산을, 회생채권자에 관하여는 그 채권의 변제에 충당될 채무자의 재산을, 주주·지분권자에 관하여는 잔여재산의 분배에 충당될 채무자의 재산을 법원이 정하는 공정한 거래가격(담보권의 목적인 재산에 관하여는 그 권리로 인한 부담이 없는 것으로 평가한다) 이상의 가액으로 매각하고 그 매각대금에서 매각비용을 공제한 잔금으로 변제하거나 분배하거나 공탁하는 방법
3. 법원이 정하는 그 권리의 공정한 거래가액을 권리자에게 지급하는 방법
4. 그 밖에 제1호 내지 제3호의 방법에 준하여 공정하고 형평에 맞게 권리자를 보호하는 방법
② 회생계획안에 관하여 관계인집회에서 결의하거나 제240조의 규정에 의한 서면결의에 부치는 경우 회생계획안의 가결요건을 충족하는 데에 필요한 동의를 얻지 못할 것이 명백한 조가 있는 때에는 법원은 회생계획안을 작성한 자의 신청에 의하여 미리 그 조의 회생채권자·회생담보권자·주주·지분권자를 위하여 제1항 각 호의 방법에 의하여 그 권리를 보호하는 조항을 정하고 회생계획안을 작성할 것을 허가할 수 있다.
③ 제2항의 규정에 의한 신청이 있는 때에는 법원은 신청인과 동의를 얻지 못할 것이 명백한 조의 권리자 1인 이상의 의견을 들어야 한다.

제245조【회생계획인가 여부 결정의 선고 등】 ① 법원은 회생계획의 인가 여부의 결정을 선고하고 그 주문, 이유의 요지와 회생계획이나 그 요지를 공고하여야 한다. 이 경우 송달은 하지 아니할 수 있다.
② 제41조제1항의 규정은 제1항의 규정에 의한 결정이 있는 경우에 관하여 준용한다.
③ 제1항의 규정에 불구하고 제1항의 규정에 의한 회생계획인가 여부의 결정이 제240조의 규정에 의한 서면결의에 관한 것인 때에는 법원은 그 주문, 이유의 요지와 회생계획 및 그 요지를 다음 각 호의 자에게 송달하여야 한다.
1. 제182조제1항 각 호의 자
2. 채무자가 주식회사인 경우에는 채무자의 업무를 감독하는 행정청·법무부장관 및 금융위원회(2008.2.29 본호개정)

제246조【회생계획의 효력발생시기】 회생계획은 인가의 결정이 있은 때부터 효력이 생긴다.

제247조【항고】 ① 회생계획의 인가 여부의 결정에 대하여는 즉시항고를 할 수 있다. 다만, 목록에 기재되지 아니하거나 신고하지 아니한 회생채권자·회생담보권자·주주·지분권자는 그러하지 아니하다.
② 의결권이 없는 회생채권자·회생담보권자·주주·지분권자는 제1항의 규정에 의한 즉시항고를 하는 때에는 회생채권자·회생담보권자·주주·지분권자인 것을 소명하여야 한다.
③ 회생계획인가의 결정에 대한 항고는 회생계획의 수행에 영향을 미치지 아니한다. 다만, 항고법원 또는 회생계속법원은 항고가 이유있다고 인정되고 회생계획의 수행으로 생길 회복할 수 없는 손해를 예방하기 위하여 긴급한 필요가 있음을 소명한 때에는 신청에 의하여 항고에 관하여 결정이 있을 때까지 담보를 제공하게 하거나 담보를 제공하게 하지 아니하고 회생계획의 전부나 일부의 수행을 정지하거나 그 밖에 필요한 처분을 할 수 있다.
(2016.12.27 단서개정)
④ 회생계획불인가의 결정에 대한 항고가 있는 때에는 회생계속법원은 기간을 정하여 항고인에게 보증으로 대법원규칙이 정하는 범위 안에서 금전 또는 법원이 인정하는 유가증권을 공탁하게 할 수 있다.(2016.12.27 본항개정)
⑤ 제4항의 경우 항고인이 법원이 정하는 기간 안에 보증을 제공하지 아니하는 때에는 법원은 결정으로 항고를 각하하여야 한다.
⑥ 제4항의 규정에 의한 항고가 기각되고 채무자에 대하여 파산선고가 있거나 파산절차가 속행되는 때에는 보증으로 제공한 금전 또는 유가증권은 파산재단에 속한다.
⑦ 제1항의 즉시항고에 관한 재판의 불복은 「민사소송법」 제442조(재항고)의 규정에 의한다. 이 경우 제1항 내지 제6항의 규정은 이에 준용한다.

제248조【회생계획불인가의 결정이 확정된 경우】 제291조 및 제292조의 규정은 회생계획불인가의 결정이 확정된 경우에 관하여 준용한다.

제249조【회생채권자표 등의 기재】 회생계획인가의 결정이 확정된 때에는 법원사무관등은 회생계획에서 인정된 권리를 회생채권자표, 회생담보권자표와 주주·지분권자표에 기재하여야 한다.

제250조【회생계획의 효력범위】 ① 회생계획은 다음 각 호의 자에 대하여 효력이 있다.
1. 채무자
2. 회생채권자·회생담보권자·주주·지분권자
3. 회생을 위하여 채무를 부담하거나 담보를 제공하는 자
4. 신회사(합병 또는 분할합병으로 설립되는 신회사를 제외한다)
② 회생계획은 다음 각 호의 권리 또는 담보에 영향을 미치지 아니한다.
1. 회생채권자 또는 회생담보권자가 회생절차가 개시된 채무자의 보증인 그 밖에 회생절차가 개시된 채무자와 함께 채무를 부담하는 자에 대하여 가지는 권리
2. 채무자 외의 자가 회생채권자 또는 회생담보권자를 위하여 제공한 담보

제251조【회생채권 등의 면책 등】 회생계획인가의 결정이 있는 때에는 회생계획이나 이 법의 규정에 의하여 인정된 권리를 제외하고는 채무자는 모든 회생채권과 회생담보권에 관하여 그 책임을 면하며, 주주·지분권자의 권리와 채무자의 재산상에 있던 모든 담보권은 소멸한다. 다만, 제140조제1항의 청구권은 그러하지 아니하다.

제252조【권리의 변경】 ① 회생계획인가의 결정이 있는 때에는 회생채권자·회생담보권자·주주·지분권자의 권리는 회생계획에 따라 변경된다.
② 「상법」 제339조(질권의 물상대위) 및 제340조(주식의 등록질)제3항은 주주·지분권자가 제1항의 규정에 의한 권리의 변경으로 받을 금전 그 밖의 물건, 주식 또는 출자지분, 채권 그 밖의 권리와 주권에 관하여 준용한다.
(2014.5.20 본항개정)

제253조【회생채권자 및 회생담보권자의 권리】 회생계획에 의하여 정하여진 회생채권자 또는 회생담보권자의 권리는 확정된 회생채권 또는 회생담보권을 가진 자에 대하여만 인정된다.

제254조【신고하지 아니한 주주·지분권자의 권리】 회생계획에 의하여 인정된 주주·지분권자의 권리는 주식 또는 출자지분의 신고를 하지 아니한 주주·지분권자에 대하여도 인정된다.

제255조【회생채권자표 등의 기재의 효력】 ① 회생채권 또는 회생담보권에 기하여 회생계획에 의하여 인정된 권리에 관한 회생채권자표 또는 회생담보권자표의 기재는 회생계획인가의 결정이 확정된 때에 다음 각 호의 자에 대하여 확정판결과 동일한 효력이 있다.
1. 채무자
2. 회생채권자·회생담보권자·주주·지분권자
3. 회생을 위하여 채무를 부담하거나 또는 담보를 제공하는 자
4. 신회사(합병 또는 분할합병으로 설립되는 신회사를 제외한다)

② 제1항의 규정에 의한 권리로서 금전의 지급 그 밖의 이행의 청구를 내용으로 하는 권리를 가진 자는 회생절차 종결 후 채무자와 회생을 위하여 채무를 부담한 자에 대하여 회생채권자표 또는 회생담보권자표에 의하여 강제집행을 할 수 있다. 이 경우 보증인은 「민법」 제437조(보증인의 최고, 검색의 항변)의 규정에 의한 항변을 할 수 있다.
③ 「민사집행법」 제2조(집행실시자) 내지 제18조(집행비용의 예납 등), 제20조(공공기관의 원조), 제28조(집행력 있는 정본) 내지 제55조(외국에서 할 집행)의 규정은 제2항의 경우에 관하여 준용한다. 다만, 「민사집행법」 제33조(집행문부여의 소), 제44조(청구에 관한 이의의 소) 및 제45조(집행문부여에 대한 이의의 소)의 규정에 의한 소는 회생계속법원의 관할에 전속한다.(2016.12.27 단서개정)
제256조【중지 중의 절차의 실효】 ① 회생계획인가의 결정이 있은 때에는 제58조제2항의 규정에 의하여 중지한 파산절차, 강제집행, 가압류, 가처분, 담보권실행 등을 위한 경매절차는 그 효력을 잃는다. 다만, 같은 조 제5항의 규정에 의하여 속행된 절차 또는 처분은 그러하지 아니한다.
② 제1항의 규정에 의하여 효력을 잃은 파산절차에서의 재단채권(제473조제2호 및 제9호에 해당하는 것을 제외한다)은 공익채권으로 한다.

제7장 회생계획인가 후의 절차

제257조【회생계획의 수행】 ① 회생계획인가의 결정이 있는 때에는 관리인은 지체 없이 회생계획을 수행하여야 한다.
② 회생계획에 의하여 신회사를 설립하는 때에는 관리인이 발기인 또는 설립위원의 직무를 행한다.
③ 관리위원회는 매년 회생계획이 적정하게 수행되고 있는지의 여부에 관하여 평가하고 그 평가결과를 법원에 제출하여야 한다.
④ 관리위원회는 법원에 회생절차의 종결 또는 폐지 여부에 관한 의견을 제시할 수 있다.
제258조【회생계획수행에 관한 법원의 명령】 ① 법원은 다음 각 호의 자에 대하여 회생계획의 수행에 필요한 명령을 할 수 있다.
1. 채무자
2. 회생채권자·회생담보권자·주주·지분권자
3. 회생을 위하여 채무를 부담하거나 담보를 제공하는 자
4. 신회사(합병 또는 분할합병으로 설립되는 신회사를 제외한다)
5. 관리인
② 법원은 회생계획의 수행을 확실하게 하기 위하여 필요하다고 인정하는 때에는 회생채권 또는 이 법의 규정에 의하여 채권을 가진 자와 이의있는 회생채권 또는 회생담보권으로서 그 확정절차가 끝나지 아니한 것을 가진 자를 위하여 상당한 담보를 제공하게 할 수 있다.
③ 「민사소송법」 제122조(담보제공방식), 제123조(담보물에 대한 피고의 권리), 제125조(담보의 취소) 및 제126조(담보물변경)의 규정은 제2항의 규정에 의한 담보에 관하여 준용한다.
제259조【채무자에 대한 실사】 다음 각 호의 어느 하나에 해당하는 경우 법원은 채권자협의회의 신청에 의하거나 직권으로 조사위원 또는 간이조사위원으로 하여금 채무자의 재산 및 영업상태를 실사하게 할 수 있다.(2014.12.30 본문개정)
1. 회생계획을 제대로 수행하지 못하는 경우
2. 회생절차의 종결 또는 폐지 여부의 판단을 위하여 필요한 경우
3. 회생계획의 변경을 위하여 필요한 경우
제260조【주주총회 또는 사원총회의 결의 등에 관한 법령의 규정 등의 배제】 회생계획을 수행함에 있어서는 법령 또는 정관의 규정에 불구하고 법인인 채무자의 창립총회·주주총회 또는 사원총회(종류주주총회 또는 이에 준하는 사원총회를 포함한다) 또는 이사회의 결의를 하지 아니하여도 된다.
제261조【영업양도 등에 관한 특례】 ① 제200조의 규정에 의하여 회생계획에서 다음 각 호의 행위를 정한 때에는 회생계획에 따라 그 행위를 할 수 있다.
1. 다음 각 목의 어느 하나에 해당하는 계약 또는 이에 준하는 계약의 체결·변경 또는 해약
   가. 채무자의 영업이나 재산의 전부나 일부를 양도·출자 또는 임대하는 계약
   나. 채무자의 사업의 경영의 전부나 일부를 위임하는 계약
   다. 타인과 영업의 손익을 같이 하는 계약 그 밖에 이에 준하는 계약
2. 타인의 영업이나 재산의 전부나 일부를 양수할 것에 관한 약정
② 제1항의 경우 「상법」 제374조(영업양도, 양수, 임대등) 제2항 및 제374조의2(반대주주의 주식매수청구권)와 「자본시장과 금융투자업에 관한 법률」 제165조의5(주식매수청구권의 특례)의 규정은 적용하지 아니한다.(2014.5.20 본항개정)
제262조【정관변경에 관한 특례】 제202조의 규정에 의하여 회생계획에서 채무자의 정관을 변경할 것을 정한 경우에는 정관은 회생계획인가결정이 있는 때에 회생계획에 의하여 변경된다.
제263조【이사 등의 변경에 관한 특례】 ① 제203조의 규정에 의하여 회생계획에서 이사의 선임이나 대표이사의 선정을 정한 경우 이들은 회생계획이 인가된 때에 선임 또는 선정된 것으로 본다.
② 제203조의 규정에 의하여 회생계획에서 이사의 선임이나 대표이사의 선정의 방법을 정한 때에는 회생계획에서 정한 방법으로 이사를 선임하거나 대표이사를 선정할 수 있다. 이 경우 이사의 선임이나 대표이사의 선정에 관한 다른 법령이나 정관의 규정은 적용하지 아니한다.
③ 제203조제4항의 규정에 의하여 법원이 감사를 선임하는 때에는 감사의 선임에 관한 다른 법령이나 정관의 규정을 적용하지 아니한다.
④ 회생계획에서 유임할 것으로 정하지 아니한 이사 또는 대표이사는 회생계획이 인가된 때에 해임된 것으로 보며, 감사로서 제203조제4항의 규정에 의하여 감사로 선임되지 아니한 자는 법원이 제203조제4항의 규정에 의하여 감사를 선임한 때에 해임된 것으로 본다.
⑤ 제1항 및 제2항의 규정에 의하여 선임 또는 선정되거나 회생계획에 의하여 유임된 이사 또는 대표이사의 임기와 대표이사의 대표의 방법은 회생계획에 의하며, 제203조제4항의 규정에 의하여 선임된 감사의 임기는 법원이 정한다.
제264조【자본감소에 관한 특례】 ① 제205조의 규정에 의하여 회생계획에서 자본의 감소를 정한 때에는 회생계획에 의하여 자본을 감소할 수 있다.
② 제1항의 경우 「상법」 제343조(주식의 소각)제2항, 제439조(자본감소의 방법, 절차)제2항·제3항, 제440조(주식병합의 절차), 제441조(주식병합의 절차), 제445조(감자무효의 소) 및 제446조(준용규정)의 규정은 적용하지 아니하며, 같은 법 제443조(단주의 처리)제1항 단서에 규정된 사건은 회생계속법원의 관할로 한다.(2016.12.27 본항개정)
③ 제1항의 경우 채무자의 자본감소로 인한 변경등기의 신청서에는 회생계획인가결정서의 등본 또는 초본을 첨부하여야 한다.
제265조【납입 등이 없는 신주발행에 관한 특례】 ① 제206조제1항 및 제4항의 규정에 의하여 회생계획에서 채무자가 회생채권자·회생담보권자 또는 주주에 대하여 새로 납입 또는 현물출자를 하게 하지 아니하고 신주를 발행할 것을 정한 때에는 이 권리자는 회생계획인가가 결정된 때에 주주가 된다. 다만, 회생계획에서 특별히 정한 때에는 그 정한 때에 주주가 된다.
② 제1항의 경우에는 신주인수권에 관한 정관의 규정을 적용하지 아니한다.
③ 「상법」 제440조(주식병합의 절차) 내지 제444조(단주의 처리)의 규정은 주주에 대하여 배정할 주식에 단수(端數)가 생긴 경우에 관하여 준용한다. 이 경우 같은 법 제443조(단주의 처리)제1항 단서에 규정된 사건은 회생계속법원의 관할로 하고, 「비송사건절차법」 제83조(단주매각의 허가신청)의 규정을 준용한다.(2016.12.27 후단개정)
제266조【납입 등이 있는 신주발행에 관한 특례】 ① 제206조제2항·제3항의 규정에 의하여 회생계획에서 채무자가 신주를 발행할 것을 정한 때에는 회생계획에 의하여 신주를 발행할 수 있다.
② 제1항의 경우에는 「상법」 제418조(신주인수권의 내용 및 배정일의 지정·공고), 제422조(현물출자의 검사), 제424조(유지청구권), 제424조의2(불공정한 가액으로 주식을 인수한 자의 책임), 제428조(이사의 인수담보책임) 및 제429조(신주발행무효의 소) 내지 제432조(무효판결과 주주에의 환급)의 규정은 적용하지 아니한다.
③ 제1항의 경우에는 신주인수권에 관한 정관의 규정을 적용하지 아니하며, 「상법」 제425조(준용규정)제1항에서 준용하는 같은 법 제306조(납입금의 보관자 등의 변경)에 규정된 사건은 회생계속법원의 관할로 한다.(2016.12.27 본항개정)
④ 제1항의 경우 「상법」 제419조(신주인수권자에 대한 최고)의 규정을 준용한다. 이 경우 「상법」 제419조(신주인수권자에 대한 최고)제2항 중 "주권"은 "주권 또는 사채권"으로 본다.
⑤ 회생채권자·회생담보권자 또는 주주에 대하여 새로 납입 또는 현물출자를 하게 하여 신주를 발행하는 때에는 이들 권리자는 회생계획에서 정한 금액을 납입하거나 현물출자를 하면 주주가 된다.
⑥ 제265조제3항의 규정은 주주에 대하여 새로 납입 또는 현물출자를 하게 하여 배정할 주식에 단수(端數)가 생긴 경우에 관하여 준용한다. 다만, 종전의 주주에 교부할 대금에서 단주(端株)에 대하여 납입할 금액 또는 이행할 현물출자에 상당하는 금액을 공제하여야 한다.
⑦ 제1항의 경우 채무자가 신주발행으로 인한 변경등기의 촉탁서 또는 신청서에는 회생계획인가결정서의 등본 또는 초본 외에 주식의 청약과 인수를 증명하는 서면과 납입금의 보관에 관한 증명서를 첨부하여야 한다.
제267조【주식회사의 납입 등이 없는 사채발행에 관한 특례】 ① 제209조의 규정에 의하여 회생계획에서 주식회사인 채무자가 회생채권자·회생담보권자 또는 주주에 대하여 새로 납입을 하게 하지 아니하고 사채를 발행할 것을 정한 때에는 이들 권리자는 회생계획인가가 결정된 때에 사채권자가 된다.
② 제1항의 경우에는 「상법」 제471조(사채모집의 제한)의 규정은 적용하지 아니한다.
③ 제1항의 경우 회생계획의 규정에 의하여 회생채권자 또는 회생담보권자에 대하여 발행하는 사채의 액은 「상법」 제470조(총액의 제한)의 규정에서 정하는 사채의 총액에 산입하지 아니한다.
제268조【주식회사의 납입 등이 있는 사채발행에 관한 특례】 ① 제267조에 규정된 경우를 제외하고 제209조의 규정에 의하여 회생계획에서 주식회사인 채무자가 사채를 발행할 것을 정한 때에는 회생계획에 의하여 사채를 발행할 수 있다.
② 회생채권자·회생담보권자 또는 주주에 대하여 새로 납입을 하게 하여 사채를 발행하는 때에는 이들 권리자는 회생계획에 정한 금액을 납입한 때에 사채권자가 된다.
③ 제266조제4항 및 제267조제2항·제3항의 규정은 제1항의 경우에 관하여 준용한다.
④ 제1항의 경우 전환사채 또는 신주인수권부사채의 등기의 촉탁서 또는 신청서에는 다음 각 호의 서면을 첨부하여야 한다.
1. 회생계획인가결정서의 등본 또는 초본
2. 전환사채 또는 신주인수권부사채의 청약 및 인수를 증명하는 서면
3. 각 전환사채 또는 신주인수권부사채에 대하여 납입이 있은 것을 증명하는 서면
제269조【주식회사의 주식의 포괄적 교환에 관한 특례】 ① 제207조의 규정에 의하여 회생계획에서 주식회사인 채무자가 다른 회사와 주식의 포괄적 교환을 하는 것을 정한 때에는 회생계획에 의하여 주식의 포괄적 교환을 할 수 있다.
② 제1항의 경우 완전모회사로 되는 회사의 주식의 배정을 받는 회생채권자 또는 회생담보권자는 회생계획인가시에 주식인수인으로 되고, 주식의 포괄적 교환의 효력이 생긴 때에 주주로 된다.
③ 제1항의 경우 「상법」 제360조의4(주식교환계약서등의 공시), 제360조의5(반대주주의 주식매수청구권), 제360조의7(완전모회사의 자본증가의 한도액) 및 제360조의14(주식교환무효의 소)의 규정은 적용하지 아니한다.
④ 제1항의 경우 채무자에 대한 「상법」 제360조의8(주권의 실효절차)의 규정을 적용하는 때에는 같은 조에서 "제360조의3제1항의 규정에 의한 승인"은 "주식의 포괄적 교환을 내용으로 하는 회생계획인가"로 본다.
⑤ 제1항 내지 제4항의 규정은 주식의 포괄적 교환의 상대방인 다른 회사에 대한 「상법」의 적용에 영향을 미치지 아니한다.
⑥ 제1항의 경우 채무자가 완전모회사로 되는 때에 주식의 포괄적 교환에 의한 회사의 변경등기의 촉탁서 또는 신청서에는 다음 각 호의 서류를 첨부하여야 한다.
1. 회생계획인가결정서의 등본 또는 초본
2. 주식의 포괄적 교환계약서
⑦ 제1항의 경우 주식의 포괄적 교환의 상대방인 다른 회사가 완전모회사로 되는 때에는 그 회사의 주식의 포괄적 교환에 의한 변경등기의 신청서에는 다음 각 호의 서류를 첨부하여야 한다.
1. 회생계획인가결정서의 등본 또는 초본
2. 그 회사의 주주총회의 의사록(그 회사가 주주총회의 승인을 얻지 아니하고 주식의 포괄적 교환을 한 때에는 그 회사의 이사회의 의사록)
제270조【주식회사의 주식의 포괄적 이전에 관한 특례】 ① 제208조의 규정에 의하여 회생계획에서 주식회사인 채무자가 주식의 포괄적 이전을 할 것을 정한 때에는 회생계획에 따라 주식의 포괄적 이전을 할 수 있다.
② 제1항의 경우 설립된 완전모회사인 신회사의 주식의 배정을 받는 회생채권자 또는 회생담보권자는 회생계획의 인가시에 주식인수인으로 되고 주식의 포괄적 이전의 효력이 생긴 때에 주주로 된다.
③ 제1항의 경우 「상법」 제360조의17(주식이전계획서 등의 서류의 공시), 제360조의18(완전모회사의 자본의 한도액), 제360조의22(주식교환 규정의 준용)에서 준용하는 같은 법 제360조의5(반대주주의 주식매수청구권) 및 제360조의23(주식이전무효의 소)의 규정은 적용하지 아니한다.
④ 제1항의 경우 회사에 대한 「상법」 제360조의19(주권의 실효절차)의 규정의 적용에 관하여는 같은 조에서 "제360조의16제1항의 규정에 의한 결의"는 "주식의 포괄적 이전을 내용으로 하는 회생계획인가"로 본다.
⑤ 주식의 포괄적 이전에 의한 설립등기의 촉탁서 또는 신청서에는 다음 각 호의 서류를 첨부하여야 한다.
1. 회생계획인가결정서의 등본 또는 초본
2. 대표이사에 관한 이사회의 의사록
제271조【합병에 관한 특례】 ① 제210조 또는 제211조의 규정에 의하여 회생계획에서 채무자가 다른 회사와 합병할 것을 정한 때에는 회생계획에 따라 합병할 수 있다.
② 제1항의 경우 합병 후 존속하는 회사나 합병으로 설립되는 신회사의 주식 또는 출자지분의 배정을 받은 회생채권자 또는 회생담보권자는 회생계획인가가 결정된 때에 주식 또는 출자지분의 인수인이 되며, 합병의 효력이 생긴 때에 주주 또는 사원이 된다.

③ 제1항의 경우 「상법」 제522조의2(합병계약서 등의 공시), 제522조의3(합병반대주주의 주식매수청구권), 제527조의5(채권자보호절차), 제527조의6(합병에 관한 서류의 사후공시) 및 제529조(합병무효의 소)와 「자본시장과 금융투자업에 관한 법률」 제165조의5(주식매수청구권의 특례)의 규정은 적용하지 아니한다.(2014.5.20 본항개정)
④ 「상법」 제530조(준용규정)제3항 또는 제603조(준용규정)에서 준용하는 같은 법 제443조(단주의 처리)제1항 단서에 규정된 사건은 회생계속법원의 관할로 한다.(2016.12.27 본항개정)
⑤ 제1항의 경우 「상법」 제530조(준용규정)제2항 또는 제603조(준용규정)의 규정에 불구하고 같은 법 제237조(준용규정) 내지 제240조(준용규정), 제374조(영업양도, 양수, 임대등)제2항, 제374조의2(반대주주의 주식매수청구권)제2항 내지 제4항 및 제439조(자본감소의 방법, 절차)제3항의 규정은 준용하지 아니한다.
⑥ 제1항 내지 제5항의 규정은 합병의 상대방인 다른 회사에 대한 「상법」의 규정의 적용에 영향을 미치지 아니한다.
⑦ 제267조의 규정은 제210조제5호 또는 제211조제6호의 규정에 의하여 주주에게 사채를 배정한 경우에 관하여 준용한다. 이 경우 주주는 합병의 효력이 생긴 때에 사채권자가 된다.
⑧ 제1항의 경우 합병으로 인한 채무자의 해산 또는 변경의 등기의 촉탁서 또는 신청서에는 다음 각 호의 서류를 첨부하여야 한다.
1. 회생계획인가결정서의 등본 또는 초본
2. 합병계약서
⑨ 제1항의 경우 합병으로 인한 신회사의 설립등기의 촉탁서 또는 신청서에는 다음 각 호의 서류를 첨부하여야 한다.
1. 회생계획인가결정서의 등본 또는 초본
2. 합병계약서
3. 정관
4. 창립총회의 의사록
5. 대표이사에 관한 이사회의 의사록
6. 합병의 상대방인 다른 채무자가 선임한 설립위원의 자격을 증명하는 서면

제272조【분할 또는 분할합병에 관한 특례】 ① 제212조 내지 제214조의 규정에 의하여 회생계획에 의하여 주식회사인 채무자가 분할되거나 주식회사인 채무자 또는 그 일부가 다른 회사 또는 다른 회사의 일부와 분할합병할 것을 정한 때에는 회생계획에 의하여 분할 또는 분할합병할 수 있다.
② 제1항의 경우 분할합병 후 존속하는 채무자 또는 분할합병으로 설립되는 신회사의 주식을 배정받은 채무자의 주주·회생채권자 또는 회생담보권자는 회생계획인가가 결정된 때에 주식인수인이 되며, 분할합병의 효력이 생긴 때에 주주가 된다.
③ 제1항의 경우 「상법」 제530조의7(분할대차대조표 등의 공시), 「상법」 제522조의3(합병반대주주의 주식매수청구권)과 「자본시장과 금융투자업에 관한 법률」 제165조의5(주식매수청구권의 특례)의 규정은 적용하지 아니하며, 「상법」 제530조의11(준용규정)제1항에서 준용하는 같은 법 제443조(단주의 처리)제1항 단서에 규정된 사건은 회생계속법원의 관할로 한다.(2016.12.27 본항개정)
④ 제1항의 경우 「상법」 제530조의9(분할 및 분할합병 후의 회사의 책임)제4항 및 제530조의11(준용규정)의 규정에 불구하고 같은 법 제237조(준용규정) 내지 제240조(준용규정), 제374조(영업양도·양수·임대 등)제2항, 제439조(자본감소의 방법, 절차)제3항, 제522조의3(합병반대주주의 주식매수청구권), 제527조의5(채권자보호절차) 및 제529조(합병무효의 소)의 규정은 준용하지 아니한다.
⑤ 제1항 내지 제4항의 규정은 분할합병의 상대방인 다른 회사에 대한 「상법」의 규정의 적용에 영향을 미치지 아니한다.
⑥ 제267조의 규정은 제212조제1항제5호, 제213조제1항제4호 또는 제2항제8호의 규정에 의하여 주주에게 사채를 배정한 경우에 관하여 준용한다. 이 경우 주주는 분할 또는 분할합병의 효력이 생긴 때에 사채권자가 된다.
⑦ 제1항의 경우 분할로 인한 채무자의 해산등기 또는 변경등기의 촉탁서 또는 신청서에는 회생계획인가결정서의 등본 또는 초본을 첨부하여야 하며, 분할합병으로 인한 채무자의 해산등기 또는 변경등기의 촉탁서 또는 신청서에는 회생계획인가결정서의 등본 또는 초본 외에 분할합병계약서를 첨부하여야 한다.
⑧ 제1항의 경우 분할합병으로 인한 설립등기의 촉탁서 또는 신청서에는 다음 각 호의 서류를 첨부하여야 한다.
1. 회생계획인가결정서의 등본 또는 초본
2. 분할합병계약서
3. 정관
4. 창립총회의 의사록
5. 대표이사에 관한 이사회의 의사록

제273조【새로운 출자가 없는 신회사의 설립에 관한 특례】 ① 제212조제1항 또는 제214조의 규정에 의하여 회생계획에서 주식회사인 채무자를 분할하여 채무자의 출자만으로 신회사를 설립할 것을 정하거나 제215조의 규정에 의하여 회생계획에서 회생채권자·회생담보권자·주주·지분권자에 대하여 새로 납입 또는 현물출자를 하게 하지 아니하고 주식 또는 출자지분을 인수하게 함으로써 신회사를 설립할 것을 정한 때에는 신회사는 정관을 작성하고 회생계속법원의 인증을 얻은 후 설립등기를 한 때에 성립한다.(2016.12.27 본항개정)
② 제1항의 경우 신회사가 성립한 때에 회생계획에 의하여 신회사에 이전할 채무자의 재산은 신회사에 이전하고, 신회사의 주식, 출자지분 또는 사채를 배정받은 채무자의 회생채권자·회생담보권자·주주·지분권자는 주주·지분권자 또는 사채권자가 된다.
③ 제263조제1항·제2항·제5항, 제265조제3항 및 제268조의 규정은 제1항 및 제2항의 경우에 관하여 준용한다.
④ 제1항의 경우 신회사의 설립등기의 촉탁서에는 다음 각 호의 서류를 첨부하여야 한다.
1. 회생계획인가결정서의 등본 또는 초본
2. 정관
3. 회생계획에서 이사 또는 감사의 선임이나 대표이사의 선정의 방법을 정한 때에는 그 선임이나 선정에 관한 서류
4. 명의개서대리인을 둔 때에는 이를 증명하는 서면

제274조【그 밖에 신회사의 설립에 관한 특례】 ① 제273조에 규정된 경우를 제외하고 제212조제1항 또는 제214조의 규정에 의하여 회생계획에서 주식회사인 채무자를 분할하여 신회사를 설립할 것을 정하거나 합병·분할 또는 분할합병에 의하지 아니하고 제215조의 규정에 의하여 회생계획에서 신회사를 설립할 것을 정한 때에는 회생계획에 의하여 신회사를 설립할 수 있다.
② 제1항의 경우 「상법」 제288조(발기인), 제291조(설립당시의 주식발행사항의 결정) 내지 제293조(발기인의 주식인수), 제295조(발기설립의 경우의 납입과 현물출자의 이행)제1항, 제296조(발기설립의 경우의 임원선임), 제299조(검사인의 조사, 보고), 제300조(법원의 변경처분), 제302조(주식인수의 청약, 주식청약서의 기재사항)제2항제4호, 제310조(변태설립의 경우의 조사), 제311조(발기인의 보고), 제313조(이사, 감사의 조사, 보고)제2항, 제314조(변태설립사항의 변경), 제315조(발기인에 대한 손해배상청구), 제321조(발기인의 인수, 납입담보책임) 내지 제324조(발기인의 책임면제, 주주의 대표소송), 제327조(유사발기인의 책임) 및 제328조(설립무효의 소)의 규정은 적용하지 아니한다.
③ 제1항의 경우 정관은 회생계속법원의 인증을 받아야 하고, 「상법」 제306조(납입금의 보관자 등의 변경)에 규정된 사건은 회생계속법원의 관할로 하며, 창립총회에서는 회생계획의 취지에 반하여 정관을 변경할 수 없고, 같은 법 제326조(회사불성립의 경우의 발기인의 책임)의 규정에 의한 발기인의 책임은 채무자가 진다.(2016.12.27 본항개정)
④ 제1항의 경우 채무자·회생채권자·회생담보권자·주주·지분권자에 대하여 새로 납입 또는 현물출자를 하게 하지 아니하고 주식 또는 출자지분을 인수하게 하거나 새로 납입을 하게 하지 아니하고 사채를 인수하게 하는 때에는 이 권리자는 신회사가 성립한 때에 주주나 지분권자 또는 사채권자가 된다.
⑤ 제1항의 경우 회생채권자·회생담보권자·주주 또는 제3자에 대하여 새로 납입 또는 현물출자를 하게 하고 주식을 인수하게 하는 때에는 이 자에 대하여 발행할 주식중에서 인수가 없는 주식에 관하여는 「상법」 제289조(정관의 작성, 절대적 기재사항)제2항의 규정에 반하지 아니하는 한 새로 주주를 모집하지 아니하고 그 주식의 수를 신회사설립시에 발행하는 주식의 총수에서 뺄 수 있다.
⑥ 제263조제1항·제2항·제5항, 제265조제3항, 제266조제4항 내지 제6항, 제267조제3항 및 제268조의 규정은 제1항 내지 제5항의 경우에 관하여 준용한다.
⑦ 제1항의 경우 신회사의 설립등기의 촉탁서 또는 신청서에는 다음 각 호의 서류를 첨부하여야 한다.
1. 제273조제4항 각 호의 서류
2. 주식의 청약 및 인수를 증명하는 서면
3. 이사 및 감사의 조사보고서와 그 부속서류
4. 창립총회의 의사록
5. 납입금을 보관한 금융기관의 납입금보관증명서

제275조【해산에 관한 특례】 ① 제216조의 규정에 의하여 회생계획에서 채무자가 합병·분할 또는 분할합병에 의하지 아니하고 해산할 것을 정한 때에는 채무자는 회생계획이 정하는 시기에 해산한다.
② 제1항의 경우 해산등기의 신청서에는 회생계획인가결정서의 등본 또는 초본을 첨부하여야 한다.

제276조【주식 등의 인수권의 양도】 회생채권자·회생담보권자·주주·지분권자는 회생계획에 의하여 채무자 또는 신회사의 주식·출자지분 또는 사채를 인수할 권리가 있는 때에는 이를 타인에게 양도할 수 있다.

제277조【「자본시장과 금융투자업에 관한 법률」의 적용 배제】 주식회사인 채무자 또는 신회사가 주식 또는 사채를 발행하는 때에는 「자본시장과 금융투자업에 관한 법률」 제119조(모집 또는 매출의 신고)의 규정을 적용하지 아니한다.(2007.8.3 본조개정)

제278조【공장재단 등에 관한 처분제한의 특례】 회생계획에 의하여 채무자의 재산을 처분하는 때에는 공장재단 그 밖의 재단 또는 재단에 속하는 재산의 처분제한에 관한 법령은 적용하지 아니한다.

제279조【허가·인가 등에 의한 권리의 승계】 회생계획에서 채무자가 행정청으로부터 얻은 허가·인가·면허 그 밖의 처분으로 인한 권리의무를 신회사에 이전할 것을 정한 때에는 신회사는 다른 법령의 규정에 불구하고 그 권리의무를 승계한다.

제280조【조세채무의 승계】 회생계획에서 신회사가 채무자의 조세채무를 승계할 것을 정한 때에는 신회사는 그 조세를 납부할 책임을 지며, 채무자의 조세채무는 소멸한다.

제281조【퇴직금 등】 ① 회생절차개시 후 채무자의 이사·대표이사·감사 또는 근로자이었던 자로서 계속하여 신회사의 이사·대표이사·감사 또는 근로자가 된 자는 채무자에서 퇴직한 것을 이유로 하여 퇴직금 등을 지급받을 수 없다.
② 제1항에 규정된 자가 채무자에서 재직한 기간은 퇴직금 등의 계산에 관하여는 신회사에서 재직한 기간으로 본다.

제282조【회생계획의 변경】 ① 회생계획인가의 결정이 있은 후 부득이한 사유로 회생계획에 정한 사항을 변경할 필요가 생긴 때에는 회생절차가 종결되기 전에 한하여 법원은 관리인, 채무자 또는 목록에 기재되어 있거나 신고한 회생채권자·회생담보권자·주주·지분권자의 신청에 의하여 회생계획을 변경할 수 있다.
② 제1항의 규정에 의하여 회생채권자·회생담보권자·주주·지분권자에게 불리한 영향을 미칠 것으로 인정되는 회생계획의 변경신청이 있는 때에는 회생계획안의 제출이 있는 경우의 절차에 관한 규정을 준용한다. 다만, 이 경우에는 회생계획의 변경으로 인하여 불리한 영향을 받지 아니하는 권리자를 절차에 참가시키지 아니할 수 있다.
③ 제246조 및 제247조의 규정은 회생계획변경의 결정이 있은 경우에 관하여 준용한다.
④ 다음 각 호의 어느 하나에 해당하는 경우 종전의 회생계획에 동의한 자는 변경회생계획안에 동의한 것으로 본다.
1. 변경회생계획안에 관하여 결의를 하기 위한 관계인집회에 출석하지 아니한 경우
2. 변경회생계획안에 대한 서면결의절차에서 회신하지 아니한 경우

제283조【회생절차의 종결】 ① 회생계획에 따른 변제가 시작되면 법원은 다음 각 호의 어느 하나에 해당하는 자의 신청에 의하거나 직권으로 회생절차종결의 결정을 한다. 다만, 회생계획의 수행에 지장이 있다고 인정되는 때에는 그러하지 아니하다.
1. 관리인
2. 목록에 기재되어 있거나 신고한 회생채권자 또는 회생담보권자
② 법원이 제1항의 규정에 의한 결정을 한 때에는 그 주문 및 이유의 요지를 공고하여야 한다. 이 경우 송달은 하지 아니할 수 있다.
③ 제40조제1항의 규정은 제1항의 규정에 의한 결정이 있는 경우에 관하여 준용한다.

제284조【이사등의 경영참여금지】 제203조제2항 단서의 규정에 의하여 이사 또는 대표이사로 유임되지 못한 자는 회생절차종결의 결정이 있은 후에도 채무자의 이사로 선임되거나 대표이사로 선정될 수 없다.

제8장 회생절차의 폐지

제285조 (2014.12.30 삭제)

제286조【회생계획인가 전의 폐지】 ① 다음 각 호의 경우 법원은 직권으로 회생절차폐지의 결정을 하여야 한다.
1. 법원이 정한 기간 또는 연장한 기간 안에 회생계획안의 제출이 없거나 그 기간 안에 제출된 모든 회생계획안이 관계인집회의 심리 또는 결의에 부칠 만한 것이 못되는 때
2. 회생계획안이 부결되거나 결의를 위한 관계인집회의 제1기일부터 2월 이내 또는 연장한 기간 안에 가결되지 아니하는 때
3. 회생계획안이 제239조제3항의 규정에 의한 기간 안에 가결되지 아니한 때
4. 제240조제1항의 규정에 의한 서면결의에 부치는 결정이 있는 때에 그 서면결의에 의하여 회생계획안이 가결되지 아니한 때. 다만, 서면결의에서 가결되지 아니한 회생계획안에 대하여 제238조의 규정에 의한 속행기일이 지정된 때에는 그 속행기일에서 가결되지 아니한 때를 말한다.
② 회생계획안의 제출 전 또는 그 후에 채무자의 사업을 청산할 때의 가치가 채무자의 사업을 계속할 때의 가치보다 크다는 것이 명백하게 밝혀진 때에는 법원은 회생계획인가결정 전까지 관리인의 신청에 의하거나 직권으로 회생절차폐지의 결정을 할 수 있다. 다만, 법원이 제222조에 따라 청산 등을 내용으로 하는 회생계획안의 작성을 허가하는 경우에는 그러하지 아니하다.(2014.12.30 본항개정)

제287조【신청에 의한 폐지】 ① 채무자가 목록에 기재되어 있거나 신고한 회생채권자와 회생담보권자에 대한 채무를 완제할 수 있음이 명백하게 된 때에는 법원은 다음 각 호의 어느 하나에 해당하는 자의 신청에 의하여 회생절차폐지의 결정을 하여야 한다.
1. 관리인
2. 채무자
3. 목록에 기재되어 있거나 신고한 회생채권자 또는 회생담보권자

② 신청인은 제1항의 규정에 의한 회생절차폐지의 원인인 사실을 소명하여야 한다.
③ 제1항의 규정에 의한 신청이 있는 때에는 법원은 채무자, 관리위원회, 채권자협의회 및 목록에 기재되어 있거나 신고한 회생채권자와 회생담보권자에 대하여 그 뜻과 의견이 있으면 법원에 제출할 것을 통지하고, 이해관계인이 열람할 수 있도록 신청에 관한 서류를 법원에 비치하여야 한다.
④ 법원은 제3항의 규정에 의한 통지를 발송한 후 1월 이상이 경과하지 아니하면 회생절차폐지의 결정을 하지 못한다.

제288조【회생계획인가 후의 폐지】 ① 회생계획인가의 결정이 있은 후 회생계획을 수행할 수 없는 것이 명백하게 된 때에는 법원은 관리인이나 목록에 기재되어 있거나 신고한 회생채권자 또는 회생담보권자의 신청에 의하거나 직권으로 회생절차폐지의 결정을 하여야 한다.
② 법원은 제1항의 규정에 의한 결정을 하기 전에 기일을 열어 관리위원회·채권자협의회 및 이해관계인의 의견을 들을 수 있다. 다만, 기일을 열지 아니하는 때에는 법원은 기한을 정하여 관리위원회·채권자협의회 및 이해관계인에게 의견을 제출할 기회를 부여하여야 한다.
③ 제2항의 규정에 의한 기일이나 기한을 정하는 결정은 공고하여야 하며, 확정된 회생채권 또는 회생담보권에 기하여 회생계획에 의하여 인정된 권리를 가진 자 중에서 알고 있는 자에 대하여는 송달하여야 한다.
④ 제1항의 규정에 의한 회생절차폐지는 회생계획의 수행과 이 법의 규정에 의하여 생긴 효력에 영향을 미치지 아니한다.

제289조【폐지결정의 공고】 법원은 회생절차폐지의 결정을 한 때에는 그 주문과 이유의 요지를 공고하여야 한다. 이 경우 송달은 하지 아니할 수 있다.

제290조【항고】 ① 제247조제1항·제2항 및 제4항 내지 제7항의 규정은 회생절차폐지의 결정에 대한 항고에 관하여 준용한다.
② 제40조제1항의 규정은 회생절차폐지의 결정이 확정된 경우에 관하여 준용한다.

제291조【공익채권의 변제】 회생절차폐지의 결정이 확정된 때에는 제6조제1항의 규정에 의하여 파산선고를 하여야 하는 경우를 제외하고 관리인은 채무자의 재산으로 공익채권을 변제하고 이의있는 것에 관하여는 그 채권자를 위하여 공탁을 하여야 한다.

제292조【회생채권자표 등의 기재의 효력】 ① 제286조 또는 제287조의 규정에 의한 회생절차폐지의 결정이 확정된 때에는 확정된 회생채권 또는 회생담보권에 관하여는 회생채권자표 또는 회생담보권자표의 기재는 채무자에 대하여 확정판결과 동일한 효력이 있다. 다만, 채무자가 회생채권과 회생담보권의 조사기간 또는 특별조사기일에 그 권리에 대하여 이의를 하지 아니한 경우에 한한다.
② 회생채권자 또는 회생담보권자는 회생절차종료 후 제6조의 규정에 의하여 파산선고를 하는 경우를 제외하고 채무자에 대하여 회생채권자표 또는 회생담보권자표에 기하여 강제집행을 할 수 있다.
③ 제255조제3항의 규정은 제2항의 경우에 관하여 준용한다.

제293조【준용규정】 제255조제2항 및 제3항의 규정은 제288조제1항의 규정에 의한 회생절차폐지의 결정이 확정된 경우에 관하여 준용한다.

제9장 소액영업소득자에 대한 간이회생절차
(2014.12.30 본장신설)

제293조의2【용어의 정의】 이 장에서 사용하는 용어의 뜻은 다음과 같다.
1. "영업소득자"란 부동산임대소득·사업소득·농업소득·임업소득, 그 밖에 이와 유사한 수입을 장래에 계속적으로 또는 반복하여 얻을 가능성이 있는 채무자를 말한다.
2. "소액영업소득자"란 회생절차개시의 신청 당시 회생채권 및 회생담보권의 총액이 50억원 이하의 범위에서 대통령령으로 정하는 금액 이하인 채무를 부담하는 영업소득자를 말한다.
3. "간이회생절차"란 이 장의 규정에 따라 소액영업소득자에게 적용되는 회생절차를 말한다.

제293조의3【적용규정 등】 ① 간이회생절차에 관하여는 이 장에서 달리 정한 것을 제외하고는 제2편(회생절차)의 규정을 적용한다.
② 이 법[제2편(회생절차)은 제외한다] 또는 다른 법령에서 회생절차를 인용하고 있는 경우에는 해당 법령에 특별한 규정이 있는 경우를 제외하고는 간이회생절차를 포함한 것으로 보아 해당 법령을 적용한다.

제293조의4【간이회생절차개시의 신청】 ① 소액영업소득자는 법원에 간이회생절차개시의 신청을 할 수 있다. 다만, 개인인 소액영업소득자가 신청일 전 5년 이내에 개인회생절차 또는 파산절차에 의한 면책을 받은 사실이 있는 경우에는 그러하지 아니하다.
② 간이회생절차개시의 신청을 한 자는 제1항의 신청을 하는 때에 그 신청이 같은 항의 요건에 해당되지 아니할 경우에 회생절차개시의 신청을 하는 의사가 있는지 여부를 명확히 밝혀야 한다.
③ 간이회생절차개시의 신청은 다음 각 호의 사항을 기재한 서면으로 하여야 한다.
1. 채무자가 개인인 경우에는 채무자의 성명·주민등록번호 및 주소
2. 채무자가 개인이 아닌 경우에는 채무자의 상호, 주된 사무소 또는 영업소의 소재지, 채무자의 대표자의 성명
3. 간이회생절차개시의 신청을 구하는 취지
4. 간이회생절차개시의 원인
5. 채무자의 영업 내용 및 재산 상태
6. 소액영업소득자에 해당하는 채무액 및 그 산정 근거
7. 제2항에 따른 회생절차개시신청의 의사
④ 제3항에 따른 서면에는 다음 각 호의 서류를 첨부하여야 한다.
1. 채권자목록
2. 채무자의 영업 내용에 관한 자료
3. 채무자의 재산 상태에 관한 자료
4. 그 밖에 대법원규칙으로 정하는 서류

제293조의5【간이회생절차개시의 결정 등】 ① 법원은 제293조의4제1항 본문의 신청이 있는 경우에 소액영업소득자인 채무자가 제34조제1항 각 호의 어느 하나에 해당하고, 제42조의 회생절차개시신청의 기각 사유와 제293조의4제1항 단서에 해당하지 아니하는 경우에는 간이회생절차개시의 결정을 하여야 한다.
② 법원은 제293조의4제1항 본문의 신청이 있는 경우에 채무자가 소액영업소득자에 해당하지 아니하는 경우 또는 같은 항 단서에 해당되는 경우에는 다음 각 호의 구분에 따른 결정을 할 수 있다.
1. 채무자가 제293조의4제2항에 따라 회생절차개시의 신청을 하는 의사가 없음을 밝힌 경우 : 간이회생절차개시신청의 기각결정
2. 채무자가 제293조의4제2항에 따라 회생절차개시의 신청을 하는 의사가 있음을 밝힌 경우 : 간이회생절차개시신청의 기각결정과 다음 각 목의 어느 하나에 해당하는 결정
가. 회생절차개시결정
나. 회생절차개시신청의 기각결정
③ 법원은 제1항의 간이회생절차개시의 결정이 있은 후 회생계획인가결정의 확정 전에 다음 각 호의 어느 하나에 해당하는 경우에는 이해관계인의 신청에 의하거나 직권으로 간이회생절차폐지의 결정을 하여야 한다.
1. 채무자가 소액영업소득자에 해당되지 아니함이 밝혀진 경우
2. 제293조의4제1항 단서에 해당됨이 밝혀진 경우
④ 법원은 제3항에 따라 간이회생절차폐지의 결정을 하는 경우에는 채권자 일반의 이익 및 채무자의 회생 가능성을 고려하여 회생절차를 속행할 수 있다. 이 경우 간이회생절차에서 행하여진 제6조제7항 각 호의 어느 하나에 해당하는 자의 처분·행위 등은 그 성질에 반하는 경우가 아니면 회생절차에서도 유효한 것으로 본다.

제293조의6【관리인의 불선임】 ① 간이회생절차에서는 관리인을 선임하지 아니한다. 다만, 제74조제2항 각 호의 어느 하나에 해당한다고 인정하는 경우에는 관리인을 선임할 수 있다.
② 제1항 본문의 경우에는 채무자(개인이 아닌 경우에는 그 대표자를 말한다)는 이 편에 따른 관리인으로 본다.

제293조의7【간이조사위원 등】 ① 간이회생절차에서 법원은 이해관계인의 신청에 의하거나 직권으로 제601조제1항 각 호의 어느 하나에 해당하는 자를 간이조사위원으로 선임할 수 있다. 간이조사위원에 대해서는 제79조, 제81조, 제82조, 제83조제1항 및 제87조를 준용한다.
② 간이조사위원은 제87조에 따른 조사위원의 업무를 대법원규칙으로 정하는 바에 따라 간이한 방법으로 수행할 수 있다.
③ 간이조사위원이 선임된 경우 관리인은 제91조부터 제93조까지의 규정에 따른 관리인의 업무를 대법원규칙으로 정하는 바에 따라 간이한 방법으로 수행할 수 있다.

제293조의8【회생계획안의 가결 요건에 관한 특례】 간이회생절차의 관계인집회에서는 제237조제1호에도 불구하고 다음 각 호의 요건 중 어느 하나를 충족하는 경우에는 회생계획안에 관하여 회생채권자의 조에서 가결된 것으로 본다.
1. 의결권을 행사할 수 있는 회생채권자의 의결권의 총액의 3분의 2 이상에 해당하는 의결권을 가진 자의 동의가 있을 것
2. 의결권을 행사할 수 있는 회생채권자의 의결권의 총액의 2분의 1을 초과하는 의결권을 가진 자의 동의 및 의결권자의 과반수의 동의가 있을 것

제3편 파산절차

제1장 파산절차의 개시 등

제1절 파산신청

제294조【파산신청권자】 ① 채권자 또는 채무자는 파산신청을 할 수 있다.
② 채권자가 파산신청을 하는 때에는 그 채권의 존재 및 파산의 원인인 사실을 소명하여야 한다.

제295조【법인의 파산신청권자】 ①「민법」그 밖에 다른 법률에 의하여 설립된 법인에 대하여는 이사가, 합명회사 또는 합자회사에 대하여는 무한책임사원이, 주식회사 또는 유한회사에 대하여는 이사가 파산신청을 할 수 있다.
② 청산인은 청산 중인 법인에 대하여 파산신청을 할 수 있다.

제296조【일부 이사등의 파산신청】 이사·무한책임사원 또는 청산인의 전원이 하는 파산신청이 아닌 때에는 파산의 원인인 사실을 소명하여야 한다.

제297조【그 밖의 법인에의 준용】 제295조 및 제296조의 규정은 제295조의 규정에 의한 법인 외의 법인과 법인 아닌 사단 또는 재단으로서 대표자 또는 관리자가 있는 것에 관하여 준용한다.

제298조【법인해산 후의 파산신청】 법인에 대하여는 그 해산 후에도 잔여재산의 인도 또는 분배가 종료하지 아니한 동안은 파산신청을 할 수 있다.

제299조【상속재산의 파산신청권자】 ① 상속재산에 대하여 상속채권자, 유증을 받은 자, 상속인, 상속재산관리인 및 유언집행자는 파산신청을 할 수 있다.
② 상속재산관리인, 유언집행자 또는 한정승인이나 재산분리가 있은 경우의 상속인은 상속재산으로 상속채권자 및 유증을 받은 자에 대한 채무를 완제할 수 없는 것을 발견한 때에는 지체 없이 파산신청을 하여야 한다.
③ 상속인·상속재산관리인 또는 유언집행자가 파산신청을 하는 때에는 파산의 원인인 사실을 소명하여야 한다.

제300조【상속재산에 대한 파산신청기간】 상속재산에 대하여는 「민법」 제1045조(상속재산의 분리청구권)의 규정에 의하여 재산의 분리를 청구할 수 있는 기간에 한하여 파산신청을 할 수 있다. 이 경우 그 사이에 한정승인 또는 재산분리가 있은 때에는 상속채권자 및 유증을 받은 자에 대한 변제가 아직 종료하지 아니한 동안에도 파산신청을 할 수 있다.

제301조【외국에서 파산선고가 있은 경우】 파산신청 당시 채무자에 대하여 이미 외국에서 파산선고가 있은 때에는 파산의 원인인 사실이 존재하는 것으로 추정한다.

제302조【신청서】 ① 파산신청은 다음 각 호의 사항을 기재한 서면으로 하여야 한다.
1. 신청인 및 그 법정대리인의 성명 및 주소
2. 채무자가 개인인 경우에는 채무자의 성명·주민등록번호 및 주소
3. 채무자가 개인이 아닌 경우에는 채무자의 상호, 주된 사무소 또는 영업소의 소재지, 대표자의 성명
4. 신청의 취지
5. 신청의 원인
6. 채무자의 사업목적과 업무의 상황
7. 채무자의 발행주식 또는 출자지분의 총수, 자본의 액과 자산, 부채 그 밖의 재산상태
8. 채무자의 재산에 관한 다른 절차 또는 처분으로서 신청인이 알고 있는 것
9. 채권자가 파산신청을 하는 때에는 그가 가진 채권의 액과 원인
10. 주주·지분권자가 파산신청을 하는 때에는 그가 가진 주식 또는 출자지분의 수 또는 액
② 제1항의 규정에 의한 서면에는 다음 각 호의 서류를 첨부하여야 한다. 다만, 신청과 동시에 첨부할 수 없는 때에는 그 사유를 소명하고 그 후에 지체 없이 제출하여야 한다.
1. 채권자목록
2. 재산목록
3. 채무자의 수입 및 지출에 관한 목록
4. 그 밖에 대법원규칙에서 정하는 서류

제303조【파산절차비용의 예납】 파산신청을 하는 때에는 법원이 상당하다고 인정하는 금액을 파산절차의 비용으로 미리 납부하여야 한다.

제304조【파산절차비용의 가지급】 파산신청인이 채권자가 아닌 때에는 파산절차의 비용을 국고에서 가지급할 수 있다. 예납금이 부족하게 된 때, 법원이 직권으로 파산선고를 한 때 또는 파산신청인이 채권자인 경우 미리 비용을 납부하지 아니하였음에도 불구하고 법원이 파산선고를 한 때에도 같다.

제2절 파산선고 등

제305조【보통파산원인】 ① 채무자가 지급을 할 수 없는 때에는 법원은 신청에 의하여 결정으로 파산을 선고한다.
② 채무자가 지급을 정지한 때에는 지급을 할 수 없는 것으로 추정한다.

판례 '채무자 회생 및 파산에 관한 법률' 제305조 제1항에서 파산원인으로 정하고 있는 "채무자가 지급을 할 수 없는 때"라고 함은 채무자가 변제능력이 부족하여 즉시 변제하여야 할 채무를 일반적·계속적으로 변제할 수 없는 객관적 상태를 말한다. 그리고 채무자가 개인인 경우 그러한 지급불능이 있다고 하려면 채무자의 연령, 직업 및 경력, 자격 또는 기술, 노동능력, 가족관계, 재산·부채의 내역 및 규모 등을 종합적으로 고려하여, 채무자의 재산·신용·수입에 의하더라도 채무의 일반적·계속적 변제가 불가능하다고 객관적으로 판단되어야 하고, 단지 채무자가 현재 보유하고 있는 자산보다 부채가 많다는 사실로부터 섣사리 추단되어서는 안 된다. 또한 채무자가 특히 면책신청의 전제로 자기파산의 선고를 구하면서 이러한 지급불능의 상태를 스스로 주장하는 경우에는, 채무자의 재산 및 신용의 상태 등이 채무자에게 고유

한 사정으로서 일반적으로 채권자를 비롯한 제3자로서는 쉽사리 접근하여 알 수 있는 바가 아니므로, 채무자가 제출한 관련 자료 등에 대한 증거법적 평가 및 지급불능상태에 있는지 여부의 판단에 있어서 신중한 접근이 요구된다.(대결 2010.1.25, 2009마2183)

제306조【법인의 파산원인】 ① 법인에 대하여는 그 부채의 총액이 자산의 총액을 초과하는 때에도 파산선고를 할 수 있다.

② 제1항의 규정은 합명회사 및 합자회사의 존립 중에는 적용하지 아니한다.

제307조【상속재산의 파산원인】 상속재산으로 상속채권자 및 유증을 받은 자에 대한 채무를 완제할 수 없는 때에는 법원은 신청에 의하여 결정으로 파산을 선고한다.

제308조【파산신청 또는 선고 후의 상속】 파산신청 또는 파산선고가 있은 후에 상속이 개시된 때에는 파산절차는 상속재산에 대하여 속행된다.

제309조【기각사유】 ① 법원은 다음 각 호의 어느 하나에 해당하는 때에는 파산신청을 기각할 수 있다.

1. 신청인이 절차의 비용을 미리 납부하지 아니한 때
2. 법원에 회생절차 또는 개인회생절차가 계속되어 있고 그 절차에 의함이 채권자 일반의 이익에 부합하는 때
3. 채무자에게 파산원인이 존재하지 아니한 때
4. 신청인이 소재불명인 때
5. 그 밖에 신청이 성실하지 아니한 때

② 법원은 채무자에게 파산원인이 존재하는 경우에도 파산신청이 파산절차의 남용에 해당한다고 인정되는 때에는 심문을 거쳐 파산신청을 기각할 수 있다.

판례 파산면책제도의 목적과 다른 도산절차와의 관계, 채무자 회생 및 파산에 관한 법률 제309조 제2항의 입법 연혁과 조문 체계 등에 비추어 보면, 채무자가 개인인 경우 '파산신청이 파산절차의 남용에 해당한다'는 것은, 채무자가 현재는 지급불능 상태이지만 계속적으로 또는 반복하여 일정한 소득을 얻고 있고 이러한 소득에서 필수적으로 지출하여야 하는 생계비, 조세 등을 공제한 가용소득으로 채무의 상당 부분을 계속적으로 변제할 수 있기 때문에, 회생절차·개인회생절차 등을 통하여 충분히 회생을 도모할 수 있다고 인정되는 경우를 주로 의미한다. 따라서 채무자가 회생절차·개인회생절차를 신청한다면 그 절차를 통하여 충분히 회생을 도모할 수 있는 상태에 있는지 여부를 전혀 심리하여 보지도 아니한 상태에서 채무자에게 장래 소득이 예상된다는 사정만에 터잡아 함부로 채무자의 파산신청이 파산절차의 남용에 해당한다고 단정하여서는 아니 된다.(대결 2009.5.28, 2008마1904,1905)

제310조【파산선고】 파산결정서에는 파산선고의 연·월·일·시를 기재하여야 한다.

제311조【파산의 효력발생시기】 파산은 선고를 한 때부터 그 효력이 생긴다.

제312조【파산선고와 동시에 정하여야 하는 사항】 ① 법원은 파산선고와 동시에 파산관재인을 선임하고 다음 각 호의 사항을 정하여야 한다.

1. 채권신고의 기간. 이 경우 그 기간은 파산선고를 한 날부터 2주 이상 3월 이하이어야 한다.
2. 제1회 채권자집회의 기일. 이 경우 그 기일은 파산선고를 한 날부터 4월 이내이어야 한다.
3. 채권조사의 기일. 이 경우 그 기일과 제1호의 규정에 의한 채권신고기간의 말일과의 사이에는 1주 이상 1월 이하의 기간이 있어야 한다.

② 제1항제2호 및 제3호의 규정에 의한 기일은 병합할 수 있다.

제313조【파산선고의 공고 및 송달】 ① 법원은 파산선고를 한 때에는 즉시 다음 각 호의 사항을 공고하여야 한다.

1. 파산결정의 주문
2. 파산관재인의 성명 및 주소 또는 사무소
3. 제312조의 규정에 의한 기간 및 기일
4. 파산선고를 받은 채무자의 채무자와 파산재단에 속하는 재산의 소유자는 파산선고를 받은 채무자에게 변제를 하거나 그 재산을 교부하여서는 아니된다는 뜻의 명령
5. 파산선고를 받은 채무자의 채무자와 파산재단에 속하는 재산의 소유자에 대하여 다음 각 목의 사항을 일정한 기간 안에 파산관재인에게 신고하여야 한다는 뜻의 명령
   가. 채무를 부담하고 있다는 것
   나. 재산을 소지하고 있다는 것
   다. 소지자가 별제권을 가지고 있는 때에는 그 채권을 가지고 있다는 것

② 법원은 알고 있는 채권자·채무자 및 재산소지자에게는 제1항 각 호의 사항을 기재한 서면을 송달하여야 한다.

③ 제1항 및 제2항의 규정은 제1항제2호 내지 제5호의 사항에 변경이 생긴 경우에 관하여 준용한다.

④ 제1항제5호의 규정에 의한 신고를 게을리한 자는 이로 인하여 파산재단에 생긴 손해를 배상하여야 한다.

제314조【법인파산의 통지】 ① 법인에 대하여 파산선고를 한 경우 그 법인의 설립이나 목적인 사업에 관하여 행정청의 허가가 있는 때에는 법원은 파산의 선고가 있음을 주무관청에 통지하여야 한다.

② 제1항의 규정은 파산취소 또는 파산폐지의 결정이 확정되거나 파산종결의 결정이 있는 경우에 관하여 준용한다.

제315조【검사에 대한 통지】 법원은 필요하다고 인정하는 경우에는 파산선고한 사실을 검사에게 통지할 수 있다.

제316조【파산신청에 관한 재판에 대한 즉시항고】 ① 파산신청에 관한 재판에 대하여는 즉시항고를 할 수 있다.

② 제323조 및 제324조의 규정은 파산신청을 기각하는 결정에 대하여 제1항의 즉시항고가 있는 경우에 관하여 준용한다.

③ 제1항의 규정에 의한 즉시항고는 집행정지의 효력이 없다.

④ 항고법원은 즉시항고의 절차가 법률에 위반되거나 즉시항고가 이유없다고 인정하는 때에는 결정으로 즉시항고를 각하 또는 기각하여야 한다.

⑤ 항고법원은 즉시항고가 이유있다고 인정하는 때에는 원래의 결정을 취소하고 사건을 원심법원에 환송하여야 한다.

제317조【파산선고와 동시에 하는 파산폐지】 ① 법원은 파산재단으로 파산절차의 비용을 충당하기에 부족하다고 인정되는 때에는 파산선고와 동시에 파산폐지의 결정을 하여야 한다.

② 제1항의 경우 법원은 파산결정의 주문과 파산폐지결정의 주문 및 이유의 요지를 공고하여야 한다.

③ 제1항의 규정에 의한 결정에 대하여는 즉시항고를 할 수 있다.

④ 제3항의 규정에 의한 즉시항고는 집행정지의 효력이 없다.

⑤ 제1항의 규정에 의한 파산폐지결정의 취소가 확정된 때에는 제313조 내지 제315조의 규정을 준용한다.

제318조【동시파산폐지의 예외】 제317조의 규정은 파산절차의 비용을 충당하기에 충분한 금액을 미리 납부한 때에는 적용하지 아니한다.

제319조【파산선고를 받은 채무자의 구인】 ① 법원은 필요하다고 인정하는 때에는 파산선고를 받은 채무자를 구인하도록 명할 수 있다.

② 제1항의 구인에는 「형사소송법」의 구인에 관한 규정을 준용한다.

③ 제1항의 규정에 의한 결정에 대하여는 즉시항고를 할 수 있다.

제320조【파산선고를 받은 채무자의 법정대리인 등의 구인】 제319조의 규정은 다음 각 호의 자에 관하여 준용한다.

1. 파산선고를 받은 채무자의 법정대리인
2. 파산선고를 받은 채무자의 이사
3. 파산선고를 받은 채무자의 지배인
4. 상속재산에 대한 파산의 경우 상속인과 그 법정대리인 및 지배인

제321조【채무자 등의 설명의무】 ① 다음 각 호의 자는 파산관재인·감사위원 또는 채권자집회의 요청에 의하여 파산에 관하여 필요한 설명을 하여야 한다.

1. 채무자 및 그 대리인
2. 채무자의 이사
3. 채무자의 지배인
4. 상속재산에 대한 파산의 경우 상속인, 그 대리인, 상속재산관리인 및 유언집행자

② 제1항의 규정은 종전에 제1항의 규정에 의한 자격을 가졌던 자에 관하여 준용한다.

제322조【파산선고 전의 구인】 ① 파산의 신청이 있는 때에는 법원은 파산선고 전이라도 채무자와 제320조에 규정된 자의 구인을 명할 수 있다.

② 제319조제2항 및 제3항의 규정은 제1항의 경우에 관하여 준용한다.

제323조【파산선고 전의 보전처분】 ① 법원은 파산선고 전이라도 이해관계인의 신청에 의하거나 직권으로 채무자의 재산에 관하여 가압류·가처분 그 밖에 필요한 보전처분을 명할 수 있다. 법원이 직권으로 파산선고를 하는 때에도 같다.

② 법원은 제1항의 규정에 의한 처분을 변경하거나 취소할 수 있다.

③ 제1항 또는 제2항의 규정에 의한 재판은 결정으로 한다.

④ 제1항 또는 제2항의 규정에 의한 재판에 대하여는 즉시항고를 할 수 있다.

⑤ 제4항의 규정에 의한 즉시항고는 집행정지의 효력이 없다.

제324조【책임제한절차의 정지명령】 ① 법원은 파산신청이 있는 경우 필요하다고 인정하는 때에는 이해관계인의 신청에 의하거나 직권으로 파산신청에 대한 결정이 있을 때까지 「상법」 제5편(해상) 및 「선박소유자 등의 책임제한절차에 관한 법률」에 의한 책임제한절차(이하 이 조, 제326조 및 제327조에서 "책임제한절차"라 한다)의 정지를 명할 수 있다. 다만, 책임제한절차개시의 결정이 있는 때에는 그러하지 아니하다.

② 법원은 제1항의 규정에 의한 정지결정을 취소할 수 있다.

제325조【파산취소의 공고 및 송달】 ① 파산취소의 결정이 확정된 때에는 법원은 그 주문을 공고하여야 한다.

② 제313조제2항, 제315조 및 제547조의 규정은 제1항의 경우에 관하여 준용한다.

제326조【책임제한절차폐지의 결정이 확정될 때까지의 파산절차의 정지】 파산선고를 받은 채무자를 위하여 개시한 책임제한절차의 폐지결정이 있는 때에는 그 결정이 확정될 때까지 파산절차를 정지한다.

제327조【책임제한절차폐지의 경우의 조치】 ① 파산선고를 받은 채무자를 위하여 개시된 책임제한절차의 폐지결정이 확정된 때에는 법원은 제한채권자를 위하여 다음 각 호의 사항을 정하여야 한다.

1. 채권신고의 기간. 이 경우 그 기간은 책임제한절차폐지의 결정이 확정된 날부터 1주 이상 2월 이하로 하여야 한다.
2. 채권조사의 기일. 이 경우 그 기일과 제1호의 규정에 의하여 정하여진 신고기간의 말일과의 사이에 1주 이상 1월 이하의 기간을 두어야 한다.

② 법원은 제1항의 규정에 의한 기간 및 기일을 공고하여야 한다.

③ 법원은 알고 있는 채권자에 대하여는 다음 각 호의 사항을 기재한 서면을 송달하여야 한다.

1. 제1항의 규정에 의한 기간 및 기일
2. 제313조제1항제1호 및 제2호의 사항

④ 다음 각 호의 자에게는 제1항의 규정에 의한 기간 및 기일을 기재한 서면을 송달하여야 한다. 다만, 제1항제2호의 규정에 의하여 정하여진 기일과 제312조제1항제2호에 의하여 정하여진 기일이 같은 경우 신고한 파산채권자에 대하여는 그러하지 아니하다.

1. 파산관재인
2. 파산선고를 받은 채무자
3. 신고한 파산채권자

⑤ 제2항·제3항 및 제4항 본문의 규정은 제1항의 규정에 의한 기간 및 기일에 변경이 있는 경우에 관하여 준용한다.

제3절 법률행위에 관한 파산의 효력

제328조【해산한 법인】 해산한 법인은 파산의 목적의 범위 안에서는 아직 존속하는 것으로 본다.

제329조【채무자의 파산선고 후의 법률행위】 ① 파산선고를 받은 채무자가 파산선고 후 파산재단에 속하는 재산에 관하여 한 법률행위는 파산채권자에게 대항할 수 없다.

② 채무자가 파산선고일에 한 법률행위는 파산선고 후에 한 것으로 추정한다.

제330조【파산선고 후의 권리취득】 ① 파산선고 후에 파산재단에 속하는 재산에 관하여 채무자의 법률행위에 의하지 아니하고 권리를 취득한 경우에도 그 취득은 파산채권자에게 대항할 수 없다.

② 제329조제2항의 규정은 제1항의 규정에 의한 취득에 관하여 준용한다.

제331조【파산선고 후의 등기·등록 등】 ① 부동산 또는 선박에 관하여 파산선고 전에 생긴 채무의 이행으로서 파산선고 후에 한 등기 또는 가등기는 파산채권자에게 대항할 수 없다. 다만, 등기권리자가 파산선고의 사실을 알지 못하고 한 등기에 관하여는 그러하지 아니하다.

② 제1항의 규정은 권리의 설정·이전 또는 변경에 관한 등록 또는 가등록에 관하여 준용한다.

제332조【파산선고 후 채무자에 대한 변제】 ① 파산선고 후에 그 사실을 알지 못하고 채무자에게 한 변제는 이로써 파산채권자에게 대항할 수 있다.

② 파산선고 후에 그 사실을 알고 채무자에게 한 변제는 파산재단이 받은 이익의 한도 안에서만 파산채권자에게 대항할 수 있다.

제333조【파산선고 후의 어음의 인수 또는 지급】 ① 환어음의 발행인 또는 배서인이 파산선고를 받은 경우 지급인 또는 예비지급인이 그 사실을 알지 못하고 인수 또는 지급을 한 때에는 이로 인하여 생긴 채권에 관하여 파산채권자로서 그 권리를 행사할 수 있다.

② 제1항의 규정은 수표와 금전 그 밖의 물건이나 유가증권의 급부를 목적으로 하는 유가증권에 관하여 준용한다.

제334조【선의 또는 악의의 추정】 제331조 내지 제333조의 규정을 적용하는 때에는 파산선고의 공고 전에는 그 사실을 알지 못한 것으로 추정하고, 공고 후에는 그 사실을 안 것으로 추정한다.

제335조【쌍방미이행 쌍무계약에 관한 선택】 ① 쌍무계약에 관하여 채무자 및 그 상대방이 모두 파산선고 당시 아직 이행을 완료하지 아니한 때에는 파산관재인은 계약을 해제 또는 해지하거나 채무자의 채무를 이행하고 상대방의 채무이행을 청구할 수 있다.

② 제1항의 경우 상대방은 파산관재인에 대하여 상당한 기간을 정하여 그 기간 안에 계약의 해제 또는 해지나 이행 여부를 확답할 것을 최고할 수 있다. 이 경우 파산관재인이 그 기간 안에 확답을 하지 아니한 때에는 계약을 해제 또는 해지한 것으로 본다.

③ 제1항에 따라 파산관재인이 국가를 상대방으로 하는 「방위사업법」 제3조에 따른 방위력개선사업 관련 계약을 해제 또는 해지하고자 하는 경우 방위사업청장과 협의하여야 한다.(2014.5.20 본항신설)

제336조【지급결제제도 등에 대한 특칙】 제120조의 규정은 같은 조에서 정한 지급결제제도 또는 청산결제제도의 참가자 또는 적격금융거래의 당사자 일방에 대하여 파산선고가 있는 경우 이를 준용한다. 이 경우 제120조제1항 내지 제3항의 "회생절차가 개시된 경우"는 "파산선고가 있는 경우"로 보고, 제120조제3항 단서의 "회생채권자 또는 회생담보권자"는 "파산채권자 또는 별제권자"로 본다.

제337조【파산관재인의 해제 또는 해지와 상대방의 권리】 ① 제335조의 규정에 의한 계약의 해제 또는 해지가

있는 때에는 상대방은 손해배상에 관하여 파산채권자로서 권리를 행사할 수 있다.
② 제1항의 규정에 의한 계약의 해제 또는 해지의 경우 채무자가 받은 반대급부가 파산재단 중에 현존하는 때에는 상대방은 그 반환을 청구하고, 현존하지 아니하는 때에는 그 가액에 관하여 재단채권자로서 권리를 행사할 수 있다.
제338조【거래소의 시세있는 상품의 정기매매】 ① 거래소의 시세있는 상품의 매매에 관하여 일정한 일시 또는 일정한 기간 안에 이행을 하지 아니하면 계약의 목적을 달성하지 못하는 경우 그 시기가 파산선고 후에 도래하는 때에는 계약의 해제가 있은 것으로 본다. 이 경우 손해배상액은 이행지에서 동종의 거래가 동일한 시기에 이행되는 때의 시세와 매매대가와의 차액에 의하여 정한다.
② 제337조제1항의 규정은 제1항의 규정에 의한 손해배상에 관하여 준용한다.
③ 제1항의 경우에 관하여 거래소에서 달리 규정한 것이 있는 때에는 그 규정에 의한다.
제339조【「민법」상의 해지 또는 해제권이 있는 경우】 제335조제2항의 규정은 「민법」 제637조(임차인의 파산과 해지통고), 제663조(사용자파산과 해지통고) 또는 제674조(도급인의 파산과 해제권)제1항의 규정에 의하여 상대방 또는 파산관재인이 갖는 해지권 또는 해제권의 행사에 관하여 준용한다.
제340조【임대차계약】 ① 임대인이 파산선고를 받은 때에는 차임의 선급 또는 차임채권의 처분은 파산선고시의 당기(當期) 및 차기(次期)에 관한 것을 제외하고는 파산채권자에게 대항할 수 없다.
② 제1항의 규정에 의하여 파산채권자에게 대항할 수 없음으로 인하여 손해를 받은 자는 그 손해배상에 관하여 파산채권자로서 권리를 행사할 수 있다.
③ 제1항 및 제2항의 규정은 지상권에 관하여 준용한다.
④ 임대인이 파산선고를 받은 경우 임차인이 다음 각 호의 어느 하나에 해당하는 때에는 제335조의 규정을 적용하지 아니한다.
1. 「주택임대차보호법」 제3조(대항력 등)제1항의 대항요건을 갖춘 때
2. 「상가건물 임대차보호법」 제3조(대항력 등)의 대항요건을 갖춘 때
제341조【도급계약】 ① 채무자가 도급계약에 의하여 일을 하여야 하는 의무가 있는 때에는 파산관재인은 필요한 재료를 제공하여 채무자로 하여금 그 일을 하게 할 수 있다. 이 경우 그 일이 채무자 자신이 함을 필요로 하지 아니하는 때에는 제3자로 하여금 이를 하게 할 수 있다.
② 제1항의 경우 채무자가 그 상대방으로부터 받을 보수는 파산재단에 속한다.
제342조【위임계약】 위임자가 파산선고를 받은 경우 수임자가 파산선고의 통지를 받지 아니하고 파산선고의 사실도 알지 못하고 위임사무를 처리한 때에는 이로 인하여 파산선고를 받은 자에게 생긴 채권에 관하여 수임자는 파산채권자로서 그 권리를 행사할 수 있다.
제343조【상호계산】 ① 상호계산은 당사자의 일방이 파산선고를 받은 때에는 종료한다. 이 경우 각 당사자는 계산을 폐쇄하고 잔액의 지급을 청구할 수 있다.
② 제1항의 규정에 의한 청구권을 채무자가 가지는 때에는 파산재단에 속하고, 상대방이 가지는 때에는 파산채권이 된다.
제344조【공유자의 파산】 ① 공유자 중에 파산선고를 받은 자가 있는 때에는 분할하지 아니한다는 약정이 있는 때에도 파산절차에 의하지 아니하고 그 분할을 할 수 있다.
② 제1항의 경우 파산선고를 받은 자가 아닌 다른 공유자는 상당한 대가를 지급하고 그 파산선고를 받은 자의 지분을 취득할 수 있다.
제345조【배우자 등의 재산관리】 「민법」 제829조(부부재산의 약정과 그 변경)제3항 및 제5항의 규정은 배우자의 재산을 관리하는 자가 파산선고를 받은 경우에, 같은 법 제924조(친권상실의 선고)의 규정은 친권을 행사하는 자가 파산선고를 받은 경우에 관하여 각각 준용한다.
제346조【파산과 한정승인 및 재산분리】 상속인이나 상속재산에 대한 파산선고는 한정승인 또는 재산분리에 영향을 미치지 아니한다. 다만, 파산취소 또는 파산폐지의 결정이 확정되거나 파산종결의 결정이 있을 때까지 그 절차를 중지한다.
제347조【파산재단에 속하는 재산에 관한 소송수계】 ① 파산재단에 속하는 재산에 관하여 파산선고 당시 법원에 계속되어 있는 소송은 파산관재인 또는 상대방이 이를 수계할 수 있다. 제335조제1항의 규정에 의하여 파산관재인이 채무를 이행하는 경우에 상대방이 가지는 청구권에 관한 소송의 경우에도 또한 같다.
② 제1항의 규정에 의한 소송비용은 재단채권으로 한다.
제348조【강제집행 및 보전처분에 대한 효력】 ① 파산채권에 기하여 파산재단에 속하는 재산에 대하여 행하여진 강제집행·가압류 또는 가처분은 파산재단에 대하여는 그 효력을 잃는다. 다만, 파산관재인은 파산재단을 위하여 강제집행절차를 속행할 수 있다.
② 제1항 단서의 규정에 의하여 파산관재인이 강제집행의 절차를 속행하는 때의 비용은 재단채권으로 하고, 강제집행에 대한 제3자의 이의의 소에서는 파산관재인을 피고로 한다.
제349조【체납처분에 대한 효력】 ① 파산선고 전에 파산재단에 속하는 재산에 대하여 「국세징수법」 또는 「지방세징수법」에 의하여 징수할 수 있는 청구권(국세징수의 예에 의하여 징수할 수 있는 청구권으로서 그 징수우선순위가 일반 파산채권보다 우선하는 것을 포함한다)에 기한 체납처분을 한 때에는 파산선고는 그 처분의 속행을 방해하지 아니한다.
② 파산선고 후에는 파산재단에 속하는 재산에 대하여 「국세징수법」 또는 「지방세징수법」에 의하여 징수할 수 있는 청구권(국세징수의 예에 의하여 징수할 수 있는 청구권을 포함한다)에 기한 체납처분을 할 수 없다. (2016.12.27 본조개정)
제350조【행정사건에 대한 효력】 ① 파산재단에 속하는 재산에 관하여 파산선고 당시에 행정청에 계속되어 있는 사건이 있는 때에는 그 절차는 수계 또는 파산절차의 종료가 있을 때까지 중단된다.
② 제347조의 규정은 제1항의 경우에 관하여 준용한다.

제4절 법인의 이사등의 책임

제351조【법인의 이사등의 재산에 대한 보전처분】 ① 법원은 법인인 채무자에 대하여 파산선고가 있는 경우 필요하다고 인정하는 때에는 파산관재인의 신청에 의하거나 직권으로 채무자의 발기인·이사(「상법」 제401조의2제1항의 규정에 의하여 이사로 보는 자를 포함한다), 감사·검사인 또는 청산인(이하 이 조 내지 제353조에서 "이사등"이라 한다)에 대한 출자이행청구권 또는 이사등의 책임에 기한 손해배상청구권을 보전하기 위하여 이사등의 재산에 대한 보전처분을 할 수 있다.
② 파산관재인은 제1항의 규정에 의한 청구권이 있음을 알게 된 때에는 법원에 제1항의 규정에 의한 보전처분을 신청하여야 한다.
③ 법원은 긴급한 필요가 있다고 인정하는 때에는 파산선고 전이라도 채무자의 신청에 의하거나 직권으로 제1항의 규정에 의한 보전처분을 할 수 있다.
④ 법원은 관리위원회의 의견을 들어 제1항 또는 제3항의 규정에 의한 보전처분을 변경하거나 취소할 수 있다.
⑤ 제1항 또는 제3항의 규정에 의한 보전처분과 제4항의 규정에 의한 결정에 대하여는 즉시항고를 할 수 있다.
⑥ 제5항의 즉시항고는 집행정지의 효력이 없다.
⑦ 제1항 또는 제3항의 규정에 의한 보전처분이나 제4항의 규정에 의한 결정과 이에 대한 즉시항고에 대한 재판이 있는 때에는 그 결정서를 당사자에게 송달하여야 한다.
제352조【손해배상청구권 등의 조사확정재판】 ① 법원은 법인인 채무자에 대하여 파산선고가 있는 경우 필요하다고 인정하는 때에는 파산관재인의 신청에 의하거나 직권으로 이사등에 대한 출자이행청구권이나 이사등의 책임에 기한 손해배상청구권의 존부와 그 내용을 조사확정하는 재판을 할 수 있다.
② 파산관재인은 제1항의 규정에 의한 청구권이 있음을 알게 된 때에는 법원에 제1항의 규정에 의한 재판을 신청하여야 한다.
③ 파산관재인은 제1항의 규정에 의한 신청을 하는 때에는 그 원인되는 사실을 소명하여야 한다.
④ 법원은 직권으로 조사확정절차를 개시하는 때에는 그 취지의 결정을 하여야 한다.
⑤ 제1항의 규정에 의한 신청이 있거나 제4항의 규정에 의한 조사확정절차개시결정이 있은 때에는 시효의 중단에 관하여는 재판상의 청구가 있은 것으로 본다.
⑥ 제1항의 규정에 의한 조사확정의 재판과 조사확정의 신청을 기각하는 재판은 이유를 붙인 결정으로 하여야 한다.
⑦ 법원은 제6항의 규정에 의한 결정을 하는 때에는 미리 이해관계인을 심문하여야 한다.
⑧ 조사확정절차(조사확정결정이 있은 후의 것을 제외한다)는 파산절차가 종료한 때에는 종료한다.
⑨ 조사확정결정이 있은 때에는 그 결정서를 당사자에게 송달하여야 한다.
제353조【이의의 소】 ① 제352조제1항의 규정에 의한 조사확정의 재판에 불복이 있는 자는 결정을 송달받은 날부터 1월 이내에 이의의 소를 제기할 수 있다.
② 제1항의 규정에 의한 기간은 불변기간으로 한다.
③ 제1항의 소는 이를 제기하는 자가 이사등인 때에는 파산관재인을, 파산관재인인 때에는 이사등을 각각 피고로 하여야 한다.
④ 제1항의 소는 파산계속법원(파산사건이 계속되어 있는 회생법원을 말한다. 이하 같다)의 관할에 전속하고, 변론은 결정을 송달받은 날부터 1월의 기간을 경과한 후가 아니면 개시할 수 없다.(2016.12.27 본항개정)
⑤ 여러 개의 소가 동시에 계속되어 있는 때에는 법원은 변론을 병합하여야 한다.
⑥ 제1항의 규정에 의한 소에 대한 판결에서는 같은 항의 결정을 인가·변경 또는 취소한다. 다만, 소를 부적법한 것으로 각하하는 때에는 그러하지 아니하다.
⑦ 조사확정의 결정을 인가하거나 변경하는 판결은 강제집행에 관하여는 이행을 명한 판결과 동일한 효력이 있다.
제354조【조사확정재판의 효력】 제353조제1항의 규정에 의한 소가 같은 항의 기간 안에 제기되지 않거나 취하된 때 또는 각하된 때에는 조사확정재판은 이행을 명한 확정판결과 동일한 효력이 있다.

제2장 파산절차의 기관

제1절 파산관재인

제355조【파산관재인의 선임】 ① 파산관재인은 관리위원회의 의견을 들어 법원이 선임한다.
② 법인도 파산관재인이 될 수 있다. 이 경우 그 법인은 이사 중에서 파산관재인의 직무를 행할 자를 지명하고 법원에 신고하여야 한다.
제356조【파산관재인의 수】 파산관재인은 1인으로 한다. 다만, 법원이 필요하다고 인정하는 때에는 여럿의 파산관재인을 선임할 수 있다.
제357조【자격증명서】 ① 법원은 파산관재인에게 그 선임을 증명하는 서면을 교부하여야 한다.
② 파산관재인은 그 직무를 행하는 경우 이해관계인의 청구가 있는 때에는 제1항의 규정에 의한 서면을 제시하여야 한다.
제358조【법원의 감독】 파산관재인은 법원의 감독을 받는다.
제359조【당사자적격】 파산재단에 관한 소송에서는 파산관재인이 당사자가 된다.
제360조【여럿의 파산관재인의 직무집행】 ① 파산관재인이 여럿인 때에는 공동으로 그 직무를 행한다. 이 경우 법원의 허가를 받아 직무를 분장할 수 있다.
② 파산관재인이 여럿인 때에는 제3자의 의사표시는 그 1인에 대하여 하면 된다.
제361조【파산관재인의 의무 등】 ① 파산관재인은 선량한 관리자의 주의로써 그 직무를 행하여야 한다.
② 파산관재인이 제1항의 규정에 의한 주의를 게을리한 때에는 이해관계인에게 손해를 배상할 책임이 있다. 이 경우 주의를 게을리한 파산관재인이 여럿 있는 때에는 연대하여 손해를 배상할 책임이 있다.
제362조【파산관재인대리】 ① 파산관재인은 필요한 때에는 그 직무를 행하게 하기 위하여 자기의 책임으로 대리인을 선임할 수 있다.
② 제1항의 규정에 의한 대리인의 선임은 법원의 허가를 받아야 한다.
③ 채무자가 법인인 경우 제1항의 규정에 의한 허가가 있는 때에는 법원사무관등은 직권으로 지체 없이 촉탁서에 결정서의 등본을 첨부하여 대리인의 선임에 관한 등기를 촉탁하여야 한다. 대리인의 선임에 관한 허가가 변경 또는 취소된 때에도 또한 같다.
④ 제1항의 규정에 의한 대리인은 파산관재인에 갈음하여 재판상 또는 재판 외의 모든 행위를 할 수 있다.
제363조【파산관재인의 사임】 파산관재인은 정당한 사유가 있는 때에는 법원의 허가를 받아 사임할 수 있다.
제364조【파산관재인의 해임】 ① 법원은 채권자집회의 결의, 감사위원의 신청에 의하거나 직권으로 파산관재인을 해임할 수 있다. 이 경우 법원은 그 파산관재인을 심문하여야 한다.
② 제1항의 규정에 의한 파산관재인의 해임결정에 대하여는 즉시항고를 할 수 있다.
③ 제2항의 즉시항고는 집행정지의 효력이 없다.
제365조【계산의 보고의무】 ① 파산관재인의 임무가 종료한 때에는 파산관재인 또는 그 상속인은 지체 없이 채권자집회에 계산의 보고를 하여야 한다.
② 채무자, 파산채권자 또는 후임의 파산관재인이 채권자집회에서 계산에 대하여 이의를 진술하지 아니한 때에는 이를 승인한 것으로 본다.
③ 파산관재인은 이해관계인의 열람을 위하여 계산보고서와 그 계산보고서에 관한 감사위원의 의견서를 채권자집회일 3일 전까지 법원에 제출하여야 한다.
제366조【임무종료시의 긴급처분】 파산관재인의 임무가 종료한 경우 급박한 사정이 있는 때에는 파산관재인 또는 그 상속인은 후임의 파산관재인 또는 채무자가 재산을 관리할 수 있게 될 때까지 필요한 처분을 하여야 한다.

제2절 채권자집회

제367조【소집】 법원은 파산관재인 또는 감사위원의 신청에 의하거나 직권으로 채권자집회를 소집한다. 신고를 한 총채권에 관하여 법원이 평가한 액의 5분의 1 이상에 해당하는 파산채권자의 신청이 있는 때에도 또한 같다.
제368조【기일 및 회의목적의 공고】 ① 법원은 채권자집회의 기일과 회의의 목적사항을 공고하여야 한다.
② 채권자집회의 연기 또는 속행에 관하여 선고가 있는 때에는 송달 또는 공고를 하지 아니할 수 있다.
제369조【법원의 지휘】 채권자집회는 법원이 지휘한다.
제370조【결의의 성립요건】 ① 채권자집회의 결의에는 의결권을 행사할 수 있는 출석 파산채권자의 총채권액의 2분의 1을 초과하는 채권을 가진 자의 동의가 있어야 한다.
② 채권자집회의 결의에 관하여 특별한 이해관계를 가진 자는 그 의결권을 행사할 수 없다.

제371조【의결권의 불통일 행사】 ① 파산채권자는 의결권을 통일하지 아니하고 행사할 수 있다.
② 제1항의 경우 파산채권자는 채권자집회 7일 전까지 법원에 그 취지를 서면으로 신고하여야 한다.
제372조【의결권의 대리행사】 ① 파산채권자는 대리인에 의하여 그 의결권을 행사할 수 있다. 이 경우 대리인은 대리권을 증명하는 서면을 제출하여야 한다.
② 대리인이 위임받은 의결권을 통일하지 아니하고 행사하는 경우에는 제371조제2항을 준용한다.
제373조【의결권을 행사할 수 있는 채권액】 ① 파산채권자는 확정채권액에 따라 의결권을 행사할 수 있다.
② 미확정채권, 정지조건부채권, 장래의 청구권 또는 별제권의 행사에 의하여 변제를 받을 수 없는 채권액에 관하여 파산관재인 또는 파산채권자의 이의가 있는 때에는 법원은 의결권을 행사하게 할 것인가의 여부와 의결권을 행사할 금액을 결정한다.
③ 법원은 이해관계인의 신청에 의하여 언제든지 제2항의 규정에 의한 결정을 변경할 수 있다.
④ 제2항 또는 제3항의 규정에 의한 결정은 그 선고가 있는 때에는 송달을 하지 아니할 수 있다.
⑤ 파산채권자는 제446조에 규정한 청구권에 관하여는 의결권을 행사할 수 없다.
제374조【감사위원의 동의에 갈음하는 효력】 ① 감사위원의 동의는 채권자집회의 결의로써 갈음할 수 있다.
② 채권자집회의 결의가 감사위원의 의견과 다른 때에는 그 결의에 따른다.
제375조【결의집행의 금지】 ① 채권자집회의 결의가 파산채권자 일반의 이익에 반하는 때에는 법원은 파산관재인·감사위원 또는 파산채권자의 신청에 의하거나 직권으로 그 결의의 집행을 금지할 수 있다.
② 의결권이 없었던 파산채권자가 제1항의 규정에 의한 신청을 하는 때에는 파산채권자임을 소명하여야 한다.
③ 제1항의 규정에 의한 금지결정의 선고가 있는 때에는 송달을 하지 아니할 수 있다.
④ 제1항의 규정에 의한 결정에 대하여는 즉시항고를 할 수 있다.

제3절 감사위원

제376조【감사위원설치의 의결】 제1회 채권자집회에서 감사위원의 설치가 필요하다는 제안이 있는 경우에는 그 설치 여부 및 감사위원의 수를 의결할 수 있다. 다만, 제1회 후의 채권자집회에서 그 결의를 변경할 수 있다.
제377조【감사위원의 자격 등】 ① 감사위원은 채권자집회에서 선임한다.
② 감사위원은 법률이나 경영에 관한 전문가로서 파산절차에 이해관계가 없는 자이어야 한다.
③ 감사위원 선임의 결의는 법원의 인가를 받아야 한다.
제378조【직무집행의 방법】 ① 감사위원이 3인 이상 있는 경우에 감사위원의 직무집행은 그 과반수의 찬성으로 결정한다.
② 특별한 이해관계가 있는 감사위원은 제1항의 규정에 의한 표결에 참가할 수 없다.
제379조【감사위원의 직무집행 등】 ① 감사위원은 파산관재인의 직무집행을 감사한다.
② 각 감사위원은 언제든지 파산관재인에게 파산재단에 관한 보고를 요구하거나 파산재단의 상황을 조사할 수 있다.
③ 감사위원은 파산채권자에게 현저하게 손해를 미칠 사실을 발견한 때에는 지체 없이 법원 또는 채권자집회에 보고하여야 한다.
제380조【감사위원의 해임】 ① 감사위원은 언제든지 채권자집회의 결의로 해임할 수 있다.
② 법원은 상당한 이유가 있는 때에는 이해관계인의 신청에 의하여 감사위원을 해임할 수 있다.
③ 제2항의 규정에 의한 감사위원의 해임에 관한 재판에 대하여는 즉시항고를 할 수 있다.
④ 제3항의 규정에 의한 즉시항고는 집행정지의 효력이 없다.
제381조【준용규정】 제30조제1항 및 제361조의 규정은 감사위원에 관하여 준용한다.

제3장 파산재단의 구성 및 확정

제1절 파산재단의 구성

제382조【파산재단】 ① 채무자가 파산선고 당시에 가진 모든 재산은 파산재단에 속한다.
② 채무자가 파산선고 전에 생긴 원인으로 장래에 행사할 청구권은 파산재단에 속한다.
제383조【파산재단에 속하지 아니하는 재산】 ① 압류할 수 없는 재산은 파산재단에 속하지 아니한다.
② 법원은 개인인 채무자의 신청에 의하여 다음 각 호의 어느 하나에 해당하는 재산을 파산재단에서 면제할 수 있다.
1. 채무자 또는 그 피부양자의 주거용으로 사용되고 있는 건물에 관한 임차보증금반환청구권으로서 「주택임대차보호법」 제8조(보증금중 일정액의 보호)의 규정에 의하여 우선변제를 받을 수 있는 금액의 범위 안에서 대통령령이 정하는 금액을 초과하지 아니하는 부분
2. 채무자 및 그 피부양자의 생활에 필요한 6월간의 생계비에 사용할 특정한 재산으로서 대통령령이 정하는 금액을 초과하지 아니하는 부분
③ 제2항의 규정에 의한 신청은 파산신청일 이후 파산선고 후 14일 이내에 면제재산목록 및 소명에 필요한 자료를 첨부한 서면으로 하여야 한다.
④ 법원은 파산선고 전에 제2항의 신청이 있는 경우에는 파산선고와 동시에, 파산선고 후에 제2항의 신청이 있는 경우에는 신청일부터 14일 이내에 면제 여부 및 그 범위를 결정하여야 한다.
⑤ 제4항의 규정에 의한 결정이 있는 때에는 법원은 채무자 및 알고 있는 채권자에게 그 결정서를 송달하여야 한다.
⑥ 제4항의 규정에 의한 결정에 대하여는 즉시항고를 할 수 있다.
⑦ 제6항의 규정에 의한 즉시항고는 집행정지의 효력이 없다.
⑧ 법원은 파산선고 전에 면제신청이 있는 경우에 채무자의 신청 또는 직권으로 파산선고가 있을 때까지 제2항의 면제재산에 대하여 파산채권에 기한 강제집행, 가압류 또는 가처분의 중지 또는 금지를 명할 수 있다.
⑨ 면제결정이 확정된 때에는 제8항의 규정에 의하여 중지한 절차는 그 효력을 잃는다.
⑩ 제4항의 규정에 의하여 면제되는 재산에 대하여는 제556조제1항의 규정에 따라 면책신청을 할 수 있는 기한까지는 파산채권에 기한 강제집행, 가압류 또는 가처분을 할 수 없다.
제384조【관리 및 처분권】 파산재단을 관리 및 처분하는 권한은 파산관재인에게 속한다.
제385조【파산선고 후의 단순승인】 파산선고 전에 채무자를 위하여 상속개시가 있는 경우 채무자가 파산선고 후에 한 단순승인은 파산재단에 대하여는 한정승인의 효력을 가진다.
제386조【파산선고 후의 상속포기】 ① 파산선고 전에 채무자를 위하여 상속개시가 있는 경우 채무자가 파산선고 후에 한 상속포기도 파산재단에 대하여는 한정승인의 효력을 가진다.
② 파산관재인은 제1항의 규정에 불구하고 상속포기의 효력을 인정할 수 있다. 이 경우 포기가 있은 것을 안 날부터 3월 이내에 그 뜻을 법원에 신고하여야 한다.
제387조【파산과 포괄적 유증】 제385조 및 제386조의 규정은 포괄적 유증에 관하여 준용한다.
제388조【파산과 특정유증】 ① 파산선고 전에 채무자를 위하여 특정유증이 있는 경우 채무자가 파산선고 당시 승인 또는 포기를 하지 아니한 때에는 파산관재인이 채무자에 갈음하여 그 승인 또는 포기를 할 수 있다.
② 「민법」 제1077조(유증의무자의 최고권)의 규정은 제1항의 경우에 관하여 준용한다.
제389조【상속재산의 파산】 ① 상속재산에 대하여 파산선고가 있는 때에는 이에 속하는 모든 재산을 파산재단으로 한다.
② 상속재산에 대하여 파산선고가 있는 경우 피상속인이 상속인에 대하여 가지는 권리와 상속인이 피상속인에 대하여 가지는 권리는 소멸하지 아니한다.
③ 상속재산에 대하여 파산선고가 있는 때에는 상속인은 한정승인한 것으로 본다. 다만, 「민법」 제1026조제3호에 의하여 상속인이 단순승인한 것으로 보는 때에는 그러하지 아니하다.
제390조【상속인의 재산처분】 ① 상속인이 상속재산의 전부 또는 일부를 처분한 후 상속재산에 대하여 파산선고가 있는 때에는 상속인이 반대급부에 관하여 가지는 권리는 파산재단에 속한다.
② 제1항의 경우 상속인이 이미 반대급부를 받은 때에는 이를 파산재단에 반환하여야 한다. 다만, 그 반대급부를 받은 때에 상속인이 파산의 원인인 사실 또는 파산신청이 있은 것을 알지 못한 때에는 그 이익이 현존하는 한도 안에서 반환하면 된다.

제2절 부인권

제391조【부인할 수 있는 행위】 파산관재인은 파산재단을 위하여 다음 각 호의 어느 하나에 해당하는 행위를 부인할 수 있다.
1. 채무자가 파산채권자를 해하는 것을 알고 한 행위. 다만, 이로 인하여 이익을 받은 자가 그 행위 당시 파산채권자를 해하게 되는 사실을 알지 못한 경우에는 그러하지 아니하다.
2. 채무자가 지급정지 또는 파산신청이 있은 후에 한 파산채권자를 해하는 행위와 담보의 제공 또는 채무소멸에 관한 행위. 다만, 이로 인하여 이익을 받은 자가 그 행위 당시 지급정지 또는 파산신청이 있은 것을 알고 있은 때에 한한다.
3. 채무자가 지급정지나 파산신청이 있은 후 또는 그 전 60일 이내에 한 담보의 제공 또는 채무소멸에 관한 행위로서 채무자의 의무에 속하지 아니하거나 그 방법 또는 시기가 채무자의 의무에 속하지 아니하는 것. 다만, 채권자가 그 행위 당시 지급정지나 파산신청이 있은 것 또는 파산채권자를 해하게 되는 사실을 알지 못한 경우를 제외한다.
4. 채무자가 지급정지 또는 파산신청이 있은 후 또는 그 전 6월 이내에 한 무상행위 및 이와 동일시할 수 있는 유상행위
제392조【특수관계인을 상대방으로 한 행위에 대한 특칙】 ① 제391조제2호 단서의 규정을 적용하는 경우 이익을 받는 자가 채무자와 대통령령이 정하는 범위의 특수관계에 있는 자(이하 이 조에서 "특수관계인"이라 한다)인 때에는 그 특수관계인이 행위 당시 지급정지 또는 파산신청이 있은 것을 알고 있었던 것으로 추정한다.
② 제391조제3호의 규정을 적용하는 경우 특수관계인을 상대방으로 하는 행위에 대하여는 같은 호 본문에 규정된 "60일"을 "1년"으로 하고, 같은 호 단서를 적용하는 경우에는 그 특수관계인이 그 행위 당시 지급정지 또는 파산신청이 있은 것과 파산채권자를 해하는 사실을 알고 있었던 것으로 추정한다.
③ 제391조제4호의 규정을 적용하는 경우 특수관계인을 상대방으로 하는 행위인 때에는 같은 호에 규정된 "6월"을 "1년"으로 한다.
제393조【어음지급의 예외】 ① 제391조의 규정은 채무자로부터 어음의 지급을 받은 자가 그 지급을 받지 아니하면 채무자의 1인 또는 여럿에 대한 어음상의 권리를 상실하게 되었을 경우에는 적용하지 아니한다.
② 제1항의 경우 최종의 상환의무자 또는 어음의 발행을 위탁한 자가 그 발행 당시에 지급정지 또는 파산신청이 있었음을 알았거나 또는 과실로 인하여 이를 알지 못한 때에는 파산관재인은 그로 하여금 채무자가 지급한 금액을 상환하게 할 수 있다.
제394조【권리변동의 성립요건 또는 대항요건의 부인】 ① 지급정지 또는 파산신청이 있은 후에 권리의 설정·이전 또는 변경의 효력을 생기게 하는 등기 또는 등록이 행하여진 경우 그 등기 또는 등록이 그 원인인 채무부담행위가 있은 날부터 15일을 경과한 후에 지급정지 또는 파산신청이 있음을 알고 행한 것인 때에는 이를 부인할 수 있다. 다만, 가등기 또는 가등록을 한 후 이에 의하여 본등기 또는 본등록을 한 때에는 그러하지 아니하다.
② 지급정지 또는 파산신청이 있은 후에 권리의 설정·이전 또는 변경을 제3자에게 대항하기 위하여 필요한 행위를 한 경우 그 행위가 권리의 설정·이전 또는 변경이 있은 날부터 15일을 경과한 후에 지급정지 또는 파산신청이 있음을 알고 행한 것인 때에도 제1항과 같다.
제395조【집행행위의 부인】 부인권은 부인하고자 하는 행위에 관하여 집행력있는 집행권원이 있는 때 또는 그 행위가 집행행위에 의한 것인 때에도 행사할 수 있다.
제396조【부인권의 행사방법】 ① 부인권은 소, 부인의 청구 또는 항변의 방법으로 파산관재인이 행사한다.
② 법원은 파산채권자의 신청에 의하거나 직권으로 파산관재인에게 부인권의 행사를 명할 수 있다.
③ 제1항의 소와 부인의 청구사건은 파산계속법원의 관할에 전속한다.(2016.12.27 본항개정)
④ 제106조 및 제107조의 규정은 제1항의 규정에 의한 부인의 청구에 관하여 준용한다.
제397조【부인권행사의 효과】 ① 부인권의 행사는 파산재단을 원상으로 회복시킨다.
② 제391조제4호의 규정에 의한 행위가 부인된 경우 상대방이 그 행위 당시 선의인 때에는 이익이 현존하는 한도 안에서 상환하면 된다.
제398조【상대방의 지위】 ① 채무자의 행위가 부인된 경우 그가 받은 반대급부가 파산재단 중에 현존하는 때에는 상대방은 그 반환을 청구할 수 있으며, 반대급부로 인하여 생긴 이익이 현존하는 때에는 그 이익의 한도 안에서 재단채권자로서 그 권리를 행사할 수 있다.
② 채무자의 행위가 부인된 경우 반대급부로 인하여 생긴 이익이 현존하지 아니하는 때에는 상대방은 그 가액의 상환에 관하여 파산채권자로서 권리를 행사할 수 있다. 반대급부의 가액이 현존하는 이익보다 큰 경우 그 차액에 관하여도 또한 같다.
제399조【상대방의 채권의 회복】 채무자의 행위가 부인된 경우 상대방이 그가 받은 급부를 반환하거나 그 가액을 상환한 때에는 상대방의 채권은 원상으로 회복된다.
제400조【상속재산의 파산의 경우의 부인권】 제391조·제392조·제393조·제398조 및 제399조의 규정은 상속재산에 대하여 파산선고가 있은 경우 피상속인·상속인·상속재산관리인 및 유언집행자가 상속재산에 관하여 한 행위에 관하여 준용한다.
제401조【유증을 받은 자에 대한 변제 등의 부인】 상속재산에 대하여 파산선고가 있은 경우 유증을 받은 자에 대한 변제 그 밖의 채무의 소멸에 관한 행위가 그 채권에 우선하는 채권을 가진 파산채권자를 해하는 때에는 이를 부인할 수 있다.
제402조【부인의 상대방에 대한 변제】 상속재산에 대하여 파산선고가 있은 경우 피상속인·상속인·상속재산관리인 및 유언집행자가 상속재산에 관하여 한 행위가 부인된 때에는 상속채권자에게 변제한 후 부인된 행위의 상대방에게 그 권리의 가액에 따라 잔여재산을 분배하여야 한다.
제403조【전득자에 대한 부인권】 ① 다음 각 호의 어느 하나에 해당하는 때에는 전득자(轉得者)에 대하여도 부인권을 행사할 수 있다.
1. 전득자가 전득 당시 각각 그 전자(前者)에 대한 부인의 원인이 있음을 안 때

2. 전득자가 제392조의 규정에 의한 특수관계인인 때. 다만, 전득 당시 각각 그 전자(前者)에 대한 부인의 원인이 있음을 알지 못한 때에는 그러하지 아니하다.
3. 전득자가 무상행위 또는 이와 동일시할 수 있는 유상행위로 인하여 전득한 경우 각각 그 전자(前者)에 대하여 부인의 원인이 있는 때

② 제397조제2항의 규정은 제1항제3호의 규정에 의하여 부인권이 행사된 경우에 관하여 준용한다.

제404조【지급정지를 안 것을 이유로 하는 부인의 제한】 파산선고가 있은 날부터 1년 전에 한 행위는 지급정지의 사실을 안 것을 이유로 하여 부인할 수 없다.

제405조【부인권행사의 기간】 부인권은 파산선고가 있은 날부터 2년이 경과한 때에는 행사할 수 없다. 제391조 각 호의 행위를 한 날부터 10년이 경과한 때에도 또한 같다.

제406조【채권자취소소송 등의 중단】 ①「민법」제406조제1항이나「신탁법」제8조에 따라 파산채권자가 제기한 소송이 파산선고 당시 법원에 계속되어 있는 때에는 그 소송절차는 수계 또는 파산절차의 종료에 이르기까지 중단된다.(2013.5.28 본항개정)

② 제347조의 규정은 제1항의 경우에 관하여 준용한다.
(2013.5.28 본조제목개정)

제406조의2【신탁행위의 부인에 관한 특칙】 위탁자인 채무자에 대하여 파산이 선고된 경우 해당 채무자가「신탁법」에 따라 한 신탁행위의 부인에 관하여는 제113조의2를 준용한다. 이 경우 "제100조제1항"은 "제391조"로, "채무자의 재산"은 "파산재단"으로, "공익채권자"는 "재단채권자"로 각각 본다.(2013.5.28 본조신설)

제3절 환취권

제407조【채무자에게 속하지 아니한 재산의 환취】 파산선고는 채무자에 속하지 아니하는 재산을 파산재단으로부터 환취하는 권리에 영향을 미치지 아니한다.

제407조의2【수탁자에 대한 파산절차에서의 환취권에 관한 특칙】 ①「신탁법」에 따라 신탁이 설정된 후 수탁자가 파산선고를 받은 경우 신탁재산을 환취하는 권리는 신수탁자 또는 신탁재산관리인이 행사한다.

② 신탁이 종료된 경우에는「신탁법」제101조에 따라 신탁재산이 귀속된 자가 제1항의 권리를 행사한다.
(2013.5.28 본조신설)

제408조【운송 중인 매도물의 환취】 ① 매도인이 매매의 목적인 물건을 매수인에게 발송하였으나 매수인이 그 대금의 전액을 변제하지 아니하고, 도달지에서 그 물건을 수령하지 아니한 상태에서 매수인이 파산선고를 받은 때에는 매도인은 그 물건을 환취할 수 있다. 다만, 파산관재인이 대금전액을 지급하고 그 물건의 인도를 청구한 때에는 그러하지 아니하다.

② 제1항의 규정은 제335조의 적용을 배제하지 아니한다.

제409조【위탁매매인의 환취권】 제408조제1항의 규정은 물품매수의 위탁을 받은 위탁매매인이 그 물품을 위탁자에게 발송한 경우에 관하여 준용한다.

제410조【대체적 환취권】 ① 채무자가 파산선고 전에 환취권의 목적인 재산을 양도한 때에는 환취권자는 반대급부의 이행청구권의 이전을 청구할 수 있다. 파산관재인이 환취권의 목적인 재산을 양도한 때에도 또한 같다.

② 제1항의 경우 파산관재인이 반대급부의 이행을 받은 때에는 환취권자는 파산관재인이 반대급부로 받은 재산의 반환을 청구할 수 있다.

제4절 별제권

제411조【별제권자】 파산재단에 속하는 재산상에 존재하는 유치권·질권·저당권·「동산·채권 등의 담보에 관한 법률」에 따른 담보권 또는 전세권을 가진 자는 그 목적인 재산에 관하여 별제권을 가진다.(2010.6.10 본조개정)

제412조【별제권의 행사】 별제권은 파산절차에 의하지 아니하고 행사한다.

제413조【별제권자의 파산채권행사】 별제권자는 그 별제권의 행사에 의하여 변제를 받을 수 없는 채권액에 관하여만 파산채권자로서 그 권리를 행사할 수 있다. 다만, 별제권을 포기한 채권액에 관하여 파산채권자로서 그 권리를 행사하는 것에 영향을 미치지 아니한다.

제414조【준별제권자】 ① 파산재단에 속하지 아니하는 채무자의 재산상에 질권·저당권 또는「동산·채권 등의 담보에 관한 법률」에 따른 담보권을 가진 자는 그 권리의 행사에 의하여 변제를 받을 수 없는 채권액에 한하여 파산채권자로서 그 권리를 행사할 수 있다.(2010.6.10 본항개정)

② 제1항의 규정에 의한 권리를 가진 자에 대하여는 별제권에 관한 규정을 준용한다.

제415조【주택임차인 등】 ①「주택임대차보호법」제3조(대항력 등)제1항의 규정에 의한 대항요건을 갖추고 임대차계약증서상의 확정일자를 받은 임차인은 파산재단에 속하는 주택(대지를 포함한다)의 환가대금에서 후순위권리자 그 밖의 채권자보다 우선하여 보증금을 변제받을 권리가 있다.

②「주택임대차보호법」제8조(보증금중 일정액의 보호)의 규정에 의한 임차인은 같은 조의 규정에 의한 보증금을 파산재단에 속하는 주택(대지를 포함한다)의 환가대금에서 다른 담보물권자보다 우선하여 변제받을 권리가 있다. 이 경우 임차인은 파산신청일까지「주택임대차보호법」제3조(대항력 등)제1항의 규정에 의한 대항요건을 갖추어야 한다.

③ 제1항 및 제2항의 규정은「상가건물 임대차보호법」제3조(대항력 등)의 규정에 의한 대항요건을 갖추고 임대차계약증서상의 확정일자를 받은 임차인과 같은 법 제14조(보증금중 일정액의 보호)의 규정에 의한 임차인에 관하여 준용한다.

제415조의2【임금채권자 등】「근로기준법」제38조제2항 각 호에 따른 채권과「근로자퇴직급여 보장법」제12조제2항에 따른 최종 3년간의 퇴직급여등 채권의 채권자는 해당 채권을 파산재단에 속하는 재산에 대한 별제권 행사 또는 제349조제1항의 체납처분에 따른 환가대금에서 다른 담보물권자보다 우선하여 변제받을 권리가 있다. 다만,「임금채권보장법」제8조에 따라 해당 채권을 대위하는 경우에는 그러하지 아니하다.(2014.12.30 본조신설)

제5절 상계권

제416조【상계권】 파산채권자가 파산선고 당시 채무자에 대하여 채무를 부담하는 때에는 파산절차에 의하지 아니하고 상계할 수 있다.

제417조【기한부 및 해제조건부 등 채권채무의 상계】 파산채권자의 채권이 파산선고시에 기한부 또는 해제조건부이거나 제426조에 규정된 것인 때에도 상계할 수 있다. 채무가 기한부나 조건부인 때 또는 장래의 청구권에 관한 것인 때에도 또한 같다.

제418조【정지조건부채권 및 장래의 청구권과의 상계】 정지조건부채권 또는 장래의 청구권을 가진 자가 그 채무를 변제하는 때에는 후일 상계를 하기 위하여 그 채권액의 한도 안에서 변제액의 임치를 청구할 수 있다.

제419조【해제조건부채권의 상계】 해제조건부채권을 가진 자가 상계를 하는 때에는 그 상계액에 관하여 담보를 제공하거나 임치를 하여야 한다.

제420조【자동채권의 상계액】 ① 파산채권자의 채권이 이자없는 채권 또는 정기금채권인 때에는 제446조제1항제5호 내지 제7호에 해당하는 부분을 공제한 액의 한도 안에서 상계할 수 있다.

② 제426조 및 제427조의 규정은 파산채권자의 채권에 관하여 준용한다.

제421조【차임·보증금 및 지료의 상계】 ① 파산채권자가 임차인인 때에는 파산선고시의 당기(當期) 및 차기(次期)의 차임에 관하여 상계를 할 수 있다. 보증금이 있는 경우 그 후의 차임에 관하여도 또한 같다.

② 제1항의 규정은 지료(地料)에 관하여 준용한다.

제422조【상계의 금지】 다음 각 호의 어느 하나에 해당하는 때에는 상계를 할 수 없다.

1. 파산채권자가 파산선고 후에 파산재단에 대하여 채무를 부담한 때
2. 파산채권자가 지급정지 또는 파산신청이 있었음을 알고 채무자에 대하여 채무를 부담한 때. 다만, 다음 각 목의 어느 하나에 해당하는 때를 제외한다.
   가. 그 부담이 법정의 원인에 의한 때
   나. 파산채권자가 지급정지나 파산신청이 있었음을 알기 전에 생긴 원인에 의한 때
   다. 파산선고가 있은 날부터 1년 전에 생긴 원인에 의한 때
3. 파산선고를 받은 채무자의 채무자가 파산선고 후에 타인의 파산채권을 취득한 때
4. 파산선고를 받은 채무자의 채무자가 지급정지 또는 파산신청이 있었음을 알고 파산채권을 취득한 때. 다만, 제2호 각 목의 어느 하나에 해당하는 때를 제외한다.

제4장 파산채권 및 재단채권

제1절 파산채권

제423조【파산채권】 채무자에 대하여 파산선고 전의 원인으로 생긴 재산상의 청구권은 파산채권으로 한다.

제424조【파산채권의 행사】 파산채권은 파산절차에 의하지 아니하고는 행사할 수 없다.

제425조【기한부채권의 변제기도래】 기한부채권은 파산선고시에 변제기에 이른 것으로 본다.

제426조【비금전채권 등의 파산채권액】 ① 채권의 목적이 금전이 아니거나 그 액이 불확정한 때나 외국의 통화로 정하여진 때에는 파산선고시의 평가액을 파산채권액으로 한다.

② 정기금채권의 금액 또는 존속기간이 확정되지 아니한 때에도 제1항과 같다.

제427조【조건부채권 등의 파산채권액】 ① 조건부채권은 그 전액을 파산채권액으로 한다.

② 제1항의 규정은 채무자에 대한 장래의 청구권에 관하여 준용한다.

제428조【전부의 채무를 이행할 의무를 지는 자가 파산한 경우의 파산채권액】 여럿의 채무자가 각각 전부의 채무를 이행하여야 하는 경우 그 채무자의 전원 또는 일부가 파산선고를 받은 때에는 채권자는 파산선고시에 가진 채권의 전액에 관하여 각 파산재단에 대하여 파산채권자로서 권리를 행사할 수 있다.

제429조【보증인이 파산한 경우의 파산채권액】 보증인이 파산선고를 받은 때에는 채권자는 파산선고시에 가진 채권의 전액에 관하여 파산채권자로서 그 권리를 행사할 수 있다.

제430조【장래의 구상권자】 ① 여럿의 채무자가 각각 전부의 채무를 이행하여야 하는 경우 그 채무자의 전원 또는 일부가 파산선고를 받은 때에는 그 채무자에 대하여 장래의 구상권을 가진 자는 그 전액에 관하여 각 파산재단에 대하여 파산채권자로서 그 권리를 행사할 수 있다. 다만, 채권자가 그 채권의 전액에 관하여 파산채권자로서 그 권리를 행사한 때에는 예외로 한다.

② 제1항 단서의 경우 제1항의 규정에 의한 구상권을 가진 자가 변제를 한 때에는 그 변제의 비율에 따라 채권자의 권리를 취득한다.

③ 제1항 및 제2항의 규정은 담보를 제공한 제3자가 채무자에 대하여 갖는 장래의 구상권에 관하여 준용한다.

제431조【여럿이 일부보증을 한 때의 파산채권액】 제428조, 제429조 및 제430조제1항·제2항의 규정은 여럿의 보증인이 각각 채무의 일부를 보증하는 때에 그 보증하는 부분에 관하여 준용한다.

제432조【무한책임사원의 파산】 법인의 채무에 관하여 무한책임을 지는 사원이 파산선고를 받은 때에는 법인의 채권자는 파산선고시에 가진 채권의 전액에 관하여 그 파산재단에 대하여 파산채권자로서 그 권리를 행사할 수 있다.

제433조【유한책임사원의 파산】 법인의 채무에 관하여 유한책임을 지는 사원 또는 그 법인이 파산선고를 받은 때에는 법인의 채권자는 유한책임을 지는 사원에 대하여 그 권리를 행사할 수 없다. 다만, 법인은 출자청구권을 파산채권으로서 행사할 수 있다.

제434조【상속인의 파산】 상속인이 파산선고를 받은 경우에는 재산의 분리가 있는 때에도 상속채권자 및 유증을 받은 자는 그 채권의 전액에 관하여 파산재단에 대하여 파산채권자로서 그 권리를 행사할 수 있다.

제435조【상속재산 및 상속인의 파산】 상속재산 및 상속인에 대하여 파산선고가 있는 때에는 상속채권자 및 유증을 받은 자는 그 채권의 전액에 관하여 각 파산재단에 대하여 파산채권자로서 그 권리를 행사할 수 있다.

제436조【상속인의 한정승인】 제434조 및 제435조의 경우 파산선고를 받은 상속인이 한정승인을 한 때에는 상속채권자와 유증을 받은 자는 그 상속인의 고유재산에 대하여 파산채권자로서 그 권리를 행사할 수 없다. 제385조 또는 제386조제1항의 규정에 의하여 한정승인의 효력이 있는 때에도 또한 같다.

제437조【상속인의 피상속인에 대한 채권 등】 상속재산에 대하여 파산선고가 있는 때에는 상속인은 그 피상속인에 대한 채권 및 피상속인의 채무소멸을 위하여 한 출연에 관하여 상속채권자와 동일한 권리를 가진다.

제438조【상속인의 채권자】 상속재산에 대하여 파산선고가 있는 때에는 상속인의 채권자는 그 파산재단에 대하여 파산채권자로서 그 권리를 행사할 수 없다.

제439조【파산절차참가의 비용】 파산절차참가의 비용은 파산채권으로 한다.

제440조【동일순위자에 대한 평등변제】 동일순위로 변제하여야 하는 채권은 각각 그 채권액의 비율에 따라 변제한다.

제441조【우선권 있는 파산채권】 파산재단에 속하는 재산에 대하여 일반의 우선권이 있는 파산채권은 다른 채권에 우선한다.

제442조【우선권의 기간계산】 일정한 기간 안의 채권액에 관하여 우선권이 있는 경우 그 기간은 파산선고시부터 소급하여 계산한다.

제443조【상속채권자의 우위】 상속재산에 대하여 파산선고가 있는 때에는 상속채권자의 채권은 유증을 받은 자의 채권에 우선한다.

제444조【상속인이 파산한 경우의 채권자간의 순위】 상속재산에 대한 파산신청기간 안의 신청에 의하여 상속인에 대한 파산선고가 있는 때에는 상속인의 채권자의 채권은 그 고유재산에 대하여 상속채권자 및 유증을 받은 자의 채권에 우선하고, 상속채권자 및 유증을 받은 자의 채권은 상속재산에 대하여 상속인의 채권자의 채권에 우선한다.

제445조【상속재산 및 상속인의 파산재단의 순위】 상속재산 및 상속인에 대하여 파산선고가 있는 때에는 상속인의 채권자의 채권은 상속인의 파산재단에 대하여는 상속채권자 및 유증을 받은 자의 채권에 우선한다.

제446조【후순위파산채권】 ① 다음 각 호의 청구권은 다른 파산채권보다 후순위파산채권으로 한다.

1. 파산선고 후의 이자
2. 파산선고 후의 불이행으로 인한 손해배상액 및 위약금
3. 파산절차참가비용
4. 벌금·과료·형사소송비용·추징금 및 과태료
5. 기한이 파산선고 후에 도래하는 이자없는 채권의 경우 파산선고가 있은 때부터 그 기한에 이르기까지의 법정이율에 의한 원리의 합계액이 채권액이 될 계산에 의하여 산출되는 이자의 액에 상당하는 부분
6. 기한이 불확정한 이자없는 채권의 경우 그 채권액과 파산선고 당시의 평가액과의 차액에 상당하는 부분

7. 채권액 및 존속기간이 확정된 정기금채권인 경우 각 정기금에 관하여 제5호의 규정에 준하여 산출되는 이자의 액의 합계액에 상당하는 부분과 각 정기금에 관하여 같은 호의 규정에 준하여 산출되는 원본의 액의 합계액이 법정이율에 의하여 그 정기금에 상당하는 이자가 생길 원본액을 초과하는 때에는 그 초과액에 상당하는 부분
② 채무자가 채권자와 파산절차에서 다른 채권보다 후순위로 하기로 정한 채권은 그 정한 바에 따라 다른 채권보다 후순위로 한다.

제2절 파산채권의 신고 및 조사

제447조【채권신고방법】 ① 파산채권자는 법원이 정하는 기간(이하 이 장에서 "신고기간"이라 한다) 안에 다음 각 호의 사항을 법원에 신고하고 증거서류 또는 그 등본이나 초본을 제출하여야 한다.
1. 그 채권액 및 원인
2. 일반의 우선권이 있는 때에는 그 권리
3. 제446조제1항 각 호의 어느 하나에 해당하는 청구권을 포함하는 때에는 그 구분
② 별제권자는 제1항 각 호의 사항 외에 별제권의 목적과 그 행사에 의하여 변제를 받을 수 없는 채권액을 신고하여야 한다.
③ 파산채권에 관하여 파산선고 당시 소송이 계속되어 있는 때에는 제1항 각 호의 사항 외에 파산채권자는 그 법원·당사자·사건명 및 사건번호를 신고하여야 한다.
제448조【파산채권자표의 작성】 ① 법원사무관등은 다음 각 호의 사항을 기재한 파산채권자표를 작성하여야 한다.
1. 채권자의 성명 및 주소
2. 채권액 및 원인
3. 일반의 우선권이 있는 때에는 그 권리
4. 제446조제1항 각 호의 어느 하나에 해당하는 청구권을 포함하는 때에는 그 구분
5. 별제권자가 제447조제2항의 규정에 의하여 신고한 채권액
② 법원사무관등은 파산채권자표의 등본을 파산관재인에게 교부하여야 한다.
제449조【파산채권자표 및 채권신고서류의 비치】 ① 법원은 파산채권자표 및 채권의 신고에 관한 서류를 이해관계인이 열람할 수 있도록 법원에 비치하여야 한다.
② 법원사무관등은 채권자의 신청이 있는 경우 그 채권자의 채권에 관한 파산채권자표의 초본을 교부하여야 한다.
제450조【채권조사의 대상】 채권조사기일에는 신고한 각 채권에 관하여 제448조제1항 각 호의 사항을 조사한다.
제451조【관계인의 출석】 ① 채무자, 신고한 파산채권자 또는 그 대리인은 채권조사기일에 출석하여 의견을 진술할 수 있다.
② 제1항의 규정에 의한 대리인은 대리권을 증명하는 서면을 제출하여야 한다.
제452조【파산관재인의 출석】 채권의 조사는 파산관재인이 출석하지 아니한 때에는 할 수 없다.
제453조【신고기간 후에 신고한 채권의 조사】 ① 신고기간 후에 신고한 채권에 관하여는 파산관재인 및 파산채권자의 이의가 있는 때를 제외하고는 채권조사의 일반기일에 그 조사를 할 수 있다.
② 파산관재인 또는 파산채권자의 이의가 있는 때에는 법원은 제1항의 규정에 의한 채권조사를 하기 위하여 특별기일을 정하여야 한다. 이 경우 채권조사에 소요되는 비용은 신고기간 후에 신고한 파산채권자의 부담으로 한다.
제454조【파산채권자의 이익을 해하는 변경】 제453조의 규정은 파산채권자가 신고한 사항에 관하여 신고기간 후에 다른 파산채권자의 이익을 해할 변경을 가한 경우에 관하여 준용한다.
제455조【일반기일 후의 채권신고】 제453조제2항의 규정은 파산채권자가 채권조사의 일반기일 후에 채권을 신고한 경우에 관하여 준용한다.
제456조【특별기일의 공고 및 송달】 채권조사의 특별기일을 정하는 결정은 이를 공고하여야 하며 파산관재인·채무자 및 신고한 파산채권자에게 송달하여야 한다.
제457조【채권조사기일의 변경 등】 제456조의 규정은 채권조사기일의 변경과 채권조사의 연기 및 속행에 관하여 준용한다. 다만, 선고가 있는 때에는 공고 및 송달을 하지 아니하여도 된다.
제458조【채권의 확정】 채권조사기일에 파산관재인 및 파산채권자의 이의가 없는 때에는 다음 각 호의 사항이 확정된다.
1. 채권액
2. 우선권
3. 제446조제1항 각 호의 어느 하나에 해당하는 청구권의 구분
제459조【조사결과의 파산채권자표 기재】 ① 법원사무관등은 채권조사의 결과와 채무자가 진술한 이의를 파산채권자표에 기재하여야 한다.
② 법원사무관등은 확정된 채권의 증서에 확정된 뜻을 기재하고 법원의 인(印)을 찍어야 한다.
제460조【확정채권에 관한 파산채권자표 기재의 파산채권자에 대한 효력】 확정채권에 관하여 파산채권자표에 기재한 때에는 그 기재는 파산채권자 전원에 대하여 확정판결과 동일한 효력이 있다.
제461조【파산채권의 이의에 관한 통지】 ① 파산채권자가 채권조사기일에 출석하지 아니한 경우 그 채권에 관하여 이의가 있는 때에는 법원은 그 사실을 파산채권자에게 통지하여야 한다.
② 제1항의 규정에 의한 통지는 서류를 우편으로 발송하여 할 수 있다.
제462조【파산채권 조사확정의 재판】 ① 파산채권의 조사에서 신고한 파산채권의 내용에 대하여 파산관재인 또는 파산채권자가 이의를 한 때에는 그 파산채권(이하 이 편에서 "이의채권"이라 한다)을 보유한 파산채권자는 그 내용의 확정을 위하여 이의자 전원을 상대방으로 하여 법원에 채권조사확정의 재판(이하 이 편에서 "채권조사확정재판"이라 한다)을 신청할 수 있다. 다만, 제464조 및 제466조의 경우에는 그러하지 아니하다.
② 채권조사확정재판에서는 이의가 있는 파산채권의 존부 또는 그 내용을 정한다.
③ 법원은 채권조사확정재판을 하는 때에는 이의자를 심문하여야 한다.
④ 법원은 채권조사확정재판의 결정서를 당사자에게 송달하여야 한다.
⑤ 제1항의 규정에 의한 신청은 이의가 있는 파산채권에 관한 조사를 위한 일반조사기일 또는 특별조사기일부터 1월 이내에 하여야 한다.
제463조【채권조사확정재판에 대한 이의의 소】 ① 채권조사확정재판에 불복하는 자는 그 결정서의 송달을 받은 날부터 1월 이내에 이의의 소를 제기할 수 있다.
② 제1항의 소는 파산계속법원의 관할에 전속한다. (2016.12.27 본항개정)
③ 제1항의 소를 제기하는 자가 이의채권을 보유하는 파산채권자인 때에는 이의자 전원을 피고로 하고, 이의자인 때에는 그 파산채권자를 피고로 하여야 한다.
④ 동일한 채권에 관하여 여러 개의 소가 계속되어 있는 때에는 법원은 변론을 병합하여야 한다.
⑤ 제1항의 소에 대한 판결은 소를 부적법한 것으로 각하하는 경우를 제외하고는 같은 항의 재판을 인가하거나 변경한다.
제464조【이의채권에 관한 소송의 수계】 이의채권에 관하여 파산선고 당시 소송이 계속되어 있는 경우 채권자가 그 권리의 확정을 구하고자 하는 때에는 이의자 전원을 그 소송의 상대방으로 하여 소송을 수계하여야 한다.
제465조【청구원인의 제한】 파산채권자는 제459조제1항의 규정에 의하여 파산채권자표에 기재한 사항에 한하여 채권조사확정재판의 신청을 하거나 제463조제1항의 소를 제기하거나 제464조의 규정에 의하여 소송을 수계할 수 있다.
제466조【집행권원이 있는 채권에 대한 이의주장방법】 ① 집행력있는 집행권원이나 종국판결 있는 채권에 관하여 이의가 있는 자는 채무자가 할 수 있는 소송절차에 의하여만 이의를 주장할 수 있다.
② 제1항의 규정에 의한 채권에 관하여 파산선고 당시 법원에 소송이 계속되어 있는 경우 이의자가 같은 항의 규정에 의한 이의를 주장하고자 하는 때에는 이의자는 그 파산채권을 보유한 파산채권자를 상대방으로 하는 소송절차를 수계하여야 한다.
③ 제463조제4항 및 제465조의 규정은 제1항 및 제2항에 관하여 준용한다.
제467조【파산채권의 확정에 관한 소송결과의 기재】 법원사무관등은 파산관재인 또는 파산채권자의 신청에 의하여 파산채권의 확정에 관한 소송의 결과(채권조사확정재판에 대한 이의의 소가 제463조제1항의 규정에 의한 기간 안에 제기되지 아니하거나 각하된 때에는 그 재판의 내용을 말한다)를 파산채권자표에 기재하여야 한다.
제468조【파산채권의 확정에 관한 소송의 판결 등의 효력】 ① 파산채권의 확정에 관한 소송에 대한 판결은 파산채권자 전원에 대하여 그 효력이 있다.
② 채권조사확정재판에 대한 이의의 소가 제463조제1항의 규정에 의한 기간 안에 제기되지 아니하거나 각하된 때에는 그 재판은 파산채권자 전원에 대하여 확정판결과 동일한 효력이 있다.
제469조【소송비용의 상환】 파산재단이 파산채권의 확정에 관한 소송(채권조사확정재판을 포함한다)으로 이익을 받은 때에는 이의를 주장한 파산채권자는 그 이익의 한도 안에서 재단채권자로서 소송비용의 상환을 청구할 수 있다.
제470조【파산채권확정소송의 목적의 가액】 파산채권의 확정에 관한 소송의 목적의 가액은 배당예정액을 표준으로 하여 파산계속법원이 정한다.(2016.12.27 본조개정)
제471조【벌금 등의 신고】 ① 제446조제1항제4호의 규정에 의한 청구권을 가진 자는 지체 없이 그 액 및 원인을 법원에 신고하여야 한다.
② 제459조제1항의 규정은 제1항의 규정에 의하여 신고된 청구권에 관하여 준용한다.
제472조【행정심판 또는 행정소송의 대상인 경우】 ① 제471조제1항의 규정에 의하여 신고한 청구권의 원인이 행정심판 또는 행정소송의 대상이 되는 처분인 때에는 법원은 지체 없이 그 청구권의 금액 및 원인을 파산관재인에게 통지하여야 한다.
② 제466조 내지 제468조의 규정은 파산관재인이 이의를 주장하는 경우에 관하여 준용한다.

제3절 재단채권

제473조【재단채권의 범위】 다음 각 호의 어느 하나에 해당하는 청구권은 재단채권으로 한다.(2014.5.20 본문개정)
1. 파산채권자의 공동의 이익을 위한 재판상 비용에 대한 청구권
2. 「국세징수법」 또는 「지방세징수법」에 의하여 징수할 수 있는 청구권(국세징수의 예에 의하여 징수할 수 있는 청구권으로서 그 징수우선순위가 일반 파산채권보다 우선하는 것을 포함하며, 제446조의 규정에 의한 후순위파산채권을 제외한다). 다만, 파산선고 후의 원인으로 인한 청구권은 파산재단에 관하여 생긴 것에 한한다.(2016.12.27 본문개정)
3. 파산재단의 관리·환가 및 배당에 관한 비용
4. 파산재단에 관하여 파산관재인이 한 행위로 인하여 생긴 청구권
5. 사무관리 또는 부당이득으로 인하여 파산선고 후 파산재단에 대하여 생긴 청구권
6. 위임의 종료 또는 대리권의 소멸 후에 긴급한 필요에 의하여 한 행위로 인하여 파산재단에 대하여 생긴 청구권
7. 제335조제1항의 규정에 의하여 파산관재인이 채무를 이행하는 경우에 상대방이 가지는 청구권
8. 파산선고로 인하여 쌍무계약이 해지된 경우 그 때까지 생긴 청구권
9. 채무자 및 그 부양을 받는 자의 부양료(2014.5.20 본호개정)
10. 채무자의 근로자의 임금·퇴직금 및 재해보상금
11. 파산선고 전의 원인으로 생긴 채무자의 근로자의 임치금 및 신원보증금의 반환청구권
제474조【부담있는 유증의 부담의 청구권】 파산관재인이 부담있는 유증의 이행을 받은 때에는 부담의 이익을 받을 청구권은 유증목적의 가액을 초과하지 아니하는 한도 안에서 재단채권으로 한다.
제475조【재단채권의 변제】 재단채권은 파산절차에 의하지 아니하고 수시로 변제한다.
제476조【재단채권의 우선변제】 재단채권은 파산채권보다 먼저 변제한다.
제477조【재단부족의 경우의 변제방법】 ① 파산재단이 재단채권의 총액을 변제하기에 부족한 것이 분명하게 된 때에는 재단채권의 변제는 다른 법령이 규정하는 우선권에 불구하고 아직 변제하지 아니한 채권액의 비율에 따라 한다. 다만, 재단채권에 관하여 존재하는 유치권·질권·저당권·「동산·채권 등의 담보에 관한 법률」에 따른 담보권 및 전세권의 효력에는 영향을 미치지 아니한다. (2010.6.10 단서개정)
② 제473조제1호 내지 제7호 및 제10호에 열거된 재단채권은 다른 재단채권에 우선한다.
③ 제1항의 경우에 제6조제4항·제9항 및 제7조제1항에 따라 재단채권으로 하는 제179조제1항제5호 및 제12호의 청구권 중에서 채무자의 사업을 계속하기 위하여 법원의 허가를 받아 차입한 자금(이하 이 조에서 "신규차입자금"이라 한다)이 있는 때에는 제2항에도 불구하고 신규차입자금에 관한 채권과 제473조제10호의 재단채권은 다른 재단채권에 우선한다. 이 경우 신규차입자금에 관한 채권과 제473조제10호의 재단채권을 제외한 재단채권의 순위는 제2항에 따른다.(2020.2.4 본항신설)
제478조【파산채권에 관한 규정의 준용】 ① 제425조·제426조 및 제427조제1항의 규정은 제473조제7호 및 제474조의 규정에 의한 재단채권에 관하여 준용한다.
② 제1항의 규정에 의한 재단채권이 이자 없는 채권 또는 정기금채권인 때에는 만약 그 채권이 파산채권이라면 제446조제1항제5호 내지 제7호의 규정에 의하여 다른 파산채권보다 후순위로 될 부분에 해당하는 금액을 공제한 액을 그 가액으로 한다.

제5장 파산재단의 관리·환가 및 배당

제1절 파산재단의 관리 및 환가

제479조【파산재단의 점유 및 관리】 파산관재인은 취임 후 즉시 파산재단에 속하는 재산의 점유 및 관리에 착수하여야 한다.
제480조【봉인】 ① 파산관재인은 필요하다고 인정하는 때에는 법원사무관 등·집행관 또는 공증인으로 하여금 파산재단에 속하는 재산에 봉인을 하게 할 수 있다. 이 경우 봉인을 한 자는 조서를 작성하여야 한다.
② 제1항의 규정은 봉인을 제거하는 경우에 관하여 준용한다.
제481조【재산장부의 폐쇄】 파산관재인은 파산선고 후 지체 없이 채무자의 재산에 관한 장부를 폐쇄하고 그 취지를 기재한 후 기명날인하여야 한다.
제482조【재산의 가액의 평가】 파산관재인은 지체 없이 파산재단에 속하는 모든 재산의 파산선고 당시의 가액을 평가하여야 한다. 이 경우 채무자를 참여하게 할 수 있다.

제483조【재산목록 및 대차대조표의 작성】 ① 파산관재인은 재산목록 및 대차대조표를 작성하여야 한다.
② 파산관재인은 재산목록 및 대차대조표의 등본에 기명날인하고 이를 법원에 제출하여야 한다. 봉인에 관한 조서의 경우에도 또한 같다.
③ 이해관계인은 제2항의 규정에 의한 서류의 열람을 청구할 수 있다.

제484조【우편물의 관리】 ① 법원은 체신관서·운송인 그 밖의 자에 대하여 채무자에게 보내는 우편물·전보 그 밖의 운송물을 파산관재인에게 배달할 것을 촉탁할 수 있다.
② 파산관재인은 그가 수령한 제1항의 규정에 의한 우편물·전보 그 밖의 운송물을 열어 볼 수 있다.
③ 채무자는 파산관재인이 수령한 우편물·전보 그 밖의 운송물의 열람을 요구할 수 있으며, 파산재단과 관련이 없는 것의 교부를 요구할 수 있다.

제485조【우편물관리의 해제】 ① 법원은 채무자 또는 파산관재인의 신청에 의하여 제484조제1항의 규정에 의한 촉탁을 취소하거나 변경할 수 있다.
② 파산취소나 파산폐지의 결정이 확정되거나 파산종결의 결정이 있은 때에는 법원은 제484조제1항의 규정에 의한 촉탁을 취소하여야 한다.

제486조【영업의 계속】 파산관재인은 법원의 허가를 받아 채무자의 영업을 계속할 수 있다.

제487조【고가품의 보관방법】 화폐, 유가증권 그 밖의 고가품의 보관방법은 법원이 정한다.

제488조【파산경과의 보고】 파산관재인은 파산선고에 이르게 된 사정과 채무자 및 파산재단에 관한 경과 및 현상에 관하여 제1회 채권자집회에 보고하여야 한다.

제489조【채권자집회의 결의사항】 채권자집회는 다음 각 호의 사항에 관하여 결의를 할 수 있다.
1. 영업의 폐지 또는 계속
2. 고가품의 보관방법

제490조【별제권의 목적물의 제시】 ① 파산관재인은 별제권자에 대하여 그 권리의 목적인 재산을 제시할 것을 요구할 수 있다.
② 파산관재인이 제1항의 규정에 의한 재산을 평가하고자 하는 때에는 별제권자는 이를 거절할 수 없다.

제491조【환가시기의 제한】 제312조제1항제3호의 규정에 의한 채권조사기일이 종료되기 전에는 파산관재인은 파산재단에 속한 재산의 환가를 할 수 없다. 다만, 감사위원의 동의 또는 법원의 허가를 받은 때에는 그러하지 아니하다.

제492조【법원의 허가를 받아야 하는 행위】 파산관재인이 다음 각 호에 해당하는 행위를 하고자 하는 경우에는 법원의 허가를 받아야 하며, 감사위원이 설치되어 있는 때에는 감사위원의 동의를 얻어야 한다. 다만, 제7호 내지 제15호에 해당하는 경우 중 그 가액이 1천만원 미만으로서 법원이 정하는 금액 미만인 때에는 그러하지 아니하다.
1. 부동산에 관한 물권이나 등기하여야 하는 국내선박 및 외국선박의 임의매각
2. 광업권·어업권·양식업권·특허권·실용신안권·의장권·상표권·서비스표권 및 저작권의 임의매각 (2019.8.27 본호개정)
3. 영업의 양도
4. 상품의 일괄매각
5. 자금의 차입 등 차재
6. 제386조제2항의 규정에 의한 상속포기의 승인, 제387조의 규정에 의한 포괄적 유증의 포기의 승인과 제388조제1항의 규정에 의한 특정유증의 포기
7. 동산의 임의매각
8. 채권 및 유가증권의 양도
9. 제335조제1항의 규정에 의한 이행의 청구
10. 소의 제기(가처분 및 가압류의 신청을 제외한다)
11. 화해
12. 권리의 포기
13. 재단채권·환취권 및 별제권의 승인
14. 별제권의 목적의 환수
15. 파산재단의 부담을 수반하는 계약의 체결
16. 그 밖에 법원이 지정하는 행위

제493조【채무자의 의견청취】 제492조의 경우 채무자는 파산관재인에게 의견을 진술할 수 있다.

제494조【법원의 중지명령】 파산관재인이 감사위원의 동의를 얻어 제492조 각 호의 행위를 하는 때에도 법원은 채무자의 신청에 의하여 그 행위의 중지를 명하거나 그 행위에 관한 결의를 하게 하기 위하여 채권자집회를 소집할 수 있다.

제495조【선의의 제3자의 보호】 파산관재인이 제491조 또는 제492조의 규정을 위반하거나 제494조의 규정에 의한 중지명령을 위반한 때에도 이로써 선의의 제3자에게 대항할 수 없다.

제496조【환가방법】 ①「민사집행법」에서 환가방법을 정한 권리의 환가는「민사집행법」에 따른다.
② 제1항의 규정에 불구하고 파산관재인은 법원의 허가를 받아 영업양도 등 다른 방법으로 환가할 수 있다.

제497조【별제권의 목적물의 환가】 ① 파산관재인은「민사집행법」에 의하여 별제권의 목적인 재산을 환가할 수 있다. 이 경우 별제권자는 이를 거절할 수 없다.
② 제1항의 경우 별제권자가 받을 금액이 아직 확정되지 아니한 때에는 파산관재인은 대금을 따로 임치하여야 한다. 이 경우 별제권은 그 대금 위에 존재한다.

제498조【별제권자의 처분기간의 지정】 ① 별제권자가 법률에 정한 방법에 의하지 아니하고 별제권의 목적을 처분하는 권리를 가지는 때에는 법원은 파산관재인의 신청에 의하여 별제권자가 그 처분을 하여야 하는 기간을 정한다.
② 별제권자가 제1항의 규정에 의한 기간 안에 처분을 하지 아니하는 때에는 제1항의 규정에 의한 권리를 잃는다.

제499조【파산관재인의 상황보고】 파산관재인은 채권자집회가 정하는 바에 따라 채권자집회 또는 감사위원에게 파산재단의 상황을 보고하여야 한다.

제500조【임치품의 반환청구】 ① 파산관재인이 임치한 화폐·유가증권 그 밖의 고가품의 반환을 요구하고자 하는 때에는 감사위원의 동의를 얻어야 하며, 감사위원이 없는 때에는 법원의 허가를 받아야 한다. 다만, 채권자집회에서 다른 결의를 한 때에는 그 결의에 의한다.
② 파산관재인이 제1항의 규정을 위반한 경우 수치인이 선의이고 과실이 없는 때에는 그 변제는 효력이 있다.
③ 제1항 및 제2항의 규정은 파산관재인이 수치인으로 하여금 지급 그 밖의 급부를 하게 하기 위하여 증권을 발행하는 경우에 관하여 준용한다.

제501조【법인파산재단의 환가】「상법」제258조(채무완제불능과 출자청구)의 규정은 법인이 파산선고를 받은 경우에 관하여 준용한다.

제502조【익명조합원에 대한 출자청구】 익명조합계약이 영업자의 파산으로 인하여 종료된 때에는 파산관재인은 익명조합원이 부담할 손실액을 한도로 하여 출자를 하게 할 수 있다.

제503조【상속인의 파산과 상속재산의 처분】 ① 상속인이 파산선고를 받은 후에 한정승인을 하거나 재산분리가 있는 때에는 상속재산의 처분은 파산관재인이 하여야 한다. 한정승인 또는 재산분리가 있은 후에 상속인이 파산선고를 받은 때에도 또한 같다.
② 파산관재인이 제1항의 규정에 의한 처분을 종료한 때에는 잔여재산에 대하여 파산재단의 재산목록 및 대차대조표를 보충하여야 한다.
③ 제1항 및 제2항의 규정은 포괄적 유증을 받은 자가 파산선고를 받은 경우에 관하여 준용한다.

제504조【준용규정】 제503조의 규정은 제385조 또는 제386조제1항의 규정에 의하여 한정승인의 효력이 있는 경우에 관하여 준용한다.

제2절 배 당

제505조【배당시기】 제312조제1항제3호의 규정에 의한 채권조사기일이 종료된 후에는 파산관재인은 배당하기에 적당한 금전이 있을 때마다 지체 없이 배당을 하여야 한다.

제506조【배당에 필요한 허가】 파산관재인이 배당을 하는 때에는 법원의 허가를 받아야 한다. 다만, 감사위원이 있는 때는 감사위원의 동의를 얻어야 한다.

제507조【배당표의 작성】 ① 파산관재인은 다음 각 호의 사항을 기재한 배당표를 작성하여야 한다.
1. 배당에 참가시킬 채권자의 성명 및 주소
2. 배당에 참가시킬 채권의 액
3. 배당할 수 있는 금액
② 배당에 참가시킬 채권은 우선권의 유무에 의하여 구별한다. 이 경우 우선권이 있는 채권은 그 순위에 따라 기재하고, 우선권이 없는 채권은 제446조의 규정에 의하여 다른 채권보다 후순위인 것을 구분하여 기재하여야 한다.

제508조【배당표의 제출】 파산관재인은 이해관계인의 열람을 위하여 배당표를 법원에 제출하여야 한다.

제509조【배당액의 공고】 파산관재인은 배당에 참가시킬 채권의 총액과 배당할 수 있는 금액을 공고하여야 한다. 다만, 제513조 및 제527조의 규정에 의하여 배당표를 경정한 때에는 그러하지 아니하다.

제510조【배당중지의 공고】 배당절차의 진행 중에 회생절차개시 또는 간이회생절차개시의 신청이 있고 법원이 제44조제1항의 규정에 의하여 배당의 중지를 명한 때에는 그 뜻을 공고하여야 한다.(2014.12.30 본조개정)

제511조【배당절차의 속행과 공고】 제44조제1항제1호의 규정에 의하여 배당의 중지를 명한 경우 다음 각 호의 어느 하나에 해당하는 결정이 확정된 때에는 법원은 배당절차를 속행하고 그 뜻을 공고하여야 한다.
1. 회생절차개시신청 또는 간이회생절차개시신청의 기각
2. 회생절차 또는 간이회생절차의 폐지(제293조의5제3항에 따른 간이회생절차폐지의 결정 시 회생절차가 속행된 경우는 제외한다)
(2014.12.30 1호~2호개정)
3. 회생계획불인가

제512조【이의있는 채권자 및 별제권자의 배당제외】 ① 이의있는 채권에 관하여는 채권자가 배당공고가 있은 날부터 기산하여 14일 이내에 파산관재인에 대하여 채권조사확정재판을 신청하거나 제463조제1항의 소송을 제기하거나 소송을 수계한 것을 증명하지 아니한 때에는 그 배당으로부터 제외된다.
② 별제권자가 제1항의 규정에 의한 배당제외기간 안에 파산관재인에 대하여 그 권리의 목적의 처분에 착수한 것을 증명하고, 그 처분에 의하여 변제를 받을 수 없는 채권액을 소명하지 아니한 때에는 배당에서 제외된다.

제513조【배당표의 경정】 다음 각 호의 어느 하나에 해당하는 때에는 파산관재인은 즉시 배당표를 경정하여야 한다.
1. 파산채권자표를 경정하여야 하는 사유가 배당제외기간 안에 생긴 때
2. 제512조의 규정에 의한 증명 또는 소명이 있는 때
3. 별제권자가 배당제외기간 안에 파산관재인에 대하여 그 권리포기의 의사를 표시하거나 그 권리의 행사에 의하여 변제를 받을 수 없었던 채권액을 증명한 때

제514조【배당표에 대한 이의】 ① 채권자는 배당표에 대하여 배당제외기간 경과 후 7일 이내에 한하여 법원에 이의를 신청할 수 있다.
② 법원은 배당표의 경정을 명한 때에는 이해관계인이 열람할 수 있도록 그 결정서를 법원에 비치하여야 한다. 이 경우 항고기간은 결정서를 법원에 비치한 날부터 기산한다.
③ 제1항의 신청에 대한 법원의 결정에 대하여는 즉시항고를 할 수 있다. 이 경우 법원이 배당표의 경정을 명한 때의 항고기간은 결정서를 비치한 날부터 기산한다.

제515조【배당률의 결정통지】 ① 파산관재인은 제514조제1항의 규정에 의한 기간이 경과한 후에 이의의 신청이 있는 때에는 이에 대한 결정이 있은 후 지체 없이 배당률을 정하여 배당에 참가시킬 각 채권자에게 통지하여야 한다.
② 배당률을 정하는 때에는 법원의 허가를 받아야 한다. 다만, 감사위원이 있는 때에는 감사위원의 동의를 얻어야 한다.

제516조【해제조건부채권자의 배당】 해제조건부채권을 가진 자는 상당한 담보를 제공하지 아니하면 배당을 받을 수 없다.

제517조【배당방법】 ① 파산채권자는 파산관재인이 그 직무를 행하는 장소에서 배당을 받아야 한다. 다만, 파산관재인과 파산채권자 사이에 별도의 합의가 있는 경우에는 그러하지 아니하다.
② 파산관재인은 배당을 한 때에는 파산채권자표 및 채권의 증서에 배당한 금액을 기입하고 기명날인하여야 한다.

제518조【종전의 배당에서 제외된 자의 우선배당】 제512조의 규정에 의한 증명 또는 소명을 하지 아니하여 배당에서 제외된 채권자가 그 후의 배당에 관한 배당제외기간 안에 그 증명 또는 소명을 한 때에는 그 전의 배당에서 받을 수 있었을 액에 관하여 동일한 순위의 다른 채권자에 우선하여 배당을 받을 수 있다.

제519조【배당액의 임치】 파산관재인은 다음 각 호의 어느 하나에 해당하는 채권에 대한 배당액을 임치하여야 한다.
1. 제462조 내지 제464조 또는 제466조의 규정에 의하여 이의가 있는 채권에 관하여 채권조사확정재판의 신청, 소의 제기 또는 소송의 수계가 있는 경우
2. 배당률의 통지를 발송하기 전에 행정심판 또는 소송 그 밖의 불복절차가 종결되지 아니한 채권
3. 제512조제2항의 규정에 의하여 별제권자가 소명한 채권액
4. 정지조건부채권과 장래의 청구권
5. 제516조의 규정에 의하여 담보를 제공하지 아니한 해제조건부채권

제520조【최후배당의 허가】 파산관재인이 최후의 배당을 하는 경우에는 감사위원의 동의가 있는 때에도 법원의 허가를 받아야 한다.

제521조【최후배당의 배당제외기간】 최후의 배당에 관한 배당제외기간은 배당의 공고가 있은 날부터 14일 이상 30일 이내에서 법원이 정한다.

제522조【최후배당액의 결정 및 통지】 최후배당에서 파산관재인은 배당표에 대한 이의가 종결된 후 지체 없이 각 채권자에 대한 배당액을 정하여 그 통지를 하여야 한다.

제523조【정지조건부채권자의 제외】 정지조건부채권 또는 장래의 청구권이 최후의 배당에 관한 배당제외기간 안에 이를 행사할 수 있게 되지 못한 때에는 그 채권자는 배당에서 제외된다.

제524조【해제조건부채권자에 대한 지급】 해제조건부채권의 조건이 최후의 배당에 관한 배당제외기간 안에 성취되지 못한 때에는 제516조의 규정에 의하여 제공한 담보는 그 효력을 상실하고, 제519조제5호의 규정에 의하여 임치한 금액은 이를 그 채권자에게 지급하여야 한다. 제419조의 규정에 의하여 제공한 담보나 임치한 금액의 경우에도 또한 같다.

제525조【별제권자의 제외】 별제권자가 최후의 배당에 관한 배당제외기간 안에 파산관재인에 대하여 그 권리포기의 의사를 표시하거나 그 권리의 행사에 의하여 변제를 받을 수 없었던 채권액을 증명하지 아니한 때에는 배당에서 제외된다.

제526조【임치금의 배당】 제523조 또는 제525조의 규정에 의하여 배당에서 제외된 채권자를 위하여 임치한 금액은 이를 다른 채권자에게 배당하여야 한다. 제418조의 규정에 의하여 임치한 금액의 경우에도 또한 같다.

제527조【새로운 재산이 있게 된 때의 배당표의 경정】 배당액의 통지를 발송하기 전에 새로 배당에 충당할 재산이 있게 된 때에는 파산관재인은 지체 없이 배당표를 경정하여야 한다.

제528조【배당액의 공탁】 파산관재인은 채권자를 위하여 다음 각 호의 배당액을 공탁하여야 한다.

1. 제519조제1호 또는 제2호의 규정에 의하여 임치한 배당액
2. 배당액의 통지를 발송하기 전에 행정심판 또는 소송 그 밖의 불복절차가 종결되지 아니한 채권에 대한 배당액
3. 채권자가 수령하지 아니한 배당액

제529조【계산보고의 채권자집회】 계산보고를 위하여 소집한 채권자집회에서는 파산관재인이 가치 없다고 인정하여 환가하지 아니한 재산의 처분에 관한 결의를 하여야 한다.

제530조【파산종결의 결정 및 공고】 채권자집회가 종결된 때에는 법원은 파산종결의 결정을 하고 그 주문 및 이유의 요지를 공고하여야 한다.

제531조【추가배당의 공고 및 배당액의 통지】 ① 배당액의 통지를 한 후에 새로 배당에 충당할 재산이 있게 된 때에는 파산관재인은 법원의 허가를 받아 추가배당을 하여야 한다. 파산종결의 결정이 있은 후에 새로 배당에 충당할 재산이 있게 된 때에도 또한 같다.
② 파산관재인이 추가배당의 허가를 받은 때에는 지체 없이 배당할 수 있는 금액을 공고하고 각 채권자에 대한 배당액을 정하여 통지하여야 한다.

제532조【추가배당의 기준】 추가배당은 최후의 배당에 관하여 작성한 배당표에 의하여 한다.

제533조【계산보고서】 ① 파산관재인이 추가배당을 한 때에는 지체 없이 계산보고서를 작성하여 법원의 인가를 받아야 한다.
② 제1항의 규정에 의한 인가결정에 대하여는 즉시항고를 할 수 있다.

제534조【파산관재인이 알고 있지 아니한 재단채권자】 배당률 또는 배당액의 통지를 하기 전에 파산관재인이 알고 있지 아니한 재단채권자는 각 배당에서 배당할 금액으로써 변제를 받을 수 없다.

제535조【확정채권에 관한 파산채권자표 기재의 파산선고를 받은 채무자에 대한 효력】 ① 확정채권에 대하여 채무자가 채권조사의 기일에 이의를 진술하지 아니한 때에는 파산채권자표의 기재는 파산선고를 받은 채무자에 대하여 확정판결과 동일한 효력을 가진다.
② 채권자는 파산종결 후에 파산채권자표의 기재에 의하여 강제집행을 할 수 있다. 이 경우 「민사집행법」 제2조(집행실시자) 내지 제18조(집행비용의 예납 등), 제20조(공공기관의 원조) 및 제28조(집행력있는 정본) 내지 제55조(외국에서 할 집행)의 규정을 준용한다.

제536조【원상회복의 신청】 ① 채무자가 그 책임 없는 사유로 인하여 채권조사의 기일에 출석하지 못한 때에는 그 사유가 없어진 날부터 7일 이내에 한하여 이의를 추후 보완하기 위하여 파산계속법원에 원상회복의 신청을 할 수 있다.(2016.12.27 본항개정)
② 법원은 직권으로 채무자의 이의가 있는 채권의 채권자에게 원상회복의 신청서를 송달하여야 한다.
③ 법원이 원상회복을 허가한 때에는 채무자가 채권조사기일에 이의를 진술한 것과 동일한 효력이 생긴다. 이 경우 법원사무관등은 파산채권자표에 이의의 기재를 하여야 한다.
④ 제1항의 규정에 의한 원상회복신청에 관한 재판에 대하여는 즉시항고를 할 수 있다.

제537조【상속재산의 잔여재산】 상속재산에 대하여 파산선고가 있는 때에는 최후의 배당으로부터 제외된 상속채권자와 유증을 받은 자는 잔여재산에 관하여 그 권리를 행사할 수 있다.

제6장 파산폐지

제538조【동의에 의한 파산폐지의 신청】 ① 법원은 다음 각 호의 어느 하나에 해당하는 때에는 채무자의 신청에 의하여 파산폐지의 결정을 할 수 있다.

1. 채무자가 제447조의 규정에 의한 채권신고기간 안에 신고한 파산채권자 전원의 동의를 얻은 때
2. 채무자가 제1호의 동의를 얻지 못한 경우에는 동의를 하지 아니한 파산채권자에 대하여 다른 파산채권자의 동의를 얻어 파산재단으로부터 담보를 제공한 때

② 미확정채권에 관하여 그 채권자의 동의가 필요한지 여부는 법원이 정한다. 파산채권자에게 제공하는 담보가 상당한지 여부도 또한 같다.
③ 제1항의 규정에 의한 재판에 대하여는 즉시항고를 할 수 있다.

제539조【법인 등의 파산폐지신청】 ① 법인의 파산폐지신청은 이사 전원의 합의가 있어야 한다.
② 상속재산의 파산폐지신청은 상속인이 한다. 이 경우 상속인이 여럿인 때에는 전원의 합의가 있어야 한다.

제540조【파산폐지신청과 법인의 존속】 파산선고를 받은 법인이 파산폐지신청을 하고자 하는 때에는 사단법인은 정관의 변경에 관한 규정에 따라, 재단법인은 주무관청의 허가를 받아 법인을 존속시키는 절차를 밟아야 한다.

제541조【입증서면의 제출】 파산폐지신청을 하는 때에는 신청요건이 구비되었음을 증명할 수 있는 서면을 제출하여야 한다.

제542조【파산폐지신청의 공고 및 서류비치】 법원은 파산폐지신청이 있다는 뜻을 공고하고, 이해관계인이 열람할 수 있도록 신청에 관한 서류를 법원에 비치하여야 한다.

제543조【채권자의 이의신청】 ① 파산채권자는 제542조의 규정에 의한 공고가 있은 날부터 14일 이내에 파산폐지신청에 관하여 법원에 이의를 신청할 수 있다.
② 제1항의 규정에 의한 기간이 경과하기 전에 신고한 파산채권자도 이의를 신청할 수 있다.

제544조【관계인의 의견청취】 법원은 제543조제1항의 규정에 의한 기간이 경과한 후 파산폐지결정에 필요한 요건의 구비 여부에 관하여 채무자 및 파산관재인과 이의를 신청한 파산채권자의 의견을 들어야 한다.

제545조【비용부족으로 인한 파산폐지】 ① 법원은 파산선고 후에 파산재단으로써 파산절차의 비용을 충당하기에 부족하다고 인정되는 때에는 파산관재인의 신청에 의하거나 직권으로 파산폐지결정을 하여야 한다. 이 경우 법원은 채권자집회의 의견을 들어야 한다.
② 제1항의 규정은 파산절차비용을 충당하기에 충분한 금액이 미리 납부되어 있는 때에는 적용하지 아니한다.
③ 제1항의 규정에 의한 재판에 대하여는 즉시항고를 할 수 있다.

제546조【파산폐지결정의 공고】 법원은 파산폐지결정을 한 때에는 그 주문 및 이유의 요지를 공고하여야 한다.

제547조【재단채권의 변제 및 공탁】 파산폐지결정이 확정된 때에는 파산관재인은 재단채권의 변제를 하여야 하며, 이의가 있는 것에 관하여는 채권자를 위하여 공탁을 하여야 한다.

제548조【준용규정】 ① 제535조의 규정은 파산폐지의 결정이 확정된 경우에 관하여 준용한다.
② 제567조의 규정은 법인인 채무자가 파산종결 또는 파산폐지의 결정으로 소멸하는 경우에 관하여 준용한다.

제7장 간이파산

제549조【간이파산의 요건】 ① 파산재단에 속하는 재산액이 5억원 미만이라고 인정되는 때에는 법원은 파산선고와 동시에 간이파산의 결정을 하여야 한다.
② 제1항의 경우 법원은 제313조제1항 각 호의 사항 외에 간이파산결정의 주문을 공고하고, 같은 조 제2항의 규정에 의한 서면에 이를 기재하여야 한다.

제550조【파산절차 중의 간이파산결정】 ① 파산절차 중 파산재단에 속하는 재산액이 5억원 미만임이 발견된 때에는 법원은 이해관계인의 신청에 의하거나 직권으로 간이파산의 결정을 할 수 있다.
② 제1항의 규정에 의하여 간이파산의 결정을 한 때에는 법원은 결정의 주문을 공고하고 파산관재인 및 감사위원과 알고 있는 채권자 및 채무자에게 그 결정의 주문을 기재한 서면을 송달하여야 한다.

제551조【간이파산의 취소】 간이파산절차 중 파산재단에 속하는 재산액이 5억원 이상임이 발견된 때에는 법원은 이해관계인의 신청에 의하거나 직권으로 간이파산취소의 결정을 할 수 있다. 이 경우 제550조제2항의 규정을 준용한다.

제552조【채권자집회의 기일과 채권조사기일의 병합】 간이파산절차의 경우 제1회 채권자집회의 기일과 채권조사의 기일은 부득이한 사유가 있는 때를 제외하고는 이를 병합하여야 한다.

제553조【감사위원의 불설치】 간이파산의 경우에는 감사위원을 두지 아니한다.

제554조【채권자집회의 결의에 갈음하는 결정】 간이파산절차의 경우 제1회 채권자집회의 결의와 채권조사 및 계산보고를 위한 채권자집회의 결의를 제외하고는 법원의 결정으로 채권자집회의 결의에 갈음한다.

제555조【1회 배당】 간이파산절차의 경우 배당은 1회로 하며, 최후의 배당에 관한 규정에 의한다. 다만, 추가배당을 할 수 있다.

제8장 면책 및 복권

제1절 면 책

제556조【면책신청】 ① 개인인 채무자는 파산신청일부터 파산선고가 확정된 날 이후 1월 이내에 법원에 면책신청을 할 수 있다.
② 채무자가 그 책임 없는 사유로 인하여 제1항의 규정에 의한 면책신청을 하지 못한 때에는 그 사유가 종료된 후 30일 이내에 한하여 면책신청을 할 수 있다.
③ 채무자가 파산신청을 한 경우에는 채무자가 반대의 의사표시를 한 경우를 제외하고, 당해 신청과 동시에 면책신청을 한 것으로 본다.
④ 면책신청을 하는 때에는 제538조의 규정에 의한 파산폐지의 신청을 할 수 없다.
⑤ 제538조의 규정에 의한 파산폐지의 신청을 한 때에는 그 기각의 결정이 확정된 후가 아니면 면책신청을 할 수 없다.
⑥ 면책의 신청에는 채권자목록을 첨부하여야 한다. 다만, 신청과 동시에 제출할 수 없는 때에는 그 사유를 소명하고 그 후에 지체 없이 이를 제출하여야 한다.
⑦ 제3항의 규정에 의하여 면책신청을 한 것으로 보는 경우에는 제302조제2항제1호의 규정에 의하여 제출한 채권자목록은 제6항의 채권자목록으로 본다.

제557조【강제집행의 정지】 ① 면책신청이 있고, 파산폐지결정의 확정 또는 파산종결결정이 있는 때에는 면책신청에 관한 재판이 확정될 때까지 채무자의 재산에 대하여 파산채권에 기한 강제집행·가압류 또는 가처분을 할 수 없고, 채무자의 재산에 대하여 파산선고 전에 이미 행하여지고 있던 강제집행·가압류 또는 가처분은 중지된다.
② 면책결정이 확정된 때에는 제1항의 규정에 의하여 중지한 절차는 그 효력을 잃는다.

제558조【채무자의 심문】 ① 면책을 신청한 자에 대하여 파산선고가 있는 때에는 법원은 기일을 정하여 채무자를 심문할 수 있다.
② 법원은 제1항의 규정에 의한 기일을 정하는 결정을 한 때에는 이를 공고하고, 파산관재인과 면책의 효력을 받을 파산채권자로서 법원이 알고 있는 파산채권자에게 송달하여야 한다.
③ 제2항의 규정은 제1항의 규정에 의한 기일의 변경과 심문의 연기 및 속행에 관하여 준용한다.
④ 제457조 단서의 규정은 제2항 및 제3항의 규정에 의한 결정에 관하여 준용한다.
⑤ 제1항의 규정에 의한 기일은 채권자집회 또는 채권조사의 기일과 병합할 수 있다.

제559조【면책신청의 기각사유】 ① 법원은 다음 각 호의 어느 하나에 해당하는 때에는 면책신청을 기각할 수 있다.

1. 채무자가 신청권자의 자격을 갖추지 아니한 때
2. 채무자에 대한 파산절차의 신청이 기각된 때
3. 채무자가 절차의 비용을 예납하지 아니한 때
4. 그 밖에 신청이 성실하지 아니한 때

② 제1항의 규정에 의하여 면책신청이 기각된 채무자는 동일한 파산에 관하여 다시 면책신청을 할 수 없다.
③ 제1항의 결정에 대하여는 즉시항고를 할 수 있다.

제560조【파산관재인의 조사보고】 법원은 파산관재인으로 하여금 면책불허가사유의 유무를 조사하게 하고, 제558조의 규정에 의한 심문기일에 그 결과를 보고하게 할 수 있다.

제561조【면책신청에 관한 서류 등의 비치】 법원은 이해관계인이 열람할 수 있도록 다음 각 호의 서류를 법원에 비치하여야 한다.

1. 면책신청에 관한 서류
2. 제560조의 규정에 의한 파산관재인의 보고서류

제562조【면책신청에 대한 이의】 ① 검사·파산관재인 또는 면책의 효력을 받을 파산채권자는 제558조의 규정에 의한 심문기일부터 30일(심문기일을 정하지 않은 경우에는 법원이 정하는 날) 이내에 면책신청에 관하여 법원에 이의를 신청할 수 있다. 다만, 법원은 상당한 이유가 있는 때에는 신청에 의하여 그 기간을 늘일 수 있다.
② 제1항의 규정에 의한 이의신청을 하는 때에는 제564조제1항 각 호의 면책불허가사유를 소명하여야 한다.

제563조【이의신청에 관한 의견청취】 법원은 제562조제1항의 규정에 의하여 이의신청이 있는 때에는 채무자 및 이의신청인의 의견을 들어야 한다.

제564조【면책허가】 ① 법원은 다음 각 호의 어느 하나에 해당하는 때를 제외하고는 면책을 허가하여야 한다.

1. 채무자가 제650조·제651조·제653조·제656조 또는 제658조의 죄에 해당하는 행위가 있다고 인정하는 때
2. 채무자가 파산선고 전 1년 이내에 파산의 원인인 사실이 있음에도 불구하고 그 사실이 없는 것으로 믿게 하기 위하여 그 사실을 속이거나 감추고 신용거래로 재산을 취득한 사실이 있는 때
3. 채무자가 허위의 채권자목록 그 밖의 신청서류를 제출하거나 법원에 대하여 그 재산상태에 관하여 허위의 진술을 한 때
4. 채무자가 면책의 신청 전에 이 조에 의하여 면책을 받은 경우에는 면책허가결정의 확정일부터 7년이 경과되지 아니한 때, 제624조에 의하여 면책을 받은 경우에는 면책확정일부터 5년이 경과되지 아니한 때
5. 채무자가 이 법에 정하는 채무자의 의무를 위반한 때
6. 채무자가 과다한 낭비·도박 그 밖의 사행행위를 하여 현저히 재산을 감소시키거나 과대한 채무를 부담한 사실이 있는 때

② 법원은 제1항 각 호의 면책불허가사유가 있는 경우라도 파산에 이르게 된 경위, 그 밖의 사정을 고려하여 상당하다고 인정되는 경우에는 면책을 허가할 수 있다.
③ 법원은 면책허가결정을 한 때에는 그 주문과 이유의 요지를 공고하여야 한다. 이 경우 송달은 하지 아니할 수 있다.
④ 면책 여부에 관한 결정에 대하여는 즉시항고를 할 수 있다.

판례 파산면책제도의 목적과 다른 도산절차와의 관계, 채무자 회생 및 파산에 관한 법률 제309조 제2항의 입법 연혁과 조문 체계 등에 비추어 보면, 채무자가 개인인 경우 '파산신청이 파산절차의 남용에 해당한다'는 것은, 채무자가 현재는 지급불능 상태이지만

계속적으로 또는 반복하여 일정한 소득을 얻고 있고 이러한 소득에서 필수적으로 지출하여야 하는 생계비, 조세 등을 공제한 가용소득으로 채무의 상당 부분을 계속적으로 변제할 수 있기 때문에, 회생절차·개인회생절차 등을 통하여 충분히 회생을 도모할 수 있다고 인정되는 경우를 주로 의미한다. 따라서 채무자가 회생절차·개인회생절차를 신청한다면 그 절차를 통하여 충분히 회생을 도모할 수 있는 상태에 있는지 여부를 전혀 심리하여 보지도 아니한 상태에서 채무자에게 장래 소득이 예상된다는 사정만에 터잡아 함부로 채무자의 파산신청이 파산절차의 남용에 해당한다고 단정하여서는 아니 된다.(대결 2009.5.28, 2008마1904,1905)

제565조【면책결정의 효력발생시기】 면책결정은 확정된 후가 아니면 그 효력이 생기지 아니한다.

제566조【면책의 효력】 면책을 받은 채무자는 파산절차에 의한 배당을 제외하고는 파산채권자에 대한 채무의 전부에 관하여 그 책임이 면제된다. 다만, 다음 각 호의 청구권에 대하여는 책임이 면제되지 아니한다.
1. 조세
2. 벌금·과료·형사소송비용·추징금 및 과태료
3. 채무자가 고의로 가한 불법행위로 인한 손해배상
4. 채무자가 중대한 과실로 타인의 생명 또는 신체를 침해한 불법행위로 인하여 발생한 손해배상
5. 채무자의 근로자의 임금·퇴직금 및 재해보상금
6. 채무자의 근로자의 임치금 및 신원보증금
7. 채무자가 악의로 채권자목록에 기재하지 아니한 청구권. 다만, 채권자가 파산선고가 있음을 안 때에는 그러하지 아니하다.
8. 채무자가 양육자 또는 부양의무자로서 부담하여야 하는 비용
9. (2021.12.28 삭제)

판례 파산채권자에 대한 채무자의 책임을 면제하는 '채무자 회생 및 파산에 관한 법률' 제566조 본문은 채권자인 청구인의 재산권이나 평등권을 침해하지 아니하므로 헌법에 위반되지 않는다.(헌재결 2013.3.21, 2012헌마569)

판례 채무자 회생 및 파산에 관한 법률 제566조 제7호에서 말하는 '채무자가 악의로 채권자목록에 기재하지 아니한 청구권'이라고 함은 채무자가 면책결정 이전에 파산채권자에 대한 채무의 존재 사실을 알면서도 이를 채권자목록에 기재하지 않은 경우를 뜻하므로, 채무자가 채무의 존재 사실을 알지 못한 때에는 비록 그와 같이 알지 못한 데에 과실이 있더라도 위 법조항에 정한 비면책채권에 해당하지 아니하지만, 이와 달리 채무자가 채무의 존재를 알고 있었다면 과실로 채권자목록에 이를 기재하지 못하였다고 하더라도 위 법조항에서 정하는 비면책채권에 해당한다. 이와 같이 채권자목록에 기재하지 아니한 청구권을 면책대상에서 제외한 이유는, 채권자목록에 기재되지 아니한 채권자가 있을 경우 그 채권자로서는 면책절차 내에서 면책신청에 대한 이의 등을 신청할 기회를 박탈당하게 될 뿐만 아니라 그에 따라 위 법 제564조에서 정한 면책불허가사유에 대한 객관적 검증도 없이 면책이 허가, 확정되면 원칙적으로 채무자가 채무를 변제할 책임에서 벗어나게 되므로, 위와 같은 절차 참여의 기회를 갖지 못한 채 불이익을 받게 되는 채권자를 보호하기 위한 것이다. 따라서 사실과 맞지 아니하는 채권자목록의 작성에 관한 채무자의 악의 여부는 위에서 본 위 법 제566조 제7호의 규정 취지를 충분히 감안하여, 누락된 채권의 내역과 채무자와의 견련성, 그 채권자와 채무자의 관계, 누락의 경위에 관한 채무자의 소명과 객관적 자료와의 부합 여부 등 여러 사정을 종합하여 판단하여야 하고, 단순히 채무자가 제출한 자료만으로는 면책불허가 사유가 보이지 않는다는 등의 점만을 들어 채무자의 선의를 쉽게 인정하여서는 아니 된다.(대판 2010.10.14, 2010다49083)

판례 '채무자가 중대한 과실로 타인의 생명 또는 신체를 침해한 불법행위로 인하여 발생한 손해배상'을 비면책채권의 하나로 규정한 채무자 회생 및 파산에 관한 법률 제566조 제4호에서 규정하는 '중대한 과실'이란, 채무자가 어떠한 행위를 함에 있어서 조금만 주의를 기울였다면 생명 또는 신체 침해의 결과가 발생하리라는 것을 쉽게 예견할 수 있음에도 그러한 행위를 만연히 계속하거나 조금만 주의를 기울여 어떠한 행위를 하였더라면 생명 또는 신체 침해의 결과를 쉽게 회피할 수 있음에도 그러한 행위를 하지 않는 등 일반인에게 요구되는 주의의무에 현저히 위반하는 것을 말한다.(대판 2010.5.13, 2010다3353)

제567조【보증인 등에 대한 효과】 면책은 파산채권자가 채무자의 보증인 그 밖에 채무자와 더불어 채무를 부담하는 자에 대하여 가지는 권리와 파산채권자를 위하여 제공한 담보에 영향을 미치지 아니한다.

제568조【면책결정의 기재】 법원사무관등은 면책의 결정이 확정되면 파산채권자표가 있는 경우에는 파산채권자표에 면책의 결정이 확정된 뜻을 기재하여야 한다.

제569조【면책의 취소】 ① 채무자가 제650조의 규정에 의한 사기파산으로 유죄의 확정판결을 받은 때에는 법원은 파산채권자의 신청에 의하거나 직권으로 면책취소의 결정을 할 수 있다. 채무자가 부정한 방법으로 면책을 받은 경우 파산채권자가 면책 후 1년 이내에 면책의 취소를 신청한 때에도 또한 같다.
② 제1항의 결정에 대하여는 즉시항고를 할 수 있다.

제570조【면책취소에 관한 의견청취】 법원은 면책취소의 재판을 하기 전에 채무자 및 신청인의 의견을 들어야 한다.

제571조【면책취소결정의 효력발생시기】 면책취소의 결정은 확정된 후부터 그 효력이 발생한다.

제572조【신채권자의 우선권】 면책의 취소가 있은 때에는 면책 후 취소에 이르기까지의 사이에 생긴 원인으로 인하여 채권을 가지게 된 자는 다른 채권자에 우선하여 변제를 받을 권리를 가진다.

제573조【면책취소결정의 기재】 법원사무관등은 면책취소의 결정이 확정되면 파산채권자표가 있는 경우에는 파산채권자표에 면책취소의 결정이 확정된 뜻을 기재하여야 한다.

제2절 복 권

제574조【당연복권】 ① 파산선고를 받은 채무자는 다음 각 호의 어느 하나에 해당하는 경우에는 복권된다.
1. 면책의 결정이 확정된 때
2. 제538조의 규정에 의한 신청에 기한 파산폐지의 결정이 확정된 때
3. 파산선고를 받은 채무자가 파산선고 후 제650조의 규정에 의한 사기파산으로 유죄의 확정판결을 받음이 없이 10년이 경과한 때
② 면책취소의 결정이 확정된 때에는 제1항제1호의 규정에 의한 복권은 장래에 향하여 그 효력을 잃는다.

제575조【신청에 의한 복권】 ① 제574조의 규정에 의하여 복권될 수 없는 파산선고를 받은 채무자가 변제 그 밖의 방법으로 파산채권자에 대한 채무의 전부에 관하여 그 책임을 면한 때에는 파산계속법원은 파산선고를 받은 채무자의 신청에 의하여 복권의 결정을 하여야 한다.(2016.12.27 본항개정)
② 파산선고를 받은 채무자는 제1항의 규정에 의하여 복권의 신청을 하는 때에는 그 책임을 면한 사실을 증명할 수 있는 서면을 제출하여야 한다.
③ 제1항의 결정에 대하여는 즉시항고를 할 수 있다.

제576조【복권신청의 공고 등】 법원은 복권의 신청이 있은 때에는 그 뜻을 공고하고, 이해관계인이 열람할 수 있도록 그 신청에 관한 서류를 법원에 비치하여야 한다.

제577조【복권신청에 관한 이의】 ① 파산채권자는 제576조의 규정에 의한 공고가 있은 날부터 3월 이내에 복권의 신청에 관하여 법원에 이의를 신청할 수 있다.
② 제1항의 규정에 의한 이의신청이 있는 때에는 법원은 파산선고를 받은 채무자와 이의를 신청한 파산채권자의 의견을 들어야 한다.

제578조【복권결정의 효력발생시기】 복권의 결정은 확정된 후부터 그 효력이 발생한다.

제9장 유한책임신탁재산의 파산에 관한 특칙
(2013.5.28 본장신설)

제578조의2【적용범위】 유한책임신탁재산의 파산에 관하여는 이 장에서 달리 정하는 것을 제외하고는 제3편제1장부터 제7장까지의 규정에 따른다.

제578조의3【파산신청권자】 ① 유한책임신탁재산에 대하여 신탁채권자, 수익자, 수탁자, 신탁재산관리인 또는 「신탁법」 제133조에 따른 청산수탁자는 파산신청을 할 수 있다.
② 신탁채권자 또는 수익자가 파산신청을 하는 경우에는 신탁채권 또는 수익권의 존재와 파산의 원인인 사실을 소명하여야 한다.
③ 수탁자 또는 신탁재산관리인이 여럿 있는 경우 그 전원이 파산신청을 하는 경우가 아닐 때에는 파산의 원인인 사실을 소명하여야 한다.
④ 신탁이 종료된 후 잔여재산의 이전이 종료될 때까지는 신탁재산에 대한 파산신청을 할 수 있다.

제578조의4【파산원인】 ① 유한책임신탁재산으로 지급을 할 수 없는 경우 법원은 신청에 의하여 결정으로 파산을 선고한다.
② 수탁자가 신탁채권자 또는 수익자에 대하여 지급을 정지한 경우에는 유한책임신탁재산으로 지급을 할 수 없는 것으로 추정한다.
③ 유한책임신탁재산으로 신탁채권자 또는 수익자에 대한 채무를 전부 변제할 수 없는 경우 법원은 신청에 의하여 결정으로 파산을 선고할 수 있다.

제578조의5【신탁재산 파산의 통지 등】 ① 유한책임신탁재산에 대하여 파산선고를 한 경우 그 목적인 사업이 행정청의 허가를 받은 사업일 때에는 법원은 파산선고 사실을 주무관청에 통지하여야 한다.
② 유한책임신탁재산에 대한 파산취소 또는 파산폐지의 결정이 확정되거나 파산종결의 결정이 있는 경우 그 목적인 사업이 행정청의 허가를 받은 사업일 때에도 제1항과 같다.
③ 유한책임신탁재산에 대하여 파산선고를 한 경우 등기의 촉탁 등에 관하여는 제23조부터 제27조까지의 규정을 준용한다.

제578조의6【파산선고를 받은 신탁의 수탁자 등의 구인】 ① 유한책임신탁재산에 대한 파산선고를 한 경우 법원은 필요하다고 인정할 때에는 다음 각 호의 자를 구인하도록 명할 수 있다.
1. 수탁자 또는 신탁재산관리인
2. 수탁자의 법정대리인
3. 수탁자의 지배인
4. 법인인 수탁자의 이사
② 파산의 신청이 있는 때에는 법원은 파산선고 전이라도 이해관계인의 신청에 의하거나 직권으로 제1항 각 호의 자를 구인하도록 명할 수 있다.
③ 제1항 및 제2항에 따른 구인에 관하여는 제319조제2항 및 제3항을 준용한다.

제578조의7【파산선고를 받은 신탁의 수탁자 등의 설명의무】 ① 유한책임신탁재산에 대한 파산선고를 받은 경우 제578조의6제1항 각 호의 자는 파산관재인·감사위원 또는 채권자집회의 요청에 의하여 파산에 관하여 필요한 설명을 하여야 한다.
② 종전에 제578조의6제1항 각 호의 자격을 가졌던 자에 대하여는 제1항을 준용한다.

제578조의8【파산선고 전의 보전처분】 ① 법원은 파산선고 전이라도 이해관계인의 신청에 의하거나 직권으로 유한책임신탁재산에 관하여 가압류, 가처분, 그 밖에 필요한 보전처분을 명할 수 있다.
② 제1항에 따른 법원의 재판에 관하여는 제323조제2항부터 제5항까지의 규정을 준용한다.
③ 유한책임신탁재산에 속하는 권리로서 등기된 것에 대하여 제1항에 따른 보전처분이 있는 경우 그 보전처분의 등기 촉탁에 관하여는 제24조제1항을 준용한다.

제578조의9【수탁자등의 재산에 대한 보전처분】 ① 법원은 유한책임신탁재산에 대하여 파산선고가 있는 경우 필요하다고 인정할 때에는 파산관재인의 신청에 의하거나 직권으로 수탁자, 전수탁자(前受託者), 신탁재산관리인, 검사인 또는 「신탁법」 제133조에 따른 청산수탁자(이하 "수탁자등"이라 한다)의 책임에 기한 손해배상청구권을 보전하기 위하여 수탁자등의 재산에 대한 보전처분을 할 수 있다.
② 제1항에 따른 보전처분에 관하여는 제351조제2항부터 제7항까지의 규정을 준용한다.
③ 제1항에 따른 보전처분이 있는 경우 그 보전처분의 등기 또는 등록의 촉탁에 관하여는 제24조제1항을 준용한다.

제578조의10【수탁자등에 대한 손해배상청구권 등의 조사확정재판】 ① 법원은 유한책임신탁재산에 대하여 파산선고가 있는 경우 필요하다고 인정할 때에는 파산관재인의 신청에 의하거나 직권으로 수탁자등의 책임에 기한 손해배상청구권의 존부와 그 내용을 조사확정하는 재판을 할 수 있다.
② 제1항에 따른 조사확정재판에 관하여는 제352조제2항부터 제9항까지, 제353조 및 제354조를 준용한다.

제578조의11【파산관재인】 유한책임신탁재산에 대하여 파산선고가 있는 경우 다음 각 호의 권한은 파산관재인만이 행사할 수 있다.
1. 「신탁법」 제43조에 따른 원상회복 등의 청구
2. 「신탁법」 제75조제1항에 따른 취소
3. 「신탁법」 제77조에 따른 유지 청구
4. 「신탁법」 제121조에 따른 전보 청구(수익자에 대한 청구만 해당한다)

제578조의12【파산재단】 유한책임신탁재산에 대하여 파산선고가 있는 경우 이에 속하는 모든 재산은 파산재단에 속한다.

제578조의13【유한책임신탁에서의 부인】 유한책임신탁재산에 대하여 파산선고가 있는 경우 제391조부터 제393조까지, 제398조 및 제399조를 적용할 때에는 "채무자"는 "수탁자 또는 신탁재산관리인"으로 본다.

제578조의14【유한책임신탁에서의 환취권】 유한책임신탁재산에 대하여 파산선고가 있는 경우 제407조 및 제410조를 적용할 때에는 제407조 중 "채무자에 속하지 아니하는 재산"은 "신탁재산에 속하지 아니하는 재산"으로 보고, 제410조 중 "채무자"는 "수탁자 또는 신탁재산관리인"으로 본다.

제578조의15【신탁재산 파산 시 파산채권액】 ① 유한책임신탁재산에 대하여 파산선고가 있는 경우 신탁채권자, 수익자 및 수탁자는 다음 각 호의 구분에 따른 금액에 관하여 그 파산재단에 대하여 파산채권자로서 그 권리를 행사할 수 있다.
1. 신탁채권자 및 수익자 : 파산선고 시에 가지는 신탁채권 또는 「신탁법」 제62조에 따른 수익채권의 전액
2. 수탁자 : 신탁채권에 대한 채권의 전액
② 유한책임신탁재산에 대하여 파산선고가 있는 경우 「신탁법」 제118조제1항에 따른 채권을 가지는 자는 그 채권의 전액에 관하여 수탁자의 파산재단에 대하여 파산채권자로서 그 권리를 행사할 수 있다.

제578조의16【신탁재산 파산 시 파산채권의 순위】 ① 유한책임신탁재산에 대하여 파산선고가 있는 경우 신탁채권은 「신탁법」 제62조에 따른 수익채권보다 우선한다.
② 수탁자 또는 신탁재산관리인과 채권자(수익자를 포함한다)가 유한책임신탁재산의 파산절차에서 다른 채권보다 후순위로 하기로 정한 채권은 그 정한 바에 따라 다른 채권보다 후순위로 한다.

제578조의17【파산폐지에 관한 특칙】 유한책임신탁재산의 파산폐지신청은 수탁자 또는 신탁재산관리인이 한다. 이 경우 수탁자 또는 신탁재산관리인이 여럿일 때에는 전원의 합의가 있어야 한다.

제4편 개인회생절차

제1장 통 칙

제579조【용어의 정의】 이 절차에서 사용하는 용어의 정의는 다음과 같다.
1. "개인채무자"라 함은 파산의 원인인 사실이 있거나 그러한 사실이 생길 염려가 있는 자로서 개인회생절차개시의 신청 당시 다음 각 목의 금액 이하의 채무를 부담하는 급여소득자 또는 영업소득자를 말한다.(2020.6.9 본문개정)

가. 유치권·질권·저당권·양도담보권·가등기담보권·「동산·채권 등의 담보에 관한 법률」에 따른 담보권·전세권 또는 우선특권으로 담보된 개인회생채권은 15억원(2021.4.20 본목개정)
나. 가목 외의 개인회생채권은 10억원(2021.4.20 본목개정)
2. "급여소득자"라 함은 급여·연금 그 밖에 이와 유사한 정기적이고 확실한 수입을 얻을 가능성이 있는 개인을 말한다.
3. "영업소득자"라 함은 부동산임대소득·사업소득·농업소득·임업소득 그 밖에 이와 유사한 수입을 장래에 계속적으로 또는 반복하여 얻을 가능성이 있는 개인을 말한다.
4. "가용소득"이라 함은 다음 가목의 금액에서 나목 내지 라목의 금액을 공제한 나머지 금액을 말한다.
가. 채무자가 수령하는 근로소득·연금소득·부동산임대소득·사업소득·농업소득·임업소득, 그 밖에 합리적으로 예상되는 모든 종류의 소득의 합계 금액
나. 소득세·주민세·개인분·개인지방소득세·건강보험료, 그 밖에 이에 준하는 것으로서 대통령령이 정하는 금액(2020.12.29 본목개정)
다. 채무자 및 그 피부양자의 인간다운 생활을 유지하기 위하여 필요한 생계비로서, 「국민기초생활 보장법」 제6조의 규정에 따라 공표된 최저생계비, 채무자 및 그 피부양자의 연령, 피부양자의 수, 거주지역, 물가상황, 그 밖에 필요한 사항을 종합적으로 고려하여 법원이 정하는 금액
라. 채무자가 영업에 종사하는 경우에 그 영업의 경영, 보존 및 계속을 위하여 필요한 비용

제580조【개인회생재단】 ① 다음 각 호의 재산은 개인회생재단에 속한다.
1. 개인회생절차개시결정 당시 채무자가 가진 모든 재산과 채무자가 개인회생절차개시결정 전에 생긴 원인으로 장래에 행사할 청구권
2. 개인회생절차진행 중에 채무자가 취득한 재산 및 소득
② 채무자는 개인회생재단을 관리하고 처분할 권한을 가진다. 다만, 인가된 변제계획에서 다르게 정한 때에는 그러하지 아니하다.
③ 제383조의 규정은 제1항제1호의 개인회생재단에 관하여 준용한다. 이 경우 "파산재단"은 "개인회생재단"으로, "파산선고"는 "개인회생절차개시결정"으로, "파산절차"는 "개인회생절차"로 본다.
④ 제3항의 규정에 의하여 면제되는 재산에 대하여는 개인회생절차의 폐지결정 또는 면책결정이 확정될 때까지 개인회생채권에 기한 강제집행·가압류 또는 가처분을 할 수 없다.

제581조【개인회생채권】 ① 채무자에 대하여 개인회생절차개시결정 전의 원인으로 생긴 재산상의 청구권은 개인회생채권으로 한다.
② 제425조 내지 제433조, 제439조, 제442조 및 제446조의 규정은 개인회생채권에 관하여 준용한다. 이 경우 "파산선고"는 "개인회생절차개시결정"으로, "파산재단"은 "개인회생재단"으로, "파산채권"은 "개인회생채권"으로, "파산채권자"는 "개인회생채권자"로, "파산채권액"은 "개인회생채권액"으로, "파산절차"는 "개인회생절차"로 본다.

제582조【개인회생채권의 변제】 개인회생채권자목록에 기재된 개인회생채권에 관하여는 변제계획에 의하지 아니하고는 변제하거나 변제받는 등 이를 소멸하게 하는 행위(면제를 제외한다)를 하지 못한다.

제583조【개인회생재단채권】 ① 다음 각 호의 청구권은 개인회생재단채권으로 한다.
1. 회생위원의 보수 및 비용의 청구권
2. 「국세징수법」 또는 「지방세징수법」에 의하여 징수할 수 있는 다음 각 목의 청구권. 다만, 개인회생절차개시 당시 아직 납부기한이 도래하지 아니한 것에 한한다.(2016.12.27 본문개정)
가. 원천징수하는 조세
나. 부가가치세·개별소비세·주세 및 교통·에너지·환경세
다. 특별징수의무자가 징수하여 납부하여야 하는 지방세
라. 가목 내지 다목의 규정에 의한 조세의 부과·징수의 예에 따라 부과·징수하는 교육세 및 농어촌특별세
3. 채무자의 근로자의 임금·퇴직금 및 재해보상금
4. 개인회생절차개시결정 전의 원인으로 생긴 채무자의 근로자의 임치금 및 신원보증금의 반환청구권
5. 채무자가 개인회생절차개시신청 후 개시결정 전에 법원의 허가를 받아 행한 자금의 차입, 자재의 구입 그 밖에 채무자의 사업을 계속하는데 불가결한 행위로 인하여 생긴 청구권
6. 제1호 내지 제5호에 규정된 것 외의 것으로서 채무자를 위하여 지출하여야 하는 부득이한 비용
② 제475조 및 제476조의 규정은 개인회생재단채권에 관하여 준용한다. 이 경우 "재단채권"은 "개인회생재단채권"으로, "파산절차"는 "개인회생절차"로, "파산채권"은 "개인회생채권"으로 본다.

제584조【부인권】 ① 제3편제3장제2절(부인권)은 개인회생절차에 관하여 준용한다.
② 부인권은 채무자가 행사한다.
③ 법원은 채권자 또는 회생위원의 신청에 의하거나 직권으로 채무자에게 부인권의 행사를 명할 수 있다.
④ 회생위원은 부인권의 행사에 참가할 수 있다.
⑤ 부인권은 개인회생절차개시결정이 있은 날부터 1년이 경과한 때에는 행사할 수 없다. 제391조 각 호의 행위를 한 날부터 5년이 경과한 때에도 같다.

제585조【환취권】 제407조 내지 제410조의 규정은 개인회생절차에 관하여 준용한다. 이 경우 "파산재단"은 "개인회생재단"으로, "파산선고"는 "개인회생절차개시결정"으로 본다.

제586조【별제권】 제411조 내지 제415조의 규정은 개인회생절차에 관하여 준용한다. 이 경우 "파산재단"은 "개인회생재단"으로, "파산선고"는 "개인회생절차개시결정"으로 본다.

제587조【상계권】 제416조 내지 제422조의 규정은 개인회생절차에 관하여 준용한다. 이 경우 "파산신청"은 "개인회생절차개시신청"으로, "파산재단"은 "개인회생재단"으로, "파산선고"는 "개인회생절차개시결정"으로 본다.

제2장 개인회생절차의 개시

제588조【개인회생절차개시의 신청권자】 개인채무자는 법원에 개인회생절차의 개시를 신청할 수 있다.

제589조【개인회생절차개시신청서】 ① 개인회생절차개시의 신청은 다음 각 호의 사항을 기재한 서면으로 하여야 한다.
1. 채무자의 성명·주민등록번호 및 주소
2. 신청의 취지 및 원인
3. 채무자의 재산 및 채무
② 제1항의 규정에 의한 서면에는 다음 각 호의 서류를 첨부하여야 한다.
1. 개인회생채권자목록(채권자의 성명 및 주소와 채권의 원인 및 금액이 기재된 것을 말한다)
2. 재산목록
3. 채무자의 수입 및 지출에 관한 목록
4. 급여소득자 또는 영업소득자임을 증명하는 자료
5. 진술서
6. 신청일 전 10년 이내에 회생사건·화의사건·파산사건 또는 개인회생사건을 신청한 사실이 있는 때에는 그 관련서류
7. 그 밖에 대법원규칙이 정하는 서류
③ 법원은 제2항 각 호의 서류에 관한 행정정보 중 채무자가 확인에 동의한 행정정보를 「전자정부법」 제36조 제1항에 따른 행정정보 공동이용을 통하여 확인할 수 있다.[국회통과 본항신설 : 시행일 부칙 참조]
④ 제3항에 따라 확인된 행정정보가 「민사소송 등에서의 전자문서 이용 등에 관한 법률」 제2조제1호의 전자문서로서 같은 조 제2호의 전산정보처리시스템에 등재된 경우에는 채무자가 해당 전자문서를 제출한 것으로 본다.[국회통과 본항신설 : 시행일 부칙 참조]

제589조의2【개인회생채권자목록의 수정】 ① 채무자는 개인회생절차개시 결정이 있을 때까지 개인회생채권자목록에 기재된 사항을 수정할 수 있다.
② 제1항에도 불구하고 채무자는 그가 책임을 질 수 없는 사유로 개인회생채권자목록에 누락(漏落)하거나 잘못 기재한 사항을 발견한 경우에는 개인회생절차개시결정 후라도 법원의 허가를 받아 개인회생채권자목록에 기재된 사항을 수정할 수 있다. 다만, 변제계획인가결정이 있은 경우에는 그러하지 아니하다.
③ 채무자가 제2항 본문에 따라 법원에 개인회생채권자목록의 수정허가를 신청하는 경우 지체 없이 법원에 수정사항을 반영한 변제계획안을 제출하여야 한다. 채무자가 수정사항을 반영한 변제계획안을 제출하지 아니하는 경우 법원은 개인회생채권자목록의 수정을 허가하지 아니할 수 있다.
④ 법원은 제2항 본문에 따라 개인회생채권자목록에 기재된 사항이 수정된 경우에는 그 수정된 사항에 관한 이의기간을 정하여 공고하고, 채무자 및 법원이 알고 있는 개인회생채권자에게 이의기간이 기재된 서면과 수정된 개인회생채권자목록을 송달하여야 한다. 다만, 수정으로 불리한 영향을 받는 개인회생채권자가 없는 경우 또는 불리한 영향을 받는 개인회생채권자의 의사에 반하지 아니한다고 볼 만한 정당한 이유가 있는 경우에는 공고나 송달을 하지 아니할 수 있다.
(2014.5.20 본조신설)

제590조【비용의 예납】 개인회생절차개시의 신청을 하는 때에는 절차의 비용으로 대법원규칙이 정하는 금액을 미리 납부하여야 한다.

제591조【계산의 보고 등】 법원 또는 회생위원은 언제든지 채무자에게 금전의 수입과 지출 그 밖에 채무자의 재산상의 업무에 관하여 보고를 요구할 수 있고, 필요하다고 인정하는 경우에는 재산상황의 조사, 시정의 요구 그 밖의 적절한 조치를 취할 수 있다.

제592조【보전처분】 ① 법원은 개인회생절차개시결정 전에 이해관계인의 신청에 의하거나 직권으로 채무자의 재산에 관하여 가압류·가처분 그 밖의 필요한 보전처분을 할 수 있다.
② 법원은 제1항의 규정에 의한 결정을 변경하거나 취소할 수 있다.
③ 제1항 및 제2항의 결정에 대하여는 즉시항고를 할 수 있다.
④ 제3항의 규정에 의한 즉시항고는 집행정지의 효력이 없다.

제593조【중지명령】 ① 법원은 개인회생절차개시의 신청이 있는 경우 필요하다고 인정하는 때에는 이해관계인의 신청에 의하거나 직권으로 개인회생절차의 개시신청에 대한 결정시까지 다음 각 호의 절차 또는 행위의 중지 또는 금지를 명할 수 있다.
1. 채무자에 대한 회생절차 또는 파산절차
2. 개인회생채권에 기하여 채무자의 업무 및 재산에 대하여 한 강제집행·가압류 또는 가처분
3. 채무자의 업무 및 재산에 대한 담보권의 설정 또는 담보권의 실행 등을 위한 경매
4. 개인회생채권을 변제받거나 변제를 요구하는 일체의 행위. 다만, 소송행위를 제외한다.
5. 「국세징수법」 또는 「지방세징수법」에 의한 체납처분, 국세징수의 예(국세 또는 지방세 체납처분의 예를 포함한다. 이하 같다)에 의한 체납처분 또는 조세채무담보를 위하여 제공된 물건의 처분. 이 경우 징수의 권한을 가진 자의 의견을 들어야 한다.(2016.12.27 전단개정)
② 제1항제5호의 규정에 의한 처분의 중지기간 중에는 시효는 진행하지 아니한다.
③ 개인회생절차개시의 신청이 기각되면 제1항의 규정에 의하여 중지된 절차는 속행된다.
④ 법원은 상당한 이유가 있는 때에는 이해관계인의 신청에 의하거나 직권으로 제1항의 규정에 의한 중지 또는 금지명령을 취소하거나 변경할 수 있다. 이 경우 법원은 담보를 제공하게 할 수 있다.
⑤ 제45조 내지 제47조는 개인회생절차에 관하여 준용한다.

제594조【개인회생절차개시신청의 취하】 채무자는 개인회생절차의 개시결정이 있기 전에는 신청을 취하할 수 있다. 다만, 채무자가 제592조의 규정에 의한 보전처분, 제593조의 규정에 의한 중지명령을 받은 후에는 법원의 허가를 받아야 신청을 취하할 수 있다.

제595조【개인회생절차개시신청의 기각사유】 법원은 다음 각 호의 어느 하나에 해당하는 때에는 개인회생절차개시의 신청을 기각할 수 있다.
1. 채무자가 신청권자의 자격을 갖추지 아니한 때
2. 채무자가 제589조제2항 각 호의 어느 하나에 해당하는 서류를 제출하지 아니하거나, 허위로 작성하여 제출하거나 또는 법원이 정한 제출기한을 준수하지 아니한 때
3. 채무자가 절차의 비용을 납부하지 아니한 때
4. 채무자가 변제계획안의 제출기한을 준수하지 아니한 때
5. 채무자가 신청일 전 5년 이내에 면책(파산절차에 의한 면책을 포함한다)을 받은 사실이 있는 때
6. 개인회생절차에 의함이 채권자 일반의 이익에 적합하지 아니한 때
7. 그 밖에 신청이 성실하지 아니하거나 상당한 이유 없이 절차를 지연시키는 때

판례 [1] 개인회생절차개시의 요건을 충족하고 있는지 여부는 개시신청 당시를 기준으로 하여 판단하는 것이 원칙이나, 개시신청에 관한 재판에 대하여 즉시항고가 제기된 경우에는 항고심의 속심적 성격에 비추어 항고심 결정 시를 기준으로 판단하여야 한다.
[2] 법원이 채무자 회생 및 파산에 관한 법률 제595조 제7호에서 정한 '그 밖에 신청이 성실하지 아니한 때'에 해당한다는 이유로 채무자의 개인회생절차 개시신청을 기각하려면 채무자에게 같은 조 제1호 내지 제5호에 준하는 절차적인 잘못이 있거나, 채무자가 개인회생절차의 진행에 따른 효과만을 목적으로 하는 등 부당한 목적으로 개인회생절차 개시신청을 하였다는 사정이 인정되어야 한다.
(대결 2011.6.10, 2011마201)

제596조【개인회생절차의 개시결정】 ① 법원은 신청일부터 1월 이내에 개인회생절차의 개시 여부를 결정하여야 한다.
② 법원은 개인회생절차개시결정과 동시에 다음 각 호의 사항을 정하여야 한다.
1. 개인회생채권에 관한 이의기간(이하 "이의기간"이라 한다). 이 경우 그 기간은 개인회생절차개시결정일부터 2주 이상 2월 이하이어야 한다.
2. 개인회생채권자집회의 기일. 이 경우 그 기일과 이의기간의 말일 사이에는 2주 이상 1월 이하의 기간이 있어야 한다.
③ 법원은 특별한 사정이 있는 때에는 제2항 각 호의 기일을 늦추거나 기간을 늘일 수 있다.
④ 제1항의 규정에 의하여 결정을 하는 때에는 결정서에 결정의 연·월·일·시를 기재하여야 한다.
⑤ 제1항의 규정에 의한 결정은 그 결정시부터 효력이 발생한다.

제597조【개시의 공고와 송달】 ① 법원은 개인회생절차개시결정을 한 때에는 지체 없이 다음 각 호의 사항을 공고하여야 한다.
1. 개인회생절차개시결정의 주문
2. 이의기간
3. 개인회생채권자가 이의기간 안에 자신 또는 다른 개인회생채권자의 채권내용에 관하여 개인회생채권조사확정재판을 신청할 수 있다는 뜻
4. 개인회생채권자집회의 기일
② 법원은 다음 각 호의 자에게 제1항 각 호의 사항을 기재한 서면과 개인회생채권자목록 및 변제계획안을 송달하여야 한다.
1. 채무자
2. 알고 있는 개인회생채권자

3. 개인회생절차가 개시된 채무자의 재산을 소지하고 있거나 그에게 채무를 부담하는 자
③ 제1항 및 제2항의 규정은 제1항제2호 및 제4호의 사항에 변경이 생긴 경우에 준용하며, 제2항의 규정은 변제계획안에 변경이 생긴 경우에 준용한다.

제598조【개인회생절차개시재판에 대한 즉시항고】 ① 개인회생절차개시신청에 관한 재판에 대하여는 즉시항고를 할 수 있다.
② 제592조 및 제593조의 규정은 개인회생절차개시신청을 기각하는 결정에 대하여 제1항의 즉시항고가 있는 경우에 준용한다.
③ 제1항의 규정에 의한 즉시항고는 집행정지의 효력이 없다.
④ 항고법원은 즉시항고의 절차가 법률에 위반되거나 즉시항고가 이유없다고 인정하는 때에는 결정으로 즉시항고를 각하 또는 기각하여야 한다.
⑤ 항고법원은 즉시항고가 이유있다고 인정하는 때에는 원래의 결정을 취소하고 사건을 원심법원에 환송하여야 한다.

제599조【개인회생절차개시결정의 취소】 법원은 개인회생절차개시결정을 취소하는 결정이 확정된 때에는 즉시 그 주문을 공고하고 다음 각 호의 자에게 그 결정의 취지를 송달하여야 한다.
1. 채무자
2. 알고 있는 개인회생채권자
3. 개인회생절차가 개시된 채무자의 재산을 소지하고 있거나 그에게 채무를 부담하는 자

제600조【다른 절차의 중지 등】 ① 개인회생절차개시의 결정이 있는 때에는 다음 각 호의 절차 또는 행위는 중지 또는 금지된다. 다만, 제2호 내지 제4호의 절차 또는 행위는 채권자목록에 기재된 채권에 의한 경우에 한한다.
1. 채무자에 대한 회생절차 또는 파산절차
2. 개인회생채권에 기하여 개인회생재단에 속하는 재산에 대하여 한 강제집행·가압류 또는 가처분
3. 개인회생채권을 변제받거나 변제를 요구하는 일체의 행위. 다만, 소송행위를 제외한다.
4. 「국세징수법」 또는 「지방세징수법」에 의한 체납처분, 국세징수의 예(국세 또는 지방세 체납처분의 예를 포함한다. 이하 같다)에 의한 체납처분 또는 조세채무담보를 위하여 제공된 물건의 처분(2016.12.27 본호개정)
② 개인회생절차개시의 결정이 있는 때에는 변제계획의 인가결정일 또는 개인회생절차 폐지결정의 확정일 중 먼저 도래하는 날까지 개인회생재단에 속하는 재산에 대한 담보권의 설정 또는 담보권의 실행 등을 위한 경매는 중지 또는 금지된다.
③ 법원은 상당한 이유가 있는 때에는 이해관계인의 신청에 의하거나 직권으로 제1항 또는 제2항의 규정에 의하여 중지된 절차 또는 처분의 속행 또는 취소를 명할 수 있다. 다만, 처분의 취소의 경우에는 담보를 제공하게 할 수 있다.
④ 제1항 또는 제2항의 규정에 의하여 처분을 할 수 없거나 중지된 기간 중에는 시효는 진행하지 아니한다.

제3장 회생위원

제601조【선임 및 해임】 ① 법원은 이해관계인의 신청에 의하거나 직권으로 다음 각 호의 해당하는 자를 회생위원으로 선임할 수 있다.
1. 관리위원회의 관리위원
2. 법원사무관등
3. 변호사·공인회계사 또는 법무사의 자격이 있는 자
4. 법원주사보·검찰주사보 이상의 직에 근무한 경력이 있는 자
5. 「은행법」에 의한 은행에서 근무한 경력이 있는 사람으로서 회생위원의 직무수행에 적합한 자(2010.5.17 본호개정)
6. 채무자를 상대로 신용관리교육·상담 및 신용회복을 위한 채무조정업무 등을 수행하는 기관 또는 단체에 근무 중이거나 근무한 경력이 있는 사람으로서 회생위원의 직무수행에 적합한 자
7. 제1호 내지 제6호에 규정된 자에 준하는 자로서 회생위원의 직무수행에 적합한 자
② 법원은 상당한 이유가 있는 때에는 이해관계인의 신청에 의하거나 직권으로 회생위원을 해임할 수 있다.
③ 회생위원은 필요한 때에는 그 직무를 행하기 위하여 자기의 책임으로 1인 이상의 회생위원 대리를 선임할 수 있다.
④ 제3항의 규정에 의한 회생위원 대리의 선임은 법원의 허가를 받아야 한다.
⑤ 회생위원 대리는 회생위원에 갈음하여 재판상 또는 재판 외의 모든 행위를 할 수 있다.

제602조【회생위원의 업무】 ① 회생위원은 법원의 감독을 받아 다음 각 호의 업무를 수행한다.
1. 채무자의 재산 및 소득에 대한 조사
2. 부인권 행사명령의 신청 및 그 절차 참가
3. 개인회생채권자집회의 진행
4. 그 밖에 법령 또는 법원이 정하는 업무
② 채무자는 법원의 명령 또는 회생위원의 요청이 있는 경우에는 재산 및 소득, 변제계획 그 밖의 필요한 사항에 관하여 설명을 하여야 한다.

제4장 개인회생채권의 확정

제603조【개인회생채권의 확정】 ① 다음 각 호의 어느 하나에 해당하는 경우에는 개인회생채권자목록의 기재대로 채권이 확정된다.
1. 개인회생채권자목록에 기재된 채권자가 제596조제2항제1호의 규정에 의한 이의기간 안에 개인회생채권조사확정재판을 신청하지 아니한 경우
2. 개인회생채권조사확정재판신청이 각하된 경우
② 법원사무관등은 제1항의 규정에 의하여 채권이 확정된 때에는 다음 각 호의 사항을 기재한 개인회생채권자표를 작성하여야 한다.
1. 채권자의 성명 및 주소
2. 채권의 내용 및 원인
③ 확정된 개인회생채권을 개인회생채권자표에 기재한 경우 그 기재는 개인회생채권자 전원에 대하여 확정판결과 동일한 효력이 있다.
④ 개인회생채권자는 개인회생절차폐지결정이 확정된 때에는 채무자에 대하여 개인회생채권자표에 기하여 강제집행을 할 수 있다.
⑤ 제255조제3항의 규정은 제4항의 경우에 준용한다.

제604조【개인회생채권조사확정재판】 ① 개인회생채권자목록의 내용에 관하여 이의가 있는 개인회생채권자는 제589조의2제4항 또는 제596조제2항제1호에 따른 이의기간 안에 서면으로 이의를 신청할 수 있다. 채무자가 이의내용을 인정하는 때에는 법원의 허가를 받아 개인회생채권자목록을 변경할 수 있다. 이 경우 법원은 조사확정재판신청에 대한 결정을 하지 아니할 수 있다.
(2014.5.20 전단개정)
② 개인회생절차개시 당시 이미 소송이 계속 중인 권리에 대하여 이의가 있는 경우에는 별도로 조사확정재판을 신청할 수 없고 이미 계속 중인 소송의 내용을 개인회생채권조사확정의 소로 변경하여야 한다.
③ 제1항의 경우 개인회생채권자가 자신의 개인회생채권의 내용에 관하여 개인회생채권조사확정재판을 신청하는 경우에는 채무자를 상대방으로 하고, 다른 개인회생채권자의 채권내용에 관하여 개인회생채권조사확정재판을 신청하는 경우에는 채무자와 다른 개인회생채권자를 상대방으로 하여야 한다.
④ 개인회생채권조사확정재판을 신청하는 자는 법원이 정하는 절차의 비용을 미리 납부하여야 한다. 법원은 비용을 미리 납부하지 아니하는 때에는 신청을 각하하여야 한다.
⑤ 법원은 이해관계인을 심문한 후 개인회생채권조사확정재판을 하여야 하며, 이 결정에서 이의가 있는 회생채권의 존부 또는 그 내용을 정한다.
⑥ 법원은 제5항의 규정에 의한 결정이 있는 때에는 결정서를 당사자에게 송달하여야 한다.

제605조【개인회생채권조사확정재판에 대한 이의의 소】 ① 개인회생채권조사확정재판에 불복하는 자는 결정서의 송달을 받은 날부터 1월 이내에 이의의 소를 제기할 수 있다. 이 경우 이의의 소는 개인회생계속법원(개인회생사건이 계속되어 있는 회생법원을 말한다. 이하 같다)의 관할에 전속한다.(2016.12.27 후단개정)
② 제1항의 소의 변론은 결정서를 송달받은 날부터 1월을 경과한 후가 아니면 개시할 수 없으며, 동일한 채권에 관하여 여러 개의 소가 계속되어 있는 때에는 법원은 변론을 병합할 수 있다.
③ 제1항의 소에 대한 판결은 소를 부적법한 것으로 각하하는 경우를 제외하고는 같은 항의 재판을 인가하거나 변경한다.

제606조【개인회생채권의 확정에 관한 소송결과 등의 기재】 법원사무관 등은 채무자·회생위원 또는 개인회생채권자의 신청에 의하여 다음 각 호의 사항을 기재한 개인회생채권자표를 작성하여야 한다.
1. 개인회생채권조사확정재판의 결과
2. 개인회생채권조사확정재판에 대한 이의의 소의 결과
3. 제1호 및 제2호 외의 개인회생채권의 확정에 관한 소송의 결과

제607조【개인회생채권의 확정에 관한 소송의 판결 등의 효력】 ① 개인회생채권의 확정에 관한 소송에 대한 판결은 개인회생채권자 전원에 대하여 그 효력이 있다.
② 개인회생채권조사확정재판에 대한 이의의 소가 제605조제1항의 규정에 의한 기간 안에 제기되지 아니하거나 각하된 때에는 그 재판은 개인회생채권자 전원에 대하여 확정판결과 동일한 효력이 있다.

제608조【소송비용의 상환】 채무자의 재산이 개인회생채권의 확정에 관한 소송으로 이익을 받은 때에는 소를 제기한 개인회생채권자는 얻은 이익의 한도 안에서 개인회생재단채권자로서 소송비용의 상환을 청구할 수 있다.

제609조【개인회생채권확정소송의 목적의 가액】 개인회생채권의 확정에 관한 소송의 목적의 가액은 변제계획으로 얻을 이익의 예정액을 표준으로 하여 개인회생계속법원이 정한다.(2016.12.27 본조개정)

제609조의2【명의의 변경】 ① 개인회생채권자목록에 기재된 채권을 취득한 자는 채권자 명의변경을 신청할 수 있다.
② 제1항에 따른 명의변경을 하려는 자는 다음 각 호의 사항을 적은 신청서와 개인회생채권의 취득을 증명하는 서류 또는 그 등본이나 초본을 법원에 제출하여야 한다.
1. 채권자 명의를 변경하려는 자 및 대리인의 성명 또는 명칭과 주소
2. 통지 또는 송달을 받을 장소(대한민국 내의 장소로 한정한다), 전화번호, 그 밖의 연락처
3. 취득한 권리와 그 취득의 일시 및 원인
(2014.5.20 본조신설)

제5장 변제계획

제610조【변제계획안의 제출 및 수정】 ① 채무자는 개인회생절차개시의 신청일부터 14일 이내에 변제계획안을 제출하여야 한다. 다만, 법원은 상당한 이유가 있다고 인정하는 때에는 그 기간을 늘일 수 있다.
② 채무자는 변제계획안이 인가되기 전에는 변제계획안을 수정할 수 있다.
③ 법원은 이해관계인의 신청에 의하거나 직권으로 채무자에 대하여 변제계획안을 수정할 것을 명할 수 있다.
④ 제3항의 규정에 의한 수정명령이 있는 때에는 채무자는 법원이 정하는 기한 이내에 변제계획안을 수정하여야 한다.
⑤ 제597조제2항의 규정은 제2항 및 제3항의 규정에 의하여 변제계획안을 수정하는 경우에 이를 준용한다.

제611조【변제계획의 내용】 ① 변제계획에는 다음 각 호의 사항을 정하여야 한다.
1. 채무변제에 제공되는 재산 및 소득에 관한 사항
2. 개인회생재단채권 및 일반의 우선권 있는 개인회생채권의 전액의 변제에 관한 사항
3. 개인회생채권자목록에 기재된 개인회생채권의 전부 또는 일부의 변제에 관한 사항
② 변제계획에는 다음 각 호의 사항을 정할 수 있다.
1. 개인회생채권의 조의 분류
2. 변제계획에서 예상한 액을 넘는 재산의 용도
3. 변제계획인가 후의 개인회생재단에 속하는 재산의 관리 및 처분권의 제한에 관한 사항
4. 그 밖에 채무자의 채무조정을 위하여 필요한 사항
③ 변제계획에서 채권의 조를 분류하는 때에는 같은 조로 분류된 채권을 평등하게 취급하여야 한다. 다만, 불이익을 받는 개인회생채권자의 동의가 있거나 소액의 개인회생채권의 경우에는 그러하지 아니하다.
④ 변제계획은 변제계획인가일부터 1월 이내에 변제를 개시하여 정기적으로 변제하는 내용을 포함하여야 한다. 다만, 법원의 허가를 받은 경우에는 그러하지 아니하다.
⑤ 변제계획에서 정하는 변제기간은 변제개시일부터 3년을 초과하여서는 아니된다. 다만, 제614조제1항제4호의 요건을 충족하기 위하여 필요한 경우 등 특별한 사정이 있는 때에는 변제개시일부터 5년을 초과하지 아니하는 범위에서 변제기간을 정할 수 있다.(2017.12.12 본항개정)
⑥ 법원은 필요한 경우 변제계획의 이행을 위하여 인적·물적 담보를 제공하게 할 수 있다.

제612조【특별한 이익을 주는 행위의 무효】 채무자가 자신 또는 제3자의 명의로 변제계획에 의하지 아니하고 일부 개인회생채권자에게 특별한 이익을 주는 행위는 무효로 한다.

제613조【개인회생채권자집회】 ① 법원은 개인회생채권자집회의 기일과 변제계획의 요지를 채무자·개인회생채권자 및 회생위원에게 통지하여야 한다.
② 채무자는 개인회생채권자집회에 출석하여 개인회생채권자의 요구가 있는 경우 변제계획에 관하여 필요한 설명을 하여야 한다.
③ 개인회생채권자집회는 법원이 지휘한다.
④ 회생위원이 선임되어 있는 때에는 법원은 회생위원으로 하여금 개인회생채권자집회를 진행하게 할 수 있다.
⑤ 개인회생채권자는 개인회생채권자집회에서 변제계획에 관하여 이의를 진술할 수 있다.

제614조【변제계획의 인부】 ① 법원은 개인회생채권자 또는 회생위원이 이의를 진술하지 아니하고 다음 각 호의 요건이 모두 충족된 때에는 변제계획인가결정을 하여야 한다. 다만, 제610조제3항에 의한 변제계획안 수정명령에 불응한 경우에는 그러하지 아니하다.
1. 변제계획이 법률의 규정에 적합할 것
2. 변제계획이 공정하고 형평에 맞으며 수행가능할 것
3. 변제계획인가 전에 납부되어야 할 비용·수수료 그 밖의 금액이 납부되었을 것
4. 변제계획의 인가결정일을 기준일로 하여 평가한 개인회생채권에 대한 총변제액이 채무자가 파산하는 때에 배당받을 총액보다 적지 아니할 것. 다만, 채권자가 동의한 경우에는 그러하지 아니하다.
② 법원은 개인회생채권자 또는 회생위원이 이의를 진술하는 때에는 제1항 각 호의 요건 외에 다음 각 호의 요건을 구비하고 있는 때에 한하여 변제계획인가결정을 할 수 있다.
1. 변제계획의 인가결정일을 기준일로 하여 평가한 이의를 진술하는 개인회생채권자에 대한 총변제액이 채무자가 파산하는 때에 배당받을 총액보다 적지 아니할 것
2. 채무자가 최초의 변제일부터 변제계획에서 정한 변제기간 동안 수령할 수 있는 가용소득의 전부가 변제계획에 따른 변제에 제공될 것

3. 변제계획의 인가결정일을 기준일로 하여 평가한 개인회생채권에 대한 총변제액이 3천만원을 초과하지 아니하는 범위 안에서 다음 각 목의 금액보다 적지 아니할 것
  가. 변제계획의 인가결정일을 기준일로 하여 평가한 개인회생채권의 총금액이 5천만원 미만인 경우에는 위 총금액에 100분의 5를 곱한 금액
  나. 변제계획의 인가결정일을 기준일로 하여 평가한 개인회생채권의 총금액이 5천만원 이상인 경우에는 위 총금액에 100분의 3을 곱한 금액에 1백만원을 더한 금액

③ 법원은 변제계획인부결정을 선고하고 그 주문, 이유의 요지와 변제계획의 요지를 공고하여야 한다. 이 경우 송달은 하지 아니할 수 있다.

제615조【변제계획인가의 효력】 ① 변제계획은 인가의 결정이 있은 때부터 효력이 생긴다. 다만, 변제계획에 의한 권리의 변경은 면책결정이 확정되기까지는 생기지 아니한다.

② 변제계획인가결정이 있는 때에는 개인회생재단에 속하는 모든 재산은 채무자에게 귀속된다. 다만, 변제계획 또는 변제계획인가결정에서 다르게 정한 때에는 그러하지 아니하다.

③ 변제계획인가결정이 있는 때에는 제600조의 규정에 의하여 중지한 회생절차 및 파산절차와 개인회생채권에 기한 강제집행·가압류 또는 가처분은 그 효력을 잃는다. 다만, 변제계획 또는 변제계획인가결정에서 다르게 정한 때에는 그러하지 아니하다.

제616조【전부명령에 대한 특칙】 ① 변제계획인가결정이 있는 때에는 채무자의 급료·연금·봉급·상여금, 그 밖에 이와 비슷한 성질을 가진 급여채권에 관하여 개인회생절차개시 전에 확정된 전부명령은 변제계획인가결정 후에 제공한 노무로 인한 부분에 대하여는 그 효력이 상실된다.

② 변제계획인가결정으로 인하여 전부채권자가 변제받지 못하게 되는 채권액은 개인회생채권으로 한다.

제617조【변제의 수행】 ① 채무자는 인가된 변제계획에 따라 개인회생채권자에게 변제할 금원을 회생위원에게 임치하여야 한다.

② 개인회생채권자는 제1항의 규정에 따라 임치된 금원을 변제계획에 따라 회생위원으로부터 지급받아야 한다. 개인회생채권자가 지급받지 않는 경우에는 회생위원은 채권자를 위하여 공탁할 수 있다.

③ 제1항 및 제2항의 규정은 회생위원이 선임되지 아니한 경우 또는 변제계획이나 변제계획인가결정에서 다르게 정한 경우에는 적용하지 아니한다.

제617조의2【채무자를 위한 공탁】 회생위원은 개인회생절차폐지의 결정 또는 면책의 결정이 확정된 후에도 임치된 금원(이자를 포함한다)이 존재하는 경우에는 이를 채무자에게 반환하여야 한다. 다만, 채무자가 수령을 거부하거나 채무자의 소재불명 등으로 반환할 수 없는 경우에는 채무자를 위하여 공탁할 수 있다.(2017.12.12 본조신설)

제618조【변제계획 인부결정에 대한 즉시항고】 ① 변제계획의 인부결정에 대하여는 즉시항고를 할 수 있다.

② 제247조제3항 내지 제7항의 규정은 변제계획의 인가여부결정에 대한 즉시항고에 관하여 준용한다.

제619조【인가 후의 변제계획변경】 ① 채무자·회생위원 또는 개인회생채권자는 변제계획에 따른 변제가 완료되기 전에는 인가된 변제계획의 변경안을 제출할 수 있다.

② 제1항의 규정에 의한 변제계획변경안에 관하여는 제597조제2항·제611조·제613조·제614조·제615조제1항 및 제617조의 규정을 준용한다.

제6장 폐지 및 면책

제620조【변제계획인가 전 개인회생절차의 폐지】 ① 법원은 다음 각 호의 어느 하나에 해당하는 때에는 이해관계인의 신청에 의하거나 직권으로 개인회생절차폐지의 결정을 하여야 한다.
1. 개인회생절차의 개시결정 당시 제595조제1호·제5호에 해당한 사실이 명백히 밝혀진 때
2. 채무자가 제출한 변제계획안을 인가할 수 없는 때

② 법원은 다음 각 호의 어느 하나에 해당하는 때에는 직권으로 개인회생절차폐지의 결정을 할 수 있다.
1. 제595조제2호에 해당하는 때
2. 채무자가 정당한 사유 없이 제613조제2항의 규정에 의한 출석 또는 설명을 하지 아니하거나 허위의 설명을 한 때

제621조【변제계획인가 후 개인회생절차의 폐지】 ① 법원은 다음 각 호의 어느 하나에 해당하는 때에는 이해관계인의 신청에 의하거나 직권으로 개인회생절차폐지의 결정을 하여야 한다.
1. 면책불허가결정이 확정된 때
2. 채무자가 인가된 변제계획을 이행할 수 없음이 명백할 때. 다만, 채무자가 제624조제2항의 규정에 의한 면책결정을 받은 때에는 그러하지 아니하다.
3. 채무자가 재산 및 소득의 은닉 그 밖의 부정한 방법으로 인가된 변제계획을 수행하지 아니하는 때

② 제1항의 규정에 의한 개인회생절차의 폐지는 이미 행한 변제와 이 법의 규정에 의하여 생긴 효력에 영향을 미치지 아니한다.

제622조【개인회생절차폐지결정의 공고】 법원은 개인회생절차폐지의 결정을 한 때에는 그 주문과 이유의 요지를 공고하여야 한다. 이 경우 송달은 하지 아니할 수 있다.

제623조【개인회생절차폐지결정에 대한 즉시항고】 ① 개인회생절차폐지의 결정에 대하여는 즉시항고를 할 수 있다.

② 제247조제4항 내지 제7항의 규정은 개인회생절차폐지의 결정에 대한 즉시항고에 관하여 이를 준용한다.

제624조【면책결정】 ① 법원은 채무자가 변제계획에 따른 변제를 완료한 때에는 당사자의 신청에 의하거나 직권으로 면책의 결정을 하여야 한다.

② 법원은 채무자가 변제계획에 따른 변제를 완료하지 못한 경우에도 다음 각 호의 요건이 모두 충족되는 때에는 이해관계인의 의견을 들은 후 면책의 결정을 할 수 있다.
1. 채무자가 책임질 수 없는 사유로 인하여 변제를 완료하지 못하였을 것
2. 개인회생채권자가 면책결정일까지 변제받은 금액이 채무자가 파산절차를 신청한 경우 파산절차에서 배당받을 금액보다 적지 아니할 것
3. 변제계획의 변경이 불가능할 것

③ 제1항 및 제2항의 규정에 불구하고 법원은 다음 각 호의 어느 하나에 해당하는 경우에는 면책을 불허하는 결정을 할 수 있다.
1. 면책결정 당시까지 채무자에 의하여 악의로 개인회생채권자목록에 기재되지 아니한 개인회생채권이 있는 경우
2. 채무자가 이 법에 정한 채무자의 의무를 이행하지 아니한 경우

④ 법원은 면책의 결정을 한 때에는 그 주문과 이유의 요지를 공고하여야 한다. 이 경우 송달은 하지 아니할 수 있다.

제625조【면책결정의 효력】 ① 면책의 결정은 확정된 후가 아니면 그 효력이 생기지 아니한다.

② 면책을 받은 채무자는 변제계획에 따라 변제한 것을 제외하고 개인회생채권자에 대한 채무에 관하여 그 책임이 면제된다. 다만, 다음 각 호의 청구권에 관하여는 책임이 면제되지 아니한다.
1. 개인회생채권자목록에 기재되지 아니한 청구권
2. 제583조제1항제2호의 규정에 의한 조세 등의 청구권
3. 벌금·과료·형사소송비용·추징금 및 과태료
4. 채무자가 고의로 가한 불법행위로 인한 손해배상
5. 채무자가 중대한 과실로 타인의 생명 또는 신체를 침해한 불법행위로 인하여 발생한 손해배상
6. 채무자의 근로자의 임금·퇴직금 및 재해보상금
7. 채무자의 근로자의 임치금 및 신원보증금
8. 채무자가 양육자 또는 부양의무자로서 부담하여야 할 비용

③ 면책은 개인회생채권자가 채무자의 보증인 그 밖에 채무자와 더불어 채무를 부담하는 자에 대하여 가지는 권리와 개인회생채권자를 위하여 제공한 담보에 영향을 미치지 아니한다.

제626조【면책의 취소】 ① 법원은 채무자가 기망 그 밖의 부정한 방법으로 면책을 받은 때에는 이해관계인의 신청에 의하거나 직권으로 면책을 취소할 수 있다. 이 경우 법원은 이해관계인을 심문하여야 한다.

② 제1항의 규정에 의한 신청은 면책결정의 확정일부터 1년 이내에 제기하여야 한다.

제627조【면책결정 등에 관한 즉시항고】 면책 여부의 결정과 면책취소의 결정에 대하여는 즉시항고를 할 수 있다.

제5편 국제도산

제628조【정의】 이 편에서 사용하는 용어의 정의는 다음 각 호와 같다.
1. "외국도산절차"라 함은 외국법원(이에 준하는 당국을 포함한다. 이하 같다)에 신청된 회생절차·파산절차 또는 개인회생절차 및 이와 유사한 절차를 말하며, 임시절차를 포함한다.
2. "국내도산절차"라 함은 대한민국 법원에 신청된 회생절차·파산절차 또는 개인회생절차를 말한다.
3. "외국도산절차의 승인"이라 함은 외국도산절차에 대하여 대한민국 내에 이 편의 지원처분을 할 수 있는 기초로서 승인하는 것을 말한다.
4. "지원절차"라 함은 이 편에서 정하는 바에 의하여 외국도산절차의 승인신청에 관한 재판과 채무자의 대한민국 내에 있어서의 업무 및 재산에 관하여 당해 외국도산절차를 지원하기 위한 처분을 하는 절차를 말한다.
5. "외국도산절차의 대표자"라 함은 외국법원에 의하여 외국도산절차의 관리자 또는 대표자로 인정된 자를 말한다.
6. "국제도산관리인"이라 함은 외국도산절차의 지원을 위하여 법원이 채무자의 재산에 대한 환가 및 배당 또는 채무자의 업무 및 재산에 대한 관리 및 처분권한의 전부 또는 일부를 부여한 자를 말한다.

제629조【적용범위】 ① 이 편의 규정은 다음 각 호의 경우에 적용한다.
1. 외국도산절차의 대표자가 외국도산절차와 관련하여 대한민국 법원에 승인이나 지원을 구하는 경우
2. 외국도산절차의 대표자가 대한민국 법원에서 국내도산절차를 신청하거나 진행 중인 국내도산절차에 참가하는 경우
3. 국내도산절차와 관련하여 관리인·파산관재인·채무자 그 밖에 법원의 허가를 받은 자 등이 외국법원의 절차에 참가하거나 외국법원의 승인 및 지원을 구하는 등 외국에서 활동하는 경우
4. 채무자를 공통으로 하는 국내도산절차 및 외국도산절차가 대한민국법원과 외국법원에서 동시에 진행되어 관련절차간에 공조가 필요한 경우

② 이 편에서 따로 규정하지 아니한 사항은 이 법 중 다른 편의 규정에 따른다.

제630조【관할】 외국도산절차의 승인 및 지원에 관한 사건은 서울회생법원 합의부의 관할에 전속한다. 다만, 절차의 효율적인 진행이나 이해당사자의 권리보호를 위하여 필요한 때에는 서울회생법원은 당사자의 신청에 의하거나 직권으로 외국도산절차의 승인결정과 동시에 또는 그 결정 후에 제3조가 규정하는 관할법원으로 사건을 이송할 수 있다.(2016.12.27 본조개정)

제631조【외국도산절차의 승인신청】 ① 외국도산절차의 대표자는 외국도산절차가 신청된 국가에 채무자의 영업소·사무소 또는 주소가 있는 경우에 다음 각 호의 서면을 첨부하여 법원에 외국도산절차의 승인을 신청할 수 있다. 이 경우 외국어로 작성된 서면에는 번역문을 붙여야 한다.
1. 외국도산절차 일반에 대한 법적 근거 및 개요에 대한 진술서
2. 외국도산절차의 개시를 증명하는 서면
3. 외국도산절차의 대표자의 자격과 권한을 증명하는 서면
4. 승인을 신청하는 그 외국도산절차의 주요내용에 대한 진술서(채권자·채무자 및 이해당사자에 대한 서술을 포함한다)
5. 외국도산절차의 대표자가 알고 있는 그 채무자에 대한 다른 모든 외국도산절차에 대한 진술서

② 외국도산절차의 승인을 신청한 후 제1항 각 호의 내용이 변경된 때에는 신청인은 지체 없이 변경된 사항을 기재한 서면을 법원에 제출하여야 한다.

③ 제1항의 규정에 의한 신청이 있는 때에는 법원은 지체 없이 그 요지를 공고하여야 한다.

④ 제37조 및 제39조의 규정은 제1항의 규정에 의한 신청에 관하여 준용한다.

제632조【외국도산절차의 승인결정】 ① 법원은 외국도산절차의 승인신청이 있는 때에는 신청일부터 1월 이내에 승인 여부를 결정하여야 한다.

② 법원은 다음 각 호의 어느 하나에 해당하는 경우에는 외국도산절차의 승인신청을 기각하여야 한다.
1. 법원이 정한 비용을 미리 납부하지 아니한 경우
2. 제631조제1항 각 호의 서면을 제출하지 아니하거나 그 성립 또는 내용의 진정을 인정하기에 부족한 경우
3. 외국도산절차를 승인하는 것이 대한민국의 선량한 풍속 그 밖에 사회질서에 반하는 경우

③ 법원은 외국도산절차의 승인결정이 있는 때에는 그 주문과 이유의 요지를 공고하고 그 결정서를 신청인에게 송달하여야 한다.

④ 외국도산절차의 승인신청에 관한 결정에 대하여는 즉시항고를 할 수 있다.

⑤ 제4항의 규정에 의한 즉시항고는 집행정지의 효력이 없다.

제633조【외국도산절차승인의 효력】 외국도산절차의 승인결정은 이 법에 의한 절차의 개시 또는 진행에 영향을 미치지 아니한다.

제634조【외국도산절차의 대표자의 국내도산절차개시신청 등】 외국도산절차가 승인된 때에는 외국도산절차의 대표자는 국내도산절차의 개시를 신청하거나 진행 중인 국내도산절차에 참가할 수 있다.

제635조【승인 전 명령 등】 ① 법원은 외국도산절차의 대표자의 신청에 의하거나 직권으로 외국도산절차의 승인신청이 있은 후 그 결정이 있을 때까지 제636조제1항제1호 내지 제3호의 조치를 명할 수 있다.

② 제1항의 규정은 외국도산절차의 승인신청을 기각하는 결정에 대하여 즉시항고가 제기된 경우에 준용한다.

③ 법원은 제1항 및 제2항의 규정에 의한 처분을 변경하거나 취소할 수 있다.

④ 제1항 내지 제3항의 결정에 대하여는 즉시항고를 할 수 있다.

⑤ 제4항의 규정에 의한 즉시항고는 집행정지의 효력이 없다.

제636조【외국도산절차에 대한 지원】 ① 법원은 외국도산절차를 승인함과 동시에 또는 승인한 후 이해관계인의 신청에 의하거나 직권으로 채무자의 업무 및 재산이나 채권자의 이익을 보호하기 위하여 다음 각 호의 결정을 할 수 있다.
1. 채무자의 업무 및 재산에 대한 소송 또는 행정청에 계속하는 절차의 중지

2. 채무자의 업무 및 재산에 대한 강제집행, 담보권실행을 위한 경매, 가압류·가처분 등 보전절차의 금지 또는 중지
3. 채무자의 변제금지 또는 채무자 재산의 처분금지
4. 국제도산관리인의 선임
5. 그 밖에 채무자의 업무 및 재산을 보전하거나 채권자의 이익을 보호하기 위하여 필요한 처분
② 법원은 제1항의 규정에 의한 결정을 하는 때에는 채권자·채무자 그 밖의 이해관계인의 이익을 고려하여야 한다.
③ 법원은 제1항의 규정에 의한 지원신청이 대한민국의 선량한 풍속 그 밖의 사회질서에 반하는 때에는 그 신청을 기각하여야 한다.
④ 법원은 제1항제2호의 금지명령 및 이를 변경하거나 취소하는 결정을 한 때에는 그 주문을 공고하고 그 결정서를 외국도산절차의 대표자나 신청인에게 송달하여야 한다.
⑤ 제1항의 규정에 의한 금지명령이 있는 때에는 그 명령의 효력이 상실된 날의 다음 날부터 2월이 경과하는 날까지 채무자에 대한 채권의 시효는 완성되지 아니한다.
⑥ 법원은 필요한 경우 이해관계인의 신청에 의하거나 직권으로 제1항의 규정에 의한 결정을 변경하거나 취소할 수 있다.
⑦ 법원은 특히 필요하다고 인정하는 때에는 이해관계인의 신청에 의하거나 직권으로 제1항제2호의 규정에 의하여 중지된 절차의 취소를 명할 수 있다. 이 경우 법원은 담보를 제공하게 할 수 있다.
⑧ 제1항·제6항 및 제7항의 결정에 대하여는 즉시항고를 할 수 있다.
⑨ 제8항의 규정에 의한 즉시항고는 집행정지의 효력이 없다.

제637조【국제도산관리인】 ① 국제도산관리인이 선임된 경우 채무자의 업무의 수행 및 재산에 대한 관리·처분권한은 국제도산관리인에게 전속한다.
② 국제도산관리인은 대한민국 내에 있는 채무자의 재산을 처분 또는 국외로의 반출, 환가·배당 그 밖에 법원이 정하는 행위를 하는 경우에는 법원의 허가를 받아야 한다.
③ 제2편제2장제1절(관리인) 및 제3편제2장제1절(파산관재인)에 관한 규정은 국제도산관리인에 관하여 준용한다.

제638조【국내도산절차와 외국도산절차의 동시진행】 ① 채무자를 공통으로 하는 외국도산절차와 국내도산절차가 동시에 진행하는 경우 법원은 국내도산절차를 중심으로 제635조(승인 전 명령 등) 및 제636조(외국도산절차에 대한 지원)의 규정에 의한 지원을 결정하거나 이를 변경 또는 취소할 수 있다.
② 제1항의 결정에 대하여는 즉시항고를 할 수 있다.
③ 제2항의 즉시항고에는 집행정지의 효력이 없다.

제639조【복수의 외국도산절차】 ① 채무자를 공통으로 하는 여러 개의 외국도산절차의 승인신청이 있는 때에는 법원은 이를 병합심리하여야 한다.
② 채무자를 공통으로 하는 여러 개의 외국도산절차가 승인된 때에는 법원은 승인 및 지원절차의 효율적 진행을 위하여 채무자의 주된 영업소 소재지 또는 채권자보호조치의 정도 등을 고려하여 주된 외국도산절차를 결정할 수 있다.
③ 법원은 주된 외국도산절차를 중심으로 제636조의 규정에 의한 지원을 결정하거나 변경할 수 있다.
④ 법원은 필요한 경우 제2항의 규정에 의한 주된 외국도산절차를 변경할 수 있다.
⑤ 제2항 내지 제4항의 결정에 대하여는 즉시항고를 할 수 있다.
⑥ 제5항의 즉시항고에는 집행정지의 효력이 없다.

제640조【관리인 등이 외국에서 활동할 권한】 국내도산절차의 관리인·파산관재인 그 밖에 법원의 허가를 받은 자 등은 외국법이 허용하는 바에 따라 국내도산절차를 위하여 외국에서 활동할 권한이 있다.

제641조【공조】 ① 법원은 동일한 채무자 또는 상호 관련이 있는 채무자에 대하여 진행 중인 국내도산절차 및 외국도산절차나 복수의 외국도산절차간의 원활하고 공정한 집행을 위하여 외국법원 및 외국도산절차의 대표자와 다음 각 호의 사항에 관하여 공조하여야 한다.
1. 의견교환
2. 채무자의 업무 및 재산에 관한 관리 및 감독
3. 복수 절차의 진행에 관한 조정
4. 그 밖에 필요한 사항
② 법원은 제1항의 규정에 의한 공조를 위하여 외국법원 또는 외국도산절차의 대표자와 직접 정보 및 의견을 교환할 수 있다.
③ 국내도산절차의 관리인 또는 파산관재인은 법원의 감독하에 외국법원 또는 외국도산절차의 대표자와 직접 정보 및 의견을 교환할 수 있다.
④ 국내도산절차의 관리인 또는 파산관재인은 법원의 허가를 받아 외국법원 또는 외국도산절차의 대표자와 도산절차의 조정에 관한 합의를 할 수 있다.

제642조【배당의 준칙】 채무자를 공통으로 하는 국내도산절차와 외국도산절차 또는 복수의 외국도산절차가 있는 경우 외국도산절차 또는 채무자의 국외재산으로부터 변제받은 채권자는 국내도산절차에서 그와 같은 조 및 순위에 속하는 다른 채권자가 동일한 비율의 변제를 받을 때까지 국내도산절차에서 배당 또는 변제를 받을 수 없다.

제6편 벌 칙

제643조【사기회생죄】 ① 채무자가 자기 또는 타인의 이익을 도모하거나 채권자를 해할 목적으로 다음 각 호의 어느 하나에 해당하는 행위를 하고, 채무자에 대하여 회생절차개시 또는 간이회생절차개시의 결정이 확정된 경우 그 채무자는 10년 이하의 징역 또는 1억원 이하의 벌금에 처한다.(2014.12.30 본문개정)
1. 채무자의 재산을 손괴 또는 은닉하거나 회생채권자·회생담보권자·주주·지분권자에 불이익하게 처분하는 행위
2. 채무자의 부담을 허위로 증가시키는 행위
3. 법률의 규정에 의하여 작성하여야 하는 상업장부를 작성하지 아니하거나, 그 상업장부에 재산의 현황을 알 수 있는 정도의 기재를 하지 아니하거나, 그 상업장부에 부정의 기재를 하거나, 그 상업장부를 손괴 또는 은닉하는 행위
4. 「부정수표단속법」에 의한 처벌회피를 주된 목적으로 회생절차개시 또는 간이회생절차개시의 신청을 하는 행위(2014.12.30 본호개정)
② 다음 각 호의 어느 하나에 해당하는 자가 자기 또는 타인의 이익을 도모하거나 채권자를 해할 목적으로 제1항 각 호의 행위를 하고, 채무자에 대하여 회생절차개시 또는 간이회생절차개시의 결정이 확정된 경우 그 자는 5년 이하의 징역 또는 5천만원 이하의 벌금에 처한다.(2014.12.30 본문개정)
1. 채무자의 법정대리인
2. 법인인 채무자의 이사
3. 채무자의 지배인
③ 채무자가 자기 또는 타인의 이익을 도모하거나 채권자를 해할 목적으로 다음 각 호의 어느 하나에 해당하는 행위를 하고, 채무자에 대하여 개인회생절차개시의 결정이 확정된 때에는 5년 이하의 징역 또는 5천만원 이하의 벌금에 처한다.
1. 재산을 은닉 또는 손괴하거나 채권자에게 불이익하게 처분하는 행위
2. 허위로 부담을 증가시키는 행위

제644조【제3자의 사기회생죄】 제643조에 규정된 자 외의 자가 다음 각 호의 어느 하나에 해당하는 행위를 하고, 채무자에 대하여 회생절차개시의 결정이 확정된 경우 그 자는 5년 이하의 징역 또는 5천만원 이하의 벌금에 처한다.
1. 제643조제1항 각 호의 행위
2. 자기 또는 타인의 이익을 도모하거나 채권자를 해할 목적으로 회생채권자·회생담보권자·주주·지분권자로서 허위의 권리를 행사하는 행위

제644조의2【사기회생죄에 대한 특칙】 제231조의2 또는 제243조의2의 적용을 면탈할 목적으로 거짓의 정보를 제공하거나 거짓의 자료를 제출하고, 회생계획인가의 결정이 확정된 경우 해당 정보를 제공하거나 해당 자료를 제출한 자는 5년 이하의 징역 또는 5천만원 이하의 벌금에 처한다.(2014.10.15 본조신설)

제645조【회생수뢰죄】 ① 관리위원·조사위원·간이조사위원·회생위원·보전관리인·관리인(제637조의 규정에 의한 국제도산관리인을 포함한다), 고문이나 관리인 또는 보전관리인·회생위원의 대리인이 그 직무에 관하여 뇌물을 수수·요구 또는 약속한 경우 그 자는 5년 이하의 징역 또는 5천만원 이하의 벌금에 처한다. 다음 각 호의 어느 하나에 해당하는 자가 관계인집회의 결의에 관하여 뇌물을 수수·요구 또는 약속한 때에 그 자도 또한 같다.(2014.12.30 전단개정)
1. 회생채권자·회생담보권자·주주·지분권자
2. 제1호에 규정된 자의 대리위원 또는 대리인
3. 제1호에 규정된 자의 임원 또는 직원
② 관리인(제637조의 규정에 의한 국제도산관리인을 포함한다)·보전관리인 또는 조사위원·간이조사위원·회생위원이 법인인 경우에는 관리인·보전관리인 또는 조사위원·간이조사위원·회생위원의 직무에 종사하는 그 임원 또는 직원이 그 직무에 관하여 뇌물을 수수·요구 또는 약속한 경우 그 임원 또는 직원은 5년 이하의 징역 또는 5천만원 이하의 벌금에 처한다. 관리인·보전관리인·회생위원 또는 조사위원·간이조사위원이 법인인 경우 그 임원 또는 직원이 관리인·보전관리인·회생위원 또는 조사위원·간이조사위원의 직무에 관하여 관리인·보전관리인·회생위원 또는 조사위원·간이조사위원에게 뇌물을 수수하게 하거나 그 공여를 요구 또는 약속한 때에도 같다.(2014.12.30 본항개정)
③ 제1항 및 제2항의 경우 범인 또는 그 정을 아는 제3자가 수수한 뇌물은 몰수한다. 이 경우 몰수가 불가능한 때에는 그 가액을 추징한다.

제646조【회생증뢰죄】 제645조제1항 또는 제2항에 규정한 뇌물을 약속 또는 공여하거나 공여의 의사표시를 한 자는 5년 이하의 징역 또는 5천만원 이하의 벌금에 처한다.

제647조【경영참여금지위반죄】 제284조의 규정을 위반하여 회생절차종결 또는 간이회생절차종결 후 채무자의 이사로 선임되거나 대표이사로 선정되어 취임한 자는 3년 이하의 징역 또는 3천만원 이하의 벌금에 처한다.(2014.12.30 본조개정)

제648조【무허가행위 등의 죄】 ① 관리인·파산관재인(제637조의 규정에 의한 국제도산관리인을 포함한다) 또는 보전관리인이 법원의 허가를 받아야 하는 행위를 허가를 받지 아니하고 행한 경우 그 자는 3년 이하의 징역 또는 3천만원 이하의 벌금에 처한다.
② 관리인 또는 보전관리인이 법원에 허위의 보고를 하거나 임무종료 후 정당한 사유 없이 제84조제1항의 규정에 의한 계산에 관한 보고를 하지 아니한 경우 그 자는 1년 이하의 징역 또는 1천만원 이하의 벌금에 처한다.

제649조【보고와 검사거절의 죄】 다음 각 호의 어느 하나에 해당하는 자는 1년 이하의 징역 또는 1천만원 이하의 벌금에 처한다.
1. 정당한 사유 없이 제22조제3항의 규정에 의한 자료제공을 거부·기피 또는 방해하거나 허위의 자료를 제공한 관리인 또는 파산관재인
2. 정당한 사유 없이 제34조제3항의 규정에 의한 자료제출을 거부·기피 또는 방해하거나 허위의 자료를 제출한 채무자
3. 정당한 사유 없이 제79조제1항(제88조와 제293조의7 제1항 후단에서 준용하는 경우를 포함한다)의 규정에 의한 보고를 거부·기피 또는 방해하거나 허위의 보고를 한 자
4. 정당한 사유 없이 제79조제1항(제88조와 제293조의7 제1항 후단에서 준용하는 경우를 포함한다)의 규정에 의한 검사를 거부·기피 또는 방해한 채무자
(2014.12.30 3호~4호개정)
4의2. 정당한 사유 없이 제231조의2제3항에 따른 정보제공 또는 자료제출을 거부·기피 또는 방해하거나, 거짓의 정보를 제공하거나 거짓의 자료를 제출한 자
4의3. 정당한 사유 없이 제243조의2제3항에 따른 정보제공 또는 자료제출을 거부·기피 또는 방해하거나, 거짓의 정보를 제공하거나 거짓의 자료를 제출한 자
(2014.10.15 4호의2~4호의3신설)
5. 정당한 사유 없이 제591조의 규정에 의한 보고·조사·시정 요구를 거부하거나 허위보고를 한 채무자

제650조【사기파산죄】 ① 채무자가 파산선고의 전후를 불문하고 자기 또는 타인의 이익을 도모하거나 채권자를 해할 목적으로 다음 각 호의 어느 하나에 해당하는 행위를 하고, 그 파산선고가 확정된 때에는 10년 이하의 징역 또는 1억원 이하의 벌금에 처한다.
1. 파산재단에 속하는 재산을 은닉 또는 손괴하거나 채권자에게 불이익하게 처분을 하는 행위
2. 파산재단의 부담을 허위로 증가시키는 행위
3. 법률의 규정에 의하여 작성하여야 하는 상업장부를 작성하지 아니하거나, 그 상업장부에 재산의 현황을 알 수 있는 정도의 기재를 하지 아니하거나, 그 상업장부에 부실한 기재를 하거나, 그 상업장부를 은닉 또는 손괴하는 행위
4. 제481조의 규정에 의하여 법원사무관등이 폐쇄한 장부에 변경을 가하거나 이를 은닉 또는 손괴하는 행위
② 수탁자, 신탁재산관리인, 수탁자의 법정대리인, 수탁자의 지배인 또는 법인인 수탁자의 이사가 파산선고의 전후를 불문하고 자기 또는 타인의 이익을 도모하거나 채권자를 해할 목적으로 제1항 각 호의 어느 하나에 해당하는 행위를 하고, 유한책임신탁재산에 대한 파산선고가 확정된 경우에는 10년 이하의 징역 또는 1억원 이하의 벌금에 처한다.(2013.5.28 본항신설)

제651조【과태파산죄】 ① 채무자가 파산선고의 전후를 불문하고 다음 각 호의 어느 하나에 해당하는 행위를 하고, 그 파산선고가 확정된 경우 그 채무자는 5년 이하의 징역 또는 5천만원 이하의 벌금에 처한다.
1. 파산의 선고를 지연시킬 목적으로 신용거래로 상품을 구입하여 현저히 불이익한 조건으로 이를 처분하는 행위
2. 파산의 원인인 사실이 있음을 알면서 어느 채권자에게 특별한 이익을 줄 목적으로 한 담보의 제공이나 채무의 소멸에 관한 행위로서 채무자의 의무에 속하지 아니하거나 그 방법 또는 시기가 채무자의 의무에 속하지 아니하는 행위
3. 법률의 규정에 의하여 작성하여야 하는 상업장부를 작성하지 아니하거나, 그 상업장부에 재산의 현황을 알 수 있는 정도의 기재를 하지 아니하거나, 그 상업장부에 부정의 기재를 하거나, 그 상업장부를 은닉 또는 손괴하는 행위
4. 제481조의 규정에 의하여 법원사무관등이 폐쇄한 장부에 변경을 가하거나 이를 은닉 또는 손괴하는 행위
② 수탁자, 신탁재산관리인, 수탁자의 법정대리인, 수탁자의 지배인 또는 법인인 수탁자의 이사가 파산선고의 전후를 불문하고 제1항 각 호의 어느 하나에 해당하는 행위를 하고, 유한책임신탁재산에 대한 파산선고가 확정된 경우에는 5년 이하의 징역 또는 5천만원 이하의 벌금에 처한다.(2013.5.28 본항신설)

제652조【일정한 지위에 있는 자의 사기파산 및 과태파산죄】 다음 각 호의 어느 하나에 해당하는 자가 제650조 및 제651조에 규정된 행위를 하고, 채무자에 대한 파산선고가 확정된 때에는 제650조 및 제651조의 예에 의한다. 상속재산에 대한 파산의 경우 상속인 및 그 법정대리인과 지배인에 관하여도 또한 같다.
1. 채무자의 법정대리인
2. 법인인 채무자의 이사
3. 채무자의 지배인

제653조【구인불응죄】 제319조, 제320조, 제322조 및 제578조의6에 따른 구인의 명을 받은 자가 그 사실을 알면서도 파산절차를 지연시키거나 구인의 집행을 회피할 목적으로 도주한 때에는 1년 이하의 징역 또는 1천만원 이하의 벌금에 처한다.(2013.5.28 본조개정)

제654조【제3자의 사기파산죄】 채무자 및 제652조 각 호의 자가 아닌 자가 파산선고의 전후를 불문하고 자기 또는 타인의 이익을 도모하거나 채권자를 해할 목적으로 제650조 각 호의 행위를 하거나 자기나 타인을 이롭게 할 목적으로 파산채권자로서 허위의 권리를 행사하고, 채무자에 대한 파산선고가 확정된 경우 그 행위를 한 자는 10년 이하의 징역 또는 1억원 이하의 벌금에 처한다.

제655조【파산수뢰죄】 ① 파산관재인(제637조의 규정에 의한 국제도산관리인을 포함한다) 또는 감사위원이 그 직무에 관하여 뇌물을 수수·요구 또는 약속한 경우 그 자는 5년 이하의 징역 또는 5천만원 이하의 벌금에 처한다. 다음 각 호의 어느 하나에 해당하는 자가 채권자집회의 결의에 관하여 뇌물을 수수·요구 또는 약속한 때에 그 자도 또한 같다.

1. 파산채권자
2. 파산채권자의 대리인
3. 파산채권자의 이사

② 제1항의 경우 범인 또는 그 정을 아는 제3자가 수수한 뇌물은 몰수한다. 이 경우 몰수가 불가능한 때에는 그 가액을 추징한다.

제656조【파산증뢰죄】 다음 각 호의 어느 하나에 해당하는 자에게 뇌물을 약속 또는 공여하거나 공여의 의사를 표시한 자는 3년 이하의 징역 또는 3천만원 이하의 벌금에 처한다.

1. 파산관재인(제637조의 규정에 의한 국제도산관리인을 포함한다)
2. 감사위원
3. 파산채권자
4. 파산채권자의 대리인
5. 파산채권자의 이사

제657조【재산조회결과의 목적외사용죄】 제29조제1항의 규정에 의한 재산조회의 결과를 회생절차·파산절차 또는 개인회생절차를 위한 채무자의 재산상황조사 외의 목적으로 사용한 자는 2년 이하의 징역 또는 2천만원 이하의 벌금에 처한다.

제658조【설명의무위반죄】 제321조 및 제578조의7에 따라 설명의 의무가 있는 자가 정당한 사유 없이 설명을 하지 아니하거나 허위의 설명을 한 때에는 1년 이하의 징역 또는 1천만원 이하의 벌금에 처한다.(2013.5.28 본조개정)

제659조【국외범】 ① 제645조 및 제655조의 규정은 대한민국 외에서 같은 조의 죄를 범한 자에게도 적용한다.
② 제646조 및 제656조의 죄는 「형법」 제5조(외국인의 국외범)의 예에 따른다.

제660조【과태료】 ① 제29조제1항의 규정에 의하여 조회를 받은 공공기관·금융기관·단체 등의 장이 정당한 사유 없이 자료제출을 거부하거나 허위의 자료를 제출한 경우 그 자는 500만원 이하의 과태료에 처한다.
② 다음 각 호의 어느 하나에 해당하는 자가 제258조제1항 또는 제2항의 규정에 의한 법원의 명령을 위반하는 행위를 한 경우 그 자는 500만원 이하의 과태료에 처한다.

1. 채무자, 신회사의 이사나 지배인
2. 회생채권자·회생담보권자·주주·지분권자와 회생을 위하여 채무를 부담하거나 담보를 제공한 자

③ 제251조·제566조 또는 제625조에 의하여 면책을 받은 개인인 채무자에 대하여 면책된 사실을 알면서 면책된 채권에 기하여 강제집행·가압류 또는 가처분의 방법으로 추심행위를 한 자는 500만원 이하의 과태료에 처한다.

부 칙

제1조【시행일】 이 법은 공포 후 1년이 경과한 날부터 시행한다.
제2조【폐지법률】 「회사정리법」·「화의법」·「파산법」 및 「개인채무자회생법」은 이를 폐지한다.
제3조【「회사정리법」·「화의법」·「파산법」 및 「개인채무자회생법」의 폐지에 따른 경과조치】 이 법 시행당시 종전의 「회사정리법」에 의하여 정리절차개시의 신청을 한 정리사건, 종전의 「화의법」에 의하여 화의개시신청을 한 화의사건, 종전의 「파산법」에 의하여 파산신청을 한 파산사건과 종전의 「개인채무자회생법」에 의하여 개인회생절차개시신청을 한 개인회생사건은 각각 종전의 「회사정리법」·「화의법」·「파산법」 및 「개인채무자회생법」에 의한다.
제4조【벌칙에 관한 경과조치】 이 법 시행 전의 행위에 대한 벌칙의 적용에 있어서는 종전의 규정에 의하고, 1개의 죄가 이 법 시행 전후에 걸쳐서 행하여진 때에는 이 법 시행 전에 범한 것으로 본다.
제5조【다른 법률의 개정】 ①~⑮ ※(해당 법령에 가제정리 하였음)
제6조【다른 법령과의 관계】 이 법 시행 당시 다른 법령에서 종전의 「회사정리법」·「화의법」·「파산법」 및 「개인채무자회생법」 및 그 규정을 인용한 경우 이 법 중 그에 해당하는 규정이 있는 때에는 종전의 규정에 갈음하여 이 법 또는 이 법의 해당 규정을 인용한 것으로 본다.

부 칙 (2009.10.21)

① **【시행일】** 이 법은 공포한 날부터 시행한다.
② **【경과조치】** 이 법 시행 전에 회생절차개시 후에 채무자의 업무 및 재산에 관하여 관리인이 행한 자금의 차입, 그 밖의 행위로 인하여 생긴 청구권 또는 회생절차개시신청 후 그 개시 전에 채무자 또는 보전관리인이 법원의 허가를 받아 행한 자금의 차입, 자재의 구입, 그 밖에 채무자의 사업을 계속하는 데 불가결한 행위로 인하여 생긴 청구권은 종전의 규정에 따른다.

부 칙 (2013.5.28)

제1조【시행일】 이 법은 공포한 날부터 시행한다.
제2조【적용례】 이 법은 이 법 시행 후 최초로 신청된 회생사건 또는 파산사건부터 적용한다.

부 칙 (2014.5.20 법12595호)

제1조【시행일】 이 법은 공포 후 6개월이 경과한 날부터 시행한다.
제2조【경과조치】 이 법 시행 전에 회생절차개시신청, 파산신청 또는 개인회생절차개시신청을 한 사건은 종전의 규정에 따른다.

부 칙 (2014.12.30)

제1조【시행일】 이 법은 공포 후 6개월이 경과한 날부터 시행한다.
제2조【회생절차개시의 공고 및 관계인설명회의 개최에 관한 적용례】 제51조제1항제5호의 개정규정에 따른 사항에 관한 공고 및 제98조의2의 개정규정에 따른 관계인설명회의 개최는 이 법 시행 후 개시되는 회생절차부터 적용한다.
제3조【임금채권자 등에 관한 적용례】 제415조의2의 개정규정은 이 법 시행 후 최초로 발생하는 임금, 재해보상금, 퇴직금 등 근로 관계로 인한 채권부터 적용한다.
제4조【회생절차의 진행·폐지 및 배당절차의 속행·공고에 관한 경과조치】 이 법 시행 당시 회생절차가 진행 중인 사건에 대한 제1회 관계인집회의 개최 등 회생절차의 진행, 회생절차의 폐지 및 배당절차의 속행·공고에 관하여는 제50조, 제92조, 제98조, 제99조, 제182조제2항, 제193조제3항, 제220조, 제221조, 제223조제1항·제4항·제6항, 제285조, 제286조제2항 및 제511조제2호의 개정규정에도 불구하고 종전의 규정에 따른다.
제5조【다른 법률의 개정】 ①~⑤ ※(해당 법령에 가제정리 하였음)

부 칙 (2016.5.29)

제1조【시행일】 이 법은 공포 후 3개월이 경과한 날부터 시행한다. 다만, 제3조의 개정규정은 공포 후 6개월이 경과한 날부터 시행한다.
제2조【재판관할에 관한 적용례】 제3조제4항의 개정규정은 같은 개정규정 시행 후 신청한 회생사건, 파산사건부터 적용한다.
제3조【회생절차개시결정과 동시에 정하여야 할 사항, 공익채권이 되는 청구권, 회생계획안의 사전제출, 서면에 의한 결의, 서면결의를 거친 경우 회생계획의 인가 여부에 관한 적용례】 제50조제1항제1호·제2호·제4호, 제179조제1항제8호의2, 제223조제1항·제3항·제4항·제5항·제8항, 제240조제2항, 제242조의2의 개정규정은 이 법 시행 후 신청한 회생사건, 간이회생사건부터 적용한다.
제4조【금치산자 등에 대한 경과조치】 제16조제4항제1호의 개정규정에 따른 피성년후견인 또는 피한정후견인에는 법률 제10429호 민법 일부개정법률 부칙 제2조에 따라 금치산 또는 한정치산 선고의 효력이 유지되는 사람을 포함하는 것으로 본다.

부 칙 (2016.12.27 법14472호)

제1조【시행일】 이 법은 2017년 3월 1일부터 시행한다.
제2조【지방법원 등에 대한 경과조치】 이 법 시행 당시 회생법원이 설치되지 아니한 지역은 회생법원이 설치될 때까지 관할 지방법원 또는 지방법원 본원은 이 법에 따른 회생법원으로, 관할 지방법원장은 이 법에 따른 회생법원장으로 본다.

부 칙 (2017.12.12)

제1조【시행일】 이 법은 공포 후 3개월이 경과한 날부터 시행한다. 다만, 제611조제5항의 개정규정은 공포 후 6개월이 경과한 날부터 시행한다.
제2조【적용례】 ① 제611조제5항의 개정규정은 같은 개정규정 시행 후 최초로 신청하는 개인회생사건부터 적용한다. 다만, 이 개정규정 시행 전에 변제계획인가결정을 받은 채무자가 이 개정규정 시행일에 이미 변제계획안에 따라 3년 이상 변제계획을 수행한 경우에는 당사자의 신청 또는 직권으로 이해관계인의 의견을 들은 후 면책의 결정을 할 수 있다.(2020.3.24 단서신설)
② 제617조의2의 개정규정은 이 법 시행 전에 신청된 개인회생사건에도 적용한다.

부 칙 (2019.8.27)

제1조【시행일】 이 법은 공포 후 1년이 경과한 날부터 시행한다.(이하 생략)

부 칙 (2019.11.26)

제1조【시행일】 이 법은 공포한 날부터 시행한다.(이하 생략)

부 칙 (2020.2.4)

제1조【시행일】 이 법은 공포한 날부터 시행한다.
제2조【재단부족의 경우의 변제방법에 관한 적용례】 제477조제3항의 개정규정은 이 법 시행 후 결정된 파산선고 사건으로 구성된 파산재단부터 적용한다.

부 칙 (2020.3.24)

이 법은 공포한 날부터 시행한다.

부 칙 (2020.6.9)

제1조【시행일】 이 법은 공포한 날부터 시행한다.
제2조【적용례】 제579조제1호의 개정규정은 이 법 시행 후 제596조제1항에 따라 개인회생절차의 개시 여부를 결정하는 경우부터 적용한다.

부 칙 (2020.12.29 법17769호)

제1조【시행일】 이 법은 2021년 1월 1일부터 시행한다.(이하 생략)

부 칙 (2020.12.29 법17799호)

제1조【시행일】 이 법은 공포 후 1년이 경과한 날부터 시행한다.(이하 생략)

부 칙 (2021.4.20)

제1조【시행일】 이 법은 공포한 날부터 시행한다.
제2조【개인채무자에 관한 적용례】 제579조제1호의 개정규정은 이 법 시행 이후 제588조에 따라 개인회생절차의 개시를 신청하는 개인채무자부터 적용한다.

부 칙 (2021.12.28)

제1조【시행일】 이 법은 2022년 1월 1일부터 시행한다.
제2조【적용례】 이 법의 개정규정은 이 법 시행 당시 면책허가를 받았으나 상환을 완료하지 아니한 채무자의 취업 후 상환 학자금대출 원리금 청구권에도 적용한다.

부 칙 (2022.12.27)

제1조【시행일】 이 법은 2023년 3월 1일부터 시행한다.
제2조【재판관할에 관한 적용례】 제3조제11항의 개정규정은 이 법 시행 이후 신청하는 회생사건, 간이회생사건, 파산사건 또는 개인회생사건부터 적용한다.

부 칙 [2024.1.25 국회통과]

제1조【시행일】 이 법은 공포한 날부터 시행한다. 다만, 제589조제3항 및 제4항의 개정규정은 공포한 날부터 2년의 범위에서 대법원규칙으로 정하는 날부터 시행한다.
제2조【계속 사건에 관한 적용례】 ① 제23조, 제24조 및 제27조의 개정규정은 이 법 시행 당시 법원에 계속 중인 사건에 대해서도 적용한다.
② 제589조제3항 및 제4항의 개정규정은 부칙 제1조 단서에 따른 시행일 당시 법원에 계속 중인 사건에 대해서도 적용한다.
제3조【다른 법률의 개정】 ※(해당 법령에 가제정리 하였음)

채무자 회생 및 파산에 관한 법률 시행령

(2006년 3월 29일 대통령령 제19422호)

개정
2008. 2.29영20674호(직제)
2013. 2.13영24352호
2013.12.30영25035호(주택임대차시)
2014.12.16영25851호
2015. 5.12영26236호
2016.11.22영27590호
2019. 3. 5영29602호
2020. 6. 2영30726호
2022. 2.17영32449호(한국자산관리공사설립등에관한법시)

제1조【목적】 이 영은 「채무자 회생 및 파산에 관한 법률」에서 위임된 사항과 그 시행에 관하여 필요한 사항을 정함을 목적으로 한다.

제1조의2【재판관할】 「채무자 회생 및 파산에 관한 법률」(이하 "법"이라 한다) 제3조제4항에서 "대통령령으로 정하는 금액"이란 500억원을 말한다.(2016.11.22 본조신설)

제2조【관리위원의 자격】 법 제16조제3항제2호에서 "그 밖에 대통령령이 정하는 법인"이라 함은 다음 각 호의 법인을 말한다.(2016.11.22 본문개정)
1. 「예금자보호법」 제3조에 따라 설립된 예금보험공사
2. 「한국자산관리공사 설립 등에 관한 법률」에 따른 한국자산관리공사(2022.2.17 본호개정)

제3조【채권자협의회의 기능】 법 제21조제1항제6호에서 "그 밖에 대통령령이 정하는 행위"라 함은 다음 각 호의 사항을 말한다.
1. 법 제17조제1항제3호에 따른 관리위원회의 회생계획안·변제계획안 심사시 의견제시
2. 법 제22조제2항 및 제3항에 따라 제공된 자료에 관하여 관리인에 대한 설명 요구
3. 법 제30조에 따른 특별보상금 및 법 제31조에 따른 보상금에 대한 의견 제시
4. 법 제62조제3항에 따른 양도대가의 사용방법에 대한 의견 제시
5. 법 제87조 및 법 제88조에 따른 조사위원의 선임 및 해임에 관한 의견 제시
6. 법 제283조에 따른 회생절차의 종결 및 법 제285조 내지 제288조에 따른 회생절차의 폐지에 대한 의견 제시

제4조【특수관계인】 법 제101조제1항, 법 제218조제2항 각 호 및 법 제392조제1항에서 "대통령령이 정하는 범위의 특수관계에 있는 자"라 함은 다음 각 호의 어느 하나에 해당하는 자를 말한다.
1. 본인이 개인인 경우에는 다음 각 목의 어느 하나에 해당하는 자
   가. 배우자(사실상의 혼인관계에 있는 자를 포함한다. 이하 같다)
   나. 8촌 이내의 혈족이거나 4촌 이내의 인척
   다. 본인의 금전 그 밖의 재산에 의하여 생계를 유지하는 자이거나 본인과 생계를 함께 하는 자
   라. 본인이 단독으로 또는 그와 가목 내지 다목의 관계에 있는 자와 합하여 100분의 30 이상을 출자하거나 임원의 임면 등의 방법으로 법인 그 밖의 단체의 주요 경영사항에 대하여 사실상 영향력을 행사하고 있는 경우에는 당해 법인 그 밖의 단체와 그 임원
   마. 본인이 단독으로 또는 그와 가목 내지 라목의 관계에 있는 자와 합하여 100분의 30 이상을 출자하거나 임원의 임면 등의 방법으로 법인 그 밖의 단체의 주요 경영사항에 대하여 사실상 영향력을 행사하고 있는 경우에는 당해 법인 그 밖의 단체와 그 임원
2. 본인이 법인 그 밖의 단체인 경우에는 다음 각 목의 어느 하나에 해당하는 자
   가. 임원
   나. 계열회사(「독점규제 및 공정거래에 관한 법률」 제2조제3호에 따른 계열회사를 말한다) 및 그 임원
   다. 단독으로 또는 제1호 각 목의 관계에 있는 자와 합하여 본인에게 100분의 30 이상을 출자하거나 임원의 임면 등의 방법으로 본인의 주요 경영사항에 대하여 사실상 영향력을 행사하고 있는 개인 및 그와 제1호 각 목의 관계에 있는 자와 법인 그 밖의 단체(계열회사를 제외한다. 이하 이 호에서 같다) 및 그 임원
   라. 본인이 단독으로 또는 그와 가목 내지 다목의 관계에 있는 자와 합하여 100분의 30 이상을 출자하거나 임원의 임면 등의 방법으로 단체의 주요 경영사항에 대하여 사실상 영향력을 행사하고 있는 경우에는 당해 법인 그 밖의 단체 및 그 임원

제5조【지정지급결제제도의 지정 신청】 지급결제제도를 운영하는 자(이하 "운영기관"이라 한다)가 자신이 운영하는 지급결제제도에 대하여 법 제120조제1항에 따른 지급결제제도(이하 "지정지급결제제도"라 한다)로 지정받고자 하는 경우에는 다음 각 호의 서류를 첨부하여 한국은행총재에게 신청하여야 한다.
1. 운영기관의 설립근거에 관한 서류
2. 운영기관이 지급결제업무 수행을 위하여 정한 규칙(이하 "운영규칙"이라 한다)
3. 지급결제제도의 참가자가 이체지시(자금의 이체와 유가증권의 대체를 포괄한다. 이하 같다)에 의한 결제의 무 불이행시 그 처리방법과 관련하여 별도의 협약 등이 있는 경우 그 협약 등의 사본
4. 지급결제제도의 참가자격 요건 및 지정신청일 현재 참가자 명단

제6조【지정지급결제제도의 지정】 한국은행총재는 제5조에 따라 지정을 신청한 지급결제제도가 다음 각 호의 요건을 모두 갖춘 경우 금융위원회위원장과 협의하여 당해 지급결제제도를 지정지급결제제도로 지정할 수 있다.(2008.2.29 본문개정)
1. 일부 참가자의 결제불이행이 다른 참가자의 결제불이행으로 연쇄하여 파급될 위험(이하 "결제위험"이라 한다)이 있고, 결제규모 및 이체지시의 처리방법 등을 고려할 때 결제가 완결되지 못할 경우 금융시장의 정상적인 운영에 심각한 장애를 초래할 가능성이 있는 지급결제제도일 것
2. 운영기관의 운영규칙이 다음 각 목의 내용을 모두 포함하고 있을 것
   가. 이체지시가 최종적이고 취소불가능해지는 시점
   나. 지급결제제도의 참가자가 회생절차 또는 파산절차를 신청한 경우나 자신에 대하여 회생절차 또는 파산절차가 신청되거나 파산이 선고된 사실을 인지한 경우에 그 사실을 지체 없이 운영기관을 통하여 한국은행총재에게 통보하는 절차
   다. 나목의 사실을 인지한 운영기관이 해당 참가자에 대하여 취하는 지급결제제도의 이용정지 등 제재조치에 관한 사항
   라. 참가자간에 이루어지는 이체지시 또는 지급 및 이와 관련된 이행, 정산, 차감, 증거금 등 담보의 제공·처분·충당 그 밖의 결제 등(이하 "이체지시등"이라 한다)의 처리절차에 관한 사항
   마. 참가자가 이체지시등과 관련된 결제의무를 이행하지 못하는 경우 취하여야 할 조치에 관한 사항
3. 참가자간 원화자금이체는 한국은행 원화당좌예금이나 신용위험 및 유동성 위험이 없는 다른 결제자산을 이용하여 실행할 것
4. 그 밖에 결제위험 방지대책 등 지급결제제도의 안정을 위하여 한국은행 총재가 필요하다고 인정하여 정하는 사항을 충족할 것

제7조【지정지급결제제도의 직권 지정】 ① 한국은행총재는 제5조의 규정에 불구하고 지급결제제도의 안정을 위하여 필요하다고 인정하는 경우 금융위원회위원장과 협의하여 직권으로 지정지급결제제도를 지정할 수 있다.(2008.2.29 본항개정)
② 한국은행총재는 제1항에 따른 지정을 위하여 해당지급결제제도의 운영기관에 대하여 제5조 각 호의 서류를 제출하도록 요구할 수 있다. 이 경우 요구를 받은 운영기관은 특별한 사유가 없는 한 이에 응하여야 한다.
③ 한국은행총재는 제1항에 따라 직권으로 지정지급결제제도로 지정하고자 하는 경우 다음 각 호의 사항을 명시하여 해당 지급결제제도의 운영기관에 사전에 서면으로 통지하고 일정기간을 정하여 이에 대한 의견제출 기회를 주어야 한다.
1. 지정하고자 하는 이유와 지정의 내용 및 법적 근거
2. 제1호에 대하여 의견을 제출할 수 있다는 뜻과 의견을 제출하지 아니하는 경우의 처리방법

제8조【지정의 통보 등】 ① 한국은행총재는 제6조 및 제7조에 따라 지정결정을 하는 경우에는 지정내용을 해당 운영기관에게 서면으로 통지하고 관보에 게재하여야 한다. 이 경우 지정내용에는 지정하는 지급결제제도, 해당 지급결제제도의 운영기관, 효력발생일 및 운영규칙을 포함하여야 한다.
② 한국은행총재는 제5조에 따른 지정 신청에 대하여 지정거부 결정을 하는 경우에는 그 사유를 해당 운영기관에 서면으로 통지하여야 한다.

제9조【자료제출의 요구 등】 ① 한국은행총재는 이 영에서 정한 지정업무 수행상 필요한 경우 지정지급결제제도의 운영기관에 대하여 자료의 제출을 요구할 수 있다.
② 지정지급결제제도의 운영기관은 지정지급결제제도와 관련한 운영규칙의 변경이 제6조에 따른 지정요건을 충족하는데 영향을 주는 것으로 판단되는 경우 사전에 한국은행총재와 협의하여야 한다.
③ 지정지급결제제도의 운영기관은 운영규칙을 변경한 경우 그 내용의 변경 후 7영업일 이내에 한국은행총재에게 제출하여야 한다.
④ 한국은행총재는 운영규칙의 변경 내용이 제6조에 따른 지정요건을 충족하지 아니하는 것으로 판단되는 경우 해당 운영기관에게 운영규칙의 변경 등 필요한 조치를 취할 것을 요구할 수 있다.

제10조【지정지급결제제도의 지정 취소】 ① 한국은행총재는 지정지급결제제도가 제6조에 따른 지정요건을 충족하지 아니하게 되는 경우 금융위원회위원장과 협의하여 해당 지정지급결제제도의 지정을 취소할 수 있다.(2008.2.29 본항개정)
② 제7조제3항은 제1항의 경우에 준용한다.
③ 한국은행총재는 제1항에 따라 지정을 취소한 경우 취소의 원인이 되는 사실, 취소의 내용, 효력발생일 및 법적 근거를 해당 지급결제제도의 운영기관에 서면으로 통지하고 관보에 게재하여야 한다.
④ 제1항에 따른 지정의 취소는 그 이전에 이루어진 이체지시등에 영향을 미치지 아니한다.

제11조【자문위원회】 ① 한국은행총재는 지정지급결제제도의 지정 및 지정 취소와 관련한 자문을 위하여 자문위원회를 둔다.
② 자문위원회의 구성 및 운영 등에 관하여 필요한 사항은 한국은행 총재가 정한다.

제12조【외환동시결제제도에 대한 특례】 국제외환동시결제은행(CLS Bank International)이 운영하는 외환동시결제제도에 대하여는 국제적 지급결제제도로서의 특수성을 고려하여 필요하다고 인정하는 경우 제6조제2호나목 및 다목과 제9조제2항 내지 제4항을 적용하지 아니할 수 있다.

제13조【위임】 제5조 내지 제12조의 규정 외에 지급결제제도의 지정에 관하여 필요한 구체적인 사항은 한국은행총재가 정하여 고시한다.

제14조【파생금융거래】 법 제120조제3항제1호에서 "파생금융거래로서 대통령령이 정하는 거래"라 함은 다음 각 호의 기초자산 또는 기초자산의 가격·이자율·지표·단위나 이를 기초로 하는 지수를 대상으로 하는 선도, 옵션, 스왑거래를 말한다.
1. 금융투자상품(유가증권, 파생금융거래에 기초한 상품을 말한다)
2. 통화(외국의 통화를 포함한다)
3. 일반상품(농산물·축산물·수산물·임산물·광산물·에너지에 속하는 물품 또는 이 물품을 원재료로 하여 제조하거나 가공한 물품 그 밖에 이와 유사한 것을 말한다)
4. 신용위험(당사자 또는 제3자의 신용등급의 변동·파산 또는 채무재조정 등으로 인한 신용의 변동을 말한다)
5. 그 밖에 자연적·환경적·경제적 현상 등에 속하는 위험으로서 합리적이고 적정한 방법에 의하여 가격·이자율·지표·단위의 산출이나 평가가 가능한 것

제15조【특수관계에 있는 주주】 법 제205조제4항에서 "그 밖에 대통령령이 정하는 범위의 특수관계에 있는 주주"라 함은 당해 주식회사의 주주로서 제4조 각 호의 어느 하나에 해당하는 자를 말한다.

제15조의2【회생계획안이 배제되거나 회생계획이 불인가되는 특수관계인의 범위】 법 제231조의2제1항제2호다목, 같은 조 제2항 각 호 외의 부분 및 제243조의2제2항에서 "대통령령으로 정하는 특수관계"란 각각 다음 각 호의 어느 하나에 해당하는 관계를 말한다.
1. 본인이 개인인 경우에는 다음 각 목의 어느 하나에 해당하는 자
   가. 배우자
   나. 본인 또는 배우자의 직계존비속
   다. 형제자매
   라. 본인의 금전, 그 밖의 재산에 의하여 생계를 유지하는 자이거나 본인과 생계를 함께 하는 자
2. 본인이 법인이나 그 밖의 단체인 경우에는 다음 각 목의 어느 하나에 해당하는 자
   가. 임원 및 그와 제1호 각 목의 어느 하나에 해당하는 관계에 있는 자
   나. 계열회사(「독점규제 및 공정거래에 관한 법률」 제2조제3호에 따른 계열회사를 말한다) 및 그 임원
   다. 단독으로 또는 제1호 각 목의 관계에 있는 자와 합하여 본인에게 100분의 30 이상을 출자하거나 임원의 임면 등의 방법으로 본인의 주요 경영사항에 대하여 사실상 영향력을 행사하고 있는 개인 및 그와 제1호 각 목의 어느 하나에 해당하는 관계에 있는 자

(2014.12.16 본조신설)

제15조의3【소액영업소득자의 범위】 법 제293조의2제2호에서 "대통령령으로 정하는 금액"이란 50억원을 말한다.(2020.6.2 본조개정)

제16조【면제재산】 ① 법 제383조제2항제1호에 따라 파산재단에서 면제할 수 있는 임차보증금반환청구권의 상한액은 「주택임대차보호법 시행령」 제10조제1항에서 정한 금액으로 하되, 그 금액이 주택가격의 2분의 1을 초과하는 경우에는 주택가격의 2분의 1로 한다.(2013.12.30 본항개정)
② 법 제383조제2항제2호에서 "대통령령이 정하는 금액"이란 1천110만원을 말한다.(2019.3.5 본항개정)

제17조【가용소득】 법 제579조제4호나목에서 "대통령령이 정하는 금액"이라 함은 국민연금보험료·고용보험료 및 산업재해보상보험료를 말한다.

부 칙 (2013.2.13)

제1조【시행일】 이 영은 공포한 날부터 시행한다.

제2조【면제재산에 관한 적용례】 제16조의 개정규정은 이 영 시행 후 개인인 채무자가 법 제383조제2항에 따라 면제를 신청한 경우부터 적용한다.

부 칙 (2013.12.30)

제1조【시행일】 이 영은 2014년 1월 1일부터 시행한다. (이하 생략)

부 칙 (2014.12.16)

이 영은 2015년 1월 16일부터 시행한다.

부 칙 (2015.5.12)

이 영은 2015년 7월 1일부터 시행한다.

부 칙 (2016.11.22)

이 영은 2016년 11월 30일부터 시행한다.

부 칙 (2019.3.5)

제1조【시행일】 이 영은 공포한 날부터 시행한다.
제2조【면제재산에 관한 적용례】 제16조제2항의 개정 규정은 이 영 시행 이후 개인인 채무자가 법 제383조제2항에 따라 면제를 신청하는 경우부터 적용한다.

부 칙 (2020.6.2)

이 영은 공포한 날부터 시행한다.

부 칙 (2022.2.17)

제1조【시행일】 이 영은 2022년 2월 18일부터 시행한다.(이하 생략)

채무자 회생 및 파산에 관한 규칙

(2006년 3월 23일 대법원규칙 제2002호)

개정
2009. 1. 9대법원규칙2206호 2009.11. 4대법원규칙2255호
2011. 3.28대법원규칙2334호 2011. 5.11대법원규칙2336호
2011. 9.28대법원규칙2356호(부등규)
2014. 2. 7대법원규칙2521호
2014.10. 2대법원규칙2560호(상업등기규칙)
2015. 6. 2대법원규칙2603호 2016. 9. 6대법원규칙2679호
2017. 2. 2대법원규칙2714호 2018. 1.31대법원규칙2773호
2018.12.31대법원규칙2820호 2023. 1.31대법원규칙3087호

제1편 총 칙

제1장 통 칙

제1조【목적】 이 규칙은 「채무자 회생 및 파산에 관한 법률」(이하 "법"이라 한다)에 의하여 위임된 사항과 그 시행에 관하여 필요한 사항을 규정함을 목적으로 한다.
제2조【전자적 기록매체 등의 제출】 법원은 필요하다고 인정하는 때에는 회생절차, 파산절차, 개인회생절차 또는 국제도산절차(이하 이 모두를 "도산절차"라고 한다)에 관하여 서면을 제출한 자 또는 제출하려고 하는 자에게 그 문서의 전자파일을 전자우편이나 그 밖의 적당한 방법으로 법원에 보내도록 요청할 수 있다.
제3조【번역문의 첨부】 외국어로 작성된 문서에는 번역문을 붙여야 한다.
제4조【인지액】 다음 각 호의 신청의 신청서에는 2천원의 인지를 붙여야 한다.
1. 법 제43조제1항의 보전처분 신청
2. 법 제44조의 중지·금지명령 신청 또는 중지된 절차의 취소 신청
3. 법 제45조(법 제593조제5항에 의하여 준용하는 경우를 포함한다)의 포괄적 금지명령 신청 또는 중지된 절차의 취소 신청
4. 법 제47조(법 제593조제5항에 의하여 준용하는 경우를 포함한다)의 포괄적 금지명령의 적용 배제 신청
5. 법 제58조제5항의 중지된 절차·처분의 속행·취소 신청
6. 법 제114조제1항, 제3항의 보전처분 신청
7. 법 제323조제1항의 보전처분 신청
8. 법 제351조제1항, 제3항의 보전처분 신청
9. 법 제592조제1항의 보전처분 신청
10. 법 제593조의 중지·금지명령 신청 또는 중지·금지명령의 취소·변경 신청
11. 법 제600조제3항의 중지된 절차·처분의 속행·취소 신청
12. 법 제635조제1항의 외국도산절차의 승인전 명령 신청
13. 법 제636조의 외국도산절차의 지원 신청, 외국도산절차의 지원결정의 변경·취소 신청 또는 중지된 절차의 취소 신청

제5조【조서】 도산절차에서는 조서를 작성하지 아니한다. 다만, 다음 각 호의 경우에는 그러하지 아니하다.
1. 변론을 연 때
2. 법 및 이 규칙에서 조서의 작성을 요구하고 있는 때
3. 재판장이 조서의 작성을 명한 때

제6조【공고】 ① 법 제9조제1항에 규정된 "대법원규칙이 정하는 방법"은 다음 각 호의 어느 하나에 해당하는 방법을 말한다.
1. 법원이 지정하는 일간신문에 게재
2. 전자통신매체를 이용한 공고

② 법 제9조제1항의 규정에 따른 공고를 하는 경우에 필요하다고 인정하는 때에는 적당한 방법으로 공고사항의 요지를 공시할 수 있다.
③ 법원서기관·법원사무관·법원주사 또는 법원주사보(이하 "법원사무관등"이라 한다)는 공고한 날짜와 방법을 기록에 표시하여야 한다.
제7조【송달에 갈음하는 공고】 법 제10조제1항에 규정된 "대법원규칙이 정하는 사유"는 다음 각 호의 어느 하나에 해당하는 사유를 말한다.
1. 도산절차의 진행이 현저하게 지연될 우려가 있는 때
2. 회생절차의 개시 당시(변경회생계획안이 제출된 경우에는 그 제출 당시를 말한다) 주식회사인 채무자의 부채총액이 자산총액을 초과하는 때로서 송달을 받을 자가 주주인 경우

제8조【관리인 등에 의한 법원 업무의 보조】 법원은 도산절차의 신속한 진행을 위하여 관리인, 파산관재인, 회생위원, 국제도산관리인으로부터 필요한 업무의 보조를 받을 수 있다.
제9조【법인에 관한 등기의 촉탁】 ① 법 제23조제1항제4호에서 규정하는 사항 이외에도 회생계획의 수행이나 법의 규정에 의하여 회생절차의 종료 전에 법인인 채무자나 신회사에 관하여 등기할 사항이 생긴 때에는 법원사무관등은 직권으로 지체없이 촉탁서에 결정서의 등본 또는 초본 등 관련서류를 첨부하여 채무자의 각 사무소 및 영업소(외국에 주된 사무소 또는 영업소가 있는 때에는 대한민국에 있는 사무소 또는 영업소를 말한다)의 소재지의 등기소에 그 등기를 촉탁하여야 한다.
② 법 제23조제2항의 규정은 법 제74조제3항에 의하여 관리인을 선임하지 아니하는 처분을 한 경우에 준용한다. 등기된 처분이 변경 또는 취소된 때에도 또한 같다.
③ 제2항의 경우 법원사무관등은 관리인을 선임하지 아니한다는 처분과 함께 법인인 채무자의 대표자를 관리인으로 본다는 취지의 등기를 함께 촉탁하여야 한다.
제10조【등기된 권리에 관한 등기 등의 촉탁】 ① 다음 각 호의 경우 법원사무관등은 직권으로 지체없이 촉탁서에 결정서의 등본 또는 초본을 첨부하여 보전처분의 등기를 촉탁하여야 한다. 그 보전처분이 취소 또는 변경되거나 효력을 상실한 때에도 또한 같다.
1. 채무자의 재산에 속하는 권리로서 등기된 것에 관하여 법 제323조제1항의 규정에 의한 보전처분이 있는 때
2. 등기된 권리에 관하여 법 제351조제1항 또는 제3항의 규정에 의한 보전처분이 있는 때

② 제1항의 규정은 채무자 또는 법 제351조제1항이 규정하는 이사등의 재산에 속하는 권리로서 등록된 것에 관하여 준용한다.
제11조【심문기일의 지정 등】 ① 법원은 도산절차의 원활하고 효율적인 진행을 위하여 이해관계인의 신청에 의하거나 직권으로 심문기일을 지정할 수 있다.
② 제1항의 경우 심문기일에 출석하여야 할 관리인(법 제74조제4항에 따라 관리인으로 보는 자를 포함한다), 파산관재인, 회생위원, 국제도산관리인이나 채권자협의회의 대표자 또는 구성원 그 밖의 이해관계인에게 심문기일을 통지하여야 한다.
제12조【준용규정】 이 규칙에서 규정한 것 외에 도산절차에 관하여 필요한 사항은 「민사소송규칙」·「민사집행규칙」 및 「재산조회규칙」의 규정을 준용한다.

제2장 관리위원회

제13조【설치법원 및 법원간의 공조】 ① 법 제15조의 규정에 의하여 관리위원회를 설치하는 회생법원은 별표1과 같다.
② 회생법원은 다른 회생법원의 관리위원회에 법 제17조제1항 및 이 규칙 제22조, 제27조의 사무수행을 촉탁할 수 있다.
(2017.2.2 본조개정)
제14조【구성】 ① 관리위원회는 위원장 1인 및 부위원장 1인을 포함한 3인 이상 15인 이내의 관리위원으로 구성하고, 관리위원은 상임으로 할 수 있다.
② 상임 관리위원은 전임 전문계약직공무원으로 보한다.
③ 회생법원장이 관리위원을 위촉하거나 해촉한 때에는 그 내용을 관보에 게재하여야 한다.(2017.2.2 본항개정)
제15조【위원장】 ① 위원장은 당해 관리위원회 소속 관리위원 중에서 회생법원장이 지명하고 그 임기는 1년으로 한다.(2017.2.2 본항개정)
② 위원장은 관리위원회의 의장이 되고, 대외적으로 관리위원회를 대표하며 관리위원회의 사무를 총괄한다.
③ 부위원장은 상임 관리위원 중에서 위원장이 지명한다.
④ 위원장은 필요한 경우 부위원장으로 하여금 그 직무를 수행하게 할 수 있다.
제16조【주무위원】 위원장은 관리위원회의 원활한 운영을 위하여 필요하다고 인정하는 때에는 특정 관리위원을 주무위원으로 지정하여 미리 안건을 검토하여 관리위원회에 보고하게 할 수 있다.
제17조【신분보장】 관리위원은 다음 각 호의 어느 하나에 해당할 때를 제외하고는 그의 의사에 반하여 해촉되지 아니한다.
1. 법 제16조제4항제1호 내지 제5호에 해당하게 된 때
2. 중대한 심신상의 장애로 직무를 수행할 수 없게 된 때
3. 법령 또는 직무상 의무에 위반하여 관리위원으로서 직무를 수행하는 것이 부적절하게 된 때

제18조【보수】 ① 관리위원에 대하여는 예산의 범위 안에서 보수를 지급하되 그 지급액은 별표2와 같다.
② 관리위원이 법 제601조제1항제1호의 규정에 의하여 회생위원으로 선임된 경우의 보수는 제1항의 보수와 별도로 법 제30조의 규정에 따라 지급받는다.
제19조【복무】 「국가공무원법」 제56조(성실의무), 제59조(친절공정의 의무) 내지 제63조(품위유지의 의무)의 규정은 비상임 관리위원의 복무에 관하여 준용한다.
제20조【기피등】 ① 이해관계인은 관리위원에게 심의, 의결의 공정을 기대하기 어려운 사정이 있는 경우에는 그 사유를 서면으로 소명하여 법원에 기피신청을 할 수 있다.
② 제1항의 신청이 있는 경우 법원은 결정으로 재판하여야 한다.
③ 관리위원이 제1항의 사유에 해당하는 경우에는 스스로 그 사건의 심의, 의결에서 회피할 수 있다.
제21조【간사 및 직원】 ① 관리위원회의 사무를 처리하기 위하여 간사 및 직원을 둔다.
② 회생법원장은 소속직원 중에서 관리위원회의 업무를 담당할 간사 및 직원을 지정하여 관리위원회에 통보하여야 한다.(2017.2.2 본항개정)
제22조【관리위원회의 업무 및 권한】 법 제17조제1항제7호의 규정에 의하여 관리위원회가 수행하여야 할 업무는 다음 각 호와 같다.
1. 관리인 및 파산관재인의 부인권 행사, 회생채권·회생담보권 및 파산채권에 관한 이의 제출 및 회생계획안의 작성에 관한 지도 또는 권고
2. 그 밖에 도산절차에 관한 필요한 의견의 제시

제23조【회의】 ① 관리위원회는 위원장이 필요에 따라 수시로 소집할 수 있다.
② 법원이 관리위원회의 의견을 요구한 경우에는 위원장은 즉시 관리위원회를 소집하여야 한다.
③ 관리위원회의 회의는 이를 공개하지 않는다. 다만, 관리위원회는 그 의결로 상당하다고 인정하는 자의 방청을 허가할 수 있다.
제24조【의결】 의결권은 서면에 의하여 행사할 수 있다.
제25조【업무의 위임】 ① 법 제17조제2항의 규정에 의하여 관리위원회가 업무의 일부를 특정 관리위원에게 위임한 경우에는 이를 즉시 서면으로 법원에 보고하여야 한다.
② 법 제17조제3항의 규정에 의하여 관리위원회가 법원으로부터 관리위원의 교체를 요구받은 경우에는 즉시 해당 관리위원을 교체한 후 이를 법원에 서면으로 보고하여야 한다.
제26조【의견조회 등】 ① 관리위원회는 필요한 경우 공공기관, 관련전문가 또는 이해관계인에 대하여 의견을 조회할 수 있다.
② 관리위원회는 그 직능을 수행하기 위하여 필요한 경우에는 공공기관 또는 관계당사자에게 자료의 제출을 요청하거나 그 밖의 필요한 협력을 요청할 수 있다.
제27조【관리위원의 현장조사 등】 ① 법원은 필요하다고 인정하는 경우 관리위원으로 하여금 채무자의 서류를 열람하거나 공장 등의 현장에 출입하여 조사, 검사, 확인하게 할 수 있다.
② 제1항의 현장조사 등에 요하는 관리위원의 여비와 숙박료는 절차의 비용으로 보고 그 실비액을 지급한다.
③ 제2항의 실비액은 「법원공무원 여비규칙」 제1장 내지 제3장에 규정한 기준에 의한다.(2009.1.9 본항개정)
제28조【처리기간】 ① 관리위원회는 법원으로부터 의견을 요청받은 경우 신속하게 그 의견을 제출하여야 한다.
② 법원이 의견 제출기간을 정한 경우에는 이를 넘겨서는 아니된다. 다만, 부득이한 사정이 있는 경우에는 관리위원회는 법원의 허가를 받아 위 기간을 연장할 수 있다.
제29조【허가사무의 위임】 ① 법 제61조제1항 각 호의 행위에 관한 허가사무 중 법 제18조의 규정에 의하여 법원이 관리위원에게 위임할 수 있는 허가사무는 다음과 같다.
1. 재산의 처분행위(다만, 등기 또는 등록의 대상이 되는 재산의 처분행위를 제외한다)
2. 재산의 양수(다만, 제3자의 영업을 양수하는 경우를 제외한다)
3. 자금의 차입 등 차재
4. 법 제119조의 규정에 의한 계약의 해제 또는 해지
5. 소의 제기, 소송대리인의 선임 그 밖의 소송행위(다만, 소의 취하, 상소권의 포기, 화해 또는 중재계약, 청구의 포기·인낙, 소송탈퇴의 경우를 제외한다)
6. 임원을 제외한 모든 직원의 인사 및 보수결정
7. 계약의 체결 그 밖의 의무부담행위
8. 어음·수표계좌의 설정 및 어음·수표용지의 수령행위
9. 운영자금의 지출
10. 그 밖에 법원이 지정하는 허가사무

② 파산절차에 관한 허가사무 중 법 제18조의 규정에 의하여 법원이 관리위원에게 위임할 수 있는 허가사무는 다음과 같다.
1. 동산의 임의매각
2. 채권 및 유가증권의 양도
3. 법 제335조제1항의 규정에 의한 이행의 청구
4. 그 밖에 법원이 지정하는 허가사무

제30조【위임의 절차】 ① 법 제18조의 규정에 의한 법원의 관리위원에 대한 허가사무의 위임은 결정으로 하여야 한다.
② 제1항의 위임은 가액 또는 종류별로 구분하여 위임하되 위임의 범위가 명백하도록 하여야 한다.
③ 제1항의 결정은 관리위원 및 관리인 또는 파산관재인에게 송달하여야 한다.
④ 법원은 제1항의 결정을 변경하거나 취소할 수 있다.

제31조【위임사무의 처리 결과보고】 관리위원은 법원으로부터 위임받아 수행한 허가사무의 처리 결과를 매월 법원에 보고하여야 한다.

제32조【이의신청】 ① 법 제19조의 규정에 의한 이의신청은 다음 각 호의 사항을 기재한 서면으로 하여야 한다.
1. 이의신청인의 성명 및 주소
2. 이의신청의 대상이 되는 결정 또는 처분을 한 관리위원의 성명
3. 이의신청의 대상이 되는 결정 또는 처분의 내용
4. 이의신청의 취지 및 이유
② 제1항의 이의신청서에는 신청인이 이의신청의 대상이 되는 결정 또는 처분과 이해관계가 있음을 소명하는 자료를 첨부하여야 한다.

제33조【관리위원회의 운영규정】 이 규칙에서 정한 것 외에 관리위원회의 운영에 관하여 필요한 사항은 관리위원회의 의결을 거쳐 위원장이 정한다.

제3장　채권자협의회

제34조【구성】 ① 관리위원회(관리위원회가 설치되지 아니한 경우에는 법원을 말한다. 이하 이 장에서 같다)는 회생절차개시신청 또는 파산신청이 있은 사실을 법원으로부터 통지 받은 후 1주일 이내에 채권자협의회를 구성한 다음 이를 채권자협의회의 구성원들에게 팩시밀리, 전자우편, 그 밖의 적당한 방법으로 통지하고 법원에 보고하여야 한다.
② 관리위원회가 채권자협의회를 구성하는 때에는 채권액의 총액 및 채무자의 주요재산에 대한 담보권 보유상황을 참작하여 채권자 일반의 이익을 적절히 대표할 수 있도록 하여야 한다. 다만, 주요 채권자가 채무자와 특별한 이해관계를 가지고 있거나 채권자협의회 구성원으로서의 책무를 다할 의사를 가지고 있지 아니한 때에는 이를 제외할 수 있다.
③ 관리위원회는 회생절차개시신청 또는 파산신청 이전부터 채권자들의 협의체가 구성되어 있는 경우에는 이를 참작하여 채권자협의회를 구성할 수 있다.
④ 관리위원회가 필요한 경우 채권자협의회의 구성원을 변경할 수 있다. 관리위원회가 채권자협의회 구성원을 변경한 경우에는 이를 법원에 보고하여야 한다.
⑤ 채권자협의회의 구성원은 채권의 양도 또는 소멸 등의 사유로 채권자협의회 구성원이 될 수 있는 자격을 상실한 때에는 즉시 그 사유 및 발생일자를 대표채권자 및 관리위원회에 통보하여야 한다.
⑥ 법원은 채권자협의회의 구성이 채권자 일반의 이익을 적절히 대표하도록 변경될 필요가 있다고 인정하는 때에는 관리위원회에 채권자협의회 구성원의 교체, 제외, 추가 등을 명할 수 있다.

제35조【대표채권자】 ① 채권자협의회는 제34조제1항의 규정에 의한 통지를 받은 날부터 5영업일 이내에 대표채권자를 지정하여 법원 및 관리위원회에 팩시밀리, 전자우편, 그 밖의 적당한 방법으로 신고하여야 한다.
② 위 기간 내에 대표채권자의 신고가 없는 경우는 관리위원회가 대표채권자를 지정한다.
③ 대표채권자는 채권자협의회의 의장이 되고, 대외적으로 채권자협의회를 대표하여 채권자협의회의 의견을 제시하며, 채권자협의회의 소집 및 연락 업무를 담당하고 그 밖의 사무를 총괄한다.
④ 법원 또는 관리위원회의 채권자협의회에 대한 의견조회는 대표채권자에 대하여 한다.
⑤ 제34조제4항·제6항의 규정에 의하여 대표채권자가 채권자협의회의 구성원에서 제외되거나 그 밖의 사유로 대표채권자의 변경이 필요하게 된 경우 관리위원회는 지체없이 이를 채권자협의회의 구성원들에게 팩시밀리, 전자우편, 그 밖의 적당한 방법으로 통지하고 법원에 보고하여야 한다. 이 경우 새로운 대표채권자의 지정에 관하여는 제1항 및 제2항의 규정을 준용한다.

제36조【회의 및 의결】 ① 대표채권자는 회생절차 또는 파산절차와 관련하여 필요한 경우 회의를 소집할 수 있고, 법원 또는 관리위원회로부터 의견을 요청받거나 구성원의 4분의 1이상의 요구가 있을 때에는 5영업일 이내에 회의를 소집하여야 한다.
② 의결권은 서면 또는 대리인에 의하여 행사할 수 있다.
③ 채권자협의회의 구성원이 아닌 채권자도 관리위원회의 허가를 얻어 채권자협의회 회의에 참석하여 발언할 수 있다. 다만, 의결권은 가지지 않는다.

제37조【의견의 송부】 ① 채권자협의회는 법원 또는 관리위원회로부터 의견을 요청받은 경우 의결결과 및 출석 구성원들의 채권액과 의견을 모두 기재하여 송부하여야 한다.
② 채권자협의회의 구성원들이 의견을 기재함에 있어서는 그와 같은 의견에 이르게 된 이유를 함께 기재하여야 한다.
③ 제1항의 의결결과 등은 팩시밀리 또는 전자우편으로 송부할 수 있다.
④ 제28조는 채권자협의회의 의결제출시기에 관하여 준용한다.

제38조【채권자협의회에 통지】 법원 또는 관리위원회가 법 제21조제1항에 따라 채권자협의회가 제시한 의견에 관한 결정을 한 경우에는 이를 채권자협의회에 통지하여야 한다.

제39조【법원의 자료제공】 법원은 법 제22조제1항의 규정에 따라 지체없이 채권자협의회에 다음 각 호의 자료 사본을 제공하여야 한다.
1. 회생절차개시신청서, 파산신청서 및 그에 첨부된 대차대조표, 손익계산서, 채권자 및 담보권자 일람표, 제3자에 대한 지급보증 또는 물상보증 제공명세서
2. 채무자의 업무 및 재산에 관한 보전처분 결정 및 그 변경·취소 결정
3. 보전관리명령 결정
4. 조사위원 선임결정
5. 회생절차개시신청 또는 파산신청의 기각결정
6. 회생절차개시 결정 또는 파산선고 결정(관리인의 선임 또는 불선임 결정 또는 파산관재인 선임결정을 포함한다)
7. 영업 등의 양도허가 결정
8. 회생계획을 서면결의에 부치는 결정
9. 회생계획안 제출기간연장 결정
10. 회생계획변경 불허가 결정
11. 회생계획·변경회생계획 인가결정
12. 회생계획·변경회생계획 불인가결정
13. 회생계획·변경회생계획 수정명령
14. 회생계획·변경회생계획 배제결정
15. 회생계획수행에 관한 법원의 명령
16. 회생절차 종결 결정
17. 회생절차폐지 결정 또는 파산폐지 결정
18. 관리인이 작성한 재산목록, 대차대조표, 조사보고서
19. 조사위원의 조사보고서
20. 회생계획안·변경회생계획안 및 그 수정안
21. 외부 회계감사보고서
22. 그 밖에 회생절차 또는 파산절차에 관한 주요 자료로서 법원이 정하는 것

제40조【채권자협의회의 자료제공청구】 ① 채권자협의회는 법 제22조제3항의 규정에 의하여 필요한 자료의 제공을 청구하는 때에는 자료 중 필요한 부분을 특정하여 관리인 또는 파산관재인에게 열람·복사를 청구하여야 한다.
② 제1항의 청구가 있는 경우 관리인 또는 파산관재인은 지체없이 채권자협의회에 해당 자료의 열람·복사를 허용하여야 한다. 다만, 정당한 사유가 있는 경우에는 법원의 허가를 얻어 열람·복사를 전부 또는 일부 거부할 수 있다.
③ 제2항 단서에 따라 자료제공을 거부하고자 하는 경우 관리인 또는 파산관재인은 제1항의 청구가 있은 후 즉시 법원에 거부사유를 적은 서면으로 자료제공거부 허가신청을 하여야 한다.
④ 제2항 본문은 관리인 또는 파산관재인이 제3항의 허가신청에 대한 법원의 허가를 얻지 못한 경우에 준용한다.

제40조의2【신규자금대여자의 자료제공청구】 법 제22조의2제2항에 따른 신규자금대여자의 자료제공청구에 관하여는 제40조를 준용한다.(2016.9.6 본조신설)

제41조【채권자협의회의 자료제공의무】 법 제22조제5항의 규정에 의하여 채권자협의회에 속하지 않은 채권자의 자료제공 요청이 있는 경우 채권자협의회는 그 채권자의 비용으로 자료의 사본을 제공하여야 한다.

제42조【변호사 등 전문가의 선임】 ① 채권자협의회는 채권자 일반의 이익을 위하여 필요한 때에는 법원의 허가를 받아 변호사, 법무법인, 회계사, 회계법인 그 밖의 전문가(이하 "변호사등"이라 한다)를 선임하여 조력을 받을 수 있다.
② 채권자협의회가 변호사등을 선임하는 때에는 계약조건, 계약의 상대방이 될 후보자의 경력·전문성·성실성·채무자 및 특정 채권자와의 이해관계의 유무, 변호사등의 선임이 채무자의 재정 상태에 미치는 영향 등 제반 사정을 참작하여 특별한 사정이 없는 한 가장 적합한 1인을 선정한 다음 법원의 허가를 받아 그 1인과 용역계약을 체결하여야 한다.
③ 채권자협의회가 변호사등과의 용역계약에 대하여 허가신청을 하는 때에는 다음 각 호의 사항이 기재된 서면을 첨부하여야 한다.
1. 복수 후보자가 제시한 계약조건, 경력 및 전문성에 관한 내용
2. 채권자협의회가 1인을 용역계약의 상대방으로 선정한 이유
3. 용역계약의 상대방으로 선정된 1인이 회생절차개시신청 또는 파산신청을 전후하여 채무자나 특정 채권자와 이해관계가 있는지 여부 및 그 내용(용역계약의 상대방으로 선정된 1인도 위 사항에 관하여 작성한 진술서를 첨부하여야 한다)
④ 채권자협의회는 변호사등으로부터 용역을 제공받기 전 또는 제공받은 후, 법원에 채무자로 하여금 용역계약에서 정해진 비용 및 보수의 전부 또는 일부를 채권자협의회 또는 변호사등에게 지급하도록 명하는 취지의 신청을 할 수 있다.
⑤ 제4항의 신청은 서면으로 하여야 하며 다음 각 호의 사항을 기재하고 그에 관한 소명자료를 첨부하여야 한다.
1. 변호사등이 제공한 용역의 구체적인 내용
2. 변호사등이 용역 제공에 소요한 시간
3. 변호사등이 용역 제공에 지출한 비용
4. 변호사등이 제공한 용역이 채권자 일반의 이익 증진에 기여한 내용 및 정도
⑥ 제4항의 신청이 있는 경우 법원은 해당 용역의 제공이 채권자 일반의 이익 증진에 기여하거나 기여할 내용 및 정도 등을 참작하여 합리적인 범위 내에서 채무자가 부담할 비용 및 보수를 결정한다.

제43조【그 밖에 채권자협의회의 활동에 필요한 비용 등의 부담】 ① 채권자협의회는 제42조에서 규정하는 비용 이외에 채권자 일반의 이익을 위하여 필요한 활동에 비용을 지출한 때에는 법원에 채무자로 하여금 그 비용을 채권자협의회에 지급하도록 명하는 취지의 신청을 할 수 있다.
② 제1항의 신청은 서면으로 하여야 하며 다음 각 호의 사항을 기재하고 그에 관한 소명자료를 첨부하여야 한다.
1. 비용의 액수
2. 비용 지출의 필요성 및 그 사용처
3. 비용 지출이 채권자 일반의 이익 증진에 기여한 내용 및 정도
③ 제42조제6항의 규정은 제1항의 신청이 있는 경우 법원의 비용부담 결정에 관하여 준용한다.

제44조【채권자협의회의 운영규정】 이 규칙에서 정한 것 외에 채권자협의회의 운영에 관하여 필요한 사항은 채권자협의회의 의결을 거쳐 대표채권자가 정한다.

제4장　재산조회

제45조【재산조회의 신청방식】 ① 법 제29조제1항의 규정에 따라 관리인·파산관재인·회생위원·국제도산관리인이 채무자의 재산조회를 신청하는 때에는 다음 각 호의 사항을 적은 서면으로 하여야 한다.
1. 채무자의 표시
2. 신청취지와 신청사유
3. 제46조제2항의 규정에 따라 과거의 재산보유내역에 대한 조회를 요구하는 때에는 그 취지와 조회기간
② 법 제29조제2항의 이해관계인이 채무자의 재산조회를 신청하는 때에는 다음 각 호의 사항을 적은 서면으로 하여야 한다.
1. 채무자, 신청인과 그 대리인의 표시
2. 신청취지와 신청사유
3. 조회할 공공기관·금융기관 또는 단체
4. 조회할 재산의 종류
5. 제46조제2항의 규정에 따라 과거의 재산보유내역에 대한 조회를 요구하는 때에는 그 취지와 조회기간
③ 제1항 및 제2항의 신청을 하는 이해관계인(다만, 회생위원을 제외한다)이 미리 내야 하는 비용은 별표3의 "조회비용"란과 같다.
④ 법원이 법 제29조제1항의 규정에 따라 회생위원의 신청에 의하거나 직권으로 재산조회를 하는 경우에는 채무자 또는 관리인·파산관재인·국제도산관리인에게 별표3의 "조회비용"란 기재의 금액을 미리 내도록 명하여야 한다.

제46조【조회할 기관과 조회대상 재산 등】 ① 재산조회는 별표3의 "기관·단체"란의 기관 또는 단체의 장에게 그 기관 또는 단체가 전산망으로 관리하는 채무자 명의의 재산(다만, 별표3의 "조회할 재산"란의 각 해당란에 적은 재산에 한정한다)에 관하여 실시한다.
② 제1항의 경우 이해관계인의 신청이 있는 때 또는 필요하다고 인정하는 때에는 별표3의 순번 1에 적은 기관의 장에게 도산절차의 신청이 있기 전 2년 안에 채무자가 보유한 재산내역을 조회할 수 있다.
③ 법원은 별표3의 순번 5부터 12까지, 15 기재 "기관·단체"란의 금융기관이 회원사, 가맹사 등으로 되어 있는 중앙회·연합회·협회 등(이하 "협회등"이라 한다)이 채무자의 재산 및 신용에 관한 전산망을 관리하고 있는 경우에는 그 협회등의 장에게 채무자 명의의 재산에 관하여 조회할 수 있다.(2016.9.6 본항개정)

제47조【조회의 절차 등】 ① 법 제29조의 규정에 따른 재산조회는 다음 각 호의 사항을 적은 서면으로 하여야 한다.
1. 채무자의 성명·주소·주민등록번호(주민등록번호가 없는 사람의 경우에는 여권번호 또는 등록번호, 법인 또는 법인 아닌 사단이나 재단의 경우에는 사업자등록번호·납세번호 또는 고유번호를 말한다), 그 밖의 채무자의 인적사항
2. 조회할 재산의 종류
3. 조회에 대한 회답기한
4. 제46조제2항의 규정에 따라 채무자의 과거의 재산보유내역에 대한 조회를 요구하는 때에는 그 취지와 조회기간
5. 법원이 채무자의 인적 사항을 적은 문서에 의하여 해당 기관·단체의 장에게 채무자의 재산 및 신용에 관하여

그 기관·단체가 보유하고 있는 자료를 한꺼번에 모아 제출하도록 요구하는 때에는 그 취지
6. 금융기관에 대하여 재산조회를 하는 경우에 관련 법령에 따른 재산 및 신용에 관한 정보등의 제공사실 통보의 유예를 요청하는 때에는 그 취지와 통보를 유예할 기간
② 같은 협회등에 소속된 다수의 금융기관에 대한 재산조회는 협회 등을 통하여 할 수 있다.
③ 재산조회를 받은 기관·단체의 장은 다음 각 호의 사항을 적은 조회회보서를 정하여진 날까지 법원에 제출하여야 한다. 이 경우 제1항제5호의 규정에 따라 자료의 제출을 요구받은 때에는 그 자료도 함께 제출하여야 한다.
1. 사건의 표시
2. 채무자의 표시
3. 조회를 받은 다음날 오전 영시 현재 채무자의 재산보유 내역. 다만, 제1항제4호의 규정에 따른 조회를 받은 때에는 정하여진 조회기간 동안의 재산보유내역
④ 제2항에 규정된 방법으로 재산조회를 받은 금융기관의 장은 소속협회등의 장에게 제3항 각 호의 사항에 관한 정보와 자료를 제공하여야 하고, 그 협회등의 장은 제공받은 정보와 자료를 정리하여 한꺼번에 제출하여야 한다.
⑤ 재산조회를 받은 기관·단체의 장은 제3항에 규정된 조회회보서나 자료의 제출을 위하여 필요한 때에는 소속기관·단체, 회원사, 가맹사, 그 밖에 이에 준하는 기관·단체에게 자료 또는 정보의 제공·제출을 요청할 수 있다.
⑥ 법원은 제출된 조회회보서나 자료에 흠이 있거나 불명확한 점이 있는 때에는 다시 조회하거나 자료를 다시 제출하도록 요구할 수 있다.
⑦ 제1항 내지 제6항에 규정된 절차는 「재산조회규칙」이 정하는 바에 따라 전자통신매체를 이용하는 방법으로 할 수 있다.
제48조【재산조회결과의 열람·복사 등】 법 제28조와 「민사집행규칙」 제29조의 규정은 재산조회결과의 열람·복사절차에 관하여 준용한다. 다만, 제47조제7항의 규정에 따라 전자통신매체를 이용하는 방법으로 재산조회를 한 경우의 열람·출력절차에 관하여는 「재산조회규칙」이 정하는 바에 따른다.

제2편 회생절차

제49조【영업양도 절차 등의 진행】 관리인은 영업 또는 사업의 양도 등에 관하여 매각주간사, 채무자의 재산 및 영업상태를 실사할 법인 또는 우선협상대상자 등을 선정하는 때에는 미리 채권자협의회의 의견을 묻는 등 공정하게 절차를 진행하여야 한다.
제50조【인수희망자의 정보 등의 제공청구】 ① 법 제57조 각 호의 어느 하나에 해당하는 행위를 하려는 자(이하 "인수희망자"라고 한다)는 다음 각 호의 사항을 적은 서면과 해당 자료를 첨부하여 관리인에게 영업 및 사업에 관한 필요한 정보 및 자료의 제공을 청구할 수 있다.
1. 인수희망자의 사업자등록증, 법인등기사항증명서 (2014.10.2 본호개정)
2. 인수희망자의 3년간의 비교 대차대조표, 최근 3년간의 요약 비교손익계산서, 최근 3년간의 자금수지표 및 현금흐름표
3. 인수희망자의 임직원 현황, 주요 업종, 생산품, 납입자본금, 발행주식 수, 주식 소유관계
4. 인수희망자의 인수 동기, 목적 및 향후 구체적인 인수계획의 내용 및 인수예정 시기
5. 인수에 필요한 자금의 구체적인 조달계획 및 이에 관한 증빙자료
6. 제공을 요청하는 정보 및 자료를 특정할 수 있는 사항 및 이를 필요로 하는 구체적인 사유
7. 정보 및 자료에 관한 비밀을 준수하고 이를 채무자, 채권자, 주주 등의 이익에 반하는 목적을 위하여 이용하지 아니하겠다는 진술서
② 제1항의 청구가 있는 경우 관리인은 지체없이 서면으로 법원에 정보 및 자료제공 여부에 관한 허가신청을 하여야 한다.
③ 제2항의 허가신청 중 정보 및 자료제공의 전부 또는 일부 거부에 관한 허가신청서에는 정보 및 자료를 인수희망자에게 제공하는 것이 채무자의 영업이나 사업의 유지·계속에 지장을 초래하거나 또는 채무자의 재산에 손해를 줄 우려가 있다는 사정 그 밖에 제1항의 청구를 거부할 정당한 사유를 기재하여야 한다.
④ 법원이 제2항의 허가신청에 대하여 정보 및 자료의 제공을 허가하거나 제공의 거부를 허가하지 아니하는 결정을 한 경우 관리인은 지체없이 인수희망자에게 해당 정보 및 자료의 열람 또는 복사를 허용하여야 한다.
⑤ 채무자의 정보 및 자료를 제공하는데 필요한 비용은 인수희망자의 부담으로 한다.
제51조【관리인을 선임하지 아니할 수 있는 채무자】 법 제74조제3항에서 "그 밖에 대법원규칙이 정하는 자"라 함은 다음 각 호의 어느 하나에 해당하는 자를 말한다.
1. 비영리 법인 또는 합명회사·합자회사
2. 회생절차개시신청 당시 「증권거래법」 제2조제13항에서 규정한 상장법인과 같은 조 제15항에서 규정된 코스닥 상장법인에 해당하는 채무자
3. 회생절차개시 당시 재정적 부실의 정도가 중대하지 아니하고 일시적인 현금 유동성의 악화로 회생절차를 신청한 채무자
4. 회생절차개시 당시 일정한 수준의 기술력, 영업력 및 시장점유율을 보유하고 있어 회생절차에서의 구조조정을 통하여 조기 회생이 가능하다고 인정되는 채무자
5. 회생절차개시결정 당시 주요 회생담보권자 및 회생채권자와 사이에 회생계획안의 주요 내용에 관하여 합의가 이루어진 채무자
6. 회생절차개시 당시 자금력 있는 제3자 또는 구 주주의 출자를 통하여 회생을 계획하고 있다고 인정되는 채무자
7. 그 밖에 관리인을 선임하지 아니하는 것이 채무자의 회생에 필요하거나 도움이 된다고 법원이 인정하는 채무자
제52조【목록 작성의 방식】 관리인이 법 제147조제1항, 제2항, 제4항에서 규정하는 목록을 작성, 변경 또는 정정할 때에는 다음 각 호의 사항도 함께 기재하여야 한다.
1. 법 제118조제2호 내지 제4호의 규정에 의한 회생채권일 때에는 그 취지 및 액수
2. 집행력 있는 집행권원 또는 종국판결이 있는 회생채권 또는 회생담보권인 때에는 그 뜻
3. 회생채권 또는 회생담보권에 관하여 회생절차개시 당시 소송이 계속하는 때에는 법원·당사자·사건명 및 사건번호
4. 법 제140조제1항, 제2항에서 규정하는 벌금, 조세 등의 청구권에 관하여 회생절차개시 당시 행정심판 또는 소송이 계속 중인 때에는 그 행정심판 또는 소송이 계속하는 행정기관 또는 법원, 당사자, 사건명 및 사건번호
제53조【목록에 기재된 사항의 변경 또는 정정】 ① 관리인이 법 제147조제4항에 의하여 목록에 기재된 사항을 변경 또는 정정하는 때에는 그 대상이 되는 회생채권·회생담보권·주식·지분권과 변경 또는 정정의 이유 및 그 내용 등을 기재하여 서면으로 법원에 허가신청을 하여야 한다.
② 법원은 제1항의 신청에 대하여 허가결정을 한 때에는 변경 또는 정정된 목록을 그 대상이 되는 회생채권·회생담보권·주식·지분권을 보유하고 있는 권리자에게 지체없이 통지하여야 한다.
제54조【주주명부의 폐쇄】 법원은 법 제150조제2항에 의하여 주주명부를 폐쇄하는 경우 주주명부의 폐쇄가 시작되는 날로부터 2주 전에 그 취지를 공고하여야 한다.
제55조【회생채권 등의 신고의 방식】 ① 회생채권자·회생담보권자·주주·지분권자가 법 제148조 내지 제150조, 제152조, 제153조에 의한 신고를 할 때에는 다음 각 호의 사항을 함께 신고하여야 한다.
1. 통지 또는 송달을 받을 장소(대한민국 내의 장소로 한정한다) 및 전화번호·팩시밀리번호·전자우편주소
2. 법 제118조제2호 내지 제4호의 규정에 의한 회생채권일 때는 그 취지 및 액수
3. 집행력 있는 집행권원 또는 종국판결이 있는 회생채권·회생담보권인 때에는 그 뜻
② 제1항의 신고서에는 다음 각 호의 서류를 첨부하여야 한다.
1. 회생채권자·회생담보권자·주주·지분권자가 대리인에 의하여 권리의 신고를 하는 때에는 대리권을 증명하는 서면
2. 회생채권 또는 회생담보권이 집행력 있는 집행권원 또는 종국판결이 있는 것일 때에는 그 사본
3. 회생채권자 또는 회생담보권자의 주민등록등본 또는 법인등기사항증명서(2014.10.2 본호개정)
제56조【회생채권 등의 신고서 부본의 제출 등】 ① 회생채권자·회생담보권자·주주·지분권자가 그 권리에 관한 신고를 하는 때에는 신고서 및 첨부서류의 부본을 1부 제출하여야 한다.
② 제1항의 규정에 의하여 신고서 및 그 첨부서류의 부본이 제출되었을 때에는 법원사무관등은 해당 부본을 관리인에게 교부하여야 한다.
③ 제1항 및 제2항의 규정은 법 제152조, 제153조, 제156조의 신고에 관하여 준용한다.
제57조【신고의 추후 보완 등의 방식】 ① 법 제152조제1항에 의하여 신고의 추후 보완을 하는 때에는 회생채권 또는 회생담보권의 신고서에 채권신고기간 내에 신고를 할 수 없었던 사유 및 그 사유가 끝난 때를 기재하여야 한다.
② 법 제152조제4항의 변경의 신고를 하는 때에는 회생채권 또는 회생담보권의 신고서에 변경의 내용 및 원인과 함께 제1항에 규정된 사항을 기재하여야 한다.
③ 법 제153조제1항의 신고를 하는 때에는 회생채권 또는 회생담보권의 신고서에 신고를 하는 회생채권 또는 회생담보권이 발생한 때를 기재하여야 한다.
제58조【신고명의의 변경의 방식】 제55조 및 제56조제1항·제2항은 법 제154조제1항의 규정에 따른 신고명의의 변경에 관하여 준용한다.
제59조【벌금, 조세 등의 신고의 방식】 법 제140조제1항 및 제2항에서 규정하는 벌금, 조세 등에 관한 청구권을 갖고 있는 자는 법 제156조에서 정한 사항 이외에 다음 각 호에서 정한 사항을 함께 신고하여야 한다.
1. 청구권자 및 대리인의 성명 또는 명칭과 주소
2. 통지 또는 송달을 받을 장소 및 전화번호·팩시밀리번호·전자우편주소
3. 회생절차개시 당시 청구권에 관하여 행정심판 또는 소송이 계속 중인 때에는 그 행정심판 또는 소송이 계속하는 행정기관 또는 법원, 당사자, 사건명 및 사건번호
제60조【회생채권자표 등의 작성시기 및 기재사항】 ① 법 제158조에서 정한 회생채권자표·회생담보권자표와 주주·지분권자표는 신고기간이 종료된 후 지체없이 작성하여야 한다.
② 회생채권자표 또는 회생담보권자표에는 다음 각 호의 사항을 함께 기재하여야 한다.
1. 법 제118조제2호 내지 제4호의 규정에 의한 회생채권일 때에는 그 뜻 및 액수
2. 집행력 있는 집행권원 또는 종국판결이 있는 회생채권 또는 회생담보권인 때에는 그 뜻
제61조【이의의 방식】 ① 법 제161조제1항의 서면에는 이의의 내용 및 그 사유를 구체적으로 기재하여야 한다.
② 법 제164조에 의하여 특별조사기일에 출석하여 이의를 하는 자는 이의의 내용 및 그 사유를 구체적으로 진술하여야 한다.
제62조【이의 철회의 통지】 법 제161조제1항, 제164조에 의하여 이의를 제기한 자가 그 이의를 철회한 때에는 법원은 이의철회의 대상이 된 회생채권 또는 회생담보권을 갖고 있는 자에게 그 취지를 통지하여야 한다.
제63조【관리인이 하는 이의의 방식】 ① 관리인은 목록에 기재되거나 신고된 회생채권 또는 회생담보권의 내용 및 의결권에 관하여 다음 각 호의 사항을 기재한 시부인표를 작성하여 법 제50조제1항제4호의 조사기간의 말일까지 법원에 제출하여야 한다.
1. 채권자의 성명, 주소(채권 신고번호 또는 목록 기재번호를 함께 기재하여야 한다)
2. 채권 내용 및 신고액 또는 목록 기재액
3. 이의 있는 채권 금액 및 이의 없는 채권 금액
4. 이의 있는 의결권 액수 및 이의 없는 의결권 액수
5. 이의를 제기하는 이유
② 법 제152조, 제153조에서 규정하는 추후 보완신고 등이 있는 경우 관리인은 제1항의 시부인표에 위 추후 보완신고 등에 관하여 제1항 각 호의 사항을 추가로 기재하여야 한다.
제64조【특별조사기일의 조사비용의 부담】 ① 법원은 법 제162조에서 규정하는 특별조사기일에서 조사의 대상이 되는 회생채권 또는 회생담보권을 갖고 있는 자에게 기간을 정하여 그 조사비용의 예납을 명할 수 있다.
② 법원은 회생채권자 또는 회생담보권자가 전항의 예납을 명받고도 정해진 기간 내에 조사비용을 납부하지 아니한 경우에는 그 권리에 관한 신고를 각하할 수 있다.
제65조【조사확정재판의 신청 등】 ① 법 제170조제1항에서 규정하는 채권조사확정재판의 신청서에는 다음 각 호의 사항을 기재하여야 한다.
1. 당사자 및 대리인의 성명 또는 명칭과 주소
2. 신청의 취지와 이유
② 신청서에는 신청의 이유가 되는 사실을 구체적으로 기재하고 증거서류의 사본을 첨부하여야 한다.
③ 제1항의 신청서에는 당사자의 수에 1을 더한 부본을 첨부하여야 한다.
④ 법원은 제1항의 신청서 부본을 상대방 당사자에게 송달하여야 한다.
제66조【조사확정재판의 방식】 ① 채권조사확정재판의 결정은 이유의 요지만을 적을 수 있다.
② 법원은 채권조사확정재판을 구하는 신청에 대하여 화해를 권유하거나 조정에 회부하는 결정을 할 수 있다. 법원이 조정에 회부하는 결정을 한 경우 그 이후의 절차에 관하여는 「민사조정법」 및 「민사조정규칙」을 준용한다.
제67조【회생채권 등의 확정에 관한 소송결과의 기재 신청】 법 제175조의 신청을 하는 자는 재판소 등본과 재판의 확정에 관한 증명서를 제출하여야 한다.
제68조【의결권의 행사】 ① 법 제187조에 따른 의결권에 대한 이의가 제기되지 아니한 회생채권자 또는 회생담보권자는 목록에 기재되거나 신고한 액수에 따라 의결권을 행사할 수 있다.
② 법원은 법 제240조제2항에서 규정하는 서면을 송달하기 전에 다음 각 호의 권리에 관하여 의결권을 행사하게 할 것인지 여부 및 의결권을 행사하게 할 액 또는 수를 결정하여야 한다.
1. 목록에 기재되거나 신고된 회생채권 또는 회생담보권으로서 확정되지 아니한 권리
2. 목록에 기재되거나 신고된 주식 및 출자지분
③ 제2항의 경우 법 제187조 각 호의 자는 법원에 서면으로 의견을 진술할 수 있다.
④ 제2항의 결정은 그 의결권에 관계된 회생채권자, 회생담보권자 또는 주주·지분권자에게 송달하여야 한다.
제69조【서면 결의의 경우 의결권 불통일 행사의 취지의 신고】 서면에 의한 결의를 하는 경우 법 제189조제2항에서 정하는 의결권 불통일 행사의 취지의 신고는 법 제240조제2항의 회신기관 내에 직접 의결권을 불통일 행사하여 이를 회신하는 방법에 의한다.
제70조【회생을 위하여 채무를 부담하는 자 등의 동의】 법 제233조제3항에서 규정하는 동의는 서면의 방식에 의하여야 한다.
제71조【항고와 보증으로 공탁하게 할 금액】 ① 회생계획인가 또는 회생절차폐지의 결정에 대하여 항고장이 제출된 경우 원심법원은 1주일 이내에 항고인에게 보증으로 공탁하게 할 것인지 여부를 결정하여야 한다.
② 제1항의 경우 항고인에게 보증으로 공탁하게 할 금액

은 회생채권자와 회생담보권자의 확정된 의결권액(그 액이 확정되지 않은 경우에는 목록에 기재되거나 신고된 의결권액)의 총액의 20분의 1에 해당하는 금액 범위 내에서 정한다.
③ 제2항의 금액을 정함에 있어 다음 각 호의 사항을 고려하여야 한다.
1. 채무자의 자산·부채의 규모 및 재산상태
2. 항고인의 지위 및 항고에 이르게 된 경위
3. 향후 사정변경의 가능성
4. 그 동안의 절차 진행경과 및 그 밖의 여러 사정
④ 원심법원이 기간을 정하여 항고인에게 보증으로 공탁할 것을 명한 경우에 항고인이 정해진 기간 내에 보증을 제공하지 아니한 때에는 원심법원은 결정으로 항고장을 각하하여야 한다.
⑤ 원심법원이 기간을 정하여 항고인에게 보증으로 공탁할 것을 명한 경우의 항고기록의 송부는 제4항의 규정에 의하여 항고장이 각하되지 아니하는 한 그 보증이 제공된 날로부터 1주일 이내에 하여야 한다.
⑥ 제1항 내지 제5항의 규정은 제1항의 항고에 관한 재판의 불복에 관하여 준용한다.
제71조의2【간이회생절차개시의 신청서에 첨부할 서류】 법 제293조의4제4항제4호에 규정된 "그 밖에 대법원규칙으로 정하는 서류"란 다음 각 호의 서류를 말한다.
1. 채무자가 개인인 경우에는 주민등록등본, 개인회생절차 또는 파산절차에 따른 면책을 받은 사실이 있으면 그에 관한 서류, 그 밖의 소명자료
2. 채무자가 개인이 아닌 경우에는 법인등기사항증명서, 정관, 회생절차개시의 신청에 관한 이사회 회의록, 그 밖의 소명자료
3. 과거 3년간의 비교재무상태표와 비교손익계산서 또는 이에 준하는 서류
4. 소송이 계속 중이거나 존부에 관하여 다툼이 있는 회생채권·회생담보권의 존재에 관한 소명자료
(2015.6.2 본조신설)
제71조의3【간이조사위원 등의 간이한 업무수행 방법】 ① 법 제293조의7제2항에 따른 간이조사위원의 간이한 업무수행 방법은 다음 각 호와 같다.
1. 법 제90조에 따른 재산가액의 평가는 일반적으로 공정·타당하다고 인정되는 회계관행이 허용하는 범위 내에서 다음의 각 목의 방법 중 채무자의 업종 및 영업특성에 비추어 효율적이라고 판단되는 하나 또는 그 이상의 방법을 선택하여 할 수 있다.
  가. 회계장부의 검토
  나. 문서의 열람
  다. 자산의 실사
  라. 채무자 임직원에 대한 면담
  마. 외부자료의 검색
  바. 과거 영업실적을 통한 추세의 분석
  사. 동종업계의 영업에 관한 통계자료의 분석
2. 법 제91조의 재산목록 및 대차대조표는 제1호에 따른 재산가액의 평가결과를 반영하여 작성한다. 이 경우 재산의 규모와 재산 내역별 중요도를 고려하여 대차대조표의 계정과목을 통합할 수 있다.
3. 법 제92조제1항 각 호의 사항 중 채무자의 회생계획 또는 회생절차에 중대한 영향을 미치지 아니하는 사항은 그 요지만을 보고할 수 있다.
4. 법 제87조제3항에 따라 회생절차를 진행함이 적정한지 여부에 관한 의견을 제출하는 경우, 채무자의 영업 전망, 거래처의 유지 가능성, 공익채권의 규모, 운영자금의 조달 가능성 등에 관한 조사만을 토대로 의견을 제시할 수 있다.
② 제1항은 법 제293조의7제3항에 따른 관리인의 간이한 업무수행 방법에 관하여 준용한다.
(2015.6.2 본조신설)

제3편 파산절차

제72조【파산신청서에 첨부할 서류】 ① 법 제302조제2항제4호에 규정된 "그 밖에 대법원규칙에서 정하는 서류"는 다음 각 호의 서류를 말한다.
1. 채무자가 개인인 경우에는 호적등본, 주민등록등본, 진술서, 그 밖의 소명자료
2. 채무자가 개인이 아닌 경우에는 법인등기사항증명서, 정관, 파산신청에 관한 이사회 회의록, 그 밖의 소명자료
(2014.10.2 본호개정)
② 제1항제1호의 진술서에는 다음 각 호의 사항을 기재하여야 한다.
1. 채무자에 관하여 법원에 회생절차 또는 개인회생절차가 계속되어 있는 경우 당해 사건이 계속되어 있는 법원 및 사건의 표시
2. 채무자가 개인인 경우에는 법 제564조에 의한 면책허가결정 또는 법 제624조에 의한 면책결정을 받은 적이 있는지 여부 및 있는 경우 그 결정의 확정일자
제73조【채권신고방법】 ① 파산채권자가 법 제447조의 규정에 따라 채권을 신고할 때에는 다음 각 호의 사항을 함께 신고하여야 한다.
1. 채권자 및 대리인의 성명 또는 명칭과 주소
2. 통지 또는 송달을 받을 장소(대한민국 내의 장소로 한정한다) 및 전화번호·팩시밀리번호·전자우편주소
3. 집행력 있는 집행권원 또는 종국판결이 있는 파산채권인 때에는 그 뜻
② 제1항의 신고서에는 다음 각 호의 서류를 첨부하여야 한다.
1. 채권자가 대리인에 의하여 채권을 신고할 때에는 대리권을 증명하는 서면
2. 파산채권이 집행력 있는 집행권원 또는 종국판결이 있는 것일 때에는 그 사본
3. 채권자의 주민등록등본 또는 법인등기사항증명서
(2014.10.2 본호개정)
③ 제59조는 법 제471조제1항의 규정에 따른 신고에 관하여 준용한다.
제74조【채권신고서 부본의 제출 등】 ① 채권을 신고할 때에는 채권신고서 및 첨부서류의 부본을 2부 제출하여야 한다.
② 제1항의 규정에 따라 채권신고서 및 첨부서류의 부본이 제출되었을 때에는 법원사무관 등은 이 중 1부를 파산관재인에게 교부하여야 한다.
제75조【신고사항의 변경】 ① 파산채권자는 신고한 사항에 관하여 다른 파산채권자의 이익을 해하지 않는 내용의 변경이 생긴 때에는 증거서류 또는 그 사본을 첨부하여 지체없이 그 변경의 내용 및 원인을 법원에 신고하여야 한다.
② 법원사무관등은 제1항의 규정에 따른 신고가 있는 때에는 그 신고 내용을 파산채권자표에 기재하여야 한다.
제76조【명의의 변경】 ① 신고된 파산채권을 취득한 자는 채권조사의 기일 후에도 신고명의를 변경할 수 있다.
② 제1항의 규정에 따른 명의변경을 하고자 하는 자는 증거서류 또는 그 사본을 첨부하여 다음 각 호의 사항을 법원에 신고하여야 한다.
1. 신고명의를 변경하고자 하는 자 및 대리인의 성명 또는 명칭과 주소
2. 통지 또는 송달을 받을 장소(대한민국 내의 장소로 한정한다) 및 전화번호·팩시밀리번호·전자우편주소
3. 취득한 권리와 그 취득의 일시 및 원인
③ 제73조제2항(제2호는 제외한다) 및 제75조제2항의 규정은 제2항의 신고에 관하여 준용한다.
제77조【준용규정】 제65조 내지 제67조는 파산채권 조사확정재판에 관하여 준용한다.
제78조【면책신청에 대한 이의신청서 부본의 제출 등】 ① 법 제562조의 규정에 따라 면책신청에 대하여 이의신청서를 제출하는 때에는 그 부본 1부를 함께 제출하여야 한다.
② 법원은 제1항의 신청서 부본을 채무자에게 송달하여야 한다.

제4편 개인회생절차

제79조【개인회생절차개시신청서에 첨부할 서류】 ① 법 제589조제2항제7호의 규정에 따라 개인회생절차개시신청서에 첨부하여야 하는 서류는 다음 각 호와 같다.
1. 채무자의 주소·주민등록번호(주민등록번호가 없는 사람의 경우에는 여권번호 또는 등록번호를 말한다), 그 밖에 채무자의 인적사항에 관한 자료
2. 법 제579조제4호가목의 규정에 따른 소득금액에 관한 자료
3. 법 제579조제4호나목의 규정에 따른 소득세·주민세·건강보험료, 그 밖에 이에 준하는 것으로서 대통령령이 정하는 금액에 관한 자료
4. 법 제579조제4호다목의 규정에 따라 법원이 생계비를 정하기 위하여 필요한 사항에 관한 자료
5. 법 제579조제4호라목의 규정에 따르는 영업의 경영, 보존 및 계속을 위하여 필요한 비용에 관한 자료
6. 법 제589조제2항제2호의 재산목록에 기재된 재산가액에 관한 자료
7. 유치권·질권·저당권·양도담보권·가등기담보권·전세권 또는 우선특권(이하 "저당권등"이라 한다)으로 담보된 개인회생채권이 있는 때에는 저당권등의 담보채권액 및 피담보재산의 가액의 평가에 필요한 자료
8. 채무자의 재산에 속하는 권리로서 등기 또는 등록이 된 것에 관한 등기사항증명서 또는 등록원부등본
(2011.9.28 본호개정)
9. 채무자가 법원 이외의 기관을 통하여 사적인 채무조정을 시도한 사실이 있는 경우에 이를 확인할 수 있는 자료
② 법 제589조제1항의 규정에 따른 개인회생절차개시신청서에는 채무자에게 연락할 수 있는 전화번호(집, 직장 및 휴대전화)를 기재하여야 한다.
제80조【개인회생채권자목록의 기재사항】 ① 개인회생채권자목록에는 다음 각 호의 사항을 기재하여야 한다.
1. 채권자의 성명 및 주소
2. 채권의 원인 및 금액
② 별제권자가 있는 때에는 제1항에 규정한 사항외에 별제권의 목적과 그 행사에 의하여 변제받을 수 없는 채권액을 기재하여야 한다.
③ 개인회생채권에 관하여 개인회생절차개시 신청 당시에 소송이 계속하는 때에는 제1항에 규정한 사항 외에 법원·당사자·사건명 및 사건번호를 기재하여야 한다.
④ 개인회생채권에 관하여 개인회생절차개시 신청 당시에 전부명령이 있는 때에는 제1항에 규정한 사항 외에 전부명령을 내린 법원·당사자·사건명 및 사건번호, 전부명령의 대상이 되는 채권의 범위, 제3채무자에 대한 송달일, 전부명령의 확정 여부를 기재하여야 한다.
제81조【개인회생채권자목록의 수정】 ① 채무자는 그 책임을 질 수 없는 사유로 인하여 개인회생채권자목록에 누락하거나 잘못 기재한 사항을 발견한 때에는 개인회생절차개시결정후라도 법원의 허가를 받아 개인회생채권자목록에 기재된 사항을 수정할 수 있다. 다만, 변제계획인가결정이 있은 때에는 그러하지 아니하다.
② 법원은 제1항의 규정에 따라 개인회생채권자목록에 기재된 사항이 수정된 때에는 그 수정된 사항에 관한 이의기간을 정하여 공고하고, 채무자 및 알고 있는 개인회생채권자에게 이의기간이 기재된 서면과 수정된 개인회생채권목록을 송달하여야 한다. 다만, 수정으로 인하여 불리한 영향을 받는 개인회생채권자가 없는 경우 또는 불리한 영향을 받는 개인회생채권자의 의사에 반하지 아니한다고 볼만한 상당한 이유가 있는 경우에는 그러하지 아니하다.
제82조【개인회생채권에 관한 자료 제출】 ① 채무자는 개인회생채권자목록의 작성 및 수정에 참고하기 위하여 필요한 경우에는 개인회생채권자에게 개인회생채권의 존부 및 액수, 담보채권액 및 피담보재산의 가액 평가, 담보부족전망액에 관한 자료의 송부를 청구할 수 있다.
② 개인회생채권자는 제1항의 규정에 의한 자료송부청구가 있는 경우에는 신속하게 이에 응하여야 한다.
제83조【명의의 변경】 ① 법 제603조의 규정에 의하여 확정된 개인회생채권을 취득한 자는 채권자 명의변경을 신청할 수 있다.
② 제76조제2항 및 제3항의 규정은 제1항의 명의변경에 관하여 준용한다.
제84조【계좌번호의 신고】 ① 개인회생채권자는 법 제613조의 규정에 따른 개인회생채권자집회의 기일 종료시까지 변제계획에 따른 변제액을 송금받기 위한 금융기관(은행법에 의한 금융기관을 말한다) 계좌번호를 회생위원에게 신고하여야 한다.
② 위 신고를 하지 아니한 개인회생채권자에 대하여 지급할 변제액은 변제계획에서 정하는 바에 따라 공탁할 수 있다.
제85조【부본의 제출】 ① 개인회생절차개시의 신청을 하는 경우에는 신청서 부본 1부 및 알고 있는 개인회생채권자 수에 2를 더한 만큼의 개인회생채권자목록 부본을 함께 제출하여야 한다.
② 변제계획안 또는 변제계획의 변경안을 제출하는 경우에는 알고 있는 개인회생채권자 수에 1을 더한 만큼의 부본을 함께 제출하여야 한다.
제86조【개인회생채권자목록의 비치】 법원사무관등은 개인회생채권자목록을 개인회생채권에 관한 이의기간의 말일까지 법원 내 일정한 장소에 비치하여야 한다.
제87조【비용의 예납】 ① 법 제590조의 규정에 따라 신청인이 미리 납부하여야 하는 절차의 비용은 다음 각 호와 같다.
1. 송달료
2. 공고비용
3. 회생위원의 보수
4. 그 밖에 절차 진행을 위하여 필요한 비용
② 제1항 각 호의 비용은 개인회생채권자의 수, 재산 및 부채 상황, 회생위원의 선임여부 및 필요한 보수액, 그 밖의 여러 사정을 고려하여 정한다.
③ 법원은 제1항에 따라 예납된 비용이 부족하게 된 때에는 신청인에게 추가 예납을 하도록 할 수 있다.
제88조【회생위원의 업무】 ① 회생위원은 법 제602조제1항제4호의 규정에 따라 다음 각 호의 업무를 행한다.
1. 법 제602조제1항의 규정에 정해진 업무수행의 결과보고(2011.3.28 본호개정)
2. (2011.3.28 삭제)
3. 저당권등으로 담보된 개인회생채권이 있는 경우 그 담보목적물의 평가
4. 변제계획에 따른 변제가 지체되고 그 지체액이 3개월분 변제액에 달한 경우 법원에 대한 보고
5. 변제계획에 따른 변제가 완료된 경우 법원에 대한 보고
6. 회생위원의 임무가 종료된 때에 법원에 대한 업무수행 및 계산의 보고(2011.3.28 본호개정)
7. 변제계획안에 대한 이의가 있었는지 여부와 이의의 내용에 관한 보고(2011.3.28 본호신설)
② 채무자는 법 제591조에 따른 보고, 시정 등의 요구 또는 법 제602조제2항의 요청을 받은 경우에는 법원에 대하여 심문을 신청할 수 있다.(2011.3.28 본항개정)
제88조의2【재정보증】 법원행정처장은 제88조에 따른 사무를 처리하는 법 제601조제1항제2호 회생위원의 재정보증에 관한 사항을 정하여 운용할 수 있다.(2018.1.31 본조신설)
제89조【준용규정】 제65조 내지 제67조는 개인회생채권 조사확정재판에 관하여 준용한다.
제90조【변제계획에 관한 이의방식】 ① 법 제613조제5항의 규정에 따른 이의 진술은 개인회생채권자가 개인회생채권자집회기일의 종료시까지 이의진술서를 법원에 제출하는 방식으로 갈음할 수 있다.
② 개인회생채권자가 제1항의 이의 진술을 개인회생채권자집회기일에서 말로 한 때에는 법원사무관등이 그 내용을 조서에 기재하여야 한다.(2011.3.28 단서삭제)

③ 제1항 및 제2항의 이의 진술은 변제계획이 법 제614조에서 정하고 있는 요건을 충족하지 못하고 있음을 그 내용으로 하여야 하고, 그 이유를 구체적으로 나타내야 한다.

제91조【인가후의 변제계획 변경신청】 법 제619조제1항의 규정에 따라 변제계획의 변경안을 제출하는 때에는 다음 각 호의 사항을 기재한 서면을 함께 법원에 제출하여야 한다.
1. 사건의 표시
2. 채무자, 제출인과 그 대리인의 표시
3. 변제계획의 변경안을 제출하는 취지 및 그 사유

제92조【개인회생절차폐지의 신청】 법 제621조제1항의 규정에 따라 개인회생절차폐지의 신청을 하는 때에는 다음 각 호의 사항을 기재한 서면을 법원에 제출하여야 한다.
1. 사건의 표시
2. 채무자, 신청인과 그 대리인의 표시
3. 개인회생절차의 폐지를 신청한 취지 및 그 사유

제93조【항고와 보증으로 공탁하게 할 금액】 제71조의 규정은 변제계획불인가 또는 개인회생절차폐지의 결정에 대하여 항고장이 제출된 경우에 준용한다.

제94조【면책의 신청】 ① 법 제624조제1항의 규정에 따라 면책의 신청을 하는 때에는 다음 각 호의 사항을 기재한 서면을 법원에 제출하여야 한다.
1. 사건의 표시
2. 채무자, 신청인과 그 대리인의 표시
3. 면책을 신청한 취지
4. 채무자가 변제계획에 따른 변제를 완료한 내용

② 법 제624조제2항의 규정에 따라 면책의 신청을 하는 때에는 다음 각 호의 사항을 기재한 서면을 법원에 제출하여야 한다.
1. 사건의 표시
2. 채무자, 신청인과 그 대리인의 표시
3. 면책을 신청한 취지
4. 법 제624조제2항 각 호의 규정에서 정한 요건을 갖춘 내용

제95조【면책취소결정의 공고】 법 제626조의 규정에 따른 면책취소의 결정은 공고하여야 한다.

제96조【개인회생절차의 종료】 법 제624조의 면책결정이 확정되면 개인회생절차는 종료한다.

제5편　국제도산

제97조【외국도산절차 승인신청서의 기재사항 등】 ① 법 제631조의 규정에 따른 외국도산절차 승인신청서에는 다음 사항을 기재하여야 한다.
1. 외국도산절차의 대표자 및 대리인의 성명 또는 명칭과 주소
2. 외국도산절차의 대표자에 대한 대한민국 내의 송달장소
3. 채무자의 성명 또는 명칭과 주소
4. 신청취지 및 신청이유
5. 외국도산절차가 신청된 국가에 소재하는 채무자의 영업소·사무소·주소
6. 외국도산절차가 신청된 국가의 명칭, 당해 외국도산절차를 담당하고 있는 법원 그 밖에 그 절차를 관장할 권한있는 기관의 명칭과 사건의 표시
7. 외국도산절차의 신청일 및 그 효력발생일
8. 그 밖에 당해 외국도산절차를 특정할 만한 구체적 사항

② 법 제631조제1항제1호, 제4호, 제5호의 규정에 따른 진술서에는 다음 각 호의 사항을 기재하여야 한다.
1. 당해 외국도산절차 사건의 개요, 진행상황(절차개시의 판단유무를 포함한다)및 향후의 전망
2. 당해 외국도산절차에 있어서 채권의 우선순위를 정하는 외국법의 규정
3. 채무자의 업무의 수행 및 재산에 대하여 외국도산절차의 대표자가 갖는 관리·처분권의 행사범위, 존속기한, 권한행사에 필요한 법원의 허가 그 밖의 조건
4. 채무자가 법인인 경우 그 설립의 준거법
5. 대한민국에 있는 채무자의 주된 영업소 또는 사무소의 명칭과 소재지
6. 채무자의 대한민국에서의 사용인 그 밖의 종업원의 과반수로 조직된 노동조합이 있는 경우에는 그 명칭 및 대표자의 성명, 주소, 전화번호·팩시밀리번호·전자우편주소. 만약 그와 같은 노동조합이 없는 경우에는 채무자의 대한민국에서의 사용인 그 밖의 종업원의 과반수를 대표하는 사람의 성명, 주소, 전화번호·팩시밀리번호·전자우편주소
7. 채무자가 법인인 경우, 그 법인의 설립이나 목적인 사업에 관하여 대한민국 행정청의 허가가 있는 때에는 그 행정청의 명칭과 소재지
8. 외국도산절차의 대표자가 채무자에 대하여 국내도산절차가 계속중인 사실을 알고 있는 경우에는 그 법원·당사자·사건명·사건번호 및 진행상황
9. 외국도산절차의 대표자가 다른 외국도산절차의 승인신청사건이 계속중인 사실을 알고 있는 경우에는 그 법원·당사자·사건명·사건번호 및 진행상황

③ 제1항과 제2항의 각 호의 어느 하나에 해당하는 사항을 기재하여 외국도산절차 승인신청서와 진술서를 제출하는 경우에는 그 기재사항을 증명하는 서면을 첨부하여야 한다.

제98조【필요한 사항의 조사 등】 법원은 상당하다고 인정할 경우 법원사무관등 또는 법원조직법 제54조의3의 규정에 따른 조사관에게 다음 사항을 조사하여 보고하게 할 수 있다.
1. 법 제631조제1항에 규정된 외국도산절차 승인신청 요건의 적부
2. 법 제632조제2항 각 호에 규정된 외국도산절차 승인신청 기각사유의 유무
3. 법 제636조제1항 각 호에 규정된 외국도산절차에 대한 지원처분의 필요 여부 및 필요한 처분의 내용 또는 같은 조 제3항에 규정된 지원신청 기각사유의 유무

제99조【변경사항에 관한 서면의 제출 등】 ① 외국도산절차의 승인신청이 있은 후 외국도산절차의 대표자가 변경되거나 당해 외국도산절차가 개시 또는 종료된 때에는 외국도산절차의 대표자는 지체없이 변경된 사항을 기재한 서면을 법원에 제출하여야 한다.

② 외국도산절차의 대표자는 외국도산절차의 승인신청이 있은 후 동일한 채무자에 대하여 국내도산절차 또는 다른 외국도산절차의 승인·지원절차가 계속된 사실을 알게 된 때에는 지체없이 이와 같은 사실을 기재한 서면을 법원에 제출하여야 한다.

③ 제1항 및 제2항의 서면을 제출하는 때에는 그 기재사항을 증명하는 서면을 첨부하여야 한다.

제100조【외국도산절차 승인결정】 외국도산절차 승인결정서에는 결정의 연·월·일·시를 기재하여야 한다.

제101조【외국도산절차에 대한 지원신청 등】 ① 법 제636조제1항제1호 내지 제3호의 규정에 따른 금지명령 등 지원신청서에는 다음 각 호의 사항을 기재하여야 한다.
1. 채무자, 신청인 그 밖의 당사자의 성명 또는 명칭과 주소
2. 신청인의 대한민국 내의 송달장소
3. 신청취지 및 신청이유
4. 외국도산절차가 개시되었거나 개시될 국가의 법률이 적용되는 경우 법 제636조제1항제1호 내지 제3호에 적은 절차에 해당하는 당해 국가의 절차가 중지되거나 금지되는지 여부 및 그 범위

② 채무자의 재산에 속하는 권리로서 등기 또는 등록이 된 것에 관하여 제1항의 지원신청을 할 경우에는 권리에 대한 등기사항증명서 또는 등록원부를 첨부하여야 한다. (2011.9.28 본항개정)

③ 법원은 법 제636조제1항제1호 내지 제3호의 규정에 따른 지원결정을 할 때에 필요하다고 인정하는 경우 신청인 또는 외국도산절차의 대표자에게 채권자의 성명, 주소, 채권의 액 및 발생원인을 기재한 채권자일람표 또는 그 밖의 소명자료의 제출을 명할 수 있다.

④ 제1항 내지 제3항의 규정은 법 제635조의 규정에 의한 승인전 명령절차에 관하여 준용한다.

제102조【국제도산관리인의 선임 등】 ① 법 제636조제1항제4호의 규정에 따른 국제도산관리인의 선임신청서에는 다음 각 호의 사항을 기재하고, 대한민국에 있는 채무자의 재산목록 그 밖의 등기사항증명서 등을 첨부하여 제출하여야 한다.(2011.9.28 본문개정)
1. 제101조제1항 각 호에 적은 사항
2. 채무자의 자산, 부채 그 밖의 재산상태
3. 채무자가 사업을 영위하고 있는 때에는 그 사업의 목적과 업무의 상황, 대한민국에 있는 영업소 또는 사무소의 명칭과 소재지 및 대한민국에서의 사용인 그 밖의 종업원의 현황
4. 외국도산절차의 대표자 이외의 사람을 국제도산관리인으로 선임하기를 원하는 경우에는 그 취지 및 사유

② 법원은 국제도산관리인으로 외국도산절차의 대표자 또는 그 밖에 국제도산관리인으로서의 직무를 수행함에 적절한 사람(법인을 포함한다)을 선임하여야 한다.

③ 법인이 국제도산관리인으로 선임된 경우 그 법인은 대표자 또는 임직원 중에서 국제도산관리인의 직무를 실제 수행할 사람을 지명하여 그 취지를 법원에 신고하여야 한다.

④ 법원은 국제도산관리인에게 그 선임을 증명하는 서면을 교부하여야 한다.

⑤ 국제도산관리인은 그 직무를 행하는 경우 이해관계인의 청구가 있는 때에는 제4항의 규정에 의한 서면을 제시하여야 한다.

제103조【국제도산관리인 등의 임무와 감독 등】 ① 국제도산관리인과 외국도산절차의 대표자는 외국도산절차에 대한 지원절차의 원활한 진행 및 채무자의 대한민국 내에서의 업무의 수행과 재산의 관리 및 처분의 공정성을 도모하기 위하여 상호 긴밀히 협조하여야 한다.

② 국제도산관리인은 외국도산절차의 대표자에 대하여 채무자의 대한민국 내에서의 업무의 수행과 재산의 관리 및 처분에 대해 필요한 협력 및 정보의 제공을 요구할 수 있다.

③ 국제도산관리인은 법원이 정하는 바에 따라 법원에 대하여 업무와 계산에 관한 보고를 하여야 한다.

제104조【국내도산절차와 외국도산절차의 승인·지원절차의 조정】 ① 외국도산절차의 승인·지원절차가 계속중인 법원의 법원사무관등과 동일한 채무자에 대하여 국내도산절차가 계속중인 법원의 법원사무관등은 당해 외국도산절차의 승인절차 또는 국내도산절차가 계속 중이라는 취지를 알게 된 경우 이를 각 해당 법원에 통지하여야 한다.

② 외국도산절차의 승인·지원절차가 계속 중인 법원이 국내도산절차의 중지를 명하고자 하는 경우에는 미리 국내도산절차가 계속 중인 법원의 의견을 들어야 한다.

③ 국내도산절차가 계속 중인 법원의 법원사무관등은 다음 각 호의 어느 하나에 해당하게 된 경우 그 취지를 외국도산절차의 승인·지원절차가 계속 중인 법원에 통지하여야 한다.
1. 국내도산절차의 개시, 폐지 또는 종결 결정이 있은 때
2. 회생계획 또는 변제계획의 인가결정이 있은 때
3. 그 밖의 사유에 의하여 국내도산절차가 종료한 때

④ 외국도산절차의 승인·지원절차가 계속중인 법원의 법원사무관등은 다음 각 호의 어느 하나에 해당하게 된 경우 그 취지를 국내도산절차가 계속 중인 법원에 통지하여야 한다.
1. 법 제632조의 규정에 의한 외국도산절차의 승인결정이 있거나 그 변경 또는 취소결정이 있은 때
2. 법 제636조의 규정에 의한 외국도산절차에 대한 지원결정 또는 법 제635조의 규정에 의한 승인전 명령이 있거나 그 변경 또는 취소결정이 있은 때
3. 그 밖의 사유에 의하여 외국도산절차의 승인·지원절차가 종료한 때

제105조【복수의 외국도산절차의 조정】 제104조의 규정은 채무자를 공통으로 하는 여러 개의 외국도산절차의 승인신청이 있거나 그 승인결정이 내려진 때 또는 이미 승인결정이 내려진 동일한 채무자에 대하여 다시 다른 외국도산절차의 승인신청이나 외국도산절차에 대한 지원신청이 있는 경우에 준용한다.

제106조【주무관청 등에의 통지】 ① 법 제632조의 규정에 따라 법인인 채무자에 대하여 외국도산절차의 승인결정이 있는 경우 그 법인의 설립이나 목적인 사업에 관하여 대한민국 행정청의 허가가 있는 때에는 법원은 외국도산절차의 승인결정이 있음을 주무관청에 통지하여야 한다.

② 제1항은 법 제637조의 규정에 따라 국제도산관리인이 선임된 경우에 준용한다.

제107조【채권자가 외국에서 변제를 받은 경우의 처리】 ① 채권자가 국내도산절차의 개시결정(파산선고를 포함한다)이 있은 후 외국도산절차 또는 채무자의 국외재산으로부터 변제받은 때에도 그 변제를 받기 전의 채권전부로써 국내도산절차에 참가할 수 있다. 다만, 외국도산절차 또는 채무자의 국외재산으로부터 변제받은 채권액에 관하여는 의결권을 행사하지 못한다.

② 제1항의 채권자는 법 제642조에 따라 국내도산절차에서 그와 같은 조 및 순위에 속하는 다른 채권자가 동일한 비율의 변제를 받을 때까지 국내도산절차에서 배당 또는 변제를 받지 못한다.

부　칙

① **【시행일】** 이 규칙은 2006년 4월 1일부터 시행한다.

② **【다른 규칙의 폐지】** 회사정리등규칙·개인채무자회생규칙은 이를 폐지한다.

③ **【경과조치】** 이 규칙 시행당시 종전의 「회사정리법」에 의하여 정리절차개시의 신청을 한 회사정리사건, 종전의 「화의법」에 의하여 화의개시신청을 한 화의사건, 종전의 「파산법」에 의하여 파산신청을 한 파산사건과 종전의 「개인채무자회생법」에 의하여 개인회생절차개시신청을 한 개인회생사건은 각각 종전의 「회사정리등규칙」 및 「개인채무자회생규칙」에 의한다.

부　칙 (2017.2.2)

제1조【시행일】 이 규칙은 2017년 3월 1일부터 시행한다.

제2조【적용례】 ① 이 규칙 시행 당시에 법원에 계속 중인 사건에도 적용한다. 다만, 종전 규정에 따라 생긴 효력에는 영향을 미치지 아니한다.

② 이 규칙 시행 당시에 회생법원의 관할에 속한 사건 중 이미 확정되었거나 보존된 서울중앙지방법원의 사건기록은 이 규칙 시행 후에는 서울회생법원으로 이관된 것으로 본다.

제3조【다른 규칙의 개정】 ①~⑮ ※(해당 법령에 가제정리 하였음)

부　칙 (2018.12.31)

제1조【시행일】 이 규칙은 2019년 1월 1일부터 시행한다.

제2조【적용례】 이 규칙은 이 규칙 시행 후 최초로 접수되는 사건부터 적용한다.

부　칙 (2023.1.31)

제1조【시행일】 이 규칙은 2023년 3월 1일부터 시행한다.

제2조【적용례】 ① 이 규칙은 이 규칙 시행 당시에 법원에 계속 중인 사건에도 적용한다. 다만, 종전 규정에 따라 생긴 효력에는 영향을 미치지 아니한다.

② 이 규칙 시행 당시에 회생법원의 관할에 속한 사건으로서 이미 확정되었거나 보존된 수원지방법원 및 부산지방법원의 사건기록은 이 규칙 시행 후에는 각각 수원회생법원 및 부산회생법원으로 이관된 것으로 본다.

제3조【다른 규칙의 개정】 ※(해당 법령에 가제정리 하였음)

〔별표〕 ➡ 「法典 別册」 참조

민사조정법

(1990년 1월 13일 법 률 제4202호)

개정
1990.12.31법 4299호(민사소송등인지법)
1992.11.30법 4505호 1995.12. 6법 5007호
1998.12.28법 5589호 2001. 1.29법 6407호
2002. 1.26법 6626호(민사소송법)
2009. 2. 6법 9417호 2010. 3.31법10200호
2012. 1.17법11157호
2016. 2. 3법13952호(민사소송법)
2020. 2. 4법16910호

제1조【목적】 이 법은 민사(民事)에 관한 분쟁을 조정(調停) 절차에 따라 당사자의 자주적·자율적 분쟁 해결 노력을 존중하면서 적정·공정·신속하고 효율적으로 해결함을 목적으로 한다.(2020.2.4 본조개정)

제2조【조정사건】 민사에 관한 분쟁의 당사자는 법원에 조정을 신청할 수 있다.(2020.2.4 본조개정)

제3조【관할법원】 ① 조정사건은 다음 각 호의 어느 하나에 해당하는 곳을 관할하는 지방법원, 지방법원지원(地方法院支院), 시법원(市法院) 또는 군법원(郡法院)(이하 "시·군법원"이라 한다)이 관할한다.
1. 피신청인에 대한 「민사소송법」 제3조부터 제6조까지의 규정에 따른 보통재판적(普通裁判籍) 소재지
2. 피신청인의 사무소 또는 영업소 소재지
3. 피신청인의 근무지
4. 분쟁의 목적물 소재지
5. 손해 발생지
② 제1항에도 불구하고 조정사건은 그에 상응하는 소송사건의 전속관할법원(專屬管轄法院)이나 당사자 사이에 합의로 정한 법원에서 관할할 수 있다.
(2010.3.31 본조개정)

제4조【이송】 ① 고등법원장, 지방법원장 또는 지방법원지원장의 지정을 받아 조정사건을 담당하는 판사 또는 조정사건을 담당하는 시·군법원의 판사(이하 "조정담당판사"라 한다)는 사건이 그 관할에 속하지 아니한다고 인정할 때에는 결정(決定)으로 사건을 관할법원에 이송하여야 한다. 다만, 피신청인이 관할위반에 대하여 항변(抗辯)을 하지 아니하고 조정절차에서 진술하거나, 사건의 해결을 위하여 특히 필요하다고 인정할 때에는 그러하지 아니하다.
② 조정담당판사는 사건이 그 관할에 속하는 경우라도 이송하는 것이 적절하다고 인정하면 직권 또는 당사자의 신청에 의한 결정으로 그 사건을 다른 관할법원에 이송할 수 있다.
③ 제1항 및 제2항에 따른 결정에 대하여는 불복의 신청을 하지 못한다.
(2010.3.31 본조개정)

제5조【신청 방식】 ① 조정의 신청은 서면(書面)이나 구술(口述)로 할 수 있다.
② 구술로 신청할 때에는 법원서기관, 법원사무관, 법원주사 또는 법원주사보(이하 "법원사무관등"이라 한다)의 앞에서 진술하여야 한다.
③ 제2항의 경우에 법원사무관등은 조정신청조서(調停申請調書)를 작성하고 이에 기명날인하여야 한다.
④ 조정신청을 할 때에는 대법원규칙으로 정하는 바에 따라 수수료를 내야 한다.
(2010.3.31 본조개정)

제5조의2【독촉절차의 조정으로의 이행】 ① 「민사소송법」 제469조제2항에 따라 채무자가 적법한 이의신청을 하여 같은 법 제473조제1항에 따라 지급명령을 발령한 법원이 인지의 보정을 명한 경우 채권자는 인지를 보정하는 대신 해당 기간 이내에 조정으로의 이행을 신청할 수 있다.
② 제1항의 이행신청이 부적법하다고 인정하는 때에는 위 법원은 결정으로 이를 각하하여야 한다. 이 결정에 대하여는 즉시항고(卽時抗告)를 할 수 있다.
③ 채권자가 제1항에 따라 적법한 이행신청을 한 경우에는 「민사소송법」 제472조제2항에도 불구하고 지급명령을 발령한 때에 이의신청된 청구목적의 값에 관하여 조정이 신청된 것으로 본다.
(2012.1.17 본조신설)

제5조의3【독촉절차의 조정으로의 이행에 따른 처리】 ① 제5조의2제3항에 따라 조정이 신청된 것으로 보는 경우, 지급명령을 발령한 법원은 채권자에게 상당한 기간을 정하여, 조정을 신청하는 경우 제5조제4항에 따라 내야 할 수수료에서 지급명령 신청 시에 붙인 인지액을 뺀 액수에 해당하는 수수료를 보정하도록 명하여야 한다.
② 채권자가 제1항의 기간 이내에 수수료를 보정하지 아니한 때에는 위 법원은 결정으로 지급명령신청서를 각하하여야 한다. 이 결정에 대하여는 즉시항고를 할 수 있다.
③ 제1항에 따른 수수료가 보정되면 법원사무관등은 바로 조정사건에 관한 기록을 제3조에 따른 관할법원에 보내야 한다.
④ 제5조의2의 경우 독촉절차의 비용은 조정절차의 비용의 일부로 한다.
(2012.1.17 본조신설)

제6조【조정 회부】 수소법원(受訴法院)은 필요하다고 인정하면 항소심(抗訴審) 판결 선고 전까지 소송이 계속(係屬) 중인 사건을 결정으로 조정에 회부(回附)할 수 있다.(2010.3.31 본조개정)

제7조【조정기관】 ① 조정사건은 조정담당판사가 처리한다.
② 조정담당판사는 스스로 조정을 하거나, 상임(常任)으로 이 법에 따른 조정에 관한 사무를 처리하는 조정위원(이하 "상임 조정위원"이라 한다) 또는 조정위원회로 하여금 조정을 하게 할 수 있다. 다만, 당사자의 신청이 있을 때에는 조정위원회로 하여금 조정을 하게 하여야 한다.
③ 제6조에 따라 수소법원이 조정에 회부한 사건으로서 수소법원이 스스로 조정하는 것이 적절하다고 인정한 사건은 제1항 및 제2항에도 불구하고 스스로 처리할 수 있다.
④ 제2항 본문 및 제3항에 따라 조정을 하는 상임 조정위원과 수소법원은 조정담당판사와 동일한 권한을 가진다.
⑤ 제3항의 경우에 수소법원은 수명법관(受命法官)이나 수탁판사(受託判事)로 하여금 조정을 담당하게 할 수 있다. 이 경우 수명법관이나 수탁판사는 조정담당판사와 동일한 권한을 가진다.
⑥ 조정담당판사가 제2항에 따라 스스로 조정을 하거나 조정위원회로 하여금 조정을 하게 하는 경우 조정담당판사나 조정장(調停長)은 조정위원으로 하여금 분쟁해결방안을 도출하기 위하여 사건관계인의 의견을 들어 합의안을 도출하거나 그 밖에 조정사건의 처리를 위하여 필요한 사무를 수행하게 할 수 있다.(2020.2.4 본항신설)
(2010.3.31 본조개정)

제8조【조정위원회】 조정위원회는 조정장 1명과 조정위원 2명 이상으로 구성한다.(2020.2.4 본조개정)

제9조【조정장】 조정장은 다음 각 호의 구분에 따른 사람이 된다.
1. 제7조제2항의 경우 : 조정담당판사 또는 상임 조정위원
2. 제7조제3항의 경우 : 수소법원의 재판장
3. 제7조제5항의 경우 : 수명법관 또는 수탁판사
4. 시·군법원의 경우 : 시·군법원의 판사
(2010.3.31 본조개정)

제10조【조정위원】 ① 조정위원은 고등법원장, 지방법원장 또는 지방법원지원장이 학식과 덕망이 있는 사람 중에서 미리 위촉한다. 다만, 상임 조정위원은 변호사 자격이 있는 사람으로서 대법원규칙으로 정하는 일정한 경력을 가진 사람 중에서 법원행정처장이 위촉한다.
② 조정위원의 임기는 2년으로 한다. 다만, 특별한 사정이 있을 때에는 임기를 2년 이내로 정하여 조정위원을 위촉할 수 있다.
③ 제1항에 따른 조정위원은 다음 각 호의 사무를 수행한다.
1. 조정에 관여하는 일
2. 조정담당판사 또는 조정장의 촉탁(囑託)을 받아 제7조제6항에서 정한 사무를 수행하는 일(2020.2.4 본호개정)
④ 법원은 조정위원에게 정기적인 교육 및 연수기회를 제공하여야 한다.(2020.2.4 본항신설)
(2010.3.31 본조개정)

제10조의2【조정위원회를 구성하는 조정위원】 조정위원회를 구성하는 조정위원은 당사자가 합의하여 선정한 사람 또는 제10조제1항의 조정위원 중에서 사건마다 조정장이 지정한다.(2010.3.31 본조개정)

제11조【조정절차】 ① 조정위원회의 조정절차는 조정장이 지휘한다.
② 제7조에 따른 조정기관은 조정절차에서 당사자를 동등하게 대우하고, 사건에 대하여 충분히 진술할 수 있는 기회를 주어야 한다.(2020.2.4 본항신설)
(2010.3.31 본조개정)

제12조【조정위원에 대한 수당 등】 조정위원에게는 대법원규칙으로 정하는 바에 따라 수당을 지급하고, 필요한 경우에는 그 밖의 여비·일당 및 숙박료를 지급할 수 있다.(2010.3.31 본조개정)

제13조【수수료 납부의 심사】 ① 조정담당판사는 신청인이 제5조제4항에 따른 수수료를 내지 아니한 경우에는 적절한 기간을 정하여 그 기간 내에 낼 것을 명하여야 한다.
② 신청인이 제1항의 명령을 이행하지 아니하면 조정담당판사는 명령으로 신청서를 각하(却下)하여야 한다.
③ 제2항의 명령에 대하여는 즉시항고를 할 수 있다.
(2012.1.17 본항개정)
(2010.3.31 본조개정)

제14조【조정신청서 등의 송달】 조정신청서나 조정신청조서는 지체 없이 피신청인에게 송달하여야 한다.
(2010.3.31 본조개정)

제14조의2【사건의 분리·병합】 제7조에 따른 조정기관은 조정사건의 분리 또는 병합을 명하거나 이를 취소할 수 있다.(2010.3.31 본조개정)

제15조【조정기일】 ① 조정기일은 당사자에게 통지하여야 한다.
② 조정기일의 통지는 소환장을 송달하는 방법이나 그 밖의 적절한 방법으로 할 수 있다.
③ 양쪽 당사자가 법원에 출석하여 조정신청을 하는 경우에는 특별한 사정이 없으면 그 신청일을 조정기일로 한다.
(2010.3.31 본조개정)

제16조【이해관계인의 참가】 ① 조정의 결과에 관하여 이해관계가 있는 자는 조정담당판사의 허가를 받아 조정에 참가할 수 있다.
② 조정담당판사는 필요하다고 인정하면 조정의 결과에 관하여 이해관계가 있는 자를 조정에 참가하게 할 수 있다.
(2010.3.31 본조개정)

제17조【피신청인의 경정】 ① 신청인이 피신청인을 잘못 지정한 것이 명백한 경우에는 조정담당판사는 신청인의 신청을 받아 결정으로 피신청인의 경정(更正)을 허가할 수 있다.
② 제1항에 따른 허가결정이 있는 경우 새로운 피신청인에 대한 조정신청은 제1항의 경정신청이 있은 때에 한 것으로 본다.
③ 제1항에 따른 허가결정이 있는 경우 종전의 피신청인에 대한 조정신청은 제1항의 경정신청이 있은 때에 취하(取下)된 것으로 본다.
④ 제6조에 따라 제1심 수소법원이 조정에 회부한 사건에 대하여여 「민사소송법」 제260조에 따른 피고의 경정을 한 경우에는 소송절차에서도 그 효력이 있다.
(2010.3.31 본조개정)

제18조【대표당사자】 ① 공동의 이해관계가 있는 다수(多數)의 당사자는 그중 한 사람 또는 여러 사람을 대표당사자로 선임할 수 있다.
② 제1항의 선임은 서면으로 증명하여야 한다.
③ 조정담당판사는 필요하다고 인정하면 당사자에게 대표당사자를 선임할 것을 명할 수 있다.
④ 대표당사자는 자신을 선임한 다른 당사자를 위하여 다음 각 호의 행위를 제외하고는 각자 조정절차에 관한 모든 행위를 할 수 있다.
1. 조정조항안(調停條項案)의 수락
2. 조정신청의 취하
3. 제30조 및 제32조에 따른 결정에 관계되는 행위
4. 대리인의 선임
⑤ 대표당사자가 선임된 경우에는 대표당사자 외의 나머지 당사자에게는 조정기일을 통지하지 아니할 수 있다.
(2010.3.31 본조개정)

제19조【조정 장소】 ① 조정담당판사는 사건의 내용, 당사자의 의사와 편의 등을 고려하여 법원 외의 적당한 장소에서 조정을 할 수 있다.(2020.2.4 본항개정)
② 제7조제6항에 따른 조정위원이 법원 외의 장소에서 조정사무를 수행하는 경우에는 미리 조정담당판사의 허가를 받아야 한다.(2020.2.4 본항신설)

제20조【비공개】 조정절차는 공개하지 아니할 수 있다. 다만, 조정절차를 공개하지 아니하는 경우에도 조정담당판사는 적당하다고 인정하는 자에게 방청을 허가할 수 있다.(2010.3.31 본조개정)

제21조【조정 전의 처분】 ① 조정담당판사는 조정을 위하여 특히 필요하다고 인정하면 당사자의 신청을 받아 상대방과 그 밖의 사건관계인에게 조정 전의 처분으로서 다음 각 호의 사항을 명할 수 있다.
1. 현상(現狀)을 변경하거나 물건을 처분하는 행위의 금지
2. 그 밖에 조정의 내용이 되는 사항의 실현(實現)을 불가능하게 하거나 현저히 곤란하게 하는 행위의 배제(排除)
② 제1항의 처분을 할 때에는 제42조에 규정된 처분 위반에 대한 제재(制裁)를 고지하여야 한다.
③ 제1항의 처분에 대하여는 즉시항고를 할 수 있다.
④ 제1항의 처분은 집행력을 갖지 아니한다.
(2010.3.31 본조개정)

제22조【진술청취와 사실조사】 조정담당판사는 조정에 관하여 당사자나 이해관계인의 진술을 듣고 필요하다고 인정하면 적당한 방법으로 사실조사를 할 수 있다.
(2020.2.4 본조개정)

제23조【진술의 원용 제한】 조정절차에서의 의견과 진술은 민사소송(해당 조정에 대한 준재심은 제외한다)에서 원용(援用)하지 못한다.(2020.2.4 본조개정)

제24조【조서의 작성】 조정절차에 참여한 법원사무관등은 조정에 관하여 조서를 작성하여야 한다. 다만, 조정담당판사의 허가가 있는 경우에는 그 기재의 일부를 생략할 수 있다.(2010.3.31 본조개정)

제25조【조정신청의 각하】 ① 당사자에게 조정기일을 통지할 수 없을 때에는 조정담당판사는 결정으로 조정신청을 각하할 수 있다.
② 제1항에 따른 결정에 대하여는 불복의 신청을 하지 못한다.
(2010.3.31 본조개정)

제26조【조정을 하지 아니하는 결정】 ① 조정담당판사는 사건이 그 성질상 조정을 하기에 적당하지 아니하다고 인정하거나 당사자가 부당한 목적으로 조정신청을 한 것임을 인정하는 경우에는 조정을 하지 아니하는 결정으로 사건을 종결시킬 수 있다.
② 제1항에 따른 결정에 대하여는 불복의 신청을 하지 못한다.
(2010.3.31 본조개정)

제27조【조정의 불성립】 조정담당판사는 다음 각 호의 어느 하나에 해당하는 경우 제30조에 따른 결정을 하지 아니할 때에는 조정이 성립되지 아니한 것으로 사건을 종결시켜야 한다.

1. 당사자 사이에 합의가 성립되지 아니하는 경우
2. 성립된 합의의 내용이 적당하지 아니하다고 인정하는 경우

(2010.3.31 본조개정)

제28조【조정의 성립】 조정은 당사자 사이에 합의된 사항을 조서에 기재함으로써 성립한다.(2010.3.31 본조개정)

제29조【조정의 효력】 조정은 재판상의 화해와 동일한 효력이 있다.(2010.3.31 본조개정)

제30조【조정을 갈음하는 결정】 조정담당판사는 합의가 성립되지 아니한 사건 또는 당사자 사이에 성립된 합의의 내용이 적당하지 아니하다고 인정한 사건에 관하여 직권으로 당사자의 이익이나 그 밖의 모든 사정을 고려하여 신청인의 신청 취지에 반하지 아니하는 한도에서 사건의 공평한 해결을 위한 결정을 할 수 있다.(2020.2.4 본조개정)

제31조【신청인의 불출석】 ① 신청인이 조정기일에 출석하지 아니한 때에는 다시 기일을 정하여 통지하여야 한다.

② 제1항의 새로운 기일 또는 그 후의 기일에 신청인이 출석하지 아니한 때에는 조정신청이 취하된 것으로 본다.

(2010.3.31 본조개정)

제32조【피신청인의 불출석】 피신청인이 조정기일에 출석하지 아니한 경우 조정담당판사는 상당하다고 인정하는 때에는 직권으로 제30조에 따른 결정을 할 수 있다.

(2020.2.4 본조개정)

제33조【조정에 관한 조서의 송달 등】 ① 법원사무관등은 다음 각 호의 어느 하나에 해당하는 때에는 그 사유를 조서에 기재하여야 한다.

1. 사건에 관하여 조정을 하지 아니하기로 하는 결정이 있을 때
2. 조정이 성립되지 아니한 때
3. 조정을 갈음하는 결정이 있을 때

② 법원사무관등은 제1항에 따른 조서 중 조정을 하지 아니하기로 하는 결정이 있거나 조정이 성립되지 아니한 사유를 기재한 조서는 그 등본을, 조정을 갈음하는 결정을 기재한 조서 또는 제28조에 따른 조서는 그 정본(正本)을 당사자에게 각각 송달하여야 한다.

(2010.3.31 본조개정)

제34조【이의신청】 ① 제30조 또는 제32조의 결정에 대하여 당사자는 그 조서의 정본이 송달된 날부터 2주일 이내에 이의를 신청할 수 있다. 다만, 조서의 정본이 송달되기 전에도 이의를 신청할 수 있다.

② 제1항의 기간 내에 이의신청이 있을 때에는 조정담당판사는 이의신청의 상대방에게 지체 없이 이를 통지하여야 한다.

③ 이의신청을 한 당사자는 해당 심급(審級)의 판결이 선고될 때까지 상대방의 동의를 받아 이의신청을 취하할 수 있다. 이 경우 「민사소송법」 제266조제3항부터 제6항까지의 규정을 준용하며, "소"(訴)는 "이의신청"으로 본다.

④ 다음 각 호의 어느 하나에 해당하는 경우에는 제30조 및 제32조에 따른 결정은 재판상의 화해와 동일한 효력이 있다.

1. 제1항에 따른 기간 내에 이의신청이 없는 경우
2. 이의신청이 취하된 경우
3. 이의신청이 적법하지 아니하여 대법원규칙으로 정하는 바에 따라 각하결정이 확정된 경우

⑤ 제1항의 기간은 불변기간으로 한다.

(2010.3.31 본조개정)

제35조【소멸시효의 중단】 ① 조정신청은 시효중단의 효력이 있다.

② 당사자의 신청에 의한 조정사건에 관하여 다음 각 호의 어느 하나에 해당하는 사유가 있는 때에는 1개월 이내에 소를 제기하지 아니하면 시효중단의 효력이 없다.

1. 조정신청이 취하된 때
2. 제31조제2항에 따라 조정신청이 취하된 것으로 보는 때

(2010.3.31 본조개정)

제36조【이의신청에 의한 소송으로의 이행】 ① 다음 각 호의 어느 하나에 해당하는 경우에는 조정신청을 한 때에 소가 제기된 것으로 본다.

1. 제26조에 따라 조정을 하지 아니하기로 하는 결정이 있는 경우
2. 제27조에 따라 조정이 성립되지 아니한 것으로 사건이 종결된 경우
3. 제30조 또는 제32조에 따른 조정을 갈음하는 결정에 대하여 제34조제1항에 따른 기간 내에 이의신청이 있는 경우

② 제1항에 따라 조정신청을 한 때에 소가 제기된 것으로 보는 경우 해당 신청인은 소를 제기할 때 소장(訴狀)에 붙여야 할 인지액(印紙額)에서 그 조정신청서에 붙인 인지액을 뺀 금액에 상당하는 인지를 보정(補正)하여야 한다.

(2010.3.31 본조개정)

제37조【절차비용】 ① 조정절차의 비용은 조정이 성립된 경우에는 특별한 합의가 없으면 당사자들이 각자 부담하고, 조정이 성립되지 아니한 경우에는 신청인이 부담한다.

② 조정신청이 제36조제1항에 따라 소송으로 이행(移行)되었을 때에는 제1항의 비용은 소송비용의 일부로 본다.

(2010.3.31 본조개정)

제38조【「민사소송법」의 준용】 ① 조정에 관하여는 「민사소송법」 제51조, 제52조, 제55조부터 제60조까지(제58조제1항 후단은 제외한다), 제62조, 제62조의2, 제63조제1항, 제64조, 제145조, 제152조제2항 · 제3항 및 제163조를 준용한다.(2020.2.4 본항개정)

② 이 법에 따른 기일, 기간 및 서류의 송달에 관하여는 「민사소송법」을 준용한다. 다만, 「민사소송법」 제185조제2항, 제187조, 제194조부터 제196조까지의 규정은 제28조에 따라 작성된 조서를 송달하는 경우를 제외하고는 준용하지 아니한다.

(2010.3.31 본조개정)

제39조【「비송사건절차법」의 준용】 조정에 관하여는 이 법에 특별한 규정이 있는 경우를 제외하고는 그 성질에 반하지 아니하는 범위에서 「비송사건절차법」 제1편(제15조는 제외한다)을 준용한다.(2010.3.31 본조개정)

제40조【조정위원회 및 조정장의 권한】 조정위원회가 조정을 하는 경우 조정위원회와 조정장은 다음 각 호의 구분에 따른 조정담당판사의 권한을 가진다.

1. 조정위원회 : 제16조, 제17조제1항, 제18조제3항, 제19조제1항, 제21조제1항, 제22조, 제25조제1항, 제26조제1항, 제27조, 제30조 및 제32조에 규정된 조정담당판사의 권한(2020.2.4 본호개정)
2. 조정장 : 제13조제1항 · 제2항, 제20조, 제24조, 제34조제2항 및 제42조에 규정된 조정담당판사의 권한

(2010.3.31 본조개정)

제40조의2【상임 조정위원의 공무원 의제】 상임 조정위원은 「형법」 제129조부터 제132조까지의 규정에 따른 벌칙을 적용할 때에는 공무원으로 본다.(2009.2.6 본조신설)

제41조【벌칙】 ① 조정위원 또는 조정위원이었던 사람이 정당한 이유 없이 합의의 과정이나 조정장 또는 조정위원의 의견 및 그 의견별 조정위원의 수(數)를 누설한 경우에는 30만원 이하의 벌금에 처한다.

② 조정위원 또는 조정위원이었던 사람이 정당한 이유 없이 그 직무수행 중에 알게 된 타인의 비밀을 누설한 경우에는 2년 이하의 징역 또는 100만원 이하의 벌금에 처한다.

③ 제2항의 죄는 고소가 있어야 공소(公訴)를 제기할 수 있다.

(2010.3.31 본조개정)

제42조【조정 전의 처분 위반자에 대한 제재】 ① 조정담당판사는 당사자 또는 참가인이 제21조에 따른 조정 전의 처분에 따르지 아니하면 직권으로 5백만원 이하의 과태료를 부과한다.(2020.2.4 본항개정)

② 「비송사건절차법」 제248조 및 제250조 중 검사(檢事)에 관한 규정은 제1항의 과태료 재판에는 적용하지 아니한다.

(2010.3.31 본조개정)

제43조【위임규정】 이 법에서 규정한 사항 외에 조정절차에서의 의견청취, 사실조사, 절차비용의 예납(豫納), 독촉절차와의 관계, 소송절차와의 관계, 집행절차와의 관계, 그 밖에 조정에 필요한 사항은 대법원규칙으로 정한다.(2020.2.4 본조개정)

부　칙 (2012.1.17)

제1조【시행일】 이 법은 공포 후 3개월이 경과한 날부터 시행한다.

제2조【독촉절차의 조정으로의 이행 및 그 처리에 관한 적용례】 제5조의2 및 제5조의3의 개정규정은 이 법 시행 후 최초로 채무자가 「민사소송법」 제469조제2항에 따라 이의신청을 한 해당 독촉절차부터 적용한다.

부　칙 (2016.2.3)

제1조【시행일】 이 법은 공포 후 1년이 경과한 날부터 시행한다.(이하 생략)

부　칙 (2020.2.4)

제1조【시행일】 이 법은 공포 후 1개월이 경과한 날부터 시행한다.

제2조【적용례】 이 법은 이 법 시행 당시 법원에 계속 중인 사건에 대해서도 적용한다. 다만, 제19조제2항, 제22조 및 제42조의 개정규정은 이 법 시행 이후 법원에 조정을 신청하거나 조정에 회부된 사건부터 적용한다.

민사조정규칙

(1990년 8월 21일 대법원규칙 제1120호)

개정
1992.12.30대법원규칙1244호
1993.12.28대법원규칙1275호
1995.12.26대법원규칙1407호
1998.10. 8대법원규칙1567호
2001.10.29대법원규칙1718호
2002. 6.28대법원규칙1775호
2011. 7.28대법원규칙2344호
2013.10.11대법원규칙2488호
2020. 3.30대법원규칙2890호→공포한 날부터 시행하되, 2020년 3월 5일부터 적용
2021.10.29대법원규칙3002호

제1조【규칙의 취지】 민사조정에 관하여는 민사조정법(이하 "법"이라 한다)의 규정에 의하는 외에 이 규칙이 정하는 바에 의한다.

제2조【조정의 신청】 ① 조정신청서나 조정신청조서에는 당사자, 대리인, 신청의 취지와 분쟁의 내용을 명확히 기재하여야 하며, 증거서류가 있는 경우에는 신청과 동시에 이를 제출하여야 한다.

② 조정을 서면으로 신청하는 경우에는 피신청인 수에 상응하는 부본을 제출하여야 한다.

제2조의2【조정신청의 각하 등】 ① 조정신청서나 조정신청조서를 피신청인에게 송달할 수 없는 경우에는 조정담당판사는 상당한 기간을 정하여 주소의 보정을 명하여야 한다.

② 신청인이 주소를 보정하지 아니한 때에는 조정담당판사는 명령으로 조정신청서를 각하하여야 한다. 다만, 공시송달에 의한 소송진행이 가능하다고 인정되는 때에는 조정이 성립되지 아니한 것으로 사건을 종결시킬 수 있다.

③ 제2항의 규정에 의한 각하명령에 대하여는 불복의 신청을 하지 못한다.

(1992.12.30 본조신설)

제3조【조정수수료】 ① 조정신청의 수수료는 「민사소송 등 인지법」 제2조에 따라 산출한 금액의 10분의 1로 한다. 다만, 「민사소송 등에서의 전자문서 이용 등에 관한 법률」 제8조에 따라 등록사용자로서 전산정보처리시스템을 이용한 민사소송 등의 진행에 동의한 자가 조정신청서를 전자문서로 제출하는 경우 조정신청의 수수료는 본문에 따라 산출한 금액의 10분의 9로 한다.

(2013.10.11 본문개정)

② 제1항 본문에 따른 수수료가 1천원 미만이면 1천원으로 하고, 제1항 본문 또는 단서에 따른 수수료 중 100원 미만은 계산하지 아니한다.(2013.10.11 본항신설)

③ 제1항에 따른 수수료를 제외하고 이 법 및 이 규칙에 따른 절차에 있어서의 신청수수료에 관하여는 그 성질에 반하지 아니하는 한 「민사소송 등 인지법」을 준용한다.

④ 제1항의 수수료는 인지로 납부하여야 한다. 다만, 「민사소송 등 인지규칙」이 정하는 바에 의하여 현금이나 신용카드 · 직불카드 등으로 납부할 수 있다.

(2011.7.28 본조개정)

제4조【소송절차와의 관계】 ① 조정의 신청이 있는 사건에 관하여 소송이 계속된 때에는, 수소법원은 결정으로 조정이 종료될 때까지 소송절차를 중지할 수 있다.

② 법 제6조의 규정에 의하여 소송사건이 조정에 회부된 때에는 그 절차가 종료될 때까지 소송절차는 중지된다.

③ 소송이 계속 중인 사건을 법 제6조의 규정에 의하여 조정에 회부한 경우, 조정이 성립하거나 조정을 갈음하는 결정이 확정된 때에는 소의 취하가 있는 것으로 본다.

(2020.3.30 본항개정)

④ 제3항의 규정에 의하여 소가 취하된 것으로 보는 경우 조정담당판사는 그 취지를 수소법원에 지체없이 통지하여야 한다. 다만, 법 제7조제3항의 규정에 의하여 수소법원이 스스로 조정한 경우에는 그러하지 아니하다.

(1992.12.30 본항개정)

⑤ 법 제6조의 규정에 의하여 조정에 회부된 사건의 조정기일에 당사자 쌍방 또는 일방이 출석하지 아니한 경우 조정담당판사는 법 제30조의 규정에 의하여 조정을 갈음하는 결정을 할 수 있다. 당사자가 출석하지 아니하여 조정기일을 2회 이상 진행하지 못한 경우 조정을 갈음하는 결정을 하지 아니하는 때에는 조정절차를 종결하고 사건을 수소법원에 다시 회부하여야 한다.(2020.3.30 본항개정)

⑥ 제1항의 결정에 대하여는 불복하지 못한다.

제5조【집행절차와의 관계】 ① 조정담당판사는 분쟁의 실정에 의해 사건을 조정에 의하여 해결하는 것이 상당하다고 인정되는 경우, 조정의 성립을 불가능하게 하거나 또는 현저히 곤란하게 할 우려가 있는 때에는, 신청에 의하여 담보를 제공하게 하거나 제공하게 하지 아니하고 조정이 종료될 때까지 조정의 목적이 된 권리에 관한 집행절차의 정지를 명할 수 있다. 다만, 재판 및 조서 기타 법원에서 작성된 서면의 기재에 기한 집행절차에 관하여는 그러하지 아니하다.

② 조정담당판사는 집행절차의 정지를 명한 경우에 필요하다고 인정하는 때에는 신청에 의하여 담보를 제공하게 하거나 제공하게 하지 아니하고 이를 속행할 것을 명할 수 있다.

③ 제1항 및 제2항의 신청을 함에는 그 이유를 소명하여야 한다.

④ 민사소송법 제122조, 제123조, 제125조 및 제126조의 규정은 제1항 및 제2항의 담보에 이를 준용한다.
(2002.6.28 본항개정)
⑤ 제1항 및 제2항의 규정에 의한 결정에 대하여는 당사자는 즉시항고를 할 수 있다.
제6조【당사자의 출석의무와 대리인등】 ① 법 제15조제1항의 규정에 의한 통지를 받은 당사자는 기일에 본인이 출석하여야 한다. 그러나 특별한 사정이 있는 경우에는 대리인을 출석시키거나 보조인을 동반할 수 있다.
② 다음 각 호의 어느 하나에 해당하는 경우 조정담당판사의 허가를 받아 변호사 아닌 자를 제1항의 대리인 또는 보조인으로 할 수 있다. 다만, 조정사건이 소액사건심판법 제2조제1항에 해당하는 경우에는 소액사건심판법 제8조를 준용한다.
1. 당사자의 배우자 또는 4촌 안의 친족으로서 당사자와의 생활관계에 비추어 상당하다고 인정되는 경우
2. 당사자와 고용, 그 밖에 이에 준하는 계약관계를 맺고 그 사건에 관한 통상사무를 처리·보조하는 사람으로서 그 사람이 담당하는 사무와 사건의 내용 등에 비추어 상당하다고 인정되는 경우
(2020.3.30 본항개정)
③ 법 제6조의 규정에 의하여 소송사건이 조정에 회부된 경우, 소송대리인은 조정에 관하여도 당사자를 대리할 수 있다. 다만, 화해 또는 조정에 관한 권한이 있음을 서면으로 증명하여야 한다.(1993.12.28 본항신설)
④ 조정담당판사는 언제든지 제2항의 허가를 취소할 수 있다.
⑤ 제2항의 규정에 의한 선임불허가결정 및 제4항의 규정에 의한 허가취소결정에 대하여는 불복하지 못한다.
(1993.12.28 본항개정)
⑥ 제2항에 규정된 허가신청은 서면으로 하여야 한다.
(2020.3.30 본항신설)
(1993.12.28 본조제목개정)
제6조의2【비디오 등 중계장치 등에 의한 조정기일】 ① 조정담당판사는 상당하다고 인정하는 때에는 당사자의 신청을 받거나 동의를 얻어 비디오 등 중계장치에 의한 중계시설을 통하거나 인터넷 화상장치를 이용하여 조정기일을 열 수 있다.
② 제1항의 조정기일에 관하여는 민사소송규칙 제73조의2 및 제73조의3을 준용한다.
(2021.10.29 본조신설)
제6조의3【비디오 등 중계장치 등에 의한 조정사무 수행】 법 제7조제6항의 규정에 따라 조정기일 외에서 합의안을 도출하거나 그 밖에 조정사건의 처리를 위하여 필요한 사무는 당사자의 의견을 들어 비디오 등 중계장치에 의한 중계시설을 통하거나 인터넷 화상장치를 이용하여 수행할 수 있다.(2021.10.29 본조신설)
제7조【조정위원회를 구성하는 조정위원의 지정취소】 조정장은 사건처리상 특히 필요하다고 인정하는 때에는 조정위원회를 구성하는 조정위원의 지정을 취소할 수 있다.
(1992.12.30 본조개정)
제8조【사실조사등】 ① 조정담당판사 또는 조정위원회는 사실의 조사를 지방법원판사에게 촉탁할 수 있다.
(2020.3.30 본항개정)
② 조정위원회는 조정장에게 사실의 조사를 하게 할 수 있다.(2020.3.30 본항개정)
③ 조정담당판사 또는 조정위원회는 상당하다고 인정하는 때에는, 소속 법원의 조정위원에게 사실의 조사를 하게 할 수 있다.
④ (2020.3.30 삭제)
(2020.3.30 본조제목개정)
제9조【의견청취의 촉탁】 조정담당판사는 지방법원 판사에게 분쟁해결에 관하여 이해관계인에 대한 의견의 청취를 촉탁할 수 있다.
제10조【촉탁된 사실조사등의 조정위원에 의한 실시】 제8조제1항 또는 제9조의 촉탁을 받은 지방법원 판사는 상당하다고 인정하는 때에는 소속 법원의 조정위원에게 당해 촉탁에 관한 사실의 조사 또는 의견의 청취를 하게 할 수 있다.
제11조【조사의 촉탁】 조정담당판사는 필요한 조사를 공무소 기타 적당하다고 인정하는 자에게 촉탁할 수 있다.
제12조【전문적인 지식, 경험에 관한 의견의 청취】 ① 조정담당판사 또는 조정위원회는 필요하다고 인정하는 때에는, 소속법원의 조정위원으로부터 전문적인 지식, 경험에 기한 의견을 청취할 수 있다.
② 조정담당판사는 상당하다고 인정하는 때에는 당사자의 의견을 들어 소속법원의 조정위원으로 하여금 비디오 등 중계장치에 의한 중계시설을 통하거나 인터넷 화상장치를 이용하여 제1항의 의견을 진술하게 할 수 있다.
(2021.10.29 본항신설)
제12조의2【조서의 작성】 ① 조정에 관한 조서에는 조정담당판사와 법원사무관등이 기명날인하고 조정담당판사가 지장이 있는 때에는 법원사무관등이 그 사유를 기재한다.
② 법 제7조제3항에 의하여 수소법원이 스스로 조정하는 경우에는 재판장과 법원사무관등이 기명날인하고 재판장이 지장이 있는 때에는 합의부원이 그 사유를 기재하고 기명날인 한다. 법관전원이 지장이 있는 때에는 법원사무관등이 그 사유를 기재한다.
③ 조정이 성립된 경우에 조서의 작성방식에 관하여는 민사소송규칙 제31조의 규정을 준용한다.(2002.6.28 본항개정)
(1993.12.28 본조신설)
제13조【비용의 예납 등】 ① 사실조사, 소환, 고지 기타 조정절차비용의 예납에 관하여는 민사소송법 제116조 및 민사소송규칙 제19조, 제20조의 규정을 준용한다.
(2020.3.30 본항개정)
② 법 및 이 규칙에 의하여 당사자 등이 예납할 절차비용의 범위와 액에 관하여는 민사소송비용법 및 민사소송비용규칙을 준용한다.
제14조【조정위원회의 의결】 조정위원회의 의결은 과반수의 의견에 의한다. 그러나 가부동수인 경우에는 조정장의 결정에 따른다.
제15조【합의의 비공개】 조정위원회의 합의는 공개하지 아니한다.
제15조의2【조정을 갈음하는 결정】 ① 조정담당판사는 조정기일 외에서도 법 제30조, 제32조의 규정에 의한 결정을 할 수 있다. 이 경우에는 조정담당판사가 결정서를 작성하고 기명날인하여야 한다.
② 제1항의 경우 법원사무관등은 당사자에게 결정서 정본을 송달하여야 한다.
③ 제1항의 경우 법 제34조제1항의 규정에 의한 이의신청의 기간은 결정서 정본이 송달된 날로부터 기산한다.
④ 민사소송법 제185조제2항, 제187조 또는 제194조 내지 제196조의 규정에 의한 송달 이외의 방법으로 당사자 쌍방 또는 일방에게 조정을 갈음하는 결정서 정본을 송달할 수 없는 때에는 조정담당판사는 직권 또는 당사자의 신청에 의하여 조정을 갈음하는 결정을 취소하고, 법 제27조의 규정에 의하여 조정의 불성립으로 사건을 종결하여야 한다.(2020.3.30 본항개정)
(2020.3.30 본조제목개정)
(1993.12.28 본조신설)
제16조【이의신청】 ① 조정담당판사는 법 제34조제1항의 규정에 의한 이의신청이 적법하지 아니하다고 인정하는 때에는 결정으로 이의신청을 각하하여야 한다. 이의신청이 적법하지 아니함에도 조정담당판사가 이를 각하하지 아니한 때에는 수소법원이 결정으로 이를 각하한다.
(1995.12.26 후단신설)
② 제1항의 결정에 대하여는 즉시항고를 할 수 있다.
③ 제2항의 즉시항고는 집행정지의 효력이 있다.
④ 제1항의 결정에 관하여는 민사소송법 제3편제3장의 규정을 준용한다.(1995.12.26 본항신설)
제16조의2【절차비용】 법 제6조의 규정에 의하여 소송사건이 조정에 회부된 경우 조정이 성립하거나 조정을 갈음하는 결정이 확정된 때에는 소송비용은 조정절차비용의 일부로 본다. 다만, 조정을 갈음하는 결정에 대한 이의신청이 취하된 경우에 있어서 이의신청 이후의 소송비용은 그러하지 아니하다.(2020.3.30 본조개정)
제16조의3【조서의 송달】 조정을 하지 아니하기로 하는 결정이 있거나 조정이 성립되지 아니한 경우, 각 그 사유를 기재한 조서등본의 송달은 그 조정기일에 출석하지 아니한 당사자에 대하여 한다.(1993.12.28 본조신설)
제16조의4【인지액 납부의 심사】 ① 법 제36조제1항에 따라 소가 제기된 것으로 보는 경우, 조정담당판사는 신청인에게 적절한 기간을 정하여 법 제36조제2항에 따른 인지를 보정하도록 명하여야 한다.
② 신청인이 제1항의 기간 이내에 인지를 보정하지 아니한 때에는 조정담당판사는 결정으로 조정신청서를 각하하여야 한다. 이 결정에 대하여는 즉시항고를 할 수 있다.
(2013.10.11 본조신설)
제17조【기록의 열람 등】 당사자나 이해관계를 소명한 제3자는 수수료를 납부하고 기록의 열람·복사, 재판서·조서의 정본·등본·초본의 교부 또는 소송에 관한 사항의 증명서의 교부를 법원사무관등에게 신청할 수 있다.
(2002.6.28 본조개정)
제17조의2【열람 등 제한의 신청방식 등】 ① 법 제38조제1항, 민사소송법 제163조제1항의 규정에 따른 결정을 구하는 신청은 사건기록 가운데 비밀이 적혀 있는 부분을 특정하여 서면으로 하여야 한다.
② 제1항의 신청에 따른 결정은 사건기록 가운데 비밀이 적혀 있는 부분을 특정하여 하여야 한다.
(2020.3.30 본조신설)
제18조【조정위원회 및 조정장의 권한】 ① 조정위원회가 조정을 하는 경우에는 제4조제5항, 제5조제1항, 제2항, 제9조, 제11조, 제15조의2제1항 및 제4항의 규정에 의한 조정담당판사의 권한은 조정위원회에, 제2조의2제1항, 제2항, 제4조제4항, 제6조제2항, 제3항, 제12조의2제1항 및 제16조제1항의 규정에 의한 조정담당판사의 권한은 조정장에 각 속한다.(2001.10.29 본항개정)
② 조정위원회의 명령, 결정, 처분서 등에는 조정위원회를 대표하여 조정장이 기명날인한다.(1993.12.28 본항신설)

부 칙 (2011.7.28)

제1조【시행일】 이 규칙은 공포한 날부터 시행한다. 다만, 제3조제3항의 개정규정은 2011년 9월 8일부터 시행한다.
제2조【적용례】 제3조제1항의 개정규정은 이 규칙 시행 후 법원에 접수되는 신청서부터 적용한다.

부 칙 (2013.10.11)

제1조【시행일】 이 규칙은 2013년 11월 1일부터 시행한다.
제2조【적용례】 ① 제3조의 개정규정은 이 규칙 시행 후 최초로 조정 또는 조정으로의 이행이 신청된 사건부터 적용한다.
② 제16조의4의 개정규정은 이 규칙 시행 당시 법원에 계속 중인 사건에도 적용한다. 다만, 종전의 규정에 따라 생긴 효력에는 영향을 미치지 아니한다.
제3조【다른 규칙의 개정】 ※(해당 법령에 가제정리 하였음)

부 칙 (2020.3.30)

제1조【시행일】 이 규칙은 공포한 날부터 시행하되, 2020년 3월 5일부터 적용한다.
제2조【적용례】 이 규칙은 이 규칙 시행 당시 법원에 계속 중인 사건에 대하여도 적용한다.

부 칙 (2021.10.29)

제1조【시행일】 이 규칙은 2021년 11월 18일부터 시행한다.
제2조【계속사건에 관한 경과조치】 이 규칙은 이 규칙 시행 당시 법원에 계속 중인 사건에 대하여도 적용한다.

중재법

(1999년 12월 31일 전개법률 제6083호)

개정
2001. 4. 7법 6465호(국제사법)
2002. 1.26법 6626호(민사소송법)
2010. 3.31법10207호
2013. 3.23법11690호(정부조직)
2016. 5.29법14176호 2020. 2. 4법16918호

제1장 총 칙
(2010.3.31 본장개정)

제1조【목적】 이 법은 중재(仲裁)에 의하여 사법(私法)상의 분쟁을 적정·공평·신속하게 해결함을 목적으로 한다.

제2조【적용 범위】 ① 이 법은 제21조에 따른 중재지(仲裁地)가 대한민국인 경우에 적용한다. 다만, 제9조와 제10조는 중재지가 아직 정해지지 아니하였거나 대한민국이 아닌 경우에도 적용하며, 제37조와 제39조는 중재지가 대한민국이 아닌 경우에도 적용한다.
② 이 법은 중재절차를 인정하지 아니하거나 이 법의 중재절차와는 다른 절차에 따라 중재에 부칠 수 있도록 정한 법률과 대한민국에서 발효(發效) 중인 조약에 대하여는 영향을 미치지 아니한다.

제3조【정의】 이 법에서 사용하는 용어의 뜻은 다음과 같다.
1. "중재"란 당사자 간의 합의로 재산권상의 분쟁 및 당사자가 화해에 의하여 해결할 수 있는 비재산권상의 분쟁을 법원의 재판에 의하지 아니하고 중재인(仲裁人)의 판정에 의하여 해결하는 절차를 말한다.(2016.5.29 본호개정)
2. "중재합의"란 계약상의 분쟁인지 여부에 관계없이 일정한 법률관계에 관하여 당사자 간에 이미 발생하였거나 앞으로 발생할 수 있는 분쟁의 전부 또는 일부를 중재에 의하여 해결하도록 하는 당사자 간의 합의를 말한다.
3. "중재판정부"(仲裁判定部)란 중재절차를 진행하고 중재판정을 내리는 단독중재인 또는 여러 명의 중재인으로 구성되는 중재인단을 말한다.

제4조【서면의 통지】 ① 당사자 간에 다른 합의가 없는 경우에 서면(書面)의 통지는 수신인 본인에게 서면을 직접 교부하는 방법으로 한다.
② 제1항에 따른 직접 교부의 방법으로 통지할 수 없는 경우에는 서면이 수신인의 주소, 영업소 또는 우편연락장소에 정당하게 전달된 때에 수신인에게 통지된 것으로 본다.
③ 제2항을 적용할 때에 적절한 조회를 하였음에도 수신인의 주소, 영업소 또는 우편연락장소를 알 수 없는 경우에는 최후로 알려진 수신인의 주소, 영업소 또는 우편연락장소로 등기우편이나 그 밖에 발송을 증명할 수 있는 우편방법에 의하여 서면이 발송된 때에 수신인에게 통지된 것으로 본다.
④ 제1항부터 제3항까지의 규정은 법원이 하는 송달에는 적용하지 아니한다.

제5조【이의신청권의 상실】 당사자가 이 법의 임의규정 또는 중재절차에 관한 당사자 간의 합의를 위반한 사실을 알고도 지체 없이 이의를 제기하지 아니하거나, 정하여진 이의제기 기간 내에 이의를 제기하지 아니하고 중재절차가 진행된 경우에는 그 이의신청권을 상실한다.

제6조【법원의 관여】 법원은 이 법에서 정한 경우를 제외하고는 이 법에 관한 사항에 관여할 수 없다.

제7조【관할법원】 ① 다음 각 호의 사항에 대하여는 중재합의에서 지정한 지방법원 또는 지원(이하 "법원"이라 한다)이, 그 지정이 없는 경우에는 중재지를 관할하는 법원이 관할하며, 중재지가 아직 정하여지지 아니한 경우에는 피신청인의 주소 또는 영업소를 관할하는 법원이, 주소 또는 영업소를 알 수 없는 경우에는 거소(居所)를 관할하는 법원이, 거소도 알 수 없는 경우에는 최후로 알려진 주소 또는 영업소를 관할하는 법원이 관할한다.
(2016.5.29 본문개정)
1. 제12조제3항 및 제4항에 따른 중재인의 선정 및 중재기관의 지정(2016.5.29 본호개정)
2. 제14조제3항에 따른 중재인의 기피신청에 대한 법원의 기피결정
3. 제15조제2항에 따른 중재인의 권한종료신청에 대한 법원의 권한종료결정
4. 제17조제6항에 따른 중재판정부의 권한심사신청에 대한 법원의 권한심사
4의2. 제18조의7에 따른 임시적 처분의 승인 또는 집행 신청에 대한 법원의 결정 및 담보제공 명령
(2016.5.29 본호신설)
5. 제27조제3항에 따른 감정인(鑑定人)에 대한 기피신청에 대한 법원의 기피결정
② 제28조에 따른 증거조사는 증거조사가 실시되는 지역을 관할하는 법원이 관할한다.
③ 다음 각 호의 사항에 대하여는 중재합의에서 지정한 법원이 관할하고, 그 지정이 없는 경우에는 중재지를 관할하는 법원이 관할한다.
1. 제32조제4항에 따른 중재판정 원본(原本)의 보관
2. 제36조제1항에 따른 중재판정 취소의 소(訴)
④ 제37조부터 제39조까지의 규정에 따른 중재판정의 승인과 집행 청구의 소는 다음 각 호의 어느 하나에 해당하는 법원이 관할한다.
1. 중재합의에서 지정한 법원
2. 중재지를 관할하는 법원
3. 피고 소유의 재산이 있는 곳을 관할하는 법원
4. 피고의 주소 또는 영업소, 주소 또는 영업소를 알 수 없는 경우에는 거소, 거소도 알 수 없는 경우에는 최후로 알려진 주소 또는 영업소를 관할하는 법원

제2장 중재합의
(2010.3.31 본장개정)

제8조【중재합의의 방식】 ① 중재합의는 독립된 합의 또는 계약에 중재조항을 포함하는 형식으로 할 수 있다.
② 중재합의는 서면으로 하여야 한다.
③ 다음 각 호의 어느 하나에 해당하는 경우는 서면에 의한 중재합의로 본다.
1. 구두나 행위, 그 밖의 어떠한 수단에 의하여 이루어진 것인지 여부와 관계없이 중재합의의 내용이 기록된 경우
2. 전보(電報), 전신(電信), 팩스, 전자우편 또는 그 밖의 통신수단에 의하여 교환된 전자적 의사표시에 중재합의가 포함된 경우. 다만, 그 중재합의의 내용을 확인할 수 없는 경우는 제외한다.
3. 어느 한쪽 당사자가 당사자 간에 교환된 신청서 또는 답변서의 내용에 중재합의가 있는 것을 주장하고 상대방 당사자가 이에 대하여 다투지 아니하는 경우
(2016.5.29 1호~3호개정)
④ 계약이 중재조항을 포함한 문서를 인용하고 있는 경우에는 중재합의가 있는 것으로 본다. 다만, 중재조항을 그 계약의 일부로 하고 있는 경우로 한정한다.
(2016.5.29 단서개정)

제9조【중재합의와 법원에의 제소】 ① 중재합의의 대상인 분쟁에 관하여 소가 제기된 경우에 피고가 중재합의가 있다는 항변(抗辯)을 하였을 때에는 법원은 그 소를 각하(却下)하여야 한다. 다만, 중재합의가 없거나 무효이거나 효력을 상실하였거나 그 이행이 불가능한 경우에는 그러하지 아니하다.
② 피고는 제1항의 항변을 본안(本案)에 관한 최초의 변론을 할 때까지 하여야 한다.
③ 제1항의 소가 법원에 계속(繫屬) 중인 경우에도 중재판정부는 중재절차를 개시 또는 진행하거나 중재판정을 내릴 수 있다.

제10조【중재합의와 법원의 보전처분】 중재합의의 당사자는 중재절차의 개시 전 또는 진행 중에 법원에 보전처분(保全處分)을 신청할 수 있다.

제3장 중재판정부
(2010.3.31 본장개정)

제11조【중재인의 수】 ① 중재인의 수는 당사자 간의 합의로 정한다.
② 제1항의 합의가 없으면 중재인의 수는 3명으로 한다.

제12조【중재인의 선정】 ① 당사자 간에 다른 합의가 없으면 중재인은 국적에 관계없이 선정될 수 있다.
② 중재인의 선정절차는 당사자 간의 합의로 정한다.
③ 제2항의 합의가 없으면 다음 각 호의 구분에 따라 중재인을 선정한다.
1. 단독중재인에 의한 중재의 경우 : 어느 한쪽 당사자가 상대방 당사자로부터 중재인의 선정을 요구받은 후 30일 이내에 당사자들이 중재인의 선정에 관하여 합의하지 못한 경우에는 어느 한쪽 당사자의 신청을 받아 법원 또는 그 법원이 지정한 중재기관이 중재인을 선정한다.
(2016.5.29 본호개정)
2. 3명의 중재인에 의한 중재의 경우 : 각 당사자가 1명씩 중재인을 선정하고, 이에 따라 선정된 2명의 중재인들이 합의하여 나머지 1명의 중재인을 선정한다. 이 경우 어느 한쪽 당사자가 상대방 당사자로부터 중재인의 선정을 요구받은 후 30일 이내에 중재인을 선정하지 아니하거나 선정된 2명의 중재인들이 선정된 후 30일 이내에 나머지 1명의 중재인을 선정하지 못한 경우에는 어느 한쪽 당사자의 신청을 받아 법원 또는 그 법원이 지정한 중재기관이 그 중재인을 선정한다.(2016.5.29 후단개정)
④ 제2항의 합의가 있더라도 다음 각 호의 어느 하나에 해당할 때에는 당사자의 신청을 받아 법원 또는 그 법원이 지정한 중재기관이 중재인을 선정한다.(2016.5.29 본문개정)
1. 어느 한쪽 당사자가 합의된 절차에 따라 중재인을 선정하지 아니하였을 때
2. 양쪽 당사자 또는 중재인들이 합의된 절차에 따라 중재인을 선정하지 못하였을 때
3. 중재인의 선정을 위임받은 기관 또는 그 밖의 제3자가 중재인을 선정할 수 없을 때
⑤ 제3항 및 제4항에 따른 법원 또는 그 법원이 지정한 중재기관의 결정에 대하여는 불복할 수 없다.
(2016.5.29 본항개정)

제13조【중재인에 대한 기피 사유】 ① 중재인이 되어 달라고 요청받은 사람 또는 중재인으로 선정된 사람은 자신의 공정성이나 독립성에 관하여 의심을 살 만한 사유가 있을 때에는 지체 없이 이를 당사자들에게 고지(告知)하여야 한다.
② 중재인은 제1항의 사유가 있거나 당사자들이 합의한 중재인의 자격을 갖추지 못한 사유가 있는 경우에만 기피될 수 있다. 다만, 당사자는 자신이 선정하였거나 선정절차에 참여하여 선정한 중재인에 대하여는 선정 후에 알게 된 사유가 있는 경우에만 기피신청을 할 수 있다.

제14조【중재인에 대한 기피절차】 ① 중재인에 대한 기피절차는 당사자 간의 합의로 정한다.
② 제1항의 합의가 없는 경우에 중재인을 기피하려는 당사자는 중재판정부가 구성된 날 또는 제13조제2항의 사유를 안 날부터 15일 이내에 중재판정부에 서면으로 기피신청을 하여야 한다. 이 경우 기피신청을 받은 중재인이 사임(辭任)하지 아니하거나 상대방 당사자가 기피신청에 동의하지 아니하면 중재판정부는 그 기피신청에 대한 결정을 하여야 한다.
③ 제1항 및 제2항에 따른 기피신청이 받아들여지지 아니한 경우 기피신청을 한 당사자는 그 결과를 통지받은 날부터 30일 이내에 법원에 해당 중재인에 대한 기피신청을 할 수 있다. 이 경우 기피신청이 법원에 계속 중일 때에도 중재판정부는 중재절차를 진행하거나 중재판정을 내릴 수 있다.
④ 제3항에 따른 기피신청에 대한 법원의 기피결정에 대하여는 항고할 수 없다.

제15조【중재인의 직무 불이행으로 인한 권한종료】 ① 중재인이 법률상 또는 사실상의 사유로 직무를 수행할 수 없거나 정당한 사유 없이 직무 수행을 지체하는 경우에는 그 중재인의 사임 또는 당사자 간의 합의에 의하여 중재인의 권한은 종료된다.
② 제1항에 따른 중재인의 권한종료 여부에 관하여 다툼이 있는 경우 당사자는 법원에 이에 대한 결정을 신청할 수 있다.
③ 제2항에 따른 권한종료신청에 대한 법원의 권한종료결정에 대하여는 항고할 수 없다.

제16조【보궐중재인의 선정】 중재인의 권한이 종료되어 중재인을 다시 선정하는 경우 그 선정절차는 대체되는 중재인의 선정에 적용된 절차에 따른다.

제17조【중재판정부의 판정 권한에 관한 결정】 ① 중재판정부는 자신의 권한 및 이와 관련된 중재합의의 존재 여부 또는 유효성에 대한 이의에 대하여 결정할 수 있다. 이 경우 중재합의가 중재조항의 형식으로 되어 있을 때에는 계약 중 다른 조항의 효력은 중재조항의 효력에 영향을 미치지 아니한다.
② 중재판정부의 권한에 관한 이의는 본안에 관한 답변서를 제출할 때까지 제기하여야 한다. 이 경우 당사자는 자신이 중재인을 선정하였거나 선정절차에 참여하였더라도 이의를 제기할 수 있다.
③ 중재판정부가 중재절차의 진행 중에 그 권한의 범위를 벗어난 경우 이에 대한 이의는 그 사유가 중재절차에서 다루어지는 즉시 제기하여야 한다.
④ 중재판정부는 제2항 및 제3항에 따른 이의가 같은 항에 규정된 시기보다 늦게 제기되었더라도 그 지연에 정당한 이유가 있다고 인정하는 경우에는 이를 받아들일 수 있다.
⑤ 중재판정부는 제2항 및 제3항에 따른 이의에 대하여 선결문제(先決問題)로서 결정하거나 본안에 관한 중재판정에서 함께 판단할 수 있다.
⑥ 중재판정부가 제5항에 따라 선결문제로서 그 권한의 유무를 결정한 경우에 그 결정에 불복하는 당사자는 그 결정을 통지받은 날부터 30일 이내에 법원에 중재판정부의 권한에 대한 심사를 신청할 수 있다.(2016.5.29 본항개정)
⑦ 중재판정부는 제6항에 따른 신청으로 재판이 계속 중인 경우에도 중재절차를 진행하거나 중재판정을 내릴 수 있다.
⑧ 제6항에 따른 권한심사신청에 대한 법원의 권한심사에 대하여는 항고할 수 없다.
⑨ 제6항에 따른 신청을 받은 법원이 중재판정부에 판정 권한이 있다는 결정을 하게 되면 중재판정부는 중재절차를 계속해서 진행하여야 하고, 중재인이 중재절차의 진행을 할 수 없거나 원하지 아니하면 중재인의 권한은 종료되고 제16조에 따라 중재인을 다시 선정하여야 한다.
(2016.5.29 본항신설)

제3장의2 임시적 처분
(2016.5.29 본장제목삽입)

제18조【임시적 처분】 ① 당사자 간에 다른 합의가 없는 경우에 중재판정부는 어느 한쪽 당사자의 신청에 따라 필요하다고 인정하는 임시적 처분을 내릴 수 있다.
② 제1항의 임시적 처분은 중재판정부가 중재판정이 내려지기 전에 어느 한쪽 당사자에게 다음 각 호의 내용을 이행하도록 명하는 잠정적 처분으로 한다.
1. 본안에 대한 중재판정이 있을 때까지 현상의 유지 또는 복원
2. 중재절차 자체에 대한 현존하거나 급박한 위험이나 영향을 방지하는 조치 또는 그러한 위험이나 영향을 줄 수 있는 조치의 금지
3. 중재판정의 집행 대상이 되는 자산에 대한 보전 방법의 제공

4. 분쟁의 해결에 관련성과 중요성이 있는 증거의 보전 (2016.5.29 본조개정)

제18조의2【임시적 처분의 요건】 ① 제18조제2항제1호부터 제3호까지의 임시적 처분은 이를 신청하는 당사자가 다음 각 호의 요건을 모두 소명하는 경우에만 내릴 수 있다.

1. 신청인이 임시적 처분을 받지 못하는 경우 신청인에게 중재판정에 포함된 손해배상으로 적절히 보상되지 아니하는 손해가 발생할 가능성이 있고, 그러한 손해가 임시적 처분으로 인하여 상대방에게 발생할 것으로 예상되는 손해를 상당히 초과할 것
2. 본안에 대하여 합리적으로 인용가능성이 있을 것. 다만, 중재판정부는 본안 심리를 할 때 임시적 처분 결정 시의 인용가능성에 대한 판단에 구속되지 아니한다.

② 제18조제2항제4호의 임시적 처분의 신청에 대해서는 중재판정부가 적절하다고 판단하는 범위에서 제1항의 요건을 적용할 수 있다.
(2016.5.29 본조신설)

제18조의3【임시적 처분의 변경 · 정지 또는 취소】 중재판정부는 일방 당사자의 신청에 의하여 또는 특별한 사정이 있는 경우에는 당사자에게 미리 통지하고 직권으로 이미 내린 임시적 처분을 변경 · 정지하거나 취소할 수 있다. 이 경우 중재판정부는 그 변경 · 정지 또는 취소 전에 당사자를 심문(審問)하여야 한다.(2016.5.29 본조신설)

제18조의4【담보의 제공】 중재판정부는 임시적 처분을 신청하는 당사자에게 상당한 담보의 제공을 명할 수 있다.(2016.5.29 본조신설)

제18조의5【고지의무】 중재판정부는 당사자에게 임시적 처분 또는 그 신청의 기초가 되는 사정에 중요한 변경이 있을 경우 즉시 이를 알릴 것을 요구할 수 있다.
(2016.5.29 본조신설)

제18조의6【비용 및 손해배상】 ① 중재판정부가 임시적 처분을 내린 후 해당 임시적 처분이 부당하다고 인정할 경우에는 임시적 처분을 신청한 당사자는 임시적 처분으로 인한 비용이나 손해를 상대방 당사자에게 지급하거나 배상할 책임을 진다.

② 중재판정부는 중재절차 중 언제든지 제1항에 따른 비용의 지급이나 손해의 배상을 중재판정의 형식으로 명할 수 있다.
(2016.5.29 본조신설)

제18조의7【임시적 처분의 승인 및 집행】 ① 중재판정부가 내린 임시적 처분의 승인을 받으려는 당사자는 법원에 그 승인의 결정을 구하는 신청을 할 수 있으며, 임시적 처분에 기초한 강제집행을 하려고 하는 당사자는 법원에 이를 집행할 수 있다는 결정을 구하는 신청을 할 수 있다.

② 임시적 처분의 승인 또는 집행을 신청한 당사자 및 그 상대방 당사자는 그 처분의 변경 · 정지 또는 취소가 있는 경우 법원에 이를 알려야 한다.

③ 중재판정부가 임시적 처분과 관련하여 담보제공 명령을 하지 아니한 경우나 제3자의 권리를 침해할 우려가 있는 경우, 임시적 처분의 승인이나 집행을 신청받은 법원은 필요하다고 인정할 때에는 승인과 집행을 신청한 당사자에게 적절한 담보를 제공할 것을 명할 수 있다.

④ 임시적 처분의 집행에 관하여는 「민사집행법」 중 보전처분에 관한 규정을 준용한다.
(2016.5.29 본조신설)

제18조의8【승인 및 집행의 거부사유】 ① 임시적 처분의 승인 또는 집행은 다음 각 호의 어느 하나에 해당하는 경우에만 거부될 수 있다.

1. 임시적 처분의 상대방 당사자의 이의에 따라 법원이 다음 각 목의 어느 하나에 해당한다고 인정하는 경우
   가. 임시적 처분의 상대방 당사자가 다음의 어느 하나에 해당하는 사실을 소명한 경우
      1) 제36조제2항제1호가목 또는 라목에 해당하는 사실
      2) 임시적 처분의 상대방 당사자가 중재인의 선정 또는 중재절차에 관하여 적절한 통지를 받지 못하였거나 그 밖의 사유로 변론을 할 수 없었던 사실
      3) 임시적 처분이 중재합의 대상이 아닌 분쟁을 다룬 사실 또는 임시적 처분이 중재합의 범위를 벗어난 사항을 다룬 사실. 다만, 임시적 처분이 중재합의의 대상에 관한 부분과 대상이 아닌 부분으로 분리될 수 있는 경우에는 대상이 아닌 임시적 처분 부분만이 거부될 수 있다.
   나. 임시적 처분에 대하여 법원 또는 중재판정부가 명한 담보가 제공되지 아니한 경우
   다. 임시적 처분이 중재판정부에 의하여 취소 또는 정지된 경우
2. 법원이 직권으로 다음 각 목의 어느 하나에 해당한다고 인정하는 경우
   가. 법원에 임시적 처분을 집행할 권한이 없는 경우. 다만, 법원이 임시적 처분의 집행을 위하여 임시적 처분의 실체를 변경하지 아니하고 필요한 범위에서 임시적 처분을 변경하는 결정을 한 경우에는 그러하지 아니하다.
   나. 제36조제2항제2호가목 또는 나목의 사유가 있는 경우

② 제18조의7에 따라 임시적 처분의 승인이나 집행을 신청받은 법원은 그 결정을 할 때 임시적 처분의 실체에 대하여 심리해서는 아니 된다.

③ 제1항의 사유에 기초한 법원의 판단은 임시적 처분의 승인과 집행의 결정에 대해서만 효력이 있다.
(2016.5.29 본조신설)

제4장 중재절차
(2010.3.31 본장개정)

제19조【당사자에 대한 동등한 대우】 양쪽 당사자는 중재절차에서 동등한 대우를 받아야 하고, 자신의 사안(事案)에 대하여 변론할 수 있는 충분한 기회를 가져야 한다.

제20조【중재절차】 ① 이 법의 강행규정(强行規定)에 반하는 경우를 제외하고는 당사자들은 중재절차에 관하여 합의할 수 있다.

② 제1항의 합의가 없는 경우에는 중재판정부가 이 법에 따라 적절한 방식으로 중재절차를 진행할 수 있다. 이 경우 중재판정부는 증거능력, 증거의 관련성 및 증명력에 관하여 판단할 권한을 가진다.

제21조【중재지】 ① 중재지는 당사자 간의 합의로 정한다.

② 제1항의 합의가 없는 경우 중재판정부는 당사자의 편의와 해당 사건에 관한 모든 사정을 고려하여 중재지를 정한다.

③ 중재판정부는 제1항 및 제2항에 따른 중재지 외의 적절한 장소에서 중재인들 간의 협의, 증인 · 감정인 및 당사자 본인에 대한 신문(訊問), 물건 · 장소의 검증 또는 문서의 열람을 할 수 있다. 다만, 당사자가 이와 달리 합의한 경우에는 그러하지 아니하다.(2016.5.29 본항개정)

제22조【중재절차의 개시】 ① 당사자 간에 다른 합의가 없는 경우 중재절차는 피신청인이 중재요청서를 받은 날부터 시작된다.

② 제1항의 중재요청서에는 당사자, 분쟁의 대상 및 중재합의의 내용을 적어야 한다.

제23조【언어】 ① 중재절차에서 사용될 언어는 당사자 간의 합의로 정하고, 합의가 없는 경우에는 중재판정부가 지정하며, 중재판정부의 지정이 없는 경우에는 한국어로 한다.

② 제1항의 언어는 달리 정한 것이 없으면 당사자의 준비서면, 구술심리(口述審理), 중재판정부의 중재판정 및 결정, 그 밖의 의사표현에 사용된다.

③ 중재판정부는 필요하다고 인정하면 서증(書證)과 함께 제1항의 언어로 작성된 번역문을 제출할 것을 당사자에게 명할 수 있다.

제24조【신청서와 답변서】 ① 신청인은 당사자들이 합의하였거나 중재판정부가 정한 기간 내에 신청 취지와 신청 원인이 된 사실을 적은 신청서를 중재판정부에 제출하고, 피신청인은 이에 대하여 답변하여야 한다.

② 당사자는 신청서 또는 답변서에 중요하다고 인정하는 서류를 첨부하거나 앞으로 사용할 증거방법을 표시할 수 있다.

③ 당사자 간에 다른 합의가 없는 경우 당사자는 중재절차의 진행 중에 자신의 신청이나 공격 · 방어방법을 변경하거나 보완할 수 있다. 다만, 중재판정부가 변경 또는 보완에 의하여 절차가 현저히 지연될 우려가 있다고 인정하는 경우에는 그러하지 아니하다.

제25조【심리】 ① 당사자 간에 다른 합의가 없는 경우 중재판정부는 구술심리를 할 것인지 또는 서면으로만 심리를 할 것인지를 결정한다. 다만, 당사자들이 구술심리를 하지 아니하기로 합의한 경우를 제외하고는 중재판정부는 어느 한쪽 당사자의 신청에 따라 적절한 단계에서 구술심리를 하여야 한다.

② 중재판정부는 구술심리나 그 밖의 증거조사를 하기 전에 충분한 시간을 두고 구술심리기일 또는 증거조사기일을 당사자에게 통지하여야 한다.

③ 어느 한쪽 당사자가 중재판정부에 제출하는 준비서면, 서류, 그 밖의 자료는 지체 없이 상대방 당사자에게 제공되어야 한다.(2016.5.29 본항개정)

④ 중재판정부가 판정에서 기초로 삼으려는 감정서(鑑定書) 또는 서증은 양쪽 당사자에게 제공되어야 한다.
(2016.5.29 본항개정)

제26조【어느 한쪽 당사자의 해태】 ① 신청인이 제24조제1항에 따라 신청서를 제출하지 아니하는 경우 중재판정부는 중재절차를 종료하여야 한다.

② 피신청인이 제24조제1항의 답변서를 제출하지 아니하는 경우 중재판정부는 신청인의 주장에 대한 자백으로 간주하지 아니하고 중재절차를 계속 진행하여야 한다.

③ 어느 한쪽 당사자가 구술심리에 출석하지 아니하거나 정하여진 기간 내에 서증을 제출하지 아니하는 경우 중재판정부는 중재절차를 계속 진행하여 제출된 증거를 기초로 중재판정을 내릴 수 있다.

④ 당사자 간에 다른 합의가 있거나 중재판정부가 상당한 이유가 있다고 인정하는 경우에는 제1항부터 제3항까지의 규정을 적용하지 아니한다.

제27조【감정인】 ① 당사자 간에 다른 합의가 없는 경우 중재판정부는 특정 쟁점에 대한 감정을 위하여 감정인을 지정할 수 있다. 이 경우 중재판정부는 당사자로 하여금 감정인에게 필요한 정보를 제공하고 감정인의 조사를 위하여 관련 문서와 물건 등을 제출하게 하거나 그에 대한 접근을 허용하도록 할 수 있다.

② 당사자 간에 다른 합의가 없는 경우 중재판정부는 직권으로 또는 당사자의 신청을 받아 감정인을 구술심리기일에 출석시켜 당사자의 질문에 답변하도록 할 수 있다.

③ 중재판정부가 지정한 감정인에 대한 기피에 관하여는 제13조 및 제14조를 준용한다.

제28조【증거조사에 관한 법원의 협조】 ① 중재판정부는 직권으로 또는 당사자의 신청을 받아 법원에 증거조사를 촉탁(囑託)하거나 증거조사에 대한 협조를 요청할 수 있다.

② 중재판정부가 법원에 증거조사를 촉탁하는 경우 중재판정부는 조서(調書)에 적을 사항과 그 밖에 증거조사가 필요한 사항을 서면으로 지정할 수 있다.

③ 제2항에 따라 법원이 증거조사를 하는 경우 중재인이나 당사자는 재판장의 허가를 얻어 그 증거조사에 참여할 수 있다.

④ 제2항의 경우 법원은 증거조사를 마친 후 증인신문조서 등본, 검증조서 등본 등 증거조사에 관한 기록을 지체 없이 중재판정부에 보내야 한다.

⑤ 중재판정부가 법원에 증거조사에 대한 협조를 요청하는 경우 법원은 증인이나 문서소지자 등에게 중재판정부 앞에 출석할 것을 명하거나 중재판정부에 필요한 문서를 제출할 것을 명할 수 있다.(2016.5.29 본항신설)

⑥ 중재판정부는 증거조사에 필요한 비용을 법원에 내야 한다.(2016.5.29 본항신설)
(2016.5.29 본조개정)

제5장 중재판정
(2010.3.31 본장개정)

제29조【분쟁의 실체에 적용될 법】 ① 중재판정부는 당사자들이 지정한 법에 따라 판정을 내려야 한다. 특정 국가의 법 또는 법 체계가 지정된 경우에 달리 명시된 것이 없으면 그 국가의 국제사법이 아닌 분쟁의 실체(實體)에 적용될 법을 지정한 것으로 본다.

② 제1항의 지정이 없는 경우 중재판정부는 분쟁의 대상과 가장 밀접한 관련이 있는 국가의 법을 적용하여야 한다.

③ 중재판정부는 당사자들이 명시적으로 권한을 부여하는 경우에만 형평과 선(善)에 따라 판정을 내릴 수 있다.

④ 중재판정부는 계약에서 정한 바에 따라 판단하고 해당 거래에 적용될 수 있는 상관습(商慣習)을 고려하여야 한다.

제30조【중재판정부의 의사결정】 당사자 간에 다른 합의가 없는 경우 3명 이상의 중재인으로 구성된 중재판정부의 의사결정은 과반수의 결의에 따른다. 다만, 중재절차는 당사자 간의 합의가 있거나 중재인 전원이 권한을 부여하는 경우에는 절차를 주관하는 중재인이 단독으로 결정할 수 있다.

제31조【화해】 ① 중재절차의 진행 중에 당사자들이 화해한 경우 중재판정부는 그 절차를 종료한다. 이 경우 중재판정부는 당사자들의 요구에 따라 그 화해 내용을 중재판정의 형식으로 적을 수 있다.

② 제1항에 따라 화해 내용을 중재판정의 형식으로 적을 때에는 제32조에 따라 작성되어야 하며, 중재판정임이 명시되어야 한다.

③ 화해 중재판정은 해당 사건의 본안에 관한 중재판정과 동일한 효력을 가진다.

제32조【중재판정의 형식과 내용】 ① 중재판정은 서면으로 작성하여야 하며, 중재인 전원이 서명하여야 한다. 다만, 3명 이상의 중재인으로 구성된 중재판정부의 경우에 과반수에 미달하는 일부 중재인에게 서명할 수 없는 사유가 있을 때에는 다른 중재인이 그 사유를 적고 서명하여야 한다.

② 중재판정에는 그 판정의 근거가 되는 이유를 적어야 한다. 다만, 당사자 간에 합의가 있거나 제31조에 따른 화해 중재판정인 경우에는 그러하지 아니하다.

③ 중재판정에는 작성날짜와 중재지를 적어야 한다. 이 경우 중재판정은 그 중재판정서에 적힌 날짜와 장소에서 내려진 것으로 본다.

④ 제1항부터 제3항까지의 규정에 따라 작성 · 서명된 중재판정의 정본(正本)은 제4조제1항부터 제3항까지의 규정에 따라 각 당사자에게 송부한다. 다만, 당사자의 신청이 있는 경우에는 중재판정부는 중재판정의 원본을 그 송부 사실을 증명하는 서면과 함께 관할법원에 송부하여 보관할 수 있다.(2016.5.29 본항개정)

제33조【중재절차의 종료】 ① 중재절차는 종국판정(終局判定) 또는 제2항에 따른 중재판정부의 결정에 따라 종료된다.

② 중재판정부는 다음 각 호의 어느 하나에 해당하는 경우에는 중재절차의 종료결정을 하여야 한다.

1. 신청인이 중재신청을 철회하는 경우. 다만, 피신청인이 이에 동의하지 아니하고 중재판정부가 피신청인에게 분쟁의 최종적 해결을 구할 정당한 이익이 있다고 인정하는 경우는 제외한다.
2. 당사자들이 중재절차를 종료하기로 합의하는 경우
3. 중재판정부가 중재절차를 계속 진행하는 것이 불필요하거나 불가능하다고 인정하는 경우

③ 중재판정부의 권한은 제34조의 경우를 제외하고는 중재절차의 종료와 함께 종결된다.

제34조【중재판정의 정정·해석 및 추가 판정】 ① 당사자들이 달리 기간을 정한 경우를 제외하고는 각 당사자는 중재판정의 정본을 받은 날부터 30일 이내에 다음 각 호의 어느 하나에 규정된 정정, 해석 또는 추가 판정을 중재판정부에 신청할 수 있다.

1. 중재판정의 오산(誤算)·오기(誤記), 그 밖에 이와 유사한 오류의 정정
2. 당사자 간의 합의가 있는 경우에 중재판정의 일부 또는 특정 쟁점에 대한 해석
3. 중재절차에서 주장되었으나 중재판정에 포함되지 아니한 청구에 관한 추가 판정. 다만, 당사자 간에 다른 합의가 있는 경우는 제외한다.

② 제1항의 신청을 하는 경우 신청인은 상대방 당사자에게 그 취지를 통지하여야 한다.

③ 중재판정부는 제1항제1호 및 제2호의 신청에 대하여는 신청을 받은 날부터 30일 이내에, 같은 항 제3호의 신청에 대하여는 신청을 받은 날부터 60일 이내에 이를 판단하여야 한다. 이 경우 제1항제2호의 해석은 중재판정의 일부를 구성한다.

④ 중재판정부는 판정일부터 30일 이내에 직권으로 제1항제1호의 정정을 할 수 있다.

⑤ 중재판정부는 필요하다고 인정할 때에는 제3항의 기간을 연장할 수 있다.

⑥ 중재판정의 정정, 해석 또는 추가 판정의 형식에 관하여는 제32조를 준용한다.

제34조의2【중재비용의 분담】 당사자 간에 다른 합의가 없는 경우 중재판정부는 중재사건에 관한 모든 사정을 고려하여 중재절차에 관하여 지출한 비용의 분담에 관하여 정할 수 있다.(2016.5.29 본조신설)

제34조의3【지연이자】 당사자 간에 다른 합의가 없는 경우 중재판정부는 중재판정을 내릴 때 중재사건에 관한 모든 사정을 고려하여 적절하다고 인정하는 지연이자의 지급을 명할 수 있다.(2016.5.29 본조신설)

제6장 중재판정의 효력 및 불복
(2010.3.31 본장개정)

제35조【중재판정의 효력】 중재판정은 양쪽 당사자 간에 법원의 확정판결과 동일한 효력을 가진다. 다만, 제38조에 따라 승인 또는 집행이 거절되는 경우에는 그러하지 아니하다.(2016.5.29 단서신설)

제36조【중재판정 취소의 소】 ① 중재판정에 대한 불복은 법원에 중재판정 취소의 소를 제기하는 방법으로만 할 수 있다.

② 법원은 다음 각 호의 어느 하나에 해당하는 경우에만 중재판정을 취소할 수 있다.

1. 중재판정의 취소를 구하는 당사자가 다음 각 목의 어느 하나에 해당하는 사실을 증명하는 경우
  가. 중재합의의 당사자가 해당 준거법(準據法)에 따라 중재합의 당시 무능력자였던 사실 또는 중재합의가 당사자들이 지정한 법에 따라 무효이거나 그러한 지정이 없는 경우에는 대한민국의 법에 따라 무효인 사실
  나. 중재판정의 취소를 구하는 당사자가 중재인의 선정 또는 중재절차에 관하여 적절한 통지를 받지 못하였거나 그 밖의 사유로 변론을 할 수 없었던 사실(2016.5.29 본목개정)
  다. 중재판정이 중재합의의 대상이 아닌 분쟁을 다룬 사실 또는 중재판정이 중재합의의 범위를 벗어난 사항을 다룬 사실. 다만, 중재판정이 중재합의의 대상에 관한 부분과 대상이 아닌 부분으로 분리될 수 있는 경우에는 대상이 아닌 중재판정 부분만을 취소할 수 있다.
  라. 중재판정부의 구성 또는 중재절차가 이 법의 강행규정에 반하지 아니하는 당사자 간의 합의에 따르지 아니하였거나 그러한 합의가 없는 경우에는 이 법에 따르지 아니하였다는 사실
2. 법원이 직권으로 다음 각 목의 어느 하나에 해당하는 사유가 있다고 인정하는 경우
  가. 중재판정의 대상이 된 분쟁이 대한민국의 법에 따라 중재로 해결될 수 없는 경우
  나. 중재판정의 승인 또는 집행이 대한민국의 선량한 풍속이나 그 밖의 사회질서에 위배되는 경우

③ 중재판정 취소의 소는 중재판정의 취소를 구하는 당사자가 중재판정의 정본을 받은 날부터 또는 제34조에 따른 정정·해석 또는 추가 판정의 정본을 받은 날부터 3개월 이내에 제기하여야 한다.

④ 해당 중재판정에 관하여 대한민국의 법원에서 내려진 승인 또는 집행 결정이 확정된 후에는 중재판정 취소의 소를 제기할 수 없다.(2016.5.29 본항개정)

판례 법원이 직권으로 중재판정을 취소할 수 있는 사유로서 규정하고 있는 '중재판정의 승인 또는 집행이 대한민국의 선량한 풍속 기타 사회질서에 위배되는 때'란 단순히 중재인에 의하여 이루어진 사실인정에 잘못이 있다거나 중재인의 법적 판단이 법령에 위반되어 중재판정의 내용이 불합리하다고 볼 수 있는 모든 경우를 말하는 것이 아니라, 중재판정이 명하는 결과가 대한민국의 선량한 풍속 기타 사회질서에 위배되는 때를 의미한다.
(대판 2010.6.24, 2007다73918)

제7장 중재판정의 승인과 집행
(2010.3.31 본장개정)

제37조【중재판정의 승인과 집행】 ① 중재판정은 제38조 또는 제39조에 따른 승인 거부사유가 없으면 승인된다. 다만, 당사자의 신청이 있는 경우에는 법원은 중재판정을 승인하는 결정을 할 수 있다.

② 중재판정에 기초한 집행은 당사자의 신청에 따라 법원에서 집행결정으로 이를 허가하여야 할 수 있다.(2016.5.29 본항신설)

③ 중재판정의 승인 또는 집행을 신청하는 당사자는 중재판정의 정본이나 사본을 제출하여야 한다. 다만, 중재판정이 외국어로 작성되어 있는 경우에는 한국어 번역문을 첨부하여야 한다.

1.~2. (2016.5.29 삭제)

④ 제1항 단서 또는 제2항의 신청이 있는 때에는 법원은 변론기일 또는 당사자 쌍방이 참여할 수 있는 심문기일을 정하고 당사자에게 이를 통지하여야 한다.(2016.5.29 본항신설)

⑤ 제1항 단서 또는 제2항에 따른 결정은 이유를 적어야 한다. 다만, 변론을 거치지 아니한 경우에는 이유의 요지만을 적을 수 있다.(2016.5.29 본항신설)

⑥ 제1항 단서 또는 제2항에 따른 결정에 대해서는 즉시항고를 할 수 있다.(2016.5.29 본항신설)

⑦ 제6항의 즉시항고는 집행정지의 효력을 가지지 아니한다. 다만, 항고법원(재판기록이 원심법원에 남아 있을 때에는 원심법원을 말한다)은 즉시항고에 대한 결정이 있을 때까지 담보를 제공하게 하거나 담보를 제공하게 하지 아니하고 원심재판의 집행을 정지하거나 집행절차의 전부 또는 일부를 정지하도록 명할 수 있으며, 담보를 제공하게 하고 그 집행을 계속하도록 명할 수 있다.(2016.5.29 본항신설)

⑧ 제7항 단서에 따른 결정에 대해서는 불복할 수 없다.(2016.5.29 본항신설)
(2016.5.29 본조개정)

제38조【국내 중재판정】 대한민국에서 내려진 중재판정은 다음 각 호의 어느 하나에 해당하는 사유가 없으면 승인되거나 집행되어야 한다.(2016.5.29 본문개정)

1. 중재판정의 당사자가 다음 각 목의 어느 하나에 해당하는 사실을 증명한 경우
  가. 제36조제2항제1호 각 목의 어느 하나에 해당하는 사실
  나. 다음의 어느 하나에 해당하는 사실
    1) 중재판정의 구속력이 당사자에 대하여 아직 발생하지 아니하였다는 사실
    2) 중재판정이 법원에 의하여 취소되었다는 사실
2. 제36조제2항제2호에 해당하는 경우

(2016.5.29 1호~2호신설)

제39조【외국 중재판정】 ①「외국 중재판정의 승인 및 집행에 관한 협약」을 적용받는 외국 중재판정의 승인 또는 집행은 같은 협약에 따라 한다.

②「외국 중재판정의 승인 및 집행에 관한 협약」을 적용받지 아니하는 외국 중재판정의 승인 또는 집행에 관하여는「민사소송법」제217조,「민사집행법」제26조제1항 및 제27조를 준용한다.

제8장 보 칙
(2010.3.31 본장개정)

제40조【상사중재기관에 대한 보조】 정부는 이 법에 따라 국내외 상사분쟁(商事紛爭)을 공정·신속하게 해결하고 국제거래질서를 확립하기 위하여 법무부장관 또는 산업통상자원부장관이 지정하는 상사중재(商事仲裁)를 하는 사단법인에 대하여 필요한 경비의 전부 또는 일부를 보조할 수 있다.(2020.2.4 본조개정)

제41조【중재규칙의 제정 및 승인】 제40조에 따라 상사중재기관으로 지정받은 사단법인이 중재규칙을 제정하거나 변경할 때에는 대법원장의 승인을 받아야 한다.

부 칙

①【시행일】 이 법은 공포한 날부터 시행한다.

②【중재진행중인 사건에 대한 경과조치】 이 법 시행전에 중재절차가 진행중인 사건에 대하여는 종전의 규정에 의한다.

③【상사중재기관지정등에 따른 경과조치】 이 법 시행당시의 사단법인 대한상사중재원은 제40조의 개정규정에 의한 상사중재를 행하는 사단법인으로 지정된 것으로 보며, 사단법인 대한상사중재원의 상사중재규칙은 제41조의 개정규정에 의한 대법원장의 승인을 얻은 것으로 본다.

부 칙 (2016.5.29)

제1조【시행일】 이 법은 공포 후 6개월이 경과한 날부터 시행한다.

제2조【중재절차 진행 중인 사건에 관한 경과조치】 이 법 시행 당시 중재절차가 진행 중인 사건에 대한 중재합의의 방식, 중재인 선정, 중재판정부의 판정 권한에 대한 불복, 임시적 처분 및 증거조사 협조 요청에 관하여는 제7조, 제8조, 제12조, 제17조, 제18조, 제18조의2부터 제18조의8까지 및 제28조의 개정규정에도 불구하고 종전의 규정에 따른다.

부 칙 (2020.2.4)

이 법은 공포한 날부터 시행한다.

인지 첩부·첨부 및 공탁 제공에 관한 특례법(약칭 : 인지첩부법)

(1961년 12월 13일 법 률 제832호)

개정
1997.12.13법 5454호(정부부처명)
2009.10.21법 9807호
2012.12.18법11551호(수입인지에관한법)

제1조【목적】 이 법은 국가를 당사자로 하는 소송 및 행정소송에서「민사소송법」및「민사소송 등 인지법」에도 불구하고 인지(印紙) 첩부(貼付)·첨부(添附) 및 공탁(供託) 제공에 관한 특례를 정함을 목적으로 한다.
(2012.12.18 본조개정)

제2조【인지 불첩부 및 불첨부】 국가는 국가를 당사자로 하는 소송 및 행정소송 절차에서「민사소송 등 인지법」에 따른 인지를 붙이지 아니한다.
(2012.12.18 본조제목개정)

제3조【불공탁】 국가는 국가를 당사자로 하는 소송 및 행정소송을 수행할 때「민사소송법」에 따른 공탁을 하지 아니한다.(2009.10.21 본조개정)

부 칙 (2009.10.21)

이 법은 공포한 날부터 시행한다.

부 칙 (2012.12.18)

제1조【시행일】 이 법은 공포 후 1년이 경과한 날부터 시행한다.(이하 생략)

民事訴訟費用法

(1954年 9月 9日
法 律 第336號)

改正
1962. 7.31法 1117號
1970. 6.18法 2201號
1997.12.13法 5454號(정부부처명)
2002. 1.26法 6629號
2012.12.18法11551號(수입인지에관한법)

第1條【訴訟費用의 目的】 民事訴訟法의 規定에 의한 訴訟費用은 訴訟行爲에 必要한 限度의 費用으로 하고 이하 數條의 規定에 의하여 算定한다.

第2條【印紙額】 民事訴訟등印紙法에 의하여 붙인 印紙額은 그 定額에 의한다.(2012.12.18 본조개정)

第3條【書記料등】 訴狀 기타 訴訟에 必要한 書類의 書記料 및 圖面의 作成料는 大法院規則의 定한 金額에 의한다.

第4條【證人, 鑑定人등에 대한 日當, 旅費등】 當事者, 證人, 鑑定人, 通譯人과 飜譯人의 日當은 1日 70원 이내, 旅費는 汽車나 船舶에는 2等 이하의 車費 또는 船賃, 汽車없는 陸路에는 4粁에 5원이내, 宿泊料는 1泊에 240원 이내의 限度에서 法院 또는 受託判事가 定한다.(1962.7.31 본조개정)

第5條【法官 등의 日當·旅費】 ① 法官과 法院書記의 證據調査에 要하는 日當·旅費와 宿泊料는 實費額에 의한다.
② 前項의 規定에 의한 實費額과 그 施行에 必要한 事項은 大法院規則으로 정한다.
(1970.6.18 본조개정)

第6條【鑑定등에 대한 特別料金】 鑑定, 通譯, 飜譯과 測量에 관한 特別料金은 法院이 定한 金額에 의한다.

第7條【通信費】 通信과 運搬에 要한 費用은 그 實費額에 의한다.

第8條【公告費】 官報, 新聞紙에 公告한 費用은 그 定額에 의한다.

第9條【기타 費用】 本法에 規定하지 아니한 費用은 그 實費額에 의한다.

第10條【强制執行, 申請事件의 費用】 ① 强制執行과 申請事件에 관한 費用은 이상 數條의 規定에 準하여 算定한다.
② 强制執行 또는 申請事件에 관하여 保管人 또는 管理人을 任命한 때에는 그 費用은 法院의 定하는 바에 의한다.

第10條의2【제3채무자의 공탁비용】 ① 민사집행법 제248조의 규정에 따라 채무액을 공탁한 제3채무자는 압류의 효력이 미치는 부분에 해당하는 금액의 공탁을 위하여 지출한 비용 및 같은 조 제4항의 공탁신고서 제출을 위한 비용을 지급해 줄 것을 법원에 신청할 수 있다.
② 제3채무자는 민사집행법 제248조제4항의 공탁신고서를 낼 때까지 제1항의 신청을 하여야 한다.
③ 제1항의 비용은 압류의 효력이 미치는 부분에 해당하는 금액의 공탁금중에서 지급한다.
④ 제1항의 비용산정을 위한 구체적인 기준 및 지급절차는 대법원규칙으로 정한다.
(2002.1.26 본조신설)

第11條【費用의 支給】 證人, 鑑定人, 通譯人과 飜譯人의 日當, 旅費와 宿泊料 기타 必要한 費用은 請求에 의하여 法院이 支給한다.

第12條【費用의 收捧】 ① 法院이 當事者의 豫納하지 아니한 費用을 支給한 때에는 第1審受訴法院의 決定에 의하여 豫納하지 아니한 當事者나 判決에 의하여 費用을 負擔한 當事者로부터 收捧하여야 한다. 이 決定은 執行力 있는 債務名義와 同一한 效力이 있다.
② 前項의 規定은 민사소송법 제131조 내지 제133조의 境遇에 準用한다.(2002.1.26 본항개정)

第13條【執行官 手數料】 執行官 手數料는 大法院規則의 定한 바에 의한 金額으로 한다.(1997.12.13 본조개정)

附 則

第14條【施行日】 本法은 檀紀4287年(西紀1954年) 9月 1日부터 施行한다.

第15條【經過措置】 本法 施行前까지 施行된 民事訴訟費用에 관한 法令은 廢止한다.

第16條【經過措置】 本法 施行前의 訴訟節次에 要한 費用은 舊法에 의한다.

第17條【諸費用의 最高額의 增減】 本法에 規定한 當事者, 證人, 鑑定人, 通譯人과 飜譯人의 日當, 汽車없는 陸路旅費와 宿泊料의 最高額은 經濟事情의 變動에 의하여 大法院規則으로 增減할 수 있다.

附 則 (2012.12.18)

第1條【시행일】 이 법은 공포 후 1년이 경과한 날부터 시행한다.(이하 생략)

민사소송비용규칙

(1983년 4월 6일
대법원규칙 제840호)

개정
1990. 1. 6대법원규칙1100호
1991.11.23대법원규칙1182호
1998. 5.19대법원규칙1537호
2001. 6.25대법원규칙1706호
2002. 6.28대법원규칙1774호
2003. 9.13대법원규칙1842호
2006. 2. 1대법원규칙1986호(법원공무원규칙)
2006. 6.14대법원규칙2029호
2009. 1. 9대법원규칙2202호
2017. 2. 2대법원규칙2712호

제1조【목적】 이 규칙은「민사소송비용법」에서 대법원규칙으로 정하도록 위임한 사항에 관하여 규정함을 목적으로 한다.(2006.6.14 본조개정)

제2조【소송서류의 서기료 및 도면의 작성료】 ① 소장 기타 소송에 필요한 서류의 서기료는 1면 16행 이상, 1행 20자 이상으로 된 1면마다 250원으로 하고, 1면에 미달한 경우에는 1면으로 본다. 다만,「소액사건심판법」제4조 및 제5조의 규정에 의하여 구술로써 소를 제기한 경우에는 소장의 서기료를 소송비용으로 하지 못한다.
(2006.6.14 단서개정)
② 도면의 작성료는 그 정밀도에 따라 1면에 250원 이상 1,000원 이하로 한다.
③ 법무사에게 지급한 또는 지급할 서기료, 도면작성료 및 제출대행수수료는 대한법무사협회의 회칙이 정하는 법무사의보수에관한규정에 정한 금액으로 한다.
(1991.11.23 본항개정)
④ 제3항의 금액 전부를 소송비용에 산입하는 것이 소송목적의 값, 사건의 특성과 난이도 등에 비추어 현저히 부당하다고 인정되는 경우에는 법원은 상당한 정도까지 감액 산정할 수 있다.(2017.2.2 본항신설)

제3조【증인등의 일당】 ① 당사자, 증인, 감정인, 통역인 또는 번역인(이하 "증인등"이라 한다)의 일당은 법원이 상당하다고 인정하는 출석 또는 조사 및 이를 위한 여행에 필요한 일수에 따라 지급한다.
② 증인등의 일당은 매년 대법관회의에서 정한다.
(2003.9.13 본조개정)

제3조의2【증인등의 국내여비·숙박료】 ① 증인등의 여비는 운임과 식비로 한다.
② 증인등의 국내운임은 철도운임·선박운임·항공운임 및 자동차운임의 4종으로 구분하되, 법원이 상당하다고 인정하는 교통수단을 기준으로 하여 지급한다.
③ 증인등의 식비 또는 숙박료는 법원이 상당하다고 인정하는 경우에 한하여 지급한다.
④ 증인등의 국내운임, 식비 또는 숙박료는「법원공무원여비규칙」제10조 내지 제13조 및 제16조제1항의 별표2 "국내여비지급표"에 정한 제2호 해당자 소정액 이내로 한다.(2009.1.9 본항개정)
(2003.9.13 본조신설)

제3조의3【증인등의 국외여비·숙박료】 ① 증인등의 국외여비 및 숙박료는 증인등이 국외로부터 국내로, 국내로부터 국외로 여행하거나 또는 국내로 입국하기 위하여 국외에서 여행(이하 이를 합하여 "국외여행"이라 한다)하는 경우에, 법원이 상당하다고 인정하는 때에 한하여 지급한다.
② 증인등이 국외여행하는 경우의 운임은 다음 각호의 구분에 의하되, 통행세를 가산한다.
1. 철도운임 및 선박운임은 그 운임에 등급구별이 있는 경우에는 중간등급 이하의 운임, 등급구별이 없는 경우에는 승차나 승선에 요하는 실비액
2. 자동차운임은 실비액
3. 항공운임은「법원공무원여비규칙」제12조제2항 별표3 "국외항공운임정액표"에 정한 기타의 자 소정액
(2006.6.14 본호개정)
③ 증인등이 국외여행하는 경우의 식비 및 숙박료는「법원공무원여비규칙」제16조제1항의 별표4 "국외여비정액표"에 정한 별표1의 제2호나목 해당자 소정액으로 한다.
(2009.1.9 본항개정)
(2003.9.13 본조신설)

제4조【법관과 법원사무관 등의 여비, 숙박료】 ① 법관, 그 밖의 법원공무원의 증거조사에 요하는 여비와 숙박료의 실비액은「법원공무원여비규칙」제1장 내지 제3장에 규정한 기준에 의한다. 다만, 물가변동 기타의 사정으로 위 규칙 제10조 내지 제13조 및 제16조제1항의 별표2 "국내여비지급표"에 정한 금액이 실제의 비용에 미달하는 경우에는 실제로 지출된 금액을 기준으로 하고, 관용차량에 의하여 여행하는 경우에는 자동차운임 또는 현지교통비에 갈음하여 그 차량운행에 소요되는 연료대(6킬로미터당 1리터)를 기준으로 한다.(2009.1.9 단서개정)
② 법관, 그 밖의 법원공무원의 증거조사에 관하여는 일당을 지급하지 아니한다.(2002.6.28 본항개정)
③ (2006.6.14 삭제)

제4조의2【법원경위의 여비】 ① 법원경위가 소송서류를 송달하는 경우 지급할 여비는「법원공무원여비규칙」〔별표2〕국내여비지급표에 정한 일비와 교통요금, 유류비 등 물가수준을 고려하여 대법관회의에서 정하고, 그 밖에 일당이나 수수료는 지급하지 아니한다.
(2009.1.9 본항개정)
② 동일사건에 관하여 동일한 일시, 장소에서 동일인에게 소송에 관한 서류를 송달하는 경우에는 그 통수에 관계없이 1건으로 한다.
(2006.6.14 본조신설)

부 칙 (2009.1.9)
(2017.2.2)

이 규칙은 공포한 날부터 시행한다.

민사소송 등 인지법

(1990년 12월 31일
전개법률 제4299호)

개정
1997.12.13법 5428호
2002. 1.26법 6628호
2004. 1.20법 7081호
2005. 3.31법 7428호(채무자회생파산)
2009. 5. 8법 9645호
2011. 3. 7법10430호
2011. 4.12법10580호(부등)
2011. 7.18법10860호
2012. 1.17법11156호
2014.12.30법12892호(채무자회생파산)
2023. 4.18법19353호
2024. 1.16법20003호(민사소송법)→2025년 3월 1일 시행

제1조【인지의 부착】 민사소송절차, 행정소송절차, 그 밖에 법원에서의 소송절차 또는 비송사건절차에서 소장(訴狀)이나 신청서 또는 신청의 취지를 적은 조서에는 다른 법률에 특별한 규정이 있는 경우가 아니면 이 법에서 정하는 인지(印紙)를 붙여야 한다. 다만, 대법원규칙으로 정하는 바에 따라 인지를 붙이는 대신 그 인지액에 해당하는 금액을 현금이나 신용카드·직불카드 등으로 납부하게 할 수 있도록 하되, 신용카드·직불카드 등으로 납부하는 경우 인지납부일, 인지납부대행기관의 지정 및 운영과 납부대행 수수료 등에 필요한 사항은 대법원규칙으로 정한다.(2011.3.7 단서개정)

제2조【소장】 ① 소장〔반소장(反訴狀) 및 대법원에 제출하는 소장은 제외한다〕에는 소송목적의 값에 따라 다음 각 호의 금액에 해당하는 인지를 붙여야 한다.
1. 소송목적의 값이 1천만원 미만인 경우에는 그 값에 1만분의 50을 곱한 금액
2. 소송목적의 값이 1천만원 이상 1억원 미만인 경우에는 그 값에 1만분의 45를 곱한 금액에 5천원을 더한 금액
3. 소송목적의 값이 1억원 이상 10억원 미만인 경우에는 그 값에 1만분의 40을 곱한 금액에 5만5천원을 더한 금액
4. 소송목적의 값이 10억원 이상인 경우에는 그 값에 1만분의 35를 곱한 금액에 55만5천원을 더한 금액
② 제1항에 따라 계산한 인지액이 1천원 미만이면 그 인지액은 1천원으로 하고, 1천원 이상이면 100원 미만은 계산하지 아니한다.
③ 소송목적의 값은「민사소송법」제26조제1항 및 제27조에 따라 산정(算定)하되, 대법원규칙으로 소송목적의 값을 산정하는 기준을 정할 수 있다.
④ 재산권에 관한 소(訴)로서 그 소송목적의 값을 계산할 수 없는 것과 비(非)재산권을 목적으로 하는 소송의 소송목적의 값은 대법원규칙으로 정한다.
⑤ 1개의 소로서 비재산권을 목적으로 하는 소송과 그 소송의 원인이 된 사실로부터 발생하는 재산권에 관한 소송을 병합한 경우에는 액수가 많은 소송목적의 값에 따라 인지를 붙인다.
(2009.5.8 본조개정)

제3조【항소장, 상고장】 항소장(抗訴狀)에는 제2조에 따른 금액의 1.5배에 해당하는 인지를 붙이고, 상고장(上告狀, 대법원에 제출하는 소장을 포함한다)에는 제2조에 따른 금액의 2배에 해당하는 인지를 붙여야 한다.
(2009.5.8 본조개정)

제4조【반소장】 ① 제1심에 제출하는 반소장에는 제2조에 따른 금액의 인지를 붙이고, 항소심에 제출하는 반소장에는 제2조에 따른 금액의 1.5배에 해당하는 인지를 붙여야 한다.
② 본소(本訴)와 그 목적이 같은 반소장에는 심급에 따라 다음 각 호에 해당하는 금액의 인지를 붙여야 한다.
1. 제1심의 경우에는 제1항 전단에 따른 금액에서 본소의 소송목적의 값에 대한 제2조에 따른 금액을 뺀 금액
2. 항소심의 경우에는 제1항 후단에 따른 금액에서 본소의 소송목적의 값에 대한 제2조에 따른 금액의 1.5배를 뺀 금액
(2009.5.8 본조개정)

제5조【청구변경신청서】 청구변경신청서에는 심급에 따라 다음 각 호에 해당하는 금액의 인지를 붙여야 한다.
1. 제1심의 경우에는 변경 후의 청구에 관한 제2조에 따른 금액에서 변경 전의 청구에 관한 인지액을 뺀 금액
2. 항소심의 경우에는 변경 후의 청구에 관한 제2조에 따른 금액의 1.5배에서 변경 전의 청구에 관한 인지액을 뺀 금액
(2009.5.8 본조개정)

제6조【당사자참가신청서】 ①「민사소송법」제79조 또는 제83조에 따라 소송에 참가하는 경우 제1심 참가신청

서에는 제2조에 따른 금액의 인지를 붙이고, 항소심 참가신청서에는 제2조에 따른 금액의 1.5배에 해당하는 인지를 붙여야 한다.
② 「민사소송법」 제81조에 따른 참가신청에 대하여 피신청인이 신청인의 승계주장사실을 다투는 경우에도 제1항과 같다.
(2009.5.8 본조개정)

제7조【화해신청서 등】 ① 화해신청서에는 제2조에 따른 금액의 5분의 1에 해당하는 인지를 붙여야 한다.
② 지급명령신청서에는 제2조에 따른 금액의 10분의 1에 해당하는 인지를 붙여야 한다.
③ 「민사소송법」 제388조 또는 제472조에 따라 화해 또는 지급명령 신청을 한 때에 소가 제기된 것으로 보는 경우에는 해당 신청인은 소를 제기할 때 소장에 붙여야 할 인지액에서 해당 신청서에 붙인 인지액을 뺀 금액에 해당하는 인지를 보정(補正)하여야 한다.
④ 제1항과 제2항에 따른 인지액에 관하여는 제2조제2항을 준용한다.
(2009.5.8 본조개정)

제8조【재심소장 등】 ① 재심소장에는 심급에 따라 제2조, 제3조 또는 제4조제1항에 따른 금액에 해당하는 인지를 붙여야 한다.
② 「민사소송법」 제220조의 조서에 대한 준재심의 경우에도 제1항과 같다. 다만, 「민사소송법」 제386조의 조서에 대한 준재심의 소장에는 제7조제1항에 따른 금액에 해당하는 인지를 붙여야 한다.
(2009.5.8 본조개정)

제9조【그 밖의 신청서】 ① 다음 각 호의 신청을 위한 신청서에는 3만원의 인지를 붙여야 한다.
1. 채권자가 하는 파산의 신청
2. 회생절차 또는 간이회생절차 개시의 신청
(2014.12.30 본호개정)
3. 개인회생절차 개시의 신청
4. 그 밖에 제1호부터 제3호까지의 신청에 준하는 신청으로서 대법원규칙으로 정하는 신청
② 「민사집행법」에 따른 가압류·가처분의 신청이나 가압류·가처분 결정에 대한 이의 또는 취소의 신청을 위한 신청서에는 1만원의 인지를 붙여야 한다. 다만, 임시의 지위를 정하기 위한 가처분의 신청 및 그에 대한 이의 또는 취소의 신청은 그 본안의 소에 따른 인지액의 2분의 1에 해당하는 인지를 붙여야 한다. 이 경우 인지액의 상한액은 50만원으로 한다.(2011.7.18 본항신설)
③ 다음 각 호의 신청을 위한 신청서에는 5천원의 인지를 붙여야 한다.
1. 부동산의 강제경매의 신청, 담보권 실행을 위한 경매의 신청, 그 밖에 법원에 의한 경매의 신청
2. 강제관리의 신청이나 강제관리 방법으로 하는 가압류 집행의 신청
3. 그 밖에 제1호 또는 제2호의 신청에 준하는 신청으로서 대법원규칙으로 정하는 신청
④ 다음 각 호의 신청을 위한 신청서에는 2천원의 인지를 붙여야 한다.
1. 채권의 압류명령의 신청, 그 밖에 법원에 의한 강제집행의 신청(제2항에 따른 신청은 제외한다)
2. 「행정소송법」에 따른 집행정지의 신청
3. 「부동산등기법」 제90조제1항에 따른 가처분명령의 신청, 그 밖에 등기 또는 등록에 관한 법령에 따른 가등기 또는 가등록의 가처분명령의 신청(2011.4.12 본호개정)
4. 즉시항고로 불복을 신청할 수 있는 결정 또는 명령이 확정된 경우에 하는 준재심의 신청
5. 그 밖에 제1호부터 제4호까지의 신청에 준하는 신청으로서 대법원규칙으로 정하는 신청(2011.7.18 본호개정)
⑤ 다음 각 호의 신청을 위한 신청서에는 1천원의 인지를 붙여야 한다.
1. 「민사소송법」 제475조에 따른 공시최고(公示催告)의 신청
2. 「비송사건절차법」에 따라 재판을 구하는 신청
3. 재산명시신청이나 채무불이행자명부 등재(登載)신청 또는 그 말소(抹消)신청
4. 그 밖에 대법원규칙으로 정하는 각종 사건부에 등재할 신청(제1항부터 제3항까지의 신청은 제외한다)
(2009.5.8 본조개정)

제10조【그 밖의 신청서】 제2조부터 제9조까지에 규정되지 아니한 신청서에는 500원의 인지를 붙여야 한다. 다만, 답변서, 증거신청서, 법원의 직권 발동을 촉구하는 의미의 신청서 및 대법원규칙으로 정하는 신청서에는 인지를 붙이지 아니한다.(2011.7.18 단서개정)

제11조【항고장 등】 ① 제9조 또는 제10조의 신청에 관한 재판(항고법원의 재판을 포함한다)에 대한 항고장(抗告狀) 및 상소장(上訴狀)에는 해당 신청서에 붙인 인지액의 2배에 해당하는 인지를 붙여야 한다.
② 제1항의 항고장 외의 항고장에는 2천원의 인지를 붙여야 한다.
(2009.5.8 본조개정)

제12조【재판서 등의 등본·초본의 청구】 재판서 또는 조서의 등본 또는 초본 발급을 청구하는 경우에는 대법원규칙으로 정하는 금액의 인지를 붙여야 한다.
(2009.5.8 본조개정)

제13조【인지를 붙이지 아니한 경우의 효력】 ① 이 법에 따른 인지를 붙이지 아니하거나 인지액에 해당하는 금액을 현금이나 신용카드·직불카드 등으로 납부하지 아니하고 한 신청은 부적법하다. 다만, 법원은 신청인에게 보정(補正)을 명할 수 있고, 신청인이 그 명령에 따라 인지를 붙이거나 인지액에 해당하는 금액을 현금이나 신용카드·직불카드 등으로 납부한 경우에는 그러하지 아니하다.
② 제1항 단서에도 불구하고 제2조의 소장, 제6조제1항의 참가신청서 또는 제8조의 재심소장·준재심소장에 붙이거나 납부한 인지액이 다음 각 호의 금액에 미달하는 경우 법원은 그 소장, 참가신청서, 재심소장 또는 준재심소장의 접수를 보류할 수 있다.
1. 소송목적의 값이 3천만원 이하인 경우에는 1천원
2. 소송목적의 값이 3천만원 초과 5억원 이하인 경우에는 1만원
3. 소송목적의 값이 5억원을 초과하는 경우에는 5만원
(2023.4.18 본항신설)
③ 제2항에 따른 접수 보류와 접수 보류된 서류의 반환 및 폐기 등에 관한 구체적인 절차와 방법은 대법원규칙으로 정한다.(2023.4.18 본항신설)
(2011.3.7 본조개정)

제14조【인지액 중 일정액의 환급】 ① 원고, 상소인, 그 밖의 신청인은 다음 각 호의 어느 하나에 해당하는 경우에는 해당 심급의 소장·항소장·상고장·반소장·청구변경신청서·당사자참가신청서 및 재심소장(이하 "소장등"이라 한다)에 붙인 인지액의 2분의 1에 해당하는 금액(인지액의 2분의 1에 해당하는 금액이 10만원 미만이면 인지액에서 10만원을 빼고 남은 금액)의 환급을 청구할 수 있다.
1. 소장등에 대한 각하명령이 확정된 경우
2. 제1심 또는 항소심에서 해당 심급의 변론종결 전에 소·항소·반소·청구변경신청·당사자참가신청 또는 재심의 소가 취하(취하로 간주되는 경우를 포함한다)된 경우
3. 상고이유서 제출기간이 지나기 전에 상고가 취하된 경우
4. 제1심 또는 항소심에서 청구의 포기 또는 인낙(認諾)이 있은 경우
5. 제1심 또는 항소심에서 재판상 화해 또는 조정이 성립된 경우(「민사소송법」 제231조 및 「민사조정법」 제34조제4항에 따라 재판상 화해와 동일한 효력이 있는 경우를 포함한다)
6. 「상고심절차에 관한 특례법」 제4조에 해당하여 기각된 경우(2012.1.17 본호신설)
6의2. 「민사소송법」 제402조의3제1항 본문에 따라 각하된 경우(2024.1.16 본호신설 : 2025.3.1 시행)
7. 「민사소송법」 제429조에 해당하여 기각된 경우
(2012.1.17 본호신설)
② 제1항에 따른 청구는 그 사유가 발생한 날부터 3년 이내에 하여야 한다.
③ 제1항에 따른 인지액의 환급 절차 등에 관하여 필요한 사항은 대법원규칙으로 정한다.
(2009.5.8 본조개정)

제15조【위임규정】 제8조부터 제11조까지의 규정에 따른 인지액은 경제사정이 변동된 경우에는 이 법이 개정될 때까지 대법원규칙으로 올리거나 내릴 수 있다.
(2009.5.8 본조개정)

제16조【전자소송에서의 특례】 ① 「민사소송 등에서의 전자문서 이용 등에 관한 법률」 제8조에 따라 등록사용자로서 전산정보처리시스템을 이용한 민사소송 등의 진행에 동의한 자가 전자문서로 제출하는 소장에는 제2조에 따른 인지액의 10분의 9에 해당하는 인지를 붙여야 한다.
② 제1항은 제3조부터 제10조까지의 경우에 준용한다.
(2011.7.18 본조신설)

부 칙 (2011.7.18)

제1조【시행일】 이 법은 공포 후 3개월이 경과한 날부터 시행한다. 다만, 제16조의 개정규정은 공포한 날부터, 제10조의 개정규정은 공포 후 1개월이 경과한 날부터 각각 시행한다.

제2조【적용례】 제9조, 제10조 및 제16조의 개정규정은 같은 개정규정 시행 후 최초로 접수되는 소장 또는 신청서 등부터 적용한다.

부 칙 (2023.4.18)

제1조【시행일】 이 법은 공포 후 6개월이 경과한 날부터 시행한다.

제2조【접수 보류에 관한 적용례】 제13조제2항의 개정규정은 이 법 시행 이후 같은 항에 따른 소장 등을 제출하는 경우부터 적용한다.

부 칙 (2024.1.16)

제1조【시행일】 이 법은 2025년 3월 1일부터 시행한다.
(이하 생략)

민사소송 등 인지규칙

(1991년 11월 23일 대법원규칙 제1179호)

개정
1997. 1.23대법원규칙1456호
1998. 2.17대법원규칙1512호
1998.10. 8대법원규칙1568호
2001. 4.26대법원규칙1702호
2002. 6.28대법원규칙1773호
2002. 8.26대법원규칙1790호
2004. 1.28대법원규칙1865호
2004.10.18대법원규칙1910호
2006. 3.23대법원규칙2001호
2007.11.28대법원규칙2118호
2011. 2.22대법원규칙2324호
2011. 7.28대법원규칙2343호
2011. 9.28대법원규칙2359호
2012. 2.24대법원규칙2384호
2012. 9.11대법원규칙2422호
2012.11.30대법원규칙2431호
2014. 7. 1대법원규칙2541호
2015. 6.29대법원규칙2607호
2015.10.29대법원규칙2624호
2019. 1.29대법원규칙2827호→공포한 날부터 시행하되, 2018년 10월 18일 이후 제1심에 최초로 접수되는 사건부터 적용
2021.12.31대법원규칙3015호
2023. 8.31대법원규칙3103호

제1장 통 칙

제1조【목적】 이 규칙은 「민사소송 등 인지법」(이하 "법"이라 한다)에서 대법원규칙으로 정하도록 위임한 사항 기타 필요한 사항에 관하여 규정함을 목적으로 한다.
(2006.3.23 본조개정)

제2조【인지의 확인 등】 ① 소장·상소장 기타의 신청서(신청의 취지를 기재한 조서를 포함한다. 이하 같다)(이하 "소장등"이라 한다)의 인지확인은 접수사무를 담당하는 법원서기관, 법원사무관, 법원주사 또는 법원주사보(이하 "법원사무관등"이라 한다)가 한다.
② 접수담당 법원사무관등은 소장등의 인지가 첩부된 마지막 인지대지나 인지액 상당의 금액을 현금이나 신용카드·직불카드 등(이하 "신용카드등"이라 한다)으로 납부한 내역을 기재한 영수필확인서(소장등에 은행납부번호를 기재하거나 현금자동입출금기를 통해 납부하고 그 이용명세표를 첨부한 경우 위 납부번호기재나 이용명세표도 영수필확인서로 본다. 이하 같다)가 첩부된 용지의 여백 또는 조서용지의 여백에 별지1과 같은 양식의 고무인을 찍어야 한다. 다만, 정액의 인지를 첩부하는 항고장·재항고장 그 밖의 신청서의 경우에는 그러하지 아니하다.
(2012.11.30 본항개정)
③ 접수담당 법원사무관등은 소장등의 첩부인지액 또는 현금이나 신용카드등으로 납부한 인지액 상당의 금액(이하 "납부액"이라 한다)의 상당여부를 조사하여 소송목적의 값(이하 "소가"라 한다), 첩부하여야 할 인지액과 첩부한 인지액 등을 기재하고 날인하며, 제5조에 따른 조치를 한 후 첩부된 인지에 소인하여야 한다. 다만, 법 제13조제2항에 따라 소장등의 접수를 보류하는 경우에는 별지1 양식의 고무인 비고란에 법 제13조제2항 각 호 중 해당 소장등에 적용되는 금액을 추가로 기재하고, 첩부된 인지는 제4조의3제5항제1호에 따라 소장등을 접수할 때 소인한다.(2023.8.31 단서신설)
④ 접수담당 법원사무관등이 청구취지(항소취지 포함) 변경신청서를 접수한 후 총인지액과 기첩부 인지액 등을 확인하기 어려울 경우에는 별지1 양식의 청구취지 변경용 고무인만을 찍어 참여 법원사무관등에게 보내어 참여 법원사무관등으로 하여금 제3항의 조치를 취하게 할 수 있다.
⑤ 법원사무관등은 원고·상소인 그 밖의 신청인(이하 "신청인등"이라 한다)이 산정, 신고한 소가 또는 첩부인지액이나 납부액이 상당하지 아니하다고 인정한 때에는 신청인등에게 보정을 권고하거나 재판장의 명을 받아 직접 보정명령을 하고, 별지1 양식의 고무인 비고란에 그 사유를 부기하여야 한다. 소가의 산정을 위한 자료의 미비 그 밖의 사유로 소가를 산정하기 어려운 경우에도 같다.(2015.6.29 본항개정)
⑥ 원심법원의 법원사무관등이 상소장에 대하여 제2항 내지 제4항의 규정에 따른 인지확인을 하지 아니한 경우에는 상소법원의 접수담당 법원사무관등이 이를 한다.
(2001.4.26 본조개정)

제2조의2【인지를 붙이지 아니하는 신청서】 법 제10조 단서에 따라 인지를 붙이지 아니하는 신청서는 민사소송절차와 민사소송법이 준용되는 소송절차, 집행절차 및 비송절차에서 민사소송법 제162조에 따른 신청서를 제외한 나머지 신청서를 말한다.(2012.2.24 본조개정)

제3조【소가의 인정】 소가의 산정을 위한 자료의 미비, 그 밖의 사유로 인하여 소가를 산정하기 어려운 때에는 재판장이 소가인정을 한다. 이 경우 재판장은 소장등의 소송물가액표시 기재 오른쪽에 별지2와 같은 양식의 고무인을 찍고 해당사항을 기입한 후 날인하여야 한다.
(2002.6.28 본조개정)

제4조【인지의 보정명령】 재판장은 소장등에 첩부된 인지액 또는 그에 갈음한 납부액이 상당하지 아니하다고 인정한 때에는 지체 없이 신청인등에게 인지 또는 납부액의 보정을 명하여야 한다. 이 경우 재판장은 법원사무관등으로 하여금 위 보정명령을 하게 할 수 있다.
(2015.6.29 후단신설)

제4조의2【소장등 접수 보류의 대상】 법 제13조제2항에 따라 소장등의 접수를 보류할 수 있는 경우는 소장등에 붙이거나 납부한 인지액이 법 제13조제2항 각 호에서

정한 금액(이하 "최소인지금액"이라 한다)에 미달하는 경우로서 다음 각 호의 어느 하나에 해당하는 경우로 한다.
1. 소장등을 제출한 자가 동일인을 대상으로 반복하여 소장등을 제출한 전력(前歷)이 있고, 그 소(訴) 등에 대하여 각하판결 또는 소장각하명령 등을 받은 적이 있는 경우
2. 소장등에 기재된 내용으로는 상대방의 인적사항 또는 청구의 취지가 특정되지 않아 소송 절차를 진행하기 곤란할 것이 명백한 경우
3. 소장등에 기재한 청구의 취지와 원인에 욕설, 비속어 등의 표현이 포함되어 있고, 그 정도가 사회통념상 용인되는 수준을 넘어서는 경우
4. 그 밖에 제1호부터 제3호까지의 규정에 준하는 경우
(2023.8.31 본조신설)

제4조의3【접수 보류된 소장등의 처리】 ① 법원사무관등은 법 제13조제2항에 따라 소장등의 접수를 보류한 경우에는 소장등을 제출한 자에게 지체 없이 다음 각 호의 사항을 통지하여야 한다. 다만, 법원의 책임이 아닌 사유로 통지할 수 없는 경우에는 그러하지 아니하다.
1. 법 제13조제2항에 따라 소장등의 접수가 보류되었다는 취지
2. 통지가 도달하였거나 제3항에 따라 통지가 도달한 것으로 보는 날(이하 "통지일등"이라 한다)부터 14일 이내에 제4항 각 호 중 하나의 행위를 할 수 있다는 취지
3. 통지일등부터 14일 이내에 제4항 각 호 중 하나의 행위가 이루어지지 않은 경우 제출된 소장등과 이에 첨부된 서류·물건(영수필확인서, 전자수입인지 등을 포함한다. 이하 "소장등관계서류·물건"이라 한다)은 처음부터 제출되지 않은 것으로 간주되고, 모두 폐기된다는 취지
② 제1항에 따른 통지는 구두·전화·팩시밀리·보통우편 또는 전자우편으로 하거나 그 밖에 적당하다고 인정되는 방법으로 할 수 있다.
③ 다음 각 호의 어느 하나에 해당하는 경우에는 해당 호에 규정된 때에 제1항에 따른 통지가 도달한 것으로 본다.
1. 제1항 본문에 따라 통지를 발송하였으나 발송일부터 1개월 이내에 해당 통지가 도달하지 않았거나 그 도달 여부를 확인할 수 없는 경우 : 발송일부터 1개월이 지난 때
2. 제1항 단서에 따라 통지를 하지 아니하는 경우 : 소장등이 제출된 날부터 1개월이 지난 때
④ 접수가 보류된 소장등을 제출한 자는 통지일등부터 14일 이내에 다음 각 호 중 하나의 행위를 할 수 있다.
1. 최소인지금액 이상의 인지액의 납부
2. 다음 각 목의 어느 하나의 방법에 의한 소장등관계서류·물건의 반환 신청
가. 법원을 방문하여 소장등관계서류·물건을 교부하여 줄 것을 신청하는 방법
나. 배송료를 본인이 부담할 것을 조건으로 소장등관계서류·물건을 본인에게 발송하여 줄 것을 신청하는 방법
다. 그 밖에 다른 대법원규칙 또는 대법원예규로 정하는 방법
⑤ 법원사무관등은 접수가 보류된 소장등을 다음 각 호의 구분에 따라 처리한다.
1. 소장등을 제출한 자가 통지일등부터 14일 이내에 제4항제1호의 행위를 한 경우 : 지체 없이 소장등을 접수
2. 소장등을 제출한 자가 통지일등부터 14일 이내에 제4항제2호의 행위를 한 경우 : 지체 없이 소장등을 제출한 자가 신청한 방식으로 소장등관계서류·물건을 반환. 다만, 법원의 책임이 아닌 사유로 소장등관계서류·물건을 반환할 수 없는 경우에는 반환 신청이 있은 날부터 1개월이 경과한 때에 폐기한다.
3. 소장등을 제출한 자가 통지일등부터 14일 이내에 제4항 각 호 중 어느 하나의 행위도 하지 않은 경우 : 지체 없이 해당 소장등관계서류·물건을 폐기
⑥ 제5항제2호 또는 제3호에 따라 반환 또는 폐기되는 소장등은 처음부터 제출되지 아니한 것으로 본다.
(2023.8.31 본조신설)

제5조【과첩인지등의 처리】 ① 접수된 소장등에 상당액수를 초과하여 첩부된 인지가 있는 때에는 접수담당 법원사무관등은 이를 떼어내어 신청인등에게 반환하여야 한다. 신청인등이 그 인지의 반환청구를 포기할 뜻을 표시한 때에는 인지가 첩부된 마지막 인지대지의 여백 또는 별지1 양식의 고무인 비고란에 그 취지를 기재하고 신청인등의 기명날인 또는 서명을 받아야 한다.
② 접수된 소장등에 상당액수를 초과하여 인지의 첩부에 갈음한 영수필확인서가 첨부되어 있는 때에는 접수담당 법원사무관등은 신청인등에게 제32조에 따라 과오납금의 반환을 청구할 수 있음을 고지하고, 신청인등이 그 반환청구를 포기할 뜻을 표시한 때에는 영수필확인서가 첨부된 용지의 여백 또는 별지1 양식의 고무인 비고란에 그 취지를 기재하고 신청인등의 기명날인 또는 서명을 받아야 한다.
(2023.8.31 본조개정)

제2장 소가산정의 기준

제1절 총 칙

제6조【소가산정의 원칙】 법 제2조제1항의 규정에 의한 소가는 원고가 청구취지로써 구하는 범위내에서 원고의 입장에서 보아 전부 승소할 경우에 직접 받게 될 경제적 이익을 객관적으로 평가하여 금액으로 정함을 원칙으로 한다.

제7조【소가산정의 기준시】 소가는 소를 제기한 때(법률의 규정에 의하여 소의 제기가 의제되는 경우에는 그 소를 제기한 것으로 되는 때)를 기준으로 하여 산정한다.

제8조【소가산정의 방법등】 ① 소장에는 소가의 산정을 위한 자료를 첨부하여야 한다.
② 토지 또는 건물에 관한 소송을 제기하는 경우에는 목적물의 개별공시지가 또는 시가표준액을 알 수 있는 토지대장등본, 공시지가확인원 또는 건축물대장등본 등을 제출하여야 한다.(2002.8.26 본항개정)
③ 법원은 소가의 산정을 위하여 필요한 때에는 직권 또는 신청에 의하여 공무소 기타 상당하다고 인정되는 단체 또는 개인에게 사실조사 또는 감정을 촉탁하고, 필요한 사항의 보고를 요구할 수 있다. 이 경우에는 「민사소송법」 제140조, 「민사소송규칙」 제29조의 규정을 준용한다.
(2006.3.23 후단개정)
④ 소가의 산정을 위하여 필요한 비용은 당사자가 예납하여야 하며, 소송비용의 일부가 된다.

제2절 소가산정의 표준

제9조【물건 등의 가액】 ① 토지의 가액은 「부동산 가격공시에 관한 법률」에 의한 개별공시지가(개별공시지가가 없는 경우에는 시장·군수 또는 구청장이 같은 법 제3조제8항에 따라 국토교통부장관이 제공한 토지가격비준표를 사용하여 산정한 가액)에 100분의 50을 곱하여 산정한 금액으로 한다.(2021.12.31 본항개정)
② 건물의 가액은 「지방세법 시행령」 제4조제1항제1호·제1호의2의 방식에 의하여 산정한 시가표준액(이 경우 같은 법 시행령 제4조제1항제1호의 오피스텔, 제1호의2의 건축물은 건물로 한다)에 100분의 50을 곱한 금액으로 한다.(2021.12.31 본항개정)
③ 선박·차량·기계장비·입목·항공기·광업권·어업권·골프회원권·승마회원권·콘도미니엄 회원권·종합체육시설 이용회원권 그 밖에 「지방세법」 제10조제2항 단서, 같은 법 시행령 제4조에 따른 시가표준액의 정함이 있는 것의 가액은 그 시가표준액으로 한다.(2011.7.28 본항개정)
④ 유가증권의 가액은 액면금액 또는 표창하는 권리의 가액으로 하되, 증권거래소에 상장된 증권의 가액은 소제기 전날의 최종거래가격으로 한다.
⑤ 유가증권 이외의 증서의 가액은 200,000원으로 한다.
(2006.3.23 본조개정)

제10조【물건에 대한 권리의 가액】 ① 물건에 대한 소유권의 가액은 그 물건가액으로 한다.
② 물건에 대한 점유권의 가액은 그 물건가액의 3분의 1로 한다.
③ 지상권 또는 임차권의 가액은 목적물건 가액의 2분의 1로 한다.
④ 지역권의 가액은 승역지 가액의 3분의 1로 한다.
⑤ 담보물권의 가액은 목적물건 가액을 한도로 한 피담보채권의 원본액(근저당권의 경우에는 채권최고액)으로 한다.
⑥ 전세권(채권적전세권을 포함한다)의 가액은 목적물건 가액을 한도로 한 전세금액으로 한다.

제11조【기타의 물건등의 가액】 제9조 및 제10조에 규정되지 아니한 물건 또는 권리(이하 이 조에서는 "물건등"이라 한다)의 가액은 소를 제기할 당시의 시가로 하고, 시가를 알기 어려운 때에는 그 물건등의 취득가격 또는 유사한 물건등의 시가로 한다.

제3절 각종의 소의 소가산정

제12조【통상의 소】 통상의 소의 소가는 다음 각호에 규정된 가액 또는 기준에 의하여 산정한다.
1. 확인의 소(소극적확인의 소를 포함한다)에 있어서는 권리의 종류에 따라 제10조 및 제11조의 규정에 의한 가액
2. 증서진부확인의 소에 있어서는 그 증서가 유가증권인 경우에는 제9조제4항의 규정에 의한 가액의 2분의 1, 기타의 증서인 경우에는 제9조제5항의 규정에 의한 가액(2006.3.23 본호개정)
3. 금전지급청구의 소에 있어서는 청구금액
4. 기간이 확정되지 아니한 정기금청구의 소에 있어서는 기발생분 및 1년분의 정기금 합산액
5. 물건의 인도·명도 또는 방해배제를 구하는 소에 있어서는 다음의 구별에 의한다.
가. 소유권에 기한 경우에는 목적물건 가액의 2분의 1
나. 지상권·전세권·임차권 또는 담보물권에 기한 경우 또는 그 계약의 해지·해제·계약기간의 만료를 원인으로 하는 경우에는 목적물건 가액의 2분의 1
다. 점유권에 기한 경우에는 목적물건 가액의 3분의 1
라. 소유권의 이전을 목적으로 하는 계약에 기한 동산인도청구의 경우에는 목적물건의 가액
6. 상린관계상의 청구에 있어서는 부담을 받는 이웃 토지 부분의 가액의 3분의 1
7. 공유물분할 청구의 소에 있어서는 목적물건의 가액에 원고의 공유지분 비율을 곱하여 산출한 가액의 3분의 1
8. 경계확정의 소에 있어서는 다툼이 있는 범위의 토지부분의 가액
9. 사해행위취소의 소에 있어서는 취소되는 법률행위의 목적의 가액을 한도로 한 원고의 채권액
10. 기간이 확정되지 아니한 정기금의 지급을 명한 판결을 대상으로 한 「민사소송법」 제252조에 규정된 소에 있어서는 그 소로써 증액 또는 감액을 구하는 부분의 1년간 합산액(2006.3.23 본호개정)

제13조【등기·등록 등 절차에 관한 소】 ① 등기 또는 등록 등(이하 이 조에서는 "등기"라고만 한다) 절차의 이행을 구하는 소의 소가는 다음 각호에 규정된 가액 또는 기준에 의한다.
1. 소유권이전등기의 경우에는 목적물건의 가액
2. 제한물권의 설정등기 또는 이전등기의 경우에는 다음의 구별에 의한다.
가. 지상권 또는 임차권인 경우에는 목적물건 가액의 2분의 1
나. 담보물권 또는 전세권인 경우에는 목적물건 가액을 한도로 한 피담보채권액(근저당권의 경우에는 채권최고액)
다. 지역권인 경우에는 승역지 가액의 3분의 1
3. 가등기 또는 그에 기한 본등기의 경우에는 권리의 종류에 따라 제1호 또는 제2호의 규정에 의한 가액의 2분의 1
4. 말소등기 또는 말소회복등기의 경우에는 다음의 구별에 의한다.
가. 설정계약 또는 양도계약의 해지나 해제에 기한 경우에는 제1호 내지 제3호의 규정에 의한 가액
나. 등기원인의 무효 또는 취소에 기한 경우에는 제1호 내지 제3호의 규정에 의한 가액의 2분의 1
② 등기의 인수를 구하는 소의 소가는 목적물건 가액의 10분의 1
(2004.10.18 본조개정)

제14조【명예회복을 위한 처분 청구의 소】 「민법」 제764조의 규정에 의한 명예회복을 위한 적당한 처분을 구하는 소는, 그 처분에 통상 소요되는 비용을 산출할 수 있는 경우에는 그 비용을 소가로 하고, 그 비용을 산출하기 어려운 경우에는 비재산권상의 소로 본다.
(2006.3.23 본조개정)

제15조【회사등 관계소송 등】 ① 주주의 대표소송, 이사의 위법행위유지(留止)청구의 소 및 회사에 대한 신주발행유지(留止)청구의 소는 소가를 산출할 수 없는 소송으로 본다.
② 제1항에 규정된 것을 제외하고 상법의 규정에 의한 회사관계 소송은 비재산권을 목적으로 하는 소송으로 본다.
③ 회사 이외의 단체에 관한 것으로서 제2항에 규정된 소에 준하는 소송은 비재산권을 목적으로 하는 소송으로 본다.
④ 해고무효확인의 소는 비재산권을 목적으로 하는 소송으로 본다.

제15조의2【단체소송】 다음 각 호의 단체소송은 비재산권을 목적으로 하는 소송으로 본다.
1. 「소비자기본법」 제70조에 따른 금지·중지 청구에 관한 소송
2. 「개인정보 보호법」 제51조에 따른 금지·중지청구에 관한 소송
(2011.9.28 본조개정)

제16조【집행법상의 소】 「민사집행법」에 규정된 각종 소의 소가는 다음 각호에 규정된 가액 또는 기준에 의한다.(2006.3.23 본문개정)
1. 가. 집행판결을 구하는 소에 있어서는 외국판결 또는 중재판정에서 인정된 권리의 가액의 2분의 1
나. 중재판정취소의 소에 있어서는 중재판정에서 인정된 권리의 가액
(2004.10.18 본호개정)
2. 집행문부여 또는 집행문부여에 대한 이의의 소에 있어서는 그 대상인 집행권원에서 인정된 권리의 가액의 10분의 1(2002.6.28 본호개정)
3. 청구이의의 소에 있어서는 집행력 배제의 대상인 집행권원에서 인정된 권리의 가액(2002.6.28 본호개정)
4. 제3자이의의 소에 있어서는 집행권원에서 인정된 권리의 가액을 한도로 한 원고의 권리의 가액(2002.6.28 본호개정)
5. (2002.6.28 삭제)
6. 배당이의의 소에 있어서는 배당증가액
7. 공유관계부인의 소에 있어서는 원고의 채권액을 한도로 한 목적물건 가액의 2분의 1

제17조【행정소송】 행정소송의 소가는 다음 각호에 규정된 가액 또는 기준에 의한다.
1. 조세 기타 공법상의 금전·유가증권 또는 물건의 납부를 명한 처분의 무효확인 또는 취소를 구하는 소송에 있어서는, 그 청구가 인용됨으로써 원고가 납부의무를 면하게 되거나 환급받게 될 금전, 유가증권 또는 물건의 가액의 3분의 1. 다만, 그 금전·유가증권 또는 물건의 가액이 30억원을 초과하는 경우에는 이를 30억원으로 본다.
2. 체납처분취소의 소에 있어서는 체납처분의 근거가 된 세액을 한도로 한 목적물건의 가액의 3분의 1. 다만, 그 세액 또는 목적물건의 가액이 30억원을 초과하는 경우에는 이를 30억원으로 본다.
3. 금전지급청구의 소에 있어서는 청구금액
4. 제1호 내지 제3호에 규정된 것 이외의 소송은 비재산권을 목적으로 하는 소송으로 본다.

제17조의2【특허소송】 특허법원의 전속관할에 속하는 소송의 소가는 재산권상의 소로서 그 소가를 산출할 수 없는 것으로 본다.(1998.2.17 본조신설)

제18조【무체재산권에 관한 소】 무체재산권에 관한 소중 금전의 지급이나 물건의 인도를 목적으로 하지 아니하는 소는 소가를 산출할 수 없는 소송으로 본다.

제18조의2【소가를 산출할 수 없는 재산권상의 소 등】 재산권상의 소로서 그 소가를 산출할 수 없는 것과 비재산권을 목적으로 하는 소송의 소가는 5천만 원으로 한다. 다만, 제15조제1항 내지 제3항, 제15조의2, 제17조의2, 제18조에 정한 소송의 소가는 1억 원으로 한다.(2014.7.1 본조개정)

제18조의3【시효중단을 위한 재판상 청구 확인소송】 판결로 확정된 채권의 소멸시효 중단을 위한 재판상의 청구가 있다는 점에 대하여만 확인을 구하는 소송을 제기한 경우 그 소가는 그 대상인 전소 판결에서 인정된 권리의 가액(이행소송으로 제기할 경우에 해당하는 소가)의 10분의 1로 한다. 다만, 그 권리의 가액이 3억원을 초과하는 경우에는 이를 3억원으로 본다.(2019.1.29 본조신설)

제4절 병합청구의 소가산정

제19조【합산의 원칙】 1개의 소로써 수개의 청구를 하는 경우에 그 수개의 청구의 경제적 이익이 독립한 별개의 것인 때에는 합산하여 소가를 산정한다.

제20조【중복청구의 흡수】 1개의 소로써 주장하는 수개의 청구의 경제적 이익이 동일하거나 중복되는 때에는 중복되는 범위 내에서 흡수되고, 그중 가장 다액인 청구의 가액을 소가로 한다.

제21조【수단인 청구의 흡수】 1개의 청구가 다른 청구의 수단에 지나지 않을 때에는, 특별한 규정이 있는 경우를 제외하고, 그 가액은 소가에 산입하지 아니한다. 다만, 수단인 청구의 가액이 주된 청구의 가액보다 다액인 경우에는 그 다액을 소가로 한다.

제22조【비재산권상의 청구의 병합】 1개의 소로써 수개의 비재산권을 목적으로 하는 청구를 병합한 때에는 각 청구의 소가를 합산한다. 다만, 청구의 목적이 1개의 법률관계인 때에는 1개의 소로 본다.

제23조【재산권상의 청구와 비재산권상의 청구의 병합】 ① 법 제2조제5항에 규정된 경우를 제외하고, 1개의 소로써 비재산권을 목적으로 하는 청구와 재산권을 목적으로 하는 청구를 병합한 때에는 각 청구의 소가를 합산한다.
② 수개의 비재산권을 목적으로 하는 청구와 그 원인된 사실로부터 생기는 재산권을 목적으로 하는 청구를 1개의 소로써 제기하는 때에는 제22조의 규정에 의한 소가와 재산권을 목적으로 하는 청구의 소가중 다액인 것을 소가로 한다.

제24조【수개의 소장에 의한 소】 1개의 소로써 병합제기할 수 있는 청구를 수개의 소장으로 나누어 소를 제기하는 경우에는 각각 별도로 소가를 산정한다.

제5절 상소장에 첩부할 인지액의 산정

제25조【원칙】 항소장 또는 상고장에 첩부할 인지액은 상소로써 불복하는 범위의 소가를 기준으로 하여 산정한다.

제26조【부대상소】 제25조의 규정은 부대항소장 또는 부대상고장에 이를 준용한다. 다만, 반소의 제기 또는 소의 변경을 위한 부대항소장에 첩부할 인지액은 법 제4조 및 제5조의 규정에 의하여 산정한다.

제3장 현금, 신용카드등에 의한 인지납부
(2011.7.28 본장제목개정)

제27조【현금납부의 범위】 ① 소장등에 첩부하거나 보정하여야 할 인지액(이미 납부한 인지액이 있는 경우에는 그 합산액)이 1만원 이상인 때에는 그 인지의 첩부 또는 보정에 갈음하여 인지액 상당의 금액 전액을 현금으로 납부하여야 한다.(2011.2.22 본항개정)
② 제1항의 규정에 해당하지 아니하는 경우에도 신청인등은 인지의 첩부에 갈음하여 인지액 상당의 금액을 현금으로 납부할 수 있다.(2001.4.26 단서삭제)
③ 법 제10조 및 제12조에 규정된 신청서 등의 경우에는 제1항 및 제2항을 적용하지 아니한다.(2014.7.1 본항개정)
④ 시·군법원에 제출하는 소장등에는 인지를 첩부하거나 인지액 상당의 금액을 현금 또는 신용카드 등으로 납부할 수 있다. 다만, 소를 제기하는 경우에 소장에 붙여야 할 인지액이 10만원을 초과하는 화해, 지급명령 또는 조정신청 사건에 대하여 「민사소송법」 제388조, 제472조 또는 「민사조정법」 제36조에 따라 소의 제기가 있는 것으로 보아 인지를 보정하는 경우에는 현금 또는 신용카드 등으로 납부하여야 한다.(2012.11.30 본항신설)

제28조【수납기관】 제27조의 규정에 의한 인지액 상당의 금액의 현금납부는 송달료규칙 제3조제1항에 규정된 송달료수납은행(이하 "수납은행"이라 한다)에 하여야 한다.(2002.6.28 본조개정)

제28조의2【신용카드등에 의한 인지납부】 ① 신청인등은 제27조에 따라 인지액 상당의 금액을 현금으로 납부할 수 있는 경우 이를 수납은행 또는 인지납부대행기관의 인터넷 홈페이지에서 인지납부대행기관을 통하여 신용카드등으로도 납부할 수 있다.
② 제1항의 "인지납부대행기관"이란 정보통신망을 이용하여 신용카드등에 의한 결제를 수행하는 기관으로서 인지납부대행기관으로 지정받은 자를 말한다.
③ 제1항에 따라 인지액 상당의 금액을 신용카드등으로 납부하는 경우에는 인지납부대행기관의 승인일을 인지납부일로 본다.
④ 인지납부대행기관은 신청인등으로부터 인지납부 대행용역의 대가로 납부대행수수료를 받을 수 있다. 납부대행수수료는 법원행정처장이 인지납부대행기관의 운영경비 등을 종합적으로 고려하여 승인한다.
⑤ 제4항의 납부대행수수료는 「민사소송비용법」 제9조에 따라 그 전액을 소송비용으로 본다.
(2011.7.28 본조신설)

제29조【납부절차】 ① 신청인등은 현금납부 또는 신용카드등에 의한 납부의 경우에는 대법원예규로 정하는 양식의 납부서, 영수증, 영수필확인서에 의하여 납부하고, 수납은행이나 인지납부대행기관은 그 중 영수증, 영수필확인서에 해당사항을 기입하여 신청인등에게 교부하여야 한다. 다만, 인터넷뱅킹을 이용하여 현금으로 납부하거나 인지납부대행기관의 인터넷 홈페이지에서 신용카드등으로 납부하는 때에는 수납은행이나 인지납부대행기관은 영수증, 영수필확인서의 해당사항을 기재한 정보를 인터넷으로 제공하여 신청인등이 출력할 수 있도록 하여야 한다.
② 신청인등은 제1항에 따라 수납은행이나 인지납부대행기관으로부터 교부받거나 출력한 영수필확인서를 소장등에 첨부하여 법원에 제출하여야 한다.
③ 접수담당 법원사무관등은 접수된 소장등에 첨부된 영수필확인서를 확인한 후 제2조제2항부터 제5항까지(같은 조 제3항 단서는 제외한다) 및 제5조제2항에 따른 조치를 하고, 은행납부번호를 전산등록하여야 한다.
(2023.8.31 본항개정)
④ 제27조제4항 단서에 따라 인지액 상당의 금액을 현금으로 납부하거나 이를 신용카드등으로 납부한 경우에는 시·군법원의 접수담당 법원사무관등은 소장등에 첨부된 영수필확인서를 확인한 후 제2조제2항부터 제5항까지 및 제5조제2항에 따른 조치를 하고 기록을 관할법원에 송부하며, 관할 법원의 접수담당 법원사무관등은 기록 접수 시에 은행납부번호를 전산등록하여야 한다.
⑤ 인지액 상당의 금액을 현금으로 납부받은 수납은행과 인지납부대행기관은 지체 없이 「송달료규칙」 제3조제4항에 규정된 송달료관리은행(이하 "관리은행"이라 한다)에 그 수납내역을 전송하여야 한다. 또한 수납은행은 매 영업일의 수납마감 후 지체 없이 인지액 상당 금액의 현금수납금을 법원별로 구분하여 한국은행의 국고대리점계정에 입금하고 수납일계표를 작성하여 관리은행에 송부하여야 하며, 인지납부대행기관은 매일의 수납내역을 법원별로 구분하여 한국은행에 전송하고 수납명세표를 작성하여 관리은행에 전송하여야 한다.
⑥ 관리은행은 매 영업일마다 제5항에 따라 수납은행과 인지납부대행기관으로부터 전송받은 수납 내역에 근거하여 인지액 상당 금액의 납부자의 성명, 주민등록번호(법인인 경우에는 사업자등록번호), 사건번호를 알 수 있는 경우에는 사건번호, 사건명, 수납은행 또는 인지납부대행기관 및 납부 금액을 기재한 인지액 상당 금액의 수납명세표를 지체 없이 관할법원의 수입징수관에게 전송하여야 한다.
(2012.11.30 본조개정)

제30조【수입징수결정등】 ① 수입징수관은 제29조제3항부터 제6항까지의 규정에 따라 송부받은 수납정보를 근거로 하여 수입징수결정을 하여야 한다.
② 제1항의 경우에, 수입징수결정의 근거로 되는 수납정보의 내용이 추후 정정되거나 오류가 있음이 발견된 때에는 수입징수관은 그 사실을 당해사건의 법원사무관등에게 통지하여야 한다.
(2012.11.30 본조개정)

제31조【보고】 수입징수관은 별지5와 같은 양식에 의하여 매월의 인지액 상당 금액의 현금 및 신용카드등에 의한 납부상황을 그 다음달 10일까지 법원행정처장에게 보고하여야 한다.(2011.7.28 본조개정)

제32조【과오납금의 반환】 ① 신청인등이 소장등에 첩부한 인지가 소인되거나 인지액 상당의 금액을 현금이나 신용카드등으로 납부한 후 과오납금이 있음을 발견한 때에는 해당 법원의 수입징수관에게 그 반환을 청구할 수 있다. 다만, 신청인등이 소송등 인지의 납부서에 환급계좌를 기재한 경우에는 반환청구가 있는 것으로 보아 해당 사건의 법원사무관등이 수입징수관에게 반환을 의뢰하여야 한다.(2012.2.24 단서신설)
② 제1항의 청구는 서면으로 하여야 하고, 당해사건의 법원사무관등이 과오납을 확인한 서면을 첨부하여야 한다.(2012.11.30 본항개정)
③ 수입징수관은 제1항의 청구가 이유있을 때에는 당해 법원의 수입징수금에서 과오납금을 반환하는 결정을 하고, 이유없을 때에는 청구를 기각하는 결정을 하여야 한다.
④ 과오납금의 반환결정은 반환을 신청하거나 소송등 인지의 납부서에 환급계좌의 명의인으로 기재된 신청인등에게 서면이나 기타 적당한 방법으로 통지하여야 한다.
(2012.2.24 본항개정)
(2004.1.28 본조개정)

제33조【환급청구절차등】 ① 법 제14조제1항의 규정에 따른 환급청구는 서면으로 당해 법원의 수입징수관에게 하여야 한다. 다만, 신청인등이 소송등 인지의 납부서에 환급계좌를 기재한 경우에는 환급청구가 있는 것으로 보아 해당 사건의 법원사무관등이 수입징수관에게 환급을 의뢰하여야 한다.(2012.2.24 단서신설)
② 제1항의 청구서에는 당해 사건의 담당 법원사무관등이 환급사유 및 환급금액을 확인한 서면을 첨부하여야 한다.
③ 「민사소송법」 제27조제1항의 규정에 따른 합산이 이루어진 경우 수개의 청구 중 일부에 대하여 환급사유가 생긴 때에는 각 청구의 가액에 따라 안분한 후 환급사유가 있는 청구부분의 인지액에 해당하는 금액에서 환급금액을 계산한다.(2006.3.23 본항개정)
④ 제32조제3항·제4항의 규정은 수입징수관이 법 제14조제1항의 규정에 따라 수입금을 환급하는 경우에 이를 준용한다.
(2004.1.28 본조신설)

제34조【여럿의 신청인등이 소송등 인지를 공동으로 납부한 경우의 특례】 ① 여럿의 신청인등이 소송등 인지를 공동으로 납부한 경우에는 그 과오납금 반환 또는 환급도 공동으로 청구하여야 한다.
② 소송등 인지를 공동으로 납부한 여럿의 신청인등은 그 가운데에서 모두를 위하여 제32조에 따른 과오납금 반환청구 또는 제33조에 따른 환급청구를 할 한 사람(이하 '대표청구인'이라 한다)을 지정하여 신고할 수 있다.
③ 법원은 필요하다고 인정하면 소송등 인지를 공동으로 납부한 여럿의 신청인등에 대하여 소장등을 제출할 때 대표청구인을 지정하여 신고할 것을 권고할 수 있다.
④ 제1항부터 제3항까지는 여럿의 신청인등 중 일부에게만 소송등 인지의 과오납금 반환사유 또는 환급사유가 있는 경우에도 적용한다.
(2015.10.29 본조개정)

제35조【준용규정】 과오납금의 반환 및 인지액 환급절차 기타 수입징수관의 사무처리에 관하여는 이 규칙에 정한 것을 제외하고는 「국고금관리법 시행규칙」의 규정을 준용한다.(2015.10.29 본조신설)

부 칙 (2004.1.28)

제1조【시행일】 이 규칙은 2004년 2월 1일부터 시행한다.

제2조【경과조치】 이 규칙 시행 당시 법원에 계속중인 사건에 대하여는 당해 심급에 한하여 제33조의 개정규정을 적용하지 아니한다.

제3조【수납기관 등의 지정】 제28조 및 제29조제4항의 규정에 의한 수납은행 및 관리은행이 지정되어 있지 아니한 시·군법원의 경우에는 대법원장이 지정하는 금융기관에서 그 업무를 수행한다.

부 칙 (2011.7.28)

제1조【시행일】 이 규칙은 2011년 9월 8일부터 시행한다. 다만, 제2조의2의 개정규정은 2011년 8월 19일부터, 제27조제3항의 개정규정은 2011년 10월 19일부터 각각 시행한다.

제2조【적용례】 제2조의2의 개정규정은 이 규칙 시행 후 법원에 접수되는 신청서부터 적용한다.

부 칙 (2012.11.30)

제1조【시행일】 이 규칙은 2012년 12월 3일부터 시행한다. 다만, 제2조제2항의 개정규정 중 현금자동입출금기를 통한 납부는 2013년 5월 1일부터 시행한다.
제2조【적용례】 이 규칙의 시행 전에 인지액이 납부된 사건에 대한 처리절차는 종전 규정에 따른다.

부 칙 (2014.7.1)

제1조【시행일】 이 규칙은 2014년 10월 1일부터 시행한다.
제2조【경과규정】 이 규칙은 이 규칙 시행 전에 법원에 접수된 사건에 대해서는 적용하지 아니한다.

부 칙 (2015.6.29)

제1조【시행일】 이 규칙은 2015년 7월 1일부터 시행한다.
제2조【계속사건에 관한 경과조치】 이 규칙은 이 규칙 시행 당시 법원에 계속 중인 사건에도 적용한다.

부 칙 (2015.10.29)

이 규칙은 2015년 12월 1일부터 시행한다.

부 칙 (2019.1.29)

이 규칙은 공포한 날부터 시행하되, 2018년 10월 18일 이후 제1심에 최초로 접수되는 사건부터 적용한다.

부 칙 (2021.12.31)

제1조【시행일】 이 규칙은 공포한 날로부터 시행한다. 다만, 제9조제2항의 개정규정은 2022년 1월 1일부터 시행한다.
제2조【적용례】 제9조제1항의 개정규정은 이 규칙 시행 당시 법원에 계속 중인 사건에 대하여도 적용한다.
제3조【경과규정】 제9조제2항의 개정규정은 이 규칙 시행 전에 법원에 접수된 사건에 대해서는 적용하지 아니한다.

부 칙 (2023.8.31)

이 규칙은 2023년 10월 19일부터 시행한다.

〔별지서식〕 ➡「www.hyeonamsa.com」 참조

(舊 : 재판기록 열람 · 등사 규칙)

재판기록 열람 · 복사 규칙

(2012년 12월 27일
전부개정대법원규칙 제2441호)

개정
2016.10. 4대법원규칙2683호 2016.11.29대법원규칙2695호
2018.12. 4대법원규칙2810호

제1조【목적】 이 규칙은 재판기록의 열람 · 복사, 재판서 · 조서의 정본 · 등본 · 초본 또는 사건에 관한 사항의 증명서의 교부, 집행문 부여에 대한 수수료와 열람 · 복사의 방법 및 절차 등에 필요한 사항을 규정함을 목적으로 한다.
제2조【정의】 이 규칙에서 사용하는 용어의 정의는 다음과 같다.
1. "재판"이라 함은 민사소송법, 민사집행법, 민사조정법, 형사소송법, 가사소송법, 행정소송법, 비송사건절차법 및 그 밖의 다른 법령에 의한 법원의 재판을 말한다.
2. "재판기록"이라 함은 재판사무 등에 관한 문서와 기록, 증거물, 그 밖의 관계 서류(도면, 사진, 슬라이드, 필름, 테이프, 디스크, 전자파일 등의 특수매체기록을 포함한다)를 말한다.
3. "법원사무관 등"이란 법원서기관 · 법원사무관 · 법원주사 또는 법원주사보를 말한다.
4. "비실명 처리"란 재판기록에 나타난 정보 중에서 그대로 공개될 경우 개인의 사생활이 침해될 수 있는 사항에 관하여 비실명으로 표시하거나 그 밖의 적절한 방법으로 제3자가 인식하지 못하도록 하는 것을 말한다.
5. "개인정보"란 「개인정보 보호법」 제2조 제1호의 개인정보를 말한다.
(2016.10.4 3호~5호신설)
제3조【적용 범위】 재판기록의 열람 · 복사, 재판서 · 조서의 정본 · 등본 · 초본 또는 사건에 관한 사항의 증명서의 교부, 집행문 부여에 관하여는 다른 법령에 특별한 규정이 있는 경우를 제외하고는 이 규칙이 정하는 바에 의한다.
제4조【수수료】 ① 재판기록의 열람 · 복사, 재판서 · 조서의 정본 · 등본 · 초본 또는 사건에 관한 사항의 증명서의 교부, 집행문 부여를 신청할 경우 신청인이 납부하여야 할 수수료의 금액은 다음 각 호와 같다. 다만, 「민사소송 등에서의 전자문서 이용 등에 관한 규칙」 제2조제2호에 정한 전자소송홈페이지를 통해 증명서를 자동 발급하는 경우의 수수료는 무료로 한다.(2016.11.29 단서신설)
1. 기록의 열람 · 복사의 경우 1건마다 500원(이 경우 복사가 열람과 동시에 또는 열람 후 즉시 이루어지는 때에는 1건의 복사로 본다)
2. 재판서 · 조서의 정본 · 등본 · 초본의 교부의 경우 1건마다 1,000원
3. 사건에 관한 증명서의 교부의 경우 1건마다 500원
4. 집행문 부여의 경우 1통마다 500원(다만, 재판서 정본도 교부하는 때에는 제2호에 규정된 수수료를 따로 납부하여야 한다)
② 「민사소송법」 제162조제2항에 따라 확정된 소송기록의 열람을 신청할 경우 신청인이 납부하여야 할 수수료는 1건마다 1,000원으로 한다.
③ 「형사소송법」 제59조의3에 따라 법원에서 형사 판결서 등의 열람 및 복사를 신청할 경우 신청인이 납부하여야 할 수수료는 교부받은 종이로 된 복사물 1장마다 50원으로 한다. 다만, 법원 인터넷 홈페이지를 통하여 열람 및 출력하는 경우 신청인이 납부하여야 할 수수료는 1건마다 1,000원으로 한다.(2018.12.4 단서신설)
④ 수수료는 수입인지로 납부하고, 100원 단위 미만 금액은 계산하지 아니한다.
⑤ 사건의 당사자 및 그 법정대리인, 소송대리인, 변호인, 보조인 등이 그 사건의 계속 중에 재판기록의 열람 · 복사를 하는 때에는 제1항제1호에 규정된 수수료를 납부하지 아니한다.(2016.10.4 본항개정)
제5조【특수매체기록 수수료】 ① 재판기록 중 슬라이드, 필름, 테이프, 디스크, 전자파일 등의 특수매체 기록에 대한 열람(청취, 시청을 포함한다. 이하 같다) · 복사(복제, 인화를 포함한다. 이하 같다)를 신청하는 사람이 납부하여야 할 수수료의 금액은 별표1과 같다.
② 조서의 일부인 녹음물, 영상녹화물, 속기록 전자파일, 녹취서 전자파일의 열람 · 복사를 신청하는 사람이 납부하여야 할 수수료의 금액은 별표2와 같다.
③ 제1항과 제2항의 경우 사건의 당사자 및 그 법정대리인, 소송대리인, 변호인, 보조인 등이 그 사건의 계속 중에 열람을 하는 때에는 수수료(복사하는 경우에는 제4조 제1항 제1호에 규정된 수수료 포함)를 납부하지 아니한다.(2016.10.4 본항개정)
제6조【복사의 방법 등】 ① 재판기록 복사 신청인은 법원이 지정한 장소에서 재판기록을 스스로 필사하거나 복사 신청인의 설비(복사기, 스캐너, 사진기 등을 말한다. 이하 같다)를 이용하여 복사할 수 있다.
② 재판기록 복사 신청인은 필요한 부분을 특정하여 법원의 복사기 등 법원설비를 이용한 복사물의 교부를 신청할 수 있다. 이 경우에는 제4조제1항제1호에 규정된 수수료를 납부하는 외에 교부받은 종이로 된 복사물 1장마다 50원의 수수료를 납부하여야 한다. 다만, 교부받은 복사물이 법원 설비를 이용하여 재판기록을 스캔한 전자파일인 경우에는 별표1에서 정한 수수료를 납부하여야 한다.
③ 제1항의 경우에 소송대리인 또는 변호인〔변호사, 법무법인, 법무법인(유한) 또는 법무조합에 한한다. 이하 같다〕은 변호사단체가 법원 또는 그 지원의 장의 허가를 얻어 법원 안에 설치한 복사기 등의 설비를 이용하여 복사할 수 있다.
제7조【열람 · 복사의 절차 등】 ① 소송대리인 또는 변호인은 그 사용인, 사무원, 그 밖의 사람(이하 "사용인 등"이라 한다)으로 하여금 재판기록의 열람 · 복사를 하게 할 수 있다. 다만, 재판장이 이를 금지하는 경우에는 그러하지 아니하다.
② 재판장은 사건이 계속 중인 재판기록의 열람 · 복사에 관하여 그 일시, 장소, 대상 및 방법 등을 지정할 수 있다.
③ 재판장은 피해자, 증인 등 사건관계인의 생명 또는 신체의 안전을 현저히 해칠 우려가 있는 경우 법원사무관 등에게 형사소송법 제35조 제3항에 따른 개인정보 보호조치를 명할 수 있다. 이 경우에 법원사무관 등은 재판기록에 대하여 사건관계인의 개인정보 보호를 위한 비실명처리를 하여야 한다.(2016.10.4 본항신설)
④ 재판기록을 열람하거나 제6조제1항 또는 제3항에 따라 재판기록을 복사하는 경우 신청인 또는 그 사용인 등(이하 "신청인 등"이라 한다)은 다음 각 호의 사항을 준수하여야 한다.
1. 제2항에 따라 재판장이 지정한 사항
2. 법원이 특히 정하는 사항
3. 재판기록을 필사의 방법으로 복사할 때에는 재판기록에 가필을 하는 등 변경을 가하지 말 것
4. 재판기록이 멸실, 손상 또는 변질되지 아니하도록 주의할 것
5. 제3항에 따라 비실명 처리된 재판기록의 비실명 조치를 훼손하거나 그 밖의 부정한 수단이나 방법으로 개인정보를 취득하지 말 것(2016.10.4 본호신설)
⑤ 열람 · 복사 담당 법원공무원은 신청인 등이 제4항 각 호의 사항을 위반한 경우, 그 밖에 사고가 발생하거나 발생할 염려가 있는 경우에는 열람 · 복사의 중지, 제한, 그 밖의 적절한 조치를 취할 수 있다.(2016.10.4 본항개정)
⑥ 제5항의 열람 · 복사 담당 법원공무원의 처분에 관한 이의신청에 대하여는 그 법원공무원이 속한 법원이 결정으로 재판한다.(2016.10.4 본항개정)

부 칙

제1조【시행일】 이 규칙은 2013년 1월 1일부터 시행한다.
제2조【다른 규칙의 개정】 ①~④ ※(해당 법령에 가제정리 하였음)
제3조【다른 규칙과의 관계】 이 규칙 시행 당시 다른 법령에서 종전의 규칙 또는 그 규정을 인용하고 있는 경우 이 규칙 중 그에 해당하는 규정이 있는 때에는 종전의 규정에 갈음하여 이 규칙 또는 이 규칙의 해당 조항을 인용한 것으로 본다.

부 칙 (2016.10.4)

제1조【시행일】 이 규칙은 공포한 날부터 시행하되, 2016년 10월 1일부터 적용한다.
제2조【경과규정】 이 규칙은 이 규칙 시행 당시 법원에 계속 중인 사건에도 적용한다. 다만, 이 규칙 시행 전에 종전의 규정에 따라 행한 행위의 효력에는 영향을 미치지 아니한다.
제3조【다른 규칙과의 관계】 이 규칙 시행 당시 다른 법령에서 종전의 규칙 또는 그 규정을 인용하고 있는 경우 이 규칙 중 그에 해당하는 규정이 있는 때에는 종전의 규정에 갈음하여 이 규칙 또는 이 규칙의 해당 조항을 인용한 것으로 본다.

부 칙 (2016.11.29)

이 규칙은 공포한 날부터 시행하되, 2016년 11월 21일부터 적용한다.

부 칙 (2018.12.4)

제1조【시행일】 이 규칙은 2019년 1월 1일부터 시행한다.
제2조【경과조치】 이 규칙 시행 전 접수된 판결문 열람 및 복사 신청에 대하여는 종전 규정을 적용한다.

〔별표〕 ➡「www.hyeonamsa.com」 참조

송달료규칙

(1987년 12월 19일
대법원규칙 제982호)

개정
1990.10.23대법원규칙1136호 1990.12.31대법원규칙1143호
1996. 1.27대법원규칙1415호 1997.12.30대법원규칙1493호
1998. 4.20대법원규칙1535호 2002. 3.12대법원규칙1749호
2002. 6.28대법원규칙1780호 2004. 4.29대법원규칙1881호
2006.11.30대법원규칙2050호 2012.11.30대법원규칙2432호
2020.11.26대법원규칙2921호 2022. 9.29대법원규칙3066호

제1조【목적】 이 규칙은 민사소송사건, 민사집행사건, 가사소송사건, 행정소송사건, 선거소송사건, 특별소송사건, 특허소송사건, 신청·비송사건 등에 관한 송달료의 납부절차와 그 처리방법을 규정함을 목적으로 한다.
(2002.6.28 본조개정)

제2조【납부의무자】 제1조 소정의 사건에 관한 송달료는 민사소송규칙 제19조의 규정에 따라 원고·상소인등 당해 심급절차의 개시를 구하는 당사자가 이를 예납하여야 한다.(2002.6.28 본조개정)

제3조【납부절차】 ① 제2조에 따른 당사자(이하 "납부인"이라 한다)가 송달료를 납부하고자 할 때에는 대법원장이 지정하는 송달료수납은행(이하 "수납은행"이라 한다)에 대법원예규에서 정한 기준에 따라 현금을 납부하고, 수납은행으로부터 송달료납부서, 송달료 영수증 각 1통을 교부받아야 한다. 다만, 인터넷뱅킹을 이용하여 현금으로 납부하는 때에는 수납은행은 송달료납부서, 송달료 영수증의 해당사항을 기재한 정보를 인터넷으로 제공하여 납부인이 출력할 수 있도록 하여야 하며, 현금자동입출금기를 이용하여 송달료를 납부하는 때에는 그 이용명세표로 송달료납부서에 갈음할 수 있다.(2012.11.30 본항개정)
② 납부인은 송달료납부서 1통을 소장등 서면에 첨부하여 관할법원에 제출하여야 한다.(2012.11.30 본항개정)
③ 해당 사건과에서는 사건번호의 부여와 사건배당절차가 완료되면 지체없이 사건번호와 송달료납부서에 기재되어 있는 은행번호(이하 "송달료은행번호"라 한다)를 전산등록하고 송달료납부서의 "사건등록"란에 날인하여야 한다.(2022.9.29 본항개정)
④ 송달료를 납부받은 수납은행은 지체없이 납부인의 성명, 주소, 휴대전화번호, 납부금액 및 송달료 잔액의 환급할 계좌번호(납부인이 송달료 잔액의 계좌입금 신청을 한 경우에 한한다)를 대법원장이 지정하는 송달료관리은행(이하 "관리은행"이라 한다)에 통보하여야 한다.
(2022.9.29 본항개정)

제3조의2【신용카드등에 의한 납부】 ① 납부인이 제3조에 따라 송달료를 현금으로 납부하는 경우 이를 수납은행 또는 송달료납부대행기관의 인터넷 홈페이지 등에서 송달료납부대행기관을 통하여 신용카드·직불카드 등(이하 "신용카드등"이라 한다)으로도 납부할 수 있다. 신용카드등으로 납부하는 경우에는 송달료 신용카드등 납부서, 송달료 신용카드등 납부 영수증 각 1통을 출력물로 제공받을 수 있다.
② 제1항의 "송달료납부대행기관"이란 정보통신망을 이용하여 신용카드등에 의한 결제를 수행하는 기관으로서 송달료납부대행기관으로 지정받은 자를 말한다.
③ 제1항에 따라 송달료를 신용카드등으로 납부하는 경우에는 송달료납부대행기관의 승인일을 납부일로 본다.
④ 송달료납부대행기관은 납부인으로부터 송달료납부대행용역의 대가로 납부대행수수료를 받을 수 있다. 납부대행수수료는 법원행정처장이 송달료납부대행기관의 운영경비 등을 종합적으로 고려하여 승인한다.
⑤ 제4항의 납부대행수수료는 「민사소송비용법」 제9조에 따라 그 전액을 소송비용으로 본다.
(2012.11.30 본조신설)

제4조【송달의 실시】 ① 사건담임자가 송달을 필요로 할 때에는 관리은행과의 자동결제를 위하여 반드시 전산으로 우편송달부(전산양식 A1232)를 출력한 다음 송달물과 위 우편송달부를 당해 사건과의 송달사무취급자에게 회부한다.
② 송달사무취급자는 제1항의 송달물과 우편송달부를 우체국에 제출하고, 우체국은 위 우편송달부에 요금후납우편발송확인을 하여 이를 해당 관리은행에 교부한다.
③ 해당 관리은행은 제2항의 우편송달부를 교부받아 우편요금을 확인한 후 이를 보관한다.
(2012.11.30 본조개정)

제5조【우편요금의 지급】 세입세출외 현금출납공무원은 해당 관리은행으로 하여금 제4조제2항의 규정에 의하여 매월 이용한 우편물의 우편요금을 다음달 20일까지 해당 우체국에 지급하도록 하여야 한다.

제6조【추가납부】 ① 납부인이 송달료를 추가로 납부하고자 할 때에는 수납은행에 비치되어 있는 송달료납부서에 법원의 사건번호를 기재한 후 수납은행에 현금을 납부하여야 한다.(1998.4.20 본항개정)
② 사건과장은 주 1회 송달료추가납부명세서를 전산출력하여 사건담임자에게 회부하여 송달료추가납부여부를 확인하도록 하여야 한다. 사건담임자는 전산을 통하여 직접 송달료추가납부여부를 확인할 수 있다.
(1996.1.27 본조개정)

제7조【재배당·이송 등의 경우】 ① 사건의 재배당으로 재판부 또는 해당 사건과가 변경된 경우에는 재배당받은 사건담임자는 해당사항을 전산등록하고 송달료납부서의 "재배당등록"란에 날인하여야 한다.
② 사건을 이송하는 경우에는 이송법원의 사건담임자는 전산으로 이송등록하고 송달료납부서의 "이송등록"란에 날인하여 기록을 송부하고, 이송 받은 법원의 사건담임자는 해당사항을 전산등록하고 송달료납부서의 "수이송등록"란에 날인하여야 한다.
(1996.1.27 본조개정)

제8조【상소의 경우】 ① 당사자가 상소하려고 하는 경우에는 원심법원의 수납은행에 송달료를 납부한 후 송달료납부서 1통을 상소장에 첨부하여 이를 원심법원에 제출하여야 한다.(2012.11.30 본항개정)
② 원심법원의 사건담임자는 송달료납부서를 사건기록과 함께 상소법원에 송부하여야 한다.(1996.1.27 본항개정)
③ 우편에 의하여 제2항의 송부를 하는 때에는 제4조제1항 및 제2항에 따라 처리한다.(2012.11.30 본항개정)
④ 제2항의 기록송부를 받은 상소심법원의 사건담임자는 사건번호의 부여와 사건배당절차가 완료되는 대로 지체없이 제3조제3항에 의한 조치를 취하여야 한다.

제9조【송달료 잔액 환급】 ① 사건의 제1심이 종결된 경우에는 사건담임자는 지체없이 당해 사건에 대하여 전산으로 종결등록하여야 한다. 다만, 사건의 계속 중에 최초 납부당사자가 아닌 다른 당사자 또는 제3자가 별도로 예납한 송달료나 사건의 종결 후에 예납한 송달료는 사용목적이 완료되면 사건종결 여부와 관계없이 바로 송달료 종결등록을 하여야 한다.(2012.11.30 단서신설)
② 송달료 종결 또는 사건종결등록사실을 확인한 해당 관리은행은 다음 각 호의 구분에 따른 계좌에 송달료 잔액을 지체없이 입금하여야 한다.
1. 납부인이 송달료 잔액의 계좌입금을 신청한 경우 : 그 예금계좌
2. 인터넷뱅킹, 자동응답전화기(ARS) 또는 현금자동입출금기를 이용하여 송달료를 납부한 납부인이 송달료 잔액의 계좌입금을 신청하지 아니한 경우 : 출금계좌
(2022.9.29 본항개정)
③ 관리은행은 제2항에도 불구하고 다음 각 호의 어느 하나에 해당하는 사유가 있는 경우에는 납부인에게 우편, 휴대전화 문자메시지 등을 통하여 잔액환급통지를 하여야 한다. 이 경우 납부인으로부터 송달료 잔액의 환급청구를 받은 각 법원별 관리은행 또는 수납은행은 이를 환급하여야 한다.
1. 납부인이 송달료 잔액의 계좌입금을 신청하지 아니한 경우
2. 예금계좌의 부정확한 신고나 폐쇄 등으로 송달료 잔액의 계좌입금이 되지 아니한 경우
3. 송달료 잔액이 계좌입금수수료보다 적은 경우
(2022.9.29 본항개정)
④ 제2항과 제3항의 경우에 계좌입금수수료와 환급통지에 드는 비용은 납부인의 부담으로 한다.(2022.9.29 본항개정)
(2022.9.29 본조제목개정)

제9조의2【전산등록이 되지 아니한 송달료의 환급】 ① 송달료를 예납하였으나 소장 등을 접수하지 아니한 자는 수납은행 또는 관리은행에 송달료의 환급을 청구할 수 있다. 이 경우 청구를 받은 수납은행 또는 관리은행은 제3조제3항에 따른 전산등록이 되지 아니한 사실이 확인되면 송달료은행번호를 종결등록한 후 송달료를 환급하여야 한다.
② 관리은행은 송달료 납부일부터 6개월이 경과할 때까지 제3조제3항에 따른 전산등록이 되지 아니한 경우에는 제1항의 신청이 없더라도 송달료은행번호를 종결등록 한 후 제9조제2항 각 호의 구분에 따른 계좌에 예납된 송달료를 입금하여야 한다.
③ 관리은행은 제2항에도 불구하고 제9조제3항 각 호의 어느 하나에 해당하는 사유가 있는 경우에는 제9조제3항 및 제4항에 따른 조치를 하여야 한다.
(2022.9.29 본조신설)

제10조【제2심이 종결된 경우】 ① 사건의 제2심이 종결된 경우 그에 대한 상소가 제기된 때에는 제2심의 사건담임자, 사건과장, 관리은행, 수납은행은 제9조 각항의 조치를 취하여야 한다.(1990.10.23 본항개정)
② 사건의 제2심이 종결되어 그대로 확정된 때 또는 제2심법원에서 파기환송(이송)의 판결이 선고된 때에는 제2심의 사건담임자는 사건종결등록을 하지 아니하고 기록을 제1심법원에 송부하여야 한다. 이 경우 우편으로 기록을 송부하는 때에는 우편송달부의 사건번호란에 제2심의 사건번호를 기재한다.(1996.1.27 본항개정)
③ 제2항의 기록을 송부받은 제1심법원의 사건과장은 지체없이 전산으로 종결등록을 하고 관리은행 및 수납은행은 제9조제2항 내지 제4항의 조치를 취하여야 한다.
(1996.1.27 본항개정)

제11조【제3심이 종결된 경우】 ① 제3심법원에서 파기환송(이송) 이외의 사유로 사건이 종결된 때에는 제3심의 사건담임자는 사건종결등록을 하지 아니하고 기록을 제1심법원에 송부하여야 한다.(2004.4.29 본항개정)
② 제1항의 기록을 송부받은 제1심의 사건과장은 지체없이 전산으로 종결등록을 하고 관리은행 및 수납은행은 제9조제2항 내지 제4항의 조치를 취하여야 한다.
(2004.4.29 본항개정)
③ 제3심법원에서 파기환송(이송)의 판결이 선고된 때에는 제3심의 사건담임자는 사건종결등록을 하지 아니하고 기록을 제2심법원에 송부하여야 한다.(1996.1.27 본항개정)
④ 제3항의 기록을 송부받은 제2심의 사건담임자는 제2항의 조치를 취하여야 한다.(1996.1.27 본항개정)
⑤ 제4항의 기록을 송부받은 제2심의 사건담임자는 기록에 첨부된 사건종결통보서를 당해 사건과장에게 회부하여 사건과장, 관리은행 및 수납은행으로 하여금 제9조제2항 내지 제4항의 조치를 취하도록 하여야 한다.
(2004.4.29 본항개정)
⑥ 제1항, 제2항 및 제4항의 경우에 우편으로 기록을 송부하는 때에는 그 송부료는 제3심의 송달료에서 이를 부담하고 우편송달부의 사건번호란에는 제3심의 사건번호를 기재한다.

제12조【환급청구가 없는 경우의 처리】 세입세출외현금출납공무원은 다음 각 호의 구분에 따른 날부터 10년이 경과할 때까지 환급되지 아니한 송달료 또는 그 잔액에 관하여는 다음 연도 1월 31일까지 「정부보관금에 관한 법률」 제1조제1항에 따른 국고귀속처리를 하여야 한다.
1. 사건이 종결된 경우 : 사건 종결등록을 한 날
2. 제3조제3항에 따른 전산등록이 되지 아니한 경우 : 송달료은행번호 종결등록을 한 날
(2022.9.29 본조개정)

제13조【출납정리】 선임사건과에서는 송달료수불일계표를 매일 전산출력하여 세입세출외출납공무원에게 송부하고, 세입세출외출납공무원은 송달료의 출납상황을 정리하여야 한다.(1996.1.27 본조개정)

제14조【우표에 의한 송달료의 납부와 처리에 관한 특례】 송달료에 관하여 제3조 내지 제13조의 규정에 의하지 아니하고 이를 우표로 납부할 수 있는 경우와 그 처리에 관하여는 대법원예규에서 정한 바에 따른다.
(1998.4.20 본조신설)

제15조【집행관송달요금의 납부와 처리】 ① 집행관송달을 실시할 경우 그 비용은 제3조에 따라 당사자가 납부한 송달료에서 지급한다. 송달료 잔액이 집행관송달요금에 충당하기에 부족한 때에는 납부인에게 제6조제1항의 규정에 따라 송달료를 추가로 납부하게 하여야 한다.
② 집행관송달요금의 지급방법 및 절차에 관하여 필요한 사항은 대법원예규로 정한다.
(2006.11.13 본조신설)

부 칙 (1998.4.20)

① **【시행일】** 이 규칙은 1998년 6월 1일부터 시행한다. 다만, 사법부전산망 또는 송달료전산처리프로그램이 설치되지 아니한 법원 및 지원의 사건에 대하여는 그러하지 아니하다.
② **【경과조치】** 이 규칙 시행일 전에 접수된 사건의 송달료는 종전의 송달료처리예에 의한다. 다만, 송달료를 추가로 납부할 때에는 제6조의 규정에 의한다.
③ **【다른 규칙등과의 관계】** 이 규칙 시행당시 다른 대법원규칙 또는 대법원예규에서 송달료처리규칙, 송달료처리의특례에관한규칙 또는 송달료취급내규나 그 조문을 인용한 경우에는 이 규칙 또는 이 규칙중 해당조문을 인용한 것으로 본다.
④ **【규칙등의 폐지】** 대법원규칙 제564호 송달료처리규칙, 대법원내규 제47호 송달료취급내규는 이를 각 폐지한다.

부 칙 (2004.4.29)

제1조【시행일】 이 규칙은 2004년 6월 1일부터 시행한다.
제2조【경과규정】 이 규칙은 2003년 10월 1일 이전에 접수된 사건에 대하여는 이를 적용하지 아니한다.

부 칙 (2006.11.13)

제1조【시행일】 이 규칙은 2007년 1월 1일부터 시행한다. 다만, 「독촉절차에서의 전자문서 이용 등에 관한 법률」의 규정에 의한 전자독촉사건에 대하여는 공포한 날부터 시행한다.
제2조【경과조치】 이 규칙 시행 전에 당사자가 집행관송달을 위한 비용을 통상환증서로 예납한 경우에는 종전의 예에 따른다.

부 칙 (2020.11.26)

제1조【시행일】 이 규칙은 공포한 날부터 시행한다.
제2조【적용례】 이 규칙은 2020. 7. 1. 당시 환급청구가 없는 송달료잔액 중 사건이 종결등록된 때로부터 5년이 지나지 아니한 송달료잔액에 대하여도 적용한다.

부 칙 (2022.9.29)

제1조【시행일】 이 규칙은 2023년 1월 1일부터 시행한다.
제2조【전산등록이 되지 아니한 송달료의 환급에 관한 적용례】 제9조의2 및 제12조의 개정규정은 이 규칙 시행 전에 납부된 송달료에 대해서도 적용한다.

[별표] (1998.4.20 삭제)

[별지서식] (2012.11.30 삭제)

刑事編

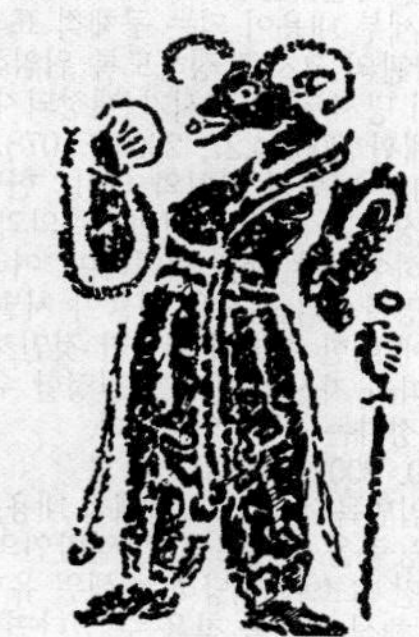

新羅 石造物의 十二支像(紋樣)

형 법

(1953年 9月 18日
法 律 第293號)

改正
1975. 3.25法 2745號 1988.12.31法 4040號
1995.12.29法 5057號
1997.12.13法 5454號(정부부처명)
2001.12.29法 6543號 2004. 1.20法 7077號
2005. 3.31法 7427號(민법)
2005. 7.29法 7623號 2010. 4.15法10259號
2012.12.18法11574號 2013. 4. 5法11731號
2014. 5.14法12575號 2014.12.30法12898號
2016. 1. 6法13719號 2016. 5.29法14178號
2016.12.20法14415號 2017.12.12法15163號
2018.10.16法15793號 2018.12.18法15982號
2020. 5.19法17265號 2020.10.20法17511號
2020.12. 8法17571號 2023. 8. 8法19582號

第1編 總 則

第1章 刑法의 適用範圍

第1條【범죄의 성립과 처벌】 ① 범죄의 성립과 처벌은 행위 시의 법률에 따른다.
② 범죄 후 법률이 변경되어 그 행위가 범죄를 구성하지 아니하게 되거나 형이 구법(舊法)보다 가벼워진 경우에는 신법(新法)에 따른다.
③ 재판이 확정된 후 법률이 변경되어 그 행위가 범죄를 구성하지 아니하게 된 경우에는 형의 집행을 면제한다.
(2020.12.8 본조개정)

改前 "第1條【犯罪의 成立과 處罰】 ① 犯罪의 成立과 處罰은 行爲 時의 法律에 의한다.
② 犯罪後 法律의 變更에 의하여 그 行爲가 犯罪를 構成하지 아니하거나 刑이 舊法보다 輕한 때에는 新法에 의한다.
③ 裁判確定後 法律의 變更에 의하여 그 行爲가 犯罪를 構成하지 아니하는 때에는 刑의 執行을 免除한다."

참조 [죄형법정주의]헌12·13, [불처벌]9·10·12-17·20-24, [범죄후의 법령에 의한 형의 폐지]형소326, [판결후의 형의 변경]형소361의5, [형의 경중]50·부칙1-3, [범인에게 유리한 법의 적용]부칙3, [1개의 죄에 대한 신구법의 적용례]부칙4, [구형법의 인용조문]부칙9, [재판의 확정]84, 형소343·358·374·453·457·459, [형의 집행의 면제]6·62①단서·77·81

▶ 죄형법정주의

① 명확성의 원칙

판례 명확성 판단의 기준 : 법규범이 명확한지 여부는 그 법규범이 수범자에게 법규의 의미내용을 알 수 있도록 예측가능성을 주고 있는지 여부 및 그 법규범이 법을 해석·집행하는 기관에게 충분한 의미내용을 규율하여 자의적인 법해석이나 법집행이 배제되는지 여부에 따라 이를 판단할 수 있으므로 법규범이 명확성원칙에 위반되는지 여부는 위와 같은 해석방법에 의하여 그 의미내용을 합리적으로 파악할 수 있는 해석기준을 얻을 수 있는지 여부에 달려 있다.(대판 2006.5.11, 2006도920)

판례 석유판매업자가 비상표제품의 판매에 관한 표시 없이 이를 판매하는 행위를 처벌하는 구 석유사업법과 그 시행령 규정이 위 표시의무의 세부 내용이 되는 구체적 표시기준과 표시방법을 산업자원부장관의 고시로 정하도록 위임하였음에도 비상표제품의 판매행위 당시 관련 고시가 제정되지 않았다면 이를 처벌할 수 없다.(대판 2006.4.27, 2004도1078)

판례 죄형법정주의와 명확성 원칙의 의미 : 헌법 제12조 및 제13조를 통하여 보장되고 있는 죄형법정주의의 원칙은 범죄와 형벌이 법률로 정하여져야 함을 의미하며, 이러한 죄형법정주의에서 파생되는 명확성의 원칙은 법률이 처벌하고자 하는 행위가 무엇이며 그에 대한 형벌이 어떠한 것인지를 누구나 예견할 수 있고, 그에 따라 자신의 행위를 결정할 수 있도록 구성요건을 명확하게 규정하는 것을 의미한다.
(헌재결 2005.6.30, 2002헌바83)

판례 형벌법규의 입법목적이나 그 전체적 내용, 구조 등을 살펴보아 사물의 변별능력을 제대로 갖춘 일반인의 이해와 판단으로서 그의 구성요건 요소에 해당하는 행위 유형을 정형화하거나 한정할 합리적 해석 기준을 찾을 수 있다면 죄형법정주의가 요구하는 형벌법규의 명확성의 원칙에 반하는 것이 아니다.
(대판 2000.11.16, 98도3665 전원합의체)

② 소급효금지의 원칙

판례 개정된 신법이 피적용자에게 유리한 경우에 이른바 시혜적인 소급입법을 하여야 한다는 입법자의 의무가 헌법상의 원칙들로부터 도출되지는 아니한다.
(헌재결 1998.11.26, 97헌바67 전원재판부)

판례 실효사유가 발생하여 형의 집행유예 선고가 효력을 잃음으로써 유예되었던 형이 집행된다고 하여 행위시의 법률에 의하여 처벌받지 아니하는 행위에 대하여 소급하여 처벌받게 하거나 동일한 범죄에 대하여 거듭 처벌하는 것이라고 볼 수 없으므로 헌법 제13조 제1항이나 형법 제1조에 위반된다고 할 수 없다.(대결 1997.7.18, 97모18)

③ 유추적용금지의 원칙

판례 재심이 개시된 사건에서 재심사유가 없는 범죄사실에 관한 법령이 재심대상판결 후 개정·폐지된 경우에는 그 범죄사실에 관하여도 재심판결 당시 법률을 적용하여야 하는데, 이러한 법리는 재심사유가 없지만 재심의 심판대상에 포함되는 재판 계속 중에 있는 보호감호 청구사건에 관한 법령이 재심대상판결 후 개정·폐지된 경우에도 마찬가지로 적용된다고 보는 것이 타당하다.(대판 2011.6.9, 2010도13590)

판례 위법성 및 책임의 조각사유나 소추조건에 관하여 그 범위를 제한적으로 유추적용하게 되면 행위자의 가벌성의 범위는 확대되어 행위자에게 불리하게 되는바, 이는 가능한 문언의 의미를 넘어 범죄구성요건을 유추적용하는 것과 같은 결과가 초래되므로 죄형법정주의의 파생원칙인 유추해석금지의 원칙에 위반하여 허용될 수 없다고 할 것이다.
(대판 1997.3.20, 96도1167 전원합의체)

판례 죄형법정주의와 유추해석금지의 원칙의 의의 : 죄형법정주의는 국가형벌권의 자의적인 행사로부터 개인의 자유와 권리를 보호하기 위하여 죄와 형을 법률로 정할 것을 요구하고, 이로부터 파생된 유추해석금지의 원칙은 성문의 규정은 엄격히 해석되어야 한다는 전제 아래 피고인에게 불리하게 성문규정이 표현하는 본래의 의미와 다른 내용으로 유추해석함을 금지하고 있다.(대판 1992.10.13, 92도1428 전원합의체)

▶ 형의 변경

판례 사용이 금지되었던 식품첨가물이 '건강기능식품에 관한 법률' 및 이에 의하여 고시된 '건강기능식품의 기준 및 규격' 등에 의하여 그 제한적 사용이 가능하도록 법률이 변경된 경우, 위 법률 및 고시가 시행되기 전에 이미 범하여진 위반행위에 대한 가벌성이 소멸되는 것은 아니다.
(대판 2005.12.23, 2005도747)

판례 2004.1.20. 법률 제7077호로 공포, 시행된 형법 중 개정법률에 의해 형법 제37조 후단의 "판결이 확정된 죄"가 "금고 이상의 형에 처한 판결이 확정된 죄"로 개정되었는바, 형법 제37조는 경합범의 처벌에 관하여 형을 가중하는 규정으로서 일반적으로 두 개의 형을 선고하는 것보다는 하나의 형을 선고하는 것이 피고인에게 유리하므로 위 개정법률을 적용하는 것이 오히려 피고인에게 불리하게 되는 등의 특별한 사정이 없는 한 형법 제1조 제2항을 유추적용하여 위 개정법률 시행 당시 법원에 계속중인 사건 중 위 개정법률 전에 벌금형에 처한 판결이 확정된 경우에도 적용되는 것으로 보아야 한다.
(대판 2004.1.27, 2001도3178)

판례 형법 제1조 제2항의 적용 범위 : 형법 제1조 제2항의 규정은 형벌법령 제정의 이유가 된 법률이념의 변천에 따라 과거에 범죄로 보던 행위에 대하여 그 평가가 달라져 이를 범죄로 인정하고 처벌한 그 자체가 부당하였다거나 또는 과형이 과중하였다는 반성적 고려에서 법령을 개폐하였을 경우에 적용하여야 할 것이고, 이와 같은 법률이념의 변경에 의한 것이 아닌 다른 사정의 변천에 따라 그때 그때의 특수한 필요에 대처하기 위하여 법령을 개폐하는 경우에는 이미 그 전에 성립한 위법행위는 현재에 관찰하여서도 여전히 가벌성이 있는 것이어서 그 법령이 개폐되었다 하더라도 그에 대한 형이 폐지된 것이라고 할 수는 없는 것이다.(대판 2003.10.10, 2003도2770)

판례 계엄해제 후 계엄실시중의 포고령위반행위를 처벌할 수 있는지 여부 : 계엄기간중의 계엄포고위반의 죄는 계엄해제후에도 행위당시의 법령에 따라 처벌되어야 하고 계엄의 해제를 범죄후 법령의 개폐로 형이 폐지된 경우와 같이 볼 수 없다.
(대판 1985.5.28, 81도1045 전원합의체)

▶ 법정형과 입법형성권

판례 법정형의 종류와 범위에 관한 입법형성권의 범위 : 어느 범죄에 대한 법정형이 현저히 형벌체계상의 균형을 잃고 있다거나 그 범죄에 대한 형벌 본래의 목적과 기능을 달성함에 있어 필요한 정도를 일탈하였다는 등 헌법상의 평등의 원칙 및 비례의 원칙 등에 명백히 위배되는 경우가 아닌 한, 쉽사리 헌법에 위반된다고 단정하여서는 아니된다.
(대판 2006.5.12, 2005도5428)

판례 법정형의 내용에 대한 입법형성권 : 어떤 범죄를 어떻게 처벌할 것인가 하는 문제, 즉 법정형의 종류와 범위의 선택은 그 범죄의 죄질과 보호법익에 대한 고려뿐만이 아니라 우리의 역사와 문화, 입법 당시의 시대적 상황, 국민 일반의 가치관 내지 법감정 그리고 범죄예방을 위한 형사정책적 측면 등 여러 가지 요소를 종합적으로 고려하여 입법자가 결정할 사항으로서 광범위한 입법재량 내지 형성의 자유가 인정되어야 할 분야이다.
(헌재결 2006.4.27, 2005헌가2)

第2條【國內犯】 本法은 大韓民國領域內에서 罪를 犯한 內國人과 外國人에게 適用한다.

참조 [영역]헌3, [속인주의원칙]3, [보호주의원칙]5·6, [국내법에 의한 예외]헌45·84, 국회150

第3條【內國人의 國外犯】 本法은 大韓民國領域外에서 罪를 犯한 內國人에게 適用한다.

참조 [내국인]헌2, 국적법

판례 형법의 적용범위에 관해서 '속인주의'를 규정한 동조를 보건대, 도박죄를 처벌하지 않는 외국 카지노에서의 도박이라는 사정만으로 그 위법성이 조각된다고 할 수 없다.
(대판 2004.4.23, 2002도2518)

第4條【國外에 있는 內國船舶 등에서 外國人이 犯한 罪】 本法은 大韓民國領域外에 있는 大韓民國의 船舶 또는 航空機內에서 罪를 犯한 外國人에게 適用한다.

참조 [대한민국선박·항공기]선박법2, 항공안전법8·10

第5條【外國人의 國外犯】 本法은 大韓民國領域外에서 다음에 記載한 罪를 犯한 外國人에게 適用한다.
1. 內亂의 罪
2. 外患의 罪
3. 國旗에 관한 罪
4. 通貨에 관한 罪
5. 有價證券, 郵票와 印紙에 관한 罪
6. 文書에 관한 罪중 第225條 내지 第230條
7. 印章에 관한 罪중 第238條

참조 [보호주의규정]6, [속지주의원칙]2, [속인주의원칙]3, [외국인의 법적지위보장]헌6, [세계주의]296의2

판례 외국인의 국외범에 대하여는 형법 제5조에 열거된 이외의 죄를 적용할 수 없음이 원칙인데 여기에 반공법은 포함되지 아니하였고 또 반공법 자체나 그밖의 법률에 이와 같은 외국인의 국외범에 대하여 반공법을 적용할 수 있는 근거를 찾아 볼 수 없으므로 원심이 외국인인 피고인의 대한민국영역외에서의 탈출행위에 대하여 반공법을 적용하여 처벌하였음은 외국인인 국외범에 대한 법리의 오해이다.(대판 1974.8.30, 74도1668)

第6條【大韓民國과 大韓民國國民에 대한 國外犯】 本法은 大韓民國領域外에서 大韓民國 또는 大韓民國國民에 대하여 前條에 記載한 以外의 罪를 犯한 外國人에게 適用한다. 但, 行爲地의 法律에 의하여 犯罪를 構成하지 아니하거나 訴追 또는 刑의 執行을 免除할 경우에는 例外로 한다.

참조 [보호주의규정]5, [속지주의원칙]2, [속인주의원칙]3

판례 형법 제6조 단서에 규정한 바 '행위지의 법률에 의하여 범죄를 구성'하는가 여부에 관하여는 이른바 엄격한 증명을 필요로 한다.(대판 1973.5.1, 73도289)

第7條【외국에서 집행된 형의 산입】 죄를 지어 외국에서 형의 전부 또는 일부가 집행된 사람에 대해서는 그 집행된 형의 전부 또는 일부를 선고하는 형에 산입한다.(2016.12.20 본조개정)

改前 "第7條【外國에서 받은 刑의 執行】 犯罪에 의하여 外國에서 刑의 全部 또는 一部의 執行을 받은 者에 대하여는 刑을 減輕 또는 免除할 수 있다."

第8條【總則의 適用】 本法 總則은 他法令에 定한 罪에 適用한다. 但, 그 法令에 特別한 規定이 있는 때에는 例外로 한다.

참조 [총칙의 적용례]부칙8, [특별규정]조세범처벌20, 관세278, 담배31

第2章 罪

第1節 罪의 成立과 刑의 減免

第9條【刑事未成年者】 14歲 되지 아니한 者의 行爲는 罰하지 아니한다.

참조 [연령계산]83, 민158, [소년보호]소년4, [본조의 주장에 대한 판단]형소323②, [보상]형사보상및명예회복에관한법1, [특별규정]조세범처벌20, 관세278, 담배31, [비용보상]형소194의2

판례 **법률상 감경을 규정한 소년법 제60조 제2항의 "소년"인지 여부에 대한 판단기준시점** : 법률상 감경을 규정한 소년법 제60조 제2항에서 "소년"이라 함은 특별한 정함이 없는 한 소년법 제2조에서 말하는 "소년"인 20세 미만자를 의미하고, 소년법 제38조 제1항의 규정에 비추어 보면 20세 미만자라는 것이 심판의 조건이므로 범행시뿐만 아니라 심판시까지 계속되어야 한다고 보아야 하므로 소년법 제60조 제2항의 "소년"인지 여부의 판단은 원칙으로 심판시 즉 사실심 판결선고시를 기준으로 한다고 보아야 한다.(대판 1991.12.10, 91도2393)

第10條【심신장애인】 ① 心神障碍로 인하여 事物을 辨別할 能力이 없거나 意思를 決定할 能力이 없는 者의 行爲는 罰하지 아니한다.
② 心神障碍로 인하여 前項의 能力이 微弱한 者의 行爲는 형을 감경할 수 있다.(2018.12.18 본항개정)
③ 危險의 發生을 豫見하고 自意로 心神障碍를 惹起한 者의 行爲에는 前2項의 規定을 適用하지 아니한다.
(2014.12.30 본조제목개정)

改前 ② 心神障碍로 인하여 前項의 能力이 微弱한 者의 行爲는 "刑을 減輕한다."

참조 [본조의 주장에 대한 판단]형소323②, [보상]형사보상및명예회복에관한법1, [감경례]54 · 55, [특별규정]조세범처벌20, 관세278, 담배31

판례 **정신적 장애가 있는 자에 대하여 형법 제10조에 규정된 심신장애를 인정하기 위한 요건** : 형법 제10조에 규정된 심신장애는 생물학적 요소로서 정신병 또는 비정상적 정신상태와 같은 정신적 장애가 있는 외에 심리학적 요소로서 이와 같은 정신적 장애로 말미암아 사물에 대한 변별능력과 그에 따른 행위통제능력이 결여되거나 감소되었음을 요하므로, 정신적 장애가 있는 자라고 하여도 범행 당시 정상적인 사물변별능력이나 행위통제능력이 있었다면 심신장애로 볼 수 없다.
(대판 2007.2.8, 2006도7900)

판례 심신장애의 유무 판단에 있어서는 전문감정인의 정신감정결과가 중요한 참고자료가 되기는 하나, 법원으로서는 반드시 그 의견에 기속을 받는 것은 아니다.
(대판 1996.5.10, 96도638)

영판 정신이상을 이유로 하는 범죄성립조각 항변이 성립되기 위하여는 범죄가 되는 행위를 할 때에 피고인이 정신질환으로 인하여 자기가 하고 있는 행위의 성질(nature and quality)을 알 수 없었거나 자기의 행위의 성질을 알고 있었을지라도 그것이 나쁜 것이라고 하는 것을 알 수 없었던 상태에 있었다고 하는 것이 확증되지 않으면 안 된다.
(영 · Daniel M' Naughten's Case <1843>, 8Eng. Rep. 718)

미판 범행시 정신상태가 정상이어야 하는데 자발적 주취상태로 만들었을 경우에는 이를 고려하는 것을 금한 몬타나주 법률은 적법절차조항 위반이 아니다.
(미연방법원 135 L Ed 2d 361, 116 S Ct 2013)

第11條【청각 및 언어 장애인】 듣거나 말하는 데 모두 장애가 있는 사람의 행위에 대해서는 형을 감경한다.(2020.12.8 본조개정)

改前 "第11條【聾啞者】聾啞者의 行爲는 刑을 減輕한다."

참조 [본조의 주장에 대한 판단]형소323②, [감경례]54 · 55

第12條【强要된 行爲】 抵抗할 수 없는 暴力이나 自己 또는 親族의 生命, 身體에 대한 危害를 防禦할 方法이 없는 脅迫에 의하여 强要된 行爲는 罰하지 아니한다.

참조 [기대불가능례]151② · 155④ · 328① · 365①

第13條【고의】 죄의 성립요소인 사실을 인식하지 못한 행위는 벌하지 아니한다. 다만, 법률에 특별한 규정이 있는 경우에는 예외로 한다.(2020.12.8 본조개정)

改前 "第13條【犯意】罪의 成立要素인 事實을 認識하지 못한 行爲는 罰하지 아니한다. 但, 法律에 特別한 規定이 있는 경우에는 例外로 한다."

참조 [특별규정]170 · 171 · 172② · 181 · 189 · 266－268, [본조의 주장에 대한 판단]형소323②

판례 [1] 본래 범의를 가지지 아니한 자에 대하여 수사기관이 사술이나 계략 등을 써서 범의를 유발케 하여 범죄인을 검거하는 함정수사는 위법하다 할 것인바, 구체적인 사건에 있어서 위법한 함정수사에 해당하는지 여부는 해당 범죄의 종류와 성질, 유인자의 지위와 역할, 유인의 경위와 방법, 유인에 따른 피유인자의 반응, 피유인자의 처벌 전력 및 유인행위 자체의 위법성 등을 종합하여 판단하여야 한다.
[2] 수사기관과 직접 관련이 있는 유인자가 피유인자와의 개인적인 친밀관계를 이용하여 피유인자의 동정심이나 감정에 호소하거나, 금전적 · 심리적 압박이나 위협 등을 가하거나, 거절하기 힘든 유혹을 하거나, 또는 범행방법을 구체적으로 제시하고 범행에 사용할 금전까지 제공하는 등으로 과도하게 개입함으로써 피유인자로 하여금 범의를 일으키게 하는 것은 위법한 함정수사에 해당하여 허용되지 아니하지만, 유인자가 수사기관과 직접적인 관련을 맺지 아니한 상태에서 피유인자를 상대로 단순히 수차례 반복적으로 범행을 부탁하였을 뿐 수사기관이 사술이나 계략 등을 사용하였다고 볼 수 없는 경우는, 설령 그로 인하여 피유인자의 범의가 유발되었다 하더라도 위법한 함정수사에 해당하지 아니한다.
(대판 2007.7.12, 2006도2339)

판례 **함정수사의 의미** : '함정수사'라 함은 본래 범의를 가지지 아니한 자에 대하여 수사기관이 사술이나 계략 등을 써서 범죄를 유발케 하여 범죄인을 검거하는 수사방법을 말하는 것이므로, 범의를 가진 자에 대하여 범행의 기회를 주거나 범행을 용이하게 한 것에 불과한 경우에는 함정수사라고 할 수 없다.
(대판 2004.5.14, 2004도1066)

판례 **미필적 고의의 요건 및 그 존재 여부의 판단 방법** : '미필적 고의'라 함은 범죄사실의 발생가능성을 불확실한 것으로 표상하면서 이를 용인하고 있는 경우를 말하고, 미필적 고의가 있었다고 하려면 범죄사실의 발생가능성에 대한 인식이 있음은 물론 나아가 범죄사실이 발생할 위험을 용인하는 내심의 의사가 있어야 하며, 그 행위자가 범죄사실이 발생할 가능성을 용인하고 있었는지의 여부는 행위자의 진술에 의존하지 아니하고 외부에 나타난 행위의 형태와 행위의 상황 등 구체적인 사정을 기초로 하여 일반인이라면 당해 범죄사실이 발생할 가능성을 어떻게 평가할 것인가를 고려하면서 행위자의 입장에서 그 심리상태를 추인하여야 한다.(대판 2004.5.14, 2004도74)

판례 **살인죄에 있어서 범의의 인정 기준** : 살인죄에 있어서의 범의는 반드시 살해의 목적이나 계획적인 살해의 의도가 있어야 인정되는 것은 아니고, 자기의 행위로 인하여 타인의 사망의 결과를 발생시킬 만한 가능 또는 위험이 있음을 인식하거나 예견하면 족한 것이고 그 인식이나 예견은 확정적인 것은 물론 불확정적인 것이라도 소위 미필적 고의로도 인정되는 것이다.
(대판 2001.9.28, 2001도3997)

第14條【과실】 정상적으로 기울여야 할 주의(注意)를 게을리하여 죄의 성립요소인 사실을 인식하지 못한 행위는 법률에 특별한 규정이 있는 경우에만 처벌한다.(2020.12.8 본조개정)

改前 "第14條【過失】正常의 注意를 怠慢함으로 인하여 罪의 成立要素인 事實을 認識하지 못한 行爲는 法律에 特別한 規定이 있는 경우에 한하여 處罰한다."

참조 [특별규정]170 · 171 · 173의2 · 181 · 189 · 266－268, [본조의 주장에 대한 판단]형소323②

판례 **장물여부에 관한 중고품매입상의 주의의무** : 시계점을 경영하면서 중고시계의 매매도 하고 있는 피고인이 장물로 판정된 시계를 매입함에 있어 매도인에게 그 시계의 구입장소, 구입시기, 구입가격, 매각이유 등을 묻고 비치된 장부에 매입가격 및 주민등록증에 의해 확인된 위 매도인의 인적사항 일체를 사실대로 기재하였다면, 그 이상 위 매도인의 신분이나 시계출처 및 소지 경위에 대한 위 매도인의 설명의 진부에 대하여서까지 확인하여야 할 주의의무가 있다고는 보기 어렵다.
(대판 1984.2.14, 83도2982)

판례 **과실범 처벌규정의 명백성** : 과실범은 법률에 특별한 규정이 있는 경우에 한하여 처벌되며 형벌법규의 성질상 과실범을 처벌하는 특별규정은 그 명문에 의하여 명백, 명료하여야 한다.
(대판 1983.12.13, 83도2467)

第15條【사실의 착오】 ① 특별히 무거운 죄가 되는 사실을 인식하지 못한 행위는 무거운 죄로 벌하지 아니한다.
② 결과 때문에 형이 무거워지는 죄의 경우에 그 결과의 발생을 예견할 수 없었을 때에는 무거운 죄로 벌하지 아니한다.
(2020.12.8 본조개정)

改前 "第15條【事實의 錯誤】① 특별히 重한 罪가 되는 事實을 認識하지 못한 行爲는 重한 罪로 罰하지 아니한다.
② 結果로 인하여 刑이 重할 罪에 있어서 그 結果의 發生을 豫見할 수 없었을 때에는 重한 罪로 罰하지 아니한다."

참조 [결과적 가중범]168 · 188 · 259 · 269③ · 270③ · 275 · 281 · 301 · 305 · 337 · 338 · 340②③

판례 **타격의 착오와 살인의 고의** : 소위 타격의 착오가 있는 경우라 할지라도 행위자의 살인의 범의성립에 방해가 되지 아니한다.(대판 1984.1.24, 83도2813)

第16條【法律의 錯誤】 自己의 行爲가 法令에 의하여 罪가 되지 아니하는 것으로 誤認한 行爲는 그 誤認에 正當한 理由가 있는 때에 한하여 罰하지 아니한다.

참조 [본조의 주장에 대한 판단]형소323②, [특별규정]관세278, 조세범처벌20, 담배31

판례 **법률의 착오에 관한 형법 제16조의 규정 취지 및 정당한 이유가 있는지 여부의 판단 방법** : 형법 제16조에서 자기가 행한 행위가 법령에 의하여 죄가 되지 아니한 것으로 오인한 행위는 그 오인에 정당한 이유가 있는 때에 한하여 벌하지 아니한다고 규정하고 있는 것은 일반적으로 범죄가 되는 경우이지만 자기의 특수한 경우에는 법령에 의하여 허용된 행위로서 죄가 되지 아니한다고 그릇 인식하고 그와 같이 그릇 인식함에 정당한 이유가 있는 경우에는 벌하지 아니한다는 취지이고, 이러한 정당한 이유가 있는지 여부는 행위자에게 자기 행위의 위법의 가능성에 대해 심사숙고하거나 조회할 수 있는 계기가 있어 자신의 지적능력을 다하여 이를 회피하기 위한 진지한 노력을 다하였더라면 스스로의 행위에 대하여 위법성을 인식할 수 있는 가능성이 있었음에도 이를 다하지 못한 결과 자기 행위의 위법성을 인식하지 못한 것인지 여부에 따라 판단하여야 할 것이고, 이러한 위법성의 인식에 필요한 노력의 정도는 구체적인 행위정황과 행위자 개인의 인식능력 그리고 행위자가 속한 사회집단에 따라 달리 평가되어야 한다.(대판 2006.3.24, 2005도3717)

第17條【因果關係】 어떤 行爲라도 罪의 要素되는 危險發生에 連結되지 아니한 때에는 그 結果로 인하여 罰하지 아니한다.

참조 [본조의 주장에 대한 판단]형소323②

판례 의사가 설명의무를 위반한 채 의료행위를 하여 피해자에게 상해가 발생하였다고 하더라도, 업무상 과실로 인한 형사책임을 지기 위해서는 피해자의 상해와 의사의 설명의무 위반 내지 승낙취득 과정의 잘못 사이에 상당인과관계가 존재하여야 하고, 이는 한의사의 경우에도 마찬가지이다.
(대판 2011.4.14, 2010도10104)

판례 **선행차량에 이어 피고인 운전 차량이 피해자를 연속하여 역과하는 과정에서 피해자가 사망한 경우, 피고인의 업무상 과실 인정 여부** : 앞차를 뒤따라 진행하는 차량의 운전사로서는 앞차에 의하여 전방의 시야가 가리는 관계상 앞차의 어떠한 돌발적인 운전 또는 사고에 의하여서라도 자기 차량에 연쇄적인 사고가 일어나지 않도록 앞차와의 충분한 안전거리를 유지하고 진로 전방좌우를 잘 살펴 진로의 안전을 확인하면서 진행할 주의의무가 있다. 선행차량에 이어 피고인 운전 차량이 피해자를 연속하여 역과하는 과정에서 피해자가 사망한 경우, 피고인의 업무상 과실이 인정된다.(대판 2001.12.11, 2001도5005)

판례 **피해자가 회복하기 어려운 상태에서 다른 병원으로 전원한 후 사망한 사안에서, 전원 전 진료 담당 의사의 과실과 피해자의 사망 사이의 인과관계(적극)** : 피해자가 다른 병원으로 전원할 당시 이미 후복막에 농양이 광범위하게 형성되어 있었고 췌장이나 십이지장과 같은 후복막 내 장기 등 조직의 괴사가 진행되어 이미 회복하기 어려운 상태에 빠져 있었다면, 피해자가 다른 병원으로 전원하여 진료를 받던 중 사망하였다는 사실 때문에 피고인의 진료상의 과실과 피해자의 사망과의 사이의 인과관계가 단절된다고 볼 수는 없다.
(대판 1996.9.24, 95도245)

第18條【不作爲犯】 危險의 發生을 防止할 義務가 있거나 自己의 行爲로 인하여 危險發生의 原因을 惹起한 者가 그 危險發生을 防止하지 아니한 때에는 그 發生된 結果에 의하여 處罰한다.

참조 [법령상의 작위의무]민913, [사무관리]민734, [공공의 질서와 선량한 풍속]민103, [신의성실]민2

판례 **구조의무 위반에 따른 부작위에 의한 살인** : 선장은 선박의 총책임자로서 선내에서 포괄적이고 절대적인 권한을 가지며, 사고 시에는 승객 등의 안전이 종국적으로 확보될 때까지 적극적 · 지속적으로 구조조치를 취할 의무가 있다. 그러나 승객 등이 익사할 수밖에 없음을 충분히 예상하고도, 선장이 승객 등을 내버려 둔 채 먼저 퇴선했다면 이는 승객 등의 안전에 대한 선장의 역할을 의식적이고 전면적으로 포기한 것으로 볼 수 있다. 또한 승객들에게 선내에서 대기하라는 명령을 내리고 이에 따라 선실 또는 복도에서 대기 중이던 승객들에게 대피 · 퇴선명령을 내리지 않아 상당수 피해자들이 탈출하지 못하도록 했을 뿐만 아니라 퇴선 후에도 해경에게 선내 상황 정보를 제공하지 않는 등 승객 등의 안전에 대하여 철저하게 무관심한 태도로 일관하면서 구조조치를 전혀 하지 않았다면, 이는 사실상 승객 등을 적극적으로 물에 빠뜨려 익사시키는 행위와 다르지 않다.(대판 2015.11.12, 2015도6809 전원합의체)

판례 **형법상 부작위범이 인정되기 위한 요건** : 형법이 금지하고 있는 법익침해의 결과발생을 방지할 법적인 작위의무를 지고 있는 자가 그 의무를 이행함으로써 결과발생을 쉽게 방지할 수 있었음에도 불구하고 그 결과의 발생을 용인하고 이를 방관한 채 그 의무를 이행하지 아니한 경우에, 그 부작위가 작위에 의한 법익침해와 동등한 형법적 가치가 있는 것이어서 그 범죄의 실행행위로 평가될 만한 것이라면, 작위에 의한 실행행위와 동일하게 부작위범으로 처벌할 수 있고, 여기서 작위의무는 성문법과 불문법, 공법과 사법을 불문하고 법령, 법률행위, 선행행위로 인한 경우는 물론, 기타 신의성실의 원칙이나 사회상규 혹은 조리상 작위의무가 기대되는 경우에도 인정된다 할 것이다.
(대판 2005.7.22, 2005도3034)

판례 **부진정부작위범에 있어서 부작위범의 보충성** : 어떠한 범죄가 적극적 작위에 의하여 이루어질 수 있음은 물론 결과의 발생을 방지하지 아니하는 소극적 부작위에 의하여도 실현될 수 있는 경우에, 행위자가 자신의 신체적 활동이나 물리적 · 화학적 작용을 통하여 적극적으로 타인의 법익 상황을 악화시킴으로써 결국 그 타인의 법익을 침해하기에 이르렀다면, 이는 작위에 의한 범죄로 봄이 원칙이고, 작위에 의하여 악화된 법익 상황을 다시 되돌이키지 아니한 점에 주목하여 이를 부작위범으로 볼 것은 아니며, 나아가 악화되기 이전의 법익 상황이, 그 행위자가 과거에 행한 또 다른 작위의 결과에 의하여 유지되고 있었다 하여 이와 달리 볼 이유가 없다.
(대판 2004.6.24, 2002도995)

판례 **작위의무의 인정범위** : 작위의무는 성문법과 불문법, 공법과 사법을 불문하고 법령, 법률행위, 선행행위로 인한 경우는 물론, 기타 신의성실의 원칙이나 사회상규 혹은 조리상 작위의무가 기대되는 경우에도 인정된다 할 것이다.
(대판 1997.3.14, 96도1639)

독판 음식점 주인이 손님이 취할 때까지 술을 권하고 그를 도로까지 인도했다가 그냥 내버려 둔 경우, 선행행위에 의한 보증인지위를 인정할 수 있다.(BGHSt 26, 35)

第19條【獨立行爲의 競合】 同時 또는 異時의 獨立行爲가 競合한 경우에 그 結果發生의 原因된 行爲가 判明되지 아니한 때에는 各 行爲를 未遂犯으로 處罰한다.

참조 [동시범]263, [미수범]25

판례 **독립행위 경합의 요건** : 2인 이상이 상호의사의 연락이 없이 동시에 범죄구성요건에 해당하는 행위를 하였을 때에는 원칙적으로 각인에 대하여 그 죄를 논하여야 하나, 그 결과발생의 원인이 된 행위가 분명하지 아니한 때에는 각 행위자를 미수범으로 처벌하고(독립행위의 경합), 이 독립행위가 경합하여 특히 상해의 경우에는 공동정범의 예에 따라 처단(동시범)하는 것이므로, 상호의사의 연락이 있어 공동정범이 성립한다면, 독립행위경합 등의 문제는 아예 제기될 여지가 없다.
(대판 1997.11.28, 97도1740)

第20條【正當行爲】 法令에 의한 行爲 또는 業務로 인한 行爲 기타 社會常規에 違背되지 아니하는 行爲는 罰하지 아니한다.

참조 [본조의 주장에 대한 판단]형소323②, [법령에 의한 행위]형소173 · 212, 민915 · 945

판례 맞붙어 싸움을 하는 사람 사이에서는 공격행위와 방어행위가 연달아 행하여지고 방어행위가 동시에 공격행위인 양면적 성격을 띠어서 어느 한쪽 당사자의 행위만을 가려내어 방어를 위한 '정당행위'라거나 '정당방위'에 해당한다고 보기 어려운 것이 보통이다. 그러나 겉으로는 서로 싸움을 하는 것처럼 보이더라도 실제로는 한쪽 당사자가 일방적으로 위법한 공격을 가하고 상대방은 이러한 공격으로부터 자신을 보호하고 이를 벗어나기 위한 저항수단으로서 유형력을 행사한 경우에는, 그 행위가 새로운 적극적 공격이라고 평가되지 아니하는 한, 이는 사회관념상 허용될 수 있는 상당성이 있는 것으로서 위법성이 조각된다.(대판 2010.2.11, 2009도12958)

판례 형법 제20조에 정하여진 '사회상규에 위배되지 아니하는 행위'의 의미 및 정당행위의 성립 요건 : 형법 제20조 소정의 '사회상규에 위배되지 아니하는 행위'라 함은 법질서 전체의 정신이나 그 배후에 놓여 있는 사회윤리 내지 사회통념에 비추어 용인될 수 있는 행위를 말하고, 어떠한 행위가 사회상규에 위배되지 아니하는 정당한 행위로서 위법성이 조각되는 것인지는 구체적인 사정 아래서 합목적적, 합리적으로 고찰하여 개별적으로 판단되어야 하므로, 이와 같은 정당행위를 인정하려면 첫째 그 행위의 동기나 목적의 정당성, 둘째 행위의 수단이나 방법의 상당성, 셋째 보호이익과 침해이익과의 법익균형성, 넷째 긴급성, 다섯째 그 행위 외에 다른 수단이나 방법이 없다는 보충성 등의 요건을 갖추어야 한다.(대판 2006.4.13, 2005도9396)

第21條【정당방위】 ① 현재의 부당한 침해로부터 자기 또는 타인의 법익(法益)을 방위하기 위하여 한 행위는 상당한 이유가 있는 경우에는 벌하지 아니한다.
② 방위행위가 그 정도를 초과한 경우에는 정황(情況)에 따라 그 형을 감경하거나 면제할 수 있다.
③ 제2항의 경우에 야간이나 그 밖의 불안한 상태에서 공포를 느끼거나 경악(驚愕)하거나 흥분하거나 당황하였기 때문에 그 행위를 하였을 때에는 벌하지 아니한다.
(2020.12.8 본조개정)

改前 "第21條【正當防衛】① 自己 또는 他人의 法益에 대한 現在의 不當한 侵害를 防衛하기 위한 行爲는 相當한 理由가 있는 때에는 罰하지 아니한다.
② 防衛行爲가 그 程度를 超過한 때에는 情況에 의하여 그 刑을 減輕 또는 免除할 수 있다.
③ 前項의 경우에 그 行爲가 夜間 기타 不安스러운 狀態下에서 恐怖, 驚愕, 興奮 또는 唐慌으로 인한 때에는 罰하지 아니한다."

참조 [감경례]54 · 55, [면제의 선고]형소322, [본조의 주장에 대한 판단]형소323②, [손해배상무책임]민761, 폭력처벌8

판례 허용범위를 벗어난 위법한 경찰관의 권총 사용과 정당방위 : 경찰관직무집행법 제10조의4 제1항에 의하면, 경찰관은 범인의 체포, 도주의 방지, 자기 또는 타인의 생명 · 신체에 대한 방호, 공무집행에 대한 항거의 억제를 위하여 필요하다고 인정되는 상당한 이유가 있을 때 그 사태를 합리적으로 판단하여 필요한 한도 내에서 무기를 사용할 수 있되, 다만 형법에 규정한 정당방위나 긴급피난에 해당하는 때, 사형 · 무기 또는 장기 3년 이상의 징역이나 금고에 해당하는 죄를 범하거나 범하였다고 의심할 만한 충분한 이유가 있는 자가 경찰관의 직무집행에 대하여 항거하거나 도주하려고 할 때 또는 체포, 도주의 방지나 항거의 억제를 위하여 다른 수단이 없다고 인정되는 상당한 이유가 있는 때를 제외하고는 무기 사용으로 인하여 사람에게 위해를 주어서는 안된다고 규정하고 있고, 경찰관의 무기 사용이 위와 같은 요건을 충족하는지 여부는 범죄의 종류, 죄질, 피해법익의 경중, 위해의 급박성, 저항의 강약, 범인과 경찰관의 수, 무기의 종류, 무기 사용의 태양, 주변의 상황 등을 고려하여 사회통념상 상당하다고 평가되는지 여부에 따라 판단하여야 하고, 특히 사람에게 위해를 가할 위험성이 큰 권총의 사용에 있어서는 그 요건을 더욱 엄격하게 판단하여야 할 것이다.
(대판 2004.3.25, 2003도3842)

판례 정당방위의 요건 : 어떠한 행위가 정당방위로 인정되려면 그 행위가 자기 또는 타인의 법익에 대한 현재의 부당한 침해를 방어하기 위한 것으로서 상당성이 있어야 하므로, 위법하지 않은 정당한 침해에 대한 정당방위는 인정되지 아니하고, 방위행위가 사회적으로 상당한 것인지 여부는 침해행위에 의해 침해되는 법익의 종류, 정도, 침해의 방법, 침해행위의 완급과 방위행위에 의해 침해될 법익의 종류, 정도 등 일체의 구체적 사정들을 참작하여 판단하여야 한다.
(대판 2003.11.13, 2003도3606)

독판 방위자가 공격에 대한 방위를 위해 요구되는 방위수단보다 가벼운 방위수단을 자의로 선택했고 이때 요구된 것으로 여겨진 방위를 다함으로써 고의로도 초래될 수 있는 결과를 과실로 야기했다면 그 행위는 정당방위로서 위법성이 조각된다.
(BGHSt 25, 229)

第22條【緊急避難】 ① 自己 또는 他人의 法益에 대한 現在의 危難을 避하기 위한 行爲는 相當한 理由가 있는 때에는 罰하지 아니한다.
② 危難을 避하지 못할 責任이 있는 者에 대하여는 前項의 規定을 適用하지 아니한다.
③ 前條 第2項과 第3項의 規定은 本條에 準用한다.

참조 [감경례]54 · 55, [면제의 선고]형소322, [본조의 주장에 대한 판단]형소323②, [손해배상무책임]민761

판례 스스로 야기한 강간범행의 와중에서 피해자가 손가락을 깨물며 반항하자 물린 손가락을 비틀며 잡아 뽑다가 피해자에게 치아결손의 상해를 입힌 소위를 긴급피난행위라 할 수 있는지 여부 : 강간 등에 의한 치사상죄에 있어서 사상의 결과는 간음행위 그 자체로부터 발생한 경우나 강간의 수단으로 사용한 폭행으로부터 발생한 경우는 물론 강간에 수반하는 행위에서 발생한 경우도 포함한다 할 것인바, 피고인이 판시 일시경 피해자의 집에 침입하여 잠을 자고 있는 피해자를 강제로 간음할 목적으로 동인을 향해 손을 뻗는 순간 놀라 소리치는 동인의 입을 왼손으로 막고 오른손으로 음부 부위를 더듬던 중 동인이 피고인의 손가락을 깨물며 반항하자 물린 손가락을 비틀며 잡아 뽑아 동인으로 하여금 우측하악측절치치아결손의 상해를 입게 하였다면, 피해자가 입은 위 상해는 결국 피고인이 저지르려던 강간에 수반하여 일어난 행위에서 비롯된 것이라 할 것이고, 기록상 나타난 피해자의 반항을 뿌리친 형태 등에 비추어 보면 그 결과 또한 능히 예견할 수 있었던 것임을 부인할 수는 없다. 또 피고인이 스스로 야기한 범행의 와중에서 피해자에게 위와 같은 상해를 입힌 소위를 가리켜 법에 의하여 용인되는 피난행위라 할 수도 없다.(대판 1995.1.12, 94도2781)

第23條【자구행위】 ① 법률에서 정한 절차에 따라서는 청구권을 보전(保全)할 수 없는 경우에 그 청구권의 실행이 불가능해지거나 현저히 곤란해지는 상황을 피하기 위하여 한 행위는 상당한 이유가 있는 때에는 벌하지 아니한다.
② 제1항의 행위가 그 정도를 초과한 경우에는 정황에 따라 그 형을 감경하거나 면제할 수 있다.
(2020.12.8 본조개정)

改前 "第23條【自救行爲】① 法定節次에 의하여 請求權을 保全하기 不能한 경우에 그 請求權의 實行不能 또는 顯著한 實行困難을 避하기 위한 行爲는 相當한 理由가 있는 때에는 罰하지 아니한다.
② 前項의 行爲가 그 程度를 超過한 때에는 情況에 의하여 刑을 減輕 또는 免除할 수 있다."

참조 [감경례]54 · 55, [면제의 선고]형소322, [본조의 주장에 대한 판단]형소323②, [손해배상무책임]민761, [점유자의 자력구제]민209

판례 형법상 자구행위의 의미 : 어떠한 행위가 사회상규에 위배되지 아니하는 정당한 행위로서 위법성이 조각되는 것인지는 구체적인 사정 아래서 합목적적, 합리적으로 고찰하여 개별적으로 판단되어야 할 것이고, 이와 같은 정당행위를 인정하려면, 첫째 그 행위의 동기나 목적의 정당성, 둘째 행위의 수단이나 방법의 상당성, 셋째 보호이익과 침해이익과의 법익균형성, 넷째 긴급성, 다섯째 그 행위 외에 다른 수단이나 방법이 없다는 보충성 등의 요건을 갖추어야 할 것이다.
(대판 2007.5.11, 2006도4328)

第24條【被害者의 承諾】 處分할 수 있는 者의 承諾에 의하여 그 法益을 毁損한 行爲는 法律에 特別한 規定이 없는 限 罰하지 아니한다.

참조 [본조의 주장에 대한 판단]형소323②, [특별규정]252 · 305

판례 사문서의 위 · 변조죄는 작성권한 없는 자가 타인 명의를 모용하여 문서를 작성하는 것을 말하므로 사문서를 작성 · 수정할 때 명의자의 명시적이거나 묵시적인 승낙이 있었다면 사문서의 위 · 변조죄에 해당하지 않고, 한편 행위 당시 명의자의 현실적인 승낙은 없었지만 행위 당시의 모든 객관적 사정을 종합하여 명의자가 행위 당시 그 사실을 알았다면 당연히 승낙했을 것이라고 추정되는 경우 역시 사문서의 위 · 변조죄가 성립하지 않는다고 할 것이나, 명의자의 명시적인 승낙이나 동의가 없다는 것을 알고 있으면서도 명의자가 문서작성 사실을 알았다면 승낙하였을 것이라고 기대하거나 예측한 것만으로는 그 승낙이 추정된다고 단정할 수 없다.(대판 2011.9.29, 2010도14587)

판례 재건축조합의 규약이나 정관에 '조합은 사업의 시행으로서 그 구역 내의 건축물을 철거할 수 있다'는 취지와 '조합원은 그 철거에 응할 의무가 있다'는 취지의 규정이 있고, 조합원이 재건축조합에 가입하면서 '조합원의 권리, 의무 등 조합 정관에 규정된 모든 내용에 동의한다'는 취지의 동의서를 제출하였다고 하더라도, 조합원은 이로써 조합의 건축물 철거를 위한 명도의 의무를 부담하겠다는 의사를 표시한 것일 뿐이므로, 조합원이 그 의무이행을 거절할 경우에는 재건축조합은 명도청구소송 등의 법적 절차를 통하여 그 의무이행을 구하여야 함이 당연한 것이고, 조합원이 위와 같은 동의서를 제출한 것을 '조합원이 스스로 건축물을 명도하지 아니하는 경우에도 재건축조합이 법적 절차에 의하지 아니한 채 자력으로 건축물을 철거하는 것'에 대해서까지 사전 승낙한 것이라고 볼 수는 없다.
(대판 2007.9.20, 2007도5207)

第2節 未遂犯

第25條【未遂犯】 ① 犯罪의 實行에 着手하여 行爲를 終了하지 못하였거나 結果가 發生하지 아니한 때에는 未遂犯으로 處罰한다.
② 未遂犯의 刑은 旣遂犯보다 減輕할 수 있다.

참조 [감경례]54 · 55, [중지미수]26

판례 구 특정범죄 가중처벌 등에 관한 법률(2010.3.31. 법률 제10210호로 개정되기 전의 것) 제5조의4 제1항은 '상습적으로 형법 제329조부터 제331조까지의 죄 또는 그 미수죄를 범한 사람은 무기 또는 3년 이상의 징역에 처한다'고 규정하고 있다. 이와 같이 위 규정에 의한 상습절도죄는 상습절도미수 행위 자체를 범죄의 구성요건으로 정하고 그에 관하여 무기 또는 3년 이상의 징역형을 법정하고 있는 점, 약취 · 유인죄의 가중처벌에 관한 위 법 제5조의2 제6항에서는 일부 기수행위에 대한 미수범의 처벌규정을 별도로 두고 있는 반면 상습절도죄 등의 가중처벌에 관한 같은 법 제5조의4에서는 그와 같은 형식의 미수범 처벌규정이 아닌 위와 같은 내용의 처벌규정을 두고 있는 점을 비롯한 위 규정에 의한 상습절도죄의 입법 취지 등을 종합하면, 위 법 제5조의4 제1항이 적용되는 상습절도죄의 경우에는 형법 제25조 제2항에 의한 형의 미수감경이 허용되지 아니한다.(대판 2010.11.25, 2010도11620)

판례 강간죄의 실행의 착수시기 : 강간죄는 부녀를 간음하기 위하여 피해자의 항거를 불능하게 하거나 현저히 곤란하게 할 정도의 폭행 또는 협박을 개시한 때에 그 실행의 착수가 있다고 보아야 할 것이고, 실제로 그와 같은 폭행 또는 협박에 의하여 피해자의 항거가 불능하게 되거나 현저히 곤란하게 되어야만 실행의 착수가 있다고 볼 것은 아니다.
(대판 2000.6.9, 2000도1253)

第26條【중지범】 범인이 실행에 착수한 행위를 자의(自意)로 중지하거나 그 행위로 인한 결과의 발생을 자의로 방지한 경우에는 형을 감경하거나 면제한다.(2020.12.8 본조개정)

改前 "第26條【中止犯】犯人이 自意로 實行에 着手한 行爲를 中止하거나 그 行爲로 인한 結果의 發生을 防止한 때에는 刑을 減輕 또는 免除한다."

참조 [감경례]54 · 55, [면제의 선고]형소322, [본조의 주장에 대한 판단]형소323②, [장해미수]25

第27條【不能犯】 實行의 手段 또는 對象의 錯誤로 인하여 結果의 發生이 不可能하더라도 危險性이 있는 때에는 處罰한다. 但, 刑을 減輕 또는 免除할 수 있다.

참조 [감경례]54 · 55, [면제의 선고]형소322, [본조의 주장에 대한 판단]형소323②

판례 일정량 이상을 먹으면 사람이 죽을 수도 있는 '초우뿌리'나 '부자' 달인 물을 마시게 하여 피해자를 살해하려다 미수에 그친 행위가 불능범이 아닌 살인미수죄에 해당한다.
(대판 2007.7.26, 2007도3687)

판례 소송비용을 편취할 의사로 소송비용의 지급을 구하는 손해배상청구의 소를 제기하였다고 하더라도 이는 객관적으로 소송비용의 청구방법에 관한 법률적 지식을 가진 일반인의 판단으로 보아 결과 발생의 가능성이 없어 사기죄의 불능범에 해당한다.(대판 2005.12.8, 2005도8105)

第28條【陰謀, 豫備】 犯罪의 陰謀 또는 豫備行爲가 實行의 着手에 이르지 아니한 때에는 法律에 特別한 規定이 없는 한 罰하지 아니한다.

참조 [특별규정]90① · 101① · 111③ · 120① · 150 · 175 · 183 · 191 · 197 · 213 · 224 · 255 · 296 · 343

第29條【미수범의 처벌】 미수범을 처벌할 죄는 각 칙의 해당 죄에서 정한다.(2020.12.8 본조개정)

改前 "第29條【未遂犯의 處罰】未遂犯을 處罰할 罪는 各 本條에 定한다."

참조 [미수범을 벌하는 각 본조의 규정]89 · 100 · 111② · 119③ · 124② · 143 · 149 · 162 · 174 · 182 · 190 · 196 · 202 · 212 · 223 · 235 · 240 · 254 · 257③ · 280 · 286 · 294 · 300 · 322 · 325③ · 342 · 352 · 359 · 371

第3節 共 犯

第30條【共同正犯】 2人 이상이 共同하여 罪를 犯한 때에는 各自를 그 罪의 正犯으로 處罰한다.

참조 [신분범의 공범]33, [공동상해]263, [관련사건의 정의]형소11, [공범자와 증인신문]형소148 · 156, [공범의 소송비용]형소187, [친고죄 고소와 공범]형소233, [공범과 시효]형소252② · 253②, [본조의 적용제외]선박39

판례 공동정범은 공동가공의 의사와 그 공동의사에 의한 기능적 행위지배를 통한 범죄실행이라는 주관적 · 객관적 요건을 충족함으로써 성립하므로, 공모자 중 구성요건행위를 직접 분담하여 실행하지 아니한 사람도 위 요건의 충족 여부에 따라 이른바 공모공동정범으로서의 죄책을 질 수도 있다. 한편 구성요건행위를 직접 분담하여 실행하지 아니한 공모자가 공모공동정범으로 인정되기 위하여는 전체 범죄에 있어서 그가 차지하는 지위 · 역할이나 범죄경과에 대한 지배 내지 장악력 등을 종합하여 그가 단순한 공모자에 그치는 것이 아니라 범죄에 대한 본질적 기여를 통한 기능적 행위지배가 존재하는 것으로 인정되어야 한다.(대판 2010.7.15, 2010도3544)

판례 공모공동정범에 있어서 공모자들에게 공모한 범행외에 공모한 범행의 도중에 부수적으로 파생된 범죄에 대하여도 공모와 기능적 행위가 있다고 인정하기 위한 판단 기준 : 공동정범은 공동가공의 의사와 그 공동의사에 기한 기능적 행위지배를 통한 범죄 실행이라는 주관적 · 객관적 요건을 충족함으로써 성립하는바, 공모자 중 일부가 구성요건 행위 중 일부를 직접 분담하여 실행하지 않은 경우라 할지라도 전체 범죄에 있어서 그가 차지하는 지위, 역할이나 범죄 경과에 대한 지배 내지 장악력 등을 종합해 볼 때, 단순한 공모자에 그치는 것이 아니라 범죄에 대한 본질적 기여를 통한 기능적 행위지배가 존재하는 것으로 인정된다면, 이른바 공모공동정범으로서의 죄책을 면할 수 없는 것이다. 이 경우, 범죄의 수단과 태양, 가담하는 인원과 그 성향, 범행 시간과 장소의 특성, 범행과정에서 타인과의 접촉 가능성과 예상되는 반응 등 제반 상황에 비추어, 공모자들이 그 공모한 범행을 수행하거나 목적 달성을 위해 나아가는 도중에 부수적인 다른 범죄가 파생되리라고 예상하거나 충분히 예상할 수 있는데도 그러한 가능성을 외면한 채 이를 방지하기 위한 합리적인 조치를 취하지 아니하고 공모한 범행에 나아갔다가 결국 그와 같이 예상되던 범행들이 발생하였다면, 비록 그 파생적인 범행 하나하나에 대하여 개별적인 의사의 연락이 없었다 하더라도 당초의 공모자들 사이에 그 범행 전부에 대하여 암묵적인 공모는 물론 그에 대한 기능적 행위지배가 존재한다고 보아야 할 것이다. 한편, 공모공동정범에 있어서 공모 또는 모의는 '범죄될 사실'의 주요부분에 해당하는 이상 가능한 한 이를 구체적이고 상세하게 특정하여야 할 뿐 아니라 엄격한 증명의 대상에 해당한다 할 것이나, 범죄의 특성에 비추어 부득이한 예외적인 경우라면 형사소송법이 공소사실을 특정하도록 한 취지에 반하지 않는 범위 내에서 공소사실 중 일부가 다소 개괄적으로 기재되었다고 하여 위법하다고 할 수는 없는 것이므로, 그 공모 또는 모의의 판시는 모의의 구체적인 일시, 장소, 내용 등을 상세하게 판시하여야만 할 필요는 없고 의사합치가 성립된 것이 밝혀지는 정도면 된다고 할 것이다.
(대판 2007.4.26, 2007도428)

판례 공무원이 아닌 자가 허위공문서작성죄의 간접정범이나 공동정범이 될 수 있는지 여부 : 공무원이 아닌 자는 형법 제228조의 경우를 제외하고는 허위공문서작성죄의 간접정범으로 처벌할 수 없으나(대판 1971.1.26, 70도2598 등), 공무원이 아닌 자가 공무원과 공동하여 허위공문서작성죄를 범한 때에는 공무원이 아닌 자도 형법 제33조, 제30조에 의하여 허위공문서작성죄의 공동정범이 된다.(대판 2006.5.11, 2006도1663)

第31條【教唆犯】 ① 他人을 敎唆하여 罪를 犯하게 한 者는 罪를 實行한 者와 同一한 刑으로 處罰한다.
② 敎唆를 받은 者가 犯罪의 實行을 承諾하고 實行의 着手에 이르지 아니한 때에는 敎唆者와 被敎唆者를 陰謀 또는 豫備에 準하여 處罰한다.
③ 敎唆를 받은 者가 犯罪의 實行을 承諾하지 아니한 때에도 敎唆者에 대하여는 前項과 같다.

참조 [신분범의 공범]33, [간접정범]34, [관련사건의 정의]형소11, [공범과 증인신문]형소148·156, [공범의 소송비용]형소187, [친고죄 고소와 공범]형소233

판례 무면허 운전으로 사고를 낸 사람이 동생을 경찰서에 대신 출두시켜 피의자로 조사받도록 한 행위가 범인도피교사죄를 구성하는지 여부(적극) : 범인이 자신을 위하여 타인으로 하여금 허위의 자백을 하게 하여 범인도피죄를 범하게 하는 행위는 방어권의 남용으로 범인도피교사죄에 해당하는바, 이 경우 그 타인이 형법 제151조 제2항에 의하여 처벌을 받지 아니하는 친족, 호주 또는 동거 가족에 해당한다 하여 달리 볼 것은 아니라 할 것이다.(대판 2006.12.7, 2005도3707)

판례 상해 또는 중상해를 교사하였는데 피교사자가 살인을 실행한 경우 교사자의 죄책 : 교사자가 피교사자에 대하여 상해 또는 중상해를 교사하였는데 피교사자가 이를 넘어 살인을 실행한 경우에, 일반적으로 교사자는 상해죄 또는 중상해죄의 죄책을 지게 되는 것이지만 이 경우에 교사자에게 피해자의 사망이라는 결과에 대하여 과실 내지 예견가능성이 있는 때에는 상해치사죄의 죄책을 지울 수 있다.
(대판 2002.10.25, 2002도4089)

판례 교사범이 교사사실을 부인하는 경우의 입증방법 : 교사자의 교사행위는 정범에게 범죄의 결의를 가지게 하는 것을 말하는 것으로서, 그 범죄를 결의하게 할 수 있는 것이면 그 수단에는 아무런 제한이 없고, 반드시 명시적·직접적 방법에 의할 것을 요하지도 않으며, 이와 같은 교사범에 있어서의 교사사실은 범죄사실을 구성하는 것으로서 이를 인정하기 위하여는 엄격한 증명이 요구되지만, 피고인이 교사사실을 부인하고 있는 경우에는 사물의 성질상 그와 상당한 관련성이 있는 간접사실을 증명하는 방법에 의하여 이를 입증할 수도 있고, 이러한 경우 무엇이 상당한 관련성이 있는 간접사실에 해당할 것인가는 정상적인 경험칙에 바탕을 두고 치밀한 관찰력이나 분석력에 의하여 사실의 연결상태를 합리적으로 판단하는 방법에 의하여야 한다.(대판 2000.2.25, 99도1252)

판례 교사범의 정범종속성 : 정범의 성립은 교사범의 구성요건의 일부를 형성하고 교사범이 성립함에는 정범의 범죄행위가 인정되는 것이 그 전제요건이 된다.(대판 1998.2.24, 97도183)

일판 시비 변별능력 있는 형사 미성년자를 이용하여 범죄를 시켰을 때에는 이를 외포시켜 그 의사를 억압하고 있었을 경우에는 교사범은 아니고, 간접정범이 성립한다.(日·最高 1983.9.21)

第32條【從犯】 ① 他人의 犯罪를 幇助한 者는 從犯으로 處罰한다.
② 從犯의 刑은 正犯의 刑보다 減輕한다.

참조 [신분범의 공범]33, [간접정범]34, [관련사건의 정의]형소11, [공범과 증인신문]형소148·156, [공범의 소송비용]형소187, [친고죄 고소와 공범]형소233, [공범과 시효]형소252②·253②, [가중감경의 순서]56

판례 형법상 방조행위는 정범이 범행을 한다는 점을 알면서 그 실행행위를 용이하게 하는 직접·간접의 모든 행위를 가리키는 것으로서 유형적·물질적인 방조뿐만 아니라 정범에게 범행의 결의를 강화하도록 하는 것과 같은 무형적·정신적 방조행위까지도 해당한다.(대판 2008.3.13, 2006도3615)

판례 사기방조죄의 성부 : 의사인 피고인이 입원치료를 받을 필요가 없는 환자들이 보험금 수령을 위하여 입원치료를 받으려고 하는 사실을 알면서도 입원을 허가하여 형식상으로 입원치료를 받도록 한 후 입원확인서를 발급하여 준 사안에서, 사기방조죄가 성립한다.(대판 2006.1.12, 2004도6557)

판례 방조범의 성립요건으로서 고의의 의미 및 판단 방법 : 방조행위는 정범이 범행을 한다는 정을 알면서 그 실행행위를 용이하게 하는 직접·간접의 행위를 말하므로, 방조범은 정범의 실행을 방조한다는 이른바 방조의 고의와 정범의 행위가 구성요건에 해당하는 행위인 점에 대한 정범의 고의가 있어야 하나, 이와 같은 고의는 내심적 사실이므로 피고인이 이를 부정하는 경우에는 사물의 성질상 고의와 상당한 관련성이 있는 간접사실을 증명하는 방법에 의하여 입증할 수밖에 없고, 이 때 무엇이 상당한 관련성이 있는 간접사실에 해당할 것인가는 정상적인 경험칙에 바탕을 두고 치밀한 관찰력이나 분석력에 의하여 사실의 연결상태를 합리적으로 판단하는 외에 다른 방법이 없다고 할 것이며, 또한 방조범에 있어서 정범의 고의는 정범에 의하여 실현되는 범죄의 구체적 내용을 인식할 것을 요하는 것은 아니고 미필적 인식 또는 예견으로 족하다.
(대판 2005.4.29, 2003도6056)

판례 정범의 실행행위 착수 이전의 방조행위와 종범의 성부 : 종범은 정범의 실행행위 중에 이를 방조하는 경우는 물론이고 실행의 착수 전에 장래의 실행행위를 예상하고 이를 용이하게 하는 행위를 하여 방조한 경우에도 정범이 그 실행행위에 나아갔다면 성립한다.(대판 1997.4.17, 96도3377 전원합의체)

第33條【공범과 신분】 신분이 있어야 성립되는 범죄에 신분 없는 사람이 가담한 경우에는 그 신분 없는 사람에게도 제30조부터 제32조까지의 규정을 적용한다. 다만, 신분 때문에 형의 경중이 달라지는 경우에 신분이 없는 사람은 무거운 형으로 벌하지 아니한다.(2020.12.8 본조개정)

改前 "第33條【共犯과 身分】 身分關係로 인하여 成立될 犯罪에 加功한 行爲는 身分關係가 없는 者에게도 前3條의 規定을 適用한다. 但, 身分關係로 인하여 刑의 輕重이 있는 경우에는 重한 刑으로 罰하지 아니한다."

참조 [공범]30-32, [단서해당범죄]124·148·200·246②·250②·257②·258②·259②·270·271·273·276·277·356

판례 비신분자가 신분자와 공모하여 업무상 배임죄를 범한 경우의 처단 방법(1) : 업무상배임죄는 업무상 타인의 사무를 처리하는 지위에 있는 사람이 그 임무에 위배하는 행위로써 재산상의 이익을 취득하거나 제3자로 하여금 이를 취득하게 하여 본인에게 손해를 가한 때에 성립하는 것으로서, 이는 타인의 사무를 처리하는 지위라는 점에서 보면 신분관계로 인하여 성립될 범죄이고, 업무상 타인의 사무를 처리하는 지위라는 점에서 보면 단순배임죄에 대한 가중규정으로서 신분관계로 인하여 형의 경중이 있는 경우라고 할 것이므로, 그와 같은 신분관계가 없는 자가 그러한 신분관계가 있는 자와 공모하여 업무상배임죄를 저질렀다면 그러한 신분관계가 없는 자에 대하여는 형법 제33조 단서에 의하여 단순배임죄에 정한 형으로 처단하여야 할 것이다.(대판 1999.4.27, 99도883)

판례 비신분자가 신분자와 공모하여 업무상 배임죄를 범한 경우의 처단 방법(2) : 동업으로 인한 배임죄의 신분관계가 있음을 전제로 배임죄의 공범으로 기소된 자에 대하여 심리 결과 동업관계는 인정되지 아니하나 동업관계가 없는 자가 비신분자로서 신분이 있는 자와 공모하여 배임죄를 저지른 사실이 인정되는 경우, 피고인의 방어권 행사에 실질적인 불이익을 초래할 염려가 없다면 공소장 변경 없이도 비신분자에 대하여 형법 제33조 본문에 의하여 배임죄의 공범으로 처단할 수 있다.
(대판 2003.10.24, 2003도4027)

第34條【間接正犯, 特殊한 教唆, 幇助에 대한 刑의 加重】 ① 어느 行爲로 인하여 處罰되지 아니하는 者 또는 過失犯으로 處罰되는 者를 敎唆 또는 幇助하여 犯罪行爲의 結果를 發生하게 한 者는 敎唆 또는 幇助의 例에 의하여 處罰한다.
② 自己의 指揮, 監督을 받는 者를 敎唆 또는 幇助하여 前項의 結果를 發生하게 한 者는 敎唆인 때에는 正犯에 정한 刑의 長期 또는 多額에 그 2分의 1까지 加重하고 幇助인 때에는 正犯의 刑으로 處罰한다.

참조 [공동정범]30, [교사범]31, [종범]32, [가중감경의 순서]56, [본조의 주장에 대한 판단]형소323②

판례 공무원 아닌 자가 관공서에 허위내용의 증명원을 제출하여 그 정을 모르는 공무원으로부터 그 증명원 내용과 같은 증명서를 발급받은 경우, 공문서위조죄의 간접정범이 성립하는지 여부(소극) : 어느 문서의 작성권한을 갖는 공무원이 그 문서의 기재 사항을 인식하고 그 문서를 작성할 의사로써 이에 서명날인하였다면, 그 서명날인이 타인의 기망으로 착오에 빠진 결과 그 문서의 기재사항이 진실에 반함을 알지 못한 데 기인한다고 하여도, 그 문서의 성립은 진정하며 여기에 하등 작성명의를 모용한 사실이 있다고 할 수는 없으므로, 공무원 아닌 자가 관공서에 허위 내용의 증명원을 제출하여 그 내용이 허위인 정을 모르는 담당공무원으로부터 그 증명원 내용과 같은 증명서를 발급받은 경우 공문서위조죄의 간접정범으로 의율할 수는 없다.
(대판 2001.3.9, 2000도938)

판례 경찰서 보안과장인 피고인이 갑의 음주운전을 눈감아주기 위하여 그에 대한 음주운전자 적발보고서를 찢어버리고, 부하로 하여금 일련번호가 동일한 가짜 음주운전 적발보고서에 을에 대한 음주운전 사실을 기재케 하여 그 정을 모르는 담당 경찰관으로 하여금 주취운전자 음주측정처리부에 을에 대한 음주운전 사실을 기재하도록 한 이상, 을이 음주운전으로 인하여 처벌을 받았는지 여부와는 관계없이 허위공문서작성 및 동 행사죄의 간접정범으로서의 죄책을 면할 수 없다.
(대판 1996.10.11, 95도1706)

第4節 累 犯

第35條【누범】 ① 금고(禁錮) 이상의 형을 선고받아 그 집행이 종료되거나 면제된 후 3년 내에 금고 이상에 해당하는 죄를 지은 사람은 누범(累犯)으로 처벌한다.
② 누범의 형은 그 죄에 대하여 정한 형의 장기(長期)의 2배까지 가중한다.
(2020.12.8 본조개정)

改前 "第35條【累犯】 ① 禁錮 이상의 刑을 받어 그 執行이 終了하거나 免除를 받은 후 3年內에 禁錮 이상에 該當하는 罪를 犯한 者는 累犯으로 處罰한다.
② 累犯의 刑은 그 罪에 정한 刑의 長期의 2倍까지 加重한다."

참조 [외국에서 집행된 형의 산입]7, [형의 집행면제]77, 사면5·6, [기간계산]83-86, [가중의 한도]42, [재범자의 특수가중]국가보안13, [누범의 주장에 대한 판단]형소323②

판례 누범을 가중처벌 하는 것은 다시 범행을 하였다는데 있는 것이지 후범과 일괄하여 다시 처벌하는 것이 아니므로 누범에 대하여 형을 가중하는 것이 헌법상 일사부재리원칙에 위배하여 피고인의 기본권을 침해하는 것이라고는 볼 수 없다. 이는 합리적 근거 있는 차별이어서 헌법상의 평등의 원칙에 위배되지 아니한다.(헌재결 1995.2.23, 93헌바43)

第36條【判決宣告後의 累犯發覺】 判決宣告後 累犯인 것이 發覺된 때에는 그 宣告한 刑을 通算하여 다시 刑을 정할 수 있다. 但, 宣告한 刑의 執行을 終了하거나 그 執行이 免除된 후에는 例外로 한다.

참조 [절차]형소336, [외국에서 집행된 형의 산입]7, [형의 집행면제]77, 사면5·6

第5節 競合犯

第37條【競合犯】 判決이 確定되지 아니한 數個의 罪 또는 금고 이상의 형에 처한 판결이 확정된 죄와 그 判決確定前에 犯한 罪를 競合犯으로 한다.
(2004.1.20 본조개정)

改前 …또는 "判決이 確定된 罪"와 그 判決確定前에…

참조 [확정재판]형소343·358·374·453·457, [경합범의 처벌]38-40, [경합범에 대한 신법의 적용례]부칙6, [관련사건]형소11

판례 사기죄에서 수인의 피해자에 대하여 각 피해자별로 기망행위를 하여 각각 재물을 편취한 경우에 그 범의가 단일하고 범행방법이 동일하다고 하더라도 포괄일죄가 성립하는 것이 아니라 피해자별로 1개씩의 죄가 성립하는 것으로 보아야 한다. 다만 피해자들이 하나의 동업체를 구성하는 등으로 피해 법익이 동일하다고 볼 수 있는 사정이 있는 경우에는 피해자가 복수이더라도 이들에 대한 사기죄를 포괄하여 일죄로 볼 수도 있다.
(대판 2011.4.14, 2011도769)

판례 항소심이 경합범으로 공소제기된 수 개의 범죄사실 중 그 일부에 대하여 유죄, 일부에 대하여 무죄를 각 선고하고 무죄부분에 대하여는 검사가 상고하였으나 유죄 부분에 대하여는 피고인과 검사 모두 상고하지 아니한 경우, 그 유죄 부분은 상소기간의 도과로 확정되므로 무죄 부분의 상고가 이유 있는 경우에도 그 무죄 부분만이 파기되어야 한다.
(대판 2007.6.28, 2005도7473)

판례 범인이 피해자로부터 직불카드 등을 강취한 경우에는, 이를 갈취 또는 편취한 경우와는 달리, 피해자가 그 직불카드 등의 사용권한을 범인에게 부여하였다고 할 수 없고, 따라서 그와 같이 강취한 직불카드를 사용하여 현금자동인출기에서 현금을 인출하여 가진 경우에는 그 현금자동인출기 관리자의 의사에 반하여 그의 지배를 배제하고 그 현금을 자기의 지배하에 옮겨놓는 것이 되므로 절도죄가 별도로 성립한다고 할 것이다.
(대판 2007.4.13, 2007도1377)

판례 법조경합의 한 형태인 '특별관계'의 의미 : 법조경합의 한 형태인 '특별관계'란 어느 구성요건이 다른 구성요건의 모든 요소를 포함하는 이외에 다른 요소를 구비하여야 성립하는 경우로서 특별관계에 있어서는 특별법의 구성요건을 충족하는 행위는 일반법의 구성요건을 충족하지만 반대로 일반법의 구성요건을 충족하는 행위는 특별법의 구성요건을 충족하지 못한다.
(대판 2005.2.17, 2004도6940)

판례 상습으로 저질러진 수개의 범죄의 죄수관계 : 상습성을 갖춘 자가 여러 개의 죄를 반복하여 저지른 경우에는 각 죄를 별죄로 보아 경합범으로 처단할 것이 아니라 그 모두를 포괄하여 상습범이라고 하는 하나의 죄로 처단하는 것이 상습범의 본질 또는 상습범 가중처벌규정의 입법취지에 부합한다.
(대판 2004.9.16, 2001도3206 전원합의체)

판례 경합범의 처벌에 관하여 형을 가중하는 규정으로서 일반적으로는 두 개의 형을 선고하는 것보다는 하나의 형을 선고하는 것이 피고인에게 유리하므로 개정 법률을 적용하는 것이 오히려 피고인에게 불리하게 되는 등의 특별한 사정이 없는 한 형법 제1조 제2항을 유추 적용하여 위 개정 법률 시행 당시 법원에 계속중인 사건 중 위 개정 법률 시행 전에 벌금형 및 그보다 가벼운 형에 처한 판결이 확정된 경우에도 적용되는 것으로 보아야 할 것이다.(대판 2004.6.25, 2003도7124)

第38條【경합범과 처벌례】 ① 경합범을 동시에 판결할 때에는 다음 각 호의 구분에 따라 처벌한다.
1. 가장 무거운 죄에 대하여 정한 형이 사형, 무기징역, 무기금고인 경우에는 가장 무거운 죄에 대하여 정한 형으로 처벌한다.
2. 각 죄에 대하여 정한 형이 사형, 무기징역, 무기금고 외의 같은 종류의 형인 경우에는 가장 무거운 죄에 대하여 정한 형의 장기 또는 다액(多額)에 그 2분의 1까지 가중하되 각 죄에 대하여 정한 형의 장기 또는 다액을 합산한 형기 또는 액수를 초과할 수 없다. 다만, 과료와 과료, 몰수와 몰수는 병과(倂科)할 수 있다.
3. 각 죄에 대하여 정한 형이 무기징역, 무기금고 외의 다른 종류의 형인 경우에는 병과한다.
② 제1항 각 호의 경우에 징역과 금고는 같은 종류의 형으로 보아 징역형으로 처벌한다.
(2020.12.8 본조개정)

改前 "第38條【競合犯과 處罰例】 ① 競合犯을 同時에 判決할 때에는 다음의 區別에 의하여 處罰한다.
1. 가장 重한 罪에 정한 刑이 死刑 또는 無期懲役이나 無期禁錮인 때에는 가장 重한 罪에 정한 刑으로 處罰한다.
2. 各 罪에 정한 刑이 死刑 또는 無期懲役이나 無期禁錮이외의 同種의 刑인 때에는 가장 重한 罪에 정한 長期 또는 多額에 그 2分의 1까지 加重하되 各 罪에 정한 刑의 長期 또는 多額을 合算한 刑期나 額數를 超過할 수 없다. 但, 科料와 科料, 沒收와 沒收는 倂科할 수 있다.
3. 各 罪에 정한 刑이 無期懲役이나 無期禁錮 이외의 異種의 刑인 때에는 倂科한다.
② 前項 各號의 경우에 있어서 懲役과 禁錮는 同種의 刑으로 看做하여 懲役刑으로 處罰한다."

참조 [경합범]37, [형의 경중]50, [가중의 한도]42, [가중감경의 순서]56, [몰수]48·49, [본조의 주장에 대한 판단]형소323②, [특별규정]조세범처벌20, 관세278, 담배31

판례 형법 제38조 제1항 제3호에 의하여 징역형과 벌금형을 병과하는 경우에는 각 형에 대한 범죄의 정상에 차이가 있을 수 있으므로 징역형에만 작량감경을 하고 벌금형에는 작량감경을 하지 아니하였다고 하여 이를 위법하다고 할 수 없다.
(대판 2006.3.23, 2006도1076)

第39條【判決을 받지 아니한 競合犯, 數個의 判決과 競合犯, 刑의 執行과 競合犯】 ① 競合犯중 判決을 받지 아니한 罪가 있는 때에는 그 죄와 판결이 확정된 죄를 동시에 판결할 경우와 형평을 고려하여 그 죄에 대하여 형을 선고한다. 이 경우 그 형을 감경 또는 면제할 수 있다.(2005.7.29 본항개정)

② (2005.7.29 삭제)
③ 競合犯에 의한 判決의 宣告를 받은 者가 競合犯중의 어떤 罪에 대하여 赦免 또는 刑의 執行이 免除된 때에는 다른 罪에 대하여 다시 刑을 定한다.
④ 前3項의 刑의 執行에 있어서는 이미 執行한 刑期를 通算한다.
改前 ① …있는 때에는 "그 罪에 대하여 刑을 宣告한다."
"② 前項에 의한 數個의 判決이 있는 때에는 前條의 例에 의하여 執行한다."
참조 [형의 집행]38, [형의 집행순서]형소462, [사면]사면3·5·6, [다시 형을 정하는 절차]형소336
판례 피고인에게 집행유예 전과 이외에 사기죄의 징역형 전과가 있고, 위 두 전과가 모두 형법 제39조 제1항의 규정에 따라 '판결이 확정된 죄'에 해당하는 경우 원심판결이 형법 제39조 제1항의 법령적용을 설시함에 있어서 단지 판결서에 위 사기죄 전과의 기재를 누락하였다는 사정만으로 원심이 위 규정에 정한 형평의 고려를 다하지 아니한 것으로 위법하다고는 할 수 없다.(대판 2006.3.23, 2005도9678)

第40條【상상적 경합】 한 개의 행위가 여러 개의 죄에 해당하는 경우에는 가장 무거운 죄에 대하여 정한 형으로 처벌한다.(2020.12.8 본조개정)
改前 "第40條【想像的 競合】1個의 行爲가 數個의 罪에 該當하는 경우에는 가장 重한 罪에 정한 刑으로 處罰한다."
참조 [형의 경중]50, [경합범]136·138·140①·147·311·329
판례 공무원이 취급하는 사건에 관하여 청탁 또는 알선을 할 의사와 능력이 없음에도 청탁 또는 알선을 한다고 기망하고 금품을 교부받은 경우, 사기죄와 변호사법 위반죄가 상상적 경합의 관계에 있다.(대판 2006.1.27, 2005도8704)
판례 상상적 경합과 법조경합의 구별 기준 : 상상적 경합은 1개의 행위가 실질적으로 수개의 구성요건을 충족하는 경우를 말하고 법조경합은 1개의 행위가 외관상 수개의 죄의 구성요건에 해당하는 것처럼 보이나 실질적으로 1죄만을 구성하는 경우를 말하며, 실질적으로 1죄인가 또는 수죄인가는 구성요건적 평가와 보호법익의 측면에서 고찰하여 판단하여야 한다.
(대판 2002.7.18, 2002도669 전원합의체)
판례 상상적경합범의 관계에 있는 수죄 중 일부가 무죄인 경우, 원심이 그 수죄를 모두 유죄로 인정한 것은 그 일부만이 유죄로 인정되는 경우와는 양형의 조건을 참작함에 있어서 차이가 생기게 됨으로써 판결의 결과에 영향을 주었으므로 원심판결을 파기한다.(대판 1995.9.29, 94도2608)

第3章 刑

第1節 刑의 種類와 輕重

第41條【刑의 種類】 刑의 種類는 다음과 같다.
1. 死刑
2. 懲役
3. 禁錮
4. 資格喪失
5. 資格停止
6. 罰金
7. 拘留
8. 科料
9. 沒收

참조 [형의 경중]50, [자격상실]43, [자격정지]43·44, [형의 효력]부칙7
판례 사형선고의 허용요건 : 사형은 인간의 생명 자체를 영원히 박탈하는 냉엄한 궁극의 형벌로서 문명국가의 이성적인 사법제도가 상정할 수 있는 극히 예외적인 형벌이라는 점을 감안할 때, 사형의 선고는 범행에 대한 책임의 정도와 형벌의 목적에 비추어 그것이 정당화될 수 있는 특별한 사정이 있다고 누구라도 인정할 만한 객관적인 사정이 분명히 있는 경우에만 허용하여야 한다. 따라서 사형을 선고함에 있어서는 범인의 연령, 직업과 경력, 성행, 지능, 교육 정도, 성장과정, 가족관계, 전과의 유무, 피해자와의 관계, 범행의 동기, 사전계획의 유무, 준비의 정도, 수단과 방법, 잔인하고 포악한 정도, 결과의 중대성, 피해자의 수와 피해감정, 범행 후의 심정과 태도, 반성과 가책의 유무, 피해회복의 정도, 재범의 우려 등 양형의 조건이 되는 모든 사항을 철저히 심리하여 위와 같은 특별한 사정이 있음을 명확하게 밝힌 후 비로소 사형의 선택 여부를 결정하여야 한다.
(대판 2003.6.13, 2003도924)

第42條【懲役 또는 禁錮의 期間】 懲役 또는 禁錮는 無期 또는 有期로 하고 有期는 1개월 이상 30년 이하로 한다. 但, 有期懲役 또는 有期禁錮에 대하여 刑을 加重하는 때에는 50년까지로 한다.(2010.4.15 본조개정)
改前 …無期 또는 有期로 하고 有期는 "1月"이상 "15年"이하로 한다. 但, 有期懲役 또는 有期禁錮에 대하여 刑을 加重하는 때에는 "25年"까지로 한다.
참조 [소년에 대한 징역·금고형]소년59-66, [보상]형사보상및명예회복에관한법2·5, [집행]형소473-475, [특수가중]국가보안13

第43條【刑의 宣告와 資格喪失, 資格停止】 ① 死刑, 無期懲役 또는 無期禁錮의 判決을 받은 者는 다음에 記載한 資格을 喪失한다.
1. 公務員이 되는 資格
2. 公法上의 選擧權과 被選擧權
3. 法律로 要件을 定한 公法上의 業務에 關한 資格
4. 法人의 理事, 監事 또는 支配人 其他 法人의 業務에 關한 檢査役이나 財産管理人이 되는 資格

② 有期懲役 또는 有期禁錮의 判決을 받은 者는 그 刑의 執行이 終了하거나 免除될 때까지 前項第1號 내지 第3號에 記載된 資格이 停止된다. 다만, 다른 법률에 특별한 규정이 있는 경우에는 그 법률에 따른다.(2016.1.6 단서신설)
참조 [자격의 상실·정지]국가보안14, 국가공무원33, 지방공무원31, 법원조직43, 검찰33, 변호사5, 공인회계사4, 군인사법10, [적용제한]부칙5, [복권]사면5·6, [감경]55①

第44條【資格停止】 ① 前條에 記載한 資格의 全部 또는 一部에 대한 停止는 1年 이상 15年 이하로 한다.
② 有期懲役 또는 有期禁錮에 資格停止를 倂科한 때에는 懲役 또는 禁錮의 執行을 終了하거나 免除된 날로부터 停止期間을 起算한다.
참조 [기간의 계산]83, [형기의 기산]84, [감경]55①, [집행]형소476, [복권]82, [약혼해제사유]민804, [후견인 등의 결격사유]민937

第45條【罰金】 罰金은 5萬원 이상으로 한다. 다만, 減輕하는 경우에는 5萬원 미만으로 할 수 있다.
(1995.12.29 본조개정)
참조 [환형처분]69-71, [감경]55①, [집행방법]형소477-479, [가납부]형소334·480·481, [보상]형사보상및명예회복에관한법2②·5④, [구속제한]형소70②

第46條【拘留】 拘留는 1日 이상 30日 미만으로 한다.
참조 [집행]형소473-475, [감경]55①, [보상]형사보상및명예회복에관한법2③·5①②, [구속사유]형소70①②

第47條【科料】 科料는 2千원 이상 5萬원 미만으로 한다.(1995.12.29 본조개정)
참조 [환형처분]69-71, [집행방법]형소477-479, [감경]55, [가납]형소334·480·481, [보상]형사보상및명예회복에관한법2③·5④

第48條【몰수의 대상과 추징】 ① 범인 외의 자의 소유에 속하지 아니하거나 범죄 후 범인 외의 자가 사정을 알면서 취득한 다음 각 호의 물건은 전부 또는 일부를 몰수할 수 있다.
1. 범죄행위에 제공하였거나 제공하려고 한 물건
2. 범죄행위로 인하여 생겼거나 취득한 물건
3. 제1호 또는 제2호의 대가로 취득한 물건

② 제1항 각 호의 물건을 몰수할 수 없을 때에는 그 가액(價額)을 추징한다.
③ 문서, 도화(圖畵), 전자기록(電磁記錄) 등 특수매체기록 또는 유가증권의 일부가 몰수의 대상이 된 경우에는 그 부분을 폐기한다.
(2020.12.8 본조개정)
改前 "第48條【沒收의 對象과 追徵】① 犯人이외의 者의 所有에 屬하지 아니하거나 犯罪後 犯人이외의 者가 情을 알면서 取得한 다음 記載의 物件은 全部 또는 一部를 沒收할 수 있다.
1. 犯罪行爲에 提供하였거나 提供하려고 한 物件
2. 犯罪行爲로 인하여 生하였거나 이로 인하여 取得한 物件
3. 前2號의 對價로 取得한 物件
② 前項에 記載한 物件을 沒收하기 不能한 때에는 그 價額을 追徵한다.
③ 文書, 圖畵, 電磁記錄등 特殊媒體記錄 또는 有價證券의 一部가 沒收에 該當하는 때에는 그 部分을 廢棄한다.(1995.12.29 본항개정)"
참조 [대상]134, 국가보안15, 특정범죄가중13, 저작139, 마약67, 우편법46③·52, 관세272·273·282, 공무원범죄에관한몰수특례법, [가납]형소334·480·481, [몰수물의 처분]형소483-485, [집행]형소477-479, [보상]형사보상및명예회복에관한법2②·5⑥

■ 몰수할 수 있는 사례
판례 '범죄행위에 제공하려고 한 물건'이란 범죄행위에 사용하려고 준비하였으나 실제 사용하지 못한 물건을 의미하는바, 어떠한 물건을 '범죄행위에 제공하려고 한 물건'으로서 몰수하기 위하여는 그 물건이 유죄로 인정되는 당해 범죄행위에 제공하려고 한 물건임이 인정되어야 한다.(대판 2008.2.14, 2007도10034)
미판 범죄에 사용된 몰수는 공동소유자의 이익을 고려하지 않아도 적법절차위반이 아니다.
(미연방법원 134 L Ed 2d 68, 116 S Ct 994)

■ 필요적 몰수
판례 청탁을 한다는 명목으로 받은 금품을 분배한 경우에는 각자가 실제로 배분받은 금품만을 개별적으로 몰수하거나 그 가액을 추징하여야 한다.(대판 1996.11.29, 96도2490)
판례 피고인이 범죄행위의 대가로서 상피고인으로부터 받은 돈이라 할지라도 이는 반드시 몰수를 하여야 되는 경우가 아니고 법원의 재량에 따라 몰수할 수도 있고 안할 수도 있다.
(대판 1971.11.9, 71도1537)

■ 몰수할 수 없는 사례
판례 범죄행위로 취득한 주식의 가액을 추징하는 경우, 주식의 취득대가를 추징금액에서 공제하여야 하는지 여부 : 범죄행위로 인하여 물건을 취득하면서 그 대가를 지급하였다고 하더라도 범죄행위로 취득한 것은 물건 자체이고 이는 몰수되어야 할 것이나, 이미 처분되어 없다면 그 가액 상당을 추징할 것이고, 그 가액에서 이를 취득하기 위한 대가로 지급한 금원을 뺀 나머지를 추징해야 하는 것은 아니다.
(대판 2005.7.15, 2003도4293)
판례 관세법 제188조 제1호 소정의 물품에 대한 수입신고를 함에 있어서 주요사항을 허위로 신고한 경우에 위 물건은 신고의 대상물에 지나지 않아 신고로서 이루어지는 허위신고죄의 범죄행위 자체에 제공되는 물건이라고 할 수 없으므로 형법 제48조 제1항 소정의 몰수요건에 해당한다고 볼 수 없다.(대판 1974.6.11, 74도352)

■ 관세법 위반과 몰수 및 추징
판례 피고인이 뇌물로서 수수한 자기앞수표를 일단 소비한 후에 증뢰자에게 다시 동액의 금원을 반환하였다 하더라도 피고인에 대하여는 금액상당을 추징한 조처는 정당하다.
(대판 1984.2.14, 83도2871)

第49條【沒收의 附加性】 沒收는 他刑에 附加하여 科한다. 但, 行爲者에게 有罪의 裁判을 아니할 때에도 沒收의 要件이 있는 때에는 沒收만을 宣告할 수 있다.
참조 [형의 선고유예]59-61, [형의 종류]41
판례 형법 제59조에 의하여 형의 선고의 유예를 하는 경우에도 몰수의 요건이 있는 때에는 몰수형만의 선고를 할 수 있다.
(대판 1973.12.11, 73도1133 폐기 판례 : 1960.9.21, 4293형상121 ; 1970.6.30, 70도883 ; 1970.6.30, 70도993 ; 1970.7.24, 70도1289 ; 1972.10.31, 72도2049)

第50條【형의 경중】 ① 형의 경중은 제41조 각 호의 순서에 따른다. 다만, 무기금고와 유기징역은 무기금고를 무거운 것으로 하고 유기금고의 장기가 유기징역의 장기를 초과하는 때에는 유기금고를 무거운 것으로 한다.
② 같은 종류의 형은 장기가 긴 것과 다액이 많은 것을 무거운 것으로 하고 장기 또는 다액이 같은 경우에는 단기가 긴 것과 소액이 많은 것을 무거운 것으로 한다.
③ 제1항 및 제2항을 제외하고는 죄질과 범정(犯情)을 고려하여 경중을 정한다.
(2020.12.8 본조개정)
改前 "第50條【刑의 輕重】① 刑의 輕重은 第41條 記載의 順序에 의한다. 但, 無期禁錮와 有期懲役은 禁錮를 重한 것으로 하고 有期禁錮의 長期가 有期懲役의 長期를 超過하는 때에는 禁錮를 重한 것으로 한다.
② 同種의 刑은 長期의 긴 것과 多額의 많은 것을 重한 것으로 하고 長期 또는 多額이 同一한 때에는 그 短期의 긴 것과 少額의 많은 것을 重한 것으로 한다.
③ 前2項의 規定에 의한 외에는 罪質과 犯情에 의하여 輕重을 정한다."
참조 [형집행의 순서]형소462, [형의 변경]1②, [경합범]38-40, [구형법 기타 법령과 형의 경중]부칙1·2

第2節 刑의 量定

第51條【量刑의 條件】 刑을 定함에 있어서는 다음 事項을 參酌하여야 한다.
1. 犯人의 年齡, 性行, 知能과 環境
2. 被害者에 대한 關係
3. 犯行의 動機, 手段과 結果
4. 犯行後의 情況

참조 [형의 가중]35-40·42, [형의 감경]10②·11·21②·22③·25②·26·27·32·52·295의2, [기소편의주의]형소247
판례 만취한 부하 직원과 회식 자리에 단둘이 남게 되자 피해자를 자신의 집으로 데려가 침실에서 추행하던 중 창문을 통해 도망치려던 피해자가 8층 높이에서 떨어져 숨진 사건에서, 피해자가 그 침실을 벗어나려는 과정에서 발생한 결과와 추행 범행이 무관하다고 볼 수 없다. 피해자가 수차례 침실을 벗어나려고 하는데도 피의자는 이를 계속 제지하였고, 결국 피해자가 비정상적인 방법으로 그 침실을 벗어나려고 시도하는 과정에서 창문에서 떨어져 사망하였으므로, 이 경우 피해자의 사망을 형법에서 정한 양형의 조건인 '범행 후의 정황'에 해당한다고 보아야 한다.(대판 2019.8.30, 2019도8955)
판례 검사가 기소편의주의에 따라 소추권을 행사함에 있어서의 참작사항 : 검사가 기소편의주의에 따라 소추권을 행사함에 있어서 참작하여야 할 형법 제51조에 규정된 사항들은 단지 예시적인 것에 불과하고 피의자의 전과 및 전력, 법정형의 경중, 범행이 미치는 사회적 영향, 사회정세 및 가벌성에 대한 평가의 변화, 법령의 개폐, 공범의 사면, 범행 후 시간의 경과 등과 같이 위 법조에 예시되지 아니한 사항도 참작의 요소가 될 수 있다.
(헌재결 1995.1.20, 94헌마246)

第52條【자수, 자복】 ① 죄를 지은 후 수사기관에 자수한 경우에는 형을 감경하거나 면제할 수 있다.
② 피해자의 의사에 반하여 처벌할 수 없는 범죄의 경우에는 피해자에게 죄를 자복(自服)하였을 때에도 형을 감경하거나 면제할 수 있다.
(2020.12.8 본조개정)
改前 "第52條【自首, 自服】① 罪를 犯한 후 搜査責任이 있는 官署에 自首한 때에는 그 刑을 減輕 또는 免除할 수 있다.
② 被害者의 意思에 반하여 處罰할 수 없는 罪에 있어서 被害者에게 自服한 때에도 前項과 같다."
참조 [감경례]54·55, [면제의 선고]형소322, [자수감면의 특별규정]90①단서·101①단서·153·154·157, 국가보안16, [피해자의 의사]260③·266②·312·318·328②·344·354·361·365, 특허225·229의2, 저작140, [고소권자]형소223-228
판례 자수를 형의 임의적 감면사유로 규정한 형법 제52조 제1항이 헌법상 평등원칙에 반하지 않으므로 헌법에 위반되지 않는다는 결정을 선고하였다.(헌재결 2013.10.24, 2012헌바278)
판례 피고인이 검찰의 소환에 따라 자진 출석하여 검사에게 범죄사실에 관하여 자백함으로써 형법상 자수의 효력이 발생하였다면, 그 후에 검찰이나 법정에서 범죄사실을 일부 부인하였다고 하더라도 일단 발생한 자수의 효력이 소멸하는 것은 아니다.
(대판 2002.8.23, 2002도46)
판례 자수의 성립 요건 : 형법 제52조 제1항 소정의 자수란 범인이 자발적으로 자신의 범죄사실을 수사기관에 신고하여 그 소추를 구하는 의사표시를 함으로써 성립하는 것이다.
(대판 1999.7.9, 99도1695)

第53條【정상참작감경】 범죄의 정상(情狀)에 참작할 만한 사유가 있는 경우에는 그 형을 감경할 수 있다.(2020.12.8 본조개정)

改前 "第53條【酌量減輕】犯罪의 情狀에 參酌할 만한 事由가 있는 때에는 酌量하여 그 刑을 減輕할 수 있다."
참조 [방법·순서]54-56

第54條【선택형과 정상참작감경】 한 개의 죄에 정한 형이 여러 종류인 때에는 먼저 적용할 형을 정하고 그 형을 감경한다.(2020.12.8 본조개정)
改前 "第54條【選擇刑과 酌量減輕】1個의 罪에 정한 刑이 數種인 때에는 먼저 適用할 刑을 정하고 그 刑을 減輕한다."
참조 [감경]10·11·21-23·25-27·32·33·52·53·153·154·157·295의2, 국가보안16
판례 법정형에서 무기징역을 선택한 후 작량감경을 한 결과 유기징역이 되었을 경우에는 피고인이 미성년자라 하더라도 부정기형을 선고할 수 없다.(대판 1988.5.24, 88도501)

第55條【法律上의 減輕】 ① 法律上의 減輕은 다음과 같다.
1. 死刑을 減輕할 때에는 無期 또는 20년 이상 50년 이하의 懲役 또는 禁錮로 한다.(2010.4.15 본호개정)
2. 無期懲役 또는 無期禁錮를 減輕할 때에는 10년 이상 50년 이하의 懲役 또는 禁錮로 한다.
(2010.4.15 본호개정)
3. 有期懲役 또는 有期禁錮를 減輕할 때에는 그 刑期의 2分의 1로 한다.
4. 資格喪失을 減輕할 때에는 7年 이상의 資格停止로 한다.
5. 資格停止를 減輕할 때에는 그 刑期의 2分의 1로 한다.
6. 罰金을 減輕할 때에는 그 多額의 2分의 1로 한다.
7. 拘留를 減輕할 때에는 그 長期의 2分의 1로 한다.
8. 科料를 減輕할 때에는 그 多額의 2分의 1로 한다.
② 法律上 減輕할 事由가 數個있는 때에는 거듭 減輕할 수 있다.
改前 1. 死刑을…無期 또는 "10年이상"의 懲役 또는…
2. 無期懲役 또는…때에는 "7年이상"의 懲役 또는…
참조 [감경]10·11·21-23·25-27·32·33·52·53·153·154·157·295의2, 국가보안16
판례 군법회의법 제369조 제1항에 의하면 판결은 관할관이 확인하여야 하며 형법 제51조의 사항을 참작하여 그 형이 부당하다고 인정할 만한 사유가 있는 때에는 그 형을 감경 또는 형의 집행을 면할 수 있다라고만 규정함으로써 형법 제55조의 법률상의 감경례에 따라 감경하여야 한다는 제한규정을 두지 아니하고 있으니 관할관은 형법 제55조에 따르지 않아도 무방하다.(대판 1974.9.24, 74도1955)

第56條【가중·감경의 순서】 형을 가중·감경할 사유가 경합하는 경우에는 다음 각 호의 순서에 따른다.
1. 각칙 조문에 따른 가중
2. 제34조제2항에 따른 가중
3. 누범 가중
4. 법률상 감경
5. 경합범 가중
6. 정상참작감경
(2020.12.8 본조개정)
改前 "第56條【加重減輕의 順序】刑을 加重減輕할 事由가 競合된 때에는 다음 順序에 의한다.
1. 各則本條에 의한 加重
2. 第34條第2項의 加重
3. 累犯加重
4. 法律上減輕
5. 競合犯加重
6. 酌量減輕"
참조 [누범가중]35·36, 국가보안13, [법률상 감경]10·11·21-23·25-27·32·33·52·53·153·154·157·295의2, 국가보안16, [경합범 가중]38-40, [작량감경]53

第57條【判決宣告前 拘禁日數의 通算】 ① 判決宣告前의 拘禁日數는 그 전부를 有期懲役, 有期禁錮, 罰金이나 科料에 관한 留置 또는 拘留에 算入한다.
(2014.12.30 본항개정)
② 前項의 경우에는 拘禁日數의 1日은 懲役, 禁錮, 罰金이나 科料에 관한 留置 또는 拘留의 期間의 1日로 計算한다.
改前 ① 判決宣告前의 拘禁日數는 그 "全部 또는 一部"를…
참조 [상소제기후의 미결구금일수통산]형소482
판례 형법 제57조 제1항 중 "또는 일부" 부분이 헌법상 무죄추정의 원칙 및 적법절차의 원칙 등을 위배하여 신체의 자유를 침해하는지 여부(적극) : 헌법상 무죄추정의 원칙에 따라 유죄판결이 확정되기 전에 피의자 또는 피고인을 죄 있는 자에 준하여 취급함으로써 법률적·사실적 측면에서 유형·무형의 불이익을 주어서는 아니 되고, 특히 미결구금은 신체의 자유를 침해받는 피의자 또는 피고인의 입장에서 보면 실질적으로 자유형의 집행과 다를 바 없으므로, 인권보호 및 공평의 원칙상 형기에 전부 산입되어야 한다. 따라서 형법 제57조 제1항 중 "또는 일부 부분"은 헌법상 무죄추정의 원칙 및 적법절차의 원칙 등을 위배하여 합리성과 정당성 없이 신체의 자유를 침해한다.(헌재결 2009.6.25, 2007헌바25)
판례 미결구금일수의 전부 또는 일부를 본형에 산입한다고 규정한 것은 미결구금이 공소의 목적을 달성하기 위하여 어쩔 수 없이 피고인 또는 피의자를 구금하는 강제처분이어서, 형의 집행은 아니지만 자유를 박탈하는 점이 자유형과 유사하기 때문이다.(대판 2009.5.28, 2009도1446)
판례 미결구금은 도망이나 증거인멸을 방지하여 수사, 재판, 또는 형의 집행을 원활하게 진행하기 위하여 무죄추정원칙에도 불구하고 불가피하게 피의자 또는 피고인을 일정기간 일정시설에 구금하여 그 자유를 박탈하게 하는 재판확정 전의 강제적 처분이며, 형의 집행은 아니므로 성질상 그 기간을 형기에 당연히 산입하여야 하는 것은 아니다.(대결 2007.8.10, 2007모522)
판례 판결 선고 전 구금일수를 전부 산입할 것인가 또는 그 일부만을 산입할 것인가의 여부는 판결 법원의 자유재량에 속하는 것이므로, 항소심이 제1심판결을 파기하고 새로이 형을 선고함에 있어서 제1심판결 선고 전의 구금일수 중 일부를 본형에 산입하지 않았다고 하더라도 이를 위법하다 할 수 없다.
(대판 2006.4.13, 2005도9268)

第58條【判決의 公示】 ① 被害者의 利益을 위하여 必要하다고 認定할 때에는 被害者의 請求가 있는 경우에 한하여 被告人의 負擔으로 判決公示의 趣旨를 宣告할 수 있다.
② 피고사건에 대하여 무죄의 판결을 선고하는 경우에는 무죄판결공시의 취지를 선고하여야 한다. 다만, 무죄판결을 받은 피고인이 무죄판결공시 취지의 선고에 동의하지 아니하거나 피고인의 동의를 받을 수 없는 경우에는 그러하지 아니하다.(2014.12.30 본항개정)
③ 피고사건에 대하여 면소의 판결을 선고하는 경우에는 면소판결공시의 취지를 선고할 수 있다.
(2014.12.30 본항신설)
改前 "② 被告事件에 대하여 無罪 또는 免訴의 判決을 宣告할 때에는 判決公示의 趣旨를 宣告할 수 있다."
참조 [무죄의 판결]형소325, [면소의 판결]형소326, [무죄판결의 공시]형소440

第3節 刑의 宣告猶豫

第59條【선고유예의 요건】 ① 1년 이하의 징역이나 금고, 자격정지 또는 벌금의 형을 선고할 경우에 제51조의 사항을 고려하여 뉘우치는 정상이 뚜렷할 때에는 그 형의 선고를 유예할 수 있다. 다만, 자격정지 이상의 형을 받은 전과가 있는 사람에 대해서는 예외로 한다.
② 형을 병과할 경우에도 형의 전부 또는 일부에 대하여 선고를 유예할 수 있다.
(2020.12.8 본조개정)
改前 "第59條【宣告猶豫의 要件】① 1年 이하의 懲役이나 禁錮, 資格停止 또는 罰金의 刑을 宣告할 경우에 第51條의 事項을 參酌하여 改悛의 情狀이 顯著한 때에는 그 宣告를 猶豫할 수 있다. 但, 資格停止 이상의 刑을 받은 前科가 있는 者에 대하여는 例外로 한다.
② 刑을 併科할 경우에도 刑의 全部 또는 一部에 대하여 그 宣告를 猶豫할 수 있다."
참조 [양형의 조건]51, [자격정지]43·44, [선고유예의 판결]형소322, [형의 병과]38·44·114·117·131·204·220·237·238·249·256·265·270·282·295·345·353·358·363
판례 형법 제59조 제1항은 "1년 이하의 징역이나 금고, 자격정지 또는 벌금의 형을 선고할 경우 제51조의 사항을 참작하여 개전의 정상이 현저한 때에는 그 선고를 유예할 수 있다. 단, 자격정지 이상의 형을 받은 전과가 있는 자에 대하여는 예외로 한다."고 규정하고 있는바, 위 단서에서 정한 "자격정지 이상의 형을 받은 전과"라 함은 자격정지 이상의 형을 선고받은 범죄경력 자체를 의미하는 것이고, 그 형의 효력이 상실된 여부는 묻지 않는 것으로 해석함이 상당하다. 따라서 형의 집행유예를 선고받은 자는 형법 제65조에 의하여 그 선고가 실효 또는 취소됨이 없이 정해진 유예기간을 무사히 경과하여 형의 선고가 효력을 잃게 되었다고 하더라도 형의 선고의 법률적 효과가 없어진다는 것일 뿐, 형의 선고가 있었다는 기왕의 사실 자체까지 없어지는 것은 아니므로, 형법 제59조 제1항 단서에서 정한 선고유예 결격사유인 "자격정지 이상의 형을 받은 전과가 있는 자"에 해당한다고 보아야 한다.
(대판 2007.5.11, 2005도5756)

第59條의2【保護觀察】 ① 刑의 宣告를 猶豫하는 경우에 再犯防止를 위하여 指導 및 援護가 필요한 때에는 保護觀察을 받을 것을 명할 수 있다.
② 第1項의 規定에 의한 保護觀察의 기간은 1年으로 한다.
(1995.12.29 본조신설)
참조 형소규147의2①

第60條【宣告猶豫의 效果】 刑의 宣告猶豫를 받은 날로부터 2年을 經過한 때에는 免訴된 것으로 看做한다.
참조 [기간의 계산]83, [형의 면제]형소322

第61條【宣告猶豫의 失效】 ① 刑의 宣告猶豫를 받은 者가 猶豫期間중 資格停止 이상의 刑에 處한 判決이 確定되거나 資格停止 이상의 刑에 處한 前科가 發見된 때에는 猶豫한 刑을 宣告한다.
② 第59條의2의 規定에 의하여 保護觀察을 명한 宣告猶豫를 받은 者가 保護觀察期間중에 준수사항을 위반하고 그 정도가 무거운 때에는 猶豫한 刑을 宣告할 수 있다.(1995.12.29 본항신설)
참조 [유예기간]60, [자격정지]44, [절차]형소336
판례 '형의 선고유예를 받은 자가 자격정지 이상의 형에 처한 전과가 발견된 때'란 형의 선고유예의 판결이 확정된 후에 위와 같은 전과가 발견된 경우를 말하고 그 판결확정 전에 이러한 전과가 발견된 경우에는 이를 취소할 수 없으며, 이때 판결확정 전에 발견되었다고 함은 검사가 명확하게 그 결격사유를 안 경우만을 말하는 것이 아니라 당연히 그 결격사유를 알 수 있는 객관적 상황이 존재함에도 부주의로 알지 못한 경우도 포함한다.
(대결 2008.2.14, 2007모845)

第4節 刑의 執行猶豫

第62條【執行猶豫의 要件】 ① 3年 이하의 징역이나 금고 또는 500만원 이하의 벌금의 형을 宣告할 경우에 第51條의 事項을 參酌하여 그 情狀에 參酌할 만한 事由가 있는 때에는 1年 이상 5年 이하의 期間 刑의 執行을 猶豫할 수 있다. 다만, 금고 이상의 형을 선고한 판결이 확정된 때부터 그 집행을 종료하거나 면제된 후 3년까지의 기간에 범한 죄에 대하여 형을 선고하는 경우에는 그러하지 아니하다.
(2016.1.6 본문개정)
② 刑을 併科할 경우에는 그 刑의 一部에 대하여 執行을 猶豫할 수 있다.
改前 ① 3年 이하의 "懲役 또는 禁錮의 刑"을 宣告할…다만, 금고 이상의 형을…아니하다.(2005.7.29 단서개정)
참조 [집행유예의 선고]형소321, [구속영장의 효력]형소331, [집행유예의 취소]형소335, [외국에서 집행된 형의 산입]7, [형의 집행면제]77, 사면7, [양형의 조건]51, [구속영장의 실효]형소331
판례 준수사항이나 명령의 위반 정도가 무거운 때에 집행유예의 선고를 취소할 수 있도록 규정하고 있고, 집행유예의 취소는 자유형의 선고와 마찬가지로 자유를 박탈하는 결과를 가져올 뿐만 아니라 사회봉사·수강명령의 실패와 다름아니기 때문에 사회봉사·수강명령의 목적을 도저히 달성할 수 없을 정도에 이르렀다고 판단될 때 하여야 하는 것이 바람직하다는 사정을 보태어 보면, 법원이 보호관찰대상자에게 특별히 부과할 수 있는 '재범의 기회나 충동을 줄 수 있는 장소에 출입하지 아니할 것'이라는 사항을 만연히 사회봉사·수강명령대상자에게 부과하고 사회봉사·수강명령대상자가 재범한 것을 집행유예 취소 사유로 삼는 것은 신중하여야 한다.
(대결 2009.3.30, 2008모1116)
판례 집행유예의 요건 : 집행유예의 요건에 관한 형법 제62조 제1항이 '형의 집행을 유예할 수 있다'고만 규정하고 있다고 하더라도, 이는 같은 조 제2항이 그 형의 '일부'에 대하여 집행을 유예할 수 있는 때를 형을 '병과'할 경우로 한정하고 있는 점에 비추어 보면, 조문의 체계적 해석상 하나의 형의 전부에 대한 집행유예에 관한 규정이라 할 것이고, 또한 하나의 자유형에 대한 일부집행유예에 관하여는 그 요건, 효력 및 일부 실형에 대한 집행의 시기와 절차, 방법 등을 입법에 의해 명확하게 할 필요가 있어, 그 인정을 위해서는 별도의 근거 규정이 필요하므로 하나의 자유형 중 일부에 대해서는 실형을, 나머지에 대해서는 집행유예를 선고하는 것은 허용되지 않는다.
(대판 2007.2.22, 2006도8555)

第62條의2【保護觀察, 社會奉仕·受講命令】 ① 刑의 執行을 猶豫하는 경우에는 保護觀察을 받을 것을 명하거나 社會奉仕 또는 受講을 명할 수 있다.
② 第1項의 規定에 의한 保護觀察의 기간은 執行을 猶豫한 기간으로 한다. 다만, 法院은 猶豫期間의 범위내에서 保護觀察期間을 정할 수 있다.
③ 社會奉仕命令 또는 受講命令은 執行猶豫期間내에 이를 執行한다.
(1995.12.29 본조신설)
참조 형소규147의2
판례 법원이 명하는 사회봉사의 의미나 내용은 피고인이나 집행담당 기관이 쉽게 이해할 수 있어 집행 과정에서 그 의미나 내용에 관한 다툼이 발생하지 않을 정도로 특정되어야 한다. 특히, 피고인으로 하여금 자신의 범죄행위와 관련하여 어떤 말이나 글을 공개적으로 발표하도록 하는 것은 경우에 따라 피고인의 명예나 인격에 대한 심각하고 중대한 침해를 초래할 수 있는바, 법원이 피고인에게 유죄로 인정된 범죄행위와 관련하여 어떤 말이나 글을 공개적으로 발표하는 사회봉사를 명할 경우, 그 말이나 글이 어떤 의미나 내용이어야 하는 것인지 쉽게 이해할 수 없어 집행 과정에서 그 의미나 내용에 관한 다툼이 발생할 가능성이 적지 않고, 유죄로 인정된 범죄행위를 뉘우치거나 그 범죄행위를 공개하는 취지의 말이나 글을 발표하도록 하는 취지의 것으로도 해석될 가능성이 적지 않다면 이러한 사회봉사명령은 위법하다.
(대판 2008.4.11, 2007도8373)
판례 보호관찰은 형벌이 아니라 보안처분의 성격을 갖는 것으로서, 과거의 불법에 대한 책임에 기초하고 있는 제재가 아니라 장래의 위험성으로부터 행위자를 보호하고 사회를, 방위하기 위한 합목적적인 조치이므로, 그에 관하여 반드시 행위 이전에 규정되어 있어야 하는 것은 아니며, 재판시의 규정에 의하여 보호관찰을 받을 것을 명할 수 있다고 보아야 할 것이고, 이와 같은 해석이 형벌불소급의 원칙 내지 죄형법정주의에 위배되는 것이라고 볼 수 없다.(대판 1997.6.13, 97도703)

第63條【執行猶豫의 失效】 執行猶豫의 宣告를 받은 者가 유예기간 중 고의로 범한 죄로 금고 이상의 실형을 선고받아 그 判決이 確定된 때에는 執行猶豫의 宣告는 效力을 잃는다.(2005.7.29 본조개정)
改前 …宣告를 받은 者가 "猶豫期間중 禁錮이상의 刑의 宣告를 받어" 그 判決이 確定된 때에는…
참조 [집행유예의 선고]형소321, [집행유예의 취소]64
판례 범죄에 대한 형의 집행유예는 합리적 목적을 위하여 법률로 규정한 사유가 발생할 경우 당연히 실효될 것 등을 조건으로 하여 선고되는 것이므로, 그러한 실효사유가 발생하여 형의 집행유예 선고가 효력을 잃음으로써 유예되었던 형이 집행된다고 하여 행위시의 법률에 의하여 처벌받지 아니하는 행위에 대하여 소급하여 처벌받게 하거나 동일한 범죄에 대하여 거듭 처벌하는 것이라고 볼 수 없으므로 헌법 제13조 제1항이나 형법 제1조에 위반된다고 할 수 없다.(대결 1997.7.18, 97모18)

第64條【執行猶豫의 取消】 ① 執行猶豫의 宣告를 받은 後 第62條 但行의 事由가 發覺된 때에는 執行猶豫의 宣告를 取消한다.

② 第62條의2의 規定에 의하여 保護觀察이나 社會奉仕 또는 受講을 명한 執行猶豫를 받은 者가 준수사항이나 命令을 위반하고 그 정도가 무거운 때에는 執行猶豫의 宣告를 取消할 수 있다.
(1995.12.29 본항신설)

참조 [집행유예의 선고]형소321, [취소절차]형소335, 형소규149의3

판례 형법 제64조에 규정된 "같은 법 제62조 제1항 단행의 사유가 발각된 때"에는 형의 집행유예의 선고를 받은 것이 발각된 경우도 포함한다.(대결 1975.11.13, 75모63)

第65條【執行猶豫의 效果】 執行猶豫의 宣告를 받은 後 그 宣告의 失效 또는 取消됨이 없이 猶豫期間을 經過한 때에는 刑의 宣告는 效力을 잃는다.

참조 [선고]62, [실효]63, [취소]64, [기간계산]83

판례 '형의 선고는 효력을 잃는다'는 취지는 형의 선고의 법률적 효과가 없어진다는 것일 뿐 형의 선고가 있었다는 기왕의 사실 자체까지 없어진다는 뜻이 아니다.(대결 1983.4.2, 83모8)

第5節 刑의 執行

第66條【사형】 사형은 교정시설 안에서 교수(絞首)하여 집행한다.(2020.12.8 본조개정)

改前 "第66條【死刑】死刑은 刑務所內에서 絞首하여 執行한다."

참조 [사형집행]형소463-469, 형의집행수용자91, 형의집행수용자시111, [수용]형의집행수용자11-21, [소년과 사형]소년59, [보상]형사보상및명예회복에관한법5③

第67條【징역】 징역은 교정시설에 수용하여 집행하며, 정해진 노역(勞役)에 복무하게 한다.
(2020.12.8 본조개정)

改前 "第67條【懲役】懲役은 刑務所내에 拘置하여 定役에 服務하게 한다."

참조 [집행]형소473-475, [수용]형의집행수용자11-21, [작업과 직업훈련]형의집행수용자65-74, [소년에 대한 집행]소년63, [보상]형사보상및명예회복에관한법2② · 5①

第68條【금고와 구류】 금고와 구류는 교정시설에 수용하여 집행한다.(2020.12.8 본조개정)

改前 "第68條【禁錮와 拘留】禁錮와 拘留는 刑務所에 拘置한다."

참조 [집행]형소473-475, [수용]형의집행수용자11-21, 즉결심판18②, [신청에 따른 작업]형의집행수용자67, [소년에 대한 집행]소년63, [보상]형사보상및명예회복에관한법2② · 5①, [즉결심판]법원조직34, 즉결심판17 · 18

第69條【罰金과 科料】 ① 罰金과 科料는 判決確定日로부터 30日내에 納入하여야 한다. 但, 罰金을 宣告할 때에는 同時에 그 金額을 完納할 때까지 勞役場에 留置할 것을 命할 수 있다.

② 罰金을 納入하지 아니한 者는 1日 이상 3年 이하, 科料를 納入하지 아니한 者는 1日 이상 30日 미만의 期間 勞役場에 留置하여 作業에 服務하게 한다.

참조 [가납판결]형소334, [집행절차]형소477-479, [노역장유치]형소492, [신청에 따른 작업]형의집행수용자67, [보상]형사보상및명예회복에관한법2② · 5④⑦, [기간계산]83, [작업]형의집행수용자65-76, [구속영장의 실효]형소331, [즉결심판]법원조직34, 즉결심판17 · 18

第70條【노역장 유치】 ① 벌금이나 과료를 선고할 때에는 이를 납입하지 아니하는 경우의 노역장 유치기간을 정하여 동시에 선고하여야 한다.

② 선고하는 벌금이 1억원 이상 5억원 미만인 경우에는 300일 이상, 5억원 이상 50억원 미만인 경우에는 500일 이상, 50억원 이상인 경우에는 1천일 이상의 노역장 유치기간을 정하여야 한다.
(2020.12.8 본조개정)

改前 第70條【"勞役場留置】"① 罰金 또는 科料를 宣告할 때에는 納入하지 아니하는 경우의 留置期間을 정하여 同時에 宣告하여야 한다."

② 선고하는 벌금이…50억원 이상인 경우에는 "1,000일" 이상의 "유치기간을" 정하여야 한다.(2014.5.14 본항신설)

참조 [선고]형소321, [집행절차]형소492, [기간계산]83, [환형처분의 금지]소년62

第71條【유치일수의 공제】 벌금이나 과료의 선고를 받은 사람이 그 금액의 일부를 납입한 경우에는 벌금 또는 과료액과 노역장 유치기간의 일수(日數)에 비례하여 납입금액에 해당하는 일수를 뺀다.
(2020.12.8 본조개정)

改前 "第71條【留置日數의 控除】罰金 또는 科料의 宣告를 받은 者가 그 一部를 納入한 때에는 罰金 또는 科料額과 留置期間의 日數에 比例하여 納入金額에 相當한 日數를 除한다."

참조 [유치기간]70, 형소321

第6節 假釋放

第72條【가석방의 요건】 ① 징역이나 금고의 집행 중에 있는 사람이 행상(行狀)이 양호하여 뉘우침이 뚜렷한 때에는 무기형은 20년, 유기형은 형기의 3분의 1이 지난 후 행정처분으로 가석방을 할 수 있다.

② 제1항의 경우에 벌금이나 과료가 병과되어 있는 때에는 그 금액을 완납하여야 한다.
(2020.12.8 본조개정)

改前 "第72條【假釋放의 要件】① 懲役 또는 禁錮의 執行중에 있는 者가 그 行狀이 良好하여 改悛의 情이 顯著한 때에는 無期에 있어서는 20년, 有期에 있어서는 刑期의 3分의 1을 經過한 後 行政處分으로 假釋放을 할 수 있다.(2010.4.15 본항개정)

② 前項의 경우에 罰金 또는 科料의 倂科가 있는 때에는 그 金額을 完納하여야 한다."

참조 [가석방절차]형의집행수용자119-122 · 124, [준수사항]형의집행수용자시140, [기간계산]83 · 84, [소년과 가석방]소년65 · 66, [금액의 완납]69 · 70

第73條【판결선고 전 구금과 가석방】 ① 형기에 산입된 판결선고 전 구금일수는 가석방을 하는 경우 집행한 기간에 산입한다.

② 제72조제2항의 경우에 벌금이나 과료에 관한 노역장 유치기간에 산입된 판결선고 전 구금일수는 그에 해당하는 금액이 납입된 것으로 본다.
(2020.12.8 본조개정)

改前 "第73條【判決宣告前 拘禁과 假釋放】① 刑期에 算入된 判決宣告前 拘禁의 日數는 假釋放에 있어서 執行을 經過한 期間에 算入한다.

② 罰金 또는 科料에 관한 留置期間에 算入된 判決宣告前 拘禁日數는 前條 第2項의 경우에 있어서 그에 該當하는 金額이 納入된 것으로 看做한다."

참조 [판결전 구금일수]형소321, [유치기간]69 · 70

第73條의2【假釋放의 기간 및 保護觀察】 ① 假釋放의 기간은 無期刑에 있어서는 10年으로 하고, 有期刑에 있어서는 남은 刑期로 하되, 그 기간은 10年을 초과할 수 없다.

② 假釋放된 者는 假釋放期間중 保護觀察을 받는다. 다만, 假釋放을 許可한 行政官廳이 필요가 없다고 인정한 때에는 그러하지 아니하다.
(1995.12.29 본조신설)

第74條【가석방의 실효】 가석방 기간 중 고의로 지은 죄로 금고 이상의 형을 선고받아 그 판결이 확정된 경우에 가석방 처분은 효력을 잃는다.
(2020.12.8 본조개정)

改前 "第74條【假釋放의 失效】假釋放中 禁錮이상의 刑의 宣告를 받어 그 判決이 確定된 때에는 假釋放處分은 效力을 잃는다. 但, 過失로 인한 罪로 刑의 宣告를 받었을 때에는 例外로 한다."

참조 [판결확정]84, 형소343 · 358 · 374 · 459, [가석방의 요건]72, [과실로 인한 죄]170-172② · 181 · 189 · 266-268 · 364

第75條【假釋放의 取消】 假釋放의 처분을 받은 者가 監視에 관한 規則을 違背하거나, 保護觀察의 준수사항을 위반하고 그 정도가 무거운 때에는 假釋放處分을 取消할 수 있다.(1995.12.29 본조개정)

第76條【假釋放의 效果】 ① 假釋放의 처분을 받은 후 그 처분이 失效 또는 取消되지 아니하고 假釋放期間을 경과한 때에는 刑의 執行을 종료한 것으로 본다.(1995.12.29 본항개정)

② 前2條의 경우에는 假釋放중의 日數는 刑期에 算入하지 아니한다.

참조 [처분의 실효 · 취소]74 · 75, [집행의 종료]86, [형기불산입]84②, [시효정지]79

第7節 刑의 時效

第77條【형의 시효의 효과】 형(사형은 제외한다)을 선고받은 자에 대해서는 시효가 완성되면 그 집행이 면제된다.(2023.8.8 본조개정)

改前 第77條【형의 시효의 효과】"형을 선고받은 사람"에 대해서는 시효가 완성되면 그 집행이 면제된다.(2020.12.8 본조개정)

참조 [시효기간의 계산]83 · 85, 형소66, [집행면제]1③ · 6 · 35 · 36 · 43② · 44② · 62① · 81, [사면]사면5②, [중단]80, [정지]79, [형의 선고]형소321 · 348, 즉결심판11

第78條【형의 시효의 기간】 시효는 형을 선고하는 재판이 확정된 후 그 집행을 받지 아니하고 다음 각 호의 구분에 따른 기간이 지나면 완성된다.

1. (2023.8.8 삭제)
2. 무기의 징역 또는 금고 : 20년
3. 10년 이상의 징역 또는 금고 : 15년
4. 3년 이상의 징역이나 금고 또는 10년 이상의 자격정지 : 10년
5. 3년 미만의 징역이나 금고 또는 5년 이상의 자격정지 : 7년
6. 5년 미만의 자격정지, 벌금, 몰수 또는 추징 : 5년
7. 구류 또는 과료 : 1년

(2020.12.8 본조개정)

改前 "1. 사형 : 30년"

참조 [재판의 확정]84, 형소343 · 358 · 374 · 453 · 457 · 459, 즉결심판15 · 16, [기간계산]83-85, 형소66, [시효기간의 초일]85, [형의 선고]형소321

第79條【형의 시효의 정지】 ① 時效는 刑의 執行의 猶豫나 停止 또는 假釋放 기타 執行할 수 없는 期間은 進行되지 아니한다.

② 시효는 형이 확정된 후 그 형의 집행을 받지 아니한 사람이 형의 집행을 면할 목적으로 국외에 있는 기간 동안은 진행되지 아니한다.(2023.8.8 본항개정)
(2023.8.8 본조제목개정)

改前 第79條【"時效의 停止"】① 時效는 刑의 執行의…

② 시효는 형이 확정된 후 그 "형의 집행을 받지 아니한 자가" 형의 집행을 면할 목적으로 국외에 있는 기간 동안은…

참조 [집행유예]62, [집행정지]형소348 · 428 · 435 · 462 · 469 · 470 · 471

第80條【형의 시효의 중단】 시효는 징역, 금고 및 구류의 경우에는 수형자를 체포한 때, 벌금, 과료, 몰수 및 추징의 경우에는 강제처분을 개시한 때에 중단된다.(2023.8.8. 본조개정)

改前 "第80條【時效의 中斷】時效는 死刑, 懲役, 禁錮와 拘留에 있어서는 受刑者를 逮捕함으로, 罰金, 科料, 沒收와 追徵에 있어서는 强制處分을 開始함으로 인하여 中斷된다."

참조 [체포]형소473-475, [교도관에 의한 체포]형의집행수용자103, [재산형의 집행]형소477-479

第8節 刑의 消滅

第81條【刑의 失效】 懲役 또는 禁錮의 執行을 終了하거나 執行이 免除된 者가 被害者의 損害를 補償하고 資格停止 이상의 刑을 받음이 없이 7年을 經過한 때에는 本人 또는 檢事의 申請에 의하여 그 裁判의 失效를 宣告할 수 있다.

참조 [외국에서 집행된 형의 산입]7, [집행의 면제]77, [형의 소멸의 재판]형소337

판례 형의 집행종료후 7년 이내에 집행유예의 판결을 받고 그 기간을 무사히 경과하여 7년을 채우더라도 형법 제81조의 '형을 받음이 없이 7년을 경과'하는 때에 해당하지 아니하여 형의 실효를 선고할 수 없다.(대결 1983.4.2, 83모8)

第82條【復權】 資格停止의 宣告를 받은 者가 被害者의 損害를 補償하고 資格停止이상의 刑을 받음이 없이 停止期間의 2分의 1을 經過한 때에는 本人 또는 檢事의 申請에 의하여 資格의 回復을 宣告할 수 있다.

참조 [자격정지]44, [형의 선고]형소321, [자격회복의 선고]형소337

第4章 期 間

第83條【기간의 계산】 연(年) 또는 월(月)로 정한 기간은 연 또는 월 단위로 계산한다.(2020.12.8 본조개정)

改前 "第83條【期間의 計算】年 또는 月로써 정한 期間은 曆數에 따라 計算한다."

참조 [민법상의 기간계산]민160

판례 자유형의 형기를 역수에 따라 계산하도록 한 형법 제83조에 대하여, 형기에 윤달(2월이 29일)이 포함되어 윤달이 아닌 해보다 1일 더 복역하게 되더라도 이는 자유형의 형기를 '연월'로 정하고, 태양력의 오차시정을 위해 주기적으로 윤달이 발생하는데 기인하는 것으로 신체의 자유를 침해하지 않으므로 청구인의 헌법소원을 기각하였다.
(헌재결 2013.5.30, 2011헌마861)

第84條【刑期의 起算】 ① 刑期는 判決이 確定된 날로부터 起算한다.

② 懲役, 禁錮, 拘留와 留置에 있어서는 拘束되지 아니한 日數는 刑期에 算入하지 아니한다.

참조 [재판확정]형소343 · 358 · 374 · 453 · 457, 즉결심판16, [가석방취소등의 경우]76, [구속되지 아니한 일수]형소470 · 473

第85條【刑의 執行과 時效期間의 初日】 刑의 執行과 時效期間의 初日은 時間을 計算함이 없이 1日로 算定한다.

참조 [시효기간]78

第86條【釋放日】 釋放은 刑期終了日에 하여야 한다.

第2編 各 則

第1章 內亂의 罪

第87條【내란】 대한민국 영토의 전부 또는 일부에서 국가권력을 배제하거나 국헌을 문란하게 할 목적으로 폭동을 일으킨 자는 다음 각 호의 구분에 따라 처벌한다.

1. 우두머리는 사형, 무기징역 또는 무기금고에 처한다.
2. 모의에 참여하거나 지휘하거나 그 밖의 중요한 임무에 종사한 자는 사형, 무기 또는 5년 이상의 징역이나 금고에 처한다. 살상, 파괴 또는 약탈 행위를 실행한 자도 같다.
3. 부화수행(附和隨行)하거나 단순히 폭동에만 관여한 자는 5년 이하의 징역이나 금고에 처한다.

(2020.12.8 본조개정)

改前 "第87條【內亂】國土를 참절하거나 國憲을 紊亂할 目的으로 暴動한 者는 다음의 區別에 의하여 處斷한다.

1. 首魁는 死刑, 無期懲役 또는 無期禁錮에 處한다.
2. 謀議에 參與하거나 指揮하거나 기타 重要한 任務에 從事한 者는 死刑, 無期 또는 5年 이상의 懲役이나 禁錮에 處한다. 殺傷, 破壞 또는 掠奪의 行爲를 實行한 者도 같다.

3. 附和隨行하거나 單純히 暴動에만 關與한 者는 5年 이하의 懲役 또는 禁錮에 處한다."

[참조] [국헌문란의 정의]91, [내란목적의 살인]88, [미수범]89, [예비·음모·선동·선전]90, [외국인의 국외범]5, [소요죄]115, [자수]90, [군법]군형5이하

[판례] 내란죄의 기수시기 및 내란죄가 상태범인지 여부 : 내란죄는 국토를 참절하거나 국헌을 문란할 목적으로 폭동한 행위로서, 다수인이 결합하여 위와 같은 목적으로 한 지방의 평온을 해할 정도의 폭행·협박행위를 하면 기수가 되고, 그 목적의 달성 여부는 이와 무관한 것으로 해석되므로, 다수인이 한 지방의 평온을 해할 정도의 폭동을 하였을 때 이미 내란의 구성요건은 완전히 충족된다고 할 것이어서 상태범으로 봄이 상당하다.
(대판 1997.4.17, 96도3376 전원합의체)

[판례] 군사반란의 가벌성 : 군사반란과 내란을 통하여 국민투표를 거쳐 헌법을 개정하고 개정된 헌법에 따라 국가를 통치하여 왔다고 하더라도 그 군사반란과 내란을 통하여 새로운 법질서를 수립한 것이라고 할 수 없으며, 우리나라의 헌법질서 아래에서는 폭력에 의하여 헌법기관의 권능행사를 불가능하게 하거나 정권을 장악하는 행위는 어떠한 경우에도 용인될 수 없다. 따라서 그 군사반란과 내란행위는 처벌의 대상이 된다.
(대판 1997.4.17, 96도3376 전원합의체)

[판례] '폭동'의 의미 및 판단기준 : 형법 제87조의 구성요건으로서의 '폭동'이라 함은 다수인이 결합하여 폭행, 협박하는 것을 말하는 것으로 그 경우 다수인의 결합은 어느 정도 조직화될 필요는 있으나, 그 수효를 특정할 수는 없는 것이고, 또 폭행, 협박의 정도는 한 지방의 평온을 해할 정도의 것임을 요하나, 한 지방의 평온을 해할 정도에 이르면 기수에 달하고, 이러한 정도에 달하지 않은 때는 미수로 된다 할 것이다.
(대판 1980.5.20, 80도306 : 김재규 사건)

第88條【내란목적의 살인】 대한민국 영토의 전부 또는 일부에서 국가권력을 배제하거나 국헌을 문란하게 할 목적으로 사람을 살해한 자는 사형, 무기징역 또는 무기금고에 처한다.(2020.12.8 본조개정)

[改前] "第88條【內亂目的의 殺人】國土를 僭竊하거나 國憲을 紊亂할 目的으로 사람을 殺害한 者는 死刑, 無期懲役 또는 無期禁錮에 處한다."

[참조] [내란]87, [미수범]89, [살인죄]250-256, [예비·음모·선동·선전]90, [외국인의 국외범]5, [자수]90, [보안관찰대상]보호관찰3

[판례] 내란의 실행과정에서 폭동행위에 수반하여 개별적으로 발생한 살인행위는 내란행위의 한 구성요소를 이루는 것이므로 내란행위에 흡수되어 내란목적살인의 별죄를 구성하지 아니하나, 특정인 또는 일정한 범위 내의 한정된 집단에 대한 살해가 내란의 와중에 폭동에 수반하여 일어난 것이 아니라 그것 자체가 의도적으로 실행된 경우에는 이러한 살인행위는 내란에 흡수될 수 없고 내란목적살인의 별죄를 구성한다.
(대판 1997.4.17, 96도3376 전원합의체)

第89條【未遂犯】 前2條의 未遂犯은 處罰한다.

[참조] [미수범]25-27, [외국인의 국외범]5, [보안관찰대상]보호관찰3

第90條【豫備, 陰謀, 煽動, 宣傳】 ① 第87條 또는 第88條의 罪를 犯할 目的으로 豫備 또는 陰謀한 者는 3年 이상의 有期懲役이나 有期禁錮에 處한다. 但, 그 目的한 罪의 實行에 이르기 前에 自首한 때에는 그 刑을 減輕 또는 免除한다.

② 第87條 또는 第88條의 罪를 犯할 것을 煽動 또는 宣傳한 者도 前項의 刑과 같다.

[참조] [내란죄]87, [외국인의 국외범]5, [보안관찰대상]보호관찰3

第91條【國憲紊亂의 定義】 本章에서 國憲을 紊亂할 目的이라 함은 다음 各號의 1에 該當함을 말한다.

1. 憲法 또는 法律에 정한 節次에 의하지 아니하고 憲法 또는 法律의 機能을 消滅시키는 것
2. 憲法에 의하여 設置된 國家機關을 強壓에 의하여 顚覆 또는 그 權能行使를 不可能하게 하는 것

[참조] [국헌문란]87·88, [특례]헌정질서파괴범죄의공소시효등에관한특례법

[판례] 형법 제91조 제2호 소정의 '국헌문란'의 의미 및 그 목적에 대한 판단기준 : 형법 제91조 제2호에 의하면 '권능행사를 불가능하게 한다'고 하는 것은 그 기관을 제도적으로 영구히 폐지하는 경우만을 가리키는 것은 아니고 사실상 상당기간 기능을 제대로 할 수 없게 만드는 것을 포함하며 국헌문란의 목적을 가지고 있었는지 여부는 외부적으로 드러난 행위와 그 행위에 이르게 된 경위 및 그 행위의 결과 등을 종합하여 판단하여야 한다.
(대판 1997.4.17, 96도3376 전원합의체)

第2章 外患의 罪

第92條【外患誘致】 外國과 通謀하여 大韓民國에 대하여 戰端을 열게 하거나 外國人과 通謀하여 大韓民國에 抗敵한 者는 死刑 또는 無期懲役에 處한다.

[참조] 국가보안4, [외국인의 국외범]5, [미수범]100, [예비·음모·선동·선전]101, [동맹국에 대한 행위]104, [자수]101, [보안처분대상]보호관찰3

第93條【與敵】 敵國과 合勢하여 大韓民國에 抗敵한 者는 死刑에 處한다.

[참조] [준적국]102, [외국인의 국외범]5, [미수범]100, [예비·음모·선동·선전]101, [자수]101, [동맹국에 대한 행위]104, [보안처분대상]보호관찰3, [반국가행위]국가보안2

第94條【募兵利敵】 ① 敵國을 위하여 募兵한 者는 死刑 또는 無期懲役에 處한다.

② 前項의 募兵에 應한 者는 無期 또는 5年 이상의 懲役에 處한다.

[참조] [외국인의 국외범]5, [준적국]102, [미수범]100, [예비·음모·선동·선전]101, [동맹국에 대한 행위]104, 국가보안4①, [보안처분대상]보호관찰3

第95條【施設提供利敵】 ① 軍隊, 要塞, 陣營 또는 軍用에 供하는 船舶이나 航空機 기타 場所, 設備 또는 建造物을 敵國에 提供한 者는 死刑 또는 無期懲役에 處한다.

② 兵器 또는 彈藥 기타 軍用에 供하는 物件을 敵國에 提供한 者도 前項의 刑과 같다.

[참조] [군사시설]군사기지및군사시설보호법2, [외국인의 국외범]5, [미수범]100, [예비·음모·선동·선전]101, [자수]101, [준적국]102, [동맹국에 대한 행위]104, [군법]군형11, [보안처분대상]보호관찰3, [반국가행위]국가보안3

第96條【施設破壞利敵】 敵國을 위하여 前條에 記載한 軍用施設 기타 物件을 破壞하거나 使用할 수 없게 한 者는 死刑 또는 無期懲役에 處한다.

[참조] [외국인의 국외범]5, [미수범]100, [예비·음모·선동·선전]101, [자수]101, [준적국]102, [동맹국에 대한 행위]104, [보안처분대상]보호관찰3, [반국가행위]국가보안4

第97條【物件提供利敵】 軍用에 供하지 아니하는 兵器, 彈藥 또는 戰鬪用에 供할 수 있는 物件을 敵國에 提供한 者는 無期 또는 5年 이상의 懲役에 處한다.

[참조] [외국인의 국외범]5, [미수범]100, [예비·음모·선동·선전]101, [자수]101, [준적국]102, [동맹국에 대한 행위]104, [보안처분대상]보호관찰2, [반국가행위]국가보안4

第98條【間諜】 ① 敵國을 위하여 間諜하거나 敵國의 間諜을 幇助한 者는 死刑, 無期 또는 7年 이상의 懲役에 處한다.

② 軍事上의 機密을 敵國에 漏泄한 者도 前項의 刑과 같다.

[참조] [외국인의 국외범]5, [미수범]100, [예비·음모·선동·선전]101, [자수]101, [준적국]102, [동맹국에 대한 행위]104, [국가기밀]국가보안4, 보안업무규정2, [군사상의 기밀]군사기밀2, [군법]군형13, [보안처분대상]보호관찰3, [반국가행위]국가보안2

[판례] 간첩죄에 있어서의 국가기밀의 의미 : 간첩죄에 있어서의 국가(군사)기밀이란 순전한 의미에서의 국가(군사)기밀에만 국한할 것이 아니고 정치, 경제, 사회, 문화등 각 방면에 걸쳐 북한괴뢰집단의 지, 부지에 불구하고 국방정책상 위 집단에 알리지 아니하거나 확인되지 아니함을 우리나라의 이익으로 하는 모든 기밀사항을 포함한다.(대판 1986.7.8, 86도861)

[판례] 신문광고나 책자 등을 통하여 널리 알려진 사항도 국가기밀에 해당되는지 여부(적극) : 피고인이 탐지·수집하였다는 사항들 가운데 신문광고를 통하여 또는 국내에서 적법하게 간행된 책자 등을 통하여 국내에 널리 알려진 사항들이 포함되어 있어도 그 사항들이 모두 우리의 국방상 북괴집단에게 알리지 아니하거나 북괴집단에 의하여 확인되지 아니함이 우리의 정치·사회분야에 있어서 이익이 된다면 국가보안법상의 국가기밀에 속한다고 볼 수 있다.(대판 1984.10.23, 84도1846)

第99條【一般利敵】 前7條에 記載한 이외에 大韓民國의 軍事上 利益을 害하거나 敵國에 軍事上 利益을 供與한 者는 無期 또는 3年 이상의 懲役에 處한다.

[참조] [외국인의 국외범]5, [미수범]100, [예비·음모·선동·선전]101, [자수]101, [준적국]102, [동맹국에 대한 행위]104, [군법]군형14, [보안처분대상]보호관찰3, [반국가행위]국가보안4

第100條【未遂犯】 前8條의 未遂犯은 處罰한다.

[참조] [미수범]25-27, [외국인의 국외범]5, [보안처분대상]보호관찰3, [반국가행위]국가보안4

第101條【豫備, 陰謀, 煽動, 宣傳】 ① 第92條 내지 第99條의 罪를 犯할 目的으로 豫備 또는 陰謀한 者는 2年 이상의 有期懲役에 處한다. 但, 그 目的한 罪의 實行에 이르기 前에 自首한 때에는 그 刑을 減輕 또는 免除한다.

② 第92條 내지 第99條의 罪를 煽動 또는 宣傳한 者도 前項의 刑과 같다.

[참조] [외국인의 국외범]5, [자수감경]52, [면제선고]형소322, [자수주장에 대한 판단]형소323②, [보안처분대상]보호관찰3

第102條【準敵國】 第93條 내지 前條의 罪에 있어서는 大韓民國에 敵對하는 外國 또는 外國人의 團體는 敵國으로 看做한다.

第103條【戰時軍需契約不履行】 ① 戰爭 또는 事變에 있어서 正當한 理由없이 政府에 대한 軍需品 또는 軍用工作物에 관한 契約을 履行하지 아니한 者는 10年 이하의 懲役에 處한다.

② 前項의 契約履行을 妨害한 者도 前項의 刑과 같다.

[참조] [전시의 정의]군형2, [외국인의 국외범]5, [동맹국에 대한 행위]104

第104條【同盟國】 本章의 規定은 同盟國에 대한 行爲에 適用한다.

第104條의2 (1988.12.31 삭제)

第3章 國旗에 관한 罪

第105條【國旗, 國章의 冒瀆】 大韓民國을 侮辱할 目的으로 國旗 또는 國章을 損傷, 除去 또는 汚辱한 者는 5年 이하의 懲役이나 禁錮, 10年 이하의 資格停止 또는 700萬원 이하의 罰金에 處한다.
(1995.12.29 본조개정)

[참조] [국장]나라문장규정, [외국인의 국외범]5, [국기의 존엄성]대한민국국기법5, 상표34①, [외국기등의 모독]109

[판례] 경찰의 시위 해산행위가 부당한 공권력 행사라고 생각해 불만을 품은 집회 참가자가 인근의 깨진 경찰버스 유리창 사이에 끼워져 있던 종이 태극기를 빼내 평소 담배를 피우기 위해 소지하고 있던 라이터로 불을 붙였다 하더라도 국기를 모욕할 목적이 있었다고 볼 수 없다.(대판 2020.11.13, 2020도9755)

第106條【國旗, 國章의 誹謗】 前條의 目的으로 國旗 또는 國章을 誹謗한 者는 1年 이하의 懲役이나 禁錮, 5年 이하의 資格停止 또는 200萬원 이하의 罰金에 處한다.(1995.12.29 본조개정)

[참조] [국장]나라문장규정, [외국인의 국외범]5, [국기의 존엄성]대한민국국기법5, 상표34①, [외국기등의 모독]109

第4章 國交에 관한 罪

第107條【外國元首에 대한 暴行 등】 ① 大韓民國에 滯在하는 外國의 元首에 대하여 暴行 또는 脅迫을 加한 者는 7年 이하의 懲役이나 禁錮에 處한다.

② 前項의 外國元首에 대하여 侮辱을 加하거나 名譽를 毁損한 者는 5年 이하의 懲役이나 禁錮에 處한다.

[참조] [폭행죄]260·261, [협박죄]283·284, [모욕죄]311, [명예훼손죄]307·309·310, [피해자의 의사]110

第108條【外國使節에 대한 暴行 등】 ① 大韓民國에 派遣된 外國使節에 대하여 暴行 또는 脅迫을 加한 者는 5年 이하의 懲役이나 禁錮에 處한다.

② 前項의 外國使節에 대하여 侮辱을 加하거나 名譽를 毁損한 者는 3年 이하의 懲役이나 禁錮에 處한다.

[참조] [폭행죄]260·261, [협박죄]283·284, [모욕죄]311, [명예훼손죄]307·309·310, [피해자의 의사]110

第109條【外國의 國旗, 國章의 冒瀆】 外國을 侮辱할 目的으로 그 나라의 公用에 供하는 國旗 또는 國章을 損傷, 除去 또는 汚辱한 者는 2年 이하의 懲役이나 禁錮 또는 300萬원 이하의 罰金에 處한다.
(1995.12.29 본조개정)

第110條【被害者의 意思】 第107條 내지 第109條의 罪는 그 外國政府의 明示한 意思에 反하여 公訴를 제기할 수 없다.(1995.12.29 본조개정)

[참조] [피해자의 의사]52②, 형소327

第111條【外國에 대한 私戰】 ① 外國에 대하여 私戰한 者는 1年 이상의 有期禁錮에 處한다.

② 前項의 未遂犯은 處罰한다.

③ 第1項의 罪를 犯할 目的으로 豫備 또는 陰謀한 者는 3年 이하의 禁錮 또는 500萬원 이하의 罰金에 處한다. 但, 그 目的한 罪의 實行에 이르기 전에 自首한 때에는 減輕 또는 免除한다.(1995.12.29 본항개정)

[참조] [자수감경]52, [면제선고]형소322, [자수주장에 대한 판단]형소323②, [미수범]25-27

第112條【中立命令違反】 外國間의 交戰에 있어서 中立에 關한 命令에 違反한 者는 3年 이하의 禁錮 또는 500萬원 이하의 罰金에 處한다.
(1995.12.29 본조개정)

第113條【外交上機密의 漏泄】 ① 外交上의 機密을 漏泄한 者는 5年 이하의 懲役 또는 1千萬원 이하의 罰金에 處한다.(1995.12.29 본항개정)

② 漏泄할 目的으로 外交上의 機密을 探知 또는 蒐集한 者도 前項의 刑과 같다.

[참조] [기밀]보안업무규정2·4, [국가기밀누설]국가보안4, 군사기밀12

[판례] 외국에 이미 널리 알려진 사항이 '외교상의 기밀'에 해당하는지 여부 : 외국에 이미 널리 알려져 있는 사항은 특단의 사정이 없는 한 이를 비밀로 하거나 확인되지 아니함이 외교정책상의 이익이 된다고 할 수 없는 것이어서 외교상의 기밀에 해당하지 아니한다. 외국언론에 이미 보도된 바 있는 우리 나라의 외교정책이나 활동에 관련된 사항들에 관하여 정부가 이른바 보도지침의 형식으로 국내언론기관의 보도 여부 등을 통제하고 있다는 사실을 알리는 것이 외교상의 기밀을 누설한 경우에 해당하지 않는다.(대판 1995.12.5, 94도2379)

第5章 공안(公安)을 해하는 죄
(2013.4.5 본장제목개정)

第114條【범죄단체 등의 조직】 사형, 무기 또는 장기 4년 이상의 징역에 해당하는 범죄를 목적으로 하는 단체 또는 집단을 조직하거나 이에 가입 또는 그 구성원으로 활동한 사람은 그 목적한 죄에 정한 형으로 처벌한다. 다만, 형을 감경할 수 있다.
(2013.4.5 본조개정)

[改前] "第114條【犯罪團體의 組織】① 犯罪를 目的으로 하는 團體를 組織하거나 이에 加入한 者는 그 目的한 罪에 정한 刑으로 處斷한다. 但, 刑을 減輕할 수 있다.
② 兵役 또는 納税의 義務를 拒否할 目的으로 團體를 組織하거나 이에 加入한 者는 10年이하의 懲役이나 禁錮 또는 1千500萬원 이하의 罰金에 處한다.(1995.12.29 본항개정)
③ 前2項의 罪를 犯하여 有期의 懲役이나 禁錮 또는 罰金에 處한 者에 대하여는 10年이하의 資格停止를 併科할 수 있다."

[참조] [반국가단체]국가보안2, [직량감경]53

[판례] 형법 114조 범죄단체의 뜻 : 범죄를 목적으로 하는 단체라

함은 특정다수인이 일정한 범죄를 한다는 공동목적하에 이루어진 계속적인 결합체로서 그 단체를 주도하는 최소한의 통솔체제를 갖추어야 한다.(대판 1985.10.8, 85도1515)

판례 범죄단체조직죄의 성립요건 : 형법 제114조 소정 범죄단체조직죄는 범죄를 목적으로 하는 단체를 조직함으로써 성립하는 것이고 그 후 목적한 범죄의 실행행위를 하였는가 여부는 위 죄의 성립에 영향이 없다.(대판 1975.9.23, 75도2321)

第115條【騷擾】 多衆이 集合하여 暴行, 脅迫 또는 損壞의 行爲를 한 者는 1年 이상 10年 이하의 懲役이나 禁錮 또는 1千500萬원 이하의 罰金에 處한다.(1995.12.29 본조개정)

참조 [내란죄]115, [특수폭행죄]261, [특수협박죄]284, [특수손괴죄]369, 국가보안4

第116條【多衆不解散】 暴行, 脅迫 또는 損壞의 行爲를 할 目的으로 多衆이 集合하여 그를 團束할 權限이 있는 公務員으로부터 3回 이상의 解散命令을 받고 解散하지 아니한 者는 2年 이하의 懲役이나 禁錮 또는 300萬원 이하의 罰金에 處한다.
(1995.12.29 본조개정)

참조 [특수폭행죄]261, [특수협박죄]284, [특수손괴죄]369, [경찰관의 제지]경찰직무6

第117條【戰時公需契約不履行】 ① 戰爭, 天災 기타 事變에 있어서 國家 또는 公共團體와 締結한 食糧 기타 生活必需品의 供給契約을 正當한 理由없이 履行하지 아니한 者는 3年 이하의 懲役 또는 500萬원 이하의 罰金에 處한다.(1995.12.29 본항개정)
② 前項의 契約履行을 妨害한 者도 前項의 刑과 같다.
③ 前2項의 경우에는 그 所定의 罰金을 併科할 수 있다.

참조 [전시의 정의]군형2, [군수계약불이행]103, [계약불이행]민544·545

第118條【公務員資格의 詐稱】 公務員의 資格을 詐稱하여 그 職權을 行使한 者는 3年 이하의 懲役 또는 700萬원 이하의 罰金에 處한다.(1995.12.29 본조개정)

참조 [위계에 의한 공무집행방해]137

판례 합동수사반원 자격사칭죄의 구성요건 : 공무원자격사칭죄가 성립하려면 어떤 직권을 행사할 수 있는 권한을 가진 공무원임을 사칭하고 그 직권을 행사한 사실이 있어야 하는바, 피고인들이 그들이 위임받은 채권을 용이하게 추심하는 방편으로 합동수사반원임을 사칭하고 협박한 사실이 있다고 하여도 위 채권의 추심행위는 개인적인 업무이지 합동수사반의 수사업무의 범위에는 속하지 아니하므로 이를 공무원자격사칭죄로 처벌할 수 없다.(대판 1981.9.8, 81도1955)

第6章 爆發物에 관한 罪

第119條【폭발물 사용】 ① 폭발물을 사용하여 사람의 생명, 신체 또는 재산을 해하거나 그 밖에 공공의 안전을 문란하게 한 자는 사형, 무기 또는 7년 이상의 징역에 처한다.
② 전쟁, 천재지변 그 밖의 사변에 있어서 제1항의 죄를 지은 자는 사형이나 무기징역에 처한다.
③ 제1항과 제2항의 미수범은 처벌한다.
(2020.12.8 본조개정)

改前 "第119條【爆發物使用】 ① 爆發物을 使用하여 사람의 生命, 身體 또는 財産을 害하거나 기타 公安을 紊亂한 者는 死刑, 無期 또는 7年 이상의 懲役에 處한다.
② 戰爭, 天災 기타 事變에 있어서 前項의 罪를 犯한 者는 死刑 또는 無期懲役에 處한다.
③ 前2項의 未遂犯은 處罰한다."

참조 [공안문란]87·115, 국가보안4, [전시의 정의]군형2, [미수범]25-27, [예비·음모·선동]120, [자수]120

第120條【豫備, 陰謀, 煽動】 ① 前條 第1項, 第2項의 罪를 犯할 目的으로 豫備 또는 陰謀한 者는 2年 이상의 有期懲役에 處한다. 但, 그 目的한 罪의 實行에 이르기 前에 自首한 때에는 그 刑을 減輕 또는 免除한다.
② 前條 第1項, 第2項의 罪를 犯할 것을 煽動한 者도 前項의 刑과 같다.

참조 [예비·음모]28, [자수감경]52, [면제선고]형소322, [자수주장에 대한 판단]형소323②

第121條【戰時爆發物製造 등】 戰爭 또는 事變에 있어서 正當한 理由없이 爆發物을 製造, 輸入, 輸出, 授受 또는 所持한 者는 10年 이하의 懲役에 處한다.

참조 [전시의 정의]군형2

第7章 公務員의 職務에 관한 罪

第122條【職務遺棄】 公務員이 正當한 理由없이 그 職務遂行을 拒否하거나 그 職務를 遺棄한 때에는 1年 이하의 懲役이나 禁錮 또는 3年 이하의 資格停止에 處한다.

참조 [공무원]헌7①·29, [징계]국가공무원78이하, 지방공무원69이하, 법관징계법, 검사징계법, 군인사법56이하, 교육공무원50·51, [특수직무유기]국가보안11, 특정범죄가중15, 폭력처벌9, [군법]군형24·27·30·35·40

판례 주민이 제기한 건축물 시공 관련 민원에 대해 관계 공무원이 현장조사를 하지 않았더라도 의식적으로 업무를 방임하거나 포기한 것이 아닌 이상 직무유기로 볼 수 없다. 해당 공무원이 다소의 태만, 착각 등으로 인하여 직무를 성실히 수행하지 아니하거나 소홀히 직무를 수행한 탓으로 적절한 직무수행에 이르지 못한 것으로 볼 수는 있더라도, 이를 넘어 직무를 의식적으로 포기한 경우에는 해당하지 않아 직무를 유기한 것이라고 인정하기에는 부족하다.(대판 2020.12.10, 2020도13384)

판례 경찰관이 압수물을 범죄 혐의의 입증에 사용하도록 하는 등의 적절한 조치를 취하지 아니하고 피압수자에게 돌려주어 증거인멸죄를 범한 경우에 별도로 부작위범인 직무유기죄가 성립하는지 여부(소극) : 경찰서 방범과장이 부하직원으로부터 음반·비디오물 및 게임물에 관한 법률 위반 혐의로 오락실을 단속하여 증거물로 오락기의 변조 기판을 압수하여 사무실에 보관중임을 보고받아 알고 있었음에도 그 직무상의 의무에 따라 위 압수물을 수사계에 인계하고 검찰에 송치하여 범죄 혐의의 입증에 사용하도록 하는 등의 적절한 조치를 취하지 않고, 오히려 부하직원에게 위와 같이 압수한 변조 기판을 돌려주라고 지시하여 오락실 업주에게 이를 돌려준 경우, 작위범인 증거인멸죄만이 성립하고 부작위범인 직무유기(거부)죄는 따로 성립하지 아니한다.(대판 2006.10.19, 2005도3909 전원합의체)

판례 직무유기죄의 성립요건 : 직무유기죄는 구체적으로 그 직무를 수행하여야 할 작위의무가 있는데도 불구하고 이러한 직무를 버린다는 인식하에 그 작위의무를 수행하지 아니하면 성립하는 것이다.(대판 1999.11.26, 99도1904)

판례 직무유기죄에 있어서 '직무를 유기한 때'의 의미 : 형법 제122조 후단 소정의 공무원이 정당한 이유 없이 직무를 유기한 때라 함은 직무에 관한 의식적인 방임 내지 포기 등 정당한 사유 없이 직무를 수행하지 아니한 경우를 의미하는 것이므로 공무원이 태만, 분망, 착각 등으로 인하여 직무를 성실히 수행하지 아니한 경우나 형식적으로 또는 소홀히 직무를 수행하였기 때문에 성실한 직무수행을 못한 것에 불과한 경우에는 직무유기죄는 성립하지 아니한다.(대판 1997.8.29, 97도675)

第123條【職權濫用】 公務員이 職權을 濫用하여 사람으로 하여금 義務없는 일을 하게 하거나 사람의 權利行使를 妨害한 때에는 5年 이하의 懲役, 10年 이하의 資格停止 또는 1千萬원 이하의 罰金에 處한다.
(1995.12.29 본조개정)

참조 [특별규정]경찰직무12, 선원161-163, [국가배상]헌29, 국가배상2

판례 정보통신부장관이 개인휴대통신 사업자선정과 관련하여 서류심사는 완결된 상태에서 청문심사의 배점방식을 변경함으로써 직권을 남용하였다 하더라도, 이로 인하여 최종 사업권자로 선정되지 못한 경쟁업체가 가진 구체적인 권리의 현실적 행사가 방해되는 결과가 발생하지는 아니하였다는 본죄의 기수를 인정할 수 없다.(대판 2006.2.9, 2003도4599)

판례 직권남용죄의 성립요건 : 직권남용죄는 공무원이 그 일반적 직무권한에 속하는 사항에 관하여 직권의 행사에 가탁하여 실질적·구체적으로 위법·부당한 행위를 한 경우에 성립하고, 그 일반적 직무권한은 반드시 법률상의 강제력을 수반하는 것임을 요하지 아니하며, 그것이 남용될 경우 직권행사의 상대방으로 하여금 법률상 의무 없는 일을 하게 하거나 정당한 권리행사를 방해하기에 충분한 것이면 된다.
(대판 2004.5.27, 2002도6251)

판례 '권리행사를 방해한 때'의 의미 : 형법 제123조가 규정하는 직권남용권리행사방해죄에서 '권리행사를 방해한 때'라 함은 법령상 행사할 수 있는 권리의 정당한 행사를 방해하는 것을 말한다고 할 것이므로 이에 해당하려면 구체화된 권리의 현실적인 행사가 방해된 경우라야 할 것이다.
(대결 1986.6.30, 86모12)

일판 재판관이 사적 교제를 할 의도로 자기가 담당한 절도사건의 여성피고인을 피해변상의 건으로 만나고 싶다고 하여 야간 전화로 다방으로 불러내어 동석시킨 행위는 재판관의 직권을 남용하여 동녀로 하여금 의무없는 일을 행하게 했다고 할 수 있다.(日·最高 1985.7.16)

第124條【不法逮捕, 不法監禁】 ① 裁判, 檢察, 警察 기타 人身拘束에 관한 職務를 行하는 者 또는 이를 補助하는 者가 그 職權을 濫用하여 사람을 逮捕 또는 監禁한 때에는 7年 이하의 懲役과 10年 이하의 資格停止에 處한다.
② 前項의 未遂犯은 處罰한다.

참조 [신체의 자유]헌12, [체포감금죄]276, [재심이유]형소420·421, [미수범]25-27, [특별사법경찰관리]형소197

판례 감금죄는 간접정범의 형태로도 행하여질 수 있는 것이므로, 인신구속에 관한 직무를 행하는 자 또는 이를 보조하는 자가 피해자를 구속하기 위하여 진술조서 등을 허위로 작성한 후 이를 기록에 첨부하여 구속영장을 신청하고, 진술조서 등이 허위로 작성된 정을 모르는 검사와 영장전담판사를 기망하여 구속영장을 발부받은 후 그 영장에 의하여 피해자를 구금하였다면 형법 제124조 제1항의 직권남용감금죄가 성립한다.
(대판 2006.5.25, 2003도3945)

판례 긴급체포가 요건을 갖추지 못하여 위법한 체포에 해당하는 경우 : 긴급체포의 요건을 갖추었는지 여부는 체포 당시의 상황을 기초로 판단하여야 하고, 이에 관한 검사나 사법경찰관 등 수사주체의 판단에는 상당한 재량의 여지가 있다고 할 것이며, 다만, 긴급체포 당시의 상황으로 보아 그 요건의 충족 여부에 관한 검사나 사법경찰관의 판단이 경험칙에 비추어 현저히 합리성을 잃은 경우에 한하여 그 긴급체포는 위법한 체포라고 평가할 수 있을 뿐이다.(대결 2003.3.27, 2002모81)

第125條【폭행, 가혹행위】 재판, 검찰, 경찰 그 밖에 인신구속에 관한 직무를 수행하는 자 또는 이를 보조하는 자가 그 직무를 수행하면서 형사피의자나 그 밖의 사람에 대하여 폭행 또는 가혹행위를 한 경우에는 5년 이하의 징역과 10년 이하의 자격정지에 처한다.(2020.12.8 본조개정)

改前 "第125條【暴行, 苛酷行爲】 裁判, 檢察, 警察 기타 人身拘束에 관한 職務를 行하는 者 또는 이를 補助하는 者가 그 職務를 行함에 當하여 刑事被疑者 또는 기타 사람에 대하여 暴行 또는 苛酷한 行爲를 加한 때에는 5年 이하의 懲役과 10年 이하의 資格停止에 處한다."

참조 [신체의 자유]헌12, [인신구속]형소68-73·80·86·175·212·459, 보호소년등의처우에관한법2, [폭행죄]260, [재심이유]형소420·421

第126條【피의사실공표】 검찰, 경찰 그 밖에 범죄수사에 관한 직무를 수행하는 자 또는 이를 감독하거나 보조하는 자가 그 직무를 수행하면서 알게 된 피의사실을 공소제기 전에 공표(公表)한 경우에는 3년 이하의 징역 또는 5년 이하의 자격정지에 처한다.
(2020.12.8 본조개정)

改前 "第126條【被疑事實公表】 檢察, 警察 기타 犯罪搜査에 관한 職務를 行하는 者 또는 이를 監督하거나 補助하는 者가 그 職務를 行함에 當하여 知得한 被疑事實을 公判請求前에 公表한 때에는 3年 이하의 懲役 또는 5年 이하의 資格停止에 處한다."

참조 [공무상 비밀누설]127, 국가공무원60, [수사비밀]형소198

판례 수사기관의 피의사실 공표행위가 허용되기 위한 요건 및 그 위법성 조각 여부의 판단 기준 : 일반 국민들은 사회에서 발생하는 제반 범죄에 관한 알권리를 가지고 있고 수사기관이 피의사실에 관하여 발표를 하는 것은 국민들의 이러한 권리를 충족하기 위한 방법의 일환이라 할 것이나, 한편 헌법 제27조 제4항은 형사피고인에 대한 무죄추정의 원칙을 천명하고 있고, 형법 제126조는 검찰, 경찰 기타 범죄수사에 관한 직무를 행하는 자 또는 이를 감독하거나 보조하는 자가 그 직무를 행함에 당하여 지득한 피의사실을 공판청구 전에 공표하는 행위를 범죄로 규정하고 있으며, 형사소송법 제198조는 검사, 사법경찰관리 기타 직무상 수사에 관계 있는 자는 비밀을 엄수하며 피의자 또는 다른 사람의 인권을 존중하여야 한다고 규정하고 있는바, 수사기관의 피의사실 공표행위는 공권력에 의한 수사결과를 바탕으로 한 것으로 국민들에게 그 내용이 진실이라는 강한 신뢰를 부여함은 물론 그로 인하여 피의자나 피해자 나아가 그 주변 인물들에 대하여 치명적인 피해를 가할 수도 있다는 점을 고려할 때, 수사기관의 발표는 원칙적으로 일반 국민들의 정당한 관심의 대상이 되는 사항에 관하여 객관적이고도 충분한 증거나 자료를 바탕으로 한 사실 발표에 한정되어야 하고, 이를 발표함에 있어서도 정당한 목적하에 수사결과를 발표할 수 있는 권한을 가진 자에 의하여 공식의 절차에 따라 행하여져야 하며, 무죄추정의 원칙에 반하여 유죄를 속단하게 할 우려가 있는 표현이나 추측 또는 예단을 불러일으킬 우려가 있는 표현을 피하는 등 그 내용이나 표현 방법에 대하여도 유념하지 않으면 안되므로, 수사기관의 피의사실 공표행위가 위법성을 조각하는지의 여부를 판단함에 있어서는 공표 목적의 공익성과 공표 내용의 공공성, 공표의 필요성, 공표된 피의사실의 객관성 및 정확성, 공표의 절차와 형식, 그 표현 방법, 피의사실의 공표로 인하여 생기는 피침해이익의 성질, 내용 등을 종합적으로 참작하여야 한다.(대판 1999.1.26, 97다10215,10222)

第127條【公務上 秘密의 漏泄】 公務員 또는 公務員이었던 者가 法令에 의한 職務上 秘密을 漏泄한 때에는 2年 이하의 懲役이나 禁錮 또는 5年 이하의 資格停止에 處한다.

참조 [공무원의 수비의무]국가공무원60, 지방공무원52, 군인의지위및복무에관한기본법28, 원자력안전법108, 원자력진흥법20, [증인자격]형소147, [수사비밀]형소198

판례 공무원 또는 공무원이었던 자가 법령에 의한 직무상 비밀을 누설하는 것을 구성요건으로 하고 있는바, 여기서 법령에 의한 직무상 비밀이란 반드시 법령에 의하여 비밀로 규정되었거나 비밀로 분류 명시된 사항에 한하지 아니하고, 정치, 군사, 외교, 경제, 사회적 필요에 따라 비밀로 된 사항은 물론 정부나 공무소 또는 국민이 객관적, 일반적인 입장에서 외부에 알려지지 않는 것에 상당한 이익이 있는 사항도 포함하나, 실질적으로 그것을 비밀로서 보호할 가치가 있다고 인정할 수 있는 것이어야 하고, 한편, 공무상비밀누설죄는 기밀 그 자체를 보호하는 것이 아니라 공무원의 비밀엄수의무의 침해에 의하여 위험하게 되는 이익, 즉 비밀의 누설에 의하여 위협받는 국가의 기능을 보호하기 위한 것이다.(대판 2007.6.14, 2004도5561)

판례 비밀로서 보호할 가치가 있는지, 즉 그것이 통상의 지식과 경험을 가진 다수인에게 알려지지 아니한 비밀성을 가졌는지, 또한 정부나 국민의 이익 또는 행정목적 달성을 위하여 비밀로서 보호할 필요성이 있는지 등이 객관적으로 검토되어야 한다.
(대판 1996.10.11, 94누7171)

第128條【選擧妨害】 檢察, 警察 또는 軍의 職에 있는 公務員이 法令에 의한 選擧에 관하여 選擧人, 立候補者 또는 立候補者되려는 者에게 脅迫을 加하거나 기타 方法으로 選擧의 自由를 妨害한 때에는 10年 이하의 懲役과 5年 이상의 資格停止에 處한다.

참조 [선거사범]공직선거237-239의2, [협박죄]283

第129條【收賂, 事前收賂】 ① 公務員 또는 仲裁人이 그 職務에 관하여 賂物을 收受, 要求 또는 約束한 때에는 5年 이하의 懲役 또는 10年 이하의 資格停止에 處한다.
<2012.12.27 헌법재판소 한정위헌결정으로 이 항의 '공무원'에 구「제주특별자치도 설치 및 국제자유도시 조성을 위한 특별법」(2007.7.27 법률 제8566호로 개정되기 전의 것) 제299조제2항의 제주특별자치도 통합영향평가심의위원회 심의위원 중 위촉위원이 포함되는 것으로 해석하는 한 헌법에 위반>

② 公務員 또는 仲裁人이 될 者가 그 擔當할 職務에 關하여 請託을 받고 賂物을 收受, 要求 또는 約束한 後 公務員 또는 仲裁人이 된 때에는 3年 이하의 懲役 또는 7年 이하의 資格停止에 處한다.

참조 [중재인]중재법3, [재심이유]형소420·421, [몰수·추징]134, [수뢰 후 부정처사, 사후수뢰]131, [알선수뢰]132, 상63l~633, 채무자회생파산645·655, [가중처벌]특정범죄가중2, [처벌대상의 확대]특정범죄가중4, [전문심리위원]형소279의8

판례 뇌물수수죄는 공무원 또는 중재인이 그 직무에 관하여 뇌물을 수수한 때에 성립하는 것이어서 그 주체는 현재 공무원 또는 중재인의 직에 있는 자에 한정되므로, 공무원이 직무와 관련하여 뇌물수수를 약속하고 퇴직 후 이를 수수하는 경우에는, 뇌물약속과 뇌물수수가 시간적으로 근접하여 연속되어 있다고 하더라도 뇌물수수죄는 성립하지 않는다.
(대판 2008.2.1, 2007도5190)

판례 [1] 공무원이 관공서에 필요한 공사의 시행이나 물품의 구입을 위하여 수의계약을 체결하면서 해당 공사업자 등으로부터 돈을 수수한 경우, 그 돈의 성격을 공무원의 직무와 관련하여 수수된 뇌물로 볼 것인지, 아니면 적정한 금액보다 과다하게 부풀린 금액으로 계약을 체결하기로 공사업자 등과 사전 약정하여 이를 횡령(국고손실)한 것으로 볼 것인지 여부는, 돈을 공여하고 수수한 당사자들의 의사, 계약의 내용과 성격, 계약금액과 수수한 금액 사이의 비율, 수수한 돈의 액수, 그 계약이행으로 공사업자 등이 얻을 수 있는 적정한 이익, 공사업자 등이 공무원으로부터 공사대금 등을 지급받은 시기와 돈을 공무원에게 교부한 시간적 간격, 공사업자 등이 공무원에게 교부한 돈이 공무원으로부터 지급받은 바로 그 돈인지 여부, 수수한 장소와 방법 등을 종합적으로 고려하여 객관적으로 평가하여 판단해야 한다.
[2] 수의계약을 체결하는 공무원이 해당 공사업자와 적정한 금액 이상으로 계약금액을 부풀려서 계약하고 부풀린 금액을 자신이 되돌려 받기로 사전에 약정한 다음 그에 따라 수수한 돈은 성격상 뇌물이 아니고 횡령금에 해당한다.
(대판 2007.10.12, 2005도7112)

판례 형법 제129조 소정의 공무원의 의미 : 형법 제129조에서의 공무원이라 함은 법령의 근거에 기하여 국가 또는 지방자치단체 및 이에 준하는 공법인의 사무에 종사하는 자로서 그 노무의 내용이 단순한 기계적 육체적인 것에 한정되어 있지 않은 자를 말한다.(대판 2002.11.22, 2000도4593)

판례 뇌물죄에 있어 직무관련성 및 뇌물성 : 공무원이 그 직무의 대상이 되는 사람으로부터 금품 기타 이익을 받은 때에는 그것이 그 사람이 종전에 공무원으로부터 접대 또는 수수받은 것을 갚는 것으로서 사회상규에 비추어 볼 때에 의례상의 대가에 불과한 것이라고 여겨지거나, 개인적인 친분관계가 있어서 교분상의 필요에 의한 것이라고 명백하게 인정할 수 있는 경우 등 특별한 사정이 없는 한 직무와의 관련성이 없는 것으로 볼 수 없고, 공무원의 직무와 관련하여 금품을 수수하였다면 비록 사교적 의례의 형식을 빌어 금품을 주고 받았다 하더라도 그 수수한 금품은 뇌물이 된다.(대판 2002.7.26, 2001도6721)

독판 공무원이 장래의 행위에 대한 반대급부로서 이익을 받았다면 장래의 직무행위가 이미 구체적으로 확정되어져 있을 것을 요하는 것은 아니다.(BGHSt 32, 290)

第130條【第三者賂物提供】 公務員 또는 仲裁人이 그 職務에 관하여 不正한 請託을 받고 第三者에게 賂物을 供與하게 하거나 供與를 要求 또는 約束한 때에는 5年 이하의 懲役 또는 10年 이하의 資格停止에 處한다.

참조 [중재인]중재법3, [몰수추징]134, [가중처벌]특정범죄가중2, [처벌대상의 확대]특정범죄가중4, [전문심리위원]형소279의8

판례 제3자뇌물공여죄에서 '부정한 청탁'을 요건으로 하는 취지는 처벌의 범위가 불명확해지지 않도록 하기 위한 것으로서, 이러한 '부정한 청탁'은 명시적인 의사표시에 의한 것은 물론 묵시적인 의사표시에 의한 것도 가능하다. 묵시적인 의사표시에 의한 부정한 청탁이 있다고 하기 위하여는, 당사자 사이에 청탁의 대상이 되는 직무집행의 내용과 제3자에게 제공되는 금품이 그 직무집행에 대한 대가라는 점에 대하여 공통의 인식이나 양해가 존재하여야 하고, 그러한 인식이나 양해 없이 막연히 선처하여 줄 것이라는 기대에 의하거나 직무집행과는 무관한 다른 동기에 의하여 제3자에게 금품을 공여한 경우에는 묵시적인 의사표시에 의한 부정한 청탁이 있다고 보기 어렵다. 공무원이 먼저 제3자에게 금품을 공여할 것을 요구한 경우에도 마찬가지이다.(대판 2009.1.30, 2008도6950)

판례 형법 제130조 뇌물죄에 있어서의 뇌물성 : 형법 제130조 뇌물죄에 있어서의 뇌물성은 형법 제129조 뇌물죄에 있어서와 마찬가지로 직무와의 관련성이 있으면 인정되는 것이고, 그 뇌물을 받는 제3자가 뇌물임을 인식할 것을 요하지 아니하며, 그 뇌물을 제3자에게 공여하게 한 동기를 묻지 아니하므로, 어떤 금품이 공무원의 직무행위와 관련하여 교부된 것이라면 그것이 시주의 형식으로 교부되었고 또 불심에서 우러나온 것이라 하더라도 뇌물임을 면할 수 없다.(대판 2006.6.15, 2004도3424)

판례 제3자 뇌물공여죄에 있어서 '부정한 청탁'의 의미 : 형법 제130조의 제3자 뇌물공여죄에 있어서 '부정한 청탁'이라 함은, 그 청탁이 위법하거나 부당한 직무집행을 내용으로 하는 경우는 물론, 비록 청탁의 대상이 된 직무집행 그 자체는 위법·부당한 것이 아니라 하더라도 당해 직무집행을 어떤 대가관계와 연결시켜 그 직무집행에 관한 대가의 교부를 내용으로 하는 청탁이라면 이는 의연 '부정한 청탁'에 해당한다고 보아야 한다.
(대판 2006.6.15, 2004도3424)

第131條【收賂後不正處事, 事後收賂】 ① 公務員 또는 仲裁人이 前2條의 罪를 犯하여 不正한 行爲를 한 때에는 1年 이상의 有期懲役에 處한다.

② 公務員 또는 仲裁人이 그 職務上 不正한 行爲를 한 後 賂物을 收受, 要求 또는 約束하거나 第三者에게 이를 供與하게 하거나 供與를 要求 또는 約束한 때에도 前項의 刑과 같다.

③ 公務員 또는 仲裁人이었던 者가 그 在職 중에 請託을 받고 職務上 不正한 行爲를 한 後 賂物을 收受, 要求 또는 約束한 때에는 5年 이하의 懲役 또는 10年 이하의 資格停止에 處한다.

④ 前3項의 경우에는 10年 이하의 資格停止를 倂科할 수 있다.

참조 [중재인]중재법3, [몰수추징]134, [형의 가중]135, 특정범죄가중2, [처벌대상의 확대]특정범죄가중4, [전문심리위원]형소279의8

판례 수뢰후부정처사죄에서 '부정한 행위'의 의미 : 수뢰후부정처사죄에서 말하는 '부정한 행위'라 함은 직무에 위배되는 일체의 행위를 말하는 것으로 직무행위 자체는 물론 그것과 객관적으로 관련 있는 행위까지 포함한다.
(대판 2003.6.13, 2003도1060)

독판 공무원이 직무 이외에 타인을 위해 대가를 받고 신청서 또는 계획서를 작성하는 것은 단지 추후에 그가 신청서나 계획서를 작성할 기회를 직무상 갖는다 하더라도 그의 직무에 포함되는 행위가 존재하는 것은 아니다. 유상의 부업이 추후의 공무행위를 위한 이익으로써 주어진 것이고 또 받아들여졌는지 여부는 검토되어져야 한다.(BGHSt 18, 263)

第132條【斡旋收賂】 公務員이 그 地位를 利用하여 다른 公務員의 職務에 屬한 事項의 斡旋에 관하여 賂物을 收受, 要求 또는 約束한 때에는 3年 이하의 懲役 또는 7年 이하의 資格停止에 處한다.

참조 [몰수추징]134, [가중처벌]특정범죄가중2, [처벌대상의 확대]특정범죄가중4, [알선수재]특정범죄가중3, [전문심리위원]형소279의8

판례 '다른 공무원의 직무에 속한 사항의 알선에 관하여 뇌물을 요구한다'고 함은, 다른 공무원의 직무에 속한 사항을 알선한다는 명목으로 뇌물을 요구하는 행위로서 반드시 알선의 상대방인 다른 공무원이나 그 직무의 내용이 구체적으로 특정될 필요까지는 없지만, 알선뇌물요구죄가 성립하려면 알선할 사항이 다른 공무원의 직무에 속하는 사항으로서 뇌물요구의 명목이 그 사항의 알선에 관련된 것임이 어느 정도 구체적으로 나타나야 한다. 단지 상대방으로 하여금 뇌물을 요구하는 자에게 잘 보이면 그로부터 어떤 도움을 받을 수 있다거나 손해를 입을 염려가 없다는 정도의 막연한 기대감을 갖게 하는 정도에 불과하고, 뇌물을 요구하는 자 역시 상대방이 그러한 기대감을 가질 것이라고 짐작하면서 뇌물을 요구하였다는 정도의 사정만으로는 알선뇌물요구죄가 성립한다고 볼 수 없다. 한편, 여기서 말하는 알선행위는 장래의 것이라도 무방하므로, 알선뇌물요구죄가 성립하기 위하여는 뇌물을 요구할 당시 반드시 상대방에게 알선에 의하여 해결을 도모하여야 할 현안이 존재하여야 할 필요는 없다.(대판 2009.7.23, 2009도3924)

판례 자동차를 뇌물로 공여한 경우 자동차등록원부에 뇌물수수자가 그 소유자로 등록되지 않았다고 하더라도 자동차의 사실상 소유자로서 자동차에 대한 실질적인 사용 및 처분권한이 있다면 자동차 자체를 뇌물로 취득한 것으로 보아야 한다.
(대판 2006.5.26, 2006도1716)

판례 공무원이 향응을 제공받아 수뢰한 경우, 수뢰액의 산정 방법 : 피고인이 증뢰자와 함께 향응을 하고 증뢰자가 이에 소요되는 금원을 지출한 경우 이에 관한 피고인의 수뢰액을 인정함에 있어서는 먼저 피고인의 접대에 요한 비용과 증뢰자가 소비한 비용을 가려내어 전자의 수액을 가지고 피고인의 수뢰액으로 하여야 하고 만일 각자에 요한 비용액이 불명일 때에는 이를 평등하게 분할한 액을 가지고 피고인의 수뢰액으로 인정하여 그 가액을 추징하여야 한다.(대판 2005.11.10, 2004도42)

第133條【뇌물공여 등】 ① 제129조부터 제132조까지에 기재한 뇌물을 약속, 공여 또는 공여의 의사를 표시한 자는 5년 이하의 징역 또는 2천만원 이하의 벌금에 처한다.

② 제1항의 행위에 제공할 목적으로 제3자에게 금품을 교부한 자 또는 그 사정을 알면서 금품을 교부받은 제3자도 제1항의 형에 처한다.
(2020.12.8 본조개정)

改前 "第133條【賂物供與등】 ① 第129條 내지 第132條에 記載한 賂物을 約束, 供與 또는 供與의 意思를 表示한 者는 5年 이하의 懲役 또는 2千萬원 이하의 罰金에 處한다.(1995.12.29 본항개정)
② 前項의 行爲에 供할 目的으로 第三者에게 金品을 交付하거나 그 情을 알면서 交付를 받은 者도 前項의 刑과 같다.
(1995.12.29 본조제목개정)"

참조 [몰수추징]134, [발기인, 이사, 기타의 임원의 독직죄]상630②, [권리행사방해 등에 관한 증수뢰죄]상631②, 채무자회생파산656

판례 뇌물공여죄의 성립에 반드시 상대방측의 뇌물수수죄가 성립하여야만 하는지 여부 : 뇌물공여죄가 성립하기 위하여는 뇌물을 공여하는 행위와 상대방측에서 금전적으로 가치가 있는 그 물품 등을 받아들이는 행위가 필요할 뿐 반드시 상대방측에서 뇌물수수죄가 성립하여야 함을 뜻하는 것은 아니다.
(대판 2006.2.24, 2005도4737)

第134條【몰수, 추징】 범인 또는 사정을 아는 제3자가 받은 뇌물 또는 뇌물로 제공하려고 한 금품은 몰수한다. 이를 몰수할 수 없을 경우에는 그 가액을 추징한다.(2020.12.8 본조개정)

改前 "第134條【沒收, 追徵】 犯人 또는 情을 아는 第三者가 받은 賂物 또는 賂物에 供할 金品은 沒收한다. 그를 沒收하기 不能한 때에는 그 價額을 追徵한다."

참조 [몰수의 대상과 추징]48, [집행절차]형소477~479, 상633, 채무자회생파산655②, [특례]공무원범죄에관한몰수특례법

판례 제3자 뇌물수수에서 그 제3자로부터 뇌물을 건네받지 않은 공무원으로부터 뇌물의 가액을 추징할 수 있는지 여부 : 형법 제134조의 규정취지가 범인 또는 정을 아는 제3자로 하여금 불법한 이득을 보유시키지 아니하려는 데에 있는 점에 비추어 볼 때, 범인이라 하더라도 불법한 이득을 보유하지 아니한 자라면 그로부터 뇌물을 몰수·추징할 수 없으므로, 제3자 뇌물수수의 경우에는 범인인 공무원이 제3자로부터 그 뇌물을 건네받아 보유한 때를 제외하고는 그 공무원으로부터 뇌물의 가액을 추징할 수 없다.(대판 1997.4.17, 96도3376 전원합의체)

第135條【公務員의 職務上 犯罪에 대한 刑의 加重】 公務員이 職權을 利用하여 本章 이외의 罪를 犯한 때에는 그 罪에 정한 刑의 2分의 1까지 加重한다. 但, 公務員의 身分에 의하여 特別히 刑이 規定된 때에는 例外로 한다.

참조 [가중의 한도]42, [가중감경의 순서]56

第8章 公務妨害에 관한 罪

第136條【公務執行妨害】 ① 職務를 執行하는 公務員에 대하여 暴行 또는 脅迫한 者는 5年 이하의 懲役 또는 1千萬원 이하의 罰金에 處한다.
(1995.12.29 본항개정)

② 公務員에 대하여 그 職務上의 行爲를 强要 또는 阻止하거나 그 職을 辭退하게 할 目的으로 暴行 또는 脅迫한 者도 前項의 刑과 같다.

참조 [특수공무방해]144, [폭행죄]260, [협박죄]283, [무기사용]경찰직무10의4, [특별규정]도로법78, 총포·도검·화약류등의안전관리에관한법72, 조세범처벌9, 관세240의3·276, 계량에관한법51, 약사76의3, 마약44·64, 농협171, 양곡관리법21·34, 농수산물유통및가격안정에관한법82, 수협177, 근기116, 민방위31

판례 시청 청사 내 주민생활복지과 사무실에 술에 취한 상태로 찾아가 소란을 피우던 피고인을 소속 공무원 갑과 을이 제지하며 밖으로 데리고 나가려 하자 피고인이 소속 공무원을 폭행한 사안에서, 담당 공무원이 피고인을 사무실 밖으로 데리고 나가는 과정에서 피고인의 팔을 잡는 등 다소의 물리력을 행사했더라도 이는 피고인의 불법행위를 사회적 상당성이 있는 방법으로 저지한 것에 불과하므로 위법하다고 볼 수 없다. 또한 소란을 피우는 민원인을 제지하거나 사무실 밖으로 데리고 나가는 행위도 민원 담당 공무원의 직무에 수반되는 행위라고 볼 수 있다. 따라서 피고인의 행위는 시청 소속 공무원들의 적법한 직무집행을 방해한 것으로, 공무집행방해죄를 구성한다.
(대판 2022.3.17, 2021도13883)

판례 검문 중이던 경찰관들이 자전거를 이용한 날치기 사건 범인과 흡사한 인상착의의 피고인이 자전거를 타고 다가오는 것을 발견하고 검문을 요구하자 피고인이 경찰관들의 멱살을 잡아 밀치거나 욕설을 한 사건에서 경찰관들은 목적 달성에 필요한 최소한의 범위 내에서 사회통념상 용인될 수 있는 상당한 방법을 통하여 경찰관직무집행법 제3조제1항에 규정된 자에 대해 의심되는 사항을 질문하기 위하여 정지시킨 것으로 보아야 하며 따라서 이에 불응한 피고의 행위는 공무집행방해에 해당한다.(대판 2012.9.13, 2010도6203)

판례 공무집행방해죄는 공무원의 직무집행이 적법한 경우에 한하여 성립하고, 여기서 적법한 공무집행은 그 행위가 공무원의 추상적 권한에 속할 뿐 아니라 구체적 직무집행에 관한 법률상 요건과 방식을 갖춘 경우를 가리키므로, 검사나 사법경찰관이 수사기관에 자진출석한 사람을 긴급체포의 요건을 갖추지 못하였음에도 실력으로 체포하려고 하였다면 적법한 공무집행이라고 할 수 없고, 자진출석한 사람이 검사나 사법경찰관에 대하여 이를 거부하는 방법으로써 폭행을 하였다고 하여 공무집행방해죄가 성립하는 것은 아니다.(대판 2006.9.8, 2006도148)

판례 공무집행방해죄에 있어서 '직무를 집행하는'의 의미 : 형법 제136조 제1항 소정의 공무집행방해죄에 있어서 '직무를 집행하는'이라 함은 공무원이 직무수행에 직접 필요한 행위를 현실적으로 행하고 있는 때만을 가리키는 것이 아니라 공무원이 직무수행을 위하여 근무중인 상태에 있는 때를 포괄한다 할 것이고, 직무의 성질에 따라서는 그 직무수행의 과정을 개별적으로 분리하여 부분적으로 각각의 개시와 종료를 논하는 것이 부적절하고 여러 종류의 행위를 포괄하여 일련의 직무수행으로 파악함이 상당한 경우가 있다.(대판 1999.9.21, 99도383)

第137條【僞計에 의한 公務執行妨害】 僞計로써 公務員의 職務執行을 妨害한 者는 5年 이하의 懲役 또는 1千萬원 이하의 罰金에 處한다.(1995.12.29 본조개정)

참조 [공무집행방해]136

판례 범죄행위로 인하여 강제출국당한 전력이 있는 사람이 외국 주재 한국영사관 담당직원에게 허위의 호구부 및 외국인등록신청서 등을 제출하여 사증 및 외국인등록증을 발급받은 사안에서, 위계에 의한 공무집행방해죄가 성립한다.
(대판 2009.2.26, 2008도11862)

판례 변호사가 접견을 핑계로 수용자를 위하여 휴대전화와 증권거래용 단말기를 구치소 내로 몰래 반입하여 이용하게 한 행위가 위계에 의한 공무집행방해죄에 해당한다.
(대판 2005.8.25, 2005도1731)

판례 음주운전을 하다가 교통사고를 야기한 후 그 형사처벌을 면하기 위하여 타인의 혈액을 자신의 혈액인 것처럼 교통사고 조사 경찰관에게 제출하여 감정하도록 한 행위는, 단순히 피의자가 수사기관에 대하여 허위사실을 진술하거나 자신에게 불리한 증거를 은닉하는 데 그친 것이 아니라 수사기관의 착오를 이용하여 적극적으로 피의사실에 관한 증거를 조작한 것으로서 위계에 의한 공무집행방해죄가 성립한다.
(대판 2003.7.25, 2003도1609)

판례 '위계'라 함은 행위자의 행위목적을 이루기 위하여 상대방에게 오인, 착각, 부지를 일으키게 하여 그 오인, 착각, 부지를 이용하는 것을 말하는 것으로 상대방이 이에 따라 그릇된 행위나 처분을 하였다면 이 죄가 성립된다.
(대판 1997.2.28, 96도2825)

第138條【法廷 또는 國會會議場侮辱】 法院의 裁判 또는 國會의 審議를 妨害 또는 威脅할 目的으로 法廷이나 國會會議場 또는 그 附近에서 侮辱 또는 騷

動한 者는 3年 이하의 懲役 또는 700萬원 이하의 罰金에 處한다.(1995.12.29 본조개정)

참조 [모욕죄]311, [법정질서]법원조직58-61, [국회질서]국회143-154, [형의 가중]144

第139條【人權擁護職務妨害】 警察의 職務를 行하는 者 또는 이를 補助하는 者가 人權擁護에 관한 檢事의 職務執行을 妨害하거나 그 命令을 遵守하지 아니한 때에는 5年 이하의 懲役 또는 10年 이하의 資格停止에 處한다.

참조 [본죄의 주체]형소196·197, [공무집행방해]136

第140條【公務上秘密標示無效】 ① 公務員이 그 職務에 관하여 實施한 封印 또는 押留 기타 强制處分의 標示를 損傷 또는 隱匿하거나 기타 方法으로 그 效用을 害한 者는 5年 이하의 懲役 또는 700萬원 이하의 罰金에 處한다.

② 公務員이 그 職務에 관하여 封緘 기타 秘密裝置한 文書 또는 圖畵를 開封한 者도 第1項의 刑과 같다.

③ 公務員이 그 職務에 관하여 封緘 기타 秘密裝置한 文書, 도화 또는 電磁記錄등 特殊媒體記錄을 技術的 手段을 이용하여 그 내용을 알아낸 者도 第1項의 刑과 같다.(1995.12.29 본항신설)

(1995.12.29 본조개정)

참조 [봉인]민집189, [미수범]143, [형의 가중]144

판례 공무원이 실시한 봉인 등의 표시에 절차상 또는 실체상의 하자가 있으나 객관적·일반적으로 그것이 공무원이 그 직무에 관하여 실시한 봉인 등으로 인정할 수 있는 상태에 있는 경우, 공무상표시무효죄의 객체가 되는지 여부(적극) : 공무원이 그 직권을 남용하여 위법하게 실시한 봉인 또는 압류 기타 강제처분의 표시임이 명백하여 법률상 당연무효 또는 부존재라고 볼 수 있는 경우에는 그 봉인 등의 표시는 공무상표시무효죄의 객체가 되지 아니하여 이를 손상 또는 은닉하거나 기타 방법으로 그 효용을 해한다 하더라도 공무상표시무효죄가 성립하지 아니한다 할 것이지만, 공무원이 실시한 봉인 등의 표시에 절차상 또는 실체상의 하자가 있다고 하더라도 객관적·일반적으로 그것이 공무원이 그 직무에 관하여 실시한 봉인 등으로 인정할 수 있는 상태에 있다면 적법한 절차에 의하여 취소되지 아니하는 한 공무상표시무효죄의 객체로 된다고 할 것이다.
(대판 2007.3.15, 2007도312)

판례 출입금지가처분 대상이 된 건조물 등에 가처분 채권자의 승낙을 얻어 출입하는 경우 출입금지가처분 표시의 효용을 해한 것인지 여부(소극) : 출입금지가처분은 그 성질상 가처분 채권자의 의사에 반하여 건조물 등에 출입하는 것을 금지하는 것이므로 비록 가처분결정이나 그 결정의 집행으로서 집행관이 실시한 고시에 그러한 취지가 명시되어 있지 않다고 하더라도 가처분 채권자의 승낙을 얻어 그 건조물 등에 출입하는 경우에는 출입금지가처분 표시의 효용을 해한 것이라고 할 수 없다.
(대판 2006.10.13, 2006도4740)

第140條의2【不動産强制執行效用侵害】 强制執行으로 明渡 또는 引渡된 不動産에 侵入하거나 기타 방법으로 强制執行의 效用을 해한 者는 5年 이하의 懲役 또는 700萬원 이하의 罰金에 處한다.
(1995.12.29 본조신설)

판례 부동산강제집행효용침해죄의 객체인 강제집행으로 명도나 인도된 부동산에는 강제집행으로 '퇴거집행'된 부동산을 포함한다.(대판 2003.5.13, 2001도3212)

第141條【公用書類 등의 無效, 公用物의 破壞】
① 公務所에서 使用하는 書類 기타 물건 또는 電磁記錄등 特殊媒體記錄을 損傷 또는 隱匿하거나 기타 方法으로 그 效用을 害한 者는 7年 이하의 懲役 또는 1千萬원 이하의 罰金에 處한다.(1995.12.29 본항개정)

② 公務所에서 使用하는 建造物, 船舶, 汽車 또는 航空機를 破壞한 者는 1年 이상 10年 이하의 懲役에 處한다.

참조 [손괴죄]366·367, [미수범]143, [형의 가중]144, [군법]군형66이하

판례 공용서류은닉죄에 있어서 범의 및 경찰 작성의 진술조서가 미완성이고 작성자와 진술자가 서명·날인 또는 무인한 것이 아니어서 공문서로서의 효력이 없는 경우 '공무소에서 사용하는 서류'로 볼 수 있는지 여부(적극) : 형법 제141조 제1항이 규정하고 있는 공용서류은닉죄에 있어서의 범의란 피고인에게 공무소에서 사용하는 서류라는 사실과 이를 은닉하는 방법으로 그 효용을 해한다는 사실의 인식이 있음으로써 족하고, 경찰이 작성한 진술조서가 미완성이고 작성자와 진술자가 서명·날인 또는 무인한 것이 아니어서 공문서로서의 효력이 없다고 하더라도 공무소에서 사용하는 서류가 아니라고 할 수는 없다.
(대판 2006.5.25, 2003도3945)

판례 공문서 작성권자와 공용서류무효죄 : 형법 제141조 제1항이 규정하는 공용서류무효죄는 정당한 권한 없이 공무소에서 사용하는 서류의 효용을 해함으로써 성립하는 죄이므로 권한 있는 자의 정당한 처분에 의한 공용서류의 파기에는 적용의 여지가 없고, 또 공무원이 작성하는 공문서는 그것이 작성자의 지배를 떠나 작성자로서도 그 변경 삭제가 불가능한 단계에 이르렀다면 모르되 그렇지 않고 상사가 결재하는 단계에 있어서는 작성자는 결재자인 상사와 상의하여 언제든지 그 내용을 변경 또는 일부 삭제할 수 있는 것이며 그 내용을 정당하게 변경하는 경우는 물론 내용을 허위로 변경하였다 하여도 그 행위가 허위공문서작성죄에 해당할지언정 따로 형법 제141조 소정의 공용서류의 효용을 해하는 행위에 해당한다고는 할 수 없다.
(대판 1995.11.10, 95도1395)

第142條【公務上 保管物의 無效】 公務所로부터 保管命令을 받거나 公務所의 命令으로 他人이 관리하는 自己의 物件을 損傷 또는 隱匿하거나 기타 方法으로 그 效用을 害한 者는 5年 이하의 懲役 또는 700萬원 이하의 罰金에 處한다.(1995.12.29 본조개정)

참조 [손괴죄]366·367, [미수범]143, [형의 가중]144

第143條【未遂犯】 第140條 내지 前條의 未遂犯은 處罰한다.

참조 [미수범]25-29, [형의 가중]144

第144條【特殊公務妨害】 ① 團體 또는 多衆의 威力을 보이거나 危險한 物件을 携帶하여 第136條, 第138條와 第140條 내지 前條의 罪를 犯한 때에는 各條에 정한 刑의 2分의 1까지 加重한다.

② 第1項의 罪를 犯하여 公務員을 傷害에 이르게 한 때에는 3年 이상의 有期懲役에 處한다. 死亡에 이르게 한 때에는 無期 또는 5年 이상의 懲役에 處한다.
(1995.12.29 본항개정)

참조 [형의 가중]42, [가중감경의 순서]56, [소요죄]115, [폭행치사상]262

판례 특수공무집행방해치사상죄의 성립 요건 : 특수공무집행방해치사상죄는 단체 또는 다중의 위력을 보이거나 위험한 물건을 휴대하고 직무를 집행하는 공무원에 대하여 폭행, 협박을 하여 공무원을 사상에 이르게 한 경우에 성립하는 결과적가중범으로서 행위자가 그 결과를 의도할 필요는 없고 그 결과의 발생을 예견할 수 있으면 족하다.(대판 1997.10.10, 97도1720)

판례 형법 제144조 소정의 '다중'이라 함은 단체를 이루지 못한 다수인의 중합을 지칭하는 것이므로 불과 3인의 경우에는 그것이 어떤 집단의 힘을 발판 또는 배경으로 한다는 것이 인정되지 않는 한 '다중의 위력을 보인 것'이라고는 할 수 없다.
(대판 1971.12.21, 71도1930)

第9章 逃走와 犯人隱匿의 罪

第145條【도주, 집합명령위반】 ① 법률에 따라 체포되거나 구금된 자가 도주한 경우에는 1년 이하의 징역에 처한다.

② 제1항의 구금된 자가 천재지변이나 사변 그 밖에 법령에 따라 잠시 석방된 상황에서 정당한 이유없이 집합명령에 위반한 경우에도 제1항의 형에 처한다.
(2020.12.8 본조개정)

改前 "第145條【逃走, 集合命令違反】① 法律에 의하여 逮捕 또는 拘禁된 者가 逃走한 때에는 1年 이하의 懲役에 處한다.
② 前項의 拘禁된 者가 天災, 事變 기타 法令에 의하여 暫時 解禁된 경우에 正當한 理由없이 그 集合命令에 違反한 때에도 前項의 刑과 같다."

참조 [체포]형소200의2-201·212-214, [구금]형소72·73·81·473-475, [수용자의 이송]형의집행수용자20, [수형자의 도주]형의집행수용자103, [도주원조]147·148, [미수범]149, [무기사용]형의집행수용자101, 경찰직무10의4, 헌병무기사용령3, 군에서의형의집행및군수용자의처우에관한법88, [구속적부심]헌12⑥, 형소214의2, 군사법원110, [보석불허가]형소95, 군사법원135

판례 사법경찰관이 피고인을 수사관서까지 동행한 것이 사실상의 강제연행, 즉 불법 체포에 해당하고, 불법 체포로부터 6시간 상당이 경과한 후에 이루어진 긴급체포 또한 위법하므로 피고인이 불법체포된 자로서 형법 제145조 제1항에 정한 '법률에 의하여 체포 또는 구금된 자'가 아니어서 도주죄의 주체가 될 수 없다.(대판 2006.7.6, 2005도6810)

第146條【特殊逃走】 收容設備 또는 機具를 損壞하거나 사람에게 暴行 또는 脅迫을 加하거나 2人 이상이 合同하여 前條第1項의 罪를 犯한 者는 7年 이하의 懲役에 處한다.

참조 [수용설비]형의집행수용자11, [보호장비]형의집행수용자97·98, [미수범]149

일판 구금장 또는 기구의 손괴에 의한 가중도주죄에 대하여는 도주의 수단으로서 손괴가 개시되었을 때에 실행의 착수가 있다.
(日·最高 1979.12.25)

第147條【逃走援助】 法律에 의하여 拘禁된 者를 奪取하거나 逃走하게 한 者는 10年 이하의 懲役에 處한다.

참조 [미수범]149, [예비·음모]150

독판 폭력을 행사하지 않고 공동으로 도주하면서 단순히 혼자 스스로 도주하는데 유용하거나 필요한 도움을 준 구금자는 타인의 자기도주에 대한 방조(형법 제120조)나 그러한 방조의 교사(형법 제120조, 제48조)로 처벌되지 않는다.(BGHSt 17, 369)

第148條【看守者의 逃走援助】 法律에 의하여 拘禁된 者를 看守 또는 護送하는 者가 이를 逃走하게 한 때에는 1年 이상 10年 이하의 懲役에 處한다.

참조 [도주원조]147, [미수범]149, [예비·음모]150

第149條【未遂犯】 前4條의 未遂犯은 處罰한다.

참조 [미수범]25-29

第150條【豫備, 陰謀】 第147條와 第148條의 罪를 犯할 目的으로 豫備 또는 陰謀한 者는 3年 이하의 懲役에 處한다.

참조 [예비·음모]28·296

第151條【犯人隱匿과 親族間의 特例】 ① 罰金 이상의 刑에 該當하는 罪를 犯한 者를 隱匿 또는 逃避하게 한 者는 3年 이하의 懲役 또는 500萬원 이하의 罰金에 處한다.(1995.12.29 본항개정)

② 친족 또는 동거의 가족이 本人을 위하여 前項의 罪를 犯한 때에는 處罰하지 아니한다.
(2005.3.31 본항개정)

改前 ② "친족, 호주 또는 동거의 가족이" 本人을 위하여…

참조 [본범과의 관련]형소11, [친족]민767-769, 국가보안9

판례 범인이 자신을 위하여 형법 제151조 제2항에 의하여 처벌을 받지 아니하는 친족 등으로 하여금 허위의 자백을 하게 하여 범인도피죄를 범하게 하는 경우, 범인도피교사죄의 성립 여부(적극) : 범인이 자신을 위하여 타인으로 하여금 허위의 자백을 하게 하여 범인도피죄를 범하게 하는 행위는 방어권의 남용으로 범인도피교사죄에 해당하는바, 이 경우 그 타인이 형법 제151조 제2항에 의하여 처벌을 받지 아니하는 친족, 호주 또는 동거 가족에 해당한다 하여 달리 볼 것은 아니다.
(대판 2006.12.7, 2005도3707)

판례 형법 제151조에서 규정하는 범인도피죄의 의의 : 형법 151조에서 규정하는 범인도피죄는 범인은닉 이외의 방법으로 범인에 대한 수사·재판 및 형의 집행 등 형사사법의 작용을 곤란 또는 불가능하게 하는 행위를 말하는 것으로서 그 방법에는 아무런 제한이 없고, 또한 범인도피죄는 위험범으로서 현실적으로 형사사법의 작용을 방해하는 결과가 초래되어야만 하는 것은 아니다.(대판 2006.5.26, 2005도7528)

판례 범인도피교사죄의 성립 여부(적극) : 범인이 자신을 위하여 타인으로 하여금 허위의 자백을 하게 하여 범인도피죄를 범하게 하는 행위는 방어권의 남용으로 범인도피교사죄에 해당한다.
(대판 2000.3.24, 2000도20)

판례 범인이 아닌 자가 수사기관에서 범인임을 자처한 경우 범인은닉죄의 성부(적극) : 범인 아닌 자가 수사기관에서 범인임을 자처하고 허위사실을 진술하여 진범의 체포와 발견에 지장을 초래하게 한 행위는 범인은닉죄에 해당한다.
(대판 1996.6.14, 96도1016)

第10章 僞證과 證據湮滅의 罪

第152條【僞證, 謀害僞證】 ① 法律에 의하여 宣誓한 證人이 虛僞의 陳述을 한 때에는 5年 이하의 懲役 또는 1千萬원 이하의 罰金에 處한다.(1995.12.29 본항개정)

② 刑事事件 또는 懲戒事件에 관하여 被告人, 被疑者 또는 懲戒嫌疑者를 謀害할 目的으로 前項의 罪를 犯한 때에는 10年 이하의 懲役에 處한다.

참조 [증인선서]형소156, 민소319, 비송10, 감사14②, 법관징계법22, 검사징계법26, 변호사101의2, [본범과의 관련]형소11, [자백·자수]153, [친족간의 특례]155, [재심이유]형소420, [특별규정]국가보안12, 특허227, 실용신안47, 디자인보호221, 상표232

판례 위증죄와 형사소송법의 취지, 정신과 기능을 고려하여 볼 때, 형법 제152조 제1항에서 정한 '법률에 의하여 선서한 증인'이라 함은 '법률에 근거하여 법률이 정한 절차에 따라 유효한 선서를 한 증인'이라는 의미이고, 그 증인신문은 법률이 정한 절차 조항을 준수하여 적법하게 이루어진 경우여야 한다고 할 것이다.(대판 2010.1.21, 2008도942 전원합의체)

판례 자기의 형사피고사건에 관하여 타인을 교사하여 위증하게 한 경우, 위증교사죄의 성립 여부(적극) : 피고인이 자기의 형사사건에 관하여 허위의 진술을 하는 행위는 피고인의 형사소송에 있어서의 방어권을 인정하는 취지에서 처벌의 대상이 되지 않으나, 법률에 의하여 선서한 증인이 타인의 형사사건에 관하여 위증을 하면 형법 제152조 제1항의 위증죄가 성립되므로 자기의 형사사건에 관하여 타인을 교사하여 위증죄를 범하게 하는 것은 이러한 방어권을 남용하는 것이라고 할 것이어서 교사범의 죄책을 부담케 함이 상당하다.
(대판 2004.1.27, 2003도5114)

판례 위증죄에 있어 증언이 기억에 반하는 허위진술인지 여부의 판단 방법 및 증언의 의미가 불분명하거나 다의적으로 이해될 수 있는 경우 증언의 허위성 여부의 판단 방법 : 증인의 증언이 기억에 반하는 허위진술인지 여부는 그 증언의 단편적인 구절에 구애될 것이 아니라 당해 신문절차에 있어서의 증언 전체를 일체로 파악하여 판단하여야 할 것이고, 증언의 의미가 그 자체로 불분명하거나 다의적으로 이해될 수 있는 경우에는 언어의 통상적인 의미와 용법, 문제된 증언이 나오게 된 전후 문맥, 신문의 취지, 증언이 행하여진 경위 등을 종합하여 당해 증언의 의미를 명확히 한 다음 허위성을 판단하여야 한다.
(대판 2001.12.27, 2001도5252)

판례 증언이 객관적 사실과 부합하지 않는다는 사실만으로 위증죄가 성립하는지 여부(소극) : 위증죄는 법률에 의하여 선서한 증인이 자기의 기억에 반하는 사실을 진술함으로써 성립하는 것이므로 그 증언이 객관적 사실과 부합하지 않는다고 하여 그 증언이 곧바로 위증이라고 단정할 수는 없다.
(대판 1996.8.23, 95도192)

판례 증언의 허위진술 여부에 대한 판단기준에 있어 증인의 착오와 위증의 범의 : 위증죄에 있어서 증인의 증언이 기억에 반하는 허위의 진술인지 여부를 가릴 때에는 그 증언의 단편적인 구절에 구애될 것이 아니라 당해 신문절차에서 한 증언 전체를 일체로 파악하여야 하고, 그 결과 증인이 무엇인가 착오에 빠져 기억에 반한다는 인식 없이 증언하였음이 밝혀진 경우에는 위증의 범의를 인정할 수 없다.(대판 1991.5.10, 89도1748)

판례 사실을 "안다"라는 증언이 위증인지 여부의 판단의 전제 요건 : 증인의 증언의 요지가 일정한 사실을 "안다"라는 취지인 경우에는 증인이 그 증언내용을 알게 된 경위를 심리판단하여 그 증언내용이 기억에 반한 진술인지 여부를 가려야 할 것이지 그 증언의 전체적 내용을 제쳐놓고 증언일부만을 따로 떼어서 허위의 진술이라고 단정할 것이 아니다.
(대판 1983.4.26, 83도633)

일판 형사사건의 참고인이나 증인의 허위진술·증언에 증거인멸죄를 적용할 수 없으며 그러한 진술을 바탕으로 한 조서도 위조라 볼 수 없다.(日·千葉地法判 1995.6.2)

독판 형사법관 앞에서 유죄여부에 대해 선서를 대신한 위증을 하도록 교사한 자는 형사법관이 그러한 진술을 받을 권한이 있다고 잘못 생각했을 때에는 불가벌이다.(BGHSt 32, 38)

第153條【自白, 自首】 前條의 罪를 犯한 者가 그 供述한 事件의 裁判 또는 懲戒處分이 確定되기 前에 自白 또는 自首한 때에는 그 刑을 減輕 또는 免除한다.

참조 [감경례]54·55, [면제선고]형소322, [본조의 주장에 대한 판단]형소323②, [재판확정]형소343·358·374, 민소395, [징계처분]국가공무원78–83의3, 법관징계법3, 검사징계법23, 군인사법56–61, 경찰공무원27, 교육공무원51, 지방공무원69–73의3, [특별규정]특허226, 실용신안49, 디자인보호221

판례 무고죄에 있어서 형의 필요적 감면사유에 해당하는 자백이란 자신의 범죄사실, 즉 타인으로 하여금 형사처분 또는 징계처분을 받게 할 목적으로 공무소 또는 공무원에 대하여 허위의 사실을 신고하였음을 자인하는 것을 말하고, 단순히 그 신고한 내용이 객관적 사실에 반한다고 인정한 데 지나지 아니하는 것은 이에 해당하지 아니한다.(대판 1995.9.5, 94도755)

第154條【虛僞의 鑑定, 通譯, 飜譯】 法律에 依하여 宣誓한 鑑定人, 通譯人 또는 飜譯人이 虛僞의 鑑定, 通譯 또는 飜譯을 한 때에는 前2條의 例에 依한다.

참조 [선서증인]형소156, 민소319, 비송10, 감사14②, 법관징계법22, 검사징계법26, 변호사101의2, [자백·자수]153, [본범과의 관련]형소11, [친족간의 특례]155, [재심이유]형소420, [특별규정]특허227, 실용신안47, 디자인보호221, 상표232

판례 허위감정죄의 죄수와 기수시기 : 하나의 소송사건에서 동일한 선서 하에 이루어진 법원의 감정명령에 따라 감정인이 동일한 감정명령사항에 대하여 수차례에 걸쳐 허위의 감정보고서를 제출하는 경우에는 각 감정보고서 제출행위시마다 각기 허위감정죄가 성립한다 할 것이나, 이는 단일한 범의 하에 계속하여 허위의 감정을 한 것으로서 포괄하여 1개의 허위감정죄를 구성한다.(대판 2000.11.28, 2000도1089)

第155條【證據湮滅 등과 親族間의 特例】 ① 他人의 刑事事件 또는 懲戒事件에 關한 證據를 湮滅, 隱匿, 僞造 또는 變造하거나 僞造 또는 變造한 證據를 使用한 者는 5年 이하의 懲役 또는 700萬원 이하의 罰金에 處한다.(1995.12.29 본항개정)

② 他人의 刑事事件 또는 懲戒事件에 關한 證人을 隱匿 또는 逃避하게 한 者도 第1項의 刑과 같다.(1995.12.29 본항개정)

③ 被告人, 被疑者 또는 懲戒嫌疑者를 謀害할 目的으로 前2項의 罪를 犯한 者는 10年 이하의 懲役에 處한다.

④ 친족 또는 동거의 가족이 本人을 爲하여 本條의 罪를 犯한 때에는 處罰하지 아니한다.(2005.3.31 본항개정)

改前 ④ "친족, 호주 또는 동거의 가족이" 本人을 爲하여…

참조 [본범과의 관련]형소11, [친족]민767–769, [구속사유]헌12③, 형소70①, [보석불허가]형소95

판례 증거위조죄에서 '증거' 및 '위조'의 의미 : 타인의 형사사건 또는 징계사건에 관한 증거를 위조한 경우에 성립하는 형법 제155조 제1항의 증거위조죄에서 '증거'라 함은 타인의 형사사건 또는 징계사건에 관하여 수사기관이나 법원 또는 징계기관이 국가의 형벌권 또는 징계권의 유무를 확인하는 데 관계있다고 인정되는 일체의 자료를 의미하고, 타인에게 유리한 것이건 불리한 것이건 가리지 아니하며 또 증거가치의 유무 및 정도를 불문하는 것이고, 여기서의 '위조'란 문서에 관한 죄에 있어서의 위조 개념과는 달리 새로운 증거의 창조를 의미하는 것이므로 존재하지 아니한 증거를 이전부터 존재하고 있는 것처럼 작출하는 행위도 증거위조에 해당하며, 증거가 문서의 형식을 갖는 경우 증거위조죄에 있어서의 증거에 해당하는지 여부가 그 작성권한의 유무나 내용의 진실성에 좌우되는 것은 아니다.(대판 2007.6.28, 2002도3600)

第11章 誣告의 罪

第156條【誣告】 他人으로 하여금 刑事處分 또는 懲戒處分을 받게 할 目的으로 公務所 또는 公務員에 對하여 虛僞의 事實을 申告한 者는 10年 이하의 懲役 또는 1千500萬원 이하의 罰金에 處한다.(1995.12.29 본조개정)

참조 [자백·자수]157, [재심이유]형소420, 특정범죄가중14

판례 무고죄는 타인으로 하여금 형사처분 또는 징계처분을 받게 할 목적으로 공무소 또는 공무원에 대하여 허위의 사실을 신고하는 때에 성립하는 것으로, 여기에서 허위사실의 신고라 함은 신고사실이 객관적 사실에 반한다는 것을 확정적이거나 미필적으로 인식하고 신고하는 것을 말하는 것이므로, 신고사실의 일부분에 허위의 사실이 포함되어 있다고 하더라도 그 허위부분이 범죄의 성부에 영향을 미치는 중요한 부분이 아니고, 단지 신고한 사실을 과장한 것에 불과한 경우에는 무고죄에 해당하지 아니하지만, 그 일부 허위인 사실이 국가의 심판작용을 그르치거나 부당하게 처벌을 받지 아니할 개인의 법적 안정성을 침해할 우려가 있을 정도로 고소사실 전체의 성질을 변경시키는 때에는 무고죄가 성립될 수 있다고 할 것이다.(대판 2010.4.29, 2010도2745)

판례 무고죄는 타인으로 하여금 형사처분 등을 받게 할 목적으로 공무소 등에 허위의 사실을 신고함으로써 성립하는 범죄이므로, 그 신고된 범죄사실이 이미 공소시효가 완성된 것이어서 무고죄가 성립하지 아니하는 경우에 해당하는지 여부는 그 신고시를 기준으로 하여 판단하여야 한다.(대판 2008.3.27, 2007도11153)

판례 무고죄에 있어서 허위사실 적시의 정도 : 무고죄에 있어서 허위사실 적시의 정도는 수사관서 또는 감독관서에 대하여 수사권 또는 징계권의 발동을 촉구하는 정도의 것이면 충분하고 반드시 범죄구성요건 사실이나 징계요건 사실을 구체적으로 명시하여야 하는 것은 아니다.(대판 2006.5.25, 2005도4642)

판례 무고죄에 있어서 형사처분 또는 징계처분을 받게 할 목적은 허위신고를 함에 있어서 다른 사람이 그로 인하여 형사 또는 징계처분을 받게 될 것이라는 인식이 있으면 족한 것이고 그 결과발생을 희망하는 것을 요하는 것은 아니므로, 고소인이 고소장을 수사기관에 제출한 이상 그러한 인식은 있었다고 보아야 한다.(대판 1991.5.10, 90도2601)

독판 형법 제164조 제1항에서 '고의'의 의미는 행위의 동기와 동등한 의미를 갖는 것이 아니다. 그것은 행위자가 혐의자에 대한 공적 절차를 행하려 하고 그로써 또 다른 최후의 목적을 추구하려 하는 것으로도 충분하다.(BGHSt 13, 219)

독판 가벌적인 행위의 혐의자가 경찰조사에서 타인의 이름을 모용했다면 피모용자에 대한 무고가 당연히 그 속에 포함되는 것은 아니다.(BGHSt 18, 204)

第157條【自白·自首】 第153條는 前條에 準用한다.

참조 [감경례]54·55, [면제선고]형소322, [본조의 주장에 대한 판단]형소323②

판례 무고죄를 범한 자가 그 신고한 사건의 재판 또는 징계처분이 확정되기 전에 자백 또는 자수한 때에는 그 형을 감경 또는 면제한다고 할 때, 그가 신고한 사건을 다루는 기관에 대한 고백이나 그 사건을 다루는 재판부에 증인으로 다시 출석하여 전에 그가 한 신고가 허위의 사실이었음을 고백하는 것은 물론 무고 사건의 피고인 또는 피의자로서 법원이나 수사기관에서의 신문에 의한 고백 또한 자백의 개념에 포함된다. '재판이 확정되기 전'에는 피고인의 고소사건 수사 결과 피고인의 무고 혐의가 밝혀져 피고소인에 대한 공소가 제기되고 피고소인에 대해서는 불기소결정이 내려져 재판절차가 개시되지 않은 경우도 포함된다.(대판 2018.8.1, 2018도7293)

第12章 信仰에 관한 罪

第158條【葬禮式등의 妨害】 葬禮式, 祭祀, 禮拜 또는 說敎를 妨害한 者는 3年 이하의 懲役 또는 500萬원 이하의 罰金에 處한다.(1995.12.29 본조개정)

참조 [종교의 자유]헌20, 경범1

第159條【시체 등의 오욕】 시체, 유골 또는 유발(遺髮)을 오욕한 자는 2년 이하의 징역 또는 500만원 이하의 벌금에 처한다.(2020.12.8 본조개정)

改前 "第159條【死體 등의 汚辱】 死體, 遺骨 또는 遺髮을 汚辱한 者는 2年 이하의 懲役 또는 500萬원 이하의 罰金에 處한다.(1995.12.29 본조개정)"

第160條【墳墓의 發掘】 墳墓를 發掘한 者는 5年 이하의 懲役에 處한다.

참조 [검증에 있어서의 분묘발굴]형소140·141, [개장]장사등에관한법8·9, [미수범]162, [영득죄]161

第161條【시체 등의 유기 등】 ① 시체, 유골, 유발 또는 관 속에 넣어 둔 물건을 손괴(損壞), 유기, 은닉 또는 영득(領得)한 자는 7년 이하의 징역에 처한다.

② 분묘를 발굴하여 제1항의 죄를 지은 자는 10년 이하의 징역에 처한다.(2020.12.8 본조개정)

改前 "第161條【死體 등의 領得】 ① 死體, 遺骨, 遺髮 또는 棺內에 藏置한 物件을 損壞, 遺棄, 隱匿 또는 領得한 者는 7年 이하의 懲役에 處한다.
② 墳墓를 發掘하여 前項의 罪를 犯한 者는 10年 이하의 懲役에 處한다."

참조 [미수범]162, [사체해부]형소140·141·173

일판 본조에서 소위 '사체'라 함은 사자의 제사 혹은 기념을 위하여 분묘에 매장하거나 또는 매장해야 할 사체를 말하고(사체의 일부도 포함) 동조에 소위 유골이라 함은 전동양의 목적을 위하여 화장한 후 보존하거나 보존해야 할 유골을 말하고 인공적으로 부가한 금치와 같은 것은 인체의 일부분이 아니므로 개장작업중에 가분묘에 있었던 금치는 이미 사체 또는 유골의 일부라고 할 수 없으며 또 관내에 장치한 물건이라고도 할 수 없다.(日·東京高 1952.6.3)

第162條【未遂犯】 前2條의 未遂犯은 處罰한다.

참조 [미수범]25–29

第163條【변사체 검시 방해】 변사자의 시체 또는 변사(變死)로 의심되는 시체를 은닉하거나 변경하거나 그 밖의 방법으로 검시(檢視)를 방해한 자는 700만원 이하의 벌금에 처한다.(2020.12.8 본조개정)

改前 "第163條【變死體檢視妨害】 變死者의 死體 또는 變死의 疑心있는 死體를 은닉 또는 변경하거나 기타 방법으로 檢視를 妨害한 者는 700萬원 이하의 罰金에 處한다.(1995.12.29 본조개정)"

참조 [검시]형소222

판례 '변사체검시방해죄'의 객체가 될 수 있는 사체 : 동조의 '변사자'라 함은 부자연한 사망으로 그 사인이 분명하지 않은 자를 의미하고 그 사인이 명백한 경우는 변사자라 할 수 없으므로, 범죄로 인하여 사망한 것이 명백한 자의 사체는 동조 '변사체검시방해죄'의 객체가 될 수 없다.(대판 2003.6.27, 2003도1331)

第13章 放火와 失火의 罪

第164條【현주건조물 등 방화】 ① 불을 놓아 사람이 주거로 사용하거나 사람이 현존하는 건조물, 기차, 전차, 자동차, 선박, 항공기 또는 지하채굴시설을 불태운 자는 무기 또는 3년 이상의 징역에 처한다.

② 제1항의 죄를 지어 사람을 상해에 이르게 한 경우에는 무기 또는 5년 이상의 징역에 처한다. 사망에 이르게 한 경우에는 사형, 무기 또는 7년 이상의 징역에 처한다.(2020.12.8 본조개정)

改前 "第164條【現住建造物등에의 放火】 ① 불을 놓아 사람이 住居로 사용하거나 사람이 現存하는 建造物, 汽車, 電車, 自動車, 船舶, 航空機 또는 鑛坑을 燒毁한 者는 無期 또는 3年 이상의 懲役에 處한다.
② 第1項의 罪를 犯하여 사람을 傷害에 이르게 한 때에는 無期 또는 5年 이상의 懲役에 處한다. 死亡에 이르게 한 때에는 死刑, 無期 또는 7年 이상의 懲役에 處한다.(1995.12.29 본조개정)"

참조 [미수]174, [예비·음모]175, [자수]175, [특별규정]국가보안4, 군형66·67

판례 현주건조물방화죄는 화력이 매개물을 떠나 목적물인 건조물 스스로 연소할 수 있는 상태에 이름으로써 기수가 된다.(대판 2007.3.16, 2006도9164)

판례 재물을 강취한 후 피해자를 살해할 목적으로 현주건조물에 방화하여 사망에 이르게 한 경우, 강도살인죄와 현주건조물방화치사죄의 관계(=상상적 경합) : 피고인들이 피해자들의 재물을 강취한 후 그들을 살해할 목적으로 현주건조물에 방화하여 사망에 이르게 한 경우, 피고인들의 행위는 강도살인죄와 현주건조물방화치사죄에 모두 해당하고 그 두 죄는 상상적 경합범관계에 있다.(대판 1998.12.8, 98도3416)

독판 영업뿐만 아니라 주거목적으로 사용되는 건물에서 단지 영업장 부분만이 방화되었을 경우에도 형법 제306조 Nr.2의 구성요건(주거에 사용하는 건조물에 대한 중방화죄)에 해당한다.(BGHSt 34, 115)

第165條【공용건조물 등 방화】 불을 놓아 공용(公用)으로 사용하거나 공익을 위해 사용하는 건조물, 기차, 전차, 자동차, 선박, 항공기 또는 지하채굴시설을 불태운 자는 무기 또는 3년 이상의 징역에 처한다.(2020.12.8 본조개정)

改前 "第165條【公用建造物 등에의 放火】 불을 놓아 公用 또는 公益에 供하는 建造物, 汽車, 電車, 自動車, 船舶, 航空機 또는 鑛坑을 燒毁한 者는 無期 또는 3年 이상의 懲役에 處한다."

참조 [미수]174, [예비·음모]175, [자수]175, [공익건조물파괴]367, [본조의 준용]문화유산94, [특별규정]국가보안4, 군형66·67

第166條【일반건조물 등 방화】 ① 불을 놓아 제164조와 제165조에 기재한 외의 건조물, 기차, 전차, 자동차, 선박, 항공기 또는 지하채굴시설을 불태운 자는 2년 이상의 유기징역에 처한다.

② 자기 소유인 제1항의 물건을 불태워 공공의 위험을 발생하게 한 자는 7년 이하의 징역 또는 1천만원 이하의 벌금에 처한다.(2020.12.8 본조개정)

改前 "第166條【一般建造物 등에의 放火】 ① 불을 놓아 前2條에 記載한 이외의 建造物, 汽車, 電車, 自動車, 船舶, 航空機 또는 鑛坑을 燒毁한 者는 2年 이상의 有期懲役에 處한다.
② 自己所有에 屬하는 第1項의 物件을 燒毁하여 公共의 危險을 發生하게 한 者는 7年 이하의 懲役 또는 1千萬원 이하의 罰金에 處한다.(1995.12.29 본항개정)"

참조 [미수범]174, [예비·음모]175, [자수]175, [연소]168

일판 본조 제1항의 방화죄가 성립하기 위해서는 불을 놓아 동조 규정의 물건을 소훼한다는 인식만 있으면 족하고 소훼의 결과, 공공의 위험을 발생시킨다는 인식까지는 필요하지 아니한다.(日·最高 1985.3.28)

第167條【일반물건 방화】 ① 불을 놓아 제164조부터 제166조까지에 기재한 외의 물건을 불태워 공공의 위험을 발생하게 한 자는 1년 이상 10년 이하의 징역에 처한다.

② 제1항의 물건이 자기 소유인 경우에는 3년 이하의 징역 또는 700만원 이하의 벌금에 처한다.(2020.12.8 본조개정)

改前 "第167條【一般物件에의 放火】 ① 불을 놓아 前3條에 記載한 이외의 物件을 燒毁하여 公共의 危險을 發生하게 한 者는 1年 이상 10年 이하의 懲役에 處한다.
② 第1項의 物件이 自己의 所有에 屬한 때에는 3年 이하의 懲役 또는 700萬원 이하의 罰金에 處한다.(1995.12.29 본항개정)"

참조 [손괴죄]366, [연소]168, [특별규정]국가보안4, 산림자원조성관리71

판례 불을 놓아 '무주물'을 소훼하여 공공의 위험을 발생하게 한 경우, 형법 제167조제2항을 적용하여 처벌할 수 있는지 여부(적극) : 형법 제167조제2항은 방화의 객체인 물건이 자기의 소유에 속한 때에는 같은 조 제1항보다 감경하여 처벌하는 것으로 규정하고 있는 바, 방화죄는 공공의 안전을 제1차적인 보호법익으로 하지만 제2차적으로는 개인의 재산권을 보호하는 것이라고 볼 수 있는 점, 현재 소유자가 없는 물건인 무주물에 방화하는 경우에 타인의 재산권을 침해하지 않는 점은 자기의 소유에 속한 물건을 방화하는 경우와 마찬가지인 점, 무주의 동산을 소유의 의사로 점유하는 경우에 소유권을 취득하는 것에 비추어(민법 제252조) 무주물에 방화하는 행위는 그 무주물을 소유의 의사로 점유하는 것이라고 볼 여지가 있는 점 등을 종합하여 보면, 불을 놓아 무주물을 소훼하여 공공의 위험을 발생하게 한 경우에는 '무주물'을 '자기 소유의 물건'에 준하는 것으로 보아 형법 제167조제2항을 적용하여 처벌하여야 한다.(노상에서 전봇대 주변에 놓인 재활용품과 쓰레기 등에 불을 놓아 공공의 위험을 발생하게 한 경우, 일반물건방화죄가 성립한다고 한 사례)(대판 2009.10.15, 2009도7421)

第168條【延燒】 ① 第166條第2項 또는 前條第2項의 罪를 犯하여 第164條, 第165條 또는 第166條第1項에 記載한 物件에 延燒한 때에는 1年 이상 10年 이하의 懲役에 處한다.

② 前條第2項의 罪를 犯하여 前條第1項에 記載한 物件에 延燒한 때에는 5年 이하의 懲役에 處한다.

참조 [특별규정]국가보안4, 산림자원조성관리71

第169條【鎭火妨害】 火災에 있어서 鎭火用의 施設 또는 物件을 隱匿 또는 損壞하거나 기타 方法으로 鎭火를 妨害한 者는 10年 이하의 懲役에 處한다.

참조 소방기본법50-54, 경범1

第170條【실화】 ① 과실로 제164조 또는 제165조에 기재한 물건 또는 타인 소유인 제166조에 기재한 물건을 불태운 자는 1천500만원 이하의 벌금에 처한다.

② 과실로 자기 소유인 제166조의 물건 또는 제167조에 기재한 물건을 불태워 공공의 위험을 발생하게 한 자도 제1항의 형에 처한다.

(2020.12.8 본조개정)

改前 "第170條【失火】① 過失로 인하여 第164條 또는 第165條에 記載한 物件 또는 他人의 所有에 屬하는 第166條에 記載한 物件을 燒燬한 者는 1千500萬원이하의 罰金에 處한다.
(1995.12.29 본항개정)
② 過失로 인하여 自己의 所有에 屬하는 第166條 또는 第167條에 記載한 物件을 燒燬하여 公共의 危險을 發生하게 한 者도 前項의 刑과 같다."

참조 [특별규정]경범1

판례 형법 제170조 제2항 소정의 '자기의 소유에 속하는 제166조 또는 제167조에 기재한 물건'의 해석과 죄형법정주의 원칙 : 형법 제170조 제2항에서 말하는 '자기의 소유에 속하는 제166조 또는 제167조에 기재한 물건'이라 함은 '자기의 소유에 속하는 제166조에 기재한 물건 또는 자기의 소유에 속하든, 타인의 소유에 속하든 불문하고 제167조에 기재한 물건'을 의미하는 것이라고 해석하여야 하며, 제170조 제1항과 제2항의 관계로 보아서도 제166조에 기재한 물건(일반건조물 등) 중 타인의 소유에 속하는 것에 관하여는 제1항에서 규정하고 있기 때문에 제2항에서는 그중 자기의 소유에 속하는 것에 관하여 규정하고, 제167조에 기재한 물건에 관하여는 소유의 귀속을 불문하고 그 대상으로 삼아 규정하고 있는 것이라고 봄이 관련조문을 전체적, 종합적으로 해석하는 방법일 것이고, 이렇게 해석한다고 하더라도 그것이 법규정의 가능한 의미를 벗어나 법형성이나 법창조 행위에 이른 것이라고는 할 수 없어 죄형법정주의의 원칙상 금지되는 유추해석이나 확장해석에 해당한다고 볼 수는 없을 것이다.(대결 1994.12.20, 94모32 전원합의체)

第171條【業務上失火, 重失火】 業務上過失 또는 重大한 過失로 인하여 第170條의 罪를 犯한 者는 3年 이하의 禁錮 또는 2千萬원 이하의 罰金에 處한다.
(1995.12.29 본조개정)

第172條【爆發性物件破裂】 ① 보일러, 高壓가스 기타 爆發性있는 물건을 破裂시켜 사람의 生命, 身體 또는 財産에 대하여 위험을 발생시킨 者는 1年 이상의 有期懲役에 處한다.

② 第1項의 罪를 犯하여 사람을 傷害에 이르게 한 때에는 無期 또는 3年 이상의 懲役에 處한다. 死亡에 이르게 한 때에는 無期 또는 5年 이상의 懲役에 處한다.

(1995.12.29 본조개정)

참조 [방화]164-167, [실화]170·171, [미수범]174, [예비·음모]175, [자수]175, [폭발물 사용]119, 국가보안4, 총포·도검·화약류등의안전관리에관한법

第172條의2【가스·電氣등 放流】 ① 가스, 電氣, 蒸氣 또는 放射線이나 放射性 物質을 放出, 流出 또는 撒布시켜 사람의 生命, 身體 또는 財産에 대하여 위험을 발생시킨 者는 1年 이상 10年 이하의 懲役에 處한다.

② 第1項의 罪를 범하여 사람을 傷害에 이르게 한 때에는 無期 또는 3年 이상의 懲役에 處한다. 死亡에 이르게 한 때에는 無期 또는 5年 이상의 懲役에 處한다.

(1995.12.29 본조신설)

第173條【가스·電氣등 供給妨害】 ① 가스, 電氣 또는 蒸氣의 工作物을 損壞 또는 除去하거나 기타 方法으로 가스, 電氣 또는 蒸氣의 供給이나 使用을 妨害하여 公共의 危險을 發生하게 한 者는 1年 이상 10年 이하의 懲役에 處한다.

② 公共用의 가스, 電氣 또는 蒸氣의 工作物을 損壞 또는 除去하거나 기타 方法으로 가스, 電氣 또는 蒸氣의 供給이나 使用을 妨害한 者도 前項의 刑과 같다.

③ 第1項 또는 第2項의 罪를 犯하여 사람을 傷害에 이르게 한 때에는 2年 이상의 有期懲役에 處한다. 死亡에 이르게 한 때에는 無期 또는 3年 이상의 懲役에 處한다.

(1995.12.29 본조개정)

참조 [미수범]174, [상해죄]257-259, 전기사업법100

第173條의2【過失爆發性物件破裂등】 ① 過失로 第172條第1項, 第172條의2第1項, 第173條第1項과 第2項의 罪를 犯한 者는 5年 이하의 禁錮 또는 1千500萬원 이하의 罰金에 處한다.

② 業務上過失 또는 중대한 過失로 第1項의 罪를 犯한 者는 7年 이하의 禁錮 또는 2千萬원 이하의 罰金에 處한다.

(1995.12.29 본조신설)

第174條【未遂犯】 第164條第1項, 第165條, 第166條第1項, 第172條第1項, 第172條의2第1項, 第173條第1項과 第2項의 未遂犯은 處罰한다.
(1995.12.29 본조개정)

참조 [미수범]25-29

第175條【豫備, 陰謀】 第164條第1項, 第165條, 第166條第1項, 第172條第1項, 第172條의2第1項, 第173條第1項과 第2項의 罪를 犯할 目的으로 豫備 또는 陰謀한 者는 5年이하의 懲役에 處한다. 但, 그 目的한 罪의 實行에 이르기 前에 自首한 때에는 刑을 減輕 또는 免除한다.(1995.12.29 본문개정)

참조 [예비·음모]28, [자수]52, [감경례]54·55, [면제선고]형소322

第176條【他人의 權利對象이 된 自己의 物件】 自己의 所有에 屬하는 物件이라도 押留 기타 强制處分을 받거나 他人의 權利 또는 保險의 目的物이 된 때에는 本章의 規定의 適用에 있어서 他人의 物件으로 看做한다.

참조 [일수죄에 대한 준용]179

第14章 溢水와 水利에 관한 罪

第177條【現住建造物등에의 溢水】 ① 물을 넘겨 사람의 住居에 사용하거나 사람이 現存하는 建造物, 汽車, 電車, 自動車, 船舶, 航空機 또는 鑛坑을 浸害한 者는 無期 또는 3年 이상의 懲役에 處한다.

② 第1項의 罪를 犯하여 사람을 傷害에 이르게 한 때에는 無期 또는 5年 이상의 懲役에 處한다. 死亡에 이르게 한 때에는 無期 또는 7年 이상의 懲役에 處한다.

(1995.12.29 본조개정)

참조 [미수범]182, [예비·음모]183, [상해죄]257-259, [특별규정]국가보안4

第178條【公用建造物 등에의 溢水】 물을 넘겨 公用 또는 公益에 供하는 建造物, 汽車, 電車, 自動車, 船舶, 航空機 또는 鑛坑을 浸害한 者는 無期 또는 2年 이상의 懲役에 處한다.

참조 [미수범]182, [예비·음모]183, [본조의 준용]문화유산94, [특별규정]국가보안4

第179條【一般建造物 등에의 溢水】 ① 물을 넘겨 前2條에 記載한 이외의 建造物, 汽車, 電車, 自動車, 船舶, 航空機 또는 鑛坑 其他 他人의 財産을 浸害한 者는 1年 이상 10年 이하의 懲役에 處한다.

② 自己의 所有에 屬하는 前項의 物件을 浸害하여 公共의 危險을 發生하게 한 때에는 3年 이하의 懲役 또는 700萬원 이하의 罰金에 處한다.(1995.12.29 본항개정)

③ 第176條의 規定은 本條의 경우에 準用한다.

참조 [미수범]182, [예비·음모]183, [타인의 권리대상이 된 자기의 물건]176, [특별규정]국가보안4

第180條【防水妨害】 水災에 있어서 防水用의 施設 또는 物件을 損壞 또는 隱匿하거나 기타 方法으로 防水를 妨害한 者는 10年 이하의 懲役에 處한다.

참조 [특별규정]자연재해대책법69이하, 경범3

판례 법률상 그 분묘를 수호, 봉사하며 관리하고 처분할 권한이 있는 자 또는 정당하게 승낙을 얻은 자가 사체에 대한 존숭의 예를 갖추어 이를 발굴하는 경우에는 그 행위의 위법성은 조각된다고 할 것이고, 한편 분묘에 대한 봉사, 수호 및 관리, 처분권은 종중이나 후손들 모두에게 속하여 있는 것이 아니라 오로지 그 분묘에 관한 호주상속인에게 전속한다.
(대판 2007.12.13, 2007도8131)

第181條【過失溢水】 過失로 因하여 第177條 또는 第178條에 記載한 物件을 浸害한 者 또는 第179條에 記載한 物件을 浸害하여 公共의 危險을 發生하게 한 者는 1千萬원 이하의 罰金에 處한다.
(1995.12.29 본조개정)

第182條【未遂犯】 第177條 내지 第179條第1項의 未遂犯은 處罰한다.

참조 [미수범]25-29

第183條【豫備, 陰謀】 第177條 내지 第179條第1項의 罪를 犯할 目的으로 豫備 또는 陰謀한 者는 3年 이하의 懲役에 處한다.

참조 [예비·음모]28

第184條【수리방해】 둑을 무너뜨리거나 수문을 파괴하거나 그 밖의 방법으로 수리(水利)를 방해한 자는 5년 이하의 징역 또는 700만원 이하의 벌금에 처한다.(2020.12.8 본조개정)

改前 "第184條【水利妨害】堤防을 決潰하거나 水門을 破壞하거나 기타 方法으로 水利를 妨害한 者는 5年 이하의 懲役 또는 700萬원 이하의 罰金에 處한다.(1995.12.29 본조개정)"

판례 형법 제184조 수리방해죄에 있어 '수리(水利)'와 '수리를 방해'의 의미 및 수리방해죄의 성립 요건 : 형법 제184조는 '제방을 결궤(決潰, 무너뜨림)하거나 수문을 파괴하거나 기타 방법으로 수리를 방해'하는 것을 구성요건으로 하여 수리방해죄를 규정하고 있는바 여기서 수리(水利)라 함은, 관개용·목축용·발전이나 수차 등의 동력용·상수도의 원천용 등 널리 물이라는 천연자원을 사람의 생활에 유익하게 사용하는 것을 가리키고(다만, 형법 제185조의 교통방해죄 또는 형법 제195조의 수도불통죄의 경우 등 다른 규정에 의하여 보호되는 형태의 물의 이용은 제외될 것이다), 수리를 방해한다 함은 제방을 무너뜨리거나 수문을 파괴하는 등 위 조문에 예시된 것을 포함하여 저수시설, 유수로(流水路)나 송·인수시설 또는 이들에 부설된 여러 수리용 장치를 손괴·변경하거나 효용을 해침으로써 수리에 지장을 일으키는 행위를 가리키며, 나아가 수리방해죄는 타인의 수리권을 보호법익으로 하므로 수리방해죄가 성립하기 위하여는 법령, 계약 또는 관습 등에 의하여 타인의 권리에 속하다고 인정될 수 있는 물의 이용을 방해하는 것이어야 한다.(대판 2001.6.26, 2001도404)

第15章 交通妨害의 罪

第185條【一般交通妨害】 陸路, 水路 또는 橋梁을 損壞 또는 不通하게 하거나 기타 方法으로 交通을 妨害한 者는 10年 이하의 懲役 또는 1千500萬원 이하의 罰金에 處한다.(1995.12.29 본조개정)

참조 [미수범]190, [도로의 사용]도로교통68-72

판례 일반교통방해죄에서 말하는 '육로'의 의미 : 여기서 '육로'라 함은 사실상 일반 공중의 왕래에 공용되는 육상의 통로를 널리 일컫는 것으로서 그 부지의 소유관계나 통행권리관계 또는 통행인의 많고 적음 등을 가리지 않는다.
(대판 2007.12.28, 2007도7717)

第186條【汽車, 船舶 등의 交通妨害】 軌道, 燈臺 또는 標識를 損壞하거나 기타 方法으로 汽車, 電車, 自動車, 船舶 또는 航空機의 交通을 妨害한 者는 1年 이상의 有期懲役에 處한다.

참조 [미수범]190, [예비·음모]191, [특별규정]국가보안4, 철도안전법45, 항로표지법28, 공항시설법37

第187條【汽車 등의 顚覆 등】 사람의 現存하는 汽車, 電車, 自動車, 船舶 또는 航空機를 顚覆, 埋沒, 墜落 또는 破壞한 者는 無期 또는 3年 이상의 懲役에 處한다.

참조 [미수범]190, [예비·음모]191, [특별규정]국가보안4, 항공안전법138, 철도안전법48, [사고조사]항공·철도사고조사에관한법

판례 선박매몰죄의 고의 : 선박매몰죄의 고의가 성립하기 위하여는 행위시에 사람이 현존하는 것이라는 점에 대한 인식과 함께 이를 매몰한다는 결과발생에 대한 인식이 필요하며, 현존하는 사람을 사상에 이르게 한다는 등 공공의 위험에 대한 인식까지는 필요하지 않고, 사람이 현존하는 선박에 대해 매몰행위의 실행을 개시하고 그로 인하여 선박을 매몰시켰다면 매몰의 결과 발생시 사람이 현존하지 않았거나 범인이 선박에 있는 사람을 안전하게 대피시켰다고 하더라도 선박매몰죄의 기수로 보아야 한다.(대판 2000.6.23, 99도4688)

第188條【交通妨害致死傷】 第185條 내지 第187條의 罪를 犯하여 사람을 傷害에 이르게 한 때에는 無期 또는 3年 이상의 懲役에 處한다. 死亡에 이르게 한 때에는 無期 또는 5年 이상의 懲役에 處한다.
(1995.12.29 본조개정)

참조 [상해죄]257-259, [특별규정]국가보안4, 항공안전법138이하

第189條【過失, 業務上過失, 重過失】 ① 過失로 인하여 第185條 내지 第187條의 罪를 犯한 者는 1千萬원 이하의 罰金에 處한다.

② 業務上過失 또는 重大한 過失로 인하여 第185條 내지 第187條의 罪를 犯한 者는 3年 이하의 禁錮 또는 2千萬원 이하의 罰金에 處한다.

(1995.12.29 본조개정)

참조 [특별규정]항공안전법149

第190條【未遂犯】 第185條 내지 第187條의 未遂犯은 處罰한다.

참조 [미수범]25-29

第191條【豫備, 陰謀】 第186條 또는 第187條의 罪를 犯할 目的으로 豫備 또는 陰謀한 者는 3年 이하의 懲役에 處한다.

참조 [예비·음모]28

第16章 먹는 물에 관한 죄

(2020.12.8 본장제목개정)

改前 第16章 飮用水에 관한 罪

第192條【먹는 물의 사용방해】 ① 일상생활에서 먹는 물로 사용되는 물에 오물을 넣어 먹는 물로 쓰지 못하게 한 자는 1년 이하의 징역 또는 500만원 이하의 벌금에 처한다.

② 제1항의 먹는 물에 독물(毒物)이나 그 밖에 건강을 해하는 물질을 넣은 사람은 10년 이하의 징역에 처한다.

(2020.12.8 본조개정)

改前 "第192條【飮用水의 使用妨害】① 日常飮用에 供하는 淨水에 汚物을 混入하여 飮用하지 못하게 한 者는 1年 이하의 懲役 또는 500萬원 이하의 罰金에 處한다.(1995.12.29 본항개정)
② 前項의 飮用水에 毒物 기타 健康을 害할 物件을 混入한 者는 10年 이하의 懲役에 處한다."

참조 [미수범]196, [예비·음모]197, 경범1

第193條【수돗물의 사용방해】 ① 수도(水道)를 통해 공중이 먹는 물로 사용하는 물 또는 그 수원(水原)에 오물을 넣어 먹는 물로 쓰지 못하게 한 자는 1년 이상 10년 이하의 징역에 처한다.

② 제1항의 먹는 물 또는 수원에 독물 그 밖에 건강을 해하는 물질을 넣은 자는 2년 이상의 유기징역에 처한다.

(2020.12.8 본조개정)

改前 "第193條【水道飮用水의 使用妨害】① 水道에 의하여 公衆의 飮用에 供하는 淨水 또는 그 水源에 汚物을 混入하여 飮用하지 못하게 한 者는 1年 이상 10年 이하의 懲役에 處한다.
② 前項의 飮用水 또는 水源에 毒物 기타 健康을 害할 物件을 混入한 者는 2年 이상의 有期懲役에 處한다."

참조 [미수범]196, [예비·음모]197

第194條【먹는 물 혼독치사상】 제192조제2항 또는 제193조제2항의 죄를 지어 사람을 상해에 이르게 한 경우에는 무기 또는 3년 이상의 징역에 처한다. 사망에 이르게 한 경우에는 무기 또는 5년 이상의 징역에 처한다.(2020.12.8 본조개정)

改前 "第194條【飮用水混毒致死傷】第192條第2項 또는 第193條第2項의 罪를 犯하여 사람을 傷害에 이르게 한 때에는 無期 또는 3年 이상의 懲役에 處한다. 死亡에 이르게 한 때에는 無期 또는 5年 이상의 懲役에 處한다.(1995.12.29 본조개정)"

참조 [상해죄]257~259

第195條【수도불통】 공중이 먹는 물을 공급하는 수도 그 밖의 시설을 손괴하거나 그 밖의 방법으로 불통(不通)하게 한 자는 1년 이상 10년 이하의 징역에 처한다.(2020.12.8 본조개정)

改前 "第195條【水道不通】公衆의 飮用水를 供給하는 水道 기타 施設을 損壞 기타 方法으로 不通하게 한 者는 1年 이상 10年 이하의 懲役에 處한다."

참조 [미수범]196, [예비·음모]197

第196條【未遂犯】 第192條第2項, 第193條第2項과 前條의 未遂犯은 處罰한다.

참조 [미수범]25~29

第197條【豫備, 陰謀】 第192條第2項, 第193條第2項 또는 第195條의 罪를 犯할 目的으로 豫備 또는 陰謀한 者는 2年 이하의 懲役에 處한다.

참조 [예비·음모]28

第17章 阿片에 관한 罪

第198條【阿片 등의 製造 등】 阿片, 몰핀 또는 그 化合物을 製造, 輸入 또는 販賣하거나 販賣할 目的으로 所持한 者는 10年 이하의 懲役에 處한다.

참조 마약3, [미수범]202, [상습범]203, [형의 병과]204, [몰수·추징]206, 마약67

第199條【阿片吸食器의 製造 등】 阿片을 吸食하는 器具를 製造, 輸入 또는 販賣하거나 販賣할 目的으로 所持한 者는 5年 이하의 懲役에 處한다.

참조 [미수범]202, [상습범]203, [형의 병과]204, [몰수추징]206

第200條【稅關 公務員의 阿片 등의 輸入】 稅關의 公務員이 阿片, 몰핀이나 그 化合物 또는 阿片吸食器具를 輸入하거나 그 輸入을 許容한 때에는 1年 이상의 有期懲役에 處한다.

참조 [미수범]202, [상습범]203, [형의 병과]204, [몰수·추징]206

第201條【阿片吸食 등, 同場所提供】 ① 阿片을 吸食하거나 몰핀을 注射한 者는 5年 이하의 懲役에 處한다.
② 阿片吸食 또는 몰핀 注射의 場所를 提供하여 利益을 取한 者도 前項의 刑과 같다.

참조 [미수범]202, [상습범]203, [형의 병과]204, [몰수·추징]206

第202條【未遂犯】 前4條의 未遂犯은 處罰한다.

참조 [미수범]25~29

第203條【常習犯】 常習으로 前5條의 罪를 犯한 때에는 各條에 定한 刑의 2分의 1까지 加重한다.

참조 [형의 가중]42·56, [형의 병과]204, [몰수·추징]206

第204條【資格停止 또는 罰金의 併科】 第198條 내지 第203條의 경우에는 10年 이하의 資格停止 또는 2千萬원 이하의 罰金을 併科할 수 있다.
(1995.12.29 본조개정)

第205條【阿片 등의 所持】 阿片, 몰핀이나 그 化合物 또는 阿片吸食器具를 所持한 者는 1年 이하의 懲役 또는 500萬원 이하의 罰金에 處한다.
(1995.12.29 본조개정)

第206條【沒收, 追徵】 本章의 罪에 提供한 阿片, 몰핀이나 그 化合物 또는 阿片吸食器具는 沒收한다. 그를 沒收하기 不能한 때에는 그 價額을 追徵한다.

참조 [몰수대상과 추징]48

第18章 通貨에 관한 罪

第207條【通貨의 僞造 등】 ① 行使할 目的으로 通用하는 大韓民國의 貨幣, 紙幣 또는 銀行券을 僞造 또는 變造한 者는 無期 또는 2年 이상의 懲役에 處한다.
② 行使할 目的으로 內國에서 流通하는 外國의 貨幣, 紙幣 또는 銀行券을 僞造 또는 變造한 者는 1年 이상의 有期懲役에 處한다.
③ 行使할 目的으로 外國에서 通用하는 外國의 貨幣, 紙幣 또는 銀行券을 僞造 또는 變造한 者는 10年 이하의 懲役에 處한다.
④ 僞造 또는 變造한 前3項 記載의 通貨를 行使하거나 行使할 目的으로 輸入 또는 輸出한 者는 그 僞造 또는 變造의 各罪에 定한 刑에 處한다.

참조 [외국인의 국외범]5, [형의 병과]209, [미수범]212, [예비·음모]213, [자수]213, 국가보안4

판례 일반인의 관점에서 통용할 것이라고 오인할 가능성이 있는 외국의 지폐가 형법 제207조 제3항에서 규정한 '외국에서 통용하는 외국의 지폐'에 해당하는지 여부(소극) : 형법 제207조 제3항은 "행사할 목적으로 외국에서 통용하는 외국의 화폐, 지폐 또는 은행권을 위조 또는 변조한 자는 10년 이하의 징역에 처한다."고 규정하고 있는바, 여기에서 외국에서 통용한다고 함은 그 외국에서 강제통용력을 가지는 것을 의미하는 것이므로 외국에서 통용하지 아니하는 즉, 강제통용력을 가지지 아니하는 지폐는 그것이 비록 일반인의 관점에서 통용할 것이라고 오인할 가능성이 있다고 하더라도 위 형법 제207조 제3항에서 정한 외국에서 통용하는 외국의 지폐에 해당한다고 할 수 없고, 만일 그와 달리 위 형법 제207조 제3항의 외국에서 통용하는 지폐에 일반인의 관점에서 통용할 것이라고 오인할 가능성이 있는 지폐까지 포함시키면 이는 위 처벌조항을 문언상의 가능한 의미의 범위를 넘어서까지 유추해석 내지 확장해석하여 적용하는 것이 되어 죄형법정주의의 원칙에 어긋나는 것으로 허용되지 않는다.(대판 2004.5.14, 2003도3487)

판례 통화변조에 해당하기 위한 요건 : 진정한 통화에 대한 가공행위로 인하여 기존 통화의 명목가치나 실질가치가 변경되었다거나 객관적으로 보아 일반인으로 하여금 기존 통화와 다른 진정한 화폐로 오신하게 할 정도의 새로운 물건을 만들어 낸 것으로 볼 수 없다면 통화가 변조되었다고 볼 수 없다.
(대판 2004.3.26, 2003도5640)

판례 형법 제207조 제2항 소정의 내국에서 '유통하는'의 의미 : 형법 제207조 제2항 소정의 내국에서 '유통하는'이란, 같은 조 제1항, 제3항 소정의 '통용하는'과 달리, 강제통용력이 없이 사실상 거래 대가의 지급수단이 되고 있는 상태를 가리킨다.
(대판 2003.1.10, 2002도3340)

독판 서로 다른 국내의 은행권을 나누어서 맞붙이는 것은 허위문서작성(형법 제267조)에 상응하고, 따라서 내국의 지폐에 대한 위조의 구성요건을 충족시킨다.(BGHSt 23, 229)

독판 남아프리카 공화국에서 발행된 항아리모양의 금화는 형법 제146조 이하(통화 또는 유가증권 위조죄)에서 의미하는 화폐가 아니다.(BGHSt 32, 198)

第208條【僞造通貨의 取得】 行使할 目的으로 僞造 또는 變造한 第207條 記載의 通貨를 取得한 者는 5年 이하의 懲役 또는 1千500萬원 이하의 罰金에 處한다.(1995.12.29 본조개정)

참조 [외국인의 국외범]5, [형의 병과]209, [미수범]212, 국가보안4

第209條【資格停止 또는 罰金의 併科】 第207條 또는 第208條의 罪를 犯하여 有期懲役에 處할 경우에는 10年 이하의 資格停止 또는 2千萬원 이하의 罰金을 併科할 수 있다.(1995.12.29 본조개정)

참조 [외국인의 국외범]5

第210條【위조통화 취득 후의 지정행사】 제207조에 기재한 통화를 취득한 후 그 사정을 알고 행사한 자는 2년 이하의 징역 또는 500만원 이하의 벌금에 처한다.(2020.12.8 본조개정)

改前 "第210條【僞造通貨取得後의 知情行使】第207條 記載의 通貨를 取得한 後 그 情을 알고 行使한 者는 2年 이하의 懲役 또는 500萬원 이하의 罰金에 處한다.(1995.12.29 본조개정)"

참조 [외국인의 국외범]5

第211條【通貨類似物의 製造 등】 ① 販賣할 目的으로 內國 또는 外國에서 通用하거나 流通하는 貨幣, 紙幣 또는 銀行券에 類似한 物件을 製造, 輸入 또는 輸出한 者는 3年 이하의 懲役 또는 700萬원 이하의 罰金에 處한다.(1995.12.29 본항개정)
② 前項의 物件을 販賣한 者도 前項의 刑과 같다.

참조 [외국인의 국외범]5, [미수범]212

第212條【未遂犯】 第207條, 第208條와 前條의 未遂犯은 處罰한다.

참조 [외국인의 국외범]5, [미수범]25~29

第213條【豫備, 陰謀】 第207條第1項 내지 第3項의 罪를 犯할 目的으로 豫備 또는 陰謀한 者는 5年 이하의 懲役에 處한다. 但, 그 目的한 罪의 實行에 이르기 前에 自首한 때에는 그 刑을 減輕 또는 免除한다.

참조 [외국인의 국외범]5, [예비·음모]28, [자수]52, [감경례]54·55, [면제선고]형소322, [단서의 주장에 대한 판단]형소323②

第19章 有價證券, 郵票와 印紙에 관한 罪

第214條【有價證券의 僞造 등】 ① 行使할 目的으로 大韓民國 또는 外國의 公債證書 기타 有價證券을 僞造 또는 變造한 者는 10年 이하의 懲役에 處한다.
② 行使할 目的으로 有價證券의 權利義務에 관한 記載를 僞造 또는 變造한 者도 前項의 刑과 같다.

참조 [외국인의 국외범]5, [공채]헌58, 지방자치139, [유가증권]어음법, 수표법, [사채]상469이하, [창고업]상155이하, [선하증권]상852이하, [유통증권의 기능보장]부정수표1, [형의 병과]220, [미수범]223, [예비·음모]224

판례 위조 유가증권에 대한 유가증권변조죄의 성립 여부 : 유가증권변조죄에 있어서 변조라 함은 진정으로 성립된 유가증권의 내용에 권한 없는 자가 그 유가증권의 동일성을 해하지 않는 한도에서 변경을 가하는 것을 말하므로, 이미 타인에 의하여 위조된 약속어음의 기재사항을 권한 없이 변경하였다고 하더라도 유가증권변조죄는 성립하지 아니한다.
(대판 2006.1.26, 2005도4764)

판례 어음의 발행인이 약속어음을 회수한 후 지급일자를 임의로 변경한 행위가 형법 제214조 제2항 소정의 유가증권 변조에 해당하는지 여부 : 형법 제214조 제2항에 규정된 '유가증권의 권리의무에 관한 기재를 변조한다'는 것은 진정하게 성립된 타인 명의의 부수적 증권행위에 관한 유가증권의 기재내용에 작성권한이 없는 자가 변경을 가하는 것을 말하고(대법원 1989.12.8. 선고 88도753 판결 참조), 어음발행인이라 하더라도 어음상에 권리의무를 가진 자가 있는 경우에는 이러한 자의 동의를 받지 아니하고 어음의 기재 내용에 변경을 가하였다면 이는 유가증권의 권리의무에 관한 기재를 변조한 것에 해당한다 할 것이다.
(대판 2003.1.10, 2001도6553)

第215條【資格冒用에 의한 有價證券의 作成】 行使할 目的으로 타인의 資格을 冒用하여 有價證券을 作成하거나 有價證券의 權利 또는 義務에 관한 事項을 記載한 者는 10年 이하의 懲役에 處한다.

참조 [외국인의 국외범]5, [형의 병과]220, [미수범]223, [예비·음모]224

第216條【虛僞有價證券의 作成 등】 行使할 目的으로 虛僞의 有價證券을 作成하거나 有價證券에 虛僞事項을 記載한 者는 7年 이하의 懲役 또는 3千萬원 이하의 罰金에 處한다.(1995.12.29 본조개정)

참조 [외국인의 국외범]5, [형의 병과]220, [미수범]223

판례 수표자금이 입금되지 않은 자기앞수표의 발행과 허위유가증권작성죄의 성립여부 : 형법 제216조 전단의 허위유가증권작성죄는 작성권한 있는 자가 자기 명의로 기본적 증권행위를 함에 있어서 유가증권의 효력에 영향을 미칠 기재사항에 관하여 진실에 반하는 내용을 기재하는 경우에 성립하는바, 자기앞수표의 발행인이 수표의뢰인으로부터 수표자금을 입금받지 아니한 채 자기앞수표를 발행하더라도 그 수표의 효력에는 아무런 영향이 없으므로 허위유가증권작성죄가 성립하지 아니한다.
(대판 2005.10.27, 2005도4528)

第217條【僞造有價證券 등의 行使 등】 僞造, 變造, 作成 또는 虛僞記載한 前3條 記載의 有價證券을 行使하거나 行使할 目的으로 輸入 또는 輸出한 者는 10年 이하의 懲役에 處한다.

참조 [외국인의 국외범]5, [형의 병과]220, [미수범]223

第218條【印紙·郵票의 僞造 등】 ① 行使할 目的으로 大韓民國 또는 外國의 印紙, 郵票 기타 郵便料金을 표시하는 證票를 僞造 또는 變造한 者는 10年 이하의 懲役에 處한다.
② 僞造 또는 變造된 大韓民國 또는 外國의 印紙, 郵票 기타 郵便料金을 표시하는 證票를 行使하거나 行使할 目的으로 輸入 또는 輸出한 者도 第1項의 刑과 같다.
(1995.12.29 본조개정)

참조 [외국인의 국외범]5, [형의 병과]220, [미수범]223, [예비·음모]224

第219條【僞造印紙·郵票등의 取得】 行使할 目的으로 僞造 또는 變造한 大韓民國 또는 外國의 印紙, 郵票 기타 郵便料金을 표시하는 證票를 取得한 者는 3年 이하의 懲役 또는 1千萬원 이하의 罰金에 處한다.(1995.12.29 본조개정)

참조 [외국인의 국외범]5, [형의 병과]220, [미수범]223

第220條【資格停止 또는 罰金의 併科】 第214條 내지 第219條의 罪를 犯하여 懲役에 處하는 경우에는 10年 이하의 資格停止 또는 2千萬원 이하의 罰金을 併科할 수 있다.(1995.12.29 본조개정)

참조 [외국인의 국외범]5

第221條【消印抹消】 행사할 目的으로 大韓民國 또는 外國의 印紙, 郵票 기타 郵便料金을 표시하는 證票의 消印 기타 사용의 標識를 抹消한 者는 1年이하의 懲役 또는 300萬원 이하의 罰金에 處한다.
(1995.12.29 본조개정)

참조 [외국인의 국외범]5

第222條【印紙·郵票類似物의 製造 등】 ① 販賣할 目的으로 大韓民國 또는 外國의 公債證書, 印紙, 郵票 기타 郵便料金을 표시하는 證票와 유사한 물건을 製造, 輸入 또는 輸出한 者는 2年 이하의 懲役 또는 500萬원 이하의 罰金에 處한다.(1995.12.29 본항개정)
② 前項의 物件을 販賣한 者도 前項의 刑과 같다.
(1995.12.29 본조제목개정)

참조 [외국인의 국외범]5, [미수범]223

第223條【未遂犯】 第214條 내지 第219條와 前條의 未遂犯은 處罰한다.

참조 [외국인의 국외범]5, [미수범]25~29

第224條【豫備, 陰謀】 第214條, 第215條와 第218條第1項의 罪를 犯할 目的으로 豫備 또는 陰謀한 者는 2年 이하의 懲役에 處한다.

참조 [외국인의 국외범]5, [예비·음모]28

第20章 文書에 관한 罪

第225條【公文書등의 僞造·變造】 行使할 目的으로 公務員 또는 公務所의 文書 또는 圖畵를 僞造 또는 變造한 者는 10年 이하의 懲役에 處한다.
(1995.12.29 본조개정)

참조 [외국인의 국외범]5, [미수범]235, [형의 병과]237, [특별규정]국가보안4

판례 공문서위조죄는 공문서의 작성권한 없는 자가 공무소, 공무원의 명의를 이용하여 문서를 작성하는 것을 말하고, 공문서의 작성권한 없는 자가 공무원의 자격을 모용하여 공문서를 작성하는 경우에는 자격모용공문서작성죄가 성립한다.
(대판 2008.1.17, 2007도6987)

판례 종량제 쓰레기봉투에 인쇄할 시장 명의의 문안이 새겨진 필름을 제조하는 행위에 그친 경우에는 아직 위 시장 명의의 공문서인 종량제 쓰레기봉투를 위조하는 범행의 실행의 착수에 이르지 아니한 것으로서 그 준비단계에 불과한 것으로 보아 무죄를 선고한 원심판결을 수긍한다.
(대판 2007.2.23, 2005도7430)

판례 권한 없는 자가 임의로 인감증명서의 사용용도란의 기재를 고쳐 썼다고 하더라도 공무원 또는 공무소의 문서 내용에 대하여 변경을 가하여 새로운 증명력을 작출한 경우라고 볼 수 없으므로 공문서변조죄나 이를 전제로 하는 변조공문서행사죄가 성립하지 않는다.(대판 2004.8.20, 2004도2767)

판례 공문서변조죄의 의의 : 공문서변조죄는 권한 없는 자가 공무소 또는 공무원이 이미 작성한 문서내용에 대하여 동일성을 해하지 않을 정도로 변경을 가하여 새로운 증명력을 작출케 함으로써 공공적 신용을 해할 위험성이 있을 때 성립한다. 따라서 공문서의 일부만을 복사한 행위가 공문서변조죄에 해당되지 않는다.(대판 2003.12.26, 2002도7339)

독판 문서의 소유자도 법정서가 그에게 타인의 입증을 위해 제출하거나 열람을 위해 준비하라는 의무를 부여하는 경우에는 문서위조죄를 범할 수 있다.(BGHSt 29, 192)

第226條【資格冒用에 의한 公文書 등의 作成】 行使할 目的으로 公務員 또는 公務所의 資格을 冒用하여 文書 또는 圖畵를 作成한 者는 10年 이하의 懲役에 處한다.(1995.12.29 본조개정)

참조 [외국인의 국외범]5, [미수범]235, [형의 병과]237

第227條【虛僞公文書作成등】 公務員이 행사할 目的으로 그 職務에 관하여 文書 또는 圖畵를 허위로 작성하거나 變改한 때에는 7年 이하의 懲役 또는 2千萬원 이하의 罰金에 處한다.(1995.12.29 본조개정)

참조 [외국인의 국외범]5, [미수범]235, [형의 병과]237, [특별규정]병역91

판례 공무원이 아닌 자가 허위공문서작성죄의 간접정범이나 공동정범이 될 수 있는지 여부 : 공무원이 아닌 자는 형법 제228조의 경우를 제외하고는 허위공문서작성죄의 간접정범으로 처벌할 수 없으나(대법원 1971.1.26. 선고 70도2598 판결 등), 공무원이 아닌 자가 공무원과 공동하여 허위공문서작성죄를 범한 때에는 공무원이 아닌 자도 형법 제33조, 제30조에 의하여 허위공문서작성죄의 공동정범이 된다.(대판 2006.5.11, 2006도1663)

판례 공무원인 의사가 공무소의 명의로 허위진단서를 작성한 경우의 죄책 : 형법이 제225조 내지 제230조에서 공문서에 관한 범죄를 규정하고, 이어 제231조 내지 제236조에서 사문서에 관한 범죄를 규정하고 있는 점 등에 비추어 볼 때 형법 제233조 소정의 허위진단서작성죄의 대상은 공무원이 아닌 의사가 사문서로서 진단서를 작성한 경우에 한정되고, 공무원인 의사가 공무소의 명의로 허위진단서를 작성한 경우에는 허위공문서작성죄만이 성립하고 허위진단서작성죄는 별도로 성립하지 않는다.
(대판 2004.4.9, 2003도7762)

판례 사실관계에 거짓이 없는 경우 허위공문서작성죄의 성립 여부 : 허위공문서작성죄란 공문서에 진실에 반하는 기재를 하는 때에 성립하는 범죄이므로, 고의로 법령을 잘못 적용하여 공문서를 작성하였다고 하더라도 그 법령적용의 전제가 된 사실관계에 대한 내용에 거짓이 없다면 허위공문서작성죄가 성립될 수 없다.(대판 2000.6.27, 2000도1858)

第227條의2【公電磁記錄僞作·變作】 事務處理를 그르치게 할 目的으로 公務員 또는 公務所의 電磁記錄등 特殊媒體記錄을 僞作 또는 變作한 者는 10年 이하의 懲役에 處한다.(1995.12.29 본조신설)

판례 전자기록의 '위작'이란 전자기록에 관한 시스템을 설치·운영하는 주체와의 관계에서 전자기록의 생성에 관여할 권한이 없는 사람이 전자기록을 작출하거나 전자기록의 생성에 필요한 단위 정보의 입력을 하는 경우는 물론이고, 시스템의 설치·운영 주체로부터 각자의 직무 범위에서 개개의 단위 정보의 입력 권한을 부여받은 사람이 그 권한을 남용하여 허위의 정보를 입력함으로써 시스템 설치·운영 주체의 의사에 반하는 전자기록을 생성하는 경우도 포함한다. 이 때 '허위의 정보'라 함은 진실에 반하는 내용을 의미하는 것으로서, 관계 법령에 의하여 요구되는 자격을 갖추지 못하였음에도 불구하고 고의로 이를 갖춘 것처럼 단위 정보를 입력하였다고 하더라도 그 전제 또는 관련된 사실관계에 대한 내용에 거짓이 없다면 허위의 정보를 입력하였다고 볼 수 없다.(대판 2011.5.13, 2011도1415)

판례 '위작'의 의미 : 위작의 객체로 규정한 전자기록은, 그 자체로는 물적 실체를 가진 것이 아니어서 별도의 표시·출력장치를 통하지 아니하고는 보거나 읽을 수 없고, 그 생성 과정에 여러 사람의 의사나 행위가 개재됨은 물론 추가 입력한 정보가 프로그램에 의하여 자동으로 기존의 정보와 결합하여 새로운 전자기록을 작출하는 경우도 적지 않으며, 그 이용 과정을 보아도 그 자체로서 객관적·고정적 의미를 가지면서 독립적으로 쓰이는 것이 아니라 개인 또는 법인이 전자적 방식에 의한 정보의 생성·처리·저장·출력을 목적으로 구축하여 설치·운영하는 시스템에서 쓰임으로써 예정된 증명적 기능을 수행하는 것이므로, 위와 같은 시스템을 설치·운영하는 주체와의 관계에서 전자기록의 생성에 관여할 권한이 없는 사람이 전자기록을 작출하거나 전자기록의 생성에 필요한 단위 정보의 입력을 하는 경우는 물론 시스템의 설치·운영 주체로부터 각자의 직무 범위에서 개개의 단위정보의 입력 권한을 부여받은 사람이 그 권한을 남용하여 허위의 정보를 입력함으로써 시스템 설치·운영 주체의 의사에 반하는 전자기록을 생성하는 경우도 동조의 전자기록의 '위작'에 포함된다.(대판 2005.6.9, 2004도6132)

第228條【公正證書原本 등의 不實記載】 ① 公務員에 대하여 虛僞申告를 하여 公正證書原本 또는 이와 동일한 電磁記錄등 特殊媒體記錄에 不實의 사실을 기재 또는 記錄하게 한 者는 5年 이하의 懲役 또는 1千萬원 이하의 罰金에 處한다.

② 公務員에 대하여 虛僞申告를 하여 免許證, 許可證, 登錄證 또는 旅券에 不實의 事實을 記載하게 한 者는 3年 이하의 懲役 또는 700萬원 이하의 罰金에 處한다.
(1995.12.29 본조개정)

참조 [외국인의 국외범]5, [공정증서]부등34·40·48·64·69-72·74-76·81, 상34, 공간정보구축관리1, 공증2, [미수범]235, [특별규정]선박법34, 상625, 농협174

판례 부실(不實)의 사실 : 형법 제228조 제1항이 규정하는 공정증서원본부실기재죄나 공전자기록등부실기재죄는 특별한 신빙성이 인정되는 권리의무에 관한 공문서에 대한 공공의 신용을 보장함을 보호법익으로 하는 범죄로서 공무원에 대하여 진실에 반하는 허위신고를 하여 공정증서원본 또는 이와 동일한 전자기록 등 특수매체기록에 그 증명하는 사항에 관하여 실체관계에 부합하지 아니하는 '부실의 사실'을 기재 또는 기록하게 함으로써 성립하므로, 여기서 '부실의 사실'이란 권리의무관계에 중요한 의미를 갖는 사항이 객관적인 진실에 반하는 것을 말한다.
(대판 2013.1.24, 2012도12363)

판례 공정증서원본 등에 기재된 사항이 존재하지 아니하거나 외관상 존재한다고 하더라도 무효에 해당하는 하자가 있다면 그 기재는 부실기재에 해당한다.(대판 2006.3.10, 2005도9402)

판례 동조 제2항 '등록증'의 의미 : 동조의 취지는 공문서 중 일반사회생활에 있어서 특별한 신빙성을 요하는 공문서에 대한 공공의 신용을 보장하고자 하는 것이므로 동조 제2항의 '등록증'은 공무원이 작성한 모든 등록증을 말하는 것이 아니라, 일정한 자격이나 요건을 갖춘 자에게 그 자격이나 요건에 상응한 활동을 할 수 있는 권능 등을 인정하기 위하여 공무원이 작성한 증서를 말한다.(사업자등록증은 단순한 사업사실의 등록을 증명하는 증서에 불과한 것이고 그에 의하여 사업을 할 수 있는 자격이나 요건을 갖추었음을 인정하는 것은 아니라고 할 것이어서 동조항의 '등록증'에 해당하지 않는다고 한 사례)
(대판 2005.7.15, 2003도6934)

판례 재건축조합 임시총회의 소집절차나 결의방법이 법령이나 정관에 위반되어 임원개임결의가 사법상 무효라고 하더라도, 실제로 재건축조합의 조합총회에서 그와 같은 내용의 임원개임결의가 이루어졌고 그 결의에 따라 임원변경등기를 마쳤다면 공정증서원본부실기재죄가 성립하지 아니한다.
(대판 2004.10.15, 2004도3584)

독판 허위의 생년월일을 기재하여 운전면허증을 발급하도록 한 자는 간접의 위조등록을 행한 것이다.(BGHSt 34, 299)

第229條【僞造등 公文書의 행사】 第225條 내지 第228條의 罪에 의하여 만들어진 文書, 圖畵, 電磁記錄등 特殊媒體記錄, 公正證書原本, 免許證, 許可證, 登錄證 또는 旅券을 행사한 者는 그 각 罪에 정한 刑에 處한다.(1995.12.29 본조개정)

참조 [외국인의 국외범]5, [미수범]235, [형의 병과]237

판례 사진복사한 문서의 사본이 행사죄의 객체인 문서에 해당하는지 여부(적극) : 문서의 사본 중에서 사진기나 복사기 등을 사용하여 기계적인 방법에 의하여 원본을 복사한 이른바 복사문서는 필기의 방법 등에 의한 단순한 사본과는 달리 복사자의 의식이 개재할 여지가 없고, 내용에서부터 모양, 형태에 이르기까지 원본을 실제 그대로 재현하여 보여주므로 그와 동일한 원본이 존재하는 것으로 믿게 할 뿐만 아니라 오늘날 일상거래에서 원본에 대신하는 증명수단으로서의 기능이 증대되고 있는 실정에 비추어 이에 대한 사회적 신용을 보호할 필요가 있어서 사진복사한 문서의 사본은 행사죄의 객체인 문서에 해당한다.
(대판 1992.11.27, 92도2226)

第230條【公文書 등의 不正行使】 公務員 또는 公務所의 文書 또는 圖畵를 不正行使한 者는 2年 이하의 懲役이나 禁錮 또는 500萬원 이하의 罰金에 處한다.
(1995.12.29 본조개정)

참조 [외국인의 국외범]5, [미수범]235

판례 장애인사용자동차가 아닌데도 공문서인 장애인사용자동차표지를 전면에 비치한 차량이 장애인 주차구역이 아닌 일반주차구역에 주차하였다면 이를 '부정행사'한 경우에 해당하지 않는다. 장애인사용자동차표지를 사용할 권한이 없는 사람이 장애인사용자동차에 대한 지원을 받을 것으로 합리적으로 기대되는 상황이 아니라면 단순히 비치해 놓은 것만으로는 공문서부정행사죄가 성립하지 않는다.(대판 2022.9.29, 2021도14514)

第231條【私文書등의 僞造·變造】 行使할 目的으로 權利·義務 또는 事實證明에 관한 他人의 文書 또는 圖畵를 僞造 또는 變造한 者는 5年 이하의 懲役 또는 1千萬원 이하의 罰金에 處한다.
(1995.12.29 본조개정)

참조 [미수범]235

판례 문서위조 및 동행사죄의 보호법익은 문서에 대한 공공의 신용이므로 '문서가 원본인지 여부'가 중요한 거래에서 문서의 사본을 진정한 원본인 것처럼 행사할 목적으로 다른 조작을 가함이 없이 문서의 원본을 그대로 컬러복사기로 복사한 후 복사한 문서의 사본을 원본인 것처럼 행사한 행위는 사문서위조죄 및 동행사죄에 해당한다. 또한 사문서위조죄는 명의자가 진정으로 작성한 문서로 볼 수 있을 정도의 형식과 외관을 갖추어 일반인이 명의자의 진정한 사문서로 오신하기에 충분한 정도이면 성립한다.(대판 2016.7.14, 2016도2081)

판례 사문서위조죄는 그 명의자가 진정으로 작성한 문서로 볼 수 있을 정도의 형식과 외관을 갖추어 일반인이 명의자의 진정한 사문서로 오신하기에 충분한 정도이면 성립하고, 반드시 그 작성명의자의 서명이나 날인이 있어야 하는 것은 아니나, 일반인이 명의자의 진정한 사문서로 오신하기에 충분한 정도인지 여부는 문서의 형식과 외관은 물론 문서의 작성 경위, 종류, 내용 및 거래에 있어서 그 문서가 가지는 기능 등 여러 가지 사정을 종합하여 판단하여야 한다.(대판 2011.2.10, 2010도8361)

판례 '담뱃갑'이 문서 등 위조죄의 대상인 '도화'에 해당하는지 여부 : 형법상 문서에 관한 죄로써 보호하고자 하는 것은 구체적인 문서 그 자체가 아니라, 문서에 화체된 사람의 의사 표현에 관한 안전성과 신용이다. 그리고 그 객체인 '문서 또는 도화'(이하 '문서 등'이라고 한다)라고 함은 문자나 이에 준하는 가독적 부호 또는 상형적 부호로써 어느 정도 계속적으로 물체 위에 고착된 어떤 사람의 의사 또는 관념의 표현으로서, 그 내용이 법률상 또는 사회생활상 의미 있는 사항에 관한 증거가 될 수 있는 것을 말한다. 또한 그 문서 등에 작성명의인의 날인 등이 없다고 하여도 그 명의자의 문서 등이라고 믿을 만한 형식과 외관을 갖춘 경우에는 그 죄의 객체가 될 수 있다. 담뱃갑의 표면에 그 담배의 제조회사와 담배의 종류를 구별·확인할 수 있는 특유의 도안이 표시되어 있는 경우에는 일반적으로 그 담뱃갑의 도안을 기초로 특정 제조회사가 제조한 특정한 종류의 담배인지 여부를 판단하게 된다는 점에 비추어서도 그 담뱃갑은 적어도 그 담뱃갑 안에 들어 있는 담배가 특정 제조회사가 제조한 특정한 종류의 담배라는 사실을 증명하는 기능을 하고 있으므로, 그러한 담뱃갑은 문서 등 위조의 대상인 도화에 해당한다고 할 것이다.
(대판 2010.7.29, 2010도2705)

판례 [1] 사문서위조죄는 그 명의자가 진정으로 작성한 문서로 볼 수 있을 정도의 형식과 외관을 갖추어 일반인이 명의자의 진정한 사문서로 오신하기에 충분한 정도이면 성립하는 것이고, 반드시 그 작성명의자의 서명이나 날인이 있어야 하는 것은 아니다.
[2] 법무사가 아닌 자가 법무사의 사무를 '업으로' 하였는지의 여부는 사무처리의 반복 계속성, 영업성 등의 유무와 그 행위의 목적이나 규모, 회수, 기간, 태양 등 여러 사정을 종합적으로 고려하여 사회통념에 따라 판단하여야 하고, 반복 계속하여 보수를 받고 그러한 사무를 처리하는 것은 물론, 반복 계속할 의사로써 그 사무를 하면 단 한 번의 행위도 이에 해당한다.
(대판 2007.5.10, 2007도1674)

판례 허무인·사망자 명의의 사문서를 위조한 경우, 사문서위조죄의 성립 여부 : 명의인이 실재하지 않는 허무인이거나 또는 문서의 작성일자 전에 이미 사망하였다고 하더라도 그러한 문서 역시 공공의 신용을 해할 위험성이 있으므로 문서위조죄가 성립한다고 봄이 상당하며, 이는 공문서뿐만 아니라 사문서의 경우에도 마찬가지라고 보아야 한다.
(대판 2005.2.24, 2002도18 전원합의체)

第232條【資格冒用에 의한 私文書의 作成】 行使할 目的으로 他人의 資格을 冒用하여 權利·義務 또는 事實證明에 관한 文書 또는 圖畵를 作成한 者는 5年 이하의 懲役 또는 1千萬원 이하의 罰金에 處한다.(1995.12.29 본조개정)

참조 [미수범]235

판례 자격모용에 의한 사문서작성죄는 문서의 진정에 대한 공공의 신용을 그 보호법익으로 하는 것으로서, 행사할 목적으로 타인의 자격을 모용하여 작성된 문서가 일반인으로 하여금 당해 명의인의 권한 내에서 작성된 문서라고 믿게 할 수 있는 정도의 형식과 외관을 갖추고 있으면 성립한다.
(대판 2008.2.14, 2007도9606)

판례 자격모용에 의한 사문서작성죄는 행사할 목적으로 타인의 자격을 모용하여 권리·의무 또는 사실증명에 관한 문서를 작성함으로써 성립하는 것인바, 여기에서 '행사할 목적'이라 함은 다른 사람으로 하여금 그 문서가 정당한 권한에 기하여 작성된 것으로 오신하게 할 목적을 말하므로, 사문서를 작성하는 자가 다른 사람의 대리인 또는 대표자로서의 자격을 모용하여 문서를 작성한다는 것을 인식·용인하면서 이를 진정한 문서로서 어떤 효용에 쓸 목적으로 사문서를 작성하였다면, 자격모용에 의한 사문서작성죄의 행사의 목적과 고의가 있는 것으로 보아야 한다.(대판 2007.7.27, 2006도2330)

第232條의2【私電磁記錄僞作·變作】 事務處理를 그르치게 할 目的으로 權利·義務 또는 사실증명에 관한 他人의 電磁記錄등 特殊媒體記錄을 僞作 또는 變作한 者는 5年 이하의 懲役 또는 1千萬원 이하의 罰金에 處한다.(1995.12.29 본조신설)

판례 램에 올려진 전자기록은 원본파일과 불가분적인 것으로 원본파일의 개념적 연장선상에 있는 것이므로, 비록 원본파일의 변경까지 초래하지는 아니하였더라도 이러한 전자기록에 허구의 내용을 권한없이 수정입력한 것은 그 자체로 그러한 사전자기록을 변작한 행위의 구성요건에 해당된다고 보아야 하며, 그러한 수정입력의 시점이 사전자기록변작죄의 기수시점이 된다.(대판 2003.10.9, 2000도4993)

第233條【虛僞診斷書등의 作成】 醫師, 韓醫師, 齒科醫師 또는 助産師가 診斷書, 檢案書 또는 生死에 관한 證明書를 허위로 작성한 때에는 3年 이하의 懲役이나 禁錮, 7年 이하의 資格停止 또는 3千萬원 이하의 罰金에 處한다.(1995.12.29 본조개정)

참조 [미수범]235, [특별규정]병역91·91의2

판례 허위진단서작성죄의 성립요건 : 형법 제233조의 허위진단서작성죄가 성립하기 위하여는 진단서의 내용이 실질상 진실에 반하는 기재여야 할 뿐 아니라 그 내용이 허위라는 의사의 주관적 인식이 필요하고, 의사가 주관적으로 진찰을 소홀히 한다던가 착오를 일으켜 오진한 결과로 객관적으로 진실에 반한 진단서를 작성하였다면 허위진단서작성에 대한 인식이 있다고 할 수 없으므로 허위진단서작성죄가 성립하지 아니한다.
(대판 2006.3.23, 2004도3360)

第234條【僞造私文書등의 행사】 第231條 내지 第233條의 罪에 의하여 만들어진 文書, 圖畵 또는 電磁記錄등 特殊媒體記錄을 행사한 者는 그 각 罪에 정한 刑에 處한다.(1995.12.29 본조개정)

참조 [미수범]235

판례 작성 명의인이 위조사문서행사죄의 상대방에 포함되는지 여부 : 위조문서행사죄에 있어서의 행사는 위조된 문서를 진정한 것으로 사용함으로써 문서에 대한 공공의 신용을 해칠 우려가 있는 행위를 말하므로, 행사의 상대방에는 아무런 제한이 없고 위조된 문서의 작성 명의인이라고 하여 행사의 상대방이 될 수 없는 것은 아니다.(대판 2005.1.28, 2004도4663)

第235條【未遂犯】 第225條 내지 第234條의 未遂犯은 處罰한다.(1995.12.29 본조개정)

참조 [미수범]25-29

第236條【私文書의 不正行使】 權利·義務 또는 事實證明에 관한 他人의 文書 또는 圖畵를 不正行使한 者는 1年 이하의 懲役이나 禁錮 또는 300萬원이하의 罰金에 處한다.(1995.12.29 본조개정)

판례 형법 제236조 소정의 사문서부정행사죄는 사용권한자와 용도가 특정되어 작성된 권리의무 또는 사실증명에 관한 타인의 사문서 또는 사도화를 사용권한 없는 자가 사용권한이 있는 것처럼 가장하여 부정한 목적으로 행사하거나 또는 권한 있는 자라도 정당한 용법에 반하여 부정하게 행사하는 경우에 성립한다.(대판 2007.3.30, 2007도629)

第237條【資格停止의 倂科】 第225條 내지 第227條의2 및 그 行使罪를 犯하여 懲役에 處할 경우에는 10年 이하의 資格停止를 倂科할 수 있다.
(1995.12.29 본조개정)

참조 [자격정지44]

第237條의2【複寫文書등】 이 章의 罪에 있어서 電子複寫機, 模寫電送機 기타 이와 유사한 機器를 사용하여 複寫한 文書 또는 圖畵의 寫本도 文書 또는 圖畵로 본다.(1995.12.29 본조신설)

第21章 印章에 관한 罪

第238條【公印 등의 僞造, 不正使用】 ① 行使할 目的으로 公務員 또는 公務所의 印章, 署名, 記名 또는 記號를 僞造 또는 不正使用한 者는 5年 이하의 懲役에 處한다.
② 僞造 또는 不正使用한 公務員 또는 公務所의 印章, 署名, 記名 또는 記號를 行使한 者도 前項의 刑과 같다.
③ 前2項의 경우에는 7年 이하의 資格停止를 倂科할 수 있다.

참조 [외국인의 국외범]5, [관인]행정효율과협업촉진에관한규정33-40, 법원사무관리규칙35-40, [자격정지]44, [미수범]240

第239條【私印등의 僞造, 不正使用】 ① 行使할 目的으로 他人의 印章, 署名, 記名 또는 記號를 僞造 또는 不正使用한 者는 3年이하의 懲役에 處한다.
② 僞造 또는 不正使用한 他人의 印章, 署名, 記名 또는 記號를 行使한 때에도 前項의 刑과 같다.

참조 [미수범]240

판례 "서명" 및 "위조"에 관한 부분의 법정형이 형벌체계의 균형성 및 평등원칙에 위반되는지 여부 : 사문서위조의 경우 형 선택의 폭을 징역형과 벌금형으로 비교적 넓게 규정한 것은 형사체계상 수긍할 만한 합리적인 이유가 있는 것이고, 그와 비교하면 사인 등의 위조죄는 죄질과 정상의 폭이 넓지 않고 일반적으로 행위자의 책임에 대한 비난가능성도 크다고 할 것이므로, 사문서위조죄의 법정형에는 벌금형이 있으나 이 사건 법률조항의 법정형에는 벌금형이 없다는 점만을 이유로 형벌체계상 균형을 잃은 것으로서 헌법상 평등원칙에 반한다고 볼 수 없다.(헌재결 2006.6.29, 2006헌가7 전원재판부)

판례 사서명위조죄의 성립요건 : 사서명위조죄가 성립하기 위해서는 그 서명이 일반인으로 하여금 특정인의 진정한 서명으로 오신하게 할 정도에 이르러야 할 것이고, 어떤 문서에 권한 없는 자가 타인의 서명을 기재하는 경우에는 그 문서가 완성되기 전이라도 일반인으로서는 그 문서에 기재된 타인의 서명을 그 명의인의 진정한 서명으로 오신할 수도 있으므로, 일단 서명이 완성된 이상 문서가 완성되지 아니한 경우에도 서명의 위조죄는 성립할 수 있는 것이다.(대판 2005.12.23, 2005도4478)

第240條【未遂犯】 本章의 未遂犯은 處罰한다.

참조 [미수범]25-29

第22章 性風俗에 관한 罪
(1995.12.29 본장제목개정)

第241條 (2016.1.6 삭제)

改前 "第241條【姦通】 ① 配偶者있는 者가 姦通한 때에는 2年이하의 懲役에 處한다. 그와 相姦한 者도 같다.
② 前項의 罪는 配偶者의 告訴가 있어야 論한다. 但, 配偶者가 姦通을 慫慂 또는 宥恕한 때에는 告訴할 수 없다."

판례 헌법재판소는 간통 및 상간행위를 처벌하는 심판대상조항에 대하여 4차례 헌법에 위반되지 않는다는 결정을 선고하였으나(89헌마82 결정, 90헌가70 결정, 2000헌바60 결정, 2007헌가17 등 결정), 간통 및 상간행위의 처벌 자체가 헌법에 위반된다는 의견 5인, 성적 성실 의무를 부담하지 않는 간통행위자 등까지 처벌하도록 규정한 것이 국가형벌권의 과잉행사로서 헌법에 위반된다는 의견 1인, 간통죄의 소극적 소추조건인 간통 종용이나 유서의 개념이 불명확하여 명확성원칙에 위배되고, 죄질이 서로 다른 간통행위에 일률적으로 징역형만 부과하도록 규정한 것이 책임과 형벌 사이의 비례원칙에 위반된다는 의견 1인으로 위헌 정족수를 충족하여 심판대상조항에 대하여 위헌 결정을 선고하였다.(헌재결 2015.2.26, 2009헌바17,2011헌가31 등(병합))

판례 형법 제241조 제2항의 간통죄는 배우자의 고소가 있어야 논한다는 취지로 규정하였음은 간통죄는 배우자의 상대방 배우자에게 대한 정조에 대한 권리를 침해한 것으로서 배우자의 피해자로서의 고소가 있어야 죄를 논할 수 있도록 규정한 취지이며 형사소송법 제226조에 피해자의 법정대리인이 피의자이거나 법정대리인의 친족이 피의자인 때에는 피해자의 친족은 독립하여 고소할 수 있다.(대판 2010.4.29, 2009도12446)

판례 혼인 당사자가 더 이상 혼인관계를 지속할 의사가 없고 이혼의사의 합치가 있는 경우에는 비록 법률적으로 혼인관계가 존속한다고 하더라도 간통에 대한 사전 동의인 종용에 해당하는 의사표시가 그 합의 속에 포함되어 있는 것으로 보아야 할 것이나, 그러한 합의가 없는 경우에는 비록 잠정적·임시적·조건적으로 이혼의사가 쌍방으로부터 표출되어 있다고 하더라도 간통 종용의 경우에 해당하지 않는다.
(대판 2009.7.9, 2008도984)

판례 간통의 종용에 해당하는 이혼의사의 합의가 있었는지 여부의 판단 기준 : 이혼의사의 명백한 합의가 있었는지 여부는 반드시 서면에 의한 합의서가 작성된 경우뿐만 아니라, 당사자의 언행 등 여러 가지 사정으로 보아 혼인당사자 쌍방이 더 이상 혼인관계를 유지할 의사가 없었던 사정이 인정되고, 어느 일방의 이혼요구에 상대방이 진정으로 응낙하는 언행을 보이는 사정이 인정되는 경우에도 그와 같은 의사의 합치가 있었다고 인정할 수 있다.(대판 2006.5.11, 2006도1759)

판례 간통죄는 '성적 자기결정권'에 대한 필요 및 최소한의 제한이므로 자유와 권리의 '본질적 내용'을 침해하는 것이 아니다. 또한 '남녀평등 처벌주의'를 취하고 배우자 모두에게 '고소권'이 인정되어 있는 이상 평등권의 '본질적 내용'을 침해하는 법률이라 할 수 없다.(헌재결 1990.9.10, 89헌마82 전원재판부)

판례 피고인이 간통사실을 자인하는 것을 들었고 공소사실기재의 간통범행 일시경에 피고인의 가출과 외박이 잦아 의심을 하게 되었다는 취지의 피고인의 남편에 대한 진술조서 기재는 피고인의 간통사실 자백에 대한 보강증거가 될 수 있다.
(대판 1983.5.10, 83도686)

第242條【淫行媒介】 營利의 目的으로 사람을 媒介하여 姦淫하게 한 者는 3年 이하의 懲役 또는 1千500萬원 이하의 罰金에 處한다.(2012.12.18 본조개정)

改前 "第242條【淫行媒介】 營利의 目的으로 未成年 또는 淫行의 常習없는 婦女를 媒介하여 姦淫하게 한 者는 3年이하의 懲役 또는 1千500萬원이하의 罰金에 處한다.(1995.12.29 본조개정)"

참조 [조약]인신매매금지및타인의매춘행위에의한착취금지에관한협약, [윤락행위방지]성매매알선등행위의처벌에관한법

第243條【淫畵頒布등】 淫亂한 文書, 圖畵, 필름 기타 물건을 頒布, 販賣 또는 賃貸하거나 公然히 展示 또는 上映한 者는 1年 이하의 懲役 또는 500萬원 이하의 罰金에 處한다.(1995.12.29 본조개정)

판례 '음란'의 의미 및 그 판단 기준 : 형법 제243조 및 제244조에서 말하는 '음란'이라 함은 정상적인 성적 수치심과 선량한 성적 도의관념을 현저히 침해하기에 적합한 것을 가리킨다 할 것이고, 이를 판단함에 있어서는 그 시대의 건전한 사회통념에 따라 객관적으로 판단하되 그 사회의 평균인의 입장에서 문서 전체를 대상으로 하여 규범적으로 평가하여야 할 것이며, 문학성 내지 예술성과 음란성은 차원을 달리하는 관념이므로 어느 문학작품이나 예술작품에 문학성 내지 예술성이 있다고 하여 그 작품의 음란성이 당연히 부정되는 것은 아니라 할 것이고, 다만 그 작품의 문학적·예술적 가치, 주제와 성적 표현의 관련성 정도 등에 따라서는 그 음란성이 완화되어 결국은 형법이 처벌대상으로 삼을 수 없게 되는 경우가 있을 수 있을 뿐이다.
(대판 2000.10.27, 98도679)

판례 '음란'이란 개념 자체가 사회와 시대적 변화에 따라 변동하는 상대적이고 유동적인 것이므로 외국의 애정선정물에 대한 긍정적 평가를 그대로 우리사회에 적용할 수 없다.
(대판 1997.12.26, 97누11287)

第244條【淫畵製造 등】 第243條의 行爲에 供할 目的으로 淫亂한 物件을 製造, 所持, 輸入 또는 輸出한 者는 1年 이하의 懲役 또는 500萬원 이하의 罰金에 處한다.(1995.12.29 본조개정)

판례 문학작품의 음란성여부는 그 기재사실이 그 표현에 있어서 과도하게 성욕을 자극시키거나 또는 성적질서를 크게 해칠 정도로 노골적이거나 또 구체적인 묘사인 경우에 한하고 문학작품의 전체적인 내용의 흐름을 더듬어 매듭짓는 데까지 고려하여 종합적으로 판단되어야 한다.(대판 1975.12.9, 74도1879)

일판 판매를 목적으로 하지 않는 단순한 음란문서의 소지는 처벌에 대상이 아니다라는 판단은 잘못이다.(日·最高 1995.4.13)

일판 문서의 음란성은 1. 성묘사의 정도와 수법, 2. 성묘사가 문서 전체중에 점하는 비중, 3. 문서의 사상과 성묘사의 관련성, 4. 예술·사상성에 의한 성적자극의 완화도, 5. 문서의 구성과 전개 등의 기준에 의하여, 그 문서전체가 독자의 호색적 흥미를 불러 일으키느냐의 여부를 검토해야 한다.
(日·最高-同日字讀賣新聞 1980.11.28)

第245條【公然淫亂】 公然히 淫亂한 行爲를 한 者는 1年 이하의 懲役, 500萬원 이하의 罰金, 拘留 또는 科料에 處한다.(1995.12.29 본조개정)

참조 [구류]46, [병과]47

판례 요구르트 제품의 홍보를 위하여 여성 누드모델들이 일반 관람객과 기자 등 수십명이 있는 자리에서, 알몸에 밀가루를 바르고 무대에 나와 분무기로 요구르트를 몸에 뿌려 밀가루를 벗겨내는 방법으로 알몸을 완전히 드러낸 채 음부 및 유방 등이 노출된 상태에서 무대를 돌며 관람객들을 향하여 요구르트를 던진 행위는 공연음란죄에 해당한다.
(대판 2006.1.13, 2005도1264)

판례 공연음란죄에서의 '음란한 행위'의 의미 : '음란한 행위'라 함은 일반 보통인의 성욕을 자극하여 성적 흥분을 유발하고 정상적인 성적 수치심을 해하여 성적 도의관념에 반하는 행위를 가리키는 것이고, 그 행위가 반드시 성행위를 묘사하거나 성적인 의도를 표출할 것을 요하는 것은 아니다.
(대판 2005.7.22, 2003도2911)

第23章 도박과 복표에 관한 죄
(2013.4.5 본장개정)

第246條【도박, 상습도박】 ① 도박을 한 사람은 1천만원 이하의 벌금에 처한다. 다만, 일시오락 정도에 불과한 경우에는 예외로 한다.
② 상습으로 제1항의 죄를 범한 사람은 3년 이하의 징역 또는 2천만원 이하의 벌금에 처한다.

改前 "第246條【賭博, 常習賭博】 ① 財物로써 賭博한 者는 500萬원이하의 罰金 또는 科料에 處한다. 但, 一時 娛樂程度에 不過한 때에는 例外로 한다.
② 常習으로 第1項의 罪를 犯한 者는 3年이하의 懲役 또는 2千萬원이하의 罰金에 處한다.
(1995.12.29 본조개정)"

참조 [형의 병과]249

第247條【도박장소 등 개설】 영리의 목적으로 도박을 하는 장소나 공간을 개설한 사람은 5년 이하의 징역 또는 3천만원 이하의 벌금에 처한다.

改前 "第247條【賭博開場】 營利의 目的으로 賭博을 開場한 者는 3年이하의 懲役 또는 2千萬원이하의 罰金에 處한다.
(1995.12.29 본조개정)"

참조 [형의 병과]249, [야간집행]형소126

판례 [1] 도박개장죄는 영리의 목적으로 스스로 주재자가 되어 도박장소를 개설함으로써 성립하는 것으로 도박죄와는 별개의 독립된 범죄이다. '도박'이란 참여한 당사자가 재물을 걸고 우연한 승부에 의하여 재물의 득실을 다투는 것을 의미하며, '영리의 목적'이란 도박개장의 대가로 불법한 재산상의 이익을 얻으려는 의사를 의미하고, 반드시 도박개장의 직접적 대가가 아니라 도박개장을 통하여 간접적으로 얻게 될 이익을 위한 경우에도 영리의 목적이 인정되며, 또한 현실적으로 그 이익을 얻었을 것을 요하지는 않는다.
[2] 성인피시방 운영자가 손님들로 하여금 컴퓨터에 접속하여 인터넷 도박게임을 하고 게임머니의 충전과 환전을 하도록 하면서 게임머니의 일정 금액을 수수료 명목으로 받은 행위를 도박개장죄로 인정한다.
(대판 2008.10.23, 2008도3970)

판례 추징의 대상이 되는지 여부는 엄격한 증명을 필요로 하는 것은 아니나, 그 대상이 되는 범죄수익을 특정할 수 없는 경우에는 추징할 수 없고, 또한 범죄수익은닉의 규제 및 처벌 등에 관한 법률 제10조 소정의 추징은 임의적인 것이므로 그 추징의 요건에 해당되는 재산이라도 이를 추징할 것인지의 여부는 법원의 재량에 맡겨져 있다.(대판 2007.6.14, 2007도2451)

판례 도박개장죄의 성립요건과 인터넷상의 도박개장죄를 인정한 예 : 영리를 목적으로 스스로 주재자가 되어 그 지배하에 도박장소를 개설함으로써 성립하는 '도박개장죄'는 '도박죄'와는 별개의 독립된 범죄이고, '도박'이라 함은 참여한 당사자가 재물을 걸고 우연한 승부에 의하여 재물의 득실을 다투는 것을 의미하며, '영리의 목적'이란 도박개장의 대가로 불법한 재산상의 이익을 얻으려는 의사를 의미하는 것으로, 반드시 도박개장의 직접적 대가가 아니라 도박개장을 통하여 간접적으로 얻게 될 이익을 위한 경우에도 영리의 목적이 인정된다. 인터넷 고스톱게임 사이트를 유료화하는 과정에서 사이트를 홍보하려고 고스톱대회를 개최하면서 참가자들에게 참가비를 받고 입상자들에게 상금을 지급한 행위는 도박개장죄에 해당한다.
(대판 2002.4.12, 2001도5802)

第248條【복표의 발매 등】 ① 법령에 의하지 아니한 복표를 발매한 사람은 5년 이하의 징역 또는 3천만원 이하의 벌금에 처한다.
② 제1항의 복표발매를 중개한 사람은 3년 이하의 징역 또는 2천만원 이하의 벌금에 처한다.
③ 제1항의 복표를 취득한 사람은 1천만원 이하의 벌금에 처한다.

改前 "第248條【富籤의 發賣등】 ① 法令에 依하지 아니한 富籤을 發賣한 者는 3年이하의 懲役 또는 2千萬원이하의 罰金에 處한다.
② 前項의 富籤發賣를 仲介한 者는 1年이하의 懲役 또는 500萬원이하의 罰金에 處한다.
③ 第1項의 富籤을 取得한 者는 500萬원이하의 罰金 또는 科料에 處한다.
(1995.12.29 본조개정)"

참조 [복권에 관한 법령]사행행위등규제및처벌특례법2, 복권및복권기금법, [과료]47, [형의 병과]249

판례 '광고복권'은 통상의 경우 이를 홍보 및 판촉의 수단으로 사용하는 사업자들이 당첨되지 않은 참가자들의 손실을 대신 부담하여 주는 것일 뿐, 그 자체로는 추첨 등의 우연한 방법에 의하여 일부 당첨자에게 재산상의 이익을 주고 다른 참가자에게 손실을 주는 복표로서의 성질을 갖추고 있으므로 동조 '복표'에 해당한다.(대판 2003.12.26, 2003도5433)

第249條【벌금의 병과】 제246조제2항, 제247조와 제248조제1항의 죄에 대하여는 1천만원 이하의 벌금을 병과할 수 있다.

改前 "第249條【罰金의 倂科】 第246條第2項, 第247條와 第248條第1項의 경우에는 500萬원이하의 罰金을 倂科할 수 있다.
(1995.12.29 본조개정)"

第24章 殺人의 罪

第250條【殺人, 尊屬殺害】 ① 사람을 殺害한 者는 死刑, 無期 또는 5年 이상의 懲役에 處한다.
② 自己 또는 配偶者의 直系尊屬을 殺害한 者는 死刑, 無期 또는 7年 이상의 懲役에 處한다.
(1995.12.29 본항개정)

참조 [예비·음모]255, [형의 병과]256, [내란목적의 살인]88, [상속인등의 결격사유]민1004·1064, [특별규정]국가보안4, 군형59

판례 자기의 직계존속을 살해한 자는 사형, 무기 또는 7년 이상의 징역에 처하도록 한 형법 제250조 제2항에 관하여, 일반적인 살인죄와 달리 존속살해죄를 가중처벌하는 것은 행위자인 비속의 패륜성에 비추어 고도의 사회적 비난가능성이 인정되기 때문이므로 차별취급에 합리적 이유가 있어 평등원칙에 반하지 아니한다는 이유로 합헌결정을 내렸다.
(헌재결 2013.7.25, 2011헌바267)

판례 살인죄에 있어서 범의의 인정 기준 : 살인죄에 있어서의 고의는 반드시 살해의 목적이나 계획적인 살해의 의도가 있어야 하는 것은 아니고 자기의 행위로 인하여 타인의 사망의 결과를 발생시킬 만한 가능 또는 위험이 있음을 인식하거나 예견하면 족한 것이고 그 인식 또는 예견은 확정적인 것은 물론 불확정적인 것이더라도 소위 미필적 고의로서 살인의 범의가 인정된다.(대판 2004.6.24, 2002도995)

판례 범행 당시 살인의 범의에 대한 판단 기준 : 피고인이 범행 당시 살인의 범의는 없었고 단지 상해 또는 폭행의 범의만 있었을 뿐이라고 다투는 경우에 피고인에게 범행 당시 살인의 범의가 있었는지 여부는 피고인이 범행에 이르게 된 경위, 범행의 동기, 준비된 흉기의 유무·종류·용법, 공격의 부위와 반복성, 사망의 결과발생가능성 정도 등 범행 전후의 객관적인 사정을 종합하여 판단할 수밖에 없다.(대판 2002.2.8, 2001도6425)

일판 파킨슨병으로 오랫동안 누워있는 친어머니의 간호에 지친 딸이 어머니를 질식시킨 사건에 대하여 "간호에 지친 사실을 감안할 때 피고를 지나치게 책망하는 것은 가혹하다"며 1심실형을 파기하고 징역 3년 집행유예 4년을 선고했다.
(東京高 1993.9.29)

독판 정상적인 출산진행 중의 태아는 개방진통의 개시와 함께 살인죄(과실치사죄)에서 의미하는 사람이 된다. 즉 살인죄의 객체가 된다.(BGHSt 32, 194)

第251條 (2023.8.8 삭제)

改前 "第251條【영아살해】直系尊屬이 恥辱을 隱蔽하기 위하거나 養育할 수 없음을 豫想하거나 특히 參酌할 만한 動機로 인하여 分娩中 또는 分娩直後의 영아를 殺害한 때에는 10年 이하의 懲役에 處한다."

第252條【촉탁, 승낙에 의한 살인 등】 ① 사람의 촉탁이나 승낙을 받아 그를 살해한 자는 1년 이상 10년 이하의 징역에 처한다.

② 사람을 교사하거나 방조하여 자살하게 한 자도 제1항의 형에 처한다.

(2020.12.8 본조개정)

改前 "第252條【囑託, 承諾에 의한 殺人 등】① 사람의 囑託 또는 承諾을 받어 그를 殺害한 者는 1年 이상 10年 이하의 懲役에 處한다.
② 사람을 敎唆 또는 幇助하여 自殺하게 한 者도 前項의 刑과 같다."

참조 [피해자의 승낙]24, [살인죄]250, [미수범]254, [형의 병과]256

판례 자살방조죄의 성립요건 및 방조의 방법 : 동조 제2항의 자살방조죄는 자살하려는 사람의 자살행위를 도와 용이하게 실행하도록 함으로써 성립되는 것으로서, 그 방법에는 자살도구인 총, 칼 등을 빌려주거나 독약을 만들어 주거나 조언 또는 격려를 한다거나 기타 적극적, 소극적, 물질적, 정신적 방법이 모두 포함된다 할 것이나, 이러한 자살방조죄가 성립하기 위해서는 그 방조 상대방의 구체적인 자살의 실행을 원조하여 이를 용이하게 하는 행위의 존재 및 그 점에 대한 행위자의 인식이 요구된다.(대판 2005.6.10, 2005도1373)

독판 피고인이 자살자에게 육체를 변화시켜 시리우스 별자리에서 영원히 살게 된다고 속여 자살케 했다면 간접정범에 의한 살인죄가 성립한다.(BGHSt 32, 38)

독판 자살자의 죽음을 과실로 공동야기한 자는 처벌되지 않는다.(BGHSt 24, 342)

第253條【僞計 등에 의한 囑託殺人 등】 前條의 경우에 僞計 또는 威力으로써 囑託 또는 承諾하게 하거나 自殺을 決意하게 한 때에는 第250條의 例에 의한다.

참조 [미수범]254, [예비·음모]255, [형의 병과]256

第254條【미수범】 제250조, 제252조 및 제253조의 미수범은 처벌한다.(2023.8.8 본조개정)

改前 "第254條【未遂犯】前4條의 未遂犯은 處罰한다."

참조 [미수범]25－29, [상속인 등의 결격사유]민1004·1064

第255條【豫備, 陰謀】 第250條와 第253條의 罪를 犯할 目的으로 豫備 또는 陰謀한 者는 10年 이하의 懲役에 處한다.

참조 [예비·음모]28

第256條【資格停止의 倂科】 第250條, 第252條 또는 第253條의 경우에 有期懲役에 處할 때에는 10年 이하의 資格停止를 倂科할 수 있다.

참조 [자격정지]44

第25章 傷害와 暴行의 罪

第257條【傷害, 尊屬傷害】 ① 사람의 身體를 傷害한 者는 7年 이하의 懲役, 10年 이하의 資格停止 또는 1千萬원 이하의 罰金에 處한다.(1995.12.29 본항개정)

② 自己 또는 配偶者의 直系尊屬에 대하여 第1項의 罪를 犯한 때에는 10年 이하의 懲役 또는 1千500萬원 이하의 罰金에 處한다.(1995.12.29 본항개정)

③ 前2項의 未遂犯은 處罰한다.

참조 [혈족의 촌수계산]민770, [동시범]263, [상습범]264, 폭력처벌2, [형의 병과]265, [과실상해]266, [반국가행위]국가보안4, [군법]군형52의2이하, [배상명령]소송촉진25－35

판례 형사사건에서 상해진단서는 피해자의 진술과 함께 피고인의 범죄사실을 증명하는 유력한 증거가 될 수 있다. 그러나 상해 사실의 존재 및 인과관계 역시 합리적인 의심이 없는 정도의 증명에 이르러야 인정할 수 있으므로, 상해진단서의 객관성과 신빙성을 의심할 만한 사정이 있는 때에는 증명력을 판단하는 데 매우 신중하여야 한다. 특히 상해진단서가 주로 통증이 있다는 피해자의 주관적인 호소 등에 의존하여 의학적인 가능성만으로 발급된 때에는 진단 일자 및 진단서 작성일자가 상해 발생 시점과 시간상으로 근접하고 상해진단서 발급 경위에 특별히 신빙성을 의심할 만한 사정은 없는지, 상해진단서에 기재된 상해 부위 및 정도가 피해자가 주장하는 상해의 원인 내지 경위와 일치하는지, 피해자가 호소하는 불편이 기왕에 존재하던 신체 이상과 무관한 새로운 원인으로 생겼다고 단정할 수 있는지, 의사가 상해진단서를 발급한 근거 등을 두루 살피는 외에도 피해자가 상해 사건 이후 진료를 받은 시점, 진료를 받게 된 동기와 경위, 그 이후의 진료 경과 등을 면밀히 살펴 논리와 경험법칙에 따라 증명력을 판단하여야 한다.
(대판 2016.11.25, 2016도15018)

판례 상해죄의 피해자가 제출하는 상해진단서는 일반적으로 의사가 당해 피해자의 진술을 토대로 상해의 원인을 파악한 후 의학적 전문지식을 동원하여 관찰·판단한 상해의 부위와 정도 등을 기재한 것으로서 거기에 기재된 상해가 곧 피고인의 범죄행위로 인하여 발생한 것이라는 사실을 직접 증명하는 증거가 되기에 부족한 것이지만, 그 상해에 대한 진단일자 및 상해진단서 작성일자가 상해 발생시점과 시간상으로 근접하고 상해진단서 발급 경위에 특별히 신빙성을 의심할 만한 사정이 없으며 거기에 기재된 상해의 부위와 정도가 피해자가 주장하는 상해의 원인 내지 경위와 일치하는 경우에는, 그 무렵 피해자가 제3자로부터 폭행을 당하는 등으로 달리 상해를 입을 만한 정황이 발견되거나 의사가 허위로 진단서를 작성한 사실이 밝혀지는 등의 특별한 사정이 없는 한, 그 상해진단서는 피해자의 진술과 더불어 피고인의 상해사실에 대한 유력한 증거가 되고, 합리적인 근거 없이 그 증명력을 함부로 배척할 수 없다고 할 것이다.
(대판 2007.5.10, 2007도136)

판례 상해사실의 인정에 있어 상해의 부위와 정도가 증거에 의하여 명백히 확정되어야 하고, 상해부위의 판시 없는 상해죄의 인정은 위법하다.(대판 2002.11.8, 2002도5016)

판례 오랜 시간 동안의 협박과 폭행을 이기지 못하고 실신하여 범인들이 불러온 구급차 안에서야 정신을 차리게 되었다면, 외부적으로 어떤 상처가 발생하지 않았다고 하더라도 생리적 기능에 훼손을 입어 신체에 대한 상해가 있었다.
(대판 1996.12.10, 96도2529)

일판 상해죄는 타인의 신체에 대한 폭행에 의하여 그 생활기능의 훼손 즉 건강상태의 불량 변경을 야기하는 것에 의하여 성립한다. 모발이나 턱 수염을 절단, 제거하는 행위는 이것으로서 곧 건강상태의 불량변경을 가져왔다고 할 수 없으므로 상해죄에 해당하지 않고 폭행에 불과하다.(日·最高 1970.6.20)

독판 자책적으로 의욕하여 실현된 자기위해는, 위태화와 함께 의식적으로 떠맡은 위험부담이 실현된 것이라면, 상해죄 또는 살인죄의 구성요건에 해당하지 않는다. 이러한 자기위해를 야기하고, 가능하게 했거나 촉진시킨 자는 상해죄나 살인죄로 처벌되도록 한 것은 아니다.(BGHSt 32, 262)

第258條【重傷害, 尊屬重傷害】 ① 사람의 身體를 傷害하여 生命에 대한 危險을 發生하게 한 者는 1年 이상 10年 이하의 懲役에 處한다.

② 身體의 傷害로 인하여 不具 또는 不治나 難治의 疾病에 이르게 한 者도 前項의 刑과 같다.

③ 自己 또는 配偶者의 直系尊屬에 대하여 前2項의 罪를 犯한 때에는 2년 이상 15년 이하의 징역에 處한다.(2016.1.6 본항개정)

改前 ③ 自己 또는 配偶者의 直系尊屬에 대하여 前2項의 罪를 犯한 때에는 "2年이상의 有期懲役"에 處한다.

참조 [배상명령]소송촉진25－35, [동시범]263, [상습범]264, [형의 병과]265

판례 중상해죄의 성립요건 : 중상해는 사람의 신체를 상해하여 생명에 대한 위험을 발생하게 하거나, 신체의 상해로 인하여 불구 또는 불치나 난치의 질병에 이르게 한 경우에 성립한다.
(대판 2005.12.9, 2005도7527)

第258條의2【특수상해】 ① 단체 또는 다중의 위력을 보이거나 위험한 물건을 휴대하여 제257조제1항 또는 제2항의 죄를 범한 때에는 1년 이상 10년 이하의 징역에 처한다.

② 단체 또는 다중의 위력을 보이거나 위험한 물건을 휴대하여 제258조의 죄를 범한 때에는 2년 이상 20년 이하의 징역에 처한다.

③ 제1항의 미수범은 처벌한다.

(2016.1.6 본조신설)

第259條【傷害致死】 ① 사람의 身體를 傷害하여 死亡에 이르게 한 者는 3年 이상의 有期懲役에 處한다.(1995.12.29 본항개정)

② 自己 또는 配偶者의 直系尊屬에 대하여 前項의 罪를 犯한 때에는 無期 또는 5年 이상의 懲役에 處한다.

참조 [동시범]263, [상속인등의 결격사유]민1004·1064, [배상명령]소송촉진25－35

第260條【暴行, 尊屬暴行】 ① 사람의 身體에 대하여 暴行을 加한 者는 2年 이하의 懲役, 500萬원 이하의 罰金, 拘留 또는 科料에 處한다.

② 自己 또는 配偶者의 直系尊屬에 대하여 第1項의 罪를 犯한 때에는 5年 이하의 懲役 또는 700萬원 이하의 罰金에 處한다.

③ 第1項 및 第2項의 罪는 被害者의 明示한 意思에 反하여 公訴를 提起할 수 없다.

(1995.12.29 본조개정)

참조 [피해자의 의사]형소327, [구류]46, [과료]47, [상습범]264, 폭력처벌2, [형의 병과]265, [군법]군형48이하

第261條【特殊暴行】 團體 또는 多衆의 威力을 보이거나 危險한 物件을 携帶하여 第260條第1項 또는 第2項의 罪를 犯한 때에는 5年 이하의 懲役 또는 1千萬원 이하의 罰金에 處한다.(1995.12.29 본조개정)

참조 [상습범]264, [형의 병과]265, [소요죄]115, 폭력처벌3

第262條【폭행치사상】 제260조와 제261조의 죄를 지어 사람을 사망이나 상해에 이르게 한 경우에는 제257조부터 제259조까지의 예에 따른다.
(2020.12.8 본조개정)

改前 "第262條【暴行致死傷】前2條의 罪를 犯하여 사람을 死傷에 이르게 한 때에는 第257條 내지 第259條의 例에 의한다."

참조 [준현행범]형소211②, [배상명령]소송촉진25－35

판례 폭력행위등처벌에관한법률의 적용여부 : 폭력행위등처벌에관한법률 제2조 제1항에는 형법 제262조 소정의 폭행치상죄는 열거되어 있지 아니하므로 폭행치상의 정범에 대하여는 폭력행위등 처벌에 관한 법률 제2조 제2항을 적용하여서는 아니된다.
(대판 1981.3.24, 81도415)

독판 방위자가 수인에 의해 행해진 침해상황에서 공격자 중 일인을 정당방위로서 죽였을 때에도 형법 제227조는 적용된다.
(BGHSt 33, 100)

第263條【同時犯】 獨立行爲가 競合하여 傷害의 結果를 發生하게 한 경우에 있어서 原因된 行爲가 判明되지 아니한 때에는 共同正犯의 例에 의한다.

참조 [공동정범]30

第264條【常習犯】 常習으로 第257條, 제258조, 제258조의2, 第260條 또는 第261條의 罪를 犯한 때에는 그 罪에 정한 刑의 2分의 1까지 加重한다.
(2016.1.6 본조개정)

改前 第264條【常習犯】常習으로 第257條, "第258條", 第260條 또는 第261條의 罪를…

참조 [형의 가중]42·56, [형의 병과]265, 폭력처벌2·3

第265條【資格停止의 倂科】 第257條第2項, 제258조, 제258조의2, 第260條第2項, 第261條 또는 前條의 경우에는 10年이하의 資格停止를 倂科할 수 있다.
(2016.1.6 본조개정)

改前 第265條【資格停止의 倂科】第257條第2項, "第258條", 第260條第2項, 第261條 또는…

참조 [자격정지]44

第26章 過失致死傷의 罪
(1995.12.29 본장개정)

第266條【過失致傷】 ① 過失로 因하여 사람의 身體를 傷害에 이르게 한 者는 500萬원 이하의 罰金, 拘留 또는 科料에 處한다.

② 第1項의 罪는 被害者의 明示한 意思에 反하여 公訴를 제기할 수 없다.

참조 [피해자의 의사]형소223·232, [구류]46, [과료]47, [배상명령]소송촉진25－35

第267條【過失致死】 過失로 因하여 사람을 死亡에 이르게 한 者는 2年 이하의 禁錮 또는 700萬원 이하의 罰金에 處한다.

참조 [군법]군형4, [배상명령]소송촉진25－35

판례 피고인들이 피해자와 함께 술을 마시던 중, 피해자가 제3자와 다투다 넘어져 의식을 잃었다. 이후 피고인들은 피해자를 모텔로 옮겨 방치하였고, 피해자는 후두부 경막외출혈로 사망하였다. 피해자가 의식을 잃은 것은 제3자와 다투다 벌어진 일이므로 피고인들의 위법한 선행행위는 없었다. 또 피해자를 모텔로 옮겨 놓은 것이 위법하지도 않다. 그러나 선행행위가 위법하지 않더라도 그러한 선행행위로 인하여 법익침해의 발생위험이 상당히 증가되고, 그 선행행위가 법익침해의 발생과 밀접히 관련되어 있다면 행위자에게 보증인 지위가 발생한다. 따라서 피고인들이 피해자를 모텔로 옮기는 선행행위를 한 이상, 폭행에 의해 쓰러진 피해자를 모텔로 옮겨 타인에 의한 구조가능성을 차단한 피고인들에게는 피해자를 구조해야 할 조리상 의무가 있다.(대판 2023.7.27, 2023도6735)

第268條【업무상과실·중과실 치사상】 업무상과실 또는 중대한 과실로 사람을 사망이나 상해에 이르게 한 자는 5년 이하의 금고 또는 2천만원 이하의 벌금에 처한다.(2020.12.8 본조개정)

改前 "第268條【業務上過失·重過失 致死傷】業務上過失 또는 重大한 過失로 因하여 사람을 死傷에 이르게 한 者는 5年이하의 禁錮 또는 2千萬원 이하의 罰金에 處한다."

참조 [원자로등의 부당조작]원자력안전법114, [군법]군형4, [도주차량운전자의 가중처벌]특정범죄가중5의3, [배상명령]소송촉진25－35

판례 경찰의 물대포 시위 진압으로 사망한 고(故) 백○○ 씨 사건과 관련하여 당시 서울지방경찰청장은 집회 당시 경찰 인력·장비의 운용, 안전관리의 총괄 책임자로서 사전에 이 사건 집회·시위가 폭력 행위 등 불법 집회·시위가 될 수 있고 경찰과 시위대에 부상자가 발생할 수도 있다는 점을 예상하고 있었고, 필요한 조치를 취했어야 한다. 만일 경찰이 과잉 살수가 방치되고 있음을 경고하거나 안전한 살수에 관한 조치를 취했더라면 백 씨의 사망이라는 결과의 발생을 회피할 수 있었을 것이다. 따라서 경찰의 위법·과잉 시위 진압에 관해 최종 지휘권자의 주의의무 위반이 인정된다.
(대판 2023.4.13, 2019도12195)

판례 사람의 생명과 신체의 안전을 보호법익으로 하고 있는 형법의 해석으로는 규칙적인 진통을 동반하면서 분만이 개시된 때(소위 진통설 또는 분만개시설)가 사람의 시기라고 봄이 타당하다.(대판 2007.6.29, 2005도3832)

판례 의사는 전문적 지식과 기능을 가지고 환자의 전적인 신뢰하에서 환자의 생명과 건강을 보호하는 것을 업으로 하는 자로서 그 의료행위를 시술하는 기회에 환자에게 위해가 미치는 것을 방지하기 위하여 최선의 조치를 취할 의무를 지고 있으므로, 의사가 다른 의사와 의료행위를 분담하는 경우에도 자신이 환자에 대하여 주된 의사의 지위에 있거나 다른 의사를 사실상 지휘 감독하는 지위에 있다면, 그 의료행위의 영역이 자신의 전공과목이 아니라 다른 의사의 전공과목에 전적으로 속하거나

다른 의사에게 전적으로 위임된 것이 아닌 이상, 의사는 자신이 주로 담당하는 환자에 대하여 다른 의사가 하는 의료행위의 내용이 적절한 것인지의 여부를 확인하고 감독하여야 할 업무상 주의의무가 있고, 만약 의사가 이와 같은 업무상 주의의무를 소홀히 하여 환자에게 위해가 발생하였다면, 의사는 그에 대한 과실 책임을 면할 수 없다.(대판 2007.2.22, 2005도9229)

第27章 落胎의 罪

第269條【落胎】 ① 婦女가 藥物 기타 方法으로 落胎한 때에는 1年 이하의 懲役 또는 200萬원 이하의 罰金에 處한다.
<2019.4.11 헌법재판소 헌법불합치 결정으로 이 항 중 '의사'에 관한 부분은 2020.12.31을 시한으로 입법자가 개정할 때까지 계속 적용>
② 婦女의 囑託 또는 承諾을 받어 落胎하게 한 者도 第1項의 刑과 같다.
③ 第2項의 罪를 犯하여 婦女를 傷害에 이르게 한 때에는 3年 이하의 懲役에 處한다. 死亡에 이르게 한 때에는 7年 이하의 懲役에 處한다.
(1995.12.29 본조개정)

참조 [상해죄]257－259, [본조의 적용배제]모자14

판례 자기낙태죄 조항은 모자보건법이 정한 일정한 예외를 제외하고는 태아의 발달단계 혹은 독자적 생존능력과 무관하게 임신기간 전체를 통틀어 모든 낙태를 전면적·일률적으로 금지하고, 이를 위반할 경우 형벌을 부과하도록 정함으로써, 형법적 제재 및 이에 따른 형벌의 위하력(威嚇力)으로 임신한 여성에게 임신의 유지·출산을 강제하고 있으므로, 임신한 여성의 자기결정권을 과도하게 침해한다. 그러나 태아의 생명을 보호하기 위하여 낙태를 금지하고 형사처벌하는 것 자체가 모든 경우에 헌법에 위반된다고 볼 수는 없다. 따라서 태아가 모체를 떠난 상태에서 독자적으로 생존할 수 있는 시점인 임신 22주 내외에 도달하기 전이면서 동시에 임신 유지와 출산 여부에 관한 자기결정권을 행사하기에 충분한 시간이 보장되는 시기(이하 착상 시부터 이 시기까지를 '결정가능기간'이라 한다)까지의 낙태에 대해서는 국가가 생명보호의 수단 및 정도를 달리 정할 수 있다고 봄이 타당하다.(헌재결 2019.4.11, 2017헌바127)

미판 몬타나주 법률이 미성년자의 낙태를 부모에게 통지하는 것이 미성년자에게 최선의 이익이 아닌 경우를 포함하는 일정한 조건하(미성년자가 성숙한 경우 또는 부모나 보호자가 학대한 경우 등)에서 사법적 우회(judicial bypass)를 인정하도록 한 것은 연방헌법에 위반된다고 할 수 없다.
(미연방법원 137 L Ed 2d 464)

영판 14세 소녀가 친구의 아버지의 성폭행으로 임신한 것으로 소녀의 고통은 동정하나 중절의 권리보다 태아의 살 권리가 우선한다.(1992.2.17 영 아일랜드고법판)

독판 낙태행위로 인하여 살아있는 태아가 태어나자 즉시 그 아이를 목졸라 살해한 경우에는 낙태죄의 기수가 살인죄의 기수와 상상적 경합관계에 있게 된다.(BGHSt 10, 291)

第270條【醫師 등의 落胎, 不同意落胎】 ① 醫師, 韓醫師, 助産師, 藥劑師 또는 藥種商이 婦女의 囑託 또는 承諾을 받어 落胎하게 한 때에는 2年 이하의 懲役에 處한다.(1995.12.29 본항개정)
<2019.4.11 헌법재판소 헌법불합치 결정으로 이 항 중 '의사'에 관한 부분은 2020.12.31을 시한으로 입법자가 개정할 때까지 계속 적용>
② 婦女의 囑託 또는 承諾없이 落胎하게 한 者는 3年 이하의 懲役에 處한다.
③ 第1項 또는 第2項의 罪를 犯하여 婦女를 傷害에 이르게 한 때에는 5年 이하의 懲役에 處한다. 死亡에 이르게 한 때에는 10年 이하의 懲役에 處한다.
(1995.12.29 본항개정)
④ 前3項의 경우에는 7年 이하의 資格停止를 倂科한다.

참조 [자격정지]44, [상해죄]257－259, [본조의 적용배제]모자14

판례 낙태죄는 태아를 자연분만기에 앞서서 인위적으로 모체 밖으로 배출하거나 모체 안에서 살해함으로써 성립하고, 그 결과 태아가 사망하였는지 여부는 낙태죄의 성립에 영향이 없다.
(대판 2005.4.15, 2003도2780)

독판 1. 낙태가 산모의 사망을 초래했다면 형법 제226조의 상해치사죄와 형법 제218조의 낙태죄 사이에 상상적 경합관계에 있게 된다.
2. 낙태시술에 따르는 단순상해죄나 위험한 상해죄(형법 제223조, 제223조의a)는 형법 제218조에 의하여 배제된다.
3. 낙태미수나 상해죄는 상호 상상적 경합관계에 있다.
(BGHSt 28, 11)

第28章 遺棄와 虐待의 罪
(1995.12.29 본장제목개정)

第271條【유기, 존속유기】 ① 나이가 많거나 어림, 질병 그 밖의 사정으로 도움이 필요한 사람을 법률상 또는 계약상 보호할 의무가 있는 자가 유기한 경우에는 3년 이하의 징역 또는 500만원 이하의 벌금에 처한다.
② 자기 또는 배우자의 직계존속에 대하여 제1항의 죄를 지은 경우에는 10년 이하의 징역 또는 1천500만원 이하의 벌금에 처한다.
③ 제1항의 죄를 지어 사람의 생명에 위험을 발생하게 한 경우에는 7년 이하의 징역에 처한다.
④ 제2항의 죄를 지어 사람의 생명에 위험을 발생하게 한 경우에는 2년 이상의 유기징역에 처한다.
(2020.12.8 본조개정)

改前 "第271條【遺棄, 尊屬遺棄】① 老幼, 疾病 기타 事情으로 因하여 扶助를 要하는 者를 保護할 法律上 또는 契約上 義務있는 者가 遺棄한 때에는 3年 이하의 懲役 또는 500萬원 이하의 罰金에 處한다.(1995.12.29 본항개정)
② 自己 또는 配偶者의 直系尊屬에 대하여 第1項의 罪를 犯한 때에는 10年 이하의 懲役 또는 1千500萬원 이하의 罰金에 處한다.
(1995.12.29 본항개정)
③ 第1項의 罪를 犯하여 사람의 生命에 대한 危險을 發生하게 한 때에는 7年 이하의 懲役에 處한다.
④ 第2項의 罪를 犯하여 사람의 生命에 대하여 危險을 發生한 때에는 2年 이상의 有期懲役에 處한다."

참조 [생활무능력자의 보호]헌34⑤, 국민기초생활, [법률상 의무]민913·974, 경범1, [이혼원인]민840

판례 현행 형법은 유기죄에 있어서 구법과는 달리 보호법익의 범위를 넓힌 반면, 보호책임 없는 자는 유기죄는 없애고 법률상 또는 계약상의 의무 있는 자만을 유기죄의 주체로 규정하고 있어 죄책을 인정하려면 보호책임이 있게 된 경위, 사정, 관계등을 설시하여 구성요건이 요구하는 법률상 또는 계약상 보호의무를 밝혀야 하며 동행자가 구조를 요한다 할지라도 일정거리를 동행한 사실만으로서는 피고인에게 법률상, 계약상의 보호의무가 있다고 할 수 없으니 유기죄의 주체가 될 수 없다.
(대판 1977.1.11, 76도3419)

第272條 (2023.8.8 삭제)

改前 "第272條【영아유기】直系尊屬이 恥辱을 隱蔽하기 위하거나 養育할 수 없음을 豫想하거나 특히 參酌할 만한 動機로 因하여 영아를 遺棄한 때에는 2年 이하의 懲役 또는 300萬원 이하의 罰金에 處한다.(1995.12.29 본조개정)"

第273條【虐待, 尊屬虐待】 ① 自己의 保護 또는 監督을 받는 사람을 虐待한 者는 2年 이하의 懲役 또는 500萬원 이하의 罰金에 處한다.
② 自己 또는 配偶者의 直系尊屬에 대하여 前項의 罪를 犯한 때에는 5年 이하의 懲役 또는 700萬원 이하의 罰金에 處한다.
(1995.12.29 본조개정)

참조 [노인학대 신고의무와 절차]노인복지39의6, [장애 유형·장애 정도별 재활 및 자립지원 서비스 제공 등]장애인35

판례 형법 제273조 제1항에서 말하는 '학대'의 의미 : 형법 제273조 제1항에서 말하는 '학대'라 함은 육체적으로 고통을 주거나 정신적으로 차별대우를 하는 행위를 가리키고, 이러한 학대행위는 형법의 규정체제상 학대와 유기의 죄가 같은 장에 위치하고 있는 점 등에 비추어 단순히 상대방의 인격에 대한 반인륜적 침해만으로는 부족하고 적어도 유기에 준할 정도에 이르러야 한다.(대판 2000.4.25, 2000도223)

第274條【兒童酷使】 自己의 保護 또는 監督을 받는 16歲 미만의 者를 그 生命 또는 身體에 危險한 業務에 使用할 營業者 또는 從業者에게 引渡한 者는 5年 이하의 懲役에 處한다. 그 引渡를 받은 者도 같다.

참조 [아동보호조치]아동15, [연소자근로보호]헌32⑤, 근기64－69

第275條【유기등 치사상】 ① 제271조 또는 제273조의 죄를 범하여 사람을 상해에 이르게 한 때에는 7년 이하의 징역에 처한다. 사망에 이르게 한 때에는 3년 이상의 유기징역에 처한다.(2023.8.8 본항개정)
② 자기 또는 配偶者의 直系尊屬에 대하여 第271條 또는 第273條의 罪를 犯하여 傷害에 이르게 한 때에는 3年 이상의 有期懲役에 處한다. 死亡에 이르게 한 때에는 無期 또는 5年 이상의 懲役에 處한다.
(2023.8.8 본조제목개정)
(1995.12.29 본조개정)

改前 第275條【"遺棄등 致死傷】"①第271條 내지 第273條의 罪를 犯하여 사람을 傷害에 이르게 한 때에는 7年 이하의 懲役에 處한다. 死亡에 이르게 한 때에는 3年 이상의 有期懲役에 處한다."

참조 [상해죄]257－259

第29章 逮捕와 監禁의 罪

第276條【逮捕, 監禁, 尊屬逮捕, 尊屬監禁】 ① 사람을 逮捕 또는 監禁한 者는 5年 이하의 懲役 또는 700萬원 이하의 罰金에 處한다.
② 自己 또는 配偶者의 直系尊屬에 대하여 第1項의 罪를 犯한 때에는 10年 이하의 懲役 또는 1千500萬원 이하의 罰金에 處한다.
(1995.12.29 본조개정)

참조 [신체의 자유]헌12, [상습범]279, 폭력처벌2, [형의 병과]282, [직권남용]124

판례 감금행위가 강도상해 범행의 수단에 그치지 아니하고 강도상해의 범행이 끝난 뒤에도 계속된 경우, 감금죄와 강도상해죄의 죄수 : 감금행위가 단순히 강도상해 범행의 수단이 되는데 그치지 아니하고 강도상해의 범행이 끝난 뒤에도 계속된 경우에는 1개의 행위가 감금죄와 강도상해죄에 해당하는 경우라고 볼 수 없고, 이 경우 감금죄와 강도상해죄는 형법 제37조의 경합범 관계에 있다.(대판 2003.1.10, 2002도4380)

판례 감금죄의 수단과 방법 및 일정한 장소적 제약하에서 제한된 행동의 자유를 허용한 경우, 감금죄의 성립 여부(적극) : 감금죄는 사람의 행동의 자유를 그 보호법익으로 하여 사람이 특정한 구역에서 벗어나는 것을 불가능하게 하거나 또는 매우 곤란하게 하는 죄로서 그 본질은 사람의 행동의 자유를 구속하는 데에 있다. 이와 같이 행동의 자유를 구속하는 수단과 방법에는 아무런 제한이 없고, 사람이 특정한 구역에서 벗어나는 것을 불가능하게 하거나 매우 곤란하게 하는 장애는 물리적·유형적 장애뿐만 아니라 심리적·무형적 장애에 의하여서도 가능하므로 감금죄의 수단과 방법은 유형적인 것이거나 무형적인 것이거나를 가리지 아니한다. 또한 감금죄가 성립하기 위하여 반드시 사람의 행동의 자유를 전면적으로 박탈할 필요는 없고, 감금된 특정한 구역 범위 안에서 일정한 생활의 자유가 허용되어 있었다고 하더라도 유형적이거나 무형적인 수단과 방법에 의하여 사람이 특정한 구역에서 벗어나는 것을 불가능하게 하거나 매우 곤란하게 한 이상 감금죄의 성립에는 아무런 지장이 없다.
(대판 1998.5.26, 98도1036)

第277條【重逮捕, 重監禁, 尊屬重逮捕, 尊屬重監禁】 ① 사람을 逮捕 또는 監禁하여 苛酷한 行爲를 加한 者는 7年 이하의 懲役에 處한다.
② 自己 또는 配偶者의 直系尊屬에 대하여 前項의 罪를 犯한 때에는 2年 이상의 有期懲役에 處한다.

참조 [신체의 자유]헌12, [상습범]279, [미수범]280, [형의 병과]282, [직권남용]125

第278條【特殊逮捕, 特殊監禁】 團體 또는 다중의 威力을 보이거나 危險한 物件을 携帶하여 前2條의 罪를 犯한 때에는 그 罪에 定한 刑의 2分의 1까지 加重한다.

참조 [형의 가중]42·56, [미수범]280, [형의 병과]282, 폭력처벌3

第279條【常習犯】 常習으로 第276條 또는 第277條의 罪를 犯한 때에는 前條의 例에 依한다.

참조 [형의 가중]42·56, [미수범]280, [형의 병과]282, 폭력처벌2

第280條【未遂犯】 前4條의 未遂犯은 處罰한다.

참조 [미수범]25－29

第281條【逮捕·監禁등의 致死傷】 ① 第276條 내지 第280條의 罪를 犯하여 사람을 傷害에 이르게 한 때에는 1年 이상의 有期懲役에 處한다. 死亡에 이르게 한 때에는 3年 이상의 有期懲役에 處한다.
② 자기 또는 配偶者의 直系尊屬에 대하여 第276條 내지 第280條의 罪를 犯하여 傷害에 이르게 한 때에는 2年 이상의 有期懲役에 處한다. 死亡에 이르게 한 때에는 無期 또는 5年 이상의 懲役에 處한다.
(1995.12.29 본조개정)

참조 [상해죄]257－259

第282條【資格停止의 倂科】 本章의 罪에는 10年 이하의 資格停止를 倂科할 수 있다.

참조 [자격정지]44

第30章 脅迫의 罪

第283條【脅迫, 尊屬脅迫】 ① 사람을 脅迫한 者는 3年 이하의 懲役, 500萬원 이하의 罰金, 拘留 또는 科料에 處한다.
② 自己 또는 配偶者의 直系尊屬에 대하여 第1項의 罪를 犯한 때에는 5年 이하의 懲役 또는 700萬원 이하의 罰金에 處한다.
③ 第1項 및 第2項의 罪는 被害者의 明示한 意思에 反하여 公訴를 提起할 수 없다.
(1995.12.29 본조개정)

참조 [피해자의 의사]형소223·232, [구류]46, [과료]47, [상습범]285, 폭력처벌2, [미수범]286, [국교에 관한 죄]107·108, [상속인 등의 결격사유]민1004·1064, [군범]군형48이하

판례 협박죄에서 해악을 고지하는 방법 : 협박죄에서 해악을 고지하는 행위는 통상 언어에 의하는 것이나 경우에 따라서는 거동으로 해악을 고지할 수도 있다.
(대판 2011.1.27, 2010도14316)

판례 협박죄에서 협박이란 일반적으로 보아 사람으로 하여금 공포심을 일으킬 정도의 해악을 고지하는 것을 의미하며, 그 고지되는 해악의 내용, 즉 침해하겠다는 법익의 종류나 법익의 향유 주체 등에는 아무런 제한이 없다. 따라서 피해자 본인이나 그 친족뿐만 아니라 그 밖의 '제3자'에 대한 법익 침해를 내용으로 하는 해악을 고지하는 것이라고 하더라도 피해자 본인과 제3자가 밀접한 관계에 있어 그 해악의 내용이 피해자 본인에게 공포심을 일으킬 만한 정도의 것이라면 협박죄가 성립할 수 있다. 이 때 '제3자'에는 자연인뿐만 아니라 법인도 포함된다 할 것인데, 피해자 본인에게 법인에 대한 법익을 침해하겠다는 내용의 해악을 고지한 것이 피해자 본인에 대하여 공포심을 일으킬 만한 정도가 되는지 여부는 고지된 해악의 구체적 내용 및 그 표현방법, 피해자와 법인의 관계, 법인 내에서의 피해자의 지위와 역할, 해악의 고지에 이르게 된 경위, 당시 법인의 활동 및 경제적 상황 등 여러 사정을 종합하여 판단하여야 한다.
(대판 2010.7.15, 2010도1017)

판례 [1] 협박죄가 성립하려면 고지된 해악의 내용이 행위자와 상대방의 성향, 고지 당시의 주변 상황, 행위자와 상대방 사이의 친숙의 정도 및 지위 등의 상호관계, 제3자에 의한 해악을 고지한 경우에는 그에 포함되거나 암시된 제3자와 행위자 사이의 관계 등 행위 전후의 여러 사정을 종합하여 볼 때에 일반적으로 사람으로 하여금 공포심을 일으키게 하기에 충분한 것이어야 하지만, 상대방이 그에 의하여 현실적으로 공포심을 일으킬 것까지 요구하는 것은 아니며, 그와 같은 정도의 해악을 고지함으로써 상대방이 그 의미를 인식한 이상, 상대방이 현실적으로 공포심을 일으켰는지 여부와 관계없이 그로써 구성요건은 충족되어 협박죄의 기수에 이르는 것으로 해석하여야 한다.

[2] 결국, 협박죄는 사람의 의사결정의 자유를 보호법익으로 하는 위험범이라 봄이 상당하고, 협박죄의 미수범 처벌조항은 해악의 고지가 현실적으로 상대방에게 도달하지 아니한 경우나, 도달은 하였으나 상대방이 이를 지각하지 못하였거나 고지된 해악의 의미를 인식하지 못한 경우 등에 적용될 뿐이다.
(대판 2007.9.28, 2007도606 전원합의체)

판례 피고인이 피해자와의 동거를 청산하는 과정에서 피해자에 대하여 금전채권이 있다고 하더라도, 그 권리행사를 빙자하여 사회통념상 용인되기 어려운 정도를 넘는 협박을 수단으로 사용하였다면, 공갈죄가 성립한다.(대판 1996.9.24, 96도2151)

第284條【特殊脅迫】 團體 또는 多衆의 威力을 보이거나 危險한 物件을 携帶하여 前條第1項, 第2項의 罪를 犯한 때에는 7年이하의 懲役 또는 1千萬원이하의 罰金에 處한다.(1995.12.29 본조개정)

참조 [상습범]285, [미수범]286, [소요죄]115, 폭력처벌3

第285條【常習犯】 常習으로 第283條第1項, 第2項 또는 前條의 罪를 犯한 때에는 그 罪에 定한 刑의 2分의 1까지 加重한다.

참조 [형의 가중]42·56, 폭력처벌2·3, [미수범]286

第286條【未遂犯】 前3條의 未遂犯은 處罰한다.

참조 [미수범]25－29

第31章 약취(略取), 유인(誘引) 및 인신매매의 죄
(2013.4.5 본장개정)

第287條【미성년자의 약취, 유인】 미성년자를 약취 또는 유인한 사람은 10년 이하의 징역에 처한다.

改前 "第287條【未成年者의 略取, 誘引】未成年者를 略取 또는 誘引한 者는 10年이하의 懲役에 處한다."

참조 [미성년자]민4, [미수범]294, [약취강도]336, [가중처벌]특정범죄가중5의2①②, [형의 감경]295의2, [예비·음모]296, [세계주의]296의2

판례 미성년자의 자녀를 부모가 함께 동거하면서 보호·양육하여 오던 중 부모의 일방이 상대방 부모나 그 자녀에게 어떠한 폭행, 협박이나 불법적인 사실상의 힘을 행사함이 없이 그 자녀를 데리고 종전의 거소를 벗어나 다른 곳으로 옮겨 자녀에 대한 보호·양육을 계속하였다면, 그 행위가 보호·양육권의 남용에 해당한다는 등 특별한 사정이 없는 한 설령 이에 관하여 법원의 결정이나 상대방 부모의 동의를 얻지 아니하였다고 하더라도 그러한 행위에 대하여 곧바로 형법상 미성년자에 대한 약취죄의 성립을 인정할 수는 없다.
(대판 2013.6.20, 2010도14328 전원합의체)

판례 미성년자를 보호감독하는 자라 하더라도 다른 보호감독자의 감호권을 침해하거나 자신의 감호권을 남용하여 미성년자 본인의 이익을 침해하는 경우에는 미성년자 약취·유인죄의 주체가 될 수 있다.(대판 2008.1.31, 2007도8011)

판례 '미성년자유인죄'라 함은 기망 또는 유혹을 수단으로 하여 미성년자를 꾀어 현재의 보호상태로부터 이탈케 하여 자기 또는 제3자의 사실적 지배하로 옮기는 행위를 말하고, 여기서의 유혹이라 함은 기망의 정도에는 이르지 아니하나 감언이설로써 상대방을 현혹시켜 판단의 적정을 그르치게 하는 것이므로 반드시 그 유혹의 내용이 허위일 것을 요하지는 않는다.
(대판 1996.2.27, 95도2980)

第288條【추행 등 목적 약취, 유인 등】 ① 추행, 간음, 결혼 또는 영리의 목적으로 사람을 약취 또는 유인한 사람은 1년 이상 10년 이하의 징역에 처한다.
② 노동력 착취, 성매매와 성적 착취, 장기적출을 목적으로 사람을 약취 또는 유인한 사람은 2년 이상 15년 이하의 징역에 처한다.
③ 국외에 이송할 목적으로 사람을 약취 또는 유인하거나 약취 또는 유인된 사람을 국외에 이송한 사람도 제2항과 동일한 형으로 처벌한다.

改前 "第288條【營利등을 위한 略取, 誘引, 賣買등】① 醜行, 姦淫 또는 營利의 目的으로 사람을 略取 또는 誘引한 者는 1年이상의 有期懲役에 處한다.
② 醜業에 使用할 目的으로 사람을 賣買한 者도 前項의 刑과 같다.(2012.12.18 본항개정)
③ 常習으로 前2項의 罪를 犯한 者는 2年이상의 有期懲役에 處한다."

참조 [윤락 금지행위]성매매알선등행위의처벌에관한법4, [미수범]294, [형의 병과]295, [형의 감경]295의2, [예비·음모]296, [세계주의]296의2

판례 형법 제288조에 정한 '유인'의 의미 : 형법 제288조에서 말하는 '유인'이란 기망 또는 유혹을 수단으로 사람을 꾀어 그 하자 있는 의사에 따라 그 사람을 자유로운 생활관계 또는 보호관계로부터 이탈하게 하여 자기 또는 제3자의 사실적 지배 아래로 옮기는 행위를 말하고, 여기서 사실적 지배라고 함은 미성년자에 대한 물리적·실력적인 지배관계를 의미한다고 할 것이다.
(대판 2007.5.11, 2007도2318)

판례 추업이 명확성의 원칙에 위반되는지의 여부 : '추업(醜業)'이란 일반적으로는 성(性)을 상품화하는 영업으로 이해되므로 이러한 의미는 건전한 상식과 통상적인 법감정을 가진 사람이라면 쉽게 예측할 수 있으며, 그 구체적인 내용은 법원의 해석작용을 통하여 보충적으로 확인될 수 있다. 한편 추업에 해당하는 행위는 동태적 성격을 가지므로 입법자가 이를 구체적·서술적으로 열거하여 명확성의 원칙을 관철하는 것은 입법기술상 곤란하다. 따라서 이 사건 법률조항은 죄형법정주의의 내용인 형벌법규의 명확성의 원칙에 반한다고 할 수는 없다.
(헌재결 2006.5.25, 2005헌바4 전원재판부)

판례 본죄의 성립여부는 매도인이 매매 당시 부녀자를 실력으로 지배하고 있었는가 여부 즉 계속된 협박이나 명시적 혹은 묵시적인 폭행의 위협등의 협악한 분위기로 인하여 보통의 부녀자라면 법질서에 보호를 호소하기를 단념할 정도의 상태에서 그 신체에 대한 인계인수가 이루어졌는가의 여부에 달려있다고 하여야 할 것이다.(대판 1992.1.21, 91도1402 전원합의체)

第289條【인신매매】 ① 사람을 매매한 사람은 7년 이하의 징역에 처한다.
② 추행, 간음, 결혼 또는 영리의 목적으로 사람을 매매한 사람은 1년 이상 10년 이하의 징역에 처한다.
③ 노동력 착취, 성매매와 성적 착취, 장기적출을 목적으로 사람을 매매한 사람은 2년 이상 15년 이하의 징역에 처한다.
④ 국외에 이송할 목적으로 사람을 매매하거나 매매된 사람을 국외로 이송한 사람도 제3항과 동일한 형으로 처벌한다.

改前 "第289條【國外移送을 위한 略取, 誘引, 賣買】① 國外에 移送할 目的으로 사람을 略取, 誘引 또는 賣買한 者는 3年이상의 有期懲役에 處한다.
② 略取, 誘引 또는 賣買된 者를 國外에 移送한 者도 前項의 刑과 같다.
③ 常習으로 前2項의 罪를 犯한 者는 5年이상의 有期懲役에 處한다."

참조 [미수범]294, [형의 병과]295, [형의 감경]295의2, [예비·음모]296, [세계주의]296의2, 국가보안4

第290條【약취, 유인, 매매, 이송 등 상해·치상】
① 제287조부터 제289조까지의 죄를 범하여 약취, 유인, 매매 또는 이송된 사람을 상해한 때에는 3년 이상 25년 이하의 징역에 처한다.
② 제287조부터 제289조까지의 죄를 범하여 약취, 유인, 매매 또는 이송된 사람을 상해에 이르게 한 때에는 2년 이상 20년 이하의 징역에 처한다.

改前 "第290條【豫備, 陰謀】前條의 罪를 犯할 目的으로 豫備 또는 陰謀한 者는 3年이하의 懲役에 處한다."

참조 [미수범]294, [형의 병과]295, [형의 감경]295의2, [예비·음모]296, [세계주의]296의2

第291條【약취, 유인, 매매, 이송 등 살인·치사】
① 제287조부터 제289조까지의 죄를 범하여 약취, 유인, 매매 또는 이송된 사람을 살해한 때에는 사형, 무기 또는 7년 이상의 징역에 처한다.
② 제287조부터 제289조까지의 죄를 범하여 약취, 유인, 매매 또는 이송된 사람을 사망에 이르게 한 때에는 무기 또는 5년 이상의 징역에 처한다.

改前 "第291條【結婚을 위한 略取, 誘引】結婚할 目的으로 사람을 略取 또는 誘引한 者는 5年이하의 懲役에 處한다."

참조 [미수범]294, [형의 병과]295, [예비·음모]296, [세계주의]296의2

第292條【약취, 유인, 매매, 이송된 사람의 수수·은닉 등】 ① 제287조부터 제289조까지의 죄로 약취, 유인, 매매 또는 이송된 사람을 수수(授受) 또는 은닉한 사람은 7년 이하의 징역에 처한다.
② 제287조부터 제289조까지의 죄를 범할 목적으로 사람을 모집, 운송, 전달한 사람도 제1항과 동일한 형으로 처벌한다.

改前 "第292條【略取, 誘引, 賣買된 者의 授受 또는 隱匿】① 第288條 또는 第289條의 略取, 誘引이나 賣買된 者 또는 移送된 者를 授受 또는 隱匿한 者는 7年이하의 懲役에 處한다.
② 第287條 또는 第291條의 略取 또는 誘引된 者를 授受 또는 隱匿한 者는 5年이하의 懲役에 處한다.
(1995.12.29 본조개정)"

참조 [미수범]294, [형의 병과]295, [형의 감경]295의2, [예비·음모]296, [세계주의]296의2, [가중처벌]특정범죄가중5의2③

第293條 (2013.4.5 삭제)

改前 "第293條【常習犯】① 常習으로 前條의 罪를 犯한 者는 2年이상 10年이하의 懲役에 處한다.
② 醜行, 姦淫 또는 營利의 目的으로 前條의 罪를 犯한 者도 前項의 刑과 같다."

第294條【미수범】 제287조부터 제289조까지, 제290조제1항, 제291조제1항과 제292조제1항의 미수범은 처벌한다.

改前 "第294條【未遂犯】第287條 내지 第289條와 第291條 내지 前條의 未遂犯은 處罰한다."

참조 [미수범]25－29, [형의 감경]295의2, [세계주의]296의2

第295條【벌금의 병과】 제288조부터 제291조까지, 제292조제1항의 죄와 그 미수범에 대하여는 5천만원 이하의 벌금을 병과할 수 있다.

改前 "第295條【資格停止 또는 罰金의 倂科】第288條, 第289條, 第292條, 第293條와 그 未遂犯에는 10年이하의 資格停止 또는 2千萬원이하의 罰金을 倂科할 수 있다.(1995.12.29 본조개정)"

참조 [자격정지]44

第295條의2【형의 감경】 제287조부터 제290조까지, 제292조와 제294조의 죄를 범한 사람이 약취, 유인, 매매 또는 이송된 사람을 안전한 장소로 풀어준 때에는 그 형을 감경할 수 있다.

改前 "第295條의2【刑의 減輕】이 章의 罪를 犯한 者가 略取·誘引·賣買 또는 移送된 者를 安全한 場所로 풀어 준 때에는 그 刑을 減輕할 수 있다.(1995.12.29 본조신설)"

第296條【예비, 음모】 제287조부터 제289조까지, 제290조제1항, 제291조제1항과 제292조제1항의 죄를 범할 목적으로 예비 또는 음모한 사람은 3년 이하의 징역에 처한다.(2013.4.5 본조신설)

改前 "第296條【告訴】第288條第1項, 第292條第1項 또는 第293條第2項의 各 罪中 醜行 또는 姦淫의 目的으로 略取, 誘引, 收受 또는 隱匿한 罪, 第291條의 罪와 그 未遂犯은 告訴가 있어야 公訴를 提起할 수 있다.(1995.12.29 본조개정)"

참조 [예비·음모]28, 국가보안3－9

第296條의2【세계주의】 제287조부터 제292조까지 및 제294조는 대한민국 영역 밖에서 죄를 범한 외국인에게도 적용한다.(2013.4.5 본조신설)

第32章 强姦과 醜行의 罪
(1995.12.29 본장제목개정)

第297條【强姦】 暴行 또는 脅迫으로 사람을 强姦한 者는 3年 이상의 有期懲役에 處한다.
(2012.12.18 본조개정)

改前 第297條【强姦】暴行 또는 脅迫으로 "婦女를" 强姦한 者는 3年 이상의 有期懲役에 處한다.

참조 [미수범]300, [결과범]301, [상습범]305의2, [군법]군형84

판례 강간죄의 객체는 부녀로서 여자를 가리키는 것이므로, 강간죄의 성립을 인정하기 위하여는 피해자를 법률상 여자로 인정할 수 있어야 한다. 종래에는 사람의 성을 성염색체와 이에 따른 생식기·성기 등 생물학적인 요소에 따라 결정하여 왔으나, 근래에 와서는 생물학적인 요소뿐 아니라 개인이 스스로 인식하는 남성 또는 여성으로의 귀속감 및 개인이 남성 또는 여성으로서 적합하다고 사회적으로 승인된 행동·태도·성격적 특징 등의 성역할을 수행하는 측면, 즉 정신적·사회적 요소들 역시 사람의 성을 결정하는 요소 중의 하나로 인정받게 되었으므로, 성의 결정에 있어 생물학적 요소와 정신적·사회적 요소를 종합적으로 고려하여야 한다.(대판 2009.9.10, 2009도3580)

판례 혼인관계가 존속하는 상태에서 남편이 처의 의사에 반하여 폭행 또는 협박으로 성교행위를 한 경우 강간죄가 성립하는지 여부는 별론으로 하더라도, 적어도 당사자 사이에 혼인관계가 파탄되었을 뿐만 아니라 더 이상 혼인관계를 지속할 의사가 없고 이혼의사의 합치가 있어 실질적인 부부관계가 인정될 수 없는 상태에 이르렀다면, 법률상의 배우자인 처도 강간죄의 객체가 된다.(대판 2009.2.12, 2008도8601)

판례 미성년자의제강간·강제추행죄를 규정한 형법 제305조가 "13세 미만의 부녀를 간음하거나 13세 미만의 사람에게 추행을 한 자는 제297조, 제298조, 제301조 또는 제301조의2의 예에 의한다"로 되어 있어 강간죄와 강제추행죄의 미수범의 처벌에 관한 형법 제300조를 명시적으로 인용하고 있지 아니하나, 형법 제305조의 입법 취지는 성적으로 미성숙한 13세 미만의 미성년자를 특별히 보호하기 위한 것으로 보이는바 이러한 입법 취지에 비추어 보면 동조에서 규정한 형법 제297조와 제298조의 '예에 의한다'는 의미는 미성년자의제강간·강제추행죄의 처벌에 있어 그 법정형뿐만 아니라 미수범에 관하여도 강간죄와 강제추행죄의 예에 따른다는 취지로 해석되고, 이러한 해석이 형벌법규의 명확성의 원칙에 반하는 것이거나 죄형법정주의에 의하여 금지되는 확장해석이나 유추해석에 해당하는 것으로 볼 수 없다.(대판 2007.3.15, 2006도9453)

판례 강간죄에 있어서 폭행·협박의 정도 및 그 판단 기준 : 강간죄가 성립하려면 가해자의 폭행·협박은 피해자의 항거를 불가능하게 하거나 현저히 곤란하게 할 정도의 것이어야 하고, 그 폭행·협박이 피해자의 항거를 불가능하게 하거나 현저히 곤란하게 할 정도의 것이었는지 여부는 그 폭행·협박의 내용과 정도는 물론 유형력을 행사하게 된 경위, 피해자와의 관계, 성교 당시와 그 후의 정황 등 모든 사정을 종합하여 판단하여야 한다.
(대판 2004.6.25, 2004도2611)

第297條의2【유사강간】 폭행 또는 협박으로 사람에 대하여 구강, 항문 등 신체(성기는 제외한다)의 내부에 성기를 넣거나 성기, 항문에 손가락 등 신체(성기는 제외한다)의 일부 또는 도구를 넣는 행위를 한 사람은 2년 이상의 유기징역에 처한다.
(2012.12.18 본조신설)

참조 [미수범]300, [상습범]305의2

第298條【强制醜行】 暴行 또는 脅迫으로 사람에 對하여 醜行을 한 者는 10年 이하의 懲役 또는 1千500萬원 이하의 罰金에 處한다.(1995.12.29 본조개정)

참조 [미수범]300, [결과범]301, [상습범]305의2

판례 강제추행죄의 수단이 되는 폭행 또는 협박의 판단기준 : 강제추행죄의 성립 요건인 '폭행 또는 협박'은 형법상 폭행죄 또는 협박죄에서 정한 '폭행 또는 협박'과 동일하다. 따라서 상대방의 신체에 대해 불법한 유형력을 행사(폭행)하거나 일반적으로 보아 상대방으로 하여금 공포심을 일으킬 수 있는 정도의 해악을 고지(협박)하는 것이라고 보아야 한다. 종래 대법원 판례는 피해자의 항거가 곤란할 정도의 폭행이나 협박이 있을 것을 요구해 왔으나 이는 강제추행죄의 보호법익인 자유롭고 평등한 개인의 성적 자기결정권과 부합하지 않는다. 따라서 강제추행죄의 폭행 또는 협박이 상대방의 항거를 곤란하게 할 정도일 것을 요한다고 본 대법원 판결(2011도8805)을 비롯해 같은 취지의 종전 대법원 판결은 이 판결의 견해에 배치되는 범위 내에서 모두 변경한다.
(대판 2023.9.21, 2018도13877 전원합의체)

판례 남성인 회사 대표가 회식자리에서 여성 직원의 머리를 팔로 감싸고 가슴 쪽으로 끌어당기는 이른바 '헤드락'을 건 행위는 강제추행에 해당한다. 기습추행의 경우 공개된 장소에서 동석한 사람들이 있는 와중에 벌어졌다는 점은 추행 여부 판단의 중요한 고려 요소가 된다고 보기 어렵다.
(대판 2020.12.24, 2020도7981)

판례 추행의 고의로 상대방의 의사에 반하는 유형력의 행사, 즉 폭행행위를 하여 실행행위에 착수하였으나 추행의 결과에 이르지 못한 때에는 강제추행미수죄가 성립하며, 이러한 법리는 폭행행위 자체가 추행행위라고 인정되는 이른바 '기습추행'의 경우에도 마찬가지로 적용된다.(대판 2015.9.10, 2015도6980,2015모2524)

판례 강제추행치상죄에서 상해의 결과는 강제추행의 수단으로 사용한 폭행이나 추행행위 그 자체 또는 강제추행에 수반하는 행위로부터 발생한 것이어야 한다. 따라서 상해를 가한 부분을 고의범인 상해죄로 처벌하면서 이를 다시 결과적 가중범인 강제추행치상죄의 상해로 인정하여 이중으로 처벌할 수는 없다. (대판 2009.7.23, 2009도1934)

판례 강제추행죄에 있어서 추행의 의미 및 판단 기준 : 추행이라 함은 객관적으로 일반인에게 성적 수치심이나 혐오감을 일으키게 하고 선량한 성적 도덕관념에 반하는 행위로서 피해자의 성적 자유를 침해하는 것이라고 할 것인데, 이에 해당하는지 여부는 피해자의 의사, 성별, 연령, 행위자와 피해자의 이전부터의 관계, 그 행위에 이르게 된 경위, 구체적 행위태양, 주위의 객관적 상황과 그 시대의 성적 도덕관념 등을 종합적으로 고려하여 신중히 결정되어야 한다.(대판 2002.4.26, 2001도2417)

일판 소위 강제음란죄가 성립함에는 그 행위가 범인의 성욕을 자재흥분시키거나 만족시킨다는 성적의도하에 행해짐을 요한다. (日·最高 1970.1.29)

第299條【準强姦, 準强制醜行】 사람의 心身喪失 또는 抗拒不能의 狀態를 利用하여 姦淫 또는 醜行을 한 者는 제297조, 제297조의2 및 제298조의 例에 의한다.(2012.12.18 본조개정)

改前 第299條【準强姦, 準强制醜行】 사람의 心身喪失 또는 抗拒不能의 狀態를 利用하여 姦淫 또는 醜行을 한 者는 "前2條"의 例에 의한다.

참조 [미수범]300, [결과범]301, [상습범]305의2

판례 형법 제299조 소정의 '항거불능의 상태'의 의미 : 형법 제299조에서의 항거불능의 상태라 함은 같은 법 제297조, 제298조와의 균형상 심신상실 이외의 원인때문에 심리적 또는 물리적으로 반항이 절대적으로 불가능하거나 현저히 곤란한 경우를 의미한다.(대판 2000.5.26, 98도3257)

第300條【未遂犯】 제297조, 제297조의2, 제298조 및 제299조의 未遂犯은 處罰한다.(2012.12.18 본조개정)

改前 第300條【未遂犯】 "前3條"의 未遂犯은 處罰한다.

참조 [미수범]25－29, [상습범]305의2

第301條【强姦등 傷害·致傷】 제297조, 제297조의2 및 제298조부터 제300조까지의 罪를 犯한 者가 사람을 傷害하거나 傷害에 이르게 한 때에는 無期 또는 5年 이상의 懲役에 處한다.(2012.12.18 본조개정)

改前 第301條【强姦등 傷害·致傷】 "第297條 내지 第300條"의 罪를 犯한 者가 사람을 傷害하거나 傷害에 이르게 한 때에는 無期 또는 5年 이상의 懲役에 處한다.(1995.12.29 본조개정)

참조 [상해죄]257－259

판례 강간치상죄나 강제추행치상죄에 있어서의 상해는 피해자의 신체의 완전성을 훼손하거나 생리적 기능에 장애를 초래하는 것, 즉 피해자의 건강상태가 불량하게 변경되고 생활기능에 장애가 초래되는 것을 말하는 것으로, 여기서의 생리적 기능에는 육체적 기능뿐만 아니라 정신적 기능도 포함된다. 따라서 수면제와 같은 약물을 투약하여 피해자를 일시적으로 수면 또는 의식불명 상태에 이르게 한 경우에도 약물로 인하여 피해자의 건강상태가 불량하게 변경되고 생활기능에 장애가 초래되었다면 자연적으로 의식을 회복하거나 외부적으로 드러난 상처가 없더라도 이는 강간치상죄나 강제추행치상죄에서 말하는 상해에 해당한다. 그리고 피해자에게 이러한 상해가 발생하였는지는 객관적, 일률적으로 판단할 것이 아니라 피해자의 연령, 성별, 체격 등 신체·정신상의 구체적인 상태, 약물의 종류와 용량, 투약방법, 음주 여부 등 약물의 작용에 미칠 수 있는 여러 요소를 기초로 하여 약물 투약으로 인하여 피해자에게 발생한 의식장애나 기억장애 등 신체, 정신상의 변화와 내용 및 정도를 종합적으로 고려하여 판단하여야 한다.(대판 2017.6.29, 2017도3196)

판례 강간치상죄에서 '상해'의 판단 기준 : 강간행위에 수반하여 생긴 상해가 극히 경미한 것으로서 굳이 치료할 필요가 없어서 자연적으로 치유되며 일상생활을 하는 데 아무런 지장이 없는 경우에는 강간치상죄의 상해에 해당되지 아니한다고 할 수 있을 터이나, 그러한 논거는 피해자의 반항을 억압할 만한 폭행 또는 협박이 없어도 일상생활 중 발생할 수 있는 것이거나 합의에 따른 성교행위에서도 통상 발생할 수 있는 상해와 같은 정도임을 전제로 하는 것이므로 그러한 정도를 넘는 상해가 그 폭행 또는 협박에 의하여 생긴 경우라면 상해에 해당된다. (대판 2005.5.26, 2005도1039)

第301條의2【强姦등 殺人·致死】 제297조, 제297조의2 및 제298조부터 제300조까지의 罪를 犯한 者가 사람을 殺害한 때에는 死刑 또는 無期懲役에 處한다. 死亡에 이르게 한 때에는 無期 또는 10年이상의 懲役에 處한다.(2012.12.18 전단개정)

改前 第301條의2【强姦등 殺人·致死】 "第297條 내지 第300條"의 罪를 犯한 者가 사람을 殺害한 때에는 死刑···

第302條【未成年者 등에 대한 姦淫】 未成年者 또는 心身微弱者에 대하여 僞計 또는 威力으로써 姦淫 또는 醜行을 한 者는 5年 이하의 懲役에 處한다.

참조 [미성년자]민4, [상습범]305의2

판례 '위계'의 의미 : 위계에 의한 심신미약자간음죄에 있어서 위계라 함은 행위자가 간음의 목적으로 상대방에게 오인, 착각, 부지를 일으키고는 상대방의 그러한 심적 상태를 이용하여 간음의 목적을 달성하는 것을 말하는 것이고, 여기에서 오인, 착각, 부지란 간음행위 자체에 대한 오인, 착각, 부지를 말하는 것이지, 간음행위와 불가분적 관련성이 인정되지 않는 다른 조건에 관한 오인, 착각, 부지를 가리키는 것은 아니다. (대판 2002.7.12, 2002도2029)

第303條【業務上威力 등에 의한 姦淫】 ① 業務, 雇傭 기타 關係로 因하여 自己의 保護 또는 監督을 받는 사람에 對하여 僞計 또는 威力으로써 姦淫한 者는 7년 이하의 징역 또는 3천만원 이하의 벌금에 處한다.

② 法律에 의하여 拘禁된 사람을 監護하는 者가 그 사람을 姦淫한 때에는 10년 이하의 징역에 處한다. (2018.10.16 본조개정)

改前 第303條【業務上威力 등에 의한 姦淫】 ① 業務, 雇傭 기타 關係로 因하여 自己의 保護 또는 監督을 받는 사람에 對하여 僞計 또는 威力으로써 姦淫한 者는 "5年 이하의 懲役" 또는 "1千500萬원 이하의 罰金"에 處한다.
② 法律에 의하여 拘禁된 사람을 監護하는 者가 그 사람을 姦淫한 때에는 "7年 이하의 懲役"에 處한다.
(2012.12.18 본조개정)

참조 [상습범]305의2

판례 전 도지사였던 피고인이 수행비서였던 피해자를 위력으로 간음·추행하였다는 범죄사실로 공소제기된 사건에서, '위력'이란 피해자의 자유의사를 제압하기에 충분한 세력을 말하고 유형적이든 무형적이든 묻지 않으므로, 폭행·협박뿐 아니라 행위자의 사회적·경제적·정치적인 지위나 권세를 이용하는 것도 가능하다. '위력'으로써 간음하였는지 여부는 행사한 유형력의 내용과 정도 내지 이용한 행위자의 지위나 권세의 종류, 피해자의 연령, 행위자와 피해자의 이전부터의 관계, 그 행위에 이르게 된 경위, 구체적인 행위 태양, 범행 당시의 정황 등 제반 사정을 종합적으로 고려하여 판단하여야 한다. (대판 2019.9.9, 2019도2562)

第304條 (2012.12.18 삭제)

改前 "第304條【婚姻憑藉等에 의한 姦淫】 婚姻을 憑藉하거나 其他 僞計로써 淫行의 常習없는 婦女를 欺罔하여 姦淫한 者는 2年이하의 懲役 또는 500萬원이하의 罰金에 處한다. (1995.12.29 본조개정)"

第305條【未成年者에 대한 姦淫, 醜行】 ① 13세 미만의 사람에 대하여 간음 또는 추행을 한 자는 제297조, 제297조의2, 제298조, 제301조 또는 제301조의2의 例에 의한다.

② 13세 이상 16세 미만의 사람에 대하여 간음 또는 추행을 한 19세 이상의 자는 제297조, 제297조의2, 제298조, 제301조 또는 제301조의2의 예에 의한다. (2020.5.19 본항신설)
(2012.12.18 본조개정)

改前 第305條【未成年者에 대한 姦淫, 醜行】 "13歲미만의 婦女를 姦淫하거나 13歲미만의 사람에게 醜行을 한 者"는 "第297條, 第298條, 第301條 또는 第301條의2"의 例에 의한다.
(1995.12.29 본조개정)

참조 [상습범]305의2

판례 미성년자의제강제추행죄의 성립요건 : '13세 미만의 아동이 외부로부터의 부적절한 성적 자극이나 물리력의 행사가 없는 상태에서 심리적 장애 없이 성적 정체성 및 가치관을 형성할 권익'을 보호법익으로 하는 미성년자의제강제추행죄는 그 성립에 필요한 주관적 구성요건요소는 고의만으로 충분하고, 그 외에 성욕을 자극·흥분·만족시키려는 주관적 동기나 목적까지 있어야 하는 것은 아니다.(대판 2006.1.13, 2005도6791)

第305條의2【상습범】 상습으로 제297조, 제297조의2, 제298조부터 제300조까지, 제302조, 제303조 또는 제305조의 죄를 범한 자는 그 죄에 정한 형의 2분의 1까지 가중한다.(2012.12.18 본조개정)

改前 第305條의2【상습범】 상습으로 "제297조부터" 제300조까지, 제302조, 제303조 또는 제305조의 죄를 범한 자는 그 죄에 정한 형의 2분의 1까지 가중한다.(2010.4.15 본조신설)

第305條의3【예비, 음모】 제297조, 제297조의2, 제299조(준강간죄에 한정한다), 제301조(강간 등 상해죄에 한정한다) 및 제305조의 죄를 범할 목적으로 예비 또는 음모한 사람은 3년 이하의 징역에 처한다. (2020.5.19 본조신설)

第306條 (2012.12.18 삭제)

改前 "第306條【告訴】 第297條 내지 第300條와 第302條 내지 第305條의 罪는 告訴가 있어야 公訴를 제기할 수 있다. (1995.12.29 본조개정)"

第33章 名譽에 관한 罪

第307條【名譽毁損】 ① 公然히 事實을 摘示하여 사람의 名譽를 毁損한 者는 2年 이하의 懲役이나 禁錮 또는 500萬원 이하의 罰金에 處한다.

② 公然히 虛僞의 事實을 摘示하여 사람의 名譽를 毁損한 者는 5年 이하의 懲役, 10年 이하의 資格停止 또는 1千萬원 이하의 罰金에 處한다.
(1995.12.29 본조개정)

참조 [피해자의 의사]312, 형소223·232, [위법성의 조각]310, [국교에 관한 죄]107·108, [저작인격권의 침해]저작14·124②·127·128, [손해배상]민764, [군법]군형64·65

판례 횡령 전과만 있고 사기 전력은 없는 종친회장 선거 출마자에게 '사기꾼'이라고 지칭한 사안에 관하여, 이는 범죄전력이 있는 사람이 종친회 회장으로 선출되는 것은 부당하다는 의사를 적극적으로 표명한 것으로, 종친회장 선거에 출마한 후보가 회장으로서 적격한지 여부는 종친회 구성원들 전체의 관심과 이익에 관한 사항으로서 공익성이 인정되므로 위법성이 조각된다. (대판 2022.2.11, 2021도10827)

판례 특정 소수에 대한 사실적시의 경우 전파가능성 여부 : A가 B의 집 뒷길에서 자신의 남편과 B의 친척인 C가 듣는 가운데 "저것(B)이 징역 살다온 전과자다. 전과자가 늙은 부모 피를 빨아먹고 내려온 놈이다."라고 공연히 사실을 적시했다. 비록 A의 남편이 이미 B의 전과 사실을 알고 있었고, C가 B의 친척이라 하더라도 그것만으로는 전파가능성이 부정된다고 볼 수 없다. 이와 같이 다른 사람에 대한 험담을 소수에게만 개별적으로 했더라도 전파가능성이 있으면 명예훼손죄에 해당한다. (대판 2020.11.19, 2020도5813)

판례 갑 등이 트위터나 기사를 통해 을 등을 비판하는 글을 작성·게시하면서 '종북', '주사파', '○○○○연합'이라는 표현으로 지칭한 사안에서, 위 표현행위의 의미가 사실 적시가 아니라 의견 표명으로 볼 여지가 있는 점, 사실의 적시가 포함되어 있다고 하더라도 상당한 이유가 있다고 볼 만한 구체적 정황의 제시를 바탕으로 하고 있는 점 등에 비추어, 갑 등이 트위터 글이나 기사들에서 한 위 표현행위는 의견 표명이나 의혹 제기에 불과하며, 을 등이 공인이라는 점을 고려할 때 위법하다고 볼 수 없다.(대판 2018.10.30, 2014다61654)

판례 명예훼손죄에서 사실의 적시란 가치판단이나 평가를 내용으로 하는 의견표현에 대치되는 개념으로서 시간과 공간적으로 구체적인 과거 또는 현재의 사실관계에 관한 보고 내지 진술을 의미하며, 그 표현내용이 증거에 의한 입증이 가능한 것을 말한다. 판단할 진술이 사실인가 또는 의견인가를 구별할 때에는 언어의 통상적 의미와 용법, 입증가능성, 문제된 말이 사용된 문맥, 그 표현이 행하여진 사회적 상황 등 전체적 정황을 고려하여 판단하여야 한다. 다른 사람의 말이나 글을 비평하면서 사용한 표현이 겉으로 보기에 증거에 의해 입증 가능한 구체적인 사실관계를 서술하는 형태를 취하고 있더라도, 글의 집필의도, 논리적 흐름, 서술체계 및 전개방식, 해당 글과 비평의 대상이 된 말 또는 글의 전체적인 내용 등을 종합하여 볼 때, 문제가 된 부분이 비평자의 주관적 의견에 해당하고, 다만 비평자가 자신의 의견을 강조하기 위한 수단으로 그와 같은 표현을 사용한 것이라고 이해된다면 명예훼손죄에서 말하는 사실의 적시에 해당한다고 볼 수 없다.(대판 2017.5.11, 2016도19255)

판례 [1] 명예훼손죄가 성립하기 위한 사실의 적시와 그 정도 : 명예훼손죄가 성립하기 위해서는 사실의 적시가 있어야 하고, 적시된 사실은 이로써 특정인의 사회적 가치 내지 평가가 침해될 가능성이 있을 정도로 구체성을 띠어야 한다. 비록 허위의 사실을 적시하였더라도 그 허위의 사실이 특정인의 사회적 가치 내지 평가를 침해할 수 있는 내용이 아니라면 형법 제307조 소정의 명예훼손죄는 성립하지 않는다.
[2] 누구든지 범죄가 있다고 생각하는 때에는 고발할 수 있는 것이므로 어떤 사람이 범죄를 고발하였다는 사실이 주위에 알려졌다고 하여 그 고발사실 자체만으로 고발인의 사회적 가치나 평가가 침해될 가능성이 있다고 볼 수는 없다. 다만, 그 고발의 동기나 경위가 불순하다거나 온당하지 못하다는 등의 사정이 함께 알려진 경우에는 고발인의 명예가 침해될 가능성이 있다. (대판 2009.9.24, 2009도6687)

판례 명예훼손죄가 성립하기 위하여는 사실의 적시가 있어야 하고 적시된 사실은 이로써 특정인의 사회적 가치 내지 평가가 침해될 가능성이 있을 정도로 구체성을 띠어야 할 것인바(대판 1994.10.25, 94도1770 등 참조), 인터넷 홈페이지에 게시한 어떠한 글(시)의 표현행위가 명예훼손과 관련하여 문제가 되는 경우 그 표현이 사실을 적시하는 것인가, 아니면 단순히 풍자를 하는 것에 불과한 것인가, 또는 풍자를 하는 것이라면 그와 동시에 묵시적으로라도 그 전제가 되는 사실을 적시하고 있는 것인가 그렇지 아니한가의 구별은, 당해 글의 객관적인 내용과 아울러 일반의 독자가 보통의 주의로 글을 접하는 방법을 전제로 글에 사용된 어휘의 통상적인 의미, 글의 전체적인 흐름, 문구의 연결 방법 등을 기준으로 판단하여야 하고, 여기에다가 당해 글이 게시된 보다 넓은 문맥이나 배경이 되는 사회적 흐름 등도 함께 고려하여야 하는 것이다.(대판 2007.5.10, 2007도1307)

판례 어느 사람에게 귀엣말 등 그 사람만 들을 수 있는 방법으로 그 사람 본인의 사회적 가치 내지 평가를 떨어뜨릴 만한 사실을 이야기하였다면, 위와 같은 이야기가 불특정 또는 다수인에게 전파될 가능성이 있다고 볼 수 없어 명예훼손의 구성요건인 공연성을 충족하지 못하는 것이며, 그 사람이 들은 말을 스스로 다른 사람들에게 전파하였더라도 위와 같은 결론에는 영향이 없다.(대판 2005.12.9, 2004도2880)

판례 명예훼손죄가 성립하려면 사실의 적시가 있어야 하는데, 여기서 '적시의 대상이 되는 사실'이란 현실적으로 발생하고 증명할 수 있는 과거나 현재의 사실을 말하며, 장래의 일을 적시하더라도 그것이 과거나 현재의 사실을 기초로 하거나 이에 대한 주장을 포함하는 경우에는 명예훼손죄가 성립한다고 할 것이고, 장래의 일을 적시하는 것이 과거나 현재의 사실을 기초로 하거나 이에 대한 주장을 포함하는지 여부는 그 적시된 표현 자체는 물론 전체적인 취지나 내용, 적시에 이르게 된 경위와 전후 상황, 기타 제반 사정을 종합적으로 참작하여 판단하여야 한다.(대판 2003.5.13, 2002도7420)

판례 기자에게 사실을 유포하였으나 기사화되지 않은 경우 공연성의 구비 여부 : 통상 기자가 아닌 보통 사람에게 사실을 적시할 경우에는 그 자체로서 적시된 사실이 외부에 공표되는 것이므로 그 때부터 곧 전파가능성을 따져 공연성 여부를 판단하여야 할 것이지만, 기자를 통해 사실을 적시하는 경우에는 기사화되어 보도되어야만 적시된 사실이 외부에 공표된다고 보아야 할 것이므로, 기자가 취재를 한 상태에서 아직 기사화하여 보도하지 아니한 경우에는 전파가능성이 없다고 할 것이어서 공연성이 없다고 봄이 상당하다.(대판 2000.5.16, 99도5622)

판례 종교의 자유 보장과 개인의 명예보호라는 두 법익을 어떻게 조정할 것인지는, 그 비판행위로 얻어지는 이익, 가치와 공표가 이루어진 범위의 광협, 그 표현 방법 등 그 비판행위 자체에 관한 제반 사정을 감안함과 동시에 그 비판에 의하여 훼손되거나 훼손될 수 있는 타인의 명예 침해의 정도를 비교·고려하여 결정하여야 한다.(대판 1996.9.6, 96다19246,19253)

第308條【死者의 名譽毁損】 公然히 虛僞의 事實을 摘示하여 死者의 名譽를 毁損한 者는 2年 이하의 懲役이나 禁錮 또는 500萬원 이하의 罰金에 處한다.
(1995.12.29 본조개정)

참조 [친고죄]312, 형소227·230·231

판례 역사적 인물을 모델로 한 드라마(즉, 역사드라마)가 그 소재가 된 역사적 인물의 명예를 훼손할 수 있는 허위사실을 적시하였는지 여부를 판단할 때에는 적시된 사실의 내용, 진실이라고 믿게 된 근거나 자료의 신빙성, 예술적 표현의 자유로 얻어지는 가치와 인격권의 보호에 의해 달성되는 가치의 이익형량은 물론 역사드라마의 특성에 따르는 여러 사정과 드라마의 주된 제작목적, 드라마에 등장하는 역사적 인물과 사건이 이야기의 중심인지 배경인지 여부, 실존인물에 의한 역사적 사실과 가상인물에 의한 허구적 이야기가 드라마 내에서 차지하는 비중, 드라마상에서 실존인물과 가상인물이 결합된 구조와 방식, 묘사된 사실이 이야기 전개상 상당한 정도 허구로 승화되어 시청자의 입장에서 그것이 실제로 일어난 역사적 사실로 오해되지 않을 정도에 이른 것으로 볼 수 있는지 여부 등을 종합적으로 고려하여야만 한다.(대판 2010.4.29, 2007도8411)

일판 사자의 명예를 훼손하는 행위는 허위·허망으로써 그 명예가 훼손되었을 경우에만 위법행위라고 해석함이 상당하고 고의 또는 과실로 인하여 허위·허망으로써 사자의 명예를 훼손하고 이로 인하여 사자의 친척 또는 그 자손의 사자에 대한 경애추모의 정등의 인격적 법익을 사회적으로 타당한 수인의 한도를 넘어서 침해한 자는 위 피해의 유족에 대하여 이로 인하여 생긴 손해를 배상할 책임이 있고, 또 법원은 위 피해를 입은 유족의 청구에 의하여 손해배상을 하게 하고 또 손해배상과 아울러 사자의 명예를 회복함에 적당한 처분을 명할 수 있다.(日·東京地 1977.7.19)

第309條【出版物 등에 의한 名譽毁損】 ① 사람을 誹謗할 目的으로 新聞, 雜誌 또는 라디오 기타 出版物에 의하여 第307條第1項의 罪를 犯한 者는 3年 이하의 懲役이나 禁錮 또는 700萬원 이하의 罰金에 處한다.
② 第1項의 方法으로 第307條第2項의 罪를 犯한 者는 7年 이하의 懲役, 10年 이하의 資格停止 또는 1千500萬원 이하의 罰金에 處한다.
(1995.12.29 본조개정)

참조 [피해자의 의사]312, 형소223·232

판례 '비방할 목적'의 의미 : '비방할 목적'이란 가해의 의사 내지 목적을 요하는 것으로서 공공의 이익을 위한 것과는 행위자의 주관적 의도의 방향에 있어 서로 상반되는 관계에 있다고 할 것이므로, 적시한 사실이 공공의 이익에 관한 것인 경우에는 특별한 사정이 없는 한 비방할 목적은 부인된다고 봄이 상당하다.
(대판 2005.4.29, 2003도2137)

판례 '출판물에 의한 명예훼손죄'의 입증방법 : '출판물에 의한 명예훼손죄'에서 피고인이 범의를 부인하고 있는 경우에는 사물의 성질상 고의와 상당한 관련성이 있는 간접 사실을 증명하는 방법에 의하여 입증할 수밖에 없고, 무엇이 상당한 관련성이 있는 간접사실에 해당할 것인가는 정상적인 경험칙에 바탕을 두고 치밀한 관찰력이나 분석력에 의하여 사실의 연결상태를 합리적으로 판단하는 방법에 의하여야 한다.
(대판 2002.12.10, 2001도7095)

판례 '사람을 비방할 목적'의 판단 방법 : 사람을 비방할 목적이 있는지 여부는 당해 적시 사실의 내용과 성질, 당해 사실의 공표가 이루어진 상대방의 범위, 그 표현의 방법 등 그 표현 자체에 관한 제반 사정을 감안함과 동시에 그 표현에 의하여 훼손되거나 훼손될 수 있는 명예의 침해 정도 등을 비교, 고려하여 결정하여야 한다.(대판 2002.8.23, 2000도329)

第310條【違法性의 阻却】 第307條第1項의 行爲가 眞實한 事實로서 오로지 公共의 利益에 관한 때에는 處罰하지 아니한다.

참조 [본조의 주장에 대한 판단]형소323②

판례 방송 등 언론매체가 사실을 적시하여 타인의 명예를 훼손하는 행위를 한 경우 형법 제310조에 의하여 처벌되지 않기 위해서는 적시된 사실이 객관적으로 볼 때 공공의 이익에 관한 것으로서 행위자도 공공의 이익을 위하여 그 사실을 적시한 것이어야 될 뿐만 아니라, 그 적시된 사실이 진실한 것이거나 적어도 행위자가 그 사실을 진실한 것으로 믿었고, 또 그렇게 믿을 만한 상당한 이유가 있어야 할 것이며(대판 2002.9.24, 2002도3570 등 참조), 한편 그것이 진실한 사실로서 오로지 공공의 이익에 관한 때에 해당된다는 점은 행위자가 증명하여야 한다.
(대판 2007.5.10, 2006도8544)

■ 명예훼손의 성립요건

판례 '오로지 공공의 이익에 관한 때'의 판단 기준 : 적시된 사실이 공공의 이익에 관한 것인지 여부는 그 표현 자체에 관한 제반 사정을 감안함과 동시에 그 표현에 의하여 훼손되거나 훼손될 수 있는 명예의 침해 정도 등을 비교·고려하여 결정하여야 한다.(대판 2004.10.15, 2004도3912)

판례 장래의 일을 적시하는 경우 명예훼손죄의 판단 기준 : 장래의 일을 적시하는 것이 과거 또는 현재의 사실을 기초로 하거나 이에 대한 주장을 포함하는지 여부는 그 적시된 표현 자체는 물론 전체적인 취지나 내용, 적시에 이르게 된 경위 및 전후 상황, 기타 제반 사정을 종합적으로 참작하여 판단하여야 할 것이다.(대판 2003.5.13, 2002도7420)

판례 '진실한 사실'의 의미 : '진실한 사실'이란 그 내용 전체의 취지를 살펴볼 때 중요한 부분이 객관적 사실과 합치되는 사실이라는 의미로서 세부에 있어 진실과 약간 차이가 나거나 다소 과장된 표현이 있더라도 무방하다.(대판 1998.10.9, 97도158)

판례 '공연성'의 의미 : 명예훼손죄에 있어서 공연성은 불특정 또는 다수인이 인식할 수 있는 상태를 의미하므로, 비록 개별적으로 한 사람에 대하여 사실을 유포하더라도 이로부터 불특정 또는 다수인에게 전파될 가능성이 있다면 공연성의 요건을 충족한다 할 것이지만, 이와 달리 전파될 가능성이 없다면 특정한 한 사람에 대한 사실의 유포는 공연성을 결한다 할 것이다.
(대판 1992.5.26, 92도445)

■ 위법성 조각사유

판례 언론사의 주식투자에 관한 방송보도에 대하여 위법성이 조각되는지의 여부 : 언론사가 언론의 자유를 누리는 범위가 넓은 만큼 그에 대한 비판의 수인 범위 역시 넓어야 하고, 언론사는 스스로 반박할 수 있는 매체를 가지고 있어서 이를 통하여 왜곡된 여론의 형성을 막을 수 있으며, 일방 언론사의 인격권의 보장은 다른 한편 타방 언론사의 언론자유를 제약하는 결과가 된다는 점을 감안하면, 언론사에 대한 감시와 비판 기능은 그것이 악의적이거나 현저히 상당성을 잃은 공격이 아닌 한 쉽게 제한되어서는 아니 된다.(대판 2006.3.23, 2003다52142)

판례 공인의 공적 활동과 밀접한 관련이 있는 사안에 관하여 진실을 공표한 경우에는 원칙적으로 '공공의 이익'에 관한 것이라는 증명이 있는 것으로 보아야 할 것이며, 행위자의 주요한 동기 내지 목적이 공공의 이익을 위한 것인 이상 부수적으로 다른 개인적인 목적이나 동기가 내포되어 있더라도 형법 제310조의 적용을 배제할 수 없는 것이다.
(대판 2003.11.13, 2003도3606)

판례 한국국악협회 이사장 선거 전후에 걸쳐 이사장으로 입후보하여 당선된 자에 관한 사실을 적시한 행위가, 개인적인 동기가 다소 개재되었다고 하더라도 공공의 이익을 위한 것으로서 위법성이 조각된다.(대판 1997.4.11, 97도88)

판례 공공의 이익에 관한 것인지 여부는 당해 적시 사실의 구체적 내용, 당해 사실의 공표가 이루어진 상대방의 범위의 광협, 그 표현의 방법 등 그 표현 자체에 관한 제반 사정을 감안함과 동시에 그 표현에 의하여 훼손되거나 훼손될 수 있는 타인의 명예의 침해의 정도도 비교·고려하여 결정하여야 한다.
(대판 1996.4.12, 94도3309)

第311條【侮辱】 公然히 사람을 侮辱한 者는 1年 이하의 懲役이나 禁錮 또는 200萬원 이하의 罰金에 處한다.(1995.12.29 본조개정)

참조 [친고죄]312, [국교에 관한 죄]107·108, [군범]군형64·65

판례 모욕죄는 특정한 사람 또는 인격을 보유하는 단체에 대하여 사회적 평가를 저하시킬 만한 경멸적 감정을 표현함으로써 성립하므로 그 피해자는 특정되어야 한다. 그리고 이른바 집단표시에 의한 모욕은, 모욕의 내용이 집단에 속한 특정인에 대한 것이라고는 해석되기 힘들고, 집단표시에 의한 비난이 개별구성원에 이르러서는 비난의 정도가 희석되어 구성원 개개인의 사회적 평가에 영향을 미칠 정도에 이르지 아니한 경우에는 구성원 개개인에 대한 모욕이 성립되지 않는다고 봄이 원칙이고, 비난의 정도가 희석되지 않아 구성원 개개인의 사회적 평가를 저하시킬 만한 것으로 평가될 경우에는 예외적으로 구성원 개개인에 대한 모욕이 성립할 수 있다. 한편 구성원 개개인에 대한 것으로 여겨질 정도로 구성원 수가 적거나 당시의 주위 정황 등으로 보아 집단 내 개별구성원을 지칭하는 것으로 여겨질 수 있는 때에는 집단 내 개별구성원이 피해자로서 특정된다고 보아야 할 것인데, 구체적인 기준으로는 집단의 크기, 집단의 성격과 집단 내에서의 피해자의 지위 등을 들 수 있다.
(대판 2014.3.27, 2011도15631)

판례 "부모가 그런 식이니 자식도 그런 것이다"와 같은 표현으로 인하여 상대방의 기분이 다소 상할 수 있다고 하더라도 그 내용이 너무나 막연하여 그것만으로 곧 상대방의 명예감정을 해하여 형법상 모욕죄를 구성한다고 보기는 어렵다고 한다.
(대판 2007.2.22, 2006도8915)

판례 여기서 말하는 '모욕'이란 사실을 적시하지 아니하고 사람의 사회적 평가를 저하시킬 만한 추상적 판단이나 경멸적 감정을 표현하는 것이다.(대판 2003.11.28, 2003도3972)

第312條【告訴와 被害者의 意思】 ① 第308條와 第311條의 罪는 告訴가 있어야 公訴를 제기할 수 있다.
② 第307條와 第309條의 罪는 被害者의 明示한 意思에 反하여 公訴를 제기할 수 없다.
(1995.12.29 본조개정)

참조 [고소]형소223·225·227·230·232, [공소기각]형소327

第34章 信用, 業務와 競賣에 관한 罪

第313條【信用毁損】 虛僞의 事實을 流布하거나 기타 僞計로써 사람의 信用을 毁損한 者는 5年 이하의 懲役 또는 1千500萬원 이하의 罰金에 處한다.
(1995.12.29 본조개정)

참조 경범1

판례 신용훼손죄에서 '신용'은 경제적 신용, 즉 사람의 지급능력 또는 지급의사에 대한 사회적 신뢰를 의미한다.
(대판 2011.5.13, 2009도5549)

판례 주관적 요소로서 고의의 내용과 고의 유무의 판단 방법 : 전파가능성을 이유로 허위사실의 유포를 인정하는 경우에는 적어도 범죄구성요건의 주관적 요소로서 미필적 고의가 필요하므로 전파가능성에 대한 인식이 있음은 물론 나아가 그 위험을 용인하는 내심의 의사가 있어야 하고, 그 행위자가 전파가능성을 용인하고 있었는지의 여부는 외부에 나타난 행위의 형태와 행위의 상황 등 구체적인 사정을 기초로 하여 일반인이라면 그 전파가능성을 어떻게 평가할 것인가를 고려하면서 행위자의 입장에서 그 심리상태를 추인하여야 할 것이다.
(대판 2006.5.25, 2004도1313)

판례 '허위의 사실을 유포한다'고 함은 실제의 객관적인 사실과 다른 사실을 불특정 또는 다수인에게 전파시키는 것을 말하는데, 이러한 경우 그 행위자에게 행위 당시 자신이 유포한 사실이 허위라는 점을 적극적으로 인식하였을 것을 요한다고 할 것이다.(대판 1994.1.28, 93도1278)

第314條【業務妨害】 ① 第313條의 方法 또는 威力으로써 사람의 業務를 妨害한 者는 5年 이하의 懲役 또는 1千500萬원 이하의 罰金에 處한다.
(1995.12.29 본항개정)
② 컴퓨터등 情報處理裝置 또는 電磁記錄등 特殊媒體記錄을 損壞하거나 情報處理裝置에 허위의 情報 또는 부정한 命令을 入力하거나 기타 방법으로 情報處理에 障碍를 발생하게 하여 사람의 業務를 방해한 者도 第1項의 刑과 같다.(1995.12.29 본항신설)

참조 경범1

판례 방송사 노동자들이 공정방송을 요구하며 벌인 파업의 정당성 여부 : 방송을 제작하는 데 있어서 공정방송이 가능한 환경이 조성되었는지 여부는 구체적인 근로환경 또는 근로조건을 결정짓는 중요한 요소가 된다. 따라서 공정방송을 하기 위해 근로조건과 환경을 개선해 달라는 요구는 근로자들의 근로조건에 관한 사항으로서 쟁의행위의 정당한 목적이 될 수 있다.
(대판 2022.12.16, 2015도8190)

판례 실제로 봉사활동을 한 사실이 없는 사립고등학교 학생의 부모가 다른 학교 교사와 공모하여 외부기관으로부터 허위의 봉사활동내용이 기재된 확인서를 발급받은 후 이를 학교에 제출하여 학생으로 하여금 봉사상을 받도록 했다면 업무방해죄에 해당한다.(대판 2020.9.24, 2017도19283)

판례 노조가 파업에 돌입할 것이라는 사실을 충분히 예측할 수 있었고, 실제로도 파업을 예측하고 조업을 계속할 준비를 했다면 파업은 업무방해죄의 요건인 '전격성'을 충족시키지 않는다. 전격성이란 파업이 사용자가 예측할 수 없을 정도로 전격적으로 이루어졌음을 뜻한다. 전격성의 판단은 노동자 파업권의 대척점에 서 있는 업무방해죄의 성립 여부를 사실상 규정해 왔다. 철도파업을 주도해 철도공사의 업무를 방해한 혐의로 기소된 철도노조 간부들에 관한 사안에서 철도공사는 수서발 KTX 법인 설립이 추진될 경우 철도노조가 쟁의행위에 돌입할 수 있다는 예측이 가능했고, 노조 측 역시 필수유지업무를 수행할 조합원 명단을 통보하는 등 파업 돌입을 예고했다. 필수유지업무제도가 필수공익사업장에서 일하는 근로자의 단체행동권을 보장하려는 취지에서 도입된 이상, 노조가 필수업무 유지를 위해 노력했다고 보아야 하며, 파업의 전격성은 부정될 여지가 그만큼 커진다고 봐야 한다.(서울고등법원 2016.1.15, 2015노191)

판례 업무방해죄의 위력은 원칙적으로 피해자에게 행사되어야 하므로, 그 위력 행사의 상대방이 피해자가 아닌 제3자인 경우 그로 인하여 피해자의 자유의사가 제압될 가능성이 직접적으로 발생함으로써 이를 실질적으로 피해자에 대한 위력의 행사와 동일시할 수 있는 특별한 사정이 있는 경우가 아니라면 피해자에 대한 업무방해죄가 성립한다고 볼 수 없다. 이때 제3자에 대한 위력의 행사로 피해자의 자유의사가 직접 제압될 가능성이 있는지는 위력 행사의 의도나 목적, 위력 행사의 상대방인 제3자와 피해자의 관계, 위력의 행사 장소나 방법 등 태양, 제3자에 대한 위력의 행사에 관한 피해자의 인식 여부, 제3자에 대한 위력의 행사로 피해자가 입게 되는 불이익이나 피해의 정도, 피해자에 의한 위력의 배제나 제3자에 대한 보호의 가능성 등을 종합적으로 고려하여 판단하여야 한다.
(대판 2013.3.14, 2010도410)

판례 업무방해죄의 '위력'이란 사람의 자유의사를 제압·혼란케 할 만한 일체의 세력으로, 유형적이든 무형적이든 묻지 아니하므로, 폭력·협박은 물론 사회적·경제적·정치적 지위와 권세에 의한 압박 등도 이에 포함되고, 현실적으로 피해자의 자유의사가 제압될 것을 요하는 것은 아니지만, 범인의 위세, 사람 수, 주위의 상황 등에 비추어 피해자의 자유의사를 제압하기 족한 세력을 의미하는 것으로서, 위력에 해당하는지는 범행의 일시·장소, 범행의 동기, 목적, 인원수, 세력의 태양, 업무의 종류, 피해자의 지위 등 제반 사정을 고려하여 객관적으로 판단하여야 한다. 또한, 업무방해죄의 위력은 반드시 업무에 종사 중인 사람에게 직접 가해지는 세력만을 의미하는 것은 아니고, 사람의 자유의사를 제압하기에 족한 일정한 물적 상태를 만들어 사람으로 하여금 자유로운 행동을 불가능하게 하거나 현저히 곤란하게 하는 행위도 이에 포함될 수 있다.(대판 2009.9.10, 2009도5732)

판례 [1] 형법상 업무방해죄의 보호대상이 되는 '업무'는 직업 또는 계속적으로 종사하는 사무나 사업으로서 일정 기간 사실상 평온하게 이루어져 사회적 활동의 기반이 되는 것을 말하며, 그 업무의 기초가 된 계약 또는 행정행위 등이 반드시 적법하여야 하는 것은 아니지만 법적 보호라는 이름에 걸맞게 법적 보호의 가치가 있는 것이어야 한다. 따라서 어떠한 업무의 양도·양수 여부를 둘러싸고 분쟁이 발생한 경우에 양수인의 업무에 대한 양도인의 업무방해죄가 인정되려면, 당해 업무에 관한 양도·양수합의의 존재가 인정되어야 함은 물론이고, 더 나아가 그 합의에 따라 당해 업무가 실제로 양수인에게 양도된 후 사실상 평온하게 이루어져 양수인의 사회적 활동의 기반이 됨으로써 타인, 특히 양도인의 위법한 행위에 의한 침해로부터 보호할 가치가 있는 업무라고 볼 수 있을 정도에 이르러야 한다.
[2] 회사 운영권의 양도·양수 합의의 존부 및 효력에 관한 다툼이 있는 상황에서 양수인이 비정상적으로 위 회사의 임원변경등기를 마친 것만으로는 회사 대표이사로서 정상적인 업무에 종사하기 시작하였다거나 그 업무가 양도인에 대한 관계에서 보호할 가치가 있는 정도에 이르렀다고 보기 어려워, 양도인의 침해행위가 양수인의 '업무'에 대한 업무방해죄를 구성하는 것으로 볼 수 없다.
(대판 2007.8.23, 2006도3687)

판례 형법 제314조 제2항의 컴퓨터 등 장애업무방해죄는 컴퓨터 등 정보처리장치 또는 전자기록 등 특수매체기록을 손괴하거나 정보처리장치에 허위의 정보 또는 부정한 명령을 입력하거나 기타 방법으로 정보처리장치에 장애를 발생하게 하여 사람의 업무를 방해함으로써 성립하는 것인데, 정보처리장치를 관리, 운영할 권한이 없는 자가 그 정보처리장치에 입력되어 있던 관리자의 아이디와 비밀번호를 무단으로 변경하는 행위는 정보처리장치에 부정한 명령을 입력하여 정당한 아이디와 비밀번호를 정보처리장치에 접속할 수 없게 만드는 행위로서 정보처리장치에 장애를 현실적으로 발생시킬 뿐 아니라 이로 인하여 업무방해의 위험을 초래할 수 있으므로 이 죄를 구성한다.
(대판 2007.3.16, 2006도6663)

판례 업무방해죄에서 '위계' 및 '위력'의 의미 : 여기서 '위계'라 함은 행위자의 행위목적을 달성하기 위하여 상대방에게 오인·착각 또는 부지를 일으키게 하여 이를 이용하는 것을 말하고, '위력'이라 함은 사람의 자유의사를 제압·혼란케 할 만한 일체의 세력으로, 유형적이든 무형적이든 묻지 아니하므로 폭행·협박은 물론, 사회적, 경제적, 정치적 지위와 권세에 의한 압박 등도 이에 포함된다.(대판 2005.3.25, 2003도5004)

일판 피고가 상사인 소방장을 소방서에서 쫓겨나도록 계획을 하고, 자기 부하와 공모하여 장속에 둔 소방장 작업복 주머니에 다 개똥(견분)을 넣고 또 사무책상 서랍에는 빨간 물감을 칠한 고양이 시체를 넣었다. 이틀날 소방장이 이로 인해서 부하들의 보고를 받을 수 없게 되고 여러가지 결재사무도 못보게 되었다고 하므로 이는 소방장에게 공포감과 혐오감을 준 행위로서 형법에서 말하는 '위력'에 해당한다.(日・最高 1992.11.30)

第315條【競賣, 入札의 妨害】 僞計 또는 威力 기타 方法으로 競賣 또는 入札의 公正을 害한 者는 2年 이하의 懲役 또는 700萬원 이하의 罰金에 處한다.(1995.12.29 본조개정)

참조 [담합입찰]건설산업95

판례 [1] 입찰방해죄는 위계 또는 위력 기타의 방법으로 입찰의 공정을 해하는 경우에 성립하는 위태범으로서 결과의 불공정이 현실적으로 나타나는 것을 필요로 하지 않고, 여기서 '입찰의 공정을 해하는 행위'란 공정한 자유경쟁을 방해할 염려가 있는 상태를 발생시키는 것, 즉 공정한 자유경쟁을 통한 적정한 가격형성에 부당한 영향을 주는 상태를 발생시키는 것으로, 그 행위에는 가격결정뿐 아니라 '적법하고 공정한 경쟁방법'을 해하는 행위도 포함되고, 지명경쟁입찰의 시행자인 법인의 대표자가 특정인과 공모하여 그 특정인이 낙찰자로 선정될 수 있도록 예정가격을 알려 주고 그 특정인은 나머지 입찰참가인들과 담합하여 입찰에 응하였다면 입찰의 실시 없이 서류상으로만 입찰의 근거를 조작한 경우와는 달리 현실로 실시된 입찰의 공정을 해하는 것으로 평가되어 입찰방해죄가 성립한다.
[2] 학교법인의 이사장과 직원이 특정업자와 공모하여 예정가격을 미리 알려 줌으로써 그 특정업자가 공정한 자유경쟁 없이 공사를 낙찰받을 수 있도록 한 사안에서, 위 사람들을 모두 입찰방해죄로 처단한 원심의 조치를 수긍한다.
(대판 2007.5.31, 2006도8070)

판례 형법 제315조 소정의 입찰방해죄에 있어 '위력'이란 사람의 자유의사를 제압, 혼란케 할 만한 일체의 유형적 또는 무형적 세력을 말하는 것으로서 폭행, 협박은 물론 사회적, 경제적, 정치적 지위와 권세에 의한 압력 등을 포함하는 것이다.
(대판 2000.7.6, 99도4079)

第35章 秘密侵害의 罪

第316條【秘密侵害】 ① 封緘 기타 秘密裝置한 사람의 便紙, 文書 또는 圖畵를 開封한 者는 3年 이하의 懲役이나 禁錮 또는 500萬원 이하의 罰金에 處한다.(1995.12.29 본항개정)

② 封緘 기타 秘密裝置한 사람의 便紙, 文書, 圖畵 또는 電磁記錄등 特殊媒體記錄을 技術的 手段을 이용하여 그 내용을 알아 낸 者도 第1項의 刑과 같다.(1995.12.29 본항신설)

참조 [통신의 비밀]헌18, 우편법3・51・51의2, [친고죄]318, [문서손괴은닉죄]366, 우편법48, 전기통신사업법83, [우편물의 압수]형소107, [법규위반우편물의 개봉]우편법28

第317條【業務上秘密漏泄】 ① 醫師, 韓醫師, 齒科醫師, 藥劑師, 藥種商, 助産師, 辯護士, 辨理士, 公認會計士, 公證人, 代書業者나 그 職務上 補助者 또는 此等의 職에 있던 者가 그 業務處理중 知得한 他人의 秘密을 漏泄한 때에는 3年 이하의 懲役이나 禁錮, 10年 이하의 資格停止 또는 700萬원 이하의 罰金에 處한다.(1997.12.13 본항개정)

② 宗教의 職에 있는 者 또는 있던 者가 그 職務上 知得한 사람의 秘密을 漏泄한 때에도 前項의 刑과 같다.

참조 [친고죄]318, [증언거절]형소149, 민소315, [수비의무]의료법19, 감염병74・78, 변호사26, 변리사23, 공증5, 법무사법27, [신고의무 있는 경우]감염병81

독판 변호사가 자신에 대한 형사소송에서 그에게 털어 놓은 사적 비밀을 공개하였을 때, 공개하지 않고서는 적절하게 변호할 수 없었다면 권한없이 타인의 비밀을 누설한 것은 아니다.
(BGHSt 1, 366)

第318條【告訴】 本章의 罪는 告訴가 있어야 公訴를 제기할 수 있다.(1995.12.29 본조개정)

참조 [고소]형소223・225・230・232, [공소기각]형소327

第36章 住居侵入의 罪

第319條【住居侵入, 退去不應】 ① 사람의 住居, 관리하는 建造物, 船舶이나 航空機 또는 占有하는 房室에 侵入한 者는 3年 이하의 懲役 또는 500萬원 이하의 罰金에 處한다.(1995.12.29 본항개정)

② 前項의 場所에서 退去要求를 받고 應하지 아니한 者도 前項의 刑과 같다.

참조 [주거불가침]헌16, 폭력처벌2, [미수범]322, [법원에 의한 수색]형소109, 경범1

판례 피고인이 갑의 부재중에 갑의 처(을)와 혼외 성관계를 가질 목적으로 을이 열어 준 현관 출입문을 통하여 갑과 을이 공동으로 거주하는 아파트에 들어간 사안에서, 피고인이 을로부터 현실적인 승낙을 받아 통상적인 출입방법에 따라 주거에 들어갔으므로 주거의 사실상 평온상태를 해치는 행위태양으로 주거에 들어간 것이 아니어서 주거에 침입한 것으로 볼 수 없고, 피고인의 주거 출입이 부재중인 갑의 의사에 반하는 것으로 추정되더라도 주거침입죄의 성립 여부에 영향을 미치지 않는다.
(대판 2021.9.9, 2020도12630)

판례 주거침입죄에서 침입행위의 객체인 '건조물'은 주거침입죄가 사실상 주거의 평온을 보호법익으로 하는 점에 비추어 엄격한 의미에서의 건조물 그 자체뿐만이 아니라 그에 부속하는 위요지를 포함한다고 할 것이나, 여기서 위요지라고 함은 건조물에 인접한 그 주변의 토지로서 외부와의 경계에 담 등이 설치되어 그 토지가 건조물의 이용에 제공되고 또 외부인이 함부로 출입할 수 없다는 점이 객관적으로 명확하게 드러나야 한다. 따라서 건조물의 이용에 기여하는 인접의 부속 토지라고 하더라도 인적 또는 물적 설비 등에 의한 구획 내지 통제가 없어 통상의 보행으로 그 경계를 쉽사리 넘을 수 있는 정도라고 한다면 일반적으로 외부인의 출입이 제한된다는 사정이 객관적으로 명확하게 드러났다고 보기 어려우므로, 이는 다른 특별한 사정이 없는 한 주거침입죄의 객체에 속하지 아니한다고 봄이 상당하다.(대판 2010.4.29, 2009도14643)

판례 침입 대상인 아파트에 사람이 있는지를 확인하기 위해 그 집의 초인종을 누른 행위만으로는 침입의 현실적 위험성을 포함하는 행위를 시작하였다거나, 주거의 사실상의 평온을 침해할 객관적인 위험성을 포함하는 행위를 한 것으로 볼 수 없다.
(대판 2008.4.10, 2008도1464)

판례 주거침입죄는 사실상의 주거의 평온을 보호법익으로 하는 것이므로 그 거주자 또는 간수자가 건조물 등에 거주 또는 간수할 권리를 가지고 있는가의 여부는 범죄의 성립을 좌우하는 것이 아니며, 점유할 권리 없는 자의 점유라고 하더라도 그 주거의 평온은 보호되어야 할 것이므로, 권리자가 그 권리실행으로서 자력구제의 수단으로 건조물에 침입한 경우에도 주거침입죄가 성립한다고 할 것이다.(대판 2007.3.15, 2006도7044)

판례 주거침입죄에 있어서 거주자의 반대의사가 추정될 수 있는지 여부 : 타인의 주거에 거주자의 의사에 반하여 들어가는 경우는 주거침입죄가 성립하며, 이때 거주자의 의사에는 명시적인 경우뿐만 아니라 묵시적인 경우도 포함되고 주변사정에 따라서는 거주자의 반대의사가 추정될 수도 있다.
(대판 2003.5.30, 2003도1256)

판례 침입한 행위가 비록 불법선거운동을 적발하려는 목적으로 이루어진 것이라고 하더라도, 타인의 주거에 도청장치를 설치하는 행위는 그 수단과 방법의 상당성을 결하는 것으로서 정당행위에 해당하지 않는다.(대판 1997.3.28, 95도2674)

판례 주거침입죄의 범의는 반드시 신체의 전부가 타인의 주거 안으로 들어간다는 인식이 있어야만 하는 것이 아니라 신체의 일부라도 타인의 주거 안으로 들어간다는 인식이 있으면 족하다.(대판 1995.9.15, 94도2561)

독판 재판장은 공판정의 위협적 정원초과를 이유로 법정경찰을 통해 더이상의 방청객의 입장을 금지한 경우에 법원의 공개재판 중 방청객이 법정에 입장하는 것은 주거침입죄가 될 수 있다.
(BGHSt 30, 350)

독판 미성년자인 가족구성원도 명시적인 수권없이도 주거권보호의 권한을 갖는다. 따라서 미성년자도 퇴거를 유효하게 명할 수 있다.(BGHSt 21, 224)

第320條【特殊住居侵入】 團體 또는 多衆의 威力을 보이거나 危險한 物件을 携帶하여 前條의 罪를 犯한 때에는 5年 이하의 懲役에 處한다.

참조 [미수범]322, 폭력처벌3

第321條【住居・身體 搜索】 사람의 身體, 住居, 관리하는 建造物, 自動車, 船舶이나 航空機 또는 占有하는 房室을 搜索한 者는 3年 이하의 懲役에 處한다.(1995.12.29 본조개정)

참조 [신체의 자유]헌12, [주거불가침]헌16, [미수범]322, [법원에 의한 수색]형소109

第322條【未遂犯】 本章의 未遂犯은 處罰한다.

참조 [미수범]25－29

第37章 權利行使를 妨害하는 罪

第323條【權利行使妨害】 他人의 占有 또는 權利의 目的이 된 自己의 물건 또는 電磁記錄등 特殊媒體記錄을 取去, 隱匿 또는 損壞하여 他人의 權利行使를 妨害한 者는 5年 이하의 懲役 또는 700萬원 이하의 罰金에 處한다.(1995.12.29 본조개정)

참조 [손괴죄]366, [친족간의 범행]328

판례 렌트카회사의 공동대표이사 중 1인이 회사 보유 차량을 자신의 개인적인 채무담보 명목으로 피해자에게 넘겨 주었는데 다른 공동대표이사인 피고인이 위 차량을 몰래 회수하도록 한 경우, 위 피해자의 점유는 권리행사방해죄의 보호대상인 점유에 해당한다.(대판 2006.3.23, 2005도4455)

판례 자기의 소유가 아닌 물건이 권리행사방해죄의 객체가 될 수 있는지 여부 : 권리행사방해죄는 타인의 점유 또는 권리의 목적이 된 자기의 물건을 취거, 은닉 또는 손괴하여 타인의 권리행사를 방해함으로써 성립하는 것이므로, 그 취거, 은닉 또는 손괴한 물건이 자기의 물건이 아니라면 권리행사방해죄가 성립할 여지가 없다.(대판 2005.11.10, 2005도6604)

판례 타인의 점유의 의미 : 형법 제323조의 권리행사방해죄에 있어서의 타인의 점유라 함은 정당한 원인에 기하여 그 물건을 점유하는 권리있는 점유를 의미하는 것으로서 본권을 갖지 아니한 절도범인의 점유는 여기에 해당하지 아니하나, 반드시 본권에 의한 점유만에 한하지 아니하고 동시이행항변권 등에 기한 점유와 같은 적법한 점유도 여기에 해당한다.(대판 2003.11.28, 2003도4257)

第324條【强要】 ① 暴行 또는 脅迫으로 사람의 權利行使를 방해하거나 義務없는 일을 하게 한 者는 5년 이하의 징역 또는 3천만원 이하의 벌금에 處한다.(2016.1.6 본항개정)

② 단체 또는 다중의 위력을 보이거나 위험한 물건을 휴대하여 제1항의 죄를 범한 자는 10년 이하의 징역 또는 5천만원 이하의 벌금에 처한다.(2016.1.6 본항신설)

改前 第324條【强要】暴行 또는 脅迫으로…"5年이하의 懲役"에 處한다.(1995.12.29 본조개정)

참조 폭력처벌2, [중권리행사방해]326, [폭행죄]260, [협박죄]283

판례 남의 집 대문 앞에 차량을 주차해 피해자가 자기 집 주차장을 이용할 수 없게 했더라도 주차하는 과정에서 실랑이 등 폭력 행위나 협박 등이 없었다면 강요죄의 구성요건인 폭행 등이 있었다고 볼 수 없으며, 단순히 주차장을 이용하지 못하게 했을 뿐이라면 이는 차량 운행에 관한 권리행사를 방해했다고 볼 수도 없다.(대판 2021.11.25, 2018도1346)

판례 상사 계급의 피고인이 그의 잦은 폭력으로 신체에 위해를 느끼고 겁을 먹은 상태에 있던 부대원들에게 청소 불량 등을 이유로 40분 내지 50분간 머리박아(속칭 '원산폭격')를 시키거나 양손을 깍지 낀 상태에서 약 2시간 동안 팔굽혀펴기를 50~60회 정도 하게 한 행위는 형법 제324조에서 정한 강요죄에 해당한다.(대판 2006.4.27, 2003도4151)

第324條의2【人質强要】 사람을 逮捕・監禁・略取 또는 誘引하여 이를 人質로 삼아 第3者에 대하여 權利行使를 방해하거나 義務없는 일을 하게 한 者는 3年 이상의 有期懲役에 處한다.(1995.12.29 본조신설)

第324條의3【人質傷害・致傷】 第324條의2의 罪를 犯한 者가 人質을 傷害하거나 傷害에 이르게 한 때에는 無期 또는 5年 이상의 懲役에 處한다.
(1995.12.29 본조신설)

第324條의4【人質殺害・致死】 第324條의2의 罪를 犯한 者가 人質을 殺害한 때에는 死刑 또는 無期懲役에 處한다. 死亡에 이르게 한 때에는 無期 또는 10年 이상의 懲役에 處한다.(1995.12.29 본조신설)

第324條의5【未遂犯】 第324條 내지 第324條의4의 未遂犯은 處罰한다.(1995.12.29 본조신설)

第324條의6【刑의 減輕】 第324條의2 또는 第324條의3의 罪를 犯한 者 및 그 罪의 未遂犯이 人質을 安全한 場所로 풀어준 때에는 그 刑을 減輕할 수 있다.
(1995.12.29 본조신설)

第325條【점유강취, 준점유강취】 ① 폭행 또는 협박으로 타인의 점유에 속하는 자기의 물건을 강취(强取)한 자는 7년 이하의 징역 또는 10년 이하의 자격정지에 처한다.

② 타인의 점유에 속하는 자기의 물건을 취거(取去)하는 과정에서 그 물건의 탈환에 항거하거나 체포를 면탈하거나 범죄의 흔적을 인멸할 목적으로 폭행 또는 협박한 때에도 제1항의 형에 처한다.

③ 제1항과 제2항의 미수범은 처벌한다.
(2020.12.8 본조개정)

改前 "第325條【占有强取, 準占有强取】① 暴行 또는 脅迫으로 他人의 占有에 屬하는 自己의 物件을 强取한 者는 7年 이하의 懲役 또는 10年 이하의 資格停止에 處한다.
② 他人의 占有에 屬하는 自己의 物件을 取去함에 當하여 그 奪還을 抗拒하거나 逮捕를 免脫하거나 罪跡을 湮滅할 目的으로 暴行 또는 脅迫을 加한 때에도 前項의 刑과 같다.
③ 前2項의 未遂犯은 處罰한다."

참조 [미수범]25－29, [중권리행사방해]326, [폭행죄]260, [협박죄]283

第326條【重權利行使妨害】 第324條 또는 第325條의 罪를 犯하여 사람의 生命에 대한 危險을 發生하게 한 者는 10年 이하의 懲役에 處한다.
(1995.12.29 본조개정)

참조 [폭력에 의한 권리행사방해]324, [점유강취]325

第327條【强制執行免脫】 强制執行을 免할 目的으로 財産을 隱匿, 損壞, 虛僞讓渡 또는 虛僞의 債務를 負擔하여 債權者를 害한 者는 3年 이하의 懲役 또는 1千萬원 이하의 罰金에 處한다.
(1995.12.29 본조개정)

참조 [강제집행]민집

판례 강제집행면탈죄는 위태범으로서, 현실적으로 민사소송법에 의한 강제집행 또는 가압류・가처분의 집행을 받을 우려가 있는 객관적인 상태에서, 즉 채권자가 본안 또는 보전소송을 제기하거나 제기할 태세를 보이고 있는 상태에서 주관적으로 강제집행을 면탈하려는 목적으로 재산을 은닉, 손괴, 허위양도하거나 허위의 채무를 부담하여 채권자를 해할 위험이 있으면 성립하는 것이고, 반드시 채권자를 해하는 결과가 야기되거나 행위자가 어떤 이득을 취하여야 범죄가 성립하는 것은 아니다.
(대판 2009.5.28, 2009도875)

판례 여기서 말하는 재산의 '은닉'이라 함은 강제집행을 실시하는 자에 대하여 재산의 발견을 불능 또는 곤란케 하는 것을 말하는 것으로서, 재산의 소재를 불명케 하는 경우는 물론 그 소유관계를 불명하게 하는 경우도 포함하나, 재산의 소유관계를 불명하게 하는 데 반드시 공부상의 소유자 명의를 변경하거나 폐업신고 후 다른 사람 명의로 새로 사업자등록을 할 것까지 요하는 것은 아니다.(대판 2003.10.9, 2003도3387)

판례 횡령과 강제집행면탈 : 영득의 의사로 타인의 재산을 은닉함으로써 강제집행 면탈의 결과를 초래한 경우 횡령죄와 별도로 강제집행면탈죄를 구성하지는 않는다.
(대판 2000.9.8, 2000도1447)

판례 강제집행면탈죄의 성립요건 : 형법 제327조의 강제집행면탈죄는 채무자가 현실적으로 민사소송법에 의한 강제집행 또는 가압류, 가처분의 집행을 받을 우려가 있는 객관적인 상태 즉 적어도 채권자가 민사소송을 제기하거나 가압류, 가처분의 신청을 할 기세를 보이고 있는 상태에서, 채무자가 강제집행을 면탈할 목적으로, 재산을 은닉, 손괴, 허위양도하거나 허위의 채무를 부담하여 채권자를 해할 위험이 있는 경우에 성립한다.
(대판 1998.9.8, 98도1949)

판례 강제집행면탈죄에 있어서 채권자를 해하는 결과발생이 필요한지 여부 : 채권자를 해할 위험이 있으면 강제집행면탈죄가 성립하고 반드시 현실적으로 채권자를 해하는 결과가 야기되어야만 강제집행면탈죄가 성립하는 것은 아니다.
(대판 1996.1.26, 95도2526)

第328條【親族間의 犯行과 告訴】 ① 直系血族, 配偶者, 동거친족, 동거가족 또는 그 配偶者間의 第323條의 罪는 그 刑을 免除한다.(2005.3.31 본항개정)
② 第1項이외의 親族間에 第323條의 罪를 犯한 때에는 告訴가 있어야 公訴를 제기할 수 있다.
(1995.12.29 본항개정)
③ 前2項의 身分關係가 없는 共犯에 대하여는 前2項을 適用하지 아니한다.

改前 ① 直系血族, 配偶者, "동거친족, 호주, 가족" 또는 그 配偶者間의 第323條의 罪는 그 刑을 免除한다.

참조 [권리행사방해]323, [친고죄]형소223 · 225 · 230 · 232, [형면제의 주장에 대한 판단]형소323②, [고소의 불가분]형소233, [공소기각]형소327

판례 컴퓨터 등 정보처리장치를 통하여 이루어지는 금융기관 사이의 전자식 자금이체거래는 금융기관 사이의 환거래관계를 매개로 하여 금융기관 사이나 금융기관을 이용하는 고객 사이에서 현실적인 자금의 수수 없이 지급 · 수령을 실현하는 거래방식인바, 권한 없이 컴퓨터 등 정보처리장치를 이용하여 예금계좌 명의인이 거래하는 금융기관의 계좌 예금 잔고 중 일부를 자신이 거래하는 다른 금융기관에 개설된 그 명의 계좌로 이체한 경우, 예금계좌 명의인의 거래 금융기관에 대한 예금반환 채권은 이러한 행위로 인하여 영향을 받을 이유가 없는 것이므로, 거래 금융기관으로서는 예금계좌 명의인에 대한 예금반환 채무를 여전히 부담하면서도 환거래관계상 다른 금융기관에 대하여 자금이체로 인한 이체자금 상당액 결제채무를 추가 부담하게 됨으로써 이체된 예금 상당액의 채무를 이중으로 지급해야 할 위험에 처하게 된다. 따라서 친척 소유 예금통장을 절취한 자가 그 친척 거래 금융기관에 설치된 현금자동지급기에 예금통장을 넣고 조작하는 방법으로 친척 명의 계좌의 예금 잔고를 자신이 거래하는 다른 금융기관에 개설된 자기 계좌로 이체한 경우, 그 범행으로 인한 피해자는 이체된 예금 상당액의 채무를 이중으로 지급해야 할 위험에 처하게 되는 그 친척 거래 금융기관이라 할 것이고, 거래 약관의 면책 조항이나 채권의 준점유자에 대한 법리 적용 등에 의하여 위와 같은 범행으로 인한 피해가 최종적으로는 예금 명의인인 친척에게 전가될 수 있다고 하여, 자금이체 거래의 직접적인 당사자이자 이중지급 위험의 원칙적인 부담자인 거래 금융기관을 위와 같은 컴퓨터 등 사용사기 범행의 피해자에 해당하지 않는다고 볼 수는 없으므로, 위와 같은 경우에는 친족 사이의 범행을 전제로 하는 친족상도례를 적용할 수 없다.(대판 2007.3.15, 2006도2704)

판례 인지가 범행 후에 이루어진 경우라고 하더라도 그 소급효에 따라 형성되는 친족관계를 기초로 하여 친족상도례의 규정이 적용된다.(대판 1997.1.24, 96도1731)

第38章 절도와 强盜의 罪

第329條【절도】 他人의 財物을 절취한 者는 6年 이하의 懲役 또는 1千萬원 이하의 罰金에 處한다.
(1995.12.29 본조개정)

참조 [미수범]342, [친족간의 범행]328 · 344, [형의 병과]345, [동력]346, [특별규정]군형75, 한국조폐공사법19-22, 군용물등범죄3, [배상명령]소송촉진25-35

■ 재물

판례 행위자가 범죄행위 당시 심신미약 등 정신적 장애상태에 있었다고 하여 일률적으로 그 행위자의 상습성이 부정되는 것은 아니다. 심신미약 등의 사정은 상습성을 부정할 것인지 여부를 판단하는 데 자료가 되는 여러 가지 사정들 중의 하나일 뿐이다. 따라서 행위자가 범죄행위 당시 심신미약 등 정신적 장애상태에 있었다는 이유만으로 그 범죄행위가 상습성이 발현된 것이 아니라고 단정할 수 없고 다른 사정을 종합하여 상습성을 인정할 수 있어 심신미약의 점이 상습성을 부정하는 자료로 삼을 수 없는 경우가 있는가 하면, 경우에 따라서는 심신미약 등 정신적 장애상태에 있었다는 점이 다른 사정들과 함께 참작되어 그 행위자의 상습성을 부정하는 자료가 될 수도 있다.
(대판 2009.2.12, 2008도11550)

판례 컴퓨터에 저장된 정보가 절도죄의 객체로서 재물에 해당하는지 여부 및 이를 복사하거나 출력해 간 경우 절도죄를 구성하는지 여부 : 절도죄의 객체는 관리가능한 동력을 포함한 '재물'에 한한다 할 것이고, 또 절도죄가 성립하기 위해서는 그 재물의 소유자 기타 점유자의 점유 내지 이용가능성을 배제하고 이를 자신의 점유하에 배타적으로 이전하는 행위가 있어야만 할 것인 바, 컴퓨터에 저장되어 있는 '정보' 그 자체는 유체물이라고 볼 수도 없고 물질성을 가진 동력도 아니므로 재물이 될 수 없다 할 것이며, 또 이를 복사하거나 출력하였다 할지라도 그 정보 자체가 감소하거나 피해자의 점유 및 이용가능성을 감소시키는 것이 아니므로 그 복사나 출력 행위를 가지고 절도죄를 구성한다고 볼 수도 없다.
(대판 2002.7.12, 2002도745)

판례 동업체에 제공된 물품은 동업관계가 청산되지 않는 한 동업자들의 공동점유에 속하므로, 그 물품이 원래 피고인의 소유라거나 피고인이 다른 곳에서 빌려서 제공하였다는 사유만으로는 절도죄의 객체가 됨에 지장이 없다.
(대판 1995.10.12, 94도2076)

일판 골퍼가 못(池) 가운데로 처넣은 로스트볼은 골퍼가 그 자리를 떠난 때 그 볼의 소유권을 포기한 것으로 보아야 할 것이 아니고, 골프장측에서 조만간에 볼을 회수하여 연습용으로 재이용할 것으로 보아야 하므로 이 볼을 몰래 수거 취득한 행위는 절도죄에 해당한다.(日 · 最高 1987.4.10)

영판 피고의 쓰레기는 소유권이 없는 물건이므로 절도죄에 해당하지 않는다고 주장하지만, 쓰레기를 내놓는 사람은 쓰레기를 남이 가지고 가는 것을 저지할 권리가 있으므로 절도죄가 된다.(1992.12.26 영 아이즐위스법원판)

■ 절취

판례 주간에 절도의 목적으로 타인의 주거에 침입한 경우, 절도죄의 실행의 착수시기 : 야간이 아닌 주간에 절도의 목적으로 다른 사람의 주거에 침입하여 절취할 재물의 물색행위를 시작하는 등 그에 대한 사실상의 지배를 침해하는 데 밀접한 행위를 개시하면 절도죄의 실행에 착수한 것으로 보아야 한다.
(대판 2003.6.24, 2003도1985,2003감도26)

판례 타인의 명의를 모용하여 발급받은 신용카드를 사용하여 현금자동지급기에서 현금대출을 받는 행위는 카드회사에 의하여 미리 포괄적으로 허용된 행위가 아니라, 현금자동지급기의 관리자의 의사에 반하여 그의 지배를 배제한 채 그 현금을 자기의 지배하에 옮겨 놓는 행위로서 절도죄에 해당한다고 봄이 상당하다.(대판 2002.7.12, 2002도2134)

독판 매춘부는 그녀에게 약속대로 성교의 대가로 지급된 금전의 소유권을 취득한다.(BGHSt 6, 377)

■ 불법영득의사

판례 은행이 발급한 직불카드를 사용하여 타인의 예금계좌에서 자기의 예금계좌로 돈을 이체시켰다 하더라도 직불카드 자체가 가지는 경제적 가치가 계좌이체된 금액만큼 소모되었다고 할 수는 없으므로, 이를 일시 사용하고 곧 반환한 경우에는 그 직불카드에 대한 불법영득의 의사는 없다고 보아야 한다.
(대판 2006.3.9, 2005도7819)

판례 불법영득의사 유무의 판단 기준 : 타인의 재물을 점유자의 승낙 없이 무단 사용하는 경우에 있어서 그 사용으로 인하여 물건 자체가 가지는 경제적 가치가 상당한 정도로 소모되거나 또는 사용 후 그 재물을 본래 있었던 장소가 아닌 다른 장소에 버리거나 곧 반환하지 아니하고 장시간 점유하고 있는 것과 같은 때에는 그 소유권 또는 본권을 침해할 의사가 있다고 보아 불법영득의 의사를 인정할 수 있을 것이나, 그렇지 않고 그 사용으로 인한 가치의 소모가 무시할 수 있을 정도로 경미하고, 또한 사용 후 곧 반환한 것과 같은 때에는 그 소유권 또는 본권을 침해할 의사가 있다고 할 수 없어 불법영득의 의사가 있다고 인정할 수 없다.(대판 1999.7.9, 99도857)

독판 분실한 수렵물품을 피복창고에서 해고될 때 충당하기 위하여 군수품을 동료 병사로부터 절취한 군인은 불법영득의 의사로 행위한 것이 아니다.(BGHSt 19, 387)

독판 행위자가 셀프서비스의 상점에서 불법영득의 의사로 상품을 그의 옷이나 그가 휴대한 가방에 숨기는 즉시, 직원이 이를 감시하고 있었고 쉽게 그 이상의 행위를 제지를 할 수 있었다 하더라도 행위자의 점유는 취득되고 이로써 절도죄의 기수가 된다.(BGHSt 16, 271)

第330條【야간주거침입절도】 야간에 사람의 주거, 관리하는 건조물, 선박, 항공기 또는 점유하는 방실(房室)에 침입하여 타인의 재물을 절취(竊取)한 자는 10년 이하의 징역에 처한다.(2020.12.8 본조개정)

改前 "第330條【夜間住居侵入절도】 夜間에 사람의 住居, 看守하는 邸宅, 建造物이나 船舶 또는 占有하는 房室에 侵入하여 他人의 財物을 절취한 者는 10年 이하의 懲役에 處한다."

참조 [주거불가침]헌16, [상습범]332, [미수범]342, [친족간의 범행]328 · 344, [형의 병과]345, [동력]346, [군법]군형75, [군용물범죄]군용물등범죄3, [배상명령]소송촉진25-35

판례 출입문이 열려 있으면 안으로 들어가겠다는 의사 아래 출입문을 당겨보는 행위는 바로 주거의 사실상의 평온을 침해할 객관적인 위험성을 포함하는 행위를 한 것으로 볼 수 있어 그것으로 주거침입의 실행에 착수가 있었고, 단지 그 출입문이 잠겨 있었다는 외부적 장애요소로 인하여 뜻을 이루지 못한 데 불과하다 할 것이다.(대판 2006.9.14, 2006도2824)

판례 야간주거침입절도죄의 실행의 착수시기 : 야간에 타인의 재물을 절취할 목적으로 사람의 주거에 침입한 경우에는 주거에 침입한 단계에서 이미 형법 제330조에서 규정한 야간주거침입절도죄라는 범죄행위의 실행에 착수한 것이라고 보아야 한다.
(대판 2003.10.24, 2003도4417)

第331條【특수절도】 ① 야간에 문이나 담 그 밖의 건조물의 일부를 손괴하고 제330조의 장소에 침입하여 타인의 재물을 절취한 자는 1년 이상 10년 이하의 징역에 처한다.
② 흉기를 휴대하거나 2명 이상이 합동하여 타인의 재물을 절취한 자도 제1항의 형에 처한다.
(2020.12.8 본조개정)

改前 "第331條【特殊절도】 ① 夜間에 門戶 또는 墻壁 기타 建造物의 一部를 損壞하고 前條의 場所에 侵入하여 他人의 財物을 절취한 者는 1年 이상 10年 이하의 懲役에 處한다.
② 兇器를 携帶하거나 2人 이상이 合同하여 他人의 財物을 절취한 者도 前項의 刑과 같다."

참조 [상습범]332, [미수범]342, [친족간의 범행]328 · 344, [형의 병과]345, [동력]346, [군용물범죄]군용물등범죄3, [배상명령]소송촉진25-35

판례 동조 제1항에 정한 '문호 또는 장벽 기타 건조물의 일부'라 함은 주거 등에 대한 침입을 방지하기 위하여 설치된 일체의 위장시설(圍障施設)을 말하고, '손괴'라 함은 물리적으로 위와 같은 위장시설을 훼손하여 그 효용을 상실시키는 것을 말한다.
(대판 2004.10.15, 2004도4505)

독판 공무수행상 총기를 휴대하고서 절도를 범한 경찰관은 흉기휴대의 특수절도의 죄책을 진다.(BGHSt 30, 44)

독판 범죄단체의 구성원이지만 직접적인 범행기여를 하지 않은 자는 다른 구성원이 행한 집단적 절도의 공동정범이 아니라면 그의 범행기여는 절도죄의 구성요건(특별히 중한 사례에서의)을 충족시킬 수 있다. 따라서 절취한 재물에 대한 장물죄는 범할 수 없다.(BGHSt 33, 50)

第331條의2【自動車등 不法使用】 權利者의 同意없이 他人의 自動車, 船舶, 航空機 또는 原動機裝置自轉車를 일시 사용한 者는 3年 이하의 懲役, 500萬원 이하의 罰金, 拘留 또는 科料에 處한다.
(1995.12.29 본조신설)

第332條【常習犯】 常習으로 第329條 내지 第331條의2의 罪를 犯한 者는 그 罪에 정한 刑의 2分의 1까지 加重한다.(1995.12.29 본조개정)

참조 [형의 가중]42 · 56, [본조의 주장에 대한 판단]형소323②, [미수범]342, [친족간의 범행]328 · 344, [형의 병과]345, [동력]346, [군용물범죄]군용물등범죄3

판례 수회의 범행이 우발적인 동기에서 또는 경제적 사정이 급박한 나머지 범행한 것으로서 범인이 평소에 가지고 있던 절도 습성의 발현이라고 볼 수 없는 경우에는 이는 상습절도죄로 인정할 수 없다.(대판 1976.4.13, 76도259)

第333條【强盜】 暴行 또는 脅迫으로 他人의 財物을 强取하거나 기타 財産上의 利益을 取得하거나 第三者로 하여금 이를 取得하게 한 者는 3年 이상의 有期懲役에 處한다.

참조 [결과범]337 · 338, [강도강간]339, [상습범]341, [미수범]342, [예비 · 음모]343, [형의 병과]345, [동력]346, [특별규정]군형75, 한국조폐공사법19-22, 군용물등범죄3 · 5, [배상명령]소송촉진25-35

판례 강도죄에 있어서 폭행 · 협박의 정도 : 강도죄에 있어서 폭행과 협박의 정도는 사회통념상 객관적으로 상대방의 반항을 억압하거나 항거불능케 할 정도의 것이라야 한다.
(대판 2001.3.23, 2001도359)

판례 강도죄에 있어서의 '재산상 이익'의 의미 : 형법 제333조 후단의 강도죄(이른바 강제이득죄)의 요건이 되는 재산상의 이익이란 재물 이외의 재산상의 이익을 말하는 것으로서, 그 재산상의 이익은 반드시 사법상 유효한 재산상의 이득만을 의미하는 것이 아니고 외견상 재산상의 이득을 얻을 것이라고 인정할 수 있는 사실관계만 있으면 여기에 해당된다.(대판 1997.2.25, 96도3411)

독판 폭력을 행사하여 피해자에게 청구권의 실현을 불가능하게 하는 자는 강도적 공갈의 기수책임을 지운다.(BGHSt 25, 224)

第334條【特殊强盜】 ① 夜間에 사람의 住居, 관리하는 建造物, 船舶이나 航空機 또는 占有하는 房室에 侵入하여 第333條의 罪를 犯한 者는 無期 또는 5年 이상의 懲役에 處한다.(1995.12.29 본항개정)
② 兇器를 携帶하거나 2人 이상이 合同하여 前條의 罪를 犯한 者도 前項의 刑과 같다.

참조 [주거불가침]헌16, [결과범]337 · 338, [강도강간]339, [상습범]341, [미수범]342, [예비 · 음모]343, [형의 병과]345, [동력]346, [군용물범죄]군용물등범죄3 · 5, [배상명령]소송촉진25-35

판례 특수강도죄에 있어서의 실행의 착수시기 : 특수강도의 실행의 착수는 강도의 실행행위 즉 사람의 반항을 억압할 수 있는 정도의 폭행 또는 협박에 나아갈 때에 있다 할 것이다.
(대판 1991.11.22, 91도2296)

第335條【준강도】 절도가 재물의 탈환에 항거하거나 체포를 면탈하거나 범죄의 흔적을 인멸할 목적으로 폭행 또는 협박한 때에는 제333조 및 제334조의 예에 따른다.(2020.12.8 본조개정)

改前 "第335條【準强盜】 절도가 財物의 奪還을 抗拒하거나 逮捕를 免脫하거나 罪跡을 湮滅할 目的으로 暴行 또는 脅迫을 加한 때에는 前2條의 例에 依한다."

참조 [절도]329, [형의 병과]345, [결과범]337 · 338, [군용물범죄]군용물등범죄3 · 5, [배상명령]소송촉진25-35

판례 준강도죄의 미수 · 기수의 판단 기준 : 동조에서 절도가 재물의 탈환을 항거하거나 체포를 면탈하거나 죄적을 인멸할 목적으로 폭행 또는 협박을 가한 때에 준강도로서 강도죄의 예에 따라 처벌하는 취지는, 강도죄와 준강도죄의 구성요건인 재물탈취와 폭행 · 협박 사이에 시간적 순서상 전후의 차이가 있을 뿐 실질적으로 위법성이 같다고 보기 때문인 바, 이와 같은 준강도죄의 입법 취지, 강도죄와의 균형 등을 종합적으로 고려해 보면, 준강도죄의 기수 여부는 절도행위의 기수 여부를 기준으로 하여 판단하여야 한다.(대판 2004.11.18, 2004도5074 전원합의체 : 반대 · 별개의견 있음)

판례 '재물의 탈환을 항거할 목적'의 의미 : 준강도죄에서 '재물의 탈환을 항거할 목적'이라 함은 일단 가해자가 재물을 자기의 배타적 지배하에 옮긴 뒤 탈취한 재물을 피해자측으로부터 탈환당하지 않기 위하여 대항하는 것을 말한다.
(대판 2003.7.25, 2003도2316)

판례 절도가 그 체포를 면탈할 목적으로 폭행을 가하여 피해자에게 상해의 결과를 발생케 한 경우에는 비록 재물의 절취는 미수에 그쳤다 할지라도 형법 제337조의 기수범으로 보아야 한다.
(대판 1971.1.26, 70도2518)

第336條【人質强盜】 사람을 逮捕 · 監禁 · 略取 또는 誘引하여 이를 人質로 삼아 財物 또는 財産上의 이익을 취득하거나 第3者로 하여금 이를 취득하게 한 者는 3年 이상의 有期懲役에 處한다.
(1995.12.29 본조개정)

참조 [약취죄]287이하, [상습범]341, [미수범]342, [예비 · 음모]343, [형의 병과]345, [군용물범죄]군용물등범죄3 · 5, [배상명령]소송촉진25-35

第337條【强盜傷害, 致傷】 强盜가 사람을 傷害하거나 傷害에 이르게 한 때에는 無期 또는 7年 이상의 懲役에 處한다.(1995.12.29 본조개정)

참조 [강도]333-336, [상해]257 · 258, [미수범]342, [형의 병과]345, [군용물범죄]군용물등범죄3 · 5, [배상명령]소송촉진25-35

판례 날치기 수법으로 피해자가 들고 있던 가방을 탈취하면서 가방을 놓지 않고 버티는 피해자를 5m가량 끌고 감으로써 피해자의 무릎 등에 상해를 입힌 경우, 반항을 억압하기 위한 목적으로 가해진 강제력으로서 그 반항을 억압할 정도에 해당한다고 보아 강도치상죄의 성립을 인정한다.
(대판 2007.12.13, 2007도7601)

판례 '날치기'와 같이 강력적으로 재물을 절취하는 행위는 때로는 피해자를 전도시키거나 부상케 하는 경우가 있고, 구체적인 상황에 따라서는 이를 강도로 인정하여야 할 때가 있다 할 것이나, 그와 같은 결과가 피해자의 반항억압을 목적으로 함이 없이 점유탈취의 과정에서 우연히 가해진 경우라면 이는 절도에 불과한 것으로 보아야 한다.(대판 2003.7.25, 2003도2316)

판례 강도상해죄에서 '상해'의 의미 : 강도상해죄에서 '상해'라 함은 피해자의 신체의 건강상태가 불량하게 변경되고 생활기능에 장애가 초래되는 것을 말하는 것으로서, 피해자가 입은 상처가 극히 경미하여 굳이 치료할 필요가 없고 치료를 받지 않더라도 일상생활을 하는 데 아무런 지장이 없으며 시일이 경과함에 따라 자연적으로 치유될 수 있는 정도라면, 그로 인하여 피해자의 신체의 건강상태가 불량하게 변경되었다거나 생활기능에 장애가 초래된 것으로 보기 어려워 강도상해죄의 '상해'에 해당한다고 할 수 없다.(대판 2003.7.11, 2003도2313)

일판 강도의 수단인 협박에 대하여 피해자가 외포하여, 그 결과 상해가 발생한 경우에도 강도치상죄는 성립한다.
(日 · 大阪高 1985.2.6)

第338條【强盜殺人 · 致死】 强盜가 사람을 殺害한 때에는 死刑 또는 無期懲役에 處한다. 死亡에 이르게 한 때에는 無期 또는 10年 이상의 懲役에 處한다.
(1995.12.29 본조개정)

참조 [강도]333－336, [살인]250, [상해치사]259, [미수범]342, [형의 병과]345, [군용물범죄]군용물등범죄3 · 5, [배상명령]소송촉진25－35

판례 강도살인죄의 성립요건 : 강도살인죄는 강도범인이 강도의 기회에 살인행위를 함으로써 성립하는 것이므로, 강도범행의 실행중이거나 그 실행 직후 또는 실행의 범의(犯意)를 포기한 직후로서 사회통념상 범죄행위가 완료되지 아니하였다고 볼 수 있는 단계에서 살인이 행하여짐을 요건으로 한다.
(대판 2004.6.24, 2004도1098)

第339條【强盜强姦】 强盜가 사람을 强姦한 때에는 無期 또는 10年 이상의 懲役에 處한다.
(2012.12.18 본조개정)

改前 第339條【强盜强姦】强盜가 "婦女를" 强姦한 때에는 無期 또는 10年이상의 懲役에 處한다.

참조 [강도]333－336, [강간]297, [미수범]342, [형의 병과]345, [군용물범죄]군용물등범죄3 · 5, [배상명령]소송촉진25－35

第340條【海上强盜】 ① 多衆의 威力으로 海上에서 船舶을 强取하거나 船舶內에 侵入하여 他人의 財物을 强取한 者는 無期 또는 7年 이상의 懲役에 處한다.
② 第1項의 罪를 犯한 者가 사람을 傷害하거나 傷害에 이르게 한 때에는 無期 또는 10年 이상의 懲役에 處한다.(1995.12.29 본항개정)
③ 第1項의 罪를 犯한 者가 사람을 殺害 또는 死亡에 이르게 하거나 강간한 때에는 死刑 또는 無期懲役에 處한다.(2012.12.18 본항개정)

改前 ③ 第1項의 罪를 犯한 者가 사람을 殺害 또는 死亡에 이르게 하거나 "婦女를 强姦한" 때에는 死刑 또는 無期懲役에 處한다.(1995.12.29 본항개정)

참조 [상습범]341, [미수범]342, [예비 · 음모]343, [형의 병과]345, [군용물범죄]군용물등범죄3 · 5, [배상명령]소송촉진25－35

第341條【常習犯】 常習으로 第333條, 第334條, 第336條 또는 前條第1項의 罪를 犯한 者는 無期 또는 10年 이상의 懲役에 處한다.

참조 [미수범]342, [형의 병과]345, [군용물범죄]군용물등범죄3 · 5

第342條【未遂犯】 第329條 내지 第341條의 未遂犯은 處罰한다.(1995.12.29 본조개정)

참조 328 · 343－346, [미수범]25－29

第343條【豫備, 陰謀】 强盜할 目的으로 豫備 또는 陰謀한 者는 7年 이하의 懲役에 處한다.

참조 경범1, [예비 · 음모]28, [군용물범죄]군용물등범죄3

판례 강도를 할 목적에 이르지 않고 준강도할 목적이 있음에 그치는 경우에 강도예비 · 음모죄가 성립하는지 여부 : 강도예비 · 음모죄가 성립하기 위해서는 예비 · 음모 행위자에게 미필적으로라도 '강도'를 할 목적이 있음이 인정되어야 하고 그에 이르지 않고 단순히 '준강도'할 목적이 있음에 그치는 경우에는 강도예비 · 음모죄로 처벌할 수 없다.(대판 2006.9.14, 2004도6432)

第344條【親族間의 犯行】 第328條의 規定은 第329條 내지 第332條의 罪 또는 未遂犯에 準用한다.

참조 [친족]민767－769, [고소]형소223 · 225 · 230 · 232 · 233, [형면제선고]형소322, [형면제의 주장에 대한 판단]형소323②, [공소기각]형소327

第345條【資格停止의 倂科】 本章의 罪를 犯하여 有期懲役에 處할 경우에는 10年 이하의 資格停止를 倂科할 수 있다.

참조 [자격정지]44

第346條【動力】 本章의 罪에 있어서 管理할 수 있는 動力은 財物로 看做한다.

참조 [재물]민98, [준용]354 · 361 · 372

第39章 詐欺와 恐喝의 罪

第347條【詐欺】 ① 사람을 欺罔하여 財物의 交付를 받거나 財産上의 利益을 取得한 者는 10年 이하의 懲役 또는 2千萬원 이하의 罰金에 處한다.
(1995.12.29 본항개정)
② 前項의 方法으로 第三者로 하여금 財物의 交付를 받게 하거나 財産上의 利益을 取得하게 한 때에도 前項의 刑과 같다.

참조 [상습범]351, [미수범]352, [형의 병과]353, [친족간 범행]328 · 354, [동력]346 · 354 [특별규정]약사61 · 68, 조세범처벌9, 경범1, [군법]군형75, [배상명령]소송촉진25－35

판례 사기죄가 성립하는지는 행위 당시를 기준으로 판단하여야 하므로, 소비대차 거래에서 차주가 돈을 빌릴 당시에는 변제할 의사와 능력을 가지고 있었다면 비록 그 후에 변제하지 않고 있더라도 이는 민사상 채무불이행에 불과하며 형사상 사기죄가 성립하지는 아니한다. 따라서 소비대차 거래에서, 대주와 차주 사이의 친척 · 친지와 같은 인적 관계 및 계속적인 거래 관계 등에 의하여 대주가 차주의 신용 상태를 인식하고 있어 장래의 변제 지체 또는 변제불능에 대한 위험을 예상하고 있었거나 충분히 예상할 수 있는 경우에는, 차주가 차용 당시 구체적인 변제의사, 변제능력, 차용 조건 등과 관련하여 소비대차 여부를 결정지을 수 있는 중요한 사항에 관하여 허위 사실을 말하였다는 등의 다른 사정이 없다면, 차주가 그 후 제대로 변제하지 못하였다는 사실만을 가지고 변제능력에 관하여 대주를 기망하였다거나 차주에게 편취의 범의가 있었다고 단정할 수 없다.
(대판 2016.4.2, 2012도14516)

판례 사기도박에서 실행의 착수시기 : 사기죄는 편취의 의사로 기망행위를 개시한 때에 실행에 착수한 것으로 보아야 하므로, 사기도박에서도 사기적인 방법으로 도금을 편취하려고 하는 자가 상대방에게 도박에 참가할 것을 권유하는 등 기망행위를 개시한 때에 실행의 착수가 있는 것으로 보아야 한다.
(대판 2011.1.13, 2010도9330)

판례 기망행위를 수단으로 한 권리행사의 경우 그 권리행사에 속하는 행위와 그 수단에 속하는 기망행위를 전체적으로 관찰하여 그와 같은 기망행위가 사회통념상 권리행사의 수단으로서 용인할 수 없는 정도라면 그 권리행사에 속하는 행위는 사기죄를 구성하는데, 보험금을 지급받을 수 있는 사유가 있다 하더라도 이를 기화로 실제 지급받을 수 있는 보험금보다 다액의 보험금을 편취할 의사로 장기간의 입원 등을 통하여 과다한 보험금을 지급받는 경우에는 지급받은 보험금 전체에 대하여 사기죄가 성립한다.(대판 2009.5.28, 2008도4665)

판례 자동차보험의 진료수가는 관련 법령이 정한 절차에 따라 결정 · 지급되는 것으로서, 보험회사가 임의로 의료기관의 지급청구내역이나 금액을 삭감할 수 없고, 보험회사의 부당한 감액조치에 대하여는 의료기관이 진료수가분쟁심의회에 심사를 청구할 수 있는 것인바, 그럼에도 불구하고 의료기관이 청구한 진료수가 내역을 보험회사가 삭감할 것을 미리 예상하고 그만큼 허위로 과다하게 진료수가를 청구하였다면, 허위로 과다하게 청구한 부분에 대한 편취의사 및 불법영득의사가 있었다고 보아야 한다.(대판 2008.2.29, 2006도5945)

판례 부동산가압류결정을 받아 부동산에 관한 가압류집행까지 마친 자가 그 가압류를 해제하면 소유자는 가압류의 부담이 없는 부동산을 소유하는 이익을 얻게 되므로, 가압류를 해제하는 것 역시 사기죄에서 말하는 재산적 처분행위에 해당하고, 그 이후 가압류의 피보전채권이 존재하지 않는 것으로 밝혀졌다고 하더라도 가압류의 해제로 인한 재산상의 이익이 없었다고 할 수 없다.(대판 2007.9.20, 2007도5507)

판례 소송사기는 법원을 속여 자기에게 유리한 판결을 얻음으로써 상대방의 재물 또는 재산상 이익을 취득하는 범죄로서, 이를 쉽사리 유죄로 인정하게 되면 누구든지 자기에게 유리한 주장을 하고 소송을 통하여 권리구제를 받을 수 있는 민사재판제도의 위축을 가져올 수밖에 없으므로, 피고인이 그 범행을 인정한 경우 외에는 그 소송상의 주장이 사실과 다름이 객관적으로 명백하고 피고인이 그 주장이 명백히 거짓인 것을 인식하였거나 증거를 조작하려고 하였음이 인정되는 때와 같이 범죄가 성립하는 것이 명백한 경우가 아니면 이를 유죄로 인정하여서는 아니 되고, 단순히 사실을 잘못 인식하였다거나 법률적 평가를 잘못하여 존재하지 않는 권리를 존재한다고 믿고 제소한 행위는 사기죄를 구성하지 아니하며, 소송상 주장이 다소 사실과 다르더라도 존재한다고 믿는 권리를 이유 있게 하기 위한 과장표현에 지나지 아니하는 경우 사기의 범의가 있다고 볼 수 없고, 또한 소송사기에서 말하는 증거의 조작이란 처분문서 등을 거짓으로 만들어내거나 증인의 허위 증언을 유도하는 등으로 객관적 · 제3자적 증거를 조작하는 행위를 말한다.(대판 2007.9.6, 2006도3591)

판례 [1] 사기죄는 타인을 기망하여 착오를 일으키게 하고 그로 인한 처분행위를 유발하여 재물 · 재산상의 이득을 얻음으로써 성립하고, 여기서 처분행위라 함은 재산적 처분행위로서 피해자가 자유의사로 직접 재산상 손해를 초래하는 작위에 나아가거나 또는 부작위에 이른 것을 말하므로, 피해자가 착오에 빠진 결과 채권의 존재를 알지 못하여 채권을 행사하지 아니하였다면 그와 같은 부작위도 재산의 처분행위에 해당한다.
[2] 출판사 경영자가 출고현황표를 조작하는 방법으로 실제출판부수를 속여 작가에게 인세의 일부만을 지급한 사안에서, 작가가 나머지 인세에 대한 청구권의 존재 자체를 알지 못하는 착오에 빠져 이를 행사하지 아니한 것이 사기죄에 있어 부작위에 의한 처분행위에 해당한다.
(대판 2007.7.12, 2005도9221)

➡ 기망행위

판례 형법 제347조 제1항이 헌법이 요구하는 처벌법규의 명확성에 배치되는지 여부 : 통상의 해석방법에 의하여 건전한 상식과 통상적인 법감정을 가진 사람이면 사기죄의 보호법익과 금지된 행위를 알 수 있다고 할 것이므로, 형법 제347조 제1항이 헌법이 요구하는 처벌법규의 명확성에 배치되는 것이라고 할 수 없다.(대판 2006.5.11, 2006도1715)

판례 사기죄의 요건으로서 '기망'의 의미 : 사기죄의 요건으로서의 기망은 널리 재산상의 거래관계에 있어서 서로 지켜야 할 신의와 성실의 의무를 저버리는 모든 적극적 또는 소극적 행위를 말하는 것으로서, 반드시 법률행위의 중요부분에 관한 허위표시임을 요하지 아니하고, 상대방을 착오에 빠지게 하여 행위자가 희망하는 재산적 처분행위를 하도록 하기 위한 판단의 기초가 되는 사실에 관한 것이면 충분하다.(대판 2005.10.28, 2005도5774)

판례 상품의 허위, 과장광고가 사기죄의 기망행위에 해당하는 경우 : 일반적으로 상품의 선전 · 광고에 있어 다소의 과장, 허위가 수반되는 것은 그것이 일반 상거래의 관행과 신의칙에 비추어 시인될 수 있는 한 기망성이 결여된다고 하겠으나 거래에 있어서 중요한 사항에 관하여 구체적 사실을 거래상의 신의성실의 의무에 비추어 비난받을 정도의 방법으로 허위로 고지한 경우에는 과장, 허위광고의 한계를 넘어 사기죄의 기망행위에 해당한다.(대판 2004.1.15, 2001도1429)

판례 어음의 발행인들이 각자 자력이 부족한 상태에서 자금을 편법으로 확보하기 위하여 서로 동액의 융통어음을 발행하여 교환한 경우, 자기가 발행한 어음이 그 지급기일에 결제되지 않으리라는 점을 예견하였거나 지급기일에 지급될 수 있다는 확신 없이 상대방으로부터 어음을 교부받았다고 하더라도 사기죄가 성립하는 것은 아니다.(대판 2002.4.23, 2001도6570)

➡ 부작위에 의한 기망행위

판례 부작위에 의한 기망의 의미 : 사기죄의 요건으로서의 부작위에 의한 기망은 법률상 고지의무 있는 자가 일정한 사실에 관하여 상대방이 착오에 빠져 있음을 알면서도 그 사실을 고지하지 아니함을 말하는 것이다.(대판 2004.5.27, 2003도4531)

판례 법률상 고지의무가 인정되는 경우 : 거래의 상대방이 일정한 사정에 관한 고지를 받았더라면 당해 거래에 임하지 아니하였을 것이라는 관계가 인정되는 경우에는 그 거래로 인하여 재물을 수취하는 자에게는 신의성실의 원칙상 사전에 상대방에게 그와 같은 사정을 고지할 의무가 있다 할 것이고, 그럼에도 불구하고 이를 고지하지 아니한 것은 고지할 사실을 묵비함으로써 상대방을 기망한 것이 되어 사기죄를 구성한다.
(대판 2004.4.9, 2003도7828)

➡ 편취

판례 금전차용에 있어 진실에 반하는 사실을 고지하여 금전을 교부받은 경우 사기죄의 성립 여부 : 타인으로부터 금전을 차용함에 있어서 그 차용한 금전의 용도나 변제할 자금의 마련방법에 관하여 사실대로 고지하였더라면 상대방이 응하지 않았을 경우에 그 용도나 변제자금의 마련방법에 관하여 진실에 반하는 사실을 고지하여 금전을 교부받은 경우에는 사기죄가 성립한다.(대판 2005.9.15, 2003도5382)

판례 사기죄에 있어서 편취의 범의 판단 : 사기죄의 주관적 구성요건인 편취의 범의는 피고인이 자백하지 않는 이상 범행 전후의 피고인 등의 재력, 환경, 범행의 경위와 내용, 거래의 이행과정 등과 같은 객관적인 사정 등을 종합하여 판단할 수밖에 없다.(대판 1996.5.14, 96도481)

➡ 재산상 이익

판례 재산상 이익의 취득의 의미 : 형법 제347조 소정의 재산상 이익처분은 그 재산상의 이익을 법률상 유효하게 취득함을 필요로 하지 아니하고 그 이익 취득이 법률상 무효라 하여도 외형상 취득한 것이면 족한 것이므로 피전부채권이 법률상으로는 유효한 것이 아니고 전부명령이 효력을 발생할 수 없다 하여도 피전부채권이나 전부명령이 외형상으로 존재하는 한 위 법조 소정의 재산상 이익취득이다.(대판 1975.5.27, 75도760)

➡ 처분행위

판례 배당이의 소송의 제1심에서 패소판결을 받고 항소한 자가 그 항소를 취하하는 것이 사기죄에서 말하는 재산적 처분행위에 해당하는지 여부 : 배당이의 소송의 제1심에서 패소판결을 받고 항소한 자가 그 항소를 취하하면 그 즉시 제1심판결이 확정되고 상대방이 배당금을 수령할 수 있는 이익을 얻게 되는 것이므로 위 항소를 취하하는 것 역시 사기죄에서 말하는 재산적 처분행위에 해당한다.(대판 2002.11.22, 2000도4419)

판례 사기죄의 성립 요건인 처분행위의 의미 : 사기죄는 타인을 기망하여 착오에 빠뜨리게 하고 그 처분행위를 유발하여 재물, 재산상의 이득을 얻음으로써 성립하는 것이고, 여기서 처분행위라고 하는 것은 재산적 처분행위를 의미하고 그것은 주관적으로 피기망자가 처분의사 즉 처분결과를 인식하고 객관적으로는 이러한 의사에 지배된 행위가 있을 것을 요한다.
(대판 1999.7.9, 99도1326)

➡ 재산상 손해

판례 분식회계에 의한 회사채 공모로 인한 사기죄에 있어서 피해자의 범위 : 회사채 공모는 상법, 증권거래법에서 자격이 제한된 수탁회사에 의하여 이루어지는 것이므로 발행회사로부터 기망 당하여 착오에 빠진 수탁회사를 신뢰하여 공모에 응한 투자자들도 역시 기망에 빠져 재산적 처분행위를 하였다고 볼 수 있으므로 결국 회사채 공모에 의하여 회사채를 취득한 투자자와 잔액인수한 주간사 또는 인수회사도 피해자가 된다.
(대판 2005.4.29, 2002도7262)

판례 피해자의 현실적 손해발생이 사기죄의 구성요건인지 여부 : 사기죄는 타인을 기망하여 그로 인한 하자 있는 의사에 기하여 재물의 교부를 받거나 재산상의 이득을 취득함으로써 성립되는 범죄로서 그 본질은 기망행위에 의한 재산이나 재산상 이익의 취득에 있는 것이고 상대방에게 현실적으로 재산상 손해가 발생함을 요건으로 하지 아니한다.(대판 2004.4.9, 2003도7828)

판례 사기죄에 있어서 그 대가가 일부 지급된 경우의 편취액 : 재물편취를 내용으로 하는 사기죄에 있어서는 기망으로 인한 재물교부가 있으면 그 자체로써 피해자의 재산침해가 되어 이로써 곧 사기죄가 성립하는 것이고, 상당한 대가가 지급되었다거나 피해자의 전체 재산상에 손해가 없다 하여도 사기죄의 성립에는 그 영향이 없으므로 사기죄에 있어서 그 대가가 일부 지급된 경우에도 그 편취액은 피해자로부터 교부된 재물의 가치로부터 그 대가를 공제한 차액이 아니라 교부받은 재물 전부라 할 것이다.(대판 2000.7.7, 2000도1899)

➡ 기수시기

판례 사기죄의 기수시기 : 타인의 명의를 빌려 예금계좌를 개설한 후, 통장과 도장은 명의인에게 보관시키고 자신은 위 계좌의 현금인출카드를 소지한 채 명의인을 기망하여 위 예금계좌로 돈을 송금하게 한 경우, 자신은 통장의 현금인출카드를 소지하고 있으면서 언제든지 카드를 이용하여 차명계좌 통장으로부터 금원을 인출할 수 있었고, 명의인을 기망하여 위 통장으로 돈을 송금받은 이상, 이로써 송금받은 돈을 자신의 지배하에 두게 되어 '편취행위'는 기수에 이르렀다고 할 것이고, 이후 편취금을 인출하지 않고 있던 중 명의인이 이를 인출하여 갔다 하더라도 이는 범죄성립 후의 사정일 뿐 사기죄의 성립에 영향이 없다.
(대판 2003.7.25, 2003도2252)

판례 사기죄의 성립 요건 : 사기죄는 타인을 기망하여 착오에 빠뜨리고 그 처분행위를 유발하여 재물을 교부받거나 재산상 이익을 얻음으로써 성립하는 것으로서, 기망, 착오, 재산적 처분행위 사이에 인과관계가 있어야 한다.
(대판 2000.6.27, 2000도1155)

➡ 소송사기

판례 소송사기는 법원을 기망하여 제3자의 재물을 편취할 것을 기도하는 것을 내용으로 하는 것으로서, 사기죄로 인정하기 위하여는 제소 당시 그 주장과 같은 권리가 존재하지 않는다는 것만으로는 부족하고, 그 주장의 권리가 존재하지 않는 사실을 잘 알고 있으면서도 허위의 주장과 입증으로 법원을 기망한다는 인식을 요한다. 그러나 허위의 내용으로 소송을 제기하여 법원을 기망한다는 고의가 있는 경우에 법원을 기망하는 것은 반드시 허위의 증거를 이용하지 않더라도 당사자의 주장이 법원을 기망하기에 충분한 것이라면 기망수단이 된다.
(대판 2011.9.8, 2011도7262)

판례 소송사기에서 증거조작의 의미 : 소송사기에서 말하는 증거의 조작이란 처분문서 등을 거짓으로 만들어내거나 증인의 허위 증언을 유도하는 등으로 객관적·제3자적 증거를 조작하는 행위를 말하는 것이다.(대판 2004.3.25, 2003도7700)

판례 '소송사기'를 '사기죄'로 인정하기 위한 요건 : 소송사기가 성립하려면 제소 당시에 그 주장과 같은 채권이 존재하지 아니하다는 것만으로는 부족하고 그 주장의 채권이 존재하지 아니한 사실을 잘 알고 있으면서도 허위의 주장과 입증으로 법원을 기망한다는 인식을 하고 있어야만 하고, 단순히 사실을 잘못 인식하거나 법률적인 평가를 그르쳐 존재하지 않는 채권을 존재한다고 믿고 제소하는 행위는 사기죄를 구성하지 않는다.(대판 2003.5.16, 2003도373)

■ 소송사기죄 적용의 엄격성

판례 소송사기 행위를 처벌하는 것은 필연적으로 누구든지 자기에게 유리한 주장을 하고 소송을 통하여 권리구제를 받을 수 있다는 민사재판제도의 위축을 초래하고 본질적으로 민사분쟁인 사안을 소송사기라는 형사분쟁으로 비화시킬 위험이 있으므로 극히 신중해야 할 것이다.(대판 2007.4.13, 2005도4222)

■ 사기죄의 요건으로서 부작위에 의한 기망의 의미와 요건

판례 [1] 사기죄의 요건으로서의 기망은 널리 재산상의 거래관계에 있어 서로 지켜야 할 신의와 성실의 의무를 저버리는 모든 적극적 또는 소극적 행위를 말하는 것이고, 그 중 소극적 행위로서의 부작위에 의한 기망은 법률상 고지의무 있는 자가 일정한 사실에 관하여 상대방이 착오에 빠져 있음을 알면서도 그 사실을 고지하지 아니함을 말하는 것으로서, 일반거래의 경험칙상 상대방이 그 사실을 알았더라면 당해 법률행위를 하지 않았을 것이 명백한 경우에는 신의칙에 비추어 그 사실을 고지할 법률상 의무가 인정된다.
[2] 사기죄의 요건으로서의 기망은 널리 재산상의 거래관계에 있어 서로 지켜야 할 신의와 성실의 의무를 저버리는 모든 적극적 또는 소극적 행위를 말하는 것이고, 이러한 소극적 행위로서의 부작위에 의한 기망은 법률상 고지의무 있는 자가 일정한 사실에 관하여 상대방이 착오에 빠져 있음을 알면서도 이를 고지하지 아니함을 말하는 것으로서, 특정 질병을 앓고 있는 사람이 보험회사가 정한 약관에 그 질병에 대한 고지의무를 규정하고 있음을 알면서도 이를 고지하지 아니한 채 그 사실을 모르는 보험회사와 그 질병을 담보하는 보험계약을 체결한 다음 바로 그 질병의 발병을 사유로 하여 보험금을 청구하였다면 특별한 사정이 없는 한 사기죄에 있어서의 기망행위 내지 편취의 범의를 인정할 수 있고, 보험회사가 그 사실을 알지 못한 데에 과실이 있다거나 고지의무위반을 이유로 보험계약을 해제할 수 있다고 하여 사기죄의 성립에 영향이 생기는 것은 아니다.(대판 2007.4.12, 2007도967)

판례 채권자가 채권배당절차에서 실제 배당받아야 할 금액을 초과하는 금액을 편취하려고 하였으나 미수에 그친 경우에 사기미수의 범죄사실을 인정할 수 있다고 한 원심의 판단을 수긍한다.(대판 2007.3.30, 2006도6350)

■ 법률적용

판례 형법 제347조 제1항의 죄와 제2항의 죄 상호간의 법령적용의 착오가 위법에 해당하는지 여부 : 사기범행의 공소사실에 대하여 형법 제347조 제2항이 아닌 같은 조 제1항의 죄가 성립하는 것이라고 하더라도 형법 제347조 제1항의 죄와 제2항의 죄는 그 형이 같아 위와 같은 사정은 판결 결과에 영향을 미치는 사유가 아니다.(대판 2005.4.29, 2005도741)

판례 수인의 피해자에 대하여 각별로 기망행위를 하여 각각 재물을 편취한 경우에는 범의가 단일하고 범행방법이 동일하더라도 각 피해자의 피해법익은 독립한 것이므로 이를 포괄일죄로 파악할 수 없고 피해자별로 독립한 사기죄가 성립된다.(대판 2001.12.28, 2001도6130)

■ 어음·신용카드 관련 사기죄의 성부

판례 딱지어음 등이 전전유통된 경우 그 발행인을 최종 소지인에 대한 관계에서 사기죄로 처벌할 수 있는지 여부 : 어음, 수표의 발행인이 그 지급기일에 결제되지 않으리라는 정을 예견하면서도 이를 발행하고 거래상대방을 속여 그 할인을 받거나 물품을 매수하였다면 위 발행인의 사기행위는 이로써 완성되는 것이고, 그 어음, 수표가 전전 유통되고 최후소지인이 지급기일에 지급제시하였으나 부도되었다고 하더라도 발행인이 최후소지인의 전자들과 사이에 공범관계에 있다는 등의 특별한 사정이 없는 한 그 최후소지인에 대한 관계에서 발행인의 행위를 사기죄로 의율할 수 없다.(대판 2005.10.13, 2005도4589)

판례 채무이행을 연기받을 목적으로 어음을 발행 교부한 경우 사기죄의 성부 : 채무이행을 연기받는 것도 사기죄에 있어서 재산상의 이익이 되므로, 채무자가 채권자에 대하여 소정기일까지 지급할 의사와 능력이 없음에도 종전 채무의 변제기를 늦출 목적에서 어음을 발행 교부한 경우에는 사기죄가 성립한다.(대판 2005.9.15, 2005도5215)

판례 편취한 어음의 할인행위가 사기죄를 구성하는지 여부 : 편취한 약속어음을 그와 같은 사실을 모르는 제3자에게 편취사실을 숨기고 할인받는 행위는 당초의 어음 편취와는 별개의 새로운 법익을 침해하는 행위로서 기망행위와 할인금의 교부행위 사이에 상당인과관계가 있어 새로운 사기죄를 구성한다 할 것이고, 설령 그 약속어음을 취득한 제3자가 선의이고 약속어음의 발행인이나 배서인이 어음금을 지급할 의사와 능력이 있었다 하더라도 이러한 사정은 사기죄의 성립에 영향이 없다.(대판 2000.9.5, 99도3590)

■ 타죄와의 관계

판례 은행예금통장을 절취한 후 이를 사용하여 마치 진실한 예금명의인이 예금을 찾는 것처럼 은행원을 기망오신시켜 예금을 인출한 행위는 절도죄외에 새로운 법익을 침해한 것이므로 별도로 사기죄를 구성하며 위 예금인출행위가 절도행위의 연장이라든가 또는 그에 흡수되는 것이라고는 볼 수 없다.(대판 1974.11.26, 74도2817)

■ 법률적용

판례 차용금의 편취나 공사대금 상당의 재산상 이익의 편취에 의한 사기죄의 성립 여부는 금원차용 당시나 도급계약 당시를 기준으로 판단하여야 하고, 공사차용이나 도급계약 이후 경제사정의 변화로 차용금이나 공사대금을 변제할 수 없게 되었다 하여 이를 사기죄로 처벌할 수 없다.(대판 1997.4.11, 97도249)

■ 외국판례

독판 출판사의 광고회사의 대리인이 허위의 사실로 고객을 기망하여 고객에게 쓸모없는 정기간행물을 구독하도록 했다면, 회사의 소유자가 애당초 어떤 경우에도 구독자의 단순한 이의신청만으로 계약을 해지해 줄 준비가 되어 있다고 하더라도 재산상의 손해에 상응할 만한 방식으로 구독자의 재산을 위태롭게 한 것이다.(BGHSt 23, 300)

독판 상인이 거짓으로 보증한 품질로 인하여 흠있는 상품을 구매한 구매자에게는, 만일-보증한 품질이 아니더라도-그 상품이 계약된 가격에 상응하는 가치가 있을 경우에도 계약체결시 손해가 존재한다고 본다. 그러나 이는 항상 그리고 어떤 경우라도 그런 것은 아니다.(BGHSt 16, 220)

독판 차고의 관리자에게 권리자의 동의가 있는 것처럼 기망하여 자동차를 건네 받도록 한 자는 절도죄가 아니라 사기죄의 책임을 진다.(BGHSt 18, 221)

第347條의2【컴퓨터등 사용사기】 컴퓨터등 정보처리장치에 허위의 정보 또는 부정한 명령을 입력하거나 권한 없이 정보를 입력·변경하여 정보처리를 하게 함으로써 재산상의 이익을 취득하거나 제3자로 하여금 취득하게 한 자는 10년 이하의 징역 또는 2천만원 이하의 벌금에 처한다.(2001.12.29 본조개정)

改前 "第347條의2【컴퓨터등 使用詐欺】 컴퓨터등 情報處理裝置에 허위의 情報 또는 부정한 命令을 入力하여 情報處理를 하게 함으로써 財産上의 이익을 취득하거나 第3者로 하여금 취득하게 한 者는 10年이하의 懲役 또는 2千萬원이하의 罰金에 處한다.(1995.12.29 본조신설)"

판례 형법 제347조의2는 재산변동에 관한 사무가 사람의 개입 없이 컴퓨터 등에 의하여 기계적·자동적으로 처리되는 경우가 증가함에 따라 이를 악용하여 불법적인 이익을 취하는 행위도 증가하였으나 이들 새로운 유형의 행위는 사람에 대한 기망행위나 상대방의 처분행위 등을 수반하지 않아 기존 사기죄로는 처벌할 수 없다는 점 등을 고려하여 신설한 규정이다. 여기서 '정보처리'는 사기죄에서 피해자의 처분행위에 상응하므로 입력된 허위의 정보 등에 의하여 계산이나 데이터의 처리가 이루어짐으로써 직접적으로 재산처분의 결과를 초래하여야 하고, 행위자나 제3자의 '재산상 이익 취득'은 사람의 처분행위가 개재됨이 없이 컴퓨터 등에 의한 정보처리 과정에서 이루어져야 한다.(대판 2014.3.13, 2013도16099)

판례 금융기관 직원이 전산단말기를 이용하여 다른 공범들이 지정한 특정계좌에 돈이 입금된 것처럼 허위의 정보를 입력하는 방법으로 위 계좌로 입금되도록 한 경우, 이러한 입금절차를 완료함으로써 장차 그 계좌에서 이를 인출하여 갈 수 있는 재산상 이익을 취득하였으므로 형법 제347조의2에서 정하는 컴퓨터 등 사용사기죄는 기수에 이르렀고, 그 후 그러한 입금이 취소되어 현실적으로 인출되지 못하였다고 하더라도 이미 성립한 컴퓨터 등 사용사기죄에 어떤 영향이 있다고 할 수는 없다.(대판 2006.9.14, 2006도4127)

판례 예금주인 현금카드 소유자로부터 그 위임을 받은 금액을 초과하여 현금을 인출한 경우에는 그 인출된 현금에 대한 점유를 취득함으로써 위임받은 금액을 넘는 부분의 비율에 상당하는 재산상 이익을 취득한 것으로 볼 수 있으므로, 그 차액 상당액에 관하여 '컴퓨터 등 정보처리장치에 권한 없이 정보를 입력하여 정보처리를 하게 함으로써 재산상의 이익을 취득'하는 행위로서 컴퓨터 등 사용사기죄에 해당된다.(대판 2006.3.24, 2005도3516)

판례 형법 제347조의2는 컴퓨터등사용사기죄의 객체를 재물이 아닌 재산상의 이익으로만 한정하여 규정하고 있으므로, 절취한 타인의 신용카드로 현금자동지급기에서 현금을 인출하는 행위가 재물에 관한 범죄임이 분명한 이상 이를 위 컴퓨터등사용사기죄로 처벌할 수는 없다.(대판 2003.5.13, 2003도1178)

第348條【준사기】 ① 미성년자의 사리분별력 부족 또는 사람의 심신장애를 이용하여 재물을 교부받거나 재산상 이익을 취득한 자는 10년 이하의 징역 또는 2천만원 이하의 벌금에 처한다.
② 제1항의 방법으로 제3자로 하여금 재물을 교부받게 하거나 재산상 이익을 취득하게 한 경우에도 제1항의 형에 처한다.
(2020.12.8 본조개정)

改前 "第348條【準詐欺】 ① 未成年者의 知慮淺薄 또는 사람의 心神障碍를 利用하여 財物의 交付를 받거나 財産上의 利益을 取得한 者는 10年 이하의 懲役 또는 2千萬원 이하의 罰金에 處한다.(1995.12.29 본항개정)
② 前項의 方法으로 第三者로 하여금 財物의 交付를 받게 하거나 財産上의 利益을 取得하게 한 때에도 前項의 刑과 같다."

참조 [불공정한 법률행위]민104, [상습범]351, [미수범]352, [형의 병과]353, [친족간의 범행]328·354, [동력]346, [배상명령]소송촉진25-35

第348條의2【便宜施設不正利用】 부정한 방법으로 對價를 지급하지 아니하고 自動販賣機, 공중전화 기타 有料自動設備를 이용하여 財物 또는 財産上의 이익을 취득한 者는 3年 이하의 懲役, 500萬원 이하의 罰金, 拘留 또는 科料에 處한다.(1995.12.29 본조신설)

第349條【부당이득】 ① 사람의 곤궁하고 절박한 상태를 이용하여 현저하게 부당한 이익을 취득한 자는 3년 이하의 징역 또는 1천만원 이하의 벌금에 처한다.
② 제1항의 방법으로 제3자로 하여금 부당한 이익을 취득하게 한 경우에도 제1항의 형에 처한다.
(2020.12.8 본조개정)

改前 "第349條【不當利得】 ① 사람의 窮迫한 狀態를 利用하여 顯著하게 不當한 利益을 取得한 者는 3年 이하의 懲役 또는 1千萬원 이하의 罰金에 處한다.(1995.12.29 본항개정)
② 前項의 方法으로 第三者로 하여금 不當한 利益을 取得하게 한 때에도 前項의 刑과 같다."

참조 [불공정한 법률행위]민104, [부당이득]민741, [상습범]351, [형의 병과]353, [친족간의 범행]328·354, [동력]346·354, 경범1

판례 형법상 부당이득죄에서 궁박이라 함은 '급박한 곤궁'을 의미하고, '현저하게 부당한 이익의 취득'이라 함은 단순히 시가와 이익과의 배율로만 판단하여서는 안 되고 구체적·개별적 사안에 있어서 일반인의 사회통념에 따라 결정하여야 한다. 피해자가 궁박한 상태에 있었는지 여부 및 급부와 반대급부 사이에 현저히 부당한 불균형이 존재하는지 여부는 거래당사자의 신분과 상호 간의 관계, 피해자가 처한 상황의 절박성의 정도, 계약의 체결을 둘러싼 협상과정 및 거래를 통한 피해자의 이익, 피해자가 그 거래를 통해 추구하고자 한 목적을 달성하기 위한 다른 적절한 대안의 존재 여부, 피고인에게 피해자와 거래하여야 할 신의칙상 의무가 있는지 여부 등 여러 상황을 종합하여 구체적으로 판단하여야 한다. 특히, 우리 헌법이 규정하고 있는 자유시장경제질서와 여기에서 파생되는 사적 계약자유의 원칙을 고려하여 그 범죄의 성립을 인정함에 있어서는 신중을 요한다.(대판 2009.1.15, 2008도8577)

판례 부당이득죄에서 '궁박'의 의미 및 피해자가 궁박한 상태에 있었는지 여부의 판단 기준 : 부당이득죄에 있어서 궁박이라 함은 '급박한 곤궁'을 의미하는 것으로서, 피해자가 궁박한 상태에 있었는지 여부는 거래당사자의 신분과 상호간의 관계, 피해자가 처한 상황의 절박성의 정도 등 제반 상황을 종합하여 구체적으로 판단하여야 할 것이고, 특히 부동산의 매매와 관련하여 피고인이 취득한 이익이 현저하게 부당한지 여부는 우리 헌법이 규정하고 있는 자유시장경제질서와 여기에서 파생되는 계약자유의 원칙을 바탕으로 피고인이 당해 토지를 보유하게 된 경위 및 보유기간, 주변 부동산의 시가, 가격결정을 둘러싼 쌍방의 협상과정 및 거래를 통한 피해자의 이익 등을 종합하여 구체적으로 신중하게 판단하여야 한다.(대판 2005.4.15, 2004도1246)

第350條【恐喝】 ① 사람을 恐喝하여 財物의 交付를 받거나 財産上의 利益을 取得한 者는 10年 이하의 懲役 또는 2千萬원 이하의 罰金에 處한다.(1995.12.29 본항개정)
② 前項의 方法으로 第三者로 하여금 財物의 交付를 받게 하거나 財産上의 利益을 取得하게 한 때에도 前項의 刑과 같다.

참조 [상습범]351, 폭력처벌2, [미수범]352, [형의 병과]353, [친족간의 범행]328·354, [군법]군형75, [배상명령]소송촉진25-35

판례 공갈죄에 있어서 공갈의 상대방의 요건 : 공갈죄에 있어서 공갈의 상대방은 재산상의 피해자와 동일함을 요하지는 아니하나, 공갈의 목적이 된 재물 기타 재산상의 이익을 처분할 수 있는 사실상 또는 법률상의 권한을 갖거나 그러한 지위에 있음을 요한다.(대판 2005.9.29, 2005도4738)

판례 공갈죄의 수단으로서의 협박의 의미 : 공갈죄의 수단으로서 협박은 사람의 의사결정의 자유를 제한하거나 의사실행의 자유를 방해할 정도로 겁을 먹게 할 만한 해악을 고지하는 것을 말한다.(대판 2005.7.15, 2004도1565)

판례 해악고지의 방법 : 해악의 고지는 반드시 명시의 방법에 의할 것을 요하지 아니하며 언어나 거동에 의하여 상대방으로 하여금 어떠한 해악에 이르게 할 것이라는 인식을 갖게 하는 것이면 족한 것이고, 또한 직접적이 아니더라도 피공갈자 이외의 제3자를 통해서 간접적으로 할 수도 있으며, 행위자가 그의 직업, 지위에 기하여 불법한 위세를 이용하여 재물의 교부를 요구하고 상대방으로 하여금 그 요구에 응하지 아니한 때에는 부당한 불이익을 초래할 위험이 있다는 위구심을 야기하게 하는 경우에도 해악의 고지가 된다.(대판 2002.12.10, 2001도7095)

第350條의2【특수공갈】 단체 또는 다중의 위력을 보이거나 위험한 물건을 휴대하여 제350조의 죄를 범한 자는 1년 이상 15년 이하의 징역에 처한다.(2016.1.6 본조신설)

第351條【常習犯】 常習으로 第347條 내지 前條의 罪를 犯한 者는 그 罪에 정한 刑의 2分의 1까지 加重한다.

참조 폭력처벌2, [가중]42·56, 형소323②, [미수범]352, [형의 병과]353, [친족간의 범행]328·354

판례 처음부터 장기간에 걸쳐 불특정 다수로부터 회원가입비 명목의 금원을 편취할 목적으로 상당한 자금을 투자하여 성인사이트를 개설하고 직원까지 고용하여 사기행위를 영업으로 한 경우에는 그 행위의 반복성이 영업이라는 면에서 행위 그 자체의 속성에서 나아가 행위자의 속성으로서 상습성을 내포하는 성질을 갖게 되고, 또한 이미 투자한 자금에 얽매여 그러한 사기행위를 쉽게 그만둘 수 없다는 자본적 또는 경제활동상의 의존성도 습벽의 내용이 될 수 있으므로 상습성을 인정할 수 있다.(대판 2006.9.8, 2006도2860)

판례 상습성의 의미 및 판단 방법 : 상습사기에 있어서의 상습성이라 함은 반복하여 사기행위를 하는 습벽으로서 행위자의 속성을 말하고, 이러한 습벽의 유무를 판단함에 있어서는 사기의 전과가 중요한 판단자료가 되나 사기의 전과가 없다고 하더라도 범행의 회수, 수단과 방법, 동기 등 제반 사정을 참작하여 사기의 습벽이 인정되는 경우에는 상습성을 인정하여야 할 것이다.(대판 2001.1.19, 2000도4870)

第352條【未遂犯】 第347條 내지 第348條의2, 제350조, 제350조의2와 第351條의 未遂犯은 處罰한다.(2016.1.6 본조개정)

改前 第352條【未遂犯】 第347條 내지 第348條의2, "第350條" 와 第351條의 未遂犯은 處罰한다.(1995.12.29 본조개정)

참조 [미수범]25-29

第353條【資格停止의 併科】 本章의 罪에는 10年 이하의 資格停止를 併科할 수 있다.

참조 [자격정지]44

第354條【親族間의 犯行, 動力】 第328條와 第346條의 規定은 本章의 罪에 準用한다.

참조 [친족]민767-769, [고소]형소223·225·230·232·233, [공범]25, [형면제의 주장에 대한 판단]형소323②, [형면제선고]형소322, [재물]민98, [공소기각]형소327

第40章 橫領과 背任의 罪

第355條【橫領, 背任】 ① 他人의 財物을 保管하는 者가 그 財物을 橫領하거나 그 返還을 拒否한 때에는 5年 이하의 懲役 또는 1千500萬원 이하의 罰金에 處한다.(1995.12.29 본항개정)

② 他人의 事務를 處理하는 者가 그 任務에 違背하는 行爲로써 財産上의 利益을 取得하거나 第三者로 하여금 이를 取得하게 하여 本人에게 損害를 加한 때에도 前項의 刑과 같다.

참조 [형의 병과]358, [미수범]359, [친족간의 범행]328·361, [동력]346·361, [특별규정]군형75, 한국조폐공사법19·20, [배상명령]소송촉진25-35

■ 횡령죄

① 횡령죄 일반

판례 금전의 수수를 수반하는 사무처리를 위임받은 자가 그 행위에 기하여 위임자를 위하여 제3자로부터 수령한 금전은, 목적이나 용도를 한정하여 위탁된 금전과 마찬가지로, 달리 특별한 사정이 없는 한 그 수령과 동시에 위임자의 소유에 속하고, 위임을 받은 자는 이를 위임자를 위하여 보관하는 관계에 있다고 보아야 하며, 위임받은 자가 그 행위에 기하여 위임자를 위하여 제3자로부터 수령한 금전도 목적이나 용도를 한정하여 위탁된 금전의 경우와 마찬가지로 그 위임의 취지대로 사용하지 않고 마음대로 피고인의 위임자에 대한 채권에 상계충당함은, 상계정산하기로 하였다는 특별한 약정이 없는 한, 당초 위임한 취지에 반하는 것으로서 횡령죄를 구성한다고 할 것이다.
(대판 2007.2.22, 2006도8939)

판례 **횡령죄가 위태범인지 여부 및 보관중인 타인의 재물을 담보로 제공하는 행위가 사법상 무효인 경우 횡령죄가 성립하는지 여부** : 횡령죄는 다른 사람의 재물에 관한 소유권 등 본권을 그 보호법익으로 하고 본권이 침해될 위험성이 있으면 그 침해의 결과가 발생되지 아니하더라도 성립하는 이른바 위태범이므로, 다른 사람의 재물을 보관하는 사람이 그 사람의 동의 없이 함부로 이를 담보로 제공하는 행위는 불법영득의 의사를 표현하는 횡령행위로서 사법(私法)상 그 담보제공행위가 무효이거나 그 재물에 대한 소유권이 침해되는 결과가 발생하는지 여부에 관계없이 횡령죄를 구성한다.(대판 2002.11.13, 2002도2219)

② 타인의 재물

판례 채무자가 채권자에 대하여 소비대차 등으로 인한 채무를 부담하고 이를 담보하기 위하여 장래에 부동산의 소유권을 이전하기로 하는 내용의 대물변제예약에서, 약정의 내용에 좇은 이행을 하여야 할 채무는 특별한 사정이 없는 한 '자기의 사무'에 해당하는 것이 원칙이다. 대물변제예약의 궁극적 목적은 차용금반환채무의 이행 확보에 있고, 채무자가 대물변제예약에 따라 부동산에 관한 소유권이전등기절차를 이행할 의무는 궁극적 목적을 달성하기 위해 채무자에게 요구되는 부수적 내용이어서 이를 가지고 배임죄에서 말하는 신임관계에 기초하여 채권자의 재산을 보호 또는 관리하여야 하는 '타인의 사무'에 해당한다고 볼 수는 없다. 그러므로 채권 담보를 위한 대물변제예약 사안에서 채무자가 대물로 변제하기로 한 부동산을 제3자에게 처분하였다고 하더라도 형법상 배임죄가 성립하는 것은 아니다.(대판 2014.8.21, 2014도3363 전원합의체)

판례 **목적과 용도를 정하여 위탁받은 금원을 임의로 소비한 경우 횡령죄의 성부** : 목적과 용도를 정하여 위탁한 금전은 정해진 목적, 용도에 사용할 때까지는 이에 대한 소유권이 위탁자에게 유보되어 있는 것으로서, 수탁자가 임의로 소비하면 횡령죄를 구성한다.(대판 2006.3.9, 2003도6733)

판례 **주식이 횡령죄의 객체가 될 수 있는지 여부** : 상법상 주식은 자본구성의 단위 또는 주주의 지위(株主權)를 의미하고, 주주권을 표창하는 유가증권인 주권(株券)과는 구분이 되는 바, 주권(株券)은 유가증권으로서 재물에 해당되므로 횡령죄의 객체가 될 수 있으나, 자본의 구성단위 또는 주주권을 의미하는 주식은 재물이 아니므로 횡령죄의 객체가 될 수 없다.(대판 2005.2.18, 2002도2822)

③ 보관

판례 낙찰계의 계주가 계원들과의 약정에 따라 부담하는 계금지급의무가 배임죄에서 말하는 '타인의 사무'에 해당하려면 그 관계의 본질적 내용이 단순한 채권관계상의 의무를 넘어서 신임관계에 기초하여 타인의 재산을 보호 내지 관리하는 데 이르러야 하는바, 계주가 계원들로부터 계불입금을 징수하게 되면 그 계불입금은 실질적으로 낙찰계원에 대한 계금지급을 위하여 계주에게 위탁된 금원의 성격을 지니고 따라서 계주는 이를 낙찰·지급받을 계원과의 사이에서 단순한 채권관계를 넘어 신의칙상 그 계금지급을 위하여 위 계불입금을 보호 내지 관리하여야 하는 신임관계에 들어서게 되므로, 이에 기초한 계주의 계금지급의무는 배임죄에서 말하는 타인의 사무에 해당한다. 그러나 계주가 계원들로부터 계불입금을 징수하지 아니하였다면 그러한 상태에서 부담하는 계금지급의무는 위와 같은 신임관계에 이르지 아니한 단순한 채권관계상의 의무에 불과하여 타인의 사무에 속하지 아니하고, 이는 계주가 계원들과의 약정을 위반하여 계불입금을 징수하지 아니한 경우라 하여 달리 볼 수 없다.
(대판 2009.8.20, 2009도3143)

판례 **횡령죄에 있어서 '위탁'의 의미** : 횡령죄에서 그 위탁관계는 사실상의 관계이면 족하고 위탁자에게 유효한 처분을 할 권한이 있는지 또는 수탁자가 법률상 그 재물을 수탁할 권리가 있는지 여부를 불문하는 것이다.(대판 2004.5.27, 2003도6988)

판례 **횡령죄에 있어서 재물의 보관의 의미** : 횡령죄에 있어서 재물의 보관이라 함은 재물에 대한 사실상 또는 법률상 지배력이 있는 상태를 의미하고 그 보관이 위탁관계에 기인하여야 할 것임은 물론이나, 그것이 반드시 사용대차·임대차·위임 등의 계약에 의하여 설정되는 것임을 요하지 아니하고, 사무관리·관습·조리·신의칙 등에 의해서도 성립될 수 있다.
(대판 2003.9.23, 2003도3840)

판례 **부동산의 이중양도와 배임죄 실행의 착수 시기** : 부동산의 이중양도에서 매도인이 제2차 매수인에게서 계약금만을 지급받고 중도금을 수령한 바 없다면 배임죄의 실행의 착수가 있었다고 볼 수 없다.(피고인이 제1차 매수인으로부터 계약금과 중도금 명목의 돈을 교부받은 후 제2차 매수인에게 부동산을 매도하기로 하고 계약금만을 지급받은 뒤 더 이상의 계약 이행에 나아가지 않았다면 배임죄의 실행의 착수가 있었다고 볼 수 없다고 한 사례)(대판 2003.3.25, 2002도7134)

판례 채권양도인과 채권양수인과의 사이에 채무자가 채권양도인에게 채무의 변제로서 금전을 교부하는 경우, 이를 채권양수인에게 귀속하는 것으로 하기로 특약을 하는 것과 같은 특별한 사정이 없는 한, 채권양도인이 채무자로부터 교부받은 금전을 그대로 채권양수인에게 넘겨야 하거나 채권양수인의 지시에 따라 처리하여야 할 의무가 있다고 볼 근거도 없으므로, 채권양도인이 위 금전을 채권양수인을 위하여 보관하는 지위에 있다고 볼 수도 없다.(대판 1999.4.15, 97도666 전원합의체)

④ 횡령 및 반환거부

판례 **중간생략등기형 명의신탁에 있어서 수탁자가 부동산을 임의로 처분한 경우, 횡령죄의 성립 여부** : 명의신탁자가 매수한 부동산에 관하여 부동산실명법을 위반하여 명의수탁자와 맺은 명의신탁약정에 따라 매도인에게서 바로 명의수탁자 명의로 소유권이전등기를 마친 이른바 중간생략등기형 명의신탁을 한 경우, 명의신탁자는 신탁부동산의 소유권을 가지지 아니하고, 명의신탁자와 명의수탁자 사이에 위탁신임관계를 인정할 수도 없다. 따라서 명의수탁자가 명의신탁자의 재물을 보관하는 자라고 할 수 없으므로, 명의수탁자가 신탁받은 부동산을 임의로 처분하여도 명의신탁자에 대한 관계에서 횡령죄가 성립하지 아니한다.(대판 2016.5.19, 2014도6992)

판례 **목적과 용도를 정하여 위탁받은 금원을 임의로 소비한 경우 횡령죄의 성부** : 목적과 용도를 정하여 위탁한 금전은 정해진 목적, 용도에 사용할 때까지는 이에 대한 소유권이 위탁자에게 유보되어 있는 것으로서, 수탁자가 임의로 소비하면 횡령죄를 구성한다.(대판 2006.3.9, 2003도6733)

판례 **'반환의 거부'의 의미 및 그 판단 기준** : '반환의 거부'란 보관물에 대하여 소유자의 권리를 배제하는 의사표시를 하는 행위를 뜻하므로, '반환의 거부'가 횡령죄를 구성하려면 타인의 재물을 보관하는 자가 단순히 그 반환을 거부한 사실만으로는 부족하고 그 반환거부의 이유와 주관적인 의사들을 종합하여 반환거부행위가 횡령행위와 같다고 볼 수 있을 정도이어야 한다.(대판 2006.2.10, 2003도7487)

⑤ 입증

판례 피고인이 자신이 위탁받아 보관중이던 돈이 모두 없어졌는데도 그 행방이나 사용처를 설명하지 못하거나 또는 피고인이 주장하는 사용처에 사용된 자금이 다른 자금으로 충당된 것으로 드러나는 등 피고인이 주장하는 사용처에 사용되었다는 점을 인정할 수 있는 자료가 부족하고 오히려 개인적인 용도에 사용하였다는 점에 대한 신빙성 있는 자료가 많은 경우에는 일응 피고인이 위 돈을 불법영득의 의사로서 횡령한 것으로 추단할 수 있다.(대판 2002.9.4, 2000도637)

판례 **횡령죄의 불법영득의사를 인정함에 필요한 입증의 정도** : 불법영득의사를 실현하는 행위로서의 횡령행위가 있다는 점은 검사가 입증하여야 하는 것으로서 그 입증은 법관으로 하여금 합리적인 의심을 할 여지가 없을 정도의 확신을 생기게 하는 증명력을 가진 엄격한 증거에 의하여야 하고, 이와 같은 증거가 없다면 설령 피고인에게 유죄의 의심이 간다 하더라도 피고인의 이익으로 판단할 수밖에 없다고 할 것이다.(대판 2000.3.14, 99도457)

■ 배임죄

① 타인의 사무

판례 배임죄는 타인의 사무를 처리하는 자가 그 임무에 위배하는 행위로써 재산상 이익을 취득하거나 제3자로 하여금 이를 취득하게 하여 본인에게 손해를 가함으로써 성립하는 범죄로서, 여기에서 '재산상의 손해를 가한 때'에는 현실적인 손해를 가한 경우뿐만 아니라 재산상 실해 발생의 위험을 초래한 경우도 포함된다. 재산상 손해의 유무에 대한 판단은 본인의 전 재산 상태와의 관계에서 법률적 판단에 의하지 아니하고 경제적 관점에서 파악하여야 하므로, 법률적 판단에 의하여 당해 배임행위가 무효라 하더라도 경제적 관점에서 파악하여 배임행위로 인하여 본인에게 현실적인 손해를 가하였거나 재산상 실해 발생의 위험을 초래한 경우에는 재산상의 손해를 가한 때에 해당되어 배임죄를 구성한다. 이러한 법리는 최초 배임행위가 법률적 관점에서 무효라고 하더라도 그 후 타인의 사무를 처리하는 자가 계속적으로 배임행위에 관여하여 본인에게 현실적인 손해를 가한 경우에도 마찬가지라고 할 것이다.
(대판 2013.4.11, 2012도15585)

판례 종중의 임원이 종중 소유 재산의 관리·처분에 관한 사무로서 종중의 자금을 대여함에 있어 충분한 담보를 제공받는 등 상당하고도 합리적인 채권회수조치를 취하지 아니한 채 대여해 주었다면, 종중규약의 규정 또는 종중총회의 결의 등에 기하여 그와 같은 자금대여가 허용된다고 볼 수 있는 특별한 사정이 없는 한, 이는 타인에게 이익을 얻게 하고 종중에 손해를 가하는 행위로서 종중에 대하여 배임행위가 되고, 이러한 이치는 그 타인이 종원이라 하여 달라지지 않는다.
(대판 2007.12.28, 2007도6554)

판례 위임받은 타인의 사무가 부동산소유권이전등기의무인 경우에 매도인의 임무위배행위로 인하여 매도인의 소유권이전등기의무가 이행불능되거나 이행불능에 빠질 위험성이 있으면 배임죄가 성립하고, 매도인과 매수인 사이에 소유권이전등기절차를 이행하기로 하는 재판상화해가 성립한 경우에도 마찬가지이다.(대판 2007.7.26, 2007도3882)

판례 **구두증여계약에 의한 증여자가 배임죄의 주체에 해당하는지 여부** : 서면에 의하지 아니한 증여계약이 행하여진 경우 당사자는 그 증여가 이행되기 전까지는 언제든지 이를 해제할 수 있으므로 증여자가 구두의 증여계약에 따라 수증자에 대하여 증여 목적물의 소유권을 이전하여 줄 의무를 부담한다 하더라도 그 증여자는 수증자의 사무를 처리하는 자의 지위에 있다고 할 수 없다.(대판 2005.12.9, 2005도5962)

판례 **배임죄의 주체인 '타인의 사무를 처리하는 자'의 의미** : '타인의 사무를 처리하는 자'란 양자 간의 신임관계에 기초를 두고 타인의 재산관리에 관한 사무를 대행하거나 타인 재산의 보전행위에 협력하는 자의 경우 등을 가리킨다.
(대판 2004.6.17, 2003도7645 전원합의체)

② 사무의 처리

판례 **양도담보를 제공한 채무자가 '타인의 사무를 처리하는 자'에 해당하는지 여부** : 기계 등 동산을 은행에 담보로 제공한 채무자가 그 동산을 계속 점유하던 중 이를 제3자에게 처분하더라도 배임죄로 처벌할 수 없다. 금전채권채무 관계에서 채권자가 채무자의 급부이행에 대한 신뢰를 바탕으로 금전을 대여하고 채무자의 성실한 급부이행에 의해 채권의 만족이라는 이익을 얻게 된다 하더라도, 채권자가 채무자에 대한 신임을 기초로 그의 재산을 보호 또는 관리하는 임무를 부여하였다고 할 수 없고, 금전채무의 이행은 어디까지나 채무자가 자신의 급부의무의 이행으로서 행하는 것이므로 이를 두고 채권자의 사무를 맡아 처리하는 것으로 볼 수 없다.
(대판 2020.2.20, 2019도9756 전원합의체)

판례 자동차에 대하여 저당권이 설정되는 경우 자동차의 교환가치는 그 저당권에 포섭되고, 저당권설정자가 자동차를 매도하여 그 소유자가 달라지더라도 저당권에는 영향이 없으므로, 특별한 사정이 없는 한 저당권설정자가 단순히 그 저당권의 목적인 자동차를 다른 사람에게 매도한 것만으로는 배임죄에 해당하지 아니하나, 자동차를 담보로 제공하고 점유하는 채무자가 부당히 그 담보가치를 감소시키는 행위를 한 경우 배임죄의 죄책을 면할 수 없다.(대판 2012.9.13, 2010도11665)

판례 배임죄에 있어서 '임무에 위배하는 행위'라 함은 처리하는 사무의 내용, 성질 등에 비추어 법령의 규정, 계약의 내용 또는 신의칙상 당연히 하여야 할 것으로 기대되는 행위를 하지 않거나 당연히 하지 않아야 할 것으로 기대되는 행위를 함으로써 본인과의 신임관계를 저버리는 일체의 행위를 포함한다.
(대판 1995.12.22, 94도3013)

판례 **단순히 타인에 대하여 채무를 부담하는 것이 배임죄에 있어서 타인의 사무처리에 해당하는지 여부** : "타인의 사무처리"로 인정되려면, 타인의 재산관리에 관한 사무의 전부 또는 일부를 타인을 위하여 대행하는 경우와 타인의 재산보전행위에 협력하는 경우라야만 되는 것이고, 단순히 타인에 대하여 채무를 부담함에 불과한 경우에는 본인의 사무로 인정될지언정, 타인의 사무처리에 해당한다 할 수는 없다.(대판 1984.12.26, 84도2127)

③ 재산상 이익 취득

판례 **배임행위로 인하여 행위자나 제3자가 재산상 이익을 취득하지 않은 경우 배임죄의 성립 여부** : 배임죄는 본인에게 재산상의 손해를 가하는 외에 배임행위로 인하여 행위자 스스로 또는 제3자로 하여금 재산상의 이익을 취득할 것을 요건으로 하므로, 본인에게 손해를 가하였다고 할지라도 재산상 이익을 행위자 또는 제3자가 취득한 사실이 없다면 배임죄가 성립하지 않는다.(대판 2006.7.27, 2006도3145)

판례 **배임죄에 있어서 '재산상의 손해를 가한 때'의 의미** : 배임죄에 있어서 '재산상의 손해를 가한 때'라 함은 현실적인 손해를 가한 경우뿐만 아니라 재산상 실해 발생의 위험을 초래한 경우도 포함된다.(대판 2000.3.14, 99도4923)

■ 적용 및 타죄와의 관계

① 적용

판례 **횡령행위를 주선하고 그 처분행위를 적극적으로 종용한 경우, 횡령행위에 가담한 공동정범의 죄책을 부담하는지 여부** : 주식회사의 재산을 임의로 처분하려는 대표이사의 횡령행위를 주선하고 그 처분행위를 적극적으로 종용한 경우에는 대표이사의 횡령행위에 가담한 공동정범의 죄책을 면할 수 없다.
(대판 2005.8.19, 2005도3045)

판례 **위탁판매와 횡령죄** : 위탁판매에 있어서는 위탁품의 소유권은 위임자에게 속하고 그 판매대금은 다른 특약이나 특별한 사정이 없는 한 이를 수령함과 동시에 위탁자에 귀속한다 할 것이므로 위탁매매인이 이를 사용, 소비한 때에는 횡령죄가 성립한다.(대판 1982.2.23, 81도2619)

② 타죄와의 관계

판례 조합 등의 단체에 있어서 그 자금의 용도가 엄격하게 제한되어 있는 경우에는 그 용도 외의 사용은 그것이 조합을 위한 것이라고 하더라도 그 사용행위 자체로서 불법영득의 의사를 실현한 것이 되어 불법영득의 의사를 부정할 수 없다고 할 것이다.(대판 2007.2.22, 2006도2238)

판례 **장물보관 의뢰를 받은 자가 그 정을 알면서 이를 보관하고 있다가 임의 처분한 경우, 장물보관죄 이외에 횡령죄가 성립하는지 여부** : 절도 범인으로부터 장물보관 의뢰를 받은 자가 그 정을 알면서 이를 인도받아 보관하고 있다가 임의 처분하였다 하여도 장물보관죄가 성립하는 때에는 이미 그 소유자의 소유물 추구권을 침해하였으므로 그 후의 횡령행위는 불가벌적 사후행위에 불과하여 별도로 횡령죄가 성립하지 않는다.
(대판 2004.4.9, 2003도8219)

第356條【業務上의 橫領과 背任】 業務上의 任務에 違背하여 第355條의 罪를 犯한 者는 10年 이하의 懲役 또는 3千萬원 이하의 罰金에 處한다.
(1995.12.29 본조개정)

참조 [형의 병과]358, [미수범]359, [친족간의 범행]328·361, [특수배임죄]상622·624, [배상명령]소송촉진25-35

■ 업무상 횡령

판례 **수개의 업무상 횡령행위가 포괄일죄로 되기 위한 요건** : 수개의 업무상 횡령행위라 하더라도 피해법익이 단일하고, 범죄의 태양이 동일하며 단일 범의의 발현에 기인하는 일련의 행위라고 인정될 때에는 포괄하여 1개의 범죄라고 봄이 타당할 것이다.(대판 2006.6.2, 2005도3431)

판례 업무상 횡령죄에 있어서의 횡령행위란 불법영득의사를 실현하는 일체의 행위를 말하는 것으로서 불법영득의사가 외부에 인식될 수 있는 객관적 행위가 있을 때 횡령죄가 성립하는 것이다.(대판 2004.12.9, 2004도5904)

■ 업무상 배임

판례 업무상배임죄가 성립하려면 주관적 요건으로서 임무위배의 인식과 그로 인하여 자기 또는 제3자가 이익을 취득하고 본인에게 손해를 가한다는 인식, 즉 배임의 고의가 있어야 한다. 이러한 인식은 미필적 인식으로도 족하므로, 이익을 취득하는 제3자가 같은 계열회사이고 계열그룹 전체의 회생을 위한다는 목적에서 이루어진 행위로서 그 행위의 결과가 일부 본인을 위한 측면이 있다 하더라도 본인의 이익을 위한다는 의사는 부수적일 뿐이고 이득 또는 가해의 의사가 주된 것임이 판명되면 배임죄의 고의를 부정할 수 없다.(대판 2009.7.23, 2007도541)

판례 업무 담당자의 '상급기관'이 업무상 배임죄의 주체가 될 수 있는지 여부 : 업무상 배임죄에 있어서 '타인의 사무를 처리하는 자'라 함은 고유 권한으로 그 처리를 하는 자에 한하지 않고, 직접 업무를 담당하고 있는 자가 아니더라도 그 업무 담당자의 상급기관으로서 실행행위자의 행위가 피해자인 본인에 대한 배임행위에 해당한다는 것을 알면서도 실행행위자의 배임행위를 교사하거나 또는 배임행위의 전 과정에 관여하는 등으로 배임행위에 적극 가담한 경우에는 배임죄의 주체가 된다.(대판 2004.7.9, 2004도810)

판례 업무상배임죄의 고의와 그 입증 방법 : 업무상배임죄의 주관적 요소로 되는 사실(고의, 동기 등의 내심적 사실)은 피고인이 본인의 이익을 위하여 문제가 된 행위를 하였다고 주장하면서 범의를 부인하고 있는 경우에는 사물의 성질상 고의와 상당한 관련성이 있는 간접사실을 증명하는 방법에 의하여 입증할 수밖에 없고, 무엇이 상당한 관련성이 있는 간접사실에 해당할 것인가는 정상적인 경험칙에 바탕을 두고 치밀한 관찰력이나 분석력에 의하여 사실의 연결상태를 합리적으로 판단하는 방법에 의하여야 한다.(대판 2003.10.10, 2003도3516)

판례 금융기관의 직원들이 대출을 함에 있어 대출채권의 회수를 확실하게 하기 위하여 충분한 담보를 제공받는 등 상당하고도 합리적인 조치를 강구함이 없이 만연히 대출을 해 주었다면 업무위배행위로 제3자로 하여금 재산상 이득을 취득하게 하고 금융기관에 손해를 가한다는 인식이 없었다고 볼 수 없다.
(대판 2003.2.11, 2002도5679)

판례 대주주의 승낙과 이사회의 결의를 거치고 이사가 배임행위를 한 경우 배임죄의 성립여부 : 이사가 임무에 위배하여 주주 또는 회사 채권자에게 손해가 될 행위를 하였다면 이사회의 결의가 있었다고 하여 그 배임행위가 정당화될 수 없는 것이다.
(대판 2000.5.26, 99도2781)

판례 업무상배임죄에 있어서의 손해발생의 의미 : 업무상배임죄의 구성요건인 본인의 손해가 구체적으로 발생한 실해만을 뜻하는 것은 아니므로 현재까지 회사에 대한 약속어음금의 이행청구나 압류 등의 사실이 없다 하여 회사의 손해발생이 없는 경우라고 볼 수는 없다.(대판 1983.3.8, 82도2873)

■ 외국판례

일판 농업협동조합의 조합장인 피고인이 임무에 위배하여 조합명의로 약속어음을 발행한 때에는 배임죄가 성립하고 그 어음을 조합의 당좌예금으로부터 인출하여 지급한 행위도 또한 위배임죄의 일부로서 따로 횡령죄를 구성하는 것은 아니다.
(日·最高 1965.5.27)

第357條【배임수증재】① 타인의 사무를 처리하는 자가 그 임무에 관하여 부정한 청탁을 받고 재물 또는 재산상의 이익을 취득하거나 제3자로 하여금 이를 취득하게 한 때에는 5년 이하의 징역 또는 1천만원 이하의 벌금에 처한다.(2016.5.29 본항개정)

② 제1항의 재물 또는 재산상 이익을 공여한 자는 2년 이하의 징역 또는 500만원 이하의 벌금에 처한다.
(2020.12.8 본항개정)

③ 범인 또는 그 사정을 아는 제3자가 취득한 제1항의 재물은 몰수한다. 그 재물을 몰수하기 불가능하거나 재산상의 이익을 취득한 때에는 그 가액을 추징한다.(2020.12.8 전단개정)
(2016.5.29 본조제목개정)

改前 "② 第1項의 財物 또는 利益을 供與한 者는 2年 이하의 懲役 또는 500萬원 이하의 罰金에 處한다.(1995.12.29 본항개정)"
③ 범인 또는 "정(情)을" 아는 제3자가 취득한…

참조 [몰수대상과 추징]48, [형의 병과]358, [미수범]359, [친족간의 범행]328·361, [배상명령]소송촉진25~35

판례 배임수재죄는 타인의 사무를 처리하는 자가 임무에 관하여 부정한 청탁을 받고 재물 또는 재산상 이익을 취득함으로써 성립하는데, 배임수재죄 주체로서 '타인의 사무를 처리하는 자'란 타인과 대내관계에서 신의성실의 원칙에 비추어 사무를 처리할 신임관계가 존재한다고 인정되는 자를 의미하고, 반드시 제3자에 대한 대외관계에서 사무에 관한 권한이 존재할 것을 요하지 않으며, 또 사무가 포괄적 위탁사무일 것을 요하는 것도 아니고, 사무처리의 근거, 즉 신임관계의 발생근거는 법령의 규정, 법률행위, 관습 또는 사무관리에 의하여도 발생할 수 있다.
(대판 2011.8.25, 2009도5618)

판례 주식회사의 이사가 타인의 사무를 처리하는 자로서 배임수재죄의 주체가 될 수 있는지 여부 : 주식회사의 이사는 주주총회에서 선임되며, 회사와 이사의 관계는 위임에 관한 규정을 준용하고, 이사는 법령과 정관의 규정에 따라 회사를 위하여 그 직무를 충실하게 수행하여야 할 의무가 있으므로, 주식회사의 이사는 법률의 규정에 의하여 '타인의 사무를 처리하는 자'로서 배임수재죄의 주체가 될 수 있다.(대판 2002.4.9, 99도2165)

판례 '부정한 청탁'의 의미 : 여기서 '부정한 청탁'이라 함은 사회상규와 신의성실의 원칙에 반하는 것으로, 이를 판단함에 있어서는 청탁의 내용과 이에 관련되어 교부받거나 공여한 재물의 액수, 형식, 보호법익인 사무처리자의 청렴성 등을 종합적으로 고찰하여야 한다.(대판 2002.4.9, 99도2165)

판례 대학교수가 특정출판사의 교재를 채택하여 달라는 청탁을 받고 교재 판매대금의 일정비율에 해당하는 금원을 받은 경우 배임수증죄를 긍정한다. 그 청탁이 반드시 명시적임을 요하는 것은 아니다.(대판 1996.10.11, 95도2090)

第358條【資格停止의 倂科】前3條의 罪에는 10年 이하의 資格停止를 倂科할 수 있다.

참조 [자격정지]44

第359條【未遂犯】第355條 내지 第357條의 未遂犯은 處罰한다.

참조 [미수범]25~29

第360條【占有離脫物橫領】① 遺失物, 漂流物 또는 他人의 占有를 離脫한 財物을 橫領한 者는 1年 이하의 懲役이나 300萬원 이하의 罰金 또는 科料에 處한다.(1995.12.29 본항개정)

② 埋藏物을 橫領한 者도 前項의 刑과 같다.

참조 [점유]민192이하, [친족간의 범행]328·361, [유실물]유실물1·11·12, [매장물]유실물13, [선의취득]민249·250

일판 호수로 도망한 잉어는 회수가 사실상 곤란하다 하더라도 그것으로 곧 본죄의 객체가 되지 않는다는 것이 아니고 이것을 당일 부근에서 영득하는 행위는 본죄에 해당한다.
(日·最高 1981.2.20)

第361條【親族間의 犯行, 動力】第328條와 第346條의 規定은 本章의 罪에 準用한다.

참조 [고소]328, 형소223·225·230·232·233, [형면제 선고]형소322, [형면제의 주장에 대한 판단]형소323②, [동력]346, [재물]민98, [공소기각]형소327

第41章 贓物에 관한 罪

第362條【贓物의 取得, 斡旋 등】① 장물을 取得, 讓渡, 運搬 또는 保管한 者는 7年 이하의 懲役 또는 1千500萬원 이하의 罰金에 處한다.(1995.12.29 본항개정)

② 前項의 行爲를 斡旋한 者도 前項의 刑과 같다.

참조 [본범과 공범]형소11, [상습범]363, [친족간의 범행]328·365, [선의취득]민249·250

판례 장물알선죄에서 '알선'이란 장물을 취득·양도·운반·보관하려는 당사자 사이에 서서 이를 중개하거나 편의를 도모하는 것을 의미한다. 따라서 장물인 정을 알면서, 장물을 취득·양도·운반·보관하려는 당사자 사이에 서서 서로를 연결하여 장물의 취득·양도·운반·보관행위를 중개하거나 편의를 도모하였다면, 그 알선에 의하여 당사자 사이에 실제로 장물의 취득·양도·운반·보관에 관한 계약이 성립하지 아니하였거나 장물의 점유가 현실적으로 이전되지 아니한 경우라도 장물알선죄가 성립한다.(대판 2009.4.23, 2009도1203)

판례 장물인 현금과 자기앞수표를 금융기관에 예치하였다가 현금으로 인출한 경우, 인출한 현금의 장물성 여부 : 장물인 현금 또는 수표를 금융기관에 예금의 형태로 보관하였다가 이를 반환받기 위하여 동일한 액수의 현금 또는 수표를 인출한 경우에 예금계약의 성질상 그 인출된 현금 또는 수표는 당초의 현금 또는 수표와 물리적인 동일성은 상실되었지만 액수에 의하여 표시되는 금전적 가치에는 아무런 변동이 없으므로, 장물로서의 성질은 그대로 유지된다.(대판 2004.4.16, 2004도353)

판례 장물취득죄에 있어서 '취득'의 의미 : 장물취득죄에서 '취득'이라 함은 점유를 이전받아 장물에 대하여 사실상의 처분권을 획득하는 것을 의미하는 것이므로, 단순히 보수를 받고 본범을 위하여 장물을 일시 사용하거나 그와 같이 사용할 목적으로 장물을 건네 받은 것만으로는 장물을 취득한 것으로 볼 수 없다.
(대판 2003.5.13, 2003도1366)

판례 장물을 인정하기 위하여는 본범의 범죄행위를 구체적으로 명시하여야 하는지 여부 : 장물죄에 있어서의 장물이 되기 위하여는 본범이 절도, 강도, 사기, 공갈, 횡령 등 재산죄에 의하여 영득한 물건이면 족하고 그 중 어느 범죄에 의하여 영득한 것인지를 구체적으로 명시할 것을 요하지 않는다.
(대판 2000.3.24, 99도5275)

판례 장물취득죄에 있어서 장물의 인식정도와 그 인정기준 : 장물취득죄에 있어서 장물의 인식은 확정적 인식임을 요하지 않으며 장물일지도 모른다는 의심을 가지는 정도의 미필적 인식으로서도 충분하고, 또한 장물인 정을 알고 있었느냐의 여부는 장물소지자의 신분, 재물의 성질, 거래의 대가 기타 상황을 참작하여 이를 인정할 수밖에 없다.(대판 1995.1.20, 94도1968)

판례 장물의 의미 : 장물이라 함은 재산죄인 범죄행위에 의하여 영득된 물건을 말하는 것으로서 절도, 강도, 사기, 공갈, 횡령 등 영득죄에 의하여 취득된 물건이어야 한다.
(대판 1975.9.23, 74도1804)

판례 장물이란 영득죄에 의하여 취득한 물건 자체를 말하는 것으로서 피해자의 회복추구권이 없어진 경우에는 장물성을 상실하므로 절취한 물품을 처분하여 얻은 돈을 받았다 하더라도 장물취득죄가 성립되지 않는다.(대판 1972.2.22, 71도2296)

第363條【常習犯】① 常習으로 前條의 罪를 犯한 者는 1年 이상 10年 이하의 懲役에 處한다.

② 第1項의 경우에는 10年 이하의 資格停止 또는 1千500萬원 이하의 罰金을 倂科할 수 있다.
(1995.12.29 본항개정)

참조 [자격정지]44, [친족간의 범행]328·365

第364條【業務上過失, 重過失】業務上過失 또는 重大한 過失로 因하여 第362條의 罪를 犯한 者는 1年 이하의 禁錮 또는 500萬원 이하의 罰金에 處한다.
(1995.12.29 본조개정)

참조 [친족간의 범행]328·365

第365條【親族間의 犯行】① 前3條의 罪를 犯한 者와 被害者間에 第328條第1項, 第2項의 身分關係가 있는 때에는 同條의 規定을 準用한다.

② 前3條의 罪를 犯한 者와 本犯間에 第328條第1項의 身分關係가 있는 때에는 그 刑을 減輕 또는 免除한다. 但, 身分關係가 없는 共犯에 대하여는 例外로 한다.

참조 [친족]민767~769, [고소]328, 형소223·225·230·232·233, [관련사건]형소11, [형면제 선고]형소322, [형면제등의 주장에 대한 판단]형소323②, [감경례]54·55, [공소기각]형소327

第42章 損壞의 罪

第366條【財物損壞등】他人의 財物, 文書 또는 電磁記錄등 特殊媒體記錄을 損壞 또는 隱匿 기타 方法으로 其 效用을 害한 者는 3年 이하의 懲役 또는 700萬원 이하의 罰金에 處한다.(1995.12.29 본조개정)

참조 폭력처벌2, [미수범]371, [동력]346·372, [상속인등의 결격사유]민1004·1064, [문화유산 손괴]문화유산92~94, [군용물 손괴]군용물등범죄3, [특별규정]국가보안4, [배상명령]소송촉진25~35

판례 소정의 재물손괴죄는 타인의 재물을 손괴 또는 은닉하거나 기타의 방법으로 그 효용을 해하는 경우에 성립하는바, 여기에서 재물의 효용을 해한다고 함은 사실상으로나 감정상으로 그 재물을 본래의 사용목적에 제공할 수 없게 하는 상태로 만드는 것을 말하며, 일시적으로 그 재물을 이용할 수 없는 상태로 만드는 것도 여기에 포함된다. 특히, 건조물의 벽면에 낙서를 하거나 게시물을 부착하는 행위 또는 오물을 투척하는 행위 등이 그 건조물의 효용을 해하는 것에 해당하는지 여부는, 당해 건조물의 용도와 기능, 그 행위가 건조물의 채광·통풍·조망 등에 미치는 영향과 건조물의 미관을 해치는 정도, 건조물 이용자들이 느끼는 불쾌감이나 저항감, 원상회복의 난이도와 거기에 드는 비용, 그 행위의 목적과 시간적 계속성, 행위 당시의 상황 등 제반 사정을 종합하여 사회통념에 따라 판단하여야 한다.
(대판 2007.6.28, 2007도2590)

판례 임차인이 가재도구를 그대로 둔 채 시골로 내려가 버린 사이에 임대인의 모인 피고인이 임차인의 승낙없이 가재도구를 옥상에 옮겨 놓으면서 그 위에다 비닐장판과 비닐천등을 덮어 씌워 비가 스며들지 않게끔 하고 또한 다른 사람이 열지 못하도록 종이를 바르는등 조치를 취하였다면 설사 그 무렵 내린 비로 침수되어 그 효용을 해하였다 하더라도 손괴의 범의가 있다고 보기 어렵다.(대판 1983.5.10, 83도595)

일판 경찰이 위법한 조사로 작성된 공술녹취서(供述錄取書)도 본조에서 말하는 문서에 해당한다.(日·最高 1982.6.24)

독판 고의적으로 차량 타이어의 공기를 빼내 버리는 행위는 차량의 손괴행위가 될 수 있다.(BGHSt 13, 207)

독판 배전반상자의 실체를 해치지 않거나 그 효용을 해치지 않고서 독일연방우체국의 배전반상자에 광고지를 부착한 행위는 재물손괴행위가 아니다.(BGHSt 29, 129)

第367條【公益建造物破壞】公益에 供하는 建造物을 破壞한 者는 10年 이하의 懲役 또는 2千萬원 이하의 罰金에 處한다.(1995.12.29 본조개정)

참조 [미수범]371, [동력]346·372, [본조의 준용]문화유산94, [군용물 손괴]군용물등범죄3, [배상명령]소송촉진25~35

第368條【重損壞】① 前2條의 罪를 犯하여 사람의 生命 또는 身體에 대하여 危險을 發生하게 한 때에는 1年 이상 10年 이하의 懲役에 處한다.

② 第366條 또는 第367條의 罪를 犯하여 사람을 傷害에 이르게 한 때에는 1年 이상의 有期懲役에 處한다. 死亡에 이르게 한 때에는 3年 이상의 有期懲役에 處한다.(1995.12.29 본항개정)

참조 [상해죄]257~259, [동력]346·372, [군용물 손괴]군용물등범죄3, [배상명령]소송촉진25~35

第369條【特殊損壞】① 團體 또는 多衆의 威力을 보이거나 危險한 物件을 携帶하여 第366條의 罪를 犯한 때에는 5年 이하의 懲役 또는 1千萬원 이하의 罰金에 處한다.

② 第1項의 方法으로 第367條의 罪를 犯한 때에는 1年 이상의 有期懲役 또는 2千萬원이하의 罰金에 處한다.
(1995.12.29 본조개정)

참조 [미수범]371, [동력]346·372, [군용물 손괴]군용물등범죄3, 폭력처벌2, [배상명령]소송촉진25~35

第370條【境界侵犯】境界標를 損壞, 移動 또는 除去하거나 기타 方法으로 土地의 境界를 認識不能하게 한 者는 3年 이하의 懲役 또는 500萬원이하의 罰金에 處한다.(1995.12.29 본조개정)

참조 [군용물 범죄]군용물등범죄3, [배상명령]소송촉진25~35

판례 경계침범죄에서 말하는 '경계'는 반드시 법률상의 정당한 경계를 가리키는 것은 아니고, 비록 법률상의 정당한 경계에 부합되지 않는 경계라 하더라도 그것이 종래부터 일반적으로 승인되어 왔거나 이해관계인들의 명시적 또는 묵시적 합의에 의하여 정해진 것으로서 객관적으로 경계로 통용되어 왔다면 이는 본조에서 말하는 경계고, 법률상의 정당한 경계인지 여부에 대하여 다툼이 있다고 하더라도, 그 사실상의 경계가 법률상 정당한 경계가 아니라는 점이 이미 판결로 확정되었다는 등 경계로서의 객관성을 상실하는 것으로 볼 만한 특단의 사정이 없는 한, 여전히 본조에서 말하는 경계에 해당되는 것이라고 보아야 한다. 그리고 이러한 경계를 표시하는 경계표는 반드시 담장 등과 같이 인위적으로 설치된 구조물만을 의미하는 것은 아니고, 수목이나 유수 등과 같이 종래부터 자연적으로 존재하던 것이라도 경계표지로 승인된 것이면 여기의 경계표에 해당한다.
(대판 2007.12.28, 2007도9181)

판례 일시적인 경계표도 경계침범죄의 객체에 해당하는지 여부(적극) : 형법 제370조에서 말하는 경계표는 그것이 어느 정도 객관적으로 통용되는 사실상의 경계를 표시하는 것이라면 영속적인 것이 아니고 일시적인 것이라도 이 죄의 객체에 해당한다.
(대판 1999.4.9, 99도480)

판례 형법 제370조 소정 계표의 의의 : 형법 제370조의 경계침범죄는 토지의 경계에 관한 권리관계의 안정을 확보하여 사권을 보호하고 사회질서를 유지하려는데 그 규정목적이 있으므로 비록 실체상의 경계선에 부합되지 않는 경계표라 할지라도 그것이 종전부터 일반적으로 승인되어 왔다거나 이해관계인들의 명시적 또는 묵시적 합의에 의하여 정하여진 것이라면 그와 같은 경계표는 위 법조 소정의 계표에 해당된다 할 것이고 반대로 기존경계가 진실한 권리상태와 맞지 않는다는 이유로 당사자의 어느 한쪽이 기존경계를 무시하고 일방적으로 경계측량을 하여 이를 실체권리관계에 맞는 경계라고 주장하면서 그 위에 계표를 설치하더라도 이와 같은 경계표는 위 법조에서 말하는 계표에 해당되지 않는다.(대판 1986.12.9, 86도1492)

第371條【未遂犯】 第366條, 第367條와 第369條의 未遂犯은 處罰한다.
참조 [미수범]25－29

第372條【動力】 本章의 罪에는 第346條를 準用한다.
참조 [동력]346, [재물]민98

附　則

第1條【舊刑法 기타 法令과 刑의 輕重】 本法 또는 本法 施行後에 施行된 다른 法律이나 命令(以下 다른 新法令이라고 稱한다)과 本法 施行直前의 刑法(以下 舊刑法이라고 稱한다), 다른 法律, 命令, 布告나 法令(이하 다른 舊法令이라고 稱한다) 또는 本法 施行前後에 걸쳐서 施行중인 다른 法律, 命令, 布告나 法令(以下 다른 存續法令이라고 稱한다)에 定한 刑의 輕重은 第50條에 의한다.

第2條【刑의 種類의 適用例】 ① 本法 施行前에 犯한 罪에 대한 刑의 輕重의 比較는 가장 重한 刑의 長期 또는 多額에 의한다.
② 가장 重한 刑의 長期 또는 多額에 輕重이 없는 때에는 그 短期 또는 少額에 의한다.
③ 前2項에 의하여 刑의 輕重을 定할 수 없는 때에는 併科할 다른 刑이 있는 것을 重한 것으로 하고 選擇할 다른 刑이 있는 것을 輕한 것으로 한다.
④ 前3項의 경우에 刑을 加重減輕할 때에는 舊刑法 또는 本法에 의하여 刑의 加重 또는 減輕한 뒤에 刑의 比較를 한다.

第3條【犯人에게 有利한 法의 適用】 本法 施行前에 犯한 罪에 대하여는 刑의 輕重에 관한 것이 아니더라도 犯人에게 有利한 法을 適用한다.

第4條【1個의 罪에 대한 新舊法의 適用例】 ① 1個의 罪가 本法 施行前後에 걸쳐서 행하여진 때에는 本法 施行前에 犯한 것으로 看做한다.
② 連續犯 또는 牽連犯이 本法 施行前後에 걸쳤을 때에는 本法 施行前에 犯한 것만을 1罪로 한다.

第5條【資格에 관한 刑의 適用制限】 本法 施行前에 犯한 罪에 대하여 本法 또는 다른 新法令을 適用할 때에도 本法 第43條는 適用하지 아니한다.

第6條【競合犯에 대한 新法의 適用例】 本法 施行前에 犯한 數罪 또는 그와 本法 施行後에 犯한 罪가 競合犯인 때에는 本法의 競合犯의 規定에 의한다.

第7條【刑의 效力】 舊刑法, 다른 舊法令 또는 存續法令에 規定된 刑은 本法에 의하여 規定된 것과 同一한 效力을 가진다.

第8條【總則의 適用例】 ① 本法 施行前에 犯한 罪에 대한 刑의 量定, 執行, 宣告猶豫, 執行猶豫, 免除, 時效 또는 消滅에 관하여는 本法을 適用한다. 累犯은 假釋放에 관하여도 같다.
② 本法 施行前에 宣告된 刑이나 그 執行猶豫 또는 處分된 假出獄의 效力은 이미 消滅되지 아니하는 한 本法의 該當規定에 의한다.
③ 前2項의 경우에는 本法 第49條但行, 第58條第1項, 第63條, 第69條第1項但行, 第74條와 沒收나 追徵의 時效에 관한 規定을 適用하지 아니한다.

第9條【舊刑法의 引用條文】 다른 存續法令에 引用된 舊刑法 條文은 本法중 그에 相當한 條文으로 變更된 것으로 한다.

第10條【廢止되는 法律등】 本法 施行直前까지 施行되던 다음의 法律, 布告 또는 法令은 廢止한다.
1. 舊刑法
2. 舊刑法施行法
3. 爆發物取締罰則
4. 外國에서流通하는貨幣,銀行劵의僞造,變造와模造에關한法律
5. 郵便法 第48條, 第55條第1項中 第48條의 未遂犯, 同條第2項, 第55條의2와3
6. 印紙犯罪處罰法
7. 通貨와證劵模造取締法
8. 決鬪罪에關한件
9. 暴力行爲等處罰에關한法律
10. 盜犯等의防止와處罰에關한法律
11. 美軍政法令 第70號(婦女子의賣買또는그賣買契約의禁止)
12. 美軍政法令 第120號(罰金의增額과特別審判員의管轄權等)
13. 美軍政法令 第172號(優良한受刑者釋放令)
14. 美軍政法令 第208號(抗命罪와海賊罪其他犯罪)

第11條【施行日】 本法은 檀紀 4286年(西紀 1953年) 10月 3日부터 施行한다.

附　則 (1975.3.25)
(1988.12.31)

이 法은 公布한 날로부터 施行한다.

附　則 (1995.12.29)

第1條【施行日】 이 法은 1996年 7月 1日부터 施行한다. 다만, 第59條의2, 第61條第2項, 第62條의2, 第64條第2項, 第73條의2第2項의 改正規定과 第75條의 改正規定중 保護觀察에 관한 사항은 1997年 1月 1日부터 施行한다.

第2條【一般的 適用례】 이 法은 이 法 施行전에 행하여진 종전의 刑法規定違反의 罪에 대하여도 적용한다. 다만, 종전의 규정이 行爲者에게 유리한 경우에는 그러하지 아니하다.

第3條【1개의 행위에 대한 經過措置】 1개의 행위가 이 法 施行전후에 걸쳐 이루어진 경우에는 이 法 施行이후에 행한 것으로 본다.

第4條【刑에 관한 經過措置】 이 法 施行전에 종전의 刑法規定에 의하여 刑의 宣告를 받은 者는 이 法에 의하여 刑의 宣告를 받은 것으로 본다. 執行猶豫 또는 宣告猶豫를 받은 경우에도 이와 같다.

第5條【다른 法令과의 관계】 이 法 施行당시 다른 法令에서 종전의 刑法 規定(章의 題目을 포함한다)을 인용하고 있는 경우에 이 法중 그에 해당하는 規定이 있는 때에는 종전의 規定에 갈음하여 이 法의 해당 條項을 인용한 것으로 본다.

附　則 (1997.12.13)

이 法은 1998年 1月 1日부터 施行한다.(단서 생략)

附　則 (2001.12.29)

이 법은 공포 후 6월이 경과한 날부터 시행한다.

附　則 (2004.1.20)

이 법은 공포한 날부터 시행한다.

附　則 (2005.3.31)

第1條【시행일】 이 법은 2008년 1월 1일부터 시행한다.(이하 생략)

附　則 (2005.7.29)

① **【시행일】** 이 법은 공포한 날부터 시행한다.
② **【적용례】** 이 법은 이 법 시행 전에 행하여진 죄에 대하여도 적용한다. 다만, 종전의 규정을 적용하는 것이 행위자에게 유리한 경우에는 그러하지 아니하다.

附　則 (2010.4.15)

① **【시행일】** 이 법은 공포 후 6개월이 경과한 날부터 시행한다. 다만, 제305조의2의 개정규정은 공포한 날부터 시행한다.
② **【가석방의 요건에 관한 적용례】** 제72조제1항의 개정규정은 이 법 시행 당시 수용 중인 사람에 대하여도 적용한다.

附　則 (2012.12.18)

第1條【시행일】 이 법은 공포 후 6개월이 경과한 날부터 시행한다.

第2條【친고죄 폐지에 관한 적용례】 제296조 및 제306조의 개정규정은 이 법 시행 후 최초로 저지른 범죄부터 적용한다.

第3條【다른 법률의 개정】 ①～② ※(해당 법령에 가제정리 하였음)

附　則 (2013.4.5)

第1條【시행일】 이 법은 공포한 날부터 시행한다. 다만, 법률 제11574호 형법 일부개정법률 제296조의 개정규정 및 부칙 제2조제10항은 2013년 6월 19일부터 시행한다.

第2條【다른 법률의 개정】 ①～⑰ ※(해당 법령에 가제정리 하였음)

第3條【다른 법령과의 관계】 이 법 시행 당시 다른 법령에서 종전의 「형법」의 규정을 인용한 경우에 이 법 가운데 그에 해당하는 규정이 있는 때에는 종전의 규정을 갈음하여 이 법의 해당 규정을 인용한 것으로 본다.

附　則 (2014.5.14)

第1條【시행일】 이 법은 공포한 날부터 시행한다.

第2條【적용례 및 경과조치】 ① 제70조제2항의 개정규정은 이 법 시행 후 최초로 저지른 범죄부터 적용한다.(2020.10.20 본항개정)
② 제79조제2항의 개정규정은 이 법 시행 당시 형의 시효가 완성되지 아니한 자에 대해서도 적용한다.
改前 ① 제70조제2항의 개정규정은 이 법 시행 후 최초로 "공소가 제기되는 경우부터" 적용한다.

附　則 (2014.12.30)

이 법은 공포한 날부터 시행한다.

附　則 (2016.1.6)

第1條【시행일】 이 법은 공포한 날부터 시행한다. 다만, 제62조의 개정규정은 공포 후 2년이 경과한 날부터 시행한다.

第2條【다른 법률의 개정】 ①～⑧ ※(해당 법령에 가제정리 하였음)

第3條【다른 법령과의 관계】 이 법 시행 당시 다른 법령에서 종전의 「형법」의 규정을 인용한 경우에 이 법 가운데 그에 해당하는 규정이 있는 때에는 종전의 규정을 갈음하여 이 법의 해당 규정을 인용한 것으로 본다.

附　則 (2016.5.29)
(2016.12.20)

이 법은 공포한 날부터 시행한다.

附　則 (2017.12.12)

第1條【시행일】 이 법은 공포한 날부터 시행한다.

第2條【시효의 기간에 관한 적용례】 제78조제5호 및 제6호의 개정규정은 이 법 시행 후 최초로 재판이 확정되는 경우부터 적용한다.

附　則 (2018.10.16)
(2018.12.18)
(2020.5.19)
(2020.10.20)

이 법은 공포한 날부터 시행한다.

附　則 (2020.12.8)

이 법은 공포 후 1년이 경과한 날부터 시행한다.

附　則 (2023.8.8)

第1條【시행일】 이 법은 공포한 날부터 시행한다. 다만, 제251조, 제254조, 제272조 및 제275조의 개정규정은 공포 후 6개월이 경과한 날부터 시행한다.

第2條【사형의 시효 폐지에 관한 적용례】 제77조, 제78조제1호 및 제80조의 개정규정은 이 법 시행 전에 사형을 선고받은 경우에도 적용한다.

교통사고처리 특례법

(약칭 : 교통사고처리법)

(1981년 12월 31일
법 률 제3490호)

개정
1984. 8. 4법 3744호(도로교통)
1993. 6.11법 4548호
1995. 1. 5법 4872호(도로교통)
1996. 8.14법 5157호
1997. 8.30법 5408호(화물자동차운수사업법)
2003. 5.29법 6891호(보험)
2005. 5.31법 7545호(도로교통)
2007.12.21법 8718호
2008. 3.21법 8979호(화물자동차운수사업법)
2010. 1.25법 9941호 2011. 4.12법10575호
2011. 6. 8법10790호(도로교통)
2016. 1.27법13829호(도로교통)
2016.12. 2법14277호

제1조【목적】 이 법은 업무상과실(業務上過失) 또는 중대한 과실로 교통사고를 일으킨 운전자에 관한 형사처벌 등의 특례를 정함으로써 교통사고로 인한 피해의 신속한 회복을 촉진하고 국민생활의 편익을 증진함을 목적으로 한다.(2011.4.12 본조개정)

제2조【정의】 이 법에서 사용하는 용어의 뜻은 다음과 같다.

1. "차"란 「도로교통법」 제2조제17호가목에 따른 차(車)와 「건설기계관리법」 제2조제1항제1호에 따른 건설기계를 말한다.(2011.6.8 본호개정)
2. "교통사고"란 차의 교통으로 인하여 사람을 사상(死傷)하거나 물건을 손괴(損壞)하는 것을 말한다.

(2011.4.12 본조개정)

판례 교통사고처리 특례법 제2조 제2호에서 '교통사고'란 차의 교통으로 인하여 사람을 사상하거나 물건을 손괴하는 것을 말한다고 규정하고 있는바, 교통사고를 일으킨 운전자에 대한 형사처벌의 특례를 정하는 것을 주된 목적으로 하는 교통사고처리 특례법의 입법 취지와 자동차 운행으로 인한 피해자의 보호를 주된 목적으로 하는 자동차손해배상 보장법의 입법 취지가 서로 다른 점, '교통'이란 원칙적으로 사람 또는 물건의 이동이나 운송을 전제로 하는 용어인 점 등에 비추어 보면, 교통사고처리 특례법 제2조 제2호에 정한 '교통'은 자동차손해배상 보장법 제2조 제2호에 정한 '운행'보다 제한적으로 해석하여야 한다.(대판 2009.7.9, 2009도2390)

제3조【처벌의 특례】 ① 차의 운전자가 교통사고로 인하여 「형법」 제268조의 죄를 범한 경우에는 5년 이하의 금고 또는 2천만원 이하의 벌금에 처한다.

② 차의 교통으로 제1항의 죄 중 업무상과실치상죄(業務上過失致傷罪) 또는 중과실치상죄(重過失致傷罪)와 「도로교통법」 제151조의 죄를 범한 운전자에 대하여는 피해자의 명시적인 의사에 반하여 공소(公訴)를 제기할 수 없다. 다만, 차의 운전자가 제1항의 죄 중 업무상과실치상죄 또는 중과실치상죄를 범하고도 피해자를 구호(救護)하는 등 「도로교통법」 제54조제1항에 따른 조치를 하지 아니하고 도주하거나 피해자를 사고 장소로부터 옮겨 유기(遺棄)하고 도주한 경우, 같은 죄를 범하고 「도로교통법」 제44조제2항을 위반하여 음주측정 요구에 따르지 아니한 경우(운전자가 채혈 측정을 요청하거나 동의한 경우는 제외한다)와 다음 각 호의 어느 하나에 해당하는 행위로 인하여 같은 죄를 범한 경우에는 그러하지 아니하다.

1. 「도로교통법」 제5조에 따른 신호기가 표시하는 신호 또는 교통정리를 하는 경찰공무원등의 신호를 위반하거나 통행금지 또는 일시정지를 내용으로 하는 안전표지가 표시하는 지시를 위반하여 운전한 경우
2. 「도로교통법」 제13조제3항을 위반하여 중앙선을 침범하거나 같은 법 제62조를 위반하여 횡단, 유턴 또는 후진한 경우
3. 「도로교통법」 제17조제1항 또는 제2항에 따른 제한속도를 시속 20킬로미터 초과하여 운전한 경우
4. 「도로교통법」 제21조제1항, 제22조, 제23조에 따른 앞지르기의 방법·금지시기·금지장소 또는 끼어들기의 금지를 위반하거나 같은 법 제60조제2항에 따른 고속도로에서의 앞지르기 방법을 위반하여 운전한 경우
5. 「도로교통법」 제24조에 따른 철길건널목 통과방법을 위반하여 운전한 경우
6. 「도로교통법」 제27조제1항에 따른 횡단보도에서의 보행자 보호의무를 위반하여 운전한 경우
7. 「도로교통법」 제43조, 「건설기계관리법」 제26조 또는 「도로교통법」 제96조를 위반하여 운전면허 또는 건설기계조종사면허를 받지 아니하거나 국제운전면허증을 소지하지 아니하고 운전한 경우. 이 경우 운전면허 또는 건설기계조종사면허의 효력이 정지 중이거나 운전의 금지 중인 때에는 운전면허 또는 건설기계조종사면허를 받지 아니하거나 국제운전면허증을 소지하지 아니한 것으로 본다.
8. 「도로교통법」 제44조제1항을 위반하여 술에 취한 상태에서 운전을 하거나 같은 법 제45조를 위반하여 약물의 영향으로 정상적으로 운전하지 못할 우려가 있는 상태에서 운전한 경우
9. 「도로교통법」 제13조제1항을 위반하여 보도(步道)가 설치된 도로의 보도를 침범하거나 같은 법 제13조제2항에 따른 보도 횡단방법을 위반하여 운전한 경우
10. 「도로교통법」 제39조제3항에 따른 승객의 추락 방지의무를 위반하여 운전한 경우(2016.1.27 본호개정)
11. 「도로교통법」 제12조제3항에 따른 어린이 보호구역에서 같은 조 제1항에 따른 조치를 준수하고 어린이의 안전에 유의하면서 운전하여야 할 의무를 위반하여 어린이의 신체를 상해(傷害)에 이르게 한 경우
12. 「도로교통법」 제39조제4항을 위반하여 자동차의 화물이 떨어지지 아니하도록 필요한 조치를 하지 아니하고 운전한 경우(2016.12.2 본호신설)

(2011.4.12 본조개정)

판례 편도 5차선 도로의 1차로를 신호에 따라 진행하던 자동차 운전자에게 도로의 오른쪽에 연결된 소방도로에서 오토바이가 나와 맞은편 쪽으로 가기 위해서 편도 5차선 도로를 대각선 방향으로 가로질러 진행하는 경우까지 예상하여 진행할 주의의무는 없다고 본다.(대판 2007.4.26, 2006도9216)

판례 건설회사가 고속도로 건설공사와 관련하여 지방도의 확장공사를 위하여 우회도로를 개설하면서 기존의 도로와 우회도로가 연결되는 부분에 설치한 황색 점선이 도로교통법상 설치권한이 있는 자나 그 위임을 받은 자가 설치한 것이 아니라면 이것을 가리켜 동조 제2항 단서 제2호에서 규정하는 중앙선이라고 할 수 없다.(대판 2003.6.27, 2003도1895)

판례 승객이 차에서 내려 도로상에 발을 딛고 선 뒤에 일어난 사고는 승객의 추락방지의무를 위반하여 운전함으로써 일어난 사고에 해당하지 아니한다.(대판 1997.6.13, 96도3266)

판례 중앙선을 침범하였다가 제차선으로 다시와서 앞차를 추돌한 경우도 중앙선침범이란 운행상 과실의 직접적인 원인으로 보아야 할 것이다.(대판 1990.9.25, 90도536)

제4조【보험 등에 가입된 경우의 특례】 ① 교통사고를 일으킨 차가 「보험업법」 제4조, 제126조, 제127조 및 제128조, 「여객자동차 운수사업법」 제60조, 제61조 또는 「화물자동차 운수사업법」 제51조에 따른 보험 또는 공제에 가입된 경우에는 제3조제2항 본문에 규정된 죄를 범한 차의 운전자에 대하여 공소를 제기할 수 없다. 다만, 다음 각 호의 어느 하나에 해당하는 경우에는 그러하지 아니하다.

1. 제3조제2항 단서에 해당하는 경우
2. 피해자가 신체의 상해로 인하여 생명에 대한 위험이 발생하거나 불구(不具)가 되거나 불치(不治) 또는 난치(難治)의 질병이 생긴 경우
3. 보험계약 또는 공제계약이 무효로 되거나 해지되거나 계약상의 면책 규정 등으로 인하여 보험회사, 공제조합 또는 공제사업자의 보험금 또는 공제금 지급의무가 없어진 경우

② 제1항에서 "보험 또는 공제"란 교통사고의 경우 「보험업법」에 따른 보험회사나 「여객자동차 운수사업법」 또는 「화물자동차 운수사업법」에 따른 공제조합 또는 공제사업자가 인가된 보험약관 또는 승인된 공제약관에 따라 피보험자와 피해자 간 또는 공제조합원과 피해자 간의 손해배상에 관한 합의 여부와 상관없이 피보험자나 공제조합원을 갈음하여 피해자의 치료비에 관하여는 통상비용의 전액을, 그 밖의 손해에 관하여는 보험약관이나 공제약관으로 정한 지급기준금액을 대통령령으로 정하는 바에 따라 우선 지급하되, 종국적으로는 확정판결이나 그 밖에 이에 준하는 집행권원(執行權原)상 피보험자 또는 공제조합원의 교통사고로 인한 손해배상금 전액을 보상하는 보험 또는 공제를 말한다.

③ 제1항의 보험 또는 공제에 가입된 사실은 보험회사, 공제조합 또는 공제사업자가 제2항의 취지를 적은 서면에 의하여 증명되어야 한다.

(2011.4.12 본조개정)

제5조【벌칙】 ① 보험회사, 공제조합 또는 공제사업자의 사무를 처리하는 사람이 제4조제3항의 서면을 거짓으로 작성한 경우에는 3년 이하의 징역 또는 1천만원 이하의 벌금에 처한다.

② 제1항의 거짓으로 작성된 문서를 그 정황을 알고 행사한 사람도 제1항의 형과 같은 형에 처한다.

③ 보험회사, 공제조합 또는 공제사업자가 정당한 사유 없이 제4조제3항의 서면을 발급하지 아니한 경우에는 1년 이하의 징역 또는 300만원 이하의 벌금에 처한다.

(2011.4.12 본조개정)

제6조【양벌규정】 법인의 대표자, 대리인, 사용인, 그 밖의 종업원이 그 법인의 업무에 관하여 제5조의 위반행위를 하면 그 행위자를 벌하는 외에 그 법인에도 해당 조문의 벌금형을 과(科)한다. 다만, 법인이 그 위반행위를 방지하기 위하여 해당 업무에 관하여 상당한 주의와 감독을 게을리하지 아니한 경우에는 그러하지 아니하다.

(2010.1.25 본조개정)

부 칙 (2011.6.8)
(2016.1.27)

제1조【시행일】 이 법은 공포 후 6개월이 경과한 날부터 시행한다.(이하 생략)

부 칙 (2016.12.2)

제1조【시행일】 이 법은 공포 후 1년이 경과한 날부터 시행한다.

제2조【적용례】 제3조제2항의 개정규정은 이 법 시행 후 최초로 발생한 교통사고부터 적용한다.

교통사고처리 특례법 시행령

(1982년 7월 9일
대통령령 제10864호)

개정
1994.12.23영14438호(직제)
1994.12.23영14447호(직제)
1999. 5.24영16337호(직제)
2008. 2.29영20692호(직제)
2008. 9.25영21036호(자동차손해배상시)
2008.12.31영21214호(직제)
2013. 3.23영24415호(직제)
2021. 1. 5영31380호(법령용어정비)

제1조【목적】 이 영은 교통사고처리특례법(이하 "법"이라 한다)에서 위임된 사항과 그 시행에 관하여 필요한 사항을 규정함을 목적으로 한다.

제2조【우선 지급할 치료비에 관한 통상비용의 범위】 ① 법 제4조제2항에 따라 우선 지급해야 할 치료비에 관한 통상비의 범위는 다음 각 호와 같다.(2021.1.5 본문개정)

1. 진찰료
2. 일반병실의 입원료. 다만, 진료상 필요로 일반 병실보다 입원료가 비싼 병실에 입원한 경우에는 그 병실의 입원료
3. 처치·투약·수술등 치료에 필요한 모든 비용
4. 인공팔다리·의치·안경·보청기·보철구 및 그 밖에 치료에 부수하여 필요한 기구 등의 비용(2021.1.5 본호개정)
5. 호송, 다른 보호시설로의 이동, 퇴원 및 통원에 필요한 비용(2021.1.5 본호개정)
6. 보험약관 또는 공제약관에서 정하는 환자 식대·간병료 및 기타 비용

② 치료비에 관한 통상비용의 계산에 있어서 피해자가 외국에서 치료를 받은 경우의 제1항 각호의 비용은 국내의료기관에서 동일한 치료를 하는 경우 그에 상당한 비용으로 한다. 다만, 국내의료기관에서 치료가 불가능하여 외국에서 치료를 받은 경우에는 그에 소요되는 비용으로 한다.

제3조【우선지급할 치료비외의 손해배상금의 범위】 ① 법 제4조제2항의 규정에 의하여 우선지급하여야 할 치료비외의 손해배상금의 범위는 다음 각호와 같다.

1. 부상의 경우
   보험약관 또는 공제약관에서 정한 지급기준에 의하여 산출한 위자료의 전액과 휴업손해액의 100분의 50에 해당하는 금액
2. 후유장애의 경우
   보험약관 또는 공제약관에서 정한 지급기준에 의하여 산출한 위자료 전액과 상실수익액의 100분의 50에 해당하는 금액
3. 대물손해의 경우
   보험약관 또는 공제약관에서 정한 지급기준에 의하여 산출한 대물배상액의 100분의 50에 해당하는 금액

② 제1항제1호 및 제2호의 규정에 의한 위자료가 중복되는 경우에는 보험약관 또는 공제약관이 정하는 바에 의하여 지급한다.

제4조【손해배상금의 우선지급절차】 ① 피해자가 제2조 및 제3조의 규정에 의한 손해배상금의 우선지급을 받고자 하는 때에는 금융위원회 또는 국토교통부장관이 정하는 바에 의하여 보험사업자 또는 공제사업자에게 손해배상금우선지급의 청구를 하여야 한다.(2013.3.23 본항개정)

② 제1항의 규정에 의하여 손해배상금우선지급의 청구를 받은 보험사업자 또는 공제사업자는 그 청구를 받은 날로부터 7일이내에 이를 지급하여야 한다.

③ 피해자가 「자동차손해배상 보장법」 제10조 및 제11조에 따라 손해배상액 또는 가불금을 지급받은 때에는 보험사업자 또는 공제사업자는 손해배상금의 우선지급액에서 이를 공제할 수 있다.(2008.9.25 본항개정)

제5조【피해자에 대한 성실보호】 보험사업자 및 공제사업자는 보험 또는 공제와 관련된 교통사고 피해자의 보호관리업무를 성실히 수행하여야 한다.

제6조【법 제4조 내지 제6조의 시행일】 법 제4조 내지 제6조의 규정은 1982년 6월 30일부터 시행한다.

부 칙 (2013.3.23)

제1조【시행일】 이 영은 공포한 날부터 시행한다.(이하 생략)

부 칙 (2021.1.5)

이 영은 공포한 날부터 시행한다.(이하 생략)

벌금 등 임시조치법

(1951년 9월 8일 법 률 제216호)

개정
1958. 7.24법 490호 1962. 5.31법 1084호
1966.12.15법 1850호 1976.12.22법 2907호
1990.12.31법 4296호 1996.11.23법 5167호
2010. 3.24법10179호

제1조【목적】 이 법은 경제 사정의 변동에 따른 벌금, 과료 또는 과태료의 금액에 관한 특례를 정함을 목적으로 한다.(2010.3.24 본조개정)

제2조 (1962.5.31 삭제)

제3조【벌금의 액수에 관한 특례】 이 법 또는 다른 법령에 따라 산출되거나 다른 법령에 규정된 벌금의 다액(多額)이 10만원 미만일 때에는 그 다액을 10만원으로 한다. (2010.3.24 본조개정)

제4조【벌금 등의 적용】 ① (1996.11.23 삭제)
② 1953년 2월 14일까지 제정된 법령 중 벌금 또는 과태료에 관한 규정을 적용할 때에는 그 규정에 정하여진 화폐단위 원(圓)을 원으로 본다.
③ 1953년 2월 15일부터 1962년 6월 9일까지 제정된 법령 중 벌금 또는 과태료에 관한 규정을 적용할 때에는 그 규정에 정하여진 화폐단위 환(圜)을 원으로 본다.
④ 1962년 6월 10일부터 1966년 12월 31일까지 제정된 법령 중 벌금 또는 과태료에 관한 규정을 적용할 때에는 그 벌금 또는 과태료의 금액은 규정된 금액의 4배에 상당하는 금액으로 한다.
⑤ 1967년 1월 1일부터 1973년 12월 31일까지 제정된 법령 중 벌금 또는 과태료에 관한 규정을 적용할 때에는 그 벌금 또는 과태료의 금액은 규정된 금액의 2배에 상당하는 금액으로 한다.
(2010.3.24 본조개정)

제5조【적용 제외】 벌금, 과료 또는 과태료의 금액을 일정한 금액에 배수를 곱하여 정할 때에는 제4조를 적용하지 아니한다.(2010.3.24 본조개정)

부 칙 (2010.3.24)

이 법은 공포한 날부터 시행한다.

國家保安法

(1980年 12月 31日 全改法律 第3318號)

改正
1987.12. 4法 3993號(군사법원)
1991. 5.31法 4373號
1994. 1. 5法 4704號(군사법원)
1997. 1.13法 5291號(국가유공자등예우)
1997.12.13法 5454號(정부부처명)
2011. 9.15法11042號(보훈보상대상자지원에관한법)
2016. 1. 6法13722號(군사법원)

第1章 總 則

第1條【目的등】 ① 이 法은 國家의 安全을 危殆롭게 하는 反國家活動을 規制함으로써 國家의 安全과 國民의 生存 및 自由를 確保함을 目的으로 한다.
② 이 法을 解釋適用함에 있어서는 第1項의 目的達成을 위하여 필요한 最小限度에 그쳐야 하며, 이를 擴大解釋하거나 憲法上 보장된 國民의 基本的 人權을 부당하게 제한하는 일이 있어서는 아니된다.(1991.5.31 본항신설)
(1991.5.31 본조제목개정)

판례 본법 및 반공법(廢)은 헌법이 지향하는 조국의 평화통일과 자유민주적 기본질서를 부인하면서 공산계열인 북괴등 불법집단이 우리나라를 적화변란하려는 활동을 봉쇄하고 국가의 안전과 국민의 자유를 확보하기 위하여 제정된 것이므로 헌법에 위배된다고 할 수 없다.(대판 1987.7.21, 87도1081)

第2條【定義】 ① 이 法에서 "反國家團體"라 함은 政府를 僭稱하거나 國家를 變亂할 것을 目的으로 하는 國內外의 結社 또는 集團으로서 指揮統率體制를 갖춘 團體를 말한다.
② (1991.5.31 삭제)
(1991.5.31 본조개정)

판례 남북정상회담의 성사 등으로 북한의 반국가단체성이 소멸하였다고 볼 수 있는지 여부 : 북한은 조국의 평화적 통일을 위한 대화와 협력의 동반자임과 동시에 적화통일노선을 고수하면서 우리의 자유민주주의 체제를 전복하고자 획책하는 반국가단체라는 성격도 아울러 가지고 있다고 보아야 하고, 남북정상회담의 성사 등으로 북한의 반국가단체성이 소멸하였다고 볼 수는 없다. (대판 2003.5.13, 2003도604)

판례 북한이 유엔에 동시에 가입하였고 남·북한 총리들이 남북사이의 화해, 불가침 및 교류협력에 관한 합의서에 서명하였다는 등의 사유가 있었다고 하더라도 북한이 국가보안법상 반국가단체가 아니라고 할 수는 없다.(대판 1998.7.28, 98도1395)

第2章 罪와 刑

第3條【反國家團體의 構成등】 ① 反國家團體를 構成하거나 이에 加入한 者는 다음의 區別에 따라 處罰한다.
1. 首魁의 任務에 종사한 者는 死刑 또는 無期懲役에 處한다.
2. 幹部 기타 指導的 任務에 종사한 者는 死刑·無期 또는 5年 이상의 懲役에 處한다.
3. 그 이외의 者는 2年 이상의 有期懲役에 處한다.

② 他人에게 反國家團體에 加入할 것을 勸誘한 者는 2年 이상의 有期懲役에 處한다.
③ 第1項 및 第2項의 未遂犯은 處罰한다.
④ 第1項第1號 및 第2號의 罪를 犯할 目的으로 豫備 또는 陰謀한 者는 2年 이상의 有期懲役에 處한다.
⑤ 第1項第3號의 罪를 犯할 目的으로 豫備 또는 陰謀한 者는 10年 이하의 懲役에 處한다.(1991.5.31 본항개정)

판례 피고인들이 정권타도에 관하여 상호 주장과 의견을 교환하고 북괴 수괴를 찬양하는 자리에서 계형식의 모임을 만들기로 합의하고 이 사건 '아람회'를 결성한 것인 바, 동 '아람회' 구성에 이르기까지 피고인들은 정부를 전복하려는 목적과 그 실천방법 및 임무분담내용을 정하고 이에 따라 활동하기로 숙의결정하고 국가를 변란할 목적으로 불법비밀결사를 계형식의 위장조직으로 구성키로 한 사실이 인정되는 바이니 위 '아람회'의 결성 당시에 그 목적과 임무에 관하여 명시적으로 논의된 바 없다 하여 그 특정이 없다고 볼 수는 없다.(대판 1982.9.28, 82도2016)

第4條【目的遂行】 ① 反國家團體의 構成員 또는 그 指令을 받은 者가 그 目的遂行을 위한 行爲를 한 때에는 다음의 區別에 따라 處罰한다.
1. 刑法 第92條 내지 第97條·第99條·第250條第2項·第338條 또는 第340條第3項에 規定된 行爲를 한 때에는 그 各條에 정한 刑에 處한다.
2. 刑法 第98條에 規定된 행위를 하거나 國家機密을 探知·蒐集·누설·傳達하거나 仲介한 때에는 다음의 구별에 따라 處罰한다.
   가. 軍事上 機密 또는 國家機密이 國家安全에 대한 중대한 불이익을 회피하기 위하여 한정된 사람에게만 知得이 허용되고 敵國 또는 反國家團體에 秘密로 하여야 할 사실, 물건 또는 知識인 경우에는 死刑 또는 無期懲役에 處한다.
   나. 가目외의 軍事上 機密 또는 國家機密의 경우에는 死刑·無期 또는 7年 이상의 懲役에 處한다.
   (1991.5.31 본호개정)
   <1997.1.16 헌법재판소 한정합헌결정으로 이 호 "나"목은 그 소정의 "군사상 기밀 또는 국가기밀"을 일반인에게 알려지지 아니한 것으로서 그 내용이 누설되는 경우 국가의 안전에 명백한 위험을 초래한다고 볼 만큼의 실질가치를 지닌 사실, 물건 또는 지식이라고 해석하는 한 헌법에 위반되지 아니함>
3. 刑法 第115條·第119條第1項·第147條·第148條·第164條 내지 第169條·第177條 내지 第180條·第192條 내지 第195條·第207條·第208條·第210條·第250條第1項·第252條·第253條·第333條 내지 第337條·第339條 또는 第340條第1項 및 第2項에 規定된 行爲를 한 때에는 死刑·無期 또는 10年 이상의 懲役에 處한다.
(1991.5.31 본호개정)
4. 交通·通信, 國家 또는 公共團體가 사용하는 建造物 기타 重要施設을 破壞하거나 사람을 略取·誘引하거나 艦船·航空機·自動車·武器 기타 物件을 移動·取去한 때에는 死刑·無期 또는 5年 이상의 懲役에 處한다.
5. 刑法 第214條 내지 第217條·第257條 내지 第259條 또는 第262條에 規定된 行爲를 하거나 國家機密에 속하는 書類 또는 物品을 損壞·隱匿·僞造·變造한 때에는 3年 이상의 有期懲役에 處한다.
6. 第1號 내지 第5號의 行爲를 煽動·宣傳하거나 社會秩序의 混亂을 造成할 우려가 있는 事項에 관하여 허위사실을 捏造하거나 流布한 때에는 2年 이상의 有期懲役에 處한다.(1991.5.31 본호개정)

② 第1項의 未遂犯은 處罰한다.
③ 第1項第1號 내지 第4號의 罪를 犯할 目的으로 豫備 또는 陰謀한 者는 2年 이상의 有期懲役에 處한다.
④ 第1項第5號 및 第6號의 罪를 犯할 目的으로 豫備 또는 陰謀한 者는 10年 이하의 懲役에 處한다.

참조 [간첩]형98

▶ 간첩의 개념

판례 [1] (구)국가보안법 제2조 소정의 '반국가단체의 구성원 또는 그 지령을 받은 자'라는 요건은 정범인 간첩죄에 있어서만 필요로 하는 것이고 그 방조죄에 있어서는 이러한 요건이 필요없이 '반국가단체의 간첩이라는 인식'만 있으면 그 주체가 될 수 있는 것이다. (대판 1973.5.8, 73도249)
[2] 국가보안법에서 '반국가단체의 지령을 받은 자'라 함은 반국가단체로부터 직접 지령을 받은 자뿐 아니라 위 지령을 받은 자로부터 다시 받은 자도 포함한다.(대판 1972.5.23, 72도687)

▶ 국가기밀

판례 국가보안법상 간첩죄의 대상이 되는 국가기밀은 순전한 의미에서의 국가기밀에만 국한할 것은 아니고 정치, 경제, 사회, 문화등 각 분야에 걸쳐서 대한민국의 국방정책상 북한괴뢰집단에게 알리지 아니하거나 확인되지 아니함이 대한민국의 이익이 되는 모든 기밀사항이 포함되고 이러한 기밀사항이 국내에 일반적으로 알려진 것이고 일상생활을 통해서 경험할 수 있는 것이라 할지라도 북한괴뢰집단에게 유리한 자료가 될 경우에는 이를 탐지, 수집하는 행위는 간첩죄를 구성한다.(대판 1987.5.26, 87도432)

第5條【自進支援·金品收受】 ① 反國家團體나 그 構成員 또는 그 指令을 받은 者를 支援할 目的으로 自進하여 第4條第1項 각號에 規定된 行爲를 한 者는 第4條第1項의 例에 의하여 處罰한다.
② 國家의 存立·安全이나 自由民主的 基本秩序를 危殆롭게 한다는 情을 알면서 反國家團體의 構成員 또는 그 指令을 받은 者로부터 金品을 收受한 者는 7年 이하의 懲役에 處한다.(1991.5.31 본항개정)
③ 第1項 및 第2項의 未遂犯은 處罰한다.
④ 第1項의 罪를 犯할 目的으로 豫備 또는 陰謀한 者는 10年 이하의 懲役에 處한다.
⑤ (1991.5.31 삭제)

판례 제5조 제2항 소정의 금품수수죄는 금품을 교부하는 자가 반국가단체의 구성원 또는 그 지령을 받은 자라는 정을 알면서 그로부터 금품을 수수하면 금품수수의 목적이 무엇이건 가리지 않고 성립되는 것이고 그밖에 더 나아가서 반국가단체의 이익이 된다는 정을 알고 금품수수를 할 것과 그 금품수수가 반국가단체의 목적수행과 관련이 있어야만 할 것등은 같은 죄의 성립요건이 아니다. 1970.10.13, 70도1763과 1980.2.12, 78도90는 이와 상반되는 판결이므로 폐기한다.(대판 1985.12.10, 85도1367 전원합의체)

第6條【潛入·脫出】 ① 國家의 存立·安全이나 自由民主的 基本秩序를 危殆롭게 한다는 情을 알면서 反國家團體의 支配下에 있는 地域으로부터 潛入하거나 그 地域으로 脫出한 者는 10年 이하의 懲役에 處한다.
(1991.5.31 본항개정)
② 反國家團體나 그 構成員의 指令을 받거나 받기 위하여 또는 그 目的遂行을 協議하거나 協議하기 위하여 潛入하거나 脫出한 者는 死刑·無期 또는 5年 이상의 懲役에 處한다.
<1998.8.27 헌법재판소 결정으로 본항은 그 소정의 행위가 국가의 존립·안전이나 자유민주적 기본질서에 해악을 끼칠 명백한 위험이 있는 경우에 적용된다 할 것이므로, 그러한 해석하에 헌법에 위반되지 아니함>
③ (1991.5.31 삭제)
④ 第1項 및 第2項의 未遂犯은 處罰한다.(1991.5.31 본항개정)
⑤ 第1項의 罪를 犯할 目的으로 豫備 또는 陰謀한 者는 7年 이하의 懲役에 處한다.
⑥ 第2項의 罪를 犯할 目的으로 豫備 또는 陰謀한 者는 2年 이상의 有期懲役에 處한다.(1991.5.31 본항개정)

판례 국가보안법 제6조제1항, 제2항의 탈출이란 대한민국의 통치권 또는 지배력으로부터 벗어나는 행위를 뜻한다고 볼 것이고, 대한민국의 통치권은 대한민국의 영역은 물론 국민에 대하여도 미치는 것이므로 그러한 통치권이 실지로 미치는 지역 또는 상태에서 벗어나 통치권이 사실상 행사되기 어려운 지역 또는 상태로 이탈하는 행위는 모두 위 각 조항의 탈출에 해당될 수 있다. (대판 2008.4.17, 2004도4899 전원합의체)

판례 국가보안법 제6조 제2항 소정의 잠입 및 탈출죄는 그 규정의 문언상 반국가단체의 지배하에 있는 지역으로부터 잠입 또는 그 지역으로 탈출하는 것을 구성요건으로 하고 있지 아니함이 분명하므로, 반국가단체의 지배하에 있지 아니한 지역으로부터 잠입한 경우나 탈출한 경우에도 반국가단체의 구성원으로부터 지령을 받고, 또 그 목적수행의 의사 아래 잠입 또는 탈출한 것이라면 위 법조 소정의 잠입 또는 탈출죄에 해당한다.
(대판 1987.9.8, 87도1341)

第7條【讚揚·鼓舞等】 ① 國家의 存立·安全이나 自由民主的 基本秩序를 危殆롭게 한다는 情을 알면서 反國家團體나 그 構成員 또는 그 指令을 받은 者의 活動을 讚揚·鼓舞·宣傳 또는 이에 同調하거나 國家變亂을 宣傳·煽動한 者는 7年 이하의 懲役에 處한다.
② (1991.5.31 삭제)
③ 第1項의 行爲를 目的으로 하는 團體를 構成하거나 이에 加入한 者는 1年 이상의 有期懲役에 處한다.
④ 第3項에 規定된 團體의 構成員으로서 社會秩序의 混亂을 造成할 우려가 있는 事項에 관하여 허위사실을 捏造하거나 流布한 者는 2年 이상의 有期懲役에 處한다.
⑤ 第1項·第3項 또는 第4項의 行爲를 할 目的으로 文書·圖畫 기타의 表現物을 製作·輸入·複寫·所持·運搬·頒布·販賣 또는 取得한 者는 그 각項에 정한 刑에 處한다.
⑥ 第1項 또는 第3項 내지 第5項의 未遂犯은 處罰한다.
⑦ 第3項의 罪를 犯할 目的으로 豫備 또는 陰謀한 者는 5年 이하의 懲役에 處한다.
(1991.5.31 본조개정)

판례 어떤 표현물이 이적성이 있는가 여부의 판단은 결국 경험법칙과 논리법칙에 따라 자유심증에 의하여 판단하여야 하고, 표현물의 전체적인 내용뿐만 아니라 그 작성의 동기는 물론 표현행위 자체의 태양과 외부와의 관련 사항, 표현행위 당시의 정황 등 여러 사정을 종합하여 결정하여야 하며, 해당 표현물의 어느 표현 하나만을 따로 떼어 놓고 볼 것이 아니라 문맥을 통해 그 전체적 내용을 객관적으로 분석하여 이적성 유무를 판단하여야 한다.
(대판 2009.8.20, 2007도7042)

판례 '이적단체' 의미 및 그 판단 기준 : 국가보안법 제7조 제3항에 규정된 이른바 '이적단체'라 함은 국가보안법 제2조 소정의 반국가단체 등의 활동을 찬양·고무·선전 또는 이에 동조하거나 국가의 변란을 선전·선동하는 행위를 하는 것을 그 목적으로 하여 특정 다수인에 의하여 결성된 계속적이고 독자적인 결합체를 가리키는 것인데, 이러한 이적단체를 인정할 때에는 국가보안법 제1조에서 규정하고 있는 위 법의 목적과 유추해석이나 확대해석을 금지하는 죄형법정주의의 기본정신에 비추어서 그 구성요건을 엄격히 제한하여 해석하여야 한다.(대판 2007.3.30, 2003도8165)

판례 '한총련'의 이적성 여부 : 2002년의 '제10기 한국대학총학생회연합'은 강령과 규약의 일부 변경에도 불구하고 사상과 투쟁목표에 종전의 한국대학총학생회연합과 근본적인 변화가 있었다고 볼 수 없고, 지향하는 노선이 반국가단체인 북한의 통일노선과 궤(軌)를 같이함으로써 북한의 활동을 찬양·고무·선전하거나 적어도 이에 동조하는 행위를 목적으로 하는 이적단체에 해당한다.
(대판 2003.5.13, 2003도604)

第8條【會合·通信等】 ① 國家의 存立·安全이나 自由民主的 基本秩序를 危殆롭게 한다는 情을 알면서 反國家團體의 構成員 또는 그 指令을 받은 者와 會合·通信 기타의 방법으로 連絡을 한 者는 10年 이하의 懲役에 處한다.
② (1991.5.31 삭제)
③ 第1項의 未遂犯은 處罰한다.
④ (1991.5.31 삭제)
(1991.5.31 본조개정)

판례 공산계열과의 단순한 대면이나 또는 그들의 목적수행을 위한 활동과는 아무런 관련이 없는 전연 다른 의도에서의 모임이나 순수한 인도적 의미에서의 도움은 반공법 제5조 제1항 소정의 '회합죄'나 제7조 소정의 '편의제공죄'에 해당하지 않는다.
(대판 1974.2.12, 73도2186)

第9條【便宜提供】 ① 이 法 第3條 내지 第8條의 罪를 犯하거나 犯하려는 者라는 情을 알면서 銃砲·彈藥·火藥 기타 武器를 제공한 者는 5年 이상의 有期懲役에 處한다.
(1991.5.31 본항개정)
② 이 法 第3條 내지 第8條의 罪를 犯하거나 犯하려는 者라는 情을 알면서 金品 기타 財産上의 利益을 제공하거나 潛伏·會合·通信·連絡을 위한 場所를 제공하거나 기타의 方法으로 편의를 제공한 者는 10年 이하의 懲役에 處한다. 다만, 本犯과 親族關係가 있는 때에는 그 刑을 減輕 또는 免除할 수 있다.(1991.5.31 본항개정)
③ 第1項 및 第2項의 未遂犯은 處罰한다.
④ 第1項의 罪를 犯할 目的으로 豫備 또는 陰謀한 者는 1年 이상의 有期懲役에 處한다.
⑤ (1991.5.31 삭제)

판례 본조 제2항의 기타의 방법으로 편의를 제공한 경우란 국가보안법 위반 범인에 대하여 총포, 탄약, 금품 기타 재산상의 이익제공행위, 잠복, 회합, 연락을 위한 장소제공행위를 제외한 모든 방법으로 하는 일체의 편의제공행위를 포함한다.(대판 1984.10.10, 84도1796)

第10條【不告知】 第3條, 第4條, 第5條第1項·第3項(第1項의 未遂犯에 한한다)·第4項의 罪를 범한 者라는 情을 알면서 捜査機關 또는 情報機關에 告知하지 아니한 者는 5年 이하의 懲役 또는 200萬원 이하의 罰金에 處한다. 다만, 本犯과 親族關係가 있는 때에는 그 刑을 減輕 또는 免除한다.(1991.5.31 본조개정)

판례 불고지죄가 성립하기 위하여는 본범의 행위가 반공법 제3조 내지 제7조의 죄를 범한 행위자라는 사실을 확실히 인식하고도 이를 수사정보기관에 고지하지 아니함으로써 성립한다.
(대판 1972.2.22, 71도2247)

第11條【特殊職務遺棄】 犯罪捜査 또는 情報의 職務에 종사하는 公務員이 이 法의 罪를 犯한 者라는 情을 알면서 그 職務를 遺棄한 때에는 10年 이하의 懲役에 處한다. 다만, 本犯과 親族關係가 있는 때에는 그 刑을 減輕 또는 免除할 수 있다.

第12條【誣告, 捏造】 ① 他人으로 하여금 刑事處分을 받게 할 目的으로 이 法의 罪에 대하여 誣告 또는 僞證을 하거나 證據를 捏造·湮滅·隱匿한 者는 그 각條에 정한 刑에 處한다.
② 犯罪捜査 또는 情報의 職務에 종사하는 公務員이나 이를 補助하는 者 또는 이를 指揮하는 者가 職權을 濫用하여 第1項의 行爲를 한 때에도 第1項의 刑과 같다. 다만, 그 法定刑의 最低가 2年 未滿일 때에는 이를 2年으로 한다.

第13條【特殊加重】 이 法, 軍刑法 第13條·第15條 또는 刑法 第2編第1章 內亂의 罪·第2章 外患의 罪를 犯하여 禁錮 이상의 刑의 宣告를 받고 그 刑의 執行을 終了하지 아니한 者 또는 그 執行을 終了하거나 執行을 받지 아니하기로 確定된 후 5年이 경과하지 아니한 者가 第3條第1項第3號 및 第2項 내지 第5項, 第4條第1項第1號중 刑法 第94條第2項·第97條 및 第99條, 同項 第5號 및 第6號, 第2項 내지 第4項, 第5條, 第6條第1項 및 第4項 내지 第6項, 第7條 내지 第9條의 罪를 犯한 때에는 그 罪에 대한 法定刑의 最高를 死刑으로 한다.
<2002.11.28 헌법재판소 단순위헌결정으로 이 조 중 "이 법, 군형법 제13조·제15조 또는 형법 제2편제1장 내란의 죄·제2장 외환의 죄를 범하여 금고 이상의 형의 선고를 받고 그 형의 집행을 종료하지 아니한 자 또는 그 집행을 종료하거나 집행을 받지 아니하기로 확정된 후 5년이 경과하지 아니한 자가…제7조제5항, 제1항의 죄를 범한 때에는 그 죄에 대한 법정형의 최고를 사형으로 한다." 부분은 효력 상실>

第14條【資格停止의 倂科】 이 法의 罪에 관하여 有期懲役刑을 宣告할 때에는 그 刑의 長期 이하의 資格停止를 倂科할 수 있다.(1991.5.31 본조개정)

판례 피고인이 국가보안법 위반의 죄를 범한 뒤 외국국적을 취득하였다고 하여 자격정지형을 선고할 수 없는 것은 아니다.
(대판 1988.11.8, 88도1630)

第15條【沒收·追徵】 ① 이 法의 罪를 犯하고 그 報酬를 받은 때에는 이를 沒收한다. 다만, 이를 沒收할 수 없을 때에는 그 價額을 追徵한다.
② 検事는 이 法의 罪를 犯한 者에 대하여 訴追를 하지 아니할 때에는 押收物의 폐기 또는 國庫歸屬을 命할 수 있다.

판례 조총련에 가입된 자가 보낸 금품을 받은 사실은 있으나 국가보안법 위반죄를 범하고 그에 대한 보수로서 받았다는 증거가 없다하여 무죄를 선고한 경우에 압수된 금품을 몰수하는 부가형을 선고하지 아니하였다고 하여도 위법은 아니다.
(대판 1971.9.28, 71도1336)

판례 구 국가보안법(법률 제549호) 제12조(반공법 제16조에 해당)가 규정한 검사의 압수물국고귀속처분은 범인을 소추하지 아니하는 경우에 한하여 적용되는 것이고, 소추한 경우에까지 판결결과에 관계없이 적용되는 것은 아니다.(대판 1970.7.28, 70다829)

第16條【刑의 減免】 다음 각號의 1에 해당한 때에는 그 刑을 減輕 또는 免除한다.
1. 이 法의 罪를 犯한 후 自首한 때
2. 이 法의 罪를 犯한 者가 이 法의 罪를 犯한 他人을 告發하거나 他人이 이 法의 罪를 犯하는 것을 방해한 때
3. (1991.5.31 삭제)

▣ 자수
판례 검문하는 예비군에게 파출소를 물어 동행을 구한 후 파출소에 이르러 근무순경에게 할 이야기가 있으니 안으로 들어가자고 하면서 경찰서의 소재를 묻고 경찰서까지 데려다 달라 하였다가 그 순경이 할 이야기가 있으면 여기서 하라고 하여 그때 간첩이라고 말하였다면 수사책임 있는 관서에 자수한 것으로 볼 것이다.
(대판 1970.8.18, 70도1308)

第17條【他法適用의 排除】 이 法의 罪를 犯한 者에 대하여는 勞動組合및勞動關係調整法 第39條의 規定을 適用하지 아니한다.(1997.12.13 본조개정)

第3章 特別刑事訴訟規定

第18條【参考人의 拘引·留置】 ① 検事 또는 司法警察官으로부터 이 法에 정한 罪의 参考人으로 출석을 要求받은 者가 정당한 理由없이 2回 이상 出席要求에 불응한 때에는 管轄法院判事의 拘束令狀을 發付받아 拘引할 수 있다.
② 拘束令狀에 의하여 参考人을 拘引하는 경우에 필요한 때에는 近接한 警察署 기타 적당한 場所에 임시로 留置할 수 있다.

第19條【拘束期間의 延長】 ① 地方法院判事는 第3條 내지 第10條의 罪로서 司法警察官이 検事에게 申請하여 検事의 請求가 있는 경우에 捜査를 継續함에 상당한 理由가 있다고 인정한 때에는 刑事訴訟法 第202條의 拘束期間의 延長을 1次에 한하여 許可할 수 있다.
② 地方法院判事는 第1項의 罪로서 検事의 請求에 의하여 捜査를 계속함에 상당한 이유가 있다고 인정한 때에는 刑事訴訟法 第203條의 拘束期間의 延長을 2次에 한하여 許可할 수 있다.
③ 第1項 및 第2項의 期間의 延長은 각 10日 이내로 한다.
<1992.4.14 憲法裁判所 單純違憲決定으로 本條중 第7條 및 第10條의 죄에 관한 拘束期間 연장부분 效力喪失>

第20條【公訴保留】 ① 検事는 이 法의 罪를 犯한 者에 대하여 刑法 第51條의 事項을 참작하여 公訴提起를 保留할 수 있다.
② 第1項에 의하여 公訴保留를 받은 者가 公訴의 提起없이 2年을 경과한 때에는 訴追할 수 없다.
③ 公訴保留를 받은 者가 法務部長官이 정한 監視·保護에 관한 規則에 違反한 때에는 公訴保留를 取消할 수 있다.
④ 第3項에 의하여 公訴保留가 取消된 경우에는 刑事訴訟法 第208條의 規定에 불구하고 동일한 犯罪事實로 再拘束할 수 있다.

第4章 報償과 援護

第21條【賞金】 ① 이 法의 罪를 犯한 者를 捜査機關 또는 情報機關에 通報하거나 逮捕한 者에게는 大統領令이 정하는 바에 따라 賞金을 支給한다.
② 이 法의 罪를 犯한 者를 認知하여 逮捕한 捜査機關 또는 情報機關에 종사하는 者에 대하여도 第1項과 같다.
③ 이 法의 罪를 犯한 者를 逮捕할 때 反抗 또는 交戰狀態下에서 부득이한 事由로 殺害하거나 自殺하게 한 경우에는 第1項에 準하여 賞金을 支給할 수 있다.

第22條【報勞金】 ① 第21條의 경우에 押收物이 있을 때에는 賞金을 支給하는 경우에 한하여 그 押收物 價額의 2分의 1에 상당하는 범위안에서 報勞金을 支給할 수 있다.
② 反國家團體나 그 構成員 또는 그 指令을 받은 者로부터 金品을 取得하여 捜査機關 또는 情報機關에 제공한 者에게는 그 價額의 2分의 1에 상당하는 범위안에서 報勞金을 支給할 수 있다. 反國家團體의 構成員 또는 그 指令을 받은 者가 제공한 때에도 또한 같다.
③ 報勞金의 請求 및 支給에 관하여 필요한 事項은 大統領令으로 정한다.

第23條【報償】 이 法의 罪를 범한 者를 申告 또는 逮捕하거나 이에 관련하여 傷痍를 입은 者와 死亡한 者의 遺族은 大統領令이 정하는 바에 따라 「국가유공자 등 예우 및 지원에 관한 법률」에 따른 공상군경 또는 순직군경의 유족이나 「보훈보상대상자 지원에 관한 법률」에 따른 재해부상군경 또는 재해사망군경의 유족으로 보아 보상할 수 있다.(2011.9.15 본조개정)

第24條【國家保安有功者 審査委員會】 ① 이 法에 의한 賞金과 報勞金의 支給 및 第23條에 의한 報償對象者를 審議·決定하기 위하여 法務部長官소속하에 國家保安有功者審査委員會(이하 "委員會"라 한다)를 둔다.
(1991.5.31 본항개정)
② 委員會는 審議上 필요한 때에는 關係者의 출석을 要求하거나 調査할 수 있으며, 國家機關 기타 公·私團體에 照會하여 필요한 事項의 보고를 要求할 수 있다.
③ 委員會의 組織과 運營에 관하여 필요한 事項은 大統領令으로 정한다.

第25條【軍法 被適用者에 대한 準用規定】 이 法의 罪를 犯한 者가 軍事法院法 第2條第1項 각號의 1에 해당하는 者인 때에는 이 法의 規定중 判事는 軍事法院軍判事로, 検事는 군검찰부 군검사로, 司法警察官은 軍司法警察官으로 본다.(2016.1.6 본조개정)

附 則

第1條【施行日】 이 法은 公布한 날로부터 施行한다.
第2條【廢止法律】 反共法은 이를 廢止한다. 다만, 同法廢止前의 行爲에 대한 罰則의 適用에 있어서는 종전의 規定에 의한다.
第3條【다른 法律의 改正 및 다른 法律과의 關係】 (생략)
第4條【經過措置】 ① 舊刑法 第2編第2章 內亂에 關한 罪, 第3章 外患에 관한 罪, 舊國防警備法 第32條, 第33條, 舊海岸警備法 第8條의2, 第9條, 舊非常事態下의犯罪處罰에관한特別措置令, 종전의 國家保安法 또는 反共法의 罪를 犯하여 有罪의 判決을 받은 者는 刑法 第2編第1章 內亂의 罪, 第2章 外患의 罪, 軍刑法 第13條·第15條의 規定 또는 이 法에 의하여 有罪의 判決을 받은 者로 본다. 이 法 施行후에 종전의 國家保安法 또는 反共法의 罪를 犯하여 有罪의 判決을 받은 者도 또한 같다.
② 이 法 施行전에 特殊犯罪處罰에관한特別法 第6條의 規定에 의하여 有罪의 判決을 받은 者는 이 法의 規定에 의하여 有罪의 判決을 받은 것으로 본다.
③ 이 法 施行전에 종전의 國家保安法 또는 反共法의 規定에 의하여 행한 處分은 이 法의 規定에 의하여 행한 것으로 본다.
④ 이 法 施行전에 한 反共法의 規定에 의한 賞金 또는 報勞金의 請求는 이 法의 規定에 의하여 한 것으로 본다.

附 則 (2011.9.15)

第1條【시행일】 이 법은 2012년 7월 1일부터 시행한다.
(이하 생략)

附 則 (2016.1.6)

第1條【시행일】 이 법은 공포 후 1년 6개월이 경과한 날부터 시행한다.(이하 생략)

특정범죄 가중처벌 등에 관한 법률(약칭 : 특정범죄가중법)

(1966년 2월 23일
법 률 제1744호)

개정
1968. 7.15법 2032호 <중략>
1990.12.31법 4291호
1994. 1. 5법 4702호(성폭력범죄의처벌및피해자보호등에관한법)
1994. 6.28법 4760호 1995. 8. 4법 4962호
1995.12.29법 5056호 1997. 8.22법 5341호
1997.12.13법 5454호(정부부처명)
1999.12.28법 6040호
2000. 1.12법 6146호(마약)
2000.12.29법 6305호(관세)
2002. 3.25법 6664호 2004.10.16법 7226호
2005. 5.31법 7545호(도로교통)
2005. 8. 4법 7654호
2005. 8. 4법 7678호(산림자원조성관리)
2005.12.29법 7767호 2007. 1. 3법 8169호
2007.12.21법 8727호 2008.12.26법 9169호
2010. 1. 1법 9919호(조세범처벌)
2010. 3.31법10210호
2011.12.31법11136호(지방세기본법)
2013. 4. 5법11731호(형법)
2013. 7.30법11955호 2015. 6.22법13351호
2015. 7.24법13440호(수상에서의수색·구조등에관한법)
2016. 1. 6법13717호
2016.12.27법14474호(지방세기본법)
2018.12.18법15981호 2019.12.24법16829호
2020. 2. 4법16922호 2022.12.27법19104호
2023. 7.25법19572호(해사안전기본법)
2023. 7.25법19573호(해상교통안전법)

제1조【목적】 이 법은 「형법」, 「관세법」, 「조세범 처벌법」, 「지방세기본법」, 「산림자원의 조성 및 관리에 관한 법률」 및 「마약류관리에 관한 법률」에 규정된 특정범죄에 대한 가중처벌 등을 규정함으로써 건전한 사회질서의 유지와 국민경제의 발전에 이바지함을 목적으로 한다.(2011.12.31 본조개정)

제2조【뇌물죄의 가중처벌】 ① 「형법」 제129조·제130조 또는 제132조에 규정된 죄를 범한 사람은 그 수수(收受)·요구 또는 약속한 뇌물의 가액(價額)(이하 이 조에서 "수뢰액"이라 한다)에 따라 다음 각 호와 같이 가중처벌한다.
1. 수뢰액이 1억원 이상인 경우에는 무기 또는 10년 이상의 징역에 처한다.
2. 수뢰액이 5천만원 이상 1억원 미만인 경우에는 7년 이상의 유기징역에 처한다.
3. 수뢰액이 3천만원 이상 5천만원 미만인 경우에는 5년 이상의 유기징역에 처한다.

<2012.12.27 헌법재판소 한정위헌결정으로 이 항의 「형법」 제129조제1항의 '공무원'에 구 '제주특별자치도 설치 및 국제자유도시 조성을 위한 특별법'(2007.7.27 법률 제8566호로 개정되기 전의 것) 제299조제2항의 제주특별자치도통합영향평가심의위원회 심의위원 중 위촉위원이 포함되는 것으로 해석하는 한 헌법에 위반>

② 「형법」 제129조·제130조 또는 제132조에 규정된 죄를 범한 사람은 그 죄에 대하여 정한 형(제1항의 경우를 포함한다)에 수뢰액의 2배 이상 5배 이하의 벌금을 병과(倂科)한다.
(2010.3.31 본조개정)

제3조【알선수재】 공무원의 직무에 속한 사항의 알선에 관하여 금품이나 이익을 수수·요구 또는 약속한 사람은 5년 이하의 징역 또는 1천만원 이하의 벌금에 처한다.(2010.3.31 본조개정)

제4조【뇌물죄 적용대상의 확대】 ① 다음 각 호의 어느 하나에 해당하는 기관 또는 단체로서 대통령령으로 정하는 기관 또는 단체의 간부직원은 「형법」 제129조부터 제132조까지의 규정을 적용할 때에는 공무원으로 본다.
1. 국가 또는 지방자치단체가 직접 또는 간접으로 자본금의 2분의 1 이상을 출자하였거나 출연금·보조금 등 그 재정지원의 규모가 그 기관 또는 단체 기본재산의 2분의 1 이상인 기관 또는 단체
2. 국민경제 및 산업에 중대한 영향을 미치고 있고 업무의 공공성(公共性)이 현저하여 국가 또는 지방자치단체가 법령에서 정하는 바에 따라 지도·감독하거나 주주권의 행사 등을 통하여 중요 사업의 결정 및 임원의 임면(任免) 등 운영 전반에 관하여 실질적인 지배력을 행사하고 있는 기관 또는 단체

② 제1항의 간부직원의 범위는 제1항의 기관 또는 단체의 설립목적, 자산, 직원의 규모 및 해당 직원의 구체적인 업무 등을 고려하여 대통령령으로 정한다.
(2010.3.31 본조개정)

제4조의2【체포·감금 등의 가중처벌】 ① 「형법」 제124조·제125조에 규정된 죄를 범하여 사람을 상해(傷害)에 이르게 한 경우에는 1년 이상의 유기징역에 처한다.
② 「형법」 제124조·제125조에 규정된 죄를 범하여 사람을 사망에 이르게 한 경우에는 무기 또는 3년 이상의 징역에 처한다.
(2010.3.31 본조개정)

제4조의3【공무상 비밀누설의 가중처벌】 「국회법」 제54조의2제2항을 위반한 사람은 5년 이하의 징역 또는 500만원 이하의 벌금에 처한다.(2010.3.31 본조개정)

제5조【국고 등 손실】 「회계관계직원 등의 책임에 관한 법률」 제2조제1호·제2호 또는 제4호(제1호 또는 제2호에 규정된 사람의 보조자로서 그 회계사무의 일부를 처리하는 사람만 해당한다)에 규정된 사람이 국고(國庫) 또는 지방자치단체에 손실을 입힐 것을 알면서 그 직무에 관하여 「형법」 제355조의 죄를 범한 경우에는 다음 각 호의 구분에 따라 가중처벌한다.
1. 국고 또는 지방자치단체의 손실이 5억원 이상인 경우에는 무기 또는 5년 이상의 징역에 처한다.
2. 국고 또는 지방자치단체의 손실이 1억원 이상 5억원 미만인 경우에는 3년 이상의 유기징역에 처한다.
(2010.3.31 본조개정)

제5조의2【약취·유인죄의 가중처벌】 ① 13세 미만의 미성년자에 대하여 「형법」 제287조의 죄를 범한 사람은 그 약취(略取) 또는 유인(誘引)의 목적에 따라 다음 각 호와 같이 가중처벌한다.(2016.1.6 본문개정)
1. 약취 또는 유인한 미성년자의 부모나 그 밖에 그 미성년자의 안전을 염려하는 사람의 우려를 이용하여 재물이나 재산상의 이익을 취득할 목적인 경우에는 무기 또는 5년 이상의 징역에 처한다.
2. 약취 또는 유인한 미성년자를 살해할 목적인 경우에는 사형, 무기 또는 7년 이상의 징역에 처한다.

② 13세 미만의 미성년자에 대하여 「형법」 제287조의 죄를 범한 사람이 다음 각 호의 어느 하나에 해당하는 행위를 한 경우에는 다음 각 호와 같이 가중처벌한다.
(2016.1.6 본문개정)
1. 약취 또는 유인한 미성년자의 부모나 그 밖에 그 미성년자의 안전을 염려하는 사람의 우려를 이용하여 재물이나 재산상의 이익을 취득하거나 이를 요구한 경우에는 무기 또는 10년 이상의 징역에 처한다.
2. 약취 또는 유인한 미성년자를 살해한 경우에는 사형 또는 무기징역에 처한다.
3. 약취 또는 유인한 미성년자를 폭행·상해·감금 또는 유기(遺棄)하거나 그 미성년자에게 가혹한 행위를 한 경우에는 무기 또는 5년 이상의 징역에 처한다.
4. 제3호의 죄를 범하여 미성년자를 사망에 이르게 한 경우에는 사형, 무기 또는 7년 이상의 징역에 처한다.

③ 제1항 또는 제2항의 죄를 범한 사람을 방조(幇助)하여 약취 또는 유인된 미성년자를 은닉하거나 그 밖의 방법으로 귀가하지 못하게 한 사람은 5년 이상의 유기징역에 처한다.
④~⑤ (2013.4.5 삭제)
⑥ 제1항 및 제2항(제2항제4호는 제외한다)에 규정된 죄의 미수범은 처벌한다.(2013.4.5 본항개정)
⑦ 제1항부터 제3항까지 및 제6항의 죄를 범한 사람을 은닉하거나 도피하게 한 사람은 3년 이상 25년 이하의 징역에 처한다.(2016.1.6 본항개정)
⑧ 제1항 또는 제2항제1호·제2호의 죄를 범할 목적으로 예비하거나 음모한 사람은 1년 이상 10년 이하의 징역에 처한다.(2016.1.6 본항개정)
(2010.3.31 본조개정)

제5조의3【도주차량 운전자의 가중처벌】 ① 「도로교통법」 제2조의 자동차, 원동기장치자전거 또는 「건설기계관리법」 제26조제1항 단서에 따른 건설기계 외의 건설기계(이하 "자동차등"이라 한다)의 교통으로 인하여 「형법」 제268조의 죄를 범한 해당 자동차등의 운전자(이하 "사고운전자"라 한다)가 피해자를 구호(救護)하는 등 「도로교통법」 제54조제1항에 따른 조치를 하지 아니하고 도주한 경우에는 다음 각 호의 구분에 따라 가중처벌한다.(2022.12.27 본문개정)
1. 피해자를 사망에 이르게 하고 도주하거나, 도주 후에 피해자가 사망한 경우에는 무기 또는 5년 이상의 징역에 처한다.
2. 피해자를 상해에 이르게 한 경우에는 1년 이상의 유기징역 또는 500만원 이상 3천만원 이하의 벌금에 처한다.

② 사고운전자가 피해자를 사고 장소로부터 옮겨 유기하고 도주한 경우에는 다음 각 호의 구분에 따라 가중처벌한다.
1. 피해자를 사망에 이르게 하고 도주하거나, 도주 후에 피해자가 사망한 경우에는 사형, 무기 또는 5년 이상의 징역에 처한다.
2. 피해자를 상해에 이르게 한 경우에는 3년 이상의 유기징역에 처한다.
(2010.3.31 본조개정)

제5조의4【상습 강도·절도죄 등의 가중처벌】 ① (2016.1.6 삭제)
② 5명 이상이 공동하여 상습적으로 「형법」 제329조부터 제331조까지의 죄 또는 그 미수죄를 범한 사람은 2년 이상 20년 이하의 징역에 처한다.
③~④ (2016.1.6 삭제)
⑤ 「형법」 제329조부터 제331조까지, 제333조부터 제336조까지 및 제340조·제362조의 죄 또는 그 미수죄로 세 번 이상 징역형을 받은 사람이 다시 이들 죄를 범하여 누범(累犯)으로 처벌하는 경우에는 다음 각 호의 구분에 따라 가중처벌한다.
1. 「형법」 제329조부터 제331조까지의 죄(미수범을 포함한다)를 범한 경우에는 2년 이상 20년 이하의 징역에 처한다.
2. 「형법」 제333조부터 제336조까지의 죄 및 제340조 제1항의 죄(미수범을 포함한다)를 범한 경우에는 무기 또는 10년 이상의 징역에 처한다.
3. 「형법」 제362조의 죄를 범한 경우에는 2년 이상 20년 이하의 징역에 처한다.
(2016.1.6 1호~3호신설)

⑥ 상습적으로 「형법」 제329조부터 제331조까지의 죄나 그 미수죄 또는 제2항의 죄로 두 번 이상 실형을 선고받고 그 집행이 끝나거나 면제된 후 3년 이내에 다시 상습적으로 「형법」 제329조부터 제331조까지의 죄나 그 미수죄 또는 제2항의 죄를 범한 경우에는 3년 이상 25년 이하의 징역에 처한다.
(2016.1.6 본조개정)

판례 어떤 유형의 범죄에 대하여 특별히 형을 가중할 필요가 있는 경우라 하더라도, 그 가중의 정도가 통상의 형사처벌과 비교하여 현저히 형벌체계상의 정당성과 균형을 잃은 것이 명백한 경우에는 인간의 존엄성과 가치를 보장하는 헌법의 기본원리에 위배될 뿐 아니라 법의 내용에 있어서도 평등원칙에 반하는 위헌적 법률이 되는바, 특정범죄 가중처벌 등에 관한 법률 제5조의4 제1항 중 형법 제329조에 관한 부분, 같은 항 중 형법 제329조의 미수죄에 관한 부분, 같은 조 제4항 중 형법 제363조 가운데 형법 제362조 제1항의 '취득'에 관한 부분은 별도의 가중적 구성요건표지를 규정하지 않은 채 형법 조항과 똑같은 구성요건을 규정하면서 법정형만 상향 조정하여 형사특별법으로서 갖추어야 할 형벌체계상의 정당성과 균형을 잃어 인간의 존엄성과 가치를 보장하는 헌법의 기본원리에 위배될 뿐만 아니라 그 내용에 있어서도 평등의 원칙에 위반되어 위헌이다.(헌재결 2015.2.26, 2014헌가16)

제5조의5【강도상해 등 재범자의 가중처벌】 「형법」 제337조·제339조의 죄 또는 그 미수죄로 형을 선고받고 그 집행이 끝나거나 면제된 후 3년 내에 다시 이들 죄를 범한 사람은 사형, 무기 또는 10년 이상의 징역에 처한다.(2010.3.31 본조개정)

제5조의6~제5조의7 (1994.1.5 삭제)

제5조의8 (2013.4.5 삭제)

제5조의9【보복범죄의 가중처벌 등】 ① 자기 또는 타인의 형사사건의 수사 또는 재판과 관련하여 고소·고발 등 수사단서의 제공, 진술, 증언 또는 자료제출에 대한 보복의 목적으로 「형법」 제250조제1항의 죄를 범한 사람은 사형, 무기 또는 10년 이상의 징역에 처한다. 고소·고발 등 수사단서의 제공, 진술, 증언 또는 자료제출을 하지 못하게 하거나 고소·고발을 취소하게 하거나 거짓으로 진술·증언·자료제출을 하게 할 목적인 경우에도 또한 같다.
② 제1항과 같은 목적으로 「형법」 제257조제1항·제260조제1항·제276조제1항 또는 제283조제1항의 죄를 범한 사람은 1년 이상의 유기징역에 처한다.
③ 제2항의 죄 중 「형법」 제257조제1항·제260조제1항 또는 제276조제1항의 죄를 범하여 사람을 사망에 이르게 한 경우에는 무기 또는 3년 이상의 징역에 처한다.
④ 자기 또는 타인의 형사사건의 수사 또는 재판과 관련하여 필요한 사실을 알고 있는 사람 또는 그 친족에게 정당한 사유 없이 면담을 강요하거나 위력(威力)을 행사한 사람은 3년 이하의 징역 또는 300만원 이하의 벌금에 처한다.
(2010.3.31 본조개정)

제5조의10【운행 중인 자동차 운전자에 대한 폭행 등의 가중처벌】 ① 운행 중(「여객자동차 운수사업법」 제2조제3호에 따른 여객자동차운송사업을 위하여 사용되는 자동차를 운행하는 중 운전자가 여객의 승차·하차 등을 위하여 일시 정차한 경우를 포함한다)인 자동차의 운전자를 폭행하거나 협박한 사람은 5년 이하의 징역 또는 2천만원 이하의 벌금에 처한다.
(2015.6.22 본항개정)
② 제1항의 죄를 범하여 사람을 상해에 이르게 한 경우에는 3년 이상의 유기징역에 처하고, 사망에 이르게 한 경우에는 무기 또는 5년 이상의 징역에 처한다.
(2010.3.31 본조개정)

제5조의11【위험운전 등 치사상】 ① 음주 또는 약물의 영향으로 정상적인 운전이 곤란한 상태에서 자동차등을 운전하여 사람을 상해에 이르게 한 사람은 1년 이상 15년 이하의 징역 또는 1천만원 이상 3천만원 이하의 벌금에 처하고, 사망에 이르게 한 사람은 무기 또는 3년 이상의 징역에 처한다.(2022.12.27 본항개정)

② 음주 또는 약물의 영향으로 정상적인 운항이 곤란한 상태에서 운항의 목적으로 「해상교통안전법」 제39조제1항에 따른 선박의 조타기를 조작, 조작 지시 또는 도선하여 사람을 상해에 이르게 한 사람은 1년 이상 15년 이하의 징역 또는 1천만원 이상 3천만원 이하의 벌금에 처하고, 사망에 이르게 한 사람은 무기 또는 3년 이상의 징역에 처한다.(2023.7.25 본항개정)
(2020.2.4 본조제목개정)

판례 음주 또는 약물의 영향으로 정상적인 운전이 곤란한 상태에서 자동차를 운전하여 사람을 상해에 이르게 함과 동시에 다른 사람의 재물을 손괴한 때에는 특정범죄가중처벌 등에 관한 법률 위반(위험운전치사상)죄 외에 업무상과실 재물손괴로 인한 도로교통법 위반죄가 성립하고, 위 두 죄는 1개의 운전행위로 인한 것으로서 상상적 경합관계에 있다.(대판 2010.1.14, 2009도10845)

제5조의12 【도주선박의 선장 또는 승무원에 대한 가중처벌】 「해사안전기본법」 제3조제2호에 따른 선박의 교통으로 인하여 「형법」 제268조의 죄를 범한 해당 선박의 선장 또는 승무원이 피해자를 구호하는 등 「수상에서의 수색·구조 등에 관한 법률」 제18조제1항 단서에 따른 조치를 하지 아니하고 도주한 경우에는 다음 각 호의 구분에 따라 가중 처벌한다.
(2023.7.25 본문개정)
1. 피해자를 사망에 이르게 하고 도주하거나, 도주 후에 피해자가 사망한 경우에는 무기 또는 5년 이상의 징역에 처한다.
2. 피해자를 상해에 이르게 한 경우에는 1년 이상의 유기징역 또는 1천만원 이상 1억원 이하의 벌금에 처한다.
(2013.7.30 본조신설)

제5조의13 【어린이 보호구역에서 어린이 치사상의 가중처벌】 자동차등의 운전자가 「도로교통법」 제12조제3항에 따른 어린이 보호구역에서 같은 조 제1항에 따른 조치를 준수하고 어린이의 안전에 유의하면서 운전하여야 할 의무를 위반하여 어린이(13세 미만인 사람을 말한다. 이하 같다)에게 「교통사고처리 특례법」 제3조제1항의 죄를 범한 경우에는 다음 각 호의 구분에 따라 가중처벌한다.(2022.12.27 본문개정)
1. 어린이를 사망에 이르게 한 경우에는 무기 또는 3년 이상의 징역에 처한다.
2. 어린이를 상해에 이르게 한 경우에는 1년 이상 15년 이하의 징역 또는 500만원 이상 3천만원 이하의 벌금에 처한다.
(2019.12.24 본조신설)

제6조 【「관세법」 위반행위의 가중처벌】 ① 「관세법」 제269조제1항에 규정된 죄를 범한 사람은 다음 각 호의 구분에 따라 가중처벌한다.
1. 수출 또는 수입한 물품의 가액(이하 이 조에서 "물품가액"이라 한다)이 1억원 이상인 경우에는 무기 또는 7년 이상의 징역에 처한다.
2. 물품가액이 3천만원 이상 1억원 미만인 경우에는 3년 이상의 유기징역에 처한다.
② 「관세법」 제269조제2항에 규정된 죄를 범한 사람은 다음 각 호의 구분에 따라 가중처벌한다.
1. 수입한 물품의 원가가 5억원 이상인 경우에는 무기 또는 5년 이상의 징역에 처한다.
2. 수입한 물품의 원가가 2억원 이상 5억원 미만인 경우에는 3년 이상의 유기징역에 처한다.
③ 「관세법」 제269조제3항에 규정된 죄를 범한 사람이 수출하거나 반송한 물품의 원가가 5억원 이상인 경우에는 1년 이상의 유기징역에 처한다.
④ 「관세법」 제270조제1항제1호 또는 같은 조 제4항·제5항에 규정된 죄를 범한 사람은 다음 각 호의 구분에 따라 가중처벌한다.
1. 포탈(逋脫)·면탈(免脫)하거나 감면(減免)·환급받은 세액이 2억원 이상인 경우에는 무기 또는 5년 이상의 징역에 처한다.
2. 포탈·면탈하거나 감면·환급받은 세액이 5천만원 이상 2억원 미만인 경우에는 3년 이상의 유기징역에 처한다.
⑤ 「관세법」 제270조제1항제2호 또는 같은 조 제2항에 규정된 죄를 범한 사람은 다음 각 호의 구분에 따라 가중처벌한다.
1. 수입한 물품의 원가가 5억원 이상인 경우에는 3년 이상의 유기징역에 처한다.
2. 수입한 물품의 원가가 2억원 이상 5억원 미만인 경우에는 1년 이상의 유기징역에 처한다.
⑥ 제1항부터 제5항까지의 경우에는 다음 각 호의 구분에 따른 벌금을 병과한다.
1. 제1항의 경우 : 물품가액의 2배 이상 10배 이하
2. 제2항의 경우 : 수입한 물품 원가의 2배
3. 제3항의 경우 : 수출하거나 반송한 물품의 원가
4. 제4항의 경우 : 포탈·면탈하거나 감면·환급받은 세액의 2배 이상 10배 이하
5. 제5항의 경우 : 수입한 물품의 원가
⑦ 「관세법」 제271조에 규정된 죄를 범한 사람은 제1항부터 제6항까지의 예에 따른 그 정범(正犯) 또는 본죄(本罪)에 준하여 처벌한다.
<2019.2.28 헌법재판소 단순위헌결정으로 이 항 중 '관세법 제271조제3항 가운데 제269조제2항'에 관한 부분은 효력 상실>
⑧ 단체 또는 집단을 구성하거나 상습적으로 「관세법」 제269조부터 제271조까지 또는 제274조에 규정된 죄를 범한 사람은 무기 또는 10년 이상의 징역에 처한다.
(2010.3.31 본조개정)

제7조 【관계 공무원의 무기 사용】 「관세법」 위반사범을 단속할 권한이 있는 공무원은 해상(海上)에서 「관세법」 제269조 또는 제270조에 규정된 죄를 범한 사람이 정지명령을 받고 도피하는 경우에 이를 제지(制止)하기 위하여 필요하다고 인정되는 상당한 이유가 있을 때에는 총기(銃器)를 사용할 수 있다.
(2010.3.31 본조개정)

제8조 【조세 포탈의 가중처벌】 ① 「조세범 처벌법」 제3조제1항, 제4조 및 제5조, 「지방세기본법」 제102조제1항에 규정된 죄를 범한 사람은 다음 각 호의 구분에 따라 가중처벌한다.(2016.12.27 본문개정)
1. 포탈하거나 환급받은 세액 또는 징수하지 아니하거나 납부하지 아니한 세액(이하 "포탈세액등"이라 한다)이 연간 10억원 이상인 경우에는 무기 또는 5년 이상의 징역에 처한다.
2. 포탈세액등이 연간 5억원 이상 10억원 미만인 경우에는 3년 이상의 유기징역에 처한다.
② 제1항의 경우에는 그 포탈세액등의 2배 이상 5배 이하에 상당하는 벌금을 병과한다.
(2010.3.31 본조개정)

제8조의2 【세금계산서 교부의무 위반 등의 가중처벌】 ① 영리를 목적으로 「조세범 처벌법」 제10조제3항 및 제4항 전단의 죄를 범한 사람은 다음 각 호의 구분에 따라 가중처벌한다.
1. 세금계산서 및 계산서에 기재된 공급가액이나 매출처별세금계산서합계표·매입처별세금계산서합계표에 기재된 공급가액 또는 매출·매입금액의 합계액(이하 이 조에서 "공급가액등의 합계액"이라 한다)이 50억원 이상인 경우에는 3년 이상의 유기징역에 처한다.
2. 공급가액등의 합계액이 30억원 이상 50억원 미만인 경우에는 1년 이상의 유기징역에 처한다.
② 제1항의 경우에는 공급가액등의 합계액에 부가가치세의 세율을 적용하여 계산한 세액의 2배 이상 5배 이하의 벌금을 병과한다.
(2010.3.31 본조개정)

제9조 【「산림자원의 조성 및 관리에 관한 법률」 등 위반행위의 가중처벌】 ① 「산림자원의 조성 및 관리에 관한 법률」 제73조 및 제74조에 규정된 죄를 범한 사람은 다음 각 호의 구분에 따라 가중처벌한다.
1. 임산물(林産物)의 원산지 가격이 1억원 이상이거나 산림 훼손면적이 5만제곱미터 이상인 경우에는 3년 이상 25년 이하의 징역에 처한다.
2. 임산물의 원산지 가격이 1천만원 이상 1억원 미만이거나 산림 훼손면적이 5천제곱미터 이상 5만제곱미터 미만인 경우에는 2년 이상 20년 이하의 징역에 처한다.
② (2016.1.6 삭제)
(2016.1.6 본조개정)

제10조 (2016.1.6 삭제)

제11조 【마약사범 등의 가중처벌】 ① 「마약류관리에 관한 법률」 제58조제1항제1호부터 제4호까지 및 제6호·제7호에 규정된 죄(매매, 수수 및 제공에 관한 죄와 매매목적, 매매 알선목적 또는 수수목적의 소지·소유에 관한 죄는 제외한다) 또는 그 미수죄를 범한 사람은 다음 각 호의 구분에 따라 가중처벌한다.
(2016.1.6 본문개정)
1. 수출입·제조·소지·소유 등을 한 마약이나 향정신성의약품 등의 가액이 5천만원 이상인 경우에는 무기 또는 10년 이상의 징역에 처한다.
2. 수출입·제조·소지·소유 등을 한 마약이나 향정신성의약품 등의 가액이 500만원 이상 5천만원 미만인 경우에는 무기 또는 7년 이상의 징역에 처한다.
(2016.1.6 1호~2호신설)
② 「마약류관리에 관한 법률」 제59조제1항부터 제3항까지 및 제60조에 규정된 죄(마약 및 향정신성의약품에 관한 죄만 해당한다)를 범한 사람은 다음 각 호의 구분에 따라 가중처벌한다.
1. 소지·소유·재배·사용·수출입·제조 등을 한 마약 및 향정신성의약품의 가액이 5천만원 이상인 경우에는 무기 또는 7년 이상의 징역에 처한다.
(2016.1.6 본호개정)
2. 소지·소유·재배·사용·수출입·제조 등을 한 마약 및 향정신성의약품의 가액이 500만원 이상 5천만원 미만인 경우에는 무기 또는 3년 이상의 징역에 처한다.
(2010.3.31 본조개정)

제12조 【외국인을 위한 탈법행위】 외국인에 의한 취득이 금지 또는 제한된 재산권을 외국인을 위하여 외국인의 자금으로 취득한 사람은 다음 각 호의 구분에 따라 처벌한다.
1. 재산권의 가액이 1억원 이상인 경우에는 무기 또는 10년 이상의 징역에 처한다.
2. 재산권의 가액이 1억원 미만인 경우에는 무기 또는 3년 이상의 유기징역에 처한다.
(2010.3.31 본조개정)

제13조 【몰수】 제3조 또는 제12조의 죄를 범하여 범인이 취득한 해당 재산은 몰수하며, 몰수할 수 없을 때에는 그 가액을 추징(追徵)한다.(2010.3.31 본조개정)

제14조 【무고죄】 이 법에 규정된 죄에 대하여 「형법」 제156조에 규정된 죄를 범한 사람은 3년 이상의 유기징역에 처한다.(2010.3.31 본조개정)

제15조 【특수직무유기】 범죄 수사의 직무에 종사하는 공무원이 이 법에 규정된 죄를 범한 사람을 인지하고 그 직무를 유기한 경우에는 1년 이상의 유기징역에 처한다.(2010.3.31 본조개정)

제16조 【소추에 관한 특례】 제6조 및 제8조의 죄에 대한 공소(公訴)는 고소 또는 고발이 없는 경우에도 제기할 수 있다.(2010.3.31 본조개정)

부 칙 (2016.1.6)

제1조 【시행일】 이 법은 공포한 날부터 시행한다.

제2조 【다른 법률의 개정】 ①~⑪ ※(해당 법령에 가제정리 하였음)

제3조 【다른 법령과의 관계】 이 법 시행 당시 다른 법령에서 종전의 「특정범죄 가중처벌 등에 관한 법률」의 규정을 인용한 경우에 이 법 가운데 그에 해당하는 규정이 있는 때에는 종전의 규정을 갈음하여 이 법의 해당 규정을 인용한 것으로 본다.

부 칙 (2020.2.4)

이 법은 공포 후 3개월이 경과한 날부터 시행한다.

부 칙 (2022.12.27)

이 법은 공포한 날부터 시행한다.

부 칙 (2023.7.25 법19572호)
(2023.7.25 법19573호)

제1조 【시행일】 이 법은 공포 후 6개월이 경과한 날부터 시행한다.(이하 생략)

특정범죄 가중처벌 등에 관한 법률 시행령

(1995년 12월 30일
전개대통령령 제14879호)

개정
1996. 2.15영14915호(한국토지공사법시) <중략>
2002. 3. 2영17538호(한국공항공사법시)
2003.11.29영18147호(항만공사법시)
2003.12.30영18207호(한국철도시설공단법시)
2004.11. 3영18580호(한국철도공사법시)
2006. 4.28영19463호(한국농촌공사및농지관리기금법시)
2007. 3.27영19958호(소비자기본법시)
2007. 4. 4영19989호(항만공사법시)
2008. 7. 9영20910호
2008. 7.29영20947호(자본시장금융투자업시)
2008.12. 3영21146호(소방산업의진흥에관한법시)
2009. 6.26영21565호(한국농어촌공사및농지관리기금법시)
2009. 6.26영21566호(한국광물자원공사법시)
2009. 9.21영21744호(한국토지주택공사법시)
2009.12.24영21904호(한국환경공단법시)
2011.12.13영23363호
2012. 1.25영23535호(한국농수산식품유통공사법시)
2015. 7.24영26439호(에너지이용합리화법시)
2016. 5.31영27205호(기술보증기금법시)
2016. 8.31영27473호(한국감정원법시)
2019. 1.15영29489호(국립공원공단법시)
2019. 4. 2영29677호(중소기업진흥에관한법시)
2020. 9.10영31012호(국가철도공단법시)
2020.12. 8영31243호(한국부동산원법시)
2021. 8.31영31961호(한국광해광업공단법시)

제1조 【목적】 이 영은 「특정범죄 가중처벌 등에 관한 법률」 제4조에 따라 뇌물죄가 적용되는 기관 또는 단체 및 간부직원의 범위를 규정함을 목적으로 한다.
(2011.12.13 본조개정)

제2조 【기관 또는 단체의 범위】 「특정범죄 가중처벌 등에 관한 법률」(이하 "법"이라 한다) 제4조제1항에 따른 기관 또는 단체의 범위는 다음과 같다.
1. 한국은행

2. 한국산업은행
3. 중소기업은행
4. 한국조폐공사
5. 한국수출입은행
6. 신용보증기금
7. 기술보증기금(2016.5.31 본호개정)
8. 금융감독원
9. 한국거래소
10. 한국소비자원
11. 한국국제협력단
12. 한국소방산업기술원
13. 국립공원공단(2019.1.15 본호개정)
14. 한국마사회
15. 한국농수산식품유통공사(2012.1.25 본호개정)
16. 한국농어촌공사
17. 한국전력공사
18. 대한석탄공사
19. 대한무역투자진흥공사
20. 한국광해광업공단(2021.8.31 본호개정)
21. 한국전기안전공사
22. 한국지역난방공사
23. 한국가스공사
24. 한국가스안전공사
25. 한국에너지공단(2015.7.24 본호개정)
26. 중소벤처기업진흥공단(2019.4.2 본호개정)
27. 한국석유공사
28. 한국방송통신전파진흥원
29. 한국환경공단
30. 국민건강보험공단
31. 근로복지공단
32. 한국산업인력공단
33. 한국토지주택공사
34. 한국수자원공사
35. 한국도로공사
36. 한국관광공사
37. 「한국부동산원법」에 따른 한국부동산원(2020.12.8 본호개정)
38. 인천국제공항공사
39. 한국공항공사
40. 국가철도공단(2020.9.10 본호개정)
41. 한국방송공사
42. 농업협동조합중앙회 및 그 회원조합
43. 수산업협동조합중앙회 및 그 회원조합
44. 산림조합중앙회 및 그 회원조합
45. 「항만공사법」에 따른 항만공사
46. 「한국철도공사법」에 따른 한국철도공사

(2011.12.13 본조개정)

제3조【간부직원의 범위】 법 제4조제2항에 따른 기관 또는 단체의 간부직원의 범위는 다음 각 호와 같다. 다만, 다른 법령에 따라 공무원 또는 공무원에 준하는 신분을 가지는 경우에는 그 법령의 적용을 배제하지 아니한다.

1. 제2조제1호부터 제40호까지, 제45호 및 제46호의 기관 또는 단체와 농업협동조합중앙회, 수산업협동조합중앙회 및 산림조합중앙회의 임원과 과장대리급(과장대리급제가 없는 기관 또는 단체는 과장급) 이상의 직원
2. 한국방송공사, 지역농업협동조합, 지역축산업협동조합, 품목별·업종별협동조합 및 품목조합연합회(「농업협동조합법」에 따라 설립된 것을 말한다), 지구별수산업협동조합, 업종별수산업협동조합, 수산물가공수산업협동조합, 지역산림조합 및 품목별·업종별산림조합의 임원

(2011.12.13 본조개정)

부 칙 (2019.4.2)

제1조【시행일】 이 영은 공포한 날부터 시행한다.(이하 생략)

부 칙 (2020.9.10)

제1조【시행일】 이 영은 2020년 9월 10일부터 시행한다.(이하 생략)

부 칙 (2020.12.8)

제1조【시행일】 이 영은 2020년 12월 10일부터 시행한다.(이하 생략)

부 칙 (2021.8.31)

제1조【시행일】 이 영은 2021년 9월 10일부터 시행한다.(이하 생략)

특정범죄신고자 등 보호법

(약칭 : 범죄신고자법)

(1999년 8월 31일 법 률 제5997호)

개정
2005. 3.31법 7427호(민법)
2007.12.21법 8719호(국제형사재판소관할범죄의처벌등에관한법)
2008.12.19법 9139호 2012. 2.10법11305호
2014.12.30법12895호
2016. 3. 3법14071호(국민보호와공공안전을위한테러방지법)
2016.12.20법14413호

제1조【목적】 이 법은 특정범죄에 관한 형사절차에서 국민이 안심하고 자발적으로 협조할 수 있도록 그 범죄신고자 등을 실질적으로 보호함으로써 범죄로부터 사회를 방위(防衛)하는 데에 이바지함을 목적으로 한다.
(2012.2.10 본조개정)

제2조【정의】 이 법에서 사용하는 용어의 뜻은 다음과 같다.

1. "특정범죄"란 다음 각 목의 어느 하나에 해당하는 범죄를 말한다.
 가. 「특정강력범죄의 처벌에 관한 특례법」 제2조의 범죄
 나. 「마약류 불법거래 방지에 관한 특례법」 제2조제2항의 범죄
 다. 「폭력행위 등 처벌에 관한 법률」 제4조 및 「특정범죄 가중처벌 등에 관한 법률」 제5조의8의 단체 구성원의 그 단체의 활동과 관련된 범죄
 라. 「국제형사재판소 관할 범죄의 처벌 등에 관한 법률」 제8조부터 제16조까지의 죄
 마. 「특정범죄 가중처벌 등에 관한 법률」 제5조의9의 죄
 바. 「국민보호와 공공안전을 위한 테러방지법」 제17조의 죄(2016.3.3 본목신설)
 사. 「부패재산의 몰수 및 회복에 관한 특례법」 제2조제1호에서 정한 부패범죄
 아. 「공중 등 협박목적 및 대량살상무기확산을 위한 자금조달행위의 금지에 관한 법률」 제6조의 죄
 자. 「형법」 제114조의 범죄단체조직죄 및 제289조의 인신매매죄
 (2016.12.20 사목~자목신설)
2. "범죄신고등"이란 특정범죄에 관한 신고·진정(陳情)·고소·고발 등 수사 단서의 제공, 진술 또는 증언이나 그 밖의 자료제출행위 및 범인검거를 위한 제보 또는 검거활동을 말한다.
3. "범죄신고자등"이란 범죄신고등을 한 자를 말한다.
4. "친족등"이란 범죄신고자등의 친족 또는 동거인, 그 밖의 밀접한 인적 관계에 있는 자를 말한다.
5. "보복을 당할 우려가 있는 경우"란 범죄신고등과 관련하여 생명 또는 신체에 대한 위해(危害)나 재산 등에 대한 피해를 입거나 입을 우려가 있다고 인정할 만한 충분한 이유가 있는 경우를 말한다.

(2012.2.10 본조개정)

제3조【적용 범위】 이 법은 특정범죄에 관한 범죄신고자등이나 그 친족등이 보복을 당할 우려가 있는 경우에 한정하여 적용한다.(2012.2.10 본조개정)

제4조【국가의 책무】 ① 국가는 범죄신고자등을 보호하고, 이들에 대한 보복범죄를 예방하기 위한 법적·제도적 장치를 마련하고, 필요한 재원을 조달하여야 한다.
② 수사기관 등은 이 법을 적용할 때 피의자·피고인의 방어권 및 변호인의 변론권을 부당하게 침해하지 아니하도록 주의하여야 한다.
(2012.2.10 본조개정)

제5조【불이익 처우의 금지】 범죄신고자등을 고용하고 있는 자(고용주를 위하여 근로자에 관한 업무를 행하는 자를 포함한다)는 피고용자가 범죄신고등을 하였다는 이유로 해고나 그 밖의 불이익한 처우를 하여서는 아니 된다.
(2012.2.10 본조개정)

제6조【범죄신고자등보좌인】 ① 사법경찰관, 검사 또는 법원은 범죄신고자등이나 그 친족등이 보복을 당할 우려가 있는 경우에는 직권으로 또는 범죄신고자등, 그 법정대리인이나 친족등의 신청에 의하여 범죄신고자등보좌인(이하 "보좌인"이라 한다)을 지정할 수 있다.
② 보좌인은 범죄신고자등의 법정대리인, 친족 또는 대통령령으로 정하는 자 중에서 지정한다. 다만, 수사기관 종사자는 보좌인이 될 수 없다.
③ 보좌인은 범죄신고자등을 위하여 해당 형사사건의 수사·공판과정에 동행하거나 조언하는 등 필요한 조력(助力)을 할 수 있다.
④ 보좌인은 거짓 진술을 유도하는 등 범죄신고자등의 진술이나 증언 등에 부당한 영향을 주어서는 아니 된다.
⑤ 보좌인이 다음 각 호의 어느 하나에 해당하는 경우에는 그 지정을 취소할 수 있다.
1. 범죄신고자등, 그 법정대리인이나 친족등으로부터 취소 또는 교체 신청이 있을 때
2. 범죄신고자등의 진술이나 증언 등에 부당한 영향을 주는 등 범죄신고자등을 보좌하는 데 부적당하다고 인정될 때

⑥ 제5항에 따른 지정의 취소는 해당 사건의 진행 경과에 따라 사법경찰관, 검사 또는 법원이 결정한다.
⑦ 사법경찰관이 보좌인을 지정하거나 취소하려면 지체 없이 검사에게 보고하여 허가를 받아야 한다.
⑧ 제6항에 따른 취소 결정에 대해서는 이의를 제기할 수 없다.
⑨ 보좌인의 지정은 제5항에 따라 취소되지 아니하는 한 해당 사건이 종결될 때까지 효력을 가진다.
⑩ 보좌인에게는 대통령령으로 정하는 바에 따라 여비나 그 밖의 실비(實費)를 지급할 수 있다.
(2012.2.10 본조개정)

제7조【인적 사항의 기재 생략】 ① 검사 또는 사법경찰관은 범죄신고등과 관련하여 조서나 그 밖의 서류(이하 "조서등"이라 한다)를 작성할 때 범죄신고자등이나 그 친족등이 보복을 당할 우려가 있는 경우에는 그 취지를 조서등에 기재하고 범죄신고자등의 성명·연령·주소·직업 등 신원을 알 수 있는 사항(이하 "인적 사항"이라 한다)은 기재하지 아니한다.(2014.12.30 본항개정)
② 사법경찰관이 조서등에 범죄신고자등의 인적 사항의 전부 또는 일부를 기재하지 아니한 경우에는 즉시 검사에게 보고하여야 한다.
③ 제1항의 경우 검사 또는 사법경찰관은 조서등에 기재하지 아니한 인적 사항을 범죄신고자등 신원관리카드(이하 "신원관리카드"라 한다)에 등재하여야 한다.
④ 제1항에 따라 조서등에 성명을 기재하지 아니하는 경우에는 범죄신고자등으로 하여금 조서등에 서명은 가명(假名)으로, 간인(間印) 및 날인(捺印)은 무인(拇印)으로 하게 하여야 한다. 이 경우 가명으로 된 서명은 본명(本名)의 서명과 동일한 효력이 있다.
⑤ 범죄신고자등은 진술서 등을 작성할 때 검사 또는 사법경찰관의 승인을 받아 인적 사항의 전부 또는 일부를 기재하지 아니할 수 있다. 이 경우 제2항부터 제4항까지의 규정을 준용한다.
⑥ 범죄신고자등이나 그 법정대리인은 검사 또는 사법경찰관에게 제1항에 따른 조치를 하도록 신청할 수 있다. 이 경우 검사 또는 사법경찰관은 특별한 사유가 없으면 그 조치를 하여야 한다.
⑦ 신원관리카드는 검사가 관리한다.
⑧ 신원관리카드의 작성 및 관리 등에 필요한 사항은 대통령령으로 정한다.
(2012.2.10 본조개정)

제8조【인적 사항의 공개 금지】 이 법에 규정된 경우를 제외하고는 누구든지 이 법에 따라 보호되고 있는 범죄신고자등이라는 정황을 알면서 그 인적 사항 또는 범죄신고자등임을 미루어 알 수 있는 사실을 다른 사람에게 알려주거나 공개 또는 보도하여서는 아니 된다.
(2012.2.10 본조개정)

제9조【신원관리카드의 열람】 ① 법원은 다른 사건의 재판에 필요한 경우에는 검사에게 신원관리카드의 열람을 요청할 수 있다. 이 경우 요청을 받은 검사는 범죄신고자등이나 그 친족등이 보복을 당할 우려가 있는 경우 외에는 그 열람을 허용하여야 한다.
② 다음 각 호의 어느 하나에 해당하는 경우에는 그 사유를 소명(疏明)하고 검사의 허가를 받아 신원관리카드를 열람할 수 있다. 다만, 범죄신고자등이나 그 친족등이 보복을 당할 우려가 있는 경우에는 열람을 허가하여서는 아니 된다.
1. 검사나 사법경찰관이 다른 사건의 수사에 필요한 경우
2. 변호인이 피고인의 변호에 필요한 경우
3. 제14조에 따른 범죄신고자등 구조금 지급에 관한 심의 등 공무상 필요한 경우

③ 피의자 또는 피고인이나 그 변호인 또는 법정대리인, 배우자, 직계친족과 형제자매는 피해자와의 합의를 위하여 필요한 경우에 검사에게 범죄신고자등과의 면담을 신청할 수 있다.
④ 제3항의 면담 신청을 받은 검사는 즉시 그 사실을 범죄신고자등에게 통지하고, 범죄신고자등이 이를 승낙한 경우에는 검사실 등 적당한 장소에서 범죄신고자등이나 그 대리인과 면담을 할 수 있도록 조치할 수 있다.
⑤ 제2항제2호에 따라 신원관리카드의 열람을 신청한 변호인과 제3항에 따라 면담 신청을 한 자는 검사의 거부처분에 대하여 이의신청을 할 수 있다.
⑥ 제5항의 이의신청은 그 검사가 소속된 지방검찰청검사장(지청의 경우에는 지청장)에게 서면으로 제출하여야 한다. 이의신청을 받은 검사장 또는 지청장은 이의신청이 이유가 있다고 인정하는 경우에는 신원관리카드의 열람을 허가하거나 범죄신고자등이나 그 대리인과 면담할 수 있도록 조치하여야 한다.
(2012.2.10 본조개정)

제10조【영상물 촬영】 ① 범죄신고자등에 대하여 「형사소송법」 제184조(증거보전의 청구와 그 절차) 또는 제221조의2(증인신문의 청구)에 따른 증인신문을 하는 경우 판사는 직권으로 또는 검사의 신청에 의하여 그 과정을 비디오테이프 등 영상물로 촬영할 것을 명할 수 있다.
② 제1항에 따른 영상물의 촬영비용 및 복사에 관하여는 「형사소송법」 제56조의2(공판정에서의 속기·녹음 및 영상녹화)제2항 및 제3항을 준용한다.
③ 제1항에 따라 촬영한 영상물에 수록된 범죄신고자등의 진술은 이를 증거로 할 수 있다.
(2012.2.10 본조개정)

제11조【증인 소환 및 신문의 특례 등】 ① 제7조에 따라 조서등에 인적 사항의 전부 또는 일부를 기재하지 아니한 범죄신고자등을 증인으로 소환할 때에는 검사에게 소환장을 송달한다.
② 재판장 또는 판사는 소환된 증인 또는 그 친족등이 보복을 당할 우려가 있는 경우에는 참여한 법원서기관 또는 서기로 하여금 공판조서에 그 취지를 기재하고 해당 증인의 인적 사항의 전부 또는 일부를 기재하지 아니하게 할 수 있다. 이 경우 재판장 또는 판사는 검사에게 신원관리카드가 작성되지 아니한 증인에 대한 신원관리카드의 작성 및 관리를 요청할 수 있다.
③ 제2항의 경우 재판장 또는 판사는 증인의 인적 사항이 신원확인, 증인선서, 증언 등 증인신문의 모든 과정에서 공개되지 아니하도록 하여야 한다. 이 경우 제1항에 따라 소환된 증인의 신원확인은 검사가 제시하는 신원관리카드로 한다.
④ 제2항에 따라 공판조서에 인적 사항을 기재하지 아니하는 경우 재판장 또는 판사는 범죄신고자등으로 하여금 선서서(宣誓書)에 가명으로 서명·무인하게 하여야 한다. 이 경우 제7조제4항 후단을 준용한다.
⑤ 증인으로 소환된 범죄신고자등이나 그 친족등이 보복을 당할 우려가 있는 경우에는 검사, 범죄신고자등 또는 그 법정대리인은 법원에 피고인이나 방청인을 퇴정(退廷)시키거나 공개법정 외의 장소에서 증인신문을 할 것을 신청할 수 있다.
⑥ 재판장 또는 판사는 직권으로 또는 제5항에 따른 신청이 상당한 이유가 있다고 인정될 때에는 피고인이나 방청인을 퇴정시키거나 공개법정 외의 장소에서 증인신문 등을 할 수 있다. 이 경우 변호인이 없을 때에는 국선변호인을 선임하여야 한다.
⑦ 제6항의 경우에는 「법원조직법」 제57조(재판의 공개) 제2항·제3항 및 「형사소송법」 제297조(피고인등의 퇴정)제2항을 준용한다.
(2012.2.10 본조개정)
제12조【소송진행의 협의 등】 ① 법원은 범죄신고자등이나 그 친족등이 보복을 당할 우려가 있는 경우에는 검사 및 변호인과 해당 피고인에 대한 공판기일의 지정이나 그 밖의 소송 진행에 필요한 사항을 협의할 수 있다.
② 제1항에 따른 협의는 소송진행에 필요한 최소한에 그쳐야 하며, 판결에 영향을 주어서는 아니 된다.
③ 제1항의 경우에는 「특정강력범죄의 처벌에 관한 특례법」 제10조(집중심리) 및 제13조(판결선고)를 준용한다.
(2012.2.10 본조개정)
제13조【신변안전조치】 ① 검사 또는 경찰서장은 범죄신고자등이나 그 친족등이 보복을 당할 우려가 있는 경우에는 일정 기간 동안 해당 검찰청 또는 경찰서 소속 공무원으로 하여금 신변안전을 위하여 필요한 조치(이하 "신변안전조치"라 한다)를 하게 하거나 대상자의 주거지 또는 현재지(現在地)를 관할하는 경찰서장에게 신변안전조치를 하도록 요청할 수 있다. 이 경우 요청을 받은 경찰서장은 특별한 사유가 없으면 즉시 신변안전조치를 하여야 한다.
② 재판장 또는 판사는 공판준비 또는 공판진행 과정에서 검사에게 제1항에 따른 조치를 하도록 요청할 수 있다.
③ 범죄신고자등, 그 법정대리인 또는 친족등은 재판장·검사 또는 주거지나 현재지를 관할하는 경찰서장에게 제1항에 따른 조치를 해 줄 것을 신청할 수 있다.
④ 경찰서장이 신변안전조치를 한 경우에는 대통령령으로 정하는 바에 따라 그 사실을 검사에게 통보하여야 한다.
⑤ 제1항에 따른 신변안전조치의 절차 등에 관하여 필요한 사항은 대통령령으로 정한다.(2014.12.30 본항개정)
(2012.2.10 본조개정)
제13조의2【신변안전조치의 종류】 신변안전조치의 종류는 다음과 같다.
1. 일정 기간 동안의 특정시설에서의 보호
2. 일정 기간 동안의 신변경호
3. 참고인 또는 증인으로 출석·귀가 시 동행
4. 대상자의 주거에 대한 주기적 순찰이나 폐쇄회로 텔레비전의 설치 등 주거에 대한 보호
5. 그 밖에 신변안전에 필요하다고 인정되어 대통령령으로 정하는 조치
(2014.12.30 본조신설)
제14조【범죄신고자등 구조금】 ① 국가는 범죄신고자등이나 그 친족등이 보복을 당할 우려가 있는 경우로서 그로 인하여 중대한 경제적 손실 또는 정신적 고통을 받았거나 이사·전직(轉職) 등으로 비용을 지출하였거나 지출할 필요가 있을 때에는 범죄신고자등, 그 법정대리인 또는 친족등의 신청에 의하여 범죄신고자등 구조금(이하 "구조금"이라 한다)을 지급할 수 있다.
② 구조금의 금액은 보복의 위험성, 지급대상자의 직업·신분·생활수준, 경제적 손실과 정신적 고통의 정도, 지출비용, 그 밖의 필요한 사항을 고려하여 대통령령으로 정하는 한도에서 결정한다.
③ 구조금 지급에 관한 사항을 심의·결정하기 위하여 지방검찰청에 범죄신고자등 구조심의회(이하 "심의회"라 한다)를 둔다.
④ 심의회는 법무부장관의 지휘·감독을 받는다.
⑤ 심의회는 구조금 지급에 관한 사항을 심의·결정하기 위하여 필요할 때에는 신청인이나 그 밖의 관계인을 조사하거나 행정기관 또는 공·사단체(公·私團體)에 필요한 사항을 알아볼 수 있다. 이 경우 행정기관 및 공·사단체는 특별한 사유가 없으면 이에 따라야 한다.
⑥ 심의회의 구성·운영 및 구조금 지급에 필요한 사항은 대통령령으로 정한다.
(2012.2.10 본조개정)
제15조【피고인 등과 관련된 주요 변동 상황 통지】 범죄신고자등이나 그 친족등이 보복을 당할 우려가 있는 경우에는 검사 또는 사법경찰관은 직권으로 또는 범죄신고자등, 그 법정대리인이나 친족등의 신청에 의하여 피의자 또는 피고인의 체포·구속 및 석방과 관련된 사법경찰관·검사 및 법원의 처분 내용, 재판선고기일이나 선고내용 및 가석방·형집행정지·형기만료나 보안처분종료 등으로 인한 교정시설 등에서의 출소사실이나 도주사실 등 재판 및 신병(身柄)에 관련된 변동 상황을 범죄신고자등, 그 법정대리인 또는 친족등에게 통지할 수 있다.
(2012.2.10 본조개정)
제16조【범죄신고자등에 대한 형의 감면】 범죄신고등을 함으로써 그와 관련된 자신의 범죄가 발견된 경우 그 범죄신고자등에 대하여 형을 감경하거나 면제할 수 있다.
(2012.2.10 본조개정)
제17조【벌칙】 ① 제8조를 위반한 자는 3년 이하의 징역 또는 3천만원 이하의 벌금에 처한다.
② 제5조를 위반하여 범죄신고자등에게 「공익신고자 보호법」 제2조제6호에 해당하는 불이익조치를 한 자는 2년 이하의 징역 또는 2천만원 이하의 벌금에 처한다.
(2016.12.20 본조개정)

부 칙 (2016.3.3)

제1조【시행일】 이 법은 공포한 날부터 시행한다.(이하 생략)

부 칙 (2016.12.20)

이 법은 공포한 날부터 시행한다.

특정범죄신고자등보호법시행령

(2000년 5월 25일 대통령령 제16815호)

개정
2004. 3.17영18312호(전자적민원처리를위한가석방자관리규정등)
2014.11.19영25751호(직제)
2017. 7.26영28211호(직제)
2020.12.31영31349호(자치경찰조직운영)

제1조【목적】 이 영은 특정범죄신고자등보호법에서 위임된 사항과 그 시행에 관하여 필요한 사항을 규정함을 목적으로 한다.
제2조【범죄신고자등보좌인의 자격】 특정범죄신고자등보호법(이하 "법"이라 한다) 제6조제2항에서 "대통령령이 정하는 자"라 함은 다음 각호의 1에 해당하는 자를 말한다.
1. 학교·사회교육시설·사회복지시설 및 사회보호시설의 장 또는 그 직원
2. 법률구조법등 법령에 규정된 상담소의 장 또는 그 직원
3. 범죄신고자등의 고용주
4. 기타 학식과 덕망이 있는 자로서 범죄신고자등을 위하여 충분한 조력을 할 수 있다고 인정되는 자
제3조【보좌인에 대한 실비지급 등】 ① 법 제6조제10항의 규정에 의하여 범죄신고자등보좌인(이하 "보좌인"이라 한다)에게 지급할 수 있는 비용은 범죄신고자등과의 동행일수에 따른 일당·여비 및 숙박료(이하 이 조에서 "실비"라 한다)로 한다.
② 제1항의 규정에 의한 실비는 당해 사건의 진행경과에 따라 참고인 또는 증인에 준하여 지급하되, 수사단계에서는 수사기관이, 재판단계에서는 법원이 각각 이를 지급한다.
제4조【신원관리카드의 기재사항】 ① 법 제7조제3항의 규정에 의한 범죄신고자등신원관리카드(이하 "신원관리카드"라 한다)에는 범죄신고자등의 성명·주민등록번호·주소 및 직업 등 신원을 알 수 있는 사항과 보좌인, 변호인, 법 제13조의 규정에 의한 신변안전조치 및 법 제14조의 규정에 의한 구조금의 지급에 관한 사항 등을 기재한다.
② 법 제7조제4항의 규정에 의하여 범죄신고자등이 조서등에 가명으로 서명한 때에는 검사 또는 사법경찰관은 조서에 기재한 가명을 신원관리카드에 기재하고 범죄신고자등으로 하여금 본명과 가명의 서명을 신원관리카드에 기재하고 무인하게 하여야 한다.
제5조【신원관리카드의 관리】 ① 사법경찰관이 사건을 송치하는 때에는 수사서류와 별도로 신원관리카드를 봉인하여 사건기록과 함께 관할 검찰청에 이를 제출하여야 한다.
② 각급 검찰청의 장(지방검찰청 지청의 장을 포함한다)은 신원관리카드를 관리하는 검사를 지정하여야 한다.
③ 신원관리카드는 공소제기후에도 제2항의 규정에 의한 검사가 이를 관리한다.
④ 법 제11조제3항 후단의 규정에 의하여 증인의 신원확인을 하는 때에는 검사가 공판정에서 재판장 또는 판사에게 직접 신원관리카드를 제시하고, 재판장 또는 판사는 지체없이 담당 법원사무관 등으로 하여금 신원관리카드에 의하여 신원을 확인하게 하여야 한다.
제6조【신변안전조치의 요청 등】 ① 법 제13조제1항 내지 제3항의 규정에 의한 신변안전조치의 요청 또는 신청은 이를 서면(전자문서를 포함한다. 이하 같다)으로 하여야 한다. 다만, 긴급을 요하는 경우에는 구두 또는 유선으로 하되, 사후에 지체없이 관련 서면을 제출하여야 한다.
(2004.3.17 전단개정)
② 재판장 또는 판사는 제1항의 규정에 불구하고 공판정에 출석한 검사에게 신변안전조치를 취하도록 구두로 요청할 수 있다. 이 경우 그 취지를 공판조서에 기재하여야 한다.
③ 제1항의 규정에 의한 신변안전조치를 요청 또는 신청하고자 하는 때에는 필요한 신변안전조치의 종류와 기간을 구체적으로 기재하여야 한다.
④ 경찰청장(해양경찰청장을 포함한다. 이하 같다) 또는 시·도경찰청장(지방해양경찰청장을 포함한다. 이하 같다)은 당해 관서에서 수사중인 사건의 범죄신고자등이나 그 친족 등에 대하여 신변안전조치를 취할 필요가 있는 때에는 대상자의 주거지 또는 현재지를 관할하는 경찰서장(해양경찰서장을 포함한다. 이하 같다)에게 신변안전조치를 취하도록 지시할 수 있다.(2020.12.31 본항개정)
제7조【신변안전조치의 종류】 법 제13조제1항의 규정에 의한 신변안전조치의 종류는 다음 각호의 1과 같다.
1. 일정기간동안의 특정시설에서의 보호
2. 일정기간동안의 신변경호
3. 참고인 또는 증인으로 출석·귀가시 동행
4. 대상자의 주거에 대한 주기적 순찰
5. 기타 신변안전에 필요하다고 인정되는 조치
제8조【신변안전조치 이행통보 등】 ① 경찰서장이 법 제13조제1항의 규정에 의한 신변안전조치를 취한 때에는 다음 각호의 구분에 따라 지체없이 그 사실을 해당 검사에게 통보하여야 한다.
1. 신변안전조치가 검사의 요청으로 이루어진 때에는 이를 요청한 검사
2. 신변안전조치가 경찰청장 또는 시·도경찰청장의 지시나 경찰서장의 요청으로 이루어진 때에는 최초 지시한 경찰청장 또는 시·도경찰청장이나 최초 요청한 경찰서장의 소속 경찰관서를 관할하는 지방검찰청 또는 지청의 검사(2020.12.31 본호개정)
3. 신변안전조치가 범죄신고자등, 그 법정대리인 또는 친족등의 신청에 의하여 이루어진 때에는 당해 사건을 취급하는 검사 또는 당해 사건을 취급하는 경찰관서를 관할하는 지방검찰청 또는 지청의 검사
② 제1항의 규정에 의한 통보서류 및 신변안전조치와 관련된 서류는 이를 공개하여서는 아니된다.
제9조【구조금의 산정】 ① 법 제14조의 규정에 의한 구조금은 지출하였거나 지출할 필요가 있는 치료비, 생활비, 이사 및 전직비용, 방범시설 설치비, 수사기간중 범죄신고자등 또는 그 친족등의 보호나 경호에 필요한 비용과 위자료 등을 포함하여 이를 산정한다.
② 제1항의 규정에 의한 구조금중 치료비, 이사비용, 방범시설 설치비와 범죄신고자등 또는 그 친족 등의 보호나 경호에 필요한 비용은 이를 실비로 지급한다.
③ 제1항의 규정에 의한 구조금중 생활비·전직비용 및 위자료는 이를 합산하여 월정액으로 지급할 수 있으며, 이 경우에는 구조금지급 대상자의 근무직종에 따라 구조결정시 최저임금법에서 정한 일급최저임금의 5배 이하를 기준으로 하여 산정하여야 한다.
제10조【구조금의 신청】 범죄신고자등, 그 법정대리인 또는 친족등이 법 제14조의 규정에 의한 구조금을 지급받고자 하는 때에는 법 제2조제2호의 규정에 의한 범죄신고등이 이루어진 지역을 관할하는 지방검찰청 범죄신고자등구조심의회(이하 "심의회"라 한다)에 이를 신청하여야 한다. 이 경우 법 제7조제4항의 규정에 의하여 조서등에 성명을 기재하지 아니한 범죄신고자등은 가명으로 이를 신청할 수 있다.
제11조【구조결정】 ① 심의회는 제10조의 규정에 의한 구조금의 신청이 있는 때에는 특별한 사유가 없는 한 신청일부터 1월 이내에 구조금의 지급여부에 대한 결정(지급한다는 결정을 하는 경우에는 그 금액을 포함한다. 이하 같다)을 하여야 한다.
② 검사는 제10조 또는 제1항의 규정에 의한 절차를 거칠 수 없는 긴급한 사유가 있는 때에는 범죄신고자등 또는 그 친족등의 보호나 경호 등에 필요한 비용 등을 가지급할 것을 심의회에 요청할 수 있다. 이 경우 심의회는 제1항의 규정에 불구하고 가지급결정을 할 수 있다.

제12조【심의회의 관할】 심의회의 관할구역은 심의회가 설치된 지방검찰청의 관할구역(지청이 있는 경우에는 지청의 관할구역을 포함한다)으로 한다.

제13조【심의회의 구성】 심의회는 당해 심의회가 설치된 지방검찰청의 차장검사를 위원장으로 하고, 당해 지방검찰청 소속 공무원 및 법관의 자격을 가진 자중에서 법무부장관이 임명 또는 위촉하는 위원 4인으로 구성한다.

제14조【위원장】 ① 심의회의 위원장은 심의회의 업무를 통할하고, 심의회를 대표한다.

② 위원장이 부득이한 사유로 직무를 수행할 수 없는 때에는 위원장이 미리 지명한 위원이 그 직무를 대행하고, 지명이 없는 경우에는 심의회가 설치된 기관의 소속 공무원인 위원중에서 선임자가 그 직무를 대행한다.

제15조【심의회의 의사】 ① 위원장은 심의회의 회의(이하 "회의"라 한다)를 소집하고 그 의장이 된다.

② 회의는 위원장을 포함한 재적위원 과반수의 출석으로 개의하고, 출석위원 3분의 2 이상의 찬성으로 의결한다.

③ 구조금의 액수에 관한 의견이 3 이상으로 나뉘어져 각각 의결정족수 3분의 2에 달하지 못한 때에는 의결정족수 3분의 2에 달하기까지 최소액의 의견수에 순차로 다액의 의견수를 더하여 그중 최다액의 의견에 의한다.

제16조【사무직원】 ① 심의회에 그 사무를 처리하게 하기 위하여 간사 1인과 서기 약간인을 둔다.

② 간사와 서기는 심의회가 설치된 지방검찰청 소속공무원중에서 위원장의 추천으로 당해 지방검찰청 검사장이 임명한다.

③ 간사는 위원장의 명에 의하여 심의회의 사무를 처리한다.

④ 간사는 회의에 출석하여 발언할 수 있다.

⑤ 서기는 간사를 보조하고 심의회의 관련서류를 관리한다.

제17조【법무부장관의 지휘·감독】 ① 법무부장관은 각 심의회를 지휘·감독하기 위하여 필요한 명령이나 조치를 할 수 있다.

② 법무부장관은 제1항의 직무를 행하기 위하여 필요하다고 인정하는 때에는 소속 직원 또는 각급 검찰청의 검사로 하여금 각 심의회의 업무처리사항에 관하여 감사를 하게 할 수 있다.

제18조【결정 및 통지】 ① 심의회가 구조결정을 한 때에는 구조결정서를 작성하고 회의에 출석한 위원 전원이 서명 또는 날인하여야 한다.

② 제1항의 규정에 의한 구조결정서에는 다음 각호의 사항을 기재하여야 한다.

1. 신청인의 성명·주소 및 주민등록번호(법 제7조제4항의 규정에 해당하는 경우에는 가명만을 기재한다)
2. 결정주문
3. 이유
4. 결정일자

③ 심의회가 구조결정을 한 때에는 신청인에게 구조결정통지서를 송부하여야 한다.

제19조【구조금의 지급청구】 ① 구조금의 지급을 청구하고자 하는 자는 구조결정을 한 심의회가 설치된 지방검찰청에 구조금지급청구서를 제출하여야 한다.

② 제1항의 규정에 의한 청구서에는 다음 각호의 사항을 기재하여야 한다.

1. 청구인의 성명·주소 및 주민등록번호(법 제7조제4항의 규정에 해당하는 경우에는 가명만을 기재한다)
2. 구조결정번호 및 결정주문
3. 청구일자

제20조【서식 등】 법 및 이 영의 시행에 관하여 필요한 서식 등에 관한 사항은 법무부령으로 정한다.

부 칙 (2014.11.19)
(2017.7.26)

제1조【시행일】 이 영은 공포한 날부터 시행한다.(이하 생략)

부 칙 (2020.12.31)

제1조【시행일】 이 영은 2021년 1월 1일부터 시행한다.(이하 생략)

특정경제범죄 가중처벌 등에 관한 법률(약칭 : 특정경제범죄법)

(1983년 12월 31일
법 률 제3693호)

개정
1988.12.31법 4069호(보험)
1990.12.31법 4292호
1998. 1.13법 5503호(종합금융회사에관한법)
1998. 1.13법 5505호(금융감독)
2001. 3.28법 6429호(상호저축은행법)
2002.12. 5법 6746호
2004.12.31법 7311호(수협)
2007. 5.17법 8444호
2007. 8. 3법 8635호(자본시장금융투자업)
2008.12.26법 9170호 2009. 5. 8법 9646호
2012. 2.10법11304호
2016. 1. 6법13719호(형법)
2016. 3.29법14122호(기술보증기금법)
2016. 5.29법14242호(수협)
2017.12.19법15256호

제1조【목적】 이 법은 건전한 국민경제윤리에 반하는 특정경제범죄에 대한 가중처벌과 그 범죄행위자에 대한 취업제한 등을 규정함으로써 경제질서를 확립하고 나아가 국민경제 발전에 이바지함을 목적으로 한다.
(2012.2.10 본조개정)

제2조【정의】 이 법에서 사용하는 용어의 뜻은 다음과 같다.

1. "금융회사등"이란 다음 각 목의 어느 하나에 해당하는 것을 말한다.
 가. 「한국은행법」에 따른 한국은행, 「금융위원회의 설치 등에 관한 법률」에 따른 금융감독원 및 「은행법」이나 그 밖의 법률에 따른 은행
 나. 「자본시장과 금융투자업에 관한 법률」에 따른 투자매매업자, 투자중개업자, 집합투자업자, 신탁업자, 증권금융회사 및 종합금융회사
 다. 「상호저축은행법」에 따른 상호저축은행과 그 중앙회
 라. 「농협협동조합법」에 따른 조합과 농협은행
 마. 「수산업협동조합법」에 따른 조합과 수협은행
 (2016.5.29 본목개정)
 바. 「신용협동조합법」에 따른 신용협동조합과 그 중앙회
 사. 「새마을금고법」에 따른 새마을금고와 그 연합회
 아. 「보험업법」에 따른 보험업을 경영하는 자
 자. 「신용보증기금법」에 따른 신용보증기금
 차. 「기술보증기금법」에 따른 기술보증기금
 (2016.3.29 본목개정)
 카. 그 밖에 가목부터 차목까지의 기관과 같거나 유사한 업무를 하는 기관으로서 대통령령으로 정하는 기관
2. "저축"이란 다음 각 목의 어느 하나에 해당하는 것을 금융회사등에 예입(預入), 납입(納入) 또는 신탁(信託)하거나 금융회사등으로부터 수령(受領) 또는 매입(買入)하는 것을 말한다.
 가. 예금, 적금, 부금(賦金), 계금(稧金) 및 신탁재산
 나. 주식, 채권, 수익증권, 어음, 수표 및 채무증서
 다. 보험료
 라. 그 밖에 가목부터 다목까지의 규정에 준하는 것으로서 대통령령으로 정하는 것
3. "대출등"이란 금융회사등이 취급하는 대출, 채무의 보증 또는 인수(引受), 급부(給付), 채권 또는 어음의 할인이나 그 밖에 이에 준하는 것으로서 대통령령으로 정하는 것을 말한다.

(2012.2.10 본조개정)

제3조【특정재산범죄의 가중처벌】 ① 「형법」 제347조(사기), 제347조의2(컴퓨터등 사용사기), 제350조(공갈), 제350조의2(특수공갈), 제351조(제347조, 제347조의2, 제350조 및 제350조의2의 상습범만 해당한다), 제355조(횡령·배임) 또는 제356조(업무상의 횡령과 배임)의 죄를 범한 사람은 그 범죄행위로 인하여 취득하거나 제3자로 하여금 취득하게 한 재물 또는 재산상 이익의 가액(이하 이 조에서 "이득액"이라 한다)이 5억원 이상일 때에는 다음 각 호의 구분에 따라 가중처벌한다.(2017.12.19 본문개정)

1. 이득액이 50억원 이상일 때 : 무기 또는 5년 이상의 징역
2. 이득액이 5억원 이상 50억원 미만일 때 : 3년 이상의 유기징역

② 제1항의 경우 이득액 이하에 상당하는 벌금을 병과(併科)할 수 있다.
(2012.2.10 본조개정)

판례 피고인이 잘못 이체된 15억원어치 비트코인을 반환하지 않고 자신의 계좌로 이체한 사건에서, 가상자산을 이체 받은 자는 가상자산의 권리자 등에 대한 부당이득반환의무를 부담하게 될 수 있다. 그러나 이는 당사자 사이의 민사상 채무에 지나지 않고 이러한 사정만으로 가상자산을 이체 받은 사람이 신임관계에 기초하여 가상자산을 보존하거나 관리하는 지위에 있다고 볼 수 없다. 또한 피고인과 피해자 사이에는 아무런 계약관계가 없고 피고인은 어떠한 경위로 이 사건 비트코인을 이체 받은 것인지 불분명하여 부당이득반환청구를 할 수 있는 주체가 피해자인지 아니면 거래소인지 명확하지 않다. 설령 피고인이 피해자에게 직접 부당이득반환의무를 부담한다고 하더라도 곧바로 가상자산을 이체 받은 사람을 피해자에 대한 관계에서 배임죄의 주체인 '타인의 사무를 처리하는 자'에 해당한다고 단정할 수는 없다.
(대판 2021.12.16, 2020도9789)

판례 형법 제347조의 사기죄는 사람을 기망하여 재물의 교부를 받거나 재산상의 이익을 취득하거나 제3자로 하여금 재물의 교부를 받게 하거나 재산상의 이익을 취득하게 함으로써 성립하고, 그 교부받은 재물이나 재산상 이익의 가액이 얼마인지는 문제되지 아니하는 데 비하여, 사기로 인한 특정경제범죄 가중처벌 등에 관한 법률 위반죄에 있어서는 편취한 재물이나 재산상 이익의 가액이 5억 원 이상 또는 50억 원 이상이라는 것이 범죄구성요건의 일부로 되어 있고 그 가액에 따라 그 죄에 대한 형벌도 가중되어 있으므로, 이를 적용함에 있어서는 편취한 재물이나 재산상 이익의 가액을 엄격하고 신중하게 산정함으로써, 범죄와 형벌 사이에 적정한 균형이 이루어져야 한다는 죄형균형 원칙이나 형벌은 책임에 기초하고 그 책임에 비례하여야 한다는 책임주의 원칙이 훼손되지 않도록 유의하여야 한다.
(대판 2007.4.19, 2005도7288 전원합의체)

제4조【재산국외도피의 죄】 ① 법령을 위반하여 대한민국 또는 대한민국국민의 재산을 국외로 이동하거나 그 국내로 반입하여야 할 재산을 국외에서 은닉 또는 처분하여 도피시켰을 때에는 1년 이상의 유기징역 또는 해당 범죄행위의 목적물 가액(이하 이 조에서 "도피액"이라 한다)의 2배 이상 10배 이하에 상당하는 벌금에 처한다.

② 제1항의 경우 도피액이 5억원 이상일 때에는 다음 각 호의 구분에 따라 가중처벌한다.

1. 도피액이 50억원 이상일 때 : 무기 또는 10년 이상의 징역
2. 도피액이 5억원 이상 50억원 미만일 때 : 5년 이상의 유기징역

③ 제1항 또는 제2항의 미수범은 각 죄에 해당하는 형으로 처벌한다.

④ 법인의 대표자나 법인 또는 개인의 대리인, 사용인, 그 밖의 종업원이 그 법인 또는 개인의 업무에 관하여 제1항부터 제3항까지의 어느 하나에 해당하는 위반행위를 하면 그 행위자를 벌하는 외에 그 법인 또는 개인에게도 제1항의 벌금형을 과(科)한다. 다만, 법인 또는 개인이 그 위반행위를 방지하기 위하여 해당 업무에 관하여 상당한 주의와 감독을 게을리하지 아니한 경우에는 그러하지 아니하다.
(2012.2.10 본조개정)

제5조【수재 등의 죄】 ① 금융회사등의 임직원이 그 직무에 관하여 금품이나 그 밖의 이익을 수수(收受), 요구 또는 약속하였을 때에는 5년 이하의 징역 또는 10년 이하의 자격정지에 처한다.

② 금융회사등의 임직원이 그 직무에 관하여 부정한 청탁을 받고 제3자에게 금품이나 그 밖의 이익을 공여(供與)하게 하거나 공여하게 할 것을 요구 또는 약속하였을 때에는 제1항과 같은 형에 처한다.

③ 금융회사등의 임직원이 그 지위를 이용하여 소속 금융회사등 또는 다른 금융회사등의 임직원의 직무에 속하는 사항의 알선에 관하여 금품이나 그 밖의 이익을 수수, 요구 또는 약속하였을 때에는 제1항과 같은 형에 처한다.

④ 제1항부터 제3항까지의 경우에 수수, 요구 또는 약속한 금품이나 그 밖의 이익의 가액(이하 이 조에서 "수수액"이라 한다)이 3천만원 이상일 때에는 다음 각 호의 구분에 따라 가중처벌한다.

1. 수수액이 1억원 이상일 때 : 무기 또는 10년 이상의 징역
2. 수수액이 5천만원 이상 1억원 미만일 때 : 7년 이상의 유기징역
3. 수수액이 3천만원 이상 5천만원 미만일 때 : 5년 이상의 유기징역

⑤ 제1항부터 제4항까지의 경우에 수수액의 2배 이상 5배 이하의 벌금을 병과한다.
(2012.2.10 본조개정)

판례 수재 행위자에 대한 엄정한 처벌을 통한 일반예방이라는 당초의 목적을 달성하지 못하고 있음은 물론 오히려 수범자들에게 법의 권위를 떨어뜨리는 위험을 초래할 수 있어 형사정책적으로도 불합리한 결과를 가져오고 있음을 의미하는 것이고, 행위 불법의 크기와 행위자 책임의 정도를 훨씬 초과하는 과중하고 가혹한 형벌을 규정한 것이며, 다른 범죄와의 관계에서 형벌체계상 균형성을 상실하여 평등의 원칙에 위반된다 할 것이다.(헌재결 2006.4.27, 2006헌가5 전원재판부)

판례 동조 제1항의 의미 : 동조 제1항에서 말하는 '금융기관 임·직원이 그 직무에 관하여'라 함은 금융기관의 임·직원이 그 지위에 수반하여 취급하는 일체의 사무를 말하는 것으로서, 그 권한에 속하는 직무행위뿐만 아니라 이와 밀접한 관계가 있는 경우와 그 직무와 관련하여 사실상 처리하고 있는 행위까지도 모두 포함되고, 또한 그 직무가 금융기관의 신용사업 내지 주된 사업과 관련된 것인지, 그 외의 사업과 관련된 것인지 구별할 것은 아니다.(대판 1999.10.8, 99도3225)

제6조【증재 등의 죄】 ① 제5조에 따른 금품이나 그 밖의 이익을 약속, 공여 또는 공여의 의사를 표시한 사람은 5년 이하의 징역 또는 3천만원 이하의 벌금에 처한다.
② 제1항의 행위에 제공할 목적으로 제3자에게 금품을 교부하거나 그 정황을 알면서 교부받은 사람은 제1항과 같은 형에 처한다.
(2012.2.10 본조개정)

제7조【알선수재의 죄】 금융회사등의 임직원의 직무에 속하는 사항의 알선에 관하여 금품이나 그 밖의 이익을 수수, 요구 또는 약속한 사람 또는 제3자에게 이를 공여하게 하거나 공여하게 할 것을 요구 또는 약속한 사람은 5년 이하의 징역 또는 5천만원 이하의 벌금에 처한다.(2012.2.10 본조개정)

판례 동조의 '금융기관의 임·직원의 직무에 속한 사항'이라 함은 자기 자신을 제외한 모든 자의 사건 또는 사무를 가리키는 것으로 해석하는 것이 상당하고, 회사의 이사가 대표이사로부터 돈을 교부받고 청탁을 부탁받은 내용이 자신이 이사로 있는 회사에 관한 것이고 위 이사가 회사의 대표이사를 대리하여 위 회사의 대표자로서 사무를 처리하였다고 보여질 경우에는 사건에 관한 청탁을 타인의 사건 또는 사무에 관한 청탁이라고 볼 수 없다고 할 것이지만, 피고인이 청탁을 명목으로 법인의 대표이사로부터 금원을 받고 로비활동을 해 오던 중, 그 활동상의 편의를 위하여 그 법인의 통상업무에는 전혀 관여함이 없이 형식적으로 그 법인의 이사로 등기를 경료하고 그 법인의 이사 등 직함을 사용하면서 청탁 명목으로 금원을 교부받았다면, 이는 피고인 자신의 사무라고는 볼 수 없다.
(대판 2002.6.11, 2000도357)

제8조【사금융 알선 등의 죄】 금융회사등의 임직원이 그 지위를 이용하여 자기의 이익 또는 소속 금융회사등 외의 제3자의 이익을 위하여 자기의 계산으로 또는 소속 금융회사등 외의 제3자의 계산으로 금전의 대부, 채무의 보증 또는 인수를 하거나 이를 알선하였을 때에는 7년 이하의 징역 또는 7천만원 이하의 벌금에 처한다.(2012.2.10 본조개정)

제9조【저축 관련 부당행위의 죄】 ① 저축을 하는 사람 또는 저축을 중개하는 사람이 금융회사등의 임직원으로부터 그 저축에 관하여 법령 또는 약관이나 그 밖에 이에 준하는 금융회사등의 규정에 따라 정하여진 이자, 복금(福金), 보험금, 배당금, 보수 외에 어떤 명목으로든 금품이나 그 밖의 이익을 수수하거나 제3자에게 공여하게 하였을 때에는 5년 이하의 징역 또는 5천만원 이하의 벌금에 처한다.
② 저축을 하는 사람이 그 저축과 관련하여 그 저축을 중개하는 자 또는 그 저축과 관계없는 제3자에게 금융회사등으로부터 대출등을 받게 하였을 때 또는 저축을 중개하는 사람이 그 저축과 관련하여 금융회사등으로부터 대출등을 받거나 그 저축과 관계없는 제3자에게 대출등을 받게 하였을 때에는 제1항과 같은 형에 처한다.
③ 금융회사등의 임직원이 제1항 또는 제2항에 규정된 금품이나 그 밖의 이익을 공여하거나 대출등을 하였을 때에는 제1항 또는 제2항과 같은 형에 처한다.
④ 제1항부터 제3항까지의 경우 징역과 벌금을 병과할 수 있다.
⑤ 금융회사등의 임직원이 소속 금융회사등의 업무에 관하여 제3항의 위반행위를 하면 그 행위자를 벌하는 외에 그 소속 금융회사등에도 같은 항의 벌금형을 과한다. 다만, 소속 금융회사등이 그 위반행위를 방지하기 위하여 해당 업무에 관하여 상당한 주의와 감독을 게을리하지 아니한 경우에는 그러하지 아니하다.
(2012.2.10 본조개정)

판례 "저축을 하는 자"의 의미 : "저축을 하는 자"에는 사법상 법률효과가 귀속되는 '저축의 주체'가 아니라고 하더라도, '저축과 관련된 행위를 한 자'도 포함되고, 그러한 자가 금융기관 임직원들의 유치 활동의 대상이 되어 당해 저축과 관련하여 특별한 이익을 수수하였다면 그 구성요건에 해당된다고 할 것이며, 이러한 해석이 "저축을 하는 자"라는 문언의 의미 한계를 넘어선 해석은 아니므로 죄형법정주의에 위반된 해석이라고 할 수도 없다.(대판 2006.3.9, 2003도6733)

제10조【몰수·추징】 ① 제4조제1항부터 제3항까지의 경우 범인이 도피시키거나 도피시키려고 한 재산은 몰수한다.
② 제5조부터 제7조까지 및 제9조제1항·제3항의 경우 범인 또는 정황을 아는 제3자가 받은 금품이나 그 밖의 이익은 몰수한다.
③ 제1항 또는 제2항의 경우 몰수할 수 없을 때에는 그 가액을 추징한다.
(2012.2.10 본조개정)

판례 범죄행위로 취득한 주식의 가액을 추징하는 경우, 주식의 취득대가를 추징금액에서 공제하여야 하는지 여부 : 피고인이 범죄행위로 취득한 주식이, 판결 선고 전에 그 발행회사가 다른 회사에 합병됨으로써 판결 선고시의 주가를 알 수 없을 뿐만 아니라, 무상증자 받은 주식과 다시 매입한 주식까지 섞어서 처분되어 그 처분가액을 정확히 알 수 없는 경우, 주식의 시가가 가장 낮을 때를 기준으로 산정한 가액을 추징하여야 한다.
(대판 2005.7.15, 2003도4293)

제11조【무인가 단기금융업의 가중처벌】 ①「자본시장과 금융투자업에 관한 법률」 제444조제22호(단기금융업무만 해당한다)의 죄를 범한 사람은 그 영업으로 인하여 취득한 이자, 할인 및 수입료 또는 그 밖의 수수료의 금액(이하 이 조에서 "수수료액"이라 한다)이 연 1억원 이상일 때에는 다음 각 호의 구분에 따라 가중처벌한다.
1. 수수료액이 연 10억원 이상일 때 : 3년 이상의 유기징역
2. 수수료액이 연 1억원 이상 10억원 미만일 때 : 1년 이상의 유기징역
② 제1항의 경우에 취득한 수수료액의 100분의 10 이상 수수료액 이하에 상당하는 벌금을 병과한다.
(2012.2.10 본조개정)

제12조【보고의무 등】 ① 금융회사등의 임직원은 그의 감독을 받는 사람이 그 직무에 관하여 이 법에 규정된 죄를 범한 정황을 알았을 때에는 지체 없이 소속 금융회사등의 장이나 감사 또는 검사(檢査)의 직무를 담당하는 부서의 장에게 보고하여야 한다.
② 금융회사등의 장이나 감사 또는 검사의 직무에 종사하는 임직원 또는 감독기관의 감독업무에 종사하는 사람은 그 직무를 수행할 때 금융회사등의 임직원이 그 직무에 관하여 이 법에 규정된 죄를 범한 정황을 알았을 때에는 지체 없이 수사기관에 알려야 한다.
③ 정당한 사유 없이 제1항을 위반한 사람은 100만원 이하의 벌금에 처한다.
④ 정당한 사유 없이 제2항을 위반한 사람은 200만원 이하의 벌금에 처한다.
⑤ 제3항 또는 제4항의 죄를 범한 사람이 본범과 친족일 때에는 그 형을 감경하거나 면제할 수 있다.
⑥ 제2항에 따른 감독기관 및 감독업무에 종사하는 사람의 범위는 대통령령으로 정한다.
(2012.2.10 본조개정)

제13조 (2009.5.8 삭제)

제14조【일정 기간의 취업제한 및 인가·허가 금지 등】 ① 제3조, 제4조제2항(미수범을 포함한다), 제5조제4항 또는 제8조에 따라 유죄판결을 받은 사람은 다음 각 호의 기간 동안 금융회사등, 국가·지방자치단체가 자본금의 전부 또는 일부를 출자한 기관 및 그 출연(出捐)이나 보조를 받는 기관과 유죄판결된 범죄행위와 밀접한 관련이 있는 기업체에 취업할 수 없다. 다만, 대통령령으로 정하는 바에 따라 법무부장관의 승인을 받은 경우에는 그러하지 아니하다.
1. 징역형의 집행이 종료되거나 집행을 받지 아니하기로 확정된 날부터 5년
2. 징역형의 집행유예기간이 종료된 날부터 2년
3. 징역형의 선고유예기간
② 제1항에 규정된 사람 또는 그를 대표자나 임원으로 하는 기업체는 제1항 각 호의 기간 동안 대통령령으로 정하는 관허업(官許業)의 허가·인가·면허·등록·지정 등(이하 이 조에서 "허가등"이라 한다)을 받을 수 없다. 다만, 대통령령으로 정하는 바에 따라 법무부장관의 승인을 받은 경우에는 그러하지 아니하다.
③ 제1항의 경우 국가·지방자치단체가 자본금의 전부 또는 일부를 출자한 기관 및 그 출연이나 보조를 받는 기관과 유죄판결된 범죄행위와 밀접한 관련이 있는 기업체의 범위는 대통령령으로 정한다.
④ 법무부장관은 제1항 또는 제2항을 위반한 사람이 있을 때에는 그 사람이 취업하고 있는 기관이나 기업체의 장 또는 허가등을 한 행정기관의 장에게 그의 해임(解任)이나 허가등의 취소를 요구하여야 한다.
⑤ 제4항에 따라 해임 요구를 받은 기관이나 기업체의 장은 지체 없이 그 요구에 따라야 한다.
⑥ 제1항, 제2항 또는 제5항을 위반한 자는 1년 이하의 징역 또는 500만원 이하의 벌금에 처한다.
(2012.2.10 본조개정)

부 칙 (2012.2.10)

제1조【시행일】 이 법은 공포한 날부터 시행한다. 다만, 부칙 제3조는 2012년 3월 2일부터 시행한다.

제2조【금융회사등에 대한 경과조치】 제2조제1호라목은 2012년 3월 1일까지는 다음과 같이 본다.
라.「농업협동조합법」에 따른 조합과 그 중앙회

제3조【다른 법률의 개정】 ※(해당 법령에 가제정리 하였음)

부 칙 (2016.5.29)

제1조【시행일】 이 법은 2016년 12월 1일부터 시행한다.(이하 생략)

부 칙 (2017.12.19)

이 법은 공포 후 3개월이 경과한 날부터 시행한다.

특정경제범죄 가중처벌 등에 관한 법률 시행령

(1984년 3월 12일 대통령령 제11381호)

개정
1987. 3.30영12106호
1988. 6.17영12464호(한국수자원공사법시)
1988.12.31영12600호(한국담배인삼공사법시)
1991. 3.18영13328호(한국국제협력단법시)
1993. 3. 6영13870호(직제)
1994.12.23영14438호(직제)
1996. 2.15영14915호(한국토지공사법시)
1998. 4. 1영15761호(금감설치시)
2008. 2.29영20674호(직제)
2008. 7.29영20947호(자본시장금융투자업시)
2009. 7. 7영21615호
2009. 9.21영21744호(한국토지주택공사법시)
2012. 1.25영23535호(한국농수산식품유통공사법시)
2014. 6.30영25435호(장애인비하용어개선)
2014. 8. 6영25532호(민감정보고유식별정보)
2018. 9.18영29181호(공무원연금법시)
2019. 4. 2영29677호(중소기업진흥에관한법시)
2019. 5. 7영29744호 2020. 5.12영30670호
2020. 7.14영30833호(고위공직자범죄수사처설치에따른일부개정령)
2020.12. 8영31243호(한국부동산원법시)
2021. 8.31영31961호(한국광해광업공단법시)

제1조【목적】 이 영은「특정경제범죄 가중처벌 등에 관한 법률」에서 위임된 사항과 그 시행에 관하여 필요한 사항을 정함을 목적으로 한다.(2009.7.7 본조개정)

제2조【대출등의 범위】「특정경제범죄 가중처벌 등에 관한 법률」(이하 "법"이라 한다) 제2조제3호에서 "대통령령으로 정하는 것"이란 다음 각 호의 어느 하나에 해당하는 것을 말한다.(2019.5.7 본문개정)
1. 외자(外資)의 전대(轉貸)(2019.5.7 본호개정)
2. 어음의 매입
3. 설비 또는 운전자금의 투융자, 대부, 지급, 지급보증, 금전융자, 채권취득 등 그 명목에 관계없이 금융회사등이 그 업무와 관련하여 자금수요자에게 자금을 융통하여 주거나 채무를 보증하여 주는 것(2019.5.7 본호개정)

제3조【감독기관의 감독업무에 종사하는 사람의 범위】 법 제12조제2항에 따른 감독기관의 감독업무에 종사하는 사람은 다음 각 호의 어느 하나에 해당하는 기관의 임·직원으로서 소관 금융회사등에 대한 감사 또는 검사의 직무(일시적인 감사 또는 검사의 직무의 경우를 포함한다)에 종사하는 사람 및 그 직무를 관장하는 상급자와 해당 감독기관의 장으로 한다.
1.「금융위원회의 설치 등에 관한 법률」에 따른 금융감독원
2.「상호저축은행법」에 따른 상호저축은행중앙회
3.「농업협동조합법」에 따른 농업협동조합중앙회
4.「수산업협동조합법」에 따른 수산업협동조합중앙회
5.「신용협동조합법」에 따른 신용협동조합중앙회
6.「새마을금고법」에 따른 새마을금고중앙회
(2019.5.7 본조개정)

제4조~제8조 (2009.7.7 삭제)

제9조【수사기관의 통보등】 ① 지방검찰청 또는 지방검찰청지청의 장은 법 제3조·법 제4조제2항(미수범을 포함한다)·법 제5조제4항 또는 법 제8조의 죄를 범한 사람에 대하여 공소가 제기된 경우에는 지체 없이 그 사실을 법무부장관에게 보고하여야 한다.(2019.5.7 본항개정)
② 고위공직자범죄수사처장은 제1항에서 규정한 죄를 범한 사람에 대하여 공소가 제기된 경우에는 지체 없이 그 사실을 법무부장관에게 통보해야 한다.(2020.7.14 본항신설)
③ 법무부장관은 경제사범의 관리를 위하여 필요할 경우 관계기관 또는 관계기업체의 장에게 자료의 제출을 요청할 수 있다.
(2009.7.7 본조개정)

제10조【취업제한대상인 기관 및 기업체의 범위】 ① 법 제14조제1항 본문에 따른 국가·지방자치단체가 자본금의 전부 또는 일부를 출자한 기관 및 그 출연(出捐)이나 보조를 받는 기관은 별표1부터 별표3까지에 해당하는 기관으로 한다.
② 법 제14조제1항 본문에 따른 유죄판결된 범죄행위와 밀접한 관련이 있는 기업체는 다음 각 호의 어느 하나에 해당하는 기업체로 한다.
1. 법 제3조·법 제4조제2항(미수범을 포함한다)·법 제5조제4항 또는 법 제8조에 따라 유죄판결을 받은 사람의 공범(법 제5조제4항에 따라 유죄판결을 받은 사람에 대응하여 법 제6조의 죄를 범한 사람을 포함한다. 이하 이 항에서 같다)이나 공범의 직계 존·비속, 형제자매, 배우자가 출자한 기업체로서 그 출자한 금액의 합계액이 발행주식 또는 출자금의 총액의 100분의 5 이상인 기업체
2. 법 제3조·법 제4조제2항(미수범을 포함한다)·법 제5조제4항 또는 법 제8조에 따라 유죄판결을 받은 사람의 공범이 그 범행 당시 임원 또는 과장급 이상의 간부직원으로 있었거나 임원 또는 과장급 이상의 간부직원으로 있는 기업체
3. 법 제3조·법 제4조제2항(미수범을 포함한다)·법 제5조제4항 또는 법 제8조에 따라 유죄판결된 범죄행위로 인하여 재산상 이득을 취득한 기업체 또는 재산상 손해를 입은 기업체
4. 법 제3조·법 제5조제4항 및 법 제8조에 따라 유죄판결을 받은 사람의 범죄행위로 인하여 재산상 이득을 취득한 제3자 또는 그 제3자의 직계 존·비속, 형제자매, 배우자가 출자한 기업체로서 그 출자한 금액의 합계액이 제1호에 규정된 기준 이상인 기업체

5. 제4호에 따른 제3자가 범죄행위 당시 임원 또는 과장급 이상의 간부직원으로 있었거나 임원 또는 과장급 이상의 간부직원으로 있는 기업체
6. 제1호부터 제5호까지의 어느 하나에 해당하는 기업체가 출자한 기업체로서 그 출자한 금액이 제1호에 규정된 기준 이상인 기업체

(2019.5.7 본조개정)

제11조【허가등이 금지되는 관허업의 범위】 법 제14조제2항에서 "대통령령으로 정하는 관허업"이란 특정한 사업·영업 또는 행위를 업으로 하기 위하여 행정기관으로부터 허가·인가·면허·등록·지정·승인 및 특허(이하 "허가등"이라 한다)를 받아야 할 대상으로서 그 처분청이 중앙행정기관의 장, 특별시장, 광역시장, 특별자치시장, 도지사 또는 특별자치도지사인 경우(법령에 따라 그 허가등의 권한이 하부기관 또는 다른 기관에 위임 또는 위탁된 경우를 포함한다)의 해당 사업·영업 또는 행위를 말한다.(2019.5.7 본조개정)

제12조【취업제한사실등의 통지】 법무부장관은 법 제3조·법 제4조제2항(미수범을 포함한다)·법 제5조제4항 또는 법 제8조의 죄를 범한 사람에 대한 재판결과를 항상 파악하여 그에 대한 유죄판결이 확정된 때에는 지체 없이 법 제14조제1항 및 제2항에 따른 취업제한 및 허가등 금지사실과 그 대상의 범위를 그 판결이 확정된 사람에게 통지하여야 한다.(2019.5.7 본조개정)

제13조【취업승인신청】 ① 법 제14조제1항 단서에 따라 법무부장관의 취업승인을 받으려는 사람은 취업하려는 날의 1개월 전까지 법무부장관에게 취업승인신청서를 제출하여야 한다.(2019.5.7 본항개정)

② 법무부장관은 법 제14조제1항 단서에 따른 취업의 승인 여부를 결정한 때에는 지체 없이 그 결정내용을 신청인에게 통지하여야 한다.

(2009.7.7 본조개정)

제14조【관허업의 허가등 승인신청】 ① 제11조에 따른 관허업을 영위하기 위하여 법 제14조제2항 단서에 따른 법무부장관의 승인을 받으려는 사람은 승인신청서를 해당 관허업의 허가등에 관한 소관 행정기관의 장에게 제출하여야 한다.

② 제1항에 따른 승인신청서에는 관허업의 허가등에 관한 신청서류의 사본 1부를 첨부하여야 한다.

③ 소관 행정기관의 장은 제1항에 따른 승인신청서를 받은 때에는 관허업의 허가등에 관한 신청서류의 사본이 원본과 다름없음을 확인한 후 지체 없이 이를 법무부장관에게 송부하여야 한다.

④ 법무부장관이 제3항에 따른 승인신청서를 송부받아 그 승인여부를 결정한 때에는 지체 없이 그 내용을 그 승인신청을 한 사람과 소관 행정기관의 장에게 통지하여야 한다.

(2019.5.7 본조개정)

제15조【민감정보 및 고유식별정보 등의 처리】 ① 법무부장관은 다음 각 호의 사무를 수행하기 위하여 불가피한 경우 「개인정보 보호법」 제23조에 따른 민감정보, 같은 법 시행령 제19조에 따른 주민등록번호, 여권번호, 운전면허의 면허번호, 외국인등록번호나 그 밖의 개인정보가 포함된 자료를 처리할 수 있다.
1. 법 제14조제1항 단서 또는 같은 조 제2항 단서에 따른 취업 승인이나 허가등의 승인에 관한 사무
2. 법 제14조제4항에 따른 해임이나 허가등의 취소 요구에 관한 사무
3. 제1호 또는 제2호에 규정된 사무를 수행하기 위하여 필요한 사무

② 허가등에 관한 소관 행정기관의 장은 법 제14조제2항 및 이 영 제14조에 따른 허가등의 승인 신청에 관한 사무를 수행하기 위하여 불가피한 경우 제1항에 따른 개인정보가 포함된 자료를 처리할 수 있다.

(2014.8.6 본조신설)

부 칙 (2019.5.7)

제1조【시행일】 이 영은 공포 후 6개월이 경과한 날부터 시행한다.

제2조【취업제한대상인 기업체의 범위에 관한 적용례】 제10조제2항제3호의 개정규정은 이 영 시행 이후에 범한 법 제3조, 법 제4조제2항(미수범을 포함한다), 법 제5조제4항 또는 법 제8조의 죄로 형이 확정된 사람부터 적용한다.

부 칙 (2020.5.12)

이 영은 공포한 날부터 시행한다.

부 칙 (2020.7.14)

이 영은 2020년 7월 15일부터 시행한다.

부 칙 (2020.12.8)

제1조【시행일】 이 영은 2020년 12월 10일부터 시행한다.
(이하 생략)

부 칙 (2021.8.31)

제1조【시행일】 이 영은 2021년 9월 10일부터 시행한다.
(이하 생략)

〔별표〕➡「法典 別册」참조

특정중대범죄 피의자 등 신상정보 공개에 관한 법률

(약칭 : 중대범죄신상공개법)

(2023년 10월 24일
법 률 제19743호)

제1조【목적】 이 법은 국가, 사회, 개인에게 중대한 해악을 끼치는 특정중대범죄 사건에 대하여 수사 및 재판 단계에서 피의자 또는 피고인의 신상정보 공개에 대한 대상과 절차 등을 규정함으로써 국민의 알권리를 보장하고 범죄를 예방하여 안전한 사회를 구현하는 것을 목적으로 한다.

제2조【정의】 이 법에서 "특정중대범죄"란 다음 각 호의 어느 하나에 해당하는 죄를 말한다.
1. 「형법」 제2편제1장 내란의 죄 및 같은 편 제2장 외환의 죄
2. 「형법」 제114조(범죄단체 등의 조직)의 죄
3. 「형법」 제119조(폭발물 사용)의 죄
4. 「형법」 제164조(현주건조물 등 방화)제2항의 죄
5. 「형법」 제2편제25장 상해와 폭행의 죄 중 제258조(중상해, 존속중상해), 제258조의2(특수상해), 제259조(상해치사) 및 제262조(폭행치사상)의 죄. 다만, 제262조(폭행치사상)의 죄의 경우 중상해 또는 사망에 이른 경우에 한정한다.
6. 「특정강력범죄의 처벌에 관한 특례법」 제2조의 특정강력범죄
7. 「성폭력범죄의 처벌 등에 관한 특례법」 제2조의 성폭력범죄
8. 「아동·청소년의 성보호에 관한 법률」 제2조제2호의 아동·청소년대상 성범죄. 다만, 같은 법 제13조, 제14조제3항, 제15조제2항·제3항 및 제15조의2의 죄는 제외한다.
9. 「마약류 관리에 관한 법률」 제58조의 죄. 다만, 같은 조 제4항의 죄는 제외한다.
10. 「마약류 불법거래 방지에 관한 특례법」 제6조 및 제9조제1항의 죄
11. 제1호부터 제10호까지의 죄로서 다른 법률에 따라 가중처벌되는 죄

제3조【다른 법률과의 관계】 수사 및 재판 단계에서 신상정보의 공개에 대하여는 다른 법률의 규정에도 불구하고 이 법을 우선 적용한다.

제4조【피의자의 신상정보 공개】 ① 검사와 사법경찰관은 다음 각 호의 요건을 모두 갖춘 특정중대범죄사건의 피의자의 얼굴, 성명 및 나이(이하 "신상정보"라 한다)를 공개할 수 있다. 다만, 피의자가 미성년자인 경우에는 공개하지 아니한다.
1. 범행수단이 잔인하고 중대한 피해가 발생하였을 것(제2조제3호부터 제6호까지의 죄에 한정한다)
2. 피의자가 그 죄를 범하였다고 믿을 만한 충분한 증거가 있을 것
3. 국민의 알권리 보장, 피의자의 재범 방지 및 범죄예방 등 오로지 공공의 이익을 위하여 필요할 것

② 검사와 사법경찰관은 제1항에 따라 신상정보 공개를 결정할 때에는 범죄의 중대성, 범행 후 정황, 피해자 보호 필요성, 피해자(피해자가 사망한 경우 피해자의 유족을 포함한다)의 의사 등을 종합적으로 고려하여야 한다.

③ 검사와 사법경찰관은 제1항에 따라 신상정보를 공개할 때에는 피의자의 인권을 고려하여 신중하게 결정하고 이를 남용하여서는 아니 된다.

④ 제1항에 따라 공개하는 피의자의 얼굴은 특별한 사정이 없으면 공개 결정일 전후 30일 이내의 모습으로 한다. 이 경우 검사와 사법경찰관은 다른 법령에 따라 적법하게 수집·보관하고 있는 사진, 영상물 등이 있는 때에는 이를 활용하여 공개할 수 있다.

⑤ 검사와 사법경찰관은 제1항에 따라 피의자의 얼굴을 공개하기 위하여 필요한 경우 피의자를 식별할 수 있도록 피의자의 얼굴을 촬영할 수 있다. 이 경우 피의자는 이에 따라야 한다.

⑥ 검사와 사법경찰관은 제1항에 따라 피의자의 신상정보 공개를 결정하기 전에 피의자에게 의견을 진술할 기회를 주어야 한다. 다만, 신상정보공개심의위원회에서 피의자의 의견을 청취한 경우에는 이를 생략할 수 있다.

⑦ 검사와 사법경찰관은 피의자에게 신상정보 공개를 통지한 날부터 5일 이상의 유예기간을 두고 신상정보를 공개하여야 한다. 다만, 피의자가 신상정보 공개 결정에 대하여 서면으로 이의 없음을 표시한 때에는 유예기간을 두지 아니할 수 있다.

⑧ 검사와 사법경찰관은 정보통신망을 이용하여 그 신상정보를 30일간 공개한다.

⑨ 신상정보의 공개 등에 관한 절차와 방법 등 그 밖에 필요한 사항은 대통령령으로 정한다.

제5조【피고인의 신상정보 공개】 ① 검사는 공소제기 시까지 특정중대범죄사건이 아니었으나 재판 과정에서 특정중대범죄사건으로 공소사실이 변경된 사건의 피고인으로서 제4조제1항 각 호의 요건을 모두 갖춘 피고인에 대하여 피고인의 현재지 또는 최후 거주지를 관할하는 법원에 신상정보의 공개를 청구할 수 있다. 다만, 피고인이 미성년자인 경우는 제외한다.

② 제1항에 따른 청구는 해당 특정중대범죄 피고사건의 항소심 변론종결 시까지 하여야 한다.

③ 제1항에 따른 청구에 관하여는 해당 특정중대범죄 피고사건을 심리하는 재판부가 아닌 별도의 재판부에서 결정한다.

④ 법원은 피고인의 신상정보 공개 여부를 결정하기 위하여 필요하다고 인정하는 때에는 검사, 피고인, 그 밖의 참고인으로부터 의견을 들을 수 있다.

⑤ 제1항에 따른 청구를 받은 법원은 청구의 허부에 관한 결정을 하여야 한다.

⑥ 제5항의 결정에 대하여는 즉시항고를 할 수 있다.

⑦ 법원의 신상정보 공개 결정은 검사가 집행하고, 이에 대하여는 제4조제4항·제5항·제8항·제9항을 준용한다.

제6조【피의자에 대한 보상】 ① 피의자로서 이 법에 따라 신상정보가 공개된 자 중 검사로부터 불기소처분을 받거나 사법경찰관으로부터 불송치결정을 받은 자는 「형사보상 및 명예회복에 관한 법률」에 따른 형사보상과 별도로 국가에 대하여 신상정보의 공개에 따른 보상을 청구할 수 있다. 다만, 신상정보가 공개된 이후 불기소처분 또는 불송치결정의 사유가 있는 경우와 해당 불기소처분 또는 불송치결정이 종국적인 것이 아니거나 「형사소송법」 제247조에 따른 것일 경우에는 그러하지 아니하다.

② 다음 각 호의 어느 하나에 해당하는 경우에는 제1항에 따른 보상의 전부 또는 일부를 지급하지 아니할 수 있다.
1. 본인이 수사 또는 재판을 그르칠 목적으로 거짓 자백을 하거나 다른 유죄의 증거를 만듦으로써 신상정보가 공개된 것으로 인정되는 경우
2. 보상을 하는 것이 선량한 풍속이나 그 밖에 사회질서에 위배된다고 인정할 특별한 사정이 있는 경우

③ 제1항에 따른 보상을 할 때에는 1천만원 이내에서 모든 사정을 고려하여 타당하다고 인정하는 금액을 보상한다. 이 경우 신상공개로 인하여 발생한 재산상의 손실액이 증명되었을 때에는 그 손실액도 보상한다.

④ 제1항에 따른 보상에 관하여는 이 법에 특별한 규정이 있는 경우를 제외하고는 그 성질에 반하지 아니하는 범위에서 「형사보상 및 명예회복에 관한 법률」을 준용한다.

제7조【피고인에 대한 보상】 ① 이 법에 따라 신상정보가 공개된 피고인이 해당 특정중대범죄에 대하여 무죄재판을 받아 확정되었을 때에는 「형사보상 및 명예회복에 관한 법률」에 따른 형사보상과 별도로 국가에 대하여 신상정보의 공개에 따른 보상을 청구할 수 있다.

② 다음 각 호의 어느 하나에 해당하는 경우에는 법원은 재량으로 보상청구의 전부 또는 일부를 기각할 수 있다.
1. 「형법」 제9조 및 제10조제1항의 사유로 무죄재판을 받은 경우
2. 본인이 수사 또는 심판을 그르칠 목적으로 거짓 자백을 하거나 다른 유죄의 증거를 만듦으로써 기소, 신상정보 공개, 또는 유죄재판을 받게 된 것으로 인정된 경우
3. 수개의 특정중대범죄로 인하여 신상정보가 공개된 피고인이 1개의 재판으로 경합범의 일부인 특정중대범죄에 대하여 무죄재판을 받고 다른 특정중대범죄에 대하여 유죄재판을 받은 경우

③ 제1항에 따른 보상을 할 때에는 1천만원 이내에서 모든 사정을 고려하여 법원이 타당하다고 인정하는 금액을 보상한다. 이 경우 신상공개로 인하여 발생한 재산상의 손실액이 증명되었을 때에는 그 손실액도 보상한다.

④ 제1항에 따른 보상에 관하여는 특별한 규정이 있는 경우를 제외하고는 그 성질에 반하지 아니하는 범위에서 「형사보상 및 명예회복에 관한 법률」을 준용한다.

제8조【신상정보공개심의위원회】 ① 검찰총장 및 경찰청장은 제4조에 따른 신상정보 공개 여부에 관한 사항을 심의하기 위하여 신상정보공개심의위원회를 둘 수 있다.

② 신상정보공개심의위원회는 위원장을 포함하여 10인 이내의 위원으로 구성한다.

③ 신상정보공개심의위원회는 신상정보 공개 여부에 관한 사항을 심의할 때 피의자에게 의견을 진술할 기회를 주어야 한다.

④ 신상정보공개심의위원회 위원 또는 위원이었던 사람은 심의 과정에서 알게 된 비밀을 외부에 공개하거나 누설하여서는 아니 된다.

⑤ 신상정보공개심의위원회의 구성 및 운영 등에 관한 구체적인 사항은 검찰총장 및 경찰청장이 정한다.

제9조【비밀누설죄】 제8조제4항을 위반하여 비밀을 외부에 공개하거나 누설한 사람은 1년 이하의 징역이나 금고 또는 1천만원 이하의 벌금에 처한다.

부 칙

제1조【시행일】 이 법은 공포 후 3개월이 경과한 날부터 시행한다.

제2조【적용례】 이 법은 이 법 시행 당시 수사 또는 재판 중인 사건에도 적용한다.

제3조【다른 법률의 개정】 ①~② ※(해당 법령에 가제정리 하였음)

공무원범죄에 관한 몰수 특례법(약칭 : 공무원범죄몰수법)

(1995년 1월 5일)
(법 률 제4934호)

개정
2002. 1.26법 6627호(민사집행법)
2009.11. 2법 9812호
2010. 3.31법10219호(지방세기본법)
2011. 5.23법10698호(형사보상및명예회복에관한법)
2013. 7.12법11883호
2016. 3.29법14116호(항공안전법)
2016.12.27법14476호(지방세징수법)
2020. 3.24법17113호(특정금융거래정보의보고및이용등에관한법)
2021. 1. 5법17824호

제1장 총 칙
(2009.11.2 본장개정)

제1조【목적】 이 법은 특정공무원범죄(特定公務員犯罪)를 범한 사람이 그 범죄행위를 통하여 취득한 불법수익 등을 철저히 추적·환수(還收)하기 위하여 몰수 등에 관한 특례를 규정함으로써 공직사회의 부정부패 요인을 근원적으로 제거하고 깨끗한 공직 풍토를 조성함을 목적으로 한다.

제2조【정의】 이 법에서 사용하는 용어의 뜻은 다음과 같다.
1. "특정공무원범죄"란 다음 각 목의 어느 하나에 해당하는 죄[해당 죄와 다른 죄가 「형법」 제40조에 따른 상상적 경합(想像的 競合) 관계인 경우에는 그 다른 죄를 포함한다]를 말한다.
  가. 「형법」 제129조부터 제132조까지의 죄
  나. 「회계관계직원 등의 책임에 관한 법률」 제2조제1호·제2호 또는 제4호(같은 조 제1호 또는 제2호에 규정된 사람의 보조자로서 그 회계사무의 일부를 처리하는 사람만 해당한다)에 규정된 사람이 국고(國庫) 또는 지방자치단체에 손실을 입힐 것을 알면서도 그 직무에 관하여 범한 「형법」 제355조의 죄
  다. 「특정범죄가중처벌 등에 관한 법률」 제2조 및 제5조의 죄
2. "불법수익"이란 특정공무원범죄의 범죄행위로 얻은 재산을 말한다.
3. "불법수익에서 유래한 재산"이란 불법수익의 과실(果實)로서 얻은 재산, 불법수익의 대가로서 얻은 재산, 이들 재산의 대가로서 얻은 재산 등 불법수익이 변형되거나 증식되어 형성된 재산(불법수익이 불법수익과 관련 없는 재산과 합하여져 변형되거나 증식된 경우에는 불법수익에서 비롯된 부분으로 한정한다)을 말한다.
4. "불법재산"이란 불법수익과 불법수익에서 유래한 재산을 말한다.

제2장 몰수의 범위 및 요건에 관한 특례
(2009.11.2 본장개정)

제3조【불법재산의 몰수】 ① 불법재산은 몰수한다.
② 제1항에 따라 몰수하여야 할 재산에 대하여 재산의 성질, 사용 상황, 그 재산에 관한 범인 외의 자의 권리 유무, 그 밖의 사정을 고려한 결과 그 재산을 몰수하는 것이 타당하지 아니하다고 인정될 경우에는 제1항에도 불구하고 몰수하지 아니할 수 있다.
③ 제1항의 경우 「형사소송법」 제333조제1항 및 제2항은 적용하지 아니한다.

제4조【불법재산이 합하여진 재산의 몰수방법】 불법재산이 불법재산 외의 재산과 합하여진 경우에 제3조제1항에 따라 그 불법재산을 몰수하여야 할 때에는 불법재산과 불법재산 외의 재산이 합하여진 재산(이하 "혼합재산"이라 한다) 중 불법재산의 비율에 해당하는 부분을 몰수한다.

제5조【몰수의 요건 등】 ① 제3조에 따른 몰수는 불법재산 또는 혼합재산이 범인 외의 자에게 귀속되지 아니하는 경우에만 한다. 다만, 제2조제1호나목의 죄와 같은 호 다목의 죄 중 「특정범죄가중처벌 등에 관한 법률」 제5조의 죄의 경우로서 불법재산 또는 혼합재산이 국가 또는 지방자치단체의 소유인 경우 및 범인 외의 자가 범죄 후 그 정황을 알면서도 그 불법재산 또는 혼합재산을 취득한 경우(법령상의 의무 이행으로서 제공된 것을 취득한 경우나 채권자에게 상당한 재산상의 이익을 제공하는 계약을 할 당시에 그 계약에 관련된 채무 이행이 불법재산 또는 혼합재산에 의한다는 사실을 알지 못하고 그 계약에 관련된 채무의 이행으로 제공된 것을 취득한 경우는 제외한다)에는 그 불법재산 또는 혼합재산이 범인 외의 자에게 귀속되었더라도 몰수할 수 있다.
② 지상권·저당권 또는 그 밖의 권리가 그 위에 존재하는 재산을 제3조에 따라 몰수하는 경우, 범인 외의 자가 범죄 전에 그 권리를 취득한 경우 또는 범인 외의 자가 범죄 후 그 정황을 알지 못하고 그 권리를 취득한 경우에는 해당 권리를 존속시킨다.

제6조【추징】 불법재산을 몰수할 수 없거나 제3조제2항에 따라 몰수하지 아니하는 경우에는 그 가액(價額)을 범인에게서 추징(追徵)한다.

제7조【불법재산의 증명】 특정공무원범죄 후 범인이 취득한 재산으로서 그 가액이 취득 당시의 범인의 재산 운용 상황 또는 법령에 따른 지급금의 수령 상황 등에 비추어 현저하게 고액(高額)이고, 그 취득한 재산이 불법수익 금액 및 재산 취득시기 등 모든 사정에 비추어 특정공무원범죄로 얻은 불법수익으로 형성되었다고 볼 만한 상당한 개연성이 있는 경우에는 특정공무원범죄로 얻은 불법수익이 그 재산의 취득에 사용된 것으로 인정할 수 있다.

제3장 몰수에 관한 절차 등의 특례
(2009.11.2 본장개정)

제8조【제3자의 권리 존속 등】 지상권·저당권 또는 그 밖의 권리가 그 위에 존재하는 재산을 몰수하는 경우에 제5조제2항에 따라 해당 권리를 존속시키려면 법원은 몰수를 선고하는 동시에 그 취지를 선고하여야 한다.

제9조【몰수된 재산의 처분 등】 ① 몰수된 재산은 검사가 처분하여야 한다.
② 검사는 채권의 몰수재판이 확정된 때에는 그 채권의 채무자에게 몰수재판의 초본을 송부하여 그 요지를 알려야 한다.

제9조의2【불법재산 등에 대한 추징】 제6조의 추징은 범인 외의 자가 그 정황을 알면서 취득한 불법재산 및 그로부터 유래한 재산에 대하여 그 범인 외의 자를 상대로 집행할 수 있다.(2013.7.12 본조신설)

제9조의3【몰수·추징 집행을 위한 검사 처분】 ① 검사는 이 법에 따른 몰수·추징의 집행을 위하여 필요하다고 인정되면 그 목적에 필요한 최소한의 범위에서 다음 각 호의 처분을 할 수 있다. 다만, 범인 외의 자에 대한 제4호 및 제5호의 처분은 제3항에 따른 영장이 있어야 한다.
1. 관계인의 출석 요구 및 진술의 청취
2. 서류나 그 밖의 물건 소유자·소지자 또는 보관자에 대한 제출 요구
3. 「특정 금융거래정보의 보고 및 이용 등에 관한 법률」 제10조제1항에 따른 특정금융거래정보의 제공 요청
(2020.3.24 본호개정)
4. 「국세기본법」 제81조의13에 따른 과세정보의 제공 요청
5. 「금융실명거래 및 비밀보장에 관한 법률」 제4조제1항에 따른 금융거래 정보 또는 자료의 제공 요청
6. 그 밖의 공공기관 또는 단체에 대한 사실조회나 필요한 사항에 대한 보고 요구
② 제1항의 자료제공 요청에 대하여 해당 기관은 다른 법률을 근거로 이를 거부할 수 없다.
③ 검사는 이 법에 따른 몰수·추징의 집행을 위하여 필요한 경우 지방법원판사에게 청구하여 발부받은 영장에 의하여 압수·수색 또는 검증을 할 수 있다.
(2013.7.12 본조신설)

제9조의4【몰수·추징의 시효】 특정공무원범죄에 관한 몰수·추징의 시효는 「형법」 제78조에도 불구하고 10년으로 한다.(2013.7.12 본조신설)

제10조【몰수재판에 따른 등기 등】 권리를 이전(移轉)할 때 등기 또는 등록(이하 "등기등"이라 한다)이 필요한 재산을 몰수하는 재판에 따라 권리의 이전 등의 등기등을 관계 기관에 촉탁(囑託)하는 경우, 다음 각 호의 어느 하나의 경우에는 해당 각 등기등도 말소를 촉탁한 것으로 본다.
1. 몰수에 의하여 효력을 잃은 처분의 제한에 관련된 등기등이 있거나 몰수에 의하여 소멸된 권리의 취득에 관련된 등기등이 있는 경우
2. 그 몰수에 관하여 제5장제1절에 따른 몰수보전명령(沒收保全命令) 또는 부대보전명령(附帶保全命令)에 관련된 등기등이 있는 경우

제11조【형사보상의 특례】 채권 등의 몰수 집행에 대한 「형사보상 및 명예회복에 관한 법률」에 따른 보상의 내용에 관하여는 같은 법 제5조제6항을 준용한다.
(2011.5.23 본조개정)

제12조【몰수재산 처분의 특례】 ① 제2조제1호나목의 범죄행위 또는 같은 호 다목 중 「특정범죄가중처벌 등에 관한 법률」 제5조의 범죄행위와 관련하여 몰수판결 또는 추징판결이 확정된 경우, 피해를 입은 국가의 특별회계 관리주체와 지방자치단체는 국가에 대하여 피해액에 상당하는 금액의 지급을 요구할 수 있다.
② 국가는 제1항의 요구가 정당하다고 인정하는 경우에는 해당 범죄행위와 관련한 몰수 또는 추징으로 국고에 귀속된 금액의 범위에서 피해액에 상당하는 금액을 지급하여야 한다.

제4장 제3자 참가 절차 등의 특례
(2009.11.2 본장개정)

제13조【고지】 ① 검사는 공소를 제기할 때 이 법에 따라 피고인 외의 자(국가 또는 지방자치단체는 제외한다)의 재산이나 지상권·저당권 또는 그 밖의 권리가 그 위에 존재하는 재산을 몰수할 필요가 있다고 인정하는 경우에는 즉시 해당 재산을 가진 자나 그 재산상에 지상권·저당권 또는 그 밖의 권리를 가진 자로서 피고인 외의 자(이하 "제3자"라 한다)에게 서면으로 다음 각 호의 사항을 고지하여야 한다.
1. 피고인에 대한 형사사건이 계속(係屬) 중인 법원
2. 피고인에 대한 형사사건명 및 피고인의 성명
3. 몰수하여야 할 재산의 품명, 수량, 그 밖에 그 재산을 특정할 만한 사항
4. 몰수의 이유가 되는 사실의 요지
5. 피고인에 대한 형사사건 절차에 참가신청을 할 수 있다는 취지
6. 참가신청이 가능한 기간
7. 피고인에 대한 형사사건에 대하여 공판기일이 정하여진 경우에는 그 공판기일
② 검사는 제3자의 소재(所在)를 알 수 없거나 그 밖의 사유로 제1항의 고지를 할 수 없을 때에는 제1항 각 호의 사항을 관보나 일간신문에 싣고 검찰청 또는 고위공직자범죄수사처 게시판에 14일간 게시하여 공고하여야 한다.
(2021.1.5 본항개정)
③ 검사가 제1항 또는 제2항에 따른 고지 또는 공고를 하였을 때에는 그 사실을 증명하는 서면을 법원에 제출하여야 한다.

제14조【참가 절차】 ① 몰수될 염려가 있는 재산을 가진 제3자는 제1심 재판이 있기까지(약식절차에 의한 재판이 있는 경우에는 정식재판 청구가 가능한 기간이 지나기까지를 말하며, 이 경우 정식재판 청구가 있을 때에는 통상의 공판절차에 의한 제1심 재판이 있기까지를 말한다. 이하 같다) 피고인에 대한 형사사건이 계속 중인 법원에 서면으로 그 형사사건 절차에 대한 참가신청을 할 수 있다. 다만, 제13조제1항 또는 제2항에 따른 고지 또는 공고가 있은 때에는 그 고지 또는 공고가 있었던 날부터 14일 이내에만 참가신청을 할 수 있다.
② 검사가 제13조제1항 또는 제2항에 따라 고지 또는 공고한 법원이 피고인에 대한 형사사건을 이송한 경우에 그 법원에 제3자가 참가신청을 하였을 때에는, 신청을 받은 법원은 피고인에 대한 형사사건을 이송받은 법원에 그 신청 서면을 송부하여야 한다. 이 경우 그 서면이 송부되면 피고인에 대한 형사사건에의 참가신청은 처음부터 이송받은 법원에 한 것으로 본다.
③ 법원은 제3자의 참가신청이 다음 각 호의 어느 하나에 해당하는 경우에는 기각(棄却)하여야 한다. 다만, 제1항 단서에 규정된 기간에 참가신청을 하지 아니한 것이 신청인의 책임으로 돌릴 수 없는 사유에 의한 것이라고 인정할 때에는 제1심 재판이 있기까지 참가를 허가할 수 있다.
1. 법률에 규정된 방식을 위반한 경우
2. 제1항에 규정된 기간이 지난 후에 신청한 경우
3. 몰수하여야 할 재산이나 몰수하여야 할 재산상에 존재하는 지상권·저당권 또는 그 밖의 권리가 신청인에게 귀속하지 아니함이 명백한 경우
④ 법원은 제3항 각 호의 경우를 제외하고는 참가신청을 허가하여야 한다. 다만, 몰수가 불가능하거나 불필요하다는 검사 의견이 타당하다고 인정할 때에는 참가신청을 기각할 수 있다.
⑤ 법원이 참가를 허가한 경우 몰수하여야 할 재산 또는 몰수하여야 할 재산상에 존재하는 지상권·저당권 또는 그 밖의 권리가 참가가 허가된 자(이하 "참가인"이라 한다)에게 귀속하지 아니함이 명백하게 되었을 때에는 참가를 허가한 재판을 취소하여야 하며, 몰수가 불가능하거나 불필요하다는 검사 의견이 타당하다고 인정할 때에는 참가를 허가한 재판을 취소할 수 있다.
⑥ 참가에 관한 재판은 검사, 참가신청인 또는 참가인, 피고인 또는 변호인의 의견을 듣고 결정하여야 한다.
⑦ 검사, 참가신청인 또는 참가인은 참가신청을 기각한 결정 또는 참가를 허가한 재판을 취소한 결정에 대하여 즉시항고(卽時抗告)할 수 있다.
⑧ 참가신청의 취하(取下)는 서면으로 하여야 한다. 다만, 공판기일에는 말로써 할 수 있다.

제15조【참가인의 권리】 ① 참가인은 이 법에 특별한 규정이 있는 경우를 제외하고는 몰수에 관하여 피고인과 동일한 소송상의 권리를 가진다.
② 제1항은 참가인을 증인으로서 조사하는 것을 방해하지 아니한다.

제16조【참가인의 출석 등】 ① 참가인은 공판기일에 출석하지 아니하여도 된다.
② 법원은 참가인의 소재를 알 수 없을 때에는 공판기일의 통지나 그 밖의 서류의 송달을 하지 아니하여도 된다.
③ 법원은 공판기일에 출석한 참가인에게 몰수의 이유가 되는 사실의 요지, 참가 전의 공판기일에 있어서의 심리(審理)에 관한 중요한 사항, 그 밖에 참가인의 권리를 보호하기 위하여 필요하다고 인정하는 사항을 고지하고, 몰수에 관하여 진술할 기회를 주어야 한다.

제17조【증거】 ① 참가인의 참가는 「형사소송법」 제310조의2, 제311조부터 제318조까지, 제318조의2 및 제318조의3을 적용하는 데에 영향을 미치지 아니한다.
② 법원은 「형사소송법」 제318조 및 제318조의3 본문에 따라 증거로 하는 것이 가능한 서면 또는 진술을 조사한 경우에 참가인이 그 서면 또는 진술의 내용이 된 진술을 한 사람을 증인으로 조사할 것을 청구하였을 때에는 그 권리의 보호에 필요하다고 인정하면 조사를 하여야 한다. 참가인이 참가하기 전에 조사한 증인에 대하여 참가인이 다시 그 조사를 청구한 경우에도 같다.

제18조【몰수재판의 제한】 제3자가 참가허가를 받지 못하였을 때에는 다음 각 호의 어느 하나에 해당하는 경우를 제외하고는 몰수재판을 할 수 없다.
1. 제13조제1항에 따른 고지 또는 같은 조 제2항에 따른 공고가 있은 날부터 14일이 지난 경우. 다만, 다음 각 목의 어느 하나에 해당하면 몰수재판을 할 수 없다.
   가. 몰수하여야 할 재산이나 몰수하여야 할 재산상에 존재하는 지상권·저당권 또는 그 밖의 권리가 참가신청인 또는 참가인에게 귀속하지 아니함이 명백하다는 이유로 참가신청이 기각되었을 때
   나. 몰수가 불가능하거나 불필요하다는 검사 의견에 따라 참가신청이 기각되었을 때
   다. 참가를 허가한 재판이 취소되었을 때
2. 참가신청이 법률에 규정된 방식에 위반되어 기각된 경우
3. 참가신청이 취하된 경우

제19조【상소】 ① 원심(原審)의 참가인은 상소심(上訴審)에서도 참가인으로서의 지위를 잃지 아니한다.
② 참가인이 상소를 하면 검사 또는 피고인이 상소를 하지 아니하거나 상소의 포기 또는 취하를 한 경우에도 원심 재판 중 몰수에 관한 부분은 확정되지 아니한다.
③ 제2항의 경우 피고인은 상소심 및 그 후의 심급(審級)과 관련하여 공판기일에 출석하지 아니하여도 된다. 이 경우 「형사소송법」 제33조·제282조 및 제283조는 적용하지 아니한다.
④ 약식절차에 의한 재판에 대하여 참가인이 정식재판을 청구한 경우에는 제2항과 제3항을 준용한다.

제20조【대리인】 ① 이 법에 따라 피고인에 대한 형사사건 절차에 관여하는 제3자는 변호사 중에서 대리인을 선임하여 소송행위를 대리하게 할 수 있다. 이 경우 「형사소송법」 제32조제1항 및 제35조를 준용한다.
② 대리인은 참가인이 서면으로 동의하지 아니하면 참가의 취하, 정식재판 청구의 취하, 상소의 포기 또는 취하를 할 수 없다.

제21조【「형사소송법」의 준용】 ① 제3자의 소송능력에 관하여는 「형사소송법」 제26조부터 제28조까지의 규정을 준용하고, 제3자의 소송비용 부담에 관하여는 같은 법 제186조 및 제191조를 준용한다.
② 제13조제1항에 규정된 재산을 몰수하는 절차에 관하여는 이 법에 특별한 규정이 있는 경우를 제외하고는 「형사소송법」을 준용한다.

제22조【다른 절차와의 관계】 제13조제1항에 규정된 재산을 몰수하는 재판은 자기의 책임으로 돌릴 수 없는 사유로 피고인에 대한 형사사건 절차에서 권리를 주장할 수 없었던 제3자의 권리에는 영향을 미치지 아니한다.

제5장 보전 절차
(2009.11.2 본장개정)

제1절 몰수보전

제23조【몰수보전명령】 ① 법원은 특정공무원범죄에 관련된 피고인에 대한 형사사건에서 이 법에 따라 몰수할 수 있는 재산(이하 "몰수대상재산"이라 한다)에 해당한다고 판단할 만한 상당한 이유가 있고, 그 재산을 몰수하기 위하여 필요하다고 인정할 때에는 검사의 청구에 의하여 또는 법원의 직권으로 몰수보전명령을 하여 그 재산에 관한 처분을 금지할 수 있다.
② 법원은 지상권·저당권 또는 그 밖의 권리가 그 위에 존재하는 재산에 대하여 몰수보전명령을 한 경우 또는 하려는 경우, 그 권리가 몰수에 의하여 소멸된다고 볼 만한 상당한 이유가 있고 그 재산을 몰수하기 위하여 필요하다고 인정할 때 또는 그 권리가 가장(假裝)된 것이라고 볼 만한 상당한 이유가 있다고 인정할 때에는 검사의 청구에 의하여 또는 법원의 직권으로 따로 부대보전명령을 하여 그 권리의 처분을 금지할 수 있다.
③ 몰수보전명령서 또는 부대보전명령서에는 피고인의 성명, 죄명, 공소 사실의 요지, 몰수의 근거가 되는 법령의 조항, 처분을 금지하는 재산 또는 권리의 표시, 그 재산 또는 권리를 가진 사람(명의인이 다른 경우 명의인을 포함한다)의 성명, 발급연월일, 그 밖에 대법원규칙으로 정하는 사항을 적고 재판한 법관이 서명날인하여야 한다.
④ 재판장은 긴급한 조치가 필요한 경우에는 직접 제1항 또는 제2항에 따른 처분을 하거나 합의부(合議部)의 구성원에게 그 처분을 하게 할 수 있다.
⑤ 부동산 또는 동산에 대한 몰수보전은 「형사소송법」에 따른 압수를 방해하지 아니한다.

제24조【기소 전 몰수보전명령】 ① 검사는 제23조제1항 또는 제2항의 이유와 필요가 있다고 인정하는 경우에는 공소가 제기되기 전이라도 지방법원 판사에게 청구하여 같은 조 제1항 또는 제2항에 따른 처분을 받을 수 있으며, 사법경찰관은 검사에게 신청하여 검사의 청구로 해당 처분을 받을 수 있다.
② 사법경찰관은 몰수보전명령 또는 부대보전명령이 내려진 경우에는 지체 없이 관계 서류를 검사에게 송부하여야 한다.
③ 제1항에 따른 청구는 검사가 소속된 지방검찰청 또는 그 지청(支廳) 소재지를 관할하는 지방법원 또는 그 지원(支院)의 판사에게 하여야 하며, 고위공직자범죄수사처에 소속된 검사의 경우에는 그에 대응하는 법원의 판사에게 하여야 한다.(2021.1.5 본항개정)
④ 제1항에 따라 청구를 받은 판사는 몰수보전에 관하여 법원 또는 재판장과 동일한 권한을 가진다.
⑤ 검사는 제1항에 따른 몰수보전 후 공소를 제기한 경우에는 그 요지를 몰수보전명령을 받은 사람(피고인은 제외한다)에게 알려야 한다. 다만, 그 사람의 소재가 분명하지 아니하거나 그 밖의 이유로 인하여 알릴 수 없을 때에는 통지를 갈음하여 그 요지를 관할 지방검찰청이나 그 지청 또는 고위공직자범죄수사처의 게시판에 7일간 게시하여 공고하여야 한다.(2021.1.5 단서개정)

제25조【몰수보전에 관한 재판의 집행】 ① 몰수보전에 관한 재판은 검사의 지휘에 따라 집행한다.
② 몰수보전명령의 집행은 그 명령에 따라 처분이 금지되는 재산을 가진 자에게 몰수보전명령의 등본이 송달되기 전에도 할 수 있다.

제26조【몰수보전의 효력】 몰수보전된 재산(이하 "몰수보전재산"이라 한다)에 대하여 그 보전 이후에 된 처분은 몰수에 관하여 그 효력을 발생하지 아니한다. 다만, 제37조제1항 본문에 규정된 경우(제40조제4항 및 제5항에 따라 준용하는 경우를 포함한다) 및 몰수보전명령에 대항할 수 있는 담보권의 실행으로서의 처분에 관하여는 그러하지 아니한다.

제27조【부동산의 몰수보전】 ① 부동산의 몰수보전은 그 처분을 금지하는 내용의 몰수보전명령에 따라 한다.
② 제1항의 몰수보전명령의 등본은 부동산의 소유자(명의인이 다른 경우 명의인을 포함한다)에게 송달하여야 한다.
③ 부동산에 대한 몰수보전명령의 집행은 몰수보전등기를 하는 방법으로 한다.
④ 제3항의 등기는 검사가 촉탁한다.
⑤ 부동산에 대한 몰수보전의 효력은 몰수보전등기가 된 때에 발생한다.
⑥ 부동산에 대하여 등기청구권을 보전하기 위한 처분금지 가처분의 등기가 된 후 몰수보전등기가 된 경우에 그 가처분 채권자가 보전하려는 등기청구권에 따른 등기를 할 때에는 몰수보전등기에 의한 처분의 제한은 그 가처분등기에 의한 권리의 취득 또는 소멸에 영향을 미치지 아니한다.
⑦ 부동산의 몰수보전에 관하여는 「민사집행법」 제83조제2항, 제94조제2항 및 제95조를 준용한다. 이 경우 「민사집행법」 제83조제2항 중 "채무자"는 "몰수보전재산을 가진 자"로 보고, 같은 법 제94조제2항 중 "제1항" 및 같은 법 제95조 중 "제94조"는 "「공무원범죄에 관한 몰수 특례법」 제27조제4항"으로 보며, 「민사집행법」 제95조 중 "법원"은 "검사"로 본다.

제28조【선박 등의 몰수보전】 등기할 수 있는 선박, 「항공안전법」에 따라 등록된 항공기, 「자동차관리법」에 따라 등록된 자동차, 「건설기계관리법」에 따라 등록된 건설기계의 몰수보전에 관하여는 부동산에 대한 몰수보전의 예에 따른다.(2016.3.29 본조개정)

제29조【동산의 몰수보전】 ① 동산(제28조에 규정된 것 외의 것을 말한다. 이하 이 조에서 같다)의 몰수보전은 그 처분을 금지하는 내용의 몰수보전명령에 따라 한다.
② 제1항에 따른 몰수보전명령의 등본은 동산의 소유자(명의인이 다른 경우 명의인을 포함한다. 이하 이 조에서 같다)에게 송달하여야 한다.
③ 「형사소송법」에 따라 압수되지 아니한 동산이나 같은 법 제130조제1항에 따라 간수자(看守者)를 두거나 소유자 또는 적당한 자에게 보관하게 할 수 있는 동산에 관하여 몰수보전명령이 있는 때에는 검사는 공시서(公示書)를 첨부시키거나 그 밖의 적절한 방법으로 그 내용을 공시하는 조치를 하여야 한다.
④ 동산의 몰수보전의 효력은 몰수보전명령의 등본이 소유자에게 송달된 때에 발생한다.

제30조【채권의 몰수보전】 ① 채권의 몰수보전은 채권자(명의인이 다른 경우 명의인을 포함한다. 이하 이 조에서 같다)에게는 채권의 처분과 영수(領收)를 금지하고, 채무자에게는 채권자에 대한 지급을 금지하는 내용의 몰수보전명령에 따라 한다.
② 제1항의 몰수보전명령의 등본은 채권자 및 채무자에게 송달하여야 한다.
③ 채권의 몰수보전의 효력은 몰수보전명령의 등본이 채무자에게 송달된 때에 발생한다.
④ 채권의 몰수보전에 관하여는 「민사집행법」 제228조, 제248조제1항 및 제4항 본문을 준용한다. 이 경우 「민사집행법」 제228조제1항 중 "압류"는 "몰수보전"으로, "채권자"는 "검사"로 보고, 같은 조 제1항 및 제2항 중 "압류명령" 및 같은 법 제248조제1항 중 "압류"는 "몰수보전명령"으로 보며, 같은 법 제248조제1항 및 제4항 본문 중 "제3채무자"는 "채무자"로 보고, 같은 조 제4항 본문 중 "법원"은 "몰수보전명령을 한 법원"으로 본다.

제31조【그 밖의 재산권의 몰수보전】 ① 제27조부터 제30조까지에 규정된 재산 외의 재산권(이하 이 조에서 "그 밖의 재산권"이라 한다)의 몰수보전에 관하여는 이 조에 특별히 정한 사항을 제외하고는 채권의 몰수보전의 예에 따른다.
② 그 밖의 재산권 중 채무자 또는 이에 준하는 자가 없는 경우(제3항의 경우는 제외한다) 몰수보전의 효력은 몰수보전명령이 그 권리자에게 송달된 때에 발생한다.
③ 그 밖의 재산권 중 권리 이전을 할 때 등기등이 필요한 재산권에 대하여는 제27조제3항부터 제6항까지의 규정과 「민사집행법」 제94조제2항 및 제95조를 준용한다. 이 경우 「민사집행법」 제94조제2항 중 "제1항" 및 같은 법 제95조 중 "제94조"는 "「공무원범죄에 관한 몰수 특례법」 제31조제3항에서 준용한 제27조제4항"으로 보고, 「민사집행법」 제95조 중 "법원"은 "검사"로 본다.

제32조【몰수보전명령의 취소】 ① 법원은 몰수보전의 이유 또는 필요가 없어지거나 몰수보전의 기간이 부당하게 길어진 때에는 검사나 몰수보전재산을 가진 자(그 사람이 피고인 또는 피의자인 경우에는 그 변호인을 포함한다)의 청구 또는 법원의 직권에 의한 결정으로 몰수보전명령을 취소하여야 한다.
② 법원은 검사의 청구에 의한 경우를 제외하고는 제1항의 결정을 할 때 검사의 의견을 들어야 한다.

제33조【몰수보전명령의 실효】 ① 몰수보전명령은 몰수선고가 없는 재판(「형사소송법」 제327조제2호에 따른 경우는 제외한다)이 확정된 때에는 그 효력을 잃는다.
② 「형사소송법」 제327조제2호에 따른 공소기각(公訴棄却)의 판결이 있은 경우 공소기각의 판결이 확정된 날부터 30일 이내에 해당 사건에 대하여 공소가 제기되지 아니한 때에는 몰수보전명령은 그 효력을 잃는다.

제34조【실효된 경우의 조치】 검사는 몰수보전이 실효된 때에는 지체 없이 몰수보전등기 등에 대한 말소 촉탁을 하고, 공시서를 제거하거나 그 밖에 필요한 조치를 하여야 한다.

제35조【몰수보전재산에 대한 강제집행 절차의 제한】 ① 몰수보전이 된 후에 그 몰수보전의 대상이 된 부동산 또는 제28조에 규정된 선박·항공기·자동차 또는 건설기계에 대하여 강제경매 개시가 결정된 경우 또는 그 몰수보전의 대상이 된 유체동산(有體動産)이 강제집행에 의하여 압류된 경우에는 강제집행에 의한 환가(換價) 절차는 몰수보전이 실효된 후가 아니면 진행할 수 없다.
② 몰수보전된 채권에 대하여 강제집행에 의한 압류명령이 내려진 경우 그 압류채권자는 압류된 채권 중 몰수보전된 부분에 대하여 몰수보전이 실효되지 아니하면 채권을 영수할 수 없다.
③ 몰수보전이 된 후에 강제집행에 의하여 압류된 채권이 조건부 또는 기한부(期限附)이거나 반대의무의 이행과 관련되어 있거나 그 밖의 사유로 추심(推尋)하기 곤란한 경우에는 제1항을 준용한다.
④ 몰수보전된 그 밖의 재산권(「민사집행법」 제251조제1항에 규정된 그 밖의 재산권을 말한다)에 대한 강제집행에 관하여는 몰수보전된 채권에 대한 강제집행의 예에 따른다.

제36조【제3채무자의 공탁】 ① 금전 지급을 목적으로 하는 채권(이하 "금전채권"이라 한다)의 채무자(이하 "제3채무자"라 한다)는 해당 채권이 몰수보전된 후에 그 몰수보전의 대상이 된 채권에 대하여 강제집행에 의한 압류명령을 송달받은 때에는 그 채권의 전액을 채무 이행지(履行地)의 관할 지방법원 또는 지원에 공탁(供託)할 수 있다.
② 제3채무자가 제1항에 따른 공탁을 하였을 때에는 그 사유를 몰수보전명령을 한 법원 및 압류명령을 한 법원에 신고하여야 한다.
③ 제1항에 따라 공탁된 경우 집행법원은 공탁된 금액 중에서 몰수보전된 금전채권의 금액에 상당하는 부분에 관하여는 몰수보전이 실효된 때에, 그 나머지 부분에 관하여는 공탁된 때에 배당 절차를 시작하거나 변제금의 지급을 실시한다.
④ 강제집행에 의하여 압류된 금전채권에 관하여 몰수보전이 된 경우에 제3채무자의 공탁에 관하여는 제1항과 제2항을 준용한다.
⑤ 제1항(제4항에서 준용하는 경우를 포함한다)에 따라 공탁된 경우에 「민사집행법」 제247조를 적용할 때에는 같은 조 제1항제1호의 "제248조제4항"은 "「공무원범죄에 관한 몰수 특례법」 제36조제2항(같은 조 제4항에서 준용하는 경우를 포함한다)"으로 본다.

제37조【강제집행의 대상이 된 재산의 몰수 제한】 ① 몰수보전되기 전에 강제경매 개시의 결정 또는 강제집행에 의하여 압류된 재산에 대하여는 몰수재판을 할 수 없다. 다만, 다음 각 호의 어느 하나에 해당하면 몰수재판을 할 수 있다.
1. 압류채권자의 채권이 가장된 것일 때
2. 압류채권자가 몰수대상재산이라는 사실을 알면서 강제집행을 신청한 때
3. 압류채권자가 범인일 때

② 몰수대상재산상에 존재하는 지상권 또는 그 밖의 권리로서 부대보전명령에 따라 처분이 금지된 것에 대하여 그 처분 금지 전에 강제경매 개시의 결정 또는 강제집행에 의하여 압류된 재산을 몰수할 때에는, 그 권리는 존속시키고 몰수한다는 취지를 선고하여야 한다. 다만, 다음 각 호의 어느 하나에 해당하면 그러하지 아니하다.
1. 압류채권자의 채권이 가장된 것일 때
2. 압류채권자가 몰수에 의하여 그 권리가 소멸된다는 사실을 알면서 강제집행을 신청한 때
3. 압류채권자가 범인일 때

제38조【강제집행의 정지】 ① 법원은 강제경매 개시의 결정 또는 강제집행에 의하여 압류된 재산에 관하여 몰수보전명령을 한 경우 또는 하려는 경우 제37조제1항 단서에 규정된 사유가 있다고 판단할 만한 상당한 이유가 있다고 인정할 때에는 검사의 청구 또는 법원의 직권에 의한 결정으로 강제집행의 정지를 명할 수 있다.
② 검사가 제1항의 결정 등본을 집행법원에 제출하였을 때에는 집행법원은 강제집행을 정지하여야 한다. 이 경우 「민사집행법」을 적용할 때에는 같은 법 제49조제2호의 서류가 제출된 것으로 본다.
③ 법원은 몰수보전이 실효된 때, 제1항의 이유가 없어진 때 또는 강제집행정지기간이 부당하게 길어진 때에는 검사나 압류채권자의 청구에 의하여 또는 법원의 직권으로 제1항의 결정을 취소하여야 한다. 이 경우 제32조제2항을 준용한다.

제39조【담보권의 실행을 위한 경매 절차와의 조정】
① 몰수대상재산상에 존재하는 담보권이 몰수보전된 후에 성립되거나 부대보전명령에 따라 처분이 금지된 경우 그 담보권의 실행(압류는 제외한다)은 몰수보전명령 또는 부대보전명령에 따른 처분 금지가 실효되지 아니하면 할 수 없다.
② 담보권의 실행을 위한 경매 절차가 시작된 후 그 담보권에 관하여 부대보전명령이 내려진 경우 검사가 그 명령의 등본을 제출하였을 때에는 집행법원은 그 절차를 정지하여야 한다. 이 경우 「민사집행법」을 적용할 때에는 같은 법 제266조제1항제5호(같은 법 제269조 및 제272조에서 준용하는 경우를 포함한다)의 문서가 제출된 것으로 본다.

제40조【그 밖의 절차와의 조정】 ① 다음 각 호의 어느 하나에 해당하는 경우 그 절차의 제한에 관하여는 제35조를 준용한다.
1. 몰수보전된 재산이 체납처분(「국세징수법」 및 「지방세징수법」의 규정 또는 그 예에 따른 각종 징수 절차를 말한다. 이하 같다)에 따라 압류된 경우(2016.12.27 본호개정)
2. 몰수보전된 재산을 가진 자에 대하여 파산선고 또는 화의개시(和議開始) 결정(이하 "파산선고등"이라 한다)이 있는 경우
3. 몰수보전된 재산을 가진 회사에 대하여 정리절차 개시결정이 있는 경우
② 다음 각 호의 어느 하나에 해당하는 경우 제3채무자의 공탁에 관하여는 제36조를 준용한다.
1. 몰수보전된 금전채권에 대하여 체납처분에 따른 압류가 있는 경우
2. 체납처분에 따라 압류된 금전채권에 대하여 몰수보전이 있는 경우
③ 다음 각 호의 어느 하나에 해당하는 경우 제3채무자의 공탁에 관하여는 제36조제1항 및 제2항을 준용한다.
1. 몰수보전된 금전채권에 대하여 가압류(假押留)가 있는 경우
2. 가압류된 금전채권에 대하여 몰수보전이 있는 경우
④ 다음 각 호의 어느 하나에 해당하는 경우에 이러한 재산의 몰수 제한에 관하여는 제37조를 준용한다.
1. 몰수보전이 되기 전에 그 몰수보전의 대상이 된 재산에 대하여 가압류가 있는 경우
2. 몰수대상재산상에 존재하는 지상권 또는 그 밖의 권리로서 부대보전명령에 따라 처분이 금지된 것에 대하여 그 처분 금지 전에 가압류가 있는 경우
⑤ 다음 각 호의 어느 하나에 해당하는 경우에 이러한 재산의 몰수 제한에 관하여는 제37조제1항 본문을 준용한다.
1. 몰수보전이 되기 전에 그 몰수보전의 대상이 된 재산에 대하여 체납처분에 따른 압류가 있는 경우
2. 몰수보전이 되기 전에 그 몰수보전의 대상이 된 재산을 가진 자에 대하여 파산선고등이 있는 경우
3. 몰수보전이 되기 전에 그 몰수보전의 대상이 된 재산을 가진 회사에 대하여 정리절차 개시결정이 있는 경우
⑥ 다음 각 호의 어느 하나에 해당하는 경우에 이러한 재산의 몰수 제한에 관하여는 제37조제2항 본문을 준용한다.
1. 몰수대상재산상에 존재하는 지상권 또는 그 밖의 권리로서 부대보전명령에 따라 처분이 금지된 것에 관하여 그 처분 금지 전에 체납처분에 따른 압류가 있는 경우
2. 몰수대상재산상에 존재하는 지상권 또는 그 밖의 권리로서 부대보전명령에 따라 처분이 금지된 권리의 권리자에 대하여 그 처분 금지 전에 파산선고등이 있는 경우
3. 몰수대상재산상에 존재하는 지상권 또는 그 밖의 권리로서 부대보전명령에 따라 처분이 금지된 권리를 가진 회사에 대하여 그 처분 금지 전에 정리절차 개시결정이 있는 경우
⑦ 가압류된 재산에 대하여 몰수보전명령을 한 경우 또는 하려는 경우에 강제집행정지에 관하여는 제38조를 준용한다.

제41조【부대보전명령의 효력 등】 ① 부대보전명령은 그 명령에 관계된 몰수보전의 효력이 존속하는 동안 그 효력이 있다.
② 부대보전명령에 따른 처분 금지에 관하여는 이 법에 특별한 규정이 있는 경우를 제외하고는 몰수보전에 관한 규정을 준용한다.

제2절 추징보전

제42조【추징보전명령】 ① 법원은 특정공무원범죄에 관련된 피고인에 대한 형사사건에 관하여 제6조에 따라 추징을 하여야 할 경우에 해당한다고 판단할 만한 상당한 이유가 있는 경우에 추징재판을 집행할 수 없게 될 염려가 있거나 집행이 현저히 곤란할 염려가 있다고 인정할 때에는 검사의 청구에 의하여 또는 법원의 직권으로 추징보전명령을 하여 피고인에 대하여 재산의 처분을 금지할 수 있다.
② 추징보전명령을 할 때에는 추징재판의 집행을 위하여 보전하는 것이 타당하다고 인정되는 금액(이하 "추징보전액"이라 한다)을 정한 후 특정 재산에 대하여 하여야 한다. 다만, 유체동산에 관하여는 그 목적물을 특별히 정하지 아니할 수 있다.
③ 추징보전명령을 할 때에는 추징보전명령의 집행정지나 집행처분의 취소를 위하여 피고인이 공탁하여야 할 금액(이하 "추징보전해방금"이라 한다)을 정하여야 한다.
④ 추징보전명령서에는 피고인의 성명, 죄명, 공소 사실의 요지, 추징의 근거가 되는 법령의 조항, 추징보전액, 처분을 금지하는 재산의 표시, 추징보전해방금, 발급연월일, 그 밖에 대법원규칙으로 정하는 사항을 적고 재판한 법관이 서명날인하여야 한다.
⑤ 추징보전에 관하여는 제23조제4항을 준용한다.

제43조【기소 전 추징보전명령】 ① 검사는 제42조제1항에 따른 추징보전의 이유와 필요가 있다고 인정하는 경우에는 공소가 제기되기 전이라도 지방법원 판사에게 청구하여 같은 항에 규정된 처분을 받을 수 있다.
② 제1항에 따른 추징보전에 관하여는 제24조제3항 및 제4항을 준용한다.

제44조【추징보전명령의 집행】 ① 추징보전명령은 검사의 명령에 따라 집행한다. 이 경우 검사의 명령은 「민사집행법」에 따른 가압류명령과 동일한 효력을 가진다.
② 추징보전명령의 집행은 추징보전명령의 등본이 피고인 또는 피의자에게 송달되기 전에도 할 수 있다.
③ 추징보전명령의 집행에 관하여는 이 법에 특별한 규정이 있는 경우를 제외하고는 「민사집행법」이나 그 밖에 가압류 집행의 절차에 관한 법령의 규정을 준용한다. 이 경우 법령에 따라 가압류명령을 한 법원이 가압류 집행법원으로서 관할하도록 되어 있는 가압류의 집행에 관하여는 제1항에 따른 명령을 한 검사가 소속하는 검찰청 또는 고위공직자범죄수사처에 대응하는 법원이 관할한다.
(2021.1.5 후단개정)

제45조【금전채권 채무자의 공탁】 추징보전명령에 따라 추징보전이 집행된 금전채권의 채무자는 그 채권액에 상당한 금액을 공탁할 수 있다. 이 경우 채권자의 공탁금출급청구권(供託金出給請求權)에 대하여 추징보전이 집행된 것으로 본다.

제46조【추징보전해방금의 공탁과 추징 등의 재판의 집행】 ① 추징보전해방금이 공탁된 후에 추징재판이 확정된 때 또는 가납재판(假納裁判)이 선고된 때에는 공탁된 금액의 범위에서 추징 또는 가납재판의 집행이 있은 것으로 본다.
② 추징선고된 경우 공탁된 추징보전해방금이 추징금액을 초과할 때에는 법원은 그 초과액을 피고인에게 돌려주어야 한다.

제47조【추징보전명령의 취소】 법원은 추징보전의 이유 또는 필요가 없게 되거나 추징보전기간이 부당하게 길어진 때에는 검사, 피고인·피의자 및 그 변호인의 청구 또는 법원의 직권에 의한 결정으로 추징보전명령을 취소하여야 한다. 이 경우 제32조제2항을 준용한다.

제48조【추징보전명령의 실효】 ① 추징보전명령은 추징선고가 없는 재판(「형사소송법」 제327조제2호에 따른 경우는 제외한다)이 확정된 때에는 그 효력을 잃는다.
② 「형사소송법」 제327조제2호에 따른 공소기각의 판결이 있은 경우 추징보전명령의 효력에 관하여는 제33조제2항을 준용한다.

제49조【추징보전명령이 실효된 경우의 조치】 검사는 추징보전명령이 실효되거나 추징보전해방금이 공탁된 경우 신속하게 제44조제1항에 따른 명령을 취소함과 동시에 추징보전명령에 따른 추징보전 집행의 정지 또는 취소를 위하여 필요한 조치를 하여야 한다.

제3절 보 칙

제50조【송달】 몰수보전 또는 추징보전(추징보전명령에 따른 추징보전 집행은 제외한다. 이하 이 절에서 같다)에 관한 서류의 송달에 관하여는 대법원규칙으로 특별히 정한 경우를 제외하고는 민사소송에 관한 법령의 규정을 준용한다. 이 경우 「민사소송법」 제194조제1항에 규정된 공시송달의 효력 발생시기는 같은 법 제196조제1항 본문 및 제2항에도 불구하고 7일로 한다.

제51조【상소 제기기간 중의 처분 등】 상소 제기기간에 발생한 사건으로서 아직 상소가 제기되지 아니한 사건과 상소하였으나 소송기록이 상소법원에 도달하지 아니한 사건에 관하여 몰수보전 또는 추징보전에 관한 처분을 하여야 할 경우에는 원심법원이 그 처분을 하여야 한다.

제52조【불복신청】 ① 몰수보전 또는 추징보전에 관한 법원의 결정에 대하여는 항고할 수 있다.
② 몰수보전 또는 추징보전에 관한 법관의 재판에 불복하는 경우에는 그 법관이 소속한 법원에 그 재판의 취소 또는 변경을 청구할 수 있다.
③ 제2항에 따른 불복신청의 절차에 관하여는 「형사소송법」 제416조제1항에 따른 재판의 취소 또는 변경의 청구에 관련된 절차 규정을 준용한다.

부 칙 (2013.7.12)

제1조【시행일】 이 법은 공포한 날부터 시행한다.
제2조【적용례】 제9조의2부터 제9조의4까지의 개정규정은 이 법 시행 당시 몰수 또는 추징의 절차가 진행 중인 경우에도 적용한다.

부 칙 (2016.3.29)

제1조【시행일】 이 법은 공포 후 1년이 경과한 날부터 시행한다.(이하 생략)

부 칙 (2016.12.27)

제1조【시행일】 이 법은 공포 후 3개월이 경과한 날부터 시행한다.(이하 생략)

부 칙 (2020.3.24)

제1조【시행일】 이 법은 공포 후 1년이 경과한 날부터 시행한다.(이하 생략)

부 칙 (2021.1.5)

이 법은 공포한 날부터 시행한다.

국제상거래에 있어서 외국공무원에 대한 뇌물방지법

(약칭 : 국제뇌물방지법)

(1998년 12월 28일 법 률 제5588호)

개정
2010. 3.24법10178호
2018.12.18법15972호
2021.10. 8법18470호
2014.10.15법12775호
2020. 2. 4법16909호

제1조【목적】 이 법은 국제상거래와 관련하여 외국공무원등에게 뇌물을 제공하는 행위를 처벌함으로써 건전한 국제상거래 질서의 확립에 기여하고 경제협력개발기구의 「국제상거래에 있어서 외국공무원에 대한 뇌물 제공행위 방지를 위한 협약」의 이행에 필요한 사항을 규정함을 목적으로 한다.(2010.3.24 본조개정)

제2조【외국공무원등의 범위】 이 법에서 "외국공무원등"이란 다음 각 호의 어느 하나에 해당하는 사람을 말한다.
1. 임명직 또는 선출직에 상관없이 외국정부(중앙으로부터 지방에 이르는 모든 단계의 정부를 포함한다. 이하 같다)의 입법, 행정 또는 사법업무에 종사하는 사람
2. 다음 각 목의 어느 하나에 해당하는 사람으로서 외국의 공공기능 수행자
가. 외국정부로부터 공적(公的) 업무를 위임받아 수행하는 사람
나. 특정한 공적 업무를 수행하기 위하여 법령에 따라 설립된 공공단체 또는 공공기관의 업무에 종사하는 사람
다. 외국정부가 납입자본금의 50퍼센트를 초과하여 출자하였거나 중요 사업의 결정 및 임원의 임면(任免) 등 운영 전반에 관하여 실질적인 지배력을 행사하고 있는 기업체의 임직원. 다만, 차별적 보조금이나 그 밖의 특혜를 받지 아니하고 일반 사경제(私經濟) 주체와 동등한 경쟁관계에서 사업을 하는 기업체의 경우는 제외한다.
3. 공적 국제기구의 업무를 수행하는 사람
(2010.3.24 본조개정)

제3조【뇌물공여자 등의 형사책임】 ① 국제상거래와 관련하여 부정한 이익을 얻을 목적으로 외국공무원등에게 그 업무와 관련하여 뇌물을 약속 또는 공여하거나 공여의 의사를 표시한 자는 5년 이하의 징역 또는 5천만원 이하의 벌금에 처한다. 이 경우 범죄행위로 얻은 이익(이익이 공여액보다 적거나 산정할 수 없는 경우에는 공여액)이 1천만원을 초과할 때에는 5년 이하의 징역 또는 그 이익(이익이 공여액보다 적거나 산정할 수 없는 경우에는 공여액)의 2배 이상 5배 이하에 해당하는 벌금에 처한다.(2020.2.4 본항개정)
② 제1항의 행위에 공할 목적으로 제3자에게 뇌물을 교부하거나 그 정을 알면서 교부를 받은 자도 제1항의 형과 같다.(2018.12.18 본항신설)
③ 제1항 또는 제2항의 경우 다음 각 호의 어느 하나에 해당하는 경우는 예외로 한다.(2018.12.18 본문개정)
1. 외국공무원등이 속한 국가의 법령에 따라 그 지급이 허용되거나 요구되는 경우
2. (2014.10.15 삭제)
④ 제1항 또는 제2항의 죄를 범하여 징역에 처하는 경우에는 제1항에서 정한 벌금을 병과(併科)한다.
(2018.12.18 본항개정)
(2010.3.24 본조개정)

제4조【양벌규정】 법인의 대표자나 대리인, 사용인, 그 밖의 종업원이 그 법인의 업무에 관하여 제3조제1항의 위반행위를 하면 그 행위자를 벌하는 외에 그 법인도 10억원 이하의 벌금에 처한다. 이 경우 범죄행위로 얻은 이익(이익이 공여액보다 적거나 산정할 수 없는 경우에는 공여액)이 5억원을 초과할 때에는 그 이익(이익이 공여액보다 적거나 산정할 수 없는 경우에는 공여액)의 2배 이상 5배 이하에 해당하는 벌금에 처한다. 다만, 법인이 그 위반행위를 방지하기 위하여 해당 업무에 관하여 상당한 주의와 감독을 게을리하지 아니한 경우에는 그러하지 아니하다.(2020.2.4 후단개정)

제5조【몰수】 이 법에 규정된 범죄행위에 제공된 뇌물로서 범인(제4조에 따라 처벌되는 법인을 포함한다)이 소유하거나 범인 외의 자가 그 정황을 알면서 취득한 것은 몰수한다.(2010.3.24 본조개정)

제6조【공소시효에 관한 특례】 제4조에 따른 법인에 대한 공소시효는 7년이 지나면 완성된다.(2021.10.8 본조신설)

부 칙 (2014.10.15)

제1조【시행일】 이 법은 공포한 날부터 시행한다.

제2조【적용례】 이 법의 개정규정은 이 법 시행 후 최초로 제3조제1항의 죄를 저지른 경우부터 적용한다.

부 칙 (2018.12.18)

이 법은 공포한 날부터 시행한다.

부 칙 (2020.2.4)

이 법은 공포 후 3개월이 경과한 날부터 시행한다.

부 칙 (2021.10.8)

제1조【시행일】 이 법은 공포 후 3개월이 경과한 날부터 시행한다.

제2조【공소시효 진행에 관한 적용례】 제6조의 개정규정은 이 법 시행 전에 행하여진 범죄로 아직 공소시효가 완성되지 아니한 것에 대하여도 적용한다.

경범죄 처벌법

(2012년 3월 21일 전부개정법률 제11401호)

개정
2013. 5.22법11778호
2014.11.19법12844호(정부조직)
2016. 1.22법13813호
2017. 7.26법14839호(정부조직)
2017.10.24법14908호

제1장 총 칙

제1조【목적】 이 법은 경범죄의 종류 및 처벌에 필요한 사항을 정함으로써 국민의 자유와 권리를 보호하고 사회공공의 질서유지에 이바지함을 목적으로 한다.

제2조【남용금지】 이 법을 적용할 때에는 국민의 권리를 부당하게 침해하지 아니하도록 세심한 주의를 기울여야 하며, 본래의 목적에서 벗어나 다른 목적을 위하여 이 법을 적용하여서는 아니 된다.

제2장 경범죄의 종류와 처벌

제3조【경범죄의 종류】 ① 다음 각 호의 어느 하나에 해당하는 사람은 10만원 이하의 벌금, 구류 또는 과료(科料)의 형으로 처벌한다.
1. (빈집 등에의 침입) 다른 사람이 살지 아니하고 관리하지 아니하는 집 또는 그 울타리·건조물(建造物)·배·자동차 안에 정당한 이유 없이 들어간 사람
2. (흉기의 은닉휴대) 칼·쇠몽둥이·쇠톱 등 사람의 생명 또는 신체에 중대한 위해를 끼치거나 집이나 그 밖의 건조물에 침입하는 데에 사용될 수 있는 연장이나 기구를 정당한 이유 없이 숨겨서 지니고 다니는 사람
3. (폭행 등 예비) 다른 사람의 신체에 위해를 끼칠 것을 공모(共謀)하여 예비행위를 한 사람이 있는 경우 그 공모를 한 사람
4. (2013.5.22 삭제)
5. (시체 현장변경 등) 사산아(死産兒)를 감추거나 정당한 이유 없이 변사체 또는 사산아가 있는 현장을 바꾸어 놓은 사람
6. (도움이 필요한 사람 등의 신고불이행) 자기가 관리하고 있는 곳에 도움을 받아야 할 노인, 어린이, 장애인, 다친 사람 또는 병든 사람이 있거나 시체 또는 사산아가 있는 것을 알면서 이를 관계 공무원에게 지체 없이 신고하지 아니한 사람
7. (관명사칭 등) 국내외의 공직(公職), 계급, 훈장, 학위 또는 그 밖에 법령에 따라 정하여진 명칭이나 칭호 등을 거짓으로 꾸며 대거나 자격이 없으면서 법령에 따라 정하여진 제복, 훈장, 기장 또는 기념장(記念章), 그 밖의 표장(標章) 또는 이와 비슷한 것을 사용한 사람
8. (물품강매·호객행위) 요청하지 아니한 물품을 억지로 사라고 한 사람, 요청하지 아니한 일을 해주거나 재주 등을 부리고 그 대가로 돈을 달라고 한 사람 또는 여러 사람이 모이거나 다니는 곳에서 영업을 목적으로 떠들썩하게 손님을 부른 사람
9. (광고물 무단부착 등) 다른 사람 또는 단체의 집이나 그 밖의 인공구조물과 자동차 등에 함부로 광고물 등을 붙이거나 내걸거나 끼우거나 글씨 또는 그림을 쓰거나 그리거나 새기는 행위 등을 한 사람 또는 다른 사람이나 단체의 간판, 그 밖의 표시물 또는 인공구조물을 함부로 옮기거나 더럽히거나 훼손한 사람 또는 공공장소에서 광고물 등을 함부로 뿌린 사람
10. (마시는 물 사용방해) 사람이 마시는 물을 더럽히거나 사용하는 것을 방해한 사람
11. (쓰레기 등 투기) 담배꽁초, 껌, 휴지, 쓰레기, 죽은 짐승, 그 밖의 더러운 물건이나 못쓰게 된 물건을 함부로 아무 곳에나 버린 사람
12. (노상방뇨 등) 길, 공원, 그 밖에 여러 사람이 모이거나 다니는 곳에서 함부로 침을 뱉거나 대소변을 보거나 또는 그렇게 하도록 시키거나 개 등 짐승을 끌고 와서 대변을 보게 하고 이를 치우지 아니한 사람
13. (의식방해) 공공기관이나 그 밖의 단체 또는 개인이 하는 행사나 의식을 못된 장난 등으로 방해하거나 행사나 의식을 하는 자 또는 그 밖에 관계 있는 사람이 말려도 듣지 아니하고 행사나 의식을 방해할 우려가 뚜렷한 물건을 가지고 행사장 등에 들어간 사람
14. (단체가입 강요) 싫다고 하는데도 되풀이하여 단체 가입을 억지로 강요한 사람
15. (자연훼손) 공원·명승지·유원지나 그 밖의 녹지구역 등에서 풀·꽃·나무·돌 등을 함부로 꺾거나 캔 사람 또는 바위·나무 등에 글씨를 새기거나 하여 자연을 훼손한 사람
16. (타인의 가축·기계 등 무단조작) 다른 사람 또는 단체의 소나 말, 그 밖의 짐승 또는 매어 놓은 배·뗏목 등을 함부로 풀어 놓거나 자동차 등의 기계를 조작한 사람

17. (물길의 흐름 방해) 개천·도랑이나 그 밖의 물길의 흐름에 방해될 행위를 한 사람
18. (구걸행위 등) 다른 사람에게 구걸하도록 시켜 올바르지 아니한 이익을 얻은 사람 또는 공공장소에서 구걸을 하여 다른 사람의 통행을 방해하거나 귀찮게 한 사람
19. (불안감조성) 정당한 이유 없이 길을 막거나 시비를 걸거나 주위에 모여들거나 뒤따르거나 몹시 거칠게 겁을 주는 말이나 행동으로 다른 사람을 불안하게 하거나 귀찮고 불쾌하게 한 사람 또는 여러 사람이 이용하거나 다니는 도로·공원 등 공공장소에서 고의로 험악한 문신(文身)을 드러내어 다른 사람에게 혐오감을 준 사람
20. (음주소란 등) 공회당·극장·음식점 등 여러 사람이 모이거나 다니는 곳 또는 여러 사람이 타는 기차·자동차·배 등에서 몹시 거친 말이나 행동으로 주위를 시끄럽게 하거나 술에 취하여 이유 없이 다른 사람에게 주정한 사람
21. (인근소란 등) 악기·라디오·텔레비전·전축·종·확성기·전동기(電動機) 등의 소리를 지나치게 크게 내거나 큰소리로 떠들거나 노래를 불러 이웃을 시끄럽게 한 사람
22. (위험한 불씨 사용) 충분한 주의를 하지 아니하고 건조물, 수풀, 그 밖에 불붙기 쉬운 물건 가까이에서 불을 피우거나 휘발유 또는 그 밖에 불이 옮아붙기 쉬운 물건 가까이에서 불씨를 사용한 사람
23. (물건 던지기 등 위험행위) 다른 사람의 신체나 다른 사람 또는 단체의 물건에 해를 끼칠 우려가 있는 곳에 충분한 주의를 하지 아니하고 물건을 던지거나 붓거나 또는 쏜 사람
24. (인공구조물 등의 관리소홀) 무너지거나 넘어지거나 떨어질 우려가 있는 인공구조물이나 그 밖의 물건에 대하여 관계 공무원으로부터 고칠 것을 요구받고도 필요한 조치를 게을리하여 여러 사람을 위험에 빠트릴 우려가 있게 한 사람
25. (위험한 동물의 관리 소홀) 사람이나 가축에 해를 끼치는 버릇이 있는 개나 그 밖의 동물을 함부로 풀어놓거나 제대로 살피지 아니하여 나다니게 한 사람
26. (동물 등에 의한 행패 등) 소나 말을 놀라게 하여 달아나게 하거나 개나 그 밖의 동물을 시켜 사람이나 가축에게 달려들게 한 사람
27. (무단소등) 여러 사람이 다니거나 모이는 곳에 켜 놓은 등불이나 다른 사람 또는 단체가 표시를 하기 위하여 켜 놓은 등불을 함부로 끈 사람
28. (공중통로 안전관리소홀) 여러 사람이 다니는 곳에서 위험한 사고가 발생하는 것을 막을 의무가 있으면서도 등불을 켜 놓지 아니하거나 그 밖의 예방조치를 게을리한 사람
29. (공무원 원조불응) 눈·비·바람·해일·지진 등으로 인한 재해, 화재·교통사고·범죄, 그 밖의 급작스러운 사고가 발생하였을 때에 현장에 있으면서도 정당한 이유 없이 관계 공무원 또는 이를 돕는 사람의 현장출입에 관한 지시에 따르지 아니하거나 공무원이 도움을 요청하여도 도움을 주지 아니한 사람
30. (거짓 인적사항 사용) 성명, 주민등록번호, 등록기준지, 주소, 직업 등을 거짓으로 꾸며대고 배나 비행기를 타거나 인적사항을 물을 권한이 있는 공무원이 적법한 절차를 거쳐 묻는 경우 정당한 이유 없이 다른 사람의 인적사항을 자기의 것으로 거짓으로 꾸며댄 사람
31. (미신요법) 근거 없이 신기하고 용한 약방문인 것처럼 내세우거나 그 밖의 미신적인 방법으로 병을 진찰·치료·예방한다고 하여 사람들의 마음을 홀리게 한 사람
32. (야간통행제한 위반) 전시·사변·천재지변, 그 밖에 사회에 위험이 생길 우려가 있을 경우에 경찰청장이나 해양경찰청장이 정하는 야간통행제한을 위반한 사람 (2017.7.26 본호개정)
33. (과다노출) 공개된 장소에서 공공연하게 성기·엉덩이 등 신체의 주요한 부위를 노출하여 다른 사람에게 부끄러운 느낌이나 불쾌감을 준 사람(2017.10.24 본호개정)
34. (지문채취 불응) 범죄 피의자로 입건된 사람의 신원을 지문조사 외의 다른 방법으로는 확인할 수 없어 경찰공무원이나 검사가 지문을 채취하려고 할 때에 정당한 이유 없이 이를 거부한 사람
35. (자릿세 징수 등) 여러 사람이 모이거나 쓸 수 있도록 개방된 시설 또는 장소에서 좌석이나 주차할 자리를 잡아 주기로 하거나 잡아주면서, 돈을 받거나 요구하거나 돈을 받으려고 다른 사람을 귀찮게 따라다니는 사람
36. (행렬방해) 공공장소에서 승차·승선, 입장·매표 등을 위한 행렬에 끼어들거나 떠밀거나 하여 그 행렬의 질서를 어지럽힌 사람
37. (무단 출입) 출입이 금지된 구역이나 시설 또는 장소에 정당한 이유 없이 들어간 사람
38. (총포 등 조작장난) 여러 사람이 모이거나 다니는 곳에서 충분한 주의를 하지 아니하고 총포, 화약류, 그 밖에 폭발의 우려가 있는 물건을 다루거나 이를 가지고 장난한 사람
39. (무임승차 및 무전취식) 영업용 차 또는 배 등을 타거나 다른 사람이 파는 음식을 먹고 정당한 이유 없이 제 값을 치르지 아니한 사람
40. (장난전화 등) 정당한 이유 없이 다른 사람에게 전화·문자메시지·편지·전자우편·전자문서 등을 여러 차례 되풀이하여 괴롭힌 사람
41. (지속적 괴롭힘) 상대방의 명시적 의사에 반하여 지속적으로 접근을 시도하여 면회 또는 교제를 요구하거나 지켜보기, 따라다니기, 잠복하여 기다리기 등의 행위를 반복하여 하는 사람

② 다음 각 호의 어느 하나에 해당하는 사람은 20만원 이하의 벌금, 구류 또는 과료의 형으로 처벌한다.
1. (출판물의 부당게재 등) 올바르지 아니한 이익을 얻을 목적으로 다른 사람 또는 단체의 사업이나 사사로운 일에 관하여 신문, 잡지, 그 밖의 출판물에 어떤 사항을 싣거나 싣지 아니할 것을 약속하고 돈이나 물건을 받은 사람
2. (거짓 광고) 여러 사람에게 물품을 팔거나 나누어 주거나 일을 해주면서 다른 사람을 속이거나 잘못 알게 할 만한 사실을 들어 광고한 사람
3. (업무방해) 못된 장난 등으로 다른 사람, 단체 또는 공무수행 중인 자의 업무를 방해한 사람
4. (암표매매) 흥행장, 경기장, 역, 나루터, 정류장, 그 밖에 정하여진 요금을 받고 입장시키거나 승차 또는 승선시키는 곳에서 웃돈을 받고 입장권·승차권 또는 승선권을 다른 사람에게 되판 사람

③ 다음 각 호의 어느 하나에 해당하는 사람은 60만원 이하의 벌금, 구류 또는 과료의 형으로 처벌한다.
1. (관공서에서의 주취소란) 술에 취한 채로 관공서에서 몹시 거친 말과 행동으로 주정하거나 시끄럽게 한 사람
2. (거짓신고) 있지 아니한 범죄나 재해 사실을 공무원에게 거짓으로 신고한 사람

(2013.5.22 본항개정)

제4조【교사·방조】 제3조의 죄를 짓도록 시키거나 도와준 사람은 죄를 지은 사람에 준하여 벌한다.

제5조【형의 면제와 병과】 제3조에 따라 사람을 벌할 때에는 그 사정과 형편을 헤아려서 그 형을 면제하거나 구류와 과료를 함께 과(科)할 수 있다.

제3장 경범죄 처벌의 특례

제6조【정의】 ① 이 장에서 "범칙행위"란 제3조제1항 각 호 및 제2항 각 호의 어느 하나에 해당하는 위반행위를 말하며, 그 구체적인 범위는 대통령령으로 정한다.
② 이 장에서 "범칙자"란 범칙행위를 한 사람으로서 다음 각 호의 어느 하나에 해당하지 아니하는 사람을 말한다.
1. 범칙행위를 상습적으로 하는 사람
2. 죄를 지은 동기나 수단 및 결과를 헤아려볼 때 구류처분을 하는 것이 적절하다고 인정되는 사람
3. 피해자가 있는 행위를 한 사람
4. 18세 미만인 사람

③ 이 장에서 "범칙금"이란 범칙자가 제7조에 따른 통고처분에 따라 국고 또는 제주특별자치도의 금고에 납부하여야 할 금전을 말한다.

제7조【통고처분】 ① 경찰서장, 해양경찰서장, 제주특별자치도지사 또는 철도특별사법경찰대장은 범칙자로 인정되는 사람에 대하여 그 이유를 명백히 나타낸 서면으로 범칙금을 부과하고 이를 납부할 것을 통고할 수 있다. 다만, 다음 각 호의 어느 하나에 해당하는 사람에게는 통고하지 아니한다.(2017.7.26 본문개정)
1. 통고처분서 받기를 거부한 사람
2. 주거 또는 신원이 확실하지 아니한 사람
3. 그 밖에 통고처분을 하기가 매우 어려운 사람

② 제1항에 따라 통고할 범칙금의 액수는 범칙행위의 종류에 따라 대통령령으로 정한다.
③ 제주특별자치도지사, 철도특별사법경찰대장은 제1항에 따라 통고처분을 한 경우에는 관할 경찰서장에게 그 사실을 통보하여야 한다.

제8조【범칙금의 납부】 ① 제7조에 따라 통고처분서를 받은 사람은 통고처분서를 받은 날부터 10일 이내에 경찰청장·해양경찰청장 또는 철도특별사법경찰대장이 지정한 은행, 그 지점이나 대리점, 우체국 또는 제주특별자치도지사가 지정하는 금융기관이나 그 지점에 범칙금을 납부하여야 한다. 다만, 천재지변이나 그 밖의 부득이한 사유로 말미암아 그 기간 내에 범칙금을 납부할 수 없을 때에는 그 부득이한 사유가 없어지게 된 날부터 5일 이내에 납부하여야 한다.(2017.7.26 본문개정)
② 제1항에 따른 납부기간에 범칙금을 납부하지 아니한 사람은 납부기간의 마지막 날의 다음 날부터 20일 이내에 통고받은 범칙금에 그 금액의 100분의 20을 더한 금액을 납부하여야 한다.
③ 제1항 또는 제2항에 따라 범칙금을 납부한 사람은 그 범칙행위에 대하여 다시 처벌받지 아니한다.

제8조의2【범칙금의 납부】 ① 범칙금은 제8조에 따른 납부 방법 외에 대통령령으로 정하는 범칙금 납부대행기관을 통하여 신용카드, 직불카드 등(이하 "신용카드등"이라 한다)으로 낼 수 있다. 이 경우 "범칙금 납부대행기관"이란 정보통신망을 이용하여 신용카드등에 의한 결제를 수행하는 기관으로서 대통령령으로 정하는 바에 따라 범칙금 납부대행기관으로 지정받은 자를 말한다.
② 제1항에 따라 신용카드등으로 내는 경우에는 범칙금 납부대행기관의 승인일을 납부일로 본다.
③ 범칙금 납부대행기관은 납부자로부터 신용카드등에 의한 과태료 납부대행 용역의 대가로 대통령령으로 정하는 바에 따라 납부대행 수수료를 받을 수 있다.
④ 범칙금 납부대행기관의 지정 및 운영, 납부대행 수수료 등에 관하여 필요한 사항은 대통령령으로 정한다.
(2016.1.22 본조신설)

제9조【통고처분 불이행자 등의 처리】 ① 경찰서장, 해양경찰서장 및 제주특별자치도지사는 다음 각 호의 어느 하나에 해당하는 사람에 대하여는 지체 없이 즉결심판을 청구하여야 한다. 다만, 즉결심판이 청구되기 전까지 통고받은 범칙금에 그 금액의 100분의 50을 더한 금액을 납부한 사람에 대하여는 그러하지 아니하다.
(2017.7.26 본문개정)
1. 제7조제1항 각 호의 어느 하나에 해당하는 사람
2. 제8조제2항에 따른 납부기간에 범칙금을 납부하지 아니한 사람

② 제1항제2호에 따라 즉결심판이 청구된 피고인이 통고받은 범칙금에 그 금액의 100분의 50을 더한 금액을 납부하고 그 증명서류를 즉결심판 선고 전까지 제출하였을 때에는 경찰서장, 해양경찰서장 및 제주특별자치도지사는 그 피고인에 대한 즉결심판 청구를 취소하여야 한다.
(2017.7.26 본항개정)
③ 제1항 단서 또는 제2항에 따라 범칙금을 납부한 사람은 그 범칙행위에 대하여 다시 처벌받지 아니한다.
④ 철도특별사법경찰대장은 제1항 각 호의 어느 하나에 해당하는 사람이 있는 경우에는 즉시 관할 경찰서장 또는 해양경찰서장에게 그 사실을 통보하고 관련 서류를 넘겨야 한다. 이 경우 통보를 받은 경찰서장 또는 해양경찰서장은 제1항부터 제3항까지의 규정에 따라 이를 처리하여야 한다.(2017.7.26 본항개정)

부 칙

제1조【시행일】 이 법은 공포 후 1년이 경과한 날로부터 시행한다.

제2조【벌칙적용에 관한 경과조치】 이 법 시행 전의 행위에 대한 벌칙을 적용할 때에는 종전의 규정에 따른다.

제3조【다른 법률의 개정】 ①~② ※(해당 법령에 가제정리 하였음)

부 칙 (2016.1.22)

제1조【시행일】 이 법은 공포 후 6개월이 경과한 날부터 시행한다. 다만, 제9조의 개정규정은 2016년 1월 25일부터 시행한다.

제2조【통고처분 불이행자 등에 대한 즉결심판 청구에 관한 경과조치】 이 법 시행 전에 관할 경찰서장이 제주특별자치도지사로부터 즉결심판 대상이라는 사실을 통보받아 즉결심판을 청구한 경우에는 제9조의 개정규정에도 불구하고 종전의 규정에 따른다.

부 칙 (2017.7.26)

제1조【시행일】 ① 이 법은 공포한 날부터 시행한다.(이하 생략)

부 칙 (2017.10.24)

이 법은 공포한 날부터 시행한다.

경범죄 처벌법 시행령

(2013년 3월 18일
전부개정대통령령 제24404호)

개정
2013.10.30영24814호
2014.11.19영25751호(직제)
2016. 7.19영27346호
2017. 7.26영28215호(직제)
2022. 3. 8영32523호

제1조【목적】 이 영은 「경범죄 처벌법」에서 위임된 사항과 그 시행에 필요한 사항을 규정함을 목적으로 한다.
제2조【범칙행위의 범위와 범칙금의 액수】 「경범죄 처벌법」(이하 "법"이라 한다) 제6조제1항에 따른 범칙행위의 구체적인 범위와 법 제7조제2항에 따른 범칙금의 액수는 별표와 같다.
제3조【범칙금의 납부 통고 등】 ① 경찰서장, 해양경찰서장, 제주특별자치도지사 또는 철도특별사법경찰대장(이하 "경찰서장등"이라 한다)은 법 제7조에 따라 범칙자로 인정되는 사람에게 범칙금 납부를 통고할 때에는 다음 각 호의 사항을 적은 범칙금 납부통고서를 범칙금 영수증 및 범칙금 납부고지서와 함께 발부하고, 범칙금 납부고지서 발행원부와 범칙자 적발보고서를 작성하여야 한다.(2017.7.26 본문개정)
1. 통고처분을 받는 사람의 인적사항
2. 위반 내용 및 적용 법조문
3. 범칙금의 액수 및 납부기한
4. 통고처분 연월일
② 경찰서장등은 제1항에 따른 통고처분을 하였을 때에는 통고처분사항을 통고처분처리부에 기록하거나 전자매체를 통하여 전산으로 저장·관리하여야 한다.
③ 경찰서장 또는 해양경찰서장은 해당 경찰서의 관할구역 밖에 거주하는 범칙자로 인정되는 사람에게 범칙금 납부통고서를 발부한 경우에 범칙금 납부통고서를 받은 사람이 범칙금을 납부한 사실이 법 제8조제2항에 따라 범칙금을 납부할 수 있는 기간의 마지막 날(이하 "납부기간만료일"이라 한다)부터 5일이 지난 날까지 확인되지 아니할 때에는 그 날부터 3일 이내에 범칙자의 주소지를 관할하는 경찰서장 또는 해양경찰서장에게 제1항에 따른 범칙자 적발보고서 사본을 발송하여야 한다.
(2017.7.26 본항개정)
제4조【범칙금의 납부 등】 ① 제3조제1항에 따른 납부통고를 받은 사람은 같은 항에 따라 발부받은 범칙금 영수증 및 범칙금 납부고지서를 법 제8조제1항에 따라 경찰청장, 해양경찰청장 또는 철도특별사법경찰대장이 지정한 은행, 그 지점이나 대리점, 우체국 또는 제주특별자치도지사가 지정하는 금융기관이나 그 지점(이하 "수납기관"이라 한다)에 제시하고 범칙금을 납부하여야 한다.
(2017.7.26 본항개정)
② 범칙금은 분할하여 납부할 수 없다.
③ 제1항에 따라 범칙금을 받은 수납기관은 같은 항에 따라 제시된 범칙금 영수증에 범칙금 납부 사실을 확인하여 범칙금을 납부한 사람에게 내주어야 한다.
④ 수납기관이 범칙금을 받았을 때에는 지체 없이 범칙금 수납 사실을 범칙금 납부 통고를 한 경찰서장등에게 전자매체 등을 이용하여 통보하여야 한다.
제4조의2【신용카드 등을 이용한 범칙금의 납부방법】
① 법 제8조의2제1항 전단에서 "대통령령으로 정하는 범칙금 납부대행기관"이란 다음 각 호의 어느 하나에 해당하는 기관을 말한다.
1. 「민법」 제32조에 따라 금융위원회의 허가를 받아 설립된 금융결제원
2. 경찰청장이 시설, 업무수행능력 및 자본금 규모 등을 고려하여 범칙금 납부대행기관으로 지정·고시한 기관
② 법 제8조의2제3항에 따른 납부대행수수료는 경찰청장이 범칙금 납부대행기관의 운영경비 등을 종합적으로 고려하여 승인하며, 해당 범칙금액(법 제8조제2항에 따라 부가되는 금액을 포함한다)의 1천분의 15를 초과할 수 없다.
(2016.7.19 본조신설)
제5조【범칙금 징수사항 기록부의 비치】 경찰서장등은 제4조제4항에 따라 수납기관으로부터 범칙금 수납 사실을 통보받은 때마다 그 징수사항을 범칙금 징수사항 기록부에 기록하거나 전자매체를 통하여 전산으로 저장·관리하여야 한다.
제6조【즉결심판 대상자에 대한 처리】 ① 경찰서장등(철도특별사법경찰대장은 제외한다. 이하 이 조에서 같다)은 법 제9조제1항제1호에 해당하는 사람에게 지체 없이 다음 각 호의 사항을 적은 즉결심판 출석통지서를 발부하여야 한다.(2016.7.19 본문개정)
1. 즉결심판 대상자의 인적사항
2. 위반 내용 및 적용 법조문
3. 즉결심판을 위한 출석의 일시 및 장소
② 경찰서장등은 법 제9조제1항제2호에 해당하는 사람(이하 "통고처분 불이행자"라 한다)에게 납부기간만료일부터 30일 이내에 제1항 각 호의 사항 및 법 제9조제1항 각 호 외의 부분 단서에 따라 범칙금에 그 금액의 100분의 50을 더한 금액(이하 "범칙금등"이라 한다)을 납부할 경우 즉결심판을 받지 않아도 된다는 사실을 적은 즉결심판 출석최고서를 범칙금등 영수증 및 범칙금등 납부고지서와 함께 발부하여야 한다.(2016.7.19 본항개정)
③ 경찰서장등은 제1항 및 제2항에 따라 즉결심판 출석통지서를 받은 사람이 즉결심판 기일에 출석하지 아니하여 즉결심판 절차가 진행되지 못한 경우에는 즉결심판을 위한 출석의 일시 및 장소를 다시 정하여 지체 없이 그 즉결심판 대상자에게 제1항 또는 제2항의 사항을 적은 즉결심판 출석최고서를 발부하되, 통고처분 불이행자에게 즉결심판 출석최고서를 발부할 때에는 범칙금등 영수증과 범칙금등 납부고지서를 함께 발부하여야 한다.(2016.7.19 본항개정)
④ 통고처분 불이행자의 경우 제2항에 따른 즉결심판을 위한 출석일은 납부기간만료일부터 40일을 초과해서는 아니 되며, 제3항에 따른 즉결심판을 위한 출석일은 법원의 사정으로 즉결심판을 할 수 없는 경우 등의 특별한 사정이 없으면 납부기간만료일부터 60일을 초과해서는 아니 된다.
⑤ 경찰서장등은 법 제9조제1항에 따라 즉결심판을 청구하려는 경우에는 즉결심판사범 적발보고서를 작성한 후 관할법원에 즉결심판청구서를 제출하여야 한다.
(2016.7.19 본항개정)
제7조【철도특별사법경찰대장의 즉결심판 대상자 적발통보 등】 ① 철도특별사법경찰대장은 법 제7조제1항 각 호의 어느 하나에 해당하는 사람에게는 즉결심판 출석 통지를 받게 될 것임을 알리는 즉결심판 통지예고서를 즉시 발부하고, 즉결심판 대상자 적발통보서를 작성하여 관할 경찰서장 또는 해양경찰서장에게 통보하여야 한다.
② 철도특별사법경찰대장은 범칙금 납부통고서를 받은 사람이 범칙금을 납부한 사실이 납부기간만료일부터 5일이 지난 날까지 확인되지 아니할 때에는 즉시 범칙자의 주소지를 관할하는 경찰서장 또는 해양경찰서장에게 제3조제1항에 따른 범칙자 적발보고서 사본을 발송하여야 한다.
(2017.7.26 본조개정)
제8조【자료 요청 등】 ① 제3조제3항 및 제7조제2항에 따라 범칙자 적발보고서 사본을 받은 경찰서장 또는 해양경찰서장은 범칙자 적발보고서 사본을 보낸 경찰서장등에게 범칙금 납부통고서를 받은 사람의 즉결심판 청구에 필요한 자료를 요청할 수 있다.
② 제3조제3항 및 제7조제2항에 따라 범칙자 적발보고서 사본을 받은 경찰서장 또는 해양경찰서장은 그 내용을 통고처분 접수처리부에 기록하거나 전자매체를 통하여 전산으로 저장·관리하여야 한다.
(2017.7.26 본조개정)
제9조【민감정보 및 고유식별정보의 처리】 경찰서장등은 법 및 이 영에 따른 범칙금에 관한 사무 수행을 위하여 불가피한 경우 「개인정보 보호법 시행령」 제18조제2호에 따른 범죄경력자료에 해당하는 정보와 같은 영 제19조제1호·제2호 또는 제4호에 따른 주민등록번호·여권번호 또는 외국인등록번호가 포함된 자료를 처리할 수 있다.

부 칙

제1조【시행일】 이 영은 2013년 3월 22일부터 시행한다.
제2조【범칙금 적용에 관한 경과조치】 이 영 시행 전의 범칙행위에 대하여 범칙금을 적용할 때에는 종전의 규정에 따른다.

부 칙 (2016.7.19)

이 영은 공포한 날부터 시행한다. 다만, 제4조의2의 개정규정은 2016년 7월 23일부터 시행한다.

부 칙 (2017.7.26)

제1조【시행일】 이 영은 공포한 날부터 시행한다.(이하 생략)

부 칙 (2022.3.8)

이 영은 공포한 날부터 시행한다.

〔별표〕➡「法典 別冊」참조

질서위반행위규제법

(2007년 12월 21일
법 률 제8725호)

개정
2009. 4. 1법 9617호(신용정보의이용및보호에관한법)
2011. 4. 5법10544호
2016.12. 2법14280호
2018.12.18법15979호
2020. 2. 4법16957호(신용정보의이용및보호에관한법)
2020.12.29법17758호(국세징수)

제1장 총 칙

제1조【목적】 이 법은 법률상 의무의 효율적인 이행을 확보하고 국민의 권리와 이익을 보호하기 위하여 질서위반행위의 성립요건과 과태료의 부과·징수 및 재판 등에 관한 사항을 규정하는 것을 목적으로 한다.
제2조【정의】 이 법에서 사용하는 용어의 뜻은 다음과 같다.
1. "질서위반행위"란 법률(지방자치단체의 조례를 포함한다. 이하 같다)상의 의무를 위반하여 과태료에 처하는 행위를 말한다. 다만, 다음 각 목의 어느 하나에 해당하는 행위를 제외한다.
가. 대통령령으로 정하는 사법(私法)상·소송법상 의무를 위반하여 과태료를 부과하는 행위
나. 대통령령으로 정하는 법률에 따른 징계사유에 해당하여 과태료를 부과하는 행위
2. "행정청"이란 행정에 관한 의사를 결정하여 표시하는 국가 또는 지방자치단체의 기관, 그 밖의 법령 또는 자치법규에 따라 행정권한을 가지고 있거나 위임 또는 위탁받은 공공단체나 그 기관 또는 사인(私人)을 말한다.
3. "당사자"란 질서위반행위를 한 자연인 또는 법인(법인이 아닌 사단 또는 재단으로서 대표자 또는 관리인이 있는 것을 포함한다. 이하 같다)을 말한다.
제3조【법 적용의 시간적 범위】 ① 질서위반행위의 성립과 과태료 처분은 행위시의 법률에 따른다.
② 질서위반행위 후 법률이 변경되어 그 행위가 질서위반행위에 해당하지 아니하게 되거나 과태료가 변경되기 전의 법률보다 가볍게 된 때에는 법률에 특별한 규정이 없는 한 변경된 법률을 적용한다.
③ 행정청의 과태료 처분이나 법원의 과태료 재판이 확정된 후 법률이 변경되어 그 행위가 질서위반행위에 해당하지 아니하게 된 때에는 변경된 법률에 특별한 규정이 없는 한 과태료의 징수 또는 집행을 면제한다.
제4조【법 적용의 장소적 범위】 ① 이 법은 대한민국 영역 안에서 질서위반행위를 한 자에게 적용한다.
② 이 법은 대한민국 영역 밖에서 질서위반행위를 한 대한민국의 국민에게 적용한다.
③ 이 법은 대한민국 영역 밖에 있는 대한민국의 선박 또는 항공기 안에서 질서위반행위를 한 외국인에게 적용한다.
제5조【다른 법률과의 관계】 과태료의 부과·징수, 재판 및 집행 등의 절차에 관한 다른 법률의 규정 중 이 법의 규정에 저촉되는 것은 이 법으로 정하는 바에 따른다.

제2장 질서위반행위의 성립 등

제6조【질서위반행위 법정주의】 법률에 따르지 아니하고는 어떤 행위도 질서위반행위로 과태료를 부과하지 아니한다.
제7조【고의 또는 과실】 고의 또는 과실이 없는 질서위반행위는 과태료를 부과하지 아니한다.
제8조【위법성의 착오】 자신의 행위가 위법하지 아니한 것으로 오인하고 행한 질서위반행위는 그 오인에 정당한 이유가 있는 때에 한하여 과태료를 부과하지 아니한다.
제9조【책임연령】 14세가 되지 아니한 자의 질서위반행위는 과태료를 부과하지 아니한다. 다만, 다른 법률에 특별한 규정이 있는 경우에는 그러하지 아니하다.
제10조【심신장애】 ① 심신(心神)장애로 인하여 행위의 옳고 그름을 판단할 능력이 없거나 그 판단에 따른 행위를 할 능력이 없는 자의 질서위반행위는 과태료를 부과하지 아니한다.
② 심신장애로 인하여 제1항에 따른 능력이 미약한 자의 질서위반행위는 과태료를 감경한다.
③ 스스로 심신장애 상태를 일으켜 질서위반행위를 한 자에 대하여는 제1항 및 제2항을 적용하지 아니한다.
제11조【법인의 처리 등】 ① 법인의 대표자, 법인 또는 개인의 대리인·사용인 및 그 밖의 종업원이 업무에 관하여 법인 또는 그 개인에게 부과된 법률상의 의무를 위반한 때에는 법인 또는 그 개인에게 과태료를 부과한다.
② 제7조부터 제10조까지의 규정은 「도로교통법」 제56조제1항에 따른 고용주등을 같은 법 제160조제3항에 따라 과태료를 부과하는 경우에는 적용하지 아니한다.
제12조【다수인의 질서위반행위 가담】 ① 2인 이상이 질서위반행위에 가담한 때에는 각자가 질서위반행위를 한 것으로 본다.
② 신분에 의하여 성립하는 질서위반행위에 신분이 없는 자가 가담한 때에는 신분이 없는 자에 대하여도 질서위반행위가 성립한다.

③ 신분에 의하여 과태료를 감경 또는 가중하거나 과태료에 처하지 아니하는 때에는 그 신분의 효과는 신분이 없는 자에게는 미치지 아니한다.
제13조【수개의 위반행위의 처리】 ① 하나의 행위가 2 이상의 질서위반행위에 해당하는 경우에는 각 질서위반행위에 대하여 정한 과태료 중 가장 중한 과태료를 부과한다.
② 제1항의 경우를 제외하고 2 이상의 질서위반행위가 경합하는 경우에는 각 질서위반행위에 대하여 정한 과태료에 각각 부과한다. 다만, 다른 법령(지방자치단체의 조례를 포함한다. 이하 같다)에 특별한 규정이 있는 경우에는 그 법령으로 정하는 바에 따른다.
제14조【과태료의 산정】 행정청 및 법원은 과태료를 정함에 있어서 다음 각 호의 사항을 고려하여야 한다.
1. 질서위반행위의 동기·목적·방법·결과
2. 질서위반행위 이후의 당사자의 태도와 정황
3. 질서위반행위자의 연령·재산상태·환경
4. 그 밖에 과태료의 산정에 필요하다고 인정되는 사유
제15조【과태료의 시효】 ① 과태료는 행정청의 과태료 부과처분이나 법원의 과태료 재판이 확정된 후 5년간 징수하지 아니하거나 집행하지 아니하면 시효로 인하여 소멸한다.
② 제1항에 따른 소멸시효의 중단·정지 등에 관하여는 「국세기본법」 제28조를 준용한다.

제3장 행정청의 과태료 부과 및 징수

제16조【사전통지 및 의견 제출 등】 ① 행정청이 질서위반행위에 대하여 과태료를 부과하고자 하는 때에는 미리 당사자(제11조제2항에 따른 고용주등을 포함한다. 이하 같다)에게 대통령령으로 정하는 사항을 통지하고, 10일 이상의 기간을 정하여 의견을 제출할 기회를 주어야 한다. 이 경우 지정된 기일까지 의견 제출이 없는 경우에는 의견이 없는 것으로 본다.
② 당사자는 의견 제출 기한 이내에 대통령령으로 정하는 방법에 따라 행정청에 의견을 진술하거나 필요한 자료를 제출할 수 있다.
③ 행정청은 제2항에 따라 당사자가 제출한 의견에 상당한 이유가 있는 경우에는 과태료를 부과하지 아니하거나 통지한 내용을 변경할 수 있다.
제17조【과태료의 부과】 ① 행정청은 제16조의 의견 제출 절차를 마친 후에 서면(당사자가 동의하는 경우에는 전자문서를 포함한다. 이하 이 조에서 같다)으로 과태료를 부과하여야 한다.(2011.4.5 본항개정)
② 제1항에 따른 서면에는 질서위반행위, 과태료 금액, 그 밖에 대통령령으로 정하는 사항을 명시하여야 한다.
③ (2016.12.2 삭제)
제17조의2【신용카드 등에 의한 과태료의 납부】 ① 당사자는 과태료, 제24조에 따른 가산금, 중가산금 및 체납처분비를 대통령령으로 정하는 과태료 납부대행기관을 통하여 신용카드, 직불카드 등(이하 "신용카드등"이라 한다)으로 낼 수 있다.
② 제1항에 따라 신용카드등으로 내는 경우에는 과태료 납부대행기관의 승인일을 납부일로 본다.
③ 과태료 납부대행기관은 납부자로부터 신용카드등에 의한 과태료 납부대행 용역의 대가로 납부대행 수수료를 받을 수 있다.
④ 과태료 납부대행기관의 지정 및 운영, 납부대행 수수료에 관한 사항은 대통령령으로 정한다.
(2016.12.2 본조신설)
제18조【자진납부자에 대한 과태료 감경】 ① 행정청은 당사자가 제16조에 따른 의견 제출 기한 이내에 과태료를 자진하여 납부하고자 하는 경우에는 대통령령으로 정하는 바에 따라 과태료를 감경할 수 있다.
② 당사자가 제1항에 따라 감경된 과태료를 납부한 경우에는 해당 질서위반행위에 대한 과태료 부과 및 징수절차는 종료한다.
제19조【과태료 부과의 제척기간】 ① 행정청은 질서위반행위가 종료된 날(다수인이 질서위반행위에 가담한 경우에는 최종행위가 종료된 날을 말한다)부터 5년을 경과한 경우에는 해당 질서위반행위에 대하여 과태료를 부과할 수 없다.
② 제1항에도 불구하고 행정청은 제36조 또는 제44조에 따른 법원의 결정이 있는 경우에는 그 결정이 확정된 날부터 1년이 경과하기 전까지는 과태료를 정정부과 하는 등 해당 결정에 따라 필요한 처분을 할 수 있다.
제20조【이의제기】 ① 행정청의 과태료 부과에 불복하는 당사자는 제17조제1항에 따른 과태료 부과 통지를 받은 날부터 60일 이내에 해당 행정청에 서면으로 이의제기를 할 수 있다.
② 제1항에 따른 이의제기가 있는 경우에는 행정청의 과태료 부과처분은 그 효력을 상실한다.
③ 당사자는 행정청으로부터 제21조제3항에 따른 통지를 받기 전까지는 행정청에 대하여 서면으로 이의제기를 철회할 수 있다.
제21조【법원에의 통보】 ① 제20조제1항에 따른 이의제기를 받은 행정청은 이의제기를 받은 날부터 14일 이내에 이에 대한 의견 및 증빙서류를 첨부하여 관할 법원에 통보하여야 한다. 다만, 다음 각 호의 어느 하나에 해당하는 경우에는 그러하지 아니하다.
1. 당사자가 이의제기를 철회한 경우
2. 당사자의 이의제기에 이유가 있어 과태료에 처할 필요가 없는 것으로 인정되는 경우
② 행정청은 사실상 또는 법률상 같은 원인으로 말미암아 다수인을 과태료에 처할 필요가 있는 경우에는 다수인 가운데 1인에 대한 관할권이 있는 법원에 제1항에 따른 이의제기 사실을 통보할 수 있다.
③ 행정청이 제1항 및 제2항에 따라 관할 법원에 통보를 하거나, 통보하지 아니하는 경우에는 그 사실을 즉시 당사자에게 통지하여야 한다.
제22조【질서위반행위의 조사】 ① 행정청은 질서위반행위가 발생하였다는 합리적 의심이 있어 그에 대한 조사가 필요하다고 인정할 때에는 대통령령으로 정하는 바에 따라 다음 각 호의 조치를 할 수 있다.
1. 당사자 또는 참고인의 출석 요구 및 진술의 청취
2. 당사자에 대한 보고 명령 또는 자료 제출의 명령
② 행정청은 질서위반행위가 발생하였다는 합리적 의심이 있어 그에 대한 조사가 필요하다고 인정할 때에는 그 소속 직원으로 하여금 당사자의 사무소 또는 영업소에 출입하여 장부·서류 또는 그 밖의 물건을 검사하게 할 수 있다.
③ 제2항에 따른 검사를 하고자 하는 행정청 소속 직원은 당사자에게 검사 개시 7일 전까지 검사 대상 및 검사 이유 그 밖에 대통령령으로 정하는 사항을 통지하여야 한다. 다만, 긴급을 요하거나 사전통지의 경우 증거인멸 등으로 검사목적을 달성할 수 없다고 인정되는 때에는 그러하지 아니하다.
④ 제2항에 따라 검사를 하는 직원은 그 권한을 표시하는 증표를 지니고 이를 관계인에게 내보여야 한다.
⑤ 제1항 및 제2항에 따른 조치 또는 검사는 그 목적 달성에 필요한 최소한에 그쳐야 한다.
제23조【자료제공의 요청】 행정청은 과태료의 부과·징수를 위하여 필요한 때에는 관계 행정기관, 지방자치단체, 그 밖에 대통령령으로 정하는 공공기관(이하 "공공기관등"이라 한다)의 장에게 그 필요성을 소명하여 자료 또는 정보의 제공을 요청할 수 있으며, 그 요청을 받은 공공기관등의 장은 특별한 사정이 없는 한 이에 응하여야 한다.
제24조【가산금 징수 및 체납처분 등】 ① 행정청은 당사자가 납부기한까지 과태료를 납부하지 아니한 때에는 납부기한을 경과한 날부터 체납된 과태료에 대하여 100분의 3에 상당하는 가산금을 징수한다.(2016.12.2 본항개정)
② 체납된 과태료를 납부하지 아니한 때에는 납부기한이 경과한 날부터 매 1개월이 경과할 때마다 체납된 과태료의 1천분의 12에 상당하는 가산금(이하 이 조에서 "중가산금"이라 한다)을 제1항에 따른 가산금에 가산하여 징수한다. 이 경우 중가산금을 가산하여 징수하는 기간은 60개월을 초과하지 못한다.
③ 행정청은 당사자가 제20조제1항에 따른 기한 이내에 이의를 제기하지 아니하고 제1항에 따른 가산금을 납부하지 아니한 때에는 국세 또는 지방세 체납처분의 예에 따라 징수한다.
④ (2018.12.18 삭제)
제24조의2【상속재산 등에 대한 집행】 ① 과태료는 당사자가 과태료 부과처분에 대하여 이의를 제기하지 아니한 채 제20조제1항에 따른 기한이 종료한 후 사망한 경우에는 그 상속재산에 대하여 집행할 수 있다.
② 법인에 대한 과태료는 법인이 과태료 부과처분에 대하여 이의를 제기하지 아니한 채 제20조제1항에 따른 기한이 종료한 후 합병에 의하여 소멸한 경우에는 합병 후 존속한 법인 또는 합병에 의하여 설립된 법인에 대하여 집행할 수 있다.
(2011.4.5 본조신설)
제24조의3【과태료의 징수유예 등】 ① 행정청은 당사자가 다음 각 호의 어느 하나에 해당하여 과태료(체납된 과태료와 가산금, 중가산금 및 체납처분비를 포함한다. 이하 이 조에서 같다)를 납부하기가 곤란하다고 인정되면 1년의 범위에서 대통령령으로 정하는 바에 따라 과태료의 분할납부나 납부기일의 연기(이하 "징수유예등"이라 한다)를 결정할 수 있다.
1. 「국민기초생활 보장법」에 따른 수급권자
2. 「국민기초생활 보장법」에 따른 차상위계층 중 다음 각 목의 대상자
가. 「의료급여법」에 따른 수급권자
나. 「한부모가족지원법」에 따른 지원대상자
다. 자활사업 참여자
3. 「장애인복지법」 제2조제2항에 따른 장애인
4. 본인 외에는 가족을 부양할 사람이 없는 사람
5. 불의의 재난으로 피해를 당한 사람
6. 납부의무자 또는 그 동거 가족이 질병이나 중상해로 1개월 이상의 장기 치료를 받아야 하는 경우
7. 「채무자 회생 및 파산에 관한 법률」에 따른 개인회생절차개시결정자
8. 「고용보험법」에 따른 실업급여수급자
9. 그 밖에 제1호부터 제8호까지에 준하는 것으로서 대통령령으로 정하는 부득이한 사유가 있는 경우
② 제1항에 따라 징수유예등을 받으려는 당사자는 대통령령으로 정하는 바에 따라 이를 행정청에 신청할 수 있다.
③ 행정청은 제1항에 따라 징수유예등을 하는 경우 그 유예하는 금액에 상당하는 담보의 제공이나 제공된 담보의 변경을 요구할 수 있고, 그 밖에 담보보전에 필요한 명령을 할 수 있다.
④ 행정청은 제1항에 따른 징수유예등의 기간 중에는 그 유예한 과태료 징수금에 대하여 가산금, 중가산금의 징수 또는 체납처분(교부청구는 제외한다)을 할 수 없다.
⑤ 행정청은 다음 각 호의 어느 하나에 해당하는 경우 그 징수유예등을 취소하고, 유예된 과태료 징수금을 한꺼번에 징수할 수 있다. 이 경우 그 사실을 당사자에게 통지하여야 한다.
1. 과태료 징수금을 지정된 기한까지 납부하지 아니하였을 때
2. 담보의 제공이나 변경, 그 밖에 담보보전에 필요한 행정청의 명령에 따르지 아니하였을 때
3. 재산상황이나 그 밖의 사정의 변화로 유예할 필요가 없다고 인정될 때
4. 제1호부터 제3호까지에 준하는 대통령령으로 정하는 사유에 해당되어 유예한 기한까지 과태료 징수금의 전액을 징수할 수 없다고 인정될 때
⑥ 과태료 징수유예등의 방식과 절차, 그 밖에 징수유예등에 관하여 필요한 사항은 대통령령으로 정한다.
(2016.12.2 본조신설)
제24조의4【결손처분】 ① 행정청은 당사자에게 다음 각 호의 어느 하나에 해당하는 사유가 있을 경우에는 결손처분을 할 수 있다.
1. 제15조제1항에 따라 과태료의 소멸시효가 완성된 경우
2. 체납자의 행방이 분명하지 아니하거나 재산이 없는 등 징수할 수 없다고 인정되는 경우로서 대통령령으로 정하는 경우
② 행정청은 제1항제2호에 따라 결손처분을 한 후 압류할 수 있는 다른 재산을 발견하였을 때에는 지체 없이 그 처분을 취소하고 체납처분을 하여야 한다.
(2018.12.18 본조신설)

제4장 질서위반행위의 재판 및 집행

제25조【관할 법원】 과태료 사건은 다른 법령에 특별한 규정이 있는 경우를 제외하고는 당사자의 주소지의 지방법원 또는 그 지원의 관할로 한다.
제26조【관할의 표준이 되는 시기】 법원의 관할은 행정청이 제21조제1항 및 제2항에 따라 이의제기 사실을 통보한 때를 표준으로 정한다.
제27조【관할위반에 따른 이송】 ① 법원은 과태료 사건의 일부 또는 전부에 대하여 관할권이 없다고 인정하는 경우에는 결정으로 이를 관할 법원으로 이송한다.
② 당사자 또는 검사는 이송결정에 대하여 즉시항고를 할 수 있다.
제28조【준용규정】 「비송사건절차법」 제2조부터 제4조까지, 제6조, 제7조, 제10조(인증과 감정을 제외한다) 및 제24조부터 제26조까지의 규정은 이 법에 따른 과태료 재판(이하 "과태료 재판"이라 한다)에 준용한다.
제29조【법원직원의 제척 등】 법원직원의 제척·기피 및 회피에 관한 「민사소송법」의 규정은 과태료 재판에 준용한다.
제30조【행정청 통보사실의 통지】 법원은 제21조제1항 및 제2항에 따른 행정청의 통보가 있는 경우 이를 즉시 검사에게 통지하여야 한다.
제31조【심문 등】 ① 법원은 심문기일을 열어 당사자의 진술을 들어야 한다.
② 법원은 검사의 의견을 구하여야 하고, 검사는 심문에 참여하여 의견을 진술하거나 서면으로 의견을 제출하여야 한다.
③ 법원은 당사자 및 검사에게 제1항에 따른 심문기일을 통지하여야 한다.
제32조【행정청에 대한 출석 요구 등】 ① 법원은 행정청의 참여가 필요하다고 인정하는 때에는 행정청으로 하여금 심문기일에 출석하여 의견을 진술하게 할 수 있다.
② 행정청은 법원의 허가를 받아 소속 공무원으로 하여금 심문기일에 출석하여 의견을 진술하게 할 수 있다.
제33조【직권에 의한 사실탐지와 증거조사】 ① 법원은 직권으로 사실의 탐지와 필요하다고 인정하는 증거의 조사를 하여야 한다.
② 제1항의 증거조사에 관하여는 「민사소송법」에 따른다.
제34조【촉탁할 수 있는 사항】 사실탐지·소환 및 고지에 관한 행위는 촉탁할 수 있다.
제35조【조서의 작성】 법원서기관·법원사무관·법원주사 또는 법원주사보(이하 "법원사무관등"이라 한다)는 증인 또는 감정인의 심문에 관하여는 조서를 작성하고, 그 밖의 심문에 관하여는 필요하다고 인정하는 경우에 한하여 조서를 작성한다.
제36조【재판】 ① 과태료 재판은 이유를 붙인 결정으로써 한다.
② 결정서의 원본에는 판사가 서명날인하여야 한다. 다만, 제20조제1항에 따른 이의제기서 또는 조서에 재판에

관한 사항을 기재하고 판사가 이에 서명날인함으로써 원본에 갈음할 수 있다.
③ 결정서의 정본과 등본에는 법원사무관등이 기명날인하고, 정본에는 법원인을 찍어야 한다.
④ 제2항의 서명날인은 기명날인으로 갈음할 수 있다.
제37조【결정의 고지】 ① 결정은 당사자와 검사에게 고지함으로써 효력이 생긴다.
② 결정의 고지는 법원이 적당하다고 인정하는 방법으로 한다. 다만, 공시송달을 하는 경우에는「민사소송법」에 따라야 한다.
③ 법원사무관등은 고지의 방법·장소와 연월일을 결정서의 원본에 부기하고 이에 날인하여야 한다.
제38조【항고】 ① 당사자와 검사는 과태료 재판에 대하여 즉시항고를 할 수 있다. 이 경우 항고는 집행정지의 효력이 있다.
② 검사는 필요한 경우에는 제1항에 따른 즉시항고 여부에 대한 행정청의 의견을 청취할 수 있다.
제39조【항고법원의 재판】 항고법원의 과태료 재판에는 이유를 적어야 한다.
제40조【항고의 절차】「민사소송법」의 항고에 관한 규정은 특별한 규정이 있는 경우를 제외하고는 이 법에 따른 항고에 준용한다.
제41조【재판비용】 ① 과태료 재판절차의 비용은 과태료에 처하는 선고가 있는 경우에는 그 선고를 받은 자의 부담으로 하고, 그 외의 경우에는 국고의 부담으로 한다.
② 항고법원이 당사자의 신청을 인정하는 과태료 재판을 한 때에는 항고절차의 비용과 전심에서 당사자의 부담이 된 비용은 국고의 부담으로 한다.
제42조【과태료 재판의 집행】 ① 과태료 재판은 검사의 명령으로써 집행한다. 이 경우 그 명령은 집행력 있는 집행권원과 동일한 효력이 있다.
② 과태료 재판의 집행절차는「민사집행법」에 따르거나 국세 또는 지방세 체납처분의 예에 따른다. 다만,「민사집행법」에 따를 경우에는 집행을 하기 전에 과태료 재판의 송달은 하지 아니한다.
③ 과태료 재판의 집행에 대하여는 제24조 및 제24조의2를 준용한다. 이 경우 제24조의2제1항 및 제2항 중 "과태료 부과처분에 대하여 이의를 제기하지 아니한 채 제20조제1항에 따른 기한이 종료한 후"는 "과태료 재판이 확정된 후"로 본다.(2011.4.5 본항개정)
④ 검사는 제1항부터 제3항까지의 규정에 따른 과태료 재판을 집행한 경우 그 결과를 해당 행정청에 통보하여야 한다.(2011.4.5 본항신설)
제43조【과태료 재판 집행의 위탁】 ① 검사는 과태료를 최초 부과한 행정청에 대하여 과태료 재판의 집행을 위탁할 수 있고, 위탁을 받은 행정청은 국세 또는 지방세 체납처분의 예에 따라 집행한다.
② 지방자치단체의 장이 제1항에 따라 집행을 위탁받은 경우에는 그 집행한 금원(金員)은 당해 지방자치단체의 수입으로 한다.
제44조【약식재판】 법원은 상당하다고 인정하는 때에는 제31조제1항에 따른 심문 없이 과태료 재판을 할 수 있다.
제45조【이의신청】 ① 당사자와 검사는 제44조에 따른 약식재판의 고지를 받은 날부터 7일 이내에 이의신청을 할 수 있다.
② 검사는 필요한 경우에는 제1항에 따른 이의신청 여부에 대하여 행정청의 의견을 청취할 수 있다.
③ 제1항의 기간은 불변기간으로 한다.
④ 당사자와 검사가 책임질 수 없는 사유로 제1항의 기간을 지킬 수 없었던 경우에는 그 사유가 없어진 날부터 14일 이내에 이의신청을 할 수 있다. 다만, 그 사유가 없어질 당시 외국에 있던 당사자에 대하여는 그 기간을 30일로 한다.
제46조【이의신청 방식】 ① 이의신청은 대통령령으로 정하는 이의신청서를 제44조에 따른 약식재판을 한 법원에 제출함으로써 한다.
② 법원은 제1항에 따른 이의신청이 있은 때에는 이의신청의 상대방에게 이의신청서 부본을 송달하여야 한다.
제47조【이의신청 취하】 ① 이의신청을 한 당사자 또는 검사는 정식재판 절차에 따른 결정을 고지받기 전까지 이의신청을 취하할 수 있다.
② 이의신청의 취하는 대통령령으로 정하는 이의신청취하서를 제46조제1항에 따른 법원에 제출함으로써 한다. 다만, 심문기일에는 말로 할 수 있다.
③ 법원은 제46조제2항에 따라 이의신청서 부본을 송달한 뒤에 제1항에 따른 이의신청의 취하가 있은 때에는 그 상대방에게 이의신청취하서 부본을 송달하여야 한다.
제48조【이의신청 각하】 ① 법원은 이의신청이 법령상 방식에 어긋나거나 이의신청권이 소멸된 뒤의 것임이 명백한 경우에는 결정으로 이를 각하하여야 한다. 다만, 그 흠을 보정할 수 있는 경우에는 그러하지 아니하다.
② 제1항의 결정에 대하여는 즉시항고를 할 수 있다.
제49조【약식재판의 확정】 약식재판은 다음 각 호의 어느 하나에 해당하는 때에 확정된다.
1. 제45조에 따른 기간 이내에 이의신청이 없는 때
2. 이의신청에 대한 각하결정이 확정된 때
3. 당사자 또는 검사가 이의신청을 취하한 때

제50조【이의신청에 따른 정식재판절차로의 이행】 ① 법원이 이의신청이 적법하다고 인정하는 때에는 약식재판은 그 효력을 잃는다.
② 제1항의 경우 법원은 제31조제1항에 따른 심문을 거쳐 다시 재판하여야 한다.

제5장 보 칙

제51조【자료제출 요구】 법무부장관은 과태료 징수 관련 통계 작성 등 이 법의 운용과 관련하여 필요한 경우에는 중앙행정기관의 장이나 그 밖의 관계 기관의 장에게 과태료 징수 현황 등에 관한 자료의 제출을 요구할 수 있다.
제52조【관허사업의 제한】 ① 행정청은 허가·인가·면허·등록 및 갱신(이하 "허가등"이라 한다)을 요하는 사업을 경영하는 자로서 다음 각 호의 사유에 모두 해당하는 체납자에 대하여는 사업의 정지 또는 허가등의 취소를 할 수 있다.
1. 해당 사업과 관련된 질서위반행위로 부과받은 과태료를 3회 이상 체납하고 있고, 체납발생일부터 각 1년이 경과하였으며, 체납금액의 합계가 500만원 이상인 체납자 중 대통령령으로 정하는 횟수와 금액 이상을 체납한 자
2. 천재지변이나 그 밖의 중대한 재난 등 대통령령으로 정하는 특별한 사유 없이 과태료를 체납한 자
② 허가등을 요하는 사업의 주무관청이 따로 있는 경우에는 행정청은 당해 주무관청에 대하여 사업의 정지 또는 허가등의 취소를 요구할 수 있다.
③ 행정청은 제1항 또는 제2항에 따라 사업의 정지 또는 허가등을 취소하거나 주무관청에 대하여 그 요구를 한 후 당해 과태료를 징수한 때에는 지체 없이 사업의 정지 또는 허가등의 취소나 그 요구를 철회하여야 한다.
④ 제2항에 따른 행정청의 요구가 있는 때에는 당해 주무관청은 정당한 사유가 없는 한 이에 응하여야 한다.
제53조【신용정보의 제공 등】 ① 행정청은 과태료 징수 또는 공익목적을 위하여 필요한 경우「국세징수법」제110조를 준용하여「신용정보의 이용 및 보호에 관한 법률」제25조제2항제1호에 따른 종합신용정보집중기관의 요청에 따라 체납 또는 결손처분자료를 제공할 수 있다. 이 경우「국세징수법」제110조를 준용할 때 "체납자"는 "체납자 또는 결손처분자"로, "체납자료"는 "체납 또는 결손처분 자료"로 본다.(2020.12.29 본항개정)
② 행정청은 당사자에게 과태료를 납부하지 아니할 경우에는 체납 또는 결손처분자료를 제1항의 신용정보집중기관에게 제공할 수 있음을 미리 알려야 한다.(2020.2.4 본항개정)
③ 행정청은 제1항에 따라 체납 또는 결손처분자료를 제공한 경우에는 대통령령으로 정하는 바에 따라 해당 체납자에게 그 제공사실을 통보하여야 한다.
제54조【고액·상습체납자에 대한 제재】 ① 법원은 검사의 청구에 따라 결정으로 30일의 범위 이내에서 과태료의 납부가 있을 때까지 다음 각 호의 사유에 모두 해당하는 경우 체납자(법인인 경우에는 대표자를 말한다. 이하 이 조에서 같다)를 감치(監置)에 처할 수 있다.
1. 과태료를 3회 이상 체납하고 있고, 체납발생일부터 각 1년이 경과하였으며, 체납금액의 합계가 1천만원 이상인 체납자 중 대통령령으로 정하는 횟수와 금액 이상을 체납한 경우
2. 과태료 납부능력이 있음에도 불구하고 정당한 사유 없이 체납한 경우
② 행정청은 과태료 체납자가 제1항 각 호의 사유에 모두 해당하는 경우에는 관할 지방검찰청 또는 지청의 검사에게 체납자의 감치를 신청할 수 있다.
③ 제1항의 결정에 대하여는 즉시항고를 할 수 있다.
④ 제1항에 따라 감치에 처하여진 과태료 체납자는 동일한 체납사실로 인하여 재차 감치되지 아니한다.
⑤ 제1항에 따른 감치에 처하는 재판 절차 및 그 집행, 그 밖에 필요한 사항은 대법원규칙으로 정한다.
제55조【자동차 관련 과태료 체납자에 대한 자동차 등록번호판의 영치】 ① 행정청은「자동차관리법」제2조제1호에 따른 자동차의 운행·관리 등에 관한 질서위반행위 중 대통령령으로 정하는 질서위반행위로 부과받은 과태료(이하 "자동차 관련 과태료"라 한다)를 납부하지 아니한 자에 대하여 체납된 자동차 관련 과태료와 관계된 그 소유의 자동차의 등록번호판을 영치할 수 있다.
② 자동차 등록업무를 담당하는 주무관청이 아닌 행정청이 제1항에 따라 등록번호판을 영치한 경우에는 지체 없이 주무관청에 등록번호판을 영치한 사실을 통지하여야 한다.
③ 자동차 관련 과태료를 납부하지 아니한 자가 체납된 자동차 관련 과태료를 납부한 경우 행정청은 영치한 자동차 등록번호판을 즉시 내주어야 한다.
④ 행정청은 제1항에 따라 자동차의 등록번호판이 영치된 당사자가 해당 자동차를 직접적인 생계유지 목적으로 사용하고 있어 자동차 등록번호판을 영치할 경우 생계유지가 곤란하다고 인정되는 경우 자동차 등록번호판을 내주고 영치를 일시 해제할 수 있다. 다만, 그 밖의 다른 과태료를 체납하고 있는 당사자에 대하여는 그러하지 아니하다.(2016.12.2 본항신설)

⑤ 제1항부터 제4항까지에서 규정한 사항 외에 자동차 등록번호판 영치의 요건·방법·절차, 영치 해제의 요건·방법·절차 및 영치 일시 해제의 기간·요건·방법·절차에 관하여 필요한 사항은 대통령령으로 정한다.(2016.12.2 본항개정)
(2011.4.5 본조신설)
제56조【자동차 관련 과태료 납부증명서의 제출】 자동차 관련 과태료와 관계된 자동차가 그 자동차 관련 과태료의 체납으로 인하여 압류등록된 경우 그 자동차에 대하여 소유권 이전등록을 하려는 자는 압류등록의 원인이 된 자동차 관련 과태료(제24조에 따른 가산금 및 중가산금을 포함한다)를 납부한 증명서를 제출하여야 한다. 다만,「전자정부법」제36조제1항에 따른 행정정보의 공동이용을 통하여 납부사실을 확인할 수 있는 경우에는 그러하지 아니하다.(2011.4.5 본조신설)
제57조【과태료】 ① 제22조제2항에 따른 검사를 거부·방해 또는 기피한 자에게는 500만원 이하의 과태료를 부과한다.
② 제1항에 따른 과태료는 제22조에 따른 행정청이 부과·징수한다.

부 칙

①【시행일】이 법은 공포 후 6개월이 경과한 날부터 시행한다.
②【가산금의 징수 등에 관한 적용례】제24조 및 제52조부터 제54조까지의 규정은 이 법 시행 후 최초로 발생한 체납 과태료부터 적용한다.
③【과태료에 관한 적용례】제55조는 이 법 시행 전에 발생한 사항에 대하여는 적용하지 아니한다.
④【일반적 경과조치】이 법은 특별한 규정이 있는 경우를 제외하고는 이 법 시행 전에 발생한 사항에 대하여도 적용한다. 다만, 이 법 시행 전에 다른 법률에 따라 발생한 효력에 관하여는 영향을 미치지 아니한다.

부 칙 (2011.4.5)

①【시행일】이 법은 공포 후 3개월이 경과한 날부터 시행한다.
②【과태료 재판 집행결과의 통보에 관한 적용례】제42조제4항의 개정규정은 이 법 시행 후 최초로 집행한 과태료 재판부터 적용한다.
③【자동차 관련 과태료의 특례에 관한 적용례】제55조 및 제56조의 개정규정은 이 법 시행 후 최초로 자동차 관련 과태료를 체납한 자부터 적용한다.

부 칙 (2016.12.2)

제1조【시행일】 이 법은 공포 후 6개월이 경과한 날부터 시행한다.
제2조【신용카드 등에 의한 과태료의 납부에 관한 적용례】 제17조의2의 개정규정은 이 법 시행 이후 납부하는 과태료 징수금부터 적용한다.
제3조【가산금 징수에 관한 적용례】 제24조의 개정규정은 이 법 시행 후 최초로 발생한 체납 과태료부터 적용한다.
제4조【자동차 등록번호판 영치의 일시 해제에 관한 적용례】 제55조의 개정규정은 이 법 시행 당시 자동차 등록번호판이 영치 중인 당사자에 대하여도 적용한다.

부 칙 (2018.12.18)

이 법은 공포한 날부터 시행한다.

부 칙 (2020.2.4)

제1조【시행일】 이 법은 공포 후 6개월이 경과한 날부터 시행한다.(이하 생략)

부 칙 (2020.12.29)

제1조【시행일】 이 법은 2021년 1월 1일부터 시행한다.(이하 생략)

과태료 체납자에 대한 감치의 재판에 관한 규칙

(2008년 6월 5일
대법원규칙 제2176호)

제1조【목적】 이 규칙은 「질서위반행위규제법」(다음부터 "법"이라고 한다) 제54조에 따라 감치에 처하는 재판절차 및 집행 그 밖의 필요한 사항을 정하는 것을 목적으로 한다.

제2조【관할】 감치청구 사건은 청구 당시 체납자(법인인 경우에는 대표자를 말한다. 다음부터 같다)의 주소지를 관할하는 지방법원 또는 그 지원의 전속관할로 한다.

제3조【감치재판의 청구】 법 제54조제1항에 따른 감치재판의 청구는 다음 각 호의 사항을 기재하고, 검사가 기명날인 또는 서명한 서면으로 한다.
1. 체납자의 성명과 주소
2. 체납된 과태료를 부과한 행정청, 부과일자, 부과사유, 과태료의 금액, 납부기한 및 체납된 과태료의 금액(과태료 부과에 대하여 이의가 제기된 때에는 과태료 재판을 한 법원, 사건번호, 결정일자, 재판에서 정한 과태료의 금액, 재판의 확정여부 및 확정일자를 포함한다)
3. 과태료 납부능력이 있음을 나타내는 사정
4. 감치의 재판을 구하는 뜻

제4조【청구각하의 결정】 ① 법원은 법 제54조제1항에 따른 검사의 청구가 부적법하다고 인정한 때에는 그 청구를 각하는 결정을 하여야 한다. 다만, 그 흠을 보정할 수 있는 경우에는 그러하지 아니하다.
② 제1항의 결정은 검사에게 송달하여야 한다.
③ 검사는 제1항의 결정에 대하여 즉시항고를 할 수 있다.

제5조【재판기일의 지정 등】 법 제54조제1항에 따른 청구가 이유 있다고 인정한 때에는 재판장은 재판기일을 정하여 체납자를 소환하고, 검사에게 그 기일을 통지하여야 한다.

제6조【감치의 재판 등】 ① 감치에 처하는 재판에는 체납된 과태료의 내용, 감치의 기간 및 감치의 기간이 만료되기 이전이라도 체납된 과태료가 납부된 때에는 감치의 집행이 종료된다는 뜻을 명확히 하여야 한다.
② 법원은 다음 각 호의 어느 하나에 해당하는 경우에는 감치의 청구를 기각하는 결정을 하여야 한다.
1. 법 제54조제1항에서 정한 요건에 해당하지 아니한 때
2. 체납자가 재판기일까지 체납된 과태료가 납부된 사실을 증명한 경우
3. 체납자를 감치에 처하는 것이 상당하지 아니하다고 인정하는 경우
③ 감치에 관한 재판서 또는 그 재판의 내용을 기재한 조서의 등본은 검사에게 송달하여야 한다.
④ 체납자가 재판기일에 출석하지 아니한 때에는 제1항과 제2항의 감치에 관한 재판서 또는 그 재판의 내용을 기재한 조서의 등본을 체납자에게 송달하여야 한다.
⑤ 검사는 제2항의 결정에 대하여 즉시항고를 할 수 있다.

제7조【즉시항고】 ① 법 제54조제3항에 따른 즉시항고는 재판의 선고일부터 1주 이내에 하여야 한다. 다만, 체납자가 출석하지 아니한 상태에서 감치의 재판을 선고한 때에는 재판서 또는 재판의 내용이 기재된 조서의 등본이 체납자에게 송달된 날부터 체납자의 즉시항고기간을 기산한다.
② 제1항의 경우 이외에 이 규칙에 따른 즉시항고는 검사가 감치에 관한 재판서 또는 그 재판의 내용을 기재한 조서의 등본을 송달받은 날부터 1주 이내에 하여야 한다.
③ 제1항과 제2항의 기간은 불변기간으로 한다.
④ 체납자가 책임질 수 없는 사유로 말미암아 불변기간을 지킬 수 없었던 경우에는 그 사유가 없어진 날부터 2주 이내에 즉시항고를 제기할 수 있다. 다만, 그 사유가 없어질 당시 외국에 있던 체납자에 대하여는 이 기간을 30일로 한다.
⑤ 즉시항고는 이유를 기재한 항고장을 재판법원에 제출함으로써 한다.
⑥ 제6조제3항, 제4항은 즉시항고 및 재항고에 대한 재판서에 이를 준용한다.

제8조【재항고】 항고법원의 결정에 대하여는 재판에 영향을 미친 헌법·법률·명령 또는 규칙의 위반을 이유로 드는 때에만 재항고할 수 있다.

제9조【집행지휘】 ① 감치에 처하는 재판의 집행은 검사가 지휘한다.
② 법원은 감치에 처하는 재판에 대하여 체납자의 즉시항고가 있는 경우 그 사실을 즉시 검사에게 통지하여야 한다.
③ 감치에 처하는 재판은 그 재판의 확정일부터 1년이 경과된 후에는 이를 집행할 수 없다.

제10조【감치기간의 계산】 감치의 기간은 감치에 처하는 재판의 집행 또는 그 집행을 위한 구인에 의하여 체납자가 실제로 구속된 날부터 기산하고, 초일은 그 시간에 불구하고 이를 1일로 산정한다.

제11조【감치의 집행방법】 감치에 처하는 재판을 받은 체납자를 감치시설에 유치하는 때에는 「형행법」 중 미결수용자에 대한 수용절차에 의한다.

제12조【과태료 납부에 의한 감치집행의 종료】 ① 법 제54조제1항에 따라 감치에 처하는 재판을 받은 자가 그 감치의 집행 중에 체납된 과태료가 납부된 사실을 증명하는 서면을 제출한 때에는 검사는 곧바로 체납자가 유치되어 있는 감치시설의 장에게 체납자의 석방을 지휘하여야 한다.
② 제1항의 석방지휘는 서면으로 하여야 한다. 다만, 긴급한 필요가 있는 경우에는 그러하지 아니하다.

제13조【준용규정】 ① 이 규칙에 따른 송달에 관하여는 「형사소송법」과 「형사소송규칙」 중 송달에 관한 규정을 준용한다.
② 법 제54조제1항에 따른 감치에 처하는 재판절차 및 그 밖의 사항에 관하여는 「법정등의질서유지를위한재판에관한규칙」 제6조, 제7조, 제8조, 제10조제1항, 제11조, 제15조, 제16조 내지 제18조, 제25조제1항·제2항·제5항의 규정을 준용한다.
③ 체납자가 항고한 사건에 대하여는 「법정등의질서유지를위한재판에관한규칙」 제15조의2의 규정을 준용한다.
④ 법 제54조제1항에 따른 감치에 처하는 재판의 집행절차에 관하여는 법 및 이 규칙에 특별한 규정이 있는 경우를 제외하고는 성질에 반하지 아니하는 한 「형사소송법」과 「형사소송규칙」 중 형의 집행에 관한 규정을 준용한다.

부 칙

이 규칙은 2008년 6월 22일부터 시행한다.

가정폭력범죄의 처벌 등에 관한 특례법(약칭 : 가정폭력처벌법)

(1997년 12월 13일
법 률 제5436호)

개정
1999. 1.21법 5676호
1999.12.31법 6082호(형사소송비용등에관한법)
2000. 1.12법 6151호(아동)
2002. 1.26법 6626호(민사소송법)
2002. 1.26법 6627호(민사집행법)
2002.12.18법 6783호 2005. 1.27법 7356호
2005. 3.31법 7427호(민법)
2006. 2.21법 7849호(제주자치법)
2007. 5.17법 8434호 2007. 8. 3법 8580호
2011. 4.12법10573호
2011. 6. 7법10789호(영유아보육법)
2011. 7.25법10921호
2011. 8. 4법11002호(아동)
2011. 8. 4법11005호(의료법)
2012. 1.17법11150호 2014. 1.28법12340호
2014.12.30법12877호
2015. 7.24법13426호(제주자치법)
2016. 1. 6법13719호(형법)
2016. 5.29법14224호(정신건강증진및정신질환자복지서비스지원에관한법)
2017.10.31법14962호 2020.10.20법17499호
2022.12.13법19068호

제1장 총 칙
(2011.4.12 본장개정)

제1조【목적】 이 법은 가정폭력범죄의 형사처벌 절차에 관한 특례를 정하고 가정폭력범죄를 범한 사람에 대하여 환경의 조정과 성행(性行)의 교정을 위한 보호처분을 함으로써 가정폭력범죄로 파괴된 가정의 평화와 안정을 회복하고 건강한 가정을 가꾸며 피해자와 가족구성원의 인권을 보호함을 목적으로 한다.

제2조【정의】 이 법에서 사용하는 용어의 뜻은 다음과 같다.
1. "가정폭력"이란 가정구성원 사이의 신체적, 정신적 또는 재산상 피해를 수반하는 행위를 말한다.
2. "가정구성원"이란 다음 각 목의 어느 하나에 해당하는 사람을 말한다.
가. 배우자(사실상 혼인관계에 있는 사람을 포함한다. 이하 같다) 또는 배우자였던 사람
나. 자기 또는 배우자와 직계존비속관계(사실상의 양친자관계를 포함한다. 이하 같다)에 있거나 있었던 사람
다. 계부모와 자녀의 관계 또는 적모(嫡母)와 서자(庶子)의 관계에 있거나 있었던 사람
라. 동거하는 친족
3. "가정폭력범죄"란 가정폭력으로서 다음 각 목의 어느 하나에 해당하는 죄를 말한다.
가. 「형법」 제2편제25장 상해와 폭행의 죄 중 제257조(상해, 존속상해), 제258조(중상해, 존속중상해), 제258조의2(특수상해), 제260조(폭행, 존속폭행)제1항·제2항, 제261조(특수폭행) 및 제264조(상습범)의 죄(2016.1.6 본목개정)
나. 「형법」 제2편제28장 유기와 학대의 죄 중 제271조(유기, 존속유기)제1항·제2항, 제272조(영아유기), 제273조(학대, 존속학대) 및 제274조(아동혹사)의 죄
다. 「형법」 제2편제29장 체포와 감금의 죄 중 제276조(체포, 감금, 존속체포, 존속감금), 제277조(중체포, 중감금, 존속중체포, 존속중감금), 제278조(특수체포, 특수감금), 제279조(상습범) 및 제280조(미수범)의 죄
라. 「형법」 제2편제30장 협박의 죄 중 제283조(협박, 존속협박)제1항·제2항, 제284조(특수협박), 제285조(상습범)(제283조의 죄에만 해당한다) 및 제286조(미수범)의 죄
마. 「형법」 제2편제32장 강간과 추행의 죄 중 제297조(강간), 제297조의2(유사강간), 제298조(강제추행), 제299조(준강간, 준강제추행), 제300조(미수범), 제301조(강간등 상해·치상), 제301조의2(강간등 살인·치사), 제302조(미성년자등에 대한 간음), 제305조(미성년자에 대한 간음, 추행), 제305조의2(상습범)(제297조, 제297조의2, 제298조부터 제300조까지의 죄에 한한다)의 죄(2014.12.30 본목개정)
바. 「형법」 제2편제33장 명예에 관한 죄 중 제307조(명예훼손), 제308조(사자의 명예훼손), 제309조(출판물등에 의한 명예훼손) 및 제311조(모욕)의 죄
사. 「형법」 제2편제36장 주거침입의 죄(2020.10.20 본목개정)
아. 「형법」 제2편제37장 권리행사를 방해하는 죄 중 제324조(강요) 및 제324조의5(미수범)(제324조의 죄에만 해당한다)의 죄
자. 「형법」 제2편제39장 사기와 공갈의 죄 중 제350조(공갈), 제350조의2(특수공갈) 및 제352조(미수범)(제350조, 제350조의2의 죄에만 해당한다)의 죄(2016.1.6 본목개정)
차. 「형법」 제2편제42장 손괴의 죄 중 제366조(재물손괴등) 및 제369조(특수손괴)제1항의 죄(2020.10.20 본목개정)

카. 「성폭력범죄의 처벌 등에 관한 특례법」 제14조(카메라 등을 이용한 촬영) 및 제15조(미수범)(제14조의 죄에만 해당한다)의 죄(2020.10.20 본목신설)
타. 「정보통신망 이용촉진 및 정보보호 등에 관한 법률」 제74조제1항제3호의 죄(2020.10.20 본목신설)
파. 가목부터 타목까지의 죄로서 다른 법률에 따라 가중처벌되는 죄(2020.10.20 본목개정)
4. "가정폭력행위자"란 가정폭력범죄를 범한 사람 및 가정구성원인 공범을 말한다.
5. "피해자"란 가정폭력범죄로 인하여 직접적으로 피해를 입은 사람을 말한다.
6. "가정보호사건"이란 가정폭력범죄로 인하여 이 법에 따른 보호처분의 대상이 되는 사건을 말한다.
7. "보호처분"이란 법원이 가정보호사건에 대하여 심리를 거쳐 가정폭력행위자에게 하는 제40조에 따른 처분을 말한다.
7의2. "피해자보호명령사건"이란 가정폭력범죄로 인하여 제55조의2에 따른 피해자보호명령의 대상이 되는 사건을 말한다.(2011.7.25 본호신설)
8. "아동"이란 「아동복지법」 제3조제1호에 따른 아동을 말한다.(2011.8.4 본호개정)

제3조 【다른 법률과의 관계】 가정폭력범죄에 대하여는 이 법을 우선 적용한다. 다만, 아동학대범죄에 대하여는 「아동학대범죄의 처벌 등에 관한 특례법」을 우선 적용한다.(2014.1.28 단서신설)

제3조의2 【형벌과 수강명령 등의 병과】 ① 법원은 가정폭력행위자에 대하여 유죄판결(선고유예는 제외한다)을 선고하거나 약식명령을 고지하는 경우에는 200시간의 범위에서 재범예방에 필요한 수강명령(「보호관찰 등에 관한 법률」에 따른 수강명령을 말한다. 이하 같다) 또는 가정폭력 치료프로그램의 이수명령(이하 "이수명령"이라 한다)을 병과할 수 있다.
② 가정폭력행위자에 대하여 제1항의 수강명령은 형의 집행을 유예할 경우에 그 집행유예기간 내에서 병과하고, 이수명령은 징역형의 실형 또는 벌금형을 선고하거나 약식명령을 고지할 경우에 병과한다.
③ 법원이 가정폭력행위자에 대하여 형의 집행을 유예하는 경우에는 제1항에 따른 수강명령 외에 그 집행유예기간 내에서 보호관찰 또는 사회봉사 중 하나 이상의 처분을 병과할 수 있다.
④ 제1항에 따른 수강명령 또는 이수명령은 형의 집행을 유예할 경우에는 그 집행유예기간 내에, 징역형의 실형을 선고할 경우에는 형기 내에, 벌금형을 선고하거나 약식명령을 고지할 경우에는 형 확정일부터 6개월 이내에 각각 집행한다.
⑤ 제1항에 따른 수강명령 또는 이수명령이 형의 집행유예 또는 벌금형과 병과된 경우에는 보호관찰소의 장이 집행하고, 징역형의 실형과 병과된 경우에는 교정시설의 장이 집행한다. 다만, 징역형의 실형과 병과된 이수명령을 모두 이행하기 전에 석방 또는 가석방되거나 미결구금일수 산입 등의 사유로 형을 집행할 수 없게 된 경우에는 보호관찰소의 장이 남은 이수명령을 집행한다.
⑥ 제1항에 따른 수강명령 또는 이수명령은 다음 각 호의 내용으로 한다.
1. 가정폭력 행동의 진단·상담
2. 가정구성원으로서의 기본 소양을 갖추게 하기 위한 교육
3. 그 밖에 가정폭력행위자의 재범예방을 위하여 필요한 사항
⑦ 형벌과 병과하는 보호관찰, 사회봉사, 수강명령 및 이수명령에 관하여 이 법에서 규정한 사항 외에는 「보호관찰 등에 관한 법률」을 준용한다.
(2020.10.20 본조신설)

제2장 가정보호사건

(2011.4.12 본장개정)

제1절 통 칙

제4조 【신고의무 등】 ① 누구든지 가정폭력범죄를 알게 된 경우에는 수사기관에 신고할 수 있다.
② 다음 각 호의 어느 하나에 해당하는 사람이 직무를 수행하면서 가정폭력범죄를 알게 된 경우에는 정당한 사유가 없으면 즉시 수사기관에 신고하여야 한다.
1. 아동의 교육과 보호를 담당하는 기관의 종사자와 그 기관장
2. 아동, 60세 이상의 노인, 그 밖에 정상적인 판단 능력이 결여된 사람의 치료 등을 담당하는 의료인 및 의료기관의 장
3. 「노인복지법」에 따른 노인복지시설, 「아동복지법」에 따른 아동복지시설, 「장애인복지법」에 따른 장애인복지시설의 종사자와 그 기관장
4. 「다문화가족지원법」에 따른 다문화가족지원센터의 전문인력과 그 장
5. 「결혼중개업의 관리에 관한 법률」에 따른 국제결혼중개업자와 그 종사자
6. 「소방기본법」에 따른 구조대·구급대의 대원
7. 「사회복지사업법」에 따른 사회복지 전담공무원
(2012.1.17 4호~7호신설)
8. 「건강가정기본법」에 따른 건강가정지원센터의 종사자와 그 센터의 장(2014.12.30 본호신설)
③ 「아동복지법」에 따른 아동상담소, 「가정폭력방지 및 피해자보호 등에 관한 법률」에 따른 가정폭력 관련 상담소 및 보호시설, 「성폭력방지 및 피해자보호 등에 관한 법률」에 따른 성폭력피해상담소 및 보호시설(이하 "상담소등"이라 한다)에 근무하는 상담원과 그 기관장은 피해자 또는 피해자의 법정대리인 등과의 상담을 통하여 가정폭력범죄를 알게 된 경우에는 가정폭력피해자의 명시적인 반대의견이 없으면 즉시 신고하여야 한다.
(2017.10.31 본항개정)
④ 누구든지 제1항부터 제3항까지의 규정에 따라 가정폭력범죄를 신고한 사람(이하 "신고자"라 한다)에게 그 신고행위를 이유로 불이익을 주어서는 아니 된다.

제5조 【가정폭력범죄에 대한 응급조치】 진행 중인 가정폭력범죄에 대하여 신고를 받은 사법경찰관리는 즉시 현장에 나가서 다음 각 호의 조치를 하여야 한다.
1. 폭력행위의 제지, 가정폭력행위자·피해자의 분리
(2020.10.20 본호개정)
1의2. 「형사소송법」 제212조에 따른 현행범인의 체포 등 범죄수사(2020.10.20 본호신설)
2. 피해자를 가정폭력 관련 상담소 또는 보호시설로 인도(피해자가 동의한 경우만 해당한다)
3. 긴급치료가 필요한 피해자를 의료기관으로 인도
4. 폭력행위 재발 시 제8조에 따라 임시조치를 신청할 수 있음을 통보
5. 제55조의2에 따른 피해자보호명령 또는 신변안전조치를 청구할 수 있음을 고지(2020.10.20 본호신설)

판례 112 신고를 받고 출동한 경찰이 가정폭력 피해자를 가해자로부터 분리조치할 때는 피해자의 동의를 필요로 하지 않는다. 설령 피해자가 분리조치를 희망하지 않거나 동의하지 않는다는 의사를 표명했더라도 경찰관이 현장의 상황에 따라 분리조치를 했다면 이는 적법하다.(대판 2022.8.11, 2022도2076)

제6조 【고소에 관한 특례】 ① 피해자 또는 그 법정대리인은 가정폭력행위자를 고소할 수 있다. 피해자의 법정대리인이 가정폭력행위자인 경우 또는 가정폭력행위자와 공동으로 가정폭력범죄를 범한 경우에는 피해자의 친족이 고소할 수 있다.
② 피해자는 「형사소송법」 제224조에도 불구하고 가정폭력행위자가 자기 또는 배우자의 직계존속인 경우에도 고소할 수 있다. 법정대리인이 고소하는 경우에도 또한 같다.
③ 피해자에게 고소할 법정대리인이나 친족이 없는 경우에 이해관계인이 신청하면 검사는 10일 이내에 고소할 수 있는 사람을 지정하여야 한다.

제7조 【사법경찰관의 사건 송치】 사법경찰관은 가정폭력범죄를 신속히 수사하여 사건을 검사에게 송치하여야 한다. 이 경우 사법경찰관은 해당 사건을 가정보호사건으로 처리하는 것이 적절한지에 관한 의견을 제시할 수 있다.

제8조 【임시조치의 청구 등】 ① 검사는 가정폭력범죄가 재발될 우려가 있다고 인정하는 경우에는 직권으로 또는 사법경찰관의 신청에 의하여 법원에 제29조제1항제1호·제2호 또는 제3호의 임시조치를 청구할 수 있다.
② 검사는 가정폭력행위자가 제1항의 청구에 의하여 결정된 임시조치를 위반하여 가정폭력범죄가 재발될 우려가 있다고 인정하는 경우에는 직권으로 또는 사법경찰관의 신청에 의하여 법원에 제29조제1항제5호의 임시조치를 청구할 수 있다.
③ 제1항 및 제2항의 경우 피해자 또는 그 법정대리인은 검사 또는 사법경찰관에게 제1항 및 제2항에 따른 임시조치의 청구 또는 그 신청을 요청하거나 이에 관하여 의견을 진술할 수 있다.
④ 제3항에 따른 요청을 받은 사법경찰관은 제1항 및 제2항에 따른 임시조치를 신청하지 아니하는 경우에는 검사에게 그 사유를 보고하여야 한다.

제8조의2 【긴급임시조치】 ① 사법경찰관은 제5조에 따른 응급조치에도 불구하고 가정폭력범죄가 재발될 우려가 있고, 긴급을 요하여 법원의 임시조치 결정을 받을 수 없을 때에는 직권 또는 피해자나 그 법정대리인의 신청에 의하여 제29조제1항제1호부터 제3호까지의 어느 하나에 해당하는 조치(이하 "긴급임시조치"라 한다)를 할 수 있다.
② 사법경찰관은 제1항에 따라 긴급임시조치를 한 경우에는 즉시 긴급임시조치결정서를 작성하여야 한다.
③ 제2항에 따른 긴급임시조치결정서에는 범죄사실의 요지, 긴급임시조치가 필요한 사유 등을 기재하여야 한다.
(2011.7.25 본조신설)

제8조의3 【긴급임시조치와 임시조치의 청구】 ① 사법경찰관이 제8조의2제1항에 따라 긴급임시조치를 한 때에는 지체 없이 검사에게 제8조에 따른 임시조치를 신청하고, 신청받은 검사는 법원에 임시조치를 청구하여야 한다. 이 경우 임시조치의 청구는 긴급임시조치를 한 때부터 48시간 이내에 청구하여야 하며, 제8조의2제2항에 따른 긴급임시조치결정서를 첨부하여야 한다.
② 제1항에 따라 임시조치를 청구하지 아니하거나 법원이 임시조치의 결정을 하지 아니한 때에는 즉시 긴급임시조치를 취소하여야 한다.
(2011.7.25 본조신설)

제9조 【가정보호사건의 처리】 ① 검사는 가정폭력범죄로서 사건의 성질·동기 및 결과, 가정폭력행위자의 성행 등을 고려하여 이 법에 따른 보호처분을 하는 것이 적절하다고 인정하는 경우에는 가정보호사건으로 처리할 수 있다. 이 경우 검사는 피해자의 의사를 존중하여야 한다.
② 다음 각 호의 경우에는 제1항을 적용할 수 있다.
1. 피해자의 고소가 있어야 공소를 제기할 수 있는 가정폭력범죄에서 고소가 없거나 취소된 경우
2. 피해자의 명시적인 의사에 반하여 공소를 제기할 수 없는 가정폭력범죄에서 피해자가 처벌을 희망하지 아니한다는 명시적 의사표시를 하였거나 처벌을 희망하는 의사표시를 철회한 경우

제9조의2 【상담조건부 기소유예】 검사는 가정폭력사건을 수사한 결과 가정폭력행위자의 성행 교정을 위하여 필요하다고 인정하는 경우에는 상담조건부 기소유예를 할 수 있다.

제10조 【관할】 ① 가정보호사건의 관할은 가정폭력행위자의 행위지, 거주지 또는 현재지를 관할하는 가정법원으로 한다. 다만, 가정법원이 설치되지 아니한 지역에서는 해당 지역의 지방법원(지원을 포함한다. 이하 같다)으로 한다.
② 가정보호사건의 심리와 결정은 단독판사(이하 "판사"라 한다)가 한다.

제11조 【검사의 송치】 ① 검사는 제9조에 따라 가정보호사건으로 처리하는 경우에는 그 사건을 관할 가정법원 또는 지방법원(이하 "법원"이라 한다)에 송치하여야 한다.
② 검사는 가정폭력범죄와 그 외의 범죄가 경합(競合)하는 경우에는 가정폭력범죄에 대한 사건만을 분리하여 관할 법원에 송치할 수 있다.

제12조 【법원의 송치】 법원은 가정폭력행위자에 대한 피고사건을 심리한 결과 이 법에 따른 보호처분을 하는 것이 적절하다고 인정하는 경우에는 결정으로 사건을 가정보호사건의 관할 법원에 송치할 수 있다. 이 경우 법원은 피해자의 의사를 존중하여야 한다.

제13조 【송치 시의 가정폭력행위자 처리】 ① 제11조제1항 또는 제12조에 따른 송치결정이 있는 경우 가정폭력행위자를 구금하고 있는 시설의 장은 검사의 이송지휘를 받은 때부터 제10조에 따른 관할 법원이 있는 시(특별시, 광역시 및 「제주특별자치도 설치 및 국제자유도시 조성을 위한 특별법」 제10조제2항에 따른 행정시를 포함한다. 이하 같다)·군에서는 24시간 이내에, 그 밖의 시·군에서는 48시간 이내에 가정폭력행위자를 관할 법원에 인도하여야 한다. 이 경우 법원은 가정폭력행위자에 대하여 제29조에 따른 임시조치 여부를 결정하여야 한다.
(2015.7.24 전단개정)
② 제1항에 따른 인도와 결정은 「형사소송법」 제92조, 제203조 또는 제205조의 구속기간 내에 이루어져야 한다.
③ 구속영장의 효력은 제1항 후단에 따라 임시조치 여부를 결정한 때에 상실된 것으로 본다.

제14조 【송치서】 ① 제11조 및 제12조에 따라 사건을 가정보호사건으로 송치하는 경우에는 송치서를 보내야 한다.
② 제1항의 송치서에는 가정폭력행위자의 성명, 주소, 생년월일, 직업, 피해자와의 관계 및 행위의 개요와 가정상황을 적고 그 밖의 참고자료를 첨부하여야 한다.

제15조 【이송】 ① 가정보호사건을 송치받은 법원은 사건이 그 관할에 속하지 아니하거나 적정한 조사·심리를 위하여 필요하다고 인정하는 경우에는 결정으로 그 사건을 즉시 다른 관할 법원에 이송하여야 한다.
② 법원은 제1항에 따른 이송결정을 한 경우에는 지체 없이 그 사유를 첨부하여 가정폭력행위자와 피해자 및 검사에게 통지하여야 한다.

제16조 【보호처분의 효력】 제40조에 따른 보호처분이 확정된 경우에는 그 가정폭력행위자에 대하여 같은 범죄사실로 다시 공소를 제기할 수 없다. 다만, 제46조에 따라 송치된 경우에는 그러하지 아니하다.

제17조 【공소시효의 정지와 효력】 ① 가정폭력범죄에 대한 공소시효는 해당 가정보호사건이 법원에 송치된 때부터 시효 진행이 정지된다. 다만, 다음 각 호의 어느 하나에 해당하는 경우에는 그 때부터 진행된다.
1. 해당 가정보호사건에 대한 제37조제1항의 처분을 하지 아니한다는 결정(제1호의 사유에 따른 결정만 해당한다)이 확정된 때
2. 해당 가정보호사건이 제27조제2항, 제37조제2항 및 제46조에 따라 송치된 때
② 공범 중 1명에 대한 제1항의 시효정지는 다른 공범자에게도 효력을 미친다.

제18조 【비밀엄수 등의 의무】 ① 가정폭력범죄의 수사 또는 가정보호사건의 조사·심리 및 그 집행을 담당하거나 이에 관여하는 공무원, 보조인, 상담소등에 근무하는 상담원과 그 기관장 및 제4조제2항제1호에 규정된 사람(그 직에 있었던 사람을 포함한다)은 그 직무상 알게 된 비밀을 누설하여서는 아니 된다.
② 이 법에 따른 가정보호사건에 대하여는 가정폭력행위자, 피해자, 고소인, 고발인 또는 신고인의 주소, 성명, 나이, 직업, 용모, 그 밖에 이들을 특정하여 파악할 수 있는 인적 사항이나 사진 등을 신문 등 출판물에 싣거나 방송매체를 통하여 방송할 수 없다.
③ 피해자가 보호하고 있는 아동이나 피해자인 아동의 교육 또는 보육을 담당하는 학교의 교직원 또는 보육교직원은 정당한 사유가 없으면 해당 아동의 취학, 진학, 전학 또는 입소(그 변경을 포함한다)의 사실을 가정폭력행위자인 친권자를 포함하여 누구에게든지 누설하여서는 아니 된다.(2011.6.7 본항개정)

제18조의2【「형사소송법」의 준용】 이 장에서 따로 정하지 아니한 사항에 대하여는 가정보호사건의 성질에 위배되지 아니하는 범위에서 「형사소송법」을 준용한다.

제2절 조사·심리

제19조【조사·심리의 방향】 법원은 가정보호사건을 조사·심리할 때에는 의학, 심리학, 사회학, 사회복지학, 그 밖의 전문적인 지식을 활용하여 가정폭력행위자, 피해자, 그 밖의 가정구성원의 성행, 경력, 가정 상황, 가정폭력범죄의 동기·원인 및 실태 등을 밝혀서 이 법의 목적을 달성할 수 있는 적정한 처분이 이루어지도록 노력하여야 한다.

제20조【가정보호사건조사관】 ① 가정보호사건을 조사·심리하기 위하여 법원에 가정보호사건조사관을 둔다.
② 가정보호사건조사관의 자격, 임면(任免), 그 밖에 필요한 사항은 대법원규칙으로 정한다.

제21조【조사명령 등】 ① 판사는 가정보호사건조사관, 그 법원의 소재지 또는 가정폭력행위자의 주거지를 관할하는 보호관찰소의 장에게 가정폭력행위자, 피해자 및 가정구성원에 대한 심문(審問)이나 그들의 정신·심리상태, 가정폭력범죄의 동기·원인 및 실태 등의 조사를 명하거나 요구할 수 있다.
② 제1항에 따라 판사가 보호관찰소의 장에게 하는 조사요구에 관하여는 「보호관찰 등에 관한 법률」 제19조제2항 및 제3항을 준용한다.

제22조【전문가의 의견 조회】 ① 법원은 정신건강의학과의사, 심리학자, 사회학자, 사회복지학자, 그 밖의 관련 전문가에게 가정폭력행위자, 피해자 또는 가정구성원의 정신·심리상태에 대한 진단소견 및 가정폭력범죄의 원인에 관한 의견을 조회할 수 있다.(2011.8.4 본항개정)
② 법원은 가정보호사건을 조사·심리할 때 제1항에 따른 의견 조회의 결과를 고려하여야 한다.

제23조【진술거부권의 고지】 판사 또는 가정보호사건조사관은 가정보호사건을 조사할 때에 미리 가정폭력행위자에 대하여 불리한 진술을 거부할 수 있음을 알려야 한다.

제24조【소환 및 동행영장】 ① 판사는 조사·심리에 필요하다고 인정하는 경우에는 기일을 지정하여 가정폭력행위자, 피해자, 가정구성원, 그 밖의 참고인을 소환할 수 있다.
② 판사는 가정폭력행위자가 정당한 이유 없이 제1항에 따른 소환에 응하지 아니하는 경우에는 동행영장을 발부할 수 있다.

제25조【긴급동행영장】 판사는 가정폭력행위자가 소환에 응하지 아니할 우려가 있거나 피해자 보호를 위하여 긴급히 필요하다고 인정하는 경우에는 제24조제1항에 따른 소환 없이 동행영장을 발부할 수 있다.

제26조【동행영장의 방식】 동행영장에는 가정폭력행위자의 성명, 생년월일, 주거, 행위의 개요, 인치(引致)하거나 수용할 장소, 유효기간 및 그 기간이 지난 후에는 집행에 착수하지 못하며 영장을 반환하여야 한다는 취지와 발부 연월일을 적고 판사가 서명·날인하여야 한다.

제27조【동행영장의 집행 등】 ① 동행영장은 가정보호사건조사관이나 법원의 법원서기관·법원사무관·법원주사·법원주사보(이하 "법원공무원"이라 한다) 또는 사법경찰관리로 하여금 집행하게 할 수 있다.
② 법원은 가정폭력행위자의 소재가 분명하지 아니하여 1년 이상 동행영장을 집행하지 못한 경우 사건을 관할 법원에 대응하는 검찰청 검사에게 송치할 수 있다.
③ 법원은 동행영장을 집행한 경우에는 그 사실을 즉시 가정폭력행위자의 법정대리인 또는 보조인에게 통지하여야 한다.

제28조【보조인】 ① 가정폭력행위자는 자신의 가정보호사건에 대하여 보조인을 선임(選任)할 수 있다.
② 변호사, 가정폭력행위자의 법정대리인·배우자·직계친족·형제자매, 상담소등의 상담원과 그 기관장은 보조인이 될 수 있다. 다만, 변호사가 아닌 사람을 보조인으로 선임하려면 법원의 허가를 받아야 한다.
③ 제2항에 따라 선임된 변호사가 아닌 보조인은 금품, 향응, 그 밖의 이익을 받거나 받을 것을 약속하거나 제3자에게 이를 제공하게 하거나 제공하게 할 것을 약속하여서는 아니 된다.
④ 법원은 가정폭력행위자가 「형사소송법」 제33조제1항 각 호의 어느 하나에 해당하는 경우에는 직권으로 변호사를 가정폭력행위자의 보조인으로 선임할 수 있다.
⑤ 제4항에 따라 선임된 보조인에게 지급하는 비용에 대하여는 「형사소송비용 등에 관한 법률」을 준용한다.

제29조【임시조치】 ① 판사는 가정보호사건의 원활한 조사·심리 또는 피해자 보호를 위하여 필요하다고 인정하는 경우에는 결정으로 가정폭력행위자에게 다음 각 호의 어느 하나에 해당하는 임시조치를 할 수 있다.
1. 피해자 또는 가정구성원의 주거 또는 점유하는 방실(房室)로부터의 퇴거 등 격리
2. 피해자 또는 가정구성원이나 그 주거·직장 등에서 100미터 이내의 접근 금지(2020.10.20 본호개정)
3. 피해자 또는 가정구성원에 대한 「전기통신기본법」 제2조제1호의 전기통신을 이용한 접근 금지
4. 의료기관이나 그 밖의 요양소에의 위탁
5. 국가경찰관서의 유치장 또는 구치소에의 유치
6. 상담소등에의 상담위탁(2020.10.20 본호신설)

② 동행영장에 의하여 동행한 가정폭력행위자 또는 제13조에 따라 인도된 가정폭력행위자에 대하여는 가정폭력행위자가 법원에 인치된 때부터 24시간 이내에 제1항의 조치 여부를 결정하여야 한다.
③ 법원은 제1항에 따른 조치를 결정한 경우에는 검사와 피해자에게 통지하여야 한다.
④ 법원은 제1항제4호 또는 제5호의 조치를 한 경우에는 그 사실을 가정폭력행위자의 보조인이 있는 경우에는 보조인에게, 보조인이 없는 경우에는 법정대리인 또는 가정폭력행위자가 지정한 사람에게 통지하여야 한다. 이 경우 제1항제5호의 조치를 하였을 때에는 가정폭력행위자에게 변호사 등 보조인을 선임할 수 있으며 제49조제1항의 항고를 제기할 수 있음을 고지하여야 한다.
⑤ 제1항제1호부터 제3호까지의 임시조치기간은 2개월, 같은 항 제4호부터 제6호까지의 임시조치기간은 1개월을 초과할 수 없다. 다만, 피해자의 보호를 위하여 그 기간을 연장할 필요가 있다고 인정하는 경우에는 결정으로 제1항제1호부터 제3호까지의 임시조치는 두 차례만, 같은 항 제4호부터 제6호까지의 임시조치는 한 차례만 각 기간의 범위에서 연장할 수 있다.(2020.10.20 본항개정)
⑥ 제1항제4호의 위탁을 하는 경우에는 의료기관 등의 장에게 가정폭력행위자를 보호하는 데에 필요한 사항을 부과할 수 있다.
⑦ 민간이 운영하는 의료기관 등에 위탁하려는 경우에는 제6항에 따라 부과할 사항을 그 의료기관 등의 장에게 미리 고지하고 동의를 받아야 한다.
⑧ 제1항제6호에 따른 상담을 한 상담소등의 장은 그 결과보고서를 판사와 검사에게 제출하여야 한다.
(2020.10.20 본항신설)
⑨ 판사는 제1항 각 호에 규정된 임시조치의 결정을 한 경우에는 가정보호사건조사관, 법원공무원, 사법경찰관리 또는 구치소 소속 교정직공무원으로 하여금 집행하게 할 수 있다.
⑩ 가정폭력행위자, 그 법정대리인이나 보조인은 제1항에 따른 임시조치 결정의 취소 또는 그 종류의 변경을 신청할 수 있다.
⑪ 판사는 직권으로 또는 제10항에 따른 신청에 정당한 이유가 있다고 인정하는 경우에는 결정으로 해당 임시조치를 취소하거나 그 종류를 변경할 수 있다.(2020.10.20 본항개정)
⑫ 제1항제4호 및 제6호의 위탁의 대상이 되는 의료기관, 요양소 및 상담소등의 기준과 그 밖에 필요한 사항은 대법원규칙으로 정한다.(2020.10.20 본항개정)

제29조의2【임시조치의 집행 등】 ① 제29조제9항에 따라 임시조치 결정을 집행하는 사람은 가정폭력행위자에게 임시조치의 내용, 불복방법 등을 고지하여야 한다.
(2020.10.20 본항개정)
② 피해자 또는 가정구성원은 제29조제1항제1호 및 제2호의 임시조치 후 주거나 직장 등을 옮긴 경우에는 관할 법원에 임시조치 결정의 변경을 신청할 수 있다.

제30조【심리기일의 지정】 ① 판사는 심리기일을 지정하고 가정폭력행위자를 소환하여야 한다. 이 경우 판사는 가정보호사건의 요지 및 보조인을 선임할 수 있다는 취지를 미리 고지하여야 한다.
② 제1항의 심리기일은 보조인과 피해자에게 통지하여야 한다.

제31조【심리기일의 변경】 판사는 직권으로 또는 가정폭력행위자나 보조인의 청구에 의하여 심리기일을 변경할 수 있다. 이 경우 변경된 기일을 가정폭력행위자, 피해자 및 보조인에게 통지하여야 한다.

제32조【심리의 비공개】 ① 판사는 가정보호사건을 심리할 때 사생활 보호나 가정의 평화와 안정을 위하여 필요하거나 선량한 풍속을 해칠 우려가 있다고 인정하는 경우에는 결정으로 심리를 공개하지 아니할 수 있다.
② 증인으로 소환된 피해자 또는 가정구성원은 사생활 보호나 가정의 평화와 안정의 회복을 이유로 하여 판사에게 증인신문(證人訊問)의 비공개를 신청할 수 있다. 이 경우 판사는 그 허가 여부와 공개법정 외의 장소에서의 신문 등 증인신문의 방식 및 장소에 관하여 결정을 할 수 있다.

제33조【피해자의 진술권 등】 ① 법원은 피해자가 신청하는 경우에는 그 피해자를 증인으로 신문하여야 한다. 다만, 다음 각 호의 어느 하나에 해당하는 경우에는 그러하지 아니하다.
1. 신청인이 이미 심리 절차에서 충분히 진술하여 다시 진술할 필요가 없다고 인정되는 경우
2. 신청인의 진술로 인하여 심리 절차가 현저하게 지연될 우려가 있는 경우

② 법원은 제1항에 따라 피해자를 신문하는 경우에는 해당 가정보호사건에 관한 의견을 진술할 기회를 주어야 한다.
③ 법원은 심리를 할 때에 필요하다고 인정하는 경우에는 피해자 또는 가정보호사건조사관에게 의견 진술 또는 자료 제출을 요구할 수 있다. 이 경우 판사는 공정한 의견 진술 등을 위하여 필요하다고 인정할 때에는 가정폭력행위자의 퇴장을 명할 수 있다.
④ 제1항부터 제3항까지의 경우 피해자는 변호사, 법정대리인, 배우자, 직계친족, 형제자매, 상담소등의 상담원 또는 그 기관장으로 하여금 대리하여 의견을 진술하게 할 수 있다.
⑤ 제1항에 따른 신청인이 소환을 받고도 정당한 이유 없이 출석하지 아니한 경우에는 그 신청을 철회한 것으로 본다.

제34조【증인신문·감정·통역·번역】 ① 법원은 증인을 신문하고 감정(鑑定)을 명하며 통역 또는 번역을 하게 할 수 있다.
② 제1항의 경우에는 가정보호사건의 성질에 위배되지 아니하는 범위에서 「형사소송법」 중 법원의 증인신문과 감정, 통역 및 번역에 관한 규정을 준용한다.
③ 증인, 감정인, 통역인, 번역인에게 지급하는 비용, 숙박료, 그 밖의 비용에 대하여는 「형사소송법」 중 비용에 관한 규정 및 「형사소송비용 등에 관한 법률」을 준용한다.

제35조【검증, 압수 및 수색】 ① 법원은 검증, 압수 및 수색을 할 수 있다.
② 제1항의 경우에는 가정보호사건의 성질에 위배되지 아니하는 범위에서 「형사소송법」 중 법원의 검증, 압수 및 수색에 관한 규정을 준용한다.

제36조【협조와 원조】 ① 법원은 가정보호사건의 조사·심리에 필요한 경우 관계 행정기관, 상담소등 또는 의료기관, 그 밖의 단체에 협조와 원조를 요청할 수 있다.
② 제1항의 요청을 받은 관계 행정기관, 상담소등 또는 의료기관, 그 밖의 단체가 그 요청을 거부할 때에는 정당한 이유를 제시하여야 한다.

제37조【처분을 하지 아니한다는 결정】 ① 판사는 가정보호사건을 심리한 결과 다음 각 호의 어느 하나에 해당하는 경우에는 처분을 하지 아니한다는 결정을 하여야 한다.
1. 보호처분을 할 수 없거나 할 필요가 없다고 인정하는 경우
2. 사건의 성질·동기 및 결과, 가정폭력행위자의 성행, 습벽(習癖) 등에 비추어 가정보호사건으로 처리하는 것이 적당하지 아니하다고 인정하는 경우

② 법원은 제1항제2호의 사유로 처분을 하지 아니한다는 결정을 한 경우에는 다음 각 호의 구분에 따라 처리하여야 한다.
1. 제11조에 따라 검사가 송치한 사건인 경우에는 관할 법원에 대응하는 검찰청의 검사에게 송치
2. 제12조에 따라 법원이 송치한 사건인 경우에는 송치한 법원에 이송

③ 제1항에 따른 결정을 한 경우에는 이를 가정폭력행위자, 피해자 및 검사에게 통지하여야 한다.

제38조【처분의 기간 등】 가정보호사건은 다른 쟁송보다 우선하여 신속히 처리하여야 한다. 이 경우 처분의 결정은 특별한 사유가 없으면 송치받은 날부터 3개월 이내에, 이송받은 경우에는 이송받은 날부터 3개월 이내에 하여야 한다.

제39조【위임규정】 가정보호사건의 조사·심리에 필요한 사항은 대법원규칙으로 정한다.

제3절 보호처분

제40조【보호처분의 결정 등】 ① 판사는 심리의 결과 보호처분이 필요하다고 인정하는 경우에는 결정으로 다음 각 호의 어느 하나에 해당하는 처분을 할 수 있다.
1. 가정폭력행위자가 피해자 또는 가정구성원에게 접근하는 행위의 제한
2. 가정폭력행위자가 피해자 또는 가정구성원에게 「전기통신기본법」 제2조제1호의 전기통신을 이용하여 접근하는 행위의 제한
3. 가정폭력행위자가 친권자인 경우 피해자에 대한 친권 행사의 제한
4. 「보호관찰 등에 관한 법률」에 따른 사회봉사·수강명령
5. 「보호관찰 등에 관한 법률」에 따른 보호관찰
6. 법무부장관 소속으로 설치한 감호위탁시설 또는 법무부장관이 정하는 보호시설에의 감호위탁(2022.12.13 본호개정)
7. 의료기관에의 치료위탁
8. 상담소등에의 상담위탁

② 제1항 각 호의 처분은 병과(倂科)할 수 있다.
③ 제1항제3호의 처분을 하는 경우에는 피해자를 다른 친권자나 친족 또는 적당한 시설로 인도할 수 있다.
④ 법원은 보호처분의 결정을 한 경우에는 지체 없이 그 사실을 검사, 가정폭력행위자, 피해자, 보호관찰관 및 보호처분을 위탁받아 하는 보호시설, 의료기관 또는 상담소등(이하 "수탁기관"이라 한다)의 장에게 통지하여야 한다. 다만, 수탁기관이 민간에 의하여 운영되는 기관인 경우에는 그 기관의 장으로부터 수탁에 대한 동의를 받아야 한다.
⑤ 제1항제4호부터 제8호까지의 처분을 한 경우에는 가정폭력행위자의 교정에 필요한 참고자료를 보호관찰관 또는 수탁기관의 장에게 보내야 한다.
⑥ 제1항제6호의 감호위탁기관은 가정폭력행위자에 대하여 그 성행을 교정하기 위한 교육을 하여야 한다.

제41조【보호처분의 기간】 제40조제1항제1호부터 제3호까지 및 제5호부터 제8호까지의 보호처분의 기간은 6개월을 초과할 수 없으며, 같은 항 제4호의 사회봉사·수강명령의 시간은 200시간을 각각 초과할 수 없다.

제42조【몰수】 판사는 보호처분을 하는 경우에 결정으로 가정폭력범죄에 제공하거나 제공하려고 한 물건으로

서 가정폭력행위자 외의 자의 소유에 속하지 아니하는 물건을 몰수할 수 있다.

제43조【보호처분 결정의 집행】 ① 법원은 가정보호사건조사관, 법원공무원, 사법경찰관리, 보호관찰관 또는 수탁기관 소속 직원으로 하여금 보호처분의 결정을 집행하게 할 수 있다.
② 보호처분의 집행에 관하여 이 법에서 정하지 아니한 사항에 대하여는 가정보호사건의 성질에 위배되지 아니하는 범위에서 「형사소송법」, 「보호관찰 등에 관한 법률」 및 「정신건강증진 및 정신질환자 복지서비스 지원에 관한 법률」을 준용한다.(2016.5.29 본항개정)

제44조【보고와 의견 제출 등】 법원은 제40조제1항제4호부터 제8호까지의 보호처분을 결정한 경우에는 보호관찰관 또는 수탁기관의 장에게 가정폭력행위자에 관한 보고서 또는 의견서 제출을 요구할 수 있고, 그 집행에 대하여 필요한 지시를 할 수 있다.

제45조【보호처분의 변경】 ① 법원은 보호처분이 진행되는 동안 필요하다고 인정하는 경우에는 직권으로 또는 검사, 보호관찰관 또는 수탁기관의 장의 청구에 의하여 결정으로 한 차례만 보호처분의 종류와 기간을 변경할 수 있다.
② 제1항에 따라 보호처분의 종류와 기간을 변경하는 경우 종전의 처분기간을 합산하여 제40조제1항제1호부터 제3호까지 및 제5호부터 제8호까지의 보호처분의 기간은 1년을, 같은 항 제4호의 사회봉사·수강명령의 시간은 400시간을 각각 초과할 수 없다.
③ 제1항의 처분변경 결정을 한 경우에는 지체 없이 그 사실을 검사, 가정폭력행위자, 법정대리인, 보조인, 피해자, 보호관찰관 및 수탁기관에 통지하여야 한다.

제46조【보호처분의 취소】 법원은 보호처분을 받은 가정폭력행위자가 제40조제1항제4호부터 제8호까지의 보호처분 결정을 이행하지 아니하거나 그 집행에 따르지 아니하면 직권으로 또는 검사, 피해자, 보호관찰관 또는 수탁기관의 장의 청구에 의하여 결정으로 그 보호처분을 취소하고 다음 각 호의 구분에 따라 처리하여야 한다.
1. 제11조에 따라 검사가 송치한 사건인 경우에는 관할 법원에 대응하는 검찰청의 검사에게 송치
2. 제12조에 따라 법원이 송치한 사건인 경우에는 송치한 법원에 이송

제47조【보호처분의 종료】 법원은 가정폭력행위자의 성행이 교정되어 정상적인 가정생활이 유지될 수 있다고 판단되거나 그 밖에 보호처분을 계속할 필요가 없다고 인정하는 경우에는 직권으로 또는 검사, 피해자, 보호관찰관 또는 수탁기관의 장의 청구에 의하여 결정으로 보호처분의 전부 또는 일부를 종료할 수 있다.

제48조【비용의 부담】 ① 제29조제1항제4호 및 제6호의 위탁 결정 또는 제40조제1항제7호 및 제8호의 보호처분을 받은 가정폭력행위자는 위탁 또는 보호처분에 필요한 비용을 부담한다. 다만, 가정폭력행위자가 지급할 능력이 없는 경우에는 국가가 부담할 수 있다.(2020.10.20 본문개정)
② 판사는 가정폭력행위자에게 제1항 본문에 따른 비용의 예납(豫納)을 명할 수 있다.
③ 제1항에 따라 가정폭력행위자가 부담할 비용의 계산, 청구 및 지급 절차, 그 밖에 필요한 사항은 대법원규칙으로 정한다.

제4절 항고와 재항고

제49조【항고】 ① 제8조 또는 제29조에 따른 임시조치(연장 또는 변경의 결정을 포함한다. 이하 같다), 제40조의 보호처분, 제45조의 보호처분의 변경 및 제46조의 보호처분의 취소에 있어서 그 결정에 영향을 미칠 법령 위반이 있거나 중대한 사실 오인(誤認)이 있는 경우 또는 그 결정이 현저히 부당한 경우에는 검사, 가정폭력행위자, 법정대리인 또는 보조인은 가정법원 본원합의부에 항고할 수 있다. 다만, 가정법원이 설치되지 아니한 지역에서는 지방법원 본원합의부에 하여야 한다.
② 법원이 제37조에 따라 처분을 하지 아니한다는 결정을 한 경우 그 결정이 현저히 부당할 때에는 검사, 피해자 또는 그 법정대리인은 항고할 수 있다. 이 경우 항고법원에 관하여는 제1항을 준용한다.
③ 항고는 그 결정을 고지받은 날부터 7일 이내에 하여야 한다.

제50조【항고장의 제출】 ① 항고를 할 때에는 항고장을 원심 법원에 제출하여야 한다.
② 항고장을 받은 법원은 3일 이내에 의견서를 첨부하여 기록을 항고법원에 보내야 한다.

제51조【항고의 재판】 ① 항고법원은 항고의 절차가 법률에 위반되거나 항고가 이유 없다고 인정하는 경우에는 결정으로 항고를 기각(棄却)하여야 한다.
② 항고법원은 항고가 이유 있다고 인정하는 경우에는 원결정(原決定)을 취소하고 사건을 원심법원에 환송하거나 다른 관할 법원에 이송하여야 한다. 이 경우 환송 또는 이송하기에 급박하거나 그 밖에 필요하다고 인정할 때에는 원결정을 파기하고 스스로 적절한 임시조치, 처분을 하지 아니한다는 결정 또는 보호처분의 결정을 할 수 있다.

제52조【재항고】 ① 항고의 기각 결정에 대하여는 그 결정이 법령에 위반된 경우에만 대법원에 재항고를 할 수 있다.
② 제1항의 재항고에 관하여는 제49조제3항을 준용한다.

제53조【집행의 부정지】 항고와 재항고는 결정의 집행을 정지하는 효력이 없다.

제54조【종결된 사건 기록 등의 송부】 법원은 가정보호사건이 종결된 경우에는 지체 없이 사건기록과 결정서를 대응하는 검찰청 검사에게 보내야 한다.

제3장 피해자보호명령
(2011.7.25 본장신설)

제55조【피해자보호명령사건의 관할】 ① 피해자보호명령사건의 관할은 가정폭력행위자의 행위지·거주지 또는 현재지 및 피해자의 거주지 또는 현재지를 관할하는 가정법원으로 한다. 다만, 가정법원이 설치되지 아니하는 지역에 있어서는 해당 지역의 지방법원으로 한다.
② 피해자보호명령사건의 심리와 결정은 판사가 한다.

제55조의2【피해자보호명령 등】 ① 판사는 피해자의 보호를 위하여 필요하다고 인정하는 때에는 피해자, 그 법정대리인 또는 검사의 청구에 따라 결정으로 가정폭력행위자에게 다음 각 호의 어느 하나에 해당하는 피해자보호명령을 할 수 있다.(2020.10.20 본문개정)
1. 피해자 또는 가정구성원의 주거 또는 점유하는 방실로부터의 퇴거 등 격리
2. 피해자 또는 가정구성원이나 그 주거·직장 등에서 100미터 이내의 접근금지(2020.10.20 본호개정)
3. 피해자 또는 가정구성원에 대한 「전기통신사업법」 제2조제1호의 전기통신을 이용한 접근금지
4. 친권자인 가정폭력행위자의 피해자에 대한 친권행사의 제한
5. 가정폭력행위자의 피해자에 대한 면접교섭권행사의 제한(2020.10.20 본호신설)

② 제1항 각 호의 피해자보호명령은 이를 병과할 수 있다.
③ 피해자, 그 법정대리인 또는 검사는 제1항에 따른 피해자보호명령의 취소 또는 그 종류의 변경을 신청할 수 있다.(2020.10.20 본항개정)
④ 판사는 직권 또는 제3항에 따른 신청에 상당한 이유가 있다고 인정하는 때에는 결정으로 해당 피해자보호명령을 취소하거나 그 종류를 변경할 수 있다.
⑤ 법원은 피해자의 보호를 위하여 필요하다고 인정하는 경우에는 피해자 또는 그 법정대리인의 청구 또는 직권으로 일정 기간 동안 검사에게 피해자에 대하여 다음 각 호의 어느 하나에 해당하는 신변안전조치를 하도록 요청할 수 있다. 이 경우 검사는 피해자의 주거지 또는 현재지를 관할하는 경찰서장에게 신변안전조치를 하도록 요청할 수 있으며, 해당 경찰서장은 특별한 사유가 없으면 이에 따라야 한다.
1. 가정폭력행위자를 상대방 당사자로 하는 가정보호사건, 피해자보호명령사건 및 그 밖의 가사소송절차에 참석하기 위하여 법원에 출석하는 피해자에 대한 신변안전조치
2. 자녀에 대한 면접교섭권을 행사하는 피해자에 대한 신변안전조치
3. 그 밖에 피해자의 신변안전을 위하여 대통령령으로 정하는 조치

(2014.12.30 본항신설)
⑥ 제5항에 따른 신변안전조치의 집행방법, 기간, 절차, 그 밖에 필요한 사항은 대통령령으로 정한다.
(2014.12.30 본항신설)
(2014.12.30 본조제목개정)

제55조의3【피해자보호명령의 기간】 ① 제55조의2제1항 각 호의 피해자보호명령의 기간은 1년을 초과할 수 없다. 다만, 피해자의 보호를 위하여 그 기간의 연장이 필요하다고 인정하는 경우에는 직권이나 피해자, 그 법정대리인 또는 검사의 청구에 따른 결정으로 2개월 단위로 연장할 수 있다.
② 제1항 및 제55조의2제3항에 따라 피해자보호명령의 기간을 연장하거나 그 종류를 변경하는 경우 종전의 처분기간을 합산하여 3년을 초과할 수 없다.
(2020.10.20 본조개정)

제55조의4【임시보호명령】 ① 판사는 제55조의2제1항에 따른 피해자보호명령의 청구가 있는 경우에 피해자의 보호를 위하여 필요하다고 인정하는 경우에는 결정으로 제55조의2제1항 각 호의 어느 하나에 해당하는 임시보호명령을 할 수 있다.
② 임시보호명령의 기간은 피해자보호명령의 결정 시까지로 한다. 다만, 판사는 필요하다고 인정하는 경우에 그 기간을 제한할 수 있다.
③ 임시보호명령의 취소 또는 그 종류의 변경에 대하여는 제55조의2제3항 및 제4항을 준용한다. 이 경우 "피해자보호명령"은 "임시보호명령"으로 본다.

제55조의5【이행실태의 조사】 ① 법원은 가정보호사건조사관, 법원공무원, 사법경찰관리 또는 보호관찰관 등으로 하여금 임시보호명령 및 피해자보호명령의 이행실태에 대하여 수시로 조사하게 하고, 지체 없이 그 결과를 보고하도록 할 수 있다.
② 법원은 임시보호명령 또는 피해자보호명령을 받은 가정폭력행위자가 그 결정을 이행하지 아니하거나 집행에 따르지 아니하는 때에는 그 사실을 관할법원에 대응하는 검찰청 검사에게 통보할 수 있다.

제55조의6【병합심리】 법원은 다음 각 호의 어느 하나에 해당하는 경우에는 피해자보호명령사건과 가정보호사건을 병합하여 심리할 수 있다.
1. 가정폭력행위자 또는 피해자가 각각 동일인인 경우
2. 그 밖에 사건의 관련성이 인정되어 병합하여 심리할 필요성이 있는 경우

제55조의7【준용】 피해자보호명령의 조사·심리에 관하여는 제19조부터 제22조까지, 제30조부터 제32조까지, 제34조부터 제36조까지의 규정을 준용한다.

제55조의8【항고와 재항고】 ① 제55조의2에 따른 피해자보호명령(제55조의3에 따른 연장의 결정을 포함한다) 및 그 취소 또는 종류의 변경, 제55조의4에 따른 임시보호명령 및 그 취소 또는 그 종류의 변경에 있어서 그 결정에 영향을 미칠 법령위반이 있거나 중대한 사실오인이 있는 때 또는 그 결정이 현저히 부당한 때에는 검사, 피해자, 가정폭력행위자, 법정대리인 또는 보조인은 가정법원본원합의부에 항고할 수 있다. 다만, 가정법원이 설치되지 아니한 지역에서는 지방법원본원합의부에 하여야 한다.
(2020.10.20 본문개정)
② 판사가 피해자보호명령을 기각한 경우 피해자, 그 법정대리인 또는 검사는 항고할 수 있다. 이 경우 항고법원에 관하여는 제1항을 준용한다.(2020.10.20 전단개정)
③ 피해자보호명령 등의 항고 및 재항고에 관하여는 제49조제3항, 제50조부터 제54조까지의 규정을 준용한다.

제55조의9【위임규정】 피해자보호명령사건의 조사·심리에 필요한 사항은 대법원규칙으로 정한다.

제4장 민사처리에 관한 특례
(2011.4.12 본장개정)

제56조【배상신청】 ① 피해자는 가정보호사건이 계속(繫屬)된 제1심 법원에 제57조의 배상명령을 신청할 수 있다. 이 경우 인지를 붙이지 아니한다.
② 제1항의 경우 「소송촉진 등에 관한 특례법」 제26조제2항부터 제8항까지의 규정을 준용한다.

제57조【배상명령】 ① 법원은 제1심의 가정보호사건 심리 절차에서 보호처분을 선고할 경우 직권으로 또는 피해자의 신청에 의하여 다음 각 호의 금전 지급이나 배상(이하 "배상"이라 한다)을 명할 수 있다.
1. 피해자 또는 가정구성원의 부양에 필요한 금전의 지급
2. 가정보호사건으로 인하여 발생한 직접적인 물적 피해 및 치료비 손해의 배상

② 법원은 가정보호사건에서 가정폭력행위자와 피해자 사이에 합의된 배상액에 관하여도 제1항에 따라 배상을 명할 수 있다.
③ 제1항의 경우에는 「소송촉진 등에 관한 특례법」 제25조제3항(제2호의 경우는 제외한다)을 준용한다.

제58조【배상명령의 선고】 ① 배상명령은 보호처분의 결정과 동시에 하여야 한다.
② 배상명령은 일정액의 금전지급을 명함으로써 하고 배상의 대상과 금액을 보호처분 결정서의 주문(主文)에 표시하여야 한다. 이 경우 배상명령의 이유는 특히 필요하다고 인정되는 경우가 아니면 적지 아니할 수 있다.
③ 배상명령은 가집행할 수 있음을 선고할 수 있다.
④ 제3항의 경우에는 「민사소송법」 제213조제3항, 제215조, 제500조 및 제501조를 준용한다.
⑤ 배상명령을 한 경우에는 보호처분 결정서의 정본(正本)을 가정폭력행위자와 피해자에게 지체 없이 송달하여야 한다.

제59조【신청의 각하】 ① 배상신청이 부적법한 경우 또는 그 신청이 이유 없거나 배상명령을 하는 것이 적절하지 아니하다고 인정되는 경우에는 결정으로 각하(却下)하여야 한다.
② 보호처분의 결정과 동시에 제1항의 재판을 할 때에는 이를 보호처분 결정서의 주문에 표시할 수 있다.
③ 신청을 각하하거나 그 일부를 인용(認容)한 재판에 대하여 신청인은 불복을 신청하지 못하며 다시 동일한 배상신청을 할 수 없다.

제60조【불복】 ① 보호처분에 대한 항고가 있는 경우에는 배상명령은 가정보호사건과 함께 항고심에 이심(移審)된다. 보호처분에 대한 재항고가 있는 경우에도 또한 같다.
② 항고심에서 제1심 결정을 유지하는 경우에도 배상명령에 대하여는 취소하거나 변경할 수 있다.
③ 가정폭력행위자는 보호처분 결정에 대하여 항고하지 아니하고 배상명령에 대하여만 항고할 수 있다. 이 경우 항고는 7일 이내에 하여야 한다.
④ 제3항에 따른 항고의 기각결정에 대하여는 그 결정이 법령에 위반된 경우에만 대법원에 7일 이내에 재항고할 수 있다. 제1항 전단에 따른 항고심 결정에 대하여 배상명령에 대하여만 재항고하는 경우에도 또한 같다.
⑤ 제1항, 제3항 및 제4항에 따른 항고와 재항고는 배상명령의 집행을 정지하는 효력이 없다.

제61조【배상명령의 효력과 강제집행】 ① 확정된 배상명령 또는 가집행선고가 있는 배상명령이 적혀 있는 보호처분 결정서의 정본은 「민사집행법」에 따른 강제집행에 관하여는 집행력 있는 민사판결 정본과 동일한 효력이 있다.
② 이 법에 따른 배상명령이 확정된 경우에는 그 인용금액의 범위에서 피해자는 다른 절차에 따른 손해배상을 청구할 수 없다.

제62조【다른 법률의 준용】 이 장에서 정하지 아니한 사항에 대하여는 「소송촉진 등에 관한 특례법」과 「민사소송법」의 관련 규정(「민사소송법」 제162조제2항은 제외한다)을 준용한다.

제5장 벌 칙
(2011.4.12 본장개정)

제63조【보호처분 등의 불이행죄】 ① 다음 각 호의 어느 하나에 해당하는 가정폭력행위자는 2년 이하의 징역 또는 2천만원 이하의 벌금 또는 구류(拘留)에 처한다.
1. 제40조제1항제1호부터 제3호까지의 어느 하나에 해당하는 보호처분이 확정된 후에 이를 이행하지 아니한 가정폭력행위자
2. 제55조의2에 따른 피해자보호명령 또는 제55조의4에 따른 임시보호명령을 받고 이를 이행하지 아니한 가정폭력행위자

② 정당한 사유 없이 제29조제1항제1호부터 제3호까지의 어느 하나에 해당하는 임시조치를 이행하지 아니한 가정폭력행위자는 1년 이하의 징역 또는 1천만원 이하의 벌금 또는 구류에 처한다.(2020.10.20 본항신설)
③ 상습적으로 제1항 및 제2항의 죄를 범한 가정폭력행위자는 3년 이하의 징역이나 3천만원 이하의 벌금에 처한다.(2020.10.20 본항개정)
④ 제3조의2제1항에 따라 이수명령을 부과받은 사람이 보호관찰소의 장 또는 교정시설의 장의 이수명령 이행에 관한 지시에 불응하여 「보호관찰 등에 관한 법률」 또는 「형의 집행 및 수용자의 처우에 관한 법률」에 따른 경고를 받은 후 재차 정당한 사유 없이 이수명령 이행에 관한 지시에 불응한 경우 다음 각 호에 따른다.
1. 벌금형과 병과된 경우에는 500만원 이하의 벌금에 처한다.
2. 징역형의 실형과 병과된 경우에는 1년 이하의 징역 또는 1천만원 이하의 벌금에 처한다.

(2020.10.20 본항신설)
(2011.7.25 본조개정)

제64조【비밀엄수 등 의무의 위반죄】 ① 제18조제1항에 따른 비밀엄수 의무를 위반한 보조인(변호사는 제외한다), 상담소등의 상담원 또는 그 기관장(그 직에 있었던 사람을 포함한다)은 1년 이하의 징역이나 2년 이하의 자격정지 또는 1천만원 이하의 벌금에 처한다.
② 제18조제2항의 보도 금지 의무를 위반한 신문의 편집인·발행인 또는 그 종사자, 방송사의 편집책임자, 그 기관장 또는 종사자, 그 밖의 출판물의 저작자와 발행인은 500만원 이하의 벌금에 처한다.

제65조【과태료】 다음 각 호의 어느 하나에 해당하는 사람에게는 500만원 이하의 과태료를 부과한다.
1. 정당한 사유 없이 제24조제1항에 따른 소환에 응하지 아니한 사람
2. 정당한 사유 없이 제44조에 따른 보고서 또는 의견서 제출 요구에 따르지 아니한 사람
3. 정당한 사유 없이 검사나 법원이 가정보호사건으로 송치한 제9조 또는 제12조에 따른 가정보호사건으로서 제40조제1항제4호부터 제8호까지의 보호처분이 확정된 후 이를 이행하지 아니하거나 집행에 따르지 아니한 사람
4. (2020.10.20 삭제)

제66조【과태료】 다음 각 호의 어느 하나에 해당하는 사람에게는 300만원 이하의 과태료를 부과한다.
1. 정당한 사유 없이 제4조제2항 각 호의 어느 하나에 해당하는 사람으로서 그 직무를 수행하면서 가정폭력범죄를 알게 된 경우에도 신고를 하지 아니한 사람
2. 정당한 사유 없이 제8조의2제1항에 따른 긴급임시조치(검사가 제8조의3제1항에 따른 임시조치를 청구하지 아니하거나 법원이 임시조치의 결정을 하지 아니한 때는 제외한다)를 이행하지 아니한 사람

(2014.12.30 본조개정)

부 칙 (2012.1.17)

제1조【시행일】 이 법은 공포한 날부터 시행한다.
제2조【벌칙에 관한 경과조치】 제63조제2항의 개정규정은 이 법 시행 전에 범한 죄에는 이를 적용하지 아니한다. 1개의 죄가 이 법 시행 전후에 걸쳐서 행하여진 때에는 이 법 시행 전에 범한 것으로 본다.
제3조【과태료에 관한 경과조치】 제66조의 개정규정은 이 법 시행 전에 행한 행위에는 이를 적용하지 아니한다.

부 칙 (2020.10.20)

제1조【시행일】 이 법은 공포 후 3개월이 경과한 날부터 시행한다.
제2조【적용례】 이 법은 이 법 시행 후 최초로 발생하는 가정폭력범죄부터 적용한다.
제3조【과태료에 관한 경과조치】 이 법 시행 전의 행위에 대하여 과태료를 적용할 때에는 종전의 규정에 따른다.

부 칙 (2022.12.13)

이 법은 공포 후 6개월이 경과한 날부터 시행한다.

가정폭력범죄의 처벌 등에 관한 특례법 시행령

(2015년 6월 22일 대통령령 제26325호)

제1조【목적】 이 영은 「가정폭력범죄의 처벌 등에 관한 특례법」에서 위임된 사항과 그 시행에 필요한 사항을 규정함을 목적으로 한다.
제2조【신변안전조치의 청구 등】 ① 「가정폭력범죄의 처벌 등에 관한 특례법」(이하 "법"이라 한다) 제55조의2 제5항에 따른 신변안전조치의 청구 및 요청은 각각 별지 제1호서식의 신변안전조치 청구서 및 별지 제2호서식의 신변안전조치 요청서로 하여야 한다. 다만, 긴급한 경우에는 구두(口頭)로 또는 전화 등으로 할 수 있으며, 사후에 지체 없이 관련 서면을 제출하거나 송부하여야 한다.
② 제1항에 따른 신변안전조치를 청구하거나 요청할 때에는 신변안전조치가 필요한 사유, 신변안전조치의 종류 및 기간을 구체적으로 기재하여야 하며, 그 내용을 입증할 수 있는 자료 등을 첨부할 수 있다.
제3조【신변안전조치의 종류】 법 제55조의2제5항제3호에서 "그 밖에 피해자의 신변안전을 위하여 대통령령으로 정하는 조치"란 다음 각 호의 조치를 말한다.
1. 피해자를 보호시설이나 치료시설 등으로 인도
2. 참고인 또는 증인 등으로 법원 출석·귀가 시 또는 면접교섭권 행사 시 동행
3. 다음 각 목의 조치 등 피해자의 주거에 대한 보호
 가. 피해자의 주거에 대한 주기적 순찰
 나. 폐쇄회로 텔레비전의 설치
4. 그 밖에 피해자의 신변안전에 필요하다고 인정되는 조치

제4조【신변안전조치 종류의 변경 청구 등】 ① 피해자 또는 그 법정대리인은 신변안전조치 종류의 변경이 필요하거나 또는 추가적인 신변안전조치가 필요한 경우 별지 제3호서식으로 법원에 신변안전조치의 종류 변경 또는 신변안전조치의 추가를 청구할 수 있다. 이 경우 제2조제1항 단서 및 제2항을 준용한다.
② 피해자 또는 그 법정대리인은 신변안전조치의 기간 중에 신변안전조치의 연장이 필요한 사유 및 그 기간을 구체적으로 기재하여 별지 제3호서식으로 법원에 신변안전조치의 연장을 청구할 수 있다. 이 경우 제2조제1항 단서 및 제2항을 준용한다.
③ 법원은 피해자 보호를 위하여 신변안전조치의 종류 변경, 신변안전조치의 추가 또는 기간 연장이 필요하다고 인정하는 경우에는 직권으로 또는 제1항·제2항에 따른 청구에 의하여 별지 제2호서식으로 검사에게 신변안전조치의 종류 변경, 신변안전조치의 추가 또는 기간 연장을 요청할 수 있다. 이 경우 제2조제1항 단서 및 제2항을 준용한다.
제5조【신변안전조치의 집행 방법】 ① 검사는 법원으로부터 법 제55조의2제5항 전단 또는 이 영 제4조제3항에 따른 요청을 받은 경우에는 별지 제2호서식으로 피해자의 주거지 또는 현재지를 관할하는 경찰서장에게 해당 조치를 하도록 요청할 수 있다. 이 경우 제2조제1항 단서 및 제2항을 준용한다.
② 제1항에 따라 신변안전조치를 요청받은 경찰서장은 신변안전조치의 필요성이 소멸하는 등 특별한 사유가 없으면 제1항에 따라 검사가 요청한 조치를 하여야 한다.
제6조【신변안전조치의 이행 통보 등】 ① 경찰서장이 법 제55조의2제5항에 따른 신변안전조치 및 제5조에 따른 조치를 하였을 때에는 지체 없이 그 조치를 요청한 검사에게 별지 제4호서식의 신변안전조치 이행 통보서로 통보하여야 한다.
② 검사는 제1항에 따른 통보를 받았을 때에는 제5조제1항에 따른 요청을 한 법원에 그 사실을 별지 제4호서식의 신변안전조치 이행 통보서로 통보하여야 한다.
③ 제1항과 제2항에 따른 통보 서류 및 신변안전조치와 관련된 서류는 공개해서는 아니 된다.
제7조【전자문서】 제2조제1항에 따른 청구·요청, 제4조제1항·제2항에 따른 변경·추가 및 연장 청구, 같은 조 제3항에 따른 요청 및 제6조제1항·제2항에 따른 통보 등은 전자문서로 할 수 있다.

부 칙

이 영은 2015년 7월 1일부터 시행한다. 다만, 제3조제3호 나목은 2016년 1월 1일부터 시행한다.

〔별지서식〕 ➡ 「www.hyeonamsa.com」 참조

가정폭력방지 및 피해자보호 등에 관한 법률(약칭 : 가정폭력방지법)

(1997년 12월 31일 법 률 제5487호)

개정
2001. 1.29법 6400호(정부조직)
2004. 1.20법 7099호
2005. 3.24법 7413호(정부조직)
2006. 4.28법 7952호
2007. 4.11법 8367호(장애인)
2007.10.17법 8653호
2008. 2.29법 8852호(정부조직)
2009. 5. 8법 9668호
2010. 1.18법 9932호(정부조직)
2010. 2. 4법10038호 2010. 5.17법10300호
2012. 2. 1법11280호
2013. 3.23법11690호(정부조직)
2013. 5.28법11832호 2013. 7.30법11981호
2014. 1.21법12327호
2014. 5.28법12698호(양성평등기본법)
2015. 6.22법13368호 2016. 3. 2법14058호
2017.12.12법15202호 2018. 3.13법15448호
2018. 3.27법15543호 2020. 6. 9법17437호
2023. 4.11법19339호(집행유예선고에관한결격사유명확화를위한일부개정법)

제1조【목적】 이 법은 가정폭력을 예방하고 가정폭력의 피해자를 보호·지원함을 목적으로 한다.(2006.4.28 본조개정)
제1조의2【기본이념】 가정폭력 피해자는 피해 상황에서 신속하게 벗어나 인간으로서의 존엄성과 안전을 보장받을 권리가 있다.(2017.12.12 본조신설)
제2조【정의】 이 법에서 사용하는 용어의 뜻은 다음과 같다.
1. "가정폭력"이란 「가정폭력범죄의 처벌 등에 관한 특례법」 제2조제1호의 행위를 말한다.
2. "가정폭력행위자"란 「가정폭력범죄의 처벌 등에 관한 특례법」 제2조제4호의 자를 말한다.
3. "피해자"란 가정폭력으로 인하여 직접적으로 피해를 입은 자를 말한다.
4. "아동"이란 18세 미만인 자를 말한다.

(2007.10.17 본조개정)
제3조 (2006.4.28 삭제)
제4조【국가 등의 책무】 ① 국가와 지방자치단체는 가정폭력의 예방·방지와 피해자의 보호·지원을 위하여 다음 각 호의 조치를 취하여야 한다.
1. 가정폭력 신고체계의 구축 및 운영
2. 가정폭력의 예방과 방지를 위한 조사·연구·교육 및 홍보
3. 피해자를 보호·지원하기 위한 시설의 설치·운영(2017.12.12 본호개정)
4. 임대주택의 우선 입주권 부여, 직업훈련 등 자립·자활을 위한 지원서비스 제공(2017.12.12 본호신설)
5. 법률구조 및 그 밖에 피해자에 대한 지원서비스 제공(2017.12.12 본호신설)
6. 피해자의 보호와 지원을 원활히 하기 위한 관련 기관 간의 협력체계 구축 및 운영
7. 가정폭력의 예방·방지와 피해자의 보호·지원을 위한 관계 법령의 정비와 각종 정책의 수립·시행 및 평가
8. 피해자와 제4조의6에 따른 긴급전화센터, 제5조에 따른 가정폭력 관련 상담소, 제7조에 따른 가정폭력피해자 보호시설의 상담원 등 종사자의 신변보호를 위한 안전대책 마련(2013.7.30 본호신설)
9. 가정폭력 피해의 특성을 고려한 피해자 신변노출 방지 및 보호·지원체계 구축(2017.12.12 본호개정)
10. 가정폭력을 목격하거나 피해를 당한 아동의 신체적·정신적 회복을 위하여 필요한 상담·치료프로그램 제공(2020.6.9 본호신설)

② 국가와 지방자치단체는 제1항에 따른 책무를 다하기 위하여 이에 필요한 재원을 확보하는 등 예산상의 조치를 취하여야 한다.(2017.12.12 본항개정)
③ 특별시·광역시·특별자치시·도·특별자치도 및 시·군·구(자치구를 말한다. 이하 같다)에 가정폭력의 예방·방지 및 피해자의 보호·지원을 담당할 기구와 공무원을 두어야 한다.(2018.3.13 본항개정)
④ 국가와 지방자치단체는 제5조제2항과 제7조제2항에 따라 설치·운영하는 가정폭력 관련 상담소와 가정폭력 피해자 보호시설에 대하여 경비(經費)를 보조하는 등 이를 육성·지원하여야 한다.
(2007.10.17 본조개정)
제4조의2【가정폭력 실태조사】 ① 여성가족부장관은 3년마다 가정폭력에 대한 실태조사를 실시하여 그 결과를 발표하고, 이를 가정폭력을 예방하기 위한 정책수립의 기초자료로 활용하여야 한다.
② 제1항에 따른 가정폭력 실태조사의 방법과 내용 등에 필요한 사항은 여성가족부령으로 정한다.
(2010.1.18 본조개정)
제4조의3【가정폭력 예방교육의 실시】 ① 국가기관, 지방자치단체 및 「초·중등교육법」에 따른 각급 학교의 장, 그 밖에 대통령령으로 정하는 공공단체의 장은 가정폭력의 예방과 방지를 위하여 필요한 교육을 실시하고, 그 결

과를 여성가족부장관에게 제출하여야 한다.(2013.7.30 본항개정)
② 제1항에 따른 예방교육을 실시하는 경우 「성폭력방지 및 피해자보호 등에 관한 법률」 제5조에 따른 성교육 및 성폭력 예방교육, 「양성평등기본법」 제31조에 따른 성희롱 예방교육 및 「성매매방지 및 피해자보호 등에 관한 법률」 제4조에 따른 성매매 예방교육 등을 성평등 관점에서 통합하여 실시할 수 있다.(2014.5.28 본항개정)
③ 여성가족부장관 또는 특별시장·광역시장·특별자치시장·도지사·특별자치도지사(이하 "시·도지사"라 한다)는 제1항에 따른 교육의 대상이 아닌 국민에게 가정폭력의 예방과 방지를 위하여 필요한 교육을 실시할 수 있다. 이 경우 여성가족부장관 또는 시·도지사는 교육에 관한 업무를 제5조에 따른 가정폭력 관련 상담소 또는 대통령령으로 정하는 교육기관에 위탁할 수 있다.
(2018.3.27 본항개정)
④ 여성가족부장관은 제1항에 따른 교육을 위하여 전문강사를 양성하고, 교육 프로그램을 개발·보급하여야 한다.(2013.7.30 본항신설)
⑤ 여성가족부장관은 제1항에 따른 가정폭력 예방교육 실시 결과에 대한 점검을 대통령령으로 정하는 바에 따라 매년 실시하여야 한다.(2014.1.21 본항신설)
⑥ 여성가족부장관은 제5항에 따른 점검결과 교육이 부실하다고 인정되는 기관·단체에 대하여 대통령령으로 정하는 바에 따라 관리자 특별교육 등 필요한 조치를 취하여야 한다.(2014.1.21 본항신설)
⑦ 여성가족부장관은 제5항에 따른 점검결과를 다음 각 호의 평가에 반영하도록 해당 기관·단체의 장에게 요구할 수 있다.
1. 「정부업무평가 기본법」 제14조제1항 및 제18조제1항에 따른 중앙행정기관 및 지방자치단체의 자체평가
2. 「공공기관의 운영에 관한 법률」 제48조제1항에 따른 공기업·준정부기관의 경영실적평가
3. 「지방공기업법」 제78조제1항에 따른 지방공기업의 경영평가
4. 「초·중등교육법」 제9조제2항에 따른 학교 평가
(2014.1.21 본항신설)
⑧ 여성가족부장관은 제5항에 따른 점검결과를 대통령령으로 정하는 바에 따라 언론 등에 공표하여야 한다. 다만, 다른 법률에서 공표를 제한하고 있는 경우에는 그러하지 아니하다.(2014.1.21 본항신설)
⑨ 제1항에 따른 교육의 내용과 방법, 결과 제출 등에 필요한 사항은 대통령령으로 정한다.(2013.7.30 본항신설)

제4조의4【아동의 취학 지원】 ① 국가나 지방자치단체는 피해자나 피해자가 동반한 가정구성원(「가정폭력범죄의 처벌 등에 관한 특례법」 제2조제2호의 자 중 피해자의 보호나 양육을 받고 있는 자를 말한다. 이하 같다)이 아동인 경우 주소지 외의 지역에서 취학(입학·재입학·전학 및 편입학을 포함한다. 이하 같다)할 필요가 있을 때에는 그 취학이 원활히 이루어지도록 지원하여야 한다.
② 제1항에 따른 취학에 필요한 사항은 대통령령으로 정한다.
(2007.10.17 본조개정)

제4조의5【피해자에 대한 불이익처분의 금지】 피해자를 고용하고 있는 자는 누구든지 「가정폭력범죄의 처벌 등에 관한 특례법」에 따른 가정폭력범죄와 관련하여 피해자를 해고(解雇)하거나 그 밖의 불이익을 주어서는 아니 된다.(2007.10.17 본조개정)

제4조의6【긴급전화센터의 설치·운영 등】 ① 여성가족부장관 또는 시·도지사는 다음 각 호의 업무 등을 수행하기 위하여 긴급전화센터를 설치·운영하여야 한다. 이 경우 외국어 서비스를 제공하는 긴급전화센터를 따로 설치·운영할 수 있다.(2018.3.27 전단개정)
1. 피해자의 신고접수 및 상담
2. 관련 기관·시설과의 연계
3. 피해자에 대한 긴급한 구조의 지원
4. 경찰관서 등으로부터 인도받은 피해자 및 피해자가 동반한 가정구성원(이하 "피해자등"이라 한다)의 임시 보호(2015.6.22 본호신설)
② 여성가족부장관 또는 시·도지사는 제1항에 따른 긴급전화센터의 설치·운영을 대통령령으로 정하는 기관 또는 단체에 위탁할 수 있다.(2010.1.18 본항개정)
③ 여성가족부장관 또는 시·도지사는 제2항에 따라 긴급전화센터의 설치·운영을 위탁할 경우 그에 필요한 경비를 지원하여야 한다.(2010.1.18 본항개정)
④ 제1항에 따른 긴급전화센터의 설치·운영에 필요한 사항은 여성가족부령으로 정한다.(2010.1.18 본항개정)
(2009.5.8 본조신설)

제4조의7【가정폭력 추방 주간】 ① 가정폭력에 대한 사회적 경각심을 높이고 가정폭력을 예방하기 위하여 대통령령으로 정하는 바에 따라 1년 중 1주간을 가정폭력 추방 주간으로 한다.
② 국가와 지방자치단체는 가정폭력 추방 주간의 취지에 맞는 행사 등 사업을 시행하여야 한다. 이 경우 「성폭력방지 및 피해자보호 등에 관한 법률」 제6조에 따른 성폭력 추방 주간의 행사와 통합하여 시행할 수 있다.
(2015.6.22 본조신설)

제5조【상담소의 설치·운영】 ① 국가나 지방자치단체는 가정폭력 관련 상담소(이하 "상담소"라 한다)를 설치·운영할 수 있다.
② 국가나 지방자치단체 외의 자가 상담소를 설치·운영하려면 특별자치시장·특별자치도지사·시장·군수·구청장(구청장은 자치구의 구청장을 말하며, 이하 "시장·군수·구청장"이라 한다)에게 신고하여야 한다. 신고한 사항 중 여성가족부령으로 정하는 중요 사항을 변경하려는 경우에도 또한 같다.(2018.3.13 본항개정)
③ 시장·군수·구청장은 제2항에 따른 신고를 받은 날부터 10일 이내(변경신고의 경우 5일 이내)에 신고수리 여부 또는 민원 처리 관련 법령에 따른 처리기간의 연장을 신고인에게 통지하여야 한다.(2018.3.13 본항신설)
④ 상담소는 외국인, 장애인 등 대상별로 특화하여 운영할 수 있다.(2017.12.12 본항신설)
⑤ 상담소의 설치·운영기준, 상담소에 두는 상담원의 수와 신고절차 등에 필요한 사항은 여성가족부령으로 정한다.(2010.1.18 본항개정)
(2007.10.17 본조개정)

제6조【상담소의 업무】 상담소의 업무는 다음 각 호와 같다.
1. 가정폭력을 신고받거나 이에 관한 상담에 응하는 일
1의2. 가정폭력을 신고하거나 이에 관한 상담을 요청한 사람과 그 가족에 대한 상담(2013.7.30 본호신설)
2. 가정폭력으로 정상적인 가정생활과 사회생활이 어렵거나 그 밖에 긴급히 보호를 필요로 하는 피해자등을 임시로 보호하거나 의료기관 또는 제7조제1항에 따른 가정폭력피해자 보호시설로 인도(引渡)하는 일
(2015.6.22 본호개정)
3. 행위자에 대한 고발 등 법률적 사항에 관하여 자문하기 위한 대한변호사협회 또는 지방변호사회 및 「법률구조법」에 따른 법률구조법인(이하 "법률구조법인"이라 한다) 등에 대한 필요한 협조와 지원의 요청
4. 경찰관서 등으로부터 인도받은 피해자등의 임시 보호
5. 가정폭력의 예방과 방지에 관한 교육 및 홍보
(2013.7.30 본호개정)
6. 그 밖에 가정폭력과 그 피해에 관한 조사·연구
(2007.10.17 본조개정)

제7조【보호시설의 설치】 ① 국가나 지방자치단체는 가정폭력피해자 보호시설(이하 "보호시설"이라 한다)을 설치·운영할 수 있다.
② 「사회복지사업법」에 따른 사회복지법인(이하 "사회복지법인"이라 한다)과 그 밖의 비영리법인은 시장·군수·구청장의 인가(認可)를 받아 보호시설을 설치·운영할 수 있다.
③ 보호시설에는 상담원을 두어야 하고, 보호시설의 규모에 따라 생활지도원, 취사원, 관리원 등의 종사자를 둘 수 있다.
④ 보호시설의 설치·운영의 기준, 보호시설에 두는 상담원 등 종사자의 직종(職種)과 수(數) 및 인가기준(認可基準) 등에 필요한 사항은 여성가족부령으로 정한다.
(2010.1.18 본항개정)
(2007.10.17 본조개정)

제7조의2【보호시설의 종류】 ① 보호시설의 종류는 다음 각 호와 같다.
1. 단기보호시설 : 피해자등을 6개월의 범위에서 보호하는 시설
2. 장기보호시설 : 피해자등에 대하여 2년의 범위에서 자립을 위한 주거편의(住居便宜) 등을 제공하는 시설
3. 외국인보호시설 : 외국인 피해자등을 2년의 범위에서 보호하는 시설(2020.6.9 본호개정)
4. 장애인보호시설 : 「장애인복지법」의 적용을 받는 장애인인 피해자등을 2년의 범위에서 보호하는 시설
② 단기보호시설의 장은 그 단기보호시설에 입소한 피해자등에 대한 보호기간을 여성가족부령으로 정하는 바에 따라 각 3개월의 범위에서 두 차례 연장할 수 있다.
(2018.3.27 본항개정)
(2007.10.17 본조개정)

제7조의3【보호시설의 입소대상 등】 ① 보호시설의 입소대상은 피해자등으로서 다음 각 호의 어느 하나에 해당하는 경우로 한다.
1. 본인이 입소를 희망하거나 입소에 동의하는 경우
2. 「장애인복지법」 제2조에 따른 지적장애인이나 정신장애인, 그 밖에 의사능력이 불완전한 자로서 가정폭력행위자가 아닌 보호자가 입소에 동의하는 경우
3. 「장애인복지법」 제2조에 따른 지적장애인이나 정신장애인, 그 밖에 의사능력이 불완전한 자로서 상담원의 상담 결과 입소가 필요하나 보호자의 입소 동의를 받는 것이 적절하지 못하다고 인정되는 경우
② 제7조제2항에 따라 인가받은 보호시설의 장은 제1항에 따라 보호시설에 입소한 입소자의 인적사항 및 입소 사유 등을 시장·군수·구청장에게 지체 없이 보고하여야 하며, 제1항제3호에 해당하는 자를 입소시킨 경우에는 지체 없이 관할 시장·군수·구청장의 승인을 받아야 한다.
(2009.5.8 본조신설)

제7조의4【보호시설의 퇴소】 제7조의3에 따라 보호시설에 입소한 자는 본인의 의사 또는 같은 조 제1항제2호에 따라 입소 동의를 한 보호자의 요청에 따라 보호시설을 퇴소할 수 있으며, 보호시설의 장은 입소한 자가 다음 각 호의 어느 하나에 해당하는 경우에는 퇴소를 명할 수 있다.
1. 보호의 목적이 달성된 경우
2. 보호기간이 끝난 경우
3. 입소자가 거짓이나 그 밖의 부정한 방법으로 입소한 경우
4. 보호시설 안에서 현저한 질서문란 행위를 한 경우
(2009.5.8 본조신설)

제7조의5【보호시설에 대한 보호비용 지원】 ① 국가나 지방자치단체는 보호시설에 입소한 피해자나 피해자가 동반한 가정 구성원의 보호를 위하여 필요한 경우 다음 각 호의 보호비용을 보호시설의 장 또는 피해자에게 지원할 수 있다. 다만, 보호시설에 입소한 피해자나 피해자가 동반한 가정 구성원이 「국민기초생활 보장법」 등 다른 법령에 따라 보호를 받고 있는 경우에는 그 범위에서 이 법에 따른 지원을 하지 아니한다.
1. 생계비
2. 아동교육지원비
3. 아동양육비
4. 직업훈련비(2013.7.30 본호신설)
4의2. 퇴소 시 자립지원금(2017.12.12 본호신설)
5. 그 밖에 대통령령으로 정하는 비용
② 제1항에 따른 보호비용 지원의 기준, 방법 및 절차 등에 필요한 사항은 여성가족부령으로 정한다.
(2017.12.12 본항개정)
(2010.2.4 본조신설)

제8조【보호시설의 업무】 ① 보호시설은 피해자등에 대하여 다음 각 호의 업무를 행한다. 다만, 피해자가 동반한 가정 구성원에게는 제1호 외의 업무 일부를 하지 아니할 수 있고, 장기보호시설은 피해자등에 대하여 제1호부터 제5호까지에 규정된 업무(주거편의를 제공하는 업무는 제외한다)를 하지 아니할 수 있다.
1. 숙식의 제공
2. 심리적 안정과 사회적응을 위한 상담 및 치료
3. 질병치료와 건강관리(입소 후 1개월 이내의 건강검진을 포함한다)를 위한 의료기관에의 인도 등 의료지원
(2013.5.28 본호개정)
4. 수사·재판과정에 필요한 지원 및 서비스 연계
(2017.12.12 본호개정)
5. 법률구조기관 등에 필요한 협조와 지원의 요청
6. 자립자활교육의 실시와 취업정보의 제공
7. 다른 법률에 따라 보호시설에 위탁된 사항
8. 그 밖에 피해자등의 보호를 위하여 필요한 일
② 장애인보호시설을 설치·운영하는 자가 제1항 각 호의 업무를 할 때에는 장애인의 특성을 고려하여 적절하게 지원할 수 있도록 하여야 한다.
③ (2015.6.22 삭제)
(2007.10.17 본조개정)

제8조의2【긴급전화센터, 상담소 및 보호시설 종사자의 자격기준】 ① 다음 각 호의 어느 하나에 해당하는 자는 긴급전화센터의 장, 상담소의 장, 보호시설의 장 또는 그 밖에 긴급전화센터·상담소 및 보호시설 종사자가 될 수 없다.(2009.5.8 본문개정)
1. 미성년자, 피성년후견인 또는 피한정후견인
(2015.6.22 본호개정)
2. 파산선고를 받은 자로서 복권(復權)되지 아니한 자
3. 금고 이상의 실형을 선고받고 그 집행이 끝나거나(집행이 끝난 것으로 보는 경우를 포함한다) 집행이 면제되지 아니한 사람(2023.4.11 본호개정)
4. 금고 이상의 형의 집행유예를 선고받고 그 유예기간 중에 있는 사람(2023.4.11 본호신설)
② 긴급전화센터, 상담소 및 보호시설에 근무하는 상담원은 여성가족부령으로 정하는 요건에 해당하는 자로서 제8조의3에 따른 가정폭력 관련 상담원 교육훈련시설에서 여성가족부령으로 정하는 상담원 교육훈련과정을 마친 자로 한다.(2010.1.18 본항개정)
③ 그 밖에 긴급전화센터, 상담소 및 보호시설에 종사하는 종사자의 자격기준에 필요한 사항은 여성가족부령으로 정한다.(2010.1.18 본항개정)
(2009.5.8 본조제목개정)
(2007.10.17 본조개정)

제8조의3【가정폭력 관련 상담원 교육훈련시설】 ① 국가나 지방자치단체는 상담원(상담원이 되려는 자를 포함한다)에 대하여 교육·훈련을 실시하기 위하여 가정폭력 관련 상담원 교육훈련시설(이하 "교육훈련시설"이라 한다)을 설치·운영할 수 있다.
② 다음 각 호의 자로서 교육훈련시설을 설치하려는 자는 시장·군수·구청장에게 신고하여야 한다. 신고한 사항 중 여성가족부령으로 정하는 중요 사항을 변경하려는 경우에도 또한 같다.(2018.3.13 후단신설)
1. 「고등교육법」에 따른 학교를 설립·운영하는 학교법인
2. 법률구조법인
3. 사회복지법인
4. 그 밖의 비영리법인
③ 시장·군수·구청장은 제2항에 따른 신고를 받은 날부터 10일 이내(변경신고의 경우 5일 이내)에 신고수리 여부 또는 민원 처리 관련 법령에 따른 처리기간의 연장을 신고인에게 통지하여야 한다.(2018.3.13 본항신설)
④ 교육훈련시설의 설치기준, 교육훈련시설에 두는 강사의 자격과 수, 상담원 교육훈련과정의 운영기준 및 신고절차 등에 필요한 사항은 여성가족부령으로 정한다.
(2010.1.18 본항개정)
(2007.10.17 본조개정)

제8조의4【보수교육의 실시】 ① 여성가족부장관 또는 시·도지사는 긴급전화센터·상담소 및 보호시설 종사자의 자질을 향상시키기 위하여 보수교육을 실시하여야 한다.
② 여성가족부장관 또는 시·도지사는 제1항에 따른 교육에 관한 업무를 「고등교육법」 제2조에 따른 대학, 전문대학 또는 대통령령으로 정하는 전문기관에 위탁할 수 있다.
③ 제1항에 따른 보수교육의 기간·방법 및 내용 등에 필요한 세부사항은 여성가족부령으로 정한다.
(2010.1.18 본조개정)
제8조의5【임대주택의 우선 입주권 부여】 제4조제1항 제4호에서 정하는 임대주택의 우선 입주권 부여의 대상자 선정기준 및 선정방법 등에 필요한 사항은 대통령령으로 정한다.(2017.12.12 본조개정)
제9조【피해자 의사의 존중 의무】 상담소나 보호시설의 장은 피해자등의 명시한 의사에 반하여 제8조제1항과 제18조의 보호를 할 수 없다.(2007.10.17 본조개정)
제9조의2【수사기관의 협조】 긴급전화센터, 상담소 또는 보호시설의 장은 가정폭력행위자로부터 피해자 또는 그 상담원 등 종사자를 긴급히 구조할 필요가 있는 경우 관할 경찰관서의 장에게 그 소속 직원의 동행을 요청할 수 있다. 이 경우 요청을 받은 경찰관서의 장은 특별한 사유가 없으면 이에 따라야 한다.(2013.7.30 전단개정)
제9조의3【홍보영상의 제작·배포 등】 ① 여성가족부장관은 가정폭력의 예방과 방지를 위하여 가정폭력의 위해성 및 가정폭력피해자 지원 등에 관한 홍보영상을 제작하여 「방송법」 제2조제3호에 따른 방송사업자에게 배포하여야 한다.
② 여성가족부장관은 「방송법」 제2조제3호가목의 지상파방송사업자(이하 이 조에서 "방송사업자"라 한다)에게 같은 법 제73조제4항에 따라 대통령령으로 정하는 비상업적 공익광고 편성비율의 범위에서 제1항의 홍보영상을 채널별로 송출하도록 요청할 수 있다.
③ 방송사업자는 제1항의 홍보영상 외에 독자적으로 홍보영상을 제작하여 송출할 수 있다. 이 경우 여성가족부장관에게 필요한 협조 및 지원을 요청할 수 있다.
(2013.5.28 본조개정)
제9조의4【사법경찰관리의 현장출동 등】 ① 사법경찰관리는 가정폭력범죄의 신고가 접수된 때에는 지체 없이 가정폭력의 현장에 출동하여야 한다.
② 제1항에 따라 출동한 사법경찰관리는 피해자를 보호하기 위하여 신고된 현장 또는 사건 조사를 위한 관련 장소에 출입하여 관계인에 대하여 조사를 하거나 질문을 할 수 있다.
③ 가정폭력행위자는 제2항에 따른 사법경찰관리의 현장조사를 거부하는 등 그 업무 수행을 방해하는 행위를 하여서는 아니 된다.
④ 제2항에 따라 출입, 조사 또는 질문을 하는 사법경찰관리는 그 권한을 표시하는 증표를 지니고 이를 관계인에게 내보여야 한다.
⑤ 제1항에 따른 현장출동 시 수사기관의 장은 긴급전화센터, 상담소 또는 보호시설의 장에게 가정폭력 현장에 동행하여 줄 것을 요청할 수 있고, 요청을 받은 긴급전화센터, 상담소 또는 보호시설의 장은 정당한 사유가 없으면 그 소속 상담원을 가정폭력 현장에 동행하도록 하여야 한다.
⑥ 제2항에 따라 조사 또는 질문을 하는 사법경찰관리는 피해자·신고자·목격자 등이 자유롭게 진술할 수 있도록 가정폭력행위자로부터 분리된 곳에서 조사하는 등 필요한 조치를 하여야 한다.
(2013.7.30 본조개정)
제10조【상담소·보호시설 또는 교육훈련시설의 폐지 등】 ① 제5조제2항, 제7조제2항 또는 제8조의3제2항에 따른 상담소·보호시설 또는 교육훈련시설의 장이 그 시설의 운영을 일시적으로 중단하거나 폐지(廢止) 또는 그 운영을 재개하려면 여성가족부령으로 정하는 바에 따라 시장·군수·구청장에게 신고하여야 한다.(2018.3.13 본항개정)
② 시장·군수·구청장은 제1항에 따른 일시적 중단 또는 폐지신고를 받은 경우 그 내용을 검토하여 이 법에 적합하면 신고를 수리하여야 한다.(2018.3.13 본항신설)
③ 상담소의 장, 보호시설의 장 또는 교육훈련시설의 장은 해당 시설을 일시적으로 중단 또는 폐지하는 경우에는 여성가족부령으로 정하는 바에 따라 해당 시설을 이용하는 사람이 다른 시설로 옮길 수 있도록 하는 등 시설 이용자의 권익을 보호하기 위한 조치를 하여야 한다.
(2016.3.2 본항신설)
④ 시장·군수·구청장은 제1항에 따른 상담소·보호시설 또는 교육훈련시설의 일시적 중단 또는 폐지의 신고를 받은 경우 해당 시설의 장이 제3항에 따른 시설 이용자의 권익을 보호하기 위한 조치를 하였는지 여부를 확인하는 등 여성가족부령으로 정하는 조치를 하여야 한다.
(2018.3.13 본항개정)
제11조【감독】 ① 여성가족부장관 또는 시장·군수·구청장은 상담소·보호시설 또는 교육훈련시설의 장에게 그 시설에 관하여 필요한 보고를 하게 할 수 있으며, 관계 공무원으로 하여금 그 시설의 운영 상황을 조사하게 하거나 장부나 그 밖의 서류를 검사하게 할 수 있다.
(2010.1.18 본항개정)
② 제1항에 따라 그 직무를 수행하는 관계 공무원은 그 권한을 표시하는 증표를 지니고 이를 관계인에게 내보여야 한다.
(2007.10.17 본조개정)
제12조【인가의 취소 등】 ① 시장·군수·구청장은 상담소·보호시설 또는 교육훈련시설이 다음 각 호의 어느 하나에 해당하면 시설의 폐쇄, 업무의 폐지 또는 6개월의 범위에서 업무의 정지를 명하거나 인가를 취소할 수 있다.
1. 제5조제5항, 제7조제4항 또는 제8조의3제4항에 따른 설치기준이나 운영기준에 미달하게 된 경우
(2018.3.13 본호개정)
2. 제5조제5항, 제7조제4항, 제8조의2 또는 제8조의3제4항에 따른 상담원이나 강사의 수가 부족하거나 자격이 없는 자를 채용한 경우(2018.3.13 본호개정)
3. 정당한 사유 없이 제11조제1항에 따른 보고를 하지 아니하거나 거짓으로 보고를 한 경우 또는 관계 공무원의 조사·검사를 거부하거나 기피한 경우
4. 제15조를 위반하여 영리를 목적으로 상담소·보호시설 또는 교육훈련시설을 설치·운영한 경우
② 시장·군수·구청장은 상담소·보호시설 또는 교육훈련시설이 제1항에 따라 시설의 폐쇄, 업무의 정지·폐지 또는 인가가 취소되는 경우에는 해당 시설을 이용하는 사람이 다른 시설로 옮길 수 있도록 하는 등 여성가족부령으로 정하는 바에 따라 시설 이용자의 권익을 보호하기 위하여 필요한 조치를 하여야 한다.(2016.3.2 본항신설)
③ 제1항에 따른 업무의 정지·폐지 또는 시설의 폐쇄명령이나 인가취소에 관한 세부 기준은 여성가족부령으로 정한다.(2010.1.18 본항개정)
(2007.10.17 본조개정)
제12조의2【청문】 시장·군수·구청장은 제12조에 따라 업무의 정지·폐지 또는 그 시설의 폐쇄를 명하거나 인가를 취소하려면 청문을 하여야 한다.(2007.10.17 본조개정)
제13조【경비의 보조】 ① 국가나 지방자치단체는 제5조제2항 또는 제7조제2항에 따른 상담소나 보호시설의 설치·운영에 드는 경비의 일부를 보조할 수 있다.
② 국가나 지방자치단체는 장애인보호시설이 여성가족부장관이 정하는 기준에 맞는 시설과 설비를 설치할 수 있도록 그 비용을 지원하여야 한다.(2010.1.18 본항개정)
(2007.10.17 본조개정)
제13조의2【긴급전화센터 등의 평가】 ① 여성가족부장관은 3년마다 긴급전화센터, 상담소 및 보호시설의 운영실적을 평가하고, 그 결과를 각 시설의 감독, 지원 등에 반영할 수 있다.
② 제1항에 따른 평가의 기준과 방법 등에 필요한 사항은 여성가족부령으로 정한다.
(2010.5.17 본조신설)
제14조【상담소 또는 보호시설의 통합 설치 및 운영】 국가나 지방자치단체는 이 법에 따라 설치·운영하는 상담소나 보호시설을 대통령령으로 정하는 유사한 성격의 상담소나 보호시설과 통합하여 설치·운영하거나 설치·운영할 것을 권고할 수 있다.
(2009.5.8 본조제목개정)
(2007.10.17 본조개정)
제15조【영리목적 운영의 금지】 누구든지 영리를 목적으로 상담소·보호시설 또는 교육훈련시설을 설치·운영하여서는 아니된다. 다만, 교육훈련시설의 장은 상담원교육훈련과정을 수강하는 자에게 여성가족부장관이 정하는 바에 따라 수강료를 받을 수 있다.(2010.1.18 단서개정)
제16조【비밀 엄수의 의무】 긴급전화센터, 상담소 또는 보호시설의 장이나 이를 보조하는 자 또는 그 직에 있었던 자는 그 직무상 알게 된 비밀을 누설하여서는 아니된다.(2009.5.8 본조개정)
제17조【유사 명칭의 사용 금지】 이 법에 따른 긴급전화센터·상담소·보호시설 또는 교육훈련시설이 아니면 가정폭력 관련 긴급전화센터, 상담소, 가정폭력피해자 보호시설 또는 가정폭력 관련 상담원 교육훈련시설이나 그 밖에 이와 유사한 명칭을 사용하지 못한다.
(2009.5.8 본조개정)
제18조【치료보호】 ① 의료기관은 피해자 본인, 가족, 친지나 긴급전화센터, 상담소 또는 보호시설의 장 등이 요청하면 피해자에 대하여 다음 각 호의 치료보호를 실시하여야 한다.(2009.5.8 본문개정)
1. 보건에 관한 상담 및 지도
2. 신체적·정신적 피해에 대한 치료
3. 그 밖에 대통령령으로 정하는 의료에 관한 사항
② 제1항의 치료보호에 필요한 일체의 비용은 가정폭력행위자가 부담한다.
③ 제2항에도 불구하고 피해자가 치료보호비를 신청하는 경우에는 국가나 지방자치단체는 가정폭력행위자를 대신하여 제1항의 치료보호에 필요한 비용을 의료기관에 지급하여야 한다.
④ 국가나 지방자치단체가 제3항에 따라 비용을 지급한 경우에는 가정폭력행위자에 대하여 구상권(求償權)을 행사할 수 있다. 다만, 피해자가 보호시설 입소 중에 제1항의 치료보호를 받은 경우나 가정폭력행위자가 다음 각 호의 어느 하나에 해당하는 경우에는 그러하지 아니하다.
1. 「국민기초생활 보장법」 제2조에 따른 수급자(受給者)
2. 「장애인복지법」 제32조에 따라 등록된 장애인
⑤ 제3항의 비용을 지급하기 위한 절차, 제4항의 구상권 행사(行使)의 절차 등에 필요한 사항은 여성가족부령으로 정한다.(2010.1.18 본항개정)
(2007.10.17 본조개정)
제19조【권한의 위임】 이 법에 따른 여성가족부장관의 권한은 대통령령으로 정하는 바에 따라 그 일부를 시·도지사 또는 시장·군수·구청장에게 위임할 수 있다.
(2010.1.18 본조개정)
제20조【벌칙】 ① 제4조의5를 위반하여 피해자를 해고하거나 그 밖의 불이익을 준 자는 3년 이하의 징역 또는 3천만원 이하의 벌금에 처한다.(2017.12.12 본항신설)
② 다음 각 호의 어느 하나에 해당하는 자는 1년 이하의 징역 또는 1천만원 이하의 벌금에 처한다.(2014.1.21 본문개정)
1. 제5조제2항 전단, 제7조제2항 또는 제8조의3제2항 전단에 따른 신고를 하지 아니하거나 인가를 받지 아니하고 상담소·보호시설 또는 교육훈련시설을 설치·운영한 자(2018.3.13 본호개정)
2. 제12조에 따른 업무의 정지·폐지 또는 시설의 폐쇄명령을 받고도 상담소·보호시설 또는 교육훈련시설을 계속 운영한 자
3. 제16조에 따른 비밀 엄수의 의무를 위반한 자
(2007.10.17 본조개정)
제21조【양벌규정】 법인의 대표자나 법인 또는 개인의 대리인, 사용인, 그 밖의 종업원이 그 법인 또는 개인의 업무에 관하여 제20조의 위반행위를 하면 그 행위자를 벌하는 외에 그 법인 또는 개인에게도 해당 조문의 벌금형을 과(科)한다. 다만, 법인 또는 개인이 그 위반행위를 방지하기 위하여 해당 업무에 관하여 상당한 주의와 감독을 게을리하지 아니한 경우에는 그러하지 아니하다.
(2009.5.8 본조개정)
제22조【과태료】 ① 정당한 사유 없이 제9조의4제3항을 위반하여 현장조사를 거부·기피하는 등 업무 수행을 방해한 가정폭력행위자에게는 500만원 이하의 과태료를 부과한다.(2013.7.30 본항신설)
② 다음 각 호의 어느 하나에 해당하는 자에게는 300만원 이하의 과태료를 부과한다.
1. 정당한 사유 없이 제11조제1항에 따른 보고를 하지 아니하거나 거짓으로 보고한 자 또는 조사·검사를 거부하거나 기피한 자
2. 제17조에 따른 유사 명칭 사용 금지를 위반한 자
③ 제1항 및 제2항에 따른 과태료는 대통령령으로 정하는 바에 따라 여성가족부장관 또는 시장·군수·구청장이 부과·징수한다.(2013.7.30 본항개정)
④~⑤ (2009.5.8 삭제)
(2007.10.17 본조개정)

부 칙 (2015.6.22)

제1조【시행일】 이 법은 공포 후 6개월이 경과한 날부터 시행한다.
제2조【금치산자 등의 결격사유에 관한 경과조치】 제8조의2제1항제1호의 개정규정에도 불구하고 같은 개정규정 시행 당시 법률 제10429호 민법 일부개정법률 부칙 제2조에 따라 금치산 또는 한정치산 선고의 효력이 유지되는 사람에 대하여는 종전의 규정에 따른다.

부 칙 (2018.3.13)

제1조【시행일】 이 법은 공포 후 6개월이 경과한 날부터 시행한다. 다만, 제10조의 개정규정은 공포한 날부터 시행한다.
제2조【상담소 설치신고 등에 관한 적용례】 제5조제3항 및 제8조의3제3항의 개정규정은 이 법 시행 후 상담소 또는 교육훈련시설의 설치신고 또는 변경신고를 하는 경우부터 적용한다.

부 칙 (2018.3.27)

제1조【시행일】 이 법은 공포한 날부터 시행한다.
제2조【단기보호시설 보호기간 연장에 관한 적용례】 제7조의2제2항의 개정규정은 이 법 시행 당시 단기보호시설에 입소한 피해자등에 대하여도 적용한다.

부 칙 (2020.6.9)
(2023.4.11)

이 법은 공포한 날부터 시행한다.

가정폭력방지 및 피해자보호 등에 관한 법률 시행령

(1998년 7월 1일 대통령령 제15826호)

개정
2001. 1.29영17116호(직제)
2004. 3.17영18312호(전자적민원처리를위한가석방자관리규정등)
2004. 4. 6영18361호
2005. 6.23영18873호(직제)
2006.10.23영19710호
2007.12.31영20506호(전자업무활성화)
2008. 2.29영20682호(직제)
2009.10.19영21786호
2010. 3.15영22076호(직제)
2010.11.10영22478호
2010.12.29영22568호(성폭력방지및피해자보호등에관한법시)
2011. 3.30영22809호
2014. 7.16영25482호
2014. 8. 6영25532호(민감정보고유식별정보)
2014.11.19영25751호(직제)
2014.12. 9영25840호(규제기한정비)
2015.12.15영26720호
2016.12.30영27751호(규제기한설정)
2022. 8.16영32875호
2014. 1.28영25128호

제1조【목적】 이 영은 「가정폭력방지 및 피해자보호 등에 관한 법률」에서 위임된 사항과 그 시행에 필요한 사항을 규정함을 목적으로 한다.(2009.10.19 본조개정)

제1조의2【가정폭력 예방교육 계획의 수립 등】 ① 「가정폭력방지 및 피해자보호 등에 관한 법률」(이하 "법"이라 한다) 제4조의3제1항에서 "대통령령으로 정하는 공공단체"란 다음 각 호의 기관 또는 단체를 말한다.
1. 「고등교육법」 제2조 각 호의 학교 및 그 밖에 다른 법령에 따라 설립·운영되는 학교
2. 「공직자윤리법 시행령」 제3조의2제2항에 따라 인사혁신처장이 관보에 공직유관단체로 고시한 기관·단체(같은 조 제3항에 따라 공직유관단체에서 제외된 것으로 보는 기관·단체는 제외한다)(2014.11.19 본호개정)

② 국가기관 및 지방자치단체의 장, 「초·중등교육법」에 따른 각급 학교의 장 및 제1항 각 호의 기관 또는 단체의 장(이하 "국가기관 등의 장"이라 한다)은 해당 기관·단체에 소속된 사람 및 학생 등을 대상으로 매년 1회 이상, 1시간 이상의 가정폭력 예방교육을 실시하여야 한다. 이 경우 기관·단체에 신규임용된 사람에 대해서는 임용된 날부터 2개월 이내에 교육을 실시하여야 한다.
(2014.7.16 본항개정)
③ 가정폭력 예방교육은 다음 각 호의 사항에 대하여 강의, 시청각교육, 인터넷 홈페이지를 이용한 교육 등의 방법으로 실시할 수 있되, 대면(對面)에 의한 방법으로 하는 교육이 포함되어야 한다. 이 경우 교육대상자가 아동인 경우에는 가정폭력 위기 상황에 대응할 능력을 향상시킬 수 있는 교육 내용이 포함되어야 한다.(2014.7.16 전단개정)
1. 정상적인 가정생활의 영위와 가족구성원 관계의 유지 및 발전에 관한 사항
2. 성인지(性認知) 관점에서의 가정폭력 예방에 관한 사항
3. 가정폭력 방지를 위한 관련 법령의 소개 및 홍보에 관한 사항
4. 그 밖에 정상적인 가정생활을 위한 건전한 가치관 함양과 가정폭력 예방에 필요한 사항

④ 가정폭력 예방교육을 실시하는 국가기관 등의 장은 법 제4조의3제1항에 따라 매년 2월 말일까지 전년도 가정폭력 예방교육 실시결과를 여성가족부장관에게 제출하여야 한다.
⑤ 법 제4조의3제3항에서 "대통령령으로 정하는 교육기관"이란 다음 각 호의 기관 또는 단체를 말한다.
1. 국가나 지방자치단체가 설치·운영하는 여성정책 관련 기관이나 단체
2. 다음 각 목의 기관이나 단체 중 가정폭력 예방교육을 실시할 수 있는 인적·물적 자원을 갖추고 있다고 여성가족부장관이 인정하는 기관이나 단체
  가. 「사회복지사업법」 제2조제3호에 따른 사회복지법인
  나. 정관이나 규약 등에 가정폭력방지 및 피해자보호를 사업 내용으로 하는 비영리법인이나 단체

⑥ 법 제4조의3제5항에 따라 여성가족부장관은 제4항에 따라 제출된 가정폭력 예방교육 실시결과를 전산입력, 서면 등의 방법으로 점검하되, 필요한 경우 현장점검을 할 수 있다.(2014.7.16 본항신설)
⑦ 법 제4조의3제6항에 따라 여성가족부장관은 가정폭력 예방교육이 부실하다고 인정되는 기관·단체에 대하여 점검 후 6개월 이내에 관리자 특별교육을 실시하여야 한다.
(2014.7.16 본항신설)
⑧ 여성가족부장관은 법 제4조의3제8항에 따라 가정폭력 예방교육 실시에 대한 점검결과를 인터넷 홈페이지 또는 「신문 등의 진흥에 관한 법률」 제9조제1항에 따라 그 보급지역을 전국으로 하여 등록한 일반일간신문 등에 게재하여 공표하여야 한다.(2014.7.16 본항신설)
⑨ 국가기관 등의 장은 가정폭력 예방교육을 법 제5조에 따른 가정폭력 관련 상담소 또는 제5항에 따른 교육기관 등 전문기관·단체 또는 가정폭력 예방교육 관련 전문가에게 위탁하여 실시할 수 있다.
⑩ 여성가족부장관 및 관계 중앙행정기관의 장은 가정폭력 예방교육을 실시하는 국가기관 등의 장에게 필요한 교재, 자료 또는 전문인력을 지원할 수 있다.
(2014.1.28 본조개정)

제1조의3【아동의 취학 지원】 ① 법 제4조의4에 따라 피해자나 피해자가 동반한 가정구성원(「가정폭력범죄의 처벌 등에 관한 특례법」 제2조제2호의 자 중 피해자의 보호나 양육을 받고 있는 사람을 말한다. 이하 같다)인 아동(이하 "피해아동"이라 한다)의 보호자(가정폭력행위자는 제외한다)가 피해아동을 주소지 외의 지역에 있는 초등학교에 입학시키려는 경우에는 입학할 초등학교의 장은 가정폭력이 발생한 사실이 인정되면 입학을 승낙하여야 한다.
② 초등학교의 장은 가정폭력이 발생한 사실이 인정되는 때에는 피해아동의 보호자 1명의 동의를 받아 교육장에게 그 피해아동의 전학을 추천하여야 하며, 이 경우 교육장은 전학할 학교를 지정하여 전학시켜야 한다.
③ 중학교의 장은 가정폭력이 발생한 사실이 인정되는 때에는 피해아동이 다른 학교로 전학 또는 편입학할 수 있도록 추천하여야 하며, 교육장은 중학교의 장이 추천하거나 재입학을 지원하는 피해아동에 대하여 전학 또는 편입학이나 재입학할 학교를 지정하여 배정하여야 한다.
④ 고등학교의 경우에도 제3항을 준용한다. 이 경우 "중학교의 장"은 "고등학교의 장"으로, "교육장"은 "교육감"으로 본다.
⑤ 피해자 및 피해자가 동반한 가정구성원을 보호하기 위하여 읍·면·동의 장, 학교의 장, 교육장 또는 교육감은 제1항부터 제4항까지의 규정에 따라 조치한 사실이 취학업무 관계자가 아닌 자에게 공개되지 아니하도록 관리·감독하여야 한다.
(2009.10.19 본조신설)

제1조의4【긴급전화센터 설치·운영의 위탁】 법 제4조의6제2항에서 "대통령령으로 정하는 기관 또는 단체"란 다음 각 호의 법인 또는 단체를 말한다. 다만, 제3호의 법인 또는 단체는 법 제4조의6제1항 각 호 외의 부분 후단에 따른 외국어 서비스를 제공하는 긴급전화센터의 설치·운영을 위탁하는 경우에만 해당한다.(2014.7.16 단서신설)
1. 「사회복지사업법」에 따른 사회복지법인
2. 「법률구조법」에 따른 법률구조법인
3. 가정폭력 방지 및 피해자 보호를 위한 다국어 상담 시설 및 전문인력을 갖춘 비영리법인 또는 단체 중 여성가족부장관이 지정·고시하는 법인 또는 단체
(2014.7.16 본호신설)
4. 그 밖에 가정폭력 방지 및 피해자 보호를 주된 업무로 하는 비영리법인 또는 단체
(2009.10.19 본조신설)

제1조의5【가정폭력 추방 주간】 법 제4조의7제1항에 따라 매년 11월 25일부터 12월 1일까지를 가정폭력 추방주간으로 한다.(2015.12.15 본조신설)

제2조【임시 보호의 기간 등】 ① 법 제5조에 따른 가정폭력 관련 상담소(이하 "상담소"라 한다)의 장은 법 제6조제2호 및 제4호에 따른 피해자를 상담한 결과 임시 보호가 필요하다고 인정하는 경우 임시보호를 받게 하여야 한다. 이 경우 해당 상담소가 임시보호시설이 갖추어지지 아니한 상담소일 때에는 지체 없이 임시보호시설을 갖춘 상담소 또는 법 제7조에 따른 가정폭력피해자 보호시설(이하 "보호시설"이라 한다)에 피해자를 인도하여 임시 보호를 받게 하여야 한다.
② 제1항에 따라 상담소 또는 보호시설의 장이 하는 임시 보호는 3일 이내여야 한다.
③ 제2항에도 불구하고 상담소 또는 보호시설의 장이 임시 보호 대상자를 보호하기 위하여 특히 필요하다고 인정하는 경우에는 임시 보호의 기간을 7일 이내로 할 수 있다.
④ 제1항부터 제3항까지의 규정에 따른 임시 보호를 할 때에는 피해자 본인 또는 그 보호자의 동의를 받아야 한다.
(2009.10.19 본조개정)

제3조【보호시설에 대한 보호비용 지원】 법 제7조의5제1항제5호에서 "대통령령으로 정하는 비용"이란 의료비를 말한다.(2022.8.16 본조개정)

제4조【보수교육 업무의 위탁운영】 법 제8조의4제2항에서 "대통령령으로 정하는 전문기관"이란 다음 각 호의 기관을 말한다.
1. 국가나 지방자치단체가 설치·운영하는 여성정책 관련 기관
2. 「법률구조법」에 따른 법률구조법인이 설치·운영하는 교육기관
3. 그 밖에 가정폭력 방지 및 피해자 보호를 주된 업무로 하는 비영리법인이나 단체가 설치·운영하는 교육기관
(2009.10.19 본조개정)

제4조의2【임대주택의 우선 입주권 부여 대상자】 ① 법 제8조의5에 따른 임대주택의 우선 입주권 부여 대상자는 다음 각 호의 어느 하나에 해당하는 사람으로 한다.
1. 보호시설에 6개월 이상 입소한 피해자로서 그 퇴소일부터 2년이 지나지 아니한 사람(법 제7조의4제3호에 따라 퇴소한 사람은 제외한다)
2. 여성가족부장관이 지원하는 피해자를 위한 주거지원시설에 2년 이상 입주한 피해자로서 그 퇴거일부터 2년이 지나지 아니한 사람(거짓이나 그 밖의 부정한 방법으로 입주하여 퇴거하게 된 사람은 제외한다)
(2010.3.15 본호개정)
② 제1항에 따른 임대주택 우선 입주권 부여 대상자의 선정에 필요한 절차 및 방법 등은 여성가족부장관이 정한다.(2010.3.15 본항개정)
(2009.10.19 본조신설)

제5조【통합하여 설치·운영할 수 있는 상담소 또는 보호시설】 법 제14조에 따라 상담소 또는 보호시설과 통합하여 설치·운영할 수 있는 유사한 성격의 상담소 또는 보호시설은 다음 각 호와 같다.
1. 「성폭력방지 및 피해자보호 등에 관한 법률」에 따른 상담소 또는 보호시설(2010.12.29 본호개정)
2. 「한부모가족지원법」, 「아동복지법」, 「노인복지법」 및 「장애인복지법」에 따른 상담소 또는 보호시설
3. 「법률구조법」에 따른 상담소
4. 그 밖에 여성가족부장관이 정하여 고시하는 가정복지나 사회복지관련 상담소 또는 보호시설(2010.3.15 본호개정)
(2009.10.19 본조개정)

제6조【그 밖의 의료의 범위】 법 제18조제1항제3호에 따른 의료에 관한 사항은 다음 각 호와 같다.
1. 임산부의 심리적 안정을 위한 각종 치료프로그램의 실시 등 정신치료
2. 임산부와 태아를 보호하기 위한 검사나 치료
3. 가정폭력피해자 가정의 신생아에 대한 의료
(2009.10.19 본조개정)

제7조【민감정보 및 고유식별정보의 처리】 여성가족부장관(법 제19조에 따라 여성가족부장관의 권한을 위임받은 자를 포함한다), 지방자치단체의 장(해당 권한이 위임·위탁된 경우에는 그 권한을 위임·위탁받은 자를 포함한다) 또는 보호시설의 장은 다음 각 호의 사무를 수행하기 위하여 불가피한 경우 「개인정보 보호법」 제23조에 따른 건강에 관한 정보나 같은 법 시행령 제19조제1호 또는 제4호에 따른 주민등록번호 또는 외국인등록번호가 포함된 자료를 처리할 수 있다.
1. 법 제4조제1항제3호에 따른 임대주택의 우선 입주권 부여에 관한 사무
2. 법 제7조의5제1항에 따른 보호비용 지원에 관한 사무
3. 법 제8조제1항 및 제2항에 따른 보호시설 업무에 관한 사무
4. 법 제18조제3항에 따른 치료보호 비용 지급에 관한 사무
(2014.8.6 본조신설)

제8조 (2016.12.30 삭제)

제9조【과태료의 부과기준】 법 제22조제1항 및 제2항에 따른 과태료의 부과기준은 별표와 같다.(2014.1.28 본조개정)

부 칙 (2014.7.16)

제1조【시행일】 이 영은 2014년 7월 22일부터 시행한다.

제2조【가정폭력 예방교육 실시에 관한 적용례】 제1조의2제2항 후단의 개정규정은 이 영 시행 후 신규임용된 사람부터 적용한다.

부 칙 (2015.12.15)

이 영은 2015년 12월 23일부터 시행한다.

부 칙 (2016.12.30)

제1조【시행일】 이 영은 2017년 1월 1일부터 시행한다.
(이하 생략)

부 칙 (2022.8.16)

이 영은 공포한 날부터 시행한다.

[별표] ➡ 「法典 別册」 참조

폭력행위 등 처벌에 관한 법률(약칭 : 폭력행위처벌법)

(1961년 6월 20일 법 률 제625호)

개정

1962. 7.14법 1108호 1980.12.18법 3279호
1990.12.31법 4294호 1993.12.10법 4590호
2001.12.19법 6534호
2004. 1.20법 7078호(검찰)
2006. 3.24법 7891호 2014.12.30법12896호
2016. 1. 6법13718호

제1조【목적】 이 법은 집단적 또는 상습적으로 폭력행위 등을 범하거나 흉기 또는 그 밖의 위험한 물건을 휴대하여 폭력행위 등을 범한 사람 등을 처벌함을 목적으로 한다.(2014.12.30 본조개정)

판례 본조의 위헌 여부 : 형사소송법 제383조 제4호, 폭력행위등처벌에관한법률 제1조, 제2조, 헌법재판소법 제42조 제1항, 형법 제35조, 제41조 제2호 등이 헌법에 위반되는 법률이라고 볼 수 없다.
(대결 1990.8.24, 90초71)

제2조【폭행 등】 ① (2016.1.6 삭제)

② 2명 이상이 공동하여 다음 각 호의 죄를 범한 사람은 「형법」 각 해당 조항에서 정한 형의 2분의 1까지 가중한다.(2016.1.6 본문개정)

1. 「형법」 제260조제1항(폭행), 제283조제1항(협박), 제319조(주거침입, 퇴거불응) 또는 제366조(재물손괴 등)의 죄
2. 「형법」 제260조제2항(존속폭행), 제276조제1항(체포, 감금), 제283조제2항(존속협박) 또는 제324조제1항(강요)의 죄
3. 「형법」 제257조제1항(상해)·제2항(존속상해), 제276조제2항(존속체포, 존속감금) 또는 제350조(공갈)의 죄

(2016.1.6 1호~3호신설)

③ 이 법(「형법」 각 해당 조항 및 각 해당 조항의 상습범, 특수범, 상습특수범, 각 해당 조항의 상습범의 미수범, 특수범의 미수범, 상습특수범의 미수범을 포함한다)을 위반하여 2회 이상 징역형을 받은 사람이 다시 제2항 각 호에 규정된 죄를 범하여 누범(累犯)으로 처벌할 경우에는 다음 각 호의 구분에 따라 가중처벌한다.(2016.1.6 본문개정)

1. 제2항제1호에 규정된 죄를 범한 사람 : 7년 이하의 징역
2. 제2항제2호에 규정된 죄를 범한 사람 : 1년 이상 12년 이하의 징역
3. 제2항제3호에 규정된 죄를 범한 사람 : 2년 이상 20년 이하의 징역

(2016.1.6 1호~3호신설)

④ 제2항과 제3항의 경우에는 「형법」 제260조제3항 및 제283조제3항을 적용하지 아니한다.
(2014.12.30 본조개정)

판례 형법 제354조, 제328조의 규정에 의하면, 직계혈족, 배우자, 동거친족, 동거가족 또는 그 배우자 간의 공갈죄는 그 형을 면제하여야 하고 그 외의 친족 간에는 고소가 있어야 공소를 제기할 수 있는바, 흉기 기타 위험한 물건을 휴대하고 공갈죄를 범하여 '폭력행위 등 처벌에 관한 법률' 제3조 제1항, 제2조 제1항 제3호에 의하여 가중처벌되는 경우에도 형법상 공갈죄의 성질은 그대로 유지되는 것이고, 특별법인 위 법률에 친족상도례에 관한 형법 제354조, 제328조의 적용을 배제한다는 명시적인 규정이 없으므로, 형법 제354조는 '폭력행위 등 처벌에 관한 법률 제3조 제1항 위반죄'에도 그대로 적용된다.(대판 2010.7.29, 2010도5795)

판례 범죄에 있어서의 상습의 의미 및 구 폭력행위 등 처벌에 관한 법률 제2조 제1항에서 정한 상습성 유무의 판단 방법 : 범죄에 있어서의 상습이란 범죄자의 어떤 버릇, 범죄의 경향을 의미하는 것으로서 행위의 본질을 이루는 성질이 아니고, 행위자의 특성을 이루는 성질을 의미하는 것이므로, 구 폭력행위 등 처벌에 관한 법률(2006.3.24. 법률 제7891호로 개정되기 전의 것) 제2조 제1항에서 정한 상습성의 유무는 피고인의 연령·성격·직업·환경·전과사실, 범행의 동기·수단·방법 및 장소, 전에 범한 범죄와의 시간적 간격, 그 범행의 내용과 유사성 등 여러 사정을 종합하여 판단하여야 한다.(대판 2006.5.11, 2004도6176)

제3조【집단적 폭행 등】 ① (2016.1.6 삭제)

② (2006.3.24 삭제)

③ (2016.1.6 삭제)

④ 이 법(「형법」 각 해당 조항 및 각 해당 조항의 상습범, 특수범, 상습특수범, 각 해당 조항의 상습범의 미수범, 특수범의 미수범, 상습특수범의 미수범을 포함한다)을 위반하여 2회 이상 징역형을 받은 사람이 다시 다음 각 호의 죄를 범하여 누범으로 처벌할 경우에는 다음 각 호의 구분에 따라 가중처벌한다.(2016.1.6 본문개정)

1. 「형법」 제261조(특수폭행)(제260조제1항의 죄를 범한 경우에 한정한다), 제284조(특수협박)(제283조제1항의 죄를 범한 경우에 한정한다), 제320조(특수주거침입) 또는 제369조제1항(특수손괴)의 죄 : 1년 이상 12년 이하의 징역
2. 「형법」 제261조(특수폭행)(제260조제2항의 죄를 범한 경우에 한정한다), 제278조(특수체포, 특수감금)(제276조제1항의 죄를 범한 경우에 한정한다), 제284조(특수협박)(제283조제2항의 죄를 범한 경우에 한정한다) 또는 제324조제2항(강요)의 죄 : 2년 이상 20년 이하의 징역
3. 「형법」 제258조의2제1항(특수상해), 제278조(특수체포, 특수감금)(제276조제2항의 죄를 범한 경우에 한정한다) 또는 제350조의2(특수공갈)의 죄 : 3년 이상 25년 이하의 징역

(2016.1.6 1호~3호신설)

판례 신호위반에 따른 정지 지시를 무시하고 도주하던 사람이 자신을 추격해 온 경찰관의 하차 요구에 불응한 채 계속 도주를 시도하다가 자동차 앞 범퍼로 경찰관을 들이받고, 차 본넷 위에 경찰관을 매단 채로 그대로 차를 몰고 진행하던 중 인도에 있던 가로수를 들이받아 결국 경찰관을 사망에 이르게 한 사안에서, '위험한 물건'인 자동차를 이용하여 경찰관의 정당한 업무를 방해하고, 이로 인해 사망에 이르게 한 특수공무방해치사죄에 해당한다.
(대판 2008.2.28, 2008도3)

판례 상습범과 누범의 관계 및 폭력행위 등 처벌에 관한 법률 제3조 제4항의 누범에 대하여 같은 조 제3항의 상습범과 같은 법정형을 정한 것이 평등원칙에 반하여 위헌인지 여부 : 상습범과 누범은 서로 다른 개념으로서 누범에 해당한다고 하여 반드시 상습범이 되는 것이 아니며, 반대로 상습범에 해당한다고 하여 반드시 누범이 되는 것도 아니다. 또한, 행위자책임에 형벌가중의 본질이 있는 상습범과 행위책임에 형벌가중의 본질이 있는 누범을 단지 평면적으로 비교하여 그 경중을 가릴 수는 없고, 사안에 따라서는 폭력행위 등 처벌에 관한 법률 제3조 제4항에 정한 누범의 책임이 상습범의 경우보다 오히려 더 무거운 경우도 얼마든지 있을 수 있다. 이상과 같은 점을 고려하면, 같은 법 제3조 제4항의 누범에 대하여 같은 법 제3조 제3항의 상습범과 동일한 법정형을 정하였다고 하여 이를 두고 평등원칙에 반하는 위헌적인 규정이라고 할 수는 없다.
(대판 2007.8.23, 2007도4913)

판례 폭력행위 등 처벌에 관한 법률의 목적과 그 제3조 제1항의 규정 취지에 비추어 보면, 같은 법 제3조 제1항 소정의 '흉기 기타 위험한 물건을 휴대하여 그 죄를 범한 자'란 범행현장에서 '사용하려는 의도' 아래 흉기 기타 위험한 물건을 소지하거나 몸에 지니는 경우를 가리키는 것이고, 그 범행과는 전혀 무관하게 우연히 이를 소지하게 된 경우까지를 포함하는 것은 아니라 할 것이나, 범행현장에서 범행에 사용하려는 의도 아래 흉기 등 위험한 물건을 소지하거나 몸에 지닌 이상 그 사실을 피해자가 인식하거나 실제로 범행에 사용하였을 것까지 요구되는 것은 아니라 할 것이다.
(대판 2007.3.30, 2007도914)

판례 '다중의 위력'의 의미 : '다중'이라 함은 단체를 이루지 못한 다수인의 집합으로 집단적 위력을 보일 정도의 다수 혹은 그에 의해 압력을 느끼게 해 불안을 줄 정도의 다수를 의미하며, 다중의 '위력'이라 함은 다수 인원으로 사람의 의사를 제압하기에 족한 세력을 지칭하는 것으로서 다수에 해당하는가는 행위 당시의 여러 사정을 참작하여 결정하여야 할 것이며, 이 경우 상대방의 의사가 현실적으로 제압될 것을 요하지는 않는다고 할 것이지만 상대방의 의사를 제압할 만한 세력을 인식시킬 정도는 되어야 한다.
(대판 2006.2.10, 2005도174)

판례 동조 제1항 '위험한 물건'에 자동차가 해당하는지 여부 : 어떤 물건이 동조항의 '위험한 물건'에 해당하는지 여부는 구체적인 사안에서 사회통념에 비추어 그 물건을 사용하면 상대방이나 제3자가 생명 또는 신체에 위험을 느낄 수 있는지 여부에 따라 판단하여야 하고, 자동차는 원래 살상용이나 파괴용으로 만들어진 것이 아니지만 사람의 생명 또는 신체에 위해를 가하거나 다른 사람의 재물을 손괴하는 데 사용되었다면 이에 해당한다.
(대판 2003.1.24, 2002도5783)

제4조【단체 등의 구성·활동】 ① 이 법에 규정된 범죄를 목적으로 하는 단체 또는 집단을 구성하거나 그러한 단체 또는 집단에 가입하거나 그 구성원으로 활동한 사람은 다음 각 호의 구분에 따라 처벌한다.

1. 수괴(首魁) : 사형, 무기 또는 10년 이상의 징역
2. 간부 : 무기 또는 7년 이상의 징역
3. 수괴·간부 외의 사람 : 2년 이상의 유기징역

② 제1항의 단체 또는 집단을 구성하거나 그러한 단체 또는 집단에 가입한 사람이 단체 또는 집단의 위력을 과시하거나 단체 또는 집단의 존속·유지를 위하여 다음 각 호의 어느 하나에 해당하는 죄를 범하였을 때에는 그 죄에 대한 형의 장기(長期) 및 단기(短期)의 2분의 1까지 가중한다.

1. 「형법」에 따른 죄 중 다음 각 목의 죄
   가. 「형법」 제8장 공무방해에 관한 죄 중 제136조(공무집행방해), 제141조(공용서류 등의 무효, 공용물의 파괴)의 죄
   나. 「형법」 제24장 살인의 죄 중 제250조제1항(살인), 제252조(촉탁, 승낙에 의한 살인 등), 제253조(위계 등에 의한 촉탁살인 등), 제255조(예비, 음모)의 죄
   다. 「형법」 제34장 신용, 업무와 경매에 관한 죄 중 제314조(업무방해), 제315조(경매, 입찰의 방해)의 죄
   라. 「형법」 제38장 절도와 강도의 죄 중 제333조(강도), 제334조(특수강도), 제335조(준강도), 제336조(인질강도), 제337조(강도상해, 치상), 제339조(강도강간), 제340조제1항(해상강도)·제2항(해상강도상해 또는 치상), 제341조(상습범), 제343조(예비, 음모)의 죄
2. 제2조 또는 제3조의 죄(「형법」 각 해당 조항의 상습범, 특수범, 상습특수범을 포함한다)(2016.1.6 본호개정)

③ 타인에게 제1항의 단체 또는 집단에 가입할 것을 강요하거나 권유한 사람은 2년 이상의 유기징역에 처한다.

④ 제1항의 단체 또는 집단을 구성하거나 그러한 단체 또는 집단에 가입하여 그 단체 또는 집단의 존속·유지를 위하여 금품을 모집한 사람은 3년 이상의 유기징역에 처한다.

(2014.12.30 본조개정)

판례 법 제4조 제1항의 '활동'이란 범죄단체 또는 집단의 내부 규율 및 통솔 체계에 따른 조직적, 집단적 의사 결정에 의하여 행하는 범죄단체 또는 집단의 존속·유지를 지향하는 적극적인 행위로서 그 기여의 정도가 같은 조 제3항, 제4항에 규정된 행위에 준하는 것을 의미한다. 그리고 특정한 행위가 범죄단체 또는 집단의 구성원으로서의 '활동'에 해당하는지 여부는 당해 행위가 행해진 일시, 장소 및 그 내용, 그 행위가 이루어지게 된 동기 및 경위, 목적, 의사 결정자와 실행 행위자 사이의 관계 및 그 의사의 전달 과정 등의 구체적인 사정을 종합하여 실질적으로 판단하여야 한다. 따라서 다수의 구성원이 관여되었다고 하더라도 범죄단체 또는 집단의 존속·유지를 목적으로 하는 조직적, 집단적 의사결정에 의한 것이 아니거나, 범죄단체 또는 집단의 수괴나 간부 등 상위 구성원으로부터 모임에 참가하라는 등의 지시나 명령을 소극적으로 받고 이에 단순히 응하는데 그친 경우, 구성원 사이의 사적이고 의례적인 회식이나 경조사 모임 등을 개최하거나 참석하는 경우 등은 '활동'에 해당한다고 볼 수 없다.(대판 2009.9.10, 2008도10177)

판례 폭력행위집단은 범죄단체의 특성상 단체로서의 계속적인 결집성이 다소 불안정하고 그 통솔체제가 대내외적으로 반드시 명확하지 않은 것처럼 보이더라도 구성원들 간의 관계가 선배·후배 혹은 형·아우로 뭉쳐지고 그들 특유의 규율에 따른 통솔이 이루어져 단체나 집단으로서의 위력을 발휘하는 경우가 많으므로, 폭력행위 등 처벌에 관한 법률 제4조 소정의 범죄를 목적으로 하는 단체는 위 법 소정의 범죄를 한다는 공동의 목적 아래 특정 다수인에 의하여 이루어진 계속적인 결합체로서 그 단체를 주도하거나 내부의 질서를 유지하는 최소한의 통솔체계를 갖추면 되는 것이고, 범죄단체의 구성이란 단체를 새로이 조직, 창설하는 것을 의미하므로, 기존의 범죄단체를 이용하여 새로운 범죄단체를 구성하는 경우는 기존의 범죄단체가 이미 해체 내지 와해된 상태에 있어 그 조직을 재건하는 경우, 기존의 범죄단체에서 분리되어 나와 별도의 범죄단체를 구성하는 경우, 현재 활동 중인 범죄단체가 다른 범죄단체를 흡수하거나 그와 통합하는 경우 등으로, 그 조직이 완전히 변경됨으로써 기존의 범죄단체와 동일성이 없는 별개의 단체로 인정될 수 있을 정도에 이른 경우를 말한다. 그리고 같은 법 제4조 제1항 제1호에서 말하는 '수괴'라 함은 그 범죄단체의 우두머리로 단체의 활동을 지휘·통솔하는 자를 가리키는 것으로서, '수괴'는 반드시 1인일 필요가 없고 2인 이상의 수괴가 역할을 분담하여 활동할 수도 있는 것이어서, 범죄단체의 배후에서 일체의 조직활동을 지휘하는 자와 전면에서 단체 구성원의 통솔을 담당하는 자로 역할을 분담하고 있는 경우 양인을 모두 범죄단체의 수괴로 인정할 수 있다.
(대판 2005.9.29, 2005도4205)

제5조【단체 등의 이용·지원】 ① 제4조제1항의 단체 또는 집단을 이용하여 이 법이나 그 밖의 형벌 법규에 규정된 죄를 범하게 한 사람은 그 죄에 대한 형의 장기 및 단기의 2분의 1까지 가중한다.

② 제4조제1항의 단체 또는 집단을 구성하거나 그러한 단체 또는 집단에 가입하지 아니한 사람이 그러한 단체 또는 집단의 구성·유지를 위하여 자금을 제공하였을 때에는 3년 이상의 유기징역에 처한다.
(2014.12.30 본조개정)

제6조【미수범】 제2조, 제3조, 제4조제2항[「형법」 제136조, 제255조, 제314조, 제315조, 제335조, 제337조(강도치상의 죄에 한정한다), 제340조제2항(해상강도치상의 죄에 한정한다) 또는 제343조의 죄를 범한 경우는 제외한다] 및 제5조의 미수범은 처벌한다.(2014.12.30 본조개정)

제7조【우범자】 정당한 이유 없이 이 법에 규정된 범죄에 공용(供用)될 우려가 있는 흉기나 그 밖의 위험한 물건을 휴대하거나 제공 또는 알선한 사람은 3년 이하의 징역 또는 300만원 이하의 벌금에 처한다.(2014.12.30 본조개정)

제8조【정당방위 등】 ① 이 법에 규정된 죄를 범한 사람이 흉기나 그 밖의 위험한 물건 등으로 사람에게 위해(危害)를 가하거나 가하려 할 때 이를 예방하거나 방위(防衛)하기 위하여 한 행위는 벌하지 아니한다.

② 제1항의 경우에 방위 행위가 그 정도를 초과한 때에는 그 형을 감경한다.

③ 제2항의 경우에 그 행위가 야간이나 그 밖의 불안한 상태에서 공포·경악·흥분 또는 당황으로 인한 행위인 때에는 벌하지 아니한다.
(2014.12.30 본조개정)

제9조【사법경찰관리의 직무유기】 ① 사법경찰관리(司法警察官吏)로서 이 법에 규정된 죄를 범한 사람을 수사하지 아니하거나 범인을 알면서 체포하지 아니하거나 수사상 정보를 누설하여 범인의 도주를 용이하게 한 사람은 1년 이상의 유기징역에 처한다.

② 뇌물을 수수(收受), 요구 또는 약속하고 제1항의 죄를 범한 사람은 2년 이상의 유기징역에 처한다.
(2014.12.30 본조개정)

제10조【사법경찰관리의 행정적 책임】 ① 관할 지방검찰청 검사장은 제2조부터 제6조까지의 범죄가 발생하였는데도 그 사실을 자신에게 보고하지 아니하거나 수사를 게을리하거나 수사능력 부족 또는 그 밖의 이유로 사법경찰관리로서 부적당하다고 인정하는 사람에 대해서는 그 임명권자에게 징계, 해임 또는 교체임용을 요구할 수 있다.

② 제1항의 요구를 받은 임명권자는 2주일 이내에 해당 사법경찰관리에 대하여 행정처분을 한 후 그 사실을 관할 지방검찰청 검사장에게 통보하여야 한다.
(2014.12.30 본조개정)

부 칙 (2014.12.30)

이 법은 공포한 날부터 시행한다.

부 칙 (2016.1.6)

제1조【시행일】 이 법은 공포한 날부터 시행한다.

제2조【다른 법률의 개정】 ①~⑩ ※(해당 법령에 가제정리 하였음)

제3조【다른 법령과의 관계】 이 법 시행 당시 다른 법령에서 종전의 「폭력행위 등 처벌에 관한 법률」의 규정을 인용한 경우에 이 법 가운데 그에 해당하는 규정이 있는 때에는 종전의 규정을 갈음하여 이 법의 해당 규정을 인용한 것으로 본다.

특정강력범죄의 처벌에 관한 특례법(약칭 : 특정강력범죄법)

(1990년 12월 31일 법 률 제4295호)

개정
1993.12.10법 4590호(폭력처벌)
2005. 8. 4법 7653호
2009. 6. 9법 9765호(아동·청소년의성보호에관한법)
2010. 3.31법10209호 2010. 4.15법10256호
2010. 4.15법10258호(성폭력범죄의처벌등에관한특례법)
2011. 3. 7법10431호
2011. 9.15법11048호(청소년보호법)
2012.12.18법11556호(성폭력범죄의처벌등에관한특례법)
2012.12.18법11572호(아동·청소년의성보호에관한법)
2012.12.18법11574호(형법)
2013. 4. 5법11731호(형법)
2014. 1. 7법12198호 2016. 1. 6법13716호
2023.10.24법19743호(특정중대범죄피의자등신상정보공개에관한법)

제1조【목적】 이 법은 기본적 윤리와 사회질서를 침해하는 특정강력범죄에 대한 처벌과 그 절차에 관한 특례를 규정함으로써 국민의 생명과 신체의 안전을 보장하고 범죄로부터 사회를 지키는 것을 목적으로 한다.
(2010.3.31 본조개정)

제2조【적용 범위】 ① 이 법에서 "특정강력범죄"란 다음 각 호의 어느 하나에 해당하는 죄를 말한다.
1. 「형법」 제2편제24장 살인의 죄 중 제250조[살인·존속살해(尊屬殺害)], 제253조[위계(僞計)등에 의한 촉탁살인(囑託殺人)등] 및 제254조(미수범. 다만, 제251조 및 제252조의 미수범은 제외한다)의 죄
2. 「형법」 제2편제31장 약취(略取), 유인(誘引) 및 인신매매의 죄 중 제287조부터 제291조까지 및 제294조(제292조제1항의 미수범은 제외한다)의 죄(2013.4.5 본호개정)
3. 「형법」 제2편제32장 강간과 추행의 죄 중 제301조(강간등 상해·치상), 제301조의2(강간등 살인·치사)의 죄 및 흉기나 그 밖의 위험한 물건을 휴대하거나 2명 이상이 합동하여 범한 제297조(강간), 제297조의2(유사강간), 제298조(강제추행), 제299조(준강간·준강제추행), 제300조(미수범) 및 제305조(미성년자에 대한 간음, 추행)의 죄(2012.12.18 본호개정)
4. 「형법」 제2편제32장 강간과 추행의 죄, 「성폭력범죄의 처벌 등에 관한 특례법」 제3조부터 제10조까지 및 제15조(제13조의 미수범은 제외한다)의 죄 또는 「아동·청소년의 성보호에 관한 법률」 제13조의 죄로 두 번 이상 실형을 선고 받은 사람이 범한 「형법」 제297조, 제297조의2, 제298조부터 제300조까지, 제305조 및 「아동·청소년의 성보호에 관한 법률」 제13조의 죄
(2012.12.18 본호개정)
5. 「형법」 제2편제38장 절도와 강도의 죄 중 제333조(강도), 제334조(특수강도), 제335조(준강도), 제336조(인질강도), 제337조(강도상해·치상), 제338조(강도살인·치사), 제339조(강도강간), 제340조(해상강도), 제341조(상습범) 및 제342조(미수범. 다만, 제329조부터 제331조까지, 제331조의2 및 제332조의 미수범은 제외한다)의 죄
6. 「폭력행위 등 처벌에 관한 법률」 제4조(단체 등의 구성·활동)의 죄(2016.1.6 본호개정)

② 제1항 각 호의 범죄로서 다른 법률에 따라 가중처벌하는 죄는 특정강력범죄로 본다.
(2010.3.31 본조개정)

제3조【누범의 형】 특정강력범죄로 형(刑)을 선고받고 그 집행이 끝나거나 면제된 후 3년 이내에 다시 특정강력범죄를 범한 경우(「형법」 제337조의 죄 및 그 미수(未遂)의 죄를 범하여 「특정범죄 가중처벌 등에 관한 법률」 제5조의5에 따라 가중처벌되는 경우는 제외한다)에는 그 죄에 대하여 정하여진 형의 장기(長期) 및 단기(短期)의 2배까지 가중한다.(2014.1.7 본조개정)

제4조【소년에 대한 형】 ① 특정강력범죄를 범한 당시 18세 미만인 소년을 사형 또는 무기형에 처하여야 할 때에는 「소년법」 제59조에도 불구하고 그 형을 20년의 유기징역으로 한다.
② 특정강력범죄를 범한 소년에 대하여 부정기형(不定期刑)을 선고할 때에는 「소년법」 제60조제1항 단서에도 불구하고 장기는 15년, 단기는 7년을 초과하지 못한다.
(2010.3.31 본조개정)

제5조【집행유예의 결격기간】 특정강력범죄로 형을 선고받고 그 집행이 끝나거나 면제된 후 10년이 지나지 아니한 사람이 다시 특정강력범죄를 범한 경우에는 형의 집행을 유예하지 못한다.(2010.3.31 본조개정)

제6조【보석 등의 취소】 법원은 특정강력범죄사건의 피고인이 피해자나 그 밖에 사건의 재판에 필요한 사실을 알고 있다고 인정되는 사람 또는 그 친족의 생명·신체나 재산에 해를 끼치거나 끼칠 염려가 있다고 믿을 만한 충분한 이유가 있을 때에는 법원의 직권 또는 검사의 청구에 의하여 결정으로 보석 또는 구속의 집행정지를 취소할 수 있다.(2010.3.31 본조개정)

제7조【증인에 대한 신변안전조치】 ① 검사는 특정강력범죄사건의 증인이 피고인 또는 그 밖의 사람으로부터 생명·신체에 해를 입거나 입을 염려가 있다고 인정될 때에는 관할 경찰서장에게 증인의 신변안전을 위하여 필요한 조치를 할 것을 요청하여야 한다.
② 증인은 검사에게 제1항의 조치를 하도록 청구할 수 있다.
③ 재판장은 검사에게 제1항의 조치를 하도록 요청할 수 있다.
④ 제1항의 요청을 받은 관할 경찰서장은 즉시 증인의 신변안전을 위하여 필요한 조치를 하고 그 사실을 검사에게 통보하여야 한다.
(2010.3.31 본조개정)

제8조【출판물 게재 등으로부터의 피해자 보호】 특정강력범죄 중 제2조제1항제2호부터 제6호까지 및 같은 조 제2항(제1항제1호는 제외한다)에 규정된 범죄로 수사 또는 심리(審理) 중에 있는 사건의 피해자나 특정강력범죄로 수사 또는 심리 중에 있는 사건을 신고하거나 고발한 사람에 대하여는 성명, 나이, 주소, 직업, 용모 등에 의하여 그가 피해자이거나 신고 또는 고발한 사람임을 미루어 알 수 있는 정도의 사실이나 사진을 신문 또는 그 밖의 출판물에 싣거나 방송 또는 유선방송하지 못한다. 다만, 피해자, 신고하거나 고발한 사람 또는 그 법정대리인(피해자, 신고 또는 고발한 사람이 사망한 경우에는 그 배우자, 직계친족 또는 형제자매)이 명시적으로 동의한 경우에는 그러하지 아니하다.(2010.3.31 본조개정)

제8조의2 (2023.10.24 삭제)

제9조【소송 진행의 협의】 ① 법원은 특정강력범죄에 관하여 검사 및 변호인과 공판기일의 지정이나 그 밖에 소송의 진행에 필요한 사항을 협의할 수 있다.
② 제1항의 협의는 소송 진행에 필요한 최소한의 범위에서 하여야 하며, 판결에 영향을 주어서는 아니 된다.
③ 특정강력범죄에 관하여 증거서류 또는 증거물의 조사를 청구하는 경우에는 상대방에게 미리 열람할 기회를 주어야 한다. 다만, 상대방이 이의를 제기하지 아니하는 경우에는 그러하지 아니하다.
(2010.3.31 본조개정)

제10조【집중심리】 ① 법원은 특정강력범죄사건의 심리를 하는 데에 2일 이상이 걸리는 경우에는 가능하면 매일 계속 개정(開廷)하여 집중심리(集中審理)를 하여야 한다.
② 재판장은 특별한 사정이 없으면 직전 공판기일부터 7일 이내로 다음 공판기일을 지정하여야 한다.
③ 재판장은 소송 관계인이 공판기일을 준수하도록 요청하여야 하며, 이에 필요한 조치를 할 수 있다.
(2010.3.31 본조개정)

제11조【공판정에서의 신체구속】 재판장은 특정강력범죄로 공소제기된 피고인이 폭력을 행사하거나 도망할 염려가 있다고 인정할 때에는 공판정에서 피고인의 신체를 구속할 것을 명하거나 그 밖에 필요한 조치를 할 수 있다.(2010.3.31 본조개정)

제12조【간이공판절차의 결정】 ① 특정강력범죄의 피고인이 공판정에서 공소사실을 자백한 경우에는 법원은 간이공판절차에 따라 심판할 것을 결정할 수 있다. 특정강력범죄와 다른 죄가 병합(倂合)된 경우에도 같다.
② 제1항의 결정이 있는 사건에 대하여는 「형사소송법」 제286조의3, 제297조의2, 제301조의2 및 제318조의3을 준용한다.
(2010.3.31 본조개정)

제13조【판결선고】 법원은 특정강력범죄사건에 관하여 변론을 종결한 때에는 신속하게 판결을 선고하여야 한다. 복잡한 사건이거나 그 밖에 특별한 사정이 있는 경우에도 판결의 선고는 변론 종결일부터 14일을 초과하지 못한다.(2010.3.31 본조개정)

부 칙 (2013.4.5)

제1조【시행일】 이 법은 공포한 날부터 시행한다.(이하 생략)

부 칙 (2014.1.7)
(2016.1.6)

이 법은 공포한 날부터 시행한다.

부 칙 (2023.10.24)

제1조【시행일】 이 법은 공포 후 3개월이 경과한 날부터 시행한다.(이하 생략)

성폭력방지 및 피해자보호 등에 관한 법률(약칭 : 성폭력방지법)

(2010년 4월 15일 법 률 제10261호)

개정
2011. 3.30법10521호 2012. 2. 1법11286호
2012.12.18법11573호
2013. 3.23법11690호(정부조직)
2014. 1.21법12328호
2014. 5.28법12698호(양성평등기본법)
2015. 2. 3법13179호 2015.12. 1법13537호
2016. 3. 2법14063호 2016. 5.29법14235호
2017. 3.21법14704호 2017.12.12법15205호
2018. 3.13법15451호 2018. 4.17법15591호
2020. 1.29법16896호 2020.10.20법17538호
2021. 1.12법17895호
2023. 4.11법19339호(집행유예선고에관한결격사유명확화를위한일부개정법)
2023. 4.18법19363호

제1장 총 칙

제1조【목적】 이 법은 성폭력을 예방하고 성폭력피해자를 보호·지원함으로써 인권증진에 이바지함을 목적으로 한다.(2015.2.3 본조개정)

제2조【정의】 이 법에서 사용하는 용어의 뜻은 다음과 같다.
1. "성폭력"이란 「성폭력범죄의 처벌 등에 관한 특례법」 제2조제1항에 규정된 죄에 해당하는 행위를 말한다.
2. "성폭력행위자"란 「성폭력범죄의 처벌 등에 관한 특례법」 제2조제1항에 해당하는 죄를 범한 사람을 말한다.
3. "성폭력피해자"란 성폭력으로 인하여 직접적으로 피해를 입은 사람을 말한다.

제3조【국가 등의 책무】 ① 국가와 지방자치단체는 성폭력을 방지하고 성폭력피해자(이하 "피해자"라 한다)를 보호·지원하기 위하여 다음 각 호의 조치를 하여야 한다.
1. 성폭력 신고체계의 구축·운영
2. 성폭력 예방을 위한 조사·연구, 교육 및 홍보
3. 피해자를 보호·지원하기 위한 시설의 설치·운영
4. 피해자에 대한 주거지원, 직업훈련 및 법률구조 등 사회복귀 지원
5. 피해자에 대한 보호·지원을 원활히 하기 위한 관련 기관 간 협력체계의 구축·운영
6. 성폭력 예방을 위한 유해환경 개선
7. 피해자 보호·지원을 위한 관계 법령의 정비와 각종 정책의 수립·시행 및 평가

② 국가와 지방자치단체는 제1항에 따른 책무를 다하기 위하여 이에 따른 예산상의 조치를 하여야 한다.

제4조【성폭력 실태조사】 ① 여성가족부장관은 성폭력의 실태를 파악하고 성폭력 방지에 관한 정책을 수립하기 위하여 3년마다 성폭력 실태조사를 하고 그 결과를 발표하여야 한다.
② 제1항에 따른 성폭력 실태조사의 내용과 방법 등에 필요한 사항은 여성가족부령으로 정한다.

제5조【성폭력 예방교육 등】 ① 국가기관 및 지방자치단체의 장, 「유아교육법」 제7조에 따른 유치원의 장, 「영유아보육법」 제10조에 따른 어린이집의 원장, 「초·중등교육법」 제2조에 따른 각급 학교의 장, 「고등교육법」 제2조에 따른 학교의 장, 그 밖에 대통령령으로 정하는 공공단체의 장(이하 "국가기관등의 장"이라 한다)은 대통령령으로 정하는 바에 따라 성교육 및 성폭력 예방교육 실시, 기관 내 피해자 보호와 피해 예방을 위한 자체 예방지침 마련, 사건발생 시 재발방지대책 수립·시행 등 필요한 조치를 하고, 그 결과를 여성가족부장관에게 제출하여야 한다.(2021.1.12 본항개정)
② 제1항에 따른 교육을 실시하는 경우 「성매매방지 및 피해자보호 등에 관한 법률」 제4조에 따른 성매매 예방교육, 「양성평등기본법」 제31조에 따른 성희롱 예방교육 및 「가정폭력방지 및 피해자보호 등에 관한 법률」 제4조의3에 따른 가정폭력 예방교육 등을 성평등 관점에서 통합하여 실시할 수 있다.(2014.5.28 본항개정)
③ 국가기관등의 장은 제1항에 따라 실시하는 성교육 및 성폭력 예방교육의 참여에 관한 사항을 소속 직원 및 종사자에 대한 승진, 전보, 교육훈련 등의 인사관리에 반영할 수 있다.(2021.1.12 본항신설)
④ 「양성평등기본법」 제3조제3호에 따른 사용자는 성교육 및 성폭력 예방교육을 실시하는 등 직장 내 성폭력 예방을 위한 노력을 하여야 한다.(2015.2.3 본항신설)
⑤ 여성가족부장관 또는 특별시장·광역시장·특별자치시장·도지사·특별자치도지사(이하 "시·도지사"라 한다)는 제1항에 따른 교육대상에 포함되지 아니하는 국민에게 성교육 및 성폭력 예방교육을 실시할 수 있다. 이 경우 여성가족부장관 또는 시·도지사는 교육에 관한 업무를 제5조의2에 따른 성폭력 예방교육 지원기관에 위탁할 수 있다.(2018.4.17 본항개정)
⑥ 여성가족부장관은 제1항과 제2항에 따른 교육을 효과적으로 실시하기 위하여 전문강사를 양성하고, 관계 중앙행정기관의 장과 협의하여 생애주기별 교육프로그램 및

장애인 등 대상별 특성을 고려한 교육프로그램을 개발·보급하여야 한다.(2015.12.1 본항개정)

⑦ 여성가족부장관은 제1항에 따른 교육 및 성폭력 예방조치에 대한 점검을 대통령령으로 정하는 바에 따라 매년 실시하여야 한다.(2016.5.29 본항개정)

⑧ 여성가족부장관은 제7항에 따른 점검결과 교육이 부실하다고 인정되는 기관·단체에 대하여 대통령령으로 정하는 바에 따라 관리자 특별교육 등 필요한 조치를 취하여야 한다.(2021.1.12 본항개정)

⑨ 여성가족부장관은 제7항에 따른 점검결과를 다음 각 호의 평가에 반영하도록 해당 기관·단체의 장에게 요구할 수 있다.(2021.1.12 본문개정)

1. 「정부업무평가 기본법」 제14조제1항 및 제18조제1항에 따른 중앙행정기관 및 지방자치단체의 자체평가
2. 「공공기관의 운영에 관한 법률」 제48조제1항에 따른 공기업·준정부기관의 경영실적평가
3. 「지방공기업법」 제78조제1항에 따른 지방공기업의 경영평가
4. 「초·중등교육법」 제9조제2항에 따른 학교 평가
5. 「고등교육법」 제11조의2제1항에 따른 학교 평가 및 같은 조 제2항에 따른 학교 평가·인증(2021.1.12 본호신설)

(2014.1.21 본항신설)

⑩ 여성가족부장관은 제7항에 따른 점검결과를 대통령령으로 정하는 바에 따라 언론 등에 공표하여야 한다. 다만, 다른 법률에서 공표를 제한하고 있는 경우에는 그러하지 아니하다.(2021.1.12 본문개정)

⑪ 관계 중앙행정기관의 장 및 시·도지사는 대통령령으로 정하는 바에 따라 매년 성폭력 예방에 필요한 계획을 수립·시행하여야 한다.(2018.4.17 본항개정)

⑫ 제1항에 따른 교육의 내용과 방법, 결과 제출 절차 등에 필요한 사항은 대통령령으로 정한다.

(2016.5.29 본조제목개정)

(2012.12.18 본조개정)

제5조의2【성폭력 예방교육 지원기관의 설치·운영 등】 ① 여성가족부장관 또는 시·도지사는 성교육 및 성폭력 예방교육의 실시, 생애주기별 교육프로그램 개발·보급, 장애인 등 대상별 특성을 고려한 교육프로그램 개발·보급, 전문강사 양성 등의 업무를 수행하고 지원하기 위한 기관(이하 "지원기관"이라 한다)을 설치·운영할 수 있다.(2018.4.17 본항개정)

② 여성가족부장관 또는 시·도지사는 지원기관의 운영을 대통령령으로 정하는 기관이나 단체에 위탁할 수 있다.(2018.4.17 본항개정)

③ 지원기관의 업무 및 운영 등에 필요한 사항은 여성가족부령으로 정한다.

(2012.12.18 본조신설)

제5조의3【성폭력 예방 홍보영상의 제작·배포·송출】 ① 여성가족부장관은 성폭력의 예방과 방지, 피해자의 치료와 재활 등에 관한 홍보영상을 제작하여 「방송법」 제2조제23호의 방송편성책임자에게 배포하여야 한다.

② 여성가족부장관은 「방송법」 제2조제3호가목의 지상파방송사업자(이하 "방송사업자"라 한다)에게 같은 법 제73조제4항에 따라 대통령령으로 정하는 비상업적 공익광고 편성비율의 범위에서 제1항의 홍보영상을 채널별로 송출하도록 요청할 수 있다.

③ 방송사업자는 제1항의 홍보영상 외에 독자적으로 홍보영상을 제작하여 송출할 수 있다. 이 경우 여성가족부장관에게 필요한 협조 및 지원을 요청할 수 있다.

(2012.12.18 본조신설)

제5조의4【성폭력 사건 발생 시 조치】 ① 국가기관등의 장은 해당 기관에서 성폭력 사건이 발생한 사실을 알게 된 경우 피해자의 명시적인 반대의견이 없으면 지체 없이 그 사실을 여성가족부장관에게 통보하고, 해당 사실을 안 날부터 3개월 이내에 제5조제1항에 따른 재발방지대책을 여성가족부장관에게 제출하여야 한다. 다만, 대통령령으로 정하는 기관장 등에 의한 사건인 경우 해당 사실을 안 날부터 1개월 이내에 재발방지대책을 여성가족부장관에게 제출하여야 한다.(2023.4.18 단서신설)

② 여성가족부장관은 제1항에 따라 통보받은 사건이 중대하다고 판단되거나 재발방지대책의 점검 등을 위하여 필요한 경우 해당 기관에 대한 현장점검을 실시할 수 있으며, 점검 결과 시정이나 보완이 필요하다고 인정하는 경우에는 국가기관등의 장에게 시정이나 보완을 요구할 수 있다.

③ 제1항에 따른 재발방지대책의 제출 및 제2항에 따른 현장점검 등에 필요한 사항은 대통령령으로 정한다.

(2021.1.12 본조신설)

제6조【성폭력 추방 주간】 성폭력에 대한 사회적 경각심을 높이고 성폭력을 예방하기 위하여 대통령령으로 정하는 바에 따라 1년 중 1주간을 성폭력 추방 주간으로 한다.

제7조【피해자등에 대한 취학 및 취업 지원】 ① 국가와 지방자치단체는 피해자나 피해자의 가족구성원(이하 "피해자등"이라 한다)이 「초·중등교육법」 제2조에 따른 각급학교의 학생인 경우 주소지 외의 지역에서 취학(입학, 재입학, 전학 및 편입학을 포함한다. 이하 이 조에서 같다)할 필요가 있을 때에는 다음 각 호에 따라 그 취학이 원활히 이루어지도록 지원하여야 한다. 이 경우 취학을 지원하는 관계자는 피해자등의 사생활이 침해되지 아니하도록 유의하여야 한다.(2020.1.29 전단개정)

1. 초등학교의 경우에는 다음 각 목에 따른다.
   가. 보호자가 피해자등을 주소지 외의 지역에 있는 초등학교에 입학시키려는 경우 초등학교의 장은 피해자등의 입학을 승낙하여야 한다.
   나. 피해자등이 초등학교에 다니고 있는 경우 그 초등학교의 장은 피해자등의 보호자(가해자가 아닌 보호자를 말한다) 1명의 동의를 받아 교육장에게 그 피해자등의 전학을 추천하여야 하고, 교육장은 전학할 학교를 지정하여 전학시켜야 한다.
2. 그 밖의 각급학교의 경우 : 각급학교의 장은 피해자등이 다른 학교로 전학·편입학할 수 있도록 추천하여야 하고, 교육장 또는 교육감은 교육과정의 이수에 지장이 없는 범위에서 전학·편입학할 학교를 지정하여 배정하여야 한다. 이 경우 그 배정된 학교의 장은 피해자등의 전학·편입학을 거부할 수 없다.

(2020.1.29 1호~2호신설)

② 출석일수 산입 등 제1항에 따른 취학 지원에 필요한 사항은 대통령령으로 정한다.

③ 국가와 지방자치단체는 피해자를 보호하는 자에 대한 직업훈련 및 취업을 알선할 수 있다.(2011.3.30 본항신설)

④ 취업 지원 대상의 범위 등 제3항에 따른 취업 지원에 필요한 사항은 여성가족부령으로 정한다.(2011.3.30 본항신설)

(2011.3.30 본조제목개정)

제7조의2【피해자에 대한 법률상담등】 ① 국가는 피해자에 대하여 법률상담과 소송대리(訴訟代理) 등의 지원(이하 "법률상담등"이라 한다)을 할 수 있다.

② 여성가족부장관은 「법률구조법」 제8조에 따른 대한법률구조공단 또는 대통령령으로 정하는 그 밖의 기관에 제1항에 따른 법률상담등을 요청할 수 있다.

③ 제1항에 따른 법률상담등에 드는 비용은 대통령령으로 정하는 바에 따라 국가가 부담할 수 있다.

④ 제1항에 따른 법률상담등의 요건과 내용 및 절차 등은 대통령령으로 정한다.

(2012.2.1 본조신설)

제7조의3【불법촬영물등으로 인한 피해자에 대한 지원 등】 ① 국가는 다음 각 호의 어느 하나에 해당하는 촬영물 또는 복제물 등(이하 이 조에서 "촬영물등"이라 한다)이 정보통신망(「정보통신망 이용촉진 및 정보보호 등에 관한 법률」 제2조제1항제1호의 정보통신망을 말한다. 이하 같다)에 유포되어 피해(촬영물등의 대상자로 등장하여 입은 피해를 말한다)를 입은 사람에 대하여 촬영물등의 삭제를 위한 지원을 할 수 있다.

1. 「성폭력범죄의 처벌 등에 관한 특례법」 제14조에 따른 촬영물 또는 복제물(복제물의 복제물을 포함한다)
2. 「성폭력범죄의 처벌 등에 관한 특례법」 제14조의2에 따른 편집물등 또는 복제물(복제물의 복제물을 포함한다)
3. 「아동·청소년의 성보호에 관한 법률」 제2조제5호에 따른 아동·청소년성착취물

(2021.1.12 1호~3호신설)

② 제1항에 따른 지원 대상자, 그 배우자(사실상의 혼인관계를 포함한다), 직계친족, 형제자매 또는 지원 대상자가 지정하는 대리인(이하 이 조에서 "삭제지원요청자"라 한다)은 국가에 촬영물등의 삭제를 위한 지원을 요청할 수 있다. 이 경우 지원 대상자가 지정하는 대리인은 여성가족부령으로 정하는 요건을 갖추어 삭제지원을 요청하여야 한다.

③ 국가는 다음 각 호의 어느 하나에 해당하는 촬영물등에 대해서는 삭제지원요청자의 요청 없이도 삭제를 위한 지원을 한다. 이 경우 범죄의 증거 인멸 등을 방지하기 위하여 해당 촬영물등과 관련된 자료를 보관하여야 한다.

1. 수사기관의 삭제지원 요청이 있는 제1항제1호 또는 제2호에 따른 촬영물등
2. 「아동·청소년의 성보호에 관한 법률」 제2조제5호에 따른 아동·청소년성착취물

(2021.1.12 본항신설)

④ 제1항에 따른 촬영물등 삭제지원에 소요되는 비용은 「성폭력범죄의 처벌 등에 관한 특례법」 제14조·제14조의2에 해당하는 죄를 범한 성폭력행위자 또는 「아동·청소년의 성보호에 관한 법률」 제11조에 해당하는 죄를 범한 아동·청소년대상 성범죄행위자가 부담한다.

⑤ 국가가 제1항에 따라 촬영물등 삭제지원에 소요되는 비용을 지출한 경우 제4항의 성폭력행위자 또는 아동·청소년대상 성범죄행위자에 대하여 구상권(求償權)을 행사할 수 있다.

⑥ 제1항 및 제2항에 따른 촬영물등 삭제지원의 내용·방법, 제3항 후단에 따른 자료 보관의 방법·기간 및 제5항에 따른 구상권 행사의 절차·방법 등에 필요한 사항은 여성가족부령으로 정한다.

(2021.1.12 본조개정)

제8조【피해자 등에 대한 불이익조치의 금지】 누구든지 피해자 또는 성폭력 발생 사실을 신고한 자를 고용하고 있는 자는 성폭력과 관련하여 피해자 또는 성폭력 발생 사실을 신고한 자에게 다음 각 호의 어느 하나에 해당하는 불이익조치를 하여서는 아니 된다.(2021.1.12 본문개정)

1. 파면, 해임, 해고, 그 밖에 신분상실에 해당하는 불이익조치
2. 징계, 정직, 감봉, 강등, 승진 제한, 그 밖의 부당한 인사조치
3. 전보, 전근, 직무 미부여, 직무 재배치, 그 밖에 본인의 의사에 반하는 인사조치
4. 성과평가 또는 동료평가 등에서의 차별이나 그에 따른 임금 또는 상여금 등의 차별 지급
5. 직업능력 개발 및 향상을 위한 교육훈련 기회의 제한, 예산 또는 인력 등 가용자원의 제한 또는 제거, 보안정보 또는 비밀정보 사용의 정지 또는 취급자격의 취소, 그 밖에 근무조건 등에 부정적 영향을 미치는 차별 또는 조치
6. 주의 대상자 명단 작성 또는 그 명단의 공개, 집단 따돌림, 폭행 또는 폭언 등 정신적·신체적 손상을 가져오는 행위 또는 그 행위의 발생을 방치하는 행위
7. 직무에 대한 부당한 감사 또는 조사나 그 결과의 공개

(2020.10.20 1호~7호신설)

8. 그 밖에 본인의 의사에 반하는 불이익조치

(2021.1.12 본호개정)

(2021.1.12 본조제목개정)

제9조【신고의무】 ① 19세 미만의 미성년자(19세에 도달하는 해의 1월 1일을 맞이한 미성년자는 제외한다)를 보호하거나 교육 또는 치료하는 시설의 장 및 관련 종사자는 자기의 보호·지원을 받는 자가 「성폭력범죄의 처벌 등에 관한 특례법」 제3조부터 제9조까지, 「형법」 제301조 및 제301조의2의 피해자인 사실을 알게 된 때에는 즉시 수사기관에 신고하여야 한다.

② 국가기관, 지방자치단체 또는 대통령령으로 정하는 공공단체의 장과 해당 기관·단체 내 피해자 보호 관련 업무 종사자는 기관 또는 단체 내에서 다음 각 호의 어느 하나에 해당하는 성폭력 사건이 발생한 사실을 직무상 알게 된 때에는 피해자의 명시적인 반대의견이 없으면 즉시 수사기관에 신고하여야 한다.

1. 「성폭력범죄의 처벌 등에 관한 특례법」 제10조제1항
2. 「형법」 제303조제1항

(2021.1.12 본항신설)

제2장 피해자 보호·지원 시설 등의 설치·운영

제10조【상담소의 설치·운영】 ① 국가 또는 지방자치단체는 성폭력피해상담소(이하 "상담소"라 한다)를 설치·운영할 수 있다.

② 국가 또는 지방자치단체 외의 자가 상담소를 설치·운영하려면 특별자치시장·특별자치도지사 또는 시장·군수·구청장(자치구의 구청장을 말한다. 이하 같다)에게 신고하여야 한다. 신고한 사항 중 여성가족부령으로 정하는 중요 사항을 변경하려는 경우에도 또한 같다.

(2018.3.13 후단신설)

③ 특별자치시장·특별자치도지사 또는 시장·군수·구청장은 제2항에 따른 신고를 받은 날부터 10일 이내(변경신고의 경우 5일 이내)에 신고수리 여부 또는 민원 처리 관련 법령에 따른 처리기간의 연장을 신고인에게 통지하여야 한다.(2018.3.13 본항신설)

④ 상담소의 설치·운영 기준, 상담소에 두는 상담원 등 종사자의 수 및 신고 등에 필요한 사항은 여성가족부령으로 정한다.

제11조【상담소의 업무】 상담소는 다음 각 호의 업무를 한다.

1. 성폭력피해의 신고접수와 이에 관한 상담
2. 성폭력피해로 인하여 정상적인 가정생활 또는 사회생활이 곤란하거나 그 밖의 사정으로 긴급히 보호할 필요가 있는 사람과 제12조에 따른 성폭력피해자보호시설 등의 연계
3. 피해자등의 질병치료와 건강관리를 위하여 의료기관에 인도하는 등 의료 지원(2011.3.30 본호개정)
4. 피해자에 대한 수사기관의 조사와 법원의 증인신문(證人訊問) 등에의 동행
5. 성폭력행위자에 대한 고소와 피해배상청구 등 사법처리 절차에 관하여 「법률구조법」 제8조에 따른 대한법률구조공단 등 관계 기관에 필요한 협조 및 지원 요청
6. 성폭력 예방을 위한 홍보 및 교육
7. 그 밖에 성폭력 및 성폭력피해에 관한 조사·연구

제12조【보호시설의 설치·운영 및 종류】 ① 국가 또는 지방자치단체는 성폭력피해자보호시설(이하 "보호시설"이라 한다)을 설치·운영할 수 있다.(2012.12.18 후단삭제)

② 「사회복지사업법」에 따른 사회복지법인이나 그 밖의 비영리법인은 특별자치시장·특별자치도지사 또는 시장·군수·구청장의 인가를 받아 보호시설을 설치·운영할 수 있다.(2012.12.18 본항개정)

③ 제1항 및 제2항에 따른 보호시설의 종류는 다음 각 호와 같다.

1. 일반보호시설 : 피해자에게 제13조제1항 각 호의 사항을 제공하는 시설
2. 장애인보호시설 : 「장애인차별금지 및 권리구제 등에 관한 법률」 제2조제2항에 따른 장애인인 피해자에게 제13조제1항 각 호의 사항을 제공하는 시설
3. 특별지원 보호시설 : 「성폭력범죄의 처벌 등에 관한 특례법」 제5조에 따른 피해자로서 19세 미만의 피해자에게 제13조제1항 각 호의 사항을 제공하는 시설
4. 외국인보호시설 : 외국인 피해자에게 제13조제1항 각

호의 사항을 제공하는 시설. 다만, 「가정폭력방지 및 피해자보호 등에 관한 법률」 제7조의2제1항제3호에 따른 외국인보호시설과 통합하여 운영할 수 있다.
(2015.2.3 본호신설)
5. 자립지원 공동생활시설 : 제1호부터 제4호까지의 보호시설을 퇴소한 사람에게 제13조제1항제3호 및 그 밖에 필요한 사항을 제공하는 시설(2015.2.3 본호개정)
6. 장애인 자립지원 공동생활시설 : 제2호의 보호시설을 퇴소한 사람에게 제13조제1항제3호 및 그 밖에 필요한 사항을 제공하는 시설
(2012.12.18 본항신설)
④ 국가 또는 지방자치단체는 보호시설의 설치·운영을 대통령령으로 정하는 기관 또는 단체에 위탁할 수 있다.
(2015.12.1 본항신설)
⑤ 보호시설의 설치·운영 기준, 보호시설에 두는 상담원 등 종사자의 수 및 인가 절차 등과 제4항에 따른 위탁에 필요한 사항은 여성가족부령으로 정한다.(2015.12.1 본항개정)
(2012.12.18 본조제목개정)

제13조 【보호시설의 업무 등】 ① 보호시설은 다음 각 호의 업무를 한다.
1. 피해자등의 보호 및 숙식 제공
2. 피해자등의 심리적 안정과 사회 적응을 위한 상담 및 치료(2011.3.30 본호개정)
3. 자립·자활 교육의 실시와 취업정보의 제공
4. 제11조제3호·제4호 및 제5호의 업무
5. 다른 법률에 따라 보호시설에 위탁된 업무
6. 그 밖에 피해자등을 보호하기 위하여 필요한 업무
(2011.3.30 본호개정)
② 제12조제3항제2호에 따른 장애인보호시설 및 같은 항 제6호에 따른 장애인 자립지원 공동생활시설을 설치·운영하는 자가 제1항 각 호의 업무를 할 때에는 장애인의 특성을 고려하여 적절하게 보호·지원될 수 있도록 하여야 한다.(2015.2.3 본항개정)

제14조 【보호시설에 대한 보호비용 지원】 ① 국가 또는 지방자치단체는 보호시설에 입소한 피해자등의 보호를 위하여 필요한 경우 다음 각 호의 보호비용을 보호시설의 장 또는 피해자에게 지원할 수 있다. 다만, 보호시설에 입소한 피해자등이 「국민기초생활 보장법」 등 다른 법령에 따라 보호를 받고 있는 경우에는 그 범위에서 이 법에 따른 지원을 하지 아니한다.
1. 생계비
2. 아동교육지원비
3. 아동양육비
4. 그 밖에 대통령령으로 정하는 비용
② 제1항에 따른 보호비용의 지원 방법 및 절차 등에 필요한 사항은 여성가족부령으로 정한다.

제15조 【보호시설의 입소】 ① 피해자등이 다음 각 호의 어느 하나에 해당하는 경우에는 보호시설에 입소할 수 있다.
1. 본인이 입소를 희망하거나 입소에 동의하는 경우
2. 미성년자 또는 지적장애인 등 의사능력이 불완전한 사람으로서 성폭력행위자가 아닌 보호자가 입소에 동의하는 경우
② 제12조제2항에 따라 인가받은 보호시설의 장은 제1항에 따라 보호시설에 입소한 사람의 인적사항 및 입소사유 등을 특별자치시장·특별자치도지사 또는 시장·군수·구청장에게 지체 없이 보고하여야 한다.
(2012.12.18 본항개정)
③ 보호시설의 장은 친족에 의한 피해자나 지적장애인 등 의사능력이 불완전한 피해자로서 상담원의 상담 결과 입소가 필요하나 보호자의 입소 동의를 받는 것이 적절하지 못하다고 인정하는 경우에는 제1항에도 불구하고 보호시설에 입소하게 할 수 있다. 이 경우 제12조제2항에 따라 인가받은 보호시설의 장은 지체 없이 관할 특별자치시장·특별자치도지사 또는 시장·군수·구청장의 승인을 받아야 한다.(2012.12.18 후단개정)
④ 제3항에 따른 입소 및 승인에 있어서 보호시설의 장과 특별자치시장·특별자치도지사 또는 시장·군수·구청장은 피해자의 권익 보호를 최우선적으로 고려하여야 한다.(2012.12.18 본항개정)

제16조 【보호시설의 입소기간】 ① 제12조제3항에 따른 보호시설의 종류별 입소기간은 다음 각 호와 같다.
1. 일반보호시설 : 1년 이내. 다만, 여성가족부령으로 정하는 바에 따라 1년 6개월의 범위에서 한 차례 연장할 수 있다.(2014.1.21 본호개정)
2. 장애인보호시설 : 2년 이내. 다만, 여성가족부령으로 정하는 바에 따라 피해회복에 소요되는 기간까지 연장할 수 있다.
3. 특별지원 보호시설 : 19세가 될 때까지. 다만, 여성가족부령으로 정하는 바에 따라 2년의 범위에서 한 차례 연장할 수 있다.
4. 외국인보호시설 : 1년 이내. 다만, 여성가족부령으로 정하는 바에 따라 피해회복에 소요되는 기간까지 연장할 수 있다.(2015.2.3 본호신설)
5. 자립지원 공동생활시설 : 2년 이내. 다만, 여성가족부령으로 정하는 바에 따라 2년의 범위에서 한 차례 연장할 수 있다.
6. 장애인 자립지원 공동생활시설 : 2년 이내. 다만, 여성가족부령으로 정하는 바에 따라 2년의 범위에서 한 차례 연장할 수 있다.
② 제1항제1호에도 불구하고 일반보호시설에 입소한 피해자가 대통령령으로 정하는 특별한 사유에 해당하는 경우에는 입소기간을 초과하여 연장할 수 있다.
③ 제2항에 따른 입소기간의 연장에 관한 사항은 여성가족부령으로 정한다.
(2012.12.18 본조개정)

제17조 【보호시설의 퇴소】 ① 제15조제1항에 따라 보호시설에 입소한 사람은 본인의 의사 또는 같은 항 제2호에 따라 입소 동의를 한 보호자의 요청에 따라 보호시설에서 퇴소할 수 있다.
② 보호시설의 장은 입소한 사람이 다음 각 호의 어느 하나에 해당하면 퇴소를 명할 수 있다.
1. 보호 목적이 달성된 경우
2. 제16조에 따른 보호기간이 끝난 경우
3. 입소자가 거짓이나 그 밖의 부정한 방법으로 입소한 경우
4. 그 밖에 보호시설 안에서 현저한 질서문란 행위를 한 경우

제18조 【피해자를 위한 통합지원센터의 설치·운영】 ① 국가와 지방자치단체는 성폭력 피해상담, 치료, 제7조의2제2항에 따른 기관에 법률상담등 연계, 수사지원, 그 밖에 피해구제를 위한 지원업무를 종합적으로 수행하기 위하여 성폭력피해자통합지원센터(이하 "통합지원센터"라 한다)를 설치·운영할 수 있다.(2015.12.1 본항개정)
② 국가와 지방자치단체는 대통령령으로 정하는 기관 또는 단체로 하여금 통합지원센터를 설치·운영하게 할 수 있다.
③ 통합지원센터에 두는 상담원 등 종사자의 수 등에 필요한 사항은 여성가족부령으로 정한다.

제19조 【상담원 등의 자격기준】 ① 다음 각 호의 어느 하나에 해당하는 사람은 상담소, 보호시설 및 통합지원센터의 장, 상담원 또는 그 밖의 종사자가 될 수 없다.
(2017.12.12 본문개정)
1. 미성년자, 피성년후견인 또는 피한정후견인
(2014.1.21 본호개정)
2. (2015.2.3 삭제)
3. 금고 이상의 실형을 선고받고 그 집행이 끝나거나(집행이 끝난 것으로 보는 경우를 포함한다) 집행이 면제되지 아니한 사람(2023.4.11 본호개정)
3의2. 금고 이상의 형의 집행유예를 선고받고 그 유예기간 중에 있는 사람(2023.4.11 본호신설)
4. 「성폭력범죄의 처벌 등에 관한 특례법」 제2조의 죄 또는 「아동·청소년의 성보호에 관한 법률」 제2조제2호의 죄를 범하여 형 또는 치료감호를 선고받고 그 형 또는 치료감호의 전부 또는 일부의 집행이 끝나거나(집행이 끝난 것으로 보는 경우를 포함한다) 집행이 유예·면제된 날부터 10년이 지나지 아니한 사람(2023.4.11 본호개정)
② 상담소, 보호시설 및 통합지원센터에서 종사하려는 사람은 전문 지식이나 경력 등 대통령령으로 정하는 자격기준을 갖추어야 한다.

제19조의2 【상담원 교육훈련시설】 ① 국가와 지방자치단체(특별시·광역시·특별자치시·도·특별자치도에 한정한다)는 상담원(상담원이 되려는 사람을 포함한다)의 자질을 향상시키기 위하여 상담원에 대한 전문적인 교육·훈련을 담당하는 시설(이하 "교육훈련시설"이라 한다)을 설치·운영할 수 있다.
② 여성가족부장관 또는 시·도지사는 상담원에 대한 전문적인 교육·훈련을 대통령령으로 정하는 기관 또는 단체에 위탁하거나 이를 교육훈련시설로 지정할 수 있다.
(2018.4.17 본항개정)
③ 다음 각 호의 자로서 교육훈련시설을 설치하려는 자는 특별자치시장·특별자치도지사 또는 시장·군수·구청장에게 신고하여야 한다. 신고한 사항 중 여성가족부령으로 정하는 중요 사항을 변경하려는 경우에도 또한 같다.(2018.3.13 후단신설)
1. 「고등교육법」에 따른 학교를 설립·운영하는 학교법인
2. 법률구조법인
3. 사회복지법인
4. 그 밖의 비영리법인이나 단체
④ 특별자치시장·특별자치도지사 또는 시장·군수·구청장은 제3항에 따른 신고를 받은 날부터 10일 이내(변경신고의 경우 5일 이내)에 신고수리 여부 또는 민원 처리 관련 법령에 따른 처리기간의 연장을 신고인에게 통지하여야 한다.(2018.3.13 본항신설)
⑤ 교육훈련시설의 설치 및 지정 기준, 교육훈련시설에 두는 강사의 자격과 수, 상담원 교육훈련과정의 운영기준 및 신고절차 등에 필요한 사항은 여성가족부령으로 정한다.
(2012.12.18 본조신설)

제20조 【보수교육의 실시】 ① 여성가족부장관 또는 시·도지사는 상담소, 보호시설 및 통합지원센터 종사자의 자질을 향상시키기 위하여 보수(補修)교육을 실시하여야 한다.(2012.12.18 본항개정)
② 여성가족부장관 또는 시·도지사는 제1항에 따른 교육에 관한 업무를 「고등교육법」 제2조제1호 및 제4호에 따른 대학 및 전문대학 또는 대통령령으로 정하는 전문기관에 위탁할 수 있다.
③ 제1항에 따른 보수교육의 내용·기간 및 방법 등에 필요한 사항은 여성가족부령으로 정한다.

제21조 【폐지·휴지 등의 신고】 ① 제10조제2항, 제12조제2항 또는 제19조의2제3항에 따라 설치한 상담소, 보호시설 또는 교육훈련시설을 폐지하거나 휴지(休止) 또는 재개(再開)하려는 경우에는 여성가족부령으로 정하는 바에 따라 미리 특별자치시장·특별자치도지사 또는 시장·군수·구청장에게 신고하여야 한다.(2012.12.18 본항개정)
② 특별자치시장·특별자치도지사 또는 시장·군수·구청장은 제1항에 따른 폐지 또는 휴지신고를 받은 경우 그 내용을 검토하여 이 법에 적합하면 신고를 수리하여야 한다.(2018.3.13 본항신설)
③ 상담소의 장, 보호시설의 장 또는 교육훈련시설의 장은 해당 시설을 폐지 또는 휴지하는 경우에는 여성가족부령으로 정하는 바에 따라 해당 시설을 이용하는 사람이 다른 시설로 옮길 수 있도록 하는 등 시설 이용자의 권익을 보호하기 위한 조치를 하여야 한다.
(2016.3.2 본항신설)
④ 특별자치시장·특별자치도지사 또는 시장·군수·구청장은 제1항에 따른 상담소, 보호시설 또는 교육훈련시설의 폐지 또는 휴지의 신고를 받은 경우 해당 시설의 장이 제3항에 따른 시설 이용자의 권익을 보호하기 위한 조치를 하였는지 여부를 확인하는 등 여성가족부령으로 정하는 조치를 하여야 한다.(2018.3.13 본항개정)

제22조 【시정 명령】 ① 여성가족부장관은 국가기관등의 장이 제5조의4제1항을 위반하여 성폭력 사건이 발생한 사실을 지체 없이 통보하지 아니하거나 재발방지대책을 기한 내에 제출하지 아니한 경우에는 기간을 정하여 시정을 명할 수 있다.(2023.4.18 본항신설)
② 특별자치시장·특별자치도지사 또는 시장·군수·구청장은 상담소, 보호시설 또는 교육훈련시설이 다음 각 호의 어느 하나에 해당하는 경우에는 기간을 정하여 시정을 명할 수 있다.(2012.12.18 본문개정)
1. 제10조제4항 또는 제12조제5항에 따른 설치·운영 기준 및 종사자의 수에 미달하게 된 경우(2018.3.13 본호개정)
2. 상담소 또는 보호시설의 상담원 등이 제19조에 따른 자격기준에 미달하게 된 경우
3. 제19조의2제5항에 따른 설치·지정 기준 또는 운영기준에 미달하게 되거나 강사의 수가 부족한 경우 또는 자격이 없는 사람을 채용한 경우(2018.3.13 본호개정)
4. 제21조제1항에 따라 신고한 휴지기간을 초과하여 운영을 재개하지 아니한 경우(2016.3.2 본호개정)

제23조 【인가의 취소 등】 ① 특별자치시장·특별자치도지사 또는 시장·군수·구청장은 상담소, 보호시설 또는 교육훈련시설이 다음 각 호의 어느 하나에 해당하는 경우에는 그 업무의 폐지 또는 정지를 명하거나 인가를 취소할 수 있다.(2012.12.18 본문개정)
1. 제22조제2항에 따른 시정 명령을 위반한 경우
(2023.4.18 본호개정)
2. 제29조를 위반하여 영리를 목적으로 상담소, 보호시설 또는 교육훈련시설을 설치·운영한 경우(2012.12.18 본호개정)
3. 정당한 사유 없이 제32조제1항에 따른 보고를 하지 아니하거나 거짓으로 보고한 경우 또는 조사·검사를 거부하거나 기피한 경우
② 특별자치시장·특별자치도지사 또는 시장·군수·구청장은 상담소, 보호시설 또는 교육훈련시설이 제1항에 따라 업무가 폐지 또는 정지되거나 인가가 취소되는 경우에는 해당 시설을 이용하는 사람이 다른 시설로 옮길 수 있도록 하는 등 여성가족부령으로 정하는 바에 따라 시설 이용자의 권익을 보호하기 위하여 필요한 조치를 하여야 한다.(2016.3.2 본항신설)
③ 제1항에 따른 업무의 폐지·정지 또는 인가의 취소에 관한 세부 기준은 여성가족부령으로 정한다.

제24조 【피해자등의 의사 존중】 상담소, 보호시설 및 통합지원센터의 장과 종사자는 피해자등이 분명히 밝힌 의사에 반하여 제11조 및 제13조제1항에 따른 업무 등을 할 수 없다.

제25조 【상담소·보호시설 및 통합지원센터의 평가】 ① 여성가족부장관은 상담소·보호시설 및 통합지원센터의 운영실적을 3년마다 평가하고, 시설의 감독 및 지원 등에 그 결과를 고려하여야 한다.
② 제1항에 따른 평가의 기준과 방법 등에 필요한 사항은 여성가족부령으로 정한다.

제26조 【경비의 보조】 ① 국가 또는 지방자치단체는 상담소, 보호시설 또는 통합지원센터의 설치·운영에 드는 경비를 보조할 수 있다.
② 제1항에 따라 경비를 보조할 때에는 제4조에 따른 성폭력 실태조사와 제25조에 따른 평가 및 제32조에 따른 보고 등의 결과를 고려하여야 한다.

제27조 【성폭력 전담의료기관의 지정 등】 ① 여성가족부장관, 특별자치시장·특별자치도지사 또는 시장·군수·구청장은 국립·공립병원, 보건소 또는 민간의료시설을 피해자등의 치료를 위한 전담의료기관으로 지정할 수 있다.(2012.12.18 본항개정)
② 제1항에 따라 지정된 전담의료기관은 피해자 본인·가족·친지나 긴급전화센터, 상담소, 보호시설 또는 통합지원센터의 장 등이 요청하면 피해자등에 대하여 다음

각 호의 의료 지원을 하여야 한다.(2011.3.30 본문개정)
1. 보건 상담 및 지도
2. 치료
3. 그 밖에 대통령령으로 정하는 신체적·정신적 치료
③ 여성가족부장관, 특별자치시장·특별자치도지사 또는 시장·군수·구청장은 제1항에 따라 지정한 전담의료기관이 다음 각 호의 어느 하나에 해당하는 경우에는 그 지정을 취소할 수 있다. 다만, 제1호에 해당하는 경우에는 그 지정을 취소하여야 한다.
1. 거짓이나 그 밖의 부정한 방법으로 지정을 받은 경우
2. 정당한 사유 없이 제2항에 따른 의료 지원을 거부한 경우
3. 그 밖에 전담의료기관으로서 적합하지 아니하다고 대통령령으로 정하는 경우
(2015.2.3 본항신설)
④ 여성가족부장관, 특별자치시장·특별자치도지사 또는 시장·군수·구청장은 제3항에 따라 지정을 취소하는 경우에는 청문을 하여야 한다.(2015.2.3 본항신설)
⑤ 제1항 및 제3항에 따른 지정 및 지정 취소의 기준, 절차, 운영 등에 필요한 사항은 여성가족부령으로 정한다.
(2015.2.3 본항신설)
제28조【의료비 지원】 ① 국가 또는 지방자치단체는 제27조제2항에 따른 치료 등 의료 지원에 필요한 경비의 전부 또는 일부를 지원할 수 있다.
② 제1항에 따른 의료비용의 지원범위 및 절차 등에 필요한 사항은 여성가족부령으로 정한다.
제29조【영리목적 운영의 금지】 누구든지 영리를 목적으로 상담소, 보호시설 또는 교육훈련시설을 설치·운영하여서는 아니 된다. 다만, 교육훈련시설의 장은 상담원 교육훈련과정을 수강하는 사람에게 여성가족부장관이 정하는 바에 따라 수강료를 받을 수 있다.
(2012.12.18 본조개정)
제30조【비밀 엄수의 의무】 상담소, 보호시설 또는 통합지원센터의 장이나 그 밖의 종사자 또는 그 직에 있었던 사람은 그 직무상 알게 된 비밀을 누설하여서는 아니 된다.

제3장 보 칙

제31조【경찰관서의 협조】 상담소, 보호시설 또는 통합지원센터의 장은 피해자등을 긴급히 구조할 필요가 있을 때에는 경찰관서(지구대·파출소 및 출장소를 포함한다)의 장에게 그 소속 직원의 동행을 요청할 수 있으며, 요청을 받은 경찰관서의 장은 특별한 사유가 없으면 이에 따라야 한다.(2011.3.30 본조개정)
제31조의2【사법경찰관리의 현장출동 등】 ① 사법경찰관리는 성폭력 신고가 접수된 때에는 지체 없이 신고된 현장에 출동하여야 한다.
② 제1항에 따라 출동한 사법경찰관리는 신고된 현장에 출입하여 관계인에 대하여 조사를 하거나 질문을 할 수 있다.
③ 제2항에 따라 출입, 조사 또는 질문을 하는 사법경찰관리는 그 권한을 표시하는 증표를 지니고 이를 관계인에게 내보여야 한다.
④ 제2항에 따라 조사 또는 질문을 하는 사법경찰관리는 피해자·신고자·목격자 등이 자유롭게 진술할 수 있도록 성폭력행위자로부터 분리된 곳에서 조사하는 등 필요한 조치를 하여야 한다.
⑤ 누구든지 정당한 사유 없이 신고된 현장에 출동한 사법경찰관리에 대하여 현장조사를 거부하는 등 업무를 방해하여서는 아니 된다.
(2017.3.21 본조신설)
제32조【보고 및 검사 등】 ① 여성가족부장관 또는 지방자치단체의 장 상담소, 보호시설, 통합지원센터 또는 교육훈련시설의 장에게 해당 시설에 관하여 필요한 보고를 하게 할 수 있으며, 관계 공무원으로 하여금 그 시설의 운영 상황을 조사하게 하거나 장부 또는 그 밖의 서류를 검사하게 할 수 있다.(2015.12.1 본항개정)
② 제1항에 따라 검사를 하는 공무원은 사전에 검사 일시, 검사 목적 등에 관한 사항을 그 시설의 장에게 통보하여야 한다.
③ 제1항에 따라 직무를 수행하는 관계 공무원은 그 권한을 표시하는 증표를 지니고 이를 관계인에게 보여주어야 한다.
제33조【유사명칭 사용 금지】 이 법에 따른 상담소, 보호시설, 통합지원센터, 교육훈련시설이 아니면 성폭력피해상담소, 성폭력피해자보호시설, 성폭력피해자통합지원센터, 성폭력 관련 상담원 교육훈련시설 또는 이와 유사한 명칭을 사용하지 못한다.(2012.12.18 본조개정)
제34조【청문】 특별자치시장·특별자치도지사 또는 시장·군수·구청장은 제23조에 따라 업무의 폐지를 명하거나 인가를 취소하려면 청문을 하여야 한다.
(2012.12.18 본조개정)
제35조【권한의 위임】 이 법에 따른 여성가족부장관의 권한은 그 일부를 대통령령으로 정하는 바에 따라 시·도지사 또는 시장·군수·구청장에게 위임할 수 있다.

제4장 벌 칙

제36조【벌칙】 ① 제8조를 위반하여 피해자 또는 성폭력 발생 사실을 신고한 자에게 불이익조치를 한 자는 3년 이하의 징역 또는 3천만원 이하의 벌금에 처한다.
(2021.1.12 본항개정)
② 다음 각 호의 어느 하나에 해당하는 자는 2년 이하의 징역 또는 500만원 이하의 벌금에 처한다.
1. 제10조제2항 전단, 제12조제2항 또는 제19조의2제3항 전단을 위반하여 신고를 하지 아니하거나 인가를 받지 아니하고 상담소, 보호시설 또는 교육훈련시설을 설치·운영한 자(2018.3.13 본호개정)
2. 제23조에 따른 업무의 폐지 또는 정지 명령이나 인가취소를 받고도 상담소, 보호시설 또는 교육훈련시설을 계속 운영한 자(2012.12.18 본호개정)
3. 제29조에 따른 영리목적 운영 금지의무를 위반한 자
4. 제30조에 따른 비밀 엄수의 의무를 위반한 자
제37조【양벌규정】 법인의 대표자나 법인 또는 개인의 대리인, 사용인, 그 밖의 종사자가 그 법인 또는 개인의 업무에 관하여 제36조의 위반행위를 하면 그 행위자를 벌하는 외에 그 법인 또는 개인에게도 해당 조문의 벌금형을 과(科)한다. 다만, 법인 또는 개인이 그 위반행위를 방지하기 위하여 해당 업무에 관하여 상당한 주의와 감독을 게을리하지 아니한 경우에는 그러하지 아니하다.
제38조【과태료】 ① 다음 각 호의 어느 하나에 해당하는 자에게는 500만원 이하의 과태료를 부과한다.
(2023.4.18 본문개정)
1. 제22조제1항에 따른 시정 명령을 따르지 아니한 자
2. 제31조의2제5항을 위반하여 정당한 사유 없이 현장조사를 거부하는 등 업무를 방해한 자
(2023.4.18 1호~2호신설)
② 다음 각 호의 어느 하나에 해당하는 자에게는 300만원 이하의 과태료를 부과한다.
1. 제9조제2항을 위반하여 성폭력 사건이 발생한 사실을 신고하지 아니한 자(2021.1.12 본호신설)
2. 정당한 사유 없이 제32조제1항에 따른 보고를 하지 아니하거나 거짓으로 보고한 자 또는 조사·검사를 거부하거나 기피한 자
3. 제33조에 따른 유사명칭 사용 금지의무를 위반한 자
③ 제1항 및 제2항에 따른 과태료는 대통령령으로 정하는 바에 따라 여성가족부장관 또는 지방자치단체의 장이 부과·징수한다.(2017.3.21 본항개정)

부 칙 (2012.12.18)

제1조【시행일】 이 법은 공포 후 6개월이 경과한 날부터 시행한다.
제2조【입소기간을 연장한 입소자의 입소기간에 관한 적용례】 제16조의 개정규정은 이 법 시행 당시 종전의 규정에 따라 입소기간을 연장한 사람에 대하여도 적용한다. 이 경우 종전의 규정에 따라 연장된 입소기간은 제16조의 개정규정에 따른 입소기간에 산입한다.
제3조【보호시설에 관한 경과조치】 이 법 시행 당시 종전의 규정에 따라 국가 또는 지방자치단체가 설치·운영하거나 특별자치도지사 또는 시장·군수·구청장의 인가를 받은 보호시설은 제12조제3항의 개정규정에 따라 입소자별로 구분하여 각각 해당되는 보호시설로 보되, 이 법 시행일부터 6개월 이내에 같은 조 제4항의 개정규정에 따른 설치·운영 기준 등을 갖추어야 한다.
제4조【교육훈련시설에 관한 경과조치】 이 법 시행 당시 대통령령으로 정하는 바에 따라 성폭력 관련 상담원의 교육과정을 개설·운영하고 있는 법률구조법인, 사회복지법인, 그 밖에 성폭력방지 및 피해자보호를 주된 업무로 하는 비영리법인이나 단체가 이 법 시행일부터 3개월 이내에 제19조의2제3항의 개정규정에 따른 신고를 한 경우에는 이 법 시행일에 신고를 한 것으로 본다. 다만, 이 법 시행일부터 6개월 이내에 제19조의2제4항의 개정규정에 따른 설치기준 등을 갖추어야 한다.
제5조【다른 법률의 개정】 ※(해당 법령에 가제정리 하였음)

부 칙 (2014.1.21)

제1조【시행일】 이 법은 공포 후 6개월이 경과한 날부터 시행한다.
제2조【금치산자 등에 대한 경과조치】 제19조제1항제1호의 개정규정에 따른 피성년후견인 또는 피한정후견인에는 법률 제10429호 민법 일부개정법률 부칙 제2조에 따라 금치산 또는 한정치산 선고의 효력이 유지되는 사람을 포함하는 것으로 본다.

부 칙 (2015.2.3)

제1조【시행일】 이 법은 공포한 날부터 시행한다. 다만, 제27조의 개정규정은 공포 후 6개월이 경과한 날부터 시행한다.
제2조【「양성평등기본법」에 따른 사용자에 대한 경과조치】 제5조제3항의 개정규정의 「양성평등기본법」 제3조제3호에 따른 사용자는 2015년 6월 30일까지는 「여성발전기본법」 제3조제5호에 따른 사용자로 본다.
제3조【성폭력 전담의료기관에 관한 경과조치】 이 법 시행 당시 종전의 규정에 따라 지정된 전담의료기관은 이 법 시행 후 6개월 이내에 제27조제5항의 개정규정에 따라 여성가족부령으로 정하는 지정기준을 갖추어야 한다.

부 칙 (2017.12.12)

제1조【시행일】 이 법은 공포 후 3개월이 경과한 날부터 시행한다.
제2조【상담소 등의 종사자 자격기준에 관한 적용례】 제19조제1항의 개정규정은 이 법 시행 전 상담소, 보호시설 및 통합지원센터에 고용된 종사자에 대하여도 적용한다.

부 칙 (2018.3.13)

제1조【시행일】 이 법은 공포 후 6개월이 경과한 날부터 시행한다. 다만, 제21조의 개정규정은 공포한 날부터 시행한다.
제2조【상담소 설치신고 등에 관한 적용례】 제10조제3항 및 제19조의2제4항의 개정규정은 이 법 시행 후 상담소 또는 교육훈련시설의 설치신고 또는 변경신고를 하는 경우부터 적용한다.

부 칙 (2020.1.29)

이 법은 공포 후 6개월이 경과한 날부터 시행한다. 다만, 제7조의3의 개정규정은 공포 후 3개월이 경과한 날부터 시행한다.

부 칙 (2020.10.20)

이 법은 공포 후 3개월이 경과한 날부터 시행한다.

부 칙 (2021.1.12)

이 법은 공포 후 6개월이 경과한 날부터 시행한다.

부 칙 (2023.4.11)

이 법은 공포한 날부터 시행한다.

부 칙 (2023.4.18)

이 법은 공포 후 1년이 경과한 날부터 시행한다.

성폭력방지 및 피해자보호 등에 관한 법률 시행령

(2010년 12월 29일 대통령령 제22568호)

개정
2011. 9.29영23177호
2011.12. 8영23356호(영유아보육법시)
2012. 7.31영24005호
2013. 3.23영24446호(직제)
2013. 6.17영24615호
2013.12.30영25050호(행정규제재검토에따른일부개정령)
2014. 7.16영25481호
2014. 8. 6영25532호(민감정보고유식별정보)
2014.11.11영25714호
2014.11.19영25751호(직제)
2015. 8. 3영26472호 2016. 5.31영27201호
2016.11.22영27601호 2017. 6.20영28134호
2019. 7. 2영29950호(법령용어정비)
2020. 7.28영30874호 2021. 7.13영31890호
2022. 3. 8영32528호(규제기한해제)
2022.11. 8영32985호

제1조【목적】 이 영은 「성폭력방지 및 피해자보호 등에 관한 법률」에서 위임된 사항과 그 시행에 필요한 사항을 규정함을 목적으로 한다.
제2조【성폭력 예방교육 등의 실시】 ① 「성폭력방지 및 피해자보호 등에 관한 법률」(이하 "법"이라 한다) 제5조제1항에서 "대통령령으로 정하는 공공단체"란 다음 각 호의 기관 또는 단체를 말한다.
1. 「초·중등교육법」 및 「고등교육법」 외의 다른 법령에 따라 설립·운영되는 학교(2021.7.13 본호개정)
2. 「공직자윤리법 시행령」 제3조의2제2항에 따라 인사혁신처장이 관보에 공직유관단체로 고시한 기관·단체(같은 조 제3항에 따라 공직유관단체에서 제외된 것으로 보는 기관·단체는 제외한다)(2014.11.19 본호개정)
② 국가기관 및 지방자치단체의 장, 「유아교육법」 제7조에 따른 유치원의 장, 「영유아보육법」 제10조에 따른 어린이집의 원장, 「초·중등교육법」 제2조에 따른 각급 학교의 장, 「고등교육법」 제2조에 따른 학교의 장 및 제1항 각 호의 기관 또는 단체의 장(이하 "국가기관등의 장"이라 한다)은 법 제5조제1항에 따라 다음 각 호의 조치를 해야 한다. 이 경우 「양성평등기본법 시행령」 제20조에 따른 성희롱 방지조치와 통합하여 할 수 있다.
(2021.7.13 전단개정)
1. 해당 기관·단체에 소속된 사람 및 학생 등을 대상으로 매년 1회 이상, 1시간 이상의 성교육 및 성폭력 예방교육(이하 "성폭력 예방교육"이라 한다) 실시. 이 경우

기관·단체에 신규임용된 사람에 대해서는 임용된 날부터 2개월 이내에 교육을 실시하여야 한다.
2. 성폭력 예방교육 연간 추진계획 수립
3. 자체 성폭력 피해 예방지침 마련
(2016.11.22 1호~3호신설)
4. 성폭력 관련 상담 및 고충처리를 위한 공식 창구 마련
5. 성폭력 고충담당자 지정
(2021.7.13 4호~5호신설)
6. 해당 기관·단체 내 성폭력 발생 시 재발 방지대책의 수립 및 시행(2016.11.22 본호신설)
7. 그 밖에 해당 기관·단체 내 성폭력을 예방하기 위하여 필요한 조치(2016.11.22 본호신설)
③ 성폭력 예방교육은 다음 각 호의 사항에 대하여 강의, 시청각교육, 인터넷 홈페이지를 이용한 교육 등 다양한 방법으로 실시할 수 있되, 대면(對面)에 의한 방법으로 하는 교육이 포함되어야 한다. 이 경우 교육 대상자가 「아동·청소년의 성보호에 관한 법률」 제2조제1호에 따른 아동·청소년인 경우에는 성폭력 위기 상황에 대응할 능력을 향상시킬 수 있는 교육 내용이 포함되어야 한다.
(2014.7.16 전단개정)
1. 건전한 성의식 및 성문화의 발전에 관한 사항
(2019.7.2 본호개정)
2. 성인지(性認知) 관점에서의 성폭력 예방에 관한 사항
3. 성폭력 방지를 위한 관련 법령의 소개 및 홍보에 관한 사항
4. 그 밖에 성에 대한 건전한 가치관 함양과 성폭력 예방에 필요한 사항
④ 성폭력 예방교육 및 성폭력 예방조치(제2항제2호부터 제7호까지의 규정에 해당하는 조치를 말한다. 이하 같다)를 실시하는 국가기관등의 장은 법 제5조제1항에 따라 매년 2월 말일까지 전년도 성폭력 예방교육 및 성폭력 예방조치 실시결과를 여성가족부장관에게 제출해야 한다.
(2021.7.13 본항개정)
⑤ 법 제5조제7항에 따라 여성가족부장관은 제4항에 따라 제출된 성폭력 예방교육 및 성폭력 예방조치 실시결과를 전산입력, 서면 등의 방법으로 점검하되, 필요한 경우 현장점검을 할 수 있다.(2021.7.13 본항개정)
⑥ 법 제5조제8항에 따라 여성가족부장관은 성폭력 예방교육이 부실하다고 인정되는 기관·단체에 대하여 점검 후 6개월 이내에 관리자 특별교육을 실시해야 한다.
(2021.7.13 본항개정)
⑦ 여성가족부장관은 법 제5조제10항에 따라 성폭력 예방교육 및 성폭력 예방조치 실시에 대한 점검결과를 인터넷 홈페이지 또는 「신문 등의 진흥에 관한 법률」 제9조제1항에 따라 그 보급지역을 전국으로 하여 등록한 일반일간신문 등에 게재하여 공표해야 한다.(2021.7.13 본항개정)
⑧ 국가기관등의 장은 성폭력 예방교육을 법 제5조의2제1항에 따른 성폭력 예방교육 지원기관 등 전문기관·단체 또는 성폭력 예방교육 관련 전문가에게 위탁하여 실시할 수 있다.(2021.7.13 본항개정)
⑨ 여성가족부장관 및 관계 중앙행정기관의 장은 성폭력 예방교육 및 성폭력 예방조치를 실시하는 국가기관등의 장에게 필요한 교재, 자료 또는 전문인력을 지원할 수 있다.(2021.7.13 본항개정)
⑩ 법 제5조제11항에 따른 계획에는 다음 각 호의 사항이 포함되어야 한다.(2021.7.13 본문개정)
1. 성폭력 예방교육 및 성폭력 예방조치에 관한 기본 방향
2. 성폭력 예방교육 및 성폭력 예방조치의 추진과제와 추진방법
3. 소속기관 및 산하 공공기관의 성폭력 예방교육 및 성폭력 예방조치 실적 점검과 점검 결과의 활용에 관한 사항
(2016.11.22 본항신설)
(2016.11.22 본조제목개정)
(2013.6.17 본조개정)

제2조의2【성폭력 예방교육 지원기관】 ① 여성가족부장관은 법 제5조의2제2항에 따라 같은 조 제1항에 따른 성폭력 예방교육 지원기관의 운영에 관한 업무를 「양성평등기본법」 제46조에 따른 한국양성평등교육진흥원에 위탁한다.(2021.7.13 본항신설)
② 특별시장·광역시장·특별자치시장·도지사·특별자치도지사(이하 "시·도지사"라 한다)는 법 제5조의2제2항에 따라 같은 조 제1항에 따른 성폭력 예방교육 지원기관의 운영에 관한 업무를 다음 각 호의 기관이나 단체에 위탁할 수 있다.(2021.7.13 본문개정)
1. 국가나 지방자치단체가 설치·운영하는 여성정책 관련 기관
2. 다음 각 목의 기관이나 단체 중 성폭력 예방교육에 관한 사항을 지원할 수 있는 인적·물적 자원을 갖추고 있다고 시·도지사가 인정하는 기관이나 단체
(2021.7.13 본문개정)
가. 「사회복지사업법」 제2조제3호에 따른 사회복지법인
나. 정관이나 규약 등에 성폭력방지 및 성폭력피해자(이하 "피해자"라 한다)의 보호를 사업 내용으로 정한 비영리법인이나 단체(2020.7.28 본목개정)
③ 시·도지사는 제2항에 따라 업무를 위탁한 경우에는 그 수탁자 및 위탁업무의 내용을 해당 지방자치단체의 공보에 고시해야 한다.(2021.7.13 본항개정)
(2016.5.31 본조개정)

제2조의3【성폭력 사건 발생 시 조치】 ① 국가기관등의 장이 법 제5조의4제1항에 따라 여성가족부장관에게 제출하는 재발방지대책에는 다음 각 호의 사항이 포함되어야 한다.
1. 사건처리 경과 및 조치에 관한 사항
2. 성폭력 예방조치 및 성폭력 예방교육 개선 등에 관한 사항
3. 피해자에 대한 불이익 조치 금지 및 보호 조치 방안 마련 등 2차 피해 방지에 관한 사항
4. 그 밖에 해당 기관 내 성폭력 사건의 재발방지를 위하여 필요한 사항
② 여성가족부장관은 법 제5조의4제1항에 따라 통보받은 사건 중 다음 각 호의 어느 하나에 해당하는 사건이 있는 경우에는 같은 조 제2항에 따라 현장점검을 실시할 수 있다.
1. 국가기관의 장, 시·도지사, 시장·군수·구청장(자치구의 구청장을 말한다. 이하 같다) 또는 교육감에 의한 성폭력 사건
2. 피해자가 다수인 성폭력 사건
3. 그 밖에 여성가족부장관이 성폭력 피해의 내용과 규모 등을 고려하여 현장점검이 필요하다고 인정하는 사건
③ 여성가족부장관은 제2항에 따른 현장점검을 실시하기 위하여 필요한 경우에는 현장점검 대상 기관의 장에게 관련 자료의 제출을 요구할 수 있다.
(2021.7.13 본조신설)

제3조【성폭력 추방 주간】 ① 법 제6조에 따라 매년 11월 25일부터 12월 1일까지를 성폭력 추방 주간으로 한다.
② 국가나 지방자치단체는 제1항에 따른 성폭력 추방 주간을 기념하기 위하여 다음 각 호의 행사를 실시한다.
1. 기념행사
2. 심포지엄의 개최
3. 대중매체를 통한 홍보 등

제4조【피해자등의 취학 지원】 ① (2020.7.28 삭제)
② 읍·면·동의 장, 「초·중등교육법」 제2조에 따른 각 급학교의 장, 교육장 또는 교육감은 피해자나 피해자의 가족구성원(이하 이 조에서 "피해자등"이라 한다)을 보호하기 위하여 법 제7조제1항 각 호에 따라 취학(입학, 재입학, 전학 및 편입학을 포함한다. 이하 이 조에서 같다)을 지원한 사실이 취학 업무 관계자가 아닌 사람에게 공개되지 아니하도록 관리·감독하여야 한다.
③ 법 제7조제1항 각 호의 절차에 따라 취학에 걸린 기간은 피해자등의 출석일수에 산입한다.
(2020.7.28 본조개정)

제4조의2【피해자에 대한 법률상담등】 ① 법 제7조의2 제1항에 따른 법률상담과 소송대리 등의 지원(이하 "법률상담등"이라 한다)을 필요로 하는 피해자 또는 그 법정대리인은 법 제7조의2제2항에 따른 기관에 법률상담등을 요청할 수 있다.(2020.7.28 본항개정)
② 여성가족부장관 또는 법 제10조제1항에 따른 성폭력피해상담소(이하 "상담소"라 한다), 법 제12조제1항에 따른 성폭력피해자보호시설(이하 "보호시설"이라 한다) 및 법 제18조제1항에 따른 성폭력피해자통합지원센터(이하 "통합지원센터"라 한다)의 장은 성폭력피해 관련 사실을 인지하고 법률상담등이 필요하다고 인정할 때에는 피해자 또는 그 법정대리인의 의사에 따라 법 제7조의2제2항에 따른 기관에 법률상담등을 요청할 수 있다.
③ 국가는 사건의 진행 정도에 따른 구조의 필요성, 피해자의 경제적 능력과 스스로의 권리구제 능력 및 방어 가능성 등을 고려하여 법률상담, 민사소송·가사소송의 대리 및 변호와 형사절차상의 법률적 도움을 지원하되, 피해자가 다음 각 호의 어느 하나에 해당하는 경우에는 우선 지원할 수 있다.(2019.7.2 본문개정)
1. 피해자가 보호시설에 입소해 있는 경우
2. 피해자가 「아동·청소년의 성보호에 관한 법률」 제2조제1호에 따른 아동·청소년인 경우
3. 피해자가 「국민기초생활 보장법」에 따른 수급권자인 경우
4. 피해자가 「장애인복지법 시행령」 별표1에 따른 장애인인 경우
④ 법 제7조의2제2항에서 "대통령령으로 정하는 그 밖에 기관"이란 「변호사법」에 따른 대한변호사협회와 그 밖에 여성가족부장관이 정하여 고시하는 기관을 말한다.
⑤ 국가는 예산의 범위에서 법률상담등에 드는 비용을 부담한다.
(2012.7.31 본조신설)

제4조의3【신고의무】 법 제9조제2항에서 "대통령령으로 정하는 공공단체"란 제2조제1항제2호의 기관 또는 단체를 말한다.(2021.7.13 본조신설)

제4조의4【보호시설의 설치·운영】 ① 여성가족부장관 또는 지방자치단체의 장은 법 제12조제4항에 따라 다음 각 호의 기관 또는 단체에 보호시설의 설치·운영에 관한 업무를 위탁할 수 있다.
1. 국가나 지방자치단체가 설치·운영하는 여성정책 관련 기관
2. 「사회복지사업법」 제2조제3호에 따른 사회복지법인
3. 정관이나 규약 등에 성폭력방지 및 피해자보호를 사업 내용으로 하는 비영리법인이나 단체
② 여성가족부장관 또는 지방자치단체의 장은 제1항에 따라 업무를 위탁한 경우에는 그 수탁자 및 위탁업무의 내용을 관보 또는 해당 지방자치단체의 공보에 고시하여야 한다.
(2016.5.31 본조신설)

제5조【보호시설에 대한 보호비용 지원】 법 제14조제1항제4호에서 "대통령령으로 정하는 비용"이란 퇴소 시 자립지원금을 말한다.

제5조의2【일반보호시설 입소기간의 연장】 법 제16조제2항에서 "대통령령으로 정하는 특별한 사유에 해당하는 경우"란 다음 각 호의 어느 하나에 해당하는 경우를 말한다.
1. 피해자가 19세 미만인 경우
2. 피해자가 「장애인차별금지 및 권리구제 등에 관한 법률」 제2조제2항에 따른 장애인인 경우
3. 그 밖에 여성가족부장관이 피해자의 보호 필요성, 생활환경 또는 사회적응능력 등을 고려하여 입소기간의 연장이 필요하다고 인정하는 경우
(2013.6.17 본조신설)

제6조【피해자를 위한 통합지원센터의 설치·운영】 법 제18조제2항에서 "대통령령으로 정하는 기관 또는 단체"란 다음 각 호의 기관 또는 단체를 말한다.
1. 국가나 지방자치단체가 설치·운영하는 여성정책 관련 기관
2. 「의료법」에 따른 종합병원
3. 「지방의료원의 설립 및 운영에 관한 법률」에 따른 지방의료원
4. 그 밖에 성폭력방지 및 피해자 보호를 주된 업무로 하는 비영리법인 또는 단체

제7조【종사자의 자격기준】 법 제19조제2항에 따른 상담소, 보호시설 및 통합지원센터의 종사자의 자격기준은 별표1과 같다.

제7조의2【상담원 교육훈련시설의 위탁·지정운영】 ① 여성가족부장관 또는 시·도지사는 법 제19조의2제2항에 따라 다음 각 호의 기관 또는 단체에 같은 조 제1항에 따른 상담원에 대한 전문적인 교육·훈련에 관한 업무를 위탁하거나 해당 기관 또는 단체를 같은 항에 따른 교육훈련시설로 지정할 수 있다.(2021.7.13 본문개정)
1. 국가나 지방자치단체가 설치·운영하는 여성정책 관련 기관
2. 「고등교육법」 제2조 각 호의 학교
3. 「법률구조법」 제4조에 따른 법률구조법인
4. 다음 각 목의 기관이나 단체 중 상담원 교육훈련에 관한 사항을 지원할 수 있는 인적·물적 자원을 갖추고 있다고 여성가족부장관이 인정하는 기관이나 단체
가. 「사회복지사업법」 제2조제3호에 따른 사회복지법인
나. 정관이나 규약 등에 성폭력방지 및 피해자보호를 사업 내용으로 정한 비영리법인이나 단체
② 여성가족부장관 또는 시·도지사는 제1항에 따라 업무를 위탁한 경우에는 그 수탁자 및 위탁업무의 내용을, 지정한 경우에는 지정한 사실을 관보 또는 해당 지방자치단체의 공보에 고시하여야 한다.
(2016.5.31 본조개정)

제8조【보수교육 업무의 위탁운영】 ① 여성가족부장관 또는 시·도지사는 법 제20조제2항에 따라 「고등교육법」 제2조제1호 및 제4호에 따른 대학 및 전문대학 또는 다음 각 호의 전문기관에 법 제20조제1항에 따른 보수교육에 관한 업무를 위탁할 수 있다.
1. 국가나 지방자치단체가 설치·운영하는 여성정책 관련 기관
2. 「사회복지사업법」 제2조제3호에 따른 사회복지법인이 설치·운영하는 교육기관
3. 정관이나 규약 등에 성폭력방지 및 피해자보호를 사업 내용으로 정한 비영리법인이나 단체가 설치·운영하는 교육기관
② 여성가족부장관 또는 시·도지사는 제1항에 따라 업무를 위탁한 경우에는 그 수탁자 및 위탁업무의 내용을 관보 또는 해당 지방자치단체의 공보에 고시하여야 한다.
(2016.5.31 본조개정)

제9조【그 밖의 치료의 범위】 법 제27조제2항제3호에서 "대통령령으로 정하는 신체적·정신적 치료"란 다음 각 호의 치료 등을 말한다.
1. 성병 감염 여부의 검사 및 감염 성병의 치료
2. 임신 여부의 검사
3. 성폭력으로 임신한 태아의 낙태
4. 성폭력피해로 인한 만성적인 두통, 복통 등의 치료
5. 성폭력피해로 인한 정신질환의 치료

제9조의2【성폭력 전담의료기관의 지정 취소】 법 제27조제3항제3호에서 "대통령령으로 정하는 경우"란 다음 각 호의 어느 하나에 해당하는 경우를 말한다.
1. 법 제27조제5항에 따른 지정 기준에 맞지 아니하게 된 경우
2. 거짓이나 그 밖의 부정한 방법으로 법 제28조제1항에 따른 지원을 받은 경우
3. 최근 1년간 같은 위반행위로 「의료법」 제63조에 따른 시정명령을 2회 이상 받은 경우
4. 「의료법」 제64조제1항에 따른 의료업 정지처분을 받은 경우
(2015.8.3 본조신설)

제10조【권한의 위임】 여성가족부장관은 법 제35조에 따라 법 제38조에 따른 과태료의 부과·징수에 관한 권한을 특별자치시장·특별자치도지사 또는 시장·군수·구청장에게 위임한다. 다만, 법 제38조제2항제1호에 따른 과태료의 부과·징수에 관한 권한은 제외한다.
(2022.11.8 단서신설)

제10조의2【민감정보 및 고유식별정보의 처리】 여성가족부장관(법 제35조에 따라 여성가족부장관의 권한을 위임받은 자를 포함한다), 지방자치단체의 장(해당 권한이 위임·위탁된 경우에는 그 권한을 위임·위탁받은 자를 포함한다) 또는 보호시설의 장은 다음 각 호의 사무를 수행하기 위하여 불가피한 경우 「개인정보 보호법」 제23조에 따른 건강에 관한 정보나 같은 법 시행령 제19조제1호에 따른 주민등록번호가 포함된 자료를 처리할 수 있다.
1. 법 제13조에 따른 보호시설 업무에 관한 사무
2. 법 제14조제1항에 따른 보호비용 지원에 관한 사무
3. 법 제19조에 따른 상담원 등의 자격기준 확인에 관한 사무

(2014.8.6 본조신설)

제10조의3【규제의 재검토】 여성가족부장관은 다음 각 호의 사항에 대하여 다음 각 호의 기준일을 기준으로 3년마다(매 3년이 되는 해의 기준일과 같은 날 전까지를 말한다) 그 타당성을 검토하여 개선 등의 조치를 해야 한다.
1. 제7조 및 별표1에 따른 상담소, 보호시설 및 통합지원센터의 종사자의 자격기준 : 2020년 1월 1일
2. 제9조의2에 따른 성폭력 전담의료기관의 지정 취소 사유 : 2022년 1월 1일

(2022.3.8 본조개정)

제11조【과태료의 부과기준】 법 제38조제1항 및 제2항에 따른 과태료의 부과기준은 별표2와 같다.
(2022.11.8 본조개정)

부　칙 (2013.6.17)

제1조【시행일】 이 영은 2013년 6월 19일부터 시행한다.

제2조【일반보호시설 입소기간의 연장에 관한 적용례】 제5조의2의 개정규정은 이 영 시행 전에 일반보호시설에 입소한 사람에게도 적용한다.

제3조【종사자 자격기준에 관한 경과조치】 이 영 시행 당시 성폭력피해상담소, 성폭력피해자보호시설 또는 성폭력피해자통합지원센터의 장 및 상담원 등 종사자로 재직하고 있는 사람에 대한 자격기준은 별표1의 개정규정에도 불구하고 종전의 규정에 따른다.

부　칙 (2014.7.16)

제1조【시행일】 이 영은 2014년 7월 22일부터 시행한다.

제2조【성폭력 예방교육 실시에 관한 적용례】 제2조제2항 후단의 개정규정은 이 영 시행 후 신규임용된 사람부터 적용한다.

부　칙 (2015.8.3)

제1조【시행일】 이 영은 2015년 8월 4일부터 시행한다.

제2조【성폭력 전담의료기관의 지정 취소에 관한 적용례】 ① 제9조의2제2호의 개정규정은 법 제27조제1항에 따라 지정된 전담의료기관(이하 "전담의료기관"이라 한다)이 이 영 시행 이후 법 제28조제1항에 따른 지원을 받는 경우부터 적용한다.
② 제9조의2제3호의 개정규정은 전담의료기관이 이 영 시행 이후 「의료법」 제63조에 따른 위반행위를 하는 경우부터 적용한다.
③ 제9조의2제4호의 개정규정은 전담의료기관이 이 영 시행 이후 「의료법」 제64조제1항 각 호의 어느 하나에 해당하게 되는 경우부터 적용한다.

부　칙 (2020.7.28)

이 영은 2020년 7월 30일부터 시행한다.

부　칙 (2021.7.13)

이 영은 2021년 7월 13일부터 시행한다.

부　칙 (2022.3.8)
(2022.11.8)

이 영은 공포한 날부터 시행한다.

〔별표〕 ➡ 「法典 別册」 참조

성폭력범죄의 처벌 등에 관한 특례법(약칭 : 성폭력처벌법)

(2012년 12월 18일 전부개정법률 제11556호)

개정
2013. 4. 5법11729호
2013. 4. 5법11731호(형법)
2014.12.30법12889호　2016.12.20법14412호
2017.12.12법15156호　2018.10.16법15792호
2018.12.18법15977호　2019. 8.20법16445호
2020. 2. 4법16914호
2020. 2. 4법16923호(전자장치부착등에관한법)
2020. 3.24법17086호　2020. 5.19법17264호
2020.10.20법17507호
2021. 9.24법18465호(군사법원)
2023. 7.11법19517호
2023.10.24법19743호(특정중대범죄피의자등신상정보공개에관한법)
2024. 1.16법20005호

제1장 총　칙

제1조【목적】 이 법은 성폭력범죄의 처벌 및 그 절차에 관한 특례를 규정함으로써 성폭력범죄 피해자의 생명과 신체의 안전을 보장하고 건강한 사회질서의 확립에 이바지함을 목적으로 한다.

제2조【정의】 ① 이 법에서 "성폭력범죄"란 다음 각 호의 어느 하나에 해당하는 죄를 말한다.
1. 「형법」 제2편제22장 성풍속에 관한 죄 중 제242조(음행매개), 제243조(음화반포등), 제244조(음화제조등) 및 제245조(공연음란)의 죄
2. 「형법」 제2편제31장 약취(略取), 유인(誘引) 및 인신매매의 죄 중 추행, 간음 또는 성매매와 성적 착취를 목적으로 범한 제288조 또는 추행, 간음 또는 성매매와 성적 착취를 목적으로 범한 제289조, 제290조(추행, 간음 또는 성매매와 성적 착취를 목적으로 제288조 또는 추행, 간음 또는 성매매와 성적 착취를 목적으로 제289조의 죄를 범하여 약취, 유인, 매매된 사람을 상해하거나 상해에 이르게 한 경우에 한정한다), 제291조(추행, 간음 또는 성매매와 성적 착취를 목적으로 제288조 또는 추행, 간음 또는 성매매와 성적 착취를 목적으로 제289조의 죄를 범하여 약취, 유인, 매매된 사람을 살해하거나 사망에 이르게 한 경우에 한정한다), 제292조〔추행, 간음 또는 성매매와 성적 착취를 목적으로 한 제288조 또는 추행, 간음 또는 성매매와 성적 착취를 목적으로 한 제289조의 죄로 약취, 유인, 매매된 사람을 수수(授受) 또는 은닉한 죄, 추행, 간음 또는 성매매와 성적 착취를 목적으로 한 제288조 또는 추행, 간음 또는 성매매와 성적 착취를 목적으로 한 제289조의 죄를 범할 목적으로 사람을 모집, 운송, 전달한 경우에 한정한다〕 및 제294조(추행, 간음 또는 성매매와 성적 착취를 목적으로 범한 제288조의 미수범 또는 추행, 간음 또는 성매매와 성적 착취를 목적으로 범한 제289조의 미수범, 추행, 간음 또는 성매매와 성적 착취를 목적으로 제288조 또는 추행, 간음 또는 성매매와 성적 착취를 목적으로 제289조의 죄를 범하여 발생한 제290조제1항의 미수범 또는 추행, 간음 또는 성매매와 성적 착취를 목적으로 제288조 또는 추행, 간음 또는 성매매와 성적 착취를 목적으로 제289조의 죄를 범하여 발생한 제291조제1항의 미수범 및 제292조제1항의 미수범 중 추행, 간음 또는 성매매와 성적 착취를 목적으로 약취, 유인, 매매된 사람을 수수, 은닉한 죄의 미수범으로 한정한다)의 죄
(2013.4.5 본호개정)
3. 「형법」 제2편제32장 강간과 추행의 죄 중 제297조(강간), 제297조의2(유사강간), 제298조(강제추행), 제299조(준강간, 준강제추행), 제300조(미수범), 제301조(강간등 상해·치상), 제301조의2(강간등 살인·치사), 제302조(미성년자등에 대한 간음), 제303조(업무상위력등에 의한 간음) 및 제305조(미성년자에 대한 간음, 추행)의 죄
4. 「형법」 제339조(강도강간)의 죄 및 제342조(제339조의 미수범으로 한정한다)의 죄(2016.12.20 본호개정)
5. 이 법 제3조(특수강도강간 등)부터 제15조(미수범)까지의 죄
② 제1항 각 호의 범죄로서 다른 법률에 따라 가중처벌되는 죄는 성폭력범죄로 본다.

제2장 성폭력범죄의 처벌 및 절차에 관한 특례

제3조【특수강도강간 등】 ① 「형법」 제319조제1항(주거침입), 제330조(야간주거침입절도), 제331조(특수절도) 또는 제342조(미수범. 다만, 제330조 및 제331조의 미수범으로 한정한다)의 죄를 범한 사람이 같은 법 제297조(강간), 제297조의2(유사강간), 제298조(강제추행) 및 제299조(준강간, 준강제추행)의 죄를 범한 경우에는 무기징역 또는 7년 이상의 징역에 처한다.(2020.5.19 본항개정)
<2023.2.23 헌법재판소 단순위헌결정으로 이 항 중 '형법 제319조 제1항(주거침입)의 죄를 범한 사람이 같은 법 제298조(강제추행), 제299조(준강제추행) 가운데 제298조의 예에 의하는 부분의 죄를 범한 경우에는 무기징역 또는 7년 이상의 징역에 처한다.' 부분은 헌법에 위반>
② 「형법」 제334조(특수강도) 또는 제342조(미수범. 다만, 제334조의 미수범으로 한정한다)의 죄를 범한 사람이 같은 법 제297조(강간), 제297조의2(유사강간), 제298조(강제추행) 및 제299조(준강간, 준강제추행)의 죄를 범한 경우에는 사형, 무기징역 또는 10년 이상의 징역에 처한다.

제4조【특수강간 등】 ① 흉기나 그 밖의 위험한 물건을 지닌 채 또는 2명 이상이 합동하여 「형법」 제297조(강간)의 죄를 범한 사람은 무기징역 또는 7년 이상의 징역에 처한다.(2020.5.19 본항개정)
② 제1항의 방법으로 「형법」 제298조(강제추행)의 죄를 범한 사람은 5년 이상의 유기징역에 처한다.(2020.5.19 본항개정)
③ 제1항의 방법으로 「형법」 제299조(준강간, 준강제추행)의 죄를 범한 사람은 제1항 또는 제2항의 예에 따라 처벌한다.

제5조【친족관계에 의한 강간 등】 ① 친족관계인 사람이 폭행 또는 협박으로 사람을 강간한 경우에는 7년 이상의 유기징역에 처한다.
② 친족관계인 사람이 폭행 또는 협박으로 사람을 강제추행한 경우에는 5년 이상의 유기징역에 처한다.
③ 친족관계인 사람이 사람에 대하여 「형법」 제299조(준강간, 준강제추행)의 죄를 범한 경우에는 제1항 또는 제2항의 예에 따라 처벌한다.
④ 제1항부터 제3항까지의 친족의 범위는 4촌 이내의 혈족·인척과 동거하는 친족으로 한다.
⑤ 제1항부터 제3항까지의 친족은 사실상의 관계에 의한 친족을 포함한다.

제6조【장애인에 대한 강간·강제추행 등】 ① 신체적인 또는 정신적인 장애가 있는 사람에 대하여 「형법」 제297조(강간)의 죄를 범한 사람은 무기징역 또는 7년 이상의 징역에 처한다.
② 신체적인 또는 정신적인 장애가 있는 사람에 대하여 폭행이나 협박으로 다음 각 호의 어느 하나에 해당하는 행위를 한 사람은 5년 이상의 유기징역에 처한다.
1. 구강·항문 등 신체(성기는 제외한다)의 내부에 성기를 넣는 행위
2. 성기·항문에 손가락 등 신체(성기는 제외한다)의 일부나 도구를 넣는 행위
③ 신체적인 또는 정신적인 장애가 있는 사람에 대하여 「형법」 제298조(강제추행)의 죄를 범한 사람은 3년 이상의 유기징역 또는 3천만원 이상 5천만원 이하의 벌금에 처한다.(2020.5.19 본항개정)
④ 신체적인 또는 정신적인 장애로 항거불능 또는 항거곤란 상태에 있음을 이용하여 사람을 간음하거나 추행한 사람은 제1항부터 제3항까지의 예에 따라 처벌한다.
⑤ 위계(僞計) 또는 위력(威力)으로써 신체적인 또는 정신적인 장애가 있는 사람을 간음한 사람은 5년 이상의 유기징역에 처한다.
⑥ 위계 또는 위력으로써 신체적인 또는 정신적인 장애가 있는 사람을 추행한 사람은 1년 이상의 유기징역 또는 1천만원 이상 3천만원 이하의 벌금에 처한다.
⑦ 장애인의 보호, 교육 등을 목적으로 하는 시설의 장 또는 종사자가 보호, 감독의 대상인 장애인에 대하여 제1항부터 제6항까지의 죄를 범한 경우에는 그 죄에 정한 형의 2분의 1까지 가중한다.

제7조【13세 미만의 미성년자에 대한 강간, 강제추행 등】 ① 13세 미만의 사람에 대하여 「형법」 제297조(강간)의 죄를 범한 사람은 무기징역 또는 10년 이상의 징역에 처한다.
② 13세 미만의 사람에 대하여 폭행이나 협박으로 다음 각 호의 어느 하나에 해당하는 행위를 한 사람은 7년 이상의 유기징역에 처한다.
1. 구강·항문 등 신체(성기는 제외한다)의 내부에 성기를 넣는 행위
2. 성기·항문에 손가락 등 신체(성기는 제외한다)의 일부나 도구를 넣는 행위
③ 13세 미만의 사람에 대하여 「형법」 제298조(강제추행)의 죄를 범한 사람은 5년 이상의 유기징역에 처한다.
(2020.5.19 본항개정)
④ 13세 미만의 사람에 대하여 「형법」 제299조(준강간, 준강제추행)의 죄를 범한 사람은 제1항부터 제3항까지의 예에 따라 처벌한다.
⑤ 위계 또는 위력으로써 13세 미만의 사람을 간음하거나 추행한 사람은 제1항부터 제3항까지의 예에 따라 처벌한다.

판례 [1] 보호법익 : 13세 미만의 아동이 외부로부터의 부적절한 성적 자극이나 물리력의 행사가 없는 상태에서 심리적 장애 없이 성적 정체성 및 가치관을 형성할 권익을 보호법익으로 한다.
[2] 추행 : 객관적으로 피해자와 같은 처지에 있는 일반적·평균적인 사람으로 하여금 성적 수치심이나 혐오감을 일으키게 하고 선량한 성적 도덕관념에 반하는 행위로서 구체적인 피해자를 대상으로 하여 피해자의 성적 자유를 침해하는 것을 의미하는데, 이에 해당하는지 여부는 피해자의 의사, 성별, 연령, 행위자와 피해자의 관계, 그 행위에 이르게 된 경위, 피해자에 대하여 이루어진 구체적 행위태양, 주위의 객관적 상황과 그 시대의 성적 도덕관념 등을 종합적으로 고려하여 판단하여야 한다.
[3] 위력 : 피해자의 성적 자유의사를 제압하기에 충분한 세력으로서 유형적이든 무형적이든 묻지 않으며, 폭행·협박뿐 아니라 행위자의 사회적·경제적·정치적인 지위나 권세를 이용하는 것도 가능하다. 그리고 위력으로써 추행한 것인지 여부는 피해자에 대하여 이루어진 구체적인 행위의 경위 및 태양, 행사한 세력의 내용과 정도 내지 이용한 행위자의 지위나 권세의 종류, 피해자의 연령,

행위자와 피해자의 이전부터의 관계, 피해자에게 주는 위압감 및 성적 자유의사에 대한 침해의 정도, 범행 당시의 정황 등 여러 사정을 종합적으로 고려하여 판단하여야 한다.
(대판 2013.1.16, 2011도7164,2011전도124)

제8조【강간 등 상해·치상】 ① 제3조제1항, 제4조, 제6조, 제7조 또는 제15조(제3조제1항, 제4조, 제6조 또는 제7조의 미수범으로 한정한다)의 죄를 범한 사람이 다른 사람을 상해하거나 상해에 이르게 한 때에는 무기징역 또는 10년 이상의 징역에 처한다.
② 제5조 또는 제15조(제5조의 미수범으로 한정한다)의 죄를 범한 사람이 다른 사람을 상해하거나 상해에 이르게 한 때에는 무기징역 또는 7년 이상의 징역에 처한다.

제9조【강간 등 살인·치사】 ① 제3조부터 제7조까지, 제15조(제3조부터 제7조까지의 미수범으로 한정한다)의 죄 또는 「형법」 제297조(강간), 제297조의2(유사강간) 및 제298조(강제추행)부터 제300조(미수범)까지의 죄를 범한 사람이 다른 사람을 살해한 때에는 사형 또는 무기징역에 처한다.
② 제4조, 제5조 또는 제15조(제4조 또는 제5조의 미수범으로 한정한다)의 죄를 범한 사람이 다른 사람을 사망에 이르게 한 때에는 무기징역 또는 10년 이상의 징역에 처한다.
③ 제6조, 제7조 또는 제15조(제6조 또는 제7조의 미수범으로 한정한다)의 죄를 범한 사람이 다른 사람을 사망에 이르게 한 때에는 사형, 무기징역 또는 10년 이상의 징역에 처한다.

제10조【업무상 위력 등에 의한 추행】 ① 업무, 고용이나 그 밖의 관계로 인하여 자기의 보호, 감독을 받는 사람에 대하여 위계 또는 위력으로 추행한 사람은 3년 이하의 징역 또는 1천500만원 이하의 벌금에 처한다.
② 법률에 따라 구금된 사람을 감호하는 사람이 그 사람을 추행한 때에는 5년 이하의 징역 또는 2천만원 이하의 벌금에 처한다.
(2018.10.16 본조개정)

제11조【공중 밀집 장소에서의 추행】 대중교통수단, 공연·집회 장소, 그 밖에 공중(公衆)이 밀집하는 장소에서 사람을 추행한 사람은 3년 이하의 징역 또는 3천만원 이하의 벌금에 처한다.(2020.5.19 본조개정)

제12조【성적 목적을 위한 다중이용장소 침입행위】 자기의 성적 욕망을 만족시킬 목적으로 화장실, 목욕장·목욕실 또는 발한실(發汗室), 모유수유시설, 탈의실 등 불특정 다수가 이용하는 다중이용장소에 침입하거나 같은 장소에서 퇴거의 요구를 받고 응하지 아니하는 사람은 1년 이하의 징역 또는 1천만원 이하의 벌금에 처한다.
(2020.5.19 본조개정)

제13조【통신매체를 이용한 음란행위】 자기 또는 다른 사람의 성적 욕망을 유발하거나 만족시킬 목적으로 전화, 우편, 컴퓨터, 그 밖의 통신매체를 통하여 성적 수치심이나 혐오감을 일으키는 말, 음향, 글, 그림, 영상 또는 물건을 상대방에게 도달하게 한 사람은 2년 이하의 징역 또는 2천만원 이하의 벌금에 처한다.(2020.5.19 본조개정)

판례 '성적 수치심이나 혐오감을 일으키는 말, 음향, 글, 그림, 영상 또는 물건(이하 '성적 수치심을 일으키는 그림 등'이라 한다)을 상대방에게 도달하게 한다'는 것은 '상대방이 성적 수치심을 일으키는 그림 등을 직접 접하는 경우뿐만 아니라 상대방이 실제로 이를 인식할 수 있는 상태에 두는 것'을 의미한다. 따라서 행위자의 의사와 그 내용, 웹페이지의 성격과 사용된 링크기술의 구체적인 방식 등 모든 사정을 종합하여 볼 때 상대방에게 성적 수치심을 일으키는 그림 등이 담겨 있는 웹페이지 등에 대한 인터넷 링크(internet link)를 보내는 행위를 통해 그와 같은 그림 등이 상대방에 의하여 인식될 수 있는 상태에 놓이고 실질에 있어서 이를 직접 전달하는 것과 다를 바 없다고 평가되어 상대방이 이러한 링크를 이용하여 별다른 제한 없이 성적 수치심을 일으키는 그림 등에 바로 접할 수 있는 상태가 실제로 조성되었다면, 그러한 행위는 전체로 보아 성적 수치심을 일으키는 그림 등을 상대방에게 도달하게 한다는 구성요건을 충족한다.(대판 2017.6.8, 2016도21389)

제14조【카메라 등을 이용한 촬영】 ① 카메라나 그 밖에 이와 유사한 기능을 갖춘 기계장치를 이용하여 성적 욕망 또는 수치심을 유발할 수 있는 사람의 신체를 촬영대상자의 의사에 반하여 촬영한 자는 7년 이하의 징역 또는 5천만원 이하의 벌금에 처한다.
② 제1항에 따른 촬영물 또는 복제물(복제물의 복제물을 포함한다. 이하 이 조에서 같다)을 반포·판매·임대·제공 또는 공공연하게 전시·상영(이하 "반포등"이라 한다)한 자 또는 제1항의 촬영이 촬영 당시에는 촬영대상자의 의사에 반하지 아니한 경우(자신의 신체를 직접 촬영한 경우를 포함한다)에도 사후에 그 촬영물 또는 복제물을 촬영대상자의 의사에 반하여 반포등을 한 자는 7년 이하의 징역 또는 5천만원 이하의 벌금에 처한다.
③ 영리를 목적으로 촬영대상자의 의사에 반하여 「정보통신망 이용촉진 및 정보보호 등에 관한 법률」 제2조제1항제1호의 정보통신망(이하 "정보통신망"이라 한다)을 이용하여 제2항의 죄를 범한 자는 3년 이상의 유기징역에 처한다.
④ 제1항 또는 제2항의 촬영물 또는 복제물을 소지·구입·저장 또는 시청한 자는 3년 이하의 징역 또는 3천만원 이하의 벌금에 처한다.(2020.5.19 본항신설)
⑤ 상습으로 제1항부터 제3항까지의 죄를 범한 때에는 그 죄에 정한 형의 2분의 1까지 가중한다.(2020.5.19 본항신설)
(2020.5.19 본조개정)

판례 본인 의사에 반해 성적 대상화 되지 않을 자유 : 버스 안에서 레깅스 바지를 입고 서 있던 피해자의 엉덩이 부위 등 하반신을 피해자 몰래 동영상 촬영한 행위에 대하여, 성적 욕망 또는 수치심을 유발할 수 있는 신체란 특정한 신체의 부분으로 일률적으로 결정되는 것이 아니고 촬영의 맥락과 촬영의 결과물을 고려하여 그와 같이 촬영을 하거나 촬영을 당했을 때 '성적 욕망 또는 수치심을 유발할 수 있는 경우'를 의미한다. 따라서 피해자가 자신의 개성을 표현하거나 생활의 편의를 위해 공개된 장소에서 자신의 의사에 의하여 드러낸 신체 부분이라고 하더라도, 이를 몰래 촬영하는 것은 성적 수치심을 유발할 수 있으며 카메라등 이용 촬영죄의 대상이 될 수 있다.
(대판 2020.12.24, 2019도16258)

제14조의2【허위영상물 등의 반포등】 ① 반포등을 할 목적으로 사람의 얼굴·신체 또는 음성을 대상으로 한 촬영물·영상물 또는 음성물(이하 이 조에서 "영상물등"이라 한다)을 영상물등의 대상자의 의사에 반하여 성적 욕망 또는 수치심을 유발할 수 있는 형태로 편집·합성 또는 가공(이하 이 조에서 "편집등"이라 한다)한 자는 5년 이하의 징역 또는 5천만원 이하의 벌금에 처한다.
② 제1항에 따른 편집물·합성물·가공물(이하 이 항에서 "편집물등"이라 한다) 또는 복제물(복제물의 복제물을 포함한다. 이하 이 항에서 같다)을 반포등을 한 자 또는 제1항의 편집등을 할 당시에는 영상물등의 대상자의 의사에 반하지 아니한 경우에도 사후에 그 편집물등 또는 복제물을 영상물등의 대상자의 의사에 반하여 반포등을 한 자는 5년 이하의 징역 또는 5천만원 이하의 벌금에 처한다.
③ 영리를 목적으로 영상물등의 대상자의 의사에 반하여 정보통신망을 이용하여 제2항의 죄를 범한 자는 7년 이하의 징역에 처한다.
④ 상습으로 제1항부터 제3항까지의 죄를 범한 때에는 그 죄에 정한 형의 2분의 1까지 가중한다.(2020.5.19 본항신설)
(2020.3.24 본조신설)

제14조의3【촬영물 등을 이용한 협박·강요】 ① 성적 욕망 또는 수치심을 유발할 수 있는 촬영물 또는 복제물(복제물의 복제물을 포함한다)을 이용하여 사람을 협박한 자는 1년 이상의 유기징역에 처한다.
② 제1항에 따른 협박으로 사람의 권리행사를 방해하거나 의무 없는 일을 하게 한 자는 3년 이상의 유기징역에 처한다.
③ 상습으로 제1항 및 제2항의 죄를 범한 경우에는 그 죄에 정한 형의 2분의 1까지 가중한다.
(2020.5.19 본조신설)

제15조【미수범】 제3조부터 제9조까지, 제14조, 제14조의2 및 제14조의3의 미수범은 처벌한다.(2020.5.19 본조개정)

제15조의2【예비, 음모】 제3조부터 제7조까지의 죄를 범할 목적으로 예비 또는 음모한 사람은 3년 이하의 징역에 처한다.

제16조【형벌과 수강명령 등의 병과】 ① 법원이 성폭력범죄를 범한 사람에 대하여 형의 선고를 유예하는 경우에는 1년 동안 보호관찰을 받을 것을 명할 수 있다. 다만, 성폭력범죄를 범한 「소년법」 제2조에 따른 소년에 대하여 형의 선고를 유예하는 경우에는 반드시 보호관찰을 명하여야 한다.
② 법원이 성폭력범죄를 범한 사람에 대하여 유죄판결(선고유예는 제외한다)을 선고하거나 약식명령을 고지하는 경우에는 500시간의 범위에서 재범예방에 필요한 수강명령 또는 성폭력 치료프로그램의 이수명령(이하 "이수명령"이라 한다)을 병과하여야 한다. 다만, 수강명령 또는 이수명령을 부과할 수 없는 특별한 사정이 있는 경우에는 그러하지 아니하다.(2016.12.20 본문개정)
③ 성폭력범죄를 범한 자에 대하여 제2항의 수강명령은 형의 집행을 유예할 경우에 그 집행유예기간 내에서 병과하고, 이수명령은 벌금 이상의 형을 선고하거나 약식명령을 고지할 경우에 병과한다. 다만, 이수명령은 성폭력범죄자가 「전자장치 부착 등에 관한 법률」 제9조의2제1항제4호에 따른 이수명령을 부과받은 경우에는 병과하지 아니한다.(2020.2.4 단서개정)
④ 법원이 성폭력범죄를 범한 사람에 대하여 형의 집행을 유예하는 경우에는 제2항에 따른 수강명령 외에 그 집행유예기간 내에서 보호관찰 또는 사회봉사 중 하나 이상의 처분을 병과할 수 있다.
⑤ 제2항에 따른 수강명령 또는 이수명령은 형의 집행을 유예할 경우에는 그 집행유예기간 내에, 벌금형을 선고하거나 약식명령을 고지할 경우에는 형 확정일부터 6개월 이내에, 징역형 이상의 실형(實刑)을 선고할 경우에는 형기 내에 각각 집행한다. 다만, 수강명령 또는 이수명령은 성폭력범죄를 범한 사람이 「아동·청소년의 성보호에 관한 법률」 제21조에 따른 수강명령 또는 이수명령을 부과받은 경우에는 병과하지 아니한다.(2016.12.20 본문개정)
⑥ 제2항에 따른 수강명령 또는 이수명령이 벌금형 또는 형의 집행유예와 병과된 경우에는 보호관찰소의 장이 집행하고, 징역형 이상의 실형(치료감호와 징역형 이상의 실형이 병과된 경우를 포함한다. 이하 이 항에서 같다)과 병과된 경우에는 교정시설의 장 또는 치료감호시설의 장(이하 "교정시설등의 장"이라 한다)이 집행한다. 다만, 징역형 이상의 실형과 병과된 이수명령을 모두 이행하기 전에 석방 또는 가석방되거나 미결구금일수 산입 등의 사유로 형을 집행할 수 없게 된 경우에는 보호관찰소의 장이 남은 이수명령을 집행한다.(2024.1.16 본문개정)
⑦ 제2항에 따른 수강명령 또는 이수명령은 다음 각 호의 내용으로 한다.
1. 일탈적 이상행동의 진단·상담
2. 성에 대한 건전한 이해를 위한 교육
3. 그 밖에 성폭력범죄를 범한 사람의 재범예방을 위하여 필요한 사항
⑧ 성폭력범죄를 범한 사람으로서 형의 집행 중에 가석방된 사람은 가석방기간 동안 보호관찰을 받는다. 다만, 가석방을 허가한 행정관청이 보호관찰을 할 필요가 없다고 인정한 경우에는 그러하지 아니하다.
⑨ 보호관찰, 사회봉사, 수강명령 및 이수명령에 관하여 이 법에서 규정한 사항 외의 사항에 대하여는 「보호관찰 등에 관한 법률」을 준용한다.

제17조【판결 전 조사】 ① 법원은 성폭력범죄를 범한 피고인에 대하여 제16조에 따른 보호관찰, 사회봉사, 수강명령 또는 이수명령을 부과하기 위하여 필요하다고 인정하면 그 법원의 소재지 또는 피고인의 주거지를 관할하는 보호관찰소의 장에게 피고인의 신체적·심리적 특성 및 상태, 정신성적 발달과정, 성장배경, 가정환경, 직업, 생활환경, 교우관계, 범행동기, 병력(病歷), 피해자와의 관계, 재범위험성 등 피고인에 관한 사항의 조사를 요구할 수 있다.
② 제1항의 요구를 받은 보호관찰소의 장은 지체 없이 이를 조사하여 서면으로 해당 법원에 알려야 한다. 이 경우 필요하다고 인정하면 피고인이나 그 밖의 관계인을 소환하여 심문하거나 소속 보호관찰관에게 필요한 사항을 조사하게 할 수 있다.
③ 법원은 제1항의 요구를 받은 보호관찰소의 장에게 조사진행상황에 관한 보고를 요구할 수 있다.

제18조【고소 제한에 대한 예외】 성폭력범죄에 대하여는 「형사소송법」 제224조(고소의 제한) 및 「군사법원법」 제266조에도 불구하고 자기 또는 배우자의 직계존속을 고소할 수 있다.(2013.4.5 본조개정)

제19조 (2013.4.5 삭제)

제20조【「형법」상 감경규정에 관한 특례】 음주 또는 약물로 인한 심신장애 상태에서 성폭력범죄(제2조제1항제1호의 죄는 제외한다)를 범한 때에는 「형법」 제10조제1항·제2항 및 제11조를 적용하지 아니할 수 있다.

제21조【공소시효에 관한 특례】 ① 미성년자에 대한 성폭력범죄의 공소시효는 「형사소송법」 제252조제1항 및 「군사법원법」 제294조제1항에도 불구하고 해당 성폭력범죄로 피해를 당한 미성년자가 성년에 달한 날부터 진행한다.(2013.4.5 본항개정)
② 제2조제3호 및 제4호의 죄와 제3조부터 제9조까지의 죄는 디엔에이(DNA)증거 등 그 죄를 증명할 수 있는 과학적인 증거가 있는 때에는 공소시효가 10년 연장된다.
③ 13세 미만의 사람 및 신체적인 또는 정신적인 장애가 있는 사람에 대하여 다음 각 호의 죄를 범한 경우에는 제1항과 제2항에도 불구하고 「형사소송법」 제249조부터 제253조까지 및 「군사법원법」 제291조부터 제295조까지에 규정된 공소시효를 적용하지 아니한다.
1. 「형법」 제297조(강간), 제298조(강제추행), 제299조(준강간, 준강제추행), 제301조(강간등 상해·치상), 제301조의2(강간등 살인·치사) 또는 제305조(미성년자에 대한 간음, 추행)의 죄(2020.5.19 본호개정)
2. 제6조제2항, 제7조제2항 및 제5항, 제8조, 제9조의 죄 (2019.8.20 본호개정)
3. 「아동·청소년의 성보호에 관한 법률」 제9조 또는 제10조의 죄
④ 다음 각 호의 죄를 범한 경우에는 제1항과 제2항에도 불구하고 「형사소송법」 제249조부터 제253조까지 및 「군사법원법」 제291조부터 제295조까지에 규정된 공소시효를 적용하지 아니한다.
1. 형법 제301조의2(강간등 살인·치사)의 죄(강간등 살인에 한정한다)
2. 제9조제1항의 죄
3. 「아동·청소년의 성보호에 관한 법률」 제10조제1항의 죄
4. 「군형법」 제92조의8의 죄(강간 등 살인에 한정한다)
(2013.4.5 본호신설)

제22조【「특정강력범죄의 처벌에 관한 특례법」의 준용】 성폭력범죄에 대한 처벌절차에는 「특정강력범죄의 처벌에 관한 특례법」 제7조(증인에 대한 신변안전조치), 제8조(출판물 게재 등으로부터의 피해자 보호), 제9조(소송 진행의 협의), 제12조(간이공판절차의 결정) 및 제13조(판결선고)를 준용한다.

제23조【피해자, 신고인 등에 대한 보호조치】 법원 또는 수사기관이 성폭력범죄의 피해자, 성폭력범죄를 신고(고소·고발을 포함한다)한 사람을 증인으로 신문하거나 조사하는 경우에는 「특정범죄신고자 등 보호법」 제5조 및 제7조부터 제13조까지의 규정을 준용한다. 이 경우 「특정범죄신고자 등 보호법」 제9조와 제13조를 제외하고는 보복을 당할 우려가 있음을 요하지 아니한다.

제24조【피해자의 신원과 사생활 비밀 누설 금지】 ① 성폭력범죄의 수사 또는 재판을 담당하거나 이에 관여하는 공무원 또는 그 직에 있었던 사람은 피해자의 주소, 성명, 나이, 직업, 학교, 용모, 그 밖에 피해자를 특정하여 파악할 수 있게 하는 인적사항과 사진 등 또는 그 피해자의 사생활에 관한 비밀을 공개하거나 다른 사람에게 누설하여서는 아니 된다.

② 누구든지 제1항에 따른 피해자의 주소, 성명, 나이, 직업, 학교, 용모, 그 밖에 피해자를 특정하여 파악할 수 있는 인적사항이나 사진 등을 피해자의 동의를 받지 아니하고 신문 등 인쇄물에 싣거나 「방송법」 제2조제1호에 따른 방송 또는 정보통신망을 통하여 공개하여서는 아니 된다.

제25조 (2023.10.24 삭제)

제26조【성폭력범죄의 피해자에 대한 전담조사제】 ① 검찰총장은 각 지방검찰청 검사장으로 하여금 성폭력범죄 전담 검사를 지정하도록 하여 특별한 사정이 없으면 이들로 하여금 피해자를 조사하게 하여야 한다.

② 경찰청장은 각 경찰서장으로 하여금 성폭력범죄 전담 사법경찰관을 지정하도록 하여 특별한 사정이 없으면 이들로 하여금 피해자를 조사하게 하여야 한다.

③ 국가는 제1항의 검사 및 제2항의 사법경찰관에게 성폭력범죄의 수사에 필요한 전문지식과 피해자보호를 위한 수사방법 및 수사절차, 아동 심리 및 아동·장애인 조사 면담기법 등에 관한 교육을 실시하여야 한다.(2023.7.11 본항개정)

④ 성폭력범죄를 전담하여 조사하는 제1항의 검사 및 제2항의 사법경찰관은 19세 미만인 피해자나 신체적인 또는 정신적인 장애로 사물을 변별하거나 의사를 결정할 능력이 미약한 피해자(이하 "19세미만피해자등"이라 한다)를 조사할 때에는 피해자의 나이, 인지적 발달 단계, 심리 상태, 장애 정도 등을 종합적으로 고려하여야 한다.(2023.7.11 본항신설)

제27조【성폭력범죄 피해자에 대한 변호사 선임의 특례】 ① 성폭력범죄의 피해자 및 그 법정대리인(이하 "피해자등"이라 한다)은 형사절차상 입을 수 있는 피해를 방어하고 법률적 조력을 보장하기 위하여 변호사를 선임할 수 있다.

② 제1항에 따른 변호사는 검사 또는 사법경찰관의 피해자등에 대한 조사에 참여하여 의견을 진술할 수 있다. 다만, 조사 도중에는 검사 또는 사법경찰관의 승인을 받아 의견을 진술할 수 있다.

③ 제1항에 따른 변호사는 피의자에 대한 구속 전 피의자심문, 증거보전절차, 공판준비기일 및 공판절차에 출석하여 의견을 진술할 수 있다. 이 경우 필요한 절차에 관한 구체적 사항은 대법원규칙으로 정한다.

④ 제1항에 따른 변호사는 증거보전 후 관계 서류나 증거물, 소송계속 중의 관계 서류나 증거물을 열람하거나 등사할 수 있다.

⑤ 제1항에 따른 변호사는 형사절차에서 피해자등의 대리가 허용될 수 있는 모든 소송행위에 대한 포괄적인 대리권을 가진다.

⑥ 검사는 피해자에게 변호사가 없는 경우 국선변호사를 선정하여 형사절차에서 피해자의 권익을 보호할 수 있다. 다만, 19세미만피해자등에게 변호사가 없는 경우에는 국선변호사를 선정하여야 한다.(2023.7.11 단서신설)

제28조【성폭력범죄에 대한 전담재판부】 지방법원장 또는 고등법원장은 특별한 사정이 없으면 성폭력범죄 전담재판부를 지정하여 성폭력범죄에 대하여 재판하게 하여야 한다.

제29조【수사 및 재판절차에서의 배려】 ① 수사기관과 법원 및 소송관계인은 성폭력범죄를 당한 피해자의 나이, 심리 상태 또는 후유장애의 유무 등을 신중하게 고려하여 조사 및 심리·재판 과정에서 피해자의 인격이나 명예가 손상되거나 사적인 비밀이 침해되지 아니하도록 주의하여야 한다.

② 수사기관과 법원은 성폭력범죄의 피해자를 조사하거나 심리·재판할 때 피해자가 편안한 상태에서 진술할 수 있는 환경을 조성하여야 하며, 조사 및 심리·재판 횟수는 필요한 범위에서 최소한으로 하여야 한다.

③ 수사기관과 법원은 조사 및 심리·재판 과정에서 19세미만피해자등의 최상의 이익을 고려하여 다음 각 호에 따른 보호조치를 하도록 노력하여야 한다.

1. 19세미만피해자등의 진술을 듣는 절차가 타당한 이유 없이 지연되지 아니하도록 할 것
2. 19세미만피해자등의 진술을 위하여 아동 등에게 친화적으로 설계된 장소에서 피해자 조사 및 증인신문을 할 것
3. 19세미만피해자등이 피의자 또는 피고인과 접촉하거나 마주치지 아니하도록 할 것
4. 19세미만피해자등에게 조사 및 심리·재판 과정에 대하여 명확하고 충분히 설명할 것
5. 그 밖에 조사 및 심리·재판 과정에서 19세미만피해자등의 보호 및 지원 등을 위하여 필요한 조치를 할 것

(2023.7.11 본항신설)

제30조【19세미만피해자등 진술 내용 등의 영상녹화 및 보존 등】 ① 검사 또는 사법경찰관은 19세미만피해자등의 진술 내용과 조사 과정을 영상녹화장치로 녹화(녹음이 포함된 것을 말하며, 이하 "영상녹화"라 한다)하고, 그 영상녹화물을 보존하여야 한다.

② 검사 또는 사법경찰관은 19세미만피해자등을 조사하기 전에 다음 각 호의 사실을 피해자의 나이, 인지적 발달단계, 심리 상태, 장애 정도 등을 고려한 적절한 방식으로 피해자에게 설명하여야 한다.

1. 조사 과정이 영상녹화된다는 사실
2. 영상녹화된 영상녹화물이 증거로 사용될 수 있다는 사실

③ 제1항에도 불구하고 19세미만피해자등 또는 그 법정대리인(법정대리인이 가해자이거나 가해자의 배우자인 경우는 제외한다)이 이를 원하지 아니하는 의사를 표시하는 경우에는 영상녹화를 하여서는 아니 된다.

④ 검사 또는 사법경찰관은 제1항에 따른 영상녹화를 마쳤을 때에는 지체 없이 피해자 또는 변호사 앞에서 봉인하고 피해자로 하여금 기명날인 또는 서명하게 하여야 한다.

⑤ 검사 또는 사법경찰관은 제1항에 따른 영상녹화 과정의 진행 경과를 조서(별도의 서면을 포함한다. 이하 같다)에 기록한 후 수사기록에 편철하여야 한다.

⑥ 제5항에 따라 영상녹화 과정의 진행 경과를 기록할 때에는 다음 각 호의 사항을 구체적으로 적어야 한다.

1. 피해자가 영상녹화 장소에 도착한 시각
2. 영상녹화를 시작하고 마친 시각
3. 그 밖에 영상녹화 과정의 진행경과를 확인하기 위하여 필요한 사항

⑦ 검사 또는 사법경찰관은 19세미만피해자등이나 그 법정대리인이 신청하는 경우에는 영상녹화 과정에서 작성한 조서의 사본 또는 영상녹화물에 녹음된 내용을 옮겨 적은 녹취서의 사본을 신청인에게 발급하거나 영상녹화물을 재생하여 시청하게 하여야 한다.

⑧ 누구든지 제1항에 따라 영상녹화한 영상녹화물을 수사 및 재판의 용도 외에 다른 목적으로 사용하여서는 아니 된다.

⑨ 제1항에 따른 영상녹화의 방법에 관하여는 「형사소송법」 제244조의2제1항 후단을 준용한다.

(2023.7.11 본조개정)

제30조의2【영상녹화물의 증거능력 특례】 ① 제30조제1항에 따라 19세미만피해자등의 진술이 영상녹화된 영상녹화물은 같은 조 제4항부터 제6항까지에서 정한 절차와 방식에 따라 영상녹화된 것으로서 다음 각 호의 어느 하나의 경우에 증거로 할 수 있다.

1. 증거보전기일, 공판준비기일 또는 공판기일에 그 내용에 대하여 피의자, 피고인 또는 변호인이 피해자를 신문할 수 있었던 경우. 다만, 증거보전기일에서의 신문의 경우 법원이 피의자나 피고인의 방어권이 보장된 상태에서 피해자에 대한 반대신문이 충분히 이루어졌다고 인정하는 경우로 한정한다.
2. 19세미만피해자등이 다음 각 목의 어느 하나에 해당하는 사유로 공판준비기일 또는 공판기일에 출석하여 진술할 수 없는 경우. 다만, 영상녹화된 진술 및 영상녹화가 특별히 신빙(信憑)할 수 있는 상태에서 이루어졌음이 증명된 경우로 한정한다.
   가. 사망
   나. 외국 거주
   다. 신체적, 정신적 질병·장애
   라. 소재불명
   마. 그 밖에 이에 준하는 경우

② 법원은 제1항제2호에 따라 증거능력이 있는 영상녹화물을 유죄의 증거로 할지를 결정할 때에는 피고인과의 관계, 범행의 내용, 피해자의 나이, 심신의 상태, 피해자가 증언으로 인하여 겪을 수 있는 심리적 외상, 영상녹화물에 수록된 19세미만피해자등의 진술 내용 및 진술 태도 등을 고려하여야 한다. 이 경우 법원은 전문심리위원 또는 제33조에 따른 전문가의 의견을 들어야 한다.

(2023.7.11 본조신설)

제31조【심리의 비공개】 ① 성폭력범죄에 대한 심리는 그 피해자의 사생활을 보호하기 위하여 결정으로써 공개하지 아니할 수 있다.

② 증인으로 소환받은 성폭력범죄의 피해자와 그 가족은 사생활보호 등의 사유로 증인신문의 비공개를 신청할 수 있다.

③ 재판장은 제2항에 따른 신청을 받으면 그 허가 및 공개 여부, 법정 외의 장소에서의 신문 등 증인의 신문 방식 및 장소에 관하여 결정할 수 있다.

④ 제1항 및 제3항의 경우에는 「법원조직법」 제57조(재판의 공개)제2항·제3항 및 「군사법원법」 제67조제2항·제3항을 준용한다.(2013.4.5 본항개정)

제32조【증인지원시설의 설치·운영 등】 ① 각급 법원은 증인으로 법원에 출석하는 피해자등이 재판 전후에 피고인이나 그 가족과 마주치지 아니하도록 하고, 보호와 지원을 받을 수 있는 적절한 시설을 설치한다.

② 각급 법원은 제1항의 시설을 관리·운영하고 피해자등의 보호와 지원을 담당하는 직원(이하 "증인지원관"이라 한다)을 둔다.

③ 법원은 증인지원관에 대하여 인권 감수성 향상에 필요한 교육을 정기적으로 실시한다.

④ 증인지원관의 업무·자격 및 교육 등에 필요한 사항은 대법원규칙으로 정한다.

제33조【전문가의 의견 조회】 ① 법원은 정신건강의학과의사, 심리학자, 사회복지학자, 그 밖의 관련 전문가로부터 행위자 또는 피해자의 정신·심리 상태에 대한 진단 소견 및 피해자의 진술 내용에 관한 의견을 조회할 수 있다.

② 법원은 성폭력범죄를 조사·심리할 때에는 제1항에 따른 의견 조회의 결과를 고려하여야 한다.

③ 법원은 법원행정처장이 정하는 관련 전문가 후보자 중에서 제1항에 따른 전문가를 지정하여야 한다.

④ 제1항부터 제3항까지의 규정은 수사기관이 성폭력범죄를 수사하는 경우에 준용한다. 다만, 피해자가 13세 미만이거나 신체적인 또는 정신적인 장애로 사물을 변별하거나 의사를 결정할 능력이 미약한 경우에는 관련 전문가에게 피해자의 정신·심리 상태에 대한 진단 소견 및 진술 내용에 관한 의견을 조회하여야 한다.

⑤ 제4항에 따라 준용할 경우 "법원행정처장"은 "검찰총장 또는 경찰청장"으로 본다.

제34조【신뢰관계에 있는 사람의 동석】 ① 법원은 다음 각 호의 어느 하나에 해당하는 피해자를 증인으로 신문하는 경우에 검사, 피해자 또는 그 법정대리인이 신청할 때에는 재판에 지장을 줄 우려가 있는 등 부득이한 경우가 아니면 피해자와 신뢰관계에 있는 사람을 동석하게 하여야 한다.(2023.7.11 본문개정)

1. 제3조부터 제8조까지, 제10조, 제14조, 제14조의2, 제14조의3, 제15조(제9조의 미수범은 제외한다) 및 제15조의2에 따른 범죄의 피해자(2023.7.11 본호신설)
2. 19세미만피해자등(2023.7.11 본호신설)

② 제1항은 수사기관이 같은 항 각 호의 피해자를 조사하는 경우에 관하여 준용한다.(2023.7.11 본항개정)

③ 제1항 및 제2항의 경우 법원과 수사기관은 피해자와 신뢰관계에 있는 사람이 피해자에게 불리하거나 피해자가 원하지 아니하는 경우에는 동석하게 하여서는 아니 된다.

제35조【진술조력인 양성 등】 ① 법무부장관은 의사소통 및 의사표현에 어려움이 있는 성폭력범죄의 피해자에 대한 형사사법절차에서의 조력을 위하여 진술조력인을 양성하여야 한다.

② 진술조력인은 정신건강의학, 심리학, 사회복지학, 교육학 등 아동·장애인의 심리나 의사소통 관련 전문지식이 있거나 관련 분야에서 상당 기간 종사한 사람으로 법무부장관이 정하는 교육을 이수하여야 한다. 진술조력인의 자격, 양성 및 배치 등에 관하여 필요한 사항은 법무부령으로 정한다.(2020.10.20 후단개정)

③ 법무부장관은 제1항에 따라 양성한 진술조력인 명부를 작성하여야 한다.

제35조의2【진술조력인의 결격사유】 다음 각 호의 어느 하나에 해당하는 사람은 진술조력인이 될 수 없다.

1. 피성년후견인
2. 금고 이상의 실형을 선고받고 그 집행이 종료(집행이 종료된 것으로 보는 경우를 포함한다)되거나 집행이 면제된 날부터 5년이 지나지 아니한 사람
3. 금고 이상의 형의 집행을 유예받고 그 유예기간이 완료된 날부터 2년이 지나지 아니한 사람
4. 금고 이상의 형의 선고를 유예받고 그 유예기간 중에 있는 사람
5. 제2호부터 제4호까지의 규정에도 불구하고 다음 각 목의 어느 하나에 해당하는 범죄를 저지른 사람으로서 형 또는 치료감호를 선고받고 확정된 후 그 형 또는 치료감호의 전부 또는 일부의 집행이 끝나거나(집행이 끝난 것으로 보는 경우를 포함한다) 집행이 유예·면제된 날부터 10년이 지나지 아니한 사람
   가. 제2조에 따른 성폭력범죄
   나. 「아동·청소년의 성보호에 관한 법률」 제2조제2호에 따른 아동·청소년대상 성범죄
   다. 「아동학대범죄의 처벌 등에 관한 특례법」 제2조제4호에 따른 아동학대범죄
   라. 「장애인복지법」 제86조, 제86조의2 및 제87조의 죄
6. 제35조의3(이 조 제1호에 해당하게 되어 제35조의3제1항제2호에 따라 진술조력인의 자격이 취소된 경우는 제외한다)에 따라 진술조력인 자격이 취소된 후 3년이 지나지 아니한 사람

(2020.10.20 본조신설)

제35조의3【진술조력인의 자격취소】 ① 법무부장관은 진술조력인 자격을 가진 사람이 다음 각 호의 어느 하나에 해당하는 경우에는 그 자격을 취소할 수 있다. 다만, 제1호 또는 제2호에 해당하는 경우에는 그 자격을 취소하여야 한다.

1. 거짓이나 그 밖의 부정한 방법으로 자격을 취득한 사실이 드러난 경우
2. 제35조의2 각 호의 결격사유 중 어느 하나에 해당하게 된 경우
3. 제38조에 따른 진술조력인의 의무를 위반한 경우
4. 고의나 중대한 과실로 업무 수행에 중대한 지장이 발생하게 된 경우
5. 진술조력인의 업무 수행과 관련하여 부당한 금품을 수령하는 등 부정당한 행위를 한 경우
6. 정당한 사유 없이 법무부령으로 정하는 교육을 이수하지 않은 경우
7. 그 밖에 진술조력인의 업무를 수행할 수 없는 중대한 사유가 발생한 경우

② 법무부장관은 제1항에 따라 진술조력인 자격을 취소하려는 경우에는 해당 진술조력인에게 자격 취소 예정인 사실과 그 사유를 통보하여야 한다. 이 경우 통보를 받은 진술조력인은 법무부에 출석하여 소명(疏明)하거나 소명에 관한 의견서를 제출할 수 있다.

③ 법무부장관은 제2항 후단에 따라 진술조력인이 소명하거나 소명에 관한 의견서를 제출한 경우 진술조력인 자격 취소 여부를 결정하기 위하여 외부 전문가의 의견을 들을 수 있다.

④ 법무부장관은 제1항에 따라 진술조력인 자격을 취소한 경우에는 즉시 그 사람에게 진술조력인 자격 취소의 사실 및 그 사유를 서면으로 알려주어야 한다.
⑤ 제1항에 따라 진술조력인 자격이 취소된 사람의 자격증 반납에 관해서는 법무부령으로 정한다.
(2020.10.20 본조신설)

제36조【진술조력인의 수사과정 참여】 ① 검사 또는 사법경찰관은 성폭력범죄의 피해자가 19세미만피해자등인 경우 형사사법절차에서의 조력과 원활한 조사를 위하여 직권이나 피해자, 그 법정대리인 또는 변호사의 신청에 따라 진술조력인으로 하여금 조사과정에 참여하여 의사소통을 중개하거나 보조하게 할 수 있다. 다만, 피해자 또는 그 법정대리인이 이를 원하지 아니하는 의사를 표시한 경우에는 그러하지 아니하다.(2023.7.11 본문개정)
② 검사 또는 사법경찰관은 제1항의 피해자를 조사하기 전에 피해자, 법정대리인 또는 변호사에게 진술조력인에 의한 의사소통 중개나 보조를 신청할 수 있음을 고지하여야 한다.
③ 진술조력인은 조사 전에 피해자를 면담하여 진술조력인 조력 필요성에 관하여 평가한 의견을 수사기관에 제출할 수 있다.
④ 제1항에 따라 조사과정에 참여한 진술조력인은 피해자의 의사소통이나 표현 능력, 특성 등에 관한 의견을 수사기관이나 법원에 제출할 수 있다.
⑤ 제1항부터 제4항까지의 규정은 검증에 관하여 준용한다.
⑥ 그 밖에 진술조력인의 수사절차 참여에 관한 절차와 방법 등 필요한 사항은 법무부령으로 정한다.

제37조【진술조력인의 재판과정 참여】 ① 법원은 성폭력범죄의 피해자가 19세미만피해자등인 경우 재판과정에서의 조력과 원활한 증인 신문을 위하여 직권 또는 검사, 피해자, 그 법정대리인 및 변호사의 신청에 의한 결정으로 진술조력인으로 하여금 증인 신문에 참여하여 중개하거나 보조하게 할 수 있다.(2023.7.11 본항개정)
② 법원은 증인이 제1항에 해당하는 경우에는 신문 전에 피해자, 법정대리인 및 변호사에게 진술조력인에 의한 의사소통 중개나 보조를 신청할 수 있음을 고지하여야 한다.
③ 진술조력인의 소송절차 참여에 관한 구체적 절차와 방법은 대법원규칙으로 정한다.

제38조【진술조력인의 의무】 ① 진술조력인은 수사 및 재판 과정에 참여함에 있어 중립적인 지위에서 상호간의 진술이 왜곡 없이 전달될 수 있도록 노력하여야 한다.
② 진술조력인은 그 직무상 알게 된 피해자의 주소, 성명, 나이, 직업, 학교, 용모, 그 밖에 피해자를 특정하여 파악할 수 있게 하는 인적사항과 사진 및 사생활에 관한 비밀을 공개하거나 다른 사람에게 누설하여서는 아니 된다.

제39조【벌칙적용에 있어서 공무원의 의제】 진술조력인은 「형법」 제129조부터 제132조까지에 따른 벌칙의 적용에 있어서 이를 공무원으로 본다.

제40조【비디오 등 중계장치에 의한 증인신문】 ① 법원은 제2조제1항제3호부터 제5호까지의 범죄의 피해자를 증인으로 신문하는 경우 검사와 피고인 또는 변호인의 의견을 들어 비디오 등 중계장치에 의한 중계를 통하여 신문할 수 있다.
② 제1항에 따른 증인신문의 절차·방법 등에 관하여 필요한 사항은 대법원규칙으로 정한다.

제40조의2【19세미만피해자등에 대한 증인신문을 위한 공판준비절차】 ① 법원은 19세미만피해자등을 증인으로 신문하려는 경우에는 19세미만피해자등의 보호와 원활한 심리를 위하여 필요한 경우 검사, 피고인 또는 변호인의 의견을 들어 사건을 공판준비절차에 부칠 수 있다.
② 법원은 제1항에 따라 공판준비절차에 부치는 경우 증인신문을 위한 심리계획을 수립하기 위하여 공판준비기일을 지정하여야 한다.
③ 법원은 제2항에 따라 지정한 공판준비기일에 증인신문을 중개하거나 보조할 진술조력인을 출석하게 할 수 있다.
④ 19세미만피해자등의 변호사는 제2항에 따라 지정된 공판준비기일에 출석할 수 있다.
⑤ 법원은 제1항에 따른 공판준비절차에서 검사, 피고인 또는 변호인에게 신문할 사항을 기재한 서면을 법원에 미리 제출하게 할 수 있다. 다만, 제출한 신문사항은 증인신문을 하기 전까지는 열람·복사 등을 통하여 상대방에게 공개하지 아니한다.
⑥ 법원은 제2항에 따라 지정된 공판준비기일에서 검사, 피고인, 변호인, 19세미만피해자등의 변호사 및 진술조력인에게 신문사항과 신문방법 등에 관한 의견을 구할 수 있다.
(2023.7.11 본조신설)

제40조의3【19세미만피해자등의 증인신문 장소 등에 대한 특례】 ① 법원은 19세미만피해자등을 증인으로 신문하는 경우 사전에 피해자에게 「형사소송법」 제165조의2 제1항에 따라 비디오 등 중계장치에 의한 중계시설을 통하여 신문할 수 있음을 고지하여야 한다.
② 19세미만피해자등은 제1항의 중계시설을 통하여 증인신문을 진행할지 여부 및 증인으로 출석할 장소에 관하여 법원에 의견을 진술할 수 있다.
③ 제1항에 따른 중계시설을 통하여 19세미만피해자등을 증인으로 신문하는 경우 그 중계시설은 특별한 사정이 없으면 제30조제1항에 따른 영상녹화가 이루어진 장소로 한다. 다만, 피해자가 다른 장소를 원하는 의사를 표시하거나, 제30조제1항에 따른 영상녹화가 이루어진 장소가 경찰서 등 수사기관의 시설인 경우에는 법원이 중계시설을 지정할 수 있다.
(2023.7.11 본조신설)

제41조【증거보전의 특례】 ① 피해자나 그 법정대리인 또는 사법경찰관은 피해자가 공판기일에 출석하여 증언하는 것에 현저히 곤란한 사정이 있을 때에는 그 사유를 소명하여 제30조에 따라 영상녹화된 영상녹화물 또는 그 밖의 다른 증거에 대하여 해당 성폭력범죄를 수사하는 검사에게 「형사소송법」 제184조(증거보전의 청구와 그 절차)제1항에 따른 증거보전의 청구를 할 것을 요청할 수 있다. 이 경우 피해자가 19세미만피해자등인 경우에는 공판기일에 출석하여 증언하는 것에 현저히 곤란한 사정이 있는 것으로 본다.
② 제1항의 요청을 받은 검사는 그 요청이 타당하다고 인정할 때에는 증거보전의 청구를 할 수 있다. 다만, 19세미만피해자등이나 그 법정대리인이 제1항의 요청을 하는 경우에는 특별한 사정이 없는 한 「형사소송법」 제184조제1항에 따라 관할 지방법원판사에게 증거보전을 청구하여야 한다.
(2023.7.11 본조개정)

제3장 신상정보 등록 등

제42조【신상정보 등록대상자】 ① 제2조제1항제3호·제4호, 같은 조 제2항(제1항제3호·제4호에 한정한다), 제3조부터 제15조까지의 범죄 및 「아동·청소년의 성보호에 관한 법률」 제2조제2호가목·라목의 범죄(이하 "등록대상 성범죄"라 한다)로 유죄판결이나 약식명령이 확정된 자 또는 같은 법 제49조제1항제4호에 따라 공개명령이 확정된 자는 신상정보 등록대상자(이하 "등록대상자"라 한다)가 된다. 다만, 제12조·제13조의 범죄 및 「아동·청소년의 성보호에 관한 법률」 제11조제3항 및 제5항의 범죄로 벌금형을 선고받은 자는 제외한다.
② 법원은 등록대상 성범죄로 유죄판결을 선고하거나 약식명령을 고지하는 경우에는 등록대상자라는 사실과 제43조에 따른 신상정보 제출 의무가 있음을 등록대상자에게 알려 주어야 한다.
③ 제2항에 따른 통지는 판결을 선고하는 때에는 구두 또는 서면으로 하고, 약식명령을 고지하는 때에는 통지사항이 기재된 서면을 송달하는 방법으로 한다.
(2016.12.20 본항신설)
④ 법원은 제1항의 판결이나 약식명령이 확정된 날부터 14일 이내에 판결문(제45조제4항에 따라 법원이 등록기간을 달리 정한 경우에는 그 사실을 포함한다) 또는 약식명령 등본을 법무부장관에게 송달하여야 한다.
(2016.12.20 본조개정)

판례 성범죄자의 일괄적 신상정보 등록이 대상자의 개인정보자기결정권 및 일반적 행동의 자유를 침해하는지 여부 : 신상정보 등록대상자 조항은 성범죄자의 재범을 억제하고 수사의 효율성을 제고하기 위한 것이다. 범죄자의 정보를 국가가 관리하는 것은 재범을 방지하는 유효하고 현실적인 방법이 될 수 있고, 신상정보 등록대상자가 된다고 해서 사회복귀가 저해되거나 전과자라는 사회적 낙인이 찍히는 것은 아니므로 침해되는 사익은 크지 않은 반면, 이를 통해 달성되는 공익은 매우 중요하다. 또한 이와 같은 등록대상자조항은 반드시 재범의 위험성을 등록요건으로 해야 하는 것은 아니며, 더욱이 현재 사용되는 재범의 위험성 평가도구로는 성범죄자의 재범 가능성 여부를 완벽하게 예측할 수 없어 성범죄자를 일률적으로 등록대상자로 정하는 것이 불가피하다.(헌재결 2020.10.29, 2018헌마1067)

제43조【신상정보의 제출 의무】 ① 등록대상자는 제42조제1항의 판결이 확정된 날부터 30일 이내에 다음 각 호의 신상정보(이하 "기본신상정보"라 한다)를 자신의 주소지를 관할하는 경찰관서의 장(이하 "관할경찰관서의 장"이라 한다)에게 제출하여야 한다. 다만, 등록대상자가 교정시설 또는 치료감호시설에 수용된 경우에는 그 교정시설등의 장에게 기본신상정보를 제출함으로써 이를 갈음할 수 있다.(2024.1.16 단서개정)
1. 성명
2. 주민등록번호
3. 주소 및 실제거주지
4. 직업 및 직장 등의 소재지
5. 연락처(전화번호, 전자우편주소를 말한다)
(2014.12.30 본호신설)
6. 신체정보(키와 몸무게)
7. 소유차량의 등록번호

② 관할경찰관서의 장 또는 교정시설등의 장은 제1항에 따라 등록대상자가 기본신상정보를 제출할 때에 등록대상자의 정면·좌측·우측 상반신 및 전신 컬러사진을 촬영하여 전자기록으로 저장·보관하여야 한다.
(2016.12.20 본항개정)
③ 등록대상자는 제1항에 따라 제출한 기본신상정보가 변경된 경우에는 그 사유와 변경내용(이하 "변경정보"라 한다)을 변경사유가 발생한 날부터 20일 이내에 제1항에 따라 제출하여야 한다.(2016.12.20 본항개정)
④ 등록대상자는 제1항에 따라 기본신상정보를 제출한 경우에는 그 다음 해부터 매년 12월 31일까지 주소지를 관할하는 경찰관서에 출석하여 경찰관서의 장으로 하여금 자신의 정면·좌측·우측 상반신 및 전신 컬러사진을 촬영하여 전자기록으로 저장·보관하도록 하여야 한다. 다만, 교정시설등의 장은 등록대상자가 교정시설 등에 수용된 경우에는 석방 또는 치료감호 종료 전에 등록대상자의 정면·좌측·우측 상반신 및 전신 컬러사진을 새로 촬영하여 전자기록으로 저장·보관하여야 한다.
(2016.12.20 본문개정)
⑤ 관할경찰관서의 장 또는 교정시설등의 장은 등록대상자로부터 제출받은 기본신상정보 및 변경정보와 제2항 및 제4항에 따라 저장·보관하는 전자기록을 지체 없이 법무부장관에게 송달하여야 한다.(2016.12.20 본항개정)
⑥ 제5항에 따라 등록대상자에 대한 기본신상정보를 송달할 때에 관할경찰관서의 장은 등록대상자에 대한 「형의 실효 등에 관한 법률」 제2조제5호에 따른 범죄경력자료를 함께 송달하여야 한다.(2016.12.20 본항개정)
⑦ 기본신상정보 및 변경정보의 송달, 등록에 관한 절차와 방법 등 필요한 사항은 대통령령으로 정한다.
(2016.12.20 본항개정)

제43조의2【출입국 시 신고의무 등】 ① 등록대상자가 6개월 이상 국외에 체류하기 위하여 출국하는 경우에는 미리 관할경찰관서의 장에게 체류국가 및 체류기간 등을 신고하여야 한다.
② 제1항에 따라 신고한 등록대상자가 입국하였을 때에는 특별한 사정이 없으면 14일 이내에 관할경찰관서의 장에게 입국 사실을 신고하여야 한다. 제1항에 따른 신고를 하지 아니하고 출국하여 6개월 이상 국외에 체류한 등록대상자가 입국하였을 때에도 같다.
③ 관할경찰관서의 장은 제1항 및 제2항에 따른 신고를 받았을 때에는 지체 없이 법무부장관에게 해당 정보를 송달하여야 한다.
④ 제1항 및 제2항에 따른 신고와 제3항에 따른 송달의 절차 및 방법 등에 관하여 필요한 사항은 대통령령으로 정한다.
(2016.12.20 본조신설)

제44조【등록대상자의 신상정보 등록 등】 ① 법무부장관은 제43조제5항, 제6항 및 제43조의2제3항에 따라 송달받은 정보와 다음 각 호의 등록대상자 정보를 등록하여야 한다.(2016.12.20 본문개정)
1. 등록대상 성범죄 경력정보
2. 성범죄 전과사실(죄명, 횟수)
3. 「전자장치 부착 등에 관한 법률」에 따른 전자장치 부착 여부(2020.2.4 본호개정)

② 법무부장관은 등록대상자가 제1항에 따라 등록한 정보를 정보통신망을 이용하여 열람할 수 있도록 하여야 한다. 다만, 등록대상자가 신청하는 경우에는 등록한 정보를 등록대상자에게 통지하여야 한다.(2016.12.20 본항개정)
③ 법무부장관은 제1항에 따른 등록에 필요한 정보의 조회(「형의 실효 등에 관한 법률」 제2조제8호에 따른 범죄경력조회를 포함한다)를 관계 행정기관의 장에게 요청할 수 있다.
④ 법무부장관은 등록대상자가 기본신상정보 또는 변경정보를 정당한 사유 없이 제출하지 아니한 경우에는 신상정보의 등록에 필요한 사항을 관계 행정기관의 장에게 조회를 요청하여 등록할 수 있다. 이 경우 법무부장관은 등록일자를 밝혀 등록대상자에게 신상정보를 등록한 사실 및 등록한 신상정보의 내용을 통지하여야 한다.
(2016.12.20 본항개정)
⑤ 제3항 및 제4항의 요청을 받은 관계 행정기관의 장은 지체 없이 조회 결과를 법무부장관에게 송부하여야 한다.
⑥ 제4항 전단에 따라 법무부장관이 기본신상정보를 등록한 경우에 등록대상자의 변경정보 제출과 사진 촬영에 대해서는 제43조제3항 및 제4항을 준용한다.
(2016.12.20 본항신설)
⑦ 제1항 또는 제4항 전단에 따라 등록한 정보(이하 "등록정보"라 한다)의 열람, 통지 신청 및 통지의 방법과 절차 등에 필요한 사항은 대통령령으로 정한다.
(2016.12.20 본항신설)

제45조【등록정보의 관리】 ① 법무부장관은 제44조제1항 또는 제4항에 따라 기본신상정보를 최초로 등록한 날(이하 "최초등록일"이라 한다)부터 다음 각 호의 구분에 따른 기간(이하 "등록기간"이라 한다) 동안 등록정보를 보존·관리하여야 한다. 다만, 법원이 제4항에 따라 등록기간을 정한 경우에는 그 기간 동안 등록정보를 보존·관리하여야 한다.
1. 신상정보 등록의 원인이 된 성범죄로 사형, 무기징역·무기금고형 또는 10년 초과의 징역·금고형을 선고받은 사람 : 30년
2. 신상정보 등록의 원인이 된 성범죄로 3년 초과 10년 이하의 징역·금고형을 선고받은 사람 : 20년
3. 신상정보 등록의 원인이 된 성범죄로 3년 이하의 징역·금고형을 선고받은 사람 또는 「아동·청소년의 성보호에 관한 법률」 제49조제1항제4호에 따라 공개명령이 확정된 사람 : 15년
4. 신상정보 등록의 원인이 된 성범죄로 벌금형을 선고받은 사람 : 10년

② 신상정보 등록의 원인이 된 성범죄와 다른 범죄가 「형법」 제37조(판결이 확정되지 아니한 수개의 죄를 경합범으로 하는 경우로 한정한다)에 따라 경합되어 「형법」 제38조에 따라 형이 선고된 경우에는 그 선고형 전부를 신상정보 등록의 원인이 된 성범죄로 인한 선고형으로 본다.
③ 제1항에 따른 등록기간을 산정하기 위한 선고형은 다음 각 호에 따라 계산한다. 제2항이 적용되는 경우도 이와 같다.

1. 하나의 판결에서 신상정보 등록의 원인이 된 성범죄로 여러 종류의 형이 선고된 경우에는 가장 무거운 종류의 형을 기준으로 한다.
2. 하나의 판결에서 신상정보 등록의 원인이 된 성범죄로 여러 개의 징역형 또는 금고형이 선고된 경우에는 각각의 기간을 합산한다. 이 경우 징역형과 금고형은 같은 종류의 형으로 본다.
3. 「소년법」 제60조에 따라 부정기형이 선고된 경우에는 단기를 기준으로 한다.

④ 법원은 제2항이 적용(제3항이 동시에 적용되는 경우를 포함한다)되어 제1항 각 호에 따라 등록기간이 결정되는 것이 부당하다고 인정하는 경우에는 판결로 제1항 각 호의 기간 중 더 단기의 기간을 등록기간으로 정할 수 있다.

⑤ 다음 각 호의 기간은 제1항에 따른 등록기간에 넣어 계산하지 아니한다.
1. 등록대상자가 신상정보 등록의 원인이 된 성범죄로 교정시설 또는 치료감호시설에 수용된 기간
2. 제1호에 따른 기간 이전의 기간으로서 제1호에 따른 기간과 이어져 등록대상자가 다른 범죄로 교정시설 또는 치료감호시설에 수용된 기간
3. 제1호에 따른 기간 이후의 기간으로서 제1호에 따른 기간과 이어져 등록대상자가 다른 범죄로 교정시설 또는 치료감호시설에 수용된 기간

⑥ 법무부장관은 제44조제1항에 따른 등록 당시 등록대상자가 교정시설 또는 치료감호시설에 수용 중인 경우에는 등록대상자가 석방된 후 지체 없이 등록정보를 등록대상자의 관할경찰관서의 장에게 송부하여야 한다.

⑦ 관할경찰관서의 장은 등록기간 중 다음 각 호의 구분에 따른 기간마다 등록대상자와의 직접 대면 등의 방법으로 등록정보의 진위와 변경 여부를 확인하여 그 결과를 법무부장관에게 송부하여야 한다.
1. 제1항에 따른 등록기간이 30년인 등록대상자 : 3개월
2. 제1항에 따른 등록기간이 20년 또는 15년인 등록대상자 : 6개월
3. 제1항에 따른 등록기간이 10년인 등록대상자 : 1년

⑧ 제7항제2호 및 제3호에도 불구하고 관할경찰관서의 장은 다음 각 호의 구분에 따른 기간 동안에는 3개월마다 제7항의 결과를 법무부장관에게 송부하여야 한다.
1. 「아동·청소년의 성보호에 관한 법률」 제49조에 따른 공개대상자인 경우 : 공개기간
2. 「아동·청소년의 성보호에 관한 법률」 제50조에 따른 고지대상자인 경우 : 고지기간

(2016.12.20 본조개정)

제45조의2【신상정보 등록의 면제】 ① 신상정보 등록의 원인이 된 성범죄로 형의 선고를 유예받은 사람이 선고유예를 받은 날부터 2년이 경과하여 「형법」 제60조에 따라 면소된 것으로 간주되면 신상정보 등록을 면제한다.

② 등록대상자는 다음 각 호의 구분에 따른 기간(교정시설 또는 치료감호시설에 수용된 기간은 제외한다)이 경과한 경우에는 법무부령으로 정하는 신청서를 법무부장관에게 제출하여 신상정보 등록의 면제를 신청할 수 있다.(2020.2.4 본문개정)
1. 제45조제1항에 따른 등록기간이 30년인 등록대상자 : 최초등록일부터 20년
2. 제45조제1항에 따른 등록기간이 20년인 등록대상자 : 최초등록일부터 15년
3. 제45조제1항에 따른 등록기간이 15년인 등록대상자 : 최초등록일부터 10년
4. 제45조제1항에 따른 등록기간이 10년인 등록대상자 : 최초등록일부터 7년

③ 법무부장관은 제2항에 따라 등록의 면제를 신청한 등록대상자가 다음 각 호의 요건을 모두 갖춘 경우에는 신상정보 등록을 면제한다.
1. 등록기간 중 등록대상 성범죄를 저질러 유죄판결이 확정된 사실이 없을 것
2. 신상정보 등록의 원인이 된 성범죄로 선고받은 징역형 또는 금고형의 집행을 종료하거나 벌금을 완납하였을 것
3. 신상정보 등록의 원인이 된 성범죄로 부과받은 다음 각 목의 명령의 집행을 모두 종료하였을 것
   가. 「아동·청소년의 성보호에 관한 법률」에 따른 공개명령·고지명령
   나. 「전자장치 부착 등에 관한 법률」에 따른 전자장치 부착명령(2020.2.4 본목개정)
   다. 「성폭력범죄자의 성충동 약물치료에 관한 법률」에 따른 약물치료명령
4. 신상정보 등록의 원인이 된 성범죄로 부과받은 다음 각 목의 규정에 따른 보호관찰명령, 사회봉사명령, 수강명령 또는 이수명령의 집행을 완료하였을 것
   가. 제16조제1항·제2항·제4항 및 제8항
   나. 「형법」 제62조의2제1항
   다. 「아동·청소년의 성보호에 관한 법률」 제21조제1항·제2항·제4항 및 같은 법 제61조제3항
   라. 「전자장치 부착 등에 관한 법률」 제21조의3(2020.2.4 본목개정)
5. 등록기간 중 다음 각 목의 범죄를 저질러 유죄판결을 선고받아 그 판결이 확정된 사실이 없을 것
   가. 제50조제3항 및 제5항의 범죄
   나. 「아동·청소년의 성보호에 관한 법률」 제65조제3항·제5항 및 같은 법 제66조의 범죄
   다. 「전자장치 부착 등에 관한 법률」 제38조 및 제39조(성폭력범죄로 위치추적 전자장치의 부착명령이 집행 중인 사람으로 한정한다)의 범죄(2020.2.4 본목개정)
   라. 「성폭력범죄자의 성충동 약물치료에 관한 법률」 제35조의 범죄

④ 법무부장관은 제3항 각 호에 따른 요건의 충족 여부를 확인하기 위하여 관계 행정기관의 장에게 협조(「형의 실효 등에 관한 법률」 제2조제8호에 따른 범죄경력조회를 포함한다)를 요청하거나 등록대상자에게 필요한 자료의 제출을 요청할 수 있다. 이 경우 협조를 요청받은 관계 행정기관의 장은 지체 없이 이에 따라야 한다.(2020.2.4 본항개정)

(2016.12.20 본조신설)

제45조의3【신상정보 등록의 종료】 ① 신상정보의 등록은 다음 각 호의 어느 하나에 해당하는 때에 종료된다.
1. 제45조제1항의 등록기간이 지난 때
2. 제45조의2에 따라 등록이 면제된 때

② 법무부장관은 제1항에 따라 등록이 종료된 신상정보를 즉시 폐기하여야 한다.

③ 법무부장관은 제2항에 따라 등록정보를 폐기하는 경우에는 등록대상자가 정보통신망을 이용하여 폐기된 사실을 열람할 수 있도록 하여야 한다. 다만, 등록대상자가 신청하는 경우에는 폐기된 사실을 통지하여야 한다.

④ 제3항에 따른 등록정보 폐기 사실의 열람, 통지 신청과 통지의 방법 및 절차 등에 필요한 사항은 대통령령으로 정한다.

(2016.12.20 본조신설)

제46조【등록정보의 활용 등】 ① 법무부장관은 등록정보를 등록대상 성범죄와 관련한 범죄예방 및 수사에 활용하게 하기 위하여 검사 또는 각급 경찰관서의 장에게 배포할 수 있다.

② 제1항에 따른 등록정보의 배포절차 및 관리 등에 관한 사항은 대통령령으로 정한다.

제47조【등록정보의 공개】 ① 등록정보의 공개에 관하여는 「아동·청소년의 성보호에 관한 법률」 제49조, 제50조, 제52조, 제54조, 제55조 및 제65조를 적용한다.

② 등록정보의 공개는 여성가족부장관이 집행한다.

③ 법무부장관은 등록정보의 공개에 필요한 정보를 여성가족부장관에게 송부하여야 한다.

④ 제3항에 따른 정보 송부에 관하여 필요한 사항은 대통령령으로 정한다.

제48조【비밀준수】 등록대상자의 신상정보의 등록·보존 및 관리 업무에 종사하거나 종사하였던 자는 직무상 알게 된 등록정보를 누설하여서는 아니 된다.

제49조【등록정보의 고지】 ① 등록정보의 고지에 관하여는 「아동·청소년의 성보호에 관한 법률」 제50조 및 제51조를 적용한다.

② 등록정보의 고지는 여성가족부장관이 집행한다.

③ 법무부장관은 등록정보의 고지에 필요한 정보를 여성가족부장관에게 송부하여야 한다.

④ 제3항에 따른 정보 송부에 관한 세부사항은 대통령령으로 정한다.

제49조의2【간주규정】 ① 「군사법원법」 제2조제1항 각 호의 어느 하나에 해당하는 사람(이하 이 조에서 "군인등"이라 한다)에 대하여 군사법원이 재판권을 가지는 경우 제27조제2항·제6항, 제29조, 제30조, 제33조제1항부터 제4항까지, 제34조, 제40조제1항, 제41조, 제42조제2항·제4항을 적용함에 있어 "법원"은 "군사법원(고등법원을 포함한다)"으로, "수사기관"은 "군수사기관"으로, "검사"는 "군검사"로, "사법경찰관"은 "군사법경찰관"으로, "국선변호사"는 "변호사 자격이 있는 장교"로 간주한다.(2023.10.24 본항개정)

② 군인등에 대하여 제41조제1항을 적용함에 있어 "사법경찰관"은 "군사법경찰관"으로 간주한다.(2023.7.11 본항개정)

③ 군인등에 대하여 제33조제3항을 적용함(같은 조 제4항에 따라 준용되는 경우에도 같다)에 있어 "법원행정처장"은 "국방부장관"으로 간주한다.

(2013.4.5 본조신설)

제4장 벌 칙

제50조【벌칙】 ① 다음 각 호의 어느 하나에 해당하는 자는 5년 이하의 징역 또는 5천만원 이하의 벌금에 처한다.
1. 제48조를 위반하여 직무상 알게 된 등록정보를 누설한 자
2. 정당한 권한 없이 등록정보를 변경하거나 말소한 자

② 다음 각 호의 어느 하나에 해당하는 자는 3년 이하의 징역 또는 3천만원 이하의 벌금에 처한다.(2020.10.20 본문개정)
1. 제24조제1항 또는 제38조제2항에 따른 피해자의 신원과 사생활 비밀 누설 금지 의무를 위반한 자
2. 제24조제2항을 위반하여 피해자의 인적사항과 사진 등을 공개한 자

③ 다음 각 호의 어느 하나에 해당하는 자는 1년 이하의 징역 또는 500만원 이하의 벌금에 처한다.
1. 제43조제1항을 위반하여 정당한 사유 없이 기본신상정보를 제출하지 아니하거나 거짓으로 제출한 자 및 같은 조 제2항에 따른 관할경찰관서 또는 교정시설의 장의 사진촬영에 정당한 사유 없이 응하지 아니한 자
2. 제43조제3항(제44조제6항에서 준용하는 경우를 포함한다)을 위반하여 정당한 사유 없이 변경정보를 제출하지 아니하거나 거짓으로 제출한 자
3. 제43조제4항(제44조제6항에서 준용하는 경우를 포함한다)을 위반하여 정당한 사유 없이 관할 경찰관서에 출석하지 아니하거나 촬영에 응하지 아니한 자

(2016.12.20 1호~3호개정)

④ 제2항제2호의 죄는 피해자의 명시한 의사에 반하여 공소를 제기할 수 없다.

⑤ 제16조제2항에 따라 이수명령을 부과받은 사람이 보호관찰소의 장 또는 교정시설등의 장의 이수명령 이행에 관한 지시에 불응하여 「보호관찰 등에 관한 법률」 또는 「형의 집행 및 수용자의 처우에 관한 법률」에 따른 경고를 받은 후 재차 정당한 사유 없이 이수명령 이행에 관한 지시에 불응한 경우에는 다음 각 호에 따른다.(2024.1.16 본문개정)
1. 벌금형과 병과된 경우는 500만원 이하의 벌금에 처한다.
2. 징역형 이상의 실형(치료감호와 징역형 이상의 실형이 병과된 경우를 포함한다)과 병과된 경우에는 1년 이하의 징역 또는 5백만원 이하의 벌금에 처한다.(2024.1.16 본호개정)

제51조【양벌규정】 법인의 대표자나 법인 또는 개인의 대리인, 사용인, 그 밖의 종업원이 그 법인 또는 개인의 업무에 관하여 제13조 또는 제43조의 위반행위를 하면 그 행위자를 벌하는 외에 그 법인 또는 개인에게도 해당 조문의 벌금형을 과(科)한다. 다만, 법인 또는 개인이 그 위반행위를 방지하기 위하여 해당 업무에 관하여 상당한 주의와 감독을 게을리하지 아니한 경우에는 그러하지 아니하다.

제52조【과태료】 ① 정당한 사유 없이 제43조의2제1항 또는 제2항을 위반하여 신고하지 아니하거나 거짓으로 신고한 경우에는 300만원 이하의 과태료를 부과한다.

② 제1항에 따른 과태료는 대통령령으로 정하는 바에 따라 관할경찰관서의 장이 부과·징수한다.

(2016.12.20 본조신설)

부 칙

제1조【시행일】 이 법은 공포 후 6개월이 경과한 날부터 시행한다. 다만, 제36조부터 제39조까지의 개정규정은 공포 후 1년이 경과한 날부터 시행한다.

제2조【「형법」상 감경규정에 관한 특례에 관한 적용례】 제20조의 개정규정은 이 법 시행 후 최초로 성폭력범죄를 범한 자부터 적용한다.

제3조【공소시효 진행에 관한 적용례】 이 법 시행 전 행하여진 성폭력범죄로 아직 공소시효가 완성되지 아니한 것에 대하여도 제21조의 개정규정을 적용한다.

제4조【공중밀집장소에서 추행한 자 등에 대한 신상정보의 등록·공개 등에 관한 적용례】 ① 이 법 시행 후 제11조부터 제15조(제14조의 미수범만을 말한다)까지의 개정규정의 범죄로 유죄판결이 확정된 자에 대하여는 제42조부터 제50조까지의 개정규정을 적용한다.

② 제42조부터 제50조까지의 개정규정은 종전의 「아동·청소년의 성보호에 관한 법률」(법률 제9765호 청소년의 성보호에 관한 법률 전부개정법률 및 법률 제11047호 아동·청소년의 성보호에 관한 법률 일부개정법률로 개정된 것을 말한다. 이하 같다)에 따라 등록대상자가 된 사람에 대하여도 적용한다.

제5조【신상정보의 제출 의무 등에 관한 적용례】 ① 제43조제1항의 개정규정에 따른 신상정보의 제출 의무는 이 법 시행 후 최초로 등록대상자가 된 사람부터 적용한다.

② 제43조제3항 및 제4항의 개정규정은 이 법 시행 전에 등록대상자가 된 사람(종전의 「아동·청소년의 성보호에 관한 법률」에 따라 등록대상자가 된 사람을 포함한다)에 대하여도 적용한다.

제6조【등록정보의 보존·관리 기간에 관한 적용례】 ① 제45조제1항의 개정규정은 이 법 시행 후 최초로 등록대상자가 된 사람부터 적용한다.

② 제45조제2항의 개정규정에 따른 등록기간의 계산은 이 법 시행 전에 등록대상자가 된 사람(종전의 「아동·청소년의 성보호에 관한 법률」에 따라 등록대상자가 된 사람을 포함한다)에 대하여도 적용한다.

제7조【신상정보의 등록·공개 등에 관한 특례】 ① 제42조부터 제50조까지의 개정규정은 제2조제1항제3호·제4호, 같은 조 제2항(제1항제3호·제4호에 한정한다), 제3조부터 제10조까지 및 제15조에 해당하는 범죄를 저질러 2008년 4월 16일부터 2011년 4월 15일 사이에 유죄판결(벌금형은 제외한다)이 확정된 사람(이하 이 조에서 "특례대상자"라 한다)에 대하여도 적용한다.

② 이 법 시행 후 1년 이내에 검사는 특례대상자에 대하여 제1심판결을 한 법원에 공개명령 및 고지명령을 청구하여야 하고, 법원은 「아동·청소년의 성보호에 관한 법률」 제49조 및 제50조에 따라 결정으로 공개명령 및 고지명령을 선고하여야 한다.

③ 검사는 제2항에 따른 공개명령의 청구를 할 때에는 청구 대상자의 인적사항(성명, 생년월일 및 주소), 청구의 원인이 되는 사실 등을 기재하여야 한다. 이 경우 청구의 서식 등 필요한 사항은 법무부령으로 정한다.
④ 법원은 제2항에 따른 공개명령 또는 고지명령을 선고할 경우에 등록대상자라는 사실과 제43조의 개정규정에 따른 신상정보 제출 의무가 있음을 등록대상자에게 알려주어야 한다.
⑤ 제2항에 따른 공개명령이 확정된 사람은 제42조제1항의 개정규정에 따라 등록대상자가 된다.
⑥ 제2항의 결정에 대한 검사, 공개명령 또는 고지명령을 선고받은 본인, 그 법정대리인의 항고와 재항고에 관하여는 「성폭력범죄자의 성충동 약물치료에 관한 법률」 제22조제5항부터 제11항까지의 규정을 준용한다.
⑦ 법원은 제2항의 결정이 확정된 날부터 14일 이내에 결정의 확정일자와 제4항의 고지사항을 서면으로 결정문 등본에 첨부하여 법무부장관에게 송달하여야 한다.
제8조【장애인에 대한 준강간, 준강제추행죄에 관한 경과조치】 이 법 시행 전에 행하여진 종전의 제6조제4항의 위반 행위에 대하여는 종전의 규정을 적용한다.
제9조【친고죄에 관한 경과조치】 이 법 시행 전에 행하여진 종전의 제10조제1항, 제11조 및 제12조의 죄에 대하여는 종전의 제15조를 적용한다.
제10조【다른 법률의 개정】 ①～⑮ ※(해당 법령에 가제정리 하였음)

부 칙 (2014.12.30)

제1조【시행일】 이 법은 공포 후 6개월이 경과한 날부터 시행한다.
제2조【연락처 제출에 관한 경과조치】 이 법 시행 당시 종전의 규정에 따라 신상정보를 제출한 등록대상자는 이 법 시행 후 6개월 이내에 연락처를 제출하여야 한다.

부 칙 (2016.12.20)

제1조【시행일】 이 법은 공포한 날부터 시행한다. 다만, 제43조의2, 제44조, 제45조의2, 제45조의3 및 제52조의 개정규정은 공포 후 6개월이 경과한 날부터 시행한다.
제2조【강도강간미수범의 공소시효 연장 및 신상정보 등록에 관한 적용례】 ① 이 법 시행 전에 행하여진 제2조제1항제4호의 개정규정에 따라 성폭력범죄가 된 강도강간미수범으로 아직 공소시효가 완성되지 아니한 강도강간미수범에 대하여도 제21조제2항을 적용한다.
② 제2조제1항제4호의 개정규정에 따라 성폭력범죄가 된 강도강간미수범에 대한 신상정보의 등록은 이 법 시행 이후 강도강간미수범으로 유죄판결이 확정되는 경우부터 적용한다.
제3조【신상정보 등록대상 범죄에 관한 적용례】 제42조제1항의 개정규정은 이 법 시행 이후 등록대상 성범죄로 유죄판결이나 약식명령이 확정되는 경우 또는 이 법 시행 이후 「아동·청소년의 성보호에 관한 법률」 제49조제1항제4호에 따라 공개명령이 확정되는 경우부터 적용한다.
제4조【사진정보 갱신주기 및 신상정보 등록면제 등에 관한 적용례】 제43조제4항(제44조제6항에 따라 준용되는 경우를 포함한다), 제45조제5항·제6항, 제45조의2 및 제45조의3의 개정규정은 이 법 시행 전(제45조의2 및 제45조의3의 개정규정은 부칙 제1조 단서에 따른 시행일 전을 말한다)에 등록대상 성범죄로 유죄판결이나 약식명령이 확정되어 등록대상자가 된 사람(종전의 「아동·청소년의 성보호에 관한 법률」에 따라 등록대상자가 된 사람을 포함한다)에 대해서도 적용한다.
제5조【출입국 시 신고의무에 관한 적용례】 제43조의2의 개정규정은 부칙 제1조 단서에 따른 시행일 당시 등록대상자인 사람이 같은 시행일 이후에 출국하거나 입국하는 경우부터 적용한다.
제6조【등록기간에 관한 적용례】 ① 제45조제1항부터 제3항까지의 개정규정은 이 법 시행 전에 등록대상 성범죄로 유죄판결이나 약식명령이 확정되어 등록대상자가 된 사람(종전의 「아동·청소년의 성보호에 관한 법률」에 따라 등록대상자가 된 사람을 포함한다)에 대해서도 적용한다. 다만, 종전의 규정을 적용하는 것이 등록대상자에게 유리한 경우에는 종전의 규정에 따른다.
② 제45조제4항의 개정규정은 이 법 시행 당시 재판이 계속 중인 사건에 대해서도 적용한다.

부 칙 (2019.8.20)

제1조【시행일】 이 법은 공포한 날부터 시행한다.
제2조【공소시효 특례에 관한 적용례】 제21조제3항제2호의 개정규정은 이 법 시행 전에 행하여진 성폭력범죄로서 아직 공소시효가 완성되지 아니한 것에 대하여도 적용한다.

부 칙 (2020.2.4 법16914호)

이 법은 공포한 날부터 시행한다.

부 칙 (2020.2.4 법16923호)

제1조【시행일】 이 법은 공포 후 6개월이 경과한 날부터 시행한다.(이하 생략)

부 칙 (2020.3.24)

이 법은 공포 후 3개월이 경과한 날부터 시행한다.

부 칙 (2020.5.19)

제1조【시행일】 이 법은 공포한 날부터 시행한다. 다만, 법률 제17086호 성폭력범죄의 처벌 등에 관한 특례법 일부개정법률 제14조의2제4항 및 법률 제17086호 성폭력범죄의 처벌 등에 관한 특례법 일부개정법률 제15조의 개정규정은 2020년 6월 25일부터 시행하고, 제21조제3항제1호의 개정규정은 공포 후 6개월이 경과한 날부터 시행한다.
제2조【공소시효 진행에 관한 적용례】 제21조제3항제1호의 개정규정은 이 법 시행 전에 행하여진 성폭력범죄로서 아직 공소시효가 완성되지 아니한 것에 대하여도 적용한다.

부 칙 (2020.10.20)

이 법은 공포 후 3개월이 경과한 날부터 시행한다.

부 칙 (2021.9.24)

제1조【시행일】 이 법은 2022년 7월 1일부터 시행한다.(이하 생략)

부 칙 (2023.7.11)

제1조【시행일】 이 법은 공포 후 3개월이 경과한 날부터 시행한다.
제2조【일반적 적용례】 이 법은 이 법 시행 당시 수사 중이거나 법원에 계속 중인 사건에 대해서도 적용한다. 다만, 이 법 시행 전에 종전의 규정에 따라 행한 행위의 효력에는 영향을 미치지 아니한다.
제3조【19세미만피해자등에 대한 설명의무에 관한 적용례】 제30조제2항의 개정규정은 이 법 시행 이후 조사과정을 영상녹화하는 경우부터 적용한다.

부 칙 (2023.10.24)

제1조【시행일】 이 법은 공포 후 3개월이 경과한 날부터 시행한다.(이하 생략)

부 칙 (2024.1.16)

이 법은 공포한 날부터 시행한다.

성폭력범죄의 처벌 등에 관한 특례법 시행령

(2013년 5월 31일 전부개정대통령령 제24550호)

개정
2013. 6.17영24606호 2015. 1.20영26057호
2015. 6.22영26327호 2017. 6.20영28115호
2020. 8. 5영30908호(전자장치부착등에관한법시)
2024. 1.23영34158호(특정중대범죄피의자등신상정보공개에관한법시)

제1조【목적】 이 영은 「성폭력범죄의 처벌 등에 관한 특례법」에서 위임된 사항과 그 시행에 필요한 사항을 규정함을 목적으로 한다.
제1조의2【성적 목적을 위한 공공장소 침입행위】 「성폭력범죄의 처벌 등에 관한 특례법」(이하 "법"이라 한다) 제12조에서 "「공중화장실 등에 관한 법률」 제2조제1호부터 제5호까지에 따른 공중화장실 등 및 「공중위생관리법」 제2조제1항제3호에 따른 목욕장업의 목욕장 등 대통령령으로 정하는 공공장소"란 다음 각 호의 어느 하나에 해당하는 장소를 말한다.
1. 「공중화장실 등에 관한 법률」 제2조제1호부터 제5호까지의 규정에 따른 공중화장실, 개방화장실, 이동화장실, 간이화장실 또는 유료화장실
2. 「공중위생관리법」 제2조제1항제3호에 따른 목욕장업의 목욕장
3. 「모자보건법」 제10조의3에 따른 모유수유시설로서 임산부가 영유아에게 모유를 먹일 수 있도록 설치된 장소
4. 다음 각 목의 어느 하나에 해당하는 시설에 설치된 탈의실 또는 목욕실
가. 「체육시설의 설치·이용에 관한 법률」 제2조제1호에 따른 체육시설
나. 「유통산업발전법」 제2조제3호에 따른 대규모점포
(2013.6.17 본조신설)
제2조【성폭력범죄자의 재범 예방을 위한 시책 마련】 법무부장관은 법 제16조제2항에 따른 수강명령과 성폭력 치료프로그램의 이수명령의 실시에 필요한 프로그램의 개발 및 관련 전문인력의 양성 등 성폭력범죄자의 재범 예방을 위한 시책을 마련하여야 한다.(2013.6.17 본조개정)
제3조【신상정보의 제출 내용 등】 ① 법 제42조제1항에 따른 신상정보 등록대상자(이하 "등록대상자"라 한다)가 법 제43조제1항에 따라 제출하여야 하는 신상정보(이하 "기본신상정보"라 한다)의 세부 내용은 다음 각 호와 같다.(2017.6.20 본문개정)
1. 성명 : 한글과 한자(한자 성명이 있는 경우만 해당한다)로 표기하되, 외국인인 경우 한글과 영문으로 표기한다.
2. 주민등록번호. 다만, 외국인 및 「재외동포의 출입국과 법적 지위에 관한 법률」 제2조제1호에 따른 재외국민(주민등록을 하지 아니한 경우만 해당하며, 이하 "재외국민"이라 한다)과 같은 조 제2호에 따른 외국국적동포(이하 "외국국적동포"라 한다)에 대해서는 다음 각 목의 구분에 따라 표기한다.
가. 외국인의 경우 : 국적·여권번호 및 외국인등록번호(외국인등록번호가 없는 경우에는 생년월일)
나. 재외국민의 경우 : 여권번호 및 생년월일
다. 외국국적동포의 경우 : 국적·여권번호 및 같은 법 제7조제1항에 따라 부여된 국내거소신고번호(국내거소신고번호가 없는 경우에는 생년월일)
(2015.1.20 본호개정)
3. 주소 및 실제거주지 : 다음 각 목의 구분에 따라 표기한다.
가. 내국인의 경우 : 「주민등록법」에 따라 신고한 주소와 실제거주지 주소
나. 외국인의 경우 : 「출입국관리법」 제32조에 따라 등록한 국내 체류지와 실제거주지 주소
다. 외국국적동포의 경우 : 「재외동포의 출입국과 법적 지위에 관한 법률」 제6조에 따라 신고한 국내 거소와 실제거주지 주소(2015.1.20 본목개정)
4. 직업 및 직장 등의 소재지 : 직업, 직장명, 직장 소재지의 주소를 표기한다.
5. 연락처 : 다음 각 목과 같이 구분하여 표기한다.
가. 전화번호 : 주거지 전화번호, 휴대전화 번호 또는 그 밖에 연락할 수 있는 전화번호
나. 전자우편주소
(2015.6.22 본호신설)
6. 신체정보(키와 몸무게) : 키는 센티미터로, 몸무게는 킬로그램으로 각각 표기한다.
7. 소유차량의 등록번호 : 본인 명의로 등록된 모든 차량의 등록번호를 표기한다.
② 기본신상정보 및 법 제43조제3항에 따른 변경정보(이하 "변경정보"라 한다)는 등록대상자가 자신의 주소지 또는 거주지를 관할하는 경찰관서의 장(이하 "관할경찰관서의 장"이라 한다)에게 직접 방문하여 제출하여야 한다. 다만, 등록대상자가 교정시설 또는 치료감호시설(이하 "교정시설등"이라 한다)에 수용된 경우에는 그 교정시설의 장 또는 치료감호시설의 장(이하 "교정시설등의 장"이라 한다)에게 제출하여야 한다.(2017.6.20 본문개정)

③ 관할경찰관서의 장 또는 교정시설등의 장은 기본신상정보와 변경정보를 받으면 다음 각 호의 관련 서류를 확인하는 방법으로 그 진위를 확인하여야 한다.
(2017.6.20 본문개정)
1. 주민등록증(재외국민의 경우에는 여권을 말한다)·운전면허증 또는 학생증(2015.1.20 본호개정)
2. 여권 및 외국인등록증(외국인만 해당한다)
3. 여권 및 「재외동포의 출입국과 법적 지위에 관한 법률」 제7조에 따른 국내거소신고증 또는 국내거소신고 사실증명(외국국적동포인 경우만 해당한다)(2015.1.20 본호개정)
4. 재직증명서
④ 관할경찰관서의 장 또는 교정시설등의 장은 제2항에 따라 기본신상정보와 변경정보를 받으면 기재사항 중 빠진 것이 없는지를 확인한 후 제출 일시를 적은 확인서를 지체 없이 등록대상자에게 발급하여야 한다. 이 경우 다음 각 호의 사항이 기재된 안내문을 함께 교부하여야 한다.
(2017.6.20 본문개정)
1. 법 제43조에 따른 신상정보의 제출 의무에 관한 사항
2. 법 제43조의2에 따른 출입국 시 신고의무 등에 관한 사항
3. 법 제44조제2항에 따른 등록정보의 열람 및 통지에 관한 사항
4. 법 제45조의2에 따른 신상정보 등록의 면제에 관한 사항
5. 법 제45조의3제3항에 따른 등록정보 폐기 사실의 열람 및 통지에 관한 사항
(2017.6.20 1호~5호신설)
⑤ 관할경찰관서의 장 또는 교정시설등의 장은 법 제43조제2항 또는 제4항에 따라 등록대상자의 사진을 촬영할 때에는 선명한 화질을 얻도록 충분히 조명을 밝힌 상태에서 600만 화소 이상의 해상도를 가진 카메라로 촬영하고, 등록대상자의 정면·좌측·우측 상반신 및 전신 컬러사진을 각각 구분하여 전자기록으로 저장·보관하여야 한다. 이 경우 전자기록의 파일명을 등록대상자의 성명과 생년월일로 하여야 한다.
⑥ 교정시설등의 장은 법 제43조제4항 단서에 따라 촬영한 등록대상자 사진의 전자기록과 다음 각 호의 사항을 기재한 서면을 등록대상자가 출소되기 2개월 전까지 법무부장관에게 송달하여야 한다. 다만, 등록대상자가 가석방, 가종료 또는 가출소되는 경우에는 출소 5일 전까지 법무부장관에게 송달하여야 한다.
1. 등록대상자의 출소 예정일
2. 등록대상자의 출소 후 거주지
3. 등록대상자의 출소 사유
⑦ 기본신상정보와 변경정보에 관한 제출 서식 및 신상정보 제출 확인서 등에 관하여 필요한 사항은 법무부령으로 정한다.(2017.6.20 본항개정)

제4조【신상정보의 송달】 법 제43조제5항에 따른 기본신상정보 및 변경정보의 송달은 등기우편으로 하고, 전자기록의 송달은 행정기관의 정보통신망 등을 이용하여 한다.(2017.6.20 본조개정)

제4조의2【출입국 시 신고 등】 ① 법 제43조의2제1항에 따라 등록대상자는 6개월 이상 국외에 체류하기 위하여 출국하는 경우 출국하기 전까지 관할경찰관서의 장에게 법무부령으로 정하는 출국신고서를 제출하여야 한다.
② 제1항에 따라 출국신고서를 제출한 등록대상자는 사정변경 등으로 출국을 하지 아니하거나 출국 후 입국 예정일까지 입국을 할 수 없게 된 경우에는 지체없이 관할경찰관서의 장에게 알려야 한다.
③ 등록대상자는 법 제43조의2제2항에 따라 입국한 날부터 14일 이내에 관할경찰관서의 장에게 법무부령으로 정하는 입국신고서를 제출하여야 한다. 다만, 그 기간 내에 입국신고서를 제출할 수 없는 특별한 사정이 있는 경우에는 그 사유가 소멸한 날부터 7일 이내에 소명자료를 첨부하여 입국신고서를 제출하여야 한다.
④ 법 제43조의2제3항에 따라 관할경찰관서의 장은 제1항에 따른 출국신고서 및 제3항에 따른 입국신고서 등 등록대상자의 출입국에 관한 정보를 등기우편으로 법무부장관에게 송달하여야 한다.
(2017.6.20 본조신설)

제5조【신상정보의 등록 등】 ① 법무부장관은 법 제43조제5항·제6항 및 법 제43조의2제3항에 따라 관할경찰관서의 장 또는 교정시설등의 장으로부터 송달받은 정보와 법 제44조제4항 전단에 따라 관계 행정기관의 장으로부터 조회된 내용을 확인한 후 성범죄자 등록정보 원부(이하 "등록정보원부"라 한다)에 등록하여야 한다.
(2017.6.20 본항개정)
② 법 제44조제1항 각 호의 등록대상자 정보의 세부 내용은 다음 각 호와 같다.
1. 등록대상 성범죄 경력정보 : 다음 각 목의 사항
가. 등록대상 사건의 판결일자
나. 판결법원
다. 사건번호
라. 죄명
마. 선고 형량 및 범죄사실의 요지
2. 성범죄 전과사실(죄명, 횟수) : 다음 각 목의 사항
가. 등록대상 사건의 확정 판결일 이전에 유죄판결이 확정된 성범죄의 죄명
나. 등록대상 사건의 확정 판결일 이전에 성범죄로 유죄판결이 확정된 횟수
3. 「전자장치 부착 등에 관한 법률」에 따른 전자장치 부착 여부 : 전자장치 부착 여부 및 부착 기간(부착기간은 부착명령을 받은 경우에 한정한다)(2020.8.5 본호개정)
③ 등록정보원부의 서식과 작성 방식 등에 관한 구체적인 사항은 법무부령으로 정한다.

제5조의2【등록정보의 열람 방법 등】 ① 법 제44조제1항 또는 제4항 전단에 따라 등록한 정보(이하 "등록정보"라 한다)의 열람은 등록대상자가 「형사사법절차 전자화 촉진법」 제2조제6호에 따른 형사사법포털(이하 이 조에서 "형사사법포털"이라 한다)에 접속하여 열람하는 방법으로 한다.
② 제1항에 따른 등록정보의 열람은 등록대상자 본인 외에는 할 수 없다.
③ 형사사법포털의 접속절차·방법 등 그 밖에 등록정보의 열람에 필요한 사항은 법무부장관이 정한다.
(2017.6.20 본조신설)

제5조의3【등록정보의 통지 방법 및 절차】 ① 등록대상자는 법 제44조제2항 단서에 따라 등록정보의 통지를 신청하거나 그 신청을 철회하려는 경우에는 법무부령으로 정하는 신청서를 직접 방문하거나 등기우편으로 법무부장관에게 제출하여야 한다.
② 법무부장관은 법 제44조제2항 단서 또는 같은 조 제4항 후단에 따라 등록정보를 통지하여야 하는 경우에는 등기우편으로 그 내용을 통지하여야 한다.
(2017.6.20 본조신설)

제6조【등록정보의 관리】 ① 법무부장관은 법 제45조제7항 및 제8항에 따라 등록정보의 진위와 변경 여부를 확인하기 위하여 필요한 경우 성범죄자 등록정보를 관할경찰관서의 장에게 제공할 수 있다.
② 법 제45조제7항에 따른 직접 대면 등의 방법은 등록대상자를 경찰관서에 출석시키는 방법을 포함한다.
③ 법 제45조제7항 및 제8항에 따라 관할경찰관서의 장으로부터 등록정보의 진위와 변경 여부 확인 결과를 송부받은 법무부장관은 그 내용을 확인한 후 변경된 정보를 등록정보원부에 등록하여야 한다.
(2017.6.20 본조개정)

제6조의2【신상정보 등록의 면제 신청 등】 ① 법 제45조의2제2항에 따른 신상정보 등록의 면제를 신청하려는 등록대상자(이하 "면제 신청인"이라 한다)는 법무부령으로 정하는 신청서를 직접 방문하거나 등기우편으로 법무부장관에게 제출하여야 한다.
② 제1항에 따른 면제 신청인으로부터 신상정보 등록의 면제 신청을 받은 법무부장관은 법 제45조의2제2항 각 호의 기간 경과 여부와 법 제45조의2제3항 각 호에 따른 면제 요건 충족 여부를 확인한 후 등록의 면제신청을 받은 날부터 20일 이내에 신상정보 등록의 면제 여부를 결정하여야 한다. 이 경우 법 제45조의2제2항 각 호의 기간 경과 여부는 등록면제 신청일을 기준으로 하고, 법 제45조의2제3항 각 호에 따른 면제 요건 충족 여부는 등록면제 결정일을 기준으로 한다.
③ 법무부장관은 면제 신청인이 등록의 면제 여부의 결과를 정보통신망을 이용하여 열람할 수 있도록 하여야 한다. 다만, 면제 신청인이 요청하는 경우에는 등기우편으로 통지하여야 한다.
④ 제3항에 따른 등록면제 신청 결과의 열람 방법 등에 관하여는 제5조의2를 준용한다.
(2017.6.20 본조신설)

제6조의3【등록정보 폐기 사실의 열람 방법 등】 ① 법 제45조의3제3항 본문에 따른 등록정보 폐기 사실의 열람 방법 등에 관하여는 제5조의2를 준용한다.
② 법 제45조의3제3항 본문에 따라 등록정보 폐기 사실을 열람할 수 있는 기간은 법 제45조의3제1항에 따라 등록이 종료된 때부터 1년으로 한다.
(2017.6.20 본조신설)

제6조의4【등록정보 폐기 사실의 통지 방법 및 절차】
① 등록대상자는 법 제45조의3제3항 단서에 따라 등록정보 폐기사실의 통지를 신청하거나 그 신청을 철회하려는 경우 법무부령으로 정하는 신청서를 직접 방문하거나 등기우편으로 법무부장관에게 제출하여야 한다.
② 법무부장관은 제1항에 따라 등록정보 폐기 사실의 통지 신청을 받은 경우 등기우편으로 그 내용을 통지하여야 한다.
③ 법무부장관은 법 제44조제4항 전단에 따라 등록된 신상정보가 법 제45조의3제2항에 따라 폐기된 경우에는 등기우편으로 해당 등록대상자에게 그 사실을 통지하여야 한다.
(2017.6.20 본조신설)

제7조【등록정보의 활용 등】 ① 법무부장관은 법 제46조제1항에 따른 등록정보의 배포를 갈음하여 검사나 각급 경찰관서의 장에게 법무부장관이 운영하는 정보통신망에 접속하여 등록정보를 조회하거나 출력하게 할 수 있다.
② 제1항에 따라 출력된 등록정보는 그 활용 목적을 다하거나 법 제45조의3제1항에 따라 신상정보의 등록이 종료되면 즉시 폐기하여야 한다.(2017.6.20 본항개정)

제8조【등록정보의 송부】 ① 법무부장관은 법 제47조제3항과 제49조제3항에 따라 등록정보의 공개와 고지에 필요한 정보(제6조제3항에 따라 등록정보원부에 등록한 변경된 정보를 포함한다)를 등록정보원부에 등록한 후 지체 없이 여성가족부장관에게 송부하여야 한다.
② 제1항에 따른 정보의 송부는 행정기관의 정보통신망 등을 이용하여 한다.

제9조【민감정보 및 고유식별정보의 처리】 ① 법무부장관, 검사 또는 사법경찰관은 다음 각 호의 사무를 수행하기 위하여 불가피한 경우 「개인정보 보호법」 제23조에 따른 건강에 관한 정보, 같은 법 시행령 제18조제2호에 따른 범죄경력자료에 해당하는 정보 및 같은 영 제19조에 따른 주민등록번호, 여권번호, 운전면허의 면허번호 또는 외국인등록번호가 포함된 자료를 처리할 수 있다.
1. 법 제27조제6항에 따른 국선변호사의 선정 등에 관한 사무
2. 법 제35조 및 제36조에 따른 진술조력인의 자격·양성·교육 등에 관한 사무
3. 제1호 또는 제2호에 따른 사무를 수행하기 위하여 필요한 사무
② 법무부장관, 여성가족부장관, 검사, 관할경찰관서의 장, 각급 경찰관서의 장, 교정시설등의 장, 관계 행정기관의 장 또는 사법경찰관은 다음 각 호의 사무를 수행하기 위하여 불가피한 경우 「개인정보 보호법」 제23조에 따른 건강 및 성생활에 관한 정보, 같은 법 시행령 제18조제1호 및 제2호에 따른 유전정보 및 범죄경력자료에 해당하는 정보 및 같은 영 제19조에 따른 주민등록번호, 여권번호, 운전면허의 면허번호 또는 외국인등록번호가 포함된 자료를 처리할 수 있다.
1. (2024.1.23 삭제)
2. 법 제43조의2에 따른 출입국 시 신고의무 등에 관한 사무
3. 법 제44조에 따른 등록대상자의 신상정보 등록 등에 관한 사무
4. 법 제45조에 따른 등록정보의 관리에 관한 사무
5. 법 제45조의2에 따른 신상정보 등록의 면제에 관한 사무
6. 법 제45조의3에 따른 신상정보 등록의 종료에 관한 사무
7. 법 제46조에 따른 등록정보의 활용 등에 관한 사무
8. 법 제47조에 따른 등록정보의 공개에 관한 사무
9. 법 제49조에 따른 등록정보의 고지에 관한 사무
10. 제1호부터 제9호까지의 규정에 따른 사무를 수행하기 위하여 필요한 사무
(2017.6.20 2호~10호개정)
③ 법 제27조제6항에 따른 국선변호사 또는 법 제35조에 따른 진술조력인은 다음 각 호의 업무를 수행하기 위하여 불가피한 경우 제2항에 따른 개인정보가 포함된 자료를 처리할 수 있다.
1. 법 제27조제6항에 따른 국선변호사가 수행하는 성폭력범죄의 피해자에 대한 법률적 조력 업무
2. 법 제35조에 따른 진술조력인이 수행하는 성폭력범죄의 피해자에 대한 의사소통 중개나 보조 업무
3. 제1호 또는 제2호에 따른 업무를 수행하기 위하여 필요한 업무

제10조【과태료의 부과기준】 법 제52조제2항에 따른 과태료 부과 기준은 별표와 같다.(2017.6.20 본조신설)

부　칙

제1조【시행일】 이 영은 2013년 6월 19일부터 시행한다.
제2조【신상정보의 등록·공개 등에 관한 특례대상자에 대한 공개명령 등의 청구 사실의 통보에 관한 특례】 검사는 법률 제11556호 성폭력범죄의 처벌 등에 관한 특례법 전부개정법률 부칙 제7조제2항에 따라 특례대상자에 대하여 공개명령 및 고지명령을 청구한 경우에는 청구대상자에게 지체 없이 서면으로 청구사실을 알려주어야 한다.
제3조【다른 법령의 개정】 ※(해당 법령에 가제정리 하였음)

부　칙 (2017.6.20)

이 영은 2017년 6월 21일부터 시행한다.

부　칙 (2020.8.5)

제1조【시행일】 이 영은 2020년 8월 5일부터 시행한다.
(이하 생략)

부　칙 (2024.1.23)

제1조【시행일】 이 영은 2024년 1월 25일부터 시행한다.
(이하 생략)

〔별표〕➡「法典 別册」참조

아동학대범죄의 처벌 등에 관한 특례법(약칭 : 아동학대처벌법)

(2014년 1월 28일 법 률 제12341호)

개정
2015. 7.24법13426호(제주자치법)
2016. 1. 6법13719호(형법)
2016. 5.29법14172호
2016. 5.29법14224호(정신건강증진및정신질환자복지서비스지원에관한법)
2017.12.19법15255호
2019. 1.15법16248호(아동)
2020. 3.24법17087호
2021. 1.26법17906호
2021. 3.16법17932호
2022.12.27법19101호
2023. 7.18법19555호(국내입양에관한특별법)→2025년 7월 19일 시행이므로 「法典 別冊」 보유편 수록
2023.12.26법19832호

제1장 총 칙

제1조【목적】 이 법은 아동학대범죄의 처벌 및 그 절차에 관한 특례와 피해아동에 대한 보호절차 및 아동학대행위자에 대한 보호처분을 규정함으로써 아동을 보호하여 아동이 건강한 사회 구성원으로 성장하도록 함을 목적으로 한다.

제2조【정의】 이 법에서 사용하는 용어의 뜻은 다음과 같다.
1. "아동"이란 「아동복지법」 제3조제1호에 따른 아동을 말한다.
2. "보호자"란 「아동복지법」 제3조제3호에 따른 보호자를 말한다.
3. "아동학대"란 「아동복지법」 제3조제7호에 따른 아동학대를 말한다. 다만, 「유아교육법」과 「초·중등교육법」에 따른 교원의 정당한 교육활동과 학생생활지도는 아동학대로 보지 아니한다.(2023.12.26 단서신설)
4. "아동학대범죄"란 보호자에 의한 아동학대로서 다음 각 목의 어느 하나에 해당하는 죄를 말한다.
가. 「형법」 제2편제25장 상해와 폭행의 죄 중 제257조(상해)제1항·제3항, 제258조의2(특수상해)제1항(제257조제1항의 죄에만 해당한다)·제3항(제1항 중 제257조제1항의 죄에만 해당한다), 제260조(폭행)제1항, 제261조(특수폭행) 및 제262조(폭행치사상)(상해에 이르게 한 때에만 해당한다)의 죄(2016.1.6 본목개정)
나. 「형법」 제2편제28장 유기와 학대의 죄 중 제271조(유기)제1항, 제272조(영아유기), 제273조(학대)제1항, 제274조(아동혹사) 및 제275조(유기등 치사상)(상해에 이르게 한 때에만 해당한다)의 죄
다. 「형법」 제2편제29장 체포와 감금의 죄 중 제276조(체포, 감금)제1항, 제277조(중체포, 중감금)제1항, 제278조(특수체포, 특수감금), 제280조(미수범) 및 제281조(체포·감금등의 치사상)(상해에 이르게 한 때에만 해당한다)의 죄
라. 「형법」 제2편제30장 협박의 죄 중 제283조(협박)제1항, 제284조(특수협박) 및 제286조(미수범)의 죄
마. 「형법」 제2편제31장 약취, 유인 및 인신매매의 죄 중 제287조(미성년자 약취, 유인), 제288조(추행 등 목적 약취, 유인 등), 제289조(인신매매) 및 제290조(약취, 유인, 매매, 이송 등 상해·치상)의 죄
바. 「형법」 제2편제32장 강간과 추행의 죄 중 제297조(강간), 제297조의2(유사강간), 제298조(강제추행), 제299조(준강간, 준강제추행), 제300조(미수범), 제301조(강간등 상해·치상), 제301조의2(강간등 살인·치사), 제302조(미성년자등에 대한 간음), 제303조(업무상위력 등에 의한 간음) 및 제305조(미성년자에 대한 간음, 추행)의 죄
사. 「형법」 제2편제33장 명예에 관한 죄 중 제307조(명예훼손), 제309조(출판물등에 의한 명예훼손) 및 제311조(모욕)의 죄
아. 「형법」 제2편제36장 주거침입의 죄 중 제321조(주거·신체 수색)의 죄
자. 「형법」 제2편제37장 권리행사를 방해하는 죄 중 제324조(강요) 및 제324조의5(미수범)(제324조의 죄에만 해당한다)의 죄
차. 「형법」 제2편제39장 사기와 공갈의 죄 중 제350조(공갈), 제350조의2(특수공갈) 및 제352조(미수범)(제350조, 제350조의2의 죄에만 해당한다)의 죄(2016.1.6 본목개정)
카. 「형법」 제2편제42장 손괴의 죄 중 제366조(재물손괴등)의 죄
타. 「아동복지법」 제71조제1항 각 호의 죄(제3호의 죄는 제외한다)
파. 가목부터 타목까지의 죄로서 다른 법률에 따라 가중처벌되는 죄
하. 제4조(아동학대살해·치사), 제5조(아동학대중상해) 및 제6조(상습범)의 죄(2021.3.16 본호개정)

4의2. "아동학대범죄신고등"이란 아동학대범죄에 관한 신고·진정·고소·고발 등 수사 단서의 제공, 진술 또는 증언이나 그 밖의 자료제출행위 및 범인검거를 위한 제보 또는 검거활동을 말한다.(2016.5.29 본호신설)
4의3. "아동학대범죄신고자등"이란 아동학대범죄신고등을 한 자를 말한다.(2016.5.29 본호신설)
5. "아동학대행위자"란 아동학대범죄를 범한 사람 및 그 공범을 말한다.
6. "피해아동"이란 아동학대범죄로 인하여 직접적으로 피해를 입은 아동을 말한다.
7. "아동보호사건"이란 아동학대범죄로 인하여 제36조제1항에 따른 보호처분(이하 "보호처분"이라 한다)의 대상이 되는 사건을 말한다.
8. "피해아동보호명령사건"이란 아동학대범죄로 인하여 제47조에 따른 피해아동보호명령의 대상이 되는 사건을 말한다.
9. "아동보호전문기관"이란 「아동복지법」 제45조에 따른 아동보호전문기관을 말한다.(2016.5.29 본호개정)
9의2. "가정위탁지원센터"란 「아동복지법」 제48조에 따른 가정위탁지원센터를 말한다.(2016.5.29 본호신설)
10. "아동복지시설"이란 「아동복지법」 제50조에 따라 설치된 시설을 말한다.
11. "아동복지시설의 종사자"란 아동복지시설에서 아동의 상담·지도·치료·양육, 그 밖에 아동의 복지에 관한 업무를 담당하는 사람을 말한다.

제3조【다른 법률과의 관계】 아동학대범죄에 대하여는 이 법을 우선 적용한다. 다만, 「성폭력범죄의 처벌 등에 관한 특례법」, 「아동·청소년의 성보호에 관한 법률」에서 가중처벌되는 경우에는 그 법에서 정한 바에 따른다.

제2장 아동학대범죄의 처벌에 관한 특례

제4조【아동학대살해·치사】 ① 제2조제4호가목부터 다목까지의 아동학대범죄를 범한 사람이 아동을 살해한 때에는 사형, 무기 또는 7년 이상의 징역에 처한다.
② 제2조제4호가목부터 다목까지의 아동학대범죄를 범한 사람이 아동을 사망에 이르게 한 때에는 무기 또는 5년 이상의 징역에 처한다.
(2021.3.16 본조개정)

제5조【아동학대중상해】 제2조제4호가목부터 다목까지의 아동학대범죄를 범한 사람이 아동의 생명에 대한 위험을 발생하게 하거나 불구 또는 난치의 질병에 이르게 한 때에는 3년 이상의 징역에 처한다.

제6조【상습범】 상습적으로 제2조제4호가목부터 파목까지의 아동학대범죄를 범한 자는 그 죄에 정한 형의 2분의 1까지 가중한다. 다만, 다른 법률에 따라 상습범으로 가중처벌되는 경우에는 그러하지 아니하다.

제7조【아동복지시설의 종사자 등에 대한 가중처벌】 제10조제2항 각 호에 따른 아동학대 신고의무자가 보호하는 아동에 대하여 아동학대범죄를 범한 때에는 그 죄에 정한 형의 2분의 1까지 가중한다.

제8조【형벌과 수강명령 등의 병과】 ① 법원은 아동학대행위자에 대하여 유죄판결(선고유예는 제외한다)을 선고하면서 200시간의 범위에서 재범예방에 필요한 수강명령(「보호관찰 등에 관한 법률」에 따른 수강명령을 말한다. 이하 같다) 또는 아동학대 치료프로그램의 이수명령(이하 "이수명령"이라 한다)을 병과할 수 있다.
② 아동학대행위자에 대하여 제1항의 수강명령은 형의 집행을 유예할 경우에 그 집행유예기간 내에서 병과하고, 이수명령은 벌금형 또는 징역형의 실형(實刑)을 선고할 경우에 병과한다.
③ 법원이 아동학대행위자에 대하여 형의 집행을 유예하는 경우에는 제1항에 따른 수강명령 외에 그 집행유예기간 내에서 보호관찰 또는 사회봉사 중 하나 이상의 처분을 병과할 수 있다.
④ 제1항에 따른 수강명령 또는 이수명령은 형의 집행을 유예할 경우에는 그 집행유예기간 내에, 벌금형을 선고할 경우에는 형 확정일로부터 6개월 이내에, 징역형의 실형을 선고할 경우에는 형기 내에 각각 집행한다.
⑤ 제1항에 따른 수강명령 또는 이수명령이 벌금형 또는 형의 집행유예와 병과된 경우에는 보호관찰소의 장이 집행하고, 징역형의 실형과 병과된 경우에는 교정시설의 장이 집행한다. 다만, 징역형의 실형과 병과된 이수명령을 모두 이행하기 전에 석방 또는 가석방되거나 미결구금일수 산입 등의 사유로 형을 집행할 수 없게 된 경우에는 보호관찰소의 장이 남은 이수명령을 집행한다.
⑥ 제1항에 따른 수강명령 또는 이수명령은 다음 각 호의 내용으로 한다.
1. 아동학대 행동의 진단·상담
2. 보호자로서의 기본 소양을 갖추게 하기 위한 교육
3. 그 밖에 아동학대행위자의 재범예방을 위하여 필요한 사항
⑦ 형벌과 병과하는 보호관찰, 사회봉사, 수강명령 및 이수명령에 관하여 이 법에서 규정한 사항 외에는 「보호관찰 등에 관한 법률」을 준용한다.

제9조【친권상실청구 등】 ① 아동학대행위자가 제5조 또는 제6조의 범죄를 저지른 때에는 검사는 그 사건의 아동학대행위자가 피해아동의 친권자나 후견인인 경우에 법원에 「민법」 제924조의 친권상실의 선고 또는 같은 법 제940조의 후견인의 변경 심판을 청구하여야 한다. 다만, 친권상실의 선고 또는 후견인의 변경 심판을 하여서는 아니 될 특별한 사정이 있는 경우에는 그러하지 아니하다.
② 검사가 제1항에 따른 청구를 하지 아니한 때에는 특별시장·광역시장·특별자치시장·도지사·특별자치도지사(이하 "시·도지사"라 한다) 또는 시장·군수·구청장(자치구의 구청장을 말한다. 이하 같다)은 검사에게 제1항의 청구를 하도록 요청할 수 있다. 이 경우 청구를 요청받은 검사는 요청받은 날부터 30일 내에 그 처리 결과를 시·도지사 또는 시장·군수·구청장에게 통보하여야 한다.(2020.3.24 본항개정)
③ 제2항 후단에 따라 처리 결과를 통보받은 시·도지사 또는 시장·군수·구청장은 그 처리 결과에 대하여 이의가 있을 경우 통보받은 날부터 30일 내에 직접 법원에 제1항의 청구를 할 수 있다.(2020.3.24 본항개정)

제3장 아동학대범죄의 처리절차에 관한 특례

제10조【아동학대범죄 신고의무와 절차】 ① 누구든지 아동학대범죄를 알게 된 경우나 그 의심이 있는 경우에는 특별시·광역시·특별자치시·도·특별자치도(이하 "시·도"라 한다), 시·군·구(자치구를 말한다. 이하 같다) 또는 수사기관에 신고할 수 있다.(2020.3.24 본항개정)
② 다음 각 호의 어느 하나에 해당하는 사람이 직무를 수행하면서 아동학대범죄를 알게 된 경우나 그 의심이 있는 경우에는 시·도, 시·군·구 또는 수사기관에 즉시 신고하여야 한다.(2020.3.24 본문개정)
1. 「아동복지법」 제10조의2에 따른 아동권리보장원(이하 "아동권리보장원"이라 한다) 및 가정위탁지원센터의 장과 그 종사자(2019.1.15 본호개정)
2. 아동복지시설의 장과 그 종사자(아동보호전문기관의 장과 그 종사자는 제외한다)(2016.5.29 본호개정)
3. 「아동복지법」 제13조에 따른 아동복지전담공무원
4. 「가정폭력방지 및 피해자보호 등에 관한 법률」 제5조에 따른 가정폭력 관련 상담소 및 같은 법 제7조의2에 따른 가정폭력피해자 보호시설의 장과 그 종사자
5. 「건강가정기본법」 제35조에 따른 건강가정지원센터의 장과 그 종사자
6. 「다문화가족지원법」 제12조에 따른 다문화가족지원센터의 장과 그 종사자
7. 「사회보장급여의 이용·제공 및 수급권자 발굴에 관한 법률」 제43조에 따른 사회복지전담공무원 및 「사회복지사업법」 제34조에 따른 사회복지시설의 장과 그 종사자(2020.3.24 본호개정)
8. 「성매매방지 및 피해자보호 등에 관한 법률」 제9조에 따른 지원시설 및 같은 법 제17조에 따른 성매매피해상담소의 장과 그 종사자(2020.3.24 본호개정)
9. 「성폭력방지 및 피해자보호 등에 관한 법률」 제10조에 따른 성폭력피해상담소, 같은 법 제12조에 따른 성폭력피해자보호시설의 장과 그 종사자 및 같은 법 제18조에 따른 성폭력피해자통합지원센터의 장과 그 종사자(2016.5.29 본호개정)
10. 「119구조·구급에 관한 법률」 제2조제4호에 따른 119구급대의 대원(2020.3.24 본호개정)
11. 「응급의료에 관한 법률」 제2조제7호에 따른 응급의료기관등에 종사하는 응급구조사(2016.5.29 본호개정)
12. 「영유아보육법」 제7조에 따른 육아종합지원센터의 장과 그 종사자 및 제10조에 따른 어린이집의 원장 등 보육교직원(2016.5.29 본호개정)
13. 「유아교육법」 제2조제2호에 따른 유치원의 장과 그 종사자(2020.3.24 본호개정)
14. 아동보호전문기관의 장과 그 종사자(2020.3.24 본호신설)
15. 「의료법」 제3조제1항에 따른 의료기관의 장과 그 의료기관에 종사하는 의료인 및 의료기사(2016.5.29 본호개정)
16. 「장애인복지법」 제58조에 따른 장애인복지시설의 장과 그 종사자로서 시설에서 장애아동에 대한 상담·치료·훈련 또는 요양 업무를 수행하는 사람
17. 「정신건강증진 및 정신질환자 복지서비스 지원에 관한 법률」 제3조제3호에 따른 정신건강복지센터, 같은 조 제5호에 따른 정신의료기관, 같은 조 제6호에 따른 정신요양시설 및 같은 조 제7호에 따른 정신재활시설의 장과 그 종사자(2016.5.29 본호개정)
18. 「청소년기본법」 제3조제6호에 따른 청소년시설 및 같은 조 제8호에 따른 청소년단체의 장과 그 종사자
19. 「청소년 보호법」 제35조에 따른 청소년 보호·재활센터의 장과 그 종사자
20. 「초·중등교육법」 제2조에 따른 학교의 장과 그 종사자(2020.3.24 본호개정)
21. 「한부모가족지원법」 제19조에 따른 한부모가족복지시설의 장과 그 종사자
22. 「학원의 설립·운영 및 과외교습에 관한 법률」 제6조에 따른 학원의 운영자·강사·직원 및 같은 법 제14조에 따른 교습소의 교습자·직원
23. 「아이돌봄 지원법」 제2조제4호에 따른 아이돌보미
24. 「아동복지법」 제37조에 따른 취약계층 아동에 대한 통합서비스지원 수행인력
25. 「입양특례법」 제20조에 따른 입양기관의 장과 그 종사자(2016.5.29 본호신설)

26. 「영유아보육법」 제8조에 따른 한국보육진흥원의 장과 그 종사자로서 같은 법 제30조에 따른 어린이집 평가 업무를 수행하는 사람(2022.12.27 본호신설)
③ 누구든지 제1항 및 제2항에 따른 신고인의 인적 사항 또는 신고인임을 미루어 알 수 있는 사실을 다른 사람에게 알려주거나 공개 또는 보도하여서는 아니 된다.
④ 제2항에 따른 신고가 있는 경우 시·도, 시·군·구 또는 수사기관은 정당한 사유가 없으면 즉시 조사 또는 수사에 착수하여야 한다.(2021.1.26 본항신설)
제10조의2【불이익조치의 금지】 누구든지 아동학대범죄신고자등에게 아동학대범죄신고등을 이유로 불이익조치를 하여서는 아니 된다.(2016.5.29 본조신설)
제10조의3【아동학대범죄신고자등에 대한 보호조치】 아동학대범죄신고자등에 대하여는 「특정범죄신고자 등 보호법」 제7조부터 제13조까지의 규정을 준용한다.
(2016.5.29 본조신설)
제10조의4【고소에 대한 특례】 ① 피해아동 또는 그 법정대리인은 아동학대행위자를 고소할 수 있다. 피해아동의 법정대리인이 아동학대행위자인 경우 또는 아동학대행위자와 공동으로 아동학대범죄를 범한 경우에는 피해아동의 친족이 고소할 수 있다.
② 피해아동은 「형사소송법」 제224조에도 불구하고 아동학대행위자가 자기 또는 배우자의 직계존속인 경우에도 고소할 수 있다. 법정대리인이 고소하는 경우에도 또한 같다.
③ 피해아동에게 고소할 법정대리인이나 친족이 없는 경우에 이해관계인이 신청하면 검사는 10일 이내에 고소할 수 있는 사람을 지정하여야 한다.
(2016.5.29 본조신설)
제11조【현장출동】 ① 아동학대범죄 신고를 접수한 사법경찰관리나 「아동복지법」 제22조제4항에 따른 아동학대전담공무원(이하 "아동학대전담공무원"이라 한다)은 지체 없이 아동학대범죄의 현장에 출동하여야 한다. 이 경우 수사기관의 장이나 시·도지사 또는 시장·군수·구청장은 서로 동행하여 줄 것을 요청할 수 있으며, 그 요청을 받은 수사기관의 장이나 시·도지사 또는 시장·군수·구청장은 정당한 사유가 없으면 사법경찰관리나 아동학대전담공무원이 아동학대범죄 현장에 동행하도록 조치하여야 한다.
② 아동학대범죄 신고를 접수한 사법경찰관리나 아동학대전담공무원은 아동학대범죄가 행하여지고 있는 것으로 신고된 현장 또는 피해아동을 보호하기 위하여 필요한 장소에 출입하여 아동 또는 아동학대행위자 등 관계인에 대하여 조사를 하거나 질문을 할 수 있다. 다만, 아동학대전담공무원은 다음 각 호를 위한 범위에서만 아동학대행위자 등 관계인에 대하여 조사 또는 질문을 할 수 있다.(2021.1.26 본문개정)
1. 피해아동의 보호(2020.3.24 본호신설)
2. 「아동복지법」 제22조의4의 사례관리계획에 따른 사례관리(이하 "사례관리"라 한다)(2020.3.24 본호신설)
③ 시·도지사 또는 시장·군수·구청장은 제1항에 따른 현장출동 시 아동보호 및 사례관리를 위하여 필요한 경우 아동보호전문기관의 장에게 아동보호전문기관의 직원이 동행할 것을 요청할 수 있다. 이 경우 아동보호전문기관의 직원은 피해아동의 보호 및 사례관리를 위한 범위에서 아동학대전담공무원의 조사에 참여할 수 있다.
(2020.3.24 본항신설)
④ 제2항 및 제3항에 따라 출입이나 조사를 하는 사법경찰관리, 아동학대전담공무원 또는 아동보호전문기관의 직원은 그 권한을 표시하는 증표를 지니고 이를 관계인에게 내보여야 한다.
⑤ 제2항에 따라 조사 또는 질문을 하는 사법경찰관리 또는 아동학대전담공무원은 피해아동, 아동학대범죄신고자등, 목격자 등이 자유롭게 진술할 수 있도록 아동학대행위자로부터 분리된 곳에서 조사하는 등 필요한 조치를 하여야 한다.(2021.1.26 본항신설)
⑥ 누구든지 제1항부터 제3항까지의 규정에 따라 현장에 출동한 사법경찰관리, 아동학대전담공무원 또는 아동보호전문기관의 직원이 제2항 및 제3항에 따른 업무를 수행할 때에 폭행·협박이나 현장조사를 거부하는 등 그 업무 수행을 방해하는 행위를 하여서는 아니 된다.
⑦ 제1항에 따른 현장출동이 동행하여 이루어지지 아니한 경우 수사기관의 장이나 시·도지사 또는 시장·군수·구청장은 현장출동에 따른 조사 등의 결과를 서로에게 통지하여야 한다.(2021.1.26 본항신설)
(2020.3.24 본조개정)
제11조의2【조사】 ① 아동학대전담공무원은 피해아동의 보호 및 사례관리를 위한 조사를 할 수 있다. 이 경우 아동학대전담공무원은 아동학대행위자 및 관계인에 대하여 출석·진술 및 자료제출을 요구할 수 있으며, 아동학대행위자 및 관계인은 정당한 사유가 없으면 이에 따라야 한다.(2021.1.26 본항개정)
② 시·도지사 또는 시장·군수·구청장은 「유아교육법」 및 「초·중등교육법」에 따른 교원의 교육활동 중 행위가 아동학대범죄로 신고되어 조사 중인 사건과 관련하여 관할 교육감이 의견을 제출하는 경우 이를 「아동복지법」 제22조제3항제3호에 따른 아동학대 사례의 판단에 참고하여야 한다.(2023.12.26 본항신설)
③ 제1항에 관하여는 「행정조사기본법」 제4조, 제5조, 제9조, 제10조, 제17조, 제21조를 준용한다. 이 경우 "행정조사"는 "제1항에 따른 아동학대전담공무원의 조사"로, "행정기관"은 "시·도 또는 시·군·구"로, "조사대상자"는 "아동학대행위자 및 관계인"으로 본다.
(2020.3.24 본조신설)
제12조【피해아동 등에 대한 응급조치】 ① 제11조제1항에 따라 현장에 출동하거나 아동학대범죄 현장을 발견한 경우 또는 학대현장 이외의 장소에서 학대피해가 확인되고 재학대의 위험이 급박·현저한 경우, 사법경찰관리 또는 아동학대전담공무원은 피해아동, 피해아동의 형제자매인 아동 및 피해아동과 동거하는 아동(이하 "피해아동등"이라 한다)의 보호를 위하여 즉시 다음 각 호의 조치(이하 "응급조치"라 한다)를 하여야 한다. 이 경우 제3호의 조치를 하는 때에는 피해아동등의 이익을 최우선으로 고려하여야 하며, 피해아동등을 보호하여야 할 필요가 있는 등 특별한 사정이 있는 경우를 제외하고는 피해아동등의 의사를 존중하여야 한다.(2020.3.24 본문개정)
1. 아동학대범죄 행위의 제지
2. 아동학대행위자를 피해아동등으로부터 격리
3. 피해아동등을 아동학대 관련 보호시설로 인도
(2020.3.24 2호~3호개정)
4. 긴급치료가 필요한 피해아동을 의료기관으로 인도
② 사법경찰관리나 아동학대전담공무원은 제1항제3호 및 제4호 규정에 따라 피해아동등을 분리·인도하여 보호하는 경우 지체 없이 피해아동등을 인도받은 보호시설·의료시설을 관할하는 시·도지사 또는 시장·군수·구청장에게 그 사실을 통보하여야 한다.(2020.3.24 본항개정)
③ 제1항제2호부터 제4호까지의 규정에 따른 응급조치는 72시간을 넘을 수 없다. 다만, 본문의 기간에 공휴일이나 토요일이 포함되는 경우로서 피해아동등의 보호를 위하여 필요하다고 인정되는 경우에는 48시간의 범위에서 그 기간을 연장할 수 있다.(2021.1.26 단서개정)
④ 제3항에도 불구하고 검사가 제15조제2항에 따라 임시조치를 법원에 청구한 경우에는 법원의 임시조치 결정 시까지 응급조치 기간이 연장된다.(2021.1.26 본항신설)
⑤ 사법경찰관리 또는 아동학대전담공무원이 제1항에 따라 응급조치를 한 경우에는 즉시 응급조치결과보고서를 작성하여야 한다. 이 경우 사법경찰관리가 응급조치를 한 경우에는 관할 경찰관서의 장이 시·도지사 또는 시장·군수·구청장에게, 아동학대전담공무원이 응급조치를 한 경우에는 소속 시·도지사 또는 시장·군수·구청장이 관할 경찰관서의 장에게 작성된 응급조치결과보고서를 지체 없이 송부하여야 한다.(2020.3.24 본항개정)
⑥ 제5항에 따른 응급조치결과보고서에는 피해사실의 요지, 응급조치가 필요한 사유, 응급조치의 내용 등을 기재하여야 한다.(2021.1.26 본항개정)
⑦ 누구든지 아동학대전담공무원이나 사법경찰관리가 제1항에 따른 업무를 수행할 때에 폭행·협박이나 응급조치를 저지하는 등 그 업무 수행을 방해하는 행위를 하여서는 아니 된다.(2020.3.24 본항개정)
⑧ 사법경찰관리는 제1항제1호 또는 제2호의 조치를 위하여 다른 사람의 토지·건물·배 또는 차에 출입할 수 있다.(2021.1.26 본항신설)
(2020.3.24 본조제목개정)
제13조【아동학대행위자에 대한 긴급임시조치】 ① 사법경찰관은 제12조제1항에 따른 응급조치에도 불구하고 아동학대범죄가 재발될 우려가 있고, 긴급을 요하여 제19조제1항에 따른 법원의 임시조치 결정을 받을 수 없을 때에는 직권이나 피해아동등, 그 법정대리인(아동학대행위자를 제외한다. 이하 같다), 변호사(제16조에 따른 변호사를 말한다. 제48조 및 제49조를 제외하고는 이하 같다), 시·도지사, 시장·군수·구청장 또는 아동보호전문기관의 장의 신청에 따라 제19조제1항제1호부터 제3호까지의 어느 하나에 해당하는 조치를 할 수 있다.(2020.3.24 본항개정)
② 사법경찰관은 제1항에 따른 조치(이하 "긴급임시조치"라 한다)를 한 경우에는 즉시 긴급임시조치결정서를 작성하여야 하고, 그 내용을 시·도지사 또는 시장·군수·구청장에게 지체 없이 통지하여야 한다.
(2020.3.24 본항개정)
③ 제2항에 따른 긴급임시조치결정서에는 범죄사실의 요지, 긴급임시조치가 필요한 사유, 긴급임시조치의 내용 등을 기재하여야 한다.
제14조【임시조치의 청구】 ① 검사는 아동학대범죄가 재발될 우려가 있다고 인정하는 경우에는 직권으로 또는 사법경찰관이나 보호관찰관의 신청에 따라 법원에 제19조제1항 각 호의 임시조치를 청구할 수 있다.
② 피해아동등, 그 법정대리인, 변호사, 시·도지사, 시장·군수·구청장 또는 아동보호전문기관의 장은 검사 또는 사법경찰관에게 제1항에 따른 임시조치의 청구 또는 그 신청을 요청하거나 이에 관하여 의견을 진술할 수 있다.(2020.3.24 본항개정)
③ 제2항에 따른 요청을 받은 사법경찰관은 제1항에 따른 임시조치를 신청하지 아니하는 경우에는 검사 및 임시조치를 요청한 자에게 그 사유를 통지하여야 한다.
(2020.3.24 본항개정)
제15조【응급조치·긴급임시조치 후 임시조치의 청구】 ① 사법경찰관이 제12조제1항제2호부터 제4호까지의 규정에 따른 응급조치 또는 제13조제1항에 따른 긴급임시조치를 하였거나 시·도지사 또는 시장·군수·구청장으로부터 제12조제1항제2호부터 제4호까지의 규정에 따른 응급조치가 행해졌다는 통지를 받은 때에는 지체 없이 검사에게 제19조에 따른 임시조치의 청구를 신청하여야 한다.(2020.3.24 본항개정)
② 제1항의 신청을 받은 검사는 임시조치를 청구하는 때에는 응급조치가 있었던 때부터 72시간(제12조제3항 단서에 따라 응급조치 기간이 연장된 경우에는 그 기간을 말한다) 이내에, 긴급임시조치가 있었던 때부터 48시간 이내에 하여야 한다. 이 경우 제12조제5항에 따라 작성된 응급조치결과보고서 및 제13조제2항에 따라 작성된 긴급임시조치결정서를 첨부하여야 한다.(2021.1.26 본항개정)
③ 사법경찰관은 검사가 제2항에 따라 임시조치를 청구하지 아니하거나 법원이 임시조치의 결정을 하지 아니한 때에는 즉시 그 긴급임시조치를 취소하여야 한다.
제16조【피해아동에 대한 변호사 선임의 특례】 ① 아동학대범죄의 피해아동 및 그 법정대리인은 형사 및 아동보호 절차상 입을 수 있는 피해를 방지하고 법률적 조력을 보장하기 위하여 변호사를 선임할 수 있다.
② 제1항에 따른 변호사는 검사 또는 사법경찰관의 피해아동 및 그 법정대리인에 대한 조사에 참여하여 의견을 진술할 수 있다. 다만, 조사 도중에는 검사 또는 사법경찰관의 승인을 받아 의견을 진술할 수 있다.
③ 제1항에 따른 변호사는 피의자에 대한 구속 전 피의자심문, 증거보전절차, 공판준비기일 및 공판절차에 출석하여 의견을 진술할 수 있다. 이 경우 필요한 절차에 관한 구체적 사항은 대법원규칙으로 정한다.
④ 제1항에 따른 변호사는 증거보전 후 관계 서류나 증거물, 소송계속 중의 관계 서류나 증거물을 열람하거나 등사할 수 있다.
⑤ 제1항에 따른 변호사는 형사 및 아동보호 절차에서 피해아동 및 그 법정대리인의 대리가 허용될 수 있는 모든 소송행위에 대한 포괄적인 대리권을 가진다.
⑥ 검사는 피해아동에게 변호사가 없는 경우 형사 및 아동보호 절차에서 피해아동의 권익을 보호하기 위하여 국선변호사를 선정하여야 한다.
(2021.3.16 본조개정)
제17조【준용】 ① 아동학대범죄의 조사·심리에 관하여는 「성폭력범죄의 처벌 등에 관한 특례법」 제29조부터 제32조까지, 제34조부터 제41조까지 및 「아동·청소년의 성보호에 관한 법률」 제29조를 각각 준용한다. 이 경우 "성폭력" 또는 "아동·청소년 대상 성범죄"는 "아동학대범죄"로, "피해자"는 "피해아동"으로 본다.
② 아동학대범죄사건의 형사 및 아동보호 절차에서 참고인이나 증인이 13세 미만의 아동이거나 신체적인 또는 정신적인 장애로 의사소통이나 의사표현에 어려움이 있는 경우 「성폭력범죄의 처벌 등에 관한 특례법」 제36조부터 제39조까지를 준용한다. 이 경우 "성폭력범죄"는 "아동학대범죄"로, "피해자"는 "참고인이나 증인"으로 본다.
(2020.3.24 본항개정)
제17조의2【증인에 대한 신변안전조치】 ① 검사는 아동학대범죄사건의 증인이 피고인 또는 그 밖의 사람으로부터 생명·신체에 해를 입거나 입을 염려가 있다고 인정될 때에는 관할 경찰서장에게 증인의 신변안전을 위하여 필요한 조치를 할 것을 요청하여야 한다.
② 증인은 검사에게 제1항의 조치를 하도록 청구할 수 있다.
③ 재판장은 검사에게 제1항의 조치를 하도록 요청할 수 있다.
④ 제1항의 요청을 받은 관할 경찰서장은 즉시 증인의 신변안전을 위하여 필요한 조치를 하고 그 사실을 검사에게 통보하여야 한다.
(2021.1.26 본조신설)
제17조의3【교원에 대한 아동학대범죄사건 처리에서의 특례】 ① 사법경찰관은 「유아교육법」 및 「초·중등교육법」에 따른 교원의 교육활동 중 행위가 아동학대범죄로 신고되어 수사 중인 사건과 관련하여 관할 교육감이 의견을 제출하는 경우 이를 사건기록에 편철하고 아동학대범죄사건 수사 및 제24조 후단에 따른 의견을 제시할 때 참고하여야 한다.
② 검사는 제1항과 같은 아동학대범죄사건을 수사하거나 결정할 때 사건기록에 편철된 관할 교육감의 의견을 참고하여야 한다.
(2023.12.26 본조신설)

제4장 아동보호사건

제18조【관할】 ① 아동보호사건의 관할은 아동학대행위자의 행위지, 거주지 또는 현재지를 관할하는 가정법원으로 한다. 다만, 가정법원이 설치되지 아니한 지역에서는 해당 지역의 지방법원(지원을 포함한다. 이하 같다)으로 한다.
② 아동보호사건의 심리와 결정은 단독판사(이하 "판사"라 한다)가 한다.
제19조【아동학대행위자에 대한 임시조치】 ① 판사는 아동학대범죄의 원활한 조사·심리 또는 피해아동등의 보호를 위하여 필요하다고 인정하는 경우에는 결정으로 아동학대행위자에게 다음 각 호의 어느 하나에 해당하는 조치(이하 "임시조치"라 한다)를 할 수 있다.
(2020.3.24 본문개정)

1. 피해아동등 또는 가정구성원(「가정폭력범죄의 처벌 등에 관한 특례법」 제2조제2호에 따른 가정구성원을 말한다. 이하 같다)의 주거로부터 퇴거 등 격리
2. 피해아동등 또는 가정구성원의 주거, 학교 또는 보호시설 등에서 100미터 이내의 접근 금지
3. 피해아동등 또는 가정구성원에 대한 「전기통신기본법」 제2조제1호의 전기통신을 이용한 접근 금지
(2020.3.24 1호~3호개정)
4. 친권 또는 후견인 권한 행사의 제한 또는 정지
5. 아동보호전문기관 등에의 상담 및 교육 위탁
6. 의료기관이나 그 밖의 요양시설에의 위탁
7. 경찰관서의 유치장 또는 구치소에의 유치
② 제1항 각 호의 처분은 병과할 수 있다.
③ 판사는 피해아동등에 대하여 제12조제1항제2호부터 제4호까지의 규정에 따른 응급조치가 행하여진 경우에는 임시조치가 청구된 때로부터 24시간 이내에 임시조치 여부를 결정하여야 한다.(2020.3.24 본항개정)
④ 제1항 각 호의 규정에 따른 임시조치기간은 2개월을 초과할 수 없다. 다만, 피해아동등의 보호를 위하여 그 기간을 연장할 필요가 있다고 인정하는 경우에는 결정으로 제1항제1호부터 제3호까지의 규정에 따른 임시조치는 두 차례만, 같은 항 제4호부터 제7호까지의 규정에 따른 임시조치는 한 차례만 각 기간의 범위에서 연장할 수 있다.(2020.3.24 단서개정)
⑤ 제1항제6호에 따라 위탁을 하는 경우에는 의료기관 등의 장에게 아동학대행위자를 보호하는 데에 필요한 사항을 부과할 수 있다.
⑥ 제1항제6호에 따라 민간이 운영하는 의료기관 등에 아동학대행위자를 위탁하려는 경우에는 제5항에 따라 부과할 사항을 그 의료기관 등의 장에게 미리 고지하고 동의를 받아야 한다.
⑦ 법원은 제1항에 따른 임시조치를 결정한 경우에는 검사, 피해아동등, 그 법정대리인, 변호사, 시·도지사 또는 시장·군수·구청장 및 피해아동등을 보호하고 있는 기관의 장에게 통지하여야 한다.(2020.3.24 본항개정)
⑧ 제1항제5호에 따른 상담 및 교육을 행한 아동보호전문기관의 장 등은 그 결과보고서를 판사와 검사에게 제출하여야 한다.
⑨ 제1항 각 호의 위탁 대상이 되는 상담소, 의료기관, 요양시설 등의 기준과 위탁의 절차 및 제7항에 따른 통지의 절차 등 그 밖에 필요한 사항은 대법원규칙으로 정한다.

제20조 【임시조치의 고지】 법원은 제19조제1항제6호 및 제7호의 조치를 한 경우에는 그 사실을 아동학대행위자의 보조인(제44조에서 준용하는 「가정폭력범죄의 처벌 등에 관한 특례법」 제28조에 따른 보조인을 말한다. 이하 같다)이 있는 경우에는 보조인에게, 보조인이 없는 경우에는 아동학대행위자가 지정한 사람에게 통지하여야 한다. 이 경우 제19조제1항제7호의 조치를 하였을 때에는 아동학대행위자에게 변호사 등 보조인을 선임할 수 있으며 항고를 제기할 수 있음을 고지하여야 한다.

제21조 【임시조치의 집행】 ① 판사는 제19조제1항 각 호에 규정된 임시조치의 결정을 한 경우에는 가정보호사건조사관, 법원공무원, 사법경찰관리 또는 구치소 소속 교정직공무원으로 하여금 집행하게 할 수 있다.
② 제1항에 따른 집행담당자는 아동학대행위자의 임시조치 이행상황에 대하여 시·도지사 또는 시장·군수·구청장에게 통보하여야 한다.(2020.3.24 본항신설)
③ 피해아동등 또는 가정구성원은 제19조제1항제1호 및 제2호의 임시조치 후 주거, 학교 또는 보호시설 등을 옮긴 경우에는 관할 법원에 임시조치 결정의 변경을 신청할 수 있다.(2020.3.24 본항개정)
④ 시·도지사 또는 시장·군수·구청장은 아동학대행위자의 임시조치 이행을 관리하고, 아동학대행위자가 임시조치 결정을 이행하지 않거나 그 집행에 따르지 아니하는 경우 적절한 조치를 하여야 한다.(2020.3.24 본항신설)

제22조 【임시조치의 변경】 ① 아동학대행위자, 그 법정대리인이나 보조인은 제19조제1항 각 호에 따른 임시조치 결정의 취소 또는 그 종류의 변경을 관할 법원에 신청할 수 있다.
② 판사는 정당한 이유가 있다고 인정하는 경우에는 직권 또는 제1항의 신청에 따라 결정으로 해당 임시조치를 취소하거나 그 종류를 변경할 수 있다.
③ 판사는 임시조치를 받은 아동학대행위자가 제19조제1항제5호 및 제6호의 임시조치 결정을 이행하지 아니하거나 그 집행에 따르지 아니하면 직권 또는 검사, 시·도지사, 시장·군수·구청장, 피해아동등, 그 법정대리인이나 변호사 또는 제19조제1항 각 호의 위탁 대상이 되는 기관의 장의 청구에 따라 결정으로 그 임시조치를 변경할 수 있다.(2020.3.24 본항개정)

제23조 【임시로 후견인의 임무를 수행할 사람】 ① 판사는 제19조제1항제4호의 임시조치로 인하여 피해아동등에게 친권을 행사하거나 후견인의 임무를 수행할 사람이 없는 경우 그 임시조치의 기간 동안 시·도지사 또는 시장·군수·구청장, 아동권리보장원의 장, 아동보호전문기관의 장 및 가정위탁지원센터의 장으로 하여금 임시로 후견인의 임무를 수행하게 하거나 그 임무를 수행할 사람을 선임하여야 한다.(2020.3.24 본항개정)
② 제1항의 경우 판사는 피해아동등의 이익을 최우선으로 고려하고 그 의견을 존중하여야 하며, 피해아동등, 변호사, 시·도지사 또는 시장·군수·구청장, 아동권리보장원의 장, 아동보호전문기관의 장 및 가정위탁지원센터의 장 등 피해아동등을 보호하고 있는 사람은 그 선임에 관하여 의견을 제시할 수 있다.(2020.3.24 본항개정)
③ 법원이 제1항에 따른 조치를 한 경우에는 그 사실을 피해아동등, 변호사, 시·도지사 또는 시장·군수·구청장, 아동권리보장원의 장, 아동보호전문기관의 장 및 가정위탁지원센터의 장 등 피해아동등을 보호하고 있는 사람에게 고지하여야 한다.(2020.3.24 본항개정)
④ 제1항에 따라 임시로 후견인의 임무를 수행하는 사람은 피해아동등이 소유한 재산의 보존 및 피해아동등의 보호를 위한 범위에서만 후견인의 임무를 수행할 수 있다.(2020.3.24 본항개정)
⑤ 임시로 후견인의 임무를 수행하는 사람에 대해서는 「민법」 제949조를 준용한다.
⑥ 임시로 후견인의 임무를 수행하는 사람에 대한 선임, 사임 및 변경의 절차 등에 필요한 사항은 대법원규칙으로 정한다.

제24조 【사법경찰관의 사건송치】 사법경찰관은 아동학대범죄를 신속히 수사하여 사건을 검사에게 송치하여야 한다. 이 경우 사법경찰관은 해당 사건을 아동보호사건으로 처리하는 것이 적절한 지에 관한 의견을 제시할 수 있다.

제25조 【검사의 결정 전 조사】 ① 검사는 아동학대범죄에 대하여 아동보호사건 송치, 공소제기 또는 기소유예 등의 처분을 결정하기 위하여 필요하다고 인정하면 아동학대행위자의 주거지 또는 검찰청 소재지를 관할하는 보호관찰소의 장에게 아동학대행위자의 경력, 생활환경, 양육능력이나 그 밖에 필요한 사항에 관한 조사를 요구할 수 있다.
② 제1항의 요구를 받은 보호관찰소의 장은 지체 없이 이를 조사하여 서면으로 해당 검사에게 통보하여야 하며, 조사를 위하여 필요한 경우에는 소속 보호관찰관에게 아동학대행위자 또는 관계인을 출석하게 하여 진술요구를 하는 등의 방법으로 필요한 사항을 조사하게 할 수 있다.
③ 제2항에 따른 조사를 할 때에는 미리 아동학대행위자 또는 관계인에게 조사의 취지를 설명하여야 하고, 그 인권을 존중하며, 직무상 비밀을 엄수하여야 한다.
④ 검사는 아동학대범죄에 관하여 필요한 경우 시·도지사, 시장·군수·구청장 또는 아동보호전문기관의 장에 대하여 제1항의 결정에 필요한 자료의 제출을 요구할 수 있다.(2020.3.24 본항개정)
⑤ 검사는 제1항의 결정을 할 때에는 보호관찰소의 장으로부터 통보받은 조사 결과 및 시·도지사, 시장·군수·구청장 또는 아동보호전문기관의 장으로부터 제출 받은 자료 등을 참고하여 피해아동 보호와 아동학대행위자의 교화·개선에 가장 적합한 결정을 하여야 한다.
(2020.3.24 본항개정)

제26조 【조건부 기소유예】 검사는 아동학대범죄를 수사한 결과 다음 각 호의 사유를 고려하여 필요하다고 인정하는 경우에는 아동학대행위자에 대하여 상담, 치료 또는 교육 받는 것을 조건으로 기소유예를 할 수 있다.
1. 사건의 성질·동기 및 결과
2. 아동학대행위자와 피해아동과의 관계
3. 아동학대행위자의 성행(性行) 및 개선 가능성
4. 원가정보호의 필요성
5. 피해아동 또는 그 법정대리인의 의사

제27조 【아동보호사건의 처리】 ① 검사는 아동학대범죄로서 제26조 각 호의 사유를 고려하여 제36조에 따른 보호처분을 하는 것이 적절하다고 인정하는 경우에는 아동보호사건으로 처리할 수 있다.
② 다음 각 호의 경우에는 제1항을 적용할 수 있다.
1. 피해자의 고소가 있어야 공소를 제기할 수 있는 아동학대범죄에서 고소가 없거나 취소된 경우
2. 피해자의 명시적인 의사에 반하여 공소를 제기할 수 없는 아동학대범죄에서 피해자가 처벌을 희망하지 아니한다는 명시적 의사표시를 하였거나 처벌을 희망하는 의사표시를 철회한 경우
(2016.5.29 본항신설)

제28조 【검사의 송치】 ① 검사는 제27조에 따라 아동보호사건으로 처리하는 경우에는 그 사건을 제18조제1항에 따른 관할 법원(이하 "관할 법원"이라 한다)에 송치하여야 한다.
② 검사는 아동학대범죄와 그 외의 범죄가 경합(競合)하는 경우에는 아동학대범죄에 대한 사건만을 분리하여 관할 법원에 송치할 수 있다.

제29조 【법원의 송치】 법원은 아동학대행위자에 대한 피고사건을 심리한 결과 제36조에 따른 보호처분을 하는 것이 적절하다고 인정하는 경우에는 결정으로 사건을 관할 법원에 송치할 수 있다.

제30조 【송치 시의 아동학대행위자 처리】 ① 제28조 또는 제29조에 따른 송치결정이 있는 경우 아동학대행위자를 구금하고 있는 시설의 장은 검사의 이송지휘를 받은 때부터 관할 법원이 있는 시(특별시, 광역시, 특별자치시 및 「제주특별자치도 설치 및 국제자유도시 조성을 위한 특별법」 제10조제2항에 따른 행정시를 포함한다. 이하 같다)·군에서는 24시간 이내에, 그 밖의 시·군에서는 48시간 이내에 아동학대행위자를 관할 법원에 인도하여야 한다. 이 경우 법원은 아동학대행위자에 대하여 제19조에 따른 임시조치 여부를 결정하여야 한다.(2015.7.24 전단개정)
② 제1항에 따른 인도와 결정은 「형사소송법」 제92조, 제203조 또는 제205조의 구속기간 내에 이루어져야 한다.
③ 아동학대행위자에 대한 구속영장의 효력은 제1항 후단에 따라 임시조치 여부를 결정한 때에 상실된 것으로 본다.

제31조 【송치서】 ① 제28조 또는 제29조에 따라 사건을 아동보호사건으로 송치하는 경우에는 송치서를 보내야 한다.
② 제1항의 송치서에는 아동학대행위자의 성명, 주소, 생년월일, 직업, 피해아동과의 관계 및 행위의 개요와 가정상황을 적고 그 밖의 참고자료를 첨부하여야 한다.

제32조 【이송】 ① 아동보호사건을 송치 받은 법원은 사건이 그 관할에 속하지 아니하거나 적정한 조사·심리를 위하여 필요하다고 인정하는 경우에는 결정으로 그 사건을 즉시 다른 관할 법원에 이송하여야 한다.
② 법원은 제1항에 따른 이송결정을 한 경우에는 지체 없이 그 사유를 첨부하여 아동학대행위자와 피해아동, 그 법정대리인, 변호사 및 검사에게 통지하여야 한다.

제33조 【보호처분의 효력】 제36조에 따른 보호처분이 확정된 경우에는 그 아동학대행위자에 대하여 같은 범죄사실로 다시 공소를 제기할 수 없다. 다만, 제41조제1호에 따라 송치된 경우에는 그러하지 아니하다.

제34조 【공소시효의 정지와 효력】 ① 아동학대범죄의 공소시효는 「형사소송법」 제252조에도 불구하고 해당 아동학대범죄의 피해아동이 성년에 달한 날부터 진행한다.
② 아동학대범죄에 대한 공소시효는 해당 아동보호사건이 법원에 송치된 때부터 시효 진행이 정지된다. 다만, 다음 각 호의 어느 하나에 해당하는 경우에는 그 때부터 진행된다.
1. 해당 아동보호사건에 대하여 제44조에 따라 준용되는 「가정폭력범죄의 처벌 등에 관한 특례법」 제37조제1항제1호에 따른 처분을 하지 아니한다는 결정이 확정된 때
2. 해당 아동보호사건이 제41조 또는 제44조에 따라 준용되는 「가정폭력범죄의 처벌 등에 관한 특례법」 제27조제2항 및 제37조제2항에 따라 송치된 때
③ 공범 중 1명에 대한 제2항의 시효정지는 다른 공범자에게도 효력을 미친다.

제35조 【비밀엄수 등의 의무】 ① 아동학대범죄의 수사 또는 아동보호사건의 조사·심리 및 그 집행을 담당하거나 이에 관여하는 공무원, 보조인, 진술조력인, 아동보호전문기관 직원과 그 기관장, 상담소 등에 근무하는 상담원과 그 기관장 및 제10조제2항 각 호에 규정된 사람(그 직에 있었던 사람을 포함한다)은 그 직무상 알게 된 비밀을 누설하여서는 아니 된다.
② 신문의 편집인·발행인 또는 그 종사자, 방송사의 편집책임자, 그 기관장 또는 종사자, 그 밖의 출판물의 저작자와 발행인은 아동보호사건에 관련된 아동학대행위자, 피해아동, 고소인, 고발인 또는 신고인의 주소, 성명, 나이, 직업, 용모, 그 밖에 이들을 특정하여 파악할 수 있는 인적 사항이나 사진 등을 신문 등 출판물에 싣거나 방송매체를 통하여 방송할 수 없다.
③ 피해아동의 교육 또는 보육을 담당하는 학교의 교직원 또는 보육교직원은 정당한 사유가 없으면 해당 아동의 취학, 진학, 전학 또는 입소(그 변경을 포함한다)의 사실을 아동학대행위자인 친권자를 포함하여 누구에게든지 누설하여서는 아니 된다.

판례 아동학대행위자 대부분은 피해아동과 평소 밀접한 관계에 있으므로 행위자를 특정하여 파악할 수 있는 식별정보를 신문, 방송 등 매체를 통해 보도하는 것은 피해아동의 사생활 노출 등 2차 피해로 이어질 가능성이 매우 높다. 식별정보 보도 후에는 2차 피해를 차단하기 어려울 수 있고, 식별정보 보도를 허용할 경우 대중에 알려질 가능성을 두려워하는 피해아동이 신고를 자발적으로 포기하게 만들 우려도 있다. 따라서 아동학대행위자에 대한 식별정보의 보도를 금지하는 것이 과도하다고 보기 어렵다.(헌재결 2022.10.27, 2021헌가4)

제36조 【보호처분의 결정 등】 ① 판사는 심리의 결과 보호처분이 필요하다고 인정하는 경우에는 결정으로 다음 각 호의 어느 하나에 해당하는 보호처분을 할 수 있다.
1. 아동학대행위자가 피해아동 또는 가정구성원에게 접근하는 행위의 제한
2. 아동학대행위자가 피해아동 또는 가정구성원에게 「전기통신기본법」 제2조제1호의 전기통신을 이용하여 접근하는 행위의 제한
3. 피해아동에 대한 친권 또는 후견인 권한 행사의 제한 또는 정지
4. 「보호관찰 등에 관한 법률」에 따른 사회봉사·수강명령
5. 「보호관찰 등에 관한 법률」에 따른 보호관찰
6. 법무부장관 소속으로 설치한 감호위탁시설 또는 법무부장관이 정하는 보호시설에의 감호위탁
7. 의료기관에의 치료위탁
8. 아동보호전문기관, 상담소 등에의 상담위탁
② 제1항 각 호의 처분은 병과할 수 있다.
③ 제1항제3호의 처분을 하는 경우에는 피해아동을 아동학대행위자가 아닌 다른 친권자나 친족 또는 아동복지시설 등으로 인도할 수 있다.
④ 판사가 제1항제3호의 보호처분을 하는 경우 보호처분의 기간 동안 임시로 후견인의 임무를 수행할 사람의 선임 등에 대하여는 제23조를 준용한다.
⑤ 법원은 제1항에 따라 보호처분의 결정을 한 경우에는 지체 없이 그 사실을 검사, 아동학대행위자, 피해아동, 법

정대리인, 변호사, 시·도지사 또는 시장·군수·구청장, 보호관찰관 및 보호처분을 위탁받아 하는 보호시설, 의료기관, 아동보호전문기관 또는 상담소 등(이하 "수탁기관"이라 한다)의 장에게 통지하여야 한다. 다만, 수탁기관이 국가나 지방자치단체가 운영하는 기관이 아닌 경우에는 그 기관의 장으로부터 수탁에 대한 동의를 받아야 한다.(2020.3.24 본문개정)
⑥ 제1항제4호부터 제8호까지의 규정에 따라 처분을 한 경우에는 법원은 아동학대행위자의 교정에 필요한 참고자료를 보호관찰관 또는 수탁기관의 장에게 보내야 한다.
⑦ 제1항제6호의 감호위탁기관은 아동학대행위자에 대하여 그 성행을 교정하기 위한 교육을 하여야 한다.
제37조【보호처분의 기간】 제36조제1항제1호부터 제3호까지 및 제5호부터 제8호까지의 규정에 따른 보호처분의 기간은 1년을 초과할 수 없으며, 같은 항 제4호의 사회봉사·수강명령의 시간은 각각 200시간을 초과할 수 없다.
제38조【보호처분 결정의 집행】 ① 법원은 가정보호사건조사관, 법원공무원, 사법경찰관리, 보호관찰관 또는 수탁기관 소속 직원으로 하여금 보호처분의 결정을 집행하게 할 수 있다.
② 제1항에 따른 집행담당자는 아동학대행위자의 보호처분 이행상황에 관하여 시·도지사 또는 시장·군수·구청장에게 통보하여야 한다.(2020.3.24 본항신설)
③ 보호처분의 집행에 관하여 이 법에서 정하지 아니한 사항에 대하여는 아동보호사건의 성질에 위배되지 아니하는 범위에서 「형사소송법」, 「보호관찰 등에 관한 법률」 및 「정신건강증진 및 정신질환자 복지서비스 지원에 관한 법률」을 준용한다.(2016.5.29 본항개정)
④ 시·도지사 또는 시장·군수·구청장은 아동학대행위자의 보호처분 이행을 관리하고, 아동학대행위자가 보호처분 결정을 이행하지 않거나 그 집행에 따르지 아니하는 경우 적절한 조치를 하여야 한다.(2020.3.24 본항신설)
제39조【보고와 의견 제출 등】 ① 법원은 제36조제1항제4호부터 제8호까지의 규정에 따른 보호처분을 결정한 경우에는 보호관찰관 또는 수탁기관의 장에게 아동학대행위자에 관한 보고서 또는 의견서 제출을 요구할 수 있고, 그 집행에 대하여 필요한 지시를 할 수 있다.
② 보호관찰관 또는 수탁기관의 장은 제1항의 경우 외에도 아동학대행위자가 제36조제1항제4호부터 제8호까지의 규정에 따른 보호처분을 이행하지 아니하거나 그 집행에 따르지 아니하는 경우에는 보호처분의 이행 실태에 대한 보고서 또는 의견서를 법원에 제출하여야 한다.
제40조【보호처분의 변경】 ① 법원은 보호처분이 진행되는 동안 필요하다고 인정하는 경우에는 직권 또는 검사, 시·도지사, 시장·군수·구청장, 보호관찰관 또는 수탁기관의 장의 청구에 의하여 결정으로 보호처분의 종류와 기간을 변경할 수 있다.(2020.3.24 본항개정)
② 법원은 필요한 경우 제38조제1항에 따른 집행담당자로 하여금 집행상황을 보고하도록 할 수 있으며, 가정보호사건조사관으로 하여금 보호처분에 관한 집행상황에 대하여 조사하도록 할 수 있다.(2020.3.24 본항신설)
③ 제1항에 따라 보호처분의 종류와 기간을 변경하는 경우 종전의 처분기간을 합산하여 제36조제1항제1호부터 제3호까지 및 제5호부터 제8호까지의 규정에 따른 보호처분의 기간은 2년을, 같은 항 제4호의 규정에 따른 사회봉사·수강명령의 시간은 400시간을 각각 초과할 수 없다.
④ 법원은 제1항에 따라 처분변경 결정을 한 경우에는 지체 없이 그 사실을 검사, 아동학대행위자, 피해아동, 법정대리인, 변호사, 보조인, 시·도지사 또는 시장·군수·구청장, 보호관찰관 및 수탁기관의 장에게 통지하여야 한다.(2020.3.24 본항개정)
제41조【보호처분의 취소】 법원은 보호처분을 받은 아동학대행위자가 제36조제1항제4호부터 제8호까지의 규정에 따른 보호처분 결정을 이행하지 아니하거나 그 집행에 따르지 아니하면 직권 또는 검사, 피해아동, 그 법정대리인, 변호사, 시·도지사, 시장·군수·구청장, 보호관찰관이나 수탁기관의 장의 청구에 의하여 결정으로 그 보호처분을 취소하고 다음 각 호에 따라 처리하여야 한다.(2020.3.24 본문개정)
1. 제28조에 따라 검사가 송치한 사건인 경우에는 관할 법원에 대응하는 검찰청의 검사에게 송치
2. 제29조에 따라 법원이 송치한 사건인 경우에는 송치한 법원에 이송
제42조【보호처분의 종료】 법원은 아동학대행위자의 성행이 교정되어 정상적인 가정생활이 유지될 수 있다고 판단되거나 그 밖에 보호처분을 계속할 필요가 없다고 인정하는 경우에는 직권 또는 검사, 피해아동, 그 법정대리인, 변호사, 시·도지사, 시장·군수·구청장, 보호관찰관이나 수탁기관의 장의 청구에 의하여 결정으로 보호처분의 전부 또는 일부를 종료할 수 있다.(2020.3.24 본조개정)
제43조【비용의 부담】 ① 제19조제1항제6호에 따른 임시조치 또는 제36조제1항제7호 및 제8호에 따른 보호처분을 받은 아동학대행위자는 위탁 또는 보호처분에 필요한 비용을 부담한다. 다만, 아동학대행위자가 지급할 능력이 없는 경우에는 국가가 부담할 수 있다.
② 판사는 아동학대행위자에게 제1항 본문에 따른 비용의 예납(豫納)을 명할 수 있다.
③ 제1항에 따라 아동학대행위자가 부담할 비용의 계산, 청구 및 지급 절차, 그 밖에 필요한 사항은 대법원규칙으로 정한다.
제44조【준용】 아동보호사건의 조사·심리·보호처분 및 민사처리에 관한 특례 등에 대하여는 「가정폭력범죄의 처벌 등에 관한 특례법」 제18조의2, 제19조부터 제28조까지, 제30조부터 제39조까지, 제42조, 제56조부터 제62조까지의 규정을 준용한다. 이 경우 "가정보호사건"은 "아동보호사건"으로, "가정폭력행위자"는 "아동학대행위자"로, "피해자"는 "피해아동"으로, "가정폭력범죄"는 "아동학대범죄"로 본다.
제45조【항고와 재항고】 ① 제19조의 임시조치(연장 또는 변경의 결정을 포함한다. 이하 같다), 제36조의 보호처분, 제40조의 보호처분의 변경 및 제41조의 보호처분의 취소에 있어서 그 결정에 영향을 미칠 법령 위반이 있거나 중대한 사실 오인이 있는 경우 또는 그 결정이 현저히 부당한 경우에는 검사, 아동학대행위자, 법정대리인 또는 보조인은 가정법원본원합의부에 항고할 수 있다. 다만, 가정법원이 설치되지 아니한 지역에서는 지방법원본원합의부에 하여야 한다.
② 법원이 제44조가 준용하는 「가정폭력범죄의 처벌 등에 관한 특례법」 제37조에 따라 처분을 하지 아니한다는 결정을 한 경우 그 결정이 현저히 부당할 때에는 검사, 피해아동, 그 법정대리인 또는 변호사는 항고할 수 있다. 이 경우 항고법원에 관하여는 제1항을 준용한다.
③ 항고는 그 결정을 고지받은 날부터 7일 이내에 하여야 한다.
④ 임시조치·보호처분의 항고·재항고에 관하여는 「가정폭력범죄의 처벌 등에 관한 특례법」 제50조부터 제54조까지의 규정을 준용한다. 이 경우 "가정보호사건"은 "아동보호사건"으로 본다.

제5장 피해아동보호명령

제46조【피해아동보호명령사건의 관할】 ① 피해아동보호명령사건의 관할은 아동학대행위자의 행위지·거주지 또는 현재지 및 피해아동의 거주지 또는 현재지를 관할하는 가정법원으로 한다. 다만, 가정법원이 설치되지 아니하는 지역에 있어서는 해당 지역의 지방법원으로 한다.
② 피해아동보호명령사건의 심리와 결정은 판사가 한다.
제47조【가정법원의 피해아동에 대한 보호명령】 ① 판사는 직권 또는 피해아동, 그 법정대리인, 변호사, 시·도지사 또는 시장·군수·구청장의 청구에 따라 결정으로 피해아동의 보호를 위하여 다음 각 호의 피해아동보호명령을 할 수 있다.(2020.3.24 본문개정)
1. 아동학대행위자를 피해아동의 주거지 또는 점유하는 방실(房室)로부터의 퇴거 등 격리
2. 아동학대행위자가 피해아동 또는 가정구성원에게 접근하는 행위의 제한
3. 아동학대행위자가 피해아동 또는 가정구성원에게 「전기통신기본법」 제2조제1호의 전기통신을 이용하여 접근하는 행위의 제한
4. 피해아동을 아동복지시설 또는 장애인복지시설로의 보호위탁
5. 피해아동을 의료기관으로의 치료위탁
5의2. 피해아동을 아동보호전문기관, 상담소 등으로의 상담·치료위탁(2017.12.19 본호신설)
6. 피해아동을 연고자 등에게 가정위탁
7. 친권자인 아동학대행위자의 피해아동에 대한 친권 행사의 제한 또는 정지
8. 후견인인 아동학대행위자의 피해아동에 대한 후견인 권한의 제한 또는 정지
9. 친권자 또는 후견인의 의사표시를 갈음하는 결정
② 아동보호전문기관의 장은 시·도지사 또는 시장·군수·구청장에게 제1항에 따른 피해아동보호명령의 청구를 요청할 수 있다. 이 경우 시·도지사 또는 시장·군수·구청장은 요청을 신속히 처리해야 하며, 요청받은 날부터 15일 이내에 그 처리 결과를 아동보호전문기관의 장에게 통보하여야 한다.(2020.3.24 본항신설)
③ 제1항 각 호의 처분은 병과할 수 있다.
④ 판사가 제1항 각 호의 피해아동보호명령을 하는 경우 피해아동, 그 법정대리인, 변호사, 시·도지사 또는 시장·군수·구청장 및 아동보호전문기관의 장은 관할 법원에 대하여 필요한 의견을 진술할 수 있다.(2020.3.24 본항개정)
⑤ 판사가 제1항제7호 및 제8호의 피해아동보호명령을 하는 경우 피해아동보호명령의 기간 동안 임시로 후견인의 임무를 수행할 자의 선임 등에 대하여는 제23조를 준용한다.
⑥ 제1항제4호·제5호·제5호의2·제6호의 규정에 따른 위탁 대상이 되는 아동복지시설, 의료기관, 아동보호전문기관·상담소 등, 연고자 등의 기준과 위탁의 절차 및 집행 등에 필요한 사항은 대법원규칙으로 정한다.(2017.12.19 본항개정)
⑦ 판사는 제1항제5호의2에 따른 피해아동보호명령을 하는 경우 필요하다고 인정하는 때에는 피해아동의 보호자를 그 과정에 참여시킬 수 있다.(2017.12.19 본항신설)
제48조【보조인】 ① 피해아동 및 아동학대행위자는 피해아동보호명령사건에 대하여 각자 보조인을 선임할 수 있다.
② 피해아동 및 아동학대행위자의 법정대리인·배우자·직계친족·형제자매, 아동학대전담공무원, 아동보호전문기관의 상담원과 그 기관장 및 제16조에 따른 변호사는 보조인이 될 수 있다.(2020.3.24 본항개정)
③ 변호사(「변호사법」에 따른 변호사를 말한다. 이하 제49조에서 같다)가 아닌 사람을 보조인으로 선임하거나 제2항에 따른 보조인이 되려면 법원의 허가를 받아야 한다.
④ 판사는 언제든지 제3항의 허가를 취소할 수 있다.
⑤ 제1항에 따른 보조인의 선임은 심급마다 보조인과 연명날인한 서면으로 제출하여야 한다.
⑥ 제2항에 따른 보조인이 되고자 하는 자는 심급별로 그 취지를 신고하여야 한다. 이 경우 보조인이 되고자 하는 자와 피해아동·아동학대행위자 사이의 신분관계 또는 보조인이 되고자 하는 자의 직위를 소명하는 서면을 첨부하여야 한다.
⑦ 제1항에 따른 보조인은 독립하여 절차행위를 할 수 있고, 제2항에 따른 보조인은 독립하여 피해아동 또는 아동학대행위자의 명시한 의사에 반하지 아니하는 절차행위를 할 수 있다. 다만, 법률에 다른 규정이 있는 때에는 예외로 한다.
제49조【국선보조인】 ① 다음 각 호의 어느 하나에 해당하는 경우 법원은 직권에 의하거나 피해아동 또는 피해아동의 법정대리인·직계친족·형제자매, 아동학대전담공무원, 아동보호전문기관의 상담원과 그 기관장의 신청에 따라 변호사를 피해아동의 보조인으로 선정하여야 한다.(2021.3.16 본문개정)
1. 피해아동에게 신체적·정신적 장애가 의심되는 경우
2. 빈곤이나 그 밖의 사유로 보조인을 선임할 수 없는 경우
3. 그 밖에 판사가 보조인이 필요하다고 인정하는 경우
② 법원은 아동학대행위자가 「형사소송법」 제33조제1항 각 호의 어느 하나에 해당하는 경우에는 직권으로 변호사를 아동학대행위자의 보조인으로 선정할 수 있다.
③ 제1항과 제2항에 따라 선정된 보조인에게 지급하는 비용에 대하여는 「형사소송비용 등에 관한 법률」을 준용한다.
제50조【피해아동보호명령의 집행 및 취소와 변경】 ① 관할 법원의 판사는 제47조제1항제1호부터 제5호까지, 제5호의2 및 제6호의 규정에 따른 피해아동보호명령을 하는 경우, 가정보호사건조사관, 법원공무원, 사법경찰관리 또는 구치소 소속 교정직공무원으로 하여금 이를 집행하게 하거나, 시·도지사 또는 시장·군수·구청장에게 그 집행을 위임할 수 있다.
② 판사는 제1항에 따른 집행담당자에게 피해아동보호명령의 집행상황보고서 또는 의견서를 요구할 수 있고, 그 집행에 필요한 지시를 할 수 있으며, 필요한 경우 가정보호사건조사관으로 하여금 피해아동보호명령의 집행과 관련한 사항에 대하여 조사하도록 할 수 있다.(2020.3.24 본항신설)
③ 피해아동, 그 법정대리인, 변호사, 시·도지사 또는 시장·군수·구청장은 제47조제1항에 따른 보호명령의 취소 또는 그 종류의 변경을 신청할 수 있으며, 아동보호전문기관의 장은 시·도지사 또는 시장·군수·구청장에게 보호명령의 취소 또는 그 종류의 변경 신청을 요청할 수 있다.
④ 판사는 상당한 이유가 있다고 인정하는 때에는 직권 또는 제3항의 신청에 따라 결정으로 해당 피해아동보호명령을 취소하거나 그 종류를 변경할 수 있다.
⑤ 법원은 제51조제1항에 따른 피해아동보호명령의 기간이 종료된 경우 시·도지사 또는 시장·군수·구청장에게 그 사실을 통지하여야 한다.(2021.1.26 본항신설)
(2020.3.24 본조개정)
제51조【피해아동보호명령의 기간】 ① 제47조제1항제1호부터 제5호까지, 제5호의2 및 제6호부터 제8호까지의 피해아동보호명령의 기간은 1년을 초과할 수 없다. 다만, 관할 법원의 판사는 피해아동의 보호를 위하여 그 기간의 연장이 필요하다고 인정하는 경우 직권 또는 피해아동, 그 법정대리인, 변호사, 시·도지사 또는 시장·군수·구청장의 청구에 따른 결정으로 6개월 단위로 그 기간을 연장할 수 있다.
② 보호관찰소의 장 및 아동보호전문기관의 장은 시·도지사 또는 시장·군수·구청장에게 제1항 단서에 따른 피해아동보호명령의 연장 청구를 요청할 수 있으며, 시·도지사 또는 시장·군수·구청장은 요청받은 날부터 15일 이내에 그 처리 결과를 요청자에게 통보하여야 한다.
(2020.3.24 본항신설)
③ 제1항에 따라 연장된 기간은 피해아동이 성년에 도달하는 때를 초과할 수 없다.
(2020.3.24 본조개정)
제52조【피해아동에 대한 임시보호명령】 ① 관할 법원의 판사는 제47조에 따른 피해아동보호명령의 청구가 있는 경우에 피해아동 보호를 위하여 필요하다고 인정하는 때에는 결정으로 임시로 제47조제1항 각 호의 어느 하나에 해당하는 조치(이하 "임시보호명령"이라 한다)를 할 수 있다.
② 임시보호명령의 기간은 피해아동보호명령의 결정 시까지로 한다. 다만, 판사는 필요하다고 인정하는 경우에 그 기간을 제한할 수 있다.
③ 판사가 제47조제1항제7호 및 제8호에 따라 임시보호명령을 한 경우 그 임시보호명령의 기간 동안 임시로 후견인의 임무를 수행할 자의 선임 등에 대하여는 제23조를 준용한다.

④ 임시보호명령의 집행 및 취소와 변경에 대하여는 제50조를 준용한다. 이 경우 "피해아동보호명령"은 "임시보호명령"으로 본다.

제53조【이행실태의 조사】 ① 관할 법원은 가정보호사건조사관, 법원공무원, 사법경찰관리 또는 보호관찰관 등으로 하여금 임시보호명령 및 피해아동보호명령의 이행실태에 대하여 수시로 조사하게 하고, 지체 없이 그 결과를 보고하도록 할 수 있다.

② 관할 법원은 임시보호명령 및 피해아동보호명령을 받은 아동학대행위자가 그 결정을 이행하지 아니하거나 집행에 따르지 아니하는 때에는 그 사실을 관할 법원에 대응하는 검찰청 검사에게 통보할 수 있다.

제54조【병합심리】 법원은 사건의 관련성이 인정되어 병합하여 심리할 필요성이 있는 경우에는 피해아동보호명령사건과 아동보호사건을 병합하여 심리할 수 있다.

제55조【아동학대전담공무원 등에 대한 교육】 법무부장관 등 관계 행정기관의 장은 아동학대전담공무원, 사법경찰관리 및 아동보호전문기관의 종사자에게 아동학대사건의 조사와 사례관리에 필요한 전문지식, 이 법에서 정한 절차, 관련 법제도, 국제인권조약에 명시된 아동의 인권 및 피해아동 보호를 위한 조사방법 등에 관하여 교육을 실시하여야 한다.(2021.1.26 본조개정)

제55조의2【자료요청 및 면담】 ① 법무부장관은 아동학대 및 아동보호의 실태를 파악하고 제도를 개선하기 위하여 시·도지사 또는 시장·군수·구청장, 아동권리보장원의 장 및 아동보호전문기관의 장에게 관련 통계 등 자료를 요청할 수 있다.

② 법무부장관은 중대한 아동학대 사건이 발생하여 필요하다고 인정하면 해당 사건의 실태파악 및 제도개선을 위하여 관련 공무원, 아동보호전문기관 또는 관계인을 면담하거나 질문할 수 있다.

(2020.3.24 본조신설)

제56조【준용】 ① 피해아동보호명령사건의 조사·심리에 관하여는 「가정폭력범죄의 처벌 등에 관한 특례법」 제19조부터 제22조까지, 제30조부터 제32조까지 및 제34조부터 제36조까지의 규정을 준용한다. 이 경우 "가정보호사건"은 "아동보호사건"으로, "가정폭력행위자"는 "아동학대행위자"로, "피해자"는 "피해아동"으로, "가정폭력범죄"는 "아동학대범죄"로, "보호처분"은 "피해아동보호명령"으로 본다.

제57조【항고와 재항고】 ① 제47조에 따른 피해아동보호명령(제51조에 따른 연장의 결정을 포함한다) 및 제50조에 따른 그 취소 또는 종류의 변경, 제52조에 따른 임시보호명령 및 그 취소 또는 종류의 변경에 있어서 그 결정에 영향을 미칠 법령 위반이 있거나 중대한 사실오인이 있는 때 또는 그 결정이 현저히 부당한 때에는 피해아동, 아동학대행위자, 법정대리인, 변호사, 시·도지사, 시장·군수·구청장 또는 보조인은 가정법원본원합의부에 항고할 수 있다. 다만, 가정법원이 설치되지 아니한 지역에서는 지방법원본원합의부에 하여야 한다.(2020.3.24 본문개정)

② 판사가 피해아동보호명령의 청구를 기각한 경우 피해아동, 그 법정대리인, 변호사, 시·도지사 또는 시장·군수·구청장은 항고할 수 있다. 이 경우 항고법원에 관하여는 제1항을 준용한다.(2020.3.24 전단개정)

③ 아동보호전문기관의 장은 시·도지사 또는 시장·군수·구청장에게 제1항 및 제2항에 따른 항고를 요청할 수 있다.(2020.3.24 본항신설)

④ 제1항 및 제2항에 따른 피해아동보호명령 등의 항고 및 재항고에 관하여는 「가정폭력범죄의 처벌 등에 관한 특례법」 제49조제3항 및 제50조부터 제53조까지의 규정을 준용한다.

제58조【위임규정】 피해아동보호명령사건의 조사·심리에 필요한 사항은 대법원규칙으로 정한다.

제6장 벌 칙

제59조【보호처분 등의 불이행죄】 ① 다음 각 호의 어느 하나에 해당하는 아동학대행위자는 2년 이하의 징역 또는 2천만원 이하의 벌금 또는 구류에 처한다.

1. 제19조제1항제1호부터 제4호까지의 어느 하나에 해당하는 임시조치를 이행하지 아니한 아동학대행위자
2. 제36조제1항제1호부터 제3호까지의 어느 하나에 해당하는 보호처분이 확정된 후에 이를 이행하지 아니한 아동학대행위자
3. 제47조에 따른 피해아동보호명령, 제52조에 따른 임시보호명령이 결정된 후에 이를 이행하지 아니한 아동학대행위자

② 상습적으로 제1항의 죄를 범한 아동학대행위자는 5년 이하의 징역이나 5천만원 이하의 벌금에 처한다.

(2017.12.19 본항개정)

③ 제8조제1항에 따라 이수명령을 부과받은 사람이 보호관찰소의 장 또는 교정시설의 장의 이수명령 이행에 관한 지시에 불응하여 「보호관찰 등에 관한 법률」 또는 「형의 집행 및 수용자의 처우에 관한 법률」에 따른 경고를 받은 후 재차 정당한 사유 없이 이수명령 이행에 관한 지시에 불응한 경우 다음 각 호에 따른다.

1. 벌금형과 병과된 경우에는 500만원 이하의 벌금에 처한다.
2. 징역형의 실형과 병과된 경우에는 1년 이하의 징역 또는 1천만원 이하의 벌금에 처한다.(2017.12.19 본호개정)

제60조【피해자 등에 대한 강요행위】 폭행이나 협박으로 아동학대범죄의 피해아동 또는 제2조제2호에 따른 보호자를 상대로 합의를 강요한 사람은 7년 이하의 징역에 처한다.

제61조【업무수행 등의 방해죄】 ① 제11조제2항·제3항, 제12조제1항, 제19조제1항 각 호, 제36조제1항 각 호 또는 제47조제1항 각 호에 따른 업무를 수행 중인 사법경찰관리, 아동학대전담공무원이나 아동보호전문기관의 직원에 대하여 폭행 또는 협박하거나 위계 또는 위력으로써 그 업무수행을 방해한 사람은 5년 이하의 징역 또는 5천만원 이하의 벌금에 처한다.(2021.1.26 본항개정)

② 단체 또는 다중의 위력을 보이거나 위험한 물건을 휴대하여 제1항의 죄를 범한 사람은 그 정한 형의 2분의 1까지 가중한다.

③ 제1항의 죄를 범하여 사법경찰관리, 아동학대전담공무원이나 아동보호전문기관의 직원을 상해에 이르게 한 때에는 3년 이상의 유기징역에 처한다. 사망에 이르게 한 때에는 무기 또는 5년 이상의 징역에 처한다.(2020.3.24 전단개정)

제62조【비밀엄수 등 의무의 위반죄】 ① 제35조제1항에 따른 비밀엄수 의무를 위반한 보조인, 진술조력인, 아동보호전문기관 직원과 그 기관장, 상담소 등에 근무하는 상담원과 그 기관장 및 제10조제2항 각 호에 규정된 사람(그 직에 있었던 사람을 포함한다)은 3년 이하의 징역이나 5년 이하의 자격정지 또는 3천만원 이하의 벌금에 처한다. 다만, 보조인인 변호사에 대하여는 「형법」 제317조제1항을 적용한다.(2016.5.29 본문개정)

② 제10조제3항을 위반하여 신고인의 인적사항 또는 신고인임을 미루어 알 수 있는 사실을 다른 사람에게 알려주거나 공개 또는 보도한 자는 3년 이하의 징역이나 3천만원 이하의 벌금에 처한다.(2016.5.29 본항개정)

③ 제35조제2항의 보도 금지 의무를 위반한 신문의 편집인·발행인 또는 그 종사자, 방송사의 편집책임자, 그 기관장 또는 종사자, 그 밖의 출판물의 저작자와 발행인은 500만원 이하의 벌금에 처한다.

제62조의2【불이익조치 금지 위반죄】 ① 제10조의2를 위반하여 아동학대범죄신고자등에게 파면, 해임, 해고, 그 밖에 신분상실에 해당하는 신분상의 불이익조치를 한 자는 2년 이하의 징역 또는 2천만원 이하의 벌금에 처한다.

② 제10조의2를 위반하여 아동학대범죄신고자등에게 다음 각 호의 어느 하나에 해당하는 불이익조치를 한 자는 1년 이하의 징역 또는 1천만원 이하의 벌금에 처한다.

1. 징계, 정직, 감봉, 강등, 승진 제한, 그 밖에 부당한 인사조치
2. 전보, 전근, 직무 미부여, 직무 재배치, 그 밖에 본인의 의사에 반하는 인사조치
3. 성과평가 또는 동료평가 등에서의 차별과 그에 따른 임금 또는 상여금 등의 차별 지급
4. 교육 또는 훈련 등 자기계발 기회의 취소, 예산 또는 인력 등 가용자원의 제한 또는 제거, 보안정보 또는 비밀정보 사용의 정지 또는 취급 자격의 취소, 그 밖에 근무조건 등에 부정적 영향을 미치는 차별 또는 조치
5. 주의 대상자 명단 작성 또는 그 명단의 공개, 집단 따돌림, 폭행 또는 폭언, 그 밖에 정신적·신체적 손상을 가져오는 행위
6. 직무에 대한 부당한 감사 또는 조사나 그 결과의 공개

(2016.5.29 본조신설)

제63조【과태료】 ① 다음 각 호의 어느 하나에 해당하는 사람에게는 1천만원 이하의 과태료를 부과한다.

(2021.1.26 본문개정)

1. 정당한 사유 없이 판사의 아동보호사건의 조사·심리를 위한 소환에 따르지 아니한 사람
2. 정당한 사유 없이 제10조제2항에 따른 신고를 하지 아니한 사람
3. 정당한 사유 없이 제11조제6항을 위반하여 사법경찰관리, 아동학대전담공무원 또는 아동보호전문기관의 직원이 수행하는 현장조사를 거부한 사람(2021.1.26 본호개정)

3의2. 정당한 사유 없이 제11조의2제1항 후단을 위반하여 아동학대전담공무원의 출석·진술 및 자료제출 요구에 따르지 아니하거나 거짓으로 진술 또는 자료를 제출한 사람(2021.1.26 본호신설)

4. 정당한 사유 없이 제13조제1항에 따른 긴급임시조치를 이행하지 아니한 사람
5. 정당한 사유 없이 제36조제1항제4호부터 제8호까지의 보호처분이 확정된 후 이를 이행하지 아니하거나 집행에 따르지 아니한 사람
6. 정당한 사유 없이 제39조에 따른 보고서 또는 의견서 제출 요구에 따르지 아니한 사람

② 제1항에 따른 과태료는 대통령령으로 정하는 바에 따라 관계 행정기관의 장이 부과·징수한다.

제64조【벌칙적용에 있어서 공무원의 의제】 아동보호전문기관의 장과 그 직원 및 진술조력인은 「형법」 제129조부터 제132조까지의 규정에 따른 벌칙의 적용에서는 공무원으로 본다.

부 칙

이 법은 공포 후 8개월이 경과한 날부터 시행한다.

부 칙 (2017.12.19)

이 법은 공포 후 6개월이 경과한 날부터 시행한다. 다만, 제59조제2항 및 같은 조 제3항제2호의 개정규정은 공포한 날부터 시행한다.

부 칙 (2019.1.15)

제1조【시행일】 이 법은 공포 후 6개월이 경과한 날부터 시행한다.(이하 생략)

부 칙 (2020.3.24)

제1조【시행일】 이 법은 2020년 10월 1일부터 시행한다.

제2조【아동보호전문기관에 대한 특례】 아동보호전문기관의 장은 법률 제17206호 아동복지법 일부개정법률 부칙 제3조제1항에 따라 시·도지사 또는 시장·군수·구청장이 아동학대전담공무원을 두지 아니한 경우 제9조부터 제11조까지, 제12조(제4항 후단 중 경찰관서의 장의 응급조치결과보고서 송부에 관한 사항은 제외한다), 제15조, 제47조, 제50조 및 제57조의 개정규정에 따른 업무를 수행하여야 한다. 이 경우 "시·도지사 또는 시장·군수·구청장"은 "아동보호전문기관의 장"으로, "아동학대전담공무원"은 "아동보호전문기관의 직원"으로 본다.

부 칙 (2021.1.26)

제1조【시행일】 이 법은 공포한 날부터 시행한다. 다만, 제10조제4항의 개정규정은 공포 후 1년이 경과한 날부터 시행한다.

제2조【현장출동에 따른 결과 통지에 관한 적용례】 제11조제7항의 개정규정은 이 법 시행 이후 사법경찰관리 또는 아동학대전담공무원이 현장에 출동한 경우부터 적용한다.

제3조【응급조치 기간의 연장에 관한 적용례】 제12조제3항 단서 및 제15조제2항의 개정규정은 이 법 시행 이후 응급조치를 하는 경우부터 적용한다.

부 칙 (2021.3.16)

제1조【시행일】 이 법은 공포한 날부터 시행한다.

제2조【국선변호사 및 국선보조인 선정에 관한 적용례】 제16조 및 제49조제1항의 개정규정은 이 법 시행 이후 발생한 아동학대범죄부터 적용한다.

부 칙 (2022.12.27)

이 법은 공포 후 6개월이 경과한 날부터 시행한다.

부 칙 (2023.12.26)

제1조【시행일】 이 법은 공포한 날부터 시행한다.

제2조【의견 참고 등에 관한 적용례】 제11조의2제2항 및 제17조의3의 개정규정은 이 법 시행 당시 조사·수사 중인 사건에 대하여도 적용한다.

디엔에이신원확인정보의 이용 및 보호에 관한 법률

(약칭 : 디엔에이법)

(2010년 1월 25일 법 률 제9944호)

개정
2010. 4.15법10258호(성폭력범죄의처벌등에관한특례법)
2012.12.18법11556호(성폭력범죄의처벌등에관한특례법)
2012.12.18법11572호(아동 · 청소년의성보호에관한법)
2013. 4. 5법11731호(형법)
2014. 1. 7법12186호
2014.10.15법12776호
2016. 1. 6법13717호(특정범죄가중)
2016. 1. 6법13718호(폭력처벌)
2016. 1. 6법13722호(군사법원)
2020. 1.21법16866호

제1조【목적】 이 법은 디엔에이신원확인정보의 수집 · 이용 및 보호에 필요한 사항을 정함으로써 범죄수사 및 범죄예방에 이바지하고 국민의 권익을 보호함을 목적으로 한다.

제2조【정의】 이 법에서 사용하는 용어의 뜻은 다음과 같다.
1. "디엔에이"란 생물의 생명현상에 대한 정보가 포함된 화학물질인 디옥시리보 핵산(Deoxyribonucleic acid, DNA)을 말한다.
2. "디엔에이감식시료"란 사람의 혈액, 타액, 모발, 구강점막 등 디엔에이감식의 대상이 되는 것을 말한다.
3. "디엔에이감식"이란 개인 식별을 목적으로 디엔에이 중 유전정보가 포함되어 있지 아니한 특정 염기서열 부분을 검사 · 분석하여 디엔에이신원확인정보를 취득하는 것을 말한다.
4. "디엔에이신원확인정보"란 개인 식별을 목적으로 디엔에이감식을 통하여 취득한 정보로서 일련의 숫자 또는 부호의 조합으로 표기된 것을 말한다.
5. "디엔에이신원확인정보데이터베이스"(이하 "데이터베이스"라 한다)란 이 법에 따라 취득한 디엔에이신원확인정보를 컴퓨터 등 저장매체에 체계적으로 수록한 집합체로서 개별적으로 그 정보에 접근하거나 검색할 수 있도록 한 것을 말한다.

제3조【국가의 책무】 ① 국가는 디엔에이감식시료를 채취하고 디엔에이 신원확인정보를 관리하며 이를 이용함에 있어 인간의 존엄성 및 개인의 사생활이 침해되지 아니하도록 필요한 시책을 마련하여야 한다.
② 데이터베이스에 수록되는 디엔에이신원확인정보에는 개인 식별을 위하여 필요한 사항 외의 정보 또는 인적사항이 포함되어서는 아니 된다.

제4조【디엔에이신원확인정보의 사무관장】 ① 검찰총장은 제5조에 따라 채취한 디엔에이감식시료로부터 취득한 디엔에이신원확인정보에 관한 사무를 총괄한다.
② 경찰청장은 제6조 및 제7조에 따라 채취한 디엔에이감식시료로부터 취득한 디엔에이신원확인정보에 관한 사무를 총괄한다.
③ 검찰총장 및 경찰청장은 데이터베이스를 서로 연계하여 운영할 수 있다.

제5조【수형인등으로부터의 디엔에이감식시료 채취】 ① 검사(군검사를 포함한다. 이하 같다)는 다음 각 호의 어느 하나에 해당하는 죄 또는 이와 경합된 죄에 대하여 형의 선고, 「형법」 제59조의2에 따른 보호관찰명령, 「치료감호법」에 따른 치료감호선고, 「소년법」 제32조제1항 제9호 또는 제10호에 해당하는 보호처분결정을 받아 확정된 사람(이하 "수형인등"이라 한다)으로부터 디엔에이감식시료를 채취할 수 있다. 다만, 제6조에 따라 디엔에이감식시료를 채취하여 디엔에이신원확인정보가 이미 수록되어 있는 경우는 제외한다.(2016.1.6 본문개정)
1. 「형법」 제2편제13장 방화와 실화의 죄 중 제164조, 제165조, 제166조제1항, 제167조제1항 및 제174조(제164조제1항, 제165조, 제166조제1항의 미수범만 해당한다)의 죄
2. 「형법」 제2편제24장 살인의 죄 중 제250조, 제253조 및 제254조(제251조, 제252조의 미수범은 제외한다)의 죄

2의2. 「형법」 제2편제25장 상해와 폭행의 죄 중 제258조의2, 제261조, 제264조의 죄(2016.1.6 본호신설)

2의3. 「형법」 제2편제29장 체포와 감금의 죄 중 제278조, 제279조, 제280조(제278조, 제279조의 미수범에 한정한다)의 죄(2016.1.6 본호신설)

2의4. 「형법」 제2편제30장 협박의 죄 중 제284조, 제285조, 제286조(제284조, 제285조의 미수범에 한정한다)의 죄(2016.1.6 본호신설)

3. 「형법」 제2편제31장 약취(略取), 유인(誘引) 및 인신매매의 죄 중 제287조, 제288조(결혼을 목적으로 제288조제1항의 죄를 범한 경우는 제외한다), 제289조(결혼을 목적으로 제289조제2항의 죄를 범한 경우는 제외한다), 제290조, 제291조, 제292조(결혼을 목적으로 한 제288조제1항 또는 결혼을 목적으로 한 제289조제2항의 죄로 약취, 유인 또는 매매된 사람을 수수 또는 은닉한 경우 및 결혼을 목적으로 한 제288조제1항 또는 결혼을 목적으로 한 제289조제2항의 죄를 범할 목적으로 사람을 모집, 운송 또는 전달한 경우는 제외한다) 및 제294조(결혼을 목적으로 제288조제1항 또는 결혼을 목적으로 제289조제2항의 죄를 범한 경우의 미수범, 결혼을 목적으로 한 제288조제1항 또는 결혼을 목적으로 한 제289조제2항의 죄로 약취, 유인 또는 매매된 사람을 수수 또는 은닉한 죄의 미수범은 제외한다)의 죄(2013.4.5 본호개정)
4. 「형법」 제2편제32장 강간과 추행의 죄 중 제297조, 제297조의2, 제298조부터 제301조까지, 제301조의2, 제302조, 제303조 및 제305조의 죄(2014.10.15 본호개정)

4의2. 「형법」 제2편제36장 주거침입의 죄 중 제320조, 제322조(제320조의 미수범에 한정한다)의 죄(2016.1.6 본호신설)

4의3. 「형법」 제2편제37장 권리행사를 방해하는 죄 중 제324조제2항, 제324조의5(제324조제2항의 미수범에 한정한다)의 죄(2016.1.6 본호신설)

5. 「형법」 제2편제38장 절도와 강도의 죄 중 제330조, 제331조, 제332조(제331조의2의 상습범은 제외한다)부터 제342조(제329조, 제331조의2의 미수범은 제외한다)까지의 죄

5의2. 「형법」 제2편제39장 사기와 공갈의 죄 중 제350조의2, 제351조(제350조, 제350조의2의 상습범에 한정한다), 제352조(제350조, 제350조의2의 미수범에 한정한다)의 죄(2016.1.6 본호신설)

5의3. 「형법」 제2편제42장 손괴의 죄 중 제369조제1항, 제371조(제369조제1항의 미수범에 한정한다)의 죄(2016.1.6 본호신설)

6. 「폭력행위 등 처벌에 관한 법률」 제2조(같은 조 제2항의 경우는 제외한다), 제3조부터 제5조까지 및 제6조(제2조제2항의 미수범은 제외한다)의 죄
7. 「특정범죄가중처벌 등에 관한 법률」 제5조의2제1항부터 제6항까지, 제5조의4제2항 및 제5항, 제5조의5, 제5조의8, 제5조의9 및 제11조의 죄(2016.1.6 본호개정)
8. 「성폭력범죄의 처벌 등에 관한 특례법」 제3조부터 제11조까지 및 제15조(제13조의 미수범은 제외한다)의 죄(2012.12.18 본호개정)
9. 「마약류관리에 관한 법률」 제58조부터 제61조까지의 죄
10. 「아동 · 청소년의 성보호에 관한 법률」 제7조, 제8조 및 제12조부터 제14조까지(제14조제3항의 경우는 제외한다)의 죄(2014.10.15 본호개정)
11. 「군형법」 제53조제1항, 제59조제1항, 제66조, 제67조 및 제82조부터 제85조까지의 죄

② 검사는 필요한 경우 교도소 · 구치소 및 그 지소, 소년원, 치료감호시설 등(이하 "수용기관"이라 한다)의 장에게 디엔에이감식시료의 채취를 위탁할 수 있다.

제6조【구속피의자등으로부터의 디엔에이감식시료 채취】 검사 또는 사법경찰관(군사법경찰관을 포함한다. 이하 같다)은 제5조제1항 각 호의 어느 하나에 해당하는 죄 또는 이와 경합된 죄를 범하여 구속된 피의자 또는 「치료감호법」에 따라 보호구속된 치료감호대상자(이하 "구속피의자등"이라 한다)로부터 디엔에이감식시료를 채취할 수 있다. 다만, 제5조에 따라 디엔에이감식시료를 채취하여 디엔에이신원확인정보가 이미 수록되어 있는 경우는 제외한다.

제7조【범죄현장등으로부터의 디엔에이감식시료 채취】 ① 검사 또는 사법경찰관은 다음 각 호의 어느 하나에 해당하는 것(이하 "범죄현장등"이라 한다)에서 디엔에이감식시료를 채취할 수 있다.
1. 범죄현장에서 발견된 것
2. 범죄의 피해자 신체의 내 · 외부에서 발견된 것
3. 범죄의 피해자가 피해 당시 착용하거나 소지하고 있던 물건에서 발견된 것
4. 범죄의 실행과 관련된 사람의 신체나 물건의 내 · 외부 또는 범죄의 실행과 관련한 장소에서 발견된 것

② 제1항에 따라 채취한 디엔에이감식시료에서 얻은 디엔에이신원확인정보는 그 신원이 밝혀지지 아니한 것에 한정하여 데이터베이스에 수록할 수 있다.

제8조【디엔에이감식시료채취영장】 ① 검사는 관할 지방법원 판사(군판사를 포함한다. 이하 같다)에게 청구하여 발부받은 영장에 의하여 제5조 또는 제6조에 따른 디엔에이감식시료의 채취대상자로부터 디엔에이감식시료를 채취할 수 있다.
② 사법경찰관은 검사에게 신청하여 검사의 청구로 관할 지방법원판사가 발부한 영장에 의하여 제6조에 따른 디엔에이감식시료의 채취대상자로부터 디엔에이감식시료를 채취할 수 있다.
③ 제1항과 제2항의 채취대상자가 동의하는 경우에는 영장 없이 디엔에이감식시료를 채취할 수 있다. 이 경우 미리 채취대상자에게 채취를 거부할 수 있음을 고지하고 서면으로 동의를 받아야 한다.
④ 제1항 및 제2항에 따라 디엔에이감식시료를 채취하기 위한 영장(이하 "디엔에이감식시료채취영장"이라 한다)을 청구할 때에는 채취대상자의 성명, 주소, 청구이유, 채취할 시료의 종류 및 방법, 채취할 장소 등을 기재한 청구서 및 채취에 관한 채취대상자의 의견이 담긴 서면을 제출하여야 하며, 청구이유에 대한 소명자료를 첨부하여야 한다. 이 경우 채취대상자의 의견이 담긴 서면을 제출하기 곤란한 사정이 있는 때에는 그에 대한 소명자료를 함께 제출하여야 한다.
⑤ 관할 지방법원 판사는 디엔에이감식시료채취영장 발부여부를 심사하는 때에 채취대상자에게 서면에 의한 의견진술의 기회를 주어야 한다. 다만, 제4항에 따라 채취대상자의 의견이 담긴 서면이 제출된 때에는 의견진술의 기회를 부여한 것으로 본다.
⑥ 디엔에이감식시료채취영장에는 대상자의 성명, 주소, 채취할 시료의 종류 및 방법, 채취할 장소, 유효기간과 그 기간을 경과하면 집행에 착수하지 못하며 영장을 반환하여야 한다는 취지를 적고 지방법원판사가 서명날인하여야 한다.
⑦ 디엔에이감식시료채취영장은 검사의 지휘에 의하여 사법경찰관리가 집행한다. 다만, 수용기관에 수용되어 있는 사람에 대한 디엔에이감식시료채취영장은 검사의 지휘에 의하여 수용기관 소속 공무원이 행할 수 있다.
⑧ 검사는 필요에 따라 관할구역 밖에서 디엔에이감식시료채취영장의 집행을 직접 지휘하거나 해당 관할구역의 검사에게 집행지휘를 촉탁할 수 있다.
⑨ 디엔에이감식시료를 채취할 때에는 채취대상자에게 미리 디엔에이감식시료의 채취 이유, 채취할 시료의 종류 및 방법을 고지하여야 한다.
⑩ 디엔에이감식시료채취영장에 의한 디엔에이감식시료의 채취에 관하여는 「형사소송법」 제116조, 제118조, 제124조부터 제126조까지 및 제131조를 준용한다.(2020.1.21 본조개정)

제8조의2【불복절차】 ① 제8조제1항 또는 제2항에 따른 디엔에이감식시료채취영장에 의하여 디엔에이감식시료가 채취된 대상자는 채취에 관한 처분에 대하여 불복이 있으면 채취가 이루어진 날부터 7일 이내에 그 직무집행지의 관할법원 또는 검사의 소속검찰청에 대응한 법원에 그 처분의 취소를 청구할 수 있다.
② 제1항의 청구는 서면으로 관할 법원에 제출하여야 한다.
③ 제1항의 청구가 있는 경우에는 「형사소송법」 제409조, 제413조, 제414조 및 제415조의 규정을 준용한다.(2020.1.21 본조신설)

제9조【디엔에이감식시료의 채취 방법】 ① 제5조 및 제6조에 따라 디엔에이감식시료를 채취할 때에는 구강점막에서의 채취 등 채취대상자의 신체나 명예에 대한 침해를 최소화하는 방법을 사용하여야 한다.
② 디엔에이감식시료의 채취 방법 및 관리에 관하여 필요한 사항은 대통령령으로 정한다.

제10조【디엔에이신원확인정보의 수록 등】 ① 검찰총장 및 경찰청장은 다음 각 호의 업무를 대통령령으로 정하는 사람이나 기관(이하 "디엔에이신원확인정보담당자"라 한다)에 위임 또는 위탁할 수 있다.
1. 제5조부터 제8조까지 및 제9조에 따라 채취된 디엔에이감식시료의 감식 및 데이터베이스에의 디엔에이신원확인정보의 수록(2020.1.21 본호개정)
2. 데이터베이스의 관리

② 디엔에이신원확인정보담당자에 대한 위임 또는 위탁, 디엔에이감식업무, 디엔에이신원확인정보의 수록 및 관리 등에 관하여 필요한 사항은 대통령령으로 정한다.

제11조【디엔에이신원확인정보의 검색 · 회보】 ① 디엔에이신원확인정보담당자는 다음 각 호의 어느 하나에 해당하는 경우에 디엔에이신원확인정보를 검색하거나 그 결과를 회보할 수 있다.
1. 데이터베이스에 새로운 디엔에이신원확인정보를 수록하는 경우
2. 검사 또는 사법경찰관이 범죄수사 또는 변사자 신원확인을 위하여 요청하는 경우
3. 법원(군사법원을 포함한다. 이하 같다)이 형사재판에서 사실조회를 하는 경우
4. 데이터베이스 상호간의 대조를 위하여 필요한 경우

② 디엔에이신원확인정보담당자는 제1항에 따라 디엔에이신원확인정보의 검색결과를 회보하는 때에는 그 용도, 작성자, 조회자의 성명 및 작성 일시를 명시하여야 한다.
③ 디엔에이신원확인정보의 검색 및 검색결과의 회보 절차에 관하여 필요한 사항은 대통령령으로 정한다.

제12조【디엔에이감식시료의 폐기】 ① 디엔에이신원확인정보담당자가 디엔에이신원확인정보를 데이터베이스에 수록한 때에는 제5조 및 제6조에 따라 채취된 디엔에이감식시료와 그로부터 추출한 디엔에이를 지체 없이 폐기하여야 한다.
② 디엔에이감식시료와 그로부터 추출한 디엔에이의 폐기 방법 및 절차에 관하여 필요한 사항은 대통령령으로 정한다.

제13조【디엔에이신원확인정보의 삭제】 ① 디엔에이신원확인정보담당자는 수형인등이 재심에서 무죄, 면소, 공소기각 판결 또는 공소기각 결정이 확정된 경우에는 직권 또는 본인의 신청에 의하여 제5조에 따라 채취되어 데이터베이스에 수록된 디엔에이신원확인정보를 삭제하여야 한다.
② 디엔에이신원확인정보담당자는 구속피의자등이 다음 각 호의 어느 하나에 해당하는 경우에는 직권 또는 본인의 신청에 의하여 제6조에 따라 채취되어 데이터베이스에 수록된 디엔에이신원확인정보를 삭제하여야 한다.
1. 검사의 혐의없음, 죄가안됨 또는 공소권없음의 처분이 있거나, 제5조제1항 각 호의 범죄로 구속된 피의자의 죄명이 수사 또는 재판 중에 같은 항 각 호 외의 죄명으로 변경되는 경우. 다만, 죄가안됨 처분을 하면서 「치료감호법」 제7조제1호에 따라 치료감호의 독립청구를 하는 경우는 제외한다.

2. 법원의 무죄, 면소, 공소기각 판결 또는 공소기각 결정이 확정된 경우. 다만, 무죄 판결을 하면서 치료감호를 선고하는 경우는 제외한다.
3. 법원의 「치료감호법」 제7조제1호에 따른 치료감호의 독립청구에 대한 청구기각 판결이 확정된 경우
③ 디엔에이신원확인정보담당자는 제8조의2에 따른 수형인등 또는 구속피의자등의 불복절차에서 검사 또는 사법경찰관의 디엔에이감식시료의 채취에 관한 처분 취소 결정이 확정된 경우에는 직권 또는 본인의 신청에 의하여 제5조 또는 제6조에 따라 채취되어 데이터베이스에 수록된 디엔에이신원확인정보를 삭제하여야 한다.(2020.1.21 본항신설)
④ 디엔에이신원확인정보담당자는 수형인등 또는 구속피의자등이 사망한 경우에는 제5조 또는 제6조에 따라 채취되어 데이터베이스에 수록된 디엔에이신원확인정보를 직권 또는 친족의 신청에 의하여 삭제하여야 한다.
⑤ 디엔에이신원확인정보담당자는 제7조에 따라 채취되어 데이터베이스에 수록된 디엔에이신원확인정보에 관하여 그 신원이 밝혀지는 등의 사유로 더 이상 보존·관리가 필요하지 아니한 경우에는 직권 또는 본인의 신청에 의하여 그 디엔에이신원확인정보를 삭제하여야 한다.
⑥ 디엔에이신원확인정보담당자는 제1항부터 제5항까지의 규정에 따라 디엔에이신원확인정보를 삭제한 경우에는 30일 이내에 본인 또는 신청인에게 그 사실을 통지하여야 한다.(2020.1.21 본항개정)
⑦ 디엔에이신원확인정보의 삭제 방법, 절차 및 통지에 관하여 필요한 사항은 대통령령으로 정한다.

제14조【디엔에이신원확인정보데이터베이스관리위원회】 ① 데이터베이스의 관리·운영에 관한 다음 각 호의 사항을 심의하기 위하여 국무총리 소속으로 디엔에이신원확인정보데이터베이스관리위원회(이하 "위원회"라 한다)를 둔다.
1. 디엔에이감식시료의 수집, 운반, 보관 및 폐기에 관한 사항
2. 디엔에이감식의 방법, 절차 및 감식기술의 표준화에 관한 사항
3. 디엔에이신원확인정보의 표기, 데이터베이스 수록 및 삭제에 관한 사항
4. 그 밖에 대통령령으로 정하는 사항
② 위원회는 위원장 1명을 포함한 7명 이상 9명 이하의 위원으로 구성한다.
③ 위원은 다음 각 호의 어느 하나에 해당하는 사람 중에서 국무총리가 위촉하며, 위원장은 국무총리가 위원 중에서 지명한다.
1. 5급 이상 공무원(고위공무원단에 속하는 일반직공무원을 포함한다) 또는 이에 상당하는 공공기관의 직에 있거나 있었던 사람으로서 디엔에이와 관련한 업무에 종사한 경험이 있는 사람
2. 대학이나 공인된 연구기관에서 부교수급 이상 또는 이에 상당하는 직에 있거나 있었던 사람으로서 생명과학 또는 의학 분야에서 전문지식과 연구경험이 풍부한 사람
3. 그 밖에 윤리학계, 사회과학계, 법조계 또는 언론계 등 분야에서 학식과 경험이 풍부한 사람
④ 위원의 임기는 3년으로 한다.
⑤ 위원회는 제1항 각 호 사항의 심의에 필요하다고 인정하는 때에는 검찰총장 및 경찰청장에게 관련 자료의 제출을 요청할 수 있고, 디엔에이신원확인정보담당자 등을 위원회의 회의에 참석하게 하여 의견을 들을 수 있다.
⑥ 위원회는 제1항 각 호의 사항을 심의하여 검찰총장 또는 경찰청장에게 의견을 제시할 수 있다.
⑦ 제1항부터 제6항까지에서 규정한 사항 외에 위원회의 구성과 운영 등에 필요한 사항은 대통령령으로 정한다.

제15조【업무목적 외 사용 등의 금지】 디엔에이신원확인정보담당자는 업무상 취득한 디엔에이감식시료 또는 디엔에이신원확인정보를 업무목적 외에 사용하거나 타인에게 제공 또는 누설하여서는 아니 된다.

제16조【벌칙 적용 시 공무원 의제】 디엔에이신원확인정보담당자 중 공무원이 아닌 사람은 「형법」이나 그 밖의 법률에 따른 벌칙을 적용할 때에는 공무원으로 본다.

제17조【벌칙】 ① 디엔에이신원확인정보를 거짓으로 작성하거나 변개(變改)한 사람은 7년 이하의 징역 또는 2천만원 이하의 벌금에 처한다.
② 이 법에 따라 채취한 디엔에이감식시료를 인멸, 은닉 또는 손상하거나 그 밖의 방법으로 그 효용을 해친 사람은 5년 이하의 징역 또는 700만원 이하의 벌금에 처한다.
③ 제15조를 위반하여 디엔에이감식시료 또는 디엔에이신원확인정보를 업무목적 외에 사용하거나 타인에게 제공 또는 누설한 사람은 3년 이하의 징역 또는 5년 이하의 자격정지에 처한다.
④ 다음 각 호의 어느 하나에 해당하는 사람은 2년 이하의 징역 또는 500만원 이하의 벌금에 처한다.
1. 거짓이나 그 밖의 부정한 방법으로 디엔에이신원확인정보를 열람하거나 제공받은 사람
2. 제11조에 따라 회보된 디엔에이신원확인정보를 업무목적 외에 사용하거나 타인에게 제공 또는 누설한 사람
⑤ 디엔에이신원확인정보담당자가 정당한 사유 없이 제12조 또는 제13조를 위반하여 디엔에이감식시료와 추출한 디엔에이를 폐기하지 아니하거나 디엔에이신원확인정보를 삭제하지 아니한 때에는 1년 이하의 징역 또는 3년 이하의 자격정지에 처한다.(2014.1.7 본항개정)

부 칙

제1조【시행일】 이 법은 공포 후 6개월이 경과한 날부터 시행한다.

제2조【수형자등 및 구속피의자등의 디엔에이신원확인정보 수록에 관한 적용례】 ① 제5조는 이 법 시행 당시 제5조제1항 각 호의 어느 하나에 해당하는 죄 또는 이와 경합한 죄로 징역이나 금고 이상의 실형을 선고받아 그 형이 확정되어 수용 중인 사람, 「치료감호법」에 따른 치료감호선고 또는 「소년법」 제32조제1항제9호 또는 제10호에 해당하는 보호처분결정을 받아 치료감호시설이나 소년원에 수용 중인 사람에 대하여도 적용한다.
② 제6조는 이 법 시행 당시 제5조제1항 각 호의 어느 하나에 해당하는 죄 또는 이와 경합된 죄를 범하여 구속된 피의자 또는 「치료감호법」에 따라 보호구속된 치료감호대상자에 대하여도 적용한다.

제3조【범죄현장등의 디엔에이신원확인정보 수록에 관한 적용례】 제7조는 이 법 시행 전에 검사 또는 사법경찰관이 범죄현장등으로부터 취득하여 보관하고 있는 디엔에이신원확인정보에 대하여도 적용한다.

부 칙 (2014.10.15)

제1조【시행일】 이 법은 공포 후 6개월이 경과한 날부터 시행한다.

제2조【수형인등으로부터의 디엔에이감식시료 채취에 관한 적용례】 제5조제1항의 개정규정은 이 법 시행 당시 「형법」 제297조의2의 죄 및 「아동·청소년의 성보호에 관한 법률」 제8조의 죄 중 어느 하나에 해당하는 죄 또는 이와 경합된 죄로 징역이나 금고 이상의 실형을 선고받아 그 형이 확정되어 수용 중인 사람, 「치료감호법」에 따른 치료감호선고 또는 「소년법」 제32조제1항제9호 또는 제10호에 해당하는 보호처분결정을 받아 치료감호시설이나 소년원에 수용 중인 사람에 대하여도 적용한다.

부 칙 (2016.1.6 법13717호)
(2016.1.6 법13718호)

제1조【시행일】 이 법은 공포한 날부터 시행한다.(이하 생략)

부 칙 (2016.1.6 법13722호)

제1조【시행일】 이 법은 공포 후 1년 6개월이 경과한 날부터 시행한다.(이하 생략)

부 칙 (2020.1.21)

제1조【시행일】 이 법은 공포한 날부터 시행한다.

제2조【적용례】 제8조제5항, 제8조의2, 제13조제3항 및 제6항의 개정규정은 이 법 시행 전 디엔에이감식시료채취영장을 청구한 경우에도 적용한다.

성폭력범죄자의 성충동 약물치료에 관한 법률

(약칭 : 성충동약물치료법)

(2010년 7월 23일
법 률 제10371호)

개정
2011. 8. 4법11005호(의료법)
2012.12.18법11556호(성폭력범죄의처벌등에관한특례법)
2012.12.18법11557호
2016. 1. 6법13722호(군사법원)
2016. 1.19법13766호
2016. 5.29법14224호(정신건강증진및정신질환자복지서비스지원에관한법)
2017.10.31법14970호 2017.12.19법15254호
2020. 2. 4법16915호

제1장 총 칙

제1조【목적】 이 법은 사람에 대하여 성폭력범죄를 저지른 성도착증 환자로서 성폭력범죄를 다시 범할 위험성이 있다고 인정되는 사람에 대하여 성충동 약물치료를 실시하여 성폭력범죄의 재범을 방지하고 사회복귀를 촉진하는 것을 목적으로 한다.(2012.12.18 본조개정)

제2조【정의】 이 법에서 사용하는 용어의 뜻은 다음과 같다.
1. "성도착증 환자"란 「치료감호 등에 관한 법률」 제2조제1항제3호에 해당하는 사람 및 정신건강의학과 전문의의 감정에 의하여 성적 이상 습벽으로 인하여 자신의 행위를 스스로 통제할 수 없다고 판명된 사람을 말한다.(2017.12.19 본호개정)
2. "성폭력범죄"란 다음 각 목의 범죄를 말한다.
가. 「아동·청소년의 성보호에 관한 법률」 제7조(아동·청소년에 대한 강간·강제추행 등)부터 제10조(강간 등 살인·치사)까지의 죄(2017.12.19 본목개정)
나. 「성폭력범죄의 처벌 등에 관한 특례법」 제3조(특수강도강간 등)부터 제13조(통신매체를 이용한 음란행위)까지의 죄 및 제15조(미수범)의 죄(제3조부터 제9조까지의 미수범만을 말한다)(2012.12.18 본목개정)
다. 「형법」 제297조(강간)·제297조의2(유사강간)·제298조(강제추행)·제299조(준강간, 준강제추행)·제300조(미수범)·제301조(강간등 상해·치상)·제301조의2(강간등 살인·치사)·제302조(미성년자등에 대한 간음)·제303조(업무상위력등에 의한 간음)·제305조(미성년자에 대한 간음, 추행)·제339조(강도강간), 제340조(해상강도)제3항(사람을 강간한 죄만을 말한다) 및 제342조(미수범)의 죄(제339조 및 제340조제3항 중 사람을 강간한 죄의 미수범만을 말한다)(2017.12.19 본목개정)
라. 가목부터 다목까지의 죄로서 다른 법률에 따라 가중처벌되는 죄
3. "성충동 약물치료"(이하 "약물치료"라 한다)란 비정상적인 성적 충동이나 욕구를 억제하기 위한 조치로서 성도착증 환자에게 약물 투여 및 심리치료 등의 방법으로 도착적인 성기능을 일정기간 동안 약화 또는 정상화하는 치료를 말한다.

제3조【약물치료의 요건】 약물치료는 다음 각 호의 요건을 모두 갖추어야 한다.
1. 비정상적 성적 충동이나 욕구를 억제하거나 완화하기 위한 것으로서 의학적으로 알려진 것일 것
2. 과도한 신체적 부작용을 초래하지 아니할 것
3. 의학적으로 알려진 방법대로 시행될 것

제2장 약물치료명령의 청구 및 판결

제4조【치료명령의 청구】 ① 검사는 사람에 대하여 성폭력범죄를 저지른 성도착증 환자로서 성폭력범죄를 다시 범할 위험성이 있다고 인정되는 19세 이상의 사람에 대하여 약물치료명령(이하 "치료명령"이라고 한다)을 법원에 청구할 수 있다.(2012.12.18 본항개정)
② 검사는 치료명령 청구대상자(이하 "치료명령 피청구자"라 한다)에 대하여 정신건강의학과 전문의의 진단이나 감정을 받은 후 치료명령을 청구하여야 한다.(2011.8.4 본항개정)
③ 제1항에 따른 치료명령의 청구는 공소가 제기되거나 치료감호가 독립청구된 성폭력범죄사건(이하 "피고사건"이라 한다)의 항소심 변론종결 시까지 하여야 한다.
④ 법원은 피고사건의 심리결과 치료명령을 할 필요가 있다고 인정하는 때에는 검사에게 치료명령의 청구를 요구할 수 있다.
⑤ 피고사건에 대하여 판결의 확정 없이 공소가 제기되거나 치료감호가 독립청구된 때부터 15년이 지나면 치료명령을 청구할 수 없다.
⑥ 제2항에 따른 정신건강의학과 전문의의 진단이나 감정에 필요한 사항은 대통령령으로 정한다.(2011.8.4 본항개정)

제5조【조사】 ① 검사는 치료명령을 청구하기 위하여 필요하다고 인정하는 때에는 치료명령 피청구자의 주거지 또는 소속 검찰청(지청을 포함한다. 이하 같다) 소재지를 관할하는 보호관찰소(지소를 포함한다. 이하 같다)

의 장에게 범죄의 동기, 피해자와의 관계, 심리상태, 재범의 위험성 등 치료명령 피청구자에 관하여 필요한 사항의 조사를 요청할 수 있다.
② 제1항의 요청을 받은 보호관찰소의 장은 조사할 보호관찰관을 지명하여야 한다.
③ 제2항에 따라 지명된 보호관찰관은 검사의 지휘를 받아 지체 없이 필요한 사항을 조사한 후 검사에게 조사보고서를 제출하여야 한다.
제6조【치료명령 청구사건의 관할】 ① 치료명령 청구사건의 관할은 치료명령 청구사건과 동시에 심리하는 피고사건의 관할에 따른다.
② 치료명령 청구사건의 제1심 재판은 지방법원 합의부(지방법원지원 합의부를 포함한다. 이하 같다)의 관할로 한다.
제7조【치료명령 청구서의 기재사항】 ① 치료명령 청구서에는 다음 각 호의 사항을 적어야 한다.
1. 치료명령 피청구자의 성명과 그 밖에 치료명령 피청구자를 특정할 수 있는 사항
2. 청구의 원인이 되는 사실
3. 적용 법조
4. 그 밖에 대통령령으로 정하는 사항
② 법원은 치료명령 청구를 받으면 지체 없이 치료명령 청구서의 부본을 치료명령 피청구자 또는 그 변호인에게 송달하여야 한다. 이 경우 공소제기 또는 치료감호의 독립청구와 동시에 치료명령 청구가 있는 때에는 제1회 공판기일 5일 전까지, 피고사건 심리 중에 치료명령 청구가 있는 때에는 다음 공판기일 5일 전까지 송달하여야 한다.
제8조【치료명령의 판결 등】 ① 법원은 치료명령 청구가 이유 있다고 인정하는 때에는 15년의 범위에서 치료기간을 정하여 판결로 치료명령을 선고하여야 한다.
② 치료명령을 선고받은 사람(이하 "치료명령을 받은 사람"이라 한다)은 치료기간 동안 「보호관찰 등에 관한 법률」에 따른 보호관찰을 받는다.
③ 법원은 다음 각 호의 어느 하나에 해당하는 때에는 판결로 치료명령 청구를 기각하여야 한다.
1. 치료명령 청구가 이유 없다고 인정하는 때
2. 피고사건에 대하여 무죄(심신상실을 이유로 치료감호가 선고된 경우는 제외한다)·면소·공소기각의 판결 또는 결정을 선고하는 때
3. 피고사건에 대하여 벌금형을 선고하는 때
4. 피고사건에 대하여 선고를 유예하거나 집행유예를 선고하는 때
④ 치료명령 청구사건의 판결은 피고사건의 판결과 동시에 선고하여야 한다.
⑤ 치료명령 선고의 판결 이유에는 요건으로 되는 사실, 증거의 요지 및 적용 법조를 명시하여야 한다.
⑥ 치료명령의 선고는 피고사건의 양형에 유리하게 참작되어서는 아니 된다.
⑦ 피고사건의 판결에 대하여 「형사소송법」에 따른 상소 및 상소의 포기·취하가 있는 때에는 치료명령 청구사건의 판결에 대하여도 상소 및 상소의 포기·취하가 있는 것으로 본다. 상소권회복 또는 재심의 청구나 비상상고가 있는 때에도 또한 같다.
⑧ 검사 또는 치료명령 피청구자 및 「형사소송법」 제340조·제341조에 규정된 사람은 치료명령에 대하여 독립하여 「형사소송법」에 따른 상소 및 상소의 포기·취하를 할 수 있다. 상소권회복 또는 재심의 청구나 비상상고의 경우에도 또한 같다.
제8조의2【치료명령의 집행 면제 신청 등】 ① 징역형과 함께 치료명령을 받은 사람 및 그 법정대리인은 주거지 또는 현재지를 관할하는 지방법원(지원을 포함한다. 이하 같다)에 치료명령이 집행될 필요가 없을 정도로 개선되어 성폭력범죄를 다시 범할 위험성이 없음을 이유로 치료명령의 집행 면제를 신청할 수 있다. 다만, 징역형과 함께 치료명령을 받은 사람이 치료감호의 집행 중인 경우에는 치료명령의 집행 면제를 신청할 수 없다.
② 제1항 본문에 따른 신청은 치료명령의 원인이 된 범죄에 대한 징역형의 집행이 종료되기 전 12개월부터 9개월까지의 기간에 하여야 한다. 다만, 치료명령의 원인이 된 범죄가 아닌 다른 범죄를 범하여 징역형의 집행이 종료되지 아니한 경우에는 그 징역형의 집행이 종료되기 전 12개월부터 9개월까지의 기간에 하여야 한다.
③ 징역형과 함께 치료명령을 받은 사람은 제1항 본문에 따른 치료명령의 집행 면제를 신청할 때에는 신청서에 치료명령의 집행 면제의 심사에 참고가 될 자료를 첨부하여 제출하여야 한다.
④ 법원은 제1항 본문의 신청을 받은 경우 징역형의 집행이 종료되기 3개월 전까지 치료명령의 집행 면제 여부를 결정하여야 한다.
⑤ 법원은 제4항에 따른 결정을 하기 위하여 필요한 경우에는 그 법원의 소재지를 관할하는 보호관찰소의 장에게 치료명령을 받은 사람의 교정성적, 심리상태, 재범의 위험성 등 필요한 사항의 조사를 요청할 수 있다. 이 경우 조사에 관하여는 제5조를 준용하며, "검사"는 "법원"으로 본다.
⑥ 법원은 제4항에 따른 결정을 하기 위하여 필요한 때에는 치료명령을 받은 사람에 대하여 정신건강의학과 전문의의 진단이나 감정을 받게 할 수 있다.
⑦ 제1항에 따른 치료명령 집행 면제 신청사건의 관할에 관하여는 제6조제2항을 준용한다.
⑧ 징역형과 함께 치료명령을 받은 사람 및 그 법정대리인은 제4항의 결정에 대하여 항고(抗告)를 할 수 있다.
⑨ 제8항의 항고에 관하여는 제22조제5항부터 제11항까지를 준용한다. 이 경우 "성폭력 수형자"는 "치료명령을 받은 사람"으로 본다.
(2017.12.19 본조신설)
제8조의3【치료감호심의위원회의 치료명령 집행 면제 등】 ①「치료감호 등에 관한 법률」 제37조에 따른 치료감호심의위원회(이하 "치료감호심의위원회"라 한다)는 같은 법 제16조제1항에 따른 피치료감호자 중 치료명령을 받은 사람(피치료감호자 중 징역형과 함께 치료명령을 받은 사람의 경우 형기가 남아 있지 아니하거나 9개월 미만의 기간이 남아 있는 사람에 한정한다)에 대하여 같은 법 제22조 또는 제23조에 따른 치료감호의 종료·가종료 또는 치료위탁 결정을 하는 경우에 치료명령의 집행이 필요하지 아니하다고 인정되면 치료명령의 집행을 면제하는 결정을 하여야 한다.
② 치료감호심의위원회는 제1항의 결정을 하기 위하여 필요한 경우에는 치료명령을 받은 사람에 대하여 정신건강의학과 전문의의 진단이나 감정을 받게 할 수 있다.
(2017.12.19 본조신설)
제8조의4【치료명령의 집행 면제 결정 통지】 법원 또는 치료감호심의위원회는 제8조의2제4항 또는 제8조의3제1항에 따라 치료명령의 집행 면제에 관한 결정을 한 때에는 지체 없이 신청인 또는 피치료감호자, 신청인 또는 피치료감호자의 주거지를 관할하는 보호관찰소의 장, 교도소·구치소 또는 치료감호시설의 장에게 결정문 등본을 송부하여야 한다.(2017.12.19 본조신설)
제9조【전문가의 감정 등】 법원은 제4조제2항에 따른 정신건강의학과 전문의의 진단 또는 감정의견만으로 치료명령 피청구자의 성도착증 여부를 판단하기 어려울 때에는 다른 정신과 전문의에게 다시 진단 또는 감정을 명할 수 있다.(2011.8.4 본조개정)
제10조【준수사항】 ① 치료명령을 받은 사람은 치료기간 동안 「보호관찰 등에 관한 법률」 제32조제2항 각 호(제4호는 제외한다)의 준수사항과 다음 각 호의 준수사항을 이행하여야 한다.
1. 보호관찰관의 지시에 따라 성실히 약물치료에 응할 것
2. 보호관찰관의 지시에 따라 정기적으로 호르몬 수치 검사를 받을 것
3. 보호관찰관의 지시에 따라 인지행동 치료 등 심리치료 프로그램을 성실히 이수할 것
② 법원은 제8조제1항에 따라 치료명령을 선고하는 경우 「보호관찰 등에 관한 법률」 제32조제3항 각 호의 준수사항을 부과할 수 있다.
③ 법원은 치료명령을 선고할 때에 치료명령을 받은 사람에게 치료명령의 취지를 설명하고 준수사항을 적은 서면을 교부하여야 한다.
④ 제1항제3호의 인지행동 치료 등 심리치료 프로그램에 관하여 필요한 사항은 대통령령으로 정한다.
제11조【치료명령 판결 등의 통지】 ① 법원은 제8조제1항에 따라 치료명령을 선고한 때에는 그 판결이 확정된 날부터 3일 이내에 치료명령을 받은 사람의 주거지를 관할하는 보호관찰소의 장에게 판결문의 등본과 준수사항을 적은 서면을 송부하여야 한다.
② 교도소, 소년교도소, 구치소 및 치료감호시설의 장은 치료명령을 받은 사람이 석방되기 3개월 전까지 치료명령을 받은 사람의 주거지를 관할하는 보호관찰소의 장에게 그 사실을 통보하여야 한다.
제12조【국선변호인 등】 치료명령 청구사건에 관하여는 「형사소송법」 제282조 및 제283조를 준용한다.

제3장 치료명령의 집행

제13조【집행지휘】 ① 치료명령은 검사의 지휘를 받아 보호관찰관이 집행한다.
② 제1항에 따른 지휘는 판결문 등본을 첨부한 서면으로 한다.
제14조【치료명령의 집행】 ① 치료명령은 「의료법」에 따른 의사의 진단과 처방에 의한 약물 투여, 「정신건강증진 및 정신질환자 복지서비스 지원에 관한 법률」에 따른 정신보건전문요원 등 전문가에 의한 인지행동 치료 등 심리치료 프로그램의 실시 등의 방법으로 집행한다.
(2016.5.29 본항개정)
② 보호관찰관은 치료명령을 받은 사람에게 치료명령을 집행하기 전에 약물치료의 효과, 부작용 및 약물치료의 방법·주기·절차 등에 관하여 충분히 설명하여야 한다.
③ 치료명령을 받은 사람이 형의 집행이 종료되거나 면제·가석방 또는 치료감호의 집행이 종료·가종료 또는 치료위탁으로 석방되는 경우 보호관찰관은 석방되기 전 2개월 이내에 치료명령을 받은 사람에게 치료명령을 집행하여야 한다.
④ 다음 각 호의 어느 하나에 해당하는 때에는 치료명령의 집행이 정지된다.
1. 치료명령의 집행 중 구속영장의 집행을 받아 구금된 때
2. 치료명령의 집행 중 금고 이상의 형의 집행을 받게 된 때
3. 가석방 또는 가종료·가출소된 자에 대하여 치료기간 동안 가석방 또는 가종료·가출소가 취소되거나 실효된 때
⑤ 제4항에 따라 집행이 정지된 치료명령의 잔여기간에 대하여는 다음 각 호의 구분에 따라 집행한다.
1. 제4항제1호의 경우에는 구금이 해제되거나 금고 이상의 형의 집행을 받지 아니하는 것으로 확정된 때부터 그 잔여기간을 집행한다.
2. 제4항제2호의 경우에는 그 형의 집행이 종료되거나 면제된 후 또는 가석방된 때부터 그 잔여기간을 집행한다.
3. 제4항제3호의 경우에는 그 형이나 치료감호 또는 보호감호의 집행이 종료되거나 면제된 후 그 잔여기간을 집행한다.
⑥ 그 밖에 치료명령의 집행 및 정지에 관하여 필요한 사항은 대통령령으로 정한다.
제15조【치료명령을 받은 사람의 의무】 ① 치료명령을 받은 사람은 치료기간 중 상쇄약물의 투약 등의 방법으로 치료의 효과를 해하여서는 아니 된다.
② 치료명령을 받은 사람은 형의 집행이 종료되거나 면제·가석방 또는 치료감호의 집행이 종료·가종료 또는 치료위탁되는 날부터 10일 이내에 주거지를 관할하는 보호관찰소에 출석하여 서면으로 신고하여야 한다.
③ 치료명령을 받은 사람은 주거 이전 또는 7일 이상의 국내여행을 하거나 출국할 때에는 미리 보호관찰관의 허가를 받아야 한다.
제16조【치료기간의 연장 등】 ① 치료 경과 등에 비추어 치료명령을 받은 사람에 대한 약물치료를 계속 하여야 할 상당한 이유가 있거나 다음 각 호의 어느 하나에 해당하는 사유가 있으면 법원은 보호관찰소의 장의 신청에 따른 검사의 청구로 치료기간을 결정으로 연장할 수 있다. 다만, 종전의 치료기간을 합산하여 15년을 초과할 수 없다.
1. 정당한 사유 없이 「보호관찰 등에 관한 법률」 제32조제2항(제4호는 제외한다) 또는 제3항에 따른 준수사항을 위반한 경우
2. 정당한 사유 없이 제15조제2항을 위반하여 신고하지 아니한 경우
3. 거짓으로 제15조제3항의 허가를 받거나, 정당한 사유 없이 제15조제3항을 위반하여 허가를 받지 아니하고 주거 이전, 국내여행 또는 출국을 하거나 허가기간 내에 귀국하지 아니한 경우(2017.12.19 본호개정)
② 법원은 치료명령을 받은 사람이 제1항 각 호의 어느 하나에 해당하는 경우에는 보호관찰소의 장의 신청에 따른 검사의 청구로 제10조제2항의 준수사항을 추가 또는 변경하는 결정을 할 수 있다.
③ 제1항 각 호에 규정된 사항 외의 사정변경이 있는 경우에도 법원은 상당한 이유가 있다고 인정되면 보호관찰소의 장의 신청에 따른 검사의 청구로 제10조제2항의 준수사항을 추가, 변경 또는 삭제하는 결정을 할 수 있다.
제17조【치료명령의 임시해제 신청 등】 ① 보호관찰소의 장 또는 치료명령을 받은 사람 및 그 법정대리인은 해당 보호관찰소를 관할하는 「보호관찰 등에 관한 법률」 제5조에 따른 보호관찰 심사위원회(이하 "심사위원회"라 한다)에 치료명령의 임시해제를 신청할 수 있다.
(2020.2.4 본항개정)
② 제1항의 신청은 치료명령의 집행이 개시된 날부터 6개월이 지난 후에 하여야 한다. 신청이 기각된 경우에는 기각된 날부터 6개월이 지난 후에 다시 신청할 수 있다.
③ 임시해제의 신청을 할 때에는 신청서에 임시해제의 심사에 참고가 될 자료를 첨부하여 제출하여야 한다.
(2020.2.4 본항개정)
(2020.2.4 본조제목개정)
제18조【치료명령 임시해제의 심사 및 결정】 ① 심사위원회는 임시해제를 심사할 때에는 치료명령을 받은 사람의 인격, 생활태도, 치료명령 이행상황 및 재범의 위험성에 대한 전문가의 의견 등을 고려하여야 한다.(2020.2.4 본항개정)
② 심사위원회는 임시해제의 심사를 위하여 필요한 때에는 보호관찰소의 장으로 하여금 필요한 사항을 조사하게 하거나 치료명령을 받은 사람이나 그 밖의 관계인을 직접 소환·심문 또는 조사할 수 있다.(2020.2.4 본항개정)
③ 제2항의 요구를 받은 보호관찰소의 장은 필요한 사항을 조사하여 심사위원회에 통보하여야 한다.
④ 심사위원회는 치료명령을 받은 사람이 치료명령이 계속 집행될 필요가 없을 정도로 개선되어 죄를 다시 범할 위험성이 없다고 인정하는 때에는 치료명령의 임시해제를 결정할 수 있다.(2020.2.4 본항개정)
⑤ 심사위원회는 치료명령의 임시해제를 하지 아니하기로 결정한 때에는 결정서에 그 이유를 명시하여야 한다.
(2020.2.4 본항개정)
⑥ 제4항에 따라 치료명령이 임시해제된 경우에는 제10조제1항 각 호 및 같은 조 제2항에 따른 준수사항이 임시해제된 것으로 본다.(2020.2.4 본항개정)
(2020.2.4 본조제목개정)
제19조【임시해제의 취소 등】 ① 보호관찰소의 장은 치료명령이 임시해제된 사람이 성폭력범죄를 저지르거나 주거 이전 상황 등의 보고에 불응하는 등 재범의 위험성이 있다고 판단되는 때에는 심사위원회에 임시해제의 취소를 신청할 수 있다. 이 경우 심사위원회는 임시해제된 사람의 재범의 위험성이 현저하다고 인정될 때에는 임시해제를 취소하여야 한다.

② 임시해제가 취소된 사람은 잔여 치료기간 동안 약물치료를 받아야 한다. 이 경우 임시해제기간은 치료기간에 산입하지 아니한다.
(2020.2.4 본조개정)

제20조【치료명령 집행의 종료】 제8조제1항에 따라 선고된 치료명령은 다음 각 호의 어느 하나에 해당하는 때에 그 집행이 종료된다.
1. 치료기간이 지난 때
2. 치료명령과 함께 선고한 형이 사면되어 그 선고의 효력을 상실하게 된 때
3. 치료명령이 임시해제된 사람이 그 임시해제가 취소됨이 없이 잔여 치료기간을 지난 때(2020.2.4 본호개정)

제21조【치료명령의 시효】 ① 치료명령을 받은 사람은 그 판결이 확정된 후 집행을 받지 아니하고 함께 선고된 피고사건의 형의 시효 또는 치료감호의 시효가 완성되면 그 집행이 면제된다.
② 치료명령의 시효는 치료명령을 받은 사람을 체포함으로써 중단된다.

제4장 수형자·가종료자 등에 대한 치료명령

제22조【성폭력 수형자에 대한 치료명령 청구】 ① 검사는 사람에 대하여 성폭력범죄를 저질러 징역형 이상의 형이 확정되었으나 제8조제1항에 따른 치료명령이 선고되지 아니한 수형자(이하 "성폭력 수형자"라 한다) 중 성도착증 환자로서 성폭력범죄를 다시 범할 위험성이 있다고 인정되고 약물치료를 받는 것을 동의하는 사람에 대하여 그의 주거지 또는 현재지를 관할하는 지방법원에 치료명령을 청구할 수 있다.(2017.12.19 본항개정)
② 제1항의 수형자에 대한 치료명령의 절차는 다음 각 호에 따른다.
1. 교도소·구치소(이하 "수용시설"이라 한다)의 장은 「형법」 제72조제1항의 가석방 요건을 갖춘 성폭력 수형자에 대하여 약물치료의 내용, 방법, 절차, 효과, 부작용, 비용부담 등에 관하여 충분히 설명하고 동의 여부를 확인하여야 한다.
2. 제1호의 성폭력 수형자가 약물치료에 동의한 경우 수용시설의 장은 지체 없이 수용시설의 소재지를 관할하는 지방검찰청의 검사에게 인적사항과 교정성적 등 필요한 사항을 통보하여야 한다.
3. 검사는 소속 검찰청 소재지 또는 성폭력 수형자의 주소를 관할하는 보호관찰소의 장에게 성폭력 수형자에 대하여 제5조제1항에 따른 조사를 요청할 수 있다.
4. 보호관찰소의 장은 제3호의 요청을 접수한 날부터 2개월 이내에 제5조제3항의 조사보고서를 제출하여야 한다.
5. 검사는 성폭력 수형자에 대하여 약물치료의 내용, 방법, 절차, 효과, 부작용, 비용부담 등에 관하여 설명하고 동의를 확인한 후 정신건강의학과 전문의의 진단이나 감정을 받아 법원에 치료명령을 청구할 수 있다. 이 때 검사는 치료명령 청구서에 제7조제1항 각 호의 사항 외에 치료명령 피청구자의 동의사실을 기재하여야 한다.
(2011.8.4 전단개정)
6. 법원은 제5호의 치료명령 청구가 이유 있다고 인정하는 때에는 결정으로 치료명령을 고지하고 치료명령을 받은 사람에게 준수사항 기재서면을 송부하여야 한다.
③ 제2항제6호의 결정에 따른 치료기간은 15년을 초과할 수 없다.
④ 검사는 제2항제5호에 따른 정신건강의학과 전문의의 진단이나 감정을 위하여 필요한 경우 수용시설의 장에게 성폭력 수형자를 치료감호시설 등에 이송하도록 할 수 있다.(2011.8.4 본항개정)
⑤ 제2항제6호의 결정이 다음 각 호의 어느 하나에 해당하면 결정을 고지받은 날부터 7일 이내에 검사, 성폭력 수형자 본인 또는 그 법정대리인은 고등법원에 항고할 수 있다.
1. 해당 결정에 영향을 미칠 법령위반이 있거나 중대한 사실오인이 있는 경우
2. 처분이 현저히 부당한 경우
⑥ 항고를 할 때에는 항고장을 원심법원에 제출하여야 하며, 항고장을 제출받은 법원은 3일 이내에 의견서를 첨부하여 기록을 항고법원에 송부하여야 한다.
⑦ 항고법원은 항고 절차가 법률에 위반되거나 항고가 이유 없다고 인정한 경우에는 결정으로써 항고를 기각하여야 한다.
⑧ 항고법원은 항고가 이유 있다고 인정한 경우에는 원결정을 파기하고 스스로 결정을 하거나 다른 관할 법원에 이송하여야 한다.
⑨ 항고법원의 결정에 대하여는 그 결정이 법령에 위반된 때에만 대법원에 재항고를 할 수 있다.
⑩ 재항고의 제기기간은 항고기각 결정을 고지받은 날부터 7일로 한다.
⑪ 항고와 재항고는 결정의 집행을 정지하는 효력이 없다.
⑫ 수용시설의 장은 성폭력 수형자가 석방되기 5일 전까지 그의 주소를 관할하는 보호관찰소의 장에게 그 사실을 통보하여야 한다.
⑬ 제2항제6호에 따라 고지된 치료명령은 성폭력 수형자에게 선고된 제1항의 징역형 이상의 형이 사면되어 그 선고의 효력을 상실하게 된 때에 그 집행이 종료된다.
⑭ 치료명령을 받은 사람은 치료명령 결정이 확정된 후 집행을 받지 아니하고 10년이 경과하면 시효가 완성되어 집행이 면제된다.

제23조【가석방】 ① 수용시설의 장은 제22조제2항제6호의 결정이 확정된 성폭력 수형자에 대하여 법무부령으로 정하는 바에 따라 「형의 집행 및 수용자의 처우에 관한 법률」 제119조의 가석방심사위원회에 가석방 적격심사를 신청하여야 한다.
② 가석방심사위원회는 성폭력 수형자의 가석방 적격심사를 할 때에는 치료명령이 결정된 사실을 고려하여야 한다.

제24조【비용부담】 ① 제22조제2항제6호의 치료명령의 결정을 받은 사람은 치료기간 동안 치료비용을 부담하여야 한다. 다만, 치료비용을 부담할 경제력이 없는 사람의 경우에는 국가가 비용을 부담할 수 있다.
② 비용부담에 관하여 필요한 사항은 대통령령으로 정한다.

제25조【가종료자 등과 치료명령】 ① 「치료감호 등에 관한 법률」 제37조에 따른 치료감호심의위원회(이하 "치료감호심의위원회"라 한다)는 성폭력범죄자 중 성도착증 환자로서 치료감호의 집행 중 가종료 또는 치료위탁되는 피치료감호자나 보호감호의 집행 중 가출소되는 피보호감호자(이하 "가종료자 등"이라 한다)에 대하여 보호관찰 기간의 범위에서 치료명령을 부과할 수 있다.
(2017.12.19 본항개정)
② 치료감호심의위원회는 제1항에 따라 치료명령을 부과하는 결정을 할 경우에는 결정일 전 6개월 이내에 실시한 정신건강의학과 전문의의 진단 또는 감정 결과를 반드시 참작하여야 한다.(2011.8.4 본항개정)
③ 치료감호심의위원회는 제1항에 따라 치료명령을 부과하는 결정을 한 경우에는 즉시 가종료자 등의 주거지를 관할하는 보호관찰소의 장에게 통보하여야 한다.

제26조【준수사항】 치료감호심의위원회는 제25조에 따른 치료명령을 부과하는 경우 치료기간의 범위에서 준수기간을 정하여 「보호관찰 등에 관한 법률」 제32조제3항 각 호의 준수사항 중 하나 이상을 부과할 수 있다.

제27조【치료명령의 집행】 보호관찰관은 가종료자 등이 가종료·치료위탁 또는 가출소 되기 전 2개월 이내에 치료명령을 집행하여야 한다. 다만, 치료감호와 형이 병과된 가종료자의 경우 집행할 잔여 형기가 있는 때에는 그 형의 집행이 종료되거나 면제되어 석방되기 전 2개월 이내에 치료명령을 집행하여야 한다.

제28조【치료명령 집행의 종료】 제25조에 따른 약물치료는 다음 각 호의 어느 하나에 해당하는 때에 그 집행이 종료된다.
1. 치료기간이 지난 때
2. 가출소·가종료·치료위탁으로 인한 보호관찰 기간이 경과하거나 보호관찰이 종료된 때

제29조【준용】 ① 이 장에 따른 치료명령에 관하여는 제10조제1항·제4항, 제14조제1항·제2항·제4항제1호 및 제2호·제5항제1호 및 제2호, 제15조, 제17조부터 제19조까지 및 제20조제3호를 준용한다.
② 제22조에 따른 치료명령에 관하여는 제1항의 규정 외에 제6조제2항, 제7조, 제8조제2항·제5항, 제9조, 제10조제2항, 제11조제1항, 제12조, 제13조, 제14조제3항·제4항제3호·제5항제3호, 제16조, 제20조제1호 및 제21조제2항을 준용한다.

제5장 보 칙

제30조【치료기간의 계산】 치료기간은 최초로 성 호르몬 조절약물을 투여한 날 또는 제14조제1항에 따른 심리치료 프로그램의 실시를 시작한 날부터 기산하되, 초일은 시간을 계산함이 없이 1일로 산정한다.(2017.12.19 본조개정)

제31조【치료명령 등 집행전담 보호관찰관의 지정】 보호관찰소의 장은 소속 보호관찰관 중에서 다음 각 호의 사항을 전담하는 보호관찰관을 지정하여야 한다.
1. 치료명령을 청구하기 위하여 필요한 치료명령 피청구자에 대한 조사
2. 치료명령의 집행
3. 치료명령을 받은 사람의 재범방지와 건전한 사회복귀를 위한 치료 등 필요한 조치의 부과
4. 그 밖에 치료명령을 받은 사람의 「보호관찰 등에 관한 법률」 등에 따른 준수사항 이행 여부 확인 등 치료명령을 받은 사람에 대한 지도·감독 및 원호

제32조【수용시설의 장 등의 협조】 제14조제3항 및 제27조에 따른 보호관찰관의 치료명령 집행에 수용시설의 장, 치료감호시설의 장, 보호감호시설의 장은 약물의 제공, 의사·간호사 등 의료인력 지원 등의 협조를 하여야 한다.

제33조【군법 피적용자에 대한 특칙】 이 법을 적용함에 있어서 「군사법원법」 제2조제1항 각 호의 어느 하나에 해당하는 자에 대하여는 군사법원은 법원의, 군검사는 검사의, 군사법경찰관리는 사법경찰관리의, 군교도소장은 교도소장의 이 법에 따른 직무를 각각 행한다.
(2016.1.6 본조개정)

제34조【다른 법률의 준용】 이 법을 적용함에 있어서 이 법에 규정이 있는 경우를 제외하고는 그 성질에 반하지 아니하는 범위에서 「형사소송법」 및 「보호관찰 등에 관한 법률」을 준용한다.

제6장 벌 칙

제35조【벌칙】 ① 이 법에 따른 약물치료를 받아야 하는 사람이 도주하거나 정당한 사유 없이 제15조제1항의 의무를 위반한 때에는 7년 이하의 징역 또는 2천만원 이하의 벌금에 처한다.
② 이 법에 따른 약물치료를 받아야 하는 사람이 정당한 사유 없이 제10조제1항 각 호의 준수사항을 위반한 때에는 3년 이하의 징역 또는 1천만원 이하의 벌금에 처한다.
③ 이 법에 따른 약물치료를 받아야 하는 사람이 정당한 사유 없이 제10조제2항에 따른 준수사항을 위반한 때에는 1천만원 이하의 벌금에 처한다.

부 칙

① **【시행일】** 이 법은 공포 후 1년이 경과한 날부터 시행한다.
② **【치료명령 청구에 관한 경과조치】** 제4조제1항에 따른 치료명령 청구는 이 법 시행 전에 저지른 성폭력범죄에 대하여도 적용한다.
③ **【성폭력 수형자 등에 대한 치료명령에 관한 경과조치】** 제22조 및 제25조에 따른 치료명령은 성폭력범죄를 저질러 이 법 시행 당시 형의 집행 또는 치료감호·보호감호의 집행 중에 있는 성도착증 환자에 대하여도 적용한다.

부 칙 (2012.12.18 법11557호)

제1조【시행일】 이 법은 공포 후 3개월이 경과한 날부터 시행한다.
제2조【치료명령 청구에 관한 적용례】 제4조제1항의 개정규정은 이 법 시행 전에 저지른 성폭력범죄에 대하여도 적용한다.
제3조【성폭력 수형자에 대한 치료명령 청구에 관한 적용례】 제22조제1항의 개정규정은 성폭력범죄를 저질러 이 법 시행 당시 형이 집행 중인 수형자에 대하여도 적용한다.

부 칙 (2016.1.19)

제1조【시행일】 이 법은 공포한 날부터 시행한다.
제2조【치료명령 청구에 관한 적용례】 제2조제2호다목의 개정규정은 이 법 시행 전에 저지른 성폭력범죄에 대하여도 적용한다.

부 칙 (2017.10.31)

제1조【시행일】 이 법은 공포한 날부터 시행한다.
제2조【치료명령 청구에 관한 적용례】 제2조제2호가목의 개정규정은 이 법 시행 전에 저지른 성폭력범죄에 대하여도 적용한다.

부 칙 (2017.12.19)

제1조【시행일】 이 법은 2018년 1월 1일부터 시행한다.
제2조【치료명령 청구에 관한 적용례】 제2조제2호가목 및 다목의 개정규정은 이 법 시행 전에 저지른 성폭력범죄에 대해서도 적용한다.
제3조【치료명령의 집행 면제 신청 등에 관한 적용례】 제8조의2부터 제8조의4까지의 개정규정은 이 법 시행 전에 치료명령을 선고받은 사람에 대해서도 적용한다.

부 칙 (2020.2.4)

이 법은 공포한 날부터 시행한다.

(舊 : 특정 범죄자에 대한 보호관찰 및 전자장치 부착 등에 관한 법률)

전자장치 부착 등에 관한 법률

(약칭 : 전자장치부착법)

(2007년 4월 27일
법 률 제8394호)

개정
2007. 8. 3법 8634호(청소년의성보호에관한법)
2008. 6.13법 9112호
2009. 5. 8법 9654호
2009. 6. 9법 9765호(아동·청소년의성보호에관한법)
2010. 4.15법10257호
2012.12.18법11556호(성폭력범죄의처벌등에관한특례법)
2012.12.18법11558호
2012.12.18법11572호(아동·청소년의성보호에관한법)
2013. 4. 5법11731호(형법)
2014. 1. 7법12197호
2016. 1. 6법13722호(군사법원)
2016.12.20법14414호
2017.10.31법14975호
2017.12.12법15161호
2018. 3.20법15494호
2018. 9.18법15759호
2019. 4.16법16314호
2020. 2. 4법16923호
2020.12.15법17644호
2021. 3.16법17933호
2021. 9.24법18465호(군사법원)
2022. 1. 4법18677호
2022. 1. 4법18678호(치료감호등에관한법)
2023. 3.14법19234호(개인정보보호법)
2023. 7.11법19519호
2024. 1.16법20007호→2024년 7월 17일 시행

제1장 총 칙

제1조【목적】 이 법은 수사·재판·집행 등 형사사법 절차에서 전자장치를 효율적으로 활용하여 불구속재판을 확대하고, 범죄인의 사회복귀를 촉진하며, 범죄로부터 국민을 보호함을 목적으로 한다.(2020.2.4 본조개정)

제2조【정의】 이 법에서 사용하는 용어의 정의는 다음과 같다.
1. "특정범죄"란 성폭력범죄, 미성년자 대상 유괴범죄, 살인범죄, 강도범죄 및 스토킹범죄를 말한다.(2023.7.11 본호개정)
2. "성폭력범죄"란 다음 각 목의 범죄를 말한다.
 가. 「형법」 제2편제32장 강간과 추행의 죄 중 제297조(강간)·제297조의2(유사강간)·제298조(강제추행)·제299조(준강간, 준강제추행)·제300조(미수범)·제301조(강간등 상해·치상)·제301조의2(강간등 살인·치사)·제302조(미성년자등에 대한 간음)·제303조(업무상위력등에 의한 간음)·제305조(미성년자에 대한 간음, 추행)·제305조의2(상습범), 제2편제38장 절도와 강도의 죄 중 제339조(강도강간)·제340조(해상강도)제3항(사람을 강간한 죄만을 말한다) 및 제342조(미수범)의 죄(제339조 및 제340조제3항 중 사람을 강간한 죄의 미수범만을 말한다)(2017.10.31 본목개정)
 나. 「성폭력범죄의 처벌 등에 관한 특례법」 제3조(특수강도강간 등)부터 제10조(업무상 위력 등에 의한 추행)까지의 죄 및 제15조(미수범)의 죄(제3조부터 제9조까지의 미수범만을 말한다)(2012.12.18 본목개정)
 다. 「아동·청소년의 성보호에 관한 법률」 제7조(아동·청소년에 대한 강간·강제추행 등)·제8조(장애인인 아동·청소년에 대한 간음 등)·제9조(강간 등 상해·치상) 및 제10조(강간 등 살인·치사)의 죄(2017.10.31 본목개정)
 라. 가목부터 다목까지의 죄로서 다른 법률에 따라 가중처벌되는 죄
3. "미성년자 대상 유괴범죄"란 다음 각 목의 범죄를 말한다.
 가. 미성년자에 대한 「형법」 제287조부터 제292조까지, 제294조, 제296조, 제324조의2 및 제336조의 죄(2013.4.5 본목개정)
 나. 미성년자에 대한 「특정범죄가중처벌 등에 관한 법률」 제5조의2(약취·유인죄의 가중처벌)의 죄
 다. 가목과 나목의 죄로서 다른 법률에 따라 가중 처벌되는 죄
 (2009.6.9 본호신설)
3의2. "살인범죄"란 다음 각 목의 범죄를 말한다.
 가. 「형법」 제2편제1장 내란의 죄 중 제88조(내란목적의 살인)·제89조(미수범)의 죄(제88조의 미수범만을 말한다), 제2편제24장 살인의 죄 중 제250조(살인, 존속살해)·제251조(영아살해)·제252조(촉탁, 승낙에 의한 살인등)·제253조(위계등에 의한 촉탁살인등)·제254조(미수범)·제255조(예비, 음모), 제2편제32장 강간과 추행의 죄 중 제301조의2(강간등 살인·치사) 전단, 제2편제37장 권리행사를 방해하는 죄 중 제324조의4(인질살해·치사) 전단·제324조의5(미수범)의 죄(제324조의4 전단의 미수범만을 말한다), 제2편제38장 절도와 강도의 죄 중 제338조(강도살인·치사) 전단·제340조(해상강도)제3항(사람을 살해한 죄만을 말한다) 및 제342조(미수범)의 죄(제338조 전단 및 제340조제3항 중 사람을 살해한 죄의 미수범만을 말한다)(2012.12.18 본목개정)
 나. 「성폭력범죄의 처벌 등에 관한 특례법」 제9조(강간 등 살인·치사)제1항의 죄 및 제15조(미수범)의 죄(제9조제1항의 미수범만을 말한다)(2012.12.18 본목개정)
 다. 「아동·청소년의 성보호에 관한 법률」 제10조(강간 등 살인·치사)제1항의 죄(2017.10.31 본목신설)
 라. 「특정범죄 가중처벌 등에 관한 법률」 제5조의2(약취·유인죄의 가중처벌)제2항제2호의 죄 및 같은 조 제6항의 죄(같은 조 제2항제2호의 미수범만을 말한다)
 마. 가목부터 라목까지의 죄로서 다른 법률에 따라 가중처벌되는 죄(2017.10.31 본목개정)
 (2010.4.15 본호신설)
3의3. "강도범죄"란 다음 각 목의 범죄를 말한다.
 가. 「형법」 제2편제38장 절도와 강도의 죄 중 제333조(강도)·제334조(특수강도)·제335조(준강도)·제336조(인질강도)·제337조(강도상해, 치상)·제338조(강도살인·치사)·제339조(강도강간)·제340조(해상강도)·제341조(상습범)·제342조(미수범)의 죄(제333조부터 제341조까지의 미수범만을 말한다) 및 제343조(예비, 음모)의 죄
 나. 「성폭력범죄의 처벌 등에 관한 특례법」 제3조(특수강도강간 등)제2항 및 제15조(미수범)의 죄(제3조제2항의 미수범만을 말한다)
 다. 가목과 나목의 죄로서 다른 법률에 따라 가중처벌되는 죄
 (2012.12.18 본호신설)
3의4. "스토킹범죄"란 「스토킹범죄의 처벌 등에 관한 법률」 제18조제1항 및 제2항의 죄를 말한다.(2023.7.11 본호신설)
4. "위치추적 전자장치(이하 "전자장치"라 한다)"란 전자파를 발신하고 추적하는 원리를 이용하여 위치를 확인하거나 이동경로를 탐지하는 일련의 기계적 설비로서 대통령령으로 정하는 것을 말한다.

제3조【국가의 책무】 국가는 이 법의 집행과정에서 국민의 인권이 부당하게 침해되지 아니하도록 주의하여야 한다.

제3조의2【연구개발사업의 추진】 ① 법무부장관은 제1조의 목적을 달성하기 위하여 필요한 연구·실험·조사·기술개발(이하 "연구개발사업"이라 한다) 및 전문인력 양성 등 소관 분야의 과학기술진흥을 위한 시책을 마련하여 시행할 수 있다.
② 제1항에 따른 연구개발사업은 단계별·분야별 연구개발과제를 선정하여 「국가연구개발혁신법」 제2조제3호의 기관 또는 단체와 협약을 맺어 실시하게 할 수 있다.
③ 법무부장관은 제2항에 따라 협약을 맺은 기관 또는 단체에 연구개발사업을 실시하는 데 필요한 자금의 전부 또는 일부를 출연하거나 보조할 수 있다.
④ 제3항에 따른 출연금 및 보조금의 지급·사용 및 관리 등에 필요한 사항은 대통령령으로 정한다.
(2024.1.16 본조신설)

제4조【적용 범위】 만 19세 미만의 자에 대하여 부착명령을 선고한 때에는 19세에 이르기까지 이 법에 따른 전자장치를 부착할 수 없다.(2009.5.8 본조개정)

제2장 형 집행 종료 후의 전자장치 부착
(2012.12.18 본장제목개정)

제5조【전자장치 부착명령의 청구】 ① 검사는 다음 각 호의 어느 하나에 해당하고, 성폭력범죄를 다시 범할 위험성이 있다고 인정되는 사람에 대하여 전자장치를 부착하도록 하는 명령(이하 "부착명령"이라 한다)을 법원에 청구할 수 있다.
1. 성폭력범죄로 징역형의 실형을 선고받은 사람이 그 집행을 종료한 후 또는 집행이 면제된 후 10년 이내에 성폭력범죄를 저지른 때
2. 성폭력범죄로 이 법에 따른 전자장치를 부착받은 전력이 있는 사람이 다시 성폭력범죄를 저지른 때
3. 성폭력범죄를 2회 이상 범하여(유죄의 확정판결을 받은 경우를 포함한다) 그 습벽이 인정된 때
4. 19세 미만의 사람에 대하여 성폭력범죄를 저지른 때(2012.12.18 본호개정)
5. 신체적 또는 정신적 장애가 있는 사람에 대하여 성폭력범죄를 저지른 때(2012.12.18 본호신설)
(2010.4.15 본항개정)
② 검사는 미성년자 대상 유괴범죄를 저지른 사람으로서 미성년자 대상 유괴범죄를 다시 범할 위험성이 있다고 인정되는 사람에 대하여 부착명령을 법원에 청구할 수 있다. 다만, 유괴범죄로 징역형의 실형 이상의 형을 선고받아 그 집행이 종료 또는 면제된 후 다시 유괴범죄를 저지른 경우에는 부착명령을 청구하여야 한다.
(2010.4.15 본항개정)
③ 검사는 살인범죄를 저지른 사람으로서 살인범죄를 다시 범할 위험성이 있다고 인정되는 사람에 대하여 부착명령을 법원에 청구할 수 있다. 다만, 살인범죄로 징역형의 실형 이상의 형을 선고받아 그 집행이 종료 또는 면제된 후 다시 살인범죄를 저지른 경우에는 부착명령을 청구하여야 한다.(2010.4.15 본항신설)
④ 검사는 다음 각 호의 어느 하나에 해당하고 강도범죄를 다시 범할 위험성이 있다고 인정되는 사람에 대하여 부착명령을 법원에 청구할 수 있다.
1. 강도범죄로 징역형의 실형을 선고받은 사람이 그 집행을 종료한 후 또는 집행이 면제된 후 10년 이내에 다시 강도범죄를 저지른 때
2. 강도범죄로 이 법에 따른 전자장치를 부착하였던 전력이 있는 사람이 다시 강도범죄를 저지른 때
3. 강도범죄를 2회 이상 범하여(유죄의 확정판결을 받은 경우를 포함한다) 그 습벽이 인정된 때
(2012.12.18 본항신설)
⑤ 검사는 다음 각 호의 어느 하나에 해당하고 스토킹범죄를 다시 범할 위험성이 있다고 인정되는 사람에 대하여 부착명령을 법원에 청구할 수 있다.
1. 스토킹범죄로 징역형의 실형을 선고받은 사람이 그 집행을 종료한 후 또는 집행이 면제된 후 10년 이내에 다시 스토킹범죄를 저지른 때
2. 스토킹범죄로 이 법에 따른 전자장치를 부착하였던 전력이 있는 사람이 다시 스토킹범죄를 저지른 때
3. 스토킹범죄를 2회 이상 범하여(유죄의 확정판결을 받은 경우를 포함한다) 그 습벽이 인정된 때
(2023.7.11 본항신설)
⑥ 제1항부터 제5항까지의 규정에 따른 부착명령의 청구는 공소가 제기된 특정범죄사건의 항소심 변론종결 시까지 하여야 한다.(2023.7.11 본항개정)
⑦ 법원은 공소가 제기된 특정범죄사건을 심리한 결과 부착명령을 선고할 필요가 있다고 인정하는 때에는 검사에게 부착명령의 청구를 요구할 수 있다.
⑧ 제1항부터 제5항까지의 규정에 따른 특정범죄사건에 대하여 판결의 확정 없이 공소가 제기된 때부터 15년이 경과한 경우에는 부착명령을 청구할 수 없다.
(2023.7.11 본항개정)

제6조【조사】 ① 검사는 부착명령을 청구하기 위하여 필요하다고 인정하는 때에는 피의자의 주거지 또는 소속 검찰청(지청을 포함한다. 이하 같다) 소재지를 관할하는 보호관찰소(지소를 포함한다. 이하 같다)의 장에게 범죄의 동기, 피해자와의 관계, 심리상태, 재범의 위험성 등 피의자에 관하여 필요한 사항의 조사를 요청할 수 있다.
② 제1항의 요청을 받은 보호관찰소의 장은 조사할 보호관찰관을 지명하여야 한다.
③ 제2항에 따라 지명된 보호관찰관은 지체 없이 필요한 사항을 조사한 후 검사에게 조사보고서를 제출하여야 한다.(2012.12.18 본항개정)
④ 검사는 제1항의 요청을 받은 보호관찰소의 장에게 조사진행상황의 보고를 요구할 수 있다.(2012.12.18 본항신설)
⑤ 검사는 부착명령을 청구함에 있어서 필요한 경우에는 피의자에 대한 정신감정이나 그 밖에 전문가의 진단 등의 결과를 참고하여야 한다.

제7조【부착명령 청구사건의 관할】 ① 부착명령 청구사건의 관할은 부착명령 청구사건과 동시에 심리하는 특정범죄사건의 관할에 따른다.(2009.5.8 본항개정)
② 부착명령 청구사건의 제1심 재판은 지방법원 합의부(지방법원지원 합의부를 포함한다. 이하 같다)의 관할로 한다.

제8조【부착명령 청구서의 기재사항 등】 ① 부착명령 청구서에는 다음 각 호의 사항을 기재하여야 한다.
1. 부착명령 청구대상자(이하 "피부착명령청구자"라 한다)의 성명과 그 밖에 피부착명령청구자를 특정할 수 있는 사항
2. 청구의 원인이 되는 사실
3. 적용 법조
4. 그 밖에 대통령령으로 정하는 사항
② 법원은 부착명령 청구가 있는 때에는 지체 없이 부착명령 청구서의 부본을 피부착명령청구자 또는 그의 변호인에게 송부하여야 한다. 이 경우 특정범죄사건에 대한 공소제기와 동시에 부착명령 청구가 있는 때에는 제1회 공판기일 5일 전까지, 특정범죄사건의 심리 중에 부착명령 청구가 있는 때에는 다음 공판기일 5일 전까지 송부하여야 한다.(2009.5.8 후단개정)

제9조【부착명령의 판결 등】 ① 법원은 부착명령 청구가 이유 있다고 인정하는 때에는 다음 각 호에 따른 기간의 범위 내에서 부착기간을 정하여 판결로 부착명령을 선고하여야 한다. 다만, 19세 미만의 사람에 대하여 특정범죄를 저지른 경우에는 부착기간 하한을 다음 각 호에 따른 부착기간 하한의 2배로 한다.(2012.12.18 단서개정)
1. 법정형의 상한이 사형 또는 무기징역인 특정범죄 : 10년 이상 30년 이하
2. 법정형 중 징역형의 하한이 3년 이상의 유기징역인 특정범죄(제1호에 해당하는 특정범죄는 제외한다) : 3년 이상 20년 이하
3. 법정형 중 징역형의 하한이 3년 미만의 유기징역인 특정범죄(제1호 또는 제2호에 해당하는 특정범죄는 제외한다) : 1년 이상 10년 이하
(2010.4.15 1호~3호신설)
② 여러 개의 특정범죄에 대하여 동시에 부착명령을 선고할 때에는 법정형이 가장 중한 죄의 부착기간 상한의 2분의 1까지 가중하되, 각 죄의 부착기간의 상한을 합산한 기간을 초과할 수 없다. 다만, 하나의 행위가 여러 특정범죄에 해당하는 경우에는 가장 중한 죄의 부착기간을 부착기간으로 한다.(2010.4.15 본항신설)
③ 부착명령을 선고받은 사람은 부착기간 동안 「보호관찰 등에 관한 법률」에 따른 보호관찰을 받는다.
(2010.4.15 본항신설)
④ 법원은 다음 각 호의 어느 하나에 해당하는 때에는 판결로 부착명령 청구를 기각하여야 한다.
1. 부착명령 청구가 이유 없다고 인정하는 때
2. 특정범죄사건에 대하여 무죄(심신상실을 이유로 치료

감호가 선고된 경우는 제외한다)·면소·공소기각의 관결 또는 결정을 선고하는 때
3. 특정범죄사건에 대하여 벌금형을 선고하는 때
4. 특정범죄사건에 대하여 선고유예 또는 집행유예를 선고하는 때(제28조제1항에 따라 전자장치 부착을 명하는 때를 제외한다)
(2009.5.8 2호~4호개정)
⑤ 부착명령 청구사건의 판결은 특정범죄사건의 판결과 동시에 선고하여야 한다.(2009.5.8 본항개정)
⑥ 부착명령 선고의 판결이유에는 요건으로 되는 사실, 증거의 요지 및 적용 법조를 명시하여야 한다.
⑦ 부착명령의 선고는 특정범죄사건의 양형에 유리하게 참작되어서는 아니 된다.(2009.5.8 본항개정)
⑧ 특정범죄사건의 판결에 대하여 상소 및 상소의 포기·취하가 있는 때에는 부착명령 청구사건의 판결에 대하여도 상소 및 상소의 포기·취하가 있는 것으로 본다. 상소권회복 또는 재심의 청구나 비상상고가 있는 때에도 또한 같다.(2009.5.8 전단개정)
⑨ 제8항에도 불구하고 검사 또는 피부착명령청구자 및 「형사소송법」 제340조·제341조에 규정된 자는 부착명령에 대하여 독립하여 상소 및 상소의 포기·취하를 할 수 있다. 상소권회복 또는 재심의 청구나 비상상고의 경우에도 또한 같다.(2010.4.15 전단개정)

제9조의2【준수사항】 ① 법원은 제9조제1항에 따라 부착명령을 선고하는 경우 부착기간의 범위에서 준수기간을 정하여 다음 각 호의 준수사항 중 하나 이상을 부과할 수 있다. 다만, 제4호의 준수사항은 500시간의 범위에서 그 기간을 정하여야 한다.(2010.4.15 본문개정)
1. 야간, 아동·청소년의 통학시간 등 특정 시간대의 외출제한(2020.12.15 본호개정)
2. 어린이 보호구역 등 특정지역·장소에의 출입금지 및 접근금지(2020.12.15 본호개정)
2의2. 주거지역의 제한(2010.4.15 본호신설)
3. 피해자 등 특정인에의 접근금지
4. 특정범죄 치료 프로그램의 이수
5. 마약 등 중독성 있는 물질의 사용금지(2020.12.15 본호신설)
6. 그 밖에 부착명령을 선고받는 사람의 재범방지와 성행교정을 위하여 필요한 사항
② (2010.4.15 삭제)
③ 제1항에도 불구하고 법원은 성폭력범죄를 저지른 사람(19세 미만의 사람을 대상으로 성폭력범죄를 저지른 사람으로 한정한다) 또는 스토킹범죄를 저지른 사람에 대해서 제9조제1항에 따라 부착명령을 선고하는 경우에는 다음 각 호의 구분에 따라 제1항의 준수사항을 부과하여야 한다.
1. 19세 미만의 사람을 대상으로 성폭력범죄를 저지른 사람 : 제1항제1호 및 제3호의 준수사항을 포함할 것. 다만, 제1항제1호의 준수사항을 부과하여서는 아니 될 특별한 사정이 있다고 판단하는 경우에는 해당 준수사항을 포함하지 아니할 수 있다.
2. 스토킹범죄를 저지른 사람 : 제1항제3호의 준수사항을 포함할 것
(2023.7.11 본항개정)
(2008.6.13 본조신설)

제10조【부착명령 판결 등에 따른 조치】 ① 법원은 제9조에 따라 부착명령을 선고한 때에는 그 판결이 확정된 날부터 3일 이내에 부착명령을 선고받은 자(이하 "피부착명령자"라 한다)의 주거지를 관할하는 보호관찰소의 장에게 판결문의 등본을 송부하여야 한다.
② 교도소, 소년교도소, 구치소, 국립법무병원 및 군교도소의 장(이하 "교도소장등"이라 한다)은 피부착명령자가 석방되기 5일 전까지 피부착명령자의 주거지를 관할하는 보호관찰소의 장에게 그 사실을 통보하여야 한다.
(2022.1.4 본항개정)
(2019.4.16 본조제목개정)

제11조【국선변호인 등】 부착명령 청구사건에 관하여는 「형사소송법」 제282조 및 제283조를 준용한다.
(2010.4.15 본조개정)

제12조【집행지휘】 ① 부착명령은 검사의 지휘를 받아 보호관찰관이 집행한다.
② 제1항에 따른 지휘는 판결문 등본을 첨부한 서면으로 한다.

제13조【부착명령의 집행】 ① 부착명령은 특정범죄사건에 대한 형의 집행이 종료되거나 면제·가석방되는 날 또는 치료감호의 집행이 종료·가종료되는 날 석방 직전에 피부착명령자의 신체에 전자장치를 부착함으로써 집행한다. 다만, 다음의 경우에는 각 호의 구분에 따라 집행한다.(2017.10.31 단서개정)
1. 부착명령의 원인이 된 특정범죄사건이 아닌 다른 범죄사건으로 형이나 치료감호의 집행이 계속될 경우에는 부착명령의 원인이 된 특정범죄사건이 아닌 다른 범죄사건에 대한 형의 집행이 종료되거나 면제·가석방 되는 날 또는 치료감호의 집행이 종료·가종료 되는 날부터 집행한다.(2017.10.31 본호신설)
2. 피부착명령자가 부착명령 판결 확정 시 석방된 상태이고 미결구금일수 산입 등의 사유로 이미 형의 집행이 종료된 경우에는 부착명령 판결 확정일부터 부착명령을 집행한다.(2017.10.31 본호신설)
② 제1항제2호에 따라 부착명령을 집행하는 경우 보호관찰소의 장은 피부착명령자를 소환할 수 있으며, 피부착명령자가 소환에 따르지 아니하는 때에는 관할 지방검찰청의 검사에게 신청하여 부착명령 집행장을 발부받아 구인할 수 있다.(2017.10.31 본항신설)
③ 보호관찰소의 장은 제2항에 따라 피부착명령자를 구인한 경우에는 부착명령의 집행을 마친 즉시 석방하여야 한다.(2017.10.31 본항신설)
④ 부착명령의 집행은 신체의 완전성을 해하지 아니하는 범위 내에서 이루어져야 한다.
⑤ 부착명령이 여러 개인 경우 확정된 순서에 따라 집행한다.(2010.4.15 본항신설)
⑥ 다음 각 호의 어느 하나에 해당하는 때에는 부착명령의 집행이 정지된다.
1. 부착명령의 집행 중 다른 죄를 범하여 구속영장의 집행을 받아 구금된 때
2. 부착명령의 집행 중 다른 죄를 범하여 금고 이상의 형의 집행을 받게 된 때(2008.6.13 본호신설)
3. 가석방 또는 가종료된 자에 대하여 전자장치 부착기간 동안 가석방 또는 가종료가 취소되거나 실효된 때
(2008.6.13 본호개정)
⑦ 제6항제1호에도 불구하고 구속영장의 집행을 받아 구금된 후에 다음 각 호의 어느 하나에 해당하는 사유로 구금이 종료되는 경우 그 구금기간 동안에는 부착명령이 집행된 것으로 본다. 다만, 제1호 및 제2호의 경우 법원의 판결에 따라 유죄로 확정된 경우는 제외한다.
(2021.3.16 단서신설)
1. 사법경찰관이 불송치결정을 한 경우(2021.3.16 본호신설)
2. 검사가 혐의없음, 죄가안됨, 공소권없음 또는 각하의 불기소처분을 한 경우
3. 법원의 무죄, 면소, 공소기각 판결 또는 공소기각 결정이 확정된 경우
(2017.12.12 본항신설)
⑧ 제6항에 따라 집행이 정지된 부착명령의 잔여기간에 대하여는 다음 각 호의 구분에 따라 집행한다.
1. 제6항제1호의 경우에는 구금이 해제되거나 금고 이상의 형의 집행을 받지 아니하게 확정된 때부터 그 잔여기간을 집행한다.
2. 제6항제2호의 경우에는 그 형의 집행이 종료되거나 면제된 후 또는 가석방된 때부터 그 잔여기간을 집행한다.
3. 제6항제3호의 경우에는 그 형이나 치료감호의 집행이 종료되거나 면제된 후 그 잔여기간을 집행한다.
(2017.10.31 본항개정)
⑨ 제1항부터 제8항까지 규정된 사항 외에 부착명령의 집행 및 정지에 관하여 필요한 사항은 대통령령으로 정한다.(2017.12.12 본항개정)

제14조【피부착자의 의무】 ① 전자장치가 부착된 자(이하 "피부착자"라 한다)는 전자장치의 부착기간 중 전자장치를 신체에서 임의로 분리·손상, 전파 방해 또는 수신자료의 변조, 그 밖의 방법으로 그 효용을 해하여서는 아니 된다.
② 피부착자는 특정범죄사건에 대한 형의 집행이 종료되거나 면제·가석방되는 날부터 10일 이내에 주거지를 관할하는 보호관찰소에 출석하여 대통령령으로 정하는 신상정보 등을 서면으로 신고하여야 한다.(2017.12.12 본항개정)
③ 피부착자는 주거를 이전하거나 7일 이상의 국내여행을 하거나 출국할 때에는 미리 보호관찰관의 허가를 받아야 한다.(2010.4.15 본항개정)

제14조의2【부착기간의 연장 등】 ① 피부착자가 다음 각 호의 어느 하나에 해당하는 경우에는 법원은 보호관찰소의 장의 신청에 따른 검사의 청구로 1년의 범위에서 부착기간을 연장하거나 제9조의2제1항의 준수사항을 추가 또는 변경하는 결정을 할 수 있다.
1. 정당한 사유 없이 「보호관찰 등에 관한 법률」 제32조에 따른 준수사항을 위반한 경우
2. 정당한 사유 없이 제14조제2항을 위반하여 신고하지 아니한 경우
3. 정당한 사유 없이 제14조제3항을 위반하여 허가를 받지 아니하고 주거 이전·국내여행 또는 출국을 하거나, 거짓으로 허가를 받은 경우
4. 정당한 사유 없이 제14조제3항에 따른 출국허가 기간까지 입국하지 아니한 경우(2018.3.20 본호신설)
② 제1항 각 호에 규정된 사항 외의 사정변경이 있는 경우에도 법원은 상당한 이유가 있다고 인정되면 보호관찰소의 장의 신청에 따른 검사의 청구로 제9조의2제1항의 준수사항을 부과, 추가, 변경 또는 삭제하는 결정을 할 수 있다.(2020.12.15 본항개정)
(2010.4.15 본조신설)

제14조의3【피부착명령자에 대한 준수사항의 부과 등】 피부착명령자의 재범의 위험성에 관하여 행형(行刑) 성적 등 자료에 의해 판결 선고 당시에 예상하지 못한 새로운 사정이 소명되는 등 특별한 사정이 있는 경우 법원은 보호관찰소의 장의 신청에 따른 검사의 청구로 제9조의2 제1항의 준수사항을 부과, 추가, 변경 또는 삭제하는 결정을 할 수 있다.(2020.12.15 본조신설)

제15조【보호관찰관의 임무】 ① 보호관찰관은 피부착자의 재범방지와 건전한 사회복귀를 위하여 필요한 지도와 원호를 한다.
② 보호관찰관은 전자장치 부착기간 중 피부착자의 소재지 인근 의료기관에서의 치료, 상담시설에서의 상담치료 등 피부착자의 재범방지 및 수치심으로 인한 과도한 고통의 방지를 위하여 필요한 조치를 할 수 있다.
(2012.12.18 본항개정)
③ 보호관찰관은 필요한 경우 부착명령의 집행을 개시하기 전에 교도소장등에게 요청하여 「형의 집행 및 수용자의 처우에 관한 법률」 제63조의 교육, 제64조의 교화프로그램 및 제107조의 징벌에 관한 자료 등 피부착자의 형 또는 치료감호 집행 중의 생활실태를 확인할 수 있는 자료를 확보하고, 형 또는 치료감호의 집행을 받고 있는 피부착자를 면접할 수 있다. 이 경우 교도소장등은 보호관찰관에게 협조하여야 한다.(2012.12.18 본항신설)

제16조【수신자료의 보존·사용·폐기 등】 ① 보호관찰소의 장은 피부착자의 전자장치로부터 발신되는 전자파를 수신하여 그 자료(이하 "수신자료"라 한다)를 보존하여야 한다.
② 수신자료는 다음 각 호의 경우 외에는 열람·조회·제공 또는 공개할 수 없다.(2017.12.12 본문개정)
1. 피부착자의 특정범죄 혐의에 대한 수사 또는 재판자료로 사용하는 경우(2009.5.8 본호개정)
2. 보호관찰관이 지도·원호를 목적으로 사용하는 경우
3. 「보호관찰 등에 관한 법률」 제5조에 따른 보호관찰심사위원회(이하 "심사위원회"라 한다)의 부착명령 임시해제와 그 취소에 관한 심사를 위하여 사용하는 경우
(2020.2.4 본호개정)
4. 보호관찰소의 장이 피부착자의 제38조 또는 제39조에 해당하는 범죄 혐의에 대한 수사를 의뢰하기 위하여 사용하는 경우(2017.12.12 본호신설)
③ (2012.12.18 삭제)
④ 검사 또는 사법경찰관은 제2항제1호에 해당하는 사유로 수신자료를 열람 또는 조회하는 경우 관할 지방법원(군사법원을 포함한다) 또는 지원의 허가를 받아야 한다. 다만, 관할 지방법원 또는 지원의 허가를 받을 수 없는 긴급한 사유가 있는 때에는 수신자료 열람 또는 조회를 요청한 후 지체 없이 그 허가를 받아 보호관찰소의 장에게 송부하여야 한다.(2021.9.24 본문개정)
⑤ 검사 또는 사법경찰관은 제4항 단서에 따라 긴급한 사유로 수신자료를 열람 또는 조회하였으나 지방법원 또는 지원의 허가를 받지 못한 경우에는 지체 없이 열람 또는 조회한 수신자료를 폐기하고, 그 사실을 보호관찰소의 장에게 통지하여야 한다.(2012.12.18 본항신설)
⑥ 보호관찰소의 장은 다음 각 호의 어느 하나에 해당하는 때에는 수신자료를 폐기하여야 한다.
1. 부착명령과 함께 선고된 형이 「형법」 제81조에 따라 실효된 때(2010.4.15 본호개정)
2. 부착명령과 함께 선고된 형이 사면으로 인하여 그 효력을 상실한 때
3. 전자장치 부착이 종료된 자가 자격정지 이상의 형 또는 이 법에 따른 전자장치 부착을 받음이 없이 전자장치 부착을 종료한 날부터 5년이 경과한 때
⑦ 제1항부터 제6항까지에서 규정한 사항 외에 수신자료의 보존·사용·열람·조회·제공·폐기 등에 관하여 필요한 사항은 대통령령으로 정한다.(2017.12.12 본항개정)

제16조의2【피부착자의 신상정보 제공 등】 ① 보호관찰소의 장은 범죄예방 및 수사에 필요하다고 판단하는 경우 피부착자가 제14조제2항에 따라 신고한 신상정보 및 피부착자에 대한 지도·감독 중 알게 된 사실 등의 자료를 피부착자의 주거지를 관할하는 경찰관서의 장 등 수사기관에 제공할 수 있다.(2017.12.12 본항개정)
② 수사기관은 범죄예방 및 수사활동 중 인지한 사실이 피부착자 지도·감독에 활용할 만한 자료라고 판단할 경우 이를 보호관찰소의 장에게 제공할 수 있다.
(2017.12.12 본항개정)
③ 보호관찰소의 장은 피부착자가 범죄를 저질렀거나 저질렀다고 의심할만한 상당한 이유가 있을 때에는 이를 수사기관에 통보하여야 한다.
④ 수사기관은 체포 또는 구속한 사람이 피부착자임을 알게 된 경우에는 피부착자의 주거지를 관할하는 보호관찰소의 장에게 그 사실을 통보하여야 한다.
⑤ 제1항부터 제4항에 따른 제공 및 통보의 절차와 관리 등에 필요한 사항은 대통령령으로 정한다.
(2012.12.18 본조신설)

제16조의3【위치추적 관제센터의 설치·운영 등】 ① 법무부장관은 보호관찰소의 장 및 보호관찰관이 피부착자의 위치를 확인하고 이동경로를 탐지하며, 전자장치로부터 발신되는 전자파를 수신한 자료를 보존·사용·폐기하는 업무를 지원하기 위하여 위치추적 관제센터를 설치하여 운영할 수 있다.
② 위치추적관제센터의 장은 피부착자가 제9조의2제1항 각 호(제4호 및 제6호는 제외한다)에 따른 준수사항 또는 제14조제1항에 따른 효용 유지 의무를 위반하거나, 위반하였다고 의심할만한 상당한 이유가 있고 피부착자에 대한 신속한 지도·감독을 위하여 긴급히 필요한 경우 지방자치단체의 장에게 「개인정보 보호법」 제2조제7호에

따른 고정형 영상정보처리기기를 통하여 수집된 영상정보의 제공 등 협조를 요청할 수 있다.(2023.3.14 본항개정)
③ 제2항에 따라 피부착자에 관한 영상정보를 제공받은 위치추적 관제센터의 장은 영상정보의 열람이 종료된 후 그 사실을 해당 피부착자에게 통지하여야 한다.
(2022.1.4 본항신설)
④ 제3항에 따른 통지의 시기 및 방법 등 영상정보 열람사실의 통지에 필요한 사항은 법무부령으로 정한다.
(2022.1.4 본항신설)
(2022.1.4 본조제목개정)
(2020.12.15 본조신설)

제17조【부착명령의 임시해제 신청 등】 ① 보호관찰소의 장 또는 피부착자 및 그 법정대리인은 해당 보호관찰소를 관할하는 심사위원회에 부착명령의 임시해제를 신청할 수 있다.(2020.2.4 본항개정)
② 제1항의 신청은 부착명령의 집행이 개시된 날부터 3개월이 경과한 후에 하여야 한다. 신청이 기각된 경우에는 기각된 날부터 3개월이 경과한 후에 다시 신청할 수 있다.
③ 제1항에 따라 임시해제의 신청을 할 때에는 신청서에 임시해제의 심사에 참고가 될 자료를 첨부하여 제출하여야 한다.(2020.2.4 본항개정)
(2020.2.4 본조제목개정)

제18조【부착명령 임시해제의 심사 및 결정】 ① 심사위원회는 임시해제를 심사할 때에는 피부착자의 인격, 생활태도, 부착명령 이행상황 및 재범의 위험성에 대하여 보호관찰관 등 전문가의 의견을 고려하여야 한다.
(2020.2.4 본항개정)
② 심사위원회는 임시해제의 심사를 위하여 필요한 때에는 보호관찰소의 장으로 하여금 필요한 사항을 조사하게 하거나 피부착자나 그 밖의 관계인을 직접 소환·심문 또는 조사할 수 있다.(2020.2.4 본항개정)
③ 제2항의 요구를 받은 보호관찰소의 장은 필요한 사항을 조사하여 심사위원회에 통보하여야 한다.
④ 심사위원회는 피부착자가 부착명령이 계속 집행될 필요가 없을 정도로 개선되어 재범의 위험성이 없다고 인정하는 때에는 부착명령의 임시해제를 결정할 수 있다. 이 경우 피부착자로 하여금 주거이전 상황 등을 보호관찰소의 장에게 정기적으로 보고하도록 할 수 있다.
(2020.2.4 전단개정)
⑤ 심사위원회는 부착명령의 임시해제를 하지 아니하기로 결정한 때에는 결정서에 그 이유를 명시하여야 한다.
(2020.2.4 본항개정)
⑥ 제4항에 따라 부착명령이 임시해제된 경우에는 제9조제3항에 따른 보호관찰과 제9조의2에 따른 준수사항 및 「아동·청소년의 성보호에 관한 법률」 제61조제3항에 따른 보호관찰이 임시해제된 것으로 본다. 다만, 심사위원회에서 보호관찰 또는 준수사항 부과가 필요하다고 결정한 경우에는 그러하지 아니하다.(2020.2.4 본문개정)
(2020.2.4 본조제목개정)

제19조【임시해제의 취소 등】 ① 보호관찰소의 장은 부착명령이 임시해제된 자가 특정범죄를 저지르거나 주거이전 상황 등의 보고에 불응하는 등 재범의 위험성이 있다고 판단되는 때에는 심사위원회에 임시해제의 취소를 신청할 수 있다. 이 경우 심사위원회는 임시해제된 자의 재범의 위험성이 현저하다고 인정될 때에는 임시해제를 취소하여야 한다.
② 제1항에 따라 임시해제가 취소된 자는 잔여 부착명령기간 동안 전자장치를 부착하여야 하고, 부착명령할 때 개시된 보호관찰을 받아야 하며, 부과된 준수사항(준수기간이 종료되지 않은 경우에 한정한다)을 준수하여야 한다. 이 경우 임시해제기간은 부착명령기간에 산입하지 아니한다.
(2020.2.4 본조개정)

제20조【부착명령 집행의 종료】 제9조에 따라 선고된 부착명령은 다음 각 호의 어느 하나에 해당하는 때에 그 집행이 종료된다.
1. 부착명령기간이 경과한 때
2. 부착명령과 함께 선고한 형이 사면되어 그 선고의 효력을 상실하게 된 때
3. (2008.6.13 삭제)
4. 부착명령이 임시해제된 자가 그 임시해제가 취소됨이 없이 잔여 부착명령기간을 경과한 때(2020.2.4 본호개정)

제21조【부착명령의 시효】 ① 피부착명령자는 그 판결이 확정된 후 집행을 받지 아니하고 함께 선고된 특정범죄사건의 형의 시효가 완성되면 그 집행이 면제된다.
(2009.5.8 본항개정)
② 부착명령의 시효는 피부착명령자를 체포함으로써 중단된다.

제2장의2 형 집행 종료 후의 보호관찰
(2012.12.18 본장신설)

제21조의2【보호관찰명령의 청구】 검사는 다음 각 호의 어느 하나에 해당하는 사람에 대하여 형의 집행이 종료된 때부터 「보호관찰 등에 관한 법률」에 따른 보호관찰을 받도록 하는 명령(이하 "보호관찰명령"이라 한다)을 법원에 청구할 수 있다.
1. 성폭력범죄를 저지른 사람으로서 성폭력범죄를 다시 범할 위험성이 있다고 인정되는 사람
2. 미성년자 대상 유괴범죄를 저지른 사람으로서 미성년자 대상 유괴범죄를 다시 범할 위험성이 있다고 인정되는 사람
3. 살인범죄를 저지른 사람으로서 살인범죄를 다시 범할 위험성이 있다고 인정되는 사람
4. 강도범죄를 저지른 사람으로서 강도범죄를 다시 범할 위험성이 있다고 인정되는 사람
5. 스토킹범죄를 저지른 사람으로서 스토킹범죄를 다시 범할 위험성이 있다고 인정되는 사람(2023.7.11 본호신설)
(2017.12.12 본조개정)

제21조의3【보호관찰명령의 판결】 ① 법원은 제21조의2 각 호의 어느 하나에 해당하는 사람이 금고 이상의 선고형에 해당하고 보호관찰명령의 청구가 이유 있다고 인정하는 때에는 2년 이상 5년 이하의 범위에서 기간을 정하여 보호관찰명령을 선고하여야 한다.(2017.12.12 본항개정)
② 법원은 제1항에도 불구하고 제9조제4항제1호에 따라 부착명령 청구를 기각하는 경우로서 제21조의2 각 호의 어느 하나에 해당하여 보호관찰명령을 선고할 필요가 있다고 인정하는 때에는 직권으로 제1항에 따른 기간을 정하여 보호관찰명령을 선고할 수 있다.(2017.12.12 본항신설)

제21조의4【준수사항】 ① 법원은 제21조의3에 따라 보호관찰명령을 선고하는 경우 제9조의2제1항 각 호의 준수사항 중 하나 이상을 부과할 수 있다. 다만, 제9조의2제1항제4호의 준수사항은 300시간의 범위에서 그 기간을 정하여야 한다.
② 제1항 본문에도 불구하고 법원은 성폭력범죄를 저지른 사람(19세 미만의 사람을 대상으로 성폭력범죄를 저지른 사람으로 한정한다) 또는 스토킹범죄를 저지른 사람에 대해서는 제21조의3에 따라 보호관찰명령을 선고하는 경우 제9조의2제1항제3호를 포함하여 준수사항을 부과하여야 한다.(2023.7.11 본항개정)

제21조의5【보호관찰명령의 집행】 보호관찰명령은 특정범죄사건에 대한 형의 집행이 종료되거나 면제·가석방되는 날 또는 치료감호 집행이 종료·가종료되는 날부터 집행한다. 다만, 보호관찰명령의 원인이 된 특정범죄사건이 아닌 다른 범죄사건으로 형이나 치료감호의 집행이 계속될 경우에는 보호관찰명령의 원인이 된 특정범죄사건이 아닌 다른 범죄사건에 대한 형의 집행이 종료되거나 면제·가석방되는 날 또는 치료감호의 집행이 종료·가종료되는 날부터 집행한다.

제21조의6【보호관찰대상자의 의무】 ① 보호관찰대상자는 특정범죄사건에 대한 형의 집행이 종료되거나 면제·가석방되는 날부터 10일 이내에 주거지를 관할하는 보호관찰소에 출석하여 서면으로 신고하여야 한다.
② 보호관찰대상자는 주거를 이전하거나 7일 이상의 국내여행을 하거나 출국할 때에는 미리 보호관찰관의 허가를 받아야 한다.

제21조의7【보호관찰 기간의 연장 등】 ① 보호관찰대상자가 정당한 사유 없이 제21조의4 또는 「보호관찰 등에 관한 법률」 제32조에 따른 준수사항을 위반하거나 제21조의6에 따른 의무를 위반한 때에는 법원은 보호관찰소의 장의 신청에 따른 검사의 청구로 다음 각 호의 결정을 할 수 있다.
1. 1년의 범위에서 보호관찰 기간의 연장(2023.7.11 본호개정)
2. 제21조의4에 따른 준수사항의 추가 또는 변경
② 제1항 각 호의 처분은 병과할 수 있다.
③ 제1항에 규정된 사항 외의 사정변경이 있는 경우에도 법원은 상당한 이유가 있다고 인정하면 보호관찰소의 장의 신청에 따른 검사의 청구로 제21조의4에 따른 준수사항을 추가, 변경 또는 삭제하는 결정을 할 수 있다.

제21조의8【준용규정】 보호관찰대상자에 대해서는 제5조제6항·제8항, 제6조부터 제8조까지, 제9조제2항부터 제9항까지, 제9조의2, 제10조부터 제12조까지, 제13조제5항부터 제9항까지, 제15조 및 제17조부터 제21조까지의 규정을 준용하되, "부착명령"은 "보호관찰명령"으로, "부착기간"은 "보호관찰 기간"으로, "피부착명령청구자"는 "피보호관찰명령청구자"로, "피부착자"는 "보호관찰대상자"로, "전자장치 부착"은 "보호관찰"로 본다.
(2023.7.11 본조개정)

제3장 가석방 및 가종료 등과 전자장치 부착

제22조【가석방과 전자장치 부착】 ① 제9조에 따른 부착명령 판결을 선고받지 아니한 특정 범죄자로서 형의 집행 중 가석방되어 보호관찰을 받게 되는 자는 준수사항 이행 여부 확인 등을 위하여 가석방기간 동안 전자장치를 부착하여야 한다. 다만, 심사위원회가 전자장치 부착이 필요하지 아니하다고 결정한 경우에는 그러하지 아니하다.(2012.12.18 단서신설)
② 심사위원회는 특정범죄 이외의 범죄로 형의 집행 중 가석방되어 보호관찰을 받는 사람의 준수사항 이행 여부 확인 등을 위하여 가석방 예정자의 범죄내용, 개별적 특성 등을 고려하여 가석방 기간의 전부 또는 일부의 기간을 정하여 전자장치를 부착하게 할 수 있다.(2020.2.4 본항신설)
③ 심사위원회는 제1항 및 제2항의 결정을 위하여 가석방예정자에 대한 전자장치 부착의 필요성과 적합성 여부 등을 조사하여야 한다.(2020.2.4 본항신설)
④ 심사위원회는 제1항 및 제2항에 따라 전자장치를 부착하게 되는 자의 주거지를 관할하는 보호관찰소의 장에게 가석방자의 인적사항 등 전자장치 부착에 필요한 사항을 즉시 통보하여야 한다.(2020.2.4 본항개정)
⑤ 교도소장등은 제1항 및 제2항에 따른 가석방 예정자가 석방되기 5일 전까지 그의 주거지를 관할하는 보호관찰소의 장에게 그 사실을 통보하여야 한다.(2020.2.4 본항개정)

제23조【가종료 등과 전자장치 부착】 ① 「치료감호 등에 관한 법률」 제37조에 따른 치료감호심의위원회(이하 "치료감호심의위원회"라 한다)는 제9조에 따른 부착명령 판결을 선고받지 아니한 특정 범죄자로서 치료감호의 집행 중 가종료 또는 치료위탁되는 피치료감호자나 보호감호의 집행 중 가출소되는 피보호감호자(이하 "가종료자등"이라 한다)에 대하여 「치료감호 등에 관한 법률」 또는 「사회보호법」(법률 제7656호로 폐지되기 전의 법률을 말한다)에 따른 준수사항 이행 여부 확인 등을 위하여 보호관찰 기간의 범위에서 기간을 정하여 전자장치를 부착하게 할 수 있다.(2023.7.11 본항개정)
② 치료감호심의위원회는 제1항에 따라 전자장치 부착을 결정한 경우에는 즉시 피부착결정자의 주거지를 관할하는 보호관찰소의 장에게 통보하여야 한다.
③ 치료감호시설의 장·보호감호시설의 장 또는 교도소의 장은 가종료자등이 가종료 또는 치료위탁되거나 가출소되기 5일 전까지 가종료자등의 주거지를 관할하는 보호관찰소의 장에게 그 사실을 통보하여야 한다.
(2010.4.15 본항개정)

제24조【전자장치의 부착】 ① 전자장치 부착은 보호관찰관이 집행한다.
② 전자장치는 다음 각 호의 어느 하나에 해당하는 때 석방 직전에 부착한다.
1. 가석방되는 날
2. 가종료 또는 치료위탁되거나 가출소되는 날. 다만, 제23조제1항에 따른 피치료감호자에게 치료감호와 병과된 형의 잔여 형기가 있거나 치료감호의 원인이 된 특정범죄사건이 아닌 다른 범죄사건으로 인하여 집행할 형이 있는 경우에는 해당 형의 집행이 종료·면제되거나 가석방되는 날 부착한다.(2017.12.12 단서개정)
③ 전자장치 부착집행 중 보호관찰 준수사항 위반으로 유치허가장의 집행을 받아 유치된 때에는 부착집행이 정지된다. 이 경우 심사위원회가 보호관찰소의 장의 가석방 취소신청을 기각한 날 또는 법무부장관이 심사위원회의 허가신청을 불허한 날부터 그 잔여기간을 집행한다.

제25조【부착집행의 종료】 제22조 및 제23조에 따른 전자장치 부착은 다음 각 호의 어느 하나에 해당하는 때에 그 집행이 종료된다.
1. 가석방 기간이 경과하거나 가석방이 실효 또는 취소된 때
2. 가종료자등의 부착기간이 경과하거나 보호관찰이 종료된 때(2010.4.15 본호개정)
3. 가석방된 형이 사면되어 형의 선고의 효력을 상실하게 된 때
4. (2010.4.15 삭제)

제26조【수신자료의 활용】 보호관찰관은 수신자료를 준수사항 이행여부 확인 등 「보호관찰 등에 관한 법률」에 따른 보호관찰대상자의 지도·감독 및 원호에 활용할 수 있다.

제27조【준용】 이 장에 따른 전자장치 부착에 관하여는 제13조제4항·제6항제1호·제8항제1호·제9항, 제14조, 제15조, 제16조, 제16조의2, 제16조의3 및 제17조부터 제19조까지의 규정을 준용한다.(2022.1.4 본조개정)

제4장 형의 집행유예와 부착명령

제28조【형의 집행유예와 부착명령】 ① 법원은 특정범죄를 범한 자에 대하여 형의 집행을 유예하면서 보호관찰을 받을 것을 명할 때에는 보호관찰 기간의 범위 내에서 기간을 정하여 준수사항의 이행여부 확인 등을 위하여 전자장치를 부착할 것을 명할 수 있다.(2023.7.11 본항개정)
② 법원은 제1항에 따른 부착명령기간 중 소재지 인근 의료기관에서의 치료, 지정 상담시설에서의 상담치료 등 대상자의 재범방지를 위하여 필요한 조치들을 과할 수 있다.
③ 법원은 제1항에 따른 전자장치 부착을 명하기 위하여 필요하다고 인정하는 때에는 피고인의 주거지 또는 그 법원의 소재지를 관할하는 보호관찰소의 장에게 범죄의 동기, 피해자와의 관계, 심리상태, 재범의 위험성 등 피고인에 관하여 필요한 사항의 조사를 요청할 수 있다.

제29조【부착명령의 집행】 ① 부착명령은 전자장치 부착을 명하는 법원의 판결이 확정된 때부터 집행한다.
② 부착명령의 집행 중 보호관찰 준수사항 위반으로 유치허가장의 집행을 받아 유치된 때에는 부착명령 집행이 정지된다. 이 경우 검사가 보호관찰소의 장의 집행유예 취소신청을 기각한 날 또는 법원이 검사의 집행유예취소 청구를 기각한 날부터 그 잔여기간을 집행한다.

제30조【부착명령 집행의 종료】 제28조의 부착명령은 다음 각 호의 어느 하나에 해당하는 때에 그 집행이 종료된다.
1. 부착명령기간이 경과한 때
2. 집행유예가 실효 또는 취소된 때
3. 집행유예된 형이 사면되어 형의 선고의 효력을 상실하게 된 때
4. (2010.4.15 삭제)

제31조【준용】 이 장에 따른 부착명령에 관하여는 제6조, 제9조제5항부터 제7항까지, 제10조제1항, 제12조, 제13조제4항·제6항제1호·제8항제1호·제9항, 제14조, 제15조제1항, 제16조, 제16조의2, 제16조의3, 제17조부터 제19조까지 및 제26조를 준용한다.(2022.1.4 본조개정)

제5장 보석과 전자장치 부착

(2020.2.4 본장신설)

제31조의2【보석과 전자장치 부착】 ① 법원은 「형사소송법」 제98조제9호에 따른 보석조건으로 피고인에게 전자장치 부착을 명할 수 있다.
② 법원은 제1항에 따른 전자장치 부착을 명하기 위하여 필요하다고 인정하면 그 법원의 소재지 또는 피고인의 주거지를 관할하는 보호관찰소의 장에게 피고인의 직업, 경제력, 가족상황, 주거상태, 생활환경 및 피해회복 여부 등 피고인에 관한 사항의 조사를 의뢰할 수 있다.
③ 제2항의 의뢰를 받은 보호관찰소의 장은 지체 없이 조사하여 서면으로 법원에 통보하여야 하며, 조사를 위하여 필요한 경우에는 피고인이나 그 밖의 관계인을 소환하여 심문하거나 소속 보호관찰관에게 필요한 사항을 조사하게 할 수 있다.
④ 보호관찰소의 장은 제3항의 조사를 위하여 필요하다고 인정하면 국공립 기관이나 그 밖의 단체에 사실을 알아보거나 관련 자료의 열람 등 협조를 요청할 수 있다.

제31조의3【전자장치 부착의 집행】 ① 법원은 제31조의2제1항에 따라 전자장치 부착을 명한 경우 지체 없이 그 결정문의 등본을 피고인의 주거지를 관할하는 보호관찰소의 장에게 송부하여야 한다.
② 제31조의2제1항에 따라 전자장치 부착명령을 받고 석방된 피고인은 법원이 지정한 일시까지 주거지를 관할하는 보호관찰소에 출석하여 신고한 후 보호관찰관의 지시에 따라 전자장치를 부착하여야 한다.
③ 보호관찰소의 장은 제31조의2제1항에 따른 피고인의 보석조건 이행 여부 확인을 위하여 적절한 조치를 하여야 한다.
④ 전자장치 부착 집행의 절차 및 방법 등에 관한 사항은 대통령령으로 정한다.

제31조의4【보석조건 이행 상황 등 통지】 ① 보호관찰소의 장은 제31조의2제1항에 따른 피고인의 보석조건 이행 상황을 법원에 정기적으로 통지하여야 한다.
② 보호관찰소의 장은 피고인이 제31조의2제1항에 따른 전자장치 부착명령을 위반한 경우 및 전자장치 부착을 통하여 피고인에게 부과된 주거의 제한 등 「형사소송법」에 따른 다른 보석조건을 위반하였음을 확인한 경우 지체 없이 법원과 검사에게 이를 통지하여야 한다.
③ 제2항에 따른 통지를 받은 법원은 「형사소송법」 제102조에 따라 피고인의 보석조건을 변경하거나 보석을 취소하는 경우 이를 지체 없이 보호관찰소의 장에게 통지하여야 한다.
④ 제1항부터 제3항까지의 규정에 따른 통지의 절차 및 방법 등에 관한 사항은 대통령령으로 정한다.

제31조의5【전자장치 부착의 종료】 제31조의2제1항에 따른 전자장치의 부착은 다음 각 호의 어느 하나에 해당하는 경우에 그 집행이 종료된다.
1. 구속영장의 효력이 소멸한 경우
2. 보석이 취소된 경우
3. 「형사소송법」 제102조에 따라 보석조건이 변경되어 전자장치를 부착할 필요가 없게 되는 경우

제5장의2 스토킹행위자에 대한 전자장치 부착

(2023.7.11 본장신설)

제31조의6【전자장치 부착의 집행】 ① 법원은 「스토킹범죄의 처벌 등에 관한 법률」 제9조제1항제3호의2에 따른 잠정조치(이하 이 장에서 "잠정조치"라 한다)로 전자장치의 부착을 결정한 경우 그 결정문의 등본을 스토킹행위자의 사건 수사를 관할하는 경찰관서(이하 이 장에서 "관할경찰관서"라 한다)의 장과 스토킹행위자의 주거지를 관할하는 보호관찰소(이하 이 장에서 "보호관찰소"라 한다)의 장에게 지체 없이 송부하여야 한다.
② 잠정조치 결정을 받은 스토킹행위자는 법원이 지정한 일시까지 보호관찰소에 출석하여 대통령령으로 정하는 신상정보 등을 서면으로 신고한 후 보호관찰관의 지시에 따라 전자장치를 부착하여야 한다.
③ 보호관찰소의 장은 스토킹행위자가 제2항에 따라 전자장치를 부착하면 관할경찰관서의 장에게 이를 즉시 통지하여야 하고, 관할경찰관서의 장은 「스토킹범죄의 처벌 등에 관한 법률」 제9조제1항제2호 및 제3호의2에 따른 스토킹행위자의 잠정조치 이행 여부를 확인하기 위하여 피해자에 대한 다음 각 호의 사항을 보호관찰소의 장에게 즉시 통지하여야 한다.
1. 성명
2. 주민등록번호
3. 주소 및 실제 거주지
4. 직장 소재지
5. 전화번호
6. 그 밖에 대통령령으로 정하는 피해자의 보호를 위하여 필요한 사항
④ 보호관찰소의 장은 스토킹행위자가 다음 각 호의 어느 하나에 해당하는 경우 그 사실을 관할경찰관서의 장에게 즉시 통지하여야 한다.
1. 정당한 사유 없이 제2항에 따라 법원이 지정한 일시까지 보호관찰소에 출석하여 신고하지 아니하거나 전자장치 부착을 거부하는 경우
2. 잠정조치 기간 중 「스토킹범죄의 처벌 등에 관한 법률」 제9조제1항제2호를 위반하였거나 위반할 우려가 있는 경우
3. 잠정조치 기간 중 「스토킹범죄의 처벌 등에 관한 법률」 제9조제4항을 위반하였거나 위반하였다고 의심할 상당한 이유가 있는 경우
4. 그 밖에 잠정조치의 이행 및 피해자의 보호를 위하여 적절한 조치가 필요한 경우로서 대통령령으로 정하는 사유가 있는 경우
⑤ 관할경찰관서의 장은 제4항에 따른 통지가 있는 경우 즉시 스토킹행위자가 소재한 현장에 출동하는 등의 방법으로 그 사유를 확인하고, 「스토킹범죄의 처벌 등에 관한 법률」 제9조제1항제4호에 따른 유치 신청 등 피해자 보호에 필요한 적절한 조치를 하여야 한다.
⑥ 관할경찰관서의 장은 「스토킹범죄의 처벌 등에 관한 법률」 제11조제5항에 따라 잠정조치 결정이 효력을 상실하는 때에는 보호관찰소의 장에게 이를 지체 없이 통지하여야 한다.
⑦ 법원은 잠정조치의 연장·변경·취소 결정을 하는 경우 관할경찰관서의 장과 보호관찰소의 장에게 이를 지체 없이 통지하여야 한다.
⑧ 제1항부터 제7항까지에 따른 전자장치 부착의 집행 등에 필요한 사항은 대통령령으로 정한다.

제31조의7【전자장치 부착의 종료】 제31조의6에 따른 전자장치 부착은 다음 각 호의 어느 하나에 해당하는 때에 그 집행이 종료된다.
1. 잠정조치의 기간이 경과한 때
2. 잠정조치가 변경 또는 취소된 때
3. 잠정조치가 효력을 상실한 때

제31조의8【스토킹행위자 수신자료의 보존·사용·폐기 등】 ① 보호관찰소의 장은 제31조의6제2항에 따라 전자장치를 부착한 스토킹행위자의 전자장치로부터 발신되는 전자파를 수신하여 그 자료(이하 "스토킹행위자 수신자료"라 한다)를 보존하여야 한다.
② 스토킹행위자 수신자료는 다음 각 호의 경우 외에는 열람·조회·제공 또는 공개할 수 없다.
1. 「스토킹범죄의 처벌 등에 관한 법률」 제2조제2호에 따른 스토킹범죄 혐의에 대한 수사 또는 재판자료로 사용하는 경우
2. 「스토킹범죄의 처벌 등에 관한 법률」 제9조제1항제2호 및 제3호의2에 따른 잠정조치 이행 여부를 확인하기 위하여 사용하는 경우
3. 「스토킹범죄의 처벌 등에 관한 법률」 제11조에 따른 잠정조치의 연장·변경·취소의 청구 또는 그 신청을 위하여 사용하는 경우
4. 「스토킹범죄의 처벌 등에 관한 법률」 제20조제1항제1호 및 같은 조 제2항에 해당하는 범죄 혐의에 대한 수사를 위하여 사용하는 경우
③ 검사 또는 사법경찰관이 제2항제1호에 해당하는 사유로 스토킹행위자 수신자료를 열람 또는 조회하는 경우 그 절차에 관하여는 제16조제4항 및 제5항을 준용한다.
④ 보호관찰소의 장은 다음 각 호의 어느 하나에 해당하는 때에는 스토킹행위자 수신자료를 폐기하여야 한다.
1. 잠정조치가 효력을 상실한 때
2. 잠정조치의 원인이 되는 스토킹범죄사건에 대해 법원의 무죄, 면소, 공소기각 판결 또는 공소기각 결정이 확정된 때
3. 잠정조치 집행을 종료한 날부터 5년이 경과한 때

제6장 보 칙

제32조【전자장치 부착기간의 계산】 ① 전자장치 부착기간은 이를 집행한 날부터 기산하되, 초일은 시간을 계산함이 없이 1일로 산정한다.
② 다음 각 호의 어느 하나에 해당하는 기간은 전자장치 부착기간에 산입하지 아니한다. 다만, 보호관찰이 부과된 사람의 전자장치 부착기간은 보호관찰 기간을 초과할 수 없다.(2023.7.11 단서개정)
1. 피부착자가 제14조제1항을 위반하여 전자장치를 신체로부터 분리하거나 손상하는 등 그 효용을 해한 기간
2. 피부착자의 치료, 출국 또는 그 밖의 적법한 사유로 전자장치가 신체로부터 일시적으로 분리된 후 해당 분리사유가 해소된 날부터 정당한 사유 없이 전자장치를 부착하지 아니한 기간
(2018.3.20 본항개정)

제32조의2【부착명령 등 집행전담 보호관찰관의 지정】 보호관찰소의 장은 소속 보호관찰관 중에서 다음 각 호의 사항을 전담하는 보호관찰관을 지정하여야 한다. 다만, 보호관찰소의 장은 19세 미만의 사람에 대해서 성폭력범죄를 저지른 피부착자 중 재범의 위험성이 현저히 높은 사람에 대해서는 일정기간 그 피부착자 1명만을 전담하는 보호관찰관을 지정하여야 한다.(2019.4.16 단서신설)
1. 부착명령 및 보호관찰명령을 청구하기 위하여 필요한 피의자에 대한 조사
2. 부착명령 및 보호관찰명령의 집행
3. 피부착자 및 보호관찰대상자의 재범방지와 건전한 사회복귀를 위한 치료 등 필요한 조치의 부과
4. 그 밖에 피부착자 및 보호관찰대상자의 「보호관찰 등에 관한 법률」 등에 따른 준수사항 이행 여부 확인 등 피부착자 및 보호관찰대상자에 대한 지도·감독 및 원호
(2012.12.18 1호~4호개정)

제33조【전자장치 부착 임시해제의 의제】 보호관찰이 임시해제된 경우에는 전자장치 부착이 임시해제된 것으로 본다.(2020.2.4 본조개정)

제33조의2【범죄경력자료 등의 조회 요청】 ① 법무부장관은 이 법에 따른 부착명령 또는 보호관찰명령의 집행이 종료된 사람의 재범 여부를 조사하고 부착명령 또는 보호관찰명령의 효과를 평가하기 위하여 필요한 경우에는 그 집행이 종료된 때부터 5년 동안 관계 기관에 그 사람에 관한 범죄경력자료와 수사경력자료에 대한 조회를 요청할 수 있다.
② 제1항의 요청을 받은 관계 기관의 장은 정당한 사유 없이 이를 거부하여서는 아니 된다.
(2017.12.12 본조신설)

제34조【군법 피적용자에 대한 특칙】 이 법을 적용함에 있어서 「군사법원법」 제2조제1항 각 호의 어느 하나에 해당하는 자에 대하여는 군사법원은 법원의, 군검사는 검사의, 군사법경찰관리는 사법경찰관리의, 군교도소장은 교도소장의 이 법에 따른 직무를 각각 행한다.
(2016.1.6 본조개정)

제35조【다른 법률의 준용】 이 법을 적용함에 있어서 이 법에 규정이 있는 경우를 제외하고는 그 성질에 반하지 아니하는 범위 안에서 「형사소송법」 및 「보호관찰 등에 관한 법률」의 규정을 준용한다.

제7장 벌 칙

제36조【벌칙】 ① 전자장치 부착 업무를 담당하는 자가 정당한 사유 없이 피부착자의 전자장치를 해제하거나 손상한 때에는 1년 이상의 유기징역에 처한다.
② 전자장치 부착 업무를 담당하는 자가 금품을 수수·요구 또는 약속하고 제1항의 죄를 범한 때에는 2년 이상의 유기징역에 처한다.
③ 수신자료(스토킹행위자 수신자료를 포함한다)를 관리하는 자가 제16조제2항 또는 제31조의8제2항을 위반한 때에는 1년 이상의 유기징역에 처한다.(2023.7.11 본항개정)

제37조【벌칙】 ① 타인으로 하여금 부착명령 또는 보호관찰명령을 받게 할 목적으로 공무소 또는 공무원에 대하여 허위의 사실을 신고하거나 「형법」 제152조제1항의 죄를 범한 때에는 10년 이하의 징역에 처한다.
② 제2장의 부착명령 또는 보호관찰명령 청구사건에 관하여 피부착명령청구자 또는 피보호관찰명령청구자를 모해할 목적으로 「형법」 제154조·제233조 또는 제234조(허위작성진단서의 행사에 한한다)의 죄를 범한 때에는 10년 이하의 징역에 처한다. 이 경우 10년 이하의 자격정지를 병과한다.(2014.1.7 전단개정)
(2012.12.18 본조개정)

제38조【벌칙】 ① 피부착자가 제14조제1항(제27조 및 제31조에 따라 준용되는 경우를 포함한다)을 위반하여 전자장치의 부착기간 중 전자장치를 신체에서 임의로 분리·손상, 전파 방해 또는 수신자료의 변조, 그 밖의 방법으로 그 효용을 해한 때에는 7년 이하의 징역 또는 2천만원 이하의 벌금에 처한다.(2017.12.12 본항개정)
② 제1항의 미수범은 처벌한다.(2017.12.12 본항신설)

제39조【벌칙】 ① 피부착자 또는 보호관찰대상자가 제9조의2제1항제3호 또는 제4호의 준수사항을 정당한 사유 없이 위반한 때에는 3년 이하의 징역 또는 3천만원 이하의 벌금에 처한다.
② 피부착자 또는 보호관찰대상자가 정당한 사유 없이 「보호관찰 등에 관한 법률」 제32조제2항 또는 제3항에 따른 준수사항을 위반하여 같은 법 제38조에 따른 경고를 받은 후 다시 정당한 사유 없이 같은 법 제32조제2항 또는 제3항에 따른 준수사항을 위반한 경우 1년 이하의 징역 또는 1천만원 이하의 벌금에 처한다.
③ 피부착자 또는 보호관찰대상자가 제9조의2제1항제1호·제2호·제2호의2·제5호 또는 제6호의 준수사항을 정당한 사유 없이 위반한 때에는 1년 이하의 징역 또는 1천만원 이하의 벌금에 처한다.
(2020.12.15 본조개정)

부 칙 (2008.6.13)

제1조【시행일】 이 법은 2008년 9월 1일부터 시행한다.
(2010.4.15 본조제목삽입)

제2조【제1심판결 후의 부착명령 청구 등에 관한 경과조치 및 적용 특례】 ① 검사는 성폭력범죄를 저질러 2008년 9월 1일 이전에 제1심판결을 선고받아 이 법(법률 제10257호 특정범죄자에 대한 위치추적 전자장치 부착 등에 관한 법률 일부개정법률을 말한다. 이하 이 조에서 같다) 시행 당시 징역형 이상의 형, 치료감호 또는 보호감호(이하 "징역형등"이라 한다)의 집행 종료일까지 6개월 이상이 남은 사람(이하 "출소예정자"라 한다), 징역형등의 집행 종료일까지 6개월 미만이 남은 사람(이하 "출소임박자"라 한다) 및 징역형등의 집행이 종료, 가종료·가출소·가석방 또는 면제된 후 3년이 경과되지 아니한 사람(이하 "출소자"라 한다)으로서 종전 법(법률 제9112호 특정 성폭력범죄자에 대한 위치추적 전자장치 부착에 관한 법률 일부개정법률을 말한다. 이하 이 조에서 같다) 제5조제1항 각 호의 어느 하나에 해당하고 성폭력범죄를 다시 저지를 위험성이 있다고 인정되는 사람에 대하여는 종전 법 제5조제2항, 제7조 및 제9조제3항에도 불구하고 제1심판결을 한 법원 또는 출소예정자, 출소임박자, 출소자의 주거지 또는 현재지를 관할하는 지방법원(지원을 포함한다. 이하 같다)에 부착명령을 청구할 수 있다.

② 제1항의 출소예정자에 대한 부착명령 절차는 다음 각 호에 따른다.

1. 교도소·구치소·치료감호시설·보호감호시설(이하 "수용시설"이라 한다)의 장은 출소예정자에 대한 징역형등의 집행이 종료되기 6개월 전까지 수용시설의 소재지를 관할하는 지방 검찰청의 검사와 보호관찰소의 장에게 인적사항과 교정성적 등 필요한 사항을 통보하여야 한다.
2. 검사는 소속 검찰청 소재지 또는 출소예정자의 주거지를 관할하는 보호관찰소의 장에게 제1항의 출소예정자에 대하여 제6조에 따른 조사를 요청할 수 있다.
3. 보호관찰소의 장은 출소예정자에 대한 징역형등의 집행이 종료되기 4개월 전까지 제6조제3항의 조사보고서를 제출하여야 한다.
4. 검사는 출소예정자 중 제1항의 부착명령 청구요건에 해당되는 사람에 대하여 징역형등의 집행이 종료되기 3개월 전까지 법원에 부착명령을 청구하여야 한다.
5. 법원은 제4호의 부착명령 청구가 이유 있다고 인정하는 때에는 출소예정자의 징역형등의 집행이 종료되기 1개월 전까지 결정으로 부착명령을 하여야 한다.
6. 제5호의 결정에 대한 항고는 부착명령의 집행을 정지하는 효력이 없다.

③ 제1항의 출소임박자 및 출소자에 대한 부착명령 절차는 다음 각 호에 따른다.

1. 수용시설의 장은 출소임박자 및 출소자에 대하여 이 법 시행일부터 1개월 이내에 수용시설의 소재지를 관할하는 지방 검찰청의 검사와 보호관찰소의 장에게 인적사항과 교정성적 등 필요한 사항을 통보하여야 한다.
2. 검사는 소속 검찰청 소재지 또는 출소임박자 및 출소자의 주거지를 관할하는 보호관찰소의 장에게 출소임박자 및 출소자에 대하여 제6조에 따른 조사를 요청할 수 있다.
3. 보호관찰소의 장은 출소임박자 및 출소자에 대한 제6조제3항의 조사보고서를 요청접수일부터 2개월 이내에 제출하여야 한다.
4. 검사는 출소임박자 또는 출소자 중 제1항의 부착명령 청구요건에 해당되는 사람에 대하여 이 법 시행일부터 1년 이내에 법원에 부착명령을 청구하여야 한다. 다만, 출소임박자 또는 출소자가 도피한 때에는 그 기간을 3년으로 한다.
5. 검사 또는 보호관찰소의 장은 제2호의 조사 또는 제4호의 청구를 위하여 필요한 때에는 출소자의 출석을 요구하여 진술을 들을 수 있다.
6. 출소자가 정당한 이유 없이 제5호에 따른 출석요구에 따르지 아니하거나 따르지 아니할 우려가 있는 때에는 검사는 관할 지방법원판사에게 청구하여 구인영장을 발부받아 출소자를 구인할 수 있고, 보호관찰소의 장은 관할 지방검찰청의 검사에게 신청하여 검사의 청구로 관할 지방법원판사의 구인영장을 발부받아 출소자를 구인할 수 있다.
7. 검사 또는 보호관찰소의 장은 제6호에 따라 출소자를 구인한 경우 구인한 때부터 48시간 이내에 필요한 조사를 마쳐야 하고, 조사를 마친 때에는 출소자를 즉시 석방하여야 한다.
8. 법원은 제4호의 부착명령 청구가 이유 있다고 인정하는 때에는 청구일부터 2개월 이내에 결정으로 부착명령을 하여야 한다.
9. 보호관찰소의 장은 제8호의 결정의 집행을 위하여 출소자를 소환할 수 있다.
10. 출소자가 제9호의 소환에 불응한 경우 보호관찰소의 장은 검사에게 신청하여 부착명령 집행장을 발부받아 출소자를 구인할 수 있다.
11. 제8호의 결정에 대한 항고는 부착명령의 집행을 정지하는 효력이 없다.

④ 제2항과 제3항에 따른 부착명령의 시효는 부착명령 고지일부터 5년으로 하며, 시효가 완성되면 집행을 면제한다. 다만, 부착명령의 원인이 된 범죄 및 그에 계속하여 집행되는 다른 범죄의 형, 치료감호 또는 보호감호 기간은 시효가 진행되지 아니하고, 출소예정자, 출소임박자 또는 출소자가 체포됨으로써 시효가 중단된다.
(2018.9.18 본항개정)
(2010.4.15 본조신설)

부 칙 (2012.12.18 법11558호)

제1조【시행일】 이 법은 공포한 날부터 시행한다. 다만, 제16조제4항, 제5항 및 제7항, 제16조의2, 제21조의2부터 제21조의8까지, 제32조의2, 제37조, 제39조의 개정규정은 공포 후 6개월이 경과한 날부터 시행하고, 제2조제3호의3, 제5조제4항부터 제7항까지의 개정규정은 공포 후 1년 6개월이 경과한 날부터 시행한다.

제2조【부착명령 청구에 관한 적용례 및 경과조치】 ① 제5조제1항의 개정규정에 따른 성폭력범죄에 대한 부착명령 청구는 이 법 시행 전에 「형법」 제305조의2(상습범), 제340조(해상강도)제3항(부녀를 강간한 죄만을 말한다)의 죄 및 제342조(미수범)의 죄(제339조 및 제340조제3항에서 부녀를 강간한 죄만을 말한다)를 저지른 사람에 대하여도 적용한다.

② 제5조제1항제4호 및 제5호의 개정규정에 따른 부착명령 청구는 이 법 시행 전에 저지른 성폭력범죄에 대하여도 적용한다.

③ 제5조제3항에 따른 살인범죄에 대한 부착명령 청구는 이 법 시행 전에 「형법」 제88조, 제89조(미수범)의 죄(제88조의 미수범만을 말한다), 제324조의4 전단, 제324조의5(미수범)의 죄(제324조의4 전단의 미수범만을 말한다), 제338조 전단, 제340조제3항(사람을 살해한 죄만을 말한다) 및 제342조(미수범)의 죄(제338조 전단 및 제340조제3항 중 사람을 살해한 죄의 미수범만을 말한다)를 저지른 사람에 대하여도 적용한다.

④ 제5조제4항의 개정규정에 따른 부착명령 청구는 같은 개정규정 시행 전에 저지른 강도범죄에 대하여도 적용한다.

⑤ 제5조제4항제1호의 개정규정 시행 전에 강도범죄를 저질러 징역형의 실형을 선고받은 사람은 같은 개정규정에 따른 징역형의 실형을 선고받은 것으로 본다.

⑥ 제5조제4항제3호의 개정규정 시행 전에 강도범죄로 인하여 그 습벽이 인정되는 사람은 같은 개정규정의 습벽이 인정되는 것으로 본다.

제3조【부착명령의 집행에 관한 적용례】 제13조제1항의 개정규정은 이 법 시행 당시 부착명령이 확정된 사람에 대하여도 적용한다. 다만, 이 법 시행 당시 특정범죄사건에 대한 형의 집행이 종료, 면제 또는 가석방되었거나 치료감호의 집행이 종료·가종료된 경우에는 그러하지 아니하다.

제4조【수신자료의 열람·조회에 관한 적용례】 제16조제4항 및 제5항의 개정규정은 같은 개정규정 시행 당시 부착명령 집행 중인 사람에 대하여도 적용한다.

제5조【피부착자의 신상정보 제공 등에 관한 적용례】 제16조의2의 개정규정은 같은 개정규정 시행 당시 부착명령 집행 중인 사람에 대하여도 적용한다.

제6조【형 집행 종료 후의 보호관찰명령 청구에 관한 적용례】 제21조의2의 개정규정의 보호관찰명령 청구는 같은 개정규정 시행 전에 저지른 특정범죄에 대하여도 적용한다.

제7조【가석방, 가출소 또는 가종료 시 전자장치 부착에 관한 적용례】 ① 제22조의 개정규정은 특정범죄를 저질러 이 법 시행 당시 형의 집행 중에 있는 사람에 대하여도 적용한다.

② 제22조의 개정규정과 제23조에 따른 전자장치 부착은 강도범죄를 저질러 이 법 시행 당시 형의 집행, 보호감호 또는 치료감호 중에 있는 사람에 대하여도 적용한다.

제8조【집행유예 선고 시 전자장치 부착명령에 관한 적용례】 제28조는 강도범죄를 저질러 이 법 시행 당시 재판 중인 사람에 대하여도 적용한다.

제9조【준수사항 위반에 따른 벌칙 규정에 관한 적용례】 제39조제2항의 개정규정은 같은 개정규정 시행 후 최초로 정당한 사유 없이 「보호관찰 등에 관한 법률」 제32조제2항 또는 제3항에 따른 준수사항을 위반하여 같은 법 제38조에 따른 경고를 받은 후 다시 정당한 사유 없이 같은 법 제32조제2항 또는 제3항에 따른 준수사항을 위반한 피부착자 또는 보호관찰대상자부터 적용한다.

제10조【벌칙에 관한 경과조치】 이 법 시행 전의 행위에 대한 벌칙을 적용할 때에는 종전의 규정에 따른다.

제11조【다른 법령과의 관계】 이 법 시행 당시 다른 법령에서 종전의 「특정 범죄자에 대한 위치추적 전자장치 부착 등에 관한 법률」 또는 그 규정을 인용한 경우에 이 법 가운데 그에 해당하는 규정이 있으면 종전의 「특정 범죄자에 대한 위치추적 전자장치 부착 등에 관한 법률」 또는 그 규정을 갈음하여 이 법 또는 이 법의 해당 규정을 인용한 것으로 본다.

부 칙 (2016.12.20)

제1조【시행일】 이 법은 공포한 날부터 시행한다.

제2조【부착명령 가해제 시 보호관찰에 관한 적용례】 제18조제6항 단서의 개정규정은 이 법 시행 후 부착명령이 가해제된 사람부터 적용한다.

부 칙 (2017.10.31)

제1조【시행일】 이 법은 공포한 날부터 시행한다.

제2조【특정범죄 추가에 따른 부착명령 청구 등에 관한 적용례 등】 ① 제5조에 따른 부착명령 청구는 이 법 시행 전에 제2조의 개정규정에 따라 추가되는 「형법」 제297조의2(유사강간)의 죄 등 특정범죄(이하 "유사강간등죄"라 한다)를 저지른 사람에 대해서도 적용한다.

② 이 법 시행 전에 유사강간등죄를 저질러 징역형의 실형 이상의 형을 선고받은 사람은 제5조제1항제1호에 따른 징역형의 실형 또는 같은 조 제3항에 따른 징역형의 실형 이상의 형을 선고받은 것으로 본다.

③ 이 법 시행 전에 저지른 유사강간등죄(성폭력범죄로 한정한다)로 그 습벽이 인정되는 사람은 제5조제1항제3호의 습벽이 인정되는 것으로 본다.

④ 제21조의2에 따른 보호관찰명령의 청구는 이 법 시행 전에 유사강간등죄를 저지른 사람에 대해서도 적용한다.

⑤ 제22조 및 제23조에 따른 전자장치 부착은 유사강간등죄를 저질러 이 법 시행 당시 형·보호감호 또는 치료감호의 집행 중에 있는 사람에 대해서도 적용한다.

⑥ 제28조에 따른 집행유예 선고 시 전자장치 부착명령은 유사강간등죄를 저질러 이 법 시행 당시 재판 중인 사람에 대해서도 적용한다.

제3조【피부착명령자의 소환 등에 관한 적용례】 제13조제2항 및 제3항의 개정규정은 이 법 시행 전에 부착명령 판결이 확정된 사람에 대해서도 적용한다.

부 칙 (2017.12.12)

제1조【시행일】 이 법은 공포 후 6개월이 경과한 날부터 시행한다.

제2조【부착명령 등의 집행 정지의 예외에 관한 적용례】 제13조제7항(제21조의8, 제27조 및 제31조의 개정규정에 따라 준용되는 경우를 포함한다)의 개정규정은 이 법 시행 후 혐의없음 등의 불기소처분을 받거나 무죄 판결 등이 확정되는 경우부터 적용한다.

제3조【수신자료의 열람 등에 관한 적용례】 제16조제2항제4호의 개정규정은 이 법 시행 당시 부착명령이 집행 중인 사람에 대해서도 적용한다.

제4조【부착명령 기각 시 형 집행 종료 후의 보호관찰명령 선고에 관한 적용례】 제21조의3제2항의 개정규정은 이 법 시행 당시 재판 중인 사람에 대해서도 적용한다.

제5조【범죄경력자료 등의 조회 요청에 관한 적용례】 제33조의2의 개정규정은 이 법 시행 후 부착명령 또는 보호관찰명령의 집행이 종료되는 사람부터 적용한다.

부 칙 (2018.3.20)

제1조【시행일】 이 법은 공포한 날부터 시행한다.

제2조【전자장치 부착기간의 연장 등에 관한 적용례】 제14조의2제1항제4호 및 제32조제2항의 개정규정은 이 법 시행 전에 전자장치 부착명령이 확정되었거나 부착명령의 집행이 개시된 사람에 대하여도 적용한다.

부 칙 (2018.9.18)

제1조【시행일】 이 법은 공포한 날부터 시행한다.

제2조【부착명령 시효에 관한 적용례】 법률 제9112호 특정 성폭력범죄자에 대한 위치추적 전자장치 부착에 관한 법률 일부개정법률 부칙 제2조제4항의 개정규정은 이 법 시행 당시 같은 부칙 제2조에 따른 부착명령을 받아 집행 중이거나 집행 예정인 사람에 대하여도 적용한다.

부 칙 (2019.4.16)

제1조【시행일】 이 법은 공포한 날부터 시행한다.

제2조【준수사항 부과에 관한 적용례】 ① 제9조의2제3항의 개정규정은 이 법 시행 후 부착명령을 선고하는 경우부터 적용한다.

② 제21조의4제2항의 개정규정은 이 법 시행 후 보호관찰명령을 선고하는 경우부터 적용한다.

부 칙 (2020.2.4)

제1조【시행일】 이 법은 공포 후 6개월이 경과한 날부터 시행한다.

제2조【가석방 시 전자장치 부착에 관한 적용례】 제22조의 개정규정에 따른 전자장치 부착은 이 법 시행 당시 형의 집행 중에 있는 사람에 대해서도 적용한다.

제3조【보석조건 전자장치 부착에 관한 적용례】 제31조의2의 개정규정에 따른 전자장치 부착은 이 법 시행 당시 재판 중인 사람에 대해서도 적용한다.

제4조【다른 법률의 개정】 ①~④ ※(해당 법령에 가제정리 하였음)

부 칙 (2020.12.15)

제1조【시행일】 이 법은 공포한 날부터 시행한다.

제2조【준수사항에 관한 적용례】 제9조의2의 개정규정은 이 법 시행 후 부착명령을 선고하거나 준수사항 부과 등을 결정하는 경우부터 적용한다.
제3조【준수사항의 부과·추가·변경 등에 관한 적용례】 제14조의2제2항 및 제14조의3의 개정규정은 이 법 시행 전에 제9조제1항에 따른 부착명령이 확정되었거나 부착명령의 집행이 개시된 사람에 대해서도 적용한다.
제4조【벌칙 규정에 관한 적용례】 ① 제39조제1항 및 제3항의 개정규정은 이 법 시행 후 최초로 정당한 사유 없이 제9조의2에 따른 준수사항을 위반한 피부착자 또는 보호관찰대상자부터 적용한다.
② 제39조제2항의 개정규정은 이 법 시행 후 최초로 정당한 사유 없이 「보호관찰 등에 관한 법률」 제32조제2항 또는 제3항에 따른 준수사항을 위반하여 같은 법 제38조에 따른 경고를 받은 후 다시 정당한 사유 없이 같은 법 제32조제2항 또는 제3항에 따른 준수사항을 위반한 피부착자 또는 보호관찰대상자부터 적용한다.
제5조【위치추적 관제센터에 관한 경과조치】 이 법 시행 당시 「전자장치 부착 등에 관한 법률 시행령」에 따라 설치·운영된 위치추적 관제센터는 제16조의3의 개정규정에 따라 설치·운영되는 위치추적 관제센터로 본다.

부 칙 (2021.3.16)

제1조【시행일】 이 법은 공포한 날부터 시행한다.
제2조【적용례】 ① 제13조제7항 각 호 외의 부분 단서의 개정규정은 이 법 시행 후 사법경찰관이 불송치결정을 하거나 검사가 불기소처분을 한 경우부터 적용한다.
② 제13조제7항제1호의 개정규정은 이 법 시행 전 사법경찰관이 불송치결정을 한 경우에도 적용한다.

부 칙 (2021.9.24)

제1조【시행일】 이 법은 2022년 7월 1일부터 시행한다.(이하 생략)

부 칙 (2022.1.4 법18677호)

이 법은 공포 후 6개월이 경과한 날부터 시행한다.

부 칙 (2022.1.4 법18678호)
(2023.3.14 법19234호)

제1조【시행일】 이 법은 공포 후 6개월이 경과한 날부터 시행한다.(이하 생략)

부 칙 (2023.7.11)

제1조【시행일】 이 법은 공포 후 3개월이 경과한 날부터 시행한다. 다만, 제5장의2(제31조의6부터 제31조의8까지) 및 제36조제3항의 개정규정은 공포 후 6개월이 경과한 날부터 시행한다.
제2조【특정범죄의 범위 변경에 따른 적용례】 ① 제22조제1항 본문 및 제23조제1항에 따른 전자장치 부착 대상 특정 범죄자의 범위에 대해서 제2조제1호의 개정규정을 적용할 때에는 이 법 시행 당시 스토킹범죄로 형 또는 치료감호의 집행 중에 있는 사람을 포함하여 적용한다.
② 제28조제1항에 따른 전자장치 부착 대상 특정 범죄자의 범위에 대해서 제2조제1호의 개정규정을 적용할 때에는 이 법 시행 당시 스토킹범죄로 재판 중에 있는 사람을 포함하여 적용한다.
제3조【스토킹범죄에 대한 부착명령 청구 등에 관한 적용례】 ① 제5조제5항 및 제21조의2제5호의 개정규정은 이 법 시행 전에 스토킹범죄를 저지른 사람에 대해서도 적용한다.
② 이 법 시행 전에 스토킹범죄를 저질러 징역형의 실형을 선고받은 사람은 제5조제5항제1호의 개정규정에 따른 징역형의 실형을 선고받은 것으로 본다.
③ 이 법 시행 전에 스토킹범죄로 인하여 그 습벽이 인정되는 사람은 제5조제5항제3호의 개정규정의 습벽이 인정되는 것으로 본다.

부 칙 (2024.1.16)

이 법은 공포 후 6개월이 경과한 날부터 시행한다.

성매매알선 등 행위의 처벌에 관한 법률(약칭 : 성매매처벌법)

(2004년 3월 22일
법 률 제7196호)

개정
2005. 3.24법 7404호
2010. 4.15법10261호(성폭력방지및피해자보호등에관한법)
2011. 5.23법10697호
2011. 9.15법11048호(청소년보호법)
2013. 4. 5법11731호(형법)
2014. 1.28법12349호(대중문화예술산업발전법)
2014. 3.18법12421호(출입국)
2021. 3.16법17931호
2023.12.29법19858호

제1장 총 칙
(2011.5.23 본장개정)

제1조【목적】 이 법은 성매매, 성매매알선 등 행위 및 성매매 목적의 인신매매를 근절하고, 성매매피해자의 인권을 보호함을 목적으로 한다.
제2조【정의】 ① 이 법에서 사용하는 용어의 뜻은 다음과 같다.
1. "성매매"란 불특정인을 상대로 금품이나 그 밖의 재산상의 이익을 수수(收受)하거나 수수하기로 약속하고 다음 각 목의 어느 하나에 해당하는 행위를 하거나 그 상대방이 되는 것을 말한다.
  가. 성교행위
  나. 구강, 항문 등 신체의 일부 또는 도구를 이용한 유사 성교행위
2. "성매매알선 등 행위"란 다음 각 목의 어느 하나에 해당하는 행위를 하는 것을 말한다.
  가. 성매매를 알선, 권유, 유인 또는 강요하는 행위
  나. 성매매의 장소를 제공하는 행위
  다. 성매매에 제공되는 사실을 알면서 자금, 토지 또는 건물을 제공하는 행위
3. "성매매 목적의 인신매매"란 다음 각 목의 어느 하나에 해당하는 행위를 하는 것을 말한다.
  가. 성을 파는 행위 또는 「형법」 제245조에 따른 음란행위를 하게 하거나, 성교행위 등 음란한 내용을 표현하는 사진·영상물 등의 촬영 대상으로 삼을 목적으로 위계(僞計), 위력(威力), 그 밖에 이에 준하는 방법으로 대상자를 지배·관리하면서 제3자에게 인계하는 행위
  나. 가목과 같은 목적으로 미성년자, 사물을 변별하거나 의사를 결정할 능력이 없거나 미약한 사람 또는 대통령령으로 정하는 중대한 장애가 있는 사람이나 그를 보호·감독하는 사람에게 선불금 등 금품이나 그 밖의 재산상의 이익을 제공하거나 제공하기로 약속하고 대상자를 지배·관리하면서 제3자에게 인계하는 행위(2023.12.29 본목개정)
  다. 가목 및 나목의 행위가 행하여지는 것을 알면서 가목과 같은 목적이나 전매를 위하여 대상자를 인계받는 행위
  라. 가목부터 다목까지의 행위를 위하여 대상자를 모집·이동·은닉하는 행위
4. "성매매피해자"란 다음 각 목의 어느 하나에 해당하는 사람을 말한다.
  가. 위계, 위력, 그 밖에 이에 준하는 방법으로 성매매를 강요당한 사람
  나. 업무관계, 고용관계, 그 밖의 관계로 인하여 보호 또는 감독하는 사람에 의하여 「마약류관리에 관한 법률」 제2조에 따른 마약·향정신성의약품 또는 대마(이하 "마약등"이라 한다)에 중독되어 성매매를 한 사람
  다. 미성년자, 사물을 변별하거나 의사를 결정할 능력이 없거나 미약한 사람 또는 대통령령으로 정하는 중대한 장애가 있는 사람으로서 성매매를 하도록 알선·유인된 사람(2023.12.29 본목개정)
  라. 성매매 목적의 인신매매를 당한 사람
② 다음 각 호의 어느 하나에 해당하는 경우에는 대상자를 제1항제3호가목에 따른 지배·관리하에 둔 것으로 본다.
1. 선불금 제공 등의 방법으로 대상자의 동의를 받은 경우라도 그 의사에 반하여 이탈을 제지한 경우
2. 다른 사람을 고용·감독하는 사람, 출입국·직업을 알선하는 사람 또는 그를 보조하는 사람이 성을 파는 행위를 하게 할 목적으로 여권이나 여권을 갈음하는 증명서를 채무이행 확보 등의 명목으로 받은 경우

판례 성매매에 제공되는 사실을 알면서 건물을 제공하는 행위를 처벌함으로써 성매매, 성매매알선 등 행위를 근절하고 성매매피해자의 인권을 보호하는 데 이바지하고자 하는 것으로서 입법목적의 정당성이 인정되고, 건물제공행위로 인하여 성매매와 성매매알선이 용이해지고 그로 인한 재산상의 이익은 성매매에 대한 건물제공의 유인동기가 되므로 성매매가 음성화되고 변종 성매매가 증가하는 상황에서 이를 형사처벌하는 것은 입법목적을 달성하기 위한 적절한 수단이다. 또한, 우리 사회의 심각한 성매매 실태에 비추어 볼 때 건물제공행위로 인하여 성매매가 지속적으로 이루어지고, 직접 성매매를 알선한 자만 처벌해서는 성매매 근절에 한계가 있을 수 있으므로, 성매매의 유형을 불문하고 건물제공행위에 대한 제재수단으로 형사처벌을 택한 것이 결코 과도한 기본권 제한이라고 볼 수 없고, 청구인의 경우 성매매가 아닌 다른 목적의 임대를 통해 당해 건물을 사용·수익하는 것이 충분히 가능한 반면, 성매매에 제공되는 사실을 알면서 건물을 제공하는 행위를 규제함으로써 보호하고자 하는 성매매 근절 등의 공익이 더 크고 중요하므로, 과잉금지원칙에 위반하여 재산권을 침해한다고 할 수 없다.
(헌재결 2012.12.27, 2011헌바235)

제3조【국가 등의 책무】 ① 국가 및 지방자치단체는 성매매, 성매매알선 등 행위 및 성매매 목적의 인신매매를 예방하고 근절하기 위한 교육 및 홍보 등에 관하여 법적·제도적 대책을 마련하고, 필요한 재원(財源)을 조달하여야 한다.
② 국가는 성매매 목적의 인신매매를 방지하기 위하여 국제협력의 증진과 형사사법의 공조(共助) 강화에 노력하여야 한다.
제4조【금지행위】 누구든지 다음 각 호의 어느 하나에 해당하는 행위를 하여서는 아니 된다.
1. 성매매
2. 성매매알선 등 행위
3. 성매매 목적의 인신매매
4. 성을 파는 행위를 하게 할 목적으로 다른 사람을 고용·모집하거나 성매매가 행하여진다는 사실을 알고 직업을 소개·알선하는 행위
5. 제1호, 제2호 및 제4호의 행위 및 그 행위가 행하여지는 업소에 대한 광고행위
제5조【다른 법률과의 관계】 이 법에서 규정한 사항에 관하여 「아동·청소년의 성보호에 관한 법률」 및 「대중문화예술산업발전법」에 특별한 규정이 있는 경우에는 그 법에서 정하는 바에 따른다.(2014.1.28 본조개정)

제2장 성매매피해자 등의 보호
(2011.5.23 본장개정)

제6조【성매매피해자에 대한 처벌특례와 보호】 ① 성매매피해자의 성매매는 처벌하지 아니한다.
② 검사 또는 사법경찰관은 수사과정에서 피의자 또는 참고인이 성매매피해자에 해당한다고 볼 만한 상당한 이유가 있을 때에는 지체 없이 법정대리인, 친족 또는 변호인에게 통지하고, 신변보호, 수사의 비공개, 친족 또는 지원시설·성매매피해상담소에의 인계 등 그 보호에 필요한 조치를 하여야 한다. 다만, 피의자 또는 참고인의 사생활 보호 등 부득이한 사유가 있는 경우에는 통지하지 아니할 수 있다.
③ 법원 또는 수사기관이 이 법에 규정된 범죄를 신고(고소·고발을 포함한다. 이하 같다)한 사람 또는 성매매피해자(이하 "신고자등"이라 한다. 이하 같다)를 조사하거나 증인으로 신문(訊問)하는 경우에는 「특정범죄 신고자 등 보호법」 제7조부터 제13조까지의 규정을 준용한다. 이 경우 「특정범죄 신고자 등 보호법」 제9조와 제13조를 제외하고는 보복을 당할 우려가 있어야 한다는 요건이 필요하지 아니하다.
제7조【신고의무 등】 ① 「성매매방지 및 피해자보호 등에 관한 법률」 제5조제1항에 따른 지원시설 및 같은 법 제10조에 따른 성매매피해상담소의 장이나 종사자가 업무와 관련하여 성매매 피해사실을 알게 되었을 때에는 지체 없이 수사기관에 신고하여야 한다.
② 누구든지 이 법에 규정된 범죄를 신고한 사람에게 그 신고를 이유로 불이익을 주어서는 아니 된다.
③ 다른 법률에 규정이 있는 경우를 제외하고는 신고자등의 인적사항이나 사진 등 그 신원을 알 수 있는 정보나 자료를 인터넷 또는 출판물에 게재하거나 방송매체를 통하여 방송하여서는 아니 된다.
제8조【신뢰관계에 있는 사람의 동석】 ① 법원은 신고자등을 증인으로 신문할 때에는 직권으로 또는 본인·법정대리인이나 검사의 신청에 의하여 신뢰관계에 있는 사람을 동석하게 할 수 있다.
② 수사기관은 신고자등을 조사할 때에는 직권으로 또는 본인·법정대리인의 신청에 의하여 신뢰관계에 있는 사람을 동석하게 할 수 있다.
③ 법원 또는 수사기관은 미성년자, 사물을 변별하거나 의사를 결정할 능력이 없거나 미약한 사람 또는 대통령령으로 정하는 중대한 장애가 있는 사람에 대하여 제1항 및 제2항에 따른 신청을 받은 경우에는 재판이나 수사에 지장을 줄 우려가 있는 등 특별한 사유가 없으면 신뢰관계에 있는 사람을 동석하게 하여야 한다.(2023.12.29 본항개정)
④ 제1항부터 제3항까지의 규정에 따라 신문이나 조사에 동석하는 사람은 진술을 대리하거나 유도하는 등의 행위로 수사나 재판에 부당한 영향을 끼쳐서는 아니 된다.
제9조【심리의 비공개】 ① 법원은 신고자등의 사생활이나 신변을 보호하기 위하여 필요하면 결정으로 심리를 공개하지 아니할 수 있다.
② 증인으로 소환받은 신고자등과 그 가족은 사생활이나 신변을 보호하기 위하여 증인신문의 비공개를 신청할 수 있다.
③ 재판장은 제2항에 따른 신청을 받으면 그 허가 여부, 법정 외의 장소에서의 신문 등 신문의 방식 및 장소에 관하여 결정할 수 있다.
④ 제1항 및 제3항에 따른 심리의 비공개에 관하여는 「법원조직법」 제57조제2항 및 제3항을 준용한다.
제10조【불법원인으로 인한 채권무효】 ① 다음 각 호의 어느 하나에 해당하는 사람이 그 행위와 관련하여 성을 파는 행위를 하였거나 할 사람에게 가지는 채권은 그 계약의 형식이나 명목에 관계없이 무효로 한다. 그 채권을 양도하거나 그 채무를 인수한 경우에도 또한 같다.

1. 성매매알선 등 행위를 한 사람
2. 성을 파는 행위를 할 사람을 고용·모집하거나 그 직업을 소개·알선한 사람
3. 성매매 목적의 인신매매를 한 사람

② 검사 또는 사법경찰관은 제1항의 불법원인과 관련된 것으로 의심되는 채무의 불이행을 이유로 고소·고발된 사건을 수사할 때에는 금품이나 그 밖의 재산상의 이익 제공이 성매매의 유인·강요 수단이나 성매매 업소로부터의 이탈방지 수단으로 이용되었는지를 확인하여 수사에 참작하여야 한다.

③ 검사 또는 사법경찰관은 성을 파는 행위를 한 사람이나 성매매피해자를 조사할 때에는 제1항의 채권이 무효라는 사실과 지원시설 등을 이용할 수 있음을 본인 또는 법정대리인 등에게 고지하여야 한다.

제11조【외국인여성에 대한 특례】 ① 외국인여성이 이 법에 규정된 범죄를 신고한 경우나 외국인여성을 성매매피해자로 수사하는 경우에는 다음 각 호의 어느 하나에 해당하는 때까지 「출입국관리법」 제46조에 따른 강제퇴거명령 또는 같은 법 제51조에 따른 보호의 집행을 하여서는 아니 된다. 이 경우 수사기관은 지방출입국·외국인관서에 해당 외국인여성의 인적사항과 주거를 통보하는 등 출입국 관리에 필요한 조치를 하여야 한다.
(2021.3.16 전단개정)

1. 사법경찰관이 해당 사건에 대하여 불송치결정을 한 때. 이 경우 「형사소송법」 제245조의5제2호에 따라 관계 서류 등을 송부받은 날부터 90일 이내에 같은 법 제245조의8에 따른 재수사요청이 없었던 경우(재수사요청이 있었으나 그 재수사결과를 통보받은 날부터 30일 이내에 사건송치요구가 없었던 경우를 포함한다)로서 해당 기간 만료일까지 같은 법 제245조의7에 따른 이의신청이 없었던 경우로 한정한다.(2021.3.16 본호신설)
2. 검사가 해당 사건에 대하여 불기소처분을 하거나 공소를 제기한 때(2021.3.16 본호신설)

② 검사는 제1항의 사건에 대하여 공소를 제기한 후에는 성매매피해 실태, 증언 또는 배상의 필요성, 그 밖의 정황을 고려하여 지방출입국·외국인관서의 장 등 관계 기관의 장에게 일정한 기간을 정하여 제1항에 따른 강제퇴거명령의 집행을 유예하거나 보호를 일시해제할 것을 요청할 수 있다.(2014.3.18 본항개정)

③ 제1항 및 제2항에 따라 강제퇴거명령의 집행을 유예하거나 보호의 일시해제를 하는 기간에는 해당 외국인여성에게 지원시설 등을 이용하게 할 수 있다.

④ 수사기관은 외국인여성을 성매매피해자로 조사할 때에는 「소송촉진 등에 관한 특례법」에 따른 배상신청을 할 수 있음을 고지하여야 한다.

⑤ 성매매피해자인 외국인여성이 「소송촉진 등에 관한 특례법」에 따른 배상신청을 한 경우에는 그 배상명령이 확정될 때까지 제1항을 준용한다.

제3장 보호사건
(2011.5.23 본장개정)

제12조【보호사건의 처리】 ① 검사는 성매매를 한 사람에 대하여 사건의 성격·동기, 행위자의 성행(性行) 등을 고려하여 이 법에 따른 보호처분을 하는 것이 적절하다고 인정할 때에는 특별한 사정이 없으면 보호사건으로 관할법원에 송치하여야 한다.

② 법원은 성매매 사건의 심리 결과 이 법에 따른 보호처분을 하는 것이 적절하다고 인정할 때에는 결정으로 사건을 보호사건의 관할법원에 송치할 수 있다.

제13조【관할】 ① 이 법에서 정한 보호사건(이하 "보호사건"이라 한다)의 관할은 성매매를 한 장소나 성매매를 한 사람의 거주지 또는 현재지를 관할하는 가정법원으로 한다. 다만, 가정법원이 설치되어 있지 아니한 지역의 경우에는 해당 지역의 지방법원(지원을 포함한다. 이하 같다)으로 한다.

② 보호사건의 심리와 결정은 단독판사가 한다.

제14조【보호처분의 결정 등】 ① 판사는 심리 결과 보호처분이 필요하다고 인정할 때에는 결정으로 다음 각 호의 어느 하나에 해당하는 처분을 할 수 있다.

1. 성매매가 이루어질 우려가 있다고 인정되는 장소나 지역에의 출입금지
2. 「보호관찰 등에 관한 법률」에 따른 보호관찰
3. 「보호관찰 등에 관한 법률」에 따른 사회봉사·수강명령
4. 「성매매방지 및 피해자보호 등에 관한 법률」 제10조에 따른 성매매피해상담소에의 상담위탁
5. 「성폭력방지 및 피해자보호 등에 관한 법률」 제27조제1항에 따른 전담의료기관에의 치료위탁

② 제1항 각 호의 처분은 병과(倂科)할 수 있다.

③ 법원은 보호처분의 결정을 한 경우에는 지체 없이 검사, 보호처분을 받은 사람, 보호관찰관 또는 보호처분을 위탁받아 행하는 지원시설·성매매피해상담소 또는 의료기관(이하 "수탁기관"이라 한다)의 장에게 통지하여야 한다. 다만, 국가가 운영하지 아니하는 수탁기관에 보호처분을 위탁할 때에는 그 기관의 장으로부터 수탁에 대한 동의를 받아야 한다.

④ 법원은 제1항제2호부터 제5호까지의 처분을 한 경우에는 교육, 상담, 치료 또는 보호관찰에 필요한 자료를 보호관찰관 또는 수탁기관의 장에게 송부하여야 한다.

⑤ 보호관찰, 사회봉사·수강명령에 관하여 이 법에서 정한 사항 외의 사항에 관하여는 「보호관찰 등에 관한 법률」을 준용한다.

제15조【보호처분의 기간】 제14조제1항제1호·제2호 및 제4호에 따른 보호처분 기간은 6개월을, 같은 항 제3호에 따른 사회봉사·수강명령은 100시간을 각각 초과할 수 없다.

제16조【보호처분의 변경】 ① 법원은 검사, 보호관찰관 또는 수탁기관의 장이 청구하면 결정으로 한 번만 보호처분의 종류와 기간을 변경할 수 있다.

② 제1항에 따라 보호처분의 종류와 기간을 변경할 때에는 종전의 처분기간을 합산하여 제14조제1항제1호·제2호·제4호·제5호에 따른 보호처분 기간은 1년을, 같은 항 제3호에 따른 사회봉사·수강명령은 200시간을 각각 초과할 수 없다.

제17조【다른 법률의 준용】 ① 성매매 사건의 보호처분에 관하여 이 법에서 정하지 아니한 사항에 대하여는 「가정폭력범죄의 처벌 등에 관한 특례법」 제13조부터 제17조까지, 제19조부터 제28조까지, 제30조, 제31조, 제32조제1항, 제34조부터 제38조까지, 제43조, 제44조 및 제46조부터 제54조까지의 규정을 준용하되, "가정폭력범죄"는 "성매매"로, "가정보호사건"은 "보호사건"으로 본다. 다만, 임시조치, 피해자 또는 법정대리인의 권리에 관한 조항 등 성질상 성매매 사건에 적용할 수 없는 규정은 준용하지 아니한다.

② 이 법에서 규정한 사항 외에 보호사건의 조사와 심리에 필요한 사항은 대법원규칙으로 정한다.

제4장 벌칙 등
(2011.5.23 본장개정)

제18조【벌칙】 ① 다음 각 호의 어느 하나에 해당하는 사람은 10년 이하의 징역 또는 1억원 이하의 벌금에 처한다.

1. 폭행이나 협박으로 성을 파는 행위를 하게 한 사람
2. 위계 또는 이에 준하는 방법으로 성을 파는 사람을 곤경에 빠뜨려 성을 파는 행위를 하게 한 사람
3. 친족관계, 고용관계, 그 밖의 관계로 인하여 다른 사람을 보호·감독하는 것을 이용하여 성을 파는 행위를 하게 한 사람
4. 위계 또는 위력으로 성교행위 등 음란한 내용을 표현하는 영상물 등을 촬영한 사람

② 다음 각 호의 어느 하나에 해당하는 사람은 1년 이상의 유기징역에 처한다.

1. 제1항의 죄(미수범을 포함한다)를 범하고 그 대가의 전부 또는 일부를 받거나 이를 요구·약속한 사람
2. 위계 또는 위력으로 미성년자, 사물을 변별하거나 의사를 결정할 능력이 없거나 미약한 사람 또는 대통령령으로 정하는 중대한 장애가 있는 사람으로 하여금 성을 파는 행위를 하게 한 사람(2023.12.29 본호개정)
3. 「폭력행위 등 처벌에 관한 법률」 제4조에 규정된 단체나 집단의 구성원으로서 제1항의 죄를 범한 사람

③ 다음 각 호의 어느 하나에 해당하는 사람은 3년 이상의 유기징역에 처한다.

1. 다른 사람을 감금하거나 단체 또는 다중(多衆)의 위력을 보이는 방법으로 성매매를 강요한 사람
2. 성을 파는 행위를 하였거나 할 사람을 고용·관리하는 것을 이용하여 위계 또는 위력으로 낙태하게 하거나 불임시술을 받게 한 사람
3. (2013.4.5 삭제)
4. 「폭력행위 등 처벌에 관한 법률」 제4조에 규정된 단체나 집단의 구성원으로서 제2항제1호 또는 제2호의 죄를 범한 사람

④ 다음 각 호의 어느 하나에 해당하는 사람은 5년 이상의 유기징역에 처한다.

1. 업무관계, 고용관계, 그 밖의 관계로 인하여 보호 또는 감독을 받는 사람에게 마약등을 사용하여 성을 파는 행위를 하게 한 사람
2. 「폭력행위 등 처벌에 관한 법률」 제4조에 규정된 단체나 집단의 구성원으로서 제3항제1호부터 제3호까지의 죄를 범한 사람

제19조【벌칙】 ① 다음 각 호의 어느 하나에 해당하는 사람은 3년 이하의 징역 또는 3천만원 이하의 벌금에 처한다.

1. 성매매알선 등 행위를 한 사람
2. 성을 파는 행위를 할 사람을 모집한 사람
3. 성을 파는 행위를 하도록 직업을 소개·알선한 사람

② 다음 각 호의 어느 하나에 해당하는 사람은 7년 이하의 징역 또는 7천만원 이하의 벌금에 처한다.

1. 영업으로 성매매알선 등 행위를 한 사람
2. 성을 파는 행위를 할 사람을 모집하고 그 대가를 지급받은 사람
3. 성을 파는 행위를 하도록 직업을 소개·알선하고 그 대가를 지급받은 사람

제20조【벌칙】 ① 다음 각 호의 어느 하나에 해당하는 사람은 3년 이하의 징역 또는 3천만원 이하의 벌금에 처한다.

1. 성을 파는 행위 또는 「형법」 제245조에 따른 음란행위 등을 하도록 직업을 소개·알선할 목적으로 광고(각종 간행물, 유인물, 전화, 인터넷, 그 밖의 매체를 통한 행위를 포함한다. 이하 같다)를 한 사람
2. 성매매 또는 성매매알선 등 행위가 행하여지는 업소에 대한 광고를 한 사람
3. 성을 사는 행위를 권유하거나 유인하는 광고를 한 사람

② 영업으로 제1항에 따른 광고물을 제작·공급하거나 광고를 게재한 사람은 2년 이하의 징역 또는 1천만원 이하의 벌금에 처한다.

③ 영업으로 제1항에 따른 광고물이나 광고가 게재된 출판물을 배포한 사람은 1년 이하의 징역 또는 500만원 이하의 벌금에 처한다.

제21조【벌칙】 ① 성매매를 한 사람은 1년 이하의 징역이나 300만원 이하의 벌금·구류 또는 과료(科料)에 처한다.

② 제7조제3항을 위반한 사람은 500만원 이하의 벌금에 처한다.

판례 외관상 강요되지 않은 자발적인 성매매행위도 인간의 성을 상품화함으로써 성판매자의 인격적 자율성을 침해할 수 있고, 성매매산업이 번창하는 것은 자금과 노동력의 정상적인 흐름을 왜곡하여 산업구조를 기형화시키는 점에서 사회적으로 매우 유해한 것이다. 성매매는 그 자체로 폭력적, 착취적 성격을 가진 것으로 경제적 대가를 매개로 하여 경제적 약자인 성판매자의 신체와 인격을 지배하는 형태를 띠므로 대등한 당사자 사이의 자유로운 거래 행위로 볼 수 없고, 인간의 성을 상품화하여 성범죄가 발생하기 쉬운 환경을 만드는 등 사회 전반의 성풍속과 성도덕을 허물어뜨린다. 성매매를 형사처벌함에 따라 성매매 집결지를 중심으로 한 성매매 업소와 성판매 여성이 감소하는 추세에 있고, 성구매사범 대부분이 성매매처벌법에 따라 성매매가 처벌된다는 사실을 안 후 성구매를 자제하게 되었다고 응답하고 있는 점 등에 비추어 보면, 성매매를 형사처벌함으로써 사회 전반의 건전한 성풍속 및 성도덕을 확립하려는 심판대상조항의 입법목적은 정당하고 수단의 적절성도 인정된다. 따라서 심판대상조항은 개인의 성적 자기결정권, 사생활의 비밀과 자유, 직업선택의 자유를 침해하지 아니한다.(헌재결 2016.3.31, 2013헌가2)

제22조【범죄단체의 가중처벌】 제18조 또는 제19조에 규정된 범죄를 목적으로 단체 또는 집단을 구성하거나 그러한 단체 또는 집단에 가입한 사람은 「폭력행위 등 처벌에 관한 법률」 제4조의 예에 따라 처벌한다.

제23조【미수범】 제18조부터 제20조까지에 규정된 죄의 미수범은 처벌한다.

제24조【징역과 벌금의 병과】 제18조제1항, 제19조, 제20조 및 제23조(제18조제2항부터 제4항까지에 규정된 죄의 미수범은 제외한다)의 경우에는 징역과 벌금을 병과할 수 있다.

제25조【몰수 및 추징】 제18조부터 제20조까지에 규정된 죄를 범한 사람이 그 범죄로 인하여 얻은 금품이나 그 밖의 재산은 몰수하고, 몰수할 수 없는 경우에는 그 가액(價額)을 추징한다.

제26조【형의 감면】 이 법에 규정된 죄를 범한 사람이 수사기관에 신고하거나 자수한 경우에는 형을 감경하거나 면제할 수 있다.

제27조【양벌규정】 법인의 대표자나 법인 또는 개인의 대리인, 사용인, 그 밖의 종업원이 그 법인 또는 개인의 업무에 관하여 제18조부터 제23조까지의 어느 하나에 해당하는 위반행위를 하면 그 행위자를 벌하는 외에 그 법인 또는 개인에게도 해당 조문의 벌금형을 과(科)하고, 벌금형이 규정되어 있지 아니한 경우에는 1억원 이하의 벌금에 처한다. 다만, 법인 또는 개인이 그 위반행위를 방지하기 위하여 해당 업무에 관하여 상당한 주의와 감독을 게을리하지 아니한 경우에는 그러하지 아니하다.

제28조【보상금】 ① 제18조제2항제3호, 같은 조 제3항제4호, 같은 조 제4항, 제22조의 범죄 및 성매매 목적의 인신매매의 범죄를 수사기관에 신고한 사람에게는 보상금을 지급할 수 있다.(2013.4.5 본항개정)

② 제1항에 따른 보상금의 지급 기준 및 범위에 관하여 필요한 사항은 대통령령으로 정한다.

부 칙

제1조【시행일】 이 법은 공포후 6월이 경과한 날부터 시행한다.

제2조【다른 법률의 폐지】 윤락행위등방지법은 이를 폐지한다.

제3조【벌칙에 관한 경과조치】 이 법 시행전의 행위에 대한 벌칙의 적용에 있어서는 종전의 윤락행위등방지법에 의한다.

제4조【보호처분 등에 관한 경과조치】 이 법 시행 당시 종전의 규정에 의하여 보호처분절차, 보호처분 또는 선도보호 조치의 집행이 진행 중인 때에는 종전의 규정에 의한다.

제5조【다른 법률의 개정 등】 ①~③ ※(해당 법령에 가제정리 하였음)

④ 이 법 시행 당시 다른 법령에서 종전의 윤락행위등방지법 및 그 규정을 인용하고 있는 경우 이 법중 그에 해당하는 규정이 있는 때에는 이 법 또는 이 법의 해당 규정을 인용한 것으로 본다.

부 칙 (2021.3.16)

제1조【시행일】 이 법은 공포한 날부터 시행한다.

제2조【적용례】 제11조제1항의 개정규정은 이 법 시행 당시 수사 중인 사건에 대해서도 적용한다.

부 칙 (2023.12.29)

이 법은 2024년 1월 1일부터 시행한다.

성매매알선 등 행위의 처벌에 관한 법률 시행령

(2004년 9월 23일
대통령령 제18552호)

개정
2008.10.20영21087호(행정기관직제)
2016. 2.12영26980호(민원처리에관한법시)
2019. 3. 5영29604호

제1조【목적】 이 영은 「성매매알선 등 행위의 처벌에 관한 법률」에서 위임된 사항과 그 시행에 관하여 필요한 사항을 규정함을 목적으로 한다.(2019.3.5 본조개정)

제2조【중대한 장애가 있는 사람의 범위】 「성매매알선 등 행위의 처벌에 관한 법률」(이하 "법"이라 한다) 제2조제1항제3호나목·제4호다목, 제8조제3항 및 제18조제2항제2호에서 "대통령령으로 정하는 중대한 장애가 있는 사람"이란 별표에서 규정한 사람 또는 이에 준하는 사람으로서 타인의 보호·감독이 없으면 정상적으로 일상생활 또는 사회생활을 영위하기 어렵고, 이로 인하여 타인의 부당한 압력이나 기망(欺罔)·유인에 대한 저항능력이 취약한 사람을 말한다.(2019.3.5 본조개정)

제3조【증인신문의 비공개 신청】 법 제9조제2항의 규정에 의한 증인신문의 비공개신청은 법정(증인신문이 진행 중인 경우를 포함한다)에서 구두로도 할 수 있다.

제4조【보호처분의 필요성 등의 판단기준】 법원과 검사는 성매매를 한 자에 대한 보호처분의 필요성, 종류 및 기간 등을 판단함에 있어서 성매매 동기, 행위자의 성행(性行) 외에 행위자의 직장, 가족관계, 재범의 위험성 및 보호처분의 효과 등 여러 정황을 충분히 참작하여야 한다.

제5조【보상금의 지급신청】 ① 법 제28조의 규정에 의하여 신고(고소·고발을 포함한다. 이하 같다)에 대한 보상금(이하 "보상금"이라 한다)을 지급받고자 하는 사람은 법무부령이 정하는 바에 의하여 보상금지급신청서를 관할 지방검찰청검사장(지방검찰청 지청장을 포함한다. 이하 같다)에게 제출하여야 한다.

② 제1항의 규정에 의한 신청은 「민원 처리에 관한 법률 시행령」 제2조제1항제3호에도 불구하고 익명 또는 가명으로 할 수 있다. 이 경우 그 사유에 관하여 신고를 접수한 기관의 장의 확인이 있어야 한다.(2016.2.12 전단개정)

③ 제1항의 규정에 의한 신청은 제6조제1항의 규정에 의한 보상금지급사유가 발생하였음을 안 날부터 1년 이내에 하여야 한다.

④ 지방검찰청검사장은 제1항의 규정에 의한 신청서를 접수한 때에는 법무부령이 정하는 서류를 첨부하여 검찰총장을 경유하여 법무부장관에게 제출하여야 한다.

제6조【보상금의 지급】 ① 보상금은 신고가 접수된 범죄에 대하여 공소가 제기되거나 기소유예처분이 된 경우에 지급할 수 있다. 다만, 피의자를 검거하지 못하는 등으로 공소가 제기되지 아니한 경우에도 신고로 인하여 범죄의 주요 증거가 확보되거나 피해자 구조에 현저히 기여한 때에는 보상금을 지급할 수 있다.

② 보상금은 최고 2천만원 이내로 하여 그 지급결정이 있은 당해연도 예산의 범위안에서 지급하되, 그 구체적인 지급기준은 법무부령으로 정한다.

③ 법무부장관은 보상금 지급사무의 일부를 검찰총장 또는 지방검찰청 검사장에게 위임할 수 있다.

제7조 (2008.10.20 삭제)

제8조【보상금의 지급 제한】 다음 각호의 1에 해당하는 경우에는 보상금을 지급하지 아니한다.

1. 법에서 규정한 범죄의 단속 사무에 종사하는 공무원이 직무와 관련하여 신고를 한 경우
2. 법 제7조제1항의 규정에 의하여 수사기관에 신고할 의무가 있는 자 또는 그 대리인이 신고를 한 경우
3. 성을 사는 행위를 한 자가 이와 관련하여 신고를 한 경우
4. (2008.10.20 삭제)

제9조【보상금의 환수】 법무부장관은 보상금을 지급한 후에 허위 그 밖의 부정한 방법으로 보상금을 지급받거나 제8조 각호의 사유가 있음이 확인된 경우에는 보상금을 환수할 수 있다.

제10조【보상금 지급조서의 작성 등】 법무부장관은 보상금을 지급하는 때에는 법무부령이 정하는 바에 의하여 보상금 지급조서 및 지급대장을 작성·비치하고 지급상황을 기재하여야 한다.

부 칙

① **【시행일】** 이 영은 2004년 9월 23일부터 시행한다.

② **【다른 법령의 폐지】** 윤락행위등방지법시행령은 이를 폐지한다.

③ **【다른 법령과의 관계】** 이 영 시행 당시 다른 법령에서 종전의 윤락행위등방지법시행령 및 그 규정을 인용하고 있는 경우 이 영중 그에 해당하는 규정이 있는 때에는 이 영 또는 이 영의 해당 규정을 인용한 것으로 본다.

부 칙 (2019.3.5)

이 영은 공포한 날부터 시행한다.

[별표] ➡ 「法典 別册」 참조

스토킹범죄의 처벌 등에 관한 법률(약칭 : 스토킹처벌법)

(2021년 4월 20일
법 률 제18083호)

개정
2023. 7.11법19518호

제1장 총 칙

제1조【목적】 이 법은 스토킹범죄의 처벌 및 그 절차에 관한 특례와 스토킹범죄 피해자에 대한 보호절차를 규정함으로써 피해자를 보호하고 건강한 사회질서의 확립에 이바지함을 목적으로 한다.

제2조【정의】 이 법에서 사용하는 용어의 뜻은 다음과 같다.

1. "스토킹행위"란 상대방의 의사에 반(反)하여 정당한 이유 없이 다음 각 목의 어느 하나에 해당하는 행위를 하여 상대방에게 불안감 또는 공포심을 일으키는 것을 말한다.
   가. 상대방 또는 그의 동거인, 가족(이하 "상대방등"이라 한다)에게 접근하거나 따라다니거나 진로를 막아서는 행위
   나. 상대방등의 주거, 직장, 학교, 그 밖에 일상적으로 생활하는 장소(이하 "주거등"이라 한다) 또는 그 부근에서 기다리거나 지켜보는 행위
   다. 상대방등에게 우편·전화·팩스 또는 「정보통신망 이용촉진 및 정보보호 등에 관한 법률」 제2조제1항제1호의 정보통신망(이하 "정보통신망"이라 한다)을 이용하여 물건이나 글·말·부호·음향·그림·영상·화상(이하 "물건등"이라 한다)을 도달하게 하거나 정보통신망을 이용하는 프로그램 또는 전화의 기능에 의하여 글·말·부호·음향·그림·영상·화상이 상대방등에게 나타나게 하는 행위
   라. 상대방등에게 직접 또는 제3자를 통하여 물건등을 도달하게 하거나 주거등 또는 그 부근에 물건등을 두는 행위
   마. 상대방등의 주거등 또는 그 부근에 놓여져 있는 물건등을 훼손하는 행위
   바. 다음의 어느 하나에 해당하는 상대방등의 정보를 정보통신망을 이용하여 제3자에게 제공하거나 배포 또는 게시하는 행위
      1) 「개인정보 보호법」 제2조제1호의 개인정보
      2) 「위치정보의 보호 및 이용 등에 관한 법률」 제2조제2호의 개인위치정보
      3) 1) 또는 2)의 정보를 편집·합성 또는 가공한 정보(해당 정보주체를 식별할 수 있는 경우로 한정한다)
      (2023.7.11 본목신설)
   사. 정보통신망을 통하여 상대방등의 이름, 명칭, 사진, 영상 또는 신분에 관한 정보를 이용하여 자신이 상대방등인 것처럼 가장하는 행위(2023.7.11 본목신설)
   (2023.7.11 본호개정)
2. "스토킹범죄"란 지속적 또는 반복적으로 스토킹행위를 하는 것을 말한다.
3. "피해자"란 스토킹범죄로 직접적인 피해를 입은 사람을 말한다.
4. "피해자등"이란 피해자 및 스토킹행위의 상대방을 말한다.

판례 전화를 걸었으나 피해자가 이를 수신하지 않았더라도, 피해자의 휴대전화에 벨소리가 울리게 하거나 부재중 전화 문구 등이 표시되도록 하여 불안감이나 공포심을 일으키게 하였다면 이는 실제 전화통화가 이루어졌는지 여부와 상관없이 「스토킹범죄의 처벌 등에 관한 법률」 제2조제1호다목의 '전화 또는 정보통신망을 이용해 음향 또는 글을 도달하게 한 행위'로 보아야 한다.
(대판 2023.5.18, 2022도12037)

제2장 스토킹범죄 등의 처리절차

제3조【스토킹행위 신고 등에 대한 응급조치】 사법경찰관리는 진행 중인 스토킹행위에 대하여 신고를 받은 경우 즉시 현장에 나가 다음 각 호의 조치를 하여야 한다.

1. 스토킹행위의 제지, 향후 스토킹행위의 중단 통보 및 스토킹행위를 지속적 또는 반복적으로 할 경우 처벌 서면경고(2023.7.11 본호개정)
2. 스토킹행위자와 피해자등의 분리 및 범죄수사
3. 피해자등에 대한 긴급응급조치 및 잠정조치 요청의 절차 등 안내
4. 스토킹 피해 관련 상담소 또는 보호시설로의 피해자등 인도(피해자등이 동의한 경우만 해당한다)

제4조【긴급응급조치】 ① 사법경찰관은 스토킹행위 신고와 관련하여 스토킹행위가 지속적 또는 반복적으로 행하여질 우려가 있고 스토킹범죄의 예방을 위하여 긴급을 요하는 경우 스토킹행위자에게 직권으로 또는 스토킹행위의 상대방이나 그 법정대리인 또는 스토킹행위를 신고한 사람의 요청에 의하여 다음 각 호에 따른 조치를 할 수 있다.

1. 스토킹행위의 상대방등이나 그 주거등으로부터 100미터 이내의 접근 금지(2023.7.11 본호개정)
2. 스토킹행위의 상대방등에 대한 「전기통신기본법」 제2조제1호의 전기통신을 이용한 접근 금지(2023.7.11 본호개정)

② 사법경찰관은 제1항에 따른 조치(이하 "긴급응급조치"라 한다)를 하였을 때에는 즉시 스토킹행위의 요지, 긴급응급조치가 필요한 사유, 긴급응급조치의 내용 등이 포함된 긴급응급조치결정서를 작성하여야 한다.

제5조【긴급응급조치의 승인 신청】 ① 사법경찰관은 긴급응급조치를 하였을 때에는 지체 없이 검사에게 해당 긴급응급조치에 대한 사후승인을 지방법원 판사에게 청구하여 줄 것을 신청하여야 한다.

② 제1항의 신청을 받은 검사는 긴급응급조치가 있었던 때부터 48시간 이내에 지방법원 판사에게 해당 긴급응급조치에 대한 사후승인을 청구한다. 이 경우 제4조제2항에 따라 작성된 긴급응급조치결정서를 첨부하여야 한다.

③ 지방법원 판사는 스토킹행위가 지속적 또는 반복적으로 행하여지는 것을 예방하기 위하여 필요하다고 인정하는 경우에는 제2항에 따라 청구된 긴급응급조치를 승인할 수 있다.

④ 사법경찰관은 검사가 제2항에 따라 긴급응급조치에 대한 사후승인을 청구하지 아니하거나 지방법원 판사가 제2항의 청구에 대하여 사후승인을 하지 아니한 때에는 즉시 그 긴급응급조치를 취소하여야 한다.

⑤ 긴급응급조치기간은 1개월을 초과할 수 없다.

제6조【긴급응급조치의 통지 등】 ① 사법경찰관은 긴급응급조치를 하는 경우에는 스토킹행위의 상대방등이나 그 법정대리인에게 통지하여야 한다.(2023.7.11 본항개정)

② 사법경찰관은 긴급응급조치를 하는 경우에는 해당 긴급응급조치의 대상자(이하 "긴급응급조치대상자"라 한다)에게 조치의 내용 및 불복방법 등을 고지하여야 한다.

제7조【긴급응급조치의 변경 등】 ① 긴급응급조치대상자나 그 법정대리인은 긴급응급조치의 취소 또는 그 종류의 변경을 사법경찰관에게 신청할 수 있다.

② 스토킹행위의 상대방등이나 그 법정대리인은 제4조제1항제1호의 긴급응급조치가 있은 후 스토킹행위의 상대방등이 주거등을 옮긴 경우에는 사법경찰관에게 긴급응급조치의 변경을 신청할 수 있다.(2023.7.11 본항개정)

③ 스토킹행위의 상대방이나 그 법정대리인은 긴급응급조치가 필요하지 아니한 경우에는 사법경찰관에게 해당 긴급응급조치의 취소를 신청할 수 있다.

④ 사법경찰관은 정당한 이유가 있다고 인정하는 경우에는 직권으로 또는 제1항부터 제3항까지의 규정에 따른 신청에 의하여 해당 긴급응급조치를 취소할 수 있고, 지방법원 판사의 승인을 받아 긴급응급조치의 종류를 변경할 수 있다.

⑤ 사법경찰관은 제4항에 따라 긴급응급조치를 취소하거나 그 종류를 변경하였을 때에는 스토킹행위의 상대방등 및 긴급응급조치대상자 등에게 다음 각 호의 구분에 따라 통지 또는 고지하여야 한다.

1. 스토킹행위의 상대방등이나 그 법정대리인 : 취소 또는 변경의 취지 통지
2. 긴급응급조치대상자 : 취소 또는 변경된 조치의 내용 및 불복방법 등 고지

(2023.7.11 본항신설)

⑥ 긴급응급조치(제4항에 따라 그 종류를 변경한 경우를 포함한다. 이하 이 항에서 같다)는 다음 각 호의 어느 하나에 해당하는 때에 그 효력을 상실한다.

1. 긴급응급조치에서 정한 기간이 지난 때
2. 법원이 긴급응급조치대상자에게 다음 각 목의 결정을 한 때(스토킹행위의 상대방과 같은 사람을 피해자로 하는 경우로 한정한다)
   가. 제4조제1항제1호의 긴급응급조치에 따른 스토킹행위의 상대방등과 같은 사람을 피해자 또는 그의 동거인, 가족으로 하는 제9조제1항제2호에 따른 조치의 결정
   나. 제4조제1항제1호의 긴급응급조치에 따른 주거등과 같은 장소를 피해자 또는 그의 동거인, 가족의 주거등으로 하는 제9조제1항제2호에 따른 조치의 결정
   다. 제4조제1항제2호의 긴급응급조치에 따른 스토킹행위의 상대방등과 같은 사람을 피해자 또는 그의 동거인, 가족으로 하는 제9조제1항제3호에 따른 조치의 결정
   (2023.7.11 본호개정)

제8조【잠정조치의 청구】 ① 검사는 스토킹범죄가 재발될 우려가 있다고 인정하면 직권 또는 사법경찰관의 신청에 따라 법원에 제9조제1항 각 호의 조치를 청구할 수 있다.

② 피해자 또는 그 법정대리인은 검사 또는 사법경찰관에게 제1항에 따른 조치의 청구 또는 그 신청을 요청하거나, 이에 관하여 의견을 진술할 수 있다.

③ 사법경찰관은 제2항에 따른 신청 요청을 받고도 제1항에 따른 신청을 하지 아니하는 경우에는 검사에게 그 사유를 보고하여야 하고, 피해자 또는 그 법정대리인에게 그 사실을 지체 없이 알려야 한다.(2023.7.11 본항개정)

④ 검사는 제2항에 따른 청구 요청을 받고도 제1항에 따른 청구를 하지 아니하는 경우에는 피해자 또는 그 법정대리인에게 그 사실을 지체 없이 알려야 한다.
(2023.7.11 본항신설)

제9조【스토킹행위자에 대한 잠정조치】 ① 법원은 스토킹범죄의 원활한 조사·심리 또는 피해자 보호를 위하여 필요하다고 인정하는 경우에는 결정으로 스토킹행위자에게 다음 각 호의 어느 하나에 해당하는 조치(이하 "잠정조치"라 한다)를 할 수 있다.
1. 피해자에 대한 스토킹범죄 중단에 관한 서면 경고
2. 피해자 또는 그의 동거인, 가족이나 그 주거등으로부터 100미터 이내의 접근 금지(2023.7.11 본호개정)
3. 피해자 또는 그의 동거인, 가족에 대한 「전기통신기본법」 제2조제1호의 전기통신을 이용한 접근 금지
(2023.7.11 본호개정)
3의2. 「전자장치 부착 등에 관한 법률」 제2조제4호의 위치추적 전자장치(이하 "전자장치"라 한다)의 부착
(2023.7.11 본호신설)
4. 국가경찰관서의 유치장 또는 구치소에의 유치

② 제1항 각 호의 잠정조치는 병과(倂科)할 수 있다.
③ 법원은 제1항제3호의2 또는 제4호의 조치에 관한 결정을 하기 전 잠정조치의 사유를 판단하기 위하여 필요하다고 인정하는 때에는 검사, 스토킹행위자, 피해자, 기타 참고인으로부터 의견을 들을 수 있다. 의견을 듣는 방법과 절차, 그 밖에 필요한 사항은 대법원규칙으로 정한다.
(2023.7.11 본항신설)
④ 제1항제3호의2에 따라 전자장치가 부착된 사람은 잠정조치기간 중 전자장치의 효용을 해치는 다음 각 호의 행위를 하여서는 아니된다.
1. 전자장치를 신체에서 임의로 분리하거나 손상하는 행위
2. 전자장치의 전파(電波)를 방해하거나 수신자료를 변조(變造)하는 행위
3. 제1호 및 제2호에서 정한 행위 외에 전자장치의 효용을 해치는 행위
(2023.7.11 본항신설)
⑤ 법원은 잠정조치를 결정한 경우에는 검사와 피해자 또는 그의 동거인, 가족, 그 법정대리인에게 통지하여야 한다.(2023.7.11 본항개정)
⑥ 법원은 제1항제4호에 따른 잠정조치를 한 경우에는 스토킹행위자에게 변호인을 선임할 수 있다는 것과 제12조에 따라 항고할 수 있다는 것을 고지하고, 다음 각 호의 구분에 따른 사람에게 해당 잠정조치를 한 사실을 통지하여야 한다.
1. 스토킹행위자에게 변호인이 있는 경우 : 변호인
2. 스토킹행위자에게 변호인이 없는 경우 : 법정대리인 또는 스토킹행위자가 지정하는 사람
⑦ 제1항제2호·제3호 및 제3호의2에 따른 잠정조치기간은 3개월, 같은 항 제4호에 따른 잠정조치기간은 1개월을 초과할 수 없다. 다만, 법원은 피해자의 보호를 위하여 그 기간을 연장할 필요가 있다고 인정하는 경우에는 결정으로 제1항제2호·제3호 및 제3호의2에 따른 잠정조치에 대하여 두 차례에 한정하여 각 3개월의 범위에서 연장할 수 있다.(2023.7.11 본항개정)

제10조【잠정조치의 집행 등】 ① 법원은 잠정조치 결정을 한 경우에는 법원공무원, 사법경찰관리, 구치소 소속 교정직공무원 또는 보호관찰관으로 하여금 집행하게 할 수 있다.(2023.7.11 본항개정)
② 제1항에 따라 잠정조치 결정을 집행하는 사람은 스토킹행위자에게 잠정조치의 내용, 불복방법 등을 고지하여야 한다.
③ 피해자 또는 그의 동거인, 가족, 그 법정대리인은 제9조제1항제2호의 잠정조치 결정이 있은 후 피해자 또는 그의 동거인, 가족이 주거등을 옮긴 경우에는 법원에 잠정조치 결정의 변경을 신청할 수 있다.(2023.7.11 본항개정)
④ 제3항의 신청에 따른 변경 결정의 스토킹행위자에 대한 고지에 관하여는 제2항을 준용한다.(2023.7.11 본항신설)
⑤ 제1항부터 제4항까지에서 규정한 사항 외에 제9조제1항제3호의2에 따른 잠정조치 결정의 집행 등에 관하여는 「전자장치 부착 등에 관한 법률」 제5장의2에 따른다.
(2023.7.11 본항신설)

제11조【잠정조치의 변경 등】 ① 스토킹행위자나 그 법정대리인은 잠정조치 결정의 취소 또는 그 종류의 변경을 법원에 신청할 수 있다.
② 검사는 수사 또는 공판과정에서 잠정조치가 계속 필요하다고 인정하는 경우에는 직권이나 사법경찰관의 신청에 따라 법원에 해당 잠정조치기간의 연장 또는 그 종류의 변경을 청구할 수 있고, 잠정조치가 필요하지 아니하다고 인정하는 경우에는 직권이나 사법경찰관의 신청에 따라 법원에 해당 잠정조치의 취소를 청구할 수 있다.
(2023.7.11 본항개정)
③ 법원은 정당한 이유가 있다고 인정하는 경우에는 직권 또는 제1항의 신청이나 제2항의 청구에 의하여 결정으로 해당 잠정조치의 취소, 기간의 연장 또는 그 종류의 변경을 할 수 있다.
④ 법원은 제3항에 따라 잠정조치의 취소, 기간의 연장 또는 그 종류의 변경을 하였을 때에는 검사와 피해자 및 스토킹행위자 등에게 다음 각 호의 구분에 따라 통지 또는 고지하여야 한다.
1. 검사, 피해자 또는 그의 동거인, 가족, 그 법정대리인 : 취소, 연장 또는 변경의 취지 통지
2. 스토킹행위자 : 취소, 연장 또는 변경된 조치의 내용 및 불복방법 등 고지
3. 제9조제6항 각 호의 구분에 따른 사람 : 제9조제1항제4호에 따른 잠정조치를 한 사실
(2023.7.11 본항신설)
⑤ 잠정조치 결정(제3항에 따라 잠정조치기간을 연장하거나 그 종류를 변경하는 결정을 포함한다. 이하 제12조 및 제14조에서 같다)은 스토킹행위자에 대해 검사가 불기소처분을 한 때 또는 사법경찰관이 불송치결정을 한 때에 그 효력을 상실한다.

제12조【항고】 ① 검사, 스토킹행위자 또는 그 법정대리인은 긴급응급조치 또는 잠정조치에 대한 결정이 다음 각 호의 어느 하나에 해당하는 경우에는 항고할 수 있다.
1. 해당 결정에 영향을 미친 법령의 위반이 있거나 중대한 사실의 오인이 있는 경우
2. 해당 결정이 현저히 부당한 경우
② 제1항에 따른 항고는 그 결정을 고지받은 날부터 7일 이내에 하여야 한다.

제13조【항고장의 제출】 ① 제12조에 따른 항고를 할 때에는 원심법원에 항고장을 제출하여야 한다.
② 항고장을 받은 법원은 3일 이내에 의견서를 첨부하여 기록을 항고법원에 보내야 한다.

제14조【항고의 재판】 ① 항고법원은 항고의 절차가 법률에 위반되거나 항고가 이유 없다고 인정하는 경우에는 결정으로 항고를 기각(棄却)하여야 한다.
② 항고법원은 항고가 이유 있다고 인정하는 경우에는 원결정(原決定)을 취소하고 사건을 원심법원에 환송하거나 다른 관할법원에 이송하여야 한다. 다만, 환송 또는 이송하기에 급박하거나 그 밖에 필요하다고 인정할 때에는 원결정을 파기하고 스스로 적절한 잠정조치 결정을 할 수 있다.

제15조【재항고】 ① 항고의 기각 결정에 대해서는 그 결정이 법령에 위반된 경우에만 대법원에 재항고를 할 수 있다.
② 제1항에 따른 재항고의 기간, 재항고장의 제출 및 재항고의 재판에 관하여는 제12조제2항, 제13조 및 제14조를 준용한다.

제16조【집행의 부정지】 항고와 재항고는 결정의 집행을 정지하는 효력이 없다.

제17조【스토킹범죄의 피해자에 대한 전담조사제】 ① 검찰총장은 각 지방검찰청 검사장에게 스토킹범죄 전담검사를 지정하도록 하여 특별한 사정이 없으면 스토킹범죄 전담 검사가 피해자를 조사하게 하여야 한다.
② 경찰관서의 장(국가수사본부장, 시·도경찰청장 및 경찰서장을 의미한다. 이하 같다)은 스토킹범죄 전담 사법경찰관을 지정하여 특별한 사정이 없으면 스토킹범죄 전담 사법경찰관이 피해자를 조사하게 하여야 한다.
③ 검찰총장 및 경찰관서의 장은 제1항의 스토킹범죄 전담 검사 및 제2항의 스토킹범죄 전담 사법경찰관에게 스토킹범죄의 수사에 필요한 전문지식과 피해자 보호를 위한 수사방법 및 수사절차 등에 관한 교육을 실시하여야 한다.

제17조의2【피해자 등에 대한 신변안전조치】 법원 또는 수사기관이 피해자등 또는 스토킹범죄를 신고(고소·고발을 포함한다. 이하 이 조에서 같다)한 사람을 증인으로 신문하거나 조사하는 경우의 신변안전조치에 관하여는 「특정범죄신고자 등 보호법」 제13조 및 제13조의2를 준용한다. 이 경우 "범죄신고자등"은 "피해자등 또는 스토킹범죄를 신고한 사람"으로 본다.(2023.7.11 본조신설)

제17조의3【피해자등의 신원과 사생활 비밀 누설 금지】 ① 다음 각 호의 어느 하나에 해당하는 업무를 담당하거나 그에 관여하는 공무원 또는 그 직에 있었던 사람은 피해자등의 주소, 성명, 나이, 직업, 학교, 용모, 인적사항, 사진 등 피해자등을 특정하여 파악할 수 있게 하는 정보 또는 피해자등의 사생활에 관한 비밀을 공개하거나 다른 사람에게 누설하여서는 아니 된다.
1. 제3조에 따른 조치에 관한 업무
2. 긴급응급조치의 신청, 청구, 승인, 집행 또는 취소·변경에 관한 업무
3. 잠정조치의 신청, 청구, 결정, 집행 또는 취소·기간연장·변경에 관한 업무
4. 스토킹범죄의 수사 또는 재판에 관한 업무
② 누구든지 피해자등의 동의를 받지 아니하고 피해자등의 주소, 성명, 나이, 직업, 학교, 용모, 인적 사항, 사진 등 피해자등을 특정하여 파악할 수 있게 하는 정보를 신문 등 인쇄물에 싣거나 「방송법」 제2조제1호에 따른 방송 또는 정보통신망을 통하여 공개하여서는 아니 된다.
(2023.7.11 본조신설)

제17조의4【피해자에 대한 변호사 선임의 특례】 ① 피해자 및 그 법정대리인은 형사절차상 입을 수 있는 피해를 방어하고 법률적 조력을 보장받기 위하여 변호사를 선임할 수 있다.
② 제1항에 따라 선임된 변호사(이하 이 조에서 "변호사"라 한다)는 검사 또는 사법경찰관의 피해자 및 그 법정대리인에 대한 조사에 참여하여 의견을 진술할 수 있다. 다만, 조사 도중에는 검사 또는 사법경찰관의 승인을 받아 의견을 진술할 수 있다.
③ 변호사는 피의자에 대한 구속 전 피의자심문, 증거보전절차, 공판준비기일 및 공판절차에 출석하여 의견을 진술할 수 있다. 이 경우 필요한 절차에 관한 구체적 사항은 대법원규칙으로 정한다.
④ 변호사는 증거보전 후 관계 서류나 증거물, 소송계속 중의 관계 서류나 증거물을 열람하거나 복사할 수 있다.
⑤ 변호사는 형사절차에서 피해자 및 법정대리인의 대리가 허용될 수 있는 모든 소송행위에 대한 포괄적인 대리권을 가진다.
⑥ 검사는 피해자에게 변호사가 없는 경우 국선변호사를 선정하여 형사절차에서 피해자의 권익을 보호할 수 있다.
(2023.7.11 본조신설)

제3장 벌 칙

제18조【스토킹범죄】 ① 스토킹범죄를 저지른 사람은 3년 이하의 징역 또는 3천만원 이하의 벌금에 처한다.
② 흉기 또는 그 밖의 위험한 물건을 휴대하거나 이용하여 스토킹범죄를 저지른 사람은 5년 이하의 징역 또는 5천만원 이하의 벌금에 처한다.
③ (2023.7.11 삭제)

제19조【형벌과 수강명령 등의 병과】 ① 법원은 스토킹범죄를 저지른 사람에 대하여 유죄판결(선고유예는 제외한다)을 선고하거나 약식명령을 고지하는 경우에는 200시간의 범위에서 다음 각 호의 구분에 따라 재범 예방에 필요한 수강명령(「보호관찰 등에 관한 법률」에 따른 수강명령을 말한다. 이하 같다) 또는 스토킹 치료프로그램의 이수명령(이하 "이수명령"이라 한다)을 병과할 수 있다.
1. 수강명령 : 형의 집행을 유예할 경우에 그 집행유예기간 내에서 병과
2. 이수명령 : 벌금형 또는 징역형의 실형을 선고하거나 약식명령을 고지할 경우에 병과
② 법원은 스토킹범죄를 저지른 사람에 대하여 형의 집행을 유예하는 경우에는 제1항에 따른 수강명령 외에 그 집행유예기간 내에서 보호관찰 또는 사회봉사 중 하나 이상의 처분을 병과할 수 있다.
③ 제1항에 따른 수강명령 또는 이수명령의 내용은 다음 각 호와 같다.
1. 스토킹 행동의 진단·상담
2. 건전한 사회질서와 인권에 관한 교육
3. 그 밖에 스토킹범죄를 저지른 사람의 재범 예방을 위하여 필요한 사항
④ 제1항에 따른 수강명령 또는 이수명령은 다음 각 호의 구분에 따라 각각 집행한다.
1. 형의 집행을 유예할 경우 : 그 집행유예기간 내
2. 벌금형을 선고하거나 약식명령을 고지할 경우 : 형 확정일부터 6개월 이내
3. 징역형의 실형을 선고할 경우 : 형기 내
⑤ 제1항에 따른 수강명령 또는 이수명령이 벌금형 또는 형의 집행유예와 병과된 경우에는 보호관찰소의 장이 집행하고, 징역형의 실형과 병과된 경우에는 교정시설의 장이 집행한다. 다만, 징역형의 실형과 병과된 이수명령을 모두 이행하기 전에 석방 또는 가석방되거나 미결구금일수 산입 등의 사유로 형을 집행할 수 없게 된 경우에는 보호관찰소의 장이 남은 이수명령을 집행한다.
⑥ 형벌에 병과하는 보호관찰, 사회봉사, 수강명령 또는 이수명령에 관하여 이 법에서 규정한 사항 외에는 「보호관찰 등에 관한 법률」을 준용한다.

제20조【벌칙】 ① 다음 각 호의 어느 하나에 해당하는 사람은 3년 이하의 징역 또는 3천만원 이하의 벌금에 처한다.
1. 제9조제4항을 위반하여 전자장치의 효용을 해치는 행위를 한 사람
2. 제17조의3제1항을 위반하여 피해자등의 주소, 성명, 나이, 직업, 학교, 용모, 인적사항, 사진 등 피해자등을 특정하여 파악할 수 있게 하는 정보 또는 피해자등의 사생활에 관한 비밀을 공개하거나 다른 사람에게 누설한 사람
3. 제17조의3제2항을 위반하여 피해자등의 주소, 성명, 나이, 직업, 학교, 용모, 인적 사항, 사진 등 피해자등을 특정하여 파악할 수 있게 하는 정보를 신문 등 인쇄물에 싣거나 「방송법」 제2조제1호에 따른 방송 또는 정보통신망을 통하여 공개한 사람
(2023.7.11 본항신설)
② 제9조제1항제2호 또는 제3호의 잠정조치를 이행하지 아니한 사람은 2년 이하의 징역 또는 2천만원 이하의 벌금에 처한다.
③ 긴급응급조치(검사가 제5조제2항에 따른 긴급응급조치에 대한 사후승인을 청구하지 아니하거나 지방법원 판

사가 같은 조 제3항에 따른 승인을 하지 아니한 경우는 제외한다)를 이행하지 아니한 사람은 1년 이하의 징역 또는 1천만원 이하의 벌금에 처한다.(2023.7.11 본항신설)

④ 제19조제1항에 따라 이수명령을 부과받은 후 정당한 사유 없이 보호관찰소의 장 또는 교정시설의 장의 이수명령 이행에 관한 지시에 따르지 아니하여 「보호관찰 등에 관한 법률」 또는 「형의 집행 및 수용자의 처우에 관한 법률」에 따른 경고를 받은 후 다시 정당한 사유 없이 이수명령 이행에 관한 지시를 따르지 아니한 경우에는 다음 각 호에 따른다.

1. 벌금형과 병과된 경우에는 500만원 이하의 벌금에 처한다.
2. 징역형의 실형과 병과된 경우에는 1년 이하의 징역 또는 1천만원 이하의 벌금에 처한다.

(2023.7.11 본항신설)

(2023.7.11 본조제목개정)

제21조 (2023.7.11 삭제)

부 칙

이 법은 공포 후 6개월이 경과한 날부터 시행한다.

부 칙 (2023.7.11)

제1조【시행일】 이 법은 공포한 날부터 시행한다. 다만, 제9조제1항제3호의2, 같은 조 제3항·제4항, 제10조제1항·제5항, 제17조의4 및 제20조제1항제1호의 개정규정은 공포 후 6개월이 경과한 날부터 시행한다.

제2조【긴급응급조치의 취소·변경 시 통지 및 고지에 관한 적용례】 제7조제5항의 개정규정은 이 법 시행 이후 긴급응급조치를 취소 또는 변경하는 경우부터 적용한다.

제3조【스토킹행위자에 대한 긴급응급조치 및 잠정조치에 관한 적용례】 ① 제4조제1항 및 제9조제1항제2호·제3호의 개정규정은 이 법 시행 이후 긴급응급조치 및 잠정조치를 하는 경우부터 적용한다.

② 제9조제1항제3호의2의 개정규정은 같은 개정규정 시행 전에 저지른 스토킹범죄에 대해서도 적용한다.

제4조【잠정조치기간의 연장에 관한 적용례】 제9조제7항의 개정규정은 이 법 시행 이후 잠정조치 결정(잠정조치 기간을 연장하거나 그 종류를 변경하는 결정을 포함한다)을 하는 경우부터 적용한다.

제5조【잠정조치의 취소·변경·추가 및 기간 연장 시 통지 또는 고지에 관한 적용례】 제10조제4항 및 제11조제4항의 개정규정은 이 법 시행 이후 잠정조치를 취소 또는 변경하거나 그 기간을 연장하는 경우부터 적용한다.

제6조【피해자등에 대한 신변안전조치 등에 관한 적용례】 제17조의2부터 제17조의4까지의 개정규정은 이 법 또는 제17조의4의 개정규정 시행 전에 발생한 스토킹행위 또는 스토킹범죄의 피해자등과 스토킹범죄를 신고한 사람에 대해서도 적용한다.

제7조【반의사불벌죄 폐지에 관한 경과조치】 이 법 시행 전에 저지른 스토킹범죄의 공소 제기에 관하여는 제18조제3항의 개정규정에도 불구하고 종전의 규정에 따른다.

제8조【과태료에 관한 경과조치】 이 법 시행 전의 행위에 대하여 과태료를 적용할 때에는 종전의 규정에 따른다.

스토킹범죄의 처벌 등에 관한 법률 시행령

(2021년 7월 6일 대통령령 제31866호)

제1조【목적】 이 영은 「스토킹범죄의 처벌 등에 관한 법률」에서 위임된 사항과 그 시행에 필요한 사항을 규정함을 목적으로 한다.

제2조【스토킹범죄를 저지른 사람의 재범 예방을 위한 시책 마련】 법무부장관은 「스토킹범죄의 처벌 등에 관한 법률」(이하 "법"이라 한다) 제19조제1항에 따른 수강명령과 스토킹 치료프로그램 이수명령의 실시에 필요한 프로그램의 개발과 관련 전문인력의 양성 등 스토킹범죄를 저지른 사람의 재범 예방을 위한 시책을 마련해야 한다.

제3조【민감정보 및 고유식별정보의 처리】 ① 검사 또는 사법경찰관리는 다음 각 호의 사무(그 사무를 수행하기 위하여 부수적으로 필요한 사무를 포함한다)를 수행하기 위하여 불가피한 경우 「개인정보 보호법」 제23조에 따른 건강 및 성생활에 관한 정보, 같은 법 시행령 제18조제1호에 따른 유전정보, 같은 조 제2호에 따른 범죄경력자료에 해당하는 정보 및 같은 영 제19조에 따른 주민등록번호, 여권번호, 운전면허의 면허번호 또는 외국인등록번호가 포함된 자료를 처리할 수 있다.

1. 법 제3조에 따른 응급조치에 관한 사무
2. 법 제4조에 따른 긴급응급조치에 관한 사무
3. 법 제5조에 따른 긴급응급조치의 승인 신청 및 청구에 관한 사무
4. 법 제7조에 따른 긴급응급조치의 변경에 관한 사무
5. 법 제8조에 따른 잠정조치의 신청 및 청구에 관한 사무
6. 법 제11조제2항에 따른 잠정조치의 변경 등 청구에 관한 사무
7. 법 제12조 또는 제15조에 따른 항고 또는 재항고에 관한 사무

② 사법경찰관은 법 제6조에 따른 긴급응급조치의 통지 및 고지에 관한 사무(그 사무를 수행하기 위하여 부수적으로 필요한 사무를 포함한다)를 수행하기 위하여 불가피한 경우 「개인정보 보호법 시행령」 제19조에 따른 주민등록번호, 여권번호, 운전면허의 면허번호 또는 외국인등록번호가 포함된 자료를 처리할 수 있다.

③ 보호관찰소의 장, 교정시설의 장 또는 보호관찰관은 법 제19조에 따른 수강명령 또는 이수명령의 집행에 관한 사무(그 사무를 수행하기 위하여 부수적으로 필요한 사무를 포함한다)를 수행하기 위하여 불가피한 경우 「개인정보 보호법」 제23조에 따른 건강에 관한 정보, 같은 법 시행령 제18조제2호에 따른 범죄경력자료에 해당하는 정보 및 같은 영 제19조에 따른 주민등록번호, 여권번호, 운전면허의 면허번호 또는 외국인등록번호가 포함된 자료를 처리할 수 있다.

제4조【과태료의 부과기준】 법 제21조제1항 및 제2항에 따른 과태료의 부과기준은 별표와 같다.

부 칙

이 영은 2021년 10월 21일부터 시행한다.

〔별표〕 ➡ 「法典 別冊」 참조

스토킹방지 및 피해자보호 등에 관한 법률(약칭 : 스토킹방지법)

(2023년 1월 17일 법 률 제19216호)

제1조【목적】 이 법은 스토킹을 예방하고 피해자를 보호·지원함으로써 인권증진에 이바지함을 목적으로 한다.

제2조【정의】 이 법에서 사용하는 용어의 뜻은 다음과 같다.

1. "스토킹"이란 「스토킹범죄의 처벌 등에 관한 법률」 제2조제1호에 따른 스토킹행위 및 같은 조 제2호에 따른 스토킹범죄를 말한다.
2. "스토킹행위자"란 스토킹을 한 사람을 말한다.
3. "피해자"란 스토킹으로 직접적인 피해를 입은 사람을 말한다.

제3조【국가 등의 책무】 ① 국가와 지방자치단체는 스토킹의 예방·방지와 피해자의 보호·지원을 위하여 다음 각 호의 조치를 하여야 한다.

1. 스토킹 신고체계의 구축·운영
2. 스토킹 예방·방지를 위한 조사·연구·교육 및 홍보
3. 피해자를 보호·지원하기 위한 시설의 설치·운영
4. 피해자에 대한 법률구조와 주거 지원 및 취업 등 자립 지원 서비스의 제공
5. 피해자의 신체적·정신적 회복을 위하여 필요한 상담·치료회복프로그램 제공
6. 피해자에 대한 보호·지원을 원활히 하기 위한 관련 기관 간 협력체계의 구축·운영
7. 스토킹의 예방·방지와 피해자의 보호·지원을 위한 관계 법령의 정비와 각종 정책의 수립·시행 및 평가
8. 피해자의 안전확보를 위한 신변 노출 방지와 보호·지원 체계의 구축
9. 피해자 지원 기관 및 시설 종사자의 신변보호를 위한 안전대책 마련

② 국가와 지방자치단체는 제1항에 따른 책무를 다하기 위하여 이에 따른 예산상의 조치를 하여야 한다.

제4조【스토킹 실태조사】 ① 여성가족부장관은 3년마다 스토킹에 대한 실태조사를 실시하여 그 결과를 발표하고, 이를 스토킹 방지를 위한 정책수립의 기초자료로 활용하여야 한다.

② 제1항에 따른 실태조사의 내용과 방법 등에 관하여 필요한 사항은 대통령령으로 정한다.

제5조【스토킹 예방교육 등】 ① 국가기관, 지방자치단체, 「초·중등교육법」에 따른 각급 학교 및 대통령령으로 정하는 공공단체의 장은 스토킹의 예방과 방지를 위하여 필요한 교육을 실시할 수 있다. 다만, 수사기관의 장은 사건 담당자 등 업무 관련자를 대상으로 필요한 교육을 실시하여야 한다.

② 제1항에 따라 스토킹 예방교육을 실시하는 경우 「가정폭력방지 및 피해자보호 등에 관한 법률」 제4조의3에 따른 가정폭력 예방교육, 「성매매방지 및 피해자보호 등에 관한 법률」 제5조에 따른 성매매 예방교육, 「성폭력방지 및 피해자보호 등에 관한 법률」 제5조에 따른 성교육 및 성폭력 예방교육, 「양성평등기본법」 제31조에 따른 성희롱 예방교육 등을 성평등 관점에서 통합하여 실시할 수 있다.

③ 국가기관, 지방자치단체의 장 및 대통령령으로 정하는 공공단체의 장은 스토킹 방지를 위한 자체 예방지침 마련, 사건 발생 시 재발방지대책 수립·시행 등 필요한 대책을 마련하여야 한다.

④ 「양성평등기본법」 제3조제3호에 따른 사용자는 스토킹 예방교육을 실시하는 등 직장 내 스토킹 예방을 위한 노력을 하여야 한다.

⑤ 여성가족부장관은 제1항에 따른 교육의 확산을 위하여 교육에 필요한 자료 또는 프로그램을 개발·보급하여야 한다.

⑥ 제3항에 따른 재발방지대책에 포함되어야 할 사항은 대통령령으로 정한다.

제6조【피해자 등에 대한 불이익조치의 금지 등】 ① 피해자 또는 스토킹 사실을 신고한 자를 고용하고 있는 자는 피해자 또는 스토킹 사실을 신고한 자에게 스토킹으로 피해를 입은 것 또는 신고를 한 것을 이유로 다음 각 호의 어느 하나에 해당하는 불이익조치를 하여서는 아니 된다.

1. 파면, 해임, 해고, 그 밖에 신분상실에 해당하는 신분상의 불이익조치
2. 징계, 정직, 감봉, 강등, 승진 제한, 그 밖에 부당한 인사조치
3. 전보, 전근, 직무 미부여, 직무 재배치, 그 밖에 본인의 의사에 반하는 인사조치
4. 성과평가 또는 동료평가 등에서 차별이나 그에 따른 임금 또는 상여금 등의 차별 지급
5. 직업능력 개발 및 향상을 위한 교육훈련 기회의 제한,

예산 또는 인력 등 가용자원의 제한 또는 제거, 보안정보 또는 비밀정보 사용의 정지 또는 취급자격의 취소, 그 밖에 근무조건 등에 부정적 영향을 미치는 차별 또는 조치
6. 주의 대상자 명단 작성 또는 그 명단의 공개, 집단 따돌림, 폭행 또는 폭언 등 정신적·신체적 손상을 가져오는 행위 또는 그 행위의 발생을 방치하는 행위
7. 직무에 대한 부당한 감사 또는 조사나 그 결과의 공개
8. 그 밖에 본인의 의사에 반하는 불이익조치
② 피해자를 고용하고 있는 자는 피해자의 요청이 있으면 업무 연락처 및 근무 장소의 변경, 배치 전환 등의 적절한 조치를 할 수 있다.
제7조【취학 지원】 ① 국가나 지방자치단체는 피해자나 그 가족구성원(이하 "피해자등"이라 한다)이 「초·중등교육법」에 따른 각급 학교의 학생인 경우로서 주소지 외의 지역에서 취학(입학·재입학·전학 및 편입학을 포함한다. 이하 같다)할 필요가 있는 경우에는 그 취학이 원활히 이루어지도록 지원하여야 한다.
② 제1항에 따른 취학 지원에 필요한 사항은 대통령령으로 정한다.
제8조【지원시설의 설치】 ① 국가나 지방자치단체는 피해자등의 보호·지원과 효과적인 피해 방지를 위하여 피해자 지원시설(이하 "지원시설"이라 한다)을 설치·운영할 수 있다.
② 여성가족부장관이나 지방자치단체의 장은 지원시설의 설치·운영 업무를 대통령령으로 정하는 기관 또는 단체에 위탁할 수 있다.
③ 여성가족부장관이나 지방자치단체의 장은 제2항에 따라 지원시설의 설치·운영 업무를 위탁하는 경우에는 그에 필요한 경비를 지원할 수 있다.
④ 제1항에 따른 지원시설의 설치·운영 기준 등에 필요한 사항은 대통령령으로 정한다.
제9조【지원시설의 업무】 지원시설은 다음 각 호의 업무를 수행한다.
1. 스토킹 신고 접수와 이에 관한 상담
2. 피해자등의 신체적·정신적 안정과 일상생활 복귀 지원
3. 피해자등의 보호와 임시거소의 제공 및 숙식 제공
4. 직업훈련 및 취업정보의 제공
5. 피해자등의 질병치료와 건강관리를 위하여 의료기관에 인도하는 등의 의료 지원
6. 스토킹행위자에 대한 고소와 피해배상청구 등 사법처리 절차에 관하여 「법률구조법」 제8조에 따른 대한법률구조공단 등 관계 기관에 대한 협조 및 지원 요청
7. 수사·재판 과정에 필요한 지원
8. 스토킹의 예방·방지를 위한 홍보 및 교육
9. 스토킹과 스토킹 피해에 관한 조사·연구
10. 다른 법률에 따라 지원시설에 위탁된 업무
11. 그 밖에 피해자등을 보호·지원하기 위하여 대통령령으로 정하는 업무
제10조【종사자 등의 자격기준】 ① 다음 각 호의 어느 하나에 해당하는 사람은 지원시설의 장 또는 종사자가 될 수 없다.
1. 미성년자, 피성년후견인 또는 피한정후견인
2. 금고 이상의 실형을 선고받고 그 집행이 끝나지(집행이 끝난 것으로 보는 경우를 포함한다) 아니하거나 집행이 면제되지 아니한 사람
3. 금고 이상의 형의 집행유예를 선고받고 그 유예기간 중에 있는 사람
4. 「스토킹범죄의 처벌 등에 관한 법률」 제18조의 죄를 범하여 형을 선고받고 그 형의 전부 또는 일부의 집행이 종료되거나 집행이 유예·면제된 날부터 10년이 지나지 아니한 사람
② 지원시설에서 종사하려는 사람은 전문 지식이나 경력 등 대통령령으로 정하는 자격기준을 갖추어야 한다.
제11조【교육의 실시】 ① 여성가족부장관이나 지방자치단체의 장은 지원시설 종사자의 자질을 향상시키기 위하여 필요한 교육을 실시하여야 한다.
② 여성가족부장관이나 지방자치단체의 장은 대통령령으로 정하는 전문기관으로 하여금 제1항에 따른 교육 업무를 수행하게 할 수 있다.
③ 제1항에 따른 교육의 시간·방법 및 내용 등에 관하여 필요한 사항은 대통령령으로 정한다.
제12조【피해자등의 의사 존중 의무】 지원시설의 장과 종사자는 피해자등이 분명히 밝힌 의사에 반하여 제9조에 따른 업무를 하여서는 아니 된다.
제13조【경찰관서의 협조】 ① 지원시설의 장은 스토킹행위자로부터 피해자등을 긴급히 구조할 필요가 있을 때에는 경찰관서(지구대·파출소 및 출장소를 포함한다)의 장에게 그 소속 직원의 동행을 요청할 수 있다.
② 제1항에 따른 요청을 받은 경찰관서의 장은 특별한 사유가 없으면 그 요청에 따라야 한다.
제14조【사법경찰관리의 현장출동 등】 ① 사법경찰관리는 스토킹의 신고가 접수된 때에는 지체 없이 신고된 현장에 출동하여야 한다.
② 제1항에 따라 출동한 사법경찰관리는 신고된 현장 또는 사건조사를 위한 관련 장소에 출입하여 관계인에 대하여 조사를 하거나 질문을 할 수 있다.
③ 제2항에 따라 출입, 조사 또는 질문을 하는 사법경찰관리는 그 권한을 표시하는 증표를 지니고 이를 관계인에게 내보여야 한다.
④ 제2항에 따라 조사 또는 질문을 하는 사법경찰관리는 피해자·신고자·목격자 등이 자유롭게 진술할 수 있도록 스토킹행위자로부터 분리된 곳에서 조사하는 등 필요한 조치를 하여야 한다.
⑤ 누구든지 정당한 사유 없이 제2항에 따른 사법경찰관리의 현장조사를 거부하는 등 그 업무 수행을 방해하는 행위를 하여서는 아니 된다.
제15조【비밀 유지의 의무】 지원시설의 장 또는 종사자이거나 지원시설의 장이었던 자 또는 종사자이었던 자는 그 직무상 알게 된 비밀을 누설하여서는 아니 된다.
제16조【벌칙】 ① 제6조제1항을 위반하여 신고자 또는 피해자에게 해고나 그 밖의 불이익조치를 한 자는 3년 이하의 징역 또는 3천만원 이하의 벌금에 처한다.
② 제15조에 따른 비밀 유지의 의무를 위반한 자는 1년 이하의 징역 또는 1천만원 이하의 벌금에 처한다.
제17조【양벌규정】 법인의 대표자나 법인 또는 개인의 대리인, 사용인, 그 밖의 종사자가 그 법인 또는 개인의 업무에 관하여 제16조의 위반행위를 하면 그 행위자를 벌하는 외에 그 법인 또는 개인에게도 해당 조문의 벌금형을 과(科)한다. 다만, 법인 또는 개인이 그 위반행위를 방지하기 위하여 해당 업무에 관하여 상당한 주의와 감독을 게을리하지 아니한 경우에는 그러하지 아니하다.
제18조【과태료】 ① 제14조제5항을 위반하여 정당한 사유 없이 사법경찰관리의 업무 수행을 방해한 자에게는 1천만원 이하의 과태료를 부과한다.
② 제1항에 따른 과태료는 대통령령으로 정하는 바에 따라 여성가족부장관이나 지방자치단체의 장이 부과·징수한다.

부 칙

이 법은 공포 후 6개월이 경과한 날부터 시행한다.

스토킹방지 및 피해자보호 등에 관한 법률 시행령

(2023년 7월 11일 대통령령 제33631호)

제1조【목적】 이 영은 「스토킹방지 및 피해자보호 등에 관한 법률」에서 위임된 사항과 그 시행에 필요한 사항을 규정함을 목적으로 한다.
제2조【스토킹 실태조사】 ① 「스토킹방지 및 피해자보호 등에 관한 법률」(이하 "법"이라 한다) 제4조제1항에 따른 스토킹에 대한 실태조사(이하 이 조에서 "실태조사"라 한다)에는 다음 각 호의 사항이 포함되어야 한다.
1. 성별, 나이, 거주지역 등 조사대상자의 일반적 특성에 관한 사항
2. 스토킹의 발생 원인 및 배경
3. 스토킹의 유형, 특성 및 빈도
4. 온라인 활동 증대 등 사회환경 변화에 따른 스토킹 현황 및 변화 추세
5. 그 밖에 스토킹 방지를 위한 정책수립의 기초자료로 활용하기 위하여 여성가족부장관이 필요하다고 인정하는 사항
② 여성가족부장관은 실태조사를 스토킹에 관한 전문성과 인력·장비를 갖춘 연구기관·법인 또는 단체에 의뢰하여 실시할 수 있다.
제3조【스토킹 예방교육 등】 ① 법 제5조제1항 본문에서 "대통령령으로 정하는 공공단체"란 다음 각 호의 기관 또는 단체를 말한다.
1. 「고등교육법」 제2조 각 호의 학교 및 그 밖에 다른 법령에 따라 설립·운영되는 이에 준하는 학교
2. 「공직자윤리법 시행령」 제3조의2제2항에 따라 인사혁신처장이 관보에 공직유관단체로 고시한 기관·단체(같은 조 제3항에 따라 공직유관단체에서 제외된 것으로 보는 기관·단체는 제외한다)
② 법 제5조제3항에서 "대통령령으로 정하는 공공단체"란 다음 각 호의 기관 또는 단체를 말한다.
1. 「공공기관의 운영에 관한 법률」 제5조에 따른 공기업 및 준정부기관
2. 「지방공기업법」 제78조제1항에 따라 경영평가의 대상이 되는 지방공기업
③ 국가기관, 지방자치단체의 장 및 제2항 각 호에 따른 공공단체의 장은 법 제5조제3항에 따라 스토킹 방지를 위한 자체 예방지침을 마련하는 경우 「성폭력방지 및 피해자보호 등에 관한 법률」 제5조제1항에 따른 자체 예방지침 및 「양성평등기본법」 제31조제1항에 따른 자체 예방지침과 통합하여 마련할 수 있다.
④ 법 제5조제3항에 따른 재발방지대책에는 다음 각 호의 사항이 포함되어야 한다.
1. 스토킹 사건 처리경과 및 조치결과에 관한 사항
2. 스토킹 방지 조치 및 스토킹 예방교육의 실시 등에 관한 사항
3. 법 제6조에 따른 피해자 또는 스토킹 사실을 신고한 사람에 대한 불이익조치 금지 및 보호조치 마련 등 2차 피해 방지에 관한 사항
4. 그 밖에 해당 기관 내 스토킹 사건의 재발방지를 위하여 필요한 사항
⑤ 국가기관, 지방자치단체의 장 및 제2항 각 호에 따른 공공단체의 장은 법 제5조제3항에 따른 재발방지대책을 수립·시행하는 경우 스토킹이 「성폭력방지 및 피해자보호 등에 관한 법률」에 따른 성폭력 또는 「양성평등기본법」에 따른 성희롱과 결합된 사건인 경우에는 「성폭력방지 및 피해자보호 등에 관한 법률」 제5조제1항에 따른 재발방지대책 및 「양성평등기본법」 제31조제1항에 따른 재발방지대책과 통합하여 수립·시행할 수 있다.
제4조【피해자등의 취학 지원】 ① 법 제7조제1항에 따라 피해자나 그 가족구성원(이하 "피해자등"이라 한다)을 주소지 외의 지역에 취학(입학·재입학·전학 및 편입학을 포함한다. 이하 이 조에서 같다)시키려는 경우 다음 각 호의 절차에 따라야 한다.
1. 「초·중등교육법」 제2조제1호에 따른 초등학교
가. 피해자등의 보호자가 피해자등을 주소지 외의 지역에 있는 초등학교에 입학시키려는 경우 해당 초등학교의 장은 피해자등의 입학을 승낙해야 한다.
나. 피해자등이 초등학교에 다니고 있는 경우 그 초등학교의 장은 피해자등의 보호자 1명의 동의를 받아 교육장에게 그 피해자등의 전학을 추천해야 하고, 교육장은 전학할 학교를 지정하여 전학하게 해야 한다.
2. 「초·중등교육법」 제2조제2호부터 제5호까지에 따른 각급 학교
각급 학교의 장은 교육장 또는 교육감에게 피해자등이 다른 학교로 재입학·전학 또는 편입학할 수 있도록 추천해야 하고, 교육장 또는 교육감은 재입학·전학 또는 편입학할 학교를 지정하여 배정해야 한다.
② 「초·중등교육법」 제2조에 따른 각급 학교의 장, 교육장 또는 교육감은 피해자등을 보호하기 위하여 제1항 각 호에 따라 조치한 사실이 취학 업무 관계자가 아닌 사람에게 공개되지 않도록 관리·감독해야 한다.
③ 제1항에 따른 절차에 따라 취학에 걸린 기간은 피해자등의 출석일수에 산입한다.
제5조【피해자 지원시설의 설치·운영 기준】 법 제8조제1항에 따른 피해자 지원시설(이하 "지원시설"이라 한다)의 설치·운영 기준은 별표1과 같다.
제6조【지원시설의 설치·운영 업무의 위탁】 법 제8조제2항에서 "대통령령으로 정하는 기관 또는 단체"란 다음 각 호의 기관 또는 단체를 말한다.
1. 정부출연기관
2. 「지방자치단체 출자·출연 기관의 운영에 관한 법률」 제5조에 따라 지정·고시된 출연기관
3. 다음 각 목의 법인이나 단체
가. 「가정폭력방지 및 피해자보호 등에 관한 법률」 제4조의6제2항에 따라 긴급전화센터의 설치·운영을 위탁받은 법인이나 단체
나. 「가정폭력방지 및 피해자보호 등에 관한 법률」 제5조제2항에 따라 가정폭력 관련 상담소의 설치·운영을 신고한 법인이나 단체
다. 「가정폭력방지 및 피해자보호 등에 관한 법률」 제7조제2항에 따라 가정폭력피해자 보호시설을 설치·운영하는 법인이나 단체
라. 「성폭력방지 및 피해자보호 등에 관한 법률」 제10조제2항에 따라 성폭력피해상담소의 설치·운영을 신고한 법인이나 단체
마. 「성폭력방지 및 피해자보호 등에 관한 법률」 제12조제2항에 따라 성폭력피해자보호시설을 설치·운영하는 법인이나 단체
4. 「민법」 제32조 또는 다른 법률에 따라 설립된 비영리법인 또는 단체로서 스토킹 방지 및 피해자보호를 주된 업무로 하는 법인 또는 단체
제7조【지원시설의 업무】 법 제9조제11호에서 "대통령령으로 정하는 업무"란 피해자등에 대한 보호·지원을 원활히 하기 위한 관련 시설과의 협력 업무를 말한다.
제8조【지원시설 종사자 등의 자격기준】 법 제10조제2항에서 "전문 지식이나 경력 등 대통령령으로 정하는 자격기준"이란 별표2에 따른 자격기준을 말한다.
제9조【교육의 실시】 ① 법 제11조제1항에 따른 교육은 지원시설의 장 및 상담원에 대하여 연간 8시간 이상 20시간 이하로 실시해야 한다. 이 경우 집합교육 또는 인터넷 강의 등의 방법으로 실시할 수 있다.

② 제1항에 따른 교육에는 다음 각 호의 내용을 포함해야 한다.
1. 스토킹의 유형, 특징 및 주요 내용
2. 스토킹 관련 법령의 이해
3. 피해자등에 대한 의료·주거·법률상담 등의 지원 체계
4. 피해자등에 대한 「성폭력방지 및 피해자보호 등에 관한 법률」 및 「양성평등기본법」 등 관련 법령에 따른 지원과의 통합지원 및 연계에 관한 사항
5. 피해자등의 신체적·정신적 특성과 상담에 관한 사항
6. 그 밖에 여성가족부장관이 피해자등을 보호·지원하기 위하여 필요하다고 인정하는 내용
③ 법 제11조제2항에서 "대통령령으로 정하는 전문기관"이란 「양성평등기본법」 제46조의2에 따른 한국여성인권진흥원을 말한다.

제10조【민감정보 및 고유식별정보의 처리】 ① 국가기관, 지방자치단체의 장(해당 권한이 위임·위탁된 경우에는 그 권한을 위임·위탁받은 자를 포함한다) 또는 지원시설의 장은 다음 각 호의 사무를 수행하기 위하여 불가피한 경우 「개인정보 보호법 시행령」 제19조제1호 또는 제4호에 따른 주민등록번호 또는 외국인등록번호가 포함된 자료를 처리할 수 있다.
1. 법 제3조제1항제4호에 따른 피해자에 대한 법률구조와 주거 지원 및 취업 등 자립 지원 서비스의 제공에 관한 사무
2. 법 제7조에 따른 취학 지원에 관한 사무
3. 법 제9조제2호부터 제7호까지, 제9호 및 제10호에 따른 지원시설의 업무에 관한 사무
4. 법 제10조 및 이 영 별표2에 따른 지원시설 종사자 등의 자격기준에 관한 사무
② 지원시설의 장은 법 제9조제5호에 따른 의료 지원 업무에 관한 사무를 수행하기 위하여 불가피한 경우 「개인정보 보호법」 제23조에 따른 건강에 관한 정보가 포함된 자료를 처리할 수 있다.

제11조【규제의 재검토】 여성가족부장관은 다음 각 호의 사항에 대하여 2024년 1월 1일을 기준으로 3년마다(매 3년이 되는 해의 기준일과 같은 날 전까지를 말한다) 그 타당성을 검토하여 개선 등의 조치를 해야 한다.
1. 제5조 및 별표1에 따른 지원시설의 설치·운영 기준
2. 제8조 및 별표2에 따른 지원시설 종사자 등의 자격기준
3. 제9조에 따른 교육의 시간, 방법 및 내용

제12조【과태료의 부과기준】 법 제18조제1항에 따른 과태료의 부과기준은 별표3과 같다.

부 칙

이 영은 2023년 7월 18일부터 시행한다.

〔별표〕 ➡ 「法典 別册」 참조

부정수표 단속법

(1961년 7월 3일)
(법 률 제645호)

개정
1966. 2.26법 1747호
2010. 3.24법10185호
1993.12.10법 4587호

제1조【목적】 이 법은 부정수표(不正手票) 등의 발행을 단속·처벌함으로써 국민의 경제생활의 안전과 유통증권인 수표의 기능을 보장함을 목적으로 한다.
(2010.3.24 본조개정)

제2조【부정수표 발행인의 형사책임】 ① 다음 각 호의 어느 하나에 해당하는 부정수표를 발행하거나 작성한 자는 5년 이하의 징역 또는 수표금액의 10배 이하의 벌금에 처한다.
1. 가공인물의 명의로 발행한 수표
2. 금융기관(우체국을 포함한다. 이하 같다)과의 수표계약 없이 발행하거나 금융기관으로부터 거래정지처분을 받은 후에 발행한 수표
3. 금융기관에 등록된 것과 다른 서명 또는 기명날인으로 발행한 수표
② 수표를 발행하거나 작성한 자가 수표를 발행한 후에 예금부족, 거래정지처분이나 수표계약의 해제 또는 해지로 인하여 제시기일에 지급되지 아니하게 한 경우에도 제1항과 같다.
③ 과실로 제1항과 제2항의 죄를 범한 자는 3년 이하의 금고 또는 수표금액의 5배 이하의 벌금에 처한다.
④ 제2항과 제3항의 죄는 수표를 발행하거나 작성한 자가 그 수표를 회수한 경우 또는 회수하지 못하였더라도 수표 소지인의 명시적 의사에 반하는 경우 공소를 제기할 수 없다.
(2010.3.24 본조개정)

제3조【법인·단체 등의 형사책임】 ① 제2조의 경우에 발행인이 법인이나 그 밖의 단체일 때에는 그 수표에 적혀 있는 대표자 또는 작성자를 처벌하며, 그 법인 또는 그 밖의 단체에도 해당 조문의 벌금형을 과(科)한다. 다만, 법인 또는 그 밖의 단체가 그 위반행위를 방지하기 위하여 해당 업무에 관하여 상당한 주의와 감독을 게을리하지 아니한 경우에는 그러하지 아니하다.
② 대리인이 수표를 발행한 경우에는 본인을 처벌하는 외에 그 대리인도 처벌한다.
(2010.3.24 본조개정)

제4조【거짓 신고자의 형사책임】 수표금액의 지급 또는 거래정지처분을 면할 목적으로 금융기관에 거짓 신고를 한 자는 10년 이하의 징역 또는 20만원 이하의 벌금에 처한다.(2010.3.24 본조개정)

제5조【위조·변조자의 형사책임】 수표를 위조하거나 변조한 자는 1년 이상의 유기징역과 수표금액의 10배 이하의 벌금에 처한다.(2010.3.24 본조개정)

제6조【「형사소송법」의 특례】 이 법에 따라 벌금을 선고하는 경우 「형사소송법」 제334조제1항에 따른 가납판결(假納判決)을 하여야 하며, 구속된 피고인에 대하여는 같은 법 제331조에도 불구하고 벌금을 가납할 때까지 계속 구속한다.(2010.3.24 본조개정)

제7조【금융기관의 고발의무】 ① 금융기관에 종사하는 사람이 직무상 제2조제1항(발행인이 법인이나 그 밖의 단체인 경우를 포함한다) 또는 제5조에 규정된 수표를 발견한 때에는 48시간 이내에 수사기관에 고발하여야 하며, 제2조제2항(발행인이 법인이나 그 밖의 단체인 경우를 포함한다)에 규정된 수표를 발견한 때에는 30일 이내에 수사기관에 고발하여야 한다.
② 제1항의 고발을 하지 아니하면 100만원 이하의 벌금에 처한다.
(2010.3.24 본조개정)

부 칙 (2010.3.24)

이 법은 공포한 날부터 시행한다.

(舊 : 沒收金品등處理에관한臨時特例法)

몰수금품 등 처리에 관한 임시특례법(약칭 : 몰수품처리법)

(1962년 11월 6일)
(법 률 제1167호)

개정
1963.12.16법 1522호
1980.12.31법 3318호(국가보안)
1997.12.13법 5454호(정부부처명)
1999. 1.21법 5681호(국가정보원법)
2018. 9.18법15753호
2018.12.18법15973호

제1조【목적】 이 법은 「국가보안법」에서 정한 죄를 범한 자로부터 몰수하거나 국고귀속명령된 금품을 다른 법령의 규정에도 불구하고 국가안전보장을 위하여 신속하고 유효적절하게 처리함을 목적으로 한다.
(2018.12.18 본조개정)

제2조【몰수금품의 정의】 이 법에서 몰수금품이라 함은 다음 각 호의 어느 하나에 해당하는 자로부터 몰수한 무기류, 통신기재, 장비, 그 밖의 물품과 유가증권, 통화 등 공작금품으로서 확정판결에서 몰수되거나 「국가보안법」 제15조제2항 및 제22조에 따라 국고귀속명령된 것을 말한다.
1. 북한괴뢰집단 및 그 구성원
2. 북한괴뢰집단에 동조하는 반국가단체 및 그 구성원
3. 제1호 및 제2호에 규정된 자로부터 지령을 받아 활동을 하는 자
4. 북한괴뢰집단에 동조하여 반국가적인 활동을 하는 자
(2018.12.18 본조개정)

제3조【몰수금품의 처리】 ① 국가정보원장은 몰수금품 중 첩보공작상 또는 공익상 필요하다고 인정되는 금품의 일부 또는 전부를 국무회의의 심의를 거쳐 대통령의 승인을 얻어 이를 직접사용 또는 처분할 수 있다.
② 국가정보원장은 제1항에 따라 직접사용한 몰수금품 중 대한민국화폐에 대하여는 그와 같은 금액을 국가정보원 세출금 중에서 공제하여 이를 국고에 납부하여야 한다.
(2018.12.18 본조개정)

제4조【시행령】 이 법 시행에 필요한 사항은 대통령령으로 정한다.(2018.12.18 본조개정)

부 칙 (2018.9.18)
(2018.12.18)

이 법은 공포한 날부터 시행한다.

몰수금품등처리에관한임시특례법시행령

(1970년 2월 16일 전개대통령령 제4634호)

개정
1999. 3.31영16211호(국가정보원직원법시)
2022. 6.30영32737호(군검찰사무운영규정)

제1조【목적】 이 영은 몰수금품등처리에관한임시특례법(이하 "법"이라 한다)의 시행에 관하여 필요한 사항을 규정함을 목적으로 한다.

제2조【각급 검사등의 통보】 검찰총장·고등검찰청 검사장·지방검찰청 검사장 및 국방부검찰단장, 각 군 검찰단장(이하 "각급 검사장"이라 한다)은 법 제2조의 몰수금품이 있을 때에는 지체없이 별지 제1호서식에 의하여 국가정보원장에게 통보하여야 한다.(2022.6.30 본조개정)

제3조【국가정보원장의 송부요청】 ① 국가정보원장은 전조의 규정에 의하여 통보받은 몰수금품중 법 제3조제1항의 규정에 의하여 직접 사용 또는 처분이 필요하다고 인정되는 금품이 있을 때에는 통보를 받은 날로부터 30일 이내에 그 송부를 별지 제2호서식에 의하여 관계 각급 검사장에게 요청하여야 한다.

② 국가정보원장은 통보받은 몰수금품중에 직접 사용 또는 처분할 금품이 없다고 인정되는 때에도 전항의 기간 내에 그 뜻을 관계 각급 검사장에게 통보하여야 한다.
(1999.3.31 본조개정)

제4조【몰수금품의 송부】 전조제1항의 규정에 의하여 몰수금품의 송부요청을 받은 각급 검사장은 송부요청을 받은 날로부터 10일이내에 그 금품을 국가정보원장에게 송부하여야 한다.(1999.3.31 본조개정)

제5조【대통령의 승인】 ① 국가정보원장이 법 제3조제1항의 규정에 의한 대통령의 승인을 얻고자 할 때에는 다음 각호의 사항을 기재한 문서로써 하여야 한다.
(1999.3.31 본문개정)
1. 직접 사용 또는 처분의 목적 및 필요성
2. 품명 및 수량

② 전항의 규정에 의하여 대통령의 승인을 얻은 후 그 몰수금품의 사용 또는 처분의 목적을 변경하고자 할 때의 승인절차도 전항에 준한다.

제6조【반환】 국가정보원장은 제4조의 규정에 의하여 송부받은 금품에 관하여, 법 제3조제1항의 규정에 의한 대통령의 승인을 얻지 못하거나 승인을 받은 후 그 사용·처분의 필요성이 없어졌다고 인정할 때에는, 그 때부터 15일이내에 그 금품을 송부한 각급 검사장에게 이를 환송하여야 한다.(1999.3.31 본조개정)

제7조【국고납입】 법 제3조제2항의 규정에 의한 국고에의 납부는 납부할 금액을 국가정부원 세출예산중에서 지출하여 이를 국고에 납부함으로써 한다.(1999.3.31 본조개정)

부 칙 (2022.6.30)

제1조【시행일】 이 영은 2022년 7월 1일부터 시행한다.(이하 생략)

〔별지서식〕 ➡「www.hyeonamsa.com」참조

형의 실효 등에 관한 법률

(약칭 : 형실효법)

(1980년 12월 18일 법 률 제3281호)

개정
1984. 7.30법 3736호
1987.12. 4법 3993호(군사법원)
1991. 5.31법 4369호(경찰법)
1993. 8. 5법 4569호 1993.12.10법 4591호
1994. 1. 5법 4704호(군사법원)
2002.12. 5법 6747호 2005. 7.29법 7624호
2007. 5.17법 8435호(가족관계등록)
2008. 3.14법 8891호 2010. 3.31법10211호
2013. 6. 4법11849호(병역)
2015. 8.11법13457호 2017.12.19법15258호
2020.12.15법17646호(국가정보원법)
2021. 3.16법17937호 2023. 7. 6법19515호

제1조【목적】 이 법은 전과기록(前科記錄) 및 수사경력자료의 관리와 형의 실효(失效)에 관한 기준을 정함으로써 전과자의 정상적인 사회복귀를 보장함을 목적으로 한다.(2010.3.31 본조개정)

제2조【정의】 이 법에서 사용하는 용어의 뜻은 다음과 같다.
1. "수형인"이란 「형법」 제41조에 규정된 형을 받은 자를 말한다.
2. "수형인명부"란 자격정지 이상의 형을 받은 수형인을 기재한 명부로서 검찰청 및 군검찰부에서 관리하는 것을 말한다.
3. "수형인명표"란 자격정지 이상의 형을 받은 수형인을 기재한 명표로서 수형인의 등록기준지 시·구·읍·면 사무소에서 관리하는 것을 말한다.
4. "수사자료표"란 수사기관이 피의자의 지문을 채취하고 피의자의 인적사항과 죄명 등을 기재한 표(전산입력되어 관리되거나 자기테이프, 마이크로필름, 그 밖에 이와 유사한 매체에 기록·저장된 표를 포함한다)로서 경찰청에서 관리하는 것을 말한다.
5. "범죄경력자료"란 수사자료표 중 다음 각 목에 해당하는 사항에 관한 자료를 말한다.
가. 벌금 이상의 형의 선고, 면제 및 선고유예
나. 보호감호, 치료감호, 보호관찰
다. 선고유예의 실효
라. 집행유예의 취소
마. 벌금 이상의 형과 함께 부과된 몰수, 추징(追徵), 사회봉사명령, 수강명령(受講命令) 등의 선고 또는 처분
6. "수사경력자료"란 수사자료표 중 벌금 미만의 형의 선고, 사법경찰관의 불송치결정 및 검사의 불기소처분에 관한 자료 등 범죄경력자료를 제외한 나머지 자료를 말한다.(2021.3.16 본호개정)
7. "전과기록"이란 수형인명부, 수형인명표 및 범죄경력자료를 말한다.
8. "범죄경력조회"란 수형인명부 또는 전산입력된 범죄경력자료를 열람·대조확인(정보통신망에 의한 열람·대조확인을 포함한다)하는 방법으로 신원 및 범죄경력에 관하여 조회하는 것을 말한다.
9. "수사경력조회"란 전산입력된 수사경력자료를 열람·대조확인(정보통신망에 의한 열람·대조확인을 포함한다)하는 방법으로 신원 및 수사경력에 관하여 조회하는 것을 말한다.

(2010.3.31 본조개정)

제3조【수형인명부】 지방검찰청 및 그 지청과 보통검찰부에서는 자격정지 이상의 형을 선고한 재판이 확정되면 지체 없이 그 형을 선고받은 수형인을 수형인명부에 기재하여야 한다.(2010.3.31 본조개정)

제4조【수형인명표】 ① 지방검찰청 및 그 지청과 보통검찰부에서는 자격정지 이상의 형을 선고받은 수형인에 대한 수형인명표를 작성하여 수형인의 등록기준지 시·구·읍·면 사무소에 송부하여야 한다.

② 지방검찰청 및 그 지청과 보통검찰부에서는 다음 각 호의 어느 하나에 해당할 때에는 수형인명표를 송부한 관서에 그 사실을 통지하여야 한다.
1. 형의 집행유예가 실효되거나 취소되었을 때
2. 형의 집행유예기간이 경과한 때
3. 제7조 또는 「형법」 제81조에 따라 형이 실효되었을 때
4. 사면(赦免), 감형(減刑), 복권(復權)이 있을 때
5. 재심 개시의 결정에 따라 다시 재판하였을 때

(2010.3.31 본조개정)

제5조【수사자료표】 ① 사법경찰관은 피의자에 대한 수사자료표를 작성하여 경찰청에 송부하여야 한다. 다만, 다음 각 호의 자에 대하여는 그러하지 아니하다.
1. 즉결심판(卽決審判) 대상자
2. 사법경찰관이 수리(受理)한 고소 또는 고발 사건 중 불송치결정 사유에 해당하는 사건의 피의자
(2021.3.16 본호개정)

② 수사자료표를 작성할 사법경찰관의 범위는 대통령령으로 정한다.
(2010.3.31 본조개정)

제5조의2【수사자료표의 관리 등】 ① 경찰청장은 수사자료표의 보존·관리를 위하여 책임자를 지정하여야 한다.

② 경찰청장은 수사자료표를 범죄경력자료와 수사경력자료로 구분하여 전산입력한 후 관리하여야 한다.

③ 범죄경력조회 또는 수사경력조회에 대하여 회보할 때에는 그 용도, 작성자·조회자의 성명 및 작성일시, 그 밖에 필요한 사항을 구체적으로 밝혀야 한다.
(2010.3.31 본조개정)

제6조【범죄경력조회·수사경력조회 및 회보의 제한 등】 ① 수사자료표에 의한 범죄경력조회 및 수사경력조회와 그에 대한 회보는 다음 각 호의 어느 하나에 해당하는 경우에 그 전부 또는 일부에 대하여 조회 목적에 필요한 최소한의 범위에서 할 수 있다. 다만, 제8조의2제2항제3호 단서 또는 같은 조 제3항제1호에 따라 보존하는 불송치결정과 관련된 수사경력자료에 대한 조회 및 회보는 제1호에 해당하는 경우로 한정한다.(2021.3.16 단서신설)
1. 범죄 수사 또는 재판을 위하여 필요한 경우
2. 형의 집행 또는 사회봉사명령, 수강명령의 집행을 위하여 필요한 경우
3. 보호감호, 치료감호, 보호관찰 등 보호처분 또는 보안관찰업무의 수행을 위하여 필요한 경우
4. 수사자료표의 내용을 확인하기 위하여 본인이 신청하거나 외국 입국·체류 허가에 필요하여 본인이 신청하는 경우(2015.8.11 본호개정)
5. 「국가정보원법」 제4조제4항에 따른 보안업무에 관한 대통령령에 근거하여 신원조사를 하는 경우
(2023.7.6 본호개정)
6. 외국인의 귀화·국적회복·체류 허가에 필요한 경우
(2015.8.11 본호개정)
7. 각군 사관생도의 입학 및 장교·준사관·부사관·군무원의 임용과 그 후보자의 선발에 필요한 경우
(2017.12.19 본호개정)
8. 병역의무 부과와 관련하여 현역병 및 사회복무요원의 입영(入營)에 필요한 경우(2013.6.4 본호개정)
9. 다른 법령에서 규정하고 있는 공무원 임용, 인가·허가, 서훈(敍勳), 대통령 표창, 국무총리 표창 등의 결격사유, 징계절차가 개시된 공무원의 구체적인 징계 사유(범죄경력조회와 그에 대한 회보에 한정한다) 또는 공무원연금 지급 제한 사유 등을 확인하기 위하여 필요한 경우(2015.8.11 본호개정)
10. 그 밖에 다른 법률에서 범죄경력조회 및 수사경력조회와 그에 대한 회보를 하도록 규정되어 있는 경우

② 수사자료표를 관리하는 사람이나 직무상 수사자료표에 의한 범죄경력조회 또는 수사경력조회를 하는 사람은 그 수사자료표의 내용을 누설하여서는 아니 된다.

③ 누구든지 제1항에서 정하는 경우 외의 용도에 사용할 목적으로 범죄경력자료 또는 수사경력자료를 취득하여서는 아니 된다.

④ 제1항에 따라 범죄경력자료 또는 수사경력자료를 회보받거나 취득한 자는 법령에 규정된 용도 외에는 이를 사용하여서는 아니 된다.

⑤ 제1항 각 호에 따라 범죄경력조회 및 수사경력조회와 그에 대한 회보를 할 수 있는 구체적인 범위는 대통령령으로 정한다.
(2010.3.31 본조개정)

제7조【형의 실효】 ① 수형인이 자격정지 이상의 형을 받지 아니하고 형의 집행을 종료하거나 그 집행이 면제된 날부터 다음 각 호의 구분에 따른 기간이 경과한 때에 그 형은 실효된다. 다만, 구류(拘留)와 과료(科料)는 형의 집행을 종료하거나 그 집행이 면제된 때에 그 형이 실효된다.
1. 3년을 초과하는 징역·금고 : 10년
2. 3년 이하의 징역·금고 : 5년
3. 벌금 : 2년

② 하나의 판결로 여러 개의 형이 선고된 경우에는 각 형의 집행을 종료하거나 그 집행이 면제된 날부터 가장 무거운 형에 대한 제1항의 기간이 경과한 때에 형의 선고는 효력을 잃는다. 다만, 제1항제1호 및 제2호를 적용할 때 징역과 금고는 같은 종류의 형으로 보고 각 형기(刑期)를 합산한다.
(2010.3.31 본조개정)

제8조【수형인명부 및 수형인명표의 정리】 ① 다음 각 호의 어느 하나에 해당하는 경우에는 수형인명부의 해당란을 삭제하고 수형인명표를 폐기한다.
1. 제7조 또는 「형법」 제81조에 따라 형이 실효되었을 때
2. 형의 집행유예기간이 경과한 때
3. 자격정지기간이 경과한 때
4. 일반사면이나 형의 선고의 효력을 상실하게 하는 특별사면 또는 복권이 있을 때

② 제1항에 따라 수형인명부의 해당란을 삭제하는 방법 등은 대통령령으로 정한다.
(2010.3.31 본조개정)

제8조의2【수사경력자료의 정리】 ① 다음 각 호의 어느 하나에 해당하는 경우에는 제2항부터 제4항까지에 따른

보존기간이 지나면 전산입력된 수사경력자료의 해당 사항을 삭제한다.
1. 사법경찰관의 혐의없음, 공소권없음 또는 죄가안됨의 불송치결정이 있는 경우
2. 검사의 혐의없음, 공소권없음, 죄가안됨 또는 기소유예의 불기소처분이 있는 경우
3. 법원의 무죄, 면소(免訴) 또는 공소기각의 판결이 확정된 경우
4. 법원의 공소기각 결정이 확정된 경우
5. 가정법원소년부 또는 지방법원소년부의 불처분 결정 또는 심리불개시 결정이 있는 경우
(2023.7.6 본항개정)
② 제1항제1호부터 제4호까지의 경우에 대한 수사경력자료의 보존기간은 다음 각 호의 구분에 따른다. 이 경우 그 기간은 불송치결정 또는 불기소처분이 있은 날이나 판결 또는 결정이 확정된 날부터 기산(起算)한다.
(2023.7.6 전단개정)
1. 법정형(法定刑)이 사형, 무기징역, 무기금고, 장기(長期) 10년 이상의 징역·금고에 해당하는 죄 : 10년
2. 법정형이 장기 2년 이상의 징역·금고에 해당하는 죄 : 5년
3. 법정형이 장기 2년 미만의 징역·금고, 자격상실, 자격정지, 벌금, 구류 또는 과료에 해당하는 죄 : 즉시 삭제. 다만, 제1항제1호의 불송치결정이 있는 경우는 6개월간 보존하고, 제1항제2호의 기소유예나 제1항제3호·제4호의 판결 또는 결정이 있는 경우는 5년간 보존한다.
(2021.3.16 단서개정)
③ 제2항에도 불구하고 제1항제1호·제2호의 불송치결정·불기소처분 당시 또는 같은 항 제3호·제4호의 판결·결정의 확정 당시 「소년법」 제2조의 소년에 대한 수사경력자료의 보존기간은 다음 각 호의 구분에 따른다.
1. 제1항제1호의 불송치결정 : 그 결정일부터 4개월
2. 제1항제2호의 기소유예의 불기소처분 : 그 처분일부터 3년
3. 제1항제2호의 혐의없음, 공소권없음, 죄가안됨의 불기소처분 : 그 처분 시까지
4. 제1항제3호의 판결 또는 같은 항 제4호의 결정 : 그 판결 또는 결정의 확정 시까지
(2023.7.6 본항개정)
④ 제1항제5호의 경우에 대한 수사경력자료의 보존기간은 3년으로 한다. 이 경우 그 기간은 불처분 결정 또는 심리불개시 결정이 있은 날부터 기산한다.(2023.7.6 본항신설)
⑤ 제1항에 따라 수사경력자료의 해당 사항을 삭제하는 방법은 대통령령으로 정한다.
(2010.3.31 본조개정)
제8조의3【자료제출 및 시정 요구】 ① 법무부장관은 전과기록이나 수사경력자료의 보관·관리 또는 조회와 관련된 업무의 개선이나 위법·부당한 사항의 시정 등을 위하여 필요하다고 인정하면 전과기록이나 수사경력자료의 보관·관리 또는 조회 업무를 담당하는 기관의 장에게 조회·회보 대장 등 관련 자료의 제출을 요청할 수 있다. 이 경우 자료의 제출을 요청받은 기관의 장은 특별한 사유가 없으면 요청에 따라야 한다.
② 법무부장관은 제1항에 따라 제출받은 자료를 검토한 결과 개선이나 시정이 필요한 사항이 발견되었을 때에는 해당 기관의 장에게 시정 등 필요한 조치를 할 것을 요구할 수 있다.
(2010.3.31 본조개정)
제9조【벌칙】 ① 전과기록이나 수사경력자료를 관리하는 사람이 부정한 청탁을 받고 다음 각 호의 어느 하나에 해당하는 행위를 하였을 때에는 1년 이상의 유기징역에 처한다.
1. 전과기록 또는 수사경력자료를 손상시키거나 은닉(隱匿)하거나 그 밖의 방법으로 그 효용을 해친 행위
2. 전과기록 또는 수사경력자료의 내용을 거짓으로 기재하거나 정당한 사유 없이 그 내용을 변경한 행위
3. 전과기록 또는 수사경력자료에 의한 증명사항의 내용을 거짓으로 기재한 행위
② 전과기록 또는 수사경력자료의 작성에 필요한 서류에 대하여 다음 각 호의 어느 하나에 해당하는 행위를 한 사람도 제1항과 같은 형에 처한다.
1. 손상, 은닉 또는 그 밖의 방법으로 그 효용을 해친 행위
2. 그 내용을 거짓으로 기재하거나 변작(變作)한 행위
(2010.3.31 본조개정)
제10조【벌칙】 ① 제6조제1항 또는 제2항을 위반하여 수사자료표의 내용을 회보하거나 누설한 사람은 5년 이하의 징역 또는 5천만원 이하의 벌금에 처한다.
② 제6조제3항을 위반하여 범죄경력자료 또는 수사경력자료를 취득한 사람은 2년 이하의 징역 또는 2천만원 이하의 벌금에 처한다.
③ 제6조제4항을 위반하여 범죄경력자료 및 수사경력자료를 사용한 사람도 제2항과 같은 형에 처한다.
(2010.3.31 본조개정)
제11조 (2002.12.5 삭제)

부 칙 (2017.12.19)

이 법은 공포한 날부터 시행한다.

부 칙 (2020.12.15)

제1조【시행일】 이 법은 2021년 1월 1일부터 시행한다. (이하 생략)

부 칙 (2021.3.16)

제1조【시행일】 이 법은 공포한 날부터 시행한다.
제2조【적용례】 제2조제6호, 제5조제1항제2호, 제6조제1항 및 제8조의2제1항부터 제3항까지의 개정규정은 이 법 시행 전 사법경찰관이 불송치결정을 한 경우에도 적용한다.

부 칙 (2023.7.6)

제1조【시행일】 이 법은 공포한 날부터 시행한다.
제2조【수사경력자료의 정리에 관한 적용례】 제8조의2의 개정규정은 이 법 시행 전에 가정법원소년부 또는 지방법원소년부의 불처분 결정 또는 심리불개시 결정이 있었던 경우에도 적용한다.

비영리법인의 임원 처벌에 관한 법률(약칭 : 법인임원처벌법)

(2011년 4월 12일 전부개정법률 제10581호)

개정
2014. 1. 7법12191호

비영리법인의 업무를 집행하는 이사, 감사 또는 그 직무를 대행하는 사람이나 사원으로서 형사소추(刑事訴追) 또는 형의 집행을 면(免)하기 위하여 합병이나 그 밖의 방법으로 비영리법인을 소멸시킨 사람은 5년 이하의 징역 또는 5천만원 이하의 벌금에 처한다.(2014.1.7 개정)

부 칙 (2014.1.7)

이 법은 공포한 날부터 시행한다.

환경범죄 등의 단속 및 가중처벌에 관한 법률(약칭 : 환경범죄단속법)

(1999년 12월 31일 전개법률 제6094호)

개정
2001. 1.16법 6368호(지하수법)
2001. 3.28법 6452호(토양환경보전법)
2004. 2. 9법 7167호(야생동·식물보호법)
2004. 2. 9법 7168호(수질환경)
2004. 2. 9법 7170호(악취방지법)
2004.12.31법 7291호(토양환경보전법)
2004.12.31법 7292호(유해화학)
2004.12.31법 7297호(자연환경보전법)
2005. 3.31법 7456호(자연공원법)
2005. 3.31법 7459호(수질환경)
2005. 7.29법 7643호(수로업무법)
2006. 9.27법 8010호(가축분뇨의관리및이용에관한법)
2006. 9.27법 8014호(하수도법)
2007. 4. 6법 8338호(하천법)
2007. 4.11법 8343호(관광진흥법)
2007. 4.11법 8370호(수도법)
2007. 4.11법 8371호(폐기물관리법)
2007. 4.27법 8404호(대기환경)
2007. 5.17법 8466호(수질수생태계보전)
2008.12.31법 9313호(자연공원법)
2009. 2. 6법 9432호(식품위생)
2009. 6. 9법 9774호(측량·수로지적)
2010. 2. 4법10031호(악취방지법)
2011. 4.28법10616호
2011. 7.21법10893호(환경정책)
2011. 7.28법10977호(야생생물보호및관리에관한법)
2011. 8. 4법11016호(골재채취법)
2013. 5.22법11790호
2013. 6. 4법11862호(화학물질관리법)
2013. 7.30법11979호(수질수생태계보전)
2014. 3.24법12521호(야생생물보호및관리에관한법)
2014. 6. 3법12738호(공간정보구축관리)
2015. 2. 3법13175호
2015.12.22법13603호(환경오염시설의통합관리에관한법)
2017. 1.17법14532호(물환경보전법)
2019.11.26법16616호
2020. 2.18법17063호(해양조사와해양정보활용에관한법)
2021. 6.15법18284호(댐건설·관리및주변지역지원등에관한법)
2022.12.31법19208호(순환경제사회전환촉진법)
2024. 2. 6법20231호(화학물질관리법)→2025년 8월 7일 시행이므로 「法典 別冊」 보유편 수록

제1조【목적】 이 법은 생활환경 또는 자연환경 등에 위해(危害)를 끼치는 환경오염 또는 환경훼손 행위에 대한 가중처벌 및 단속·예방 등에 관한 사항을 정함으로써 환경보전에 이바지하는 것을 목적으로 한다.
(2011.4.28 본조개정)
제2조【정의】 이 법에서 사용하는 용어의 뜻은 다음과 같다.
1. "오염물질"이란 다음 각 목의 어느 하나에 해당하는 물질을 말한다.
가. 「대기환경보전법」 제2조제1호에 따른 대기오염물질
나. 「물환경보전법」 제2조제7호에 따른 수질오염물질
(2017.1.17 본목개정)
다. 「토양환경보전법」 제2조제2호에 따른 토양오염물질
라. 「화학물질관리법」 제2조제2호에 따른 유독물질
(2013.6.4 본목개정)
마. 「하수도법」 제2조제1호·제2호에 따른 오수(汚水)·분뇨 또는 「가축분뇨의 관리 및 이용에 관한 법률」 제2조제2호에 따른 가축분뇨
바. 「폐기물관리법」 제2조제1호에 따른 폐기물
사. 「농약관리법」 제2조제1호 및 제3호에 따른 농약 및 원제(原劑)
2. "불법배출"이란 다음 각 목의 어느 하나에 해당하는 행위(제5호가목 또는 나목의 불법배출시설을 운영하는 사업자가 하는 가목 또는 나목의 행위를 포함한다)를 말한다.
가. 「대기환경보전법」 제31조제1항제1호, 제2호 또는 제5호에 해당하는 행위
나. 「물환경보전법」 제15조제1항제1호 또는 제38조제1항 및 같은 조 제2항 각 호의 어느 하나에 해당하는 행위(2017.1.17 본목개정)
다. 「폐기물관리법」 제8조제1항 또는 제2항을 위반하여 사업장폐기물을 버리거나 매립(埋立)하는 행위
라. 「폐기물관리법」 제13조에 따른 기준과 방법에 적합하지 아니하게 폐기물을 매립하거나 수집, 운반, 보관 또는 처리하여 주변 환경을 오염시키는 행위
마. 「폐기물관리법」 제31조제1항에 따른 관리기준에 적합하지 아니하게 폐기물처리시설을 유지·관리하여 주변 환경을 오염시키는 행위
바. 「하수도법」 제19조제2항, 제39조제1항, 제43조제2항 또는 「가축분뇨의 관리 및 이용에 관한 법률」 제17조제1항, 제25조제1항을 위반하는 행위
사. 「물환경보전법」 제15조제1항제2호 또는 제4호를 위반하는 행위(2017.1.17 본목개정)
아. 「화학물질관리법」 제13조에 따른 유해화학물질 취급기준에 적합하지 아니하게 유독물질을 관리함으로써 유해화학물질을 배출·누출하는 행위(2013.6.4 본목개정)
자. 「대기환경보전법」 제16조 또는 제29조제3항에 따른 기준을 초과하여 오염물질을 배출하는 행위
차. 「물환경보전법」 제32조에 따른 기준을 초과하여 오염물질을 배출하는 행위(2017.1.17 본목개정)

카. 「하수도법」 제7조 또는 「가축분뇨의 관리 및 이용에 관한 법률」 제13조에 따른 기준을 초과하여 오염물질을 배출하는 행위
타. 「환경오염시설의 통합관리에 관한 법률」 제21조제1항제1호가목·나목, 같은 항 제2호 또는 제3호에 해당하는 행위(2015.12.22 본목신설)
3. "배출시설"이란 다음 각 목의 어느 하나에 해당하는 시설을 말한다.
가. 「대기환경보전법」 제2조제11호에 따른 대기오염물질배출시설
나. 「물환경보전법」 제2조제10호에 따른 폐수배출시설 또는 같은 조 제11호에 따른 폐수무방류배출시설(2017.1.17 본목개정)
다. 「폐기물관리법」 제2조제8호에 따른 폐기물처리시설
라. 「가축분뇨의 관리 및 이용에 관한 법률」 제2조제3호에 따른 배출시설
마. 「토양환경보전법」 제2조제4호에 따른 특정토양오염관리대상시설
4. "영업"이란 다음 각 목의 어느 하나에 해당하는 업(業)을 말한다.
가. 「물환경보전법」 제62조제1항에 따른 폐수처리업(2017.1.17 본목개정)
나. 「화학물질관리법」 제18조제1항 단서에 따른 제조·수입·판매 또는 같은 법 제27조 각 호의 어느 하나에 해당하는 영업(사고대비물질은 제외한다)(2013.6.4 본목개정)
다. 「폐기물관리법」 제25조제5항에 따른 폐기물처리업
라. 「하수도법」 제45조제1항, 제53조제1항에 따른 분뇨수집·운반업, 개인하수처리시설관리업 또는 「가축분뇨의 관리 및 이용에 관한 법률」 제28조제2항에 따른 가축분뇨관련영업
마. 「체육시설의 설치·이용에 관한 법률」 제10조제1항제1호에 따른 골프장업 또는 스키장업
바. 「식품위생법」 제36조제1항제3호에 따른 식품접객업
사. 「공중위생관리법」 제2조제1항제2호에 따른 숙박업
아. 「관광진흥법」 제3조제1항제2호에 따른 관광숙박업
자. 「골재채취법」 제2조제1항제3호에 따른 골재채취업(2011.8.4 본목개정)
5. "불법배출시설"이란 다음 각 목의 어느 하나에 해당하는 시설을 말한다.
가. 제3호 각 목의 법률에 따라 허가 또는 승인을 받거나 신고를 하여야 하는 배출시설로서 허가 또는 승인을 받지 아니하거나 신고를 하지 아니하고 오염물질을 배출하는 배출시설
나. 제3호 각 목의 법률에 따라 허가 또는 승인이 취소 또는 정지되거나 폐쇄명령을 받은 후 오염물질을 배출하는 배출시설
다. 제4호 각 목의 법률에 따른 허가를 받지 아니하거나 등록 또는 신고를 하지 아니하고 영업을 하는 건물이나 그 밖의 시설물
라. 제4호 각 목의 법률에 따라 허가가 취소 또는 정지되거나 폐쇄명령을 받은 후 영업을 하는 건물이나 그 밖의 시설물
마. 법률에 따라 배출시설의 설치가 금지된 지역에 설치된 배출시설 또는 영업이 금지된 지역에서 영업을 하는 건물이나 그 밖의 시설물
바. 「대기환경보전법」 제31조제1항제2호, 「물환경보전법」 제38조제1항제1호·제2호, 같은 조 제2항 각 호의 어느 하나 또는 「가축분뇨의 관리 및 이용에 관한 법률」 제17조제1항제1호·제2호에 따른 시설(2017.1.17 본목개정)
6. "사업자"란 배출시설이나 불법배출시설을 설치·운영하는 자 또는 영업을 하는 자를 말한다.
7. "환경보호지역"이란 다음 각 목의 어느 하나에 해당하는 지역, 구역 또는 섬을 말한다.
가. 「환경정책기본법」 제38조에 따라 지정·고시된 특별대책지역(2011.7.21 본목개정)
나. 「자연환경보전법」 제2조제12호에 따른 생태·경관보전지역, 같은 조 제13호에 따른 자연유보지역 또는 같은 법 제23조 및 제24조에 따라 지정·고시된 시·도 생태·경관보전지역
다. 「독도 등 도서지역의 생태계보전에 관한 특별법」 제4조에 따라 지정·고시된 특정도서(特定島嶼)
라. 「자연공원법」 제2조제1호에 따른 자연공원
마. 「수도법」 제7조에 따라 지정·공고된 상수원보호구역
바. 「습지보전법」 제8조에 따라 지정·고시된 습지보호지역
사. 「야생생물 보호 및 관리에 관한 법률」 제27조에 따라 지정된 야생생물 특별보호구역 및 같은 법 제33조에 따라 지정된 야생생물 보호구역(2011.7.28 본목개정)
아. 「한강수계 상수원수질개선 및 주민지원 등에 관한 법률」 제4조에 따라 지정·고시된 수변구역(水邊區域)
자. 「낙동강수계 물관리 및 주민지원 등에 관한 법률」 제4조에 따라 지정·고시된 수변구역
차. 「금강수계 물관리 및 주민지원 등에 관한 법률」 제4조에 따라 지정·고시된 수변구역
카. 「영산강·섬진강수계 물관리 및 주민지원 등에 관한 법률」 제4조에 따라 지정·고시된 수변구역(2013.5.22 자목~카목신설)
8. "환경범위반행위"란 다음 각 목의 어느 하나에 해당하는 행위를 말한다.
가. 제3조부터 제9조까지의 규정에 해당하는 행위
나. 「대기환경보전법」 제43조제1항을 위반하여 비산먼지의 발생을 억제하기 위한 시설을 설치하지 아니하거나 필요한 조치를 하지 아니한 행위. 다만, 시멘트·석탄·토사(土砂)·사료·곡물 및 고철의 분체(粉體) 상태 물질을 운송한 경우는 제외한다.
다. 「폐기물관리법」 제8조제1항 또는 제2항을 위반하여 생활폐기물을 버리거나 매립 또는 소각하는 행위(2013.5.22 본호신설)
(2011.4.28 본조개정)

제3조【오염물질 불법배출의 가중처벌】 ① 오염물질을 불법배출함으로써 사람의 생명이나 신체에 위해를 끼치거나 상수원을 오염시킴으로써 먹는 물의 사용에 위험을 끼친 자는 3년 이상 15년 이하의 유기징역에 처한다.(2015.2.3 본항개정)
② 제1항의 죄를 범하여 사람을 죽거나 다치게 한 자는 무기 또는 5년 이상의 유기징역에 처한다.
③ 오염물질을 불법배출한 자로서 다음 각 호의 어느 하나에 해당하거나 「물환경보전법」 제15조제1항제4호를 위반한 자로서 제3호에 해당하는 자는 1년 이상 7년 이하의 징역에 처한다.(2017.1.17 본문개정)
1. 농업, 축산업, 임업 또는 원예업에 이용되는 300제곱미터 이상의 토지를 해당 용도로 이용할 수 없게 한 자
2. 바다, 하천, 호소(湖沼) 또는 지하수를 별표1에서 정하는 규모 및 기준 이상으로 오염시킨 자
3. 어패류를 별표2에서 정하는 규모 이상으로 집단폐사(集團斃死)에 이르게 한 자
(2011.4.28 본조개정)

제4조【환경보호지역 오염행위 등의 가중처벌】 ① 환경보호지역에서 제3조제1항부터 제3항까지의 죄를 범한 자에 대하여는 해당 형(刑)의 2분의 1까지 가중할 수 있다.
② 환경보호지역에서 「자연환경보전법」 제15조제1항제2호(「자연환경보전법」 제22조제2항에서 준용하는 경우를 포함한다), 「독도 등 도서지역의 생태계보전에 관한 특별법」 제8조제1항제3호, 「자연공원법」 제23조제1항제3호(공원구역 중 공원자연보존지구와 공원자연환경지구의 경우만 해당한다), 「습지보전법」 제13조제1항제1호 또는 「수도법」 제7조제4항제3호를 위반하여 토지를 300제곱미터 이상 형질변경한 자는 2년 이상 15년 이하의 유기징역에 처한다.(2015.2.3 본항개정)
③ 오염물질을 불법배출하거나 제2항의 죄를 범하여 환경보호지역을 그 설정 또는 지정의 목적을 상실하게 할 정도에 이르게 한 자는 5년 이상의 유기징역에 처한다.
(2011.4.28 본조개정)

제5조【과실범】 ① 업무상 과실 또는 중대한 과실로 제3조제1항의 죄를 범한 자는 7년 이하의 징역 또는 1억원 이하의 벌금에 처한다.
② 업무상 과실 또는 중대한 과실로 제3조제2항 또는 제4조제3항의 죄를 범한 자는 10년 이하의 징역 또는 1억5천만원 이하의 벌금에 처한다.
③ 업무상 과실 또는 중대한 과실로 제3조제3항의 죄를 범한 자는 3년 이하의 징역 또는 3천만원 이하의 벌금에 처한다.
(2015.2.3 본조개정)

제6조【멸종위기 야생생물의 포획 등의 가중처벌】 매매를 목적으로 「야생생물 보호 및 관리에 관한 법률」 제67조, 제68조제1항제1호부터 제3호까지 또는 제69조제1항제1호의 죄를 범한 자는 같은 법 각 해당 조에서 정한 징역과 매매로 인하여 취득하였거나 취득할 수 있는 가액(價額)의 2배 이상 10배 이하에 해당하는 벌금을 병과(倂科)한다.(2014.3.24 본조개정)

제7조【폐기물 불법처리의 가중처벌】 단체 또는 집단의 구성원으로서 영리를 목적으로 「폐기물관리법」 제63조의 죄를 범한 자는 2년 이상 10년 이하의 징역과 폐기물을 버리거나 매립함으로 인하여 취득한 가액의 2배 이상 10배 이하에 해당하는 벌금을 병과한다.(2011.4.28 본조개정)

제8조【누범의 가중】 제3조부터 제5조까지 또는 제7조의 죄로 금고 이상의 형을 선고받고 그 집행이 끝나거나 집행을 면제받은 지 3년 내에 제3조제1항, 제4조제3항 또는 제7조의 죄를 범한 자는 무기 또는 5년 이상의 유기징역에 처한다. 이 경우 제7조의 죄를 범한 자는 폐기물을 버리거나 매립함으로 인하여 취득한 가액의 2배 이상 10배 이하에 해당하는 벌금을 병과한다.(2011.4.28 본조개정)

제9조【명령 불이행자에 대한 처벌 등】 ① 제13조제1항에 따른 명령(철거명령은 제외한다)을 위반한 자는 5년 이하의 징역에 처한다.
② 제13조제1항에 따른 철거명령을 위반한 자 또는 제13조제4항에 따라 설치된 표지판을 제거·훼손한 자는 2년 이하의 징역 또는 2천만원 이하의 벌금에 처한다.
(2015.2.3 본항개정)
(2011.4.28 본조개정)

제10조【양벌규정】 법인의 대표자나 법인 또는 개인의 대리인, 사용인, 그 밖의 종업원이 그 법인 또는 개인의 업무에 관하여 제5조부터 제7조까지의 어느 하나에 해당하는 위반행위를 하면 그 행위자를 벌하는 외에 그 법인 또는 개인에게도 해당 조문의 벌금형을 과(科)한다. 다만, 법인 또는 개인이 그 위반행위를 방지하기 위하여 해당 업무에 관하여 상당한 주의와 감독을 게을리하지 아니하였을 경우에는 그러하지 아니하다.(2011.4.28 본조개정)

제11조【추정】 사람의 생명·신체, 상수원 또는 자연생태계 등(이하 "생명·신체등"이라 한다)에 위해(제3조제3항 각 호의 어느 하나에 해당하는 경우를 포함한다. 이하 이 조에서 같다)를 끼칠 정도로 오염물질을 불법배출한 사업자가 있는 경우 그 오염물질의 불법배출에 의하여 위해가 발생할 수 있는 지역에서 같은 종류의 오염물질로 인하여 생명·신체등에 위해가 발생하고 그 불법배출과 발생한 위해 사이에 상당한 개연성이 있는 때에는 그 위해는 그 사업자가 불법배출한 물질로 인하여 발생한 것으로 추정한다.(2011.4.28 본조개정)

제12조【과징금】 ① 환경부장관은 다음 각 호의 어느 하나에 해당하는 자에게 매출액에 100분의 5를 곱한 금액을 초과하지 아니하는 금액(이하 이 조에서 "위반부과금액"이라 한다)과 오염물질의 제거 및 원상회복에 드는 비용(이하 "정화비용"이라 한다)을 더한 금액을 과징금으로 부과할 수 있다. 다만, 매출액이 없거나 매출액의 산정이 곤란한 경우로서 대통령령으로 정하는 경우에는 위반부과금액을 10억원 이내로 한다.
1. 다음 각 목의 어느 하나에 해당하는 물질을 불법배출(제2조제2호가목부터 아목까지의 행위만 해당한다. 이하 이 조에서 같다)한 자
가. 「대기환경보전법」 제2조제9호의 특정대기유해물질
나. 「물환경보전법」 제2조제8호의 특정수질유해물질
다. 「폐기물관리법」 제2조제4호의 지정폐기물
라. 「하수도법」 제2조제1호 및 제2호에 따른 오수 및 분뇨와 「가축분뇨의 관리 및 이용에 관한 법률」 제2조제2호에 따른 가축분뇨 중 각각 생물화학적 산소요구량이 리터당 1천500밀리그램 이상인 오수·분뇨 및 가축분뇨
2. 다음 각 목의 어느 하나를 위반하여 배출시설에 부착된 측정기기를 조작하거나 가동하지 아니하거나 거짓으로 측정결과를 작성하거나 서류 또는 자료를 거짓, 그 밖의 부정한 방법으로 작성·기록 또는 제출하면서 제1호가목부터 다목까지의 물질 중 어느 하나를 배출한 자
가. 「대기환경보전법」 제31조제2항, 제32조제3항, 제39조제1항, 제44조제10항
나. 「물환경보전법」 제4조의5제4항, 제38조제3항, 제38조의3제1항, 제46조의2제1항
다. 「폐기물관리법」 제13조의3제3항, 제18조제3항, 제18조의2제1항 또는 제2항, 제38조제1항 또는 제2항
3. 「화학물질관리법」 제23조제1항, 제41조제1항 또는 제46조제2항 중 어느 하나를 위반하여 서류나 자료를 거짓, 그 밖의 부정한 방법으로 작성, 기록 또는 제출하면서 유독물질을 불법배출한 자
4. 「화학물질관리법」 제13조에 따른 유해화학물질 취급기준에 적합하지 아니하게 유해화학물질을 관리함으로써 같은 법 제2조제3호부터 제5호까지의 규정에 따른 허가물질, 제한물질, 금지물질 중 어느 하나를 배출·누출한 자
5. 다음 각 목의 어느 하나를 고의로 위반하여 허가나 변경허가를 받지 아니하거나 신고나 변경신고를 하지 아니하고 설치 또는 변경한 배출시설을 운영하면서 오염물질을 배출한 자
가. 「대기환경보전법」 제23조제1항부터 제3항까지, 제38조의2제1항 또는 제2항, 제44조제1항 또는 제2항
나. 「물환경보전법」 제33조제1항부터 제3항까지
다. 「폐기물관리법」 제29조제2항 또는 제3항
라. 「가축분뇨의 관리 및 이용에 관한 법률」 제11조제1항부터 제3항까지
(2019.11.26 본항개정)
② 제1항에 따른 매출액을 계산할 때에는 해당 사업장의 최근 3년간 매출액의 평균을 기준으로 한다.
(2019.11.26 본항개정)
③ 환경부장관은 제1항에 따른 과징금을 부과하기 위하여 필요한 경우에는 다음 각 호의 사항을 적은 문서로 관할 세무서의 장에게 과세정보 제공을 요청할 수 있다.
1. 납세자의 인적사항
2. 사용 목적
3. 과징금 부과기준이 되는 매출금액
(2019.11.26 본항개정)
④ 제1항에 따른 과징금을 부과함에 있어 위반행위의 횟수, 해당 사업장의 매출액 범주 등에 따른 부과기준은 대통령령으로 정한다.(2019.11.26 본항개정)
⑤ 환경부장관은 제1항에 따른 과징금을 산출함에 있어 행위자가 동일한 위반행위로 제15조의2제1항 각 호에 따른 벌금, 과징금, 과태료 또는 배출부과금을 부과 받은 경우 그 액수에 상당하는 금액을 과징금에서 뺀다.
(2019.11.26 본항개정)
⑥ 환경부장관은 제1항의 위반 사실을 알게 된 즉시 이를 환경부장관에게 신고하고 시정한 자에 대하여 대통령령으로 정하는 바에 따라 과징금의 전부 또는 일부를 감면할 수 있다.(2019.11.26 본항신설)
⑦ 환경부장관은 제1항에 따라 과징금의 부과처분을 받은 자가 과징금을 기한까지 내지 아니하면 국세 체납처분의 예에 따라 징수한다.
⑧ 제1항에 따른 과징금은 「환경정책기본법」에 따른 환경개선특별회계의 세입으로 한다.(2011.7.21 본항개정)
(2011.4.28 본조개정)

제13조【행정처분 등】 ① 환경부장관은 불법배출시설의 소유자 또는 점유자에게 해당 시설의 사용중지, 철거 또는 폐쇄를 명할 수 있다.
② 불법배출시설이 제2조제4호바목부터 아목까지의 영업을 하는 시설에 해당하는 경우에는 그 불법배출시설이 다음 각 호의 어느 하나에 해당하는 지역에 있는 경우에만 제1항을 적용한다.
1. 환경보호지역
2. 하천(「하천법」 제2조제1호에 따른 하천과 「소하천정비법」 제2조제1호에 따른 소하천을 말한다), 호소(「물환경보전법」 제2조제14호에 따른 호소를 말한다), 바다(「해양조사와 해양정보 활용에 관한 법률」 제8조제1항제3호에 따른 해안선 바깥지역을 말한다) 및 그 경계로부터 직선거리 500미터 이내인 지역(2020.2.18 본호개정)
③ 환경부장관은 제1항에 따른 불법배출시설의 소유자 또는 점유자가 철거명령을 받고도 이를 이행하지 아니하면 「행정대집행법」에서 정하는 바에 따라 대집행(代執行)하고 그 비용을 소유자 또는 점유자로부터 징수할 수 있다.
④ 환경부장관은 제1항에 따라 불법배출시설에 대하여 철거명령을 하는 경우에는 해당 불법배출시설 또는 그 사업장에 대통령령으로 정하는 표지판을 설치하여야 한다.
(2011.4.28 본조개정)
제14조【행정처분 효과의 승계】 사업자가 불법배출시설을 양도하거나 사망한 경우 또는 법인인 사업자가 합병한 경우에는 종전의 사업자에 대하여 제13조에 따라 한 행정처분의 효과는 양수인, 상속인 또는 합병 후 존속하는 법인이나 합병으로 새로 설립되는 법인에 승계된다.
(2011.4.28 본조개정)
제15조【포상금】 환경법위반행위가 발각되기 전에 수사기관, 환경부장관, 지방환경관서의 장, 시·도지사 또는 시장·군수·구청장(자치구의 구청장을 말한다)에게 신고한 자에게는 대통령령으로 정하는 바에 따라 포상금을 지급할 수 있다.(2013.5.22 본조개정)
제15조의2【환경감시관】 ① 이 법과 다음 각 호의 법률에서 규정하는 위반행위에 대한 단속 및 예방을 위하여 환경부 및 그 소속 기관에 환경감시관을 둔다.
(2019.11.26 본문개정)
1. 「대기환경보전법」 제89조, 제90조, 제90조의2, 제91조, 제91조의2 및 제92조부터 제95조까지
2. 「물환경보전법」 제75조부터 제82조까지
3. 「소음·진동관리법」 제56조부터 제60조까지
4. 「화학물질관리법」 제57조부터 제64조까지
5. 「폐기물관리법」 제63조부터 제68조까지
6. 「가축분뇨의 관리 및 이용에 관한 법률」 제48조부터 제53조까지
7. 「환경분쟁 조정법」 제65조 및 제66조
8. 「자연환경보전법」 제63조부터 제66조까지
9. 「환경영향평가법」 제73조부터 제76조까지
10. 「폐기물의 국가 간 이동 및 그 처리에 관한 법률」 제28조, 제29조, 제29조의2 및 제30조부터 제32조까지
11. 「하수도법」 제75조부터 제80조까지
12. 「환경기술 및 환경산업 지원법」 제34조부터 제37조까지
13. 「먹는물관리법」 제57조부터 제61조까지
14. 「토양환경보전법」 제28조부터 제32조까지
15. 「폐기물처리시설 설치촉진 및 주변지역지원 등에 관한 법률」 제31조 및 제32조
16. 「자원의 절약과 재활용촉진에 관한 법률」 제39조, 제39조의2, 제40조 및 제41조
17. 「실내공기질 관리법」 제14조부터 제16조까지
18. 「수도법」 제81조부터 제87조까지
19. 「지하수법」 제37조, 제37조의2, 제37조의3 및 제38조부터 제40조까지
20. 「보건범죄 단속에 관한 특별조치법」 제4조
21. 「야생생물 보호 및 관리에 관한 법률」 제67조부터 제73조까지
22. 「악취방지법」 제26조부터 제30조까지
23. 「한강수계 상수원수질개선 및 주민지원 등에 관한 법률」 제30조부터 제32조까지
24. 「낙동강수계 물관리 및 주민지원 등에 관한 법률」 제44조부터 제46조까지
25. 「금강수계 물관리 및 주민지원 등에 관한 법률」 제41조부터 제43조까지
26. 「영산강·섬진강수계 물관리 및 주민지원 등에 관한 법률」 제41조부터 제43조까지
27. 「건설폐기물의 재활용촉진에 관한 법률」 제62조부터 제66조까지
28. 「습지보전법」 제23조부터 제27조까지
29. 「독도 등 도서지역의 생태계 보전에 관한 특별법」 제14조부터 제16조까지
30. 「수도권 대기환경개선에 관한 특별법」 제40조부터 제46조까지
31. 「환경보건법」 제31조부터 제33조까지
32. 「석면안전관리법」 제44조부터 제47조까지, 제47조의2, 제48조 및 제49조
33. 「화학물질의 등록 및 평가 등에 관한 법률」 제50조부터 제54조까지
34. 「생물다양성 보전 및 이용에 관한 법률」 제35조부터 제38조까지
35. 「환경분야 시험·검사 등에 관한 법률」 제33조부터 제35조까지
36. 「잔류성유기오염물질 관리법」 제32조, 제32조의2, 제33조, 제33조의2 및 제34조부터 제37조까지
37. 「환경오염피해 배상책임 및 구제에 관한 법률」 제47조부터 제49조까지
38. 「환경오염시설의 통합관리에 관한 법률」 제38조부터 제47조까지
39. 「생활화학제품 및 살생물제의 안전관리에 관한 법률」 제56조부터 제60조까지
(2019.11.26 1호~39호신설)
40. 「순환경제사회 전환 촉진법」 제50조부터 제52조까지
(2022.12.31 본호개정)
41. 「유전자원의 접근·이용 및 이익 공유에 관한 법률」 제26조부터 제28조까지(2019.11.26 본호신설)
42. 「수자원의 조사·계획 및 관리에 관한 법률」 제39조부터 제42조까지(2019.11.26 본호신설)
43. 「댐건설·관리 및 주변지역지원 등에 관한 법률」 제49조부터 제53조까지(2021.6.15 본호개정)
44. 「친수구역 활용에 관한 특별법」 제42조부터 제44조까지(2019.11.26 본호신설)
45. 「하천법」 제94조제1호, 제95조제4호·제9호·제10호, 제96조제4호, 제97조 및 제98조(2019.11.26 본호신설)
② 환경감시관은 제1항에 따른 위반행위의 단속 및 예방을 위하여 필요한 경우 지방자치단체의 장에게 자료를 요청할 수 있다. 이 경우 자료의 제출을 요청받은 지방자치단체의 장은 특별한 사유가 없으면 요청받은 자료를 제출하여야 한다.(2019.11.26 전단개정)
③ 제1항에 따른 환경감시관은 환경부 및 그 소속 기관에서 환경감시업무에 종사하는 공무원 중에서 임명하되, 그 자격, 임면(任免), 직무 범위 등에 관한 사항은 대통령령으로 정한다.
④ 환경감시관은 제1항에 따른 위반행위의 단속 및 예방을 위하여 필요한 경우에는 시설 또는 사업장 등에 출입하여 조사할 수 있다. 이 경우 출입·조사를 하는 공무원은 그 권한을 표시하는 증표를 지니고 이를 관계 기관에 보여주어야 한다.(2019.11.26 전단개정)
(2011.4.28 본조신설)
제15조의3【환경감시조직】 국가는 환경법위반행위의 감시 및 단속을 위하여 관계 행정기관과 지방자치단체의 공무원으로 구성된 환경감시조직을 설치·운영할 수 있다.(2011.4.28 본조신설)
제16조【사업장의 출입 등】 ① 환경부장관은 제12조에 따른 과징금의 부과 또는 제13조에 따른 행정처분을 하기 위하여 관계 공무원에게 불법배출시설 또는 사업장 등에 출입하여 오염물질을 채취하거나 관계 서류·시설·장비 등을 검사하게 할 수 있다.
② 환경부장관은 제1항에 따라 오염물질을 채취하였을 때에는 대통령령으로 정하는 검사기관에 그 오염도의 검사를 의뢰할 수 있다.
③ 제1항에 따라 출입·검사를 하는 공무원은 그 권한을 표시하는 증표를 지니고 이를 관계인에게 보여주어야 한다.
(2011.4.28 본조개정)
제17조【관계 기관의 협조】 환경부장관은 관계 기관의 장에게 이 법에 따른 행정처분을 위하여 필요한 자료의 제출을 요구할 수 있다. 이 경우 관계 기관의 장은 특별한 사유가 없으면 요구받은 자료를 제출하여야 한다.
(2011.4.28 본조개정)
제18조【자료의 전산관리】 환경부장관은 환경법위반행위의 단속 및 예방을 위하여 필요한 자료를 전산관리할 수 있다.(2011.4.28 본조개정)
제19조【권한의 위임】 이 법에 따른 환경부장관의 권한은 대통령령으로 정하는 바에 따라 그 일부를 시·도지사 또는 지방환경관서의 장에게 위임할 수 있다.
(2011.4.28 본조개정)

부　칙 (2019.11.26)

제1조【시행일】 이 법은 공포 후 1년이 경과한 날부터 시행한다.
제2조【과징금에 관한 경과조치】 이 법 시행 전의 행위에 대한 과징금 부과는 종전의 규정에 따른다.

부　칙 (2020.2.18)
(2021.6.15)
(2022.12.31)

제1조【시행일】 이 법은 공포 후 1년이 경과한 날부터 시행한다.(이하 생략)

〔별표〕 ➡ 「法典 別冊」 參照

환경범죄 등의 단속 및 가중처벌에 관한 법률 시행령

(2000년 6월 27일
전개대통령령 제16870호)

개정
2002. 8. 8영17698호(직제)
2005. 7.22영18953호(직제)
2005.12. 9영19171호
2007. 9. 6영20244호(폐기물관리법시)
2007. 9.27영20290호(가축분뇨의관리및이용에관한법시)
2007.11.15영20383호(대기환경시)
2007.11.30영20428호(수질수생태계보전시)
2009.12.24영21904호(한국환경공단법시)
2011.10.28영23268호　2013.10.22영24808호
2014.12. 9영25836호(화학물질관리법시)
2016.12.30영27737호(환경오염시설의통합관리에관한법시)
2018. 1.16영28583호(물환경보전법시)
2020.11.10영31153호
2023.12.12영33913호(행정법제혁신을위한일부개정법령등)

제1조【목적】 이 영은 「환경범죄 등의 단속 및 가중처벌에 관한 법률」에서 위임된 사항과 그 시행에 필요한 사항을 규정함을 목적으로 한다.(2011.10.28 본조개정)
제2조 (2020.11.10 삭제)
제3조【과징금의 산정방법】 ① 「환경범죄 등의 단속 및 가중처벌에 관한 법률」(이하 "법"이라 한다) 제12조제1항 각 호 외의 부분 단서에서 "대통령령으로 정하는 경우"란 다음 각 호의 어느 하나에 해당하는 경우를 말한다.
1. 영업을 시작하지 않았거나 휴업 또는 영업중단 등으로 영업실적이 없는 경우
2. 재해 등으로 매출액 산정 관련 자료가 소멸되거나 훼손되는 등 매출액의 산정이 곤란한 경우
② 법 제12조제4항에 따른 과징금의 부과기준은 별표1과 같다.
③ 법 제12조제6항에 따라 환경부장관은 같은 조 제1항 각 호의 위반 사실을 알게 된 즉시 이를 신고하고 시정한 자에 대해서는 다음 각 호의 구분에 따라 과징금을 감면한다.
1. 법 제12조제1항 각 호의 위반 사실을 알게 된 즉시 이를 환경부장관에게 자발적으로 신고하고 시정한 자 : 같은 항 각 호 외의 부분 본문에 따른 위반부과금액(이하 "위반부과금액"이라 한다)의 100분의 30에 상당하는 금액 이하
2. 제1호에 해당하는 자로서 조사가 끝날 때까지 일관되게 위반 사실을 인정하고 관련 자료를 제출하는 등 조사에 적극적으로 협력한 자 : 위반부과금액의 100분의 50에 상당하는 금액 이하
3. 제1호 및 제2호에 해당하는 자로서 공동불법행위를 환경부장관에게 최초로 신고하고 관련 자료를 제출한 자 : 위반부과금액의 100분의 80에 상당하는 금액 이하
④ 제3항 각 호의 구분에 따른 과징금 감면금액의 세부 기준은 환경부장관이 정하여 고시한다.
(2020.11.10 본조개정)
제4조~제5조 (2020.11.10 삭제)
제6조【과징금의 부과 및 납부】 ① 환경부장관은 법 제12조에 따라 과징금을 부과하려면 위반행위의 종류와 해당 과징금의 금액을 분명하게 밝혀 이를 납부할 것을 서면으로 통지해야 한다.
② 제1항에 따라 통지를 받은 자는 통지를 받은 날부터 60일 이내에 과징금을 환경부장관이 정하는 수납기관에 내야 한다.(2023.12.12 단서삭제)
③ 제2항에 따라 과징금을 받은 수납기관은 그 납부자에게 영수증을 발급해야 한다.
④ 과징금 수납기관이 제2항에 따라 과징금을 수납한 때에는 지체 없이 그 사실을 환경부장관에게 통보해야 한다.
⑤ 제1항부터 제4항까지에서 규정한 사항 외에 과징금의 부과 및 납부에 필요한 세부 사항은 환경부장관이 정하여 고시한다.
(2020.11.10 본조개정)
제7조 (2020.11.10 삭제)
제8조【행정처분의 기준】 법 제13조제1항에 따른 행정처분의 기준은 별표2와 같다.(2011.10.28 본조개정)
제9조【표지판】 법 제13조제4항에 따른 불법배출시설 표지판은 별표3과 같이 하며, 일반인이 보기 쉽도록 불법배출시설의 입구에 지상 1미터 이상의 높이에 설치하여야 한다.(2011.10.28 본조개정)
제10조【포상금의 지급】 ① (2013.10.22 삭제)
② 법 제15조에 따라 범죄의 신고를 받은 수사기관, 환경부장관 및 지방환경관서의 장은 그 사건의 개요를 관할 시·도지사 또는 시장·군수·구청장(자치구의 구청장을 말한다)에게 통지하여야 한다.
③ 법 제15조에 따라 범죄의 신고를 받거나 제2항에 따라 통지를 받은 시·도지사 또는 시장·군수·구청장(자치구의 구청장을 말한다)은 그 신고내용이 환경법위반행위에 해당된다고 인정하는 경우에는 예산의 범위에서 포상금을 지급할 수 있다.(2013.10.22 본항개정)

④ 제3항에 따른 포상금은 300만원의 범위에서 지급하며, 포상금의 금액·지급시기 및 지급절차 등에 관하여 필요한 사항은 환경부장관이 정하여 고시한다.
(2011.10.28 본조개정)

제11조【환경감시관의 자격·임명】 ① 다음 각 호의 어느 하나에 해당하는 일반직공무원은 그 직위에 임용된 날부터 법 제15조의2제1항 각 호 외의 부분에 따른 환경감시관(이하 "환경감시관"이라 한다)에 임명된 것으로 본다.(2020.11.10 본문개정)
1. 환경부의 다음 각 목의 업무를 담당하는 부서에 소속된 3급부터 7급까지의 공무원
 가.「환경부와 그 소속기관 직제」(이하 "직제"라 한다) 제5조의2제2항제6호에 따른 환경오염물질 배출시설에 대한 감시 및 지방자치단체의 배출업소 지도·점검업무에 대한 감독·지원(2020.11.10 본목개정)
 나. 직제 제5조의2제2항제7호에 따른 환경사법경찰제도 운영에 관한 사항(2020.11.10 본목개정)
2. 지방환경관서의 환경오염물질 배출시설 감시 및 환경수사 업무를 담당하는 부서에 소속된 4급부터 9급까지의 공무원(2020.11.10 본호개정)

② 제1항의 경우 환경부 또는 지방환경관서에서 근무한 경력이 1년 미만인 공무원은 그 근무경력이 1년이 되는 날부터 환경감시관에 임명된 것으로 본다.
③ 환경부장관 또는 지방환경관서의 장은 법과 법 제15조의2제1항 각 호의 법률에서 규정하는 위반행위(이하 "환경관계법령위반행위"라 한다)의 단속 및 예방을 위하여 한시적으로 전담반을 구성할 특별한 필요가 있을 때에는 그 환경관계법령위반행위와 관련된 업무를 담당하고 있는 공무원을 환경감시관으로 임명할 수 있다.(2020.11.10 본항개정)
(2011.10.28 본조신설)

제12조【환경감시관의 임명의 해제】 ① 제11조에 따라 환경감시관으로 임명된 사람이 다음 각 호의 어느 하나에 해당하는 경우 환경감시관 임명이 해제된 것으로 본다.
1. 제11조제1항제1호 또는 제2호에 따른 부서의 소속으로 근무하지 아니하게 된 경우
2. 제11조제3항에 따른 전담반이 해산된 경우

② 환경부장관 또는 지방환경관서의 장은 제11조에 따라 환경감시관으로 임명된 사람이 환경관계법령위반행위의 단속 및 예방 업무와 관련하여 징계처분을 받거나「국가공무원법」제61조·제65조 또는 제66조를 위반하여 징계처분을 받은 경우에는 그 환경감시관의 임명을 지체 없이 해제해야 한다.(2020.11.10 본항개정)
③ 환경부장관 또는 지방환경관서의 장은 환경관계법령위반행위의 단속 및 예방 업무와 관련하여 징계처분을 받거나「국가공무원법」제61조·제65조 또는 제66조를 위반하여 징계처분을 받은 사람에 대해서는 그 처분을 받은 날부터 다음 각 호의 구분에 따른 기간 동안 환경감시관으로 임명해서는 안 된다.(2020.11.10 본문개정)
1. 강등·정직처분을 받은 경우 : 1년 6개월
2. 감봉처분을 받은 경우 : 1년
3. 견책처분을 받은 경우 : 6개월

(2011.10.28 본조신설)

제13조【환경감시관의 직무】 환경감시관의 구체적인 직무 범위는 다음 각 호와 같다.(2020.11.10 본문개정)
1. 환경관계법령위반행위의 단속 및 예방(2020.11.10 본호개정)
2. 환경오염사고 조사
3. (2020.11.10 삭제)
4. 환경관계법령위반행위의 단속 및 예방을 위하여 환경부장관 또는 지방환경관서의 장이 지시한 사항
5. 그 밖에 환경관계법령위반행위의 단속 및 예방을 위하여 필요한 자료의 수집·분석 및 통계관리

(2020.11.10 4호~5호개정)
(2011.10.28 본조신설)

제14조【활동비 지급】 환경감시관에게는 예산의 범위에서 필요한 활동비를 지급한다.(2011.10.28 본조신설)

제15조【증표】 ① 환경부장관 또는 지방환경관서의 장은 환경감시관의 신분을 표시하는 증표를 발급하여야 한다.
② 제1항에 따른 증표의 발급에 필요한 사항은 환경부장관이 정한다.
(2011.10.28 본조신설)

제16조【오염도 검사기관】 법 제16조제2항에서 "대통령령으로 정하는 검사기관"이란 다음 각 호의 어느 하나에 해당하는 기관을 말한다.
1. 국립환경과학원 및 그 소속 기관
2. 특별시·광역시·도·특별자치도의 보건환경연구원
3. 지방환경관서
4.「한국환경공단법」에 따른 한국환경공단

(2011.10.28 본조개정)

제17조【권한의 위임】 ① 환경부장관은 법 제19조에 따라 다음 각 호의 권한을 특별시장·광역시장·특별자치시장·도지사·특별자치도지사(이하 "시·도지사"라 한다)에게 위임한다. 다만, 제2항에 해당하는 권한은 제외한다.(2020.11.10 본문개정)
1. (2020.11.10 삭제)
2. 법 제13조제1항 및 제3항에 따른 불법배출시설의 사용중지·철거·폐쇄 명령 및 대집행
3. 법 제13조제4항에 따른 표지판 설치
4. 법 제16조에 따른 사업장의 출입·검사(제2호 또는 제3호에 따라 위임된 권한을 행사하기 위한 경우로 한정한다)(2020.11.10 본호개정)
5. 법 제17조에 따른 자료제출 요구(제2호 또는 제3호에 따라 위임된 권한을 행사하기 위한 경우로 한정한다)(2020.11.10 본호개정)

② 환경부장관은 다음 각 호의 어느 하나에 해당하는 자에 대한 제1항 각 호의 권한을 지방환경관서의 장에게 위임한다.
1.「폐기물관리법」제25조제3항에 따라 지정폐기물을 대상으로 하는 폐기물처리업의 허가를 받은 자
2.「화학물질관리법」제18조제1항 단서에 따른 제조·수입·판매의 허가 또는 같은 법 제27조 각 호의 어느 하나에 해당하는 영업의 허가를 받은 자

(2020.11.10 본항개정)
(2011.10.28 본조개정)

제18조【보고】 시·도지사, 지방환경관서의 장은 제17조에 따라 위임받은 업무를 처리하였을 때에는 환경부장관이 정하는 바에 따라 그 내용을 환경부장관에게 보고하여야 한다.(2011.10.28 본조개정)

부 칙 (2016.12.30)

제1조【시행일】 이 영은 2017년 1월 1일부터 시행한다.(이하 생략)

부 칙 (2018.1.16)

제1조【시행일】 이 영은 2018년 1월 18일부터 시행한다.(이하 생략)

부 칙 (2020.11.10)

제1조【시행일】 이 영은 2020년 11월 27일부터 시행한다.

제2조【과징금의 부과기준에 관한 경과조치】 이 영 시행 전의 위반행위로 부과된 과징금 부과처분은 별표1의 개정규정에 따른 위반행위의 횟수 산정에 포함하지 않는다.

부 칙 (2023.12.12)

이 영은 공포한 날부터 시행한다.

〔별표〕 ➡「法典 別冊」참조

보건범죄 단속에 관한 특별조치법(약칭 : 보건범죄단속법)

(1969년 8월 4일
법 률 제2137호)

개정
1980.12.31법 3333호
1984.12.31법 3763호(축산물위생처리법)
1986. 5.10법 3823호(식품위생)
1986. 5.10법 3825호(의료법)
1990. 8. 1법 4252호(수산)
1990.12.31법 4293호
1997.12.13법 5443호(축산물가공처리법)
1997.12.13법 5454호(정부부처명)
1998. 2.28법 5529호(정부조직)
2002. 8.26법 6727호(건강기능식품에관한법)
2004.12.31법 7292호(유해화학)
2007. 4.11법 8365호(약사)
2007. 4.11법 8366호(의료법)
2008. 2.29법 8852호(정부조직)
2009. 2. 6법 9432호(식품위생)
2009.12.29법 9840호
2010. 1.18법 9932호(정부조직)
2010. 5.25법10310호(축산물위생관리법)
2011. 4.12법10579호
2011. 6. 7법10788호(약사)
2013. 3.23법11690호(정부조직)
2017.12.19법15252호
2020.12.29법17761호(주류면허등에관한법)
2024. 2. 6법20231호(화학물질관리법)→2025년 8월 7일 시행이므로「法典 別冊」보유편 수록

제1조【목적】 이 법은 부정식품 및 첨가물, 부정의약품 및 부정유독물의 제조나 무면허 의료행위 등의 범죄에 대하여 가중처벌 등을 함으로써 국민보건 향상에 이바지함을 목적으로 한다.(2011.4.12 본조개정)

제2조【부정식품 제조 등의 처벌】 ①「식품위생법」제37조제1항, 제4항 및 제5항의 허가를 받지 아니하거나 신고 또는 등록을 하지 아니하고 제조·가공한 사람,「건강기능식품에 관한 법률」제5조에 따른 허가를 받지 아니하고 건강기능식품을 제조·가공한 사람, 이미 허가받거나 신고된 식품, 식품첨가물 또는 건강기능식품과 유사하게 위조하거나 변조한 사람, 그 사실을 알고 판매하거나 판매할 목적으로 취득한 사람 및 판매를 알선한 사람,「식품위생법」제6조, 제7조제4항 또는「건강기능식품에 관한 법률」제24조제1항을 위반하여 제조·가공한 사람, 그 정황을 알고 판매하거나 판매할 목적으로 취득한 사람 및 판매를 알선한 사람은 다음 각 호의 구분에 따라 처벌한다.(2017.12.19 본문개정)
1. 식품, 식품첨가물 또는 건강기능식품이 인체에 현저히 유해한 경우 : 무기 또는 5년 이상의 징역에 처한다.
2. 식품, 식품첨가물 또는 건강기능식품의 가액(價額)이 소매가격으로 연간 5천만원 이상인 경우 : 무기 또는 3년 이상의 징역에 처한다.
3. 제1호의 죄를 범하여 사람을 사상(死傷)에 이르게 한 경우 : 사형, 무기 또는 5년 이상의 징역에 처한다.

② 제1항의 경우에는 제조, 가공, 위조, 변조, 취득, 판매하거나 판매를 알선한 제품의 소매가격의 2배 이상 5배 이하에 상당하는 벌금을 병과(倂科)한다.
(2011.4.12 본조개정)

제3조【부정의약품 제조 등의 처벌】 ①「약사법」제31조제1항의 허가를 받지 아니하고 의약품을 제조한 사람, 그 정황을 알고 판매하거나 판매할 목적으로 취득한 사람 및 판매를 알선한 사람 또는 진료 목적으로 구입한 사람,「약사법」제62조제2호를 위반하여 주된 성분의 효능을 전혀 다른 성분의 효능으로 대체하거나 허가된 함량보다 현저히 부족하게 제조한 사람, 그 정황을 알고 판매하거나 판매할 목적으로 취득한 사람 및 판매를 알선한 사람 또는 진료 목적으로 구입한 사람, 이미 허가된 의약품과 유사하게 위조하거나 변조한 사람, 그 정황을 알고 판매하거나 판매할 목적으로 취득한 사람 및 판매를 알선한 사람 또는 진료 목적으로 구입한 사람은 다음 각 호의 구분에 따라 처벌한다.
1. 의약품이 인체에 현저히 유해한 경우 또는「약사법」제53조에 따른 국가출하승인의약품 중 대통령령으로 정하는 의약품으로서 효능 또는 함량이 현저히 부족한 경우 : 무기 또는 5년 이상의 징역에 처한다.
(2011.6.7 본호개정)
2. 의약품의 가액이 소매가격으로 연간 1천만원 이상인 경우 : 무기 또는 3년 이상의 징역에 처한다.
3. 제1호의 죄를 범하여 사람을 사상에 이르게 한 경우 : 사형, 무기 또는 5년 이상의 징역에 처한다.

② 제1항의 경우에는 제조, 위조, 변조, 취득, 판매, 판매를 알선하거나 구입한 제품의 소매가격의 2배 이상 5배 이하에 상당하는 벌금을 병과한다.
(2011.4.12 본조개정)

판례 죄형법정주의에 따른 엄격해석의 원칙 및 위 법 규정의 적용을 받는 의약품 등 중에는 그에 대응하는 허가된 의약품 등을 상정할 수 없는 경우도 있을 수 있는 점 등을 고려할 때, 위 법 규정 소정의 '소매가격'은 위 법 규정에 해당하는 의약품 등 그 자체의 소매가격을 가리키는 것으로 보아야 할 것이지 그 의약품 등에 대응하는 허가된 의약품 등 또는 위·변조의 대상이 된 제품의 소매가격을 의미하는 것으로 볼 것은 아니다.(대판 2007.2.9, 2006도8797)

제3조의2【재범자의 특수가중】 제2조 또는 제3조의 죄로 형을 받아 그 집행을 종료하거나 면제받은 후 3년 내에 다시 제2조제1항제1호 또는 제3조제1항제1호의 죄를 범한 사람은 사형, 무기 또는 5년 이상의 징역에 처한다.
(2011.4.12 본조개정)

제4조【부정유독물 제조 등의 처벌】 ①「유해화학물질관리법」 제20조에 따른 등록을 하지 아니하고 유독물을 제조한 사람, 같은 법 제34조에 따르지 아니하고 취급제한·금지물질을 사용한 사람 또는 이미 등록되거나 허가된 유독물 또는 취급제한·금지물질과 유사하게 위조하거나 변조한 사람은 다음 각 호의 구분에 따라 처벌한다.
1. 유독물 또는 취급제한·금지물질의 잔류 독성이 인체에 현저히 유해한 경우 : 무기 또는 5년 이상의 징역에 처한다.
2. 유독물 또는 취급제한·금지물질의 가액이 소매가격으로 연간 100만원 이상인 경우 : 무기 또는 3년 이상의 징역에 처한다.
② 제1항의 경우에는 제조, 사용, 위조 또는 변조한 제품의 소매가격의 2배 이상 5배 이하에 상당하는 벌금을 병과한다.
(2011.4.12 본조개정)

제5조【부정의료업자의 처벌】「의료법」 제27조를 위반하여 영리를 목적으로 다음 각 호의 어느 하나에 해당하는 행위를 한 사람은 무기 또는 2년 이상의 징역에 처한다. 이 경우 100만원 이상 1천만원 이하의 벌금을 병과한다.
1. 의사가 아닌 사람이 의료행위를 업(業)으로 한 행위
2. 치과의사가 아닌 사람이 치과의료행위를 업으로 한 행위
3. 한의사가 아닌 사람이 한방의료행위를 업으로 한 행위
(2011.4.12 본조개정)

판례 부항 시술행위의 위법성 판단 : 부항시술행위가 광범위하고 보편화된 민간요법이고, 그 시술로 인한 위험성이 적다는 사정만으로 그것이 바로 사회상규에 위배되지 아니하는 행위에 해당한다고 보기는 어렵고, 다만 개별적인 경우에 그 부항 시술행위의 위험성의 정도, 일반인들의 시각, 시술자의 시술의 동기, 목적, 방법, 횟수, 시술에 대한 지식수준, 시술경력, 피시술자의 나이, 체질, 건강상태, 시술행위로 인한 부작용 내지 위험발생 가능성 등을 종합적으로 고려하여 법질서 전체의 정신이나 그 배후에 놓여 있는 사회윤리 내지 사회통념에 비추어 용인될 수 있는 행위에 해당한다고 인정되는 경우에만 사회상규에 위배되지 아니하는 행위로서 위법성이 조각된다.(대판 2004.10.28, 2004도3405)

판례 문신 시술행위가 의료행위에 해당하는지 여부 : 의료행위라 함은 질병의 예방과 치료행위 뿐만 아니라 의학적 전문지식이 있는 의료인이 행하지 아니하면 사람의 생명, 신체나 공중위생에 위해를 발생시킬 우려가 있는 행위를 포함한다고 할 것인 바, 피고인이 행한 '문신 시술행위'는 위의 위해 발생의 우려가 있는 것으로, 의료행위로 본 원심의 판단은 정당하다.
(대판 2000.8.22, 2000도2644)

제6조【양벌규정】 법인의 대표자나 법인 또는 개인의 대리인, 사용인, 그 밖의 종업원이 그 법인 또는 개인의 업무에 관하여 제2조, 제3조, 제4조 및 제5조의 어느 하나에 해당하는 위반행위를 하면 그 행위자를 벌하는 외에 그 법인 또는 개인을 1억원 이하의 벌금에 처한다. 다만, 법인 또는 개인이 그 위반행위를 방지하기 위하여 해당 업무에 관하여 상당한 주의와 감독을 게을리하지 아니한 경우에는 그러하지 아니하다.(2009.12.29 본조개정)

제7조【허가 취소】 ① 이 법에 따라 처벌을 받았거나, 그 제품이 규격기준을 위반하여 인체에 유해하거나, 효능 또는 함량이 현저히 부족하다고 식품의약품안전처에서 검정된 영업에 대하여는 해당 허가, 면허 또는 등록을 관할하는 기관의 장은 보건복지부장관, 식품의약품안전처장 또는 환경부장관의 요구에 따라 그 허가, 면허 또는 등록을 취소하여야 한다.(2013.3.23 본항개정)
② 제1항의 경우 이 법에 따라 영업이 취소된 자는 취소된 날부터(처벌을 받은 자는 그 형의 집행이 종료되거나 집행을 받지 아니하기로 확정된 후) 5년간 해당 업무에 종사하지 못한다.
(2011.4.12 본조개정)

제8조【유해 등의 기준】 제2조, 제3조, 제4조 및 제7조 중 "현저히 유해" 및 "현저히 부족"의 기준은 따로 대통령령으로 정한다.(2011.4.12 본조개정)

제9조【상금 등】 ① 이 법에서 규정하는 범죄를 범죄가 발각되기 전에 수사기관 또는 감독청에 통보한 자 또는 검거한 자에게는 대통령령으로 정하는 바에 따라 상금을 지급한다.
② 타인으로 하여금 이 법에 따른 처벌 또는 행정처분을 받게 할 목적으로 거짓 정보를 제공한 사람은 1년 이상의 유기징역에 처한다.
(2011.4.12 본조개정)

제10조【적용 범위】「축산물위생관리법」 제22조, 「주류 면허 등에 관한 법률」 제3조, 「농약관리법」 제3조 및 제8조에 따라 그 제조, 가공 또는 판매에 관하여 허가 또는 면허를 받거나 등록을 하여야 할 축산물, 주류 또는 유독성 농약은 각각 「식품위생법」 또는 「유해화학물질관리법」에 따른 식품, 유독물 또는 취급제한·금지물질의 예에 따라 이 법을 적용한다.(2020.12.29 본조개정)

부 칙 (1990.12.31)

①【시행일】 이 법은 공포한 날부터 시행한다. 다만, 제4조제1항, 제7조제1항 및 제10조의 개정규정은 1991년 2월 1일부터 시행한다.
②【부정독극물제조등의 처벌에 관한 한시적 적용례】 1991년 1월 31일까지는 제4조제1항중 각호를 다음과 같이 한다.
1. 독물·극물 또는 특정독물의 잔류독성이 인체에 현저히 유해한 때에는 무기 또는 5년 이상의 징역에 처한다.
2. 독물·극물 또는 특정독물의 가액이 소매가격으로 연간 100만원 이상인 때에는 무기 또는 3년 이상의 징역에 처한다.

부 칙 (2017.12.19)

이 법은 공포한 날부터 시행한다.

부 칙 (2020.12.29)

제1조【시행일】 이 법은 2021년 1월 1일부터 시행한다.
(이하 생략)

보건범죄단속에관한특별조치법시행령

(1969년 11월 27일
대통령령 제4326호)

개정
1994.12.23영14446호(직제)
2008. 2.29영20679호(직제)
2010. 3.15영22075호(직제)

제1조【목적】 이 영은 보건범죄단속에관한특별조치법(이하 "법"이라 한다)의 시행에 관하여 필요한 사항을 규정함을 목적으로 한다.

제2조【용어의 정의】 이 영에서 "주된 성분"이라 함은 의약품의 효능에 직접적인 영향을 미치는 주약으로서 부약·부형제 또는 첨가제등이 아닌 것을 말한다.

제3조【특정의약품】 법 제3조제1항제1호의 규정에서 "대통령령으로 정하는 의약품"은 다음 각호의 것을 말한다.
1. 항생물질과 그 제제중 내복제 및 주사제
2. 생물학적 제제중 내복제 및 주사제

제4조【부정식품의 유해기준】 법 제2조제1항제1호의 규정에 의한 "인체에 현저한 유해"의 기준은 다음 각호와 같다.
1. 다류
허용외의 착색료가 함유된 경우
2. 과자류
허용외의 착색료나 방부제가 함유되거나, 비소가 2ppm 이상 또는 납이 3ppm이상 함유된 경우
3. 빵류
허용외의 방부제가 함유된 경우
4. 엿류
허용외의 방부제가 함유된 경우
5. 시유
허용외의 방부제가 함유되거나, 포스파타제가 검출된 경우
6. 식육 및 어육제품
허용외의 방부제가 함유되거나, 납이 3ppm이상 함유된 경우
7. 청량음료수
허용외의 착색료나 방부제가 함유되거나, 비소가 0.3ppm 이상 또는 납이 0.5ppm이상 함유된 경우
8. 장류
허용외의 착색료나 방부제가 함유되거나, 비소가 5ppm 이상 함유된 경우
9. 주류
허용외의 착색료나 방부제가 함유되거나, 메칠알코올이 1㎖당 1㎎이상 함유된 경우
10. 분말 청량음료
허용외의 착색료나 방부제가 함유되거나, 수용상태에서 비소가 0.3ppm이상 또는 납이 0.5ppm이상 함유된 경우

제5조【부정의약품등의 유해기준등】 ① 법 제3조제1항제1호의 규정에 의한 "인체에 현저한 유해"의 기준은 대한약전 또는 보건복지부장관이 지정하는 공정서에 극량이 표시된 의약품으로서 그 함량이 극량을 초과한 경우를 말한다.(2010.3.15 본항개정)
② 법 제3조제1항 및 제7조제1항의 규정에 의한 "효능 또는 함량의 현저한 부족"의 기준은 의약품 또는 화장품의 주된 성분의 총함량이 제조당시를 기준으로 하여 최소유효량에 미달하는 경우를 말한다.

제6조【상금의 지급액】 ① 법 제9조제1항의 규정에 의한 상금의 지급액은 당해 사건으로 부과된 벌금액의 100분의 20상당액으로 하되, 상금의 총액은 50만원을 초과할 수 없다.
② 당해 사건이 검사의 기소유예처분을 받은 경우에는 전항의 규정에 불구하고 3만원이하의 범위안에서 그 공로, 범죄의 경중 기타의 사정을 참작하여 보건복지부장관이 정하는 금액으로 한다.(2010.3.15 본항개정)

제7조【시행규칙】 이 영 시행에 관하여 필요한 사항은 보건복지부령으로 정한다.(2010.3.15 본조개정)

부 칙 (2010.3.15)

제1조【시행일】 이 영은 2010년 3월 19일부터 시행한다.(이하 생략)

마약류 불법거래 방지에 관한 특례법(약칭 : 마약거래방지법)

(1995년 12월 6일
법 률 제5011호)

개정
1997.12.31법 5493호(금융실명)
1999.12.31법 6082호(형사소송비용등에관한법)
2000. 1.12법 6146호(마약)
2000.12.29법 6305호(관세)
2002. 1.26법 6626호(민사소송법)
2002. 1.26법 6627호(민사집행법)
2009.11. 2법 9809호
2009.12.29법 9834호
2010. 3.31법10219호(지방세기본법)
2011. 5.19법10644호
2011. 5.23법10698호(형사보상및명예회복에관한법)
2011. 6. 7법10786호(마약)
2011. 7.14법10854호(금융실명)
2013. 3.23법11690호(정부조직)
2016. 3.29법14116호(항공안전법)
2016.12.27법14476호(지방세징수법)
2020. 6. 9법17361호
2021. 1. 5법17826호

제1장 총 칙

(2009.11.2 본장개정)

제1조【목적】 이 법은 국제적으로 협력하여 마약류와 관련된 불법행위를 조장하는 행위 등을 방지함으로써 마약류범죄의 진압과 예방을 도모하고, 이에 관한 국제협약을 효율적으로 시행하기 위하여 「마약류관리에 관한 법률」과 그 밖의 관계 법률에 대한 특례 등을 규정함을 목적으로 한다.

제2조【정의】 ① 이 법에서 "마약류"란 「마약류 관리에 관한 법률」 제2조제2호에 따른 마약, 같은 조 제3호에 따른 향정신성의약품 및 같은 조 제4호에 따른 대마를 말한다.(2011.6.7 본항개정)
② 이 법에서 "마약류범죄"란 다음 각 호의 죄[그 죄와 다른 죄가 「형법」 제40조에 따른 상상적 경합(想像的 競合) 관계에 있는 경우에는 그 다른 죄를 포함한다]를 말한다.
1. 제6조·제9조 또는 제10조의 죄
2. 「마약류관리에 관한 법률」 제58조부터 제61조까지의 죄
③ 이 법에서 "불법수익"이란 마약류범죄의 범죄행위로 얻은 재산, 그 범죄행위의 보수(報酬)로 얻은 재산이나 「마약류 관리에 관한 법률」 제60조제1항제1호 또는 제61조제1항제1호(미수범을 포함한다)의 죄에 관계된 자금을 말한다.(2011.6.7 본항개정)
④ 이 법에서 "불법수익에서 유래한 재산"이란 불법수익의 과실(果實)로서 얻은 재산, 불법수익의 대가(對價)로서 얻은 재산, 이들 재산의 대가로서 얻은 재산, 그 밖에 불법수익의 보유 또는 처분으로 얻은 재산을 말한다.
⑤ 이 법에서 "불법수익등"이란 불법수익, 불법수익에서 유래한 재산 및 그 재산과 그 재산 외의 재산이 합하여진 재산을 말한다.

제2장 입국 절차 및 상륙 절차 등의 특례

(2009.11.2 본장개정)

제3조【입국 절차 및 상륙 절차의 특례】 ① 출입국관리 공무원은 「출입국관리법」 제11조제1항제1호에 해당하는 사람으로 의심되는 외국인으로부터 입국허가 신청을 받은 경우, 마약류의 분산 및 그 외국인의 도주를 방지하기 위하여 충분한 감시체제가 확보되어 있는 마약류범죄의 수사에 관하여 그 외국인을 입국시킬 필요가 있다는 검사의 요청이 있을 때에는 법무부장관의 승인을 받아 「출입국관리법」 제11조제1항제1호에도 불구하고 그 외국인의 입국을 허가할 수 있다.
② 출입국관리 공무원은 「출입국관리법」 제11조제1항제1호에 해당하는 사람으로 의심되는 외국인으로부터 같은 법 제14조제1항에 따른 상륙허가 신청을 받은 경우, 마약류의 분산 및 그 외국인의 도주를 방지하기 위하여 충분한 감시체제가 확보되어 있는 마약류범죄의 수사에 관하여 그 외국인을 상륙시킬 필요가 있다는 검사의 요청이 있을 때에는 법무부장관의 승인을 받아 같은 법 제14조제1항 단서에도 불구하고 그 외국인의 상륙을 허가할 수 있다.
③ 출입국관리 공무원은 제1항에 따른 입국허가 또는 제2항에 따른 상륙허가를 받은 외국인에 대하여 검사로부터 계속 대한민국에 체류하도록 하는 것이 적당하지 아니하다는 통보를 받았을 때에는 즉시 그 외국인의 입국 또는

상륙 당시 그 외국인이 「출입국관리법」 제11조제1항제1호에 해당하였는지를 심사하여야 한다.
④ 출입국관리 공무원은 제3항에 따른 심사 결과 그 외국인이 「출입국관리법」 제11조제1항제1호에 해당한다고 인정할 때에는 법무부장관의 승인을 받아 그 외국인에 대한 입국허가 또는 상륙허가를 취소하여야 한다.
⑤ 사법경찰관은 제1항부터 제3항까지의 규정에 따라 요청 또는 통보를 할 것을 검사에게 신청할 수 있다. 이 경우 신청을 받은 검사가 제1항부터 제3항까지의 규정에 따른 요청 또는 통보를 한다.

제4조【세관 절차의 특례】 ① 세관장은 「관세법」 제246조에 따라 화물을 검사할 때에 화물에 마약류가 감추어져 있다고 밝혀지거나 그러한 의심이 드는 경우, 그 마약류의 분산을 방지하기 위하여 충분한 감시체제가 확보되어 있는 마약류범죄의 수사에 관하여 그 마약류가 외국으로 반출되거나 대한민국으로 반입될 필요가 있다는 검사의 요청이 있을 때에는 다음 각 호의 조치를 할 수 있다. 다만, 그 조치를 하는 것이 관세 관계 법령의 입법 목적에 비추어 타당하지 아니하다고 인정할 때에는 요청한 검사와의 협의를 거쳐 그 조치를 하지 아니할 수 있다.
1. 해당 화물(그 화물에 감추어져 있는 마약류는 제외한다)에 대한 「관세법」 제241조에 따른 수출입 또는 반송의 면허
2. 그 밖에 검사의 요청에 따르기 위하여 필요한 조치
② 제1항(같은 항 제1호는 제외한다)은 「관세법」 제257조에 따라 우편물을 검사할 때에 그 물건에 마약류가 감추어져 있는 것이 밝혀지거나 그러한 의심이 드는 경우에 준용한다. 이 경우 그 마약류에 대하여는 「관세법」 제240조를 적용하지 아니한다.
③ 사법경찰관은 제1항 및 제2항에 따라 요청을 할 것을 검사에게 신청할 수 있다. 이 경우 검사가 제1항 및 제2항에 따른 요청을 한다.

제5조【금융회사등에 의한 신고】 ① 「금융실명거래 및 비밀보장에 관한 법률」 제2조제1호에 따른 금융회사등(이하 "금융회사등"이라 한다)에 종사하는 사람으로서 같은 조 제3호에 따른 금융거래를 수행하는 사람은 그 업무를 하면서 수수(收受)한 재산이 불법수익등임을 알게 되었을 때 또는 그 업무에 관계된 거래 상대방이 제7조의 죄에 해당하는 행위를 하였음을 알게 되었을 때에는 다른 법령의 규정에도 불구하고 지체 없이 대통령령으로 정하는 바에 따라 서면으로 검찰총장에게 신고하여야 한다.
② 제1항의 경우 금융회사등에 종사하는 사람은 같은 항에 따라 신고를 하려고 하거나 신고한 경우, 그 사실을 그 신고에 관련된 거래 상대방 및 그 거래 상대방과 관계된 자에게 누설하여서는 아니 된다.
(2011.7.14 본조개정)

제3장 벌 칙
(2009.11.2 본장개정)

제6조【업으로서 한 불법수입 등】 ① 「마약류관리에 관한 법률」 제58조(같은 조 제4항은 제외한다), 제59조제1항부터 제3항까지(같은 조 제1항제1호부터 제4호까지 및 제9호에 관련된 행위만 해당하며, 같은 항 제4호 중 향정신성의약품은 제외한다) 또는 제60조제1항제4호(상습범 및 미수범을 포함한다)에 해당하는 행위를 업(業)으로 한 자(이들 행위와 제9조에 해당하는 행위를 함께 하는 것을 업으로 한 자를 포함한다)는 사형, 무기징역 또는 10년 이상의 징역에 처한다. 이 경우 1억원 이하의 벌금을 병과(倂科)한다.
② 「마약류관리에 관한 법률」 제59조제1항부터 제3항까지(같은 조 제1항제4호부터 제7호까지 및 제10호부터 제13호까지의 규정에 관련된 행위만 해당하며, 같은 항 제4호 중 마약은 제외한다) 또는 제60조제1항제2호(미수범 및 상습범을 포함한다)·제3호(미수범 및 상습범을 포함한다)에 해당하는 행위를 업으로 한 자(이들 행위와 제9조에 해당하는 행위를 함께 하는 것을 업으로 한 자를 포함한다)는 3년 이상의 유기징역에 처한다. 이 경우 3천만원 이하의 벌금을 병과한다.
(2011.6.7 본조개정)

제7조【불법수익등의 은닉 및 가장】 ① 마약류범죄의 발견 또는 불법수익등의 출처에 관한 수사를 방해하거나 불법수익등의 몰수를 회피할 목적으로 불법수익등의 성질, 소재(所在), 출처 또는 귀속(歸屬) 관계를 숨기거나 가장(假裝)한 자는 7년 이하의 징역 또는 3천만원 이하의 벌금에 처하거나 이를 병과할 수 있다.
② 제1항의 미수범은 처벌한다.
③ 제1항의 죄를 범할 목적으로 예비하거나 음모한 자는 2년 이하의 징역 또는 1천만원 이하의 벌금에 처한다.

제8조【불법수익등의 수수】 불법수익이라는 정황을 알면서 불법수익등을 수수한 자는 3년 이하의 징역 또는 1천만원 이하의 벌금에 처하거나 이를 병과할 수 있다. 다만, 법령에 따른 의무이행으로서 제공된 것을 수수한 자 또는 계약(채권자에게 상당한 재산상의 이익을 제공하는 것만 해당한다) 당시에 그 계약에 관련된 채무의 이행이 불법수익등에 의하여 이루어지는 것이라는 정황을 알지 못하고 그 계약에 관련된 채무의 이행으로서 제공된 것을 수수한 자의 경우에는 그러하지 아니하다.

제9조【마약류 물품의 수입 등】 ① 마약류범죄(마약류의 수입 또는 수출에 관련된 것으로 한정한다)를 범할 목적으로 마약류로 인식하고 교부받거나 취득한 약물 또는 그 밖의 물품을 수입하거나 수출한 자는 3년 이상의 유기징역에 처한다.
② 마약류범죄(마약류의 양도·양수 또는 소지에 관련된 것으로 한정한다)를 범할 목적으로 약물이나 그 밖의 물품을 마약류로 인식하고 양도·양수하거나 소지한 자는 5년 이하의 징역 또는 500만원 이하의 벌금에 처한다.
(2011.5.19 본항개정)

제10조【선동 등】 마약류범죄(제9조 및 이 조의 범죄는 제외한다), 제7조 또는 제8조의 범죄의 실행 또는 마약류의 남용을 공연히 선동하거나 권유한 자는 3년 이하의 징역 또는 1천만원 이하의 벌금에 처한다.

제11조【불법수익등에 대한 미신고 등】 제5조를 위반한 자는 2년 이하의 징역 또는 1천만원 이하의 벌금에 처한다.

제12조【국외범】 제6조부터 제8조까지 및 제10조는 「형법」 제5조의 예에 따라 대한민국 영역 밖에서 해당 죄를 범한 외국인에게도 적용한다.

제13조【불법수익등의 몰수】 ① 다음 각 호에 해당하는 재산은 몰수한다. 다만, 제7조제1항·제2항 또는 제8조의 죄가 불법수익 또는 불법수익에서 유래한 재산과 이들 재산 외의 재산이 합하여진 재산에 관계된 경우 그 범죄에 대하여 제3호부터 제5호까지의 규정에 따른 재산의 전부를 몰수하는 것이 타당하지 아니하다고 인정되는 경우에는 그 일부만을 몰수할 수 있다.
1. 불법수익
2. 불법수익에서 유래한 재산
3. 제7조제1항·제2항 또는 제8조의 범죄행위에 관계된 불법수익등
4. 제7조제1항·제2항 또는 제8조의 범죄행위로 인하여 발생하거나 그 범죄행위로 얻은 재산 또는 그 범죄행위의 보수로서 얻은 재산
5. 제3호 또는 제4호에 따른 재산의 과실 또는 대가로서 얻은 재산 또는 이들 재산의 대가로서 얻은 재산, 그 밖에 그 재산의 보유 또는 처분으로 얻은 재산
② 제1항에 따라 몰수하여야 할 재산의 성질, 사용 상황 또는 그 재산에 관한 범인 외의 자의 권리 유무, 그 밖의 사정을 고려한 결과 그 재산을 몰수하는 것이 타당하지 아니하다고 인정할 때에는 제1항에도 불구하고 몰수하지 아니할 수 있다.
③ 다음 각 호의 어느 하나에 해당하는 재산은 몰수할 수 있다.
1. 제7조제3항의 범죄행위에 관계된 불법수익등
2. 제7조제3항의 범죄행위로 인하여 발생하거나 그 범죄행위로 얻은 재산 또는 그 범죄행위의 보수로서 얻은 재산
3. 제1호 또는 제2호에 따른 재산의 과실 또는 대가로서 얻은 재산 또는 이들 재산의 대가로서 얻은 재산, 그 밖에 그 재산의 보유 또는 처분으로 얻은 재산

판례 동조 '불법수익' 등이 예금구좌에 입금되는 방법으로 수수되고 이후 동액 이상의 금원이 인출된 경우 당해 예금구좌의 잔여 예금채권이 위 특례법상의 몰수대상이 되는지 여부 등 : 불법수익 등이 예금구좌에 입금되는 방법으로 수수되고 이후 동액 이상의 금원의 인출이 있었으며 인출자의 의도 등 관련 정황으로 미루어 해당 불법수익 등에서 유래한 재산이 인출되었음이 드러난 경우에는 그 불법수익 등은 그 구좌의 예금 아닌 다른 형태로 전환되었다고 보아야 하고 당해 예금구좌의 잔여 예금채권은 혼화재산으로서의 성질을 상실하여 특례법에 의한 몰수대상은 되지 않는다고 보아야 하며, 예금주가 불법수익 입금 이후에 그 입금과 동액 또는 그 이상의 예금이 인출된 사실을 내세우며 예금구좌에 입금된 불법수익 상당액이 다시 외부로 인출되었다고 주장하여 그 사정이 밝혀진 경우에는 그 예금구좌의 잔존액의 몰수를 청구하는 검사로서는 입금되었던 불법수익의 전부 또는 일부가 아직 해당 예금구좌에 잔존하고 있음을 입증하여야 한다.
(대판 2004.4.16, 2003도7438)

제14조【불법수익등이 합하여진 재산의 몰수】 제13조제1항 각 호 또는 같은 조 제3항 각 호에 따른 재산(이하 "불법재산"이라 한다)이 불법재산 외의 재산과 합하여진 경우 그 불법재산을 몰수하여야 할 때에는 그것이 합하여짐으로써 생긴 재산(이하 "혼합재산"이라 한다) 중 그 불법재산(합하여지는 데에 관련된 부분만 해당한다)의 금액 또는 수량에 상당하는 부분을 몰수할 수 있다.

제15조【몰수의 요건 등】 ① 제13조에 따른 몰수는 불법재산 또는 혼합재산이 범인 외의 자에게 귀속되지 아니한 경우로 한정한다. 다만, 범인 외의 자가 범죄 후 그 정황을 알면서 그 불법재산 또는 혼합재산을 취득한 경우(그 불법재산 또는 혼합재산의 취득이 제8조 단서에 따른 불법수익등의 수수에 해당하는 경우는 제외한다)에는 그 불법재산 또는 혼합재산이 범인 외의 자에게 귀속된 경우에도 그 재산을 몰수할 수 있다.
② 지상권·저당권 또는 그 밖의 권리가 그 위에 존재하는 재산을 제13조에 따라 몰수하는 경우, 범인 외의 자가 범죄 전에 그 권리를 취득한 때 또는 범인 외의 자가 범죄 후 그 정황을 알지 못하고 그 권리를 취득한 때에는 그 권리를 존속시킨다.

제16조【추징】 ① 제13조제1항에 따라 몰수하여야 할 재산을 몰수할 수 없거나 같은 조 제2항에 따라 몰수하지 아니하는 경우에는 그 가액(價額)을 범인으로부터 추징(追徵)한다.
② 제13조제3항에 따른 재산을 몰수할 수 없거나 그 재산의 성질, 사용 상황, 그 재산에 관한 범인 외의 자의 권리 유무, 그 밖의 사정을 고려한 결과 그 재산을 몰수하는 것이 타당하지 아니하다고 인정할 때에는 그 가액을 범인으로부터 추징할 수 있다.

제17조【불법수익의 추정】 제6조의 죄에 관계된 불법수익을 산정할 때에 같은 조에 따른 행위를 업으로 한 기간에 범인이 취득한 재산으로서 그 가액이 그 기간 동안 범인의 재산 운용 상황 또는 법령에 따른 지급금의 수령 상황 등에 비추어 현저하게 고액(高額)이라고 인정되고, 그 취득한 재산이 불법수익 금액 및 재산 취득 시기 등 모든 사정에 비추어 같은 조의 죄를 범하여 얻은 불법수익으로 형성되었다고 볼만한 상당한 개연성이 있는 경우에는 그 죄에 관계된 불법수익등으로 추정한다.

제18조【양벌규정】 ① 법인의 대표자나 법인 또는 개인의 대리인, 사용인, 그 밖의 종업원이 그 법인 또는 개인의 업무에 관하여 제6조부터 제8조까지, 제9조제2항, 제10조 또는 제11조의 어느 하나에 해당하는 위반행위를 하면 그 행위자를 벌하는 외에 그 법인 또는 개인에게도 해당 조문의 벌금형을 과(科)한다. 다만, 법인 또는 개인이 그 위반행위를 방지하기 위하여 해당 업무에 관하여 상당한 주의와 감독을 게을리하지 아니한 경우에는 그러하지 아니하다.
② 법인의 대표자나 법인 또는 개인의 대리인, 사용인, 그 밖의 종업원이 그 법인 또는 개인의 업무에 관하여 제9조제1항의 위반행위를 하면 그 행위자를 벌하는 외에 그 법인 또는 개인에게도 1억원 이하의 벌금형을 과한다. 다만, 법인 또는 개인이 그 위반행위를 방지하기 위하여 해당 업무에 관하여 상당한 주의와 감독을 게을리하지 아니한 경우에는 그러하지 아니하다.
(2009.12.29 본조개정)

제4장 몰수에 관한 절차 등의 특례
(2009.11.2 본장개정)

제19조【권리 존속의 선고】 법원은 지상권·저당권 또는 그 밖의 권리가 그 위에 존재하는 재산을 몰수하는 경우, 제15조제2항에 따라 그 권리를 존속시킬 때에는 몰수의 선고와 동시에 그 취지를 선고하여야 한다.

제20조【몰수된 재산의 처분 등】 ① 몰수된 재산은 검사가 처분하여야 한다.
② 검사는 채권에 대한 몰수재판이 확정된 경우 그 채권의 채무자에게 몰수재판의 초본을 송부하여 그 요지를 통지하여야 한다.

제21조【몰수재판에 따른 등기등】 ① 권리를 이전할 때에 등기 또는 등록(이하 "등기등"이라 한다)이 필요한 재산을 몰수하는 재판에 따른 권리 이전 등의 등기등은 검사가 촉탁한다.
② 검사가 제1항에 따른 등기등을 관계 기관에 촉탁하는 경우, 몰수에 의하여 효력을 잃은 처분의 제한에 관련된 등기등 또는 몰수에 의하여 소멸된 권리의 취득에 관련된 등기등이 되어 있거나 그 몰수에 관하여 제6장제1절에 따라 몰수보전명령(沒收保全命令) 또는 부대보전명령(附帶保全命令)에 관련된 등기등이 되어 있을 때에는 그 등기등의 말소도 각각 촉탁한 것으로 본다.

제22조【형사보상의 특례】 부동산이나 동산이 아닌 재산의 몰수집행에 대한 형사보상에 관하여는 「형사보상 및 명예회복에 관한 법률」 제5조제6항을 준용한다.
(2011.5.23 본조개정)

제5장 제3자 참가신청 등의 특례
(2009.11.2 본장개정)

제23조【고지】 ① 검사가 공소를 제기할 때에는 이 법에 따라 피고인 외의 자의 재산이나 지상권·저당권 또는 그 밖의 권리가 그 위에 존재하는 재산에 대하여 몰수가 필요하다고 인정하는 경우에는 즉시 그 재산을 가진 자나 그 재산상에 지상권·저당권 또는 그 밖의 권리를 가진 자로서 피고인 외의 자(이하 "제3자"라 한다)에게 서면으로 다음 사항을 고지하여야 한다.
1. 피고인에 대한 형사사건이 계속(係屬) 중인 법원
2. 피고인에 대한 형사사건명 및 피고인의 성명
3. 몰수하여야 할 재산의 품명, 수량, 그 밖에 그 재산을 특정할 수 있는 사항
4. 몰수의 이유가 되는 사실의 요지
5. 피고인에 대한 형사사건 절차에 참가신청을 할 수 있다는 취지
6. 참가신청이 가능한 기간
7. 피고인에 대한 형사사건에 대하여 공판기일이 정하여진 경우에는 그 공판기일
② 검사는 제3자의 소재를 알 수 없거나 그 밖의 사유로 제1항에 따른 고지를 할 수 없을 때에는 제1항 각 호의 사항을 관보 또는 일간신문에 싣고 소속 지방검찰청 또는 지청, 고위공직자범죄수사처의 게시판에 14일간 게시하여 공고하여야 한다.(2021.1.5 본항개정)
③ 검사가 제1항이나 제2항에 따른 고지 또는 공고를 하였을 때에는 그 사실을 증명하는 서면을 법원에 제출하여야 한다.

제24조【참가 절차】 ① 몰수될 염려가 있는 재산을 가진 제3자는 제1심재판이 있기 전까지(약식절차에 따른 재판

이 있는 경우에는 정식재판 청구가 가능한 기간이 지나기 전까지를 말하며, 이 경우 정식재판 청구가 있을 때에는 통상의 공판절차에 따른 제1심재판이 있기 전까지를 말한다. 이하 같다) 피고인에 대한 형사사건이 계속 중인 법원에 대하여 서면으로 피고인에 대한 형사사건 절차에 대한 참가신청을 할 수 있다. 다만, 제23조제1항 또는 제2항에 따른 고지 또는 공고가 있은 때에는 고지 또는 공고가 있었던 날부터 14일 이내에 참가신청을 할 수 있다.
② 제23조제3항에 따라 고지 또는 공고에 관한 서면을 제출받은 법원이 피고인에 대한 형사사건을 다른 법원에 이송한 후에 참가신청을 받았을 때에는 피고인에 대한 형사사건을 이송받은 법원에 그 신청서면을 송부하여야 한다. 이 경우에는 피고인에 대한 형사사건을 이송한 법원에 대하여 참가신청을 한 때에 참가신청을 한 것으로 본다.
③ 법원은 제3자의 참가신청이 다음 각 호의 어느 하나에 해당하는 경우에는 기각하여야 한다. 다만, 제1항 단서에 따른 기간에 참가신청을 하지 아니한 것이 신청인의 책임으로 돌릴 수 없는 사유에 의한 것이라고 인정할 때에는 제1심재판이 있기 전까지 참가를 허가할 수 있다.
1. 법률에 규정된 방식을 위반한 경우
2. 제1항에 따른 기간이 지난 후에 신청한 경우
3. 몰수하여야 할 재산이나 몰수하여야 할 재산상에 존재하는 지상권·저당권 또는 그 밖의 권리가 신청인에게 귀속하지 아니함이 명백한 경우
④ 법원은 제3항 각 호의 경우를 제외하고는 참가신청을 허가하여야 한다. 다만, 몰수가 불가능하거나 불필요하다는 검사의 의견이 타당하다고 인정할 때에는 참가신청을 기각할 수 있다.
⑤ 법원이 참가를 허가한 경우 몰수하여야 할 재산이나 몰수하여야 할 재산상에 존재하는 지상권·저당권 또는 그 밖의 권리가 참가가 허가된 사람(이하 이 장에서 "참가인"이라 한다)에게 귀속하지 아니함이 명백하게 되었을 때에는 참가를 허가한 재판을 취소하여야 하며, 몰수가 불가능하거나 불필요하다는 검사의 의견이 타당하다고 인정할 때에는 참가를 허가한 재판을 취소할 수 있다.
⑥ 참가에 관한 재판은 검사, 참가신청인, 참가인, 피고인 또는 변호인의 의견을 듣고 결정하여야 한다.
⑦ 검사, 참가신청인 또는 참가인은 참가신청을 기각한 결정 또는 참가를 허가한 재판을 취소한 결정에 대하여 즉시항고(即時抗告)할 수 있다.
⑧ 참가신청의 취하(取下)는 서면으로 하여야 한다. 다만, 공판기일에는 말로써 할 수 있다.

제25조【참가인의 권리】 ① 참가인은 이 법에 특별한 규정이 있는 경우를 제외하고는 몰수에 관하여 피고인과 동일한 소송상(訴訟上)의 권리를 가진다.
② 제1항은 참가인을 증인으로서 신문(訊問)하는 것을 방해하지 아니한다.

제26조【참가인의 출석 등】 ① 참가인은 공판기일에 출석하지 아니하여도 된다.
② 법원이 참가인의 소재를 알 수 없을 때에는 공판기일의 통지나 그 밖의 서류의 송달을 하지 아니하여도 된다.
③ 법원은 공판기일에 출석한 참가인에게 몰수의 이유가 되는 사실의 요지, 참가 전의 공판기일에 있어서의 심리(審理)에 관한 중요한 사항, 그 밖에 참가인의 권리를 보호하기 위하여 필요하다고 인정하는 사항을 고지하고, 몰수에 관하여 진술할 기회를 주어야 한다.

제27조【증거】 ① 참가인의 참가는 「형사소송법」 제310조의2, 제311조부터 제318조까지, 제318조의2 및 제318조의3을 적용하는 데 영향을 미치지 아니한다.
② 법원은 「형사소송법」 제318조 및 제318조의3 본문에 따라 증거로 하는 것이 가능한 서면 또는 진술을 조사한 경우, 참가인이 그 서면 또는 진술의 내용이 된 진술을 한 사람을 증인으로 조사할 것을 청구하였을 때에는 참가인의 권리 보호에 필요하다고 인정하면 이를 조사하여야 한다. 참가인이 참가하기 전에 조사한 증인에 대하여 참가인이 다시 그 조사를 청구한 경우에도 또한 같다.

제28조【몰수재판의 제한】 제3자가 참가허가를 받지 못한 경우에는 다음 각 호의 어느 하나에 해당하는 경우를 제외하고는 제3자가 가진 재산이나 제3자가 지상권·저당권 또는 그 밖의 권리를 그 위에 가지고 있는 재산에 대하여 몰수재판을 할 수 없다.
1. 제23조제1항에 따른 고지 또는 같은 조 제2항에 따른 공고가 있었던 날부터 14일이 지났을 경우. 다만, 다음 각 목의 어느 하나에 해당하면 몰수재판을 할 수 없다.
가. 몰수하여야 할 재산이나 몰수하여야 할 재산상에 존재하는 지상권·저당권 또는 그 밖의 권리가 참가신청인 또는 참가인에게 귀속하지 아니함이 명백하다는 이유로 참가신청이 기각되었을 때
나. 몰수가 불가능하거나 불필요하다는 검사의 의견에 따라 참가신청이 기각되었을 때
다. 참가를 허가한 재판이 취소되었을 때
2. 참가신청이 법률에 규정된 방식에 위반되어 기각되었을 경우
3. 참가신청의 취하가 있을 경우

제29조【상소】 ① 원심의 참가인은 상소심(上訴審)에서도 참가인으로서의 지위를 가진다.
② 참가인이 상소를 하면 검사 또는 피고인이 상소를 하지 아니하거나 상소의 포기 또는 취하를 한 경우에도 원심재판 중 몰수에 관한 부분은 확정되지 아니한다.
③ 제2항의 경우 피고인은 상소심 및 그 후의 심급(審級)에서는 공판기일에 출석하지 아니하여도 된다. 이 경우 「형사소송법」 제33조·제282조 및 제283조는 적용하지 아니한다.
④ 약식절차에 의한 재판에 대하여 참가인이 정식재판을 청구한 경우에는 제2항 및 제3항을 준용한다.

제30조【대리인】 ① 이 법에 따라 피고인에 대한 형사사건 절차에 관여하는 제3자는 변호사 중에서 대리인을 선임하여 소송행위를 대리하게 할 수 있다. 이 경우에는 「형사소송법」 제32조제1항 및 제35조를 준용한다.
② 대리인은 참가인의 서면에 의한 동의가 없으면 참가의 취하, 정식재판 청구의 취하, 상소의 포기 또는 취하를 할 수 없다.

제31조【「형사소송법」의 준용】 ① 제3자의 소송능력에 관하여는 「형사소송법」 제26조부터 제28조까지의 규정을 준용하고, 제3자의 소송비용부담에 관하여는 같은 법 제186조 및 제191조를 준용한다.
② 제23조제1항에 따른 재산을 몰수하는 절차에 관하여는 이 법에 특별한 규정이 있는 경우를 제외하고는 「형사소송법」을 준용한다.

제32조【다른 절차와의 관계】 제23조제1항에 따른 재산을 몰수하는 재판은 자기의 책임으로 돌릴 수 없는 사유로 피고인에 대한 형사사건 절차에서 권리를 주장할 수 없었던 제3자의 권리에는 영향을 미치지 아니한다.

제6장 보전 절차
(2009.11.2 본장개정)

제1절 몰수보전

제33조【몰수보전명령】 ① 법원은 마약류범죄 등에 관련된 피고인에 대한 형사사건에 관하여 이 법, 「마약류관리에 관한 법률」, 그 밖의 법령에 따라 몰수할 수 있는 재산(이하 "몰수대상재산"이라 한다)에 해당한다고 판단할 만한 상당한 이유가 있고 그 재산을 몰수하기 위하여 필요하다고 인정하면 검사의 청구를 받아 또는 법원의 직권으로 몰수보전명령을 함으로써 그 재산에 관한 처분을 금지할 수 있다.
② 법원은 지상권·저당권 또는 그 밖의 권리가 그 위에 존재하는 재산에 대하여 몰수보전명령을 한 경우 또는 하려는 경우, 그 권리가 몰수에 의하여 소멸된다고 볼만한 상당한 이유가 있고 그 재산을 몰수하기 위하여 필요하다고 인정할 때 또는 그 권리가 가장된 것이라고 볼만한 상당한 이유가 있다고 인정할 때에는 검사의 청구에 의하여 또는 법원의 직권으로 별도의 부대보전명령을 하여 그 권리의 처분을 금지할 수 있다.
③ 몰수보전명령서 또는 부대보전명령서에는 피고인의 성명, 죄명, 공소사실의 요지, 몰수의 근거가 되는 법령의 조항, 처분을 금지하는 재산 또는 권리의 표시, 이들 재산이나 권리를 가진 자의 성명, 발급연월일, 그 밖에 대법원규칙으로 정하는 사항을 적고 재판한 법관이 서명날인하여야 한다.
④ 재판장은 긴급한 조치가 필요한 경우에는 제1항 또는 제2항에 따른 처분을 하거나 합의부의 구성원에게 그 처분을 하게 할 수 있다.
⑤ 부동산 또는 동산에 대한 몰수보전은 「형사소송법」에 따른 압수를 방해하지 아니한다.

제34조【기소 전 몰수보전명령】 ① 검사는 제33조제1항 또는 제2항에 따른 이유와 필요가 있다고 인정하는 경우에는 공소가 제기되기 전이라도 지방법원판사에게 청구하여 같은 조 제1항 또는 제2항에 따른 처분을 받을 수 있으며, 사법경찰관은 검사에게 신청하여 검사의 청구로 처분을 받을 수 있다.
② 사법경찰관은 몰수보전명령 또는 부대보전명령이 내려진 경우에는 지체 없이 관계 서류를 검사에게 송부하여야 한다.
③ 제1항에 따른 청구는 검사가 소속된 지방검찰청 또는 지청 소재지를 관할하는 지방법원 또는 지원의 판사에게 하여야 하고, 고위공직자범죄수사처에 소속된 검사의 경우에는 그에 대응하는 법원의 판사에게 하여야 한다.
(2021.1.5 본항개정)
④ 제1항에 따른 청구를 받은 판사는 몰수보전에 관하여 법원 또는 재판장과 동일한 권한을 가진다.
⑤ 검사는 제1항에 따른 몰수보전 후 공소를 제기한 경우에는 그 요지를 몰수보전명령을 받은 자(피고인은 제외한다)에게 통지하여야 한다. 다만, 그 사람의 소재가 분명하지 아니하거나 그 밖의 이유로 통지를 할 수 없을 때에는 통지를 갈음하여 그 요지를 소속 지방검찰청이나 그 지청 또는 고위공직자범죄수사처의 게시판에 7일간 게시하여 공고하여야 한다.(2021.1.5 단서개정)

제35조【몰수보전에 관한 재판의 집행】 ① 몰수보전에 관한 재판은 검사의 지휘에 따라 집행한다.
② 제1항에 따른 몰수보전명령의 집행은 그 명령에 따라 처분이 금지되는 재산을 가진 자에게 그 명령의 등본이 송달되기 전에도 할 수 있다.

제36조【몰수보전의 효력】 몰수보전된 재산(이하 "몰수보전재산"이라 한다)에 대하여 그 보전 후에 된 처분은 몰수에 관하여는 그 효력을 발생하지 아니한다. 다만, 제47조제1항 본문에 따른 경우(제50조제4항 및 제5항에 따라 준용되는 경우를 포함한다)와 몰수보전명령에 대항할 수 있는 담보권의 실행으로서의 처분인 경우에는 그러하지 아니하다.

제37조【부동산의 몰수보전】 ① 부동산의 몰수보전은 그 처분을 금지하는 내용의 몰수보전명령에 따라 한다.
② 제1항의 몰수보전명령의 등본은 부동산의 소유자에게 송달하여야 한다.
③ 부동산에 대한 몰수보전명령의 집행은 몰수보전등기를 하는 방법으로 한다.
④ 제3항의 등기는 검사가 촉탁한다.
⑤ 부동산에 대한 몰수보전의 효력은 몰수보전등기가 된 때에 발생한다.
⑥ 부동산에 대하여 등기청구권을 보전하기 위한 처분금지가처분(處分禁止假處分)의 등기가 된 후 몰수보전등기가 된 경우에 그 가처분채권자가 보전하려는 등기청구권에 따라 등기를 할 때에는 몰수보전등기에 의한 처분의 제한은 그 가처분등기에 따른 권리의 취득 또는 소멸에 영향을 미치지 아니한다.
⑦ 부동산의 몰수보전에 관하여는 「민사집행법」 제83조제2항, 제94조제2항 및 제95조를 준용한다. 이 경우 「민사집행법」 제83조제2항 중 "채무자"는 "몰수보전재산을 가진 자"로 보고, 같은 법 제94조제2항 중 "제1항" 및 같은 법 제95조 중 "제94조"는 "「마약류 불법거래 방지에 관한 특례법」 제37조제4항"으로 보며, 「민사집행법」 제95조 중 "법원"은 "검사"로 본다.

제38조【선박 등의 몰수보전】 등기할 수 있는 선박, 「항공안전법」에 따라 등록된 항공기, 「자동차관리법」에 따라 등록된 자동차, 「건설기계관리법」에 따라 등록된 건설기계, 그 밖에 등기 또는 등록에 의하여 권리 변동이 이루어지는 물건 등의 몰수보전에 관하여는 부동산에 대한 몰수보전의 예에 따른다.(2016.3.29 본조개정)

제39조【동산의 몰수보전】 ① 동산(제38조에서 규정한 것 외의 것을 말한다. 이하 이 조에서 같다)의 몰수보전은 그 처분을 금지하는 내용의 몰수보전명령에 따라 한다.
② 제1항의 몰수보전명령의 등본은 동산의 소유자(점유자가 다른 경우 그 점유자를 포함한다)에게 송달하여야 한다.
③ 「형사소송법」에 따라 압수되지 아니한 동산 또는 같은 법 제130조제1항에 따라 간수자(看守者)를 두거나 소유자 또는 적당한 자에게 보관하게 할 수 있는 동산에 관하여 몰수보전명령이 있는 때에는 검사는 공시서(公示書)를 첨부시키거나 그 밖의 적절한 방법으로 그 취지를 공시하는 조치를 하여야 한다.
④ 동산에 대한 몰수보전의 효력은 몰수보전명령 등본이 소유자에게 송달된 때에 발생한다.

제40조【채권의 몰수보전】 ① 채권의 몰수보전은 채권자에게는 채권의 처분과 영수(領收)를 금지하고, 채무자에게는 채권자에 대한 지급을 금지하는 내용의 몰수보전명령에 따라 한다.
② 제1항의 몰수보전명령 등본은 채권자 및 채무자에게 송달하여야 한다.
③ 채권에 대한 몰수보전의 효력은 몰수보전명령 등본이 채무자에게 송달된 때에 발생한다.
④ 몰수보전명령에 따라 몰수보전된 금전의 지급을 목적으로 하는 채권(이하 "금전채권"이라 한다)의 채무자(이하 제46조 및 제50조에서 "제3채무자"라 한다)는 그 채권액에 상당하는 금액을 공탁할 수 있다. 이 경우 채권자의 공탁금 출급청구권에 대하여 몰수보전집행이 된 것으로 본다.
⑤ 채권의 몰수보전에 관하여는 「민사집행법」 제228조를 준용한다. 이 경우 「민사집행법」 제228조제1항 중 "압류"는 "몰수보전"으로, "채권자"는 "검사"로 보고, 같은 조 제1항 및 제2항 중 "압류명령"은 "몰수보전명령"으로 본다.

제41조【그 밖의 재산권에 대한 몰수보전】 ① 제37조부터 제40조까지의 규정에 따른 재산 외의 재산권(이하 이 조에서 "그 밖의 재산권"이라 한다)의 몰수보전에 관하여는 이 조에 특별히 정한 사항을 제외하고는 채권의 몰수보전의 예에 따른다.
② 그 밖의 재산권 중 채무자 또는 이에 준하는 자가 없는 경우(제3항의 경우는 제외한다) 몰수보전의 효력은 몰수보전명령 등본이 그 권리자에게 송달된 때에 발생한다.
③ 그 밖의 재산권 중 권리 이전을 할 때 등기등이 필요한 경우에 관하여는 제37조제3항부터 제6항까지, 「민사집행법」 제94조제2항 및 제95조를 준용한다. 이 경우 「민사집행법」 제94조제2항 중 "제1항" 및 같은 법 제95조 중 "제94조"는 "「마약류 불법거래 방지에 관한 특례법」 제41조제3항에 따라 준용되는 제37조제4항"으로 보고, 「민사집행법」 제95조 중 "법원"은 "검사"로 본다.

제42조【몰수보전명령의 취소】 ① 법원은 몰수보전의 이유 또는 필요가 없어지거나 몰수보전의 기간이 부당하게 길어진 때에는 검사 또는 몰수보전재산을 가진 자(그 사람이 피고인 또는 피의자인 경우에는 그 변호인을 포함한다)의 청구 또는 법원의 직권에 의한 결정으로 몰수보전명령을 취소하여야 한다.
② 법원은 검사의 청구에 의한 경우를 제외하고는 제1항의 결정을 할 때에 검사의 의견을 들어야 한다.

제43조【몰수보전명령의 실효】 ① 몰수보전명령은 몰수선고가 없는 재판(「형사소송법」 제327조제2호에 따른 경우는 제외한다)이 확정된 때에는 그 효력을 잃는다.
② 「형사소송법」 제327조제2호에 따른 공소기각(公訴棄却)의 판결이 있는 경우 그 판결이 확정된 날부터 30일 이내에 그 사건에 대하여 공소가 제기되지 아니한 때에는 몰수보전명령은 그 효력을 잃는다.

제44조【실효된 경우의 조치】 검사는 몰수보전이 실효된 때에는 지체 없이 몰수보전등기에 대한 말소 촉탁을

하고, 공시서를 제거하거나 그 밖에 필요한 조치를 하여야 한다.

제45조【몰수보전재산에 대한 강제집행 절차의 제한】 ① 몰수보전이 된 후에 그 몰수보전의 대상이 된 부동산 또는 제38조에 따른 선박·항공기·자동차 또는 건설기계, 그 밖에 등기 또는 등록에 의하여 권리변동이 이루어지는 물건 등에 대하여 강제경매 개시가 결정된 경우 또는 그 몰수보전의 대상이 된 유체동산(有體動産)이 강제집행에 의하여 압류된 경우에는 강제집행에 의한 환가(換價) 절차는 몰수보전이 실효된 후가 아니면 진행할 수 없다.
② 몰수보전된 채권에 대하여 강제집행에 의한 압류명령이 내려진 경우 그 압류채권자는 압류된 채권 중 몰수보전된 부분에 대하여는 몰수보전이 실효되지 아니하면 채권을 영수할 수 없다.
③ 몰수보전이 된 후에 강제집행에 의하여 압류된 채권이 조건부 또는 기한부(期限附)이거나 반대의무의 이행과 관련되어 있거나 그 밖의 사유로 추심(推尋)하기 곤란한 경우에는 제1항을 준용한다.
④ 몰수보전된 그 밖의 재산권(「민사집행법」 제251조제1항에 따른 그 밖의 재산권을 말한다)에 대한 강제집행에 관하여는 몰수보전된 채권에 대한 강제집행의 예에 따른다.

제46조【제3채무자의 공탁】 ① 금전채권의 제3채무자는 그 채권이 몰수보전된 후에 그 몰수보전의 대상이 된 채권에 대하여 강제집행에 의한 압류명령을 송달받았을 때에는 그 채권의 전액을 채무 이행지(履行地)를 관할하는 지방법원 또는 지원에 공탁할 수 있다.
② 제3채무자가 제1항에 따른 공탁을 하였을 때에는 그 사유를 몰수보전명령을 한 법원에 신고하여야 한다.
③ 제3채무자가 제1항에 따라 공탁을 하였을 때에는 집행법원은 공탁된 금액 중에서 몰수보전된 금전채권의 금액에 상당하는 부분에 관하여는 몰수보전이 실효된 때에, 그 나머지 부분에 관하여는 공탁된 때에 각각 배당 절차를 시작한다.
④ 강제집행에 의하여 압류된 금전채권에 관하여 몰수보전이 된 경우 제3채무자의 공탁에 관하여는 제1항 및 제2항을 준용한다. 이 경우 "몰수보전명령을 한 법원"은 "압류명령을 한 법원"으로 본다.
⑤ 제3채무자가 제1항(제4항에서 준용하는 경우를 포함한다)에 따라 공탁한 경우 「민사집행법」 제247조를 적용할 때에 같은 조 제1항제1호의 "제248조제4항"은 "「마약류 불법거래 방지에 관한 특례법」 제46조제2항(같은 조 제4항에서 준용하는 경우를 포함한다)"으로 본다.

제47조【강제집행의 대상이 된 재산의 몰수제한】 ① 몰수보전되기 전에 강제경매 개시 결정 또는 강제집행에 의하여 압류된 재산에 대하여는 몰수재판을 할 수 없다. 다만, 다음 각 호의 어느 하나에 해당하면 몰수재판을 할 수 있다.
1. 압류채권자의 채권이 가장된 것일 때
2. 압류채권자가 몰수대상재산이라는 사실을 알면서 강제집행을 신청한 때
3. 압류채권자가 범인일 때
② 몰수대상재산상에 존재하는 지상권·저당권 또는 그 밖의 권리로서 부대보전명령에 따라 처분이 금지된 것에 대하여 그 처분금지 전에 강제경매 개시 결정 또는 강제집행에 의하여 압류된 경우 그 재산을 몰수할 때에는 그 권리는 존속시키는 것으로 하고 몰수의 선고와 동시에 그 취지를 선고하여야 한다. 다만, 다음 각 호의 어느 하나에 해당하면 그러하지 아니하다.
1. 압류채권자의 채권이 가장된 것일 때
2. 압류채권자가 몰수에 의하여 그 권리가 소멸된다는 사실을 알면서 강제집행을 신청하였을 때
3. 압류채권자가 범인일 때
③ 강제경매 개시 결정 또는 강제집행에 의하여 압류된 재산에 대하여 몰수보전명령이 내려진 경우 그 재산에 관하여 압류채권자(피고인인 압류채권자는 제외한다)가 해당 형사사건 절차에 참가를 허가받지 못하였을 때에는 그 재산에 대하여 몰수재판을 할 수 없다. 제2항에 따른 재산의 몰수에 있어서도 또한 같다.
④ 제3항의 몰수에 관한 절차에 관하여는 제5장의 제3자 참가신청 등의 특례에 관한 규정을 준용한다.

제48조【강제집행의 정지】 ① 법원은 강제경매 개시 결정 또는 강제집행에 의하여 압류된 재산에 대하여 몰수보전명령을 한 경우 또는 하려는 경우, 제47조제1항 단서에 따른 사유가 있다고 판단할 만한 상당한 이유가 있을 때에는 검사의 청구 또는 법원의 직권에 의한 결정으로 강제집행의 정지를 명할 수 있다.
② 검사가 제1항의 결정서 등본을 집행법원에 제출하였을 때에는 집행법원은 강제집행을 정지하여야 한다. 이 경우 「민사집행법」의 규정을 적용할 때에는 같은 법 제49조제2호의 서류가 제출된 것으로 본다.
③ 법원은 몰수보전이 실효된 때, 제1항의 이유가 없어진 때 또는 강제집행정지기간이 부당하게 길어진 때에는 검사나 압류채권자의 청구 또는 법원의 직권에 의하여 제1항의 결정을 취소하여야 한다.
④ 제3항의 경우에는 제42조제2항을 준용한다.

제49조【담보권의 실행을 위한 경매 절차와의 조정】 ① 몰수보전재산상에 존재하는 담보권이 몰수보전된 후에 성립되거나 부대보전명령에 따라 처분이 금지된 경우 그 담보권의 실행(압류는 제외한다)은 몰수보전명령 또는 부대보전명령에 따른 처분금지가 실효되지 아니하면 할 수 없다.
② 담보권을 실행하기 위한 경매 절차가 시작된 후 그 담보권에 대하여 부대보전명령이 내려진 경우 검사가 그 명령의 등본을 제출하였을 때에는 집행법원은 그 절차를 정지하여야 한다. 이 경우 「민사집행법」을 적용할 때에는 같은 법 제266조제1항제5호(같은 법 제269조 및 제272조에서 준용하는 경우를 포함한다)의 문서가 제출된 것으로 본다.

제50조【그 밖의 절차와의 조정】 ① 다음 각 호의 어느 하나에 해당하는 경우 그 절차의 제한에 관하여는 제45조를 준용한다.
1. 몰수보전된 재산이 체납처분(「국세징수법」 및 「지방세징수법」의 규정 또는 그 예에 따른 각종 징수 절차를 말한다. 이하 같다)에 의하여 압류된 경우(2016.12.27 본호개정)
2. 몰수보전된 재산을 가진 자에 대하여 파산선고 또는 화의개시(和議開始) 결정(이하 이 조에서 "파산선고등"이라 한다)이 있는 경우
3. 몰수보전된 재산을 가진 회사에 대하여 정리절차 개시결정이 있는 경우
② 다음 각 호의 어느 하나에 해당하는 경우 제3채무자의 공탁에 관하여는 제46조를 준용한다.
1. 몰수보전된 금전채권에 대하여 체납처분에 의한 압류가 있는 경우
2. 체납처분에 따라 압류된 금전채권에 대하여 몰수보전이 있는 경우
③ 다음 각 호의 어느 하나에 해당하는 경우 제3채무자의 공탁에 관하여는 제46조제1항 및 제2항을 준용한다.
1. 몰수보전된 금전채권에 대하여 가압류(假押留)가 있는 경우
2. 가압류된 금전채권에 대하여 몰수보전이 있는 경우
④ 다음 각 호의 어느 하나에 해당하는 경우 이러한 재산의 몰수제한에 관하여는 제47조를 준용한다.
1. 몰수보전이 되기 전에 그 몰수보전의 대상이 된 재산에 대하여 가압류가 있는 경우
2. 몰수대상재산상에 존재하는 지상권·저당권 또는 그 밖의 권리로서 부대보전명령에 따라 처분이 금지된 것에 대하여 그 처분금지 전에 가압류가 있는 경우
⑤ 다음 각 호의 어느 하나에 해당하는 경우 이러한 재산의 몰수제한에 관하여는 제47조제1항 본문을 준용한다.
1. 몰수보전이 되기 전에 그 몰수보전의 대상이 된 재산에 대하여 체납처분에 의한 압류가 있는 경우
2. 몰수보전이 되기 전에 그 몰수보전의 대상이 된 재산을 가진 자에 대하여 파산선고등이 있는 경우
3. 몰수보전이 되기 전에 그 몰수보전의 대상이 된 재산을 가진 회사에 대하여 정리절차 개시결정이 있는 경우
⑥ 몰수대상재산상에 존재하는 지상권·저당권 또는 그 밖의 권리로서 부대보전명령에 따라 처분이 금지된 것에 관하여 다음 각 호의 어느 하나에 해당하는 경우 그 재산의 몰수제한에 관하여는 제47조제2항 본문을 준용한다.
1. 그 처분금지 전에 체납처분에 의한 압류가 있는 경우
2. 그 권리를 가진 권리자에 대하여 그 처분금지 전에 파산선고등이 있는 경우
3. 그 권리를 가진 회사에 관하여 그 처분금지 전에 정리절차 개시결정이 있는 경우
⑦ 가압류된 재산에 대하여 몰수보전명령을 한 경우 또는 하려는 경우 강제집행정지에 관하여는 제48조를 준용한다.

제51조【부대보전명령의 효력 등】 ① 부대보전명령은 그 명령에 관계된 몰수보전의 효력이 존속하는 동안 그 효력이 있다.
② 부대보전명령에 따른 처분금지에 관하여는 이 법에 특별한 규정이 있는 경우를 제외하고는 몰수보전에 관한 규정을 준용한다.

제2절 추징보전

제52조【추징보전명령】 ① 법원은 마약류범죄 등에 관련된 피고인에 대한 형사사건에 관하여 제16조에 따라 추징하여야 할 경우에 해당한다고 판단할 만한 상당한 이유가 있는 경우로서 추징재판을 집행할 수 없게 될 염려가 있거나 집행이 현저히 곤란하게 될 염려가 있다고 인정할 때에는 검사의 청구에 의하여 또는 법원의 직권으로 추징보전명령을 하여 피고인에 대하여 재산의 처분을 금지할 수 있다.
② 추징보전명령은 추징재판을 집행하기 위하여 보전하는 것이 상당하다고 인정되는 금액(이하 이 조에서 "추징보전액"이라 한다)을 정한 후 특정재산에 대하여 하여야 한다. 다만, 유체동산에 관하여는 그 목적물을 특별히 정하지 아니할 수 있다.
③ 추징보전명령에는 추징보전명령의 집행정지나 집행처분의 취소를 위하여 피고인이 공탁하여야 할 금액(이하 "추징보전해방금"이라 한다)을 정하여야 한다.
④ 추징보전명령서에는 피고인의 성명, 죄명, 공소사실의 요지, 추징의 근거가 되는 법령의 조항, 추징보전액, 처분을 금지하는 재산의 표시, 추징보전해방금, 발급연월일, 그 밖에 대법원규칙으로 정하는 사항을 적고 재판한 법관이 서명날인하여야 한다.
⑤ 추징보전에 관하여는 제33조제4항을 준용한다.

제53조【기소 전 추징보전명령】 ① 검사는 제52조제1항에 따른 추징보전의 이유와 필요가 있다고 인정하는 경우에는 공소가 제기되기 전이라도 지방법원판사에게 청구하여 같은 항에 규정된 처분을 받을 수 있으며, 사법경찰관은 검사에게 신청하여 검사의 청구로 처분을 받을 수 있다.(2020.6.9 본항개정)
② 사법경찰관은 추징보전명령이 내려진 경우에는 지체 없이 관계 서류를 검사에게 송부하여야 한다.(2020.6.9 본항신설)
③ 검사는 사법경찰관에게 추징보전과 관련한 신청, 보완·수정, 취소 등의 요구를 할 수 있다.(2020.6.9 본항신설)
④ 제3항의 요구가 있는 경우 사법경찰관은 지체 없이 검사의 요구에 따른 조치를 취하여야 한다.(2020.6.9 본항신설)
⑤ 제1항에 따른 추징보전에 관하여는 제34조제3항 및 제4항을 준용한다.

제54조【추징보전명령의 집행】 ① 추징보전명령은 검사의 명령에 따라 집행한다. 이 경우 검사의 명령은 「민사집행법」에 따른 가압류명령과 동일한 효력을 가진다.
② 추징보전명령의 집행은 추징보전명령 등본이 피고인 또는 피의자에게 송달되기 전에도 할 수 있다.
③ 추징보전명령의 집행에 관하여는 이 법에 특별한 규정이 있는 경우를 제외하고는 「민사집행법」이나 그 밖에 가압류집행의 절차에 관한 법령의 규정을 준용한다. 이 경우 법령에 따라 가압류명령을 한 법원이 가압류 집행법원으로서 관할하도록 되어 있는 가압류의 집행에 관하여는 제1항에 따른 명령을 한 검사가 소속하는 검찰청 또는 고위공직자범죄수사처에 대응하는 법원이 관할한다.(2021.1.5 후단개정)

제55조【금전채권 채무자의 공탁】 추징보전명령에 따라 추징보전이 집행된 금전채권의 채무자는 그 채권액에 상당하는 금액을 공탁할 수 있다. 이 경우 채권자의 공탁금 출급청구권에 대하여 추징보전집행이 된 것으로 본다.

제56조【추징보전해방금 공탁 및 추징 등에 대한 재판의 집행】 ① 추징보전해방금이 공탁된 후에 추징재판이 확정된 때 또는 가납재판(假納裁判)이 선고된 때에는 공탁된 금액의 범위에서 추징 또는 가납재판의 집행이 있은 것으로 본다.
② 추징선고된 경우 공탁된 추징보전해방금이 추징금액을 초과할 때에는 법원은 그 초과액을 피고인에게 돌려주어야 한다.

제57조【추징보전명령의 취소】 법원은 추징보전의 이유 또는 필요가 없게 되거나 추징보전기간이 부당하게 길어진 경우에는 검사, 피고인·피의자나 그 변호인의 청구 또는 법원의 직권에 의한 결정으로 추징보전명령을 전부 또는 일부 취소하여야 한다. 이 경우 제42조제2항을 준용한다.(2020.6.9 전단개정)

제58조【추징보전명령의 실효】 ① 추징보전명령은 추징선고가 없는 재판(「형사소송법」 제327조제2호에 따른 경우는 제외한다)이 확정된 때에는 그 효력을 잃는다.
② 「형사소송법」 제327조제2호에 따른 공소기각의 판결이 있는 경우 추징보전명령의 효력에 관하여는 제43조제2항을 준용한다.

제59조【추징보전명령이 실효된 경우의 조치】 검사는 추징보전명령이 실효되거나 추징보전해방금이 공탁된 경우에는 신속하게 제54조제1항에 따른 명령을 취소함과 동시에 추징보전명령에 따른 추징보전집행의 정지 또는 취소를 위하여 필요한 조치를 하여야 한다.

제3절 보 칙

제60조【송달】 몰수보전 또는 추징보전(추징보전명령에 따른 추징보전집행은 제외한다. 이하 이 조에서 같다)에 관한 서류의 송달에 관하여는 대법원규칙에 특별한 규정이 있는 경우를 제외하고는 민사소송에 관한 법령의 규정을 준용한다. 이 경우 「민사소송법」 제194조제1항에 따른 공시송달의 효력발생시기에 관하여는 같은 법 제196조제1항 본문 및 제2항에도 불구하고 그 기간을 7일로 한다.

제61조【상소제기기간 중의 처분 등】 상소제기기간에 발생한 사건으로서 아직 상소가 제기되지 아니한 사건과 상소하였으나 소송 기록이 상소법원에 도달하지 아니한 사건에 관하여 몰수보전 또는 추징보전에 관한 처분을 하여야 할 경우에는 원심법원이 그 처분을 하여야 한다.

제62조【불복신청】 ① 몰수보전 또는 추징보전에 관한 법원의 결정에 대하여는 항고할 수 있다.
② 몰수보전 또는 추징보전에 관한 법관의 재판에 불복하는 자는 그 법관이 소속한 법원에 그 재판의 취소 또는 변경을 청구할 수 있다.
③ 제2항에 따른 불복신청의 절차에 관하여는 「형사소송법」 제416조제1항에 따른 재판의 취소 또는 변경의 청구에 관련되는 절차 규정을 준용한다.

제63조【준용】 몰수보전 및 추징보전에 관한 절차에 관하여는 이 법에 특별한 규정이 있는 경우를 제외하고는 「형사소송법」을 준용한다.

제7장 몰수재판 및 추징재판의 집행과 보전에 관한 국제 공조 절차

(2009.11.2 본장개정)

제64조【공조의 실시】 ① 마약류범죄 등에 해당하는 행위에 대한 외국의 형사사건에 관하여 그 외국으로부터

조약에 따라 몰수 또는 추징에 관한 확정재판의 집행이나 몰수 또는 추징을 위한 재산 보전(保全)의 공조요청이 있을 때에는 다음 각 호의 어느 하나에 해당하는 경우를 제외하고는 그 요청에 관하여 공조를 할 수 있다.

1. 공조범죄(공조요청의 대상이 되는 범죄를 말한다. 이하 같다)에 관하여 대한민국의 법령에 따라 형벌을 과(科)할 수 없다고 인정되는 경우
2. 공조범죄에 관한 사건에 대하여 대한민국 법원에서 재판이 계속 중이거나 확정재판이 있는 경우 또는 공조대상재산에 관하여 이미 몰수보전명령 또는 추징보전명령이 내려진 경우
3. 몰수의 확정재판에 관한 집행공조 또는 몰수를 목적으로 한 보전공조요청에 관계된 재산이 대한민국 법령에 따라 몰수재판 또는 몰수보전을 할 수 있는 재산에 해당되지 아니하는 경우
4. 추징의 확정재판에 관한 집행공조 또는 추징을 목적으로 한 보전공조요청에 관계된 공조범죄에 대하여 대한민국 법령에 따라 추징재판 또는 추징보전을 할 수 없다고 인정되는 경우
5. 몰수의 확정재판에 관한 집행공조요청에 관계된 재산을 가지거나 그 재산상에 지상권·저당권 또는 그 밖의 권리를 가지고 있다고 인정할 만한 상당한 이유가 있는 제3자가 자기의 책임으로 돌릴 수 없는 사유로 그 재판 절차에서 자기의 권리를 주장할 수 없었다고 인정되는 경우
6. 몰수 또는 추징을 목적으로 한 보전공조에 대하여 제33조제1항 또는 제52조제1항에 따른 사유가 없다고 인정되는 경우. 다만, 보전공조요청이 요청국의 법원이나 법관이 집행한 몰수 또는 추징을 목적으로 한 보전재판에 근거한 요청이거나 몰수재판 또는 추징재판 확정 후의 요청인 경우에는 그러하지 아니하다.

② 지상권·저당권 또는 그 밖의 권리가 설정된 재산에 관하여 몰수 확정재판의 집행공조를 할 때에 대한민국의 법령에 따라 그 재산을 몰수할 경우 그 권리를 존속시켜야 할 경우에 해당되면 그 권리를 존속시켜야 한다.

제65조【추징으로 보는 몰수】 ① 불법재산을 갈음하여 그 가액이 불법재산의 가액에 상당하는 재산으로서 그 재판을 받은 자가 가지는 재산을 몰수하는 확정재판의 집행에 관한 공조를 요청하는 경우, 그 확정재판은 이 법에 따른 공조 실시에 관하여는 그 자로부터 그 재산의 가액을 추징하는 확정재판으로 본다.

② 불법재산을 갈음하여 그 가액이 불법재산의 가액에 상당하는 재산을 몰수하는 것을 목적으로 한 보전공조요청에 관하여도 제1항을 준용한다.

제66조【요청의 접수】 공조요청의 접수는 외교부장관이 한다. 다만, 긴급한 조치가 필요한 경우나 특별한 사정이 있는 경우에는 법무부장관이 외교부장관의 동의를 받아 그 요청을 접수할 수 있다.(2013.3.23 본조개정)

제67조【법원의 심사】 ① 검사는 공조요청이 몰수 또는 추징 확정재판의 집행에 관한 것일 경우에는 법원에 대하여 공조를 할 수 있는 경우에 해당하는지에 관하여 심사를 청구하여야 한다.

② 법원은 심사 결과 심사청구가 적법하지 아니하면 이를 각하하는 결정을 하여야 하고, 공조요청에 관계된 확정재판의 전부 또는 일부에 대하여 공조할 수 있는 경우에 해당하면 해당 부분에 대한 공조허가 결정을 하여야 하며, 그 전부에 대하여 공조할 수 없는 경우에 해당하면 공조거절 결정을 하여야 한다.

③ 법원은 몰수 확정재판 집행의 공조요청에 대하여 공조허가 결정을 하는 경우 제64조제2항에 따라 존속시켜야 할 권리가 있을 때에는 그 권리를 존속시키는 취지의 결정을 동시에 하여야 한다.

④ 법원은 추징 확정재판 집행의 공조요청에 대하여 공조허가 결정을 할 때에는 추징하여야 할 금액을 대한민국의 원화로 환산하여 같이 표시하여야 한다.

⑤ 법원은 제1항에 따른 심사를 할 때에 공조요청에 관련한 확정재판의 당부(當否)에 대하여는 심사할 수 없다.

⑥ 제1항에 따른 심사를 하는 경우 다음 각 호의 자(이하 "이해관계인"이라 한다)가 해당 심사청구사건의 절차에 참가하는 것을 허가하지 아니한 경우에는 공조허가 결정을 할 수 없다.

1. 몰수 확정재판의 집행공조인 경우에는 요청에 관계된 재산을 가지거나 그 재산상에 지상권·저당권 또는 그 밖의 권리를 가지고 있다고 인정할 만한 상당한 이유가 있는 자 또는 이들 재산이나 권리에 관하여 몰수보전이 되기 전에 강제경매 개시 결정 또는 강제집행에 의한 압류·가압류가 되어 있는 경우의 압류채권자 또는 가압류채권자
2. 추징 확정재판의 집행공조인 경우에는 그 재판을 받은 자

⑦ 법원은 심사청구에 관하여 결정을 할 때에는 검사 및 심사청구사건의 절차에 참가가 허가된 사람(이하 "공조심사참가인"이라 한다)의 의견을 들어야 한다.

⑧ 법원은 공조심사참가인이 말로 의견을 진술하려는 경우 또는 법원이 증인이나 감정인을 신문하는 경우에는 신문일(訊問日)을 정하여 공조심사참가인에게 지정된 신문일에 출석할 기회를 주어야 한다. 이 경우 공조심사참가인이 출석할 수 없어 신문일에 대리인을 출석시켰을 때 또는 공조심사참가인에게 서면으로 의견을 진술할 기회를 주었을 때에는 공조심사참가인에게 출석할 기회를 준 것으로 본다.

⑨ 검사는 제8항에 따른 신문일의 절차에 참여할 수 있다.

제68조【항고】 ① 검사 및 공조심사참가인은 심사청구에 관한 결정에 대하여 항고할 수 있다.

② 제1항의 항고제기기간은 14일로 한다.

제69조【결정의 효력】 몰수 또는 추징에 관한 확정재판 집행의 공조요청에 대하여 공조허가 결정이 확정되었을 때에는 그 몰수 또는 추징에 관한 확정재판은 공조의 실시에 관하여 대한민국 법원이 선고한 몰수 또는 추징의 확정재판으로 본다.

제70조【결정의 취소】 ① 법원은 몰수 또는 추징에 관한 확정재판 집행의 공조요청에 대하여 공조허가 결정이 확정된 경우 그 몰수 또는 추징에 관한 확정재판이 취소되거나 그 밖에 그 효력이 없어진 경우에는 검사 또는 이해관계인의 청구에 의하여 결정으로 공조허가 결정을 취소하여야 한다.

② 제1항의 취소 결정이 확정되었을 때에는 「형사보상 및 명예회복에 관한 법률」에 따른 몰수 또는 추징집행으로 인한 보상의 예에 따라 보상한다.(2011.5.23 본항개정)

③ 제1항의 청구에 의한 결정에 관하여는 제68조를 준용한다.

제71조【몰수보전의 청구】 ① 검사는 공조요청이 몰수를 목적으로 한 보전에 관한 것일 때에는 판사에게 몰수보전명령을 청구하여야 한다. 이 경우 검사는 필요하다고 인정하면 부대보전명령을 청구할 수 있다.

② 제67조제1항의 심사청구가 있은 후에는 몰수보전에 관한 처분은 심사청구를 받은 법원이 집행한다.

제72조【추징보전의 청구】 ① 검사는 공조요청이 추징을 목적으로 한 보전에 관한 것일 때에는 판사에게 추징보전명령을 청구하여야 한다.

② 추징보전에 관한 처분에 관하여는 제71조제2항을 준용한다.

제73조【공소 제기 전의 보전기간】 ① 몰수 또는 추징을 목적으로 하는 보전공조요청이 공소가 제기되지 아니한 사건에 대한 것인 경우에는 몰수보전명령 또는 추징보전명령이 내려진 날부터 45일 이내에 요청국으로부터 그 사건에 대하여 공소가 제기되었다는 취지의 통지가 없을 때에는 그 몰수보전명령 또는 추징보전명령은 효력을 잃는다.

② 법관은 요청국으로부터 부득이한 사유로 제1항에 따른 기간에 공소를 제기할 수 없다는 취지의 통지가 있는 때에는 검사의 청구에 의하여 30일을 초과하지 아니하는 범위에서 보전기간을 갱신할 수 있다. 부득이한 사유로 갱신된 기간에 공소를 제기할 수 없다는 취지의 통지가 있는 경우에도 또한 같다.

제74조【절차의 취소】 ① 검사는 공조요청을 철회하는 취지의 통지가 있을 때에는 지체 없이 심사청구, 몰수보전청구 또는 추징보전청구를 취소하거나 몰수보전명령 또는 추징보전명령의 취소를 청구하여야 한다.

② 법원 또는 법관은 제1항에 따른 몰수보전명령 또는 추징보전명령의 취소청구가 있을 때에는 지체 없이 몰수보전명령 또는 추징보전명령을 취소하여야 한다.

제75조【사실의 조사】 법원 또는 판사는 이 장에 따른 심사·몰수보전 또는 추징보전에 관한 처분을 할 필요가 있을 때에는 사실의 조사를 할 수 있다. 이 경우 증인을 신문하거나 검증을 할 수 있고 감정·통역 또는 번역을 명할 수 있다.

제76조【검사의 처분】 ① 검사는 이 장에 따른 몰수보전 또는 추징보전청구, 몰수보전명령 또는 추징보전명령의 집행에 관하여 필요하다고 인정하면 관계인의 출석을 요구하여 진술을 들을 수 있고, 감정·통역 또는 번역을 촉탁하거나 실황(實況)을 조사할 수 있으며, 서류나 그 밖의 물건의 소유자·소지자 또는 보관자에게 그 제출을 요구하거나, 공공기관이나 그 밖의 단체에 대하여 그 사실을 조회하거나 필요한 사항을 보고하도록 요구할 수 있다.

② 검사는 이 장에 따른 몰수보전 또는 추징보전의 청구, 몰수보전명령 또는 추징보전명령의 집행에 관하여 필요하다고 인정하면 지방법원판사에게 청구하여 발급받은 영장에 의하여 압수·수색 또는 검증을 할 수 있다.

③ 검사는 사법경찰관리에게 제1항 및 제2항에 따른 처분을 명할 수 있다.

제77조【관할 법원】 이 장에 따른 심사, 몰수보전, 추징보전 또는 영장발급의 청구는 청구한 검사가 소속하는 검찰청의 소재지를 관할하는 지방법원이나 그 지원 또는 그에 소속된 판사에게 하여야 하고, 고위공직자범죄수사처에 소속된 검사의 경우에는 그에 대응하는 법원의 판사에게 하여야 한다.(2021.1.5 본조개정)

제78조【준용】 이 장에 특별한 규정이 있는 경우를 제외하고는 법원 또는 법관이 한 심사, 처분 또는 영장의 발급, 검사 또는 사법경찰관리 등이 한 처분, 이해관계인의 참가에 대하여는 이 법 제4장부터 제6장까지, 「형사소송법」, 「형사소송비용 등에 관한 법률」을 준용하고, 공조요청을 수리한 경우 그 조치에 대하여는 「국제형사사법공조법」 및 「범죄인인도법」을 각각 그 성질에 반하지 아니하는 범위에서 준용한다.

부　칙 (2020.6.9)

이 법은 공포 후 3개월이 경과한 날부터 시행한다.

부　칙 (2021.1.5)

이 법은 공포한 날부터 시행한다.

국내재산 도피 방지법

(1950년 4월 21일
법　률　제129호)

개정
1962. 9.17법 1143호
1997.12.13법 5454호(정부부처명)
2010. 3.31법10213호

제1조【국내재산 도피 금지】 누구든지 국내에 있는 재산을 도피시킬 목적으로 외국 또는 군사분계선 이북의 지역으로 재산을 이동하거나 이동하는 결과를 생기게 하는 행위를 할 수 없다.(2010.3.31 본조개정)

제2조【벌칙】 제1조를 위반하는 자는 10년 이하의 징역이나 금고 또는 100만원(圓) 이하의 벌금에 처한다. 다만, 해당 범죄행위의 목적물의 가격의 3배가 100만원(圓)을 초과할 때에는 벌금액은 해당 가격의 3배 이하로 한다.(2010.3.31 본조개정)

제3조【적용 배제】 다음 각 호의 어느 하나에 해당하는 경우에는 제1조를 적용하지 아니한다.

1. 정부가 허가한 경우
2. 정부의 필요에 따라 재산을 이동하거나 이동하는 결과를 생기게 하는 행위를 하는 경우
3. 여행 또는 일시 체재(滯在)에 필요한 일상수요품을 이동하는 경우

(2010.3.31 본조개정)

제4조【양벌규정】 법인의 대표자, 대리인, 사용인, 그 밖의 종업원이 그 법인의 업무에 관하여 제1조의 위반행위를 하면 그 행위자를 벌하는 외에 그 법인에도 제2조의 벌금형을 과(科)한다. 다만, 법인이 그 위반행위를 방지하기 위하여 해당 업무에 관하여 상당한 주의와 감독을 게을리하지 아니한 경우에는 그러하지 아니하다.(2010.3.31 본조개정)

제5조 (2010.3.31 삭제)

부　칙

제6조 본법은 공포일로부터 시행한다.

부　칙 (2010.3.31)

이 법은 공포한 날부터 시행한다.

국내재산 도피 방지법 시행령

(1970년　1월　14일
전개대통령령 제4519호)

개정
1994.12.23영14438호(직제)
2008. 2.29영20674호(직제)
2011. 9.29영23161호

제1조【국내재산의 범위】 「국내재산 도피 방지법」(이하 "법"이라 한다) 제1조에 따른 재산은 다음 각 호의 어느 하나에 해당하는 것으로 한다.

1. 화폐·보조화폐 및 은행권
2. 유가증권 또는 그 밖의 채권
3. 금·은·백금 또는 그 밖의 귀금속 및 보석류
4. 외국화폐, 외국보조화폐, 외국지폐, 외국은행권, 외국유가증권 또는 그 밖의 외국채권
5. 그 밖의 동산(動産) 및 선박

(2011.9.29 본조개정)

제2조【재산 이동의 허가신청】 법 제3조제1호에 따른 정부의 허가를 받으려는 자는 다음 각 호의 사항을 적은 신청서를 기획재정부장관에게 제출하여야 한다. 다만, 「관세법」이나 그 밖의 법령에 따라 소관 관청의 허가를 받은 경우에는 예외로 한다.

1. 재산이 있는 장소 및 이동할 장소
2. 이동할 재산의 종류와 수량
3. 재산 이동의 목적
4. 재산 이동의 방법
5. 신청자의 경력 및 신원보증서
6. 그 밖에 필요한 사항

(2011.9.29 본조개정)

제3조【허가】 기획재정부장관은 제2조에 따른 신청서를 받았을 때에는 이를 심사하여 법 제1조에 따른 재산 도피의 목적이 아닌 경우에만 허가한다.(2011.9.29 본조개정)

제4조【재산 이동의 절차】 제3조에 따라 허가를 받은 자는 그 허가서를 세관이나 그 밖의 관계기관에 제시하고 재산 이동에 필요한 절차를 밟아야 한다.(2011.9.29 본조개정)

제5조【검사 등】 기획재정부장관은 필요하다고 인정할 때에는 소속 공무원을 파견하여 제2조에 따라 신청한 재산을 검사하게 하거나 그 재산에 관한 보고를 하게 할 수 있다.(2011.9.29 본조개정)

부　칙 (2011.9.29)

이 영은 공포한 날부터 시행한다.

범죄수익은닉의 규제 및 처벌 등에 관한 법률(약칭 : 범죄수익은닉규제법)

(2001년 9월 27일
법 률 제6517호)

개정
2004. 3.22법 7196호(성매매알선등행위의처벌에관한법)
2005. 3.31법 7428호(채무자회생파산)
2005. 7.29법 7625호
2006. 4.28법 7941호(게임산업진흥에관한법)
2007. 4.11법 8356호(대외무역)
2007. 8. 3법 8635호(자본시장금융투자업)
2007.12.21법 8719호(국제형사재판소관할범죄의처벌등에관한법)
2008.12.19법 9141호 2009. 3.18법 9488호
2010. 3.31법10201호
2011. 5.19법10694호(특정금융거래정보의보고및이용등에관한법)
2011. 8. 4법11002호(아동)
2012. 1.17법11158호 2013. 5.28법11824호
2014. 5.28법12710호(공중등협박목적및대량살상무기확산을위한자금조달행위의금지에관한법)
2014.11.19법12842호 2019. 4.23법16343호
2020. 3.24법17113호(특정금융거래정보의보고및이용등에관한법)
2020. 5.19법17263호 2022. 1. 4법18672호

제1조【목적】 이 법은 특정범죄와 관련된 범죄수익(犯罪收益)의 취득 등에 관한 사실을 가장(假裝)하거나 특정범죄를 조장할 목적 또는 적법하게 취득한 재산으로 가장할 목적으로 범죄수익을 은닉(隱匿)하는 행위를 규제하고, 특정범죄와 관련된 범죄수익의 몰수 및 추징(追徵)에 관한 특례를 규정함으로써 특정범죄를 조장하는 경제적 요인을 근원적으로 제거하여 건전한 사회질서의 유지에 이바지함을 목적으로 한다.(2010.3.31 본조개정)

제2조【정의】 이 법에서 사용하는 용어의 뜻은 다음과 같다.

1. "특정범죄"란 재산상의 부정한 이익을 취득할 목적으로 범한 죄로서 다음 각 목의 어느 하나에 해당하는 것을 말한다.(2022.1.4 본문개정)
 가. 사형, 무기 또는 장기 3년 이상의 징역이나 금고에 해당하는 죄(제2호나목에 규정된 죄는 제외한다)
 나. 별표에 규정된 죄
 다. 제2호나목에 규정된 죄
 라. 가목과 나목에 규정된 죄(이하 "중대범죄"라 한다) 및 제2호나목에 규정된 죄와 다른 죄가 「형법」 제40조에 따른 상상적 경합(想像的 競合) 관계에 있는 경우에는 그 다른 죄
 마. 외국인이 대한민국 영역 밖에서 한 행위가 대한민국 영역 안에서 행하여졌다면 중대범죄 또는 제2호나목에 규정된 죄에 해당하고 행위지(行爲地)의 법령에 따라 죄에 해당하는 경우 그 죄
 (2022.1.4 가목~마목신설)
2. "범죄수익"이란 다음 각 목의 어느 하나에 해당하는 것을 말한다.
 가. 중대범죄에 해당하는 범죄행위에 의하여 생긴 재산 또는 그 범죄행위의 보수(報酬)로 얻은 재산
 나. 다음의 어느 하나의 죄에 관계된 자금 또는 재산
  1) 「성매매알선 등 행위의 처벌에 관한 법률」 제19조제2항제1호(성매매알선등행위 중 성매매에 제공되는 사실을 알면서 자금·토지 또는 건물을 제공하는 행위만 해당한다)의 죄
  2) 「폭력행위 등 처벌에 관한 법률」 제5조제2항 및 제6조(제5조제2항의 미수범만 해당한다)의 죄
  3) 「국제상거래에 있어서 외국공무원에 대한 뇌물방지법」 제3조제1항의 죄
  4) 「특정경제범죄 가중처벌 등에 관한 법률」 제4조의 죄
  5) 「국제형사재판소 관할 범죄의 처벌 등에 관한 법률」 제8조부터 제16조까지의 죄
  6) 「공중 등 협박목적 및 대량살상무기확산을 위한 자금조달행위의 금지에 관한 법률」 제6조제1항·제4항(제6조제1항제1호의 미수범에 한정한다)의 죄
  (2014.5.28 개정)
3. "범죄수익에서 유래한 재산"이란 범죄수익의 과실(果實)로 얻은 재산, 범죄수익의 대가(對價)로 얻은 재산 및 이들 재산의 대가로 얻은 재산, 그 밖에 범죄수익의 보유 또는 처분에 의하여 얻은 재산을 말한다.
4. "범죄수익등"이란 범죄수익, 범죄수익에서 유래한 재산 및 이들 재산과 그 외의 재산이 합쳐진 재산을 말한다.
5. "다중인명피해사고"란 고의 또는 과실에 의한 화재, 붕괴, 폭발, 선박·항공기·열차 사고를 포함하는 교통사고, 화생방사고, 환경오염사고 등으로서 국가 또는 지방자치단체 차원의 대처가 필요한 인명피해를 야기한 사고를 말한다.(2014.11.19 본호신설)

(2010.3.31 본조개정)

제3조【범죄수익등의 은닉 및 가장】 ① 다음 각 호의 어느 하나에 해당하는 자는 5년 이하의 징역 또는 3천만원 이하의 벌금에 처한다.
1. 범죄수익등의 취득 또는 처분에 관한 사실을 가장한 자
2. 범죄수익의 발생 원인에 관한 사실을 가장한 자
3. 특정범죄를 조장하거나 적법하게 취득한 재산으로 가장할 목적으로 범죄수익등을 은닉한 자

② 제1항의 미수범은 처벌한다.
③ 제1항의 죄를 범할 목적으로 예비하거나 음모한 자는 2년 이하의 징역 또는 1천만원 이하의 벌금에 처한다.
(2010.3.31 본조개정)

제4조【범죄수익등의 수수】 그 정황을 알면서 범죄수익등을 수수(收受)한 자는 3년 이하의 징역 또는 2천만원 이하의 벌금에 처한다. 다만, 법령에 따른 의무 이행으로서 제공된 것을 수수한 자 또는 계약(채권자가 상당한 재산상의 이익을 제공하는 것만 해당한다) 시에 그 계약에 관련된 채무의 이행이 범죄수익등에 의하여 행하여지는 것이라는 정황을 알지 못하고 그 계약과 관련된 채무의 이행으로서 제공된 것을 수수한 자의 경우에는 그러하지 아니하다.(2010.3.31 본조개정)

제5조【금융회사등의 신고 등】 ① 「특정 금융거래정보의 보고 및 이용 등에 관한 법률」 제2조제1호에 따른 금융회사등(이하 "금융회사등"이라 한다)에 종사하는 사람은 같은 법 제2조제2호에 따른 금융거래등과 관련하여 수수한 재산이 범죄수익등이라는 사실을 알게 되었을 때 또는 금융거래등의 상대방이 제3조의 죄에 해당하는 행위를 하고 있다는 사실을 알게 되었을 때에는 다른 법률의 규정에도 불구하고 지체 없이 관할 수사기관에 신고하여야 한다.(2020.3.24 본항개정)
② 금융회사등에 종사하는 사람은 제1항에 따라 신고를 하려는 경우 또는 신고를 한 경우에 그 사실을 그 신고와 관련된 금융거래등의 상대방 및 그의 관계자에게 누설하여서는 아니 된다.(2020.3.24 본항개정)
③ 제1항이나 제2항을 위반한 사람은 2년 이하의 징역 또는 1천만원 이하의 벌금에 처한다.
(2011.5.19 본조제목개정)
(2010.3.31 본조개정)

제6조【징역과 벌금의 병과】 제3조, 제4조 및 제5조제3항에 따른 죄를 범한 자에게는 징역과 벌금을 병과(倂科)할 수 있다.(2010.3.31 본조개정)

제7조【양벌규정】 법인의 대표자나 법인 또는 개인의 대리인, 사용인, 그 밖의 종업원이 그 법인 또는 개인의 업무에 관하여 제3조부터 제5조까지의 어느 하나에 해당하는 위반행위를 하면 그 행위자를 벌하는 외에 그 법인 또는 개인에게도 해당 조문의 벌금형을 과(科)한다. 다만, 법인 또는 개인이 그 위반행위를 방지하기 위하여 해당 업무에 관하여 상당한 주의와 감독을 게을리하지 아니한 경우에는 그러하지 아니하다.(2010.3.31 본조개정)

제7조의2【국외범】 제3조 및 제4조는 대한민국 영역 밖에서 해당 죄를 범한 내국인에게도 적용한다.
(2010.3.31 본조개정)

제8조【범죄수익등의 몰수】 ① 다음 각 호의 재산은 몰수할 수 있다.
1. 범죄수익
2. 범죄수익에서 유래한 재산
3. 제3조 또는 제4조의 범죄행위에 관계된 범죄수익등
4. 제3조 또는 제4조의 범죄행위에 의하여 생긴 재산 또는 그 범죄행위의 보수로 얻은 재산
5. 제3호 또는 제4호에 따른 재산의 과실 또는 대가로 얻은 재산 또는 이들 재산의 대가로 얻은 재산, 그 밖에 그 재산의 보유 또는 처분에 의하여 얻은 재산

② 제1항에 따라 몰수할 수 있는 재산(이하 "몰수대상재산"이라 한다)이 몰수대상재산 외의 재산과 합쳐진 경우 그 몰수대상재산을 몰수하여야 할 때에는 합쳐짐으로써 생긴 재산[이하 "혼화재산"(混和財産)이라 한다] 중 몰수대상재산(합쳐지는 데에 관련된 부분만 해당한다)의 금액 또는 수량에 상당하는 부분을 몰수할 수 있다.
③ 제1항에도 불구하고 같은 항 각 호의 재산이 범죄피해재산(재산에 관한 죄, 「특정범죄 가중처벌 등에 관한 법률」 제5조의2제1항제1호·제2항제1호의 죄 또는 「채무자 회생 및 파산에 관한 법률」 제650조·제652조 및 제654조의 죄에 해당하는 범죄행위에 의하여 그 피해자로부터 취득한 재산 또는 그 재산의 보유·처분에 의하여 얻은 재산을 말한다. 이하 같다)인 경우에는 몰수할 수 없다. 제1항 각 호의 재산 중 일부가 범죄피해재산인 경우에는 그 부분에 대하여도 또한 같다.
(2010.3.31 본조개정)

판례 피고인이 음란물유포 인터넷사이트를 운영하면서 정보통신망 이용촉진 및 정보보호 등에 관한 법률 위반(음란물유포)죄와 도박개장방조죄에 의하여 비트코인(Bitcoin)을 취득한 사안에서, 비트코인은 재산적 가치가 있는 무형의 재산이라고 보아야 하고, 몰수의 대상인 비트코인이 특정되어 있으므로, 피고인이 취득한 비트코인을 몰수할 수 있다.(대판 2018.5.30, 2018도3619)

제9조【몰수의 요건 등】 ① 제8조제1항에 따른 몰수는 몰수대상재산 또는 혼화재산이 범인 외의 자에게 귀속(歸屬)되지 아니하는 경우에만 할 수 있다. 다만, 범인 외의 자가 범죄 후 그 정황을 알면서 그 몰수대상재산 또는 혼화재산을 취득한 경우(그 몰수대상재산 또는 혼화재산의 취득이 제4조 단서에 해당하는 경우는 제외한다)에는 그 몰수대상재산 또는 혼화재산이 범인 외의 자에게 귀속된 경우에도 몰수할 수 있다.
② 지상권·저당권 또는 그 밖의 권리가 설정된 재산을 제8조제1항에 따라 몰수하는 경우 범인 외의 자가 범죄 전에 그 권리를 취득하였을 때 또는 범죄 후 그 정황을 알지 못하고 그 권리를 취득하였을 때에는 그 권리를 존속시킨다.
(2010.3.31 본조개정)

제10조【추징】 ① 제8조제1항에 따라 몰수할 재산을 몰수할 수 없거나 그 재산의 성질, 사용 상황, 그 재산에 관한 범인 외의 자의 권리 유무, 그 밖의 사정으로 인하여 그 재산을 몰수하는 것이 적절하지 아니하다고 인정될 때에는 그 가액(價額)을 범인으로부터 추징할 수 있다.
② 제1항에도 불구하고 제8조제1항의 재산이 범죄피해재산인 경우에는 그 가액을 추징할 수 없다.
(2010.3.31 본조개정)

제10조의2【추징 집행의 특례】 다중인명피해사고 발생에 형사적 책임이 있는 개인, 법인 및 경영지배·경제적 연관 또는 의사결정에의 참여 등을 통해 그 법인을 실질적으로 지배하는 자에 대한 이 법에 따른 몰수대상재산에 관한 추징은 범인 외의 자가 그 정황을 알면서 취득한 몰수대상재산 및 그로부터 유래한 재산에 대하여 그 범인 외의 자를 상대로 집행할 수 있다.(2014.11.19 본조신설)

제10조의3【몰수·추징의 집행을 위한 검사의 처분】 ① 검사는 이 법에 따른 몰수·추징의 집행을 위하여 필요하다고 인정되면 그 목적에 필요한 최소한의 범위에서 다음 각 호의 처분을 할 수 있다. 다만, 범인 외의 자에 대한 제4호 및 제5호의 처분은 제3항에 따른 영장이 있어야 한다.
1. 관계인의 출석 요구 및 진술의 청취
2. 서류나 그 밖의 물건의 소유자·소지자 또는 보관자에 대한 제출 요구
3. 「특정 금융거래정보의 보고 및 이용 등에 관한 법률」 제10조제1항에 따른 특정금융거래정보의 제공 요청
 (2020.3.24 본호개정)
4. 「국세기본법」 제81조의13에 따른 과세정보의 제공 요청
5. 「금융실명거래 및 비밀보장에 관한 법률」 제4조제1항에 따른 금융거래의 내용에 대한 정보 또는 자료의 제공 요청
6. 그 밖의 공공기관 또는 단체에 대한 사실조회나 필요한 사항에 대한 보고 요구

② 제1항의 자료제공 요청에 대하여 해당 기관은 군사, 외교, 대북관계 등 국가안위에 중대한 영향을 미치는 경우를 제외하고는 다른 법률을 근거로 이를 거부할 수 없다.
③ 검사는 제1항의 몰수·추징의 집행을 위하여 필요한 경우 지방법원 판사에게 청구하여 발부받은 영장에 의하여 압수·수색 또는 검증을 할 수 있다.
(2014.11.19 본조신설)

제10조의4【범죄수익등의 추정】 다음 각 호에 해당하는 죄에 관계된 범죄수익등을 산정할 때에는 범죄행위를 한 기간에 범인이 취득한 재산으로서 그 취득한 재산이 범죄수익등의 금액 및 재산 취득 시기 등 제반 사정에 비추어 같은 조의 죄를 범하여 얻은 범죄수익등으로 형성되었다고 볼만한 상당한 개연성이 있는 경우에는 그 죄에 관계된 범죄수익등으로 추정한다.
1. 「아동·청소년의 성보호에 관한 법률」 제11조, 제12조 및 제15조의 죄
2. 「성폭력범죄의 처벌 등에 관한 특례법」 제14조 및 제14조의2의 죄

(2020.5.19 본조신설)

제11조【국제 공조】 특정범죄와 제3조 및 제4조의 죄에 해당하는 행위에 대한 외국의 형사사건에 관하여 그 외국으로부터 몰수 또는 추징의 확정재판의 집행이나 몰수 또는 추징을 위한 재산 보전(保全)의 공조(共助) 요청이 있을 때에는 다음 각 호의 어느 하나에 해당하는 경우를 제외하고는 그 요청에 관하여 공조할 수 있다.
1. 공조 요청의 대상이 되는 범죄와 관련된 행위가 대한민국 내에서 행하여진 경우 그 행위가 대한민국의 법령에 따라 특정범죄 또는 제3조 및 제4조의 죄에 해당하지 아니한다고 인정되는 경우
2. 대한민국이 같은 종류의 공조 요청을 할 경우 그 요청에 응한다는 취지의 공조요청국의 보증이 없는 경우
3. 「마약류 불법거래 방지에 관한 특례법」 제64조제1항 각 호의 어느 하나에 해당하는 경우

(2010.3.31 본조개정)

제12조【「마약류 불법거래 방지에 관한 특례법」의 준용】 이 법에 따른 몰수 및 추징과 국제 공조에 관하여는 「마약류 불법거래 방지에 관한 특례법」 제19조부터 제63조까지, 제64조제2항 및 제65조부터 제78조까지의 규정을 준용한다.(2010.3.31 본조개정)

제13조【포상금 지급】 ① 법무부장관은 몰수대상재산이 몰수·추징되어 국고에 귀속된 경우에는 수사기관에 신고한 자 또는 몰수·추징에 공로가 있는 자에게 포상금을 지급할 수 있다. 다만, 공무원이 그 직무와 관련하여 신고하거나 금융회사등에 종사하는 사람이 제5조제1항에 따라 신고한 경우에는 포상금을 감액하거나 지급하지 아니할 수 있다.
② 제1항에 따른 포상금 지급 대상이 되는 신고 또는 공로의 범위, 포상금 지급의 기준·방법 및 절차 등에 관하여 필요한 사항은 대통령령으로 정한다.
(2013.5.28 본조신설)

부　칙 (2005.7.29)

① 【시행일】 이 법은 공포 후 1년이 경과한 날부터 시행한다.
② 【몰수·추징에 관한 경과조치】 이 법 시행 전 「식품위생법」 제74조의2[제8조(제69조에서 준용한 경우를 포함한다) 및 제22조제1항의 규정을 위반한 부분을 제외한다], 「건강기능식품에 관한 법률」 제43조(제23조 위반의 경우에 한한다) 및 「보건범죄단속에 관한 특별조치법」 제2조제1항(「식품위생법」 제6조 위반의 경우에 한한다)의 규정을 위반하여 발생한 범죄수익등의 몰수·추징에 관하여는 종전의 규정에 의한다.

부　칙 (2008.12.19)

① 【시행일】 이 법은 공포 후 3개월이 경과한 날부터 시행한다.
② 【몰수·추징에 관한 경과조치】 이 법 시행 전에 「저작권법」 제136조제1항 또는 「컴퓨터프로그램 보호법」 제46조제1항제1호의 범죄행위에 의하여 발생한 범죄수익등의 몰수·추징에 관하여는 종전의 규정에 따른다.

부　칙 (2012.1.17)

제1조 【시행일】 이 법은 공포 후 3개월이 경과한 날부터 시행한다.
제2조 【몰수·추징에 관한 적용례】 이 법은 이 법 시행 후 「형법」 제243조·제244조·제347조의2·제351조(제347조의2의 상습범만 해당한다)의 죄, 「정보통신망 이용촉진 및 정보보호 등에 관한 법률」 제74조제1항제2호의 죄, 「영화 및 비디오물의 진흥에 관한 법률」 제95조제6호의 죄, 「폐기물관리법」 제64조제1호·제2호의 죄, 「출입국관리법」 제93조의2제2항의 죄, 「여권법」 제24조(부정한 방법으로 여권 등의 발급, 재발급을 알선한 사람만 해당한다) 또는 제25조제2호의 죄를 범하고 그 범죄행위로부터 발생한 범죄수익 등을 몰수·추징하는 경우부터 적용한다.

부　칙 (2013.5.28)

제1조 【시행일】 이 법은 공포한 날부터 시행한다. 다만 제13조의 개정규정은 공포 후 1년이 경과한 날부터 시행한다.
제2조 【포상금 지급에 관한 적용례】 제13조의 개정규정은 같은 개정규정 시행 후 신고하거나 몰수·추징에 공로가 있는 자부터 적용한다.
제3조 【몰수·추징에 관한 경과조치】 이 법 시행 전에 「형법」 제357조제1항·제2항, 「정보통신망 이용촉진 및 정보보호 등에 관한 법률」 제74조제1항제6호, 「석유 및 석유대체연료 사업법」 제44조제3호, 「청소년 보호법」 제55조부터 제57조까지 및 제58조제5호, 「아동·청소년의 성보호에 관한 법률」 제15조 또는 「대부업 등의 등록 및 금융이용자 보호에 관한 법률」 제19조제2항제3호의 범죄행위에 의하여 발생한 범죄수익등의 몰수·추징에 관하여는 종전의 규정에 따른다.
제4조 【「아동·청소년의 성보호에 관한 법률」의 시행일에 관한 경과조치】 별표 제31호의 개정규정 및 부칙 제3조 중 "제15조"는 2013년 6월 18일까지는 "제12조"로 본다.

부　칙 (2014.11.19)

제1조 【시행일】 이 법은 공포한 날부터 시행한다.
제2조 【몰수·추징의 집행에 관한 적용례】 제2조제5호, 제10조의2 및 제10조의3의 개정규정은 이 법 시행 당시 몰수 또는 추징 절차가 진행 중인 경우에도 적용한다.

부　칙 (2019.4.23)

제1조 【시행일】 이 법은 공포한 날부터 시행한다.
제2조 【몰수·추징에 관한 경과조치】 이 법 시행 전에 「형법」 제276조부터 제281조까지(체포는 제외한다), 제287조부터 제292조까지, 제294조, 제296조, 제348조 및 제350조의2, 「관세법」 제270조의2, 「대외무역법」 제53조제2항제2호 및 제3호, 「특정범죄 가중처벌 등에 관한 법률」 제8조(「조세범 처벌법」 제3조 및 「지방세기본법」 제102조제1항에 규정된 죄 중 조세 및 지방세를 환급받는 경우만 해당한다), 「정보통신망 이용촉진 및 정보보호 등에 관한 법률」 제71조제1항제2호·제3호·제5호 및 제6호, 「아동·청소년의 성보호에 관한 법률」 제11조 및 제12조, 「의료법」 제87조제1항제2호 및 제88조제2호, 「산지관리법」 제53조제1호, 「국토의 계획 및 이용에 관한 법률」 제140조제1호, 「주식회사 등의 외부감사에 관한 법률」 제40조, 「공인회계사법」 제53조제1항제1호, 「개인정보 보호법」 제71조 및 제72조, 「성폭력범죄의 처벌 등에 관한 특례법」 제14조, 「도시 및 주거환경정비법」 제135조제2호, 「산업기술의 유출방지 및 보호에 관한 법률」 제36조제1항, 「부정경쟁방지 및 영업비밀보호에 관한 법률」 제18조제1항, 「방위산업기술 보호법」 제21조제1항 및 제2항, 「화학물질관리법」 제58조제2호·제2호의2·제3호 및 제4호, 「국민보호와 공공안전을 위한 테러방지법」 제17조제1항 및 「국민체육진흥법」 제47조·제48조의 범죄행위에 따라 발생한 범죄수익등의 몰수·추징에 관하여는 종전의 규정에 따른다.

부　칙 (2020.3.24)

제1조 【시행일】 이 법은 공포 후 1년이 경과한 날부터 시행한다.(이하 생략)

부　칙 (2020.5.19)

이 법은 공포한 날부터 시행한다. 다만, 제10조의4 및 별표 제39호의 개정규정 중 「성폭력범죄의 처벌 등에 관한 특례법」 제14조의2에 관한 부분은 2020년 6월 25일부터 시행한다.

부　칙 (2022.1.4)

제1조 【시행일】 이 법은 공포한 날부터 시행한다.
제2조 【몰수·추징에 관한 적용례】 이 법의 개정규정은 이 법 시행 후 발생한 범죄행위부터 적용한다.

[별표] ➡ 「法典 別册」 참조

부패재산의 몰수 및 회복에 관한 특례법(약칭 : 부패재산몰수법)

(2008년 3월 28일
법　률　제8993호)

개정
2013. 3.23법11690호(정부조직)
2016.12.20법14410호
2017.10.31법15022호(주식회사등의외부감사에관한법)
2019. 8.20법16444호
2020.12.29법17799호(독점)
2021. 1. 5법17829호
2021. 5.18법18191호(공직자의이해충돌방지법)

제1장 총　칙

제1조 【목적】 이 법은 「국제연합부패방지협약」 및 그 밖의 관련 국제협약을 효율적으로 이행하기 위하여 부패재산의 몰수 및 추징, 환수 등에 관한 특례를 규정함으로써 부패범죄를 조장하는 경제적 요인을 근원적으로 제거하여 부패범죄를 효과적으로 방지·척결하고 청렴한 국제사회질서 확립에 이바지함을 목적으로 한다.
제2조 【정의】 이 법에서 사용하는 용어의 정의는 다음과 같다.
1. "부패범죄"란 불법 또는 부당한 방법으로 물질적·사회적 이득을 얻거나 다른 사람으로 하여금 얻도록 도울 목적으로 범한 죄로서 별표에 규정된 죄를 말한다.
2. "부패재산"이란 범죄수익 및 범죄수익에서 유래한 재산을 말한다.
 가. "범죄수익"이란 부패범죄의 범죄행위에 의하여 생긴 재산 또는 그 범죄행위의 보수로서 얻은 재산을 말한다.
 나. "범죄수익에서 유래한 재산"이란 범죄수익의 과실(果實)로서 얻은 재산, 범죄수익의 대가로서 얻은 재산 및 이들 재산의 대가로서 얻은 재산, 그 밖에 범죄수익의 보유 또는 처분에 의하여 얻은 재산을 말한다.
3. "범죄피해재산"이란 별표에 규정된 죄 가운데 다음 각 목의 어느 하나에 해당하는 죄의 범죄행위에 의하여 그 피해자로부터 취득한 재산 또는 그 재산의 보유·처분에 의하여 얻은 재산을 말한다.
 가. 「형법」 제2편제39장 사기와 공갈의 죄 중 제347조, 제347조의2 및 제351조(제347조 및 제347조의2의 상습범만 해당한다)에 해당하는 죄[「형법」 제114조에 따른 범죄단체를 조직하여 범행한 경우, 「유사수신행위의 규제에 관한 법률」 제2조에 따른 유사수신행위 또는 「방문판매 등에 관한 법률」 제2조제5호에 따른 다단계판매의 방법으로 기망(欺罔)하여 범행한 경우 및 「전기통신금융사기 피해 방지 및 피해금 환급에 관한 특별법」 제2조제2호에 따른 전기통신금융사기에 해당하는 경우(이하 "특정사기범죄"라 한다)로 한정한다]와 「특정경제범죄 가중처벌 등에 관한 법률」 제3조 중 「형법」 제347조, 제347조의2 및 제351조(제347조 및 제347조의2의 상습범만 해당한다)에 해당하는 죄(특정사기범죄로 한정한다)
 나. 「형법」 제2편제40장 횡령과 배임의 죄 중 제355조, 제356조 및 제359조의 죄와 「특정경제범죄 가중처벌 등에 관한 법률」 제3조 중 「형법」 제355조 및 제356조에 해당하는 죄
(2019.8.20 본호개정)
4. "집행재산등"이란 다음 각 목의 어느 하나에 해당하는 경우 그 공조실시에 관계된 재산 또는 가액을 말한다.
 가. 외국으로부터 몰수 또는 추징의 확정재판의 집행이나 몰수 또는 추징을 위한 재산보전의 공조요청이 있는 경우
 나. 외국에 대하여 몰수 또는 추징의 확정재판의 집행이나 몰수 또는 추징을 위한 재산보전의 공조요청을 하는 경우
5. "요청국"이란 부패범죄에 해당하는 행위에 대한 형사사건과 관련하여 대한민국에 대하여 몰수 또는 추징의 확정재판의 집행이나 몰수 또는 추징을 위한 재산보존의 공조를 요청하는 국가를 말한다.

제2장 부패재산의 몰수 및 추징

제3조 【부패재산의 몰수】 ① 부패재산은 몰수할 수 있다. 다만, 다른 법령에 따라 부패재산을 몰수하여야 하는 경우에는 그 법령에 따라 몰수한다.
② 제1항에 따라 몰수하는 부패재산이 부패재산 외의 재산과 합하여진 경우에는 부패재산과 그 외의 재산이 합하여진 재산(이하 "혼합재산"이라 한다) 중 부패재산의 비율에 상당하는 부분을 몰수할 수 있다.
제4조 【몰수의 요건 등】 ① 제3조에 따른 몰수는 부패재산 또는 혼합재산이 범인 외의 자에게 귀속되지 아니한 경우에 한한다. 다만, 범인외의 자가 범죄 후 그 정(情)을 알면서 그 부패재산 또는 혼합재산을 취득한 경우(그 부패재산 또는 혼합재산의 취득이 「범죄수익은닉의 규제 및 처벌 등에 관한 법률」 제4조 단서에 해당하는 경우에는 제외한다)에는 그 부패재산 또는 혼합재산이 범인 외의 자에게 귀속된 경우에도 몰수할 수 있다.
② 부패재산 또는 혼합재산이 범인 외의 자에게 상속이나 증여 등으로 무상(無償) 또는 현저한 저가(低價)로 귀

속된 경우에는 범인 외의 자가 그 정을 알지 못하고 그 부패재산 또는 혼합재산을 취득한 때에도 전부 또는 일부를 몰수할 수 있다.
③ 지상권, 저당권, 그 밖의 권리가 그 위에 존재하는 재산을 제3조에 따라 몰수하는 경우에 범인 외의 자가 범죄 전에 그 권리를 취득한 때 또는 범인 외의 자가 범죄 후 그 정을 알지 못하고 그 권리를 취득한 때에는 이를 존속시킨다.
제5조【추징】 ① 부패재산을 몰수할 수 없거나 그 재산의 성질, 사용상황, 그 재산에 관한 범인 외의 자의 권리 유무, 그 밖의 사정으로 인하여 이를 몰수함이 상당하지 아니하다고 인정될 때에는 그 가액(價額)을 범인으로부터 추징한다.
② 제4조제1항 또는 제2항에 따라 범인 외의 자로부터 추징하는 경우에는 제1항을 준용한다.
제6조【범죄피해재산의 특례】 ① 제3조의 재산이 범죄피해재산으로서 범죄피해자가 그 재산에 관하여 범인에 대한 재산반환청구권 또는 손해배상청구권 등을 행사할 수 없는 등 피해회복이 심히 곤란하다고 인정되는 경우에는 몰수·추징할 수 있다.
② 이 법에 따라 몰수·추징된 범죄피해재산은 피해자에게 환부(還付)한다.
③ 범죄피해재산의 환부 요건 및 절차 등 범죄피해재산의 환부에 필요한 사항은 대통령령으로 정한다.

제3장 몰수 및 추징 보전절차, 몰수재판 및 추징재판의 집행과 보전에 관한 국제공조절차

제7조【국제공조의 실시】 부패범죄에 해당하는 행위에 대한 외국의 형사사건과 관련하여 그 외국으로부터 집행재산등의 반환요청이 있는 때에는 다음 각 호의 어느 하나에 해당하는 경우를 제외하고는 그 요청에 관하여 공조할 수 있다.
1. 공조요청의 대상이 되는 범죄와 관련된 행위가 대한민국 내에서 행하여지고 그 행위가 대한민국의 법령에 따라 부패범죄에 해당하지 아니한다고 인정되는 경우
2. 대한민국이 행하는 같은 종류의 공조요청에 응한다는 취지의 요청국의 보증이 없는 경우
3. 요청국이 집행재산등의 원소유자, 범죄피해자 또는 정당한 권리있는 사람에게 집행재산등을 양도할 것이라는 보증을 하지 아니하는 경우
4. 「마약류 불법거래방지에 관한 특례법」 제64조제1항 각 호의 어느 하나에 해당하는 경우
제8조【「마약류 불법거래방지에 관한 특례법」의 준용】 이 법에 따른 몰수 및 추징과 국제공조에 관하여는 「마약류 불법거래방지에 관한 특례법」 제19조부터 제63조까지, 제64조제2항 및 제65조부터 제78조까지의 규정을 준용한다.

제4장 부패재산의 회복에 관한 특례 및 절차

제9조【반환요청의 접수 및 집행재산등의 인도】 반환요청의 접수와 요청국에 대한 집행재산등의 인도는 외교부장관이 행한다. 다만, 긴급을 요하는 사정이나 특별한 사정이 있는 경우에는 법무부장관이 외교부장관의 동의를 받아 이를 행할 수 있다.(2013.3.23 본조개정)
제10조【반환요청서의 송부】 외교부장관은 요청국으로부터 집행재산등의 반환요청을 받은 때에는 반환요청서를 법무부장관에게 송부하여야 한다.(2013.3.23 본조개정)
제11조【집행재산등의 반환 결정 등】 ① 법무부장관은 요청국으로부터 집행재산등의 반환요청이 있는 때에는 그 전부 또는 일부의 반환을 결정할 수 있다. 다만, 요청국에서 반환요청을 철회하거나 집행재산등의 가치가 미미하거나 주권(主權), 국가안전보장, 안녕질서 또는 미풍양속 등 대한민국의 중대한 이익 보호를 위하여 집행재산등을 반환하는 것이 적당하지 아니하다고 인정되는 경우에는 그러하지 아니하다.
② 법무부장관은 집행재산등의 전부 또는 일부를 반환하기로 결정한 때에는 그 반환을 위하여 상당하다고 인정되는 지방검찰청검사장(이하 "검사장"이라 한다)에게 제7조에 따른 공조에 필요한 조치를 명하고, 그 집행재산등을 반환하기 위하여 보관할 것을 명하여야 한다.
③ 법무부장관은 다음 각 호의 어느 하나에 해당하는 경우에는 제2항에 따른 결정을 하기 전이라도 필요하다고 인정하는 때에는 검사장에게 제8조에 따른 국제공조에 필요한 조치를 명하거나 집행재산등의 전부 또는 일부를 임시보관할 것을 명할 수 있다.
1. 집행재산등의 반환요청에 응하여야 할 상당한 개연성이 있다고 판단되는 경우
2. 요청국으로부터 반환요청이 있을 것으로 예상되는 경우
제12조【반환 관련 협의】 법무부장관은 이 법에 따라 집행재산등을 반환할 수 없거나 반환하지 아니하는 것이 상당하다고 인정하는 경우 또는 반환을 연기하려는 경우에는 외교부장관과 협의하여야 한다.(2013.3.23 본조개정)
제13조【검사장의 조치】 ① 제11조제2항에 따른 명령을 받은 검사장은 소속 검사에게 집행재산등의 반환에 필요한 조치를 취하도록 명하여야 한다.
② 제11조제2항에 따른 명령을 받은 검사장은 반환을 위한 집행재산등의 보관을 종료한 때에는 지체 없이 집행재산등을 법무부장관에게 인도하여야 한다.
제14조【집행재산등의 이관】 ① 법무부장관은 제13조에 따른 집행재산등을 인도받은 때에는 이를 외교부장관에게 이관하여야 한다.
② 법무부장관은 제1항에 따라 집행재산등을 이관하는 경우에 그 집행재산등의 사용·반환 등에 관하여 요청국이 지켜야 할 준수사항을 정하여 그 이행의 보증을 요구하도록 외교부장관에게 요청할 수 있다.
③ 외교부장관은 법무부장관으로부터 제2항에 따른 요청을 받은 때에는 적절한 조치를 취하고 그 결과를 법무부장관에게 통지하여야 한다.
(2013.3.23 본조개정)
제15조【외국에 부패재산의 환수요청】 ① 법무부장관은 외국에 대하여 몰수 또는 추징의 확정재판 집행이나 몰수 또는 추징을 위한 재산보존의 공조를 요청할 수 있다. 이 경우 법무부장관은 집행재산등의 환수(還收)를 요청할 수 있다.
② 법무부장관은 제1항에 따라 집행재산등의 환수를 요청하는 경우 환수요청서를 외교부장관에게 송부하여야 한다. 다만, 긴급을 요하는 사정이나 특별한 사정이 있는 경우에는 외교부장관의 동의를 받아 환수요청서를 직접 외국에 송부할 수 있다.(2013.3.23 본항개정)
③ 고위공직자범죄수사처장은 외국에 대하여 몰수 또는 추징을 위한 재산보존의 공조요청을 하려면 법무부장관에게 공조요청서를 송부하여야 한다.(2021.1.5 본항신설)
제16조【환수요청서의 송부】 외교부장관은 법무부장관으로부터 제15조에 따른 환수요청서를 송부받은 때에는 이를 해당 국가에 송부하여야 한다. 다만, 외교관계상 환수요청하는 것이 상당하지 아니하다고 인정하는 경우에는 이에 관하여 법무부장관과 협의하여야 한다.
(2013.3.23 본문개정)
제17조【해외 집행재산등의 환수 등】 ① 외국으로부터 집행재산등의 환수는 외교부장관이 행한다.
② 외교부장관은 환수받은 집행재산등을 법무부장관에게 이관하여야 한다.
(2013.3.23 본조개정)
제18조【해외 집행재산등의 처분】 ① 법무부장관은 송부받은 집행재산등이 금전 이외의 재산인 때에는 검사로 하여금 이를 환가(換價)하거나 징수하게 할 수 있다.
② 제1항에도 불구하고 환수받은 집행재산등의 가액이 현저하게 낮거나 집행재산등의 매각에 있어 경제적 효용성이 없는 등의 사유로 매수인이 없거나 매각하더라도 매수인이 없을 것이 분명한 때에는 그 집행재산등을 폐기할 수 있다.
③ 검사는 외국에 대하여 집행재산등의 매각을 공조요청할 필요가 있는 경우에는 법무부장관에게 매각요청서를 송부하여야 하고, 법무부장관은 공조요청하는 것이 상당하다고 인정하는 경우에는 이를 외교부장관에게 송부하여야 한다.(2013.3.23 본항개정)

제5장 보 칙

제19조【부패범죄 신고자의 보호】 부패범죄 신고자의 보호에 관하여는 「특정범죄신고자 등 보호법」 제3조부터 제17조까지의 규정을 준용한다.
제20조【「형사소송법」의 준용 등】 ① 이 법에 따른 몰수·추징의 집행 및 처분에 있어서 이 법에 특별한 규정이 없는 한 그 성질에 반하지 아니한 것은 「형사소송법」을 준용한다.
② 제18조에 규정된 집행재산등의 처분은 「검찰청법」 제11조에 따른 압수물 및 징수 사무에 관한 규정에 따라 절차를 진행한다.
제21조【검찰총장 경유】 이 법에 따라 법무부장관이 검사장 또는 검사에게 하는 명령·서류송부와 검사장 또는 검사가 법무부장관에게 하는 보고·서류송부는 검찰총장을 거쳐야 한다. 다만, 고위공직자범죄수사처장 또는 그 소속 검사의 경우에는 그러하지 아니하다.(2021.1.5 단서신설)

부 칙

이 법은 「국제연합부패방지협약」이 대한민국에 대하여 그 효력을 발생하는 날부터 시행한다.<2008.4.26 발효>

부 칙 (2019.8.20)

제1조【시행일】 이 법은 공포한 날부터 시행한다.
제2조【범죄피해재산에 관한 적용례】 제2조제3호 및 별표 제1호·제4호의 개정규정은 이 법 시행 당시 수사 중이거나 법원에 계속 중인 사건에도 적용한다.

부 칙 (2021.1.5)

이 법은 공포한 날부터 시행한다.

부 칙 (2021.5.18)

제1조【시행일】 이 법은 공포 후 1년이 경과한 날부터 시행한다.(이하 생략)

〔별표〕 ➡ 「法典 別冊」 참조

선박 및 해상구조물에 대한 위해행위의 처벌 등에 관한 법률

(약칭 : 선박위해처벌법)

(2003년 5월 27일
법 률 제6880호)

개정
2008. 6.13법 9109호(사법경찰관리의직무를수행할자와그직무범위에관한법)
2012. 2.10법11302호 2017.12.12법15155호
2021. 3.16법17930호

제1조【목적】 이 법은 운항 중인 선박 및 해상구조물에 대한 위해행위(危害行爲)를 방지함으로써 선박의 안전한 운항과 해상구조물의 안전을 보호함을 목적으로 한다.
(2012.2.10 본조개정)
제2조【정의】 이 법에서 사용하는 용어의 뜻은 다음과 같다.
1. "선박"이란 기선(機船), 범선(帆船), 부선(艀船) 및 잠수선(潛水船) 등 해저(海底)에 항상 고착되어 있지 아니한 모든 형태의 배를 말한다. 다만, 군함, 국가가 소유하거나 운영하는 해군보조함 및 세관·경찰용 선박은 제외한다.
2. "운항"이란 항해, 정박(碇泊), 계류(繫留), 대기(待機) 등 해양에서의 선박의 모든 사용 상태를 말한다.
3. "대한민국 선박"이란 「선박법」 및 「어선법」 등 관계 법령에 따라 대한민국에 등록된 선박을 말한다.
4. "외국선박"이란 외국에 등록된 선박을 말한다.
5. "해상구조물"이란 자원의 탐사·개발, 해양과학조사, 그 밖의 경제적 목적 등을 위하여 「해양법에 관한 국제연합 협약」에 따른 대륙붕에 항상 고착된 인공섬, 시설 또는 구조물을 말한다.
6. "외국인"이란 대한민국의 국적을 가지지 아니한 사람을 말한다.
(2012.2.10 본조개정)
제3조【외국인에 대한 적용 범위】 이 법은 다음 각 호의 어느 하나에 해당하는 외국인에게도 적용한다.
1. 대한민국 영역 밖에서 대한민국 선박에 대하여 제5조부터 제13조까지의 죄를 범한 외국인
2. 대한민국 영역 밖에서 대한민국 대륙붕에 있는 해상구조물에 대하여 또는 그 해상구조물에서 제5조부터 제13조까지의 죄를 범한 외국인
3. 대한민국 영역 밖에서 제5조부터 제13조까지의 죄를 범하고 대한민국 영역 안에 있는 외국인
(2012.2.10 본조개정)
제4조【범죄인의 인도】 ① 대한민국 선박의 선장은 운항 중에 제5조부터 제13조까지의 죄를 범한 것으로 의심할 만한 상당한 이유가 있다고 인정되는 사람(이하 "범죄인"이라 한다)을 「항해의 안전에 대한 불법행위의 억제를 위한 협약」(이하 "항해안전협약"이라 한다)의 당사국인 외국의 정부기관에 인도(引渡)할 수 있다. 이 경우 선장은 긴급히 처리하여야 할 부득이한 사유가 있는 경우를 제외하고는 인도하기 전에 인도 대상자, 인도 사유, 인도 예정 일시 및 인도 대상국 등에 관한 사항을 미리 법무부장관에게 보고하고 승인을 받아야 한다.
② 대한민국 선박의 선장은 제1항에 따라 범죄인을 인도하려는 경우에는 특별한 사정이 있는 경우를 제외하고는 외국의 영해에 진입하기 전에 인도 대상자, 인도 의사(意思) 및 인도 사유를 그 정부기관에 통보하여야 하고, 인도하는 경우에는 관련 증거를 함께 제공하여야 한다.
③ 제1항에 따라 범죄인을 인도한 선장은 즉시 법무부장관에게 인도 대상자, 인도 일시, 인도 장소 및 인수기관 등에 관한 사항을 보고하여야 한다.
④ 항해안전협약의 당사국인 외국선박의 선장이 범죄인을 대한민국에 인도하려는 경우에는 검사 또는 「형사소송법」 제197조제1항에 따른 사법경찰관(「사법경찰관리의 직무를 수행할 자와 그 직무범위에 관한 법률」 제5조제18호에 따른 어업감독 공무원 중 7급 이상 공무원을 포함한다. 이하 같다)은 특별한 사정이 있는 경우를 제외하고는 그 범죄인을 인수하여야 한다. 이 경우 사법경찰관이 인수할 때에는 긴급히 처리하여야 할 부득이한 사유가 있는 경우를 제외하고는 검사의 지휘를 받아야 한다.
(2021.3.16 전단개정)
⑤ 사법경찰관은 제4항에 따라 범죄인을 인수한 경우에는 그 결과를 즉시 검사에게 보고하여야 한다.
⑥ 검사 또는 사법경찰관이 제4항에 따라 범죄인을 인수할 때에는 범행을 조사하는 데에 필요한 증거물의 제시·제출, 선박 안에 있는 사람의 출석 등을 선장에게 요구할 수 있다. 이 경우 그 조사를 위하여 해당 선박의 운항을 부당하게 지연시켜서는 아니 된다.
⑦ 법무부장관은 제4항에 따라 인수한 범죄인을 그가 승선하고 있던 외국선박이 등록된 국가에 인수하도록 요청할 수 있다. 이 경우 인수요청 절차에 관하여는 「국제형사사법 공조법」 제29조부터 제32조까지의 규정을 준용하되, "공조요청"은 "인수요청"으로, "공조요청서"는 "인수요청서"로 본다.

⑧ 제7항의 인수요청 대상 국가로부터 인수 수락의 통보를 받은 경우 검사는 범죄인이 구속되어 있는 교도소·구치소 또는 그 밖의 구금장소의 장에게 그 범죄인을 인도할 것을 지휘하여야 한다. 이 경우 그 절차에 관하여는 「범죄인 인도법」 제36조, 제37조제1항, 제39조제1항, 제40조제1항 및 제41조를 준용한다.
(2012.2.10 본조개정)

제5조【폭행·협박·상해·살인죄】 ① 운항 중인 선박 또는 해상구조물의 안전을 위험하게 할 목적으로 그 선박 또는 해상구조물에 있는 사람을 살해한 사람은 사형, 무기 또는 7년 이상의 징역에 처한다.
② 운항 중인 선박 또는 해상구조물의 안전을 위험하게 할 목적으로 그 선박 또는 해상구조물에 있는 사람의 신체를 상해(傷害) 또는 폭행하거나 사람을 협박한 사람은 3년 이상의 유기징역에 처한다.
③ 제1항의 죄를 범할 목적으로 예비하거나 음모한 사람은 10년 이하의 징역에 처한다. 다만, 그 목적한 죄의 실행에 착수(着手)하기 전에 자수한 사람은 그 형을 감경하거나 면제한다.
(2012.2.10 본조개정)

제6조【선박 납치죄】 ① 폭행이나 협박 또는 그 밖의 방법으로 운항 중인 선박 또는 해상구조물을 강탈하거나 선박을 강제로 운항하게 한 사람은 무기 또는 5년 이상의 징역에 처한다.
② 제1항의 죄를 범할 목적으로 예비하거나 음모한 사람은 5년 이하의 징역에 처한다. 다만, 그 목적한 죄의 실행에 착수하기 전에 자수한 사람은 그 형을 감경하거나 면제한다.
(2012.2.10 본조개정)

제7조【선박 등의 손괴죄】 운항 중인 선박 또는 해상구조물을 파괴하거나, 운항 중인 선박이나 해상구조물 또는 그에 적재된 화물에 그 안전을 위험하게 할 만한 손상을 입힌 사람은 3년 이상의 유기징역에 처한다.(2012.2.10 본조개정)

제8조【선박 운항 관련 기기·시설의 손괴죄 등】 운항 중인 선박의 안전을 위험하게 할 목적으로 그 선박 운항과 관련된 기기·시설을 파괴하거나 중대한 손상을 가하거나 기능장애 상태를 발생시킨 사람은 10년 이하의 징역에 처한다.(2012.2.10 본조개정)

제9조【위험 물건 설치·탑재죄】 운항 중인 선박 또는 해상구조물의 안전을 위험하게 할 만한 물건을 그 선박 또는 해상구조물에 설치하거나 탑재한 사람은 7년 이하의 징역에 처한다.(2012.2.10 본조개정)

제10조【거짓 정보 전달죄】 거짓된 정보를 전달하여 선박의 안전운항을 위험하게 한 사람은 7년 이하의 징역 또는 5천만원 이하의 벌금에 처한다.(2017.12.12 본조개정)

제11조【미수범】 제5조제1항·제2항(폭행은 제외한다), 제6조제1항 및 제7조부터 제10조까지에 규정된 죄의 미수범은 처벌한다.(2012.2.10 본조개정)

제12조【선박 납치 등 살인·치사죄, 상해·치상죄】 ① 제6조제1항의 죄 또는 그 미수죄를 범하여 사람을 살해하거나 사망에 이르게 한 사람은 사형, 무기 또는 10년 이상의 징역에 처하고, 사람의 신체를 상해하거나 상해에 이르게 한 사람은 무기 또는 7년 이상의 징역에 처한다.
② 제5조제1항·제2항, 제7조의 죄 또는 그 미수죄(제5조제2항의 경우 폭행은 제외한다)를 범하여 사람을 살해하거나 사망에 이르게 한 사람은 사형, 무기 또는 7년 이상의 징역에 처하고, 사람의 신체를 상해하거나 상해에 이르게 한 사람은 무기 또는 5년 이상의 징역에 처한다.
③ 제8조부터 제10조까지의 죄 또는 그 미수죄를 범하여 사람을 살해하거나 사망에 이르게 한 사람은 사형, 무기 또는 5년 이상의 징역에 처하고, 사람의 신체를 상해하거나 상해에 이르게 한 사람은 무기 또는 3년 이상의 징역에 처한다.
④ 제1항부터 제3항까지에 규정된 죄의 미수범은 처벌한다.
(2012.2.10 본조개정)

제13조【협박죄】 다른 사람의 권리행사를 방해하거나 의무가 없는 일을 하게 할 목적으로 제5조제1항·제2항, 제7조 또는 제8조의 죄를 범하여 운항 중인 선박 또는 해상구조물의 안전을 위험하게 할 것이라고 고지함으로써 다른 사람을 협박한 사람은 5년 이하의 징역 또는 3천만원 이하의 벌금에 처한다.(2017.12.12 본조개정)

부 칙 (2012.2.10)
(2017.12.12)
(2021.3.16)

이 법은 공포한 날부터 시행한다.

중대재해 처벌 등에 관한 법률

(약칭 : 중대재해처벌법)

(2021년 1월 26일 법 률 제17907호)

제1장 총 칙

제1조【목적】 이 법은 사업 또는 사업장, 공중이용시설 및 공중교통수단을 운영하거나 인체에 해로운 원료나 제조물을 취급하면서 안전·보건 조치의무를 위반하여 인명피해를 발생하게 한 사업주, 경영책임자, 공무원 및 법인의 처벌 등을 규정함으로써 중대재해를 예방하고 시민과 종사자의 생명과 신체를 보호함을 목적으로 한다.

제2조【정의】 이 법에서 사용하는 용어의 뜻은 다음과 같다.
1. "중대재해"란 "중대산업재해"와 "중대시민재해"를 말한다.
2. "중대산업재해"란 「산업안전보건법」 제2조제1호에 따른 산업재해 중 다음 각 목의 어느 하나에 해당하는 결과를 야기한 재해를 말한다.
 가. 사망자가 1명 이상 발생
 나. 동일한 사고로 6개월 이상 치료가 필요한 부상자가 2명 이상 발생
 다. 동일한 유해요인으로 급성중독 등 대통령령으로 정하는 직업성 질병자가 1년 이내에 3명 이상 발생
3. "중대시민재해"란 특정 원료 또는 제조물, 공중이용시설 또는 공중교통수단의 설계, 제조, 설치, 관리상의 결함을 원인으로 하여 발생한 재해로서 다음 각 목의 어느 하나에 해당하는 결과를 야기한 재해를 말한다. 다만, 중대산업재해에 해당하는 재해는 제외한다.
 가. 사망자가 1명 이상 발생
 나. 동일한 사고로 2개월 이상 치료가 필요한 부상자가 10명 이상 발생
 다. 동일한 원인으로 3개월 이상 치료가 필요한 질병자가 10명 이상 발생
4. "공중이용시설"이란 다음 각 목의 시설 중 시설의 규모나 면적 등을 고려하여 대통령령으로 정하는 시설을 말한다. 다만, 「소상공인 보호 및 지원에 관한 법률」 제2조에 따른 소상공인의 사업 또는 사업장 및 이에 준하는 비영리시설과 「교육시설 등의 안전 및 유지관리 등에 관한 법률」 제2조제1호에 따른 교육시설은 제외한다.
 가. 「실내공기질 관리법」 제3조제1항의 시설(「다중이용업소의 안전관리에 관한 특별법」 제2조제1항제1호에 따른 영업장은 제외한다)
 나. 「시설물의 안전 및 유지관리에 관한 특별법」 제2조제1호의 시설물(공동주택은 제외한다)
 다. 「다중이용업소의 안전관리에 관한 특별법」 제2조제1항제1호에 따른 영업장 중 해당 영업에 사용하는 바닥면적(「건축법」 제84조에 따라 산정한 면적을 말한다)의 합계가 1천제곱미터 이상인 것
 라. 그 밖에 가목부터 다목까지에 준하는 시설로서 재해 발생 시 생명·신체상의 피해가 발생할 우려가 높은 장소
5. "공중교통수단"이란 불특정다수인이 이용하는 다음 각 목의 어느 하나에 해당하는 시설을 말한다.
 가. 「도시철도법」 제2조제2호에 따른 도시철도의 운행에 사용되는 도시철도차량
 나. 「철도산업발전기본법」 제3조제4호에 따른 철도차량 중 동력차·객차(「철도사업법」 제2조제5호에 따른 전용철도에 사용되는 경우는 제외한다)
 다. 「여객자동차 운수사업법 시행령」 제3조제1호라목에 따른 노선 여객자동차운송사업에 사용되는 승합자동차
 라. 「해운법」 제2조제1호의2의 여객선
 마. 「항공사업법」 제2조제7호에 따른 항공운송사업에 사용되는 항공기
6. "제조물"이란 제조되거나 가공된 동산(다른 동산이나 부동산의 일부를 구성하는 경우를 포함한다)을 말한다.
7. "종사자"란 다음 각 목의 어느 하나에 해당하는 자를 말한다.
 가. 「근로기준법」상의 근로자
 나. 도급, 용역, 위탁 등 계약의 형식에 관계없이 그 사업의 수행을 위하여 대가를 목적으로 노무를 제공하는 자
 다. 사업이 여러 차례의 도급에 따라 행하여지는 경우에는 각 단계의 수급인 및 수급인과 가목 또는 나목의 관계가 있는 자
8. "사업주"란 자신의 사업을 영위하는 자, 타인의 노무를 제공받아 사업을 하는 자를 말한다.
9. "경영책임자등"이란 다음 각 목의 어느 하나에 해당하는 자를 말한다.
 가. 사업을 대표하고 사업을 총괄하는 권한과 책임이 있는 사람 또는 이에 준하여 안전보건에 관한 업무를 담당하는 사람
 나. 중앙행정기관의 장, 지방자치단체의 장, 「지방공기업법」에 따른 지방공기업의 장, 「공공기관의 운영에 관한 법률」 제4조부터 제6조까지의 규정에 따라 지정된 공공기관의 장

제2장 중대산업재해

제3조【적용범위】 상시 근로자가 5명 미만인 사업 또는 사업장의 사업주(개인사업주에 한정한다. 이하 같다) 또는 경영책임자등에게는 이 장의 규정을 적용하지 아니한다.

제4조【사업주와 경영책임자등의 안전 및 보건 확보의무】 ① 사업주 또는 경영책임자등은 사업주나 법인 또는 기관이 실질적으로 지배·운영·관리하는 사업 또는 사업장에서 종사자의 안전·보건상 유해 또는 위험을 방지하기 위하여 그 사업 또는 사업장의 특성 및 규모 등을 고려하여 다음 각 호에 따른 조치를 하여야 한다.
1. 재해예방에 필요한 인력 및 예산 등 안전보건관리체계의 구축 및 그 이행에 관한 조치
2. 재해 발생 시 재발방지 대책의 수립 및 그 이행에 관한 조치
3. 중앙행정기관·지방자치단체가 관계 법령에 따라 개선, 시정 등을 명한 사항의 이행에 관한 조치
4. 안전·보건 관계 법령에 따른 의무이행에 필요한 관리상의 조치
② 제1항제1호·제4호의 조치에 관한 구체적인 사항은 대통령령으로 정한다.

제5조【도급, 용역, 위탁 등 관계에서의 안전 및 보건 확보의무】 사업주 또는 경영책임자등은 사업주나 법인 또는 기관이 제3자에게 도급, 용역, 위탁 등을 행한 경우에는 제3자의 종사자에게 중대산업재해가 발생하지 아니하도록 제4조의 조치를 하여야 한다. 다만, 사업주나 법인 또는 기관이 그 시설, 장비, 장소 등에 대하여 실질적으로 지배·운영·관리하는 책임이 있는 경우에 한정한다.

제6조【중대산업재해 사업주와 경영책임자등의 처벌】 ① 제4조 또는 제5조를 위반하여 제2조제2호가목의 중대산업재해에 이르게 한 사업주 또는 경영책임자등은 1년 이상의 징역 또는 10억원 이하의 벌금에 처한다. 이 경우 징역과 벌금을 병과할 수 있다.
② 제4조 또는 제5조를 위반하여 제2조제2호나목 또는 다목의 중대산업재해에 이르게 한 사업주 또는 경영책임자등은 7년 이하의 징역 또는 1억원 이하의 벌금에 처한다.
③ 제1항 또는 제2항의 죄로 형을 선고받고 그 형이 확정된 후 5년 이내에 다시 제1항 또는 제2항의 죄를 저지른 자는 각 항에서 정한 형의 2분의 1까지 가중한다.

제7조【중대산업재해의 양벌규정】 법인 또는 기관의 경영책임자등이 그 법인 또는 기관의 업무에 관하여 제6조에 해당하는 위반행위를 하면 그 행위자를 벌하는 외에 그 법인 또는 기관에 다음 각 호의 구분에 따른 벌금형을 과(科)한다. 다만, 법인 또는 기관이 그 위반행위를 방지하기 위하여 해당 업무에 관하여 상당한 주의와 감독을 게을리하지 아니한 경우에는 그러하지 아니하다.
1. 제6조제1항의 경우 : 50억원 이하의 벌금
2. 제6조제2항의 경우 : 10억원 이하의 벌금

제8조【안전보건교육의 수강】 ① 중대산업재해가 발생한 법인 또는 기관의 경영책임자등은 대통령령으로 정하는 바에 따라 안전보건교육을 이수하여야 한다.
② 제1항의 안전보건교육을 정당한 사유 없이 이행하지 아니한 경우에는 5천만원 이하의 과태료를 부과한다.
③ 제2항에 따른 과태료는 대통령령으로 정하는 바에 따라 고용노동부장관이 부과·징수한다.

제3장 중대시민재해

제9조【사업주와 경영책임자등의 안전 및 보건 확보의무】 ① 사업주 또는 경영책임자등은 사업주나 법인 또는 기관이 실질적으로 지배·운영·관리하는 사업 또는 사업장에서 생산·제조·판매·유통 중인 원료나 제조물의 설계, 제조, 관리상의 결함으로 인한 그 이용자 또는 그 밖의 사람의 생명, 신체의 안전을 위하여 다음 각 호에 따른 조치를 하여야 한다.
1. 재해예방에 필요한 인력·예산·점검 등 안전보건관리체계의 구축 및 그 이행에 관한 조치
2. 재해 발생 시 재발방지 대책의 수립 및 그 이행에 관한 조치
3. 중앙행정기관·지방자치단체가 관계 법령에 따라 개선, 시정 등을 명한 사항의 이행에 관한 조치
4. 안전·보건 관계 법령에 따른 의무이행에 필요한 관리상의 조치
② 사업주 또는 경영책임자등은 사업주나 법인 또는 기관이 실질적으로 지배·운영·관리하는 공중이용시설 또는 공중교통수단의 설계, 설치, 관리상의 결함으로 인한 그 이용자 또는 그 밖의 사람의 생명, 신체의 안전을 위하여 다음 각 호에 따른 조치를 하여야 한다.
1. 재해예방에 필요한 인력·예산·점검 등 안전보건관리체계의 구축 및 그 이행에 관한 조치
2. 재해 발생 시 재발방지 대책의 수립 및 그 이행에 관한 조치
3. 중앙행정기관·지방자치단체가 관계 법령에 따라 개선, 시정 등을 명한 사항의 이행에 관한 조치

4. 안전·보건 관계 법령에 따른 의무이행에 필요한 관리상의 조치
③ 사업주 또는 경영책임자등은 사업주나 법인 또는 기관이 공중이용시설 또는 공중교통수단과 관련하여 제3자에게 도급, 용역, 위탁 등을 행한 경우에는 그 이용자 또는 그 밖의 사람의 생명, 신체의 안전을 위하여 제2항의 조치를 하여야 한다. 다만, 사업주나 법인 또는 기관이 그 시설, 장비, 장소 등에 대하여 실질적으로 지배·운영·관리하는 책임이 있는 경우에 한정한다.
④ 제1항제1호·제4호 및 제2항제1호·제4호의 조치에 관한 구체적인 사항은 대통령령으로 정한다.

제10조【중대시민재해 사업주와 경영책임자등의 처벌】 ① 제9조를 위반하여 제2조제3호가목의 중대시민재해에 이르게 한 사업주 또는 경영책임자등은 1년 이상의 징역 또는 10억원 이하의 벌금에 처한다. 이 경우 징역과 벌금을 병과할 수 있다.
② 제9조를 위반하여 제2조제3호나목 또는 다목의 중대시민재해에 이르게 한 사업주 또는 경영책임자등은 7년 이하의 징역 또는 1억원 이하의 벌금에 처한다.

제11조【중대시민재해의 양벌규정】 법인 또는 기관의 경영책임자등이 그 법인 또는 기관의 업무에 관하여 제10조에 해당하는 위반행위를 하면 그 행위자를 벌하는 외에 그 법인 또는 기관에게 다음 각 호의 구분에 따른 벌금형을 과(科)한다. 다만, 법인 또는 기관이 그 위반행위를 방지하기 위하여 해당 업무에 관하여 상당한 주의와 감독을 게을리하지 아니한 경우에는 그러하지 아니하다.
1. 제10조제1항의 경우 : 50억원 이하의 벌금
2. 제10조제2항의 경우 : 10억원 이하의 벌금

제4장 보 칙

제12조【형 확정 사실의 통보】 법무부장관은 제6조, 제7조, 제10조 또는 제11조에 따른 범죄의 형이 확정되면 그 범죄사실을 관계 행정기관의 장에게 통보하여야 한다.

제13조【중대산업재해 발생사실 공표】 ① 고용노동부장관은 제4조에 따른 의무를 위반하여 발생한 중대산업재해에 대하여 사업장의 명칭, 발생 일시와 장소, 재해의 내용 및 원인 등 그 발생사실을 공표할 수 있다.
② 제1항에 따른 공표의 방법, 기준 및 절차 등은 대통령령으로 정한다.

제14조【심리절차에 관한 특례】 ① 이 법 위반 여부에 관한 형사재판에서 법원은 직권으로 「형사소송법」 제294조의2에 따라 피해자 또는 그 법정대리인(피해자가 사망하거나 진술할 수 없는 경우에는 그 배우자·직계친족·형제자매를 포함한다)을 증인으로 신문할 수 있다.
② 이 법 위반 여부에 관한 형사재판에서 법원은 검사, 피고인 또는 변호인의 신청이 있는 경우 특별한 사정이 없으면 해당 분야의 전문가를 전문심리위원으로 지정하여 소송절차에 참여하게 하여야 한다.

제15조【손해배상의 책임】 ① 사업주 또는 경영책임자등이 고의 또는 중대한 과실로 이 법에서 정한 의무를 위반하여 중대재해를 발생하게 한 경우 해당 사업주, 법인 또는 기관이 중대재해로 손해를 입은 사람에 대하여 그 손해액의 5배를 넘지 아니하는 범위에서 배상책임을 진다. 다만, 법인 또는 기관이 해당 업무에 관하여 상당한 주의와 감독을 게을리하지 아니한 경우에는 그러하지 아니하다.
② 법원은 제1항의 배상액을 정할 때에는 다음 각 호의 사항을 고려하여야 한다.
1. 고의 또는 중대한 과실의 정도
2. 이 법에서 정한 의무위반행위의 종류 및 내용
3. 이 법에서 정한 의무위반행위로 인하여 발생한 피해의 규모
4. 이 법에서 정한 의무위반행위로 인하여 사업주나 법인 또는 기관이 취득한 경제적 이익
5. 이 법에서 정한 의무위반행위의 기간·횟수 등
6. 사업주나 법인 또는 기관의 재산상태
7. 사업주나 법인 또는 기관의 피해구제 및 재발방지 노력의 정도

제16조【정부의 사업주 등에 대한 지원 및 보고】 ① 정부는 중대재해를 예방하여 시민과 종사자의 안전과 건강을 확보하기 위하여 다음 각 호의 사항을 이행하여야 한다.
1. 중대재해의 종합적인 예방대책의 수립·시행과 발생원인 분석
2. 사업주, 법인 및 기관의 안전보건관리체계 구축을 위한 지원
3. 사업주, 법인 및 기관의 중대재해 예방을 위한 기술 지원 및 지도
4. 이 법의 목적 달성을 위한 교육 및 홍보의 시행
② 정부는 사업주, 법인 및 기관에 대하여 유해·위험 시설의 개선과 보호 장비의 구매, 종사자 건강진단 및 관리 등 중대재해 예방사업에 소요되는 비용의 전부 또는 일부를 예산의 범위에서 지원할 수 있다.
③ 정부는 제1항 및 제2항에 따른 중대재해 예방을 위한 조치 이행 등 상황 및 중대재해 예방사업 지원 현황을 반기별로 국회 소관 상임위원회에 보고하여야 한다.

부 칙

제1조【시행일】 ① 이 법은 공포 후 1년이 경과한 날부터 시행한다. 다만, 이 법 시행 당시 개인사업자 또는 상시 근로자가 50명 미만인 사업 또는 사업장(건설업의 경우에는 공사금액 50억원 미만의 공사)에 대해서는 공포 후 3년이 경과한 날부터 시행한다.
② 제1항에도 불구하고 제16조는 공포한 날부터 시행한다.

제2조【다른 법률의 개정】 ※(해당 법령에 가제정리 하였음)

중대재해 처벌 등에 관한 법률 시행령

(2021년 10월 5일 대통령령 제32020호)

개정
2022.12. 6영33023호(도서관법시)

제1장 총 칙

제1조【목적】 이 영은 「중대재해 처벌 등에 관한 법률」에서 위임된 사항과 그 시행에 필요한 사항을 규정함을 목적으로 한다.

제2조【직업성 질병자】 「중대재해 처벌 등에 관한 법률」(이하 "법"이라 한다) 제2조제2호다목에서 "대통령령으로 정하는 직업성 질병자"란 별표1에서 정하는 직업성 질병에 걸린 사람을 말한다.

제3조【공중이용시설】 법 제2조제4호 각 목 외의 부분 본문에서 "대통령령으로 정하는 시설"이란 다음 각 호의 시설을 말한다.
1. 법 제2조제4호가목의 시설 중 별표2에서 정하는 시설
2. 법 제2조제4호나목의 시설물 중 별표3에서 정하는 시설물. 다만, 다음 각 목의 건축물은 제외한다.
  가. 주택과 주택 외의 시설을 동일 건축물로 건축한 건축물
  나. 건축물의 주용도가 「건축법 시행령」 별표1 제14호나목2)의 오피스텔인 건축물
3. 법 제2조제4호다목의 영업장
4. 법 제2조제4호라목의 시설 중 다음 각 목의 시설(제2호의 시설물은 제외한다)
  가. 「도로법」 제10조 각 호의 도로에 설치된 연장 20미터 이상인 도로교량 중 준공 후 10년이 지난 도로교량
  나. 「도로법」 제10조제4호부터 제7호까지에서 정한 지방도·시도·군도·구도의 도로터널과 「농어촌도로 정비법 시행령」 제2조제1호의 터널 중 준공 후 10년이 지난 도로터널
  다. 「철도산업발전기본법」 제3조제2호의 철도시설 중 준공 후 10년이 지난 철도교량
  라. 「철도산업발전기본법」 제3조제2호의 철도시설 중 준공 후 10년이 지난 철도터널(특별시 및 광역시 외의 지역에 있는 철도터널로 한정한다)
  마. 다음의 시설 중 개별 사업장 면적이 2천제곱미터 이상인 시설
    1) 「석유 및 석유대체연료 사업법 시행령」 제2조제3호의 주유소
    2) 「액화석유가스의 안전관리 및 사업법」 제2조제4호의 액화석유가스 충전사업의 사업소
  바. 「관광진흥법 시행령」 제2조제1항제5호가목의 종합유원시설업의 시설 중 같은 법 제33조제1항에 따른 안전성검사 대상인 유기시설 또는 유기기구

제2장 중대산업재해

제4조【안전보건관리체계의 구축 및 이행 조치】 법 제4조제1항제1호에 따른 조치의 구체적인 사항은 다음 각 호와 같다.
1. 사업 또는 사업장의 안전·보건에 관한 목표와 경영방침을 설정할 것
2. 「산업안전보건법」 제17조부터 제19조까지 및 제22조에 따라 두어야 하는 인력이 총 3명 이상이고 다음 각 목의 어느 하나에 해당하는 사업 또는 사업장인 경우에는 안전·보건에 관한 업무를 총괄·관리하는 전담 조직을 둘 것. 이 경우 나목에 해당하지 않던 건설사업자가 나목에 해당하게 된 경우에는 공시한 연도의 다음 연도 1월 1일까지 해당 조직을 두어야 한다.
  가. 상시근로자 수가 500명 이상인 사업 또는 사업장
  나. 「건설산업기본법」 제8조 및 같은 법 시행령 별표1에 따른 토목건축공사업에 대해 같은 법 제23조에 따라 평가하여 공시된 시공능력의 순위가 상위 200위 이내인 건설사업자
3. 사업 또는 사업장의 특성에 따른 유해·위험요인을 확인하여 개선하는 업무절차를 마련하고, 해당 업무절차에 따라 유해·위험요인의 확인 및 개선이 이루어지는지를 반기 1회 이상 점검한 후 필요한 조치를 할 것. 다만, 「산업안전보건법」 제36조에 따른 위험성평가를 하는 절차를 마련하고, 그 절차에 따라 위험성 평가를 직접 실시하거나 실시하도록 하여 실시 결과를 보고받은 경우에는 해당 업무절차에 따라 유해·위험요인의 확인 및 개선에 대한 점검을 한 것으로 본다.
4. 다음 각 목의 사항을 이행하는 데 필요한 예산을 편성하고 그 편성된 용도에 맞게 집행하도록 할 것
  가. 재해 예방을 위해 필요한 안전·보건에 관한 인력, 시설 및 장비의 구비
  나. 제3호에서 정한 유해·위험요인의 개선
  다. 그 밖에 안전보건관리체계 구축 등을 위해 필요한 사항으로서 고용노동부장관이 정하여 고시하는 사항
5. 「산업안전보건법」 제15조, 제16조 및 제62조에 따른 안전보건관리책임자, 관리감독자 및 안전보건총괄책임자(이하 이 조에서 "안전보건관리책임자등"이라 한다)가 같은 조에서 규정한 각각의 업무를 각 사업장에서 충실히 수행할 수 있도록 다음 각 목의 조치를 할 것
  가. 안전보건관리책임자등에게 해당 업무 수행에 필요한 권한과 예산을 줄 것
  나. 안전보건관리책임자등이 해당 업무를 충실하게 수행하는지를 평가하는 기준을 마련하고, 그 기준에 따라 반기 1회 이상 평가·관리할 것
6. 「산업안전보건법」 제17조부터 제19조까지 및 제22조에 따라 정해진 수 이상의 안전관리자, 보건관리자, 안전보건관리담당자 및 산업보건의를 배치할 것. 다만, 다른 법령에서 해당 인력의 배치에 대해 달리 정하고 있는 경우에는 그에 따르고, 배치해야 할 인력이 다른 업무를 겸직하는 경우에는 고용노동부장관이 정하여 고시하는 기준에 따라 안전·보건에 관한 업무 수행시간을 보장해야 한다.
7. 사업 또는 사업장의 안전·보건에 관한 사항에 대해 종사자의 의견을 듣는 절차를 마련하고, 그 절차에 따라 의견을 들어 재해 예방에 필요하다고 인정하는 경우에는 그에 대한 개선방안을 마련하여 이행하는지를 반기 1회 이상 점검한 후 필요한 조치를 할 것. 다만, 「산업안전보건법」 제24조에 따른 산업안전보건위원회 및 같은 법 제64조·제75조에 따른 안전 및 보건에 관한 협의체에서 사업 또는 사업장의 안전·보건에 관하여 논의하거나 심의·의결한 경우에는 해당 종사자의 의견을 들은 것으로 본다.
8. 사업 또는 사업장에 중대산업재해가 발생하거나 발생할 급박한 위험이 있을 경우를 대비하여 다음 각 목의 조치에 관한 매뉴얼을 마련하고, 해당 매뉴얼에 따라 조치하는지를 반기 1회 이상 점검할 것
  가. 작업 중지, 근로자 대피, 위험요인 제거 등 대응조치
  나. 중대산업재해를 입은 사람에 대한 구호조치
  다. 추가 피해방지를 위한 조치
9. 제3자에게 업무의 도급, 용역, 위탁 등을 하는 경우에는 종사자의 안전·보건을 확보하기 위해 다음 각 목의 기준과 절차를 마련하고, 그 기준과 절차에 따라 도급, 용역, 위탁 등이 이루어지는지를 반기 1회 이상 점검할 것
  가. 도급, 용역, 위탁 등을 받는 자의 산업재해 예방을 위한 조치 능력과 기술에 관한 평가기준·절차
  나. 도급, 용역, 위탁 등을 받는 자의 안전·보건을 위한 관리비용에 관한 기준
  다. 건설업 및 조선업의 경우 도급, 용역, 위탁 등을 받는 자의 안전·보건을 위한 공사기간 또는 건조기간에 관한 기준

제5조【안전·보건 관계 법령에 따른 의무이행에 필요한 관리상의 조치】 ① 법 제4조제1항제4호에서 "안전·보건 관계 법령"이란 해당 사업 또는 사업장에 적용되는 것으로서 종사자의 안전·보건을 확보하는 데 관련되는 법령을 말한다.
② 법 제4조제1항제4호에 따른 조치에 관한 구체적인 사항은 다음 각 호와 같다.
1. 안전·보건 관계 법령에 따른 의무를 이행했는지를 반기 1회 이상 점검(해당 안전·보건 관계 법령에 따라 중앙행정기관의 장이 지정한 기관 등에 위탁하여 점검하는 경우를 포함한다. 이하 이 호에서 같다)하고, 직접 점검하지 않은 경우에는 점검이 끝난 후 지체 없이 점검 결과를 보고받을 것
2. 제1호에 따른 점검 또는 보고 결과 안전·보건 관계 법령에 따른 의무가 이행되지 않은 사실이 확인되는 경우에는 인력을 배치하거나 예산을 추가로 편성·집행하도록 하는 등 해당 의무 이행에 필요한 조치를 할 것
3. 안전·보건 관계 법령에 따라 의무적으로 실시해야 하는 유해·위험한 작업에 관한 안전·보건에 관한 교육이 실시되었는지를 반기 1회 이상 점검하고, 직접 점검하지 않은 경우에는 점검이 끝난 후 지체 없이 점검 결과를 보고받을 것
4. 제3호에 따른 점검 또는 보고 결과 실시되지 않은 교육에 대해서는 지체 없이 그 이행의 지시, 예산의 확보 등 교육 실시에 필요한 조치를 할 것

제6조【안전보건교육의 실시 등】 ① 법 제8조제1항에 따른 안전보건교육(이하 "안전보건교육"이라 한다)은 총

20시간의 범위에서 고용노동부장관이 정하는 바에 따라 이수해야 한다.
② 안전보건교육에는 다음 각 호의 사항이 포함되어야 한다.
1. 안전보건관리체계의 구축 등 안전·보건에 관한 경영방안
2. 중대산업재해의 원인 분석과 재발 방지 방안
③ 고용노동부장관은 「한국산업안전보건공단법」에 따른 한국산업안전보건공단이나 「산업안전보건법」 제33조에 따라 등록된 안전보건교육기관(이하 "안전보건교육기관등"이라 한다)에 안전보건교육을 의뢰하여 실시할 수 있다.
④ 고용노동부장관은 분기별로 중대산업재해가 발생한 법인 또는 기관을 대상으로 안전보건교육을 이수해야 할 교육대상자를 확정하고 안전보건교육 실시일 30일 전까지 다음 각 호의 사항을 해당 교육대상자에게 통보해야 한다.
1. 안전보건교육을 실시하는 안전보건교육기관등
2. 교육일정
3. 그 밖에 안전보건교육의 실시에 필요한 사항
⑤ 제4항에 따른 통보를 받은 교육대상자는 해당 교육일정에 참여할 수 없는 정당한 사유가 있는 경우에는 안전보건교육 실시일 7일 전까지 고용노동부장관에게 안전보건교육의 연기를 한 번만 요청할 수 있다.
⑥ 고용노동부장관은 제5항에 따른 연기 요청을 받은 날부터 3일 이내에 연기 가능 여부를 교육대상자에게 통보해야 한다.
⑦ 안전보건교육을 연기하는 경우 교육일정 등의 통보에 관하여는 제4항을 준용한다.
⑧ 안전보건교육에 드는 비용은 안전보건교육기관등에서 수강하는 교육대상자가 부담한다.
⑨ 안전보건교육기관등은 안전보건교육을 실시한 경우에는 지체 없이 안전보건교육 이수자 명단을 고용노동부장관에게 통보해야 한다.
⑩ 안전보건교육을 이수한 교육대상자는 필요한 경우 안전보건교육이수확인서를 발급해 줄 것을 고용노동부장관에게 요청할 수 있다.
⑪ 제10항에 따른 요청을 받은 고용노동부장관은 고용노동부장관이 정하는 바에 따라 안전보건교육이수확인서를 지체 없이 내주어야 한다.
제7조【과태료의 부과기준】 법 제8조제2항에 따른 과태료의 부과기준은 별표4와 같다.

제3장 중대시민재해

제8조【원료·제조물 관련 안전보건관리체계의 구축 및 이행 조치】 법 제9조제1항제1호에 따른 조치의 구체적인 사항은 다음 각 호와 같다.
1. 다음 각 목의 사항을 이행하는 데 필요한 인력을 갖추어 중대시민재해 예방을 위한 업무를 수행하도록 할 것
가. 법 제9조제1항제4호의 안전·보건 관계 법령에 따른 안전·보건 관리 업무의 수행
나. 유해·위험요인의 점검과 위험징후 발생 시 대응
다. 그 밖에 원료·제조물 관련 안전·보건 관리를 위해 환경부장관이 정하여 고시하는 사항
2. 다음 각 목의 사항을 이행하는 데 필요한 예산을 편성·집행할 것
가. 법 제9조제1항제4호의 안전·보건 관계 법령에 따른 인력·시설 및 장비 등의 확보·유지
나. 유해·위험요인의 점검과 위험징후 발생 시 대응
다. 그 밖에 원료·제조물 관련 안전·보건 관리를 위해 환경부장관이 정하여 고시하는 사항
3. 별표5에서 정하는 원료 또는 제조물로 인한 중대시민재해를 예방하기 위해 다음 각 목의 조치를 할 것
가. 유해·위험요인의 주기적인 점검
나. 제보나 위험징후의 감지 등을 통해 발견된 유해·위험요인을 확인한 결과 중대시민재해의 발생 우려가 있는 경우의 신고 및 조치
다. 중대시민재해가 발생한 경우의 보고, 신고 및 조치
라. 중대시민재해 원인조사에 따른 개선조치
4. 제3호 각 목의 조치를 포함한 업무처리절차의 마련. 다만, 「소상공인기본법」 제2조에 따른 소상공인의 경우는 제외한다.
5. 제1호 및 제2호의 사항을 반기 1회 이상 점검하고, 점검 결과에 따라 인력을 배치하거나 예산을 추가로 편성·집행하도록 하는 등 중대시민재해 예방에 필요한 조치를 할 것
제9조【원료·제조물 관련 안전·보건 관계 법령에 따른 의무이행에 필요한 관리상의 조치】 ① 법 제9조제1항제4호에서 "안전·보건 관계 법령"이란 해당 사업 또는 사업장에서 생산·제조·판매·유통 중인 원료나 제조물에 적용되는 것으로서 그 원료나 제조물이 사람의 생명·신체에 미칠 수 있는 유해·위험 요인을 예방하고 안전하게 관리하는 데 관련되는 법령을 말한다.
② 법 제9조제1항제4호에 따른 조치의 구체적인 사항은 다음 각 호와 같다.
1. 안전·보건 관계 법령에 따른 의무를 이행했는지를 반기 1회 이상 점검(해당 안전·보건 관계 법령에 따라 중앙행정기관의 장이 지정한 기관 등에 위탁하여 점검하는 경우를 포함한다. 이하 이 호에서 같다)하고, 직접 점검하지 않은 경우에는 점검이 끝난 후 지체 없이 점검 결과를 보고받을 것
2. 제1호에 따른 점검 또는 보고 결과 안전·보건 관계 법령에 따른 의무가 이행되지 않은 사실이 확인되는 경우에는 인력을 배치하거나 예산을 추가로 편성·집행하도록 하는 등 해당 의무 이행에 필요한 조치를 할 것
3. 안전·보건 관계 법령에 따라 의무적으로 실시해야 하는 교육이 실시되는지를 반기 1회 이상 점검하고, 직접 점검하지 않은 경우에는 점검이 끝난 후 지체 없이 점검 결과를 보고받을 것
4. 제3호에 따른 점검 또는 보고 결과 실시되지 않은 교육에 대해서는 지체 없이 그 이행의 지시, 예산의 확보 등 교육 실시에 필요한 조치를 할 것
제10조【공중이용시설·공중교통수단 관련 안전보건관리체계 구축 및 이행에 관한 조치】 법 제9조제2항제1호에 따른 조치의 구체적인 사항은 다음 각 호와 같다.
1. 다음 각 목의 사항을 이행하는 데 필요한 인력을 갖추어 중대시민재해 예방을 위한 업무를 수행하도록 할 것
가. 법 제9조제2항제4호의 안전·보건 관계 법령에 따른 안전관리 업무의 수행
나. 제4호에 따라 수립된 안전계획의 이행
다. 그 밖에 공중이용시설 또는 공중교통수단과 그 이용자나 그 밖의 사람의 안전에 관하여 국토교통부장관이 정하여 고시하는 사항
2. 다음 각 목의 사항을 이행하는 데 필요한 예산을 편성·집행할 것
가. 법 제9조제2항제4호의 안전·보건 관계 법령에 따른 인력·시설 및 장비 등의 확보·유지와 안전점검 등의 실시
나. 제4호에 따라 수립된 안전계획의 이행
다. 그 밖에 공중이용시설 또는 공중교통수단과 그 이용자나 그 밖의 사람의 안전에 관하여 국토교통부장관이 정하여 고시하는 사항
3. 공중이용시설 또는 공중교통수단에 대한 법 제9조제2항제4호의 안전·보건 관계 법령에 따른 안전점검 등을 계획하여 수행되도록 할 것
4. 공중이용시설 또는 공중교통수단에 대해 연 1회 이상 다음 각 목의 내용이 포함된 안전계획을 수립하게 하고, 충실히 이행하도록 할 것. 다만, 공중이용시설에 대해 「시설물의 안전 및 유지관리에 관한 특별법」 제6조에 따라 시설물에 대한 안전 및 유지관리계획을 수립·시행하거나 공중이용시설 또는 공중교통수단에 대해 철도운영자가 「철도안전법」 제6조에 따라 연차별 시행계획을 수립·추진하는 경우로서 사업주 또는 경영책임자등이 그 수립 여부 및 내용을 직접 확인하거나 보고받은 경우에는 안전계획을 수립하여 이행한 것으로 본다.
가. 공중이용시설 또는 공중교통수단의 안전과 유지관리를 위한 인력의 확보에 관한 사항
나. 공중이용시설의 안전점검 또는 정밀안전진단의 실시와 공중교통수단의 점검·정비(점검·정비에 필요한 장비를 확보하는 것을 포함한다)에 관한 사항
다. 공중이용시설 또는 공중교통수단의 보수·보강 등 유지관리에 관한 사항
5. 제1호부터 제4호까지에서 규정한 사항을 반기 1회 이상 점검하고, 직접 점검하지 않은 경우에는 점검이 끝난 후 지체 없이 점검 결과를 보고받을 것
6. 제5호에 따른 점검 또는 보고 결과에 따라 인력을 배치하거나 예산을 추가로 편성·집행하도록 하는 등 중대시민재해 예방에 필요한 조치를 할 것
7. 중대시민재해 예방을 위해 다음 각 목의 사항이 포함된 업무처리절차를 마련하여 이행할 것. 다만, 철도운영자가 「철도안전법」 제7조에 따라 비상대응계획을 포함한 철도안전관리체계를 수립하여 시행하거나 항공운송사업자가 「항공안전법」 제58조제2항에 따라 위기대응계획을 포함한 항공안전관리시스템을 마련하여 운용한 경우로서 사업주 또는 경영책임자등이 그 수립 여부 및 내용을 직접 점검하거나 점검 결과를 보고받은 경우에는 업무처리절차를 마련하여 이행한 것으로 본다.
가. 공중이용시설 또는 공중교통수단의 유해·위험요인의 확인·점검에 관한 사항
나. 공중이용시설 또는 공중교통수단의 유해·위험요인을 발견한 경우 해당 사항의 신고·조치요구, 이용 제한, 보수·보강 등 그 개선에 관한 사항
다. 중대시민재해가 발생한 경우 사상자 등에 대한 긴급구호조치, 공중이용시설 또는 공중교통수단에 대한 긴급안전점검, 위험표지 설치 등 추가 피해방지 조치, 관계 행정기관 등에 대한 신고와 원인조사에 따른 개선조치에 관한 사항
라. 공중교통수단 또는 「시설물의 안전 및 유지관리에 관한 특별법」 제7조제1호의 제1종시설물에서 비상상황이나 위급상황 발생 시 대피훈련에 관한 사항
8. 제3자에게 공중이용시설 또는 공중교통수단의 운영·관리 업무의 도급, 용역, 위탁 등을 하는 경우 공중이용시설 또는 공중교통수단과 그 이용자나 그 밖의 사람의 안전을 확보하기 위해 다음 각 목에 따른 기준과 절차를 마련하고, 그 기준과 절차에 따라 도급, 용역, 위탁 등이 이루어지는지를 연 1회 이상 점검하고, 직접 점검하지 않은 경우에는 점검이 끝난 후 지체 없이 점검 결과를 보고받을 것
가. 중대시민재해 예방을 위한 조치능력 및 안전관리능력에 관한 평가기준·절차
나. 도급, 용역, 위탁 등의 업무 수행 시 중대시민재해 예방을 위해 필요한 비용에 관한 기준
제11조【공중이용시설·공중교통수단 관련 안전·보건 관계 법령에 따른 의무이행에 필요한 관리상의 조치】 ① 법 제9조제2항제4호에서 "안전·보건 관계 법령"이란 해당 공중이용시설·공중교통수단에 적용되는 것으로서 이용자나 그 밖의 사람의 안전·보건을 확보하는 데 관련되는 법령을 말한다.
② 법 제9조제2항제4호에 따른 조치의 구체적인 사항은 다음 각 호와 같다.
1. 안전·보건 관계 법령에 따른 의무를 이행했는지를 연 1회 이상 점검(해당 안전·보건 관계 법령에 따라 중앙행정기관의 장이 지정한 기관 등에 위탁하여 점검하는 경우를 포함한다. 이하 이 호에서 같다)하고, 직접 점검하지 않은 경우에는 점검이 끝난 후 지체 없이 점검 결과를 보고받을 것
2. 제1호에 따른 점검 또는 보고 결과 안전·보건 관계 법령에 따른 의무가 이행되지 않은 사실이 확인되는 경우에는 인력을 배치하거나 예산을 추가로 편성·집행하도록 하는 등 해당 의무 이행에 필요한 조치를 할 것
3. 안전·보건 관계 법령에 따라 공중이용시설의 안전을 관리하는 자나 공중교통수단의 시설 및 설비를 정비·점검하는 종사자가 의무적으로 이수해야 하는 교육을 이수했는지를 연 1회 이상 점검하고, 직접 점검하지 않은 경우에는 점검이 끝난 후 지체 없이 점검 결과를 보고받을 것
4. 제3호에 따른 점검 또는 보고 결과 실시되지 않은 교육에 대해서는 지체 없이 그 이행의 지시 등 교육 실시에 필요한 조치를 할 것

제4장 보 칙

제12조【중대산업재해 발생사실의 공표】 ① 법 제13조제1항에 따른 공표(이하 이 조에서 "공표"라 한다)는 법 제4조에 따른 의무를 위반하여 발생한 중대산업재해로 법 제12조에 따라 범죄의 형이 확정되어 통보된 사업장을 대상으로 한다.
② 공표 내용은 다음 각 호의 사항으로 한다.
1. "중대산업재해 발생사실의 공표"라는 공표의 제목
2. 해당 사업장의 명칭
3. 중대산업재해가 발생한 일시·장소
4. 중대산업재해를 입은 사람의 수
5. 중대산업재해의 내용과 그 원인(사업주 또는 경영책임자등의 위반사항을 포함한다)
6. 해당 사업장에서 최근 5년 내 중대산업재해의 발생 여부
③ 고용노동부장관은 공표하기 전에 해당 사업장의 사업주 또는 경영책임자등에게 공표하려는 내용을 통지하고 30일 이상의 기간을 정하여 그에 대해 소명자료를 제출하게 하거나 의견을 진술할 수 있는 기회를 주어야 한다.
④ 공표는 관보, 고용노동부나 「한국산업안전보건공단법」에 따른 한국산업안전보건공단의 홈페이지에 게시하는 방법으로 한다.
⑤ 제4항에 따라 홈페이지에 게시하는 방법으로 공표하는 경우 공표기간은 1년으로 한다.
제13조【조치 등의 이행사항에 관한 서면의 보관】 사업주 또는 경영책임자등(「소상공인기본법」 제2조에 따른 소상공인은 제외한다)은 제4조, 제5조 및 제8조부터 제11조까지의 규정에 따른 조치 등의 이행에 관한 사항을 서면(「전자문서 및 전자거래 기본법」 제2조제1호에 따른 전자문서를 포함한다)으로 작성하여 그 조치 등을 이행한 날부터 5년간 보관해야 한다.

부 칙

이 영은 2022년 1월 27일부터 시행한다.

부 칙 (2022.12.6)

제1조【시행일】 이 영은 2022년 12월 8일부터 시행한다.
(이하 생략)

〔별표〕 ➡ 「法典 別冊」 참조

형사소송법

(1954年 9月 23日 法 律 第341號)

改正
1961. 9. 1法 705號 1963.12.13法 1500號
1973. 1.25法 2450號 1973.12.20法 2653號
1980.12.18法 3282號 1987.11.28法 3955號
1994.12.22法 4796號(도농복합)
1995.12.29法 5054號 1997.12.13法 5435號
1997.12.13法 5454號(정부부처명)
2002. 1.26法 6627號(민사집행법)
2004. 1.20法 7078號(검찰)
2004.10.16法 7225號
2005. 3.31法 7427號(민법)
2006. 7.19法 7965號
2007. 5.17法 8435號(가족관계등록)
2007. 6. 1法 8496號 2007.12.21法 8730號
2009. 6. 9法 9765號(아동·청소년의성보호에관한법)
2011. 7.18法10864號
2011. 8. 4法11002號(아동)
2012.12.18法11572號(아동·청소년의성보호에관한법)
2013. 4. 5法11731號(형법)
2014. 5.14法12576號 2014.10.15法12784號
2014.12.30法12899號 2015. 7.31法13454號
2016. 1. 6法13720號
2016. 1. 6法13722號(군사법원)
2016. 5.29法14179號 2017.12.12法15164號
2017.12.19法15257號 2019.12.31法16850號
2020. 2. 4法16924號 2020.12. 8法17572號
2021. 8.17法18398號 2021.12.21法18598號
2022. 2. 3法18799號 2022. 5. 9法18862號
2024년 1월 25일 제412회 국회 본회의 통과

第1編 總 則

第1章 法院의 管轄

第1條【管轄의 職權調査】 法院은 職權으로 管轄을 調査하여야 한다.

참조 [사물관할]법원조직7④·32①·34, [토지관할]4, [심급관할]372·415, 법원조직14·28·32②, [재정관할]14～16

판례 감금치사죄의 사물관할 : 형법 제281조에 의하면 "체포, 감금 등의 죄를 범하여 사람을 사상에 이르게 한 자는 상해죄와 비교하여 중한 형으로 처단한다"고 규정하고 있는바, 여기에서 말하는 상해죄란 치상의 경우에는 형법 제257조의 상해죄, 치사의 경우에는 제259조의 상해치사죄를 가리키는 것으로 해석되므로, 감금치사죄는 법원조직법 제32조 제1항 제3호의 규정에 따라 지방법원 합의부의 사물관할에 속한다고 할 것이다.
(대판 1992.2.11, 91도2877)

第2條【管轄違反과 訴訟行爲의 效力】 訴訟行爲는 管轄違反인 경우에도 그 效力에 影響이 없다.

참조 [시효정지]253, [관할위반의 선고]319·320

판례 경범죄처벌법 제7조 제2항의 범칙금 납부행위의 효력 : 경범죄처벌법 제7조 제2항에 범칙자가 통고처분을 받고 범칙금을 납부한 경우에는 그 범칙행위에 대하여 다시 벌받지 아니한다고 규정하고 있음은 위 범칙금의 납부에 확정재판의 효력에 준하는 효력을 인정하는 취지로 해석할 것이므로 이에 위반하여 공소가 제기된 경우에는 면소의 판결을 하여야 한다.
(대판 1986.2.25, 85도2664)

第3條【管轄區域 外에서의 執務】 ① 法院은 事實發見을 爲하여 必要하거나 緊急을 要하는 때에는 管轄區域 外에서 職務를 行하거나 事實調査에 必要한 處分을 할 수 있다.
② 前項의 規定은 受命法官에게 準用한다.

참조 [촉탁규정]37④·77·80·136·145·167·431, [사실발견]106－168, [수명법관]136·145·167

第4條【土地管轄】 ① 土地管轄은 犯罪地, 被告人의 住所, 居所 또는 現在地로 한다.
② 國外에 있는 大韓民國 船舶 內에서 犯한 罪에 관하여는 前項에 規定한 곳 外에 船籍地 또는 犯罪 後의 船着地로 한다.
③ 前項의 規定은 國外에 있는 大韓民國 航空機 內에서 犯한 罪에 관하여 準用한다.

참조 [주소·거소]민18·19·36, 상171, [한국선박]선박법2, [선적]선박법8, [예외]320, [관할위반]319·366·394

판례 피고인의 현재지와 토지관할 : 본조 제1항은 토지관할을 범죄지, 피고인의 주소, 거소 또는 현재지로 하고 있으므로, 제1심 법원이 피고인의 현재지인 이상, 그 범죄지나 주소지가 아니더라도 그 판결에 토지관할 위반의 위법은 없다.
(대판 1984.2.28, 83도3333)

第5條【土地管轄의 併合】 土地管轄을 달리하는 數個의 事件이 關聯된 때에는 1個의 事件에 관하여 管轄權 있는 法院은 다른 事件까지 管轄할 수 있다.

참조 [토지관할]4, [관련사건]11

第6條【토지관할의 병합심리】 토지관할이 다른 여러 개의 관련사건이 각각 다른 법원에 계속된 때에는 공통되는 바로 위의 상급법원은 검사나 피고인의 신청에 의하여 결정(決定)으로 한 개 법원으로 하여금 병합심리하게 할 수 있다.(2020.12.8 본조개정)

改前 "第6條【土地管轄의 併合審理】 土地管轄을 달리하는 數個의 關聯事件이 各各 다른 法院에 係屬된 때에는 共通되는 直近 上級法院은 檢事 또는 被告人의 申請에 의하여 決定으로 1個 法院으로 하여금 併合審理하게 할 수 있다."

참조 [토지관할]4, 형소규2·3·7·8, [관련사건]11

판례 본조에 따른 토지관할 : 병합심리 신청사건의 관할법원 사물관할은 같지만 토지관할을 달리하는 수개의 제1심 법원(지원을 포함한다. 이하 같다)들에 관련 사건이 계속된 경우에 있어서, 형사소송법 제6조에서 말하는 '공통되는 직근상급법원'은 그 성질상 형사사건의 토지관할 구역을 정해 놓은 '각급 법원의 설치와 관할구역에 관한 법률' 제4조에 기한 [별표3]의 관할구역 구분을 기준으로 정하여야 할 것인바, 형사사건의 제1심 법원은 각각 일정한 토지관할 구역을 나누어 가지는 대등한 관계에 있으므로 그 상급법원은 위 표에서 정한 제1심 법원들의 토지관할 구역을 포괄하여 관할하는 고등법원이 된다. 따라서 토지관할을 달리하는 수개의 제1심 법원들에 관련 사건이 계속된 경우에 그 소속 고등법원이 같은 경우에는 그 고등법원이, 그 소속 고등법원이 다른 경우에는 대법원이 위 제1심 법원들의 공통되는 직근상급법원으로서 위 조항에 의한 토지관할 병합심리 신청사건의 관할법원이 된다.(대결 2006.12.5, 2006초기335 전원합의체)

第7條【土地管轄의 審理分離】 土地管轄을 달리하는 數個의 關聯事件이 同一法院에 係屬된 경우에 併合審理의 必要가 없는 때에는 法院은 決定으로 이를 分離하여 管轄權 있는 다른 法院에 移送할 수 있다.

참조 [토지관할]4, [관련사건]11, [결정과 항고불허가]403①

第8條【事件의 職權移送】 ① 法院은 被告人이 그 管轄區域 內에 現在하지 아니하는 경우에 特別한 事情이 있으면 決定으로 事件을 被告人의 現在地를 管轄하는 同級 法院에 移送할 수 있다.
② 單獨判事의 管轄事件이 公訴狀變更에 의하여 合議部 管轄事件으로 변경된 경우에 法院은 決定으로 管轄權이 있는 法院에 移送한다.(1995.12.29 본항신설)

참조 [토지관할]4, [결정]37·39·403①, 형소규8

第9條【事物管轄의 併合】 事物管轄을 달리하는 數個의 事件이 關聯된 때에는 法院合議部는 併合管轄한다. 但, 決定으로 管轄權 있는 法院單獨判事에게 移送할 수 있다.

참조 [사물관할]법원조직7④·32①·34, [결정]37·39·403①

第10條【事物管轄의 併合審理】 事物管轄을 달리하는 數個의 關聯事件이 各各 法院合議部와 單獨判事에 係屬된 때에는 合議部는 決定으로 單獨判事에 屬한 事件을 併合하여 審理할 수 있다.

참조 [사물관할]법원조직7④·32①·34, 형소규4·8, [관련사건]11

第11條【關聯事件의 定義】 關聯事件은 다음과 같다.
1. 1人이 犯한 數罪
2. 數人이 共同으로 犯한 罪
3. 數人이 同時에 同一場所에서 犯한 罪
4. 犯人隱匿罪, 證據湮滅罪, 僞證罪, 虛僞鑑定通譯罪 또는 贓物에 관한 罪와 그 本犯의 罪

참조 [관련사건과 관할]5－7·9·10, [수죄]342, 형37, [공동으로 범한 죄]형30－34·87·115·129·133, [범인은닉죄]형151, [증거인멸죄]형155, [위증죄]형152, [허위감정통역죄]형154, [장물죄]형362

第12條【同一事件과 數個의 訴訟係屬】 同一事件이 事物管轄을 달리하는 數個의 法院에 係屬된 때에는 法院合議部가 審判한다.

참조 [사물관할]법원조직7④·32①·34, [본조와 공소기각]328

第13條【관할의 경합】 같은 사건이 사물관할이 같은 여러 개의 법원에 계속된 때에는 먼저 공소를 받은 법원이 심판한다. 다만, 각 법원에 공통되는 바로 위의 상급법원은 검사나 피고인의 신청에 의하여 결정으로 뒤에 공소를 받은 법원으로 하여금 심판하게 할 수 있다.(2020.12.8 본조개정)

改前 "第13條【管轄의 競合】 同一事件이 事物管轄을 같이하는 數個의 法院에 係屬된 때에는 먼저 公訴를 받은 法院이 審判한다. 但, 各 法院에 共通되는 直近 上級法院은 檢事 또는 被告人의 申請에 의하여 決定으로 뒤에 公訴를 받은 法院으로 하여금 審判하게 할 수 있다."

참조 [사물관할]법원조직7④·32①·34, [본조와 공소기각]328

第14條【관할지정의 청구】 검사는 다음 각 호의 경우 관계있는 제1심법원에 공통되는 바로 위의 상급법원에 관할지정을 신청하여야 한다.
1. 법원의 관할이 명확하지 아니한 때
2. 관할위반을 선고한 재판이 확정된 사건에 관하여 다른 관할법원이 없는 때
(2020.12.8 본조개정)

改前 "第14條【管轄指定의 請求】 檢事는 다음 경우에는 關係있는 第1審法院에 共通되는 直近 上級法院에 管轄指定을 申請하여야 한다.
1. 法院의 管轄이 明確하지 아니한 때
2. 管轄違反을 宣告한 裁判이 確定된 事件에 관하여 다른 管轄法院이 없는 때"

참조 [관할구역]법원조직3③, [지정의 신청]16

第15條【管轄移轉의 申請】 檢事는 다음 경우에는 直近 上級法院에 管轄移轉을 申請하여야 한다. 被告人도 이 申請을 할 수 있다.
1. 管轄法院이 法律上의 理由 또는 特別한 事情으로 裁判權을 行할 수 없는 때
2. 犯罪의 性質, 地方의 民心, 訴訟의 狀況 其他 事情으로 裁判의 公平을 維持하기 어려운 念慮가 있는 때

참조 [이전의 신청]16

第16條【관할의 지정 또는 이전 신청의 방식】 ① 관할의 지정 또는 이전을 신청하려면 그 사유를 기재한 신청서를 바로 위의 상급법원에 제출하여야 한다.
② 공소를 제기한 후 관할의 지정 또는 이전을 신청할 때에는 즉시 공소를 접수한 법원에 통지하여야 한다.
(2020.12.8 본조개정)

改前 "第16條【管轄의 指定 또는 移轉申請의 方式】 ① 管轄의 指定 또는 移轉을 申請함에는 그 事由를 記載한 申請書를 直近 上級法院에 提出하여야 한다.
② 公訴를 提起한 後 管轄의 指定 또는 移轉을 申請하는 때에는 卽時 公訴를 接受한 法院에 通知하여야 한다."

참조 [관할지정의 신청]14, 형소규5－7, [관할이전의 신청]15

第16條의2【事件의 軍事法院 移送】 法院은 公訴가 提起된 事件에 대하여 軍事法院이 裁判權을 가지게 되었거나 裁判權을 가졌음이 判明된 때에는 決定으로 事件을 裁判權이 있는 같은 審級의 軍事法院으로 移送한다. 이 경우에 移送前에 行한 訴訟行爲는 移送後에도 그 效力에 影響이 없다.(1987.11.28 본조개정)

참조 [군사법원의 재판권]군사법원2－3의2, 계엄10·12

판례 관할군사법원에 이송해야 할 경우 : 소송촉진 등에 관한 특례법에 의해 피고인이 불출석한 상태에서 공시송달로 공판을 진행하여 유죄판결이 선고, 확정되었으나, 위 판결 선고 당시 피고인이 군복무 중이었던 경우, 이를 이유로 한 비상상고를 받아들여 원판결을 파기하고 관할군사법원에 이송한 사례이다.
(대판 2006.4.14, 2006오1)

第2章 法院職員의 除斥, 忌避, 回避

第17條【除斥의 原因】 法官은 다음 경우에는 職務執行에서 除斥된다.
1. 法官이 被害者인 때
2. 法官이 被告人 또는 被害者의 친족 또는 친족관계가 있었던 者인 때(2005.3.31 본호개정)
3. 法官이 被告人 또는 被害者의 法定代理人, 後見監督人인 때
4. 法官이 事件에 관하여 證人, 鑑定人, 被害者의 代理人으로 된 때
5. 法官이 事件에 관하여 被告人의 代理人, 辯護人, 補助人으로 된 때
6. 法官이 事件에 관하여 檢事 또는 司法警察官의 職務를 行한 때
7. 法官이 事件에 관하여 前審裁判 또는 그 基礎되는 調査, 審理에 關與한 때
8. 법관이 사건에 관하여 피고인의 변호인이거나 피고인·피해자의 대리인인 법무법인, 법무법인(유한), 법무조합, 법률사무소, 「외국법자문사법」 제2조제9호에 따른 합작법무법인에서 퇴직한 날부터 2년이 지나지 아니한 때(2020.12.8 본호신설)
9. 법관이 피고인인 법인·기관·단체에서 임원 또는 직원으로 퇴직한 날부터 2년이 지나지 아니한 때(2020.12.8 본호신설)

改前 2. 法官이 被告人 또는 被害者의 "親族, 戶主, 家族 또는 이러한 關係"가 있었던 者인 때

참조 [제척법관의 심판관여와 항소이유]361의5, [친족]민767이하, [가족]민779, [법정대리인]민59·911·938, [후견감독]민953, [증인]146이하, [감정인]169이하, [대리인]26–28·277, [변호인]30·33·426, [보조인]29, [전문심리위원에의 준용]279의5

판례 약식명령을 발부한 법관이 정식재판절차의 제1심판결에 관여한 경우 : 약식절차와 피고인 또는 검사의 정식재판청구에 의하여 개시된 제1심 공판절차는 동일한 심급 내에서 서로 절차만 달리할 뿐이므로, 약식명령이 제1심 공판절차의 전심재판에 해당하는 것은 아니고, 따라서 약식명령을 발부한 법관이 정식재판절차의 제1심판결에 관여하였다고 하여 형사소송법 제17조 제7호에 정한 '법관이 사건에 관하여 전심재판 또는 그 기초되는 조사, 심리에 관여한 때'에 해당하여 제척의 원인이 된다고 볼 수는 없다.(대판 2002.4.12, 2002도944)

판례 약식명령을 발부하고 그 정식재판 절차의 항소심 공판에 관여한 경우 : 약식명령을 발부한 법관이 그 정식재판 절차의 항소심판결에 관여함은 형사소송법 제17조 제7호, 제18조 제1항 제1호 소정의 법관이 사건에 관하여 전심재판 또는 그 기초되는 조사심리에 관여한 때에 해당하여 제척, 기피의 원인이 되나, 제척 또는 기피되는 재판은 불복이 신청된 당해 사건의 판결절차를 말하는 것이므로 약식명령을 발부한 법관이 그 정식재판 절차의 항소심 공판에 관여한 바 있어도 후에 경질되어 그 판결에는 관여하지 아니한 경우는 전심재판에 관여한 법관이 불복이 신청된 당해 사건의 재판에 관여하였다고 할 수 없다.(대판 1985.4.23, 85도281)

第18條【忌避의 原因과 申請權者】 ① 檢事 또는 被告人은 다음 경우에 法官의 忌避를 申請할 수 있다.
1. 法官이 前條 各 號의 事由에 해당되는 때
2. 法官이 不公平한 裁判을 할 念慮가 있는 때
② 辯護人은 被告人의 明示한 意思에 反하지 아니하는 때에 限하여 法官에 對한 忌避를 申請할 수 있다.

참조 [제척의 원인]17, [기피신청]19–23, 형소규9, [변호인의 기피신청]36, [전문심리위원에의 준용]279의5

판례 형사소송법 제18조 제1항 제2호 소정의 "불공평한 재판을 할 염려가 있는 때"의 의미 : 기피원인에 관한 본조 제1항 제2호 소정의 "불공평한 재판을 할 염려가 있는 때"라 함은, 당사자가 불공평한 재판이 될지도 모른다고 추측할 만한 주관적인 사정이 있는 때를 말하는 것이 아니라, 통상인의 판단으로써 법관과 사건과의 관계상 불공평한 재판을 할 것이라는 의혹을 갖는 것이 합리적이라고 인정할 만한 객관적인 사정이 있는 때를 말한다. 재판부가 당사자의 증거신청을 채택하지 아니하거나 이미 한 증거결정을 취소하였다 하더라도 그러한 사유만으로는 재판의 공평을 기대하기 어려운 객관적인 사정이 있다고 할 수 없고, 형사소송법 제299조 규정상 재판장이 피고인의 증인신문권의 본질적인 부분을 침해하였다고 볼 만한 아무런 소명자료가 없다면, 재판장이 피고인의 증인에 대한 신문을 제지한 사실이 있다는 것 만으로는 법관과 사건과의 관계상 불공평한 재판을 할 것이라는 의혹을 갖는 것이 합리적이라고 인정할 만한 객관적인 사정이 있는 경우에 해당한다고 볼 수 없다.(대결 1995.4.3, 95모10)

第19條【忌避申請의 管轄】 ① 合議法院의 法官에 對한 忌避는 그 法官의 所屬法院에 申請하고 受命法官, 受託判事 또는 單獨判事에 對한 忌避는 當該法官에게 申請하여야 한다.
② 忌避事由는 申請한 날로부터 3日 이내에 書面으로 疎明하여야 한다.

참조 [합의법원]법원조직7, [단독판사]법원조직7④, [기피의 원인]18①, [기피신청에 대한 재판]21, [전문심리위원에의 준용]279의5

第20條【忌避申請棄却과 處理】 ① 忌避申請이 訴訟의 지연을 目的으로 함이 명백하거나 第19條의 規定에 違背된 때에는 申請을 받은 法院 또는 法官은 決定으로 이를 棄却한다.(1995.12.29 본항개정)
② 忌避당한 法官은 前項의 경우를 除한 외에는 遲滯없이 忌避申請에 대한 意見書를 提出하여야 한다.
③ 前項의 경우에 忌避당한 法官이 忌避의 申請을 理由있다고 認定하는 때에는 그 決定이 있은 것으로 看做한다.

참조 형소규9, [기피신청의 관할]19, [결정]37–39·42, [즉시항고]23, [전문심리위원에의 준용]279의5

第21條【忌避申請에 대한 裁判】 ① 忌避申請에 대한 裁判은 忌避당한 法官의 所屬法院合議部에서 決定으로 하여야 한다.
② 忌避당한 法官은 前項의 決定에 關與하지 못한다.
③ 忌避당한 判事의 所屬法院이 合議部를 構成하지 못하는 때에는 直近 上級法院이 決定하여야 한다.

참조 [기피신청기각]20①, [합의부]법원조직7, [신청에 대한 의견서]20②, [소송진행의 정지]22, [즉시항고]23

第22條【忌避申請과 訴訟의 停止】 忌避申請이 있는 때에는 第20條第1項의 경우를 除한 외에는 訴訟進行을 停止하여야 한다. 但, 急速을 要하는 경우에는 例外로 한다.

참조 [기피의 원인과 신청권자]18, [기피신청의 관할]19, [기피신청기각과 처리]20, [기피신청에 대한 재판]21, [즉시항고]23

판례 법관에 대한 기피신청이 있는 경우, 동조에 따라 정지되는 소송진행에 판결의 선고는 포함되지 아니한다.(대판 2002.11.13, 2002도4893)

第23條【忌避申請棄却과 卽時抗告】 ① 忌避申請을 棄却한 決定에 대하여는 卽時抗告를 할 수 있다.
② 第20條第1項의 棄却決定에 대한 卽時抗告는 裁判의 執行을 정지하는 효력이 없다.(1995.12.29 본항신설)

참조 [즉시항고]403①, 405이하, [전문심리위원에의 준용]279의5

第24條【回避의 原因 등】 ① 法官이 第18條의 規定에 해당하는 事由가 있다고 思料한 때에는 回避하여야 한다.
② 回避는 所屬法院에 書面으로 申請하여야 한다.
③ 第21條의 規定은 回避에 準用한다.

참조 [제척의 원인]17, [기피의 원인]18①

第25條【법원사무관등에 대한 제척·기피·회피】 ① 本章의 規定은 第17條第7號의 規定을 除한 외에는 법원서기관·법원사무관·법원주사 또는 법원주사보(이하 "법원사무관등"이라 한다)와 通譯人에 準用한다.
② 前項의 법원사무관등과 通譯人에 대한 忌避裁判은 그 所屬法院이 決定으로 하여야 한다. 但, 第20條第1項의 決定은 忌避당한 者의 所屬法官이 한다.(2007.6.1 본조개정)

改前 第25條【"法院書記官등에 대한 除斥, 忌避, 回避"】① 本章의 規定은 第17條第7號의 規定을 除한 외에는 "法院의 書記官, 書記"와 通譯人에 準用한다.
② 前項의 "書記官, 書記와" 通譯人에 대한 忌避裁判은…

참조 [불복신청]23·416, [서기관]180·181, 법원조직10

第3章 訴訟行爲의 代理와 輔助

第26條【意思無能力者와 訴訟行爲의 代理】 「형법」 第9條 내지 第11條의 規定의 適用을 받지 아니하는 犯罪事件에 관하여 被告人 또는 被疑者가 意思能力이 없는 때에는 그 法定代理人이 訴訟行爲를 代理한다.(2007.6.1 본조개정)

참조 [형9–11의 적용제외]담배31, [법정대리인]민911·938, [특별대리인]28

第27條【法人과 訴訟行爲의 代表】 ① 被告人 또는 被疑者가 法人인 때에는 그 代表者가 訴訟行爲를 代表한다.
② 數人이 共同하여 法人을 代表하는 경우에도 訴訟行爲에 관하여는 各自가 代表한다.

참조 [법인]328①, 민소57, [대표자]민59, 상207·208·269·389·562, [특별대리인]28, [공동대표]상208·269·389·562

판례 정리회사가 피고인인 형사소송에서 그 관리인이 정리회사의 대표자가 되는지 여부 : 주식회사에 대하여 회사정리개시결정이 내려져 있는 경우라고 하더라도 적법하게 선임되어 있는 대표이사가 있는 한 그 대표이사가 형사소송법 제27조 제1항에 의하여 피고인인 회사를 대표하여 소송행위를 할 수 있고, 정리회사의 관리인은 정리회사의 기관이거나 그 대표자가 아니고 정리회사와 그 채권자 및 주주로 구성되는 소외 이해관계인단체의 관리자로서 일종의 공적 수탁자이므로 관리인이 형사소송에서 피고인인 정리회사의 대표자가 된다고 볼 수 없다.(대결 1994.10.28, 94모25)

第28條【訴訟行爲의 特別代理人】 ① 前2條의 規定에 의하여 被告人을 代理 또는 代表할 者가 없는 때에는 法院은 職權 또는 檢事의 請求에 의하여 特別代理人을 選任하여야 하며 被疑者를 代理 또는 代表할 者가 없는 때에는 法院은 檢事 또는 利害關係人의 請求에 의하여 特別代理人을 選任하여야 한다.
② 特別代理人은 被告人 또는 被疑者를 代理 또는 代表하여 訴訟行爲를 할 者가 있을 때까지 그 任務를 行한다.

참조 [소송행위의 대리, 대표]26·27, [청구사건관할]형소규10

第29條【輔助人】 ① 被告人 또는 被疑者의 法定代理人, 配偶者, 직계친족과 형제자매는 輔助人이 될 수 있다.(2005.3.31 본항개정)
② 보조인이 될 수 있는 자가 없거나 장애 등의 사유로 보조인으로서 역할을 할 수 없는 경우에는 피고인 또는 피의자와 신뢰관계 있는 자가 보조인이 될 수 있다.(2015.7.31 본항신설)
③ 輔助人이 되고자 하는 者는 심급별로 그 취지를 申告하여야 한다.(2007.6.1 본항개정)
④ 輔助人은 獨立하여 被告人 또는 被疑者의 明示한 意思에 反하지 아니하는 訴訟行爲를 할 수 있다. 但, 法律에 다른 規定이 있는 때에는 例外로 한다.

改前 ① 被告人 또는 被疑者의 法定代理人, 配偶者, "直系親族, 兄弟姉妹와 戶主"는 輔助人이 될 수 있다.
② 輔助人이 되고자 하는 者는 "書面으로" 申告하여야 한다.

참조 [법정대리인]민911·938, [친족]민767이하, [보조인의 신고]형소규11, [특별규정]351

第4章 辯護

第30條【辯護人選任權者】 ① 被告人 또는 被疑者는 辯護人을 選任할 수 있다.
② 被告人 또는 被疑者의 法定代理人, 配偶者, 직계친족과 형제자매는 獨立하여 辯護人을 選任할 수 있다.(2005.3.31 본항개정)

改前 ② 被告人 또는 被疑者의 法定代理人, 配偶者, "直系親族, 兄弟姉妹와 戶主"는 獨立하여 辯護人을 選任할 수 있다.

참조 [변호인의 선임권]32, 헌12④, 형소규12·13, [선임권의 고지]72·87·88·209, 형소규16·17, [국선변호인]33, 형소규14·15·18·20·21, [피의자의 변호인의 권한]35·94·163·164·184, [선임절차]90·209, [법정대리인]민59·911·938, 상207·269·389·562, [친족]민767이하

판례 임의동행된 피의자와 피내사자에게 변호인의 접견교통권이 인정되는지 여부 : 변호인의 조력을 받을 권리를 실질적으로 보장하기 위하여는 변호인과의 접견교통권의 인정이 당연한 전제가 되므로, 임의동행의 형식으로 수사기관에 연행된 피의자에게도 변호인 또는 변호인이 되려는 자와의 접견교통권은 당연히 인정된다고 보아야 하고, 임의동행의 형식으로 연행된 피내사자의 경우에도 이는 마찬가지이다.(대결 1996.6.3, 96모18)

第31條【辯護人의 資格과 特別辯護人】 辯護人은 辯護士중에서 選任하여야 한다. 但, 大法院 이외의 法院은 特別한 事情이 있으면 辯護士 아닌 者를 辯護人으로 選任함을 許可할 수 있다.

참조 [변호사]헌12④, 변호사4, [상고심의 변호인]386

第32條【辯護人選任의 效力】 ① 辯護人의 選任은 審級마다 辯護人과 連名捺印한 書面으로 提出하여야 한다.
② 公訴提起 前의 辯護人 選任은 第1審에도 그 效力이 있다.

참조 [변호인 선임]30·31, [공소제기]246·254

第32條의2【代表辯護人】 ① 數人의 辯護人이 있는 때에는 裁判長은 被告人·被疑者 또는 辯護人의 申請에 의하여 代表辯護人을 지정할 수 있고 그 지정을 撤回 또는 변경할 수 있다.
② 第1項의 申請이 없는 때에는 裁判長은 職權으로 代表辯護人을 지정할 수 있고 그 지정을 撤回 또는 변경할 수 있다.
③ 代表辯護人은 3人을 초과할 수 없다.
④ 代表辯護人에 대한 통지 또는 書類의 송달은 辯護人 全員에 대하여 효력이 있다.
⑤ 第1項 내지 第4項의 規定은 被疑者에게 數人의 辯護人이 있는 때에 檢事가 代表辯護人을 지정하는 경우에 이를 準用한다.
(1995.12.29 본조신설)

第33條【국선변호인】 ① 다음 각 호의 어느 하나에 해당하는 경우에 변호인이 없는 때에는 법원은 직권으로 변호인을 선정하여야 한다.
1. 피고인이 구속된 때
2. 피고인이 미성년자인 때
3. 피고인이 70세 이상인 때
4. 피고인이 듣거나 말하는 데 모두 장애가 있는 사람인 때(2020.12.8 본호개정)
5. 피고인이 심신장애가 있는 것으로 의심되는 때(2020.12.8 본호개정)
6. 피고인이 사형, 무기 또는 단기 3년 이상의 징역이나 금고에 해당하는 사건으로 기소된 때
② 법원은 피고인이 빈곤이나 그 밖의 사유로 변호인을 선임할 수 없는 경우에 피고인이 청구하면 변호인을 선정하여야 한다.(2020.12.8 본항개정)
③ 법원은 피고인의 나이·지능 및 교육 정도 등을 참작하여 권리보호를 위하여 필요하다고 인정하면 피고인의 명시적 의사에 반하지 아니하는 범위에서 변호인을 선정하여야 한다.(2020.12.8 본항개정)
(2006.7.19 본조개정)

改前 ① 4. 피고인이 "농아자"인 때
5. 피고인이 "심신장애의 의심이 있는 때"
② 법원은 피고인이 "빈곤" 그 밖의 사유로 변호인을 선임할 수 없는 경우에 "피고인의 청구가 있는 때에는" 변호인을 선정하여야 한다.
③ 법원은 피고인의 "연령"·지능 및 교육 정도 등을 참작하여 권리보호를 위하여 필요하다고 "인정하는 때에는" 피고인의 명시적 의사에 반하지 아니하는 "범위 안에서" 변호인을 선정하여야 한다.

참조 [변호인의 선임]30, [국선변호인]283, 형소규9, 법원조직72④, [미성년]민4, [변호인의 불출석]283, [심신장애인]형10, [농아자]형11, [소송비용의 면제]487, [국선변호인에게 지급하는 비용]형사소송비용등에관한법1·2·8·10

판례 헌법상 변호인의 조력을 받을 권리 및 형사소송법상 국선변호인 제도의 취지와 점자자료로 작성된 소송계속 중의 관계 서류 등의 제공이 이루어지지 아니하는 현행 형사소송실무 등에 비추어, 법원으로서는 형사소송법 제33조 제3항의 규정을 준용하여 피고인의 연령·지능·교육 정도를 비롯한 시각장애의 정도 등을 확인한 다음 권리보호를 위하여 필요하다고 인정하는 때에는 시각장애인인 피고인의 명시적 의사에 반하지 아니하는 범위 안에서 국선변호인을 선정하여 방어권을 보장해 줄 필요가 있다. 그럼에도 국선변호인의 선정 없이 공판심리가 이루어져 피고인의 방어권이 침해됨으로써 판결에 영향을 미쳤다고 인정되는 경우에는 위 법 제33조 제3항을 위반한 위법이 있다고 보아야 한다.(대판 2010.4.29, 2010도881)

판례 항소심법원이 피고인으로부터 국선변호인 선정청구를 받고도 그에 대한 허부의 결정을 지체하다가 피고인이 항소이유서 제출기간 내에 항소이유서를 제출하지 않은 경우 : 피고인이 빈곤 등을 이유로 국선변호인의 선정을 청구하면서, 국선변호인의 조력을 받아 항소이유서를 작성·제출하는 데 필요한 충분한 시간 여유를 두고 선정청구를 하였는데도 법원이 정당한 이유 없이 그 선정을 지연하여 항소이유서 제출기간이 경과한 후에야 비로소 항소기각결정을 함과 동시에 국선변호인 선정청구를 기각함으로써 항소이유서의 작성·제출에 필요한 변호인의 조력을 받지도 못한 상태로 피고인에 대한 항소이유서 제출기간이 도과해 버렸다면 이는 변호인의 조력을 받을 피고인의 권리가

법원에 의하여 침해된 것과 다를 바 없으므로, 설사 항소이유서 제출기간 내에 그 피고인으로부터 적법한 항소이유서의 제출이 없었다고 하더라도 그러한 사유를 들어 곧바로 결정으로 피고인의 항소를 기각하여서는 아니 된다. 항소심법원으로서는 항소이유서 제출기간이 지난 후에라도 국선변호인 선정 결정과 함께 그 변호인에게 소송기록접수 통지를 하여 국선변호인이 그 통지를 받은 날로부터 기산하여 소정의 기간 내에 피고인을 위하여 항소이유서를 제출할 기회를 주든지, 형사소송규칙 제44조를 유추적용하여 항소이유서 제출기간을 연장하는 조치를 취하는 방법으로 피고인에게 사선 변호인을 선임하여 항소이유서를 제출할 수 있는 기회를 실질적으로 부여함으로써 피고인으로 하여금 변호인의 조력을 받을 수 있도록 해주어야 한다.
(대결 2003.10.27, 2003모306)

第34條【피고인·피의자와의 접견, 교통, 진료】 변호인이나 변호인이 되려는 자는 신체가 구속된 피고인 또는 피의자와 접견하고 서류나 물건을 수수(授受)할 수 있으며 의사로 하여금 피고인이나 피의자를 진료하게 할 수 있다.(2020.12.8 본조개정)

改前 "第34條【被告人, 被疑者와의 接見, 交通, 受診】 辯護人 또는 辯護人이 되려는 者는 身體拘束을 당한 被告人 또는 被疑者와 接見하고 書類 또는 物件을 授受할 수 있으며 醫師로 하여금 診療하게 할 수 있다."

참조 [신체구속을 당한 피고인]70, [피의자]201·212, [변호인 선임권자]30, [피고인의 교통, 수진]89, 형의집행수용자41-44, 형의집행수용자시55, [교통의 금지, 제한]91

판례 집회나 시위, 파업 현장에서 체포된 사람을 접견하게 해 달라고 요구하며 호송차량의 진행을 막은 변호사를 경찰이 공무집행방해죄의 현행범으로 체포한 사안에 대하여, 변호사가 피의자를 호송하는 차량의 진행을 막은 것은 변호인이 되려는 자의 정당한 접견교통권을 행사한 것으로 볼 수 있으므로, 경찰이 변호사를 현행범으로 체포한 것은 직권을 남용한 불법체포일 뿐만 아니라 변호사의 정당한 접견교통권을 방해한 행위로 볼 수 있다.(대판 2017.3.9, 2013도16162)

판례 변호인이 피의자를 접견할 때 국가정보원 직원이 승낙 없이 사진촬영을 한 것은 접견교통권 침해에 해당한다.
(대판 2003.1.10, 2002다56628)

판례 변호인의 접견교통권의 법적 성격 및 수사기관의 처분에 의하여 제한할 수 있는지 여부 : 변호인의 구속된 피고인 또는 피의자와의 접견교통권은 피고인 또는 피의자 자신이 가지는 변호인과의 접견교통권과는 성질을 달리하는 것으로서 헌법상 보장된 권리라고는 할 수 없고, 본조에 의하여 비로소 보장되는 권리이지만, 신체구속을 당한 피고인 또는 피의자의 인권보장과 방어준비를 위하여 필수불가결한 권리이므로, 수사기관의 처분 등에 의하여 이를 제한할 수 없고, 다만 법령에 의하여서만 제한이 가능하다.(대결 2002.5.6, 2000모112)

第35條【서류·증거물의 열람·복사】 ① 피고인과 변호인은 소송계속 중의 관계 서류 또는 증거물을 열람하거나 복사할 수 있다.(2016.5.29 본항개정)

② 피고인의 법정대리인, 제28조에 따른 특별대리인, 제29조에 따른 보조인 또는 피고인의 배우자·직계친족·형제자매로서 피고인의 위임장 및 신분관계를 증명하는 문서를 제출한 자도 제1항과 같다.

③ 재판장은 피해자, 증인 등 사건관계인의 생명 또는 신체의 안전을 현저히 해칠 우려가 있는 경우에는 제1항 및 제2항에 따른 열람·복사에 앞서 사건관계인의 성명 등 개인정보가 공개되지 아니하도록 보호조치를 할 수 있다.(2016.5.29 본항신설)

④ 제3항에 따른 개인정보 보호조치의 방법과 절차, 그 밖에 필요한 사항은 대법원규칙으로 정한다.
(2016.5.29 본항신설)
(2016.5.29 본조제목개정)
(2007.6.1 본조개정)

改前 "第35條【서류·증거물의 "열람·등사"】 ① 피고인과 변호인은…열람하거나 "등사"할 수 있다.

참조 [증거보전]45·55·185, [감정의 참여]176, [변호인이 없는 경우]33, [비공개]47

판례 검사보관의 수사기록에 대한 열람·등사 : 검사가 보관하는 수사기록에 대한 변호인의 열람·등사는 실질적 당사자대등을 확보하고, 신속·공정한 재판을 실현하기 위하여 필요불가결한 것이며, 그에 대한 지나친 제한은 피고인의 신속·공정한 재판을 받을 권리를 침해하는 것이다. 변호인의 조력을 받을 권리는 변호인과의 자유로운 접견교통권에 그치지 아니하고 더 나아가 변호인을 통하여 수사서류를 포함한 소송관계 서류를 열람·등사하고 이에 대한 검토결과를 토대로 공격과 방어의 준비를 할 수 있는 권리도 포함된다고 보아야 할 것이므로 변호인의 수사기록 열람·등사에 대한 지나친 제한은 결국 피고인에게 보장된 변호인의 조력을 받을 권리를 침해하는 것이다. 수사기록에 대한 열람·등사권이 헌법상 피고인에게 보장된 신속·공정한 재판을 받을 권리와 변호인의 조력을 받을 권리 등에 의하여 보호되는 권리라 하더라도 무제한적인 것은 아니며, 또한 헌법상 보장된 다른 기본권과 사이에 조화를 이루어야 한다. 즉, 변호인의 수사기록에 대한 열람·등사권도 기본권제한의 일반적 법률유보조항인 국가안전보장·질서유지 또는 공공복리를 위하여 제한되는 경우가 있을 수 있으며, 검사가 보관중인 수사기록에 대한 열람·등사는 당해 사건의 성질과 상황, 열람·등사를 구하는 증거의 종류 및 내용 등 제반 사정을 감안하여 그 열람·등사가 피고인의 방어를 위하여 특히 중요하고 또 그로 인하여 국가기밀의 누설이나 증거인멸, 증인협박, 사생활침해, 관련사건 수사의 현저한 지장 등과 같은 폐해를 초래할 우려가 없는 때에 한하여 허용된다고 할 것이다. 수사기록에 대한 열람·등사신청은 수사기록을 보관하고 있는 검사에게 직접 하여야 한다. 이는 수사기록을 보관하고 있는 자에게 신청하는 것이 원칙일 뿐만 아니라 신청을 받은 검사도 신속하고 간편하게 열람·등사를 허용할 수 있을 것이고, 또 비록 검사의 공소제기에 의하여 법원에 소송계속이 생겼다 하더라도 증거조사 전단계에서는 검사가 보관중인 수사기록에 대하여 법원이 열람·등사를 허용할 근거는 없기 때문이다.(헌재결 1997.11.27, 94헌마60 전원재판부)

第36條【辯護人의 獨立訴訟行爲權】 辯護人은 獨立하여 訴訟行爲를 할 수 있다. 但, 法律에 다른 規定이 있는 때에는 例外로 한다.

참조 [독립행위권]18·34·35·54②·87·93·94·121·145·163·176·184①·185·270·294·296·341

第5章 裁 判

第37條【판결, 결정, 명령】 ① 판결은 법률에 다른 규정이 없으면 구두변론(口頭辯論)을 거쳐서 하여야 한다.

② 결정이나 명령은 구두변론을 거치지 아니할 수 있다.

③ 결정이나 명령을 할 때 필요하면 사실을 조사할 수 있다.

④ 제3항의 조사는 부원(部員)에게 명할 수 있고 다른 지방법원의 판사에게 촉탁할 수 있다.
(2020.12.8 본조개정)

改前 "第37條【判決, 決定, 命令】 ① 判決은 法律에 다른 規定이 없으면 口頭辯論에 依據하여야 한다.
② 決定 또는 命令은 口頭辯論에 依據하지 아니할 수 있다.
③ 決定 또는 命令을 함에 必要한 경우에는 事實을 調査할 수 있다.
④ 前項의 調査는 部員에게 命할 수 있고 다른 地方法院의 判事에게 囑託할 수 있다."

참조 [특별규정]276·277·306·330·370·390·401, [사실조사]형소규24, [선고·명령등의 기간]소송촉진21·22, [결정]6-10·13·97·100·105·133·134·306·328·347·348·360·361의4·362·363·376·380-382, [배상명령]소송촉진25-35

第38條【裁判書의 方式】 裁判은 法官이 作成한 裁判書에 依하여야 한다. 但, 決定 또는 命令을 告知하는 경우에는 裁判書를 作成하지 아니하고 調書에만 記載하여 할 수 있다.

참조 [재판]37, [재판서의 기재요건]40, [재판서의 경정]형소규25

第39條【裁判의 理由】 裁判에는 理由를 明示하여야 한다. 但, 上訴를 不許하는 決定 또는 命令은 例外로 한다.

참조 [이유]323·370·398, [결정, 명령과 상소]402·403·415·416

판례 그 사유의 존부에 관하여 자세하고 구체적인 설명을 생략하고 그 신청의 당부에 대한 이유를 다만 신청의 이유가 있다 또는 그 이유가 없다고 간단히 밝히면 된다.
(대결 1996.11.14, 96모94)

第40條【裁判書의 記載要件】 ① 裁判書에는 法律에 다른 規定이 없으면 裁判을 받는 者의 姓名, 年齡, 職業과 住居를 記載하여야 한다.

② 裁判을 받는 者가 法人인 때에는 그 名稱과 事務所를 記載하여야 한다.

③ 판결서에는 기소한 검사와 공판에 관여한 검사의 관직, 성명과 변호인의 성명을 기재하여야 한다.
(2011.7.18 본항개정)

改前 "③ 判決書에는 公判에 關與한 檢事의 官職, 姓名과 辯護人의 姓名을 記載하여야 한다.(1961.9.1 본항개정)"

참조 [특별규정]74·75·77·114·153·155, [관여검사]275

第41條【裁判書의 署名 등】 ① 裁判書에는 裁判한 法官이 署名捺印하여야 한다.

② 裁判長이 署名捺印할 수 없는 때에는 다른 法官이 그 事由를 附記하고 署名捺印하여야 하며 다른 法官이 署名捺印할 수 없는 때에는 裁判長이 그 事由를 附記하고 署名捺印하여야 한다.

③ 判決書 기타 大法院規則이 정하는 裁判書를 제외한 裁判書에 대하여는 第1項 및 第2項의 署名捺印에 갈음하여 記名捺印할 수 있다.(1995.12.29 본항신설)

참조 [예외]74·75·77·114·153·155

판례 검찰의 공소권 남용에 따른 공소기각 : 소위 '서울시 공무원 간첩' 사건으로 무죄가 선고된 피고인에게 이미 4년 전 기소유예 처분했던 불법 외환거래 혐의를 들춰내 추가 기소한 사건에서, 종전 사건의 피의사실과 현재 사건의 공소사실 사이에 기소유예 처분을 번복하고 공소를 제기해야 할 만한 의미 있는 사정변경이 없으며, 검사가 해당 사건을 기소한 것은 통상적이거나 적정한 소추재량권 행사라고 보기 어렵고 어떠한 의도가 있다고 보여지므로 공소권을 자의적으로 행사한 것으로 위법하다. 또한 이로 인해 유씨가 실질적인 불이익을 받았기 때문에 현재 사건에 대한 기소는 소추재량권을 현저히 일탈한 경우에 해당한다. 따라서 이 부분 공소는 공소제기의 절차가 법률의 규정에 위반해 무효이다.(대판 2021.11.14, 2016도14772)

판례 1심 판결서에 재판한 법관의 서명날인이 누락되어 있었는데 2심이 이를 간과한 채 피고인들의 항소를 기각하는 판결을 선고하였다면 형사소송법이 정한 '판결에 영향을 미친 법률의 위반이 있는 때'에 해당해 파기되어야 한다.
(대판 2020.11.26, 2020도12358)

판례 재판장의 서명날인이 누락된 재판서에 의한 판결과 파기사유 : 재판장의 서명날인이 누락되어 있고 재판장이 서명날인을 할 수 없는 사유의 부기도 없는 재판서에 의한 판결은 형사소송법 제383조 제1호 소정의 판결에 영향을 미친 법률위반으로서 파기사유가 된다.(대판 1990.2.27, 90도145)

第42條【裁判의 宣告, 告知의 方式】 裁判의 宣告 또는 告知는 公判廷에서는 裁判書에 의하여야 하고 기타의 경우에는 裁判書謄本의 送達 또는 다른 適當한 方法으로 하여야 한다. 但, 法律에 다른 規定이 있는 때에는 例外로 한다.

참조 [선고]43, [선고기간]소송촉진21, [송달]60이하, [특별규정]76·81·270②

판례 결정의 고지와 재판서등본의 송달 : 형사소송법 제42조, 제43조의 규정에 비추어 보면 공판정에서 결정을 고지하는 경우에는 그 결정등본을 피고인에게 송달할 필요가 없는 것이다.
(대판 1995.6.13, 95도826)

第43條【同前】 裁判의 宣告 또는 告知는 裁判長이 한다. 判決을 宣告함에는 主文을 朗讀하고 理由의 要旨를 說明하여야 한다.

참조 [상소에 대한 고지]324

第44條【檢事의 執行指揮를 要하는 事件】 檢事의 執行指揮를 要하는 裁判은 裁判書 또는 裁判을 記載한 調書의 謄本 또는 抄本을 裁判의 宣告 또는 告知한 때로부터 10日 이내에 檢事에게 送付하여야 한다. 但, 法律에 다른 規定이 있는 때에는 例外로 한다.(1961.9.1 본문개정)

참조 [집행지휘]460·461, [재판서]38, [재판을 기재한 조서]38단서, [특별규정]81·155

第45條【裁判書의 謄本, 抄本의 請求】 被告人 기타의 訴訟關係人은 費用을 納入하고 裁判書 또는 裁判을 記載한 調書의 謄本 또는 抄本의 交付를 請求할 수 있다.

참조 [재판서, 재판조서]38, [구속영장의 등본등]형소규50, [인지]부칙5, [기타의 소송관계인]형소규26-28

판례 확정된 형사소송기록의 복사신청에 대한 거부행위의 기본권침해 여부 : 확정된 형사소송기록의 복사신청에 대한 서울지방검찰청의정부지청장의 거부행위는 청구인의 헌법상의 기본권인 "알 권리"를 침해한 것이다.
(헌재결 1991.5.13, 90헌마133 전원재판부)

第46條【裁判書의 謄, 抄本의 作成】 裁判書 또는 裁判을 記載한 調書의 謄本 또는 抄本은 原本에 의하여 作成하여야 한다. 但, 不得已한 경우에는 謄本에 의하여 作成할 수 있다.

참조 [재판서, 재판조서]38, [등본, 초본]42·44·45, [작성자]38·51

第6章 書 類

第47條【訴訟書類의 非公開】 訴訟에 관한 書類는 公判의 開廷前에는 公益上 必要 기타 相當한 理由가 없으면 公開하지 못한다.

참조 [공개금지]198, 형126, [공익상 필요한 경우]국회118·158

판례 변호인의 조력을 받을 권리와 변호인의 기본권 : 본조의 입법목적은, 형사소송에 있어서 유죄의 판결이 확정될 때까지는 무죄로 추정을 받아야 할 피의자가 수사단계에서의 수사서류 공개로 말미암아 그의 기본권이 침해되는 것을 방지하고자 함에 목적이 있는 것이지 구속적부심사를 포함하는 형사소송절차에서 피의자의 방어권행사를 제한하려는 데 그 목적이 있는 것은 원래가 아니라는 점, 그리고 형사소송법이 구속적부심사를 기소 전에만 인정하고 있기 때문에 만일 기소 전에 변호인이 미리 고소장과 피의자신문조서를 열람하지 못한다면 구속적부심제도를 헌법에서 직접 보장함으로써 이 제도가 피구속자의 인권옹호를 위하여 충실히 기능할 것을 요청하는 헌법정신은 훼손을 면할 수 없다는 점 등에서, 이 규정은 구속적부심사단계에서 변호인이 고소장과 피의자신문조서를 열람하여 피구속자의 방어권을 조력하는 것까지를 일체 금지하는 것은 아니다. 결국 변호인에게 고소장과 피의자신문조서에 대한 열람 및 등사를 거부한 경찰서장의 정보비공개결정은 변호인의 피구속자를 조력할 권리 및 알 권리를 침해하여 헌법에 위반된다.
(헌재결 2003.3.27, 2000헌마474 전원재판부)

第48條【조서의 작성 방법】 ① 피고인, 피의자, 증인, 감정인, 통역인 또는 번역인을 신문(訊問)하는 때에는 신문에 참여한 법원사무관등이 조서를 작성하여야 한다.

② 조서에는 다음 각 호의 사항을 기재하여야 한다.

1. 피고인, 피의자, 증인, 감정인, 통역인 또는 번역인의 진술
2. 증인, 감정인, 통역인 또는 번역인이 선서를 하지 아니한 때에는 그 사유

③ 조서는 진술자에게 읽어 주거나 열람하게 하여 기재 내용이 정확한지를 물어야 한다.

④ 진술자가 조서에 대하여 추가, 삭제 또는 변경의 청구를 한 때에는 그 진술내용을 조서에 기재하여야 한다.

⑤ 신문에 참여한 검사, 피고인, 피의자 또는 변호인이 조서 기재 내용의 정확성에 대하여 이의(異議)를 진술한 때에는 그 진술의 요지를 조서에 기재하여야 한다.

⑥ 제5항의 경우 재판장이나 신문한 법관은 그 진술에 대한 의견을 기재하게 할 수 있다.

⑦ 조서에는 진술자로 하여금 간인(間印)한 후 서명날인하게 하여야 한다. 다만, 진술자가 서명날인을 거부한 때에는 그 사유를 기재하여야 한다.
(2020.12.8 본조개정)

改前 "第48條【調書의 作成方法】① 被告人, 被疑者, 證人, 鑑定人, 通譯人 또는 飜譯人을 訊問하는 때에는 參與한 법원사무관등이 調書를 作成하여야 한다.(2007.6.1 본항개정)
② 調書에는 다음 事項을 記載하여야 한다.
1. 被告人, 被疑者, 證人, 鑑定人, 通譯人 또는 飜譯人의 陳述
2. 證人, 鑑定人, 通譯人 또는 飜譯人이 宣誓를 하지 아니한 때에는 그 事由
③ 調書는 陳述者에게 읽어주거나 閱覽하게 하여 記載內容의 正確與否를 물어야 한다.
④ 陳述者가 增減變更의 請求를 한 때에는 그 陳述을 調書에 記載하여야 한다.
⑤ 訊問에 參與한 檢事, 被告人, 被疑者 또는 辯護人이 調書의 記載의 正確性에 대하여 異議를 陳述한 때에는 그 陳述의 要旨를 調書에 記載하여야 한다.
⑥ 前項의 경우에는 裁判長 또는 訊問한 法官은 그 陳述에 대한 意見을 記載하게 할 수 있다.
⑦ 調書에는 陳述者로 하여금 間印한 後 署名捺印하게 하여야 한다. 但, 陳述者가 署名捺印을 拒否한 때에는 그 事由를 記載하여야 한다."
참조 [피고인 신문]284·287, [피의자 신문]241－244, [증인신문]146이하, [감정]169이하, [통역과 번역]180이하, [선서를 하지 않는 증인]159－161, [공무원의 서류]57·58, [조서의 기재요건]50, 형소규29·34

第49條【檢證 등의 調書】 ① 檢證, 押收 또는 搜索에 관하여는 調書를 作成하여야 한다.
② 檢證調書에는 檢證目的物의 現狀을 明確하게 하기 위하여 圖畵나 寫眞을 添附할 수 있다.
③ 押收調書에는 品種, 外形上의 特徵과 數量을 記載하여야 한다.
참조 [검증]139이하, [압수와 수색]106이하, [조서의 기재요건]50

第50條【各種 調書의 記載要件】 前2條의 調書에는 調査 또는 處分의 年月日時와 場所를 記載하고 그 調査 또는 處分을 行한 者와 參與한 법원사무관등이 기명날인 또는 서명하여야 한다. 但, 公判期日 외에 法院이 調査 또는 處分을 行한 때에는 裁判長 또는 法官과 參與한 법원사무관등이 기명날인 또는 서명하여야 한다.(2007.6.1 본조개정)
改前 …그 調査 또는 處分을 行한 者와 參與한 "書記官 또는 書記가 署名捺印"하여야 한다. 但,…法官과 參與한 "書記官 또는 書記가 署名捺印"하여야 한다.
참조 [조서작성]48·49, [공무원의 서류]57·58

第51條【公判調書의 記載要件】 ① 公判期日의 訴訟節次에 관하여는 參與한 법원사무관등이 公判調書를 作成하여야 한다.(2007.6.1 본항개정)
② 公判調書에는 다음 事項 기타 모든 訴訟節次를 記載하여야 한다.
1. 公判을 行한 日時와 法院
2. 法官, 檢事, 법원사무관등의 官職, 姓名
(2007.6.1 본호개정)
3. 被告人, 代理人, 代表者, 辯護人, 輔助人과 通譯人의 姓名
4. 被告人의 出席與否
5. 公開의 與否와 公開를 禁한 때에는 그 理由
6. 公訴事實의 陳述 또는 그를 變更하는 書面의 朗讀
7. 被告人에게 그 權利를 保護함에 必要한 陳述의 機會를 준 事實과 그 陳述한 事實
8. 第48條第2項에 記載한 事項
9. 證據調査를 한 때에는 證據될 書類, 證據物과 證據調査의 方法
10. 公判廷에서 行한 檢證 또는 押收
11. 辯論의 要旨
12. 裁判長이 記載를 命한 事項 또는 訴訟關係人의 請求에 의하여 記載를 許可한 事項
13. 被告人 또는 辯護人에게 最終 陳述할 機會를 준 事實과 그 陳述한 事實
14. 判決 기타의 裁判을 宣告 또는 告知한 事實
改前 ① …관하여는 參與한 "書記官 또는 書記가" 公判調書를 作成하여야 한다.
② 2. 法官, 檢事, "書記官 또는 書記"의 官職, 姓名
참조 [재판의 기재]38단서, [상소포기 취하의 기재]352②, [공판정의 구성]275, [대리인]276·277, [변호인]30·33, [보조인]29, [통역인]180·181, [출석여부]276·277·306·365, [공개여부]헌109, 법원조직57, [공소사실의 진술]285, [피고인의 진술권]286, [신문조서 기재사항]48②, [증거조사]290－292, [검증]139이하, [압수]106이하, [변론]299·300·302·303·305·388·443, [최종진술]303, [선고, 고지]42·43·324
판례 공판조서의 일부가 된 변호인의 피고인에 대한 신문사항을 기재한 별지가 공판조서에 첨부되지 않은 경우 : 공판조서의 일부가 된 변호인의 피고인에 대한 신문사항을 기재한 별지가 공판조서에 첨부되지 않았으나, 공판조서에 의하면 피고인은 판사의 신문과 공소사실에 대한 검사의 신문에 대하여 범행을 부인하고, 변호인이 '별지 신문사항과 같이 피고인을 신문'한 데 대하여 피고인은 모두 '예'라고 대답한 것으로 기재되어 있는 점에 비추어 볼 때 공판기일에서 변호인이 별지로 된 신문사항에 의하여 피고인을 신문하였지만 공판조서 작성상의 잘못으로 인하여 별지 첨부가 누락된 것으로 보이고, 또 변호인의 신문에 앞선 판사와 검사의 신문에 대한 피고인의 진술이 기재되어 있는 점을 고려하면 변호인의 피고인에 대한 신문사항 첨부 누락으로 인하여 위 공판조서가 무효로 된다고는 할 수 없다.
(대판 1999.11.26, 98도3040)

第52條【公判調書作成上의 特例】 公判調書 및 公判期日외의 證人訊問調書에는 第48條第3項 내지 第7項의 規定에 의하지 아니한다. 但, 陳述者의 請求가 있는 때에는 그 陳述에 관한 部分을 읽어주고 增減變更의 請求가 있는 때에는 그 陳述을 記載하여야 한다.(1995.12.29 본조개정)
참조 [조서의 작성방법]48

第53條【公判調書의 署名 등】 ① 公判調書에는 裁判長과 參與한 법원사무관등이 기명날인 또는 서명하여야 한다.
② 裁判長이 기명날인 또는 서명할 수 없는 때에는 다른 法官이 그 事由를 附記하고 기명날인 또는 서명하여야 하며 法官全員이 기명날인 또는 서명할 수 없는 때에는 參與한 법원사무관등이 그 事由를 附記하고 기명날인 또는 서명하여야 한다.
③ 법원사무관등이 기명날인 또는 서명할 수 없는 때에는 裁判長 또는 다른 法官이 그 事由를 附記하고 기명날인 또는 서명하여야 한다.
(2007.6.1 본조개정)
改前 ① 公判調書에는 裁判長과 參與한 "書記官이나 書記가 署名捺印하여야" 한다.
② 裁判長이 "署名捺印"할 수 없는…事由를 附記하고 "署名捺印"하여야 하며 法官全員이 "署名捺印"할 수 없는 때에는 參與한 "書記官 또는 書記"가 그 事由를 附記하고 "署名捺印"하여야 한다.
③ "書記官 또는 書記가 署名捺印"할 수 없는 때에는…그 事由를 附記하고 "署名捺印"하여야 한다.
참조 [공판조서]51, [공판정의 심리]275

第54條【公判調書의 整理 등】 ① 公判調書는 各 公判期日後 신속히 整理하여야 한다.
② 다음 회의 公判期日에 있어서는 前回의 公判審理에 관한 主要事項의 要旨를 調書에 의하여 告知하여야 한다. 다만, 다음 회의 공판기일까지 전회의 공판조서가 정리되지 아니한 때에는 조서에 의하지 아니하고 고지할 수 있다.
③ 검사, 피고인 또는 변호인은 공판조서의 기재에 대하여 변경을 청구하거나 이의를 제기할 수 있다.
④ 제3항에 따른 청구나 이의가 있는 때에는 그 취지와 이에 대한 재판장의 의견을 기재한 조서를 당해 공판조서에 첨부하여야 한다.(2007.6.1 본항신설)
(2007.6.1 본조개정)
改前 ① 公判調書는 各 公判期日後 "5日이내에 迅速히" 整理하여야 한다.
② "次回"의 公判期日에 있어서는…의하여 告知하여야 한다. "檢事, 被告人 또는 辯護人이 그 變更을 請求하거나 異議를 陳述한 때에는 그 趣旨를 公判調書에 記載하여야 한다."
"③ 前項의 경우에는 裁判長은 그 請求 또는 異議에 대한 意見을 記載하게 할 수 있다."
참조 [공판조서의 작성]51, [공판기일]267

第55條【被告人의 公判調書閱覽權등】 ① 被告人은 公判調書의 閱覽 또는 謄寫를 請求할 수 있다.
(1995.12.29 본항개정)
② 被告人이 公判調書를 읽지 못하는 때에는 公判調書의 朗讀을 請求할 수 있다.(1995.12.29 본항개정)
③ 前2項의 請求에 應하지 아니한 때에는 그 公判調書를 有罪의 證據로 할 수 없다.
(1995.12.29 본조제목개정)
참조 형소규30, [이의진술]54
판례 피고인의 공판조서열람권의 의미 : 본조 제1항이 피고인에게 공판조서의 열람 또는 등사청구권을 부여한 이유는 공판조서의 열람 또는 등사를 통하여 피고인으로 하여금 진술자의 진술내용과 그 기재된 조서의 기재내용의 일치 여부를 확인할 수 있도록 기회를 줌으로써 그 조서의 정확성을 담보함과 아울러 피고인의 방어권을 충실하게 보장하려는 데 있으므로 피고인의 공판조서에 대한 열람 또는 등사청구에 법원이 불응하여 피고인의 열람 또는 등사청구권이 침해된 경우에는 그 공판조서를 유죄의 증거로 할 수 없을 뿐만 아니라, 공판조서에 기재된 당해 피고인이나 증인의 진술도 증거로 할 수 없다.
(대판 2003.10.10, 2003도3282)

第56條【公判調書의 證明力】 公判期日의 訴訟節次로서 公判調書에 記載된 것은 그 調書만으로써 證明한다.
참조 [공판조서의 기재]51·54
판례 공판조서의 증명력에 관한 규정인 형사소송법 제56조가 위헌인지 여부 : 형사소송법 제48조, 제50조, 제51조, 제53조가 공판조서의 작성자, 작성방식, 기재요건 등을 엄격하게 규정하고 있는 점, 법 제52조가 공판조서의 경우 진술자의 청구가 있는 때에는 그 진술에 관한 부분을 읽어주고 증감변경의 청구가 있는 때에는 그 진술을 기재하도록 규정하고 있는 점, 법 제54조가 차회의 공판기일에 있어서는 전회의 공판심리에 관한 주요사항의 요지를 조서에 의하여 고지하고, 검사, 피고인 또는 변호인이 그 변경을 청구하거나 이의를 진술한 때에는 그 취지를 공판조서에 기재하며, 그 경우 재판장이 그 청구 또는 이의에 대한 의견을 기재하게 할 수 있도록 규정하고 있는 점, 법 제55조가 피고인은 공판조서의 열람 또는 등사를 청구할 수 있고 그 청구에 응하지 아니한 때에는 그 공판조서를 유죄의 증거로 할 수 없도록 규정하고 있는 점, 공판조서의 기재가 소송기록상 명백한 오기인 경우에는 공판조서는 그 올바른 내용에 따라 증명력을 가진다고 해석되는 점 등에 비추어 보면, 위 조항이 비록 다음에서 보는 바와 같이 공판조서의 절대적 증명력을 인정하는 취지라고 하더라도 그것이 공판조서 작성자를 다른 공무원이나 국민보다 지나치게 보호함으로써 헌법상 평등의 원칙이나 과잉금지의 원칙에 위반된다고 볼 수는 없으므로, 위 조항이 헌법에 위반된다는 취지의 상고 주장은 이유 없다.
(대판 2005.10.28, 2005도5996)

第56條의2【공판정에서의 속기·녹음 및 영상녹화】 ① 법원은 검사, 피고인 또는 변호인의 신청이 있는 때에는 특별한 사정이 없는 한 공판정에서의 심리의 전부 또는 일부를 속기사로 하여금 속기하게 하거나 녹음장치 또는 영상녹화장치를 사용하여 녹음 또는 영상녹화(녹음이 포함된 것을 말한다. 이하 같다)하여야 하며, 필요하다고 인정하는 때에는 직권으로 이를 명할 수 있다.
② 법원은 속기록·녹음물 또는 영상녹화물을 공판조서와 별도로 보관하여야 한다.
③ 검사, 피고인 또는 변호인은 비용을 부담하고 제2항에 따른 속기록·녹음물 또는 영상녹화물의 사본을 청구할 수 있다.
(2007.6.1 본조개정)
改前 "第56條의2【公判廷에서의 速記·錄取】① 法院은 被告人, 辯護人 또는 檢事의 申請이 있는 때에는 特別한 사유가 없는 한 被告人, 證人 또는 기타의 者에 대한 訊問의 전부 또는 일부를 速記者로 하여금 筆記하게 하거나 錄音裝置를 사용하여 錄取하여야 한다. 法院은 필요하다고 인정하는 때에는 職權으로 이를 명할 수 있다.
② 第1項의 申請에 의한 速記나 錄取에 費用을 요하는 때에 被告人, 辯護人 또는 檢事는 法院이 정하는 금액을 豫納하여야 한다.
③ 第1項의 申請에 의하여 速記나 錄取를 한 때에는 申請人은 實費額을 부담하고 速記錄 또는 錄音帶의 謄本 또는 抄本을 請求할 수 있다.
(1995.12.29 본조개정)"
참조 [공판조서의 기재]51·54, [속기]형소규30의2·33·34, [녹취]형소규38

第57條【公務員의 書類】 ① 公務員이 作成하는 書類에는 法律에 다른 規定이 없는 때에는 作成 年月日과 所屬公務所를 記載하고 기명날인 또는 서명하여야 한다.(2007.6.1 본항개정)
② 書類에는 間印하거나 이에 준하는 措置를 하여야 한다.(1995.12.29 본항개정)
③ (2007.6.1 삭제)
改前 ① …다른 規定이 없는 때에는 作成 年月日과 所屬公務所를 記載하고 "署名捺印"하여야 한다.
"③ 第1項의 署名捺印은 大法院規則이 정하는 바에 따라 記名捺印으로 갈음할 수 있다.(1995.12.29 본항신설)"
참조 [서류의 방식]41·50·74·75·114·153·155·474
판례 검사 작성의 피의자신문조서에 작성자인 검사의 서명날인이 누락된 경우, 그 피의자신문조서의 증거능력 : 형사소송법 제57조 제1항의 서명날인은 공무원이 작성하는 서류에 관하여 그 기재 내용의 정확성과 완전성을 담보하는 것이므로 검사 작성의 피의자신문조서에 작성자인 검사의 서명날인이 되어 있지 아니한 경우 그 피의자신문조서는 공무원이 작성하는 서류로서의 요건을 갖추지 못한 것으로서 위 법규정에 위반되어 무효이고 따라서 이에 대하여 증거능력을 인정할 수 없다고 보아야 할 것이며, 그 피의자신문조서에 진술자인 피고인의 서명날인이 되어 있다거나, 피고인이 법정에서 그 피의자신문조서에 대하여 진정성립과 임의성을 인정하였다고 하여 달리 볼 것은 아니다.(대판 2001.9.28, 2001도4091)

第58條【公務員의 書類】 ① 公務員이 書類를 作成함에는 文字를 變改하지 못한다.
② 挿入, 削除 또는 欄外記載를 할 때에는 이 記載한 곳에 捺印하고 그 字數를 記載하여야 한다. 但, 削除한 部分은 解得할 수 있도록 字體를 存置하여야 한다.

第59條【非公務員의 書類】 公務員 아닌 者가 作成하는 書類에는 年月日을 記載하고 기명날인 또는 서명하여야 한다. 印章이 없으면 指章으로 한다.
(2017.12.12 전단개정)
改前 …作成하는 書類에는 年月日을 記載하고 "記名捺印"하여야 한다. 印章이 없으면…
참조 형소규41, [외국인의 경우]외국인의서명날인에관한법

第59條의2【재판확정기록의 열람·등사】 ① 누구든지 권리구제·학술연구 또는 공익적 목적으로 재판이 확정된 사건의 소송기록을 보관하고 있는 검찰청에 그 소송기록의 열람 또는 등사를 신청할 수 있다.
② 검사는 다음 각 호의 어느 하나에 해당하는 경우에는 소송기록의 전부 또는 일부의 열람 또는 등사를 제한할 수 있다. 다만, 소송관계인이나 이해관계 있는 제3자가 열람 또는 등사에 관하여 정당한 사유가 있다고 인정되는 경우에는 그러하지 아니하다.
1. 심리가 비공개로 진행된 경우
2. 소송기록의 공개로 인하여 국가의 안전보장, 선량한 풍속, 공공의 질서유지 또는 공공복리를 현저히 해할 우려가 있는 경우
3. 소송기록의 공개로 인하여 사건관계인의 명예나 사생활의 비밀 또는 생명·신체의 안전이나 생활의 평온을 현저히 해할 우려가 있는 경우
4. 소송기록의 공개로 인하여 공범관계에 있는 자 등의 증거인멸 또는 도주를 용이하게 하거나 관련 사건의 재판에 중대한 영향을 초래할 우려가 있는 경우

5. 소송기록의 공개로 인하여 피고인의 개선이나 갱생에 현저한 지장을 초래할 우려가 있는 경우
6. 소송기록의 공개로 인하여 사건관계인의 영업비밀(「부정경쟁방지 및 영업비밀보호에 관한 법률」 제2조제2호의 영업비밀을 말한다)이 현저하게 침해될 우려가 있는 경우
7. 소송기록의 공개에 대하여 당해 소송관계인이 동의하지 아니하는 경우

③ 검사는 제2항에 따라 소송기록의 열람 또는 등사를 제한하는 경우에는 신청인에게 그 사유를 명시하여 통지하여야 한다.
④ 검사는 소송기록의 보존을 위하여 필요하다고 인정하는 경우에는 그 소송기록의 등본을 열람 또는 등사하게 할 수 있다. 다만, 원본의 열람 또는 등사가 필요한 경우에는 그러하지 아니하다.
⑤ 소송기록을 열람 또는 등사한 자는 열람 또는 등사에 의하여 알게 된 사항을 이용하여 공공의 질서 또는 선량한 풍속을 해하거나 피고인의 개선 및 갱생을 방해하거나 사건관계인의 명예 또는 생활의 평온을 해하는 행위를 하여서는 아니 된다.
⑥ 제1항에 따라 소송기록의 열람 또는 등사를 신청한 자는 열람 또는 등사에 관한 검사의 처분에 불복하는 경우에는 당해 기록을 보관하고 있는 검찰청에 대응한 법원에 그 처분의 취소 또는 변경을 신청할 수 있다.
⑦ 제418조 및 제419조는 제6항의 불복신청에 관하여 준용한다.
(2007.6.1 본조신설)

참조 검찰보존사무규칙20

第59條의3【확정 판결서등의 열람·복사】 ① 누구든지 판결이 확정된 사건의 판결서 또는 그 등본, 증거목록 또는 그 등본, 그 밖에 검사나 피고인 또는 변호인이 법원에 제출한 서류·물건의 명칭·목록 또는 이에 해당하는 정보(이하 "판결서등"이라 한다)를 보관하는 법원에서 해당 판결서등을 열람 및 복사(인터넷, 그 밖의 전산정보처리시스템을 통한 전자적 방법을 포함한다. 이하 이 조에서 같다)할 수 있다. 다만, 다음 각 호의 어느 하나에 해당하는 경우에는 판결서등의 열람 및 복사를 제한할 수 있다.
1. 심리가 비공개로 진행된 경우
2. 「소년법」 제2조에 따른 소년에 관한 사건인 경우
3. 공범관계에 있는 자 등의 증거인멸 또는 도주를 용이하게 하거나 관련 사건의 재판에 중대한 영향을 초래할 우려가 있는 경우
4. 국가의 안전보장을 현저히 해할 우려가 명백하게 있는 경우
5. 제59조의2제2항제3호 또는 제6호의 사유가 있는 경우. 다만, 소송관계인의 신청이 있는 경우에 한정한다.

② 법원사무관등이나 그 밖의 법원공무원은 제1항에 따른 열람 및 복사에 앞서 판결서등에 기재된 성명 등 개인정보가 공개되지 아니하도록 대법원규칙으로 정하는 보호조치를 하여야 한다.
③ 제2항에 따른 개인정보 보호조치를 한 법원사무관등이나 그 밖의 법원공무원은 고의 또는 중대한 과실로 인한 것이 아니면 제1항에 따른 열람 및 복사와 관련하여 민사상·형사상 책임을 지지 아니한다.
④ 열람 및 복사에 관하여 정당한 사유가 있는 소송관계인이나 이해관계 있는 제3자는 제1항 단서에도 불구하고 제1항 본문에 따른 법원의 법원사무관등이나 그 밖의 법원공무원에게 판결서등의 열람 및 복사를 신청할 수 있다. 이 경우 법원사무관등이나 그 밖의 법원공무원의 열람 및 복사에 관한 처분에 불복하는 경우에는 제1항 본문에 따른 법원에 처분의 취소 또는 변경을 신청할 수 있다.
⑤ 제4항의 불복신청에 대하여는 제417조 및 제418조를 준용한다.
⑥ 판결서등의 열람 및 복사의 방법과 절차, 개인정보 보호조치의 방법과 절차, 그 밖에 필요한 사항은 대법원규칙으로 정한다.
(2011.7.18 본조신설)

第7章 送 達

第60條【送達받기 위한 申告】 ① 被告人, 代理人, 代表者, 辯護人 또는 輔助人이 法院 所在地에 書類의 送達을 받을 수 있는 住居 또는 事務所를 두지 아니한 때에는 法院 所在地에 住居 또는 事務所 있는 者를 送達領受人으로 選任하여 連名한 書面으로 申告하여야 한다.
② 送達領受人은 送達에 관하여 本人으로 看做하고 그 住居 또는 事務所는 本人의 住居 또는 事務所로 看做한다.
③ 送達領受人의 選任은 같은 地域에 있는 各 審級法院에 대하여 效力이 있다.
④ 前3項의 規定은 身體拘束을 당한 者에게 適用하지 아니한다.

참조 [대리인]277, [보조인]29, [주거]민18·19, 상171, [사무소]변호사21, [법원소재지]형소규42, [신고없는 경우]61

第61條【郵遞에 부치는 送達】 ① 住居, 事務所 또는 送達領受人의 選任을 申告하여야 할 者가 그 申告를 하지 아니하는 때에는 법원사무관등은 書類를 郵遞에 부치거나 기타 適當한 方法에 의하여 送達할 수 있다.(2007.6.1 본항개정)
② 書類를 郵遞에 부친 경우에는 到達된 때에 送達된 것으로 看做한다.

改前 ① …그 申告를 하지 아니하는 때에는 "法院의 書記官 또는 書記는" 書類를 郵遞에 부치거나…

참조 [신고]60, [민사소송법의 준용]65, 민소186

판례 소송기록접수통지서가 적법하게 재항고인에게 송달되었는지 여부 : 원심법원이 제1심판결에 기재된 재항고인 회사의 본점 소재지로 소송기록접수통지서를 송달하였으나 위 회사의 본점은 그 훨씬 전에 다른 곳으로 이전하였고 송달보고서에 기재된 수령인도 송달하기 훨씬 전에 위 회사를 퇴직하였다면 위 소송기록접수통지서는 재항고인 회사에 적법하게 도달하였다고 단정할 수 없다.(대결 2002.8.16, 2002모99)

第62條【檢事에 대한 送達】 檢事에 대한 送達은 書類를 所屬檢察廳에 送付하여야 한다.

第63條【公示送達의 原因】 ① 被告人의 住居, 事務所와 現在地를 알 수 없는 때에는 公示送達을 할 수 있다.
② 被告人이 裁判權이 미치지 아니하는 場所에 있는 경우에 다른 方法으로 送達할 수 없는 때에도 前項과 같다.

참조 형소규43, [공시송달의 방식]64

판례 제1심이 위법한 공시송달로 피고인의 출석 없이 재판한 경우 항소심이 취하여야 할 조치 : 제1심이 위법한 공시송달결정에 터잡아 공소장부본과 공판기일소환장을 송달하고 피고인이 2회 이상 출석하지 아니하였다고 보아 피고인의 출석 없이 심리·판단한 이상, 이는 피고인에게 출석의 기회를 주지 아니한 것이 되어 그 소송절차는 위법하다 할 것이고, 항소법원은 판결에 영향을 미친 사유에 관하여는 항소이유서에 포함되지 아니한 경우에도 직권으로 심판할 수 있으므로 원심으로서는 마땅히 직권으로 제1심의 위법을 시정하는 조치를 취했어야 할 것이다. 즉, 이러한 경우에는 원심으로서는 다시 적법한 절차에 의하여 소송행위를 새로이 한 후 위법한 제1심판결을 파기하고, 원심에서의 진술 및 증거조사 등 심리결과에 기하여 다시 판결하여야 할 것이다.(대판 2004.2.27, 2002도5800)

第64條【公示送達의 方式】 ① 公示送達은 大法院規則의 정하는 바에 의하여 法院이 命한 때에 한하여 할 수 있다.
② 公示送達은 법원사무관등이 送達할 書類를 保管하고 그 事由를 法院揭示場에 公示하여야 한다.
(2007.6.1 본항개정)
③ 法院은 前項의 事由를 官報나 新聞紙上에 公告할 것을 命할 수 있다.(1961.9.1 본항개정)
④ 最初의 公示送達은 第2項의 公示를 한 날로부터 2週日을 經過하면 그 效力이 생긴다. 但, 第2回이후의 公示送達은 5日을 經過하면 그 效力이 생긴다.
(1961.9.1 본항개정)

改前 ② 公示送達은 "法院書記官 또는 書記가" 送達할 書類를 保管하고 그 事由를 法院揭示場에 公示하여야 한다.

참조 [공시송달의 원인]63, [기간]66

판례 위법한 공시송달결정으로 인한 문제 : 위법한 공시송달결정으로 인하여 피고인의 출석 없이 이루어진 판결에 대하여 검사만이 양형부당으로 항소하였으나 항소가 기각된 후에 상고권회복결정이 확정되어 피고인이 상고에 이르게 된 경우, 외관상으로만 볼 때, 제1심판결에 대하여 피고인은 항소하지 않고 검사만 항소하여 그 항소가 기각된 것이므로 항소심판결은 피고인에게 불이익한 판결이 아니어서 피고인은 그 판결에 대하여 상고할 수 없다고 보는 법리에 따르면 피고인의 상고는 부적법하다고 보이기도 하나 위와 같은 법리는 제1심이 통상적인 절차에 따라 진행되어 피고인이 공격·방어권을 제대로 행사할 수 있었던 경우에만 적용될 수 있고, 제1심 및 원심의 소송절차에서 피고인이 부당하게 배제되어 공격·방어권을 전혀 행사할 수 없었던 경우에는 적용될 수 없다고 보아야 할 것이고, 만약 그렇게 해석하지 않고 위 법리에 따라 피고인의 상고가 부적법하다고 해석한다면, 제1심이나 원심에서 피고인의 공격·방어권이 부당하게 침해된 사실을 인정하면서도, 그 위법을 시정하지 않고 오히려 피고인이 공격·방어권을 행사할 기회조차 영원히 박탈하는 결과에 이르고, 이는 재판을 받을 권리를 기본권으로 규정하는 한편 적법절차를 보장하고 있는 헌법의 정신에 반한다.(대판 2003.11.14, 2003도4983)

第65條【「민사소송법」의 準用】 書類의 送達에 관하여 法律에 다른 規定이 없는 때에는 「민사소송법」을 準用한다.(2007.6.1 본조개정)

참조 [특별규정]62·64, [송달에 관한 민소의 규정]민소174이하

판례 형사소송절차에서의 보충송달 : 형사소송절차에 있어서도 보충송달에 관한 민사소송법 규정이 준용되어야 하므로, 피고인의 동거가족에게 서류가 교부되고 그 동거가족이 사리를 변식할 지능이 있는 이상 피고인이 그 서류의 내용을 알지 못한 경우에도 송달의 효력은 있다 할 것인바, 사리를 변식할 지능이 있다고 하려면, 사법제도 일반이나 소송행위의 효력까지 이해할 필요는 없다 하더라도 적어도 송달의 취지를 이해하고 영수한 서류를 수송달자에게 교부하는 것을 기대할 수 있는 정도의 능력은 있어야 한다. 피고인의 아들이 이 사건 송달 당시 10세 정도라면 송달로 인하여 생기는 형사소송절차에 있어서의 효력까지 이해하였다고 볼 수는 없으나 그 송달 자체의 취지를 이해하고 영수한 서류를 송달을 받을 아버지(피고인)에게 교부하는 것을 기대할 수 있는 능력 정도는 있다고 볼 것이므로, 피고인에 대한 소송기록접수통지서의 송달은 적법하다.
(대결 1996.6.3, 96모32)

第8章 期 間

第66條【기간의 계산】 ① 기간의 계산에 관하여는 시(時)로 계산하는 것은 즉시(卽時)부터 기산하고 일(日), 월(月) 또는 연(年)으로 계산하는 것은 초일을 산입하지 아니한다. 다만, 시효(時效)와 구속기간의 초일은 시간을 계산하지 아니하고 1일로 산정한다.
② 연 또는 월로 정한 기간은 연 또는 월 단위로 계산한다.
③ 기간의 말일이 공휴일이거나 토요일이면 그날은 기간에 산입하지 아니한다. 다만, 시효와 구속기간에 관하여는 예외로 한다.
(2020.12.8 본조개정)

改前 "第66條【期間의 計算】 ① 期間의 計算에 관하여는 時로써 計算하는 것은 卽時부터 起算하고 日, 月 또는 年으로써 計算하는 것은 初日을 算入하지 아니한다. 但, 時效와 拘束期間의 初日은 時間을 計算함이 없이 1日로 算定한다.
② 年 또는 月로써 정한 期間은 曆書에 따라 計算한다.
③ 期間의 末日이 공휴일 또는 토요일에 해당하는 날은 期間에 算入하지 아니한다. 但, 時效와 拘束의 期間에 관하여서는 例外로 한다.(2007.12.21 본항개정)"

참조 [시효]249~251, [공휴일]관공서의공휴일에관한규정, 지방공휴일에관한규정

第67條【法定期間의 연장】 法定期間은 訴訟行爲를 할 者의 住居 또는 事務所의 所在地와 法院 또는 檢察廳 所在地와의 거리 및 交通通信의 불편정도에 따라 大法院規則으로 이를 연장할 수 있다.
(1995.12.29 본조개정)

참조 [대법원규칙]형소규44

판례 상고를 제기한 검찰청 소속 검사가 상고이유서를 제출한 경우 법정기간의 연장 여부 : 상고를 제기한 검찰청 소속 검사가 그 이름으로 상고이유서를 제출하여도 유효한 것으로 취급되지만, 이 경우 상고를 제기한 검찰청이 있는 곳을 기준으로 법정기간인 상고이유서 제출기간이 동조에 따라 연장될 수 없다.(대결 2003.6.26, 2003도2008)

第9章 被告人의 召喚, 拘束

第68條【召喚】 法院은 被告人을 召喚할 수 있다.

참조 [소환장]73·74·76, [유예기간]269, 형소규45

第69條【拘束의 定義】 本法에서 拘束이라 함은 拘引과 拘禁을 포함한다.

참조 [구인의 효력]71, [구금]헌44

판례 수사기관이 구속영장 없이 피의자를 구금한 경우 : 수사기관이 피의자를 수사하는 과정에서 구속영장없이 피의자를 함부로 구금하여 피의자의 신체의 자유를 박탈하였다면 직권을 남용한 불법감금의 죄책을 면할 수 없고, 수사의 필요상 피의자를 임의동행한 경우에도 조사 후 귀가시키지 아니하고 그의 의사에 반하여 경찰서 조사실 또는 보호실 등에 계속 유치함으로써 신체의 자유를 속박하였다면 이는 구금에 해당한다.
(대결 1985.7.29, 85모16)

第70條【拘束의 事由】 ① 法院은 被告人이 罪를 犯하였다고 疑心할 만한 相當한 理由가 있고 다음 各號의 1에 해당하는 事由가 있는 경우에는 被告人을 拘束할 수 있다.
1. 被告人이 一定한 住居가 없는 때
2. 被告人이 證據를 湮滅할 念慮가 있는 때
3. 被告人이 도망하거나 도망할 염려가 있는 때

(1995.12.29 본호개정)
② 법원은 제1항의 구속사유를 심사함에 있어서 범죄의 중대성, 재범의 위험성, 피해자 및 중요 참고인 등에 대한 위해우려 등을 고려하여야 한다.
(2007.6.1 본항신설)
③ 多額 50萬원이하의 罰金, 拘留 또는 科料에 해당하는 事件에 관하여는 第1項第1號의 경우를 除한 外에는 拘束할 수 없다.(1995.12.29 본항개정)
(1973.1.25 본조개정)

참조 [국회의원의 경우]헌44, [구속적부심]214의2, 헌12⑥, [선거관계자의 경우]선거관리위13

판례 구속기간이 만료될 무렵 종전 구속영장 기재와 다른 범죄사실로 다시 구속한 경우 : 구속의 효력은 원칙적으로 구속영장에 기재된 범죄사실에만 미친다는 점, 재항고인과 함께 병합심리되고 있는 공동피고인이 상당수에 이를 뿐만 아니라 재항고인과 공동피고인들에 대한 공소사실이 방대하고 복잡하여 그 심리에 상당한 시일이 요구될 것으로 예상된다는 점 등에 비추어 보면, 구속기간이 만료될 무렵에 종전 구속영장에 기재된 범죄사실과는 다른 범죄사실로 재항고인을 구속하였다는 사정만으로는 재항고인에 대한 구속이 위법하다고 단정할 수는 없다.
(대결 1996.8.12, 96모46)

第71條【拘引의 效力】 拘引한 被告人을 法院에 引致한 경우에 拘禁할 필요가 없다고 認定한 때에는

그 引致한 때로부터 24時間 내에 釋放하여야 한다.

참조 [인치]85, [송치의 경우]78

第71條의2【구인 후의 유치】 법원은 인치받은 피고인을 유치할 필요가 있는 때에는 교도소·구치소 또는 경찰서 유치장에 유치할 수 있다. 이 경우 유치기간은 인치한 때부터 24시간을 초과할 수 없다.(2007.6.1 본조신설)

참조 [간이입소절차]형의집행수용자16의2

第72條【拘束과 이유의 告知】 被告人에 대하여 犯罪事實의 요지, 拘束의 이유와 辯護人을 選任할 수 있음을 말하고 辨明할 機會를 준 후가 아니면 拘束할 수 없다. 다만, 피고인이 도망한 경우에는 그러하지 아니하다.(2007.6.1 단서신설)

참조 [변호인의 선임]30·200의5·244의3, 헌12④

판례 형사소송법 제72조의 규정은 피고인의 절차적 권리를 보장하기 위한 규정이므로 이미 변호인을 선정하여 공판절차에서 변명과 증거의 제출을 다하고 그의 변호 아래 판결을 선고받은 경우 등과 같이 위 규정에서 정한 절차적 권리가 실질적으로 보장되었다고 볼 수 있는 경우에는 이에 해당하는 절차의 전부 또는 일부를 거치지 아니한 채 구속영장을 발부하였더라도 이러한 점만으로 발부결정을 위법하다고 볼 것은 아니지만, 사전 청문절차의 흠결에도 불구하고 구속영장 발부를 적법하다고 보는 이유는 공판절차에서 증거의 제출과 조사 및 변론 등을 거치면서 판결이 선고될 수 있을 정도로 범죄사실에 대한 충분한 소명과 공방이 이루어지고 그 과정에서 피고인에게 자신의 범죄사실 및 구속사유에 관하여 변명을 할 기회가 충분히 부여되기 때문이므로, 이와 동일시할 수 있을 정도의 사유가 아닌 이상 함부로 청문절차 흠결의 위법이 치유된다고 해석하여서는 아니 된다.(대결 2016.6.14, 자2015모1032)

판례 사법경찰관 등이 체포영장을 소지하고 피의자를 체포하는 경우, 범죄사실의 요지와 구속의 이유 및 변호인 선임권 등을 고지하여야 하는 시기 : 이러한 고지는 체포를 위한 실력행사에 들어가기 이전에 미리 하여야 하는 것이 원칙이나, 달아나는 피의자를 쫓아가 붙들거나 폭력으로 대항하는 피의자를 실력으로 제압하는 경우에는 붙들거나 제압하는 과정에서 하거나, 그것이 여의치 않은 경우에라도 일단 붙들거나 제압한 후에 지체 없이 행하여야 한다.(대판 2004.8.30, 2004도3212)

第72條의2【고지의 방법】 ① 법원은 합의부원으로 하여금 제72조의 절차를 이행하게 할 수 있다.
② 법원은 피고인이 출석하기 어려운 특별한 사정이 있고 상당하다고 인정하는 때에는 검사와 변호인의 의견을 들어 비디오 등 중계장치에 의한 중계시설을 통하여 제72조의 절차를 진행할 수 있다.
(2021.8.17 본항신설)
(2021.8.17 본조제목개정)
(2014.10.15 본조신설)

改前 第72條의2【"수명법관"】 법원은…이행하게 할 수 있다.
(2014.10.15 본조신설)

第73條【令狀의 發付】 被告人을 召喚함에는 召喚狀을, 拘引 또는 拘禁함에는 拘束令狀을 發付하여야 한다.

참조 [소환장]74·76, [구속영장]75·81·85, [소년에 대한 구속영장의 제한]소년55

판례 법원이 재판 중인 피고인에 대하여 구속영장을 발부하는 경우 : 헌법상 영장제도의 취지에 비추어 볼 때, 헌법 제12조 제3항은 헌법 제12조 제1항과 함께 이른바 적법절차의 원칙을 규정한 것으로서 범죄수사를 위하여 구속 등의 강제처분을 함에 있어서는 법관이 발부한 영장이 필요하다는 것과 수사기관 중 검사만 법관에게 영장을 신청할 수 있다는 데에 그 의의가 있고, 형사재판을 주재하는 법원이 피고인에 대하여 구속영장을 발부하는 경우에도 검사의 신청이 있어야 한다는 것이 그 규정의 취지라고 볼 수는 없다.(대결 1996.8.12, 96모46)

第74條【召喚狀의 方式】 召喚狀에는 被告人의 姓名, 住居, 罪名, 出席日時, 場所와 정당한 理由없이 出席하지 아니하는 때에는 逃亡할 念慮가 있다고 認定하여 拘束令狀을 發付할 수 있음을 記載하고 裁判長 또는 受命法官이 기명날인 또는 서명하여야 한다.(2017.12.12 본조개정)

改前 …裁判長 또는 受命法官이 "記名捺印"하여야 한다.
(1995.12.29 본조개정)

참조 [재판서의 방식]40, [송달]76

第75條【拘束令狀의 方式】 ① 拘束令狀에는 被告人의 姓名, 住居, 罪名, 公訴事實의 要旨, 引致拘禁할 場所, 發付年月日, 그 有效期間과 그 期間을 經過하면 執行에 着手하지 못하며 令狀을 返還하여야 할 趣旨를 記載하고 裁判長 또는 受命法官이 署名捺印하여야 한다.
② 被告人의 姓名이 分明하지 아니한 때에는 人相, 體格, 기타 被告人을 特定할 수 있는 事項으로 被告人을 表示할 수 있다.
③ 被告人의 住居가 分明하지 아니한 때에는 그 住居의 記載를 省略할 수 있다.

참조 [재판서의 방식]40, [기재사항]형소규46, [집행절차]85

판례 구속영장의 효력이 미치는 공소사실의 범위 및 그 판단 기준 : 구속영장의 효력은 구속영장에 기재된 범죄사실 및 그 사실의 기초가 되는 사회적 사실관계가 기본적인 점에서 동일한 공소사실에 미치는 것이고, 이러한 기본적 사실관계의 동일성을 판단함에 있어서는 그 사실의 동일성이 갖는 기능을 염두에 두고 피고인의 행위와 그 사회적인 사실관계를 기본으로 하되 규범적 요소도 아울러 고려하여야 한다.
(대결 2001.5.25, 2001모85)

第76條【召喚狀의 送達】 ① 召喚狀은 送達하여야 한다.
② 被告人이 期日에 出席한다는 書面을 提出하거나 出席한 被告人에 대하여 次回期日을 정하여 出席을 命한 때에는 召喚狀의 送達과 同一한 效力이 있다.
③ 前項의 出席을 命한 때에는 그 要旨를 調書에 記載하여야 한다.
④ 拘禁된 被告人에 대하여는 교도관에게 通知하여 召喚한다.(2007.6.1 본항개정)
⑤ 被告人이 교도관으로부터 召喚通知를 받은 때에는 召喚狀의 送達과 同一한 效力이 있다.
(2007.6.1 본항개정)

改前 ④ 拘禁된 被告人에 대하여는 "矯導官吏"에게 通知하여 召喚한다.(1963.12.13 본항개정)
⑤ 被告人이 "矯導官吏로부터" 召喚通知를 받은 때에는…

참조 [송달]60–65

판례 공시송달할 사유가 없는 경우 : 피고인이 제1심법원에 자신의 주거를 신고하여 제1심 판결서에도 기재되어 있음에도 불구하고 항소심이 피고인의 주거가 아닌 곳으로 소송기록접수통지서를 송달하여 송달불능되자 곧바로 소환장 등의 서류를 공시송달하기로 결정하고, 각 공판기일에 소환장을 모두 공시송달하여 피고인이 공판기일에 한번도 출석하지 아니한 채 공판절차를 진행하였다면, 소환장을 공시송달할 사유가 없는데도 공시송달을 한 것이므로 피고인이 정당한 사유 없이 공판기일에 출석하지 아니하였다고는 볼 수 없다.
(대판 1990.9.14, 90도1297)

第77條【拘束의 囑託】 ① 法院은 被告人의 現在地의 地方法院判事에게 被告人의 拘束을 囑託할 수 있다.
② 受託判事는 被告人이 管轄區域內에 現在하지 아니한 때에는 그 現在地의 地方法院判事에게 轉囑할 수 있다.
③ 受託判事는 拘束令狀을 發付하여야 한다.
④ 第75條의 規定은 前項의 拘束令狀에 準用한다.

참조 [구속영장의 방식]75, [기재요건]형소규47

第78條【囑託에 의한 拘束의 節次】 ① 前條의 경우에 囑託에 의하여 拘束令狀을 發付한 判事는 被告人을 引致한 때로부터 24時間이내에 그 被告人임에 틀림없는가를 調査하여야 한다.
② 被告人임에 틀림없는 때에는 迅速히 指定된 場所에 送致하여야 한다.

참조 [인치]85, [인정신문]284

第79條【出席, 同行命令】 法院은 필요한 때에는 指定한 場所에 被告人의 出席 또는 同行을 命할 수 있다.

참조 [동행명령]166

第80條【要急處分】 裁判長은 急速을 要하는 경우에는 제68조부터 제71조까지, 제71조의2, 제73조, 第76條, 第77條와 前條에 規定한 處分을 할 수 있고 또는 合議部員으로 하여금 處分을 하게 할 수 있다.
(2014.10.15 본조개정)

改前 …要하는 경우에는 "第68條 乃至 第73條," 第76條, 第77條와 前條에 規定한 處分을…

참조 [소환·구속]68–73, [소환장의 송달]76, [구속의 촉탁]77, [출석·동행명령]79, [기재요건]형소규47

第81條【拘束令狀의 執行】 ① 拘束令狀은 檢事의 指揮에 의하여 司法警察官吏가 執行한다. 但, 急速을 要하는 경우에는 裁判長, 受命法官 또는 受託判事가 그 執行을 指揮할 수 있다.
② 제1항 단서의 경우에는 법원사무관등에게 그 執行을 命할 수 있다. 이 경우에 법원사무관등은 그 執行에 관하여 必要한 때에는 사법경찰관리·교도관 또는 법원경위에게 輔助를 要求할 수 있으며 管轄區域 外에서도 執行할 수 있다.(2007.6.1 본항개정)
③ 矯導所 또는 拘置所에 있는 被告人에 대하여 發付된 拘束令狀은 檢事의 指揮에 의하여 교도관이 執行한다.(2007.6.1 본항개정)

改前 ② "前項 但行의 경우에는 法院의 書記官 또는 書記"에게 그 執行을 命할 수 있다. 이 경우에 "書記官 또는 書記"는 그 執行에 관하여 必要한 때에는 "司法警察官吏"에게 輔助를 要求할 수 있으며 管轄區域外에서도 執行할 수 있다.
③ 矯導所 또는 拘置所에…檢事의 指揮에 의하여 "矯導官吏"가 執行한다.(1963.12.13 본항개정)

참조 [검사에 대한 영장송부]형소규48, [지휘]461, [사법경찰관리]196–198, [집행]82–86·137·138, 형소규49, [구속의 통지]87, 형소규51, [집행정지]형소규54, [무기사용]경찰직무10의4, [집행정지]101, [미결수용]형의집행수용자79–87, [본조의 준용]155·475

第82條【數通의 拘束令狀의 作成】 ① 拘束令狀은 數通을 作成하여 司法警察官吏 數人에게 交付할 수 있다.
② 前項의 경우에는 그 事由를 拘束令狀에 記載하여야 한다.

참조 [구속영장의 방식]75, [준용규정]155·209

第83條【管轄區域 外에서의 拘束令狀의 執行과 그 囑託】 ① 檢事는 필요에 의하여 管轄區域 外에서 拘束令狀의 執行을 指揮할 수 있고 또는 當該 管轄區域의 檢事에게 執行指揮를 囑託할 수 있다.
② 司法警察官吏는 필요에 의하여 管轄區域 外에서 拘束令狀을 執行할 수 있고 또는 當該 管轄區域의 司法警察官吏에게 執行을 囑託할 수 있다.

참조 [관할구역외에서의 집무]3, [사법경찰관리]196–198, 사법경찰관리

第84條【고등검찰청검사장 또는 지방검찰청검사장에 대한 搜査囑託】 被告人의 現在地가 분명하지 아니한 때에는 裁判長은 고등검찰청검사장 또는 지방검찰청검사장에게 그 搜査와 拘束令狀의 執行을 囑託할 수 있다.(2004.1.20 본조개정)

참조 [검사장]검찰7의2, [영장의 방식]75, [영장의 집행]81

第85條【拘束令狀執行의 節次】 ① 拘束令狀을 執行함에는 被告人에게 반드시 이를 제시하고 그 사본을 교부하여야 하며 迅速히 指定된 法院 기타 場所에 引致하여야 한다.(2022.2.3 본항개정)
② 第77條第3項의 拘束令狀에 관하여는 이를 發付한 판사에게 引致하여야 한다.
③ 拘束令狀을 所持하지 아니한 경우에 急速을 요하는 때에는 被告人에 대하여 公訴事實의 要旨와 令狀이 發付되었음을 告하고 執行할 수 있다.
④ 前項의 執行을 完了한 후에는 迅速히 拘束令狀을 제시하고 그 사본을 교부하여야 한다.
(2022.2.3 본항개정)

改前 ① 拘束令狀을 執行함에는 被告人에게 반드시 이를 "提示하여야" 하며 迅速히 指定된 法院 기타 場所에 引致하여야 한다.
④ 前項의 執行을 完了한 후에는 迅速히 拘束令狀을 "提示하여야" 한다.

참조 [집행과 수색]137·138, [집행과 가유치]86, [구속의 통지]87, 형소규51

판례 사전에 구속영장을 제시하지 아니한 채 구속영장을 집행하고, 그 구속중 수집한 피고인의 진술증거 중 피고인의 제1심 법정진술은, 피고인이 구속집행절차의 위법성을 주장하면서 청구한 구속적부심사의 심문 당시 구속영장을 제시받은 바 있어 그 이후에는 구속영장에 기재된 범죄사실에 대하여 숙지하고 있었던 것으로 보이고, 구속 이후 원심에 이르기까지 구속적부심사와 보석의 청구를 통하여 구속집행절차의 위법성만을 다투었을 뿐, 그 구속중 이루어진 진술증거의 임의성이나 신빙성에 대하여는 전혀 다투지 않았을 뿐만 아니라, 변호인과의 충분한 상의를 거친 후 공소사실 전부에 대하여 자백한 것이라면, 유죄 인정의 증거로 삼을 수 있는 예외적인 경우에 해당한다.
(대판 2009.4.23, 2009도526)

第86條【호송 중의 가유치】 구속영장의 집행을 받은 피고인을 호송할 경우에 필요하면 가장 가까운 교도소 또는 구치소에 임시로 유치할 수 있다.
(2020.12.8 본조개정)

改前 "第86條【護送 중의 假留置】 拘束令狀의 執行을 받은 被告人을 護送할 경우에 필요한 때에는 가장 接近한 矯導所 또는 拘置所에 臨時로 留置할 수 있다.(1963.12.13 본조개정)"

참조 [집행]85, [교도소 또는 구치소]형의집행수용자2·11, [미결수용]형의집행수용자79–87

第87條【拘束의 通知】 ① 被告人을 拘束한 때에는 辯護人이 있는 경우에는 辯護人에게, 辯護人이 없는 경우에는 第30條第2項에 規定한 者 중 被告人이 指定한 者에게 被告事件名, 拘束日時·場所, 犯罪事實의 요지, 拘束의 이유와 辯護人을 選任할 수 있는 趣旨를 알려야 한다.(1995.12.29 본항개정)
② 第1項의 通知는 지체없이 書面으로 하여야 한다.
(1987.11.28 본조개정)

참조 형소규51, [집행]85, [변호인의 선임]30·90, [가족등에의 통지]헌12⑤

第88條【拘束과 公訴事實 등의 告知】 被告人을 拘束한 때에는 즉시 公訴事實의 要旨와 辯護人을 選任할 수 있음을 알려야 한다.

참조 [공소사실]254, [변호인의 선임]30·90

판례 본조의 규정을 위반한 경우, 구속영장의 효력 상실 여부 : 본조는 사후 청문절차에 관한 규정으로서 이를 위반하였다 하여 구속영장의 효력에 어떠한 영향을 미치는 것은 아니다.
(대결 2000.11.10, 2000모134)

第89條【구속된 피고인의 접견·진료】 구속된 피고인은 관련 법률이 정한 범위에서 타인과 접견하고 서류나 물건을 수수하며 의사의 진료를 받을 수 있다.(2020.12.8 본조개정)

改前 "第89條【拘束된 被告人과의 接見, 受診】 拘束된 被告人은 法律의 範圍內에서 他人과 接見하고 書類 또는 物件을 授受하며 醫師의 診療를 받을 수 있다."

참조 [접견]형의집행수용자41–42, [편지수수]형의집행수용자43, [의료]형의집행수용자37–40, 형의집행수용자55

第90條【辯護人의 依賴】 ① 拘束된 被告人은 法院, 矯導所長 또는 拘置所長 또는 그 代理者에게 辯護士를 指定하여 辯護人의 選任을 依賴할 수 있다.
② 前項의 依賴를 받은 法院, 矯導所長 또는 拘置所長 또는 그 代理者는 急速히 被告人이 指名한 辯護士에게 그 趣旨를 通知하여야 한다.
(1963.12.13 본조개정)

참조 [변호인의 선임]30

第91條【변호인 아닌 자와의 접견·교통】 법원은 도망하거나 범죄의 증거를 인멸할 염려가 있다고 인정할 만한 상당한 이유가 있는 때에는 직권 또는 검사의 청구에 의하여 결정으로 구속된 피고인과 제34조에 규정한 외의 타인과의 접견을 금지할 수 있고, 서류나 그 밖의 물건을 수수하지 못하게 하거

나 검열 또는 압수할 수 있다. 다만, 의류·양식·의료품은 수수를 금지하거나 압수할 수 없다.
(2020.12.8 본조개정)

改前 "第91條【非辯護人과의 接見, 交通의 接見】法院은 逃亡하거나 또는 罪證을 湮滅할 念慮가 있다고 認定할 만한 相當한 理由가 있는 때에는 職權 또는 檢事의 請求에 의하여 決定으로 拘束된 被告人과 第34條에 規定한 외의 他人과의 接見을 禁하거나 授受할 書類 기타 物件의 檢閱, 授受의 禁止 또는 押收를 할 수 있다. 但, 衣類, 糧食, 醫療品의 授受를 禁止 또는 押收할 수 없다."

참조 [항고]403

第92條【拘束期間과 更新】 ① 구속기간은 2개월로 한다.
② 제1항에도 불구하고 특히 구속을 계속할 필요가 있는 경우에는 심급마다 2개월 단위로 2차에 한하여 결정으로 갱신할 수 있다. 다만, 상소심은 피고인 또는 변호인이 신청한 증거의 조사, 상소이유를 보충하는 서면의 제출 등으로 추가 심리가 필요한 부득이한 경우에는 3차에 한하여 갱신할 수 있다.
③ 第22條, 第298條第4項, 第306條第1項 및 第2項의 規定에 의하여 公判節次가 停止된 기간 및 공소제기 전의 체포·구인·구금 기간은 第1項 및 第2項의 期間에 算入하지 아니한다.
(2007.6.1 본조개정)

改前 "① 拘束期間은 2月로 한다. 특히 繼續할 필요가 있는 경우에는 審級마다 2次에 한하여 決定으로 更新할 수 있다.
② 更新한 期間도 2月로 한다."
③ 第22條, 第298條第4項…停止된 "期間"은 第1項 및 第2項의 期間에 算入하지 아니한다.(1995.12.29 본항개정)

참조 [기간]66, [상소와 갱신]105, [결정]37②③, [항고]403

第93條【拘束의 取消】 拘束의 事由가 없거나 消滅된 때에는 法院은 職權 또는 檢事, 被告人, 辯護人과 第30條第2項에 規定한 者의 請求에 의하여 決定으로 拘束을 取消하여야 한다.

참조 [구속의 사유]70, [법원의 의견요청]형소규54, [상소와 구속취소]93, [결정]37②③, [항고]403

판례 구속영장이 이미 실효된 경우 구속취소의 가부 : 구속의 취소는 구속영장에 의하여 구속된 피고인에 대하여 구속의 사유가 없거나 소멸된 때에 법원이 직권 또는 피고인 등의 청구에 의하여 결정으로 구속을 취소하는 것으로서, 그 결정에 의하여 구속영장이 실효되므로, 구속영장의 효력이 존속하고 있음을 전제로 하는 것이고, 다른 사유로 이미 구속영장이 실효된 경우에는 피고인이 계속 구금되어 있더라도 위 규정에 의한 구속의 취소 결정을 할 수 없다.
(대결 1999.9.7, 99초355,99도3454)

第94條【보석의 청구】 피고인, 피고인의 변호인·법정대리인·배우자·직계친족·형제자매·가족·동거인 또는 고용주는 법원에 구속된 피고인의 보석을 청구할 수 있다.(2007.6.1 본조개정)

改前 "第94條【保釋의 請求】被告人, 辯護人과 第30條第2項에 規定한 者는 拘束된 被告人의 保釋을 請求할 수 있다."

참조 형소규53, [변호인]30·33, [보석불허]95, [직권보석]96, [상소와 보석]105

第95條【必要的 保釋】 保釋의 請求가 있는 때에는 다음 이외의 경우에는 保釋을 許可하여야 한다.
1. 被告人이 死刑, 無期 또는 長期 10年이 넘는 懲役이나 禁錮에 해당하는 罪를 犯한 때
(1995.12.29 본호개정)
2. 被告人이 累犯에 해당하거나 常習犯인 罪를 犯한 때
3. 被告人이 罪證을 湮滅하거나 湮滅할 念慮가 있다고 믿을 만한 충분한 理由가 있는 때
4. 被告人이 逃亡하거나 逃亡할 念慮가 있다고 믿을 만한 충분한 理由가 있는 때
5. 被告人의 住居가 분명하지 아니한 때
6. 被告人이 被害者, 당해 事件의 裁判에 필요한 사실을 알고 있다고 인정되는 者 또는 그 親族의 生命·身體나 財産에 해를 가하거나 가할 염려가 있다고 믿을 만한 충분한 이유가 있는 때
(1995.12.29 본호신설)
(1973.1.25 본조개정)

참조 [보석의 청구]94, [직권보석]96, [상소와 보석]105, [항고]416①·493②

第96條【任意的 保釋】 法院은 第95條의 規定에 不拘하고 相當한 理由가 있는 때에는 職權 또는 第94條에 規定한 者의 請求에 의하여 決定으로 保釋을 許可할 수 있다.(1995.12.29 본조개정)

참조 형소규54, [필요적 보석]95, [상소와 보석]105

第97條【保釋, 拘束의 取消와 檢事의 意見】 ① 재판장은 보석에 관한 결정을 하기 전에 검사의 의견을 물어야 한다.(2007.6.1 본항개정)
② 拘束의 取消에 관한 決定을 함에 있어서도 檢事의 請求에 의하거나 급속을 요하는 경우외에는 제1항과 같다.(1995.12.29 본항개정)
③ 검사는 제1항 및 제2항에 따른 의견요청에 대하여 지체 없이 의견을 표명하여야 한다.(2007.6.1 본항신설)
④ 拘束을 取消하는 決定에 대하여는 檢事는 卽時抗告를 할 수 있다.(1995.12.29 본항개정)

改前 "① 保釋에 관한 決定을 함에는 檢事의 意見을 물어야 한다. 但, 檢事가 3日이내에 意見을 表明하지 아니한 때에는 保釋許可에 대하여 同意한 것으로 看做한다."

참조 [보석에 관한 결정]94-96, 형소규53-55, [구속의 취소에 관한 결정]93, [상소와 보석]105, [항고]403

第98條【보석의 조건】 법원은 보석을 허가하는 경우에는 필요하고 상당한 범위 안에서 다음 각 호의 조건 중 하나 이상의 조건을 정해야 한다.
1. 법원이 지정하는 일시·장소에 출석하고 증거를 인멸하지 아니하겠다는 서약서를 제출할 것
2. 법원이 정하는 보증금에 해당하는 금액을 납입할 것을 약속하는 약정서를 제출할 것
3. 법원이 지정하는 장소로 주거를 제한하고 주거를 변경할 필요가 있는 경우에는 법원의 허가를 받는 등 도주를 방지하기 위하여 행하는 조치를 받아들일 것
4. 피해자, 당해 사건의 재판에 필요한 사실을 알고 있다고 인정되는 사람 또는 그 친족의 생명·신체·재산에 해를 가하는 행위를 하지 아니하고 주거·직장 등 그 주변에 접근하지 아니할 것
5. 피고인 아닌 자가 작성한 출석보증서를 제출할 것
(2020.12.8 2호~5호개정)
6. 법원의 허가 없이 외국으로 출국하지 아니할 것을 서약할 것
7. 법원이 지정하는 방법으로 피해자의 권리 회복에 필요한 금전을 공탁하거나 그에 상당하는 담보를 제공할 것(2020.12.8 본호개정)
8. 피고인이나 법원이 지정하는 자가 보증금을 납입하거나 담보를 제공할 것(2020.12.8 본호개정)
9. 그 밖에 피고인의 출석을 보증하기 위하여 법원이 정하는 적당한 조건을 이행할 것
(2007.6.1 본조개정)

改前 2. 법원이 정하는 "보증금 상당의" 금액을 납입할…
3. 법원이 지정하는 장소로 주거를 제한하고 "이를" 변경할 필요가 있는…도주를 방지하기 위하여 행하는 조치를 "수인할" 것
4. 피해자, 당해 사건의 재판에 필요한 사실을 알고 있다고 "인정되는 자" 또는 그 친족의 생명·신체·재산에…
5. 피고인 "외의" 자가 작성한 출석보증서를 제출할 것
7. 법원이 지정하는 방법으로 피해자의 "권리회복"에 필요한 "금원"을 공탁하거나 그에 "상당한" 담보를 제공할 것
8. "피고인 또는" 법원이 지정하는 자가…

참조 [보증금의 몰수]102·103, [보증금의 환부]104, [출석보증인에 대한 과태료]100의2

第99條【보석조건의 결정 시 고려사항】 ① 법원은 제98조의 조건을 정할 때 다음 각 호의 사항을 고려하여야 한다.(2020.12.8 본문개정)
1. 범죄의 성질 및 죄상(罪狀)
2. 증거의 증명력
3. 피고인의 전과(前科)·성격·환경 및 자산
(2020.12.8 본호개정)
4. 피해자에 대한 배상 등 범행 후의 정황에 관련된 사항
② 법원은 피고인의 자금능력 또는 자산 정도로는 이행할 수 없는 조건을 정할 수 없다.
(2020.12.8 본항개정)
(2007.6.1 본조개정)

改前 ① 법원은 제98조의 조건을 "정함에 있어서" 다음…
3. 피고인의 "전과"·성격·환경 및 자산
② 법원은 피고인의 "자력" 또는 자산 정도로는…

참조 [보석허가]95·96, [주거]민18·19, [거주·이전의 자유]헌14

第100條【보석집행의 절차】 ① 제98조제1호·제2호·제5호·제7호 및 제8호의 조건은 이를 이행한 후가 아니면 보석허가결정을 집행하지 못하며, 법원은 필요하다고 인정하는 때에는 다른 조건에 관하여도 그 이행 이후 보석허가결정을 집행하도록 정할 수 있다.(2007.6.1 본항개정)
② 法院은 保釋請求者 이외의 者에게 保證金의 納入을 許可할 수 있다.
③ 法院은 有價證券 또는 피고인 외의 자가 提出한 保證書로써 保證金에 갈음함을 許可할 수 있다.
(2007.6.1 본항개정)
④ 前項의 保證書에는 保證金額을 언제든지 納入할 것을 記載하여야 한다.
⑤ 법원은 보석허가결정에 따라 석방된 피고인이 보석조건을 준수하는데 필요한 범위 안에서 관공서나 그 밖의 공사단체에 대하여 적절한 조치를 취할 것을 요구할 수 있다.(2007.6.1 본항신설)
(2007.6.1 본조제목개정)

改前 第100條【"保釋執行의 節次"】"① 保釋의 許可決定은 保證金을 納入한 후가 아니면 執行하지 못한다."
③ 法院은 有價證券 또는 "被告人 이외의 者"의 提出한 保證書로써 保證金에 갈음함을 許可할 수 있다.

참조 [보증금액]98, [보석의 허가]95·96

第100條의2【출석보증인에 대한 과태료】 ① 법원은 제98조제5호의 조건을 정한 보석허가결정에 따라 석방된 피고인이 정당한 사유 없이 기일에 불출석하는 경우에는 결정으로 그 출석보증인에 대하여 500만원 이하의 과태료를 부과할 수 있다.
② 제1항의 결정에 대하여는 즉시항고를 할 수 있다.
(2007.6.1 본조신설)

第101條【拘束의 執行停止】 ① 法院은 상당한 理由가 있는 때에는 決定으로 拘束된 被告人을 親族, 保護團體 기타 적당한 者에게 付託하거나 被告人의 住居를 制限하여 拘束의 執行을 停止할 수 있다.
② 前項의 決定을 함에는 檢事의 意見을 물어야 한다. 但, 急速을 요하는 경우에는 그러하지 아니한다.
③ (2015.7.31 삭제)
④ 憲法 第44條에 의하여 拘束된 國會議員에 대한 釋放要求가 있으면 당연히 拘束令狀의 執行이 停止된다.(1987.11.28 본항개정)
⑤ 前項의 釋放要求의 通告를 받은 檢察總長은 즉시 釋放을 指揮하고 그 事由를 受訴法院에 通知하여야 한다.
(1973.1.25 본조개정)

改前 "③ 第1項의 決定에 대하여는 檢事는 卽時抗告를 할 수 있다."

참조 형소규54, [상소와 집행정지]105, [친족]민767이하, [보석조건의 변경과 취소]102

第102條【보석조건의 변경과 취소 등】 ① 법원은 직권 또는 제94조에 규정된 자의 신청에 따라 결정으로 피고인의 보석조건을 변경하거나 일정기간 동안 당해 조건의 이행을 유예할 수 있다.
② 법원은 피고인이 다음 각 호의 어느 하나에 해당하는 경우에는 직권 또는 검사의 청구에 따라 결정으로 보석 또는 구속의 집행정지를 취소할 수 있다. 다만, 제101조제4항에 따른 구속영장의 집행정지는 그 회기 중 취소하지 못한다.
1. 도망한 때
2. 도망하거나 죄증을 인멸할 염려가 있다고 믿을 만한 충분한 이유가 있는 때
3. 소환을 받고 정당한 사유 없이 출석하지 아니한 때
4. 피해자, 당해 사건의 재판에 필요한 사실을 알고 있다고 인정되는 자 또는 그 친족의 생명·신체·재산에 해를 가하거나 가할 염려가 있다고 믿을 만한 충분한 이유가 있는 때
5. 법원이 정한 조건을 위반한 때
③ 법원은 피고인이 정당한 사유 없이 보석조건을 위반한 경우에는 결정으로 피고인에 대하여 1천만원 이하의 과태료를 부과하거나 20일 이내의 감치에 처할 수 있다.
④ 제3항의 결정에 대하여는 즉시항고를 할 수 있다.
(2007.6.1 본조개정)

改前 "第102條【保釋등의 取消와 保證金의 沒取】① 被告人이 다음 各號의 1에 해당하는 경우에는 法院은 職權 또는 檢事의 請求에 의하여 決定으로 保釋 또는 拘束의 執行停止를 取消할 수 있다. 다만, 第101條第4項의 規定에 의한 拘束令狀의 執行停止는 그 會期중 取消하지 못한다.
1. 도망한 때
2. 도망하거나 罪證을 湮滅할 염려가 있다고 믿을만한 충분한 이유가 있는 때
3. 召喚을 받고 정당한 이유없이 출석하지 아니한 때
4. 被害者, 당해 事件의 裁判에 필요한 사실을 알고 있다고 인정되는 者 또는 그 親族의 生命·身體나 財産에 해를 가하거나 가할 염려가 있다고 믿을 만한 충분한 이유가 있는 때
5. 住居의 제한 기타 法院이 정한 조건을 위반한 때
(1995.12.29 본항개정)
② 保釋을 取消할 때에는 決定으로 保證金의 全部 또는 一部를 沒取할 수 있다."

참조 [보석]94-100, [구속의 집행정지]101, 형소규54, [상소와 취소의 재판]105, [결정]37②③, [항고]403, [보증금몰수의 집행]477, [재구금절차]형소규56

판례 보석보증금몰수결정은 반드시 보석취소와 동시에 하여야만 하는지 여부(다수의견) : 형사소송법 제102조 제2항은 "보석을 취소할 때에는 결정으로 보증금의 전부 또는 일부를 몰수할 수 있다."라고 규정하고 있는바, 이는 보석취소사유가 있어 보석취소결정을 할 경우에는 보석보증금의 전부 또는 일부를 몰수하는 것도 가능하다는 의미로 해석될 뿐, 문언상 보석보증금의 몰수는 반드시 보석취소와 동시에 결정하여야 한다는 취지라고 단정하기는 어려운 점, 같은 법 제103조에서 보석된 자가 유죄판결 확정 후의 집행을 위한 소환에 불응하거나 도망한 경우 보증금을 몰수하도록 규정하고 있어 보석보증금은 형벌의 집행 단계에서의 신체 확보까지 담보하고 있으므로, 보석보증금의 기능은 유죄의 판결이 확정될 때까지의 신체 확보도 담보하는 취지로 봄이 상당한 점, 보석취소결정은 그 성질상 신속을 요하는 경우가 대부분임에 반하여, 보증금몰수결정에 있어서는 그 몰수의 요부(보석조건위반 등 귀책사유의 유무) 및 몰수 금액의 범위 등에 관하여 신중히 검토하여야 할 필요성도 있는 점 등을 아울러 고려하여 보면, 보석보증금을 몰수하려면 반드시 보석취소와 동시에 하여야만 가능한 것이 아니라 보석취소 후에 별도로 보증금몰수결정을 할 수도 있다. 그리고 형사소송법 제104조가 구속 또는 보석을 취소하거나 구속영장의 효력이 소멸된 때에는 몰수하지 아니한 보증금을 청구한 날로부터 7일 이내에 환부하도록 규정하고 있다고 하여도, 이 규정의 해석상 보석취소 후에 보증금몰수를 하는 것이 불가능하게 되는 것도 아니다.(대결 2001.5.29, 2000모22 전원합의체)

第103條【보증금 등의 몰취】 ① 법원은 보석을 취소하는 때에는 직권 또는 검사의 청구에 따라 결정

으로 보증금 또는 담보의 전부 또는 일부를 몰취할 수 있다.
② 법원은 보증금의 납입 또는 담보제공을 조건으로 석방된 피고인이 동일한 범죄사실에 관하여 형의 선고를 받고 그 판결이 확정된 후 집행하기 위한 소환을 받고 정당한 사유 없이 출석하지 아니하거나 도망한 때에는 직권 또는 검사의 청구에 따라 결정으로 보증금 또는 담보의 전부 또는 일부를 몰취하여야 한다.
(2007.6.1 본조개정)
改前 "第103條【有罪判決確定과 保證金의 沒取】保釋된 者가 刑의 宣告를 받고 그 判決이 確定된 후 執行하기 위한 召喚을 받고 정당한 理由없이 出席하지 아니하거나 逃亡한 때에는 職權 또는 檢事의 請求에 依하여 決定으로 保證金의 全部 또는 一部를 沒取하여야 한다."
참조 [보석]94－100, [형의 선고]321, [형의 집행을 위한 소환]473, [보증금몰수의 집행]477

第104條【보증금 등의 환부】 拘束 또는 保釋을 取消하거나 拘束令狀의 效力이 消滅된 때에는 沒取하지 아니한 보증금 또는 담보를 請求한 날로부터 7日이내에 還付하여야 한다.(2007.6.1 본조개정)
改前 第104條【"保證金의 還付"】拘束 또는 保釋을 取消하거나…아니한 "保證金을" 請求한 날로부터 7日이내에…
참조 [구속취소]93, [보석취소]102, [구속영장의 효력소멸]92·331

第104條의2【보석조건의 효력상실 등】 ① 구속영장의 효력이 소멸한 때에는 보석조건은 즉시 그 효력을 상실한다.
② 보석이 취소된 경우에도 제1항과 같다. 다만, 제98조제8호의 조건은 예외로 한다.
(2007.6.1 본조신설)

第105條【上訴와 拘束에 관한 決定】 上訴期間 중 또는 上訴 중의 事件에 관하여 拘束期間의 更新, 拘束의 取消, 保釋, 拘束의 執行停止와 그 停止의 取消에 대한 決定은 訴訟記錄이 原審法院에 있는 때에는 原審法院이 하여야 한다.
참조 형소규57, [상소제기기간]358·374, [구속기간 갱신]92, [구속취소]93, [보석]94－100, [구속의 집행정지]101, [구속의 집행정지의 취소]102

第10章 押收와 搜索

第106條【押收】 ① 法院은 필요한 때에는 피고사건과 관계가 있다고 인정할 수 있는 것에 한정하여 증거물 또는 몰수할 것으로 사료하는 물건을 압수할 수 있다. 但, 法律에 다른 規定이 있는 때에는 例外로 한다.(2011.7.18 본문개정)
② 法院은 押收할 物件을 指定하여 所有者, 所持者 또는 保管者에게 提出을 命할 수 있다.
③ 법원은 압수의 목적물이 컴퓨터용디스크, 그 밖에 이와 비슷한 정보저장매체(이하 이 항에서 "정보저장매체등"이라 한다)인 경우에는 기억된 정보의 범위를 정하여 출력하거나 복제하여 제출받아야 한다. 다만, 범위를 정하여 출력 또는 복제하는 방법이 불가능하거나 압수의 목적을 달성하기에 현저히 곤란하다고 인정되는 때에는 정보저장매체등을 압수할 수 있다.(2011.7.18 본항신설)
④ 법원은 제3항에 따라 정보를 제공받은 경우 「개인정보 보호법」 제2조제3호에 따른 정보주체에게 해당 사실을 지체 없이 알려야 한다.(2011.7.18 본항신설)
改前 ① 法院은 "필요한 때에는 證據物 또는 沒收할 것으로 思料하는 物件을 押收할 수 있다." 但, 法律에…
참조 [특별규정]110－112, [몰수]형48, [조서기재]49·50·51②, 형소규58, [항고]403
판례 경찰이 긴급 압수수색한 휴대전화를 피의자가 유치장에 입감된 상태에서 탐색하며 피의자의 참여권을 보장하지 않았거나 피의자에게 압수한 전자정보 목록을 교부하지 않았다면 사후에 관련 전자정보에 대한 압수수색영장을 받았더라도 위법성이 치유되지 않아 증거능력이 부정된다.
(대판 2022.7.28, 2022도2960)
판례 공범이 유죄 및 압수물 몰수의 확정판결을 받고 자신도 기소중지처분되어 피의사건이 완결되지 않은 경우 : 원고의 직원이 원고의 소유인 일화를 원고의 지시에 따라 일본국으로 반출하려다가 이를 압수당하고 원고와의 공범으로 재판을 받아 특정경제범죄가중처벌등에관한법률위반죄(재산국외도피)로 징역형의 선고유예 및 위 일화에 대한 몰수의 확정판결을 받았고, 원고는 위 직원과 공동피의자로 입건되고서도 조사에 응하지 아니하여 기소중지처분이 되어 지금까지 그 피의사건이 완결되지 아니하고 있다면, 그 일화에 대한 압수의 효력은 원고에 대한 관계에 있어서는 여전히 남아 있으므로, 원고가 그 압수물에 대한 소유권에 의하여 인도를 구하는 몰수금반환청구는 배척될 수밖에 없다.(대판 1995.3.3, 94다37097)

第107條【郵遞物의 押收】 ① 법원은 필요한 때에는 피고사건과 관계가 있다고 인정할 수 있는 것에 한정하여 우체물 또는 「통신비밀보호법」 제2조제3호에 따른 전기통신(이하 "전기통신"이라 한다)에 관한 것으로서 체신관서, 그 밖의 관련 기관 등이 소지 또는 보관하는 물건의 제출을 명하거나 압수를 할 수 있다.
② (2011.7.18 삭제)
③ 제1항에 따른 處分을 할 때에는 發信人이나 受信人에게 그 趣旨를 通知하여야 한다. 但, 審理에 妨害될 念慮가 있는 경우에는 例外로 한다.
(2011.7.18 본조개정)
改前 "① 法院은 被告人이 發送한 것이나 被告人에게 대하여 發送된 郵遞物 또는 電信에 관한 것으로서 遞信官署 기타가 所持 또는 保管하는 物件의 提出을 命하거나 押收를 할 수 있다."
"② 前項 이외의 郵遞物 또는 電信에 관한 것으로서 遞信官署 기타가 所持 또는 保管하는 物件은 被告事件과 關係가 있다고 認定할 수 있는 것에 한하여 그 提出을 命하거나 押收를 할 수 있다."
③ "前2項의" 處分을 할 때에는 發信人이나…
참조 [압류의 거부]우편법8, [조서작성]49·50·51②, [항고]403

第108條【任意 提出物 등의 押收】 所有者, 所持者 또는 保管者가 任意로 提出한 物件 또는 遺留한 物件은 令狀없이 押收할 수 있다.
참조 [조서작성]49·50·51②, [압수물건]106
판례 소유권을 포기한 압수물의 반환방법 : 수사단계에서 소유권을 포기한 압수물에 대하여 형사재판에서 몰수형이 선고되지 않은 경우, 피압수자는 국가에 대하여 민사소송으로 그 반환을 청구할 수 있다.(대판 2000.12.22, 2000다27725)

第109條【搜索】 ① 법원은 필요한 때에는 피고사건과 관계가 있다고 인정할 수 있는 것에 한정하여 피고인의 신체, 물건 또는 주거, 그 밖의 장소를 수색할 수 있다.(2011.7.18 본항개정)
② 被告人 아닌 者의 身體, 物件, 住居 기타 場所에 관하여는 押收할 物件이 있음을 認定할 수 있는 경우에 한하여 搜索할 수 있다.
改前 "① 法院은 필요한 때에는 被告人의 身體, 物件 또는 住居 기타 場所를 搜索할 수 있다."
참조 [수색의 제한]110·125·126, [압수와 참여]121·123, 형소규60, [압수할 물건]106
미판 수색을 위하여 가택에 들어갈 때에 사전에 경찰신분과 영장소지에 관하여 사전고지하여야 불합리한 수색과 압수금지에 위반되지 않는다.(미연방법원 514 US927, 131 L Ed 2d 976)
미판 학생실기(實技)프로그램에 참가하는 학생에 대한 오줌분석을 통한 마약검사를 실시할 권한을 부여하는 학구(學區)의 정책은 수정헌법 제4조의 부당한 수색에 해당되지 않는다.
(미연방법원 515 US646, 132 L Ed 2d 564)

第110條【軍事上 秘密과 押收】 ① 軍事上 秘密을 요하는 場所는 그 責任者의 承諾 없이는 押收 또는 搜索할 수 없다.
② 前項의 責任者는 國家의 중대한 利益을 害하는 경우를 제외하고는 承諾을 拒否하지 못한다.
참조 [책임자의 참여]123

第111條【公務上 秘密과 押收】 ① 公務員 또는 公務員이었던 者가 所持 또는 保管하는 物件에 관하여는 本人 또는 그 당해 公務所가 職務上의 秘密에 관한 것임을 申告한 때에는 그 所屬公務所 또는 當該 監督官公署의 承諾 없이는 押收하지 못한다.
② 所屬公務所 또는 當該 監督官公署는 國家의 중대한 利益을 害하는 경우를 제외하고는 承諾을 拒否하지 못한다.
참조 [책임자의 참여]123

第112條【業務上秘密과 押收】 辯護士, 辨理士, 公證人, 公認會計士, 稅務士, 代書業者, 醫師, 漢醫師, 齒科醫師, 藥師, 藥種商, 助産師, 看護師, 宗教의 職에 있는 者 또는 이러한 職에 있던 者가 그 業務上 委託을 받아 所持 또는 保管하는 物件으로 他人의 秘密에 관한 것은 押收를 拒否할 수 있다. 但, 그 他人의 承諾이 있거나 중대한 公益上 필요가 있는 때에는 例外로 한다.(1997.12.13 본문개정)
참조 [업무상 비밀]변호사26, 변리사23, 공증5, 공인회계사법20, 법무사법27, 의료법19, [비밀침해죄]형317
판례 경찰관이 간호사로부터 진료 목적으로 채혈된 피고인의 혈액 중 일부를 주취운전 여부에 대한 감정을 목적으로 제출받아 압수한 경우 : 의료인이 진료 목적으로 채혈한 환자의 혈액을 수사기관에 임의로 제출하였다면 그 혈액의 증거사용에 대하여도 환자의 사생활의 비밀 기타 인격적 법익이 침해되는 등의 특별한 사정이 없는 한 반드시 그 환자의 동의를 받아야 하는 것이 아니므로, 경찰관이 간호사로부터 진료 목적으로 이미 채혈되어 있던 피고인의 혈액 중 일부를 주취운전 여부에 대한 감정을 목적으로 임의로 제출 받아 압수한 경우, 당시 간호사가 위 혈액의 소지자 겸 보관자인 병원 또는 담당의사를 대리하여 혈액을 경찰관에게 임의로 제출할 수 있는 권한이 없었다고 볼 특별한 사정이 없는 이상, 압수절차가 피고인 또는 피고인의 가족의 동의 및 영장 없이 행하여졌다고 하더라도 적법절차를 위반한 위법이 있다고 할 수 없다.(대판 1999.9.3, 98도968)

第113條【押收·搜索令狀】 公判廷 외에서 押收 또는 搜索을 함에는 令狀을 發付하여 施行하여야 한다.
참조 [영장의 방식]114, [영장의 집행]115

第114條【영장의 방식】 ① 압수·수색영장에는 다음 각 호의 사항을 기재하고 재판장이나 수명법관이 서명날인하여야 한다. 다만, 압수·수색할 물건이 전기통신에 관한 것인 경우에는 작성기간을 기재하여야 한다.
1. 피고인의 성명
2. 죄명
3. 압수할 물건
4. 수색할 장소·신체·물건
5. 영장 발부 연월일
6. 영장의 유효기간과 그 기간이 지나면 집행에 착수할 수 없으며 영장을 반환하여야 한다는 취지
7. 그 밖에 대법원규칙으로 정하는 사항
(2020.12.8 1호～7호신설)
② 제1항의 영장에 관하여는 제75조제2항을 준용한다.
(2020.12.8 본조개정)
改前 第114條【"令狀의 方式"】"① 押收·搜索令狀에는 被告人의 姓名, 罪名, 押收할 物件, 搜索할 場所, 身體, 物件, 發付年月日, 有效期間과 그 期間을 經過하면 執行에 着手하지 못하며 令狀을 返還하여야 한다는 趣旨 기타 大法院規則으로 정한 事項을 記載하고 裁判長 또는 受命法官이 署名捺印하여야 한다."
다만, 압수·수색할 물건이…
"② 第75條第2項의 規定은 前項의 令狀에 準用한다."
참조 형소규59, [압수물]106·107, [수색장소]109
판례 압수수색할 물건의 기재가 누락된 압수수색영장을 발부한 법관의 행위가 불법행위를 구성하는지 여부 : 법관의 재판에 법령의 규정을 따르지 아니한 잘못이 있다 하더라도 바로 그 재판상 직무행위가 국가배상법 제2조 제1항에서 말하는 위법한 행위로 되어 국가의 손해배상책임이 발생하는 것은 아니고, 압수수색할 물건의 기재가 누락된 압수수색영장을 발부한 법관이 위법·부당한 목적을 가지고 있었다거나 법이 직무수행상 준수할 것을 요구하고 있는 기준을 현저히 위반하였다는 등의 자료를 찾아볼 수 없다면 그와 같은 압수수색영장의 발부행위는 불법행위를 구성하지 않는다.(대판 2001.10.12, 2001다47290)

第115條【令狀의 執行】 ① 押收·搜索令狀은 檢事의 指揮에 의하여 司法警察官吏가 執行한다. 但, 필요한 경우에는 裁判長은 법원사무관등에게 그 執行을 命할 수 있다.(2007.6.1 단서개정)
② 第83條의 規定은 押收·搜索令狀의 執行에 準用한다.
改前 ① …但, 필요한 경우에는 裁判長은 "法院書記官 또는 書記에게" 그 執行을 命할 수 있다.
참조 형소규59, [사법경찰관리]196·197, [법원서기관·서기]법원조직10, [관할구역외에서의 집행과 그 촉탁]83, [무기사용]경찰직무10의4

第116條【주의사항】 압수·수색영장을 집행할 때에는 타인의 비밀을 보호하여야 하며 처분받은 자의 명예를 해하지 아니하도록 주의하여야 한다.
(2020.12.8 본조개정)
改前 "第116條【注意事項】押收·搜索令狀의 執行에 있어서는 他人의 秘密을 保持하여야 하며 處分받은 者의 名譽를 害하지 아니하도록 注意하여야 한다."
참조 [영장의 집행]115

第117條【執行의 輔助】 법원사무관등은 押收·搜索令狀의 執行에 관하여 필요한 때에는 司法警察官吏에게 輔助를 求할 수 있다.(2007.6.1 본조개정)
改前 第117條【執行의 輔助】"法院의 書記官 또는 書記는" 押收·搜索令狀의 執行에…
참조 [사법경찰관리]197

第118條【令狀의 제시와 사본교부】 押收·搜索令狀은 處分을 받는 者에게 반드시 提示하여야 하고, 처분을 받는 자가 피고인인 경우에는 그 사본을 교부하여야 한다. 다만, 처분을 받는 자가 현장에 없는 등 영장의 제시나 그 사본의 교부가 현실적으로 불가능한 경우 또는 처분을 받는 자가 영장의 제시나 사본의 교부를 거부한 때에는 예외로 한다.
(2022.2.3 본조개정)
改前 第118條【令狀의 "提示"】押收·搜索令狀은 處分을 받는 者에게 반드시 提示하여야 "한다".
참조 [영장]113
판례 형사소송법 제118조는 "압수·수색영장은 처분을 받는 자에게 반드시 제시하여야 한다."고 규정하고 있으나, 이는 영장제시가 현실적으로 가능한 상황을 전제로 한 규정으로 보아야 하고, 피처분자가 현장에 없거나 현장에서 그를 발견할 수 없는 경우 등 영장제시가 현실적으로 불가능한 경우에는 영장을 제시하지 아니한 채 압수·수색을 하더라도 위법하다고 볼 수 없다.
(대판 2015.1.22, 2014도10978 전원합의체)
판례 압수·수색영장은 처분을 받는 자에게 반드시 제시하여야 하는바, 현장에서 압수·수색을 당하는 사람이 여러 명일 경우에는 그 사람들 모두에게 개별적으로 영장을 제시해야 하는 것이 원칙이다. 수사기관이 압수·수색에 착수하면서 그 장소의 관리책임자에게 영장을 제시하였다고 하더라도, 물건을 소지하고 있는 다른 사람으로부터 이를 압수하고자 하는 때에는 그 사람에게 따로 영장을 제시하여야 한다.
(대판 2009.3.12, 2008도763)

第119條【執行 중의 出入禁止】 ① 押收·搜索令狀의 執行 중에는 他人의 出入을 禁止할 수 있다.
② 前項의 規定에 違背한 者에게는 退去하게 하거나 執行終了時까지 看守者를 붙일 수 있다.
참조 [집행중지와 필요한 처분]127, [준용]138

第120條【執行과 必要한 處分】 ① 押收·搜索令狀의 執行에 있어서는 鍵錠을 열거나 開封 기타 필요한 處分을 할 수 있다.
② 前項의 處分은 押收物에 대하여도 할 수 있다.
참조 [압수물]106

第121條【令狀執行과 當事者의 參與】 檢事, 被告人 또는 辯護人은 押收·搜索令狀의 執行에 參與할 수 있다.
참조 [집행통지]122, [영장의 집행]115

第122條【令狀執行과 參與權者에의 通知】 押收·搜索令狀을 執行함에는 미리 執行의 日時와 場所를

前條에 規定한 者에게 通知하여야 한다. 但, 前條에 規定한 者가 參與하지 아니한다는 意思를 明示한 때 또는 急速을 要하는 때에는 例外로 한다.
참조 [영장의 집행]115

第123條【영장의 집행과 책임자의 참여】 ① 공무소, 군사용 항공기 또는 선박·차량 안에서 압수·수색영장을 집행하려면 그 책임자에게 참여할 것을 통지하여야 한다.
② 제1항에 규정한 장소 외에 타인의 주거, 간수자 있는 가옥, 건조물(建造物), 항공기 또는 선박·차량 안에서 압수·수색영장을 집행할 때에는 주거주(住居主), 간수자 또는 이에 준하는 사람을 참여하게 하여야 한다.
③ 제2항의 사람을 참여하게 하지 못할 때에는 이웃 사람 또는 지방공공단체의 직원을 참여하게 하여야 한다.
(2020.12.8 본조개정)
改前 "第123條【令狀의 執行과 責任者의 參與】① 公務所, 軍事用의 航空機 또는 船車 내에서 押收·搜索令狀을 執行함에는 그 責任者에게 參與할 것을 通知하여야 한다.
② 前項에 規定한 이외의 他人의 住居, 看守者 있는 家屋, 建造物, 航空機 또는 船車내에서 押收, 搜索令狀을 執行함에는 住居主, 看守者 또는 이에 準하는 者를 參與하게 하여야 한다.
③ 前項의 者를 參與하게 하지 못할 때에는 隣居人 또는 地方公共團體의 職員을 參與하게 하여야 한다."
참조 [영장의 집행]115

第124條【女子의 搜索과 參與】 女子의 身體에 대하여 搜索할 때에는 成年의 女子를 參與하게 하여야 한다.
참조 [신체의 수색]109, [여자의 신체검사]141③

第125條【夜間執行의 制限】 日出前, 日沒後에는 押收·搜索令狀에 夜間執行을 할 수 있는 記載가 없으면 그 令狀을 執行하기 위하여 他人의 住居, 看守者있는 家屋, 建造物, 航空機 또는 船車내에 들어가지 못한다.
참조 [예외]126

第126條【夜間執行制限의 例外】 다음 場所에서 押收·搜索令狀을 執行함에는 前條의 制限을 받지 아니한다.
1. 賭博 기타 風俗을 害하는 行爲에 常用된다고 認定하는 場所
2. 旅館, 飮食店 기타 夜間에 公衆이 出入할 수 있는 場所. 但, 公開한 時間내에 한한다.
참조 [원칙]125, [도박]형246·247, [풍속문란]형242-245

第127條【執行中止와 必要한 處分】 押收·搜索令狀의 執行을 中止한 경우에 필요한 때에는 執行이 終了될 때까지 그 場所를 閉鎖하거나 看守者를 둘 수 있다.
참조 [집행중의 출입금지]119

第128條【證明書의 交付】 搜索한 경우에 證據物 또는 沒取할 物件이 없는 때에는 그 趣旨의 證明書를 交付하여야 한다.
참조 [압수]106, 형소규61, [수색]109

第129條【押收目錄의 交付】 押收한 경우에는 目錄을 作成하여 所有者, 所持者, 保管者 기타 이에 準할 者에게 交付하여야 한다.
판례 압수절차의 하자 : 압수수색 대상물의 기재가 누락된 압수수색영장에 기하여 물건을 압수하고, 일부 압수물에 대하여는 압수조서·압수목록을 작성하지 아니하고 보관한 일련의 조치가 불법행위를 구성한다.(대판 2001.10.12, 2001다47290)

第130條【押收物의 保管과 廢棄】 ① 運搬 또는 保管에 不便한 押收物에 관하여는 看守者를 두거나 所有者 또는 適當한 者의 承諾을 얻어 保管하게 할 수 있다.
② 危險發生의 念慮가 있는 押收物은 廢棄할 수 있다.
③ 법령상 생산·제조·소지·소유 또는 유통이 금지된 압수물로서 부패의 염려가 있거나 보관하기 어려운 압수물은 소유자 등 권한 있는 자의 동의를 받아 폐기할 수 있다.(2007.6.1 본항신설)
참조 [압수물]106, [조서기재]형소규62

第131條【注意事項】 押收物에 대하여는 그 喪失 또는 破損등의 防止를 위하여 相當한 措置를 하여야 한다.
참조 형소규63

第132條【압수물의 대가보관】 ① 몰수하여야 할 압수물로서 멸실·파손·부패 또는 현저한 가치 감소의 염려가 있거나 보관하기 어려운 압수물은 매각하여 대가를 보관할 수 있다.
② 환부하여야 할 압수물 중 환부를 받을 자가 누구인지 알 수 없거나 그 소재가 불명한 경우로서 그 압수물의 멸실·파손·부패 또는 현저한 가치 감소의 염려가 있거나 보관하기 어려운 압수물은 매각하여 대가를 보관할 수 있다.
(2007.6.1 본조개정)
改前 "第132條【押收物의 代價保管】沒取하여야 할 押收物로서 滅失, 破損 또는 腐敗의 念慮가 있거나 保管하기 불편한 경우에는 이를 賣却하여 代價를 保管할 수 있다."
참조 [통지]135

第133條【押收物의 還付, 假還付】 ① 押收를 繼續할 필요가 없다고 認定되는 押收物은 被告事件 終結 前이라도 決定으로 還付하여야 하고 證據에 供할 押收物은 所有者, 所持者, 保管者 또는 提出人의 請求에 의하여 假還付할 수 있다.
② 證據에만 供할 目的으로 押收한 物件으로서 그 所有者 또는 所持者가 繼續使用하여야 할 物件은 寫眞撮影 기타 原型保存의 措置를 取하고 迅速히 假還付하여야 한다.
참조 [결정]37②③·38·39·42, [항고]403, [판결선고와 압수관계]332·333, [통지]135
판례 수사 도중에 피의자가 수사관에게 소유권포기 각서를 제출한 경우 수사기관의 압수물 환부의무가 면제되는지 여부 및 피의자의 압수물 환부청구권도 소멸하는지 여부(다수의견) : 형사소송법 제133조 제1항, 제219조, 제486조 각 규정의 취지를 종합하여 보면, 압수물에 대하여 더 이상 압수를 계속할 필요가 없어진 때에는 수사기관은 환부가 불가능하여 국고에 귀속시키는 경우를 제외하고는 반드시 그 압수물을 환부하여야 하고, 환부를 받을 자로 하여금 그 환부청구권을 포기하게 하는 등의 방법으로 압수물의 환부의무를 면할 수는 없다. 법률이 압수물을 국고에 귀속시키는 절차와 방법에 관하여 엄격히 규정함과 아울러 압수된 범칙물이 범인에게 복귀되지 아니하도록 필요에 따른 준비를 하여 두고 있는데도, 법률이 정하고 있는 이러한 방법 이외에 피압수자 등으로 하여금 그 압수물에 대한 환부청구권을 포기하게 하는 등의 방법으로 압수물의 환부의무를 면하게 함으로써 압수를 계속할 필요가 없어진 물건을 국고에 귀속시킬 수 있는 길을 허용하는 것은 적법절차에 의한 인권보장 및 재산권 보장의 헌법정신에도 어긋나고, 압수물의 환부를 필요적이고 의무적인 것으로 규정한 본조를 사문화시키며, 나아가 몰수제도를 잠탈할 수 있는 길을 열어 놓게 되는 것이다. 따라서 피압수자 등 압수물을 환부받을 자가 수사기관에 대하여 형사소송법상의 환부청구권을 포기한다는 의사표시를 한 경우에 있어서도, 그 효력이 없어 그에 의하여 수사기관의 필요적 환부의무가 면제된다고 볼 수는 없으므로, 그 환부의무에 대응하는 압수물의 환부를 청구할 수 있는 절차법상의 권리가 소멸하는 것은 아니다.(대결 1996.8.16, 94모51 전원합의체)

第134條【押收贓物의 被害者還付】 押收한 贓物은 被害者에게 還付할 理由가 明白한 때에는 被告事件의 終結前이라도 決定으로 被害者에게 還付할 수 있다.
참조 [결정]37②③·38·39·42, [항고]403, [판결선고와 압수관계]332·333, [통지]135

第135條【押收物處分과 當事者에의 通知】 前3條의 決定을 함에는 檢事, 被害者, 被告人 또는 辯護人에게 미리 通知하여야 한다.
참조 [압수물처분]132-134

第136條【受命法官, 受託判事】 ① 法院은 押收 또는 搜索을 合議部員에게 命할 수 있고 그 目的物의 所在地를 管轄하는 地方法院 判事에게 囑託할 수 있다.
② 受託判事는 押收 또는 搜索의 目的物이 그 管轄區域내에 없는 때에는 그 目的物 所在地 地方法院 判事에게 轉囑할 수 있다.
③ 受命法官, 受託判事가 行하는 押收 또는 搜索에 관하여는 法院이 行하는 押收 또는 搜索에 관한 規定을 準用한다.
참조 [준항고]416

第137條【拘束令狀執行과 搜索】 檢事, 司法警察官吏 또는 第81條第2項의 規定에 의한 법원사무관등이 拘束令狀을 執行할 경우에 필요한 때에는 미리 수색영장을 발부받기 어려운 긴급한 사정이 있는 경우에 한정하여 他人의 住居, 看守者있는 家屋, 建造物, 航空機, 船車 내에 들어가 被告人을 搜索할 수 있다.(2019.12.31 본조개정)
改前 …拘束令狀을 執行할 경우에 필요한 "때에는" 他人의 住居, 看守者있는 家屋,…
참조 [구속영장집행]81·85, [준용규정]119·120·123·127·138

第138條【準用規定】 第119條, 第120條, 第123條와 第127條의 規定은 前條의 規定에 의한 檢事, 司法警察官吏, 법원사무관등의 搜索에 準用한다.
(2007.6.1 본조개정)
改前 …司法警察官吏, "法院의 書記官 또는 書記"의 搜索에 準用한다.
참조 [집행 중의 출입금지]119, [집행과 필요한 처분]120, [책임자 참여]123, [집행중지와 필요한 처분]127

第11章 檢 證

第139條【檢證】 法院은 事實을 發見함에 必要한 때에는 檢證을 할 수 있다.
참조 [조서작성]49·50·51②, [검증물의 제한]110·145, [검사·사법경찰관리의 검증]215-217

第140條【檢證과 필요한 處分】 檢證을 함에는 身體의 檢査, 死體의 解剖, 墳墓의 發掘, 物件의 破壞 기타 필요한 處分을 할 수 있다.
참조 [조사에의 준용]219, [신체의 검사]141·142, [분묘의 발굴]형160-162, [물건의 파괴]형20·366

第141條【신체검사에 관한 주의】 ① 신체의 검사에 관하여는 검사를 받는 사람의 성별, 나이, 건강상태, 그 밖의 사정을 고려하여 그 사람의 건강과 명예를 해하지 아니하도록 주의하여야 한다.
② 피고인 아닌 사람의 신체검사는 증거가 될 만한 흔적을 확인할 수 있는 현저한 사유가 있는 경우에만 할 수 있다.
③ 여자의 신체를 검사하는 경우에는 의사나 성년 여자를 참여하게 하여야 한다.
④ 시체의 해부 또는 분묘의 발굴을 하는 때에는 예(禮)에 어긋나지 아니하도록 주의하고 미리 유족에게 통지하여야 한다.
(2020.12.8 본조개정)
改前 "第141條【身體檢査에 관한 注意】① 身體의 檢査에 관하여는 檢査를 당하는 者의 性別, 年齡, 健康狀態 기타 事情을 考慮하여 그 사람의 健康과 名譽를 害하지 아니하도록 注意하여야 한다.
② 被告人 아닌 者의 身體檢査는 證跡의 存在를 確認할 수 있는 顯著한 事由가 있는 경우에 한하여 할 수 있다.
③ 女子의 身體를 檢査하는 경우에는 醫師나 成年의 女子를 參與하게 하여야 한다.
④ 死體의 解剖 또는 墳墓의 發掘을 하는 때에는 禮를 잊지 아니하도록 注意하고 미리 遺族에게 通知하여야 한다."
참조 형소규64·65, [검찰관 기타의 검증에의 준용]219, [부녀의 수색]124, [성년]민4

第142條【身體檢査와 召喚】 法院은 身體를 檢査하기 위하여 被告人 아닌 者를 法院 기타 指定한 場所에 召喚할 수 있다.
참조 [피고인의 소환]68, 형소규65

第143條【時刻의 制限】 ① 日出前, 日沒後에는 家主, 看守者 또는 이에 準하는 者의 承諾이 없으면 檢證을 하기 위하여 他人의 住居, 看守者있는 家屋, 建造物, 航空機, 船車 내에 들어가지 못한다. 但, 日出後에는 檢證의 目的을 達成할 수 없을 念慮가 있는 경우에는 例外로 한다.
② 日沒前에 檢證에 着手한 때에는 日沒後라도 檢證을 繼續할 수 있다.
③ 第126條에 規定한 場所에는 第1項의 制限을 받지 아니한다.
참조 [압수, 수색영장의 야간집행]125, [시각제한의 예외]126

第144條【檢證의 輔助】 檢證을 함에 필요한 때에는 司法警察官吏에게 輔助를 命할 수 있다.
참조 [사법경찰관리]197

第145條【準用規定】 第110條, 第119條 내지 第123條, 第127條와 第136條의 規定은 檢證에 관하여 準用한다.
참조 [군사상 비밀]110, [집행중의 출입금지]119, [집행과 필요한 처분]120, [당사자등의 참여]121-123, [집행중지와 필요한 처분]127, [수명법관·수탁판사]136

第12章 證人訊問

第146條【證人의 資格】 法院은 法律에 다른 規定이 없으면 누구든지 證人으로 訊問할 수 있다.
참조 [소환장]형소규68·69, [소환의 유예기간]형소규70, [특별규정]147-149, [조서기재]48·50·51②
판례 유아의 증언능력 : 사고 당시 만 3세 3개월 내지 만 3세 7개월 가량이던 피해자인 여아의 증언능력 및 그 진술의 신빙성을 인정한다.(대판 2006.4.14, 2005도9561)
판례 본조의 위헌여부 : 본조는 무죄추정의 원칙과 적법절차의 원칙에 반하지 않으며, 피고인의 진술거부권이나 인간으로서의 존엄과 가치를 침해하지도 아니한다.
(헌재결 2001.11.29, 2001헌바41 전원재판부)
판례 법원이 당해 사건의 수사경찰관을 증인으로 신문하는 것이 위법한지 여부 : 법원이 당해 사건의 수사경찰관을 증인으로 신문한 것이 증거재판주의나 증인의 자격에 관한 법리를 오해하였다거나 헌법위반의 위법이 있다고 할 수 없다.
(대판 2001.5.29, 2000도2933)

第147條【公務上 秘密과 證人資格】 ① 公務員 또는 公務員이었던 者가 그 職務에 관하여 알게 된 事實에 관하여 本人 또는 當該 公務所가 職務上 秘密에 속한 事項임을 申告한 때에는 그 所屬公務所 또는 監督官公署의 承諾없이는 證人으로 訊問하지 못한다.
② 그 所屬公務所 또는 當該監督官公署는 國家에 중대한 利益을 害하는 경우를 제외하고는 承諾을 拒否하지 못한다.
참조 [증인자격]146, [공무상비밀]국가공무원60, 지방공무원52, 군인의지위및복무에관한기본법28

第148條【근친자의 형사책임과 증언 거부】 누구든지 자기나 다음 각 호의 어느 하나에 해당하는 자가 형사소추(刑事訴追) 또는 공소제기를 당하거나 유죄판결을 받을 사실이 드러날 염려가 있는 증언을 거부할 수 있다.
1. 친족이거나 친족이었던 사람
2. 법정대리인, 후견감독인
(2020.12.8 본조개정)
改前 "第148條【近親者의 刑事責任과 證言拒否】누구든지 自己나 다음 各號의 1에 해당한 關係있는 者가 刑事訴追 또는 公訴提起를 당하거나 有罪判決을 받을 事實이 發露될 念慮있는 證言을 拒否할 수 있다.
1. 친족 또는 친족관계가 있었던 자(2005.3.31 본호개정)
2. 法定代理人, 後見監督人"
참조 [친족]민767이하, [법정대리인]민911·938, [후견감독]민953, [증언거부]150·160

판례 [1] 유죄판결이 확정된 피고인이 공범의 형사사건에서 사실대로 자신의 범행을 시인하는 증언을 할 것이라는 기대가능성이 있는지 여부(적극) : 이미 유죄의 확정판결을 받은 피고인은 공범의 형사사건에서 그 범행에 대한 증언을 거부할 수 없을 뿐만 아니라 나아가 사실대로 증언하여야 하고, 설사 피고인이 자신의 형사사건에서 시종일관 그 범행을 부인하였다 하더라도 이러한 사정은 위증죄에 관한 양형참작사유로 볼 수 있음은 별론으로 하고 이를 이유로 피고인에게 사실대로 진술할 것을 기대할 가능성이 없다고 볼 수는 없다.
[2] 자신의 강도상해 범행을 일관되게 부인하였으나 유죄판결이 확정된 피고인이 별건으로 기소된 공범의 형사사건에서 자신의 범행사실을 부인하는 증언을 한 사안에서, 피고인에게 사실대로 진술할 기대가능성이 있으므로 위증죄가 성립한다.
(대판 2008.10.23, 2005도10101)

第149條【業務上秘密과 證言拒否】 辯護士, 辨理士, 公證人, 公認會計士, 稅務士, 代書業者, 醫師, 漢醫師, 齒科醫師, 藥師, 藥種商, 助産師, 看護師, 宗敎의 職에 있는 者 또는 이러한 職에 있던 者가 그 業務上 委託을 받은 關係로 알게 된 事實로서 他人의 秘密에 관한 것은 證言을 拒否할 수 있다. 但, 本人의 承諾이 있거나 중대한 公益上 必要있는 때에는 例外로 한다.(1997.12.13 본조개정)

참조 [업무상의 비밀]형317, [증언거부]150·160

第150條【證言拒否事由의 疏明】 證言을 拒否하는 者는 拒否事由를 疏明하여야 한다.

참조 [증언거부]148·149, [증언거부의 제재]161, [여비일당등 청구권상실]168단서

第150條의2【증인의 소환】 ① 법원은 소환장의 송달, 전화, 전자우편, 그 밖의 상당한 방법으로 증인을 소환한다.
② 증인을 신청한 자는 증인이 출석하도록 합리적인 노력을 할 의무가 있다.
(2007.6.1 본조신설)

참조 294, 형소규67의2

第151條【증인이 출석하지 아니한 경우의 과태료 등】 ① 법원은 소환장을 송달받은 증인이 정당한 사유 없이 출석하지 아니한 때에는 결정으로 당해 불출석으로 인한 소송비용을 증인이 부담하도록 명하고, 500만원 이하의 과태료를 부과할 수 있다. 제153조에 따라 준용되는 제76조제2항·제5항에 따라 소환장의 송달과 동일한 효력이 있는 경우에도 또한 같다.
② 법원은 증인이 제1항에 따른 과태료 재판을 받고도 정당한 사유 없이 다시 출석하지 아니한 때에는 결정으로 증인을 7일 이내의 감치에 처한다.
③ 법원은 감치재판기일에 증인을 소환하여 제2항에 따른 정당한 사유가 있는지의 여부를 심리하여야 한다.
④ 감치는 그 재판을 한 법원의 재판장의 명령에 따라 사법경찰관리·교도관·법원경위 또는 법원사무관등이 교도소·구치소 또는 경찰서유치장에 유치하여 집행한다.
⑤ 감치에 처하는 재판을 받은 증인이 제4항에 규정된 감치시설에 유치된 경우 당해 감치시설의 장은 즉시 그 사실을 법원에 통보하여야 한다.
⑥ 법원은 제5항의 통보를 받은 때에는 지체 없이 증인신문기일을 열어야 한다.
⑦ 법원은 감치의 재판을 받은 증인이 감치의 집행 중에 증언을 한 때에는 즉시 감치결정을 취소하고 그 증인을 석방하도록 명하여야 한다.
⑧ 제1항과 제2항의 결정에 대하여는 즉시항고를 할 수 있다. 이 경우 제410조는 적용하지 아니한다.
(2007.6.1 본조개정)

改前 "第151條【不出席과 過怠料등】 ① 召喚받은 證人이 정당한 事由없이 出席하지 아니한 때에는 決定으로 50萬원 이하의 過怠料에 처하고 出席하지 아니함으로써 생긴 費用의 賠償을 命할 수 있다.
② 第1項의 決定에 대하여는 卽時抗告를 할 수 있다.
(1995.12.29 본조개정)"

참조 형소규69, [결정]37, [과태료]477, [즉시항고]339·405·410, [준항고]416, 국회에서의증언12

第152條【召喚不應과 拘引】 정당한 事由없이 召喚에 應하지 아니하는 證人은 拘引할 수 있다.

참조 [영장]형소규68, [증인 구인]국가보안18, [준용규정]73·75·77·81~83·85①②

第153條【準用規定】 第73條, 第74條, 第76條의 規定은 證人의 召喚에 準用한다.

참조 [소환장의 발부]73, [소환장의 방식]74, [소환장의 송달]76

第154條【構內證人의 召喚】 證人이 法院의 構內에 있는 때에는 召喚함이 없이 訊問할 수 있다.

참조 [증인의 소환]73·74·76·153

第155條【準用規定】 第73條, 第75條, 第77條, 第81條 내지 第83條, 第85條第1項, 第2項의 規定은 證人의 拘引에 準用한다.

참조 [영장 발부]73, [영장의 방식]75, [구인의 촉탁]77, [영장 집행]81·83·85①②, [수통의 영장의 작성]82

第156條【證人의 宣誓】 證人에게는 訊問前에 宣誓하게 하여야 한다. 但, 法律에 다른 規定이 있는 경우에는 例外로 한다.

참조 [특별규정]159, [선서의 방식]157, [선서거부의 제재]161, [위증죄]158, 형152

第157條【선서의 방식】 ① 선서는 선서서(宣誓書)에 따라 하여야 한다.
② 선서서에는 "양심에 따라 숨김과 보탬이 없이 사실 그대로 말하고 만일 거짓말이 있으면 위증의 벌을 받기로 맹세합니다."라고 기재하여야 한다.
③ 재판장은 증인에게 선서서를 낭독하고 기명날인하거나 서명하게 하여야 한다. 다만, 증인이 선서서를 낭독하지 못하거나 서명을 하지 못하는 경우에는 참여한 법원사무관등이 대행한다.
④ 선서는 일어서서 엄숙하게 하여야 한다.
(2020.12.8 본조개정)

改前 "第157條【宣誓의 方式】 ① 宣誓는 宣誓書에 의하여야 한다.
② 宣誓書에는 「양심에 따라 숨김과 보탬이 없이 사실 그대로 말하고 만일 거짓말이 있으면 위증의 벌을 받기로 맹세합니다」라고 記載하여야 한다.
③ 裁判長은 證人으로 하여금 宣誓書를 朗讀하고 기명날인 또는 서명하게 하여야 한다. 但, 證人이 宣誓書를 朗讀하지 못하거나 署名을 하지 못하는 경우에는 參與한 법원사무관등이 이를 代行한다.(2007.6.1 본항개정)
④ 宣誓는 起立하여 嚴肅히 하여야 한다."

참조 [선서취지의 설명]형소규72, [비공무원의 서류]59

第158條【宣誓한 證人에 대한 警告】 裁判長은 宣誓할 證人에 대하여 宣誓 前에 僞證의 罰을 警告하여야 한다.

참조 [선서취지의 설명]형소규72, [위증죄]형152

第159條【宣誓 無能力】 證人이 다음 各號의 1에 해당하는 때에는 宣誓하게 하지 아니하고 訊問하여야 한다.
1. 16歲미만의 者
2. 宣誓의 趣旨를 理解하지 못하는 者

참조 [증인의 선서]156

第160條【證言拒否權의 告知】 證人이 第148條, 第149條에 해당하는 경우에는 裁判長은 訊問 前에 證言을 拒否할 수 있음을 說明하여야 한다.

참조 [근친자의 형사책임과 증언거부]148, [업무상 비밀과 증언거부]149

第161條【宣誓, 證言의 拒否와 過怠料】 ① 證人이 정당한 理由없이 宣誓나 證言을 拒否한 때에는 決定으로 50萬원이하의 過怠料에 處할 수 있다.
② 第1項의 決定에 대하여는 卽時抗告를 할 수 있다.
(1995.12.29 본조개정)

참조 [결정]37, [과태료]477, [즉시항고]339·405·410, [준항고]416

第161條의2【證人訊問의 方式】 ① 證人은 申請한 檢事, 辯護人 또는 被告人이 먼저 이를 訊問하고 다음에 다른 檢事, 辯護人 또는 被告人이 訊問한다.
② 裁判長은 前項의 訊問이 끝난 뒤에 訊問할 수 있다.
③ 裁判長은 必要하다고 認定하면 前2項의 規定에 不拘하고 어느 때나 訊問할 수 있으며 第1項의 訊問順序를 變更할 수 있다.
④ 法院이 職權으로 訊問할 證人이나 犯罪로 인한 被害者의 申請에 의하여 訊問할 證人의 訊問方式은 裁判長이 정하는 바에 의한다.(1987.11.28 본항개정)
⑤ 合議部員은 裁判長에게 告하고 訊問할 수 있다.
(1961.9.1 본조신설)

참조 형소규73~84의10, [피고인신문]287·296의2, [본조 적용제외]297의2

판례 피고인이 신청한 증인에 대하여 재판장이 먼저 신문하였다 하여 잘못이라 할 수 없다.(대판 1971.9.28, 71도1496)

미판 증인의 잘못된 거짓말탐지기 증언을 피고인에게 제시하지 않았다고 해서 적법절차에 위반한 것은 아니다.
(미연방법원 133 L Ed 2d 1)

第162條【個別訊問과 對質】 ① 證人訊問은 各 證人에 대하여 訊問하여야 한다.(1961.9.1 본항개정)
② 訊問하지 아니한 證人이 在廷한 때에는 退廷을 命하여야 한다.
③ 必要한 때에는 證人과 다른 證人 또는 被告人과 對質하게 할 수 있다.
④ (1961.9.1 삭제)

참조 [증언거부의 제재]161, [피고인등의 퇴정]297, [당사자의 참여·신문]163

第163條【當事者의 參與權, 訊問權】 ① 檢事, 被告人 또는 辯護人은 證人訊問에 參與할 수 있다.
② 證人訊問의 時日과 場所는 前項의 規定에 의하여 參與할 수 있는 者에게 미리 通知하여야 한다. 但, 參與하지 아니한다는 意思를 明示한 때에는 例外로 한다.
③ (1961.9.1 삭제)

참조 [압수·수색과 당사자 참여]121·122, [신문의 청구]164, 형소규66·67

판례 피고인의 불출석과 증인신문 : 법원이 공판기일에 증인을 채택하여 다음 공판기일에 증인신문을 하기로 피고인에게 고지하였는데 그 다음 공판기일에 증인은 출석하였으나 피고인이 정당한 사유 없이 출석하지 아니한 경우, 그 사건이 형사소송법 제277조 본문에 규정된 다액 100만 원 이하의 벌금 또는 과료에 해당하거나 공소기각 또는 면소의 재판을 할 것이 명백한 사건이 아니어서 같은 법 제276조의 규정에 의하여 공판기일을 연기할 수밖에 없더라도, 이미 출석하여 있는 증인에 대하여 공판기일 외의 신문으로서 증인신문을 하고 다음 공판기일에 그 증인신문조서에 대한 서증조사를 하는 것은 증거조사절차로서 적법하다.(대판 2000.10.13, 2000도3265)

미판 부당한 증언을 피고인에게 통보하지 않은 것은 적법절차 위반이라고 할 수 없다.(미연방법원 133 L Ed 2d 1)

第163條의2【신뢰관계에 있는 자의 동석】 ① 법원은 범죄로 인한 피해자를 증인으로 신문하는 경우 증인의 연령, 심신의 상태, 그 밖의 사정을 고려하여 증인이 현저하게 불안 또는 긴장을 느낄 우려가 있다고 인정하는 때에는 직권 또는 피해자·법정대리인·검사의 신청에 따라 피해자와 신뢰관계에 있는 자를 동석하게 할 수 있다.
② 법원은 범죄로 인한 피해자가 13세 미만이거나 신체적 또는 정신적 장애로 사물을 변별하거나 의사를 결정할 능력이 미약한 경우에 재판에 지장을 초래할 우려가 있는 등 부득이한 경우가 아닌 한 피해자와 신뢰관계에 있는 자를 동석하게 하여야 한다.
③ 제1항 또는 제2항에 따라 동석한 자는 법원·소송관계인의 신문 또는 증인의 진술을 방해하거나 그 진술의 내용에 부당한 영향을 미칠 수 있는 행위를 하여서는 아니 된다.
④ 제1항 또는 제2항에 따라 동석할 수 있는 신뢰관계에 있는 자의 범위, 동석의 절차 및 방법 등에 관하여 필요한 사항은 대법원규칙으로 정한다.
(2007.6.1 본조신설)

第164條【訊問의 請求】 ① 檢事, 被告人 또는 辯護人이 證人訊問에 參與하지 아니할 경우에는 法院에 대하여 필요한 事項의 訊問을 請求할 수 있다.
② 被告人 또는 辯護人의 參與없이 證人을 訊問한 경우에 被告人에게 豫期하지 아니한 不利益의 證言이 陳述된 때에는 반드시 그 陳述內容을 被告人 또는 辯護人에게 알려주어야 한다.
③ (1961.9.1 삭제)

참조 형소규66·67, [당사자의 참여·신문]163

第165條【證人의 法廷 外 訊問】 法院은 證人의 年齡, 職業, 健康狀態 기타의 事情을 考慮하여 檢事, 被告人 또는 辯護人의 意見을 묻고 法廷 外에 召喚하거나 現在地에서 訊問할 수 있다.

참조 [소환]73·74·76·153, [당사자의 참여]163

第165條의2【비디오 등 중계장치 등에 의한 증인신문】 ① 법원은 다음 각 호의 어느 하나에 해당하는 사람을 증인으로 신문하는 경우 상당하다고 인정할 때에는 검사와 피고인 또는 변호인의 의견을 들어 비디오 등 중계장치에 의한 중계시설을 통하여 신문하거나 가림 시설 등을 설치하고 신문할 수 있다.(2020.12.8 본문개정)
1. 「아동복지법」 제71조제1항제1호·제1호의2·제2호·제3호에 해당하는 죄의 피해자(2020.12.8 본호개정)
2. 「아동·청소년의 성보호에 관한 법률」 제7조, 제8조, 제11조부터 제15조까지 및 제17조제1항의 규정에 해당하는 죄의 대상이 되는 아동·청소년 또는 피해자(2012.12.18 본호개정)
3. 범죄의 성질, 증인의 나이, 심신의 상태, 피고인과의 관계, 그 밖의 사정으로 인하여 피고인 등과 대면하여 진술할 경우 심리적인 부담으로 정신의 평온을 현저하게 잃을 우려가 있다고 인정되는 사람
(2020.12.8 본호개정)
② 법원은 증인이 멀리 떨어진 곳 또는 교통이 불편한 곳에 살고 있거나 건강상태 등 그 밖의 사정으로 말미암아 법정에 직접 출석하기 어렵다고 인정하는 때에는 검사와 피고인 또는 변호인의 의견을 들어 비디오 등 중계장치에 의한 중계시설을 통하여 신문할 수 있다.(2021.8.17 본항신설)
③ 제1항과 제2항에 따른 증인신문은 증인이 법정에 출석하여 이루어진 증인신문으로 본다.
(2021.8.17 본항신설)
④ 제1항과 제2항에 따른 증인신문의 실시에 필요한 사항은 대법원규칙으로 정한다.(2021.8.17 본항신설)

改前 第165條의2【비디오 등 중계장치 등에 의한 증인신문】 법원은 다음 각 호의 어느 하나에 해당하는 "자를" 증인으로 신문하는 경우 상당하다고 "인정하는" 때에는 검사와…신문하거나 "차폐(遮蔽)시설" 등을 설치하고 신문할 수 있다.
1. 「아동복지법」 "제71조제1항제1호부터 제3호까지"에 해당하는 죄의 피해자(2011.8.4 본호개정)
3. 범죄의 성질, 증인의 "연령", 심신의 상태, 피고인과의 관계, 그 밖의 사정으로 인하여 피고인 등과 대면하여 "진술하는" 경우 심리적인 부담으로 정신의 평온을 현저하게 잃을 우려가 있다고 인정되는 "자"

第166條【同行命令과 拘引】 ① 法院은 필요한 때에는 決定으로 指定한 場所에 證人의 同行을 命할 수 있다.
② 證人이 정당한 事由없이 同行을 拒否하는 때에는 拘引할 수 있다.
참조 [결정]37, [구인절차]73·75·77·81~83·85①②·155

第167條【受命法官, 受託判事】 ① 法院은 合議部員에게 法廷 外의 證人訊問을 命할 수 있고 또는 證人 現在地의 地方法院判事에게 그 訊問을 囑託할 수 있다.
② 受託判事는 證人이 管轄區域 內에 現在하지 아니한 때에는 그 現在地의 地方法院判事에게 轉囑할 수 있다.
③ 受命法官 또는 受託判事는 證人의 訊問에 관하여 法院 또는 裁判長에 속한 處分을 할 수 있다.
참조 [법정외 신문]165, [과태료등의 재판과 준항고]416

第168條【證人의 旅費, 日當, 宿泊料】 召喚받은 證人은 法律의 規定한 바에 의하여 旅費, 日當과 宿泊料를 請求할 수 있다. 但, 정당한 事由없이 宣誓 또는 證言을 拒否한 者는 例外로 한다.
참조 형사소송비용등에관한법2-6, [선서거부]161, [증언거부]148·149·161

第13章 鑑 定

第169條【鑑定】 法院은 學識 經驗있는 者에게 鑑定을 命할 수 있다.
참조 [감정유치장]형소규85, [조서기재]48·50·51②, [감정보고]171, [법정외의 감정]172, [감정증인]179, [준용]형소규90
판례 감정인의 자격과 감정의 신빙성 : 감정인은 그 감정에 필요한 학식과 경험이 있는 사람이면 되고, 그 감정인이 공무소 등에 소속되지 않고 직업이 없거나 또는 임의단체 등 사법인에 속한다고 하여 그 감정에 특별히 신빙성이 희박하다고 할 이유가 없다.(대판 1983.12.13, 83도2266)
판례 심신장애 판단방법 : 심신장애자의 행위인 여부는 전문가의 감정에 의하여서만 결정할 수 있는 것이 아니고 그 행위의 전후사정이나 기록에 나타난 제반자료 등을 참작하여 결정하여도 위법이 아니다.(대판 1981.5.26, 81도1344)

第170條【宣誓】 ① 鑑定人에게는 鑑定 前에 宣誓하게 하여야 한다.
② 宣誓는 宣誓書에 의하여야 한다.
③ 宣誓書에는 「양심에 따라 성실히 감정하고 만일 거짓이 있으면 허위감정의 벌을 받기로 맹서합니다」라고 記載하여야 한다.
④ 第157條第3項, 第4項과 第158條의 規定은 鑑定人의 宣誓에 準用한다.
참조 [허위의 감정]158, 형154, [선서의 방식]157

第171條【鑑定報告】 ① 鑑定의 經過와 結果는 鑑定人으로 하여금 書面으로 提出하게 하여야 한다.
② 鑑定人이 數人인 때에는 各各 또는 共同으로 提出하게 할 수 있다.
③ 鑑定의 結果에는 그 判斷의 理由를 明示하여야 한다.
④ 필요한 때에는 鑑定人에게 說明하게 할 수 있다.
참조 [감정인 신문]48·50
판례 거짓말탐지기의 검사결과에 대하여 증거능력을 인정하기 위한 전제요건 : 거짓말탐지기의 검사결과에 대하여 증거능력을 인정할 수 있으려면 첫째로 거짓말을 하면 반드시 일정한 심리상태의 변동이 일어나고, 둘째로 그 심리상태의 변동은 반드시 일정한 생리적 반응을 일으키며, 셋째로 그 생리적 반응에 의하여 피검사자의 말이 거짓인지 여부가 정확히 판정될 수 있다는 전제요건이 충족되어야 하며 특히 생리적 반응에 대한 거짓여부의 판정은 거짓말탐지기가 위 생리적 반응을 정확히 측정할 수 있는 장치이어야 하고 검사자가 탐지기의 측정내용을 객관성 있고 정확하게 판독할 능력을 갖춘 경우라야 그 정확성을 확보할 수 있어 증거능력을 부여할 것이다.
(대판 1983.9.13, 83도712)

第172條【法院 外의 鑑定】 ① 法院은 필요한 때에는 鑑定人으로 하여금 法院 외에서 鑑定하게 할 수 있다.
② 前項의 경우에는 鑑定을 요하는 物件을 鑑定人에게 交付할 수 있다.
③ 被告人의 精神 또는 身體에 관한 鑑定에 必要한 때에는 法院은 期間을 정하여 病院 기타 적당한 場所에 被告人을 留置하게 할 수 있고 鑑定이 完了되면 卽時 留置를 解除하여야 한다.
④ 前項의 留置를 함에는 鑑定留置狀을 發付하여야 한다.(1973.1.25 본항개정)
⑤ 第3項의 留置를 함에 있어서 必要한 때에는 法院은 職權 또는 被告人을 收容할 病院 기타 場所의 管理者의 申請에 의하여 司法警察官吏에게 被告人의 看守를 命할 수 있다.(1973.1.25 본항신설)
⑥ 法院은 필요한 때에는 留置期間을 延長하거나 短縮할 수 있다.(1973.1.25 본항신설)
⑦ 拘束에 관한 規定은 이 法律에 특별한 規定이 없는 경우에는 第3項의 留置에 관하여 이를 準用한다. 但, 保釋에 관한 規定은 그러하지 아니하다.
(1973.1.25 본항신설)
⑧ 第3項의 留置는 未決拘禁日數의 算入에 있어서는 이를 拘束으로 看做한다.(1973.1.25 본항신설)
참조 [감정유치]169, [감정유치]221의3, 형소규85, [간수의 신청]형소규86-88, [항고]403②·416①, [구속에 관한 규정]70-93, [미결구금일수의 산입]형57, [전문가의 감정]치료감호등에관한법13

第172條의2【鑑定留置와 拘束】 ① 拘束 중인 被告人에 대하여 鑑定留置狀이 執行되었을 때에는 被告人이 留置되어 있는 期間 拘束은 그 執行이 停止된 것으로 看做한다.
② 前項의 경우에 前條 第3項의 留置處分이 取消되거나 留置期間이 滿了된 때에는 拘束의 執行停止가 取消된 것으로 看做한다.
(1973.1.25 본조신설)
참조 [감정유치장]172, 형소규85, [구속의 집행정지]101

第173條【鑑定에 필요한 處分】 ① 鑑定人은 鑑定에 관하여 필요한 때에는 法院의 許可를 얻어 他人의 住居, 看守者 있는 家屋, 建造物, 航空機, 船車 內에 들어 갈 수 있고 身體의 檢査, 死體의 解剖, 墳墓의 發掘, 物件의 破壞를 할 수 있다.
② 前項의 許可에는 被告人의 姓名, 罪名, 들어갈 場所, 檢査할 身體, 解剖할 死體, 發掘할 墳墓, 破壞할 物件, 鑑定人의 姓名과 有效期間을 記載한 許可狀을 發付하여야 한다.
③ 鑑定人은 第1項의 處分을 받는 者에게 許可狀을 提示하여야 한다.
④ 前2項의 規定은 鑑定人이 公判廷에서 行하는 第1項의 處分에는 適用하지 아니한다.
⑤ 第141條, 第143條의 規定은 第1項의 경우에 準用한다.
참조 [분묘발굴]형160, [감정허가장]형소규89, [물건파괴]형366, [신체검사]141

第174條【鑑定人의 參與權, 訊問權】 ① 鑑定人은 鑑定에 관하여 필요한 경우에는 裁判長의 許可를 얻어 書類와 證據物을 閱覽 또는 謄寫하고 被告人 또는 證人의 訊問에 參與할 수 있다.
② 鑑定人은 被告人 또는 證人의 訊問을 구하거나 裁判長의 許可를 얻어 直接 發問할 수 있다.
참조 [증인신문]146이하

第175條【受命法官】 法院은 合議部員으로 하여금 鑑定에 관하여 必要한 處分을 하게 할 수 있다.

第176條【當事者의 參與】 ① 檢事, 被告人 또는 辯護人은 鑑定에 參與할 수 있다.
② 第122條의 規定은 前項의 경우에 準用한다.
참조 [통지]122

第177條【준용규정】 감정에 관하여는 제12장(구인에 관한 규정은 제외한다)을 준용한다.
(2020.12.8 본조개정)
改前 "第177條【準用規定】前章의 規定은 拘引에 관한 規定을 除한 외에는 鑑定에 관하여 準用한다."
참조 [구인에 관한 규정]152·155·166

第178條【旅費, 鑑定料 등】 鑑定人은 法律의 정하는 바에 의하여 旅費, 日當, 宿泊料외에 鑑定料와 替當金의 辨償을 請求할 수 있다.
참조 168·177, 형사소송비용법2·4·5-7·9

第179條【鑑定證人】 特別한 知識에 의하여 알게 된 過去의 事實을 訊問하는 경우에는 本章의 規定에 의하지 아니하고 前章의 規定에 의한다.
참조 [증인과 감정인의 차이]177, [감정료·체당금의 청구]178

第179條의2【鑑定의 촉탁】 ① 法院은 필요하다고 인정하는 때에는 公務所·學校·病院 기타 상당한 設備가 있는 團體 또는 機關에 대하여 鑑定을 촉탁할 수 있다. 이 경우 宣誓에 관한 規定은 이를 적용하지 아니한다.
② 第1項의 경우 法院은 당해 公務所·學校·病院·團體 또는 機關이 지정한 者로 하여금 鑑定書의 說明을 하게 할 수 있다.
(1995.12.29 본조신설)

第14章 通譯과 飜譯

第180條【通譯】 國語에 通하지 아니하는 者의 陳述에는 通譯人으로 하여금 通譯하게 하여야 한다.
참조 [국어]법원조직62, [조서기재]48·51②
판례 '국어에 통하지 아니하는 자'의 의미 및 판단 방법 : '국어에 통하지 아니하는 자'라 함은 국어에 의한 일상적 회화에 상당히 지장이 있는 자를 말하고, 외국인이라도 국어에 통하는 자인 경우에는 통역하게 할 필요가 없으나 대한민국 국민이라도 국어에 통하지 아니하면 통역하게 하여야 하며, 피고인 등이 국어에 통하지 아니하는 자인지의 여부는 법원이 피고인 등의 학력, 경력, 직업, 공판기일에서의 진술내용 및 태도 등을 종합하여 합리적으로 판단하여야 한다.
(대판 2008.1.18, 2007도9327)

第181條【청각 또는 언어장애인의 통역】 듣거나 말하는 데 장애가 있는 사람의 진술에 대해서는 통역인으로 하여금 통역하게 할 수 있다.(2020.12.8 본조개정)
改前 "第181條【聾啞者의 通譯】聾者 또는 啞者의 陳述에는 通譯人으로 하여금 通譯하게 할 수 있다."

第182條【飜譯】 國語 아닌 文字 또는 符號는 飜譯하게 하여야 한다.
참조 [국어]법원조직62, [조서기재]48·51②
판례 항소법원이 항소이유서를 번역하지 아니한 채 판결을 선고한 경우의 효력 : 피고인들이 외국어로 작성하여 원심에 제출한 항소이유서를 원심이 번역하게 하지 아니한 것은 잘못이나, 이는 판결내용 자체가 아니라 소송절차가 법령에 위반된 경우로서 그로 인하여 피고인들의 방어권이나 변호권이 본질적으로 침해되어 판결의 정당성이 인정받기 어렵다고 보이지 아니하는 한 그것 자체만으로는 판결에 영향을 미친 상고이유가 된다고 할 수 없다.(대판 1998.6.23, 98도1038)

第183條【準用規定】 前章의 規定은 通譯과 飜譯에 準用한다.
참조 형사소송비용등에관한법2-7

第15章 證據保全

第184條【證據保全의 請求와 그 節次】 ① 檢事, 被告人, 被疑者 또는 辯護人은 미리 證據를 保全하지 아니하면 그 證據를 使用하기 困難한 事情이 있는 때에는 第1回 公判期日 前이라도 判事에게 押收, 搜索, 檢證, 證人訊問 또는 鑑定을 請求할 수 있다.
② 前項의 請求를 받은 判事는 그 處分에 관하여 法院 또는 裁判長과 同一한 權限이 있다.
③ 第1項의 請求를 함에는 書面으로 그 事由를 疎明하여야 한다.
④ 제1항의 청구를 기각하는 결정에 대하여는 3일 이내에 항고할 수 있다.(2007.6.1 본항신설)
참조 [보전처분]형소규91·92, [권한]106·139·146·169, [조서의 증거능력]311
미판 법원서기의 오기(誤記)로 인하여 수집된 증거는 불법수집한 것이라 할 수 없다.(미연방법원 131 L Ed 2d 24)

第185條【書類의 閱覽등】 檢事, 被告人, 被疑者 또는 辯護人은 判事의 許可를 얻어 前條의 處分에 관한 書類와 證據物을 閱覽 또는 謄寫할 수 있다.
참조 [증거보전의 청구]184

第16章 訴訟費用

第186條【被告人의 訴訟費用負擔】 ① 刑의 宣告를 하는 때에는 被告人에게 訴訟費用의 全部 또는 一部를 負擔하게 하여야 한다. 다만, 被告人의 經濟的 事情으로 訴訟費用을 납부할 수 없는 때에는 그러하지 아니하다.(1995.12.29 단서신설)
② 被告人에게 責任지울 事由로 發生된 費用은 刑의 宣告를 하지 아니하는 경우에도 被告人에게 負擔하게 할 수 있다.
참조 [형의 선고]321, [형의 선고를 하지 않는 경우]322·325-328, [소송비용]형사소송비용등에관한법1·2
판례 소송비용의 부담에 불이익변경금지원칙이 적용되는지 여부 : 소송비용의 부담은 형이 아니고 실질적인 의미에서 형에 준하여 평가되어야 할 것도 아니므로 불이익변경금지원칙의 적용이 없으므로, 제1심법원이 소송비용의 부담을 명하는 재판을 하지 않았음에도 항소심법원이 제1심의 소송비용에 관하여 피고인에게 부담하도록 재판을 한 경우, 불이익변경금지원칙에 위배되지 않는다.(대판 2001.4.24, 2001도872)

第187條【共犯의 訴訟費用】 共犯의 訴訟費用은 共犯人에게 連帶負擔하게 할 수 있다.
참조 [공범]형30-34

第188條【告訴人등의 訴訟費用負擔】 告訴 또는 告發에 의하여 公訴를 提起한 事件에 관하여 被告人이 無罪 또는 免訴의 判決을 받은 경우에 告訴人 또는 告發人에게 故意 또는 중대한 過失이 있는 때에는 그 者에게 訴訟費用의 全部 또는 一部를 負擔하게 할 수 있다.
참조 [고소]223-233, [고발]224·234·235, [무죄]325, [면소]326

第189條【檢事의 上訴取下와 訴訟費用負擔】 檢事만이 上訴 또는 再審請求를 한 경우에 上訴 또는 再審의 請求가 棄却되거나 取下된 때에는 그 訴訟費用을 被告人에게 負擔하게 하지 못한다.
참조 [상소기각]360·361의4·362·380·381, [상소의 취하]349·351, [재심청구기각]433·434·436, [재심청구의 취하]429

第190條【第三者의 訴訟費用負擔】 ① 檢事 아닌 者가 上訴 또는 再審請求를 한 경우에 上訴 또는 再審의 請求가 棄却되거나 取下된 때에는 그 者에게 그 訴訟費用을 負擔하게 할 수 있다.
② 被告人 아닌 者가 被告人이 提起한 上訴 또는 再審의 請求를 取下한 경우에도 前項과 같다.
참조 [상소권자]338-341, [상소의 취하]349·351, [재심청구권자]424, [재심청구의 취하]429

第191條【訴訟費用負擔의 裁判】 ① 裁判으로 訴訟節次가 終了되는 경우에 被告人에게 訴訟費用을 負擔하게 하는 때에는 職權으로 裁判하여야 한다.
② 前項의 裁判에 대하여는 本案의 裁判에 관하여 上訴하는 경우에 한하여 不服할 수 있다.
참조 [피고인의 비용부담]186·187

第192條【第三者負擔의 裁判】 ① 裁判으로 訴訟節次가 終了되는 경우에 被告人 아닌 者에게 訴訟費用을 負擔하게 하는 때에는 職權으로 決定을 하여야 한다.
② 前項의 決定에 대하여는 即時抗告를 할 수 있다.
참조 [결정]37, [즉시항고]339·405·410, [피고인이외의 비용부담]188

第193條【裁判에 의하지 아니한 節次終了】 ① 裁判에 의하지 아니하고 訴訟節次가 終了되는 경우에 訴訟費用을 負擔하게 하는 때에는 事件의 最終係屬法院의 職權으로 決定을 하여야 한다.
② 前項의 決定에 대하여는 即時抗告를 할 수 있다.
참조 [재판에 의하지 않는 경우]349·351·429, [결정]37, [즉시항고]339·405·410

第194條【負擔額의 算定】 訴訟費用의 負擔을 命하는 裁判에 그 金額을 表示하지 아니한 때에는 執行을 指揮하는 檢事가 算定한다.
참조 [비용부담의 재판]191–193, [집행지휘]460, [이의신청]489

第194條의2【무죄판결과 비용보상】 ① 국가는 무죄판결이 확정된 경우에는 당해 사건의 피고인이었던 자에 대하여 그 재판에 소요된 비용을 보상하여야 한다.
② 다음 각 호의 어느 하나에 해당하는 경우에는 제1항에 따른 비용의 전부 또는 일부를 보상하지 아니할 수 있다.
1. 피고인이었던 자가 수사 또는 재판을 그르칠 목적으로 거짓 자백을 하거나 다른 유죄의 증거를 만들어 기소된 것으로 인정된 경우
2. 1개의 재판으로써 경합범의 일부에 대하여 무죄판결이 확정되고 다른 부분에 대하여 유죄판결이 확정된 경우
3. 「형법」 제9조 및 제10조제1항의 사유에 따른 무죄판결이 확정된 경우
4. 그 비용이 피고인이었던 자에게 책임지울 사유로 발생한 경우
(2007.6.1 본조신설)

第194條의3【비용보상의 절차 등】 ① 제194조의2제1항에 따른 비용의 보상은 피고인이었던 자의 청구에 따라 무죄판결을 선고한 법원의 합의부에서 결정으로 한다.
② 제1항에 따른 청구는 무죄판결이 확정된 사실을 안 날부터 3년, 무죄판결이 확정된 때부터 5년 이내에 하여야 한다.(2014.12.30 본항개정)
③ 제1항의 결정에 대하여는 즉시항고를 할 수 있다.
(2007.6.1 본조신설)
改前 ② 제1항에 따른 청구는 "무죄판결이 확정된 날부터 6개월" 이내에 하여야 한다.

第194條의4【비용보상의 범위】 ① 제194조의2에 따른 비용보상의 범위는 피고인이었던 자 또는 그 변호인이었던 자가 공판준비 및 공판기일에 출석하는데 소요된 여비·일당·숙박료와 변호인이었던 자에 대한 보수에 한한다. 이 경우 보상금액에 관하여는 「형사소송비용 등에 관한 법률」을 준용하되, 피고인이었던 자에 대하여는 증인에 관한 규정을, 변호인이었던 자에 대하여는 국선변호인에 관한 규정을 준용한다.
② 법원은 공판준비 또는 공판기일에 출석한 변호인이 2인 이상이었던 경우에는 사건의 성질, 심리 상황, 그 밖의 사정을 고려하여 변호인이었던 자의 여비·일당 및 숙박료를 대표변호인이나 그 밖의 일부 변호인의 비용만으로 한정할 수 있다.
(2007.6.1 본조신설)

第194條의5【준용규정】 비용보상청구, 비용보상절차, 비용보상과 다른 법률에 따른 손해배상과의 관계, 보상을 받을 권리의 양도·압류 또는 피고인이었던 자의 상속인에 대한 비용보상에 관하여 이 법에 규정한 것을 제외하고는 「형사보상법」에 따른 보상의 예에 따른다.(2007.6.1 본조신설)

第2編 第1審

第1章 捜 査

第195條【검사와 사법경찰관의 관계 등】 ① 검사와 사법경찰관은 수사, 공소제기 및 공소유지에 관하여 서로 협력하여야 한다.
② 제1항에 따른 수사를 위하여 준수하여야 하는 일반적 수사준칙에 관한 사항은 대통령령으로 정한다.
(2020.2.4 본조신설)

第196條【검사의 수사】 ① 검사는 범죄의 혐의가 있다고 사료하는 때에는 범인, 범죄사실과 증거를 수사한다.
② 검사는 제197조의3제6항, 제198조의2제2항 및 제245조의7제2항에 따라 사법경찰관으로부터 송치받은 사건에 관하여는 해당 사건과 동일성을 해치지 아니하는 범위 내에서 수사할 수 있다.(2022.5.9 본항신설)
(2020.2.4 본조개정)
改前 "第195條【檢事의 捜査】 檢事는 犯罪의 嫌疑있다고 思料하는 때에는 犯人, 犯罪事實과 證據를 捜査하여야 한다."
참조 검찰4·5·7·8·9, [영장청구]형소규93–95
판례 친고죄나 세무공무원 등의 고발이 있어야 논할 수 있는 죄에 있어서 고소나 고발이 있기 전에 행해진 수사는 위법한지 여부 : 친고죄나 세무공무원 등의 고발이 있어야 논할 수 있는 죄에 있어서 고소 또는 고발은 이른바 소추조건에 불과하고 당해 범죄의 성립 요건이나 수사의 조건은 아니므로, 위와 같은 범죄에 관하여 고소나 고발이 있기 전에 수사를 하였다고 하더라도, 그 수사가 장차 고소나 고발이 있을 가능성이 없는 상태하에서 행해졌다는 등의 특단의 사정이 없는 한, 고소나 고발이 있기 전에 수사를 하였다는 이유만으로 그 수사가 위법하다고 볼 수는 없다.(대판 1995.2.24, 94도252)

第197條【사법경찰관리】 ① 경무관, 총경, 경정, 경감, 경위는 사법경찰관으로서 범죄의 혐의가 있다고 사료하는 때에는 범인, 범죄사실과 증거를 수사한다.
② 경사, 경장, 순경은 사법경찰리로서 수사의 보조를 하여야 한다.
③~⑥ (2020.2.4 삭제)
(2020.2.4 본조개정)
改前 "第196條【사법경찰관리】 ① 수사관, 경무관, 총경, 경정, 경감, 경위는 사법경찰관으로서 모든 수사에 관하여 검사의 지휘를 받는다.
② 사법경찰관은 범죄의 혐의가 있다고 인식하는 때에는 범인, 범죄사실과 증거에 관하여 수사를 개시·진행하여야 한다.
③ 사법경찰관리는 검사의 지휘가 있는 때에는 이에 따라야 한다. 검사의 지휘에 관한 구체적 사항은 대통령령으로 정한다.
④ 사법경찰관은 범죄를 수사한 때에는 관계 서류와 증거물을 지체 없이 검사에게 송부하여야 한다.
⑤ 경사, 경장, 순경은 사법경찰리로서 수사의 보조를 하여야 한다.
⑥ 제1항 또는 제5항에 규정한 자 이외에 법률로써 사법경찰관리를 정할 수 있다.
(2011.7.18 본조개정)"
改前 "第197條【特別司法警察官吏】 森林, 海事, 專賣, 稅務, 軍捜査機關 기타 특별한 事項에 관하여 司法警察官吏의 職務를 行할 者와 그 職務의 範圍는 法律로써 정한다."
참조 [검사의 지휘]검찰4, [수사관]검찰46②, [제3항의 사법경찰관리]검찰47, [교체임용의 요구]검찰54, [영장신청]201, 형소규93–95
판례 본조 제2항의 규정이 헌법상의 적법절차 등에 위배되었는지 여부 : 우리 헌법에는 수사기관의 조직과 운영, 특히 수사주체 및 기타 수사에 관여하는 공무원의 권한범위 등에 대해 구체적으로 규정을 두고 있지 않다. 따라서, 입법자는 비교적 넓은 범위의 재량을 가지고 수사절차에서의 인권보장, 수사인력의 수요 및 공급에 관한 제반 여건, 수사조직의 합리적 구성과 효율적 운영 등 여러 측면을 종합적으로 고려하여 그 구체적 내용을 정하는 입법을 할 수 있다. 이 사건 법률조항에서 검사나 사법경찰관이 아닌 사법경찰리에게 기계적 사무보조에 한정되지 않는 수사의 보조를 하도록 정하였다 하더라도 사법경찰리는 여전히 검사와 사법경찰관의 구체적 명령과 지휘하에서 수사를 '보조'함에 그치고 독자적 수사권이 없음은 물론 사건을 종결할 권한이 부여된 것은 더욱 아니다. 이와 같이 사법경찰리의 '수사의 보조'에 대한 근거를 마련하는데 그치는 이 사건 법률조항이 적법절차원칙에 위배되는 등 그 자체에 위헌성이 내재되어 있다고 볼 수 없다.
(헌재결 2001.10.25, 2001헌바9 전원재판부)

第197條의2【보완수사요구】 ① 검사는 다음 각 호의 어느 하나에 해당하는 경우에 사법경찰관에게 보완수사를 요구할 수 있다.
1. 송치사건의 공소제기 여부 결정 또는 공소의 유지에 관하여 필요한 경우
2. 사법경찰관이 신청한 영장의 청구 여부 결정에 관하여 필요한 경우
② 사법경찰관은 제1항의 요구가 있는 때에는 정당한 이유가 없는 한 지체 없이 이를 이행하고, 그 결과를 검사에게 통보하여야 한다.
③ 검찰총장 또는 각급 검찰청 검사장은 사법경찰관이 정당한 이유 없이 제1항의 요구에 따르지 아니하는 때에는 권한 있는 사람에게 해당 사법경찰관의 직무배제 또는 징계를 요구할 수 있고, 그 징계 절차는 「공무원 징계령」 또는 「경찰공무원 징계령」에 따른다.
(2020.2.4 본조신설)

第197條의3【시정조치요구 등】 ① 검사는 사법경찰관리의 수사과정에서 법령위반, 인권침해 또는 현저한 수사권 남용이 의심되는 사실의 신고가 있거나 그러한 사실을 인식하게 된 경우에는 사법경찰관에게 사건기록 등본의 송부를 요구할 수 있다.
② 제1항의 송부 요구를 받은 사법경찰관은 지체 없이 검사에게 사건기록 등본을 송부하여야 한다.
③ 제2항의 송부를 받은 검사는 필요하다고 인정되는 경우에는 사법경찰관에게 시정조치를 요구할 수 있다.
④ 사법경찰관은 제3항의 시정조치 요구가 있는 때에는 정당한 이유가 없으면 지체 없이 이를 이행하고, 그 결과를 검사에게 통보하여야 한다.
⑤ 제4항의 통보를 받은 검사는 제3항에 따른 시정조치 요구가 정당한 이유 없이 이행되지 않았다고 인정되는 경우에는 사법경찰관에게 사건을 송치할 것을 요구할 수 있다.
⑥ 제5항의 송치 요구를 받은 사법경찰관은 검사에게 사건을 송치하여야 한다.
⑦ 검찰총장 또는 각급 검찰청 검사장은 사법경찰관리의 수사과정에서 법령위반, 인권침해 또는 현저한 수사권 남용이 있었던 때에는 권한 있는 사람에게 해당 사법경찰관리의 징계를 요구할 수 있고, 그 징계 절차는 「공무원 징계령」 또는 「경찰공무원 징계령」에 따른다.
⑧ 사법경찰관은 피의자를 신문하기 전에 수사과정에서 법령위반, 인권침해 또는 현저한 수사권 남용이 있는 경우 검사에게 구제를 신청할 수 있음을 피의자에게 알려주어야 한다.
(2020.2.4 본조신설)

第197條의4【수사의 경합】 ① 검사는 사법경찰관과 동일한 범죄사실을 수사하게 된 때에는 사법경찰관에게 사건을 송치할 것을 요구할 수 있다.
② 제1항의 요구를 받은 사법경찰관은 지체 없이 검사에게 사건을 송치하여야 한다. 다만, 검사가 영장을 청구하기 전에 동일한 범죄사실에 관하여 사법경찰관이 영장을 신청한 경우에는 해당 영장에 기재된 범죄사실을 계속 수사할 수 있다.
(2020.2.4 본조신설)

第198條【준수사항】 ① 피의자에 대한 수사는 불구속 상태에서 함을 원칙으로 한다.
② 검사·사법경찰관리와 그 밖에 직무상 수사에 관계있는 자는 피의자 또는 다른 사람의 인권을 존중하고 수사과정에서 취득한 비밀을 엄수하며 수사에 방해되는 일이 없도록 하여야 한다.
③ 검사·사법경찰관리와 그 밖에 직무상 수사에 관계있는 자는 수사과정에서 수사와 관련하여 작성하거나 취득한 서류 또는 물건에 대한 목록을 빠짐없이 작성하여야 한다.(2011.7.18 본항신설)
④ 수사기관은 수사 중인 사건의 범죄 혐의를 밝히기 위한 목적으로 합리적인 근거 없이 별개의 사건을 부당하게 수사하여서는 아니 되고, 다른 사건의 수사를 통하여 확보된 증거 또는 자료를 내세워 관련 없는 사건에 대한 자백이나 진술을 강요하여서도 아니 된다.(2022.5.9 본항신설)
(2007.6.1 본조개정)
改前 "第198條【注意事項】 檢事, 司法警察官吏 기타 職務上 捜査에 關係있는 者는 秘密을 嚴守하며 被疑者 또는 다른 사람의 人權을 尊重하고 捜査에 妨害되는 일이 없도록 注意하여야 한다."
참조 [피의사실공표]212·213, 형126

第198條의2【檢事의 逮捕·拘束場所監察】 ① 地方檢察廳 檢事長 또는 支廳長은 不法逮捕·拘束의 有無를 調査하기 위하여 檢事로 하여금 每月 1回 이상 管下捜査官署의 被疑者의 逮捕·拘束場所를 監察하게 하여야 한다. 監察하는 檢事는 逮捕 또는 拘束된 者를 審問하고 關聯書類를 調査하여야 한다.
② 檢事는 適法한 節次에 의하지 아니하고 逮捕 또는 拘束된 것이라고 疑心할 만한 상당한 理由가 있는 경우에는 즉시 逮捕 또는 拘束된 者를 釋放하거나 事件을 檢察에 送致할 것을 命하여야 한다.
(1995.12.29 본조개정)
참조 165의2·221·244의2

第199條【捜査와 필요한 調査】 ① 捜査에 관하여는 그 目的을 達成하기 위하여 필요한 調査를 할 수 있다. 다만, 强制處分은 이 法律에 특별한 規定이 있는 경우에 한하며, 필요한 최소한도의 범위안에서만 하여야 한다.(1995.12.29 단서개정)
② 捜査에 관하여는 公務所 기타 公私團體에 照會하여 필요한 事項의 報告를 要求할 수 있다.
참조 [특별규정]201·203·212·214–218, [조회]272
판례 형사소송법 제199조 제1항은 임의수사 원칙을 명시하고 있는데, 수사관이 수사과정에서 동의를 받는 형식으로 피의자를 수사관서 등에 동행하는 것은, 피의자의 신체의 자유가 제한되어 실질적으로 체포와 유사한데도 이를 억제할 방법이 없어서 이를 통해서는 제도적으로는 물론 현실적으로도 임의성을 보장할 수 없을 뿐만 아니라, 아직 정식 체포·구속단계 이전이라는 이유로 헌법 및 형사소송법이 체포·구속된 피의자에게 부여하는 각종 권리보장 장치가 제공되지 않는 등 형사소송법의 원리에 반하는 결과를 초래할 가능성이 크므로, 수사관이 동행에 앞서 피의자에게 동행을 거부할 수 있음을 알려 주었거나 동행한 피의자가 언제든지 자유로이 동행과정에서 이탈 또는 동행장소에서 퇴거할 수 있었음이 인정되는 등 오로지 피의자의 자발적인 의사에 의하여 수사관서 등에 동행이 이루어졌다는 것이 객관적인 사정에 의하여 명백하게 입증된 경우에 한하여, 동행의 적법성이 인정된다고 보는 것이 타당하다.
(대판 2011.6.30, 2009도6717)

판례 범인식별 절차에 있어 목격자 진술의 신빙성을 높이기 위한 절차적 요건 : 범인식별 절차에 있어 목격자의 진술의 신빙성을 높게 평가할 수 있게 하려면, 범인의 인상착의 등에 관한 목격자의 진술 내지 묘사를 사전에 상세히 기록화한 다음, 용의자를 포함하여 그와 인상착의가 비슷한 여러 사람을 동시에 목격자와 대면시켜 범인을 지목하도록 하여야 하고, 용의자와 목격자 및 비교대상자들이 상호 사전에 접촉하지 못하도록 하여야 하며, 사후에 증거가치를 평가할 수 있도록 대질 과정과 결과를 문자와 사진 등으로 서면화하는 등의 조치를 취하여야 한다.(대판 2004.2.27, 2003도7033)

第200條【피의자의 출석요구】 검사 또는 사법경찰관은 수사에 필요한 때에는 피의자의 출석을 요구하여 진술을 들을 수 있다.(2007.6.1 본조개정)

改前 "第200條【被疑者의 出席要求와 陳述拒否權의 告知】① 檢事 또는 司法警察官은 搜査에 필요한 때에는 被疑者의 出席을 要求하여 陳述을 들을 수 있다.(1961.9.1 본항개정)
② 前項의 陳述을 들을 때에는 미리 被疑者에 대하여 陳述을 拒否할 수 있음을 알려야 한다."

참조 [피고인의 소환]68

第200條의2【영장에 의한 체포】 ① 被疑者가 罪를 犯하였다고 疑心할 만한 상당한 이유가 있고, 정당한 이유없이 第200條의 規定에 의한 出席要求에 응하지 아니하거나 응하지 아니할 우려가 있는 때에는 檢事는 관할 地方法院判事에게 請求하여 逮捕令狀을 발부받아 被疑者를 逮捕할 수 있고, 司法警察官은 檢事에게 申請하여 檢事의 請求로 관할 地方法院判事의 逮捕令狀을 발부받아 被疑者를 逮捕할 수 있다. 다만, 多額 50萬원이하의 罰金, 拘留 또는 科料에 해당하는 事件에 관하여는 被疑者가 일정한 住居가 없는 경우 또는 정당한 이유없이 第200條의 規定에 의한 출석요구에 응하지 아니한 경우에 한한다.
② 第1項의 請求를 받은 地方法院判事는 상당하다고 인정할 때에는 逮捕令狀을 발부한다. 다만, 명백히 逮捕의 필요가 인정되지 아니하는 경우에는 그러하지 아니하다.
③ 第1項의 請求를 받은 地方法院判事가 逮捕令狀을 발부하지 아니할 때에는 請求書에 그 취지 및 이유를 기재하고 署名捺印하여 請求한 檢事에게 교부한다.
④ 檢事가 第1項의 請求를 함에 있어서 동일한 犯罪事實에 관하여 그 被疑者에 대하여 전에 逮捕令狀을 請求하였거나 발부받은 사실이 있는 때에는 다시 逮捕令狀을 請求하는 취지 및 이유를 기재하여야 한다.
⑤ 逮捕한 被疑者를 拘束하고자 할 때에는 逮捕한 때부터 48時間이내에 第201條의 規定에 의하여 拘束令狀을 請求하여야 하고, 그 기간내에 拘束令狀을 請求하지 아니하는 때에는 被疑者를 즉시 釋放하여야 한다.
(2007.6.1 본조제목개정)
(1995.12.29 본조신설)

改前 第200條의2【"逮捕"】① 被疑者가 罪를 犯하였다고…

참조 [간이입소절차]형의집행수용자16의2

第200條의3【緊急逮捕】 ① 檢事 또는 司法警察官은 被疑者가 死刑·無期 또는 長期 3年 이상의 懲役이나 禁錮에 해당하는 罪를 犯하였다고 疑心할 만한 상당한 이유가 있고, 다음 각 호의 어느 하나에 해당하는 사유가 있는 경우에 긴급을 요하여 地方法院判事의 逮捕令狀을 받을 수 없는 때에는 그 사유를 알리고 令狀없이 被疑者를 逮捕할 수 있다. 이 경우 緊急을 요한다 함은 被疑者를 우연히 발견한 경우등과 같이 逮捕令狀을 받을 時間的 여유가 없는 때를 말한다.(2007.6.1 본문개정)
1. 피의자가 증거를 인멸할 염려가 있는 때
2. 피의자가 도망하거나 도망할 우려가 있는 때
(2007.6.1 1호~2호신설)
② 司法警察官이 第1項의 規定에 의하여 被疑者를 逮捕한 경우에는 즉시 檢事의 承認을 얻어야 한다.
③ 檢事 또는 司法警察官은 第1項의 規定에 의하여 被疑者를 逮捕한 경우에는 즉시 緊急逮捕書를 作成하여야 한다.
④ 第3項의 規定에 의한 緊急逮捕書에는 犯罪事實의 要旨, 緊急逮捕의 事由등을 記載하여야 한다.
(1995.12.29 본조신설)

改前 ① 檢事 또는 司法警察官은…이유가 있고, "第70條第1項 第2號 및 第3號"에 해당하는 사유가 있는 경우에 긴급을…

참조 [간이입소절차]형의집행수용자16의2

판례 긴급체포의 요건에 관한 판단기준 : 긴급체포의 요건을 갖추었는지 여부는 사후에 밝혀진 사정을 기초로 판단하는 것이 아니라 체포 당시의 상황을 기초로 판단하여야 하고, 이에 관한 검사나 사법경찰관 등 수사주체의 판단에는 상당한 재량의 여지가 있다고 할 것이나, 긴급체포 당시의 상황으로 보아서도 그 요건의 충족 여부에 관한 검사나 사법경찰관의 판단이 경험칙에 비추어 현저히 합리성을 잃은 경우에는 그 체포는 위법한 체포라 할 것이다.(대판 2005.11.10, 2004도42)

판례 긴급체포가 요건을 갖추지 못하여 위법한 체포에 해당하는 경우 : 긴급체포는 영장주의원칙에 대한 예외인 만큼 형사소송법 제200조의3 제1항의 요건을 모두 갖춘 경우에 한하여 예외적으로 허용되어야 하고, 요건을 갖추지 못한 긴급체포는 법적 근거에 의하지 아니한 영장 없는 체포로서 위법한 체포에 해당하는 것이다.(대판 2002.6.11, 2000도5701)

第200條의4【緊急逮捕와 令狀請求期間】 ① 檢事 또는 司法警察官이 第200條의3의 規定에 의하여 被疑者를 逮捕한 경우 被疑者를 拘束하고자 할 때에는 지체 없이 檢事는 관할地方法院判事에게 拘束令狀을 請求하여야 하고, 司法警察官은 檢事에게 申請하여 檢事의 請求로 관할地方法院判事에게 拘束令狀을 請求하여야 한다. 이 경우 구속영장은 피의자를 체포한 때부터 48시간 이내에 청구하여야 하며, 제200조의3제3항에 따른 긴급체포서를 첨부하여야 한다.(2007.6.1 본항개정)
② 第1項의 規定에 의하여 拘束令狀을 請求하지 아니하거나 발부받지 못한 때에는 被疑者를 즉시 釋放하여야 한다.
③ 第2項의 規定에 의하여 釋放된 者는 令狀없이는 동일한 犯罪事實에 관하여 逮捕하지 못한다.
④ 검사는 제1항에 따른 구속영장을 청구하지 아니하고 피의자를 석방한 경우에는 석방한 날부터 30일 이내에 서면으로 다음 각 호의 사항을 법원에 통지하여야 한다. 이 경우 긴급체포서의 사본을 첨부하여야 한다.
1. 긴급체포 후 석방된 자의 인적사항
2. 긴급체포의 일시·장소와 긴급체포하게 된 구체적 이유
3. 석방의 일시·장소 및 사유
4. 긴급체포 및 석방한 검사 또는 사법경찰관의 성명
(2007.6.1 본항신설)
⑤ 긴급체포 후 석방된 자 또는 그 변호인·법정대리인·배우자·직계친족·형제자매는 통지서 및 관련 서류를 열람하거나 등사할 수 있다.
(2007.6.1 본항신설)
⑥ 사법경찰관은 긴급체포한 피의자에 대하여 구속영장을 신청하지 아니하고 석방한 경우에는 즉시 검사에게 보고하여야 한다.(2007.6.1 본항신설)
(1995.12.29 본조신설)

改前 ① 檢事 또는 司法警察官이…拘束하고자 할 때에는 "逮捕한 때부터 48時間이내에" 檢事는…拘束令狀을 請求하여야 한다. "檢事가 拘束令狀을 請求하거나, 司法警察官이 拘束令狀을 申請할 때에는 第200條의3第3項의 規定에 의한 緊急逮捕書를 첨부하여야 한다."

판례 긴급체포되었다가 수사기관의 조치로 석방된 후 법원이 발부한 구속영장에 의하여 구속이 이루어진 경우 : 형사소송법 제200조의4 제3항은 영장 없이는 긴급체포 후 석방된 피의자를 동일한 범죄사실에 관하여 체포하지 못한다는 규정으로, 위와 같이 석방된 피의자라도 법원으로부터 구속영장을 발부받아 구속할 수 있음은 물론이고, 같은 법 제208조 소정의 '구속되었다가 석방된 자'라 함은 구속영장에 의하여 구속되었다가 석방된 경우를 말하는 것이지, 긴급체포나 현행범으로 체포되었다가 사후영장발부 전에 석방된 경우는 포함되지 않는다 할 것이므로, 피고인이 수사 당시 긴급체포되었다가 수사기관의 조치로 석방된 후 법원이 발부한 구속영장에 의하여 구속이 이루어진 경우 앞서 본 법조에 위배되는 위법한 구속이라고 볼 수 없다.(대판 2001.9.28, 2001도4291)

第200條의5【체포와 피의사실 등의 고지】 검사 또는 사법경찰관은 피의자를 체포하는 경우에는 피의사실의 요지, 체포의 이유와 변호인을 선임할 수 있음을 말하고 변명할 기회를 주어야 한다.
(2007.6.1 본조신설)

참조 [구속과 이유의 고지]72

第200條의6【準用規定】 제75조, 第81條第1項 本文 및 第3項, 第82條, 第83條, 第85條第1項·第3項 및 第4項, 제86조, 제87조, 제89조부터 제91조까지, 제93조, 제101조제4항 및 제102조제2항 단서의 規定은 檢事 또는 司法警察官이 被疑者를 逮捕하는 경우에 이를 準用한다. 이 경우 "拘束"은 이를 "逮捕"로, "拘束令狀"은 이를 "逮捕令狀"으로 본다.
(2007.6.1 본조개정)

改前 第200條의6【準用規定】"第72條, 第75條," 第81條第1項 本文…第3項 및 第4項, "第86條 내지 第91條, 第93條, 第101條第4項 및 第102條第1項 但書"의 規定은 檢事 또는…

第201條【拘束】 ① 被疑者가 罪를 犯하였다고 疑心할 만한 상당한 理由가 있고 第70條第1項 各號의 1에 해당하는 事由가 있을 때에는 檢事는 管轄地方法院判事에게 請求하여 拘束令狀을 받아 被疑者를 拘束할 수 있고 司法警察官은 檢事에게 申請하여 檢事의 請求로 管轄地方法院判事의 拘束令狀을 받아 被疑者를 拘束할 수 있다. 다만, 多額 50萬원이하의 罰金, 拘留 또는 科料에 해당하는 犯罪에 관하여는 被疑者가 一定한 住居가 없는 경우에 한한다.
(1995.12.29 본항개정)
② 拘束令狀의 請求에는 拘束의 필요를 認定할 수 있는 資料를 提出하여야 한다.
③ 第1項의 請求를 받은 地方法院判事는 신속히 拘束令狀의 발부여부를 決定하여야 한다.
(1995.12.29 본항신설)
④ 第1項의 請求를 받은 地方法院判事는 相當하다고 認定할 때에는 拘束令狀을 發付한다. 이를 發付하지 아니할 때에는 請求書에 그 趣旨 및 理由를 記載하고 署名捺印하여 請求한 檢事에게 交付한다.
⑤ 檢事가 第1項의 請求를 함에 있어서 同一한 犯罪事實에 관하여 그 被疑者에 대하여 前에 拘束令狀을 請求하거나 發付받은 事實이 있을 때에는 다시 拘束令狀을 請求하는 趣旨 및 理由를 記載하여야 한다.
(1980.12.18 본조개정)

참조 [영장주의]75·209, 헌12③, [영장청구방식]형소규93·95, [영장의 방식]형소규94, [국회의원의 경우]헌44, 계엄13, [구속사유]70, [선거관계자의 경우]선거관리위13, [소년의 경우]소년55, [구속의 경우의 압수등]216, 형소규100, [준용규정]71·72·75·81①③·82·83·85−91·93·209, 형소규100, [불심검문]경찰직무3, [구속연장]205, 국가보안19

판례 법원이 판결선고 전의 구금일수를 구속영장이 발부되지 아니한 다른 범죄사실에 관한 죄의 형에 산입할 수 있는지 여부 : 수개의 공소사실로 공소가 제기된 피고인이 그 중 일부의 범죄사실만으로 구속영장이 발부되어 구금되어 있었고, 법원이 그 수개의 범죄사실을 병합심리한 끝에 피고인에게 구속영장이 발부된 일부 범죄사실에 관한 죄의 형과 나머지 범죄사실에 관한 죄의 형으로 나누어 2개의 형을 선고할 경우에 일부 범죄사실에 의한 구금의 효과는 피고인의 신병에 관한 한 나머지 범죄사실에도 미친다고 보아 그 구금일수를 어느 죄에 관한 형에 산입할 것인가의 문제는 법원의 재량에 속하는 사항이라고 할 것이므로 법원이 판결선고 전의 구금일수를 구속영장이 발부되지 아니한 다른 범죄사실에 관한 죄의 형에 산입할 수도 있다.(대판 1996.5.10, 96도800)

第201條의2【구속영장 청구와 피의자 심문】 ① 제200조의2·제200조의3 또는 제212조에 따라 체포된 피의자에 대하여 구속영장을 청구받은 판사는 지체 없이 피의자를 심문하여야 한다. 이 경우 특별한 사정이 없는 한 구속영장이 청구된 날의 다음날까지 심문하여야 한다.
② 제1항 외의 피의자에 대하여 구속영장을 청구받은 판사는 피의자가 죄를 범하였다고 의심할 만한 이유가 있는 경우에 구인을 위한 구속영장을 발부하여 피의자를 구인한 후 심문하여야 한다. 다만, 피의자가 도망하는 등의 사유로 심문할 수 없는 경우에는 그러하지 아니하다.
③ 판사는 제1항의 경우에는 즉시, 제2항의 경우에는 피의자를 인치한 후 즉시 검사, 피의자 및 변호인에게 심문기일과 장소를 통지하여야 한다. 이 경우 검사는 피의자가 체포되어 있는 때에는 심문기일에 피의자를 출석시켜야 한다.
④ 검사와 변호인은 제3항에 따른 심문기일에 출석하여 의견을 진술할 수 있다.
⑤ 판사는 제1항 또는 제2항에 따라 심문하는 때에는 공범의 분리심문이나 그 밖에 수사상의 비밀보호를 위하여 필요한 조치를 하여야 한다.
⑥ 제1항 또는 제2항에 따라 피의자를 심문하는 경우 법원사무관등은 심문의 요지 등을 조서로 작성하여야 한다.
⑦ 피의자심문을 하는 경우 법원이 구속영장청구서·수사 관계 서류 및 증거물을 접수한 날부터 구속영장을 발부하여 검찰청에 반환한 날까지의 기간은 제202조 및 제203조의 적용에 있어서 그 구속기간에 산입하지 아니한다.
⑧ 심문할 피의자에게 변호인이 없는 때에는 지방법원판사는 직권으로 변호인을 선정하여야 한다. 이 경우 변호인의 선정은 피의자에 대한 구속영장 청구가 기각되어 효력이 소멸한 경우를 제외하고는 제1심까지 효력이 있다.
⑨ 법원은 변호인의 사정이나 그 밖의 사유로 변호인 선정결정이 취소되어 변호인이 없게 된 때에는 직권으로 변호인을 다시 선정할 수 있다.
⑩ 제71조, 제71조의2, 제75조, 제81조부터 제83조까지, 제85조제1항·제3항·제4항, 제86조, 제87조제1항, 제89조부터 제91조까지 및 제200조의5는 제2항에 따라 구인을 하는 경우에 준용하고, 제48조, 제51조, 제53조, 제56조의2 및 제276조의2는 피의자에 대한 심문의 경우에 준용한다.
(2007.6.1 본조개정)

改前 "第201條의2【拘束令狀請求와 被疑者審問 등】① 第200條의2·第200條의3 또는 第212條의 規定에 의하여 逮捕된 被疑者에 대하여 拘束令狀을 請求받은 地方法院判事는 被疑者 또는 그 辯護人, 法定代理人, 配偶者, 直系親族, 형제자매나 同居人 또는 雇用主의 申請이 있을 때에는 被疑者를 審問할 수 있다. 이 경우 被疑者 이외의 者는 被疑者의 明示한 意思에 反하여서도 그 審問을 申請할 수 있다.(2005.3.31 본항개정)
② 檢事 또는 司法警察官은 被疑者에 대하여 第1項의 審問을 申請할 수 있음을 말하고, 被疑者 訊問調書에 判事의 審問을 申請하는지 여부를 記載하여야 한다. 다만, 被疑者 訊問調書에 그 내용을 記載할 수 없는 특별한 사정이 있는 경우에는 被疑者 作成의 確認書 기타 被疑者의 意思를 표시한 書面으로 이를 갈음할 수 있다.(1997.12.13 본항신설)

③ 第1項외의 被疑者에 대하여 拘束令狀을 請求받은 地方法院判事는 被疑者가 罪를 犯하였다고 疑心할 만한 이유가 있는 경우에 拘束의 사유를 판단하기 위하여 필요하다고 인정하는 때에는 拘引을 위한 拘束令狀을 발부하여 被疑者를 拘引한 후 審問할 수 있다.
④ 地方法院判事는 第1項의 경우에는 즉시, 第3項의 경우에는 被疑者를 引致한 후 즉시 審問期日과 場所를 檢事·被疑者 및 辯護人에게 통지하여야 하고, 檢事는 被疑者가 逮捕되어 있는 때에는 그 期日에 被疑者를 출석시켜야 한다.(1997.12.13 본항개정)
⑤ 檢事와 辯護人은 第4項의 審問期日에 출석하여 의견을 陳述할 수 있다.(1997.12.13 본항개정)
⑥ 第1項 및 第3項의 審問을 함에 있어 地方法院判事는 共犯의 分離審問 기타 捜査상의 秘密保護를 위하여 필요한 措置를 하여야 한다.(1997.12.13 본항개정)
⑦ 地方法院判事는 第3項의 規定에 의하여 被疑者를 審問한 후 被疑者를 拘束할 사유가 있다고 인정하는 때에는 第3項의 拘束令狀請求에 기하여 拘禁을 위한 拘束令狀을 발부하여야 한다.(1997.12.13 본항개정)
⑧ 被疑者審問을 하는 경우 法院이 拘束令狀請求書·捜査關係書類 및 證據物을 接受한 날부터 拘束令狀을 발부하여 檢察廳에 返還한 날까지의 期間은 第202條 및 第203條의 適用에 있어서는 그 拘束期間에 이를 算入하지 아니한다.
(1997.12.13 본항신설)
⑨ 심문할 피의자에게 변호인이 없는 때에는 지방법원판사는 직권으로 변호인을 선정하여야 한다. 이 경우 변호인의 선정은 피의자에 대한 구속영장 청구가 기각되어 효력이 소멸한 경우를 제외하고는 제1심까지 효력이 있다.(2006.7.19 본항신설)
⑩ 법원은 변호인의 사정 그 밖의 사유로 변호인 선정결정이 취소되어 변호인이 없게 된 때에는 직권으로 변호인을 다시 선정할 수 있다.(2006.7.19 본항신설)
⑪ 第71條, 第72條, 第75條, 第81條 내지 第83條, 第85條第1項·第3項 및 第4項, 第86條, 第87條第1項 및 第88條 내지 第91條의 規定은 第3項의 規定에 의하여 拘引을 하는 경우에 이를 準用한다.(1997.12.13 본항개정)
(2006.7.19 본조제목개정)
(1995.12.29 본조신설)

참조 ⑩[간이입소절차]형의집행수용자16의2

판례 본조 제8항(현행 제7항)의 위헌을 주장하면서 구속기간연장결정 기간정정신청을 제기한 경우 : 청구인이 구속기간연장결정 기간정정신청사건에서 법원의 구속기간연장결정에 대하여 다툰 것은 형사소송법 제201조의2 제8항을 적용하여 계산한 결과 연장된 구속수사기간을 단축하고자 함에 그 목적이 있는 것이므로, 후에 청구인이 정정을 요구하는 일자에 이루어진 검사의 기소로 인하여 그 목적이 달성되었으므로 위 기간정정신청사건은 신청의 이익이 소멸되어 배척될 것이다. 따라서 형사소송법 제201조의2 제8항의 위헌 여부는 당해 사건의 결론에 아무런 영향을 미칠 수 없게 되었고, 이러한 사정을 고려하면 재판의 전제성이 없다.
(헌재결 2005.9.29, 2003헌바101 전원재판부)

第202條【司法警察官의 拘束期間】 司法警察官이 被疑者를 拘束한 때에는 10日 이내에 被疑者를 檢事에게 引致하지 아니하면 釋放하여야 한다.

참조 [검사의 피의자 구속]203, [사법경찰관]196·197, [구속기간의 연장]국가보안19

第203條【檢事의 拘束期間】 檢事가 被疑者를 拘束한 때 또는 司法警察官으로부터 被疑者의 引致를 받은 때에는 10日 이내에 公訴를 提起하지 아니하면 釋放하여야 한다.

참조 [기간계산]66, [공소제기]246·254, [구속기간연장]205, 국가보안19

第203條의2【拘束期間에의 算入】 被疑者가 第200條의2·第200條의3·제201조의2제2항 또는 第212條의 規定에 의하여 逮捕 또는 拘引된 경우에는 第202條 또는 第203條의 拘束期間은 被疑者를 逮捕 또는 拘引한 날부터 起算한다.(2007.6.1 본조개정)

改前 第203條의2【拘束期間에의 算入】被疑者가 第200條의2·第200條의3·"第201條의2第3項" 또는 第212條의…

第204條【令狀發付와 法院에 대한 통지】 逮捕令狀 또는 拘束令狀의 發付를 받은 후 被疑者를 逮捕 또는 拘束하지 아니하거나 逮捕 또는 拘束한 被疑者를 釋放한 때에는 遲滯없이 檢事는 令狀을 發付한 法院에 그 事由를 書面으로 通知하여야 한다.
(1995.12.29 본조개정)

참조 [피의자의 석방]202·203

第205條【拘束期間의 延長】 ① 地方法院判事는 檢事의 申請에 의하여 捜査를 繼續함에 相當한 理由가 있다고 認定한 때에는 10日을 超過하지 아니하는 限度에서 第203條의 拘束期間의 延長을 1次에 한하여 許可할 수 있다.
② 前項의 申請에는 拘束期間의 延長의 필요를 認定할 수 있는 資料를 提出하여야 한다.

참조 [연장신청서]형소규97, [기간계산]66, 형소규98, [구속기간]203, [적용제외]국가보안19

판례 제1항 소정의 구속기간의 연장을 허가하지 아니하는 지방법원 판사의 결정에 대하여는 같은 법 제402조, 제403조가 정하는 항고의 방법으로는 불복할 수 없고, 나아가 그 지방법원 판사는 수소법원으로서의 재판장 또는 수명법관도 아니므로 그가 한 재판은 같은 법 제416조가 정하는 준항고의 대상이 되지도 않는다.(대결 1997.6.16, 97모1)

第206條~第207條 (1995.12.29 삭제)

第208條【再拘束의 制限】 ① 檢事 또는 司法警察官에 의하여 拘束되었다가 釋放된 者는 다른 중요한 證據를 發見한 경우를 除外하고는 同一한 犯罪事實에 관하여 再次 拘束하지 못한다.
② 前項의 경우에는 1個의 目的을 위하여 同時 또는 手段結果의 관계에서 行하여진 行爲는 同一한 犯罪事實로 看做한다.
(1973.1.25 본조개정)

참조 214의3, [피의자 석방]202·203, [재구속영장]형소규99, [예외]국가보안20

第209條【준용규정】 제70조제2항, 제71조, 제75조, 제81조제1항 본문·제3항, 제82조, 제83조, 제85조부터 제87조까지, 제89조부터 제91조까지, 제93조, 제101조제1항, 제102조제2항 본문(보석의 취소에 관한 부분은 제외한다) 및 제200조의5는 검사 또는 사법경찰관의 피의자 구속에 관하여 준용한다.
(2007.12.21 본조개정)

改前 第209條【준용규정】제70조제2항, 제71조, 제75조, 제81조제1항 본문·제3항, 제82조, 제83조, 제85조부터 제87조까지, "제89조부터 제91조까지," 제101조제1항, 제102조제2항 본문(보석의 취소에 관한 부분은 제외한다) 및 제200조의5는 검사 또는 사법경찰관의 피의자 구속에 관하여 준용한다.
(2007.6.1 본조개정)

참조 [구속의 효력]71, [구금과 범죄사실의 고지]72, [영장의 방식]75, [영장의 집행]81①③, [수통의 영장]82, [관할구역 외에서의 영장집행]83, [영장집행의 절차]85, [가영치]86, [구속의 통지]87, [공소사실 등의 고지]88, [접견·수진]89·91, [변호인의 의뢰]90, [구속의 취소]93, [구속의 집행정지]101①, [구속의 집행정지의 취소]102①

第210條【司法警察官吏의 管轄區域 外의 捜査】 司法警察官吏가 管轄區域 外에서 捜査하거나 管轄區域 外의 司法警察官吏의 囑託을 받어 捜査할 때에는 管轄地方檢察廳 檢事長 또는 支廳長에게 報告하여야 한다. 다만, 第200條의3, 第212條, 第214條, 第216條와 第217條의 規定에 의한 捜査를 하는 경우에 緊急을 요할 때에는 事後에 報告할 수 있다.
(1995.12.29 단서개정)

참조 [관할구역외에서의 집무]83②·115②·155·209

第211條【현행범인과 준현행범인】 ① 범죄를 실행하고 있거나 실행하고 난 직후의 사람을 현행범인이라 한다.
② 다음 각 호의 어느 하나에 해당하는 사람은 현행범인으로 본다.
1. 범인으로 불리며 추적되고 있을 때
2. 장물이나 범죄에 사용되었다고 인정하기에 충분한 흉기나 그 밖의 물건을 소지하고 있을 때
3. 신체나 의복류에 증거가 될 만한 뚜렷한 흔적이 있을 때
4. 누구냐고 묻자 도망하려고 할 때
(2020.12.8 본조개정)

改前 "第211條【現行犯人과 準現行犯人】① 犯罪의 實行 中이거나 實行의 卽後인 者를 現行犯人이라 한다.
② 다음 各 號의 1에 해당하는 者는 現行犯人으로 看做한다.
1. 犯人으로 呼唱되어 追跡되고 있는 때
2. 贓物이나 犯罪에 使用되었다고 認定함에 充分한 兇器 기타의 物件을 所持하고 있는 때
3. 身體 또는 衣服類에 顯著한 證跡이 있는 때
4. 누구임을 물음에 대하여 逃亡하려 하는 때"

참조 [현행범체포]헌12③, 212~214

판례 형사소송법 제211조가 현행범인으로 규정한 "범죄의 실행(實行)의 즉후(卽後)인 자"라고 함은, 범죄의 실행행위를 종료한 직후의 범인이라는 것이 체포하는 자의 입장에서 볼 때 명백한 경우를 일컫는 것으로서, 위 법조가 제1항에서 본래의 의미의 현행범인에 관하여 규정하면서 "범죄의 실행의 즉후인 자"를 "범죄의 실행 중인 자"와 마찬가지로 현행범인으로 보고 있고, 제2항에서는 현행범인으로 간주되는 준현행범인에 관하여 별도로 규정하고 있는 점 등으로 미루어 볼 때, "범죄의 실행행위를 종료한 직후"라고 함은, 범죄행위를 실행하여 끝마친 순간 또는 이에 아주 접착된 시간적 단계를 의미하는 것으로 해석되므로, 시간적으로나 장소적으로 보아 체포를 당하는 자가 방금 범죄를 실행한 범인이라는 점에 관한 죄증이 명백히 존재하는 것으로 인정되는 경우에만 현행범인으로 볼 수 있는 것이다.(대판 2007.4.13, 2007도1249)

第212條【現行犯人의 逮捕】 現行犯人은 누구든지 令狀없이 逮捕할 수 있다.

참조 [영장에 의하지 않는 체포]헌12③, [현행범]211, [제한]214, [체포와 압수등]216, [간이입소절차]형의집행수용자16의2

판례 식당에서 피의자가 술에 취한 상태로 피해자를 폭행하다 현행범으로 체포된 사건에서, 경찰관 출동 당시 범행이 실행 중이거나 실행 직후였다고 볼 수 있고, 술에 취한 상태에서 늦은 밤에 식당에서 전혀 알지 못하는 사람에게 시비를 걸어 일방적으로 폭행에 이른 범행 경위에 비추어 볼 때 사안 자체도 경미하다고 볼 수 없었다. 또한 CCTV에 폭행 증거가 있음에도 불구하고 피의자는 범행을 부인하며 오히려 피해자로부터 폭행을 당했다고 주장했고, 신분증의 주소지가 사건 현장과 떨어져 있어 추가적인 거소 확인이 필요하다고 판단되는 등 피의자에게 도망 또는 증거인멸의 염려가 없다고 단정하기 어려운 상황이었다. 따라서 피의자가 출동한 경찰관에게 신분증을 제시했고, 경찰관이 폭행 장면이 촬영된 사건 현장 CCTV를 확보했다 하더라도 피의자를 현행범으로 체포한 경찰관의 행위가 현저히 합리성을 잃은, 위법한 체포라고 볼 수 없다.
(대판 2022.2.11, 2021도12213)

第212條의2 (1987.11.28 삭제)

第213條【逮捕된 現行犯人의 引渡】 ① 檢事 또는 司法警察官吏 아닌 者가 現行犯人을 逮捕한 때에는 即時 檢事 또는 司法警察官吏에게 引渡하여야 한다.
② 司法警察官吏가 現行犯人의 引渡를 받은 때에는 逮捕者의 姓名, 住居, 逮捕의 事由를 물어야 하고 필요한 때에는 逮捕者에 대하여 警察官署에 同行함을 要求할 수 있다.
③ (1987.11.28 삭제)

참조 [현행범의 체포]212, [경미사건]214

第213條의2【準用規定】 제87조, 제89조, 제90조, 제200조의2제5항 및 제200조의5의 規定은 檢事 또는 司法警察官吏가 現行犯人을 逮捕하거나 現行犯人을 引渡받은 경우에 이를 準用한다.(2007.6.1 본조개정)

改前 第213條의2【準用規定】"第72條, 第87條 내지 第90條 및 第200條의2第5項"의 規定은 檢事 또는 司法警察官吏가…

판례 사법경찰리가 현행범인의 체포 또는 긴급체포를 하는 경우의 절차 : 사법경찰리가 현행범인으로 체포하는 경우에는 반드시 범죄사실의 요지, 구속의 이유와 변호인을 선임할 수 있음을 말하고 변명할 기회를 주어야 할 것임은 명백하며, 이러한 법리는 비단 현행범인을 체포하는 경우뿐만 아니라 긴급체포의 경우에도 마찬가지로 적용되는 것이고, 이와 같은 고지는 체포를 위한 실력행사에 들어가기 이전에 미리 하여야 하는 것이 원칙이나, 달아나는 피의자를 쫓아가 붙들거나 폭력으로 대항하는 피의자를 실력으로 제압하는 경우에는 붙들거나 제압하는 과정에서 하거나, 그것이 여의치 않은 경우에라도 일단 붙들거나 제압한 후에는 지체 없이 행하여야 한다.
(대판 2000.7.4, 99도4341)

第214條【輕微事件과 現行犯人의 逮捕】 多額 50萬원이하의 罰金, 拘留 또는 科料에 해당하는 罪의 現行犯人에 대하여는 犯人의 住居가 分明하지 아니한 때에 한하여 第212條 내지 第213條의 規定을 適用한다.(1995.12.29 본조개정)

참조 [현행범]211, [구류에 관한 제한]70②

第214條의2【체포와 구속의 적부심사】 ① 체포되거나 구속된 피의자 또는 그 변호인, 법정대리인, 배우자, 직계친족, 형제자매나 가족, 동거인 또는 고용주는 관할법원에 체포 또는 구속의 적부심사(適否審査)를 청구할 수 있다.(2020.12.8 본항개정)
② 피의자를 체포하거나 구속한 검사 또는 사법경찰관은 체포되거나 구속된 피의자와 제1항에 규정된 사람 중에서 피의자가 지정하는 사람에게 제1항에 따른 적부심사를 청구할 수 있음을 알려야 한다.
(2020.12.8 본항개정)
③ 법원은 제1항에 따른 청구가 다음 각 호의 어느 하나에 해당하는 때에는 제4항에 따른 심문 없이 결정으로 청구를 기각할 수 있다.(2007.6.1 본문개정)
1. 청구권자 아닌 사람이 청구하거나 동일한 체포영장 또는 구속영장의 발부에 대하여 재청구한 때
2. 공범이나 공동피의자의 순차청구(順次請求)가 수사 방해를 목적으로 하고 있음이 명백한 때
(2020.12.8 1호~2호개정)
④ 제1항의 청구를 받은 법원은 청구서가 접수된 때부터 48시간 이내에 체포되거나 구속된 피의자를 심문하고 수사 관계 서류와 증거물을 조사하여 그 청구가 이유 없다고 인정한 경우에는 결정으로 기각하고, 이유 있다고 인정한 경우에는 결정으로 체포되거나 구속된 피의자의 석방을 명하여야 한다. 심사청구 후 피의자에 대하여 공소제기가 있는 경우에도 또한 같다.(2020.12.8 본항개정)
⑤ 법원은 구속된 피의자(심사청구 후 공소제기된 사람을 포함한다)에 대하여 피의자의 출석을 보증할 만한 보증금의 납입을 조건으로 하여 결정으로 제4항의 석방을 명할 수 있다. 다만, 다음 각 호에 해당하는 경우에는 그러하지 아니하다.
1. 범죄의 증거를 인멸할 염려가 있다고 믿을 만한 충분한 이유가 있는 때
2. 피해자, 당해 사건의 재판에 필요한 사실을 알고 있다고 인정되는 사람 또는 그 친족의 생명·신체나 재산에 해를 가하거나 가할 염려가 있다고 믿을 만한 충분한 이유가 있는 때
(2020.12.8 본항개정)
⑥ 제5항의 석방 결정을 하는 경우에는 주거의 제한, 법원 또는 검사가 지정하는 일시·장소에 출석할 의무, 그 밖의 적당한 조건을 부가할 수 있다.
(2020.12.8 본항개정)
⑦ 제5항에 따라 보증금 납입을 조건으로 석방을 하는 경우에는 제99조와 제100조를 준용한다.
(2020.12.8 본항개정)
⑧ 제3항과 제4항의 결정에 대해서는 항고할 수 없다.(2020.12.8 본항개정)
⑨ 검사·변호인·청구인은 제4항의 심문기일에 출석하여 의견을 진술할 수 있다.(2020.12.8 본항개정)
⑩ 체포되거나 구속된 피의자에게 변호인이 없는 때에는 제33조를 준용한다.(2020.12.8 본항개정)
⑪ 법원은 제4항의 심문을 하는 경우 공범의 분리심문이나 그 밖에 수사상의 비밀보호를 위한 적절한 조치를 하여야 한다.(2020.12.8 본항개정)

⑫ 체포영장이나 구속영장을 발부한 법관은 제4항부터 제6항까지의 심문·조사·결정에 관여할 수 없다. 다만, 체포영장이나 구속영장을 발부한 법관 외에는 심문·조사·결정을 할 판사가 없는 경우에는 그러하지 아니하다.(2020.12.8 본항개정)
⑬ 법원이 수사 관계 서류와 증거물을 접수한 때부터 결정 후 검찰청에 반환된 때까지의 기간은 제200조의2제5항(제213조의2에 따라 준용되는 경우를 포함한다) 및 제200조의4제1항을 적용할 때에는 그 제한기간에 산입하지 아니하고, 제202조·제203조 및 제205조를 적용할 때에는 그 구속기간에 산입하지 아니한다.(2020.12.8 본항개정)
⑭ 제4항에 따라 피의자를 심문하는 경우에는 제201조의2제6항을 준용한다.(2020.12.8 본항개정)
(2020.12.8 본조제목개정)

改前 第214條의2【"逮捕와 拘束의 適否審査"】"① 체포 또는 구속된 被疑者 또는 그 辯護人, 法定代理人, 配偶者, 直系親族, 형제자매나 가족, 동거인 또는 고용주는 管轄法院에 逮捕 또는 拘束의 適否審査를 請求할 수 있다.(2007.6.1 본항개정)"
② "피의자를 체포 또는" 구속한 검사 또는 "사법경찰관은 체포 또는" 구속된 피의자와 제1항에 "규정된 자" 중에서 피의자가 지정하는 "자에게" 제1항에 따른…
③ "1. 請求權者 아닌 者가 請求하거나 同一한 逮捕令狀 또는 拘束令狀의 發付에 대하여 再請求한 때(1995.12.29 본호개정)
2. 共犯 또는 共同被疑者의 順次請求가 捜査妨害의 目的임이 明白한 때"
"④ 第1項의 請求를 받은 法院은 청구서가 접수된 때부터 48시간 이내에 逮捕 또는 拘束된 被疑者를 審問하고 捜査關係書類와 證據物을 調査하여 그 請求가 理由없다고 인정한 때에는 決定으로 이를 棄却하고, 理由있다고 인정한 때에는 決定으로 逮捕 또는 拘束된 被疑者의 釋放을 命하여야 한다. 심사청구후 피의자에 대하여 공소제기가 있는 경우에도 또한 같다.
(2007.6.1 본항개정)"
"⑤ 법원은 구속된 피의자(심사청구후 공소제기된 자를 포함한다)에 대하여 被疑者의 출석을 보증할 만한 保證金의 納入을 조건으로 하여 決定으로 제4항의 釋放을 명할 수 있다. 다만, 다음 各號에 해당하는 경우에는 그러하지 아니하다.
(2007.6.1 본문개정)
1. 罪證을 湮滅할 염려가 있다고 믿을만한 충분한 이유가 있는 때
2. 被害者, 당해 事件의 裁判에 필요한 사실을 알고 있다고 인정되는 者 또는 그 親族의 生命·身體나 財産에 해를 가하거나 가할 염려가 있다고 믿을만한 충분한 이유가 있는 때
(1995.12.29 본항신설)"
"⑥ 제5항의 釋放決定을 하는 경우에 住居의 제한, 法院 또는 檢事가 지정하는 日時·場所에 출석할 義務 기타 적당한 조건을 부가할 수 있다.(2007.6.1 본항개정)"
"⑦ 제99조 및 제100조는 제5항에 따라 保證金의 納入을 조건으로 하는 釋放을 하는 경우에 이를 準用한다.(2007.6.1 본항개정)"
"⑧ 제3항과 제4항의 決定에 대하여는 抗告하지 못한다.
(2007.6.1 본항개정)"
"⑨ 檢事·辯護人·請求人은 제4항의 審問期日에 출석하여 의견을 陳述할 수 있다.(2007.6.1 본항개정)"
"⑩ 逮捕 또는 拘束된 被疑者에게 辯護人이 없는 때에는 第33條의 規定을 準用한다.(1995.12.29 본항개정)"
⑪ 법원은 제4항의 심문을…적절한 조치를 "취하여야" 한다.
(2007.6.1 본항개정)
"⑫ 逮捕令狀 또는 拘束令狀을 發付한 法官은 제4항부터 제6항까지의 審問·調査·決定에 關與하지 못한다. 다만, 逮捕令狀 또는 拘束令狀을 발부한 法官외에는 審問·調査·決定을 할 判事가 없는 경우에는 그러하지 아니하다.(2007.6.1 본항개정)"
⑬ 법원이…경우를 포함한다) 및 "제200조의4제1항의 적용에 있어서는" 그 제한기간에 산입하지 아니하고, 제202조·제203조 및 "제205조의 적용에 있어서는" 그 구속기간에…
"⑭ 제201조의2제6항은 제4항에 따라 피의자를 심문하는 경우에 준용한다.(2007.6.1 본항신설)"

참조 헌12⑥, [구속영장]73·75·474, 형소규94, [영장등본청구]형소규101, [변호사]30·36·93·94, [법정대리인]민911, [친권자]민909, [후견인]민931·936·949, [부재자의 재산관리인]민1053, [배우자·친족·가족등]민767·777·779, [동거인]형155, [구속의 취소]93, [구속집행정지]101, [피의자에 유리한 자료제출]형소규96, [청구서기재사항]형소규102, [심문·결정의 기한등]형소규106, [보증금의 몰수]214의4

판례 본조 제1항이 헌법에 합치되는지 여부 : 우리 형사소송법상 구속적부심사의 청구인적격을 피의자 등으로 한정하고 있어서 청구인이 구속적부심사청구권을 행사한 다음 검사가 법원의 결정이 있기 전에 기소하는 경우(이른바 전격기소), 영장에 근거한 구속의 헌법적 정당성에 대하여 법원이 실질적인 판단을 하지 못하고 그 청구를 기각할 수밖에 없다. 그러나 구속된 피의자가 적부심사청구권을 행사한 경우 검사는 그 적부심사절차에서 피구속자와 대립하는 반대 당사자의 지위만을 가지게 됨에도 불구하고 헌법상 독립된 법관으로부터 심사를 받고자 하는 청구인의 '절차적 기회'가 반대 당사자의 '전격기소'라고 하는 일방적 행위에 의하여 제한되어야 할 합리적인 이유가 없고, 검사가 전격기소를 한 이후 청구인에게 '구속취소'라는 후속절차가 보장되어 있다고 하더라도 그 때 따르는 적지 않은 시간적, 정신적, 경제적인 부담을 청구인에게 지워야 할 이유도 없으며, 기소이전단계에서 이미 행사된 적부심사청구권의 당부에 대하여 법원으로부터 실질적인 심사를 받을 수 있는 청구인의 절차적 기회를 완전히 박탈하여야 하는 합리적인 근거도 없기 때문에, 입법자는 그 한도 내에서 적부심사청구권의 본질적 내용을 제대로 구현하지 아니하였다고 보아야 한다.
(헌재결 2004.3.25, 2002헌바104 전원재판부)

第214條의3【재체포 및 재구속의 제한】 ① 제214조의2제4항에 따른 체포 또는 구속 적부심사결정에 의하여 석방된 피의자가 도망하거나 범죄의 증거를 인멸하는 경우를 제외하고는 동일한 범죄사실로 재차 체포하거나 구속할 수 없다.(2020.12.8 본항개정)
② 제214조의2제5항에 따라 석방된 피의자에게 다음 각 호의 어느 하나에 해당하는 사유가 있는 경우를 제외하고는 동일한 범죄사실로 재차 체포하거나 구속할 수 없다.(2020.12.8 본문개정)
1. 도망한 때
2. 도망하거나 범죄의 증거를 인멸할 염려가 있다고 믿을 만한 충분한 이유가 있는 때(2020.12.8 본호개정)
3. 출석요구를 받고 정당한 이유없이 출석하지 아니한 때
4. 주거의 제한이나 그 밖에 법원이 정한 조건을 위반한 때(2020.12.8 본호개정)
(1995.12.29 본항신설)
(2020.12.8 본조제목개정)

改前 第214條의3【"再逮捕 및 再拘束의 制限"】"① 제214조의2제4항의 規定에 의한 逮捕 또는 拘束適否審査決定에 의하여 釋放된 被疑者가 逃亡하거나 罪證을 湮滅하는 경우를 제외하고는 同一한 犯罪事實에 관하여 再次 逮捕 또는 拘束하지 못한다.
(2007.6.1 본항개정)"
"② 제214조의2제5항에 따라 釋放된 被疑者에 대하여 다음 各號의 1에 해당하는 사유가 있는 경우를 제외하고는 동일한 犯罪事實에 관하여 再次 逮捕 또는 拘束하지 못한다.
(2007.6.1 본문개정)"
"2. 도망하거나 罪證을 湮滅할 염려가 있다고 믿을만한 충분한 이유가 있는 때"
"4. 住居의 제한 기타 法院이 정한 조건을 위반한 때"

第214條의4【保證金의 沒收】 ① 法院은 다음 各號의 1의 경우에 職權 또는 檢事의 請求에 의하여 決定으로 제214조의2제5항에 따라 納入된 保證金의 전부 또는 일부를 沒收할 수 있다.
1. 제214조의2제5항에 따라 釋放된 者를 第214條의3 第2項에 열거된 사유로 再次 拘束할 때
2. 公訴가 제기된 후 法院이 제214조의2제5항에 따라 釋放된 者를 동일한 犯罪事實에 관하여 再次 拘束할 때
② 法院은 제214조의2제5항에 따라 釋放된 者가 동일한 犯罪事實에 관하여 刑의 宣告를 받고 그 判決이 확정된 후, 執行하기 위한 召喚을 받고 정당한 이유없이 출석하지 아니하거나 도망한 때에는 職權 또는 檢事의 請求에 의하여 決定으로 保證金의 전부 또는 일부를 沒收하여야 한다.
(2007.6.1 본조개정)

改前 ① 法院은 다음 各號의 1의 경우에 職權 또는 檢事의 請求에 의하여 決定으로 "第214條의2第4項의 規定에 의하여" 納入된 保證金의 전부 또는 일부를 沒收할 수 있다.
1. "第214條의2第4項의 規定에 의하여" 釋放된 者를 第214條의3 第2項에 열거된 사유로 再次 拘束할 때
2. 公訴가 제기된 후 法院이 "第214條의2第4項의 規定에 의하여" 釋放된 者를 동일한 犯罪事實에 관하여 再次 拘束할 때
② 法院은 "第214條의2第4項의 規定에 의하여" 釋放된 者가 동일한 犯罪事實에 관하여 刑의 宣告를 받고…

第215條【압수, 수색, 검증】 ① 검사는 범죄수사에 필요한 때에는 피의자가 죄를 범하였다고 의심할 만한 정황이 있고 해당 사건과 관계가 있다고 인정할 수 있는 것에 한정하여 지방법원판사에게 청구하여 발부받은 영장에 의하여 압수, 수색 또는 검증을 할 수 있다.
② 사법경찰관이 범죄수사에 필요한 때에는 피의자가 죄를 범하였다고 의심할 만한 정황이 있고 해당 사건과 관계가 있다고 인정할 수 있는 것에 한정하여 검사에게 신청하여 검사의 청구로 지방법원판사가 발부한 영장에 의하여 압수, 수색 또는 검증을 할 수 있다.
(2011.7.18 본조개정)

改前 "第215條【押收, 搜索, 檢證】① 檢事는 犯罪捜査에 필요한 때에는 地方法院判事에게 請求하여 發付받은 令狀에 의하여 押收, 搜索 또는 檢證을 할 수 있다.
② 司法警察官이 犯罪捜査에 필요한 때에는 檢事에게 申請하여 檢事의 請求로 地方法院判事가 發付한 令狀에 의하여 押收, 搜索 또는 檢證을 할 수 있다.
(1980.12.18 본조개정)"

참조 [영장에 의한 수색]헌12③, [영장]113·114, 형소규107, [영장불요]216－218, [자료제출]형소규108, [검증의 결과를 기재한 조서의 증거력]312, [준용]형소규109, [압수등에의 참여]형소규110

판례 동조 '범죄수사에 필요한 때'의 의미 및 판단 방법 : 동조에 의하면 검사나 사법경찰관이 범죄수사에 필요한 때에는 영장에 의하여 압수를 할 수 있으나, 여기서 '범죄수사에 필요한 때'라 함은 단지 수사를 위해 필요할 뿐만 아니라 강제처분으로서 압수를 행하지 않으면 수사의 목적을 달성할 수 없는 경우를 말하고, 그 필요성이 인정되는 경우에도 무제한적으로 허용되는 것은 아니며, 압수물이 증거물 내지 몰수하여야 할 물건으로 보이는 것이라 하더라도, 범죄의 형태나 경중, 압수물의 증거가치 및 중요성, 증거인멸의 우려 유무, 압수로 인하여 피압수자가 받을 불이익의 정도 등 제반 사정을 종합적으로 고려하여 판단해야 한다.(대결 2004.3.23, 2003모126)

第216條【令狀에 의하지 아니한 强制處分】 ① 檢事 또는 司法警察官은 第200條의2·第200條의3·第201條 또는 第212條의 規定에 의하여 被疑者를 逮捕 또는 拘束하는 경우에 필요한 때에는 令狀없이 다음 處分을 할 수 있다.(1995.12.29 본문개정)
1. 他人의 住居나 他人이 看守하는 家屋, 建造物, 航空機, 船車 內에서의 被疑者 수색. 다만, 제200조의2 또는 제201조에 따라 피의자를 체포 또는 구속하는 경우의 피의자 수색은 미리 수색영장을 발부받기 어려운 긴급한 사정이 있는 때에 한정한다.
(2019.12.31 본호개정)
2. 逮捕現場에서의 押收, 搜索, 檢證
② 前項 第2號의 規定은 檢事 또는 司法警察官이 被告人에 대한 拘束令狀의 執行의 경우에 準用한다.
③ 犯行 중 또는 犯行 直後의 犯罪 場所에서 緊急을 요하여 法院判事의 令狀을 받을 수 없는 때에는 令狀없이 押收, 搜索 또는 檢證을 할 수 있다. 이 경우에는 事後에 遲滯없이 令狀을 받아야 한다.
(1961.9.1 본항신설)

改前 ① 1. 他人의 住居나 他人이 看守하는 家屋, 建造物, 航空機, 船車內에서의 被疑者"搜査"<2018.4.26 헌법재판소 헌법불합치결정으로 이 호 중 제200조의2에 관한 부분은 2020.3.31을 시한으로 입법자가 개정할 때까지 계속 적용>

참조 [현행범]211·212, [참여]121·219, [구속영장집행]81·85, [시각의 제한]125·126·143·219, [준용규정]219

第217條【영장에 의하지 아니하는 강제처분】 ① 검사 또는 사법경찰관은 제200조의3에 따라 체포된 자가 소유·소지 또는 보관하는 물건에 대하여 긴급히 압수할 필요가 있는 경우에는 체포한 때부터 24시간 이내에 한하여 영장 없이 압수·수색 또는 검증을 할 수 있다.
② 검사 또는 사법경찰관은 제1항 또는 제216조제1항제2호에 따라 압수한 물건을 계속 압수할 필요가 있는 경우에는 지체 없이 압수수색영장을 청구하여야 한다. 이 경우 압수수색영장의 청구는 체포한 때부터 48시간 이내에 하여야 한다.
③ 검사 또는 사법경찰관은 제2항에 따라 청구한 압수수색영장을 발부받지 못한 때에는 압수한 물건을 즉시 반환하여야 한다.
(2007.6.1 본조개정)

改前 "第217條【同前】① 檢事 또는 司法警察官은 第200條의3의 規定에 의하여 逮捕할 수 있는 者의 所有, 所持 또는 保管하는 物件에 대하여는 第200條의4에 規定한 期間內에 한하여 令狀없이 押收, 搜索 또는 檢證을 할 수 있다.(1995.12.29 본항개정)
② 前條第1項第2號와 前項의 規定에 의하여 押收한 物件은 拘束令狀의 發付를 받지 못한 때에는 卽時 還付하여야 한다. 但, 押收를 繼續할 필요가 있는 때에는 押收, 搜索令狀의 發付를 받아야 한다."

참조 [영장]114·219, [준항고]417

第218條【令狀에 의하지 아니한 押收】 檢事, 司法警察官은 被疑者 其他人의 遺留한 物件이나 所有者, 所持者 또는 保管者가 任意로 提出한 物件을 令狀없이 押收할 수 있다.

참조 [영장에 의한 압수]215, [영장에 의하지 아니한 압수]216·217

판례 불법촬영 피해자가 임의제출한 피의자의 휴대폰에서 원래 수사 대상과 다른 범행의 단서가 발견됐더라도 법원으로부터 해당 범행에 대한 별도의 압수수색 영장을 발부받고 피의자 참여권을 보장하는 등 적법절차를 거치지 않았다면 증거로 쓸 수 없다.(대판 2021.11.18, 2016도348)

第218條의2【압수물의 환부, 가환부】 ① 검사는 사본을 확보한 경우 등 압수를 계속할 필요가 없다고 인정되는 압수물 및 증거에 사용할 압수물에 대하여 공소제기 전이라도 소유자, 소지자, 보관자 또는 제출인의 청구가 있는 때에는 환부 또는 가환부하여야 한다.
② 제1항의 청구에 대하여 검사가 이를 거부하는 경우에는 신청인은 해당 검사의 소속 검찰청에 대응한 법원에 압수물의 환부 또는 가환부 결정을 청구할 수 있다.
③ 제2항의 청구에 대하여 법원이 환부 또는 가환부를 결정하면 검사는 신청인에게 압수물을 환부 또는 가환부하여야 한다.
④ 사법경찰관의 환부 또는 가환부 처분에 관하여는 제1항부터 제3항까지의 규정을 준용한다. 이 경우 사법경찰관은 검사의 지휘를 받아야 한다.
(2011.7.18 본조신설)

第219條【準用規定】 第106條, 第107條, 第109條 내지 第112條, 第114條, 第115條第1項 本文·第2項, 제118조부터 제132조까지, 제134조, 제135조, 第140條, 第141條, 第333條第2項, 第486條의 規定은 檢事 또는 司法警察官의 本章의 規定에 의한 押收, 搜索 또는 檢證에 準用한다. 但, 사법경찰관이 제130조, 제132조 및 제134조에 따른 處分을 함에는 檢事의 指揮를 받아야 한다.(2011.7.18 본조개정)

改前 第219條【準用規定】第106條, 第107條, 第109條 내지 第112條, 第114條, 第115條第1項本文·第2項, "第118條 내지 第135條," 第140條, 第141條, 第333條第2項, 第486條의 規定은 檢事 또는 司法警察官의 本章의 規定에 의한 押收, 搜索 또는 檢

證에 準用한다. 但, 사법경찰관이 "제130조 및 제132조부터 제134조까지의 규정"에 따른 處分을 함에는 檢事의 指揮를 받아야 한다.(2007.6.1 본조개정)

참조 [압수]106·107, [수색]109, [비밀과 압수]110-112, [영장의 방식]114, [영장의 집행]115①②, [영장의 제시]118, [집행중의 출입금지]119, [집행과 필요한 처분]120, [참여]121-124, [시각의 제한]125·126, [집행중지와 필요한 처분]127, [증명서의 교부]128, [목록의 교부]129, [보관, 매각, 폐기]130-132, [환부]133·134, [처분통지]135, [검증]140·141

第220條【要急處分】 第216條의 規定에 의한 處分을 하는 경우에 急速을 要하는 때에는 第123條第2項, 第125條의 規定에 의함을 요하지 아니한다.

참조 [영장에 의하지 아니한 강제처분]216, [참여]123②, [시각의 제한]125

第221條【제3자의 출석요구 등】 ① 검사 또는 사법경찰관은 수사에 필요한 때에는 피의자가 아닌 자의 출석을 요구하여 진술을 들을 수 있다. 이 경우 그의 동의를 받아 영상녹화할 수 있다.
② 검사 또는 사법경찰관은 수사에 필요한 때에는 감정·통역 또는 번역을 위촉할 수 있다.
③ 제163조의2제1항부터 제3항까지는 검사 또는 사법경찰관이 범죄로 인한 피해자를 조사하는 경우에 준용한다.
(2007.6.1 본조개정)

改前 "第221條【第三者의 出席要求】 檢事 또는 司法警察官은 搜査에 필요한 때에는 被疑者 아닌 者의 出席을 要求하여 陳述을 들을 수 있고 鑑定, 通譯 또는 飜譯을 委囑할 수 있다.
(1961.9.1 본조개정)"

참조 [피의자의 출석요구]200, [비용]형사소송비용등에관한법2-9

第221條의2【證人訊問의 請求】 ① 犯罪의 捜査에 없어서는 아니될 事實을 안다고 明白히 認定되는 者가 前條의 規定에 의한 出席 또는 陳述을 拒否한 경우에는 檢事는 第1回 公判期日前에 한하여 判事에게 그에 대한 證人訊問을 請求할 수 있다.
② (2007.6.1 삭제)
③ 제1항의 請求를 함에는 書面으로 그 事由를 소명하여야 한다.(2007.6.1 본항개정)
④ 제1항의 請求를 받은 判事는 證人訊問에 관하여 法院 또는 裁判長과 同一한 權限이 있다.
(2007.6.1 본항개정)
⑤ 판사는 제1항의 청구에 따라 증인신문기일을 정한 때에는 피고인·피의자 또는 변호인에게 이를 통지하여 증인신문에 참여할 수 있도록 하여야 한다.(2007.6.1 본항개정)
⑥ 判事는 제1항의 請求에 의한 證人訊問을 한 때에는 遲滯없이 이에 관한 書類를 檢事에게 送付하여야 한다.(2007.6.1 본항개정)
(1973.1.25 본조신설)

改前 "② 前條의 規定에 의하여 檢事 또는 司法警察官에게 任意의 陳述을 한 者가 公判期日에 前의 陳述과 다른 陳述을 할 念慮가 있고 그의 陳述이 犯罪의 證明에 없어서는 아니될 것으로 認定될 경우에는 檢事는 第1回 公判期日前에 한하여 판사에게 그에 대한 證人訊問을 請求할 수 있다.<1996.12.26 헌법재판소 위헌결정으로 본조제2항 효력상실>
③ "前2項"의 請求를 함에는 書面으로 그 事由를…
④ "第1項 또는 第2項"의 請求를 받은 判事는…
"⑤ 判事는 특별히 捜査에 지장이 있다고 인정하는 경우를 제외하고는 被告人, 被疑者 또는 辯護人을 第1項 또는 第2項의 請求에 의한 證人訊問에 參與하게 하여야 한다.(1995.12.29 본항개정)<1996.12.26 헌법재판소 위헌결정 이전인 1995.12.29 법률 제5054호로 이 조 제5항이 개정되었으나 위 결정으로 이 조 제2항이 무효로 되었으므로 제5항중 제2항에 관한 부분은 자동효력 상실>"
⑥ 判事는 "第1項 또는 第2項"의 請求에 의한 證人訊問을…

참조 [청구서기재사항]형소규111, [신문기일통지]형소규112, [증인의 증거능력]311, [법원 또는 재판장과 동일한 권한]146-168, [피고인등의 참여]163

第221條의3【鑑定의 委囑과 鑑定留置의 請求】 ① 檢事는 第221條의 規定에 의하여 鑑定을 委囑하는 경우에 第172條第3項의 留置處分이 필요할 때에는 判事에게 이를 請求하여야 한다.
② 判事는 第1項의 請求가 상당하다고 認定할 때에는 留置處分을 하여야 한다. 第172條 및 第172條의2의 規定은 이 경우에 準用한다.
(1980.12.18 본조개정)

참조 [청구서기재사항]형소규113, [감정유치]172③, 형소규85, [준항고]416①, [법원외의 감정]172, [감정유치와 구속]172의2, [준용]형소규115

第221條의4【鑑定에 필요한 處分, 許可狀】 ① 第221條의 規定에 의하여 鑑定의 委囑을 받은 者는 判事의 許可를 얻어 第173條第1項에 規定된 處分을 할 수 있다.
② 第1項의 許可의 請求는 檢事가 하여야 한다.
(1980.12.18 본항개정)
③ 判事는 第2項의 請求가 상당하다고 認定할 때에는 許可狀을 發付하여야 한다.(1980.12.18 본항개정)
④ 第173條第2項, 第3項 및 第5項의 規定은 第3項의 許可狀에 準用한다.(1980.12.18 본항개정)
(1973.1.25 본조신설)

참조 [허가청구서]형소규114, [감정에 필요한 처분]173, [준용]형소규115

第221條의5【사법경찰관이 신청한 영장의 청구 여부에 대한 심의】 ① 검사가 사법경찰관이 신청한 영장을 정당한 이유 없이 판사에게 청구하지 아니한 경우 사법경찰관은 그 검사 소속의 지방검찰청 소재지를 관할하는 고등검찰청에 영장 청구 여부에 대한 심의를 신청할 수 있다.
② 제1항에 관한 사항을 심의하기 위하여 각 고등검찰청에 영장심의위원회(이하 이 조에서 "심의위원회"라 한다)를 둔다.
③ 심의위원회는 위원장 1명을 포함한 10명 이내의 외부 위원으로 구성하고, 위원은 각 고등검찰청 검사장이 위촉한다.
④ 사법경찰관은 심의위원회에 출석하여 의견을 개진할 수 있다.
⑤ 심의위원회의 구성 및 운영 등 그 밖에 필요한 사항은 법무부령으로 정한다.
(2020.2.4 본조신설)

第222條【變死者의 檢視】 ① 變死者 또는 變死의 疑心있는 死體가 있는 때에는 그 所在地를 管轄하는 地方檢察廳 檢事가 檢視하여야 한다.
② 前項의 檢視로 犯罪의 嫌疑를 認定하고 緊急을 요할 때에는 令狀없이 檢證을 할 수 있다.
(1961.9.1 본항신설)
③ 檢事는 司法警察官에게 前2項의 處分을 命할 수 있다.(1961.9.1 본항신설)

참조 [검시]형163

第223條【告訴權者】 犯罪로 인한 被害者는 告訴할 수 있다.

참조 [제한]224, [비피해자인 고소권자]225-227, [고소의 방식]237·238

판례 고소를 할 때는 소송행위능력, 즉 고소능력이 있어야 하나, 고소능력은 피해를 입은 사실을 이해하고 고소에 따른 사회생활상의 이해관계를 알아차릴 수 있는 사실상의 의사능력으로 충분하므로, 민법상 행위능력이 없는 사람이라도 위와 같은 능력을 갖추었다면 고소능력이 인정된다.
(대판 2011.6.24, 2011도4451,2011전도76)

판례 범행 당시 피해자에게 고소능력이 없었다가 그 후에 비로소 고소능력이 생겼다면 그 고소기간은 고소능력이 생긴 때로부터 기산하여야 한다.(대판 2007.10.11, 2007도4962)

第224條【告訴의 制限】 自己 또는 配偶者의 直系尊屬을 告訴하지 못한다.

참조 [고소권자의 지정]228, [공범과 고소]233

第225條【非被害者인 告訴權者】 ① 被害者의 法定代理人은 獨立하여 告訴할 수 있다.
② 被害者가 死亡한 때에는 그 配偶者, 直系親族 또는 兄弟姉妹는 告訴할 수 있다. 但, 被害者의 明示한 意思에 反하지 못한다.

참조 [신분관계서면]형소규116, [법정대리인]민918·938, [친족]민767이하, [고소권자]223·226·227, [고소의 방식]237

第226條【同前】 被害者의 法定代理人이 被疑者이거나 法定代理人의 親族이 被疑者인 때에는 被害者의 親族은 獨立하여 告訴할 수 있다.

참조 [신분관계서면]형소규116, [법정대리인]민911·938, [친족]민767이하, [고소의 방식]237

第227條【同前】 死者의 名譽를 毀損한 犯罪에 대하여는 그 親族 또는 子孫은 告訴할 수 있다.

참조 [신분관계서면]형소규116, [친족]민767이하, [명예훼손죄]형308·312

第228條【告訴權者의 指定】 親告罪에 대하여 告訴할 者가 없는 경우에 利害關係人의 申請이 있으면 檢事는 10日 이내에 告訴할 수 있는 者를 指定하여야 한다.

참조 [친고죄]형308·311·312·316-318·323·328-332·344·347-365, 저작140, [고소권자]225-227·323, [신분관계서면]형소규116, [기간의 계산]66

第229條【配偶者의 告訴】 ①「형법」第241條의 경우에는 婚姻이 解消되거나 離婚訴訟을 提起한 後가 아니면 告訴할 수 없다.(2007.6.1 본항개정)
② 前項의 경우에 다시 婚姻을 하거나 離婚訴訟을 取下한 때에는 告訴는 取消된 것으로 看做한다.

참조 [혼인해소등의 서면]형소규116, [이혼]민834이하, [고소의 취소]232

판례 협의이혼신고 후 이혼소송을 취하한 경우에 간통죄의 고소취소로 간주되는지 여부 : 본조 제2항에 의하여 고소를 취소한 것으로 간주되는 이혼소송의 취하는 그것에 의하여 혼인관계를 해소하려는 의사가 철회되어 결과적으로 혼인관계가 존속하는 경우를 의미하는 것일 뿐, 배우자가 이혼소송을 제기한 후 그 소송 외에서 협의이혼 등의 방법으로 혼인 해소의 목적을 달성하게 되어 더 이상 이혼소송을 유지할 실익이 없어 이혼소송을 취하한 경우까지 의미하는 것이라고는 볼 수 없고, 이러한 경우 간통고소는 '이혼소송의 계속'과 선택적 관계에 있는 '혼인관계의 부존재'라는 고소의 유효조건을 충족시키고 있어 여전히 유효하게 존속한다.(대판 2007.1.25, 2006도7939)

第230條【告訴期間】 ① 親告罪에 대하여는 犯人을 알게 된 날로부터 6月을 經過하면 告訴하지 못한다. 但, 告訴할 수 없는 不可抗力의 事由가 있는 때에는 그 事由가 없어진 날로부터 起算한다.
② (2013.4.5 삭제)

改前 "②「형법」第291條의 罪로 略取, 誘引된 者가 婚姻을 한 경우의 告訴는 婚姻의 無效 또는 取消의 裁判이 確定된 날로부터 前項의 期間이 進行된다.(2007.6.1 본항개정)"

참조 [기간의 계산]66, [혼인의 무효와 취소]민815이하

판례 동조 제1항 '범인을 알게 된 날'이란 범죄행위가 종료된 후에 범인을 알게 된 날을 가리키는 것으로서, 고소권자가 범죄행위가 계속되는 도중에 범인을 알았다 하여도, 그 날부터 곧바로 위 조항에서 정한 친고죄의 고소기간이 진행된다고는 볼 수 없고, 이러한 경우 고소기간은 범죄행위가 종료된 때부터 계산하여야 하며, 동종행위의 반복이 당연히 예상되는 영업범 등 포괄일죄의 경우에는 최후의 범죄행위가 종료한 때에 전체 범죄행위가 종료된 것으로 보아야 한다.(대판 2004.10.28, 2004도5014)

第231條【數人의 告訴權者】 告訴할 수 있는 者가 數人인 경우에는 1人의 期間의 解怠는 他人의 告訴에 影響이 없다.

참조 [고소권자]223·225-227

第232條【고소의 취소】 ① 고소는 제1심 판결선고 전까지 취소할 수 있다.
② 고소를 취소한 자는 다시 고소할 수 없다.
③ 피해자의 명시한 의사에 반하여 공소를 제기할 수 없는 사건에서 처벌을 원하는 의사표시를 철회한 경우에도 제1항과 제2항을 준용한다.
(2020.12.8 본조개정)

改前 "第232條【告訴의 取消】 ① 告訴는 第1審 判決宣告前까지 取消할 수 있다.
② 告訴를 取消한 者는 다시 告訴하지 못한다.
③ 被害者의 明示한 意思에 反하여 罪를 論할 수 없는 事件에 있어서 處罰을 希望하는 意思表示의 撤回에 관하여도 前2項의 規定을 準用한다."

참조 [공범과 고소의 취소]233, [피해자의 의사]110·260·266·283·307·309·312②, [제1심판결선고]321·322·325-327, [취소절차]236-239

판례 도로교통법 제151조(업무상 과실재물손괴)의 죄를 범한 운전자에 대하여는 피해자의 명시적인 의사에 반하여 공소를 제기할 수 없다. 이 사건 피고인은 술을 마시고 차를 운전하다 택시를 들이받아 택시 운전사인 피해자에게 전치 2주의 상해를 입게 하고, 택시 수리비 250여 만 원이 들도록 손괴하여 교통사고처리특례법위반(치상), 도로교통법위반(음주운전), 도로교통법위반, 자동차손해배상보장법위반으로 기소되었다. 이후 피고인의 변호사는 1심 판결 선고 전에 피고인의 형사처벌을 원치 않는다는 피해자 명의의 합의서를 제출했다. 이후 1심에서 업무상 과실재물손괴 부분과 유죄로 인정된 나머지 부분 전체에 대하여 상상적 경합 또는 형법 제37조 전단의 경합범 관계에 있음을 이유로 하나의 형이 선고되었으며, 다만 피고인이 피해자와 합의하였던 점을 피고인에게 유리한 정상으로 삼았다. 그러나 피고인의 처벌을 원하지 않는다는 내용의 피해자 명의 합의서가 제출되었으므로, 원심으로서는 제1심 판결을 파기하고 이 부분 공소사실(도로교통법상 업무상 과실재물손괴)에 대하여 형사소송법 제327조제6호에 따라 공소를 기각하였어야 한다. 그럼에도 불구하고 이 부분 공소사실을 유죄로 판단한 원심판결에는 법리를 오해한 나머지 판결에 영향을 미친 잘못이 있다.
(대판 2023.11.30, 2023도12694)

판례 항소심에서 비로소 공소사실이 친고죄로 변경된 경우에도 항소심을 제1심이라 할 수는 없는 것이므로, 항소심에 이르러 고소인이 고소를 취소하였다면 이는 친고죄에 대한 고소취소로서의 효력이 없다.(대판 2007.3.15, 2007도210)

第233條【告訴의 不可分】 親告罪의 共犯 중 그 1人 또는 數人에 대한 告訴 또는 그 取消는 다른 共犯者에 대하여도 效力이 있다.

참조 [친고죄]형312·318·328·344·354·361·365, 저작140, [공범]형30-34, [고소]237, [고소의 취소]239

第234條【告發】 ① 누구든지 犯罪가 있다고 思料하는 때에는 告發할 수 있다.
② 公務員은 그 職務를 行함에 있어 犯罪가 있다고 思料하는 때에는 告發하여야 한다.

참조 [고발]조세범처벌21, 관세284·312·316·318, 특정범죄가중16, 부정수표7, 출입국101, [고발의 제한]235, [절차]237·238

第235條【告發의 制限】 第224條의 規定은 告發에 準用한다.

참조 [고소의 제한]224

第236條【代理告訴】 告訴 또는 그 取消는 代理人으로 하여금 하게 할 수 있다.

참조 [고소권자]223·225-227, [고소의 취소]232

판례 대리인에 의한 고소의 방식 및 그 경우 고소기간의 산정기준 : 동조의 대리인에 의한 고소의 경우, 대리권이 정당한 고소권자에 의하여 수여되었음이 실질적으로 증명되면 충분하고, 그 방식에 특별한 제한은 없으므로, 고소를 할 때 반드시 위임장을 제출한다거나 '대리'라는 표시를 하여야 하는 것은 아니고, 또 고소기간은 대리고소인이 아니라 정당한 고소권자를 기준으로 고소권자가 범인을 알게 된 날부터 기산한다.
(대판 2001.9.4, 2001도3081)

第237條【告訴, 告發의 方式】 ① 告訴 또는 告發은 書面 또는 口述로써 檢事 또는 司法警察官에게 하여야 한다.
② 檢事 또는 司法警察官이 口述에 의한 告訴 또는 告發을 받은 때에는 調書를 作成하여야 한다.

참조 [고소]223·225-227, [고발]234, [사법경찰관의 조치]238, [준용]239·240

第238條【告訴, 告發과 司法警察官의 措置】 司法警察官이 告訴 또는 告發을 받은 때에는 迅速히 調査하여 關係書類와 證據物을 檢事에게 送付하여야 한다.

참조 [사법경찰관]197, [준용]239·240

第239條【準用規定】 前2條의 規定은 告訴 또는 告發의 取消에 관하여 準用한다.

참조 [방식]237, [사법경찰관의 조치]238

第240條【自首와 準用規定】 第237條와 第238條의 規定은 自首에 대하여 準用한다.

참조 [방식]237, [사법경찰관의 조치]238, [자수]형52

第241條【被疑者訊問】 檢事 또는 司法警察官이 被疑者를 訊問함에는 먼저 그 姓名, 年齡, 등록기준지, 住居와 職業을 물어 被疑者임에 틀림없음을 確認하여야 한다.(2007.5.17 본조개정)

改前 第241條【被疑者訊問】檢事…年齡, "本籍," 住居와 職業을 물어 被疑者임에 틀림없음을 確認하여야 한다.

참조 [공판]284

第242條【被疑者訊問事項】 檢事 또는 司法警察官은 被疑者에 대하여 犯罪事實과 情狀에 관한 必要事項을 訊問하여야 하며 그 利益되는 事實을 陳述할 機會를 주어야 한다.

참조 [공판]286 · 287

第243條【被疑者訊問과 參與者】 檢事가 被疑者를 訊問함에는 檢察廳搜査官 또는 서기관이나 서기를 參與하게 하여야 하고 司法警察官이 被疑者를 訊問함에는 司法警察官吏를 參與하게 하여야 한다.
(2007.12.21 본조개정)

改前 第243條【被疑者訊問과 參與者】檢事가 被疑者를 訊問함에는 檢察廳搜査官 또는 "법원사무관등을" 參與하게 하여야 하고 司法警察官이 被疑者를 訊問함에는 司法警察官吏를 參與하게 하여야 한다.(2007.6.1 본조개정)

참조 [검찰청 수사관]검찰46②, [압수등에의 참여]형소규110

판례 피의자신문조서를 검사가 직접 기록한 경우에도 입회서기가 시종 입회하여 검사의 신문내용을 듣고 신문과 기록이 완료된 후 이를 피의자에게 읽어 주고 조서에 간인하고 그 말미에 입회서기 자신이 하등의 이의없이 서명날인하였다면 이는 검찰청법 제30조 제2항 제2호, 형사소송법 제243조에 위배된 것이 아니다.(대판 1973.12.24, 73도2361)

第243條의2【변호인의 참여 등】 ① 검사 또는 사법경찰관은 피의자 또는 그 변호인·법정대리인·배우자·직계친족·형제자매의 신청에 따라 변호인을 피의자와 접견하게 하거나 정당한 사유가 없는 한 피의자에 대한 신문에 참여하게 하여야 한다.
② 신문에 참여하고자 하는 변호인이 2인 이상인 때에는 피의자가 신문에 참여할 변호인 1인을 지정한다. 지정이 없는 경우에는 검사 또는 사법경찰관이 이를 지정할 수 있다.
③ 신문에 참여한 변호인은 신문 후 의견을 진술할 수 있다. 다만, 신문 중이라도 부당한 신문방법에 대하여 이의를 제기할 수 있고, 검사 또는 사법경찰관의 승인을 받아 의견을 진술할 수 있다.
④ 제3항에 따른 변호인의 의견이 기재된 피의자신문조서는 변호인에게 열람하게 한 후 변호인으로 하여금 그 조서에 기명날인 또는 서명하게 하여야 한다.
⑤ 검사 또는 사법경찰관은 변호인의 신문참여 및 그 제한에 관한 사항을 피의자신문조서에 기재하여야 한다.
(2007.6.1 본조신설)

第244條【被疑者訊問調書의 作成】 ① 被疑者의 陳述은 調書에 記載하여야 한다.
② 제1항의 조서는 피의자에게 열람하게 하거나 읽어 들려주어야 하며, 진술한 대로 기재되지 아니하였거나 사실과 다른 부분의 유무를 물어 피의자가 증감 또는 변경의 청구 등 이의를 제기하거나 의견을 진술한 때에는 이를 조서에 추가로 기재하여야 한다. 이 경우 피의자가 이의를 제기하였던 부분은 읽을 수 있도록 남겨두어야 한다.(2007.6.1 본항개정)
③ 피의자가 조서에 대하여 이의나 의견이 없음을 진술한 때에는 피의자로 하여금 그 취지를 자필로 기재하게 하고 조서에 간인한 후 기명날인 또는 서명하게 한다.(2007.6.1 본항개정)

改前 "② 前項의 調書는 被疑者에게 閱覽하게 하거나 읽어 들려야 하며 誤記가 있고 없음을 물어 被疑者가 增減·變更의 請求를 하였을 때에는 그 陳述을 調書에 記載하여야 한다."
"③ 被疑者가 誤記가 없음을 陳述한 때에는 被疑者로 하여금 그 調書에 間印한 後 署名 또는 記名捺印하게 한다."

참조 [조서작성]48 · 50

第244條의2【피의자진술의 영상녹화】 ① 피의자의 진술은 영상녹화할 수 있다. 이 경우 미리 영상녹화사실을 알려주어야 하며, 조사의 개시부터 종료까지의 전 과정 및 객관적 정황을 영상녹화하여야 한다.
② 제1항에 따른 영상녹화가 완료된 때에는 피의자 또는 변호인 앞에서 지체 없이 그 원본을 봉인하고 피의자로 하여금 기명날인 또는 서명하게 하여야 한다.
③ 제2항의 경우에 피의자 또는 변호인의 요구가 있는 때에는 영상녹화물을 재생하여 시청하게 하여야 한다. 이 경우 그 내용에 대하여 이의를 진술하는 때에는 그 취지를 기재한 서면을 첨부하여야 한다.
(2007.6.1 본조신설)

第244條의3【진술거부권 등의 고지】 ① 검사 또는 사법경찰관은 피의자를 신문하기 전에 다음 각 호의 사항을 알려주어야 한다.
1. 일체의 진술을 하지 아니하거나 개개의 질문에 대하여 진술을 하지 아니할 수 있다는 것
2. 진술을 하지 아니하더라도 불이익을 받지 아니한다는 것
3. 진술을 거부할 권리를 포기하고 행한 진술은 법정에서 유죄의 증거로 사용될 수 있다는 것
4. 신문을 받을 때에는 변호인을 참여하게 하는 등 변호인의 조력을 받을 수 있다는 것

② 검사 또는 사법경찰관은 제1항에 따라 알려 준 때에는 피의자가 진술을 거부할 권리와 변호인의 조력을 받을 권리를 행사할 것인지의 여부를 질문하고, 이에 대한 피의자의 답변을 조서에 기재하여야 한다. 이 경우 피의자의 답변은 피의자로 하여금 자필로 기재하게 하거나 검사 또는 사법경찰관이 피의자의 답변을 기재한 부분에 기명날인 또는 서명하게 하여야 한다.
(2007.6.1 본조신설)

참조 [구속과 이유의 고지]72

판례 검사가 국가보안법 위반죄로 구속영장을 발부받아 피의자신문을 한 다음, 구속 기소한 후 다시 피의자를 소환하여 공범들과의 조직구성 및 활동 등에 관한 신문을 하면서 피의자신문조서가 아닌 일반적인 진술조서의 형식으로 조서를 작성한 사안에서, 진술조서의 내용이 피의자신문조서와 실질적으로 같고, 진술의 임의성이 인정되는 경우라도 미리 피의자에게 진술거부권을 고지하지 않았다면 위법수집증거에 해당하므로, 유죄 인정의 증거로 사용할 수 없다.(대판 2009.8.20, 2008도8213)

第244條의4【수사과정의 기록】 ① 검사 또는 사법경찰관은 피의자가 조사장소에 도착한 시각, 조사를 시작하고 마친 시각, 그 밖에 조사과정의 진행경과를 확인하기 위하여 필요한 사항을 피의자신문조서에 기록하거나 별도의 서면에 기록한 후 수사기록에 편철하여야 한다.
② 제244조제2항 및 제3항은 제1항의 조서 또는 서면에 관하여 준용한다.
③ 제1항 및 제2항은 피의자가 아닌 자를 조사하는 경우에 준용한다.
(2007.6.1 본조신설)

第244條의5【장애인 등 특별히 보호를 요하는 자에 대한 특칙】 검사 또는 사법경찰관은 피의자를 신문하는 경우 다음 각 호의 어느 하나에 해당하는 때에는 직권 또는 피의자·법정대리인의 신청에 따라 피의자와 신뢰관계에 있는 자를 동석하게 할 수 있다.
1. 피의자가 신체적 또는 정신적 장애로 사물을 변별하거나 의사를 결정·전달할 능력이 미약한 때
2. 피의자의 연령·성별·국적 등의 사정을 고려하여 그 심리적 안정의 도모와 원활한 의사소통을 위하여 필요한 경우

(2007.6.1 본조신설)

판례 검사 또는 사법경찰관은 피의자를 신문하는 경우 피의자가 신체적 또는 정신적 장애로 사물을 변별하거나 의사를 결정·전달할 능력이 미약한 때나 피의자의 연령·성별·국적 등의 사정을 고려하여 그 심리적 안정의 도모와 원활한 의사소통을 위하여 필요한 경우에는, 직권 또는 피의자·법정대리인의 신청에 따라 피의자와 신뢰관계에 있는 자를 동석하게 할 수 있도록 규정하고 있다. 구체적인 사안에서 위와 같은 동석을 허락할 것인지는 원칙적으로 검사 또는 사법경찰관이 피의자의 건강 상태 등 여러 사정을 고려하여 재량에 따라 판단하여야 할 것이나, 이를 허락하는 경우에도 동석한 사람으로 하여금 피의자를 대신하여 진술하도록 하여서는 안 된다. 만약 동석한 사람이 피의자를 대신하여 진술한 부분이 조서에 기재되어 있다면 그 부분은 피의자의 진술을 기재한 것이 아니라 동석한 사람의 진술을 기재한 조서에 해당하므로, 그 사람에 대한 진술조서로서의 증거능력을 취득하기 위한 요건을 충족하지 못하는 한 이를 유죄 인정의 증거로 사용할 수 없다.
(대판 2009.6.23, 2009도1322)

第245條【參考人과의 對質】 檢事 또는 司法警察官이 事實을 發見함에 필요한 때에는 被疑者와 다른 被疑者 또는 被疑者 아닌 者와 對質하게 할 수 있다.

참조 [대질]162

일판 형사사건의 참고인이나 증인의 허위진술·증언에 증거인멸죄를 적용할 수 없으며 그러한 진술을 바탕으로 한 조서도 위조라 볼 수 없다.(1995.6.2 日·千葉地法判)

第245條의2【전문수사자문위원의 참여】 ① 검사는 공소제기 여부와 관련된 사실관계를 분명하게 하기 위하여 필요한 경우에는 직권이나 피의자 또는 변호인의 신청에 의하여 전문수사자문위원을 지정하여 수사절차에 참여하게 하고 자문을 들을 수 있다.
② 전문수사자문위원은 전문적인 지식에 의한 설명 또는 의견을 기재한 서면을 제출하거나 전문적인 지식에 의하여 설명이나 의견을 진술할 수 있다.
③ 검사는 제2항에 따라 전문수사자문위원이 제출한 서면이나 전문수사자문위원의 설명 또는 의견의 진술에 관하여 피의자 또는 변호인에게 구술 또는 서면에 의한 의견진술의 기회를 주어야 한다.
(2007.12.21 본조신설)

第245條의3【전문수사자문위원 지정 등】 ① 제245조의2제1항에 따라 전문수사자문위원을 수사절차에 참여시키는 경우 검사는 각 사건마다 1인 이상의 전문수사자문위원을 지정한다.
② 검사는 상당하다고 인정하는 때에는 전문수사자문위원의 지정을 취소할 수 있다.
③ 피의자 또는 변호인은 검사의 전문수사자문위원 지정에 대하여 관할 고등검찰청검사장에게 이의를 제기할 수 있다.
④ 전문수사자문위원에게는 수당을 지급하고, 필요한 경우에는 그 밖의 여비, 일당 및 숙박료를 지급할 수 있다.
⑤ 전문수사자문위원의 지정 및 지정취소, 이의제기 절차 및 방법, 수당지급, 그 밖에 필요한 사항은 법무부령으로 정한다.
(2007.12.21 본조신설)

第245條의4【준용규정】 제279조의7 및 제279조의8은 검사의 전문수사자문위원에게 준용한다.
(2007.12.21 본조신설)

第245條의5【사법경찰관의 사건송치 등】 사법경찰관은 고소·고발 사건을 포함하여 범죄를 수사한 때에는 다음 각 호의 구분에 따른다.
1. 범죄의 혐의가 있다고 인정되는 경우에는 지체 없이 검사에게 사건을 송치하고, 관계 서류와 증거물을 검사에게 송부하여야 한다.
2. 그 밖의 경우에는 그 이유를 명시한 서면과 함께 관계 서류와 증거물을 지체 없이 검사에게 송부하여야 한다. 이 경우 검사는 송부받은 날부터 90일 이내에 사법경찰관에게 반환하여야 한다.

(2020.2.4 본조신설)

第245條의6【고소인 등에 대한 송부통지】 사법경찰관은 제245조의5제2호의 경우에는 그 송부한 날부터 7일 이내에 서면으로 고소인·고발인·피해자 또는 그 법정대리인(피해자가 사망한 경우에는 그 배우자·직계친족·형제자매를 포함한다)에게 사건을 검사에게 송치하지 아니하는 취지와 그 이유를 통지하여야 한다.(2020.2.4 본조신설)

第245條의7【고소인 등의 이의신청】 ① 제245조의6의 통지를 받은 사람(고발인을 제외한다)은 해당 사법경찰관의 소속 관서의 장에게 이의를 신청할 수 있다.(2022.5.9 본항개정)
② 사법경찰관은 제1항의 신청이 있는 때에는 지체 없이 검사에게 사건을 송치하고 관계 서류와 증거물을 송부하여야 하며, 처리결과와 그 이유를 제1항의 신청인에게 통지하여야 한다.
(2020.2.4 본조신설)

改前 ① 제245조의6의 통지를 받은 "사람"은 해당 사법경찰관의 소속 관서의 장에게 이의를 신청할 수 있다.

第245條의8【재수사요청 등】 ① 검사는 제245조의5제2호의 경우에 사법경찰관이 사건을 송치하지 아니한 것이 위법 또는 부당한 때에는 그 이유를 문서로 명시하여 사법경찰관에게 재수사를 요청할 수 있다.
② 사법경찰관은 제1항의 요청이 있는 때에는 사건을 재수사하여야 한다.
(2020.2.4 본조신설)

第245條의9【검찰청 직원】 ① 검찰청 직원으로서 사법경찰관리의 직무를 행하는 자와 그 직무의 범위는 법률로 정한다.
② 사법경찰관의 직무를 행하는 검찰청 직원은 검사의 지휘를 받아 수사하여야 한다.
③ 사법경찰리의 직무를 행하는 검찰청 직원은 검사 또는 사법경찰관의 직무를 행하는 검찰청 직원의 수사를 보조하여야 한다.
④ 사법경찰관리의 직무를 행하는 검찰청 직원에 대하여는 제197조의2부터 제197조의4까지, 제221조의5, 제245조의5부터 제245조의8까지의 규정을 적용하지 아니한다.
(2020.2.4 본조신설)

第245條의10【특별사법경찰관리】 ① 삼림, 해사, 전매, 세무, 군수사기관, 그 밖에 특별한 사항에 관하여 사법경찰관리의 직무를 행할 특별사법경찰관리와 그 직무의 범위는 법률로 정한다.
② 특별사법경찰관은 모든 수사에 관하여 검사의 지휘를 받는다.
③ 특별사법경찰관은 범죄의 혐의가 있다고 인식하는 때에는 범인, 범죄사실과 증거에 관하여 수사를 개시·진행하여야 한다.
④ 특별사법경찰관리는 검사의 지휘가 있는 때에는 이에 따라야 한다. 검사의 지휘에 관한 구체적 사항은 법무부령으로 정한다.
⑤ 특별사법경찰관은 범죄를 수사한 때에는 지체 없이 검사에게 사건을 송치하고, 관계 서류와 증거물을 송부하여야 한다.
⑥ 특별사법경찰관리에 대하여는 제197조의2부터 제197조의4까지, 제221조의5, 제245조의5부터 제245조의8까지의 규정을 적용하지 아니한다.
(2020.2.4 본조신설)

第2章 公 訴

第246條【國家訴追主義】 公訴는 檢事가 提起하여 遂行한다.

참조 [검사의 직무]검찰4, [공소의 제기]254, [공소시효]249-251

판례 검사에게 자의적으로 무제한적인 소추권을 부여한 것은 아니라고 할지라도 검사는 범죄의 구성요건에 해당하여 형사적 제재를 함이 상당하다고 판단되는 경우에는 공소를 제기할 수 있고 또 형법 제51조의 사항을 참작하여 공소를 제기하지 아니할 수 있는 재량권이 부여되어 있다.(대판 1996.2.13, 94도2658)

第247條【기소편의주의】 검사는 「형법」 제51조의 사항을 참작하여 공소를 제기하지 아니할 수 있다. (2007.6.1 본조개정)

改前 "第247條【起訴便宜主義와 公訴不可分】 ① 檢事는 刑法 第51條의 事項을 參酌하여 公訴를 提起하지 아니할 수 있다. ② 犯罪事實의 一部에 대한 公訴는 그 效力이 全部에 미친다."

참조 [양형의 조건]형51, [공소제기의 절차]254, [불기소처분]257-262, [공소보류]국가보안20, [공소장의 변경]298

판례 기업들에 대하여 막강한 영향력을 가지고 있던 국세청의 고위 공무원들과 공모하여 기업들로부터 거액의 정치자금을 모금한 행위는 정치자금의 투명한 조달을 왜곡하고 공정한 선거를 방해할 뿐만 아니라 기업들에 대하여는 막중한 경제적 부담을 지우는 것으로서, 검찰이 수사와 기소 단계에서 제15대 대통령 선거의 당선자측과 낙선자측을 불평등하게 취급하는 '정치적인 고려'가 있었다고 하더라도, 그 범죄행위에 상응한 책임을 묻는 검사의 공소제기가 소추재량권을 현저히 일탈하였다고 볼 수 없다.(대판 2004.4.27, 2004도482)

第248條【공소의 효력 범위】 ① 공소의 효력은 검사가 피고인으로 지정한 자에게만 미친다.

② 범죄사실의 일부에 대한 공소의 효력은 범죄사실 전부에 미친다.

(2020.12.8 본조개정)

改前 第248條【"공소효력의" 범위】 ① "공소는" 검사가 피고인으로 지정한 "사람 외의 다른 사람에게는 그 효력이 미치지 아니한다."

② 범죄사실의 일부에 대한 "공소는 그 효력이" 전부에 미친다.

(2007.6.1 본조개정)

참조 [피고인의 지정]254, [공범과의 관계]187·252

第249條【公訴時效의 期間】 ① 公訴時效는 다음 期間의 經過로 完成한다.

1. 死刑에 해당하는 犯罪에는 25년
2. 無期懲役 또는 無期禁錮에 해당하는 犯罪에는 15년
3. 長期 10年 이상의 懲役 또는 禁錮에 해당하는 犯罪에는 10년
4. 長期 10年 미만의 懲役 또는 禁錮에 해당하는 犯罪에는 7년
5. 長期 5年 미만의 懲役 또는 禁錮, 長期 10年 이상의 資格停止 또는 벌금에 해당하는 범죄에는 5년
6. 長期 5年 이상의 資格停止에 해당하는 犯罪에는 3년
7. 長期 5年 미만의 資格停止, 구류, 科料 또는 沒收에 해당하는 犯罪에는 1年

(2007.12.21 1호~7호개정)

② 公訴가 提起된 犯罪는 判決의 確定이 없이 公訴를 提起한 때로부터 25년을 經過하면 公訴時效가 完成한 것으로 看做한다.(2007.12.21 본항개정)

改前 ① 1. 死刑에 해당하는 犯罪에는 "15年"
2. 無期懲役 또는 無期禁錮에 해당하는 犯罪에는 "10年"
3. 長期 10年이상의 懲役 또는 禁錮에 해당하는 犯罪에는 "7年"
4. 長期 10年미만의 懲役 또는 禁錮에 해당하는 犯罪에는 "5年"
5. 長期 5年미만의 懲役 또는 禁錮, 長期 10年이상의 資格停止 "또는 多額 1萬원이상의 罰金에 해당하는 犯罪에는 3年"
6. 長期 5年이상의 資格停止에 해당하는 犯罪에는 "2年"
7. 長期 5年미만의 資格停止, "多額 1萬원미만의 罰金, 拘留," 科料 또는 沒收에 해당하는 犯罪에는 1年

② 公訴가 提起된 犯罪는 判決의 確定이 없이 公訴를 提起한 때로부터 "15年"을 經過하면 公訴時效가 完成한 것으로 看做한다.(1961.9.1 본항신설)

참조 [시효특례]헌정질서파괴범죄의공소시효등에관한특례법, 5·18민주화운동등에관한특별법, [기간의 계산]66, [시효완성과 면소]326, 조세범처벌22, [형의 시효]형78

판례 공소사실의 변경과 공소시효기간의 기준이 되는 법정형 및 법원의 판결 : 공소장변경절차에 의하여 공소사실이 변경됨에 따라 그 법정형에 차이가 있는 경우에는 변경된 공소사실에 대한 법정형이 공소시효기간의 기준이 된다. 공소제기 당시의 공소사실에 대한 법정형을 기준으로 하면 공소제기 당시 아직 공소시효가 완성되지 않았으나 변경된 공소사실에 대한 법정형을 기준으로 하면 공소제기 당시 이미 공소시효가 완성된 경우에는 공소시효의 완성을 이유로 면소판결을 선고하여야 한다. (대판 2001.8.24, 2001도2902)

第250條【두 개 이상의 형과 시효기간】 두 개 이상의 형을 병과(倂科)하거나 두 개 이상의 형에서 한 개를 과(科)할 범죄에 대해서는 무거운 형에 의하여 제249조를 적용한다.(2020.12.8 본조개정)

改前 "第250條【2個 이상의 刑과 時效期間】 2個 이상의 刑을 倂科하거나 2個 이상의 刑에서 그 1個를 科할 犯罪에는 重한 刑에 의하여 前條의 規定을 適用한다."

참조 [형의 종류]형41, [형의 병과]형38·117·131·204·209·220·237·238·249·256·265·270·282·295·345·353·358·363, 국가보안14, 경범5, [형의 경중]형50

第251條【刑의 加重, 減輕과 時效期間】 「형법」에 의하여 刑을 加重 또는 減輕할 경우에는 加重 또는 減輕하지 아니한 刑에 의하여 第249條의 規定을 適用한다.(2007.6.1 본조개정)

참조 [가중]형34·35·38·42·135·144·203·264·278·279·285·305의2·332·351, [감경]형10·11·21·23·25-27·32·39·52-55·90·101·111·114·120·153·157·175·213·295의2·324의6·365

第252條【時效의 起算點】 ① 時效는 犯罪行爲의 終了한 때로부터 進行한다.

② 共犯에는 最終行爲의 終了한 때로부터 全共犯에 대한 時效期間을 起算한다.

참조 [시효의 기간]249, [공범]253②, 형30-34

판례 공소시효의 기산점에 당해 범죄행위의 결과까지도 포함되는지 여부 : 공소시효의 기산점에 관하여 규정하는 형사소송법 제252조 제1항의 '범죄행위'는 당해 범죄행위의 결과까지도 포함하는 취지로 해석함이 상당하다. (대판 2003.9.26, 2002도3924)

第253條【時效의 停止와 效力】 ① 時效는 公訴의 提起로 進行이 停止되고 公訴棄却 또는 管轄違反의 裁判이 確定된 때로부터 進行한다.(1961.9.1 본항개정)

② 共犯의 1人에 대한 前項의 時效停止는 다른 共犯者에게 대하여 效力이 미치고 當該事件의 裁判이 確定된 때로부터 進行한다.(1961.9.1 본항개정)

③ 犯人이 刑事處分을 면할 目的으로 國外에 있는 경우 그 기간동안 公訴時效는 정지된다.

(1995.12.29 본항신설)

④ 피고인이 형사처분을 면할 목적으로 국외에 있는 경우 그 기간 동안 제249조제2항에 따른 기간의 진행은 정지된다.[국회통과 본항신설]

참조 [공소의 제기]254, [공소기각]327·328·363·382, [재정신청과 공소시효]262의2, [공범]형30-34

판례 형사소송법 제253조 제3항의 입법 취지는 범인이 우리나라의 사법권이 실질적으로 미치지 못하는 국외에 체류한 것이 도피의 수단으로 이용된 경우에 체류기간 동안은 공소시효가 진행되는 것을 저지하여 범인을 처벌할 수 있도록 하여 형벌권을 적정하게 실현하고자 하는 데 있다. 따라서 위 규정이 정한 '범인이 형사처분을 면할 목적으로 국외에 있는 경우'는 범인이 국내에서 범죄를 저지르고 형사처분을 면할 목적으로 국외로 도피한 경우에 한정되지 아니하고, 범인이 국외에서 범죄를 저지르고 형사처분을 면할 목적으로 국외에서 체류를 계속하는 경우도 포함된다.(대판 2015.6.24, 2015도5916)

판례 동조 제3항 '범인이 형사처분을 면할 목적으로 국외에 있는 경우'의 의미 : 이 경우, 범인의 국외체류의 목적은 오로지 형사처분을 면할 목적만으로 국외체류하는 것에 한정되는 것은 아니고 범인이 가지는 여러 국외체류 목적 중 형사처분을 면할 목적이 포함되어 있으면 족하다.(대판 2003.1.24, 2002도4994)

第253條의2【공소시효의 적용 배제】 사람을 살해한 범죄(종범은 제외한다)로 사형에 해당하는 범죄에 대하여는 제249조부터 제253조까지에 규정된 공소시효를 적용하지 아니한다.(2015.7.31 본조신설)

第254條【公訴提起의 方式과 公訴狀】 ① 公訴를 提起함에는 公訴狀을 管轄法院에 提出하여야 한다.

② 公訴狀에는 被告人數에 相應한 副本을 添附하여야 한다.

③ 公訴狀에는 다음 事項을 記載하여야 한다.

1. 被告人의 姓名 기타 被告人을 特定할 수 있는 事項
2. 罪名
3. 公訴事實
4. 適用法條

④ 公訴事實의 記載는 犯罪의 時日, 場所와 方法을 明示하여 事實을 特定할 수 있도록 하여야 한다.

⑤ 數個의 犯罪事實과 適用法條를 豫備的 또는 擇一的으로 記載할 수 있다.

참조 [공소장기재요건등]형소규117·118, [공소제기]246, [공소의 효력]248, [약식명령의 청구]449, [제기절차무효와 재판]327, [적용법조]298·323, [공소장의 부본]266, [모두진술]285

◘ 공소사실과 특정

판례 법정형에 징역형과 벌금형을 병과할 수 있도록 규정되어 있는 경우, 법원은 공소장에 기재된 적용법조나 검사의 구형과 관계없이 심리·확정한 사실에 대하여 재량으로 벌금형의 병과 여부를 정할 수 있다.(대판 2011.2.24, 2010도7404)

판례 "공소사실의 기재는 범죄의 시일·장소와 방법을 명시하여 사실을 특정하여야 한다."고 규정하고 있는바, 이와 같이 범죄의 일시·장소와 방법을 명시하여 공소사실을 특정하도록 한 법의 취지는 법원에 대하여 심판의 대상을 한정하고 피고인에게 방어의 범위를 특정하여 그 방어권행사를 용이하게 하기 위한 데 있으므로, 검사로서는 위 세 가지 특정 요소를 종합하여 다른 사실과의 식별이 가능하도록 범죄구성요건에 해당하는 구체적 사실을 기재하여야 할 것이다.(대판 2011.2.10, 2010도16361)

판례 고발은 범죄사실에 대한 소추를 요구하는 의사표시로서 그 효력은 고발장에 기재된 범죄사실과 동일성이 인정되는 사실 모두에 미치므로, 범칙사건에 대한 고발이 있는 경우 그 고발의 효과는 범칙사건에 관련된 범칙사실의 전부에 미치고 한 개의 범칙사실의 일부에 대한 고발은 그 전부에 대하여 효력이 생기므로, 동일한 부가가치세의 과세기간 내에 행하여진 조세포탈기간이나 포탈액수의 일부에 대한 조세포탈죄의 고발이 있는 경우 그 고발의 효력은 그 과세기간 내의 조세포탈기간 및 포탈액수 전부에 미친다. 따라서 일부에 대한 고발이 있는 경우 기본적 사실관계의 동일성이 인정되는 범위 내에서 조세포탈기간이나 포탈액수를 추가하는 공소장변경은 적법하다. (대판 2009.7.23, 2009도3282)

판례 공모에 관한 공소사실의 특정 정도 : 본조 제4항에서 범죄의 일시·장소와 방법을 명시하여 공소사실을 특정하도록 한 취지는 법원에 대하여 심판의 대상을 한정하고 피고인에게 방어의 범위를 특정하여 그 방어권 행사를 용이하게 하기 위한 데 있으므로, 공소 제기된 범죄의 성격에 비추어 그 공소의 원인이 된 사실을 다른 사실과 구별할 수 있을 정도로 그 일시·장소·방법·목적 등을 적시하여 특정하면 족하고, 공모의 시간·장소·내용 등을 구체적으로 명시하지 아니하였다거나 그 일부가 다소 불명확하더라도 그와 함께 적시된 다른 사항들에 의하여 그 공소사실을 특정할 수 있고, 그리하여 피고인의 방어권 행사에 지장이 없다면 그와 같은 이유만으로 공소사실이 특정되지 아니하였다고 할 수 없다.(대판 2007.6.14, 2004도5561)

판례 사기죄에서의 공소사실 특정정도 : 사기죄에 있어서 수인의 피해자에 대하여 각별로 기망행위를 하여 각각 재물을 편취한 경우에 그 범의가 단일하고 범행방법이 동일하다고 하더라도 포괄1죄가 되는 것이 아니라 피해자별로 1개씩의 죄가 성립하는 것으로 보아야 할 것이고, 이러한 경우 그 공소사실은 각 피해자와 피해자별 피해액을 특정할 수 있도록 기재하여야 할 것인바, '일정한 기간 사이에 성명불상의 고객들에게 1일 평균 매상액 상당을 판매하여 그 대금 상당액을 편취하였다'는 내용은 피해자나 피해액이 특정되었다고 할 수 없다. (대판 1996.2.13, 95도2121)

판례 특별 구성요건에 해당하는 범죄방법에 관한 기재가 없는 공소장과 동 공소 제기의 효력 : 공소사실이란 범죄의 특별구성요건을 충족하는 구체적 사실을 말하며 공소장에 공소사실을 기재함에 있어서 범죄의 일시와 장소 및 방법을 명시하여 범죄의 특별구성요건 해당사실을 특정할 수 있도록 하여야 하는데 만일 공소장에 범죄의 방법에 관한 기재가 없어서 범죄 사실을 뚜렷이 특정할 수 없을 경우에는 그 공소제기의 절차는 무효라 할 것이다.(대판 1984.5.22, 84도471)

◘ 적용법조

판례 '공소장의 제출'이 공소제기의 본질적 요소인지 여부 : 형사소송법이 공소의 제기에 관하여 '서면주의'와 엄격한 요식행위를 채용하고 있고 공소의 제기에 의해서 법원의 심판이 개시되는 바, 이는 심판을 구하는 대상(공소사실 및 피고인)을 명확하게 하고 피고인의 방어권을 보장하기 위한 것이라 할 것이어서 검사에 의한 공소장의 제출은 공소제기라는 소송행위가 성립하기 위한 본질적 요소라고 보아야 할 것이므로, 이러한 공소장의 제출이 없는 경우에는 소송행위로서의 공소제기가 성립되었다고 할 수 없다.(대판 2003.11.14, 2003도2735)

판례 공소장 기재 적용 법조가 명백한 오기인 경우 그와 다른 법조를 적용하여 처벌한 원심의 조치가 위법한지 여부 : 공소장에는 적용 법조로서 각 보건범죄단속에관한특별조치법 제6조, 제2조 제2항, 제1항 제1호, 식품위생법 제22조 제2항이 기재되어 있기는 하나 이를 위 공소장 기재 공소사실과 대비하여 검토하여 보면 위 보건범죄단속에관한특별조치법 제2조 제1항 제1호는 같은 법 조항 제2호의 오기임이 명백함을 알 수 있으므로(회사들의 대표자들의 위반행위에 대하여 보건범죄단속에관한특별조치법 제2조 제1항 제2호로 의율하여 기소한 점을 보아도 그러하다), 원심이 증거를 취사하여 위 회사들에 대하여 판시와 같은 범죄사실을 인정한 다음, 같은 법 제6조, 제2조 제1항 제2호를 적용하여 처벌한 조치에 불고불리의 원칙에 위배하는 등의 위법이 있다고 할 수 없다.(대판 1995.12.12, 95도1893)

판례 법원이 택일적 공소사실 중 중경한 죄에 대한 유죄를 인정한 경우에 중한 죄를 유죄로 인정하지 아니한 것이 위법이라는 이유의 검사의 상소의 가부 : 본래의 강도살인죄에 택일적으로 살인 및 절도죄를 추가하는 공소장변경을 하여 법원이 택일적으로 공소제기된 살인 및 절도죄에 대하여 유죄로 인정한 이상 검사는 중한 강도살인죄를 유죄로 인정하지 아니한 것이 위법이라는 이유로 상소할 수 없다.(대판 1981.6.9, 81도1269)

第255條【公訴의 取消】 ① 公訴는 第1審判決의 宣告 前까지 取消할 수 있다.

② 公訴取消는 理由를 記載한 書面으로 하여야 한다. 但, 公判廷에서는 口述로써 할 수 있다.

참조 [기소편의주의]247, [공소취소와 재판]328①, [고소인등에 대한 통지]258, [재기소]329

판례 실체적 경합관계에 있는 수개의 공소사실 중 일부의 소추대상에서의 철회절차 : 공소장변경의 방식에 의한 공소사실의 철회는 공소사실의 동일성이 인정되는 범위내의 일부 공소사실에 한하여 가능한 것이므로, 공소장에 기재된 수개의 공소사실이 서로 동일성이 없고 실체적 경합관계에 있는 경우에 그 일부를 소추대상에서 철회하려면 공소장변경의 방식에 의할 것이 아니라 공소의 일부취소절차에 의하여야 한다.

(대판 1988.3.22, 88도67)

第256條【他管送致】 檢事는 事件이 그 所屬檢察廳에 對應한 法院의 管轄에 屬하지 아니한 때에는 事件을 書類와 證據物과 함께 管轄法院에 對應한 檢察廳檢事에게 送致하여야 한다.

참조 [법원의 관할]2, 법원조직28·32, [대응한 검찰청]검찰3, [송치의 통지]258, [특례]소년45

第256條의2【군검사에의 事件送致】 檢事는 事件이 軍事法院의 裁判權에 屬하는 때에는 事件을 書類와 證據物과 함께 裁判權을 가진 관할 군검찰부 군검사에게 送致하여야 한다. 이 경우에 送致前에 行한 訴訟行爲는 送致後에도 그 效力에 影響이 없다. (2016.1.6 본조개정)

改前 第256條의2【"軍檢察官"에의 事件送致】 檢事는…裁判權을 가진 "管轄軍事法院檢察部檢察官"에게 送致하여야 한다. 이 경우에…影響이 없다.(1987.11.28 본조개정)

참조 [군사법원의 재판권]군사법원2-3의2, 계엄10·12, [군사법원검찰관]군사법원36이하

第257條【告訴등에 의한 事件의 處理】 檢事가 告訴 또는 告發에 의하여 犯罪를 搜査할 때에는 告訴 또는 告發을 受理한 날로부터 3月이내에 搜査를 完了하여 公訴提起與否를 決定하여야 한다.

참조 [고소·고발]237·238, [기간계산]66, [공소제기]246·247

第258條【告訴人등에의 處分告知】 ① 檢事는 告訴 또는 告發있는 事件에 관하여 公訴를 提起하거나 提起하지 아니하는 處分, 公訴의 取消 또는 第256條의 送致를 한 때에는 그 處分한 날로부터 7日이내에 書面으로 告訴人 또는 告發人에게 그 趣旨를 通知하여야 한다.
② 檢事는 不起訴 또는 第256條의 處分을 한 때에는 被疑者에게 即時 그 趣旨를 通知하여야 한다.
참조 [고소인]223・225~227, [고발인]234, [공소의 제기]246・254, [불기소처분]247, [공소의 취소]255, [타관송치]256, [기간계산]66

第259條【告訴人등에의 公訴不提起理由告知】 檢事는 告訴 또는 告發있는 事件에 관하여 公訴를 提起하지 아니하는 處分을 한 경우에 告訴人 또는 告發人의 請求가 있는 때에는 7日이내에 告訴人 또는 告發人에게 그 理由를 書面으로 說明하여야 한다.
참조 [고소]223・225~227, [고발]234, [불기소처분]247

第259條의2【피해자 등에 대한 통지】 검사는 범죄로 인한 피해자 또는 그 법정대리인(피해자가 사망한 경우에는 그 배우자・직계친족・형제자매를 포함한다)의 신청이 있는 때에는 당해 사건의 공소제기 여부, 공판의 일시・장소, 재판결과, 피의자・피고인의 구속・석방 등 구금에 관한 사실 등을 신속하게 통지하여야 한다.(2007.6.1 본조신설)

第260條【재정신청】 ① 고소권자로서 고소를 한 자(「형법」 제123조부터 제126조까지의 죄에 대하여는 고발을 한 자를 포함한다. 이하 이 조에서 같다)는 검사로부터 공소를 제기하지 아니한다는 통지를 받은 때에는 그 검사 소속의 지방검찰청 소재지를 관할하는 고등법원(이하 "관할 고등법원"이라 한다)에 그 당부에 관한 재정을 신청할 수 있다. 다만, 「형법」 제126조의 죄에 대하여는 피공표자의 명시한 의사에 반하여 재정을 신청할 수 없다.(2011.7.18 본항개정)
② 제1항에 따른 재정신청을 하려면 「검찰청법」 제10조에 따른 항고를 거쳐야 한다. 다만, 다음 각 호의 어느 하나에 해당하는 경우에는 그러하지 아니하다.
1. 항고 이후 재기수사가 이루어진 다음에 다시 공소를 제기하지 아니한다는 통지를 받은 경우
2. 항고 신청 후 항고에 대한 처분이 행하여지지 아니하고 3개월이 경과한 경우
3. 검사가 공소시효 만료일 30일 전까지 공소를 제기하지 아니하는 경우
③ 제1항에 따른 재정신청을 하려는 자는 항고기각 결정을 통지받은 날 또는 제2항 각 호의 사유가 발생한 날부터 10일 이내에 지방검찰청검사장 또는 지청장에게 재정신청서를 제출하여야 한다. 다만, 제2항제3호의 경우에는 공소시효 만료일 전날까지 재정신청서를 제출할 수 있다.
④ 재정신청서에는 재정신청의 대상이 되는 사건의 범죄사실 및 증거 등 재정신청을 이유있게 하는 사유를 기재하여야 한다.
(2007.6.1 본조개정)
改前 ① 고소권자로서 고소를 한 자(「형법」 제123조부터 "제125조"까지의 죄에 대하여는 고발을 한 자를 포함한다.…
참조 [타인의 권리행사방해, 불법체포・불법감금, 폭행・가혹행위]형123~125, [재정신청과 공소제기]261, [신청기각의 결정]262, [기간계산]66・67, [고소인등에 대한 통지]258, [항고]검찰10, [신청의 취소]264
판례 재정신청 제기기간 후에 재정신청 대상을 추가할 수 있는지 여부 : 재정신청 제기기간이 경과된 후에 재정신청보충서를 제출하면서 원래의 재정신청에 재정신청 대상으로 포함되어 있지 않은 고발사실을 재정신청의 대상으로 추가한 경우, 그 재정신청보충서에서 추가한 부분에 관한 재정신청은 법률상 방식에 어긋난 것으로서 부적법하다.(대결 1997.4.22, 97모30)

第261條【지방검찰청검사장 등의 처리】 제260조제3항에 따라 재정신청서를 제출받은 지방검찰청검사장 또는 지청장은 재정신청서를 제출받은 날부터 7일 이내에 재정신청서・의견서・수사 관계 서류 및 증거물을 관할 고등검찰청을 경유하여 관할 고등법원에 송부하여야 한다. 다만, 제260조제2항 각 호의 어느 하나에 해당하는 경우에는 지방검찰청검사장 또는 지청장은 다음의 구분에 따른다.
1. 신청이 이유 있는 것으로 인정하는 때에는 즉시 공소를 제기하고 그 취지를 관할 고등법원과 재정신청인에게 통지한다.
2. 신청이 이유 없는 것으로 인정하는 때에는 30일 이내에 관할 고등법원에 송부한다.
(2007.6.1 본조개정)
改前 "第261條【지방검찰청검사장 또는 지청장 및 고등검찰청 검사장 또는 支廳長의 處理】 ① 裁定申請을 受理한 地方檢察廳檢事長 또는 支廳長은 다음과 같이 處理한다.
1. 申請이 理由있는 것으로 認定한 때에는 即時 公訴를 提起하고 그 趣旨를 所轄高等法院과 裁定申請人에게 通知하여야 한다.
2. 申請이 理由없는 것으로 認定한 때에는 그 記錄에 意見書를 添附하여 7日이내에 所轄高等檢察廳檢事長에게 送致한다.
② 前項第2號의 規定에 依하여 記錄을 受理한 高等檢察廳檢事長은 다음과 같이 處理한다.
1. 申請이 理由있는 것으로 認定한 때에는 그 記錄에 公訴提起命令書를 添附하여 所轄地方檢察廳檢事長에게 送致하고 그 趣旨를 所轄高等法院과 裁定申請人에게 通知하여야 한다.
2. 申請이 理由없는 것으로 認定한 때에는 30日이내에 그 記錄을 所轄高等法院에 送致한다.(1961.9.1 본호개정)
(2004.1.20 본조제목개정)"
참조 [검사장]검찰17・21, [지청장]검찰22, [재정신청]260, [공소제기]254, [재정결정]262

第262條【심리와 결정】 ① 법원은 재정신청서를 송부받은 때에는 송부받은 날부터 10일 이내에 피의자에게 그 사실을 통지하여야 한다.
② 법원은 재정신청서를 송부받은 날부터 3개월 이내에 항고의 절차에 준하여 다음 각 호의 구분에 따라 결정한다. 이 경우 필요한 때에는 증거를 조사할 수 있다.
1. 신청이 법률상의 방식에 위배되거나 이유 없는 때에는 신청을 기각한다.
2. 신청이 이유 있는 때에는 사건에 대한 공소제기를 결정한다.
③ 재정신청사건의 심리는 특별한 사정이 없는 한 공개하지 아니한다.
④ 제2항제1호의 결정에 대하여는 제415조에 따른 즉시항고를 할 수 있고, 제2항제2호의 결정에 대하여는 불복할 수 없다. 제2항제1호의 결정이 확정된 사건에 대하여는 다른 중요한 증거를 발견한 경우를 제외하고는 소추할 수 없다.(2016.1.6 전단개정)
⑤ 법원은 제2항의 결정을 한 때에는 즉시 그 정본을 재정신청인・피의자와 관할 지방검찰청검사장 또는 지청장에게 송부하여야 한다. 이 경우 제2항제2호의 결정을 한 때에는 관할 지방검찰청검사장 또는 지청장에게 사건기록을 함께 송부하여야 한다.
⑥ 제2항제2호의 결정에 따른 재정결정서를 송부받은 관할 지방검찰청 검사장 또는 지청장은 지체 없이 담당 검사를 지정하고 지정받은 검사는 공소를 제기하여야 한다.
(2007.6.1 본조개정)
改前 ④ "제2항의" 결정에 대하여는 "불복할" 수 없다. 제2항제1호의 결정이 확정된 사건에 대하여는…
참조 [재정신청]260, [수리통지]형소규120, [항고절차]402, [기간계산]66, [결정]37, [재판서]38, [공소장기재사항]254③, [관할위반선고불허]319단서

第262條의2【재정신청사건 기록의 열람・등사 제한】 재정신청사건의 심리 중에는 관련 서류 및 증거물을 열람 또는 등사할 수 없다. 다만, 법원은 제262조제2항 후단의 증거조사과정에서 작성된 서류의 전부 또는 일부의 열람 또는 등사를 허가할 수 있다.(2007.6.1 본조신설)

第262條의3【비용부담 등】 ① 법원은 제262조제2항제1호의 결정 또는 제264조제2항의 취소가 있는 경우에는 결정으로 재정신청인에게 신청절차에 의하여 생긴 비용의 전부 또는 일부를 부담하게 할 수 있다.
② 법원은 직권 또는 피의자의 신청에 따라 재정신청인에게 피의자가 재정신청절차에서 부담하였거나 부담할 변호인선임료 등 비용의 전부 또는 일부의 지급을 명할 수 있다.
③ 제1항 및 제2항의 결정에 대하여는 즉시항고를 할 수 있다.
④ 제1항 및 제2항에 따른 비용의 지급범위와 절차 등에 대하여는 대법원규칙으로 정한다.
(2007.6.1 본조신설)

第262條의4【공소시효의 정지 등】 ① 제260조에 따른 재정신청이 있으면 제262조에 따른 재정결정이 확정될 때까지 공소시효의 진행이 정지된다.
(2016.1.6 본항개정)
② 제262조제2항제2호의 결정이 있는 때에는 공소시효에 관하여 그 결정이 있는 날에 공소가 제기된 것으로 본다.
(2007.6.1 본조개정)
改前 ① 제260조에 따른…재정결정이 "있을" 때까지…
참조 [시효의 정지와 효력]253

第263條 (2007.6.1 삭제)
改前 "第263條【公訴提起의 擬制】 第262條第1項第2號의 決定이 있는 때에는 그 事件에 대하여 公訴의 提起가 있는 것으로 看做한다.(1980.12.18 본조개정)"

第264條【代理人에 의한 申請과 1人의 申請의 效力, 取消】 ① 裁定申請은 代理人에 의하여 할 수 있으며 共同申請權者 중 1人의 申請은 그 全員을 위하여 效力을 發生한다.
② 裁定申請은 제262조제2항의 決定이 있을 때까지 取消할 수 있다. 取消한 者는 다시 裁定申請을 할 수 없다.(2007.6.1 본항개정)
③ 前項의 取消는 다른 共同申請權者에게 效力을 미치지 아니한다.
改前 ② 裁定申請은 "第262條第1項"의 決定이 있을…
참조 [재정신청]260, [신청취소방식]형소규121, [재정결정]262①

第264條의2【공소취소의 제한】 검사는 제262조제2항제2호의 결정에 따라 공소를 제기한 때에는 이를 취소할 수 없다.(2007.6.1 본조신설)

第265條 (2007.6.1 삭제)
改前 "第265條【公訴의 維持와 指定辯護士】 ① 法院은 第262條第1項第2號의 規定에 의하여 事件이 그 法院의 審判에 付하여진 때에는 그 事件에 대하여 公訴의 維持를 擔當할 者를 辯護士중에서 指定하여야 한다.
② 前項의 指定을 받은 辯護士는 當該 事件과 이와 併合된 事件에 대한 公訴를 維持하기 위하여 終局裁判이 確定될 때까지 檢事로서의 모든 職權을 行使한다. 但, 司法警察官吏에 대한 搜査의 指揮는 裁判長이 認定한 事項에 限한다.
③ 前項의 規定에 의하여 檢事의 職務를 行하는 辯護士는 法令에 의하여 公務에 從事하는 者로 看做한다.
④ 法院은 指定을 받은 辯護士가 그 職務를 行함에 있어서 부적당하다고 認定하거나 기타 特殊한 事情이 있을 경우에는 언제든지 그 指定을 取消하고 다른 辯護士를 指定할 수 있다.
⑤ 指定된 辯護士는 國家로부터 法律로써 정한 額의 報酬를 받는다."

第3章 公 判

第1節 公判準備와 公判節次

第266條【公訴狀副本의 送達】 法院은 公訴의 提起가 있는 때에는 遲滯없이 公訴狀의 副本을 被告人 또는 辯護人에게 送達하여야 한다. 但, 第1回 公判期日 前 5日까지 送達하여야 한다.
참조 [공소제기]246, [공소장]254, [공판기일]267, 형소규123~125, [기간계산]66, [송달불능]소송촉진23
판례 피고인에 대한 공소장의 부적법한 송달과 상소이유 : 공소장의 송달이 부적법하다 하여도 피고인이 제1심에서 이의함이 없이 공소사실에 관하여 충분히 진술할 기회를 부여받은 이상 판결결과에는 영향이 없어 그것이 적법한 상소이유가 된다고 할 수 없다.(대판 1992.3.10, 91도3272)

第266條의2【의견서의 제출】 ① 피고인 또는 변호인은 공소장 부본을 송달받은 날부터 7일 이내에 공소사실에 대한 인정 여부, 공판준비절차에 관한 의견 등을 기재한 의견서를 법원에 제출하여야 한다. 다만, 피고인이 진술을 거부하는 경우에는 그 취지를 기재한 의견서를 제출할 수 있다.
② 법원은 제1항의 의견서가 제출된 때에는 이를 검사에게 송부하여야 한다.
(2007.6.1 본조신설)

第266條의3【공소제기 후 검사가 보관하고 있는 서류 등의 열람・등사】 ① 피고인 또는 변호인은 검사에게 공소제기된 사건에 관한 서류 또는 물건(이하 "서류등"이라 한다)의 목록과 공소사실의 인정 또는 양형에 영향을 미칠 수 있는 다음 서류등의 열람・등사 또는 서면의 교부를 신청할 수 있다. 다만, 피고인에게 변호인이 있는 경우에는 피고인은 열람만을 신청할 수 있다.
1. 검사가 증거로 신청할 서류등
2. 검사가 증인으로 신청할 사람의 성명, 사건과의 관계 등을 기재한 서면 또는 그 사람이 공판기일 전에 행한 진술을 기재한 서류등
3. 제1호 또는 제2호의 서면 또는 서류등의 증명력과 관련된 서류등
4. 피고인 또는 변호인이 행한 법률상・사실상 주장과 관련된 서류등(관련 형사재판확정기록, 불기소처분기록 등을 포함한다)
② 검사는 국가안보, 증인보호의 필요성, 증거인멸의 염려, 관련 사건의 수사에 장애를 가져올 것으로 예상되는 구체적인 사유 등 열람・등사 또는 서면의 교부를 허용하지 아니할 상당한 이유가 있다고 인정하는 때에는 열람・등사 또는 서면의 교부를 거부하거나 그 범위를 제한할 수 있다.
③ 검사는 열람・등사 또는 서면의 교부를 거부하거나 그 범위를 제한하는 때에는 지체 없이 그 이유를 서면으로 통지하여야 한다.
④ 피고인 또는 변호인은 검사가 제1항의 신청을 받은 때부터 48시간 이내에 제3항의 통지를 하지 아니하는 때에는 제266조의4제1항의 신청을 할 수 있다.
⑤ 검사는 제2항에도 불구하고 서류등의 목록에 대하여는 열람 또는 등사를 거부할 수 없다.
⑥ 제1항의 서류등은 도면・사진・녹음테이프・비디오테이프・컴퓨터용 디스크, 그 밖에 정보를 담기 위하여 만들어진 물건으로서 문서가 아닌 특수매체를 포함한다. 이 경우 특수매체에 대한 등사는 필요 최소한의 범위에 한한다.
(2007.6.1 본조신설)

第266條의4【법원의 열람・등사에 관한 결정】 ① 피고인 또는 변호인은 검사가 서류등의 열람・등사 또는 서면의 교부를 거부하거나 그 범위를 제한한 때에는 법원에 그 서류등의 열람・등사 또는 서면의 교부를 허용하도록 할 것을 신청할 수 있다.

② 법원은 제1항의 신청이 있는 때에는 열람·등사 또는 서면의 교부를 허용하는 경우에 생길 폐해의 유형·정도, 피고인의 방어 또는 재판의 신속한 진행을 위한 필요성 및 해당 서류등의 중요성 등을 고려하여 검사에게 열람·등사 또는 서면의 교부를 허용할 것을 명할 수 있다. 이 경우 열람 또는 등사의 시기·방법을 지정하거나 조건·의무를 부과할 수 있다.
③ 법원은 제2항의 결정을 하는 때에는 검사에게 의견을 제시할 수 있는 기회를 부여하여야 한다.
④ 법원은 필요하다고 인정하는 때에는 검사에게 해당 서류등의 제시를 요구할 수 있고, 피고인이나 그 밖의 이해관계인을 심문할 수 있다.
⑤ 검사는 제2항의 열람·등사 또는 서면의 교부에 관한 법원의 결정을 지체 없이 이행하지 아니하는 때에는 해당 증인 및 서류등에 대한 증거신청을 할 수 없다.
(2007.6.1 본조신설)

第266條의5【공판준비절차】 ① 재판장은 효율적이고 집중적인 심리를 위하여 사건을 공판준비절차에 부칠 수 있다.
② 공판준비절차는 주장 및 입증계획 등을 서면으로 준비하게 하거나 공판준비기일을 열어 진행한다.
③ 검사, 피고인 또는 변호인은 증거를 미리 수집·정리하는 등 공판준비절차가 원활하게 진행될 수 있도록 협력하여야 한다.
(2007.6.1 본조신설)

第266條의6【공판준비를 위한 서면의 제출】 ① 검사, 피고인 또는 변호인은 법률상·사실상 주장의 요지 및 입증취지 등이 기재된 서면을 법원에 제출할 수 있다.
② 재판장은 검사, 피고인 또는 변호인에 대하여 제1항에 따른 서면의 제출을 명할 수 있다.
③ 법원은 제1항 또는 제2항에 따라 서면이 제출된 때에는 그 부본을 상대방에게 송달하여야 한다.
④ 재판장은 검사, 피고인 또는 변호인에게 공소장 등 법원에 제출된 서면에 대한 설명을 요구하거나 그 밖에 공판준비에 필요한 명령을 할 수 있다.
(2007.6.1 본조신설)

第266條의7【공판준비기일】 ① 법원은 검사, 피고인 또는 변호인의 의견을 들어 공판준비기일을 지정할 수 있다.
② 검사, 피고인 또는 변호인은 법원에 대하여 공판준비기일의 지정을 신청할 수 있다. 이 경우 당해 신청에 관한 법원의 결정에 대하여는 불복할 수 없다.
③ 법원은 합의부원으로 하여금 공판준비기일을 진행하게 할 수 있다. 이 경우 수명법관은 공판준비기일에 관하여 법원 또는 재판장과 동일한 권한이 있다.
④ 공판준비기일은 공개한다. 다만, 공개하면 절차의 진행이 방해될 우려가 있는 때에는 공개하지 아니할 수 있다.
(2007.6.1 본조신설)

第266條의8【검사 및 변호인 등의 출석】 ① 공판준비기일에는 검사 및 변호인이 출석하여야 한다.
② 공판준비기일에는 법원사무관등이 참여한다.
③ 법원은 검사, 피고인 및 변호인에게 공판준비기일을 통지하여야 한다.
④ 법원은 공판준비기일이 지정된 사건에 관하여 변호인이 없는 때에는 직권으로 변호인을 선정하여야 한다.
⑤ 법원은 필요하다고 인정하는 때에는 피고인을 소환할 수 있으며, 피고인은 법원의 소환이 없는 때에도 공판준비기일에 출석할 수 있다.
⑥ 재판장은 출석한 피고인에게 진술을 거부할 수 있음을 알려주어야 한다.
(2007.6.1 본조신설)

第266條의9【공판준비에 관한 사항】 ① 법원은 공판준비절차에서 다음 행위를 할 수 있다.
1. 공소사실 또는 적용법조를 명확하게 하는 행위
2. 공소사실 또는 적용법조의 추가·철회 또는 변경을 허가하는 행위
3. 공소사실과 관련하여 주장할 내용을 명확히 하여 사건의 쟁점을 정리하는 행위
4. 계산이 어렵거나 그 밖에 복잡한 내용에 관하여 설명하도록 하는 행위
5. 증거신청을 하도록 하는 행위
6. 신청된 증거와 관련하여 입증 취지 및 내용 등을 명확하게 하는 행위
7. 증거신청에 관한 의견을 확인하는 행위
8. 증거 채부(採否)의 결정을 하는 행위
9. 증거조사의 순서 및 방법을 정하는 행위
10. 서류등의 열람 또는 등사와 관련된 신청의 당부를 결정하는 행위
11. 공판기일을 지정 또는 변경하는 행위
12. 그 밖에 공판절차의 진행에 필요한 사항을 정하는 행위
② 제296조 및 제304조는 공판준비절차에 관하여 준용한다.
(2007.6.1 본조신설)

第266條의10【공판준비기일 결과의 확인】 ① 법원은 공판준비기일을 종료하는 때에는 검사, 피고인 또는 변호인에게 쟁점 및 증거에 관한 정리결과를 고지하고, 이에 대한 이의의 유무를 확인하여야 한다.
② 법원은 쟁점 및 증거에 관한 정리결과를 공판준비기일조서에 기재하여야 한다.
(2007.6.1 본조신설)

第266條의11【피고인 또는 변호인이 보관하고 있는 서류등의 열람·등사】 ① 검사는 피고인 또는 변호인이 공판기일 또는 공판준비절차에서 현장부재·심신상실 또는 심신미약 등 법률상·사실상의 주장을 한 때에는 피고인 또는 변호인에게 다음 서류등의 열람·등사 또는 서면의 교부를 요구할 수 있다.
1. 피고인 또는 변호인이 증거로 신청할 서류등
2. 피고인 또는 변호인이 증인으로 신청할 사람의 성명, 사건과의 관계 등을 기재한 서면
3. 제1호의 서류등 또는 제2호의 서면의 증명력과 관련된 서류등
4. 피고인 또는 변호인이 행한 법률상·사실상의 주장과 관련된 서류등
② 피고인 또는 변호인은 검사가 제266조의3제1항에 따른 서류등의 열람·등사 또는 서면의 교부를 거부한 때에는 제1항에 따른 서류등의 열람·등사 또는 서면의 교부를 거부할 수 있다. 다만, 법원이 제266조의4제1항에 따른 신청을 기각하는 결정을 한 때에는 그러하지 아니하다.
③ 검사는 피고인 또는 변호인이 제1항에 따른 요구를 거부한 때에는 법원에 그 서류등의 열람·등사 또는 서면의 교부를 허용하도록 할 것을 신청할 수 있다.
④ 제266조의4제2항부터 제5항까지의 규정은 제3항의 신청이 있는 경우에 준용한다.
⑤ 제1항에 따른 서류등에 관하여는 제266조의3제6항을 준용한다.
(2007.6.1 본조신설)

第266條의12【공판준비절차의 종결사유】 법원은 다음 각 호의 어느 하나에 해당하는 사유가 있는 때에는 공판준비절차를 종결하여야 한다. 다만, 제2호 또는 제3호에 해당하는 경우로서 공판의 준비를 계속하여야 할 상당한 이유가 있는 때에는 그러하지 아니하다.
1. 쟁점 및 증거의 정리가 완료된 때
2. 사건을 공판준비절차에 부친 뒤 3개월이 지난 때
3. 검사·변호인 또는 소환받은 피고인이 출석하지 아니한 때
(2007.6.1 본조신설)

第266條의13【공판준비기일 종결의 효과】 ① 공판준비기일에서 신청하지 못한 증거는 다음 각 호의 어느 하나에 해당하는 경우에 한하여 공판기일에 신청할 수 있다.
1. 그 신청으로 인하여 소송을 현저히 지연시키지 아니하는 때
2. 중대한 과실 없이 공판준비기일에 제출하지 못하는 등 부득이한 사유를 소명한 때
② 제1항에도 불구하고 법원은 직권으로 증거를 조사할 수 있다.
(2007.6.1 본조신설)

第266條의14【준용규정】 제305조는 공판준비기일의 재개에 관하여 준용한다.(2007.6.1 본조신설)

第266條의15【기일간 공판준비절차】 법원은 쟁점 및 증거의 정리를 위하여 필요한 경우에는 제1회 공판기일 후에도 사건을 공판준비절차에 부칠 수 있다. 이 경우 기일전 공판준비절차에 관한 규정을 준용한다.(2007.6.1 본조신설)

第266條의16【열람·등사된 서류등의 남용금지】 ① 피고인 또는 변호인(피고인 또는 변호인이었던 자를 포함한다. 이하 이 조에서 같다)은 검사가 열람 또는 등사하도록 한 제266조의3제1항에 따른 서면 및 서류등의 사본을 당해 사건 또는 관련 소송의 준비에 사용할 목적이 아닌 다른 목적으로 다른 사람에게 교부 또는 제시(전기통신설비를 이용하여 제공하는 것을 포함한다)하여서는 아니 된다.
② 피고인 또는 변호인이 제1항을 위반하는 때에는 1년 이하의 징역 또는 500만원 이하의 벌금에 처한다.
(2007.6.1 본조신설)

第266條의17【비디오 등 중계장치 등에 의한 공판준비기일】 ① 법원은 피고인이 출석하지 아니하는 경우 상당하다고 인정하는 때에는 검사와 변호인의 의견을 들어 비디오 등 중계장치에 의한 중계시설을 통하거나 인터넷 화상장치를 이용하여 공판준비기일을 열 수 있다.
② 제1항에 따른 기일은 검사와 변호인이 법정에 출석하여 이루어진 공판준비기일로 본다.
③ 제1항에 따른 기일의 절차와 방법, 그 밖에 필요한 사항은 대법원규칙으로 정한다.
(2021.8.17 본조신설)

第267條【公判期日의 指定】 ① 裁判長은 公判期日을 정하여야 한다.
② 公判期日에는 被告人, 代表者 또는 代理人을 召喚하여야 한다.
③ 公判期日은 檢事, 辯護人과 補助人에게 通知하여야 한다.

참조 [유예기간]269, [피고인의 소환]68·73·76·268·269, [보조인]29, [기일의 변경]270

판례 적법한 기일 소환 또는 통지아래 적법하게 개정된 공판정에서 다음 기일을 고지한 때에는 그 기일고지는 불출석한 소송관계인에 대하여도 효력이 있다.(대판 1970.10.13, 70도1619)

第267條의2【집중심리】 ① 공판기일의 심리는 집중되어야 한다.
② 심리에 2일 이상이 필요한 경우에는 부득이한 사정이 없는 한 매일 계속 개정하여야 한다.
③ 재판장은 여러 공판기일을 일괄하여 지정할 수 있다.
④ 재판장은 부득이한 사정으로 매일 계속 개정하지 못하는 경우에도 특별한 사정이 없는 한 전회의 공판기일부터 14일 이내로 다음 공판기일을 지정하여야 한다.
⑤ 소송관계인은 기일을 준수하고 심리에 지장을 초래하지 아니하도록 하여야 하며, 재판장은 이에 필요한 조치를 할 수 있다.
(2007.6.1 본조신설)

第268條【召喚狀送達의 擬制】 法院의 構內에 있는 被告人에 대하여 公判期日을 通知한 때에는 召喚狀送達의 效力이 있다.

참조 [공판기일의 지정]267, [소환장의 송달]76

第269條【第1回 公判期日의 猶豫期間】 ① 第1回公判期日은 召喚狀의 送達後 5日이상의 猶豫期間을 두어야 한다.
② 被告人이 異議없는 때에는 前項의 猶豫期間을 두지 아니할 수 있다.

참조 [기간]66·67, [소환장의 송달]76·268

第270條【公判期日의 變更】 ① 裁判長은 職權 또는 檢事, 被告人이나 辯護人의 申請에 의하여 公判期日을 變更할 수 있다.
② 公判期日 變更申請을 棄却한 命令은 送達하지 아니한다.

참조 [재판고지의 원칙]42, [공판기일의 지정]267

第271條【不出席事由, 資料의 提出】 公判期日에 召喚 또는 通知書를 받은 者가 疾病 기타의 事由로 出席하지 못할 때에는 醫師의 診斷書 기타의 資料를 提出하여야 한다.

참조 [출석하지 못할 때의 처치]306②③

第272條【公務所등에 대한 照會】 ① 法院은 職權 또는 檢事, 被告人이나 辯護人의 申請에 의하여 公務所 또는 公私團體에 照會하여 필요한 事項의 報告 또는 그 保管書類의 送付를 要求할 수 있다.
② 前項의 申請을 棄却함에는 決定으로 하여야 한다.

참조 [수사와 필요한 보고]199②, [결정]37, [공판정에서의 조사]291

第273條【公判期日 前의 證據調査】 ① 法院은 檢事, 被告人 또는 辯護人의 申請에 의하여 公判準備에 필요하다고 認定한 때에는 公判期日 前에 被告人 또는 證人을 訊問할 수 있고 檢證, 鑑定 또는 飜譯을 命할 수 있다.
② 裁判長은 部員으로 하여금 前項의 行爲를 하게 할 수 있다.
③ 第1項의 申請을 棄却함에는 決定으로 하여야 한다.

참조 [증인신문]146이하, [검증]139이하, [감정]169이하, [번역]182·183, [결정]37, [공판정에서의 조사]291

第274條【當事者의 公判期日 前의 證據提出】 檢事, 被告人 또는 辯護人은 公判期日 前에 書類나 物件을 證據로 法院에 提出할 수 있다.(1961.9.1 본조개정)

참조 [공판정에서의 조사]291

第275條【公判廷의 審理】 ① 公判期日에는 公判廷에서 審理한다.
② 공판정은 판사와 검사, 법원사무관등이 출석하여 개정한다.(2007.6.1 본항개정)
③ 검사의 좌석과 피고인 및 변호인의 좌석은 대등하며, 법대의 좌우측에 마주 보고 위치하고, 증인의 좌석은 법대의 정면에 위치한다. 다만, 피고인신문을 하는 때에는 피고인은 증인석에 좌석한다.
(2007.6.1 본항개정)

改前 "② 公判廷은 判事와 書記官 또는 書記가 列席하고 檢事가 出席하여 開廷한다.
③ 檢事의 座席은 辯護人의 座席과 對等하며 被告人은 裁判長의 正面에 座席한다."

참조 [판결법원의 불구성과 항소이유]361의5, [공판정]법원조직56, [판사의 경질]301, [좌석]법정좌석에관한규칙

판례 형사소송법이 공판중심주의의 한 요소로서 채택하는 실질적 직접심리주의의 취지 및 법원이 취하여야 할 조치 : 우리 형사소송법은 형사사건의 실체에 대한 유죄·무죄의 심증 형성은 법정에서의 심리에 의하여야 한다는 공판중심주의의 한 요소로서, 법관의 면전에서 직접 조사한 증거만을 재판의 기초로 삼을 수 있고 증명 대상이 되는 사실과 가장 가까운 원본 증거를 재판의 기초로 삼아야 하며 원본 증거의 대체물 사용은 원칙적으로 허용되어서는 안 된다는 실질적 직접심리주의를 채택하고 있는바, 이는 법관이 법정에서 직접 원본 증거를 조사하는 방법을 통하여 사건에 대한 신선하고 정확한 심증을 형성할 수 있고 피고인에게 원본 증거에 관한 직접적인 의견진술의 기회를 부여함으로써 실체적 진실을 발견하고 공정한 재판을 실현할 수 있기 때문이다. 형사소송절차를 주재하는 법원으로서는 형사소송절차의 진행과 심리 과정에서 법정을 중심으로 특히, 당사자의 주장과 증거조사가 이루어지는 원칙적인 절차인 제1심의 법정에서 위와 같은 실질적 직접심리주의의 정신이 충분하고도 완벽하게 구현될 수 있도록 하여야 할 것이다.
(대판 2006.11.24, 2006도4994)

第275條의2【被告人의 無罪推定】 被告人은 有罪의 判決이 確定될 때까지는 無罪로 推定된다.
(1980.12.18 본조신설)

참조 헌27④, [무죄추정과 명예훼손]형307·309·310

판례 수사기관에서 구속된 피의자의 도주 등을 억제하는데 필요한 한도 내에서 포승이나 수갑을 사용하는 것이 무죄추정의 원칙에 위배되는 것인지 여부 : 무죄추정을 받는 피의자라고 하더라도 그에게 구속의 사유가 있어 구속영장이 발부, 집행된 이상 신체의 자유가 제한되는 것은 당연한 것이고, 특히 수사기관에서 구속된 피의자의 도주, 항거 등을 억제하는데 필요하다고 인정할 상당한 이유가 있는 경우에는 필요한 한도 내에서 포승이나 수갑을 사용할 수 있는 것이며, 이러한 조치가 무죄추정의 원칙에 위배되는 것이라고 할 수는 없다.
(대판 1996.5.14, 96도561)

第275條의3【구두변론주의】 공판정에서의 변론은 구두로 하여야 한다.(2007.6.1 본조신설)

第276條【被告人의 出席權】 被告人이 公判期日에 出席하지 아니한 때에는 特別한 規定이 없으면 開廷하지 못한다. 但, 被告人이 法人인 경우에는 代理人을 出席하게 할 수 있다.

참조 [특별규정]277·306·330·365, [대리인]27, 즉결심판8

판례 피고인의 소재를 확인할 수 없는 때 피고인의 진술없이 재판할 수 있도록 제1심 공판의 특례를 규정한 소송촉진등에관한특례법 제23조의 위헌여부 : 피고인의 공판기일출석권을 제한하고 있는 이 사건 법률조항은 피고인 불출석 상태에서 중형이 선고될 수도 있는 가능성을 배제하고 있지 아니할 뿐만 아니라 그 적용대상이 너무 광범위하므로, 비록 정당한 입법목적 아래 마련된 조항이라 할지라도 헌법 제37조 제2항의 과잉금지의 원칙에 위배되어 피고인의 공정한 재판을 받을 권리를 침해하는 것이다. 또 자기에게 아무런 책임없는 사유로 출석하지 못한 피고인에 대하여 별다른 증거조사도 없이 곧바로 유죄판결을 선고할 수 있도록 한 것은 그 절차의 내용이 심히 적정치 못한 경우로서 헌법 제12조 제1항 후문의 적법절차원칙에 반한다.
(헌재결 1998.7.16, 97헌바22 전원재판부)

第276條의2【장애인 등 특별히 보호를 요하는 자에 대한 특칙】 ① 재판장 또는 법관은 피고인을 신문하는 경우 다음 각 호의 어느 하나에 해당하는 때에는 직권 또는 피고인·법정대리인·검사의 신청에 따라 피고인과 신뢰관계에 있는 자를 동석하게 할 수 있다.
1. 피고인이 신체적 또는 정신적 장애로 사물을 변별하거나 의사를 결정·전달할 능력이 미약한 경우
2. 피고인의 연령·성별·국적 등의 사정을 고려하여 그 심리적 안정의 도모와 원활한 의사소통을 위하여 필요한 경우

② 제1항에 따라 동석할 수 있는 신뢰관계에 있는 자의 범위, 동석의 절차 및 방법 등에 관하여 필요한 사항은 대법원규칙으로 정한다.
(2007.6.1 본조신설)

第277條【경미사건 등과 피고인의 불출석】 다음 각 호의 어느 하나에 해당하는 사건에 관하여는 피고인의 출석을 요하지 아니한다. 이 경우 피고인은 대리인을 출석하게 할 수 있다.
1. 다액 500만원 이하의 벌금 또는 과료에 해당하는 사건
2. 공소기각 또는 면소의 재판을 할 것이 명백한 사건
3. 장기 3년 이하의 징역 또는 금고, 다액 500만원을 초과하는 벌금 또는 구류에 해당하는 사건에서 피고인의 불출석허가신청이 있고 법원이 피고인의 불출석이 그의 권리를 보호함에 지장이 없다고 인정하여 이를 허가한 사건. 다만, 제284조에 따른 절차를 진행하거나 판결을 선고하는 공판기일에는 출석하여야 한다.
4. 제453조제1항에 따라 피고인만이 정식재판의 청구를 하여 판결을 선고하는 사건

(2007.6.1 본조개정)

改前 "第277條【輕微事件등과 被告人의 不出席】多額 100萬원이하의 罰金 또는 科料에 해당하거나 公訴棄却 또는 免訴의 裁判을 할 것이 明白한 事件에 관하여는 被告人의 出廷을 요하지 아니한다. 다만, 被告人은 代理人을 出席하게 할 수 있다.(1995.12.29 본조개정)"

第277條의2【被告人의 출석거부와 公判節次】 ① 被告人이 출석하지 아니하면 開廷하지 못하는 경우에 拘束된 被告人이 정당한 사유없이 출석을 거부하고, 교도관에 의한 引致가 불가능하거나 현저히 곤란하다고 인정되는 때에는 被告人의 출석없이 公判節次를 진행할 수 있다.(2007.6.1 본항개정)

② 第1項의 規定에 의하여 公判節次를 진행할 경우에는 출석한 檢事 및 辯護人의 의견을 들어야 한다.
(1995.12.29 본조신설)

改前 ① 被告人이 출석하지 아니하면…거부하고, "矯導官吏"에 의한 引致가 불가능하거나 현저히 곤란하다고…

참조 [원칙]276, [단서]형소규126

第278條【檢事의 不出席】 檢事가 公判期日의 通知를 2回 이상 받고 출석하지 아니하거나 判決만을 宣告하는 때에는 檢事의 出席없이 開廷할 수 있다.
(1995.12.29 본조개정)

참조 [원칙]275, [공판기일의 통지]267②

第279條【裁判長의 訴訟指揮權】 公判期日의 訴訟指揮는 裁判長이 한다.

참조 [소송지휘권의 내용]296·298~300·305, [이의신청]304

판례 항소심법원이 선거범에 대한 재판을 함에 있어서 일정한 선고기일을 염두에 두고 공판기일을 정하여 진행한 경우 : 공직선거및선거부정방지법 제270조는 "선거범과 그 공범에 대한 재판은 다른 재판에 우선하여 신속히 하여야 하며, 그 판결의 선고는 제1심에서는 공소가 제기된 날로부터 6월 이내에, 제2심 및 제3심에서는 전심의 판결의 선고가 있은 날로부터 각각 3월 이내에 반드시 하여야 한다."라고 규정하고 있는바, 항소심법원이 일정한 선고기일을 염두에 두고 공판기일을 정하여 진행하였다 하더라도 그와 같은 조치는 검사의 공소유지 및 피고인의 방어권 행사에 실질적인 지장을 초래하지 않는 범위 내에서 위법규정을 최대한 준수하기 위한 것으로 보기에 충분하므로 이를 자의적인 재판 진행이라고 할 수 없고, 또한 공판기일의 지정과 공판기일의 소송지휘는 재판장의 권한이라고 할 것이다.
(대판 2002.6.25, 2002도45)

第279條의2【전문심리위원의 참여】 ① 법원은 소송관계를 분명하게 하거나 소송절차를 원활하게 진행하기 위하여 필요한 경우에는 직권으로 또는 검사, 피고인 또는 변호인의 신청에 의하여 결정으로 전문심리위원을 지정하여 공판준비 및 공판기일 등 소송절차에 참여하게 할 수 있다.

② 전문심리위원은 전문적인 지식에 의한 설명 또는 의견을 기재한 서면을 제출하거나 기일에 전문적인 지식에 의하여 설명이나 의견을 진술할 수 있다. 다만, 재판의 합의에는 참여할 수 없다.

③ 전문심리위원은 기일에 재판장의 허가를 받아 피고인 또는 변호인, 증인 또는 감정인 등 소송관계인에게 소송관계를 분명하게 하기 위하여 필요한 사항에 관하여 직접 질문할 수 있다.

④ 법원은 제2항에 따라 전문심리위원이 제출한 서면이나 전문심리위원의 설명 또는 의견의 진술에 관하여 검사, 피고인 또는 변호인에게 구술 또는 서면으로 의견진술의 기회를 주어야 한다.
(2007.12.21 본조신설)

第279條의3【전문심리위원 참여결정의 취소】 ① 법원은 상당하다고 인정하는 때에는 검사, 피고인 또는 변호인의 신청이나 직권으로 제279조의2제1항에 따른 결정을 취소할 수 있다.

② 법원은 검사와 피고인 또는 변호인이 합의하여 제279조의2제1항의 결정을 취소할 것을 신청한 때에는 그 결정을 취소하여야 한다.
(2007.12.21 본조신설)

第279條의4【전문심리위원의 지정 등】 ① 제279조의2제1항에 따라 전문심리위원을 소송절차에 참여시키는 경우 법원은 검사, 피고인 또는 변호인의 의견을 들어 각 사건마다 1인 이상의 전문심리위원을 지정한다.

② 전문심리위원에게는 대법원규칙으로 정하는 바에 따라 수당을 지급하고, 필요한 경우에는 그 밖의 여비, 일당 및 숙박료를 지급할 수 있다.

③ 그 밖에 전문심리위원의 지정에 관하여 필요한 사항은 대법원규칙으로 정한다.
(2007.12.21 본조신설)

第279條의5【전문심리위원의 제척 및 기피】 ① 제17조부터 제20조까지 및 제23조는 전문심리위원에게 준용한다.

② 제척 또는 기피 신청이 있는 전문심리위원은 그 신청에 관한 결정이 확정될 때까지 그 신청이 있는 사건의 소송절차에 참여할 수 없다. 이 경우 전문심리위원은 해당 제척 또는 기피 신청에 대하여 의견을 진술할 수 있다.
(2007.12.21 본조신설)

第279條의6【수명법관 등의 권한】 수명법관 또는 수탁판사가 소송절차를 진행하는 경우에는 제279조의2제2항부터 제4항까지의 규정에 따른 법원 및 재판장의 직무는 그 수명법관이나 수탁판사가 행한다.
(2007.12.21 본조신설)

第279條의7【비밀누설죄】 전문심리위원 또는 전문심리위원이었던 자가 그 직무수행 중에 알게 된 다른 사람의 비밀을 누설한 때에는 2년 이하의 징역이나 금고 또는 1천만원 이하의 벌금에 처한다.
(2007.12.21 본조신설)

第279條의8【벌칙 적용에서의 공무원 의제】 전문심리위원은「형법」제129조부터 제132조까지의 규정에 따른 벌칙의 적용에서는 공무원으로 본다.
(2007.12.21 본조신설)

第280條【公判廷에서의 身體拘束의 禁止】 公判廷에서는 被告人의 身體를 拘束하지 못한다. 다만, 裁判長은 被告人이 暴力을 행사하거나 도망할 염려가 있다고 인정하는 때에는 被告人의 身體의 拘束을 명하거나 기타 필요한 措置를 할 수 있다.(1995.12.29 단서개정)

第281條【被告人의 在廷義務, 法廷警察權】 ① 被告人은 裁判長의 許可없이 退廷하지 못한다.

② 裁判長은 被告人의 退廷을 制止하거나 法廷의 秩序를 維持하기 위하여 필요한 處分을 할 수 있다.

참조 [피고인의 퇴정]330, [처분에 대한 이의]304, [법정경찰권]법원조직60, [심리방해죄]법원조직61

第282條【필요적 변호】 제33조제1항 각 호의 어느 하나에 해당하는 사건 및 같은 조 제2항·제3항의 규정에 따라 변호인이 선정된 사건에 관하여는 辯護人없이 開廷하지 못한다. 但, 判決만을 宣告할 경우에는 例外로 한다.(2006.7.19 본조개정)

改前 第282條 ["必要的 辯護"] "死刑, 無期 또는 短期 3年以上의 懲役이나 禁錮에 該當하는 事件"에 관하여는…

참조 [국선변호인의 선임]33·283

판례 '필요적 변호'사건에서 변호인 없이 개정하여 심리를 진행하고 판결한 것은 소송절차의 법령위반에 해당하지만, 피고인의 이익을 위하여 만들어진 필요적 변호의 규정 때문에 피고인에게 불리한 결과를 가져오게 할 수는 없으므로, 그와 같은 법령위반은 무죄판결에 영향을 미치지 않는다.
(대판 2003.3.25, 2002도5748)

第283條【국선변호인】 제282조 본문의 경우 변호인이 출석하지 아니한 때에는 法院은 職權으로 辯護人을 選定하여야 한다.(2006.7.19 본조개정)

改前 第283條 "【國選辯護人】第33條 各號의 경우 또는 前條의 경우에 辯護人이 없거나 出席하지 아니한 때에는" 法院은 職權으로 辯護人을 選定하여야 한다.

참조 [국선변호인]33, 법원조직72④, [필요적 변호]282

第283條의2【피고인의 진술거부권】 ① 피고인은 진술하지 아니하거나 개개의 질문에 대하여 진술을 거부할 수 있다.

② 재판장은 피고인에게 제1항과 같이 진술을 거부할 수 있음을 고지하여야 한다.
(2007.6.1 본조신설)

참조 즉결심판9

第284條【人定訊問】 裁判長은 被告人의 姓名, 年齡, 등록기준지, 住居와 職業을 물어서 被告人임에 틀림없음을 確認하여야 한다.(2007.5.17 본조개정)

改前 第284條【人定訊問】裁判長은…年齡, "本籍," 住居와 職業을 물어서 被告人임에 틀림없음을 確認하여야 한다.

참조 [피의자 신문]241

第285條【검사의 모두진술】 검사는 공소장에 의하여 공소사실·죄명 및 적용법조를 낭독하여야 한다. 다만, 재판장은 필요하다고 인정하는 때에는 검사에게 공소의 요지를 진술하게 할 수 있다.
(2007.6.1 본조개정)

改前 "第285條【檢事의 冒頭陳述】裁判長은 檢事로 하여금 公訴狀에 의하여 起訴의 요지를 陳述하게 할 수 있다.
(1995.12.29 본조개정)"

참조 [공소장]254, [모두절차]320, [검사의 불출석]278

第286條【피고인의 모두진술】 ① 피고인은 검사의 모두진술이 끝난 뒤에 공소사실의 인정 여부를 진술하여야 한다. 다만, 피고인이 진술거부권을 행사하는 경우에는 그러하지 아니하다.

② 피고인 및 변호인은 이익이 되는 사실 등을 진술할 수 있다.
(2007.6.1 본조개정)

改前 "第286條【被告人의 陳述權】裁判長은 被告人에게 그 利益되는 事實을 陳述할 機會를 주어야 한다."

참조 [피고인 진술거부권등의 고지]형소규127, [취소와 갱신]301의2, [강제등 자백]309, [불이익한 자백]310

第286條의2【簡易公判節次의 決定】 被告人이 公判廷에서 公訴事實에 대하여 自白한 때에는 法院은 그 公訴事實에 한하여 簡易公判節次에 의하여 審判할 것을 決定할 수 있다.(1995.12.29 본조개정)

참조 [결정전의 조치]형소규131, [공판정]275, [공소사실]254③④, [단서의 사건]법원조직32①, [결정의 취소]286의3, [간이공판절차에서의 증거조사]297의2, [증거능력의 특례]318의3, [본조의 경과조치]1973.1.25부칙⑤

판례 피고인이 법정에서 '공소사실은 모두 사실과 다름없다'고 하면서 술에 만취되어 기억이 없다는 취지로 진술한 경우, 피고

인은 적어도 공소사실을 부인하거나 심신상실의 책임조각사유를 주장하고 있는 것으로 볼 여지가 충분하므로 간이공판절차에 의하여 심판할 대상에 해당하지 아니한다.
(대판 2004.7.9, 2004도2116)

第286條의3【決定의 取消】 法院은 前條의 決定을 한 事件에 대하여 被告人의 自白이 信憑할 수 없다고 認定되거나 簡易公判節次로 審判하는 것이 顯著히 不當하다고 認定할 때에는 檢事의 意見을 들어 그 決定을 取消하여야 한다.(1973.1.25 본조신설)

참조 [자백의 증거능력]309·310, [공판절차의 갱신]301

第287條【재판장의 쟁점정리 및 검사·변호인의 증거관계 등에 대한 진술】 ① 재판장은 피고인의 모두진술이 끝난 다음에 피고인 또는 변호인에게 쟁점의 정리를 위하여 필요한 질문을 할 수 있다.
② 재판장은 증거조사를 하기에 앞서 검사 및 변호인으로 하여금 공소사실 등의 증명과 관련된 주장 및 입증계획 등을 진술하게 할 수 있다. 다만, 증거로 할 수 없거나 증거로 신청할 의사가 없는 자료에 기초하여 법원에 사건에 대한 예단 또는 편견을 발생하게 할 염려가 있는 사항은 진술할 수 없다.
(2007.6.1 본조개정)

改前 "第287條【被告人訊問의 方式】① 檢事와 辯護人은 順次로 被告人에게 대하여 公訴事實과 情狀에 관한 必要事項을 直接 訊問할 수 있다.
② 裁判長은 前項의 訊問이 끝난 뒤에 訊問할 수 있다.
③ 合議部員은 裁判長에게 告하고 訊問할 수 있다.
(1961.9.1 본조개정)"

참조 [피고인 진술거부권등의 고지]형소규127, [공소사실]254, [증인신문방식]161의2

第288條 (1961.9.1 삭제)

第289條 (2007.6.1 삭제)

改前 "第289條【被告人의 陳述拒否權】被告人은 各個의 訊問에 대하여 陳述을 拒否할 수 있다."

第290條【증거조사】 증거조사는 제287조에 따른 절차가 끝난 후에 실시한다.(2007.6.1 본조개정)

改前 "第290條【證據調査】證據調査는 被告人에 대한 訊問이 終了한 뒤에 하여야 한다. 但, 必要한 때에는 訊問중에도 이를 할 수 있다.(1961.9.1 본조개정)"

참조 [공판기일전의 증거조사]273, [피고인의 신문]287, [조사방식]292, [이의신청]296, [본조의 적용제외]297의2

第291條【同前】 ① 訴訟關係人이 證據로 提出한 書類나 物件 또는 第272條, 第273條의 規定에 의하여 作成 또는 送付된 書類는 檢事, 辯護人 또는 被告人이 公判廷에서 個別的으로 指示說明하여 調査하여야 한다.
② 裁判長은 職權으로 前項의 書類나 物件을 公判廷에서 調査할 수 있다.
(1961.9.1 본조개정)

참조 [공무소등에 대한 조회]272, [공판기일전의 증거조사]273, [공판기일전의 증거제출]274, [본조의 적용제외]297의2

第291條의2【증거조사의 순서】 ① 법원은 검사가 신청한 증거를 조사한 후 피고인 또는 변호인이 신청한 증거를 조사한다.
② 법원은 제1항에 따른 조사가 끝난 후 직권으로 결정한 증거를 조사한다.
③ 법원은 직권 또는 검사, 피고인·변호인의 신청에 따라 제1항 및 제2항의 순서를 변경할 수 있다.
(2007.6.1 본조신설)

第292條【증거서류에 대한 조사방식】 ① 검사, 피고인 또는 변호인의 신청에 따라 증거서류를 조사하는 때에는 신청인이 이를 낭독하여야 한다.
② 법원이 직권으로 증거서류를 조사하는 때에는 소지인 또는 재판장이 이를 낭독하여야 한다.
③ 재판장은 필요하다고 인정하는 때에는 제1항 및 제2항에도 불구하고 내용을 고지하는 방법으로 조사할 수 있다.
④ 재판장은 법원사무관등으로 하여금 제1항부터 제3항까지의 규정에 따른 낭독이나 고지를 하게 할 수 있다.
⑤ 재판장은 열람이 다른 방법보다 적절하다고 인정하는 때에는 증거서류를 제시하여 열람하게 하는 방법으로 조사할 수 있다.
(2007.6.1 본조개정)

改前 "第292條【證據調査의 方式】① 裁判長은 檢事, 辯護人 또는 被告人에게 證據物을 提示하고 證據物이 書類인 때에는 그 要旨를 告知하여야 한다.
② 被告人의 請求가 있는 때에는 裁判長은 證據된 書類를 閱覽 또는 謄寫하게 하거나 書記로 하여금 朗讀하게 할 수 있다.
(1995.12.29 본항개정)
(1961.9.1 본조개정)"

참조 [증거조사]290·291, [본조의 적용제외]297의2

판례 증거신청의 채택 여부는 법원의 재량으로서 법원이 필요하지 아니하다고 인정할 때에는 이를 조사하지 아니할 수 있다.
(대판 2003.10.10, 2003도3282)

第292條의2【증거물에 대한 조사방식】 ① 검사, 피고인 또는 변호인의 신청에 따라 증거물을 조사하는 때에는 신청인이 이를 제시하여야 한다.
② 법원이 직권으로 증거물을 조사하는 때에는 소지인 또는 재판장이 이를 제시하여야 한다.
③ 재판장은 법원사무관등으로 하여금 제1항 및 제2항에 따른 제시를 하게 할 수 있다.
(2007.6.1 본조신설)

第292條의3【그 밖의 증거에 대한 조사방식】 도면·사진·녹음테이프·비디오테이프·컴퓨터용디스크, 그 밖에 정보를 담기 위하여 만들어진 물건으로서 문서가 아닌 증거의 조사에 관하여 필요한 사항은 대법원규칙으로 정한다.(2007.6.1 본조신설)

第293條【證據調査 結果와 被告人의 意見】 裁判長은 被告人에게 各 證據調査의 結果에 대한 意見을 묻고 權利를 保護함에 필요한 證據調査를 申請할 수 있음을 告知하여야 한다.

참조 [당사자의 증거신청]294, [본조의 적용제외]297의2

第294條【당사자의 증거신청】 ① 검사, 피고인 또는 변호인은 서류나 물건을 증거로 제출할 수 있고, 증인·감정인·통역인 또는 번역인의 신문을 신청할 수 있다.
② 법원은 검사, 피고인 또는 변호인이 고의로 증거를 뒤늦게 신청함으로써 공판의 완결을 지연하는 것으로 인정할 때에는 직권 또는 상대방의 신청에 따라 결정으로 이를 각하할 수 있다.
(2007.6.1 본조개정)

改前 "第294條【當事者 證據申請權】檢事, 被告人 또는 辯護人은 書類나 物件을 證據로 提出할 수 있고 證人, 鑑定人, 通譯人 또는 飜譯人의 訊問을 申請할 수 있다.(1961.9.1 본조개정)"

참조 [신청방식]형소규132·133, [증거신청에 대한 결정]295

第294條의2【피해자등의 진술권】 ① 법원은 범죄로 인한 피해자 또는 그 법정대리인(피해자가 사망한 경우에는 배우자·직계친족·형제자매를 포함한다. 이하 이 조에서 "피해자등"이라 한다)의 신청이 있는 때에는 그 피해자등을 증인으로 신문하여야 한다. 다만, 다음 각 호의 어느 하나에 해당하는 경우에는 그러하지 아니하다.
1. (2007.6.1 삭제)
2. 피해자등 이미 당해 事件에 관하여 공판절차에서 충분히 陳述하여 다시 陳述할 필요가 없다고 인정되는 경우
3. 피해자등의 陳述로 인하여 公判節次가 현저하게 지연될 우려가 있는 경우
② 법원은 제1항에 따라 피해자등을 신문하는 경우 피해의 정도 및 결과, 피고인의 처벌에 관한 의견, 그 밖에 당해 사건에 관한 의견을 진술할 기회를 주어야 한다.
③ 法院은 동일한 犯罪事實에서 第1項의 規定에 의한 신청인이 여러 명인 경우에는 진술할 者의 數를 제한할 수 있다.
④ 第1項의 規定에 의한 申請人이 출석통지를 받고도 정당한 이유없이 출석하지 아니한 때에는 그 申請을 撤回한 것으로 본다.
(2007.6.1 본조개정)

改前 "第294條의2【"被害者의 陳述權"】"① 法院은 犯罪로 인한 被害者의 申請이 있는 경우에는 그 被害者를 證人으로 訊問하여야 한다. 다만, 다음 各號의 1에 해당하는 경우에는 그러하지 아니하다."
"1. 被害者가 아닌 者가 申請한 경우"
2. "申請人이" 이미 당해 事件에 관하여 "公判節次 또는 捜査節次"에서 충분히 陳述하여 다시 陳述할 필요가 없다고…
3. "申請人"의 陳述로 인하여 公判節次가 현저하게…
"② 法院은 第1項의 規定에 의하여 犯罪로 인한 被害者를 訊問하는 경우에는 당해 事件에 관한 의견을 陳述할 機會를 주어야 한다."
③ 法院은 동일한 犯罪事實에서…의한 "申請人의 數가 多數인 경우에는 證人으로 訊問할" 者의 數를 제한할 수 있다.
④ 第1項의 規定에 의한 申請人이 "召喚을" 받고도…

판례 본조 제3항에 의하여 피해자 진술신청을 기각할 경우 그 판단기준 : 형사소송법 제294조의2 제1항, 제3항 규정에 의하여, 법원으로서는 동일한 범죄사실에 대하여 피해자 진술신청을 한 자가 수인인 경우에는 피고인과의 관계, 피해의 정도와 그 결과, 신청인들이 진술하려는 취지와 내용, 재판절차가 지연될 가능성 등 여러 사정을 고려하여 그 신청인들 중에서 가장 적합하다고 여겨지는 자의 신청만을 받아들이고 그 나머지 자의 신청은 이를 기각할 수 있다.(대결 1996.11.14, 96모94)

第294條의3【피해자 진술의 비공개】 ① 법원은 범죄로 인한 피해자를 증인으로 신문하는 경우 당해 피해자·법정대리인 또는 검사의 신청에 따라 피해자의 사생활의 비밀이나 신변보호를 위하여 필요하다고 인정하는 때에는 결정으로 심리를 공개하지 아니할 수 있다.
② 제1항의 결정은 이유를 붙여 고지한다.
③ 법원은 제1항의 결정을 한 경우에도 적당하다고 인정되는 자의 재정(在廷)을 허가할 수 있다.
(2007.6.1 본조신설)

第294條의4【피해자 등의 공판기록 열람·등사】 ① 소송계속 중인 사건의 피해자(피해자가 사망하거나 그 심신에 중대한 장애가 있는 경우에는 그 배우자·직계친족 및 형제자매를 포함한다), 피해자 본인의 법정대리인 또는 이들로부터 위임을 받은 피해자 본인의 배우자·직계친족·형제자매·변호사는 소송기록의 열람 또는 등사를 재판장에게 신청할 수 있다.
② 재판장은 제1항의 신청이 있는 때에는 지체 없이 검사, 피고인 또는 변호인에게 그 취지를 통지하여야 한다.
③ 재판장은 피해자 등의 권리구제를 위하여 필요하다고 인정하거나 그 밖의 정당한 사유가 있는 경우 범죄의 성질, 심리의 상황, 그 밖의 사정을 고려하여 상당하다고 인정하는 때에는 열람 또는 등사를 허가할 수 있다.
④ 재판장은 제3항에 따라 등사를 허가하는 경우에는 등사한 소송기록의 사용목적을 제한하거나 적당하다고 인정하는 조건을 붙일 수 있다.
⑤ 제1항에 따라 소송기록을 열람 또는 등사한 자는 열람 또는 등사에 의하여 알게 된 사항을 사용함에 있어서 부당히 관계인의 명예나 생활의 평온을 해하거나 수사와 재판에 지장을 주지 아니하도록 하여야 한다.
⑥ 제3항 및 제4항에 관한 재판에 대하여는 불복할 수 없다.
(2007.6.1 본조신설)

第295條【證據申請에 대한 決定】 法院은 第294條 및 第294條의2의 證據申請에 대하여 決定을 하여야 하며 職權으로 證據調査를 할 수 있다.
(1987.11.28 본조개정)

참조 [결정의 절차]형소규134, [증거신청]294, [직권조사]291, [이의신청]296, [증거조사의 방식]292

第296條【證據調査에 대한 異議申請】 ① 檢事, 被告人 또는 辯護人은 證據調査에 관하여 異議申請을 할 수 있다.
② 法院은 前項의 申請에 대하여 決定을 하여야 한다.

참조 [신청사유]형소규135의2·136, [신청방식등]형소규137, [증거조사]290－295, [결정]37·39, 형소규138－140, [항고불허]403①, [석명권등]형소규141, [공판준비절차에 대한 준용]266의9

第296條의2【피고인신문】 ① 검사 또는 변호인은 증거조사 종료 후에 순차로 피고인에게 공소사실 및 정상에 관하여 필요한 사항을 신문할 수 있다. 다만, 재판장은 필요하다고 인정하는 때에는 증거조사가 완료되기 전이라도 이를 허가할 수 있다.
② 재판장은 필요하다고 인정하는 때에는 피고인을 신문할 수 있다.
③ 제161조의2제1항부터 제3항까지 및 제5항은 제1항의 신문에 관하여 준용한다.
(2007.6.1 본조신설)

第297條【被告人등의 退廷】 ① 裁判長은 證人 또는 鑑定人이 被告人 또는 어떤 在廷人의 面前에서 충분한 陳述을 할 수 없다고 認定한 때에는 그를 退廷하게 하고 陳述하게 할 수 있다. 被告人이 다른 被告人의 面前에서 충분한 陳述을 할 수 없다고 認定한 때에도 같다.
② 前項의 規定에 의하여 被告人을 退廷하게 한 경우에 證人, 鑑定人 또는 共同被告人의 陳述이 終了한 때에는 退廷한 被告人을 入廷하게 한 後 법원사무관등으로 하여금 陳述의 要旨를 告知하게 하여야 한다.(2007.6.1 본항개정)

改前 ② …被告人을 入廷하게 한 후 "書記로" 하여금 陳述의 要旨를 告知하게 하여야 한다.

참조 [재정의무]281, [재판장의 처분에 대한 이의]304, [본조의 적용제외]297의2

第297條의2【簡易公判節次에서의 證據調査】 第286條의2의 決定이 있는 事件에 대하여는 第161條의2, 第290條 내지 第293條, 第297條의 規定을 適用하지 아니하며 法院이 相當하다고 認定하는 方法으로 證據調査를 할 수 있다.(1973.1.25 본조신설)

참조 [간이공판절차의 결정]286의2, [증인신문의 방법]161의2, [증거조사]290·291, [증거조사의 방식]292, [증거조사결과와 피고인의 의견]293, [피고인등의 퇴정]297

第298條【公訴狀의 變更】 ① 檢事는 法院의 許可를 얻어 公訴狀에 記載한 公訴事實 또는 適用法條의 追加·撤回 또는 變更을 할 수 있다. 이 경우에 法院은 公訴事實의 同一性을 害하지 아니하는 限度에서 許可하여야 한다.
② 法院은 審理의 經過에 비추어 相當하다고 認定할 때에는 公訴事實 또는 適用法條의 追加 또는 變更을 要求하여야 한다.
③ 法院은 公訴事實 또는 適用法條의 追加, 撤回 또는 變更이 있을 때에는 그 事由를 迅速히 被告人 또는 辯護人에게 告知하여야 한다.
④ 法院은 前3項의 規定에 의한 公訴事實 또는 適用法條의 追加, 撤回 또는 變更이 被告人의 不利益을 增加할 念慮가 있다고 認定한 때에는 職權 또는 被告人이나 辯護人의 請求에 의하여 被告人으로 하여금 필요한 防禦의 準備를 하게 하기 위하여 決定으로 필요한 期間 公判節次를 停止할 수 있다.
(1973.1.25 본조개정)

참조 형소규142, [공소장]254, [공소사실]254③, [적용법조]254③·⑤, [결정]37

판례 형사소송절차에서 두 죄 사이에 공소사실이나 범죄사실의 동일성이 있는지는 기본적 사실관계가 동일한지에 따라 판단하여야 한다. 이는 순수한 사실관계의 동일성이라는 관점에서만 파악할 수 없고, 피고인의 행위와 자연적·사회적 사실관계 이외에 규범적 요소를 고려하여 기본적 사실관계가 실질적으로 동일한지에 따라 결정해야 한다.(대판 2017.1.25, 2016도15526)

판례 공소사실이나 범죄사실의 동일성 여부의 판단 기준 : 공소사실이나 범죄사실의 동일성 여부는 사실의 동일성이 갖는 법률적 기능을 염두에 두고 피고인의 행위와 그 사회적인 사실관계를 기본으로 하되 그 규범적 요소도 고려하여 판단하여야 한다.(대판 2007.2.23, 2005도10233)

판례 법원이 공소장 변경 없이 직권으로 공소장에 기재된 공소사실과 다른 범죄사실을 인정하여야 하는 경우 : 법원은 공소사실의 동일성이 인정되는 범위 내에서 심리의 경과에 비추어 피고인의 방어권 행사에 실질적인 불이익을 초래할 염려가 없다고 인정되는 때에는, 공소장이 변경되지 않았더라도 직권으로 공소장에 기재된 공소사실과 다른 범죄사실을 인정할 수 있고, 이와 같은 경우 공소가 제기된 범죄사실과 대비하여 볼 때 실제로 인정되는 범죄사실의 사안이 중대하여 공소장이 변경되지 않았다는 이유로 이를 처벌하지 않는다면 적정절차에 의한 신속한 실체적 진실의 발견이라는 형사소송의 목적에 비추어 현저히 정의와 형평에 반하는 것으로 인정되는 경우라면 법원으로서는 직권으로 그 범죄사실을 인정하여야 할 것이다.(대판 2002.11.22, 2000도4419)

판례 살인죄의 공소사실에 대하여 공소장 변경 없이 폭행치사죄로 처단할 수 있는지 여부 : 공소가 제기된 살인죄의 범죄사실에 대하여는 그 증명이 없으나 폭행치사죄의 증명이 있는 경우에도 살인죄의 구성요건이 반드시 폭행치사 사실을 포함한다고 할 수 없고, 따라서 공소장의 변경 없이 폭행치사죄를 인정함은 결국 폭행치사죄에 대한 피고인의 방어권 행사에 불이익을 주는 것이므로, 법원은 위와 같은 경우에 검사의 공소장 변경 없이는 이를 폭행치사죄로 처단할 수는 없다.(대판 2001.6.29, 2001도1091)

第299條【不必要한 辯論등의 制限】 裁判長은 訴訟關係人의 陳述 또는 訊問이 重複된 事項이거나 그 訴訟에 關係없는 事項인 때에는 訴訟關係人의 本質的 權利를 害하지 아니하는 限度에서 이를 制限할 수 있다.

참조 [소송지휘권]279

第300條【辯論의 分離와 併合】 法院은 必要하다고 認定한 때에는 職權 또는 檢事, 被告人이나 辯護人의 申請에 의하여 決定으로 辯論을 分離하거나 併合할 수 있다.

참조 [결정]403①

판례 별개로 기소된 수개의 죄를 병합심리하지 않았다고 하여 위법이라고 할 수 없다.(대판 1970.11.24, 70도1945)

第301條【公判節次의 更新】 公判開廷後 判事의 更迭이 있는 때에는 公判節次를 更新하여야 한다. 但, 判決의 宣告만을 하는 경우에는 例外로 한다.

참조 형소규144, [간이공판절차결정의 취소로 인한 갱신]301의2

第301條의2【簡易公判節次決定의 取消와 公判節次의 更新】 第286條의2의 決定이 取消된 때에는 公判節次를 更新하여야 한다. 但, 檢事, 被告人 또는 辯護人이 異議가 없는 때에는 그러하지 아니하다.
(1973.1.25 본조신설)

참조 형소규144, [간이공판절차결정의 취소]286의3, [판사의 경질로 인한 갱신]301

第302條【證據調査 後의 檢事의 意見陳述】 被告人訊問과 證據調査가 終了한 때에는 檢事는 事實과 法律適用에 관하여 意見을 陳述하여야 한다. 但, 第278條의 경우에는 公訴狀의 記載事項에 의하여 檢事의 意見陳述이 있는 것으로 看做한다.

참조 [변론시간의 제한]형소규145, [검사의 불출석]278

판례 검사가 양형에 관한 의견진술을 하지 않은 것이 판결에 영향을 미친 법률위반이 있는 경우에 해당하는지 여부 : 검사가 양형에 관한 의견진술을 하지 않았다 하더라도 이로써 판결에 영향을 미친 법률위반이 있는 경우에 해당한다고 할 수 없고, 검사의 구형은 양형에 관한 의견진술에 불과하여 법원이 그 의견에 구속된다고 할 수 없다.(대판 2001.11.30, 2001도5225)

第303條【被告人의 最後陳述】 裁判長은 檢事의 意見을 들은 後 被告人과 辯護人에게 最終의 意見을 陳述할 機會를 주어야 한다.

참조 [변론시간의 제한]형소규145, [피고인의 진술권]286

第304條【裁判長의 處分에 대한 異議】 ① 檢事, 被告人 또는 辯護人은 裁判長의 處分에 대하여 異議申請을 할 수 있다.

② 前項의 異議申請이 있는 때에는 法院은 決定을 하여야 한다.

참조 [신청사유]형소규136, [신청방식등]형소규137, [결정]37·39, 형소규138, [재판장의 처분]279·281·299, [항고불허]403①, [공판준비절차의 준용]266의9

第305條【辯論의 再開】 法院은 必要하다고 認定한 때에는 職權 또는 檢事, 被告人이나 辯護人의 申請에 의하여 決定으로 終結한 辯論을 再開할 수 있다.

참조 [변론시간의 제한]형소규145, [항고불허]403①, [공판준비기일의 재개에 관한 준용]266의14

판례 종결한 변론을 재개하느냐의 여부는 법원의 재량에 속하는 사항으로서 원심이 변론종결후 선임된 변호인의 변론재개신청을 들어주지 아니하였다 하여 심리미진의 위법이 있는 것은 아니다.(대판 1986.6.10, 86도769)

第306條【公判節次의 停止】 ① 被告人이 事物의 辨別 또는 意思의 決定을 할 能力이 없는 狀態에 있는 때에는 法院은 檢事와 辯護人의 意見을 들어서 決定으로 그 狀態가 繼續하는 期間 公判節次를 停止하여야 한다.

② 被告人이 疾病으로 인하여 出廷할 수 없는 때에는 法院은 檢事와 辯護人의 意見을 들어서 決定으로 出廷할 수 있을 때까지 公判節次를 停止하여야 한다.

③ 前2項의 規定에 의하여 公判節次를 停止함에는 醫師의 意見을 들어야 한다.

④ 被告事件에 대하여 無罪, 免訴, 刑의 免除 또는 公訴棄却의 裁判을 할 것으로 明白한 때에는 第1項, 第2項의 事由있는 경우에도 被告人의 出廷없이 裁判할 수 있다.

⑤ 第277條의 規定에 의하여 代理人이 出廷할 수 있는 경우에는 第1項 또는 第2項의 規定을 適用하지 아니한다.

참조 [정지후의 절차갱신]형소규143, [심신상실]26, [무죄]325, [면소]326, [형의 면제]322, [공소기각]327·328, [출정의 원칙]276, [대리인의 출정]277

第2節 證 據

第307條【증거재판주의】 ① 사실의 인정은 증거에 의하여야 한다.

② 범죄사실의 인정은 합리적인 의심이 없는 정도의 증명에 이르러야 한다.
(2007.6.1 본조개정)

改前 "第307條【證據裁判主義】事實의 認定은 證據에 의하여야 한다."

참조 [사실]254④·323, [증거]309~318, [법률상 추정사실]형263

판례 '합리적 의심'의 의미 : 형사재판에 있어 심증형성은 반드시 직접증거에 의하여 형성되어야만 하는 것은 아니고 간접증거에 의할 수도 있으며, 간접증거는 이를 개별적·고립적으로 평가하여서는 아니 되고 모든 관점에서 빠짐없이 상호 관련시켜 종합적으로 평가하고, 치밀하고 모순 없는 논증을 거쳐야 한다. 그리고 증거의 증명력은 법관의 자유판단에 맡겨져 있으나 그 판단은 논리와 경험칙에 합치하여야 하고, 형사재판에 있어서 유죄로 인정하기 위한 심증형성의 정도는 합리적인 의심을 할 여지가 없을 정도여야 하나, 이는 모든 가능한 의심을 배제할 정도에 이를 것까지 요구하는 것은 아니며, 증명력이 있는 것으로 인정되는 증거를 합리적인 근거가 없는 의심을 일으켜 이를 배척하는 것은 자유심증주의의 한계를 벗어나는 것으로 허용되지 않고, 여기에서 말하는 합리적 의심이라 함은 모든 의문, 불신을 포함하는 것이 아니라 논리와 경험칙에 기하여 요증사실과 양립할 수 없는 사실의 개연성에 대한 합리성 있는 의문을 의미하는 것으로서, 피고인에게 유리한 정황을 사실인정과 관련하여 파악한 이성적 추론에 그 근거를 두어야 하는 것이므로 단순히 관념적인 의심이나 추상적인 가능성에 기초한 의심은 합리적 의심에 포함된다고 할 수 없다.(대판 2011.2.24, 2010도14262)

판례 거짓말탐지기 검사 결과에 대하여 증거능력을 인정하기 위한 요건 : 거짓말탐지기의 검사 결과에 대하여 사실적 관련성을 가진 증거로서 증거능력을 인정할 수 있으려면, 첫째로 거짓말을 하면 반드시 일정한 심리상태의 변동이 일어나고, 둘째로 그 심리상태의 변동은 반드시 일정한 생리적 반응을 일으키며, 셋째로 그 생리적 반응에 의하여 피검사자의 말이 거짓인지 아닌지가 정확히 판정될 수 있다는 세 가지 전제요건이 충족되어야 할 것이며, 특히 마지막 생리적 반응에 대한 거짓 여부 판정은 거짓말탐지기가 검사에 동의한 피검사자의 생리적 반응을 정확히 측정할 수 있는 장치이어야 하며, 질문사항의 작성과 검사의 기술 및 방법이 합리적이어야 하며, 검사자가 탐지기의 측정내용을 객관성 있고 정확하게 판독할 능력을 갖춘 경우라야만 그 정확성을 확보할 수 있는 것이므로, 이상과 같은 여러 가지 요건이 충족되지 않는 한 거짓말탐지기 검사 결과에 대하여 형사소송법상 증거능력을 부여할 수는 없다.(대판 2005.5.26, 2005도130)

판례 형사재판에 있어 관련 민사사건의 판결에서 인정된 사실의 증명력 : 형사재판에 있어서 관련된 민사사건의 판결에서 인정된 사실은 공소사실에 대하여 유력한 인정자료가 된다고 할지라도, 반드시 그 민사판결의 확정사실에 구속을 받는 것은 아니다.(대판 1996.8.23, 95도192)

第308條【自由心證主義】 證據의 證明力은 法官의 自由判斷에 의한다.

참조 [예외]310, [대법원의 판단]법원조직8, [유죄판결에 명시될 이유]323, [상고이유]361의5·383, [합의부의 경우]법원조직66

판례 자유심증주의의 의미와 한계 : 형사소송법 제308조는 증거에 의하여 사실을 인정하되 증거의 증명력은 법관의 자유판단에 의하도록 규정하고 있는데, 이는 법관이 증거능력 있는 증거 중 필요한 증거를 채택·사용하고 증거의 실질적인 가치를 평가하여 사실을 인정하는 것은 법관의 자유심증에 속한다는 것을 의미한다. 따라서 충분한 증명력이 있는 증거를 합리적인 근거 없이 배척하거나 반대로 객관적인 사실에 명백히 반하는 증거를 아무런 합리적인 근거 없이 채택·사용하는 등으로 논리와 경험의 법칙에 어긋나는 것이 아닌 이상, 법관은 자유심증으로 증거를 채택하여 사실을 인정할 수 있다.
(대판 2015.8.20, 2013도11650 전원합의체)

판례 목격자의 진술 등 직접증거가 전혀 없는 사건에 있어서는 적법한 증거들에 의하여 인정되는 간접사실들에 논리법칙과 경험칙을 적용하여 공소사실이 합리적인 의심을 할 여지가 없이 진실한 것이라는 확신을 가지게 할 정도로 추단될 수 있을 경우에만 이를 유죄로 인정할 수 있고, 이러한 정도의 심증을 형성할 수 없다면 설령 피고인에게 유죄의 의심이 간다고 하더라도 피고인의 이익으로 판단할 수밖에 없다는 것이 형사소송의 대원칙이다.(대판 2011.1.13, 2010도13226)

판례 자백의 신빙성 유무에 관한 판단 기준 : 검찰에서의 피고인의 자백이 법정진술과 다르다거나 피고인에게 지나치게 불리한 내용이라는 사유만으로는 그 자백의 신빙성이 의심스럽다고 할 수는 없는 것이고, 자백의 신빙성 유무를 판단할 때에는 자백의 진술 내용 자체가 객관적으로 합리성을 띠고 있는지, 자백의 동기나 이유가 무엇이며, 자백에 이르게 된 경위는 어떠한지 그리고 자백 이외의 정황증거 중 자백과 저촉되거나 모순되는 것이 없는지 하는 점 등을 고려하여 피고인의 자백에 형사소송법 제309조에 정한 사유 또는 자백의 동기나 과정에 합리적인 의심을 갖게 할 상황이 있었는지를 판단하여야 한다.
(대판 2010.7.22, 2009도1151)

판례 유전자검사나 혈액형검사 등 과학적 증거방법은 그 전제로 하는 사실이 모두 진실임이 입증되고 그 추론의 방법이 과학적으로 정당하여 오류의 가능성이 전무하거나 무시할 정도로 극소한 것으로 인정되는 경우에는 법관이 사실인정을 함에 있어 상당한 정도로 구속력을 가지므로, 비록 사실의 인정이 사실심의 전권이라 하더라도 아무런 합리적 근거 없이 함부로 이를 배척하는 것은 자유심증주의의 한계를 벗어나는 것으로서 허용될 수 없다. 과학적 증거방법이 당해 범죄에 관한 적극적 사실과 이에 반하는 소극적 사실 모두에 존재하는 경우에는 각 증거방법에 의한 분석결과에 발생할 수 있는 오류가능성 및 그 정도, 그 증거방법에 의하여 증명되는 사실의 내용 등을 종합적으로 고려하여 범죄의 유무 등을 판단하여야 하고, 여러 가지 변수로 인하여 반증의 여지가 있는 소극적 사실에 관한 증거로써 과학적 증거방법에 의하여 증명되는 적극적 사실을 쉽사리 뒤집어서는 안 된다.(대판 2009.3.12, 2008도8486)

판례 자유심증주의의 의미와 과학적 증거방법의 증명력 : 자유심증주의를 규정한 본조가 증거의 증명력을 법관의 자유판단에 의하도록 한 것은 그것이 실체적 진실발견에 적합하기 때문이지 법관의 자의적인 판단을 인용한다는 것은 아니므로, 증거판단에 관한 전권을 가지고 있는 사실심 법관은 사실인정을 함에 있어 공판절차에서 획득된 인식과 조사된 증거를 남김없이 고려하여야 한다. 그리고 증거의 증명력은 법관의 자유판단에 맡겨져 있으나 그 판단은 논리와 경험법칙에 합치하여야 하고, 형사재판에 있어서 유죄로 인정하기 위한 심증형성의 정도는 합리적인 의심을 할 여지가 없을 정도여야 한다. 특히, 유전자검사나 혈액형검사 등 과학적 증거방법은 그 전제로 하는 사실이 모두 진실임이 입증되고 그 추론의 방법이 과학적으로 정당하여 오류의 가능성이 전무하거나 무시할 정도로 극소한 것으로 인정되는 경우에는 법관이 사실인정을 함에 있어 상당한 정도로 구속력을 가지므로, 비록 사실의 인정이 사실심의 전권이라 하더라도 아무런 합리적 근거 없이 함부로 이를 배척하는 것은 자유심증주의의 한계를 벗어나는 것으로서 허용될 수 없다.
(대판 2007.5.10, 2007도1950)

판례 증인 진술의 신빙성을 부정한 제1심의 판단을 항소심이 뒤집을 수 있는 경우 : 제1심판결 내용과 제1심에서 적법하게 증거조사를 거친 증거들에 비추어 제1심 증인이 한 진술의 신빙성 유무에 대한 제1심의 판단이 명백하게 잘못되었다고 볼 특별한 사정이 있거나, 제1심의 증거조사 결과와 항소심 변론종결시까지 추가로 이루어진 증거조사 결과를 종합하면 제1심 증인이 한 진술의 신빙성 유무에 대한 제1심의 판단을 그대로 유지하는 것이 현저히 부당하다고 인정되는 예외적인 경우가 아니라면, 항소심으로서는 제1심 증인이 한 진술의 신빙성 유무에 대한 제1심의 판단이 항소심의 판단과 다르다는 이유만으로 이에 대한 제1심의 판단을 함부로 뒤집어서는 아니 된다. 특히 공소사실을 뒷받침하는 증거의 경우에는, 증인신문 절차를 진행하면서 진술에 임하는 증인의 모습과 태도를 직접 관찰한 제1심이 증인의 진술에 대하여 그 신빙성을 인정할 수 없다고 판단하였음에도 불구하고, 항소심이 이를 뒤집어 그 진술의 신빙성을 인정할 수 있다고 판단할 수 있으려면, 진술의 신빙성을 배척한 제1심의 판단을 수긍할 수 없는 충분하고도 납득할 만한 현저한 사정이 나타나는 경우이어야 한다.
(대판 2006.11.24, 2006도4994)

第308條의2【위법수집증거의 배제】 적법한 절차에 따르지 아니하고 수집한 증거는 증거로 할 수 없다.
(2007.6.1 본조신설)

판례 변호인에 대한 참여통지 누락에 의한 압수·수색 절차의 위반과 증거능력 인정 여부 : 몰카 촬영 범죄의 증거로 압수한 컴퓨터를 탐색하면서 변호인에게 참여할 기회를 제공하지 않는 등 적법절차를 위반했더라도, 피고인(피의자)이 앞서 참여하지 않겠다는 의사를 밝혔고 관련 범죄사실을 진술했다면 증거로 사용할 수 있다. 수사기관이 압수절차를 위반한 것은 사실이나 수사기관의 절차 위반행위가 적법절차의 실질적인 내용을 침해하는 경우에 해당하지 않고, 오히려 증거능력을 배제하는 것이 적법절차의 원칙과 실체적 진실 규명의 조화를 도모하고 이를 통해 형사 사법 정의를 실현하려 한 취지에 반하는 결과를 초래하는 것으로 평가되는 예외적인 경우라면 법원은 그 증거를 유죄 인정의 증거로 사용할 수 있다.
(대판 2020.11.26, 2020도10729)

판례 체포의 이유와 변호인 선임권의 고지 등 적법한 절차를 무시한 채 이루어진 강제연행은 전형적인 위법한 체포에 해당하고, 위법한 체포 상태에서 이루어진 음주측정요구는 주취운전의 범죄행위에 대한 증거수집을 목적으로 한 일련의 과정에서 이루어진 것이므로, 그 측정 결과는 형사소송법 제308조의2에 규정된 '적법한 절차에 따르지 아니하고 수집한 증거'에 해당하여 증거능력을 인정할 수 없다(대법원 2007.11.15. 선고 2007도3061 전원합의체 판결 등 참조). 또한 위법한 강제연행 상태에서 호흡측정의 방법에 의한 음주측정을 한 다음 그 강제연행 상태로부터 시간적·장소적으로 단절되었다고 볼 수도 없고 피의자의 심적 상태 또한 강제연행 상태로부터 완전히 벗어났다고 볼 수 없는 상황에서 피의자가 호흡측정 결과에 대한 탄핵을 하기 위하여 스스로 혈액채취 방법에 의한 측정을 할 것을 요구하여 혈액채취가 이루어졌다고 하더라도 그 사이에 위법한 체포 상태에 의한 영향이 완전하게 배제되고 피의자의 의사결정의 자유가 확실하게 보장되었다고 볼 만한 다른 사정이 개입되지 않은 이상 불법체포와 증거수집 사이의 인과관계가 단절된 것으로 볼 수는 없다. 따라서 그러한 혈액채취에 의한 측정 결과 역시 유죄 인정의 증거로 쓸 수 없다고 보아야 한다. 그리고 이는 수사기관이 위법한 체포 상태를 이용하여 증거를 수집하는 등의 행위를 효과적으로 억지하기 위한 것이므로, 피고인이나 변호인이 이를 증거로 함에 동의하였다고 하여도 달리 볼 것은 아니다.(대판 2013.3.14, 2010도2094)

第309條【强制등 自白의 證據能力】 被告人의 自白이 拷問, 暴行, 脅迫, 身體拘束의 不當한 長期化 또는 欺罔 기타의 方法으로 任意로 陳述한 것이 아니라고 疑心할 만한 理由가 있는 때에는 이를 有罪의 證據로 하지 못한다.(1963.12.13 본조제목개정)

참조 [자유의 증거능력]310, [재심이유]420

판례 [1] 강요죄에서 '의무 없는 일'의 의미 및 폭행 또는 협박으로 법률상 의무 있는 일을 하게 한 경우 강요죄가 성립하는지 여부(소극) : '의무 없는 일'이란 법령, 계약 등에 기하여 발생하는 법률상 의무 없는 일을 말하므로, 폭행 또는 협박으로 법률상 의무 있는 일을 하게 한 경우에는 폭행 또는 협박죄만 성립할 뿐 강요죄는 성립하지 아니한다.
[2] 폭력조직 전력이 있는 피고인이 특정 연예인에게 팬미팅 공연을 하도록 강요하면서 만날 것을 요구하고, 팬미팅 공연을 하지 않으면 안 좋은 일을 당할 것이라고 협박한 사안에서, 강요죄의 고의가 피고인에게 있었다고 단정하기 어렵다고 판단한 원심을 수긍한다.
(대판 2008.5.15, 2008도1097)

판례 자백의 신빙성 유무에 대한 판단기준 : 자백의 신빙성 유무를 판단함에는 자백의 진술내용 자체가 객관적으로 합리성을 띠고 있는지, 자백의 동기나 이유가 무엇이며, 자백에 이르게 된 경위는 어떠한지 그리고 자백 이외의 정황증거 중 자백과 저촉되거나 모순되는 것은 없는지를 고려하여, 피고인의 자백에 동조 소정의 사유 또는 자백의 동기나 과정에 합리적인 의심을 갖게 할 상황이 있었는지를 판단하여야 한다.
(대판 2003.6.24, 2000도5442)

第310條【不利益한 自白의 證據能力】 被告人의 自白이 그 被告人에게 不利益한 唯一의 證據인 때에는 이를 有罪의 證據로 하지 못한다.

참조 [자유심증주의]308, [자백의 증거능력]309, [적용제외]즉결심판10

판례 자백에 대한 보강증거는 자백사실이 가공적인 것이 아니고 진실한 것이라고 인정할 수 있는 정도이면 족한 것이지 범죄사실 전부나 그 중요부분의 전부에 일일이 그 보강증거를 필요로 하는 것이 아니고, 이러한 증거는 직접증거뿐만 아니라 간접증거 내지 정황증거라도 족하다.(대판 1997.4.11, 97도470)

판례 검사가 피고인들에게 공소장기재를 낭독하다시피 공소사실 그대로의 사실유무를 물은 즉 피고인들이 동시에 "예, 그랬습니다"하고 답한 것은 얼핏보면 피고인들이 범죄사실을 자백한 것처럼 보이나, 계속되는 검사와 변호인 및 재판장의 물음에서는 다시 범행을 부인하는 취지의 답을 한 점으로 미루어 보면 공소사실의 경과일부를 시인한 것 뿐이지 피고인들이 공모하여 기망내지 편취하였다는 내용까지 자백한 것이라고는 볼 수 없다.
(대판 1983.5.10, 82도214)

第310條의2【傳聞證據와 證據能力의 制限】 第311條 내지 第316條에 規定한 것 이외에는 公判準備 또는 公判期日에서의 陳述에 代身하여 陳述을 記載한 書類나 公判準備 또는 公判期日외에서의 他人의 陳述을 內容으로 하는 陳述은 이를 證據로 할 수 없다.(1961.9.1 본조신설)

참조 [증거능력]309－316, [당사자동의의 의제]318의3

판례 형사소송법은 전문진술에 대하여 제316조에서 실질상 단순한 전문의 형태를 취하는 경우에 한하여 예외적으로 그 증거능력을 인정하는 규정을 두고 있을 뿐, 재전문진술이나 재전문진술을 기재한 조서에 대하여는 달리 그 증거능력을 인정하는 규정을 두고 있지 아니하고 있으므로, 피고인이 증거로 하는 데 동의하지 아니하는 한 동조의 규정에 의하여 이를 증거로 할 수 없다.(대판 2004.3.11, 2003도171)

판례 녹음테이프의 녹음 내용이나 검증조서의 기재는 실질적으로는 공판준비 또는 공판기일에서의 진술에 대신하여 진술을 기재한 서류와 다를 바 없어서 형사소송법 제311조 내지 제315조에 규정한 것이 아니면 이를 유죄의 증거로 할 수 없다.
(대판 1996.10.15, 96도1669)

第311條【法院 또는 法官의 調書】 公判準備 또는 公判期日에 被告人이나 被告人 아닌 者의 陳述을 記載한 調書와 法院 또는 法官의 檢證의 結果를 記載한 調書는 證據로 할 수 있다. 第184條 및 第221條의2의 規定에 의하여 作成한 調書도 또한 같다.
(1995.12.29 본조개정)

참조 [조서작성]48·49·51, [검증]139, [감정]169·171·184, [증거보전의 청구]221의2, [증인신문의 청구]164

판례 피고인과 상대방 사이의 대화 내용에 관한 녹취서가 공소사실의 증거로 제출되어 그 녹취서의 기재 내용과 녹음테이프의 녹음 내용이 동일한지 여부에 대하여 법원이 검증을 실시한 경우에, 증거자료가 되는 것은 녹음테이프에 녹음된 대화 내용 그 자체이고 그 중 피고인의 진술 내용은 진술을 기재한 서류와 다름없다. 피고인이 그 녹음테이프를 증거로 할 수 있다고 동의하지 않은 이상, 그 녹음테이프에 녹음된 피고인의 진술 내용을 증거로 사용하기 위해서는 그 작성자인 상대방의 진술에 의하여 녹음테이프에 녹음된 피고인의 진술 내용이 피고인이 진술한 대로 녹음된 것임이 증명되고, 나아가 그 진술이 특히 신빙할 수 있는 상태에서 행하여진 것임이 인정되어야 한다.
(대판 2012.9.13, 2012도7461)

판례 대화내용을 녹음한 녹음테이프의 증거능력 : 녹음테이프는 그 성질상 작성자나 진술자의 서명 혹은 날인이 없을 뿐만 아니라, 녹음자의 의도나 특정한 기술에 의하여 그 내용이 편집·조작될 위험성이 있음을 고려하여, 인위적 개작 없이 원본의 내용 그대로 복사된 사본임이 입증되어야만 하고, 그러한 입증이 없는 경우에는 쉽게 그 증거능력을 인정할 수 없다.
(대판 2005.12.23, 2005도2945)

第312條【검사 또는 사법경찰관의 조서 등】 ① 검사가 작성한 피의자신문조서는 적법한 절차와 방식에 따라 작성된 것으로서 공판준비, 공판기일에 그 피의자였던 피고인 또는 변호인이 그 내용을 인정할 때에 한정하여 증거로 할 수 있다.(2020.2.4 본항개정)
② (2020.2.4 삭제)
③ 검사 이외의 수사기관이 작성한 피의자신문조서는 적법한 절차와 방식에 따라 작성된 것으로서 공판준비 또는 공판기일에 그 피의자였던 피고인 또는 변호인이 그 내용을 인정할 때에 한하여 증거로 할 수 있다.
④ 검사 또는 사법경찰관이 피고인이 아닌 자의 진술을 기재한 조서는 적법한 절차와 방식에 따라 작성된 것으로서 그 조서가 검사 또는 사법경찰관 앞에서 진술한 내용과 동일하게 기재되어 있음이 원진술자의 공판준비 또는 공판기일에서의 진술이나 영상녹화물 또는 그 밖의 객관적인 방법에 의하여 증명되고, 피고인 또는 변호인이 공판준비 또는 공판기일에 그 기재 내용에 관하여 원진술자를 신문할 수 있었던 때에는 증거로 할 수 있다. 다만, 그 조서에 기재된 진술이 특히 신빙할 수 있는 상태하에서 행하여졌음이 증명된 때에 한한다.
⑤ 제1항부터 제4항까지의 규정은 피고인 또는 피고인이 아닌 자가 수사과정에서 작성한 진술서에 관하여 준용한다.
⑥ 검사 또는 사법경찰관이 검증의 결과를 기재한 조서는 적법한 절차와 방식에 따라 작성된 것으로서 공판준비 또는 공판기일에서의 작성자의 진술에 따라 그 성립의 진정함이 증명된 때에는 증거로 할 수 있다.
(2007.6.1 본조개정)

改前 "① 검사가 피고인이 된 피의자의 진술을 기재한 조서는 적법한 절차와 방식에 따라 작성된 것으로서 피고인이 진술한 내용과 동일하게 기재되어 있음이 공판준비 또는 공판기일에서의 피고인의 진술에 의하여 인정되고, 그 조서에 기재된 진술이 특히 신빙할 수 있는 상태하에서 행하여졌음이 증명된 때에 한하여 증거로 할 수 있다."
"② 제1항에도 불구하고 피고인이 그 조서의 성립의 진정을 부인하는 경우에는 그 조서에 기재된 진술이 피고인이 진술한 내용과 동일하게 기재되어 있음이 영상녹화물이나 그 밖의 객관적인 방법에 의하여 증명되고, 그 조서에 기재된 진술이 특히 신빙할 수 있는 상태하에서 행하여졌음이 증명된 때에 한하여 증거로 할 수 있다."

참조 [피의자 신문조서]244, [증거능력에 대한 예외]314, [당사자동의의 의제]318의3, [즉결심판의 경우]즉결심판10

판례 사전 동의 및 조사 전 과정이 녹화되지 않은 녹화영상물 : 형사소송법 제312조제4항의 영상녹화물에 대하여는 형사소송법 및 형사소송규칙에서 녹화의 과정, 방식 및 절차 등을 엄격하게 규정하고 있다. 그런데 이 규정을 위반하여 사법경찰관이 피해자들의 진술을 녹화하면서 사전에 녹화에 동의한다는 취지의 서면 동의서를 받지 않고, 피해자들이 조서를 열람하는 도중 영상녹화가 중단되어 피해자들의 조서 열람과정 일부와 조서에 기명날인 또는 서명을 마치는 과정이 녹화되지 않았다면, 피해자들에 대한 진술조서의 실질적 진정성립이 증명되었다고 볼 수 없다. 따라서 해당 영상녹화물에 대하여 증거능력을 인정할 수 없다.(대판 2022.6.16, 2022도364)

판례 검사 이외의 수사기관 작성의 피의자신문조서는 공판준비 또는 공판기일에 그 피의자였던 피고인이나 변호인이 그 내용을 인정할 때에 한하여 증거로 할 수 있다고 규정하고 있는바, 위 규정은 검사 이외의 수사기관이 작성한 당해 피고인에 대한 피의자신문조서를 유죄의 증거로 하는 경우뿐만 아니라 검사 이외의 수사기관이 작성한 당해 피고인과 공범관계에 있는 다른 피고인이나 피의자에 대한 피의자신문조서를 당해 피고인에 대한 유죄의 증거로 채택할 경우에도 적용되고(법원 2004.7.15. 선고 2003도7185 전원합의체 판결 등 참조), 위 규정에서 그 내용을 인정할 때라 함은 위 피의자신문조서의 기재 내용이 진술내용대로 기재되어 있다는 의미가 아니고, 그와 같이 진술한 내용이 실제사실과 부합한다는 것을 의미한다.
(대판 2007.5.10, 2007도1807)

판례 피의자신문조서 일부에 대한 증거능력의 인정 여부 : 검사가 피의자나 피의자 아닌 자의 진술을 기재한 조서 중 일부에 관하여만 원진술자가 공판준비 또는 공판기일에서 실질적 진정성립을 인정하는 경우에는 법원은 당해 조서 중 어느 부분이 원진술자가 진술한 대로 기재되어 있고 어느 부분이 달리 기재되어 있는지 여부를 구체적으로 심리한 다음 진술한 대로 기재되어 있다고 하는 부분에 한하여 증거능력을 인정하여야 하고, 그 밖에 실질적 진정성립이 부정되는 부분에 대해서는 증거능력을 부정하여야 할 것이다.(대판 2005.6.10, 2005도1849)

판례 '성립의 진정'의 의미 : 성립의 진정이라 함은 간인·서명·날인 등 조서의 형식적인 진정성립과 그 조서의 내용이 원진술자가 진술한 대로 기재된 것이라는 실질적인 진정성립을 모두 의미하는 것이고, 검사가 피의자나 피의자 아닌 자의 진술을 기재한 조서는 공판준비 또는 공판기일에서 원진술자의 진술에 의하여 형식적 진정성립뿐만 아니라 실질적 진정성립까지 인정된 때에 한하여 비로소 그 성립의 진정함이 인정되어 증거로 사용할 수 있다.(대판 2005.1.14, 2004도6646)

第313條【陳述書등】 ① 前2條의 規定이외에 被告人 또는 被告人이 아닌 者가 作成한 陳述書나 그 陳述을 記載한 書類로서 그 作成者 또는 陳述者의 自筆이거나 그 서명 또는 날인이 있는 것(피고인 또는 피고인 아닌 자가 작성하였거나 진술한 내용이 포함된 문자·사진·영상 등의 정보로서 컴퓨터용디스크, 그 밖에 이와 비슷한 정보저장매체에 저장된 것을 포함한다. 이하 이 조에서 같다)은 公判準備나 公判期日에서의 그 作成者 또는 陳述者의 陳述에 의하여 그 成立의 眞正함이 證明된 때에는 證據로 할 수 있다. 但, 被告人의 陳述을 記載한 書類는 公判準備 또는 公判期日에서의 그 作成者의 陳述에 의하여 그 成立의 眞正함이 證明되고 그 陳述이 특히 信憑할 수 있는 狀態下에서 行하여진 때에 한하여 被告人의 公判準備 또는 公判期日에서의 陳述에 不拘하고 證據로 할 수 있다.
② 제1항 본문에도 불구하고 진술서의 작성자가 공판준비나 공판기일에서 그 성립의 진정을 부인하는 경우에는 과학적 분석결과에 기초한 디지털포렌식 자료, 감정 등 객관적 방법으로 성립의 진정함이 증명되는 때에는 증거로 할 수 있다. 다만, 피고인 아닌 자가 작성한 진술서는 피고인 또는 변호인이 공판준비 또는 공판기일에 그 기재 내용에 관하여 작성자를 신문할 수 있었을 것을 요한다.
③ 감정의 경과와 결과를 기재한 서류도 제1항 및 제2항과 같다.(2016.5.29 본항신설)
(2016.5.29 본조개정)

改前 第313條【陳述書등】① 前2條의… "그 署名 또는 捺印이 있는 것"은 公判準備나 公判期日에서의…
"② 鑑定의 經過와 結果를 記載한 書類도 前項과 같다."

참조 [증거능력에 대한 예외]314, [당사자동의의 의제]318의3, [적용제외]즉결심판10

판례 압수물인 디지털 저장매체로부터 출력된 문건이 증거로 사용되기 위해서는 디지털 저장매체 원본에 저장된 내용과 출력된 문건의 동일성이 인정되어야 할 것인데, 그 동일성을 인정하기 위해서는 디지털 저장매체 원본이 압수된 이후 문건 출력에 이르기까지 변경되지 않았음이 담보되어야 하고 특히 디지털 저장매체 원본에 변화가 일어나는 것을 방지하기 위해 디지털 저장매체 원본을 대신하여 디지털 저장매체에 저장된 자료를 '하드카피'·'이미징'한 매체로부터 문건이 출력된 경우에는 디지털 저장매체 원본과 '하드카피'·'이미징'한 매체 사이에 자료의 동일성도 인정되어야 한다. 나아가 법원 감정을 통해 디지털 저장매체 원본 혹은 '하드카피'·'이미징'한 매체에 저장된 내용과 출력된 문건의 동일성을 확인하는 과정에서 이용된 컴퓨터의 기계적 정확성, 프로그램의 신뢰성, 입력·처리·출력의 각 단계에서 조작자의 전문적인 기술능력과 정확성이 담보되어야 한다.
(대판 2007.12.13, 2007도7257)

판례 사인(私人)이 피고인 아닌 사람과의 대화 내용을 촬영한 비디오테이프의 증거능력 : 수사기관이 아닌 사인(私人)이 피고인 아닌 사람과의 대화 내용을 촬영한 비디오테이프는 형사소송법 제311조, 제312조의 규정 이외에 피고인 아닌 자의 진술을 기재한 서류와 다를 바 없으므로, 피고인이 그 비디오테이프를 증거로 함에 동의하지 아니하는 이상 그 진술 부분에 대하여 증거능력을 부여하기 위하여는, 첫째 비디오테이프가 원본이거나 원본으로부터 복사한 사본일 경우에는 복사과정에서 편집되는 등 인위적 개작 없이 원본의 내용 그대로 복사된 사본일 것, 둘째 본법 제313조 제1항에 따라 공판준비나 공판기일에서 원진술자의 진술에 의하여 그 비디오테이프에 녹음된 각자의 진술내용이 자신이 진술한 대로 녹음된 것이라는 점이 인정되어야 할 것인바, 비디오테이프는 촬영대상의 상황과 피촬영자의 동태 및 대화가 녹화된 것으로서, 녹음테이프와는 달리 피촬영자의 동태를 그대로 재현할 수 있는 점에 비추어, 비디오테이프의 내용에 인위적인 조작이 가해지지 않은 것이 전제된다면, 비디오테이프에 촬영, 녹음된 내용을 재생기에 의해 시청을 마친 원진술자가 비디오테이프의 피촬영자의 모습과 음성을 확인하고 자신과 동일인이라고 진술한 것은 비디오테이프에 녹음된 진술내용이 자신이 진술한 대로 녹음된 것이라는 취지의 진술을 한 것으로 보아야 한다.
(대판 2004.9.13, 2004도3161)

第314條【증거능력에 대한 예외】 제312조 또는 제313조의 경우에 공판준비 또는 공판기일에 진술을 요하는 자가 사망·질병·외국거주·소재불명, 그 밖에 이에 준하는 사유로 인하여 진술할 수 없는 때에는 그 조서 및 그 밖의 서류(피고인 또는 피고인 아닌 자가 작성하였거나 진술한 내용이 포함된 문자·사진·영상 등의 정보로서 컴퓨터용디스크, 그 밖에 이와 비슷한 정보저장매체에 저장된 것을 포함한다)를 증거로 할 수 있다. 다만, 그 진술 또는 작성이 특히 신빙할 수 있는 상태하에서 행하여졌음이 증명된 때에 한한다.(2016.5.29 본문개정)

改前 第314條【증거능력에 대한 예외】제312조…때에는 그 "조서 및 그 밖의 서류"를 증거로 할 수 있다…

참조 [원칙]312·313, [법정외 신문]165, [당사자동의의 의제]318의3

판례 피고인이 증인에게 필로폰을 매도하였다는 공소사실로 기소되었는데 증인이 자신에 대한 관련 형사판결이 확정되었음에도 정당한 이유 없이 법정 증언을 거부한 사안에서, 증인이 증언을 거부하여 피고인이 반대신문을 하지 못하였다면, 피고인이 그러한 증언거부 상황을 초래하였다는 등 특별한 사정이 없는 한 이 조의 '그 밖에 이에 준하는 사유로 인하여 진술할 수 없는 때'에 해당하지 않는다. 따라서 수사기관에서 그 증인의 진술을 기재한 서류는 증거능력이 없다.
(대판 2019.11.21, 2018도13945)

판례 진술을 요하는 자가 외국에 거주하고 있어 공판정 출석을 거부하면서 공판정에 출석할 수 없는 사정을 밝히고 있더라도 증언 자체를 거부하는 의사가 분명한 경우가 아닌 한 거주하는 외국의 주소나 연락처 등이 파악되고, 해당 국가와 대한민국 간에 국제형사사법공조조약이 체결된 상태라면 우선 사법공조의 절차에 의하여 증인을 소환할 수 있는지를 검토해 보아야 하고, 소환을 할 수 없는 경우라도 외국의 법원에 사법공조로 증인신문을 실시하도록 요청하는 등의 절차를 거쳐야 하고, 이러한 절차를 전혀 시도해 보지도 아니한 것은 가능하고 상당한 수단을 다하더라도 진술을 요하는 자를 법정에 출석하게 할 수 없는 사정이 있는 때에 해당한다고 보기 어렵다.
(대판 2016.2.18, 2015도17115)

판례 변호사가 의뢰인에게 법률자문을 한 내용을 적은 '법률의견서'는 형사소송법상 전문증거로 보아야 하며, 법률의견서를 의뢰인에 대한 유죄의 증거로 사용하기 위해서는 작성자인 변호사가 법정에 직접 출석해 법률의견서가 진정하게 작성됐다는 점을 진술해야 하고, 변호사가 법정에 출석했어도 정당하게 증언 거부권을 행사해 진술하지 않으면 그 법률의견서를 증거로 할 수 없다.(대판 2012.5.17, 2009도6788 전원합의체)

판례 본조의 적용범위 : 직접주의와 전문법칙의 예외를 정한 형사소송법 제314조의 요건 충족 여부는 엄격히 심사하여야 하고 전문증거의 증거능력을 갖추기 위한 요건에 관한 입증책임은 검사에게 있는 것이므로, 법원이 증인에 대한 구인장 집행불능 상황을 형사소송법 제314조의 '기타 사유로 인하여 진술할 수 없는 때'에 해당한다고 인정할 수 있으려면, 형식적으로 구인장 집행이 불가능하다는 취지의 서면이 제출되었다는 것만으로는 부족하고, 증인에 대한 구인장의 강제력에 기하여 증인의 법정 출석을 위한 가능하고도 충분한 노력을 다하였음에도 불구하고, 부득이 증인의 법정 출석이 불가능하게 되었다는 사정을 검사가 입증한 경우여야 한다. 경찰이 증인과 가족의 실거주지를 방문하지 않은 상태에서 전화상으로 증인의 모(母)로부터 법정에 출석케 할 의사가 없다는 취지의 진술을 들었다는 내용의 구인장 집행불능 보고서를 제출하고 있을 뿐이고, 검사가 기록상 확인된 증인의 휴대전화번호로 연락하여 법정 출석의사가 있는지를 확인하는 등의 방법으로 출석을 적극적으로 권유·독려하는 등 증인의 법정 출석을 위하여 상당한 노력을 기울이지 않은 경우, 본조의 '기타 사유로 인하여 진술할 수 없는 때'에 해당하지 않는다.(대판 2007.1.11, 2006도7228)

第315條【當然히 證據能力이 있는 書類】 다음에 揭記한 書類는 證據로 할 수 있다.

1. 가족관계기록사항에 관한 증명서, 公正證書謄本 기타 公務員 또는 外國公務員의 職務上 證明할 수 있는 事項에 관하여 作成한 文書(2007.5.17 본호개정)
2. 商業帳簿, 航海日誌 기타 業務上 必要로 作成한 通常文書
3. 기타 특히 信用할 만한 情況에 의하여 作成된 文書

改前 1. "戶籍의 謄本 또는 抄本," 公正證書謄本 기타…

참조 [가족관계등록부의 작성과 등록사무의 처리]가족관계등록9-15의2, [공정증서등본]공증50·51, [상업장부]상29·30, [항해일지]선원20

판례 특히 신빙할 수 있는 정황에 의하여 작성된 문서를 당연히 증거능력 있는 문서로 규정하고 있는 형사소송법 제315조 제3호에'다른 사건에서 공범의 피고인으로서의 진술을 기재한 공판조서'가 적용된다고 해석하는 것이 피고인의 공정한 재판을 받을 권리를 침해하지 않는다는 취지의 합헌결정을 하였다.(헌재결 2013.10.24, 2011헌바79)

판례 성매매업소에 고용된 여성들이 성매매를 업으로 하면서 영업에 참고하기 위하여 성매매 상대방의 아이디와 전화번호 및 성매매방법 등을 메모지에 적어두었다가 직접 메모리카드에 입력하거나 업주가 고용한 다른 여직원이 그 내용을 입력한 사안에서, 위 메모리카드의 내용은 형사소송법 제315조 제2호의 '영업상 필요로 작성한 통상문서'로서 당연히 증거능력 있는 문서에 해당한다.(대판 2007.7.26, 2007도3219)

第316條【傳聞의 陳述】 ① 피고인이 아닌 자(공소제기 전에 피고인을 피의자로 조사하였거나 그 조사에 참여하였던 자를 포함한다. 이하 이 조에서 같다)의 公判準備 또는 公判期日에서의 陳述이 被告人의 陳述을 그 內容으로 하는 것인 때에는 그 陳述이 특히 信憑할 수 있는 狀態下에서 행하여졌음이 증명된 때에 한하여 이를 證據로 할 수 있다.

② 被告人 아닌 者의 公判準備 또는 公判期日에서의 陳述이 被告人 아닌 他人의 陳述을 그 內容으로 하는 것인 때에는 原陳述者가 死亡, 疾病, 外國居住, 소재불명, 그 밖에 이에 준하는 事由로 인하여 陳述할 수 없고 그 陳述이 특히 信憑할 수 있는 狀態下에서 행하여졌음이 증명된 때에 한하여 이를 證據로 할 수 있다.

(2007.6.1 본조개정)

改前 ① "被告人 아닌 者"의 公判準備 또는…信憑할 수 있는 狀態下에서 "行하여진" 때에 한하여 이를 證據로…
② 被告人 아닌 者의…死亡, 疾病, 外國居住 "기타" 事由로 인하여…狀態下에서 "行하여진" 때에 한하여…

참조 [증거능력의 제한]309·318, [피고인의 반대신문권]163

第317條【陳述의 任意性】 ① 被告人 또는 被告人 아닌 者의 陳述이 任意로 된 것이 아닌 것은 證據로 할 수 없다.

② 前項의 書類는 그 作成 또는 內容인 陳述이 任意로 되었다는 것이 證明된 것이 아니면 證據로 할 수 없다.

③ 檢證調書의 一部가 被告人 또는 被告人 아닌 者의 陳述을 記載한 것인 때에는 그 部分에 한하여 前2項의 例에 의한다.

참조 [강제등 자백]309, [검증조서]49

판례 임의성에 대한 입증책임의 소재 : 임의성에 다툼이 있을 때에는 임의성을 의심할 만한 합리적이고 구체적인 사실을 피고인이 입증할 것이 아니고 '검사'가 그 임의성의 의문점을 해소하는 입증을 하여야 한다.(대판 2002.10.8, 2001도3931)

第318條【當事者의 同意와 證據能力】 ① 檢事와 被告人이 證據로 할 수 있음을 同意한 書類 또는 物件은 眞正한 것으로 認定한 때에는 證據로 할 수 있다.

② 被告人의 出廷없이 證據調査를 할 수 있는 경우에 被告人이 出廷하지 아니한 때에는 前項의 同意가 있는 것으로 看做한다. 但, 代理人 또는 辯護人이 出廷한 때에는 例外로 한다.

참조 [피고인의 불출정]277·330·365·438③, [당사자동의의 의제]318의3

판례 증거동의의 의사표시를 취소 또는 철회할 수 있는 시한 : 동조에 규정된 증거동의의 의사표시는 증거조사가 완료되기 전까지 취소 또는 철회할 수 있으나, 일단 '증거조사가 완료된 뒤'에는 취소 또는 철회가 인정되지 아니하므로 취소 또는 철회 이전에 이미 취득한 증거능력은 상실되지 않는다.
(대판 2004.6.25, 2004도2611)

판례 문서의 사본이라도 피고인이 증거로 함에 동의하였고 진정으로 작성되었음이 인정되는 경우에는 증거능력이 있다.
(대판 1996.1.26, 95도2526)

第318條의2【증명력을 다투기 위한 증거】 ① 제312조부터 제316조까지의 규정에 따라 증거로 할 수 없는 서류나 진술이라도 공판준비 또는 공판기일에서의 피고인 또는 피고인이 아닌 자(공소제기 전에 피고인을 피의자로 조사하였거나 그 조사에 참여하였던 자를 포함한다. 이하 이 조에서 같다)의 진술의 증명력을 다투기 위하여 증거로 할 수 있다.

② 제1항에도 불구하고 피고인 또는 피고인이 아닌 자의 진술을 내용으로 하는 영상녹화물은 공판준비 또는 공판기일에 피고인 또는 피고인이 아닌 자가 진술함에 있어서 기억이 명백하지 아니한 사항에 관하여 기억을 환기시켜야 할 필요가 있다고 인정되는 때에 한하여 피고인 또는 피고인이 아닌 자에게 재생하여 시청하게 할 수 있다.

(2007.6.1 본조개정)

改前 "第318條의2【證明力을 다투기 위한 證據】第312條 내지 第316條의 規定에 의하여 證據로 할 수 없는 書類나 陳述이라도 公判準備 또는 公判期日에서의 被告人 또는 被告人 아닌 者의 陳述의 證明力을 다투기 위하여는 이를 證據로 할 수 있다.(1961.9.1 본조신설)"

판례 탄핵증거의 증거조사 : 비록 증거목록에 기재되지 않았고 증거결정이 있지 아니하였다 하더라도 공판과정에서 그 입증취지가 구체적으로 명시되고 제시까지 된 이상 위 각 서증들에 대하여 탄핵증거로서의 증거조사는 이루어졌다고 보아야 할 것이다.(대판 2006.5.26, 2005도6271)

第318條의3【簡易公判節次에서의 證據能力에 관한 特例】 第286條의2의 決定이 있는 事件의 證據에 관하여는 第310條의2, 第312條 내지 第314條 및 第316條의 規定에 의한 證據에 대하여 第318條第1項의 同意가 있는 것으로 看做한다. 但, 檢事, 被告人 또는 辯護人이 證據로 함에 異議가 있는 때에는 그러하지 아니하다.(1973.1.25 본조신설)

참조 [간이공판절차의 결정]286의2, [증거결정의 절차]형소규134②단서

第3節 公判의 裁判

第318條의4【판결선고기일】 ① 판결의 선고는 변론을 종결한 기일에 하여야 한다. 다만, 특별한 사정이 있는 때에는 따로 선고기일을 지정할 수 있다.

② 변론을 종결한 기일에 판결을 선고하는 경우에는 판결의 선고 후에 판결서를 작성할 수 있다.

③ 제1항 단서의 선고기일은 변론종결 후 14일 이내로 지정되어야 한다.

(2007.6.1 본조신설)

판례 재판장이 1회 공판기일에 변론을 종결하면서 피해자와의 합의서 등 피고인에게 유리한 양형자료 제출을 위한 기간을 고려하여 제2회 공판기일을 지정하여 고지하였다. 그러나 지정·고지된 날짜보다 2주 먼저 갑작스럽게 피고인에 대한 선고기일이 진행되어 교도소에 재감 중이던 피고인이 교도관의 지시에 따라 법정에 출석하였고, 여기서 피고인의 항소를 기각하는 판결이 선고되었다. 이 사건에서 피고인과 변호인에게 사전에 통지하는 절차를 거치지 않은 채 선고기일을 급박하게 변경하여 판결을 선고하였다면 설령 피고인이 재정한 상태였다 하더라도 이는 피고인의 양형자료 제출 기회를 빼앗고 피고인의 방어권과 변호인의 변호권을 침해한 것이다. 따라서 이 사건은 공판기일의 지정에 관한 법령을 위반하여 판결에 영향을 미친 잘못이 있다.(대판 2023.7.13, 2023도4371)

第319條【管轄違反의 判決】 被告事件이 法院의 管轄에 屬하지 아니한 때에는 判決로써 管轄違反의 宣告를 하여야 한다.(2007.12.21 단서삭제)

改前 第319條【管轄違反의 判決】被告事件이 法院의 管轄에 屬하지 아니한 때에는 判決로써 管轄違反의 宣告를 하여야 한다. "但, 第262條第1項第2號의 規定에 의하여 地方法院의 審判에 付하여진 事件에 대하여는 管轄違反의 宣告를 할 수 없다."

참조 [관할]4-10·12-16, 법원조직7④·32①·34, [관할위반선고의 제한]320·362①, [시효의 진행]253

第320條【土地管轄 違反】 ① 法院은 被告人의 申請이 없으면 土地管轄에 관하여 管轄 違反의 宣告를 하지 못한다.

② 管轄 違反의 申請은 被告事件에 대한 陳述前에 하여야 한다.

참조 [토지관할]4·5, [관할위반의 선고]319, [진술]285-287

第321條【刑宣告와 同時에 宣告될 事項】 ① 被告事件에 대하여 犯罪의 證明이 있는 때에는 刑의 免除 또는 宣告猶豫의 경우 외에는 判決로써 刑을 宣告하여야 한다.

② 刑의 執行猶豫, 判決 前 拘禁의 算入日數, 勞役場의 留置期間은 刑의 宣告와 同時에 判決로써 宣告하여야 한다.

참조 즉결심판11, [범죄의 증명]307·310, [형의 면제]322, [형의 선고유예]322, [선고기일]형소규146, [선고시의 훈계]형소규147, [형의 선고]254·298·323·331, [판결등본송부]형소규148, [판결]37①·323·334, [형의 집행유예]형62, [판결전 구금일수]형57, [노역장유치]형70, [형의 집행유예선고와 구속영장의 효력]331, [소송비용부담]186·187

판례 미결구금일수의 산입방법 : 형법 제37조 후단의 경합범의 경우 확정판결 전·후의 각 죄는 각 별개로 심리·판단되고, 분리하여 확정되는 관계에 있으므로, 위 각 죄에 대하여 원심이 각 별개의 유죄판결을 선고하고 이에 대하여 피고인이 상고를 하였는데, 대법원이 그 중 일부에 대한 상고만을 이유 있는 것으로 받아들여 이를 파기환송하고, 나머지 부분에 대한 상고를 기각한 경우에는 위 상고가 기각된 유죄 부분은 분리·확정되고, 환송을 받은 원심의 심판범위는 위 파기된 부분에 한정된다. 그 경우 당초 환송 전 원심이 1심판결 선고 전의 미결구금일수 중 일부를 파기된 유죄부분에 대한 형에 산입하였으나, 환송 후의 절차에서 그 부분에 대하여 무죄를 선고함으로써 위 미결구금일수를 산입할 본형이 남아있지 않게 되더라도 이를 이미 분리되어 확정된 위 유죄부분에 대한 형에 산입할 수 있는 것도 아니다.(대판 2001.3.23, 2000도486)

第322條【刑免除 또는 刑의 宣告猶豫의 判決】 被告事件에 대하여 刑의 免除 또는 宣告猶豫를 하는 때에는 判決로써 宣告하여야 한다.

참조 [형의 면제]형21-23·26·27·90·101·120·153·157·175·213, 국가보안16, [형의 선고유예]형59-61, [선고와 피고인의 사면]331

第323條【有罪判決에 明示될 理由】 ① 刑의 宣告를 하는 때에는 判決理由에 犯罪될 事實, 證據의 要旨와 法令의 適用을 明示하여야 한다.

② 法律上 犯罪의 成立을 阻却하는 理由 또는 刑의 加重, 減免의 理由되는 事實의 陳述이 있은 때에는 이에 대한 判斷을 明示하여야 한다.

참조 즉결심판11, [유죄선고]321·322, [범죄될 사실]254③·298·328①, [증거의 요지]361의5, [법령의 적용]254③⑤·298, [범죄의 불성립]형9·10·12-17·20-24, [형의 가중]형35②·38①, [형의 감경]형10·11·22③·23②·25②·27·32②·52·53·213②, 국가보안16, [형의 면제]형21-23·26·27·52·90·101·111·120·153·157·175·213·328·365, 국가보안16

판례 유죄판결 이유에 명시할 증거설시의 정도 : 판결에 범죄사실에 대한 증거를 설시함에 있어 어느 증거의 어느 부분에 의하여 어느 범죄사실을 인정한다고 구체적으로 설시하지 아니하였다 하더라도 그 적시한 증거들에 의하여 판시 범죄사실을 인정할 수 있으면 이를 위법한 증거설시라고 할 수 없다.
(대판 2001.7.27, 2000도4298)

第324條【上訴에 대한 告知】 刑을 宣告하는 경우에는 裁判長은 被告人에게 上訴할 期間과 上訴할 法院을 告知하여야 한다.

참조 [상소기간]358·374, 즉결심판11

第325條【無罪의 判決】 被告事件이 犯罪로 되지 아니하거나 犯罪事實의 證明이 없는 때에는 判決로써 無罪를 宣告하여야 한다.

참조 [범죄의 증명]307·310, [무죄선고와 구속영장의 효력]331, [보상]형사보상및명예회복에관한법2, [판결의 공시]형58

판례 형벌에 관한 법령이 헌법재판소의 위헌결정으로 소급하여 그 효력을 상실하였거나 법원에서 위헌·무효로 선언된 경우 그 법령을 적용하여 공소가 제기된 사건에 대해서는 무죄를 선고하여야 한다. 나아가 재심이 개시된 사건에서 형벌에 관한 법령이 재심판결 당시 폐지되었더라도 그 폐지가 당초부터 헌법에 위배되어 효력이 없는 법령에 대한 것이었다면 형사소송법 제325조 전단에서 규정하는 '범죄로 되지 아니한 때'의 무죄사유에 해당한다. 1979년 10월 18일 부산지역에 선포된 비상계엄에 따라 발령된 계엄포고 제1호는 유언비어 날조·유포와 국론분열 언동은 엄금한다는 내용이 포함되어 있었다. 그러나 이러한 내용은 이른바 유신체제에 대한 국민적 저항인 부마민주항쟁을 탄압하기 위한 것이었을 뿐이고, 구 계엄법 제13조에서 특별한 조치를 취할 수 있는 조건인 '군사상 필요할 때'에 해당하였다고 보기 어렵다. 따라서 계엄포고 제1호는 유신헌법 제54조 제1항, 구 계엄법 제13조에서 정한 요건을 갖추었다고 볼 수 없다. 따라서 계엄포고 제1호는 위헌이고 위법한 것으로 무효이며, 부마항쟁 당시 유언비어를 퍼뜨렸다는 이유로 계엄법 위반 혐의로 기소돼 징역 2년을 확정받은 피고인 역시 무죄이다.
(대판 2018.11.29, 2016도14781)

판례 형벌에 관한 법령이 헌법재판소의 위헌결정으로 인하여 소급하여 그 효력을 상실하였거나 법원에서 위헌·무효로 선언된 경우 : 1974년 5월 버스 등에서 여고생에게 "정부가 분식을 장려하는데 고관과 부유층은 국수 약간에 계란과 육류가 태반인 분식을 하니 국민이 정부 시책에 어떻게 순응하겠나" 등의 정부 비판 발언을 한 혐의로 기소되어 징역 3년에 자격정지 3년을 선고받은 청구인에 대하여, 이와 같은 발언을 금지한 대통령 긴급조치 1호는 한계를 벗어나 국민의 기본권을 침해했기 때문에 위헌이며, 법령이 폐지되었더라도 그 범죄사실에 관하여 적용할 법령이 당초부터 위헌이라면 이를 적용할 수 없어 무죄가 선고되어야 한다.
(대판 2010.12.16, 2010도5986 전원합의체)

第326條【免訴의 判決】 다음 경우에는 判決로써 免訴의 宣告를 하여야 한다.

1. 確定判決이 있은 때
2. 赦免이 있은 때
3. 公訴의 時效가 完成되었을 때
4. 犯罪 後의 法令改廢로 刑이 廢止되었을 때

참조 [면소선고와 구속영장의 효력]331, [판결]321·322·325·337·457, [사면]사면2·3, [공소시효]249-253, [보상]형사보상및명예회복에관한법26, [판결의 공시]형58

판례 피고인이 면소판결에 대하여 상소할 수 있는지 여부 : 공소시효가 완성되었다는 이유로 면소의 판결을 한 것이 명백한 경우 피고인이 이에 대하여는 실체판결을 구하여 상소를 할 수 없다.(대판 2005.9.29, 2005도4738)

第327條【공소기각의 판결】 다음 각 호의 경우에는 판결로써 공소기각의 선고를 하여야 한다.
1. 피고인에 대하여 재판권이 없을 때
2. 공소제기의 절차가 법률의 규정을 위반하여 무효일 때
3. 공소가 제기된 사건에 대하여 다시 공소가 제기되었을 때
4. 제329조를 위반하여 공소가 제기되었을 때
5. 고소가 있어야 공소를 제기할 수 있는 사건에서 고소가 취소되었을 때
6. 피해자의 명시한 의사에 반하여 공소를 제기할 수 없는 사건에서 처벌을 원하지 아니하는 의사표시를 하거나 처벌을 원하는 의사표시를 철회하였을 때

(2020.12.8 본조개정)

改前 "第327條【公訴棄却의 判決】 다음 경우에는 判決로써 公訴棄却의 宣告를 하여야 한다.
1. 被告人에 대하여 裁判權이 없는 때
2. 公訴提起의 節次가 法律의 規定에 違反하여 無效인 때
3. 公訴가 提起된 事件에 대하여 다시 公訴가 提起되었을 때
4. 第329條의 規定에 違反하여 公訴가 提起되었을 때
5. 告訴가 있어야 罪를 論할 事件에 대하여 告訴의 取消가 있은 때
6. 被害者의 明示한 意思에 반하여 罪를 論할 수 없는 事件에 대하여 處罰을 希望하지 아니하는 意思表示가 있거나 處罰을 希望하는 意思表示가 撤回되었을 때"

참조 [공소기각과 구속영장]331, [재판권]법원조직3, [공소제기의 절차]254, [재기소]329, [친고죄]형312①·318·328·344·354·361·365, [고소의 방식]237, [고소의 취소]232, [피해자의 의사]형110·260·266·283·312②, [처벌을 희망하는 의사표시의 철회]232, [보상]형사보상 및명예회복에관한법26

판례 반의사불벌죄에 있어서 피해자가 처벌을 희망하지 아니하는 의사표시나 처벌을 희망하는 의사표시의 철회를 하였다고 인정하기 위해서는 피해자의 진실한 의사가 명백하고 믿을 수 있는 방법으로 표현되어야 하는바(대판 2001.6.15, 2001도1809 참조), 피해자가 나이 어린 미성년자인 경우 그 법정대리인이 피고인 등에 대하여 밝힌 처벌불원의 의사표시에 피해자 본인의 의사가 포함되어 있는지는 대상 사건의 유형 및 내용, 피해자의 나이, 합의의 실질적인 주체 및 내용, 합의 전후의 정황, 법정대리인 및 피해자의 태도 등을 종합적으로 고려하여 판단하여야 할 것이다.(대판 2010.5.13, 2009도5658)

판례 검사가 수 개의 협박 범행을 먼저 기소하고 다시 별개의 협박 범행을 추가로 기소하였는데 이를 병합하여 심리하는 과정에서 전후에 기소된 각각의 범행이 모두 포괄하여 하나의 협박죄를 구성하는 것으로 밝혀진 경우, 이중기소에 대하여 공소기각판결을 하도록 한 형사소송법 제327조 제3호의 취지는 동일사건에 대하여 피고인으로 하여금 이중처벌의 위험을 받지 아니하게 하고 법원이 2개의 실체판결을 하지 아니하도록 함에 있으므로, 위와 같은 경우 법원이 각각의 범행을 포괄하여 하나의 협박죄를 인정한다고 하여 이중기소를 금하는 위 법의 취지에 반하는 것이 아닌 점과 법원이 실체적 경합범으로 기소된 범죄사실에 대하여 그 범죄사실을 그대로 인정하면서 다만 죄수에 관한 법률적인 평가만을 달리하여 포괄일죄로 처단하는 것이 피고인의 방어에 불이익을 주는 것이 아니어서 공소장변경 없이도 포괄일죄로 처벌할 수 있는 점에 비추어 보면, 비록 협박죄의 포괄일죄로 공소장을 변경하는 절차가 없었다거나 추가로 공소장을 제출한 것이 포괄일죄를 구성하는 행위로서 기존의 공소장에 누락된 것을 추가·보충하는 취지의 것이라는 석명절차를 거치지 아니하였다 하더라도, 법원은 전후에 기소된 범죄사실 전부에 대하여 실체판단을 할 수 있고, 추가기소된 부분에 대하여 공소기각판결을 할 필요는 없다.(대판 2007.8.23, 2007도2595)

第328條【公訴棄却의 決定】 ① 다음 경우에는 決定으로 公訴를 棄却하여야 한다.
1. 公訴가 取消되었을 때
2. 被告人이 死亡하거나 被告人인 法人이 存續하지 아니하게 되었을 때
3. 第12條 또는 第13條의 規定에 의하여 裁判할 수 없는 때
4. 公訴狀에 記載된 事實이 眞實하다 하더라도 犯罪가 될만한 事實이 包含되지 아니하는 때

② 前項의 決定에 대하여는 卽時抗告를 할 수 있다.

참조 [공소기각]253·331, [공소의 취소]255, [피고인의 사망]424④, [법인의 불존속]민77~96, 상227·269·285·517·609, [동일사건과 수개의 소송계속]12, [관할의 경합]13, [공소장의 기재]254, [즉시항고]405·406·410, [보상]형사보상및명예회복에관한법26

판례 형사소송법 제328조 제1항 제4호의 의미 : 본조 제1항 제4호에 규정된 "공소장에 기재된 사실이 진실하다 하더라도 범죄가 될만한 사실이 포함되지 아니한 때"라 함은 공소장기재사실 자체에 대한 판단으로 그 사실자체가 죄가 되지 아니함이 명백한 경우를 가리키는 것인 바, 공중위생법위반의 이 사건 주위적 공소사실에 기재된 유기기구인 에이트라인 및 고스톱기가 같은 법 소정의 유기기구에 해당하는지의 여부가 공소사실 기재자체에 의하여 명백하다고 할 수 없다면, 위 주위적 공소사실이 형사소송법 제328조 제1항 제4호에 의하여 공소기각의 결정을 할 경우에 해당한다고 할 수 없다.(대판 1990.4.10, 90도174)

第329條【公訴取消와 再起訴】 公訴取消에 의한 公訴棄却의 決定이 確定된 때에는 公訴取消 後 그 犯罪事實에 대한 다른 重要한 證據를 發見한 경우에 한하여 다시 公訴를 提起할 수 있다.

참조 [공소의 취소]255, 헌13①, [공소기각의 결정]328①

판례 공소취소에 의한 공소기각의 결정이 확정된 때에는 공소취소 후 그 범죄사실에 대한 다른 중요한 증거를 발견한 경우에 한하여 다시 공소를 제기할 수 있다고 규정하고 있는바, 이는 단순일죄인 범죄사실에 대하여 공소가 제기되었다가 공소취소에 의한 공소기각결정이 확정된 후 다시 종전 범죄사실 그대로 재기소하는 경우뿐만 아니라 범죄의 태양, 수단, 피해의 정도, 범죄로 얻은 이익 등 범죄사실의 내용을 추가 변경하여 재기소하는 경우에도 마찬가지로 적용된다. 따라서 단순일죄인 범죄사실에 대하여 공소취소로 인한 공소기각결정이 확정된 후에 종전의 범죄사실을 변경하여 재기소하기 위하여는 변경된 범죄사실에 대한 다른 중요한 증거가 발견되어야 한다.(대판 2009.8.20, 2008도9634)

第330條【被告人의 陳述없이 하는 判決】 被告人이 陳述하지 아니하거나 裁判長의 許可없이 退廷하거나 裁判長의 秩序維持를 위한 退廷命令을 받은 때에는 被告人의 陳述없이 判決할 수 있다.

참조 [재정의무]281

第331條【無罪등 宣告와 拘束令狀의 效力】 無罪, 免訴, 刑의 免除, 刑의 宣告猶豫, 刑의 執行猶豫, 公訴棄却 또는 罰金이나 科料를 科하는 判決이 宣告된 때에는 拘束令狀은 效力을 잃는다.

(1995.12.29 단서삭제)

참조 [무죄]325, [면소]326, [형의 면제]322, [형의 선고유예]322, [형의 집행유예]321②, [공소기각]327·328, [구속영장]73·75, [예외]부정수표6

第332條【沒收의 宣告와 押收物】 押收한 書類 또는 物品에 대하여 沒收의 宣告가 없는 때에는 押收를 解除한 것으로 看做한다.

참조 [압수]106, [몰수]형48·49

第333條【押收贓物의 還付】 ① 押收한 贓物로서 被害者에게 還付할 理由가 明白한 것은 判決로써 被害者에게 還付하는 宣告를 하여야 한다.

② 前項의 경우에 贓物을 處分하였을 때에는 判決로써 그 代價로 取得한 것을 被害者에게 交付하는 宣告를 하여야 한다.

③ 假還付한 贓物에 대하여 別段의 宣告가 없는 때에는 還付의 宣告가 있는 것으로 看做한다.

④ 前3項의 規定은 利害關係人이 民事訴訟節次에 의하여 그 權利를 主張함에 影響을 미치지 아니한다.

참조 [장물의 환부]134, [가환부]133

第334條【財産刑의 假納判決】 ① 法院은 罰金, 科料 또는 追徵의 宣告를 하는 경우에 判決의 確定 後에는 執行할 수 없거나 執行하기 困難할 念慮가 있다고 認定한 때에는 職權 또는 檢事의 請求에 의하여 被告人에게 罰金, 科料 또는 追徵에 相當한 金額의 假納을 命할 수 있다.

② 前項의 裁判은 刑의 宣告와 同時에 判決로써 宣告하여야 한다.

③ 前項의 判決은 卽時로 執行할 수 있다.

참조 [가납판결]부정수표6, [재판의 집행]459, [노역장유치]형69~71, [가납의 집행]477·480·481, [준용]즉결심판17

第335條【刑의 執行猶豫 取消의 節次】 ① 刑의 執行猶豫를 取消할 경우에는 檢事는 被告人의 現在地 또는 最後의 居住地를 管轄하는 法院에 請求하여야 한다.

② 前項의 請求를 받은 法院은 被告人 또는 그 代理人의 意見을 물은 後에 決定을 하여야 한다.

③ 前項의 決定에 대하여는 卽時抗告를 할 수 있다.

④ 前2項의 規定은 猶豫한 刑을 宣告할 경우에 準用한다.

참조 [집행유예의 취소]형64, [취소방식등]형소규149~151, [즉시항고]405·410

第336條【競合犯 중 다시 刑을 정하는 節次】 ①「형법」第36條, 同 第39條第4項 또는 同 第61條의 規定에 의하여 刑을 정할 경우에는 檢事는 그 犯罪事實에 대한 最終判決을 한 法院에 請求하여야 한다. 但, 「형법」第61條의 規定에 의하여 猶豫한 刑을 宣告할 때에는 第323條에 의하여야 하고 宣告猶豫를 解除하는 理由를 明示하여야 한다.(2007.6.1 본항개정)

② 前條 第2項의 規定은 前項의 경우에 準用한다.

참조 [경합범]형36·39, [선고유예의 실효]형61, [유죄판결에 명시될 이유]323

第337條【刑의 消滅의 裁判】 ①「형법」第81條 또는 同 第82條의 規定에 의한 宣告는 그 事件에 관한 記錄이 保管되어 있는 檢察廳에 對應하는 法院에 대하여 申請하여야 한다.(2007.6.1 본항개정)

② 前項의 申請에 의한 宣告는 決定으로 한다.

③ 第1項의 申請을 却下하는 決定에 대하여는 卽時抗告를 할 수 있다.

참조 [형의 실효]형81, [복권]형82, [즉시항고]405·406·410

第3編 上 訴

第1章 通 則

第338條【上訴權者】 ① 檢事 또는 被告人은 上訴를 할 수 있다.

② (2007.12.21 삭제)

改前 "② 第262條第1項第2號의 規定에 의하여 法院의 審判에 付하여진 事件과 다른 事件이 併合審判되어 1個의 裁判이 있는 경우에는 第265條의 規定에 의하여 檢事의 職務를 行하는 辯護士와 當該 다른 事件의 檢事는 그 裁判에 대하여 各各 獨立하여 上訴할 수 있다."

참조 [상소권자]339~341, [상소의 종류]357·371·402, [상소의 제한]403·415·419, [심판에 부하는 결정]262①, [상소등과 구속에 관한 결정]형소규57

第339條【抗告權者】 檢事 또는 被告人 아닌 者가 決定을 받은 때에는 抗告할 수 있다.

참조 [결정을 받은 자]151·161·192·193, [항고를 할 수 있는 경우]18·23·96~108·133·151·161·177·183·188·190·192·347·437·491

第340條【當事者 이외의 上訴權者】 被告人의 法定代理人은 被告人을 위하여 上訴할 수 있다.

참조 [법정대리인]민911·938, [불이익변경의 금지]368, [준용]즉결심판14

第341條【同前】 ① 被告人의 配偶者, 直系親族, 형제자매 또는 原審의 代理人이나 辯護人은 被告人을 위하여 上訴할 수 있다.(2005.3.31 본항개정)

② 前項의 上訴는 被告人의 明示한 意思에 反하여 하지 못한다.

改前 ① 被告人의 配偶者, 直系親族, "兄弟姉妹, 戶主" 또는 原審의 代理人이나 辯護人은 被告人을 위하여…

참조 [상소권자]338~340, [대리인]276·277, [변호인]30·32·33, [불이익변경의 금지]368, [준용]즉결심판14

판례 피고인이 상소권을 포기한 후에 변호인이 상소를 제기한 경우, 그 상소의 효력 : 본조 제1항에 원심의 변호인은 피고인을 위하여 상소할 수 있다 함은 변호인에게 고유의 상소권을 인정한 것이 아니고 피고인의 상소권을 대리하여 행사하게 한 것에 불과하므로, 변호인은 피고인의 상소권이 소멸된 후에는 상소를 제기할 수 없는 것이고, 상소를 포기한 자는 형사소송법 제354조에 의하여 그 사건에 대하여 다시 상소를 할 수 없다.(대판 1998.3.27, 98도253)

第342條【一部上訴】 ① 上訴는 裁判의 一部에 대하여 할 수 있다.

② 一部에 대한 上訴는 그 一部와 不可分의 關係에 있는 部分에 대하여도 效力이 미친다.

참조 [상소권자]338~341, [준용]즉결심판14

판례 주위적 공소사실까지 상소심의 심판대상에 포함되는지 여부 : 원래 주위적·예비적 공소사실의 일부에 대한 상소제기의 효력은 나머지 공소사실 부분에 대하여도 미치는 것이고, 동일한 사실관계에 대하여 서로 양립할 수 없는 적용법조의 적용을 주위적·예비적으로 구하는 경우에는 예비적 공소사실만 유죄로 인정되고 그 부분에 대하여 피고인만 상소하였다고 하더라도 주위적 공소사실까지 함께 상소심의 심판대상에 포함된다.(대판 2006.5.25, 2006도1146)

판례 항소장에 경합범으로서 2개의 형이 선고된 죄 중 1죄에 대한 형만을 기재하고 나머지 1죄에 대한 형을 기재하지 아니하였다 하더라도 항소이유서에서 그 나머지 1죄에 대하여도 항소이유를 개진한 경우에는 판결 전부에 대한 항소로 봄이 상당하다.(대판 2004.12.10, 2004도3515)

第343條【上訴 提起期間】 ① 上訴의 提起는 그 期間 內에 書面으로 한다.

② 上訴의 提起期間은 裁判을 宣告 또는 告知한 날로부터 進行한다.

참조 [상소의 제기기간]358·374·405·416③, [재판의 선고, 고지]42·43, [기간]66, [상소권 회복]345, [특칙]344①

판례 형사소송에 있어서 상소기간의 기산일 : 본조 제2항의 규정상, 형사소송에 있어서는 판결등본이 당사자에게 송달되는 여부에 관계없이 공판정에서 판결이 선고된 날로부터 상소기간이 기산되며, 이는 피고인이 불출석한 상태에서 재판을 하는 경우에도 마찬가지이다.(대결 2002.9.27, 2002모6)

第344條【在所者에 대한 特則】 ① 矯導所 또는 拘置所에 있는 被告人이 上訴의 提起期間 內에 上訴狀을 矯導所長 또는 拘置所長 또는 그 職務를 代理하는 者에게 提出한 때에는 上訴의 提起期間 內에 上訴한 것으로 看做한다.

② 前項의 경우에 被告人이 上訴狀을 作成할 수 없는 때에는 矯導所長 또는 拘置所長은 所屬公務員으로 하여금 代書하게 하여야 한다.

(1963.12.13 본조개정)

참조 형소규177, [상소의 제기기간]358·374·405·416③, [상소장등의 처리]형소규152, [준용]즉결심판14

第345條【상소권회복 청구권자】 제338조부터 제341조까지의 규정에 따라 상소할 수 있는 자는 자기 또는 대리인이 책임질 수 없는 사유로 상소 제기기간 내에 상소를 하지 못한 경우에는 상소권회복의 청구를 할 수 있다.(2020.12.8 본조개정)

改前 "第345條【上訴權回復請求權者】 第338條 내지 第341條의 規定에 의하여 上訴할 수 있는 者는 自己 또는 代理人이 責任질 수 없는 事由로 인하여 上訴의 提起期間 內에 上訴를 하지 못한 때에는 上訴權回復의 請求를 할 수 있다."

참조 [상소권자]338~341, [상소의 제기기간]358·374·405·416③, [청구절차]346·355, [준용]즉결심판14

판례 상소권회복청구는 자기 또는 대리인이 책임질 수 없는 사유로 인하여 상소의 제기기간 내에 상소를 하지 못한 때에만 청구할 수 있는바, 형사피고사건으로 법원에 재판이 계속 있는 사람은 공소제기 당시의 주소지나 그 후 신고한 주소지를 옮길 때에는 자기의 새로운 주소지를 법원에 신고하거나 기타 소송진행 상태를 알 수 있는 방법을 강구하여야 하고, 만일 이러한 조치를 취하지 않았다면 소송서류가 송달되지 않아서 공판기일에 출석하지 못하거나 판결 선고사실을 알지 못하여 상고기간을 도과하는 등 불이익을 받는 책임을 면할 수 없다.(대결 2008.3.10, 2007모795)

판례 상고를 포기한 후 상고제기기간 내에 그 포기가 무효라고 주장하면서 상소권회복청구를 할 수 있는지 여부 : 상소권회복은 자기 또는 대리인이 책임질 수 없는 사유로 인하여 상소제기기간 내에 상소를 하지 못한 사람이 이를 청구하는 것이고, 상고를 포기한 후 그 포기가 무효라고 주장하는 경우 상고제기기간이 경과하기 전에는 상고포기의 효력을 다투면서 상고를 제기하여 그 상고의 적법 여부에 대한 판단을 받으면 되고, 별도로 상소권회복청구를 할 여지는 없다.
(대결 1999.5.18, 99모40)

第346條【상소권회복 청구의 방식】 ① 상소권회복을 청구할 때에는 제345조의 사유가 해소된 날부터 상소 제기기간에 해당하는 기간 내에 서면으로 원심법원에 제출하여야 한다.
② 상소권회복을 청구할 때에는 제345조의 책임질 수 없는 사유를 소명하여야 한다.
③ 상소권회복을 청구한 자는 그 청구와 동시에 상소를 제기하여야 한다.
(2020.12.8 본조개정)

改前 "第346條【上訴權回復請求의 方式】① 上訴權回復의 請求는 事由가 終止한 날로부터 上訴의 提起期間에 相當한 期間內에 書面으로 原審法院에 提出하여야 한다.
② 上訴權回復의 請求를 할 때에는 原因된 事由를 疏明하여야 한다.
③ 上訴權回復의 請求한 者는 그 請求와 同時에 上訴를 提起하여야 한다."

참조 [상소의 제기기간]358·374·405·416③, [재소자에 대한 특칙]344·355, [준용]즉결심판14

第347條【上訴權回復에 대한 決定과 卽時抗告】
① 上訴權回復의 請求를 받은 法院은 請求의 許否에 관한 決定을 하여야 한다.
② 前項의 決定에 對하여는 卽時抗告를 할 수 있다.

참조 [결정]37, [즉시항고]405·406·410, [준용]즉결심판14

第348條【上訴權回復請求와 執行停止】 ① 上訴權回復의 請求가 있는 때에는 法院은 前條의 決定을 할 때까지 裁判의 執行을 停止하는 決定을 할 수 있다.(2007.6.1 본항개정)
② 前項의 執行停止의 決定을 한 경우에 被告人의 拘禁을 요하는 때에는 拘束令狀을 發付하여야 한다. 但, 第70條의 要件이 具備된 때에 한한다.

改前 ① 上訴權回復의 請求가…決定을 "하여야 한다."

참조 [구속영장]70·73·75, [구금에 대한 항고]403②, [준용]즉결심판14

第349條【上訴의 抛棄, 取下】 檢事나 被告人 또는 第339條에 規定한 者는 上訴의 抛棄 또는 取下를 할 수 있다. 但, 被告人 또는 第341條에 規定한 者는 死刑 또는 無期懲役이나 無期禁錮가 宣告된 判決에 대하여는 上訴의 抛棄를 할 수 없다.

참조 [포기, 취하의 효력]354, [상소취하자의 비용부담]190, [포기, 취하의 절차]352·355, [당사자이외의 상소권자]341

第350條【上訴의 抛棄등과 法定代理人의 同意】 法定代理人이 있는 被告人이 上訴의 抛棄 또는 取下를 함에는 法定代理人의 同意를 얻어야 한다. 但, 法定代理人의 死亡 기타 事由로 인하여 그 同意를 얻을 수 없는 때에는 例外로 한다.

참조 [상소 포기, 취하]349, 형소규153·154, [법정대리인]민911·938, [준용]즉결심판14

第351條【上訴의 取下와 被告人의 同意】 被告人의 法定代理人 또는 第341條에 規定한 者는 被告人의 同意를 얻어 上訴를 取下할 수 있다.

참조 [법정대리인]민911·938, [당사자이외의 상소권자]341, [포기, 취하의 효력]354, [상소취하자의 비용부담]190, [포기, 취하의 절차]352·355, [준용]즉결심판14

第352條【上訴抛棄 등의 方式】 ① 上訴의 抛棄 또는 取下는 書面으로 하여야 한다. 但, 公判廷에서는 口述로써 할 수 있다.
② 口述로써 上訴의 抛棄 또는 取下를 한 경우에는 그 事由를 調書에 記載하여야 한다.

참조 [상소의 포기, 취하]349-351, [조서기재]51②·56, [준용]즉결심판14

第353條【上訴抛棄 등의 管轄】 上訴의 抛棄는 原審法院에, 上訴의 取下는 上訴法院에 하여야 한다. 但, 訴訟記錄이 上訴法院에 送付되지 아니한 때에는 上訴의 取下를 原審法院에 提出할 수 있다.

참조 [상소의 포기, 취하]349·351·352

第354條【上訴抛棄 後의 再上訴의 禁止】 上訴를 取下한 者 또는 上訴의 抛棄나 取下에 同意한 者는 그 事件에 대하여 다시 上訴를 하지 못한다.

참조 [상소취하자]349-352, [포기, 취하에 동의한 자]350·351, [준용]즉결심판14

第355條【在所者에 대한 特則】 第344條의 規定은 矯導所 또는 拘置所에 있는 被告人이 上訴權回復의 請求 또는 上訴의 抛棄나 取下를 하는 경우에 準用한다.(1963.12.13 본조개정)

참조 [재소자에 대한 특칙]344, [상소권회복청구]345-348, [상소의 포기, 취하]349-352, [상소장등의 처리]형소규152

판례 명의신탁자와 수탁자가 명의신탁약정을 맺고 그에 따라 수탁자가 당사자가 되어 명의신탁약정이 있다는 사실을 알지 못하는 소유자와 사이에서 부동산에 관한 매매계약을 체결한 이른바 계약명의신탁에 있어서, 수탁자는 신탁자에 대한 관계에서도 신탁 부동산의 소유권을 완전히 취득하고 단지 신탁자에 대하여 명의신탁약정의 무효로 인한 부당이득반환의무만을 부담할 뿐인바, 그와 같은 부당이득반환의무는 명의신탁약정의 무효로 인하여 수탁자가 신탁자에 대하여 부담하는 통상의 채무에 불과할 뿐 아니라, 신탁자와 수탁자 간의 명의신탁약정이 무효인 이상, 특별한 사정이 없는 한 신탁자와 수탁자 간에 명의신탁약정과 함께 이루어진 부동산 매입의 위임 약정 역시 무효라고 볼 것이다.(대판 2007.3.29, 2007도766)

第356條【上訴抛棄등과 相對方의 通知】 上訴, 上訴의 抛棄나 取下 또는 上訴權回復의 請求가 있는 때에는 法院은 지체없이 相對方에게 그 事由를 通知하여야 한다.

참조 [상소]338-344, [상소의 포기, 취하]349-352, [상소권회복의 청구]345-348

第2章 抗訴

(1963.12.13 본장제목개정)

第357條【抗訴할 수 있는 判決】 第1審法院의 判決에 대하여 不服이 있으면 地方法院 單獨判事가 宣告한 것은 地方法院 本院合議部에 抗訴할 수 있으며 地方法院 合議部가 宣告한 것은 高等法院에 抗訴할 수 있다.(1963.12.13 본조개정)

참조 [항소권자]338·340·341, [제1심판결]319·321·322·325-327, [항소심의 관할]법원조직28·32②, [공판절차]형소규159

판례 현행 형사소송법상 항소심은 기본적으로 실체적 진실을 추구하는 면에서 속심적 기능이 강조되고 있고, 다만 사후심적 요소를 도입한 형사소송법의 조문들이 남상소의 폐단을 억제하고 항소법원의 부담을 감소시킨다는 소송경제상의 필요에서 항소심의 속심적 성격에 제한을 가하고 있음에 불과하다.
(대판 1983.4.26, 82도2829,82감도612)

第358條【抗訴提起期間】 抗訴의 提起期間은 7日로 한다.(1963.12.13 본조개정)

참조 [기간의 계산]66·67·344①·345, [기산점]343②, [항소와 구속에 관한 결정]105

第359條【抗訴提起의 方式】 抗訴를 함에는 抗訴狀을 原審法院에 提出하여야 한다.(1963.12.13 본조개정)

참조 [항소이유·답변서등]형소규155·156, [항소할 수 있는 판결]357, [재소자의 항소제기]344

第360條【原審法院의 抗訴棄却 決定】 ① 抗訴의 提起가 法律上의 方式에 違反하거나 抗訴權消滅 後인 것이 明白한 때에는 原審法院은 決定으로 抗訴를 棄却하여야 한다.(1963.12.13 본항개정)
② 前項의 決定에 대하여는 卽時抗告를 할 수 있다.
(1963.12.13 본조제목개정)

참조 [항소권 소멸]354·358, [결정]37·39, [즉시항고]405·406·410

第361條【訴訟記錄과 證據物의 송부】 第360條의 경우를 제외하고는 原審法院은 抗訴狀을 받은 날부터 14日이내에 訴訟記錄과 證據物을 抗訴法院에 송부하여야 한다.(1995.12.29 본조개정)

참조 [항소기각 결정]360·361의4, [기간계산]66·67

판례 형사소송의 구조와 항소법원에의 기록송부방식 : 형사소송의 구조를 당사자주의와 직권주의 중 어느 것으로 할 것인가의 문제는 입법정책의 문제로서 우리나라 형사소송법은 그 해석상 소송절차의 전반에 걸쳐 기본적으로 당사자주의 소송구조를 취하고 있는 것으로 이해되는바, 당사자주의에 충실하려면 제1심 법원에서 항소법원으로 소송기록을 바로 송부함이 바람직하다.(헌재결 1995.11.30, 92헌마44 전원재판부)

第361條의2【訴訟記錄接受와 通知】 ① 抗訴法院이 記錄의 送付를 받은 때에는 卽時 抗訴人과 相對方에게 그 事由를 通知하여야 한다.(1963.12.13 본항개정)
② 前項의 通知 前에 辯護人의 選任이 있는 때에는 辯護人에게도 前項의 通知를 하여야 한다.
③ 被告人이 矯導所 또는 拘置所에 있는 경우에는 原審法院에 대응한 檢察廳檢事는 第1項의 通知를 받은 날부터 14日 이내에 被告人을 抗訴法院所在地의 矯導所 또는 拘置所에 移送하여야 한다.
(1995.12.29 본항신설)
(1961.9.1 본조신설)

판례 형사소송법 제361조의2 제2항의 규정에 의하면 항소법원은 소송기록접수통지를 하기 전에 변호인의 선임이 있는 때에는 변호인에게도 소송기록접수통지를 하도록 되어 있으므로, 피고인에게 소송기록접수통지를 한 후에 변호인의 선임이 있는 경우에는 변호인에게 다시 같은 통지를 할 필요가 없는 것이고, 항소법원이 국선변호인을 선정하고 피고인과 그 변호인에게 소송기록접수통지를 한 후 피고인이 사선변호인을 선임함에 따라 항소법원이 국선변호인의 선정을 취소한 경우에도 마찬가지라고 할 것이며, 이러한 경우 항소이유서의 제출기간은 국선변호인 또는 피고인이 소송기록접수통지를 받은 날로부터 계산하여야 한다.(대판 2007.3.29, 2006도5547)

第361條의3【抗訴理由書와 答辯書】 ① 抗訴人 또는 辯護人은 前條의 通知를 받은 날로부터 20日 이내에 抗訴理由書를 抗訴法院에 提出하여야 한다. 이 경우 제344조를 준용한다.(2007.12.21 후단신설)
② 抗訴理由書의 提出을 받은 抗訴法院은 遲滯없이 그 副本 또는 謄本을 相對方에게 送達하여야 한다.
③ 相對方은 前項의 送達을 받은 날로부터 10日 이내에 答辯書를 抗訴法院에 提出하여야 한다.
④ 答辯書의 提出을 받은 抗訴法院은 遲滯없이 그 副本 또는 謄本을 抗訴人 또는 辯護人에게 送達하여야 한다.
(1963.12.13 본조개정)

참조 [항소법원]357, 법원조직28·32②

판례 항소이유서 부본이 상대방에게 송달되지 아니한 채 진행된 항소심 공판절차의 적법 여부 : 본조 제1항 내지 제4항은 항소한 소송관계인의 상대방으로 하여금 방어를 준비할 기회를 주기 위한 것이므로 상대방이 항소이유서의 부본을 송달 받지 못하여 방어를 준비할 기회를 갖지 못하였다 하더라도 항소한 소송관계인 본인이 이를 탓할 수 없다 할 것인바, 항소인이 제출한 항소이유서 부본이 상대방에게 송달되지 아니하였고 이로 인하여 상대방이 답변서를 제출할 기회를 갖지 못하였으나 상대방이 항소심 공판기일에 출석하여 항소이유서 부본의 불송달과 이로 인한 답변서를 제출하지 못한 점에 대하여 아무런 이의를 제기하지 않은 채 항소인이 항소이유서를 진술하고 상대방이 이에 대하여 항소가 이유 없다는 취지의 답변을 한 다음 쌍방이 이에 기하여 변론을 하는 등으로 항소심 공판절차의 진행에 협조하였다면 항소인이 항소이유서 부본이 송달되지 아니하였음을 비난할 수 없다.(대판 2001.12.27, 2001도5810)

第361條의4【抗訴棄却의 決定】 ① 抗訴人이나 辯護人이 前條第1項의 期間 內에 抗訴理由書를 提出하지 아니한 때에는 決定으로 抗訴를 棄却하여야 한다. 但, 職權調査事由가 있거나 抗訴狀에 抗訴理由의 記載가 있는 때에는 例外로 한다.
② 前項의 決定에 대하여는 卽時抗告를 할 수 있다.
(1963.12.13 본항신설)
(1963.12.13 본조개정)

참조 [항소이유서]361의3, [항소기각의 결정]360·362, [항소장]359, [항소이유]361의5

판례 제1심법원이 일죄의 일부는 유죄, 나머지는 무죄라고 판단하자 피고인만 유죄 부분에 대해 항소하고 검사는 무죄 부분에 대해 항소하지 않은 경우, 무죄 부분에 관한 제1심판결의 위법이 형사소송법상 직권조사사유 또는 직권심판대상에 해당하는지 여부(소극) 및 제1심판결에서 무죄 부분에 관한 이유 기재를 누락한 경우에도 마찬가지인지 여부(적극) : 제1심법원이 공소사실의 동일성이 인정되는 범위 내에서 공소가 제기된 범죄사실에 포함된 보다 가벼운 범죄사실을 유죄로 인정하면서 법정형이 보다 가벼운 다른 법조를 적용하여 피고인을 처벌하고, 유죄로 인정된 부분을 제외한 나머지 부분에 대하여는 범죄의 증명이 없다는 이유로 판결 이유에서 무죄로 판단한 경우, 그에 대하여 피고인만이 유죄 부분에 대하여 항소하고 검사는 무죄로 판단된 부분에 대하여 항소하지 아니하였다면, 비록 그 죄 전부가 피고인의 항소와 상소불가분의 원칙으로 인하여 항소심에 이심되었다고 하더라도 무죄 부분은 심판대상이 되지 않는다. 따라서 그 부분에 관한 제1심판결의 위법은 형사소송법 제361조의4 제1항 단서의 '직권조사사유' 또는 같은 법 제364조 제2항에 정한 '항소법원은 판결에 영향을 미친 사유에 관하여는 항소이유서에 포함되지 아니한 경우에도 직권으로 심판할 수 있다'는 경우에 해당하지 않으므로, 항소심법원이 직권으로 심판대상이 아닌 무죄 부분까지 심리한 후 이를 유죄로 인정하여 법정형이 보다 무거운 법조를 적용하여 처벌하는 것은 피고인의 방어권 행사에 불이익을 초래하는 것으로서 허용되지 않는다. 이는 제1심판결에 무죄로 판단된 부분에 대한 이유를 누락한 잘못이 있다고 하더라도 동일하다.
(대판 2008.9.25, 2008도4740)

판례 검사가 제1심 무죄판결에 대한 항소장의 '항소의 이유'란에 '사실오인 및 법리오해'라고만 기재한 경우 : 검사가 제출한 제1심 무죄판결에 대한 항소장의 '항소의 이유'란에 '사실오인 및 법리오해'라는 문구만 기재되어 있을 뿐 다른 구체적인 항소이유가 명시되어 있지 않은 경우, 위와 같은 항소장의 기재는 적법한 항소이유의 기재에 해당하지 않는다.
(대결 2006.3.30, 2005모564)

第361條의5【抗訴理由】 다음 事由가 있을 경우에는 原審判決에 대한 抗訴理由로 할 수 있다.
(1963.12.13 본문개정)
1. 判決에 影響을 미친 憲法·法律·命令 또는 規則의 違反이 있는 때(1963.12.13 본호개정)
2. 判決 後 刑의 廢止나 變更 또는 赦免이 있는 때
3. 管轄 또는 管轄違反의 認定이 法律에 違反한 때
4. 判決法院의 構成이 法律에 違反한 때
5.~6. (1963.12.13 삭제)
7. 法律上 그 裁判에 關與하지 못할 判事가 그 事件의 審判에 關與한 때
8. 事件의 審理에 關與하지 아니한 判事가 그 事件의 判決에 關與한 때
9. 公判의 公開에 관한 規定에 違反한 때
10. (1963.12.13 삭제)
11. 判決에 理由를 붙이지 아니하거나 理由에 矛盾이 있는 때
12. (1963.12.13 삭제)
13. 再審請求의 事由가 있는 때
14. 事實의 誤認이 있어 判決에 影響을 미칠 때
15. 刑의 量定이 부당하다고 인정할 事由가 있는 때
(1963.12.13 14호~15호개정)
(1963.12.13 본조제목개정)
(1961.9.1 본조신설)

참조 (1)383, (2)382·형1, 사면2·3, (3)1-16, 법원조직28·32, (4)275, (7)17·18·24, (8)275·301, (9)헌109, 법원조직57, (11)43·323, (13)383·420·421, (14)323, (15)383·형51이하

판례 본조 제14호 소정의 '사실의 오인이 있어 판결에 영향을 미친 때'의 의미 : 형사소송법 제361조의5 제14호에서 항소이유의 하나로 규정한 '사실의 오인이 있어 판결에 영향을 미친 때'라는 것은 사실오인에 의하여 판결의 주문에 영향을 미쳤을 경우와 범죄에 대한 구성요건적 평가에 직접 또는 간접으로 영향을 미쳤을 경우를 의미한다.(대판 1996.9.20, 96도1665)

第362條【抗訴棄却의 決定】 ① 第360條의 規定에 해당한 경우에 原審法院이 抗訴棄却의 決定을 하지 아니한 때에는 抗訴法院은 決定으로 抗訴를 棄却하여야 한다.(1963.12.13 본항개정)

② 前項의 決定에 대하여는 卽時抗告를 할 수 있다.

(1963.12.13 본조제목개정)

참조 [항소제기]359, [항소권의 소멸]354 · 358, [결정]37 · 39, [즉시항고]405 · 406 · 410

第363條【公訴棄却의 決定】 ① 第328條第1項 各號의 規定에 해당한 事由가 있는 때에는 抗訴法院은 決定으로 公訴를 棄却하여야 한다.

(1995.12.29 본항개정)

② 前項의 決定에 대하여는 卽時抗告를 할 수 있다.

참조 [제1심에서의 공소기각의 결정]328, [결정]37 · 39, [즉시항고]405 · 406 · 410

第364條【抗訴法院의 審判】 ① 抗訴法院은 抗訴理由에 包含된 事由에 관하여 審判하여야 한다.

② 抗訴法院은 判決에 影響을 미친 事由에 관하여는 抗訴理由書에 포함되지 아니한 경우에도 職權으로 審判할 수 있다.

③ 第1審法院에서 證據로 할 수 있었던 證據는 抗訴法院에서도 證據로 할 수 있다.(1963.12.13 본항신설)

④ 抗訴理由 없다고 認定한 때에는 判決로써 抗訴를 棄却하여야 한다.

⑤ 抗訴理由 없음이 明白한 때에는 抗訴狀, 抗訴理由書 기타의 訴訟記錄에 의하여 辯論없이 判決로써 抗訴를 棄却할 수 있다.

⑥ 抗訴理由있다고 認定한 때에는 原審判決을 破棄하고 다시 判決을 하여야 한다.

(1963.12.13 본조개정)

참조 [항소할 수 있는 판결]357, [항소이유]361의5

판례 제1심이 실체적 경합범 관계에 있는 공소사실 중 일부에 대하여 재판을 누락한 경우, 항소심으로서는 당사자의 주장이 없더라도 직권으로 제1심의 누락부분을 파기하고 그 부분에 대하여 재판하여야 한다. 다만, 피고인만이 항소한 경우라면 불이익변경금지의 원칙에 따라 제1심의 형보다 중한 형을 선고하지 못한다.(대판 2009.2.12, 2008도7848)

판례 불명확한 항소이유 철회의 효력 : 항소이유서를 제출한 자는 항소심의 공판기일에 항소이유서에 기재된 항소이유의 일부를 철회할 수 있으나 항소이유를 철회하면 이를 다시 상고이유로 삼을 수 없게 되는 제한을 받을 수도 있으므로, 항소이유의 철회는 명백히 이루어져야만 그 효력이 있다.

(대판 2003.2.26, 2002도6834)

판례 항소법원의 심판 범위 : 항소법원은 직권조사사유에 관하여는 항소제기가 적법하다면 항소이유서가 제출되었는지 여부나 항소이유서에 포함되었는지 여부를 가릴 필요 없이 반드시 심판하여야 할 것이지만, 직권조사사유가 아닌 것에 관하여는 그것이 항소장에 기재되었거나 그렇지 아니하면 소정 기간 내에 제출된 항소이유서에 포함된 경우에 한하여 심판의 대상으로 할 수 있고, 다만 판결에 영향을 미친 사유에 한하여 예외적으로 항소이유서에 포함되지 아니하였다 하더라도 직권으로 심판할 수 있다 할 것이고, 한편 피고인이나 변호인이 항소이유서에 포함시키지 아니한 사항을 항소심 공판정에서 진술한다 하더라도 그 진술에 포함된 주장과 같은 항소이유가 있다고 볼 수 없다.(대판 1998.9.22, 98도1234)

第364條의2【共同被告人을 위한 破棄】 被告人을 위하여 原審判決을 破棄하는 경우에 破棄의 理由가 抗訴한 共同被告人에게 共通되는 때에는 그 共同被告人에게 대하여도 原審判決을 破棄하여야 한다.

(1963.12.13 본조개정)

판례 본조가 규정하는 공동파기의 취지를 간과한 경우 : 본조는 공동피고인 상호간의 재판의 공평을 도모하려는 취지이므로, 원심이 공동피고인에 대한 제1심판결을 파기함에 있어서는 파기의 이유가 공통되는 각 공소사실에 관하여 직권으로 공범인 피고인에 대하여도 같은 이유로 제1심판결을 파기하여야 함에도 이를 간과한 원심판결을 파기해야 한다.

(대판 2003.2.26, 2002도6834)

第365條【被告人의 出廷】 ① 被告人이 公判期日에 出廷하지 아니한 때에는 다시 期日을 정하여야 한다.(1961.9.1 본항개정)

② 被告人이 정당한 事由없이 다시 정한 期日에 出廷하지 아니한 때에는 被告人의 陳述없이 判決을 할 수 있다.

참조 [피고인의 출정]276, [피고인의 진술없이 하는 판결]330

판례 피고인이 불출석한 상태에서 진술 없이 판결할 수 있기 위해서는 피고인이 적법한 공판기일 통지를 받고서도 2회 연속으로 정당한 이유 없이 출정하지 않은 경우에 해당하여야 한다. 피고인이 제3회 공판에 불출석한 후, 제4회 공판에 출석하고, 다시 제5회 공판에 불출석하는 등 징검다리로 출석하였다면, 고지된 선고기일인 제5회 공판기일에 출석하지 않았더라도 제4회 공판기일에 출석한 이상 '2회 연속'으로 정당한 이유 없이 출정하지 않은 경우에는 해당하지 않으므로 피고인이 불출석한 상태에서 재판 결과를 선고해서는 안 된다.

(대판 2019.10.31, 2019도5426)

第366條【原審法院에의 還送】 公訴棄却 또는 管轄違反의 裁判이 法律에 違反됨을 理由로 原審判決을 破棄하는 때에는 判決로써 事件을 原審法院에 還送하여야 한다.

참조 [환송처리]형소규157, [변호인의 선임]형소규158, [공소기각]327, [관할위반의 재판]319, [원심판결의 파기]364⑥

第367條【管轄法院에의 移送】 管轄認定이 法律에 違反됨을 理由로 原審判決을 破棄하는 때에는 判決로써 事件을 管轄法院에 移送하여야 한다. 但, 抗訴法院이 그 事件의 第1審管轄權이 있는 때에는 第1審으로 審判하여야 한다.(1963.12.13 본조개정)

참조 [이송처리]형소규157, [변호인의 선임]형소규158, [항소심의 심판]370

第368條【불이익변경의 금지】 피고인이 항소한 사건과 피고인을 위하여 항소한 사건에 대해서는 원심판결의 형보다 무거운 형을 선고할 수 없다.

(2020.12.8 본조개정)

改前 "第368條【不利益變更의 禁止】 被告人이 抗訴한 事件과 被告人을 위하여 抗訴한 事件에 대하여는 原審判決의 刑보다 重한 刑을 宣告하지 못한다.(1963.12.13 본조개정)"

참조 [피고인의 항소]338①, [피고인을 위한 항소]340 · 341, [형의 경중]형50

판례 불이익변경금지와 판단 기준 : 불이익변경금지의 원칙은 피고인의 상소권 또는 약식명령에 대한 정식재판청구권을 보장하려는 것으로, 피고인만이 또는 피고인을 위하여 상소한 상급심 또는 정식재판청구사건에서 법원은 피고인이 같은 범죄사실에 대하여 이미 선고 또는 고지 받은 형보다 중한 형을 선고하지 못한다는 원칙이며, 선고된 형이 피고인에게 불이익하게 변경되었는지에 관한 판단은 형법상 형의 경중을 일응의 기준으로 하되, 병과형이나 부가형, 집행유예, 미결구금일수의 통산, 노역장 유치기간 등 주문 전체를 고려하여 피고인에게 실질적으로 불이익한가의 여부에 의하여 판단하여야 한다.

(대판 2005.10.28, 2005도5822)

第369條【裁判書의 記載方式】 抗訴法院의 裁判書에는 抗訴理由에 대한 判斷을 記載하여야 하며 原審判決에 記載한 事實과 證據를 引用할 수 있다.

(1963.12.13 본조개정)

참조 [원심판결]319 · 321 · 322 · 325－327, [사실]323 · 325, [증거]307 이하 · 323①

第370條【準用規定】 第2編 중 公判에 관한 規定은 本章에 特別한 規定이 없으면 抗訴의 審判에 準用한다.(1963.12.13 본조개정)

판례 항소심 법원이 공소장 변경을 허가한 경우 위헌 여부 : 변경된 공소사실이 당초의 공소사실과 기본적 사실관계에서 동일하다고 보는 이상 설사 그것이 새로운 공소의 추가적 제기와 다를 바 없다고 하더라도, 현행법상 형사항소심의 구조가 오로지 사후심으로서의 성격만을 가지고 있는 것은 아니어서 공소장의 변경은 항소심에서도 할 수 있는 것이므로 이를 허가한 항소심 법원의 조처에 피고인의 제1심판결을 받을 기회를 박탈하여 헌법 제27조 제1항의 법률에 의한 재판을 받을 권리를 침해한 위법이 있다고 할 수 없다.(대판 1995.2.17, 94도3297)

第3章 上 告

第371條【上告할 수 있는 判決】 第2審判決에 대하여 不服이 있으면 大法院에 上告할 수 있다.

(1963.12.13 본조개정)

참조 [고등법원의 심판권]법원조직7③ · 28, [대법원의 심판권]법원조직7① · 14, [항소할 수 있는 판결]357

第372條【飛躍的 上告】 다음 경우에는 第1審判決에 대하여 抗訴를 提起하지 아니하고 上告를 할 수 있다.(1963.12.13 본문개정)

1. 原審判決이 認定한 事實에 대하여 法令을 適用하지 아니하였거나 法令의 適用에 錯誤가 있는 때
2. 原審判決이 있은 後 刑의 廢止나 變更 또는 赦免이 있는 때

참조 [사면]사면2 · 3

第373條【抗訴와 飛躍的 上告】 第1審判決에 대한 上告는 그 事件에 대한 抗訴가 提起된 때에는 그 效力을 잃는다. 但, 抗訴의 取下 또는 抗訴棄却의 決定이 있는 때에는 例外로 한다.(1963.12.13 본조개정)

참조 [비약상고]372, [항소의 제기]359, [항소의 취하]349 · 351 · 352, [항소기각의 결정]360 · 362

판례 검사가 1심판결에 불복하여 비약상고를 하고 뒤따라 피고인이 항소를 제기한 경우에는 불이익변경금지의 원칙에 의거하여 1심판결 이상의 형을 과할 수 없다.(대판 1971.2.9, 71도28)

第374條【上告期間】 上告의 提起期間은 7日로 한다.

참조 [기간의 계산]66 · 67, [기산점]343②, [항소제기기간]358

第375條【上告提起의 方式】 上告를 함에는 上告狀을 原審法院에 提出하여야 한다.

참조 [이유서등의 제출]형소규160, [재소자에 대한 특칙]344, [항소제기의 방식]359

第376條【原審法院에서의 上告棄却 決定】 ① 上告의 提起가 法律上의 方式에 違反하거나 上告權消滅後인 것이 明白한 때에는 原審法院은 決定으로 上告를 棄却하여야 한다.

② 前項의 決定에 대하여는 卽時抗告를 할 수 있다.

참조 [상고제기방식]375, [상고권 소멸]354 · 355 · 374, [결정]37 · 39, [즉시항고]405 · 406 · 410

第377條【訴訟記錄과 證據物의 송부】 第376條의 경우를 제외하고는 原審法院은 上告狀을 받은 날부터 14日이내에 訴訟記錄과 證據物을 上告法院에 송부하여야 한다.(1995.12.29 본조개정)

참조 [원심법원에서의 상고기각결정]376, [상고장]375, [기간의 계산]66 · 67

第378條【訴訟記錄接受와 通知】 ① 上告法院이 訴訟記錄의 送付를 받은 때에는 卽時 上告人과 相對方에 대하여 그 事由를 通知하여야 한다.

(1961.9.1 본항개정)

② 前項의 通知前에 辯護人의 選任이 있는 때에는 辯護人에 대하여도 前項의 通知를 하여야 한다.

참조 [공판기일통지]형소규161, [상고인]338 · 340 · 341, [변호인의 선임]30 · 32① · 33

第379條【上告理由書와 答辯書】 ① 上告人 또는 辯護人이 前條의 通知를 받은 날로부터 20日이내에 上告理由書를 上告法院에 提出하여야 한다. 이 경우 제344조를 준용한다.(2007.12.21 후단신설)

② 上告理由書에는 訴訟記錄과 原審法院의 證據調査에 表現된 事實을 引用하여 그 理由를 明示하여야 한다.

③ 上告理由書의 提出을 받은 上告法院은 遲滯없이 그 副本 또는 謄本을 相對方에 送達하여야 한다.

(1961.9.1 본항개정)

④ 相對方은 前項의 送達을 받은 날로부터 10日이내에 答辯書를 上告法院에 提出할 수 있다.

(1961.9.1 본항개정)

⑤ 答辯書의 提出을 받은 上告法院은 遲滯없이 그 副本 또는 謄本을 上告人 또는 辯護人에게 送達하여야 한다.(1961.9.1 본항개정)

참조 형소규160 · 164, [상고인]338 · 340 · 341, [변호인]30 · 32 · 33, [상고이유]383, [소송기록접수와 통지]378, [기간계산]66, [증거조사]290－292, [송달]60이하

판례 검사가 상고한 경우 상고이유서 제출 명의인(=대검찰청 검사) : 검사가 상고한 경우에는 상고법원에 대응하는 검찰청 소속 검사가 소송기록접수통지를 받은 날로부터 20일 이내에 그 이름으로 상고이유서를 제출하여야 한다.

(대결 2003.6.26, 2003도2008)

第380條【上告棄却決定】 ① 上告人이나 辯護人이 前條第1項의 期間내에 上告理由書를 提出하지 아니한 때에는 決定으로 上告를 棄却하여야 한다. 但, 上告狀에 理由의 記載가 있는 때에는 例外로 한다.

(1961.9.1 단서개정)

② 상고장 및 상고이유서에 기재된 상고이유의 주장이 제383조 각 호의 어느 하나의 사유에 해당하지 아니함이 명백한 때에는 결정으로 상고를 기각하여야 한다.(2014.5.14 본항신설)

참조 [상고이유서]379, [결정]37 · 39, [상고장]375, [상고이유]383

第381條【同前】 第376條의 規定에 해당한 경우에 原審法院이 上告棄却의 決定을 하지 아니한 때에는 上告法院은 決定으로 上告를 棄却하여야 한다.

(1961.9.1 본조개정)

참조 [원심법원에서의 상고기각결정]376, [결정]37 · 39

第382條【公訴棄却의 決定】 第328條第1項 各號의 規定에 해당하는 사유가 있는 때에는 上告法院은 決定으로 公訴를 棄却하여야 한다.(1995.12.29 본조개정)

참조 [공소기각의 결정]328 · 363

第383條【上告理由】 다음 事由가 있을 경우에는 原審判決에 대한 上告理由로 할 수 있다.

(1961.9.1 본문개정)

1. 判決에 影響을 미친 憲法 · 法律 · 命令 또는 規則의 違反이 있는 때
2. 判決후 刑의 廢止나 變更 또는 赦免이 있는 때
3. 再審請求의 事由가 있는 때
4. 死刑, 無期 또는 10年 이상의 懲役이나 禁錮가 宣告된 事件에 있어서 重大한 事實의 誤認이 있어 判決에 影響을 미친 때 또는 刑의 量定이 甚히 부당하다고 認定할 顯著한 事由가 있는 때

(1963.12.13 1호～4호개정)

참조 (1)361의5, (2)형1, 사면2 · 3, (3)361의5 · 420 · 421, (4)형51이하

판례 피고인에게 불이익한 결과를 초래하는 주장을 피고인측에서 상고이유로 삼을 수 있는지 여부 : 피고인에게 불이익한 결과를 초래하는 주장을 피고인측에서 상고이유로 삼을 수 없다.

(대판 2006.6.15, 2006도1718)

판례 원심판결 선고 후 형법 제39조 제1항이 개정된 경우 : 원심판결 선고 후 형법 제39조 제1항이 개정되어 판결 후 형의 변경이 있는 때에 해당하는 사유가 있게 되었다고 보아 원심판결을 파기하여야 한다.(대판 2005.9.29, 2005도4738)

판례 상고이유서에 단순히 원심판결에 사실오인 내지 법리오해의 위배가 있다고만 기재한 경우 : 상고법원은 상고이유에 의하여 불복신청한 한도 내에서만 조사 · 판단할 수 있으므로, 상고이유서에는 상고이유를 특정하여 원심판결의 어떤 점이 법령에 어떻게 위반되었는지에 관하여 구체적이고도 명시적인 이유의 설시가 있어야 할 것이므로, 상고인이 제출한 상고이유서에 위와 같은 구체적이고도 명시적인 이유의 설시가 없이 상고이유로 단순히 원심판결에 사실오인 내지 법리오해의 위배가 있다고만 기재함에 그치고만 경우는 어느 증거에 관한 취사조치가 채증법칙에 위반되었다는 것인지, 또 어떠한 법령적용의 잘못이 있고 어떠한 점이 부당하다는 것인지 전혀 구체적 사유를 주장하지 아니한 것이어서 적법한 상고이유가 제출된 것이라고 볼 수 없다.(대판 2000.4.21, 99도5513)

第384條【審判範圍】 上告法院은 上告理由書에 포함된 事由에 관하여 審判하여야 한다. 그러나 前條第1號 내지 第3號의 경우에는 上告理由書에 포함되지 아니한 때에도 職權으로 審判할 수 있다.

(1963.12.13 본조개정)

참조 [상고이유서]379, [상고사유]383, [부에서 할 수 있는 재판]형소규162

第385條 (1961.9.1 삭제)

第386條【辯護人의 資格】 上告審에는 辯護士 아닌 者를 辯護人으로 選任하지 못한다.

참조 [변호사 아닌 변호인]31단서

第387條【辯論能力】 上告審에는 辯護人 아니면 被告人을 위하여 辯論하지 못한다.

참조 [상고심의 변호인]386

第388條【辯論方式】 檢事와 辯護人은 上告理由書에 의하여 辯論하여야 한다.

참조 [상고이유서]379

第389條【辯護人의 不出席등】 ① 辯護人의 選任이 없거나 辯護人이 公判期日에 出廷하지 아니한 때에는 檢事의 陳述을 듣고 判決을 할 수 있다. 但, 第283條의 規定에 해당한 경우에는 例外로 한다.
② 前項의 경우에 適法한 理由書의 提出이 있는 때에는 그 陳述이 있는 것으로 看做한다.

참조 [변호인의 선임]30 · 32①· 386, [필요적 변호]282, [국선변호인]33 · 283

第389條의2【被告人의 召喚 여부】 上告審의 公判期日에는 被告人의 召喚을 요하지 아니한다.
(1995.12.29 본조신설)

第390條【書面審理에 의한 判決】 ① 上告法院은 上告狀, 上告理由書 기타의 訴訟記錄에 의하여 辯論없이 判決할 수 있다.
② 상고법원은 필요한 경우에는 특정한 사항에 관하여 변론을 열어 참고인의 진술을 들을 수 있다.
(2007.6.1 본항신설)

참조 [상고이유]383, [변호]282 · 387 · 388

第391條【原審判決의 破棄】 上告理由가 있는 때에는 判決로써 原審判決을 破棄하여야 한다.

참조 [상고이유]383, [파기후의 절차]393 - 397

판례 항소심이 몰수나 추징을 선고하지 아니한 조치가 위법한 경우, 상고심의 파기의 범위 : 주형과 몰수 또는 추징을 선고한 항소심판결 중 몰수 또는 추징부분에 관해서만 파기사유가 있을 때에는 상고심이 그 부분만을 파기할 수 있으나, 항소심이 몰수나 추징을 선고하지 아니하였음을 이유로 파기하는 경우에는 항소심판결에 몰수나 추징부분이 없어 그 부분만 특정하여 파기할 수 없으므로, 결국 항소심판결의 유죄부분 전부를 파기하여야 한다.(대판 2005.10.28, 2005도5822)

第392條【共同被告人을 위한 破棄】 被告人의 利益을 위하여 原審判決을 破棄하는 경우에 破棄의 理由가 上告한 共同被告人에 共通되는 때에는 그 共同被告人에 대하여도 原審判決을 破棄하여야 한다.

참조 [원심판결의 파기]391, [관련사건]11

판례 동조는 상고가 법률상 방식에 위반하거나 상고권 소멸 후인 것이 명백한 공동피고인에게는 이를 적용할 수 없다.
(대판 2004.7.22, 2003도6412)

第393條【公訴棄却과 還送의 判決】 適法한 公訴를 棄却하였다는 理由로 原審判決 또는 第1審判決을 破棄하는 경우에는 判決로써 事件을 原審法院 또는 第1審法院에 還送하여야 한다.

참조 형소규164, [공소기각]327, [심판범위]384, [항소심의 환송판결]366

第394條【管轄認定과 移送의 判決】 管轄의 認定이 法律에 違反됨을 理由로 原審判決 또는 第1審判決을 破棄하는 경우에는 判決로써 事件을 管轄있는 法院에 移送하여야 한다.

참조 형소규164, [관할]1 - 16, 법원조직28 · 32, [심판범위]384, [항소심의 이송판결]367

第395條【管轄違反과 還送의 判決】 管轄違反의 認定이 法律에 違反됨을 理由로 原審判決 또는 第1審判決을 破棄하는 경우에는 判決로써 事件을 原審法院 또는 第1審法院에 還送하여야 한다.

참조 [관할위반]319 · 320, [심판범위]384, [항소심의 환송판결]366

第396條【破棄自判】 ① 上告法院은 原審判決을 破棄한 경우에 그 訴訟記錄과 原審法院과 第1審法院이 調査한 證據에 의하여 判決하기 충분하다고 認定한 때에는 被告事件에 대하여 直接判決을 할 수 있다.(1961.9.1 본항개정)
② 第368條의 規定은 前項의 判決에 準用한다.

참조 [원심판결의 파기]391, [불이익변경의 금지]368

第397條【還送 또는 移送】 前4條의 경우 외에 原審判決을 破棄한 때에는 判決로써 事件을 原審法院에 還送하거나 그와 同等한 다른 法院에 移送하여야 한다.

참조 [원심판결의 파기]391, [환송판결]393 · 395, [이송판결]394

판례 상고심에서 상고이유의 주장이 이유 없다고 배척된 경우의 재상고 : 상고심에서 상고이유의 주장이 이유 없다고 판단되어 배척된 부분은 그 판결 선고와 동시에 확정력이 발생하여 이 부분에 대하여는 피고인은 더 이상 다툴 수 없고, 또한 환송받은 법원으로서도 이와 배치되는 판단을 할 수 없다고 할 것이므로, 피고인으로서는 더 이상 이 부분에 대한 주장을 상고이유로 삼을 수 없다.(대판 2005.10.28, 2005도1247)

第398條【裁判書의 記載方式】 裁判書에는 上告의 理由에 관한 判斷을 記載하여야 한다.(1961.9.1 본조개정)

第399條【準用規定】 前章의 規定은 本章에 특별한 規定이 없으면 上告의 審判에 準用한다.

第400條【判決訂正의 申請】 ① 上告法院은 그 判決의 內容에 誤謬가 있음을 發見한 때에는 職權 또는 檢事, 上告人이나 辯護人의 申請에 의하여 判決로써 訂正할 수 있다.(1961.9.1 본항개정)
② 前項의 申請은 判決의 宣告가 있은 날로부터 10日 이내에 하여야 한다.
③ 第1項의 申請은 申請의 理由를 記載한 書面으로 하여야 한다.

참조 [정정의 판결]401, [정정신청통지]형소규163, [기간계산]66 · 67

판례 판결정정의 예 : 대법원이 착오에 의한 송달일자를 신뢰하여 피고인이 법정기간 내에 상고이유서를 제출하였음에도 제출하지 아니하였다는 이유로 한 상고기각결정을 판결로써 정정해야 한다.(대판 2005.4.29, 2005도1581)

第401條【訂正의 判決】 ① 訂正의 判決은 辯論없이 할 수 있다.
② 訂正할 필요가 없다고 認定한 때에는 遲滯없이 決定으로 申請을 棄却하여야 한다.

참조 [판결의 정정]400, [변론]302 · 303, [결정]37

第4章 抗 告

第402條【抗告할 수 있는 裁判】 法院의 決定에 대하여 不服이 있으면 抗告를 할 수 있다. 但, 이 法律에 特別한 規定이 있는 경우에는 例外로 한다.

참조 [결정]37 · 39, 형소규165, [항고의 관할]법원조직14 · 28 · 32②, [특별규정]403 · 415, [절차]406

第403條【判決 前의 決定에 대한 抗告】 ① 法院의 管轄 또는 判決 前의 訴訟節次에 관한 決定에 대하여는 특히 卽時抗告를 할 수 있는 경우 외에는 抗告를 하지 못한다.
② 前項의 規定은 拘禁, 保釋, 押收나 押收物의 還付에 관한 決定 또는 鑑定하기 위한 被告人의 留置에 관한 決定에 適用하지 아니한다.

참조 [관할에 관한 결정]6 - 10 · 13, [소송절차에 관한 결정]272② · 273③ · 295 · 296② · 304②, [특히 즉시항고를 할 수 있는 경우]23 · 328 · 407, [구금에 관한 결정]70 · 72 · 91 - 93 · 101① · 102①, [보석에 관한 결정]96 · 97 · 102 · 103, [압수, 압수물환부에 관한 결정]106 - 108 · 133 · 134, [감정유치]172

第404條【普通抗告의 時期】 抗告는 卽時抗告외에는 언제든지 할 수 있다. 但, 原審決定을 取消하여도 實益이 없게 된 때에는 例外로 한다.
(1963.12.13 본조제목개정)

참조 [즉시항고의 제기기간]405 · 410

第405條【卽時抗告의 提起期間】 卽時抗告의 提起期間은 7일로 한다.(2019.12.31 본조개정)

改前 第405條【卽時抗告의 提起期間】 卽時抗告의 提起期間은 "3日"로 한다.<2018.12.27 헌법재판소 헌법불합치결정으로 이 조는 2019.12.31을 시한으로 입법자가 개정할 때까지 계속 적용>

참조 [기간의 계산]66, [기산점]343②

판례 제1심 법원이 재심청구기각결정을 재항고인에게 송달한 후 다시 구치소장에게 송달한 사안에서, 위 결정을 구치소장이 아닌 재항고인에게 송달한 것은 부적법하여 무효이고 송달받을 사람을 구치소장으로 하여 다시 송달한 때 비로소 그 송달의 효력이 발생하는 것이어서, 그로부터 3일의 즉시항고기간 내에 제기된 재항고인의 즉시항고는 적법함에도 불구하고, 재항고인의 결정등본 수령일을 기준으로 즉시항고 제기기간을 기산하여 재항고인의 즉시항고를 기각한 원심의 결정이 위법하다.
(대결 2009.8.20, 2008모630)

판례 형사소송법상 즉시항고의 제기기간을 제한하고 그 기간 내에 즉시항고를 제기하지 아니할 경우 항소를 기각하도록 할 것인지 아니면 그 제기기간에 제한을 두지 아니할 것인지 여부는 기본적으로 입법자가 형사 항소심의 구조와 성격, 형사사법 절차의 특성 등을 고려하여 결정할 입법재량에 속하는 문제라 할 것이므로, 형사소송법 제405조가 헌법 제11조제1항의 평등권을 침해하는 위헌적인 법률규정이라고 할 수 없다.
(대결 2008.3.21, 2007초기318)

第406條【抗告의 節次】 抗告를 함에는 抗告狀을 原審法院에 提出하여야 한다.

참조 [원심법원의 결정]407 · 408

第407條【原審法院의 抗告棄却 決定】 ① 抗告의 提起가 法律上의 方式에 違反하거나 抗告權消滅 後인 것이 明白한 때에는 原審法院은 決定으로 抗告를 棄却하여야 한다.
② 前項의 決定에 대하여는 卽時抗告를 할 수 있다.

참조 [항고의 절차]406, [항고권의 소멸]354 · 404 · 405, [항고법원의 항고기각결정]413 · 414

第408條【原審法院의 更新決定】 ① 原審法院은 抗告가 理由있다고 認定한 때에는 決定을 更正하여야 한다.
② 抗告의 全部 또는 一部가 理由없다고 認定한 때에는 抗告狀을 받은 날로부터 3日 이내에 意見書를 添附하여 抗告法院에 送付하여야 한다.

참조 [항고장]406, [기간의 계산]66, [항고법원]법원조직14 · 28 · 32②, [항고법원의 항고이유인정]414

第409條【普通抗告와 執行停止】 抗告는 卽時抗告 외에는 裁判의 執行을 停止하는 效力이 없다. 但, 原審法院 또는 抗告法院은 決定으로 抗告에 대한 決定이 있을 때까지 執行을 停止할 수 있다.

第410條【卽時抗告와 執行停止의 效力】 卽時抗告의 提起期間 내와 그 提起가 있는 때에는 裁判의 執行은 停止된다.

참조 [즉시항고의 제기기간]405, [보통항고의 효력]409

第411條【訴訟記錄등의 送付】 ① 原審法院이 필요하다고 認定한 때에는 訴訟記錄과 證據物을 抗告法院에 送付하여야 한다.
② 抗告法院은 訴訟記錄과 證據物의 送付를 要求할 수 있다.
③ 前2項의 경우에 抗告法院이 訴訟記錄과 證據物의 送付를 받은 날로부터 5日 이내에 當事者에게 그 事由를 通知하여야 한다.

참조 [항고법원]법원조직14 · 28 · 32②, [기간의 계산]66

판례 항고법원이 제1심법원으로부터 소송기록을 송부받고 피고인에게 소송기록접수통지서를 발송한 후 송달보고서를 통해 피고인이 이를 송달받았는지 여부를 확인하지도 않은 상태에서 피고인이 위 통지서를 수령한 다음날 곧바로 피고인의 즉시항고를 기각한 것은 위법하다.(대결 2006.7.25, 2006모389)

第412條【檢事의 意見陳述】 檢事는 抗告事件에 대하여 意見을 陳述할 수 있다.

第413條【抗告棄却의 決定】 第407條의 規定에 해당한 경우에 原審法院이 抗告棄却의 決定을 하지 아니한 때에는 抗告法院은 決定으로 抗告를 棄却하여야 한다.

참조 [원심법원의 항고기각결정]407

第414條【抗告棄却과 抗告理由 認定】 ① 抗告를 理由없다고 認定한 때에는 決定으로 抗告를 棄却하여야 한다.
② 抗告를 理由있다고 認定한 때에는 決定으로 原審決定을 取消하고 필요한 경우에는 抗告事件에 대하여 直接裁判을 하여야 한다.

참조 [항고기각]407 · 413, [결정]37 · 39

第415條【再抗告】 抗告法院 또는 高等法院의 決定에 대하여는 裁判에 影響을 미친 憲法 · 法律 · 命令 또는 規則의 違反이 있음을 理由로 하는 때에 한하여 大法院에 卽時抗告를 할 수 있다.
(1963.12.13 본조개정)

참조 [판결에 영향을 미친 법령위반]361의5 · 383, [고등법원의 재정결정]262, [즉시항고]405 · 406 · 410

판례 항소법원의 결정에 대한 항고가 재항고인지 여부(적극) : 본조의 규정상, 항소법원의 결정에 대하여도 대법원에 재항고하는 방법으로 다투어야만 한다.(대결 2002.9.27, 2002모6)

第416條【準抗告】 ① 裁判長 또는 受命法官이 다음 各號의 1에 해당한 裁判을 告知한 경우에 不服이 있으면 그 法官所屬의 法院에 裁判의 取消 또는 變更을 請求할 수 있다.
1. 忌避申請을 棄却한 裁判
2. 拘禁, 保釋, 押收 또는 押收物還付에 관한 裁判
3. 鑑定하기 위하여 被告人의 留置를 命한 裁判
4. 證人, 鑑定人, 通譯人 또는 飜譯人에 대하여 過怠料 또는 費用의 賠償을 命한 裁判
② 地方法院이 前項의 請求를 받은 때에는 合議部에서 決定을 하여야 한다.
③ 第1項의 請求는 裁判의 告知있는 날로부터 7일 이내에 하여야 한다.(2019.12.31 본항개정)
④ 第1項第4號의 裁判은 前項請求期間 내와 請求가 있는 때에는 그 裁判의 執行은 停止된다.

改前 ③ 第1項의 請求는 裁判의 告知있는 날로부터 "3日"이내에 하여야 한다.

참조 ①[청구절차]418, (1)20 · 21 · 23, (2)[구금]70 · 80, [보석]95 · 96, [압수]106 · 108 · 136, [압수물 환부]133 · 134, (3)172, (4)151 · 161 · 167 · 175 · 177 · 183, ④[집행정지]410

판례 검사의 체포영장 또는 구속영장 청구에 대한 지방법원판사의 재판이 항고나 준항고의 대상이 되는지 여부 : 검사의 체포영장 또는 구속영장 청구에 대한 지방법원판사의 재판은 형사소송법 제402조의 규정에 의하여 항고의 대상이 되는 '법원의 결정'에 해당하지 아니하고, 제416조 제1항의 규정에 의하여 준항고의 대상이 되는 '재판장 또는 수명법관의 구금 등에 관한 재판'에도 해당하지 아니한다.(대결 2006.12.18, 2006모646)

第417條【同前】 檢事 또는 司法警察官의 拘禁, 押收 또는 押收物의 還付에 관한 처분과 제243조의2에 따른 변호인의 참여 등에 관한 처분에 대하여 不服이 있으면 그 職務執行地의 管轄法院 또는 檢事의 所屬檢察廳에 對應한 法院에 그 처분의 취소 또는 변경을 청구할 수 있다.(2007.12.21 본조개정)

改前 第417條【同前】 檢事 또는 司法警察官의 拘禁, 押收 또는 押收物의 還付에 관한 그 처분과 제243조의2에 따른 변호인의 참여 등에 관한 처분에 대하여 不服이 있으면 그 職務執行地의 管轄法院 또는 檢事의 所屬檢察廳에 對應한 法院에 "그 處分의 取消 또는 變更을 請求할 수 있다."(2007.6.1 본조개정)

참조 [청구절차]418, [압수]215 - 220, [압수물 환부]219 · 332

판례 헌법과 형사소송법 및 검찰청법 등의 규정을 종합해 보면, 고소인 또는 고발인, 그 밖의 일반국민이 검사에 대하여 영장청구 등의 강제처분을 위한 조치를 취하도록 요구하거나 신청할 수 있는 권리를 가진다고 할 수 없고, 검사가 수사과정에서 영장의 청구 등 강제처분을 위한 조치를 취하지 아니함으로 말미암아 고소인 또는 고발인, 그 밖의 일반국민의 법률상의 지위가 직접적으로 어떤 영향을 받는다고도 할 수 없다. 따라서 검사가 수사과정에서 증거수집을 위한 압수 · 수색영장의 청구 등 강제처분을 위한 조치를 취하지 아니하고 그로 인하여 증거를 확보하지 못하고 불기소처분에 이르렀다면, 그 불기소처분에 대하여 형사소송법상의 재정신청이나 검찰청법상의 항고 · 재항고 등으로써 불복하는 것은 별론으로 하고, 검사가 압수 · 수색영장의 청구 등 강제처분을 위한 조치를 취하지 아니한 것 그 자체를 형사소송법 제417조 소정의 '압수에 관한 처분'으로 보아 이에 대해 준항고로써 불복할 수는 없다. 검사의 불기소처분에 대하여 검찰청법의 규정에 따른 항고 또는 재항고의 결과 고등검찰청검사장 등이 하는 이른바 재기수사명령은 검찰 내부에서의 지휘권의 행사에 지나지 아니하므로 그 재기수사명령에서 증거물의 압수 · 수색이 필요하다는 등의 지적이 있었다고 하여 달리 볼 것은 아니다.(대결 2007.5.25, 2007모82)

第418條【準抗告의 方式】 前2條의 請求는 書面으로 管轄法院에 提出하여야 한다.

참조 [준항고]416·417, [관할법원]417, [불복신청의 준용]59의2·59의3

第419條【準用規定】 第409條, 第413條, 第414條, 第415條의 規定은 第416條, 第417條의 請求있는 경우에 準用한다.(1995.12.29 본조개정)

참조 [보통항고와 집행정지]409, [항고기각의 결정]413·414①, [항고이유인정]414②, [재항고의 제한]415, [준항고]416·417, [불복신청의 준용]59의2·59의3

第4編 特別訴訟節次

第1章 再 審

第420條【재심이유】 재심은 다음 각 호의 어느 하나에 해당하는 이유가 있는 경우에 유죄의 확정판결에 대하여 그 선고를 받은 자의 이익을 위하여 청구할 수 있다.

1. 원판결의 증거가 된 서류 또는 증거물이 확정판결에 의하여 위조되거나 변조된 것임이 증명된 때
2. 원판결의 증거가 된 증언, 감정, 통역 또는 번역이 확정판결에 의하여 허위임이 증명된 때
3. 무고(誣告)로 인하여 유죄를 선고받은 경우에 그 무고의 죄가 확정판결에 의하여 증명된 때
4. 원판결의 증거가 된 재판이 확정재판에 의하여 변경된 때
5. 유죄를 선고받은 자에 대하여 무죄 또는 면소를, 형의 선고를 받은 자에 대하여 형의 면제 또는 원판결이 인정한 죄보다 가벼운 죄를 인정할 명백한 증거가 새로 발견된 때
6. 저작권, 특허권, 실용신안권, 디자인권 또는 상표권을 침해한 죄로 유죄의 선고를 받은 사건에 관하여 그 권리에 대한 무효의 심결 또는 무효의 판결이 확정된 때
7. 원판결, 전심판결 또는 그 판결의 기초가 된 조사에 관여한 법관, 공소의 제기 또는 그 공소의 기초가 된 수사에 관여한 검사나 사법경찰관이 그 직무에 관한 죄를 지은 것이 확정판결에 의하여 증명된 때. 다만, 원판결의 선고 전에 법관, 검사 또는 사법경찰관에 대하여 공소가 제기되었을 경우에는 원판결의 법원이 그 사유를 알지 못한 때로 한정한다.

(2020.12.8 본조개정)

改前 "第420條【再審理由】 再審은 다음 各 號의 1에 該當하는 事由가 있는 경우에 有罪의 確定判決에 대하여 그 宣告를 받은 者의 利益을 위하여 請求할 수 있다.
1. 原判決의 證據된 書類 또는 證據物이 確定判決에 의하여 僞造 또는 變造인 것이 證明된 때
2. 原判決의 證據된 證言, 鑑定, 通譯 또는 飜譯이 確定判決에 의하여 虛僞인 것이 證明된 때
3. 誣告로 인하여 有罪의 宣告를 받은 경우에 그 誣告의 罪가 確定判決에 의하여 證明된 때
4. 原判決의 證據된 裁判이 確定裁判에 의하여 變更된 때
5. 有罪의 宣告를 받은 者에 대하여 無罪 또는 免訴를, 刑의 宣告를 받은 者에 대하여 刑의 免除 또는 原判決이 認定한 罪보다 輕한 罪를 認定할 明白한 證據가 새로 發見된 때
6. 著作權, 特許權, 實用新案權, 意匠權 또는 商標權을 侵害한 罪로 有罪의 宣告를 받은 事件에 관하여 그 權利에 대한 無效의 審決 또는 無效의 判決이 確定된 때
7. 原判決, 前審判決 또는 그 判決의 基礎된 調査에 關與한 法官, 公訴의 提起 또는 그 公訴의 基礎된 捜査에 關與한 檢事나 司法警察官이 그 職務에 관한 罪를 犯한 것이 確定判決에 의하여 證明된 때. 但, 原判決의 宣告前에 法官, 檢事 또는 司法警察官에 대하여 公訴의 提起가 있는 경우에는 原判決의 法院이 그 事由를 알지 못한 때에 限한다."

참조 [시효특례]헌정질서파괴범죄의공소시효등에관한특례법, 5·18민주화운동등에관한특별법, [재심청구권자]424, [청구방식]형소규166·167, [유죄의 선고]321·322, [확정판결]358·374, [확정판결에 대신하는 증명]422, (1)421, [위조·변조]형155, (2)421, [허위]형152·154, (3)[무고]형156, (5)[유죄]321, [무죄]325, [면소]326, [형의 면제]322, (6)특허132의17이하, 실용신안31이하, 디자인보호119이하, 상표116, (7)[확정판결]422, [직무에 관한 죄]형122이하

판례 '여순사건' 당시 내란 및 국권문란 혐의로 군법회의에 회부되어 사형을 선고받고 그 판결에 따라 사형이 집행된 피고인들의 유족들이 그 후 위 판결(이하 '재심대상판결'이라 한다)에 대해 재심을 청구한 사건에서, 피고인들은 여순사건 당시 진압군이 순천지역을 회복한 후 군경에 의하여 반란군에 가담하거나 협조하였다는 혐의로 체포되어 감금되었다가 유죄판결을 받았다. 그러나 이 과정에서 군경은 법원으로부터 구속영장을 발부받지 않고 피고인들을 불법적으로 체포·감금하였다. 이는 제420조제7호 및 제422조의 재심사유에 해당한다.
(대판 2019.3.21, 2015모2229)

판례 제주 4·3사건 당시 수형인 신분으로 교도소에 구금되었던 청구인들이 제기한 재심신청에 관하여, 당시 청구인들의 형벌법규 위반 여부 및 그 처우에 관한 사법기관의 판단이 있었고, 청구인들에 대한 불법구금 내지 가혹행위가 있었다고 보아 재심개시결정을 한 사례 : 당시 다수의 사람들이 비교적 짧은 기간 내에 한꺼번에 제주도 내의 수용 장소에 집단적으로 구금되어 재판을 받기에 이른 점, 재심청구인들뿐만 아니라 당시 군법회의의 재판을 받은 사람들에 대한 구속영장의 존재가 전혀 확인되지 않았으며 영장이 발부되었음을 추정할 수 있을 만한 기록조차도 발견되지 않은 점 및 제주 4·3사건의 진행 경위와 당시의 상황에 관한 조사 내용을 담은 <제주 4·3사건 진상조사보고서>의 기재와 재심청구인들의 진술 등을 종합하면, 재심청구인들은 당시 법원이 발부한 사전 또는 사후 영장 없이 불법적으로 체포·구금되어 군법회의에 이르게 된 것으로 판단된다. 따라서 이 사건은 형사소송법 제420조제7호 및 제422조가 정한 재심 이유가 있다.(제주지법 2018.9.3, 2017재고합4)

◘ 제2호 관련

판례 위증을 한 자가 사실대로 증언한 증인을 위증으로 고소하였다가 무고죄로 유죄의 확정판결을 받은 경우, 동조 제2호에서 정한 '확정판결'에 포함되는지 여부 : 동조 제2호 '원판결의 증거된 증언'이라 함은 원판결의 증거로 채택되어 범죄사실을 인정하는 데 사용된 증언을 뜻하는 것이고 단순히 증거 조사의 대상이 되었을 뿐 범죄사실을 인정하는 증거로 사용되지 않은 증언은 위 '증거된 증언'에 포함되지 않는 것이며, '원판결의 증거된 증언이 확정판결에 의하여 허위인 것이 증명된 때'라 함은 그 증인이 위증을 하여 그 죄에 의하여 처벌되어 그 판결이 확정된 경우를 말하는 것이고, 원판결의 증거된 증언을 한 자가 그 재판 과정에서 자신의 증언과 반대되는 취지의 증언을 한 다른 증인을 위증죄로 고소하였다가 그 고소가 허위임이 밝혀져 무고죄로 유죄의 확정판결을 받은 경우는 위 재심사유에 포함되지 아니한다.(대판 2005.4.14, 2003도1080)

판례 제2호 소정의 '원판결의 증거된 증언'이 나중에 확정판결에 의하여 허위인 것이 증명된 이상, 그 허위증언 부분을 제외하고서도 다른 증거에 의하여 그 '죄로 되는 사실'이 유죄로 인정될 것인지 여부에 관계없이 형사소송법 제420조 제2호의 재심사유가 있는 것으로 보아야 한다.(대결 1997.1.16, 95모38)

미판 살인죄로 사형을 선고받은 피고인은 자신에게 유리한 증거를 밝혀냄에 있어서 소추상의 잘못이 있을 경우, 이를 이유로 새로운 재판을 받을 권리가 있다.
(미연방대법 514US419, 131 L Ed 2d 490)

영판 항소법원에 검사의 청구에 의하여 살인, 강간등 성범죄, 마약범죄 등의 중대범죄로 무죄 평결이 내려진 사건에 대하여 유죄를 입증할 수 있는 새로운 설득력 있는 증거(New and compelling evidence)가 밝혀지고, 정당성(Interest of justice)이 있다고 인정되는 경우에 재심을 명할 수 있다.
(Criminal Justice Act 2003)

第421條【同前】 ① 抗訴 또는 上告의 棄却判決에 대하여는 前條第1號, 第2號, 第7號의 事由있는 경우에 한하여 그 宣告를 받은 者의 利益을 위하여 再審을 請求할 수 있다.(1963.12.13 본항개정)

② 第1審確定判決에 대한 再審請求事件의 判決이 있은 후에는 抗訴棄却判決에 대하여 다시 再審을 請求하지 못한다.(1963.12.13 본항개정)

③ 第1審 또는 第2審의 確定判決에 대한 再審請求事件의 判決이 있은 후에는 上告棄却判決에 대하여 다시 再審을 請求하지 못한다.

참조 [재심청구권자]424, [항소기각판결]364

第422條【確定判決에 代身하는 證明】 前2條의 規定에 의하여 確定判決로써 犯罪가 證明됨을 再審請求의 理由로 할 경우에 그 確定判決을 얻을 수 없는 때에는 그 事實을 證明하여 再審의 請求를 할 수 있다. 但, 證據가 없다는 理由로 確定判決을 얻을 수 없는 때에는 例外로 한다.

참조 [재심이유]420·421, [증거가 없다는 이유]325

第423條【再審의 管轄】 再審의 請求는 原判決의 法院이 管轄한다.

참조 [공판절차의 정지]형소규169

第424條【再審請求權者】 다음 各號의 1에 해당하는 者는 再審의 請求를 할 수 있다.

1. 檢事
2. 有罪의 宣告를 받은 者
3. 有罪의 宣告를 받은 者의 法定代理人
4. 有罪의 宣告를 받은 者가 死亡하거나 心神障碍가 있는 경우에는 그 配偶者, 直系親族 또는 兄弟姉妹

참조 [법정대리인]민59·911·938, 상207·269·389·562, [배우자]민812, [친족]민767이하

第425條【檢事만이 請求할 수 있는 再審】 第420條第7號의 事由에 의한 再審의 請求는 有罪의 宣告를 받은 者가 그 罪를 犯하게 한 경우에는 檢事가 아니면 하지 못한다.

第426條【辯護人의 選任】 ① 檢事 이외의 者가 再審의 請求를 하는 경우에는 辯護人을 選任할 수 있다.

② 前項의 規定에 의한 辯護人의 選任은 再審의 判決이 있을 때까지 그 效力이 있다.

참조 [검사이외의 재심청구권자]424, [변호인의 선임]30-32

第427條【再審請求의 時期】 再審의 請求는 刑의 執行을 終了하거나 刑의 執行을 받지 아니하게 된 때에도 할 수 있다.

참조 [형의 집행을 받지 않게 된 때]형77, 사면5, [보상]형사보상및명예회복에관한법2②

第428條【再審과 執行停止의 效力】 再審의 請求는 刑의 執行을 停止하는 效力이 없다. 但, 管轄法院에 對應한 檢察廳檢事는 再審請求에 대한 裁判이 있을 때까지 刑의 執行을 停止할 수 있다.

참조 [관할법원]423, [재심청구에 대한 재판]433-436

第429條【再審請求의 取下】 ① 再審의 請求는 取下할 수 있다.

② 再審의 請求를 取下한 者는 同一한 理由로써 다시 再審을 請求하지 못한다.

第430條【在所者에 대한 特則】 第344條의 規定은 再審의 請求와 그 取下에 準用한다.

참조 형소규168, [상소에 관한 특칙]344

第431條【事實調査】 ① 再審의 請求를 받은 法院은 필요하다고 認定한 때에는 合議部員에게 再審請求의 理由에 대한 事實調査를 命하거나 다른 法院判事에게 이를 囑託할 수 있다.

② 前項의 경우에는 受命法官 또는 受託判事는 法院 또는 裁判長과 同一한 權限이 있다.

참조 [재심청구이유]420·421

第432條【再審에 대한 決定과 當事者의 意見】 再審의 請求에 대하여 決定을 함에는 請求한 者와 相對方의 意見을 들어야 한다. 但, 有罪의 宣告를 받은 者의 法定代理人이 請求한 경우에는 有罪의 宣告를 받은 者의 意見을 들어야 한다.

참조 [재심청구에 대한 결정]433-436, [법정대리인]민59·911·938, 상207·269·389·562

판례 재심청구인에게 의견진술의 기회를 주었음에도 불구하고 재심청구인이 그 기회에 의견을 진술하지 아니한 이상 재심청구에 대한 결정 절차에 위법이 있다고 할 수 없다.
(대결 1997.1.16, 95모38)

第433條【請求棄却 決定】 再審의 請求가 法律上의 方式에 違反하거나 請求權의 消滅 後인 것이 明白한 때에는 決定으로 棄却하여야 한다.

참조 [청구권의 소멸]421②③·429·434, [결정절차]432, [즉시항고]437

第434條【同前】 ① 再審의 請求가 理由없다고 認定한 때에는 決定으로 棄却하여야 한다.

② 前項의 決定이 있는 때에는 누구든지 同一한 理由로써 다시 再審을 請求하지 못한다.

참조 [재심청구이유]420·421, [결정절차]432, [즉시항고]437

第435條【再審開始의 決定】 ① 再審의 請求가 理由있다고 認定한 때에는 再審開始의 決定을 하여야 한다.

② 再審開始의 決定을 할 때에는 決定으로 刑의 執行을 정지할 수 있다.(1995.12.29 본항개정)

참조 [이유]420·421, [결정절차]432, [즉시항고]437

第436條【請求의 競合과 請求棄却의 決定】 ① 抗訴棄却의 確定判決과 그 判決에 의하여 確定된 第1審判決에 대하여 再審의 請求가 있는 경우에 第1審法院이 再審의 判決을 한 때에는 抗訴法院은 決定으로 再審의 請求를 棄却하여야 한다.

② 第1審 또는 第2審判決에 대한 上告棄却의 判決과 그 判決에 의하여 確定된 第1審 또는 第2審의 判決에 대하여 再審의 請求가 있는 경우에 第1審法院 또는 抗訴法院이 再審의 判決을 한 때에는 上告法院은 決定으로 再審의 請求를 棄却하여야 한다.
(1963.12.13 본조개정)

참조 [항소기각판결]364②, [즉시항고]437

第437條【即時抗告】 第433條, 第434條第1項, 第435條第1項과 前條第1項의 決定에 대하여는 即時抗告를 할 수 있다.

참조 [재심청구에 대한 결정]433-436, [즉시항고]405·406·410

판례 재심대상사건의 기록이 폐기된 경우 재심심판절차에서 법원이 취할 조치 : 재심대상사건의 기록이 보존기간의 만료로 이미 폐기되었다 하더라도 가능한 노력을 다하여 그 기록을 복구하여야 하며, 부득이 기록의 완전한 복구가 불가능한 경우에는 판결서 등 수집한 잔존자료에 의하여 알 수 있는 원판결의 증거들과 재심공판절차에서 새롭게 제출된 증거들의 증거가치를 종합적으로 평가하여 원판결의 원심인 제1심판결의 당부를 새로이 판단하여야 한다.(대판 2004.9.24, 2004도2154)

第438條【再審의 審判】 ① 再審開始의 決定이 確定한 事件에 대하여는 第436條의 경우외에는 法院은 그 審級에 따라 다시 審判을 하여야 한다.

② 다음 경우에는 第306條第1項, 第328條第1項第2號의 規定은 前項의 審判에 適用하지 아니한다.

1. 死亡者 또는 回復할 수 없는 심신장애인을 위하여 再審의 請求가 있는 때
2. 有罪의 宣告를 받은 者가 再審의 判決前에 死亡하거나 回復할 수 없는 심신장애인으로 된 때

(2014.12.30 1호~2호개정)

③ 前項의 경우에는 被告人이 出廷하지 아니하여도 審判을 할 수 있다. 但, 辯護人이 出廷하지 아니하면 開廷하지 못한다.

④ 前2項의 경우에 再審을 請求한 者가 辯護人을 選任하지 아니한 때에는 裁判長은 職權으로 辯護人을 選任하여야 한다.

改前 1. 死亡者 또는…"心神障碍者를" 위하여 再審의…
2. 有罪의 宣告를 받은 者가 再審의…"心神障碍者로" 된 때

참조 [재심개시의 결정]435, [청구경합]436, [공판절차의 정지]306①, [공소기각의 결정]328①, [피고인의 출정]276, [변호인의 선임]33

판례 형사소송법 제438조 제1항은 "재심개시의 결정이 확정한 사건에 대하여는 제436조의 경우 외에는 법원은 그 심급에 따라 다시 심판을 하여야 한다."고 규정하고 있다. 여기서 '다시' 심판한다는 것은 재심대상판결의 당부를 심사하는 것이 아니라 피고 사건 자체를 처음부터 새로 심판하는 것을 의미하므로, 재심대상판결이 상소심을 거쳐 확정되었더라도 재심사건에서는 재심대상판결의 기초가 된 증거와 재심사건의 심리과정에서 제출된 증거를 모두 종합하여 공소사실이 인정되는지를 새로이 판단하여야 한다. 그리고 재심사건의 공소사실에 관한 증거취사와 이에 근거한 사실인정도 다른 사건과 마찬가지로 그것이 논리와 경험의 법칙을 위반하거나 자유심증주의의 한계를 벗어나지 아니하는 한 사실심으로서 재심사건을 심리하는 법원의 전권에 속한다.(대판 2015.5.14, 2014도2946)

第439條【불이익변경의 금지】 재심에는 원판결의 형보다 무거운 형을 선고할 수 없다.(2020.12.8 본조개정)

改前 "第439條【不利益變更의 禁止】再審에는 原判決의 刑보다 重한 刑을 宣告하지 못한다."

참조 [형의 경중]형50, [불이익변경의 금지]368

第440條【무죄판결의 공시】 재심에서 무죄의 선고를 한 때에는 그 판결을 관보와 그 법원소재지의 신문지에 기재하여 공고하여야 한다. 다만, 다음 각 호의 어느 하나에 해당하는 사람이 이를 원하지 아니하는 의사를 표시한 경우에는 그러하지 아니하다.

1. 제424조제1호부터 제3호까지의 어느 하나에 해당하는 사람이 재심을 청구한 때에는 재심에서 무죄의 선고를 받은 사람
2. 제424조제4호에 해당하는 사람이 재심을 청구한 때에는 재심을 청구한 그 사람

(2016.5.29 본조개정)

改前 "第440條【無罪判決의 公示】再審에서 無罪의 宣告를 한 때에는 그 判決을 官報와 그 法院所在地의 新聞紙에 記載하여 公告하여야 한다."

참조 [무죄선고]325·370·399, [판결의 공시]형58, 형사보상및명예회복에관한법30, [보상의 공시]형사보상및명예회복에관한법25

第2章 非常上告

第441條【非常上告理由】 檢察總長은 判決이 確定한 후 그 事件의 審判이 法令에 違反한 것을 發見한 때에는 大法院에 非常上告를 할 수 있다.

참조 [검찰총장]검찰6·8, [판결확정]358·374·400, [대법원]헌102, 법원조직11

판례 비상상고의 취지 : 법원이 원판결의 선고 전에 피고인이 이미 사망한 사실을 알지 못하여 공소기각의 결정을 하지 않고 실체판결에 나아감으로써 법령위반의 결과를 초래하였다고 하더라도, 이는 동조에 정한 '그 심판이 법령에 위반한 것'에 해당한다고 볼 수 없다.(대판 2005.3.11, 2004오2)

第442條【非常上告의 方式】 非常上告를 함에는 그 理由를 記載한 申請書를 大法院에 提出하여야 한다.

참조 [신청서에 의한 진술]443, [조사범위]444

第443條【公判期日】 公判期日에는 檢事는 申請書에 의하여 陳述하여야 한다.

참조 [신청서]442

第444條【調査의 範圍, 事實의 調査】 ① 大法院은 申請書에 포함된 理由에 한하여 調査하여야 한다.
② 法院의 管轄, 公訴의 受理와 訴訟節次에 관하여는 事實調査를 할 수 있다.
③ 前項의 경우에는 第431條의 規定을 準用한다.

참조 [신청서]442, [이유]441, [재심에서의 사실조사]431

第445條【棄却의 判決】 非常上告가 理由 없다고 認定한 때에는 判決로써 이를 棄却하여야 한다.

참조 [비상상고의 이유]441

第446條【破棄의 判決】 非常上告가 理由 있다고 認定한 때에는 다음의 區別에 따라 判決을 하여야 한다.

1. 原判決이 法令에 違反한 때에는 그 違反된 部分을 破棄하여야 한다. 但, 原判決이 被告人에게 不利益한 때에는 原判決을 破棄하고 被告事件에 대하여 다시 判決을 한다.
2. 原審訴訟節次가 法令에 違反한 때에는 그 違反된 節次를 破棄한다.

참조 [비상상고의 이유]441, [판결의 효력]447, [보상]형사보상및명예회복에관한법2②

판례 비상상고의 절차에서 보호감호를 기각하는 재판을 받은 자가 원판결에 의하여 보호감호의 집행을 받은 경우, 보호감호의 집행에 대한 형사보상을 청구할 수 있는지 여부 : 공소제기되어 유죄 확정된 범죄가 사회보호법의 보호감호요건을 갖추지 못하였음에도 불구하고 원판결이 청구인에게 보호감호를 선고한 것은 법령에 위반한 것으로서 청구인에게 불이익한 때에 해당한다는 이유로 비상상고를 받아들여 원판결 중 보호감호사건에 대한 부분을 파기하고 보호감호청구를 기각하는 재판을 받은 자가 원판결에 의하여 보호감호의 집행을 받았을 때에도, 보호감호의 집행에 대한 형사보상을 청구할 수 있다고 해석함이 상당하다.(대결 2004.10.18, 2004코1(2004오1))

第447條【判決의 效力】 非常上告의 判決은 前條 第1號 但行의 規定에 의한 判決외에는 그 效力이 被告人에게 미치지 아니한다.

참조 [피고인의 이익]446

第3章 略式節次

第448條【略式命令을 할 수 있는 事件】 ① 地方法院은 그 管轄에 屬한 事件에 대하여 檢事의 請求가 있는 때에는 公判節次없이 略式命令으로 被告人을 罰金, 科料 또는 沒收에 處할 수 있다.
② 前項의 경우에는 追徵 기타 附隨의 處分을 할 수 있다.

참조 [약식명령의 청구]449, 형소규170·171, [벌금]형45, [과료]형47, [몰수]형48·49, [추징금]형48②

第449條【略式命令의 請求】 略式命令의 請求는 公訴의 提起와 同時에 書面으로 하여야 한다.

참조 [공소제기]254

第450條【普通의 審判】 略式命令의 請求가 있는 경우에 그 事件이 略式命令으로 할 수 없거나 略式命令으로 하는 것이 適當하지 아니하다고 認定한 때에는 公判節次에 의하여 審判하여야 한다.

참조 형소규172, [약식명령의 청구]449, 형소규170·171, [약식명령을 할 수 있는 사건]448

第451條【略式命令의 方式】 略式命令에는 犯罪事實, 適用法令, 主刑, 附隨處分과 略式命令의 告知를 받은 날로부터 7日이내에 正式裁判의 請求를 할 수 있음을 明示하여야 한다.

참조 [재판과 이유 설명]323, [약식명령의 기간]소송촉진22, [상소에 대한 고지]324, [정식재판의 청구]453, [즉결재판과 정식재판 청구]즉결심판14

第452條【略式命令의 告知】 略式命令의 告知는 檢事와 被告人에 대한 裁判書의 送達에 의하여 한다.

참조 [재판서의 송달]42, [약식명령의 기간]소송촉진22

第453條【正式裁判의 請求】 ① 檢事 또는 被告人은 略式命令의 告知를 받은 날로부터 7日이내에 正式裁判의 請求를 할 수 있다. 但, 被告人은 正式裁判의 請求를 抛棄할 수 없다.
② 正式裁判의 請求는 略式命令을 한 法院에 書面으로 提出하여야 한다.
③ 正式裁判의 請求가 있는 때에는 法院은 遲滯없이 檢事 또는 被告人에게 그 事由를 通知하여야 한다.

第454條【正式裁判請求의 取下】 正式裁判의 請求는 第1審判決宣告前까지 取下할 수 있다.

참조 [정식재판의 청구]453, 즉결심판14, [취하의 효력]457, [절차]349－352·354·458

第455條【棄却의 決定】 ① 正式裁判의 請求가 法令上의 方式에 違反하거나 請求權의 消滅後인 것이 明白한 때에는 決定으로 棄却하여야 한다.
② 前項의 決定에 대하여는 卽時抗告를 할 수 있다.
③ 正式裁判의 請求가 適法한 때에는 公判節次에 의하여 審判하여야 한다.

참조 [정식재판의 청구]453, 즉결심판14, [청구권 소멸]354·453①·458, [기각결정]457, [즉시항고]405·406·410

판례 정식재판청구기간의 도과를 간과하고 본안판결을 한 원심판결을 파기하고 정식재판의 청구를 기각한다.(대판 2007.4.12, 2007도891)

第456條【略式命令의 失效】 略式命令은 正式裁判의 請求에 의한 判決이 있는 때에는 그 效力을 잃는다.

참조 [정식재판의 청구]453, [정식재판]455③

第457條【略式命令의 效力】 略式命令은 正式裁判의 請求期間이 經過하거나 그 請求의 取下 또는 請求棄却의 決定이 確定한 때에는 確定判決과 同一한 效力이 있다.

참조 [정식재판청구기간]453①, [청구의 취하]454, [청구기각의 결정]455①, [확정판결의 효력]326

第457條의2【형종 상향의 금지 등】 ① 피고인이 정식재판을 청구한 사건에 대하여는 약식명령의 형보다 중한 종류의 형을 선고하지 못한다.
② 피고인이 정식재판을 청구한 사건에 대하여 약식명령의 형보다 중한 형을 선고하는 경우에는 판결서에 양형의 이유를 적어야 한다.
(2017.12.19 본조개정)

改前 "第457條의2【不利益變更의 禁止】被告人이 正式裁判을 請求한 事件에 대하여는 略式命令의 刑보다 重한 刑을 宣告하지 못한다.(1995.12.29 본조신설)"

판례 피고인이 약식명령에 대하여 정식재판을 청구한 사건에서, 법원이 다른 사건을 병합심리한 후 경합범으로 처단하면서 약식명령의 형량보다 중한 형을 선고한 것은 본조가 규정하는 '불이익변경금지의 원칙'에 어긋나지 않는다.(대판 2003.5.13, 2001도3212)

第458條【準用規定】 ① 第340條 내지 第342條, 第345條 내지 第352條, 第354條의 規定은 正式裁判의 請求 또는 그 取下에 準用한다.
② 第365條의 規定은 正式裁判節次의 公判期日에 正式裁判을 請求한 被告人이 出席하지 아니한 경우에 이를 準用한다.(1995.12.29 본항신설)
(1995.12.29 본조제목개정)

참조 [당사자이외의 상소권자]340·341, [일부상소]342, [상소권회복의 청구]345－348, [상소의 포기·취하]349－352, [재상소의 금지]354, [정식재판의 청구]453, [정식재판청구의 취하]454, 형소규173

第5編 裁判의 執行

第459條【裁判의 確定과 執行】 裁判은 이 法律에 特別한 規定이 없으면 確定한 후에 執行한다.

참조 [특별규정]334·409·419·472·477·480·481, [재판의 확정]358·374·400

판례 집행유예기간의 시기(始期) : 형법에 집행유예기간의 시기(始期)에 관하여 명문의 규정이 없지만 본조의 규정 취지나 집행유예 제도의 본질 등에 비추어 보면 집행유예를 함에 있어 그 집행유예기간의 시기는 집행유예를 선고한 판결 확정일로 하여야 하고 법원이 판결 확정일 이후의 시점을 임의로 선택할 수는 없고, 형법 제37조 후단의 경합범 관계에 있는 죄에 대하여 두 개의 징역형을 선고하면서 하나의 징역형에 대하여만 집행유예를 선고하고 그 집행유예기간의 시기를 다른 하나의 징역형의 집행종료일로 한 것은 위법하다.(대판 2002.2.26, 2000도4637)

第460條【執行指揮】 ① 裁判의 執行은 그 裁判을 한 法院에 對應한 檢察廳檢事가 指揮한다. 但, 裁判의 性質上 法院 또는 法官이 指揮할 경우에는 例外로 한다.
② 上訴의 裁判 또는 上訴의 取下로 인하여 下級法院의 裁判을 執行할 경우에는 上訴法院에 對應한 檢察廳檢事가 指揮한다. 但, 訴訟記錄이 下級法院 또는 그 法院에 對應한 檢察廳에 있는 때에는 그 檢察廳檢事가 指揮한다.

참조 [사형의 집행지휘]463, [상소의 재판]362·390·399·413·414①, [상소의 취하]349－353, [즉결심판의 집행]즉결심판17①

第461條【執行指揮의 方式】 裁判의 執行指揮는 裁判書 또는 裁判을 記載한 調書의 謄本 또는 抄本을 添附한 書面으로 하여야 한다. 但, 刑의 執行을 指揮하는 경우 외에는 裁判書의 原本, 謄本이나 抄本 또는 調書의 謄本이나 抄本에 認定하는 捺印으로 할 수 있다.

참조 [집행지휘]460, [재판서등의 등본등]44

第462條【형 집행의 순서】 2이상의 형을 집행하는 경우에 자격상실, 자격정지, 벌금, 과료와 몰수 외에는 무거운 형을 먼저 집행한다. 다만, 검사는 소속 장관의 허가를 얻어 무거운 형의 집행을 정지하고 다른 형의 집행을 할 수 있다.(2020.12.8 본조개정)

改前 "第462條【刑執行의 順序】2이상의 刑의 執行은 資格喪失, 資格停止, 罰金, 科料와 沒收 외에는 그 重한 刑을 먼저 執行한다. 但, 檢事는 所屬長官의 許可를 얻어 重한 刑의 執行을 停止하고 다른 刑의 執行을 할 수 있다."

참조 [형]형41, [형의 경중]형50, [형의 집행정지]형79, [치료감호의 집행순서]치료감호법18

第463條【死刑의 執行】 死刑은 法務部長官의 命令에 의하여 執行한다.

참조 [사형집행]형66, 형의집행수용자82·84·85·88－91, [명령의 시기]465

第464條【死刑判決確定과 訴訟記錄의 提出】 死刑을 宣告한 判決이 確定한 때에는 檢事는 遲滯없이 訴訟記錄을 法務部長官에게 提出하여야 한다.

참조 [사형집행명령]463

第465條【死刑執行命令의 時期】 ① 死刑執行의 命令은 判決이 確定된 날로부터 6月 이내에 하여야 한다.
② 上訴權回復의 請求, 再審의 請求 또는 非常上告의 申請이 있는 때에는 그 節次가 終了할 때까지의 期間은 前項의 期間에 算入하지 아니한다.

참조 [사형집행명령]463, [상소권회복의 청구]345, [재심의 청구]420, [비상상고]441

第466條【死刑執行의 期間】 法務部長官이 死刑의 執行을 命한 때에는 5日 이내에 執行하여야 한다.

참조 [사형의 집행]형66, 형의집행수용자91, [사형집행명령의 시기]465

第467條【死刑執行의 參與】 ① 死刑의 執行에는 檢事와 檢察廳書記官과 矯導所長 또는 拘置所長이나 그 代理者가 參與하여야 한다.
② 檢事 또는 矯導所長 또는 拘置所長의 許可가 없으면 누구든지 刑의 執行場所에 들어가지 못한다.
(1963.12.13 본조개정)

참조 [사형의 집행]형66, 형의집행수용자91

第468條【死刑執行調書】 死刑의 執行에 參與한 檢察廳書記官은 執行調書를 作成하고 檢事와 矯導所長 또는 拘置所長이나 그 代理者와 함께 기명날인 또는 서명하여야 한다.(2007.6.1 본조개정)

改前 第468條【死刑執行調書】死刑의…代理者와 함께 "署名捺印"하여야 한다.(1963.12.13 본조개정)

참조 [사형집행의 참여]467

第469條【사형 집행의 정지】 ① 사형선고를 받은 사람이 심신의 장애로 의사능력이 없는 상태이거나 임신 중인 여자인 때에는 법무부장관의 명령으로 집행을 정지한다.
② 제1항에 따라 형의 집행을 정지한 경우에는 심신장애의 회복 또는 출산 후에 법무부장관의 명령에 의하여 형을 집행한다.
(2020.12.8 본조개정)

改前 "第469條【死刑執行의 停止】① 死刑의 宣告를 받은 者가 心神의 障碍로 意思能力이 없는 狀態에 있거나 孕胎중에 있는 女子인 때에는 法務部長官의 命令으로 執行을 停止한다.
② 前項의 規定에 의하여 刑의 執行을 停止한 경우에는 心神障碍의 回復 또는 出産後 法務部長官의 命令에 의하여 刑을 執行한다."

참조 [집행정지와 시효]형79

第470條【自由刑執行의 停止】 ① 懲役, 禁錮 또는 拘留의 宣告를 받은 者가 心神의 障碍로 意思能力이 없는 狀態에 있는 때에는 刑을 宣告한 法院에 對應한 檢察廳檢事 또는 刑의 宣告를 받은 者의 現在地를 管轄하는 檢察廳檢事의 指揮에 의하여 心神障碍가 回復될 때까지 刑의 執行을 停止한다.
② 前項의 規定에 의하여 刑의 執行을 停止한 경우에는 檢事는 刑의 宣告를 받은 者를 監護義務者 또는 地方公共團體에 引渡하여 病院 기타 적당한 場所에 收容하게 할 수 있다.
③ 刑의 執行이 停止된 者는 前項의 處分이 있을 때까지 矯導所 또는 拘置所에 拘置하고 그 期間을 刑期에 算入한다.(1963.12.13 본항개정)

참조 [집행정지와 시효]형79, [보상]형사보상및명예회복에관한법2③

第471條【同前】 ① 懲役, 禁錮 또는 拘留의 宣告를 받은 者에 대하여 다음 各號의 1에 해당한 事由가 있는 때에는 刑을 宣告한 法院에 對應한 檢察廳檢事 또는 刑의 宣告를 받은 者의 現在地를 管轄하는 檢察廳檢事의 指揮에 의하여 刑의 執行을 停止할 수 있다.

1. 刑의 執行으로 인하여 顯著히 健康을 害하거나 生命을 保全할 수 없을 念慮가 있는 때
2. 年齡 70歲 이상인 때

3. 孕胎後 6月 이상인 때
4. 出産後 60日을 經過하지 아니한 때
5. 直系尊屬이 年齡 70歲이상 또는 重病이나 장애인으로 保護할 다른 親族이 없는 때(2007.12.21 본호개정)
6. 直系卑屬이 幼年으로 保護할 다른 親族이 없는 때
7. 기타 중대한 事由가 있는 때
② 檢事가 前項의 指揮를 함에는 소속 고등검찰청검사장 또는 지방검찰청검사장의 許可를 얻어야 한다.(2007.6.1 본항개정)

改前 ① 5. 直系尊屬이 年齡 70歲이상 또는 重病이나 "不具者로" 保護할 다른 親族이 없는 때
② 檢事가 前項의 指揮를 함에는 소속 "고등검찰청검사장 및 지방검찰청검사장"의 許可를 얻어야 한다.(2004.1.20 본항개정)

참조 [집행정지와 시효]형79, [수용자의 이송]형의집행수용자20·21

第471條의2【형집행정지 심의위원회】 ① 제471조제1항제1호의 형집행정지 및 그 연장에 관한 사항을 심의하기 위하여 각 지방검찰청에 형집행정지 심의위원회(이하 이 조에서 "심의위원회"라 한다)를 둔다.
② 심의위원회는 위원장 1명을 포함한 10명 이내의 위원으로 구성하고, 위원은 학계, 법조계, 의료계, 시민단체 인사 등 학식과 경험이 있는 사람 중에서 각 지방검찰청 검사장이 임명 또는 위촉한다.
③ 심의위원회의 구성 및 운영 등 그 밖에 필요한 사항은 법무부령으로 정한다.
(2015.7.31 본조신설)

第472條【訴訟費用의 執行停止】 第487條에 規定된 申請期間내와 그 申請이 있는 때에는 訴訟費用負擔의 裁判의 執行은 그 申請에 대한 裁判이 確定될 때까지 停止된다.

참조 [소송비용부담의 재판]186－194, [집행]477, [면제의 신청]487

第473條【執行하기 위한 召喚】 ① 死刑, 懲役, 禁錮 또는 拘留의 宣告를 받은 者가 拘禁되지 아니한 때에는 檢事는 刑을 執行하기 위하여 이를 召喚하여야 한다.
② 召喚에 應하지 아니한 때에는 檢事는 刑執行狀을 發付하여 拘引하여야 한다.(1973.1.25 본항개정)
③ 第1項의 경우에 刑의 宣告를 받은 者가 逃亡하거나 逃亡할 念慮가 있는 때 또는 現在地를 알 수 없는 때에는 召喚함이 없이 刑執行狀을 發付하여 拘引할 수 있다.(1973.1.25 본항개정)

참조 [집행하기 위한 소환]103, [형집행장]474·475, [보상]형사보상및명예회복에관한법2③

第474條【刑執行狀의 方式과 效力】 ① 前條의 刑執行狀에는 刑의 宣告를 받은 者의 姓名·住居·年齡·刑名·刑期 기타 필요한 事項을 記載하여야 한다.
② 刑執行狀은 拘束令狀과 同一한 效力이 있다.
(1973.1.25 본조개정)

참조 [형집행장의 집행]475, [보상]형사보상및명예회복에관한법2③, [구속영장]73·85·137

第475條【刑執行狀의 執行】 前2條의 規定에 의한 刑執行狀의 執行에는 第1編第9章 被告人의 拘束에 관한 規定을 準用한다.(1973.1.25 본조개정)

참조 [피고인의 구속]81·83－86, [보상]형사보상및명예회복에관한법2③

第476條【資格刑의 執行】 資格喪失 또는 資格停止의 宣告를 받은 者에 대하여는 이를 受刑者原簿에 記載하고 遲滯없이 그 謄本을 刑의 宣告를 받은 者의 등록기준지와 住居地의 市(區가 設置되지 아니한 市를 말한다. 이하 같다)·區·邑·面長(都農複合形態의 市에 있어서는 洞地域인 경우에는 市·區의 長, 邑·面地域인 경우에는 邑·面의 長으로 한다)에게 送付하여야 한다.(2007.5.17 본조개정)

改前 第476條【資格刑의 執行】資格喪失…者의 "本籍地"와 住居地의 市(區가 設置되지 아니한 市를 말한다.…

참조 [자격상실]형43①, [자격정지]형43②·44

第477條【財産刑 등의 執行】 ① 罰金, 科料, 沒收, 追徵, 過怠料, 訴訟費用, 費用賠償 또는 假納의 裁判은 檢事의 命令에 의하여 執行한다.
② 前項의 命令은 執行力 있는 債務名義와 同一한 效力이 있다.
③ 第1項의 裁判의 執行에는 「민사집행법」의 執行에 관한 規定을 準用한다. 但, 執行前에 裁判의 送達을 要하지 아니한다.(2007.6.1 본문개정)
④ 제3항에도 불구하고 제1항의 재판은 「국세징수법」에 따른 국세체납처분의 예에 따라 집행할 수 있다.(2007.6.1 본항신설)
⑤ 검사는 제1항의 재판을 집행하기 위하여 필요한 조사를 할 수 있다. 이 경우 제199조제2항을 준용한다.(2007.6.1 본항신설)
⑥ 벌금, 과료, 추징, 과태료, 소송비용 또는 비용배상의 분할납부, 납부연기 및 납부대행기관을 통한 납부 등 납부방법에 필요한 사항은 법무부령으로 정한다.(2016.1.6 본항신설)

참조 [벌금·과료·추징]321·448, [과태료·비용배상]151·161·177·183, [소송비용]191－193, [가납의 재판]334, [채무명의]민소519·520·523, [집행전 송달]민집39·57, [재판집행의 비용]493, [보상반환결정의 집행]형사보상및명예회복에관한법5⑥⑦, [즉결심판의 집행]즉결심판18③

판례 재산형의 일종인 추징을 집행하는 검사의 명령이 채무명의와 동일한 효력을 가져올 수 있다 하여도 민사소송절차에 의하여 권리보호를 받는 것이라고 볼 수는 없어 가압류명령으로 보존될 수 있는 피보전권리라고 보기 어렵다.(대판 1971.3.9, 70다2783)

第478條【相續財産에 대한 執行】 沒收 또는 租稅, 專賣 기타 公課에 관한 法令에 의하여 裁判한 罰金 또는 追徵은 그 裁判을 받은 者가 裁判確定後 死亡한 경우에는 그 相續財産에 대하여 執行할 수 있다.

참조 [사망]민997, [상속재산]민1005·1006

第479條【合併 後 法人에 대한 執行】 法人에 대하여 罰金, 科料, 沒收, 追徵, 訴訟費用 또는 費用賠償을 命한 경우에 法人이 그 裁判確定 後 合併에 의하여 消滅한 때에는 合併 후 存續한 法人 또는 合併에 의하여 設立된 法人에 대하여 執行할 수 있다.

참조 [법인의 합병]상174

第480條【假納執行의 調整】 第1審假納의 裁判을 執行한 後에 第2審假納의 裁判이 있는 때에는 第1審裁判의 執行은 第2審假納金額의 限度에서 第2審裁判의 執行으로 看做한다.

참조 [가납재판]334·370·477

第481條【假納執行과 本刑의 執行】 假納의 裁判을 執行한 후 罰金, 科料 또는 追徵의 裁判이 確定한 때에는 그 金額의 限度에서 刑의 執行이 된 것으로 看做한다.

참조 [가납재판]334·370·477

第482條【판결확정 전 구금일수 등의 산입】 ① 판결선고 후 판결확정 전 구금일수(판결선고 당일의 구금일수를 포함한다)는 전부를 본형에 산입한다.
(2015.7.31 본항개정)
② 상소기각 결정 시에 송달기간이나 즉시항고기간 중의 미결구금일수는 전부를 본형에 산입한다.
(2007.6.1 본항신설)
③ 제1항 및 제2항의 경우에는 구금일수의 1일을 형기의 1일 또는 벌금이나 과료에 관한 유치기간의 1일로 계산한다.(2015.7.31 본항개정)
(2015.7.31 본조제목개정)

改前 第482條 "상소제기후 판결전 구금일수 등의 산입"
"① 上訴提起後의 判決宣告前 拘禁日數는 다음 경우에는 全部를 本刑에 算入한다.
1. 檢事가 上訴를 提起한 때
2. 검사가 아닌 자가 上訴를 提起한 경우에 原審判決이 破棄된 때(2007.6.1 본호개정)"
"② 상소제기기간 중의 판결확정전 구금일수(상소제기후의 구금일수를 제외한다)는 전부 본형에 산입한다.(2004.10.16 본항신설)"
"④ 제1항부터 제3항까지의 경우에는 구금일수의 1일을 刑期의 1日 또는 罰金이나 科料에 관한 留置期間의 1日로 計算한다.(2007.6.1 본항개정)"
"⑤ 上訴法院이 原審判決을 破棄한 後의 判決宣告前 拘禁日數는 上訴중의 判決宣告 前 拘禁日數에 準하여 通算한다."

참조 [판결전 구금]70·172⑦·348, [통산에 관한 불복]489, [판결전구금일수의 통산]형57, [상소제기기간]343·358·374, [검사의 상소]338, [검사이외의 상소]338·340·341, [파기판결]364·366·367·391－397

第483條【沒收物의 處分】 沒收物은 檢事가 처분하여야 한다.(1995.12.29 본조개정)

참조 [몰수]형48, [몰수물]321·332·477

第484條【沒收物의 交付】 ① 沒收를 執行한 後 3月이내에 그 沒收物에 대하여 정당한 權利있는 者가 沒收物의 交付를 請求한 때에는 檢事는 破壞 또는 廢棄할 것이 아니면 이를 交付하여야 한다.
② 沒收物을 處分한 後 前項의 請求가 있는 경우에는 檢事는 公賣에 의하여 取得한 代價를 交付하여야 한다.

참조 [몰수의 집행]477, [몰수물의 처분]483

第485條【僞造등의 表示】 ① 僞造 또는 變造한 物件을 還付하는 경우에는 그 物件의 全部 또는 一部에 僞造나 變造인 것을 表示하여야 한다.
② 僞造 또는 變造한 物件이 押收되지 아니한 경우에는 그 物件을 提出하게 하여 前項의 處分을 하여야 한다. 但, 그 物件이 公務所에 屬한 것인 때에는 僞造나 變造의 事由를 公務所에 通知하여 적당한 處分을 하게 하여야 한다.

참조 [압수]106－108

第486條【還付不能과 公告】 ① 押收物의 還付를 받을 者의 所在가 不明하거나 기타 事由로 인하여 還付를 할 수 없는 경우에는 檢事는 그 事由를 官報에 公告하여야 한다.
② 公告한 後 3月 이내에 還付의 請求가 없는 때에는 그 物件은 國庫에 歸屬한다.(1973.1.25 본항개정)
③ 前項의 期間 내에도 價值없는 物件은 廢棄할 수 있고 保管하기 어려운 物件은 公賣하여 그 代價를 保管할 수 있다.(2007.6.1 본항개정)

改前 ③ 前項의…保管하기 "困難한" 物件은 公賣하여…

참조 [압수의 해제, 환부]133·134·332·333, [기간의 계산]66

第487條【訴訟費用의 執行免除의 申請】 訴訟費用負擔의 裁判을 받은 者가 貧困하여 이를 完納할 수 없는 때에는 그 裁判의 確定후 10日이내에 裁判을 宣告한 法院에 訴訟費用의 全部 또는 一部에 대한 裁判의 執行免除를 申請할 수 있다.

참조 [소송비용의 부담]186－194, [기간의 계산]66, [비용부담의 집행정지]472, [신청 및 취하]490, 형소규174·175·176, [즉시항고]491

第488條【疑義申請】 刑의 宣告를 받은 者는 執行에 관하여 裁判의 解釋에 대한 疑義가 있는 때에는 裁判을 宣告한 法院에 疑義申請을 할 수 있다.

참조 [형의 선고]321·364·370·396·399·448, [신청 및 취하]490, 형소규174－176, [즉시항고]491

第489條【異議申請】 裁判의 執行을 받은 者 또는 그 法定代理人이나 配偶者는 執行에 관한 檢事의 處分이 不當함을 理由로 裁判을 宣告한 法院에 異議申請을 할 수 있다.

참조 [신청 및 취하]490, 형소규174－176, [즉시항고]491, [법정대리인]민911·938

판례 동조에 규정한 '재판의 집행에 관한 검사의 처분에 대한 이의신청'은, 검사가 형사소송법의 규정에 기하여 한 재판의 집행에 관한 일체의 처분을 그 대상으로 한다고 풀이되는 바, 벌금형 등의 재판의 집행에 관한 사항을 정한 검찰징수사무규칙 제17조에 규정한 '즉시의 벌금 등의 징수명령'도 동조 이의신청의 대상이 된다.(대결 2001.8.23, 2001모91)

第490條【申請의 取下】 ① 前3條의 申請은 法院의 決定이 있을 때까지 取下할 수 있다.
② 第344條의 規定은 前3條의 申請과 그 取下에 準用한다.

참조 [소송비용의 집행면제의 신청]487, [의의신청]488, [이의신청]489, [재소자에 대한 특칙]344

第491條【卽時抗告】 ① 第487條 내지 第489條의 申請이 있는 때에는 法院은 決定을 하여야 한다.
② 前項의 決定에 대하여는 卽時抗告를 할 수 있다.

참조 [결정]37·39, [즉시항고]339·402·405·410·415

第492條【勞役場留置의 執行】 罰金 또는 科料를 完納하지 못한 者에 대한 勞役場留置의 執行에는 刑의 執行에 관한 規定을 準用한다.

참조 [노역장유치]형70, [형의 집행에 관한 규정]470·471·473－475

第493條【執行費用의 負擔】 第477條第1項의 裁判執行費用은 執行을 받은 者의 負擔으로 하고 「민사집행법」의 規定에 準하여 執行과 同時에 徵收하여야 한다.(2007.6.1 본조개정)

참조 [재산형등의 집행]477①, [민사소송법의 규정]민소513

附　則

第1條 本法 施行前에 公訴를 提起한 事件에는 舊法을 適用한다.

第2條 本法 施行後에 公訴를 提起한 事件에는 本法을 適用한다. 但, 本法 施行前에 舊法에 의하여 行한 訴訟行爲의 效力에는 影響을 미치지 아니한다.

第3條 本法 施行前에 舊法에 의하여 行한 訴訟節次로 本法의 規定에 상당한 것은 本法에 의하여 行한 것으로 看做한다.

第4條 本法 施行前 進行된 法定期間과 訴訟行爲를 할 者의 住居나 事務所의 所在地와 法院所在地의 距離에 의한 附加期間은 舊法의 規定에 의한다.

第5條 本法 第45條의 規定에 의하여 訴訟關係人이 裁判書나 裁判을 記載한 調書의 謄本 또는 抄本의 交付를 請求할 경우에는 用紙 1枚 50圜으로 計算한 收入印紙를 貼付하여야 한다.

第6條 本法 施行當時 法院에 係屬된 事件의 處理에 관한 必要事項은 本法에 特別한 規定이 없으면 大法院規則의 定한 바에 의한다.

第7條 당분간 本法에 規定한 過怠料와 附則 第5條의 用紙料金額은 經濟事情의 變動에 따라 大法院規則으로 增減할 수 있다.

第8條 本法 施行直前까지 施行된 다음 法令은 廢止한다.
1. 朝鮮刑事令중 本法에 抵觸되는 法條
2. 美軍政法令중 本法에 抵觸되는 法條

第9條【施行日】 이 法律은 檀紀 4287年(西紀 1954年) 5月 30日부터 施行한다.

附　則 (1961.9.1)

【經過規定】 ① 本法은 本法 施行當時 法院에 係屬된 事件에 適用한다. 但, 本法施行前의 訴訟行爲의 效力에 影響을 미치지 아니한다.
② 本法 施行前에 上訴한 事件은 從前의 例에 의하여 處理한다.

【施行日】 本法은 公布한 날로부터 施行한다.

附　則 (1963.12.13)

① 이 法은 1963年 12月 17日부터 施行한다.
② 이 法은 이 法 施行당시 法院에 係屬된 事件에 適用한다. 그러나, 이 法 施行전에 舊法에 의하여 행한 訴訟行爲의 效力에 影響을 미치지 아니한다.
③ 이 法 施行당시 係屬중인 上訴事件으로서 提出期間이 경과하였거나 記錄接受 통지를 받은 事件의 上訴理由書는 이 法 施行日로부터 20日까지 다시 제출할 수 있다.

附 則 (1973.1.25)

①【施行日】이 法은 1973年 2月 1日부터 施行한다.
②【經過措置】이 法은 이 法 施行당시 法院에 係屬된 事件에 適用한다. 그러나 이 法 施行前에 舊法에 의하여 行한 訴訟行爲의 效力에 影響을 미치지 아니한다.
③【同前】이 法 施行前에 舊法에 의하여 過怠料에 處할 行爲를 한 者의 處罰에 대하여는 이 法 施行後에도 舊法을 適用한다.
④【同前】이 法 施行前에 進行이 開始된 法定期間에 관하여는 이 法 施行後에도 舊法을 適用한다.
⑤【同前】第286條의2의 規定은 이 法 施行前에 公訴가 提起된 事件에 대하여는 適用하지 아니한다.

附 則 (1973.12.20)
(1980.12.18)

이 法은 公布한 날로부터 施行한다.

附 則 (1987.11.28)

①【施行日】이 法은 1988年 2月 25日부터 施行한다.
②【經過措置】이 法은 이 法 施行당시 法院에 繫屬된 事件에 대하여 適用한다. 다만, 이 法 施行전에 종전의 規定에 의하여 행한 訴訟行爲의 效力에는 영향을 미치지 아니한다.

附 則 (1994.12.22)

第1條【施行日】이 法은 1995年 1月 1日부터 施行한다.(이하 생략)

附 則 (1995.12.29)

①【施行日】이 法은 1997年 1月 1日부터 施行한다. 다만, 第56條의2, 第361條, 第361條의2, 第377條의 改正規定은 公布한 날부터 施行한다.
②【經過措置】이 法은 이 法 施行당시 法院 또는 檢察에 係屬된 事件에 대하여 적용한다. 다만, 이 法 施行전 종전의 規定에 의하여 행한 訴訟行爲의 효력에는 영향을 미치지 아니한다.

판례 동조항은 형사절차가 개시된 후 종결되기 전에 형사소송법이 개정된 경우 신법과 구법 중 어느 법을 적용할 것인지에 관한 입법례 중 이른바 '혼합주의'를 채택하여 구법 당시 진행된 소송행위의 효력은 그대로 인정하되 신법 시행 후의 소송절차에 대하여는 신법을 적용한다는 취지에서 규정된 것으로서, 위 개정 법률 시행 당시 법원 또는 검찰에 계속된 사건이 아닌 경우에 위 개정 법률이 적용되지 않는다는 것은 아니며, 위 개정 법률은 그 시행일인 1997년 1월 1일부터 적용된다.
(대판 2003.11.27, 2003도4327)

附 則 (1997.12.13 法5435號)

①【施行日】이 法은 公布한 날부터 施行한다.
②【經過措置】이 法은 이 法 施行당시 逮捕 또는 拘引된 者부터 適用한다.

附 則 (1997.12.13 法5454號)

이 法은 1998年 1月 1日부터 施行한다.(이하 생략)

附 則 (2002.1.26)

第1條【시행일】이 법은 2002년 7월 1일부터 시행한다.(이하 생략)

附 則 (2004.1.20)

第1條【시행일】이 법은 공포한 날부터 시행한다.(이하 생략)

附 則 (2004.10.16)

이 법은 공포한 날부터 시행한다.

附 則 (2005.3.31)

第1條【시행일】이 법은 2008년 1월 1일부터 시행한다.(이하 생략)

附 則 (2006.7.19)

①【시행일】이 법은 공포 후 1개월이 경과한 날부터 시행한다.
②【일반적 경과조치】이 법은 이 법 시행 당시 수사 중이거나 법원에 계속 중인 사건에도 적용한다. 다만, 이 법 시행 전에 종전의 규정에 따라 행한 행위의 효력에는 영향을 미치지 아니한다.

附 則 (2007.5.17)

第1條【시행일】이 법은 2008년 1월 1일부터 시행한다.(이하 생략)

附 則 (2007.6.1)

第1條【시행일】이 법은 2008년 1월 1일부터 시행한다.
第2條【일반적 경과조치】이 법은 이 법 시행 당시 수사 중이거나 법원에 계속 중인 사건에도 적용한다. 다만, 이 법 시행 전에 종전의 규정에 따라 행한 행위의 효력에는 영향을 미치지 아니한다.
第3條【구속기간에 관한 경과조치】① 제92조제2항의 개정규정은 이 법 시행 후 최초로 제기된 상소사건부터 적용한다.
② 제92조제3항의 개정규정은 이 법 시행 후 최초로 공소제기 전의 체포·구인·구금이 이루어지는 사건부터 적용한다.
第4條【과태료 등에 관한 경과조치】제151조의 개정규정은 이 법 시행 후 소환장을 송달받은 증인이 최초로 출석하지 아니하는 분부터 적용한다.
第5條【재정신청사건에 관한 경과조치】① 이 법의 재정신청에 관한 개정규정은 이 법 시행 후 최초로 불기소처분된 사건, 이 법 시행 전에 「검찰청법」에 따라 항고 또는 재항고를 제기할 수 있는 사건, 이 법 시행 당시 고등검찰청 또는 대검찰청에 항고 또는 재항고가 계속 중인 사건에 대하여 적용한다. 다만, 이 법 시행 전에 동일한 범죄사실에 관하여 이미 불기소처분을 받은 경우에는 그러하지 아니하다.
② 이 법 시행 전에 지방검찰청검사장 또는 지청장에게 재정신청서를 제출한 사건은 종전의 규정에 따른다.
③ 제260조제3항의 개정규정에도 불구하고 이 법 시행 전에 대검찰청에 재항고할 수 있는 사건의 재정신청기간은 이 법 시행일부터 10일 이내, 대검찰청에 재항고가 계속 중인 사건의 경우에는 재항고 기각결정을 통지받은 날부터 10일 이내로 한다.
第6條【상고 등에 관한 경과조치】이 법 시행 전에 상고되거나 재항고된 사건은 종전의 규정에 따른다.
第7條【다른 법률의 개정】①~④ ※(해당 법령에 가제정리 하였음)

附 則 (2007.12.21)

第1條【시행일】이 법은 공포한 날부터 시행한다. 다만, 제245조의2부터 제245조의4까지 및 제279조의2부터 제279조의8까지의 개정규정은 공포 후 1개월이 경과한 날부터 시행하고, 제209조, 제243조, 제262조의4제1항, 제319조 단서, 제338조제2항 및 제417조의 개정규정과 부칙 제4조는 2008년 1월 1일부터 시행한다.
第2條【전문수사자문위원 및 전문심리위원에 대한 적용례】제245조의2부터 제245조의4까지 및 제279조의2부터 제279조의8까지의 개정규정은 이 법 시행 당시 수사 중이거나 법원에 계속 중인 사건에도 적용한다.
第3條【공소시효에 관한 경과조치】이 법 시행 전에 범한 죄에 대하여는 종전의 규정을 적용한다.
第4條【다른 법률의 개정】①~③ ※(해당 법령에 가제정리 하였음)

附 則 (2009.6.9)

第1條【시행일】이 법은 2010년 1월 1일부터 시행한다.(이하 생략)

附 則 (2011.7.18)

第1條【시행일】① 이 법은 2012년 1월 1일부터 시행한다.
② 제1항에도 불구하고 제59조의3의 개정규정은 2013년 1월 1일부터 시행한다. 다만, 다음 각 호의 사항은 2014년 1월 1일부터 시행한다.
1. 증거목록이나 그 등본, 그 밖에 검사나 피고인 또는 변호인이 법원에 제출한 서류·물건의 명칭·목록 또는 이에 해당하는 정보의 전자적 방법에 따른 열람 및 복사에 관한 사항
2. 단독판사가 심판하는 사건 및 그에 대한 상소심사건에서 증거목록이나 그 등본, 그 밖에 검사나 피고인 또는 변호인이 법원에 제출한 서류·물건의 명칭·목록 또는 이에 해당하는 정보의 열람 및 복사에 관한 사항(전자적 방법에 따른 열람 및 복사를 포함한다)

第2條【확정 판결서등의 열람·복사에 관한 적용례】제59조의3의 개정규정은 같은 개정규정 시행 후 최초로 판결이 확정되는 사건의 판결서등부터 적용한다.
第3條【재정신청사건에 관한 적용례 및 경과조치】① 제260조의 개정규정은 이 법 시행 후 최초로 불기소처분된 사건, 이 법 시행 전에 「검찰청법」에 따라 항고 또는 재항고를 제기할 수 있는 사건, 이 법 시행 당시 고등검찰청 또는 대검찰청에 항고 또는 재항고가 계속 중인 사건에 대하여 적용한다. 다만, 이 법 시행 전에 동일한 범죄사실에 관하여 이미 불기소처분을 받은 경우에는 그러하지 아니하다.
② 이 법 시행 전에 지방검찰청검사장 또는 지청장에게 재정신청서를 제출한 사건은 종전의 규정에 따른다.
第4條【일반적 경과조치】이 법은 이 법 시행 당시 수사 중이거나 법원에 계속 중인 사건에도 적용한다. 다만, 이 법 시행 전에 종전의 규정에 따라 행한 행위의 효력에는 영향을 미치지 아니한다.

附 則 (2011.8.4)

第1條【시행일】이 법은 공포 후 1년이 경과한 날부터 시행한다.(이하 생략)

附 則 (2012.12.18)

第1條【시행일】이 법은 공포 후 6개월이 경과한 날부터 시행한다.(이하 생략)

附 則 (2013.4.5)

第1條【시행일】이 법은 공포한 날부터 시행한다.(이하 생략)

附 則 (2014.5.14)
(2014.10.15)

이 법은 공포한 날부터 시행한다.

附 則 (2014.12.30)

第1條【시행일】이 법은 공포한 날부터 시행한다.
第2條【보상청구의 기간에 관한 적용례】제194조의3제2항의 개정규정은 이 법 시행 후 최초로 확정된 무죄판결부터 적용한다.

附 則 (2015.7.31)

第1條【시행일】이 법은 공포한 날부터 시행한다. 다만, 제471조의2의 개정규정은 공포 후 6개월이 경과한 날부터 시행한다.
第2條【공소시효의 적용 배제에 관한 경과조치】제253조의2의 개정규정은 이 법 시행 전에 범한 범죄로 아직 공소시효가 완성되지 아니한 범죄에 대하여도 적용한다.

附 則 (2016.1.6 法13720號)

第1條【시행일】이 법은 공포한 날부터 시행한다. 다만, 제477조제6항의 개정규정은 공포 후 2년이 경과한 날부터 시행한다.
第2條【재정신청사건에 관한 적용례】제262조제4항 전단 및 제262조의4제1항의 개정규정은 이 법 시행 후 최초로 제260조제3항에 따라 지방검찰청검사장 또는 지청장에게 재정신청서를 제출한 사건부터 적용한다.

附 則 (2016.1.6 法13722號)

第1條【시행일】이 법은 공포 후 1년 6개월이 경과한 날부터 시행한다.(이하 생략)

附 則 (2016.5.29)

第1條【시행일】이 법은 공포한 날부터 시행한다. 다만, 제35조제3항 및 제4항의 개정규정은 2016년 10월 1일부터 시행한다.
第2條【진술서 등의 증거능력에 관한 적용례】제313조 및 제314조 본문의 개정규정은 이 법 시행 후 최초로 공소제기되는 사건부터 적용한다.

附 則 (2017.12.12)

第1條【시행일】 이 법은 공포한 날부터 시행한다.
第2條【적용례】 제59조 및 제74조의 개정규정은 이 법 시행 후 최초로 공무원 아닌 사람이 이 법에 따라 서류를 작성하거나 법원이 피고인에게 소환장을 발부하는 경우부터 적용한다.

附 則 (2017.12.19)

第1條【시행일】 이 법은 공포한 날부터 시행한다.
第2條【정식재판 청구 사건의 불이익변경의 금지에 관한 경과조치】 이 법 시행 전에 제453조에 따라 정식재판을 청구한 사건에 대해서는 제457조의2의 개정규정에도 불구하고 종전의 규정에 따른다.

附 則 (2019.12.31)

第1條【시행일】 이 법은 공포한 날부터 시행한다.
第2條【즉시항고 및 준항고 제기기간에 관한 적용례】 제405조 및 제416조제3항의 개정규정은 이 법 시행 당시 종전의 규정에 따른 즉시항고 및 준항고의 제기기간이 지나지 않은 경우에도 적용한다.

附 則 (2020.2.4)

第1條【시행일】 이 법은 공포 후 6개월이 경과한 날부터 1년 내에 시행하되, 그 기간 내에 대통령령으로 정하는 시점부터 시행한다. 다만, 제312조제1항의 개정규정은 공포 후 4년 내에 시행하되, 그 기간 내에 대통령령으로 정하는 시점부터 시행한다. <시행일 : 2021.1.1. 다만, 단서의 개정규정은 2022.1.1 시행>
第1條의2【검사가 작성한 피의자신문조서의 증거능력에 관한 적용례 및 경과조치】 ① 제312조제1항의 개정규정은 같은 개정규정 시행 후 공소제기된 사건부터 적용한다.
② 제312조제1항의 개정규정 시행 전에 공소제기된 사건에 관하여는 종전의 규정에 따른다.
(2021.12.21 본조신설)
第2條【다른 법률의 개정】 ※(해당 법령에 가제정리 하였음)

附 則 (2020.12.8)

第1條【시행일】 이 법은 공포 후 1년이 경과한 날부터 시행한다. 다만, 제17조제8호 및 제9호의 개정규정은 공포 후 6개월이 경과한 날부터 시행한다.
第2條【법관의 제척에 관한 적용례】 제17조제8호 및 제9호의 개정규정은 이 법 시행 후 최초로 공소장이 제출된 사건부터 적용한다.

附 則 (2021.8.17)

第1條【시행일】 이 법은 공포 후 3개월이 경과한 날부터 시행한다. 다만, 법률 제17572호 형사소송법 일부개정법률 제165조의2의 개정규정은 2021년 12월 9일부터 시행한다.
第2條【계속사건에 대한 경과조치】 이 법은 이 법 시행 당시 법원에 계속 중인 사건에 대하여도 적용한다.

附 則 (2021.12.21)
(2022.2.3)

이 법은 공포한 날부터 시행한다.

附 則 (2022.5.9)

第1條【시행일】 이 법은 공포 후 4개월이 경과한 날부터 시행한다.
第2條【이의신청에 관한 적용례】 제245조의7의 개정규정은 이 법 시행 후 해당 개정규정에 따른 이의신청을 하는 경우부터 적용한다.

附 則 [2024.1.25 국회통과]

第1條【시행일】 이 법은 공포한 날부터 시행한다.
第2條【공소시효가 완성한 것으로 간주하기 위한 기간의 정지에 관한 적용례】 제253조제4항의 개정규정은 이 법 시행 전에 공소가 제기된 범죄로서 이 법 시행 당시 공소시효가 완성한 것으로 간주되지 아니한 경우에도 적용한다. 이 경우 해당 개정규정에 따라 정지되는 기간에는 이 법 시행 전에 피고인이 형사처분을 목적으로 국외에 있던 기간을 포함한다.

형사소송규칙

(1982년 12월 31일 대법원규칙 제828호)

개정
1988. 3.23대법원규칙1004호(등기소의설치와그관할구역에관한규칙)
1989. 6. 7대법원규칙1067호 1991. 8. 3대법원규칙1171호
1995. 7.10대법원규칙1375호 1996.12. 3대법원규칙1441호
1997.12.31대법원규칙1508호 1998. 5.19대법원규칙1540호
1998. 6.20대법원규칙1550호
1999.12.31대법원규칙1628호(형사소송비용등에관한규칙)
2000. 7.15대법원규칙1664호 2004. 8.20대법원규칙1901호
2006. 3.23대법원규칙2013호 2006. 8.17대법원규칙2038호
2007.10.29대법원규칙2106호 2007.12.31대법원규칙2144호
2011.12.30대법원규칙2376호 2012. 5.29대법원규칙2403호
2014. 8. 6대법원규칙2546호 2014.12.30대법원규칙2576호
2015. 1.28대법원규칙2587호 2015. 6.29대법원규칙2608호
2016. 2.19대법원규칙2641호 2016. 6.27대법원규칙2667호
2016. 9. 6대법원규칙2678호
2016.11.29대법원규칙2696호(소년심판규칙)
2020. 6.26대법원규칙2906호 2020.12.28대법원규칙2939호
2021. 1.29대법원규칙2949호(고위공직자범죄수사처설치에따른일부개정규칙)
2021.10.29대법원규칙3004호 2021.12.31대법원규칙3016호

제1편 총 칙

제1조【목적】 이 규칙은 「형사소송법」(다음부터 "법"이라 한다)이 대법원규칙에 위임한 사항, 그 밖에 형사소송절차에 관하여 필요한 사항을 규정함을 목적으로 한다.(2007.10.29 본조개정)

제1장 법원의 관할

제2조【토지관할의 병합심리 신청 등】 ① 법 제6조의 규정에 의한 신청을 함에는 그 사유를 기재한 신청서를 공통되는 직근 상급법원에 제출하여야 한다.
② 검사의 신청서에는 피고인의 수에 상응한 부본을, 피고인의 신청서에는 부본 1통을 각 첨부하여야 한다.
③ 법 제6조의 신청을 받은 법원은 지체없이 각 사건계속법원에 그 취지를 통지하고 제2항의 신청서 부본을 신청인의 상대방에게 송달하여야 한다.
④ 사건계속법원과 신청인의 상대방은 제3항의 송달을 받은 날로부터 3일 이내에 의견서를 제1항의 법원에 제출할 수 있다.(1991.8.3 본항개정)
제3조【토지관할의 병합심리절차】 ① 법 제6조의 신청을 받은 법원이 신청을 이유있다고 인정한 때에는 관련사건을 병합심리할 법원을 지정하여 그 법원으로 하여금 병합심리하게 하는 취지의 결정을, 이유없다고 인정한 때에는 신청을 기각하는 취지의 결정을 각 하고, 그 결정등본을 신청인과 그 상대방에게 송달하고 사건계속법원에 송부하여야 한다.
② 제1항의 결정에 의하여 병합심리하게 된 법원 이외의 법원은 그 결정등본을 송부받은 날로부터 7일 이내에 소송기록과 증거물을 병합심리하게 된 법원에 송부하여야 한다.
제4조【사물관할의 병합심리】 ① 법 제10조의 규정은 법원합의부와 단독판사에 계속된 각 사건이 토지관할을 달리하는 경우에도 이를 적용한다.
② 단독판사는 그가 심리중인 사건과 관련된 사건이 합의부에 계속된 사실을 알게 된 때에는 즉시 합의부의 재판장에게 그 사실을 통지하여야 한다.
③ 합의부가 법 제10조의 규정에 의한 병합심리 결정을 한 때에는 즉시 그 결정등본을 단독판사에게 송부하여야 하고, 단독판사는 그 결정등본을 송부받은 날로부터 5일 이내에 소송기록과 증거물을 합의부에 송부하여야 한다.
제4조의2【항소사건의 병합심리】 ① 사물관할을 달리하는 수개의 관련항소사건이 각각 고등법원과 지방법원본원합의부에 계속된 때에는 고등법원은 결정으로 지방법원본원합의부에 계속한 사건을 병합하여 심리할 수 있다. 수개의 관련항소사건이 토지관할을 달리하는 경우에도 같다.
② 지방법원본원합의부의 재판장은 그 부에서 심리중인 항소사건과 관련된 사건이 고등법원에 계속된 사실을 알게 된 때에는 즉시 고등법원의 재판장에게 그 사실을 통지하여야 한다.
③ 고등법원이 제1항의 규정에 의한 병합심리결정을 한 때에는 즉시 그 결정등본을 지방법원본원합의부에 송부하여야 하고, 지방법원본원합의부는 그 결정등본을 송부받은 날로부터 5일 이내에 소송기록과 증거물을 고등법원에 송부하여야 한다.
(1991.8.3 본조신설)
제5조【관할지정 또는 관할이전의 신청 등】 ① 법 제16조제1항의 규정에 의하여, 검사가 관할지정 또는 관할이전의 신청서를 제출할 때에는 피고인 또는 피의자의 수에 상응한 부본을, 피고인이 관할이전의 신청서를 제출할 때에는 부본 1통을 각 첨부하여야 한다.
② 제1항의 신청서를 제출받은 법원은 지체없이 검사의 신청서부본을 피고인 또는 피의자에게 송달하여야 하고, 피고인의 신청서 부본을 검사에게 송달함과 함께 공소를 접수한 법원에 그 취지를 통지하여야 한다.
③ 검사, 피고인 또는 피의자는 제2항의 신청서 부본을 송부받은 날로부터 3일 이내에 의견서를 제2항의 법원에 제출할 수 있다.
제6조【관할지정 또는 관할이전의 결정에 의한 처리절차】 ① 공소 제기전의 사건에 관하여 관할지정 또는 관할이전의 결정을 한 경우 결정을 한 법원은 결정등본을 검사와 피의자에게 각 송부하여야 하며, 검사가 그 사건에 관하여 공소를 제기할 때에는 공소장에 그 결정등본을 첨부하여야 한다.
② 공소가 제기된 사건에 관하여 관할지정 또는 관할이전의 결정을 한 경우 결정을 한 법원은 결정등본을 검사와 피고인 및 사건계속법원에 각 송부하여야 한다.
③ 제2항의 경우 사건계속법원은 지체없이 소송기록과 증거물을 제2항의 결정등본과 함께 그 지정 또는 이전된 법원에 송부하여야 한다. 다만, 사건계속법원이 관할법원으로 지정된 경우에는 그러하지 아니하다.
제7조【소송절차의 정지】 법원은 그 계속 중인 사건에 관하여 토지관할의 병합심리신청, 관할지정신청 또는 관할이전신청이 제기된 경우에는 그 신청에 대한 결정이 있기까지 소송절차를 정지하여야 한다. 다만, 급속을 요하는 경우에는 그러하지 아니하다.
제8조【소송기록 등의 송부방법 등】 ① 제3조제2항, 제4조제3항, 제4조의2제3항 또는 제6조제3항의 각 규정에 의하여 또는 법 제8조의 규정에 의한 이송결정에 의하여 소송기록과 증거물을 다른 법원으로 송부할 때에는 이를 송부받을 법원으로 직접 송부한다.
② 제1항의 송부를 한 법원 및 송부를 받은 법원은 각각 그 법원에 대응하는 검찰청 검사 또는 고위공직자범죄수사처에 소속된 검사(이하 "수사처검사"라고 한다)에게 그 사실을 통지하여야 한다.(2021.1.29 본항개정)
(1991.8.3 본조개정)

제2장 법원직원의 기피

제9조【기피신청의 방식 등】 ① 법 제18조의 규정에 의한 기피신청을 함에 있어서는 기피의 원인되는 사실을 구체적으로 명시하여야 한다.
② 제1항에 위배된 기피신청의 처리는 법 제20조제1항의 규정에 의한다.

제3장 소송행위의 대리와 보조

제10조【피의자의 특별대리인 선임청구사건의 관할】 법 제28조제1항 후단의 규정에 의한 피의자의 특별대리인 선임청구는 그 피의사건을 수사 중인 검사 또는 사법경찰관이 소속된 관서의 소재지를 관할하는 지방법원에 이를 하여야 한다.
제11조【보조인의 신고】 ① 법 제29조제2항에 따른 보조인의 신고는 보조인이 되고자 하는 자와 피고인 또는 피의자 사이의 신분관계를 소명하는 서면을 첨부하여 이를 하여야 한다.(2007.10.29 본항개정)

② 공소제기전의 보조인 신고는 제1심에도 그 효력이 있다.

제4장 변 호

제12조【법정대리인 등의 변호인 선임】 법 제30조제2항에 규정한 자가 변호인을 선임하는 때에는 그 자와 피고인 또는 피의자와의 신분관계를 소명하는 서면을 법 제32조제1항의 서면에 첨부하여 제출하여야 한다.
제13조【사건이 병합되었을 경우의 변호인 선임의 효력】 하나의 사건에 관하여 한 변호인 선임은 동일법원의 동일피고인에 대하여 병합된 다른 사건에 관하여도 그 효력이 있다. 다만, 피고인 또는 변호인이 이와 다른 의사표시를 한 때에는 그러하지 아니하다.
(1996.12.3 본조개정)
제13조의2【대표변호인 지정등의 신청】 대표변호인의 지정, 지정의 철회 또는 변경의 신청은 그 사유를 기재한 서면으로 한다. 다만, 공판기일에서는 구술로 할 수 있다.(1996.12.3 본조개정)
제13조의3【대표변호인의 지정등의 통지】 대표변호인의 지정, 지정의 철회 또는 변경은 피고인 또는 피의자의 신청에 의한 때에는 검사 및 대표변호인에게, 변호인의 신청에 의하거나 직권에 의한 때에는 피고인 또는 피의자 및 검사에게 이를 통지하여야 한다.
(2007.10.29 본조개정)
제13조의4【기소전 대표변호인 지정의 효력】 법 제32조의2제5항에 의한 대표변호인의 지정은 기소후에도 그 효력이 있다.(1996.12.3 본조개정)
제13조의5【준용규정】 제13조의 규정은 대표변호인의 경우에 이를 준용한다.(1996.12.3 본조신설)
제14조【국선변호인의 자격】 ① 국선변호인은 법원의 관할구역안에 사무소를 둔 변호사, 그 관할구역안에서 근무하는 공익법무관에관한법률에 의한 공익법무관(법무부와 그 소속기관 및 각급검찰청에서 근무하는 공익법무관을 제외한다. 이하 "공익법무관"이라 한다) 또는 그 관할구역안에서 수습중인 사법연수생중에서 이를 선정한다.
② 제1항의 변호사, 공익법무관 또는 사법연수생이 없거나 기타 부득이한 때에는 인접한 법원의 관할구역안에 사무소를 둔 변호사, 그 관할구역안에서 근무하는 공익법무관 또는 그 관할구역안에서 수습중인 사법연수생중에서 이를 선정할 수 있다.
③ 제1항 및 제2항의 변호사, 공익법무관 또는 사법연수생이 없거나 기타 부득이한 때에는 법원의 관할구역안에서 거주하는 변호사 아닌 자중에서 이를 선정할 수 있다.
(1995.7.10 본조개정)
제15조【변호인의 수】 ① 국선변호인은 피고인 또는 피의자마다 1인을 선정한다. 다만, 사건의 특수성에 비추어 필요하다고 인정할 때에는 1인의 피고인 또는 피의자에게 수인의 국선변호인을 선정할 수 있다.
② 피고인 또는 피의자 수인간에 이해가 상반되지 아니할 때에는 그 수인의 피고인 또는 피의자를 위하여 동일한 국선변호인을 선정할 수 있다.
제15조의2【국선전담변호사】 법원은 기간을 정하여 법원의 관할구역 안에 사무소를 둔 변호사(그 관할구역 안에 사무소를 둘 예정인 변호사를 포함한다) 중에서 국선변호를 전담하는 변호사를 지정할 수 있다.
(2006.8.17 본조신설)
제16조【공소가 제기되기 전의 국선변호인 선정】 ① 법 제201조의2에 따라 심문할 피의자에게 변호인이 없거나 법 제214조의2에 따라 체포 또는 구속의 적부심사가 청구된 피의자에게 변호인이 없는 때에는 법원 또는 지방법원 판사는 지체 없이 국선변호인을 선정하고, 피의자와 변호인에게 그 뜻을 고지하여야 한다.(2007.10.29 본항개정)
② 제1항의 경우 국선변호인에게 피의사실의 요지 및 피의자의 연락처 등을 함께 고지할 수 있다.
(2007.10.29 본항개정)
③ 제1항의 고지는 서면 이외에 구술·전화·모사전송·전자우편·휴대전화 문자전송 그 밖에 적당한 방법으로 할 수 있다.(2007.10.29 본항개정)
④ 구속영장이 청구된 후 또는 체포·구속의 적부심사를 청구한 후에 변호인이 없게 된 때에도 제1항 및 제2항의 규정을 준용한다.
(2007.10.29 본조제목개정)
(2006.8.17 본조개정)
제16조의2【국선변호인 예정자명부의 작성】 ① 지방법원 또는 지원은 국선변호를 담당할 것으로 예정된 변호사, 공익법무관, 사법연수생 등을 일괄 등재한 국선변호인 예정자명부(이하 '명부'라고 한다)를 작성할 수 있다. 이 경우 국선변호 업무의 내용 및 국선변호 예정일자를 미리 지정할 수 있다.
② 지방법원 또는 지원의 장은 제1항의 명부 작성에 관하여 관할구역 또는 인접한 법원의 관할구역 안에 있는 지방변호사회장에게 협조를 요청할 수 있다.
③ 지방법원 또는 지원은 제1항의 명부를 작성한 후 지체없이 국선변호인 예정자에게 명부의 내용을 고지하여야 한다. 이 경우 제16조제3항의 규정을 적용한다.
④ 제1항의 명부에 기재된 국선변호인 예정자는 제3항의 고지를 받은 후 3일 이내에 명부의 변경을 요청할 수 있다.
⑤ 제1항의 명부가 작성된 경우 법원 또는 지방법원 판사는 특별한 사정이 없는 한 명부의 기재에 따라 국선변호인을 선정하여야 한다.
(2006.8.17 본조신설)
제17조【공소제기의 경우 국선변호인의 선정등】 ① 재판장은 공소제기가 있는 때에는 변호인 없는 피고인에게 다음 각호의 취지를 고지한다.
1. 법 제33조제1항제1호 내지 제6호의 어느 하나에 해당하는 때에는 변호인 없이 개정할 수 없는 취지와 피고인 스스로 변호인을 선임하지 아니할 경우에는 법원이 국선변호인을 선정하게 된다는 취지
2. 법 제33조제2항에 해당하는 때에는 법원에 대하여 국선변호인의 선정을 청구할 수 있다는 취지
3. 법 제33조제3항에 해당하는 때에는 법원에 대하여 국선변호인의 선정을 희망하지 아니한다는 의사를 표시할 수 있다는 취지
② 제1항의 고지는 서면으로 하여야 한다.
③ 법원은 제1항의 고지를 받은 피고인이 변호인을 선임하지 아니한 때 및 법 제33조제2항의 규정에 의하여 국선변호인 선정청구가 있거나 같은 조 제3항에 의하여 국선변호인을 선정하여야 할 때에는 지체없이 국선변호인을 선정하고, 피고인 및 변호인에게 그 뜻을 고지하여야 한다.
④ 공소제기가 있은 후 변호인이 없게 된 때에도 제1항 내지 제3항의 규정을 준용한다.
(2006.8.17 본조개정)
제17조의2【국선변호인 선정청구 사유의 소명】 법 제33조제2항에 의하여 국선변호인 선정을 청구하는 경우 피고인은 소명자료를 제출하여야 한다. 다만, 기록에 의하여 그 사유가 소명되었다고 인정될 때에는 그러하지 아니하다.(2006.8.17 본조신설)
제18조【선정취소】 ① 법원 또는 지방법원 판사는 다음 각호의 어느 하나에 해당하는 때에는 국선변호인의 선정을 취소하여야 한다.(2006.8.17 본문개정)
1. 피고인 또는 피의자에게 변호인이 선임된 때
2. 국선변호인이 제14조제1항 및 제2항에 규정한 자격을 상실한 때
3. 법원 또는 지방법원 판사가 제20조의 규정에 의하여 국선변호인의 사임을 허가한 때(2006.8.17 본호개정)
② 법원 또는 지방법원 판사는 다음 각호의 어느 하나에 해당하는 때에는 국선변호인의 선정을 취소할 수 있다.
1. 국선변호인이 그 직무를 성실하게 수행하지 아니하는 때
2. 피고인 또는 피의자의 국선변호인 변경 신청이 상당하다고 인정하는 때
3. 그 밖에 국선변호인의 선정결정을 취소할 상당한 이유가 있는 때
(2006.8.17 본항개정)
③ 법원이 국선변호인의 선정을 취소한 때에는 지체없이 그 뜻을 해당되는 국선변호인과 피고인 또는 피의자에게 통지하여야 한다.
제19조【법정에서의 선정등】 ① 제16조제1항 또는 법 제283조의 규정에 의하여 국선변호인을 선정할 경우에 이미 선임된 변호인 또는 선정된 국선변호인이 출석하지 아니하거나 퇴정한 경우에 부득이한 때에는 피고인 또는 피의자의 의견을 들어 재정 중인 변호사 등 제14조에 규정된 사람을 국선변호인으로 선정할 수 있다.(2006.8.17 본항개정)
② 제1항의 경우에는 이미 선정되었던 국선변호인에 대하여 그 선정을 취소할 수 있다.
③ 국선변호인이 공판기일 또는 피의자 심문기일에 출석할 수 없는 사유가 발생한 때에는 그 지체없이 법원 또는 지방법원 판사에게 그 사유를 소명하여 통지하여야 한다.(2006.8.17 본항개정)
제20조【사임】 국선변호인은 다음 각호의 어느 하나에 해당하는 경우에는 법원 또는 지방법원 판사의 허가를 얻어 사임할 수 있다.(2006.8.17 본문개정)
1. 질병 또는 장기여행으로 인하여 국선변호인의 직무를 수행하기 곤란할 때
2. 피고인 또는 피의자로부터 폭행, 협박 또는 모욕을 당하여 신뢰관계를 지속할 수 없을 때
3. 피고인 또는 피의자로부터 부정한 행위를 할 것을 종용받았을 때
4. 그 밖에 국선변호인으로서의 직무를 수행하는 것이 어렵다고 인정할 만한 상당한 사유가 있을 때
(2006.8.17 본호개정)
제21조【감독】 법원은 국선변호인이 그 임무를 해태하여 국선변호인으로서의 불성실한 사적이 현저하다고 인정할 때에는 그 사유를 대한변호사협회장 또는 소속 지방변호사회장에게 통고할 수 있다.
제22조 (1999.12.31 삭제)
제23조 (2007.10.29 삭제)

제5장 재 판

제24조【결정, 명령을 위한 사실조사】 ① 결정 또는 명령을 함에 있어 법 제37조제3항의 규정에 의하여 사실을 조사하는 때 필요한 경우에는 법 및 이 규칙의 정하는 바에 따라 증인을 신문하거나 감정을 명할 수 있다.
② 제1항의 경우에는 검사, 피고인, 피의자 또는 변호인을 참여하게 할 수 있다.
제25조【재판서의 경정】 ① 재판서에 잘못된 계산이나 기재, 그 밖에 이와 비슷한 잘못이 있음이 분명한 때에는 법원은 직권으로 또는 당사자의 신청에 따라 경정결정(更正決定)을 할 수 있다.(2007.10.29 본항개정)
② 경정결정은 재판서의 원본과 등본에 덧붙여 적어야 한다. 다만, 등본에 덧붙여 적을 수 없을 때에는 경정결정의 등본을 작성하여 재판서의 등본을 송달받은 자에게 송달하여야 한다.(2007.10.29 본항개정)
③ 경정결정에 대하여는 즉시 항고를 할 수 있다. 다만, 재판에 대하여 적법한 상소가 있는 때에는 그러하지 아니하다.
제25조의2【기명날인할 수 없는 재판서】 법 제41조제3항에 따라 서명날인에 갈음하여 기명날인할 수 없는 재판서는 판결과 각종 영장(감정유치장 및 감정처분허가장을 포함한다)을 말한다.(2007.10.29 본조신설)
제26조【재판서의 등, 초본 청구권자의 범위】 ① 법 제45조에 규정한 기타의 소송관계인이라 함은 검사, 변호인, 보조인, 법인인 피고인의 대표자, 법 제28조의 규정에 의한 특별대리인, 법 제340조 및 제341조제1항의 규정에 의한 상소권자를 말한다.
② 고소인, 고발인 또는 피해자는 비용을 납입하고 재판서 또는 재판을 기재한 조서의 등본 또는 초본의 교부를 청구할 수 있다. 다만, 그 청구하는 사유를 소명하여야 한다.
제27조【소송에 관한 사항의 증명서의 청구】 피고인과 제26조제1항에 규정한 소송관계인 및 고소인, 고발인 또는 피해자는 소송에 관한 사항의 증명서의 교부를 청구할 수 있다. 다만, 고소인, 고발인 또는 피해자의 청구에 관하여는 제26조제2항 단서의 규정을 준용한다.
제28조【등, 초본 등의 작성방법】 법 제45조에 규정한 등본, 초본(제26조제2항에 규정한 등본, 초본을 포함한다) 또는 제27조에 규정한 증명서를 작성함에 있어서는 담당 법원서기관, 법원사무관, 법원주사, 법원주사보(이하 "법원사무관등"이라 한다)가 등본, 초본 또는 소송에 관한 사항의 증명서라는 취지를 기재하고 기명날인하여야 한다.

제6장 서 류

제29조【조서에의 인용】 ① 조서에는 서면, 사진, 속기록, 녹음물, 영상녹화물, 녹취서 등 법원이 적당하다고 인정한 것을 인용하고 소송기록에 첨부하거나 전자적 형태로 보관하여 조서의 일부로 할 수 있다.
② 제1항에 따라 속기록, 녹음물, 영상녹화물, 녹취서를 조서의 일부로 한 경우라도 재판장은 법원사무관등으로 하여금 피고인, 증인, 그 밖의 소송관계인의 진술 중 중요한 사항을 요약하여 조서의 일부로 기재하게 할 수 있다.(2014.12.30 본항신설)
(2012.5.29 본조개정)
제29조의2【변경청구나 이의제기가 있는 경우의 처리】 공판조서의 기재에 대하여 법 제54조제3항에 따른 변경청구나 이의제기가 있는 경우, 법원사무관 등은 신청의 연월일 및 그 요지와 그에 대한 재판장의 의견을 기재하여 조서를 작성한 후 당해 공판조서 뒤에 이를 첨부하여야 한다.(2007.10.29 본조신설)
제30조【공판조서의 낭독 등】 법 제55조제2항에 따른 피고인의 낭독청구가 있는 때에는 재판장의 명에 의하여 법원사무관 등이 낭독하거나 녹음물 또는 영상녹화물을 재생한다.(2012.5.29 본조개정)
제30조의2【속기 등의 신청】 ① 속기, 녹음 또는 영상녹화(녹음이 포함된 것을 말한다. 다음부터 같다)의 신청은 공판기일·공판준비기일을 열기 전까지 하여야 한다.(2014.12.30 본항개정)
② 피고인, 변호인 또는 검사의 신청이 있음에도 불구하고 특별한 사정이 있는 때에는 속기, 녹음 또는 영상녹화를 하지 아니하거나 신청하는 것과 다른 방법으로 속기, 녹음 또는 영상녹화를 할 수 있다. 다만, 이 경우 재판장은 공판기일에 그 취지를 고지하여야 한다.
(2007.10.29 본조개정)

제31조～제32조 (2007.10.29 삭제)

제33조【속기록에 대한 조치】 속기를 하게 한 경우에 재판장은 법원사무관 등으로 하여금 속기록의 전부 또는 일부를 조서에 인용하고 소송기록에 첨부하여 조서의 일부로 하게 할 수 있다.(2007.10.29 본조개정)

제34조【진술자에 대한 확인 등】 속기를 하게 한 경우 법 제48조제3항 또는 법 제52조 단서에 따른 절차의 이행은 법원사무관 등 또는 법원에 소속되어 있거나 법원이 선정한 속기능력소지자(다음부터 "속기사 등"이라고 한다)로 하여금 속기록의 내용을 읽어주게 하거나 진술자에게 속기록을 열람하도록 하는 방법에 의한다.(2007.10.29 본조개정)

제35조～제37조 (2007.10.29 삭제)

제38조【녹취서의 작성등】 ① 재판장은 필요하다고 인정하는 때에는 법원사무관 등 또는 속기사 등에게 녹음 또는 영상녹화된 내용의 전부 또는 일부를 녹취할 것을 명할 수 있다.

② 재판장은 법원사무관 등으로 하여금 제1항에 따라 작성된 녹취서의 전부 또는 일부를 조서에 인용하고 소송기록에 첨부하여 조서의 일부로 하게 할 수 있다.

(2007.10.29 본조개정)

제38조의2【속기록, 녹음물 또는 영상녹화물의 사본 교부】 ① 재판장은 법 제56조의2제3항에도 불구하고 피해자 또는 그 밖의 소송관계인의 사생활에 관한 비밀 보호 또는 신변에 대한 위해 방지 등을 위하여 특히 필요하다고 인정하는 경우에는 속기록, 녹음물 또는 영상녹화물의 사본의 교부를 불허하거나 그 범위를 제한할 수 있다.(2014.12.30 본항개정)

② 법 제56조의2제3항에 따라 속기록, 녹음물 또는 영상녹화물의 사본을 교부받은 사람은 그 사본을 당해 사건 또는 관련 소송의 수행과 관계 없는 용도로 사용하여서는 아니 된다.

(2007.10.29 본조신설)

제39조【속기록 등의 보관과 폐기】 속기록, 녹음물, 영상녹화물 또는 녹취서는 전자적 형태로 이를 보관할 수 있으며, 재판이 확정되면 폐기한다. 다만, 속기록, 녹음물, 영상녹화물 또는 녹취서가 조서의 일부가 된 경우에는 그러하지 아니하다.(2012.5.29 본조개정)

제40조 (2007.10.29 삭제)

제41조【서명의 특칙】 공무원이 아닌 자가 서명날인을 하여야 할 경우에 서명을 할 수 없으면 타인이 대서한다. 이 경우에는 대서한 자가 그 사유를 기재하고 기명날인 또는 서명하여야 한다.(2007.10.29 본조개정)

제7장 송 달

제42조【법 제60조에 의한 법원소재지의 범위】 법 제60조제1항에 규정한 법원소재지는 당해 법원이 위치한 특별시, 광역시, 시 또는 군(다만, 광역시내의 군은 제외)으로 한다.(1996.12.3 본조개정)

제43조【공시송달을 명하는 재판】 법원은 공시송달의 사유가 있다고 인정한 때에는 직권으로 결정에 의하여 공시송달을 명한다.

제8장 기 간

제44조【법정기간의 연장】 ① 소송행위를 할 자가 국내에 있는 경우 주거 또는 사무소의 소재지와 법원 또는 검찰청, 고위공직자범죄수사처(이하 "수사처"라고 한다) 소재지와의 거리에 따라 해로는 100킬로미터, 육로는 200킬로미터마다 각 1일을 부가한다. 그 거리의 전부 또는 잔여가 기준에 미달할지라도 50킬로미터이상이면 1일을 부가한다. 다만, 법원은 홍수, 천재지변등 불가피한 사정이 있거나 교통통신의 불편정도를 고려하여 법정기간을 연장함이 상당하다고 인정하는 때에는 이를 연장할 수 있다.(2021.1.29 본항개정)

② 소송행위를 할 자가 외국에 있는 경우의 법정기간에는 그 거주국의 위치에 따라 다음 각호의 기간을 부가한다.

1. 아시아주 및 오세아니아주 : 15일
2. 북아메리카주 및 유럽주 : 20일
3. 중남아메리카주 및 아프리카주 : 30일

(1996.12.3 본조개정)

제9장 피고인의 소환, 구속

제45조【소환의 유예기간】 피고인에 대한 소환장은 법 제269조의 경우를 제외하고는 늦어도 출석할 일시 12시간 이전에 송달하여야 한다. 다만, 피고인이 이의를 하지 아니하는 때에는 그러하지 아니하다.

제45조의2【비디오 등 중계장치에 의한 구속사유 고지】 ① 법 제72조의2제2항에 따른 절차를 위한 기일의 통지는 서면 이외에 전화·모사전송·전자우편·휴대전화 문자전송 그 밖에 적당한 방법으로 할 수 있다. 이 경우 통지의 증명은 그 취지를 조서에 기재함으로써 할 수 있다.

② 법 제72조의2제2항에 따른 절차 진행에 관하여는 제123조의13제1항 내지 제4항과 제6항 내지 제8항을 준용한다.

(2021.10.29 본조신설)

제46조【구속영장의 기재사항】 구속영장에는 법 제75조에 규정한 사항외에 피고인의 주민등록번호(외국인인 경우에는 외국인등록번호, 위 번호들이 없거나 이를 알 수 없는 경우에는 생년월일 및 성별, 다음부터 '주민등록번호 등'이라 한다)·직업 및 법 제70조제1항 각호에 규정한 구속의 사유를 기재하여야 한다.

(2007.10.29 본조개정)

제47조【수탁판사 또는 재판장 등의 구속영장 등의 기재요건】 수탁판사가 법 제77조제3항의 규정에 의하여 구속영장을 발부하는 때나 재판장 또는 합의부원이 법 제80조의 규정에 의하여 소환장 또는 구속영장을 발부하는 때에는 그 취지를 소환장 또는 구속영장에 기재하여야 한다.

제48조【검사에 대한 구속영장의 송부】 검사의 지휘에 의하여 구속영장을 집행하는 경우에는 구속영장을 발부한 법원이 그 원본을 검사에게 송부하여야 한다.

제49조【구속영장집행후의 조치】 ① 구속영장집행사무를 담당한 자가 구속영장을 집행한 때에는 구속영장에 집행일시와 장소를, 집행할 수 없었을 때에는 그 사유를 각 기재하고 기명날인하여야 한다.

(1996.12.3 본항개정)

② 구속영장의 집행에 관한 서류는 집행을 지휘한 검사 또는 수탁판사를 경유하여 구속영장을 발부한 법원에 이를 제출하여야 한다.

③ (2007.10.29 삭제)

제49조의2【구인을 위한 구속영장 집행후의 조치】 구인을 위한 구속영장의 집행에 관한 서류를 제출받은 법원의 재판장은 법원사무관 등에게 피고인이 인치된 일시를 구속영장에 기재하게 하여야 하고, 법 제71조의2에 따라 피고인을 유치할 경우에는 유치할 장소를 구속영장에 기재하고 서명날인하여야 한다.

(2007.10.29 본조신설)

제50조【구속영장등본의 교부청구】 ① 피고인, 변호인, 피고인의 법정대리인, 법 제28조에 따른 피고인의 특별대리인, 배우자, 직계친족과 형제자매는 구속영장을 발부한 법원에 구속영장의 등본의 교부를 청구할 수 있다.(2007.10.29 본항개정)

② 제1항의 경우에 고소인, 고발인 또는 피해자에 대하여는 제26조제2항의 규정을 준용한다.

제51조【구속의 통지】 ① 피고인을 구속한 때에 그 변호인이나 법 제30조제2항에 규정한 자가 없는 경우에는 피고인이 지정하는 자 1인에게 법 제87조제1항에 규정한 사항을 통지하여야 한다.

② 구속의 통지는 구속을 한 때로부터 늦어도 24시간 이내에 서면으로 하여야 한다. 제1항에 규정한 자가 없어 통지를 하지 못한 경우에는 그 취지를 기재한 서면을 기록에 철하여야 한다.

③ 급속을 요하는 경우에는 구속되었다는 취지 및 구속의 일시·장소를 전화 또는 모사전송기 기타 상당한 방법에 의하여 통지할 수 있다. 다만, 이 경우에도 구속통지는 다시 서면으로 하여야 한다.(1996.12.3 본항신설)

(1996.12.3 본조개정)

제52조【구속과 범죄사실등의 고지】 법원 또는 법관은 법 제72조 및 법 제88조의 규정에 의한 고지를 할 때에는 법원사무관등을 참여시켜 조서를 작성하게 하거나 피고인 또는 피의자로 하여금 확인서 기타 서면을 작성하게 하여야 한다.(1997.12.31 본조개정)

제53조【보석 등의 청구】 ① 보석청구서 또는 구속취소청구서에는 다음 사항을 기재하여야 한다.

1. 사건번호
2. 구속된 피고인의 성명, 주민등록번호 등, 주거
3. 청구의 취지 및 청구의 이유
4. 청구인의 성명 및 구속된 피고인과의 관계

② 보석의 청구를 하거나 검사 아닌 자가 구속취소의 청구를 할 때에는 그 청구서의 부본을 첨부하여야 한다.

③ 법원은 제1항의 보석 또는 구속취소에 관하여 검사의 의견을 물을 때에는 제2항의 부본을 첨부하여야 한다.

(2007.10.29 본조개정)

제53조의2【진술서 등의 제출】 ① 보석의 청구인은 적합한 보석조건에 관한 의견을 밝히고 이에 관한 소명자료를 낼 수 있다.

② 보석의 청구인은 보석조건을 결정함에 있어 법 제99조제2항에 따른 이행가능한 조건인지 여부를 판단하기 위하여 필요한 범위 내에서 피고인(피고인이 미성년자인 경우에는 그 법정대리인 등)의 자력 또는 자산 정도에 관한 서면을 제출하여야 한다.

(2007.10.29 본조개정)

제54조【기록 등의 제출】 ① 검사는 법원으로부터 보석, 구속취소 또는 구속집행정지에 관한 의견요청이 있을 때에는 의견서와 소송서류 및 증거물을 지체없이 법원에 제출하여야 한다. 이 경우 특별한 사정이 없는 한 의견요청을 받은 날의 다음날까지 제출하여야 한다.(2007.10.29 본항개정)

② 보석에 대한 의견 요청을 받은 검사는 보석허가가 상당하지 아니하다는 의견일 때에는 그 사유를 명시하여야 한다.(1997.12.31 본항신설)

③ 제2항의 경우 보석허가가 상당하다는 의견일 때에는 보석조건에 대하여 의견을 나타낼 수 있다.

(2007.10.29 본항개정)

제54조의2【보석의 심리】 ① 보석의 청구를 받은 법원은 지체없이 심문기일을 정하여 구속된 피고인을 심문하여야 한다. 다만, 다음 각 호의 어느 하나에 해당하는 때에는 그러하지 아니하다.(2007.10.29 단서개정)

1. 법 제94조에 규정된 청구권자 이외의 사람이 보석을 청구한 때
2. 동일한 피고인에 대하여 중복하여 보석을 청구하거나 재청구한 때
3. 공판준비 또는 공판기일에 피고인에게 그 이익되는 사실을 진술할 기회를 준 때(2007.10.29 본호개정)
4. 이미 제출한 자료만으로 보석을 허가하거나 불허가할 것이 명백한 때

② 제1항의 규정에 의하여 심문기일을 정한 법원은 즉시 검사, 변호인, 보석청구인 및 피고인을 구금하고 있는 관서의 장에게 심문기일과 장소를 통지하여야 하고, 피고인을 구금하고 있는 관서의 장은 위 심문기일에 피고인을 출석시켜야 한다.

③ 제2항의 통지는 서면 외에 전화·모사전송·전자우편·휴대전화 문자전송 그 밖에 적당한 방법으로 할 수 있다. 이 경우 통지의 증명은 그 취지를 심문조서에 기재함으로써 할 수 있다.(2007.10.29 본항개정)

④ 피고인, 변호인, 보석청구인은 피고인에게 유리한 자료를 낼 수 있다.(2007.10.29 본항개정)

⑤ 검사, 변호인, 보석청구인은 제1항의 심문기일에 출석하여 의견을 진술할 수 있다.

⑥ 법원은 피고인, 변호인 또는 보석청구인에게 보석조건을 결정함에 있어 필요한 자료의 제출을 요구할 수 있다.(2007.10.29 본항신설)

⑦ 법원은 피고인의 심문을 합의부원에게 명할 수 있다.(1996.12.3 본항신설)

(1989.6.7 본조신설)

제55조【보석 등의 결정기한】 법원은 특별한 사정이 없는 한 보석 또는 구속취소의 청구를 받은 날부터 7일 이내에 그에 관한 결정을 하여야 한다.

(2007.10.29 본조개정)

제55조의2【불허가 결정의 이유】 보석을 허가하지 아니하는 결정을 하는 때에는 결정이유에 법 제95조 각호중 어느 사유에 해당하는지를 명시하여야 한다.

(1989.6.7 본조신설)

제55조의3【보석석방 후의 조치】 ① 법원은 법 제98조제3호의 보석조건으로 석방된 피고인이 보석조건을 이행함에 있어 피고인의 주거지를 관할하는 경찰서장에게 피고인이 주거제한을 준수하고 있는지 여부 등에 관하여 조사할 것을 요구하는 등 보석조건의 준수를 위하여 적절한 조치를 취할 것을 요구할 수 있다.

② 법원은 법 제98조제6호의 보석조건을 정한 경우 출입국사무를 관리하는 관서의 장에게 피고인에 대한 출국을 금지하는 조치를 취할 것을 요구할 수 있다.

③ 법 제100조제5항에 따라 보석조건 준수에 필요한 조치를 요구받은 관공서 그 밖의 공사단체의 장은 그 조치의 내용과 경과 등을 법원에 통지하여야 한다.

(2007.10.29 본조신설)

제55조의4【보석조건 변경의 통지】 법원은 보석을 허가한 후에 보석의 조건을 변경하거나 보석조건의 이행을 유예하는 결정을 한 경우에는 그 취지를 검사에게 지체없이 통지하여야 한다.(2007.10.29 본조개정)

제55조의5【보석조건의 위반과 피고인에 대한 과태료 등】 ① 법 제102조제3항·제4항에 따른 과태료 재판의 절차에 관하여는 비송사건절차법 제248조, 제250조(다만, 검사에 관한 부분을 제외한다)를 준용한다.

② 법 제102조제3항에 따른 감치재판절차는 법원의 감치재판개시결정에 따라 개시된다. 이 경우 감치사유가 있은 날부터 20일이 지난 때에는 감치재판개시결정을 할 수 없다.

③ 법원은 감치재판절차를 개시한 이후에도 감치에 처함이 상당하지 아니하다고 인정되는 때에는 불처벌의 결정을 할 수 있다.

④ 제2항의 감치재판개시결정과 제3항의 불처벌결정에 대하여는 불복할 수 없다.

⑤ 제2항부터 제4항까지 및 법 제102조제3항·제4항에 따른 감치절차에 관하여는 「법정 등의 질서유지를 위한 재판에 관한 규칙」 제3조, 제6조, 제7조의2, 제8조, 제10조, 제11조, 제13조, 제15조, 제16조, 제18조,

제19조, 제21조부터 제23조, 제25조제1항을 준용한다. (2007.10.29 본조신설)

제56조【보석 등의 취소에 의한 재구금절차】 ① 법 제102조제2항에 따른 보석취소 또는 구속집행정지취소의 결정이 있는 때 또는 기간을 정한 구속집행정지 결정의 기간이 만료된 때에는 검사는 그 취소결정의 등본 또는 기간을 정한 구속집행정지결정의 등본에 의하여 피고인을 재구금하여야 한다. 다만, 급속을 요하는 경우에는 재판장, 수명법관 또는 수탁판사가 재구금을 지휘할 수 있다.(2007.10.29 본문개정)

② 제1항 단서의 경우에는 법원사무관등에게 그 집행을 명할 수 있다. 이 경우에 법원사무관등은 그 집행에 관하여 필요한 때에는 사법경찰관리 또는 교도관에게 보조를 요구할 수 있으며 관할구역외에서도 집행할 수 있다.(1996.12.3 본항신설)

제57조【상소 등과 구속에 관한 결정】 ① 상소기간중 또는 상소 중의 사건에 관한 피고인의 구속, 구속기간갱신, 구속취소, 보석, 보석의 취소, 구속집행정지와 그 정지의 취소의 결정은 소송기록이 상소법원에 도달하기까지는 원심법원이 이를 하여야 한다. (1997.12.31 본항개정)

② 이송, 파기환송 또는 파기이송 중의 사건에 관한 제1항의 결정은 소송기록이 이송 또는 환송법원에 도달하기까지는 이송 또는 환송한 법원이 이를 하여야 한다.

제10장 압수와 수색

제58조【압수수색영장의 기재사항】 압수수색영장에는 압수수색의 사유를 기재하여야 한다.(1996.12.3 본조개정)

제59조【준용규정】 제48조의 규정은 압수수색영장에 이를 준용한다.

제60조【압수와 수색의 참여】 ① 법원이 압수수색을 할 때에는 법원사무관등을 참여하게 하여야 한다.

② 법원사무관등 또는 사법경찰관리가 압수수색영장에 의하여 압수수색을 할 때에는 다른 법원사무관등 또는 사법경찰관리를 참여하게 하여야 한다.

제61조【수색증명서, 압수품목록의 작성등】 법 제128조에 규정된 증명서 또는 법 제129조에 규정된 목록은 제60조제1항의 규정에 의한 압수수색을 한 때에는 참여한 법원사무관등이, 제60조제2항의 규정에 의한 압수수색을 한 때에는 그 집행을 한 자가 각 작성 교부한다.

제62조【압수수색조서의 기재】 압수수색에 있어서 제61조의 규정에 의한 증명서 또는 목록을 교부하거나 법 제130조의 규정에 의한 처분을 한 경우에는 압수수색의 조서에 그 취지를 기재하여야 한다.

제63조【압수수색영장 집행후의 조치】 압수수색영장의 집행에 관한 서류와 압수한 물건은 압수수색영장을 발부한 법원에 이를 제출하여야 한다. 다만, 검사의 지휘에 의하여 집행한 경우에는 검사를 경유하여야 한다.

제11장 검 증

제64조【피고인의 신체검사 소환장의 기재사항】 피고인에 대한 신체검사를 하기 위한 소환장에는 신체검사를 하기 위하여 소환한다는 취지를 기재하여야 한다.

제65조【피고인 아닌 자의 신체검사의 소환장의 기재사항】 피고인이 아닌 자에 대한 신체검사를 하기 위한 소환장에는 그 성명 및 주거, 피고인의 성명, 죄명, 출석일시 및 장소와 신체검사를 하기 위하여 소환한다는 취지를 기재하고 재판장 또는 수명법관이 기명날인하여야 한다.(1996.12.3 본조개정)

제12장 증인신문

제66조【신문사항 등】 재판장은 피해자·증인의 인적사항의 공개 또는 누설을 방지하거나 그 밖에 피해자·증인의 안전을 위하여 필요하다고 인정할 때에는 증인의 신문을 청구한 자에 대하여 사전에 신문사항을 기재한 서면의 제출을 명할 수 있다.(2007.10.29 본조개정)

제67조【결정의 취소】 법원은 제66조의 명을 받은 자가 신속히 그 서면을 제출하지 아니한 경우에는 증거결정을 취소할 수 있다.(2007.10.29 본조개정)

제67조의2【증인의 소환방법】 ① 법 제150조의2제1항에 따른 증인의 소환은 소환장의 송달, 전화, 전자우편, 모사전송, 휴대전화 문자전송 그 밖에 적당한 방법으로 할 수 있다.

② 증인을 신청하는 자는 증인의 소재, 연락처와 출석가능성 및 출석 가능 일시 그 밖에 증인의 소환에 필요한 사항을 미리 확인하는 등 증인 출석을 위한 합리적인 노력을 다하여야 한다. (2007.10.29 본조신설)

제68조【소환장·구속영장의 기재사항】 ① 증인에 대한 소환장에는 그 성명, 피고인의 성명, 죄명, 출석일시 및 장소, 정당한 이유없이 출석하지 아니할 경우에는 과태료에 처하거나 출석하지 아니함으로써 생긴 비용의 배상을 명할 수 있고 또 구인할 수 있음을 기재하고 재판장이 기명날인하여야 한다.

② 증인에 대한 구속영장에는 그 성명, 주민등록번호(주민등록번호가 없거나 이를 알 수 없는 경우에는 생년월일), 직업 및 주거, 피고인의 성명, 죄명, 인치할 일시 및 장소, 발부 연월일 및 유효기간과 그 기간이 경과한 후에는 집행에 착수하지 못하고 구속영장을 반환하여야 한다는 취지를 기재하고 재판장이 서명날인하여야 한다.
(1996.12.3 본조개정)

제68조의2【불출석의 신고】 증인이 출석요구를 받고 기일에 출석할 수 없을 경우에는 법원에 바로 그 사유를 밝혀 신고하여야 한다.(2007.10.29 본조신설)

제68조의3【증인에 대한 과태료 등】 법 제151조제1항에 따른 과태료와 소송비용 부담의 재판절차에 관하여는 비송사건절차법 제248조, 제250조(다만, 제248조제3항 후문과 검사에 관한 부분을 제외한다)를 준용한다.(2007.10.29 본조신설)

제68조의4【증인에 대한 감치】 ① 법 제151조제2항부터 제8항까지의 감치재판절차는 법원의 감치재판개시결정에 따라 개시된다. 이 경우 감치사유가 발생한 날부터 20일이 지난 때에는 감치재판개시결정을 할 수 없다.

② 감치재판절차를 개시한 후 감치결정 전에 그 증인이 증언을 하거나 그 밖에 감치에 처하는 것이 상당하지 아니하다고 인정되는 때에는 법원은 불처벌결정을 하여야 한다.

③ 제1항의 감치재판개시결정과 제2항의 불처벌결정에 대하여는 불복할 수 없다.

④ 법 제151조제7항의 규정에 따라 증인을 석방한 때에는 재판장은 바로 감치시설의 장에게 그 취지를 서면으로 통보하여야 한다.

⑤ 제1항부터 제4항 및 법 제151조제2항부터 제8항까지에 따른 감치절차에 관하여는 「법정 등의 질서유지를 위한 재판에 관한 규칙」 제3조, 제6조부터 제8조까지, 제10조, 제11조, 제13조, 제15조부터 제19조까지, 제21조부터 제23조까지 및 제25조제1항(다만, 제23조제8항 중 "감치의 집행을 한 날"은 "법 제151조제5항의 규정에 따른 통보를 받은 날"로 고쳐 적용한다)을 준용한다.
(2007.10.29 본조신설)

제69조【준용규정】 제48조, 제49조, 제49조의2 전단의 규정은 증인의 구인에 이를 준용한다.
(2007.10.29 본조개정)

제70조【소환의 유예기간】 증인에 대한 소환장은 늦어도 출석할 일시 24시간 이전에 송달하여야 한다. 다만, 급속을 요하는 경우에는 그러하지 아니하다.

제70조의2【소환장이 송달불능된 때의 조치】 제68조에 따른 증인에 대한 소환장이 송달불능된 경우 증인을 신청한 자는 재판장의 명에 의하여 증인의 주소를 서면으로 보정하여야 하고, 이 때 증인의 소재, 연락처와 출석가능성 등을 충분히 조사하여 성실하게 기재하여야 한다.(2007.10.29 본조신설)

제71조【증인의 동일성 확인】 재판장은 증인으로부터 주민등록증 등 신분증을 제시받거나 그 밖의 적당한 방법으로 증인임이 틀림없음을 확인하여야 한다.
(2006.3.23 본조개정)

제72조【선서취지의 설명】 증인이 선서의 취지를 이해할 수 있는가에 대하여 의문이 있는 때에는 선서전에 그 점에 대하여 신문하고, 필요하다고 인정할 때에는 선서의 취지를 설명하여야 한다.

제73조【서면에 의한 신문】 증인이 들을 수 없는 때에는 서면으로 묻고 말할 수 없는 때에는 서면으로 답하게 할 수 있다.

제74조【증인신문의 방법】 ① 재판장은 증인신문을 행함에 있어서 증명할 사항에 관하여 가능한 한 증인으로 하여금 개별적이고 구체적인 내용을 진술하게 하여야 한다.(1996.12.3 본항개정)

② 다음 각호의 1에 규정한 신문을 하여서는 아니된다. 다만, 제2호 내지 제4호의 신문에 관하여 정당한 이유가 있는 경우에는 그러하지 아니하다.

1. 위협적이거나 모욕적인 신문
2. 전의 신문과 중복되는 신문
3. 의견을 묻거나 의논에 해당하는 신문
4. 증인이 직접 경험하지 아니한 사항에 해당하는 신문

제75조【주신문】 ① 법 제161조의2제1항 전단의 규정에 의한 신문(이하 "주신문"이라 한다)은 증명할 사항과 이에 관련된 사항에 관하여 한다.

② 주신문에 있어서는 유도신문을 하여서는 아니된다. 다만, 다음 각호의 1의 경우에는 그러하지 아니하다.

1. 증인과 피고인과의 관계, 증인의 경력, 교우관계등 실질적인 신문에 앞서 미리 밝혀둘 필요가 있는 준비적인 사항에 관한 신문의 경우
2. 검사, 피고인 및 변호인 사이에 다툼이 없는 명백한 사항에 관한 신문의 경우
3. 증인이 주신문을 하는 자에 대하여 적의 또는 반감을 보일 경우
4. 증인이 종전의 진술과 상반되는 진술을 하는 때에 그 종전진술에 관한 신문의 경우
5. 기타 유도신문을 필요로 하는 특별한 사정이 있는 경우

③ 재판장은 제2항 단서의 각호에 해당하지 아니하는 경우의 유도신문은 이를 제지하여야 하고, 유도신문의 방법이 상당하지 아니하다고 인정할 때에는 이를 제한할 수 있다.

제76조【반대신문】 ① 법 제161조의2제1항 후단의 규정에 의한 신문(이하 "반대신문"이라 한다)은 주신문에 나타난 사항과 이에 관련된 사항에 관하여 한다.

② 반대신문에 있어서 필요할 때에는 유도신문을 할 수 있다.

③ 재판장은 유도신문의 방법이 상당하지 아니하다고 인정할 때에는 이를 제한할 수 있다.

④ 반대신문의 기회에 주신문에 나타나지 아니한 새로운 사항에 관하여 신문하고자 할 때에는 재판장의 허가를 받아야 한다.

⑤ 제4항의 신문은 그 사항에 관하여는 주신문으로 본다.

제77조【증언의 증명력을 다투기 위하여 필요한 사항의 신문】 ① 주신문 또는 반대신문의 경우에는 증언의 증명력을 다투기 위하여 필요한 사항에 관한 신문을 할 수 있다.

② 제1항에 규정한 신문은 증인의 경험, 기억 또는 표현의 정확성등 증언의 신빙성에 관한 사항 및 증인의 이해관계, 편견 또는 예단등 증인의 신용성에 관한 사항에 관하여 한다. 다만, 증인의 명예를 해치는 내용의 신문을 하여서는 아니된다.

제78조【재 주신문】 ① 주신문을 한 검사, 피고인 또는 변호인은 반대신문이 끝난 후 반대신문에 나타난 사항과 이와 관련된 사항에 관하여 다시 신문(이하 "재 주신문"이라 한다)을 할 수 있다.

② 재 주신문은 주신문의 예에 의한다.

③ 제76조제4항, 제5항의 규정은 재 주신문의 경우에 이를 준용한다.

제79조【재판장의 허가에 의한 재신문】 검사, 피고인 또는 변호인은 주신문, 반대신문 및 재 주신문이 끝난 후에도 재판장의 허가를 얻어 다시 신문을 할 수 있다.

제80조【재판장에 의한 신문순서 변경의 경우】 ① 재판장이 법 제161조의2제3항 전단의 규정에 의하여 검사, 피고인 및 변호인에 앞서 신문을 한 경우에 있어서 그 후에 하는 검사, 피고인 및 변호인의 신문에 관하여는 이를 신청한 자와 상대방의 구별에 따라 제75조 내지 제79조의 규정을 각 준용한다.

② 재판장이 법 제161조의2제3항 후단의 규정에 의하여 신문순서를 변경한 경우의 신문방법은 재판장이 정하는 바에 의한다.

제81조【직권에 의한 증인의 신문】 법 제161조의2제4항에 규정한 증인에 대하여 재판장이 신문한 후 검사, 피고인 또는 변호인이 신문하는 때에는 반대신문의 예에 의한다.

제82조【서류 또는 물건에 관한 신문】 ① 증인에 대하여 서류 또는 물건의 성립, 동일성 기타 이에 준하는 사항에 관한 신문을 할 때에는 그 서류 또는 물건을 제시할 수 있다.

② 제1항의 서류 또는 물건이 증거조사를 마치지 않은 것일 때에는 먼저 상대방에게 이를 열람할 기회를 주어야 한다. 다만, 상대방이 이의하지 아니할 때에는 그러하지 아니한다.

제83조【기억의 환기가 필요한 경우】 ① 증인의 기억이 명백치 아니한 사항에 관하여 기억을 환기시켜야 할 필요가 있을 때에는 재판장의 허가를 얻어 서류 또는 물건을 제시하면서 신문할 수 있다.

② 제1항의 경우에는 제시하는 서류의 내용이 증인의 진술에 부당한 영향을 미치지 아니하도록 하여야 한다.

③ 제82조제2항의 규정은 제1항의 경우에 이를 준용한다.

제84조【증언을 명확히 할 필요가 있는 경우】 ① 증인의 진술을 명확히 할 필요가 있을 때에는 도면, 사진, 모형, 장치등을 이용하여 신문할 수 있다.

② 제83조제2항의 규정은 제1항의 경우에 이를 준용한다.

제84조의2【증인의 증인신문조서 열람 등】 증인은 자신에 대한 증인신문조서 및 그 일부로 인용된 속기록, 녹음물, 영상녹화물 또는 녹취서의 열람, 등사 또는 사본을 청구할 수 있다.(2012.5.29 본조개정)

제84조의3【신뢰관계에 있는 사람의 동석】 ① 법 제163조의2에 따라 피해자와 동석할 수 있는 신뢰관계에 있는 사람은 피해자의 배우자, 직계친족, 형제자매,

가족, 동거인, 고용주, 변호사, 그 밖에 피해자의 심리적 안정과 원활한 의사소통에 도움을 줄 수 있는 사람을 말한다.(2012.5.29 본항개정)
② 법 제163조의2제1항에 따른 동석 신청에는 동석하고자 하는 자와 피해자 사이의 관계, 동석이 필요한 사유 등을 명시하여야 한다.
③ 재판장은 법 제163조의2제1항 또는 제2항에 따라 동석한 자가 부당하게 재판의 진행을 방해하는 때에는 동석을 중지시킬 수 있다.
(2012.5.29 본조제목개정)
(2007.10.29 본조신설)

제84조의4【비디오 등 중계장치 등에 의한 신문 여부의 결정】 ① 법원은 신문할 증인이 법 제165조의2제1항에서 정한 자에 해당한다고 인정될 경우, 증인으로 신문하는 결정을 할 때 비디오 등 중계장치에 의한 중계시설 또는 차폐시설을 통한 신문 여부를 함께 결정하여야 한다. 이 때 증인의 연령, 증언할 당시의 정신적·심리적 상태, 범행의 수단과 결과 및 범행 후의 피고인이나 사건관계인의 태도 등을 고려하여 판단하여야 한다.(2021.10.29 본항개정)
② 법원은 증인신문 전 또는 증인신문 중에도 비디오 등 중계장치에 의한 중계시설 또는 차폐시설을 통하여 신문할 것을 결정할 수 있다.
(2007.10.29 본조신설)

제84조의5【비디오 등 중계장치에 의한 신문의 실시】 제123조의13제1항내지 제4항과 제6항 내지 제8항은 법 제165조의2제1항, 제2항에 따라 비디오 등 중계장치에 의한 중계시설을 통하여 증인신문을 하는 경우에 준용한다.(2021.10.29 본조개정)

제84조의6【심리의 비공개】 ① 법원은 법 제165조의2제1항에 따라 비디오 등 중계장치에 의한 중계시설 또는 차폐시설을 통하여 증인을 신문하는 경우, 증인의 보호를 위하여 필요하다고 인정하는 경우에는 결정으로 이를 공개하지 아니할 수 있다.
(2021.10.29 본항개정)
② 증인으로 소환받은 증인과 그 가족은 증인보호 등의 사유로 증인신문의 비공개를 신청할 수 있다.
③ 재판장은 제2항의 신청이 있는 때에는 그 허가 여부 및 공개, 법정외의 장소에서의 신문 등 증인의 신문방식 및 장소에 관하여 결정하여야 한다.
④ 제1항의 결정을 한 경우에도 재판장은 적당하다고 인정되는 자의 재정을 허가할 수 있다.
(2007.10.29 본조신설)

제84조의7【중계시설의 동석 등】 ① 법원은 비디오 등 중계장치에 의한 중계시설을 통하여 증인신문을 하는 경우, 법 제163조의2의 규정에 의하여 신뢰관계에 있는 자를 동석하게 할 때에는 제84조의5에 정한 비디오 등 중계장치에 의한 중계시설에 동석하게 한다.
② 법원은 법원 직원이나 비디오 등 중계장치에 의한 중계시설을 관리하는 사람으로 하여금 비디오 등 중계장치의 조작과 증인신문 절차를 보조하게 할 수 있다.
(2021.10.29 본항개정)

제84조의8【증인을 위한 배려】 ① 법 제165조의2제1항에 따라 증인신문을 하는 경우, 증인은 증언을 보조할 수 있는 인형, 그림 그 밖에 적절한 도구를 사용할 수 있다.(2021.10.29 본항개정)
② 제1항의 증인은 증언을 하는 동안 담요, 장난감, 인형 등 증인이 선택하는 물품을 소지할 수 있다.
(2007.10.29 본조신설)

제84조의9【차폐시설 등】 ① 법원은 법 제165조의2제1항에 따라 차폐시설을 설치함에 있어 피고인과 증인이 서로의 모습을 볼 수 없도록 필요한 조치를 취하여야 한다.
② 법 제165조의2제1항에 따라 비디오 등 중계장치에 의한 중계시설을 통하여 증인신문을 할 때 중계장치를 통하여 증인이 피고인을 대면하거나 피고인이 증인을 대면하는 것이 증인의 보호를 위하여 상당하지 않다고 인정되는 경우 재판장은 검사, 변호인의 의견을 들어 증인 또는 피고인이 상대방을 영상으로 인식할 수 있는 장치의 작동을 중지시킬 수 있다.
(2021.10.29 본항신설)
(2021.10.29 본조개정)

제84조의10【증인지원시설의 설치 및 운영】 ① 법원은 특별한 사정이 없는 한 예산의 범위 안에서 증인의 보호 및 지원에 필요한 시설을 설치한다.
② 법원은 제1항의 시설을 설치한 경우, 예산의 범위 안에서 그 시설을 관리·운영하고 증인의 보호 및 지원을 담당하는 직원을 둔다.
(2012.5.29 본조신설)

제13장 감정 등
(2021.10.29 본장제목개정)

제85조【감정유치장의 기재사항 등】 ① 감정유치장에는 피고인의 성명, 주민등록번호 등, 직업, 주거, 죄명, 범죄사실의 요지, 유치할 장소, 유치기간, 감정의 목적 및 유효기간과 그 기간 경과후에는 집행에 착수하지 못하고 영장을 반환하여야 한다는 취지를 기재하고 재판장 또는 수명법관이 서명날인하여야 한다.
(2007.10.29 본항개정)
② 감정유치기간의 연장이나 단축 또는 유치할 장소의 변경 등은 결정으로 한다.

제86조【간수의 신청방법】 법 제172조제5항의 규정에 의한 신청은 피고인의 간수를 필요로 하는 사유를 명시하여 서면으로 하여야 한다.(1996.12.3 본조개정)

제87조【비용의 지급】 ① 법원은 감정하기 위하여 피고인을 병원 기타 장소에 유치한 때에는 그 관리자의 청구에 의하여 입원료 기타 수용에 필요한 비용을 지급하여야 한다.
② 제1항의 비용은 법원이 결정으로 정한다.

제88조【준용규정】 구속에 관한 규정은 이 규칙에 특별한 규정이 없는 경우에는 감정하기 위한 피고인의 유치에 이를 준용한다. 다만, 보석에 관한 규정은 그러하지 아니하다.

제89조【감정허가장의 기재사항】 ① 감정에 필요한 처분의 허가장에는 법 제173조제2항에 규정한 사항외에 감정인의 직업, 유효기간을 경과하면 허가된 처분에 착수하지 못하며 허가장을 반환하여야 한다는 취지 및 발부연월일을 기재하고 재판장 또는 수명법관이 서명날인하여야 한다.
② 법원이 감정에 필요한 처분의 허가에 관하여 조건을 붙인 경우에는 제1항의 허가장에 이를 기재하여야 한다.

제89조의2【감정자료의 제공】 재판장은 필요하다고 인정하는 때에는 감정인에게 소송기록에 있는 감정에 참고가 될 자료를 제공할 수 있다.(1996.12.3 본조신설)

제89조의3【감정서의 설명】 ① 법 제179조의2제2항의 규정에 의하여 감정서의 설명을 하게 할 때에는 검사, 피고인 또는 변호인을 참여하게 하여야 한다.
② 제1항의 설명의 요지는 조서에 기재하여야 한다.
(1996.12.3 본조신설)

제90조【준용규정】 제12장의 규정은 구인에 관한 규정을 제외하고는 감정, 통역과 번역에 이를 준용한다.
(2021.10.29 본조개정)

제14장 증거보전

제91조【증거보전처분을 하여야 할 법관】 ① 증거보전의 청구는 다음 지역을 관할하는 지방법원 판사에게 하여야 한다.
1. 압수에 관하여는 압수할 물건의 소재지
2. 수색 또는 검증에 관하여는 수색 또는 검증할 장소, 신체 또는 물건의 소재지
3. 증인신문에 관하여는 증인의 주거지 또는 현재지
4. 감정에 관하여는 감정대상의 소재지 또는 현재지
② 감정의 청구는 제1항제4호의 규정에 불구하고 감정함에 편리한 지방법원판사에게 할 수 있다.

제92조【청구의 방식】 ① 증거보전청구서에는 다음 사항을 기재하여야 한다.
1. 사건의 개요
2. 증명할 사실
3. 증거 및 보전의 방법
4. 증거보전을 필요로 하는 사유
② (1996.12.3 삭제)

제15장 소송비용
(2020.6.26 본장신설)

제92조의2【듣거나 말하는 데 장애가 있는 사람을 위한 비용 등】 듣거나 말하는 데 장애가 있는 사람을 위한 통역·속기·녹음·녹화 등에 드는 비용은 국고에서 부담하고, 형사소송법 제186조부터 제194조까지에 따라 피고인 등에게 부담하게 할 소송비용에 산입하지 아니한다.

제2편 제1심

제1장 수 사

제93조【영장청구의 방식】 ① 영장의 청구는 서면으로 하여야 한다.
② 체포영장 및 구속영장의 청구서에는 범죄사실의 요지를 따로 기재한 서면 1통(수통의 영장을 청구하는 때에는 그에 상응하는 통수)을 첨부하여야 한다.
(2007.10.29 본항개정)
③ 압수·수색·검증영장의 청구서에는 범죄사실의 요지, 압수·수색·검증의 장소 및 대상을 따로 기재한 서면 1통(수통의 영장을 청구하는 때에는 그에 상응하는 통수)을 첨부하여야 한다.(2007.10.29 본항신설)

제94조【영장의 방식】 검사의 청구에 의하여 발부하는 영장에는 그 영장을 청구한 검사의 성명과 그 검사의 청구에 의하여 발부한다는 취지를 기재하여야 한다.(1996.12.3 본조개정)

제95조【체포영장청구서의 기재사항】 체포영장의 청구서에는 다음 각 호의 사항을 기재하여야 한다.
1. 피의자의 성명(분명하지 아니한 때에는 인상, 체격, 그 밖에 피의자를 특정할 수 있는 사항), 주민등록번호 등, 직업, 주거
2. 피의자에게 변호인이 있는 때에는 그 성명
3. 죄명 및 범죄사실의 요지
4. 7일을 넘는 유효기간을 필요로 하는 때에는 그 취지 및 사유
5. 여러 통의 영장을 청구하는 때에는 그 취지 및 사유
6. 인치구금할 장소
7. 법 제200조의2제1항에 규정한 체포의 사유
8. 동일한 범죄사실에 관하여 그 피의자에 대하여 전에 체포영장을 청구하였거나 발부받은 사실이 있는 때에는 다시 체포영장을 청구하는 취지 및 이유
9. 현재 수사 중인 다른 범죄사실에 관하여 그 피의자에 대하여 발부된 유효한 체포영장이 있는 경우에는 그 취지 및 그 범죄사실
(2007.10.29 본조개정)

제95조의2【구속영장청구서의 기재사항】 구속영장의 청구서에는 다음 각 호의 사항을 기재하여야 한다.
1. 제95조제1호부터 제6호까지 규정한 사항
2. 법 제70조제1항 각 호에 규정한 구속의 사유
3. 피의자의 체포여부 및 체포된 경우에는 그 형식
4. 법 제200조의6, 법 제87조에 의하여 피의자가 지정한 사람에게 체포이유 등을 알린 경우에는 그 사람의 성명과 연락처
(2007.10.29 본조신설)

제96조【자료의 제출등】 ① 체포영장의 청구에는 체포의 사유 및 필요를 인정할 수 있는 자료를 제출하여야 한다.
② 체포영장에 의하여 체포된 자 또는 현행범인으로 체포된 자에 대하여 구속영장을 청구하는 경우에는 법 제201조제2항에 규정한 자료외에 다음 각호의 자료를 제출하여야 한다.
1. 피의자가 체포영장에 의하여 체포된 자인 때에는 체포영장
2. 피의자가 현행범인으로 체포된 자인 때에는 그 취지와 체포의 일시 및 장소가 기재된 서류
③ 법 제214조의2제1항에 규정한 자는 체포영장 또는 구속영장의 청구를 받은 판사에게 유리한 자료를 제출할 수 있다.
④ 판사는 영장 청구서의 기재 사항에 흠결이 있는 경우에는 전화 기타 신속한 방법으로 영장을 청구한 검사에게 그 보정을 요구할 수 있다.(1997.12.31 본항신설)
(1997.12.31 본조제목개정)
(1996.12.3 본조개정)

제96조의2【체포의 필요】 체포영장의 청구를 받은 판사는 체포의 사유가 있다고 인정되는 경우에도 피의자의 연령과 경력, 가족관계나 교우관계, 범죄의 경중 및 태양 기타 제반 사정에 비추어 피의자가 도망할 염려가 없고 증거를 인멸할 염려가 없는 등 명백히 체포의 필요가 없다고 인정되는 때에는 체포영장의 청구를 기각하여야 한다.(1996.12.3 본조신설)

제96조의3【인치·구금할 장소의 변경】 검사는 체포영장을 발부받은 후 피의자를 체포하기 이전에 체포영장을 첨부하여 판사에게 인치·구금할 장소의 변경을 청구할 수 있다.(1997.12.31 본조신설)

제96조의4【체포영장의 갱신】 검사는 체포영장의 유효기간을 연장할 필요가 있다고 인정하는 때에는 그 사유를 소명하여 다시 체포영장을 청구하여야 한다.
(1997.12.31 본조개정)

제96조의5【영장전담법관의 지정】 지방법원 또는 지원의 장은 구속영장청구에 대한 심사를 위한 전담법관을 지정할 수 있다.(1996.12.3 본조신설)

제96조의6~제96조의10 (2007.10.29 삭제)

제96조의11【구인 피의자의 유치등】 ① 구인을 위한 구속영장의 집행을 받아 인치된 피의자를 법원에 유치한 경우에 법원사무관등은 피의자의 도망을 방지하기 위한 적절한 조치를 취하여야 한다.
② 제1항의 피의자를 법원외의 장소에 유치하는 경우에 판사는 구인을 위한 구속영장에 유치할 장소를 기재하고 서명날인하여 이를 교부하여야 한다.
(1997.12.31 본조신설)

제96조의12【심문기일의 지정, 통지】 ① (2007.10.29 삭제)
② 체포된 피의자외의 피의자에 대한 심문기일은 관계인에 대한 심문기일의 통지 및 그 출석에 소요되는 시간 등을 고려하여 피의자가 법원에 인치된 때로부터 가능한 한 빠른 일시로 지정하여야 한다.
(1997.12.31 본항신설)

③ 심문기일의 통지는 서면 이외에 구술·전화·모사전송·전자우편·휴대전화 문자전송 그 밖에 적당한 방법으로 신속하게 하여야 한다. 이 경우 통지의 증명은 그 취지를 심문조서에 기재함으로써 할 수 있다.
(2007.10.29 본항개정)

제96조의13【피의자의 심문절차】 ① 판사는 피의자가 심문기일에의 출석을 거부하거나 질병 그 밖의 사유로 출석이 현저하게 곤란하고, 피의자를 심문 법정에 인치할 수 없다고 인정되는 때에는 피의자의 출석 없이 심문절차를 진행할 수 있다.
② 검사는 피의자가 심문기일에의 출석을 거부하는 때에는 판사에게 그 취지 및 사유를 기재한 서면을 작성 제출하여야 한다.
③ 제1항의 규정에 의하여 심문절차를 진행할 경우에는 출석한 검사 및 변호인의 의견을 듣고, 수사기록 그 밖에 적당하다고 인정하는 방법으로 구속사유의 유무를 조사할 수 있다.
(2007.10.29 본조개정)

제96조의14【심문의 비공개】 피의자에 대한 심문절차는 공개하지 아니한다. 다만, 판사는 상당하다고 인정하는 경우에는 피의자의 친족, 피해자 등 이해관계인의 방청을 허가할 수 있다.(1996.12.3 본조신설)

제96조의15【심문장소】 피의자의 심문은 법원청사내에서 하여야 한다. 다만, 피의자가 출석을 거부하거나 질병 기타 부득이한 사유로 법원에 출석할 수 없는 때에는 경찰서, 구치소 기타 적당한 장소에서 심문할 수 있다.(1996.12.3 본조신설)

제96조의16【심문기일의 절차】 ① 판사는 피의자에게 구속영장청구서에 기재된 범죄사실의 요지를 고지하고, 피의자에게 일체의 진술을 하지 아니하거나 개개의 질문에 대하여 진술을 거부할 수 있으며, 이익되는 사실을 진술할 수 있음을 알려주어야 한다.
② 판사는 구속 여부를 판단하기 위하여 필요한 사항에 관하여 신속하고 간결하게 심문하여야 한다. 증거인멸 또는 도망의 염려를 판단하기 위하여 필요한 때에는 피의자의 경력, 가족관계나 교우관계 등 개인적인 사항에 관하여 심문할 수 있다.
③ 검사와 변호인은 판사의 심문이 끝난 후에 의견을 진술할 수 있다. 다만, 필요한 경우에는 심문 도중에도 판사의 허가를 얻어 의견을 진술할 수 있다.
④ 피의자는 판사의 심문 도중에도 변호인에게 조력을 구할 수 있다.
⑤ 판사는 구속 여부의 판단을 위하여 필요하다고 인정하는 때에는 심문장소에 출석한 피해자 그 밖의 제3자를 심문할 수 있다.
⑥ 구속영장이 청구된 피의자의 법정대리인, 배우자, 직계친족, 형제자매나 가족, 동거인 또는 고용주는 판사의 허가를 얻어 사건에 관한 의견을 진술할 수 있다.
⑦ 판사는 심문을 위하여 필요하다고 인정하는 경우에는 호송경찰관 기타의 자를 퇴실하게 하고 심문을 진행할 수 있다.
(2007.10.29 본조개정)

제96조의17 (2007.10.29 삭제)

제96조의18【처리시각의 기재】 구속영장을 청구받은 판사가 피의자심문을 한 경우 법원사무관등은 구속영장에 구속영장청구서·수사관계서류 및 증거물을 접수한 시각과 이를 반환한 시각을 기재하여야 한다. 다만, 체포된 피의자 외의 피의자에 대하여는 그 반환 시각을 기재한다.(1997.12.31 본조신설)

제96조의19【영장발부와 통지】 ① 법 제204조의 규정에 의한 통지는 다음 각호의 1에 해당하는 사유가 발생한 경우에 이를 하여야 한다.
1. 피의자를 체포 또는 구속하지 아니하거나 못한 경우
2. 체포 후 구속영장 청구기간이 만료하거나 구속 후 구속기간이 만료하여 피의자를 석방한 경우
3. 체포 또는 구속의 취소로 피의자를 석방한 경우
4. 체포된 국회의원에 대하여 헌법 제44조의 규정에 의한 석방요구가 있어 체포영장의 집행이 정지된 경우
5. 구속집행정지의 경우

② 제1항의 통지서에는 다음 각호의 사항을 기재하여야 한다.
1. 피의자의 성명
2. 제1항 각호의 사유 및 제1항제2호 내지 제5호에 해당하는 경우에는 그 사유 발생일
3. 영장 발부 연월일 및 영장번호

③ 제1항제1호에 해당하는 경우에는 체포영장 또는 구속영장의 원본을 첨부하여야 한다.
(1997.12.31 본조신설)

제96조의20【변호인의 접견 등】 ① 변호인은 구속영장이 청구된 피의자에 대한 심문 시작 전에 피의자와 접견할 수 있다.
② 지방법원 판사는 심문할 피의자의 수, 사건의 성격 등을 고려하여 변호인과 피의자의 접견 시간을 정할 수 있다.
③ 지방법원 판사는 검사 또는 사법경찰관에게 제1항의 접견에 필요한 조치를 요구할 수 있다.
(2006.8.17 본조신설)

제96조의21【구속영장청구서 및 소명자료의 열람】 ① 피의자 심문에 참여할 변호인은 지방법원 판사에게 제출된 구속영장청구서 및 그에 첨부된 고소·고발장, 피의자의 진술을 기재한 서류와 피의자가 제출한 서류를 열람할 수 있다.
② 검사는 증거인멸 또는 피의자나 공범 관계에 있는 자가 도망할 염려가 있는 등 수사에 방해가 될 염려가 있는 때에는 지방법원 판사에게 제1항에 규정된 서류(구속영장청구서는 제외한다)의 열람 제한에 관한 의견을 제출할 수 있고, 지방법원 판사는 검사의 의견이 상당하다고 인정하는 때에는 그 전부 또는 일부의 열람을 제한할 수 있다.(2011.12.30 본항개정)
③ 지방법원 판사는 제1항의 열람에 관하여 그 일시, 장소를 지정할 수 있다.
(2006.8.17 본조신설)

제96조의22【심문기일의 변경】 판사는 지정된 심문기일에 피의자를 심문할 수 없는 특별한 사정이 있는 경우에는 그 심문기일을 변경할 수 있다.
(2007.10.29 본조신설)

제97조【구속기간연장의 신청】 ① 구속기간연장의 신청은 서면으로 하여야 한다.
② 제1항의 서면에는 수사를 계속하여야 할 상당한 이유와 연장을 구하는 기간을 기재하여야 한다.

제98조【구속기간연장기간의 계산】 구속기간연장허가결정이 있은 경우에 그 연장기간은 법 제203조의 규정에 의한 구속기간만료 다음날로부터 기산한다.

제99조【재체포·재구속영장의 청구】 ① 재체포영장의 청구서에는 재체포영장의 청구라는 취지와 법 제200조의2제4항에 규정한 재체포의 이유 또는 법 제214조의3에 규정한 재체포의 사유를 기재하여야 한다.
② 재구속영장의 청구서에는 재구속영장의 청구라는 취지와 법 제208조제1항 또는 법 제214조의3에 규정한 재구속의 사유를 기재하여야 한다.
③ 제95조, 제95조의2, 제96조, 제96조의2 및 제96조의4의 규정은 재체포 또는 재구속의 영장의 청구 및 그 심사에 이를 준용한다.(2007.10.29 본항개정)
(1996.12.3 본조개정)

제100조【준용규정】 ① 제46조, 제49조제1항 및 제51조의 규정은 검사 또는 사법경찰관의 피의자 체포 또는 구속에 이를 준용한다. 다만, 체포영장에는 법 제200조의2제1항에서 규정한 체포의 사유를 기재하여야 한다.
(1996.12.3 본항개정)
② 체포영장에 의하여 체포되었거나 현행범으로 체포된 피의자에 대하여 구속영장청구가 기각된 경우에는 법 제200조의4제2항의 규정을 준용한다.(1996.12.3 본항신설)
③ 제96조의3의 규정은 구속영장의 인치·구금할 장소의 변경 청구에 준용한다.(2020.12.28 본항신설)

제101조【체포·구속적부심사청구권자의 체포·구속영장등본 교부청구 등】 구속영장이 청구되거나 체포 또는 구속된 피의자, 그 변호인, 법정대리인, 배우자, 직계친족, 형제자매나 동거인 또는 고용주는 긴급체포서, 현행범인체포서, 체포영장, 구속영장 또는 그 청구서를 보관하고 있는 검사, 사법경찰관 또는 법원사무관등에게 그 등본의 교부를 청구할 수 있다.
(2007.10.29 본조개정)

판례 기소 전이라고 할지라도 변호인에게는 체포영장에 대한 열람등사청구권이 존재하므로 등사를 거부한 행위는 피체포자를 조력할 권리와 알권리를 침해해 위법하다. 또한 체포영장과 같은 소송서류에 대한 등사신청이나 그 등본의 수령행위는 단순한 사실행위에 불과해 신청권자의 위임을 받은 대리인 내지 사자(使者)가 대신 행사한다고 하여 그 내용이 달라지는 것도 아니어서 변호인이 반드시 이를 직접 행사해야 할 필요가 없으며, 신청권자 본인만이 등사신청을 할 수 있는 것으로 제한하는 근거 규정도 없으므로 변호인은 직원 등사자를 통해 이를 신청할 수 있다.(대판 2012.9.13, 2010다24879)

제102조【체포·구속적부심사청구서의 기재사항】 체포 또는 구속의 적부심사청구서에는 다음 사항을 기재하여야 한다.(1996.12.3 본문개정)
1. 체포 또는 구속된 피의자의 성명, 주민등록번호 등, 주거(2007.10.29 본호개정)
2. 체포 또는 구속된 일자(2007.10.29 본호개정)
3. 청구의 취지 및 청구의 이유
4. 청구인의 성명 및 체포 또는 구속된 피의자와의 관계(1996.12.3 본호개정)

(1996.12.3 본조제목개정)

제103조 (2007.10.29 삭제)

제104조【심문기일의 통지 및 수사관계서류 등의 제출】 ① 체포 또는 구속의 적부심사의 청구를 받은 법원은 지체 없이 청구인, 변호인, 검사 및 피의자를 구금하고 있는 관서(경찰서, 교도소 또는 구치소 등)의 장에게 심문기일과 장소를 통지하여야 한다.
(2007.10.29 본항개정)
② 사건을 수사 중인 검사 또는 사법경찰관은 제1항의 심문기일까지 수사관계서류와 증거물을 법원에 제출하여야 하고, 피의자를 구금하고 있는 관서의 장은 위 심문기일에 피의자를 출석시켜야 한다. 법원사무관 등은 체포적부심사청구사건의 기록표지에 수사관계서류와 증거물의 접수 및 반환의 시각을 기재하여야 한다.(1996.12.3 후단신설)
③ 제54조의2제3항의 규정은 제1항에 따른 통지에 이를 준용한다.(2007.10.29 본항개정)

제104조의2【준용규정】 제96조의21의 규정은 체포·구속의 적부심사를 청구한 피의자의 변호인에게 이를 준용한다.(2006.8.17 본조신설)

제105조【심문기일의 절차】 ① 법 제214조의2제9항에 따라 심문기일에 출석한 검사·변호인·청구인은 법원의 심문이 끝난 후 의견을 진술할 수 있다. 다만, 필요한 경우에는 심문 도중에도 판사의 허가를 얻어 의견을 진술할 수 있다.
② 피의자는 판사의 심문 도중에도 변호인에게 조력을 구할 수 있다.
③ 체포 또는 구속된 피의자, 변호인, 청구인은 피의자에게 유리한 자료를 낼 수 있다.
④ 법원은 피의자의 심문을 합의부원에게 명할 수 있다.
(2007.10.29 본조개정)

제106조【결정의 기한】 체포 또는 구속의 적부심사청구에 대한 결정은 체포 또는 구속된 피의자에 대한 심문이 종료된 때로부터 24시간이내에 이를 하여야 한다.(1996.12.3 본조개정)

제107조【압수, 수색, 검증 영장청구서의 기재사항】 ① 압수, 수색 또는 검증을 위한 영장의 청구서에는 다음 각호의 사항을 기재하여야 한다.
1. 제95조제1호부터 제5호까지에 규정한 사항 (2007.10.29 본호개정)
2. 압수할 물건, 수색 또는 검증할 장소, 신체나 물건
3. 압수, 수색 또는 검증의 사유
4. 일출전 또는 일몰후에 압수, 수색 또는 검증을 할 필요가 있는 때에는 그 취지 및 사유
5. 법 제216조제3항에 따라 청구하는 경우에는 영장 없이 압수, 수색 또는 검증을 한 일시 및 장소
6. 법 제217조제2항에 따라 청구하는 경우에는 체포한 일시 및 장소와 영장 없이 압수, 수색 또는 검증을 한 일시 및 장소

(2007.10.29 5호~6호신설)
7. 「통신비밀보호법」 제2조제3호에 따른 전기통신을 압수·수색하고자 할 경우 그 작성기간 (2011.12.30 본호신설)

(1996.12.3 본항개정)
② 신체검사를 내용으로 하는 검증을 위한 영장의 청구서에는 제1항 각호의 사항외에 신체검사를 필요로 하는 이유와 신체검사를 받을 자의 성별, 건강상태를 기재하여야 한다.

제108조【자료의 제출】 ① 법 제215조의 규정에 의한 청구를 할 때에는 피의자에게 범죄의 혐의가 있다고 인정되는 자료와 압수, 수색 또는 검증의 필요 및 해당 사건과의 관련성을 인정할 수 있는 자료를 제출하여야 한다.(2011.12.30 본항개정)
② 피의자 아닌 자의 신체, 물건, 주거 기타 장소의 수색을 위한 영장의 청구를 할 때에는 압수하여야 할 물건이 있다고 인정될 만한 자료를 제출하여야 한다.

제109조【준용규정】 제58조, 제62조의 규정은 검사 또는 사법경찰관의 압수, 수색에 제64조, 제65조의 규정은 검사 또는 사법경찰관의 검증에 각 이를 준용한다.

제110조【압수, 수색, 검증의 참여】 검사 또는 사법경찰관이 압수, 수색, 검증을 함에는 법 제243조에 규정한 자를 각 참여하게 하여야 한다.

제111조【제1회 공판기일 전 증인신문청구서의 기재사항】 법 제221조의2에 따른 증인신문 청구서에는 다음 각 호의 사항을 기재하여야 한다.
1. 증인의 성명, 직업 및 주거
2. 피의자 또는 피고인의 성명
3. 죄명 및 범죄사실의 요지
4. 증명할 사실
5. 신문사항
6. 증인신문청구의 요건이 되는 사실
7. 피의자 또는 피고인에게 변호인이 있는 때에는 그 성명

(2007.10.29 본조개정)

제112조【증인신문등의 통지】 판사가 법 제221조의2에 따른 증인신문을 실시할 경우에는 피고인, 피의자 또는 변호인에게 신문기일과 장소 및 증인신문에 참여할 수 있다는 취지를 통지하여야 한다.
(2007.10.29 본조개정)

제113조【감정유치청구서의 기재사항】 법 제221조의3에 따른 감정유치청구서에는 다음 각호의 사항을 기재하여야 한다.(2007.10.29 본문개정)
1. 제95조제1호부터 제5호까지에 규정한 사항(2007.10.29 본호개정)
2. 유치할 장소 및 유치기간
3. 감정의 목적 및 이유
4. 감정인의 성명, 직업
(1996.12.3 본조개정)

제114조【감정에 필요한 처분허가청구서의 기재사항】 법 제221조의4의 규정에 의한 처분허가청구서에는 다음 각호의 사항을 기재하여야 한다.
1. 법 제173조제2항에 규정한 사항. 다만, 피의자의 성명이 분명하지 아니한 때에는 인상, 체격 기타 피의자를 특정할 수 있는 사항을 기재하여야 한다.
2. 제95조제2호 내지 제5호에 규정한 사항
3. 감정에 필요한 처분의 이유
(1996.12.3 본조개정)

제115조【준용규정】 제85조, 제86조 및 제88조의 규정은 법 제221조의3에 규정한 유치처분에, 제89조의 규정은 법 제221조의4에 규정한 허가장에 각 이를 준용한다.

제116조【고소인의 신분관계 자료제출】 ① 법 제225조 내지 제227조의 규정에 의하여 고소할 때에는 고소인과 피해자와의 신분관계를 소명하는 서면을, 법 제229조에 의하여 고소할 때에는 혼인의 해소 또는 이혼소송의 제기사실을 소명하는 서면을 각 제출하여야 한다.
② 법 제228조의 규정에 의하여 검사의 지정을 받은 고소인이 고소할 때에는 그 지정받은 사실을 소명하는 서면을 제출하여야 한다.

제2장 공 소

제117조【공소장의 기재요건】 ① 공소장에는 법 제254조제3항에 규정한 사항외에 다음 각호의 사항을 기재하여야 한다.
1. 피고인의 주민등록번호 등, 직업, 주거 및 등록기준지. 다만, 피고인이 법인인 때에는 사무소 및 대표자의 성명과 주소(2007.10.29 본호개정)
2. 피고인이 구속되어 있는지 여부
② 제1항제1호에 규정한 사항이 명백하지 아니할 때에는 그 취지를 기재하여야 한다.

제118조【공소장의 첨부서류】 ① 공소장에는, 공소제기전에 변호인이 선임되거나 보조인의 신고가 있는 경우 그 변호인선임서 또는 보조인신고서를, 공소제기전에 특별대리인의 선임이 있는 경우 그 특별대리인 선임결정등본을, 공소제기 당시 피고인이 구속되어 있거나, 체포 또는 구속된 후 석방된 경우 체포영장, 긴급체포서, 구속영장 기타 구속에 관한 서류를 각 첨부하여야 한다.
② 공소장에는 제1항에 규정한 서류외에 사건에 관하여 법원에 예단이 생기게 할 수 있는 서류 기타 물건을 첨부하거나 그 내용을 인용하여서는 아니된다.
(1996.12.3 본조개정)

제119조 (2007.10.29 삭제)

제120조【재정신청인에 대한 통지】 법원은 재정신청서를 송부받은 때에는 송부받은 날로부터 10일 이내에 피의자 이외에 재정신청인에게도 그 사유를 통지하여야 한다.(2007.10.29 본조개정)

제121조【재정신청의 취소방식 및 취소의 통지】 ① 법 제264조제2항에 규정된 취소는 관할 고등법원에 서면으로 하여야 한다. 다만, 기록이 관할고등법원에 송부되기 전에는 그 기록이 있는 검찰청 검사장 또는 지청장에게 하여야 한다.
② 제1항의 취소서를 제출받은 고등법원의 법원사무관등은 즉시 관할 고등검찰청 검사장 및 피의자에게 그 사유를 통지하여야 한다.(2007.10.29 본항개정)

제122조【재정신청에 대한 결정과 이유의 기재】 법 제262조제2항제2호에 따라 공소제기를 결정하는 때에는 죄명과 공소사실이 특정될 수 있도록 이유를 명시하여야 한다.(2007.10.29 본조개정)

제122조의2【국가에 대한 비용부담의 범위】 법 제262조의3제1항에 따른 비용은 다음 각 호에 해당하는 것으로 한다.
1. 증인·감정인·통역인(듣거나 말하는 데 장애가 있는 사람을 위한 통역인을 제외한다)·번역인에게 지급되는 일당·여비·숙박료·감정료·통역료·번역료(2020.6.26 본호개정)
2. 현장검증 등을 위한 법관, 법원사무관 등의 출장경비
3. 그 밖에 재정신청 사건의 심리를 위하여 법원이 지출한 송달료 등 절차진행에 필요한 비용
(2007.10.29 본조신설)

제122조의3【국가에 대한 비용부담의 절차】 ① 법 제262조의3제1항에 따른 재판의 집행에 관하여는 법 제477조의 규정을 준용한다.
② 제1항의 비용의 부담을 명하는 재판에 그 금액을 표시하지 아니한 때에는 집행을 지휘하는 검사가 산정한다.
(2007.10.29 본조신설)

제122조의4【피의자에 대한 비용지급의 범위】 ① 법 제262조의3제2항과 관련한 비용은 다음 각 호에 해당하는 것으로 한다.
1. 피의자 또는 변호인이 출석함에 필요한 일당·여비·숙박료
2. 피의자가 변호인에게 부담하였거나 부담하여야 할 선임료
3. 기타 재정신청 사건의 절차에서 피의자가 지출한 비용으로 법원이 피의자의 방어권행사에 필요하다고 인정한 비용
② 제1항제2호의 비용을 계산함에 있어 선임료를 부담하였거나 부담할 변호인이 여러 명이 있은 경우에는 그 중 가장 고액의 선임료를 상한으로 한다.
③ 제1항제2호의 변호사 선임료는 사안의 성격·난이도, 조사에 소요된 기간 그 밖에 변호인의 변론활동에 소요된 노력의 정도 등을 종합적으로 고려하여 상당하다고 인정되는 금액으로 정한다.
(2007.10.29 본조신설)

제122조의5【피의자에 대한 비용지급의 절차】 ① 피의자가 법 제262조의3제2항에 따른 신청을 할 때에는 다음 각 호의 사항을 기재한 서면을 재정신청사건의 관할 법원에 제출하여야 한다.
1. 재정신청 사건번호
2. 피의자 및 재정신청인
3. 피의자가 재정신청절차에서 실제 지출하였거나 지출하여야 할 금액 및 그 용도
4. 재정신청인에게 지급을 구하는 금액 및 그 이유
② 피의자는 제1항의 서면을 제출함에 있어 비용명세서 그 밖에 비용액을 소명하는 데 필요한 서면과 고소인 수에 상응하는 부본을 함께 제출하여야 한다.
③ 법원은 제1항 및 제2항의 서면의 부본을 재정신청인에게 송달하여야 하고, 재정신청인은 위 서면을 송달받은 날로부터 10일 이내에 이에 대한 의견을 서면으로 법원에 낼 수 있다.
④ 법원은 필요하다고 인정하는 경우에는 피의자 또는 변호인에게 비용액의 심리를 위하여 필요한 자료의 제출 등을 요구할 수 있고, 재정신청인, 피의자 또는 변호인을 심문할 수 있다.
⑤ 비용지급명령에는 피의자 및 재정신청인, 지급을 명하는 금액을 표시하여야 한다. 비용지급명령의 이유는 특히 필요하다고 인정되는 경우가 아니면 이를 기재하지 아니한다.
⑥ 비용지급명령은 피의자 및 재정신청인에게 송달하여야 하고, 법 제262조의3제3항에 따른 즉시항고기간은 피의자 또는 재정신청인이 비용지급명령서를 송달받은 날부터 진행한다.
⑦ 확정된 비용지급명령정본은 「민사집행법」에 따른 강제집행에 관하여는 민사절차에서의 집행력 있는 판결정본과 동일한 효력이 있다.
(2007.10.29 본조신설)

제3장 공 판

제1절 공판준비와 공판절차

제123조【제1회 공판기일소환장의 송달시기】 피고인에 대한 제1회 공판기일소환장은 법 제266조의 규정에 의한 공소장부본의 송달전에는 이를 송달하여서는 아니된다.

제123조의2【공소제기 후 검사가 보관하는 서류 등의 열람·등사 신청】 법 제266조의3제1항의 신청은 다음 사항을 기재한 서면으로 하여야 한다.
1. 사건번호, 사건명, 피고인
2. 신청인 및 피고인과의 관계
3. 열람 또는 등사할 대상
(2007.10.29 본조신설)

제123조의3【영상녹화물과 열람·등사】 법 제221조·법 제244조의2에 따라 작성된 영상녹화물에 대한 법 제266조의3의 열람·등사는 원본과 함께 작성된 부본에 의하여 이를 행할 수 있다.(2007.10.29 본조신설)

제123조의4【법원에 대한 열람·등사 신청】 ① 법 제266조의4제1항의 신청은 다음 사항을 기재한 서면으로 하여야 한다.
1. 열람 또는 등사를 구하는 서류 등의 표목
2. 열람 또는 등사를 필요로 하는 사유
② 제1항의 신청서에는 다음 각 호의 서류를 첨부하여야 한다.
1. 제123조의2의 신청서 사본
2. 검사의 열람·등사 불허 또는 범위 제한 통지서. 다만 검사가 서면으로 통지하지 않은 경우에는 그 사유를 기재한 서면
3. 신청서 부본 1부
③ 법원은 제1항의 신청이 있는 경우, 즉시 신청서 부본을 검사에게 송부하여야 하고, 검사는 이에 대한 의견을 제시할 수 있다.
④ 제1항, 제2항제1호·제3호의 규정은 법 제266조의11제3항에 따른 검사의 신청에 이를 준용한다. 법원은 검사의 신청이 있는 경우 즉시 신청서 부본을 피고인 또는 변호인에게 송부하여야 하고, 피고인 또는 변호인은 이에 대한 의견을 제시할 수 있다.
(2007.10.29 본조신설)

제123조의5【공판준비기일 또는 공판기일에서의 열람·등사】 ① 검사, 피고인 또는 변호인은 공판준비 또는 공판기일에서 법원의 허가를 얻어 구두로 상대방에게 법 제266조의3·제266조의11에 따른 서류 등의 열람 또는 등사를 신청할 수 있다.
② 상대방이 공판준비 또는 공판기일에서 서류 등의 열람 또는 등사를 거부하거나 그 범위를 제한한 때에는 법원은 법 제266조의4제2항의 결정을 할 수 있다.
③ 제1항, 제2항에 따른 신청과 결정은 공판준비 또는 공판기일의 조서에 기재하여야 한다.
(2007.10.29 본조신설)

제123조의6【재판의 고지 등에 관한 특례】 법원은 서면 이외에 전화·모사전송·전자우편·휴대전화 문자전송 그 밖에 적당한 방법으로 검사·피고인 또는 변호인에게 공판준비와 관련된 의견을 요청하거나 결정을 고지할 수 있다.(2007.10.29 본조신설)

제123조의7【쟁점의 정리】 ① 사건이 공판준비절차에 부쳐진 때에는 검사는 증명하려는 사실을 밝히고 이를 증명하는 데 사용할 증거를 신청하여야 한다.
② 피고인 또는 변호인은 검사의 증명사실과 증거신청에 대한 의견을 밝히고, 공소사실에 관한 사실상·법률상 주장과 그에 대한 증거를 신청하여야 한다.
③ 검사·피고인 또는 변호인은 필요한 경우 상대방의 주장 및 증거신청에 대하여 필요한 의견을 밝히고, 그에 관한 증거를 신청할 수 있다.
(2007.10.29 본조신설)

제123조의8【심리계획의 수립】 ① 법원은 사건을 공판준비절차에 부친 때에는 집중심리를 하는 데 필요한 심리계획을 수립하여야 한다.
② 검사·피고인 또는 변호인은 특별한 사정이 없는 한 필요한 증거를 공판준비절차에서 일괄하여 신청하여야 한다.
③ 법원은 증인을 신청한 자에게 증인의 소재, 연락처, 출석 가능성 및 출석이 가능한 일시 등 증인의 신문에 필요한 사항의 준비를 명할 수 있다.
(2007.10.29 본조신설)

제123조의9【기일외 공판준비】 ① 재판장은 검사·피고인 또는 변호인에게 기한을 정하여 공판준비 절차의 진행에 필요한 사항을 미리 준비하게 하거나 그 밖에 공판준비에 필요한 명령을 할 수 있다.
② 재판장은 기한을 정하여 법 제266조의6제2항에 규정된 서면의 제출을 명할 수 있다.
③ 제2항에 따른 서면에는 필요한 사항을 구체적이고 간결하게 기재하여야 하고, 증거로 할 수 없거나 증거로 신청할 의사가 없는 자료에 기초하여 법원에 사건에 대한 예단 또는 편견을 발생하게 할 염려가 있는 사항을 기재하여서는 아니 된다.
④ 피고인이 제2항에 따른 서면을 낼 때에는 1통의 부본을, 검사가 제2항에 따른 서면을 낼 때에는 피고인의 수에 1을 더한 수에 해당하는 부본을 함께 제출하여야 한다. 다만, 여러 명의 피고인에 대하여 동일한 변호인이 선임된 경우에는 검사는 변호인의 수에 1을 더한 수에 해당하는 부본만을 낼 수 있다.
(2007.10.29 본조신설)

제123조의10【공판준비기일의 변경】 검사·피고인 또는 변호인은 부득이한 사유로 공판준비기일을 변경할 필요가 있는 때에는 그 사유와 기간 등을 구체적으로 명시하여 공판준비기일의 변경을 신청할 수 있다.
(2007.10.29 본조신설)

제123조의11【공판준비기일이 지정된 사건의 국선변호인 선정】 ① 법 제266조의7에 따라 공판준비 기일이 지정된 사건에 관하여 피고인에게 변호인이 없는 때에는 법원은 지체 없이 국선변호인을 선정하고, 피고인 및 변호인에게 그 뜻을 고지하여야 한다.
② 공판준비기일이 지정된 후에 변호인이 없게 된 때에도 제1항을 준용한다.
(2007.10.29 본조신설)

제123조의12【공판준비기일조서】 ① 법원이 공판준비기일을 진행한 경우에는 참여한 법원사무관 등이 조서를 작성하여야 한다.
② 제1항의 조서에는 피고인, 증인, 감정인, 통역인 또는 번역인의 진술의 요지와 쟁점 및 증거에 관한 정리 결과 그 밖에 필요한 사항을 기재하여야 한다.
③ 제1항, 제2항의 조서에는 재판장 또는 법관과 참여한 법원사무관 등이 기명날인 또는 서명하여야 한다.
(2007.10.29 본조신설)

제123조의13【비디오 등 중계장치 등에 의한 공판준비기일】① 법 제266조의17제1항에 따른 공판준비기일(이하 "영상공판준비기일"이라 한다)은 검사, 변호인을 비디오 등 중계장치에 의한 중계시설에 출석하게 하거나 인터넷 화상장치를 이용하여 지정된 인터넷주소에 접속하게 하고, 영상과 음향의 송수신에 의하여 법관, 검사, 변호인이 상대방을 인식할 수 있는 방법으로 한다.
② 제1항의 비디오 등 중계장치에 의한 중계시설은 법원 청사 안에 설치하되, 필요한 경우 법원 청사 밖의 적당한 곳에 설치할 수 있다.
③ 법원은 제2항 후단에 따라 비디오 등 중계장치에 의한 중계시설이 설치된 관공서나 그 밖의 공사단체의 장에게 영상공판준비기일의 원활한 진행에 필요한 조치를 요구할 수 있다.
④ 영상공판준비기일에서의 서류 등의 제시는 비디오 등 중계장치에 의한 중계시설이나 인터넷 화상장치를 이용하거나 모사전송, 전자우편, 그 밖에 이에 준하는 방법으로 할 수 있다.
⑤ 인터넷 화상장치를 이용하는 경우 영상공판준비기일에 지정된 인터넷 주소에 접속하지 아니한 때에는 불출석한 것으로 본다. 다만, 당사자가 책임질 수 없는 사유로 접속할 수 없었던 때에는 그러하지 아니하다.
⑥ 통신불량, 소음, 서류 등 확인의 불편, 제3자 관여 우려 등의 사유로 영상공판준비기일의 실시가 상당하지 아니한 당사자가 있는 경우 법원은 기일을 연기 또는 속행하면서 그 당사자가 법정에 직접 출석하는 기일을 지정할 수 있다.
⑦ 법원조직법 제58조제2항에 따른 명령을 위반하는 행위, 같은 법 제59조에 위반하는 행위, 심리방해행위 또는 재판의 위신을 현저히 훼손하는 행위가 있는 경우 감치 또는 과태료에 처하는 재판에 관하여는 법정등의질서유지를위한재판에관한규칙에 따른다.
⑧ 영상공판준비기일을 실시한 경우 그 취지를 조서에 적어야 한다.
(2021.10.29 본조신설)

제124조【공판개정시간의 구분 지정】재판장은 가능한 한 각 사건에 대한 공판개정시간을 구분하여 지정하여야 한다.

제124조의2【일괄 기일 지정과 당사자의 의견 청취】재판장은 법 제267조의2제3항의 규정에 의하여 여러 공판기일을 일괄하여 지정할 경우에는 검사, 피고인 또는 변호인의 의견을 들어야 한다.(2007.10.29 본조신설)

제125조【공판기일 변경신청】법 제270조제1항에 규정한 공판기일 변경신청에는 공판기일의 변경을 필요로 하는 사유와 그 사유가 계속되리라고 예상되는 기간을 명시하여야 하며 진단서 기타의 자료로써 이를 소명하여야 한다.

제125조의2【변론의 방식】공판정에서의 변론은 구체적이고 명료하게 하여야 한다.(2007.10.29 본조신설)

제126조【피고인의 대리인의 대리권】피고인이 법 제276조 단서 또는 법 제277조에 따라 공판기일에 대리인을 출석하게 할 때에는 그 대리인에게 대리권을 수여한 사실을 증명하는 서면을 법원에 제출하여야 한다.(2007.10.29 본조개정)

제126조의2【신뢰관계 있는 자의 동석】① 법 제276조의2제1항에 따라 피고인과 동석할 수 있는 신뢰관계에 있는 자는 피고인의 배우자, 직계친족, 형제자매, 가족, 동거인, 고용주 그 밖에 피고인의 심리적 안정과 원활한 의사소통에 도움을 줄 수 있는 자를 말한다.
② 법 제276조의2제1항에 따른 동석 신청에는 동석하고자 하는 자와 피고인 사이의 관계, 동석이 필요한 사유 등을 밝혀야 한다.
③ 피고인과 동석한 신뢰관계에 있는 자는 재판의 진행을 방해하여서는 아니 되며, 재판장은 동석한 신뢰관계 있는 자가 부당하게 재판의 진행을 방해하는 때에는 동석을 중지시킬 수 있다.
(2007.10.29 본조신설)

제126조의3【불출석의 허가와 취소】① 법 제277조제3호에 규정한 불출석허가신청은 공판기일에 출석하여 구술로 하거나 공판기일 외에서 서면으로 할 수 있다.
② 법원은 피고인의 불출석허가신청에 대한 허가 여부를 결정하여야 한다.
③ 법원은 피고인의 불출석을 허가한 경우에도 피고인의 권리보호 등을 위하여 그 출석이 필요하다고 인정되는 때에는 불출석 허가를 취소할 수 있다.
(2007.10.29 본조신설)

제126조의4【출석거부의 통지】법 제277조의2의 사유가 발생하는 경우에는 교도소장은 즉시 그 취지를 법원에 통지하여야 한다.(1996.12.3 본조신설)

제126조의5【출석거부에 관한 조사】① 법원이 법 제277조의2에 따라 피고인의 출석 없이 공판절차를 진행하고자 하는 경우에는 미리 그 사유가 존재하는가의 여부를 조사하여야 한다.(2007.10.29 본항개정)
② 법원이 제1항의 조사를 함에 있어서 필요하다고 인정하는 경우에는 교도관리 기타 관계자의 출석을 명하여 진술을 듣거나 그들로 하여금 보고서를 제출하도록 명할 수 있다.(2007.10.29 본항개정)
③ 법원은 합의부원으로 하여금 제1항의 조사를 하게 할 수 있다.
(2007.10.29 본조제목개정)
(1996.12.3 본조신설)

제126조의6【피고인 또는 검사의 출석없이 공판절차를 진행한다는 취지의 고지】법 제277조의2의 규정에 의하여 피고인의 출석없이 공판절차를 진행하는 경우 또는 법 제278조의 규정에 의하여 검사의 2회이상 불출석으로 공판절차를 진행하는 경우에는 재판장은 공판정에서 소송관계인에게 그 취지를 고지하여야 한다.(1996.12.3 본조신설)

제126조의7【전문심리위원의 지정】법원은 전문심리위원규칙에 따라 정해진 전문심리위원 후보자 중에서 전문심리위원을 지정하여야 한다.(2007.12.31 본조신설)

제126조의8【기일 외의 전문심리위원에 대한 설명 등의 요구와 통지】재판장이 기일 외에서 전문심리위원에 대하여 설명 또는 의견을 요구한 사항이 소송관계를 분명하게 하는 데 중요한 사항일 때에는 법원사무관 등은 검사, 피고인 또는 변호인에게 그 사항을 통지하여야 한다.(2007.12.31 본조신설)

제126조의9【서면의 사본 송부】전문심리위원이 설명이나 의견을 기재한 서면을 제출한 경우에는 법원사무관등은 검사, 피고인 또는 변호인에게 그 사본을 보내야 한다.(2007.12.31 본조신설)

제126조의10【전문심리위원에 대한 준비지시】① 재판장은 전문심리위원을 소송절차에 참여시키기 위하여 필요하다고 인정한 때에는 쟁점의 확인 등 적절한 준비를 지시할 수 있다.
② 재판장이 제1항의 준비를 지시한 때에는 법원사무관등은 검사, 피고인 또는 변호인에게 그 취지를 통지하여야 한다.
(2007.12.31 본조신설)

제126조의11【증인신문기일에서의 재판장의 조치】재판장은 전문심리위원의 말이 증인의 증언에 영향을 미치지 않게 하기 위하여 필요하다고 인정할 때에는 직권 또는 검사, 피고인 또는 변호인의 신청에 따라 증인의 퇴정 등 적절한 조치를 취할 수 있다.
(2007.12.31 본조신설)

제126조의12【조서의 기재】① 전문심리위원이 공판준비기일 또는 공판기일에 참여한 때에는 조서에 그 성명을 기재하여야 한다.
② 전문심리위원이 재판장, 수명법관 또는 수탁판사의 허가를 받아 소송관계인에게 질문을 한 때에는 조서에 그 취지를 기재하여야 한다.
(2007.12.31 본조신설)

제126조의13【전문심리위원 참여 결정의 취소 신청방식 등】① 법 제279조의2제1항에 따른 결정의 취소신청은 기일에서 하는 경우를 제외하고는 서면으로 하여야 한다.
② 제1항의 신청을 할 때에는 신청 이유를 밝혀야 한다. 다만, 검사와 피고인 또는 변호인이 동시에 신청할 때에는 그러하지 아니하다.
(2007.12.31 본조신설)

제126조의14【수명법관 등의 권한】수명법관 또는 수탁판사가 소송절차를 진행하는 경우에는 제126조의10부터 제126조의12까지의 규정에 따른 재판장의 직무는 그 수명법관이나 수탁판사가 행한다.
(2007.12.31 본조신설)

제127조【피고인에 대한 진술거부권 등의 고지】재판장은 법 제284조에 따른 인정신문을 하기 전에 피고인에게 진술을 하지 아니하거나 개개의 질문에 대하여 진술을 거부할 수 있고, 이익 되는 사실을 진술할 수 있음을 알려 주어야 한다.(2007.10.29 본조개정)

제127조의2【피고인의 모두진술】① 재판장은 법 제285조에 따른 검사의 모두진술 절차를 마친 뒤에 피고인에게 공소사실을 인정하는지 여부에 관하여 물어야 한다.
② 피고인 및 변호인은 공소에 관한 의견 그 밖에 이익이 되는 사실 등을 진술할 수 있다.
(2007.10.29 본조신설)

제128조～제130조 (2007.10.29 삭제)

제131조【간이공판절차의 결정전의 조치】법원이 법 제286조의2의 규정에 의한 결정을 하고자 할 때에는 재판장은 이미 피고인에게 간이공판절차의 취지를 설명하여야 한다.

제132조【증거의 신청】검사·피고인 또는 변호인은 특별한 사정이 없는 한 필요한 증거를 일괄하여 신청하여야 한다.(2007.10.29 본조신설)

제132조의2【증거신청의 방식】① 검사, 피고인 또는 변호인이 증거신청을 함에 있어서는 그 증거와 증명하고자 하는 사실과의 관계를 구체적으로 명시하여야 한다.
② 피고인의 자백을 보강하는 증거나 정상에 관한 증거는 보강증거 또는 정상에 관한 증거라는 취지를 특히 명시하여 그 조사를 신청하여야 한다.
③ 서류나 물건의 일부에 대한 증거신청을 함에 있어서는 증거로 할 부분을 특정하여 명시하여야 한다.
④ 법원은 필요하다고 인정할 때에는 증거신청을 한 자에게, 신문할 증인, 감정인, 통역인 또는 번역인의 성명, 주소, 서류나 물건의 표목 및 제1항 내지 제3항에 규정된 사항을 기재한 서면의 제출을 명할 수 있다.
⑤ 제1항 내지 제4항의 규정에 위반한 증거신청은 이를 기각할 수 있다.
(1989.6.7 본조신설)

제132조의3【수사기록의 일부에 대한 증거신청방식】① 법 제311조부터 법 제315조까지 또는 법 제318조에 따라 증거로 할 수 있는 서류나 물건이 수사기록의 일부인 때에는 검사는 이를 특정하여 개별적으로 제출함으로써 그 조사를 신청하여야 한다. 수사기록의 일부인 서류나 물건을 자백에 대한 보강증거나 피고인의 정상에 관한 증거로 낼 경우 또는 법 제274조에 따라 공판기일전에 서류나 물건을 낼 경우에도 이와 같다.(2007.10.29 본항개정)
② 제1항의 규정에 위반한 증거신청은 이를 기각할 수 있다.
(1989.6.7 본조신설)

제132조의4【보관서류에 대한 송부요구】① 법 제272조에 따른 보관서류의 송부요구신청은 법원, 검찰청, 수사처, 기타의 공무소 또는 공사단체(이하 "법원등"이라고 한다)가 보관하고 있는 서류의 일부에 대하여도 할 수 있다.(2021.1.29 본항개정)
② 제1항의 신청을 받은 법원이 송부요구신청을 채택하는 경우에는 서류를 보관하고 있는 법원 등에 대하여 그 서류중 신청인 또는 변호인이 지정하는 부분의 인증등본을 송부하여 줄 것을 요구할 수 있다.
③ 제2항의 규정에 의한 요구를 받은 법원등은 당해 서류를 보관하고 있지 아니하거나 기타 송부요구에 응할 수 없는 사정이 있는 경우를 제외하고는 신청인 또는 변호인에게 당해 서류를 열람하게 하여 필요한 부분을 지정할 수 있도록 하여야 하며 정당한 이유없이 이에 대한 협력을 거절하지 못한다.
④ 서류의 송부요구를 받은 법원등이 당해 서류를 보관하고 있지 아니하거나 기타 송부요구에 응할 수 없는 사정이 있는 때에는 그 사유를 요구법원에 통지하여야 한다.
(2007.10.29 본조제목개정)
(1996.12.3 본조신설)

제132조의5【민감정보 등의 처리】① 법원은 재판업무 및 그에 부수하는 업무의 수행을 위하여 필요한 경우 「개인정보 보호법」 제23조의 민감정보, 제24조의 고유식별정보, 제24조의2의 주민등록번호 및 그 밖의 개인정보를 처리할 수 있다.(2014.8.6 본항개정)
② 법원은 필요하다고 인정하는 경우 법 제272조에 따라 법원등에 대하여 제1항의 민감정보, 고유식별정보, 주민등록번호 및 그 밖의 개인정보가 포함된 자료의 송부를 요구할 수 있다.(2014.8.6 본항개정)
③ 제2항에 따른 송부에 관하여는 제132조의4제2항부터 제4항까지의 규정을 준용한다.
(2012.5.29 본조신설)

제133조【증거신청의 순서】증거신청은 검사가 먼저 이를 한 후 다음에 피고인 또는 변호인이 이를 한다.

제134조【증거결정의 절차】① 법원은 증거결정을 함에 있어서 필요하다고 인정할 때에는 그 증거에 대한 검사, 피고인 또는 변호인의 의견을 들을 수 있다.
② 법원은 서류 또는 물건이 증거로 제출된 경우에 이에 관한 증거결정을 함에 있어서는 제출한 자로 하여금 그 서류 또는 물건을 상대방에게 제시하게 하여 상대방으로 하여금 그 서류 또는 물건의 증거능력 유무에 관한 의견을 진술하게 하여야 한다. 다만, 법 제318조의3의 규정에 의하여 동의가 있는 것으로 간주되는 경우에는 그러하지 아니하다.
③ (2021.12.31 삭제)
④ 법원은 증거신청을 기각·각하하거나, 증거신청에 대한 결정을 보류하는 경우, 증거신청인으로부터 당해 증거서류 또는 증거물을 제출받아서는 아니 된다.
(2007.10.29 본항신설)

제134조의2【영상녹화물의 조사 신청】① 검사는 피고인이 아닌 피의자의 진술을 영상녹화한 사건에서 피고인이 아닌 피의자가 그 조서에 기재된 내용이 자신이 진술한 내용과 동일하게 기재되어 있음을 인정하지 아니하는 경우 그 부분의 성립의 진정을 증명하기 위하여 영상녹화물의 조사를 신청할 수 있다.
(2020.12.28 본항개정)
② (2020.12.28 삭제)
③ 제1항의 영상녹화물은 조사가 개시된 시점부터 조사가 종료되어 피의자가 조서에 기명날인 또는 서명

을 마치는 시점까지 전과정이 영상녹화된 것으로, 다음 각 호의 내용을 포함하는 것이어야 한다.
1. 피의자의 신문이 영상녹화되고 있다는 취지의 고지
2. 영상녹화를 시작하고 마친 시각 및 장소의 고지
3. 신문하는 검사와 참여한 자의 성명과 직급의 고지
4. 진술거부권·변호인의 참여를 요청할 수 있다는 점 등의 고지
5. 조사를 중단·재개하는 경우 중단 이유와 중단 시각, 중단 후 재개하는 시각
6. 조사를 종료하는 시각
④ 제1항의 영상녹화물은 조사가 행해지는 동안 조사실 전체를 확인할 수 있도록 녹화된 것으로 진술자의 얼굴을 식별할 수 있는 것이어야 한다.
⑤ 제1항의 영상녹화물의 재생 화면에는 녹화 당시의 날짜와 시간이 실시간으로 표시되어야 한다.
⑥ (2020.12.28 삭제)
(2007.10.29 본조신설)
제134조의3【제3자의 진술과 영상녹화물】 ① 검사는 피의자가 아닌 자가 공판준비 또는 공판기일에서 조서가 자신이 검사 또는 사법경찰관 앞에서 진술한 내용과 동일하게 기재되어 있음을 인정하지 아니하는 경우 그 부분의 성립의 진정을 증명하기 위하여 영상녹화물의 조사를 신청할 수 있다.
② 검사는 제1항에 따라 영상녹화물의 조사를 신청하는 때에는 피의자가 아닌 자가 영상녹화에 동의하였다는 취지로 기재하고 기명날인 또는 서명한 서면을 첨부하여야 한다.
③ 제134조의2제3항제1호부터 제3호, 제5호, 제6호, 제4항, 제5항은 검사가 피의자가 아닌 자에 대한 영상녹화물의 조사를 신청하는 경우에 준용한다.
(2007.10.29 본조신설)
제134조의4【영상녹화물의 조사】 ① 법원은 검사가 영상녹화물의 조사를 신청한 경우 이에 관한 결정을 함에 있어 원진술자와 함께 피고인 또는 변호인으로 하여금 그 영상녹화물이 적법한 절차와 방식에 따라 작성되어 봉인된 것인지 여부에 관한 의견을 진술하게 하여야 한다.(2020.12.28 본항개정)
② (2020.12.28 삭제)
③ 법원은 공판준비 또는 공판기일에서 봉인을 해체하고 영상녹화물의 전부 또는 일부를 재생하는 방법으로 조사하여야 한다. 이 때 영상녹화물은 그 재생과 조사에 필요한 전자적 설비를 갖춘 법정 외의 장소에서 이를 재생할 수 있다.
④ 재판장은 조사를 마친 후 지체 없이 법원사무관 등으로 하여금 다시 원본을 봉인하도록 하고, 원진술자와 함께 피고인 또는 변호인에게 기명날인 또는 서명하도록 하여 검사에게 반환한다. 다만, 피고인의 출석 없이 개정하는 사건에서 변호인이 없는 때에는 피고인 또는 변호인의 기명날인 또는 서명을 요하지 아니한다.
(2007.10.29 본조신설)
제134조의5【기억 환기를 위한 영상녹화물의 조사】
① 법 제318조의2제2항에 따른 영상녹화물의 재생은 검사의 신청이 있는 경우에 한하고, 기억의 환기가 필요한 피고인 또는 피고인 아닌 자에게만 이를 재생하여 시청하게 하여야 한다.
② 제134조의2제3항부터 제5항까지와 제134조의4는 검사가 법 제318조의2제2항에 의하여 영상녹화물의 재생을 신청하는 경우에 준용한다.
(2007.10.29 본조신설)
제134조의6【증거서류에 대한 조사방법】 ① 법 제292조제3항에 따른 증거서류 내용의 고지는 그 요지를 고지하는 방법으로 한다.
② 재판장은 필요하다고 인정하는 때에는 법 제292조제1항·제2항·제4항의 낭독에 갈음하여 그 요지를 진술하게 할 수 있다.
(2007.10.29 본조신설)
제134조의7【컴퓨터용디스크 등에 기억된 문자정보 등에 대한 증거조사】 ① 컴퓨터용디스크 그 밖에 이와 비슷한 정보저장매체(다음부터 이 조문 안에서 이 모두를 "컴퓨터디스크 등"이라 한다)에 기억된 문자정보를 증거자료로 하는 경우에는 읽을 수 있도록 출력하여 인증한 등본을 낼 수 있다.
② 컴퓨터디스크 등에 기억된 문자정보를 증거로 하는 경우에 증거조사를 신청한 당사자는 법원이 명하거나 상대방이 요구한 때에는 컴퓨터디스크 등에 입력한 사람과 입력한 일시, 출력한 사람과 출력한 일시를 밝혀야 한다.
③ 컴퓨터디스크 등에 기억된 정보가 도면·사진 등에 관한 것인 때에는 제1항과 제2항의 규정을 준용한다.
(2007.10.29 본조신설)
제134조의8【음성·영상자료 등에 대한 증거조사】
① 녹음·녹화테이프, 컴퓨터용디스크, 그 밖에 이와 비슷한 방법으로 음성이나 영상을 녹음 또는 녹화(다음부터 이 조문 안에서 "녹음·녹화 등"이라 한다)하여 재생할 수 있는 매체(다음부터 이 조문 안에서 "녹음·녹화매체 등"이라 한다)에 대한 증거조사를 신청하는 때에는 음성이나 영상이 녹음·녹화 등이 된 사람, 녹음·녹화 등을 한 사람 및 녹음·녹화 등을 한 일시·장소를 밝혀야 한다.
② 녹음·녹화매체 등에 대한 증거조사를 신청한 당사자는 법원이 명하거나 상대방이 요구한 때에는 녹음·녹음매체 등의 녹취서, 그 밖에 그 내용을 설명하는 서면을 제출하여야 한다.
③ 녹음·녹화매체 등에 대한 증거조사는 녹음·녹화매체 등을 재생하여 청취 또는 시청하는 방법으로 한다.
(2007.10.29 본조신설)
제134조의9【준용규정】 도면·사진 그 밖에 정보를 담기 위하여 만들어진 물건으로서 문서가 아닌 증거의 조사에 관하여는 특별한 규정이 없으면 법 제292조, 법 제292조의2의 규정을 준용한다.(2007.10.29 본조신설)
제134조의10【피해자등의 의견진술】 ① 법원은 필요하다고 인정하는 경우에는 직권으로 또는 법 제294조의2제1항에 정한 피해자등(이하 이 조 및 제134조의11에서 '피해자등'이라 한다)의 신청에 따라 피해자등을 공판기일에 출석하게 하여 법 제294조의2제2항에 정한 사항으로서 범죄사실의 인정에 해당하지 않는 사항에 관하여 증인신문에 의하지 아니하고 의견을 진술하게 할 수 있다.
② 재판장은 재판의 진행상황 등을 고려하여 피해자등의 의견진술에 관한 사항과 그 시간을 미리 정할 수 있다.
③ 재판장은 피해자등의 의견진술에 대하여 그 취지를 명확하게 하기 위하여 피해자등에게 질문할 수 있고, 설명을 촉구할 수 있다.
④ 합의부원은 재판장에게 알리고 제3항의 행위를 할 수 있다.
⑤ 검사, 피고인 또는 변호인은 피해자등이 의견을 진술한 후 그 취지를 명확하게 하기 위하여 재판장의 허가를 받아 피해자등에게 질문할 수 있다.
⑥ 재판장은 다음 각 호의 어느 하나에 해당하는 경우에는 피해자등의 의견진술이나 검사, 피고인 또는 변호인의 피해자등에 대한 질문을 제한할 수 있다.
1. 피해자등이나 피해자 변호사가 이미 해당 사건에 관하여 충분히 진술하여 다시 진술할 필요가 없다고 인정되는 경우
2. 의견진술 또는 질문으로 인하여 공판절차가 현저하게 지연될 우려가 있다고 인정되는 경우
3. 의견진술과 질문이 해당 사건과 관계없는 사항에 해당된다고 인정되는 경우
4. 범죄사실의 인정에 관한 것이거나, 그 밖의 사유로 피해자등의 의견진술로서 상당하지 아니하다고 인정되는 경우
⑦ 제1항의 경우 법 제163조의2제1항, 제3항 및 제84조의3을 준용한다.
(2015.6.29 본조신설)
제134조의11【의견진술에 갈음한 서면의 제출】 ① 재판장은 재판의 진행상황, 그 밖의 사정을 고려하여 피해자등에게 제134조의10제1항의 의견진술에 갈음하여 의견을 기재한 서면을 제출하게 할 수 있다.
② 피해자등의 의견진술에 갈음하는 서면이 법원에 제출된 때에는 검사 및 피고인 또는 변호인에게 그 취지를 통지하여야 한다.
③ 제1항에 따라 서면이 제출된 경우 재판장은 공판기일에서 의견진술에 갈음하는 서면의 취지를 명확하게 하여야 한다. 이 경우 재판장은 상당하다고 인정하는 때에는 그 서면을 낭독하거나 요지를 고지할 수 있다.
④ 제2항의 통지는 서면, 전화, 전자우편, 모사전송, 휴대전화 문자전송 그 밖에 적당한 방법으로 할 수 있다.
(2015.6.29 본조신설)
제134조의12【의견진술·의견진술에 갈음한 서면】 제134조의10제1항에 따른 진술과 제134조의11제1항에 따른 서면은 범죄사실의 인정을 위한 증거로 할 수 없다.(2015.6.29 본조신설)
제135조【자백의 조사 시기】 법 제312조 및 법 제313조에 따라 증거로 할 수 있는 피고인 또는 피고인 아닌 자의 진술을 기재한 조서 또는 서류가 피고인의 자백 진술을 내용으로 하는 경우에는 범죄사실에 관한 다른 증거를 조사한 후에 이를 조사하여야 한다.
(2007.10.29 본조신설)
제135조의2【증거조사에 관한 이의신청의 사유】 법 제296조제1항의 규정에 의한 이의신청은 법령의 위반이 있거나 상당하지 아니함을 이유로 하여 이를 할 수 있다. 다만, 법 제295조의 규정에 의한 결정에 대한 이의신청은 법령의 위반이 있음을 이유로 하여서만 이를 할 수 있다.
제136조【재판장의 처분에 대한 이의신청의 사유】 법 제304조제1항의 규정에 의한 이의신청은 법령의 위반이 있음을 이유로 하여서만 이를 할 수 있다.
제137조【이의신청의 방식과 시기】 제135조 및 제136조에 규정한 이의신청(이하 이 절에서는 "이의신청"이라 한다)은 개개의 행위, 처분 또는 결정시마다 그 이유를 간결하게 명시하여 즉시 이를 하여야 한다.
제138조【이의신청에 대한 결정의 시기】 이의신청에 대한 법 제296조제2항 또는 법 제304조제2항의 결정은 이의신청이 있은 후 즉시 이를 하여야 한다.
제139조【이의신청에 대한 결정의 방식】 ① 시기에 늦은 이의신청, 소송지연만을 목적으로 하는 것임이 명백한 이의신청은 결정으로 이를 기각하여야 한다. 다만, 시기에 늦은 이의신청이 중요한 사항을 대상으로 하고 있는 경우에는 시기에 늦은 것만을 이유로 하여 기각하여서는 아니된다.
② 이의신청이 이유없다고 인정되는 경우에는 결정으로 이를 기각하여야 한다.
③ 이의신청이 이유있다고 인정되는 경우에는 결정으로 이의신청의 대상이 된 행위, 처분 또는 결정을 중지, 철회, 취소, 변경하는 등 그 이의신청에 상응하는 조치를 취하여야 한다.
④ 증거조사를 마친 증거가 증거능력이 없음을 이유로 한 이의신청을 이유있다고 인정할 경우에는 그 증거의 전부 또는 일부를 배제한다는 취지의 결정을 하여야 한다.
제140조【중복된 이의신청의 금지】 이의신청에 대한 결정에 의하여 판단이 된 사항에 대하여는 다시 이의신청을 할 수 없다.
제140조의2【피고인신문의 방법】 피고인을 신문함에 있어서 그 진술을 강요하거나 답변을 유도하거나 그 밖에 위압적·모욕적 신문을 하여서는 아니 된다.
(2007.10.29 본조신설)
제140조의3【재정인의 퇴정】 재판장은 피고인이 어떤 재정인의 앞에서 충분한 진술을 할 수 없다고 인정한 때에는 그 재정인을 퇴정하게 하고 진술하게 할 수 있다.(2007.10.29 본조신설)
제141조【석명권등】 ① 재판장은 소송관계를 명료하게 하기 위하여 검사, 피고인 또는 변호인에게 사실상과 법률상의 사항에 관하여 석명을 구하거나 입증을 촉구할 수 있다.
② 합의부원은 재판장에게 고하고 제1항의 조치를 할 수 있다.
③ 검사, 피고인 또는 변호인은 재판장에 대하여 제1항의 석명을 위한 발문을 요구할 수 있다.
제142조【공소장의 변경】 ① 검사가 법 제298조제1항에 따라 공소장에 기재한 공소사실 또는 적용법조의 추가, 철회 또는 변경(이하 "공소장의 변경"이라 한다)을 하고자 하는 때에는 그 취지를 기재한 공소장변경허가신청서를 법원에 제출하여야 한다.
(2007.10.29 본항개정)
② 제1항의 공소장변경허가신청서에는 피고인의 수에 상응한 부본을 첨부하여야 한다.
③ 법원은 제2항의 부본을 피고인 또는 변호인에게 즉시 송달하여야 한다.
④ 공소장의 변경이 허가된 때에는 검사는 공판기일에 제1항의 공소장변경허가신청서에 의하여 변경된 공소사실·죄명 및 적용법조를 낭독하여야 한다. 다만, 재판장은 필요하다고 인정하는 때에는 공소장변경의 요지를 진술하게 할 수 있다.(2007.10.29 본항개정)
⑤ 법원은 제1항의 규정에도 불구하고 피고인이 재정하는 공판정에서는 피고인에게 이익이 되거나 피고인이 동의하는 경우 구술에 의한 공소장변경을 허가할 수 있다.(1996.12.3 본항신설)
제143조【공판절차정지후의 공판절차의 갱신】 공판개정후 법 제306조제1항의 규정에 의하여 공판절차가 정지된 경우에는 그 정지사유가 소멸한 후의 공판기일에 공판절차를 갱신하여야 한다.
제144조【공판절차의 갱신절차】 ① 법 제301조, 법 제301조의2 또는 제143조에 따른 공판절차의 갱신은 다음 각 호의 규정에 의한다.
1. 재판장은 제127조의 규정에 따라 피고인에게 진술거부권 등을 고지한 후 법 제284조에 따른 인정신문을 하여 피고인임에 틀림없음을 확인하여야 한다.
2. 재판장은 검사로 하여금 공소장 또는 공소장변경허가신청서에 의하여 공소사실, 죄명 및 적용법조를 낭독하게 하거나 그 요지를 진술하게 하여야 한다.
3. 재판장은 피고인에게 공소사실의 인정 여부 및 정상에 관하여 진술할 기회를 주어야 한다.
4. 재판장은 갱신전의 공판기일에서의 피고인이나 피고인이 아닌 자의 진술 또는 법원의 검증결과를 기재한 조서에 관하여 증거조사를 하여야 한다.
5. 재판장은 갱신전의 공판기일에서 증거조사된 서류 또는 물건에 관하여 다시 증거조사를 하여야 한다. 다만, 증거능력 없다고 인정되는 서류 또는 물건과 증거로 함이 상당하지 아니하다고 인정되고 검사, 피고인 및 변호인이 이의를 하지 아니하는 서류 또는 물건에 대하여는 그러하지 아니하다.
② 재판장은 제1항제4호 및 제5호에 규정한 서류 또는 물건에 관하여 증거조사를 함에 있어서 검사, 피고인 및 변호인의 동의가 있는 때에는 그 전부 또는 일

부에 관하여 법 제292조·제292조의2·제292조의3에 규정한 방법에 갈음하여 상당하다고 인정하는 방법으로 이를 할 수 있다.
(2007.10.29 본조개정)

제145조【변론시간의 제한】 재판장은 필요하다고 인정하는 경우 검사, 피고인 또는 변호인의 본질적인 권리를 해치지 아니하는 범위내에서 법 제302조 및 법 제303조의 규정에 의한 의견진술의 시간을 제한할 수 있다.

제2절 공판의 재판

제146조【판결서의 작성】 변론을 종결한 기일에 판결을 선고하는 경우에는 선고 후 5일 내에 판결서를 작성하여야 한다.(2007.10.29 본조개정)

제147조【판결의 선고】 ① 재판장은 판결을 선고할 때 피고인에게 이유의 요지를 말이나 판결서 등본 또는 판결서 초본의 교부 등 적절한 방법으로 설명한다.
② 재판장은 판결을 선고하면서 피고인에게 적절한 훈계를 할 수 있다.
(2016.6.27 본조개정)

제147조의2【보호관찰의 취지등의 고지, 보호처분의 기간】 ① 재판장은 판결을 선고함에 있어서 피고인에게 형법 제59조의2, 형법 제62조의2의 규정에 의하여 보호관찰, 사회봉사 또는 수강(이하 "보호관찰등"이라고 한다)을 명하는 경우에는 그 취지 및 필요하다고 인정하는 사항이 적힌 서면을 교부하여야 한다.(2016.2.19 본항개정)
② 법원은 판결을 선고함에 있어 형법 제62조의2의 규정에 의하여 사회봉사 또는 수강을 명하는 경우에는 피고인이 이행하여야 할 총 사회봉사시간 또는 수강시간을 정하여야 한다. 이 경우 필요하다고 인정하는 때에는 사회봉사 또는 수강할 강의의 종류나 방법 및 그 시설등을 지정할 수 있다.
③ 형법 제62조의2제2항의 사회봉사명령은 500시간, 수강명령은 200시간을 각 초과할 수 없으며, 보호관찰관이 그 명령을 집행함에는 본인의 정상적인 생활을 방해하지 아니하도록 한다.(1998.6.20 단서삭제)
④ 형법 제62조의2제1항의 보호관찰·사회봉사·수강명령은 둘 이상 병과할 수 있다.(1998.6.20 본항개정)
⑤ 사회봉사·수강명령이 보호관찰과 병과하여 부과된 때에는 보호관찰기간내에 이를 집행하여야 한다.
(1998.6.20 본항신설)
(1996.12.3 본조신설)

제147조의3【보호관찰의 판결등의 통지】 ① 보호관찰등을 조건으로 한 판결이 확정된 때에 당해 사건이 확정된 법원의 법원사무관등은 3일 이내에 판결문 등본을 대상자의 주거지를 관할하는 보호관찰소의 장에게 송부하여야 한다.(1998.6.20 본항개정)
② 제1항의 서면에는 법원의 의견 기타 보호관찰 등의 자료가 될 만한 사항을 기재한 서면을 첨부할 수 있다.
(1996.12.3 본조신설)

제147조의4【보호관찰등의 성적보고】 보호관찰 등을 명한 판결을 선고한 법원은 보호관찰등의 기간 중 보호관찰소장에게 보호관찰등을 받고 있는 자의 성적에 관하여 보고를 하게 할 수 있다.(1996.12.3 본조신설)

제148조【피고인에 대한 판결서 등본 등의 송달】 ① 법원은 피고인에 대하여 판결을 선고한 때에는 선고일부터 7일 이내에 피고인에게 그 판결서 등본을 송달하여야 한다. 다만, 피고인이 동의하는 경우에는 그 판결서 초본을 송달할 수 있다.
② 제1항에 불구하고 불구속 피고인과 법 제331조의 규정에 의하여 구속영장의 효력이 상실된 구속 피고인에 대하여는 피고인이 송달을 신청하는 경우에 한하여 판결서 등본 또는 판결서 초본을 송달한다.
(2016.6.27 본조개정)

제149조【집행유예취소청구의 방식】 법 제335조제1항에 규정한 형의 집행유예취소청구는 취소의 사유를 구체적으로 기재한 서면으로 하여야 한다.

제149조의2【자료의 제출】 형의 집행유예취소청구를 한 때에는 취소의 사유가 있다는 것을 인정할 수 있는 자료를 제출하여야 한다.(1996.12.3 본조신설)

제149조의3【청구서부본의 제출과 송달】 ① 형법 제64조제2항의 규정에 의한 집행유예취소청구를 한 때에는 검사는 청구와 동시에 청구서의 부본을 법원에 제출하여야 한다.
② 법원은 제1항의 부본을 받은 때에는 지체없이 집행유예의 선고를 받은 자에게 송달하여야 한다.
(1996.12.3 본조신설)

제150조【출석명령】 형의 집행유예취소청구를 받은 법원은 법 제335조제2항의 규정에 의한 의견을 묻기 위하여 필요하다고 인정할 경우에는 집행유예의 선고를 받은 자 또는 그 대리인의 출석을 명할 수 있다.
(1996.12.3 본조개정)

제150조의2【준용규정】 제149조 내지 제150조의 규정은 형법 제61조제2항의 규정에 의하여 유예한 형을 선고하는 경우에 준용한다.(1996.12.3 본조신설)

제151조【경합범중 다시 형을 정하는 절차등에의 준용】 제149조, 제149조의2 및 제150조의 규정은 법 제336조에 규정한 절차에 이를 준용한다.(1996.12.3 본조개정)

제3편 상 소

제1장 통 칙

제152조【재소자의 상소장등의 처리】 ① 교도소장, 구치소장 또는 그 직무를 대리하는 자가 법 제344조제1항의 규정에 의하여 상소장을 제출받은 때에는 그 제출받은 연월일을 상소장에 부기하여 즉시 이를 원심법원에 송부하여야 한다.
② 제1항의 규정은 교도소장, 구치소장 또는 그 직무를 대리하는 자가 법 제355조에 따라 정식재판청구나 상소권회복청구 또는 상소의 포기나 취하의 서면 및 상소이유서를 제출받은 때 및 법 제487조부터 법 제489조까지의 신청과 그 취하에 이를 준용한다.
(2007.10.29 본항개정)

제153조【상소의 포기 또는 취하에 관한 동의서의 제출】 ① 법 제350조에 규정한 피고인이 상소의 포기 또는 취하를 할 때에는 법정대리인이 이에 동의하는 취지의 서면을 제출하여야 한다.
② 피고인의 법정대리인 또는 법 제341조에 규정한 자가 상소의 취하를 할 때에는 피고인이 이에 동의하는 취지의 서면을 제출하여야 한다.

제154조【상소의 포기 또는 취하의 효력을 다투는 절차】 ① 상소의 포기 또는 취하가 부존재 또는 무효임을 주장하는 자는 그 포기 또는 취하당시 소송기록이 있었던 법원에 절차속행의 신청을 할 수 있다.
② 제1항의 신청을 받은 법원은 신청이 이유있다고 인정하는 때에는 신청을 인용하는 결정을 하고 절차를 속행하여야 하며, 신청이 이유없다고 인정하는 때에는 결정으로 신청을 기각하여야 한다.
③ 제2항 후단의 신청기각결정에 대하여는 즉시 항고할 수 있다.

제2장 항 소

제155조【항소이유서, 답변서의 기재】 항소이유서 또는 답변서에는 항소이유 또는 답변내용을 구체적으로 간결하게 명시하여야 한다.

제156조【항소이유서, 답변서의 부본제출】 항소이유서 또는 답변서에는 상대방의 수에 2를 더한 수의 부본을 첨부하여야 한다.(1996.12.3 본조개정)

제156조의2【국선변호인의 선정 및 소송기록접수통지】 ① 기록의 송부를 받은 항소법원은 법 제33조제1항제1호부터 제6호까지의 필요적 변호사건에 있어서 변호인이 없는 경우에는 지체없이 변호인을 선정한 후 그 변호인에게 소송기록접수통지를 하여야 한다. 법 제33조제3항에 의하여 국선변호인을 선정한 경우에도 그러하다.(2016.6.27 본항개정)
② 항소법원은 항소이유서 제출기간이 도과하기 전에 피고인으로부터 법 제33조제2항의 규정에 따른 국선변호인 선정청구가 있는 경우에는 지체없이 그에 관한 결정을 하여야 하고, 이 때 변호인을 선정한 경우에는 그 변호인에게 소송기록접수통지를 하여야 한다.
(2006.8.17 본항개정)
③ 제1항, 제2항의 규정에 따라 국선변호인 선정결정을 한 후 항소이유서 제출기간 내에 피고인이 책임질 수 없는 사유로 그 선정결정을 취소하고 새로운 국선변호인을 선정한 경우에도 그 변호인에게 소송기록접수통지를 하여야 한다.(2006.3.23 본항신설)
④ 항소법원이 제2항의 국선변호인 선정청구를 기각한 경우에는 피고인이 국선변호인 선정청구를 한 날로부터 선정청구기각결정등본을 송달받은 날까지의 기간을 법 제361조의3제1항이 정한 항소이유서 제출기간에 산입하지 아니한다. 다만, 피고인이 최초의 국선변호인 선정청구기각결정을 받은 이후 같은 법원에 다시 선정청구를 한 경우에는 그 국선변호인 선정청구일로부터 선정청구기각결정등본 송달일까지의 기간에 대해서는 그러하지 아니하다.(2006.3.23 본항신설)

제156조의3【항소이유 및 답변의 진술】 ① 항소인은 그 항소이유를 구체적으로 진술하여야 한다.
② 상대방은 항소인의 항소이유 진술이 끝난 뒤에 항소이유에 대한 답변을 구체적으로 진술하여야 한다.
③ 피고인 및 변호인은 이익이 되는 사실 등을 진술할 수 있다.
(2007.10.29 본조신설)

제156조의4【쟁점의 정리】 법원은 항소이유와 답변에 터잡아 해당 사건의 사실상·법률상 쟁점을 정리하여 밝히고 그 증명되어야 하는 사실을 명확히 하여야 한다.(2007.10.29 본조신설)

제156조의5【항소심과 증거조사】 ① 재판장은 증거조사절차에 들어가기에 앞서 제1심의 증거관계와 증거조사결과의 요지를 고지하여야 한다.
② 항소심 법원은 다음 각호의 어느 하나에 해당하는 경우에 한하여 증인을 신문할 수 있다.
1. 제1심에서 조사되지 아니한 데에 대하여 고의나 중대한 과실이 없고, 그 신청으로 인하여 소송을 현저하게 지연시키지 아니하는 경우
2. 제1심에서 증인으로 신문하였으나 새로운 중요한 증거의 발견 등으로 항소심에서 다시 신문하는 것이 부득이하다고 인정되는 경우
3. 그 밖에 항소의 당부에 관한 판단을 위하여 반드시 필요하다고 인정되는 경우
(2007.10.29 본조신설)

제156조의6【항소심에서의 피고인 신문】 ① 검사 또는 변호인은 항소심의 증거조사가 종료한 후 항소이유의 당부를 판단함에 필요한 사항에 한하여 피고인을 신문할 수 있다.
② 재판장은 제1항에 따라 피고인 신문을 실시하는 경우에도 제1심의 피고인 신문과 중복되거나 항소이유의 당부를 판단하는 데 필요 없다고 인정하는 때에는 그 신문의 전부 또는 일부를 제한할 수 있다.
③ 재판장은 필요하다고 인정하는 때에는 피고인을 신문할 수 있다.
(2007.10.29 본조신설)

제156조의7【항소심에서의 의견진술】 ① 항소심의 증거조사와 피고인 신문절차가 종료한 때에는 검사는 원심 판결의 당부와 항소이유에 대한 의견을 구체적으로 진술하여야 한다.
② 재판장은 검사의 의견을 들은 후 피고인과 변호인에게도 제1항의 의견을 진술할 기회를 주어야 한다.
(2007.10.29 본조신설)

제157조【환송 또는 이송판결이 확정된 경우 소송기록등의 송부】 법 제366조 또는 법 제367조 본문의 규정에 의한 환송 또는 이송판결이 확정된 경우에는 다음 각호의 규정에 의하여 처리하여야 한다.
1. 항소법원은 판결확정일로부터 7일이내에 소송기록과 증거물을 환송 또는 이송받을 법원에 송부하고, 항소법원에 대응하는 검찰청 검사 또는 수사처검사에게 그 사실을 통지하여야 한다.
2. 제1호의 송부를 받은 법원은 지체없이 그 법원에 대응한 검찰청 검사 또는 수사처검사에게 그 사실을 통지하여야 한다.
3. 피고인이 교도소 또는 구치소에 있는 경우에는 항소법원에 대응한 검찰청 검사 또는 수사처검사는 제1호의 통지를 받은 날로부터 10일 이내에 피고인을 환송 또는 이송받을 법원소재지의 교도소나 구치소에 이감한다.
(2021.1.29 1호~3호개정)

제158조【변호인 선임의 효력】 원심법원에서의 변호인 선임은 법 제366조 또는 법 제367조의 규정에 의한 환송 또는 이송이 있은 후에도 효력이 있다.

제159조【준용규정】 제2편중 공판에 관한 규정은 항소법원의 공판절차에 이를 준용한다.

제3장 상 고

제160조【상고이유서, 답변서의 부본 제출】 상고이유서 또는 답변서에는 상대방의 수에 4를 더한 수의 부본을 첨부하여야 한다.(1996.12.3 본조개정)

제161조【피고인에 대한 공판기일의 통지 등】 ① 법원사무관등은 피고인에게 공판기일통지서를 송달하여야 한다.
② 상고심에서는 공판기일을 지정하는 경우에도 피고인의 이감을 요하지 아니한다.
③ 상고한 피고인에 대하여 이감이 있는 경우에는 검사는 지체없이 이를 대법원에 통지하여야 한다.
(1996.12.3 본항신설)
(1996.12.3 본조개정)

제161조의2【참고인 의견서 제출】 ① 국가기관과 지방자치단체는 공익과 관련된 사항에 관하여 대법원에 재판에 관한 의견서를 제출할 수 있고, 대법원은 이들에게 의견서를 제출하게 할 수 있다.
② 대법원은 소송관계를 분명하게 하기 위하여 공공단체 등 그 밖의 참고인에게 의견서를 제출하게 할 수 있다.
(2015.1.28 본조신설)

제162조【대법관전원합의체사건에 관하여 부에서 할 수 있는 재판】 대법관전원합의체에서 본안재판을 하는 사건에 관하여 구속, 구속기간의 갱신, 구속의 취소, 보석, 보석의 취소, 구속의 집행정지, 구속의 집행정지의 취소를 함에는 대법관 3인 이상으로써 구성된 부에서 재판할 수 있다.(1988.3.23 본조개정)

제163조【판결정정신청의 통지】 법 제400조제1항에 규정한 판결정정의 신청이 있는 때에는 즉시 그 취지를 상대방에게 통지하여야 한다.
제164조【준용규정】 제155조, 제156조의2, 제157조제1호, 제2호의 규정은 상고심의 절차에 이를 준용한다.(1996.12.3 본조개정)

제4장 항 고

제165조【항고법원의 결정등본의 송부】 항고법원이 법 제413조 또는 법 제414조에 규정한 결정을 한 때에는 즉시 그 결정의 등본을 원심법원에 송부하여야 한다.

제4편 특별소송절차

제1장 재 심

제166조【재심청구의 방식】 재심의 청구를 함에는 재심청구의 취지 및 재심청구의 이유를 구체적으로 기재한 재심청구서에 원판결의 등본 및 증거자료를 첨부하여 관할법원에 제출하여야 한다.
제167조【재심청구 취하의 방식】 ① 재심청구의 취하는 서면으로 하여야 한다. 다만, 공판정에서는 구술로 할 수 있다.
② 구술로 재심청구의 취하를 한 경우에는 그 사유를 조서에 기재하여야 한다.
제168조【준용규정】 제152조의 규정은 재심의 청구와 그 취하에 이를 준용한다.
제169조【청구의 경합과 공판절차의 정지】 ① 항소기각의 확정판결과 그 판결에 의하여 확정된 제1심판결에 대하여 각각 재심의 청구가 있는 경우에 항소법원은 결정으로 제1심법원의 소송절차가 종료할 때까지 소송절차를 정지하여야 한다.
② 상고기각의 판결과 그 판결에 의하여 확정된 제1심 또는 제2심의 판결에 대하여 각각 재심의 청구가 있는 경우에 상고법원은 결정으로 제1심 법원 또는 항소법원의 소송절차가 종료할 때까지 소송절차를 정지하여야 한다.

제2장 약식절차

제170조【서류 등의 제출】 검사는 약식명령의 청구와 동시에 약식명령을 하는데 필요한 증거서류 및 증거물을 법원에 제출하여야 한다.
제171조【약식명령의 시기】 약식명령은 그 청구가 있은 날로부터 14일내에 이를 하여야 한다.
제172조【보통의 심판】 ① 법원사무관등은 약식명령의 청구가 있는 사건을 법 제450조의 규정에 따라 공판절차에 의하여 심판하기로 한 때에는 즉시 그 취지를 검사에게 통지하여야 한다.(1996.12.3 본항개정)
② 제1항의 통지를 받은 검사는 5일이내에 피고인수에 상응한 공소장 부본을 법원에 제출하여야 한다.(1996.12.3 본항개정)
③ 법원은 제2항의 공소장 부본에 관하여 법 제266조에 규정한 조치를 취하여야 한다.
제173조【준용규정】 제153조의 규정은 정식재판청구의 취하에 이를 준용한다.

제5편 재판의 집행

제174조【소송비용의 집행면제 등의 신청 등】 ① 법 제487조 내지 법 제489조의 규정에 의한 신청 및 그 취하는 서면으로 하여야 한다.
② 제152조의 규정은 제1항의 신청과 그 취하에 이를 준용한다.
제175조【소송비용의 집행면제 등의 신청 등의 통지】 법원은 제174조제1항에 규정한 신청 또는 그 취하의 서면을 제출받은 경우에는 즉시 그 취지를 검사에게 통지하여야 한다.

제6편 보 칙

제176조【신청 기타 진술의 방식】 ① 법원 또는 판사에 대한 신청 기타 진술은 법 및 이 규칙에 다른 규정이 없으면 서면 또는 구술로 할 수 있다.
② 구술에 의하여 신청 기타의 진술을 할 때에는 법원사무관등의 면전에서 하여야 한다.
③ 제2항의 경우에 법원사무관등은 조서를 작성하고 기명날인하여야 한다.(1996.12.3 본항개정)
제177조【재소자의 신청 기타 진술】 교도소장, 구치소장 또는 그 직무를 대리하는 자는 교도소 또는 구치소에 있는 피고인이나 피의자가 법원 또는 판사에 대한 신청 기타 진술에 관한 서면을 작성하고자 할 때에는 그 편의를 도모하여야 하고, 특히 피고인이나 피의자가 그 서면을 작성할 수 없을 때에는 법 제344조제2항의 규정에 준하는 조치를 취하여야 한다.
제177조의2【기일 외 주장 등의 금지】 ① 소송관계인은 기일 외에서 구술, 전화, 휴대전화 문자전송, 그 밖에 이와 유사한 방법으로 신체구속, 공소사실 또는 양형에 관하여 법률상·사실상 주장을 하는 등 법령이나 재판장의 지휘에 어긋나는 절차와 방식으로 소송행위를 하여서는 아니 된다.
② 재판장은 제1항을 어긴 소송관계인에게 주의를 촉구하고 기일에서 그 위반사실을 알릴 수 있다.(2016.9.6 본조신설)
제178조【영장의 유효기간】 영장의 유효기간은 7일로 한다. 다만, 법원 또는 법관이 상당하다고 인정하는 때에는 7일을 넘는 기간을 정할 수 있다.(1996.12.3 본조신설)
제179조 (2016.11.29 삭제)

부 칙 (2006.3.23)

①【시행일】 이 규칙은 공포일로부터 시행한다.
②【경과조치】 제156조의2의 개정규정은 이 규칙 시행 이후 국선변호인선정청구가 있는 사건부터 적용한다.

부 칙 (2006.8.17)

①【시행일】 이 규칙은 2006년 8월 20일부터 시행한다.
②【경과조치】 이 규칙은 이 규칙 시행 당시 수사 중이거나 법원에 계속 중인 사건에도 적용한다.

부 칙 (2007.10.29)

제1조【시행일】 이 규칙은 2008년 1월 1일부터 시행한다.
제2조【일반적 경과조치】 이 규칙은 이 규칙 시행 당시 수사 중이거나 법원에 계속 중인 사건에도 적용한다. 다만, 이 규칙 시행 전에 종전의 규정에 따라 행한 행위의 효력에는 영향을 미치지 아니한다.
제3조【다른 규칙의 개정】 ①~② ※(해당 법령에 가제정리 하였음)

부 칙 (2007.12.31)

제1조【시행일】 이 규칙은 2008년 1월 22일부터 시행한다.
제2조【경과조치】 이 규칙은 이 규칙 시행 당시에 법원에 계속 중인 사건에도 적용한다.

부 칙 (2011.12.30)

제1조【시행일】 이 규칙은 2012년 1월 1일부터 시행한다.
제2조【경과조치】 이 규칙은 이 규칙 시행 당시 수사 중이거나 법원에 계속 중인 사건에도 적용한다.

부 칙 (2012.5.29)

이 규칙은 공포한 날부터 시행한다. 다만, 제84조의10의 개정규정은 2013년 1월 1일부터 시행한다.

부 칙 (2014.8.6)

이 규칙은 2014년 8월 7일부터 시행한다.

부 칙 (2014.12.30)

이 규칙은 2015년 1월 1일부터 시행한다.

부 칙 (2015.1.28)

이 규칙은 공포한 날부터 시행한다.

부 칙 (2015.6.29)

제1조【시행일】 이 규칙은 공포한 날부터 시행한다.
제2조【경과규정】 이 규칙은 이 규칙 시행 당시 법원에 계속 중인 사건에도 적용한다.

부 칙 (2016.2.19)

제1조【시행일】 이 규칙은 2016년 3월 1일부터 시행한다.
제2조【경과규정】 이 규칙은 이 규칙 시행 당시 법원에 계속 중인 사건에도 적용한다. 다만, 이 규칙 시행 전에 종전의 규정에 따라 행한 행위의 효력에는 영향을 미치지 아니한다.

부 칙 (2016.6.27)

제1조【시행일】 이 규칙은 2016년 7월 1일부터 시행한다.
제2조【경과규정】 이 규칙은 이 규칙 시행 당시 법원에 계속 중인 사건에도 적용한다. 다만, 이 규칙 시행 전에 종전의 규정에 따라 행한 행위의 효력에는 영향을 미치지 아니한다.

부 칙 (2016.9.6)

제1조【시행일】 이 규칙은 공포한 날부터 시행한다.
제2조【경과규정】 이 규칙은 이 규칙 시행 당시 법원에 계속 중인 사건에도 적용한다.

부 칙 (2016.11.29)

제1조【시행일】 이 규칙은 2016년 12월 1일부터 시행한다.(이하 생략)

부 칙 (2020.6.26)

이 규칙은 공포한 날부터 시행한다.

부 칙 (2020.12.28)

제1조【시행일】 이 규칙은 2021년 1월 1일부터 시행한다.
제2조【경과조치】 이 규칙은 이 규칙 시행 당시에 법원에 계속 중인 사건에도 적용한다. 다만, 이 규칙 시행 전에 종전의 규정에 따라 행한 행위의 효력에는 영향을 미치지 아니한다.

부 칙 (2021.1.29)

이 규칙은 공포한 날부터 시행한다.

부 칙 (2021.10.29)

제1조【시행일】 이 규칙은 2021년 11월 18일부터 시행한다.
제2조【계속사건에 대한 경과조치】 이 규칙은 이 규칙 시행 당시 법원에 계속 중인 사건에 대하여도 적용한다.

부 칙 (2021.12.31)

제1조【시행일】 이 규칙은 2022년 1월 1일부터 시행한다.
제2조【경과조치】 ① 이 규칙은 이 규칙 시행 후 공소제기된 사건부터 적용한다.
② 이 규칙 시행 전에 종전의 규정에 따라 행한 행위의 효력에는 영향을 미치지 아니한다.

형사소송비용 등에 관한 법률

(약칭 : 형사소송비용법)

(1999년 12월 31일
전개법률 제6082호)

개정
2012. 2.10법11306호

제1조【목적】 이 법은 형사소송비용의 범위와 법원의 형사절차에서 증인·감정인·통역인·번역인 또는 국선변호인에게 지급하는 비용의 지급기준 등에 관하여 필요한 사항을 규정함을 목적으로 한다.(2012.2.10 본조개정)

제2조【형사소송비용의 범위】「형사소송법」에 따른 소송비용은 다음 각 호의 어느 하나에 해당하는 것으로 한다.

1. 증인·감정인·통역인 또는 번역인의 일당, 여비 및 숙박료
2. 감정인·통역인 또는 번역인의 감정료·통역료·번역료, 그 밖의 비용
3. 국선변호인의 일당, 여비, 숙박료 및 보수

(2012.2.10 본조개정)

제3조【증인 등의 일당】 ① 증인·감정인·통역인 또는 번역인의 일당은 출석 또는 조사와 이를 위한 여행(이하 "출석등"이라 한다)에 필요한 일수(日數)에 따라 지급한다.

② 일당의 금액은 대법원규칙으로 정하는 범위에서 법원이 정한다.

(2012.2.10 본조개정)

제4조【증인 등의 여비】 ① 증인·감정인·통역인 또는 번역인의 여비는 운임과 그 밖에 이에 준하는 비용으로 하고, 운임은 철도운임·선박운임·자동차운임 및 항공운임 네 종류로 구분하되, 법원이 적절하다고 인정하는 교통수단을 기준으로 하여 지급한다.

② 여비의 항목과 그 금액은 대법원규칙으로 정하는 범위에서 법원이 정한다.

(2012.2.10 본조개정)

제5조【증인 등의 숙박료】 ① 증인·감정인·통역인 또는 번역인의 숙박료는 출석등에 필요한 밤[夜]의 수에 따라 지급한다.

② 숙박료의 금액은 대법원규칙으로 정하는 범위에서 법원이 정한다.

(2012.2.10 본조개정)

제6조【국외여비 등의 금액】 증인·감정인·통역인 또는 번역인이 국내와 국외(공해를 포함한다) 사이를 여행하는 경우에 그 일당, 여비 및 숙박료는 제3조부터 제5조까지에 규정된 기준에 준하여 대법원규칙으로 정하는 범위에서 법원이 정한다.(2012.2.10 본조개정)

제7조【감정료 등】 감정인·통역인 또는 번역인에게 지급할 감정료·통역료·번역료, 그 밖의 비용은 법원이 적절하다고 인정하는 금액으로 한다.(2012.2.10 본조개정)

제8조【국선변호인의 일당 등】 ① 국선변호인에게 지급할 일당, 여비 및 숙박료의 금액은 제3조부터 제6조까지에 규정된 기준에 준하여 대법원규칙으로 정하는 범위에서 법원이 정한다.

② 국선변호인에게 지급할 보수의 기준 및 금액은 대법원규칙으로 정하는 범위에서 법원이 정한다.

(2012.2.10 본조개정)

제9조【여비 등의 계산】 일당, 여비(항공운임은 제외한다) 및 숙박료를 계산할 때 여행 일수는 흔히 이용하는 가장 경제적인 경로와 방법으로 여행하는 경우의 예에 따라 계산한다. 다만, 천재지변이나 그 밖의 부득이한 사유로 그와 같은 경로와 방법으로 여행하기 곤란한 경우에는 실제 경로와 방법으로 계산한다.(2012.2.10 본조개정)

제10조【일당 등의 지급 요건】 증인·감정인·통역인 또는 번역인에게 지급하는 일당, 여비 및 숙박료는 법원이 정한 기일·장소에 출석하거나 조사받은 경우에만 지급하며, 국선변호인에게 지급하는 일당, 여비 및 숙박료는 국선변호인이 기일에 출석하거나 조사 또는 처분에 참여한 경우에만 지급한다.(2012.2.10 본조개정)

제11조【소송비용의 청구기한】 제2조에 따른 소송비용은 다음 각 호의 구분에 따른 기한까지 청구하지 아니하면 지급하지 아니한다. 다만, 부득이한 사유로 해당 기한까지 청구하지 못한 경우에는 그러하지 아니하다.

1. 재판에 의하여 소송절차가 종료되는 경우 : 그 재판이 있기까지
2. 재판에 의하지 아니하고 소송절차가 종료되는 경우 : 소송비용을 부담하게 하는 재판이 있기까지

(2012.2.10 본조개정)

제12조【법관이 정하는 경우】 ① 수명법관(受命法官) 또는 수탁판사(受託判事)가 증인신문(證人訊問)이나 그 밖의 절차를 이행한 경우에는 이 법에 따라 법원이 정할 사항은 해당 법관이 정한다. 다만, 해당 법관이 정하는 것이 적절하지 아니하다고 인정하는 경우에는 그러하지 아니하다.

② 수명법관 또는 수탁판사 외의 법관이 절차를 이행한 경우에는 제1항 본문을 준용한다.

(2012.2.10 본조개정)

제13조【대법원규칙】 이 법에서 규정한 사항 외에 법원의 형사절차에서 지급하는 비용에 관하여 필요한 사항은 대법원규칙으로 정한다.(2012.2.10 본조개정)

제14조【자료의 제출】 법원은 필요하다고 인정하면 이 법에 따라 비용을 지급받을 자에게 비용 명세서나 그 밖의 자료 제출 등을 요구할 수 있다.(2012.2.10 본조개정)

부 칙

제1조【시행일】 이 법은 공포한 날부터 시행한다.

제2조【경과조치】 이 법 시행전에 개시된 증인신문 기타 행위에 대한 비용의 금액에 관하여는 종전의 예에 의한다.

제3조【다른 법률의 개정】 ①~⑤ ※(해당 법령에 가제정리 하였음)

제4조【다른 법령과의 관계】 이 법 시행당시 다른 법령에서 종전의 형사소송비용법 또는 그 규정을 인용하고 있는 경우 이 법중 그에 해당하는 규정이 있는 때에는 이 법 또는 이 법의 해당 규정을 인용한 것으로 본다.

부 칙 (2012.2.10)

이 법은 공포한 날부터 시행한다.

형사소송비용 등에 관한 규칙

(1999년 12월 31일
대법원규칙 제1628호)

개정
2003. 9.13대법원규칙1843호　　2008. 6. 5대법원규칙2180호
2009. 1. 9대법원규칙2208호　　2022. 6.30대법원규칙3059호

제1조【목적】 이 규칙은 형사소송비용등에관한법률(이하 "법"이라 한다)에 의하여 위임된 사항 및 기타 법원의 형사절차에서 지급하는 비용에 관하여 필요한 사항을 규정함을 목적으로 한다.

제2조【증인등의 일당】 법 제3조제2항, 제6조의 규정에 의한 증인·감정인·통역인 또는 번역인(이하 "증인등"이라 한다)의 일당은 매년 예산의 범위안에서 대법원관회의에서 정한다.

제3조【증인등의 여비·숙박료】 ① 법 제4조제1항에서 규정하고 있는 "기타 이에 준하는 비용"의 항목은 식비로 한다.(2003.9.13 본항개정)

② 법 제4조제2항, 제5조제2항의 규정에 의한 증인등의 국내 여비 및 숙박료는 「법원공무원여비규칙」 제10조제1항, 제11조제1항, 제12조제1항, 제13조제1항, 제16조제1항의 별표2 국내여비지급표에 정한 제2호 해당자 지급액으로 하며, 철도운임의 경우 위 규칙 제10조제1항 단서의 규정을 준용한다.(2009.1.9 본항개정)

제4조【증인등의 국외여행의 경우】 ① 법 제6조의 규정에 의한 증인등의 일당·여비 및 숙박료는 증인등이 국외로부터 국내로, 국내로부터 국외로 여행하거나 또는 국내로 입국하기 위하여 국외에서 여행(이하 이를 합하여 "국외여행"이라 한다)하는 경우에 이를 지급한다.

② 증인등이 국외여행하는 경우의 운임은 다음 각호의 구분에 의하되, 통행세를 가산한다.

1. 철도운임 및 선박운임은 그 운임에 등급구별이 있는 경우에는 중간등급 이하의 운임, 등급구별이 없는 경우에는 승차나 승선에 요하는 실비액
2. 자동차운임은 실비액
3. 항공운임은 법원공무원여비규칙 제12조제2항의 별표3 "국외항공운임정액표"에 정한 기타의 자 소정액

③ 증인등이 국외여행하는 경우의 운임을 제외한 여비 및 숙박료는 법원공무원여비규칙 제16조제1항의 별표4 "국외여비정액표"에 정한 별표1 여비지급구분표의 제2호나목 해당자 소정액으로 한다.(2009.1.9 본항개정)

제5조【국선변호인의 일당등】 ① 법 제8조제1항의 규정에 의한 국선변호인의 일당은 매년 예산의 범위안에서 대법관회의에서 정한다.

② 국선변호인의 국내여비 및 숙박료에 관하여는 제3조제2항의 규정을 준용한다.(2009.1.9 본항개정)

③ 국선변호인이 국외여행하는 경우의 여비 및 숙박료에 관하여는 제4조제2항, 제3항의 규정을 준용하되, 이 경우 "중간 등급 이하의 운임"은 "최상등급의 운임"으로, 별표1 여비지급구분표의 제2호나목 해당자는 별표1 여비지급구분표의 제1호라목 해당자로 본다.(2009.1.9 본항개정)

제6조【국선변호인의 보수】 ① 법 제8조제2항의 규정에 의한 국선변호인의 보수는 매년 예산의 범위안에서 대법관회의에서 정하며 그 보수는 심급별로 지급하되, 체포 또는 구속적부심에 있어서는 심급에 관계없이 별도로 지급한다.

② 제1항의 보수는 사안의 난이, 국선변호인이 수행한 직무의 내용, 사건처리에 소요된 시간 등을 참작하여 예산의 범위안에서 당해 재판장이 이를 증액할 수 있다.

(2008.6.5 본항개정)

③ 공익법무관, 사법연수생, 변호사자격이 있는 장교, 군법무관시보인 국선변호인에 대하여는 보수를 지급하지 아니한다. 다만, 피고인 또는 피의자의 접견을 위한 비용 기타 재판장이 인정하는 실비를 변상할 수 있다.

(2022.6.30 본항개정)

부 칙

제1조【시행일】 이 규칙은 공포한 날로부터 시행한다.

제2조【다른 규칙의 폐지등】 ① 형사소송비용법에의한 증인·감정인등의일당·여비·숙박료에관한규칙을 폐지한다.

② ※(해당 법령에 가제정리 하였음)

부 칙 (2009.1.9)

이 규칙은 공포한 날부터 시행한다.

부 칙 (2022.6.30)

이 규칙은 2022년 7월 1일부터 시행한다.

국민의 형사재판 참여에 관한 법률(약칭 : 국민참여재판법)

(2007년 6월 1일
법 률 제8495호)

개정
2010. 4.15법10258호(성폭력범죄의처벌등에관한특례법)
2012. 1.17법11155호
2013. 3.23법11690호(정부조직)
2014.11.19법12844호(정부조직)
2016. 1.19법13762호
2016. 5.29법14184호(예비군법)
2017. 7.26법14839호(정부조직)

제1장 총 칙

제1조【목적】 이 법은 사법의 민주적 정당성과 신뢰를 높이기 위하여 국민이 형사재판에 참여하는 제도를 시행함에 있어서 참여에 따른 권한과 책임을 명확히 하고, 재판절차의 특례와 그 밖에 필요한 사항에 관하여 규정함을 목적으로 한다.

제2조【정의】 이 법에서 사용하는 용어의 정의는 다음과 같다.
1. "배심원"이란 이 법에 따라 형사재판에 참여하도록 선정된 사람을 말한다.
2. "국민참여재판"이란 배심원이 참여하는 형사재판을 말한다.

제3조【국민의 권리와 의무】 ① 누구든지 이 법으로 정하는 바에 따라 국민참여재판을 받을 권리를 가진다.
② 대한민국 국민은 이 법으로 정하는 바에 따라 국민참여재판에 참여할 권리와 의무를 가진다.

제4조【다른 법령과의 관계】 국민참여재판에 관하여 이 법에 특별한 규정이 없는 때에는 「법원조직법」·「형사소송법」 등 다른 법령을 적용한다.

제2장 대상사건 및 관할

제5조【대상사건】 ① 다음 각 호에 정하는 사건을 국민참여재판의 대상사건(이하 "대상사건"이라 한다)으로 한다.
1. 「법원조직법」 제32조제1항(제2호 및 제5호는 제외한다)에 따른 합의부 관할 사건
2. 제1호에 해당하는 사건의 미수죄·교사죄·방조죄·예비죄·음모죄에 해당하는 사건
3. 제1호 및 제2호에 해당하는 사건과 「형사소송법」 제11조에 따른 관련 사건으로서 병합하여 심리하는 사건
(2012.1.17 본항개정)
② 피고인이 국민참여재판을 원하지 아니하거나 제9조제1항에 따른 배제결정이 있는 경우는 국민참여재판을 하지 아니한다.

제6조【공소사실의 변경 등】 ① 법원은 공소사실의 일부 철회 또는 변경으로 인하여 대상사건에 해당하지 아니하게 된 경우에도 이 법에 따른 재판을 계속 진행한다. 다만, 법원은 심리의 상황이나 그 밖의 사정을 고려하여 국민참여재판으로 진행하는 것이 적당하지 아니하다고 인정하는 때에는 결정으로 당해 사건을 지방법원 본원 합의부가 국민참여재판에 의하지 아니하고 심판하게 할 수 있다.
② 제1항 단서의 결정에 대하여는 불복할 수 없다.
③ 제1항 단서의 결정이 있는 경우에는 당해 재판에 참여한 배심원과 예비배심원은 해임된 것으로 본다.
④ 제1항 단서의 결정 전에 행한 소송행위는 그 결정 이후에도 그 효력에 영향이 없다.

제7조【필요적 국선변호】 이 법에 따른 국민참여재판에 관하여 변호인이 없는 때에는 법원은 직권으로 변호인을 선정하여야 한다.

제8조【피고인 의사의 확인】 ① 법원은 대상사건의 피고인에 대하여 국민참여재판을 원하는지 여부에 관한 의사를 서면 등의 방법으로 반드시 확인하여야 한다. 이 경우 피고인 의사의 구체적인 확인 방법은 대법원규칙으로 정하되, 피고인의 국민참여재판을 받을 권리가 최대한 보장되도록 하여야 한다.
② 피고인은 공소장 부본을 송달받은 날부터 7일 이내에 국민참여재판을 원하는지 여부에 관한 의사가 기재된 서면을 제출하여야 한다. 이 경우 피고인이 서면을 우편으로 발송한 때, 교도소 또는 구치소에 있는 피고인이 서면을 교도소장·구치소장 또는 그 직무를 대리하는 자에게 제출한 때에 법원에 제출한 것으로 본다.
③ 피고인이 제2항의 서면을 제출하지 아니한 때에는 국민참여재판을 원하지 아니하는 것으로 본다.
④ 피고인은 제9조제1항의 배제결정 또는 제10조제1항의 회부결정이 있거나 공판준비기일이 종결되거나 제1회 공판기일이 열린 이후에는 종전의 의사를 바꿀 수 없다.

판례 제8조는 피고인이 공소장 부본을 송달받은 날부터 7일 이내에 국민참여재판을 원하는지 여부에 관한 의사가 기재된 서면(이하 '의사확인서')을 제출하도록 하고, 피고인이 그 기간 내에 의사확인서를 제출하지 아니한 때에는 국민참여재판을 원하지 아니하는 것으로 보며, 공판준비기일이 종결되거나 제1회 공판기일이 열린 이후 등에는 종전의 의사를 바꿀 수 없도록 규정하고 있다. 위 규정의 취지를 위 기한이 지나면 피고인이 국민참여재판 신청을 할 수 없도록 하려는 것으로는 보기 어려운 점 등에 비추어 볼 때, 공소장 부본을 송달받은 날부터 7일 이내에 의사확인서를 제출하지 아니한 피고인도 제1회 공판기일이 열리기 전까지는 국민참여재판 신청을 할 수 있고, 법원은 그 의사를 확인하여 국민참여재판으로 진행할 수 있다고 봄이 상당하다.
(대결 2009.10.23, 2009모1032)

제9조【배제결정】 ① 법원은 공소제기 후부터 공판준비기일이 종결된 다음 날까지 다음 각 호의 어느 하나에 해당하는 경우 국민참여재판을 하지 아니하기로 하는 결정을 할 수 있다.
1. 배심원·예비배심원·배심원후보자 또는 그 친족의 생명·신체·재산에 대한 침해 또는 침해의 우려가 있어서 출석의 어려움이 있거나 이 법에 따른 직무를 공정하게 수행하지 못할 염려가 있다고 인정되는 경우
2. 공범 관계에 있는 피고인들 중 일부가 국민참여재판을 원하지 아니하여 국민참여재판의 진행에 어려움이 있다고 인정되는 경우
3. 「성폭력범죄의 처벌 등에 관한 특례법」 제2조의 범죄로 인한 피해자(이하 "성폭력범죄 피해자"라 한다) 또는 법정대리인이 국민참여재판을 원하지 아니하는 경우(2012.1.17 본호신설)
4. 그 밖에 국민참여재판으로 진행하는 것이 적절하지 아니하다고 인정되는 경우
② 법원은 제1항의 결정을 하기 전에 검사·피고인 또는 변호인의 의견을 들어야 한다.
③ 제1항의 결정에 대하여는 즉시항고를 할 수 있다.

판례 [1] 무죄추정원칙 위배 여부 : 참여재판 배제조항은 국민참여재판의 특성에 비추어 그 절차로 진행함이 부적당한 사건에 대하여 법원의 재량으로 국민참여재판을 하지 아니하기로 하는 결정을 할 수 있도록 한 것일 뿐, 피고인에 대한 범죄사실 인정이나 유죄판결을 전제로 하여 불이익을 과하는 것이 아니므로 무죄추정원칙에 위배된다고 볼 수 없다.
[2] 적법절차원칙 위배 여부 : 공소사실의 다양한 태양과 그로 인하여 쟁점이 지나치게 복잡하게 될 가능성, 예상되는 심리기간의 장단, 주요 증인의 소재 확보 여부와 사생활의 비밀 보호 등 공판절차에서 나타나는 여러 사정을 고려하여 보았을 때 참여재판 배제사유를 일일이 열거하는 것은 불가능하거나 현저히 곤란하다. 그러므로 참여재판 배제조항과 같이 포괄적, 일반적 배제사유를 두는 것은 불가피하고, 그 실질적 기준은 법원의 재판을 통하여 합리적으로 결정될 수 있다. 따라서 참여재판 배제조항은 그 절차와 내용에 있어 합리성과 정당성을 갖추었다고 할 것이므로, 적법절차원칙에 위배되지 아니한다.
(헌재결 2014.1.28, 2012헌바298)

제10조【지방법원 지원 관할 사건의 특례】 ① 제8조에 따라 피고인이 국민참여재판을 원하는 의사를 표시한 경우 지방법원 지원 합의부가 제9조제1항의 배제결정을 하지 아니하는 경우에는 국민참여재판절차 회부결정을 하여 사건을 지방법원 본원 합의부로 이송하여야 한다.
② 지방법원 지원 합의부가 심판권을 가지는 사건 중 지방법원 지원 합의부가 제1항의 회부결정을 한 사건에 대하여는 지방법원 본원 합의부가 관할권을 가진다.

제11조【통상절차 회부】 ① 법원은 피고인의 질병 등으로 공판절차가 장기간 정지되거나 피고인에 대한 구속기간의 만료, 성폭력범죄 피해자의 보호, 그 밖에 심리의 제반 사정에 비추어 국민참여재판을 계속 진행하는 것이 부적절하다고 인정하는 경우에는 직권 또는 검사·피고인·변호인이나 성폭력범죄 피해자 또는 법정대리인의 신청에 따라 결정으로 사건을 지방법원 본원 합의부가 국민참여재판에 의하지 아니하고 심판하게 할 수 있다.
(2012.1.17 본항개정)
② 법원은 제1항의 결정을 하기 전에 검사·피고인 또는 변호인의 의견을 들어야 한다.
③ 제1항의 결정에 대하여는 불복할 수 없다.
④ 제1항의 결정이 있는 경우에는 제6조제3항 및 제4항을 준용한다.

제3장 배심원

제1절 총 칙

제12조【배심원의 권한과 의무】 ① 배심원은 국민참여재판을 하는 사건에 관하여 사실의 인정, 법령의 적용 및 형의 양정에 관한 의견을 제시할 권한이 있다.
② 배심원은 법령을 준수하고 독립하여 성실히 직무를 수행하여야 한다.
③ 배심원은 직무상 알게 된 비밀을 누설하거나 재판의 공정을 해하는 행위를 하여서는 아니 된다.

제13조【배심원의 수】 ① 법정형이 사형·무기징역 또는 무기금고에 해당하는 대상사건에 대한 국민참여재판에는 9인의 배심원이 참여하고, 그 외의 대상사건에 대한 국민참여재판에는 7인의 배심원이 참여한다. 다만, 법원은 피고인 또는 변호인이 공판준비절차에서 공소사실의 주요내용을 인정한 때에는 5인의 배심원이 참여하게 할 수 있다.
② 법원은 사건의 내용에 비추어 특별한 사정이 있다고 인정되고 검사·피고인 또는 변호인의 동의가 있는 경우에 한하여 결정으로 배심원의 수를 7인과 9인 중에서 제1항과 달리 정할 수 있다.

제14조【예비배심원】 ① 법원은 배심원의 결원 등에 대비하여 5인 이내의 예비배심원을 둘 수 있다.
② 이 법에서 정하는 배심원에 대한 사항은 그 성질에 반하지 아니하는 한 예비배심원에 대하여 준용한다.

제15조【여비·일당 등】 대법원규칙으로 정하는 바에 따라 배심원·예비배심원 및 배심원후보자에게 여비·일당 등을 지급한다.

제2절 배심원의 자격

제16조【배심원의 자격】 배심원은 만 20세 이상의 대한민국 국민 중에서 이 법으로 정하는 바에 따라 선정된다.

제17조【결격사유】 다음 각 호의 어느 하나에 해당하는 사람은 배심원으로 선정될 수 없다.
1. 피성년후견인 또는 피한정후견인(2016.1.19 본호개정)
2. 파산자로서 복권되지 아니한 사람
3. 금고 이상의 실형을 선고받고 그 집행이 종료(종료된 것으로 보는 경우를 포함한다)되거나 집행이 면제된 후 5년을 경과하지 아니한 사람
4. 금고 이상의 형의 집행유예를 선고받고 그 기간이 완료된 날부터 2년을 경과하지 아니한 사람
5. 금고 이상의 형의 선고유예를 받고 그 선고유예기간 중에 있는 사람
6. 법원의 판결에 의하여 자격이 상실 또는 정지된 사람

제18조【직업 등에 따른 제외사유】 다음 각 호의 어느 하나에 해당하는 사람을 배심원으로 선정하여서는 아니 된다.
1. 대통령
2. 국회의원·지방자치단체의 장 및 지방의회의원
3. 입법부·사법부·행정부·헌법재판소·중앙선거관리위원회·감사원의 정무직 공무원
4. 법관·검사
5. 변호사·법무사
6. 법원·검찰 공무원
7. 경찰·교정·보호관찰 공무원
8. 군인·군무원·소방공무원 또는 「예비군법」에 따라 동원되거나 교육훈련의무를 이행 중인 예비군
(2016.5.29 본호개정)

제19조【제척사유】 다음 각 호의 어느 하나에 해당하는 사람은 당해 사건의 배심원으로 선정될 수 없다.
1. 피해자
2. 피고인 또는 피해자의 친족이나 이러한 관계에 있었던 사람
3. 피고인 또는 피해자의 법정대리인
4. 사건에 관한 증인·감정인·피해자의 대리인
5. 사건에 관한 피고인의 대리인·변호인·보조인
6. 사건에 관한 검사 또는 사법경찰관의 직무를 행한 사람
7. 사건에 관하여 전심 재판 또는 그 기초가 되는 조사·심리에 관여한 사람

제20조【면제사유】 법원은 직권 또는 신청에 따라 다음 각 호의 어느 하나에 해당하는 사람에 대하여 배심원 직무의 수행을 면제할 수 있다.
1. 만 70세 이상인 사람
2. 과거 5년 이내에 배심원후보자로서 선정기일에 출석한 사람
3. 금고 이상의 형에 해당하는 죄로 기소되어 사건이 종결되지 아니한 사람
4. 법령에 따라 체포 또는 구금되어 있는 사람
5. 배심원 직무의 수행이 자신이나 제3자에게 위해를 초래하거나 직업상 회복할 수 없는 손해를 입게 될 우려가 있는 사람
6. 중병·상해 또는 장애로 인하여 법원에 출석하기 곤란한 사람
7. 그 밖의 부득이한 사유로 배심원 직무를 수행하기 어려운 사람

제21조【보고·서류송부 요구】 지방법원장 또는 재판장은 국가, 지방자치단체, 공공단체, 그 밖의 법인·단체에 배심원후보자·배심원·예비배심원의 선정 또는 해임에 관한 판단을 위하여 필요한 사항의 보고 또는 그 보관서류의 송부를 요구할 수 있다.

제3절 배심원의 선정

제22조【배심원후보예정자명부의 작성】 ① 지방법원장은 배심원후보예정자명부를 작성하기 위하여 행정안전부장관에게 매년 그 관할 구역 내에 거주하는 만 20세 이상 국민의 주민등록정보에서 일정한 수의 배심원후보예정자의 성명·생년월일·주소 및 성별에 관한 주민등록정보를 추출하여 전자파일의 형태로 송부하여 줄 것을 요청할 수 있다.(2017.7.26 본항개정)
② 제1항의 요청을 받은 행정안전부장관은 30일 이내에 주민등록자료를 지방법원장에게 송부하여야 한다.
(2017.7.26 본항개정)
③ 지방법원장은 매년 주민등록자료를 활용하여 배심원후보예정자명부를 작성한다.

제23조【배심원후보자의 결정 및 출석통지】 ① 법원은 배심원후보예정자명부 중에서 필요한 수의 배심원후보자를 무작위 추출 방식으로 정하여 배심원과 예비배심원의 선정기일을 통지하여야 한다.
② 제1항의 통지를 받은 배심원후보자는 선정기일에 출석하여야 한다.

③ 법원은 제1항의 통지 이후 배심원의 직무 종사 예정기간을 마칠 때까지 제17조부터 제20조까지에 해당하는 사유가 있다고 인정되는 배심원후보자에 대하여는 즉시 그 출석통지를 취소하고 신속하게 당해 배심원후보자에게 그 내용을 통지하여야 한다.

제24조【선정기일의 진행】 ① 법원은 합의부원으로 하여금 선정기일의 절차를 진행하게 할 수 있다. 이 경우 수명법관은 선정기일에 관하여 법원 또는 재판장과 동일한 권한이 있다.

② 선정기일은 공개하지 아니한다.

③ 선정기일에서는 배심원후보자의 명예가 손상되지 아니하고 사생활이 침해되지 아니하도록 배려하여야 한다.

④ 법원은 선정기일의 속행을 위하여 새로운 기일을 정할 수 있다. 이 경우 선정기일에 출석한 배심원후보자에 대하여 새로운 기일을 통지한 때에는 출석통지서의 송달이 있었던 경우와 동일한 효력이 있다.

제25조【질문표】 ① 법원은 배심원후보자가 제28조제1항에서 정하는 사유에 해당하는지의 여부를 판단하기 위하여 질문표를 사용할 수 있다.

② 배심원후보자는 정당한 사유가 없는 한 질문표에 기재된 질문에 답하여 이를 법원에 제출하여야 한다.

제26조【후보자명부 송부 등】 ① 법원은 선정기일의 2일 전까지 검사와 변호인에게 배심원후보자의 성명·성별·출생연도가 기재된 명부를 송부하여야 한다.

② 법원은 선정절차에 질문표를 사용하는 때에는 선정기일을 진행하기 전에 배심원후보자가 제출한 질문표 사본을 검사와 변호인에게 교부하여야 한다.

제27조【선정기일의 참여자】 ① 법원은 검사·피고인 또는 변호인에게 선정기일을 통지하여야 한다.

② 검사와 변호인은 선정기일에 출석하여야 하며, 피고인은 법원의 허가를 받아 출석할 수 있다.

③ 법원은 변호인이 선정기일에 출석하지 아니한 경우 국선변호인을 선정하여야 한다.

제28조【배심원후보자에 대한 질문과 기피신청】 ① 법원은 배심원후보자가 제17조부터 제20조까지의 사유에 해당하는지 여부 또는 불공평한 판단을 할 우려가 있는지 여부 등을 판단하기 위하여 배심원후보자에게 질문을 할 수 있다. 검사·피고인 또는 변호인은 법원으로 하여금 필요한 질문을 하도록 요청할 수 있고, 법원은 검사 또는 변호인으로 하여금 직접 질문하게 할 수 있다.

② 배심원후보자는 제1항의 질문에 대하여 정당한 사유 없이 진술을 거부하거나 거짓 진술을 하여서는 아니 된다.

③ 법원은 배심원후보자가 제17조부터 제20조까지의 사유에 해당하거나 불공평한 판단을 할 우려가 있다고 인정되는 때에는 직권 또는 검사·피고인·변호인의 기피신청에 따라 당해 배심원후보자에 대하여 불선정 결정을 하여야 한다. 검사·피고인 또는 변호인의 기피신청을 기각하는 경우에는 이유를 고지하여야 한다.

제29조【이의신청】 ① 제28조제3항의 기피신청을 기각하는 결정에 대하여는 즉시 이의신청을 할 수 있다.

② 제1항의 이의신청에 대한 결정은 기피신청 기각결정을 한 법원이 한다.

③ 이의신청에 대한 결정에 대하여는 불복할 수 없다.

제30조【무이유부기피신청】 ① 검사와 변호인은 각자 다음 각 호의 범위 내에서 배심원후보자에 대하여 이유를 제시하지 아니하는 기피신청(이하 "무이유부기피신청"이라 한다)을 할 수 있다.

1. 배심원이 9인인 경우는 5인
2. 배심원이 7인인 경우는 4인
3. 배심원이 5인인 경우는 3인

② 무이유부기피신청이 있는 때에는 법원은 당해 배심원후보자를 배심원으로 선정할 수 없다.

③ 법원은 검사·피고인 또는 변호인에게 순서를 바꿔가며 무이유부기피신청을 할 수 있는 기회를 주어야 한다.

제31조【선정결정 및 불선정결정】 ① 법원은 출석한 배심원후보자 중에서 당해 재판에서 필요한 배심원과 예비배심원의 수에 해당하는 배심원후보자를 무작위로 뽑고 이들을 대상으로 직권, 기피신청 또는 무이유부기피신청에 따른 불선정결정을 한다.

② 제1항의 불선정결정이 있는 경우에는 그 수만큼 제1항의 절차를 반복한다.

③ 제1항 및 제2항의 절차를 거쳐 필요한 수의 배심원과 예비배심원 후보자가 확정되면 법원은 무작위의 방법으로 배심원과 예비배심원을 선정한다. 예비배심원이 2인 이상인 경우에는 그 순번을 정하여야 한다.

④ 법원은 배심원과 예비배심원에게 누가 배심원으로 선정되었는지 여부를 알리지 아니할 수 있다.

제4절 배심원의 해임 등

제32조【배심원의 해임】 ① 법원은 배심원 또는 예비배심원이 다음 각 호의 어느 하나에 해당하는 때에는 직권 또는 검사·피고인·변호인의 신청에 따라 배심원 또는 예비배심원을 해임하는 결정을 할 수 있다.

1. 배심원 또는 예비배심원이 제42조제1항의 선서를 하지 아니한 때
2. 배심원 또는 예비배심원이 제41조제2항 각 호의 의무를 위반하여 그 직무를 담당하게 하는 것이 적당하지 아니하다고 인정되는 때
3. 배심원 또는 예비배심원이 출석의무에 위반하고 계속하여 그 직무를 행하는 것이 적당하지 아니한 때
4. 배심원 또는 예비배심원에게 제17조부터 제20조까지의 사유에 해당하는 사실이 있거나 불공평한 판단을 할 우려가 있는 때
5. 배심원 또는 예비배심원이 질문표에 거짓 기재를 하거나 선정절차에서의 질문에 대하여 정당한 사유 없이 진술을 거부하거나 거짓의 진술을 한 것이 밝혀지고 계속하여 그 직무를 행하는 것이 적당하지 아니한 때
6. 배심원 또는 예비배심원이 법정에서 재판장이 명한 사항을 따르지 아니하거나 폭언 그 밖의 부당한 언행을 하는 등 공판절차의 진행을 방해한 때

② 제1항의 결정을 함에 있어서는 검사·피고인 또는 변호인의 의견을 묻고 출석한 당해 배심원 또는 예비배심원에게 진술기회를 부여하여야 한다.

③ 제1항의 결정에 대하여는 불복할 수 없다.

제33조【배심원의 사임】 ① 배심원과 예비배심원은 직무를 계속 수행하기 어려운 사정이 있는 때에는 법원에 사임을 신청할 수 있다.

② 법원은 제1항의 신청에 이유가 있다고 인정하는 때에는 당해 배심원 또는 예비배심원을 해임하는 결정을 할 수 있다.

③ 제2항의 결정을 함에 있어서는 검사·피고인 또는 변호인의 의견을 들어야 한다.

④ 제2항의 결정에 대하여는 불복할 수 없다.

제34조【배심원의 추가선정 등】 ① 제32조 및 제33조에 따라 배심원이 부족하게 된 경우 예비배심원은 미리 정한 순서에 따라 배심원이 된다. 이 때 배심원이 될 예비배심원이 없는 경우 배심원을 추가로 선정한다.

② 국민참여재판 도중 심리의 진행 정도에 비추어 배심원을 추가 선정하여 재판에 관여하게 하는 것이 부적절하다고 판단되는 경우 법원은 다음 각 호의 구분에 따라 남은 배심원만으로 계속하여 국민참여재판을 진행하는 결정을 할 수 있다. 다만, 배심원이 5인 미만이 되는 경우에는 그러하지 아니하다.

1. 1인의 배심원이 부족한 때에는 검사·피고인 또는 변호인의 의견을 들어야 한다.
2. 2인 이상의 배심원이 부족한 때에는 검사·피고인 또는 변호인의 동의를 받아야 한다.

제35조【배심원 등의 임무 종료】 배심원과 예비배심원의 임무는 다음 각 호의 어느 하나에 해당하면 종료한다.

1. 종국재판을 고지한 때
2. 제6조제1항 단서 또는 제11조에 따라 통상절차 회부결정을 고지한 때

제4장 국민참여재판의 절차

제1절 공판의 준비

제36조【공판준비절차】 ① 재판장은 제8조에 따라 피고인이 국민참여재판을 원하는 의사를 표시한 경우에 사건을 공판준비절차에 부쳐야 한다. 다만, 공판준비절차에 부치기 전에 제9조제1항의 배제결정이 있는 때에는 그러하지 아니하다.

② 공판준비절차에 부친 이후 피고인이 국민참여재판을 원하지 아니하는 의사를 표시하거나 제9조제1항의 배제결정이 있는 때에는 공판준비절차를 종결할 수 있다.

③ 지방법원 본원 합의부가 지방법원 지원 합의부로부터 제10조제1항에 따라 이송받은 사건에 대하여는 이미 공판준비절차를 거친 경우에도 필요한 때에는 공판준비절차에 부칠 수 있다.

④ 검사·피고인 또는 변호인은 증거를 미리 수집·정리하는 등 공판준비절차가 원활하게 진행되도록 협력하여야 한다.

제37조【공판준비기일】 ① 법원은 주장과 증거를 정리하고 심리계획을 수립하기 위하여 공판준비기일을 지정하여야 한다.

② 법원은 합의부원으로 하여금 공판준비기일을 진행하게 할 수 있다. 이 경우 수명법관은 공판준비기일에 관하여 법원 또는 재판장과 동일한 권한이 있다.

③ 공판준비기일은 공개한다. 다만, 법원은 공개함으로써 절차의 진행이 방해될 우려가 있는 때에는 공판준비기일을 공개하지 아니할 수 있다.

④ 공판준비기일에는 배심원이 참여하지 아니한다.

제2절 공판절차

제38조【공판기일의 통지】 공판기일은 배심원과 예비배심원에게 통지하여야 한다.

제39조【소송관계인의 좌석】 ① 공판정은 판사·배심원·예비배심원·검사·변호인이 출석하여 개정한다.

② 검사와 피고인 및 변호인은 대등하게 마주 보고 위치한다. 다만, 피고인신문을 하는 때에는 피고인은 증인석에 위치한다.

③ 배심원과 예비배심원은 재판장과 검사·피고인 및 변호인의 사이 왼쪽에 위치한다.

④ 증인석은 재판장과 검사·피고인 및 변호인의 사이 오른쪽에 배심원과 예비배심원을 마주 보고 위치한다.

제40조【공판정에서의 속기·녹취】 ① 법원은 특별한 사정이 없는 한 공판정에서의 심리를 속기사로 하여금 속기하게 하거나 녹음장치 또는 영상녹화장치를 사용하여 녹음 또는 영상녹화하여야 한다.

② 제1항에 따른 속기록·녹음테이프 또는 비디오테이프는 공판조서와는 별도로 보관되어야 하며, 검사·피고인 또는 변호인은 비용을 부담하고 속기록·녹음테이프 또는 비디오테이프의 사본을 청구할 수 있다.

제41조【배심원의 절차상 권리와 의무】 ① 배심원과 예비배심원은 다음 각 호의 행위를 할 수 있다.

1. 피고인·증인에 대하여 필요한 사항을 신문하여 줄 것을 재판장에게 요청하는 행위
2. 필요하다고 인정되는 경우 재판장의 허가를 받아 각자 필기를 하여 이를 평의에 사용하는 행위

② 배심원과 예비배심원은 다음 각 호의 행위를 하여서는 아니된다.

1. 심리 도중에 법정을 떠나거나 평의·평결 또는 토의가 완결되기 전에 재판장의 허락 없이 평의·평결 또는 토의 장소를 떠나는 행위
2. 평의가 시작되기 전에 당해 사건에 관한 자신의 견해를 밝히거나 의논하는 행위
3. 재판절차 외에서 당해 사건에 관한 정보를 수집하거나 조사하는 행위
4. 이 법에서 정한 평의·평결 또는 토의에 관한 비밀을 누설하는 행위

제42조【선서 등】 ① 배심원과 예비배심원은 법률에 따라 공정하게 그 직무를 수행할 것을 다짐하는 취지의 선서를 하여야 한다.

② 재판장은 배심원과 예비배심원에 대하여 배심원과 예비배심원의 권한·의무·재판절차, 그 밖에 직무수행을 원활히 하는 데 필요한 사항을 설명하여야 한다.

제43조【간이공판절차 규정의 배제】 국민참여재판에는 「형사소송법」 제286조의2를 적용하지 아니한다.

제44조【배심원의 증거능력 판단 배제】 배심원 또는 예비배심원은 법원의 증거능력에 관한 심리에 관여할 수 없다.

제45조【공판절차의 갱신】 ① 공판절차가 개시된 후 새로 재판에 참여하는 배심원 또는 예비배심원이 있는 때에는 공판절차를 갱신하여야 한다.

② 제1항의 갱신절차는 새로 참여한 배심원 또는 예비배심원이 쟁점 및 조사한 증거를 이해할 수 있도록 하되, 그 부담이 과중하지 아니하도록 하여야 한다.

제3절 평의·평결·토의 및 판결 선고

제46조【재판장의 설명·평의·평결·토의 등】 ① 재판장은 변론이 종결된 후 법정에서 배심원에게 공소사실의 요지와 적용법조, 피고인과 변호인 주장의 요지, 증거능력, 그 밖에 유의할 사항에 관하여 설명하여야 한다. 이 경우 필요한 때에는 증거의 요지에 관하여 설명할 수 있다.

② 심리에 관여한 배심원은 제1항의 설명을 들은 후 유·무죄에 관하여 평의하고, 전원의 의견이 일치하면 그에 따라 평결한다. 다만, 배심원 과반수의 요청이 있으면 심리에 관여한 판사의 의견을 들을 수 있다.

③ 배심원은 유·무죄에 관하여 전원의 의견이 일치하지 아니하는 때에는 평결을 하기 전에 심리에 관여한 판사의 의견을 들어야 한다. 이 경우 유·무죄의 평결은 다수결의 방법으로 한다. 심리에 관여한 판사는 평의에 참석하여 의견을 진술한 경우에도 평결에는 참여할 수 없다.

④ 제2항 및 제3항의 평결이 유죄인 경우 배심원은 심리에 관여한 판사와 함께 양형에 관하여 토의하고 그에 관한 의견을 개진한다. 재판장은 양형에 관한 토의 전에 처벌의 범위와 양형의 조건 등을 설명하여야 한다.

⑤ 제2항부터 제4항까지의 평결과 의견은 법원을 기속하지 아니한다.

⑥ 제2항 및 제3항의 평결결과와 제4항의 의견을 집계한 서면은 소송기록에 편철한다.

판례 사법의 민주적 정당성과 신뢰를 높이기 위해 도입된 국민참여재판의 형식으로 진행된 형사공판절차에서, 엄격한 선정절차를 거쳐 양식 있는 시민으로 구성된 배심원이 사실의 인정에 관하여 재판부에 제시하는 집단적 의견은 실질적 직접심리주의 및 공판중심주의하에서 증거의 취사와 사실의 인정에 관한 전권을 가지는 사실심 법관의 판단을 돕기 위한 권고적 효력을 가지는 것인바, 배심원이 증인신문 등 사실심리의 전 과정에 함께 참여한 후 증인이 한 진술의 신빙성 등 증거의 취사와 사실의 인정에 관하여 만장일치의 의견으로 내린 무죄의 평결이 재판부의 심증에 부합하여 그대로 채택된 경우라면, 이러한 절차를 거쳐 이루어진 증거의 취사 및 사실의 인정에 관한 제1심의 판단은 실질적 직접심리주의 및 공판중심주의의 취지와 정신에 비추어 항소심에서의 새로운 증거조사를 통해 그에 명백히 반대되는 충분하고도 납득할 만한 현저한 사정이 나타나지 않는 한 한층 더 존중될 필요가 있다. (대판 2010.3.25, 2009도14065)

제47조【평의 등의 비밀】 배심원은 평의·평결 및 토의 과정에서 알게 된 판사 및 배심원 각자의 의견과 그 분포 등을 누설하여서는 아니 된다.

제48조【판결선고기일】 ① 판결의 선고는 변론을 종결한 기일에 하여야 한다. 다만, 특별한 사정이 있는 때에는 따로 선고기일을 지정할 수 있다.

② 변론을 종결한 기일에 판결을 선고하는 경우에는 판결서를 선고 후에 작성할 수 있다.

③ 제1항 단서의 선고기일은 변론종결 후 14일 이내로 정하여야 한다.

④ 재판장은 판결선고 시 피고인에게 배심원의 평결결과를 고지하여야 하며, 배심원의 평결결과와 다른 판결을 선고하는 때에는 피고인에게 그 이유를 설명하여야 한다.
제49조【판결서의 기재사항】 ① 판결서에는 배심원이 재판에 참여하였다는 취지를 기재하여야 하고, 배심원의 의견을 기재할 수 있다.
② 배심원의 평결결과와 다른 판결을 선고하는 때에는 판결서에 그 이유를 기재하여야 한다.

제5장 배심원 등의 보호를 위한 조치

제50조【불이익취급의 금지】 누구든지 배심원·예비배심원 또는 배심원후보자인 사실을 이유로 해고하거나 그 밖의 불이익한 처우를 하여서는 아니 된다.
제51조【배심원 등에 대한 접촉의 규제】 ① 누구든지 당해 재판에 영향을 미치거나 배심원 또는 예비배심원이 직무상 취득한 비밀을 알아낼 목적으로 배심원 또는 예비배심원과 접촉하여서는 아니 된다.
② 누구든지 배심원 또는 예비배심원이 직무상 취득한 비밀을 알아낼 목적으로 배심원 또는 예비배심원의 직무에 종사하였던 사람과 접촉하여서는 아니 된다. 다만, 연구에 필요한 경우는 그러하지 아니하다.
제52조【배심원 등의 개인정보 공개금지】 ① 법령으로 정하는 경우를 제외하고는 누구든지 배심원·예비배심원 또는 배심원후보자의 성명·주소와 그 밖의 개인 정보를 공개하여서는 아니 된다.
② 배심원·예비배심원 또는 배심원후보자의 직무를 수행하였던 사람들의 개인정보에 대하여는 본인이 동의하는 경우에 한하여 공개할 수 있다.
제53조【배심원 등에 대한 신변보호조치】 ① 재판장은 배심원 또는 예비배심원이 피고인이나 그 밖의 사람으로부터 위해를 받거나 받을 염려가 있다고 인정하는 때 또는 공정한 심리나 평의에 지장을 초래하거나 초래할 염려가 있다고 인정하는 때에는 배심원 또는 예비배심원의 신변안전을 위하여 보호, 격리, 숙박, 그 밖에 필요한 조치를 취할 수 있다.
② 검사, 피고인, 변호인, 배심원 또는 예비배심원은 재판장에게 제1항의 조치를 취하도록 요청할 수 있다.

제6장 연구조직

제54조【사법참여기획단】 ① 국민참여재판에 관한 조사·연구 등을 수행하기 위하여 대법원에 사법참여기획단을 둔다.
② 사법참여기획단은 다음 각 호의 사항에 관한 임무를 수행한다.
1. 모의재판의 실시
2. 국민참여재판의 녹화 및 분석
3. 수사·변호 및 재판 절차에 관한 연구
4. 법조 실무자에 대한 교육
5. 국민에 대한 교육 및 홍보
6. 공청회·학술토론회의 개최
7. 그 밖에 국민참여재판의 연구에 필요한 사항
③ 사법참여기획단의 조직과 활동, 그 밖에 필요한 사항은 대법원규칙으로 정한다.
제55조【국민사법참여위원회】 ① 국민참여재판의 시행경과에 대한 분석 등을 통하여 국민참여재판 제도의 최종적인 형태를 결정하기 위하여 대법원에 국민사법참여위원회를 둔다.
② 국민사법참여위원회의 조직과 활동, 그 밖에 필요한 사항은 대법원규칙으로 정한다.

제7장 벌 칙

제56조【배심원 등에 대한 청탁죄】 ① 배심원 또는 예비배심원에게 그 직무에 관하여 청탁을 한 자는 2년 이하의 징역 또는 500만원 이하의 벌금에 처한다.
② 배심원후보자에게 그 직무에 관하여 청탁을 한 자도 제1항과 같다.
제57조【배심원 등에 대한 위협죄】 ① 피고사건에 관하여 당해 피고사건의 배심원·예비배심원 또는 그러한 직에 있었던 자나 그 친족에 대하여 전화·편지·면회, 그 밖의 다른 방법으로 겁을 주거나 불안감을 조성하는 등의 위협행위를 한 자는 2년 이하의 징역 또는 500만원 이하의 벌금에 처한다.
② 피고사건에 관하여 당해 피고사건의 배심원후보자 또는 그 친족에 대하여 제1항의 방법으로 위협행위를 한 자도 제1항과 같다.
제58조【배심원 등에 의한 비밀누설죄】 ① 배심원 또는 예비배심원이 직무상 알게 된 비밀을 누설한 때에는 6개월 이하의 징역 또는 300만원 이하의 벌금에 처한다.
② 배심원 또는 예비배심원이었던 자가 직무상 알게 된 비밀을 누설한 때에도 제1항과 같다. 다만, 연구에 필요한 협조를 한 경우는 그러하지 아니하다.
제59조【배심원 등의 금품 수수 등】 ① 배심원·예비배심원 또는 배심원후보자가 직무와 관련하여 재물 또는 재산상 이익을 수수·요구·약속한 때에는 3년 이하의 징역 또는 1천만원 이하의 벌금에 처한다.
② 배심원·예비배심원 또는 배심원후보자에게 제1항의 재물 또는 재산상 이익을 약속·공여 또는 공여의 의사를 표시한 자도 제1항과 같다.
제60조【배심원후보자의 불출석 등에 대한 과태료】 ① 다음 각 호의 어느 하나에 해당하는 때에 법원은 결정으로 200만원 이하의 과태료를 부과한다.
1. 출석통지를 받은 배심원·예비배심원·배심원후보자가 정당한 사유 없이 지정된 일시에 출석하지 아니한 때
2. 배심원 또는 예비배심원이 정당한 사유 없이 제42조제1항의 선서를 거부한 때
3. 배심원후보자가 배심원 또는 예비배심원 선정을 위한 질문서에 허위 기재를 하여 법원에 제출하거나 선정절차에서의 질문에 대하여 거짓 진술을 한 때
② 제1항의 결정에 대하여는 즉시항고할 수 있다.

부 칙 (2012.1.17)

제1조【시행일】 이 법은 2012년 7월 1일부터 시행한다. 다만, 제22조제1항 및 제2항의 개정규정은 공포한 날부터 시행한다.
제2조【대상사건 등에 관한 적용례】 제5조제1항, 제9조제1항 및 제11조제1항의 개정규정은 이 법 시행 후 최초로 공소를 제기하는 사건부터 적용한다.

부 칙 (2016.1.19)

제1조【시행일】 이 법은 공포한 날부터 시행한다.
제2조【금치산자 등에 대한 경과조치】 제17조제1호의 개정규정에도 불구하고 법률 제10429호 민법 일부개정법률 부칙 제2조에 따라 금치산 또는 한정치산 선고의 효력이 유지되는 사람에 대하여는 종전의 규정에 따른다.

부 칙 (2017.7.26)

제1조【시행일】 ① 이 법은 공포한 날부터 시행한다.(이하 생략)

국민의 형사재판 참여에 관한 규칙

(2007년 10월 29일 대법원규칙 제2107호)

개정
2008. 3.31대법원규칙2168호　2009. 1. 9대법원규칙2207호
2009. 6. 1대법원규칙2237호　2012. 5.29대법원규칙2404호
2015. 6. 2대법원규칙2602호
2021. 1.29대법원규칙2949호(고위공직자범죄수사처설치에따른일부개정규칙)

제1조【목적】 이 규칙은 「국민의 형사재판 참여에 관한 법률」(다음부터 "법"이라 한다)이 대법원규칙에 위임한 사항, 그 밖에 국민참여재판절차에 관하여 필요한 사항을 규정함을 목적으로 한다.
제2조 (2012.5.29 삭제)
제3조【피고인 의사의 확인】 ① 법원은 대상사건에 대한 공소의 제기가 있는 때에는 공소장 부본과 함께 피고인 또는 변호인에게 국민참여재판의 절차, 법 제8조제2항에 따른 서면의 제출, 법 제8조제4항에 따른 의사번복의 제한, 그 밖의 주의사항이 기재된 국민참여재판에 관한 안내서를 송달하여야 한다.
② 피고인이 법 제8조제2항의 서면을 법원에 제출할 때에는 다음 각 호의 사항을 기재하고, 기명날인 또는 서명하여야 한다.
1. 피고인의 성명 기타 피고인을 특정할 수 있는 사항
2. 사건번호
3. 피고인이 국민참여재판을 원하는지 여부
③ 법 제8조제2항의 서면이 제출된 때에는 법원은 검사에게 그 취지와 서면의 내용을 통지하여야 한다.
④ 제3항의 통지는 서면사본의 송달 외에 전화, 모사전송, 전자우편 그 밖에 상당한 방법으로 이를 할 수 있다.
⑤ 제3항의 통지의 증명은 그 취지를 기재한 법원서기관·법원사무관·법원주사 또는 법원주사보(다음부터 "법원사무관등"이라 한다)의 보고서로써 할 수 있다.
제3조의2【단독판사 관할사건에 대한 피고인 의사의 확인】 ① 법원은 지방법원이나 그 지원의 단독판사 관할사건의 피고인에 대하여도 국민참여재판을 원하는지 여부에 관한 의사를 서면 등의 방법으로 확인할 수 있다.
② 제1항에 따른 피고인 의사의 확인절차에 관하여는 대상사건에 대한 피고인 의사의 확인절차에 관한 법 제8조제2항부터 제4항까지 및 이 규칙 제3조, 제4조를 각각 준용한다. 이 경우 법 제8조제4항의 "공판준비기일"과 "제1회 공판기일"은 "법원조직법 제32조제1항제1호의 결정(이하, '재정합의결정'이라 한다)으로 대상사건이 된 이후의 공판준비기일"과 "재정합의결정으로 대상사건이 된 이후의 첫 공판기일"로, 이 규칙 제4조제1항의 "법 제8조제1항"은 "이 규칙 제3조의2제1항"으로 각각 본다.
③ 제1항, 제2항에 따라 피고인의 의사를 확인할 단독판사 관할사건의 구체적인 범위, 그 밖에 필요한 사항은 대법원예규로 정한다.
(2015.6.2 본조신설)
제4조【피고인 의사확인을 위한 심문기일 등】 ① 법 제8조제1항에 의하여 피고인이 제출한 서면만으로는 피고인의 의사를 확인할 수 없는 경우에는 법원은 심문기일을 정하여 피고인을 심문하거나 서면 기타 상당한 방법으로 피고인의 의사를 확인하여야 한다. 피고인이 위 서면을 제출하지 아니한 경우에도 법원은 위와 같은 방법으로 피고인의 의사를 확인할 수 있다.(2012.5.29 후단신설)
② 법원은 제1항에 따라 심문기일을 정한 때에는 검사, 피고인 또는 변호인, 피고인을 구금하고 있는 관서의 장에게 심문기일과 장소를 통지하여야 하고, 피고인을 구금하고 있는 관서의 장은 위 심문기일에 피고인을 출석시켜야 한다.
③ 제3조제4항의 규정은 제2항에 따른 통지에 이를 준용한다. 이 경우 통지의 증명은 그 취지를 심문조서에 기재함으로써 할 수 있다.
④ 법원은 피고인의 심문을 합의부원에게 명할 수 있다.
제5조【공소장변경 또는 재정합의결 시 피고인 의사확인】 ① 법원은 공소장변경 또는 재정합의결정으로 대상사건이 된 사건에 대하여 피고인 또는 변호인에게 제3조제1항에 따른 국민참여재판에 관한 안내서를 지체 없이 송달하여야 한다. 다만, 재정합의결정으로 대상사건이 된 사건에 대하여 제3조의2제1항에 따라 피고인의 의사를 미리 확인한 경우에는 그러하지 아니하다.
② 제1항 본문의 경우에 법 제8조제2항의 "공소장 부본을 송달받은 날부터 7일 이내"를 "공소장변경허가결정을 고지받은 날부터 7일 이내(공소장변경으로 대상사건이 된 사건의 경우)" 또는 "국민참여재판에 관한 안내서를 송달받은 날부터 7일 이내(재정합의결정으로 대상사건이 된 사건의 경우)"로, 법 제8조제4항의 "제1회 공판기일"을 "피고인의 의사가 기재된 서면이 제출된 이후의 첫 공판기일"로 각각 본다.
(2015.6.2 본조개정)
제6조【배제결정에 대한 의견】 ① 법원은 법 제9조제1항에 따른 배제결정을 하기 전에 기간을 정하여 검사, 피고인 또는 변호인에게 배제결정에 관한 의견을 제출하도록 통지하여야 한다.
② 제1항의 의견은 서면으로 제출되어야 한다. 단, 심문기일이나 공판준비기일을 연 경우에는 구술로 할 수 있다.
③ 제1항의 경우에는 제3조제4항 및 제5항의 규정을 준용한다.
제7조【지방법원 지원 관할 사건의 국민참여재판 회부절차】 ① 지방법원 지원 합의부는 법 제10조제1항에 따라 국민참여재판절차 회부결정을 한 날부터 3일 이내에 소송기록과 증거물을 지방법원 본원 합의부로 송부하여야 한다.
② 제1항의 송부를 받은 법원은 지체 없이 그 법원에 대응하는 검찰청 검사 또는 고위공직자범죄수사처에 소속된 검사(이하 "수사처검사"라고 한다)에게 그 사실을 통지하여야 한다.(2021.1.29 본항개정)
③ 피고인이 교도소 또는 구치소에 있는 경우에는 지방법원 본원에 대응한 검찰청 검사 또는 수사처검사는 제2항의 통지를 받은 날부터 7일 이내에 피고인을 지방법원 본원 소재지의 교도소나 구치소로 이감한다.
(2021.1.29 본항개정)
제8조【통상절차 회부】 ① 검사·피고인·변호인이나 「성폭력범죄의 처벌 등에 관한 특례법」 제2조의 범죄로 인한 피해자(이하 "성폭력범죄 피해자"라 한다) 또는 법정대리인이 법 제11조제1항에 따른 통상절차회부 신청을 하는 때에는 그 사유를 적은 신청서를 제출하여야 한다.
(2012.5.29 본항개정)
② 법원은 제1항에 따른 신청이 있는 때에는 그 취지를 신청을 하지 아니한 검사·피고인 또는 변호인에게 통지하여야 한다.(2012.5.29 본항개정)
③ 제2항의 경우에는 제3조제4항의 규정을 준용한다.
④ 통상절차회부 신청을 하지 아니한 검사·피고인 또는 변호인은 제2항의 통지를 받은 날부터 3일 이내에 의견서를 법원에 제출하여야 한다.(2012.5.29 본항개정)
⑤ 제1항에 불구하고 검사·피고인·변호인이나 성폭력범죄 피해자 또는 법정대리인은 공판준비기일 또는 공판기일에 구술로 그 사유를 주장하여 통상회부신청을 할 수 있다. 이 경우 법원사무관등은 통상회부신청의 취지와 그 사유의 요지를 공판준비기일 또는 공판기일 조서에 기재하여야 하고, 출석하지 아니한 검사·피고인 또는 변호인에게 조서의 등본을 송달하여야 한다.(2012.5.29 본항개정)
제9조【여비·일당 등】 ① 법원은 배심원·예비배심원 및 배심원후보자의 출석 일수에 따른 일당과 여비를 지급하고, 배심원·예비배심원이 법 제53조제1항에 따라 격리된 때에는 격리된 일수에 따라 수당을 지급한다.
(2008.3.31 본항개정)
② 배심원·예비배심원 및 배심원후보자의 식비는 법원이 상당하다고 인정하는 경우에 한하여 지급한다.
(2008.3.31 본항개정)
③ 배심원·예비배심원 및 배심원후보자의 숙박료는 출석 등에 필요한 밤의 수에 따라 지급한다.

④ 숙박료의 항목과 그 금액은 「법원공무원 여비규칙」 제16조제1항의 별표2 국내여비지급표에 정한 제2호 해당자 지급액으로 한다.(2009.1.9 본항개정)
⑤ 제1항에 따른 여비·일당 및 수당의 금액은 매년 예산의 범위 내에서 대법관회의에서 정한다.(2008.3.31 본항개정)
제10조【여비·일당 등의 감면】 법원은 다음 각 호의 어느 하나에 해당하는 때에는 배심원·예비배심원 및 배심원후보자의 여비·일당 등을 감액하거나 지급하지 아니할 수 있다.
1. 배심원후보자에게 법 제17조부터 제20조까지 정한 사유가 있는 때
2. 배심원·예비배심원이 법 제32조제1항에 따라 해임된 때
3. 배심원·예비배심원에 대하여 법 제33조제2항에 따른 해임결정이 있는 때
제11조【배심원 직무의 면제】 ① 법 제20조에 따른 면제신청은 다음 각 호의 사항을 적어 서면으로 하여야 한다. 다만, 선정기일에서는 구술로 할 수 있다.
1. 배심원후보자의 성명, 주소
2. 선정기일의 일시, 장소
3. 배심원 직무수행의 면제사유
② 제1항제3호의 면제사유는 소명하여야 한다.
③ 배심원후보자가 선정기일 전에 면제신청서를 제출하였으나 법원으로부터 법 제23조제3항에 따른 출석통지를 취소하는 통지를 받지 못한 때에는 선정기일에 법원에 출석하여야 한다.
④ 법원은 제1항의 서면에 의한 면제신청에 대하여 필요한 때에는 선정기일에 출석한 배심원후보자를 심문한 후 이를 결정할 수 있다.
제12조【주민등록정보】 ① 지방법원장은 매년 9월 30일까지 행정안전부장관에게 법 제22조제1항에 따른 주민등록정보의 송부를 요청하여야 한다.(2012.5.29 본항개정)
② 법 제22조제2항의 주민등록자료는 무작위로 추출되어야 하고, 배심원후보예정자의 성별 및 생년월일은 주민등록번호의 기재로 갈음할 수 있다.
③ 법령에서 정하는 경우를 제외하고는 누구든지 법 제22조에 따라 송부된 주민등록자료에 포함된 정보를 공개하여서는 아니 된다.
제13조【배심원후보예정자명부의 작성】 ① 지방법원장은 매년 12월 31일까지 법 제22조제2항에 따라 송부된 주민등록정보를 활용하여 배심원후보예정자명부를 작성한다.
② 배심원후보예정자명부는 전산자료의 형태로 작성할 수 있다.
제14조【배심원후보예정자명부의 관리】 ① 지방법원장은 배심원후보 예정자가 다음 각 호의 사유에 해당함을 안 때에는 해당자를 배심원후보예정자명부에서 삭제한다.
1. 배심원후보예정자가 사망한 때
2. 배심원후보예정자가 관할구역이 아닌 곳으로 이사한 때
3. 배심원후보예정자가 대한민국 국적을 상실한 때
4. 배심원후보예정자가 법 제17조, 제18조의 사유에 해당한 때
② 지방법원장은 필요한 때에는 행정안전부장관에게 관할 구역 내에 거주하는 만 20세 이상 국민의 주민등록정보를 추가로 제공하여 줄 것을 요청할 수 있고, 송부된 주민등록정보를 활용하여 배심원후보예정자명부에 추가할 수 있다.(2012.5.29 본항개정)
제15조【전담관리자의 지정】 ① 지방법원장은 배심원후보예정자명부의 작성 및 관리, 배심원후보자의 선정과 관련한 업무를 전담하는 직원(다음부터 "전담관리자"라 한다)을 지정하여야 한다.
② 전담관리자는 배심원 선정과 관련하여 필요한 경우에 한하여 주민등록정보를 검색·출력할 수 있고, 그 주민등록정보가 배심원 선정 외의 목적으로 사용되지 않도록 하여야 한다.
③ 누구든지 전담관리자가 아니면 제2항의 주민등록정보를 검색·출력할 수 없다.
제16조【선정기일의 통지】 ① 선정기일 통지서에는 다음의 사항을 기재하여 배심원후보자에게 송달하여야 한다.
1. 배심원후보자의 성명, 주소
2. 선정기일의 일시, 장소
3. 출석하지 아니할 정당한 사유가 있는 경우에는 미리 그 사유를 밝혀 신고하여야 한다는 취지
4. 정당한 사유 없이 출석하지 아니하는 때에는 과태료에 처할 수 있다는 취지
5. 배심원후보자에게 법 제17조부터 제20조까지 해당하는 사유가 있는 때에는 일당·여비 등이 감액되거나 지급되지 아니할 수 있다는 취지
② 법원은 선정기일 통지서와 함께 법 제25조제1항에 따른 질문표를 송달할 수 있다.
제17조【질문표】 ① 법 제25조제1항의 질문표에는 다음 각 호의 내용이 포함되어야 한다.
1. 배심원후보자에게 법 제17조, 제18조, 제20조에 해당하는 사유가 있는지 여부
2. 그 밖에 배심원후보자가 불공정한 판단을 할 우려가 있는지를 확인하기 위하여 필요한 사항
② 법원은 배심원후보자가 답변을 기재하여 제출한 질문표를 재판기록과 별도로 관리하여야 한다.
제18조【배심원후보자의 의무】 ① 배심원후보자는 질문표에 기재된 질문에 답하여 법원에서 정한 기간 내에 법원에 제출하여야 한다.
② 선정기일 통지를 받은 배심원후보자가 선정기일에 출석하지 못할 정당한 사유가 있는 경우에는 서면으로 출석하지 못하는 취지와 그 사유를 법원에 신고하고 이를 소명하여야 한다.
제19조【배심원후보자의 호칭】 ① 법원은 선정기일에 배심원후보자에게 번호를 부여한다.
② 배심원후보자는 선정기일에서 제1항의 번호로만 호칭되어야 한다.
제20조【배심원후보자에 대한 질문】 ① 선정기일에서의 질문은 배심원을 공정하게 선정하기 위하여 필요한 범위에 한정되어야 하고, 배심원후보자의 명예나 사생활이 침해되지 않도록 하여야 한다.
② 재판장 또는 수명법관은 필요한 때에는 검사 또는 변호인의 배심원후보자에 대한 질문을 제한할 수 있다.
제21조【무이유부기피신청】 ① 검사와 변호인은 법 제30조에 따른 무이유부기피신청을 함에 있어 편견에 기초하거나 배심원후보자들을 의도적으로 차별해서는 아니된다.
② 법원은 피고인이 2인 이상인 때에는 피고인별로 법 제30조제1항 각 호의 범위 내에서 무이유부기피신청을 할 수 있는 인원을 정할 수 있다. 다만, 이 때에 피고인별로 무이유부기피신청할 수 있는 인원은 같아야 한다.
③ 검사는 제2항의 경우에 법원이 정한 피고인별 무이유부기피신청 인원을 합한 총수의 범위 내에서 무이유부기피신청할 수 있다.
④ 검사와 변호인은 법 제34조에 따라 배심원을 추가선정하는 때에는 각자 법 제30조제1항에 따른 무이유부기피신청 인원에서 선정기일에 행사한 무이유부기피신청 인원을 공제한 나머지 인원의 범위 내에서 배심원후보자에 대하여 무이유부기피신청을 할 수 있다.
제22조【배심원·예비배심원의 선정】 법원은 검사·피고인 또는 변호인에게 누가 배심원 또는 예비배심원으로 선정되었는지를 변론종결시까지 알리지 아니할 수 있다.
제23조【선정기일 조서】 ① 선정기일의 절차에 관하여는 참여한 법원사무관등이 조서를 작성하여야 한다.
② 선정기일 조서에는 다음 각 호의 사항을 기재하여야 한다.
1. 선정기일을 진행한 일시와 법원
2. 「형사소송법」 제51조제2항제2호부터 제4호까지에 기재한 사항
3. 배심원후보자에 대하여 법원이 부여한 번호
4. 배심원후보자의 출석 여부
5. 배심원후보자에 대한 질문과 그에 대한 진술 요지
6. 배심원후보자의 질문에 대한 진술거부와 그 이유
7. 불선정 결정
8. 법 제20조에 따라 구술로 한 면제 신청과 그에 대한 결정
9. 법 제28조에 따른 기피신청과 그에 대한 결정
10. 법 제29조에 따른 이의신청과 그 이유 및 그에 대한 결정
11. 법 제30조에 따른 무이유부기피신청
12. 배심원과 예비배심원을 선정한 취지
제24조【선정기일 조서의 증명력】 선정기일의 절차로서 선정기일조서에 기재된 것은 그 조서만으로써 증명한다.
제25조【배심원의 해임】 ① 검사·피고인 또는 변호인이 법 제32조제1항에 따라 해임신청을 하는 때에는 다음 각 호의 사항을 적어 서면으로 하여야 한다.
1. 사건번호
2. 신청인의 성명
3. 해임대상인 배심원 또는 예비배심원의 배심원번호
4. 해임사유
② 제1항제4호의 해임사유는 소명하여야 한다.
③ 법 제32조제1항에 따른 해임신청 및 그에 대한 의견청취절차에 관하여는 제8조제2항부터 제5항까지를 준용한다.
제26조【배심원의 사임】 ① 배심원·예비배심원이 법 제33조제1항에 따라 사임신청을 하는 때에는 다음 각 호의 사항을 적어 서면으로 하여야 한다. 다만, 공판정에서는 구술로 할 수 있다.
1. 사건번호
2. 배심원·예비배심원의 성명 또는 배심원번호
3. 사임사유
② 제1항제3호의 사임사유는 소명하여야 한다.
③ 구술로 신청하는 경우에는 그 사유를 공판조서에 기재하여야 한다.
④ 법원은 배심원 또는 예비배심원이 제1항에 따라 사임신청을 한 때에는 지체 없이 검사·피고인 또는 변호인에게 그 취지와 서면의 내용을 통지하여야 한다.
⑤ 제4항의 통지 방법과 증명에 관하여는 제3조제4항 및 제5항의 규정을 준용한다.
⑥ 검사·피고인 또는 변호인은 제4항의 통지를 받은 날로부터 3일 이내에 의견서를 법원에 제출하여야 한다.
제27조【공판준비절차】 법원은 법 제24조에 따른 배심원 선정기일 이전에 공판준비절차를 마쳐야 한다. 다만, 「형사소송법」 제266조의15에 따라 공판기일 사이에 공판준비기일을 진행하는 때에는 그러하지 아니하다.
제28조【배심원에 대한 배려】 판사, 검사 및 변호인은 신속하고 이해하기 쉽게 심리를 진행하여 배심원과 예비배심원의 부담을 최소화하도록 노력하여야 한다.
제29조【제1회 공판기일의 지정】 재판장은 특별한 사정이 없는 한 배심원 선정기일이 종료된 후 연속하여 제1회 공판기일이 진행되도록 기일을 지정하여야 한다.
제30조【배심원의 좌석 등】 ① 법원은 배심원과 예비배심원에게 번호를 부여하여 그 순서에 따라 착석하도록 하고, 필요하다고 인정되는 경우에는 변론이 종결될 때까지 배심원과 예비배심원을 따로 구분하지 아니할 수 있다.
② 배심원과 예비배심원은 공판기일에 제1항의 번호로만 호칭되어야 한다.
제31조【공판조서의 기재사항】 국민참여재판의 공판조서에는 「형사소송법」 제51조제2항제1호부터 제14호까지에 기재한 각 사항 이외에 법원이 배심원과 예비배심원에게 부여한 번호와 그 출석 여부를 기재하여야 한다.
제32조【공판기일의 속행】 재판장은 공판기일을 속행하는 경우에는 배심원과 예비배심원에게 법 제41조제2항제2호 및 제3호에 규정된 의무를 주지시켜야 한다.
제33조【배심원의 신문요청권】 ① 법 제41조제1항제1호에 따른 신문요청은 피고인 또는 증인에 대한 신문이 종료된 직후 서면에 의하여 하여야 한다.
② 재판장은 공판의 원활한 진행을 위하여 필요한 때에는 배심원 또는 예비배심원에 의하여 요청된 신문 사항을 수정하여 신문하거나 신문하지 아니할 수 있다.
제34조【배심원의 필기 등】 ① 재판장은 공판 진행에 지장을 초래하는 등 필요하다고 인정되는 경우에는 법 제41조제1항제2호에 따라 허용한 필기를 언제든지 다시 금지할 수 있다.
② 재판장은 필기를 하여 이를 평의에 사용하도록 허용한 경우에는 배심원과 예비배심원에게 평의 도중을 제외한 어떤 경우에도 자신의 필기 내용을 다른 사람이 알 수 없도록 할 것을 주지시켜야 한다.
제35조【선서 등】 ① 재판장은 피고인에게 진술거부권을 고지하기 전에 배심원과 예비배심원으로 하여금 법 제42조제1항에 따른 선서를 하도록 하고, 법 제42조제2항에 따른 설명을 하여야 한다.
② 재판장이 배심원과 예비배심원에게 법 제42조제2항에 따른 설명을 할 때에는 법 제41조제1항 각 호의 규정에 의한 행위를 할 수 있음을 알려야 한다.
제36조【공판정 외에서의 검증, 증인신문 등】 ① 배심원과 예비배심원은 공판정 외에서 검증, 증인신문 등 증거조사가 이루어지는 경우에도 출석하여야 한다.
② 법원은 배심원과 예비배심원에게 공판정 외 증거조사 기일의 일시와 장소를 통지하여야 한다.
제37조【재판장의 설명】 ① 재판장이 법 제46조제1항에 따라 배심원에게 그 밖에 유의할 사항에 관한 설명을 할 때에는 다음 각 호의 내용을 포함한다.
1. 「형사소송법」 제275조의2(피고인의 무죄추정), 제307조(증거재판주의), 제308조(자유심증주의)의 각 원칙
2. 피고인의 증거제출 거부나 법정에서의 진술거부가 피고인의 유죄를 뒷받침하는 것으로 해석될 수 없다는 점
3. 「형사소송법」 제2편제3장제2절의 각 규정에 의하여 증거능력이 배제된 증거를 무시하여야 한다는 점
4. 법 제41조제2항제1호 및 제4호의 각 의무
5. 평의 및 평결의 방법
6. 배심원 대표를 선출하여야 하는 취지 및 그 방법
② 검사·피고인 또는 변호인은 재판장에게 당해 사건과 관련하여 설명이 필요한 법률적 사항을 특정하여 제1항의 설명에 포함하여 줄 것을 서면으로 요청할 수 있다.
제38조【변론종결 후 예비배심원의 임무】 ① 재판장은 종국재판의 고지 전까지 필요하다고 인정되는 경우 예비배심원으로 하여금 법원 내 지정된 장소로 출석하여 그곳에서 대기하도록 명할 수 있다.
② 재판장은 변론을 종결하면서 예비배심원에게 법 제41조제2항제2호 및 제3호에 규정된 의무를 주지시켜야 한다.
제39조【평의 등의 기일 지정과 비공개】 ① 법 제46조제2항부터 제4항까지에 따른 평의·평결 및 양형에 관한 토의는 변론이 종결된 후 연속하여 진행하여야 한다. 다만, 재판장은 평의 등에 소요되는 시간 등을 고려하여 필요하다고 인정하는 때에는 변론 종결일로부터 3일 이내의 범위 내에서 평의·평결 및 양형에 관한 토의를 위한 기일을 따로 지정할 수 있다.
② 평의·평결 및 양형에 관한 토의는 평의실에서 행하고, 재판장의 허가를 받지 아니하고는 배심원 이외의 누구도 평의실에 출입할 수 없다.
③ 재판장은 법원경위 등으로 하여금 평의실의 출입을 통제하도록 하여야 한다.
④ 평의·평결 및 양형에 관한 토의는 공개하지 않는다.
⑤ 법원사무관등은 평의·평결 및 양형에 관한 토의가 종료된 직후 배심원이 당해 재판과 관련하여 작성한 서류를 지체 없이 수거하여 폐기하여야 한다.
제40조【배심원 대표】 ① 배심원은 평의를 진행하기에 앞서 호선으로 배심원 대표를 선출하여야 한다. 다만, 호선되지 않는 경우에는 재판장이 배심원 대표를 지정한다.
② 배심원 대표는 아래 각 호의 임무를 수행한다.
1. 배심원 평의의 주재
2. 평의실 출입 통제의 요청
3. 법 제46조제2항 및 제3항에 따른 판사에 대한 의견 진술의 요청

4. 증거서류 등의 제공 요청
5. 평결 결과의 집계
6. 유무죄에 대한 배심원의 평결 결과를 집계한 서면(이하 "평결서"라 한다)의 작성
7. 평결서의 전달

제41조【평의의 방식】 ① 배심원 대표는 평의를 주재하면서 배심원 각자가 충분하게 의견을 진술할 수 있는 기회를 동등하게 부여하여야 한다.
② 배심원은 평의를 진행하는 도중 필요한 경우에는 배심원 대표를 통하여 재판장에게 공소장 사본, 재판장 설명서가 존재하는 경우 그 사본, 증거서류 사본 및 증거물의 제공을 요청할 수 있다.
③ 재판장은 필요하다고 인정하는 경우에는 제2항의 요청에 의하여 배심원에게 공소장 사본, 재판장 설명서 사본, 증거서류 사본 및 증거물을 제공할 수 있다.
④ 재판장은 평의가 시작된 후 예비배심원이 배심원으로 추가 선정된 경우에는 배심원들로 하여금 평의를 처음부터 다시 시작하도록 하여야 한다.
⑤ 법 제46조제2항 단서 및 제3항에 따라 심리에 관여한 판사가 의견을 진술하는 경우에도 유무죄에 관한 의견을 진술하여서는 아니 된다.

제42조【평결의 방식】 배심원 대표는 평의가 종료되면 배심원 전원에 대하여 개개인의 의사를 명확하게 확인한 후 유죄의견의 수, 무죄의견의 수로 구분하여 법 제46조제2항 또는 제3항에 따른 평결서를 작성한 후 배심원들의 서명 또는 날인을 받아 즉시 이를 재판장에게 전달하여야 한다.

제43조【판결선고시의 배심원 불출석】 법 제48조제1항 단서에 따라 선고기일을 따로 지정한 경우에는 배심원의 출석 없이 개정할 수 있다.

제44조【배심원 등의 개인정보 공개절차】 ① 법 제52조에 따른 개인 정보는 배심원·예비배심원 또는 배심원후보자에 관한 정보로서 당해 정보에 포함되어 있는 성명·주민등록번호·주소 등의 사항에 의하여 당해 개인을 식별할 수 있는 정보(당해 정보만으로는 특정 개인을 식별할 수 없더라도 다른 정보와 용이하게 결합하여 식별할 수 있는 것을 포함한다)를 말한다.
② 법원은 「공공기관의 정보공개에 관한 법률」 제10조에 따라 배심원·예비배심원 또는 배심원후보자의 개인정보에 대한 정보공개청구가 있는 경우 그 사실을 배심원·예비배심원 또는 배심원후보자에게 지체 없이 통지하고 정보공개청구에 대한 동의 여부에 관한 의견을 확인하여야 한다.
③ 제2항에 따른 동의여부 확인은 서면에 의한다. 다만, 법원이 필요하다고 인정한 때나 배심원·예비배심원 또는 배심원후보자가 원하는 때에는 구술로 할 수 있다.
④ 제2항에 의하여 공개청구된 사실을 통지받은 배심원·예비배심원 또는 배심원후보자는 통지받은 날부터 7일 이내에 법원에 개인정보공개의 동의 여부에 관한 서면을 제출할 수 있다. 다만, 배심원·예비배심원 또는 배심원후보자가 위 기간 내에 개인정보 공개에 동의하는 서면을 제출하지 아니한 경우에는 개인정보 공개에 대하여 동의하지 아니한 것으로 본다.
⑤ 제3항 단서에 따라 구술로 동의 여부를 확인한 담당공무원 등은 그 내용을 기록하고 본인의 확인을 받아야 한다.

제45조【배심원 등에 대한 신변보호조치】 ① 재판장은 법 제53조제1항에 따라 배심원·예비배심원을 격리하는 경우에 신문·방송 시청 금지, 전화·인터넷 사용 금지 등의 필요한 조치를 취할 수 있다.
② 법 제53조제2항에 따른 신변안전조치의 요청은 이를 서면으로 하여야 한다. 다만, 선정기일 또는 공판기일에서는 구술로 할 수 있고, 법원사무관등은 요청의 취지와 사유의 요지를 조서에 기재하여야 한다.
③ 제2항 본문에 따른 서면에는 다음 각 호의 사항을 기재하여야 한다.
1. 요청인
2. 필요한 조치의 내용
3. 요청사유

부 칙 (2012.5.29)

제1조【시행일】 이 규칙은 2012년 7월 1일부터 시행한다. 다만, 제12조제1항 및 제14조제2항의 개정규정은 공포한 날부터 시행한다.

제2조【대상사건 등에 관한 적용례】 제2조, 제4조, 제8조제1항·제2항·제4항 및 제5항의 개정규정은 이 규칙 시행 후 최초로 공소를 제기하는 사건부터 적용한다.

부 칙 (2015.6.2)

제1조【시행일】 이 규칙은 2015년 7월 1일부터 시행한다.

제2조【적용례】 이 규칙은 이 규칙 시행 후 최초로 공소제기되는 사건부터 적용한다.

부 칙 (2021.1.29)

이 규칙은 공포한 날부터 시행한다.

형사사법절차 전자화 촉진법

(약칭 : 형사절차전자화법)

(2010년 1월 25일 법 률 제9942호)

개정
2014. 3.18법12424호
2014.11.19법12844호(정부조직)
2017. 7.26법14839호(정부조직)
2021.12.28법18653호

제1조【목적】 이 법은 형사사법절차의 전자화를 촉진하여 신속하고 공정하며 투명한 형사사법절차를 실현하고, 형사사법 분야의 대국민 서비스를 개선하여 국민의 권익 신장에 이바지함을 목적으로 한다.

제2조【정의】 이 법에서 사용하는 용어의 뜻은 다음과 같다.
1. "형사사법업무"란 수사, 공소, 공판, 재판의 집행 등 형사사건의 처리와 관련된 업무를 말한다.
2. "형사사법업무 처리기관"이란 법원, 법무부, 검찰청, 경찰청, 해양경찰청, 고위공직자범죄수사처 및 그 소속기관과 그 밖에 형사사법업무를 처리하는 기관으로서 대통령령으로 정하는 기관을 말한다.(2021.12.28 본호개정)
3. "형사사법정보"란 형사사법업무 처리기관이 형사사법업무 처리와 관련하여 형사사법정보시스템을 이용하여 작성하거나 취득하여 관리하고 있는 자료로서 전자적 방식으로 처리되어 부호, 문자, 음성, 음향 또는 영상 등으로 표현된 것을 말한다.
4. "형사사법정보시스템"이란 형사사법업무 처리기관이 형사사법정보를 작성, 취득, 저장, 송신·수신하는 데 이용할 수 있도록 하드웨어, 소프트웨어, 데이터베이스, 네트워크, 보안요소 등을 결합시켜 구축한 전자적 관리체계를 말한다.
5. "형사사법정보공통시스템"이란 형사사법정보시스템(이하 "시스템"이라 한다) 중 둘 이상의 형사사법업무 처리기관이 공동으로 사용하는 시스템을 말한다.
6. "형사사법포털"이란 국민이 형사사법정보에 쉽고 신속하게 접근할 수 있도록 형사사법정보공통시스템(이하 "공통시스템"이라 한다)에 구축된 형사사법 관련 서비스 포털을 말한다.

제3조【형사사법절차의 전자화 촉진】 ① 형사사법업무 처리기관은 형사사법절차의 전자화에 필요한 제도 개선과 이를 반영할 수 있는 시스템 개발을 위하여 노력하여야 한다.
② 형사사법업무 처리기관은 형사사법절차의 전자화를 위하여 시스템의 유통표준을 준수하고 시스템이 안정적으로 운영될 수 있도록 협력하여야 한다.

제4조【형사사법절차 전자화 계획】 형사사법업무 처리기관이 수립하는 「국가정보화 기본법」 제6조제4항의 국가정보화에 관한 부문계획에는 다음 각 호의 사항이 포함되어야 한다.
1. 형사사법업무 전자화 추진의 기본방향
2. 형사사법업무 전자화 추진조직 및 체계에 관한 사항
3. 전자화 대상 문서 등의 선정·개발 등에 관한 사항
4. 공동 활용되는 형사사법정보의 범위에 관한 사항
5. 형사사법업무 전자화에 따르는 관련 법령 및 제도의 정비에 관한 사항
6. 전자화된 형사사법절차에서의 정보공개, 정보보호 대책 등 기본권 보장에 관한 사항
7. 그 밖에 형사사법업무의 전자화 촉진을 위하여 필요한 사항

제5조【시스템의 안정적 운영을 위한 협력 의무】 ① 형사사법업무 처리기관은 판결문, 공소장, 영장, 조서 등 형사사법업무와 관련된 문서를 시스템을 이용하여 저장·보관하여야 한다. 다만, 업무의 성격상 시스템을 이용하는 것이 곤란한 경우에는 법무부, 검찰청, 경찰청, 해양경찰청 및 고위공직자범죄수사처의 업무에 관하여는 대통령령으로, 법원의 업무에 관하여는 대법원규칙으로 예외를 정할 수 있다.(2021.12.28 단서개정)
② 형사사법업무 처리기관은 제1항의 문서를 작성하거나 활용할 때 시스템에서 정하는 형사사법정보의 유통표준에 따라야 한다.
③ 형사사법업무 처리기관은 형사사법정보를 생성하거나 유통할 때에는 그 형사사법정보의 정확성을 유지하여야 한다.

제6조【정보의 공동 활용을 위한 협력 의무】 ① 형사사법업무 처리기관은 형사사법정보가 시스템을 통하여 공동 활용되고 신속히 유통되도록 노력하여야 한다.
② 형사사법업무 처리기관은 형사사법업무를 신속하고 정확하게 처리하기 위하여 필요하면 제9조에 따른 형사사법정보체계 협의회가 정한 형사사법정보를 시스템을 통하여 다른 형사사법업무 처리기관에 제공할 수 있다.
③ 형사사법업무 처리기관은 형사사법업무 처리 외의 목적으로 형사사법정보를 수집·저장 또는 이용할 수 없다.

제7조【대국민 포털서비스】 형사사법업무 처리기관은 형사사법정보에 국민이 쉽고 신속하게 접근할 수 있도록 형사사법포털을 통하여 형사사법 관련 서비스를 종합적으로 제공한다.

제8조【시스템의 운영 주체】 ① 시스템의 운영·관리는 이를 사용하는 각 형사사법업무 처리기관이 한다. 다만, 형사사법포털 및 각 형사사법업무 처리기관이 운영·관리하는 시스템을 연계·지원하는 공통시스템은 법무부에 운영기구를 두어 운영·관리한다.
② 제1항의 운영기구의 조직과 운영 등에 필요한 사항은 대통령령으로 정한다.
③ 각 형사사법업무 처리기관은 시스템의 안정적인 운영과 관리를 위하여 필요하다고 인정하면 시스템의 유지·보수 등 지원업무의 일부를 다른 국가기관 또는 정보화를 지원하는 법인에 위탁할 수 있다.

제9조【형사사법정보체계 협의회】 시스템의 유통표준에 영향을 미치는 변경, 개발 및 개선에 관한 사항 및 전자화를 통한 형사사법절차의 개선 등을 협의·조정하기 위하여 형사사법정보체계 협의회(이하 "협의회"라 한다)를 구성한다.

제10조【협의회의 구성】 ① 협의회는 법무부차관, 법원행정처 차장, 대검찰청 차장검사, 경찰청 차장, 해양경찰청 차장 및 고위공직자범죄수사처 차장으로 구성한다.(2021.12.28 본항개정)
② 협의회의 위원장은 위원 중에서 호선(互選)한다.

제11조【협의회의 회의】 ① 협의회의 정기회의는 반기(半期)에 1회 개최한다.
② 협의회에서 협의할 사항이 있으면 각 위원은 위원장에게 임시협의회 개최를 요구할 수 있다.
③ 협의회의 협의와 조정은 위원 전원의 합의에 의하여 한다.
④ 협의회는 제12조제1항 각 호의 사항 중 대한변호사협회의 소관 사무와 관련되는 내용이 있는 때에는 대한변호사협회의 의견을 들어야 한다.
⑤ 제1항부터 제4항까지에서 규정한 사항 외에 협의회의 운영 등에 필요한 사항은 대통령령으로 정한다.

제12조【협의회의 기능】 ① 협의회는 다음 각 호의 사항에 대하여 협의·조정한다.
1. 형사사법업무의 전자화를 통한 형사사법절차의 개선에 관한 사항
2. 형사사법정보의 유통표준 및 그 변경에 관한 사항
3. 시스템을 통한 형사사법업무 처리기관 간 형사사법정보의 공동 활용 및 그 변경에 관한 사항
4. 공통시스템을 통한 형사사법정보의 공개 등 형사사법포털의 내용 및 운영에 관한 사항
5. 공통시스템의 대상, 범위, 변경, 운영 및 관리에 관한 사항
6. 형사사법업무 처리기관 간 공동 활용되는 형사사법정보의 보호에 관한 사항
7. 형사사법정보의 유통표준에 영향을 미치는 시스템의 변경, 개발 및 개선에 관한 사항
② 협의회의 운영에서는 각 형사사법업무 처리기관의 시스템 운영상의 독립성이 존중되어야 한다.

제13조【실무협의회】 ① 협의회의 업무를 효율적으로 지원하기 위하여 협의회에 형사사법정보체계 실무협의회(이하 "실무협의회"라 한다)를 둔다.
② 실무협의회는 협의회의 회의에 부칠 의안(議案)을 미리 검토·조정하며, 협의회로부터 위임받은 사항을 처리한다.
③ 실무협의회는 협의회의 각 위원이 지명하는 사람으로 구성한다.
④ 제1항부터 제3항까지에서 규정한 사항 외에 실무협의회의 운영 등에 필요한 사항은 대통령령으로 정한다.

제14조【형사사법정보의 보호 및 유출금지】 ① 형사사법업무 처리기관은 형사사법업무를 처리할 때 형사사법정보가 분실, 도난, 유출, 변조 또는 훼손되지 아니하도록 안전성 확보에 필요한 조치를 하여야 한다.
② 형사사법업무에 종사하는 사람 또는 제8조제3항에 따라 시스템의 지원업무를 위탁받아 그 업무에 종사하는 사람은 권한 없이 다른 기관 또는 다른 사람이 관리하는 형사사법정보를 열람, 복사 또는 전송하여서는 아니 된다.
③ 형사사법업무에 종사하거나 종사하였던 사람 또는 제8조제3항에 따라 시스템의 지원업무를 위탁받아 그 업무에 종사하거나 종사하였던 사람은 직무상 알게 된 형사사법정보를 누설하거나 권한 없이 처리하거나 타인이 이용하도록 제공하는 등 부당한 목적으로 사용하여서는 아니 된다.

제15조【벌칙】 ① 형사사법업무 처리기관의 업무를 방해할 목적으로 형사사법정보를 위작(僞作) 또는 변작(變作)하거나 말소한 사람은 10년 이하의 징역에 처한다.
② 제14조제3항을 위반하여 형사사법정보를 누설하거나 권한 없이 처리하거나 타인이 이용하도록 제공하는 등 부당한 목적으로 사용한 사람은 5년 이하의 징역 또는 5천만원 이하의 벌금에 처한다.
③ 제14조제2항을 위반하여 권한 없이 다른 기관 또는 다른 사람이 관리하는 형사사법정보를 열람, 복사 또는 전송한 사람은 3년 이하의 징역 또는 3천만원 이하의 벌금에 처한다.

제16조【벌칙 적용 시의 공무원 의제】 제8조제3항에 따라 위탁받은 업무에 종사하는 법인의 직원은 「형법」 제129조부터 제132조까지의 규정에 따른 벌칙을 적용할 때에는 공무원으로 본다.

제17조【위임규정】 형사사법정보의 정확성 유지 등 이 법 시행에 필요한 사항 중 법무부, 검찰청, 경찰청, 해양경찰청 및 고위공직자범죄수사처 관련 사항은 대통령령으로 정하고, 법원 관련 사항은 대법원규칙으로 정한다. (2021.12.28 본조개정)

부 칙 (2014.3.18)

이 법은 공포한 날부터 시행한다.

부 칙 (2017.7.26)

제1조【시행일】 ① 이 법은 공포한 날부터 시행한다.(이하 생략)

부 칙 (2021.12.28)

제1조【시행일】 이 법은 공포한 날부터 시행한다.
제2조【협의회 및 실무협의회 구성·운영에 관한 경과조치】 이 법 시행 당시 종전의 규정에 따라 구성·운영되는 협의회 및 실무협의회의 구성·운영에 관하여는 제10조제1항의 개정규정에도 불구하고 종전의 규정에 따른다.

(2024년 10월 19일까지 유효)
(舊 : 약식절차에서의 전자문서 이용 등에 관한 법률)

약식절차 등에서의 전자문서 이용 등에 관한 법률

(약칭 : 약식전자문서법)

(2010년 1월 25일 법 률 제9943호)

개정
2010. 2. 4법10012호(전자정부법)
2014.12.30법12891호 2016. 1. 6법13714호
2018.12.24법16037호(도로교통법)
2020. 6. 9법17354호(전자서명법)
2021.10.19법18485호(형사사법절차에서의전자문서이용등에관한법)→ 2024년 10월 20일 시행이므로 「法典 別冊」 보유편 수록

제1조【목적】 이 법은 「형사소송법」 제4편제3장에 따른 약식절차 등에서 전자문서의 이용·관리에 관한 기본 원칙 및 절차를 규정함으로써, 약식절차 등의 정보화를 촉진하고 신속성과 효율성을 높여 국민의 권리 보호에 이바지함을 목적으로 한다.(2016.1.6 본조개정)
제2조【정의】 이 법에서 사용하는 용어의 뜻은 다음과 같다.
1. "전자문서"란 형사사법정보시스템에 의하여 전자적인 형태로 작성되어 송신·수신되거나 저장되는 정보로서 문서형식이 표준화된 것을 말한다.
2. "전자화문서"란 종이문서나 그 밖에 전자적 형태로 작성되지 아니한 문서를 형사사법정보시스템이 처리할 수 있는 형태로 변환한 문서를 말한다.
3. "형사사법정보시스템"이란 「형사사법절차 전자화 촉진법」 제2조제4호의 형사사법정보시스템(이하 "시스템"이라 한다)을 말한다.
4. "형사사법포털"이란 「형사사법절차 전자화 촉진법」 제2조제6호의 형사사법포털을 말한다.
5. "전자서명"이란 「전자서명법」 제2조제2호의 전자서명을 말한다.
6. (2020.6.9 삭제)
7. "행정전자서명"이란 「전자정부법」 제2조제9호의 행정전자서명을 말한다.(2010.2.4 본호개정)
8. "형사사법업무 처리기관"이란 「형사사법절차 전자화 촉진법」 제2조제2호의 형사사법업무 처리기관을 말한다.
9. "전자적 처리절차"란 형사사법업무 처리기관이 전자문서 또는 전자화문서를 이용하여 약식사건(「형사소송법」 제4편제3장에 따른 약식절차에 따라 처리하는 사건을 말한다) 및 불기소사건(검사가 불기소 처분을 하는 사건을 말한다)을 처리하는 절차를 말한다.
(2016.1.6 본호신설)
제3조【대상 사건】 ① 이 법은 검사가 「형사소송법」 제448조에 따라 약식명령을 청구할 수 있는 사건 중 피의자가 전자적 처리절차에 따를 것을 동의한 다음 각 호의 어느 하나에 해당하는 사건에 대하여 적용한다.
(2016.1.6 본문개정)
1. 「도로교통법」 제148조의2제3항, 제152조제1호 및 제154조제2호에 해당하는 사건(2018.12.24 본호개정)
2. 제1호에 해당하는 사건과 관련되는 「도로교통법」 제159조에 해당하는 사건
② 이 법은 「교통사고처리 특례법」 제3조제2항 본문에 해당하는 사건 중 같은 항 본문 또는 같은 법 제4조에 따라 공소를 제기할 수 없음이 명백한 사건에 대하여 적용한다.(2016.1.6 본항신설)
③ 제1항 및 제2항에도 불구하고 다음 각 호의 어느 하나에 해당하는 사건에 대하여는 전자적 처리절차에 따르지 아니한다.(2016.1.6 본문개정)
1. 제1항 또는 제2항에 해당하는 사건과 그러하지 아니한 사건을 병합하여 수사하거나 심판하는 경우
(2016.1.6 본호개정)
2. 피의자가 제4조제3항에 따라 제1항의 동의를 철회한 경우
3. 추가적인 증거 조사가 필요한 경우 등 수사의 진행 경과에 비추어 전자적 처리절차에 따르는 것이 적절하지 아니한 경우(2016.1.6 본호신설)
④ 다음 각 호의 경우 검사나 사법경찰관리는 그때까지 해당 사건과 관련하여 작성된 전자문서와 전자화문서를 출력한 종이문서를 해당 사건의 기록에 편철한다. 이 경우 제9조제2항을 준용한다.
1. 제1항 또는 제2항에 해당하는 사건과 그러하지 아니한 사건을 병합하여 수사하게 된 경우
2. 다음 각 목의 어느 하나에 해당하는 경우 등 전자적 처리절차에 따르는 것이 적절하지 아니한 경우
가. 추가적인 증거 조사가 필요한 경우
나. 피의자에 대하여 구속영장이나 체포영장 등을 신청하거나 청구하는 경우
(2016.1.6 1호~2호개정)
제4조【피의자의 동의 및 철회】 ① 제3조제1항의 동의는 피의자가 시스템에 사용자등록을 하고, 동의서를 전자문서로 작성·제출하는 방식으로 하여야 한다.
② 제1항의 동의서에는 제8조제2항에 따라 약식명령이 형사사법포털에 올라 있는 사실을 통지받을 전자적 수단(전자우편 또는 휴대전화 문자서비스를 말한다)을 적어야 한다.
③ 피의자가 제3조제1항의 동의를 철회하려면 약식명령 청구 전까지 종이문서나 전자문서로 철회서를 제출하여야 한다.
④ 제3항의 철회를 접수한 검사나 사법경찰관리는 그때까지 해당 사건과 관련하여 작성된 전자문서와 전자화문서를 출력한 종이문서를 해당 사건의 기록에 편철한다. 이 경우 제9조제2항을 준용한다.
⑤ 제1항의 동의서를 작성할 때 피의자는 전자서명을, 검사나 사법경찰관리는 행정전자서명을 하여야 하고, 제3항의 철회서를 전자문서로 작성할 때 피의자는 전자서명(서명자의 실지명의를 확인할 수 있는 것을 말한다)을 하여야 한다.(2020.6.9 본항개정)
제5조【전자문서의 작성】 ① 검사나 사법경찰관리는 제3조제1항 또는 제2항에 규정된 사건을 수사하는 경우 다음 각 호의 문서를 전자문서로 작성한다.(2016.1.6 본문개정)
1. 피의자신문조서 및 진술조서
2. 체포 및 석방에 관한 문서
3. 음주운전자에 대한 음주측정 정황·결과 및 음주운전자의 운전정황을 적은 문서
4. 무면허운전자에 대한 운전면허 조회 결과 및 무면허운전자의 운전정황을 적은 문서
5. 범죄경력 조회 회보서(2016.1.6 본호신설)
6. 그 밖에 수사상 필요한 문서
② 검사는 제3조제1항에 규정된 사건에 관하여 약식명령을 청구할 경우 시스템을 통하여 전자문서로 하여야 한다.
③ 검사는 제3조제1항에 규정된 사건에 관하여 불기소 처분을 하는 경우 시스템을 통하여 전자문서로 한다.
(2016.1.6 본항신설)
④ 검사는 제3조제2항에 규정된 사건에 관하여 「교통사고처리 특례법」 제3조제2항 본문 또는 같은 법 제4조에 따라 불기소 처분을 하는 경우 시스템을 통하여 전자문서로 한다.(2016.1.6 본항신설)
⑤ 법원은 제2항에 따라 약식명령이 청구된 경우 약식명령이나 그 밖의 소송에 관한 서류를 전자문서로 작성한다.
⑥ 제1항부터 제5항까지의 전자문서 작성자는 전자문서에 행정전자서명을 하여야 하고, 진술자에게 전자서명을 하게 하여야 한다.(2016.1.6 본항개정)
⑦ 제6항의 행정전자서명과 전자서명은 「형사소송법」에서 정하는 서명, 서명날인 또는 기명날인으로 본다.
(2016.1.6 본항개정)
⑧ 제1항부터 제5항까지의 전자문서의 간인(間印)은 면수(面數)를 표시하는 방법으로 한다.(2016.1.6 본항개정)
제6조【전자화문서의 작성】 ① 형사사법업무 처리기관 소속 공무원은 제3조제1항 또는 제2항에 규정된 사건에 관한 전자적 처리절차에서 제출된 종이문서나 그 밖에 전자적 형태로 작성되지 아니한 문서(이하 "전자화대상문서"라 한다)를 전자화문서로 작성한다.(2016.1.6 본항개정)
② 전자화문서는 스캐너를 이용하여 전자화대상문서와 그 내용과 형태가 같게 변환되도록 작성되어야 하며 작성자는 전자화문서에 행정전자서명을 하여야 한다.
③ 전자화문서 작성자의 소속 기관은 전자화대상문서를 약식명령이나 판결이 확정될 때까지 또는 검사의 처분이 있을 때까지 보관하여야 한다. 다만, 전자화문서 작성자의 소속 기관이 전자화대상문서를 다른 기관에 송부한 경우에는 송부받은 기관에서 전자화대상문서를 보관하여야 한다.(2016.1.6 본항개정)
제7조【전자문서 및 전자화문서의 제출】 검사는 제5조제2항에 따라 약식명령을 청구할 경우 같은 조에 따라 작성된 전자문서 및 제6조에 따라 작성된 전자화문서를 약식명령을 하는 데 필요한 증거서류로서 법원에 제출한다.
제8조【약식명령 등의 전자적 송달·통지】 ① 법원은 제5조제2항에 따라 약식명령이 청구된 경우 검사와 피고인에게 약식명령이나 그 밖의 소송에 관한 서류를 시스템을 이용하여 전자적으로 송달하거나 통지한다.
② 제1항의 경우 법원서기관, 법원사무관, 법원주사 또는 법원주사보(이하 "법원사무관등"이라 한다)는 약식명령을 시스템에 올린 후, 피고인에게 그 사실을 동의서에 적힌 전자적 수단으로 알려야 한다.
③ 제2항의 경우 송달을 받을 사람이 형사사법포털에 올려진 약식명령을 확인한 때에 약식명령이 송달된 것으로 본다.
④ 제2항의 경우 송달을 받을 사람이 형사사법포털에 올려진 약식명령을 확인하지 아니하는 경우에는 법원사무관등이 제2항에 따라 약식명령을 올린 사실을 알린 날부터 2주가 지난 날에 송달된 것으로 본다. 다만, 송달을 받을 사람이 책임질 수 없는 사유로 형사사법포털에 올려진 약식명령을 확인하지 못한 경우에는 「형사소송법」 제458조에서 준용하는 같은 법 제345조부터 제348조까지의 규정에 따른 정식재판청구권 회복의 청구를 할 수 있다.
⑤ 시스템을 통한 전자적 송달과 통지의 구체적인 절차는 대법원규칙으로 정한다.
제9조【출력물로써 하는 약식명령 등의 송달】 ① 법원은 제5조제2항에 따라 약식명령이 청구된 경우 시스템의 장애로 전자적 송달이 불가능하거나 그 밖에 대법원규칙으로 정하는 사유가 있는 경우에는 약식명령이나 그 밖의 소송에 관한 서류를 종이문서로 출력하여 송달할 수 있다.
② 제1항에 따른 출력물은 시스템을 통하여 다음 각 호의 요건을 모두 갖추어 출력되어야 한다. 이 경우 그 출력물은 그 전자문서의 등본으로 본다.
1. 출력일, 면수 및 총면수, 문서의 고유 식별번호
2. 복사 및 위조·변조의 방지 표지(標識)
제10조【공판절차 등에 따라 심판하는 경우의 처리】
① 「형사소송법」 제450조 또는 제453조에 따라 공판절차에 따라 심판하는 경우, 법원은 그때까지 시스템을 통하여 제출된 소송에 관한 서류 및 증거서류를 검사에게 전자적으로 송부하고, 이를 받은 검사는 종이문서로 출력하여 법원에 제출하여야 한다.
② 검사가 약식명령을 청구하지 아니하고 공소를 제기하는 경우에는 이미 작성된 전자문서와 전자화문서를 종이문서로 출력하여 법원에 제출한다.
③ 검사가 제3조제2항에 규정된 사건을 불기소 처분하지 아니하고 약식명령을 청구하거나 공소를 제기하는 경우에는 이미 작성된 전자문서와 전자화문서를 종이문서로 출력하여 법원에 제출한다.(2016.1.6 본항신설)
④ 제1항부터 제3항까지의 경우 제9조제2항을 준용한다.
(2016.1.6 본항개정)
(2016.1.6 본조제목개정)
제11조【전자문서 등에 의한 집행 지휘】 ① 검사는 이 법에 따른 약식명령이 확정된 경우에는 「형사소송법」 제461조 본문에도 불구하고 전자문서로 형의 집행을 지휘한다.
② 제1항에 따라 전자문서로 형의 집행을 지휘하기 곤란할 경우에는 전자문서로 작성된 약식명령을 종이문서로 출력하여 형의 집행을 지휘한다. 이 경우 제9조제2항을 준용한다.
제12조【위임 규정】 이 법에서 규정한 사항 외에 제3조제1항에서 정한 사건에 관한 약식재판절차에서 전자문서의 이용·관리에 필요한 사항은 대법원규칙으로 정한다.
제13조【다른 법령과의 관계】 전자적 처리절차에 관하여 이 법에 특별한 규정이 없으면 「형사소송법」 등 다른 법령을 적용한다.(2016.1.6 본조개정)

부 칙 (2014.12.30)

이 법은 공포한 날부터 시행한다.

부 칙 (2016.1.6)

제1조【시행일】 이 법은 공포한 날부터 시행한다.
제2조【전자적 처리절차에 관한 적용례】 이 법 중 전자적 처리절차에 관한 개정규정은 이 법 시행 이후 수사하는 사건부터 적용한다.

부 칙 (2018.12.24)
(2020.6.9)

제1조【시행일】 이 법은 공포 후 6개월이 경과한 날부터 시행한다.(이하 생략)

형사 판결서 등의 열람 및 복사에 관한 규칙

(2012년 12월 27일
대법원규칙 제2440호)

개정
2018.12. 4대법원규칙2809호

제1조【목적】 이 규칙은 「형사소송법」(이하 "법"이라 한다) 제59조의3제2항 및 제6항이 대법원규칙에서 정하도록 한 사항과 그 밖에 법 제59조의3에 따른 판결서 등의 열람 및 복사에 필요한 사항을 규정함을 목적으로 한다.

제2조【정의】 이 규칙에서 사용하는 용어의 뜻은 다음과 같다.

1. "판결서 등"이란 판결서·증거목록·기록목록(각 그 등본을 포함한다) 또는 이에 해당하는 정보를 말한다.
2. "법원사무관 등"이란 법원서기관·법원사무관·법원주사 또는 법원주사보를 말한다.
3. "전산정보처리시스템"이란 법에 따른 절차에 필요한 서류를 작성·제출·송달하거나 관리하는 데에 이용되는 정보처리능력을 가진 전자적 장치 또는 체계로서 법원행정처장이 지정하는 것을 말한다.
4. "비실명 처리"란 판결서 등에 나타난 정보 중에서 그대로 공개될 경우 개인의 사생활이 침해될 수 있는 사항에 관하여 제3자가 인식하지 못하도록 비실명으로 표시하는 것을 말한다.
5. "개인정보"란 「개인정보 보호법」 제2조제1호의 개인정보를 말한다.
6. "소송관계인"이란 피고인·검사·변호인·보조인·법인인 피고인의 대표자·법 제28조에 따른 특별대리인·법 제340조 및 제341조제1항에 따른 상소권자·피해자 또는 그 법정대리인·증인 또는 그 법정대리인을 말한다.
7. "이해관계 있는 제3자"란 제6호의 소송관계인 외에 고소인·고발인·참고인·감정인·통역인·번역인 등 해당 사건에 관여하거나 직접적인 이해관계를 가지는 사람을 말한다.

제3조【증거목록·기록목록의 전자파일 등록】 법원사무관 등은 형사사건의 증거목록과 기록목록을 작성한 경우 전자파일의 형태로 전산정보처리시스템에 등록하여야 한다.

제4조【비실명 처리】 법원사무관 등은 전산정보처리시스템에 등록된 판결서 등에 대하여 개인정보 보호를 위한 비실명 처리를 하여야 한다.

제5조【열람·복사의 방법과 절차】 ① 판결서 등의 열람 및 복사는 판결이 확정된 후 해당 판결을 선고한 법원에 신청하거나 법원 인터넷홈페이지를 통하여 열람 및 출력하는 방법으로 할 수 있다. 다만, 피고인이 수인인 경우에는 모든 피고인에 대한 판결이 확정된 후 열람 및 복사를 할 수 있다.
② 제1항의 열람 및 복사를 신청하거나 법원 인터넷 홈페이지를 통하여 열람 및 출력하는 때에는 재판기록 열람·복사 규칙에서 정하는 수수료를 내야 한다.
(2018.12.4 본조개정)

제6조【열람·복사의 제한】 ① 법원사무관 등은 법 제59조의3제1항 각 호 가운데 어느 하나에 해당하는 경우에는 소속 법원의 판결과 그 상·하급심 및 재심대상 판결 등에 관하여 판결서 등의 열람 및 복사를 제한할 수 있다.
② 소송관계인은 소송기록을 보관하고 있는 법원(판결이 확정된 후에는 해당 판결을 선고한 법원을 말한다)의 법원사무관 등에게 법 제59조의3제1항제5호 단서에 따라 제1항의 판결서 등에 대한 열람 및 복사의 제한을 신청할 수 있다. 이 경우 그 신청에 관한 처분이 확정될 때까지 제3자는 해당 판결서 등의 열람 및 복사를 신청할 수 없다.
③ 제1항 또는 제2항 단서에 따라 열람 및 복사가 제한된 경우 소송관계인이나 이해관계 있는 제3자는 판결이 확정된 후 정당한 사유를 소명하여 해당 판결을 선고한 법원의 법원사무관 등에게 판결서 등의 열람 및 복사를 신청할 수 있다.
④ 제2항의 신청을 거부한 법원사무관 등의 처분 또는 제3항의 신청에 관한 법원사무관 등의 처분에 불복하는 경우에는 법원사무관 등의 소속 법원(대법원인 경우에는 제2심판결을 한 법원을 말한다)에 처분의 취소 또는 변경을 신청할 수 있다. 다만, 제2항의 신청을 거부한 법원사무관 등의 처분에 대하여는 처분을 통지받은 날부터 3일 이내에 취소 또는 변경을 신청하여야 하고, 이 경우 법 제417조 및 제418조를 준용한다.

제7조【재정보증】 법원행정처장은 판결서 등의 비실명 처리를 담당하는 법원사무관 등의 재정보증에 관한 사항을 정하여 운용할 수 있다.

부 칙

이 규칙은 2013년 1월 1일부터 시행한다.

부 칙 (2018.12.4)

제1조【시행일】 이 규칙은 2019년 1월 1일부터 시행한다.

제2조【경과조치】 이 규칙 시행 전 접수된 판결문 열람 및 복사 신청에 대하여는 종전 규정을 적용한다.

국제형사재판소 관할 범죄의 처벌 등에 관한 법률

(약칭 : 국제형사범죄법)

(2007년 12월 21일
법 률 제8719호)

개정
2011. 4.12법10577호

제1장 총 칙

제1조【목적】 이 법은 인간의 존엄과 가치를 존중하고 국제사회의 정의를 실현하기 위하여 「국제형사재판소에 관한 로마규정」에 따른 국제형사재판소의 관할 범죄를 처벌하고 대한민국과 국제형사재판소 간의 협력에 관한 절차를 정함을 목적으로 한다.

제2조【정의】 이 법에서 사용하는 용어의 뜻은 다음과 같다.

1. "집단살해죄등"이란 제8조부터 제14조까지의 죄를 말한다.
2. "국제형사재판소"란 1998년 7월 17일 이탈리아 로마에서 개최된 국제연합 전권외교회의에서 채택되어 2002년 7월 1일 발효된 「국제형사재판소에 관한 로마규정」(이하 "국제형사재판소규정"이라 한다)에 따라 설립된 재판소를 말한다.
3. "제네바협약"이란 「육전에 있어서의 군대의 부상자 및 병자의 상태 개선에 관한 1949년 8월 12일자 제네바협약」(제1협약), 「해상에 있어서의 군대의 부상자, 병자 및 조난자의 상태 개선에 관한 1949년 8월 12일자 제네바협약」(제2협약), 「포로의 대우에 관한 1949년 8월 12일자 제네바협약」(제3협약) 및 「전시에 있어서의 민간인의 보호에 관한 1949년 8월 12일자 제네바협약」(제4협약)을 말한다.
4. "외국인"이란 대한민국의 국적을 가지지 아니한 사람을 말한다.
5. "노예화"란 사람에 대한 소유권에 부속되는 모든 권한의 행사를 말하며, 사람 특히 여성과 아동을 거래하는 과정에서 그러한 권한을 행사하는 것을 포함한다.
6. "강제임신"이란 주민의 민족적 구성에 영향을 미치거나 다른 중대한 국제법 위반을 실행할 의도로 강제로 임신시키거나 강제로 임신하게 된 여성을 정당한 사유 없이 불법적으로 감금하여 그 임신 상태를 유지하도록 하는 것을 말한다.
7. "인도(人道)에 관한 국제법규에 따라 보호되는 사람"이란 다음 각 목의 어느 하나에 해당하는 사람을 말한다.
   가. 국제적 무력충돌의 경우에 제네바협약 및 「1949년 8월 12일자 제네바협약에 대한 추가 및 국제적 무력충돌의 희생자 보호에 관한 의정서」(제1의정서)에 따라 보호되는 부상자, 병자, 조난자, 포로 또는 민간인
   나. 비국제적 무력충돌의 경우에 부상자, 병자, 조난자 또는 적대행위에 직접 참여하지 아니한 사람으로서 무력충돌 당사자의 지배하에 있는 사람
   다. 국제적 무력충돌 또는 비국제적 무력충돌의 경우에 항복하거나 전투 능력을 잃은 적대 당사자 군대의 구성원이나 전투원

(2011.4.12 본조개정)

제3조【적용범위】 ① 이 법은 대한민국 영역 안에서 이 법으로 정한 죄를 범한 내국인과 외국인에게 적용한다.
② 이 법은 대한민국 영역 밖에서 이 법으로 정한 죄를 범한 내국인에게 적용한다.
③ 이 법은 대한민국 영역 밖에 있는 대한민국의 선박 또는 항공기 안에서 이 법으로 정한 죄를 범한 외국인에게 적용한다.
④ 이 법은 대한민국 영역 밖에서 대한민국 또는 대한민국 국민에 대하여 이 법으로 정한 죄를 범한 외국인에게 적용한다.
⑤ 이 법은 대한민국 영역 밖에서 집단살해죄등을 범하고 대한민국영역 안에 있는 외국인에게 적용한다.

제4조【상급자의 명령에 따른 행위】 ① 정부 또는 상급자의 명령에 복종할 법적 의무가 있는 사람이 그 명령에 따른 자기의 행위가 불법임을 알지 못하고 집단살해죄등을 범한 경우에는 명령이 명백한 불법이 아니고 그 오인(誤認)에 정당한 이유가 있을 때에만 처벌하지 아니한다.
② 제1항의 경우에 제8조 또는 제9조의 죄를 범하도록 하는 명령은 명백히 불법인 것으로 본다.
(2011.4.12 본조개정)

제5조【지휘관과 그 밖의 상급자의 책임】 군대의 지휘관(지휘관의 권한을 사실상 행사하는 사람을 포함한다. 이하 같다) 또는 단체·기관의 상급자(상급자의 권한을 사실상 행사하는 사람을 포함한다. 이하 같다)가 실효적인 지휘와 통제하에 있는 부하 또는 하급자가 집단살해죄등을 범하고 있거나 범하려는 것을 알고도 이를 방지하기 위하여 필요한 상당한 조치를 하지 아니하였을 때에는 그 집단살해죄등을 범한 사람을 처벌하는 외에 그 지휘관 또는 상급자도 각 해당 조문에서 정한 형으로 처벌한다.(2011.4.12 본조개정)

제6조【시효의 적용 배제】 집단살해죄등에 대하여는 「형사소송법」 제249조부터 제253조까지 및 「군사법원법」 제291조부터 제295조까지의 규정에 따른 공소시효와 「형법」 제77조부터 제80조까지의 규정에 따른 형의 시효에 관한 규정을 적용하지 아니한다.(2011.4.12 본조개정)

제7조【면소의 판결】 집단살해죄등의 피고사건에 관하여 이미 국제형사재판소에서 유죄 또는 무죄의 확정판결이 있은 경우에는 판결로써 면소(免訴)를 선고하여야 한다.(2011.4.12 본조개정)

제2장 국제형사재판소 관할 범죄의 처벌

(2011.4.12 본장개정)

제8조【집단살해죄】 ① 국민적·인종적·민족적 또는 종교적 집단 자체를 전부 또는 일부 파괴할 목적으로 그 집단의 구성원을 살해한 사람은 사형, 무기 또는 7년 이상의 징역에 처한다.
② 제1항과 같은 목적으로 다음 각 호의 어느 하나에 해당하는 행위를 한 사람은 무기 또는 5년 이상의 징역에 처한다.

1. 제1항의 집단의 구성원에 대하여 중대한 신체적 또는 정신적 위해(危害)를 끼치는 행위
2. 신체의 파괴를 불러일으키기 위하여 계획된 생활조건을 제1항의 집단에 고의적으로 부과하는 행위
3. 제1항의 집단 내 출생을 방지하기 위한 조치를 부과하는 행위
4. 제1항의 집단의 아동을 강제로 다른 집단으로 이주하도록 하는 행위

③ 제2항 각 호의 어느 하나에 해당하는 행위를 하여 사람을 사망에 이르게 한 사람은 제1항에서 정한 형에 처한다.
④ 제1항 또는 제2항의 죄를 선동한 사람은 5년 이상의 유기징역에 처한다.
⑤ 제1항 또는 제2항에 규정된 죄의 미수범은 처벌한다.

제9조【인도에 반한 죄】 ① 민간인 주민을 공격하려는 국가 또는 단체·기관의 정책과 관련하여 민간인 주민에 대한 광범위하거나 체계적인 공격으로 사람을 살해한 사람은 사형, 무기 또는 7년 이상의 징역에 처한다.
② 민간인 주민을 공격하려는 국가 또는 단체·기관의 정책과 관련하여 민간인 주민에 대한 광범위하거나 체계적인 공격으로 다음 각 호의 어느 하나에 해당하는 행위를 한 사람은 무기 또는 5년 이상의 징역에 처한다.

1. 식량과 의약품에 대한 주민의 접근을 박탈하는 등 일부 주민의 말살을 불러올 생활조건을 고의적으로 부과하는 행위
2. 사람을 노예화하는 행위
3. 국제법규를 위반하여 강제로 주민을 그 적법한 주거지에서 추방하거나 이주하도록 하는 행위
4. 국제법규를 위반하여 사람을 감금하거나 그 밖의 방법으로 신체적 자유를 박탈하는 행위
5. 자기의 구금 또는 통제하에 있는 사람에게 정당한 이유 없이 중대한 신체적 또는 정신적 고통을 주어 고문하는 행위
6. 강간, 성적 노예화, 강제매춘, 강제임신, 강제불임 또는 이와 유사한 중대한 성적 폭력 행위
7. 정치적·인종적·국민적·민족적·문화적·종교적 사유, 성별 또는 그 밖의 국제법규에 따라 인정되지 아니하는 사유로 집단 또는 집합체 구성원의 기본적 인권을 박탈하거나 제한하는 행위
8. 사람을 장기간 법의 보호로부터 배제시킬 목적으로 국가 또는 정치단체의 허가·지원 또는 묵인하에 이루어지는 다음 각 목의 어느 하나에 해당하는 행위
   가. 사람을 체포·감금·약취 또는 유인(이하 "체포등"이라 한다)한 후 그 사람에 대한 체포등의 사실, 인적사항, 생존 여부 및 소재지 등에 대한 정보 제공을 거부하거나 거짓 정보를 제공하는 행위
   나. 가목에 규정된 정보를 제공할 의무가 있는 사람이 정보 제공을 거부하거나 거짓 정보를 제공하는 행위
9. 제1호부터 제8호까지의 행위 외의 방법으로 사람의 신체와 정신에 중대한 고통이나 손상을 주는 행위

③ 인종집단의 구성원으로서 다른 인종집단을 조직적으로 억압하고 지배하는 체제를 유지할 목적으로 제1항 또는 제2항에 따른 행위를 한 사람은 각 항에서 정한 형으로 처벌한다.
④ 제2항 각 호의 어느 하나에 해당하는 행위 또는 제3항의 행위(제2항 각 호의 어느 하나에 해당하는 행위로 한정한다)를 하여 사람을 사망에 이르게 한 사람은 제1항에서 정한 형에 처한다.
⑤ 제1항부터 제3항까지에 규정된 죄의 미수범은 처벌한다.

제10조【사람에 대한 전쟁범죄】 ① 국제적 무력충돌 또는 비국제적 무력충돌(폭동이나 국지적이고 산발적인 폭력행위와 같은 국내적 소요나 긴장 상태는 제외한다. 이하 같다)과 관련하여 인도에 관한 국제법규에 따라 보호되는 사람을 살해한 사람은 사형, 무기 또는 7년 이상의 징역에 처한다.
② 국제적 무력충돌 또는 비국제적 무력충돌과 관련하여 다음 각 호의 어느 하나에 해당하는 행위를 한 사람은 무기 또는 5년 이상의 징역에 처한다.

1. 인도에 관한 국제법규에 따라 보호되는 사람을 인질로 잡는 행위
2. 인도에 관한 국제법규에 따라 보호되는 사람에게 고문이나 신체의 절단 등으로 신체 또는 건강에 중대한 고통이나 손상을 주는 행위
3. 인도에 관한 국제법규에 따라 보호되는 사람을 강간, 강제매춘, 성적 노예화, 강제임신 또는 강제불임의 대상으로 삼는 행위

③ 국제적 무력충돌 또는 비국제적 무력충돌과 관련하여 다음 각 호의 어느 하나에 해당하는 행위를 한 사람은 3년 이상의 유기징역에 처한다.

1. 인도에 관한 국제법규에 따라 보호되는 사람을 국제법규를 위반하여 주거지로부터 추방하거나 이송하는 행위
2. 공정한 정식재판에 의하지 아니하고 인도에 관한 국제법규에 따라 보호되는 사람에게 형을 부과하거나 집행하는 행위
3. 치료의 목적 등 정당한 사유 없이 인도에 관한 국제법규에 따라 보호되는 사람을 그의 자발적이고 명시적인 사전 동의 없이 생명·신체에 중대한 위해를 끼칠 수 있는 의학적·과학적 실험의 대상으로 삼는 행위
4. 조건 없이 항복하거나 전투능력을 잃은 군대의 구성원이나 전투원에게 상해(傷害)를 입히는 행위
5. 15세 미만인 사람을 군대 또는 무장집단에 징집 또는 모병의 방법으로 참여하도록 하거나 적대행위에 참여하도록 하는 행위

④ 국제적 무력충돌 또는 비국제적 무력충돌과 관련하여 인도에 관한 국제법규에 따라 보호되는 사람을 중대하게 모욕하거나 품위를 떨어뜨리는 처우를 한 사람은 1년 이상의 유기징역에 처한다.

⑤ 국제적 무력충돌과 관련하여 다음 각 호의 어느 하나에 해당하는 행위를 한 사람은 3년 이상의 유기징역에 처한다.

1. 정당한 사유 없이 인도에 관한 국제법규에 따라 보호되는 사람을 감금하는 행위
2. 자국의 주민 일부를 점령지역으로 이주시키는 행위
3. 인도에 관한 국제법규에 따라 보호되는 사람으로 하여금 강제로 적국의 군대에 복무하도록 하는 행위
4. 적국의 국민을 강제로 자신의 국가에 대한 전쟁 수행에 참여하도록 하는 행위

⑥ 제2항·제3항 또는 제5항의 죄를 범하여 사람을 사망에 이르게 한 사람은 사형, 무기 또는 7년 이상의 징역에 처한다.

⑦ 제1항부터 제5항까지에 규정된 죄의 미수범은 처벌한다.

제11조【재산 및 권리에 대한 전쟁범죄】 ① 국제적 무력충돌 또는 비국제적 무력충돌과 관련하여 적국 또는 적대 당사자의 재산을 약탈하거나 무력충돌의 필요상 불가피하지 아니한데도 적국 또는 적대 당사자의 재산을 국제법규를 위반하여 광범위하게 파괴·징발하거나 압수한 사람은 무기 또는 3년 이상의 징역에 처한다.

② 국제적 무력충돌과 관련하여 국제법규를 위반하여 적국의 국민 전부 또는 다수의 권리나 소송행위가 법정에서 폐지·정지되거나 허용되지 아니한다고 선언한 사람은 3년 이상의 유기징역에 처한다.

③ 제1항 또는 제2항에 규정된 죄의 미수범은 처벌한다.

제12조【인도적 활동이나 식별표장 등에 관한 전쟁범죄】 ① 국제적 무력충돌 또는 비국제적 무력충돌과 관련하여 다음 각 호의 어느 하나에 해당하는 행위를 한 사람은 3년 이상의 유기징역에 처한다.

1. 국제연합헌장에 따른 인도적 원조나 평화유지임무와 관련된 요원·시설·자재·부대 또는 차량이 무력충돌에 관한 국제법에 따라 민간인 또는 민간 대상물에 부여되는 보호를 받을 자격이 있는데도 그들을 고의적으로 공격하는 행위
2. 제네바협약에 규정된 식별표장(識別表裝)을 정당하게 사용하는 건물, 장비, 의무부대, 의무부대의 수송수단 또는 요원을 공격하는 행위

② 국제적 무력충돌 또는 비국제적 무력충돌과 관련하여 제네바협약에 규정된 식별표장·휴전기(休戰旗), 적이나 국제연합의 깃발·군사표지 또는 제복을 부정한 방법으로 사용하여 사람을 사망에 이르게 하거나 사람의 신체에 중대한 손상을 입힌 사람은 다음의 구분에 따라 처벌한다.

1. 사람을 사망에 이르게 한 사람은 사형, 무기 또는 7년 이상의 징역에 처한다.
2. 사람의 신체에 중대한 손상을 입힌 사람은 무기 또는 5년 이상의 징역에 처한다.

③ 제1항 또는 제2항에 규정된 죄의 미수범은 처벌한다.

제13조【금지된 방법에 의한 전쟁범죄】 ① 국제적 무력충돌 또는 비국제적 무력충돌과 관련하여 다음 각 호의 어느 하나에 해당하는 행위를 한 사람은 무기 또는 3년 이상의 징역에 처한다.

1. 민간인 주민을 공격의 대상으로 삼거나 적대행위에 직접 참여하지 아니한 민간인 주민을 공격의 대상으로 삼는 행위
2. 군사목표물이 아닌 민간 대상물로서 종교·교육·예술·과학 또는 자선 목적의 건물, 역사적 기념물, 병원, 병자 및 부상자를 수용하는 장소, 무방비 상태의 마을·거주지·건물 또는 위험한 물리력을 포함하고 있는 댐 등 시설물을 공격하는 행위
3. 군사작전상 필요에 비하여 지나치게 민간인의 신체·생명 또는 민간 대상물에 중대한 위해를 끼치는 것이 명백한 공격 행위
4. 특정한 대상에 대한 군사작전을 막을 목적으로 인도에 관한 국제법규에 따라 보호되는 사람을 방어수단으로 이용하는 행위
5. 인도에 관한 국제법규를 위반하여 민간인들의 생존에 필수적인 물품을 박탈하거나 그 물품의 공급을 방해함으로써 기아(飢餓)를 전투수단으로 사용하는 행위
6. 군대의 지휘관으로서 예외 없이 적군을 살해할 것을 협박하거나 지시하는 행위
7. 국제법상 금지되는 배신행위로 적군 또는 상대방 전투원을 살해하거나 상해를 입히는 행위

② 제1항제1호부터 제6호까지의 죄를 범하여 인도에 관한 국제법규에 따라 보호되는 사람을 사망 또는 상해에 이르게 한 사람은 다음의 구분에 따라 처벌한다.

1. 사망에 이르게 한 사람은 사형, 무기 또는 7년 이상의 징역에 처한다.
2. 중대한 상해에 이르게 한 사람은 무기 또는 5년 이상의 징역에 처한다.

③ 국제적 무력충돌 또는 비국제적 무력충돌과 관련하여 자연환경에 군사작전상 필요한 것보다 지나치게 광범위하고 장기간의 중대한 훼손을 가하는 것이 명백한 공격행위를 한 사람은 3년 이상의 유기징역에 처한다.

④ 제1항 또는 제3항에 규정된 죄의 미수범은 처벌한다.

제14조【금지된 무기를 사용한 전쟁범죄】 ① 국제적 무력충돌 또는 비국제적 무력충돌과 관련하여 다음 각 호의 어느 하나에 해당하는 무기를 사용한 사람은 무기 또는 5년 이상의 징역에 처한다.

1. 독물(毒物) 또는 유독무기(有毒武器)
2. 생물무기 또는 화학무기
3. 인체 내에서 쉽게 팽창하거나 펼쳐지는 총탄

② 제1항의 죄를 범하여 사람의 생명·신체 또는 재산을 침해한 사람은 사형, 무기 또는 7년 이상의 징역에 처한다.

③ 제1항에 규정된 죄의 미수범은 처벌한다.

제15조【지휘관 등의 직무태만죄】 ① 군대의 지휘관 또는 단체·기관의 상급자로서 직무를 게을리하거나 유기(遺棄)하여 실효적인 지휘와 통제하에 있는 부하가 집단살해죄등을 범하는 것을 방지하거나 제지하지 못한 사람은 7년 이하의 징역에 처한다.

② 과실로 제1항의 행위에 이른 사람은 5년 이하의 징역에 처한다.

③ 군대의 지휘관 또는 단체·기관의 상급자로서 집단살해죄등을 범한 실효적인 지휘와 통제하에 있는 부하 또는 하급자를 수사기관에 알리지 아니한 사람은 5년 이하의 징역에 처한다.

제16조【사법방해죄】 ① 국제형사재판소에서 수사 또는 재판 중인 사건과 관련하여 다음 각 호의 어느 하나에 해당하는 사람은 5년 이하의 징역 또는 1천500만원 이하의 벌금에 처하거나 이를 병과(併科)할 수 있다.

1. 거짓 증거를 제출한 사람
2. 폭행 또는 협박으로 참고인 또는 증인의 출석·진술 또는 증거의 수집·제출을 방해한 사람
3. 참고인 또는 증인의 출석·진술 또는 증거의 수집·제출을 방해하기 위하여 그에게 금품이나 그 밖의 재산상 이익을 약속·제공하거나 제공의 의사를 표시한 사람
4. 제3호의 금품이나 그 밖의 재산상 이익을 수수(收受)·요구하거나 약속한 참고인 또는 증인

② 제1항은 국제형사재판소의 청구 또는 요청에 의하여 대한민국 내에서 진행되는 절차에 대하여도 적용된다.

③ 제1항의 사건과 관련하여 「형법」 제152조, 제154조 또는 제155조제1항부터 제3항까지의 규정이나 「특정범죄 가중처벌 등에 관한 법률」 제5조의9에 따른 행위를 한 사람은 각 해당 규정에서 정한 형으로 처벌한다. 이 경우 「형법」 제155조제4항은 적용하지 아니한다.

④ 제1항의 사건과 관련하여 국제형사재판소 직원에게 「형법」 제136조, 제137조 또는 제144조에 따른 행위를 한 사람은 각 해당 규정에서 정한 형으로 처벌한다. 이 경우 국제형사재판소 직원은 각 해당 규정에 따른 공무원으로 본다.

⑤ 제1항의 사건과 관련하여 국제형사재판소 직원에게 「형법」 제133조의 행위를 한 사람은 같은 조에서 정한 형으로 처벌한다. 이 경우 국제형사재판소 직원은 해당 조문에 따른 공무원으로 본다.

⑥ 이 조에서 "국제형사재판소 직원"이란 재판관, 소추관, 부소추관, 사무국장 및 사무차장을 포함하여 국제형사재판소규정에 따라 국제형사재판소의 사무를 담당하는 사람을 말한다.

제17조【친고죄·반의사불벌죄의 배제】 집단살해죄등은 고소가 없거나 피해자의 명시적 의사에 반하여도 공소를 제기할 수 있다.

제18조【국제형사재판소규정 범죄구성요건의 고려】 제8조부터 제14조까지의 적용과 관련하여 필요할 때에는 국제형사재판소규정 제9조에 따라 2002년 9월 9일 국제형사재판소규정 당사국총회에서 채택된 범죄구성요건을 고려할 수 있다.

제3장 국제형사재판소와의 협력
(2011.4.12 본장개정)

제19조【「범죄인 인도법」의 준용】 ① 대한민국과 국제형사재판소 간의 범죄인 인도에 관하여는 「범죄인 인도법」을 준용한다. 다만, 국제형사재판소규정에 「범죄인 인도법」과 다른 규정이 있는 경우에는 그 규정에 따른다.

② 제1항의 경우 「범죄인 인도법」 중 "청구국"은 "국제형사재판소"로, "인도조약"은 "국제형사재판소규정"으로 본다.

제20조【「국제형사사법 공조법」의 준용】 ① 국제형사재판소의 형사사건 수사 또는 재판과 관련하여 국제형사재판소의 요청에 따라 실시하는 공조 및 국제형사재판소에 대하여 요청하는 공조에 관하여는 「국제형사사법 공조법」을 준용한다. 다만, 국제형사재판소규정에 「국제형사사법 공조법」과 다른 규정이 있는 경우에는 그 규정에 따른다.

② 제1항의 경우 「국제형사사법 공조법」 중 "외국"은 "국제형사재판소"로, "공조조약"은 "국제형사재판소규정"으로 본다.

부 칙 (2011.4.12)

이 법은 공포한 날부터 시행한다.

지문을채취할형사피의자의범위에관한규칙

(1985년 12월 31일 법무부령 제281호)

개정
1993.12.31법무부령 381호
1995. 6.24법무부령 404호
1999. 3.30법무부령 477호
2006. 4.24국방부령 598호(방위사업법시규)
2006. 4.24산업자원부령331호(방위사업법시규)

제1조【목적】 이 규칙은 형의실효등에관한법률 제2조제4호 및 동법시행령(이하 "영"이라 한다) 제2조제2항의 규정에 의하여 수사자료표를 작성함에 있어서 지문을 채취할 피의자의 범위를 정함을 목적으로 한다.

제2조【지문을 채취할 피의자의 범위】 ① 영 제2조제2항의 규정에 의하여 수사자료표를 작성함에 있어서 지문을 채취할 피의자의 범위는 다음 각호와 같다.

1. 형법 위반 피의자
2. 별표에 정하여진 법률 위반 피의자

② 피의자가 제1항 각호의 1에 해당하지 아니하는 경우에도 피의자가 다음 각호의 1에 해당하는 때에는 당해 피의자의 지문을 채취한다.

1. 피의자가 그 신원을 증명하는 자료를 제시하지 아니하거나 제시하지 못하는 때
2. 피의자가 제시한 자료에 의하여 피의자의 신원을 확인하기 어려운 때
3. 피의자를 구속하는 때
4. 수사상 특히 필요하다고 인정하여 피의자의 동의를 얻은 때

③ 제1항의 규정에 불구하고 고소 또는 고발사건중 다음 각호의1의 불기소처분사유에 해당하는 피의자에 대하여는 수사자료표작성과 지문채취를 하지 아니한다. 다만, 피의자가 제2항제1호, 제2호 또는 제4호의 1에 해당하는 때에는 그러하지 아니한다.

1. 혐의없음
2. 공소권없음
3. 죄가안됨
4. 각하(1995.6.24 본호신설)
5. 참고인중지(1999.3.30 본호신설)

(1993.12.31 본항신설)

부 칙 (2006.4.24)

제1조【시행일】 이 규칙은 공포한 날부터 시행한다.(이하 생략)

〔별표〕 ➡ 「法典 別册」 참조

헌정질서 파괴범죄의 공소시효 등에 관한 특례법

(약칭 : 헌정범죄시효법)

(1995년 12월 21일 법 률 제5028호)

개정
2010. 3.24법10181호
2016. 1. 6법13722호(군사법원)
2021. 9.24법18465호(군사법원)

제1조【목적】 이 법은 헌법의 존립을 해치거나 헌정질서의 파괴를 목적으로 하는 헌정질서 파괴범죄에 대한 공소시효의 배제 등에 관한 사항을 규정함으로써 헌법상 자유민주적 기본질서를 수호함을 목적으로 한다.
(2010.3.24 본조개정)

제2조【정의】 이 법에서 "헌정질서 파괴범죄"란 「형법」 제2편제1장 내란의 죄, 제2장 외환의 죄와 「군형법」 제2편제1장 반란의 죄, 제2장 이적(利敵)의 죄를 말한다.
(2010.3.24 본조개정)

제3조【공소시효의 적용 배제】 다음 각 호의 범죄에 대하여는 「형사소송법」 제249조부터 제253조까지 및 「군사법원법」 제291조부터 제295조까지에 규정된 공소시효를 적용하지 아니한다.
1. 제2조의 헌정질서 파괴범죄
2. 「형법」 제250조의 죄로서 「집단살해죄의 방지와 처벌에 관한 협약」에 규정된 집단살해에 해당하는 범죄
(2010.3.24 본조개정)

제4조【재정신청에 관한 특례】 ① 제2조의 죄에 대하여 고소 또는 고발을 한 자가 검사나 군검사로부터 공소를 제기하지 아니한다는 통지를 받은 경우에는 그 검사 소속의 고등검찰청이나 그 군검사 소속의 고등검찰부에 대응하는 고등법원에 그 당부(當否)에 관한 재정(裁定)을 신청할 수 있다.(2021.9.24 본항개정)
② 제1항의 재정신청에 관하여는 「형사소송법」 또는 「군사법원법」의 해당 규정을 적용한다.
(2010.3.24 본조개정)

부 칙 (2010.3.24)

이 법은 공포한 날부터 시행한다.

부 칙 (2016.1.6)

제1조【시행일】 이 법은 공포 후 1년 6개월이 경과한 날부터 시행한다.(이하 생략)

부 칙 (2021.9.24)

제1조【시행일】 이 법은 2022년 7월 1일부터 시행한다.(이하 생략)

5·18민주화운동 등에 관한 특별법

(약칭 : 5·18민주화운동법)

(1995년 12월 21일 법 률 제5029호)

개정
2010. 3.24법10182호
2016. 1. 6법13722호(군사법원)
2021. 1. 5법17823호
2021. 9.24법18465호(군사법원)

제1조【목적】 이 법은 1979년 12월 12일과 1980년 5월 18일을 전후하여 발생한 헌정질서 파괴범죄와 반인도적 범죄에 대한 공소시효 정지 등에 관한 사항 등을 규정함으로써 국가기강을 바로잡고 민주화를 정착시키며 민족정기를 함양함을 목적으로 한다.(2021.1.5 본조개정)

제1조의2【정의】 ① 이 법에서 "5·18민주화운동"이란 1979년 12월 12일과 1980년 5월 18일을 전후하여 발생한 헌정질서 파괴범죄와 반인도적 범죄에 대항하여 시민들이 전개한 민주화운동을 말한다.
② 이 법에서 "반인도적 범죄"란 제1항에 따른 기간 동안 국가 또는 단체·기관(이에 속한 사람을 포함한다)의 민간인에 대한 살해, 상해, 감금, 고문, 강간, 강제추행, 폭행을 말한다.
(2021.1.5 본조신설)

제2조【공소시효의 정지】 1979년 12월 12일과 1980년 5월 18일을 전후하여 발생한 「헌정질서 파괴범죄의 공소시효 등에 관한 특례법」 제2조의 헌정질서 파괴범죄와 반인도적 범죄에 대하여 해당 범죄행위의 종료일부터 1993년 2월 24일까지의 기간은 공소시효의 진행이 정지된 것으로 본다.(2021.1.5 본조개정)

제3조【재정신청에 관한 특례】 ① 제2조의 죄에 대하여 고소 또는 고발을 한 자가 검사 또는 군검사로부터 공소를 제기하지 아니한다는 통지를 받은 경우에는 그 검사 소속의 고등검찰청이나 그 군검사 소속의 고등검찰부에 대응하는 고등법원에 그 당부(當否)에 관한 재정(裁定)을 신청할 수 있다. 법률 제5029호 5·18민주화운동등에관한특별법 시행 전에 제2조의 죄에 대하여 공소를 제기하지 아니하기로 결정된 사건의 경우에도 또한 같다.
(2021.9.24 전단개정)
② 제1항의 재정신청에 관하여는 「형사소송법」 또는 「군사법원법」의 해당 규정을 적용한다.
(2010.3.24 본조개정)

제4조【특별재심】 ① 5·18민주화운동과 관련된 행위 또는 제2조의 범행을 저지하거나 반대한 행위로 유죄의 확정판결을 선고받은 자는 「형사소송법」 제420조 및 「군사법원법」 제469조에도 불구하고 재심(再審)을 청구할 수 있다.
② 재심의 청구는 원판결의 법원이 관할한다. 다만, 「군형법」을 적용받지 아니한 자에 대한 원판결의 법원이 군법회의 또는 군사법원인 경우에는 그 심급(審級)에 따른 주소지의 법원이 관할한다.
③ 재심의 관할법원은 제2조의 죄를 범한 자가 그 죄로 유죄를 선고받고 그 형(刑)이 확정된 사실에 대하여 직권으로 조사하여야 한다.
④ 제1항의 재심 청구인이 사면을 받았거나 형이 실효(失效)된 경우 재심 관할법원은 「형사소송법」 제326조부터 제328조까지 및 「군사법원법」 제381조부터 제383조까지의 규정에도 불구하고 종국적(終局的) 실체판결(實體判決)을 하여야 한다.
⑤ 제1항의 재심에 관한 절차는 그 재심의 성격에 저촉되지 아니하는 범위에서 「형사소송법」과 「군사법원법」의 해당 조항을 적용한다.
(2010.3.24 본조개정)

제5조【기념사업】 정부는 5·18민주화운동 정신을 계승하는 기념사업을 추진하여야 한다.(2010.3.24 본조개정)

제6조【배상 의제】 「5·18민주화운동 관련자 보상 등에 관한 법률」에 따른 보상은 배상(賠償)으로 본다.
(2010.3.24 본조개정)

제7조【상훈 박탈】 정부는 5·18민주화운동과 관련하여 상훈(賞勳)을 받은 자에 대하여 심사한 결과 오로지 5·18민주화운동을 진압한 것이 공로로 인정되어 받은 상훈은 「상훈법」 제8조에 따라 서훈(敍勳)을 취소하고, 훈장 등을 환수한다.(2010.3.24 본조개정)

제8조【5·18민주화운동에 대한 허위사실 유포 금지】 ① 다음 각 호의 어느 하나에 해당하는 방법으로 5·18민주화운동에 대한 허위의 사실을 유포한 자는 5년 이하의 징역 또는 5천만원 이하의 벌금에 처한다.
1. 신문, 잡지, 방송, 그 밖에 출판물 또는 「정보통신망 이용촉진 및 정보보호 등에 관한 법률」 제2조제1항제1호에 따른 정보통신망의 이용
2. 전시물 또는 공연물의 전시·게시 또는 상영
3. 그 밖에 공연히 진행한 토론회, 간담회, 기자회견, 집회, 가두연설 등에서의 발언
② 제1항의 행위가 예술·학문, 연구·학설, 시사사건이나 역사의 진행과정에 관한 보도를 위한 것이거나 그 밖에 이와 유사한 목적을 위한 경우에는 처벌하지 아니한다.
(2021.1.5 본조신설)

부 칙

① 【시행일】 이 법은 공포한 날부터 시행한다.
② 【경과조치】 제3조제1항 후단의 규정에 의한 재정신청은 이 법 시행일부터 30일이내에 하여야 한다.

부 칙 (2016.1.6)

제1조【시행일】 이 법은 공포 후 1년 6개월이 경과한 날부터 시행한다.(이하 생략)

부 칙 (2021.1.5)

이 법은 공포한 날부터 시행한다.

부 칙 (2021.9.24)

제1조【시행일】 이 법은 2022년 7월 1일부터 시행한다.(이하 생략)

대한민국과 아메리카합중국 간의 상호방위조약 제4조에 의한 시설과 구역 및 대한민국에서의 합중국 군대의 지위에 관한 협정의 시행에 관한 형사특별법

(약칭 : 주한미군형사법)

(1967년 3월 3일 법 률 제1903호)

개정
2011. 4.14법10583호

제1조【목적】 이 법은 「대한민국과 아메리카합중국 간의 상호방위조약 제4조에 의한 시설과 구역 및 대한민국에서의 합중국 군대의 지위에 관한 협정」 중 형사재판권에 관한 사항을 규정함을 목적으로 한다.
(2011.4.14 본조개정)

제2조【위증 등】 ① 「대한민국과 아메리카합중국 간의 상호방위조약 제4조에 의한 시설과 구역 및 대한민국에서의 합중국 군대의 지위에 관한 협정」(이하 "협정"이라 한다)에 따른 아메리카합중국 군대의 군법회의(이하 "합중국군법회의"라 한다)에서 허위(虛僞)로 증언, 감정, 통역 또는 번역을 한 사람은 「형법」 제152조부터 제154조까지의 예에 따라 처벌한다.
② 합중국군법회의가 재판권을 행사하는 형사사건에 관한 증거를 인멸, 은닉, 위조 또는 변조하거나 위조 또는 변조한 증거를 사용한 사람과 증인을 은닉 또는 도피하게 한 사람은 「형법」 제155조의 예에 따라 처벌한다.
(2011.4.14 본조개정)

제3조【증인의 출석 등에 관한 협력】 합중국군법회의가 요청한 증인 또는 감정인의 소환과 증인의 구인(拘引)에 관하여는 「형사소송법」 제152조부터 제155조까지 및 제177조를 준용한다.(2011.4.14 본조개정)

제4조【수사에 대한 협력】 협정에 따라 아메리카합중국 군대(이하 "합중국군대"라 한다)가 요청한 형사사건의 수사에 관하여는 검사나 사법경찰관은 「형사소송법」이나 그 밖의 법령에 규정된 권한을 행사할 수 있다.
(2011.4.14 본조개정)

제5조【재판의 집행에 대한 협력】 합중국군법회의가 선고한 재판의 집행에 관하여 합중국군대가 요청한 경우에는 검사는 「형사소송법」이나 그 밖의 법령에 규정된 권한을 행사할 수 있다.(2011.4.14 본조개정)

제6조【시행령】 이 법과 이 법에 규정된 것 외에 협정 제22조의 시행에 필요한 사항은 대통령령으로 정한다.
(2011.4.14 본조개정)

부 칙 (2011.4.14)

이 법은 공포한 날부터 시행한다.

국제형사사법 공조법

(1991년 3월 8일)
(법 률 제4343호)

개정
2009.11. 2법 9811호
2013. 3.23법11690호(정부조직)
2014.11.19법12844호(정부조직)
2017. 7.26법14839호(정부조직)
2021. 1. 5법17825호

제1장 총 칙
(2009.11.2 본장개정)

제1조【목적】 이 법은 형사사건의 수사 또는 재판과 관련하여 외국의 요청에 따라 실시하는 공조(共助) 및 외국에 대하여 요청하는 공조의 범위와 절차 등을 정함으로써 범죄를 진압하고 예방하는 데에 국제적인 협력을 증진함을 목적으로 한다.

제2조【정의】 이 법에서 사용하는 용어의 뜻은 다음과 같다.
1. "공조"란 대한민국과 외국 간에 형사사건의 수사 또는 재판에 필요한 협조를 제공하거나 제공받는 것을 말한다.
2. "공조조약"이란 대한민국과 외국 간에 체결된 공조에 관한 조약·협정 등을 말한다.
3. "요청국"이란 대한민국에 공조를 요청한 국가를 말한다.
4. "공조범죄"란 공조의 대상이 되어 있는 범죄를 말한다.

제3조【공조조약과의 관계】 공조에 관하여 공조조약에 이 법과 다른 규정이 있는 경우에는 그 규정에 따른다.

제4조【상호주의】 공조조약이 체결되어 있지 아니한 경우에도 동일하거나 유사한 사항에 관하여 대한민국의 공조요청에 따른다는 요청국의 보증이 있는 경우에는 이 법을 적용한다.

제2장 공조의 범위와 제한
(2009.11.2 본장개정)

제5조【공조의 범위】 공조의 범위는 다음 각 호와 같다.
1. 사람 또는 물건의 소재에 대한 수사
2. 서류·기록의 제공
3. 서류 등의 송달
4. 증거 수집, 압수·수색 또는 검증
5. 증거물 등 물건의 인도(引渡)
6. 진술 청취, 그 밖에 요청국에서 증언하게 하거나 수사에 협조하게 하는 조치

제6조【공조의 제한】 다음 각 호의 어느 하나에 해당하는 경우에는 공조를 하지 아니할 수 있다.
1. 대한민국의 주권, 국가안전보장, 안녕질서 또는 미풍양속을 해칠 우려가 있는 경우
2. 인종, 국적, 성별, 종교, 사회적 신분 또는 특정 사회단체에 속한다는 사실이나 정치적 견해를 달리한다는 이유로 처벌되거나 형사상 불리한 처분을 받을 우려가 있다고 인정되는 경우
3. 공조범죄가 정치적 성격을 지닌 범죄이거나, 공조요청이 정치적 성격을 지닌 다른 범죄에 대한 수사 또는 재판을 할 목적으로 한 것이라고 인정되는 경우
4. 공조범죄가 대한민국의 법률에 의하여는 범죄를 구성하지 아니하거나 공소를 제기할 수 없는 범죄인 경우
5. 이 법에 요청국이 보증하도록 규정되어 있음에도 불구하고 요청국의 보증이 없는 경우

제7조【공조의 연기】 대한민국에서 수사가 진행 중이거나 재판에 계속(係屬)된 범죄에 대하여 외국의 공조요청이 있는 경우에는 그 수사 또는 재판 절차가 끝날 때까지 공조를 연기할 수 있다.

제8조【물건의 인도】 ① 다음 각 호의 어느 하나에 해당하는 물건은 요청국에 인도할 수 있다. 다만, 그 물건에 대한 제3자의 권리는 침해하지 못한다.
1. 공조범죄에 제공하였거나 제공하려고 한 것
2. 공조범죄로 인하여 생겼거나 취득한 것
3. 공조범죄의 대가로 취득한 것

② 제1항에 따라 물건을 인도할 때에는 대한민국이 그 물건에 대한 권리를 포기한 경우가 아니면 그 반환에 대한 요청국의 보증이 있어야 한다.

제9조【요청국에서의 협조】 ① 요청국으로부터 공조범죄와 관계있는 사람 등에 대하여 수사 또는 재판 절차에 협조하도록 요청받은 경우에는, 그 요청된 당사자가 서면으로 동의하는 경우에만 요청국에서 협조하게 할 수 있다.

② 제1항의 경우 협조요청의 당사자에 대하여는 그 이전에 한 행위로 요청국에서 기소되거나 처벌받지 아니하고 자유를 제한당하지 아니한다는 요청국의 보증이 있어야 한다.

③ 교정시설(矯正施設)에서 형을 받고 있는 사람(이하 "수형자"라 한다)이 제1항에 따른 요청의 당사자인 경우 그 수형자에 대하여는 제2항에도 불구하고 대한민국의 요구대로 계속 구금되며 구금 상태로 대한민국으로 송환된다는 요청국의 보증이 있어야 한다. 이 경우 요청국에서 구금한 기간은 대한민국에서 집행할 구금 일수에 포함한다.

제10조【외국으로의 송환을 위한 구속】 ① 외국에서 구금되어 있던 사람이 공조에 따라 대한민국에 인도되는 경우에는, 공조 목적을 이행한 후 그 사람을 다시 외국으로 송환하기 위하여 공조요청한 곳을 관할하는 지방법원 판사가 발부한 영장에 의하여 구속할 수 있다.

② 제1항의 구속영장에는 다음 각 호의 사항을 기재하고 판사가 서명날인하여야 한다.
1. 외국으로 송환할 사람의 성명, 주거지, 국적
2. 공조범죄 사실
3. 공조요청의 목적 및 내용
4. 인치(引致) 구금할 장소
5. 영장 발부연월일, 그 유효기간 및 그 기간이 지나면 집행에 착수하지 못하며 영장을 반환하여야 한다는 취지

③ 제1항의 송환에 관하여는 그 성질에 반하지 아니하는 범위에서 「범죄인인도법」 제2장제3절 및 제4절을 준용한다.

제3장 외국의 요청에 따른 수사에 관한 공조
(2009.11.2 본장개정)

제11조【공조요청의 접수 및 공조 자료의 송부】 공조요청 접수 및 요청국에 대한 공조 자료의 송부는 외교부장관이 한다. 다만, 긴급한 조치가 필요한 경우나 특별한 사정이 있는 경우에는 법무부장관이 외교부장관의 동의를 받아 이를 할 수 있다.(2013.3.23 본조개정)

제12조【공조요청서】 ① 공조요청은 다음 각 호의 사항을 기재한 서면(이하 "공조요청서"라 한다)으로 한다.
1. 공조요청과 관련된 수사 또는 재판을 담당하는 기관
2. 공조요청 사건의 요지
3. 공조요청의 목적과 내용
4. 그 밖에 공조를 하기 위하여 필요한 사항

② 공조요청이 증인신문, 물건의 인도, 요청국에서의 증언 등의 협조에 관한 것일 때에는 그것이 수사 또는 재판에 반드시 필요하다는 요청국의 소명(疏明)이 있어야 한다.

제13조【공조의 방식】 요청국에 대한 공조는 대한민국의 법률에서 정하는 방식으로 한다. 다만, 요청국이 요청한 공조 방식이 대한민국의 법률에 저촉되지 아니하는 경우에는 그 방식으로 할 수 있다.

제14조【외교부장관의 조치】 외교부장관은 요청국으로부터 형사사건의 수사에 관한 공조요청을 받았을 때에는 공조요청서에 관계 자료 및 의견을 첨부하여 법무부장관에게 송부하여야 한다.(2013.3.23 본조개정)

제15조【법무부장관의 조치】 ① 공조요청서를 받은 법무부장관은 공조요청에 응하는 것이 타당하다고 인정하는 경우에는 제2항의 경우를 제외하고는 다음 각 호의 어느 하나의 조치를 하여야 한다.
1. 공조를 위하여 적절하다고 인정되는 지방검찰청 검사장(이하 "검사장"이라 한다) 또는 고위공직자범죄수사처장에게 관계 자료를 송부하고 공조에 필요한 조치를 하도록 명하거나 요구하는 것(2021.1.5 본호개정)
2. 제9조제3항의 경우에는 수형자가 수용되어 있는 교정시설의 장에게 수형자의 이송에 필요한 조치를 명하는 것

② 법무부장관은 공조요청이 법원이나 검사 또는 고위공직자범죄수사처장이 보관하는 소송서류의 제공에 관한 것일 경우에는 그 서류를 보관하고 있는 법원이나 검사 또는 고위공직자범죄수사처장에게 공조요청서를 송부하여야 한다.(2021.1.5 본항개정)

③ 법무부장관은 이 법 또는 공조조약에 따라 공조할 수 없거나 공조하지 아니하는 것이 타당하다고 인정하는 경우 또는 공조를 연기하려는 경우에는 외교부장관과 협의하여야 한다.(2013.3.23 본항개정)

제16조【검사장 등의 조치】 제15조제1항제1호에 따른 명령 또는 요구를 받은 검사장 또는 고위공직자범죄수사처장은 소속 검사에게 공조에 필요한 자료를 수집하거나 그 밖에 필요한 조치를 하도록 명하여야 한다.
(2021.1.5 본조개정)

제17조【검사 등의 처분】 ① 검사는 공조에 필요한 자료를 수집하기 위하여 관계인의 출석을 요구하여 진술을 들을 수 있고, 감정·통역 또는 번역을 촉탁할 수 있으며, 서류나 그 밖의 물건의 소유자·소지자(所持者) 또는 보관자에게 그 제출을 요구하거나, 행정기관이나 그 밖의 공사단체(公私團體)에 공조에 필요한 사실을 조회하거나 필요한 사항의 보고를 요구할 수 있다.

② 검사는 공조에 필요한 경우에는 판사에게 청구하여 발급받은 영장에 의하여 압수·수색 또는 검증을 할 수 있다.

③ 검사는 요청국에 인도하여야 할 증거물 등이 법원에 제출되어 있는 경우에는 법원의 인도허가 결정을 받아야 한다.

④ 검사는 사법경찰관리를 지휘하여 제1항의 수사를 하게 할 수 있고, 사법경찰관은 검사에게 신청하여 검사의 청구로 판사가 발부한 영장에 의하여 제2항에 따른 압수·수색 또는 검증을 할 수 있다.

제18조【증인신문의 청구】 검사는 공조요청이 증인신문에 관계되는 경우이거나 관계인이 제17조제1항에 따른 출석 또는 진술을 거부한 경우에는 판사에게 증인신문을 청구할 수 있다.

제19조【영장 등 청구 시 첨부서류】 검사가 공조를 위하여 영장, 인도허가 또는 증인신문을 청구할 때에는 제14조에 따른 공조요청서 등본을 첨부하여야 한다.

제20조【관할 법원】 ① 제17조제2항에 따른 영장 청구와 제18조에 따른 증인신문 청구는 그 검사가 소속한 지방검찰청 또는 고위공직자범죄수사처에 대응하는 지방법원의 판사에게 하여야 한다.(2021.1.5 본항개정)

② 제17조제3항에 따른 증거물 등의 인도허가 청구는 그 증거물 등이 제출되어 있는 법원에 하여야 한다.

제21조【공조 자료 등의 송부 등】 ① 제15조제1항제1호에 따른 명령 또는 요구를 받은 검사장 또는 고위공직자범죄수사처장은 공조에 필요한 조치를 마치면 지체 없이 수집한 공조 자료 등을 법무부장관에게 송부하여야 한다.
(2021.1.5 본항개정)

② 제15조제1항제2호에 따른 명령을 받은 교정시설의 장은 수형자를 이송하는 데 필요한 조치를 마치면 지체 없이 법무부장관에게 보고하여야 한다.

③ 제15조제2항에 따라 공조요청서를 받은 법원 또는 검사는 지체 없이 의견을 첨부하여 소송서류 또는 그 등본을 법무부장관에게 송부하여야 하고, 송부할 수 없는 경우에는 이유를 붙여 그 공조요청서를 법무부장관에게 반송하여야 한다.

제22조【법무부장관의 공조 자료 송부 등】 ① 법무부장관은 제21조에 따른 공조 자료 등을 받거나 보고받았을 때에는 공조에 필요한 자료를 외교부장관에게 송부하여야 한다.

② 법무부장관은 제1항에 따라 자료를 송부할 때에는 그 자료 등의 사용·반환 또는 기밀 유지 등에 관하여 요청국이 지켜야 할 준수사항을 정하여, 그 이행에 대한 보증을 요구하도록 외교부장관에게 요청할 수 있다.

③ 외교부장관은 법무부장관으로부터 제2항에 따른 요청을 받았을 때에는 적절한 조치를 한 후 그 결과를 법무부장관에게 통지하여야 한다.
(2013.3.23 본조개정)

제4장 외국의 요청에 따른 형사재판에 관한 공조
(2009.11.2 본장개정)

제23조【법무부장관의 조치】 ① 법무부장관은 법원에서 하여야 할 형사재판에 관한 공조요청서를 받았을 때에는 이를 법원행정처장에게 송부하여야 한다. 다만, 이 법 또는 공조조약에 따라 공조할 수 없거나 공조하지 아니하는 것이 타당하다고 인정하는 경우에는 그러하지 아니하다.

② 법무부장관은 제1항 단서에 따라 공조하지 아니하는 것이 타당하다고 인정하는 경우에는 법원행정처장과 협의하여야 한다.

제24조【법원행정처장의 조치】 법원행정처장은 법무부장관으로부터 제23조제1항에 따른 공조요청서를 받았을 때에는 이를 관할 지방법원장에게 송부하여야 한다.

제25조【관할 법원】 형사재판에 관한 공조는 서류 등의 송달에 관한 요청인 경우에는 송달할 장소를 관할하는 지방법원이 하고, 증거조사에 관한 요청인 경우에는 증인 등의 주거지나 증거물 또는 검증·감정 목적물의 소재지를 관할하는 지방법원이 한다.

제26조【이송】 공조요청서를 받은 법원은 요청 사항이 그 관할에 속하지 아니하는 경우에는 결정(決定)으로 공조요청서를 관할 법원에 이송하고, 그 사실을 법원행정처장에게 통지하여야 한다.

제27조【증명서 등의 송부】 ① 제24조에 따라 공조요청서를 받은 관할 지방법원장은 서류 등의 송달에 관한 요청인 경우에는 송달 결과에 관한 증명서를 법원행정처장에게 송부하고, 증거조사에 관한 요청인 경우에는 증인신문 조서나 그 밖에 증거조사 결과를 기재한 조서 또는 증거조사가 불가능하게 된 사유를 기재한 서면을 법원행정처장에게 송부하여야 한다.

② 법원행정처장은 관할 지방법원장으로부터 제1항에 따른 자료를 받았을 때에는 이를 법무부장관에게 송부하여야 한다.

제28조【준용규정】 외국의 요청에 따른 형사재판에 관한 공조에 관하여는 제11조부터 제14조까지, 제15조제3항 및 제22조를 준용한다.

제5장 외국에 대한 수사에 관한 공조요청
(2009.11.2 본장개정)

제29조【검사 등의 공조요청】 검사 또는 고위공직자범죄수사처장은 외국에 수사에 관한 공조요청을 하려면 법무부장관에게 공조요청서를 송부하여야 하고, 사법경찰관은 검사에게 신청하여 법무부장관에게 공조요청서를 송부하여야 한다.(2021.1.5 본조개정)

제30조【법무부장관의 조치】 제29조에 따른 공조요청서를 받은 법무부장관은 외국에 공조요청하는 것이 타당하다고 인정하는 경우에는 그 공조요청서를 외교부장관에게 송부하여야 한다. 다만, 긴급한 조치가 필요한 경우나 특별한 사정이 있는 경우에는 외교부장관의 동의를 받아 공조요청서를 직접 외국에 송부할 수 있다.
(2013.3.23 본조개정)

제31조【외교부장관의 조치】 외교부장관은 법무부장관으로부터 제30조에 따른 공조요청서를 받았을 때에는 이를 외국에 송부하여야 한다. 다만, 외교 관계상 공조요청하는 것이 타당하지 아니하다고 인정하는 경우에는 이에 관하여 법무부장관과 협의하여야 한다.(2013.3.23 본조개정)
제32조【번역문의 첨부】 외국에 공조요청을 하는 경우에는 그 외국의 공용어로 된 공조요청서와 그 밖의 관계 서류의 번역문을 첨부하여야 한다. 다만, 해당 외국의 공용어를 알 수 없는 경우에는 영어로 된 번역문을 첨부할 수 있다.

제6장 외국에 대한 형사재판에 관한 공조요청
(2009.11.2 본장개정)

제33조【법원의 공조요청】 ① 법원이 형사재판에 관하여 외국에 공조요청을 하는 경우에는 법원행정처장에게 공조요청서를 송부하여야 한다. 이 경우 법원은 그 사실을 검사에게 통지하여야 한다.
② 법원행정처장은 제1항에 따른 공조요청서를 받았을 때에는 법무부장관에게 이를 송부하여야 한다.
제34조【법원행정처장과의 협의】 제33조제2항에 따른 공조요청서를 받은 법무부장관은 외국에 공조요청을 하는 것이 타당하지 아니하다고 인정하는 경우에는 법원행정처장과 협의하여야 한다.
제35조【준용규정】 외국에 대한 형사재판에 관한 공조요청에 대하여는 제30조부터 제32조까지의 규정을 준용한다.

제7장 보 칙
(2009.11.2 본장개정)

제36조【비용】 ① 외국의 공조요청에 드는 비용은 요청국과 특별한 약정이 없으면 요청국이 부담한다. 다만, 대한민국의 영역에서 발생하는 비용은 대한민국이 부담할 수 있다.
② 이 법 또는 공조조약에 따라 요청국이 공조에 드는 비용을 부담하도록 되어 있는 경우에는 요청국으로부터 그 비용 지급에 대한 보증을 받아야 한다.
제37조【명령 등의 검찰총장 경유】 법무부장관이 이 법에 따라 검사장 또는 검사에게 하는 명령이나 서류송부, 검사장 또는 검사가 법무부장관에게 하는 보고나 서류송부는 검찰총장을 거쳐야 한다. 다만, 고위공직자범죄수사처장 또는 그 소속 검사의 경우에는 그러하지 아니하다.(2021.1.5 단서신설)
제38조【국제형사경찰기구와의 협력】 ① 행정안전부장관은 국제형사경찰기구로부터 외국의 형사사건 수사에 대하여 협력을 요청받거나 국제형사경찰기구에 협력을 요청하는 경우에는 다음 각 호의 조치를 취할 수 있다.(2017.7.26 본문개정)
1. 국제범죄의 정보 및 자료 교환
2. 국제범죄의 동일증명(同一證明) 및 전과 조회
3. 국제범죄에 관한 사실 확인 및 그 조사
② 제1항 각 호를 제외한 협력요청이 이 법에 따른 공조에 관한 것인 경우에는 이 법에 따른다.
제39조【「형사소송법」의 준용】 이 법에 따라 법원이나 판사가 하는 재판, 판사가 하는 영장 발급이나 증인신문, 검사나 사법경찰관이 하는 처분 등과 그 불복절차에 대하여는 이 법에 특별한 규정이 있는 경우를 제외하고는 그 성질에 반하지 아니하는 범위에서 「형사소송법」을 준용한다.
제40조【대법원규칙】 이 법에 따른 영장 발급, 증거물의 인도허가 결정, 증인신문 등의 절차에 관하여 필요한 사항은 대법원규칙으로 정한다.

부 칙 (2014.11.19)

제1조【시행일】 이 법은 공포한 날부터 시행한다.(이하 생략)

부 칙 (2017.7.26)

제1조【시행일】 ① 이 법은 공포한 날부터 시행한다.(이하 생략)

부 칙 (2021.1.5)

이 법은 공포한 날부터 시행한다.

국제형사사법공조규칙

(1991년 6월 14일 대법원규칙 제1166호)

제1조【목적】 이 규칙은 국제형사사법공조법(이하 "법"이라 한다) 제40조의 규정에 의하여 영장발부, 증거물의 인도허가결정, 증인신문등의 절차를 정함을 목적으로 한다.
제2조【증거물의 인도허가청구서의 기재사항】 ① 법원에 제출되어 있는 증거물등에 대한 법 제17조제3항의 규정에 의한 인도허가 청구서에는 다음 각호의 사항을 기재하고 청구한 검사가 서명 날인하여야 한다.
1. 피의자의 성명, 죄명
2. 피의사실의 요지
3. 인도할 증거물
4. 인도할 국가 및 그 기관
5. 인도할 사유
② 제1항제3호의 인도할 증거물을 기재함에 있어서는 그 증거물이 법원에 제출될 당시의 관련사건 및 제출자를 명시하여야 한다.
제3조【자료의 제출】 ① 검사가 법 제17조제3항의 규정에 의한 청구를 할 때에는 피의자에게 범죄의 혐의가 있고 법원에 제출되어 있는 증거물을 인도하여야 할 필요가 있음을 인정할 수 있는 자료를 제출하여야 한다.
② 제1항의 경우에 증거물의 인도에 관하여 이해관계있는 자가 있는 때에는 그의 동의서를 첨부하여야 한다.
제4조【인도허가에 관한 결정】 법원은 증거물이 제출된 사건의 재판에 지장이 없다고 인정한 때에 한하여 결정으로 증거물의 인도를 허가할 수 있다.
제5조【영장의 발부등】 법 제10조제1항 및 제17조제2항의 규정에 의한 영장의 발부, 법 제18조의 규정에 의한 증인신문등의 절차에 관하여는 그 성질에 반하지 아니하는 한 형사소송규칙의 규정을 준용한다.

부 칙

제1조【시행일】 이 규칙은 공포한 날부터 시행한다.
제2조【경과규정】 이 규칙은 이 규칙의 시행 전에 외국으로부터 공조를 요청받은 사건에도 적용한다.

사법경찰관리의 직무를 수행할 자와 그 직무범위에 관한 법률(약칭 : 사법경찰직무법)

(1956년 1월 12일 법 률 제380호)

개정
1961. 5. 5법 608호 <중략>
2015. 2. 3법13186호(선박의입항및출항등에관한법)
2015. 7.24법13426호(제주자치법)
2015. 8.11법13456호
2015.12.22법13601호(실내공기질관리법)
2016. 1. 6법13729호(광산안전법)
2016. 5.29법14183호(병역)
2016.12.20법14411호
2017. 1.17법14532호(물환경보전법)
2017. 7.26법14839호(정부조직)
2017.12.19법15253호
2018.10.16법15830호(국립공원공단법)
2018.12.18법15976호
2019. 4. 2법16305호(대기관리권역의대기환경개선에관한특별법)
2019. 4.30법16413호(파견근로자보호)
2019. 8.27법16557호(고용보험법)
2019. 8.27법16568호(양식산업발전법)
2019.12.10법16768호(소방공무원법)
2020. 1.29법16902호(항만법)
2020.12. 8법17570호
2020.12.15법17646호(국가정보원법)
2021. 3.16법17929호
2021. 6.15법18256호(농약관리법)
2021. 6.15법18285호(가사근로자의고용개선등에관한법)
2021. 8.17법18425호(국민평생직업능력개발법)
2021.11.30법18522호(소방시설설치및관리에관한법)
2021.11.30법18525호(농수산물의원산지표시등에관한법)
2022. 1. 4법18674호
2022. 4.26법18853호(동물보호법)
2023. 3. 4법19228호(정부조직)
2023. 5.16법19409호(국가유산기본법)
2023. 7.18법19548호
2023. 8. 8법19587호(매장유산보호및조사에관한법)
2023. 8. 8법19590호(문화유산)
2024. 1.16법20004호→2024년 1월 16일 및 2024년 7월 17일 시행
2024년 1월 25일 제412회 국회 본회의 통과(정부조직)→「法典 別冊」보유편 수록

제1조【목적】 이 법은 「형사소송법」 제245조의10제1항에 따라 사법경찰관리의 직무를 수행할 자와 그 직무범위를 정함을 목적으로 한다.(2021.3.16 본조개정)
제2조 (1981.12.31 삭제)
제3조【교도소장 등】 ① 교도소·소년교도소·구치소 또는 그 지소(支所)의 장은 해당 교도소·소년교도소·구치소 또는 그 지소 안에서 발생하는 범죄에 관하여 「형사소송법」 제197조제1항에 따른 사법경찰관(이하 "사법경찰관"이라 한다)의 직무를 수행한다.(2021.3.16 본항개정)
② 소년원 또는 그 분원(分院)의 장이나 소년분류심사원 또는 그 지원(支院)의 장은 각각 해당 소년원 또는 그 분원이나 소년분류심사원 또는 그 지원 안에서 발생하는 범죄에 관하여 사법경찰관의 직무를 수행한다.
③ 보호감호소·치료감호시설 또는 그 지소의 장은 해당 감호소·치료감호시설 또는 그 지소 안에서 발생하는 범죄에 관하여 사법경찰관의 직무를 수행한다.
④ 「형의 집행 및 수용자의 처우에 관한 법률」 제8조에 따른 교정시설 순회점검 업무에 종사하는 4급부터 7급까지의 국가공무원은 교정시설 안에서 발생하는 범죄에 관하여 사법경찰관의 직무를, 8급·9급의 국가공무원은 그 범죄에 관하여 「형사소송법」 제197조제2항에 따른 사법경찰리(이하 "사법경찰리"라 한다)의 직무를 수행한다.(2021.3.16 본항개정)
⑤ 출입국관리 업무에 종사하는 4급부터 7급까지의 국가공무원은 출입국관리에 관한 범죄와 다음 각 호에 해당하는 범죄에 관하여 사법경찰관의 직무를, 8급·9급의 국가공무원은 그 범죄에 관하여 사법경찰리의 직무를 수행한다.
1. 출입국관리에 관한 범죄와 경합범 관계에 있는 「형법」 제2편제20장 문서에 관한 죄 및 같은 편 제21장 인장에 관한 죄에 해당하는 범죄(2015.8.11 본호개정)
2. 출입국관리에 관한 범죄와 경합범 관계에 있는 「여권법」 위반범죄
3. 출입국관리에 관한 범죄와 경합범 관계에 있는 「밀항단속법」 위반범죄
⑥ 보호관찰소 또는 그 지소의 장은 「전자장치 부착 등에 관한 법률」 제38조 또는 제39조에 규정된 피부착자의 범죄에 관하여 사법경찰관의 직무를 수행한다.
(2020.12.8 본항신설)
(2008.6.13 본조개정)
제4조【산림 보호에 종사하는 공무원】 산림청과 그 소속 기관(산림항공관리소는 제외한다), 특별시·광역시·특별자치시·도·특별자치도(이하 "특별시·광역시·도"라 한다) 및 시·군·구(자치구를 말한다. 이하 같다)에서 산림 보호를 위한 단속 사무를 전담할 자로서 그 소속 기관의 장이 관할 지방검찰청검사장에게 보고한 임업주사 및 임업주사보는 사법경찰관의 직무를, 임업서기 및 임업서기보는 사법경찰리의 직무를 수행한다.
(2015.8.11 본조개정)
제5조【검사장의 지명에 의한 사법경찰관리】 다음 각 호에 규정된 자로서 그 소속 관서의 장의 제청에 의하여 그 근무지를 관할하는 지방검찰청검사장이 지명한 자 중

7급 이상의 국가공무원 또는 지방공무원 및 소방위 이상의 소방공무원은 사법경찰관의 직무를, 8급·9급의 국가공무원 또는 지방공무원 및 소방장 이하의 소방공무원은 사법경찰리의 직무를 수행한다.(2019.12.10 본문개정)
1. 교도소·소년교도소·구치소 또는 그 지소의 장이 아닌 4급부터 9급까지의 국가공무원
2. 지방교정청에 근무하는 4급부터 9급까지의 국가공무원
3. 소년원 또는 그 분원의 장이나 소년분류심사원 또는 그 지원의 장이 아닌 4급부터 9급까지의 국가공무원
4. 보호감호소·치료감호시설 또는 그 지소의 장이 아닌 4급부터 9급까지의 국가공무원
4의2. 보호관찰소 또는 그 지소의 장이 아닌 4급부터 9급까지의 국가공무원(2020.12.8 본호신설)
5. 산림청과 그 소속 기관(산림항공관리소는 제외한다)에 근무하며 산림 보호·경영 사무, 목재제품 규격·품질 단속 사무 및 미이용 산림바이오매스에 관한 단속 사무에 종사하는 4급부터 9급까지의 국가공무원
6. 특별시·광역시·도에 근무하며 산림 보호와 국유림 경영 사무, 목재제품 규격·품질 단속 사무 및 미이용 산림바이오매스에 관한 단속 사무에 종사하는 4급부터 9급까지의 국가공무원 또는 지방공무원
7. 시·군·구 또는 읍·면에 근무하며 산림 보호 사무, 목재제품 규격·품질 단속 사무 및 미이용 산림바이오매스에 관한 단속 사무에 종사하는 6급부터 9급까지의 국가공무원 및 4급부터 9급까지의 지방공무원
(2024.1.16 5호～7호개정)
8. 식품의약품안전처와 그 소속 기관, 특별시·광역시·도 및 시·군·구에 근무하며 식품 단속 사무에 종사하는 4급부터 9급까지의 국가공무원 및 지방공무원
(2017.12.19 본호개정)
9. 식품의약품안전처와 그 소속 기관, 특별시·광역시·도 및 시·군·구에 근무하며 의약품·화장품·의료기기·위생용품 단속 사무 및 「식품·의약품분야 시험·검사 등에 관한 법률」에 규정된 시험·검사에 관한 단속 사무에 종사하는 4급부터 9급까지의 국가공무원 및 지방공무원(2023.7.18 본호개정)
10. 등대에서 근무하며 등대 사무에 종사하는 6급부터 9급까지의 국가공무원
11. 국토교통부와 그 소속 기관에 근무하며 철도경찰 사무에 종사하는 4급부터 9급까지의 국가공무원
(2017.12.19 본호개정)
12. 소방준감 이하의 소방공무원(2019.12.10 본호개정)
13. 국립학교에 근무하며 그 학교의 실습림 및 관리림의 보호 사무에 종사하는 6급부터 9급까지의 국가공무원
14. 문화재청과 그 사무소·지구관리사무소와 출장소·현충사관리소·칠백의총(七百義塚)관리소·세종대왕유적관리소 또는 특별시·광역시·도 및 시·군·구에 근무하며 「국가유산기본법」 제3조에 따른 국가유산의 보호 사무에 종사하는 4급부터 9급까지의 국가공무원 및 지방공무원(2023.5.16 본호개정)
15. 「계량에 관한 법률」에 따른 계량검사공무원
16. 「자연공원법」 제34조에 따라 공원관리청에 근무하며 같은 법에 따른 공원관리 업무에 종사하는 4급부터 9급까지의 국가공무원 및 지방공무원
17. 「관세법」에 따라 관세범(關稅犯)의 조사 업무에 종사하는 세관공무원
18. 「수산업법」에 따른 어업감독 공무원
19. 「광산안전법」에 따른 광산안전관(2016.1.6 본호개정)
20. 국가보훈부와 그 소속 기관의 공무원(2023.3.4 본호개정)
21. 보건복지부와 그 소속 기관, 특별시·광역시·도 및 시·군·구에 근무하며 다음 각 목에 규정된 사무에 종사하는 4급부터 9급까지의 국가공무원 및 지방공무원
(2017.12.19 본문개정)
가. 「공중위생관리법」에 규정된 공중위생에 관한 단속 사무
나. 「의료법」에 규정된 의료에 관한 단속 사무
다. 「정신건강증진 및 정신질환자 복지서비스 지원에 관한 법률」에 규정된 정신건강증진시설 입·퇴원 또는 입·퇴소, 시설 내 인권침해 및 시설운영에 관한 단속 사무
라. 「사회복지사업법」에 규정된 사회복지법인, 사회복지시설 및 보조금에 관한 단속 사무
(2017.12.19 가목～라목신설)
21의2. 「검역법」에 따른 검역공무원 또는 「감염병의 예방 및 관리에 관한 법률」에 따른 방역관 또는 역학조사관
(2017.12.19 본호신설)
22. 환경부와 그 소속 기관, 특별시·광역시·도 및 시·군·구에 근무하며 환경 관계 단속 사무에 종사하는 4급부터 9급까지의 국가공무원 및 지방공무원
(2017.12.19 본호개정)
23. 과학기술정보통신부와 그 소속 기관 및 방송통신위원회에 근무하며 무선설비, 전기통신설비, 방송통신설비, 감청설비, 미등록 불법감청설비탐지업자, 「전파법」 제58조의2제1항에 따른 방송통신기자재등 및 영리목적의 광고성 정보에 관한 단속 사무에 종사하는 4급부터 9급까지의 국가공무원(2017.12.19 본호개정)
23의2. (2009.4.22 삭제)
24. 지방국토관리청·국토관리사무소, 특별시·광역시·도 및 그 산하 건설사업소 또는 도로관리사업소 및 시·군·구에 근무하며 차량운행제한 단속 사무 및 도로시설 관리 사무에 종사하는 4급부터 9급까지의 국가공무원 및 지방공무원(2017.12.19 본호개정)
25. 문화체육관광부, 특별시·광역시·도 및 시·군·구에 근무하며 관광지도(觀光指導) 업무에 종사하는 4급부터 9급까지의 국가공무원 및 지방공무원
26. 문화체육관광부, 특별시·광역시·도 및 시·군·구에 근무하며 저작권 침해에 관한 단속 사무에 종사하는 4급부터 9급까지의 국가공무원 및 지방공무원
27. 여성가족부, 특별시·광역시·도 및 시·군·구에 근무하며 청소년보호 업무에 종사하는 4급부터 9급까지의 국가공무원 및 지방공무원(2010.1.18 본호개정)
28. 농림축산식품부와 그 소속 기관, 해양수산부와 그 소속기관, 식품의약품안전처와 그 소속 기관, 특별시·광역시·도 및 시·군·구에 근무하며 다음 각 목에 규정된 사무에 종사하는 4급부터 9급까지의 국가공무원 및 지방공무원(2017.12.19 본문개정)
가. 「농수산물의 원산지 표시 등에 관한 법률」에 규정된 원산지 표시 등에 관한 단속 사무(2021.11.30 본목개정)
나. 「농수산물 품질관리법」에 규정된 농수산물에 관한 단속 사무
다. 「친환경농어업 육성 및 유기식품 등의 관리·지원에 관한 법률」에 규정된 친환경농산물에 관한 단속 사무(2012.6.1 본목개정)
라. 「축산물위생관리법」에 규정된 축산물에 관한 단속 사무
마. 「인삼산업법」에 규정된 인삼에 관한 단속 사무
바. 「양곡관리법」에 규정된 양곡에 관한 단속 사무
(2012.1.17 본호개정)
29. 산업통상자원부, 특별시·광역시·도 및 시·군·구에 근무하며 「대외무역법」에 규정된 원산지 표시에 관한 단속 사무에 종사하는 4급부터 9급까지의 국가공무원 및 지방공무원(2013.3.23 본호개정)
30. 산업통상자원부, 특별시·광역시·도에 근무하며 외화 획득용 원료·기재의 수입 및 사용목적 변경승인 업무에 종사하는 4급부터 9급까지의 국가공무원 및 지방공무원(2013.3.23 본호개정)
31. 농림축산식품부, 특별시·광역시·도 및 시·군·구에 근무하며 농약 및 비료 단속 사무에 종사하는 4급부터 9급까지의 국가공무원 및 지방공무원(2021.6.15 본호개정)
32. 국토교통부, 특별시·광역시·도 및 시·군·구에 근무하며 하천 감시 사무에 종사하는 4급부터 9급까지의 국가공무원 및 지방공무원(2013.3.23 본호개정)
33. 국토교통부, 특별시·광역시·도 및 시·군·구에 근무하며 개발제한구역 단속 사무에 종사하는 4급부터 9급까지의 국가공무원 및 지방공무원(2013.3.23 본호개정)
34. 농림축산식품부, 농림축산검역본부 및 그 지역본부, 특별시·광역시·도 및 시·군·구에 근무하며 「가축전염병 예방법」에 따라 가축방역관이나 동물검역관으로 임명되거나 「식물방역법」 제7조의2에 따라 식물검역관으로 임명된 4급부터 9급까지의 국가공무원 및 지방공무원(2017.12.19 본호개정)
35. 특별시·광역시·도 및 시·군·구에 근무하며 무등록자동차정비업, 자동차 소유권 이전등록 미신청, 자동차 무단방치 및 의무보험 미가입 자동차 운행에 관한 단속 사무에 종사하는 5급부터 9급까지의 지방공무원
(2015.8.11 본호개정)
36. (2017.12.19 삭제)
37. 해양수산부와 그 소속 기관, 광역시·도 및 시·군·구에 근무하며 해양환경 관련 단속 사무에 종사하는 4급부터 9급까지의 국가공무원 및 지방공무원
(2013.3.23 본호개정)
38. 특허청, 특별시·광역시·도 및 시·군·구에 근무하며 부정경쟁행위, 상표권 및 전용사용권 침해에 관한 단속 사무에 종사하는 4급부터 9급까지의 국가공무원 및 지방공무원(2010.5.4 본호신설)
38의2. 특허청에 근무하며 특허권·전용실시권 침해, 부정경쟁행위, 영업비밀 침해, 디자인·전용실시권 및 실용신안권·전용실시권 침해에 관한 단속 사무에 종사하는 4급부터 9급까지의 국가공무원(2024.1.16 본호개정)
39. 특별시·광역시·도 및 시·군·구에 근무하며 여객자동차 운수사업 및 화물자동차 운수사업의 단속 사무에 종사하는 4급부터 9급까지의 지방공무원
(2010.5.4 본호신설)
40. 「도시공원 및 녹지 등에 관한 법률」 제20조에 따른 공원관리청에 근무하며 같은 법에 따라 도시공원 관리 업무에 종사하는 4급부터 9급까지의 지방공무원
(2010.5.4 본호신설)
41. 병무청과 그 소속 기관에 근무하며 「병역법」 제86조, 제87조, 제87조의2 및 제88조제1항(같은 항 제4호에 해당하는 경우는 제외한다)에 관한 단속 사무에 종사하는 4급부터 9급까지의 국가공무원(2024.1.16 본호개정)
42. 농림축산식품부와 그 소속 기관, 산림청, 특별시·광역시·도 및 시·군·구에 근무하며 「종자산업법」 및 「식물신품종 보호법」에 규정된 품종보호권 침해행위의 조사 사무 및 종자의 유통 조사 등에 관한 사무에 종사하는 4급부터 9급까지의 국가공무원 및 지방공무원
(2013.3.23 본호개정)
42의2. 「동물보호법」 제88조제1항에 따른 동물보호관
(2022.4.26 본호개정)
43. 행정안전부와 그 소속 기관, 특별시·광역시·도 및 시·군·구에 근무하며 「재난 및 안전관리 기본법」 제30조에 따른 긴급안전점검 업무에 종사하는 4급부터 9급까지의 국가공무원 및 지방공무원(2017.7.26 본호개정)
44. 산업통상자원부, 특별시·광역시·도 및 시·군·구에 근무하며 석유 및 석유대체연료 관련 검사·단속 등에 관한 사무에 종사하는 4급부터 9급까지의 국가공무원 및 지방공무원
45. 특별시·광역시·도 및 시·군·구에 근무하며 대부업 및 대부중개업의 검사·단속 등에 관한 사무에 종사하는 4급부터 9급까지의 지방공무원
46. 특별시·광역시·도 및 시·군·구에 근무하며 방문판매, 전화권유판매, 다단계판매, 후원방문판매, 계속거래 및 사업권유거래 관련 조사·단속 등에 관한 사무에 종사하는 4급부터 9급까지의 지방공무원
47. 특별시·광역시·도 및 시·군·구에 근무하며 선불식 할부거래업의 조사·단속 등에 관한 사무에 종사하는 4급부터 9급까지의 지방공무원
48. 「수산생물질병 관리법」 제7조제1항에 따른 수산생물방역관 및 같은 법 제22조제1항에 따른 수산생물검역관
49. 금융위원회에 근무하며 자본시장 불공정거래 조사·단속 등에 관한 사무에 종사하는 4급부터 9급까지의 국가공무원
(2015.8.11 44호～49호신설)
50. 원자력안전위원회와 그 소속기관에 근무하며 원자력안전관리와 관련된 조사·단속 등에 관한 사무에 종사하는 4급부터 9급까지의 국가공무원(2016.12.20 본호신설)
51. 고용노동부와 그 소속 기관에 근무하며 「고용보험법」에 따른 실업급여, 육아휴직 급여, 출산전후휴가 급여등의 부정수급에 관한 사무에 종사하거나 「국민 평생 직업능력 개발법」에 따른 직업능력개발 훈련비용·훈련수당 등의 부정수급에 관한 사무에 종사하는 4급부터 9급까지의 국가공무원(2021.8.17 본호개정)
52. 국토교통부와 그 소속 기관, 특별시·광역시·도 및 시·군·구에 근무하며 「시설물의 안전 및 유지관리에 관한 특별법」 제13조에 따른 긴급안전점검 업무에 종사하는 4급부터 9급까지의 국가공무원 및 지방공무원
(2017.12.19 본호신설)
53. 국토교통부, 특별시·광역시·도 및 시·군·구에 근무하며 부동산 관련 불법행위 조사·단속 등에 관한 사무에 종사하는 4급부터 9급까지의 국가공무원 및 지방공무원(2017.12.19 본호신설)
(2008.6.13 본조개정)

제6조 【직무범위와 수사 관할】 제4조와 제5조에 따라 사법경찰관리의 직무를 수행할 자의 직무범위와 수사 관할은 다음 각 호에 규정된 범죄로 한정한다.
1. 제5조제1호에 규정된 자의 경우에는 해당 교도소·소년교도소·구치소 또는 그 지소 안에서 발생하는 범죄
2. 제5조제2호에 규정된 자의 경우에는 해당 지방교정청이 관할하는 교정시설 안에서 발생하는 범죄
3. 제5조제3호에 규정된 자의 경우에는 소년원 또는 그 분원이나 소년분류심사원 또는 그 지원 안에서 발생하는 범죄 또는 재원자(在院者)나 가위탁자(假委託者)가 도주한 경우에 있어서의 체포. 다만, 그 도주에 관한 수사는 도주 후 72시간 이내로 제한한다.(2010.5.4 단서개정)
4. 제5조제4호에 규정된 자의 경우에는 해당 감호소 또는 그 지소 안에서 발생하는 범죄
4의2. 제5조제4호의2에 규정된 자의 경우에는 소속 관서 관할 구역에서 발생하는 「전자장치 부착 등에 관한 법률」 제38조 또는 제39조에 규정된 피부착자의 범죄
(2020.12.8 본호신설)
5. 제4조와 제5조제5호부터 제7호까지 및 제13호에 규정된 사람의 경우에는 다음 각 목의 구분에 따른 범죄
가. 산림 보호·경영 사무에 종사하는 사람 : 소속 관서 소관 임야에서 발생하는 산림, 그 임산물과 수렵에 관한 범죄
나. 목재제품 규격·품질 단속 사무 및 미이용 산림바이오매스에 관한 단속 사무에 종사하는 사람 : 소속 관서 관할 구역에서 발생하는 「목재의 지속가능한 이용에 관한 법률」에 규정된 범죄(2024.1.16 본목개정)
(2015.8.11 본호개정)
6. 제5조제8호에 규정된 자의 경우에는 소속 행정관서 관할 구역에서 발생하는 「식품위생법」, 「수입식품안전관리 특별법」, 「건강기능식품에 관한 법률」 및 「식품 등의 표시·광고에 관한 법률」에 규정된 범죄와 「보건범죄 단속에 관한 특별조치법」 중 식품위생에 관한 범죄
(2023.7.18 본호개정)

7. 제5조제9호에 규정된 자의 경우에는 소속 행정관서 관할 구역에서 발생하는 「약사법」·「화장품법」·「의료기기법」·「식품·의약품분야 시험·검사 등에 관한 법률」·「위생용품 관리법」·「체외진단의료기기법」에 규정된 범죄와 「보건범죄 단속에 관한 특별조치법」 중 약사(藥事)에 관한 범죄(2023.7.18 본호개정)
8. 제5조제10호에 규정된 자의 경우에는 소속 등대에서 발생하는 범죄
9. 제5조제11호에 규정된 자의 경우에는 소속 관서 관할 구역인 철도시설 및 열차 안에서 발생하는 「철도안전법」에 규정된 범죄와 그 소속 관서 역 구내 및 열차 안에서의 범죄
10. 제5조제12호에 규정된 자의 경우에는 소속 관서 관할 구역에서 발생하는 「소방기본법」, 「소방시설 설치 및 관리에 관한 법률」, 「소방시설공사업법」, 「위험물안전관리법」, 「다중이용업소의 안전관리에 관한 특별법」, 「119구조·구급에 관한 법률」 및 「초고층 및 지하연계 복합건축물 재난관리에 관한 특별법」에 규정된 범죄(2021.11.30 본호개정)
11. 제5조제14호에 규정된 자의 경우에는 소속 관서 관할 구역에서 발생하는 「문화유산의 보존 및 활용에 관한 법률」, 「자연유산의 보존 및 활용에 관한 법률」, 「매장유산 보호 및 조사에 관한 법률」에 규정된 범죄 및 「문화유산의 보존 및 활용에 관한 법률」 또는 「자연유산의 보존 및 활용에 관한 법률」에 따라 지정된 국가지정문화유산 또는 천연기념물·명승의 구역이나 그 보호구역과 관리사무소가 설치되어 있는 시·도지정문화유산 또는 시·도자연유산의 구역 또는 그 보호구역 안에서 발생하는 「경범죄처벌법」에 규정된 범죄의 현행범(2023.8.8 본호개정)
12. 제5조제15호에 규정된 자의 경우에는 그 소속 관서 관할 구역에서 발생하는 「계량에 관한 법률」에 규정된 범죄
13. 제5조제16호에 규정된 자의 경우에는 그 관할 공원구역에서 발생하는 「자연공원법」에 규정된 범죄와 「경범죄처벌법」에 규정된 범죄의 현행범(2008.12.31 본호개정)
14. 제5조제17호에 규정된 자의 경우에는 다음 각 목의 범죄
  가. 소속 관서 관할 구역에서 발생하는 「관세법」, 「관세사법」, 「수출용 원재료에 대한 관세 등 환급에 관한 특례법」, 「자유무역협정의 이행을 위한 관세법의 특례에 관한 법률」, 「자유무역지역의 지정 및 운영에 관한 법률」, 「대한민국과 아메리카합중국 간의 상호방위조약 제4조에 의한 시설과 구역 및 대한민국에서의 합중국군대의 지위에 관한 협정의 실시에 따른 관세법 등의 임시특례에 관한 법률」, 「대외무역법」에 규정된 범죄, 「불공정무역행위 조사 및 산업피해구제에 관한 법률」 제4조제1항제2호를 위반한 범죄, 수출입 물품의 통관 및 환적과 관련된 지식재산권을 침해하는 범죄, 「외국환거래법」에 규정된 지급수단·증권의 수출입에 관한 범죄, 「외국환거래법」에 규정된 수출입거래에 관한 범죄, 수출입거래와 관련되거나 대체송금을 목적으로 「외국환거래법」 제16조제3호·제4호의 방법으로 지급 또는 수령하는 경우의 용역거래·자본거래에 관하여 「외국환거래법」에 규정된 범죄, 「외국환거래법」 제8조제3항을 위반한 범죄, 「외국환거래법」 제8조제3항제1호의 외국환업무를 한 자와 그 거래 당사자·관계인에 관하여 「외국환거래법」에 규정된 범죄(2017.12.19 본목개정)
  나. 소속 관서 관할 구역에서 발생하는 가목에 규정된 범죄에 대한 「특정경제범죄 가중처벌 등에 관한 법률」 제4조에 규정된 재산국외도피사범
  다. 소속 관서 관할 구역에서 발생하는 가목 및 나목에 규정된 범죄에 대한 「범죄수익은닉의 규제 및 처벌 등에 관한 법률」 위반사범
  라. 소속 관서 관할 구역 중 우리나라와 외국을 왕래하는 항공기 또는 선박이 입·출항하는 공항·항만과 보세구역에서 발생하는 마약·향정신성의약품 및 대마사범
  마. 소속 관서 관할 구역에서 발생하는 가목에 규정된 범죄와 경합범 관계에 있는 「형법」 제2편제20장 문서에 관한 죄 및 같은 편 제21장 인장에 관한 죄에 해당하는 범죄(2015.8.11 본목신설)
  바. 소속 관서 관할 구역에서 발생하는 수출입물품 및 그 가공품(「대외무역법」 제33조에 따른 원산지표시 대상물품)과 관련된 「농수산물의 원산지 표시 등에 관한 법률」에 규정된 범죄, 수입물품에 대한 「식품위생법」 제4조부터 제7조까지, 제8조부터 제10조까지 및 제12조의2, 「건강기능식품에 관한 법률」 제17조의2 및 제23조부터 제25조까지, 「수입식품안전관리 특별법」 제20조, 「약사법」 제42조, 제43조, 제56조부터 제58조까지, 제61조(「약사법」 제56조부터 제58조까지의 규정에 한정한다), 제62조부터 제65조까지, 제65조의2, 제65조의3 및 제66조, 「화장품법」 제7조, 제9조, 제10조, 제15조 및 제16조제1항제1호, 「의료기기법」 제20조부터 제23조까지 및 제26조를 위반한 범죄(2021.11.30 본목개정)
15. 제5조제18호에 규정된 자의 경우에는 소속 관서 관할 구역에서 발생하는 「수산업법」에 규정된 범죄, 「양식산업발전법」에 규정된 범죄, 「어업자원보호법」에 규정된 범죄, 「수산자원관리법」에 규정된 범죄, 「어선법」에 규정된 범죄 및 「내수면어업법」에 규정된 범죄(2019.8.27 본호개정)
16. 제5조제19호에 규정된 자의 경우에는 관할 구역에서 발생하는 「광산안전법」에 규정된 범죄(2016.1.6 본호개정)
17. 제5조제20호에 규정된 자의 경우에는 「국가유공자 등 예우 및 지원에 관한 법률」 제42조, 제63조 및 제64조에 따른 시설에서 발생하는 범죄(2011.9.15 본호개정)
18. 제5조제21호 각 목에 규정된 사람의 경우에는 소속 관서 관할 구역에서 발생하는 다음 각 목의 구분에 따른 범죄
  가. 제5조제21호가목에 규정된 사람의 경우에는 「공중위생관리법」에 규정된 범죄
  나. 제5조제21호나목에 규정된 사람의 경우에는 「의료법」에 규정된 범죄
  다. 제5조제21호다목에 규정된 사람의 경우에는 「정신건강증진 및 정신질환자 복지서비스 지원에 관한 법률」 제84조부터 제87조에 규정된 범죄와 이와 관련되는 같은 법 제88조에 규정된 범죄
  라. 제5조제21호라목에 규정된 사람의 경우에는 「사회복지사업법」 제53조 및 제54조에 규정된 범죄와 이와 관련되는 같은 법 제56조에 규정된 범죄
(2017.12.19 본호개정)
18의2. 제5조제21호의2에 규정된 사람의 경우에는 소속 관서 관할 구역에서 발생하는 「검역법」 제39조제1항제1호부터 제4호까지, 같은 조 제2항 및 이와 관련되는 같은 법 제40조에 규정된 범죄와 「감염병의 예방 및 관리에 관한 법률」 제77조, 제79조, 제79조의2, 제80조, 제81조 및 이와 관련되는 같은 법 제82조에 규정된 범죄(2017.12.19 본호신설)
19. 제5조제22호에 규정된 자의 경우에는 소속 관서 관할 구역에서 발생하는 다음 각 목의 법률에 규정된 범죄
  가. 「대기환경보전법」
  나. 「물환경보전법」(2017.1.17 본목개정)
  다. 「소음·진동관리법」(2009.6.9 본목개정)
  라. 「화학물질관리법」(2013.6.4 본목개정)
  마. 「폐기물관리법」
  바. 「가축분뇨의 관리 및 이용에 관한 법률」
  사. 「환경분쟁 조정법」(2012.2.1 본목개정)
  아. 「환경범죄 등의 단속 및 가중처벌에 관한 법률」(2011.4.28 본목개정)
  자. 「자연환경보전법」
  차. 「환경영향평가법」
  카. 「폐기물의 국가 간 이동 및 그 처리에 관한 법률」(2013.7.30 본목개정)
  타. 「하수도법」
  파. 「환경기술 및 환경산업 지원법」(2011.4.28 본목개정)
  하. 「먹는물관리법」
  거. 「토양환경보전법」
  너. 「폐기물처리시설 설치촉진 및 주변지역지원 등에 관한 법률」
  더. 「자원의 절약과 재활용촉진에 관한 법률」
  러. 「실내공기질 관리법」(2015.12.22 본목개정)
  머. 「수도법」(제83조제1호만 해당한다)
  버. 「지하수법」(제37조제3호만 해당한다)(2011.5.30 본목개정)
  서. 「보건범죄단속에 관한 특별조치법」(제4조만 해당한다)
  어. 「야생생물 보호 및 관리에 관한 법률」(2011.7.28 본목개정)
  저. 「악취방지법」
  처. 「한강수계 상수원수질개선 및 주민지원 등에 관한 법률」
  커. 「낙동강수계 물관리 및 주민지원 등에 관한 법률」
  터. 「금강수계 물관리 및 주민지원 등에 관한 법률」
  퍼. 「영산강·섬진강수계 물관리 및 주민지원 등에 관한 법률」
  허. 「건설폐기물의 재활용촉진에 관한 법률」
  고. 「습지보전법」
  노. 「독도 등 도서지역의 생태계보전에 관한 법률」
  도. 「대기관리권역의 대기환경개선에 관한 특별법」(2019.4.2 본목개정)
  로. 「환경보건법」(2015.8.11 본목신설)
  모. 「석면안전관리법」
  보. 「화학물질의 등록 및 평가 등에 관한 법률」
  소. 「생물다양성 보전 및 이용에 관한 법률」
  오. 「환경분야 시험·검사 등에 관한 법률」
  조. 「잔류성유기오염물질 관리법」
  초. 「환경오염피해 배상책임 및 구제에 관한 법률」
  코. 「환경오염시설의 통합관리에 관한 법률」
(2017.12.19 모목～코목신설)
20. 제5조제23호에 규정된 자의 경우에는 소속 관서 관할 구역에서 발생하는 다음 각 목의 법률에 규정된 범죄
  가. 「전파법」 중 무선설비나 같은 법 제58조의2제1항에 따른 방송통신기자재등에 관한 범죄(2017.12.19 본목개정)
  나. 「전기통신사업법」 중 전기통신설비에 관한 범죄 및 「방송통신발전 기본법」 중 방송통신설비에 관한 범죄(2017.12.19 본목개정)
  다. 「통신비밀보호법」 제10조제1항·제4항 및 제10조의3을 위반한 범죄(2017.12.19 본목개정)
  라. 「정보통신망 이용촉진 및 정보보호 등에 관한 법률」 중 영리목적의 광고성 정보에 관한 범죄
20의2. (2009.4.22 삭제)
21. 제5조제24호에 규정된 자의 경우에는 소속 관서 관할 구역에서 발생하는 「도로법」 제40조, 제46조, 제49조, 제52조, 제61조 및 제75조부터 제78조까지의 규정을 위반한 범죄(2017.12.19 본호개정)
22. 제5조제25호에 규정된 자의 경우에는 소속 관서 관할 구역에서 발생하는 「관광진흥법」에 규정된 범죄
23. 제5조제26호에 규정된 자의 경우에는 소속 관서 관할 구역에서 발생하는 「저작권법」 중 저작권 침해에 관한 범죄
24. 제5조제27호에 규정된 자의 경우에는 소속 관서 관할 구역에서 발생하는 「청소년 보호법」에 규정된 범죄(2011.9.15 본호개정)
25. 제5조제28호에 규정된 자의 경우에는 소속 관서 관할 구역에서 발생하는 다음 각 목에 규정된 범죄(2012.1.17 본문개정)
  가. 「농수산물의 원산지 표시 등에 관한 법률」에 규정된 범죄(2021.11.30 본목개정)
  나. 「농수산물 품질관리법」에 규정된 범죄(2012.1.17 본목신설)
  다. 「친환경농어업 육성 및 유기식품 등의 관리·지원에 관한 법률」에 규정된 범죄(2012.6.1 본목개정)
  라. 「축산물위생관리법」에 규정된 범죄
  마. 「인삼산업법」에 규정된 범죄
  바. 「양곡관리법」에 규정된 범죄
(2012.1.17 라목～바목신설)
26. 제5조제29호에 규정된 자의 경우에는 소속 관서 관할 구역에서 발생하는 「대외무역법」 중 원산지 표시에 관한 범죄
27. 제5조제30호에 규정된 자의 경우에는 소속 관서 관할 구역에서 발생하는 「대외무역법」 제54조제2호부터 제4호까지 및 이와 관련되는 같은 법 제57조에 규정된 범죄(2010.5.4 본호개정)
28. 제5조제31호에 규정된 자의 경우에는 소속 관서 관할 구역에서 발생하는 「농약관리법」 및 「비료관리법」에 규정된 범죄
29. 제5조제32호에 규정된 자의 경우에는 소속 관서 관할 구역에서 발생하는 「하천법」에 규정된 범죄
30. 제5조제33호에 규정된 자의 경우에는 소속 관서 관할 구역에서 발생하는 「개발제한구역의 지정 및 관리에 관한 특별조치법」에 규정된 범죄
31. 제5조제34호에 규정된 가축방역관 또는 동물검역관의 경우에는 소속 관서 관할 구역에서 발생하는 「가축전염병 예방법」에 규정된 범죄, 식물검역관의 경우에는 소속 관서 관할 구역에서 발생하는 「식물방역법」에 규정된 범죄(2017.12.19 본호개정)
32. 제5조제35호에 규정된 자의 경우에는 소속 관서 관할 구역에서 발생하는 「자동차관리법」에 규정된 무등록 자동차정비업, 자동차 소유권 이전등록 미신청 및 자동차 무단방치에 관한 범죄와 「자동차손해배상 보장법」에 규정된 의무보험 미가입 자동차 운행에 관한 범죄(2015.8.11 본호개정)
33. (2017.12.19 삭제)
34. 제5조제37호에 규정된 자의 경우에는 소속 관서 관할 구역에서 발생하는 다음 각 목의 법률에 규정된 범죄
  가. 「해양환경관리법」
  나. 「해양생태계의 보전 및 관리에 관한 법률」
  다. 「공유수면 관리 및 매립에 관한 법률」(2015.8.11 본목개정)
  라. 「습지보전법」
  마. 「무인도서의 보전 및 관리에 관한 법률」
  바. 「해양심층수의 개발 및 관리에 관한 법률」
  사. 「선박의 입항 및 출항 등에 관한 법률」(제38조만 해당한다)(2015.2.3 본목개정)
  아. 「어촌·어항법」(제45조만 해당한다)
  자. 「항만법」(제28조만 해당한다)(2020.1.29 본목개정)
35. 제5조제38호에 규정된 자의 경우에는 소속 관서 관할 구역에서 발생하는 「부정경쟁방지 및 영업비밀보호에 관한 법률」에 규정된 같은 법 제2조제1호가목, 나목 및 다목의 부정경쟁행위에 관한 범죄와 「상표법」에 규정된 상표권 또는 전용사용권 침해에 관한 범죄(2024.1.16 본호개정)
35의2. 제5조제38호의2에 규정된 자의 경우에는 다음 각 목의 범죄
  가. 「특허법」에 규정된 특허권 또는 전용실시권 침해에 관한 범죄

나.「부정경쟁방지 및 영업비밀보호에 관한 법률」 제2조제1호자목에 규정된 상품형태 모방 및 제2조제1호카목4)에 규정된 데이터 보호를 위한 기술적 보호조치를 무력화하기 위한 행위 등 부정경쟁행위에 관한 범죄
다.「부정경쟁방지 및 영업비밀보호에 관한 법률」 제18조제1항·제2항, 제18조의2 및 제18조의3에 규정된 영업비밀 침해에 관한 범죄와 이와 관련되는 같은 법 제19조에 규정된 범죄
라.「디자인보호법」에 규정된 디자인권 또는 전용실시권 침해에 관한 범죄
마.「실용신안법」에 규정된 실용실안권 또는 전용실시권 침해에 관한 범죄
(2024.1.16 본호개정)
36. 제5조제39호에 규정된 자의 경우에는 소속 관서 관할 구역에서 발생하는「여객자동차 운수사업법」 제90조, 제92조제2호부터 제6호까지·제8호부터 제11호까지 및 이와 관련되는 같은 법 제93조에 규정된 범죄와「화물자동차 운수사업법」에 규정된 범죄(2010.5.4 본호신설)
37. 제5조제40호에 규정된 자의 경우에는 그 관할 공원구역에서 발생하는「도시공원 및 녹지 등에 관한 법률」 제54조에 규정된 범죄의 현행범(2010.5.4 본호신설)
38. 제5조제41호에 규정된 사람의 경우에는 소속 관서 관할 구역에서 발생하는「병역법」 제86조, 제87조, 제87조의2 및 제88조제1항(같은 항 제4호에 해당하는 경우는 제외한다)에 규정된 범죄(2024.1.16 본호개정)
39. 제5조제42호에 규정된 사람의 경우에는 소속 관서 관할 구역에서 발생하는「종자산업법」 제54조와 이와 관련되는 같은 법 제55조에 규정된 범죄,「식물신품종 보호법」 제131조 및 제133조와 이와 관련되는 같은 법 제135조에 규정된 범죄(2012.6.1 본호개정)
39의2. 제5조제42호의2에 규정된 사람의 경우에는 소속 관서 관할 구역에서 발생하는「동물보호법」에 규정된 범죄(2017.12.19 본호신설)
40. 제5조제43호에 규정된 자의 경우에는 관할 구역에서 발생하는「재난 및 안전관리 기본법」에 규정된 범죄(2014.12.30 본호신설)
41. 제5조제44호에 규정된 사람의 경우에는 소속 관서 관할 구역에서 발생하는「석유 및 석유대체연료 사업법」에 규정된 범죄
42. 제5조제45호에 규정된 사람의 경우에는 소속 관서 관할 구역에서 발생하는「대부업 등의 등록 및 금융이용자 보호에 관한 법률」에 규정된 범죄
43. 제5조제46호에 규정된 사람의 경우에는 소속 관서 관할 구역에서 발생하는「방문판매 등에 관한 법률」에 규정된 범죄
44. 제5조제47호에 규정된 사람의 경우에는 소속 관서 관할 구역에서 발생하는「할부거래에 관한 법률」에 규정된 범죄
45. 제5조제48호에 규정된 사람의 경우에는 소속 관서 관할 구역에서 발생하는「수산생물질병 관리법」에 규정된 범죄
46. 제5조제49호에 규정된 사람의 경우에는「자본시장과 금융투자업에 관한 법률」에 규정된 범죄
(2015.8.11 41호~46호신설)
47. 제5조제50호에 규정된 사람의 경우에는 소속 관서 관할 구역에서 발생하는 다음 각 목의 범죄
가.「원자력안전법」 제116조부터 제118조까지 및 이와 관련되는 같은 법 제120조에 규정된 범죄
나.「원자력시설 등의 방호 및 방사능 방재 대책법」 제49조, 제50조 및 이와 관련되는 같은 법 제51조에 규정된 범죄
다.「생활주변방사선 안전관리법」 제29조 및 이와 관련되는 같은 법 제30조에 규정된 범죄
(2016.12.20 본호신설)
48. 제5조제51호에 규정된 사람의 경우에는 소속 관서 관할 구역에서 발생하는「고용보험법」 제116조제1항 및 제2항제2호에 규정된 범죄 및 이와 관련되는 제117조에 규정된 범죄,「국민 평생 직업능력 개발법」 제62조의3에 규정된 범죄(2021.8.17 본호개정)
49. 제5조제52호에 규정된 사람의 경우에는 관할 구역에서 발생하는「시설물의 안전 및 유지관리에 관한 특별법」에 규정된 긴급안전점검과 관련된 범죄
50. 제5조제53호에 규정된 사람의 경우에는 소속 관서 관할 구역에서 발생하는 다음 각 목의 구분에 따른 범죄
가.「공인중개사법」에 규정된 범죄
나.「부동산 거래신고 등에 관한 법률」에 규정된 범죄
다.「주택법」 제64조제1항 및 제65조제1항을 위반한 범죄
(2017.12.19 49호~50호신설)
(2008.6.13 본조개정)

제6조의2【근로감독관 등】 ①「근로기준법」에 따른 근로감독관은 그의 관할 구역에서 발생하는 다음 각 호의 법률에 규정된 범죄에 관하여 사법경찰관의 직무를 수행한다.
1.「근로기준법」
2.「최저임금법」
3.「남녀고용평등법」
4.「임금채권보장법」
5.「산업안전보건법」
6.「진폐의 예방과 진폐근로자의 보호 등에 관한 법률」
7.「노동조합 및 노동관계조정법」
8.「교원의 노동조합 설립 및 운영 등에 관한 법률」
9.「근로자참여 및 협력증진에 관한 법률」
10.「근로복지기본법」(2010.6.8 본호개정)
11.「건설근로자의 고용개선 등에 관한 법률」
12.「파견근로자 보호 등에 관한 법률」(2019.4.30 본호개정)
13.「근로자퇴직급여 보장법」
14.「공무원의 노동조합 설립 및 운영 등에 관한 법률」
15.「기간제 및 단시간근로자 보호 등에 관한 법률」
16.「고용상 연령차별금지 및 고령자고용촉진에 관한 법률」(2010.5.4 본호신설)
17.「가사근로자의 고용개선 등에 관한 법률」
(2021.6.15 본호신설)
18.「중대재해 처벌 등에 관한 법률」(제6조 및 제7조만 해당한다)(2022.1.4 본호신설)
19.「산업재해보상보험법」(제127조제3항제3호만 해당한다)(2022.1.4 본호신설)
② 지방고용노동청, 지방고용노동청 지청 및 그 출장소에 근무하며 근로감독, 노사협력, 산업안전, 근로여성 보호 등의 업무에 종사하는 8급·9급의 국가공무원 중 그 소속 관서의 장의 추천에 의하여 그 근무지를 관할하는 지방검찰청검사장이 지명한 자는 제1항의 범죄에 관하여 사법경찰리의 직무를 수행한다.(2010.6.4 본항개정)
③「선원법」에 따른 선원근로감독관은 그의 관할 구역에서 발생하는 선박소유자와 선원의「선원법」 또는「근로기준법」에서 규정한 범죄에 관하여 사법경찰관의 직무를 수행한다.
(2008.6.13 본조개정)

제7조【선장과 해원 등】 ① 해선(海船)〔연해항로(沿海航路) 이상의 항로를 항행구역으로 하는 총톤수 20톤 이상 또는 적석수(積石數) 2백 석 이상의 것〕 안에서 발생하는 범죄에 관하여는 선장은 사법경찰관의 직무를, 사무장 또는 갑판부, 기관부, 사무부의 해원(海員) 중 선장의 지명을 받은 자는 사법경찰리의 직무를 수행한다.
② 항공기 안에서 발생하는 범죄에 관하여는 기장과 승무원이 제1항에 준하여 사법경찰관 및 사법경찰리의 직무를 수행한다.
(2008.6.13 본조개정)

제7조의2【국립공원공단 임직원】 국립공원공단 또는 그 분사무소에 근무하는 임직원으로서 국립공원공단이사장의 추천에 의하여 그 근무지를 관할하는 지방검찰청검사장이 지명한 자 중 임원 및 분사무소의 장은 관할 공원구역에서 발생하는「경범죄 처벌법」 제6조제1항에 따른 범칙행위 중 같은 법 제3조제1항제11호, 제12호, 제15호, 제17호, 제19호부터 제21호까지, 제23호부터 제25호까지, 제27호부터 제29호까지, 제32호, 제36호 및 제37호에 해당하는 위반행위에 해당하는 범죄의 현행범에 관하여 사법경찰관의 직무를, 그 외의 직원은 그 범죄에 관하여 사법경찰리의 직무를 수행한다.(2018.10.16 본조개정)

제7조의3【금융감독원 직원】 ① 금융감독원 또는 그 지원이나 출장소에 근무하는 직원으로서 금융위원회 위원장의 추천에 의하여 그 근무지를 관할하는 지방검찰청검사장이 지명한 사람 중 다음 각 호의 직원은 관할 구역에서 발생하는「자본시장과 금융투자업에 관한 법률」에 규정된 범죄에 관하여 사법경찰관의 직무를 수행하고, 그 밖의 직원은 그 범죄에 관하여 사법경찰리의 직무를 수행한다.
1. 4급 이상의 직원
2. 금융위원회 위원장이 사법경찰관의 직무를 수행하는 것이 적절하다고 인정하여 사법경찰관으로 추천한 5급 직원
② 금융위원회 위원장은 제1항에 따른 추천을 할 때에는 금융감독원 원장의 의견을 들어야 한다.
(2015.8.11 본조신설)

제8조 (2020.12.15 삭제)

제9조【군사법경찰관리】 ①「군사법원법」 제43조제1호 및 제46조제1호에 따른 군사법경찰관리로서 지방검찰청검사장의 지명을 받은 자는「군용물 등 범죄에 관한 특별조치법」에 규정된 범죄에 관하여 사법경찰관리의 직무를 수행한다.
②「군사법원법」 제43조제2호와 제46조제2호에 규정된 군사법경찰관리로서 지방검찰청검사장의 지명을 받은 자는「군사기밀보호법」에 규정된 범죄에 관하여 사법경찰관리의 직무를 수행한다.
(2008.6.13 본조개정)

제10조【자치경찰공무원】「제주특별자치도 설치 및 국제자유도시 조성을 위한 특별법」에 따른 자치경찰공무원 중 자치경무관·자치총경·자치경정·자치경감·자치경위는 제주특별자치도의 관할 구역에서 발생하는 범죄 가운데 이 법 제6조제5호(제5조제6호 및 제7호에 해당하는 자의 소관만 해당한다)·제6호·제7호·제11호·제13호·제15호·제18호·제19호·제21호·제22호·제24호·제25호·제26호·제28호·제29호·제31호·제32호 및 제41호부터 제46호까지의 범죄와「제주특별자치도 설치 및 국제자유도시 조성을 위한 특별법」 제471조·제473조 및 이와 관련되는 같은 법 제477조·제478조에 규정된 범죄에 관하여 사법경찰관의 직무를, 자치경사·자치경장·자치순경은 그 범죄에 관하여 사법경찰리의 직무를 수행한다.(2015.8.11 본조개정)

제11조【범죄경력조회 및 수사경력조회】 지방검찰청 검사장은 이 법에 따른 사법경찰관리 및 군사법경찰관리의 지명, 적격 여부 확인 등을 위하여「형의 실효 등에 관한 법률」 제6조에 따른 범죄경력조회 및 수사경력조회를 할 수 있다.(2015.8.11 본조신설)

제12조【사법경찰 직무 전담 부서 설치】 이 법에 따른 사법경찰관리의 소속 관서의 장은 사법경찰 직무의 효율적인 수행을 위하여 그 직무를 전담하는 부서를 설치할 수 있다.(2015.8.11 본조신설)

부 칙 (2012.1.17)

제1조【시행일】 이 법은 공포 후 3개월이 경과한 날부터 시행한다.

제2조【「농수산물 품질관리법」의 시행에 따른 경과조치】 제5조제28호나목 및 제6조제25호나목의 개정규정 중 "「농수산물 품질관리법」"은 2012년 7월 21일까지는 "「농산물품질관리법」 및「수산물품질관리법」"으로 본다.

부 칙 (2017.12.19)

이 법은 공포한 날부터 시행한다. 다만, 다음 각 호의 사항은 그 구분에 따른 날부터 시행한다.
1. 제5조제52호 및 제6조제49호의 개정규정 : 2018년 1월 18일
2. 제6조제14호바목의 개정규정 중「약사법」 제65조의2 및 제65조의3 : 2018년 10월 25일

부 칙 (2018.10.16)

제1조【시행일】 이 법은 공포 후 3개월이 경과한 날부터 시행한다.(이하 생략)

부 칙 (2018.12.18)

이 법은 공포 후 3개월이 경과한 날부터 시행한다.

부 칙 (2019.4.2)

제1조【시행일】 이 법은 공포 후 1년이 경과한 날부터 시행한다.(이하 생략)

부 칙 (2019.4.30)

제1조【시행일】 이 법은 공포한 날부터 시행한다.(이하 생략)

부 칙 (2019.8.27 법16557호)
(2019.8.27 법16568호)

제1조【시행일】 이 법은 공포 후 1년이 경과한 날부터 시행한다.(이하 생략)

부 칙 (2019.12.10)

제1조【시행일】 이 법은 2020년 4월 1일부터 시행한다.(이하 생략)

부 칙 (2020.1.29)

제1조【시행일】 이 법은 공포 후 6개월이 경과한 날부터 시행한다.(이하 생략)

부 칙 (2020.12.8)

이 법은 공포 후 6개월이 경과한 날부터 시행한다.

부 칙 (2020.12.15)

제1조【시행일】 이 법은 2024년 1월 1일부터 시행한다.(이하 생략)

부 칙 (2021.3.16)

이 법은 공포한 날부터 시행한다.

부 칙 (2021.6.15 법18256호)

제1조【시행일】이 법은 2023년 1월 1일부터 시행한다. (이하 생략)

부 칙 (2021.6.15 법18285호)

제1조【시행일】이 법은 공포 후 1년이 경과한 날부터 시행한다.(이하 생략)

부 칙 (2021.8.17)

제1조【시행일】이 법은 공포 후 6개월이 경과한 날부터 시행한다.(이하 생략)

부 칙 (2021.11.30 법18522호)

제1조【시행일】이 법은 공포 후 1년이 경과한 날부터 시행한다.(이하 생략)

부 칙 (2021.11.30 법18525호)

제1조【시행일】이 법은 2022년 1월 1일부터 시행한다. (이하 생략)

부 칙 (2022.1.4)

이 법은 2022년 1월 27일부터 시행한다.

부 칙 (2022.4.26)

제1조【시행일】이 법은 공포 후 1년이 경과한 날부터 시행한다.(이하 생략)

부 칙 (2023.3.4)

제1조【시행일】이 법은 공포 후 3개월이 경과한 날부터 시행한다.(이하 생략)

부 칙 (2023.5.16)

제1조【시행일】이 법은 공포 후 1년이 경과한 날부터 시행한다.(이하 생략)

부 칙 (2023.7.18)

이 법은 공포한 날부터 시행한다.

부 칙 (2023.8.8 법19587호)
(2023.8.8 법19590호)

제1조【시행일】이 법은 2024년 5월 17일부터 시행한다.(이하 생략)

부 칙 (2024.1.16)

이 법은 공포 후 6개월이 경과한 날부터 시행한다. 다만, 제5조제38호의2 및 제6조제35호·제35호의2 개정규정은 공포한 날부터 시행한다.

검사와 사법경찰관의 상호협력과 일반적 수사준칙에 관한 규정

(2020년 10월 7일)
(대통령령 제31089호)

개정
2023.10.17영33808호

제1장 총 칙

제1조【목적】이 영은 「형사소송법」 제195조에 따라 검사와 사법경찰관의 상호협력과 일반적 수사준칙에 관한 사항을 규정함으로써 수사과정에서 국민의 인권을 보호하고, 수사절차의 투명성과 수사의 효율성을 보장함을 목적으로 한다.

제2조【적용 범위】검사와 사법경찰관의 협력관계, 일반적인 수사의 절차와 방법에 관하여 다른 법령에 특별한 규정이 있는 경우를 제외하고는 이 영이 정하는 바에 따른다.

제3조【수사의 기본원칙】① 검사와 사법경찰관은 모든 수사과정에서 헌법과 법률에 따라 보장되는 피의자와 그 밖의 피해자·참고인 등(이하 "사건관계인"이라 한다)의 권리를 보호하고, 적법한 절차에 따라야 한다.
② 검사와 사법경찰관은 예단(豫斷)이나 편견 없이 신속하게 수사해야 하고, 주어진 권한을 자의적으로 행사하거나 남용해서는 안 된다.
③ 검사와 사법경찰관은 수사를 할 때 다음 각 호의 사항에 유의하여 실체적 진실을 발견해야 한다.
1. 물적 증거를 기본으로 하여 객관적이고 신빙성 있는 증거를 발견하고 수집하기 위해 노력할 것
2. 과학수사 기법과 관련 지식·기술 및 자료를 충분히 활용하여 합리적으로 수사할 것
3. 수사과정에서 선입견을 갖지 말고, 근거 없는 추측을 배제하며, 사건관계인의 진술을 과신하지 않도록 주의할 것
④ 검사와 사법경찰관은 다른 사건의 수사를 통해 확보된 증거 또는 자료를 내세워 관련이 없는 사건에 대한 자백이나 진술을 강요해서는 안 된다.

제4조【불이익 금지】검사와 사법경찰관은 피의자나 사건관계인이 인권침해 신고나 그 밖에 인권 구제를 위한 신고, 진정, 고소, 고발 등의 행위를 하였다는 이유로 부당한 대우를 하거나 불이익을 주어서는 안 된다.

제5조【형사사건의 공개금지 등】① 검사와 사법경찰관은 공소제기 전의 형사사건에 관한 내용을 공개해서는 안 된다.
② 검사와 사법경찰관은 수사의 전(全) 과정에서 피의자와 사건관계인의 사생활의 비밀을 보호하고 그들의 명예나 신용이 훼손되지 않도록 노력해야 한다.
③ 제1항에도 불구하고 법무부장관, 경찰청장 또는 해양경찰청장은 무죄추정의 원칙과 국민의 알권리 등을 종합적으로 고려하여 형사사건 공개에 관한 준칙을 정할 수 있다.

제2장 협 력

제6조【상호협력의 원칙】① 검사와 사법경찰관은 상호 존중해야 하며, 수사, 공소제기 및 공소유지와 관련하여 협력해야 한다.
② 검사와 사법경찰관은 수사와 공소제기 및 공소유지를 위해 필요한 경우 수사·기소·재판 관련 자료를 서로 요청할 수 있다.
③ 검사와 사법경찰관의 협의는 신속히 이루어져야 하며, 협의의 지연 등으로 수사 또는 관련 절차가 지연되어서는 안 된다.

제7조【중요사건 협력절차】① 검사와 사법경찰관은 다음 각 호의 어느 하나에 해당하는 사건(이하 "중요사건"이라 한다)의 경우에는 송치 전에 수사할 사항, 증거 수집의 대상, 법령의 적용, 범죄수익 환수를 위한 조치 등에 관하여 상호 의견을 제시·교환할 것을 요청할 수 있다. 이 경우 검사와 사법경찰관은 특별한 사정이 없으면 상대방의 요청에 응해야 한다.
1. 공소시효가 임박한 사건
2. 내란, 외환, 대공(對共), 선거(정당 및 정치자금 관련 범죄를 포함한다), 노동, 집단행동, 테러, 대형참사 또는 연쇄살인 관련 사건
3. 범죄를 목적으로 하는 단체 또는 집단의 조직·구성·가입·활동 등과 관련된 사건
4. 주한 미합중국 군대의 구성원·외국인군무원 및 그 가족이나 초청계약자의 범죄 관련 사건
5. 그 밖에 많은 피해자가 발생하거나 국가적·사회적 피해가 큰 중요한 사건
② 제1항에도 불구하고 검사와 사법경찰관은 다음 각 호의 어느 하나에 따른 공소시효가 적용되는 사건에 대해서는 공소시효 만료일 3개월 전까지 제1항 각 호 외의 부분 전단에 규정된 사항 등에 관하여 상호 의견을 제시·교환해야 한다. 다만, 공소시효 만료일 전 3개월 이내에 수사를 개시한 때에는 지체 없이 상호 의견을 제시·교환해야 한다.
1. 「공직선거법」 제268조
2. 「공공단체등 위탁선거에 관한 법률」 제71조
3. 「농업협동조합법」 제172조제4항
4. 「수산업협동조합법」 제178조제5항
5. 「산림조합법」 제132조제4항
6. 「소비자생활협동조합법」 제86조제4항
7. 「염업조합법」 제59조제4항
8. 「엽연초생산협동조합법」 제42조제5항
9. 「중소기업협동조합법」 제137조제3항
10. 「새마을금고법」 제85조제6항
11. 「교육공무원법」 제62조제5항
(2023.10.17 본조개정)

제8조【검사와 사법경찰관의 협의】① 검사와 사법경찰관은 수사와 사건의 송치, 송부 등에 관한 이견의 조정이나 협력 등이 필요한 경우 서로 협의를 요청할 수 있다. 이 경우 특별한 사정이 없으면 상대방의 협의 요청에 응해야 한다.
② 제1항에 따른 협의에도 불구하고 이견이 해소되지 않는 경우로서 다음 각 호의 어느 하나에 해당하는 경우에는 해당 검사가 소속된 검찰청의 장과 해당 사법경찰관이 소속된 경찰관서(지방해양경찰관서를 포함한다. 이하 같다)의 장의 협의에 따른다.
1. 중요사건에 관하여 상호 의견을 제시·교환하는 것에 대해 이견이 있거나 제시·교환한 의견의 내용에 대해 이견이 있는 경우
2. 「형사소송법」(이하 "법"이라 한다) 제197조의2제2항 및 제3항에 따른 정당한 이유의 유무에 대해 이견이 있는 경우
3. 법 제197조의4제2항 단서에 따라 사법경찰관이 계속 수사할 수 있는지 여부나 사법경찰관이 계속 수사할 수 있는 경우 수사를 계속할 주체 또는 사건의 이송 여부 등에 대해 이견이 있는 경우
4. 법 제245조의8제2항에 따른 재수사의 결과에 대해 이견이 있는 경우
(2023.10.17 1호~4호신설)
(2023.10.17 본조개정)

제9조【수사기관협의회】① 대검찰청, 경찰청 및 해양경찰청 간에 수사에 관한 제도 개선 방안 등을 논의하고, 수사기관 간 협조가 필요한 사항에 대해 서로 의견을 협의·조정하기 위해 수사기관협의회를 둔다.
② 수사기관협의회는 다음 각 호의 사항에 대해 협의·조정한다.
1. 국민의 인권보호, 수사의 신속성·효율성 등을 위한 제도 개선 및 정책 제안
2. 국가적 재난 상황 등 관련 기관 간 긴밀한 협조가 필요한 업무를 공동으로 수행하기 위해 필요한 사항
3. 그 밖에 제1항의 어느 한 기관이 수사기관협의회의 협의 또는 조정이 필요하다고 요구한 사항
③ 수사기관협의회는 반기마다 정기적으로 개최하되, 제1항의 어느 한 기관이 요청하면 수시로 개최할 수 있다.
④ 제1항의 각 기관은 수사기관협의회에서 협의·조정된 사항의 세부 추진계획을 수립·시행해야 한다.
⑤ 제1항부터 제4항까지의 규정에서 정한 사항 외에 수사기관협의회의 운영 등에 필요한 사항은 수사기관협의회에서 정한다.

제3장 수 사

제1절 통 칙

제10조【임의수사 우선의 원칙과 강제수사 시 유의사항】① 검사와 사법경찰관은 수사를 할 때 수사 대상자의 자유로운 의사에 따른 임의수사를 원칙으로 해야 하고, 강제수사는 법률에서 정한 바에 따라 필요한 경우에만 최소한의 범위에서 하되, 수사 대상자의 권익 침해의 정도가 더 적은 절차와 방법을 선택해야 한다.
② 검사와 사법경찰관은 피의자를 체포·구속하는 과정에서 피의자 및 현장에 있는 가족 등 지인들의 인격과 명예를 침해하지 않도록 유의해야 한다.
③ 검사와 사법경찰관은 압수·수색 과정에서 사생활의 비밀, 주거의 평온을 최대한 보장하고, 피의자 및 현장에 있는 가족 등 지인들의 인격과 명예를 침해하지 않도록 유의해야 한다.

제11조【회피】검사 또는 사법경찰관리는 피의자나 사건관계인과 친족관계 또는 이에 준하는 관계가 있거나 그 밖에 수사의 공정성을 의심 받을 염려가 있는 사건에 대해서는 소속 기관의 장의 허가를 받아 그 수사를 회피해야 한다.

제12조【수사 진행상황의 통지】① 검사 또는 사법경찰관은 수사에 대한 진행상황을 사건관계인에게 적절히 통지하도록 노력해야 한다.
② 제1항에 따른 통지의 구체적인 방법·절차 등은 법무부장관, 경찰청장 또는 해양경찰청장이 정한다.

제13조【변호인의 피의자신문 참여·조력】① 검사 또는 사법경찰관은 피의자신문에 참여한 변호인이 피의자의 옆자리 등 실질적인 조력을 할 수 있는 위치에 앉도록 해야 하고, 정당한 사유가 없으면 피의자에 대한 법적인

조언·상담을 보장해야 하며, 법적인 조언·상담을 위한 변호인의 메모를 허용해야 한다.
② 검사 또는 사법경찰관은 피의자에 대한 신문이 아닌 단순 면담 등이라는 이유로 변호인의 참여·조력을 제한해서는 안 된다.
③ 제1항 및 제2항은 검사 또는 사법경찰관의 사건관계인에 대한 조사·면담 등의 경우에도 적용한다.

제14조【변호인의 의견진술】 ① 피의자신문에 참여한 변호인은 검사 또는 사법경찰관의 신문 후 조서를 열람하고 의견을 진술할 수 있다. 이 경우 변호인은 별도의 서면으로 의견을 제출할 수 있으며, 검사 또는 사법경찰관은 해당 서면을 사건기록에 편철한다.
② 피의자신문에 참여한 변호인은 신문 중이라도 검사 또는 사법경찰관의 승인을 받아 의견을 진술할 수 있다. 이 경우 검사 또는 사법경찰관은 정당한 사유가 있는 경우를 제외하고는 변호인의 의견진술 요청을 승인해야 한다.
③ 피의자신문에 참여한 변호인은 제2항에도 불구하고 부당한 신문방법에 대해서는 검사 또는 사법경찰관의 승인 없이 이의를 제기할 수 있다.
④ 검사 또는 사법경찰관은 제1항부터 제3항까지의 규정에 따른 의견진술 또는 이의제기가 있는 경우 해당 내용을 조서에 적어야 한다.

제15조【피해자 보호】 ① 검사 또는 사법경찰관은 피해자의 명예와 사생활의 평온을 보호하기 위해 「범죄피해자 보호법」 등 피해자 보호 관련 법령의 규정을 준수해야 한다.
② 검사 또는 사법경찰관은 피의자의 범죄수법, 범행 동기, 피해자와의 관계, 언동 및 그 밖의 상황으로 보아 피해자가 피의자 또는 그 밖의 사람으로부터 생명·신체에 위해를 입거나 입을 염려가 있다고 인정되는 경우에는 직권 또는 피해자의 신청에 따라 신변보호에 필요한 조치를 강구해야 한다.

제2절 수사의 개시

제16조【수사의 개시】 ① 검사 또는 사법경찰관이 다음 각 호의 어느 하나에 해당하는 행위에 착수한 때에는 수사를 개시한 것으로 본다. 이 경우 검사 또는 사법경찰관은 해당 사건을 즉시 입건해야 한다.
1. 피혐의자의 수사기관 출석조사
2. 피의자신문조서의 작성
3. 긴급체포
4. 체포·구속영장의 청구 또는 신청
5. 사람의 신체, 주거, 관리하는 건조물, 자동차, 선박, 항공기 또는 점유하는 방실에 대한 압수·수색 또는 검증영장(부검을 위한 검증영장은 제외한다)의 청구 또는 신청

② 검사 또는 사법경찰관은 수사 중인 사건의 범죄 혐의를 밝히기 위한 목적으로 관련 없는 사건의 수사를 개시하거나 수사기간을 부당하게 연장해서는 안 된다.
③ 검사 또는 사법경찰관은 입건 전에 범죄를 의심할 만한 정황이 있어 수사 개시 여부를 결정하기 위한 사실관계의 확인 등 필요한 조사를 할 때에는 적법절차를 준수하고 사건관계인의 인권을 존중하며, 조사가 부당하게 장기화되지 않도록 신속하게 진행해야 한다.
④ 검사 또는 사법경찰관은 제3항에 따른 조사 결과 입건하지 않는 결정을 한 때에는 피해자에 대한 보복범죄나 2차 피해가 우려되는 경우 등을 제외하고는 피혐의자 및 사건관계인에게 통지해야 한다.
⑤ 제4항에 따른 통지의 구체적인 방법 및 절차 등은 법무부장관, 경찰청장 또는 해양경찰청장이 정한다.
⑥ 제3항에 따른 조사와 관련한 서류 등의 열람 및 복사에 관하여는 제69조제1항, 제3항, 제5항(같은 조 제1항 및 제3항을 준용하는 부분으로 한정한다. 이하 이 항에서 같다) 및 제6항(같은 조 제1항, 제3항 및 제5항에 따른 신청을 받은 경우로 한정한다)을 준용한다.

제16조의2【고소·고발 사건의 수리 등】 ① 검사 또는 사법경찰관은 고소 또는 고발을 받은 경우에는 이를 수리해야 한다.
② 검사 또는 사법경찰관은 고소 또는 고발에 따라 범죄를 수사하는 경우에는 고소 또는 고발을 수리한 날부터 3개월 이내에 수사를 마쳐야 한다.
(2023.10.17 본조신설)

제17조【변사자의 검시 등】 ① 사법경찰관은 변사자 또는 변사한 것으로 의심되는 사체가 있으면 변사사건 발생사실을 검사에게 통보해야 한다.
② 검사는 법 제222조제1항에 따라 검시를 했을 경우에는 검시조서를, 검증영장이나 같은 조 제2항에 따라 검증을 했을 경우에는 검증조서를 각각 작성하여 사법경찰관에게 송부해야 한다.
③ 사법경찰관은 법 제222조제1항 및 제3항에 따라 검시를 했을 경우에는 검시조서를, 검증영장이나 같은 조 제2항 및 제3항에 따라 검증을 했을 경우에는 검증조서를 각각 작성하여 검사에게 송부해야 한다.
④ 검사와 사법경찰관은 법 제222조에 따라 변사자의 검시를 한 사건에 대해 사건 종결 전에 수사할 사항 등에 관하여 상호 의견을 제시·교환해야 한다.

제18조【검사의 사건 이송 등】 ① 검사는 「검찰청법」 제4조제1항제1호 각 목에 해당되지 않는 범죄에 대한 고소·고발·진정 등이 접수된 때에는 사건을 검찰청 외의 수사기관에 이송해야 한다.(2023.10.17 본항개정)
② 검사는 다음 각 호의 어느 하나에 해당하는 때에는 사건을 검찰청 외의 수사기관에 이송할 수 있다.
1. 법 제197조의4제2항 단서에 따라 사법경찰관이 범죄사실을 계속 수사할 수 있게 된 때
2. 그 밖에 다른 수사기관에서 수사하는 것이 적절하다고 판단되는 때

③ 검사는 제1항 또는 제2항에 따라 사건을 이송하는 경우에는 관계 서류와 증거물을 해당 수사기관에 함께 송부해야 한다.
④ 검사는 제2항제2호에 따른 이송을 하는 경우에는 특별한 사정이 없으면 사건을 수리한 날부터 1개월 이내에 이송해야 한다.(2023.10.17 본항신설)

제3절 임의수사

제19조【출석요구】 ① 검사 또는 사법경찰관은 피의자에게 출석요구를 할 때에는 다음 각 호의 사항을 유의해야 한다.
1. 출석요구를 하기 전에 우편·전자우편·전화를 통한 진술 등 출석을 대체할 수 있는 방법의 선택 가능성을 고려할 것
2. 출석요구의 방법, 출석의 일시·장소 등을 정할 때에는 피의자의 명예 또는 사생활의 비밀이 침해되지 않도록 주의할 것
3. 출석요구를 할 때에는 피의자의 생업에 지장을 주지 않도록 충분한 시간적 여유를 두도록 하고, 피의자가 출석 일시의 연기를 요청하는 경우 특별한 사정이 없으면 출석 일시를 조정할 것
4. 불필요하게 여러 차례 출석요구를 하지 않을 것

② 검사 또는 사법경찰관은 피의자에게 출석요구를 하려는 경우 피의자와 조사의 일시·장소에 관하여 협의해야 한다. 이 경우 변호인이 있는 경우에는 변호인과도 협의해야 한다.
③ 검사 또는 사법경찰관은 피의자에게 출석요구를 하려는 경우 피의사실의 요지 등 출석요구의 취지를 구체적으로 적은 출석요구서를 발송해야 한다. 다만, 신속한 출석요구가 필요한 경우 등 부득이한 사정이 있는 경우에는 전화, 문자메시지, 그 밖의 상당한 방법으로 출석요구를 할 수 있다.
④ 검사 또는 사법경찰관은 제3항 본문에 따른 방법으로 출석요구를 했을 때에는 출석요구서의 사본을, 같은 항 단서에 따른 방법으로 출석요구를 했을 때에는 그 취지를 적은 수사보고서를 각각 사건기록에 편철한다.
⑤ 검사 또는 사법경찰관은 피의자가 치료 등 수사관서에 출석하여 조사를 받는 것이 현저히 곤란한 사정이 있는 경우에는 수사관서 외의 장소에서 조사할 수 있다.
⑥ 제1항부터 제5항까지의 규정은 피의자 외의 사람에 대한 출석요구의 경우에도 적용한다.

제20조【수사상 임의동행 시의 고지】 검사 또는 사법경찰관은 임의동행을 요구하는 경우 상대방에게 동행을 거부할 수 있다는 것과 동행하는 경우에도 언제든지 자유롭게 동행 과정에서 이탈하거나 동행 장소에서 퇴거할 수 있다는 것을 알려야 한다.

제21조【심야조사 제한】 ① 검사 또는 사법경찰관은 조사, 신문, 면담 등 그 명칭을 불문하고 피의자나 사건관계인에 대해 오후 9시부터 오전 6시까지 사이에 조사(이하 "심야조사"라 한다)를 해서는 안 된다. 다만, 이미 작성된 조서의 열람을 위한 절차는 자정 이전까지 진행할 수 있다.
② 제1항에도 불구하고 다음 각 호의 어느 하나에 해당하는 경우에는 심야조사를 할 수 있다. 이 경우 심야조사의 사유를 조서에 명확하게 적어야 한다.
1. 피의자를 체포한 후 48시간 이내에 구속영장의 청구 또는 신청 여부를 판단하기 위해 불가피한 경우
2. 공소시효가 임박한 경우
3. 피의자나 사건관계인이 출국, 입원, 원거리 거주, 직업상 사유 등 재출석이 곤란한 구체적인 사유를 들어 심야조사를 요청한 경우(변호인이 심야조사에 동의하지 않는다는 의사를 명시한 경우는 제외한다)로서 해당 요청에 상당한 이유가 있다고 인정되는 경우
4. 그 밖에 사건의 성질 등을 고려할 때 심야조사가 불가피하다고 판단되는 경우 등 법무부장관, 경찰청장 또는 해양경찰청장이 정하는 경우로서 검사 또는 사법경찰관의 소속 기관의 장이 지정하는 인권보호 책임자의 허가 등을 받은 경우

제22조【장시간 조사 제한】 ① 검사 또는 사법경찰관은 조사, 신문, 면담 등 그 명칭을 불문하고 피의자나 사건관계인을 조사하는 경우에는 대기시간, 휴식시간, 식사시간 등 모든 시간을 합산한 조사시간(이하 "총조사시간"이라 한다)이 12시간을 초과하지 않도록 해야 한다. 다만, 다음 각 호의 어느 하나에 해당하는 경우에는 예외로 한다.
1. 피의자나 사건관계인의 서면 요청에 따라 조서를 열람하는 경우
2. 제21조제2항 각 호의 어느 하나에 해당하는 경우

② 검사 또는 사법경찰관은 특별한 사정이 없으면 총조사시간 중 식사시간, 휴식시간 및 조서의 열람시간 등을 제외한 실제 조사시간이 8시간을 초과하지 않도록 해야 한다.
③ 검사 또는 사법경찰관은 피의자나 사건관계인에 대한 조사를 마친 때부터 8시간이 지나기 전에는 다시 조사할 수 없다. 다만, 제1항제2호에 해당하는 경우에는 예외로 한다.

제23조【휴식시간 부여】 ① 검사 또는 사법경찰관은 조사에 상당한 시간이 소요되는 경우에는 특별한 사정이 없으면 피의자 또는 사건관계인에게 조사 도중에 최소한 2시간마다 10분 이상의 휴식시간을 주어야 한다.
② 검사 또는 사법경찰관은 조사 도중 피의자, 사건관계인 또는 그 변호인으로부터 휴식시간의 부여를 요청받았을 때에는 그때까지 조사에 소요된 시간, 피의자 또는 사건관계인의 건강상태 등을 고려해 적정하다고 판단될 경우 휴식시간을 주어야 한다.
③ 검사 또는 사법경찰관은 조사 중인 피의자 또는 사건관계인의 건강상태에 이상 징후가 발견되면 의사의 진료를 받게 하거나 휴식하게 하는 등 필요한 조치를 해야 한다.

제24조【신뢰관계인의 동석】 ① 법 제244조의5에 따라 피의자와 동석할 수 있는 신뢰관계에 있는 사람과 법 제221조제3항에서 준용하는 법 제163조의2에 따라 피해자와 동석할 수 있는 신뢰관계에 있는 사람은 피의자 또는 피해자의 직계친족, 형제자매, 배우자, 가족, 동거인, 보호·교육시설의 보호·교육담당자 등 피의자 또는 피해자의 심리적 안정과 원활한 의사소통에 도움을 줄 수 있는 사람으로 한다.
② 피의자, 피해자 또는 그 법정대리인이 제1항에 따른 신뢰관계에 있는 사람의 동석을 신청한 경우 검사 또는 사법경찰관은 그 관계를 적은 동석신청서를 제출받거나 조서 또는 수사보고서에 그 관계를 적어야 한다.

제25조【자료·의견의 제출기회 보장】 ① 검사 또는 사법경찰관은 조사과정에서 피의자, 사건관계인 또는 그 변호인이 사실관계 등의 확인을 위해 자료를 제출하는 경우 그 자료를 수사기록에 편철한다.
② 검사 또는 사법경찰관은 조사를 종결하기 전에 피의자, 사건관계인 또는 그 변호인에게 자료 또는 의견을 제출할 의사가 있는지를 확인하고, 자료 또는 의견을 제출받은 경우에는 해당 자료 및 의견을 수사기록에 편철한다.

제26조【수사과정의 기록】 ① 검사 또는 사법경찰관은 법 제244조의4에 따라 조사(신문, 면담 등 명칭을 불문한다. 이하 이 조에서 같다) 과정의 진행경과를 다음 각 호의 구분에 따른 방법으로 기록해야 한다.
1. 조서를 작성하는 경우 : 조서에 기록(별도의 서면에 기록한 후 조서의 끝부분에 편철하는 것을 포함한다)
2. 조서를 작성하지 않는 경우 : 별도의 서면에 기록한 후 수사기록에 편철

② 제1항에 따라 조사과정의 진행경과를 기록할 때에는 다음 각 호의 구분에 따른 사항을 구체적으로 적어야 한다.
1. 조서를 작성하는 경우에는 다음 각 목의 사항
   가. 조사 대상자가 조사장소에 도착한 시각
   나. 조사의 시작 및 종료 시각
   다. 조사 대상자가 조사장소에 도착한 시각과 조사를 시작한 시각에 상당한 시간적 차이가 있는 경우에는 그 이유
   라. 조사가 중단되었다가 재개된 경우에는 그 이유와 중단 시각 및 재개 시각
2. 조서를 작성하지 않는 경우에는 다음 각 목의 사항
   가. 조사 대상자가 조사장소에 도착한 시각
   나. 조사 대상자가 조사장소를 떠난 시각
   다. 조서를 작성하지 않는 이유
   라. 조사 외에 실시한 활동
   마. 변호인 참여 여부

제4절 강제수사

제27조【긴급체포】 ① 사법경찰관은 법 제200조의3제2항에 따라 긴급체포 후 12시간 내에 검사에게 긴급체포의 승인을 요청해야 한다. 다만, 다음 각 호의 어느 하나에 해당하는 경우에는 긴급체포 후 24시간 이내에 긴급체포의 승인을 요청해야 한다.(2023.10.17 단서개정)
1. 제51조제1항제4호가목에 따른 피의자중지 또는 제52조제1항제3호에 따른 기소중지 결정이 된 피의자를 소속 경찰관서가 위치하는 특별시·광역시·특별자치시·도 또는 특별자치도 외의 지역에서 긴급체포한 경우
2. 「해양경비법」 제2조제2호에 따른 경비수역에서 긴급체포한 경우

(2023.10.17 1호~2호신설)
② 제1항에 따라 긴급체포의 승인을 요청할 때에는 범죄사실의 요지, 긴급체포의 일시·장소, 긴급체포의 사유, 체포를 계속해야 하는 사유 등을 적은 긴급체포 승인요청서로 요청해야 한다. 다만, 긴급한 경우에는 「형사사법절차 전자화 촉진법」 제2조제4호에 따른 형사사법정보시스템(이하 "형사사법정보시스템"이라 한다) 또는 팩스를 이용하여 긴급체포의 승인을 요청할 수 있다.
③ 검사는 사법경찰관의 긴급체포 승인 요청이 이유 있다고 인정하는 경우에는 지체 없이 긴급체포 승인서를 사법경찰관에게 송부해야 한다.

④ 검사는 사법경찰관의 긴급체포 승인 요청이 이유 없다고 인정하는 경우에는 지체 없이 사법경찰관에게 불승인 통보를 해야 한다. 이 경우 사법경찰관은 긴급체포된 피의자를 즉시 석방하고 그 석방 일시와 사유 등을 검사에게 통보해야 한다.

제28조【현행범인 조사 및 석방】 ① 검사 또는 사법경찰관은 법 제212조 또는 제213조에 따라 현행범인을 체포하거나 체포된 현행범인을 인수했을 때에는 조사가 현저히 곤란하다고 인정되는 경우가 아니면 지체 없이 조사해야 하며, 조사 결과 계속 구금할 필요가 없다고 인정할 때에는 현행범인을 즉시 석방해야 한다.

② 검사 또는 사법경찰관은 제1항에 따라 현행범인을 석방했을 때에는 석방 일시와 사유 등을 적은 피의자 석방서를 작성해 사건기록에 편철한다. 이 경우 사법경찰관은 석방 후 지체 없이 검사에게 석방 사실을 통보해야 한다.

제29조【구속영장의 청구·신청】 ① 검사 또는 사법경찰관은 구속영장을 청구하거나 신청하는 경우 법 제209조에서 준용하는 법 제70조제2항의 필요적 고려사항이 있을 때에는 구속영장 청구서 또는 신청서에 그 내용을 적어야 한다.

② 검사 또는 사법경찰관은 체포한 피의자에 대해 구속영장을 청구하거나 신청할 때에는 구속영장 청구서 또는 신청서에 체포영장, 긴급체포서, 현행범인 체포서 또는 현행범인 인수서를 첨부해야 한다.

제30조【구속 전 피의자 심문】 사법경찰관은 법 제201조의2제3항 및 같은 조 제10항에서 준용하는 법 제81조제1항에 따라 판사가 통지한 피의자 심문 기일과 장소에 체포된 피의자를 출석시켜야 한다.

제31조【체포·구속영장의 재청구·재신청】 검사 또는 사법경찰관은 동일한 범죄사실로 다시 체포·구속영장을 청구하거나 신청하는 경우(체포·구속영장의 청구 또는 신청이 기각된 후 다시 체포·구속영장을 청구하거나 신청하는 경우와 이미 발부받은 체포·구속영장과 동일한 범죄사실로 다시 체포·구속영장을 청구하거나 신청하는 경우를 말한다)에는 그 취지를 체포·구속영장 청구서 또는 신청서에 적어야 한다.

제32조【체포·구속영장 집행 시의 권리 고지】 ① 검사 또는 사법경찰관은 피의자를 체포하거나 구속할 때에는 법 제200조의5(법 제209조에서 준용하는 경우를 포함한다)에 따라 피의자에게 피의사실의 요지, 체포·구속의 이유와 변호인을 선임할 수 있음을 말하고, 변명할 기회를 주어야 하며, 진술거부권을 알려주어야 한다.

② 제1항에 따라 피의자에게 알려주어야 하는 진술거부권의 내용은 법 제244조의3제1항제1호부터 제3호까지의 사항으로 한다.

③ 검사와 사법경찰관이 제1항에 따라 피의자에게 그 권리를 알려준 경우에는 피의자로부터 권리 고지 확인서를 받아 사건기록에 편철한다.

제32조의2【체포·구속영장 사본의 교부】 ① 검사 또는 사법경찰관은 영장에 따라 피의자를 체포하거나 구속하는 경우에는 법 제200조의6 또는 제209조에서 준용하는 법 제85조제1항 또는 제4항에 따라 피의자에게 반드시 영장을 제시하고 그 사본을 교부해야 한다.

② 검사 또는 사법경찰관은 제1항에 따라 피의자에게 영장을 제시하거나 영장의 사본을 교부할 때에는 사건관계인의 개인정보가 피의자의 방어권 보장을 위해 필요한 정도를 넘어 불필요하게 노출되지 않도록 유의해야 한다.

③ 검사 또는 사법경찰관은 제1항에 따라 피의자에게 영장의 사본을 교부한 경우에는 피의자로부터 영장 사본 교부 확인서를 받아 사건기록에 편철한다.

④ 피의자가 영장의 사본을 수령하기를 거부하거나 영장 사본 교부 확인서에 기명날인 또는 서명하는 것을 거부하는 경우에는 검사 또는 사법경찰관이 영장 사본 교부 확인서 끝 부분에 그 사유를 적고 기명날인 또는 서명해야 한다.

(2023.10.17 본조신설)

제33조【체포·구속 등의 통지】 ① 검사 또는 사법경찰관은 피의자를 체포하거나 구속하였을 때에는 법 제200조의6 또는 제209조에서 준용하는 법 제87조에 따라 변호인이 있으면 변호인에게, 변호인이 없으면 법 제30조제2항에 따른 사람 중 피의자가 지정한 사람에게 24시간 이내에 서면으로 사건명, 체포·구속의 일시·장소, 범죄사실의 요지, 체포·구속의 이유와 변호인을 선임할 수 있음을 통지해야 한다.

② 검사 또는 사법경찰관은 제1항에 따른 통지를 하였을 때에는 그 통지서 사본을 사건기록에 편철한다. 다만, 변호인 및 법 제30조제2항에 따른 사람이 없어서 체포·구속의 통지를 할 수 없을 때에는 그 취지를 수사보고서에 적어 사건기록에 편철한다.

③ 제1항 및 제2항은 법 제214조의2제2항에 따라 검사 또는 사법경찰관이 같은 조 제1항에 따른 자 중에서 피의자가 지정한 자에게 체포 또는 구속의 적부심사를 청구할 수 있음을 통지하는 경우에도 준용한다.

제34조【체포·구속영장 등본의 교부】 검사 또는 사법경찰관은 법 제214조의2제1항에 따른 자가 체포·구속영장 등본의 교부를 청구하면 그 등본을 교부해야 한다.

제35조【체포·구속영장의 반환】 ① 검사 또는 사법경찰관은 체포·구속영장의 유효기간 내에 영장의 집행에 착수하지 못했거나, 그 밖의 사유로 영장의 집행이 불가능하거나 불필요하게 되었을 때에는 즉시 해당 영장을 법원에 반환해야 한다. 이 경우 체포·구속영장이 여러 통 발부된 경우에는 모두 반환해야 한다.

② 검사 또는 사법경찰관은 제1항에 따라 체포·구속영장을 반환하는 경우에는 반환사유 등을 적은 영장반환서에 해당 영장을 첨부하여 반환하고, 그 사본을 사건기록에 편철한다.

③ 제1항에 따라 사법경찰관이 체포·구속영장을 반환하는 경우에는 그 영장을 청구한 검사에게 반환하고, 검사는 사법경찰관이 반환한 영장을 법원에 반환한다.

제36조【피의자의 석방】 ① 검사 또는 사법경찰관은 법 제200조의2제5항 또는 제200조의4제2항에 따라 구속영장을 청구하거나 신청하지 않고(사법경찰관이 구속영장의 청구를 신청하였으나 검사가 그 신청을 기각한 경우를 포함한다) 체포 또는 긴급체포한 피의자를 석방하려는 때에는 다음 각 호의 구분에 따른 사항을 적은 피의자 석방서를 작성해야 한다.(2023.10.17 본문개정)

1. 체포한 피의자를 석방하려는 때 : 체포 일시·장소, 체포 사유, 석방 일시·장소, 석방 사유 등
2. 긴급체포한 피의자를 석방하려는 때 : 법 제200조의4 제4항 각 호의 사항

② 사법경찰관은 제1항에 따라 피의자를 석방한 경우 다음 각 호의 구분에 따라 처리한다.

1. 체포한 피의자를 석방한 때 : 지체 없이 검사에게 석방사실을 통보하고, 그 통보서 사본을 사건기록에 편철한다.
2. 긴급체포한 피의자를 석방한 때 : 즉시 검사에게 석방사실을 보고하고, 그 보고서 사본을 사건기록에 편철한다.(2023.10.17 본항개정)

제37조【압수·수색 또는 검증영장의 청구·신청】 검사 또는 사법경찰관은 압수·수색 또는 검증영장을 청구하거나 신청할 때에는 압수·수색 또는 검증의 범위를 범죄 혐의의 소명에 필요한 최소한으로 정해야 하고, 수색 또는 검증할 장소·신체·물건 및 압수할 물건 등을 구체적으로 특정해야 한다. 이 경우 수사기밀이나 사건관계인의 개인정보가 압수·수색 또는 검증을 필요로 하는 사유의 소명에 필요한 정도를 넘어 불필요하게 노출되지 않도록 유의해야 한다.(2023.10.17 후단신설)

제38조【압수·수색 또는 검증영장의 제시·교부】 ① 검사 또는 사법경찰관은 법 제219조에서 준용하는 법 제118조에 따라 영장을 제시할 때에는 처분을 받는 자에게 법관이 발부한 영장에 따른 압수·수색 또는 검증이라는 사실과 영장에 기재된 범죄사실 및 수색 또는 검증할 장소·신체·물건, 압수할 물건 등을 명확히 알리고, 처분을 받는 자가 해당 영장을 열람할 수 있도록 해야 한다. 이 경우 처분을 받는 자가 피의자인 경우에는 해당 영장의 사본을 교부해야 한다.

② 압수·수색 또는 검증의 처분을 받는 자가 여럿인 경우에는 모두에게 개별적으로 영장을 제시해야 한다. 이 경우 피의자에게는 개별적으로 해당 영장의 사본을 교부해야 한다.(2023.10.17 후단신설)

③ 검사 또는 사법경찰관은 제1항 및 제2항에 따라 피의자에게 영장을 제시하거나 영장의 사본을 교부할 때에는 사건관계인의 개인정보가 피의자의 방어권 보장을 위해 필요한 정도를 넘어 불필요하게 노출되지 않도록 유의해야 한다.(2023.10.17 본항신설)

④ 검사 또는 사법경찰관은 제1항 후단 및 제2항 후단에 따라 피의자에게 영장의 사본을 교부한 경우에는 피의자로부터 영장 사본 교부 확인서를 받아 사건기록에 편철한다.(2023.10.17 본항신설)

⑤ 피의자가 영장의 사본을 수령하기를 거부하거나 영장 사본 교부 확인서에 기명날인 또는 서명하는 것을 거부하는 경우에는 검사 또는 사법경찰관이 영장 사본 교부 확인서 끝 부분에 그 사유를 적고 기명날인 또는 서명해야 한다.(2023.10.17 본항신설)

(2023.10.17 본조개정)

제39조【압수·수색 또는 검증영장의 재청구·재신청 등】 압수·수색 또는 검증영장의 재청구·재신청(압수·수색 또는 검증영장의 청구 또는 신청이 기각된 후 다시 압수·수색 또는 검증영장을 청구하거나 신청하는 경우와 이미 발부받은 압수·수색 또는 검증영장과 동일한 범죄사실로 다시 압수·수색 또는 검증영장을 청구하거나 신청하는 경우를 말한다)과 반환에 관해서는 제31조 및 제35조를 준용한다.

제40조【압수조서와 압수목록】 검사 또는 사법경찰관은 증거물 또는 몰수할 물건을 압수했을 때에는 압수의 일시·장소, 압수 경위 등을 적은 압수조서와 압수물건의 품종·수량 등을 적은 압수목록을 작성해야 한다. 다만, 피의자신문조서, 진술조서, 검증조서에 압수의 취지를 적은 경우에는 그렇지 않다.

제41조【전자정보의 압수·수색 또는 검증 방법】 ① 검사 또는 사법경찰관은 법 제219조에서 준용하는 법 제106조제3항에 따라 컴퓨터용디스크 및 그 밖에 이와 비슷한 정보저장매체(이하 이 항에서 "정보저장매체등"이라 한다)에 기억된 정보(이하 "전자정보"라 한다)를 압수하는 경우에는 해당 정보저장매체등의 소재지에서 수색 또는 검증한 후 범죄사실과 관련된 전자정보의 범위를 정하여 출력하거나 복제하는 방법으로 한다.

② 제1항에도 불구하고 제1항에 따른 압수 방법의 실행이 불가능하거나 그 방법으로는 압수의 목적을 달성하는 것이 현저히 곤란한 경우에는 압수·수색 또는 검증 현장에서 정보저장매체등에 들어 있는 전자정보 전부를 복제하여 그 복제본을 정보저장매체등의 소재지 외의 장소로 반출할 수 있다.

③ 제1항 및 제2항에도 불구하고 제1항 및 제2항에 따른 압수 방법의 실행이 불가능하거나 그 방법으로는 압수의 목적을 달성하는 것이 현저히 곤란한 경우에는 피압수자 또는 법 제123조에 따라 압수·수색영장을 집행할 때 참여하게 해야 하는 사람(이하 "피압수자등"이라 한다)이 참여한 상태에서 정보저장매체등의 원본을 봉인(封印)하여 정보저장매체등의 소재지 외의 장소로 반출할 수 있다.

제42조【전자정보의 압수·수색 또는 검증 시 유의사항】 ① 검사 또는 사법경찰관은 전자정보의 탐색·복제·출력을 완료한 경우에는 지체 없이 피압수자등에게 압수한 전자정보의 목록을 교부해야 한다.

② 검사 또는 사법경찰관은 제1항의 목록에 포함되지 않은 전자정보가 있는 경우에는 해당 전자정보를 지체 없이 삭제 또는 폐기하거나 반환해야 한다. 이 경우 삭제·폐기 또는 반환확인서를 작성하여 피압수자등에게 교부해야 한다.

③ 검사 또는 사법경찰관은 전자정보의 복제본을 취득하거나 전자정보를 복제할 때에는 해시값(파일의 고유값으로서 일종의 전자지문을 말한다)을 확인하거나 압수·수색 또는 검증의 과정을 촬영하는 등 전자적 증거의 동일성과 무결성(無缺性)을 보장할 수 있는 적절한 방법과 조치를 취해야 한다.

④ 검사 또는 사법경찰관은 압수·수색 또는 검증의 전 과정에 걸쳐 피압수자등이나 변호인의 참여권을 보장해야 하며, 피압수자등과 변호인이 참여를 거부하는 경우에는 신뢰성과 전문성을 담보할 수 있는 상당한 방법으로 압수·수색 또는 검증을 해야 한다.

⑤ 검사 또는 사법경찰관은 제4항에 따라 참여한 피압수자등이나 변호인이 압수 대상 전자정보와 사건의 관련성에 관하여 의견을 제시한 때에는 이를 조서에 적어야 한다.

제43조【검증조서】 검사 또는 사법경찰관은 검증을 한 경우에는 검증의 일시·장소, 검증 경위 등을 적은 검증조서를 작성해야 한다.

제44조【영장심의위원회】 법 제221조의5에 따른 영장심의위원회의 위원은 해당 업무에 전문성을 가진 중립적 외부 인사 중에서 위촉해야 하며, 영장심의위원회의 운영은 독립성·객관성·공정성이 보장되어야 한다.

제5절 시정조치요구

제45조【시정조치 요구의 방법 및 절차 등】 ① 검사는 법 제197조의3제1항에 따라 사법경찰관에게 사건기록 등본의 송부를 요구할 때에는 그 내용과 이유를 구체적으로 적은 서면으로 해야 한다.

② 사법경찰관은 제1항에 따른 요구를 받은 날부터 7일 이내에 사건기록 등본을 검사에게 송부해야 한다.

③ 검사는 제2항에 따라 사건기록 등본을 송부받은 날부터 30일(사안의 경중 등을 고려하여 10일의 범위에서 한 차례 연장할 수 있다) 이내에 법 제197조의3제3항에 따른 시정조치 요구 여부를 결정하여 사법경찰관에게 통보해야 한다. 이 경우 시정조치 요구의 통보는 그 내용과 이유를 구체적으로 적은 서면으로 해야 한다.

④ 사법경찰관은 제3항에 따라 시정조치 요구를 통보받은 경우 정당한 이유가 있는 경우를 제외하고는 지체 없이 시정조치를 이행하고, 그 이행 결과를 서면에 구체적으로 적어 검사에게 통보해야 한다.

⑤ 검사는 법 제197조의3제5항에 따라 사법경찰관에게 사건송치를 요구하는 경우에는 그 내용과 이유를 구체적으로 적은 서면으로 해야 한다.

⑥ 사법경찰관은 제5항에 따라 서면으로 사건송치를 요구받은 날부터 7일 이내에 사건을 검사에게 송치해야 한다. 이 경우 관계 서류와 증거물을 함께 송부해야 한다.

⑦ 제5항 및 제6항에도 불구하고 검사는 공소시효 만료일의 임박 등 특별한 사유가 있을 때에는 제5항에 따른 서면에 그 사유를 명시하고 별도의 송치기한을 정하여 사법경찰관에게 통지할 수 있다. 이 경우 사법경찰관은 정당한 이유가 있는 경우를 제외하고는 통지받은 송치기한까지 사건을 검사에게 송치해야 한다.

제46조【징계요구의 방법 등】 ① 검찰총장 또는 각급 검찰청 검사장은 법 제197조의3제7항에 따라 사법경찰관리의 징계를 요구할 때에는 서면에 그 사유를 구체적으로 적고 이를 증명할 수 있는 관계 자료를 첨부하여 해당 사법경찰관리가 소속된 경찰관서의 장(이하 "경찰관서장"이라 한다)에게 통보해야 한다.

② 경찰관서장은 제1항에 따른 징계요구에 대한 처리 결과와 그 이유를 징계를 요구한 검찰총장 또는 각급 검찰청 검사장에게 통보해야 한다.

제47조【구제신청 고지의 확인】 사법경찰관은 법 제197조의3제8항에 따라 검사에게 구제를 신청할 수 있음을 피의자에게 알려준 경우에는 피의자로부터 고지 확인서를 받아 사건기록에 편철한다. 다만, 피의자가 고지 확인서에 기명날인 또는 서명하는 것을 거부하는 경우에는 사법경찰관이 고지 확인서 끝부분에 그 사유를 적고 기명날인 또는 서명해야 한다.

제6절 수사의 경합

제48조【동일한 범죄사실 여부의 판단 등】 ① 검사와 사법경찰관은 법 제197조의4에 따른 수사의 경합과 관련하여 동일한 범죄사실 여부나 영장(「통신비밀보호법」 제6조 및 제8조에 따른 통신제한조치허가서 및 같은 법 제13조에 따른 통신사실 확인자료제공 요청 허가서를 포함한다. 이하 이 조에서 같다) 청구·신청의 시간적 선후관계 등을 판단하기 위해 필요한 경우에는 그 필요한 범위에서 사건기록의 상호 열람을 요청할 수 있다.
② 제1항에 따른 영장 청구·신청의 시간적 선후관계는 검사의 영장청구서와 사법경찰관의 영장신청서가 각각 법원과 검찰청에 접수된 시점을 기준으로 판단한다.
③ 검사는 제2항에 따른 사법경찰관의 영장신청서의 접수를 거부하거나 지연해서는 안 된다.

제49조【수사경합에 따른 사건송치】 ① 검사는 법 제197조의4제1항에 따라 사법경찰관에게 사건송치를 요구할 때에는 그 내용과 이유를 구체적으로 적은 서면으로 해야 한다.
② 사법경찰관은 제1항에 따른 요구를 받은 날부터 7일 이내에 사건을 검사에게 송치해야 한다. 이 경우 관계 서류와 증거물을 함께 송부해야 한다.

제50조【중복수사의 방지】 검사는 법 제197조의4제2항 단서에 따라 사법경찰관이 범죄사실을 계속 수사할 수 있게 된 경우에는 정당한 사유가 있는 경우를 제외하고는 그와 동일한 범죄사실에 대한 사건을 이송하는 등 중복수사를 피하기 위해 노력해야 한다.

제4장 사건송치와 수사종결

제1절 통 칙

제51조【사법경찰관의 결정】 ① 사법경찰관은 사건을 수사한 경우에는 다음 각 호의 구분에 따라 결정해야 한다.
1. 법원송치
2. 검찰송치
3. 불송치
 가. 혐의없음
  1) 범죄인정안됨
  2) 증거불충분
 나. 죄가안됨
 다. 공소권없음
 라. 각하
4. 수사중지
 가. 피의자중지
 나. 참고인중지
5. 이송

② 사법경찰관은 하나의 사건 중 피의자가 여러 사람이거나 피의사실이 여러 개인 경우로서 분리하여 결정할 필요가 있는 경우 그중 일부에 대해 제1항 각 호의 결정을 할 수 있다.
③ 사법경찰관은 제1항제3호나목 또는 다목에 해당하는 사건이 다음 각 호의 어느 하나에 해당하는 경우에는 해당 사건을 검사에게 이송한다.
1. 「형법」 제10조제1항에 따라 벌할 수 없는 경우
2. 기소되어 사실심 계속 중인 사건과 포괄일죄를 구성하는 관계에 있거나 「형법」 제40조에 따른 상상적 경합 관계에 있는 경우(2023.10.17 본호개정)

④ 사법경찰관은 제1항제4호에 따른 수사중지 결정을 한 경우 7일 이내에 사건기록을 검사에게 송부해야 한다. 이 경우 검사는 사건기록을 송부받은 날부터 30일 이내에 반환해야 하며, 그 기간 내에 법 제197조의3에 따라 시정조치요구를 할 수 있다.
⑤ 사법경찰관은 제4항 전단에 따라 검사에게 사건기록을 송부한 후 피의자 등의 소재를 발견한 경우에는 소재 발견 및 수사 재개 사실을 검사에게 통보해야 한다. 이 경우 통보를 받은 검사는 지체 없이 사법경찰관에게 사건기록을 반환해야 한다.

제52조【검사의 결정】 ① 검사는 사법경찰관으로부터 사건을 송치받거나 직접 수사한 경우에는 다음 각 호의 구분에 따라 결정해야 한다.
1. 공소제기
2. 불기소
 가. 기소유예
 나. 혐의없음
  1) 범죄인정안됨
  2) 증거불충분
 다. 죄가안됨
 라. 공소권없음
 마. 각하
3. 기소중지
4. 참고인중지
5. 보완수사요구
6. 공소보류
7. 이송
8. 소년보호사건 송치
9. 가정보호사건 송치
10. 성매매보호사건 송치
11. 아동보호사건 송치

② 검사는 하나의 사건 중 피의자가 여러 사람이거나 피의사실이 여러 개인 경우로서 분리하여 결정할 필요가 있는 경우 그중 일부에 대해 제1항 각 호의 결정을 할 수 있다.

제53조【수사 결과의 통지】 ① 검사 또는 사법경찰관은 제51조 또는 제52조에 따른 결정을 한 경우에는 그 내용을 고소인·고발인·피해자 또는 그 법정대리인(피해자가 사망한 경우에는 그 배우자·직계친족·형제자매를 포함한다. 이하 "고소인등"이라 한다)과 피의자에게 통지해야 한다. 다만, 다음 각 호의 어느 하나에 해당하는 경우에는 고소인등에게만 통지한다.(2023.10.17 단서개정)
1. 제51조제1항제4호가목에 따른 피의자중지 결정 또는 제52조제1항제3호에 따른 기소중지 결정을 한 경우
2. 제51조제1항제5호 또는 제52조제1항제7호에 따른 이송(법 제256조에 따른 송치는 제외한다) 결정을 한 경우로서 검사 또는 사법경찰관이 해당 피의자에 대해 출석요구 또는 제16조제1항 각 호의 어느 하나에 해당하는 행위를 하지 않은 경우

(2023.10.17 1호~2호신설)
② 고소인등은 법 제245조의6에 따른 통지를 받지 못한 경우 사법경찰관에게 불송치 통지서로 통지해 줄 것을 요구할 수 있다.
③ 제1항에 따른 통지의 구체적인 방법·절차 등은 법무부장관, 경찰청장 또는 해양경찰청장이 정한다.

제54조【수사중지 결정에 대한 이의제기 등】 ① 제53조에 따라 사법경찰관으로부터 제51조제1항제4호에 따른 수사중지 결정의 통지를 받은 사람은 해당 사법경찰관이 소속된 바로 위 상급경찰관서의 장에게 이의를 제기할 수 있다.
② 제1항에 따른 이의제기의 절차·방법 및 처리 등에 관하여 필요한 사항은 경찰청장 또는 해양경찰청장이 정한다.
③ 제1항에 따른 통지를 받은 사람은 해당 수사중지 결정이 법령위반, 인권침해 또는 현저한 수사권 남용이라고 의심되는 경우 검사에게 법 제197조의3제1항에 따른 신고를 할 수 있다.
④ 사법경찰관은 제53조에 따라 고소인등에게 제51조제1항제4호에 따른 수사중지 결정의 통지를 할 때에는 제3항에 따라 신고할 수 있다는 사실을 함께 고지해야 한다.

제55조【소재수사에 관한 협력 등】 ① 검사와 사법경찰관은 소재불명(所在不明)인 피의자나 참고인을 발견한 때에는 해당 사실을 통보하는 등 서로 협력해야 한다.
② 검사는 법 제245조의5제1호 또는 법 제245조의7제2항에 따라 송치된 사건의 피의자나 참고인의 소재 확인이 필요하다고 판단하는 경우 피의자나 참고인의 주소지 또는 거소지 등을 관할하는 경찰관서의 사법경찰관에게 소재수사를 요청할 수 있다. 이 경우 요청을 받은 사법경찰관은 이에 협력해야 한다.
③ 검사 또는 사법경찰관은 제51조제1항제4호 또는 제52조제1항제3호·제4호에 따라 수사중지 또는 기소중지·참고인중지된 사건의 피의자 또는 참고인을 발견하는 등 수사중지 결정 또는 기소중지·참고인중지 결정의 사유가 해소된 경우에는 즉시 수사를 진행해야 한다.

제56조【사건기록의 등본】 ① 검사 또는 사법경찰관은 사건 관계 서류와 증거물을 분리하여 송부하거나 반환할 필요가 있으나 해당 서류와 증거물의 분리가 불가능하거나 현저히 곤란한 경우에는 그 서류와 증거물을 등사하여 송부하거나 반환할 수 있다.
② 검사 또는 사법경찰관은 제45조제1항, 이 조 제1항 등에 따라 사건기록 등본을 송부받은 경우 이를 다른 목적으로 사용할 수 없으며, 다른 법령에 특별한 규정이 있는 경우를 제외하고는 그 사용 목적을 위한 기간이 경과한 때에 즉시 이를 반환하거나 폐기해야 한다.

제57조【송치사건 관련 자료 제공】 검사는 사법경찰관이 송치한 사건에 대해 검사의 공소장, 불기소결정서, 송치결정서 및 법원의 판결문을 제공할 것을 요청하는 경우 이를 사법경찰관에게 지체 없이 제공해야 한다.

제2절 사건송치와 보완수사요구

제58조【사법경찰관의 사건송치】 ① 사법경찰관은 관계 법령에 따라 검사에게 사건을 송치할 때에는 송치의 이유와 범위를 적은 송치 결정서와 압수물 총목록, 기록목록, 범죄경력 조회 회보서, 수사경력 조회 회보서 등 관계 서류와 증거물을 함께 송부해야 한다.
② 사법경찰관은 피의자 또는 참고인에 대한 조사과정을 영상녹화한 경우에는 해당 영상녹화물을 봉인한 후 검사에게 사건을 송치할 때 봉인된 영상녹화물의 종류와 개수를 표시하여 사건기록과 함께 송부해야 한다.
③ 사법경찰관은 사건을 송치한 후에 새로운 증거물, 서류 및 그 밖의 자료를 추가로 송부할 때에는 이전에 송치한 사건명, 송치 연월일, 피의자의 성명과 추가로 송부하는 서류 및 증거물 등을 적은 추가송부서를 첨부해야 한다.

제59조【보완수사요구의 대상과 범위】 ① 검사는 사법경찰관으로부터 송치받은 사건에 대해 보완수사가 필요하다고 인정하는 경우에는 직접 보완수사를 하거나 법 제197조의2제1항제1호에 따라 사법경찰관에게 보완수사를 요구할 수 있다. 다만, 송치사건의 공소제기 여부 결정에 필요한 경우로서 다음 각 호의 어느 하나에 해당하는 경우에는 특별히 사법경찰관에게 보완수사를 요구할 필요가 있다고 인정되는 경우를 제외하고는 검사가 직접 보완수사를 하는 것을 원칙으로 한다.
1. 사건을 수리한 날(이미 보완수사요구가 있었던 사건의 경우 보완수사 이행 결과를 통보받은 날을 말한다)부터 1개월이 경과한 경우
2. 사건이 송치된 이후 검사가 해당 피의자 및 피의사실에 대해 상당한 정도의 보완수사를 한 경우
3. 법 제197조의3제5항, 제197조의4제1항 또는 제198조의2제2항에 따라 사법경찰관으로부터 사건을 송치받은 경우
4. 제7조 또는 제8조에 따라 검사와 사법경찰관이 사건 송치 전에 수사할 사항, 증거수집의 대상 및 법령의 적용 등에 대해 협의를 마치고 송치한 경우

(2023.10.17 본항개정)
② 검사는 법 제197조의2제1항에 따른 보완수사요구 여부를 판단하는 경우 필요한 보완수사의 정도, 수사 진행 기간, 구체적 사건의 성격에 따른 수사 주체의 적합성 및 검사와 사법경찰관의 상호 존중과 협력의 취지 등을 종합적으로 고려한다.(2023.10.17 본항신설)
③ 검사는 법 제197조의2제1항제1호에 따라 사법경찰관에게 송치사건 및 관련사건(법 제11조에 따른 관련사건 및 법 제208조제2항에 따라 간주되는 동일한 범죄사실에 관한 사건을 말한다. 다만, 법 제11조제1호의 경우에는 수사기록에 명백히 현출(現出)되어 있는 사건으로 한정한다)에 대해 다음 각 호의 사항에 관한 보완수사를 요구할 수 있다.
1. 범인에 관한 사항
2. 증거 또는 범죄사실 증명에 관한 사항
3. 소송조건 또는 처벌조건에 관한 사항
4. 양형 자료에 관한 사항
5. 죄명 및 범죄사실의 구성에 관한 사항
6. 그 밖에 송치받은 사건의 공소제기 여부를 결정하는 데 필요하거나 공소유지와 관련해 필요한 사항

④ 검사는 사법경찰관이 신청한 영장(「통신비밀보호법」 제6조 및 제8조에 따른 통신제한조치허가서 및 같은 법 제13조에 따른 통신사실 확인자료 제공 요청 허가서를 포함한다. 이하 이 항에서 같다)의 청구 여부를 결정하기 위해 필요한 경우 법 제197조의2제1항제2호에 따라 사법경찰관에게 보완수사를 요구할 수 있다. 이 경우 보완수사를 요구할 수 있는 범위는 다음 각 호와 같다.
1. 범인에 관한 사항
2. 증거 또는 범죄사실 소명에 관한 사항
3. 소송조건 또는 처벌조건에 관한 사항
4. 해당 영장이 필요한 사유에 관한 사항
5. 죄명 및 범죄사실의 구성에 관한 사항
6. 법 제11조(법 제11조제1호의 경우는 수사기록에 명백히 현출되어 있는 사건으로 한정한다)와 관련된 사항
7. 그 밖에 사법경찰관이 신청한 영장의 청구 여부를 결정하기 위해 필요한 사항

제60조【보완수사요구의 방법과 절차】 ① 검사는 법 제197조의2제1항에 따라 보완수사를 요구할 때에는 그 이유와 내용 등을 구체적으로 적은 서면과 관계 서류 및 증거물을 사법경찰관에게 함께 송부해야 한다. 다만, 보완수사 대상의 성질, 사안의 긴급성 등을 고려하여 관계 서류와 증거물을 송부할 필요가 없거나 송부하는 것이 적절하지 않다고 판단하는 경우에는 해당 관계 서류와 증거물을 송부하지 않을 수 있다.
② 보완수사를 요구받은 사법경찰관은 제1항 단서에 따라 송부받지 못한 관계 서류와 증거물이 보완수사를 위해 필요하다고 판단하면 해당 서류와 증거물을 대출하거나 그 전부 또는 일부를 등사할 수 있다.
③ 사법경찰관은 법 제197조의2제1항에 따른 보완수사요구가 접수된 날부터 3개월 이내에 보완수사를 마쳐야 한다.(2023.10.17 본항신설)
④ 사법경찰관은 법 제197조의2제2항에 따라 보완수사를 이행한 경우에는 그 이행 결과를 검사에게 서면으로 통보해야 하며, 제1항 본문에 따라 관계 서류와 증거물을 송부받은 경우에는 그 서류와 증거물을 함께 반환해야 한다. 다만, 관계 서류와 증거물을 반환할 필요가 없는 경우에는 보완수사의 이행 결과만을 검사에게 통보할 수 있다.
⑤ 사법경찰관은 법 제197조의2제1항제1호에 따라 보완수사를 이행한 결과 법 제245조의5제1호에 해당하지 않는다고 판단한 경우에는 제51조제1항제3호에 따라 사건을 불송치하거나 같은 항 제4호에 따라 수사중지할 수 있다.

제61조【직무배제 또는 징계 요구의 방법과 절차】 ① 검찰총장 또는 각급 검찰청 검사장은 법 제197조의2제3항에 따라 사법경찰관의 직무배제 또는 징계를 요구할 때에는 그 이유를 구체적으로 적은 서면에 이를 증명할 수 있는 관계 자료를 첨부하여 해당 사법경찰관이 소속된 경찰관서장에게 통보해야 한다.
② 제1항의 직무배제 요구를 통보받은 경찰관서장은 정당한 이유가 있는 경우를 제외하고는 그 요구를 받은 날부터 20일 이내에 해당 사법경찰관을 직무에서 배제해야 한다.
③ 경찰관서장은 제1항에 따른 요구의 처리 결과와 그 이유를 직무배제 또는 징계를 요구한 검찰총장 또는 각급 검찰청 검사장에게 통보해야 한다.

제3절 사건불송치와 재수사요청

제62조【사법경찰관의 사건불송치】 ① 사법경찰관은 법 제245조의5제2호 및 이 영 제51조제1항제3호에 따라 불송치 결정을 하는 경우 불송치의 이유를 적은 불송치 결정서와 함께 압수물 총목록, 기록목록 등 관계 서류와 증거물을 검사에게 송부해야 한다.
② 제1항의 경우 영상녹화물의 송부 및 새로운 증거물 등의 추가 송부에 관하여는 제58조제2항 및 제3항을 준용한다.

제63조【재수사요청의 절차 등】 ① 검사는 법 제245조의8에 따라 사법경찰관에게 재수사를 요청하려는 경우에는 법 제245조의5제2호에 따라 관계 서류와 증거물을 송부받은 날부터 90일 이내에 해야 한다. 다만, 다음 각 호의 어느 하나에 해당하는 경우에는 관계 서류와 증거물을 송부받은 날부터 90일이 지난 후에도 재수사를 요청할 수 있다.
1. 불송치 결정에 영향을 줄 수 있는 명백히 새로운 증거 또는 사실이 발견된 경우
2. 증거 등의 허위, 위조 또는 변조를 인정할 만한 상당한 정황이 있는 경우
② 검사는 제1항에 따라 재수사를 요청할 때에는 그 내용과 이유를 구체적으로 적은 서면으로 해야 한다. 이 경우 법 제245조의5제2호에 따라 송부받은 관계 서류와 증거물을 사법경찰관에게 반환해야 한다.
③ 검사는 법 제245조의8에 따라 재수사를 요청한 경우 그 사실을 고소인등에게 통지해야 한다.
④ 사법경찰관은 법 제245조의8제1항에 따른 재수사의 요청이 접수된 날부터 3개월 이내에 재수사를 마쳐야 한다.(2023.10.17 본항신설)

제64조【재수사 결과의 처리】 ① 사법경찰관은 법 제245조의8제2항에 따라 재수사를 한 경우 다음 각 호의 구분에 따라 처리한다.
1. 범죄의 혐의가 있다고 인정되는 경우 : 법 제245조의5제1호에 따라 검사에게 사건을 송치하고 관계 서류와 증거물을 송부
2. 기존의 불송치 결정을 유지하는 경우 : 재수사 결과서에 그 내용과 이유를 구체적으로 적어 검사에게 통보
② 검사는 사법경찰관이 제1항제2호에 따라 재수사 결과를 통보한 사건에 대해서 다시 재수사를 요청하거나 송치 요구를 할 수 없다. 다만, 검사는 사법경찰관이 사건을 송치하지 않은 위법 또는 부당이 시정되지 않아 사건을 송치받아 수사할 필요가 있는 다음 각 호의 경우에는 법 제197조의3에 따라 사건송치를 요구할 수 있다.
1. 관련 법령 또는 법리에 위반된 경우
2. 범죄 혐의의 유무를 명확히 하기 위해 재수사를 요청한 사항에 관하여 그 이행이 이루어지지 않은 경우. 다만, 불송치 결정의 유지에 영향을 미치지 않음이 명백한 경우는 제외한다.
3. 송부받은 관계 서류 및 증거물과 재수사 결과만으로도 범죄의 혐의가 명백히 인정되는 경우
4. 공소시효 또는 형사소추의 요건을 판단하는 데 오류가 있는 경우
(2023.10.17 본항개정)
③ 검사는 제2항 각 호 외의 부분 단서에 따른 사건송치 요구 여부를 판단하기 위해 필요한 경우에는 사법경찰관에게 관계 서류와 증거물의 송부를 요청할 수 있다. 이 경우 요청을 받은 사법경찰관은 이에 협력해야 한다.
(2023.10.17 본항신설)
④ 검사는 재수사 결과를 통보받은 날(제3항에 따라 관계 서류와 증거물의 송부를 요청한 경우에는 관계 서류와 증거물을 송부받은 날을 말한다)부터 30일 이내에 제2항 각 호 외의 부분 단서에 따른 사건송치 요구를 해야 하고, 그 기간 내에 사건송치 요구를 하지 않을 경우에는 송부받은 관계 서류와 증거물을 사법경찰관에게 반환해야 한다.(2023.10.17 본항신설)

제65조【재수사 중의 이의신청】 사법경찰관은 법 제245조의8제2항에 따라 재수사 중인 사건에 대해 법 제245조의7제1항에 따른 이의신청이 있는 경우에는 재수사를 중단해야 하며, 같은 조 제2항에 따라 해당 사건을 지체 없이 검사에게 송치하고 관계 서류와 증거물을 송부해야 한다.

제5장 보 칙

제66조【재정신청 접수에 따른 절차】 ① 사법경찰관이 수사 중인 사건이 법 제260조제2항제3호에 해당하여 같은 조 제3항에 따라 지방검찰청 검사장 또는 지청장에게 재정신청서가 제출된 경우 해당 지방검찰청 또는 지청 소속 검사는 즉시 사법경찰관에게 그 사실을 통보해야 한다.
② 사법경찰관은 제1항의 통보를 받으면 즉시 검사에게 해당 사건을 송치하고 관계 서류와 증거물을 송부해야 한다.
③ 검사는 제1항에 따른 재정신청에 대해 법원이 법 제262조제2항제1호에 따라 기각하는 결정을 한 경우에는 해당 결정서를 사법경찰관에게 송부해야 한다. 이 경우 제2항에 따라 송치받은 사건을 사법경찰관에게 이송해야 한다.

제67조【형사사법정보시스템의 이용】 검사 또는 사법경찰관은 「형사사법절차 전자화 촉진법」 제2조제1호에 따른 형사사법업무와 관련된 문서를 작성할 때에는 형사사법정보시스템을 이용해야 하며, 그에 따라 작성한 문서는 형사사법정보시스템에 저장·보관해야 한다. 다만, 다음 각 호의 어느 하나에 해당하는 문서로서 형사사법정보시스템을 이용하는 것이 곤란한 경우는 그렇지 않다.
1. 피의자나 사건관계인이 직접 작성한 문서
2. 형사사법정보시스템에 작성 기능이 구현되어 있지 않은 문서
3. 형사사법정보시스템을 이용할 수 없는 시간 또는 장소에서 불가피하게 작성해야 하거나 형사사법정보시스템의 장애 또는 전산망 오류 등으로 형사사법정보시스템을 이용할 수 없는 상황에서 불가피하게 작성해야 하는 문서

제68조【사건 통지 시 주의사항 등】 검사 또는 사법경찰관은 제12조에 따라 수사 진행상황을 통지하거나 제53조에 따라 수사 결과를 통지할 때에는 해당 사건의 피의자 또는 사건관계인의 명예나 권리 등이 부당하게 침해되지 않도록 주의해야 한다.

제69조【수사서류 등의 열람·복사】 ① 피의자, 사건관계인 또는 그 변호인은 검사 또는 사법경찰관이 수사 중인 사건에 관한 본인의 진술이 기재된 부분 및 본인이 제출한 서류의 전부 또는 일부에 대해 열람·복사를 신청할 수 있다.
② 피의자, 사건관계인 또는 그 변호인은 검사가 불기소 결정을 하거나 사법경찰관이 불송치 결정을 한 사건에 관한 기록의 전부 또는 일부에 대해 열람·복사를 신청할 수 있다.
③ 피의자 또는 그 변호인은 필요한 사유를 소명하고 고소장, 고발장, 이의신청서, 항고장, 재항고장(이하 "고소장등"이라 한다)의 열람·복사를 신청할 수 있다. 이 경우 열람·복사의 범위는 피의자에 대한 혐의사실 부분으로 한정하고, 그 밖에 사건관계인에 관한 사실이나 개인정보, 증거방법 또는 고소장등에 첨부된 서류 등은 제외한다.
④ 체포·구속된 피의자 또는 그 변호인은 현행범인체포서, 긴급체포서, 체포영장, 구속영장의 열람·복사를 신청할 수 있다.
⑤ 피의자 또는 사건관계인의 법정대리인, 배우자, 직계친족, 형제자매로서 피의자 또는 사건관계인의 위임장 및 신분관계를 증명하는 문서를 제출한 사람도 제1항부터 제4항까지의 규정에 따라 열람·복사를 신청할 수 있다.
⑥ 검사 또는 사법경찰관은 제1항부터 제5항까지의 규정에 따른 신청을 받은 경우에는 해당 서류의 공개로 사건관계인의 개인정보나 영업비밀이 침해될 우려가 있거나 범인의 증거인멸·도주를 용이하게 할 우려가 있는 경우 등 정당한 사유가 있는 경우를 제외하고는 열람·복사를 허용해야 한다.

제70조【영의 해석 및 개정】 ① 이 영을 해석하거나 개정하는 경우에는 법무부장관은 행정안전부장관과 협의하여 결정해야 한다.
② 제1항에 따른 해석 및 개정에 관한 법무부장관의 자문에 응하기 위해 법무부에 외부전문가로 구성된 자문위원회를 둔다.

제71조【민감정보 및 고유식별정보 등의 처리】 검사 또는 사법경찰관리는 범죄 수사 업무를 수행하기 위해 불가피한 경우 「개인정보 보호법」 제23조에 따른 민감정보, 같은 법 시행령 제19조에 따른 주민등록번호, 여권번호, 운전면허의 면허번호 또는 외국인등록번호나 그 밖의 개인정보가 포함된 자료를 처리할 수 있다.

부 칙

제1조【시행일】 이 영은 2021년 1월 1일부터 시행한다.
제2조【다른 법령의 폐지】 「검사의 사법경찰관리에 대한 수사지휘 및 사법경찰관리의 수사준칙에 관한 규정」은 폐지한다.
제3조【일반적 적용례】 이 영은 이 영 시행 당시 수사 중이거나 법원에 계속 중인 사건에 대해서도 적용한다. 다만, 이 영 시행 전에 부칙 제2조에 따라 폐지되는 「검사의 사법경찰관리에 대한 수사지휘 및 사법경찰관리의 수사준칙에 관한 규정」에 따라 한 행위의 효력에는 영향을 미치지 않는다.

부 칙 (2023.10.17)

제1조【시행일】 이 영은 2023년 11월 1일부터 시행한다.
제2조【일반적 적용례】 이 영은 이 영 시행 당시 수사 중이거나 법원에 계속 중인 사건에 대해서도 적용한다.

특별사법경찰관리에 대한 검사의 수사지휘 및 특별사법경찰관리의 수사준칙에 관한 규칙

(2021년 1월 1일
법무부령 제995호)

개정
2021. 2. 3법무부령1000호

제1장 총 칙

제1조【목적】 이 규칙은 「형사소송법」 제245조의10제4항에 따른 검사의 수사지휘에 관한 구체적인 사항과 「사법경찰관리의 직무를 행할 자와 그 직무범위에 관한 법률」에 따라 사법경찰관리의 직무를 행하는 자의 범죄수사에 관한 집무상의 준칙을 규정함으로써 수사과정에서 국민의 인권을 보호하고, 수사절차의 투명성과 수사의 효율성을 보장함을 목적으로 한다.

제2조【특별사법경찰관리의 직무】 ① 「사법경찰관리의 직무를 행할 자와 그 직무범위에 관한 법률」(이하 "사법경찰직무법"이라 한다)에 따라 사법경찰관의 직무를 행하는 자(이하 "특별사법경찰관"이라 한다)는 사법경찰직무법에 따른 직무의 범위에서 범인과 범죄사실을 수사하고 그에 관한 증거를 수집하는 것을 그 직무로 한다.
② 법에 따라 사법경찰리의 직무를 행하는 자(이하 "특별사법경찰리"라 한다)는 특별사법경찰관의 수사를 보조하는 것을 그 직무로 한다.
③ 특별사법경찰관 및 특별사법경찰리(이하 "특별사법경찰관리"라 한다)는 범죄를 수사하거나 그 수사를 보조하는 경우에는 검사의 지휘를 받아야 한다.

제3조【수사의 기본원칙】 ① 특별사법경찰관리는 모든 수사과정에서 헌법과 법률에 따라 보장되는 피의자와 그 밖의 피해자·참고인 등(이하 "사건관계인"이라 한다)의 권리를 보호하고, 적법한 절차에 따라야 한다.
② 특별사법경찰관리는 예단(豫斷)이나 편견 없이 신속하게 수사해야 하고, 주어진 권한을 자의적으로 행사하거나 남용해서는 안 된다.
③ 특별사법경찰관리는 다른 사건의 수사를 통해 확보된 증거 또는 자료를 내세워 관련이 없는 사건에 대한 자백이나 진술을 강요해서는 안 된다.

제4조【불이익 금지 및 기밀엄수】 특별사법경찰관리는 피의자나 사건관계인이 인권침해 신고나 그 밖에 인권 구제를 위한 신고, 진정, 고소, 고발 등의 행위를 했다는 이유로 부당한 대우를 하거나 불이익을 주어서는 안 된다.

제5조【수사사건의 공개금지 등】 ① 특별사법경찰관리는 범죄를 수사할 때에는 기밀을 엄수해야 하며, 수사의 모든 과정에서 피의자와 사건관계인의 사생활의 비밀을 보호하고 그들의 명예나 신용이 훼손되지 않도록 노력해야 한다.
② 특별사법경찰관리는 수사 관련 사항, 피의자와 사건관계인의 개인정보, 그 밖에 직무상 알게 된 사실을 누설(구체적 사건의 수사와 관련하여 수사권한이나 수사지휘 권한이 없는 상급자에게 누설하는 것을 포함한다)해서는 안 된다.

제2장 수 사

제1절 통 칙

제6조【관할】 ① 특별사법경찰관리는 법령에 따라 정해진 관할구역에서 직무를 수행한다. 다만, 관할구역의 사건과 관련성이 있는 사실을 발견하기 위해 필요한 때에는 관할구역 밖에서도 그 직무를 수행할 수 있다.
② 특별사법경찰관리는 관할구역 밖에서 수사하려는 경우에는 관할 지방검찰청 검사장 또는 지청장에게 미리 보고해야 한다. 다만, 「형사소송법」(이하 "법"이라 한다) 제200조의3, 제212조, 제214조, 제216조 및 제217조에 따른 수사를 하는 경우로서 긴급을 요구하여 미리 보고할 시간적 여유가 없을 때에는 사후에 보고할 수 있다.

제7조【임의수사 우선의 원칙과 강제수사 시 유의사항】 ① 특별사법경찰관리는 수사를 할 때 수사 대상자의 자유로운 의사에 따른 임의수사를 원칙으로 해야 하고, 강제수사는 법률에서 정한 바에 따라 필요한 경우에만 최소한의 범위에서 하되, 수사 대상자의 권익 침해의 정도가 더 적은 절차와 방법을 선택해야 한다.
② 특별사법경찰관리는 피의자를 체포·구속하는 과정에서 피의자 및 현장에 있는 가족 등 지인들의 인격과 명예를 침해하지 않도록 유의해야 한다.
③ 특별사법경찰관리는 압수·수색 과정에서 사생활의 비밀, 주거의 평온을 최대한 보장하고, 피의자 및 현장에 있는 가족 등 지인들의 인격과 명예를 침해하지 않도록 유의해야 한다.

제8조【회피】 특별사법경찰관리는 피의자나 사건관계인과 친족관계 또는 이에 준하는 관계가 있거나 그 밖에 수사의 공정성을 의심 받을 염려가 있는 사건에 대해서는 소속 기관의 장의 허가를 받아 그 수사를 회피해야 한다.

제9조【수사 진행상황의 통지】 특별사법경찰관리는 수사의 진행상황을 사건관계인에게 적절히 통지하도록 노력해야 한다.

제10조【변호인의 피의자신문 등 참여】 ① 특별사법경찰관은 법 제243조의2제1항에 따라 피의자 또는 그 변호인·법정대리인·배우자·직계친족·형제자매의 신청이 있는 경우에는 변호인의 참여로 인하여 신문이 방해되거나, 수사기밀이 누설되는 등 정당한 사유가 있는 경우를 제외하고는 피의자에 대한 신문에 변호인을 참여하게 해야 한다.

② 피의자 또는 그 변호인·법정대리인·배우자·직계친족·형제자매가 법 제243조의2제1항에 따른 피의자에 대한 신문의 변호인 참여를 신청하는 경우에는 별지 제1호서식의 변호인·변호사 참여신청서 또는 구술로 할 수 있다.

③ 특별사법경찰관은 변호인의 참여로 증거를 인멸·은닉·조작할 위험이 구체적으로 드러나거나, 신문 방해, 수사기밀 누설 등 수사에 현저한 지장을 초래하는 경우에는 피의자신문 중이라도 변호인의 참여를 제한할 수 있다. 이 경우 특별사법경찰관은 피의자와 변호인에게 변호인 참여를 제한하는 처분에 대해 법 제417조에 따른 준항고를 제기할 수 있다는 사실을 고지하고, 피의자에게 다른 변호인을 참여시킬 기회를 주어야 한다.

④ 특별사법경찰관은 피의자신문에 참여한 변호인이 피의자의 옆자리 등 실질적인 조력을 할 수 있는 위치에 앉도록 해야 하고, 정당한 사유가 없으면 피의자에 대한 법적인 조언·상담을 보장해야 하며, 법적인 조언·상담을 위한 변호인의 메모를 허용해야 한다.

⑤ 특별사법경찰관은 피의자에 대한 신문이 아닌 단순 면담 등이라는 이유로 변호인의 참여·조력을 제한해서는 안 된다.

⑥ 제1항부터 제5항까지의 규정은 특별사법경찰관의 사건관계인에 대한 조사·면담 등의 경우에도 적용한다.

⑦ 특별사법경찰관은 변호인이 여럿 있을 때에는 법 제32조의2에 따른 대표변호인의 지정, 지정의 철회 또는 변경을 별지 제2호서식의 대표변호인 지정 등 건의서로 검사에게 건의할 수 있다.

제11조【변호인의 의견진술】 ① 피의자신문에 참여한 변호인은 신문 후 조서를 열람하고 의견을 진술할 수 있다. 이 경우 변호인은 별도의 서면으로 의견을 제출할 수 있으며, 특별사법경찰관은 해당 서면을 사건기록에 편철한다.

② 피의자신문에 참여한 변호인은 신문 중이라도 특별사법경찰관의 승인을 받아 의견을 진술할 수 있다. 이 경우 특별사법경찰관은 정당한 사유가 있는 경우를 제외하고는 변호인의 의견진술 요청을 승인해야 한다.

③ 피의자신문에 참여한 변호인은 제2항에도 불구하고 부당한 신문방법에 대해서는 특별사법경찰관의 승인 없이 이의를 제기할 수 있다.

④ 특별사법경찰관은 제1항부터 제3항까지의 규정에 따른 의견진술 또는 이의제기가 있는 경우 해당 내용을 조서에 적어야 한다.

제12조【피해자 보호】 ① 특별사법경찰관리는 피해자의 명예와 사생활의 평온을 보호하기 위해 「범죄피해자보호법」 등 피해자 보호 관련 법령의 규정을 준수해야 한다.

② 특별사법경찰관리는 피의자의 범죄수법, 범행 동기, 피해자와의 관계, 언동 및 그 밖의 상황으로 보아 피해자가 피의자 또는 그 밖의 사람으로부터 생명·신체에 위해를 입거나 입을 염려가 있다고 인정되는 경우에는 직권 또는 피해자의 신청에 따라 신변보호에 필요한 조치를 강구해야 한다.

제13조【수사의 협조】 특별사법경찰관리는 직무를 수행하면서 다른 사법경찰관리와 서로 성실하게 협조해야 한다.

제14조【사건의 단위】 다음 각 호의 어느 하나에 해당하는 범죄사건은 1건으로 처리한다.

1. 법 제11조에 따른 관련사건. 이 경우 이미 검찰청 또는 이에 상응하는 관서에 송치하거나 이송한 후에 수리한 사건도 포함한다.
2. 불기소처분을 한 사건과 그 처분을 한 후 검사의 지휘에 따라 다시 수사를 개시한 사건
3. 1건으로 함께 수사하도록 검사의 수사지휘를 받은 사건
4. 다른 기관이나 다른 관서로부터 1건으로 이송된 사건

제15조【사법경찰관리 지명서 휴대의무】 사법경찰직무법 제5조에 따라 지명된 특별사법경찰관리는 압수수색·조사 등 수사업무를 수행할 때에는 사법경찰관리로 지명된 사람임을 증명하는 서류를 항상 지니고 있어야 한다.

제16조【합동단속반의 설치·운영 등】 ① 지방검찰청 검사장이나 지청장은 범죄의 태양(態樣), 범죄가 미치는 사회적 영향 등을 고려하여 특정 범죄(사법경찰직무법 제8조 및 제9조에 따른 사법경찰관리의 직무범위에 속하는 범죄는 제외한다)를 중점적으로 단속할 필요가 있거나 특정사범에 대한 일반사법경찰관리와 특별사법경찰관리의 중복단속을 피하기 위해 필요한 때에는 관계 행정기관의 장과 협의하여 합동단속반을 설치·운영할 수 있다.

② 지방검찰청 검사장 또는 지청장은 합동단속이나 실태조사 또는 특별사법경찰관리의 전문지식과 인권의식 함양 등을 위해 필요한 때에는 특별사법경찰관리가 소속된 행정기관의 장에게 특별사법경찰관리의 파견, 특별사법경찰관리의 직무를 소관으로 하는 부서에서의 일정기간 근무, 수사실무나 수사 관계 법률 또는 인권에 관한 교육의 수강 등 필요한 사항의 협조를 요청할 수 있다.

제2절 수사의 개시

제17조【내사】 ① 특별사법경찰관은 직무범위에 속하는 범죄에 관한 신문·방송이나 그 밖의 보도매체의 기사, 익명의 신고 또는 풍문이 있는 경우에는 특히 출처에 주의하여 진상을 내사하고, 내사 결과 범죄의 혐의가 있다고 인정할 때에는 즉시 수사를 개시해야 한다.

② 특별사법경찰관은 내사 결과 범죄의 혐의가 없다고 인정될 때에는 즉시 내사를 종결해야 한다.

③ 특별사법경찰관은 익명이나 가공인물의 이름으로 이루어진 진정·탄원 및 투서의 내용을 정확히 판단하여 수사 단서로서 가치가 없다고 인정할 때에는 내사하지 않을 수 있다.

④ 특별사법경찰관은 진정·탄원 및 투서의 내용이 소관으로 하는 형벌법규에 저촉되지 않는 것이 명백하다고 인정할 때에는 진정인·탄원인 및 투서인에게 그 뜻을 통지하고 내사하지 않을 수 있다.

제18조【범죄인지서】 ① 특별사법경찰관이 수사를 개시한 경우에는 별지 제3호서식의 범죄인지서를 작성해야 한다.

② 제1항에 따른 범죄인지서에는 피의자의 성명·주민등록번호·직업·주거·범죄경력, 수사경력, 죄명, 범죄사실 및 적용될 법조문을 적어야 하며, 범죄사실에는 범죄의 일시·장소·방법 등을 명시하고 특히 수사의 단서와 범죄사실을 인지하게 된 경위를 구체적으로 적어야 한다.

제19조【수사의 개시】 ① 특별사법경찰관이 다음 각 호의 어느 하나에 해당하는 행위에 착수한 때에는 수사를 개시한 것으로 본다. 이 경우 특별사법경찰관은 해당 사건을 즉시 입건해야 한다.

1. 피혐의자의 수사기관 출석조사
2. 피의자신문조서의 작성
3. 긴급체포
4. 체포·구속영장의 신청
5. 사람의 신체, 주거, 관리하는 건조물, 자동차, 선박, 항공기 또는 점유하는 방실에 대한 압수·수색 또는 검증영장(부검을 위한 검증영장은 제외한다)의 신청

② 특별사법경찰관은 수사 중인 사건의 범죄 혐의를 밝히기 위한 목적으로 관련 없는 사건의 수사를 개시하거나 수사기간을 부당하게 연장해서는 안 된다.

③ 특별사법경찰관은 입건 전에 범죄를 의심할 만한 정황이 있어 수사 개시 여부를 결정하기 위한 사실관계의 확인 등 필요한 조사를 할 때에는 적법절차를 준수하고 사건관계인의 인권을 존중하며, 조사가 부당하게 장기화되지 않도록 신속하게 진행해야 한다.

④ 특별사법경찰관은 제3항에 따른 조사 결과 입건하지 않는 결정을 한 때에는 피해자에 대한 보복범죄나 2차 피해가 우려되는 경우 등을 제외하고는 피혐의자 및 사건관계인에게 통지해야 한다.

제20조【사건기록의 관리】 ① 특별사법경찰관리는 다음 각 호의 어느 하나에 해당하는 행위를 한 후 제18조에 따른 범죄인지서를 작성하지 않은 사건에 대해서는 매 분기마다 해당 사건의 목록과 요지를 검사에게 제출해야 한다.

1. 압수·수색·검증(법에 따른 사람의 신체, 주거, 관리하는 건조물, 자동차, 선박, 항공기 또는 점유하는 방실에 대한 압수·수색·검증은 제외한다) 영장, 「통신비밀보호법」 제6조 및 제8조에 따른 통신제한조치허가서 및 같은 법 제13조에 따른 통신사실 확인자료제공요청 허가서 등 법원으로부터 법 및 다른 법률에 따라 발부받은 영장 또는 허가서에 의한 대물적(對物的) 강제처분의 집행
2. 현행범인의 체포 또는 인수

② 검사는 제1항 각 호의 행위가 다음 각 호의 어느 하나에 해당하는 경우에는 구체적 사건을 특정하여 특별사법경찰관리에게 관계 서류와 증거물을 제출할 것을 서면으로 지시할 수 있다. 이 경우 특별사법경찰관리는 그 지시에 따라야 한다.

1. 사건관계인이 검사에게 이의를 제기한 경우
2. 검사가 사건관계인의 인권이 침해되었다고 인정할 만한 현저한 이유가 있다고 판단하는 경우

제21조【변사자의 검시】 ① 특별사법경찰관은 변사자 또는 변사한 것으로 의심되는 시체가 있으면 변사사건 발생사실을 즉시 관할 지방검찰청 또는 지청의 검사에게 보고하고 지휘를 받아야 한다.

② 특별사법경찰관이 검사의 명령으로 법 제222조제1항 및 제3항에 따라 검시를 했을 때에는 별지 제4호서식의 검시조서를 작성해야 한다.

제22조【검시할 때의 주의사항】 ① 특별사법경찰관리는 검시에 착수하기 전에 변사자의 위치·상태 등이 변하지 않도록 현장을 보존해야 한다.

② 특별사법경찰관리는 변사자의 소지품이나 그 밖에 변사자가 남겨 놓은 물건이 수사에 필요하다고 인정될 때에는 이를 주의하여 보존해야 한다.

③ 특별사법경찰관리는 검시를 할 때에는 잠재지문과 변사자의 지문을 주의하여 채취하고, 의사로 하여금 사체검안서를 작성하게 해야 한다.

제23조【검시의 참여】 특별사법경찰관은 검시에 특별한 지장이 없다고 인정할 때에는 변사자의 가족·친족·이웃사람·친구, 공무원 또는 그 밖에 필요하다고 인정하는 사람을 검시에 참여시켜야 한다.

제24조【자살자의 검시】 특별사법경찰관은 자살한 사람을 검시할 때에는 자살을 교사하거나 방조한 사람이 있는지를 조사해야 하며, 유서가 있을 때에는 그 진위 여부를 조사해야 한다.

제3절 수사사무의 보고

제25조【수사개시 보고】 특별사법경찰관은 사법경찰직무법 제6조에서 부여한 직무범위에서 다음 각 호의 어느 하나에 해당하는 범죄에 대하여 수사를 개시했을 때에는 즉시 관할 지방검찰청 검사장 또는 지청장에게 별지 제5호서식의 수사개시 보고서로 보고해야 한다.

1. 내란의 죄(「형법」 제2편제1장에 따른 죄 및 다른 법률에 따라 가중처벌되는 죄를 말한다)
2. 외환의 죄(「형법」 제2편제2장에 따른 죄 및 다른 법률에 따라 가중처벌되는 죄를 말한다)
3. 공안(公安)을 해하는 죄(「형법」 제2편제5장에 따른 죄 및 다른 법률에 따라 가중처벌되는 죄를 말한다)
4. 폭발물과 방화 및 실화에 관한 죄(「형법」 제2편제6장 및 제13장에 따른 죄 및 다른 법률에 따라 가중처벌되는 죄를 말한다)
5. 살인의 죄(「형법」 제2편제24장에 따른 죄 및 다른 법률에 따라 가중처벌되는 죄를 말한다)
6. 상해치사·폭행치사죄(「형법」 제259조 및 제262조에 따른 죄 및 다른 법률에 따라 가중처벌되는 죄를 말한다)
7. 공무원의 직무에 관한 죄 및 공무방해에 관한 죄(「형법」 제2편제7장·제8장에 따른 죄 및 다른 법률에 따라 가중처벌되는 죄를 말한다)
8. 「국가보안법」 제3조부터 제12조까지의 규정에 따른 범죄
9. 「군형법」 제2편제1장에 따른 반란의 죄, 같은 법 제81조에 따른 암호부정사용죄, 「군사기밀보호법」 제10조, 제11조, 제11조의2, 제12조, 제13조, 제13조의2, 제14조부터 제18조까지의 규정에 따른 범죄 및 「군용물 등 범죄에 관한 특별조치법」 제3조·제4조에 따른 범죄
10. 다음 각 목의 어느 하나에 해당하는 범죄 중 피해규모, 광역성, 연쇄성, 범죄 태양 등에 비추어 사회적 이목을 끌만한 중대한 범죄
    가. 「관세법」 위반범죄
    나. 「자본시장과 금융투자업에 관한 법률」 위반범죄
    다. 「철도법」 위반범죄
    라. 「출입국관리법」 위반범죄
    마. 「특허법」, 「부정경쟁방지 및 영업비밀보호에 관한 법률」 및 「디자인보호법」 위반범죄
    바. 「근로기준법」 위반범죄 및 같은 법 제102조제5항의 노동 관계 법령 위반범죄
11. 지방검찰청 검사장 또는 지청장이 특별히 지휘한 사항

제26조【직무범위 외의 범죄발생에 대한 보고】 특별사법경찰관은 그 직무범위에 속하지 않는 범죄나 이에 대한 증거자료를 발견한 경우에도 다음 각 호의 어느 하나에 해당할 때에는 발견한 범죄사실이나 증거자료를 검사의 지휘를 받아 수사기관에 통보해야 한다.

1. 해당 범죄가 진행 중에 있는 등 시급한 조치가 필요한 때
2. 해당 범죄의 법정형에 징역형이 포함되어 있을 때

제27조【범죄통계원표 등】 ① 특별사법경찰관은 사건마다 범죄통계원표(발생사건표, 검거사건표 및 피의자표를 말한다)를 작성하여 검찰총장이나 관할 지방검찰청 검사장 또는 지청장에게 제출해야 한다.

② 특별사법경찰관은 사건을 인지할 때에는 피의자의 지문을 채취하여 별지 제6호서식의 수사자료표 송부서에 따라 지문대조조회를 해야 한다.

③ 특별사법경찰관이 고소·고발을 받은 사건을 직접 수사할 때에는 피의자의 지문을 채취하여 별지 제6호서식의 수사자료표 송부서에 따라 지문대조조회를 해야 한다. 다만, 고소·고발을 받은 사건이 다음 각 호의 어느 하나에 해당하는 경우로서 피의자가 「지문을 채취할 형사피의자의 범위에 관한 규칙」 제2조제2항제1호·제2호 또는 제4호의 어느 하나에 해당하지 않는 경우에는 피의자에 대한 지문채취 및 지문대조조회를 하지 않을 수 있다.

1. 혐의없음
2. 공소권없음
3. 죄가안됨
4. 각하
5. 참고인중지

제4절 수사지휘

제28조【수사지휘의 원칙】 검사는 특별사법경찰관을 존중하고, 법률에 따라 특별사법경찰관의 모든 수사를 적정하게 지휘한다.

제29조【수사지휘 일반】 ① 검찰총장, 지방검찰청 검사장 또는 지청장은 국민의 인권을 보호하고 수사절차의 투명성과 수사의 효율성을 보장하기 위해 특별사법경찰관리에게 필요한 일반적 수사준칙 또는 지침을 마련하여 시행할 수 있다.
② 지방검찰청 검사장 또는 지청장이 제1항에 따라 일반적 수사지휘를 하거나 세부 지침 등을 마련하여 시행하는 경우에는 법무부장관과 검찰총장에게 일반적 수사지휘 또는 세부 지침 등의 내용을 보고해야 한다.

제30조【수사지휘 건의】 ① 특별사법경찰관은 사건을 수사할 때 검사의 지휘가 필요하면 검사에게 별지 제7호서식의 수사지휘 건의서로 건의하여 구체적 지휘를 받아 수사할 수 있다. 다만, 범법자 출입국 규제 요청과 관련하여 지휘건의를 하는 경우에는 별지 제8호서식의 범법자 출입국 규제 요청 지휘 건의서에 따른다.
② 특별사법경찰관은 사건 수사와 관련하여 일반사법경찰관리 또는 다른 기관의 특별사법경찰관리와 업무권한의 충돌이나 분쟁이 생겨 기관 간의 업무 조정이 필요한 경우에도 별지 제7호서식의 수사지휘 건의서로 건의하여 구체적 지휘를 받아 수사할 수 있다.

제31조【수사지휘의 방식】 ① 검사는 특별사법경찰관리에게 사건에 대한 구체적 지휘를 할 때에는 서면 또는 「형사사법절차 전자화 촉진법」에 따른 형사사법정보시스템(이하 "형사사법정보시스템"이라 한다)을 이용하여 지휘해야 한다. 다만, 천재지변, 긴급한 상황, 이미 수사지휘한 내용을 보완하거나 지휘 내용이 명확한 경우, 수사현장에서 지휘하는 경우 등 서면 또는 형사사법정보시스템에 의한 지휘가 불가능하거나 필요 없다고 인정되는 경우에는 구두나 전화 등 간편한 방식으로 지휘할 수 있다.
② 특별사법경찰관은 검사가 제1항 단서에 따라 간편한 방식으로 지휘하였을 때에는 서면 또는 형사사법정보시스템을 이용하여 지휘해 줄 것을 요청할 수 있다.
③ 검사는 수사지휘를 위해 필요할 때에는 특별사법경찰관리에게 모든 관계 서류와 증거물을 송부할 것을 지시할 수 있다.
④ 검사는 사건이 복잡하여 설명이 필요한 경우 특별사법경찰관에게 대면하여 설명할 것을 요구할 수 있고, 특별사법경찰관은 수사 중인 사건에 관하여 필요할 때에는 검사에게 대면하여 보고할 수 있다.

제32조【수사지휘에 대한 재지휘 건의】 ① 특별사법경찰관은 다음 각 호의 어느 하나에 해당하는 경우에는 해당 검사에게 의견을 밝히고 재지휘를 건의할 수 있다.
1. 구체적 사건과 관련된 검사의 수사지휘의 적법성 또는 정당성에 이견이 있는 경우
2. 구체적 사건과 관련된 검사의 수사지휘 내용이 명확하지 않아 이행하기 어려운 경우
② 검사는 제1항에 따른 재지휘 건의를 받은 때에는 재지휘 여부를 결정하고, 필요한 조치를 해야 한다.

제33조【신속한 수사지휘】 검사는 특별사법경찰관으로부터 제30조에 따른 수사지휘 건의나 제32조에 따른 재지휘 건의를 받은 경우에는 지체 없이 지휘해야 한다. 다만, 사안이 복잡하거나 장기간 검토해야 할 특별한 사정이 있을 때에는 그렇지 아니하다.

제34조【수사지휘 기한 준수】 ① 특별사법경찰관은 검사가 기한을 지정하였을 때에는 그 기한 내에 지휘 사항을 이행해야 한다.
② 특별사법경찰관이 검사가 지휘한 기한 내에 지휘 사항을 이행하지 못하였을 때에는 그 사유를 소명하여 검사에게 별지 제9호서식의 수사기일 연장지휘 건의서로 수사기일 연장지휘를 건의해야 한다.

제35조【중요범죄의 입건 등】 ① 특별사법경찰관은 다음 각 호의 어느 하나에 해당하는 범죄에 대하여 수사를 개시했을 때에는 검사에게 지휘를 건의하고 입건 여부에 대한 검사의 의견에 따라야 한다.
1. 내란의 죄(「형법」 제2편제1장에 따른 죄 및 다른 법률에 따라 가중처벌되는 죄를 말한다)
2. 외환의 죄(「형법」 제2편제2장에 따른 죄 및 다른 법률에 따라 가중처벌되는 죄를 말한다)
3. 공안을 해하는 죄(「형법」 제2편제5장에 따른 죄 및 다른 법률에 따라 가중처벌되는 죄를 말한다)
4. 「국가보안법」 제3조부터 제12조까지의 규정에 따른 범죄
5. 「군사기밀보호법」 제10조, 제11조, 제11조의2, 제12조, 제13조, 제13조의2 및 제14조부터 제18조까지의 규정에 따른 범죄
② 특별사법경찰관은 제1항 각 호 외의 범죄에 대해서도 사안의 중대성 등을 고려하여 필요한 경우 검사에게 입건 여부에 대한 지휘를 받을 수 있다.
③ 특별사법경찰관은 제20조제2항에 따라 관계 서류와 증거물을 제출한 사건을 입건하거나 사건을 종결하려면 미리 검사의 지휘를 받아야 한다.

제5절 임의수사

제36조【출석요구】 ① 특별사법경찰관은 피의자에게 출석요구를 할 때에는 다음 각 호의 사항을 유의해야 한다.
1. 출석요구를 하기 전에 우편·전자우편·전화를 통한 진술 등 출석을 대체할 수 있는 방법의 선택 가능성을 고려할 것
2. 출석요구의 방법, 출석의 일시·장소 등을 정할 때에는 피의자의 명예 또는 사생활의 비밀이 침해되지 않도록 주의할 것
3. 출석요구를 할 때에는 피의자의 생업에 지장을 주지 않도록 충분한 시간적 여유를 두도록 하고, 피의자가 출석 일시의 연기를 요청하는 경우 특별한 사정이 없으면 출석 일시를 조정할 것
4. 불필요하게 여러 차례 출석요구를 하지 않을 것
② 특별사법경찰관은 피의자에게 출석요구를 하려는 경우 피의자와 조사의 일시·장소에 관하여 협의해야 한다. 이 경우 변호인이 있는 경우에는 변호인과도 협의해야 한다.
③ 특별사법경찰관은 피의자에게 출석요구를 하려는 경우 피의사실의 요지 등 출석요구의 취지를 구체적으로 적은 별지 제10호서식의 출석요구서를 발송해야 한다. 다만, 신속한 출석요구가 필요한 경우 등 부득이한 사정이 있는 경우에는 전화, 문자메시지, 그 밖의 상당한 방법으로 출석요구를 할 수 있다.
④ 특별사법경찰관은 제3항 본문에 따른 방법으로 출석요구를 했을 때에는 출석요구서의 사본을, 같은 항 단서에 따른 방법으로 출석요구를 했을 때에는 그 취지를 적은 수사보고서를 각각 사건기록에 편철한다.
⑤ 특별사법경찰관은 피의자가 치료 등 수사관서에 출석하여 조사를 받는 것이 현저히 곤란한 사정이 있는 경우에는 수사관서 외의 장소에서 조사할 수 있다.
⑥ 제1항부터 제5항까지의 규정은 피의자가 아닌 사람에 대한 출석요구의 경우에도 적용한다. 이 경우 피의자가 아닌 사람에 대한 출석요구는 별지 제11호서식의 참고인출석요구서에 따른다.
⑦ 특별사법경찰관은 제3항 또는 제6항에 따라 피의자 또는 피의자가 아닌 사람에게 출석요구를 한 경우에는 별지 제12호서식의 출석요구통지부에 해당 사항을 적어야 한다.

제37조【수사상 임의동행 시의 고지】 특별사법경찰관은 임의동행을 요구하는 경우 상대방에게 동행을 거부할 수 있다는 것과 동행하는 경우에도 언제든지 자유롭게 동행 과정에서 이탈하거나 동행 장소에서 퇴거할 수 있다는 것을 알려야 한다.

제38조【심야조사 제한】 ① 특별사법경찰관은 조사, 신문, 면담 등 그 명칭을 불문하고 피의자나 사건관계인에 대해 오후 9시부터 오전 6시까지 사이에 조사(이하 "심야조사"라 한다)를 해서는 안 된다. 다만, 이미 작성된 조서의 열람을 위한 절차는 자정 이전까지 진행할 수 있다.
② 제1항에도 불구하고 다음 각 호의 어느 하나에 해당하는 경우에는 심야조사를 할 수 있다. 이 경우 심야조사의 사유를 조서에 명확하게 적어야 한다.
1. 피의자를 체포한 후 48시간 이내에 구속영장의 청구 또는 신청 여부를 판단하기 위해 불가피한 경우
2. 공소시효가 임박한 경우
3. 피의자나 사건관계인이 출국, 입원, 원거리 거주, 직업상 사유 등 재출석이 곤란한 구체적인 사유를 들어 심야조사를 요청한 경우(변호인이 심야조사에 동의하지 않는다는 의사를 명시한 경우는 제외한다)로서 해당 요청에 상당한 이유가 있다고 인정되는 경우

제39조【장시간 조사 제한】 ① 특별사법경찰관은 조사, 신문, 면담 등 그 명칭을 불문하고 피의자나 사건관계인을 조사하는 경우에는 대기시간, 휴식시간, 식사시간 등 모든 시간을 합산한 조사시간(이하 "총조사시간"이라 한다)이 12시간을 초과하지 않도록 해야 한다. 다만, 다음 각 호의 어느 하나에 해당하는 경우에는 예외로 한다.
1. 피의자나 사건관계인의 서면 요청에 따라 조서를 열람하는 경우
2. 제38조제2항 각 호의 어느 하나에 해당하는 경우
② 특별사법경찰관은 특별한 사정이 없으면 총조사시간 중 식사시간, 휴식시간 및 조서의 열람시간 등을 제외한 실제 조사시간이 8시간을 초과하지 않도록 해야 한다.
③ 특별사법경찰관은 피의자나 사건관계인에 대한 조사를 마친 때부터 8시간이 지나기 전에는 다시 조사할 수 없다. 다만, 제1항제2호에 해당하는 경우에는 예외로 한다.

제40조【휴식시간 부여】 ① 특별사법경찰관은 조사에 상당한 시간이 소요되는 경우에는 특별한 사정이 없으면 피의자 또는 사건관계인에게 조사 도중에 최소한 2시간마다 10분 이상의 휴식시간을 주어야 한다.
② 특별사법경찰관은 조사 도중 피의자, 사건관계인 또는 그 변호인으로부터 휴식시간의 부여를 요청받았을 때에는 그때까지 조사에 소요된 시간, 피의자 또는 사건관계인의 건강상태 등을 고려해 적정하다고 판단될 경우 휴식시간을 주어야 한다.
③ 특별사법경찰관은 조사 중인 피의자 또는 사건관계인의 건강상태에 이상 징후가 발견되면 의사의 진료를 받게 하거나 휴식하게 하는 등 필요한 조치를 해야 한다.

제41조【신뢰관계인의 동석】 ① 법 제244조의5에 따라 피의자와 동석할 수 있는 신뢰관계에 있는 사람과 법 제221조제3항에서 준용하는 법 제163조의2에 따라 피의자 또는 피해자와 동석할 수 있는 신뢰관계에 있는 사람은 피의자 또는 피해자의 직계친족, 형제자매, 배우자, 가족, 동거인, 보호·교육시설의 보호·교육담당자 등 피의자 또는 피해자의 심리적 안정과 원활한 의사소통에 도움을 줄 수 있는 사람으로 한다.
② 피의자, 피해자 또는 그 법정대리인이 제1항에 따른 신뢰관계에 있는 사람(이하 "신뢰관계인"이라 한다)의 동석을 신청한 경우 특별사법경찰관은 그 관계를 포함하는 별지 제13호서식 또는 별지 제14호서식의 동석신청서를 제출받거나 조서 또는 수사보고서에 그 관계를 적어야 한다.
③ 제2항의 경우 특별사법경찰관은 신뢰관계인으로 동석할 사람과 피의자 또는 피해자와의 관계를 소명할 수 있는 자료를 제출받아 기록에 편철한다. 다만, 조사의 긴급성 또는 동석의 필요성 등이 현저한 경우에는 예외적으로 동석 조사 이후에 해당 자료를 제출받아 기록에 편철할 수 있다.
④ 특별사법경찰관은 신뢰관계인의 동석으로 인하여 신문이 방해되거나, 수사기밀이 누설되는 등 정당한 사유가 있는 경우에는 동석을 거부할 수 있으며, 신뢰관계인이 피의자신문 또는 피해자 조사를 방해하거나 그 진술의 내용에 부당한 영향을 미칠 수 있는 행위를 하는 등 수사에 현저한 지장을 초래하는 경우에는 피의자신문 또는 피해자 조사 중에도 동석을 제한할 수 있다.

제42조【자료·의견의 제출기회 보장】 ① 특별사법경찰관은 피의자 또는 사건관계인을 조사하기에 앞서 조사대상자에게 조사의 경위 및 이유를 설명해야 하고, 유리한 자료를 제출할 기회를 주거나, 조사 대상자로부터 피의사실에 대한 의견 및 조사 요구 사항 등을 들을 수 있다.
② 특별사법경찰관은 조사과정에서 피의자, 사건관계인 또는 그 변호인이 사실관계 등의 확인을 위해 자료를 제출하는 경우 그 자료를 수사기록에 편철한다.
③ 특별사법경찰관은 조사를 종결하기 전에 피의자, 사건관계인 또는 그 변호인에게 자료 또는 의견을 제출할 의사가 있는지를 확인하고, 자료 또는 의견을 제출받은 경우에는 해당 자료 및 의견을 수사기록에 편철한다.

제43조【수사과정의 기록】 ① 특별사법경찰관은 법 제244조의4에 따라 조사(신문, 면담 등 명칭을 불문한다. 이하 이 조에서 같다) 과정의 진행경과를 다음 각 호의 구분에 따른 방법으로 기록해야 한다.
1. 조서를 작성하는 경우 : 조서에 기록(별지 제15호서식의 수사 과정 확인서에 기록한 후 조서의 끝부분에 편철하는 것을 포함한다)
2. 조서를 작성하지 않는 경우 : 별지 제16호서식의 수사 과정 확인서에 기록한 후 수사기록에 편철
② 제1항에 따라 조사과정의 진행경과를 기록할 때에는 다음 각 호의 구분에 따른 사항을 구체적으로 적어야 한다.
1. 조서를 작성하는 경우에는 다음 각 목의 사항
   가. 조사 대상자가 조사장소에 도착한 시각
   나. 조사의 시작 및 종료 시각
   다. 조사 대상자가 조사장소에 도착한 시각과 조사를 시작한 시각에 상당한 시간적 차이가 있는 경우에는 그 이유
   라. 조사가 중단되었다가 재개된 경우에는 그 이유와 중단 시각 및 재개 시각
2. 조서를 작성하지 않는 경우에는 다음 각 목의 사항
   가. 조사 대상자가 조사장소에 도착한 시각
   나. 조사 대상자가 조사장소를 떠난 시각
   다. 조서를 작성하지 않는 이유
   라. 조사 외에 실시한 활동
   마. 변호인 참여 여부

제44조【피의자에 대한 조사사항】 특별사법경찰관리는 피의자를 조사할 때에는 다음 각 호의 사항을 유의해야 한다.
1. 피의자의 성명·연령·주민등록번호·등록기준지·주거 및 직업
2. 피의자가 법인 또는 단체인 경우에는 그 명칭·설립목적·소재지 및 기구와 대표자의 성명 및 주거
3. 피의자가 외국인인 경우에는 국적·주거·출생지·입국연월일·입국목적 및 외국인등록번호
4. 피의자의 전과 유무와 기소유예·선고유예 등을 받은 사실의 유무
5. 피의자가 자수하거나 자복한 때에는 그 동기와 경위
6. 피의자의 훈장·기장·포장 및 연금의 유무
7. 피의자의 병역관계
8. 피의자의 환경·교육·경력·가족상황·재산 정도 및 생활수준
9. 범죄의 동기·원인·성질·일시·장소·방법 및 결과
10. 피해자의 주거·직업·성명 및 연령
11. 피의자와 피해자가 친족관계이거나 그 밖의 특수한 관계인 경우에는 죄가 성립하는지의 여부 및 형의 가중 또는 감경에 관한 사항
12. 피의자의 처벌로 그 가정에 미치는 영향
13. 범죄로 피해자와 사회에 미치는 영향
14. 피해의 상태 및 손해액, 피해 회복의 여부와 피해자의 처벌 희망 여부
15. 피의자에게 이익이 될 만한 사항
16. 제1호부터 제15호까지의 규정에 따른 사항을 증명할 수 있는 사항

제45조【조서와 진술서】 ① 특별사법경찰관이 피의자를 신문하고 조서를 작성하는 경우에는 별지 제17호서식

및 별지 제18호서식(피의자를 추가로 신문하는 경우로 한정한다)의 피의자신문조서에 따른다.
② 특별사법경찰관이 피의자가 아닌 사람의 진술을 듣고 조서를 작성하는 경우에는 별지 제19호서식 및 별지 제20호서식(피의자가 아닌 사람의 진술을 추가로 듣는 경우로 한정한다)의 진술조서에 따른다.
③ 제1항의 피의자신문조서 및 제2항의 진술조서는 진술을 한 피의자 또는 피의자가 아닌 사람(이하 "진술인"이라 한다)에게 열람하게 하거나 읽어 들려주어야 하며, 진술한 대로 기재되지 않았거나 사실과 다른 부분이 있는지를 물어 진술인이 기재 내용의 증감 또는 변경을 청구하는 등 이의를 제기하거나 의견을 진술했을 때에는 이를 조서에 추가로 적어야 한다. 이 경우 진술인이 이의를 제기하였던 부분은 읽을 수 있도록 남겨두어야 한다.
④ 진술인이 조서에 대하여 이의나 의견이 없음을 진술한 때에는 진술인으로 하여금 그 취지를 별지 제21호서식 또는 제22호서식(진술인이 외국인인 경우로 한정한다)에 따라 자필로 기재하게 한 후 조서에 편철하고, 간인(間印)을 한 후 기명날인 또는 서명하게 해야 한다.
⑤ 법 제243조의2제4항에 따라 변호인의 의견을 기재한 피의자신문조서는 변호인에게 열람하게 한 후 변호인이 그 조서에 기명날인 또는 서명하게 해야 한다.
⑥ 특별사법경찰관은 변호인의 신문참여 및 그 제한에 관한 사항을 피의자신문조서에 적어야 한다.
⑦ 특별사법경찰관은 피의자 또는 피의자가 아닌 사람의 진술을 들어야 하는 경우에 다음 각 호의 어느 하나에 해당할 때에는 피의자 또는 피의자가 아닌 사람에게 별지 제23호서식에 따라 진술서를 작성하도록 할 수 있다.
1. 피의자 또는 피의자가 아닌 사람이 서면 진술을 원할 때
2. 진술 사항이 복잡하고 피의자 또는 피의자가 아닌 사람이 서면 진술에 동의할 때
3. 그 밖에 서면 진술을 하도록 하는 것이 상당하다고 인정되는 때
⑧ 특별사법경찰관은 제7항의 경우 피의자 또는 피의자가 아닌 사람이 자필로 진술서를 작성하도록 해야 하고, 특별사법경찰관리가 대신 진술서를 작성해서는 안 된다.
제46조【진술거부권 등의 고지 확인】 특별사법경찰관은 피의자신문조서 작성을 갈음하여 피의자에게 진술서를 작성하도록 하는 경우 등 피의자신문조서를 작성하지 않은 경우에는 법 제244조의3에 따라 진술거부권 등을 고지한 사실과 진술거부권 등의 고지에 대한 피의자의 답변에 대하여 피의자로부터 별지 제24호서식의 진술거부권 및 변호인 조력권 고지 등 확인서를 제출받아 기록에 편철해야 한다.
제47조【사건관계인의 조사】 ① 특별사법경찰관은 사건관계인이 출석한 경우 지체 없이 조사하고, 부득이한 사유로 조사의 시작이 늦어지거나 조사를 하지 못할 경우에는 그 사유를 설명해야 한다.
② 특별사법경찰관은 조사 과정을 녹음 또는 녹화하거나 같은 날 여러 명에 대해 출석요구하는 경우에는 시차를 두고 출석을 요구하는 등 불필요한 출석 요구나 장시간 대기를 방지해야 한다.
③ 특별사법경찰관은 피의자와 사건관계인의 대질조사는 불가피한 사정이 있고 사건관계인이 동의한 경우에만 할 수 있다.
④ 특별사법경찰관은 사건관계인을 조사할 때에는 폭언 또는 강압적이거나 모멸감을 주거나 공정성을 의심받을 수 있는 언행을 해서는 안 되고, 사생활에 대한 조사는 수사상 반드시 필요한 경우만 할 수 있다.
제48조【조서 및 자료의 편철】 특별사법경찰관은 조서, 수사보고서 등 수사관계 서류를 작성하거나 해당 사건에 관한 자료를 접수했을 때에는 작성 또는 접수 순서에 따라 사건기록에 편철하고, 이를 기록목록에 적어야 하며, 사건기록에는 매 장마다 장수를 적어야 한다. 다만, 범죄사실과 직접 관련이 없거나 중복하여 작성 또는 접수된 자료는 별도의 기록으로 분리하여 편철할 수 있다.
제49조【영상녹화】 ① 특별사법경찰관은 피의자 또는 참고인에 대한 조서를 작성할 때에는 필요한 경우 그 조사과정을 영상녹화할 수 있다.
② 특별사법경찰관은 조사과정을 영상녹화하는 경우 해당 조사의 시작부터 피조사자가 조서에 기명날인 또는 서명을 마치는 시점까지의 전 과정을 영상녹화해야 하며, 조사를 시작한 후에 영상녹화를 할 필요가 있게 된 경우에는 그 시점에서 진행 중인 조사를 종료하고, 그 다음 조사의 시작부터 조서에 피조사자가 서명날인 또는 서명을 마치는 시점까지의 전 과정을 영상녹화해야 한다.
③ 제2항에도 불구하고 특별사법경찰관은 조사를 마친 후 조서 정리에 장시간을 요하는 경우에는 조서정리과정을 영상녹화하지 않고, 조서 열람 시부터 영상녹화를 재개할 수 있다.
④ 특별사법경찰관은 피의자에 대한 조사과정을 영상녹화하는 경우 피의자에게 다음 각 호의 사항을 고지해야 한다.
1. 조사자 및 법 제243조에 따른 참여자(이하 "참여자"라 한다)의 성명과 직책
2. 영상녹화 사실 및 장소, 시작 및 종료 시각
3. 법 제244조의3에 따른 진술거부권 등
4. 조사를 중단·재개하는 경우 중단 이유와 중단 시각 및 중단 후 재개하는 시각
⑤ 특별사법경찰관은 참고인에 대한 조사과정을 영상녹화하는 경우 별지 제25호서식의 영상녹화 동의서에 따라 영상녹화에 대한 동의 여부를 확인하고, 제4항제1호, 제2호 및 제4호의 사항을 고지해야 한다.
⑥ 특별사법경찰관은 영상녹화를 할 때에는 조사실 전체를 확인할 수 있도록 하고, 피조사자의 얼굴과 음성을 식별할 수 있도록 해야 한다.
⑦ 특별사법경찰관은 피의자에 대한 조사과정을 영상녹화하는 경우 법 제243조에 따라 참여자를 참여하게 해야 한다. 이 경우, 참여자는 반드시 조사실에 동석해야 한다.
제50조【영상녹화물의 제작 등】 ① 특별사법경찰관은 영상녹화를 실시한 경우 영상녹화용 컴퓨터에 저장된 영상녹화파일을 이용하여 영상녹화물(CD, DVD 등) 1개를 제작하고, 피조사자의 기명날인 또는 서명을 받아 피조사자 또는 변호인의 면전에서 봉인하여 수사기록에 편철한다.
② 특별사법경찰관은 영상녹화물을 제작한 후 영상녹화용 컴퓨터에 저장되어 있는 영상녹화파일을 데이터베이스 서버에 전송하여 보관할 수 있다.
③ 특별사법경찰관은 제1항의 영상녹화물이 손상 또는 분실 등으로 인하여 사용될 수 없게 된 경우에는 데이터베이스 서버에 저장되어 있는 영상녹화파일을 이용하여 다시 영상녹화물을 제작할 수 있다.
제51조【임상조사】 특별사법경찰관리는 치료중인 피의자나 참고인을 상대로 임상신문(臨床訊問)을 하려는 경우에는 상대방의 건강상태를 충분히 고려해야 하며, 수사에 중대한 지장이 없는 한 가족이나 의사, 간호사 또는 해당 의료기관의 관리자를 참여시켜야 한다.
제52조【실황조사】 ① 특별사법경찰관은 수사상 필요하다고 인정되는 경우에는 범죄현장이나 그 밖의 장소에 가서 실황을 조사해야 한다.
② 특별사법경찰관은 제1항의 조사를 하였을 때에는 별지 제26호서식에 따라 실황조사서를 작성해야 한다.
제53조【수사관계사항의 조회】 특별사법경찰관은 법 제199조제2항에 따라 공무소 기타 공사단체에 필요한 사항의 보고를 요구하는 경우에는 별지 제27호서식의 수사사항조회서에 따른다.

제6절 강제수사

제54조【영장의 집행】 ① 특별사법경찰관리는 영장, 감정유치장, 허가장, 허가서 및 요청서 등(이하 "영장등"이라 한다)을 신속하고 정확하게 집행해야 한다.
② 특별사법경찰관리가 영장등을 집행할 때에는 피의자나 사건관계인의 신체와 명예를 보전(保全)하는데 유의해야 한다.
③ 영장은 검사의 서명·날인 또는 집행지휘서에 따라 집행한다.
④ 특별사법경찰관리는 법 제81조제1항 단서에 따라 재판장·수명법관 또는 수탁판사가 구속영장의 집행을 지휘할 때에는 즉시 구속영장을 집행해야 한다.
⑤ 특별사법경찰관은 피의자를 체포하거나 구속할 때에는 법 제200조의5(법 제209조에서 준용하는 경우를 포함한다)에 따라 피의자에게 피의사실의 요지, 체포·구속의 이유와 변호인을 선임할 수 있음을 말하고, 변명할 기회를 주어야 하며, 진술거부권을 알려주어야 한다.
⑥ 제5항에 따라 피의자에게 알려주어야 하는 진술거부권의 내용은 법 제244조의3제1항제1호부터 제3호까지의 사항으로 한다.
⑦ 특별사법경찰관은 제5항에 따라 피의자에게 진술거부권 등의 권리를 알려준 경우에는 피의자로부터 별지 제28호서식의 권리 고지 확인서를 받아 사건기록에 편철해야 한다. 다만, 피의자가 확인서에 기명날인 또는 서명하기를 거부할 때에는 별지 제28호서식의 권리 고지 확인서의 끝부분에 그 사유를 기재하고 기명날인 또는 서명해야 한다.
⑧ 특별사법경찰관리는 영장을 집행할 때에는 법 제89조 및 제90조를 준수해야 한다.
⑨ 특별사법경찰관은 제1항에 따라 체포·구속영장을 집행한 때에는 별지 제29호서식의 체포·구속영장 집행원부에 해당 사항을 기재해야 한다.
제55조【체포영장의 신청】 ① 특별사법경찰관은 법 제200조의2에 따라 검사에게 체포영장을 신청하려는 경우에는 별지 제30호서식의 체포영장신청서로 신청해야 한다.
② 특별사법경찰관은 제1항에 따라 체포영장을 신청하는 경우에는 해당 사항을 별지 제31호서식의 체포영장신청부에 기재해야 한다.
제56조【영장의 재신청】 특별사법경찰관은 다음 각 호의 어느 하나에 해당하는 경우 동일한 범죄사실로 다시 영장등의 발부를 신청할 때에는 그 취지를 검사에게 보고하고, 영장등의 신청서에 적어야 한다.
1. 영장을 신청하였으나 발부받지 못한 경우
2. 영장을 신청하여 이미 발부받았으나 다시 영장을 신청하는 경우
제57조【긴급체포】 ① 특별사법경찰관이 법 제200조의3 제1항에 따라 긴급체포를 하는 경우에는 피의자의 연령·경력·범죄성향, 범죄의 경중·양상, 그 밖의 여러 사정을 고려하여 인권의 침해가 없도록 신중을 기해야 한다.
② 특별사법경찰관이 피의자를 긴급체포한 때에는 즉시 별지 제32호서식의 긴급체포서를 작성하고 별지 제33호서식의 긴급체포원부에 그 내용을 적어야 한다.
③ 특별사법경찰관은 긴급체포 후 12시간 이내에 관할 지방검찰청 또는 지청의 검사에게 긴급체포를 승인하여 줄 것을 건의해야 한다. 다만, 기소중지된 피의자를 해당 기관 또는 관서가 위치하는 특별시·광역시·특별자치시·도 또는 특별자치도 외의 지역이나 「연안관리법」 제2조제2호나목의 바다에서 긴급체포한 때에는 긴급체포 후 24시간 내에 긴급체포에 대한 승인건의를 할 수 있다.
④ 특별사법경찰관이 제3항에 따라 긴급체포에 대한 승인을 건의할 때에는 범죄사실의 요지, 긴급체포의 일시·장소, 긴급체포의 사유, 체포를 계속해야 하는 사유 등을 포함하는 별지 제34호서식의 긴급체포승인건의서에 따른다. 다만, 긴급한 경우에는 형사사법정보시스템 또는 팩스를 이용하여 긴급체포에 대한 승인건의를 할 수 있다.
⑤ 특별사법경찰관은 긴급체포한 피의자를 석방했을 때에는 별지 제33호서식의 긴급체포원부에 석방일시와 석방사유를 적어야 한다.
⑥ 특별사법경찰관이 피의자를 긴급체포하는 경우의 진술거부권 등 권리 고지에 관하여는 제54조제5항부터 제8항까지의 규정을 준용한다.
제58조【현행범인의 체포】 ① 특별사법경찰관리가 현행범인을 체포한 때에는 체포의 경위를 상세히 적은 별지 제35호서식의 현행범인체포서를 작성해야 한다.
② 특별사법경찰관리가 현행범인을 인도받은 경우에는 현행범인을 체포한 사람으로부터 그의 성명·주민등록번호·직업·주거, 체포의 일시·장소·사유를 듣고 별지 제36호서식의 현행범인인수서를 작성해야 한다.
③ 특별사법경찰관리가 현행범인을 체포하거나 현행범인을 인도받은 경우에는 특히 인권의 침해가 없도록 신중을 기해야 한다.
④ 특별사법경찰관이 현행범인을 체포하거나 인수하는 경우의 진술거부권 등 권리 고지에 관하여는 제54조제5항부터 제8항까지의 규정을 준용한다.
제59조【현행범인의 조사와 석방】 ① 특별사법경찰관리는 현행범인을 체포하거나 체포된 현행범인을 인수한 경우에는 조사가 현저히 곤란하다고 인정되는 경우가 아니면 지체 없이 조사하고, 계속 체포하거나 구금할 필요가 없다고 인정될 때에는 즉시 석방해야 한다.
② 특별사법경찰관은 제1항에 따라 현행범인을 석방했을 때에는 지체 없이 검사에게 보고하고, 석방일시와 석방사유를 기재한 별지 제37호서식의 피의자 석방보고서를 작성하여 수사기록에 편철해야 한다.
③ 체포한 현행범인을 석방할 때에는 별지 제38호서식의 현행범인체포원부에 석방일시와 석방사유를 적어야 한다.
제60조【구속영장의 신청 등】 ① 특별사법경찰관이 검사에게 구속영장을 신청하는 경우에는 다음 각 호의 구분에 따른 신청서와 서류를 제출해야 한다.
1. 법 제200조의2에 따른 체포영장으로 체포한 피의자에 대하여 구속영장을 신청하는 경우 : 별지 제39호서식의 구속영장신청서 및 체포영장
2. 법 제200조의3에 따라 긴급체포한 피의자에 대하여 구속영장을 신청하는 경우 : 별지 제40호서식의 구속영장신청서 및 제57조제2항의 긴급체포서
3. 법 제201조에 따라 구속영장을 신청하는 경우 : 별지 제41호서식의 구속영장신청서
4. 법 제212조에 따라 현행범인으로 체포한 피의자에 대하여 구속영장을 신청하는 경우 : 별지 제42호서식의 구속영장신청서, 제58조제1항의 현행범인체포서 및 같은 조 제2항의 현행범인인수서
② 특별사법경찰관은 피의자에 대하여 구속영장을 신청할 때 법 제209조에서 준용하는 법 제70조제2항의 필요적 고려사항이 있는 경우에는 제1항 각 호의 구속영장신청서에 이를 기재한다.
③ 특별사법경찰관은 검사로부터 법 제201조의2제3항 전단에 따른 심문기일과 장소를 통지받은 때에는 검사의 지휘를 받아 지정된 기일과 장소에 체포된 피의자를 출석시켜야 한다.
④ 특별사법경찰관은 제1항에 따라 구속영장을 신청한 경우에는 별지 제43호서식의 구속영장신청부에 해당 사항을 기재해야 한다.
제61조【체포·구속의 통지 등】 ① 특별사법경찰관은 법 제200조의6 또는 제209조에서 준용하는 법 제87조에 따라 체포·구속의 통지를 하는 경우에는 별지 제44호서식의 체포·구속 통지서에 따른다.
② 특별사법경찰관은 제1항에 따른 통지를 하는 경우에는 각 호의 구분에 따른 사람에게 체포·구속한 때부터 늦어도 24시간 내에 서면으로 사건명, 체포·구속의 일시·장소, 범죄사실의 요지, 체포·구속의 이유와 변호인을 선임할 수 있음을 통지해야 한다.
1. 변호인이 있는 경우 : 변호인
2. 변호인이 없는 경우 : 법 제30조제2항에서 규정한 사람 중 피의자가 지정한 사람
③ 특별사법경찰관은 제2항제2호의 경우에 법 제30조제2항에서 규정한 사람이 없어 체포·구속의 통지를 할 수

없는 경우에는 그 취지를 수사보고서에 적어 수사기록에 편철해야 한다.
④ 특별사법경찰관은 긴급을 요할 때에는 전화·모사전송 또는 이에 상응하는 방법으로 체포·구속의 통지를 할 수 있다. 이 경우 체포·구속한 때부터 늦어도 24시간 내에 다시 서면으로 체포·구속의 통지를 해야 한다.
⑤ 제1항에 따른 체포·구속의 통지서 사본은 수사기록에 편철해야 한다.
⑥ 법 제214조의2제2항에 따라 법 제214조의2제1항에서 규정한 사람 중에서 피의자가 지정한 사람에게 적부심사를 청구할 수 있음을 통지하는 경우에도 제1항부터 제3항까지의 규정을 준용한다.

제62조【체포·구속영장등본의 교부】 ① 특별사법경찰관은 법 제214조의2제1항에서 규정한 사람이 체포·구속영장의 등본을 교부하여 줄 것을 청구하는 경우에는 그 등본을 교부해야 한다.
② 특별사법경찰관은 제1항에 따라 체포·구속영장 등본을 교부했을 때에는 별지 제45호서식의 체포·구속영장등본교부대장을 작성해야 한다.

제63조【피의자의 접견 등】 ① 특별사법경찰관리는 변호인 또는 변호인이 되려는 사람이 체포·구속된 피의자와의 접견, 서류·물건의 수수(授受) 또는 의사에 의한 피의자의 진료를 요청할 때에는 친절하게 응해야 한다.
② 특별사법경찰관리는 변호인 또는 변호인이 되려는 사람이 아닌 사람이 체포·구속된 피의자와의 접견, 서류·물건의 수수 또는 의사에 의한 피의자의 진료를 요청하는 경우 법 제200조의6에서 준용하는 법 제91조에 따라 피의자 접견 등을 금지하는 결정이 없는 때에는 제1항에 준하여 처리해야 한다.
③ 제1항에 따른 접견 등은 접촉차단시설이 없는 장소에서 하도록 해야 하며, 제2항에 따른 접견 등은 접견 장소 부족, 접견시설의 질서 유지, 접견 사무의 장애 등 특별한 사유가 없으면 유치장 외의 방실에서 하도록 해야 한다.
④ 특별사법경찰관리는 제1항 및 제2항에 따른 접견 등의 신청을 받아 접견 등을 하도록 했을 때에는 다음 각 호의 구분에 따른 서류를 작성해야 한다.
1. 접견 : 별지 제46호서식의 체포·구속인 접견부
2. 교통 : 별지 제47호서식의 체포·구속인 교통부
3. 진료 : 별지 제48호서식의 체포·구속인 진료부

제64조【피의자 유치 시 유의사항】 ① 특별사법경찰관은 피의자를 유치할 때에 위험물 또는 휴대금품을 보관하는 경우에는 유치인에게 별지 제49호서식의 임치증명서를 교부해야 한다.
② 특별사법경찰관은 피의자를 유치한 경우에는 별지 제50호서식의 임치 및 급식상황표에 임치금품의 처리현황, 급식상황 등을 기재해야 한다.
③ 특별사법경찰관은 유치인에게 자기 용도를 위한 차입물품을 사용하는 것을 허가하는 경우에는 별지 제51호서식의 물품차입부에 해당 사항을 기재해야 한다.

제65조【구금된 피의자의 처우】 특별사법경찰관리는 구금된 피의자에 대해서는 구금생활에 필요한 의류·침구, 그 밖의 생활용품과 식량 등을 지급해야 하며, 위생·의료 등에 있어서 상당한 처우를 해야 한다.

제66조【구금과 건강상태】 특별사법경찰관은 피의자를 구금할 때에는 그의 건강상태를 조사하고 체포·구속으로 인하여 현저하게 건강을 해칠 염려가 있다고 인정할 때에는 그 사유를 검사에게 보고해야 한다.

제67조【피의자의 석방】 ① 특별사법경찰관은 법 제200조의2 또는 제212조에 따라 체포한 피의자나 법 제200조의3에 따라 긴급체포한 피의자 또는 구속한 피의자를 석방할 때에는 미리 검사의 지휘를 받아야 한다.
② 특별사법경찰관은 제1항에 따른 검사의 석방지휘가 있을 때에는 즉시 체포 또는 긴급체포한 피의자나 구속한 피의자를 석방해야 한다.
③ 특별사법경찰관은 피의자를 석방했을 때에는 그 사실을 다음 각 호의 구분에 따른 서식에 따라 검사에게 지체 없이 보고해야 하며, 석방일시와 석방사유를 기재한 서면을 작성하여 수사기록에 편철해야 한다.
1. 긴급체포한 피의자를 석방했을 때 : 별지 제52호서식의 피긴급체포자 석방보고서
2. 현행범인으로 체포한 피의자 또는 구속한 피의자를 석방했을 때 : 별지 제37호서식의 피의자 석방보고서
④ 특별사법경찰관은 제1항에 따라 석방을 건의하는 경우에는 별지 제53호서식의 피의자 석방 건의서로 한다. 다만, 긴급을 요하는 경우에는 전화, 팩스, 전자우편, 그 밖의 상당한 방법으로 석방을 건의할 수 있다.

제68조【체포·구속장소 감찰 관련 조치】 ① 특별사법경찰관은 법 제198조의2에 따른 검사의 체포·구속장소 감찰과 관련하여 별지 제54호서식의 체포·구속인명부를 작성하여 관리해야 한다.
② 특별사법경찰관은 검사가 법 제198조의2에 따라 체포·구속장소를 감찰한 후 체포 또는 구속된 피의자의 석방을 명하거나 사건을 송치할 것을 명한 때에는 즉시 피의자를 석방하거나 사건을 송치하고, 피의자석방명령서 또는 사건송치명령서를 수사기록에 편철해야 한다.

제69조【피의자의 도주 등】 특별사법경찰관은 체포하거나 구속한 피의자가 도주 또는 사망하거나, 그 밖의 이상이 발생한 때에는 즉시 관할 지방검찰청 또는 지청의 검사에게 보고해야 한다.

제70조【압수·수색 또는 검증영장의 신청】 ① 특별사법경찰관은 압수·수색 또는 검증영장을 신청하는 경우 압수·수색 또는 검증의 범위를 범죄 혐의의 소명에 필요한 최소한으로 정해야 하고, 수색 또는 검증할 장소·신체·물건 및 압수할 물건 등을 구체적으로 특정해야 한다.
② 특별사법경찰관은 검사에게 압수·수색 또는 검증영장을 신청할 때에는 다음 각 호의 구분에 따른 신청서를 검사에게 제출해야 한다.
1. 압수·수색·검증영장신청(일반용) : 별지 제55호서식
2. 압수·수색·검증영장신청(금융계좌 추적용) : 별지 제56호서식의 신청서
3. 압수·수색·검증영장신청(사후) : 별지 제57호서식의 신청서
③ 특별사법경찰관은 제2항에 따라 압수·수색 또는 검증영장을 신청했을 때에는 별지 제58호서식의 압수·수색·검증영장 신청부를 작성해야 한다.

제71조【압수·수색 또는 검증영장의 제시】 ① 특별사법경찰관은 법 제219조에서 준용하는 법 제118조에 따라 영장을 제시할 때에는 피압수자에게 법관이 발부한 영장에 따른 압수·수색 또는 검증이라는 사실과 영장에 기재된 범죄사실 및 수색 또는 검증할 장소·신체·물건, 압수할 물건 등을 명확히 알리고, 피압수자가 해당 영장을 열람할 수 있도록 해야 한다.
② 압수·수색 또는 검증의 처분을 받는 자가 여럿인 경우에는 모두에게 개별적으로 영장을 제시해야 한다.

제72조【전자정보의 압수·수색 또는 검증 방법】 ① 특별사법경찰관은 법 제219조에서 준용하는 법 제106조제3항에 따라 컴퓨터용 디스크 및 그 밖에 이와 비슷한 정보저장매체(이하 이 항에서 "정보저장매체등"이라 한다)에 기억된 정보(이하 "전자정보"라 한다)를 압수하는 경우에는 해당 정보저장매체등의 소재지에서 수색 또는 검증한 후 범죄사실과 관련된 전자정보의 범위를 정하여 출력하거나 복제하는 방법으로 한다.
② 제1항에도 불구하고 제1항에 따른 압수 방법의 실행이 불가능하거나 그 방법으로는 압수의 목적을 달성하는 것이 현저히 곤란한 경우에는 압수·수색 또는 검증 현장에서 정보저장매체등에 들어 있는 전자정보 전부를 복제하여 그 복제본을 정보저장매체등의 소재지 외의 장소로 반출할 수 있다.
③ 제1항 및 제2항에도 불구하고 제1항 및 제2항에 따른 압수 방법의 실행이 불가능하거나 그 방법으로는 압수의 목적을 달성하는 것이 현저히 곤란한 경우에는 피압수자 또는 법 제123조에 따라 압수·수색영장을 집행할 때 참여하게 해야 하는 사람(이하 "피압수자등"이라 한다)이 참여한 상태에서 정보저장매체등의 원본을 봉인(封印)하여 정보저장매체등의 소재지 외의 장소로 반출할 수 있다.

제73조【전자정보의 압수·수색 또는 검증 시 유의사항】 ① 특별사법경찰관은 전자정보의 탐색·복제·출력을 완료한 경우에는 지체 없이 피압수자등에게 압수한 전자정보의 목록을 교부해야 한다.
② 특별사법경찰관은 제1항의 목록에 포함되지 않은 전자정보가 있는 경우에는 해당 전자정보를 지체 없이 삭제 또는 폐기하거나 반환해야 한다. 이 경우 별지 제59호서식의 전자정보 삭제·폐기 또는 반환확인서를 작성하여 피압수자등에게 교부해야 한다.
③ 특별사법경찰관은 전자정보의 복제본을 취득하거나 전자정보를 복제할 때에는 해시값(파일의 고유값으로서 일종의 전자지문을 말한다)을 확인하거나 압수·수색 또는 검증의 과정을 촬영하는 등 전자적 증거의 동일성과 무결성(無缺性)을 보장할 수 있는 적절한 방법과 조치를 취해야 한다.
④ 특별사법경찰관은 압수·수색 또는 검증의 전 과정에 걸쳐 피압수자등이나 변호인의 참여권을 보장해야 하며, 피압수자등과 변호인이 참여를 거부하는 경우에는 신뢰성과 전문성을 담보할 수 있는 상당한 방법으로 압수·수색 또는 검증을 해야 한다.
⑤ 특별사법경찰관은 제4항에 따라 참여한 피압수자등이나 변호인이 압수 대상 전자정보와 사건의 관련성에 관하여 의견을 제시한 때에는 이를 조서에 적어야 한다.
⑥ 제72조제2항 또는 제3항에 따라 전자정보 전부를 복제하여 그 복제본을 반출하거나 정보저장매체등 원본을 반출하는 경우에는 피압수자등에게 전자정보의 탐색·복제·출력 절차에 참여할 수 있음을 고지한 후 다음 각 호의 구분에 따른 확인서를 작성하여 피압수자등의 서명을 받아야 한다. 다만, 서명을 받기 어려운 사정이 있는 경우에는 그 사유를 해당 확인서에 기재하고 기록에 편철한다.
1. 제72조제2항에 따라 복제본을 반출하는 경우 : 별지 제60호서식의 정보저장매체 복제 등 참관여부 확인서
2. 제72조제3항에 따라 원본을 반출하는 경우 : 별지 제61호서식의 정보저장매체 제출 등 참관여부 확인서

제74조【압수조서의 작성】 ① 특별사법경찰관은 증거물이나 몰수할 물건을 압수한 경우에는 별지 제62호서식의 압수조서와 별지 제63호서식의 압수목록을 작성해야 한다.
② 압수조서에는 압수의 일시·장소, 압수의 경위 등을, 압수목록에는 압수물건의 품종·수량 등을 각각 구체적으로 적어야 한다.
③ 제1항에도 불구하고 피의자신문조서·진술조서·검증조서 또는 실황조사서에 압수의 취지를 기재하여 압수조서의 작성을 갈음할 수 있다.
④ 특별사법경찰관이 법 제218조에 따라 유류(遺留)한 물건 또는 임의로 제출하는 물건을 압수하여 압수조서와 압수목록을 작성하는 경우에는 제1항 및 제2항을 준용한다.

제75조【증거물 등의 보전】 ① 특별사법경찰관리는 멸실할 우려가 있는 증거물은 특히 보전에 유의해야 하며, 검증조서 또는 다른 조서에 그 성질과 형상을 상세히 기재하거나 촬영해야 한다.
② 특별사법경찰관은 증거물이 훼손되거나 형상이 변경될 우려가 있는 검증이나 감정을 위촉할 때에는 검증조서 또는 다른 조서에 그 성질과 형상을 상세히 기재하거나 촬영하는 등 변경 전의 형상을 알 수 있도록 특히 유의해야 한다.

제76조【수색조서의 작성 등】 ① 특별사법경찰관리가 수색을 한 경우에는 수색의 일시·장소, 참여인 등을 포함하여 별지 제64호서식의 수색조서를 작성해야 한다.
② 특별사법경찰관리는 수색을 한 결과 증거물 또는 몰수할 물건이 없을 때에는 그 처분을 받는 자에게 그 취지를 기재한 별지 제65호서식의 수색결과 증명서를 교부해야 한다.

제77조【검증조서의 작성】 특별사법경찰관리가 검증을 한 경우에는 검증의 일시·장소, 검증 경위 등을 포함하여 별지 제66호서식의 검증조서를 작성해야 한다.

제78조【압수물의 보관·폐기·환부 및 가환부】 ① 특별사법경찰관은 법 제218조의2제4항에서 준용하는 같은 조 제1항부터 제3항까지에 따른 압수물의 환부 또는 가환부 처분을 하거나 법 제219조에서 준용하는 법 제130조, 제132조 및 제134조에 따라 압수물의 보관, 폐기, 대가보관 또는 피해자환부의 처분을 하려는 경우에는 그 처분유형과 처분사유를 기재한 다음 각 호의 구분에 따른 지휘건의서를 검사에게 제출하여 압수물의 처분에 대한 검사의 지휘를 받아야 한다.
1. 압수물의 환부 또는 가환부 : 별지 제67호서식의 압수물환부(가환부) 지휘건의서
2. 압수물의 대가보관 : 별지 제68호서식의 압수물 대가보관 지휘건의서
3. 압수물의 폐기 : 별지 제69호서식의 압수물 폐기 지휘건의서
② 특별사법경찰관이 법 제130조제1항에 따라 압수물을 다른 사람에게 보관하게 하는 경우에는 압수물에 사건명, 피의자의 성명, 압수목록에 기재한 순위·번호를 표시하고, 보관자로부터 별지 제70호서식의 압수물 보관 서약서를 받아 사건기록에 첨부해야 한다.
③ 특별사법경찰관은 압수물이 유가증권인 경우에는 지체 없이 별지 제71호서식의 유가증권 원형보존 등 지휘건의서를 검사에게 제출하여 원형보존 또는 환전보관 여부에 관한 검사의 지휘를 받아야 한다.
④ 특별사법경찰관은 법 제130조제2항 또는 제3항에 따라 압수물을 폐기하는 경우에는 별지 제72호서식의 폐기조서를 작성하고 압수물 사진 및 압수물 폐기에 관한 증빙자료를 수사기록에 첨부해야 한다.
⑤ 특별사법경찰관이 법 제133조에 따라 압수물을 환부·가환부하거나 법 제134조에 따라 압수장물을 피해자 환부하는 경우에는 피해자, 피의자 또는 변호인에게 지체 없이 통지를 한 후 신속히 환부해야 한다.

제79조【범죄수사 목적 통신제한조치 허가신청 등】 ① 특별사법경찰관이 「통신비밀보호법」 제6조제2항에 따라 검사에게 통신제한조치에 대한 허가를 신청하는 경우에는 별지 제73호서식의 통신제한조치허가 신청서에 따르고, 같은 조 제7항 단서에 따라 통신제한조치기간의 연장허가 청구를 신청하는 경우에는 별지 제74호서식의 통신제한조치기간 연장허가 신청서에 따른다.
② 특별사법경찰관은 제1항에 따라 검사가 통신제한조치에 대한 허가를 신청하거나 통신제한조치의 연장 청구를 신청하는 경우에는 별지 제75호서식의 통신제한조치허가 신청부에 해당 사항을 기재한다.
③ 특별사법경찰관은 「통신비밀보호법」 제8조제3항 본문에 따라 긴급통신제한조치에 대하여 검사에게 지휘를 건의하는 경우에는 별지 제76호서식의 긴급통신제한조치 지휘건의서에 따르고, 같은 항 단서에 따라 검사에게 승인을 건의하는 경우에는 별지 제77호서식의 긴급통신제한조치 승인건의서에 따른다.
④ 특별사법경찰관은 「통신비밀보호법」 제8조제1항에 따라 긴급통신제한조치를 하는 경우에는 별지 제78호서식의 긴급검열(감청)서에 따른다. 이 경우 특별사법경찰관은 별지 제79호서식의 긴급통신제한조치대장을 작성하여 소속기관에 비치해야 한다.
⑤ 특별사법경찰관이 「통신비밀보호법」 제8조제2항에 따라 긴급통신제한조치를 한 후에 검사에게 허가청구를 신청하는 경우에는 별지 제80호서식의 통신제한조치허가 신청서(사후)에 따른다.
⑥ 특별사법경찰관이 「통신비밀보호법」 제8조제5항에 따라 긴급통신제한조치를 한 후에 법원의 허가를 받을 필요가 없어 긴급통신제한조치 사실을 법원에 통보하는 경우에는 별지 제81호서식의 긴급통신제한조치통보서에 따른다. 이 경우 특별사법경찰관은 별지 제82호서식의 긴급통신제한조치 통보서 발송부를 작성하여 소속기관에 비치해야 한다.

제80조【통신제한조치의 집행 등】 ① 특별사법경찰관이 「통신비밀보호법」 제9조제1항 후단에 따라 통신제한조치 집행을 위탁하는 경우에는 별지 제83호서식의 통신제한조치 집행위탁 의뢰서에 따른다.
② 특별사법경찰관이 집행위탁한 통신제한조치의 허가기간이 연장된 경우에는 별지 제84호서식의 통신제한조치 기간연장 통지서로 수탁기관에 통지한다.
③ 특별사법경찰관은 제1항 및 제2항에 따라 통신제한조치 집행을 위탁하거나 통신제한조치의 허가기간 연장을 통지한 경우에는 별지 제85호서식의 통신제한조치 집행위탁허가 신청부에 해당 사항을 기재해야 한다.
④ 통신제한조치를 집행한 특별사법경찰관은 별지 제86호서식의 통신제한조치 집행조서를 작성해야 한다.
⑤ 특별사법경찰관은 통신제한조치를 집행한 후 수사 또는 내사한 사건을 종결하는 경우 그 결과를 별지 제87호서식의 통신제한조치 집행결과 보고서에 따라 검사에게 보고해야 한다.
⑥ 다른 관서에서 통신제한조치를 집행한 사건을 이송받아 내사한 후 내사를 종결하는 경우 내사를 종결한 관서는 허가서를 청구한 검찰청에 집행결과를 검사에게 보고한 후 허가서를 신청한 관서에 사건처리결과를 통보해야 한다.
⑦ 특별사법경찰관은 통신제한조치의 집행이 필요 없게 되어 통신제한조치를 중단하려는 경우에는 별지 제88호서식의 통신제한조치 집행중지통지서에 따라 이를 수탁기관에 통지한다.

제81조【통신제한조치로 취득한 자료의 관리】 ① 특별사법경찰관은 「통신비밀보호법」에 따른 통신제한조치 집행으로 취득한 자료를 같은 법 제6조 및 제8조에 따른 통신제한조치허가서, 별지 제86호서식의 통신제한조치 집행조서 및 같은 법 제12조의2제4항에 따라 법원이 발부한 승인서와 함께 봉인한 후 통신제한조치 허가번호 및 보존기간을 표기하여 별도로 보관하고, 수사담당자 외의 사람이 열람할 수 없도록 해야 한다.
② 특별사법경찰관은 통신제한조치를 집행하고 제18조에 따른 범죄인지서를 작성하지 않았을 때에는 그 집행으로 취득한 자료 등은 보존기간이 지난 후 검사의 지휘를 받아 즉시 폐기해야 한다.

제82조【통신제한조치 집행에 관한 통지 등】 ① 특별사법경찰관이 「통신비밀보호법」 제9조의2제2항에 따라 통신제한조치를 집행한 사실 등을 통지하는 경우에는 별지 제89호서식의 통신제한조치 집행사실 통지서에 따른다. 이 경우 특별사법경찰관은 별지 제90호서식의 통신제한조치 집행사실 통지부에 해당 사항을 기재해야 한다.
② 특별사법경찰관은 「통신비밀보호법」 제9조의2제5항에 따라 통지유예에 대한 관할 지방검찰청 검사장의 승인을 신청하는 경우에는 별지 제91호서식의 통신제한조치 집행사실 통지유예 승인신청서에 따른다. 이 경우 특별사법경찰관은 별지 제92호서식의 통신제한조치 집행사실통지 유예승인신청부에 해당 사항을 기재해야 한다.
③ 특별사법경찰관은 「통신비밀보호법」 제9조의2제6항에 따라 통지유예의 사유가 해소된 날부터 30일 이내에 유예했던 통지를 한 경우에는 그 사실을 별지 제93호서식의 통신제한조치 집행사실 통지보고서에 따라 관할 지방검찰청 검사장에게 보고해야 한다.

제83조【송·수신이 완료된 전기통신에 대한 압수·수색·검증 집행사실 통지】 특별사법경찰관이 「통신비밀보호법」 제9조의3제2항에 따라 수사대상이 된 가입자에게 송·수신이 완료된 전기통신에 대한 압수·수색·검증의 집행사실을 통지하는 경우에는 별지 제94호서식의 송·수신이 완료된 전기통신에 대한 압수·수색·검증 집행사실 통지서에 따른다. 이 경우 특별사법경찰관은 별지 제95호서식의 송·수신이 완료된 전기통신에 대한 압수·수색·검증 집행사실 통지부에 해당 사항을 기재해야 한다.

제84조【범죄수사를 위한 전기통신 보관 등의 승인청구 신청 등】 특별사법경찰관이 「통신비밀보호법」 제12조의2제2항에 따라 전기통신 보관 등의 승인 청구를 신청하는 경우에는 별지 제96호서식의 전기통신 보관 등 승인신청서에 따른다. 이 경우 특별사법경찰관은 별지 제97호서식의 전기통신 보관 등 승인신청부에 해당 사항을 기재해야 한다.

제85조【통신사실 확인자료제공 요청 등】 ① 특별사법경찰관이 「통신비밀보호법」 제13조제1항에 따라 통신사실 확인자료제공을 요청하는 경우에는 별지 제98호서식의 통신사실 확인자료제공 요청서에 따르고, 별지 제99호서식의 통신사실 확인자료제공 요청 집행대장에 해당 사항을 기재해야 한다.
② 제1항에 따라 통신사실 확인자료제공을 요청한 특별사법경찰관은 별지 제100호서식의 통신사실 확인자료제공 요청 집행조서를 작성해야 한다.
③ 특별사법경찰관은 제1항에 따라 전기통신사업자로부터 통신사실 확인자료를 제공받은 경우에는 이를 별지 제101호서식의 통신사실 확인자료 회신대장에 기재해야 한다.
④ 특별사법경찰관은 통신사실 확인자료제공 요청이 필요없게 된 경우에는 별지 제102호서식의 통신사실 확인자료제공 요청중지통지서로 해당 전기통신사업자에게 이를 통지해야 한다.
⑤ 특별사법경찰관은 통신사실 확인자료제공을 요청한 후 수사 또는 내사한 사건을 종결하는 경우 그 결과를 별지 제103호서식의 통신사실 확인자료제공 요청 집행결과보고서에 따라 검사에게 보고해야 한다.
⑥ 다른 관서에서 통신사실 확인자료제공을 요청한 사건을 이송받아 내사한 후 내사를 종결하는 경우 내사를 종결한 관서는 허가서를 청구한 검찰청에 집행결과를 검사에게 보고한 후 허가서를 신청한 관서에 사건처리결과를 통보해야 한다.

제86조【통신사실 확인자료제공 요청 허가신청 등】 ① 특별사법경찰관이 「통신비밀보호법」 제13조제3항 본문에 따른 통신사실 확인자료제공 요청허가를 검사에게 신청하는 경우에는 별지 제104호서식의 통신사실 확인자료제공 요청허가 신청서에 따른다.
② 특별사법경찰관은 제1항 및 제87조제2항에 따라 통신사실 확인자료제공 요청허가를 신청하는 경우에는 별지 제105호서식의 통신사실 확인자료제공 요청허가 신청부에 해당 사항을 기재해야 한다.

제87조【긴급 통신사실 확인자료제공 요청 등】 ① 특별사법경찰관이 「통신비밀보호법」 제13조제3항 단서에 따라 긴급 통신사실 확인자료제공을 요청하는 경우에는 별지 제106호서식의 긴급 통신사실 확인자료제공 요청서에 따른다. 이 경우 특별사법경찰관은 별지 제107호서식의 긴급 통신사실 확인자료제공 요청대장에 해당 사항을 기재해야 한다.
② 특별사법경찰관이 「통신비밀보호법」 제13조제3항 단서에 따라 통신사실 확인자료제공 요청허가를 검사에게 신청하는 경우에는 별지 제108호서식의 통신사실 확인자료제공 요청허가 신청서(사후)에 따른다.

제88조【통신사실 확인자료제공에 관한 통지 등】 ① 특별사법경찰관이 「통신비밀보호법」 제13조의3제1항에 따라 통신사실 확인자료제공의 대상이 된 당사자에게 통지를 하는 경우에는 별지 제109호서식의 통신사실 확인자료제공 요청 집행사실 통지서에 따른다. 이 경우 특별사법경찰관은 별지 제110호서식의 통신사실 확인자료제공 요청 집행사실 통지부에 해당 사항을 기재해야 한다.
② 특별사법경찰관은 「통신비밀보호법」 제13조의3제3항에 따라 통지유예에 대하여 관할 지방검찰청 검사장의 승인을 신청하는 경우에는 별지 제111호서식의 통신사실 확인자료제공 요청 집행사실 통지유예 승인신청서에 따른다. 이 경우 특별사법경찰관은 별지 제112호서식의 통신사실 확인자료제공 요청 집행사실 통지유예 승인신청부에 해당 사항을 기재해야 한다.
③ 특별사법경찰관은 「통신비밀보호법」 제13조의3제4항에 따라 통지유예의 사유가 해소된 날부터 30일 이내에 유예했던 통지를 한 경우에는 그 사실을 별지 제113호서식의 통신제한조치 집행사실 통지 보고서에 따라 관할 지방검찰청 검사장에게 보고해야 한다.

제89조【감정유치장 신청 등】 ① 특별사법경찰관리가 검사에게 법 제221조의3제1항에 따른 감정유치의 청구를 신청하는 경우에는 별지 제114호서식의 감정유치장 신청서에 따른다.
② 특별사법경찰관리가 검사에게 법 제221조의4제1항 및 제2항에 따른 감정처분허가의 청구를 신청하는 경우에는 별지 제115호서식의 감정처분허가장 신청서에 따른다.
③ 특별사법경찰관리가 법 제221조제2항에 따라 감정을 위촉하는 경우에는 별지 제116호서식의 감정위촉서에 따른다.
④ 특별사법경찰관리가 법 제221조의4제3항에 따라 발부된 감정처분허가장에 따라 감정을 위촉하는 경우에는 별지 제117호서식의 감정위촉서에 따른다.

제90조【영장 등의 반환】 ① 특별사법경찰관은 체포·구속영장의 유효기간 내에 영장의 집행에 착수하지 못했거나, 그 밖의 사유로 영장의 집행이 불가능하거나 불필요하게 되었을 때에는 즉시 해당 영장을 법원에 반환해야 한다. 이 경우 체포·구속영장이 여러 통 발부된 경우에는 모두 반환해야 한다.
② 특별사법경찰관은 제1항에 따라 체포·구속영장을 반환하는 경우에는 별지 제118호서식의 영장반환 보고서에 발행통수와 집행불능 등 영장반환 사유를 적어 검사에게 제출하고, 그 사본을 사건기록에 편철한다.

제91조【증거보전의 신청】 특별사법경찰관은 미리 증거를 보전하지 않으면 그 증거를 사용하기 곤란한 사정이 있을 때에는 그 사유를 소명하여 별지 제119호서식의 증거보전신청서로 검사에게 증거보전의 청구를 신청해야 한다.

제92조【증인신문의 신청】 특별사법경찰관리가 검사에게 법제221조의2에 따른 증인신문 청구를 신청하는 경우에는 별지 제120호서식의 증인신문 신청서에 따른다.

제7절 고소·고발 사건

제93조【고소사건 등에 대한 주의사항】 특별사법경찰관은 고소사건의 경우에는 고소한 사람에게 고소권이 있는지 여부를, 친고죄의 경우에는 법 제230조에 따른 고소기간을 지났는지 여부를, 피해자의 명시한 의사에 반하여 죄를 논할 수 없는 사건의 경우에는 처벌을 희망하는지 여부를 각각 조사해야 한다.

제94조【고소의 대리】 특별사법경찰관은 법 제236조에 따라 대리인이 고소를 하거나 고소를 취소하려는 경우에는 고소권자의 위임장을 제출받아야 한다.

제95조【고소사건의 수사기간】 ① 특별사법경찰관이 고소나 고발에 의하여 범죄를 수사하는 경우에는 고소나 고발이 있은 날부터 2개월 이내에 수사를 완료해야 한다.
② 제1항에 따른 기간에 수사를 완료하지 못한 경우에는 관할 지방검찰청 또는 지청의 검사의 지휘를 받아야 한다.

제96조【고소 등의 취소】 ① 특별사법경찰관은 다음 각 호의 어느 하나에 해당하는 경우에는 그 사유를 명백히 조사해야 한다.
1. 고소인이 그 고소를 취소한 경우
2. 고발인이 그 고발을 취소한 경우
3. 피해자의 명시한 의사에 반하여 죄를 논할 수 없는 사건의 피해자가 처벌을 희망하는 의사표시를 철회한 경우

제8절 소년·장애인·외국인 등 사건에 관한 특칙

제97조【소년사건수사의 기본원칙】 소년사건을 수사하는 경우에는 보호처분 또는 형사처분에 대한 특별한 심리자료를 제공하기 위한 것이라는 점에 유의해야 하며, 소년의 건전한 성장을 도모하는 자세로 수사해야 한다.

제98조【소년의 특성 고려】 소년사건을 수사하는 경우에는 소년의 특성에 비추어 되도록 다른 사람의 관심을 끌지 않는 조용한 장소에서 온정과 이해를 가지고 부드러운 말투로 조사해야 하며, 그 소년의 심정을 충분히 배려해야 한다.

제99조【범죄의 원인 등과 환경조사】 ① 소년사건을 수사할 때에는 범죄의 원인 및 동기와 그 소년의 성격, 경력, 교육 정도, 가정상황, 교우관계, 그 밖의 환경 등을 상세히 조사하여 별지 제121호서식의 소년환경 조사서를 작성해야 한다.
② 소년의 심신에 이상이 있다고 인정되는 때에는 지체 없이 의사의 진단을 받도록 해야 한다.

제100조【구속에 관한 주의】 소년을 구속하는 것은 되도록 피해야 하며, 소년을 구속 또는 동행하는 경우에도 그 시기와 방법에 관하여 특히 주의를 해야 한다.

제101조【보도상의 주의】 소년의 주거·성명·연령·직업·용모 등에 의하여 본인을 알 수 있는 정도의 사실이나 사진이 보도되지 않도록 특히 주의해야 한다.

제102조【장애인에 대한 조사】 ① 특별사법경찰관은 청각 및 언어장애인이나 그 밖에 의사소통이 어려운 장애인을 조사하는 경우에는 수화·문자통역을 제공하거나 의사소통을 도울 수 있는 사람을 참여시켜야 한다.
② 특별사법경찰관은 장애인인 피의자에게 대한법률구조공단의 법률구조 신청에 대하여 안내해야 한다.

제103조【외국인에 대한 통역】 특별사법경찰관은 외국인을 조사하는 경우에는 당사자가 이해할 수 있는 언어로 통역해 주어야 한다.

제104조【외국 영사관원과의 접견·통신】 ① 특별사법경찰관은 외국인을 체포·구속하는 경우에는 우리나라 주재 본국 영사관원과 자유롭게 접견·통신할 수 있고, 체포·구속된 사실을 영사기관에 통지하여 줄 것을 요청할 수 있다는 사실을 알려야 한다.
② 특별사법경찰관은 체포·구속된 외국인이 제1항에 따른 통지를 요청할 경우에는 지체 없이 해당 영사기관에 체포·구속된 사실을 통지해야 한다.

제9절 수사서류

제105조【수사서류의 작성】 특별사법경찰관리는 수사서류를 작성할 때에는 내용의 정확성과 진술의 임의성을 확보하기 위해 특히 다음 사항을 유의해야 한다.
1. 일상용어로 된 쉬운 문구를 사용할 것
2. 복잡한 사항은 항목을 나누어 기술할 것
3. 사투리·약어·은어 등은 그 다음에 괄호를 하고 간단한 설명을 붙일 것
4. 외국어 또는 학술용어는 그 다음에 괄호를 하고 간단한 설명을 붙일 것
5. 지명·인명 등을 혼동할 우려가 있거나 그 밖에 특히 필요하다고 인정될 때에는 그 다음에 괄호를 하고 한자·로마자 등을 기입하거나 설명을 붙일 것
6. 각 서류마다 작성 연월일을 기재하고, 조서 또는 진술서에 첨부하는 서류인 경우 진술인으로 하여금 간인하고 기명날인 또는 서명하도록 할 것

제106조【외국어로 된 서면】 특별사법경찰관은 외국어로 작성된 서류에는 번역문을 첨부해야 한다.

제10절 범죄수익의 몰수·부대보전·추징보전 등

제107조【범죄수익 몰수·부대보전·추징보전 신청】 ① 특별사법경찰관이 「마약류 불법거래 방지에 관한 특례법」(이하 "마약거래방지법"이라 한다) 제34조제1항 및 제53조제1항(「범죄수익은닉의 규제 및 처벌 등에 관한 법률」 제12조에서 준용하는 경우를 포함한다)에 따라 검사에게 몰수·부대보전 또는 추징보전을 신청할 때에는 별지 제122호서식의 몰수·부대보전 신청서 또는 별지 제123호서식의 추징보전 신청서를 제출해야 한다.
② 특별사법경찰관이 제1항에 따라 몰수·부대보전 또는 추징보전을 신청했을 때에는 별지 제124호서식의 몰수·부대보전 신청부 또는 별지 제125호서식의 추징보전 신청부를 작성하고, 필요한 사항을 적어야 한다.

③ 특별사법경찰관은 마약거래방지법 제53조제3항(「범죄수익은닉의 규제 및 처벌 등에 관한 법률」 제12조에서 준용하는 경우를 포함한다. 이하 이 조에서 같다)에 따라 검사가 추징보전과 관련한 신청, 보완·수정, 취소 등의 요구를 한 경우에는 검사의 요구에 따른 조치를 취한 다음 지체 없이 그 결과를 검사에게 보고해야 한다.
④ 특별사법경찰관은 마약거래방지법 제53조제3항에 따른 검사의 요구에 따라 추징보전명령 취소신청을 하려는 경우에는 별지 제126호서식에 따라 추징보전명령 취소신청서를 제출해야 한다.
⑤ 특별사법경찰관은 제4항에 따라 취소신청을 하였을 때에는 별지 제127호서식의 추징보전 취소신청부를 작성하고, 필요한 사항을 적어야 한다.

제108조【마약류범죄 수사 관련 입국·상륙 절차 특례 등의 신청】 ① 특별사법경찰관은 마약거래방지법 제3조제5항에 따른 입국·상륙 허가의 요청 또는 체류 부적당 통보를 검사에게 신청할 때에는 별지 제128호서식의 입국·상륙허가요청 신청서 또는 별지 제129호서식의 체류부적당통보 신청서를 제출해야 한다.
② 특별사법경찰관은 마약거래방지법 제4조제3항에 따라 세관 절차 특례에 대한 요청을 검사에게 신청하는 경우에는 별지 제130호서식의 세관절차 특례요청 신청서를 제출해야 한다.
③ 특별사법경찰관은 제1항 및 제2항에 따라 신청을 하였을 때에는 별지 제131호서식의 특례조치 등 신청부를 작성해야 한다.

제3장 사건송치 등

제109조【사건송치】 ① 특별사법경찰관이 수사를 종결한 때에는 관할 지방검찰청 검사장 또는 지청장에게 사건을 송치해야 한다.
② 특별사법경찰관은 제1항에 따라 사건을 송치하는 경우에는 다음 각 호의 구분에 따른 명의로 해야 한다.
1. 소속관서의 장이 특별사법경찰관인 경우 : 소속관서의 장의 명의
2. 소속관서의 장이 특별사법경찰관이 아닌 경우 : 수사주무과장인 특별사법경찰관의 명의
3. 소속관서의 장 및 수사 주무과장이 특별사법경찰관이 아닌 경우 : 수사를 담당한 특별사법경찰관의 명의

제110조【송치 전 지휘 등】 ① 특별사법경찰관은 다음 각 호의 어느 하나에 해당하는 사건에 대해서는 사건을 송치하기 전에 검사의 구체적 지휘를 받아야 한다.
1. 제35조에 따라 입건 지휘를 받은 사건
2. 사건관계인의 이의 제기 등의 사유로 사건관계인의 인권 보호, 수사의 투명성을 위해 사건을 송치하기 전에 지휘가 필요하다고 인정하는 사건
3. 사건을 송치한 후 검사의 보완수사 지휘에 따라 지휘 내용을 이행한 사건 및 검사가 접수하여 특별사법경찰관에게 수사할 것을 지휘한 사건
4. 그 밖에 사회적 중요성이나 사건을 통일적으로 처리할 필요성 등을 고려하여 관할 지방검찰청 검사장 또는 지청장이 지정하는 사건
② 특별사법경찰관은 「출입국관리법」 위반범죄, 「관세법」 위반범죄 및 「조세범 처벌법」 위반범죄 등 관계 행정기관의 장의 고발을 공소제기 요건으로 하는 범죄를 수사하는 경우에는 송치 등 사건을 종결하는 처분을 하기 전에 해당 사건의 증거 판단, 소추요건, 법령의 해석·적용 등에 관하여 검사의 지휘를 받아야 한다. 다만, 관계 행정기관의 장이 법무부장관이나 검찰총장, 관할 지방검찰청 검사장 또는 지청장과 미리 협의하여 정한 처리기준에 따라 처리할 때에는 검사의 지휘를 받지 않고 사건을 종결하는 처분을 할 수 있다.
③ 검사는 제1항 및 제2항 본문에 따른 지휘 건의가 있을 때에는 7일 이내에 의견을 제시해야 한다. 다만, 사안이 복잡하거나 장시간의 검토를 필요로 하는 등의 특별한 사정이 있을 때에는 14일 이내에 의견을 제시할 수 있다.
④ 제1항 및 제2항 본문에 따른 검사의 지휘를 받은 특별사법경찰관은 사건송치서 등 수사기록 표지의 비고란에 지휘검사의 성명 및 지휘일자를 기재하고, 수사기록에 수사지휘서 또는 수사지휘내용을 기재한 수사보고서를 편철해야 한다.

제111조【송치서류】 ① 특별사법경찰관은 사건을 송치할 때에는 수사기록에 제4항 각 호의 서류를 첨부해야 한다. 다만, 「형의 실효 등에 관한 법률」 제5조제1항제2호에 해당하는 경우로서 「지문을 채취할 형사피의자의 범위에 관한 규칙」 제2조제2항제1호·제2호 또는 제4호에 해당하지 않는 피의자에 대하여 다음 각 호의 어느 하나에 해당하는 의견으로 송치할 때에는 범죄경력·수사경력 조회 결과를 첨부하지 않을 수 있다.
1. 혐의없음
2. 공소권없음
3. 죄가안됨
4. 각하
5. 참고인중지
② 사건을 송치하기 전에 범죄경력·수사경력 조회 결과를 받지 못한 경우에는 사건송치서에 그 사유를 기재하고, 송치 후에 범죄경력 또는 수사경력을 발견한 때에는 즉시 주임검사에게 보고해야 한다.
③ 특별사법경찰관은 사건을 기소중지 의견으로 송치하는 경우에는 소재불명 피의자의 지명수배·통보 내용, 사진, 별지 제132호서식의 인상서 등 관련 자료를 첨부해야 한다.
④ 송치서류는 다음 각 호의 순서에 따라 편철한다.
1. 별지 제133호서식의 사건송치서
2. 별지 제134호서식의 압수물 총목록
3. 별지 제135호서식의 기록 목록
4. 별지 제136호서식의 의견서
5. 그 밖에 범죄경력·수사경력 조회 결과 등 필요한 서류
⑤ 사건을 송치하는 특별사법경찰관은 제4항제2호부터 제4호까지의 규정에 따른 서류에 직접 간인을 해야 한다.
⑥ 제4항제4호의 서류에는 각 장마다 면수를 기입하되, 1장으로 이루어진 경우에는 1로 표시하고, 2장 이상으로 이루어진 경우에는 1-1, 1-2, 1-3 등으로 표시해야 한다.
⑦ 제4항제5호의 서류는 접수하거나 작성한 순서에 따라 편철한다. 이 경우 순서대로 각 장마다 2부터 시작하여 2, 3, 4 등으로 면수를 표시해야 한다.(2021.2.3 본항개정)
⑧ 특별사법경찰관은 「검찰압수물사무규칙」 제2조에 따른 특수압수물을 송부하는 경우에는 수사기록에 감정서 원본을 편철하여 사본 2부와 함께 제출해야 한다. 다만, 통화·외국환 및 유가증권과 이에 준하는 증서를 송부하는 경우에는 감정서를 첨부하지 않을 수 있다.
⑨ 수사담당 특별사법경찰관은 통신제한조치를 집행한 사건을 송치하는 경우에는 수사기록 표지의 증거품 관련 난에 "통신제한조치"라고 표기하고, 통신제한조치집행으로 취득한 물건을 직접 「검찰압수물사무규칙」에 따른 압수물 송부의 방법으로 송부해야 한다.
⑩ 제4항·제5항 및 제7항은 사건송치 전에 영장등을 신청하거나 신병지휘건의 등을 하는 경우에 영장등의 신청서류 및 신병지휘건의서류 등의 편철, 간인 및 면수 표시 방법에 관하여도 적용한다.

제112조【영상녹화물의 송부】 ① 특별사법경찰관은 영상녹화를 실시한 경우 사건 송치 시 봉인된 영상녹화물을 기록과 함께 송부해야 한다.
② 특별사법경찰관은 영상녹화물을 송부하는 경우에는 송치서 표지의 비고란에 영상녹화물의 종류와 개수를 표시해야 한다.

제113조【의견서 작성】 특별사법경찰관은 의견서를 작성하는 경우에는 별지 제136호서식에 따라 직접 작성해야 한다.

제114조【참고인 등의 소재수사】 ① 특별사법경찰관이 참고인중지의견으로 사건을 송치할 때에는 별지 제137호서식의 참고인 등 소재수사 지휘부를 작성하여 별도로 편철하여 관리하고, 그 사본 1부를 수사기록에 편철해야 한다.
② 특별사법경찰관리는 분기마다 1회 이상 참고인 등에 대한 특정 소재수사를 행해야 한다. 다만, 검사가 특별사법경찰관의 참고인중지의견과 다른 결정을 한 경우에는 참고인 등 소재수사 지휘부에 그 취지를 기재하고 소재수사를 하지 않을 수 있다.

제115조【추가 송부】 특별사법경찰관은 사건송치 후에 서류 또는 물건을 추가로 송부하는 경우에는 별지 제138호서식의 추가 송부서를 첨부해야 한다.

제116조【송치 후의 수사 등】 ① 특별사법경찰관리는 사건을 송치한 후에 해당 사건을 계속 수사하려는 경우에는 미리 주임검사의 지휘를 받아야 한다.
② 특별사법경찰관리는 사건을 송치한 후에 해당 사건의 피의자가 저지른 다른 범죄의 혐의를 발견한 경우에는 즉시 주임검사에게 보고하고 지휘를 받아야 한다.

제117조【기소중지·참고인중지 처분된 자에 대한 수사】 ① 특별사법경찰관은 다음 각 호의 어느 하나에 해당하는 경우에는 즉시 수사에 착수하고 관할 지방검찰청 또는 지청의 검사에게 그 사실을 보고해야 한다.
1. 검사가 소재불명(所在不明)으로 기소중지된 피의자를 발견한 경우
2. 특정 증거가 불분명하여 기소중지된 후 그 증거를 발견한 경우
3. 소재불명으로 참고인중지된 후 그 참고인을 발견한 경우
② 사법경찰관은 제1항에 따른 보고를 하는 경우에는 다음 각 호의 서식에 따른다.
1. 제1항제1호 및 제2호의 경우 : 별지 제139호서식의 기소중지자 소재발견 보고서
2. 제1항제3호의 경우 : 별지 제140호서식의 참고인 등 소재발견 보고서
③ 특별사법경찰관은 기소중지된 피의자가 다른 기관에서 검거된 경우에는 즉시 그 피의자에 대한 체포영장의 집행·호송 등 필요한 조치를 취해야 한다.
④ 특별사법경찰관은 참고인중지의 경우 그 참고인이 교도소, 구치소 등에 구금되어 있는 것을 확인했을 때에는 즉시 검사의 지휘를 받아 출장조사, 공조수사 촉탁 등 필요한 조치를 해야 한다.
⑤ 특별사법경찰관은 제1항에 따라 수사에 착수한 경우에는 별지 제141호서식의 피의자 등 소재발견처리부에 이를 적어야 한다.

제118조【수사촉탁】 ① 특별사법경찰관이 수사촉탁을 하는 경우에는 촉탁사항을 구체적으로 기재한 별지 제142호서식의 촉탁서에 수사진행 상황을 알 수 있는 수사기록 원본 또는 사본의 전부나 일부를 첨부하여 발송한다.
② 수탁관서는 촉탁사항에 대한 수사를 완료한 후 별지 제143호서식의 회답서를 작성하여 관계 서류 전부와 함께 신속히 송부해야 한다.

제119조【행정고발사건의 수사기관】 특별사법경찰관리가 소속된 행정기관의 장이 고발한 사건은 해당 기관의 특별사법경찰관이 검사의 지휘를 받아 수사함을 원칙으로 한다. 다만, 검사가 직접 또는 다른 기관에서 수사함이 상당하다고 판단한 경우에는 해당 기관의 특별사법경찰관이 수사하지 않는다.

제120조【범죄사건부 등】 ① 특별사법경찰관은 범죄사건을 접수하거나 입건·수사 또는 송치하는 경우에는 별지 제144호서식의 범죄사건부에 접수일시, 접수구분, 수사담당자, 피의자, 죄명, 범죄일시, 장소, 피해정도, 피해자 등을 기재해야 한다.
② 특별사법경찰관은 압수물건이 있는 경우에는 별지 제145호서식의 압수부에 압수연월일, 압수 물건의 품종, 수량 등을 기재해야 한다.

제121조【증언 준비】 특별사법경찰관리는 그 직무와 관련한 형사재판에서 증언하는 경우에는 공판에 관여하는 검사와 면담하는 등 사전에 필요한 준비를 해야 한다.

제4장 장부와 비치서류

제122조【장부와 비치서류】 ① 특별사법경찰사무를 처리하는 행정기관은 다음 각 호의 장부와 서류를 비치해야 한다. 다만, 제22호부터 제35호까지의 규정에 따른 장부와 서류를 비치해야 하는 기관은 「통신비밀보호법」 제5조에 따른 범죄의 수사를 직무로 하는 기관으로 한정한다.
1. 수사관계예규철
2. 수사종결사건(송치사건)철
3. 내사종결사건철
4. 변사사건종결철
5. 수사미제사건기록철
6. 통계철
7. 처분결과통지서철
8. 검시조서철
9. 잡서류철
10. 별지 제12호서식의 출석요구통지부
11. 별지 제29호서식의 체포·구속영장 집행원부
12. 별지 제31호서식의 체포영장신청부
13. 별지 제33호서식의 긴급체포원부
14. 별지 제38호서식의 현행범인체포원부
15. 별지 제43호서식의 구속영장신청부
16. 별지 제46호서식의 체포·구속인 접견부
17. 별지 제47호서식의 체포·구속인 교통부
18. 별지 제48호서식의 체포·구속인 진료부
19. 별지 제51호서식의 물품차입부
20. 별지 제54호서식의 체포·구속인명부
21. 별지 제58호서식의 압수·수색·검증영장 신청부
22. 별지 제75호서식의 통신제한조치허가 신청부
23. 별지 제79호서식의 긴급통신제한조치대장
24. 별지 제82호서식의 긴급통신제한조치 통보서 발송부
25. 별지 제85호서식의 통신제한조치 집행위탁허가 신청부
26. 별지 제90호서식의 통신제한조치 집행사실 통지부
27. 별지 제92호서식의 통신제한조치 집행사실 통지유예 승인신청부
28. 별지 제95호서식의 전기통신에 대한 압수·수색·검증 집행사실 통지부
29. 별지 제97호서식의 전기통신 보관 등 승인신청부
30. 별지 제99호서식의 통신사실 확인자료제공 요청집행대장
31. 별지 제101호서식의 통신사실 확인자료 회신대장
32. 별지 제105호서식의 통신사실 확인자료제공 요청허가 신청부
33. 별지 제107호서식의 긴급 통신사실 확인자료제공 요청대장
34. 별지 제110호서식의 통신사실 확인자료제공 요청 집행사실 통지부
35. 별지 제112호서식의 통신사실 확인자료제공 요청 집행사실 통지유예 승인신청부
36. 별지 제124호서식의 몰수·부대보전 신청부
37. 별지 제125호서식의 추징보전 신청부
38. 별지 제127호서식의 추징보전명령 취소신청부
39. 별지 제131호서식의 특례조치 등 신청부
40. 별지 제141호서식의 피의자 등 소재발견처리부
41. 별지 제144호서식의 범죄사건부
42. 별지 제145호서식의 압수부
② 특별사법경찰관은 미리 제1항제20호의 체포·구속인명부 및 같은 항 제41호의 범죄사건부의 매 장마다 관할 지방검찰청 검사장 또는 지청장의 간인을 받아야 한다.

제123조【장부와 비치서류의 전자화】 ① 특별사법경찰사무를 처리하는 행정기관이 형사사법정보시스템 또는 형사사법정보시스템에 준하는 시스템(「형사사법절차 전자화 촉진법」에 따른 형사사법정보시스템에 준하여 같은 법 제2조에 따른 형사사법정보를 작성, 취득, 저장, 저장 및 관리하는 데 이용할 수 있도록 구현된 것으로서 시스템의 각 기능 및 운영 상황 등에 대해 검찰총장이나

관할 지방검찰청 검사장 또는 지청장의 점검을 받은 시스템을 말한다)을 갖춘 경우에는 제122조제1항제41호의 범죄사건부를 전자적으로 관리할 수 있다. 이 경우 전자적으로 관리하는 범죄사건부에 대해서는 같은 조 제2항을 적용하지 않는다.
② 제1항 전단에 따라 전자적으로 관리하는 범죄사건부는 별지 제144호서식의 개별 항목을 포함해야 한다.
제124조【수사관계예규철】 제122조제1항제1호의 수사관계예규철에는 검찰청이나 그 밖의 감독관청이 발령한 훈령·통첩·지령 등 관계 서류를 편철해야 한다.
제125조【수사종결사건철】 제122조제1항제2호의 수사종결사건(송치사건)철에는 검사에게 송치한 사건송치서, 기록목록 및 의견서의 사본을 편철해야 한다.
제126조【내사종결사건철】 제122조제1항제3호의 내사종결사건철에는 범죄를 내사한 결과 입건의 필요가 없다고 인정되어 완결된 기록을 편철해야 한다.
제127조【수사미제사건기록철】 제122조제1항제5호의 수사미제사건기록철에는 장차 검거할 가망이 없는 피해신고 사건 등의 기록을 편철해야 한다.
제128조【통계철】 제122조제1항제6호의 통계철에는 특별사법경찰업무에 관한 각종 통계서류를 편철해야 한다.
제129조【처분결과통지서철】 제122조제1항제7호의 처분결과통지서철에는 검사의 기소·불기소(기소유예, 혐의없음, 공소권없음, 죄가안됨, 각하)·기소중지·참고인중지·이송 등 결정과 각급 심의 재판결과에 관한 통지서를 편철해야 한다.
제130조【잡서류철】 제122조제1항제9호의 잡서류철에는 같은 항 제1호부터 제8호까지의 규정에 따른 서류철에 편철되지 않는 모든 서류를 편철해야 한다.
제131조【서류철의 색인목록】 ① 서류철에는 색인목록을 붙여야 한다.
② 서류를 철한 후 일부를 빼낼 때에는 그 색인목록의 비고란에 그 연월일과 사유를 기재하고 담당 특별사법경찰관이 날인해야 한다.
제132조【임의장부 등】 특별사법경찰관은 필요하다고 인정할 때에는 제122조제1항 각 호의 장부와 서류 외에 필요한 장부나 서류철을 비치할 수 있다.
제133조【장부 등의 갱신】 ① 특별사법경찰사무에 관한 장부와 서류철은 해마다 갱신해야 한다.
② 제1항에도 불구하고 계속 사용할 필요가 있는 경우에는 해마다 갱신하지 않고 사용할 수 있다. 이 경우 연도 구분을 명백히 표시해야 한다.
제134조【장부와 서류의 보존기간】 제122조제1항 각 호의 장부와 서류는 다음 각 호의 구분에 따른 기간 동안 보존해야 한다.
1. 제122조제1항제1호 : 영구
2. 제122조제1항제2호부터 제5호까지, 제20호 및 제40호부터 제42호까지 : 25년
3. 제122조제1항제6호 : 5년
4. 제122조제1항제22호부터 제39호까지 : 3년
5. 제122조제1항제7호부터 제19호까지 및 제21호 : 2년

제135조【보존기간의 기산 등】 ① 제134조에 따른 보존기간은 사건처리를 완결하거나 최종절차를 마친 다음 해 1월 1일부터 기산한다.
② 보존기간이 경과한 장부와 서류철은 폐기목록을 작성한 후 폐기해야 한다.
③ 제3항에 따라 장부와 서류철을 폐기하는 경우에는 「공공기록물 관리에 관한 법률 시행령」 제43조에 따라 해당 기관 기록물관리 전문요원의 심사 및 기록물평가심의회의 심의 절차를 거쳐야 한다.

부　칙

제1조【시행일】 이 규칙은 2021월 1월 1일부터 시행한다.
제2조【다른 법령의 폐지】 특별사법경찰관리 집무규칙은 폐지한다.
제3조【일반적 적용례】 이 규칙은 이 규칙 시행 당시 수사 중이거나 법원에 계속 중인 사건에 대해서도 적용한다. 다만, 이 규칙 시행 전에 부칙 제2조에 따라 폐지되는 「특별사법경찰관리 집무규칙」에 따라 한 행위의 효력에는 영향을 미치지 않는다.
제4조【다른 법령과의 관계】 이 규칙 시행 당시 다른 법령에서 특별사법경찰관리의 직무와 관련하여 부칙 제2조에 따라 폐지되는 「특별사법경찰관리 집무규칙」 또는 그 규정을 인용하고 있는 경우 이 규칙 중 그에 해당하는 규정이 있는 경우에는 종전의 규정에 갈음하여 이 규칙 또는 이 규칙의 해당 조항을 인용한 것으로 본다.

부　칙 (2021.2.3)

이 규칙은 공포한 날부터 시행한다.

[별지서식] ➡ 「www.hyeonamsa.com」 참조

범죄인 인도법

(1988년 8월 5일
법　률　제4015호)

개정
2005. 3.31법 7427호(민법)
2005.12.14법 7727호
2007.12.21법 8730호(형사소송법)
2010. 3.31법10202호
2013. 3.23법11690호(정부조직)
2016. 1. 6법13722호(군사법원)
2021. 1. 5법17827호

제1장 총　칙
(2010.3.31 본장개정)

제1조【목적】 이 법은 범죄인 인도(引渡)에 관하여 그 범위와 절차 등을 정함으로써 범죄 진압 과정에서의 국제적인 협력을 증진함을 목적으로 한다.
제2조【정의】 이 법에서 사용하는 용어의 뜻은 다음과 같다.
1. "인도조약"이란 대한민국과 외국 간에 체결된 범죄인의 인도에 관한 조약·협정 등의 합의를 말한다.
2. "청구국"이란 범죄인의 인도를 청구한 국가를 말한다.
3. "인도범죄"란 범죄인의 인도를 청구할 때 그 대상이 되는 범죄를 말한다.
4. "범죄인"이란 인도범죄에 관하여 청구국에서 수사나 재판을 받고 있는 사람 또는 유죄의 재판을 받은 사람을 말한다.
5. "긴급인도구속"이란 도망할 염려가 있는 경우 등 긴급하게 범죄인을 체포·구금(拘禁)하여야 할 필요가 있는 경우에 범죄인 인도청구가 뒤따를 것을 전제로 하여 범죄인을 체포·구금하는 것을 말한다.

제3조【범죄인 인도사건의 전속관할】 이 법에 규정된 범죄인의 인도심사 및 그 청구와 관련된 사건은 서울고등법원과 서울고등검찰청의 전속관할로 한다.
제3조의2【인도조약과의 관계】 범죄인 인도에 관하여 인도조약에 이 법과 다른 규정이 있는 경우에는 그 규정에 따른다.
제4조【상호주의】 인도조약이 체결되어 있지 아니한 경우에도 범죄인의 인도를 청구하는 국가가 같은 종류 또는 유사한 인도범죄에 대한 대한민국의 범죄인 인도청구에 응한다는 보증을 하는 경우에는 이 법을 적용한다.

제2장 외국으로의 범죄인 인도
(2010.3.31 본장개정)

제1절 인도의 사유와 인도의 제한

제5조【인도에 관한 원칙】 대한민국 영역에 있는 범죄인은 이 법에서 정하는 바에 따라 청구국의 인도청구에 의하여 소추(訴追), 재판 또는 형의 집행을 위하여 청구국에 인도할 수 있다.
제6조【인도범죄】 대한민국과 청구국의 법률에 따라 인도범죄가 사형, 무기징역, 무기금고, 장기(長期) 1년 이상의 징역 또는 금고에 해당하는 경우에만 범죄인을 인도할 수 있다.
제7조【절대적 인도거절 사유】 다음 각 호의 어느 하나에 해당하는 경우에는 범죄인을 인도하여서는 아니 된다.
1. 대한민국 또는 청구국의 법률에 따라 인도범죄에 관한 공소시효 또는 형의 시효가 완성된 경우
2. 인도범죄에 관하여 대한민국 법원에서 재판이 계속(係屬) 중이거나 재판이 확정된 경우
3. 범죄인이 인도범죄를 범하였다고 의심할 만한 상당한 이유가 없는 경우. 다만, 인도범죄에 관하여 청구국에서 유죄의 재판이 있는 경우는 제외한다.
4. 범죄인이 인종, 종교, 국적, 성별, 정치적 신념 또는 특정 사회단체에 속한 것 등을 이유로 처벌되거나 그 밖의 불리한 처분을 받을 염려가 있다고 인정되는 경우

제8조【정치적 성격을 지닌 범죄 등의 인도거절】 ① 인도범죄가 정치적 성격을 지닌 범죄이거나 그와 관련된 범죄인 경우에는 범죄인을 인도하여서는 아니 된다. 다만, 인도범죄가 다음 각 호의 어느 하나에 해당하는 경우에는 그러하지 아니하다.
1. 국가원수(國家元首)·정부수반(政府首班) 또는 그 가족의 생명·신체를 침해하거나 위협하는 범죄
2. 다자간 조약에 따라 대한민국이 범죄인에 대하여 재판권을 행사하거나 범죄인을 인도할 의무를 부담하고 있는 범죄
3. 여러 사람의 생명·신체를 침해·위협하거나 이에 대한 위험을 발생시키는 범죄

② 인도청구가 범죄인이 범한 정치적 성격을 지닌 다른 범죄에 대하여 재판을 하거나 그러한 범죄에 대하여 이미 확정된 형을 집행할 목적으로 행하여진 것이라고 인정되는 경우에는 범죄인을 인도하여서는 아니 된다.
제9조【임의적 인도거절 사유】 다음 각 호의 어느 하나에 해당하는 경우에는 범죄인을 인도하지 아니할 수 있다.
1. 범죄인이 대한민국 국민인 경우
2. 인도범죄의 전부 또는 일부가 대한민국 영역에서 범한 것인 경우
3. 범죄인의 인도범죄 외의 범죄에 관하여 대한민국 법원에 재판이 계속 중인 경우 또는 범죄인이 형을 선고받고 그 집행이 끝나지 아니하거나 면제되지 아니한 경우
4. 범죄인이 인도범죄에 관하여 제3국(청구국이 아닌 외국을 말한다. 이하 같다)에서 재판을 받고 처벌되었거나 처벌받지 아니하기로 확정된 경우
5. 인도범죄의 성격과 범죄인이 처한 환경 등에 비추어 범죄인을 인도하는 것이 비인도적(非人道的)이라고 인정되는 경우

제10조【인도가 허용된 범죄 외의 범죄에 대한 처벌 금지에 관한 보증】 인도된 범죄인이 다음 각 호의 어느 하나에 해당하는 경우를 제외하고는 인도가 허용된 범죄 외의 범죄로 처벌받지 아니하고 제3국에 인도되지 아니한다는 청구국의 보증이 없는 경우에는 범죄인을 인도하여서는 아니 된다.
1. 인도가 허용된 범죄사실의 범위에서 유죄로 인정될 수 있는 범죄 또는 인도된 후에 범한 범죄로 범죄인을 처벌하는 경우
2. 범죄인이 인도된 후 청구국의 영역을 떠났다가 자발적으로 청구국에 재입국한 경우
3. 범죄인이 자유롭게 청구국을 떠날 수 있게 된 후 45일 이내에 청구국의 영역을 떠나지 아니한 경우
4. 대한민국이 동의하는 경우

제10조의2【동의 요청에 대한 법무부장관의 조치】 법무부장관은 범죄인을 인도받은 청구국으로부터 인도가 허용된 범죄 외의 범죄로 처벌하거나 범죄인을 제3국으로 다시 인도하는 것에 관한 동의 요청을 받은 경우 그 요청에 타당한 이유가 있다고 인정될 때에는 이를 승인할 수 있다. 다만, 청구국이나 제3국에서 처벌하려는 범죄가 제7조 각 호 또는 제8조에 해당되는 경우에는 그 요청을 승인하여서는 아니 된다.

제2절 인도심사 절차

제11조【인도청구를 받은 외교부장관의 조치】 외교부장관은 청구국으로부터 범죄인의 인도청구를 받았을 때에는 인도청구서와 관련 자료를 법무부장관에게 송부하여야 한다.(2013.3.23 본조개정)
제12조【법무부장관의 인도심사청구명령】 ① 법무부장관은 외교부장관으로부터 제11조에 따른 인도청구서 등을 받았을 때에는 이를 서울고등검찰청 검사장(檢事長)에게 송부하고 그 소속 검사로 하여금 서울고등법원(이하 "법원"이라 한다)에 범죄인의 인도허가 여부에 관한 심사(이하 "인도심사"라 한다)를 청구하도록 명하여야 한다. 다만, 인도조약 또는 이 법에 따라 범죄인을 인도할 수 없거나 인도하지 아니하는 것이 타당하다고 인정되는 경우에는 그러하지 아니하다.
② 법무부장관은 제1항 단서에 따라 인도심사청구명령을 하지 아니하는 경우에는 그 사실을 외교부장관에게 통지하여야 한다.
(2013.3.23 본조개정)
제13조【인도심사청구】 ① 검사는 제12조제1항에 따른 법무부장관의 인도심사청구명령이 있을 때에는 지체 없이 법원에 인도심사를 청구하여야 한다. 다만, 범죄인의 소재(所在)를 알 수 없는 경우에는 그러하지 아니하다.
② 범죄인이 제20조에 따른 인도구속영장에 의하여 구속되었을 때에는 구속된 날부터 3일 이내에 인도심사를 청구하여야 한다.
③ 인도심사의 청구는 관계 자료를 첨부하여 서면으로 하여야 한다.
④ 검사는 인도심사를 청구하였을 때에는 그 청구서의 부본(副本)을 범죄인에게 송부하여야 한다.
제14조【법원의 인도심사】 ① 법원은 제13조에 따른 인도심사의 청구를 받았을 때에는 지체 없이 인도심사를 시작하여야 한다.
② 법원은 범죄인이 인도구속영장에 의하여 구속 중인 경우에는 구속된 날부터 2개월 이내에 인도심사에 관한 결정(決定)을 하여야 한다.
③ 범죄인은 인도심사에 관하여 변호인의 도움을 받을 수 있다.
④ 제3항의 경우에는 「형사소송법」 제33조를 준용한다.
⑤ 법원은 인도심사에 관한 결정을 하기 전에 범죄인과 그의 변호인에게 의견을 진술할 기회를 주어야 한다. 다만, 인도심사청구 각하결정(却下決定) 또는 인도거절 결정을 하는 경우에는 그러하지 아니하다.
⑥ 법원은 인도심사를 하면서 필요하다고 인정할 때에는 증인을 신문(訊問)할 수 있고, 감정(鑑定)·통역 또는 번역을 명할 수 있다.
⑦ 제6항의 경우에는 심사청구의 성질에 반하지 아니하는 범위에서 「형사소송법」 제1편제12장부터 제14장까지 및 제16장을 준용한다.
제15조【법원의 결정】 ① 법원은 인도심사의 청구에 대하여 다음 각 호의 구분에 따라 결정을 하여야 한다.
1. 인도심사의 청구가 적법하지 아니하거나 취소된 경우 : 인도심사청구 각하결정
2. 범죄인을 인도할 수 없다고 인정되는 경우 : 인도거절 결정
3. 범죄인을 인도할 수 있다고 인정되는 경우 : 인도허가 결정

② 제1항에 따른 결정에는 그 이유를 구체적으로 밝혀야 한다.
③ 제1항에 따른 결정은 그 주문(主文)을 검사에게 통지함으로써 효력이 발생한다.
④ 법원은 제1항에 따른 결정을 하였을 때에는 지체 없이 검사와 범죄인에게 결정서의 등본을 송달하고, 검사에게 관계 서류를 반환하여야 한다.

제15조의2【범죄인의 인도 동의】 ① 범죄인이 청구국으로 인도되는 것에 동의하는 경우 법원은 신속하게 제15조에 따른 결정을 하여야 한다. 이 경우 제9조에 해당한다는 이유로 인도거절 결정을 할 수 없다.
② 제1항에 따른 동의는 서면으로 법원에 제출되어야 하며, 법원은 범죄인의 진의(眞意) 여부를 직접 확인하여야 한다.
③ 제1항에 따른 결정이 있는 경우 법무부장관은 제34조제1항에 따른 명령 여부를 신속하게 결정하여야 한다.

제16조【인도청구의 경합】 ① 법무부장관은 둘 이상의 국가로부터 동일 또는 상이한 범죄에 관하여 동일한 범죄인에 대한 인도청구를 받은 경우에는 범죄인을 인도할 국가를 결정하여야 하며, 필요한 경우 외교부장관과 협의할 수 있다.(2013.3.23 본항개정)
② 제1항에 따른 결정을 할 때에는 인도범죄의 발생일시, 발생장소, 중요성, 인도청구 날짜, 범죄인의 국적 및 거주지 등을 고려하여야 한다.

제17조【물건의 양도】 ① 법원은 인도범죄로 인하여 생겼거나 인도범죄로 인하여 취득한 물건 또는 인도범죄에 관한 증거로 사용될 수 있는 물건 중 대한민국 영역에서 발견된 것은 검사의 청구에 의하여 청구국에 양도할 것을 허가할 수 있다. 범죄인의 사망 또는 도망으로 인하여 범죄인 인도가 불가능한 경우에도 또한 같다.
② 제1항에 따라 청구국에 양도할 물건에 대한 압수·수색은 검사의 청구로 서울고등법원 판사(이하 "판사"라 한다)가 발부하는 압수·수색영장에 의하여 한다.
③ 제2항의 경우에는 그 성질에 반하지 아니하는 범위에서 「형사소송법」 제1편제10장을 준용한다.

제18조【인도심사청구명령의 취소】 ① 외교부장관은 제11조에 따른 서류를 송부한 후에 청구국으로부터 범죄인의 인도청구를 철회한다는 통지를 받았을 때에는 그 사실을 법무부장관에게 통지하여야 한다.(2013.3.23 본항개정)
② 법무부장관은 제12조제1항 본문에 따른 인도심사청구명령을 한 후에 외교부장관으로부터 제1항에 따른 통지를 받거나 제12조제1항 단서에 해당하게 되었을 때에는 인도심사청구명령을 취소하여야 한다.(2013.3.23 본항개정)
③ 검사는 제13조제1항에 따른 인도심사청구를 한 후에 인도심사청구명령이 취소되었을 때에는 지체 없이 인도심사청구를 취소하고 범죄인에게 그 내용을 통지하여야 한다.
④ 제3항에 따른 인도심사청구의 취소는 서면으로 하여야 한다.

제3절 범죄인의 인도구속

제19조【인도구속영장의 발부】 ① 검사는 제12조제1항에 따른 법무부장관의 인도심사청구명령이 있을 때에는 인도구속영장에 의하여 범죄인을 구속하여야 한다. 다만, 범죄인이 주거가 일정하고 도망할 염려가 없다고 인정되는 경우에는 그러하지 아니하다.
② 인도구속영장은 검사의 청구에 의하여 판사가 발부한다.
③ 인도구속영장에는 다음 각 호의 사항을 적고 판사가 서명날인하여야 한다.
1. 범죄인의 성명·주거·국적
2. 청구국의 국명(國名)
3. 인도범죄명
4. 인도범죄 사실의 요지
5. 인치구금(引致拘禁)할 장소
6. 영장 발부일 및 그 유효기간과 그 기간이 지나면 집행에 착수하지 못하며 영장을 반환하여야 한다는 취지

제20조【인도구속영장의 집행】 ① 인도구속영장은 검사의 지휘에 따라 사법경찰관리가 집행한다.
② 검사는 범죄인이 군복무 중인 경우에는 군검사에게 인도구속영장의 집행을 촉탁(囑託)할 수 있다. 이 경우 인도구속영장은 군검사의 지휘에 따라 군사법경찰관리가 집행한다.(2016.1.6 본항개정)
③ 인도구속영장을 집행할 때에는 반드시 범죄인에게 이를 제시하여야 한다.
④ 사법경찰관리 등이 범죄인을 구속할 때에는 구속의 이유와 변호인을 선임(選任)할 수 있음을 알려주고, 신속히 범죄인 소재지를 관할하는 지방검찰청 또는 그 지청(支廳)의 소속 검사에게 범죄인을 인치하여야 한다.
⑤ 인도구속영장에 의한 구속에 관하여는 「형사소송법」 제83조, 제85조제3항·제4항, 제86조, 제87조, 제89조, 제90조, 제137조 및 제138조를 준용한다.

제21조【교도소 등에의 구금】 검사는 인도구속영장에 의하여 구속된 범죄인을 인치받으면 인도구속영장에 기재된 사람과 동일인인지를 확인한 후 지체 없이 교도소, 구치소 또는 그 밖에 인도구속영장에 기재된 장소에 구금하여야 한다.

제22조【인도구속의 적부심사】 ① 인도구속영장에 의하여 구속된 범죄인 또는 그 변호인, 법정대리인, 배우자, 직계친족, 형제자매, 가족이나 동거인 또는 고용주는 법원에 구속의 적부심사(適否審査)를 청구할 수 있다.
② 인도구속의 적부심사에 관하여는 그 성질에 반하지 아니하는 범위에서 「형사소송법」 제214조의2제2항부터 제14항까지, 제214조의3 및 제214조의4를 준용한다.

제23조【인도구속의 집행정지와 효력 상실】 ① 검사는 타당한 이유가 있을 때에는 인도구속영장에 의하여 구속된 범죄인을 친족, 보호단체 또는 그 밖의 적당한 자에게 맡기거나 범죄인의 주거를 제한하여 구속의 집행을 정지할 수 있다.
② 검사는 범죄인이 다음 각 호의 어느 하나에 해당할 때에는 구속의 집행정지를 취소할 수 있다.
1. 도망하였을 때
2. 도망할 염려가 있다고 믿을 만한 충분한 이유가 있을 때
3. 주거의 제한이나 그 밖에 검사가 정한 조건을 위반하였을 때
③ 검사는 법무부장관으로부터 범죄인에 대하여 제36조에 따른 인도장(引渡狀)이 발부되었을 때에는 지체 없이 구속의 집행정지를 취소하여야 한다.
④ 검사는 제2항이나 제3항에 따라 구속의 집행정지를 취소하였을 때에는 사법경찰관리로 하여금 범죄인을 구속하게 하여야 한다.
⑤ 검사는 제3항에 따른 구속의 집행정지 취소로 인하여 범죄인을 구속하였을 때에는 법무부장관에게 그 내용을 보고하여야 한다.
⑥ 다음 각 호의 어느 하나에 해당하는 경우에는 인도구속영장은 효력을 잃는다.
1. 제15조제1항제1호 또는 제2호에 따라 인도심사청구 각하결정 또는 인도거절 결정이 있는 경우
2. 제18조제3항에 따라 인도심사청구가 취소된 경우
3. 제34조제3항에 따른 통지가 있는 경우

제24조【긴급인도구속의 청구를 받은 외교부장관의 조치】 외교부장관은 청구국으로부터 범죄인의 긴급인도구속을 청구받았을 때에는 긴급인도구속 청구서와 관련 자료를 법무부장관에게 송부하여야 한다.(2013.3.23 본조개정)

제25조【긴급인도구속에 관한 법무부장관의 조치】 법무부장관은 제24조에 따른 서류를 송부받은 경우에 범죄인을 긴급인도구속하는 것이 타당하다고 인정할 때에는 그 서류를 서울고등검찰청 검사장에게 송부하여 그 소속 검사로 하여금 범죄인을 긴급인도구속하도록 명하여야 한다. 다만, 다음 각 호의 어느 하나에 해당하는 경우에는 긴급인도구속을 명할 수 없다.
1. 청구국에서 범죄인을 구속하여야 할 뜻의 영장이 발부되었거나 형의 선고가 있었다고 믿을 만한 상당한 이유가 없는 경우
2. 청구국에서 범죄인의 인도청구를 하겠다는 뜻의 보증이 있다고 믿을 만한 상당한 이유가 없는 경우

제26조【긴급인도구속영장에 의한 구속】 ① 검사는 제25조에 따른 법무부장관의 긴급인도구속명령이 있을 때에는 긴급인도구속영장에 의하여 범죄인을 구속하여야 한다.
② 긴급인도구속영장의 발부 및 그 영장에 의한 구속에 대하여는 제19조제2항·제3항, 제20조부터 제22조까지 및 제23조제1항부터 제4항까지의 규정을 준용한다.

제27조【긴급인도구속된 범죄인의 석방】 ① 법무부장관은 긴급인도구속영장에 의하여 구속된 범죄인에 대하여 제12조제1항 단서에 따라 인도심사청구명령을 하지 아니하는 경우에는 서울고등검찰청 검사장에게 그 소속 검사로 하여금 범죄인을 석방하도록 명함과 동시에 외교부장관에게 그 사실을 통지하여야 한다.(2013.3.23 본항개정)
② 검사는 제1항에 따른 법무부장관의 석방명령이 있을 때에는 지체 없이 범죄인에게 그 내용을 통지하고 그를 석방하여야 한다.

제28조【범죄인에 대한 통지】 ① 검사는 긴급인도구속영장에 의하여 구속된 범죄인에 대하여 제12조제1항에 따른 법무부장관의 인도심사청구명령을 받았을 때에는 지체 없이 범죄인에게 그 사실을 서면으로 통지하여야 한다.
② 긴급인도구속영장에 의하여 구속된 범죄인에 대하여 제1항에 따른 통지가 있은 때에는 그 구속은 인도구속영장에 의한 구속으로 보고, 제13조제2항과 제14조제2항을 적용할 때에는 그 통지가 있은 때에 인도구속영장에 의하여 범죄인이 구속된 것으로 본다.

제29조【인도 불청구 통지 시의 석방】 ① 외교부장관은 제24조에 따른 서류를 송부한 후에 청구국으로부터 범죄인의 인도청구를 하지 아니한다는 통지를 받았을 때에는 지체 없이 법무부장관에게 그 사실을 통지하여야 한다.(2013.3.23 본항개정)
② 법무부장관은 제1항에 따른 통지를 받았을 때에는 서울고등검찰청 검사장에게 그 소속 검사로 하여금 범죄인을 석방하도록 명하여야 한다.
③ 검사는 제2항에 따른 법무부장관의 석방명령이 있을 때에는 지체 없이 범죄인에게 그 내용을 통지하고 그를 석방하여야 한다.

제30조【검사의 조치사항】 검사는 긴급인도구속영장에 의하여 구속된 범죄인에 대하여 그가 구속된 날부터 2개월 이내에 법무부장관의 인도심사청구명령이 없을 때에는 범죄인을 석방하고, 법무부장관에게 그 내용을 보고하여야 한다.

제31조【긴급인도구속에 대한 인도구속의 준용】 ① 긴급인도구속영장에 의하여 구속된 후 그 구속의 집행이 정지된 범죄인에 대하여 제28조제1항에 따른 통지가 있는 경우에 긴급인도구속영장에 의한 구속의 집행정지는 제23조제1항에 따른 구속의 집행정지로 본다.
② 다음 각 호의 어느 하나에 해당하는 경우에는 긴급인도구속영장은 효력을 잃는다.
1. 범죄인에 대하여 제27조제2항 또는 제29조제3항에 따른 통지가 있는 경우
2. 범죄인이 긴급인도구속영장에 의하여 구속된 날부터 2개월 이내에 제28조제1항에 따른 통지가 없는 경우

제4절 범죄인의 인도

제32조【범죄인의 석방】 ① 검사는 다음 각 호의 어느 하나에 해당하는 경우에는 지체 없이 구속 중인 범죄인을 석방하고, 법무부장관에게 그 내용을 보고하여야 한다.
1. 제18조제2항에 따라 법무부장관의 인도심사청구명령의 취소가 있는 경우
2. 법원의 인도심사청구 각하결정이 있는 경우
3. 법원의 인도거절 결정이 있는 경우
② 법무부장관은 제1항에 따라 범죄인이 석방되었을 때에는 외교부장관에게 그 사실을 통지하여야 한다.(2013.3.23 본항개정)

제33조【결정서 등본 등의 송부】 검사는 제15조제4항에 따른 결정서 등본을 송달받았을 때에는 지체 없이 그 결정서 등본에 관계 서류를 첨부하여 법무부장관에게 송부하여야 한다.

제34조【인도에 관한 법무부장관의 명령 등】 ① 법무부장관은 제15조제1항제3호에 따른 인도허가 결정이 있는 경우에는 서울고등검찰청 검사장에게 그 소속 검사로 하여금 범죄인을 인도하도록 명하여야 한다. 다만, 청구국이 인도청구를 철회하였거나 대한민국의 이익 보호를 위하여 범죄인의 인도가 특히 부적당하다고 인정되는 경우에는 그러하지 아니하다.
② 법무부장관은 제1항 단서에 따라 범죄인을 인도하지 아니하는 경우에는 서울고등검찰청 검사장에게 그 소속 검사로 하여금 구속 중인 범죄인을 석방하도록 명함과 동시에 외교부장관에게 그 사실을 통지하여야 한다.(2013.3.23 본항개정)
③ 검사는 제2항에 따른 법무부장관의 석방명령이 있을 때에는 지체 없이 범죄인에게 그 내용을 통지하고 그를 석방하여야 한다.
④ 법무부장관은 제3항에 따른 통지가 있은 후에는 해당 인도청구에 대한 범죄인의 인도를 명할 수 없다. 다만, 제9조제3호의 경우에 관하여 인도조약에 특별한 규정이 있는 경우에 대한민국에서 인도범죄 외의 사건에 관한 재판 또는 형의 집행이 끝나지 아니하였음을 이유로 범죄인 불인도 통지를 한 후 그에 해당하지 아니하게 되었을 때에는 그러하지 아니하다.

제35조【인도장소와 인도기한】 ① 법무부장관의 인도명령에 따른 범죄인의 인도는 범죄인이 구속되어 있는 교도소, 구치소 또는 그 밖에 법무부장관이 지정하는 장소에서 한다.
② 인도기한은 인도명령을 한 날부터 30일로 한다.
③ 제2항에도 불구하고 인도명령을 할 당시 범죄인이 구속되어 있지 아니한 경우의 인도기한은 범죄인이 인도집행장(引渡執行狀)에 의하여 구속되었거나 구속의 집행정지 취소에 의하여 다시 구속된 날부터 30일로 한다.

제36조【인도장과 인수허가장의 송부】 ① 법무부장관은 제34조제1항에 따른 인도명령을 할 때에는 인도장을 발부하여 서울고등검찰청 검사장에게 송부하고, 인수허가장(引受許可狀)을 발부하여 외교부장관에게 송부하여야 한다.(2013.3.23 본항개정)
② 인도장과 인수허가장에는 다음 각 호의 사항을 적고, 법무부장관이 서명날인하여야 한다.
1. 범죄인의 성명·주거·국적
2. 청구국의 국명
3. 인도범죄명
4. 인도범죄 사실의 요지
5. 인도장소
6. 인도기한
7. 발부날짜

제37조【인도를 위한 구속】 ① 검사는 법무부장관으로부터 제36조에 따른 인도장을 받았을 때에는 범죄인이 구속되어 있거나 구속의 집행이 정지될 때까지 구속되어 있던 교도소·구치소 또는 그 밖에 인도구속영장에 기재된 구금장소의 장에게 인도장을 교부하고 범죄인을 인도할 것을 지휘하여야 한다.
② 제1항의 경우 범죄인이 구속되어 있지 아니하면 검사는 인도집행장을 발부하여 범죄인을 구속하여야 한다.
③ 인도집행장에는 다음 각 호의 사항을 적고, 검사가 서명날인하여야 한다.
1. 범죄인의 성명·주거·국적
2. 청구국의 국명
3. 인도범죄명

4. 인도범죄 사실의 요지
5. 인치구금할 장소
6. 발부날짜
④ 인도집행장에 의한 범죄인의 구속에 관하여는 제20조와 제21조를 준용한다.
⑤ 검사는 범죄인이 인도집행장에 의하여 교도소, 구치소 또는 그 밖에 인도집행장에 기재된 구금장소에 구속되었을 때에는 지체 없이 그 교도소 등의 장에게 인도장을 교부하여 범죄인을 인도할 것을 지휘하고 법무부장관에게 그 내용을 보고하여야 한다.
제38조【법무부장관의 통지】 법무부장관은 제23조제5항 또는 제37조제5항에 따른 보고를 받았을 때에는 지체 없이 외교부장관에게 범죄인을 인도할 장소에 구속하였다는 사실과 인도할 기한을 통지하여야 한다.
(2013.3.23 본조개정)
제39조【청구국에의 통지】 ① 외교부장관은 법무부장관으로부터 제36조에 따른 인수허가장을 송부받았을 때에는 지체 없이 청구국에 이를 송부하여야 한다.
② 외교부장관은 법무부장관으로부터 제38조에 따른 통지를 받았을 때에는 지체 없이 그 내용을 청구국에 통지하여야 한다.
(2013.3.23 본조개정)
제40조【교도소장 등의 인도】 ① 제37조제1항 또는 제5항에 따라 범죄인의 인도 지휘를 받은 교도소·구치소 등 인도구속영장 또는 인도집행장에 기재된 구금장소의 장은 청구국의 공무원이 인수허가장을 제시하면서 범죄인 인도를 요청하는 경우에는 범죄인을 인도하여야 한다.
② 검사는 범죄인의 인도기한까지 제1항에 따른 인도 요청이 없는 경우에는 범죄인을 석방하고, 법무부장관에게 그 내용을 보고하여야 한다.
제41조【청구국의 범죄인 호송】 제40조제1항에 따라 범죄인을 인도받은 청구국의 공무원은 지체 없이 범죄인을 청구국으로 호송하여야 한다.

제3장 외국에 대한 범죄인 인도청구
(2010.3.31 본장개정)

제42조【법무부장관의 인도청구 등】 ① 법무부장관은 대한민국 법률을 위반한 범죄인이 외국에 있는 경우 그 외국에 대하여 범죄인 인도 또는 긴급인도구속을 청구할 수 있다.
② 법무부장관은 외국에 대한 범죄인 인도청구 또는 긴급인도구속청구 등과 관련하여 필요하다고 판단할 때에는 적절하다고 인정되는 검사장·지청장 또는 고위공직자범죄수사처장 등에게 필요한 조치를 명하거나 요구할 수 있다.(2021.1.5 본항개정)
제42조의2【검사장 등의 조치】 ① 제42조제2항에 따른 명령 또는 요구를 받은 검사장·지청장 또는 고위공직자범죄수사처장 등은 소속 검사에게 관련 자료의 검토·작성·보완 등 필요한 조치를 하도록 명하여야 한다.
(2021.1.5 본항개정)
② 제1항에 따른 명령을 받은 검사는 그 명령을 신속히 이행하고 관련 자료를 첨부하여 그 결과를 법무부장관에게 보고하여야 한다.
제42조의3【검사의 범죄인 인도청구 등의 건의】 ① 검사 또는 고위공직자범죄수사처장은 외국에 대한 범죄인 인도청구 또는 긴급인도구속청구가 타당하다고 판단할 때에는 법무부장관에게 외국에 대한 범죄인 인도청구 또는 긴급인도구속청구를 건의 또는 요청할 수 있다.
(2021.1.5 본항개정)
② 제1항의 경우 검사는 인도조약 및 법무부장관이 지정한 사항을 적은 서면과 관련 자료를 첨부하여야 한다.
제42조의4【외국에 대한 동의 요청】 ① 법무부장관은 외국으로부터 인도받은 범죄인을 인도가 허용된 범죄 외의 범죄로도 처벌할 필요가 있다고 판단하는 경우에는 그 외국에 대하여 처벌에 대한 동의를 요청할 수 있다.
② 검사 또는 고위공직자범죄수사처장은 제1항에 따른 동의 요청이 필요하다고 판단하는 경우에는 법무부장관에게 동의 요청을 건의 또는 요청할 수 있다. 이 경우 제42조의3제2항을 준용한다.(2021.1.5 전단개정)
제43조【인도청구서 등의 송부】 법무부장관은 제42조 및 제42조의4에 따라 범죄인 인도청구, 긴급인도구속청구, 동의 요청 등을 결정한 경우에는 인도청구서 등과 관계 자료를 외교부장관에게 송부하여야 한다.
(2013.3.23 본조개정)
제44조【외교부장관의 조치】 외교부장관은 법무부장관으로부터 제43조에 따른 인도청구서 등을 송부받았을 때에는 이를 해당 국가에 송부하여야 한다.(2013.3.23 본조개정)

제4장 보 칙
(2010.3.31 본장개정)

제45조【통과호송 승인】 ① 법무부장관은 외국으로부터 외교기관을 거쳐 그 외국의 공무원이 다른 외국에서 인도받은 사람을 대한민국 영역을 통과하여 호송하기 위한 승인을 요청하는 경우에 그 요청에 타당한 이유가 있다고 인정되는 경우에는 이를 승인할 수 있다. 다만, 다음 각 호의 어느 하나에 해당되는 경우에는 그 요청을 승인하여서는 아니 된다.
1. 청구대상자의 인도 원인이 된 행위가 대한민국의 법률에 따라 죄가 되지 아니하는 경우
2. 청구대상자의 인도 원인이 된 범죄가 정치적 성격을 지닌 경우 또는 인도청구가 청구대상자가 범한 정치적 성격을 지닌 다른 범죄에 관하여 재판을 하거나 그러한 범죄에 대하여 이미 확정된 형을 집행할 목적으로 행하여진 것이라고 인정되는 경우
3. 청구가 인도조약에 의하지 아니한 경우에 그 청구대상자가 대한민국 국민인 경우
② 법무부장관은 제1항에 따른 승인을 할 것인지에 관하여 미리 외교부장관과 협의하여야 한다.(2013.3.23 본항개정)
제45조의2【통과호송 승인 요청】 ① 법무부장관은 외국으로부터 국내로 범죄인을 호송할 때 제3국의 영토를 통과하여야 할 필요가 있는 경우에는 그 제3국에 대하여 통과호송에 관한 승인을 요청할 수 있다.
② 제1항의 승인 요청에 관하여는 제43조와 제44조를 준용한다.
제46조【비용】 범죄인의 인도에 드는 비용에 관하여 청구국과 특별한 약정이 없는 경우 청구국의 공무원에게 범죄인을 인도할 때까지 범죄인의 구속 등으로 인하여 대한민국의 영역에서 발생하는 비용은 대한민국이 부담하고, 청구국의 공무원이 범죄인을 대한민국으로부터 인도받은 후에 발생하는 비용은 청구국이 부담한다.
제47조【검찰총장 경유】 이 법에 따라 법무부장관이 검사장 등에게 하는 명령과 검사장·지청장 또는 검사가 법무부장관에게 하는 건의·보고 또는 서류 송부는 검찰총장을 거쳐야 한다. 다만, 고위공직자범죄수사처장 또는 그 소속 검사의 경우에는 그러하지 아니하다.(2021.1.5 단서신설)
제48조【인도조약 효력 발생 전의 범죄에 관한 인도청구】 인도조약에 특별한 규정이 없는 경우에는 인도조약의 효력 발생 전에 범한 범죄에 관한 범죄인의 인도청구에 대하여도 이 법을 적용한다.
제49조【대법원규칙】 법원의 인도심사 절차와 인도구속영장 및 긴급인도구속영장의 발부 절차 등에 관하여 필요한 사항은 대법원규칙으로 정한다.
제50조【시행령】 제49조에 따라 대법원규칙으로 정하는 사항 외에 이 법 시행에 필요한 사항은 대통령령으로 정한다.
제51조【출입국에 관한 특칙】 ① 법무부장관은 범죄인이 유효한 여권을 소지하지 아니하거나 제시하지 아니하는 등의 경우에 범죄인 인도의 목적을 달성하기 위하여 특히 필요하다고 판단될 때에는 「출입국관리법」 제3조·제6조제1항·제7조·제12조·제13조 및 제28조에도 불구하고 이 법 제36조에 따른 인도장·인수허가장 또는 외국정부가 발행한 범죄인 인도명령장 등 범죄인 인도 관련 서류로 출입국심사를 하고 입국 또는 출국하게 할 수 있다.
② 법무부장관은 외국으로 인도할 범죄인이 대한민국 국민으로서 「병역법」 제70조에 따른 국외여행 허가대상 병역의무자인 경우에는 제1항의 출국조치를 하기 전에 국방부장관과 협의하여야 한다.

부 칙

①【시행일】 이 법은 공포한 날로부터 시행한다.
②【경과조치】 이 법은 이 법 시행전에 행하여진 인도범죄에 관한 범죄인의 인도청구 및 통과호송의 승인청구에 대하여도 이를 적용한다.

부 칙 (2016.1.6)

제1조【시행일】 이 법은 공포 후 1년 6개월이 경과한 날부터 시행한다.(이하 생략)

부 칙 (2021.1.5)

이 법은 공포한 날부터 시행한다.

국제수형자이송법

(2003년 12월 31일
법 률 제7033호)

개정
2007.12.21법 8728호(형의집행수용자)
2009. 3.25법 9521호
2009.11. 2법 9819호(군에서의형의집행및군수용자의처우에관한법)
2010. 7.23법10375호 2011. 4. 5법10538호
2013. 3.23법11690호(정부조직)

제1장 총 칙

제1조【목적】 이 법은 외국에서 형집행 중인 대한민국 국민의 국내이송과 대한민국에서 형집행 중인 외국인의 국외이송에 관한 요건과 절차 등을 규정함으로써 이들의 원활한 갱생 및 조속한 사회복귀를 도모함을 목적으로 한다.
제2조【정의】 이 법에서 사용하는 용어의 정의는 다음과 같다.
1. "자유형"이라 함은 국내이송을 실시하는 때에는 징역 또는 금고에 상당하는 외국 법령상의 형을 말하고, 국외이송을 실시하는 때에는 징역 또는 금고를 말한다.
2. "국내이송"이라 함은 외국에서 자유형을 선고받아 그 형이 확정되어 형집행중인 대한민국 국민(이하 "국내이송대상수형자"라 한다)을 외국으로부터 인도받아 그 자유형을 집행하는 것을 말한다.
3. "국외이송"이라 함은 대한민국에서 자유형을 선고받아 그 형이 확정되어 형집행중인 외국인(이하 "국외이송대상수형자"라 한다)을 외국으로 인도하여 그 자유형을 집행받도록 하는 것을 말한다.
4. "국제수형자이송"이라 함은 국내이송 및 국외이송을 말한다.
5. "외국인"이라 함은 대한민국과 국제수형자이송에 관한 조약·협정 등(이하 "조약"이라 한다)을 체결한 외국의 국민 및 조약에 의하여 그 외국의 국민으로 간주되는 자를 말한다.
제3조【조약과의 관계】 국제수형자이송은 대한민국과 외국간에 조약이 체결되어 있는 경우에 한하여 이 법과 그 조약이 정하는 바에 따라 실시한다. 이 경우 조약에 이 법과 다른 규정이 있는 때에는 그 조약의 규정에 의한다.
제4조【국제수형자이송관련 문서 등의 접수 및 송부】 ① 국제수형자이송의 요청 및 승인 등과 관련된 외국과의 문서 또는 통지의 접수 및 송부는 외교부장관이 행한다. 다만, 긴급을 요하거나 특별한 사정이 있는 때에는 법무부장관이 외교부장관의 동의를 얻어 이를 행할 수 있다.
② 외교부장관은 제1항의 규정에 의하여 외국으로부터 접수한 국제수형자이송과 관련되는 문서 또는 통지를 법무부장관에게 송부하여야 한다.
(2013.3.23 본조개정)

제2장 국제수형자이송심사위원회

제5조~제10조 (2009.3.25 삭제)

제3장 국내이송

제11조【국내이송의 요건】 ① 국내이송은 다음 각호의 요건이 갖추어진 때에 한하여 실시할 수 있다.
1. 외국에서 자유형이 선고·확정된 범죄사실이 대한민국의 법률에 의하여 범죄를 구성할 것. 이 경우 수 개의 범죄사실중 한 개의 범죄사실이 대한민국의 법률에 의하여 범죄를 구성하는 경우를 포함한다.
2. 외국에서 선고된 자유형의 판결이 확정될 것
3. 국내이송대상수형자가 국내이송에 동의할 것
② 국내이송에 관한 국내이송대상수형자의 동의는 다음 각호의 1에 해당하는 자가 서면으로 확인하여야 한다. 이 경우 국내이송대상수형자에게 제3항의 규정에 의하여 동의의 철회가 인정되지 아니함을 고지하여야 한다.
1. 법무부장관이 지정하는 공무원
2. 법무부장관의 위임을 받은 그 국내이송대상수형자가 수용중인 장소를 관할하는 대한민국재외공관의 장이나 그 공관원
3. 제2호의 자가 지정하는 자
③ 국내이송에 관한 국내이송대상수형자의 동의는 제2항의 규정에 의하여 확인된 후에는 그 철회가 인정되지 아니한다.
제12조【국내이송 요청 등】 ① 법무부장관은 제11조에 따른 국내이송의 요건이 갖추어져 있고, 대한민국의 안전과 질서 유지, 공공의 이익, 국내이송대상수형자의 선도·교화 및 사회복귀의 용이성 등을 종합적으로 고려하여 필요하다고 인정하는 경우에만 외국에 대하여 국내이송을 요청하거나 외국의 국내이송 요청을 수락하여야 한다.(2009.3.25 본항개정)
② 법무부장관은 제1항에 따른 요청 또는 수락을 위하여 필요하면 관계 지방검찰청 또는 지청의 장(이하 "검사장

등"이라 한다)에게 관련 자료의 수집 및 송부를 명할 수 있다.(2009.3.25 본항개정)
③ 제2항의 규정에 의한 명령을 받은 검사장등은 소속 검사에게 필요한 조치를 취할 것을 명하여야 한다.
④ 제3항의 규정에 의하여 검사장등으로부터 명령을 받은 검사는 필요한 때에는 사법경찰관리를 지휘하여 자료를 수집하도록 할 수 있다.
(2009.3.25 본조제목개정)
제13조【국내이송 명령 등】 ① 법무부장관은 국내이송대상수형자를 국내이송하려면 서면으로 관계 검사장등에게 국내이송을 명하여야 한다. 이 경우 관련 자료를 첨부하여야 한다.
② 제1항에 따른 명령서에는 다음 각 호의 사항을 적고 법무부장관이 서명·날인하여야 한다.
1. 국내이송대상수형자의 국적, 성명, 성별, 생년월일 및 주거
2. 외국의 국명
3. 죄명
4. 외국에서 선고받은 자유형의 종류 및 형기
5. 국내에서 집행할 형기
6. 명령일자
7. 그 밖에 필요한 사항
③ 법무부장관은 다음 각 호의 어느 하나에 해당하는 경우에는 해당 국내이송대상수형자에게 서면으로 통지하여야 한다.
1. 제1항에 따라 국내이송대상수형자에 대한 국내이송을 명한 경우
2. 외국으로부터 국내이송 요청을 받았거나 제11조제2항에 따라 동의를 확인한 국내이송대상수형자에 대하여 국내이송을 하지 아니하게 된 경우
(2009.3.25 본조개정)
제14조【국내이송집행장의 발부】 ① 검사장등은 제13조제1항에 따른 국내이송명령을 받은 때에는 지체없이 소속 검사로 하여금 국내이송에 필요한 조치를 취하도록 명하여야 한다.(2009.3.25 본항개정)
② 검사는 제1항의 규정에 의하여 국내이송에 필요한 조치를 명령받은 때에는 지체없이 국내이송집행장을 발부하여 외국으로부터 국내이송대상수형자를 인도받고 그 자유형의 집행을 지휘하여야 한다.
③ 제2항의 규정에 의한 국내이송집행장에는 다음 각호의 사항을 기재하고 검사가 서명·날인하여야 한다.
1. 국내이송대상수형자의 국적·성명·성별·생년월일 및 주거
2. 외국의 국명
3. 죄명
4. 외국에서 선고받은 자유형의 종류 및 형기
5. 국내에서 집행할 형기 및 집행장소
6. 발부일자
7. 그 밖에 필요한 사항
④ 제2항의 규정에 의한 국내이송집행장에는 외국의 재판서 등본 또는 초본이나 그 밖에 판결이 선고되었음을 증명할 수 있는 서류를 첨부하여야 한다.
⑤ 제2항의 규정에 의하여 발부된 국내이송집행장은 형집행장과 동일한 효력이 있다.
⑥ 형사소송법 제1편제9장중 피고인의 구속에 관한 규정은 국내이송집행장의 집행에 관하여 이를 준용한다.
제15조【외국법원 판결의 효력】 국내이송에 의하여 국내이송대상수형자에게 선고된 자유형을 국내에서 집행함에 있어서 그 외국법원의 판결은 대한민국 법률에 의한 대한민국 법원의 판결과 동일한 효력이 있는 것으로 본다.
제16조【집행할 자유형의 형기 및 집행방법】 ① 제14조제2항의 규정에 의하여 국내에 인도된 국내이송대상수형자(이하 "국내이송수형자"라 한다)에 대하여 집행할 자유형의 형기는 외국에서 선고하여 확정된 형기로 한다. 다만, 자유형이 유기인 때에는 50년을 초과하여 집행하지 못하며, 외국에서 선고하여 확정된 자유형이 종신형인 때에는 형기가 무기인 것으로 본다.(2011.4.5 단서개정)
② 제1항의 규정에 의하여 자유형을 집행하는 때에는 외국에서 구금되거나 형이 집행된 기간(형의 집행을 감경받은 기간을 포함한다)과 국내이송에 소요된 기간을 형기에 산입한다.(2010.7.23 본항개정)
③ 외국에서 선고되어 확정된 자유형이 징역에 상당하는 형인 때에는 형법 제67조의 규정에 의하여 집행하며, 금고에 상당하는 형인 때에는 형법 제68조의 규정에 의하여 집행한다.
제17조【형집행시의 적용법률】 국내이송수형자에 대한 가석방·사면·감형 등 자유형의 집행에 관하여 필요한 사항은 형법·「형의 집행 및 수용자의 처우에 관한 법률」 등 대한민국의 관련 법률이 정하는 바에 의한다.
(2007.12.21 본조개정)
제18조【공소제기의 제한】 국내이송수형자에 대하여 외국에서 선고된 자유형을 집행 중인 때와 그 자유형의 집행을 종료하거나 집행을 하지 아니하기로 확정된 때에는 동일한 범죄사실에 대하여 공소를 제기할 수 없다.
제19조【외국법원 판결의 취소 등】 ① 법무부장관은 외국으로부터 국내이송수형자에 대한 외국법원의 확정판결이 취소되거나 선고된 자유형을 집행하지 아니하기로 확정되었다는 취지의 통지가 있는 때(외국법원의 확정판결이 수 개인 경우에는 그 전부가 취소되거나 집행할 수 없게 된 때에 한한다)에는 지체없이 서면으로 제13조제1항에 따른 국내이송명령을 철회하고, 국내이송수형자가 수용되어 있는 교도소·소년교도소·구치소 또는 그 지소(이하 "교도소등"이라 한다)의 소재지를 관할하는 검사장등에게 그 국내이송수형자의 석방을 명하여야 한다.
(2009.3.25 본항개정)
② 검사장등은 제1항의 규정에 의하여 법무부장관으로부터 석방명령을 받은 때에는 즉시 소속 검사에게 국내이송수형자의 석방을 명하여야 한다.
③ 검사는 제2항의 규정에 의한 석방명령을 받은 때에는 즉시 국내이송수형자가 수용되어 있는 교도소등의 장에 대하여 그 국내이송수형자의 석방을 지휘하여야 한다.
제20조【자유형의 종류 또는 기간의 변경】 ① 법무부장관은 외국으로부터 감형 또는 그 밖의 사유에 의하여 국내이송수형자에게 선고된 자유형의 종류 또는 형기를 변경한다는 취지의 통지가 있는 때에는 지체없이 서면으로 제13조제1항에 따른 국내이송명령을 변경하고, 국내이송수형자가 수용되어 있는 교도소등의 소재지를 관할하는 검사장등에게 변경된 자유형의 종류 및 기간에 의하여 형을 집행하도록 명하여야 한다.(2009.3.25 본항개정)
② 제13조 및 제14조의 규정은 제1항의 규정에 의한 국내이송명령의 변경 및 그 집행에 관하여 준용한다.
제21조【국내이송후 외국에 대한 통지】 법무부장관은 다음 각호의 1에 해당하는 사유가 발생한 때에는 지체없이 외국에 이를 통지하여야 한다.
1. 국내이송수형자에 대한 자유형의 집행이 종료(종료된 것으로 간주되는 경우를 포함한다)된 때
2. 국내이송수형자에 대한 자유형을 더 이상 집행하지 아니하기로 확정된 때
3. 국내이송수형자에 대한 자유형의 집행이 종료되기 전에 국내이송수형자가 도주한 때

제4장 국외이송

제22조【조약사항의 고지】 교도소등의 장은 외국인이 자유형을 선고받고 그 확정판결의 집행을 위하여 교도소등에 수용되는 때에는 조약이 정하는 사항을 고지하여야 한다.
제23조【국외이송의 요건】 ① 국외이송은 다음 각호의 요건이 갖추어진 때에 한하여 실시할 수 있다.
1. 대한민국에서 자유형이 선고·확정된 범죄사실이 외국의 법률에 의하여 범죄를 구성할 것. 이 경우 수 개의 범죄사실중 한 개의 범죄사실이 외국의 법률에 의하여 범죄를 구성하는 경우를 포함한다.
2. 대한민국에서 선고한 자유형의 판결이 확정될 것
3. 국외이송대상수형자가 국외이송에 동의할 것
4. 대한민국에서 자유형이 선고·확정된 재판에서 벌금·과료·몰수 또는 추징이 병과된 때에는 그 집행이 종료되거나 집행을 하지 아니하기로 확정될 것
② 제1항제3호의 규정에 의한 동의는 법무부장관으로부터 확인을 명령받은 검사장등이 지정한 검사가 서면으로 확인하여야 한다. 이 경우 국외이송대상수형자에게 제3항의 규정에 의하여 동의의 철회가 인정되지 아니함을 고지하여야 한다.
③ 국외이송에 관한 국외이송대상수형자의 동의는 제2항의 규정에 의하여 확인된 후에는 그 철회가 인정되지 아니한다.
제24조【동의확인을 위한 접견】 「형의 집행 및 수용자의 처우에 관한 법률」 제2조제4호의 교정시설의 장은 다음 각호의 1에 해당하는 자가 조약에 의하여 국외이송에 동의하는지 여부를 확인하기 위하여 그 교정시설에 수용되어 있는 국외이송대상수형자와의 접견을 요구하는 때에는 같은 법 등 대한민국의 관련 법률이 정하는 범위안에서 이를 허가하여야 한다.(2007.12.21 본문개정)
1. 외국의 외교공관 또는 영사관의 장이나 그 관원
2. 그 밖에 외국이 지정한 자
제25조【국외이송 요청 등】 ① 법무부장관은 제23조에 따른 국외이송의 요건이 갖추어져 있고, 대한민국의 안전과 질서 유지, 공공의 이익, 국외이송대상수형자의 선도·교화와 사회복귀의 용이성 및 국내 재입국 가능성, 국내에서의 다른 사건에 대한 수사 또는 재판상의 필요성 등을 종합적으로 고려하여 필요하다고 인정하는 경우에만 외국에 국외이송을 요청하거나 외국의 국외이송 요청을 수락하여야 한다.
② 제1항의 국외이송 요청 대상인 국외이송대상수형자가 군사법원에서 자유형을 선고받은 사람인 경우에는 법무부장관은 미리 국방부장관의 동의를 받아야 하며, 그 결정을 위하여 필요하면 국방부장관에게 이에 관한 협조를 요청할 수 있다.
③ 제1항에 따른 법무부장관의 요청 또는 수락에 관하여는 제12조제2항부터 제4항까지의 규정을 준용한다.
(2009.3.25 본조개정)
제26조【국외이송 명령 등】 ① 법무부장관은 국외이송대상수형자를 국외이송하려면 서면으로 관계 검사장등에게 국외이송을 명하여야 한다. 이 경우 관련 자료를 첨부하여야 한다.
② 제1항에 따른 국외이송 명령서에는 다음 각 호의 사항을 적고, 법무부장관이 서명·날인하여야 한다.
1. 국외이송대상수형자의 국적, 성명, 성별, 생년월일 및 주거
2. 외국의 국명
3. 죄명
4. 자유형의 종류 및 형기
5. 인도 장소
6. 명령일자
7. 그 밖에 필요한 사항
③ 법무부장관은 제1항에 따라 국외이송 명령을 할 때에는 인수허가장을 발부하여 외교부장관에게 송부하고 이를 외국에 송부할 것을 요청하여야 한다.(2013.3.23 본항개정)
④ 법무부장관은 다음 각 호의 어느 하나에 해당하는 경우에는 해당 국외이송대상수형자에게 서면으로 통지하여야 한다.
1. 제1항에 따라 국외이송대상수형자에 대한 국외이송을 명한 경우
2. 외국으로부터 국외이송 요청을 받았거나 제23조제2항에 따라 동의를 확인한 국외이송대상수형자에 대하여 국외이송을 하지 아니하게 된 경우
(2009.3.25 본조개정)
제27조【국외이송지휘서의 발부】 ① 검사장등은 제26조제1항에 따른 국외이송명령을 받은 때에는 지체없이 소속 검사로 하여금 국외이송에 필요한 조치를 취하도록 명하여야 한다.(2009.3.25 본항개정)
② 검사는 제1항의 규정에 의하여 검사장으로부터 국외이송에 필요한 조치를 명령받은 때에는 지체없이 그 국외이송대상수형자가 수용되어 있는 교도소등의 장에게 국외이송지휘서를 발부하여 국외이송을 지휘하여야 한다.
③ 제2항의 규정에 의한 국외이송지휘서에는 다음 각호의 사항을 기재하고 검사가 서명·날인하여야 한다.
1. 국외이송대상수형자의 국적·성명·성별·생년월일 및 주거
2. 외국의 국명
3. 죄명
4. 자유형의 종류 및 형기
5. 구금되거나 형이 집행된 기간
6. 인도장소
7. 발부일자
8. 그 밖에 필요한 사항
제28조【교도소등의 장의 조치】 제27조제2항의 규정에 의하여 검사로부터 국외이송지휘를 받은 교도소등의 장은 외국의 공무원으로부터 인수허가장의 제시와 함께 국외이송대상수형자의 인도를 요청받은 때에는 국외이송지휘서에 기재된 장소에서 외국의 공무원에게 국외이송대상수형자를 인도하여야 한다.
제29조【국외이송수형자에 대한 형집행의 종료】 제28조의 규정에 의하여 외국에 인도된 국외이송대상수형자(이하 "국외이송수형자"라 한다)에 대하여 선고·확정된 자유형은 외국에서 그 형에 상응하는 외국 법령상의 형의 집행이 종료(종료한 것으로 간주하는 경우를 포함한다)된 때에 그 집행이 종료된 것으로 본다.
제30조【국외이송후 외국에 대한 통지】 법무부장관은 다음 각호의 1에 해당하는 때에는 지체없이 외국에 그 취지를 통지하여야 한다.
1. 국외이송수형자에 대한 확정판결이 재심 등 판결확정 후 재판절차에서 취소되어 집행할 수 없게 되거나 형의 종류 또는 형기가 변경된 때
2. 국외이송수형자가 사면된 때
제31조【군교도소에 수용 중인 국외이송대상수형자의 이감】 ① 법무부장관은 군교도소에 수용중인 국외이송대상수형자에 대하여는 국외이송명령을 하기에 앞서 국방부장관에게 그 취지를 통보하여야 한다.
② 제1항의 규정에 의한 통보를 받은 국방부장관은 해당 군 참모총장에게 국외이송대상수형자를 교도소등에 수용하도록 지시하여야 하며, 이 경우 「군에서의 형의 집행 및 군수용자의 처우에 관한 법률」 제20조제1항에 따른 법무부장관의 동의가 있은 것으로 본다.(2009.11.2 후단개정)

제5장 보 칙

제32조【통과호송】 ① 법무부장관은 대한민국 공무원이 국내이송대상수형자 또는 국외이송대상수형자를 외국의 영역을 통과하여 호송할 필요가 있는 때에는 그 외국에 대하여 통과호송의 승인을 요청할 수 있다.
② 법무부장관은 외국으로부터 그 외국의 공무원이 다른 외국의 확정판결에 의하여 그 외국의 교도소등에 수용되

어 있는 자를 이송하기 위하여 대한민국의 영역을 통과하여 호송하기 위한 승인을 요청하는 경우 그 요청에 상당한 이유가 있다고 인정되는 때에는 이를 승인할 수 있다. 다만, 그 확정판결에 의하여 인정된 범죄에 관련된 행위가 대한민국의 법률에 의하여 범죄를 구성하지 아니하는 때에는 이를 승인하여서는 아니된다.
③ 제4조의 규정은 제1항 및 제2항의 통과호송의 요청과 승인 및 이와 관련하여 외국과의 문서 또는 통지의 접수 및 송부에 관하여 이를 준용한다.
제33조【비용】 국내이송에 소요되는 비용중 대한민국이 국내이송수형자 본인과 관련하여 지출하는 비용은 국내이송수형자의 부담으로 한다. 다만, 법무부장관은 국내이송수형자의 경제적 사정을 감안하여 이를 감면할 수 있다.
제34조【검찰총장 경유】 이 법의 규정에 의하여 법무부장관이 검사장등에게 하는 명령 또는 서류송부와 검사장등이 법무부장관에게 하는 보고 또는 서류송부는 검찰총장을 경유하여야 한다.

부 칙

①**【시행일】** 이 법은 공포한 날부터 시행한다.
②**【대한민국 또는 외국에서 형집행중인 자에 대한 경과조치】** 이 법은 이 법 시행 당시 외국에서 형집행 중인 대한민국 국민과 대한민국에서 형집행중인 외국인에 대하여도 적용한다.
③**【교도소등에 수용 중인 국외이송대상수형자에 대한 경과조치】** 이 법 시행 당시 국외이송대상수형자가 수용되어 있는 교도소등의 장은 지체없이 그 국외이송대상수형자에게 조약이 정하는 사항을 고지하여야 한다.

부 칙 (2011.4.5)

제1조【시행일】 이 법은 공포한 날부터 시행한다.
제2조【집행할 자유형의 형기에 관한 경과조치】 제16조제1항 단서의 개정규정에도 불구하고 이 법 시행 전에 제14조제2항에 따라 국내에 인도된 국내이송대상수형자에 대하여 집행할 자유형의 형기에 관하여는 종전의 규정에 따른다.

부 칙 (2013.3.23)

제1조【시행일】 ① 이 법은 공포한 날부터 시행한다.(이하 생략)

즉결심판에 관한 절차법

(약칭 : 즉결심판법)

(1989年 6月 16日 全改法律 第4131號)

改正
1991.11.22法 4398號
1994. 7.27法 4765號(법원조직)
1996. 8. 8法 5153號(정부조직)
2007.12.21法 8730號(형사소송법)
2009.12.29法 9831號
2014.11.19法12844號(정부조직)
2017. 7.26法14839號(정부조직)

第1條【目的】 이 法은 犯證이 명백하고 罪質이 경미한 犯罪事件을 신속·적정한 節次로 審判하기 위하여 卽決審判에 관한 節次를 정함을 目的으로 한다.
(1994.7.27 본조개정)
第2條【卽決審判의 대상】 地方法院, 支院 또는 市·郡法院의 判事(이하 "判事"라 한다)는 卽決審判節次에 의하여 被告人에게 20萬원 이하의 罰金, 拘留 또는 科料에 처할 수 있다.(1994.7.27 본조개정)
第3條【卽決審判請求】 ① 卽決審判은 관할경찰서장 또는 관할해양경찰서장(이하 "경찰서장"이라 한다)이 管轄法院에 이를 請求한다.(2017.7.26 본항개정)
② 卽決審判을 請求함에는 卽決審判請求書를 제출하여야 하며, 卽決審判請求書에는 被告人의 姓名 기타 被告人을 특정할 수 있는 사항, 罪名, 犯罪事實과 適用法條를 기재하여야 한다.
③ 즉결심판을 청구할 때에는 사전에 피고인에게 즉결심판의 절차를 이해하는 데 필요한 사항을 서면 또는 구두로 알려주어야 한다.(2009.12.29 본항신설)
판례 즉결심판에 관한 절차법이 즉결심판의 청구와 동시에 판사에게 증거서류 및 증거물을 제출하도록 한 것은 즉결심판이 범증이 명백하고 죄질이 경미한 범죄사건을 신속·적정하게 심판하기 위한 입법적 고려에서 공소장일본주의가 배제되도록 한 것이라고 보아야 한다.(대판 2011.1.27, 2008도7375)
第3條의2【관할에 대한 特例】 地方法院 또는 그 支院의 判事는 소속 地方法院長의 命令을 받아 소속 法院의 管轄事務와 관계없이 卽決審判請求事件을 審判할 수 있다.
(1994.7.27 본조신설)
第4條【書類·證據物의 제출】 警察署長은 卽決審判의 請求와 동시에 卽決審判을 함에 필요한 書類 또는 證據物을 判事에게 제출하여야 한다.
第5條【請求의 棄却등】 ① 判事는 事件이 卽決審判을 할 수 없거나 卽決審判節次에 의하여 審判함이 적당하지 아니하다고 인정할 때에는 決定으로 卽決審判의 請求를 棄却하여야 한다.
② 第1項의 決定이 있는 때에는 警察署長은 지체없이 事件을 管轄地方檢察廳 또는 支廳의 長에게 送致하여야 한다.
第6條【審判】 卽決審判의 請求가 있는 때에는 判事는 第5條第1項의 경우를 제외하고 즉시 審判을 하여야 한다.
第7條【開廷】 ① 卽決審判節次에 의한 審理와 裁判의 宣告는 公開된 法廷에서 행하되, 그 法廷은 경찰관서(해양경찰관서를 포함한다)외의 場所에 설치되어야 한다.
(2017.7.26 본항개정)
② 法廷은 判事와 法院書記官, 法院事務官, 法院主事 또는 法院主事補(이하 "法院事務官등"이라 한다)가 列席하여 開廷한다.(1991.11.22 본항개정)
③ 第1項 및 第2項의 規定에 불구하고 判事는 상당한 이유가 있는 경우에는 開廷없이 被告人의 陳述書와 第4條의 書類 또는 證據物에 의하여 審判할 수 있다. 다만, 拘留에 처하는 경우에는 그러하지 아니하다.
第8條【被告人의 출석】 被告人이 期日에 출석하지 아니한 때에는 이 法 또는 다른 法律에 특별한 規定이 있는 경우를 제외하고는 開廷할 수 없다.(1991.11.22 본조개정)
第8條의2【不出席審判】 ① 罰金 또는 科料를 宣告하는 경우에는 被告人이 출석하지 아니하더라도 審判할 수 있다.
② 被告人 또는 卽決審判出席通知書를 받은 者(이하 "被告人등"이라 한다)는 法院에 不出席審判을 請求할 수 있고, 法院이 이를 許可한 때에는 被告人이 출석하지 아니하더라도 審判할 수 있다.
③ 第2項의 規定에 의한 不出席審判의 請求와 그 許可節次에 관하여 필요한 사항은 大法院規則으로 정한다.
(1991.11.22 본조신설)
第9條【期日의 審理】 ① 判事는 被告人에게 피고사건의 내용과 「형사소송법」 제283조의2에 규정된 陳述拒否權이 있음을 알리고 辨明할 機會를 주어야 한다.
(2007.12.21 본항개정)
② 判事는 필요하다고 인정할 때에는 적당한 방법에 의하여 在廷하는 證據에 한하여 調査할 수 있다.
③ 辯護人은 期日에 출석하여 第2項의 證據調査에 참여할 수 있으며 의견을 陳述할 수 있다.
第10條【證據能力】 卽決審判節次에 있어서는 刑事訴訟法 第310條, 제312조제3항 및 第313條의 規定은 適用하지 아니한다.(2007.12.21 본조개정)
第11條【卽決審判의 宣告】 ① 卽決審判으로 有罪를 宣告할 때에는 刑, 犯罪事實과 適用法條를 명시하고 被告人은 7日 이내에 正式裁判을 請求할 수 있다는 것을 告知하여야 한다.(1991.11.22 본항개정)
② 참여한 法院事務官등은 第1項의 宣告의 내용을 記錄하여야 한다.(1991.11.22 본항개정)
③ 被告人이 判事에게 正式裁判請求의 意思를 표시하였을 때에는 이를 第2項의 記錄에 명시하여야 한다.
④ 第7條第3項 또는 第8條의2의 경우에는 法院事務官등은 7日 이내에 正式裁判을 請求할 수 있음을 附記한 卽決審判書의 謄本을 被告人에게 송달하여 告知한다. 다만, 第8條의2第2項의 경우에 被告人등이 미리 卽決審判書의 謄本送達을 요하지 아니한다는 뜻을 표시한 때에는 그러하지 아니하다.(1991.11.22 본항개정)
⑤ 判事는 事件이 無罪·免訴 또는 公訴棄却을 함이 명백하다고 인정할 때에는 이를 宣告·告知할 수 있다.
第12條【卽決審判書】 ① 有罪의 卽決審判書에는 被告人의 姓名 기타 被告人을 특정할 수 있는 사항, 主文, 犯罪事實과 適用法條를 명시하고 判事가 署名·捺印하여야 한다.
② 被告人이 犯罪事實을 自白하고 正式裁判의 請求를 포기한 경우에는 第11條의 記錄作成을 생략하고 卽決審判書에 宣告한 主文과 適用法條를 명시하고 判事가 記名·捺印한다.
第13條【卽決審判書등의 보존】 卽決審判의 判決이 확정된 때에는 卽決審判書 및 關係書類와 證據는 관할경찰서 또는 지방해양경찰관서가 이를 보존한다.
(2017.7.26 본조개정)
第14條【正式裁判의 請求】 ① 正式裁判을 請求하고자 하는 被告人은 卽決審判의 宣告·告知를 받은 날부터 7日 이내에 正式裁判請求書를 警察署長에게 제출하여야 한다. 正式裁判請求書를 받은 警察署長은 지체없이 判事에게 이를 송부하여야 한다.(1991.11.22 본항개정)
② 警察署長은 第11條第5項의 경우에 그 宣告·告知를 한 날부터 7日 이내에 正式裁判을 請求할 수 있다. 이 경우 警察署長은 管轄地方檢察廳 또는 支廳의 檢事(이하 "檢事"라 한다)의 승인을 얻어 正式裁判請求書를 判事에게 제출하여야 한다.(1991.11.22 본항개정)
③ 判事는 正式裁判請求書를 받은 날부터 7日 이내에 警察署長에게 正式裁判請求書를 첨부한 事件記錄과 證據物을 송부하고, 警察署長은 지체없이 管轄地方檢察廳 또는 支廳의 長에게 이를 송부하여야 하며, 그 檢察廳 또는 支廳의 長은 지체없이 管轄法院에 이를 송부하여야 한다.
(1991.11.22 본항개정)
④ 刑事訴訟法 第340條 내지 第342條, 第344條 내지 第352條, 第354條, 第454條, 第455條의 規定은 正式裁判의 請求 또는 그 포기·취하에 이를 準用한다.
第15條【卽決審判의 失效】 卽決審判은 正式裁判의 請求에 의한 判決이 있는 때에는 그 效力을 잃는다.
第16條【卽決審判의 效力】 卽決審判은 正式裁判의 請求期間의 경과, 正式裁判請求權의 포기 또는 그 請求의 취하에 의하여 確定判決과 동일한 效力이 생긴다. 正式裁判請求를 棄却하는 裁判이 확정된 때에도 같다.
第17條【留置命令등】 ① 判事는 拘留의 宣告를 받은 被告人이 일정한 住所가 없거나 또는 도망할 염려가 있을 때에는 5日을 초과하지 아니하는 期間 경찰서유치장(지방해양경찰관서의 유치장을 포함한다. 이하 같다)에 留置할 것을 命令할 수 있다. 다만, 이 期間은 宣告期間을 초과할 수 없다.(2017.7.26 본문개정)
② 執行된 留置期間은 本刑의 執行에 算入한다.
③ 刑事訴訟法 第334條의 規定은 判事가 罰金 또는 科料를 宣告하였을 때에 이를 準用한다.
第18條【刑의 執行】 ① 刑의 執行은 警察署長이 하고 그 執行結果를 지체없이 檢事에게 보고하여야 한다.
② 拘留는 警察署留置場·拘置所 또는 矯導所에서 執行하며 拘置所 또는 矯導所에서 執行할 때에는 檢事가 이를 指揮한다.
③ 罰金, 科料, 沒收는 그 執行을 종료하면 지체없이 檢事에게 이를 引繼하여야 한다. 다만, 卽決審判 확정후 相當期間내에 執行할 수 없을 때에는 檢事에게 통지하여야 한다. 통지를 받은 檢事는 刑事訴訟法 第477條에 의하여 執行할 수 있다.
④ 刑의 執行停止는 사전에 檢事의 許可를 얻어야 한다.
第19條【刑事訴訟法의 準用】 卽決審判節次에 있어서 이 法에 특별한 規定이 없는 한 그 性質에 반하지 아니한 것은 刑事訴訟法의 規定을 準用한다.
판례 즉결심판에 대하여 피고인만이 정식재판을 청구한 경우, 불이익변경금지의 원칙이 적용되는지 여부 : 즉결심판에 대하여 피고인만이 정식재판을 청구한 사건에 대하여도 즉결심판에관한 절차법 제19조의 규정에 따라 형사소송법 제457조의2 규정을 준용하여, 즉결심판의 형보다 무거운 형을 선고하지 못한다.
(대판 1999.1.15, 98도2550)

附 則 (2014.11.19)

第1條【시행일】 이 법은 공포한 날부터 시행한다.(이하 생략)

附 則 (2017.7.26)

第1條【시행일】 ① 이 법은 공포한 날부터 시행한다.(이하 생략)

형의 집행 및 수용자의 처우에 관한 법률(약칭 : 형집행법)

(2007년 12월 21일 전부개정법률 제8728호)

개정
2008.12.11법 9136호
2009.12.29법 9847호(감염병)
2010. 5. 4법10273호 2011. 7.18법10865호
2011. 8. 4법11005호(의료법)
2014.12.30법12900호 2015. 3.27법13235호
2016. 1. 6법13721호
2016. 5.29법14170호(경비교도대폐지에따른보상등에관한법)
2016.12. 2법14281호 2017.12.19법15259호
2019. 4.23법16345호 2020. 2. 4법16925호
2022.12.27법19105호

제1편 총 칙

제1조【목적】 이 법은 수형자의 교정교화와 건전한 사회복귀를 도모하고, 수용자의 처우와 권리 및 교정시설의 운영에 관하여 필요한 사항을 규정함을 목적으로 한다.

제2조【정의】 이 법에서 사용하는 용어의 뜻은 다음과 같다.
1. "수용자"란 수형자·미결수용자·사형확정자 등 법률과 적법한 절차에 따라 교도소·구치소 및 그 지소(이하 "교정시설"이라 한다)에 수용된 사람을 말한다.
2. "수형자"란 징역형·금고형 또는 구류형의 선고를 받아 그 형이 확정되어 교정시설에 수용된 사람과 벌금 또는 과료를 완납하지 아니하여 노역장 유치명령을 받아 교정시설에 수용된 사람을 말한다.
3. "미결수용자"란 형사피의자 또는 형사피고인으로서 체포되거나 구속영장의 집행을 받아 교정시설에 수용된 사람을 말한다.
4. "사형확정자"란 사형의 선고를 받아 그 형이 확정되어 교정시설에 수용된 사람을 말한다.
(2016.12.2 1호~4호개정)

제3조【적용범위】 이 법은 교정시설의 구내와 교도관이 수용자를 계호(戒護)하고 있는 그 밖의 장소로서 교도관의 통제가 요구되는 공간에 대하여 적용한다.

제4조【인권의 존중】 이 법을 집행하는 때에 수용자의 인권은 최대한으로 존중되어야 한다.

판례 교정시설에서 하나의 거실에 다수의 수용자가 함께 수용되어 1인당 수용면적이 인간으로서의 기본적인 욕구에 따른 일상생활조차 어려울 만큼 협소하다면, 그러한 과밀수용 상태가 예상할 수 없었던 일시적인 수용률의 폭증에 따른 것으로 교정기관이 부득이하게 거실 내 수용 인원수를 조정하기 위하여 합리적이고 필요한 정도로 단기간 내에 이루어졌다는 등의 특별한 사정이 없는 한, 그 자체로 수용자의 인간으로서의 존엄과 가치를 침해한다고 보아야 한다.(대판 2022.7.14, 2017다266771)

제5조【차별금지】 수용자는 합리적인 이유 없이 성별, 종교, 장애, 나이, 사회적 신분, 출신지역, 출신국가, 출신민족, 용모 등 신체조건, 병력(病歷), 혼인 여부, 정치적 의견 및 성적(性的) 지향 등을 이유로 차별받지 아니한다.

제5조의2【기본계획의 수립】 ① 법무부장관은 이 법의 목적을 효율적으로 달성하기 위하여 5년마다 형의 집행 및 수용자 처우에 관한 기본계획(이하 "기본계획"이라 한다)을 수립하고 추진하여야 한다.
② 기본계획에는 다음 각 호의 사항이 포함되어야 한다.
1. 형의 집행 및 수용자 처우에 관한 기본 방향
2. 인구·범죄의 증감 및 수사 또는 형 집행의 동향 등 교정시설의 수요 증감에 관한 사항
3. 교정시설의 수용 실태 및 적정한 규모의 교정시설 유지 방안
4. 수용자에 대한 처우 및 교정시설의 유지·관리를 위한 적정한 교도관 인력 확충 방안
5. 교도작업과 직업훈련의 현황, 수형자의 건전한 사회복귀를 위한 작업설비 및 프로그램의 확충 방안
6. 수형자의 교육·교화 및 사회적응에 필요한 프로그램의 추진방향
7. 수용자 인권보호 실태와 인권 증진 방안
8. 교정사고의 발생 유형 및 방지에 필요한 사항
9. 형의 집행 및 수용자 처우와 관련하여 관계 기관과의 협력에 관한 사항
10. 그 밖에 법무부장관이 필요하다고 인정하는 사항
③ 법무부장관은 기본계획을 수립 또는 변경하려는 때에는 법원, 검찰 및 경찰 등 관계 기관과 협의하여야 한다.
④ 법무부장관은 기본계획을 수립하기 위하여 실태조사와 수요예측 조사를 실시할 수 있다.
⑤ 법무부장관은 기본계획을 수립하기 위하여 필요하다고 인정하는 경우에는 관계 기관의 장에게 필요한 자료를 요청할 수 있다. 이 경우 자료를 요청받은 관계 기관의 장은 특별한 사정이 없으면 요청에 따라야 한다.
(2019.4.23 본조신설)

제5조의3【협의체의 설치 및 운영】 ① 법무부장관은 형의 집행 및 수용자 처우에 관한 사항을 협의하기 위하여 법원, 검찰 및 경찰 등 관계 기관과 협의체를 설치하여 운영할 수 있다.
② 제1항에 따른 협의체의 설치 및 운영 등에 필요한 사항은 대통령령으로 정한다.
(2019.4.23 본조신설)

제6조【교정시설의 규모 및 설비】 ① 신설하는 교정시설은 수용인원이 500명 이내의 규모가 되도록 하여야 한다. 다만, 교정시설의 기능·위치나 그 밖의 사정을 고려하여 그 규모를 늘릴 수 있다.(2020.2.4 단서개정)
② 교정시설의 거실·작업장·접견실이나 그 밖의 수용생활을 위한 설비는 그 목적과 기능에 맞도록 설치되어야 한다. 특히, 거실은 수용자가 건강하게 생활할 수 있도록 적정한 수준의 공간과 채광·통풍·난방을 위한 시설이 갖추어져야 한다.
③ 법무부장관은 수용자에 대한 처우 및 교정시설의 유지·관리를 위한 적정한 인력을 확보하여야 한다.
(2019.4.23 본항신설)

제7조【교정시설 설치·운영의 민간위탁】 ① 법무부장관은 교정시설의 설치 및 운영에 관한 업무의 일부를 법인 또는 개인에게 위탁할 수 있다.
② 제1항에 따라 위탁을 받을 수 있는 법인 또는 개인의 자격요건, 교정시설의 시설기준, 수용대상자의 선정기준, 수용자 처우의 기준, 위탁절차, 국가의 감독, 그 밖에 필요한 사항은 따로 법률로 정한다.

제8조【교정시설의 순회점검】 법무부장관은 교정시설의 운영, 교도관의 복무, 수용자의 처우 및 인권실태 등을 파악하기 위하여 매년 1회 이상 교정시설을 순회점검하거나 소속 공무원으로 하여금 순회점검하게 하여야 한다.
(2016.5.29 본조개정)

제9조【교정시설의 시찰 및 참관】 ① 판사와 검사는 직무상 필요하면 교정시설을 시찰할 수 있다.
② 제1항의 판사와 검사 외의 사람은 교정시설을 참관하려면 학술연구 등 정당한 이유를 명시하여 교정시설의 장(이하 "소장"이라 한다)의 허가를 받아야 한다.

제10조【교도관의 직무】 이 법에 규정된 사항 외에 교도관의 직무에 관하여는 따로 법률로 정한다.

제2편 수용자의 처우

제1장 수 용

제11조【구분수용】 ① 수용자는 다음 각 호에 따라 구분하여 수용한다.
1. 19세 이상 수형자 : 교도소
2. 19세 미만 수형자 : 소년교도소
3. 미결수용자 : 구치소
4. 사형확정자 : 교도소 또는 구치소. 이 경우 구체적인 구분 기준은 법무부령으로 정한다.
(2008.12.11 1호~4호개정)
② 교도소 및 구치소의 각 지소에는 교도소 또는 구치소에 준하여 수용자를 수용한다.

제12조【구분수용의 예외】 ① 다음 각 호의 어느 하나에 해당하는 사유가 있으면 교도소에 미결수용자를 수용할 수 있다.
1. 관할 법원 및 검찰청 소재지에 구치소가 없는 때
2. 구치소의 수용인원이 정원을 훨씬 초과하여 정상적인 운영이 곤란한 때
3. 범죄의 증거인멸을 방지하기 위하여 필요하거나 그 밖에 특별한 사정이 있는 때
② 취사 등의 작업을 위하여 필요하거나 그 밖에 특별한 사정이 있으면 구치소에 수형자를 수용할 수 있다.
③ 수형자가 소년교도소에 수용 중에 19세가 된 경우에도 교육·교화프로그램, 작업, 직업훈련 등을 실시하기 위하여 특히 필요하다고 인정되면 23세가 되기 전까지는 계속하여 수용할 수 있다.(2008.12.11 본항개정)
④ 소장은 특별한 사정이 있으면 제11조의 구분수용기준에 따라 다른 교정시설로 이송하여야 할 수형자를 6개월을 초과하지 아니하는 기간 동안 계속하여 수용할 수 있다.

제13조【분리수용】 ① 남성과 여성은 분리하여 수용한다.
② 제12조에 따라 수형자와 미결수용자, 19세 이상의 수형자와 19세 미만의 수형자를 같은 교정시설에 수용하는 경우에는 서로 분리하여 수용한다.(2008.12.11 본항개정)

제14조【독거수용】 수용자는 독거수용한다. 다만, 다음 각 호의 어느 하나에 해당하는 사유가 있으면 혼거수용할 수 있다.
1. 독거실 부족 등 시설여건이 충분하지 아니한 때
2. 수용자의 생명 또는 신체의 보호, 정서적 안정을 위하여 필요한 때
3. 수형자의 교화 또는 건전한 사회복귀를 위하여 필요한 때

제15조【수용거실 지정】 소장은 수용자의 거실을 지정하는 경우에는 죄명·형기·죄질·성격·범죄전력·나이·경력 및 수용생활 태도, 그 밖에 수용자의 개인적 특성을 고려하여야 한다.

제16조【신입자의 수용 등】 ① 소장은 법원·검찰청·경찰관서 등으로부터 처음으로 교정시설에 수용되는 사람(이하 "신입자"라 한다)에 대하여는 집행지휘서, 재판서, 그 밖에 수용에 필요한 서류를 조사한 후 수용한다.
② 소장은 신입자에 대하여는 지체 없이 신체·의류 및 휴대품을 검사하고 건강진단을 하여야 한다.
(2017.12.19 본항개정)
③ 신입자는 제2항에 따라 소장이 실시하는 검사 및 건강진단을 받아야 한다.(2017.12.19 본항개정)

제16조의2【간이입소절차】 다음 각 호의 어느 하나에 해당하는 신입자의 경우에는 법무부장관이 정하는 바에 따라 간이입소절차를 실시한다.
1. 「형사소송법」 제200조의2, 제200조의3 또는 제212조에 따라 체포되어 교정시설에 유치된 피의자
2. 「형사소송법」 제201조의2제10항 및 제71조의2에 따른 구속영장 청구에 따라 피의자 심문을 위하여 교정시설에 유치된 피의자
(2017.12.19 본조신설)

제17조【고지사항】 신입자 및 다른 교정시설로부터 이송되어 온 사람에게는 말이나 서면으로 다음 각 호의 사항을 알려 주어야 한다.(2020.2.4 본문개정)
1. 형기의 기산일 및 종료일
2. 접견·편지, 그 밖의 수용자의 권리에 관한 사항
(2020.2.4 본호개정)
3. 청원, 「국가인권위원회법」에 따른 진정, 그 밖의 권리구제에 관한 사항
4. 징벌·규율, 그 밖의 수용자의 의무에 관한 사항
5. 일과(日課) 그 밖의 수용생활에 필요한 기본적인 사항

제18조【수용의 거절】 ① 소장은 다른 사람의 건강에 위해를 끼칠 우려가 있는 감염병에 걸린 사람의 수용을 거절할 수 있다.(2009.12.29 본항개정)
② 소장은 제1항에 따라 수용을 거절하였으면 그 사유를 지체 없이 수용지휘기관과 관할 보건소장에게 통보하고 법무부장관에게 보고하여야 한다.

제19조【사진촬영 등】 ① 소장은 신입자 및 다른 교정시설로부터 이송되어 온 사람에 대하여 다른 사람과의 식별을 위하여 필요한 한도에서 사진촬영, 지문채취, 수용자 번호지정, 그 밖에 대통령령으로 정하는 조치를 하여야 한다.
② 소장은 수용목적상 필요하면 수용 중인 사람에 대하여도 제1항의 조치를 할 수 있다.

제20조【수용자의 이송】 ① 소장은 수용자의 수용·작업·교화·의료, 그 밖의 처우를 위하여 필요하거나 시설의 안전과 질서유지를 위하여 필요하다고 인정하면 법무부장관의 승인을 받아 수용자를 다른 교정시설로 이송할 수 있다.
② 법무부장관은 제1항의 이송승인에 관한 권한을 대통령령으로 정하는 바에 따라 지방교정청장에게 위임할 수 있다.

제21조【수용사실의 알림】 소장은 신입자 또는 다른 교정시설로부터 이송되어 온 사람이 있으면 그 사실을 수용자의 가족(배우자, 직계존속·비속 또는 형제자매를 말한다. 이하 같다)에게 지체 없이 알려야 한다. 다만, 수용자가 알리는 것을 원하지 아니하면 그러하지 아니하다.
(2020.2.4 본조개정)

제2장 물품지급

제22조【의류 및 침구 등의 지급】 ① 소장은 수용자에게 건강유지에 적합한 의류·침구, 그 밖의 생활용품을 지급한다.
② 의류·침구, 그 밖의 생활용품의 지급기준 등에 관하여 필요한 사항은 법무부령으로 정한다.

제23조【음식물의 지급】 ① 소장은 수용자에게 건강상태, 나이, 부과된 작업의 종류, 그 밖의 개인적 특성을 고려하여 건강 및 체력을 유지하는 데에 필요한 음식물을 지급한다.
② 음식물의 지급기준 등에 관하여 필요한 사항은 법무부령으로 정한다.

제24조【물품의 자비구매】 ① 수용자는 소장의 허가를 받아 자신의 비용으로 음식물·의류·침구, 그 밖에 수용생활에 필요한 물품을 구매할 수 있다.
② 물품의 자비구매 허가범위 등에 관하여 필요한 사항은 법무부령으로 정한다.

제3장 금품관리

제25조【휴대금품의 보관 등】 ① 소장은 수용자의 휴대금품을 교정시설에 보관한다. 다만, 휴대품이 다음 각 호의 어느 하나에 해당하는 것이면 수용자로 하여금 자신이 지정하는 사람에게 보내게 하거나 그 밖에 적당한 방법으로 처분하게 할 수 있다.(2020.2.4 본문개정)
1. 썩거나 없어질 우려가 있는 것(2020.2.4 본호개정)
2. 물품의 종류·크기 등을 고려할 때 보관하기에 적당하지 아니한 것
3. 사람의 생명 또는 신체에 위험을 초래할 우려가 있는 것
4. 시설의 안전 또는 질서를 해칠 우려가 있는 것
5. 그 밖에 보관할 가치가 없는 것(2020.2.4 본호개정)

② 소장은 수용자가 제1항 단서에 따라 처분하여야 할 휴대품을 상당한 기간 내에 처분하지 아니하면 폐기할 수 있다.
(2020.2.4 본조제목개정)

제26조【수용자가 지니는 물품 등】 ① 수용자는 편지·도서, 그 밖에 수용생활에 필요한 물품을 법무부장관이 정하는 범위에서 지닐 수 있다.(2020.2.4 본항개정)
② 소장은 제1항에 따라 법무부장관이 정하는 범위를 벗어난 물품으로서 교정시설에 특히 보관할 필요가 있다고 인정하지 아니하는 물품은 수용자로 하여금 자신이 지정하는 사람에게 보내게 하거나 그 밖에 적당한 방법으로 처분하게 할 수 있다.(2020.2.4 본항개정)
③ 소장은 수용자가 제2항에 따라 처분하여야 할 물품을 상당한 기간 내에 처분하지 아니하면 폐기할 수 있다.
(2020.2.4 본조제목개정)

제27조【수용자에 대한 금품 전달】 ① 수용자 외의 사람이 수용자에게 금품을 건네줄 것을 신청하는 때에는 소장은 다음 각 호의 어느 하나에 해당하지 아니하면 허가하여야 한다.(2020.2.4 본항개정)
1. 수형자의 교화 또는 건전한 사회복귀를 해칠 우려가 있는 때
2. 시설의 안전 또는 질서를 해칠 우려가 있는 때

② 소장은 수용자 외의 사람이 수용자에게 주려는 금품이 제1항 각 호의 어느 하나에 해당하거나 수용자가 금품을 받지 아니하려는 경우에는 해당 금품을 보낸 사람에게 되돌려 보내야 한다.(2020.2.4 본항개정)
③ 소장은 제2항의 경우에 금품을 보낸 사람을 알 수 없거나 보낸 사람의 주소가 불명한 경우에는 금품을 다시 가지고 갈 것을 공고하여야 하며, 공고한 후 6개월이 지나도 금품을 돌려달라고 청구하는 사람이 없으면 그 금품은 국고에 귀속된다.(2020.2.4 본항개정)
④ 소장은 제2항 또는 제3항에 따른 조치를 하였으면 그 사실을 수용자에게 알려 주어야 한다.
(2020.2.4 본조제목개정)

제28조【유류금품의 처리】 ① 소장은 사망자 또는 도주자가 남겨두고 간 금품이 있으면 사망자의 경우에는 그 상속인에게, 도주자의 경우에는 그 가족에게 그 내용 및 청구절차 등을 알려 주어야 한다. 다만, 썩거나 없어질 우려가 있는 것은 폐기할 수 있다.
② 소장은 상속인 또는 가족이 제1항의 금품을 내어달라고 청구하면 지체 없이 내어주어야 한다. 다만, 제1항에 따른 알림을 받은 날(알려 줄 수가 없는 경우에는 청구사유가 발생한 날)부터 1년이 지나도 청구하지 아니하면 그 금품은 국고에 귀속된다.
(2020.2.4 본조개정)

제29조【보관금품의 반환 등】 ① 소장은 수용자가 석방될 때 제25조에 따라 보관하고 있던 수용자의 휴대금품을 본인에게 돌려주어야 한다. 다만, 보관품을 한꺼번에 가져가기 어려운 경우 등 특별한 사정이 있어 수용자가 석방 시 소장에게 일정 기간 동안(1개월 이내의 범위로 한정한다) 보관품을 보관하여 줄 것을 신청하는 경우에는 그러하지 아니하다.
② 제1항 단서에 따른 보관 기간이 지난 보관품에 관하여는 제28조를 준용한다. 이 경우 "사망자" 및 "도주자"는 "피석방자"로, "금품"은 "보관품"으로, "상속인" 및 "가족"은 "피석방자 본인 또는 가족"으로 본다.
(2020.2.4 본조개정)

제4장 위생과 의료

제30조【위생·의료 조치의무】 소장은 수용자가 건강한 생활을 하는 데에 필요한 위생 및 의료상의 적절한 조치를 하여야 한다.

제31조【청결유지】 소장은 수용자가 사용하는 모든 설비와 기구가 항상 청결하게 유지되도록 하여야 한다.

제32조【청결의무】 ① 수용자는 자신의 신체 및 의류를 청결히 하여야 하며, 자신이 사용하는 거실·작업장, 그 밖의 수용시설의 청결유지에 협력하여야 한다.
② 수용자는 위생을 위하여 머리카락과 수염을 단정하게 유지하여야 한다.(2020.2.4 본항개정)

제33조【운동 및 목욕】 ① 소장은 수용자가 건강유지에 필요한 운동 및 목욕을 정기적으로 할 수 있도록 하여야 한다.
② 운동시간·목욕횟수 등에 관하여 필요한 사항은 대통령령으로 정한다.

제34조【건강검진】 ① 소장은 수용자에 대하여 건강검진을 정기적으로 하여야 한다.
② 건강검진의 횟수 등에 관하여 필요한 사항은 대통령령으로 정한다.

제35조【감염병 등에 관한 조치】 소장은 감염병이나 그 밖에 감염의 우려가 있는 질병의 발생과 확산을 방지하기 위하여 필요한 경우 수용자에 대하여 예방접종·격리수용·이송, 그 밖에 필요한 조치를 하여야 한다.
(2016.12.2 본조개정)

제36조【부상자 등 치료】 ① 소장은 수용자가 부상을 당하거나 질병에 걸리면 적절한 치료를 받도록 하여야 한다.
② 제1항의 치료를 위하여 교정시설에 근무하는 간호사는 야간 또는 공휴일 등에 「의료법」 제27조에도 불구하고 대통령령으로 정하는 경미한 의료행위를 할 수 있다.
(2010.5.4 본항신설)

제37조【외부의료시설 진료 등】 ① 소장은 수용자에 대한 적절한 치료를 위하여 필요하다고 인정하면 교정시설 밖에 있는 의료시설(이하 "외부의료시설"이라 한다)에서 진료를 받게 할 수 있다.
② 소장은 수용자의 정신질환 치료를 위하여 필요하다고 인정하면 법무부장관의 승인을 받아 치료감호시설로 이송할 수 있다.
③ 제2항에 따라 이송된 사람은 수용자에 준하여 처우한다.
④ 소장은 제1항 또는 제2항에 따라 수용자가 외부의료시설에서 진료받거나 치료감호시설로 이송되면 그 사실을 그 가족(가족이 없는 경우에는 수용자가 지정하는 사람)에게 지체 없이 알려야 한다. 다만, 수용자가 알리는 것을 원하지 아니하면 그러하지 아니하다.(2020.2.4 본항개정)
⑤ 소장은 수용자가 자신의 고의 또는 중대한 과실로 부상 등이 발생하여 외부의료시설에서 진료를 받은 경우에는 그 진료비의 전부 또는 일부를 그 수용자에게 부담하게 할 수 있다.

제38조【자비치료】 소장은 수용자가 자신의 비용으로 외부의료시설에서 근무하는 의사(이하 "외부의사"라 한다)에게 치료받기를 원하면 교정시설에 근무하는 의사(공중보건의사를 포함하며, 이하 "의무관"이라 한다)의 의견을 고려하여 이를 허가할 수 있다.

제39조【진료환경 등】 ① 교정시설에는 수용자의 진료를 위하여 필요한 의료 인력과 설비를 갖추어야 한다.
② 소장은 정신질환이 있다고 의심되는 수용자가 있으면 정신건강의학과 의사의 진료를 받을 수 있도록 하여야 한다.(2011.8.4 본항개정)
③ 외부의사는 수용자를 진료하는 경우에는 법무부장관이 정하는 사항을 준수하여야 한다.
④ 교정시설에 갖추어야 할 의료설비의 기준에 관하여 필요한 사항은 법무부령으로 정한다.

제40조【수용자의 의사에 반하는 의료조치】 ① 소장은 수용자가 진료 또는 음식물의 섭취를 거부하면 의무관으로 하여금 관찰·조언 또는 설득을 하도록 하여야 한다.
② 소장은 제1항의 조치에도 불구하고 수용자가 진료 또는 음식물의 섭취를 계속 거부하여 그 생명에 위험을 가져올 급박한 우려가 있으면 의무관으로 하여금 적당한 진료 또는 영양보급 등의 조치를 하게 할 수 있다.

제5장 접견·편지수수(便紙授受) 및 전화통화
(2020.2.4 본장제목개정)

제41조【접견】 ① 수용자는 교정시설의 외부에 있는 사람과 접견할 수 있다. 다만, 다음 각 호의 어느 하나에 해당하는 사유가 있으면 그러하지 아니하다.
1. 형사 법령에 저촉되는 행위를 할 우려가 있는 때
2. 「형사소송법」이나 그 밖의 법률에 따른 접견금지의 결정이 있는 때
3. 수형자의 교화 또는 건전한 사회복귀를 해칠 우려가 있는 때
4. 시설의 안전 또는 질서를 해칠 우려가 있는 때

② 수용자의 접견은 접촉차단시설이 설치된 장소에서 하게 한다. 다만, 다음 각 호의 어느 하나에 해당하는 경우에는 접촉차단시설이 설치되지 아니한 장소에서 접견하게 한다.
1. 미결수용자(형사사건으로 수사 또는 재판을 받고 있는 수형자와 사형확정자를 포함한다)가 변호인(변호인이 되려는 사람을 포함한다. 이하 같다)과 접견하는 경우
2. 수용자가 소송사건의 대리인인 변호사와 접견하는 경우 등 수용자의 재판청구권 등을 실질적으로 보장하기 위하여 대통령령으로 정하는 경우로서 교정시설의 안전 또는 질서를 해칠 우려가 없는 경우

(2022.12.27 1호~2호개정)
(2019.4.23 본항신설)
③ 제2항에도 불구하고 다음 각 호의 어느 하나에 해당하는 경우에는 접촉차단시설이 설치되지 아니한 장소에서 접견하게 할 수 있다.
1. 수용자가 미성년자인 자녀와 접견하는 경우
2. 그 밖에 대통령령으로 정하는 경우

(2019.4.23 본항신설)
④ 소장은 다음 각 호의 어느 하나에 해당하는 사유가 있으면 교도관으로 하여금 수용자의 접견내용을 청취·기록·녹음 또는 녹화하게 할 수 있다.
1. 범죄의 증거를 인멸하거나 형사 법령에 저촉되는 행위를 할 우려가 있는 때
2. 수형자의 교화 또는 건전한 사회복귀를 위하여 필요한 때
3. 시설의 안전과 질서유지를 위하여 필요한 때

⑤ 제4항에 따라 녹음·녹화하는 경우에는 사전에 수용자 및 그 상대방에게 그 사실을 알려 주어야 한다.
(2019.4.23 본항개정)
⑥ 접견의 횟수·시간·장소·방법 및 접견내용의 청취·기록·녹음·녹화 등에 관하여 필요한 사항은 대통령령으로 정한다.

제42조【접견의 중지 등】 교도관은 접견 중인 수용자 또는 그 상대방이 다음 각 호의 어느 하나에 해당하면 접견을 중지할 수 있다.
1. 범죄의 증거를 인멸하거나 인멸하려고 하는 때
2. 제92조의 금지물품을 주고받거나 주고받으려고 하는 때
3. 형사 법령에 저촉되는 행위를 하거나 하려고 하는 때
4. 수용자의 처우 또는 교정시설의 운영에 관하여 거짓사실을 유포하는 때
5. 수형자의 교화 또는 건전한 사회복귀를 해칠 우려가 있는 행위를 하거나 하려고 하는 때
6. 시설의 안전 또는 질서를 해하는 행위를 하거나 하려고 하는 때

제43조【편지수수】 ① 수용자는 다른 사람과 편지를 주고받을 수 있다. 다만, 다음 각 호의 어느 하나에 해당하는 사유가 있으면 그러하지 아니하다.(2020.2.4 본문개정)
1. 「형사소송법」이나 그 밖의 법률에 따른 편지의 수수금지 및 압수의 결정이 있는 때(2020.2.4 본호개정)
2. 수형자의 교화 또는 건전한 사회복귀를 해칠 우려가 있는 때
3. 시설의 안전 또는 질서를 해칠 우려가 있는 때

② 제1항 각 호 외의 부분 본문에도 불구하고 같은 교정시설의 수용자 간에 편지를 주고받으려면 소장의 허가를 받아야 한다.(2020.2.4 본항개정)
③ 소장은 수용자가 주고받는 편지에 법령에 따라 금지된 물품이 들어 있는지 확인할 수 있다.(2020.2.4 본항개정)
④ 수용자가 주고받는 편지의 내용은 검열받지 아니한다. 다만, 다음 각 호의 어느 하나에 해당하는 사유가 있으면 그러하지 아니하다.(2020.2.4 본문개정)
1. 편지의 상대방이 누구인지 확인할 수 없는 때(2020.2.4 본호개정)
2. 「형사소송법」이나 그 밖의 법률에 따른 편지검열의 결정이 있는 때(2020.2.4 본호개정)
3. 제1항제2호 또는 제3호에 해당하는 내용이나 형사 법령에 저촉되는 내용이 기재되어 있다고 의심할 만한 상당한 이유가 있는 때
4. 대통령령으로 정하는 수용자 간의 편지인 때(2020.2.4 본호개정)

⑤ 소장은 제3항 또는 제4항 단서에 따라 확인 또는 검열한 결과 수용자의 편지에 법령으로 금지된 물품이 들어있거나 편지의 내용이 다음 각 호의 어느 하나에 해당하면 발신 또는 수신을 금지할 수 있다.(2020.2.4 본문개정)
1. 암호·기호 등 이해할 수 없는 특수문자로 작성되어 있는 때
2. 범죄의 증거를 인멸할 우려가 있는 때
3. 형사 법령에 저촉되는 내용이 기재되어 있는 때
4. 수용자의 처우 또는 교정시설의 운영에 관하여 명백한 거짓사실을 포함하고 있는 때
5. 사생활의 비밀 또는 자유를 침해할 우려가 있는 때
6. 수형자의 교화 또는 건전한 사회복귀를 해칠 우려가 있는 때
7. 시설의 안전 또는 질서를 해칠 우려가 있는 때

⑥ 소장이 편지를 발송하거나 내어주는 경우에는 신속히 하여야 한다.(2020.2.4 본항개정)
⑦ 소장은 제1항 단서 또는 제5항에 따라 발신 또는 수신이 금지된 편지는 그 구체적인 사유를 서면으로 작성해 관리하고, 수용자에게 그 사유를 알린 후 교정시설에 보관한다. 다만, 수용자가 동의하면 폐기할 수 있다.
(2020.2.4 본문개정)
⑧ 편지발송의 횟수, 편지 내용물의 확인방법 및 편지 내용의 검열절차 등에 관하여 필요한 사항은 대통령령으로 정한다.(2020.2.4 본항개정)
(2020.2.4 본조제목개정)

판례 살인미수죄 등으로 복역하다 교도관에게 상해를 가한 혐의로 새로운 형사사건의 피고인으로 기소된 수용자의 변호인이 보낸 편지를 교도소장이 개봉하여 교부한 사건에서, 비록 교도소장이 이해관계인인 것은 사실이나 보낸 사람이 변호인이라는 이유만으로 금지물품 확인 과정 없이 서신이 무분별하게 교정시설에 들어가게 된다면 이를 악용해 금지물품이 반입될 가능성을 배제하기 어렵다. 또한 미결수용자와 같은 지위에 있는 수형자는 서신 외에도 접견 또는 전화통화에 의해서도 변호사와 접촉해 형사소송을 준비할 수 있으므로 방어권 행사에 불이익이 예상된다고 보기도 어렵다. 따라서 교도소장의 편지개봉행위는 과잉금지원칙에 위반되지 않아 청구인의 변호인의 조력을 받을 권리를 침해하지 않는다.(헌재결 2021.10.28, 2019헌마973)

제44조【전화통화】 ① 수용자는 소장의 허가를 받아 교정시설의 외부에 있는 사람과 전화통화를 할 수 있다.

② 제1항에 따른 허가에는 통화내용의 청취 또는 녹음을 조건으로 붙일 수 있다.
③ 제42조는 수용자의 전화통화에 관하여 준용한다.
④ 제2항에 따라 통화내용을 청취 또는 녹음하려면 사전에 수용자 및 상대방에게 그 사실을 알려 주어야 한다.
⑤ 전화통화의 허가범위, 통화내용의 청취·녹음 등에 관하여 필요한 사항은 법무부령으로 정한다.

제6장 종교와 문화

제45조【종교행사의 참석 등】 ① 수용자는 교정시설의 안에서 실시하는 종교의식 또는 행사에 참석할 수 있으며, 개별적인 종교상담을 받을 수 있다.
② 수용자는 자신의 신앙생활에 필요한 책이나 물품을 지닐 수 있다.(2020.2.4 본항개정)
③ 소장은 다음 각 호의 어느 하나에 해당하는 사유가 있으면 제1항 및 제2항에서 규정하고 있는 사항을 제한할 수 있다.
1. 수형자의 교화 또는 건전한 사회복귀를 위하여 필요한 때
2. 시설의 안전과 질서유지를 위하여 필요한 때
④ 종교행사의 종류·참석대상·방법, 종교상담의 대상·방법 및 종교도서·물품을 지닐 수 있는 범위 등에 관하여 필요한 사항은 법무부령으로 정한다.(2020.2.4 본항개정)
제46조【도서비치 및 이용】 소장은 수용자의 지식함양 및 교양습득에 필요한 도서를 비치하고 수용자가 이용할 수 있도록 하여야 한다.
제47조【신문등의 구독】 ① 수용자는 자신의 비용으로 신문·잡지 또는 도서(이하 "신문등"이라 한다)의 구독을 신청할 수 있다.
② 소장은 제1항에 따라 구독을 신청한 신문등이 「출판문화산업 진흥법」에 따른 유해간행물인 경우를 제외하고는 구독을 허가하여야 한다.
③ 제1항에 따라 구독을 신청할 수 있는 신문등의 범위 및 수량은 법무부령으로 정한다.
제48조【라디오 청취와 텔레비전 시청】 ① 수용자는 정서안정 및 교양습득을 위하여 라디오 청취와 텔레비전 시청을 할 수 있다.
② 소장은 다음 각 호의 어느 하나에 해당하는 사유가 있으면 수용자에 대한 라디오 및 텔레비전의 방송을 일시 중단하거나 개별 수용자에 대하여 라디오 및 텔레비전의 청취 또는 시청을 금지할 수 있다.
1. 수형자의 교화 또는 건전한 사회복귀를 해칠 우려가 있는 때
2. 시설의 안전과 질서유지를 위하여 필요한 때
③ 방송설비·방송프로그램·방송시간 등에 관하여 필요한 사항은 법무부령으로 정한다.
제49조【집필】 ① 수용자는 문서 또는 도화(圖畫)를 작성하거나 문예·학술, 그 밖의 사항에 관하여 집필할 수 있다. 다만, 소장이 시설의 안전 또는 질서를 해칠 명백한 위험이 있다고 인정하는 경우는 예외로 한다.(2020.2.4 본문개정)
② 제1항에 따라 작성 또는 집필한 문서나 도화를 지니거나 처리하는 것에 관하여는 제26조를 준용한다.(2020.2.4 본항개정)
③ 제1항에 따라 작성 또는 집필한 문서나 도화가 제43조제5항 각 호의 어느 하나에 해당하면 제43조제7항을 준용한다.
④ 집필용구의 관리, 집필의 시간·장소, 집필한 문서 또는 도화의 외부반출 등에 관하여 필요한 사항은 대통령령으로 정한다.

제7장 특별한 보호

제50조【여성수용자의 처우】 ① 소장은 여성수용자에 대하여 여성의 신체적·심리적 특성을 고려하여 처우하여야 한다.
② 소장은 여성수용자에 대하여 건강검진을 실시하는 경우에는 나이·건강 등을 고려하여 부인과질환에 관한 검사를 포함시켜야 한다.(2014.12.30 본항개정)
③ 소장은 생리 중인 여성수용자에 대하여는 위생에 필요한 물품을 지급하여야 한다.(2014.12.30 본항개정)
④ (2019.4.23 삭제)
제51조【여성수용자 처우 시의 유의사항】 ① 소장은 여성수용자에 대하여 상담·교육·작업 등(이하 이 조에서 "상담등"이라 한다)을 실시하는 때에는 여성교도관이 담당하도록 하여야 한다. 다만, 여성교도관이 부족하거나 그 밖의 부득이한 사정이 있으면 그러하지 아니하다.
② 제1항 단서에 따라 남성교도관이 1인의 여성수용자에 대하여 실내에서 상담등을 하려면 투명한 창문이 설치된 장소에서 다른 여성을 입회시킨 후 실시하여야 한다.
제52조【임산부인 수용자의 처우】 ① 소장은 수용자가 임신 중이거나 출산(유산·사산을 포함한다)한 경우에는 모성보호 및 건강유지를 위하여 정기적인 검진 등 적절한 조치를 하여야 한다.(2019.4.23 본항개정)
② 소장은 수용자가 출산하려고 하는 경우에는 외부의료시설에서 진료를 받게 하는 등 적절한 조치를 하여야 한다.
제53조【유아의 양육】 ① 여성수용자는 자신이 출산한 유아를 교정시설에서 양육할 것을 신청할 수 있다. 이 경우 소장은 다음 각 호의 어느 하나에 해당하는 사유가 없으면, 생후 18개월에 이르기까지 허가하여야 한다.
1. 유아가 질병·부상, 그 밖의 사유로 교정시설에서 생활하는 것이 특히 부적당하다고 인정되는 때
2. 수용자가 질병·부상, 그 밖의 사유로 유아를 양육할 능력이 없다고 인정되는 때
3. 교정시설에 감염병이 유행하거나 그 밖의 사정으로 유아양육이 특히 부적당한 때(2009.12.29 본호개정)
② 소장은 제1항에 따라 유아의 양육을 허가한 경우에는 필요한 설비와 물품의 제공, 그 밖에 양육을 위하여 필요한 조치를 하여야 한다.
제53조의2【수용자의 미성년 자녀 보호에 대한 지원】 ① 소장은 신입자에게 「아동복지법」 제15조에 따른 보호조치를 의뢰할 수 있음을 알려주어야 한다.
② 소장은 수용자가 「아동복지법」 제15조에 따른 보호조치를 의뢰하려는 경우 보호조치 의뢰가 원활하게 이루어질 수 있도록 지원하여야 한다.
③ 제1항에 따른 안내 및 제2항에 따른 보호조치 의뢰 지원의 방법·절차, 그 밖에 필요한 사항은 법무부장관이 정한다.
(2019.4.23 본조신설)
제54조【수용자에 대한 특별한 처우】 ① 소장은 노인수용자에 대하여 나이·건강상태 등을 고려하여 그 처우에 있어 적정한 배려를 하여야 한다.
② 소장은 장애인수용자에 대하여 장애의 정도를 고려하여 그 처우에 있어 적정한 배려를 하여야 한다.
③ 소장은 외국인수용자에 대하여 언어·생활문화 등을 고려하여 적정한 처우를 하여야 한다.
④ 소장은 소년수용자에 대하여 나이·적성 등을 고려하여 적정한 처우를 하여야 한다.(2015.3.27 본항신설)
⑤ 노인수용자·장애인수용자·외국인수용자 및 소년수용자에 대한 적정한 배려 또는 처우에 관하여 필요한 사항은 법무부령으로 정한다.(2015.3.27 본항개정)
(2015.3.27 본조제목개정)

제8장 수형자의 처우

제1절 통 칙

제55조【수형자 처우의 원칙】 수형자에 대하여는 교육·교화프로그램, 작업, 직업훈련 등을 통하여 교정교화를 도모하고 사회생활에 적응하는 능력을 함양하도록 처우하여야 한다.
제56조【개별처우계획의 수립 등】 ① 소장은 제62조의 분류처우위원회의 의결에 따라 수형자의 개별적 특성에 알맞은 교육·교화프로그램, 작업, 직업훈련 등의 처우에 관한 계획(이하 "개별처우계획"이라 한다)을 수립하여 시행한다.
② 소장은 수형자가 스스로 개선하여 사회에 복귀하려는 의욕이 고취되도록 개별처우계획을 정기적으로 또는 수시로 점검하여야 한다.
제57조【처우】 ① 수형자는 제59조의 분류심사의 결과에 따라 그에 적합한 교정시설에 수용되며, 개별처우계획에 따라 그 특성에 알맞은 처우를 받는다.
② 교정시설은 도주방지 등을 위한 수용설비 및 계호의 정도(이하 "경비등급"이라 한다)에 따라 다음 각 호로 구분한다. 다만, 동일한 교정시설이라도 구획을 정하여 경비등급을 달리할 수 있다.
1. 개방시설 : 도주방지를 위한 통상적인 설비의 전부 또는 일부를 갖추지 아니하고 수형자의 자율적 활동이 가능하도록 통상적인 관리·감시의 전부 또는 일부를 하지 아니하는 교정시설
2. 완화경비시설 : 도주방지를 위한 통상적인 설비 및 수용자에 대한 관리·감시를 일반경비시설보다 완화한 교정시설
3. 일반경비시설 : 도주방지를 위한 통상적인 설비를 갖추고 수형자에 대하여 통상적인 관리·감시를 하는 교정시설
4. 중(重)경비시설 : 도주방지 및 수형자 상호간의 접촉을 차단하는 설비를 강화하고 수형자에 대한 관리·감시를 엄중히 하는 교정시설
③ 수형자에 대한 처우는 교화 또는 건전한 사회복귀를 위하여 교정성적에 따라 상향 조정될 수 있으며, 특히 그 성적이 우수한 수형자는 개방시설에 수용되어 사회생활에 필요한 적정한 처우를 받을 수 있다.
④ 소장은 가석방 또는 형기 종료를 앞둔 수형자 중에서 법무부령으로 정하는 일정한 요건을 갖춘 사람에 대해서는 가석방 또는 형기 종료 전 일정 기간 동안 지역사회 또는 교정시설에 설치된 개방시설에 수용하여 사회적응에 필요한 교육, 취업지원 등의 적정한 처우를 할 수 있다.(2015.3.27 본항신설)
⑤ 수형자는 교화 또는 건전한 사회복귀를 위하여 교정시설 밖의 적당한 장소에서 봉사활동·견학, 그 밖에 사회적응에 필요한 처우를 받을 수 있다.
⑥ 학과교육생·직업훈련생·외국인·여성·장애인·노인·환자·소년(19세 미만인 자를 말한다), 제4항에 따른 처우(이하 "중간처우"라 한다)의 대상자, 그 밖에 별도의 처우가 필요한 수형자는 법무부장관이 특히 그 처우를 전담하도록 정하는 시설(이하 "전담교정시설"이라 한다)에 수용되며, 그 특성에 알맞은 처우를 받는다. 다만, 전담교정시설의 부족이나 그 밖의 부득이한 사정이 있는 경우에는 예외로 할 수 있다.(2015.3.27 본문개정)
⑦ 제2항 각 호의 시설의 설비 및 계호의 정도에 관하여 필요한 사항은 대통령령으로 정한다.
제58조【외부전문가의 상담 등】 소장은 수형자의 교화 또는 건전한 사회복귀를 위하여 필요하면 교육학·교정학·범죄학·사회학·심리학·의학 등에 관한 학식 또는 교정에 관한 경험이 풍부한 외부전문가로 하여금 수형자에 대한 상담·심리치료 또는 생활지도 등을 하게 할 수 있다.

제2절 분류심사

제59조【분류심사】 ① 소장은 수형자에 대한 개별처우계획을 합리적으로 수립하고 조정하기 위하여 수형자의 인성, 행동특성 및 자질 등을 과학적으로 조사·측정·평가(이하 "분류심사"라 한다)하여야 한다. 다만, 집행할 형기가 짧거나 그 밖의 특별한 사정이 있는 경우에는 예외로 할 수 있다.
② 수형자의 분류심사는 형이 확정된 경우에 개별처우계획을 수립하기 위하여 하는 심사와 일정한 형기가 지나거나 상벌 그 밖의 사유가 발생한 경우에 개별처우계획을 조정하기 위하여 하는 심사로 구분한다.
③ 소장은 분류심사를 위하여 수형자를 대상으로 상담 등을 통한 신상에 관한 개별사안의 조사, 심리·지능·적성 검사, 그 밖에 필요한 검사를 할 수 있다.
④ 소장은 분류심사를 위하여 외부전문가로부터 필요한 의견을 듣거나 외부전문가에게 조사를 의뢰할 수 있다.
⑤ 이 법에 규정된 사항 외에 분류심사에 관하여 필요한 사항은 법무부령으로 정한다.
제60조【관계기관등에 대한 사실조회 등】 ① 소장은 분류심사와 그 밖에 수용목적의 달성을 위하여 필요하면 수용자의 가족 등을 면담하거나 법원·경찰관서, 그 밖의 관계 기관 또는 단체(이하 "관계기관등"이라 한다)에 대하여 필요한 사실을 조회할 수 있다.
② 제1항의 조회를 요청받은 관계기관등의 장은 특별한 사정이 없으면 지체 없이 그에 관하여 답하여야 한다.
(2020.2.4 본항개정)
제61조【분류전담시설】 법무부장관은 수형자를 과학적으로 분류하기 위하여 분류심사를 전담하는 교정시설을 지정·운영할 수 있다.
제62조【분류처우위원회】 ① 수형자의 개별처우계획, 가석방심사신청 대상자 선정, 그 밖에 수형자의 분류처우에 관한 중요사항을 심의·의결하기 위하여 교정시설에 분류처우위원회(이하 이 조에서 "위원회"라 한다)를 둔다.
② 위원회는 위원장을 포함한 5명 이상 7명 이하의 위원으로 구성하고, 위원장은 소장이 되며, 위원은 위원장이 소속기관의 부소장 및 과장(지소의 경우에는 7급 이상의 교도관) 중에서 임명한다.(2020.2.4 본항개정)
③ 위원회는 그 심의·의결을 위하여 외부전문가로부터 의견을 들을 수 있다.
④ 이 법에 규정된 사항 외에 위원회에 관하여 필요한 사항은 법무부령으로 정한다.

제3절 교육과 교화프로그램

제63조【교육】 ① 소장은 수형자가 건전한 사회복귀에 필요한 지식과 소양을 습득하도록 교육할 수 있다.
② 소장은 「교육기본법」 제8조의 의무교육을 받지 못한 수형자에 대하여는 본인의 의사·나이·지식정도, 그 밖의 사정을 고려하여 그에 알맞게 교육하여야 한다.
③ 소장은 제1항 및 제2항에 따른 교육을 위하여 필요하면 수형자를 중간처우를 위한 전담교정시설에 수용하여 다음 각 호의 조치를 할 수 있다.
1. 외부 교육기관에의 통학
2. 외부 교육기관에서의 위탁교육
(2015.3.27 본항개정)
④ 교육과정·외부통학·위탁교육 등에 관하여 필요한 사항은 법무부령으로 정한다.
제64조【교화프로그램】 ① 소장은 수형자의 교정교화를 위하여 상담·심리치료, 그 밖의 교화프로그램을 실시하여야 한다.
② 소장은 제1항에 따른 교화프로그램의 효과를 높이기 위하여 범죄원인별로 적절한 교화프로그램의 내용, 교육장소 및 전문인력의 확보 등 적합한 환경을 갖추도록 노력하여야 한다.(2019.4.23 본항신설)
③ 교화프로그램의 종류·내용 등에 관하여 필요한 사항은 법무부령으로 정한다.

제4절 작업과 직업훈련

제65조【작업의 부과】 ① 수형자에게 부과하는 작업은 건전한 사회복귀를 위하여 기술을 습득하고 근로의욕을 고취하는 데에 적합한 것이어야 한다.
② 소장은 수형자에게 작업을 부과하려면 나이·형기·건강상태·기술·성격·취미·경력·장래생계, 그 밖의 수형자의 사정을 고려하여야 한다.

제66조【작업의무】 수형자는 자신에게 부과된 작업과 그 밖의 노역을 수행하여야 할 의무가 있다.

제67조【신청에 따른 작업】 소장은 금고형 또는 구류형의 집행 중에 있는 사람에 대하여는 신청에 따라 작업을 부과할 수 있다.

제68조【외부 통근 작업 등】 ① 소장은 수형자의 건전한 사회복귀와 기술습득을 촉진하기 위하여 필요하면 외부기업체 등에 통근 작업하게 하거나 교정시설의 안에 설치된 외부기업체의 작업장에서 작업하게 할 수 있다.
② 외부 통근 작업 대상자의 선정기준 등에 관하여 필요한 사항은 법무부령으로 정한다.

제69조【직업능력개발훈련】 ① 소장은 수형자의 건전한 사회복귀를 위하여 기술 습득 및 향상을 위한 직업능력개발훈련(이하 "직업훈련"이라 한다)을 실시할 수 있다.
② 소장은 수형자의 직업훈련을 위하여 필요하면 외부의 기관 또는 단체에서 훈련을 받게 할 수 있다.
③ 직업훈련 대상자의 선정기준 등에 관하여 필요한 사항은 법무부령으로 정한다.

제70조【집중근로에 따른 처우】 ① 소장은 수형자의 신청에 따라 제68조의 작업, 제69조제2항의 훈련, 그 밖에 집중적인 근로가 필요한 작업을 부과하는 경우에는 접견·전화통화·교육·공동행사 참가 등의 처우를 제한할 수 있다. 다만, 접견 또는 전화통화를 제한한 때에는 휴일이나 그 밖에 해당 수용자의 작업이 없는 날에 접견 또는 전화통화를 할 수 있게 하여야 한다.
② 소장은 제1항에 따라 작업을 부과하거나 훈련을 받게 하기 전에 수형자에게 제한되는 처우의 내용을 충분히 설명하여야 한다.

제71조【작업시간 등】 ① 1일의 작업시간(휴식·운동·식사·접견 등 실제 작업을 실시하지 않는 시간을 제외한다. 이하 같다)은 8시간을 초과할 수 없다.
② 제1항에도 불구하고 취사·청소·간병 등 교정시설의 운영과 관리에 필요한 작업의 1일 작업시간은 12시간 이내로 한다.
③ 1주의 작업시간은 52시간을 초과할 수 없다. 다만, 수형자가 신청하는 경우에는 1주의 작업시간을 8시간 이내의 범위에서 연장할 수 있다.
④ 제2항 및 제3항에도 불구하고 19세 미만 수형자의 작업시간은 1일에 8시간을, 1주에 40시간을 초과할 수 없다.
⑤ 공휴일·토요일과 대통령령으로 정하는 휴일에는 작업을 부과하지 아니한다. 다만, 다음 각 호의 어느 하나에 해당하는 경우에는 작업을 부과할 수 있다.
1. 제2항에 따른 교정시설의 운영과 관리에 필요한 작업을 하는 경우
2. 작업장의 운영을 위하여 불가피한 경우
3. 공공의 안전이나 공공의 이익을 위하여 긴급히 필요한 경우
4. 수형자가 신청하는 경우
(2022.12.27 본조개정)

제72조【작업의 면제】 ① 소장은 수형자의 가족 또는 배우자의 직계존속이 사망하면 2일간, 부모 또는 배우자의 제삿날에는 1일간 해당 수형자의 작업을 면제한다. 다만, 수형자가 작업을 계속하기를 원하는 경우는 예외로 한다.(2020.2.4 본문개정)
② 소장은 수형자에게 부상·질병, 그 밖에 작업을 계속하기 어려운 특별한 사정이 있으면 그 사유가 해소될 때까지 작업을 면제할 수 있다.

제73조【작업수입 등】 ① 작업수입은 국고수입으로 한다.
② 소장은 수형자의 근로의욕을 고취하고 건전한 사회복귀를 지원하기 위하여 법무부장관이 정하는 바에 따라 작업의 종류, 작업성적, 교정성적, 그 밖의 사정을 고려하여 수형자에게 작업장려금을 지급할 수 있다.
③ 제2항의 작업장려금은 석방할 때에 본인에게 지급한다. 다만, 본인의 가족생활 부조, 교화 또는 건전한 사회복귀를 위하여 특히 필요하면 석방 전이라도 그 전부 또는 일부를 지급할 수 있다.

제74조【위로금·조위금】 ① 소장은 수형자가 다음 각 호의 어느 하나에 해당하면 법무부장관이 정하는 바에 따라 위로금 또는 조위금을 지급한다.
1. 작업 또는 직업훈련으로 인한 부상 또는 질병으로 신체에 장해가 발생한 때
2. 작업 또는 직업훈련 중에 사망하거나 그로 인하여 사망한 때
② 위로금은 본인에게 지급하고, 조위금은 그 상속인에게 지급한다.(2022.12.27 본항개정)

제75조【다른 보상·배상과의 관계】 위로금 또는 조위금을 지급받을 사람이 국가로부터 동일한 사유로 「민법」이나 그 밖의 법령에 따라 제74조의 위로금 또는 조위금에 상당하는 금액을 지급받은 경우에는 그 금액을 위로금 또는 조위금으로 지급하지 아니한다.

제76조【위로금·조위금을 지급받을 권리의 보호】 ① 제74조의 위로금 또는 조위금을 지급받을 권리는 다른 사람 또는 법인에게 양도하거나 담보로 제공할 수 없으며, 다른 사람 또는 법인은 이를 압류할 수 없다.
② 제74조에 따라 지급받은 금전을 표준으로 하여 조세와 그 밖의 공과금(公課金)을 부과하여서는 아니 된다.

제5절 귀 휴

제77조【귀휴】 ① 소장은 6개월 이상 형을 집행받은 수형자로서 그 형기의 3분의 1(21년 이상의 유기형 또는 무기형의 경우에는 7년)이 지나고 교정성적이 우수한 사람이 다음 각 호의 어느 하나에 해당하면 1년 중 20일 이내의 귀휴를 허가할 수 있다.(2020.2.4 본문개정)
1. 가족 또는 배우자의 직계존속이 위독한 때
2. 질병이나 사고로 외부의료시설에의 입원이 필요한 때
3. 천재지변이나 그 밖의 재해로 가족, 배우자의 직계존속 또는 수형자 본인에게 회복할 수 없는 중대한 재산상의 손해가 발생하였거나 발생할 우려가 있는 때
4. 그 밖에 교화 또는 건전한 사회복귀를 위하여 법무부령으로 정하는 사유가 있는 때
② 소장은 다음 각 호의 어느 하나에 해당하는 사유가 있는 수형자에 대하여는 제1항에도 불구하고 5일 이내의 특별귀휴를 허가할 수 있다.
1. 가족 또는 배우자의 직계존속이 사망한 때
2. 직계비속의 혼례가 있는 때
③ 소장은 귀휴를 허가하는 경우에 법무부령이 정하는 바에 따라 거소의 제한이나 그 밖에 필요한 조건을 붙일 수 있다.
④ 제1항 및 제2항의 귀휴기간은 형 집행기간에 포함한다.

제78조【귀휴의 취소】 소장은 귀휴 중인 수형자가 다음 각 호의 어느 하나에 해당하면 그 귀휴를 취소할 수 있다.
1. 귀휴의 허가사유가 존재하지 아니함이 밝혀진 때
2. 거소의 제한이나 그 밖에 귀휴허가에 붙인 조건을 위반한 때

제9장 미결수용자의 처우

제79조【미결수용자 처우의 원칙】 미결수용자는 무죄의 추정을 받으며 그에 합당한 처우를 받는다.

제80조【참관금지】 미결수용자가 수용된 거실은 참관할 수 없다.

제81조【분리수용】 소장은 미결수용자로서 사건에 서로 관련이 있는 사람은 분리수용하고 서로 간의 접촉을 금지하여야 한다.

제82조【사복착용】 미결수용자는 수사·재판·국정감사 또는 법률이 정하는 조사에 참석할 때에는 사복을 착용할 수 있다. 다만, 소장은 도주우려가 크거나 특히 부적당한 사유가 있다고 인정하면 교정시설에서 지급하는 의류를 입게 할 수 있다.

제83조【이발】 미결수용자의 머리카락과 수염은 특히 필요한 경우가 아니면 본인의 의사에 반하여 짧게 깎지 못한다.(2020.2.4 본조개정)

제84조【변호인과의 접견 및 편지수수】 ① 제41조제4항에도 불구하고 미결수용자와 변호인과의 접견에는 교도관이 참여하지 못하며 그 내용을 청취 또는 녹취하지 못한다. 다만, 보이는 거리에서 미결수용자를 관찰할 수 있다.(2022.12.27 본문개정)
② 미결수용자와 변호인 간의 접견은 시간과 횟수를 제한하지 아니한다.
③ 제43조제4항 단서에도 불구하고 미결수용자와 변호인 간의 편지는 교정시설에서 상대방이 변호인임을 확인할 수 없는 경우를 제외하고는 검열할 수 없다.(2020.2.4 본항개정)
(2020.2.4 본조제목개정)

제85조【조사 등에서의 특칙】 소장은 미결수용자가 징벌대상자로서 조사받고 있거나 징벌집행 중인 경우에도 소송서류의 작성, 변호인과의 접견·편지수수, 그 밖의 수사 및 재판 과정에서의 권리행사를 보장하여야 한다.(2020.2.4 본조개정)

제86조【작업과 교화】 ① 소장은 미결수용자에 대하여는 신청에 따라 교육 또는 교화프로그램을 실시하거나 작업을 부과할 수 있다.
② 제1항에 따라 미결수용자에게 교육 또는 교화프로그램을 실시하거나 작업을 부과하는 경우에는 제63조부터 제65조까지 및 제70조부터 제76조까지의 규정을 준용한다.

제87조【유치장】 경찰관서에 설치된 유치장은 교정시설의 미결수용실로 보아 이 법을 준용한다.

제88조【준용규정】 형사사건으로 수사 또는 재판을 받고 있는 수형자와 사형확정자에 대하여는 제82조, 제84조 및 제85조를 준용한다.(2016.12.2 본조개정)

제10장 사형확정자

제89조【사형확정자의 수용】 ① 사형확정자는 독거수용한다. 다만, 자살방지, 교육·교화프로그램, 작업, 그 밖의 적절한 처우를 위하여 필요한 경우에는 법무부령으로 정하는 바에 따라 혼거수용할 수 있다.
② 사형확정자가 수용된 거실은 참관할 수 없다.
(2008.12.11 본조개정)

제90조【개인상담 등】 ① 소장은 사형확정자의 심리적 안정 및 원만한 수용생활을 위하여 교육 또는 교화프로그램을 실시하거나 신청에 따라 작업을 부과할 수 있다.
② 사형확정자에 대한 교육·교화프로그램, 작업, 그 밖의 처우에 필요한 사항은 법무부령으로 정한다.
(2008.12.11 본조개정)

제91조【사형의 집행】 ① 사형은 교정시설의 사형장에서 집행한다.
② 공휴일과 토요일에는 사형을 집행하지 아니한다.

제11장 안전과 질서

제92조【금지물품】 ① 수용자는 다음 각 호의 물품을 지녀서는 아니 된다.(2020.2.4 본문개정)
1. 마약·총기·도검·폭발물·흉기·독극물, 그 밖에 범죄의 도구로 이용될 우려가 있는 물품
2. 무인비행장치, 전자·통신기기, 그 밖에 도주나 다른 사람과의 연락에 이용될 우려가 있는 물품(2019.4.23 본호신설)
3. 주류·담배·화기·현금·수표, 그 밖에 시설의 안전 또는 질서를 해칠 우려가 있는 물품
4. 음란물, 사행행위에 사용되는 물품, 그 밖에 수형자의 교화 또는 건전한 사회복귀를 해칠 우려가 있는 물품
② 제1항에도 불구하고 소장이 수용자의 처우를 위하여 허가하는 경우에는 제1항제2호의 물품을 지닐 수 있다.
(2020.2.4 본항개정)

제93조【신체검사 등】 ① 교도관은 시설의 안전과 질서유지를 위하여 필요하면 수용자의 신체·의류·휴대품·거실 및 작업장 등을 검사할 수 있다.
② 수용자의 신체를 검사하는 경우에는 불필요한 고통이나 수치심을 느끼지 아니하도록 유의하여야 하며, 특히 신체를 면밀하게 검사할 필요가 있으면 다른 수용자가 볼 수 없는 차단된 장소에서 하여야 한다.
③ 교도관은 시설의 안전과 질서유지를 위하여 필요하면 교정시설을 출입하는 수용자 외의 사람에 대하여 의류와 휴대품을 검사할 수 있다. 이 경우 출입자가 제92조의 금지물품을 지니고 있으면 교정시설에 맡기도록 하여야 하며, 이에 따르지 아니하면 출입을 금지할 수 있다.
(2020.2.4 후단개정)
④ 여성의 신체·의류 및 휴대품에 대한 검사는 여성교도관이 하여야 한다.
⑤ 소장은 제1항에 따라 검사한 결과 제92조의 금지물품이 발견되면 형사 법령으로 정하는 절차에 따라 처리할 물품을 제외하고는 수용자에게 알린 후 폐기한다. 다만, 폐기하는 것이 부적당한 물품은 교정시설에 보관하거나 수용자로 하여금 자신이 지정하는 사람에게 보내게 할 수 있다.(2020.2.4 단서개정)

제94조【전자장비를 이용한 계호】 ① 교도관은 자살·자해·도주·폭행·손괴, 그 밖에 수용자의 생명·신체를 해하거나 시설의 안전 또는 질서를 해하는 행위(이하 "자살등"이라 한다)를 방지하기 위하여 필요한 범위에서 전자장비를 이용하여 수용자 또는 시설을 계호할 수 있다. 다만, 전자영상장비로 거실에 있는 수용자를 계호하는 것은 자살등의 우려가 큰 때에만 할 수 있다.
② 제1항 단서에 따라 거실에 있는 수용자를 전자영상장비로 계호하는 경우에는 계호직원·계호시간 및 계호대상 등을 기록하여야 한다. 이 경우 수용자가 여성이면 여성교도관이 계호하여야 한다.
③ 제1항 및 제2항에 따라 계호하는 경우에는 피계호자의 인권이 침해되지 아니하도록 유의하여야 한다.
④ 전자장비의 종류·설치장소·사용방법 및 녹화기록물의 관리 등에 관하여 필요한 사항은 법무부령으로 정한다.

제95조【보호실 수용】 ① 소장은 수용자가 다음 각 호의 어느 하나에 해당하면 의무관의 의견을 고려하여 보호실(자살 및 자해 방지 등의 설비를 갖춘 거실을 말한다. 이하 같다)에 수용할 수 있다.
1. 자살 또는 자해의 우려가 있는 때
2. 신체적·정신적 질병으로 인하여 특별한 보호가 필요한 때
② 수용자의 보호실 수용기간은 15일 이내로 한다. 다만, 소장은 특히 계속하여 수용할 필요가 있으면 의무관의 의견을 고려하여 1회당 7일의 범위에서 기간을 연장할 수 있다.(2019.4.23 단서개정)
③ 제2항에 따라 수용자를 보호실에 수용할 수 있는 기간은 계속하여 3개월을 초과할 수 없다.(2019.4.23 본항개정)
④ 소장은 수용자를 보호실에 수용하거나 수용기간을 연장하는 경우에는 그 사유를 본인에게 알려 주어야 한다.
⑤ 의무관은 보호실 수용자의 건강상태를 수시로 확인하여야 한다.
⑥ 소장은 보호실 수용사유가 소멸한 경우에는 보호실 수용을 즉시 중단하여야 한다.

제96조【진정실 수용】 ① 소장은 수용자가 다음 각 호의 어느 하나에 해당하는 경우로서 강제력을 행사하거나 제98조의 보호장비를 사용하여도 그 목적을 달성할 수 없는 경우에만 진정실(일반 수용거실로부터 격리되어 있고 방음설비 등을 갖춘 거실을 말한다. 이하 같다)에 수용할 수 있다.
1. 교정시설의 설비 또는 기구 등을 손괴하거나 손괴하려고 하는 때

2. 교도관의 제지에도 불구하고 소란행위를 계속하여 다른 수용자의 평온한 수용생활을 방해하는 때
(2016.5.29 본호개정)
② 수용자의 진정실 수용기간은 24시간 이내로 한다. 다만, 소장은 특히 계속하여 수용할 필요가 있으면 의무관의 의견을 고려하여 1회당 12시간의 범위에서 기간을 연장할 수 있다.(2019.4.23 단서개정)
③ 제2항에 따라 수용자를 진정실에 수용할 수 있는 기간은 계속하여 3일을 초과할 수 없다.(2019.4.23 본항개정)
④ 진정실 수용자에 대하여는 제95조제4항부터 제6항까지의 규정을 준용한다.

제97조【보호장비의 사용】 ① 교도관은 수용자가 다음 각 호의 어느 하나에 해당하면 보호장비를 사용할 수 있다.
1. 이송 · 출정, 그 밖에 교정시설 밖의 장소로 수용자를 호송하는 때
2. 도주 · 자살 · 자해 또는 다른 사람에 대한 위해의 우려가 큰 때
3. 위력으로 교도관의 정당한 직무집행을 방해하는 때
(2016.5.29 본호개정)
4. 교정시설의 설비 · 기구 등을 손괴하거나 그 밖에 시설의 안전 또는 질서를 해칠 우려가 큰 때
② 보호장비를 사용하는 경우에는 수용자의 나이, 건강상태 및 수용생활 태도 등을 고려하여야 한다.
③ 교도관이 교정시설의 안에서 수용자에 대하여 보호장비를 사용한 경우 의무관은 그 수용자의 건강상태를 수시로 확인하여야 한다.

제98조【보호장비의 종류 및 사용요건】 ① 보호장비의 종류는 다음 각 호와 같다.
1. 수갑
2. 머리보호장비
3. 발목보호장비
4. 보호대(帶)
5. 보호의자
6. 보호침대
7. 보호복
8. 포승
② 보호장비의 종류별 사용요건은 다음 각 호와 같다.
1. 수갑 · 포승 : 제97조제1항제1호부터 제4호까지의 어느 하나에 해당하는 때
2. 머리보호장비 : 머리부분을 자해할 우려가 큰 때
3. 발목보호장비 · 보호대 · 보호의자 : 제97조제1항제2호부터 제4호까지의 어느 하나에 해당하는 때
4. 보호침대 · 보호복 : 자살 · 자해의 우려가 큰 때
③ 보호장비의 사용절차 등에 관하여 필요한 사항은 대통령령으로 정한다.

제99조【보호장비 남용 금지】 ① 교도관은 필요한 최소한의 범위에서 보호장비를 사용하여야 하며, 그 사유가 없어지면 사용을 지체 없이 중단하여야 한다.(2020.2.4 본항개정)
② 보호장비는 징벌의 수단으로 사용되어서는 아니 된다.

제100조【강제력의 행사】 ① 교도관은 수용자가 다음 각 호의 어느 하나에 해당하면 강제력을 행사할 수 있다.
(2016.5.29 본문개정)
1. 도주하거나 도주하려고 하는 때
2. 자살하려고 하는 때
3. 자해하거나 자해하려고 하는 때
4. 다른 사람에게 위해를 끼치거나 끼치려고 하는 때
5. 위력으로 교도관의 정당한 직무집행을 방해하는 때
(2016.5.29 본호개정)
6. 교정시설의 설비 · 기구 등을 손괴하거나 손괴하려고 하는 때
7. 그 밖에 시설의 안전 또는 질서를 크게 해치는 행위를 하거나 하려고 하는 때
② 교도관은 수용자 외의 사람이 다음 각 호의 어느 하나에 해당하면 강제력을 행사할 수 있다.(2016.5.29 본문개정)
1. 수용자를 도주하게 하려고 하는 때
2. 교도관 또는 수용자에게 위해를 끼치거나 끼치려고 하는 때(2016.5.29 본호개정)
3. 위력으로 교도관의 정당한 직무집행을 방해하는 때
(2016.5.29 본호개정)
4. 교정시설의 설비 · 기구 등을 손괴하거나 하려고 하는 때
5. 교정시설에 침입하거나 하려고 하는 때
6. 교정시설의 안(교도관이 교정시설의 밖에서 수용자를 계호하고 있는 경우 그 장소를 포함한다)에서 교도관의 퇴거요구를 받고도 이에 따르지 아니하는 때
(2020.2.4 본호개정)
③ 제1항 및 제2항에 따라 강제력을 행사하는 경우에는 보안장비를 사용할 수 있다.
④ 제3항에서 "보안장비"란 교도봉 · 가스분사기 · 가스총 · 최루탄 등 사람의 생명과 신체의 보호, 도주의 방지 및 시설의 안전과 질서유지를 위하여 교도관이 사용하는 장비와 기구를 말한다.(2016.5.29 본항개정)
⑤ 제1항 및 제2항에 따라 강제력을 행사하려면 사전에 상대방에게 이를 경고하여야 한다. 다만, 상황이 급박하여 경고할 시간적인 여유가 없는 때에는 그러하지 아니하다.
⑥ 강제력의 행사는 필요한 최소한도에 그쳐야 한다.
⑦ 보안장비의 종류, 종류별 사용요건 및 사용절차 등에 관하여 필요한 사항은 법무부령으로 정한다.

제101조【무기의 사용】 ① 교도관은 다음 각 호의 어느 하나에 해당하는 사유가 있으면 수용자에 대하여 무기를 사용할 수 있다.(2016.5.29 본문개정)
1. 수용자가 다른 사람에게 중대한 위해를 끼치거나 끼치려고 하여 그 사태가 위급한 때
2. 수용자가 폭행 또는 협박에 사용할 위험물을 지니고 있어 교도관이 버릴 것을 명령하였음에도 이에 따르지 아니하는 때(2020.2.4 본호개정)
3. 수용자가 폭동을 일으키거나 일으키려고 하여 신속하게 제지하지 아니하면 그 확산을 방지하기 어렵다고 인정되는 때
4. 도주하는 수용자에게 교도관이 정지할 것을 명령하였음에도 계속하여 도주하는 때(2016.5.29 본호개정)
5. 수용자가 교도관의 무기를 탈취하거나 탈취하려고 하는 때(2016.5.29 본호개정)
6. 그 밖에 사람의 생명 · 신체 및 설비에 대한 중대하고도 뚜렷한 위험을 방지하기 위하여 무기의 사용을 피할 수 없는 때
② 교도관은 교정시설의 안(교도관이 교정시설의 밖에서 수용자를 계호하고 있는 경우 그 장소를 포함한다)에서 자기 또는 타인의 생명 · 신체를 보호하거나 수용자의 탈취를 저지하거나 건물 또는 그 밖의 시설과 무기에 대한 위험을 방지하기 위하여 급박하다고 인정되는 상당한 이유가 있으면 수용자 외의 사람에 대하여도 무기를 사용할 수 있다.(2016.5.29 본항개정)
③ 교도관은 소장 또는 그 직무를 대행하는 사람의 명령을 받아 무기를 사용한다. 다만, 그 명령을 받을 시간적 여유가 없으면 그러하지 아니하다.(2016.5.29 본문개정)
④ 제1항 및 제2항에 따라 무기를 사용하려면 공포탄을 발사하거나 그 밖에 적당한 방법으로 사전에 상대방에게 대하여 이를 경고하여야 한다.
⑤ 무기의 사용은 필요한 최소한도에 그쳐야 하며, 최후의 수단이어야 한다.
⑥ 사용할 수 있는 무기의 종류, 무기의 종류별 사용요건 및 사용절차 등에 관하여 필요한 사항은 법무부령으로 정한다.

제102조【재난 시의 조치】 ① 천재지변이나 그 밖의 재해가 발생하여 시설의 안전과 질서유지를 위하여 긴급한 조치가 필요하면 소장은 수용자로 하여금 피해의 복구나 그 밖의 응급용무를 보조하게 할 수 있다.
② 소장은 교정시설의 안에서 천재지변이나 그 밖의 사변에 대한 피난의 방법이 없는 경우에는 수용자를 다른 장소로 이송할 수 있다.
③ 소장은 제2항에 따른 이송이 불가능하면 수용자를 일시 석방할 수 있다.
④ 제3항에 따라 석방된 사람은 석방 후 24시간 이내에 교정시설 또는 경찰관서에 출석하여야 한다.(2020.2.4 본항개정)

제103조【수용을 위한 체포】 ① 교도관은 수용자가 도주 또는 제134조 각 호의 어느 하나에 해당하는 행위(이하 "도주등"이라 한다)를 한 경우에는 도주 후 또는 출석기한이 지난 후 72시간 이내에만 그를 체포할 수 있다.
(2019.4.23 본항개정)
② 교도관은 제1항에 따른 체포를 위하여 긴급히 필요하면 도주등을 하였다고 의심할 만한 상당한 이유가 있는 사람 또는 도주등을 한 사람의 이동경로나 소재를 안다고 인정되는 사람을 정지시켜 질문할 수 있다.
③ 교도관은 제2항에 따라 질문을 할 때에는 그 신분을 표시하는 증표를 제시하고 질문의 목적과 이유를 설명하여야 한다.
④ 교도관은 제1항에 따른 체포를 위하여 영업시간 내에 공연장 · 여관 · 음식점 · 역, 그 밖에 다수인이 출입하는 장소의 관리자 또는 관계인에게 그 장소의 출입이나 그 밖에 특히 필요한 사항에 관하여 협조를 요구할 수 있다.
(2020.2.4 본항개정)
⑤ 교도관은 제4항에 따라 필요한 장소에 출입하는 경우에는 그 신분을 표시하는 증표를 제시하여야 하며, 그 장소의 관리자 또는 관계인의 정당한 업무를 방해하여서는 아니 된다.

제104조【마약류사범 등의 관리】 ① 소장은 마약류사범 · 조직폭력사범 등 법무부령으로 정하는 수용자에 대하여는 시설의 안전과 질서유지를 위하여 필요한 범위에서 다른 수용자와의 접촉을 차단하거나 계호를 엄중히 하는 등 법무부령으로 정하는 바에 따라 다른 수용자와 달리 관리할 수 있다.
② 소장은 제1항에 따라 관리하는 경우에도 기본적인 처우를 제한하여서는 아니 된다.

판례 마약류사범인 수용자에 대하여는 시설의 안전과 질서유지를 위하여 필요한 범위 내에서 다른 수용자와의 접촉을 차단하거나 계호를 엄중히 하는 등 법무부령으로 정하는 바에 따라 다른 수용자와 달리 관리할 수 있다고 규정한 '형의 집행 및 수용자의 처우에 관한 법률' 제104조 제1항 중 마약류사범에 관한 부분은 포괄위임금지원칙, 무죄추정원칙 및 평등원칙에 위반되지 아니한다는 결정을 선고하였다.(헌재결 2013.7.25, 2012헌바63)

제12장 규율과 상벌

제105조【규율 등】 ① 수용자는 교정시설의 안전과 질서유지를 위하여 법무부장관이 정하는 규율을 지켜야 한다.
② 수용자는 소장이 정하는 일과시간표를 지켜야 한다.
③ 수용자는 교도관의 직무상 지시에 따라야 한다.
(2020.2.4 본조개정)

제106조【포상】 소장은 수용자가 다음 각 호의 어느 하나에 해당하면 법무부령으로 정하는 바에 따라 포상할 수 있다.
1. 사람의 생명을 구조하거나 도주를 방지한 때
2. 제102조제1항에 따른 응급용무에 공로가 있는 때
3. 시설의 안전과 질서유지에 뚜렷한 공이 인정되는 때
4. 수용생활에 모범을 보이거나 건설적이고 창의적인 제안을 하는 등 특히 포상할 필요가 있다고 인정되는 때

제107조【징벌】 소장은 수용자가 다음 각 호의 어느 하나에 해당하는 행위를 하면 제111조의 징벌위원회의 의결에 따라 징벌을 부과할 수 있다.
1. 「형법」, 「폭력행위 등 처벌에 관한 법률」, 그 밖의 형사 법률에 저촉되는 행위
2. 수용생활의 편의 등 자신의 요구를 관철할 목적으로 자해하는 행위
3. 정당한 사유 없이 작업 · 교육 · 교화프로그램 등을 거부하거나 태만히 하는 행위(2019.4.23 본호개정)
4. 제92조의 금지물품을 지니거나 반입 · 제작 · 사용 · 수수 · 교환 · 은닉하는 행위(2020.2.4 본호개정)
5. 다른 사람을 처벌받게 하거나 교도관의 직무집행을 방해할 목적으로 거짓 사실을 신고하는 행위
6. 그 밖에 시설의 안전과 질서유지를 위하여 법무부령으로 정하는 규율을 위반하는 행위

제108조【징벌의 종류】 징벌의 종류는 다음 각 호와 같다.
1. 경고
2. 50시간 이내의 근로봉사
3. 3개월 이내의 작업장려금 삭감
4. 30일 이내의 공동행사 참가 정지
5. 30일 이내의 신문열람 제한
6. 30일 이내의 텔레비전 시청 제한
7. 30일 이내의 자비구매물품(의사가 치료를 위하여 처방한 의약품을 제외한다) 사용 제한
8. 30일 이내의 작업 정지(신청에 따른 작업에 한정한다)
(2019.4.23 본호개정)
9. 30일 이내의 전화통화 제한
10. 30일 이내의 집필 제한
11. 30일 이내의 편지수수 제한(2020.2.4 본호개정)
12. 30일 이내의 접견 제한
13. 30일 이내의 실외운동 정지
14. 30일 이내의 금치(禁置)

제109조【징벌의 부과】 ① 제108조제4호부터 제13호까지의 처분은 함께 부과할 수 있다.
② 수용자가 다음 각 호의 어느 하나에 해당하면 제108조제2호부터 제14호까지의 규정에서 정한 징벌의 장기의 2분의 1까지 가중할 수 있다.
1. 2 이상의 징벌사유가 경합하는 때
2. 징벌이 집행 중에 있거나 징벌의 집행이 끝난 후 또는 집행이 면제된 후 6개월 내에 다시 징벌사유에 해당하는 행위를 한 때
③ 징벌은 동일한 행위에 관하여 거듭하여 부과할 수 없으며, 행위의 동기 및 경중, 행위 후의 정황, 그 밖의 사정을 고려하여 수용목적을 달성하는 데에 필요한 최소한도에 그쳐야 한다.
④ 징벌사유가 발생한 날부터 2년이 지나면 이를 이유로 징벌을 부과하지 못한다.

제110조【징벌대상자의 조사】 ① 소장은 징벌사유에 해당하는 행위를 하였다고 의심할 만한 상당한 이유가 있는 수용자(이하 "징벌대상자"라 한다)가 다음 각 호의 어느 하나에 해당하면 조사기간 중 분리하여 수용할 수 있다.
1. 증거를 인멸할 우려가 있는 때
2. 다른 사람에게 위해를 끼칠 우려가 있거나 다른 수용자의 위해로부터 보호할 필요가 있는 때
② 소장은 징벌대상자가 제1항 각 호의 어느 하나에 해당하면 접견 · 편지수수 · 전화통화 · 실외운동 · 작업 · 교육훈련, 공동행사 참가, 중간처우 등 다른 사람과의 접촉이 가능한 처우의 전부 또는 일부를 제한할 수 있다.
(2020.2.4 본항개정)

제111조【징벌위원회】 ① 징벌대상자의 징벌을 결정하기 위하여 교정시설에 징벌위원회(이하 이 조에서 "위원회"라 한다)를 둔다.
② 위원회는 위원장을 포함한 5명 이상 7명 이하의 위원으로 구성하고, 위원장은 소장의 바로 다음 순위자가 되며, 위원은 소장이 소속기관의 과장(지소의 경우에는 7급 이상의 교도관) 및 교정에 관한 학식과 경험이 풍부한 외부인사 중에서 임명 또는 위촉한다. 이 경우 외부위원은 3명 이상으로 한다.(2020.2.4 본항개정)
③ 위원회는 소장의 징벌요구에 따라 개회하며, 징벌은 그 의결로써 정한다.
④ 위원이 징벌대상자의 친족이거나 그 밖에 공정한 심의 · 의결을 기대할 수 없는 특별한 사유가 있는 경우에는 위원회에 참석할 수 없다.
⑤ 징벌대상자는 위원에 대하여 기피신청을 할 수 있다. 이 경우 위원회의 의결로 기피 여부를 결정하여야 한다.
⑥ 위원회는 징벌대상자가 위원회에 출석하여 충분한 진

술을 할 수 있는 기회를 부여하여야 하며, 징벌대상자는 서면 또는 말로써 자기에게 유리한 사실을 진술하거나 증거를 제출할 수 있다.
⑦ 위원회의 위원 중 공무원이 아닌 사람은 「형법」 제127조 및 제129조부터 제132조까지의 규정을 적용할 때에는 공무원으로 본다.(2016.1.6 본항신설)

제111조의2【징벌대상행위에 관한 양형 참고자료 통보】 소장은 미결수용자에게 징벌을 부과한 경우에는 그 징벌대상행위를 양형(量刑) 참고자료로 작성하여 관할 검찰청 검사 또는 관할 법원에 통보할 수 있다.
(2020.2.4 본조신설)

제112조【징벌의 집행】 ① 징벌은 소장이 집행한다.
② 소장은 징벌집행을 위하여 필요하다고 인정하면 수용자를 분리하여 수용할 수 있다.
③ 제108조제14호의 처분을 받은 사람에게는 그 기간 중 같은 조 제4호부터 제12호까지의 처우제한이 함께 부과된다. 다만, 소장은 수용자의 권리구제, 수형자의 교화 또는 건전한 사회복귀를 위하여 특히 필요하다고 인정하면 집필·편지수수 또는 접견을 허가할 수 있다.(2020.2.4 단서개정)
④ 소장은 제108조제14호의 처분을 받은 사람에게 다음 각 호의 어느 하나에 해당하는 사유가 있어 필요하다고 인정하는 경우에는 건강유지에 지장을 초래하지 아니하는 범위에서 실외운동을 제한할 수 있다.(2020.2.4 단서삭제)
1. 도주의 우려가 있는 경우
2. 자해의 우려가 있는 경우
3. 다른 사람에게 위해를 끼칠 우려가 있는 경우
4. 그 밖에 시설의 안전 또는 질서를 크게 해칠 우려가 있는 경우로서 법무부령으로 정하는 경우
(2016.12.2 본항신설)
⑤ 소장은 제108조제13호에 따른 실외운동 정지를 부과하는 경우 또는 제4항에 따라 실외운동을 제한하는 경우라도 수용자가 매주 1회 이상 실외운동을 할 수 있도록 하여야 한다.(2020.2.4 본항신설)
⑥ 소장은 제108조제13호 또는 제14호의 처분을 집행하는 경우에는 의무관으로 하여금 사전에 수용자의 건강을 확인하도록 하여야 하며, 집행 중인 경우에도 수시로 건강상태를 확인하여야 한다.

제113조【징벌집행의 정지·면제】 ① 소장은 질병이나 그 밖의 사유로 징벌집행이 곤란하면 그 사유가 해소될 때까지 그 집행을 일시 정지할 수 있다.
② 소장은 징벌집행 중인 사람이 뉘우치는 빛이 뚜렷한 경우에는 그 징벌을 감경하거나 남은 기간의 징벌집행을 면제할 수 있다.

제114조【징벌집행의 유예】 ① 징벌위원회는 징벌을 의결하는 때에 행위의 동기 및 정황, 교정성적, 뉘우치는 정도 등 그 사정을 고려할 만한 사유가 있는 수용자에 대하여 2개월 이상 6개월 이하의 기간 내에서 징벌의 집행을 유예할 것을 의결할 수 있다.
② 소장은 징벌집행의 유예기간 중에 있는 수용자가 다시 제107조의 징벌대상행위를 하여 징벌이 결정되면 그 유예한 징벌을 집행한다.
③ 수용자가 징벌집행을 유예받은 후 징벌을 받음이 없이 유예기간이 지나면 그 징벌의 집행은 종료된 것으로 본다.

제115조【징벌의 실효 등】 ① 소장은 징벌의 집행이 종료되거나 집행이 면제된 수용자가 교정성적이 양호하고 법무부령으로 정하는 기간 동안 징벌을 받지 아니하면 법무부장관의 승인을 받아 징벌을 실효시킬 수 있다.
② 제1항에도 불구하고 소장은 수용자가 교정사고 방지에 뚜렷한 공로가 있다고 인정되면 분류처우위원회의 의결을 거친 후 법무부장관의 승인을 받아 징벌을 실효시킬 수 있다.
③ 이 법에 규정된 사항 외에 징벌에 관하여 필요한 사항은 법무부령으로 정한다.

제13장 권리구제

제116조【소장 면담】 ① 수용자는 그 처우에 관하여 소장에게 면담을 신청할 수 있다.
② 소장은 수용자의 면담신청이 있으면 다음 각 호의 어느 하나에 해당하는 사유가 있는 경우를 제외하고는 면담을 하여야 한다.(2020.2.4 본문개정)
1. 정당한 사유 없이 면담사유를 밝히지 아니하는 때
2. 면담목적이 법령에 명백히 위배되는 사항을 요구하는 것인 때
3. 동일한 사유로 면담한 사실이 있음에도 정당한 사유 없이 반복하여 면담을 신청하는 때
4. 교도관의 직무집행을 방해할 목적이라고 인정되는 상당한 이유가 있는 때
③ 소장은 특별한 사정이 있으면 소속 교도관으로 하여금 그 면담을 대리하게 할 수 있다. 이 경우 면담을 대리한 사람은 그 결과를 소장에게 지체 없이 보고하여야 한다.
④ 소장은 면담한 결과 처리가 필요한 사항이 있으면 그 처리결과를 수용자에게 알려야 한다.(2020.2.4 본항개정)

제117조【청원】 ① 수용자는 그 처우에 관하여 불복하는 경우 법무부장관·순회점검공무원 또는 관할 지방교정청장에게 청원할 수 있다.
② 제1항에 따라 청원하려는 수용자는 청원서를 작성하여 봉한 후 소장에게 제출하여야 한다. 다만, 순회점검공무원에 대한 청원은 말로도 할 수 있다.
③ 소장은 청원서를 개봉하여서는 아니 되며, 이를 지체 없이 법무부장관·순회점검공무원 또는 관할 지방교정청장에게 보내거나 순회점검공무원에게 전달하여야 한다.
④ 제2항 단서에 따라 순회점검공무원이 청원을 청취하는 경우에는 해당 교정시설의 교도관이 참여하여서는 아니 된다.(2016.5.29 본항개정)
⑤ 청원에 관한 결정은 문서로 하여야 한다.(2020.2.4 본항개정)
⑥ 소장은 청원에 관한 결정서를 접수하면 청원인에게 지체 없이 전달하여야 한다.

제117조의2【정보공개청구】 ① 수용자는 「공공기관의 정보공개에 관한 법률」에 따라 법무부장관, 지방교정청장 또는 소장에게 정보의 공개를 청구할 수 있다.
② 현재의 수용기간 동안 법무부장관, 지방교정청장 또는 소장에게 제1항에 따른 정보공개청구를 한 후 정당한 사유 없이 그 청구를 취하하거나 「공공기관의 정보공개에 관한 법률」 제17조에 따른 비용을 납부하지 아니한 사실이 2회 이상 있는 수용자가 제1항에 따른 정보공개청구를 한 경우에 법무부장관, 지방교정청장 또는 소장은 그 수용자에게 정보의 공개 및 우송 등에 들 것으로 예상되는 비용을 미리 납부하게 할 수 있다.
③ 제2항에 따라 정보의 공개 및 우송 등에 들 것으로 예상되는 비용을 미리 납부하여야 하는 수용자가 비용을 납부하지 아니한 경우 법무부장관, 지방교정청장 또는 소장은 그 비용을 납부할 때까지 「공공기관의 정보공개에 관한 법률」 제11조에 따른 정보공개 여부의 결정을 유예할 수 있다.
④ 제2항에 따른 예상비용의 산정방법, 납부방법, 납부기간, 그 밖에 비용납부에 관하여 필요한 사항은 대통령령으로 정한다.
(2010.5.4 본조신설)

제118조【불이익처우 금지】 수용자는 청원, 진정, 소장과의 면담, 그 밖의 권리구제를 위한 행위를 하였다는 이유로 불이익한 처우를 받지 아니한다.

제3편 수용의 종료

제1장 가석방

제119조【가석방심사위원회】 「형법」 제72조에 따른 가석방의 적격 여부를 심사하기 위하여 법무부장관 소속하에 가석방심사위원회(이하 이 장에서 "위원회"라 한다)를 둔다.

제120조【위원회의 구성】 ① 위원회는 위원장을 포함한 5명 이상 9명 이하의 위원으로 구성한다.(2020.2.4 본항개정)
② 위원장은 법무부차관이 되고, 위원은 판사, 검사, 변호사, 법무부 소속 공무원, 교정에 관한 학식과 경험이 풍부한 사람 중에서 법무부장관이 임명 또는 위촉한다.
③ 위원회의 심사과정 및 심사내용의 공개범위와 공개시기는 다음 각 호와 같다. 다만, 제2호 및 제3호의 내용 중 개인의 신상을 특정할 수 있는 부분은 삭제하고 공개하되, 국민의 알권리를 충족할 필요가 있는 등의 사유가 있는 경우에는 위원회가 달리 의결할 수 있다.
1. 위원의 명단과 경력사항은 임명 또는 위촉한 즉시
2. 심의서는 해당 가석방 결정 등을 한 후부터 즉시
(2020.2.4 본호개정)
3. 회의록은 해당 가석방 결정 등을 한 후 5년이 경과한 때부터(2020.2.4 본호개정)
(2011.7.18 본항개정)
④ 위원회의 위원 중 공무원이 아닌 사람은 「형법」 제127조 및 제129조부터 제132조까지의 규정을 적용할 때에는 공무원으로 본다.(2016.1.6 본항신설)
⑤ 그 밖에 위원회에 관하여 필요한 사항은 법무부령으로 정한다.(2011.7.18 본항신설)

제121조【가석방 적격심사】 ① 소장은 「형법」 제72조제1항의 기간이 지난 수형자에 대하여는 법무부령으로 정하는 바에 따라 위원회에 가석방 적격심사를 신청하여야 한다.
② 위원회는 수형자의 나이, 범죄동기, 죄명, 형기, 교정성적, 건강상태, 가석방 후의 생계능력, 생활환경, 재범의 위험성, 그 밖에 필요한 사정을 고려하여 가석방의 적격여부를 결정한다.

제122조【가석방 허가】 ① 위원회는 가석방 적격결정을 하였으면 5일 이내에 법무부장관에게 가석방허가를 신청하여야 한다.
② 법무부장관은 제1항에 따른 위원회의 가석방 허가신청이 적정하다고 인정하면 허가할 수 있다.

제2장 석 방

제123조【석방】 소장은 사면·형기종료 또는 권한이 있는 사람의 명령에 따라 수용자를 석방한다.
(2020.2.4 본조개정)

제124조【석방시기】 ① 사면, 가석방, 형의 집행면제, 감형에 따른 석방은 그 서류가 교정시설에 도달한 후 12시간 이내에 하여야 한다. 다만, 그 서류에서 석방일시를 지정하고 있으면 그 일시에 한다.
② 형기종료에 따른 석방은 형기종료일에 하여야 한다.
③ 권한이 있는 사람의 명령에 따른 석방은 서류가 도달한 후 5시간 이내에 하여야 한다.
(2020.2.4 본조개정)

제125조【피석방자의 일시수용】 소장은 피석방자가 질병이나 그 밖에 피할 수 없는 사정으로 귀가하기 곤란한 경우에 본인의 신청이 있으면 일시적으로 교정시설에 수용할 수 있다.

제126조【귀가여비의 지급 등】 소장은 피석방자에게 귀가에 필요한 여비 또는 의류가 없으면 법무부장관이 정하는 범위에서 이를 지급하거나 빌려 줄 수 있다.

제126조의2【석방예정자의 수용이력 등 통보】 ① 소장은 석방될 수형자의 재범방지, 자립지원 및 피해자 보호를 위하여 필요하다고 인정하면 해당 수형자의 수용이력 또는 사회복귀에 관한 의견을 그의 거주지를 관할하는 경찰관서나 자립을 지원할 법인 또는 개인에게 통보할 수 있다. 다만, 법인 또는 개인에게 통보하는 경우에는 해당 수형자의 동의를 받아야 한다.
② 제1항에 따라 통보하는 수용이력 또는 사회복귀에 관한 의견의 구체적인 사항은 대통령령으로 정한다.
(2020.2.4 본조신설)

제3장 사 망

제127조【사망 알림】 소장은 수용자가 사망한 경우에는 그 사실을 즉시 그 가족(가족이 없는 경우에는 다른 친족)에게 알려야 한다.(2020.2.4 본조개정)

제128조【시신의 인도 등】 ① 소장은 사망한 수용자의 친족 또는 특별한 연고가 있는 사람이 그 시신 또는 유골의 인도를 청구하는 경우에는 인도하여야 한다. 다만, 제3항에 따라 자연장(自然葬)을 하거나 집단으로 매장을 한 후에는 그러하지 아니하다.(2015.3.27 단서개정)
② 소장은 제127조에 따라 수용자가 사망한 사실을 알게 된 사람이 다음 각 호의 어느 하나에 해당하는 기간 이내에 그 시신을 인수하지 아니하거나 시신을 인수할 사람이 없으면 임시로 매장하거나 화장(火葬) 후 봉안하여야 한다. 다만, 감염병 예방 등을 위하여 필요하면 즉시 화장하여야 하며, 그 밖에 필요한 조치를 할 수 있다.
1. 임시로 매장하려는 경우 : 사망한 사실을 알게 된 날부터 3일
2. 화장하여 봉안하려는 경우 : 사망한 사실을 알게 된 날부터 60일
(2020.2.4 본항개정)
③ 소장은 제2항에 따라 시신을 임시로 매장하거나 화장하여 봉안한 후 2년이 지나도록 시신의 인도를 청구하는 사람이 없을 때에는 다음 각 호의 구분에 따른 방법으로 처리할 수 있다.
1. 임시로 매장한 경우 : 화장 후 자연장을 하거나 일정한 장소에 집단으로 매장
2. 화장하여 봉안한 경우 : 자연장
(2015.3.27 본항개정)
④ 소장은 병원이나 그 밖의 연구기관이 학술연구상의 필요에 따라 수용자의 시신인도를 신청하면 본인의 유언 또는 상속인의 승낙이 있는 경우에 한하여 인도할 수 있다.
⑤ 소장은 수용자가 사망하면 법무부장관이 정하는 범위에서 화장·시신인도 등에 필요한 비용을 인수자에게 지급할 수 있다.

제4편 교정자문위원회 등

제129조【교정자문위원회】 ① 수용자의 관리·교정교화 등 사무에 관한 지방교정청장의 자문에 응하기 위하여 지방교정청에 교정자문위원회(이하 이 조에서 "위원회"라 한다)를 둔다.(2019.4.23 본항개정)
② 위원회는 10명 이상 15명 이하의 위원으로 성별을 고려하여 구성하고, 위원장은 위원 중에서 호선하며, 위원은 교정에 관한 학식과 경험이 풍부한 외부인사 중에서 지방교정청장의 추천을 받아 법무부장관이 위촉한다.
(2019.4.23 본항개정)
③ 이 법에 규정된 사항 외에 위원회에 관하여 필요한 사항은 법무부령으로 정한다.

제130조【교정위원】 ① 수용자의 교육·교화·의료, 그 밖에 수용자의 처우를 후원하기 위하여 교정시설에 교정위원을 둘 수 있다.
② 교정위원은 명예직으로 하며 소장의 추천을 받아 법무부장관이 위촉한다.

제131조【기부금품의 접수】 소장은 기관·단체 또는 개인이 수용자의 교화 등을 위하여 교정시설에 자발적으로 기탁하는 금품을 받을 수 있다.

제5편 벌 칙

제132조【금지물품을 지닌 경우】 ① 수용자가 제92조제2항을 위반하여 소장의 허가 없이 무인비행장치, 전

자·통신기기를 지닌 경우 2년 이하의 징역 또는 2천만원 이하의 벌금에 처한다.
② 수용자가 제92조제1항제3호를 위반하여 주류·담배·화기·현금·수표를 지닌 경우 1년 이하의 징역 또는 1천만원 이하의 벌금에 처한다.
(2020.2.4 본조개정)
제133조【금지물품의 반입】 ① 소장의 허가 없이 무인비행장치, 전자·통신기기를 교정시설에 반입한 사람은 3년 이하의 징역 또는 3천만원 이하의 벌금에 처한다.
② 주류·담배·화기·현금·수표·음란물·사행행위에 사용되는 물품을 수용자에게 전달할 목적으로 교정시설에 반입한 사람은 1년 이하의 징역 또는 1천만원 이하의 벌금에 처한다.
③ 상습적으로 제2항의 죄를 범한 사람은 2년 이하의 징역 또는 2천만원 이하의 벌금에 처한다.
(2019.4.23 본조신설)
제134조【출석의무 위반 등】 다음 각 호의 어느 하나에 해당하는 행위를 한 수용자는 1년 이하의 징역에 처한다.
1. 정당한 사유 없이 제102조제4항을 위반하여 일시석방 후 24시간 이내에 교정시설 또는 경찰관서에 출석하지 아니하는 행위
2. 귀휴·외부통근, 그 밖의 사유로 소장의 허가를 받아 교도관의 계호 없이 교정시설 밖으로 나간 후에 정당한 사유 없이 기한까지 돌아오지 아니하는 행위(2020.2.4 본호개정)
제135조【녹화 등의 금지】 소장의 허가 없이 교정시설 내부를 녹화·촬영한 사람은 1년 이하의 징역 또는 1천만원 이하의 벌금에 처한다.(2019.4.23 본조신설)
제136조【미수범】 제133조 및 제135조의 미수범은 처벌한다.(2019.4.23 본조신설)
제137조【몰수】 제132조 및 제133조에 해당하는 금지물품은 몰수한다.(2019.4.23 본조신설)

부 칙

제1조【시행일】 이 법은 공포 후 1년이 경과한 날부터 시행한다.
제2조【위로금 및 조위금 채권에 관한 적용례】 제76조의 개정규정은 이 법 시행 후 취득한 위로금 및 조위금을 지급받을 권리부터 적용한다.
제3조【유류금품의 교부에 관한 경과조치】 이 법 시행 당시 사망자 또는 도주자가 남겨두고 간 금품이 있는 경우에는 제28조의 개정규정에도 불구하고 종전의 규정에 따른다.
제4조【징벌에 관한 경과조치】 ① 이 법 시행 전에 행하여진 징벌사유에 해당하는 위반행위에 대하여는 종전의 규정에 따른다. 다만, 이 법의 규정이 행위자에게 유리한 경우에는 이 법에 따른다.
② 징벌사유에 해당하는 1개의 행위가 이 법 시행 전후에 걸쳐 이루어진 경우에는 이 법 시행 이후에 한 것으로 본다.
③ 이 법 시행 전에 종전의 규정에 따라 부과된 징벌은 이 법에 따라 부과된 것으로 본다. 다만, 이 법에 따른 징벌의 부과범위를 초과하여 부과한 경우에는 그 초과부분은 부과하지 아니한 것으로 보며, 이 법에 규정하지 아니한 징벌을 부과한 경우에는 징벌을 부과하지 아니한 것으로 본다.
제5조【다른 법률의 개정】 ①~⑫ ※(해당 법령에 가제정리 하였음)
제6조【다른 법령과의 관계】 이 법 시행 당시 다른 법령에서 종전의 「행형법」 또는 그 규정을 인용한 경우 이 법 중 그에 해당하는 규정이 있는 때에는 종전의 규정을 갈음하여 이 법 또는 이 법의 해당 조항을 인용한 것으로 본다.

부 칙 (2015.3.27)

제1조【시행일】 이 법은 공포 후 3개월이 경과한 날부터 시행한다.
제2조【영치품의 반환 등에 관한 적용례】 제29조의 개정규정은 이 법 시행 후 수용자가 석방되는 경우부터 적용한다.
제3조【시신의 화장 등에 관한 적용례】 제128조제1항부터 제3항까지의 개정규정은 이 법 시행 후 사망한 수용자부터 적용한다.

부 칙 (2016.12.2)

제1조【시행일】 이 법은 공포한 날부터 시행한다.
제2조【금치처분 중 실외운동 제한에 관한 적용례】 제112조제4항의 개정규정은 이 법 시행 후의 행위로 제108조제14호의 처분을 받는 경우부터 적용한다.

부 칙 (2017.12.19)

제1조【시행일】 이 법은 공포 후 6개월이 경과한 날부터 시행한다.
제2조【간이입소절차에 관한 적용례】 제16조의2의 개정규정은 이 법 시행 후 최초로 체포되거나 구속영장이 청구된 피의자부터 적용한다.

부 칙 (2019.4.23)

제1조【시행일】 이 법은 공포 후 6개월이 경과한 날부터 시행한다. 다만, 제52조제1항, 제64조제2항 및 제3항, 제95조제2항 및 제3항, 제96조제2항 및 제3항, 제108조제8호의 개정규정은 공포한 날부터 시행한다.
제2조【기본계획에 관한 경과조치】 법무부장관은 이 법 시행 후 1년 이내에 제5조의2의 개정규정에 따른 기본계획을 수립하여야 한다.

부 칙 (2020.2.4)

이 법은 공포 후 6개월이 경과한 날부터 시행한다.

부 칙 (2022.12.27)

제1조【시행일】 이 법은 공포한 날부터 시행한다.
제2조【1주의 작업시간에 관한 적용례】 제71조제3항 및 제4항(1주의 작업시간에 관한 부분으로 한정한다)의 개정규정은 이 법 시행일이 속하는 주의 다음 주간(週間)의 작업시간부터 적용한다.
제3조【위로금 지급 시기의 변경에 따른 적용례】 제74조제2항의 개정규정은 이 법 시행 전에 같은 조 제1항제1호의 위로금 지급사유가 발생하였으나 위로금을 지급받지 아니한 수형자로서 이 법 시행 당시 수용 중에 있는 수형자에 대해서도 적용한다.

형의 집행 및 수용자의 처우에 관한 법률 시행령

(2008년 10월 29일
전부개정대통령령 제21095호)

개정
2009. 3.18영21350호(보호관찰시)
2009. 3.18영21356호(건강검진기본법시)
2010. 7. 9영22257호
2010.12.29영22564호(감염병시)
2012. 1. 6영23488호(민감정보고유식별정보)
2013. 2. 5영24348호
2014. 6.25영25397호
2014. 8. 6영25532호(민감정보고유식별정보)
2015.12.10영26696호
2016. 6.28영27262호
2017. 3.27영27960호(주민등록번호처리제한일부개정령)
2017. 9.19영28296호
2018.12.24영29398호
2019.10.22영30134호
2020. 8. 5영30909호

제1편 총 칙

제1조【목적】 이 영은 「형의 집행 및 수용자의 처우에 관한 법률」에서 위임된 사항과 그 시행에 필요한 사항을 규정함을 목적으로 한다.
제1조의2【협의체의 구성 및 운영 등】 ① 「형의 집행 및 수용자의 처우에 관한 법률」(이하 "법"이라 한다) 제5조의3에 따른 협의체(이하 "협의체"라 한다)는 위원장을 포함하여 12명의 위원으로 구성한다.
② 협의체의 위원장은 법무부차관이 되고, 협의체의 위원은 다음 각 호의 사람이 된다.
1. 기획재정부, 교육부, 법무부, 국방부, 행정안전부, 보건복지부, 고용노동부, 경찰청 및 해양경찰청 소속 고위공무원단에 속하는 공무원(국방부의 경우에는 고위공무원단에 속하는 공무원 또는 이에 상당하는 장성급 장교를, 경찰청 및 해양경찰청의 경우에는 경무관 이상의 경찰공무원을 말한다) 중에서 해당 소속 기관의 장이 지명하는 사람 각 1명
2. 법원행정처 소속 판사 또는 3급 이상의 법원일반직공무원 중에서 법원행정처장이 지명하는 사람 1명
3. 대검찰청 소속 검사 또는 고위공무원단에 속하는 공무원 중에서 검찰총장이 지명하는 사람 1명
③ 협의체의 위원장은 협의체 회의를 소집하며, 회의 개최 7일 전까지 회의의 일시·장소 및 안건 등을 각 위원에게 알려야 한다.
④ 협의체의 위원장은 협의체의 회의 결과를 위원이 소속된 기관의 장에게 통보해야 한다.
(2019.10.22 본조신설)
제2조【판사 등의 시찰】 ① 판사 또는 검사가 법 제9조제1항에 따라 교도소·구치소 및 그 지소(이하 "교정시설"이라 한다)를 시찰할 경우에는 미리 그 신분을 나타내는 증표를 교정시설의 장(이하 "소장"이라 한다)에게 제시해야 한다.(2019.10.22 본항개정)
② 소장은 제1항의 경우에 교도관에게 시찰을 요구받은 장소를 안내하게 해야 한다.
(2018.12.24 본조개정)
제3조【참관】 ① 소장은 법 제9조제2항에 따라 판사와 검사 외의 사람이 교정시설의 참관을 신청하는 경우에는 그 성명·직업·주소·나이·성별 및 참관 목적을 확인한 후 허가 여부를 결정하여야 한다.
② 소장은 외국인에게 참관을 허가할 경우에는 미리 관할 지방교정청장의 승인을 받아야 한다.
③ 소장은 제1항 및 제2항에 따라 허가를 받은 사람에게 참관할 때의 주의사항을 알려주어야 한다.

제2편 수용자의 처우

제1장 수 용

제4조【독거실의 비율】 교정시설을 새로 설치하는 경우에는 법 제14조에 따른 수용자의 거실수용을 위하여 독거실(獨居室)과 혼거실(混居室)의 비율이 적정한 수준이 되도록 한다.
제5조【독거수용의 구분】 독거수용은 다음 각 호와 같이 구분한다.
1. 처우상 독거수용 : 주간에는 교육·작업 등의 처우를 위하여 일과(日課)에 따른 공동생활을 하게 하고 휴업일과 야간에만 독거수용하는 것을 말한다.
2. 계호(戒護)상 독거수용 : 사람의 생명·신체의 보호 또는 교정시설의 안전과 질서유지를 위하여 항상 독거수용하고 다른 수용자와의 접촉을 금지하는 것을 말한다. 다만, 수사·재판·실외운동·목욕·접견·진료 등을 위하여 필요한 경우에는 그러하지 아니하다.
제6조【계호상 독거수용자의 시찰】 ① 교도관은 제5조제2호에 따라 독거수용된 사람(이하 "계호상 독거수용자"라 한다)을 수시로 시찰하여 건강상 또는 교화상 이상이 없는지 살펴야 한다.
② 교도관은 제1항의 시찰 결과, 계호상 독거수용자가 건강상 이상이 있는 것으로 보이는 경우에는 교정시설에 근무하는 의사(공중보건의사를 포함한다. 이하 "의무관"이라 한다)에게 즉시 알려야 하고, 교화상 문제가 있다고 인정하는 경우에는 소장에게 지체 없이 보고하여야 한다.
③ 의무관은 제2항의 통보를 받은 즉시 해당 수용자를 상담·진찰하는 등 적절한 의료조치를 하여야 하며, 계호상 독거수용자를 계속하여 독거수용하는 것이 건강상 해롭다고 인정하는 경우에는 그 의견을 소장에게 즉시 보고하여야 한다.
④ 소장은 계호상 독거수용자를 계속하여 독거수용하는 것이 건강상 또는 교화상 해롭다고 인정하는 경우에는 이를 즉시 중단하여야 한다.
제7조【여성수용자에 대한 시찰】 소장은 특히 필요하다고 인정하는 경우가 아니면 남성교도관이 야간에 수용자거실에 있는 여성수용자를 시찰하게 하여서는 아니 된다.
제8조【혼거수용 인원의 기준】 혼거수용 인원은 3명 이상으로 한다. 다만, 요양이나 그 밖의 부득이한 사정이 있는 경우에는 예외로 한다.
제9조【혼거수용의 제한】 소장은 노역장 유치명령을 받은 수형자와 징역형·금고형 또는 구류형을 선고받아 형이 확정된 수형자를 혼거수용해서는 아니 된다. 다만, 징역형·금고형 또는 구류형의 집행을 마친 다음에 계속해서 노역장 유치명령을 집행하거나 그 밖에 부득이한 사정이 있는 경우에는 그러하지 아니하다.
제10조【수용자의 자리 지정】 소장은 수용자의 생명·신체의 보호, 증거인멸의 방지 및 교정시설의 안전과 질서유지를 위하여 필요하다고 인정하면 혼거실·교육실·강당·작업장, 그 밖에 수용자들이 서로 접촉할 수 있는 장소에서 수용자의 자리를 지정할 수 있다.
제11조【거실의 대용금지】 소장은 수용자거실을 작업장으로 사용해서는 아니 된다. 다만, 수용자의 심리적 안정, 교정교화 또는 사회적응능력 함양을 위하여 특히 필요하다고 인정하면 그러하지 아니하다.
제12조【현황표 등의 부착 등】 ① 소장은 수용자거실에 면적, 정원 및 현재인원을 적은 현황표를 붙여야 한다.
② 소장은 수용자거실 앞에 이름표를 붙이되, 이름표 윗

부분에는 수용자의 성명·출생연도·죄명·형명(刑名) 및 형기(刑期)를 적고, 그 아랫부분에는 수용자번호 및 입소일을 적되, 윗부분의 내용이 보이지 않도록 해야 한다.(2020.8.5 본항개정)
③ 소장은 수용자가 법령에 따라 지켜야 할 사항과 수용자의 권리구제 절차에 관한 사항을 수용자거실의 보기 쉬운 장소에 붙이는 등의 방법으로 비치하여야 한다.
(2014.6.25 본항개정)
제13조【신입자의 인수】 ① 소장은 법원·검찰청·경찰관서 등으로부터 처음으로 교정시설에 수용되는 사람(이하 "신입자"라 한다)을 인수한 경우에는 호송인(護送人)에게 인수서를 써 주어야 한다. 이 경우 신입자에게 부상·질병, 그 밖에 건강에 이상(이하 이 조에서 "부상등"이라 한다)이 있을 때에는 호송인으로부터 그 사실에 대한 확인서를 받아야 한다.
② 신입자를 인수한 교도관은 제1항의 인수서에 신입자의 성명, 나이 및 인수일시를 적고 서명 또는 날인하여야 한다.
③ 소장은 제1항 후단에 따라 확인서를 받는 경우에는 호송인에게 신입자의 성명, 나이, 인계일시 및 부상등의 사실을 적고 서명 또는 날인하도록 하여야 한다.
제14조【신입자의 신체 등 검사】 소장은 신입자를 인수한 경우에는 교도관에게 신입자의 신체·의류 및 휴대품을 지체 없이 검사하게 하여야 한다.
제15조【신입자의 건강진단】 법 제16조제2항에 따른 신입자의 건강진단은 수용된 날부터 3일 이내에 하여야 한다. 다만, 휴무일이 연속되는 등 부득이한 사정이 있는 경우에는 예외로 한다.
제16조【신입자의 목욕】 소장은 신입자에게 질병이나 그 밖의 부득이한 사정이 있는 경우가 아니면 지체 없이 목욕을 하게 하여야 한다.
제17조【신입자의 신체 특징 기록 등】 ① 소장은 신입자의 키·용모·문신·흉터 등 신체 특징과 가족 등 보호자의 연락처를 수용기록부에 기록하여야 하며, 교도관이 업무상 필요한 경우가 아니면 이를 열람하지 못하도록 하여야 한다.
② 소장은 신입자 및 다른 교정시설로부터 이송(移送)되어 온 사람(이하 "이입자"라 한다)에 대하여 수용자번호를 지정하고 수용 중 번호표를 상의의 왼쪽 가슴에 붙이게 하여야 한다. 다만, 수용자의 교화 또는 건전한 사회복귀를 위하여 특히 필요하다고 인정하면 번호표를 붙이지 아니할 수 있다.
제18조【신입자거실 수용 등】 ① 소장은 신입자가 환자이거나 부득이한 사정이 있는 경우가 아니면 수용된 날부터 3일 동안 신입자거실에 수용하여야 한다.
② 소장은 제1항에 따라 신입자거실에 수용된 사람에게는 작업을 부과해서는 아니 된다.
③ 소장은 19세 미만의 신입자 그 밖에 특히 필요하다고 인정하는 수용자에 대하여는 제1항의 기간을 30일까지 연장할 수 있다.
제19조【수용기록부 등의 작성】 소장은 신입자 또는 이입자를 수용한 날부터 3일 이내에 수용기록부, 수용자명부 및 형기종료부를 작성·정비하고 필요한 사항을 기록하여야 한다.
제20조【신입자의 신원조사】 ① 소장은 신입자의 신원에 관한 사항을 조사하여 수용기록부에 기록하여야 한다.
② 소장은 신입자의 본인 확인 및 수용자의 처우 등을 위하여 불가피한 경우 「개인정보 보호법」 제23조에 따른 정보, 같은 법 시행령 제18조제2호에 따른 범죄경력자료에 해당하는 정보, 같은 영 제19조에 따른 주민등록번호, 여권번호, 운전면허의 면허번호 또는 외국인등록번호가 포함된 자료를 처리할 수 있다.(2012.1.6 본항신설)
제21조【형 또는 구속의 집행정지 사유의 통보】 소장은 수용자에 대하여 건강상의 사유로 형의 집행정지 또는 구속의 집행정지를 할 필요가 있다고 인정하는 경우에는 의무관의 진단서와 인수인에 대한 확인서류를 첨부하여 그 사실을 검사에게, 기소된 상태인 경우에는 법원에도 지체 없이 통보하여야 한다.
제22조【지방교정청장의 이송승인권】 ① 지방교정청장은 법 제20조제2항에 따라 다음 각 호의 어느 하나에 해당하는 경우에는 수용자의 이송을 승인할 수 있다.
1. 수용시설의 공사 등으로 수용거실이 일시적으로 부족한 때
2. 교정시설 간 수용인원의 뚜렷한 불균형을 조정하기 위하여 특히 필요하다고 인정되는 때
3. 교정시설의 안전과 질서유지를 위하여 긴급하게 이송할 필요가 있다고 인정되는 때
② 제1항에 따른 지방교정청장의 이송승인은 관할 내 이송으로 한정한다.
제23조【이송 중지】 소장은 수용자를 다른 교정시설에 이송하는 경우에 의무관으로부터 수용자가 건강상 감당하기 어렵다는 보고를 받으면 이송을 중지하고 그 사실을 이송받을 소장에게 알려야 한다.
제24조【호송 시 분리】 수용자를 이송이나 출정(出廷), 그 밖의 사유로 호송하는 경우에는 수형자는 미결수용자와, 여성수용자는 남성수용자와, 19세 미만의 수용자는 19세 이상의 수용자와 각각 호송 차량의 좌석을 분리하는 등의 방법으로 서로 접촉하지 못하게 하여야 한다.

제2장 물품 지급

제25조【생활용품 지급 시의 유의사항】 ① 소장은 법 제22조제1항에 따라 의류·침구, 그 밖의 생활용품(이하 "의류등"이라 한다)을 지급하는 경우에는 수용자의 건강, 계절 등을 고려하여야 한다.
② 소장은 수용자에게 특히 청결하게 관리할 수 있는 재질의 식기를 지급하여야 하며, 다른 사람이 사용한 의류등을 지급하는 경우에는 세탁하거나 소독하여 지급하여야 한다.
제26조【생활기구의 비치】 ① 소장은 거실·작업장, 그 밖에 수용자가 생활하는 장소(이하 이 조에서 "거실등"이라 한다)에 수용생활에 필요한 기구를 갖춰 둬야 한다.
② 거실등에는 갖춰 둔 기구의 품목·수량을 기록한 품목표를 붙여야 한다.
제27조【음식물의 지급】 법 제23조에 따라 수용자에게 지급하는 음식물은 주식·부식·음료, 그 밖의 영양물로 한다.
제28조【주식의 지급】 ① 수용자에게 지급하는 주식은 쌀로 한다.
② 소장은 쌀 수급이 곤란하거나 그 밖에 필요하다고 인정하면 주식을 쌀과 보리 등 잡곡의 혼합곡으로 하거나 대용식을 지급할 수 있다.
(2014.6.25 본조개정)
제29조【특식의 지급】 소장은 국경일이나 그 밖에 이에 준하는 날에는 특별한 음식물을 지급할 수 있다.
제30조【환자의 음식물】 소장은 의무관의 의견을 고려하여 환자에게 지급하는 음식물의 종류 또는 정도를 달리 정할 수 있다.
제31조【자비 구매 물품의 기준】 수용자가 자비로 구매하는 물품은 교화 또는 건전한 사회복귀에 적합하고 교정시설의 안전과 질서를 해칠 우려가 없는 것이어야 한다.
제32조【자비 구매 의류등의 사용】 소장은 수용자가 자비로 구매한 의류등을 보관한 후 그 수용자가 사용하게 할 수 있다.(2020.8.5 본조개정)
제33조【의류등의 세탁 등】 ① 소장은 수용자가 사용하는 의류등을 적당한 시기에 세탁·수선 또는 교체(이하 이 조에서 "세탁등"이라 한다)하도록 하여야 한다.
② 자비로 구매한 의류등을 세탁등을 하는 경우 드는 비용은 수용자가 부담한다.

제3장 금품관리

제34조【휴대금품의 정의 등】 ① 법 제25조에서 "휴대금품"이란 신입자가 교정시설에 수용될 때에 지니고 있는 현금(자기앞수표를 포함한다. 이하 같다)과 휴대품을 말한다.
② 법 제25조제1항 각 호의 어느 하나에 해당하지 아니한 신입자의 휴대품은 보관한 후 사용하게 할 수 있다.
(2020.8.5 본항개정)
③ 법 제25조제1항 단서에 따라 신입자의 휴대품을 팔 경우에는 그 비용을 제외한 나머지 대금을 보관할 수 있다.
(2020.8.5 본항개정)
④ 소장은 신입자가 법 제25조제1항 각 호의 어느 하나에 해당하는 휴대품을 법무부장관이 정한 기간에 처분하지 않은 경우에는 본인에게 그 사실을 고지한 후 폐기한다.
제35조【금품의 보관】 수용자의 현금을 보관하는 경우에는 그 금액을 보관금대장에 기록하고 수용자의 물품을 보관하는 경우에는 그 품목·수량 및 규격을 보관품대장에 기록해야 한다.(2020.8.5 본조개정)
제36조【귀중품의 보관】 소장은 보관품이 금·은·보석·유가증권·인장, 그 밖에 특별히 보관할 필요가 있는 귀중품인 경우에는 잠금장치가 되어 있는 견고한 용기에 넣어 보관해야 한다.(2020.8.5 본조개정)
제37조【보관품 매각대금의 보관】 소장은 수용자의 신청에 따라 보관품을 팔 경우에는 그 비용을 제외한 나머지 대금을 보관할 수 있다.(2020.8.5 본조개정)
제38조【보관금의 사용 등】 ① 소장은 수용자가 그의 가족(배우자, 직계존비속 또는 형제자매를 말한다. 이하 같다) 또는 배우자의 직계존속에게 도움을 주거나 그 밖에 정당한 용도로 사용하기 위하여 보관금의 사용을 신청한 경우에는 그 사정을 고려하여 허가할 수 있다.
② 제1항에 따라 보관금을 사용하는 경우 발생하는 비용은 수용자가 부담한다.
③ 보관금의 출납·예탁(預託), 보관금품의 보관 등에 관하여 필요한 사항은 법무부장관이 정한다.
(2020.8.5 본조개정)
제39조【지닐 수 없는 물품의 처리】 법 제26조제2항 및 제3항에 따라 지닐 수 있는 범위를 벗어난 수용자의 물품을 처분하거나 폐기하는 경우에는 제34조제3항 및 제4항을 준용한다.(2020.8.5 본조개정)
제40조【물품의 폐기】 수용자의 물품을 폐기하는 경우에는 그 품목·수량·이유 및 일시를 관계 장부에 기록하여야 한다.
제41조【금품전달 신청자의 확인】 소장은 수용자가 아닌 사람이 법 제27조제1항에 따라 수용자에게 금품을 건네줄 것을 신청하는 경우에는 그의 성명·주소 및 수용자와의 관계를 확인해야 한다.(2020.8.5 본조개정)
제42조【전달 허가금품의 사용 등】 ① 소장은 법 제27조제1항에 따라 수용자에 대한 금품의 전달을 허가한 경우에는 그 금품을 보관한 후 해당 수용자가 사용하게 할 수 있다.
② 법 제27조제1항에 따라 수용자에게 건네주려고 하는 금품의 허가범위 등에 관하여 필요한 사항은 법무부령으로 정한다.
(2020.8.5 본조개정)
제43조【전달 허가물품의 검사】 소장은 법 제27조제1항에 따라 건네줄 것을 허가한 물품은 검사할 필요가 없다고 인정되는 경우가 아니면 교도관으로 하여금 검사하게 해야 한다. 이 경우 그 물품이 의약품인 경우에는 의무관으로 하여금 검사하게 해야 한다.(2020.8.5 본조개정)
제44조【보관의 예외】 음식물은 보관의 대상이 되지 않는다.(2020.8.5 본조개정)
제45조【유류금품의 처리】 ① 소장은 사망자의 유류품을 건네받을 사람이 원거리에 있는 등 특별한 사정이 있는 경우에는 유류품을 받을 사람의 청구에 따라 유류품을 팔아 그 대금을 보낼 수 있다.(2020.8.5 본항개정)
② 법 제28조에 따라 사망자의 유류금품을 보내거나 제1항에 따라 유류품을 팔아 대금을 보내는 경우에 드는 비용은 유류금품의 청구인이 부담한다.
(2020.8.5 본조제목개정)

제4장 위생과 의료

제46조【보건·위생관리계획의 수립 등】 소장은 수용자의 건강, 계절 및 시설여건 등을 고려하여 보건·위생관리계획을 정기적으로 수립하여 시행하여야 한다.
제47조【시설의 청소·소독】 ① 소장은 거실·작업장·목욕탕, 그 밖에 수용자가 공동으로 사용하는 시설과 취사장, 주식·부식 저장고, 그 밖에 음식물 공급과 관련된 시설을 수시로 청소·소독하여야 한다.
② 소장은 저수조 등 급수시설을 6개월에 1회 이상 청소·소독하여야 한다.
제48조【청결의무】 수용자는 교도관이 법 제32조제1항에 따라 자신이 사용하는 거실, 작업장, 그 밖의 수용시설의 청결을 유지하기 위하여 필요한 지시를 한 경우에는 이에 따라야 한다.
제49조【실외운동】 소장은 수용자가 매일(공휴일 및 법무부장관이 정하는 날은 제외한다) 「국가공무원 복무규정」 제9조에 따른 근무시간 내에서 1시간 이내의 실외운동을 할 수 있도록 하여야 한다. 다만, 다음 각 호의 어느 하나에 해당하면 실외운동을 실시하지 아니할 수 있다.
1. 작업의 특성상 실외운동이 필요 없다고 인정되는 때
2. 질병 등으로 실외운동이 수용자의 건강에 해롭다고 인정되는 때
3. 우천, 수사, 재판, 그 밖의 부득이한 사정으로 실외운동을 하기 어려운 때
제50조【목욕횟수】 소장은 작업의 특성, 계절, 그 밖의 사정을 고려하여 수용자의 목욕횟수를 정하되 부득이한 사정이 없으면 매주 1회 이상이 되도록 한다.
제51조【건강검진횟수】 ① 소장은 수용자에 대하여 1년에 1회 이상 건강검진을 하여야 한다. 다만, 19세 미만의 수용자와 계호상 독거수용자에 대하여는 6개월에 1회 이상 하여야 한다.
② 제1항의 건강검진은 「건강검진기본법」 제14조에 따라 지정된 건강검진기관에 의뢰하여 할 수 있다.
(2009.3.18 본항개정)
제52조【감염병의 정의】 법 제18조제1항, 법 제53조제1항제3호 및 법 제128조제2항에서 "감염병"이란 「감염병의 예방 및 관리에 관한 법률」에 따른 감염병을 말한다.
(2010.12.29 본조개정)
제53조【감염병에 관한 조치】 ① 소장은 수용자가 감염병에 걸렸다고 의심되는 경우에는 1주 이상 격리수용하고 그 수용자의 휴대품을 소독하여야 한다.(2010.12.29 본항개정)
② 소장은 감염병이 유행하는 경우에는 수용자가 자비로 구매하는 음식물의 공급을 중지할 수 있다.(2010.12.29 본항개정)
③ 소장은 수용자가 감염병에 걸린 경우에는 즉시 격리수용하고 그 수용자가 사용한 물품과 설비를 철저히 소독하여야 한다.(2010.12.29 본항개정)
④ 소장은 제3항의 사실을 지체 없이 법무부장관에게 보고하고 관할 보건기관의 장에게 알려야 한다.
(2010.12.29 본조제목개정)
제54조【의료거실 수용 등】 소장은 수용자가 부상을 당하거나 질병에 걸린 경우에는 그 수용자를 의료거실에 수용하거나, 다른 수용자에게 그 수용자를 간병하게 할 수 있다.
제54조의2【간호사의 의료행위】 법 제36조제2항에서 "대통령령으로 정하는 경미한 의료행위"란 다음 각 호의 의료행위를 말한다.
1. 외상 등 흔히 볼 수 있는 상처의 치료
2. 응급을 요하는 수용자에 대한 응급처치
3. 부상과 질병의 악화방지를 위한 처치
4. 환자의 요양지도 및 관리
5. 제1호부터 제4호까지의 의료행위에 따르는 의약품의 투여
(2010.7.9 본조신설)

제55조【외부의사의 치료】 소장은 특히 필요하다고 인정하면 외부 의료시설에서 근무하는 의사(이하 "외부의사"라 한다)에게 수용자를 치료하게 할 수 있다.
제56조【위독 사실의 알림】 소장은 수용자가 위독한 경우에는 그 사실을 가족에게 지체 없이 알려야 한다.
(2020.8.5 본조제목개정)
제57조【외부 의료시설 입원 등 보고】 소장은 법 제37조제1항에 따라 수용자를 외부 의료시설에 입원시키거나 입원 중인 수용자를 교정시설로 데려온 경우에는 그 사실을 법무부장관에게 지체 없이 보고하여야 한다.

제5장 접견, 편지수수(便紙授受) 및 전화통화
(2020.8.5 본장제목개정)

제58조【접견】 ① 수용자의 접견은 매일(공휴일 및 법무부장관이 정한 날은 제외한다) 「국가공무원 복무규정」 제9조에 따른 근무시간 내에서 한다.
② 변호인(변호인이 되려고 하는 사람을 포함한다. 이하 같다)과 접견하는 미결수용자를 제외한 수용자의 접견시간은 회당 30분 이내로 한다.(2014.6.25 본항개정)
③ 수형자의 접견 횟수는 매월 4회로 한다.
④ (2019.10.22 삭제)
⑤ 법 및 이 영에 규정된 사항 외에 수형자, 사형확정자 및 미결수용자를 제외한 수용자의 접견 횟수·시간·장소 등에 관하여 필요한 사항은 법무부장관이 정한다.
⑥ 소장은 교정시설의 외부에 있는 사람의 수용자 접견에 관한 사무를 수행하기 위하여 불가피한 경우 「개인정보 보호법 시행령」 제19조에 따른 주민등록번호, 여권번호, 운전면허의 면허번호 또는 외국인등록번호가 포함된 자료를 처리할 수 있다.(2012.1.6 본항신설)
제59조【접견의 예외】 ① 소장은 제58조제1항 및 제2항에도 불구하고 수형자의 교화 또는 건전한 사회복귀를 위하여 특히 필요하다고 인정하면 접견 시간대 외에도 접견을 하게 할 수 있고 접견시간을 연장할 수 있다.
② 소장은 제58조제3항에도 불구하고 수형자가 다음 각 호의 어느 하나에 해당하면 접견 횟수를 늘릴 수 있다.
1. 19세 미만인 때
2. 교정성적이 우수한 때
3. 교화 또는 건전한 사회복귀를 위하여 특히 필요하다고 인정되는 때
③ 법 제41조제3항제2호에서 "대통령령으로 정하는 경우"란 다음 각 호의 어느 하나에 해당하는 경우를 말한다.
1. 수형자가 제2항제2호 또는 제3호에 해당하는 경우
2. 미결수용자의 처우를 위하여 소장이 특별히 필요하다고 인정하는 경우
3. 사형확정자의 교화나 심리적 안정을 위하여 소장이 특별히 필요하다고 인정하는 경우
(2019.10.22 본항개정)
제59조의2【변호사와의 접견】 ① 제58조제2항에도 불구하고 수용자가 다음 각 호의 어느 하나에 해당하는 변호사와 접견하는 시간은 회당 60분으로 한다.
(2019.10.22 본문개정)
1. 소송사건의 대리인인 변호사
2. 「형사소송법」에 따른 상소권회복 또는 재심 청구사건의 대리인이 되려는 변호사
(2019.10.22 1호~2호신설)
② 수용자가 제1항 각 호의 변호사와 접견하는 횟수는 다음 각 호의 구분에 따르되, 이를 제58조제3항, 제101조 및 제109조의 접견 횟수에 포함시키지 아니한다.
(2019.10.22 본문개정)
1. 소송사건의 대리인인 변호사 : 월 4회
2. 「형사소송법」에 따른 상소권회복 또는 재심 청구사건의 대리인이 되려는 변호사 : 사건 당 2회
(2019.10.22 1호~2호신설)
③ 소장은 제58조제1항과 이 조 제1항 및 제2항에도 불구하고 소송사건의 수 또는 소송내용의 복잡성 등을 고려하여 소송의 준비를 위하여 특히 필요하다고 인정하면 접견 시간대 외에도 접견을 하게 할 수 있고, 접견 시간 및 횟수를 늘릴 수 있다.
④ 소장은 제1항 및 제2항에도 불구하고 접견 수요 또는 접견실 사정 등을 고려하여 원활한 접견 사무 진행에 현저한 장애가 발생한다고 판단하면 접견 시간 및 횟수를 줄일 수 있다. 이 경우 줄어든 시간과 횟수는 다음 접견 시에 추가하도록 노력하여야 한다.
⑤ 수용자가 「형사소송법」에 따른 상소권회복 또는 재심 청구사건의 대리인이 되려는 변호사와 접견하는 경우에는 교정시설의 안전 또는 질서를 해칠 우려가 없는 한 접촉차단시설이 설치되지 않은 장소에서 접견하게 한다.
(2019.10.22 본항신설)
⑥ 제1항부터 제5항까지에서 규정한 사항 외에 수용자와 제1항 각 호의 변호사의 접견에 관하여 필요한 사항은 법무부령으로 정한다.(2019.10.22 본항개정)
(2019.10.22 본조제목개정)
(2016.6.28 본조신설)
제60조【접견 시 외국어 사용】 ① 수용자와 교정시설 외부의 사람이 접견하는 경우에 법 제41조제4항에 따라 접견내용이 청취·녹음 또는 녹화될 때에는 외국어를 사용해서는 아니 된다. 다만, 국어로 의사소통하기 곤란한 사정이 있는 경우에는 외국어를 사용할 수 있다.
(2019.10.22 본문개정)
② 소장은 제1항 단서의 경우에 필요하다고 인정하면 교도관 또는 통역인으로 하여금 통역하게 할 수 있다.
제61조【접견 시 유의사항 고지】 소장은 법 제41조에 따라 접견을 하게 하는 경우에는 수용자와 그 상대방에게 접견 시 유의사항을 방송이나 게시물 부착 등 적절한 방법으로 알려줘야 한다.
제62조【접견내용의 청취·기록·녹음·녹화】 ① 소장은 법 제41조제4항의 청취·기록을 위하여 다음 각 호의 사람을 제외한 수용자의 접견에 교도관을 참여하게 할 수 있다.(2019.10.22 본문개정)
1. 변호인과 접견하는 미결수용자
2. 소송사건의 대리인인 변호사와 접견하는 수용자
(2016.6.28 본항개정)
② 소장은 특별한 사정이 없으면 교도관으로 하여금 법 제41조제5항에 따라 수용자와 그 상대방에게 접견내용의 녹음·녹화 사실을 수용자와 그 상대방이 접견실에 들어가기 전에 미리 말이나 서면 등 적절한 방법으로 알려주게 하여야 한다.(2019.10.22 본항개정)
③ 소장은 법 제41조제4항에 따라 청취·녹음·녹화한 경우의 접견기록물에 대한 보호·관리를 위하여 접견정보 취급자를 지정하여야 하고, 접견정보 취급자는 직무상 알게 된 접견정보를 누설하거나 권한 없이 처리하거나 다른 사람이 이용하도록 제공하는 등 부당한 목적을 위하여 사용해서는 아니 된다.(2019.10.22 본항개정)
④ 소장은 관계기관으로부터 다음 각 호의 어느 하나에 해당하는 사유로 제3항의 접견기록물의 제출을 요청받은 경우에는 기록물을 제공할 수 있다.
1. 법원의 재판업무 수행을 위하여 필요한 때
2. 범죄의 수사와 공소의 제기 및 유지에 필요한 때
⑤ 소장은 제4항에 따라 녹음·녹화 기록물을 제공할 경우에는 제3항의 접견정보 취급자로 하여금 녹음·녹화기록물을 요청한 기관의 명칭, 제공받는 목적, 제공 근거, 제공을 요청한 범위, 그 밖에 필요한 사항을 녹음·녹화기록물 관리프로그램에 입력하게 하고, 따로 이동식 저장매체에 옮겨 담아 제공한다.
제63조【접견중지 사유의 고지】 교도관이 법 제42조에 따라 수용자의 접견을 중지한 경우에는 그 사유를 즉시 알려주어야 한다.
제64조【편지수수의 횟수】 수용자가 보내거나 받는 편지는 법령에 어긋나지 않으면 횟수를 제한하지 않는다.
(2020.8.5 본조개정)
제65조【편지 내용물의 확인】 ① 수용자는 편지를 보내려는 경우 해당 편지를 봉함하여 교정시설에 제출한다. 다만, 소장은 다음 각 호의 어느 하나에 해당하는 경우로서 법 제43조제3항에 따른 금지물품의 확인을 위하여 필요한 경우에는 편지를 봉함하지 않은 상태로 제출하게 할 수 있다.
(2020.8.5 본문개정)
1. 다음 각 목의 어느 하나에 해당하는 수용자가 변호인 외의 자에게 편지를 보내려는 경우(2020.8.5 본문개정)
가. 법 제104조제1항에 따른 마약류사범·조직폭력사범 등 법무부령으로 정하는 수용자
나. 제84조제2항에 따른 처우등급이 법 제57조제2항제4호의 중(重)경비시설 수용대상인 수형자
(2017.9.19 본호개정)
2. 수용자가 같은 교정시설에 수용 중인 다른 수용자에게 편지를 보내려는 경우(2020.8.5 본호개정)
3. 규율위반으로 조사 중이거나 징벌집행 중인 수용자가 다른 수용자에게 편지를 보내려는 경우(2020.8.5 본호개정)
② 소장은 수용자에게 온 편지에 금지물품이 들어 있는지를 개봉하여 확인할 수 있다.(2020.8.5 본항개정)
(2020.8.5 본조제목개정)
제66조【편지 내용의 검열】 ① 소장은 법 제43조제4항제4호에 따라 다음 각 호의 어느 하나에 해당하는 수용자가 다른 수용자와 편지를 주고받는 때에는 그 내용을 검열할 수 있다.(2020.8.5 본문개정)
1. 법 제104조제1항에 따른 마약류사범·조직폭력사범 등 법무부령으로 정하는 수용자인 때
2. 편지를 주고받으려는 수용자와 같은 교정시설에 수용 중인 때(2020.8.5 본호개정)
3. 규율위반으로 조사 중이거나 징벌집행 중인 때
4. 범죄의 증거를 인멸할 우려가 있는 때
② 수용자 간에 오가는 편지에 대한 제1항의 검열은 편지를 보내는 교정시설에서 한다. 다만, 특히 필요하다고 인정되는 경우에는 편지를 받는 교정시설에서도 할 수 있다.
(2020.8.5 본항개정)
③ 소장은 수용자가 주고받는 편지가 법 제43조제4항 각 호의 어느 하나에 해당하면 이를 개봉한 후 검열할 수 있다.(2020.8.5 본항개정)
④ 소장은 제3항에 따라 검열한 결과 편지의 내용이 법 제43조제5항의 발신 또는 수신 금지사유에 해당하지 아니하면 발신편지는 봉함한 후 발송하고, 수신편지는 수용자에게 건네준다.(2020.8.5 본항개정)
⑤ 소장은 편지의 내용을 검열했을 때에는 그 사실을 해당 수용자에게 지체 없이 알려주어야 한다.(2020.8.5 본항개정)
(2020.8.5 본조제목개정)
제67조【관계기관 송부문서】 소장은 법원·경찰관서, 그 밖의 관계기관에서 수용자에게 보내온 문서는 다른 법령에 특별한 규정이 없으면 열람한 후 본인에게 전달하여야 한다.
제68조【편지 등의 대서】 소장은 수용자가 편지, 소송서류, 그 밖의 문서를 스스로 작성할 수 없어 대신 써 달라고 요청하는 경우에는 교도관이 대신 쓰게 할 수 있다.
(2020.8.5 본조개정)
제69조【편지 등 발송비용의 부담】 수용자의 편지·소송서류, 그 밖의 문서를 보내는 경우에 드는 비용은 수용자가 부담한다. 다만, 소장은 수용자가 그 비용을 부담할 수 없는 경우에는 예산의 범위에서 해당 비용을 부담할 수 있다.(2020.8.5 본조개정)
제70조【전화통화】 수용자의 전화통화에 관하여는 제60조제1항 및 제63조를 준용한다.
제71조【참고사항의 기록】 교도관은 수용자의 접견, 편지수수, 전화통화 등의 과정에서 수용자의 처우에 특히 참고할 사항을 알게 된 경우에는 그 요지를 수용기록부에 기록해야 한다.(2020.8.5 본조개정)

제6장 도서·방송 및 집필

제72조【비치도서의 이용】 ① 소장은 수용자가 쉽게 이용할 수 있도록 비치도서의 목록을 정기적으로 공개하여야 한다.
② 비치도서의 열람방법, 열람기간 등에 관하여 필요한 사항은 법무부장관이 정한다.
제73조【라디오 청취 등의 방법】 법 제48조제1항에 따른 수용자의 라디오 청취와 텔레비전 시청은 교정시설에 설치된 방송설비를 통하여 할 수 있다.
제74조【집필용구의 구입비용】 집필용구의 구입비용은 수용자가 부담한다. 다만, 소장은 수용자가 그 비용을 부담할 수 없는 경우에는 필요한 집필용구를 지급할 수 있다.
제75조【집필의 시간대·시간 및 장소】 ① 수용자는 휴업일 및 휴게시간 내에 시간의 제한 없이 집필할 수 있다. 다만, 부득이한 사정이 있는 경우에는 그러하지 아니하다.
② 수용자는 거실·작업장, 그 밖에 지정된 장소에서 집필할 수 있다.
제76조【문서·도화의 외부 발송 등】 ① 소장은 수용자 본인이 작성 또는 집필한 문서나 도화(圖畵)를 외부에 보내거나 내가려고 할 때에는 그 내용을 확인하여 법 제43조제5항 각 호의 어느 하나에 해당하지 않으면 허가해야 한다.(2020.8.5 본항개정)
② 제1항에 따라 문서나 도화를 외부로 보내거나 내갈 때 드는 비용은 수용자가 부담한다.
③ 법 및 이 영에 규정된 사항 외에 수용자의 집필에 필요한 사항은 법무부장관이 정한다.

제7장 특별한 보호

제77조【여성수용자의 목욕】 ① 소장은 제50조에 따라 여성수용자의 목욕횟수를 정하는 경우에는 그 신체적 특성을 특히 고려하여야 한다.
② 소장은 여성수용자가 목욕을 하는 경우에 계호가 필요하다고 인정하면 여성교도관이 하도록 하여야 한다.
제78조【출산의 범위】 법 제52조제1항에서 "출산(유산·사산을 포함한다)한 경우"란 출산(유산·사산한 경우를 포함한다) 후 60일이 지나지 아니한 경우를 말한다.
(2019.10.22 본조개정)
제79조【유아의 양육】 소장은 법 제53조제1항에 따라 유아의 양육을 허가한 경우에는 교정시설에 육아거실을 지정·운영하여야 한다.
제80조【유아의 인도】 ① 소장은 유아의 양육을 허가하지 아니하는 경우에는 수용자의 의사를 고려하여 유아보호에 적당하다고 인정하는 법인 또는 개인에게 그 유아를 보낼 수 있다. 다만, 적당한 법인 또는 개인이 없는 경우에는 그 유아를 해당 교정시설의 소재지를 관할하는 시장·군수 또는 구청장에게 보내서 보호하게 하여야 한다.
② 법 제53조제1항에 따라 양육이 허가된 유아가 출생 후 18개월이 지나거나, 유아양육의 허가를 받은 수용자가 허가의 취소를 요청하는 때 또는 법 제53조제1항 각 호의 어느 하나에 해당되는 때에도 제1항과 같다.
제81조【노인수용자 등의 정의】 ① 법 제54조제1항에서 "노인수용자"란 65세 이상인 수용자를 말한다.
② 법 제54조제2항에서 "장애인수용자"란 시각·청각·언어·지체(肢體) 등의 장애로 통상적인 수용생활이 특히 곤란하다고 인정되는 사람으로서 법무부령으로 정하는 수용자를 말한다.
③ 법 제54조제3항에서 "외국인수용자"란 대한민국의 국적을 가지지 아니한 수용자를 말한다.(2015.12.10 본항신설)
④ 법 제54조제4항에서 "소년수용자"란 다음 각 호의 사람을 말한다.
1. 19세 미만의 수형자
2. 법 제12조제3항에 따라 소년교도소에 수용 중인 수형자
3. 19세 미만의 미결수용자
(2015.12.10 본항신설)

제8장 수형자의 처우

제1절 통 칙

제82조【수형자로서의 처우 개시】 ① 소장은 미결수용자로서 자유형이 확정된 사람에 대하여는 검사의 집행

지휘서가 도달된 때부터 수형자로 처우할 수 있다.
② 제1항의 경우 검사는 집행 지휘를 한 날부터 10일 이내에 재판서나 그 밖에 적법한 서류를 소장에게 보내야 한다.
제83조【경비등급별 설비 및 계호】 법 제57조제2항 각 호의 수용설비 및 계호의 정도는 다음 각 호의 규정에 어긋나지 않는 범위에서 법무부장관이 정한다.
1. 수형자의 생명이나 신체, 그 밖의 인권 보호에 적합할 것
2. 교정시설의 안전과 질서유지를 위하여 필요한 최소한의 범위일 것
3. 법 제56조제1항의 개별처우계획의 시행에 적합할 것
제84조【수형자의 처우등급 부여 등】 ① 법 제57조제3항에서 "교정성적"이란 수형자의 수용생활 태도, 상벌 유무, 교육 및 작업의 성과 등을 종합적으로 평가한 결과를 말한다.
② 소장은 수형자의 처우수준을 개별처우계획의 시행에 적합하게 정하거나 조정하기 위하여 교정성적에 따라 처우등급을 부여할 수 있다.
③ 수형자에게 부여하는 처우등급에 관하여 필요한 사항은 법무부령으로 정한다.
제85조【수형자 취업알선 등 협의기구】 ① 수형자의 건전한 사회복귀를 지원하기 위하여 교정시설에 취업알선 및 창업지원에 관한 협의기구를 둘 수 있다.
② 제1항의 협의기구의 조직·운영, 그 밖에 활동에 필요한 사항은 법무부령으로 정한다.

제2절 분류심사

제86조【분류전담시설】 법무부장관은 법 제61조의 분류심사를 전담하는 교정시설을 지정·운영하는 경우에는 지방교정청별로 1개소 이상이 되도록 하여야 한다.

제3절 교 육

제87조【교육】 ① 소장은 법 제63조에 따른 교육을 효과적으로 시행하기 위하여 교육실을 설치하는 등 교육에 적합한 환경을 조성하여야 한다.
② 소장은 교육 대상자, 시설 여건 등을 고려하여 교육계획을 수립하여 시행하여야 한다.
제88조【정서교육】 소장은 수형자의 정서 함양을 위하여 필요하다고 인정하면 연극·영화관람, 체육행사, 그 밖의 문화예술활동을 하게 할 수 있다.

제4절 작업과 직업훈련

제89조【작업의 종류】 소장은 법무부장관의 승인을 받아 수형자에게 부과하는 작업의 종류를 정한다.
제90조【소년수형자의 작업 등】 소장은 19세 미만의 수형자에게 작업을 부과하는 경우에는 정신적·신체적 성숙 정도, 교육적 효과 등을 고려하여야 한다.
제91조【작업의 고지 등】 ① 소장은 수형자에게 작업을 부과하는 경우에는 작업의 종류 및 작업과정을 정하여 고지하여야 한다.
② 제1항의 작업과정은 작업성적, 작업시간, 작업의 난이도 및 숙련도를 고려하여 정한다. 작업과정을 정하기 어려운 경우에는 작업시간을 작업과정으로 본다.
제92조【작업실적의 확인】 소장은 교도관에게 매일 수형자의 작업실적을 확인하게 하여야 한다.
제93조【신청 작업의 취소】 소장은 법 제67조에 따라 작업이 부과된 수형자가 작업의 취소를 요청하는 경우에는 그 수형자의 의사(意思), 건강 및 교도관의 의견 등을 고려하여 작업을 취소할 수 있다.
제94조【직업능력개발훈련 설비 등의 구비】 소장은 법 제69조에 따른 직업능력개발훈련을 하는 경우에는 그에 필요한 설비 및 실습 자재를 갖추어야 한다.
제95조【집중근로】 법 제70조제1항에서 "집중적인 근로가 필요한 작업"이란 수형자의 신청에 따라 1일 작업시간 중 접견·전화통화·교육 및 공동행사 참가 등을 하지 아니하고 휴게시간을 제외한 작업시간 내내 하는 작업을 말한다.
제96조【휴업일】 법 제71조에서 "그 밖의 휴일"이란 「각종 기념일 등에 관한 규정」에 따른 교정의 날 및 소장이 특히 지정하는 날을 말한다.(2017.9.19 본조개정)

제5절 귀휴(歸休)

제97조【귀휴자에 대한 조치】 ① 소장은 법 제77조에 따라 2일 이상의 귀휴를 허가한 경우에는 귀휴를 허가받은 사람(이하 "귀휴자"라 한다)의 귀휴지를 관할하는 경찰관서의 장에게 그 사실을 통보하여야 한다.
② 귀휴자는 귀휴 중 천재지변이나 그 밖의 사유로 자신의 신상에 중대한 사고가 발생한 경우에는 가까운 교정시설이나 경찰관서에 신고하여야 하고 필요한 보호를 요청할 수 있다.
③ 제2항의 보호 요청을 받은 교정시설이나 경찰관서의 장은 귀휴를 허가한 소장에게 그 사실을 지체 없이 통보하고 적절한 보호조치를 하여야 한다.

제9장 미결수용자의 처우

제98조【미결수용시설의 설비 및 계호의 정도】 미결수용자를 수용하는 시설의 설비 및 계호의 정도는 법 제57조제2항제3호의 일반경비시설에 준한다.
제99조【법률구조 지원】 소장은 미결수용자가 빈곤하거나 무지하여 수사 및 재판 과정에서 권리를 충분히 행사하지 못한다고 인정하는 경우에는 법률구조에 필요한 지원을 할 수 있다.
제100조【공범 분리】 소장은 이송이나 출정, 그 밖의 사유로 미결수용자를 교정시설 밖으로 호송하는 경우에는 해당 사건에 관련된 사람과 호송 차량의 좌석을 분리하는 등의 방법으로 서로 접촉하지 못하게 하여야 한다.
제101조【접견 횟수】 미결수용자의 접견 횟수는 매일 1회로 하되, 변호인과의 접견은 그 횟수에 포함시키지 않는다.
제102조【접견의 예외】 소장은 미결수용자의 처우를 위하여 특히 필요하다고 인정하면 제58조제1항에도 불구하고 접견 시간대 외에도 접견하게 할 수 있고, 변호인이 아닌 사람과 접견하는 경우에도 제58조제2항 및 제101조에도 불구하고 접견시간을 연장하거나 접견 횟수를 늘릴 수 있다.(2019.10.22 본조개정)
제103조【교육·교화와 작업】 ① 법 제86조제1항의 미결수용자에 대한 교육·교화프로그램 또는 작업은 교정시설 밖에서 행하는 것은 포함하지 아니한다.
② 소장은 법 제86조제1항에 따라 작업이 부과된 미결수용자가 작업의 취소를 요청하는 경우에는 그 미결수용자의 의사, 건강 및 교도관의 의견 등을 고려하여 작업을 취소할 수 있다.
제104조【도주 등 통보】 소장은 미결수용자가 도주하거나 도주한 미결수용자를 체포한 경우에는 그 사실을 검사에게 통보하고, 기소된 상태인 경우에는 법원에도 지체 없이 통보하여야 한다.
제105조【사망 등 통보】 소장은 미결수용자가 위독하거나 사망한 경우에는 그 사실을 검사에게 통보하고, 기소된 상태인 경우에는 법원에도 지체 없이 통보하여야 한다.
제106조【외부의사의 진찰 등】 미결수용자가 「형사소송법」 제34조, 제89조 및 제209조에 따라 외부의사의 진료를 받는 경우에는 교도관이 참여하고 그 경과를 수용기록부에 기록하여야 한다.
제107조【유치장 수용기간】 경찰관서에 설치된 유치장에는 수형자를 30일 이상 수용할 수 없다.

제10장 사형확정자의 처우

제108조【사형확정자 수용시설의 설비 및 계호의 정도】 사형확정자를 수용하는 시설의 설비 및 계호의 정도는 법 제57조제2항제3호의 일반경비시설 또는 같은 항 제4호의 중경비시설에 준한다.(2017.9.19 본조개정)
제109조【접견 횟수】 사형확정자의 접견 횟수는 매월 4회로 한다.
제110조【접견의 예외】 소장은 제58조제1항·제2항 및 제109조에도 불구하고 사형확정자의 교화나 심리적 안정을 도모하기 위하여 특히 필요하다고 인정하면 접견 시간대 외에도 접견을 하게 할 수 있고 접견시간을 연장하거나 접견 횟수를 늘릴 수 있다.(2019.10.22 본조개정)
제111조【사형집행 후의 검시】 소장은 사형을 집행하였을 경우에는 시신을 검사한 후 5분이 지나지 아니하면 교수형에 사용한 줄을 풀지 못한다.(2014.6.25 본조개정)

제11장 안전과 질서

제112조【거실 등에 대한 검사】 소장은 교도관에게 수용자의 거실, 작업장, 그 밖에 수용자가 생활하는 장소(이하 이 조에서 "거실등"이라 한다)를 정기적으로 검사하게 하여야 한다. 다만, 법 제92조의 금지물품을 숨기고 있다고 의심되는 수용자와 법 제104조제1항의 마약류사범·조직폭력사범 등 법무부령으로 정하는 수용자의 거실등은 수시로 검사하게 할 수 있다.
제113조【신체 등에 대한 검사】 소장은 교도관에게 작업장이나 실외에서 수용자거실로 돌아오는 수용자의 신체·의류 및 휴대품을 검사하게 하여야 한다. 다만, 교정성적 등을 고려하여 그 검사가 필요하지 아니하다고 인정되는 경우에는 예외로 할 수 있다.
제114조【검사장비의 이용】 교도관은 법 제93조에 따른 검사를 위하여 탐지견, 금속탐지기, 그 밖의 장비를 이용할 수 있다.
제115조【외부인의 출입】 ① 교도관 외의 사람은 「국가공무원 복무규정」 제9조에 따른 근무시간 외에는 소장의 허가 없이 교정시설에 출입하지 못한다.
② 소장은 외부인의 교정시설 출입에 관한 사무를 수행하기 위하여 불가피한 경우 「개인정보 보호법 시행령」 제19조에 따른 주민등록번호, 여권번호, 운전면허의 면허번호 또는 외국인등록번호가 포함된 자료를 처리할 수 있다.(2014.8.6 본항신설)
제116조【외부와의 차단】 ① 교정시설의 바깥문, 출입구, 거실, 작업장, 그 밖에 수용자를 수용하고 있는 장소는 외부와 차단하여야 한다. 다만, 필요에 따라 일시 개방하는 경우에는 그 장소를 경비하여야 한다.
② 교도관은 접견·상담·진료, 그 밖에 수용자의 처우를 위하여 필요한 경우가 아니면 수용자와 외부인이 접촉하게 해서는 아니 된다.
제117조【거실 개문 등 제한】 교도관은 수사·재판·운동·접견·진료 등 수용자의 처우 또는 자살방지, 화재진압 등 교정시설의 안전과 질서유지를 위하여 필요한 경우가 아니면 수용자거실의 문을 열거나 수용자를 거실 밖으로 나오게 해서는 아니 된다.
제118조【장애물 방치 금지】 교정시설의 구내에는 시야를 가리거나 그 밖에 계호상 장애가 되는 물건을 두어서는 아니 된다.
제119조【보호실 등 수용중지】 ① 법 제95조제5항 및 법 제96조제4항에 따라 의무관이 보호실이나 진정실 수용자의 건강을 확인한 결과 보호실 또는 진정실에 계속 수용하는 것이 부적당하다고 인정하는 경우에는 소장에게 즉시 보고하여야 한다. 이 경우 소장은 특별한 사유가 없으면 보호실 또는 진정실 수용을 즉시 중지하여야 한다.
② 소장은 의무관이 출장·휴가, 그 밖의 부득이한 사유로 법 제95조제5항 및 법 제96조제4항의 직무를 수행할 수 없을 때에는 그 교정시설에 근무하는 의료관계 직원에게 대행하게 할 수 있다.
제120조【보호장비의 사용】 ① 교도관은 소장의 명령 없이 수용자에게 보호장비를 사용하여서는 아니 된다. 다만, 소장의 명령을 받을 시간적 여유가 없는 경우에는 사용 후 소장에게 즉시 보고하여야 한다.
② 법 및 이 영에 규정된 사항 외에 보호장비의 규격과 사용방법 등에 관하여 필요한 사항은 법무부령으로 정한다.
제121조【보호장비 사용중지 등】 ① 의무관은 수용자에게 보호장비를 계속 사용하는 것이 건강상 부적당하다고 인정하는 경우에는 소장에게 즉시 보고하여야 한다. 이 경우 소장은 특별한 사유가 없으면 보호장비 사용을 즉시 중지하여야 한다.
② 의무관이 출장·휴가, 그 밖의 부득이한 사유로 법 제97조제3항의 직무를 수행할 수 없을 때에는 제119조제2항을 준용한다.
제122조【보호장비 사용사유의 고지】 보호장비를 사용하는 경우에는 수용자에게 그 사유를 알려주어야 한다.
제123조【보호장비 착용 수용자의 거실 지정】 보호장비를 착용 중인 수용자는 특별한 사정이 없으면 계호상 독거수용한다.
제124조【보호장비 사용의 감독】 ① 소장은 보호장비의 사용을 명령한 경우에는 수시로 그 사용 실태를 확인·점검하여야 한다.
② 지방교정청장은 소속 교정시설의 보호장비 사용 실태를 정기적으로 점검하여야 한다.
제125조【강제력의 행사】 교도관은 소장의 명령 없이 법 제100조에 따른 강제력을 행사해서는 아니 된다. 다만, 그 명령을 받을 시간적 여유가 없는 경우에는 강제력을 행사한 후 소장에게 즉시 보고하여야 한다.(2014.6.25 본문개정)
제126조【무기사용 보고】 교도관은 법 제101조에 따라 무기를 사용한 경우에는 소장에게 즉시 보고하고, 보고를 받은 소장은 그 사실을 법무부장관에게 즉시 보고하여야 한다.(2014.6.25 본조개정)
제127조【재난 시의 조치】 ① 소장은 법 제102조제1항에 따른 응급용무의 보조를 위하여 교정성적이 우수한 수형자를 선정하여 필요한 훈련을 시킬 수 있다.
② 소장은 법 제102조제3항에 따라 수용자를 일시석방하는 경우에는 같은 조 제4항의 출석 시한과 장소를 알려주어야 한다.
제128조【도주 등에 따른 조치】 ① 소장은 수용자가 도주하거나 법 제134조 각 호의 어느 하나에 해당하는 행위(이하 이 조에서 "도주등"이라 한다)를 한 경우에는 교정시설의 소재지 및 인접지역 또는 도주등을 한 사람(이하 이 조에서 "도주자"라 한다)이 숨을 만한 지역의 경찰관서에 도주자의 사진이나 인상착의를 기록한 서면을 첨부하여 그 사실을 지체 없이 통보하여야 한다.
(2019.10.22 본항개정)
② 소장은 수용자가 도주등을 하거나 도주자를 체포한 경우에는 법무부장관에게 지체 없이 보고하여야 한다.
제128조의2【포상금 지급】 ① 법무부장관은 「형법」 제145조·제146조 또는 법 제134조 각 호에 규정된 죄를 지은 수용자를 체포하거나 행정기관 또는 수사기관에 정보를 제공하여 체포하게 한 사람에게 예산의 범위에서 포상금을 지급할 수 있다.(2019.10.22 본항개정)
② 포상금의 지급기준·지급방법, 그 밖에 필요한 사항은 법무부장관이 정한다.
(2015.12.10 본조신설)
제128조의3【포상금의 지급 신청】 ① 포상금을 받으려는 사람은 법무부장관이 정하는 바에 따라 포상금 지급 신청서를 지방교정청장에게 제출해야 한다.
(2020.8.5 본항개정)
② 제1항에 따른 신청서를 접수한 지방교정청장은 그 신청서에 법무부장관이 정하는 서류를 첨부하여 법무부장관에게 제출하여야 한다.
(2015.12.10 본조신설)
제128조의4【포상금의 환수】 법무부장관은 제128조의2 제1항에 따라 포상금을 지급한 후 다음 각 호의 어느 하나에 해당하는 사실이 발견된 경우에는 해당 포상금을 환수할 수 있다.

1. 위법 또는 부당한 방법의 증거수집, 허위신고, 거짓진술, 증거위조 등 부정한 방법으로 포상금을 지급받은 경우
2. 동일한 원인으로 다른 법령에 따라 포상금 등을 지급받은 경우
3. 그 밖에 착오 등의 사유로 포상금이 잘못 지급된 경우
(2015.12.10 본조신설)

제12장 징 벌

제129조【징벌위원회의 소집】 법 제111조에 따른 징벌위원회(이하 이 장에서 "위원회"라 한다)의 위원장은 소장의 징벌요구에 따라 위원회를 소집한다.

제130조【위원장의 직무대행】 위원회의 위원장이 불가피한 사정으로 그 직무를 수행하기 어려운 경우에는 위원장이 미리 지정한 위원이 그 직무를 대행한다.

제131조【위원의 제척】 위원회의 위원이 해당 징벌대상 행위의 조사를 담당한 경우에는 해당 위원회에 참석할 수 없다.

제132조【징벌의결 통고】 위원회가 징벌을 의결한 경우에는 이를 소장에게 즉시 통고하여야 한다.

제133조【징벌의 집행】 ① 소장은 제132조의 통고를 받은 경우에는 징벌을 지체 없이 집행하여야 한다.
② 소장은 수용자가 징벌처분을 받아 접견, 편지수수 또는 전화통화가 제한된 경우에는 그의 가족에게 그 사실을 알려야 한다. 다만, 수용자가 알리는 것을 원하지 않으면 알리지 않는다.(2020.8.5 본항개정)
③ (2017.9.19 삭제)
④ 소장은 법 제108조제13호 및 제14호의 징벌집행을 마친 경우에는 의무관에게 해당 수용자의 건강을 지체 없이 확인하게 하여야 한다.
⑤ 의무관이 출장, 휴가, 그 밖의 부득이한 사유로 법 제112조제5항 및 이 조 제4항의 직무를 수행할 수 없는 경우에는 제119조제2항을 준용한다.(2019.10.22 본항개정)

제134조【징벌집행의 계속】 법 제108조제4호부터 제14호까지의 징벌 집행 중인 수용자가 다른 교정시설로 이송되거나 법원 또는 검찰청 등에 출석하는 경우에는 징벌집행이 계속되는 것으로 본다.

제135조【징벌기간의 계산】 소장은 법 제113조제1항에 따라 징벌집행을 일시 정지한 경우 그 정지사유가 해소되었을 때에는 지체 없이 징벌집행을 재개하여야 한다. 이 경우 집행을 정지한 다음날부터 집행을 재개한 전날까지의 일수는 징벌기간으로 계산하지 아니한다.

제136조【이송된 사람의 징벌】 수용자가 이송 중에 징벌대상 행위를 하거나 다른 교정시설에서 징벌대상 행위를 한 사실이 이송된 후에 발각된 경우에는 그 수용자를 인수한 소장이 징벌을 부과한다.

제137조【징벌사항의 기록】 소장은 수용자의 징벌에 관한 사항을 수용기록부 및 징벌집행부에 기록하여야 한다.

제13장 권리구제

제138조【소장 면담】 ① 소장은 법 제116조제1항에 따라 수용자가 면담을 신청한 경우에는 그 인적사항을 면담부에 기록하고 특별한 사정이 없으면 신청한 순서에 따라 면담하여야 한다.
② 소장은 제1항에 따라 수용자를 면담한 경우에는 그 요지를 면담부에 기록하여야 한다.
③ 소장은 법 제116조제2항 각 호의 어느 하나에 해당하여 수용자의 면담 신청을 받아들이지 아니하는 경우에는 그 사유를 해당 수용자에게 알려주어야 한다.

제139조【순회점검공무원에 대한 청원】 ① 소장은 법 제117조제1항에 따라 수용자가 순회점검공무원(법 제8조에 따라 법무부장관으로부터 순회점검의 명을 받은 법무부 또는 그 소속기관에 근무하는 공무원을 말한다. 이하 같다)에게 청원하는 경우에는 그 인적사항을 청원부에 기록하여야 한다.
② 순회점검공무원은 법 제117조제2항 단서에 따라 수용자가 말로 청원하는 경우에는 그 요지를 청원부에 기록하여야 한다.
③ 순회점검공무원은 법 제117조제1항의 청원에 관하여 결정을 한 경우에는 그 요지를 청원부에 기록하여야 한다.
④ 순회점검공무원은 법 제117조제1항의 청원을 스스로 결정하는 것이 부적당하다고 인정하는 경우에는 그 내용을 법무부장관에게 보고하여야 한다.
⑤ 수용자의 청원처리의 기준·절차 등에 관하여 필요한 사항은 법무부장관이 정한다.

제139조의2【정보공개의 예상비용 등】 ① 법 제117조의2제2항에 따른 예상비용은 「공공기관의 정보공개에 관한 법률 시행령」 제17조에 따른 수수료와 우편요금(공개되는 정보의 사본·출력물·복제물 또는 인화물을 우편으로 송부하는 경우로 한정한다)을 기준으로 공개를 청구한 정보가 모두 공개되었을 경우에 예상되는 비용으로 한다.
② 법무부장관, 지방교정청장 또는 소장은 법 제117조의2제2항에 해당하는 수용자가 정보공개의 청구를 한 경우에는 청구를 한 날부터 7일 이내에 제1항에 따른 비용을 산정하여 해당 수용자에게 미리 납부할 것을 통지할 수 있다.
③ 제2항에 따라 비용납부의 통지를 받은 수용자는 그 통지를 받은 날부터 7일 이내에 현금 또는 수입인지로 법무부장관, 지방교정청장 또는 소장에게 납부하여야 한다.
④ 법무부장관, 지방교정청장 또는 소장은 수용자가 제1항에 따른 비용을 제3항에 따른 납부기한까지 납부하지 아니한 경우에는 해당 수용자에게 정보공개 여부 결정의 유예를 통지할 수 있다.
⑤ 법무부장관, 지방교정청장 또는 소장은 제1항에 따른 비용이 납부되면 신속하게 정보공개 여부의 결정을 하여야 한다.
⑥ 법무부장관, 지방교정청장 또는 소장은 비공개 결정을 한 경우에는 제3항에 따라 납부된 비용의 전부를 반환하고 부분공개 결정을 한 경우에는 공개 결정한 부분에 대하여 드는 비용을 제외한 금액을 반환하여야 한다.
⑦ 제2항부터 제5항까지의 규정에도 불구하고 법무부장관, 지방교정청장 또는 소장은 제1항에 따른 비용이 납부되기 전에 정보공개 여부의 결정을 할 수 있다.
⑧ 제1항에 따른 비용의 세부적인 납부방법 및 반환방법 등에 관하여 필요한 사항은 법무부장관이 정한다.
(2010.7.9 본조신설)

제3편 수용의 종료

제1장 가석방

제140조【가석방자가 지켜야 할 사항의 알림 등】 소장은 법 제122조제2항의 가석방 허가에 따라 수형자를 가석방하는 경우에는 가석방자 교육을 하고, 지켜야 할 사항을 알려준 후 증서를 발급해야 한다.(2020.8.5 본조개정)

제2장 석 방

제141조【석방예정자 상담 등】 소장은 수형자의 건전한 사회복귀를 위하여 필요하다고 인정하면 석방 전 3일 이내의 범위에서 석방예정자를 별도의 거실에 수용하여 장래에 관한 상담과 지도를 할 수 있다.

제142조【형기종료 석방예정자의 사전조사】 소장은 형기종료로 석방될 수형자에 대하여는 석방 10일 전까지 석방 후의 보호에 관한 사항을 조사하여야 한다.

제143조【석방예정자의 수용이력 등 통보】 ① 법 제126조의2제1항 본문에 따라 통보하는 수용이력에는 다음 각 호의 사항이 포함되어야 한다.
1. 성명
2. 주민등록번호 또는 외국인등록번호
3. 주민등록 상 주소 및 석방 후 거주지 주소
4. 죄명
5. 범죄횟수
6. 형명
7. 형기
8. 석방종류
9. 최초입소일
10. 형기종료일
11. 출소일
12. 범죄개요
13. 그 밖에 수용 중 특이사항으로서 석방될 수형자의 재범방지나 관련된 피해자 보호를 위해 특히 알릴 필요가 있는 사항
② 법 제126조의2제1항 본문에 따라 통보하는 사회복귀에 관한 의견에는 다음 각 호의 사항이 포함되어야 한다.
1. 성명
2. 생년월일
3. 주민등록 상 주소 및 석방 후 거주지 주소
4. 수용기간 중 받은 직업훈련에 관한 사항
5. 수용기간 중 수상이력
6. 수용기간 중 학력변동사항
7. 수용기간 중 자격증 취득에 관한 사항
8. 그 밖에 석방될 수형자의 자립지원을 위해 특히 알릴 필요가 있는 사항
③ 법 제126조의2제1항 본문에 따른 통보를 위한 수용이력 통보서와 사회복귀에 관한 의견 통보서의 서식은 법무부령으로 정한다.
④ 법 제126조의2제1항 본문에 따라 석방될 수형자의 수용이력 또는 사회복귀에 관한 의견을 그의 거주지를 관할하는 경찰관서에 통보하는 경우에는 「형사사법절차 전자화 촉진법」 제2조제4호에 따른 형사사법정보시스템을 통해 통보할 수 있다.
(2020.8.5 본조개정)

제144조【석방예정자의 보호조치】 소장은 수형자를 석방하는 경우 특히 필요하다고 인정하면 한국법무보호복지공단에 그에 대한 보호를 요청할 수 있다.
(2009.3.18 본조개정)

제145조【귀가여비 등의 회수】 소장은 법 제126조에 따라 피석방자에게 귀가 여비 또는 의류를 빌려준 경우에는 특별한 사유가 없으면 이를 회수한다.

제145조의2【증명서의 발급】 소장은 다음 각 호에 해당하는 사람의 신청에 따라 교정시설에 수용된 사실 또는 수용되었다가 석방된 사실에 관한 증명서를 발급할 수 있다.(2020.8.5 본문개정)
1. 수용자
2. 수용자가 지정한 사람
3. 피석방자
4. 피석방자가 지정한 사람
(2020.8.5 본조제목개정)
(2017.3.27 본조신설)

제145조의3【고유식별정보의 처리】 소장은 제145조의2에 따른 사무를 수행하기 위하여 불가피한 경우 「개인정보 보호법 시행령」 제19조에 따른 주민등록번호, 여권번호, 운전면허의 면허번호 또는 외국인등록번호가 포함된 자료를 처리할 수 있다.(2017.3.27 본조신설)

제3장 사 망

제146조【사망 알림】 소장은 법 제127조에 따라 수용자의 사망 사실을 알리는 경우에는 사망 일시·장소 및 사유도 같이 알려야 한다.
(2020.8.5 본조제목개정)

제147조【검시】 소장은 수용자가 사망한 경우에는 그 시신을 검사하여야 한다.(2014.6.25 본조개정)

제148조【사망 등 기록】 ① 의무관은 수용자가 질병으로 사망한 경우에는 사망장에 그 병명·병력(病歷)·사인 및 사망일시를 기록하고 서명하여야 한다.
② 소장은 수용자가 자살이나 그 밖에 변사한 경우에는 그 사실을 검사에게 통보하고, 기소된 상태인 경우에는 법원에도 통보하여야 하며 검시가 끝난 후에는 검시자·참여자의 신분·성명과 검시 결과를 사망장에 기록하여야 한다.
③ 소장은 법 제128조에 따라 시신을 인도, 화장(火葬), 임시 매장, 집단 매장 또는 자연장(自然葬)을 한 경우에는 그 사실을 사망장에 기록하여야 한다.(2015.12.10 본항개정)

제149조 (2015.12.10 삭제)

제150조【임시 매장지의 표지 등】 ① 소장은 시신을 임시 매장하거나 봉안한 경우에는 그 장소에 사망자의 성명을 적은 표지를 비치하고, 별도의 장부에 가족관계 등록기준지, 성명, 사망일시를 기록하여 관리하여야 한다.
② 소장은 시신 또는 유골을 집단 매장한 경우에는 집단 매장된 사람의 가족관계 등록기준지, 성명, 사망일시를 집단 매장부에 기록하고 그 장소에 묘비를 세워야 한다.
(2015.12.10 본조개정)

제4편 교정위원 등

제151조【교정위원】 ① 소장은 법 제130조에 따라 교정위원을 두는 경우 수용자의 개선을 촉구하고 안정된 수용생활을 하게 하기 위하여 교정위원에게 수용자를 교화상담하게 할 수 있다.
② 교정위원은 수용자의 고충 해소 및 교정·교화를 위하여 필요한 의견을 소장에게 건의할 수 있다.
③ 교정위원의 임기, 위촉 및 해촉, 지켜야 할 사항 등에 관하여 필요한 사항은 법무부장관이 정한다.(2020.8.5 본항개정)

제152조【외부인사가 지켜야 할 사항】 교정위원, 교정자문위원, 그 밖에 교정시설에서 활동하는 외부인사는 활동 중에 알게 된 교정시설의 안전과 질서 및 수용자의 신상에 관한 사항을 외부에 누설하거나 공개해서는 안 된다.(2020.8.5 본조개정)

제153조【기부금품의 접수 등】 ① 소장은 법 제131조의 기부금품을 접수하는 경우에는 기부한 기관·단체 또는 개인(이하 이 장에서 "기부자"라 한다)에게 영수증을 발급하여야 한다. 다만, 익명으로 기부하거나 기부자를 알 수 없는 경우에는 그러하지 아니하다.
② 소장은 기부자가 용도를 지정하여 금품을 기부한 경우에는 기부금품을 그 용도에 사용하여야 한다. 다만, 지정한 용도로 사용하기 어려운 특별한 사유가 있는 경우에는 기부자의 동의를 받아 다른 용도로 사용할 수 있다.
③ 교정시설의 기부금품 접수·사용 등에 관하여 필요한 사항은 법무부장관이 정한다.

부 칙 (2014.6.25)

이 영은 공포한 날부터 시행한다. 다만, 제12조제2항의 개정규정은 공포 후 3개월이 경과한 날부터 시행한다.

부 칙 (2017.9.19)
(2018.12.24)

이 영은 공포한 날부터 시행한다.

부 칙 (2019.10.22)

이 영은 2019년 10월 24일부터 시행한다.

부 칙 (2020.8.5)

이 영은 2020년 8월 5일부터 시행한다.

형집행정지자관찰규정

(1970년 1월 30일
전개대통령령 제4554호)

개정
1979. 7. 6영 9523호　1991. 6.19영13388호
2012. 4.23영23748호
2020. 2. 4영30384호(군인사법시)
2022. 6.30영32737호(군검찰사무운영규정)

제1조【형의 집행정지 통지 등】 ① 검사는 「형사소송법」 제470조 또는 제471조에 따라 징역, 금고 또는 구류의 선고를 받은 자에 대하여 형의 집행을 정지한 때에는 다음 각 호의 사항을 형의 집행정지처분을 받은 자(이하 "형집행정지자"라 한다)의 거주지를 관할하는 경찰서장에게 통지하여야 한다.(2012.4.23 본문개정)
1. 등록기준지·주소·성명·연령 및 직업(2012.4.23 본호개정)
2. 판결법원·판결 및 판결확정연월일
3. 죄명·형명 및 형기
4. 형의 집행정지처분을 한 연월일 및 형의 집행정지사유
5. 출소교도소명
6. 그 밖에 필요하다고 인정하는 사항(2012.4.23 본호개정)

② 형의 집행정지처분을 한 검사가 형집행정지자의 거주지를 관할하는 지방검찰청 또는 지청이 아닌 검찰청에 소속하는 경우에는 그 검사는 특별한 사유가 있는 경우를 제외하고는 집행정지에 관한 서류를 형집행정지자의 거주지를 관할하는 지방검찰청 또는 지청의 검사에게 송부하고, 그 송부를 받은 검사가 제1항의 규정에 의한 통지를 하여야 한다.(1991.6.19 본항개정)
(2012.4.23 본조제목개정)

제2조【형집행정지자에 대한 관찰】 ① 제1조의 규정에 의한 통지를 받은 경찰서장은 형집행정지자에 대하여 그 집행정지사유의 존속여부를 관찰하고 다음 각호의 1에 해당하는 사유가 생긴 때에는 지체없이 제1조의 규정에 의한 통지를 한 검사에게 그 뜻을 보고하여야 한다.
(1979.7.6 본문개정)
1. 형의 집행정지사유가 없어진 때
2. 거주지를 이전한 때
3. 30일이상 거주지를 이탈하거나 소재가 불명한 때
4. 사망한 때

② 경찰서장은 제1항 각호에 정한 사유의 발생을 확인 또는 예방하기 위하여 필요한 조치를 취할 수 있다.
(1979.7.6 본항신설)

③ 경찰서장은 형집행정지자가 그의 관할구역 밖으로 거주를 이전한 때에는 전조제1항 각호의 사항을 신거주지를 관할하는 경찰서장에게 통지하여야 한다.

제3조【형의 집행정지 취소의 통지】 검사가 형의 집행정지처분을 취소한 때에는 형집행정지자의 거주지를 관할하는 경찰서장에게 통지하여야 한다.

제4조【노역장유치시의 준용】 제1조 내지 제3조의 규정은 노역장유치의 집행을 정지한 경우에 이를 준용한다.
(1991.6.19 단서삭제)

제5조【군사법원에 의한 형의 집행정지에 의한 준용】 ① 이 영은 군사법원법 제513조 또는 제514조의 규정에 의하여 형의 집행을 정지한 경우에 이를 준용한다.
② 제1항의 경우에는 군검사를 검사로 보며 형집행정지자가 군병원에 수용된 때에는 그 군병원을 관할하는 군사경찰부대장을 경찰서장으로 본다.(2022.6.30 본항개정)
(1991.6.19 본조개정)

부　칙

이 영은 공포한 날로부터 시행한다.

부　칙 (2012.4.23)

이 영은 공포한 날부터 시행한다.

부　칙 (2020.2.4)

제1조【시행일】 이 영은 공포한 날부터 시행한다.(이하 생략)

부　칙 (2022.6.30)

제1조【시행일】 이 영은 2022년 7월 1일부터 시행한다.
(이하 생략)

벌금 미납자의 사회봉사 집행에 관한 특례법(약칭 : 벌금미납자법)

(2009년 3월 25일
법　률 제9523호)

제1조【목적】 이 법은 「형법」 제69조제2항의 벌금 미납자에 대한 노역장 유치를 사회봉사로 대신하여 집행할 수 있는 특례와 절차를 규정함으로써 경제적인 이유로 벌금을 낼 수 없는 사람의 노역장 유치로 인한 구금을 최소화하여 그 편익을 도모함을 목적으로 한다.

제2조【정의】 이 법에서 사용하는 용어의 뜻은 다음과 같다.
1. "벌금 미납자"란 법원으로부터 벌금을 선고받아 확정되었는데도 그 벌금을 내지 아니한 사람을 말한다.
2. "사회봉사"란 보호관찰관이 지정한 일시와 장소에서 공공의 이익을 위하여 실시하는 무보수 근로를 말한다.
3. "사회봉사 대상자"란 벌금 미납자의 신청에 따른 검사의 청구로 법원이 사회봉사를 허가한 사람을 말한다.

제3조【국가의 책무】 국가는 경제적인 이유로 인한 노역장 유치를 최소화하기 위하여 벌금 미납자에 대한 사회봉사 집행 등에 관한 시책을 적극적으로 수립·시행하여야 한다.

제4조【사회봉사의 신청】 ① 대통령령으로 정한 금액 범위 내의 벌금형이 확정된 벌금 미납자는 검사의 납부명령일부터 30일 이내에 주거지를 관할하는 지방검찰청(지방검찰청지청을 포함한다. 이하 같다)의 검사에게 사회봉사를 신청할 수 있다. 다만, 검사로부터 벌금의 일부납부 또는 납부연기를 허가받은 자는 그 허가기한 내에 사회봉사를 신청할 수 있다.
② 제1항에도 불구하고 다음 각 호의 어느 하나에 해당하는 사람은 사회봉사를 신청할 수 없다.
1. 징역 또는 금고와 동시에 벌금을 선고받은 사람
2. 「형법」 제69조제1항 단서에 따라 법원으로부터 벌금 선고와 동시에 벌금을 완납할 때까지 노역장에 유치할 것을 명받은 사람
3. 다른 사건으로 형 또는 구속영장이 집행되거나 노역장에 유치되어 구금 중인 사람
4. 사회봉사를 신청하는 해당 벌금에 대하여 법원으로부터 사회봉사를 허가받지 못하거나 취소당한 사람. 다만, 사회봉사 불허가 사유가 소멸한 경우에는 그러하지 아니하다.

③ 제1항의 사회봉사를 신청할 때에 필요한 서류 및 제출방법에 관한 사항은 대통령령으로 정하되, 신청서식 및 서식에 적을 내용 등은 법무부령으로 정한다.

제5조【사회봉사의 청구】 ① 제4조제1항의 신청을 받은 검사는 사회봉사 신청인(이하 "신청인"이라 한다)이 제6조제2항 각 호의 요건에 해당하지 아니하는 때에는 법원에 사회봉사의 허가를 청구하여야 한다.
② 검사는 사회봉사의 청구 여부를 결정하기 위하여 필요한 경우 신청인에게 출석 또는 자료의 제출을 요구하거나, 신청인의 동의를 받아 공공기관, 민간단체 등에 벌금 납입 능력 확인에 필요한 자료의 제출을 요구할 수 있다.
③ 신청인이 정당한 이유 없이 검사의 출석 요구나 자료제출 요구를 거부한 경우 검사는 신청을 기각할 수 있다.
④ 검사는 신청일부터 7일 이내에 사회봉사의 청구 여부를 결정하여야 한다. 다만, 제2항에 따른 출석 요구, 자료제출 요구에 걸리는 기간은 위 기간에 포함하지 아니한다.
⑤ 검사는 사회봉사의 신청을 기각한 때에는 이를 지체 없이 신청인에게 서면으로 알려야 한다.
⑥ 사회봉사의 신청을 기각하는 검사의 처분에 대한 이의신청에 관하여는 「형사소송법」 제489조를 준용한다.

제6조【사회봉사 허가】 ① 법원은 검사로부터 사회봉사 허가 청구를 받은 날부터 14일 이내에 벌금 미납자의 경제적 능력, 사회봉사 이행에 필요한 신체적 능력, 주거의 안정성 등을 고려하여 사회봉사 허가 여부를 결정한다. 다만, 제3항에 따른 출석 요구, 자료제출 요구에 걸리는 기간은 위 기간에 포함하지 아니한다.
② 다음 각 호의 어느 하나에 해당하는 경우에는 사회봉사를 허가하지 아니한다.
1. 제4조제1항에 따른 벌금의 범위를 초과하거나 신청 기간이 지난 사람이 신청을 한 경우
2. 제4조제2항에 따라 사회봉사를 신청할 수 없는 사람이 신청을 한 경우
3. 정당한 사유 없이 제3항에 따른 법원의 출석 요구나 자료제출 요구를 거부한 경우
4. 신청인이 일정한 수입원이나 재산이 있어 벌금을 낼 수 있다고 판단되는 경우
5. 질병이나 그 밖의 사유로 사회봉사를 이행하기에 부적당하다고 판단되는 경우

③ 법원은 사회봉사 허가 여부를 결정하기 위하여 필요한 경우 신청인에게 출석 또는 자료의 제출을 요구하거나 신청인의 동의를 받아 공공기관, 민간단체 등에 벌금 납입 능력 확인에 필요한 자료의 제출을 요구할 수 있다.
④ 법원은 사회봉사를 허가하는 경우 벌금 미납액에 의하여 계산된 노역장 유치 기간에 상응하는 사회봉사시간을 산정하여야 한다. 다만, 산정된 사회봉사시간 중 1시간 미만은 집행하지 아니한다.
⑤ 사회봉사를 허가받지 못한 벌금 미납자는 그 결정을 고지받은 날부터 15일 이내에 벌금을 내야 하며, 위의 기간 내에 벌금을 내지 아니할 경우 노역장에 유치한다. 다만, 사회봉사 불허가에 관한 통지를 받은 날부터 15일이 지나도록 벌금을 내지 아니한 사람 중 「형법」 제69조제1항에 따른 벌금 납입기간이 지나지 아니한 사람의 경우에는 그 납입기간이 지난 후 노역장에 유치한다.

제7조【사회봉사 허가 여부에 대한 통지】 ① 법원은 제6조제1항의 결정을 검사와 신청인에게 서면으로 알려야 한다.
② 법원은 사회봉사를 허가하는 경우 그 확정일부터 3일 이내에 사회봉사 대상자의 주거지를 관할하는 보호관찰소(보호관찰지소를 포함한다. 이하 같다)의 장에게 사회봉사 허가서, 판결문 등본, 약식명령 등본 등 사회봉사 집행에 필요한 서류를 송부하여야 한다.

제8조【사회봉사의 신고】 ① 사회봉사 대상자는 법원으로부터 사회봉사 허가의 고지를 받은 날부터 10일 이내에 사회봉사 대상자의 주거지를 관할하는 보호관찰소의 장에게 주거, 직업, 그 밖에 대통령령으로 정하는 사항을 신고하여야 한다.
② 사회봉사 대상자로부터 제1항의 신고를 받은 보호관찰소의 장은 사회봉사 대상자에게 사회봉사의 내용, 준수사항, 사회봉사 종료 및 취소 사유 등에 대하여 고지하여야 한다.

제9조【사회봉사의 집행담당자】 ① 사회봉사는 보호관찰관이 집행한다. 다만, 보호관찰관은 그 집행의 전부 또는 일부를 국공립기관이나 그 밖의 단체 또는 시설의 협력을 받아 집행할 수 있다.
② 검사는 보호관찰관에게 사회봉사 집행실태에 대한 관련 자료의 제출을 요구할 수 있고, 집행방법 및 내용이 부적당하다고 인정하는 경우에는 이에 대한 변경을 요구할 수 있다.
③ 보호관찰관은 검사로부터 제2항의 변경 요구를 받으면 그에 따라 사회봉사의 집행방법 및 내용을 변경하여 집행하여야 한다.

제10조【사회봉사의 집행】 ① 보호관찰관은 사회봉사 대상자의 성격, 사회경력, 범죄의 원인 및 개인적 특성 등을 고려하여 사회봉사의 집행분야를 정하여야 한다.
② 사회봉사는 1일 9시간을 넘겨 집행할 수 없다. 다만, 사회봉사의 내용상 연속집행의 필요성이 있어 보호관찰관이 승낙하고 사회봉사 대상자가 분명히 동의한 경우에만 연장하여 집행할 수 있다.
③ 사회봉사의 집행시간은 사회봉사 기간 동안의 집행시간을 합산하여 시간 단위로 인정한다. 다만, 집행시간을 합산한 결과 1시간 미만이면 1시간으로 인정한다.
④ 집행 개시 시기와 그 밖의 사회봉사 집행기준에 관한 사항은 대통령령으로 정하되, 구체적인 절차 및 서식에 적을 내용 등은 법무부령으로 정한다.

제11조【사회봉사의 집행기간】 사회봉사의 집행은 사회봉사가 허가된 날부터 6개월 이내에 마쳐야 한다. 다만, 보호관찰관은 특별한 사정이 있으면 검사의 허가를 받아 6개월의 범위에서 한 번 그 기간을 연장하여 집행할 수 있다.

제12조【사회봉사 대상자의 벌금 납입】 ① 사회봉사 대상자는 사회봉사의 이행을 마치기 전에 벌금의 전부 또는 일부를 낼 수 있다.
② 사회봉사 집행 중에 벌금을 내려는 사회봉사 대상자는 보호관찰소의 장으로부터 사회봉사집행확인서를 발급받아 주거지를 관할하는 지방검찰청의 검사에게 제출하여야 한다.
③ 제2항의 사회봉사집행확인서를 제출받은 검사는 미납한 벌금에서 이미 집행한 사회봉사시간에 상응하는 금액을 공제하는 방법으로 남은 벌금을 산정하여 사회봉사 대상자에게 고지한다.
④ 검사는 사회봉사 대상자가 벌금을 전부 또는 일부 낸 경우 그 사실을 지체 없이 사회봉사를 집행 중인 보호관찰소의 장에게 통보하여야 한다.
⑤ 사회봉사 대상자가 미납벌금의 일부를 낸 경우 검사는 법원이 결정한 사회봉사시간에서 이미 납입한 벌금에 상응하는 사회봉사시간을 공제하는 방법으로 남은 사회봉사시간을 다시 산정하여 사회봉사 대상자와 사회봉사를 집행 중인 보호관찰소의 장에게 통보하여야 한다.

제13조【사회봉사 이행의 효과】 이 법에 따른 사회봉사를 전부 또는 일부 이행한 경우에는 집행한 사회봉사시간에 상응하는 벌금액을 낸 것으로 본다.

제14조【사회봉사 허가의 취소】 ① 사회봉사 대상자가 다음 각 호의 어느 하나에 해당하는 경우 보호관찰소 관할 지방검찰청의 검사는 보호관찰소의 장의 신청에 의하여 사회봉사 허가의 취소를 법원에 청구한다.
1. 정당한 사유 없이 제8조제1항의 신고를 하지 아니하는 경우

2. 제11조의 기간 내에 사회봉사를 마치지 아니한 경우
3. 정당한 사유 없이 「보호관찰 등에 관한 법률」 제62조제2항의 준수사항을 위반하거나 구금 등의 사유로 사회봉사를 계속 집행하기에 적당하지 아니하다고 판단되는 경우
② 제1항의 취소신청이 있는 경우 보호관찰관은 사회봉사의 집행을 중지하여야 한다. 다만, 제1항의 취소신청에 따라 사회봉사의 집행이 중지된 기간은 제11조의 기간에 포함하지 아니한다.
③ 제1항의 청구를 받은 법원은 사회봉사 대상자의 의견을 듣거나 필요한 자료의 제출을 요구할 수 있다.
④ 법원은 제1항의 청구가 있는 날부터 14일 이내에 사회봉사 취소 여부를 결정한다. 다만, 사회봉사 대상자의 의견을 듣거나 필요한 자료의 제출 요구 등에 걸리는 기간은 위 기간에 포함하지 아니한다.
⑤ 법원은 제4항의 결정을 검사와 사회봉사 대상자에게 서면으로 알려야 한다.
⑥ 제5항의 고지를 받은 검사는 보호관찰소의 장에게 지체 없이 서면으로 알려야 한다.
⑦ 사회봉사 허가가 취소된 사회봉사 대상자는 취소통지를 받은 날부터 7일 이내에 남은 사회봉사시간에 해당하는 미납벌금을 내야 하며, 그 기간 내에 미납벌금을 내지 아니하면 노역장에 유치한다.
⑧ 사회봉사의 취소를 구하는 보호관찰소의 장의 신청 또는 검사의 취소청구가 받아들여지지 아니하는 경우 보호관찰관은 지체 없이 사회봉사를 집행하여야 한다.
제15조【사회봉사의 종료】 ① 사회봉사는 다음 각 호의 어느 하나에 해당하는 경우에 종료한다.
1. 사회봉사의 집행을 마친 경우
2. 사회봉사 대상자가 벌금을 완납한 경우
3. 제14조에 따라 사회봉사 허가가 취소된 경우
4. 사회봉사 대상자가 사망한 경우
② 보호관찰소의 장은 사회봉사 대상자가 제1호 또는 제4호에 해당되면 사회봉사 대상자의 주거지를 관할하는 지방검찰청의 검사에게 지체 없이 통보하여야 한다.
제16조【즉시항고】 신청인과 검사는 제6조제1항의 사회봉사 허가 여부 결정 및 제14조제4항의 사회봉사 허가의 취소 여부 결정에 대하여는 즉시항고 할 수 있다.
제17조【사회봉사 대상자에 대한 준용】 ① 사회봉사 대상자에 대하여는 「보호관찰 등에 관한 법률」 제34조부터 제38조까지, 제54조, 제55조, 제59조 및 제62조제2항을 준용한다.
② 이 법에 따른 결정에 대하여는 이 법에 특별한 규정이 있는 경우를 제외하고는 「형사소송법」을 준용한다.

부 칙

제1조【시행일】 이 법은 공포 후 6개월이 경과한 날부터 시행한다.
제2조【적용범위에 관한 경과규정】 ① 이 법은 이 법 시행 전에 벌금을 선고받은 사람에 대하여도 적용한다. 다만, 이 법 시행 당시 벌금이 확정된 사람은 이 법 시행일부터 60일 이내에 사회봉사를 신청하여야 한다.
② 이 법 시행 당시 벌금 미납으로 지명수배 중이거나 노역장에 유치 중인 사람이 사회봉사를 신청한 경우 사회봉사 허가 결정이 있을 때까지 노역장에 유치할 수 있다.
제3조【시효중단】 이 법 시행 당시 벌금이 확정된 사람에 대하여는 사회봉사의 허가로 벌금형의 시효가 중단된다.
제4조【집행기간의 특례】 이 법 시행 당시 벌금이 확정된 사람에 대하여 사회봉사가 허가된 경우 제11조에도 불구하고 그 결정일부터 3년 내에 집행할 수 있다.

保安觀察法

(1989年 6月 16日
全改法律 第4132號)

改正
1991.11.22法 4396號
2002. 1.26法 6627號(민사집행법)
2004.10.16法 7227號
2004.12.23法 7247號(경찰법)
2005. 3.31法 7427號(민법)
2005. 8. 4法 7655號(치료감호법)
2007. 5.17法 8435號(가족관계등록)
2016. 1. 6法13722號(군사법원)
2016. 1.19法13764號
2020. 2. 4法16928號(군인사법)

第1條【目的】 이 法은 特定犯罪를 범한 者에 대하여 再犯의 危險性을 예방하고 건전한 社會復歸를 촉진하기 위하여 保安觀察處分을 함으로써 國家의 安全과 社會의 安寧을 유지함을 目的으로 한다.
第2條【保安觀察該當犯罪】 이 法에서 "保安觀察該當犯罪"라 함은 다음 各號의 1에 해당하는 罪를 말한다.
1. 刑法 第88條·第89條(第87條의 未遂犯을 제외한다)·第90條(第87條에 해당하는 罪를 제외한다)·第92條 내지 第98條·第100條(第99條의 未遂犯을 제외한다) 및 第101條(第99條에 해당하는 罪를 제외한다)
2. 軍刑法 第5條 내지 第8條·第9條第2項 및 第11條 내지 第16條
3. 國家保安法 第4條, 第5條(第1項중 第4條第1項第6號에 해당하는 행위를 제외한다), 第6條, 第9條第1項·第3項(第2項의 未遂犯을 제외한다)·第4項
第3條【保安觀察處分對象者】 이 法에서 "保安觀察處分對象者"라 함은 保安觀察該當犯罪 또는 이와 競合된 犯罪로 禁錮 이상의 刑의 宣告를 받고 그 刑期合計가 3年 이상인 者로서 刑의 전부 또는 일부의 執行을 받은 사실이 있는 者를 말한다.
第4條【保安觀察處分】 ① 第3條에 해당하는 者중 保安觀察該當犯罪를 다시 범할 危險性이 있다고 인정할 충분한 이유가 있어 再犯의 방지를 위한 觀察이 필요한 者에 대하여는 保安觀察處分을 한다.
② 保安觀察處分을 받은 者는 이 法이 정하는 바에 따라 소정의 사항을 住居地 管轄警察署長(이하 "管轄警察署長"이라 한다)에게 申告하고, 再犯방지에 필요한 범위안에서 그 지시에 따라 保安觀察을 받아야 한다.
第5條【保安觀察處分의 期間】 ① 保安觀察處分의 期間은 2年으로 한다.
② 法務部長官은 檢事의 請求가 있는 때에는 保安觀察處分審議委員會의 議決을 거쳐 그 期間을 更新할 수 있다.
第6條【保安觀察處分對象者의 申告】 ① 保安觀察處分對象者는 大統領令이 정하는 바에 따라 그 刑의 執行을 받고 있는 矯導所, 少年矯導所, 拘置所, 유치장 또는 군교도소(이하 "矯導所등"이라 한다)에서 出所전에 居住豫定地 기타 大統領令으로 정하는 사항을 矯導所등의 長을 경유하여 居住豫定地 管轄警察署長에게 申告하고, 出所후 7日이내에 그 居住豫定地 管轄警察署長에게 出所事實을 申告하여야 한다. 第20條第3項에 해당하는 경우에는 法務部長官이 제공하는 居住할 場所(이하 "居所"라 한다)를 居住豫定地로 申告하여야 한다.(2020.2.4 전단개정)
② 保安觀察處分對象者는 矯導所등에서 出所한 후 第1項의 申告事項에 變動이 있을 때에는 變動이 있는 날부터 7日이내에 그 變動된 사항을 管轄警察署長에게 申告하여야 한다. 다만, 第20條第3項에 의하여 居所제공을 받은 者가 住居地를 이전하고자 할 때에는 미리 管轄警察署長에게 第18條第4項 但書에 의한 申告를 하여야 한다.
<2021.6.24 헌법재판소 헌법불합치결정으로 이 항 전문에 관한 부분은 2023.6.30을 시한으로 입법자가 개정할 때까지 계속 적용>
③ 矯導所등의 長은 第3條에 해당하는 者가 생길 때에는 지체없이 保安觀察處分審議委員會와 居住豫定地를 관할하는 檢事 및 警察署長에게 통고하여야 한다.
第7條【保安觀察處分의 請求】 保安觀察處分請求는 檢事가 행한다.
第8條【請求의 방법】 ① 第7條의 規定에 의한 保安觀察處分請求는 檢事가 保安觀察處分請求書(이하 "處分請求書"라 한다)를 法務部長官에게 제출함으로써 행한다.
② 處分請求書에는 다음 사항을 기재하여야 한다.
1. 保安觀察處分을 請求받은 者(이하 "被請求者"라 한다)의 姓名 기타 被請求者를 특정할 수 있는 사항
2. 請求의 원인이 되는 사실
3. 기타 大統領令으로 정하는 사항
③ 檢事가 處分請求書를 제출할 때에는 請求의 원인이 되는 사실을 증명할 수 있는 資料와 意見書를 첨부하여야 한다.
④ 檢事는 保安觀察處分請求를 한 때에는 지체없이 處分請求書謄本을 被請求者에게 송달하여야 한다. 이 경우 송달에 관하여는 民事訴訟法중 송달에 관한 規定을 準用한다.
第9條【調査】 ① 檢事는 第7條의 規定에 의한 保安觀察處分請求를 위하여 필요한 때에는 保安觀察處分對象者, 請求의 원인이 되는 사실과 保安觀察處分을 필요로 하는 資料를 調査할 수 있다.
② 司法警察官吏와 特別司法警察官吏(이하 "司法警察官吏"라 한다)는 檢事의 指揮를 받아 第1項의 規定에 의한 調査를 할 수 있다.
第10條【審査】 ① 法務部長官은 處分請求書와 資料에 의하여 請求된 事案을 審査한다.
② 法務部長官은 第1項의 規定에 의한 審査를 위하여 필요한 때에는 法務部所屬公務員으로 하여금 調査하게 할 수 있다.
③ 第2項의 規定에 의하여 調査의 命을 받은 公務員은 다음 各號의 權限을 가진다.
1. 被請求者 기타 關係者의 召喚·審問·調査
2. 國家機關 기타 公·私團體에의 照會 및 關係資料의 제출요구
第11條【保安觀察處分의 免除】 ① 法務部長官은 保安觀察處分對象者중 다음 各號의 요건을 갖춘 者에 대하여는 保安觀察處分을 하지 아니하는 決定(이하 "免除決定"이라 한다)을 할 수 있다.
1. 遵法精神이 확립되어 있을 것
2. 일정한 住居와 生業이 있을 것
3. 大統領令이 정하는 身元保證이 있을 것
② 法務部長官은 第1項의 요건을 갖춘 保安觀察處分對象者의 申請이 있을 때에는 부득이한 사유가 있는 경우를 제외하고는 3月내에 保安觀察處分免除與否를 決定하여야 한다.
③ 檢事는 第1項第1號 및 第2號의 요건을 갖춘 保安觀察處分對象者의 情狀을 참작하여 危險性이 없다고 인정되는 때에는 法務部長官에게 免除決定을 請求할 수 있다.
④ 免除決定을 받은 者가 그 免除決定要件에 해당하지 아니하게 된 때에는 檢事의 請求에 의하여 法務部長官은 免除決定을 取消할 수 있다.
⑤ 免除決定과 免除決定請求, 免除決定取消請求 및 그 決定에 대하여는 保安觀察處分請求 및 審査決定에 관한 規定을 準用한다.
⑥ 保安觀察處分의 免除決定을 받은 者는 그때부터 이 法에 의한 保安觀察處分對象者 또는 被保安觀察者로서의 義務를 免한다.
第12條【保安觀察處分審議委員會】 ① 保安觀察處分에 관한 事案을 審議·議決하기 위하여 法務部에 保安觀察處分審議委員會(이하 "委員會"라 한다)를 둔다.
② 委員會는 委員長 1人과 6人의 委員으로 구성한다.
③ 委員長은 法務部次官이 되고, 委員은 學識과 德望이 있는 者로 하되, 그 過半數는 辯護士의 資格이 있는 者이어야 한다.
④ 委員은 法務部長官의 提請으로 大統領이 任命 또는 위촉한다.
⑤ 위촉된 委員의 任期는 2年으로 한다. 다만, 公務員인 委員은 그 職을 免한 때에는 委員의 資格을 상실한다.
⑥ 委員중 公務員이 아닌 委員도 이 法 기타 다른 法律의 規定에 의한 罰則의 適用에 있어서는 公務員으로 본다.
⑦ 委員長은 委員會의 會務를 총괄하고 委員會를 代表하며, 委員會의 會議를 召集하고 그 議長이 된다.
(2016.1.19 본항개정)
⑧ 委員長이 事故가 있을 때에는 미리 그가 지정한 委員이 그 職務를 代行한다.
⑨ 委員會는 다음 各號의 事案을 審議·議決한다.
1. 保安觀察處分 또는 그 棄却의 決定
2. 免除 또는 그 取消決定
3. 保安觀察處分의 取消 또는 期間의 更新決定
⑩ 委員會의 會議는 委員長을 포함한 在籍委員 過半數의 출석으로 開議하고 出席委員 過半數의 贊成으로 議決한다.
⑪ 委員會의 운영·庶務 기타 필요한 사항은 大統領令으로 정한다.
第13條【被請求者의 資料提出등】 ① 被請求者는 處分請求書謄本을 송달받은 날부터 7日 이내에 法務部長官 또는 委員會에 書面으로 자기에게 이익된 사실을 陳述하고 資料를 제출할 수 있다.
② 委員會는 필요하다고 인정하는 경우에는 被請求者 및 기타 關係者를 출석시켜 審問·調査하거나 公務所 기타 公·私團體에 대하여 照會할 수 있으며, 關係資料의 제출을 요구할 수 있다.
第14條【決定】 ① 保安觀察處分에 관한 決定은 委員會의 議決을 거쳐 法務部長官이 행한다.
② 法務部長官은 委員會의 議決과 다른 決定을 할 수 없다. 다만, 保安觀察處分對象者에 대하여 委員會의 議決보다 유리한 決定을 하는 때에는 그러하지 아니하다.
第15條【議決書등】 ① 委員會의 議決은 이유를 붙이고 委員長과 出席委員이 記名捺印하는 文書로써 행한다.
② 法務部長官의 決定은 이유를 붙이고 法務部長官이 記名·捺印하는 文書로써 행한다.
第16條【決定의 取消등】 ① 檢事는 法務部長官에게 保安觀察處分의 取消 또는 期間의 更新을 請求할 수 있다.
② 法務部長官은 第1項의 規定에 의한 請求를 받은 때에는 委員會의 議決을 거쳐 이를 審査·決定하여야 한다.
③ 第1項 및 第2項의 規定에 의한 請求와 그 請求의 審査·決定에 대하여는 保安觀察處分請求 및 審査決定에 관한 規定을 準用한다.
第17條【保安觀察處分의 執行】 ① 保安觀察處分의 執行은 檢事가 指揮한다.
② 第1項의 指揮는 決定書謄本을 첨부한 書面으로 하여야 한다.

③ 檢事는 被保安觀察者가 도주하거나 1月 이상 그 所在가 불명한 때에는 保安觀察處分의 執行中止決定을 할 수 있다. 그 사유가 消滅된 때에는 지체없이 그 決定을 取消하여야 한다.

第18條【申告事項】 ① 保安觀察處分을 받은 者(이하 "被保安觀察者"라 한다)는 保安觀察處分決定告知를 받은 날부터 7日 이내에 다음 各號의 사항을 住居地를 관할하는 지구대 또는 派出所의 長(이하 "지구대·파출소장"이라 한다)을 거쳐 管轄警察署長에게 申告하여야 한다. 第20條第3項에 해당하는 경우에는 法務部長官이 제공하는 居所를 住居地로 申告하여야 한다.(2004.12.23 본문개정)

1. 등록기준지, 住居(실제로 生活하는 居處), 姓名, 生年月日, 性別, 住民登錄番號(2007.5.17 본호개정)
2. 家族 및 同居人 狀況과 交友關係
3. 職業, 月收, 本人 및 家族의 財産狀況
4. 學歷, 經歷
5. 宗教 및 加入한 團體
6. 職場의 所在地 및 連絡處
7. 保安觀察處分對象者 申告를 행한 管轄警察署 및 申告日字
8. 기타 大統領令이 정하는 사항

② 被保安觀察者는 保安觀察處分決定告知를 받은 날이 속한 달부터 每3月이 되는 달의 末日까지 다음 各號의 사항을 지구대·파출소장을 거쳐 管轄警察署長에게 申告하여야 한다.(2004.12.23 본문개정)

1. 3月間의 主要活動事項
2. 通信·會合한 다른 保安觀察處分對象者의 人的事項과 그 日時, 場所 및 내용
3. 3月間에 행한 旅行에 관한 사항(申告를 마치고 중지한 旅行에 관한 사항을 포함한다)
4. 管轄警察署長이 保安觀察과 관련하여 申告하도록 指示한 사항

③ 被保安觀察者는 第1項의 申告事項에 變動이 있을 때에는 7日 이내에 지구대·파출소장을 거쳐 管轄警察署長에게 申告하여야 한다. 被保安觀察者가 第1項의 申告를 한 후 第20條第3項에 의하여 居所제공을 받거나 第20條第5項에 의하여 居所가 變更된 때에는 제공 또는 變更된 居所로 移轉한 후 7日 이내에 지구대·파출소장을 거쳐 管轄警察署長에게 申告하여야 한다.(2004.12.23 본항개정)

④ 被保安觀察者가 住居地를 移轉하거나 國外旅行 또는 10日 이상 住居를 離脫하여 旅行하고자 할 때에는 미리 居住豫定地, 旅行豫定地 기타 大統領令이 정하는 사항을 지구대·파출소장을 거쳐 管轄警察署長에게 申告하여야 한다. 다만, 第20條第3項에 의하여 居所제공을 받은 者가 住居地를 移轉하고자 할 때에는 第20條第5項에 의하여 居所變更을 申請하여 變更決定된 居所를 居住豫定地로 申告하여야 한다.(2004.12.23 본문개정)

⑤ 管轄警察署長은 第1項 내지 第4項의 規定에 의한 申告를 받은 때에는 申告畢證을 교부하여야 한다.

第19條【指導】 ① 檢事 및 司法警察官吏는 被保安觀察者의 再犯을 방지하고 건전한 社會復歸를 촉진하기 위하여 다음 各號의 指導를 할 수 있다.

1. 被保安觀察者와 긴밀한 接觸을 가지고 항상 그 行動 및 環境등을 觀察하는 것
2. 被保安觀察者에 대하여 申告事項을 이행함에 적절한 指示를 하는 것
3. 기타 被保安觀察者가 社會의 선량한 一員이 되는데 필요한 措置를 취하는 것

② 檢事 및 司法警察官은 被保安觀察者의 再犯방지를 위하여 특히 필요한 경우에는 다음 各號의 措置를 할 수 있다.

1. 保安觀察該當犯罪를 범한 者와의 會合·通信을 금지하는 것
2. 集團的인 暴行, 脅迫, 損壞, 放火등으로 公共의 安寧秩序에 직접적인 威脅을 가할 것이 명백한 集會 또는 示威場所에의 出入을 금지하는 것
3. 被保安觀察者의 보호 또는 調査를 위하여 特定場所에의 출석을 요구하는 것

第20條【보호】 ① 檢事 및 司法警察官吏는 被保安觀察者가 自助의 노력을 함에 있어, 그의 개선과 自衛를 위하여 필요하다고 인정되는 적절한 보호를 할 수 있다.

② 第1項의 보호의 방법은 다음과 같다.

1. 住居 또는 就業을 알선하는 것
2. 職業訓練의 機會를 제공하는 것
3. 環境을 개선하는 것
4. 기타 本人의 건전한 社會復歸를 위하여 필요한 援助를 하는 것

③ 法務部長官은 保安觀察處分對象者 또는 被保安觀察者중 國內에 家族이 없거나 家族이 있어도 引受를 거절하는 者에 대하여는 大統領令이 정하는 바에 의하여 居所를 제공할 수 있다.

④ 社會福祉事業法에 의한 社會福祉施設로서 大統領令이 정하는 施設의 長은 法務部長官으로부터 保安觀察處分對象者 또는 被保安觀察者에 대한 居所제공의 요청을 받은 때에는 정당한 이유없이 이를 거부하여서는 아니된다.

⑤ 法務部長官은 第3項에 의하여 居所제공을 받은 者에게 國內에 인수를 희망하는 家族이 생기거나 기타 居所變更의 필요가 있는 때에는 本人의 申請 또는 檢事의 請求에 의하여 이미 제공한 居所를 變更할 수 있다. 이 경우 法務部長官은 3月 이내에 居所의 變更與否를 決定하여야 한다.

第21條【應急救護】 檢事 및 司法警察官吏는 被保安觀察者에게 負傷·疾病 기타 긴급한 사유가 발생하였을 때에는 大統領令이 정하는 바에 따라 필요한 救護를 할 수 있다.

第22條【警告】 檢事 및 司法警察官吏는 被保安觀察者가 義務를 위반하였거나 위반할 危險性이 있다고 의심할 상당한 이유가 있는 때에는 그 이행을 촉구하고 刑事處罰등 불이익한 處分을 받을 수 있음을 警告할 수 있다.

第23條【行政訴訟】 이 法에 의한 法務部長官의 決定을 받은 者가 그 決定에 異議가 있을 때에는 行政訴訟法이 정하는 바에 따라 그 決定이 執行된 날부터 60日 이내에 서울高等法院에 訴를 제기할 수 있다. 다만, 第11條의 規定에 의한 免除決定申請에 대한 棄却決定을 받은 者가 그 決定에 異議가 있을 때에는 그 決定이 있는 날부터 60日 이내에 서울高等法院에 訴를 제기할 수 있다.

第24條【行政訴訟法의 準用】 第23條의 訴訟에 관하여 이 法에 規定한 것을 제외하고는 行政訴訟法을 準用한다. 다만, 행정소송법 제18조의 규정은 준용하지 아니한다.(2004.10.16 단서개정)

第25條【期間의 計算】 ① 保安觀察處分의 期間은 保安觀察處分 決定을 執行하는 날부터 計算한다. 이 경우 初日은 算入한다.

② 第18條第1項 내지 第4項의 規定에 의한 申告를 하지 아니한 期間은 保安觀察處分 期間에 算入하지 아니한다.

③ 보안관찰처분의 집행중지결정이 있거나 징역·금고·구류·노역장유치 중에 있는 때, 「사회보호법」에 의한 감호의 집행 중에 있는 때 또는 「치료감호법」에 의한 치료감호의 집행 중에 있는 때에는 보안관찰처분의 기간은 그 진행이 정지된다.(2005.8.4 본항개정)

第26條【軍法被適用者에 대한 特則등】 ① 軍事法院法 第2條第1項 各號의 1에 게기된 者에 대한 保安觀察處分에 관하여는 國防部長官은 法務部長官의, 군검찰부 군검사는 檢事의, 軍司法警察官吏는 司法警察官吏의 이 法에 의한 職務를 행한다.(2016.1.6 본항개정)

② 軍事法院法 第2條第1項 各號의 1에 게기된 者에 대한 保安觀察處分을 審議·議決하기 위하여 國防部에 軍保安觀察處分審議委員會를 둔다.

③ 軍保安觀察處分審議委員會의 구성과 운영에 관하여는 第12條의 規定을 準用한다.

④ 國防部長官 또는 군검찰부 군검사는 保安觀察處分對象者가 軍事法院法 第2條第1項 各號의 1에 게기된 者가 아님이 명백한 때에는 당해 事案을 法務部長官 또는 檢事에게 移送한다. 이 경우 移送전에 한 審査 또는 調査는 移送후에도 그 效力에 영향이 없다.(2016.1.6 전단개정)

⑤ 法務部長官 또는 檢事는 保安觀察處分對象者가 軍事法院法 第2條第1項 各號의 1에 게기된 者임이 명백한 때에는 당해 事案을 國防部長官 또는 군검찰부 군검사에게 移送한다. 이 경우 移送전에 한 審査 또는 調査는 移送후에도 그 效力에 영향이 없다.(2016.1.6 전단개정)

第27條【罰則】 ① 保安觀察處分對象者 또는 被保安觀察者가 保安觀察處分 또는 保安觀察을 免脫할 目的으로 隱身 또는 逃走한 때에는 3年 이하의 懲役에 處한다.

② 정당한 이유없이 第6條第1項·第2項 및 第18條第1項 내지 第4項의 規定에 의한 申告를 하지 아니하거나 허위의 申告를 한 者 또는 그 申告를 함에 있어서 居住豫定地나 住居地를 명시하지 아니한 者는 2年 이하의 懲役 또는 100萬원 이하의 罰金에 處한다.

<2021.6.24 헌법재판소 헌법불합치결정으로 이 항 중 제6조제2항 전문에 관한 부분은 2023.6.30을 시한으로 입법자가 개정할 때까지 계속 적용>

③ 정당한 이유없이 第19條第2項의 措置에 위반한 者는 1年 이하의 懲役 또는 50萬원 이하의 罰金에 處한다.

④ 第20條第4項에 위반한 者는 6月 이하의 懲役 또는 50萬원 이하의 罰金에 處한다.

⑤ 保安觀察處分에 관한 業務에 종사하는 公務員이 정당한 이유없이 그 職務遂行을 거부 또는 그 職務를 유기하거나 허위의 보고를 한 때에는 2年 이하의 懲役 또는 5年 이하의 資格停止에 處한다.

⑥ 保安觀察處分對象者 또는 被保安觀察者를 은닉하거나 逃走하게 한 者는 2年 이하의 懲役에 處한다. 다만, 친족이 本人을 위하여 本文의 罪를 범한 때에는 罰하지 아니한다.(2005.3.31 본항개정)

⑦ 保安觀察處分의 業務에 종사하는 公務員 또는 第11條의 身元保證을 한 者가 정당한 사유없이 保安觀察處分對象者에 관하여 이 法에 의하여 知得한 사실을 公表하거나 누설한 때에는 2年 이하의 懲役 또는 5年 이하의 資格停止에 處한다.

附　則

第1條【施行日】 이 法은 公布후 3月이 경과한 날부터 施行한다.

第2條【保安觀察處分對象者에 대한 經過措置】 다음 各號의 1에 해당하는 者는 이 法 適用에 있어서 保安觀察處分對象者로 본다.

1. 이 法 施行당시 法 第3條에 해당하는 者
2. 이 法 施行당시 舊刑法 第81條 내지 第85條·第87條(第86條의 未遂罪를 제외한다) 및 第88條(第86條에 해당하는 罪를 제외한다), 구비상사태하의犯罪處罰에관한特別措置令 第3條 내지 第5條, 法律 第10號 舊國家保安法 第1條 내지 第4條, 法律 第85號 舊國家保安法 第1條 내지 第5條, 法律 第500號 舊國家保安法 第6條 내지 第20條(第17條第4項을 제외한다)·第21條第1項·第25條 및 第28條(第17條第4項·第21條第2項 내지 第4項의 豫備·陰謀·未遂犯을 제외한다), 法律 第549號 舊國家保安法 第2條 내지 第8條(第1條의 未遂犯, 豫備·陰謀 및 第5條第2項의 豫備·陰謀를 제외한다), 法律 第643號 反共法 第6條(第4項중 國外의 共産系列의 指令을 받고 또는 받기 위하여 潛入·脫出한 행위 및 그 未遂犯, 豫備·陰謀를 제외한다) 및 第7條, 舊國防警備法 第32條 및 第33條, 舊海岸警備法 第8條의2 및 第9條의 規定에 의한 罪 또는 이와 競合된 犯罪로 禁錮 이상의 刑의 宣告를 받고 그 刑期合計가 3年 이상인 者로서 刑의 전부 또는 일부의 執行을 받은 사실이 있는 者(1991.11.22 본호개정)
3. 이 法 施行당시 第2號에 게기된 罪를 범한 者중 이 法 施行후에 第2號에 게기된 罪 또는 이와 競合된 犯罪로 禁錮이상의 刑의 宣告를 받고 그 刑期合計가 3年이상인 者로서 刑의 전부 또는 일부의 執行을 받은 사실이 있는 者

第3條【保安處分을 받은 者등에 대한 經過措置】 이 法 施行당시 종전의 社會安全法의 規定에 의하여 保安處分, 그 期間更新 또는 각 그 棄却의 決定을 받은 者중 이 法에 의한 保安觀察處分對象者로 되는 者는 이 法에 의하여 保安觀察處分, 그 期間更新 또는 각 그 棄却의 決定을 받은 것으로 본다.

第4條【保安監護중에 있는 者에 대한 經過措置】 이 法 施行당시 종전의 社會安全法의 規定에 의하여 保安監護중에 있는 者에 대하여는 第20條第3項에 의한 居所제공 기타 出所에 필요한 조치를 위하여 法務部長官은 1月의 범위안에서 그 出所를 猶豫할 수 있다.

第5條【保安處分免除決定을 받은 者등에 대한 經過措置】 이 法 施行당시 종전의 社會安全法의 規定에 의하여 保安處分의 免除決定, 그 請求 또는 申請의 棄却決定 또는 免除決定의 取消決定을 받은 者중 이 法에 의한 保安觀察處分對象者로 되는 者는 이 法에 의하여 保安觀察處分의 免除決定, 그 請求 또는 申請의 棄却決定 또는 免除決定의 取消決定을 받은 것으로 본다.

第6條【申告義務에 관한 經過措置】 ① 附則 第2條에 의하여 保安觀察處分對象者로 된 者는 第6條第1項·第2項의 規定에 의한 申告를 하여야 하되, 이 法 施行당시 그 刑의 執行을 받은 矯導所등에서 出所한 者는 第6條第1項·第2項의 規定에 의하여 申告하여야 할 사항을 이 法 施行日부터 30日이내에 管轄警察署長에게 申告하여야 한다. 다만, 이 法 施行당시 종전의 社會安全法 第9條의 規定에 의하여 申告를 한 者는 第6條第1項의 規定에 의한 申告를 한 것으로 본다.

② 附則 第3條에 의하여 被保安觀察者로 된 者는 第18條第1項 내지 第4項의 規定에 의한 申告를 하여야 하되, 이 法 施行日부터 30日이내에 第18條第1項의 規定에 의하여 申告하여야 할 사항을 申告하고, 그 申告한 날이 속한 달부터 每 3月이 되는 달의 末日까지 第18條第2項의 規定에 의하여 申告하여야 할 사항을 管轄警察署長에게 申告하여야 한다.

第7條【行政訴訟에 대한 經過措置】 第23條 및 第24條의 規定은 이 法 施行당시 法院에 繫屬중인 事件에 대하여 이를 適用한다. 다만, 이 法 施行전에 행한 訴訟行爲의 效力에는 영향을 미치지 아니한다.

第8條【다른 法律과의 관계】 이 法 施行당시 다른 法律에서 社會安全法 또는 社會安全法에 의한 保安處分을 引用한 경우에는 保安觀察法 또는 保安觀察法에 의한 保安觀察處分을 각각 引用한 것으로 본다.

第9條【罰則】 附則 第6條의 規定에 의한 申告를 하지 아니한 者는 第27條第2項의 예에 의하여 處罰한다.

附　則 (1991.11.22)

① **【施行日】** 이 法은 公布한 날부터 施行한다.

② **【保安觀察處分對象者에 대한 經過措置】** 이 法 施行당시 法律 第3318號 또는 第3993號 舊國家保安法을 위반한 者에 대하여는 同法 第4條(第1項第6號중 事實을 歪曲하여 傳播한 행위 및 그 未遂犯, 豫備·陰謀를 제외한다), 第5條(第1項중 第4條第1項第6號에 해당하는 행위 및 그 未遂犯, 豫備·陰謀와 第5項을 제외한다), 第6條(第3項 및 그 未遂犯, 豫備·陰謀를 제외한다), 第9條第1項·第3項(同項중 第2項의 未遂犯 부분을 제외한다), 第4項의 規定에 의한 罪 또는 이와 競合된 犯罪로 禁錮이상의 刑의 宣告를 받고 그 刑期 合計가 3年이상인 者로서 刑의 전부 또는 일부의 執行을 받은 사실이 있는 경우에 한하여 이를 保安觀察處分對象者로 본다.

附　則 (2016.1.19)

이 법은 공포한 날부터 시행한다.

附　則 (2020.2.4)

第1條【시행일】 이 법은 공포 후 6개월이 경과한 날부터 시행한다.(이하 생략)

보호관찰 등에 관한 법률

(약칭 : 보호관찰법)

(1996년 12월 12일 전개법률 제5178호)

개정
1997.12.13법 5453호(행정절차)
2004. 1.20법 7078호(검찰)
2005.12.29법 7796호(국가공무원)
2007.12.21법 8722호(소년)
2007.12.21법 8723호(보호소년등의처우에관한법)
2007.12.21법 8728호(형의집행수용자)
2008.12.26법 9168호
2009. 5.28법 9748호
2010. 3.31법10220호(지방세특례제한법)
2014. 1. 7법12189호
2014. 5.20법12590호
2014.12.30법12888호
2016. 1. 6법13712호
2016.12.27법14519호(산림보호법)
2019. 4.16법16313호
2020. 2. 4법16923호(전자장치부착등에관한법)
2020.10.20법17505호(보호소년등의처우에관한법)
2021. 7.20법18299호

제1장 총 칙
(2009.5.28 본장개정)

제1조【목적】 이 법은 죄를 지은 사람으로서 재범 방지를 위하여 보호관찰, 사회봉사, 수강(受講) 및 갱생보호(更生保護) 등 체계적인 사회 내 처우가 필요하다고 인정되는 사람을 지도하고 보살피며 도움으로써 건전한 사회 복귀를 촉진하고, 효율적인 범죄예방 활동을 전개함으로써 개인 및 공공의 복지를 증진함과 아울러 사회를 보호함을 목적으로 한다.

제2조【국민의 협력 등】 ① 모든 국민은 제1조의 목적을 달성하기 위하여 그 지위와 능력에 따라 협력하여야 한다.
② 국가와 지방자치단체는 죄를 지은 사람의 건전한 사회 복귀를 위하여 보호선도 사업을 육성할 책임을 진다.
③ 국가는 이 법의 집행과정에서 보호관찰을 받을 사람 등의 인권이 부당하게 침해되지 않도록 주의하여야 한다.
(2021.7.20 본항신설)

제3조【대상자】 ① 보호관찰을 받을 사람(이하 "보호관찰 대상자"라 한다)은 다음 각 호와 같다.
1. 「형법」 제59조의2에 따라 보호관찰을 조건으로 형의 선고유예를 받은 사람
2. 「형법」 제62조의2에 따라 보호관찰을 조건으로 형의 집행유예를 선고받은 사람
3. 「형법」 제73조의2 또는 이 법 제25조에 따라 보호관찰을 조건으로 가석방되거나 임시퇴원된 사람
4. 「소년법」 제32조제1항제4호 및 제5호의 보호처분을 받은 사람
5. 다른 법률에서 이 법에 따른 보호관찰을 받도록 규정된 사람
② 사회봉사 또는 수강을 하여야 할 사람(이하 "사회봉사·수강명령 대상자"라 한다)은 다음 각 호와 같다.
1. 「형법」 제62조의2에 따라 사회봉사 또는 수강을 조건으로 형의 집행유예를 선고받은 사람
2. 「소년법」 제32조에 따라 사회봉사명령 또는 수강명령을 받은 사람
3. 다른 법률에서 이 법에 따른 사회봉사 또는 수강을 받도록 규정된 사람
③ 갱생보호를 받을 사람(이하 "갱생보호 대상자"라 한다)은 형사처분 또는 보호처분을 받은 사람으로서 자립갱생을 위한 숙식 제공, 주거 지원, 창업 지원, 직업훈련 및 취업 지원 등 보호의 필요성이 인정되는 사람으로 한다.(2014.5.20 본항개정)

제4조【운영의 기준】 보호관찰, 사회봉사, 수강 또는 갱생보호는 해당 대상자의 교화, 개선 및 범죄예방을 위하여 필요하고도 적절한 한도 내에서 이루어져야 하며, 대상자의 나이, 경력, 심신상태, 가정환경, 교우관계, 그 밖의 모든 사정을 충분히 고려하여 가장 적합한 방법으로 실시되어야 한다.

제2장 보호관찰기관
(2009.5.28 본장개정)

제1절 보호관찰 심사위원회

제5조【설치】 ① 보호관찰에 관한 사항을 심사·결정하기 위하여 법무부장관 소속으로 보호관찰 심사위원회(이하 "심사위원회"라 한다)를 둔다.
② 심사위원회는 고등검찰청 소재지 등 대통령령으로 정하는 지역에 설치한다.

제6조【관장 사무】 심사위원회는 이 법에 따른 다음 각 호의 사항을 심사·결정한다.
1. 가석방과 그 취소에 관한 사항
2. 임시퇴원, 임시퇴원의 취소 및 「보호소년 등의 처우에 관한 법률」 제43조제3항에 따른 보호소년의 퇴원(이하 "퇴원"이라 한다)에 관한 사항
3. 보호관찰의 임시해제와 그 취소에 관한 사항
4. 보호관찰의 정지와 그 취소에 관한 사항
5. 가석방 중인 사람의 부정기형의 종료에 관한 사항
6. 이 법 또는 다른 법령에서 심사위원회의 관장 사무로 규정된 사항
7. 제1호부터 제6호까지의 사항과 관련된 사항으로서 위원장이 회의에 부치는 사항

제7조【구성】 ① 심사위원회는 위원장을 포함하여 5명 이상 9명 이하의 위원으로 구성한다.
② 심사위원회의 위원장은 고등검찰청 검사장 또는 고등검찰청 소속 검사 중에서 법무부장관이 임명한다.
③ 심사위원회의 위원은 판사, 검사, 변호사, 보호관찰소장, 지방교정청장, 교도소장, 소년원장 및 보호관찰에 관한 지식과 경험이 풍부한 사람 중에서 법무부장관이 임명하거나 위촉한다.
④ 심사위원회의 위원 중 3명 이내의 상임위원을 둔다.

제8조【위원의 임기】 위원의 임기는 2년으로 하되, 연임할 수 있다. 다만, 공무원인 비상임위원의 임기는 그 직위에 있는 기간으로 한다.

제9조【위원의 해임 및 해촉】 위원이 다음 각 호의 어느 하나에 해당하면 해임하거나 해촉할 수 있다.
1. 심신장애로 직무수행이 불가능하거나 현저히 곤란하다고 인정될 때
2. 직무 태만, 품위 손상, 그 밖의 사유로 인하여 위원으로서 직무를 수행하기 적당하지 아니하다고 인정될 때

제10조【위원의 신분 등】 ① 상임위원은 고위공무원단에 속하는 일반직공무원 또는 4급 공무원으로서 「국가공무원법」 제26조의5에 따른 임기제공무원으로 한다.
(2014.1.7 본항개정)
② 상임위원이 아닌 위원은 명예직으로 한다. 다만, 예산의 범위에서 법무부령으로 정하는 바에 따라 여비나 그 밖의 수당을 지급할 수 있다.

제11조【심사】 ① 심사위원회는 심사자료에 의하여 제6조 각 호의 사항을 심사한다.
② 심사위원회는 심사에 필요하다고 인정하면 보호관찰 대상자와 그 밖의 관계인을 소환하여 심문하거나 상임위원 또는 보호관찰관에게 필요한 사항을 조사하게 할 수 있다.
③ 심사위원회는 심사에 필요하다고 인정하면 국공립기관이나 그 밖의 단체에 사실을 알아보거나 관계 자료의 제출을 요청할 수 있다.

제12조【의결 및 결정】 ① 심사위원회의 회의는 재적위원 과반수의 출석으로 개의하고, 출석위원 과반수의 찬성으로 의결한다.
② 제1항에도 불구하고 회의를 개최할 시간적 여유가 없는 등 부득이한 경우로서 대통령령으로 정하는 경우에는 서면으로 의결할 수 있다. 이 경우 재적위원 과반수의 찬성으로 의결한다.(2021.7.20 전단개정)
③ 심사위원회의 회의는 비공개로 한다.
④ 결정은 이유를 붙이고 심사한 위원이 서명 또는 기명날인한 문서로 한다.

제12조의2【벌칙 적용에서 공무원 의제】 심사위원회의 위원 중 공무원이 아닌 사람은 「형법」 제127조 및 제129조부터 제132조까지의 규정을 적용할 때에는 공무원으로 본다.(2016.1.6 본조신설)

제13조【명칭, 관할 구역, 운영 등】 심사위원회의 명칭, 관할 구역 및 직무범위와 위원의 임명 또는 위촉, 그 밖에 심사위원회의 운영에 필요한 사항은 대통령령으로 정한다.

제2절 보호관찰소

제14조【보호관찰소의 설치】 ① 보호관찰, 사회봉사, 수강 및 갱생보호에 관한 사무를 관장하기 위하여 법무부장관 소속으로 보호관찰소를 둔다.
② 보호관찰소의 사무 일부를 처리하게 하기 위하여 그 관할 구역에 보호관찰지소를 둘 수 있다.

제15조【보호관찰소의 관장 사무】 보호관찰소(보호관찰지소를 포함한다. 이하 같다)는 다음 각 호의 사무를 관장한다.
1. 보호관찰, 사회봉사명령 및 수강명령의 집행
2. 갱생보호
3. 검사가 보호관찰관이 선도(善導)함을 조건으로 공소제기를 유예하고 위탁한 선도 업무
4. 제18조에 따른 범죄예방 자원봉사위원에 대한 교육훈련 및 업무지도
5. 범죄예방활동
6. 이 법 또는 다른 법령에서 보호관찰소의 관장 사무로 규정된 사항

제16조【보호관찰관】 ① 보호관찰소에는 제15조 각 호의 사무를 처리하기 위하여 보호관찰관을 둔다.
② 보호관찰관은 형사정책학, 행형학, 범죄학, 사회사업학, 교육학, 심리학, 그 밖에 보호관찰에 필요한 전문적 지식을 갖춘 사람이어야 한다.

제17조【보호관찰소의 명칭 등】 보호관찰소의 명칭, 관할 구역, 조직 및 정원, 그 밖에 필요한 사항은 대통령령으로 정한다.

제18조【범죄예방 자원봉사위원】 ① 범죄예방활동을 하고, 보호관찰활동과 갱생보호사업을 지원하기 위하여 범죄예방 자원봉사위원(이하 "범죄예방위원"이라 한다)을 둘 수 있다.
② 법무부장관은 법무부령으로 정하는 바에 따라 범죄예방위원을 위촉한다.
③ 범죄예방위원의 명예와 이 법에 따른 활동은 존중되어야 한다.
④ 범죄예방위원은 명예직으로 하되, 예산의 범위에서 직무수행에 필요한 비용의 전부 또는 일부를 지급할 수 있다.
⑤ 범죄예방위원의 위촉 및 해촉, 정원, 직무의 구체적 내용, 조직, 비용의 지급, 그 밖에 필요한 사항은 법무부령으로 정한다.

제3장 보호관찰
(2009.5.28 본장제목개정)

제1절 판결 전 조사
(2009.5.28 본절제목개정)

제19조【판결 전 조사】 ① 법원은 피고인에 대하여 「형법」 제59조의2 및 제62조의2에 따른 보호관찰, 사회봉사 또는 수강을 명하기 위하여 필요하다고 인정하면 그 법원의 소재지(所在地) 또는 피고인의 주거지를 관할하는 보호관찰소의 장에게 범행 동기, 직업, 생활환경, 교우관계, 가족상황, 피해회복 여부 등 피고인에 관한 사항의 조사를 요구할 수 있다.
② 제1항의 요구를 받은 보호관찰소의 장은 지체 없이 이를 조사하여 서면으로 해당 법원에 알려야 한다. 이 경우 필요하다고 인정하면 피고인이나 그 밖의 관계인을 소환하여 심문하거나 소속 보호관찰관에게 필요한 사항을 조사하게 할 수 있다.
③ 법원은 제1항의 요구를 받은 보호관찰소의 장에게 조사진행상황에 관한 보고를 요구할 수 있다.
(2009.5.28 본조개정)

제19조의2【결정 전 조사】 ① 법원은 「소년법」 제12조에 따라 소년 보호사건에 대한 조사 또는 심리를 위하여 필요하다고 인정하면 그 법원의 소재지 또는 소년의 주거지를 관할하는 보호관찰소의 장에게 소년의 품행, 경력, 가정상황, 그 밖의 환경 등 필요한 사항에 관한 조사를 의뢰할 수 있다.
② 제1항의 의뢰를 받은 보호관찰소의 장은 지체 없이 조사하여 서면으로 법원에 통보하여야 하며, 조사를 위하여 필요한 경우에는 소년 또는 관계인을 소환하여 심문하거나 소속 보호관찰관으로 하여금 필요한 사항을 조사하게 할 수 있다.
(2008.12.26 본조신설)

제2절 형의 선고유예 및 집행유예와 보호관찰
(2009.5.28 본절개정)

제20조【판결의 통지 등】 ① 법원은 「형법」 제59조의2 또는 제62조의2에 따라 보호관찰을 명하는 판결이 확정된 때부터 3일 이내에 판결문 등본 및 준수사항을 적은 서면을 피고인의 주거지를 관할하는 보호관찰소의 장에게 보내야 한다.
② 제1항의 경우 법원은 그 의견이나 그 밖에 보호관찰에 참고가 될 수 있는 자료를 첨부할 수 있다.
③ 법원은 제1항의 통지를 받은 보호관찰소의 장에게 보호관찰 상황에 관한 보고를 요구할 수 있다.

제3절 가석방 및 임시퇴원
(2009.5.28 본절제목개정)

제21조【교도소장 등의 통보의무】 ① 교도소·구치소·소년교도소의 장은 징역 또는 금고의 형을 선고받은 소년(이하 "소년수형자"라 한다)이 「소년법」 제65조 각 호의 기간을 지나면 그 교도소·구치소·소년교도소의 소재지를 관할하는 심사위원회에 그 사실을 통보하여야 한다.
② 소년원장은 보호소년이 수용된 후 6개월이 지나면 그 소년원의 소재지를 관할하는 심사위원회에 그 사실을 통보하여야 한다.
(2009.5.28 본조개정)

제22조【가석방·퇴원 및 임시퇴원의 신청】 ① 교도소·구치소·소년교도소 및 소년원(이하 "수용기관"이라 한다)의 장은 「소년법」 제65조 각 호의 기간이 지난

소년수형자 또는 수용 중인 보호소년에 대하여 법무부령으로 정하는 바에 따라 관할 심사위원회에 가석방, 퇴원 또는 임시퇴원 심사를 신청할 수 있다.
② 제1항의 신청을 할 때에는 제26조 또는 제27조에 따라 통지받은 환경조사 및 환경개선활동 결과를 고려하여야 한다.
(2009.5.28 본조개정)

제23조【가석방·퇴원 및 임시퇴원의 심사와 결정】 ① 심사위원회는 제22조제1항에 따른 신청을 받으면 소년수형자에 대한 가석방 또는 보호소년에 대한 퇴원·임시퇴원이 적절한지를 심사하여 결정한다.
② 심사위원회는 제21조에 따른 통보를 받은 사람에 대하여는 제22조제1항에 따른 신청이 없는 경우에도 직권으로 가석방·퇴원 및 임시퇴원이 적절한지를 심사하여 결정할 수 있다.
③ 심사위원회는 제1항 또는 제2항에 따라 소년수형자의 가석방이 적절한지를 심사할 때에는 보호관찰의 필요성을 심사하여 결정한다.
④ 심사위원회는 제1항부터 제3항까지의 규정에 따라 심사·결정을 할 때에는 본인의 인격, 교정성적, 직업, 생활태도, 가족관계 및 재범 위험성 등 모든 사정을 고려하여야 한다.
(2009.5.28 본조개정)

제24조【성인수형자에 대한 보호관찰의 심사와 결정】 ① 심사위원회는 「형의 집행 및 수용자의 처우에 관한 법률」 제122조에 따라 가석방되는 사람에 대하여 보호관찰의 필요성을 심사하여 결정한다.
② 심사위원회는 제1항에 따른 보호관찰심사를 할 때에는 제28조에 따른 보호관찰 사안조사 결과를 고려하여야 한다.
(2009.5.28 본조개정)

제25조【법무부장관의 허가】 심사위원회는 제23조에 따른 심사 결과 가석방, 퇴원 또는 임시퇴원이 적절하다고 결정한 경우 및 제24조에 따른 심사 결과 보호관찰이 필요없다고 결정한 경우에는 결정서에 관계 서류를 첨부하여 법무부장관에게 이에 대한 허가를 신청하여야 하며, 법무부장관은 심사위원회의 결정이 정당하다고 인정하면 이를 허가할 수 있다.(2008.12.26 본조개정)

제4절 환경조사 및 환경개선활동

(2009.5.28 본절개정)

제26조【환경조사】 ① 수용기관·병원·요양소·「보호소년 등의 처우에 관한 법률」에 따른 의료재활소년원의 장은 소년수형자 및 「소년법」 제32조제1항제7호·제9호·제10호의 보호처분 중 어느 하나에 해당하는 처분을 받은 사람(이하 "수용자"라 한다)을 수용한 경우에는 지체 없이 거주예정지를 관할하는 보호관찰소의 장에게 신상조사서를 보내 환경조사를 의뢰하여야 한다.
(2020.10.20 본항개정)
② 제1항에 따라 환경조사를 의뢰받은 보호관찰소의 장은 수용자의 범죄 또는 비행의 동기, 수용 전의 직업, 생활환경, 교우관계, 가족상황, 피해회복 여부, 생계대책 등을 조사하여 수용기관의 장에게 알려야 한다. 이 경우 필요하다고 인정하면 수용자를 면담하거나 관계인을 소환하여 심문(審問)하거나 소속 보호관찰관에게 필요한 사항을 조사하게 할 수 있다.

제27조【환경개선활동】 ① 보호관찰소의 장은 제26조에 따른 환경조사 결과에 따라 수용자의 건전한 사회 복귀를 촉진하기 위하여 필요하다고 인정하면 본인의 동의를 얻거나 가족·관계인의 협력을 받아 본인의 환경개선을 위한 활동을 할 수 있다.
② 보호관찰소의 장은 제1항에 따른 환경개선활동을 위하여 필요하다고 인정하면 수용기관의 장에게 수용자의 면담 등 필요한 협조를 요청할 수 있다.
③ 보호관찰소의 장은 제1항에 따른 환경개선활동의 결과를 수용기관의 장과 수용기관의 소재지를 관할하는 심사위원회에 알려야 한다.

제28조【성인수형자에 대한 보호관찰 사안조사】 ① 교도소·구치소·소년교도소의 장은 징역 또는 금고 이상의 형을 선고받은 성인(이하 "성인수형자"라 한다)에 대하여 「형의 집행 및 수용자의 처우에 관한 법률」 제121조에 따라 가석방심사위원회에 가석방 적격심사신청을 할 때에는 신청과 동시에 가석방 적격심사신청 대상자의 명단과 신상조사서를 해당 교도소·구치소·소년교도소의 소재지를 관할하는 심사위원회에 보내야 한다.
② 심사위원회는 교도소·구치소·소년교도소의 장으로부터 가석방 적격심사신청 대상자의 명단과 신상조사서를 받으면 해당 성인수형자를 면담하여 직접 제26조제2항 전단에 규정된 사항, 석방 후의 재범 위험성 및 사회생활에 대한 적응 가능성 등에 관한 조사(이하 "보호관찰 사안조사"라 한다)를 하거나 교도소·구치소·소년교도소의 소재지 또는 해당 성인수형자의 거주예정지를 관할하는 보호관찰소의 장에게 그 자료를 보내 보호관찰 사안조사를 의뢰할 수 있다.
③ 제2항에 따라 보호관찰 사안조사를 의뢰받은 보호관찰소의 장은 지체 없이 보호관찰 사안조사를 하고 그 결과를 심사위원회에 통보하여야 한다.
④ 교도소·구치소·소년교도소의 장은 심사위원회 또는 보호관찰소의 장으로부터 보호관찰 사안조사를 위하여 성인수형자의 면담 등 필요한 협조 요청을 받으면 이에 협조하여야 한다.

제5절 보호관찰

(2009.5.28 본절제목개정)

제29조【보호관찰의 개시 및 신고】 ① 보호관찰은 법원의 판결이나 결정이 확정된 때 또는 가석방·임시퇴원된 때부터 시작된다.
② 보호관찰 대상자는 대통령령으로 정하는 바에 따라 주거, 직업, 생활계획, 그 밖에 필요한 사항을 관할 보호관찰소의 장에게 신고하여야 한다.
(2009.5.28 본조개정)

제30조【보호관찰의 기간】 보호관찰 대상자는 다음 각 호의 구분에 따른 기간에 보호관찰을 받는다.
1. 보호관찰을 조건으로 형의 선고유예를 받은 사람 : 1년
2. 보호관찰을 조건으로 형의 집행유예를 선고받은 사람 : 그 유예기간. 다만, 법원이 보호관찰 기간을 따로 정한 경우에는 그 기간
3. 가석방자 : 「형법」 제73조의2 또는 「소년법」 제66조에 규정된 기간
4. 임시퇴원자 : 퇴원일부터 6개월 이상 2년 이하의 범위에서 심사위원회가 정한 기간
5. 「소년법」 제32조제1항제4호 및 제5호의 보호처분을 받은 사람 : 그 법률에서 정한 기간
6. 다른 법률에 따라 이 법에서 정한 보호관찰을 받는 사람 : 그 법률에서 정한 기간
(2009.5.28 본조개정)

제31조【보호관찰 담당자】 보호관찰은 보호관찰 대상자의 주거지를 관할하는 보호관찰소 소속 보호관찰관이 담당한다.(2009.5.28 본조개정)

제32조【보호관찰 대상자의 준수사항】 ① 보호관찰 대상자는 보호관찰관의 지도·감독을 받으며 준수사항을 지키고 스스로 건전한 사회인이 되도록 노력하여야 한다.
② 보호관찰 대상자는 다음 각 호의 사항을 지켜야 한다.
1. 주거지에 상주(常住)하고 생업에 종사할 것
2. 범죄로 이어지기 쉬운 나쁜 습관을 버리고 선행(善行)을 하며 범죄를 저지를 염려가 있는 사람들과 교제하거나 어울리지 말 것
3. 보호관찰관의 지도·감독에 따르고 방문하면 응대할 것
4. 주거를 이전(移轉)하거나 1개월 이상 국내외 여행을 할 때에는 미리 보호관찰관에게 신고할 것
③ 법원 및 심사위원회는 판결의 선고 또는 결정의 고지를 할 때에는 제2항의 준수사항 외에 범죄의 내용과 종류 및 본인의 특성 등을 고려하여 필요하면 보호관찰 기간의 범위에서 기간을 정하여 다음 각 호의 사항을 특별히 지켜야 할 사항으로 따로 과(科)할 수 있다.
1. 야간 등 재범의 기회나 충동을 줄 수 있는 특정 시간대의 외출 제한
2. 재범의 기회나 충동을 줄 수 있는 특정 지역·장소의 출입 금지
3. 피해자 등 재범의 대상이 될 우려가 있는 특정인에 대한 접근 금지
4. 범죄행위로 인한 손해를 회복하기 위하여 노력할 것
5. 일정한 주거가 없는 자에 대한 거주장소 제한
6. 사행행위에 빠지지 아니할 것
7. 일정량 이상의 음주를 하지 말 것
8. 마약 등 중독성 있는 물질을 사용하지 아니할 것
9. 「마약류관리에 관한 법률」상의 마약류 투약, 흡연, 섭취 여부에 관한 검사에 따를 것
10. 그 밖에 보호관찰 대상자의 재범 방지를 위하여 필요하다고 인정되어 대통령령으로 정하는 사항
④ 보호관찰 대상자가 제2항 또는 제3항의 준수사항을 위반하거나 사정변경의 상당한 이유가 있는 경우에는 법원은 보호관찰소의 장의 신청 또는 검사의 청구에 따라, 심사위원회는 보호관찰소의 장의 신청에 따라 각각 준수사항의 전부 또는 일부를 추가, 변경하거나 삭제할 수 있다.(2019.4.16 본항개정)
⑤ 제2항부터 제4항까지의 준수사항은 서면으로 고지하여야 한다.
(2009.5.28 본조개정)

제33조【지도·감독】 ① 보호관찰관은 보호관찰 대상자의 재범을 방지하고 건전한 사회 복귀를 촉진하기 위하여 필요한 지도·감독을 한다.
② 제1항의 지도·감독 방법은 다음 각 호와 같다.
1. 보호관찰 대상자와 긴밀한 접촉을 가지고 항상 그 행동 및 환경 등을 관찰하는 것
2. 보호관찰 대상자에게 제32조의 준수사항을 이행하기에 적절한 지시를 하는 것
3. 보호관찰 대상자의 건전한 사회 복귀를 위하여 필요한 조치를 하는 것
(2009.5.28 본조개정)

제33조의2【분류처우】 ① 보호관찰소의 장은 범행 내용, 재범위험성 등 보호관찰 대상자의 개별적 특성을 고려하여 그에 알맞은 지도·감독의 방법과 수준에 따라 분류처우를 하여야 한다.
② 제1항에 따른 분류처우에 관하여 필요한 사항은 대통령령으로 정한다.
(2009.5.28 본조신설)

제34조【원호】 ① 보호관찰관은 보호관찰 대상자가 자조(自助)의 노력을 할 때에는 그의 개선과 자립을 위하여 필요하다고 인정되는 적절한 원호(援護)를 한다.
② 제1항의 원호의 방법은 다음 각 호와 같다.
1. 숙소 및 취업의 알선
2. 직업훈련 기회의 제공
3. 환경의 개선
4. 보호관찰 대상자의 건전한 사회 복귀에 필요한 원조의 제공
(2009.5.28 본조개정)

제35조【응급구호】 보호관찰소의 장은 보호관찰 대상자에게 부상, 질병, 그 밖의 긴급한 사유가 발생한 경우에는 대통령령으로 정하는 바에 따라 필요한 구호를 할 수 있다.(2009.5.28 본조개정)

제36조【갱생보호사업자 등의 원조와 협력】 보호관찰소의 장은 제34조에 따른 원호와 제35조에 따른 응급구호를 위하여 필요한 경우에는 국공립기관, 제67조제1항에 따라 갱생보호사업 허가를 받은 자, 제71조에 따른 한국법무보호복지공단, 그 밖의 단체에 대하여 숙식 제공이나 그 밖의 적절한 원조 또는 협력을 요청할 수 있다. 이 경우 필요한 비용은 국가가 예산의 범위에서 지급한다.
(2008.12.26 본조개정)

제36조의2【정신질환 보호관찰 대상자의 치료 등을 위한 협력】 ① 보호관찰 대상자로서 정신건강의학과전문의가 「정신건강증진 및 정신질환자 복지서비스 지원에 관한 법률」 제3조제1호에 따른 정신질환자로 진단하거나 감정한 사람(이하 "정신질환 보호관찰 대상자"라 한다)은 같은 조 제3호의 정신건강복지센터에 등록하여 상담, 진료, 재활 지원 등의 서비스를 받을 수 있다.
② 보호관찰소의 장은 제1항의 정신질환 보호관찰 대상자의 보호관찰이 종료되는 때에는 심사위원회의 심사를 거쳐 그 종료사실을 정신질환 보호관찰 대상자의 주소지를 관할하는 경찰관서의 장 및 지방자치단체의 장에게 통보할 수 있다.
③ 심사위원회는 제2항에 따라 정신질환 보호관찰 대상자의 보호관찰 종료사실통보가 적절한지 심사할 때에는 정신질환 보호관찰 대상자의 재범 방지 및 치료의 필요성 여부를 심사하여 결정한다.
④ 제2항에 따라 통보하는 정보의 구체적인 범위, 통보방법 및 통보 절차 등에 필요한 사항은 대통령령으로 정한다.
(2021.7.20 본조신설)

제37조【보호관찰 대상자 등의 조사】 ① 보호관찰소의 장은 보호관찰을 위하여 필요하다고 인정하면 보호관찰 대상자나 그 밖의 관계인을 소환하여 심문하거나 소속 보호관찰관에게 필요한 사항을 조사하게 할 수 있다.
② 보호관찰소의 장은 보호관찰을 위하여 필요하다고 인정하면 국공립기관이나 그 밖의 단체에 사실을 알아보거나 관련 자료의 열람 등 협조를 요청할 수 있다.
③ 제1항과 제2항의 직무를 담당하는 사람은 직무상 비밀을 엄수하고, 보호관찰 대상자 및 관계인의 인권을 존중하며, 보호관찰 대상자의 건전한 사회 복귀에 방해되는 일이 없도록 주의하여야 한다.
(2009.5.28 본조개정)

제38조【경고】 보호관찰소의 장은 보호관찰 대상자가 제32조의 준수사항을 위반하거나 위반할 위험성이 있다고 인정할 상당한 이유가 있는 경우에는 준수사항의 이행을 촉구하고 형의 집행 등 불리한 처분을 받을 수 있음을 경고할 수 있다.(2009.5.28 본조개정)

제39조【구인】 ① 보호관찰소의 장은 보호관찰 대상자가 제32조의 준수사항을 위반하였거나 위반하였다고 의심할 상당한 이유가 있고, 다음 각 호의 어느 하나에 해당하는 사유가 있는 경우에는 관할 지방검찰청의 검사에게 신청하여 검사의 청구로 관할 지방법원 판사의 구인장을 발부받아 보호관찰 대상자를 구인(拘引)할 수 있다.
1. 일정한 주거가 없는 경우
2. 제37조제1항에 따른 소환에 따르지 아니한 경우
3. 도주한 경우 또는 도주할 염려가 있는 경우
② 제1항의 구인장은 검사의 지휘에 따라 보호관찰관이 집행한다. 다만, 보호관찰관이 집행하기 곤란한 경우에는 사법경찰관리에게 집행하게 할 수 있다.
(2009.5.28 본조개정)

제40조【긴급구인】 ① 보호관찰소의 장은 제32조의 준수사항을 위반한 보호관찰 대상자가 제39조제1항 각 호의 어느 하나에 해당하는 사유가 있는 경우로서 긴급하여 제39조에 따른 구인장을 발부받을 수 없는 경우에는 그 사유를 알리고 구인장 없이 그 보호관찰 대상자를 구인할 수 있다. 이 경우 긴급하다 함은 해당 보호관찰 대상자를 우연히 발견한 경우 등과 같이 구인장을 발부받을 시간적 여유가 없는 경우를 말한다.
② 보호관찰소의 장은 제1항에 따라 보호관찰 대상자를 구인한 경우에는 긴급구인서를 작성하여 즉시 관할 지방검찰청 검사의 승인을 받아야 한다.
③ 보호관찰소의 장은 제2항에 따른 승인을 받지 못하면 즉시 보호관찰 대상자를 석방하여야 한다.
(2009.5.28 본조개정)

제41조【구인 기간】 보호관찰소의 장은 제39조 또는 제40조에 따라 보호관찰 대상자를 구인하였을 때에는 제42조에 따라 유치(留置) 허가를 청구한 경우를 제외하고는

구인한 때부터 48시간 이내에 석방하여야 한다. 다만, 제42조제2항에 따른 유치 허가를 받지 못하면 즉시 보호관찰 대상자를 석방하여야 한다.(2014.12.30 본조개정)

제42조【유치】 ① 보호관찰소의 장은 다음 각 호의 신청이 필요하다고 인정되면 제39조 또는 제40조에 따라 구인한 보호관찰 대상자를 수용기관 또는 소년분류심사원에 유치할 수 있다.

1. 제47조에 따른 보호관찰을 조건으로 한 형(벌금형을 제외한다)의 선고유예의 실효(失效) 및 집행유예의 취소 청구의 신청(2019.4.16 본호개정)
2. 제48조에 따른 가석방 및 임시퇴원의 취소 신청
3. 제49조에 따른 보호처분의 변경 신청

② 제1항에 따른 유치를 하려는 경우에는 보호관찰소의 장이 검사에게 신청하여 검사의 청구로 관할 지방법원 판사의 허가를 받아야 한다. 이 경우 검사는 보호관찰 대상자가 구인된 때부터 48시간 이내에 유치 허가를 청구하여야 한다.(2014.12.30 본항개정)

③ 보호관찰소의 장은 유치 허가를 받은 때부터 24시간 이내에 제1항 각 호의 신청을 하여야 한다.

④ 검사는 보호관찰소의 장으로부터 제1항제1호의 신청을 받고 그 이유가 타당하다고 인정되면 48시간 이내에 관할 지방법원에 보호관찰을 조건으로 한 형의 선고유예의 실효 또는 집행유예의 취소를 청구하여야 한다.

(2009.5.28 본조개정)

제43조【유치기간】 ① 제42조에 따른 유치의 기간은 제39조제1항 또는 제40조제1항에 따라 구인한 날부터 20일로 한다.(2014.12.30 본항개정)

② 법원은 제42조제1항제1호 또는 제3호에 따른 신청이 있는 경우에 심리(審理)를 위하여 필요하다고 인정되면 심급마다 20일의 범위에서 한 차례만 유치기간을 연장할 수 있다.

③ 보호관찰소의 장은 제42조제1항제2호에 따른 신청이 있는 경우에 심사위원회의 심사에 필요하면 검사에게 신청하여 검사의 청구로 지방법원 판사의 허가를 받아 10일의 범위에서 한 차례만 유치기간을 연장할 수 있다.

(2009.5.28 본조개정)

제44조【유치의 해제】 보호관찰소의 장은 다음 각 호의 어느 하나에 해당하는 경우에는 유치를 해제하고 보호관찰 대상자를 즉시 석방하여야 한다.

1. 검사가 제47조제1항에 따른 보호관찰소의 장의 신청을 기각한 경우
2. 법원이 제47조제1항에 따른 검사의 청구를 기각한 경우
3. 심사위원회가 제48조에 따른 보호관찰소의 장의 신청을 기각한 경우
4. 법무부장관이 제48조에 따른 심사위원회의 신청을 허가하지 아니한 경우
5. 법원이 제49조에 따른 보호관찰소의 장의 신청을 기각한 경우

(2009.5.28 본조개정)

제45조【유치기간의 형기 산입】 제42조에 따라 유치된 사람에 대하여 보호관찰을 조건으로 한 형의 선고유예가 실효되거나 집행유예가 취소된 경우 또는 가석방이 취소된 경우에는 그 유치기간을 형기에 산입한다.

(2009.5.28 본조개정)

제45조의2 (2019.4.16 삭제)

제46조【준용 규정】 보호관찰 대상자의 구인 및 유치에 관하여는 「형사소송법」 제72조, 제75조, 제82조, 제83조, 제85조제1항·제3항·제4항, 제86조, 제87조, 제89조, 제204조, 제214조의2 및 제214조의3을 준용한다.

(2009.5.28 본조개정)

제5절의2 보호장구
(2019.4.16 본절신설)

제46조의2【보호장구의 사용】 ① 보호관찰소 소속 공무원은 보호관찰 대상자가 다음 각 호의 어느 하나에 해당하고, 정당한 직무집행 과정에서 필요하다고 인정되는 상당한 이유가 있으면 제46조의3제1항에 따른 보호장구를 사용할 수 있다.

1. 제39조 및 제40조에 따라 구인 또는 긴급구인한 보호관찰 대상자를 보호관찰소에 인치하거나 수용기관 등에 유치하기 위해 호송하는 때
2. 제39조 및 제40조에 따라 구인 또는 긴급구인한 보호관찰 대상자가 도주하거나 도주할 우려가 있는 때
3. 위력으로 보호관찰소 소속 공무원의 정당한 직무집행을 방해하는 때
4. 자살·자해 또는 다른 사람에 대한 위해의 우려가 큰 때
5. 보호관찰소 시설의 설비·기구 등을 손괴하거나 그 밖에 시설의 안전 또는 질서를 해칠 우려가 큰 때

② 보호장구를 사용하는 경우에는 보호관찰 대상자의 나이, 신체적·정신적 건강상태 및 보호관찰 집행 상황 등을 고려하여야 한다.

③ 그 밖에 보호장구의 사용절차 및 방법 등에 관하여 필요한 사항은 법무부령으로 정한다.

제46조의3【보호장구의 종류 및 사용요건】 ① 보호장구의 종류는 다음 각 호와 같다.

1. 수갑
2. 포승
3. 보호대(帶)
4. 가스총
5. 전자충격기

② 보호장구의 종류별 사용요건은 다음 각 호와 같다.

1. 수갑·포승·보호대(帶) : 제46조의2제1항제1호부터 제5호까지의 어느 하나에 해당하는 때
2. 가스총 : 제46조의2제1항제2호부터 제5호까지의 어느 하나에 해당하는 때
3. 전자충격기 : 제46조의2제1항제2호부터 제5호까지의 어느 하나에 해당하는 경우로서 상황이 긴급하여 다른 보호장구만으로는 그 목적을 달성할 수 없는 때

제46조의4【보호장구 사용의 고지 등】 ① 제46조의3제1항제1호부터 제3호까지의 보호장구를 사용할 경우에는 보호관찰 대상자에게 그 사유를 알려주어야 한다. 다만, 상황이 급박하여 시간적인 여유가 없을 때에는 보호장구 사용 직후 지체 없이 알려주어야 한다.

② 제46조의3제1항제4호 및 제5호의 보호장구를 사용할 경우에는 사전에 상대방에게 이를 경고하여야 한다. 다만, 상황이 급박하여 경고할 시간적인 여유가 없는 때에는 그러하지 아니하다.

제46조의5【보호장구 남용 금지】 제46조의3제1항에 따른 보호장구는 필요한 최소한의 범위에서 사용하여야 하며, 보호장구를 사용할 필요가 없게 되면 지체 없이 사용을 중지하여야 한다.

제6절 보호관찰의 종료
(2009.5.28 본절개정)

제47조【보호관찰을 조건으로 한 형의 선고유예의 실효 및 집행유예의 취소】 ① 「형법」 제61조제2항에 따른 선고유예의 실효 및 같은 법 제64조제2항에 따른 집행유예의 취소는 검사가 보호관찰소의 장의 신청을 받아 법원에 청구한다.

② 제1항의 실효 및 취소절차에 관하여는 「형사소송법」 제335조를 준용한다.

제48조【가석방 및 임시퇴원의 취소】 ① 심사위원회는 가석방 또는 임시퇴원된 사람이 보호관찰기간 중 제32조의 준수사항을 위반하고 위반 정도가 무거워 보호관찰을 계속하기가 적절하지 아니하다고 판단되는 경우에는 보호관찰소의 장의 신청을 받거나 직권으로 가석방 및 임시퇴원의 취소를 심사하여 결정할 수 있다.

② 심사위원회는 제1항에 따른 심사 결과 가석방 또는 임시퇴원을 취소하는 것이 적절하다고 결정한 경우에는 결정서에 관계 서류를 첨부하여 법무부장관에게 이에 대한 허가를 신청하여야 하며, 법무부장관은 심사위원회의 결정이 정당하다고 인정되면 이를 허가할 수 있다.

제49조【보호처분의 변경】 ① 보호관찰소의 장은 「소년법」 제32조제1항제4호 또는 제5호의 보호처분에 따라 보호관찰을 받고 있는 사람이 보호관찰 기간 중 제32조의 준수사항을 위반하고 그 정도가 무거워 보호관찰을 계속하기 적절하지 아니하다고 판단되면 보호관찰소 소재지를 관할하는 법원에 보호처분의 변경을 신청할 수 있다.

② 제1항에 따른 보호처분의 변경을 할 경우 신청대상자가 19세 이상인 경우에도 「소년법」 제2조 및 제38조제1항에도 불구하고 같은 법 제2장의 보호사건 규정을 적용한다.

제50조【부정기형의 종료 등】 ① 「소년법」 제60조제1항에 따라 형을 선고받은 후 가석방된 사람이 그 형의 단기(短期)가 지나고 보호관찰의 목적을 달성하였다고 인정되면 같은 법 제66조에서 정한 기간 전이라도 심사위원회는 보호관찰소의 장의 신청을 받거나 직권으로 형의 집행을 종료한 것으로 결정할 수 있다.

② 임시퇴원자가 임시퇴원이 취소되지 아니하고 보호관찰 기간을 지난 경우에는 퇴원된 것으로 본다.

제51조【보호관찰의 종료】 ① 보호관찰은 보호관찰 대상자가 다음 각 호의 어느 하나에 해당하는 때에 종료한다.

1. 보호관찰 기간이 지난 때
2. 「형법」 제61조에 따라 보호관찰을 조건으로 한 형의 선고유예가 실효되거나 같은 법 제63조 또는 제64조에 따라 보호관찰을 조건으로 한 집행유예가 실효되거나 취소된 때
3. 제48조 또는 다른 법률에 따라 가석방 또는 임시퇴원이 실효되거나 취소된 때
4. 제49조에 따라 보호처분이 변경된 때
5. 제50조에 따른 부정기형 종료 결정이 있는 때
6. 제53조에 따라 보호관찰이 정지된 임시퇴원자가 「보호소년 등의 처우에 관한 법률」 제43조제1항의 나이가 된 때
7. 다른 법률에 따라 보호관찰이 변경되거나 취소·종료된 때(2014.12.30 본호신설)

② 보호관찰 대상자가 보호관찰 기간 중 금고 이상의 형의 집행을 받게 된 때에는 해당 형의 집행기간 동안 보호관찰 대상자에 대한 보호관찰 기간은 계속 진행되고, 해당 형의 집행이 종료·면제되거나 보호관찰 대상자가 가석방된 경우 보호관찰 기간이 남아있는 때에는 그 잔여기간 동안 보호관찰을 집행한다.(2019.4.16 본항신설)

제52조【임시해제】 ① 심사위원회는 보호관찰 대상자의 성적이 양호할 때에는 보호관찰소의 장의 신청을 받거나 직권으로 보호관찰을 임시해제할 수 있다.

② 임시해제 중에는 보호관찰을 하지 아니한다. 다만, 보호관찰 대상자는 준수사항을 계속하여 지켜야 한다.

③ 심사위원회는 임시해제 결정을 받은 사람에 대하여 다시 보호관찰을 하는 것이 적절하다고 인정되면 보호관찰소의 장의 신청을 받거나 직권으로 임시해제 결정을 취소할 수 있다.

④ 제3항에 따라 임시해제 결정이 취소된 경우에는 그 임시해제 기간을 보호관찰 기간에 포함한다.

제53조【보호관찰의 정지】 ① 심사위원회는 가석방 또는 임시퇴원된 사람이 있는 곳을 알 수 없어 보호관찰을 계속할 수 없을 때에는 보호관찰소의 장의 신청을 받거나 직권으로 보호관찰을 정지하는 결정(이하 "정지결정"이라 한다)을 할 수 있다.

② 심사위원회는 제1항에 따라 보호관찰을 정지한 사람이 있는 곳을 알게 되면 즉시 그 정지를 해제하는 결정(이하 "정지해제결정"이라 한다)을 하여야 한다.

③ 보호관찰 정지 중인 사람이 제39조 또는 제40조에 따라 구인된 경우에는 구인된 날에 정지해제결정을 한 것으로 본다.

④ 형기 또는 보호관찰 기간은 정지결정을 한 날부터 그 진행이 정지되고, 정지해제결정을 한 날부터 다시 진행된다.

⑤ 심사위원회는 제1항에 따라 정지결정을 한 후 소재불명이 천재지변이나 그 밖의 부득이한 사정 등 보호관찰 대상자에게 책임이 있는 사유로 인한 것이 아닌 것으로 밝혀진 경우에는 그 정지결정을 취소하여야 한다. 이 경우 정지결정은 없었던 것으로 본다.

제7절 보호관찰사건의 이송 등
(2009.5.28 본절개정)

제54조【직무상 비밀과 증언 거부】 심사위원회 및 보호관찰소의 직원이거나 직원이었던 사람이 다른 법률에 따라 증인으로 신문(訊問)을 받는 경우에는 그 직무상 알게 된 다른 사람의 비밀에 대하여 증언을 거부할 수 있다. 다만, 본인의 승낙이 있거나 중대한 공익상 필요가 있는 경우에는 그러하지 아니하다.

제55조【보호관찰사건의 이송】 보호관찰소의 장은 보호관찰 대상자가 주거지를 이동한 경우에는 새 주거지를 관할하는 보호관찰소의 장에게 보호관찰사건을 이송할 수 있다.

제55조의2【기부금품의 접수】 ① 보호관찰소의 장은 기관·단체 또는 개인이 보호관찰 대상자에 대한 원호 등을 위하여 보호관찰소에 자발적으로 기탁하는 금품을 접수할 수 있다.

② 기부자에 대한 영수증 발급, 기부금품의 용도 지정, 장부의 열람, 그 밖에 필요한 사항은 대통령령으로 정한다.

(2014.1.7 본조신설)

제55조의3【보호관찰 종료사실 등의 통보】 ① 보호관찰소의 장은 다음 각 호의 어느 하나에 해당하는 범죄를 저지른 가석방자의 보호관찰이 종료된 때에 재범 방지 등을 위하여 필요하다고 인정하면 가석방자의 보호관찰 종료사실 등을 그의 주거지를 관할하는 경찰관서의 장에게 통보할 수 있다.

1. 「전자장치 부착 등에 관한 법률」 제2조제2호에 따른 성폭력범죄, 같은 조 제3호의2에 따른 살인범죄, 같은 조 제3호의3에 따른 강도범죄(2020.2.4 본호개정)
2. 다음 각 목의 어느 하나에 해당하는 범죄
   가. 「형법」 제2편제31장 약취(略取), 유인(誘引) 및 인신매매의 죄 중 제287조(미성년자의 약취, 유인)·제288조(추행 등 목적 약취, 유인 등)·제289조(인신매매)·제290조(약취, 유인, 매매, 이송 등 상해·치상)·제291조(약취, 유인, 매매, 이송 등 살인·치사)·제292조(약취, 유인, 매매, 이송된 사람의 수수·은닉 등)·제294조(미수범)의 죄, 같은 법 제2편제37장 권리행사를 방해하는 죄 중 제324조의2(인질강요)·제324조의3(인질상해·치상)의 죄 및 같은 법 제2편제38장 절도와 강도의 죄 중 제336조(인질강도)의 죄
   나. 「특정범죄 가중처벌 등에 관한 법률」 제5조의2(약취·유인죄의 가중처벌)의 죄
   다. 가목과 나목의 죄로서 다른 법률에 따라 가중처벌되는 죄
3. 「폭력행위 등 처벌에 관한 법률」 제4조(단체 등의 구성·활동), 제5조(단체 등의 이용·지원)의 죄 및 「형법」 제2편제5장 공안(公安)을 해하는 죄 중 제114조(범죄단체 등의 조직)의 죄
4. 다음 각 목의 어느 하나에 해당하는 범죄
   가. 「형법」 제2편제13장 방화와 실화의 죄 중 제164조(현주건조물 등에의 방화)·제165조(공용건조물 등에의 방화)·제166조(일반건조물 등에의 방화)·제167조(일반물건에의 방화)·제168조(연소)·제172조(폭발성물건파열)·제172조의2(가스·전기 등 방류)·제173조(가스·전기 등 공급방해) 및 제174조(미수범)의 죄
   나. 「산림자원의 조성 및 관리에 관한 법률」 제71조(벌칙)의 죄
   다. 「산림보호법」 제53조(벌칙)의 죄(같은 조 제5항의 죄는 제외한다)(2016.12.27 본목개정)
   라. 가목부터 다목까지의 죄로서 다른 법률에 따라 가중처벌되는 죄
5. 「마약류 관리에 관한 법률」 제58조(벌칙)·제59조(벌칙)·제60조(벌칙)의 죄(제59조제1항제3호·제5호·제9호·제12호의 죄 및 제60조제1항제2호 중 향정신성의약품 등을 수수, 소지, 소유, 사용, 관리, 조제, 투약, 제공

한 죄 또는 향정신성의약품을 기재한 처방전을 발급한 죄는 제외한다), 「마약류 불법거래 방지에 관한 특례법」 제6조(업으로서 한 불법수입 등)·제7조(불법수익등의 은닉 및 가장)·제8조(불법수익등의 수수)·제9조(마약류 물품의 수입 등)의 죄 및 「특정범죄 가중처벌 등에 관한 법률」 제11조(마약사범 등의 가중처벌)의 죄
② 제1항에 따라 보호관찰소의 장이 통보할 사항은 다음 각 호와 같다.
1. 성명
2. 주민등록번호
3. 주소
4. 죄명
5. 판결내용
6. 보호관찰 종료일
③ 제1항에 따른 통보의 절차 등에 관하여 필요한 사항은 대통령령으로 정한다.
(2014.12.30 본조신설)
제55조의4【범죄경력자료 등의 조회 요청】 ① 법무부장관은 이 법에 따른 보호관찰의 집행이 종료된 사람의 재범 여부를 조사하고 보호관찰명령의 효과를 평가하기 위하여 필요한 경우에는 그 집행이 종료된 때부터 3년 동안 관계 기관에 그 사람에 관한 범죄경력자료와 수사경력자료에 대한 조회를 요청할 수 있다.
② 제1항의 요청을 받은 관계 기관의 장은 정당한 사유 없이 이를 거부해서는 아니 된다.
(2019.4.16 본조신설)
제56조【군법 적용 대상자에 대한 특례】 「군사법원법」 제2조제1항 각 호의 어느 하나에 해당하는 사람에게는 이 법을 적용하지 아니한다.
제57조【「형사소송법」의 준용】 보호관찰에 관하여 이 법에 특별한 규정이 있는 경우를 제외하고는 그 성질에 반하지 아니하는 범위에서 「형사소송법」을 준용한다.
제58조【「형의 집행 및 수용자의 처우에 관한 법률」 적용의 일부 배제】 이 법(제28조는 제외한다)에 따른 가석방에 관하여는 「형의 집행 및 수용자의 처우에 관한 법률」 제119조부터 제122조까지의 규정을 적용하지 아니한다.

제4장 사회봉사 및 수강
(2009.5.28 본장개정)

제59조【사회봉사명령·수강명령의 범위】 ① 법원은 「형법」 제62조의2에 따른 사회봉사를 명할 때에는 500시간, 수강을 명할 때에는 200시간의 범위에서 그 기간을 정하여야 한다. 다만, 다른 법률에 특별한 규정이 있는 경우에는 그 법률에서 정하는 바에 따른다.
② 법원은 제1항의 경우에 사회봉사·수강명령 대상자가 사회봉사를 하거나 수강할 분야와 장소 등을 지정할 수 있다.
제60조【판결의 통지 등】 ① 법원은 「형법」 제62조의2에 따른 사회봉사 또는 수강을 명하는 판결이 확정된 때부터 3일 이내에 판결문 등본 및 준수사항을 적은 서면을 피고인의 주거지를 관할하는 보호관찰소의 장에게 보내야 한다.
② 제1항의 경우에 법원은 그 의견이나 그 밖에 사회봉사명령 또는 수강명령의 집행에 참고가 될 만한 자료를 첨부할 수 있다.
③ 법원 또는 법원의 장은 제1항의 통지를 받은 보호관찰소의 장에게 사회봉사명령 또는 수강명령의 집행상황에 관한 보고를 요구할 수 있다.
제61조【사회봉사·수강명령 집행 담당자】 ① 사회봉사명령 또는 수강명령은 보호관찰관이 집행한다. 다만, 보호관찰관은 국공립기관이나 그 밖의 단체에 그 집행의 전부 또는 일부를 위탁할 수 있다.
② 보호관찰관은 사회봉사명령 또는 수강명령의 집행을 국공립기관이나 그 밖의 단체에 위탁한 때에는 이를 법원 또는 법원의 장에게 통보하여야 한다.
③ 법원은 법원 소속 공무원으로 하여금 사회봉사 또는 수강할 시설 또는 강의가 사회봉사·수강명령 대상자의 교화·개선에 적당한지 여부와 그 운영 실태를 조사·보고하도록 하고, 부적당하다고 인정하면 그 집행의 위탁을 취소할 수 있다.
④ 보호관찰관은 사회봉사명령 또는 수강명령의 집행을 위하여 필요하다고 인정하면 국공립기관이나 그 밖의 단체에 협조를 요청할 수 있다.
제62조【사회봉사·수강명령 대상자의 준수사항】 ① 사회봉사·수강명령 대상자는 대통령령으로 정하는 바에 따라 주거, 직업, 그 밖에 필요한 사항을 관할 보호관찰소의 장에게 신고하여야 한다.
② 사회봉사·수강명령 대상자는 다음 각 호의 사항을 준수하여야 한다.
1. 보호관찰관의 집행에 관한 지시에 따를 것
2. 주거를 이전하거나 1개월 이상 국내외여행을 할 때에는 미리 보호관찰관에게 신고할 것
③ 법원은 판결의 선고를 할 때 제2항의 준수사항 외에 대통령령으로 정하는 범위에서 본인의 특성 등을 고려하여 특별히 지켜야 할 사항을 따로 과(科)할 수 있다.
④ 제2항과 제3항의 준수사항은 서면으로 고지하여야 한다.
제63조【사회봉사·수강의 종료】 ① 사회봉사·수강은 사회봉사·수강명령 대상자가 다음 각 호의 어느 하나에 해당하는 때에 종료한다.
1. 사회봉사명령 또는 수강명령의 집행을 완료한 때
2. 형의 집행유예 기간이 지난 때
3. 「형법」 제63조 또는 제64조에 따라 사회봉사·수강명령을 조건으로 한 집행유예의 선고가 실효되거나 취소된 때(2014.12.30 본호개정)
4. 다른 법률에 따라 사회봉사·수강명령이 변경되거나 취소·종료된 때(2014.12.30 본호개정)
② 사회봉사·수강명령 대상자가 사회봉사·수강명령 집행 중 금고 이상의 형의 집행을 받게 된 때에는 해당 형의 집행이 종료·면제되거나 사회봉사·수강명령 대상자가 가석방된 경우 잔여 사회봉사·수강명령을 집행한다.
(2019.4.16 본항신설)
제64조【준용 규정】 ① 사회봉사·수강명령 대상자에 대하여는 제34조부터 제36조까지, 제54조, 제55조, 제55조의4, 제56조 및 제57조를 준용한다.
② 사회봉사·수강명령 대상자의 준수사항이나 명령 위반에 따른 경고, 구인, 유치, 집행유예 취소 및 보호처분 변경 등에 관하여는 제37조부터 제45조까지, 제46조, 제46조의2부터 제46조의5까지, 제47조 및 제49조를 준용한다.
(2019.4.16 본조개정)

제5장 갱생보호
(2009.5.28 본장제목개정)

제1절 갱생보호의 방법 및 개시
(2009.5.28 본절개정)

제65조【갱생보호의 방법】 ① 갱생보호는 다음 각 호의 방법으로 한다.
1. 숙식 제공
2. 주거 지원
3. 창업 지원
4. 직업훈련 및 취업 지원
5. 출소예정자 사전상담
6. 갱생보호 대상자의 가족에 대한 지원
(2014.5.20 2호~6호개정)
7. 심리상담 및 심리치료
8. 사후관리
9. 그 밖에 갱생보호 대상자에 대한 자립 지원
(2014.5.20 7호~9호신설)
② 제1항 각 호의 구체적인 내용은 대통령령으로 정한다.
③ 제71조에 따른 한국법무보호복지공단 또는 제67조에 따라 갱생보호사업의 허가를 받은 자는 제1항 각 호의 갱생보호활동을 위하여 갱생보호시설을 설치·운영할 수 있다.
④ 제3항의 갱생보호시설의 기준은 법무부령으로 정한다.
제66조【갱생보호의 신청 및 조치】 ① 갱생보호 대상자와 관계 기관은 보호관찰소의 장, 제67조제1항에 따라 갱생보호사업 허가를 받은 자 또는 제71조에 따른 한국법무보호복지공단에 갱생보호 신청을 할 수 있다.
② 제1항의 신청을 받은 자는 지체 없이 보호가 필요한지 결정하고 보호하기로 한 경우에는 그 방법을 결정하여야 한다.
③ 제1항의 신청을 받은 자가 제2항에 따라 보호결정을 한 경우에는 지체 없이 갱생보호에 필요한 조치를 하여야 한다.

제2절 갱생보호사업자
(2009.5.28 본절개정)

제67조【갱생보호사업의 허가】 ① 갱생보호사업을 하려는 자는 법무부령으로 정하는 바에 따라 법무부장관의 허가를 받아야 한다. 허가받은 사항을 변경하려는 경우에도 또한 같다.
② 법무부장관은 갱생보호사업의 허가를 할 때에는 사업의 범위와 허가의 기간을 정하거나 그 밖에 필요한 조건을 붙일 수 있다.
제68조【허가의 기준】 법무부장관은 다음 각 호의 기준에 맞지 아니할 때에는 갱생보호사업의 허가를 하여서는 아니 된다.
1. 갱생보호사업에 필요한 경제적 능력을 가질 것
2. 갱생보호사업의 허가신청자가 사회적 신망이 있을 것
3. 갱생보호사업의 조직 및 회계처리 기준이 공개적일 것
제69조【보고의무】 갱생보호사업의 허가를 받은 자(이하 "사업자"라 한다)는 법무부령으로 정하는 바에 따라 다음 해의 사업계획과 전년도의 회계 상황 및 사업 실적을 법무부장관에게 보고하여야 한다.
제70조【갱생보호사업의 허가 취소 등】 법무부장관은 사업자가 다음 각 호의 어느 하나에 해당할 때에는 그 허가를 취소하거나 6개월 이내의 기간을 정하여 그 사업의 전부 또는 일부의 정지를 명할 수 있다. 다만, 제1호 또는 제4호에 해당하는 때에는 그 허가를 취소하여야 한다.
1. 부정한 방법으로 갱생보호사업의 허가를 받은 경우
2. 갱생보호사업의 허가 조건을 위반한 경우
3. 목적사업 외의 사업을 한 경우
4. 정당한 이유 없이 갱생보호사업의 허가를 받은 후 6개월 이내에 갱생보호사업을 시작하지 아니하거나 1년 이상 갱생보호사업의 실적이 없는 경우
5. 제69조에 따른 보고를 거짓으로 한 경우
6. 이 법 또는 이 법에 따른 명령을 위반한 경우
제70조의2【청문】 법무부장관은 제70조에 따라 갱생보호사업의 허가를 취소하거나 정지하려는 경우에는 청문을 하여야 한다.(2014.5.20 본조신설)

제3절 한국법무보호복지공단
(2008.12.26 본절제목개정)

제71조【한국법무보호복지공단의 설립】 갱생보호사업을 효율적으로 추진하기 위하여 한국법무보호복지공단(이하 "공단"이라 한다)을 설립한다.(2008.12.26 본조개정)
제72조【법인격】 공단은 법인으로 한다.(2009.5.28 본조개정)
제73조【사무소】 ① 공단의 주된 사무소의 소재지는 정관으로 정한다.
② 공단은 정관으로 정하는 바에 따라 필요한 곳에 지부와 지소를 둘 수 있다.
(2009.5.28 본조개정)
제74조【정관】 ① 공단의 정관에는 다음 각 호의 사항이 포함되어야 한다.
1. 목적
2. 명칭
3. 주된 사무소 및 지부·지소에 관한 사항
4. 기금에 관한 사항
5. 임직원에 관한 사항
6. 이사회에 관한 사항
7. 업무에 관한 사항
8. 재산 및 회계에 관한 사항
9. 공고에 관한 사항
10. 정관의 변경에 관한 사항
11. 내부규정의 제정·개정 및 폐지에 관한 사항
② 공단은 정관을 변경하려면 법무부장관의 인가를 받아야 한다.
(2009.5.28 본조개정)
제75조【등기】 공단은 그 주된 사무소의 소재지에서 설립등기를 함으로써 성립한다.(2009.5.28 본조개정)
제76조【임원 및 그 임기】 ① 공단에 이사장 1명을 포함한 15명 이내의 이사와 감사 2명을 둔다.(2014.5.20 본항개정)
② 이사장은 법무부장관이 임명하고, 그 임기는 3년으로 하되 연임할 수 있다. 다만, 임기가 만료된 이사장은 그 후임자가 임명될 때까지 그 직무를 행한다.(2014.5.20 본문개정)
③ 이사는 갱생보호사업에 열성이 있고, 학식과 덕망이 있는 사람 중에서 이사장의 제청에 의하여 법무부장관이 임명하거나 위촉하며, 임기는 3년으로 하되 연임할 수 있다. 다만, 공무원인 이사의 임기는 그 직위에 있는 동안으로 한다.
④ 감사는 이사장의 제청에 의하여 법무부장관이 임명하며, 임기는 2년으로 하되 연임할 수 있다.
(2009.5.28 본조개정)
제77조【임원의 직무】 ① 이사장은 공단을 대표하고 공단의 업무를 총괄한다.
② 감사는 공단의 업무 및 회계를 감사한다.
③ 이사장 아닌 이사와 감사는 비상근으로 할 수 있다.
(2009.5.28 본조개정)
제78조【임원의 결격사유】 다음 각 호의 어느 하나에 해당하는 사람은 공단의 임원이 될 수 없다.
1. 대한민국 국민이 아닌 사람
2. 「국가공무원법」 제33조 각 호의 어느 하나에 해당하는 사람
(2009.5.28 본조개정)
제79조【임원의 해임】 ① 임원이 제78조 각 호의 어느 하나에 해당하게 되면 당연히 퇴직한다.
② 법무부장관은 임원이 다음 각 호의 어느 하나에 해당할 때에는 그 임원을 해임하거나 해촉할 수 있다.
1. 갱생보호사업에 열성이 없다고 인정될 때
2. 직무상의 의무를 위반하거나 직무수행을 게을리하였을 때
3. 그 밖의 사유로 인하여 임원으로서 부적당하다고 인정될 때
(2009.5.28 본조개정)
제80조【이사회】 ① 공단의 업무에 관한 주요 사항을 심의·의결하기 위하여 공단에 이사회를 둔다.
② 이사회는 이사장과 이사로 구성한다.
③ 이사장은 이사회를 소집하고 그 의장이 된다.
④ 감사는 이사회에 출석하여 의견을 진술할 수 있다.
(2009.5.28 본조개정)
제81조【직원의 임면】 공단의 직원은 정관으로 정하는 바에 따라 이사장이 임면(任免)한다.(2009.5.28 본조개정)
제82조【공단의 사업】 공단은 그 목적을 달성하기 위하여 다음 각 호의 사업을 한다.
1. 갱생보호
2. 갱생보호제도의 조사·연구 및 보급·홍보
3. 갱생보호사업을 위한 수익사업
4. 공단의 목적 달성에 필요한 사업
(2009.5.28 본조개정)
제83조【공단의 자산】 공단은 다음 각 호의 재산을 그 자산으로 한다.
1. 공단이 소유하고 있는 부동산과 그 밖의 재산
2. 국고보조금
3. 자산으로부터 생기는 과실(果實)
4. 그 밖의 수입
(2009.5.28 본조개정)

제84조【공단의 사업계획 등】 ① 공단의 회계연도는 정부의 회계연도에 따른다.
② 공단은 법무부령으로 정하는 바에 따라 매 회계연도가 시작되기 전에 다음 회계연도에 실시할 공단의 사업계획 및 예산을 법무부장관에게 제출하여 그 승인을 받아야 한다. 이를 변경할 때에도 또한 같다.
③ 공단은 법무부령으로 정하는 바에 따라 매 회계연도의 종료 후 전년도의 사업 실적과 결산을 법무부장관에게 제출하여야 한다.
(2009.5.28 본조개정)
제85조【기부금품의 접수 및 보고】 ① 공단은 기관·단체 또는 개인이 갱생보호사업을 위하여 공단에 자발적으로 기탁하는 금품을 접수할 수 있다.
② 제1항에 따라 기부금품을 접수한 경우 공단은 그 접수 상황 및 처리 상황을 법무부장관에게 보고하여야 한다.
③ 기부자에 대한 영수증 발급, 기부금품의 용도 지정, 장부의 열람, 그 밖에 필요한 사항은 대통령령으로 정한다.
(2014.12.30 본조개정)
제86조【갱생보호기금의 설치】 갱생보호사업의 추진에 필요한 재원을 확보하기 위하여 공단에 갱생보호기금(이하 "기금"이라 한다)을 설치한다.(2009.5.28 본조개정)
제87조【기금의 재원】 기금은 다음 각 호의 재원으로 조성한다.
1. 기금의 운용으로 생기는 수익금
2. 공단의 사업으로 생기는 수입금
3. 관계 법령에 따른 기부금
(2009.5.28 본조개정)
제88조【기금의 운용·관리】 ① 기금은 공단이 운용·관리한다.
② 기금의 운용·관리에 필요한 사항은 대통령령으로 정한다.
(2009.5.28 본조개정)
제89조【기금의 사용】 기금은 제82조 각 호의 사업을 위하여 사용한다.(2009.5.28 본조개정)
제90조【자금의 차입】 공단은 기금 운용에 필요하다고 인정하면 법무부장관의 승인을 받아 기금의 부담으로 자금을 차입할 수 있다.(2009.5.28 본조개정)
제91조【이익금의 처리】 공단은 매 사업연도의 결산 결과 이익금이 생기면 이월손실금의 보전(補塡)에 충당하고, 그 나머지는 기금으로 적립하여야 한다.
(2009.5.28 본조개정)
제92조【준용 규정】 공단에 관하여 이 법에서 규정한 것을 제외하고는 「민법」 중 재단법인에 관한 규정을 준용한다.(2009.5.28 본조개정)
제93조【벌칙 적용 시의 공무원 의제】 공단의 임직원은 「형법」과 그 밖의 법률에 따른 벌칙을 적용할 때에는 공무원으로 본다.(2009.5.28 본조개정)

제4절 갱생보호사업의 지원 및 감독
(2009.5.28 본절개정)

제94조【보조금】 국가나 지방자치단체는 사업자와 공단에 대하여 보조할 수 있다.
제95조【조세감면】 국가나 지방자치단체는 갱생보호사업에 대하여 「조세특례제한법」 및 「지방세특례제한법」에서 정하는 바에 따라 국세 또는 지방세를 감면할 수 있다.(2010.3.31 본조개정)
제96조【수익사업】 ① 사업자 또는 공단은 갱생보호사업을 위하여 수익사업을 하려면 사업마다 법무부장관의 승인을 받아야 한다. 이를 변경할 때에도 또한 같다.
② 법무부장관은 수익사업을 하는 사업자 또는 공단이 수익을 갱생보호사업 외의 사업에 사용한 경우에는 수익사업의 시정이나 정지를 명할 수 있다.
제97조【감독】 ① 법무부장관은 사업자와 공단을 지휘·감독한다.
② 법무부장관은 사업자와 공단에 대하여 감독상 필요한 경우에는 그 업무에 관한 사항을 보고하게 하거나 자료의 제출이나 그 밖에 필요한 명령을 할 수 있으며, 소속 공무원에게 사업자 및 공단의 운영 실태를 조사하게 할 수 있다.
③ 제2항에 따라 조사를 하는 공무원은 그 권한을 나타내는 증표를 지니고 이를 관계인에게 내보여야 한다.
제98조【유사명칭의 사용금지】 ① 이 법에 따른 공단이 아닌 자는 한국법무보호복지공단 또는 이와 유사한 명칭을 사용하지 못한다.
② 이 법에 따른 사업자가 아닌 자는 갱생보호회 또는 이와 유사한 명칭을 사용하지 못한다.

제6장 벌 칙
(2009.5.28 본장제목개정)

제99조【벌칙】 다음 각 호의 어느 하나에 해당하는 자는 1년 이하의 징역 또는 1천만원 이하의 벌금에 처한다.
(2014.1.7 본문개정)
1. 갱생보호사업의 허가를 받지 아니하고 갱생보호사업 명목으로 영리행위를 한 자
2. 갱생보호사업의 허가를 받은 후 이를 이용하여 갱생보호사업의 목적에 반하여 영리행위를 한 자
3. 제70조에 따른 정지명령을 위반한 자
4. 제96조제2항에 따른 명령을 위반한 자
(2009.5.28 본조개정)
제100조【양벌규정】 법인의 대표자나 법인 또는 개인의 대리인, 사용인, 그 밖의 종업원이 그 법인 또는 개인의 업무에 관하여 제99조의 위반행위를 하면 그 행위자를 벌하는 외에 그 법인 또는 개인에게도 해당 조문의 벌금형을 과(科)한다. 다만, 법인 또는 개인이 그 위반행위를 방지하기 위하여 해당 업무에 관하여 상당한 주의와 감독을 게을리하지 아니한 경우에는 그러하지 아니하다.
(2008.12.26 본조개정)
제101조【과태료】 ① 제98조를 위반한 자에게는 200만원 이하의 과태료를 부과한다.
② 제1항에 따른 과태료는 대통령령으로 정하는 바에 따라 법무부장관이 부과·징수한다.
(2008.12.26 본조신설)

부 칙 (2014.1.7)

제1조【시행일】 이 법은 공포한 날부터 시행한다. 다만, 제55조의2의 개정규정은 공포 후 6개월이 경과한 날부터 시행한다.
제2조【보호관찰 심사위원회 상임위원의 임기제공무원 변경에 관한 경과조치】 이 법 시행 당시 재직 중인 보호관찰 심사위원회 상임위원은 이 법 시행일에 「국가공무원법」 제26조의5에 따른 임기제공무원으로 임용된 것으로 본다. 이 경우 그 임기는 상임위원으로 임명될 당시 임기의 남은 기간으로 한다.

부 칙 (2014.5.20)

제1조【시행일】 이 법은 공포 후 6개월이 경과한 날부터 시행한다.
제2조【이사장의 임기에 관한 경과조치】 이 법 시행 당시 재직 중인 이사장의 임기는 제76조제2항의 개정규정에도 불구하고 종전의 규정에 따른다.

부 칙 (2014.12.30)

제1조【시행일】 이 법은 공포한 날부터 시행한다. 다만, 제55조의3 및 제85조의 개정규정은 공포 후 6개월이 경과한 날부터 시행한다.
제2조【환경조사의 의뢰에 관한 적용례】 제26조제1항의 개정규정에 따른 환경조사의 의뢰는 이 법 시행 후 「소년법」 제32조제1항제7호의 보호처분을 받는 사람부터 적용한다.
제3조【가석방자의 보호관찰 종료사실 등에 대한 통보에 관한 적용례】 제55조의3의 개정규정에 따른 가석방자의 보호관찰 종료사실 등에 대한 통보는 같은 개정규정 제1항 각 호의 어느 하나에 해당하는 범죄를 저지른 가석방자의 보호관찰이 같은 개정규정 시행 후 종료되는 경우부터 적용한다.
제4조【구인한 보호관찰 대상자의 석방·유치, 유치 허가의 청구 및 유치기간에 관한 경과조치】 이 법 시행 전에 제39조 또는 제40조에 따라 구인한 보호관찰 대상자에 대한 석방·유치, 유치 허가의 청구 및 유치기간에 관하여는 제41조부터 제43조까지의 개정규정에도 불구하고 종전의 규정에 따른다.

부 칙 (2019.4.16)

제1조【시행일】 이 법은 공포한 날부터 시행한다. 다만, 제45조의2 및 제46조의2부터 제46조의5까지의 개정규정은 공포 후 6개월이 경과한 날부터 시행한다.
제2조【보호관찰·사회봉사 및 수강의 종료에 관한 적용례】 제51조 및 제63조의 개정규정은 이 법 시행 전에 보호관찰 또는 사회봉사·수강명령 대상자가 된 사람에 대해서도 적용한다.
제3조【범죄경력자료 등의 조회 요청에 관한 적용례】 제55조의4의 개정규정은 이 법 시행 이후 보호관찰이 종료되는 사람부터 적용한다.

부 칙 (2020.2.4)
(2020.10.20)

제1조【시행일】 이 법은 공포 후 6개월이 경과한 날부터 시행한다.(이하 생략)

부 칙 (2021.7.20)

이 법은 공포 후 6개월이 경과한 날부터 시행한다.

보호관찰 등에 관한 법률 시행령

(1996년 12월 31일 전개대통령령 제15217호)

개정
1997.12.31영15598호(행정절시)
2006. 3.23영19392호
2006. 6.12영19513호(고위공무원단인사규정)
2006.12.21영19755호
2008. 6.20영20830호(보호소년등의처우에관한법시)
2009. 3.18영21350호
2009.11.23영21840호
2012. 1. 6영23488호(민감정보고유식별정보)
2012. 4.18영23737호
2013. 5.31영24549호(특정범죄자에대한보호관찰및전자장치부착등에관한법시)
2014. 6.30영25412호
2014. 8. 6영25532호(민감정보고유식별정보)
2014.11.19영25731호
2015. 6.22영26326호
2017. 2. 7영27850호
2017. 5.29영28074호(정신건강증진및정신질환자복지서비스지원에관한법시)
2018. 7. 3영29017호
2019.11. 5영30184호
2020. 8. 5영30908호(전자장치부착등에관한법시)
2021. 1. 5영31380호(법령용어정비)
2022. 1.11영32330호
2022.12.27영33157호(고위공무원단인사규정)

제1조【목적】 이 영은 「보호관찰 등에 관한 법률」(이하 "법"이라 한다)에서 위임된 사항과 그 시행에 관하여 필요한 사항을 규정함을 목적으로 한다.(2006.3.23 본조개정)
제2조【보호관찰심사위원회의 위원장】 ① 법 제5조의 규정에 의한 보호관찰심사위원회(이하 "심사위원회"라 한다)의 위원장은 심사위원회의 회무를 통할하고, 심사위원회를 대표하며, 심사위원회의 회의를 소집하고 그 의장이 된다.
② 위원장이 부득이한 사유로 직무를 수행할 수 없는 때에는 위원장이 미리 지정한 위원이 그 직무를 대행한다.
제3조【위원의 자격 및 임명】 ① 심사위원회의 고위공무원단에 속하는 임기제공무원인 상임위원은 다음 각 호의 어느 하나에 해당하는 사람으로서 보호관찰에 관한 지식과 경험이 풍부한 사람 중에서 임명한다.
1. 판사·검사 또는 변호사의 직에 5년 이상 재직한 사람
2. 대학에서 형사정책학·행형학·범죄학·사회사업학·교육학·심리학 그 밖에 보호관찰에 필요한 전문분야를 담당하는 조교수 이상의 직에 5년 이상 재직한 사람
3. 교원자격증 소지자로서 교원으로 15년 이상 재직한 사람
4. 보호직·교정직·검찰사무직 또는 법원사무직 국가공무원으로서 「고위공무원단 인사규정」 제7조제1항제1호, 같은 항 제2호 또는 같은 항 제4호에 해당하는 사람
(2022.12.27 본호개정)
5. 한국법무보호복지공단의 3급 이상 직원으로 5년 이상 재직한 사람
(2017.2.7 본항개정)
② 심사위원회의 4급 임기제공무원인 상임위원은 다음 각 호의 어느 하나에 해당하는 사람으로서 보호관찰에 관한 지식과 경험이 풍부한 사람 중에서 임명한다.
1. 판사·검사 또는 변호사의 자격이 있는 사람
2. 대학에서 형사정책학·행형학·범죄학·사회사업학·교육학·심리학 그 밖에 보호관찰에 필요한 전문분야를 담당하는 조교수 이상의 직에 재직한 사람
3. 교원자격증 소지자로서 교원으로 10년 이상 재직한 사람
4. 5급의 교정직·보호직·검찰사무직 또는 법원사무직 국가공무원으로 5년 이상 재직한 사람
5. 한국법무보호복지공단의 4급 직원으로 5년 이상 재직한 사람
(2017.2.7 본항개정)
③ 심사위원회의 상임위원이 아닌 위원은 위원장의 제청으로 법무부장관이 임명 또는 위촉한다.
제4조【심사위원회의 간사 및 서기】 ① 심사위원회에 간사와 서기를 두되, 심사위원회 소속 공무원 또는 심사위원회의 소재지를 관할하는 보호관찰소소속 공무원중에서 위원장이 임명한다.(2006.3.23 본항개정)
② 간사는 위원장 및 상임위원의 명을 받아 심사위원회의 사무를 처리하고, 서기는 간사를 보조한다.
③ 간사는 회의에 참석하여 발언할 수 있다.
제5조【심사】 ① 심사위원회는 법 제6조에 규정된 사항을 심사함에 있어 필요한 경우에는 교도소·구치소·소년교도소 및 소년원(이하 "수용기관"이라 한다)의 장, 보호관찰관 기타 관계인을 출석시켜 의견을 듣거나 관계자료의 제출을 요청할 수 있다.
② 국·공립기관 기타 단체는 법 제11조제3항의 규정에 의한 심사위원회의 요청이 있는 경우에는 특별한 사정이 없는 한 이에 협조하여야 한다.
③ 상임위원은 심사관계자료를 검토한 후 그 결과를 심사위원회에 보고하여야 한다.
제6조【의결 및 결정】 ① 심사위원회는 법 제6조에 규정된 사항을 심사하여 의결하고, 위원장과 심사위원이 서명 또는 기명날인한 결정서를 작성하여야 한다.
② 법 제12조제2항에서 "대통령령으로 정하는 경우"란 다음 각 호의 경우를 말한다.

1. 천재지변, 감염병 확산 등으로 위원이 출석하는 회의의 의사정족수를 채우기 어려운 경우
2. 다음 각 목의 의결사항에 대하여 긴급한 사유로 위원이 출석하는 회의를 개최할 시간적 여유가 없는 경우
가. 법 제24조제1항에 따른 가석방자에 대한 보호관찰의 필요 여부에 관한 결정
나. 법 제36조의2제3항에 따른 정신질환 보호관찰 대상자의 보호관찰 종료사실 통보 여부에 관한 결정
다. 법 제48조제1항에 따른 가석방 및 임시퇴원의 취소결정
라. 법 제52조제3항에 따른 보호관찰 임시해제 결정의 취소결정
마. 법 제53조제1항·제2항 및 제5항에 따른 보호관찰의 정지결정, 정지해제결정 또는 정지결정의 취소결정
바. 「전자장치 부착 등에 관한 법률」 제19조제1항에 따른 부착명령 임시해제의 취소결정
(2022.1.11 본항개정)
(2009.3.18 본조개정)

제6조의2【교육훈련】 ① 법무부장관은 법 제15조의 사무를 담당하는 보호관찰소 소속 공무원이 충분한 전문적 지식을 갖출 수 있도록 교육훈련과정을 운영하여야 한다.
② 법 제15조의 사무를 담당하는 보호관찰소 소속 공무원은 법무부령으로 정하는 바에 따라 제1항의 교육훈련과정을 이수하여야 한다.
③ 교육훈련과정에 관하여 필요한 사항은 법무부령으로 정한다.
(2009.11.23 본조신설)

제7조【판결 및 결정 전 조사】 법원은 보호관찰소의 장에게 법 제19조제1항 또는 제19조의2제1항에 따른 조사를 요구하는 때에는 피고인 또는 소년의 인적사항 및 범죄사실의 요지를 통보하여야 한다. 이 경우 필요하다고 인정하는 때에는 참고자료를 송부할 수 있다.
(2009.3.18 본조개정)

제8조【수용기관의 장의 통보의무】 ① 수용기관의 장은 법 제21조제1항 및 제2항의 규정에 의하여 징역 또는 금고의 형의 선고를 받은 소년(이하 "소년수형자"라 한다) 및 보호소년에 대한 기간경과의 통보를 하는 때에는 기간경과통보서를 작성하여 관할심사위원회에 통보하여야 한다.
② 수용기관의 장은 제1항의 규정에 의하여 통보한 사항 기타 신상에 관한 사항에 변동이 생긴 때에는 지체없이 관할심사위원회에 그 사실을 통보하여야 한다.

제9조【가석방·퇴원 및 임시퇴원의 신청】 수용기관의 장은 법 제22조에 따라 가석방, 퇴원 또는 임시퇴원의 심사를 신청하고자 하는 경우에는 소년수형자 또는 보호소년의 신상에 관한 사항, 범죄 및 비행에 관한 사항, 교정성적 등을 종합적으로 고려하여야 한다.(2009.3.18 본조개정)

제10조【직권심사】 심사위원회는 법 제23조제2항, 법 제48조제1항, 법 제50조제1항, 법 제52조제1항·제3항 또는 법 제53조제1항의 규정에 의하여 직권으로 심사를 하는 경우에는 심사대상자를 수용하는 수용기관의 장 또는 관할보호관찰소의 장의 의견을 들어야 한다.

제11조【가석방등의 결정】 ① 심사위원회는 법 제23조에 따라 가석방, 퇴원 또는 임시퇴원의 적부를 심사하여 결정하는 경우에는 소년수형자 또는 보호소년의 건전한 사회복귀를 위하여 가장 적당하다고 인정되는 시기와 다음 각호의 요건을 충족하였는지의 여부를 종합적으로 판단하여야 한다.(2009.3.18 본문개정)
1. 뉘우치는 빛이 뚜렷할 것
2. 자립·갱생의 의욕이 인정될 것
3. 재범의 염려가 없다고 인정될 것
4. 사회의 감정이 가석방, 퇴원 또는 임시퇴원을 용인한다고 인정될 것(2009.3.18 본호개정)

② 심사위원회는 법 제23조제3항의 규정에 의하여 보호관찰의 필요성 여부를 심사하여 결정하는 때에는 법 제26조의 규정에 의한 환경조사 또는 법 제27조의 규정에 의한 환경개선활동의 결과를 고려하여야 한다.

제12조【환경조사】 ① 수용기관의 장은 법 제26조제1항의 규정에 의하여 환경조사를 의뢰한 후 소년수형자 및 「소년법」 제32조제1항제8호부터 제10호까지의 어느 하나에 해당하는 보호처분을 받은 자(이하 "수용자"라 한다)의 신상에 변동이 있는 때에는 지체없이 거주예정지를 관할하는 보호관찰소의 장에게 그 사실을 통지하여야 한다.(2009.3.18 본항개정)
② 법 제26조의 규정에 의한 환경조사는 다음 각호의 사항에 대하여 실시하여야 한다.
1. 인수인·가족관계 및 주변의 상황
2. 범죄 또는 비행에 관한 사회의 감정
3. 피해변상여부 및 피해자의 감정
4. 수용전의 직업·생활환경 및 교우관계
5. 석방후 취업계획 또는 생계의 전망
6. 범죄 또는 비행의 동기
7. 기타 참고사항

제13조【환경개선활동의 방법】 보호관찰소의 장은 법 제27조제1항의 규정에 의한 환경개선활동을 하는 경우에는 수용자와의 면접 또는 통신, 가족 및 관계인과의 협의, 수용기관 기타 관계기관의 협조 등의 방법으로 지속적으로 실시하여야 하며, 본인의 의사를 존중하고 본인·가족 및 관계인의 신뢰와 협력을 얻도록 노력하여야 한다.

제14조【보호관찰사안조사】 교도소·구치소·소년교도소의 장은 법 제28조제1항의 규정에 의하여 가석방심사신청대상자의 명단과 신상조사서를 심사위원회에 송부한 후 그 대상자의 신상에 변동이 있을 때에는 심사위원회에 그 사실을 통지하여야 한다.

제15조【수용기관의 장의 협조】 수용기관의 장은 심사위원회 또는 보호관찰소의 장으로부터 수용자와의 면접, 관계기록의 열람 등 필요한 협조요청을 받은 경우에는 이에 응하여야 한다.

제16조【보호관찰대상자의 신고의무】 법 제3조제1항의 규정에 의한 보호관찰대상자(이하 "보호관찰대상자"라 한다)는 다음 각 호의 어느 하나에 해당하는 때에는 10일 이내에 주거지를 관할하는 보호관찰소에 출석하여 서면으로 법 제29조제2항의 규정에 의한 신고를 하여야 한다.(2019.11.5 본문개정)
1. 「형법」 제59조의2 또는 제62조의2의 규정에 의한 판결이 확정된 때(2006.3.23 본호개정)
2. 「형법」 제73조의2 또는 법 제25조에 따라 가석방 또는 임시퇴원된 때(2019.11.5 본호개정)
3. 「소년법」 제32조제1항제4호 또는 제5호의 보호처분이 확정된 때(2009.3.18 본호개정)
4. 다른 법률에 의하여 이 법에 의한 보호관찰을 받도록 명하는 판결 또는 결정이 확정된 때

제17조【준수사항의 부과 및 훈계】 법원 또는 심사위원회는 법 제32조의 규정에 의하여 보호관찰대상자에게 준수사항을 과할 때에는 보호관찰의 취지를 설명하고, 준수사항을 기재한 서면을 교부하여야 하며, 적절한 훈계를 할 수 있다.

제18조【주거이전등의 신고】 ① 보호관찰대상자는 법 제32조제2항제4호의 규정에 의한 신고를 할 때에는 법무부령이 정하는 바에 의하여 본인의 성명, 주거, 주거이전예정지 또는 여행지, 주거이전이유 또는 여행목적, 주거이전일자 또는 여행기간 등을 신고하여야 한다.
② 보호관찰대상자가 다른 보호관찰소의 관할구역안으로 주거를 이전한 때에는 10일이내에 신주거지를 관할하는 보호관찰소에 출석하여 서면으로 주거이전의 사실을 신고하여야 한다.

제19조【특별준수사항】 법 제32조제3항제10호에서 "대통령령으로 정하는 사항"이란 다음 각 호의 사항을 말한다.
1. 운전면허를 취득할 때까지 자동차(원동기장치자전거를 포함한다) 운전을 하지 않을 것
2. 직업훈련, 검정고시 등 학과교육 또는 성행(性行 : 성품과 행실)개선을 위한 교육, 치료 및 처우 프로그램에 관한 보호관찰관의 지시에 따를 것(2021.1.5 본호개정)
3. 범죄와 관련이 있는 특정 업무에 관여하지 않을 것
4. 성실하게 학교수업에 참석할 것
5. 정당한 수입원에 의하여 생활하고 있음을 입증할 수 있는 자료를 정기적으로 보호관찰관에게 제출할 것
6. 흉기나 그 밖의 위험한 물건을 소지 또는 보관하거나 사용하지 아니할 것
7. 가족의 부양 등 가정생활에 있어서 책임을 성실히 이행할 것
8. 그 밖에 보호관찰 대상자의 생활상태, 심신의 상태, 범죄 또는 비행의 동기, 거주지의 환경 등으로 보아 보호관찰 대상자가 준수할 수 있고 자유를 부당하게 제한하지 아니하는 범위에서 개선·자립에 도움이 된다고 인정되는 구체적인 사항
(2009.11.23 본조개정)

제19조의2【준수사항의 추가 등 신청】 ① 보호관찰소의 장은 법 제32조제4항에 따라 준수사항의 추가, 변경 또는 삭제를 신청하는 경우에는 다음 각 호의 사항을 적은 서면으로 하여야 한다.(2019.11.5 본문개정)
1. 보호관찰 대상자의 성명, 주민등록번호, 직업 및 주거
2. 신청의 취지
3. 준수사항의 추가, 변경 또는 삭제를 필요로 하는 사유(2019.11.5 본호개정)
② 보호관찰소의 장은 제1항의 신청을 할 때 신청사유를 소명할 수 있는 자료를 제출하여야 한다.
③ 법원 또는 심사위원회는 제1항에 따른 신청의 심리를 위하여 필요한 경우에는 담당보호관찰관을 출석시켜 의견을 들을 수 있고, 보호관찰 대상자를 소환하여 심문하거나 필요한 사항을 조사할 수 있다.
(2019.11.5 본조제목개정)
(2009.11.23 본조신설)

제19조의3【분류처우계획의 수립 등】 ① 보호관찰소의 장은 법 제33조의2에 따른 분류처우(이하 이 조에서 "분류처우"라 한다)를 하기 위하여 보호관찰 대상자의 개별적 특성에 알맞은 분류처우계획을 수립하여 시행하여야 한다.
② 보호관찰소의 장은 분류처우를 하기 위하여 보호관찰 대상자의 재범가능성, 사회생활 적응가능성 등 필요한 사항을 조사하여야 한다.
③ 보호관찰소의 장은 분류처우를 하기 위하여 보호관찰 대상자에 대한 심리검사 등 필요한 검사를 할 수 있고, 필요한 경우 외부전문가로부터 의견을 듣거나 검사를 의뢰할 수 있다.
(2009.11.23 본조신설)

제20조【응급구호의 범위】 ① 법 제35조의 규정에 의한 응급구호는 다음 각 호의 1에 해당하는 경우에 실시할 수 있다.
1. 질병·부상 기타 긴급한 사유의 발생으로 보호관찰대상자의 생명·신체에 중대한 위험이 예상되는 경우
2. 보호자 또는 부양의무자의 부양능력이 없어 구호가 불가피한 경우
3. 기타 응급구호를 함이 적절하다고 판단되는 경우
② 보호관찰소의 장은 법 제35조의 규정에 의하여 응급구호를 하고자 하는 경우에는 예산의 범위안에서 이를 실시할 수 있다.

제20조의2【정신질환 보호관찰 종료사실 통보 절차 등】 ① 보호관찰소의 장은 법 제36조의2제2항에 따라 정신질환 보호관찰 대상자의 보호관찰 종료사실 통보를 위한 심사위원회의 심사를 받으려는 경우에는 다음 각 호의 사항을 적은 신청서에 진단서 또는 진료확인서 등을 첨부하여 제출하여야 한다.
1. 정신질환 보호관찰 대상자의 각 목의 사항
가. 성명
나. 주민등록번호
다. 직업
라. 주거
마. 죄명, 형명 및 형기
바. 보호관찰 개시일 및 종료일
사. 병명 및 치료 이력
2. 종료사실 통보가 필요한 이유
3. 그 밖에 재범 위험성과 치료 필요성을 판단하는 데 참고할 사항
② 보호관찰소의 장이 법 제36조의2제2항에 따라 통보하는 정보의 구체적인 범위는 다음 각 호와 같다.
1. 정신질환 보호관찰 대상자의 각 목의 사항
가. 성명
나. 주민등록번호
다. 주거
라. 연락처
마. 보호관찰 종료일
바. 병명 및 치료 이력
2. 그 밖에 보호관찰소의 장이 범죄예방 및 치료에 필요하다고 인정하는 사항
③ 보호관찰소의 장은 경찰관서의 장에게 법 제36조의2제2항에 따른 종료사실 통보를 하는 경우에는 제2항 각 호의 사항에 관한 전자기록을 「형사사법절차 전자화 촉진법」에 따른 형사사법정보시스템에 등록하여 경찰관서의 장이 그 전자기록을 조회하게 하는 방식으로 할 수 있다.
(2022.1.11 본조신설)

제21조【보호관찰대상자등의 소환 및 조사】 ① 보호관찰소의 장은 법 제37조제1항의 규정에 의하여 보호관찰대상자 기타 관계인을 소환하고자 하는 경우에는 출석요구서를 발부하여야 한다. 다만, 긴급을 요하는 등 출석요구서를 발부하기에 적당하지 아니한 경우에는 다른 방법에 의할 수 있다.
② 보호관찰관은 보호관찰대상자 기타 관계인을 소환하여 조사한 때에는 그 조사내용을 서면으로 작성하여야 한다.

제22조【보호관찰대상자에 대한 경고】 보호관찰소의 장은 법 제38조의 규정에 의하여 경고를 하는 때에는 보호관찰대상자에게 경고이유등을 서면으로 고지하여야 한다.

제23조【구인신청의 방식】 보호관찰소의 장은 법 제39조제1항의 규정에 의하여 보호관찰대상자의 구인을 신청하는 때에는 다음 각호의 사항을 기재한 서면에 의하여야 한다.
1. 구인대상자의 성명·주민등록번호·직업 및 주거(2009.11.23 본호개정)
2. 법 제39조제1항에 해당하는 사실의 요지
3. 구인을 필요로 하는 사유
4. 인치할 장소 및 유치할 장소(2009.11.23 본호개정)
5. 구인장의 유효기간
6. 여러 통의 구인장을 청구하는 때에는 그 취지 및 사유

제24조【구인장의 방식】 법 제39조제1항의 규정에 의하여 판사가 발부하는 구인장에는 청구한 검사의 관직·성명 및 제23조 각호의 사항을 기재하여야 한다.

제25조【구인장의 집행의뢰】 보호관찰관은 법 제39조제2항 단서의 규정에 의하여 사법경찰관리에게 구인장의 집행을 의뢰하는 때에는 그 사유를 기재한 서면으로 하되, 검사의 지휘를 받아야 한다.

제26조【긴급구인승인신청등】 ① 법 제40조제2항에 따른 긴급구인승인신청은 보호관찰대상자를 구인한 때부터 12시간 이내에 하여야 한다.(2017.2.7 본항개정)
② 법 제40조제2항에 따른 긴급구인서에는 다음 각 호의 사항을 기재하여야 한다.(2017.2.7 본문개정)
1. 긴급구인한 보호관찰대상자의 성명·주민등록번호·처분명·주거·직업·보호관찰사건번호 및 보호관찰기간
2. 긴급구인한 일시 및 장소
3. 긴급구인한 사유
4. 인치한 일시 및 장소(2009.11.23 본호신설)
5. 유치할 장소(2009.11.23 본호신설)

제27조【구인후 조사 및 심문】 ① 보호관찰관은 구인된 보호관찰대상자를 보호관찰소등에 인치한 때에는 지체없이 조사하여야 한다.
② 제1항의 경우 보호관찰관은 보호관찰대상자에게 심문에 대하여 진술을 거부할 수 있으며 본인에게 유리한 사실에 대하여 진술을 할 수 있다는 취지를 고지하여야 한다.
③ 보호관찰소의 장은 제1항의 규정에 의한 조사결과 보호관찰대상자를 법 제42조의 규정에 의하여 유치할 필요가 없다고 판단되는 때에는 즉시 석방하여야 한다.
제28조【유치허가신청의 방식】 보호관찰소의 장은 법 제42조제2항의 규정에 의하여 보호관찰대상자의 유치허가신청을 하는 때에는 다음 각호의 사항을 기재한 서면에 의하여야 한다.
1. 유치대상자의 성명·주민등록번호·직업 및 주거 (2009.11.23 본호개정)
2. 유치를 필요로 하는 사유
3. 유치할 장소
제29조【유치허가장의 방식】 법 제42조제2항의 규정에 의하여 판사가 발부하는 유치허가장에는 청구한 검사의 관직·성명·발부일시 및 제28조 각호의 사항을 기재하여야 한다.
제30조【구인·긴급구인승인 및 유치허가신청의 관할】 보호관찰소의 장은 그 소재지를 관할하는 지방검찰청 또는 지청의 검사에게 구인·긴급구인승인 및 유치허가의 신청을 한다.
제31조【유치기간연장결정의 통지】 법원은 법 제43조제2항의 규정에 의하여 유치기간을 연장한 때에는 지체없이 보호관찰소의 장에게 그 사실을 통지하여야 한다.
제32조【보호관찰을 조건으로 한 형의 선고유예의 실효 및 집행유예의 취소청구신청등】 ① 보호관찰소의 장은 법 제47조제1항의 규정에 의한 신청을 하는 때에는 다음 각호의 사항을 기재한 서면에 의하여야 한다.
1. 보호관찰대상자의 성명·주민등록번호·직업 및 주거 (2009.11.23 본호개정)
2. 신청의 취지
3. 실효 및 취소를 필요로 하는 사유
4. 기타 보호관찰을 계속할 수 없는 사유
② 검사는 법 제47조제1항의 규정에 의한 청구를 하는 때에는 보호관찰소의 장이 제1항의 규정에 의하여 제출한 서면을 첨부하고, 그 사유를 소명하여야 한다.
③ 법원은 법 제47조제1항의 규정에 의한 청구의 심리를 위하여 필요하다고 인정하는 때에는 담당보호관찰관을 출석시켜 의견을 들을 수 있다.
제33조【취소청구신청에 대한 결과 통지】 검사는 법 제42조제1항제1호의 신청을 기각한 때 또는 보호관찰을 조건으로 한 형의 선고유예의 실효 및 집행유예의 취소청구에 대한 법원의 결정이 있는 때에는 지체없이 보호관찰소의 장에게 그 사실을 통지하여야 한다.
제34조【가석방 및 임시퇴원의 취소와 재수용】 ① 수용기관의 장은 법 제48조의 규정에 의하여 가석방 또는 임시퇴원이 취소된 보호관찰대상자를 지체없이 수용기관에 재수용하여야 한다.(2008.6.20 본항개정)
② 제1항의 경우 재수용을 위하여 필요한 때에는 수용기관 소재지를 관할하는 지방검찰청 또는 지청의 검사에게 구인을 의뢰할 수 있다.
(2008.6.20 본조제목개정)
제35조【보호처분의 변경신청】 ① 보호관찰소의 장은 법 제49조제1항의 규정에 의하여 보호처분의 변경을 신청하는 때에는 다음 각호의 사항을 기재한 서면에 의하여야 한다.
1. 보호관찰대상자의 성명·주민등록번호·직업 및 주거 (2009.11.23 본호개정)
2. 신청의 취지
3. 처분변경을 필요로 하는 사유
4. 기타 보호관찰을 계속할 수 없는 사유
② 제1항제3호 및 제4호의 사유는 이를 소명하여야 한다.
③ 법원은 제1항의 규정에 의한 신청의 심리를 위하여 필요하다고 인정하는 때에는 담당보호관찰관을 출석시켜 의견을 들을 수 있으며, 보호관찰대상자를 심문하거나 필요한 사항을 조사·심리할 수 있다.
제36조【보호관찰정지자 소재 파악시의 통보】 보호관찰소의 장은 보호관찰정지중인 자의 소재를 파악한 때에는 지체없이 심사위원회에 그 사실을 통보하여야 한다.
제36조의2【기부금품의 접수 등】 ① 보호관찰소의 장은 법 제55조의2제1항에 따라 기부금품을 접수하는 경우 기부자에게 영수증을 발급하여야 한다. 다만, 익명으로 기부하거나 기부자를 알 수 없는 경우에는 영수증을 발급하지 아니할 수 있다.
② 보호관찰소의 장은 제1항에 따른 기부자가 다음 각 호의 어느 하나의 경우에 해당하는 사실을 알게 된 경우에는 기부금품을 접수해서는 아니 된다.
1. 기부자가 보호관찰 대상자인 경우
2. 기부자가 보호관찰 대상자와 친족이거나 친족이었던 경우
3. 그 밖에 기부자가 보호관찰 대상자와 직접적인 이해관계가 있다고 인정되는 기관·단체 또는 사람인 경우
③ 보호관찰소의 장은 제1항에 따른 기부자가 기부금품의 용도를 지정한 경우에는 그 용도로만 사용하여야 한다. 다만, 기부자가 지정한 용도로 사용하기 어려운 경우에는 특별한 사정이 없는 한 기부자의 동의를 받아 다른 용도로 사용할 수 있다.
④ 보호관찰소의 장은 모든 기부금의 수입 및 지출을 기부금 전용계좌를 통하여 처리하여야 한다.
⑤ 보호관찰소의 장은 기부금품의 접수현황 및 사용실적 등에 관한 장부를 갖추어 두고 기부자가 열람할 수 있도록 하여야 한다.
⑥ 보호관찰소의 장은 매 반기별로 기부금품의 접수현황 및 사용실적 등에 관한 사항을 법무부장관에게 보고하여야 한다
(2014.6.30 본조신설)
제36조의3【보호관찰 종료사실 등의 통보 절차】 법 제55조의3제1항에 따른 가석방자의 보호관찰 종료사실 등의 통보는 보호관찰소의 장이 관리하는 법 제55조의3제2항 각 호에 대한 전자기록을 「형사사법절차 전자화 촉진법」 제2조제4호에 따른 형사사법정보시스템에 등록하고, 경찰관서의 장이 이를 조회하는 방식 등으로 할 수 있다.
(2015.6.22 본조신설)
제37조【사회봉사·수강명령 집행위탁의 통보】 보호관찰관이 법 제61조제2항의 규정에 의하여 사회봉사명령 또는 수강명령의 집행위탁사실을 법원 또는 법원의 장에게 통보하는 때에는 집행위탁을 받은 기관의 명칭 및 주소, 위탁인원, 집행위탁의 내용 등을 기재한 서면에 의하여야 한다.
제38조【사회봉사·수강명령 집행위탁의 취소에 따른 조치】 법원이 법 제61조제3항의 규정에 의하여 사회봉사명령 또는 수강명령의 집행위탁을 취소한 경우에는 보호관찰관이 남은 기간의 사회봉사명령 또는 수강명령을 직접 집행하거나 적합한 다른 국·공립기관 기타 단체에 위탁하여 집행하여야 한다.
제39조【준용】 ① 제16조(보호관찰대상자의 신고의무)·제17조(준수사항의 부과 및 훈계)·제18조(주거이전등의 신고)·제19조(특별준수사항) 및 제20조(응급구호의 범위)의 규정은 법 제3조제2항의 규정에 의한 사회봉사·수강명령대상자(이하 이 조에서 "사회봉사·수강명령대상자"라 한다)에 대하여 이를 준용한다.
② 사회봉사·수강명령 대상자의 준수사항이나 명령 위반에 따른 경고, 구인, 유치, 집행유예 취소 및 보호처분 변경 등에 관하여는 제21조부터 제33조까지 및 제35조를 준용한다.(2009.3.18 본항개정)
제40조【갱생보호】 ① 법 제65조제1항에 따른 갱생보호는 갱생보호를 받을 사람(이하 "갱생보호 대상자"라 한다)이 친족 또는 연고자 등으로부터 도움을 받을 수 없거나 이들의 도움만으로는 충분하지 아니한 경우에 한하여 행한다.
② 갱생보호를 하는 경우에는 미리 갱생보호 대상자로 하여금 자립계획을 수립하게 할 수 있다.
(2014.11.19 본조개정)
제41조【숙식 제공】 ① 법 제65조제1항제1호에 따른 숙식 제공은 생활관 등 갱생보호시설에서 갱생보호 대상자에게 숙소·음식물 및 의복 등을 제공하고 정신교육을 하는 것으로 한다.(2014.11.19 본항개정)
② 제1항의 규정에 의한 숙식제공은 6월을 초과할 수 없다. 다만, 필요하다고 인정하는 때에는 매회 6월의 범위내에서 3회에 한하여 그 기간을 연장할 수 있다.
(2006.12.21 단서개정)
③ 제1항의 규정에 의하여 숙식을 제공한 경우에는 법무부장관이 정하는 바에 의하여 소요된 최소한의 비용을 징수할 수 있다.
(2014.11.19 본조제목개정)
제41조의2【주거 지원】 법 제65조제1항제2호에 따른 주거 지원은 갱생보호 대상자에게 주택의 임차에 필요한 지원을 하는 것으로 한다.(2014.11.19 본조신설)
제41조의3【창업 지원】 법 제65조제1항제3호에 따른 창업 지원은 갱생보호 대상자에게 창업에 필요한 사업장 임차보증금 등을 지원하는 것으로 한다.(2014.11.19 본조신설)
제42조~제43조 (2014.11.19 삭제)
제44조【직업훈련】 ① 법 제65조제1항제4호에 따른 직업훈련은 갱생보호 대상자에게 취업에 필요한 기능훈련을 시키고 자격 취득을 위한 교육을 하는 것으로 한다.
(2014.11.19 본항개정)
② 제1항의 규정에 의한 직업훈련은 다른 직업훈련기관에 위탁하여 행할 수 있다.
제45조【취업 지원】 법 제65조제1항제4호에 따른 취업 지원은 갱생보호 대상자에게 직장을 알선하고 필요한 경우 신원을 보증하는 것으로 한다.(2014.11.19 본조개정)
제45조의2【출소예정자 사전상담】 ① 법 제65조제1항제5호에 따른 출소예정자 사전상담은 출소예정자에게 출소 전에 갱생보호의 방법을 안내하고 자립계획 등에 대하여 상담을 실시하는 것으로 한다.
② 갱생보호사업의 허가를 받은 자 또는 법 제71조에 따른 한국법무보호복지공단(이하 "공단"이라 한다)은 제1항의 상담을 위하여 수용기관의 장에게 출소예정자의 수용자 번호를 통보하여 줄 것을 요청할 수 있다. 이 경우 수용기관의 장은 특별한 사유가 없으면 이에 협조하여야 한다.
(2014.11.19 본조신설)
제45조의3【갱생보호 대상자의 가족에 대한 지원】 법 제65조제1항제6호에 따른 갱생보호 대상자의 가족에 대한 지원은 갱생보호 대상자의 가족에게 심리상담 및 심리치료, 취업 지원, 학업 지원 등을 하는 것으로 한다.
(2014.11.19 본조신설)
제45조의4【심리상담 및 심리치료】 법 제65조제1항제7호에 따른 심리상담 및 심리치료는 갱생보호 대상자에게 심리적 안정과 사회적응을 위한 상담 및 「정신건강증진 및 정신질환자 복지서비스 지원에 관한 법률」에 따른 정신건강전문요원 등 전문가에 의한 치료를 실시하는 것으로 한다.(2017.5.29 본조개정)
제45조의5【사후관리】 법 제65조제1항제8호에 따른 사후관리는 같은 항 제1호부터 제7호까지 또는 제9호의 갱생보호를 받은 갱생보호 대상자에게 사회복귀 상황을 점검하여 필요한 조언을 하는 것으로 한다.(2014.11.19 본조신설)
제46조【자립 지원】 법 제65조제1항제9호에 따른 갱생보호 대상자에 대한 자립 지원은 사회복지시설에의 의탁 알선, 가족관계 등록 창설, 주민등록, 결혼 주선, 입양 및 의료 시혜 등 갱생보호 대상자의 자립을 위하여 필요한 사항을 지원하는 것으로 한다.(2014.11.19 본조개정)
제46조의2【갱생보호 대상자 수용기간 등의 통보 요청】 ① 갱생보호사업의 허가를 받은 자 또는 공단은 갱생보호 대상자의 적절한 보호를 위하여 필요한 경우 갱생보호 대상자의 동의를 받아 수용기관의 장에게 다음 각 호의 사항을 통보하여 줄 것을 요청할 수 있다.
1. 수용기간
2. 가족 관계 및 보호자 관계
3. 직업경력 및 학력
4. 생활환경
5. 성장과정
6. 심리적 특성
7. 범행내용 및 범죄횟수
② 제1항의 요청을 받은 수용기관의 장은 특별한 사유가 없으면 이에 협조하여야 한다.
(2014.11.19 본조신설)
제47조【공단의 기부금품 접수 등】 법 제85조에 따른 기부금품의 접수 등에 관하여는 제36조의2제1항 및 제3항부터 제6항까지의 규정을 준용한다. 이 경우 "보호관찰소의 장"은 "공단"으로 본다.(2015.6.22 본조신설)
제48조【기금의 운용·관리】 공단은 법 제86조에 따라 설치된 갱생보호기금(이하 "기금"이라 한다)을 별도 계정으로 관리하여야 한다.(2014.11.19 본조개정)
제49조【기금의 운용·관리계획】 ① 공단은 매년 다음 회계연도의 기금의 운용·관리계획을 법 제84조제2항의 규정에 의한 사업계획 및 예산에 포함시켜 법무부장관에게 제출하여야 한다.
② 제1항의 규정에 의한 운용·관리계획에는 다음 각호의 사항이 포함되어야 한다.
1. 기금의 재원별 조성계획
2. 기금의 사업별·재원별 사용계획 및 그 사업내용과 기금의 용도를 설명하는 내역
제50조【기금운용에 관한 보고】 ① 공단은 매 회계연도의 기금운용에 관한 결산결과를 법 제84조제3항의 규정에 의한 전년도의 사업실적과 결산에 포함시켜 법무부장관에게 보고하여야 한다.
② 제1항의 규정에 의한 결산결과보고에는 다음 각호의 서류를 첨부하여야 한다.
1. 당해 연도의 대차대조표와 손익계산서
2. 당해 연도의 잉여금계산서와 잉여금처분계산서
3. 수입 및 지출계산서
4. 기타 법무부장관이 정하는 재무제표부속명세서
제51조【민감정보 및 고유식별정보의 처리】 ① 심사위원회는 법 제11조에 따른 심사 및 법 제21조에 따른 통보의 접수에 관한 사무를 수행하기 위하여 불가피한 경우 「개인정보 보호법」 제23조에 따른 건강에 관한 정보, 같은 법 시행령 제18조제2호에 따른 범죄경력자료에 해당하는 정보, 같은 영 제19조제1호 또는 제4호에 따른 주민등록번호 또는 외국인등록번호가 포함된 자료를 처리할 수 있다.
② 보호관찰소의 장은 다음 각 호의 사무를 수행하기 위하여 불가피한 경우 제1항에 따른 개인정보가 포함된 자료를 처리할 수 있다.
1. 법 제15조제3호에 따른 선도 업무에 관한 사무 (2014.6.30 본호신설)
1의2. 법 제15조제6호에 따른 사무(「소년법」 제32조의2제3항에 따른 보호자에 대한 특별교육에 한정한다) (2015.6.22 본호신설)
1의3. 법 제19조에 따른 판결 전 조사에 관한 사무
1의4. 법 제19조의2에 따른 결정 전 조사에 관한 사무
(2014.6.30 1호의3~1호의4신설)
1의5. 법 제26조에 따른 환경조사에 관한 사무
2. 법 제29조에 따른 보호관찰 개시 및 신고에 관한 사무
3. 법 제32조제4항에 따른 보호관찰대상자의 준수사항 추가, 변경 또는 삭제 신청에 관한 사무(2019.11.5 본호개정)
3의2. 법 제36조의2제2항에 따른 종료사실 통보에 관한 사무(2022.1.11 본호신설)

4. 법 제37조제1항에 따른 보호관찰 대상자 등의 조사에 관한 사무
4의2. 법 제39조에 따른 구인에 관한 사무(2014.6.30 본호신설)
5. 법 제48조제1항에 따른 가석방 및 임시퇴원의 취소 신청에 관한 사무
6. 법 제50조제1항에 따른 부정기형의 종료 신청에 관한 사무
7. 법 제52조제1항에 따른 보호관찰의 임시해제 신청에 관한 사무
8. 법 제53조제1항·제2항에 따른 보호관찰의 정지 또는 정지해제 신청에 관한 사무와 보호관찰 정지자 관리에 관한 사무
9. 법 제55조에 따른 보호관찰사건의 이송에 관한 사무
10. 법 제55조의2에 따른 기부금품의 접수에 관한 사무(2014.6.30 본호신설)
10의2. 법 제61조에 따른 사회봉사명령·수강명령의 집행에 관한 사무(2014.11.19 본호신설)
10의3. 법 제62조에 따른 사회봉사명령·수강명령 대상자의 신고에 관한 사무(2014.11.19 본호신설)
11. 제16조 및 제18조제2항에 따른 보호관찰대상자 신고의 관리에 관한 사무

③ 법무부장관은 다음 각 호의 사무를 수행하기 위하여 불가피한 경우 제1항에 따른 개인정보가 포함된 자료를 처리할 수 있다.
1. 법 제18조에 따른 범죄예방 자원봉사위원의 위촉 등에 관한 사무
2. 법 제78조에 따른 공단 임원의 결격사유 확인에 관한 사무
3. 법 제79조에 따른 공단 임원의 해임 및 해촉에 관한 사무

(2014.8.6 본항신설)

④ 검사는 법 제32조제4항에 따른 보호관찰대상자의 준수사항 추가, 변경 또는 삭제 청구에 관한 사무를 수행하기 위하여 불가피한 경우 제1항에 따른 개인정보가 포함된 자료를 처리할 수 있다.(2019.11.5 본항개정)

⑤ 보호관찰소의 장, 갱생보호사업의 허가를 받은 자 또는 공단은 법 제66조에 따른 갱생보호의 신청 및 조치에 관한 사무를 수행하기 위하여 불가피한 경우 제1항에 따른 개인정보가 포함된 자료를 처리할 수 있다.
(2014.6.30 본항신설)

⑥ 공단은 법 제85조에 따른 기부금품의 접수에 관한 사무를 수행하기 위하여 불가피한 경우 「개인정보 보호법 시행령」 제19조제1호 또는 제4호에 따른 주민등록번호 또는 외국인등록번호가 포함된 자료를 처리할 수 있다.
(2015.6.22 본항신설)
(2012.1.6 본조신설)

제52조【과태료의 부과기준】 법 제101조제1항에 따른 과태료의 부과기준은 별표와 같다.(2018.7.3 본조신설)

부 칙 (2018.7.3)
(2019.11.5)

이 영은 공포한 날부터 시행한다.

부 칙 (2020.8.5)

제1조【시행일】 이 영은 2020년 8월 5일부터 시행한다.(이하 생략)

부 칙 (2021.1.5)

이 영은 공포한 날부터 시행한다.(이하 생략)

부 칙 (2022.1.11)

이 영은 2022년 1월 21일부터 시행한다.

부 칙 (2022.12.27)

제1조【시행일】 이 영은 공포한 날부터 시행한다.(이하 생략)

〔별표〕 ➡ 「法典 別册」 參照

(舊 : 치료감호법)

치료감호 등에 관한 법률

(약칭 : 치료감호법)

(2005년 8월 4일
법 률 제7655호)

개정
2007.12.21법 8728호(형의집행수용자)
2008. 6.13법 9111호
2010. 4.15법10258호(성폭력범죄의처벌등에관한특례법)
2011. 8. 4법11005호(의료법)
2012.12.18법11556호(성폭력범죄의처벌등에관한특례법)
2013. 7.30법11954호 2014. 1. 7법12196호
2014.12.30법12894호 2015.12. 1법13525호
2016. 1. 6법13722호(군사법원)
2016. 5.29법14224호(정신건강증진및정신질환자복지서비스지원에관한법)
2017.12.12법15160호 2018.12.18법15980호
2020. 2. 4법16923호(전자장치부착등에관한법)
2020.10.20법17510호 2022. 1. 4법18678호

제1장 총 칙
(2008.6.13 본장개정)

제1조【목적】 이 법은 심신장애 상태, 마약류·알코올이나 그 밖의 약물중독 상태, 정신성적(精神性的) 장애가 있는 상태 등에서 범죄행위를 한 자로서 재범(再犯)의 위험성이 있고 특수한 교육·개선 및 치료가 필요하다고 인정되는 자에 대하여 적절한 보호와 치료를 함으로써 재범을 방지하고 사회복귀를 촉진하는 것을 목적으로 한다.

제2조【치료감호대상자】 ① 이 법에서 "치료감호대상자"란 다음 각 호의 어느 하나에 해당하는 자로서 치료감호시설에서 치료를 받을 필요가 있고 재범의 위험성이 있는 자를 말한다.
1. 「형법」 제10조제1항에 따라 벌하지 아니하거나 같은 조 제2항에 따라 형을 감경할 수 있는 심신장애인으로서 금고 이상의 형에 해당하는 죄를 지은 자
(2020.10.20 본호개정)
2. 마약·향정신성의약품·대마, 그 밖에 남용되거나 해독(害毒)을 끼칠 우려가 있는 물질이나 알코올을 식음(食飮)·섭취·흡입·흡연 또는 주입받는 습벽이 있거나 그에 중독된 자로서 금고 이상의 형에 해당하는 죄를 지은 자
3. 소아성기호증(小兒性嗜好症), 성적가학증(性的加虐症) 등 성적 성벽(性癖)이 있는 정신성적 장애인으로서 금고 이상의 형에 해당하는 성폭력범죄를 지은 자
(2014.12.30 본호개정)

② 제1항제2호의 남용되거나 해독을 끼칠 우려가 있는 물질에 관한 자세한 사항은 대통령령으로 정한다.

제2조의2【치료감호 대상 성폭력범죄의 범위】 제2조제1항제3호의 성폭력범죄는 다음 각 호의 범죄를 말한다.
1. 「형법」 제297조(강간)·제297조의2(유사강간)·제298조(강제추행)·제299조(준강간, 준강제추행)·제300조(미수범)·제301조(강간등 상해·치상)·제301조의2(강간등 살인·치사)·제302조(미성년자등에 대한 간음)·제303조(업무상위력등에 의한 간음)·제305조(미성년자에 대한 간음, 추행)·제305조의2(상습범)·제339조(강도강간)·제340조(해상강도)제3항(사람을 강간한 죄만을 말한다) 및 제342조(미수범)의 죄(제339조 및 제340조제3항 중 사람을 강간한 죄의 미수범만을 말한다)
(2013.7.30 본호개정)
2. 「성폭력범죄의 처벌 등에 관한 특례법」 제3조부터 제10조까지 및 제15조(제3조부터 제9조까지의 미수범으로 한정한다)의 죄(2012.12.18 본호개정)
3. 「아동·청소년의 성보호에 관한 법률」 제7조(아동·청소년에 대한 강간·강제추행 등)·제9조(강간 등 상해·치상)·제10조(강간 등 살인·치사)의 죄
(2013.7.30 본호개정)
4. 제1호부터 제3호까지의 죄로서 다른 법률에 따라 가중처벌되는 죄
(2008.6.13 본조신설)

제2조의3【치료명령대상자】 이 법에서 "치료명령대상자"란 다음 각 호의 어느 하나에 해당하는 자로서 통원치료를 받을 필요가 있고 재범의 위험성이 있는 자를 말한다.
1. 「형법」 제10조제2항에 따라 형을 감경할 수 있는 심신장애인으로서 금고 이상의 형에 해당하는 죄를 지은 자
(2020.10.20 본호개정)
2. 알코올을 식음하는 습벽이 있거나 그에 중독된 자로서 금고 이상의 형에 해당하는 죄를 지은 자
3. 마약·향정신성의약품·대마, 그 밖에 대통령령으로 정하는 남용되거나 해독을 끼칠 우려가 있는 물질을 식음·섭취·흡입·흡연 또는 주입받는 습벽이 있거나 그에 중독된 자로서 금고 이상의 형에 해당하는 죄를 지은 자(2017.12.12 본호신설)
(2015.12.1 본조신설)

제3조【관할】 ① 치료감호사건의 토지관할은 치료감호사건과 동시에 심리하거나 심리할 수 있었던 사건의 관할에 따른다.

② 치료감호사건의 제1심 재판관할은 지방법원합의부 및 지방법원지원 합의부로 한다. 이 경우 치료감호가 청구된 치료감호대상자(이하 "피치료감호청구인"이라 한다)에 대한 치료감호사건과 피고사건의 관할이 다른 때에는 치료감호사건의 관할에 따른다.

제2장 치료감호사건의 절차 등
(2008.6.13 본장개정)

제4조【검사의 치료감호 청구】 ① 검사는 치료감호대상자가 치료감호를 받을 필요가 있는 경우 관할 법원에 치료감호를 청구할 수 있다.

② 치료감호대상자에 대한 치료감호를 청구할 때에는 정신건강의학과 등의 전문의의 진단이나 감정(鑑定)을 참고하여야 한다. 다만, 제2조제1항제3호에 따른 치료감호대상자에 대하여는 정신건강의학과 등의 전문의의 진단이나 감정을 받은 후 치료감호를 청구하여야 한다.
(2011.8.4 본항개정)

③ 치료감호를 청구할 때에는 검사가 치료감호청구서를 관할 법원에 제출하여야 한다. 치료감호청구서에는 피치료감호청구인 수만큼의 부본(副本)을 첨부하여야 한다.

④ 치료감호청구서에는 다음 각 호의 사항을 적어야 한다.
1. 피치료감호청구인의 성명과 그 밖에 피치료감호청구인을 특정할 수 있는 사항
2. 청구의 원인이 되는 사실
3. 적용 법 조문
4. 그 밖에 대통령령으로 정하는 사항

⑤ 검사는 공소제기한 사건의 항소심 변론종결 시까지 치료감호를 청구할 수 있다.

⑥ 법원은 치료감호 청구를 받으면 지체 없이 치료감호청구서의 부본을 피치료감호청구인이나 그 변호인에게 송달하여야 한다. 다만, 공소제기와 동시에 치료감호 청구를 받았을 때에는 제1회 공판기일 전 5일까지, 피고사건 심리 중에 치료감호 청구를 받았을 때에는 다음 공판기일 전 5일까지 송달하여야 한다.

⑦ 법원은 공소제기된 사건의 심리결과 치료감호를 할 필요가 있다고 인정할 때에는 검사에게 치료감호 청구를 요구할 수 있다.

제5조【조사】 ① 검사는 범죄를 수사할 때 범죄경력이나 심신장애 등을 고려하여 치료감호를 청구함이 상당하다고 인정되는 자에 대하여는 치료감호 청구에 필요한 자료를 조사하여야 한다.

② 사법경찰관리(특별사법경찰관리를 포함한다. 이하 같다)는 검사의 지휘를 받아 제1항에 따른 조사를 하여야 한다.

제6조【치료감호영장】 ① 치료감호대상자에 대하여 치료감호를 할 필요가 있다고 인정되고 다음 각 호의 어느 하나에 해당하는 사유가 있을 때에는 검사는 관할 지방법원 판사에게 청구하여 치료감호영장을 발부받아 치료감호대상자를 보호구속[보호구금(保護拘禁)과 보호구인(保護拘引)을 포함한다. 이하 같다]할 수 있다.
1. 일정한 주거가 없을 때
2. 증거를 인멸할 염려가 있을 때
3. 도망하거나 도망할 염려가 있을 때

② 사법경찰관은 제1항의 요건에 해당하는 치료감호대상자에 대하여 검사에게 신청하여 검사의 청구로 관할 지방법원 판사의 치료감호영장을 발부받아 보호구속할 수 있다.

③ 제1항과 제2항에 따른 보호구속에 관하여는 「형사소송법」 제201조제2항부터 제4항까지, 제201조의2부터 제205조까지, 제208조, 제209조 및 제214조의2부터 제214조의4까지의 규정을 준용한다.

제7조【치료감호의 독립 청구】 검사는 다음 각 호의 어느 하나에 해당하는 경우에는 공소를 제기하지 아니하고 치료감호만을 청구할 수 있다.
1. 피의자가 「형법」 제10조제1항에 해당하여 벌할 수 없는 경우
2. 고소·고발이 있어야 논할 수 있는 죄에서 그 고소·고발이 없거나 취소된 경우 또는 피해자의 명시적인 의사에 반(反)하여 논할 수 없는 죄에서 피해자가 처벌을 원하지 아니한다는 의사표시를 하거나 처벌을 원한다는 의사표시를 철회한 경우
3. 피의자에 대하여 「형사소송법」 제247조에 따라 공소를 제기하지 아니하는 결정을 한 경우

제8조【치료감호 청구와 구속영장의 효력】 구속영장에 의하여 구속된 피의자에 대하여 검사가 공소를 제기하지 아니하는 결정을 하고 치료감호 청구만을 하는 때에는 구속영장은 치료감호영장으로 보며 그 효력을 잃지 아니한다.

제9조【피치료감호청구인의 불출석】 법원은 피치료감호청구인이 「형법」 제10조제1항에 따른 심신장애로 공판기일에의 출석이 불가능한 경우에는 피치료감호청구인의 출석 없이 개정(開廷)할 수 있다.

제10조【공판절차로의 이행】 ① 제7조제1호에 따른 치료감호청구사건의 공판을 시작한 후 피치료감호청구인이 「형법」 제10조제1항에 따른 심신장애에 해당되지 아니한다는 명백한 증거가 발견되고 검사의 청구가 있을 때에는 법원은 「형사소송법」에 따른 공판절차로 이행(移行)하여야 한다.

② 제1항에 따라 공판절차로 이행한 경우에는 치료감호를 청구하였던 때에 공소를 제기한 것으로 본다. 이 경우 치료감호청구서는 공소장과 같은 효력을 가지며, 공판절차로 이행하기 전의 심리는 공판절차에 따른 심리로 본다. 공소장에 적어야 할 사항은 「형사소송법」 제298조의 절차에 따라 변경할 수 있다.
③ 약식명령(略式命令)이 청구된 후 치료감호가 청구되었을 때에는 약식명령청구는 그 치료감호가 청구되었을 때부터 공판절차에 따라 심판하여야 한다.
제11조【공판 내용의 고지】 제10조에 따라 공판절차로 이행하는 경우 피고인의 출석 없이 진행된 공판의 내용은 공판조서의 낭독이나 그 밖의 적당한 방법으로 피고인에게 고지(告知)하여야 한다.
제12조【치료감호의 판결 등】 ① 법원은 치료감호사건을 심리하여 그 청구가 이유 있다고 인정할 때에는 판결로써 치료감호를 선고하여야 하고, 이유 없다고 인정할 때 또는 피고사건에 대하여 심신상실 외의 사유로 무죄를 선고하거나 사형을 선고할 때에는 판결로써 청구기각을 선고하여야 한다.
② 치료감호사건의 판결은 피고사건의 판결과 동시에 선고하여야 한다. 다만, 제7조에 따라 공소를 제기하지 아니하고 치료감호만을 청구한 경우에는 그러하지 아니하다.
③ 치료감호선고의 판결이유에는 요건으로 되는 사실, 증거의 요지와 적용 법 조문을 구체적으로 밝혀야 한다.
④ 법원은 피고사건에 대하여 「형사소송법」 제326조 각 호, 제327조제1호부터 제4호까지 및 제328조제1항 각 호(제2호 중 피고인인 법인이 존속하지 아니하게 되었을 때는 제외한다)의 사유가 있을 때에는 치료감호청구사건에 대하여도 청구기각의 판결 또는 결정을 하여야 한다. 치료감호청구사건에 대하여 위와 같은 사유가 있을 때에도 또한 같다.
제13조【전문가의 감정 등】 법원은 제4조제2항에 따른 정신건강의학과 전문의 등의 진단 또는 감정의견만으로 피치료감호청구인의 심신장애 또는 정신성적 장애가 있는지의 여부를 판단하기 어려울 때에는 정신건강의학과 전문의 등에게 다시 감정을 명할 수 있다.(2011.8.4 본조개정)
제14조【항소 등】 ① 검사 또는 피치료감호청구인과 「형사소송법」 제339조부터 제341조까지에 규정된 자는 「형사소송법」의 절차에 따라 상소할 수 있다.
② 피고사건의 판결에 대하여 상소 및 상소의 포기·취하가 있을 때에는 치료감호청구사건의 판결에 대하여도 상소 및 상소의 포기·취하가 있는 것으로 본다. 상소권회복 또는 재심(再審)의 청구나 비상상고가 있을 때에도 또한 같다.
제15조【준용규정】 ① 법원에서 피치료감호청구인을 보호구속하는 경우의 치료감호영장에 관하여는 제6조제1항을 준용한다.
② 제2조제1항 각 호의 어느 하나에 해당하는 치료감호대상자에 대한 치료감호청구사건에 관하여는 「형사소송법」 제282조 및 제283조를 준용한다.

제3장 치료감호의 집행
(2008.6.13 본장개정)

제16조【치료감호의 내용】 ① 치료감호를 선고받은 자(이하 "피치료감호자"라 한다)에 대하여는 치료감호시설에 수용하여 치료를 위한 조치를 한다.
② 피치료감호자를 치료감호시설에 수용하는 기간은 다음 각 호의 구분에 따른 기간을 초과할 수 없다.
1. 제2조제1항제1호 및 제3호에 해당하는 자 : 15년
2. 제2조제1항제2호에 해당하는 자 : 2년
③ 「전자장치 부착 등에 관한 법률」 제2조제3호의2에 따른 살인범죄(이하 "살인범죄"라 한다)를 저질러 치료감호를 선고받은 피치료감호자가 살인범죄를 다시 범할 위험성이 있고 계속 치료가 필요하다고 인정되는 경우에는 법원은 치료감호시설의 장의 신청에 따른 검사의 청구로 3회까지 매회 2년의 범위에서 제2항 각 호의 기간을 연장하는 결정을 할 수 있다.(2020.2.4 본항개정)
④ 치료감호시설의 장은 정신건강의학과 등 전문의의 진단이나 감정을 받은 후 제3항의 신청을 하여야 한다.
(2013.7.30 본항신설)
⑤ 제3항에 따른 검사의 청구는 제2항 각 호의 기간 또는 제3항에 따라 연장된 기간이 종료하기 6개월 전까지 하여야 한다.(2013.7.30 본항신설)
⑥ 제3항에 따른 법원의 결정은 제2항 각 호의 기간 또는 제3항에 따라 연장된 기간이 종료하기 3개월 전까지 하여야 한다.(2013.7.30 본항신설)
⑦ 제3항의 결정에 대한 검사, 피치료감호자, 그 법정대리인의 항고와 재항고에 관하여는 「성폭력범죄자의 성충동 약물치료에 관한 법률」 제22조제5항부터 제11항까지의 규정을 준용하되, "성폭력 수형자"는 "피치료감호자"로 본다.(2013.7.30 본항신설)
⑧ 제1항에 따른 치료감호시설에서의 치료와 그 밖에 필요한 사항은 대통령령으로 정한다.
제16조의2【치료감호시설】 ① 제16조제1항에서 "치료감호시설"이란 다음 각 호의 시설을 말한다.
(2022.1.4 본문개정)
1. 국립법무병원(2022.1.4 본호개정)
2. 국가가 설립·운영하는 국립정신의료기관 중 법무부장관이 지정하는 기관(이하 "지정법무병원"이라 한다)
② 지정법무병원은 피치료감호자를 다른 환자와 구분하여 수용한다.
③ 국가는 지정법무병원에 대하여 예산의 범위에서 시설의 설치 및 운영에 필요한 경비를 보조하여야 한다.
④ 지정법무병원의 지정절차, 운영, 치료, 경비보조, 그 밖에 필요한 사항은 대통령령으로 정한다.
(2013.7.30 본조신설)
제17조【집행 지휘】 ① 치료감호의 집행은 검사가 지휘한다.
② 제1항에 따른 지휘는 판결서등본을 첨부한 서면으로 한다.
제18조【집행 순서 및 방법】 치료감호와 형(刑)이 병과(倂科)된 경우에는 치료감호를 먼저 집행한다. 이 경우 치료감호의 집행기간은 형 집행기간에 포함한다.
제19조【구분 수용】 피치료감호자는 특별한 사정이 없으면 제2조제1항 각 호의 구분에 따라 구분하여 수용하여야 한다.
제20조【치료감호 내용 등의 공개】 이 법에 따른 치료감호의 내용과 실태는 대통령령으로 정하는 바에 따라 공개하여야 한다. 이 경우 피치료감호자나 그의 보호자가 동의한 경우 외에는 피치료감호자의 개인신상에 관한 것은 공개하지 아니한다.
제21조【소환 및 치료감호 집행】 ① 검사는 보호구금되어 있지 아니한 피치료감호자에 대한 치료감호를 집행하기 위하여 피치료감호자를 소환할 수 있다.
② 피치료감호자가 제1항에 따른 소환에 응하지 아니하면 검사는 치료감호집행장을 발부하여 보호구인할 수 있다.
③ 피치료감호자가 도망하거나 도망할 염려가 있을 때 또는 피치료감호자의 현재지(現在地)를 알 수 없을 때에는 제2항에도 불구하고 소환 절차를 생략하고 치료감호집행장을 발부하여 보호구인할 수 있다.
④ 치료감호집행장은 치료감호영장과 같은 효력이 있다.
제21조의2【치료감호시설 간 이송】 ① 제37조에 따른 치료감호심의위원회는 피치료감호자에 대하여 치료감호 집행을 시작한 후 6개월마다 국립법무병원에서 지정법무병원으로 이송할 것인지를 심사·결정한다.(2022.1.4 본항개정)
② 지정법무병원으로 이송된 피치료감호자가 수용질서를 해치거나 증상이 악화되는 등의 사유로 지정법무병원에서 계속 치료하기 곤란한 경우 제37조에 따른 치료감호심의위원회는 지정법무병원의 피치료감호자를 국립법무병원으로 재이송하는 결정을 할 수 있다.(2022.1.4 본항개정)
③ 제37조에 따른 치료감호심의위원회는 제1항 및 제2항의 결정을 위하여 치료감호시설의 장 또는 소속 정신건강의학과 의사의 의견을 청취할 수 있다.
(2013.7.30 본조신설)
제22조【가종료 등의 심사·결정】 제37조에 따른 치료감호심의위원회는 피치료감호자에 대하여 치료감호 집행을 시작한 후 매 6개월마다 치료감호의 종료 또는 가종료(假終了) 여부를 심사·결정하고, 가종료 또는 치료위탁된 피치료감호자에 대하여는 가종료 또는 치료위탁 후 매 6개월마다 종료 여부를 심사·결정한다.
제23조【치료의 위탁】 ① 제37조에 따른 치료감호심의위원회는 치료감호만을 선고받은 피치료감호자에 대한 집행이 시작된 후 1년이 지났을 때에는 상당한 기간을 정하여 그의 법정대리인, 배우자, 직계친족, 형제자매(이하 "법정대리인등"이라 한다)에게 치료감호시설 외에서의 치료를 위탁할 수 있다.
② 제37조에 따른 치료감호심의위원회는 치료감호와 형이 병과되어 형기(刑期)에 상당하는 치료감호를 집행받은 자에 대하여는 상당한 기간을 정하여 그 법정대리인등에게 치료감호시설 외에서의 치료를 위탁할 수 있다.
③ 제1항이나 제2항에 따라 치료위탁을 결정하는 경우 치료감호심의위원회는 법정대리인등으로부터 치료감호시설 외에서의 입원·치료를 보증하는 내용의 서약서를 받아야 한다.
제24조【치료감호의 집행정지】 피치료감호자에 대하여 「형사소송법」 제471조제1항 각 호의 어느 하나에 해당하는 사유가 있을 때에는 같은 조에 따라 검사는 치료감호의 집행을 정지할 수 있다. 이 경우 치료감호의 집행이 정지된 자에 대한 관찰은 형집행정지자에 대한 관찰의 예에 따른다.

제4장 피치료감호자 및 피치료감호청구인 등의 처우와 권리
(2017.12.12 본장제목개정)

제25조【피치료감호자의 처우】 ① 치료감호시설의 장은 피치료감호자의 건강한 생활이 보장될 수 있도록 쾌적하고 위생적인 시설을 갖추고 의류, 침구, 그 밖에 처우에 필요한 물품을 제공하여야 한다.
② 피치료감호자에 대한 의료적 처우는 정신병원에 준하여 의사의 조치에 따르도록 한다.
③ 치료감호시설의 장은 피치료감호자의 사회복귀에 도움이 될 수 있도록 치료와 개선 정도에 따라 점진적으로 개방적이고 완화된 처우를 하여야 한다.
(2017.12.12 본조제목개정)
(2008.6.13 본조개정)
제25조의2【피치료감호청구인의 처우】 ① 피치료감호청구인은 피치료감호자와 구분하여 수용한다. 다만, 다음 각 호의 어느 하나에 해당하는 경우에는 피치료감호청구인을 피치료감호자와 같은 치료감호시설에 수용할 수 있다.
1. 치료감호시설이 부족한 경우
2. 범죄의 증거인멸을 방지하기 위하여 필요하거나 그 밖에 특별한 사정이 있는 경우
② 제1항 단서에 따라 같은 치료감호시설에 수용된 피치료감호자와 피치료감호청구인은 분리하여 수용한다.
③ 치료감호시설의 장은 피치료감호청구인이 치료감호시설에 수용된 경우에는 그 특성을 고려하여 적합한 처우를 하여야 한다.
④ 제3항에 따른 피치료감호청구인에 대한 처우의 구체적 기준 및 절차는 대통령령으로 정한다.
(2017.12.12 본조신설)
제25조의3【격리 등 제한의 금지】 ① 치료감호시설의 장은 피치료감호자 및 피치료감호청구인(이하 "피치료감호자등"이라 한다)이 다음 각 호의 어느 하나에 해당하는 경우가 아니면 피치료감호자등에 대하여 격리 또는 묶는 등의 신체적 제한을 할 수 없다. 다만, 피치료감호자등의 신체를 묶는 등으로 직접적으로 제한하는 것은 제1호의 경우에 한정한다.
1. 자신이나 다른 사람을 위험에 이르게 할 가능성이 뚜렷하게 높고 신체적 제한 외의 방법으로 그 위험을 회피하는 것이 뚜렷하게 곤란하다고 판단되는 경우
2. 중대한 범법행위 또는 규율위반 행위를 한 경우
3. 그 밖에 수용질서를 문란케 하는 중대한 행위를 한 경우
② 치료감호시설의 장은 제1항에 따라 피치료감호자등에 대하여 격리 또는 묶는 등의 신체적 제한을 하려는 경우 정신건강의학과 전문의의 지시에 따라야 한다. 다만, 제1항제2호 또는 제3호에 해당하는 경우에는 담당 의사의 지시에 따를 수 있다.(2020.10.20 단서신설)
③ 제1항 및 제2항에 따라 피치료감호자등을 격리하는 경우에는 해당 치료감호시설 안에서 하여야 한다.
④ 제1항 및 제2항에 따라 피치료감호자등을 신체적으로 제한한 경우에는 그 사유, 제한의 기간 및 해제 시기를 포함한 내용을 대통령령으로 정하는 바에 따라 작성·보존하여야 한다.
(2017.12.12 본조신설)
제26조【면회 등】 치료감호시설의 장은 수용질서 유지나 치료를 위하여 필요한 경우 외에는 피치료감호자등의 면회, 편지의 수신·발신, 전화통화 등을 보장하여야 한다.(2017.12.12 본조개정)
제27조【텔레비전 시청 등】 피치료감호자등의 텔레비전 시청, 라디오 청취, 신문·도서의 열람은 일과시간이나 취침시간 등을 제외하고는 자유롭게 보장된다.
(2017.12.12 본조개정)
제28조【환자의 치료】 ① 치료감호시설의 장은 피치료감호자등이 치료감호시설에서 치료하기 곤란한 질병에 걸렸을 때에는 외부의료기관에서 치료를 받게 할 수 있다.(2017.12.12 본항개정)
② 치료감호시설의 장은 제1항의 경우 본인이나 보호자등이 직접 비용을 부담하여 치료 받기를 원하면 이를 허가할 수 있다.
(2008.6.13 본조개정)
제29조【근로보상금 등의 지급】 근로에 종사하는 피치료감호자에게는 근로의욕을 북돋우고 석방 후 사회정착에 도움이 될 수 있도록 법무부장관이 정하는 바에 따라 근로보상금을 지급하여야 한다.(2008.6.13 본조개정)
제30조【처우개선의 청원】 ① 피치료감호자등이나 법정대리인등은 법무부장관에게 피치료감호자등의 처우개선에 관한 청원(請願)을 할 수 있다.(2017.12.12 본항개정)
② 제1항에 따른 청원의 제기, 청원의 심사, 그 밖에 필요한 사항에 관하여는 대통령령으로 정한다.
(2008.6.13 본조개정)
제31조【운영실태 등 점검】 법무부장관은 연 2회 이상 치료감호시설의 운영실태 및 피치료감호자등에 대한 처우상태를 점검하여야 한다.(2017.12.12 본조개정)
제31조의2【피감정유치자의 처우】 「형사소송법」 또는 그 밖에 다른 법률에 따라 정신감정을 위하여 치료감호시설에 유치된 자에 대하여는 제25조의2, 제25조의3, 제26조부터 제28조까지, 제30조 및 제31조를 준용한다.
(2017.12.12 본조신설)

제5장 보호관찰
(2008.6.13 본장개정)

제32조【보호관찰】 ① 피치료감호자가 다음 각 호의 어느 하나에 해당하게 되면 「보호관찰 등에 관한 법률」에 따른 보호관찰(이하 "보호관찰"이라 한다)이 시작된다.
(2017.12.12 본문개정)

1. 피치료감호자에 대한 치료감호가 가종료되었을 때
2. 피치료감호자가 치료감호시설 외에서 치료받도록 법정대리인등에게 위탁되었을 때
3. 제16조제2항 각 호에 따른 기간 또는 같은 조 제3항에 따라 연장된 기간(이하 "치료감호기간"이라 한다)이 만료되는 피치료감호자에 대하여 제37조에 따른 치료감호심의위원회가 심사하여 보호관찰이 필요하다고 결정한 경우에는 치료감호기간이 만료되었을 때(2017.12.12 본호신설)
② 보호관찰의 기간은 3년으로 한다.
③ 보호관찰을 받기 시작한 자(이하 "피보호관찰자"라 한다)가 다음 각 호의 어느 하나에 해당하게 되면 보호관찰이 종료된다.
1. 보호관찰기간이 끝났을 때
2. 보호관찰기간이 끝나기 전이라도 제37조에 따른 치료감호심의위원회의 치료감호의 종료결정이 있을 때
3. 보호관찰기간이 끝나기 전이라도 피보호관찰자가 다시 치료감호 집행을 받게 되어 재수용되었을 때
(2017.12.12 본호개정)
④ 피보호관찰자가 보호관찰기간 중 새로운 범죄로 금고 이상의 형의 집행을 받게 된 때에는 보호관찰은 종료되지 아니하며, 해당 형의 집행기간 동안 피보호관찰자에 대한 보호관찰기간은 계속 진행된다.(2017.12.12 본항신설)
⑤ 피보호관찰자에 대하여 제4항에 따른 금고 이상의 형의 집행이 종료·면제되는 때 또는 피보호관찰자가 가석방되는 때에 보호관찰기간이 아직 남아있으면 그 잔여기간 동안 보호관찰을 집행한다.(2017.12.12 본항신설)

제33조【피보호관찰자의 준수사항】 ① 피보호관찰자는 「보호관찰 등에 관한 법률」 제32조제2항에 따른 준수사항을 성실히 이행하여야 한다.
② 제37조에 따른 치료감호심의위원회는 피보호관찰자의 치료경과 및 특성 등에 비추어 필요하다고 판단되면 제1항에 따른 준수사항 외에 다음 각 호의 사항 중 전부 또는 일부를 따로 보호관찰기간 동안 특별히 지켜야 할 준수사항으로 부과할 수 있다.
1. 주기적인 외래치료 및 처방받은 약물의 복용 여부에 관한 검사
2. 야간 등 재범의 기회나 충동을 줄 수 있는 특정 시간대의 외출 제한
3. 재범의 기회나 충동을 줄 수 있는 특정지역·장소에 출입 금지
4. 피해자 등 재범의 대상이 될 우려가 있는 특정인에게 접근 금지
5. 일정한 주거가 없는 경우 거주 장소 제한
6. 일정량 이상의 음주 금지
7. 마약 등 중독성 있는 물질 사용 금지
8. 「마약류 관리에 관한 법률」에 따른 마약류 투약, 흡연, 섭취 여부에 관한 검사
9. 그 밖에 피보호관찰자의 생활상태, 심신상태나 거주지의 환경 등으로 보아 피보호관찰자가 준수할 수 있고 그 자유를 부당하게 제한하지 아니하는 범위에서 피보호관찰자의 재범 방지 또는 치료감호의 원인이 된 질병·습벽의 재발 방지를 위하여 필요하다고 인정되는 사항
(2017.12.12 본항개정)
③ 제37조에 따른 치료감호심의위원회는 피보호관찰자가 제1항 또는 제2항의 준수사항을 위반하거나 상당한 사정변경이 있는 경우에는 직권 또는 보호관찰소의 장의 신청에 따라 준수사항 전부 또는 일부의 추가·변경 또는 삭제에 관하여 심사하고 결정할 수 있다.(2017.12.12 본항신설)
④ 제1항부터 제3항까지의 규정에 따른 준수사항은 서면으로 고지하여야 한다.(2017.12.12 본항신설)
⑤ 보호관찰소의 장은 피보호관찰자가 제1항부터 제3항까지의 준수사항을 위반하거나 위반할 위험성이 있다고 인정할 상당한 이유가 있는 경우에는 준수사항의 이행을 촉구하고 제22조에 따른 가종료 또는 제23조에 따른 치료의 위탁(이하 "가종료등"이라 한다)의 취소 등 불리한 처분을 받을 수 있음을 경고할 수 있다.(2017.12.12 본항신설)

제33조의2【유치 및 유치기간 등】 ① 보호관찰소의 장은 제33조에 따른 준수사항을 위반한 피보호관찰자를 구인(拘引)할 수 있다. 이 경우 피보호관찰자의 구인에 대해서는 「보호관찰 등에 관한 법률」 제39조 및 제40조를 준용한다.
② 보호관찰소의 장은 다음 각 호의 어느 하나에 해당하는 신청을 검사에게 요청할 필요가 있다고 인정하는 경우에는 구인한 피보호관찰자를 교도소, 구치소 또는 치료감호시설에 유치할 수 있다.
1. 제22조에 따른 가종료의 취소 신청
2. 제23조에 따른 치료 위탁의 취소 신청
③ 보호관찰소의 장은 제2항에 따라 피보호관찰자를 유치하려는 경우에는 검사에게 신청하여 검사의 청구로 관할 지방법원 판사의 허가를 받아야 한다. 이 경우 검사는 피보호관찰자가 구인된 때부터 48시간 이내에 유치허가를 청구하여야 한다.
④ 보호관찰소의 장은 유치허가를 받은 때부터 24시간 이내에 검사에게 가종료등의 취소 신청을 요청하여야 한다.
⑤ 검사는 보호관찰소의 장으로부터 제4항에 따른 신청을 받았을 경우에 그 이유가 타당하다고 인정되면 48시간 이내에 제37조에 따른 치료감호심의위원회에 가종료등의 취소를 신청하여야 한다.
⑥ 보호관찰소의 장이 제2항에 따라 피보호관찰자를 유치할 수 있는 기간은 구인한 날부터 30일로 한다. 다만, 보호관찰소의 장은 제5항에 따른 검사의 신청이 있는 경우에 제37조에 따른 치료감호심의위원회의 심사에 필요하면 검사에게 신청하여 검사의 청구로 관할 지방법원 판사의 허가를 받아 20일의 범위에서 한 차례만 유치기간을 연장할 수 있다.
⑦ 보호관찰소의 장은 다음 각 호의 어느 하나에 해당하는 경우에는 유치를 해제하고 피보호관찰자를 즉시 석방하여야 한다.
1. 제37조에 따른 치료감호심의위원회가 제43조제1항에 따른 검사의 가종료등의 취소 신청을 기각한 경우
2. 검사가 제43조제3항에 따른 보호관찰소의 장의 가종료등의 취소 신청에 대한 요청을 기각한 경우
⑧ 제2항에 따라 유치된 피보호관찰자에 대하여 가종료등이 취소된 경우에는 그 유치기간을 치료감호기간에 산입한다.
(2017.12.12 본조신설)

제34조【피보호관찰자 등의 신고 의무】 ① 피보호관찰자나 법정대리인등은 대통령령으로 정하는 바에 따라 출소 후의 거주 예정지나 그 밖에 필요한 사항을 미리 치료감호시설의 장에게 신고하여야 한다.
② 피보호관찰자나 법정대리인등은 출소 후 10일 이내에 주거, 직업, 치료를 받는 병원, 피보호관찰자가 등록한 「정신건강증진 및 정신질환자 복지서비스 지원에 관한 법률」 제3조제3호에 따른 정신건강복지센터(이하 "정신건강복지센터"라 한다), 그 밖에 필요한 사항을 보호관찰관에게 서면으로 신고하여야 한다.(2016.5.29 본항개정)

제35조【치료감호의 종료】 ① 제32조제1항제1호 또는 제2호에 해당하는 경우에는 보호관찰기간이 끝나면 피보호관찰자에 대한 치료감호가 끝난다.(2017.12.12 본항개정)
② 제37조에 따른 치료감호심의위원회는 피보호관찰자의 관찰성적 및 치료경과가 양호하면 보호관찰기간이 끝나기 전에 보호관찰의 종료를 결정할 수 있다.

제36조【가종료 취소와 치료감호의 재집행】 제37조에 따른 치료감호심의위원회는 피보호관찰자(제32조제1항제3호에 따라 치료감호기간 만료 후 피보호관찰자가 된 사람은 제외한다)가 다음 각 호의 어느 하나에 해당할 때에는 결정으로 가종료등을 취소하고 다시 치료감호를 집행할 수 있다.(2017.12.12 본문개정)
1. 금고 이상의 형에 해당하는 죄를 지은 때. 다만, 과실범은 제외한다.
2. 제33조의 준수사항이나 그 밖에 보호관찰에 관한 지시·감독을 위반하였을 때
3. 제32조제1항제1호에 따라 피보호관찰자가 된 사람이 증상이 악화되어 치료감호가 필요하다고 인정될 때
(2017.12.12 본호개정)

제5장의2 치료감호시설 출소자의 치료 및 관리
(2017.12.12 본장제목개정)

제36조의2【치료감호시설 출소자의 정신건강복지센터 등록 등】 치료감호가 종료 또는 가종료되거나 제24조에 따라 집행정지된 사람(이하 "치료감호시설 출소자"라 한다)은 정신건강복지센터에 등록하여 상담, 진료, 사회복귀훈련 등 정신건강복지센터의 정신보건서비스를 받을 수 있다.(2017.12.12 본조개정)

제36조의3【외래진료】 ① 치료감호시설 출소자가 치료감호시설에서의 외래진료를 신청한 경우에 치료감호시설의 장은 검사, 투약 등 적절한 진료 및 치료를 실시할 수 있다.(2017.12.12 본항개정)
② 제1항에 따른 외래진료의 절차 등에 관하여 필요한 사항은 법무부령으로 정한다.

제36조의4【보호관찰소와 정신건강복지센터의 공조】 ① 보호관찰소의 장과 정신건강복지센터의 장은 피보호관찰자의 치료 및 재범방지, 사회복귀를 위하여 상호 협조하여야 한다.
② 보호관찰소의 장은 피보호관찰자에 대한 등록, 상담, 진료, 사회복귀훈련 및 이에 관한 사례 관리 등 정신보건 관련 정보를 정신건강복지센터의 장에게 요청할 수 있다.
③ 정신건강복지센터의 장은 피보호관찰자의 공동 면담 등 피보호관찰자의 치료 및 재범방지, 사회복귀를 위하여 필요한 경우 보호관찰소의 장에게 협조를 요청할 수 있다.
(2016.5.29 본조개정)

제6장 치료감호심의위원회
(2008.6.13 본장개정)

제37조【치료감호심의위원회】 ① 치료감호 및 보호관찰의 관리와 집행에 관한 사항을 심사·결정하기 위하여 법무부에 치료감호심의위원회(이하 "위원회"라 한다)를 둔다.
② 위원회는 판사, 검사, 법무부의 고위공무원단에 속하는 일반직공무원 또는 변호사의 자격이 있는 6명 이내의 위원과 정신건강의학과 등 전문의의 자격이 있는 3명 이내의 위원으로 구성하고, 위원장은 법무부차관으로 한다.
(2018.12.18 본항개정)
③ 위원회는 다음 각 호의 사항을 심사·결정한다.
1. 피치료감호자에 대한 치료감호시설 간 이송에 관한 사항(2013.7.30 본호신설)
2. 피치료감호자에 대한 치료의 위탁·가종료 및 그 취소와 치료감호 종료 여부에 관한 사항
3. 피보호관찰자에 대한 준수사항의 부과 및 준수사항 전부 또는 일부의 추가·변경 또는 삭제에 관한 사항
(2017.12.12 본호개정)
4. 피치료감호자에 대한 치료감호기간 만료 시 보호관찰 개시에 관한 사항(2017.12.12 본호신설)
5. 그 밖에 제1호부터 제4호까지에 관련된 사항
(2017.12.12 본호개정)
④ 위원회에는 전문적 학식과 덕망이 있는 자 중에서 위원장의 제청으로 법무부장관이 위촉하는 자문위원을 둘 수 있다.
⑤ 위원회의 위원 중 공무원이 아닌 위원은 「형법」과 그 밖의 법률에 따른 벌칙을 적용할 때에는 공무원으로 본다.(2015.12.1 본항신설)
⑥ 위원회의 구성·운영·서무 및 자문위원의 위촉과 그 밖에 필요한 사항은 대통령령으로 정한다.

제38조【결격사유】 다음 각 호의 어느 하나에 해당하는 자는 위원회의 위원이 될 수 없다.
1. 「국가공무원법」 제33조 각 호의 결격사유 어느 하나에 해당하는 자
2. 제39조에 따라 위원에서 해촉(解囑)된 후 3년이 지나지 아니한 자

제39조【위원의 해촉】 법무부장관은 위원회의 위원이 다음 각 호의 어느 하나에 해당하면 그 위원을 해촉할 수 있다.
1. 심신장애로 인하여 직무수행을 할 수 없거나 직무를 수행하기가 현저히 곤란하다고 인정될 때
2. 직무태만·품위손상, 그 밖의 사유로 위원으로서 적당하지 아니하다고 인정되는 때

제40조【심사】 ① 위원회는 심의자료에 따라 제37조제3항에 규정된 사항을 심사한다.
② 위원회는 제1항에 따른 심사를 위하여 필요하면 법무부 소속 공무원으로 하여금 결정에 필요한 사항을 조사하게 하거나 피치료감호자 및 피보호관찰자(이하 "피보호자"라 한다)나 그 밖의 관계자를 직접 소환·심문하거나 조사할 수 있다.
③ 제2항에 따라 조사 명령을 받은 공무원은 다음 각 호의 권한을 가진다.
1. 피보호자나 그 밖의 관계자의 소환·심문 및 조사
2. 국공립기관이나 그 밖의 공공단체·민간단체에 대한 조회 및 관계 자료의 제출요구
④ 피보호자나 그 밖의 관계자는 제2항과 제3항의 소환·심문 및 조사에 응하여야 하며, 국공립기관이나 그 밖의 공공단체·민간단체는 제3항에 따라 조회나 자료 제출을 요구받았을 때에는 국가기밀 또는 공공의 안녕질서에 해를 끼치는 것이 아니면 이를 거부할 수 없다.

제41조【의결 및 결정】 ① 위원회는 위원장을 포함한 재적위원 과반수의 출석으로 개의(開議)하고, 출석위원 과반수의 찬성으로 의결한다. 다만, 찬성과 반대의 수가 같을 때에는 위원장이 결정한다.
② 결정은 이유를 붙이고 출석한 위원들이 기명날인한 문서로 한다.
③ 위원회는 제1항에 따른 의결을 할 때 필요하면 치료감호시설의 장이나 보호관찰관에게 의견서를 제출하도록 할 수 있다.
④ 치료감호시설의 장은 제3항에 따른 의견서를 제출할 때에는 피보호자의 상태 및 예후, 치료감호 종료의 타당성 등에 관한 피보호자 담당 의사의 의견을 참조하여야 한다.

제42조【위원의 기피】 ① 피보호자와 그 법정대리인등은 위원회의 위원에게 공정한 심사·결정을 기대하기 어려운 사정이 있으면 위원장에게 기피신청을 할 수 있다.
② 위원장은 제1항에 따른 기피신청에 대하여 위원회의 의결을 거치지 아니하고 신청이 타당한지를 결정한다. 다만, 위원장이 결정하기에 적절하지 아니한 경우에는 위원회의 의결로 결정할 수 있다.
③ 제1항에 따라 기피신청을 받은 위원은 제2항 단서의 의결에 참여하지 못한다.

제43조【검사의 심사신청】 ① 피보호자의 주거지(시설에 수용된 경우에는 그 시설을 주거지로 본다)를 관할하는 지방검찰청 또는 지청의 검사는 제37조제3항에 규정된 사항에 관하여 위원회에 그 심사·결정을 신청할 수 있다.
② 제1항에 따른 신청을 할 때에는 심사신청서와 신청사항의 결정에 필요한 자료를 제출하여야 한다. 이 경우 치

료감호시설의 장이나 보호관찰소의 장의 의견을 들어야 한다.(2017.12.12 후단개정)
③ 치료감호시설의 장이나 보호관찰소의 장은 검사에게 제1항에 따른 신청을 요청할 수 있다.(2017.12.12 본항개정)
제44조【피치료감호자 등의 심사신청】 ① 피치료감호자와 그 법정대리인등은 피치료감호자가 치료감호를 받을 필요가 없을 정도로 치유되었음을 이유로 치료감호의 종료 여부를 심사·결정하여 줄 것을 위원회에 신청할 수 있다.
② 제1항에 따른 신청을 할 때에는 심사신청서와 심사신청이유에 대한 자료를 제출하여야 한다.
③ 제1항에 따른 신청은 치료감호의 집행이 시작된 날부터 6개월이 지난 후에 하여야 한다. 신청이 기각된 경우에는 6개월이 지난 후에 다시 신청할 수 있다.
④ 위원회는 제1항에 따른 신청에 대한 심사를 마친 때에는 지체 없이 심사 기준과 그 결정 이유를 피치료감호자와 법정대리인등에게 통보하여야 한다.(2017.12.12 본항개정)

제6장의2 치료명령사건
(2015.12.1 본장신설)

제44조의2【선고유예 시 치료명령 등】 ① 법원은 치료명령대상자에 대하여 형의 선고 또는 집행을 유예하는 경우에는 치료기간을 정하여 치료를 받을 것을 명할 수 있다.
② 제1항의 치료를 명하는 경우 보호관찰을 병과하여야 한다.(2017.12.12 본항개정)
③ 제2항에 따른 보호관찰기간은 선고유예의 경우에는 1년, 집행유예의 경우에는 그 유예기간으로 한다. 다만, 법원은 집행유예 기간의 범위에서 보호관찰기간을 정할 수 있다.
④ 제1항의 치료기간은 제3항에 따른 보호관찰기간을 초과할 수 없다.
제44조의3【판결 전 조사】 ① 법원은 제44조의2에 따른 치료를 명하기 위하여 필요하다고 인정하면 피고인의 주거지 또는 그 법원의 소재지를 관할하는 보호관찰소의 장에게 범죄의 동기, 피고인의 신체적·심리적 특성 및 상태, 가정환경, 직업, 생활환경, 병력(病歷), 치료비용 부담능력, 재범위험성 등 피고인에 관한 사항의 조사를 요구할 수 있다.
② 제1항의 요구를 받은 보호관찰소의 장은 지체 없이 이를 조사하여 서면으로 해당 법원에 알려야 한다. 이 경우 필요하다고 인정하면 피고인이나 그 밖의 관계인을 소환하여 심문하거나 소속 보호관찰관에게 필요한 사항을 조사하게 할 수 있다.
③ 보호관찰소의 장은 제2항의 조사를 위하여 필요하다고 인정하면 국공립 기관이나 그 밖의 단체에 사실을 알아보거나 관련 자료의 열람 등 협조를 요청할 수 있다.
제44조의4【전문가의 진단 등】 법원은 제44조의2에 따른 치료를 명하기 위하여 필요하다고 인정하는 때에는 정신건강의학과 전문의에게 피고인의 정신적 상태, 알코올 의존도 등에 대한 진단을 요구할 수 있다.(2017.12.12 본조개정)
제44조의5【준수사항】 치료명령을 받은 사람은 다음 각 호의 사항을 준수하여야 한다.
1. 보호관찰관의 지시에 따라 성실히 치료에 응할 것
2. 보호관찰관의 지시에 따라 인지행동 치료 등 심리치료 프로그램을 성실히 이수할 것
제44조의6【치료명령의 집행】 ① 치료명령은 검사의 지휘를 받아 보호관찰관이 집행한다.
② 치료명령은 정신건강의학과 전문의의 진단과 약물 투여, 상담 등 치료 및 「정신건강증진 및 정신질환자 복지서비스 지원에 관한 법률」에 따른 정신건강전문요원 등 전문가에 의한 인지행동 치료 등 심리치료 프로그램의 실시 등의 방법으로 집행한다.(2017.12.12 본항개정)
③ 보호관찰관은 치료명령을 받은 사람에게 치료명령을 집행하기 전에 치료기관, 치료의 방법·내용 등에 관하여 충분히 설명하여야 한다.
④ 그 밖에 치료명령의 집행에 관하여 필요한 사항은 대통령령으로 정한다.
제44조의7【치료기관의 지정 등】 ① 법무부장관은 치료명령을 받은 사람의 치료를 위하여 치료기관을 지정할 수 있다.
② 제1항에 따른 치료기관의 지정기준 등 필요한 사항은 법무부령으로 정한다.
제44조의8【선고유예의 실효 등】 ① 법원은 제44조의2에 따라 치료를 명한 선고유예를 받은 사람이 정당한 사유 없이 치료기간 중에 제44조의5의 준수사항을 위반하고 그 정도가 무거운 때에는 유예한 형을 선고할 수 있다.
② 법원은 제44조의2에 따라 치료를 명한 집행유예를 받은 사람이 정당한 사유 없이 치료기간 중에 제44조의5의 준수사항을 위반하고 그 정도가 무거운 때에는 집행유예의 선고를 취소할 수 있다.
③ 치료명령대상자에 대한 경고·구인·긴급구인·유치·선고유예의 실효 및 집행유예의 취소 등에 대하여는 「보호관찰 등에 관한 법률」 제38조부터 제45조까지, 제45조의2, 제46조 및 제47조를 준용한다.
제44조의9【비용부담】 ① 제44조의2에 따른 치료명령을 받은 사람은 치료기간 동안 치료비용을 부담하여야 한다. 다만, 치료비용을 부담할 경제력이 없는 사람의 경우에는 국가가 비용을 부담할 수 있다.
② 비용부담에 관하여 필요한 사항은 대통령령으로 정한다.

제7장 보 칙
(2008.6.13 본장개정)

제45조【치료감호 청구의 시효】 ① 치료감호 청구의 시효는 치료감호가 청구된 사건과 동시에 심리하거나 심리할 수 있었던 죄에 대한 공소시효기간이 지나면 완성된다.
② 치료감호가 청구된 사건은 판결의 확정 없이 치료감호가 청구되었을 때부터 15년이 지나면 청구의 시효가 완성된 것으로 본다.
제46조【치료감호의 시효】 ① 피치료감호자는 그 판결이 확정된 후 집행을 받지 아니하고 다음 각 호의 구분에 따른 기간이 지나면 시효가 완성되어 집행이 면제된다.
1. 제2조제1항제1호 및 제3호에 해당하는 자의 치료감호 : 10년
2. 제2조제1항제2호에 해당하는 자의 치료감호 : 7년
② 시효는 치료감호의 집행정지 기간 또는 가종료 기간이나 그 밖에 집행할 수 없는 기간에는 진행되지 아니한다.
③ 시효는 피치료감호자를 체포함으로써 중단된다.
제47조【치료감호의 선고와 자격정지】 피치료감호자는 그 치료감호의 집행이 종료되거나 면제될 때까지 다음 각 호의 자격이 정지된다.
1. 공무원이 될 자격
2. 공법상의 선거권과 피선거권
3. 법률로 요건을 정한 공법상 업무에 관한 자격
제48조【치료감호의 실효】 ① 치료감호의 집행을 종료하거나 집행이 면제된 자가 피해자의 피해를 보상하고 자격정지 이상의 형이나 치료감호를 선고받지 아니하고 7년이 지났을 때에는 본인이나 검사의 신청에 의하여 그 재판의 실효(失效)를 선고할 수 있다. 이 경우 「형사소송법」 제337조를 준용한다.
② 치료감호의 집행을 종료하거나 집행이 면제된 자가 자격정지 이상의 형이나 치료감호를 선고받지 아니하고 10년이 지났을 때에는 그 재판이 실효된 것으로 본다.
제49조【기간의 계산】 ① 치료감호의 기간은 치료감호를 집행한 날부터 기산(起算)한다. 이 경우 치료감호 집행을 시작한 첫날은 시간으로 계산하지 아니하고 1일로 산정한다.
② 치료감호의 집행을 위반한 기간은 그 치료감호의 집행기간에 포함하지 아니한다.
제50조【군법 적용 대상자에 대한 특칙】 ① 「군사법원법」 제2조제1항 각 호의 어느 하나에 해당하는 자에 대한 치료감호사건에 관하여는 군사법원, 군검찰부 군검사 및 군사법경찰관리가 이 법에 따른 직무를 수행한다. 이 경우 "군사법원"은 "법원", "군검찰부 군검사"는 "검사", "군사법경찰관리"는 "사법경찰관리"로 본다.
(2016.1.6 본항개정)
② 「군사법원법」 제2조제1항 각 호의 어느 하나에 해당하는 자에 대한 치료감호의 관리와 그 집행사항을 심사·결정하기 위하여 국방부에 군치료감호심의위원회를 둔다.
③ 군치료감호심의위원회의 구성과 운영에 관하여는 위원회에 관한 규정을 준용한다.
④ 군사법원, 군검찰부 군검사 또는 군치료감호심의위원회는 치료감호대상자가 「군사법원법」 제2조제1항 각 호의 어느 하나에 해당하는 자가 아님이 명백할 때에는 그 치료감호사건을 대응하는 법원·검사 또는 위원회로 이송한다. 이 경우 이송 전에 한 조사·청구·재판·신청·심사 및 결정은 이송 후에도 그 효력을 잃지 아니한다.
(2016.1.6 전단개정)
⑤ 법원·검사 또는 위원회는 치료감호대상자가 「군사법원법」 제2조제1항 각 호의 어느 하나에 해당하는 자임이 명백할 때에는 치료감호사건을 대응하는 군사법원·군검찰부 군검사 또는 군치료감호심의위원회로 이송한다. 이 경우 이송 전에 한 조사·청구·재판·신청·심사 및 결정은 이송 후에도 그 효력을 잃지 아니한다.
(2016.1.6 전단개정)
⑥ 제44조의2에 따른 치료명령을 받은 사람에 대하여는 「보호관찰 등에 관한 법률」 제56조를 준용한다.
(2015.12.1 본항신설)
제50조의2【기부금품의 접수】 ① 치료감호시설의 장은 기관·단체 또는 개인이 피치료감호자에 대한 적절한 보호와 치료 등을 위하여 치료감호시설에 자발적으로 기탁하는 금품을 접수할 수 있다.
② 기부자에 대한 영수증 발급, 기부금품의 용도 지정, 장부의 열람, 그 밖에 필요한 사항은 대통령령으로 정한다.
(2014.1.7 본조신설)
제51조【다른 법률의 준용】 치료감호 및 치료명령에 관하여는 이 법에 특별한 규정이 있는 경우 외에는 그 성질에 반하지 아니하는 범위에서 「형사소송법」과 「형의 집행 및 수용자의 처우에 관한 법률」 및 「보호관찰 등에 관한 법률」을 준용한다.(2015.12.1 본조개정)

제8장 벌 칙
(2008.6.13 본장개정)

제52조【벌칙】 ① 피치료감호자가 치료감호 집행자의 치료감호를 위한 명령에 정당한 사유 없이 복종하지 아니하거나 도주한 경우에는 1년 이하의 징역에 처한다.
② 피치료감호자 2명 이상이 공동으로 제1항의 죄를 지은 경우에는 3년 이하의 징역에 처한다.
③ 치료감호를 집행하는 자가 피치료감호자를 도주하게 하거나 도주를 용이하게 한 경우에는 1년 이상의 유기징역에 처한다.
④ 치료감호를 집행하는 자가 뇌물을 수수·요구 또는 약속하고 제3항의 죄를 지은 경우에는 2년 이상의 유기징역에 처한다.
⑤ 타인으로 하여금 치료감호처분을 받게 할 목적으로 공공기관이나 공무원에게 거짓의 사실을 신고한 자는 10년 이하의 징역 또는 1천500만원 이하의 벌금에 처한다.
⑥ 치료감호청구사건에 관하여 피치료감호청구인을 모함하여 해칠 목적으로 「형법」 제152조제1항의 위증죄를 지은 자는 10년 이하의 징역에 처한다.
⑦ 치료감호청구사건에 관하여 「형법」 제154조의 죄를 지은 자는 10년 이하의 징역에 처한다.
⑧ 치료감호청구사건에 관하여 「형법」 제233조 또는 제234조(허위작성진단서의 행사로 한정한다)의 죄를 지은 자는 5년 이하의 징역, 10년 이하의 자격정지 또는 5천만원 이하의 벌금에 처한다.(2014.1.7 본항개정)
⑨ 제23조제3항에 따라 치료의 위탁을 받은 법정대리인등이 그 서약을 위반하여 피치료감호자를 도주하게 하거나 도주를 용이하게 한 경우에는 3년 이하의 징역 또는 500만원 이하의 벌금에 처한다.
⑩ 다음 각 호의 어느 하나에 해당하는 사람은 6개월 이하의 징역 또는 500만원 이하의 벌금에 처한다.
1. 총기·도검·폭발물·독극물·흉기나 그 밖의 위험한 물품, 주류·담배·화기·현금·수표·음란물 또는 휴대전화 등 정보통신기기(이하 "금지물품"이라 한다)를 치료감호시설에 반입하거나 소지·사용·수수(授受)·교환 또는 은닉(隱匿)한 피치료감호자
2. 피치료감호자에게 전달할 목적으로 금지물품을 허가 없이 치료감호시설에 반입하거나 피치료감호자와 금지물품을 수수 또는 교환한 사람
(2017.12.12 본항신설)
⑪ 제10항의 미수범은 처벌한다.(2017.12.12 본항신설)
⑫ 금지물품은 몰수한다.(2017.12.12 본항신설)
⑬ 치료감호기간의 만료로 피보호관찰자가 된 사람이 정당한 사유 없이 제33조제1항부터 제3항까지의 준수사항을 위반하여 같은 조 제5항에 따른 경고를 받은 후 다시 정당한 사유 없이 제33조제1항부터 제3항까지의 준수사항을 위반한 경우 1년 이하의 징역 또는 1천만원 이하의 벌금에 처한다.(2017.12.12 본항신설)

부 칙

제1조【시행일】 이 법은 공포한 날부터 시행한다.
제2조【치료감호 판결을 받은 자에 대한 경과조치】 이 법 시행 전에 종전의 「사회보호법」에 의하여 치료감호 판결을 받은 자는 이 법에 의하여 치료감호 판결을 받은 것으로 본다.
제3조【치료감호시설 등에 관한 경과조치】 이 법 시행 당시 종전의 「사회보호법」의 치료감호시설과 그 소속 공무원은 이 법에 의한 치료감호시설과 그 소속 공무원으로 본다.
제4조~제8조 (생략)

부 칙 (2013.7.30)

제1조【시행일】 이 법은 공포한 날부터 시행한다. 다만, 제16조제3항부터 제8항까지 및 제36조의3의 개정규정은 공포 후 6개월이 경과한 날부터 시행하고, 제34조제2항, 제36조의2 및 제36조의4의 개정규정은 공포 후 1년이 경과한 날부터 시행하며, 제16조의2, 제21조의2 및 제37조제3항의 개정규정은 공포 후 1년 6개월이 경과한 날부터 시행한다.
제2조【치료감호 대상 성폭력범죄의 범위에 관한 적용례】 제2조의2제1호 및 제3호의 개정규정은 이 법 시행 당시 재판 중인 사람에 대하여도 적용한다.
제3조【살인범죄를 저지른 피치료감호자에 대한 치료감호 기간에 관한 적용례】 제16조제3항부터 제7항까지의 개정규정은 같은 개정규정 시행 당시 살인범죄를 저질러 치료감호 중인 사람에 대하여도 적용한다.

부　칙 (2015.12.1)

제1조【시행일】 이 법은 공포 후 1년이 경과한 날부터 시행한다.

제2조【선고유예 시 치료명령 등에 관한 적용례】 제44조의2제1항의 개정규정에 따른 치료명령은 이 법 시행 전에 죄를 범한 치료명령대상자에 대하여도 적용한다.

부　칙 (2016.5.29)

제1조【시행일】 이 법은 공포 후 1년이 경과한 날부터 시행한다.(이하 생략)

부　칙 (2017.12.12)

제1조【시행일】 이 법은 공포 후 6개월이 경과한 날부터 시행한다.

제2조【치료감호기간 만료로 치료감호 종료 시 보호관찰의 부과 등에 관한 적용례】 제32조, 제33조 및 제33조의2의 개정규정은 이 법 시행 당시 치료감호 집행 중인 사람 또는 종전의 제32조제1항제1호 또는 제2호에 따라 보호관찰 중인 사람에 대해서도 적용한다.

제3조【보호관찰관의 의견 청취 등에 관한 경과조치】 이 법 시행 전에 종전의 제43조제2항에 따라 검사의 신청 시에 들은 보호관찰관의 의견은 제43조제2항의 개정규정에 따라 들은 보호관찰소의 장의 의견으로 보고, 종전의 제43조제3항에 따라 보호관찰관이 행한 제37조제3항 각 호에 규정된 사항에 대한 신청의 요청은 제43조제3항의 개정규정에 따라 보호관찰소의 장이 행한 신청의 요청으로 본다.

부　칙 (2018.12.18)

이 법은 공포한 날부터 시행한다.

부　칙 (2020.2.4)

제1조【시행일】 이 법은 공포 후 6개월이 경과한 날부터 시행한다.(이하 생략)

부　칙 (2020.10.20)

이 법은 공포한 날부터 시행한다. 다만, 제25조의3제2항 단서의 개정규정은 공포 후 6개월이 경과한 날부터 시행한다.

부　칙 (2022.1.4)

제1조【시행일】 이 법은 공포 후 6개월이 경과한 날부터 시행한다.

제2조【다른 법률의 개정】 ※(해당 법령에 가제정리 하였음)

치료감호 등에 관한 법률 시행령

(2005년 10월 13일 대통령령 제19087호)

개정
2008.11.26영21126호
2011.11.23영23314호(전문의의수련및자격인정등에관한규정)
2012. 1. 6영23488호(민감정보고유식별정보)
2012. 6. 7영23845호(마약시)
2014. 1.28영25115호　2014. 6.30영25410호
2014. 8. 6영25532호(민감정보고유식별정보)
2014.12. 9영25836호(화학물질관리법시)
2016.11.29영27616호
2017. 5.29영28074호(정신건강증진및정신질환자복지서비스지원에관한법시)
2018. 6.12영28951호
2021. 1. 5영31380호(법령용어정비)
2021. 4. 6영31595호

제1조【목적】 이 영은 「치료감호 등에 관한 법률」에서 위임된 사항과 그 시행에 필요한 사항을 규정함을 목적으로 한다.(2016.11.29 본조개정)

제2조【마약류 등의 종류】 「치료감호 등에 관한 법률」(이하 "법"이라 한다) 제2조제1항제2호에 따른 마약·향정신성의약품·대마, 그 밖에 남용되거나 해독(害毒)을 끼칠 우려가 있는 물질의 종류는 다음과 같다.(2016.11.29 본문개정)
1. 「마약류 관리에 관한 법률」 제2조제2호부터 제4호까지 및 같은 법 시행령 제2조제1항부터 제3항까지에 규정된 물질(2012.6.7 본호개정)
2. 「화학물질관리법」 제22조제1항 및 같은 법 시행령 제11조에 규정된 물질(2014.12.9 본호개정)

제2조의2【남용되거나 해독을 끼칠 우려가 있는 물질】 법 제2조의3제3호에서 "마약·향정신성의약품·대마, 그 밖에 대통령령으로 정하는 남용되거나 해독을 끼칠 우려가 있는 물질"이란 제2조 각 호의 물질을 말한다.
(2018.6.12 본조신설)

제3조【감호청구서의 기재사항 및 방식】 ① 검사가 공소를 제기하면서 동시에 치료감호 청구를 하는 경우 치료감호청구서에 적어야 할 법 제4조제4항제1호의 사항은 공소장에 적힌 피고인의 성명, 연령, 등록기준지, 주거, 직업 등으로 갈음하고, 청구의 원인이 되는 사실 및 적용법조는 공소장의 공소사실 및 적용법조에 추가하여 적는다.
② 검사가 공소를 제기하지 아니하고 치료감호 청구만을 하거나 공소를 제기한 후에 치료감호 청구를 하는 경우에는 치료감호청구서에 치료감호가 청구된 치료감호대상자(이하 "피치료감호청구인"이라 한다)의 성명, 연령, 등록기준지, 주거, 직업, 죄명과 청구의 원인이 되는 사실 및 적용법조를 적는다.(2018.6.12 본항개정)
③ 제1항 및 제2항의 경우에는 구속영장 또는 치료감호영장이나 그 등본, 변호인 선임서, 피의자 또는 치료감호대상자 수용증명, 구속 또는 보호구속기간 연장결정서나 그 등본 등을 첨부한다.
(2008.11.26 본조개정)

제4조【치료감호의 방법】 ① 치료감호를 선고받은 자(이하 "피치료감호자"라 한다)에 대하여는 법 제16조제1항에 따른 치료감호시설(이하 "치료감호시설"이라 한다)에 수용·감호하고 치료와 재활교육을 한다.(2014.1.28 본항개정)
② 피치료감호자에 대하여는 심신장애의 정도 또는 제2조에 규정된 물질이나 알코올을 식음(食飮)하는 등의 습벽(習癖) 및 중독된 정도, 정신성적(精神性的) 장애의 정도에 따라 분리수용한다.
(2008.11.26 본조개정)

제4조의2【치료감호 기간 연장 신청】 ① 치료감호시설의 장은 법 제16조제3항에 따라 피치료감호자의 치료감호 기간 연장을 검사에게 신청하려면 다음 각 호의 사항을 적은 서면에 그 신청사유를 소명(疎明)할 수 있는 자료를 첨부하여 제출하여야 한다.
1. 피치료감호자의 성명·주민등록번호 및 죄명
2. 기간 연장이 필요한 사유
3. 기간을 연장한 횟수
② 제1항에 따른 치료감호 기간 연장 신청은 법 제16조제2항 각 호의 기간 또는 같은 조 제3항에 따라 연장된 기간이 종료하기 7개월 전까지 하여야 한다.
(2014.1.28 본조신설)

제4조의3【지정법무병원의 지정절차】 ① 법무부장관은 법 제16조의2제1항제2호에 따른 지정법무병원(이하 "지정법무병원"이라 한다)을 지정하기 위하여 필요한 경우 보건복지부장관의 의견을 들을 수 있다.
② 법무부장관은 지정법무병원을 지정한 경우에는 보건복지부장관 및 지정법무병원의 장에게 그 사실을 통보하여야 한다.
(2014.1.28 본조신설)

제4조의4【지정법무병원의 운영 및 치료】 ① 지정법무병원의 장은 피치료감호자가 입원하면 지정법무병원의 정신건강의학과 의사 중 피치료감호자의 치료를 담당할 의사를 지정하여야 한다.
② 지정법무병원의 피치료감호자 수용정원은 50명 이내로 한다. 다만, 법무부장관은 치료감호시설 전체 수용인원 및 치료의 적절성을 고려하여 수용정원을 조정할 수 있다.
③ 제1항 및 제2항에서 규정한 사항 외에 피치료감호자의 수용 및 치료에 필요한 세부 사항은 법무부장관이 정한다.
(2014.1.28 본조신설)

제4조의5【지정법무병원에 대한 경비보조】 ① 법 제16조의2제3항에 따라 국가는 예산의 범위에서 다음 각 호의 경비를 지정법무병원에 보조하여야 한다.
1. 피치료감호자의 진료 등에 드는 경비
2. 피치료감호자의 수용 및 치료를 위한 병동의 설치·증축 및 리모델링에 필요한 경비
② 지정법무병원의 장은 제1항에 따른 경비보조를 받으려면 경비보조 청구서에 다음 각 호의 서류를 첨부하여 매달 10일까지 법무부장관에게 제출하여야 한다.
1. 피치료감호자별 진료비 계산서
2. 그 밖에 경비보조 청구 내용을 설명할 수 있는 자료
(2014.1.28 본조신설)

제5조【동태의 보고 등】 ① 치료감호시설의 장은 피치료감호자에 대하여 치료감호 집행을 시작한 후 6개월마다 피치료감호자의 동태·치료정도와 그 밖에 필요한 사항을 법 제37조에 따른 치료감호심의위원회(이하 "위원회"라 한다)에 보고하여야 한다.
② 지정법무병원의 장은 피치료감호자가 다음 각 호의 어느 하나에 해당하면 지체 없이 위원회에 보고하여야 한다.
1. 범죄를 저지른 경우
2. 수용질서를 해치는 행위로 다른 피치료감호자의 수용생활을 방해한 경우
3. 증상이 악화되어 자해 또는 다른 사람을 위해(危害)할 위험성이 있는 경우
4. 그 밖에 지정법무병원에서 계속 치료하기 곤란한 경우
(2014.1.28 본항신설)
③ 치료감호시설의 장은 치료감호를 종료 또는 가종료(假終了)하거나 치료를 위탁하는 것이 타당하다고 인정하는 경우에는 검사에게 제1항의 사항을 통보하여 위원회에 심사를 신청하도록 요청할 수 있다.
(2014.1.28 본조개정)

제6조【치료감호 내용 등의 공개】 ① 판사와 검사는 치료감호시설을 수시로 시찰할 수 있다.
② 판사나 검사가 아닌 사람이 법 제20조에 따라 치료감호시설을 참관하려면 치료감호시설의 장의 허가를 받아야 한다.
③ 치료감호시설의 장은 치료감호시설을 참관하려는 사람에 대하여 그 성명·직업·주소 및 참관의 목적을 명백히 한 후 정당한 이유가 있을 때에는 참관을 허가하여야 한다.
④ 치료감호시설의 장은 외국인이 치료감호시설을 참관하려는 경우에는 법무부장관의 승인을 받아 참관을 허가하여야 한다.
⑤ 치료감호시설의 장은 참관을 허가받은 사람에게 참관할 때의 주의사항을 고지하여야 한다.
(2014.1.28 본조개정)

제6조의2【재이송의 신청 및 결정】 ① 지정법무병원의 장은 법 제21조의2제2항의 사유가 있는 경우에는 위원회에 피치료감호자의 재이송을 신청할 수 있다.
② 지정법무병원의 장은 제1항에 따른 재이송 신청을 할 때에는 증상 악화에 대한 담당 의사의 의견서 등 지정법무병원에서 계속 치료하기 곤란한 사유를 확인할 수 있는 관련 자료를 첨부하여야 한다.
③ 위원회는 제1항에 따른 재이송 신청을 받으면 피치료감호자에 대한 재이송이 적절한지를 심사하여 결정하여야 한다.
(2014.1.28 본조신설)

제7조【치료의 위탁】 법 제23조제3항에 따른 치료의 위탁을 받을 수 있는 피치료감호자의 법정대리인, 배우자, 직계친족, 형제자매(이하 "법정대리인등"이라 한다)가 위원회에 제출할 서약서에는 그 법정대리인등과 피치료감호자의 성명, 연령, 등록기준지, 주거, 직업 및 치료를 받을 병원명 등을 적고 입원보증서 등 자료를 첨부하여야 한다.
(2008.11.26 본조개정)

제7조의2【피치료감호청구인의 처우】 ① 치료감호시설의 장은 법 제25조의2제3항에 따라 다음 각 호의 사항을 고려하여 피치료감호청구인의 생활실을 구분하는 등 피치료감호청구인에게 적합한 처우를 하여야 한다.
1. 피치료감호청구인의 성별
2. 피치료감호청구인의 심신장애의 정도
3. 제2조에 따른 물질이나 알코올을 식음하는 등의 습벽 및 중독된 정도
4. 정신성적 장애의 정도
5. 그 밖에 피치료감호청구인의 처우를 위하여 필요한 사항
② 치료감호시설의 장은 피치료감호청구인의 처우를 위하여 필요한 경우 피치료감호청구인을 대상으로 상담 등을 통한 신상에 관한 개별사안의 조사, 심리·지능·적성 검사, 그 밖에 필요한 검사를 할 수 있다.
(2018.6.12 본조신설)

제7조의3【격리 등 제한의 금지】 ① 치료감호시설의 장은 법 제25조의3제1항에 따라 피치료감호자 및 피치료감호청구인(이하 "피치료감호자등"이라 한다)에게 격리 또는 묶는 등의 신체적 제한(이하 "보호조치"라 한다)을 하려면 다음 각 호의 어느 하나에 해당하는 방법으로 하여야 한다. 이 경우 제2호의 보호조치는 법 제25조의3제1항 제1호의 경우에만 할 수 있다.
1. 격리를 통한 보호조치
2. 보호복 또는 억제대를 이용한 보호조치
② 제1항제1호에 따른 보호조치의 기간은 15일 이내로 한다. 다만, 치료감호시설의 장은 다음 각 호의 구분에

따른 의사의 지시에 따라 특히 계속하여 보호조치를 할 필요가 있으면 이를 연장할 수 있다.(2021.4.6 단서개정)
1. 법 제25조의3제1항제1호에 따른 보호조치를 연장하는 경우 : 정신건강의학과 전문의(2021.4.6 본호신설)
2. 법 제25조의3제1항제2호 또는 제3호에 따른 보호조치를 연장하는 경우 : 정신건강의학과 전문의 또는 담당 의사(2021.4.6 본호신설)
③ 제2항 단서에 따른 보호조치 기간 연장은 1회에 7일 이내로 하되, 보호조치 기간은 계속하여 30일을 초과할 수 없다.
④ 제1항제2호에 따른 보호조치의 기간은 24시간 이내로 한다. 다만, 치료감호시설의 장은 정신건강의학과 전문의의 지시에 따라 특히 계속하여 보호조치를 할 필요가 있으면 이를 24시간 이내에서 한 차례만 연장할 수 있다.
(2021.4.6 단서개정)
⑤ 치료감호시설의 장은 피치료감호자등에게 보호조치를 하는 경우 법 제25조의3제4항에 따라 피치료감호자등 보호원부에 다음 각 호의 사항을 작성·보존해야 한다.
(2021.4.6 본문개정)
1. 피치료감호자등의 성명 : 한글과 한자(한자 성명이 있는 경우만 해당한다)로 표기하되, 외국인인 경우 한글과 영문으로 표기
2. 피치료감호자등의 생년월일
3. 보호조치 사유 : 다음 각 목의 사항
가. 자신이나 다른 사람을 위험에 이르게 할 가능성이 뚜렷하게 높고 신체적 제한 외의 방법으로 그 위험을 회피하는 것이 뚜렷하게 곤란하다고 판단되는 경우 그 구체적 사항
나. 중대한 범법행위 또는 규율위반 행위를 한 경우 그 구체적 사항
다. 그 밖에 수용질서를 문란하게 하는 중대한 행위를 한 경우 그 구체적 사항
4. 보호조치에 대한 정신건강의학과 전문의 또는 담당 의사의 지시 내용(2021.4.6 본호개정)
5. 보호조치 장소
6. 보호조치 방법
7. 보호조치 시작 시기
8. 보호조치 해제 시기
9. 보호조치 기간을 연장한 경우에는 그 기간 연장 사유 및 기간 연장에 대한 정신건강의학과 전문의 또는 담당 의사의 지시 내용(2021.4.6 본호개정)
10. 보호조치 중 치료활동, 식사, 용변 등 처우
⑥ 피치료감호자등 보호원부의 서식에 관한 사항은 법무부령으로 정한다.
(2018.6.12 본조신설)

제8조【처우개선의 청원】 ① 피치료감호자등이나 법정대리인등이 법 제30조제1항에 따라 피치료감호자등의 처우개선에 관하여 청원할 경우에는 법무부장관에게 문서로 하여야 한다.(2018.6.12 본항개정)
② 제1항에 따라 청원하려는 사람은 청원서를 작성하여 봉한 후 치료감호시설의 장에게 제출하여야 한다.
(2014.1.28 본항개정)
③ 치료감호시설의 장은 청원서를 개봉하여서는 아니 되며, 지체 없이 법무부장관에게 송부하여야 한다.
(2014.1.28 본항개정)
④ 치료감호시설의 장은 피치료감호자등 또는 법정대리인등이 청원을 하지 못하게 하거나 청원을 하였다는 이유로 피치료감호자등에게 불이익을 주어서는 아니 된다.
(2018.6.12 본항개정)
⑤ 법무부장관은 청원의 처리 결과를 치료감호시설의 장에게 문서로 통보하고, 치료감호시설의 장은 지체 없이 청원인에게 전달하여야 한다.(2014.1.28 본항개정)

제9조【피보호관찰자의 준수사항】 ①「보호관찰 등에 관한 법률」에 따른 보호관찰(이하 "보호관찰"이라 한다)을 받기 시작한 자(이하 "피보호관찰자"라 한다)에 대한 법 제33조제2항에 따른 준수사항의 부과는 위원회가 하되, 피보호관찰자마다 개인의 성향 등을 고려하여 서면으로 지시한다.(2018.6.12 본항개정)
② 보호관찰관은 위원회가 피보호관찰자에게 부과한 준수사항의 이행을 독려(督勵)하기 위하여 필요한 범위에서 구체적인 지시를 할 수 있다.
③ 보호관찰관은 피보호관찰자를 지도·감독하기 위하여 특별히 필요한 경우에는 피보호관찰자를 출석하게 하여 사실을 확인하거나 관계자에게 필요한 협조를 요청할 수 있다.
(2008.11.26 본조개정)

제9조의2【피보호관찰자의 준수사항 변경 등】 ① 위원회는 법 제33조제3항에 따라 피보호관찰자의 준수사항 전부 또는 일부의 추가·변경 또는 삭제에 관한 심사와 결정을 한 경우 그 내용을 피보호관찰자에게 문서로 알려야 한다.
② 보호관찰소의 장이 법 제33조제3항에 따라 피보호관찰자의 준수사항 전부 또는 일부의 추가·변경 또는 삭제를 위원회에 신청하려면 다음 각 호의 사항을 적은 문서로 하여야 한다.
1. 피보호관찰자의 성명·주민등록번호·직업 및 주거
2. 신청의 취지
3. 피보호관찰자의 준수사항 전부 또는 일부의 추가·변경 또는 삭제를 필요로 하는 사유
③ 위원회는 제1항에 따른 심사를 위하여 필요하다고 인정하는 경우에는 해당 피보호관찰자를 담당하는 보호관찰관을 출석시켜 의견을 들을 수 있으며, 피보호관찰자를 심문하거나 필요한 사항을 조사·심리할 수 있다.
(2018.6.12 본조신설)

제9조의3【피보호관찰자에 대한 경고】 보호관찰소의 장은 법 제33조제5항에 따라 피보호관찰자에게 경고를 하는 경우에는 문서로 하여야 한다.(2018.6.12 본조신설)

제10조【피보호관찰자 등의 신고의무】 ① 피보호관찰자는 2개월마다 다음 각 호의 사항을 보호관찰관에게 서면으로 신고해야 한다.(2021.1.5 본문개정)
1. 기간 중의 주요 활동사항
2. 약 복용 실태 및 치료 현황
3. 기간 중에 교제하거나 모임을 가진 사람 중 범죄를 범할 우려가 있는 사람에 대한 인적사항과 그 교제·모임의 일시·장소 및 내용(2021.1.5 본호개정)
4. 기간 중의 여행에 관한 사항
5. 기간 중의 선행사항
6. 위원회와 보호관찰관이 보호관찰과 관련하여 신고하도록 지시한 사항
② 피보호관찰자는 주거를 이전하거나 30일 이상 여행하려는 경우에는 미리 그 내용을 보호관찰관에게 서면으로 신고하여야 한다.
③ 피보호관찰자가 제1항 및 제2항에 따른 신고를 스스로 할 수 없는 경우에는 그 보호자(보호시설의 경우는 그 시설의 장을 말한다. 이하 같다) 또는 치료를 위탁받은 법정대리인등이 신고하여야 한다.
(2008.11.26 본조개정)

제11조【보호관찰관의 임무】 ① 보호관찰관은 피보호관찰자의 동태를 관찰하고 건전한 사회인으로 복귀할 수 있도록 지도·감독하여야 한다.
② 보호관찰관은 보호관찰부를 작성하여 갖춰 두고, 매월 1회 이상 피보호관찰자의 주요 동태 및 제9조에 따른 준수사항의 이행 여부를 확인하여야 한다.
③ 보호관찰관은 6개월마다 제2항에 규정한 사항을 검사를 거쳐 위원회에 보고하여야 한다.
④ 보호관찰관은 피보호관찰자에게 다음 각 호의 어느 하나에 해당하는 사유가 있는 경우에는 지체 없이 검사를 거쳐 위원회에 보고하여야 한다.
1. 죄를 범한 경우
2. 보호관찰에 따른 준수사항을 위반한 경우
3. 주거를 이전한 경우
4. 일정한 주거가 없게 된 경우
5. 30일 이상 주거지를 무단이탈하거나 소재불명이 된 경우
6. 사망한 경우
7. 보호관찰의 필요가 없다고 인정되는 경우
8. 그 밖에 신원에 중대한 변화가 생긴 경우
⑤ 제4항제7호의 경우 보호관찰관은 검사에게 법 제43조에 따라 치료감호의 종료에 관한 심사신청을 할 것을 요청할 수 있다.
⑥ 보호관찰관은 제10조제2항에 따른 신고를 받은 경우에는 지체 없이 그 내용을 새 주거지 또는 여행지의 보호관찰관에게 통보하여야 한다. 이 경우 피보호관찰자가 주거를 이전한 때에는 지체 없이 피보호관찰자에 대한 보호관찰부와 그 밖의 관계 서류를 새 주거지 관할 보호관찰관에게 송부하여야 한다.(2016.11.29 전단개정)
⑦ 제6항 후단에 따라 관계 서류를 받은 새 주거지의 보호관찰관은 그 주거 이전의 사실을 확인한 후 지체 없이 검사를 거쳐 위원회에 보고하여야 한다.
(2008.11.26 본조개정)

제11조의2【유치허가신청의 방식 등】 ① 보호관찰소의 장은 법 제33조의2제3항에 따라 피보호관찰자의 유치허가 신청을 하는 경우에는 다음 각 호의 사항을 적은 문서로 하여야 한다.
1. 유치대상자의 성명·주민등록번호·직업 및 주거지
2. 유치를 필요로 하는 사유
3. 유치할 장소
② 법 제33조의2제3항에 따라 판사가 발부하는 유치허가장에는 청구한 검사의 관직·성명·발부일시 및 제1항 각 호의 사항을 적어야 한다.
(2018.6.12 본조신설)

제11조의3【유치허가신청의 관할】 제11조의2제1항에 따른 유치허가신청을 할 때에는 해당 보호관찰소의 소재지 관할 지방검찰청 또는 지청의 검사에게 하여야 한다.
(2018.6.12 본조신설)

제11조의4【가종료등의 취소 신청 등】 ① 보호관찰소의 장은 법 제33조의2제4항에 따라 법 제22조에 따른 가종료 또는 법 제23조에 따른 치료의 위탁(이하 "가종료등"이라 한다)의 취소 신청을 요청하는 경우에는 다음 각 호의 사항을 적은 문서로 하여야 한다. 이 경우 법 제33조의2제4항에 따른 가종료등의 취소신청기간은 보호관찰소의 장이 유치허가장을 받은 때부터 기산한다.
1. 피보호관찰자의 성명·주민등록번호·직업 및 주거지
2. 신청의 취지
3. 취소를 필요로 하는 사유
4. 그 밖에 보호관찰을 계속할 수 없는 사유
② 검사는 법 제33조의2제4항에 따른 보호관찰소장의 가종료등의 취소 신청 요청을 기각한 경우에는 지체 없이 보호관찰소의 장에게 그 사실을 알려야 한다.
③ 검사는 법 제33조의2제5항에 따라 위원회에 가종료등의 취소 신청을 하는 경우에는 보호관찰소의 장이 제1항에 따라 제출한 문서를 첨부하고, 그 사유를 소명하여야 한다.
④ 위원회는 법 제33조의2제5항에 따른 가종료등의 취소 신청을 심리하기 위하여 필요하다고 인정하는 경우에는 치료감호시설의 장이나 보호관찰소의 장을 출석시켜 의견을 들을 수 있다.
(2018.6.12 본조신설)

제11조의5【유치기간연장결정의 통지】 관할 지방법원 판사는 법 제33조의2제6항 단서에 따라 유치기간을 연장한 경우에는 지체 없이 보호관찰소의 장에게 그 사실을 알려야 한다.(2018.6.12 본조신설)

제12조【신고 의무의 고지】 치료감호시설의 장은 피보호관찰자가 출소할 때에는 죄를 다시 범하지 아니하도록 엄중 훈계하고, 법 제34조제2항에 따른 출소 후 신고를 관할 보호관찰관에게 할 것을 고지하여야 한다.(2014.1.28 본조개정)

제13조【신고와 출소 통보】 ① 피보호관찰자가 법 제34조제1항에 따른 출소 전 신고를 할 때에는 다음 각 호의 사항을 적은 신고서를 치료감호시설의 장에게 제출하여야 한다.(2014.1.28 본문개정)
1. 등록기준지, 입소 전 주소, 성명, 생년월일, 성별
2. 출소 후의 거주 예정지
3. 거주 예정지 도착 예정일시
4. 그 밖에 치료감호시설의 장이 요구하는 사항
(2014.1.28 본호개정)
② 제1항에 따른 신고서를 받은 치료감호시설의 장은 제1항 각 호의 사항과 다음 각 호의 사항을 적은 출소통보서를 작성하여 1부는 위원회에, 1부는 출소 후 거주 예정지 관할 보호관찰관에게 송부하고, 1부는 치료감호시설에 갖춰 두어야 한다.(2014.1.28 본문개정)
1. 치료감호의 판결법원, 판결 연월일 및 기간
2. 치료감호처분의 요건이 된 전과, 치료감호경력 및 범죄사실의 요지
3. 병과(併科)된 형의 죄명, 형명(刑名) 및 형기(刑期)
4. 가족, 동거인 및 교우 관계
5. 본인 및 가족의 재산 상태
6. 학력, 경력 및 병역 관계
7. 종교 및 가입단체
8. 해외여행 관계
9. 치료위탁의 경우 치료받을 병원명 및 소재지
10. 그 밖에 치료를 위하여 필요한 사항
③ 법 제34조제2항에 따른 출소 후 신고를 할 때에는 다음 각 호의 사항을 적은 신고서를 보호관찰관에게 제출하여야 한다.
1. 등록기준지, 주거, 성명, 생년월일, 직업, 성별
2. 주거지 도착일시
3. 생활계획
3의2. 피보호관찰자가 등록한 「정신건강증진 및 정신질환자 복지서비스 지원에 관한 법률」 제15조에 따른 정신건강복지센터(이하 "정신건강복지센터"라 한다)
(2017.5.29 본호개정)
4. 그 밖에 치료계획 등 보호관찰관이 요구하는 사항
④ 피보호관찰자는 제3항에 따른 신고사항이 변동된 경우에는 지체 없이 보호관찰관에게 신고하여야 한다.
⑤ 피보호관찰자가 제1항·제3항 및 제4항에 따른 신고를 스스로 할 수 없는 경우에는 그 보호자 또는 치료의 위탁을 받은 법정대리인등이 신고하여야 한다.
⑥ 제2항에 따른 통보를 받은 관할 보호관찰관은 피보호관찰자가 법 제34조제2항에 따른 출소 후 신고를 하지 아니한 경우에는 지체 없이 그 사실을 검사를 거쳐 위원회에 보고하여야 한다.
(2008.11.26 본조개정)

제13조의2【보호관찰소와 정신건강복지센터의 공조 범위】 ① 법 제36조의4제2항에 따라 보호관찰소의 장이 정신건강복지센터의 장에게 요청할 수 있는 정신보건 관련 정보는 다음 각 호와 같다.(2017.5.29 본문개정)
1. 정신건강복지센터 등록일·상담일·진료일 등 등록·상담 및 진료 관련 사항
2. 정신건강복지센터의 사회복귀훈련 프로그램 등 사회복귀훈련 및 이에 관한 사례 관리 관련 사항
(2017.5.29 1호~2호개정)
3. 피보호관찰자의 치료 정도 및 정신보건 상태
② 법 제36조의4제3항에 따라 정신건강복지센터의 장이 보호관찰소의 장에게 협조를 요청할 수 있는 사항은 다음 각 호와 같다.(2017.5.29 본문개정)
1. 피보호관찰자의 정신건강복지센터 방문·면담 시 보호관찰관의 동행·참여(2017.5.29 본호개정)
2. 피보호관찰자의 생활상태 및 특이사항 등에 대한 정보 제공
3. 피보호관찰자의 치료, 재범방지 및 사회복귀를 위한 계획 수립·집행 시 보호관찰관의 의견 제출
(2017.5.29 본조제목개정)
(2014.1.28 본조신설)

제14조【위원회의 구성】 ① 위원회의 위원은 위원장의 제청으로 법무부장관이 임명하거나 위촉한다.
② 공무원이 아닌 위원의 임기는 3년으로 한다.
③ 위원장은 위원회를 대표하고 위원회의 업무를 총괄하며, 위원회의 회의를 소집하고 그 의장이 된다.
④ 위원장이 부득이한 사유로 직무를 수행할 수 없을 때에는 위원장이 미리 지명한 위원이 그 직무를 대행한다.
⑤ 법 제37조제4항에 따른 자문위원은 10명 이내로 하며, 자문위원은 위원회의 심사·결정에 필요한 자문에 응한다.
(2008.11.26 본조개정)

제15조【위원회의 직원】 ① 위원회에 간사 2명과 서기 약간명을 둔다.
② 간사와 서기는 법무부 소속 공무원 중에서 위원장이 임명한다.
③ 간사는 위원장의 명을 받아 위원회의 사무를 처리하고 회의에 참석하여 발언할 수 있으며, 서기는 간사를 보조한다.
(2008.11.26 본조개정)

제16조【심사자료 송부 요청】 위원회는 법 제37조제3항에 규정된 사항(이하 "치료감호사안"이라 한다)을 심사할 때 검사, 치료감호시설의 장 또는 보호관찰관에게 치료감호사안 조사기록, 형 및 치료감호 집행기록 또는 보호관찰부 등 심사 자료의 송부를 요청할 수 있다.
(2014.1.28 본조개정)

제17조【검사의 심사신청】 ① 검사가 법 제43조에 따라 위원회에 피치료감호자의 심사를 신청할 때에는 신청서에 피치료감호자의 성명·연령·주거·직업 등을 적고, 다음 각 호의 자료를 첨부하여야 한다.
1. 치료감호시설의 장 또는 보호관찰관의 의견서 (2014.1.28 본호개정)
2. 치료감호 판결등본
3. 형 및 치료감호 집행기록
4. 치료감호사안 조사기록
② 제1항의 경우 검사는 치료감호사안과 관련된 사건기록을 보존하고 있는 검찰청으로부터 송부받아 이를 심사신청서와 함께 위원회에 송부할 수 있다.
(2008.11.26 본조개정)

제18조【피치료감호자 등의 심사신청】 ① 피치료감호자와 그 법정대리인등은 법 제44조에 따라 위원회에 치료감호의 종료 여부에 대한 심사를 신청할 때에는 정신건강의학과 등의 전문의의 진단서 또는 감정서를 첨부하여야 한다.
② 치료감호시설의 장은 피치료감호자와 그 법정대리인등의 심사신청에 대하여 위원회에 의견을 제출할 수 있다.
(2018.6.12 본조개정)

제19조【위원회의 결정】 위원회는 다음 각 호의 어느 하나에 해당하는 경우에는 지체 없이 이를 심사·결정하고, 위원장과 출석위원이 기명·날인한 결정서를 작성해야 한다.
(2021.4.6 본문개정)
1. 법 제21조의2제1항에 따른 기간이 된 경우
2. 제6조의2에 따른 재이송 신청이 있는 경우
3. 법 제22조에 따른 기간이 된 경우
4. 법 제43조 또는 제44조에 따른 심사신청이 있는 경우
5. 그 밖의 치료감호사안을 심사·결정하는 경우 (2021.4.6 본호신설)
(2014.1.28 본조개정)

제20조【결정서의 기재 요건】 결정서에는 피치료감호자의 성명·연령·등록기준지·주거 및 감호소의 명칭과 결정 주문(主文) 및 이유를 적어야 한다. 법 제43조에 따른 검사의 심사신청에 대하여는 결정서에 검사의 관직 및 성명을 함께 적는다.(2008.11.26 본조개정)

제21조【결정의 송달 등】 ① 위원회는 치료감호사안에 관하여 결정을 한 때에는 결정서 등본을 피치료감호자를 감호 또는 보호관찰하는 치료감호시설의 장이나 보호관찰관에게 송달한다. 다만, 검사의 신청을 받아 결정을 한 경우에는 결정서 등본을 심사를 신청한 검사에게 송달하여야 하며, 그 송달을 받은 검사는 이를 치료감호시설의 장이나 보호관찰관에게 통보한다.(2014.1.28 본항개정)
② 제1항에 따라 송달 또는 통보를 받은 치료감호시설의 장이나 보호관찰관은 그 내용을 피치료감호자에게 고지하여야 한다.(2014.1.28 본항개정)
③ 위원회는 법 제44조에 따른 피치료감호자와 그 법정대리인등의 신청에 대하여 결정을 한 때에는 그 결정서 등본을 피치료감호자와 그 법정대리인등에게 송달하여야 한다.(2018.6.12 본항개정)

제22조【회의록】 ① 위원회는 회의록을 작성·비치하여야 한다.
② 회의록에는 회의와 관련된 모든 사항을 적고 위원장이 기명·날인하여야 한다.
(2008.11.26 본조개정)

제23조【수당 등】 ① 위원회의 위원장·위원·자문위원 및 직원에 대하여는 예산의 범위에서 출석수당과 여비를 지급할 수 있다. 다만, 공무원인 위원이 그 소관 업무와 직접적으로 관련되어 위원회에 출석하는 경우에는 그러하지 아니하다.
② 제1항의 수당 및 여비의 금액과 지급방법 및 그 밖에 필요한 사항은 법무부령으로 정한다.
(2008.11.26 본조개정)

제24조【위원회의 운영세칙】 이 영에 규정된 사항 외에 위원회의 운영에 필요한 사항은 위원회의 의결을 거쳐 위원장이 정한다.(2008.11.26 본조개정)

제25조【판결 전 조사】 법원은 법 제44조의3제1항에 따라 피고인의 주거지 또는 그 법원의 소재지를 관할하는 보호관찰소의 장에게 조사를 요구하는 경우에는 피고인의 인적사항 및 범죄사실의 요지를 통보하여야 한다. 이 경우 필요하다고 인정하면 참고자료를 송부할 수 있다.
(2016.11.29 본조신설)

제26조【집행지휘의 방식】 검사는 법 제44조의6제1항에 따라 치료명령의 집행을 지휘하는 경우에는 법 제44조의2제1항에 따른 치료를 명하는 판결이 확정된 후 지체 없이 치료명령을 선고받은 사람(이하 "피치료명령자"라 한다)의 주거지를 관할하는 보호관찰소의 장에게 판결문 등본을 첨부한 지휘 서면을 송부하여야 한다.(2016.11.29 본조신설)

제27조【치료명령 집행 전의 준비 등】 ① 보호관찰관은 법 제44조의6제1항에 따라 치료명령을 집행하기 전에 제26조에 따른 지휘 서면 및 판결문 등본을 모두 확인하여야 한다.
② 보호관찰관은 법 제44조의6제1항에 따라 치료명령을 집행하기 전에 피치료명령자에게 다음 각 호의 사항을 알려 주어야 한다.
1. 법 제44조의5에 따른 준수사항
2. 법 제44조의8에 따른 선고유예의 실효 및 집행유예의 취소에 관한 사항
3. 그 밖에 치료명령의 집행에 필요한 사항
(2016.11.29 본조신설)

제28조【치료명령 집행계획의 수립】 보호관찰관은 법 제44조의6제1항에 따라 피치료명령자에 대한 치료명령을 집행하기 전에 다음 각 호의 사항을 종합적으로 고려한 치료명령 집행계획을 수립하여야 한다.
1. 피치료명령자에 대한 법 제44조의6제2항에 따른 집행방법
2. 피치료명령자의 신체적·심리적 특성 및 상태, 직업, 생활환경, 치료비용 부담능력
(2016.11.29 본조신설)

제29조【인지행동 치료 등 심리치료 프로그램 등】 ① 법 제44조의6제2항에 따른 인지행동 치료 등 심리치료 프로그램에는 다음 각 호의 내용이 포함되어야 한다.
1. 인지 왜곡의 수정 및 이상 행동의 수정
2. 치료 동기의 고취
3. 치료원인의 재발방지 및 피치료명령자의 사회적응능력 배양
4. 그 밖에 재범방지를 위하여 필요한 사항
② 법무부장관은 제1항에 따른 심리치료 프로그램의 개발에 노력하여야 한다.
(2016.11.29 본조신설)

제30조【치료명령의 집행 확인 등】 ① 법 제44조의6제1항에 따라 치료명령을 집행하는 보호관찰관은 피치료명령자와의 면담이나 법 제44조의7에 따른 치료기관 방문 등을 통하여 피치료명령자에 대한 치료명령 집행 상황을 확인하여야 한다.
② 법무부장관은 치료명령 집행업무를 전문적으로 수행할 수 있는 인력의 양성을 위하여 노력하여야 한다.
(2016.11.29 본조신설)

제31조【치료명령 집행 협의체】 보호관찰소의 장은 치료명령의 집행에 관한 다음 각 호의 사항을 협의하기 위하여 필요하다고 인정하는 경우에는 보호관찰관, 정신건강의학과 전문의 및 「정신건강증진 및 정신질환자 복지서비스 지원에 관한 법률」에 따른 정신건강전문요원 등 전문가로 구성된 치료명령 집행 협의체를 운영할 수 있다.
(2017.5.29 본문개정)
1. 법 제44조의6제2항에 따른 집행 방법에 관한 사항
2. 보호관찰소와 법 제44조의7에 따른 치료기관 간의 업무협조에 관한 사항
3. 제28조에 따른 치료명령 집행계획의 수립에 관한 사항
4. 그 밖에 치료명령의 집행과 관련하여 보호관찰소의 장이 필요하다고 인정하는 사항
(2016.11.29 본조신설)

제32조【치료비용의 국가부담】 ① 국가는 법 제44조의9제1항 단서에 따라 피치료명령자가 다음 각 호의 어느 하나에 해당하는 경우에는 치료비용을 부담할 수 있다.
1. 「국민기초생활 보장법」 제2조제2호에 따른 수급자 또는 같은 조 제10호에 따른 차상위계층
2. 「긴급복지지원법」 제2조에 따른 위기상황에 처한 사람
② 피치료명령자는 제1항에 따른 치료비용의 국가부담을 신청하려는 경우에는 법무부령으로 정하는 신청서에 다음 각 호의 서류를 첨부하여 보호관찰소의 장에게 제출하여야 한다. 다만, 「국민기초생활 보장법」 제2조제2호에 따른 수급자인 피치료명령자는 신청서만 제출한다.
1. (2018.6.12 삭제)
2. 「긴급복지지원법」 제2조 각 호의 어느 하나에 해당한다는 사실을 증명할 수 있는 자료(제1항제2호인 경우만 해당한다)
3. 소득이 없어 소득신고를 하지 아니한 경우에는 그 사실을 확인할 수 있는 자료
4. 그 밖에 일정한 수입원이나 재산이 없음을 확인할 수 있는 자료
③ 보호관찰소의 장은 제2항에 따라 신청서를 제출받았을 때에는 신청인의 동의를 받아 「전자정부법」 제36조제1항에 따른 행정정보의 공동이용을 통하여 다음 각 호의 행정정보를 확인하여야 한다. 다만, 신청인이 확인에 동의하지 아니하는 경우에는 그 서류를 첨부하게 하여야 한다.
1. 소득금액 증명서(소득이 있는 경우만 해당한다)
2. 지방세 세목별 과세증명서 및 지방세 납세증명서
3. 국민기초생활 수급자 증명서(「국민기초생활 보장법」 제2조제2호에 따른 수급자인 경우만 해당한다) (2018.6.12 본호개정)
4. 차상위 본인부담경감 대상자 증명서(「국민기초생활 보장법」 제2조제10호에 따른 차상위계층인 경우만 해당한다)(2018.6.12 본호신설)
④ 보호관찰소의 장은 필요한 경우에는 신청인을 출석하게 하거나 신청인에게 필요한 자료를 제출하도록 요청할 수 있다.
⑤ 보호관찰소의 장은 국가, 지방자치단체 및 「공공기관의 운영에 관한 법률」 제4조에 따른 공공기관에 신청인의 치료비용 부담 능력을 확인하는 데 필요한 자료의 제출을 요청할 수 있다. 이 경우 법무부령으로 정하는 신청인의 동의서를 첨부하여야 한다.
⑥ 보호관찰소의 장은 제2항부터 제5항까지의 자료를 심사하여 신청인에 대한 치료비용의 국가부담을 결정한다.
⑦ 보호관찰소의 장은 제6항에 따라 치료비용을 국가가 부담하도록 결정한 경우에는 치료행위마다 예산의 범위에서 치료비용 전부를 지급해야 한다. 다만, 「국민건강보험법」, 「의료급여법」이나 그 밖의 다른 법령에서 신청인 또는 그 보호의무자(「정신건강증진 및 정신질환자 복지서비스 지원에 관한 법률」 제39조에 따른 보호의무자를 말한다)가 부담하지 않도록 규정한 치료비용은 국가가 지급하는 비용에서 제외한다.(2021.4.6 본항개정)
⑧ 제1항부터 제7항까지에서 규정한 사항 외에 국가가 부담하는 치료비용의 구체적인 지급절차는 법무부장관이 정한다.
(2016.11.29 본조신설)

제33조【군치료감호심의위원회】 법 제50조제2항에 따른 군치료감호심의위원회에 관하여는 제14조부터 제24조까지를 준용한다. 이 경우 "법무부장관"은 "국방부장관"으로, "법무부"는 "국방부"로 본다.(2008.11.26 본조개정)

제34조【기부금품의 접수 등】 ① 치료감호시설의 장은 법 제50조의2제1항에 따라 기부금품을 접수하는 경우 기부자에게 영수증을 발급하여야 한다. 다만, 익명으로 기부하거나 기부자를 알 수 없는 경우에는 영수증을 발급하지 아니할 수 있다.
② 치료감호시설의 장은 제1항에 따른 기부자가 다음 각 호의 어느 하나의 경우에 해당하는 사실을 알게 된 경우에는 기부금품을 접수해서는 아니 된다.
1. 기부자가 피치료감호자인 경우
2. 기부자가 피치료감호자와 친족이거나 친족이었던 경우
3. 그 밖에 기부자가 피치료감호자와 직접적인 이해관계가 있다고 인정되는 기관·단체 또는 사람인 경우
③ 치료감호시설의 장은 제1항에 따른 기부자가 기부금품의 용도를 지정한 경우에는 그 용도로만 사용하여야 한다. 다만, 기부자가 지정한 용도로 사용하기 어려운 경우에는 특별한 사정이 없는 한 기부자의 동의를 받아 다른 용도로 사용할 수 있다.
④ 치료감호시설의 장은 모든 기부금의 수입 및 지출을 기부금 전용계좌를 통하여 처리하여야 한다.
⑤ 치료감호시설의 장은 기부금품의 접수현황 및 사용실적 등에 관한 장부를 갖추어 두고 기부자가 열람할 수 있도록 하여야 한다.
⑥ 치료감호시설의 장은 매 반기별로 기부금품의 접수현황 및 사용실적 등에 관한 사항을 법무부장관에게 보고하여야 한다.
(2014.6.30 본조신설)

제35조【민감정보 및 고유식별정보의 처리】 ① 검사는 다음 각 호의 사무를 수행하기 위하여 불가피한 경우 「개인정보 보호법 시행령」 제18조제2호에 따른 범죄경력자료에 해당하는 정보, 같은 영 제19조제1호 또는 제4호에 따른 주민등록번호 또는 외국인등록번호가 포함된 자료를 처리할 수 있다.
1. 법 제4조에 따른 치료감호 청구에 관한 사무
2. 법 제6조에 따른 치료감호영장 청구에 관한 사무
2의2. 법 제16조제3항에 따른 치료감호 기간 연장 청구에 관한 사무(2014.1.28 본호신설)
3. 법 제17조 및 제21조에 따른 치료감호 집행에 관한 사무
4. 법 제43조 및 이 영 제17조에 따른 치료감호의 심사신청에 관한 사무
5. 법 제44조의6제1항에 따른 치료명령 집행지휘에 관한 사무(2016.11.29 본호신설)
② 위원회는 다음 각 호의 사무를 수행하기 위하여 불가피한 경우 제1항에 따른 개인정보가 포함된 자료를 처리할 수 있다.
1. 법 제23조제3항에 따른 치료위탁에 관한 사무
2. 법 제40조와 이 영 제19조에 따른 심사·결정에 관한 사무
3. 법 제44조에 따른 치료감호 종료 여부의 심사에 관한 사무
③ 치료감호시설의 장은 다음 각 호의 사무를 수행하기 위하여 불가피한 경우 「개인정보 보호법」 제23조에 따른 건강에 관한 정보, 같은 법 시행령 제18조제2호에 따른 범죄경력자료에 해당하는 정보, 같은 영 제19조제1호 또는 제4호에 따른 주민등록번호 또는 외국인등록번호가 포함된 자료를 처리할 수 있다.(2014.1.28 본문개정)
1. 법 제2조·제13조 및 제26조와 이 영 제5조에 따른 치료감호에 관한 사무
2. 제18조에 따른 치료감호 종료 심사에 관한 사무
3. 법 제16조제3항에 따른 치료감호 기간 연장 신청에 관한 사무
4. 법 제16조의2제3항에 따른 경비보조에 관한 사무
5. 법 제21조의2에 따른 치료감호시설 간 이송에 관한 사무
(2014.1.28 3호~5호신설)
6. 법 제36조의3에 따른 치료감호시설 출소자에 대한 외래진료에 관한 사무(2018.6.12 본호개정)
7. 법 제50조의2에 따른 기부금품의 접수에 관한 사무 (2014.6.30 본호신설)

④ 보호관찰소의 장은 다음 각 호의 사무를 수행하기 위하여 불가피한 경우 제3항에 따른 개인정보가 포함된 자료를 처리할 수 있다.(2016.11.29 본문개정)
1. 법 제36조의4에 따른 정신건강복지센터의 장과의 공조에 관한 사무(2017.5.29 본호개정)
2. 법 제44조의3에 따른 판결 전 조사에 관한 사무
3. 법 제44조의9에 따른 치료비용의 국가부담에 관한 사무
4. 제31조에 따른 치료명령 집행 협의체 운영에 관한 사무
(2016.11.29 2호~4호신설)
⑤ 보호관찰관은 다음 각 호의 사무를 수행하기 위하여 불가피한 경우 제3항에 따른 개인정보가 포함된 자료를 처리할 수 있다.(2016.11.29 본문개정)
1. 법 제44조의6에 따른 치료명령의 집행에 관한 사무
2. 제9조부터 제11조까지의 규정에 따른 보호관찰에 관한 사무
(2016.11.29 1호~2호신설)
⑥ 치료감호시설의 장 또는 보호관찰관은 다음 각 호의 사무를 수행하기 위하여 불가피한 경우 제1항에 따른 개인정보가 포함된 자료를 처리할 수 있다.(2014.1.28 본문개정)
1. 법 제34조와 이 영 제10조 및 제13조에 따른 피보호관찰자에 대한 신고에 대한 사무
2. 법 제43조에 따른 심사신청의 요청 및 의견 제출
⑦ 정신건강복지센터의 장은 다음 각 호의 사무를 수행하기 위하여 불가피한 경우 제3항에 따른 개인정보가 포함된 자료를 처리할 수 있다.(2017.5.29 본문개정)
1. 법 제36조의2에 따른 치료감호시설 출소자에 대한 정신보건서비스에 관한 사무(2018.6.12 본호개정)
2. 법 제36조의4에 따른 보호관찰소의 장과의 공조에 관한 사무
(2014.1.28 본항신설)
⑧ 법무부장관은 다음 각 호의 사무를 수행하기 위하여 불가피한 경우 제1항에 따른 개인정보가 포함된 자료를 처리할 수 있다.
1. 법 제38조에 따른 위원회 위원의 결격사유 확인에 관한 사무
2. 법 제39조에 따른 위원회 위원의 해촉에 관한 사무
3. 법 제44조의7제1항에 따른 치료기관 지정에 관한 사무
(2016.11.29 본호신설)
(2014.8.6 본항신설)
(2012.1.6 본조신설)

부　칙

①【시행일】이 영은 공포한 날부터 시행한다.
②【각종 행위에 관한 경과조치】이 영 시행 전에 종전의 「사회보호법 시행령」에 의하여 검사, 치료감호소의 장, 보호관찰관, 피보호관찰자나 그 법정대리인등 또는 사회보호위원회가 치료감호 또는 치료감호의 가종료나 치료위탁으로 인하여 개시된 보호관찰과 관련하여 행한 보고, 신고, 신청 등의 행위는 이 영에 의하여 한 것으로 본다.

부　칙 (2014.1.28)

이 영은 2014년 1월 31일부터 시행한다. 다만, 제13조제3항 제3호의2, 제13조의2 및 제26조제4항·제7항의 개정규정은 2014년 7월 31일부터 시행하고, 제4조의3부터 제4조의5까지, 제5조제2항, 제6조의2, 제19조 및 제26조제3항·제6항(지정법무병원에 관한 사항만 해당한다)의 개정규정은 2015년 1월 31일부터 시행한다.

부　칙 (2016.11.29)

제1조【시행일】 이 영은 2016년 12월 2일부터 시행한다.
제2조【다른 법령의 개정】 ①~⑪ ※(해당 법령에 가제정리 하였음)
제3조【다른 법령과의 관계】 이 영 시행 당시 다른 법령에서 종전의 「치료감호법 시행령」 또는 그 규정을 인용하고 있는 경우 이 영 가운데 그에 해당하는 규정이 있을 때에는 종전의 「치료감호법 시행령」 또는 그 규정을 갈음하여 이 영 또는 이 영의 해당 규정을 인용한 것으로 본다.

부　칙 (2018.6.12)

이 영은 2018년 6월 13일부터 시행한다.

부　칙 (2021.1.5)

이 영은 공포한 날부터 시행한다.(이하 생략)

부　칙 (2021.4.6)

제1조【시행일】 이 영은 2021년 4월 21일부터 시행한다.
제2조【보호조치의 연장에 관한 적용례】 제7조의3제2항 제2호의 개정규정은 이 영 시행 전에 개시된 보호조치를 이 영 시행 이후 연장하는 경우에도 적용한다.

소년법

(1988년 12월 31일 전개법률 제4057호)

개정
1995. 1. 5법 4929호(소년원법)
2007. 5.17법 8439호　2007.12.21법 8722호
2011. 8. 4법11005호(의료법)
2014. 1. 7법12192호　2014.12.30법12890호
2015.12. 1법13524호　2018. 9.18법15757호
2020.10.20법17505호(보호소년등의처우에관한법)

제1장 총　칙
(2007.12.21 본장개정)

제1조【목적】 이 법은 반사회성(反社會性)이 있는 소년의 환경 조정과 품행 교정(矯正)을 위한 보호처분 등의 필요한 조치를 하고, 형사처분에 관한 특별조치를 함으로써 소년이 건전하게 성장하도록 돕는 것을 목적으로 한다.
제2조【소년 및 보호자】 이 법에서 "소년"이란 19세 미만인 자를 말하며, "보호자"란 법률상 감호교육(監護教育)을 할 의무가 있는 자 또는 현재 감호하는 자를 말한다.

제2장 보호사건
(2007.12.21 본장개정)

제1절 통　칙

제3조【관할 및 직능】 ① 소년 보호사건의 관할은 소년의 행위지, 거주지 또는 현재지로 한다.
② 소년 보호사건은 가정법원소년부 또는 지방법원소년부[이하 "소년부(少年部)"라 한다]에 속한다.
③ 소년 보호사건의 심리(審理)와 처분 결정은 소년부 단독판사가 한다.
제4조【보호의 대상과 송치 및 통고】 ① 다음 각 호의 어느 하나에 해당하는 소년은 소년부의 보호사건으로 심리한다.
1. 죄를 범한 소년
2. 형벌 법령에 저촉되는 행위를 한 10세 이상 14세 미만인 소년
3. 다음 각 목에 해당하는 사유가 있고 그의 성격이나 환경에 비추어 앞으로 형벌 법령에 저촉되는 행위를 할 우려가 있는 10세 이상인 소년
가. 집단적으로 몰려다니며 주위 사람들에게 불안감을 조성하는 성벽(性癖)이 있는 것
나. 정당한 이유 없이 가출하는 것
다. 술을 마시고 소란을 피우거나 유해환경에 접하는 성벽이 있는 것
② 제1항제2호 및 제3호에 해당하는 소년이 있을 때에는 경찰서장은 직접 관할 소년부에 송치(送致)하여야 한다.
③ 제1항 각 호의 어느 하나에 해당하는 소년을 발견한 보호자 또는 학교·사회복리시설·보호관찰소(보호관찰지소를 포함한다. 이하 같다)의 장은 이를 관할 소년부에 통고할 수 있다.
제5조【송치서】 소년 보호사건을 송치하는 경우에는 송치서에 사건 본인의 주거·성명·생년월일 및 행위의 개요와 가정 상황을 적고, 그 밖의 참고자료를 첨부하여야 한다.
제6조【이송】 ① 보호사건을 송치받은 소년부는 보호의 적정을 기하기 위하여 필요하다고 인정하면 결정(決定)으로써 사건을 다른 관할 소년부에 이송할 수 있다.
② 소년부는 사건이 그 관할에 속하지 아니한다고 인정하면 결정으로써 그 사건을 관할 소년부에 이송하여야 한다.
제7조【형사처분 등을 위한 관할 검찰청으로의 송치】 ① 소년부는 조사 또는 심리한 결과 금고 이상의 형에 해당하는 범죄 사실이 발견된 경우 그 동기와 죄질이 형사처분을 할 필요가 있다고 인정하면 결정으로써 사건을 관할 지방법원에 대응한 검찰청 검사에게 송치하여야 한다.
② 소년부는 조사 또는 심리한 결과 사건의 본인이 19세 이상인 것으로 밝혀진 경우에는 결정으로써 사건을 관할 지방법원에 대응하는 검찰청 검사에게 송치하여야 한다. 다만, 제51조에 따라 법원에 이송하여야 할 경우에는 그러하지 아니하다.
제8조【통지】 소년부는 제6조와 제7조에 따른 결정을 하였을 때에는 지체 없이 그 사유를 사건 본인과 그 보호자에게 알려야 한다.

제2절 조사와 심리

제9조【조사 방침】 조사는 의학·심리학·교육학·사회학이나 그 밖의 전문적인 지식을 활용하여 소년과 보호자 또는 참고인의 품행, 경력, 가정 상황, 그 밖의 환경 등을 밝히도록 노력하여야 한다.
제10조【진술거부권의 고지】 소년부 또는 조사관이 범죄 사실에 관하여 소년을 조사할 때에는 미리 소년에게 불리한 진술을 거부할 수 있음을 알려야 한다.
제11조【조사명령】 ① 소년부 판사는 조사관에게 사건 본인, 보호자 또는 참고인의 심문이나 그 밖에 필요한 사항을 조사하도록 명할 수 있다.
② 소년부는 제4조제3항에 따라 통고된 소년을 심리할 필요가 있다고 인정하면 그 사건을 조사하여야 한다.
제12조【전문가의 진단】 소년부는 조사 또는 심리를 할 때에 정신건강의학과 의사·심리학자·사회사업가·교육자나 그 밖의 전문가의 진단, 소년 분류심사원의 분류심사 결과와 의견, 보호관찰소의 조사결과와 의견 등을 고려하여야 한다.(2011.8.4 본조개정)
제13조【소환 및 동행영장】 ① 소년부 판사는 사건의 조사 또는 심리에 필요하다고 인정하면 기일을 지정하여 사건 본인이나 보호자 또는 참고인을 소환할 수 있다.
② 사건 본인이나 보호자가 정당한 이유 없이 소환에 응하지 아니하면 소년부 판사는 동행영장을 발부할 수 있다.
제14조【긴급동행영장】 소년부 판사는 사건 본인을 보호하기 위하여 긴급조치가 필요하다고 인정하면 제13조제1항에 따른 소환 없이 동행영장을 발부할 수 있다.
제15조【동행영장의 방식】 동행영장에는 다음 각 호의 사항을 적고 소년부 판사가 서명날인하여야 한다.
1. 소년이나 보호자의 성명
2. 나이
3. 주거
4. 행위의 개요
5. 인치(引致)하거나 수용할 장소
6. 유효기간 및 그 기간이 지나면 집행에 착수하지 못하며 영장을 반환하여야 한다는 취지
7. 발부연월일
제16조【동행영장의 집행】 ① 동행영장은 조사관이 집행한다.
② 소년부 판사는 소년부 법원서기관·법원사무관·법원주사·법원주사보나 보호관찰관 또는 사법경찰관리에게 동행영장을 집행하게 할 수 있다.
③ 동행영장을 집행하면 지체 없이 보호자나 보조인에게 알려야 한다.
제17조【보조인 선임】 ① 사건 본인이나 보호자는 소년부 판사의 허가를 받아 보조인을 선임할 수 있다.
② 보호자나 변호사를 보조인으로 선임하는 경우에는 제1항의 허가를 받지 아니하여도 된다.
③ 보조인을 선임함에 있어서는 보조인과 연명날인한 서면을 제출하여야 한다. 이 경우 변호사가 아닌 사람을 보조인으로 선임할 경우에는 위 서면에 소년과 보조인과의 관계를 기재하여야 한다.
④ 소년부 판사는 보조인이 심리절차를 고의로 지연시키는 등 심리진행을 방해하거나 소년의 이익에 반하는 행위를 할 우려가 있다고 판단하는 경우에는 보조인 선임의 허가를 취소할 수 있다.
⑤ 보조인의 선임은 심급마다 하여야 한다.
⑥ 「형사소송법」 중 변호인의 권리의무에 관한 규정은 소년 보호사건의 성질에 위배되지 아니하는 한 보조인에 대하여 준용한다.
제17조의2【국선보조인】 ① 소년이 소년분류심사원에 위탁된 경우 보조인이 없을 때에는 법원은 변호사 등 적정한 자를 보조인으로 선정하여야 한다.
② 소년이 소년분류심사원에 위탁되지 아니하였을 때에도 다음의 경우 법원은 직권에 의하거나 소년 또는 보호자의 신청에 따라 보조인을 선정할 수 있다.
1. 소년에게 신체적·정신적 장애가 의심되는 경우
2. 빈곤이나 그 밖의 사유로 보조인을 선임할 수 없는 경우
3. 그 밖에 소년부 판사가 보조인이 필요하다고 인정하는 경우
③ 제1항과 제2항에 따라 선정된 보조인에게 지급하는 비용에 대하여는 「형사소송비용 등에 관한 법률」을 준용한다.
(2007.12.21 본조신설)
제18조【임시조치】 ① 소년부 판사는 사건을 조사 또는 심리하는 데에 필요하다고 인정하면 소년의 감호에 관하여 결정으로써 다음 각 호의 어느 하나에 해당하는 조치를 할 수 있다.
1. 보호자, 소년을 보호할 수 있는 적당한 자 또는 시설에 위탁
2. 병원이나 그 밖의 요양소에 위탁
3. 소년분류심사원에 위탁
② 동행된 소년 또는 제52조제1항에 따라 인도된 소년에 대하여는 도착한 때로부터 24시간 이내에 제1항의 조치를 하여야 한다.
③ 제1항제1호 및 제2호의 위탁기간은 3개월을, 제1항제3호의 위탁기간은 1개월을 초과하지 못한다. 다만, 특별히 계속 조치할 필요가 있을 때에는 한 번에 한하여 결정으로써 연장할 수 있다.
④ 제1항제1호 및 제2호의 조치를 할 때에는 보호자 또는 위탁받은 자에게 소년의 감호에 관한 필요 사항을 지시할 수 있다.
⑤ 소년부 판사는 제1항의 결정을 하였을 때에는 소년부 법원서기관·법원사무관·법원주사·법원주사보, 소년분류심사원 소속 공무원, 교도소 또는 구치소 소속 공무원, 보호관찰관 또는 사법경찰관리에게 그 결정을 집행하게 할 수 있다.

⑥ 제1항의 조치는 언제든지 결정으로써 취소하거나 변경할 수 있다.

제19조【심리 불개시의 결정】 ① 소년부 판사는 송치서와 조사관의 조사보고에 따라 사건의 심리를 개시(開始)할 수 없거나 개시할 필요가 없다고 인정하면 심리를 개시하지 아니한다는 결정을 하여야 한다. 이 결정은 사건 본인과 보호자에게 알려야 한다.
② 사안이 가볍다는 이유로 심리를 개시하지 아니한다는 결정을 할 때에는 소년에게 훈계하거나 보호자에게 소년을 엄격히 관리하거나 교육하도록 고지할 수 있다.
③ 제1항의 결정이 있을 때에는 제18조의 임시조치는 취소된 것으로 본다.
④ 소년부 판사는 소재가 분명하지 아니하다는 이유로 심리를 개시하지 아니한다는 결정을 받은 소년의 소재가 밝혀진 경우에는 그 결정을 취소하여야 한다.

제20조【심리 개시의 결정】 ① 소년부 판사는 송치서와 조사관의 조사보고에 따라 사건을 심리할 필요가 있다고 인정하면 심리 개시 결정을 하여야 한다.
② 제1항의 결정은 사건 본인과 보호자에게 알려야 한다. 이 경우 심리 개시 사유의 요지와 보조인을 선임할 수 있다는 취지를 아울러 알려야 한다.

제21조【심리 기일의 지정】 ① 소년부 판사는 심리 기일을 지정하고 본인과 보호자를 소환하여야 한다. 다만, 필요가 없다고 인정한 경우에는 보호자는 소환하지 아니할 수 있다.
② 보조인이 선정된 경우에는 보조인에게 심리 기일을 알려야 한다.

제22조【기일 변경】 소년부 판사는 직권에 의하거나 사건 본인, 보호자 또는 보조인의 청구에 의하여 심리 기일을 변경할 수 있다. 기일을 변경한 경우에는 이를 사건 본인, 보호자 또는 보조인에게 알려야 한다.

제23조【심리의 개시】 ① 심리 기일에는 소년부 판사와 서기가 참석하여야 한다.
② 조사관, 보호자 및 보조인은 심리 기일에 출석할 수 있다.

제24조【심리의 방식】 ① 심리는 친절하고 온화하게 하여야 한다.
② 심리는 공개하지 아니한다. 다만, 소년부판사는 적당하다고 인정하는 자에게 참석을 허가할 수 있다.

제25조【의견의 진술】 ① 조사관, 보호자 및 보조인은 심리에 관하여 의견을 진술할 수 있다.
② 제1항의 경우에 판사는 필요하다고 인정하면 사건 본인의 퇴장을 명할 수 있다.

제25조의2【피해자 등의 진술권】 소년부 판사는 피해자 또는 그 법정대리인·변호인·배우자·직계친족·형제자매(이하 이 조에서 "대리인등"이라 한다)가 의견진술을 신청할 때에는 피해자나 그 대리인등에게 심리 기일에 의견을 진술할 기회를 주어야 한다. 다만, 다음 각 호의 어느 하나에 해당하는 경우에는 그러하지 아니하다.
1. 신청인이 이미 심리절차에서 충분히 진술하여 다시 진술할 필요가 없다고 인정되는 경우
2. 신청인의 진술로 심리절차가 현저하게 지연될 우려가 있는 경우

(2007.12.21 본조신설)

제25조의3【화해권고】 ① 소년부 판사는 소년의 품행을 교정하고 피해자를 보호하기 위하여 필요하다고 인정하면 소년에게 피해 변상 등 피해자와의 화해를 권고할 수 있다.
② 소년부 판사는 제1항의 화해를 위하여 필요하다고 인정하면 기일을 지정하여 소년, 보호자 또는 참고인을 소환할 수 있다.
③ 소년부 판사는 소년이 제1항의 권고에 따라 피해자와 화해하였을 경우에는 보호처분을 결정할 때 이를 고려할 수 있다.

(2007.12.21 본조신설)

제26조【증인신문, 감정, 통역·번역】 ① 소년부 판사는 증인을 신문(訊問)하고 감정(鑑定)이나 통역 및 번역을 명할 수 있다.
② 제1항의 경우에는 「형사소송법」 중 법원의 증인신문, 감정이나 통역 및 번역에 관한 규정을 보호사건의 성질에 위반되지 아니하는 한도에서 준용한다.

제27조【검증, 압수, 수색】 ① 소년부 판사는 검증, 압수 또는 수색을 할 수 있다.
② 제1항의 경우에는 「형사소송법」 중 법원의 검증, 압수 및 수색에 관한 규정은 보호사건의 성질에 위반되지 아니하는 한도에서 준용한다.

제28조【원조, 협력】 ① 소년부 판사는 그 직무에 관하여 모든 행정기관, 학교, 병원, 그 밖의 공사단체(公私團體)에 필요한 원조와 협력을 요구할 수 있다.
② 제1항의 요구를 거절할 때에는 정당한 이유를 제시하여야 한다.

제29조【불처분 결정】 ① 소년부 판사는 심리 결과 보호처분을 할 수 없거나 할 필요가 없다고 인정하면 그 취지의 결정을 하고, 이를 사건 본인과 보호자에게 알려야 한다.
② 제1항의 결정에 관하여는 제19조제2항과 제3항을 준용한다.

제30조【기록의 작성】 ① 소년부 법원서기관·법원사무관·법원주사 또는 법원주사보는 보호사건의 조사 및 심리에 대한 기록을 작성하여 조사 및 심리의 내용과 모든 결정을 명확히 하고 그 밖에 필요한 사항을 적어야 한다.
② 조사 기록에는 조사관 및 소년부 법원서기관·법원사무관·법원주사 또는 법원주사보가, 심리기록에는 소년부 판사 및 법원서기관·법원사무관·법원주사 또는 법원주사보가 서명날인하여야 한다.

제30조의2【기록의 열람·등사】 소년 보호사건의 기록과 증거물은 소년부 판사의 허가를 받은 경우에만 열람하거나 등사할 수 있다. 다만, 보조인이 심리 개시 결정 후에 소년 보호사건의 기록과 증거물을 열람하는 경우에는 소년부 판사의 허가를 받지 아니하여도 된다.

제31조【위임규정】 소년 보호사건의 심리에 필요한 사항은 대법원규칙으로 정한다.

제3절 보호처분

제32조【보호처분의 결정】 ① 소년부 판사는 심리 결과 보호처분을 할 필요가 있다고 인정하면 결정으로써 다음 각 호의 어느 하나에 해당하는 처분을 하여야 한다.
1. 보호자 또는 보호자를 대신하여 소년을 보호할 수 있는 자에게 감호 위탁
2. 수강명령
3. 사회봉사명령
4. 보호관찰관의 단기(短期) 보호관찰
5. 보호관찰관의 장기(長期) 보호관찰
6. 「아동복지법」에 따른 아동복지시설이나 그 밖의 소년 보호시설에 감호 위탁
7. 병원, 요양소 또는 「보호소년 등의 처우에 관한 법률」에 따른 의료재활소년원에 위탁(2020.10.20 본호개정)
8. 1개월 이내의 소년원 송치
9. 단기 소년원 송치
10. 장기 소년원 송치

② 다음 각 호 안의 처분 상호 간에는 그 전부 또는 일부를 병합할 수 있다.
1. 제1항제1호·제2호·제3호·제4호 처분
2. 제1항제1호·제2호·제3호·제5호 처분
3. 제1항제4호·제6호 처분
4. 제1항제5호·제6호 처분
5. 제1항제5호·제8호 처분

③ 제1항제3호의 처분은 14세 이상의 소년에게만 할 수 있다.
④ 제1항제2호 및 제10호의 처분은 12세 이상의 소년에게만 할 수 있다.
⑤ 제1항 각 호의 어느 하나에 해당하는 처분을 한 경우에는 소년부는 소년을 인도하면서 소년의 교정에 필요한 참고자료를 위탁받는 자나 처분을 집행하는 자에게 넘겨야 한다.
⑥ 소년의 보호처분은 그 소년의 장래 신상에 어떠한 영향도 미치지 아니한다.

제32조의2【보호관찰처분에 따른 부가처분 등】 ① 제32조제1항제4호 또는 제5호의 처분을 할 때에 3개월 이내의 기간을 정하여 「보호소년 등의 처우에 관한 법률」에 따른 대안교육 또는 소년의 상담·선도·교화와 관련된 단체나 시설에서의 상담·교육을 받을 것을 동시에 명할 수 있다.
② 제32조제1항제4호 또는 제5호의 처분을 할 때에 1년 이내의 기간을 정하여 야간 등 특정 시간대의 외출을 제한하는 명령을 보호관찰대상자의 준수 사항으로 부과할 수 있다.
③ 소년부 판사는 가정상황 등을 고려하여 필요하다고 판단되면 보호자에게 소년원·소년분류심사원 또는 보호관찰소 등에서 실시하는 소년의 보호를 위한 특별교육을 받을 것을 명할 수 있다.

(2007.12.21 본조신설)

제33조【보호처분의 기간】 ① 제32조제1항제1호·제6호·제7호의 위탁기간은 6개월로 하되, 소년부 판사는 결정으로써 6개월의 범위에서 한 번에 한하여 그 기간을 연장할 수 있다. 다만, 소년부 판사는 필요한 경우에는 언제든지 결정으로써 그 위탁을 종료시킬 수 있다.
② 제32조제1항제4호의 단기 보호관찰기간은 1년으로 한다.
③ 제32조제1항제5호의 장기 보호관찰기간은 2년으로 한다. 다만, 소년부 판사는 보호관찰관의 신청에 따라 결정으로써 1년의 범위에서 한 번에 한하여 그 기간을 연장할 수 있다.
④ 제32조제1항제2호의 수강명령은 100시간을, 제32조제1항제3호의 사회봉사명령은 200시간을 초과할 수 없으며, 보호관찰관이 그 명령을 집행할 때에는 사건 본인의 정상적인 생활을 방해하지 아니하도록 하여야 한다.
⑤ 제32조제1항제9호에 따라 단기로 소년원에 송치된 소년의 보호기간은 6개월을 초과하지 못한다.
⑥ 제32조제1항제10호에 따라 장기로 소년원에 송치된 소년의 보호기간은 2년을 초과하지 못한다.
⑦ 제32조제1항제6호부터 제10호까지의 어느 하나에 해당하는 처분을 받은 소년이 시설위탁이나 수용 이후 그 시설을 이탈하였을 때에는 위 처분기간은 진행이 정지되고, 재위탁 또는 재수용된 때로부터 다시 진행한다.

제34조【몰수의 대상】 ① 소년부 판사는 제4조제1항제1호·제2호에 해당하는 소년에 대하여 제32조의 처분을 하는 경우에는 결정으로써 다음의 물건을 몰수할 수 있다.
1. 범죄 또는 형벌 법령에 저촉되는 행위에 제공하거나 제공하려 한 물건
2. 범죄 또는 형벌 법령에 저촉되는 행위로 인하여 생기거나 이로 인하여 취득한 물건
3. 제1호와 제2호의 대가로 취득한 물건

② 제1항의 몰수는 그 물건이 사건 본인 이외의 자의 소유에 속하지 아니하는 경우에만 할 수 있다. 다만, 사건 본인의 행위가 있은 후 그 정을 알고도 취득한 자가 소유한 경우에는 그러하지 아니하다.

제35조【결정의 집행】 소년부 판사는 제32조제1항 또는 제32조의2에 따른 처분 결정을 하였을 때에는 조사관, 소년부 법원서기관·법원사무관·법원주사·법원주사보, 보호관찰관, 소년원 또는 소년분류심사원 소속 공무원, 그 밖에 위탁 또는 송치받은 기관 소속의 직원에게 그 결정을 집행하게 할 수 있다.

제36조【보고와 의견 제출】 ① 소년부 판사는 제32조제1항제1호·제6호·제7호의 처분을 한 경우에는 위탁받은 자에게 소년에 관한 보고서나 의견서를 제출하도록 요구할 수 있다.
② 소년부 판사는 조사관에게 제32조제1항제1호·제6호·제7호의 처분에 관한 집행상황을 보고하게 할 수 있고, 필요하다고 인정되면 위탁받은 자에게 그 집행과 관련된 사항을 지시할 수 있다.

제37조【처분의 변경】 ① 소년부 판사는 위탁받은 자나 보호처분을 집행하는 자의 신청에 따라 결정으로써 제32조의 보호처분과 제32조의2의 부가처분을 변경할 수 있다. 다만, 제32조제1항제1호, 제6호, 제7호의 보호처분과 제32조의2제1항의 부가처분은 직권으로 변경할 수 있다.
② 제1항에 따른 결정을 집행할 때에는 제35조를 준용한다.
③ 제1항의 결정은 지체 없이 사건 본인과 보호자에게 알리고 그 취지를 위탁받은 자나 보호처분을 집행하는 자에게 알려야 한다.

제38조【보호처분의 취소】 ① 보호처분이 계속 중일 때에 사건 본인이 처분 당시 19세 이상인 것으로 밝혀진 경우에는 소년부 판사는 결정으로써 그 보호처분을 취소하고 다음의 구분에 따라 처리하여야 한다.
1. 검사·경찰서장의 송치 또는 제4조제3항의 통고에 의한 사건인 경우에는 관할 지방법원에 대응하는 검찰청 검사에게 송치한다.
2. 제50조에 따라 법원이 송치한 사건인 경우에는 송치한 법원에 이송한다.

② 제4조제1항제1호·제2호의 소년에 대한 보호처분이 계속 중일 때에 사건 본인이 행위 당시 10세 미만으로 밝혀진 경우 또는 제4조제1항제3호의 소년에 대한 보호처분이 계속 중일 때에 사건 본인이 처분 당시 10세 미만으로 밝혀진 경우에는 소년부 판사는 결정으로써 그 보호처분을 취소하여야 한다.

제39조【보호처분과 유죄판결】 보호처분이 계속 중일 때에 사건 본인에 대하여 유죄판결이 확정된 경우에 보호처분을 한 소년부 판사는 그 처분을 존속할 필요가 없다고 인정하면 결정으로써 보호처분을 취소할 수 있다.

제40조【보호처분의 경합】 보호처분이 계속 중일 때에 사건 본인에 대하여 새로운 보호처분이 있었을 때에는 그 처분을 한 소년부 판사는 이전의 보호처분을 한 소년부에 조회하여 어느 하나의 보호처분을 취소하여야 한다.

제41조【비용의 보조】 제18조제1항제1호·제2호의 조치에 관한 결정이나 제32조제1항제1호·제6호·제7호(「보호소년 등의 처우에 관한 법률」에 따른 의료재활소년원 위탁처분은 제외한다)의 처분을 받은 소년의 보호자는 위탁받은 자에게 그 감호에 관한 비용의 전부 또는 일부를 지급하여야 한다. 다만, 보호자가 지급할 능력이 없을 때에는 소년부가 지급할 수 있다.(2020.10.20 본문개정)

제42조【증인 등의 비용】 ① 증인·감정인·통역인·번역인에게 지급하는 비용, 숙박료, 그 밖의 비용에 대하여는 「형사소송법」 중 비용에 관한 규정을 준용한다.
② 참고인에게 지급하는 비용에 관하여는 제1항을 준용한다.

제4절 항 고

제43조【항고】 ① 제32조에 따른 보호처분의 결정 및 제32조의2에 따른 부가처분 등의 결정 또는 제37조의 보호처분·부가처분 변경 결정이 다음 각 호의 어느 하나에 해당하면 사건 본인·보호자·보조인 또는 그 법정대리인은 관할 가정법원 또는 지방법원 본원 합의부에 항고할 수 있다.
1. 해당 결정에 영향을 미칠 법령 위반이 있거나 중대한 사실 오인(誤認)이 있는 경우
2. 처분이 현저히 부당한 경우

② 항고를 제기할 수 있는 기간은 7일로 한다.

제44조【항고장의 제출】 ① 항고를 할 때에는 항고장을 원심(原審) 소년부에 제출하여야 한다.
② 항고장을 받은 소년부는 3일 이내에 의견서를 첨부하여 항고법원에 송부하여야 한다.

제45조【항고의 재판】 ① 항고법원은 항고 절차가 법률에 위반되거나 항고가 이유 없다고 인정한 경우에는 결정으로써 항고를 기각하여야 한다.

② 항고법원은 항고가 이유가 있다고 인정한 경우에는 원결정(原決定)을 취소하고 사건을 원소년부에 환송(還送)하거나 다른 소년부에 이송하여야 한다. 다만, 환송 또는 이송할 여유가 없이 급하거나 그 밖에 필요하다고 인정한 경우에는 원결정을 파기하고 불처분 또는 보호처분의 결정을 할 수 있다.
③ 제2항에 따라 항고가 이유가 있다고 인정되어 보호처분의 결정을 다시 하는 경우에는 원결정에 따른 보호처분의 집행 기간은 그 전부를 항고에 따른 보호처분의 집행 기간에 산입(제32조제1항제8호ㆍ제9호ㆍ제10호 처분 상호 간에만 해당한다)한다.(2015.12.1 본항신설)
제46조【집행 정지】 항고는 결정의 집행을 정지시키는 효력이 없다.
제47조【재항고】 ① 항고를 기각하는 결정에 대하여는 그 결정이 법령에 위반되는 경우에만 대법원에 재항고를 할 수 있다.
② 제1항의 재항고에 관하여는 제43조제2항 및 제45조제3항을 준용한다.(2015.12.1 본항개정)

제3장 형사사건
(2007.12.21 본장개정)

제1절 통 칙

제48조【준거법례】 소년에 대한 형사사건에 관하여는 이 법에 특별한 규정이 없으면 일반 형사사건의 예에 따른다.
제49조【검사의 송치】 ① 검사는 소년에 대한 피의사건을 수사한 결과 보호처분에 해당하는 사유가 있다고 인정한 경우에는 사건을 관할 소년부에 송치하여야 한다.
② 소년부는 제1항에 따라 송치된 사건을 조사 또는 심리한 결과 그 동기와 죄질이 금고 이상의 형사처분을 할 필요가 있다고 인정할 때에는 결정으로써 해당 검찰청 검사에게 송치할 수 있다.
③ 제2항에 따라 송치한 사건은 다시 소년부에 송치할 수 없다.
제49조의2【검사의 결정 전 조사】 ① 검사는 소년 피의사건에 대하여 소년부 송치, 공소제기, 기소유예 등의 처분을 결정하기 위하여 필요하다고 인정하면 피의자의 주거지 또는 검찰청 소재지를 관할하는 보호관찰소의 장, 소년분류심사원장 또는 소년원장(이하 "보호관찰소장등"이라 한다)에게 피의자의 품행, 경력, 생활환경이나 그 밖에 필요한 사항에 관한 조사를 요구할 수 있다.
② 제1항의 요구를 받은 보호관찰소장등은 지체 없이 이를 조사하여 서면으로 해당 검사에게 통보하여야 하며, 조사를 위하여 필요한 경우에는 소속 보호관찰관ㆍ분류심사관 등에게 피의자 또는 관계인을 출석하게 하여 진술요구를 하는 등의 방법으로 필요한 사항을 조사하게 할 수 있다.
③ 제2항에 따른 조사를 할 때에는 미리 피의자 또는 관계인에게 조사의 취지를 설명하여야 하고, 피의자 또는 관계인의 인권을 존중하며, 직무상 비밀을 엄수하여야 한다.
④ 검사는 보호관찰소장등으로부터 통보받은 조사 결과를 참고하여 소년 피의자를 교화ㆍ개선하는 데에 가장 적합한 처분을 결정하여야 한다.
(2007.12.21 본조신설)
제49조의3【조건부 기소유예】 검사는 피의자에 대하여 다음 각 호에 해당하는 선도(善導) 등을 받게 하고, 피의사건에 대한 공소를 제기하지 아니할 수 있다. 이 경우 소년과 소년의 친권자ㆍ후견인 등 법정대리인의 동의를 받아야 한다.
1. 범죄예방자원봉사위원의 선도
2. 소년의 선도ㆍ교육과 관련된 단체ㆍ시설에서의 상담ㆍ교육ㆍ활동 등
(2007.12.21 본조신설)
제50조【법원의 송치】 법원은 소년에 대한 피고사건을 심리한 결과 보호처분에 해당할 사유가 있다고 인정하면 결정으로써 사건을 관할 소년부에 송치하여야 한다.
제51조【이송】 소년부는 제50조에 따라 송치받은 사건을 조사 또는 심리한 결과 사건의 본인이 19세 이상인 것으로 밝혀지면 결정으로써 송치한 법원에 사건을 다시 이송하여야 한다.
제52조【소년부 송치 시의 신병 처리】 ① 제49조제1항이나 제50조에 따른 소년부 송치결정이 있는 경우에는 소년을 구금하고 있는 시설의 장은 검사의 이송 지휘를 받은 때로부터 법원 소년부가 있는 시ㆍ군에서는 24시간 이내에, 그 밖의 시ㆍ군에서는 48시간 이내에 소년을 소년부에 인도하여야 한다. 이 경우 구속영장의 효력은 소년부 판사가 제18조제1항에 따른 소년의 감호에 관한 결정을 한 때에 상실한다.
② 제1항에 따른 인도와 결정은 구속영장의 효력기간 내에 이루어져야 한다.
제53조【보호처분의 효력】 제32조의 보호처분을 받은 소년에 대하여는 그 심리가 결정된 사건은 다시 공소를 제기하거나 소년부에 송치할 수 없다. 다만, 제38조제1항제1호의 경우에는 공소를 제기할 수 있다.
제54조【공소시효의 정지】 제20조에 따른 심리 개시 결정이 있었던 때로부터 그 사건에 대한 보호처분의 결정이 확정될 때까지 공소시효는 그 진행이 정지된다.
제55조【구속영장의 제한】 ① 소년에 대한 구속영장은 부득이한 경우가 아니면 발부하지 못한다.
② 소년을 구속하는 경우에는 특별한 사정이 없으면 다른 피의자나 피고인과 분리하여 수용하여야 한다.

제2절 심 판

제56조【조사의 위촉】 법원은 소년에 대한 형사사건에 관하여 필요한 사항을 조사하도록 조사관에게 위촉할 수 있다.
제57조【심리의 분리】 소년에 대한 형사사건의 심리는 다른 피의사건과 관련된 경우에도 심리에 지장이 없으면 그 절차를 분리하여야 한다.
제58조【심리의 방침】 ① 소년에 대한 형사사건의 심리는 친절하고 온화하게 하여야 한다.
② 제1항의 심리에는 소년의 심신상태, 품행, 경력, 가정상황, 그 밖의 환경 등에 대하여 정확한 사실을 밝힐 수 있도록 특별히 유의하여야 한다.
제59조【사형 및 무기형의 완화】 죄를 범할 당시 18세 미만인 소년에 대하여 사형 또는 무기형(無期刑)으로 처할 경우에는 15년의 유기징역으로 한다.
제60조【부정기형】 ① 소년이 법정형으로 장기 2년 이상의 유기형(有期刑)에 해당하는 죄를 범한 경우에는 그 형의 범위에서 장기와 단기를 정하여 선고한다. 다만, 장기는 10년, 단기는 5년을 초과하지 못한다.
② 소년의 특성에 비추어 상당하다고 인정되는 때에는 그 형을 감경할 수 있다.
③ 형의 집행유예나 선고유예를 선고할 때에는 제1항을 적용하지 아니한다.
④ 소년에 대한 부정기형을 집행하는 기관의 장은 형의 단기가 지난 소년범의 행형(行刑) 성적이 양호하고 교정의 목적을 달성하였다고 인정되는 경우에는 관할 검찰청 검사의 지휘에 따라 그 형의 집행을 종료시킬 수 있다.(2018.9.18 본항개정)
제61조【미결구금일수의 산입】 제18조제1항제3호의 조치가 있었을 때에는 그 위탁기간은 「형법」 제57조제1항의 판결선고 전 구금일수(拘禁日數)로 본다.
제62조【환형처분의 금지】 18세 미만인 소년에게는 「형법」 제70조에 따른 유치선고를 하지 못한다. 다만, 판결선고 전 구속되었거나 제18조제1항제3호의 조치가 있었을 때에는 그 구속 또는 위탁의 기간에 해당하는 기간은 노역장(勞役場)에 유치된 것으로 보아 「형법」 제57조를 적용할 수 있다.
제63조【징역ㆍ금고의 집행】 징역 또는 금고를 선고받은 소년에 대하여는 특별히 설치된 교도소 또는 일반 교도소 안에 특별히 분리된 장소에서 그 형을 집행한다. 다만, 소년이 형의 집행 중에 23세가 되면 일반 교도소에서 집행할 수 있다.
제64조【보호처분과 형의 집행】 보호처분이 계속 중일 때에 징역, 금고 또는 구류를 선고받은 소년에 대하여는 먼저 그 형을 집행한다.
제65조【가석방】 징역 또는 금고를 선고받은 소년에 대하여는 다음 각 호의 기간이 지나면 가석방(假釋放)을 허가할 수 있다.
1. 무기형의 경우에는 5년
2. 15년 유기형의 경우에는 3년
3. 부정기형의 경우에는 단기의 3분의 1
제66조【가석방 기간의 종료】 징역 또는 금고를 선고받은 소년이 가석방된 후 그 처분이 취소되지 아니하고 가석방 전에 집행을 받은 기간과 같은 기간이 지난 경우에는 형의 집행을 종료한 것으로 한다. 다만, 제59조의 형기(刑期) 또는 제60조제1항에 따른 장기의 기간이 먼저 지난 경우에는 그 때에 형의 집행을 종료한 것으로 한다.
제67조【자격에 관한 법령의 적용】 ① 소년이었을 때 범한 죄에 의하여 형의 선고 등을 받은 자에 대하여 다음 각 호의 경우 자격에 관한 법령을 적용할 때 장래에 향하여 형의 선고를 받지 아니한 것으로 본다.
1. 형을 선고받은 자가 그 집행을 종료하거나 면제받은 경우(2018.9.18 본호신설)
2. 형의 선고유예나 집행유예를 선고받은 경우
(2018.9.18 본호신설)
② 제1항에도 불구하고 형의 선고유예가 실효되거나 집행유예가 실효ㆍ취소된 때에는 그 때에 형을 선고받은 것으로 본다.(2018.9.18 본항신설)
(2018.9.18 본조개정)

제3장의2 비행 예방
(2007.12.21 본장신설)

제67조의2【비행 예방정책】 법무부장관은 제4조제1항에 해당하는 자(이하 "비행소년"이라 한다)가 건전하게 성장하도록 돕기 위하여 다음 각 호의 사항에 대한 필요한 조치를 취하여야 한다.
1. 비행소년이 건전하게 성장하도록 돕기 위한 조사ㆍ연구ㆍ교육ㆍ홍보 및 관련 정책의 수립ㆍ시행
2. 비행소년의 선도ㆍ교육과 관련된 중앙행정기관ㆍ공공기관 및 사회단체와의 협조체계의 구축 및 운영

제4장 벌 칙
(2007.12.21 본장개정)

제68조【보도 금지】 ① 이 법에 따라 조사 또는 심리 중에 있는 보호사건이나 형사사건에 대하여는 성명ㆍ연령ㆍ직업ㆍ용모 등으로 비추어 볼 때 그 자가 당해 사건의 당사자라고 미루어 짐작할 수 있는 정도의 사실이나 사진을 신문이나 그 밖의 출판물에 싣거나 방송할 수 없다.
② 제1항을 위반한 다음 각 호의 자는 1년 이하의 징역 또는 1천만원 이하의 벌금에 처한다.(2014.1.7 본문개정)
1. 신문 : 편집인 및 발행인
2. 그 밖의 출판물 : 저작자 및 발행자
3. 방송 : 방송편집인 및 방송인
제69조【나이의 거짓 진술】 성인(成人)이 고의로 나이를 거짓으로 진술하여 보호처분이나 소년 형사처분을 받은 경우에는 1년 이하의 징역에 처한다.
제70조【조회 응답】 ① 소년 보호사건과 관계있는 기관은 그 사건 내용에 관하여 재판, 수사 또는 군사상 필요한 경우 외의 어떠한 조회에도 응하여서는 아니 된다.
② 제1항을 위반한 자는 1년 이하의 징역 또는 1천만원 이하의 벌금에 처한다.
제71조【소환의 불응 및 보호자 특별교육명령 불응】 다음 각 호의 어느 하나에 해당하는 자에게는 300만원 이하의 과태료를 부과한다.(2014.12.30 본문개정)
1. 제13조제1항에 따른 소환에 정당한 이유 없이 응하지 아니한 자
2. 제32조의2제3항의 특별교육명령에 정당한 이유 없이 응하지 아니한 자

부 칙 (2007.12.21)

제1조【시행일】 이 법은 공포 후 6개월이 경과한 날부터 시행한다.
제2조【일반적 경과조치】 이 법은 이 법 시행 당시 조사 또는 심리 중에 있는 보호사건 또는 형사사건에 대하여도 적용한다. 다만, 이 법 시행 전에 종전의 규정에 따라 행한 보호절차 또는 형사절차의 효력에는 영향을 미치지 아니한다.
제3조【소년의 나이 조정에 따른 경과조치】 이 법 시행 전에 제4조제1항 각 호의 요건의 어느 하나에 해당하는 자에 대하여는 제7조제2항, 제38조제1항 및 제51조의 개정규정에도 불구하고 종전의 규정에 따른다.
제4조【벌칙에 관한 경과조치】 이 법 시행 전의 행위에 대하여 벌칙을 적용할 때에는 종전의 규정에 따른다.
제5조~제6조 (생략)

부 칙 (2014.12.30)

이 법은 공포 후 6개월이 경과한 날부터 시행한다.

부 칙 (2015.12.1)

제1조【시행일】 이 법은 공포한 날부터 시행한다.
제2조【적용례】 제45조제3항 및 제47조제2항의 개정규정은 이 법 시행 후 최초로 제43조제1항 또는 제47조제1항에 따라 항고 또는 재항고하는 경우부터 적용한다.

부 칙 (2018.9.18)

제1조【시행일】 이 법은 공포한 날부터 시행한다.
제2조【자격에 관한 법령의 적용에 관한 적용례】 제67조의 개정규정은 이 법 시행 전 소년이었을 때 범한 죄에 의하여 형의 집행유예나 선고유예를 받은 사람에게도 적용한다.

부 칙 (2020.10.20)

제1조【시행일】 이 법은 공포 후 6개월이 경과한 날부터 시행한다.(이하 생략)

보호소년 등의 처우에 관한 법률(약칭 : 보호소년법)

(1988년 12월 31일 전개법률 제4058호)

개정
1990.12.27법 4268호(정부조직)
1995. 1. 5법 4929호
1995.12.29법 5069호(교육)
1996.12.12법 5178호(보호관찰)
1997.12.24법 5474호(근로자직업훈련촉진법)
2001. 1.29법 6400호(정부조직)
2004. 1.20법 7076호
2007.12.21법 8723호
2009.12.29법 9847호(감염병)
2010. 5. 4법 10274호
2010. 6. 4법 10339호(정부조직)
2011. 4. 5법 10541호
2013. 3.23법 11690호(정부조직)
2013. 7.30법 11953호
2014. 1. 7법 12190호
2016. 3.29법 14105호
2018. 9.18법 15754호
2020.10.20법 17505호
2021. 8.17법 18425호(국민평생직업능력개발법)

제1장 총 칙
(2007.12.21 본장개정)

제1조【목적】 이 법은 보호소년 등의 처우 및 교정교육과 소년원과 소년분류심사원의 조직, 기능 및 운영에 관하여 필요한 사항을 규정함을 목적으로 한다.

제1조의2【정의】 이 법에서 사용하는 용어의 뜻은 다음과 같다.
1. "보호소년"이란 「소년법」 제32조제1항제7호부터 제10호까지의 규정에 따라 가정법원소년부 또는 지방법원 소년부(이하 "법원소년부"라 한다)로부터 위탁되거나 송치된 소년을 말한다.
2. "위탁소년"이란 「소년법」 제18조제1항제3호에 따라 법원소년부로부터 위탁된 소년을 말한다.
3. "유치소년"이란 「보호관찰 등에 관한 법률」 제42조제1항에 따라 유치(留置)된 소년을 말한다.
4. "보호소년등"이란 보호소년, 위탁소년 또는 유치소년을 말한다.

(2020.10.20 본조신설)

제2조【처우의 기본원칙】 ① 소년원장 또는 소년분류심사원장(이하 "원장"이라 한다)은 보호소년등을 처우할 때에 인권보호를 우선적으로 고려하여야 하며, 그들의 심신 발달 과정에 알맞은 환경을 조성하고 안정되고 규율 있는 생활 속에서 보호소년등의 성장 가능성을 최대한으로 신장시킴으로써 사회적응력을 길러 건전한 청소년으로서 사회에 복귀할 수 있도록 하여야 한다.(2020.10.20 본항개정)
② 보호소년에게는 품행의 개선과 진보의 정도에 따라 점차 향상된 처우를 하여야 한다.

제3조【임무】 ① 소년원은 보호소년을 수용하여 교정교육을 하는 것을 임무로 한다.(2020.10.20 본항개정)
② 소년분류심사원은 다음 각 호의 임무를 수행한다.
1. 위탁소년의 수용과 분류심사(2020.10.20 본호개정)
2. 유치소년의 수용과 분류심사(2020.10.20 본호개정)
3. 「소년법」 제12조에 따른 전문가 진단의 일환으로 법원소년부가 상담조사를 의뢰한 소년의 상담과 조사
4. 「소년법」 제49조의2에 따라 소년 피의사건에 대하여 검사가 조사를 의뢰한 소년의 품행 및 환경 등의 조사
5. 제1호부터 제4호까지의 규정에 해당되지 아니하는 소년으로서 소년원장이나 보호관찰소장이 의뢰한 소년의 분류심사(2013.7.30 본호개정)

제4조【관장 및 조직】 ① 소년원과 소년분류심사원은 법무부장관이 관장한다.
② 소년원과 소년분류심사원의 명칭, 위치, 직제(職制), 그 밖에 필요한 사항은 대통령령으로 정한다.

제5조【소년원의 분류 등】 ① 법무부장관은 보호소년의 처우상 필요하다고 인정하면 대통령령으로 정하는 바에 따라 소년원을 초·중등교육, 직업능력개발훈련, 의료재활 등 기능별로 분류하여 운영하게 할 수 있다.
② 법무부장관은 제1항에 따라 의료재활 기능을 전문적으로 수행하는 소년원을 의료재활소년원으로 운영한다.
(2020.10.20 본항개정)
(2013.7.30 본조제목개정)

제6조【소년원 등의 규모 등】 ① 신설하는 소년원 및 소년분류심사원은 수용정원이 150명 이내의 규모가 되도록 하여야 한다. 다만, 소년원 및 소년분류심사원의 기능·위치나 그 밖의 사정을 고려하여 그 규모를 증대할 수 있다.
② 보호소년등의 개별적 특성에 맞는 처우를 위하여 소년원 및 소년분류심사원에 두는 생활실은 대통령령으로 정하는 바에 따라 소규모로 구성하여야 한다.
③ 소년원 및 소년분류심사원의 생활실이나 그 밖의 수용생활을 위한 설비는 그 목적과 기능에 맞도록 설치되어야 한다.
④ 소년원 및 소년분류심사원의 생활실은 보호소년등의 건강한 생활과 성장을 위하여 적정한 수준의 공간과 채광·통풍·난방을 위한 시설이 갖추어져야 한다.
(2016.3.29 본조신설)

제2장 수용·보호
(2007.12.21 본장개정)

제7조【수용절차】 ① 보호소년등을 소년원이나 소년분류심사원에 수용할 때에는 법원소년부의 결정서, 법무부장관의 이송허가서 또는 지방법원 판사의 유치허가장에 의하여야 한다.(2016.3.29 본항개정)
② 원장은 새로 수용된 보호소년등에 대하여 지체 없이 건강진단과 위생에 필요한 조치를 하여야 한다.
③ 원장은 새로 수용된 보호소년등의 보호자나 보호소년등이 지정하는 자(이하 "보호자등"이라 한다)에게 지체 없이 수용 사실을 알려야 한다.

제8조【분류처우】 ① 원장은 보호소년등의 정신적·신체적 상황 등 개별적 특성을 고려하여 생활실을 구분하는 등 적합한 처우를 하여야 한다.(2016.3.29 본항개정)
② 보호소년등은 다음 각 호의 기준에 따라 분리 수용한다.
1. 남성과 여성(2018.9.18 본호개정)
2. 보호소년, 위탁소년 및 유치소년
(2016.3.29 본항개정)
③ 「소년법」 제32조제1항제7호의 처분을 받은 보호소년은 의료재활소년원에 해당하는 소년원에 수용하여야 한다.(2020.10.20 본항개정)
④ 원장은 보호소년등이 희망하거나 특별히 보호소년등의 개별적 특성에 맞는 처우가 필요한 경우 보호소년등을 혼자 생활하게 할 수 있다.(2020.10.20 본항신설)
(2016.3.29 본조제목개정)

제8조의2 (2016.3.29 삭제)

제9조【보호처분의 변경 등】 ① 소년원장은 보호소년이 다음 각 호의 어느 하나에 해당하는 경우에는 소년원 소재지를 관할하는 법원소년부에 「소년법」 제37조에 따른 보호처분의 변경을 신청할 수 있다.
1. 중환자로 판명되어 수용하기 위험하거나 장기간 치료가 필요하여 교정교육의 실효를 거두기가 어렵다고 판단되는 경우
2. 심신의 장애가 현저하거나 임신 또는 출산(유산·사산한 경우를 포함한다), 그 밖의 사유로 특별한 보호가 필요한 경우
3. 시설의 안전과 수용질서를 현저히 문란하게 하는 보호소년에 대한 교정교육을 위하여 보호기간을 연장할 필요가 있는 경우
② 소년분류심사원장은 위탁소년이 제1항 각 호의 어느 하나에 해당하는 경우에는 위탁 결정을 한 법원소년부에 「소년법」 제18조에 따른 임시조치의 취소, 변경 또는 연장에 관한 의견을 제시할 수 있다.
③ 소년분류심사원장은 유치소년이 제1항제1호 또는 제2호에 해당하는 경우에는 유치 허가를 한 지방법원 판사 또는 소년분류심사원 소재지를 관할하는 법원소년부에 유치 허가의 취소에 관한 의견을 제시할 수 있다.
④ 제3항에 따른 의견 제시 후 지방법원 판사 또는 법원소년부 판사의 유치 허가 취소 결정이 있으면 소년분류심사원장은 그 유치소년을 관할하는 보호관찰소장에게 이를 즉시 통보하여야 한다.
⑤ 제1항에 따른 보호처분의 변경을 할 경우 보호소년이 19세 이상인 경우에도 「소년법」 제2조 및 제38조제1항에도 불구하고 같은 법 제2장의 보호사건 규정을 적용한다.
(2016.3.29 본조개정)

제10조【원장의 면접】 원장은 보호소년등으로부터 처우나 일신상의 사정에 관한 의견을 듣기 위하여 수시로 보호소년등과 면접을 하여야 한다.

제11조【청원】 보호소년등은 그 처우에 대하여 불복할 때에는 법무부장관에게 문서로 청원할 수 있다.

제12조【이송】 ① 소년원장은 분류수용, 교정교육상의 필요, 그 밖의 이유로 보호소년을 다른 소년원으로 이송하는 것이 적당하다고 인정하면 법무부장관의 허가를 받아 이송할 수 있다.
② 「소년법」 제32조제1항제7호의 처분을 받은 보호소년은 의료재활소년원에 해당하지 아니하는 소년원으로 이송할 수 없다.(2020.10.20 본항개정)

제13조【비상사태 등의 대비】 ① 원장은 천재지변이나 그 밖의 재난 또는 비상사태에 대비하여 계획을 수립하고 보호소년등에게 대피훈련 등 필요한 훈련을 실시하여야 한다.
② 원장은 천재지변이나 그 밖의 재난 또는 비상사태가 발생한 경우에 그 시설 내에서는 안전한 대피방법이 없다고 인정될 때에는 보호소년등을 일시적으로 적당한 장소로 긴급 이송할 수 있다.

제14조【사고 방지 등】 ① 원장은 보호소년등이 이탈, 난동, 폭행, 자해(自害), 그 밖의 사고를 일으킬 우려가 있을 때에는 이를 방지하는 데에 필요한 조치를 하여야 한다.
② 보호소년등이 소년원이나 소년분류심사원을 이탈하였을 때에는 그 소속 공무원이 재수용할 수 있다.

제14조의2【보호장비의 사용】 ① 보호장비의 종류는 다음 각 호와 같다.
1. 수갑
2. 포승(捕繩)
3. 가스총
4. 전자충격기
5. 머리보호장비(2016.3.29 본호신설)
6. 보호대(保護帶)(2020.10.20 본호신설)
(2013.7.30 본항개정)
② 원장은 다음 각 호의 어느 하나에 해당하는 경우에는 소속 공무원으로 하여금 보호소년등에 대하여 수갑, 포승 또는 보호대를 사용하게 할 수 있다.(2020.10.20 본문개정)
1. 이탈·난동·폭행·자해·자살을 방지하기 위하여 필요한 경우
2. 법원 또는 검찰의 조사·심리, 이송, 그 밖의 사유로 호송하는 경우
3. 그 밖에 소년원·소년분류심사원의 안전이나 질서를 해칠 우려가 현저한 경우
③ 원장은 다음 각 호의 어느 하나에 해당하는 경우에는 소속 공무원으로 하여금 보호소년등에 대하여 수갑, 포승 또는 보호대 외에 가스총이나 전자충격기를 사용하게 할 수 있다.(2020.10.20 본문개정)
1. 이탈, 자살, 자해하거나 이탈, 자살, 자해하려고 하는 때(2016.3.29 본호개정)
2. 다른 사람에게 위해를 가하거나 가하려고 하는 때
(2016.3.29 본호개정)
3. 위력으로 소속 공무원의 정당한 직무집행을 방해하는 때
4. 소년원·소년분류심사원의 설비·기구 등을 손괴하거나 손괴하려고 하는 때
5. 그 밖에 시설의 안전 또는 질서를 크게 해치는 행위를 하거나 하려고 하는 때
(2013.7.30 본항신설)
④ 제3항에 따라 가스총이나 전자충격기를 사용하려면 사전에 상대방에게 이를 경고하여야 한다. 다만, 상황이 급박하여 경고할 시간적인 여유가 없는 때에는 그러하지 아니하다.(2013.7.30 본항신설)
⑤ 원장은 보호소년등이 자해할 우려가 큰 경우에는 소속 공무원으로 하여금 보호소년등에게 머리보호장비를 사용하게 할 수 있다.(2016.3.29 본항신설)
⑥ 보호장비는 필요한 최소한의 범위에서 사용하여야 하며, 보호장비를 사용할 필요가 없게 되었을 때에는 지체 없이 사용을 중지하여야 한다.(2013.7.30 본항개정)
⑦ 보호장비는 징벌의 수단으로 사용되어서는 아니 된다.
(2013.7.30 본항신설)
⑧ 보호장비의 사용방법 및 관리에 관하여 필요한 사항은 법무부령으로 정한다.(2013.7.30 본항개정)
(2013.7.30 본조제목개정)
(2007.12.21 본조신설)

제14조의3【전자장비의 설치·운영】 ① 소년원 및 소년분류심사원에는 보호소년등의 이탈·난동·폭행·자해·자살, 그 밖에 보호소년등의 생명·신체를 해치거나 시설의 안전 또는 질서를 해치는 행위(이하 이 조에서 "자해등"이라 한다)를 방지하기 위하여 필요한 최소한의 범위에서 전자장비를 설치하여 운영할 수 있다.
② 보호소년등이 사용하는 목욕탕, 세면실 및 화장실에 전자영상장비를 설치하여 운영하는 것은 자해등의 우려가 큰 때에만 할 수 있다. 이 경우 전자영상장비로 보호소년등을 감호할 때에는 여성인 보호소년등에 대해서는 여성인 소속 공무원만, 남성인 보호소년등에 대해서는 남성인 소속 공무원만이 참여하여야 한다.
③ 제1항 및 제2항에 따라 전자장비를 설치·운영할 때에는 보호소년등의 인권이 침해되지 아니하도록 하여야 한다.
④ 전자장비의 종류·설치장소·사용방법 및 녹화기록물의 관리 등에 필요한 사항은 법무부령으로 정한다.
(2016.3.29 본조신설)

제14조의4【규율 위반 행위】 보호소년등은 다음 각 호의 행위를 하여서는 아니 된다.
1. 「형법」, 「폭력행위 등 처벌에 관한 법률」, 그 밖의 형사 법률에 저촉되는 행위
2. 생활의 편의 등 자신의 요구를 관철할 목적으로 자해하는 행위
3. 소년원·소년분류심사원의 안전 또는 질서를 해칠 목적으로 단체를 조직하거나 그 단체에 가입하거나 다중을 선동하는 행위
4. 금지물품을 반입하거나 이를 제작·소지·사용·수수(授受)·교환 또는 은닉하는 행위
5. 정당한 사유 없이 교육 등을 거부하거나 게을리하는 행위
6. 그 밖에 시설의 안전과 질서 유지를 위하여 법무부령으로 정하는 규율을 위반하는 행위
(2016.3.29 본조신설)

제15조【징계】 ① 원장은 보호소년등이 제14조의4 각 호의 어느 하나에 해당하는 행위를 하면 제15조의2제1항에 따른 보호소년등처우·징계위원회의 의결에 따라 다음 각 호의 어느 하나에 해당하는 징계를 할 수 있다.
(2020.10.20 본문개정)
1. 훈계
2. 원내 봉사활동
3. 서면 사과(2016.3.29 본호개정)
4. 20일 이내의 텔레비전 시청 제한
5. 20일 이내의 단체 체육활동 정지
6. 20일 이내의 공동행사 참가 정지
(2016.3.29 4호~6호신설)
7. 20일 이내의 기간 동안 지정된 실(室) 안에서 근신하게 하는 것(2020.10.20 본호개정)

② 제1항제3호부터 제6호까지의 처분은 함께 부과할 수 있다.(2016.3.29 본항신설)
③ 제1항제7호의 처분은 14세 미만의 보호소년등에게는 부과하지 못한다.(2016.3.29 본항신설)
④ 원장은 제1항제7호의 처분을 받은 보호소년등에게 개별적인 체육활동 시간을 보장하여야 한다. 이 경우 매주 1회 이상 실외운동을 할 수 있도록 하여야 한다.
(2020.10.20 본항신설)
⑤ 제1항제7호의 처분을 받은 보호소년등에게는 그 기간 중 같은 항 제4호부터 제6호까지의 처우 제한이 함께 부과된다. 다만, 원장은 보호소년등의 교화 또는 건전한 사회복귀를 위하여 특히 필요하다고 인정하면 텔레비전 시청, 단체 체육활동 또는 공동행사 참가를 허가할 수 있다.
(2016.3.29 본항신설)
⑥ 소년원장은 보호소년이 제1항 각 호의 어느 하나에 해당하는 징계를 받은 경우에는 법무부령으로 정하는 기준에 따라 교정성적 점수를 빼야 한다.
⑦ 징계는 당사자의 심신상황을 고려하여 교육적으로 하여야 한다.
⑧ 원장은 보호소년등에게 제1항에 따라 징계를 한 경우에는 지체 없이 그 사실을 보호자에게 통지하여야 한다.
(2016.3.29 본항신설)
⑨ 원장은 징계를 받은 보호소년등의 보호자와 상담을 할 수 있다.(2016.3.29 본항신설)

제15조의2【보호소년등처우·징계위원회】 ① 보호소년등의 처우에 관하여 원장의 자문에 응하게 하거나 징계대상자에 대한 징계를 심의·의결하기 위하여 소년원 및 소년분류심사원에 보호소년등처우·징계위원회를 둔다.
② 제1항에 따른 보호소년등처우·징계위원회(이하 "위원회"라 한다)는 위원장을 포함한 5명 이상 11명 이하의 위원으로 구성하고, 민간위원은 1명 이상으로 한다.
③ 위원회가 징계대상자에 대한 징계를 심의·의결하는 경우에는 1명 이상의 민간위원이 해당 심의·의결에 참여하여야 한다.
④ 위원회는 소년보호에 관한 학식과 경험이 풍부한 외부인사로부터 의견을 들을 수 있다.
⑤ 제1항부터 제4항까지에서 규정한 사항 외에 위원회의 구성과 운영 등에 필요한 사항은 대통령령으로 정한다.
⑥ 위원회의 위원 중 공무원이 아닌 사람은 「형법」 제127조 및 제129조부터 제132조까지의 규정을 적용할 때에는 공무원으로 본다.
(2020.10.20 본조신설)

제16조【포상】 ① 원장은 교정성적이 우수하거나 품행이 타인의 모범이 되는 보호소년등에게 포상을 할 수 있다.
② 원장은 제1항에 따라 포상을 받은 보호소년등에게는 특별한 처우를 할 수 있다.

제17조【급여품 등】 ① 보호소년등에게는 의류, 침구, 학용품, 그 밖에 처우에 필요한 물품을 주거나 대여한다.
② 보호소년등에게는 주식, 부식, 음료, 그 밖의 영양물을 제공하되, 그 양은 보호소년등이 건강을 유지하고 심신의 발육을 증진하는 데에 필요한 정도이어야 한다.
③ 제1항 및 제2항에 따른 급여품과 대여품의 종류와 수량의 기준은 법무부령으로 정한다.

제18조【면회·편지·전화통화】 ① 원장은 비행집단과 교제하고 있다고 의심할 만한 상당한 이유가 있는 경우 등 보호소년등의 보호 및 교정교육에 지장이 있다고 인정되는 경우 외에는 보호소년등의 면회를 허가하여야 한다. 다만, 제15조제1항제7호의 징계를 받은 보호소년등에 대한 면회는 그 상대방이 변호인이나 보조인(이하 "변호인등"이라 한다) 또는 보호자인 경우에 한정하여 허가할 수 있다.
② 보호소년등이 면회를 할 때에는 소속 공무원이 참석하여 보호소년등의 보호 및 교정교육에 지장이 없도록 지도할 수 있다. 이 경우 소속 공무원은 보호소년등의 보호 및 교정교육에 지장이 있다고 인정되는 경우에는 면회를 중지할 수 있다.(2016.3.29 후단신설)
③ 제2항 전단에도 불구하고 보호소년등이 변호인등과 면회를 할 때에는 소속 공무원이 참석하지 아니한다. 다만, 보이는 거리에서 보호소년등을 지켜볼 수 있다.
④ 원장은 공동으로 비행을 저지른 관계에 있는 사람의 편지인 경우 등 보호소년등의 보호 및 교정교육에 지장이 있다고 인정되는 경우에는 보호소년등의 편지 왕래를 제한할 수 있으며, 편지의 내용을 검사할 수 있다.
⑤ 제4항에도 불구하고 보호소년등이 변호인등과 주고받는 편지는 제한하거나 검사할 수 없다. 다만, 상대방이 변호인등임을 확인할 수 없는 때에는 예외로 한다.
⑥ 원장은 공범 등 교정교육에 해가 된다고 인정되는 사람과의 전화통화를 제한하는 등 보호소년등의 보호 및 교정교육에 지장을 주지 아니하는 범위에서 가족 등과 전화통화를 허가할 수 있다.
⑦ 제1항과 제2항에 따른 면회 허가의 제한과 면회 중지, 제4항에 따른 편지 왕래의 제한 및 제6항에 따른 전화통화의 제한 사유에 관한 구체적인 범위는 대통령령으로 정한다.(2016.3.29 본항신설)
⑧ 제6항에 따른 전화통화를 위하여 소년원 및 소년분류심사원에 설치하는 전화기의 운영에 필요한 사항은 법무부장관이 정한다.(2016.3.29 본항신설)
(2013.7.30 본조제목개정)
(2016.3.29 본조개정)

제19조【외출】 소년원장은 보호소년에게 다음 각 호의 어느 하나에 해당하는 사유가 있을 때에는 본인이나 보호자등의 신청에 따라 또는 직권으로 외출을 허가할 수 있다.(2013.7.30 본문개정)
1. 직계존속이 위독하거나 사망하였을 때
2. 직계존속의 회갑 또는 형제자매의 혼례가 있을 때
3. 천재지변이나 그 밖의 사유로 가정에 인명 또는 재산상의 중대한 피해가 발생하였을 때
4. 병역, 학업, 질병 등의 사유로 외출이 필요할 때
5. 그 밖에 교정교육상 특히 필요하다고 인정할 때

제20조【환자의 치료】 ① 원장은 보호소년등이 질병에 걸리면 지체 없이 적정한 치료를 받도록 하여야 한다.
② 원장은 소년원이나 소년분류심사원에서 제1항에 따른 치료를 하는 것이 곤란하다고 인정되면 외부 의료기관에서 치료를 받게 할 수 있다.
③ 원장은 보호소년등이나 그 보호자등이 자비(自費)로 치료받기를 원할 때에는 이를 허가할 수 있다.
④ 소년원 및 소년분류심사원에 근무하는 간호사는 「의료법」 제27조에도 불구하고 야간 또는 공휴일 등 의사가 진료할 수 없는 경우 대통령령으로 정하는 경미한 의료행위를 할 수 있다.(2020.10.20 본항신설)

제20조의2【진료기록부 등의 관리】 ① 소년원 및 소년분류심사원에 근무하는 의사와 간호사는 보호소년등에 대한 진료기록부, 간호기록부, 그 밖의 진료에 관한 기록(이하 "진료기록부등"이라 한다)을 소년원과 소년분류심사원의 정보를 통합적으로 관리하기 위하여 법무부장관이 운영하는 정보시스템에 입력하여야 한다.
② 법무부장관은 진료기록부등을 법무부령으로 정하는 바에 따라 보존하여야 한다.
(2020.10.20 본조신설)

제20조의3【출원생의 외래진료】 ① 의료재활소년원장은 의료재활소년원 출원생(出院生)이 외래진료를 신청하는 경우 의료재활소년원에서 검사, 투약 등 적절한 진료 및 치료를 받도록 할 수 있다.
② 법무부장관은 의료재활소년원 출원생이 신청하는 경우 「치료감호 등에 관한 법률」 제16조의2제1항제2호에 따른 법무부장관이 지정하는 기관에서 외래진료를 받도록 할 수 있다. 이 경우 법무부장관은 예산의 범위에서 진료비용을 지원할 수 있다.
③ 제1항 및 제2항에 따른 외래진료의 기간과 방법 및 진료비용 지원 등에 필요한 사항은 법무부령으로 정한다.
(2020.10.20 본조신설)

제21조【감염병의 예방과 응급조치】 ① 원장은 소년원이나 소년분류심사원에서 감염병이 발생하거나 발생할 우려가 있을 때에는 이에 대한 상당한 조치를 하여야 한다.
② 원장은 보호소년등이 감염병에 걸렸을 때에는 지체 없이 격리 수용하고 필요한 응급조치를 하여야 한다.
(2009.12.29 본조개정)

제22조【금품의 보관 및 반환】 ① 원장은 보호소년등이 갖고 있던 금전, 의류, 그 밖의 물품을 보관하는 경우에는 이를 안전하게 관리하고 보호소년등에게 수령증을 내주어야 한다.
② 원장은 보호소년등의 퇴원, 임시퇴원, 사망, 이탈 등의 사유로 금품을 계속 보관할 필요가 없게 되었을 때에는 본인이나 보호자등에게 반환하여야 한다.(2013.7.30 본항개정)
③ 제2항에 따라 반환되지 아니한 금품은 퇴원, 임시퇴원, 사망, 이탈 등의 사유가 발생한 날부터 1년 이내에 본인이나 보호자등이 반환 요청을 하지 아니하면 국고에 귀속하거나 폐기한다.(2013.7.30 본항개정)

제23조【친권 또는 후견】 원장은 미성년자인 보호소년등이 친권자나 후견인이 없거나 있어도 그 권리를 행사할 수 없을 때에는 법원의 허가를 받아 그 보호소년등을 위하여 친권자나 후견인의 직무를 행사할 수 있다.

제3장 분류심사
(2007.12.21 본장개정)

제24조【분류심사】 ① 분류심사는 제3조제2항에 해당하는 소년의 신체, 성격, 소질, 환경, 학력 및 경력 등에 대한 조사를 통하여 비행 또는 범죄의 원인을 규명하여 심사대상인 소년의 처우에 관하여 최선의 지침을 제시함을 목적으로 한다.(2020.10.20 본항개정)
② 분류심사를 할 때에는 심리학·교육학·사회학·사회복지학·범죄학·의학 등의 전문적인 지식과 기술에 근거하여 보호소년등의 신체적·심리적·환경적 측면 등을 조사·판정하여야 한다.

제25조【분류심사관】 ① 제3조제2항에 따른 임무를 수행하기 위하여 소년분류심사원에 분류심사관을 둔다.
(2020.10.20 본항개정)
② 분류심사관은 제24조제2항에 따른 학문적 소양과 전문지식을 갖추어야 한다.

제26조【청소년심리검사 등】 소년분류심사원장은 「청소년기본법」 제3조제1호에 따른 청소년이나 그 보호자가 적성검사 등 진로탐색을 위한 청소년심리검사 또는 상담을 의뢰하면 이를 할 수 있다. 이 경우에는 법무부장관이 정하는 바에 따라 실비를 받을 수 있다.

제27조【분류심사 결과 등의 통지】 ① 소년분류심사원장은 제3조제2항제1호부터 제4호까지의 규정에 따른 분류심사 또는 조사 결과와 의견 등을 각각 법원소년부 또는 검사에게 통지하여야 한다.
② 소년분류심사원장은 제3조제2항제1호부터 제3호까지에 규정된 소년이 보호처분의 결정을 받으면 그 소년의 분류심사 결과 및 의견 또는 상담조사 결과 및 의견을 지체 없이 그 처분을 집행하는 소년원이나 보호관찰소에서 정보시스템으로 열람할 수 있도록 통지하여야 한다.
③ 소년분류심사원장은 제3조제2항제5호에 따른 분류심사 또는 제26조에 따른 청소년심리검사 등을 하였을 때에는 그 결과를 각각 분류심사 또는 심리검사 등을 의뢰한 자에게 통지하고 필요한 의견을 제시할 수 있다.
(2020.10.20 본조개정)

제4장 교정교육 등
(2007.12.21 본장개정)

제28조【교정교육의 원칙】 소년원의 교정교육은 규율 있는 생활 속에서 초·중등교육, 직업능력개발훈련, 인성교육, 심신의 보호·지도 등을 통하여 보호소년이 전인적인 성장·발달을 이루고 사회생활에 원만하게 적응할 수 있도록 하여야 한다.

제29조【학교의 설치·운영】 법무부장관은 대통령령으로 정하는 바에 따라 소년원에 「초·중등교육법」 제2조제1호부터 제4호까지의 학교(이하 "소년원학교"라 한다)를 설치·운영할 수 있다.(2016.3.29 본조개정)

제29조의2【「초·중등교육법」에 관한 특례】 ① 소년원학교에 대하여는 「초·중등교육법」 제4조, 제10조, 제11조, 제18조, 제18조의2, 제30조의2, 제30조의3, 제31조, 제31조의2, 제32조부터 제34조까지, 제34조의2 및 제63조부터 제65조까지의 규정을 적용하지 아니한다.
(2016.3.29 본항개정)
② 소년원학교에 대하여 「초·중등교육법」 제6조부터 제9조까지의 규정을 적용할 때에는 "교육부장관"을 "법무부장관"으로 본다.(2013.3.23 본항개정)
③ 교육부장관은 「교육기본법」 및 「초·중등교육법」에 관한 사항(제1항에 따라 적용이 배제되는 사항은 제외한다)에 대하여 법무부장관에게 필요한 권고를 할 수 있으며, 법무부장관은 정당한 사유를 제시하지 아니하는 한 이에 따라야 한다.(2013.3.23 본항개정)

제29조의3【「학교폭력예방 및 대책에 관한 법률」에 관한 특례】 소년원학교에 대해서는 「학교폭력예방 및 대책에 관한 법률」 제12조부터 제16조까지, 제16조의2, 제17조, 제17조의2 및 제18조부터 제20조까지의 규정을 적용하지 아니한다.(2016.3.29 본조신설)

제30조【교원 등】 ① 소년원학교에는 「초·중등교육법」 제21조제2항에 따른 자격을 갖춘 교원을 두되, 교원은 일반직공무원으로 임용할 수 있다.
② 제1항에 따라 일반직공무원으로 임용된 교원의 경력·연수 및 직무 수행 등에 관하여 필요한 사항은 대통령령으로 정한다. 이 경우 「교육기본법」 및 「교육공무원법」에 따라 임용된 교원과 동등한 처우를 받도록 하여야 한다.
③ 제1항과 제2항에도 불구하고 소년원학교의 교장(이하 "소년원학교장"이라 한다)은 소년원학교가 설치된 소년원의 장이, 교감은 그 소년원의 교육과정을 총괄하는 부서의 장으로서 대통령령으로 정하는 자가 겸직할 수 있다.
④ 소년원학교장은 소년원학교의 교육과정을 원활하게 운영하기 위하여 필요하면 관할 교육청의 장에게 소년원학교 교사와 다른 중·고등학교 교사 간 교환수업 등 상호 교류협력을 요청할 수 있다.

제31조【학적관리】 ① 보호소년이 소년원학교에 입교하면 「초·중등교육법」에 따라 입학·전학 또는 편입학한 것으로 본다.
② 「초·중등교육법」 제2조의 학교에서 재학하던 중 소년분류심사원에 위탁되거나 유치된 소년 및 「소년법」 제32조제1항제8호의 처분을 받은 소년의 수용기간은 그 학교의 수업일수로 계산한다.(2013.7.30 본항개정)
③ 소년원학교장은 보호소년이 입교하면 그 사실을 보호소년이 최종적으로 재학했던 학교〔이하 "전적학교(前籍學校)"라 한다〕의 장에게 통지하고 그 보호소년의 학적에 관한 자료를 보내줄 것을 요청할 수 있다.
④ 제3항에 따른 요청을 받은 전적학교의 장은 교육의 계속성을 유지하는 데에 필요한 학적사항을 지체 없이 소년원학교장에게 보내야 한다.

제32조【다른 학교로의 전학·편입학】 보호소년이 소년원학교에서 교육과정을 밟는 중에 소년원에서 퇴원하거나 임시퇴원하여 전적학교 등 다른 학교에 전학이나 편입학을 신청하는 경우 전적학교 등 다른 학교의 장은 정당한 사유를 제시하지 아니하는 한 이를 허가하여야 한다.

제33조【통학】 소년원장은 교정성적이 양호한 보호소년의 원활한 학업 연계를 위하여 필요하다고 판단되면 보호소년을 전적학교 등 다른 학교로 통학하게 할 수 있다.

제34조【전적학교의 졸업장 수여】 ① 소년원학교에서 교육과정을 마친 보호소년이 전적학교의 졸업장 취득을 희망하는 경우 소년원학교장은 전적학교의 장에게 학적사항을 통지하고 졸업장의 발급을 요청할 수 있다.
② 제1항에 따른 요청을 받은 전적학교의 장은 정당한 사유를 제시하지 아니하는 한 졸업장을 발급하여야 한다. 이 경우 그 보호소년에 관한 소년원학교의 학적사항은 전적학교의 학적사항으로 본다.

제35조【직업능력개발훈련】 ① 소년원의 직업능력개발훈련은 「국민 평생 직업능력 개발법」에서 정하는 바에 따른다.(2021.8.17 본항개정)

② 소년원장은 법무부장관의 허가를 받아 산업체의 기술지원이나 지원금으로 직업능력개발훈련을 실시하거나 소년원 외의 시설에서 직업능력개발훈련을 실시할 수 있다.
③ 고용노동부장관은 보호소년의 직업능력개발훈련에 관하여 법무부장관에게 필요한 권고를 할 수 있다.
(2010.6.4 본항개정)

제36조【직업능력개발훈련교사】 직업능력개발훈련을 실시하는 소년원에는 「국민 평생 직업능력 개발법」에서 정한 자격을 갖춘 직업능력개발훈련교사를 둔다.
(2021.8.17 본조개정)

제37조【통근취업】 ① 소년원장은 보호소년이 직업능력개발훈련과정을 마쳤을 때에는 산업체에 통근취업하게 할 수 있다.
② 소년원장은 보호소년이 제1항에 따라 취업을 하였을 때에는 해당 산업체로 하여금 「근로기준법」을 지키게 하고, 보호소년에게 지급되는 보수는 전부 본인에게 지급하여야 한다.

제38조【안전관리】 ① 소년원장은 직업능력개발훈련을 실시할 때 보호소년에게 해롭거나 위험한 일을 하게 하여서는 아니 된다.
② 소년원장은 직업능력개발훈련을 실시할 때 기계, 기구, 재료, 그 밖의 시설 등에 의하여 보호소년에게 위해가 발생할 우려가 있으면 이를 방지하는 데에 필요한 조치를 하여야 한다.

제39조【생활지도】 원장은 보호소년등의 자율성을 높이고 각자가 당면한 문제를 스스로 해결하여 사회생활에 적응할 수 있는 능력을 기르도록 생활지도를 하여야 한다.

제40조【특별활동】 소년원장은 보호소년의 취미와 특기를 신장하고 집단생활의 경험을 통하여 민주적이고 협동적인 생활태도를 기르도록 특별활동지도를 하여야 한다.

제41조【교육계획 등】 ① 소년원장은 보호소년의 연령, 학력, 적성, 진로, 교정의 난이도 등을 고려하여 처우과정을 정하고 교정목표를 조기에 달성할 수 있도록 교육계획을 수립·시행하여야 한다.
② 소년원장은 제1항의 교육계획에 따른 교육과정을 운영하고 법무부장관이 정하는 바에 따라 그 결과를 평가하여 출원(出院), 포상 등 보호소년의 처우에 반영할 수 있다.

제42조【장학지도】 법무부장관은 교정교육 성과를 평가하고 개선하기 위하여 소속 공무원으로 하여금 장학지도를 하게 할 수 있다.

제42조의2【대안교육 및 비행예방 등】 ① 소년원 및 소년분류심사원은 청소년 등에게 비행예방 및 재범방지 또는 사회적응을 위한 체험과 인성 위주의 교육을 실시하기 위하여 다음 각 호의 교육과정(이하 "대안교육과정"이라 한다)을 운영한다.
1. 「소년법」 제32조의2제1항에 따라 법원소년부 판사가 명한 대안교육
2. 「소년법」 제49조의3제2호에 따라 검사가 의뢰한 상담·교육·활동 등
3. 「초·중등교육법」 제18조에 따른 징계대상인 학생으로서 각급학교의 장이 의뢰한 소년의 교육
4. 「학교폭력예방 및 대책에 관한 법률」 제15조제3항에 따른 학교폭력 예방교육과 같은 법 제17조에 따른 가해학생 및 보호자 특별교육

② 원장은 행정기관, 지방자치단체, 학교, 그 밖의 단체 등과 협력하여 지역사회의 청소년 비행을 예방하기 위하여 적극 노력하여야 한다.
③ 대안교육과정의 운영에 필요한 사항은 법무부령으로 정한다.
(2013.7.30 본조개정)

제42조의3【보호자교육】 ① 소년원과 소년분류심사원은 「소년법」 제32조의2제3항에 따라 교육명령을 받은 보호자 또는 보호소년등의 보호자를 대상으로 역할개선 중심의 보호자교육과정을 운영한다.
② 제1항에 따른 보호자교육의 절차 및 방법 등에 관하여 필요한 사항은 대통령령으로 정한다.

제5장 출 원
(2007.12.21 본장개정)

제43조【퇴원】 ① 소년원장은 보호소년이 22세가 되면 퇴원시켜야 한다.
② 소년원장은 「소년법」 제32조제1항제8호 또는 같은 법 제33조제1항·제5항·제6항에 따라 수용상한기간에 도달한 보호소년은 즉시 퇴원시켜야 한다.(2013.7.30 본항개정)
③ 소년원장은 교정성적이 양호하며 교정의 목적을 이루었다고 인정되는 보호소년(「소년법」 제32조제1항제8호에 따라 송치된 보호소년은 제외한다)에 대하여는 「보호관찰 등에 관한 법률」에 따른 보호관찰심사위원회에 퇴원을 신청하여야 한다.(2016.3.29 본항개정)
④ 위탁소년 또는 유치소년의 소년분류심사원 퇴원은 법원소년부의 결정서에 의하여야 한다.(2013.7.30 본항개정)

제44조【임시퇴원】 소년원장은 교정성적이 양호한 자 중 보호관찰의 필요성이 있다고 인정되는 보호소년(「소년법」 제32조제1항제8호에 따라 송치된 보호소년은 제외한다)에 대하여는 「보호관찰 등에 관한 법률」 제22조제1항에 따라 보호관찰심사위원회에 임시퇴원을 신청하여야 한다.(2016.3.29 본조개정)

제44조의2【보호소년의 출원】 소년원장은 제43조제3항 및 제44조의 신청에 대하여 「보호관찰 등에 관한 법률」 제25조에 따른 법무부장관의 퇴원·임시퇴원 허가를 통보받으면 해당 허가서에 기재되어 있는 출원예정일에 해당 보호소년을 출원시켜야 한다. 다만, 제46조에 따라 계속 수용하는 경우(제45조제3항의 경우를 포함한다)에는 그러하지 아니하다.(2016.3.29 본조신설)

제45조【보호소년의 인도】 ① 소년원장은 보호소년의 퇴원 또는 임시퇴원이 허가되면 지체 없이 보호자등에게 보호소년의 인도에 관하여 알려야 한다.
② 소년원장은 퇴원 또는 임시퇴원이 허가된 보호소년을 보호자등에게 직접 인도하여야 한다. 다만, 보호소년의 보호자등이 없거나 제44조의2 본문에 따른 출원예정일부터 10일 이내에 보호자등이 인수하지 아니하면 사회복지단체, 독지가, 그 밖의 적당한 자에게 인도할 수 있다.
(2016.3.29 단서개정)
③ 제2항 단서에 따라 사회복지단체 등에 인도되기 전까지의 보호소년에 대해서는 제46조제1항에 따른 계속 수용에 준하여 처우한다.(2016.3.29 본항신설)

제45조의2【사회정착지원】 ① 원장은 출원하는 보호소년등의 성공적인 사회정착을 위하여 장학·원호·취업알선 등 필요한 지원을 할 수 있다.
② 제1항에 따른 사회정착지원(이하 이 조에서 "사회정착지원"이라 한다)의 기간은 6개월 이내로 하되, 6개월 이내의 범위에서 한 번에 한하여 그 기간을 연장할 수 있다.
③ 원장은 제51조에 따른 소년보호협회 및 제51조의2에 따른 소년보호위원에게 사회정착지원에 관한 협조를 요청할 수 있다.
④ 사회정착지원의 절차와 방법 등에 관하여 필요한 사항은 법무부령으로 정한다.
(2016.3.29 본조개정)

제46조【퇴원자 또는 임시퇴원자의 계속 수용】 ① 퇴원 또는 임시퇴원이 허가된 보호소년이 질병에 걸리거나 본인의 편익을 위하여 필요하면 본인의 신청에 의하여 계속 수용할 수 있다.
② 소년원장은 제1항에 따른 계속 수용의 사유가 소멸되면 지체 없이 보호소년을 보호자등에게 인도하여야 한다.
③ 소년원장은 제1항에 따라 임시퇴원이 허가된 보호소년을 계속 수용할 때에는 그 사실을 보호관찰소장에게 통지하여야 한다.

제47조【물품 또는 귀가여비의 지급】 소년원장은 보호소년이 퇴원허가 또는 임시퇴원허가를 받거나 「소년법」 제37조제1항에 따라 처분변경 결정을 받았을 때에는 필요한 경우 물품 또는 귀가여비를 지급할 수 있다.

제48조【임시퇴원 취소자의 재수용】 ① 소년원장은 「보호관찰 등에 관한 법률」 제48조에 따라 임시퇴원이 취소된 자는 지체 없이 재수용하여야 한다.
② 제1항에 따라 재수용된 자의 수용기간은 수용상한기간 중 남은 기간으로 한다.
③ 제1항에 따라 재수용된 자는 새로 수용된 보호소년에 준하여 처우를 한다.

제6장 보 칙
(2007.12.21 본장개정)

제49조【방문 허가 등】 ① 보호소년등에 대한 지도, 학술연구, 그 밖의 사유로 소년원이나 소년분류심사원을 방문하려는 자는 그 대상 및 사유를 구체적으로 밝혀 원장의 허가를 받아야 한다.
② 소년원이나 소년분류심사원을 방문하지 아니하고 설문조사를 하려는 자는 미리 그 내용을 원장과 협의하여야 한다.
(2013.7.30 본조개정)

제50조【협조 요청】 ① 원장은 제3조에 따른 교정교육, 분류심사 또는 조사에 특히 필요하다고 인정하면 행정기관, 학교, 병원, 그 밖의 단체에 대하여 필요한 협조를 요청할 수 있다.(2020.10.20 본항개정)
② 제1항의 요청을 거절할 때에는 정당한 이유를 제시하여야 한다.

제50조의2【청소년심리상담실】 ① 소년분류심사원장은 제26조에 따른 업무를 처리하기 위하여 청소년심리상담실을 설치·운영할 수 있다.
② 제1항에 따른 청소년심리상담실의 설치와 운영에 필요한 사항은 법무부령으로 정한다.

제51조【소년보호협회】 ① 보호소년등을 선도하기 위하여 법무부장관 감독하에 소년 선도에 관하여 학식과 경험이 풍부한 인사로 구성되는 소년보호협회를 둘 수 있다.
② 소년보호협회의 설치, 조직, 그 밖의 운영에 필요한 사항은 대통령령으로 정한다.
③ 국가는 소년보호협회에 보조금을 지급할 수 있다.
④ 국가는 보호소년등의 교정교육과 사회복귀 지원 및 청소년 비행예방을 위하여 필요하다고 인정하는 경우에는 「국유재산법」에도 불구하고 소년보호협회에 소년원, 소년분류심사원 및 「보호관찰 등에 관한 법률」 제14조에 따른 보호관찰소의 시설, 그 밖에 대통령령으로 정하는 국유재산을 무상으로 대부하거나 사용허가할 수 있다.
(2016.3.29 본항개정 : 2024.12.31까지 유효)
⑤ 제4항에 따라 국유재산을 무상으로 대부하거나 사용허가하는 경우 그 기간은 「국유재산법」 제35조제1항 또는 같은 법 제46조제1항에서 정하는 바에 따른다.
(2016.3.29 본항신설 : 2024.12.31까지 유효)
⑥ 제5항의 대부기간 또는 사용허가기간이 끝난 국유재산에 대해서는 그 대부기간 또는 사용허가기간을 초과하지 아니하는 범위에서 종전의 대부계약 또는 사용허가를 갱신할 수 있다.(2016.3.29 본항신설 : 2024.12.31까지 유효)
⑦ 국가나 지방자치단체는 소년보호협회에 대하여 「조세특례제한법」 및 「지방세특례제한법」에서 정하는 바에 따라 국세 또는 지방세를 감면할 수 있다.(2016.3.29 본항신설)

제51조의2【소년보호위원】 ① 보호소년등의 교육 및 사후지도를 지원하기 위하여 소년보호위원을 둘 수 있다.
② 소년보호위원은 명예직으로 하며, 법무부장관이 위촉한다.
③ 소년보호위원에게는 예산의 범위에서 직무수행에 필요한 비용의 전부 또는 일부를 지급할 수 있다.
(2013.7.30 본항신설)
④ 소년보호위원의 위촉·해촉 및 자치조직 등에 관하여 필요한 사항은 법무부령으로 정한다.

제52조【소년분류심사원이 설치되지 아니한 지역에서의 소년분류심사원의 임무수행】 소년분류심사원이 설치되지 아니한 지역에서는 소년분류심사원이 설치될 때까지 소년분류심사원의 임무는 소년원이 수행하고, 위탁소년 및 유치소년은 소년원의 구획된 장소에 수용한다.
(2013.7.30 본조개정)

제53조【기부금품의 접수】 ① 원장은 기관·단체 또는 개인이 보호소년등에 대한 적절한 처우, 학업 지원 및 보호소년등의 사회 정착 등을 위하여 소년원이나 소년분류심사원에 자발적으로 기탁하는 금품을 접수할 수 있다.
② 기부자에 대한 영수증 발급, 기부금품의 용도 지정, 장부의 열람, 그 밖에 필요한 사항은 대통령령으로 정한다.
(2014.1.7 본조신설)

제54조【범죄경력자료 등의 조회 요청】 ① 법무부장관은 제43조제1항 및 제2항에 따라 소년원에서 퇴원한 보호소년의 재범 여부를 조사하고 소년원 교정교육의 효과를 평가하기 위하여 보호소년이 같은 조 제1항 및 제2항에 따라 퇴원한 때부터 3년 동안 관계 기관에 그 소년에 관한 범죄경력자료와 수사경력자료에 대한 조회를 요청할 수 있다.
② 제1항의 요청을 받은 관계 기관의 장은 정당한 사유 없이 이를 거부해서는 아니 된다.
(2020.10.20 본조신설)

부 칙 (2007.12.21)

제1조【시행일】 이 법은 공포 후 6개월이 경과한 날부터 시행한다.
제2조【퇴원 신청에 관한 적용례】 제43조의 개정규정에 따른 퇴원 신청은 이 법 시행 후 최초로 소년원 송치처분을 받은 보호소년부터 적용한다.
제3조【소년보호위원에 대한 경과조치】 이 법 시행 당시 종전의 규정에 따른 보호소년지도위원은 이 법에 따른 소년보호위원으로 본다.
제4조～제5조 (생략)

부 칙 (2016.3.29)

제1조【시행일】 이 법은 공포 후 6개월이 경과한 날부터 시행한다.
제2조【국유재산특례의 유효기간】 제51조제4항부터 제6항까지의 개정규정은 2024년 12월 31일까지 효력을 가진다.
제3조【보호처분의 변경 대상자 범위에 관한 적용례】 제9조제5항의 개정규정은 이 법 시행 당시 보호처분의 변경 절차가 진행 중인 사건에 대해서도 적용한다.
제4조【보호소년등의 징계에 관한 적용례】 제15조의 개정규정은 이 법 시행 전에 행하여진 규율 위반 행위에 대해서도 적용한다.
제5조【보호소년등에 대한 면회 제한에 관한 적용례】 제18조제1항 단서의 개정규정은 이 법 시행 후 제15조제1항제7호의 처분을 받은 경우부터 적용한다.

부 칙 (2020.10.20)

제1조【시행일】 이 법은 공포 후 6개월이 경과한 날부터 시행한다. 다만, 제54조의 개정규정은 공포한 날부터 시행한다.
제2조【징계에 관한 적용례】 제15조제1항의 개정규정은 이 법 시행 이후 징계처분을 하는 경우부터 적용한다.
제3조【외래진료 시 비용 부담에 관한 적용례】 제20조의3제2항 후단의 개정규정은 이 법 시행 이후 의료재활소년원 출원생이 같은 항 전단의 개정규정에 따라 외래진료를 신청하는 경우부터 적용한다.
제4조【범죄경력자료 등의 조회 요청에 관한 적용례】 제54조의 개정규정은 이 법 시행 이후 퇴원하는 소년부터 적용한다.
제5조【다른 법률의 개정】 ①～② ※(해당 법령에 가제정리 하였음)

부 칙 (2021.8.17)

제1조【시행일】 이 법은 공포 후 6개월이 경과한 날부터 시행한다.(이하 생략)

保健·環境編

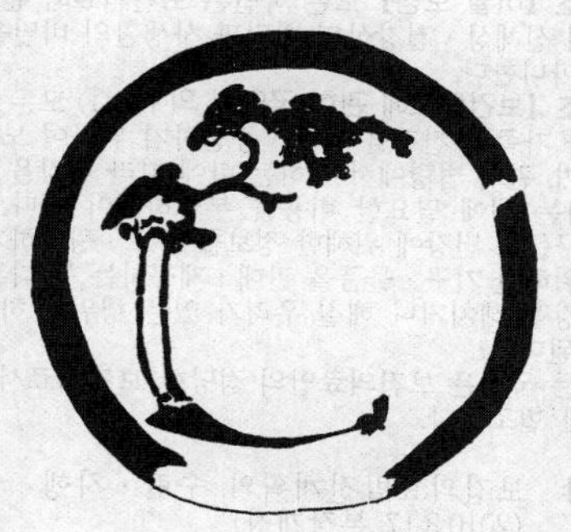

高句麗 平壤 第 1 號墳 壁畫(紋樣)

보건의료기본법

(2000년 1월 12일
법 률 제6150호)

개정
2003. 5.29법 6909호(의료기기법)
2008. 2.29법 8852호(정부조직)
2008. 3.28법 9034호
2009.12.29법 9847호(감염병)
2010. 1.18법 9932호(정부조직)
2010. 3.17법10131호
2013. 6. 4법11855호
2015.12.29법13649호
2016. 5.29법14216호
2017. 2. 8법14558호
2018.12.11법15883호
2019.12. 3법16729호
2020. 8.11법17472호(정부조직)
2021. 3.23법17966호
2024. 2. 6법20216호→2024년 8월 7일 시행

제1장 총 칙
(2010.3.17 본장개정)

제1조【목적】 이 법은 보건의료에 관한 국민의 권리·의무와 국가 및 지방자치단체의 책임을 정하고 보건의료의 수요와 공급에 관한 기본적인 사항을 규정함으로써 보건의료의 발전과 국민의 보건 및 복지의 증진에 이바지하는 것을 목적으로 한다.

제2조【기본 이념】 이 법은 보건의료를 통하여 모든 국민이 인간으로서의 존엄과 가치를 가지며 행복을 추구할 수 있도록 하고 국민 개개인이 건강한 삶을 영위할 수 있도록 제도와 여건을 조성하며, 보건의료의 형평과 효율이 조화를 이룰 수 있도록 함으로써 국민의 삶의 질을 향상시키는 것을 기본 이념으로 한다.

제3조【정의】 이 법에서 사용하는 용어의 뜻은 다음과 같다.
1. "보건의료"란 국민의 건강을 보호·증진하기 위하여 국가·지방자치단체·보건의료기관 또는 보건의료인 등이 행하는 모든 활동을 말한다.
2. "보건의료서비스"란 국민의 건강을 보호·증진하기 위하여 보건의료인이 행하는 모든 활동을 말한다.
3. "보건의료인"이란 보건의료 관계 법령에서 정하는 바에 따라 자격·면허 등을 취득하거나 보건의료서비스에 종사하는 것이 허용된 자를 말한다.
4. "보건의료기관"이란 보건의료인이 공중(公衆) 또는 특정 다수인을 위하여 보건의료서비스를 행하는 보건기관, 의료기관, 약국, 그 밖에 대통령령으로 정하는 기관을 말한다.
5. "공공보건의료기관"이란 국가·지방자치단체, 그 밖의 공공단체가 설립·운영하는 보건의료기관을 말한다.
6. "보건의료정보"란 보건의료와 관련한 지식 또는 부호·숫자·문자·음성·음향·영상 등으로 표현된 모든 종류의 자료를 말한다.

제4조【국가와 지방자치단체의 책임】 ① 국가와 지방자치단체는 국민건강의 보호·증진을 위하여 필요한 법적·제도적 장치를 마련하고 이에 필요한 재원(財源)을 확보하도록 노력하여야 한다.
② 국가와 지방자치단체는 모든 국민의 기본적인 보건의료 수요를 형평에 맞게 충족시킬 수 있도록 노력하여야 한다.
③ 국가와 지방자치단체는 식품, 의약품, 의료기기 및 화장품 등 건강 관련 물품이나 건강 관련 활동으로부터 발생할 수 있는 위해(危害)를 방지하고, 각종 국민건강 위해 요인으로부터 국민의 건강을 보호하기 위한 시책을 강구하도록 노력하여야 한다.
④ 국가와 지방자치단체는 민간이 행하는 보건의료에 대하여 보건의료 시책상 필요하다고 인정하면 행정적·재정적 지원을 할 수 있다.

제5조【보건의료인의 책임】 ① 보건의료인은 자신의 학식과 경험, 양심에 따라 환자에게 양질의 적정한 보건의료서비스를 제공하기 위하여 노력하여야 한다.
② 보건의료인은 보건의료서비스의 제공을 요구받으면 정당한 이유 없이 이를 거부하지 못한다.
③ 보건의료인은 적절한 보건의료서비스를 제공하기 위하여 필요하면 보건의료서비스를 받는 자를 다른 보건의료기관에 소개하고 그에 관한 보건의료 자료를 다른 보건의료기관에 제공하도록 노력하여야 한다.
④ 보건의료인은 국가나 지방자치단체가 관리하여야 할 질병에 걸렸거나 걸린 것으로 의심되는 대상자를 발견한 때에는 그 사실을 관계 기관에 신고·보고 또는 통지하는 등 필요한 조치를 하여야 한다.

제6조【환자 및 보건의료인의 권리】 ① 모든 환자는 자신의 건강보호와 증진을 위하여 적절한 보건의료서비스를 받을 권리를 가진다.
② 보건의료인은 보건의료서비스를 제공할 때에 학식과 경험, 양심에 따라 환자의 건강보호를 위하여 적절한 보건의료기술과 치료재료 등을 선택할 권리를 가진다. 다만, 이 법 또는 다른 법률에 특별한 규정이 있는 경우에는 그러하지 아니하다.

제7조【보건의료정책과 사회보장정책과의 연계】 국가와 지방자치단체는 보건의료정책과 관련되는 사회보장정책이 연계되도록 하여야 한다.

제8조【국민의 참여】 국가와 지방자치단체는 국민의 권리·의무 등 국민생활에 중대한 영향을 미치는 보건의료정책을 수립·시행하려면 이해관계인 등 국민의 의견을 수렴하여야 한다.

제9조【다른 법률과의 관계】 보건의료에 관한 법률을 제정하거나 개정할 때에는 이 법에 부합되도록 하여야 한다.

제2장 보건의료에 관한 국민의 권리와 의무
(2010.3.17 본장개정)

제10조【건강권 등】 ① 모든 국민은 이 법 또는 다른 법률에서 정하는 바에 따라 자신과 가족의 건강에 관하여 국가의 보호를 받을 권리를 가진다.
② 모든 국민은 성별, 나이, 종교, 사회적 신분 또는 경제적 사정 등을 이유로 자신과 가족의 건강에 관한 권리를 침해받지 아니한다.

제11조【보건의료에 관한 알 권리】 ① 모든 국민은 관계 법령에서 정하는 바에 따라 국가와 지방자치단체의 보건의료시책에 관한 내용의 공개를 청구할 권리를 가진다.
② 모든 국민은 관계 법령에서 정하는 바에 따라 보건의료인이나 보건의료기관에 대하여 자신의 보건의료와 관련한 기록 등의 열람이나 사본의 교부를 요청할 수 있다. 다만, 본인이 요청할 수 없는 경우에는 그 배우자·직계존비속 또는 배우자의 직계존속이, 그 배우자·직계존비속 및 배우자의 직계존속이 없거나 질병이나 그 밖에 직접 요청을 할 수 없는 부득이한 사유가 있는 경우에는 본인이 지정하는 대리인이 기록의 열람 등을 요청할 수 있다.

제12조【보건의료서비스에 관한 자기결정권】 모든 국민은 보건의료인으로부터 자신의 질병에 대한 치료 방법, 의학적 연구 대상 여부, 장기이식(臟器移植) 여부 등에 관하여 충분한 설명을 들은 후 이에 관한 동의 여부를 결정할 권리를 가진다.

제13조【비밀 보장】 모든 국민은 보건의료와 관련하여 자신의 신체상·건강상의 비밀과 사생활의 비밀을 침해받지 아니한다.

제14조【보건의료에 관한 국민의 의무】 ① 모든 국민은 자신과 가족의 건강을 보호·증진하기 위하여 노력하여야 하며, 관계 법령에서 정하는 바에 따라 건강을 보호·증진하는 데에 필요한 비용을 부담하여야 한다.
② 누구든지 건강에 위해한 정보를 유포·광고하거나 건강에 위해한 기구·물품을 판매·제공하는 등 다른 사람의 건강을 해치거나 해칠 우려가 있는 행위를 하여서는 아니 된다.
③ 모든 국민은 보건의료인의 정당한 보건의료서비스와 지도에 협조한다.

제3장 보건의료발전계획의 수립·시행
(2010.3.17 본장개정)

제15조【보건의료발전계획의 수립 등】 ① 보건복지부장관은 관계 중앙행정기관의 장과의 협의와 제20조에 따른 보건의료정책심의위원회의 심의를 거쳐 보건의료발전계획을 5년마다 수립하여야 한다.
② 보건의료발전계획에 포함되어야 할 사항은 다음 각 호와 같다.
1. 보건의료 발전의 기본 목표 및 그 추진 방향
2. 주요 보건의료사업계획 및 그 추진 방법
3. 보건의료자원의 조달 및 관리 방안
4. 지역별 병상 총량의 관리에 관한 시책(2016.5.29 본호신설)
5. 보건의료의 제공 및 이용체계 등 보건의료의 효율화에 관한 시책
6. 중앙행정기관 간의 보건의료 관련 업무의 종합·조정
7. 노인·장애인 등 보건의료 취약계층에 대한 보건의료 사업계획
8. 보건의료 통계 및 그 정보의 관리 방안
9. 그 밖에 보건의료 발전을 위하여 특히 필요하다고 인정되는 사항
③ 보건의료발전계획은 국무회의의 심의를 거쳐 확정한다.

제16조【주요 시책 추진방안의 수립·시행】 보건복지부장관과 관계 중앙행정기관의 장은 보건의료발전계획이 확정되면 이를 기초로 하여 보건의료와 관련된 소관 주요 시책의 추진방안을 매년 수립·시행하여야 한다.

제17조【지역보건의료계획의 수립·시행】 특별시장·광역시장·도지사·특별자치도지사(이하 "시·도지사"라 한다) 및 시장·군수·구청장(자치구의 구청장을 말한다. 이하 같다)은 보건의료발전계획이 확정되면 관계 법령에서 정하는 바에 따라 지방자치단체의 실정을 감안하여 지역보건의료계획을 수립·시행하여야 한다.

제18조【계획 수립의 협조】 ① 보건복지부장관, 관계 중앙행정기관의 장, 시·도지사 및 시장·군수·구청장은 보건의료발전계획과 소관 주요 시책 추진방안 및 지역보건의료계획의 수립·시행을 위하여 필요하면 관계 기관·단체 등에 대하여 자료 제공 등의 협조를 요청할 수 있다.
② 제1항에 따른 협조 요청을 받은 관계 기관·단체 등은 특별한 사유가 없으면 협조 요청에 따라야 한다.

제18조의2【국회에 대한 보고】 보건복지부장관은 매년 보건의료발전계획의 주요 내용, 제16조에 따른 해당 연도 주요 시책의 추진방안 및 전년도 추진실적을 확정한 후 지체 없이 국회 소관 상임위원회에 보고하여야 한다.(2015.12.29 본조신설)

제19조【비용의 보조】 국가는 예산의 범위에서 지역보건의료계획의 시행에 필요한 비용의 전부 또는 일부를 지방자치단체에 보조할 수 있다.

제20조【보건의료정책심의위원회】 보건의료에 관한 주요 시책을 심의하기 위하여 보건복지부장관 소속으로 보건의료정책심의위원회(이하 "위원회"라 한다)를 둔다.

제21조【위원회의 구성】 ① 위원회는 위원장 1명을 포함한 25명 이내의 위원으로 구성하되, 공무원이 아닌 위원이 전체 위원의 과반수가 되도록 하여야 한다.
(2021.3.23 본항개정)
② 위원장은 보건복지부장관으로 한다.
③ 위원은 다음 각 호의 사람 중에서 보건복지부장관이 임명 또는 위촉한다. 이 경우 제2호에 따른 위원과 제3호에 따른 위원은 같은 수로 구성한다.(2021.3.23 후단신설)
1. 대통령령으로 정하는 관계 중앙행정기관 소속 공무원
2. 보건의료 수요자를 대표하는 사람으로서 노동자단체, 소비자·환자 관련 시민단체(「비영리민간단체 지원법」 제2조에 따른 비영리민간단체를 말한다) 등에서 추천하는 사람(2021.3.23 본호개정)
3. 보건의료 공급자를 대표하는 사람으로서 「의료법」 제28조에 따른 의료인 단체, 같은 법 제52조에 따른 의료기관단체, 「약사법」 제11조에 따른 약사회 등에서 추천하는 사람(2021.3.23 본호개정)
4. 보건의료에 관한 학식과 경험이 풍부한 사람
④ 위원회의 회의를 효율적으로 운영하기 위하여 위원회에 실무위원회를 두고, 위원회의 심의사항을 보다 전문적으로 검토하기 위하여 분야별로 분과위원회를 둘 수 있다.
⑤ 이 법에서 규정한 것 외에 위원회·실무위원회 및 분과위원회의 구성·운영과 그 밖에 필요한 사항은 대통령령으로 정한다.

제22조【위원회의 기능】 위원회는 다음 각 호의 사항을 심의한다.
1. 보건의료발전계획
2. 주요 보건의료제도의 개선
3. 주요 보건의료정책
4. 보건의료와 관련되는 국가 및 지방자치단체의 역할
5. 그 밖에 위원장이 심의에 부치는 사항

제23조【관계 행정기관의 협조】 ① 위원회는 관계 행정기관에 대하여 보건의료에 관한 자료의 제출과 위원회의 업무에 관하여 필요한 협조를 요청할 수 있다.
② 제1항에 따른 요청을 받은 관계 행정기관은 특별한 사유가 없으면 요청에 따라야 한다.

제4장 보건의료자원의 관리 등
(2010.3.17 본장개정)

제24조【보건의료자원의 관리 등】 ① 국가와 지방자치단체는 보건의료에 관한 인력, 시설, 물자, 지식 및 기술 등 보건의료자원을 개발·확보하기 위하여 종합적이고 체계적인 시책을 강구하여야 한다.
② 국가와 지방자치단체는 보건의료자원의 장·단기 수요를 예측하여 보건의료자원이 적절히 공급될 수 있도록 보건의료자원을 관리하여야 한다.

제25조【보건의료인력의 양성 등】 국가와 지방자치단체는 우수한 보건의료인력의 양성과 보건의료인력의 자질 향상을 위하여 교육 등 필요한 시책을 강구하여야 한다.

제26조【보건의료인 간의 협력】 보건의료인은 국민에게 양질의 보건의료서비스를 제공하고 국민의 보건 향상에 이바지하기 위하여 보건의료서비스를 제공할 때에 그 전문 분야별로 또는 전문 분야 간에 상호 협력하도록 노력하여야 한다.

제27조【공공·민간 보건의료기관의 역할 분담 등】 ① 국가와 지방자치단체는 공공보건의료기관과 민간보건의료기관 간의 역할 분담과 상호협력 체계를 마련하여야 한다.
② 국가와 지방자치단체는 제4조제2항에 따른 기본적인 보건의료 수요를 충족시키기 위하여 필요하면 공공보건의료기관을 설립·운영할 수 있으며, 이에 드는 비용의 전부 또는 일부를 지원할 수 있다.
③ 국가와 지방자치단체는 공공보건의료를 효율적으로 운영하고 관리하기 위하여 필요한 시책을 수립·시행하여야 한다.
④ 공공보건의료기관의 설립·운영 등 공공보건의료에 관한 기본적인 사항은 따로 법률로 정한다.

제28조【보건의료 지식 및 기술】 ① 국가와 지방자치단체는 보건의료 지식과 보건의료 기술의 발전을 위하여 필요한 시책을 수립·시행하여야 한다.
② 보건복지부장관은 효율적인 보건의료서비스를 제공하기 위하여 새로운 보건의료 기술의 평가 등 필요한 조치를 강구하여야 한다.

제5장 보건의료의 제공과 이용
(2010.3.17 본장개정)

제1절 보건의료의 제공 및 이용체계

제29조【보건의료의 제공 및 이용체계】 ① 국가와 지방자치단체는 보건의료에 관한 인력, 시설, 물자 등 보건의료자원이 지역적으로 고루 분포되도록 노력하여야 하며, 양질의 보건의료서비스를 효율적으로 제공하기 위한 보건의료의 제공 및 이용체계를 마련하도록 노력하여야 한다.

② 국가와 지방자치단체는 보건의료의 제공 및 이용체계를 구축하기 위하여 필요한 행정상·재정상의 조치와 그 밖에 필요한 지원을 할 수 있다.

제30조【응급의료체계】 국가와 지방자치단체는 모든 국민(국내에 체류하고 있는 외국인을 포함한다)이 응급 상황에서 신속하고 적절한 응급의료서비스를 받을 수 있도록 응급의료체계를 마련하여야 한다.(2013.6.4 본조개정)

제2절 평생국민건강관리체계

제31조【평생국민건강관리사업】 ① 국가와 지방자치단체는 생애주기(生涯週期)별 건강상 특성과 주요 건강위험요인을 고려한 평생국민건강관리를 위한 사업을 시행하여야 한다.

② 국가와 지방자치단체는 공공보건의료기관이 평생국민건강관리사업에서 중심 역할을 할 수 있도록 필요한 시책을 강구하여야 한다.

③ 국가와 지방자치단체는 평생국민건강관리사업을 원활하게 수행하기 위하여 건강지도·보건교육 등을 담당할 전문인력을 양성하고 건강관리정보체계를 구축하는 등 필요한 시책을 강구하여야 한다.

제32조【여성과 어린이의 건강 증진】 국가와 지방자치단체는 여성과 어린이의 건강을 보호·증진하기 위하여 필요한 시책을 강구하여야 한다. 이 경우 여성의 건강증진시책에 연령별 특성이 반영되도록 하여야 한다.(2015.12.29 본조개정)

제33조【노인의 건강 증진】 국가와 지방자치단체는 노인의 질환을 조기에 발견하고 예방하며, 질병 상태에 따라 적절한 치료와 요양(療養)이 이루어질 수 있도록 하는 등 노인의 건강을 보호·증진하기 위하여 필요한 시책을 강구하여야 한다.

제34조【장애인의 건강 증진】 국가와 지방자치단체는 선천적·후천적 장애가 발생하는 것을 예방하고 장애인의 치료와 재활이 이루어질 수 있도록 하는 등 장애인의 건강을 보호·증진하기 위하여 필요한 시책을 강구하여야 한다.

제35조【학교 보건의료】 국가와 지방자치단체는 학생의 건전한 발육을 돕고 건강을 보호·증진하며 건강한 성인으로 성장하기 위하여 요구되는 생활습관·정서 등을 함양하기 위하여 필요한 시책을 강구하여야 한다.

제36조【산업 보건의료】 국가는 근로자의 건강을 보호·증진하기 위하여 필요한 시책을 강구하여야 한다.

제37조【환경 보건의료】 국가와 지방자치단체는 국민의 건강을 보호·증진하기 위하여 쾌적한 환경의 유지와 환경오염으로 인한 건강상의 위해 방지 등에 필요한 시책을 강구하여야 한다.

제37조의2【기후변화에 따른 국민건강영향평가 등】 ① 질병관리청장은 국민의 건강을 보호·증진하기 위하여 지구온난화 등 기후변화가 국민건강에 미치는 영향을 5년마다 조사·평가(이하 "기후보건영향평가"라 한다)하여 그 결과를 공표하고 정책수립의 기초자료로 활용하여야 한다.(2020.8.11 본항개정)

② 질병관리청장은 기후보건영향평가에 필요한 기초자료 확보 및 통계의 작성을 위하여 실태조사를 실시할 수 있다.(2020.8.11 본항개정)

③ 질병관리청장은 관계 중앙행정기관의 장, 지방자치단체의 장 및 보건의료 관련 기관이나 단체의 장에게 기후보건영향평가에 필요한 자료의 제공 또는 제2항에 따른 실태조사의 협조를 요청할 수 있다. 이 경우 자료제공 또는 실태조사 협조를 요청받은 관계 중앙행정기관의 장 등은 정당한 사유가 없으면 이에 따라야 한다.(2020.8.11 전단개정)

④ 기후보건영향평가와 실태조사의 구체적인 내용 및 방법 등에 필요한 사항은 대통령령으로 정한다.(2017.2.8 본조신설)

제37조의3【전담기관의 지정 등】 ① 질병관리청장은 기후보건영향평가를 전문적으로 수행하기 위하여 다음 각 호의 어느 하나에 해당되는 기관을 기후보건영향평가 및 운영 업무를 전담하는 기관(이하 "전담기관"이라 한다)으로 지정할 수 있다.

1. 국공립 연구기관
2. 「고등교육법」 제2조에 따른 학교(부설 연구기관을 포함한다)
3. 「정부출연연구기관 등의 설립·운영 및 육성에 관한 법률」 제2조에 따른 정부출연연구기관

② 전담기관은 기후보건영향평가 및 다음 각 호의 업무를 수행한다.

1. 제37조의2제2항에 따른 실태조사 실시
2. 제1호에 따른 조사에 필요한 관련 정보의 수집·관리 및 제공
3. 그 밖에 대통령령으로 정하는 업무

③ 질병관리청장은 전담기관에 대하여 제2항에 따른 업무를 수행하는 데 필요한 비용의 전부 또는 일부를 지원할 수 있다.

④ 질병관리청장은 전담기관이 제5항에 따른 지정요건에 적합하지 아니하게 된 경우에는 지정을 취소할 수 있다.

⑤ 전담기관의 지정 및 지정취소의 요건·절차 등에 필요한 사항은 대통령령으로 정한다.(2024.2.6 본조신설)

제38조【식품위생·영양】 국가와 지방자치단체는 국민의 건강을 보호·증진하기 위하여 식품으로 인한 건강상의 위해 방지와 국민의 영양 상태의 향상 등에 필요한 시책을 강구하여야 한다.

제3절 주요질병관리체계

제39조【주요질병관리체계의 확립】 보건복지부장관은 국민건강을 크게 위협하는 질병 중에서 국가가 특별히 관리하여야 할 필요가 있다고 인정되는 질병을 선정하고, 이를 관리하기 위하여 필요한 시책을 수립·시행하여야 한다.

제40조【감염병의 예방 및 관리】 국가와 지방자치단체는 감염병의 발생과 유행을 방지하고 감염병환자에 대하여 적절한 보건의료를 제공하고 관리하기 위하여 필요한 시책을 수립·시행하여야 한다.

제41조【만성질환의 예방 및 관리】 국가와 지방자치단체는 암·고혈압 등 주요 만성질환(慢性疾患)의 발생과 증가를 예방하고 말기질환자를 포함한 만성질환자에 대하여 적절한 보건의료의 제공과 관리를 위하여 필요한 시책을 수립·시행하여야 한다.

제42조【정신 보건의료】 국가와 지방자치단체는 정신질환의 예방과 정신질환자의 치료 및 사회복귀 등 국민의 정신건강 증진을 위하여 필요한 시책을 수립·시행하여야 한다.

제43조【구강 보건의료】 국가와 지방자치단체는 구강질환(口腔疾患)의 예방 및 치료와 구강건강에 관한 관리 등 국민의 구강건강 증진을 위하여 필요한 시책을 수립·시행하여야 한다.

제6장 보건의료의 육성·발전 등
(2010.3.17 본장개정)

제44조【보건의료 시범사업】 ① 국가와 지방자치단체는 새로운 보건의료제도를 시행하기 위하여 필요하면 시범사업을 실시할 수 있다.

② 국가와 지방자치단체는 제1항에 따른 시범사업을 실시한 경우에는 그 결과를 평가하여 새로 시행될 보건의료제도에 반영하여야 한다.

제45조【취약계층 등에 대한 보건의료서비스 제공】 ① 국가와 지방자치단체는 노인·장애인 등 보건의료 취약계층에 대하여 적절한 보건의료서비스를 제공하기 위하여 필요한 시책을 수립·시행하여야 한다.

② 국가와 지방자치단체는 농·어업인 등의 건강을 보호·증진하기 위하여 필요한 시책을 수립·시행하여야 한다.

제46조【분쟁 조정 등】 ① 국가와 지방자치단체는 보건의료서비스로 인하여 분쟁이 발생하면 그 분쟁이 신속하고 공정하게 해결되도록 하기 위하여 필요한 시책을 강구하여야 한다.

② 국가와 지방자치단체는 보건의료서비스로 인한 피해를 원활하게 구제(救濟)하기 위하여 필요한 시책을 강구하여야 한다.

제47조【건강위해원인자의 비용 부담】 국가와 지방자치단체는 국민건강에 위해를 일으키거나 일으킬 우려가 있는 물품 등을 생산·판매하는 자 등에 대하여는 관계 법령에서 정하는 바에 따라 국민건강의 보호·증진에 드는 비용을 부담하게 할 수 있다.

제48조【보건의료 관련 산업의 진흥】 국가와 지방자치단체는 보건의료 기술의 연구개발과 지원 등 보건의료 관련 산업의 진흥을 위하여 필요한 시책을 강구하여야 한다.

제49조【한방의료의 육성·발전】 국가와 지방자치단체는 한방의료(韓方醫療)를 육성·발전시키도록 노력하여야 한다.

제50조【국제협력 등】 국가와 지방자치단체는 외국정부 및 국제기구 등과의 협력을 통하여 보건의료정보와 보건의료에 관한 기술을 교류하고 전문인력을 양성하며, 보건의료의 발전을 위한 국제적인 노력에 적극 참여하여야 한다.

제51조【보건의료사업의 평가】 국가와 지방자치단체는 매년 주요 보건의료사업의 성과를 평가하여 이를 보건의료시책에 반영하도록 하여야 한다.

제52조【보건의료서비스의 평가】 보건복지부장관은 보건의료서비스의 질적 향상을 위하여 관계 법령에서 정하는 바에 따라 보건의료서비스에 대한 평가를 실시하여야 한다.

제7장 보건의료 통계·정보 관리
(2010.3.17 본장개정)

제53조【보건의료 통계·정보 관리시책】 국가와 지방자치단체는 보건의료에 관한 통계와 정보를 수집·관리하여 이를 보건의료정책에 활용할 수 있도록 필요한 시책을 수립·시행하여야 한다.

제54조【보건의료 정보화의 촉진】 국가와 지방자치단체는 보건의료 정보화를 촉진하기 위하여 필요한 시책을 강구하여야 한다.

제55조【보건의료 실태조사】 ① 보건복지부장관은 국민의 보건의료 수요 및 이용 행태, 보건의료에 관한 인력·시설 및 물자 등 보건의료 실태에 관한 전국적인 조사를 5년마다 실시하고 그 결과를 공표하여야 한다. 다만, 보건의료정책 수립에 필요하다고 인정하는 경우에는 임시 보건의료 실태조사를 실시할 수 있다.(2019.12.3 본항개정)

② 보건복지부장관은 제1항에 따른 실태조사를 위하여 관계 중앙행정기관, 지방자치단체 및 관계 기관·법인·단체에 자료의 제출 또는 의견의 진술을 요청할 수 있다. 이 경우 요청을 받은 자는 정당한 사유가 없으면 이에 협조하여야 한다.(2019.12.3 본항신설)

③ 제1항에 따른 실태조사의 내용, 방법 및 공표 등에 필요한 사항은 대통령령으로 정한다.(2019.12.3 본항신설)

제56조【보건의료정보의 보급·확대】 보건복지부장관은 보건의료기관, 관련 기관·단체 등이 보유하고 있는 보건의료정보를 널리 보급·확대하기 위하여 필요한 시책을 강구하여야 한다.

제57조【보건의료정보의 표준화 추진】 보건복지부장관은 보건의료정보의 효율적 운영과 호환성(互換性) 확보 등을 위하여 보건의료정보의 표준화를 위한 시책을 강구하여야 한다.

부 칙 (2018.12.11)

제1조【시행일】 이 법은 공포 후 6개월이 경과한 날부터 시행한다.

제2조【위원회의 구성에 관한 적용례】 제21조제1항의 개정규정은 이 법 시행 후 최초로 위원회의 위원을 임명 또는 위촉하는 경우부터 적용한다.

부 칙 (2020.8.11)

제1조【시행일】 이 법은 공포 후 1개월이 경과한 날부터 시행한다.(이하 생략)

부 칙 (2021.3.23)

이 법은 공포한 날부터 시행한다.

부 칙 (2024.2.6)

이 법은 공포 후 6개월이 경과한 날부터 시행한다.

국민건강증진법

(1995年 1月 5日
法 律 第4914號)

改正
1997.12.13法 5454號(정부부처명) <중략>
2006. 9.27法 8004號
2006.12.30法 8153號(국민보험)
2007.12.14法 8690號
2008. 2.29法 8852號(정부조직)
2010. 1.18法 9932號(정부조직)
2010. 3.26法10191號(국민영양관리법)
2010. 3.31法10221號(지방세)
2010. 5.27法10327號 2011. 6. 7法10781號
2011.12.31法11142號 2013. 7.30法11973號
2014. 1.21法12329號(청소년활동진흥법)
2014. 1.28法12359號 2014. 3.18法12446號
2014. 5.20法12616號 2014.12.23法12859號
2015. 5.18法13323號(지역보건법)
2015. 6.22法13363號
2015. 6.22法13367號(한국보건의료인국가시험원법)
2016. 2. 3法13986號 2016. 3. 2法14057號
2016. 5.29法14224號(정신건강증진및정신질환자복지서비스지원에관한법)
2016.12. 2法14318號 2017. 3.21法14692號
2017. 4.18法14777號 2017.12.30法15339號
2019.12. 3法16719號 2020. 4. 7法17197號
2020. 8.11法17472號(정부조직)
2020.12.29法17761號(주류면허등에관한법)
2020.12.29法17773號 2021. 7.27法18324號
2021.12.21法18606號 2023. 3.28法19293號
2023. 6.13法19446號
2023. 8.16法19645號→2024년 8월 17일 시행
2024. 1. 9法19958號(행정기관정비일부개정법령등)→2024년 7월 10일 시행
2024. 1.30法20171號(권한지방이양)→2025년 7월 31일 시행이므로 추후 수록

第1章 總 則

第1條【目的】 이 법은 국민에게 건강에 대한 가치와 책임의식을 함양하도록 건강에 관한 바른 지식을 보급하고 스스로 건강생활을 실천할 수 있는 여건을 조성함으로써 국민의 건강을 증진함을 목적으로 한다.

第2條【정의】 이 법에서 사용하는 용어의 정의는 다음과 같다.

1. "국민건강증진사업"이라 함은 보건교육, 질병예방, 영양개선, 신체활동장려, 건강관리 및 건강생활의 실천 등을 통하여 국민의 건강을 증진시키는 사업을 말한다.(2019.12.3 본호개정)
2. "보건교육"이라 함은 개인 또는 집단으로 하여금 건강에 유익한 행위를 자발적으로 수행하도록 하는 교육을 말한다.
3. "영양개선"이라 함은 개인 또는 집단이 균형된 식생활을 통하여 건강을 개선시키는 것을 말한다.
4. "신체활동장려"란 개인 또는 집단이 일상생활 중 신체의 근육을 활용하여 에너지를 소비하는 모든 활동을 자발적으로 적극 수행하도록 장려하는 것을 말한다.(2019.12.3 본호신설)

5. "건강관리"란 개인 또는 집단이 건강에 유익한 행위를 지속적으로 수행함으로써 건강한 상태를 유지하는 것을 말한다.(2016.3.2 본호신설)
6. "건강친화제도"란 근로자의 건강증진을 위하여 직장 내 문화 및 환경을 건강친화적으로 조성하고, 근로자가 자신의 건강관리를 적극적으로 수행할 수 있도록 교육, 상담 프로그램 등을 지원하는 것을 말한다.
(2019.12.3 본호신설)
(2019.12.3 본조제목개정)

第3條【責任】 ① 국가 및 지방자치단체는 건강에 관한 국민의 관심을 높이고 국민건강을 증진할 책임을 진다.
② 모든 국민은 자신 및 가족의 건강을 증진하도록 노력하여야 하며, 타인의 건강에 해를 끼치는 행위를 하여서는 아니된다.

第3條의2【보건의 날】 ① 보건에 대한 국민의 이해와 관심을 높이기 위하여 매년 4월 7일을 보건의 날로 정하며, 보건의 날부터 1주간을 건강주간으로 한다.
② 국가와 지방자치단체는 보건의 날의 취지에 맞는 행사 등 사업을 시행하도록 노력하여야 한다.
(2014.1.28 본조신설)

第4條【국민건강증진종합계획의 수립】 ① 보건복지부장관은 제5조의 규정에 따른 국민건강증진정책심의위원회의 심의를 거쳐 국민건강증진종합계획(이하 "종합계획"이라 한다)을 5년마다 수립하여야 한다. 이 경우 미리 관계 중앙행정기관의 장과 협의를 거쳐야 한다.
(2010.1.18 전단개정)
② 종합계획에 포함되어야 할 사항은 다음과 같다.
1. 국민건강증진의 기본목표 및 추진방향
2. 국민건강증진을 위한 주요 추진과제 및 추진방법
3. 국민건강증진에 관한 인력의 관리 및 소요재원의 조달방안
4. 제22조의 규정에 따른 국민건강증진기금의 운용방안
4의2. 아동·여성·노인·장애인 등 건강취약 집단이나 계층에 대한 건강증진 지원방안(2014.3.18 본호신설)
5. 국민건강증진 관련 통계 및 정보의 관리 방안
6. 그 밖에 국민건강증진을 위하여 필요한 사항
(2006.9.27 본조개정)

第4條의2【실행계획의 수립 등】 ① 보건복지부장관, 관계 중앙행정기관의 장, 특별시장·광역시장·특별자치시장·도지사·특별자치도지사(이하 "시·도지사"라 한다) 및 시장·군수·구청장(자치구의 구청장에 한한다. 이하 같다)은 종합계획을 기초로 하여 소관 주요시책의 실행계획(이하 "실행계획"이라 한다)을 매년 수립·시행하여야 한다.(2017.12.30 본항개정)
② 국가는 실행계획의 시행에 필요한 비용의 전부 또는 일부를 지방자치단체에 보조할 수 있다.
(2006.9.27 본조신설)

第4條의3【계획수립의 협조】 ① 보건복지부장관, 관계 중앙행정기관의 장, 시·도지사 및 시장·군수·구청장은 종합계획과 실행계획의 수립·시행을 위하여 필요한 때에는 관계 기관·단체 등에 대하여 자료 제공 등의 협조를 요청할 수 있다.(2010.1.18 본항개정)
② 제1항의 규정에 따른 협조요청을 받은 관계 기관·단체 등은 특별한 사유가 없는 한 이에 응하여야 한다.
(2006.9.27 본조신설)

第5條【국민건강증진정책심의위원회】 ① 국민건강증진에 관한 주요사항을 심의하기 위하여 보건복지부에 국민건강증진정책심의위원회(이하 "위원회"라 한다)를 둔다.
(2010.1.18 본항개정)
② 위원회는 다음 각 호의 사항을 심의한다.
1. 종합계획
2. 제22조의 규정에 따른 국민건강증진기금의 연도별 운용계획안·결산 및 평가
3. 2 이상의 중앙행정기관이 관련되는 주요 국민건강증진시책에 관한 사항으로서 관계 중앙행정기관의 장이 심의를 요청하는 사항
4. 「국민영양관리법」 제9조에 따른 심의사항
(2010.3.26 본호신설)
5. 다른 법령에서 위원회의 심의를 받도록 한 사항
(2016.5.29 본호신설)
6. 그 밖에 위원장이 심의에 부치는 사항
(2006.9.27 본조개정)

第5條의2【위원회의 구성과 운영】 ① 위원회는 위원장 1인 및 부위원장 1인을 포함한 15인 이내의 위원으로 구성한다.
② 위원장은 보건복지부차관이 되고, 부위원장은 위원장이 공무원이 아닌 위원 중에서 지명한 자가 된다.
(2010.1.18 본항개정)
③ 위원은 국민건강증진·질병관리에 관한 학식과 경험이 풍부한 자, 「소비자보호법」에 따른 소비자단체 및 「비영리민간단체 지원법」에 따른 비영리민간단체가 추천하는 자, 관계 공무원 중에서 보건복지부장관이 위촉 또는 지명한다.(2010.1.18 본항개정)
④ 그 밖에 위원회의 구성·운영 등에 관하여 필요한 사항은 대통령령으로 정한다.
(2006.9.27 본조신설)

第5條의3【한국건강증진개발원의 설립 및 운영】 ① 보건복지부장관은 제22조에 따른 국민건강증진기금의 효율적인 운영과 국민건강증진사업의 원활한 추진을 위하여 필요한 정책 수립의 지원과 사업평가 등의 업무를 수행할 수 있도록 한국건강증진개발원(이하 이 조에서 "개발원"이라 한다)을 설립한다.
② 개발원은 다음 각 호의 업무를 수행한다.
1. 국민건강증진 정책수립을 위한 자료개발 및 정책분석
2. 종합계획 수립의 지원
3. 위원회의 운영지원
4. 제24조에 따른 기금의 관리·운용의 지원 업무
5. 제25조제1항제1호부터 제10호까지의 사업에 관한 업무(2019.12.3 본호개정)
6. 국민건강증진사업의 관리, 기술 지원 및 평가
7. 「지역보건법」 제7조부터 제9조까지에 따른 지역보건의료계획에 대한 기술 지원(2015.5.18 본호개정)
8. 「지역보건법」 제24조에 따른 보건소의 설치와 운영에 필요한 비용의 보조(2015.5.18 본호개정)
9. 국민건강증진과 관련된 연구과제의 기획 및 평가
10. 「농어촌 등 보건의료를 위한 특별조치법」 제2조의 공중보건의사의 효율적 활용을 위한 지원
11. 지역보건사업의 원활한 추진을 위한 지원
12. 그 밖에 국민건강증진과 관련하여 보건복지부장관이 필요하다고 인정한 업무
③ 개발원은 법인으로 하고, 주된 사무소의 소재지에 설립등기를 함으로써 성립한다.(2014.1.28 본항신설)
④ 개발원은 다음 각 호를 재원으로 한다.
1. 제22조에 따른 기금
2. 정부출연금
3. 기부금
4. 그 밖의 수입금
(2014.1.28 본항신설)
⑤ 정부는 개발원의 운영에 필요한 예산을 지급할 수 있다.(2014.1.28 본항신설)
⑥ 개발원에 관하여 이 법과 「공공기관의 운영에 관한 법률」에서 정한 사항 외에는 「민법」 중 재단법인에 관한 규정을 준용한다.(2014.1.28 본항신설)
(2014.1.28 본조개정)

第2章 國民健康의 관리

第6條【건강친화 환경 조성 및 건강생활의 지원 등】 ① 국가 및 지방자치단체는 건강친화 환경을 조성하고, 국민이 건강생활을 실천할 수 있도록 지원하여야 한다.
(2019.12.3 본항개정)
② 국가는 혼인과 가정생활을 보호하기 위하여 혼인전에 혼인 당사자의 건강을 확인하도록 권장하여야 한다.
③ 제2항의 규정에 의한 건강확인의 내용 및 절차에 관하여 필요한 사항은 보건복지부령으로 정한다.
(2010.1.18 본항개정)
(2019.12.3 본조제목개정)

第6條의2【건강친화기업 인증】 ① 보건복지부장관은 건강친화 환경의 조성을 촉진하기 위하여 건강친화제도를 모범적으로 운영하고 있는 기업에 대하여 건강친화인증(이하 "인증"이라 한다)을 할 수 있다.
② 인증을 받고자 하는 자는 대통령령으로 정하는 바에 따라 보건복지부장관에게 신청하여야 한다.
③ 인증을 받은 기업은 보건복지부령으로 정하는 바에 따라 인증의 표시를 할 수 있다.
④ 인증을 받지 아니한 기업은 인증표시 또는 이와 유사한 표시를 하여서는 아니 된다.
⑤ 국가 및 지방자치단체는 인증을 받은 기업에 대하여 대통령령으로 정하는 바에 따라 행정적·재정적 지원을 할 수 있다.
⑥ 인증의 기준 및 절차는 대통령령으로 정한다.
(2019.12.3 본조신설)

第6條의3【인증의 유효기간】 ① 인증의 유효기간은 인증을 받은 날부터 3년으로 하되, 대통령령으로 정하는 바에 따라 그 기간을 연장할 수 있다.
② 제1항에 따른 인증의 연장신청에 필요한 사항은 보건복지부령으로 정한다.
(2019.12.3 본조신설)

第6條의4【인증의 취소】 ① 보건복지부장관은 인증을 받은 기업이 다음 각 호의 어느 하나에 해당하면 보건복지부령으로 정하는 바에 따라 그 인증을 취소할 수 있다. 다만, 제1호에 해당하는 경우에는 인증을 취소하여야 한다.
1. 거짓이나 그 밖의 부정한 방법으로 인증을 받은 경우
2. 제6조의2제6항에 따른 인증기준에 적합하지 아니하게 된 경우
② 보건복지부장관은 제1항제1호에 따라 인증이 취소된 기업에 대해서는 그 취소된 날부터 3년이 지나지 아니한 경우에는 인증을 하여서는 아니 된다.
③ 보건복지부장관은 제1항에 따라 인증을 취소하고자 하는 경우에는 청문을 실시하여야 한다.
(2019.12.3 본조신설)

第6條의5【건강도시의 조성 등】 ① 국가와 지방자치단체는 지역사회 구성원들의 건강을 실현하도록 시민의 건강을 증진하고 도시의 물리적·사회적 환경을 지속적으로 조성·개선하는 도시(이하 "건강도시"라 한다)를 이루도록 노력하여야 한다.
② 보건복지부장관은 지방자치단체가 건강도시를 구현할 수 있도록 건강도시지표를 작성하여 보급하여야 한다.
③ 보건복지부장관은 건강도시 조성 활성화를 위하여 지방자치단체에 행정적·재정적 지원을 할 수 있다.
④ 그 밖에 건강도시지표의 작성 및 보급 등에 관하여 필요한 사항은 보건복지부령으로 정한다.
(2021.12.21 본조신설)

第7條【광고의 금지 등】 ① 보건복지부장관은 국민건강의식을 잘못 이끄는 광고를 한 자에 대하여 그 내용의 변경 등 시정을 요구하거나 금지를 명할 수 있다.
(2016.12.2 본항개정)
② 제1항의 규정에 따라 보건복지부장관이 광고내용의 변경 또는 광고의 금지를 명할 수 있는 광고는 다음 각 호와 같다.(2010.1.18 본문개정)
1. (2020.12.29 삭제)
2. 의학 또는 과학적으로 검증되지 아니한 건강비법 또는 심령술의 광고
3. 그 밖에 건강에 관한 잘못된 정보를 전하는 광고로서 대통령령이 정하는 광고
(2006.9.27 본항신설)
③ (2016.12.2 삭제)
④ 제1항의 규정에 의한 광고내용의 기준, 변경 또는 금지 절차 기타 필요한 사항은 대통령령으로 정한다.
(2006.9.27 본항개정)
(2016.12.2 본조제목개정)

第8條【禁煙 및 節酒運動등】 ① 국가 및 지방자치단체는 국민에게 담배의 직접흡연 또는 간접흡연과 과다한 음주가 국민건강에 해롭다는 것을 교육·홍보하여야 한다.(2006.9.27 본항개정)
② 국가 및 지방자치단체는 금연 및 절주에 관한 조사·연구를 하는 법인 또는 단체를 지원할 수 있다.
③ (2011.6.7 삭제)
④ 「주류 면허 등에 관한 법률」에 의하여 주류제조의 면허를 받은 자 또는 주류를 수입하여 판매하는 자는 대통령령이 정하는 주류의 판매용 용기에 과다한 음주는 건강에 해롭다는 내용과 임신 중 음주는 태아의 건강을 해칠 수 있다는 내용의 경고문구를 표기하여야 한다.
(2020.12.29 본항개정)
⑤ (2002.1.19 삭제)
⑥ 제4항에 따른 경고문구의 표시내용, 방법 등에 관하여 필요한 사항은 보건복지부령으로 정한다.(2011.6.7 본항개정)

第8條의2【주류광고의 제한·금지 특례】 ① 「주류 면허 등에 관한 법률」에 따라 주류 제조면허나 주류 판매업면허를 받은 자 및 주류를 수입하는 자를 제외하고는 주류에 관한 광고를 하여서는 아니 된다.
② 제1항에 따른 광고 또는 그에 사용되는 광고물은 다음 각 호의 사항을 준수하여야 한다.
1. 음주자에게 주류의 품명·종류 및 특징을 알리는 것 외에 주류의 판매촉진을 위하여 경품 및 금품을 제공한다는 내용을 표시하지 아니할 것
2. 직접적 또는 간접적으로 음주를 권장 또는 유도하거나 임산부 또는 미성년자의 인물, 목소리 혹은 음주하는 행위를 묘사하지 아니할 것
3. 운전이나 작업 중에 음주하는 행위를 묘사하지 아니할 것
4. 제8조제4항에 따른 경고문구를 광고와 주류의 용기에 표기하여 광고할 것. 다만, 경고문구가 표기되어 있지 아니한 부분을 이용하여 광고를 하고자 할 때에는 경고문구를 주류의 용기하단에 별도로 표기하여야 한다.
5. 음주가 체력 또는 운동 능력을 향상시킨다거나 질병의 치료 또는 정신건강에 도움이 된다는 표현 등 국민의 건강과 관련하여 검증되지 아니한 내용을 주류광고에 표시하지 아니할 것
6. 그 밖에 대통령령으로 정하는 광고의 기준에 관한 사항
③ 보건복지부장관은 「주세법」에 따른 주류의 광고가 제2항 각 호의 기준을 위반한 경우 그 내용의 변경 등 시정을 요구하거나 금지를 명할 수 있다.
(2020.12.29 본조신설)

第8條의3【절주문화 조성 및 알코올 남용·의존 관리】
① 국가 및 지방자치단체는 절주문화 조성 및 알코올 남용·의존의 예방 및 치료를 위하여 노력하여야 하며, 이를 위한 조사·연구 또는 사업을 추진할 수 있다.
② (2024.1.9 삭제)
③ 보건복지부장관은 5년마다 「정신건강증진 및 정신질환자 복지서비스 지원에 관한 법률」 제10조에 따른 실태조사와 연계하여 알코올 남용·의존 실태조사를 실시하여야 한다.
(2020.12.29 본조신설)

第8條의4【금주구역 지정】 ① 지방자치단체는 음주폐해 예방과 주민의 건강증진을 위하여 필요하다고 인정하는 경우 조례로 다수인이 모이거나 오고가는 관할구역 안의 일정한 장소를 금주구역으로 지정할 수 있다.
② 제1항에 따라 지정된 금주구역에서는 음주를 하여서는 아니 된다.
③ 특별자치시장·특별자치도지사·시장·군수·구청장은 제1항에 따라 지정된 금주구역을 알리는 안내표지를 설치하여야 한다. 이 경우 금주구역 안내표지 설치 방법 등에 필요한 사항은 보건복지부령으로 정한다.
(2020.12.29 본조신설)

第9條【금연을 위한 조치】 ① (2011.6.7 삭제)
② 담배事業法에 의한 지정소매인 기타 담배를 판매하는

자는 대통령령이 정하는 장소외에서 담배자동판매기를 설치하여 담배를 판매하여서는 아니된다.
③ 제2항의 규정에 따라 대통령이 정하는 장소에 담배자동판매기를 설치하여 담배를 판매하는 자는 보건복지부령이 정하는 바에 따라 성인인증장치를 부착하여야 한다.(2010.1.18 본항개정)
④ 다음 각 호의 공중이 이용하는 시설의 소유자·점유자 또는 관리자는 해당 시설의 전체를 금연구역으로 지정하고 금연구역을 알리는 표지를 설치하여야 한다. 이 경우 흡연자를 위한 흡연실을 설치할 수 있으며, 금연구역을 알리는 표지와 흡연실을 설치하는 기준·방법 등은 보건복지부령으로 정한다.(2016.12.2 본문개정)
1. 국회의 청사
2. 정부 및 지방자치단체의 청사
3. 「법원조직법」에 따른 법원과 그 소속 기관의 청사
4. 「공공기관의 운영에 관한 법률」에 따른 공공기관의 청사
5. 「지방공기업법」에 따른 지방공기업의 청사
6. 「유아교육법」·「초·중등교육법」에 따른 학교〔교사(校舍)와 운동장 등 모든 구역을 포함한다〕
7. 「고등교육법」에 따른 학교의 교사
8. 「의료법」에 따른 의료기관, 「지역보건법」에 따른 보건소·보건의료원·보건지소
9. 「영유아보육법」에 따른 어린이집
10. 「청소년활동 진흥법」에 따른 청소년수련관, 청소년수련원, 청소년문화의집, 청소년특화시설, 청소년야영장, 유스호스텔, 청소년이용시설 등 청소년활동시설(2014.1.21 본호개정)
11. 「도서관법」에 따른 도서관
12. 「어린이놀이시설 안전관리법」에 따른 어린이놀이시설
13. 「학원의 설립·운영 및 과외교습에 관한 법률」에 따른 학원 중 학교교과교습학원과 연면적 1천제곱미터 이상의 학원
14. 공항·여객부두·철도역·여객자동차터미널 등 교통 관련 시설의 대기실·승강장, 지하보도 및 16인승 이상의 교통수단으로서 여객 또는 화물을 유상으로 운송하는 것(2021.12.21 본호개정)
15. 「자동차관리법」에 따른 어린이운송용 승합자동차
16. 연면적 1천제곱미터 이상의 사무용건축물, 공장 및 복합용도의 건축물
17. 「공연법」에 따른 공연장으로서 객석 수 300석 이상의 공연장
18. 「유통산업발전법」에 따라 개설등록된 대규모점포와 같은 법에 따른 상점가 중 지하도에 있는 상점가
19. 「관광진흥법」에 따른 관광숙박업소
20. 「체육시설의 설치·이용에 관한 법률」에 따른 체육시설로서 1천명 이상의 관객을 수용할 수 있는 체육시설과 같은 법 제10조에 따른 체육시설업에 해당하는 체육시설로서 실내에 설치된 체육시설(2016.12.2 본호개정)
21. 「사회복지사업법」에 따른 사회복지시설
22. 「공중위생관리법」에 따른 목욕장
23. 「게임산업진흥에 관한 법률」에 따른 청소년게임제공업소, 일반게임제공업소, 인터넷컴퓨터게임시설제공업소 및 복합유통게임제공업소
24. 「식품위생법」에 따른 식품접객업 중 영업장의 넓이가 보건복지부령으로 정하는 넓이 이상인 휴게음식점영업소, 일반음식점영업소 및 제과점영업소와 같은 법에 따른 식품소분·판매업 중 보건복지부령으로 정하는 넓이 이상인 실내 휴게공간을 마련하여 운영하는 식품자동판매기 영업소(2017.12.30 본호개정)
25. 「청소년보호법」에 따른 만화대여업소
26. 그 밖에 보건복지부령으로 정하는 시설 또는 기관(2011.6.7 본항개정)
⑤ 특별자치시장·특별자치도지사·시장·군수·구청장은 「주택법」 제2조제3호에 따른 공동주택의 거주 세대 중 2분의 1 이상이 그 공동주택의 복도, 계단, 엘리베이터 및 지하주차장의 전부 또는 일부를 금연구역으로 지정하여 줄 것을 신청하면 그 구역을 금연구역으로 지정하고, 금연구역임을 알리는 안내표지를 설치하여야 한다. 이 경우 금연구역 지정 절차 및 금연구역 안내표지 설치 방법 등은 보건복지부령으로 정한다.(2017.12.30 전단개정)
⑥ 특별자치시장·특별자치도지사·시장·군수·구청장은 흡연으로 인한 피해 방지와 주민의 건강 증진을 위하여 다음 각 호에 해당하는 장소를 금연구역으로 지정하고, 금연구역임을 알리는 안내표지를 설치하여야 한다. 이 경우 금연구역 안내표지 설치 방법 등에 필요한 사항은 보건복지부령으로 정한다.
1. 「유아교육법」에 따른 유치원 시설의 경계선으로부터 30미터 이내의 구역(일반 공중의 통행·이용 등에 제공된 구역을 말한다)(2023.8.16 본호개정)
2. 「영유아보육법」에 따른 어린이집 시설의 경계선으로부터 30미터 이내의 구역(일반 공중의 통행·이용 등에 제공된 구역을 말한다)(2023.8.16 본호개정)
3. 「초·중등교육법」에 따른 학교 시설의 경계선으로부터 30미터 이내의 구역(일반 공중의 통행·이용 등에 제공된 구역을 말한다)(2023.8.16 본호신설)
(2017.12.30 본항신설)
⑦ 지방자치단체는 흡연으로 인한 피해 방지와 주민의 건강 증진을 위하여 필요하다고 인정하는 경우 조례로 다수인이 모이거나 오고가는 관할 구역 안의 일정한 장소를 금연구역으로 지정할 수 있다.(2010.5.27 본항신설)
⑧ 누구든지 제4항부터 제7항까지의 규정에 따라 지정된 금연구역에서 흡연하여서는 아니 된다.(2017.12.30 본항개정)
⑨ 특별자치시장·특별자치도지사·시장·군수·구청장은 제4항 각 호에 따른 시설의 소유자·점유자 또는 관리자가 다음 각 호의 어느 하나에 해당하면 일정한 기간을 정하여 그 시정을 명할 수 있다.(2017.12.30 본문개정)
1. 제4항 전단을 위반하여 금연구역을 지정하지 아니하거나 금연구역을 알리는 표지를 설치하지 아니한 경우
2. 제4항 후단에 따른 금연구역을 알리는 표지 또는 흡연실의 설치 기준·방법 등을 위반한 경우
(2016.12.2 본항신설)
(2016.12.2 본조제목개정)

第9條의2【담배에 관한 경고문구 등 표시】 ① 「담배사업법」에 따른 담배의 제조자 또는 수입판매업자(이하 "제조자등"이라 한다)는 담배갑포장지 앞면·뒷면·옆면 및 대통령령으로 정하는 광고(판매촉진 활동을 포함한다. 이하 같다)에 다음 각 호의 내용을 인쇄하여 표기하여야 한다. 다만, 제1호의 표기는 담배갑포장지에 한정하되 앞면과 뒷면에 하여야 한다.(2015.6.22 단서신설)
1. 흡연의 폐해를 나타내는 내용의 경고그림(사진을 포함한다. 이하 같다)(2015.6.22 본호신설)
2. 흡연이 폐암 등 질병의 원인이 될 수 있다는 내용 및 다른 사람의 건강을 위협할 수 있다는 내용의 경고문구(2015.6.22 본호개정)
3. 타르 흡입량은 흡연자의 흡연습관에 따라 다르다는 내용의 경고문구
4. 담배에 포함된 다음 각 목의 발암성물질
가. 나프틸아민
나. 니켈
다. 벤젠
라. 비닐 크롤라이드
마. 비소
바. 카드뮴
5. 보건복지부령으로 정하는 금연상담전화의 전화번호
② 제1항에 따른 경고그림과 경고문구는 담배갑포장지의 경우 그 넓이의 100분의 50 이상에 해당하는 크기로 표기하여야 한다. 이 경우 경고그림은 담배갑포장지 앞면, 뒷면 각각의 넓이의 100분의 30 이상에 해당하는 크기로 하여야 한다.(2015.6.22 본항신설)
③ 제1항 및 제2항에서 정한 사항 외의 경고그림 및 경고문구 등의 내용과 표기 방법·형태 등의 구체적인 사항은 대통령령으로 정한다. 다만, 경고그림은 사실적 근거를 바탕으로 하고, 지나치게 혐오감을 주지 아니하여야 한다.(2015.6.22 본항개정)
④ 제1항부터 제3항까지의 규정에도 불구하고 전자담배 등 대통령령으로 정하는 담배에 제조자등이 표기하여야 할 경고그림 및 경고문구 등의 내용과 그 표기 방법·형태 등은 대통령령으로 따로 정한다.(2015.6.22 본항개정)
(2011.6.7 본조신설)

第9條의3【가향물질 함유 표시 제한】 제조자등은 담배에 연초 외의 식품이나 향기가 나는 물질(이하 "가향물질"이라 한다)을 포함하는 경우 이를 표시하는 문구나 그림·사진을 제품의 포장이나 광고에 사용하여서는 아니 된다.(2011.6.7 본조신설)

第9條의4【담배에 관한 광고의 금지 또는 제한】 ① 담배에 관한 광고는 다음 각 호의 방법에 한하여 할 수 있다.
1. 지정소매인의 영업소 내부에서 보건복지부령으로 정하는 광고물을 전시(展示) 또는 부착하는 행위. 다만, 영업소 외부에 그 광고내용이 보이게 전시 또는 부착하는 경우에는 그러하지 아니하다.
2. 품종군별로 연간 10회 이내(1회당 2쪽 이내)에서 잡지〔「잡지 등 정기간행물의 진흥에 관한 법률」에 따라 등록 또는 신고되어 주 1회 이하 정기적으로 발행되는 제책(製冊)된 정기간행물 및 「신문 등의 진흥에 관한 법률」에 따라 등록된 주 1회 이하 정기적으로 발행되는 신문과 「출판문화산업 진흥법」에 따른 외국간행물로서 동일한 제호로 연 1회 이상 정기적으로 발행되는 것(이하 "외국정기간행물"이라 한다)을 말하며, 여성 또는 청소년을 대상으로 하는 것은 제외한다〕에 광고를 게재하는 행위. 다만, 보건복지부령으로 정하는 판매부수 이하로 국내에서 판매되는 외국정기간행물로서 외국문자로만 쓰여져 있는 잡지인 경우에는 광고게재의 제한을 받지 아니한다.
3. 사회·문화·음악·체육 등의 행사(여성 또는 청소년을 대상으로 하는 행사는 제외한다)를 후원하는 행위. 이 경우 후원하는 자의 명칭을 사용하는 외에 제품광고를 하여서는 아니 된다.
4. 국제선의 항공기 및 여객선, 그 밖에 보건복지부령으로 정하는 장소 안에서 하는 광고
② 제조자등은 제1항에 따른 광고를 「담배사업법」에 따른 도매업자 또는 지정소매인으로 하여금 하게 할 수 있다. 이 경우 도매업자 또는 지정소매인이 한 광고는 제조자등이 한 광고로 본다.
③ 제1항에 따른 광고 또는 그에 사용되는 광고물은 다음 각 호의 사항을 준수하여야 한다.
1. 흡연자에게 담배의 품명·종류 및 특징을 알리는 정도를 넘지 아니할 것
2. 비흡연자에게 직접적 또는 간접적으로 흡연을 권장 또는 유도하거나 여성 또는 청소년의 인물을 묘사하지 아니할 것
3. 제9조의2에 따라 표기하는 흡연 경고문구의 내용 및 취지에 반하는 내용 또는 형태가 아닐 것
4. 국민의 건강과 관련하여 검증되지 아니한 내용을 표시하지 아니할 것. 이 경우 광고내용의 사실 여부에 대한 검증 방법·절차 등 필요한 사항은 대통령령으로 정한다.(2014.5.20 본호신설)
④ 제조자등은 담배에 관한 광고가 제1항 및 제3항에 위배되지 아니하도록 자율적으로 규제하여야 한다.
⑤ 보건복지부장관은 문화체육관광부장관에게 제1항 또는 제3항을 위반한 광고가 게재된 외국정기간행물의 수입업자에 대하여 시정조치 등을 할 것을 요청할 수 있다.
(2011.6.7 본조신설)

第9條의5【금연지도원】 ① 시·도지사 또는 시장·군수·구청장은 금연을 위한 조치를 위하여 대통령령으로 정하는 자격이 있는 사람 중에서 금연지도원을 위촉할 수 있다.
② 금연지도원의 직무는 다음 각 호와 같다.
1. 금연구역의 시설기준 이행 상태 점검
2. 금연구역에서의 흡연행위 감시 및 계도
3. 금연을 위한 조치를 위반한 경우 관할 행정관청에 신고하거나 그에 관한 자료 제공
4. 그 밖에 금연 환경 조성에 관한 사항으로서 대통령령으로 정하는 사항
③ 금연지도원은 제2항의 직무를 단독으로 수행하려면 미리 시·도지사 또는 시장·군수·구청장의 승인을 받아야 하며, 시·도지사 또는 시장·군수·구청장은 승인서를 교부하여야 한다.
④ 금연지도원이 제2항에 따른 직무를 단독으로 수행하는 때에는 승인서와 신분을 표시하는 증표를 지니고 이를 관계인에게 내보여야 한다.
⑤ 제1항에 따라 금연지도원을 위촉한 시·도지사 또는 시장·군수·구청장은 금연지도원이 그 직무를 수행하기 전에 직무 수행에 필요한 교육을 실시하여야 한다.
⑥ 금연지도원은 제2항에 따른 직무를 수행하는 경우 그 권한을 남용하여서는 아니 된다.
⑦ 시·도지사 또는 시장·군수·구청장은 금연지도원이 다음 각 호의 어느 하나에 해당하면 그 금연지도원을 해촉하여야 한다.
1. 제1항에 따라 대통령령으로 정한 자격을 상실한 경우
2. 제2항에 따른 직무와 관련하여 부정한 행위를 하거나 그 권한을 남용한 경우
3. 그 밖에 개인사정, 질병이나 부상 등의 사유로 직무 수행이 어렵게 된 경우
⑧ 금연지도원의 직무범위 및 교육, 그 밖에 필요한 사항은 대통령령으로 정한다.
(2014.1.28 본조신설)

第10條【健康生活實踐協議會】 ① 시·도지사 및 시장·군수·구청장은 건강생활의 실천운동을 추진하기 위하여 지역사회의 주민·단체 또는 공공기관이 참여하는 건강생활실천협의회를 구성하여야 한다.
② 제1항의 규정에 의한 건강생활실천협의회의 조직 및 운영에 관하여 필요한 사항은 지방자치단체의 조례로 정한다.

第11條【保健敎育의 管掌】 보건복지부장관은 국민의 보건교육에 관하여 관계중앙행정기관의 장과 협의하여 이를 총괄한다.(2010.1.18 본조개정)

第12條【보건교육의 실시 등】 ① 국가 및 지방자치단체는 모든 국민이 올바른 보건의료의 이용과 건강한 생활습관을 실천할 수 있도록 그 대상이 되는 개인 또는 집단의 특성·건강상태·건강의식수준등에 따라 적절한 보건교육을 실시한다.(2016.3.2 본항개정)
② 국가 또는 지방자치단체는 국민건강증진사업관련 법인 또는 단체 등이 보건교육을 실시할 경우 이에 필요한 지원을 할 수 있다.(1999.2.8 본항개정)
③ 보건복지부장관, 시·도지사 및 시장·군수·구청장은 제2항의 규정에 의하여 보건교육을 실시하는 국민건강증진사업관련 법인 또는 단체 등에 대하여 보건교육의 계획 및 그 결과에 관한 자료를 요청할 수 있다.(2010.1.18 본항개정)
④ 제1항의 규정에 의한 보건교육의 내용은 대통령령으로 정한다.(1999.2.8 본항개정)
(2016.3.2 본조제목개정)

第12條의2【보건교육사자격증의 교부 등】 ① 보건복지부장관은 국민건강증진 및 보건교육에 관한 전문지식을 가진 자에게 보건교육사의 자격증을 교부할 수 있다.(2010.1.18 본항개정)
② 다음 각호의 1에 해당하는 자는 보건교육사가 될 수 없다.
1. 피성년후견인(2014.3.18 본호개정)
2. (2013.7.30 삭제)
3. 금고 이상의 실형의 선고를 받고 그 집행이 종료되지 아니하거나 그 집행을 받지 아니하기로 확정되지 아니한 자
4. 법률 또는 법원의 판결에 의하여 자격이 상실 또는 정지된 자

③ 제1항의 규정에 의한 보건교육사의 등급은 1급 내지 3급으로 하고, 등급별 자격기준 및 자격증의 교부절차 등에 관하여 필요한 사항은 대통령령으로 정한다.
④ 보건교육사 1급의 자격증을 교부받고자 하는 자는 국가시험에 합격하여야 한다.
⑤ 보건복지부장관은 제1항의 규정에 의하여 보건교육사의 자격증을 교부하는 때에는 보건복지부령이 정하는 바에 의하여 수수료를 징수할 수 있다.(2010.1.18 본항개정)
⑥ 제1항에 따라 자격증을 교부받은 사람은 다른 사람에게 그 자격증을 빌려주어서는 아니 되고, 누구든지 그 자격증을 빌려서는 아니 된다.(2020.4.7 본항신설)
⑦ 누구든지 제6항에 따라 금지된 행위를 알선하여서는 아니 된다.(2020.4.7 본항신설)
(2003.9.29 본조신설)
第12條의3【국가시험】 ① 제12조의2제4항의 규정에 의한 국가시험은 보건복지부장관이 시행한다. 다만, 보건복지부장관은 국가시험의 관리를 대통령령이 정하는 바에 의하여 「한국보건의료인국가시험원법」에 따른 한국보건의료인국가시험원에 위탁할 수 있다.(2015.6.22 단서개정)
② 보건복지부장관은 제1항 단서의 규정에 의하여 국가시험의 관리를 위탁한 때에는 그에 소요되는 비용을 예산의 범위안에서 보조할 수 있다.(2010.1.18 본항개정)
③ 보건복지부장관(제1항 단서의 규정에 의하여 국가시험의 관리를 위탁받은 기관을 포함한다)은 보건복지부령이 정하는 금액을 응시수수료로 징수할 수 있다.
(2010.1.18 본항개정)
④ 시험과목·응시자격 등 자격시험의 실시에 관하여 필요한 사항은 대통령령으로 정한다.
(2003.9.29 본조신설)
第12條의4【보건교육사의 채용】 국가 및 지방자치단체는 대통령령이 정하는 국민건강증진사업관련 법인 또는 단체 등에 대하여 보건교육사를 그 종사자로 채용하도록 권장하여야 한다.(2003.9.29 본조신설)
第12條의5【보건교육사의 자격취소】 보건복지부장관은 보건교육사가 제12조의2제6항을 위반하여 다른 사람에게 자격증을 빌려준 경우에는 그 자격을 취소하여야 한다.
(2020.4.7 본조신설)
第12條의6【청문】 보건복지부장관은 제12조의5에 따라 자격을 취소하려는 경우에는 청문을 하여야 한다.
(2020.4.7 본조신설)
第13條【保健教育의 評價】 ① 보건복지부장관은 정기적으로 국민의 보건교육의 성과에 관하여 평가를 하여야 한다.
② 제1항의 규정에 의한 평가의 방법 및 내용은 보건복지부령으로 정한다.
(2010.1.18 본조개정)
第14條【保健教育의 開發등】 보건복지부장관은 政府出捐研究機關등의設立·운영및육성에관한法律에 의한 한국보건사회연구원으로 하여금 보건교육에 관한 정보·자료의 수집·개발 및 조사, 그 교육의 평가 기타 필요한 업무를 행하게 할 수 있다.(2010.1.18 본조개정)
第15條【營養改善】 ① 국가 및 지방자치단체는 국민의 영양상태를 조사하여 국민의 영양개선방안을 강구하고 영양에 관한 지도를 실시하여야 한다.
② 국가 및 지방자치단체는 국민의 영양개선을 위하여 다음 각호의 사업을 행한다.
1. 영양교육사업
2. 영양개선에 관한 조사·연구사업
3. 기타 영양개선에 관하여 보건복지부령이 정하는 사업
(2010.1.18 본호개정)
第16條【국민건강영양조사 등】 ① 질병관리청장은 보건복지부장관과 협의하여 국민의 건강상태·식품섭취·식생활조사 등 국민의 건강과 영양에 관한 조사(이하 "국민건강영양조사"라 한다)를 정기적으로 실시한다.
② 특별시·광역시 및 도에는 국민건강영양조사와 영양에 관한 지도업무를 행하게 하기 위한 공무원을 두어야 한다.
③ 국민건강영양조사를 행하는 공무원은 그 권한을 나타내는 증표를 관계인에게 내보여야 한다.
④ 국민건강영양조사의 내용 및 방법, 그 밖에 국민건강영양조사와 영양에 관한 지도에 관하여 필요한 사항은 대통령령으로 정한다.
(2023.3.28 본조개정)
第16條의2【신체활동장려사업의 계획 수립·시행】 국가 및 지방자치단체는 신체활동장려에 관한 사업 계획을 수립·시행하여야 한다.(2019.12.3 본조신설)
第16條의3【신체활동장려사업】 ① 국가 및 지방자치단체는 국민의 건강증진을 위하여 신체활동을 장려할 수 있도록 다음 각 호의 사업을 한다.
1. 신체활동장려에 관한 교육사업
2. 신체활동장려에 관한 조사·연구사업
3. 그 밖에 신체활동장려를 위하여 대통령령으로 정하는 사업
② 제1항 각 호의 사업 내용·기준 및 방법은 보건복지부령으로 정한다.
(2019.12.3 본조신설)
第17條【口腔健康事業의 計劃樹立·施行】 국가 및 지방자치단체는 구강건강에 관한 사업의 계획을 수립·시행하여야 한다.
第18條【口腔健康事業】 ① 국가 및 지방자치단체는 국민의 구강질환의 예방과 구강건강의 증진을 위하여 다음 각호의 사업을 행한다.
1. 구강건강에 관한 교육사업
2. 수돗물불소농도조정사업(2003.7.29 본호개정)
3. 구강건강에 관한 조사·연구사업
4. 기타 구강건강의 증진을 위하여 대통령령이 정하는 사업
② 제1항 각호의 사업내용·기준 및 방법은 보건복지부령으로 정한다.(2010.1.18 본항개정)
第19條【건강증진사업 등】 ① 국가 및 지방자치단체는 국민건강증진사업에 필요한 요원 및 시설을 확보하고, 그 시설의 이용에 필요한 시책을 강구하여야 한다.
② 특별자치시장·특별자치도지사·시장·군수·구청장은 지역주민의 건강증진을 위하여 보건복지부령이 정하는 바에 의하여 보건소장으로 하여금 다음 각호의 사업을 하게 할 수 있다.(2017.12.30 본문개정)
1. 보건교육 및 건강상담
2. 영양관리
3. 신체활동장려(2019.12.3 본호신설)
4. 구강건강의 관리
5. 질병의 조기발견을 위한 검진 및 처방
6. 지역사회의 보건문제에 관한 조사·연구
7. 기타 건강교실의 운영 등 건강증진사업에 관한 사항
③ 보건소장이 제2항의 규정에 의하여 제2항제1호 내지 제5호의 업무를 행한 때에는 이용자의 개인별 건강상태를 기록하여 유지·관리하여야 한다.(2019.12.3 본항개정)
④ 건강증진사업에 필요한 시설·운영에 관하여는 보건복지부령으로 정한다.(2010.1.18 본항개정)
(2019.12.3 본조제목개정)
第19條의2【시·도건강증진사업지원단 설치 및 운영 등】 ① 시·도지사는 실행계획의 수립 및 제19조에 따른 건강증진사업의 효율적인 업무 수행을 지원하기 위하여 시·도건강증진사업지원단(이하 "지원단"이라 한다)을 설치·운영할 수 있다.
② 시·도지사는 제1항에 따른 지원단 운영을 건강증진사업에 관한 전문성이 있다고 인정하는 법인 또는 단체에 위탁할 수 있다. 이 경우 시·도지사는 그 운영에 필요한 경비의 전부 또는 일부를 지원할 수 있다.
③ 제1항 및 제2항에서 규정한 사항 외에 지원단의 설치·운영 및 위탁 등에 관하여 필요한 사항은 보건복지부령으로 정한다.
(2021.12.21 본조신설)
第20條【檢診】 국가는 건강증진을 위하여 필요한 경우에 보건복지부령이 정하는 바에 의하여 국민에 대하여 건강검진을 실시할 수 있다.(2010.1.18 본조개정)
第21條【檢診結果의 公開禁止】 제20조의 규정에 의하여 건강검진을 한 자 또는 검진기관에 근무하는 자는 국민의 건강증진사업의 수행을 위하여 불가피한 경우를 제외하고는 정당한 사유없이 검진결과를 공개하여서는 아니된다.

第3章 國民健康增進基金

第22條【기금의 설치 등】 ① 보건복지부장관은 국민건강증진사업의 원활한 추진에 필요한 재원을 확보하기 위하여 국민건강증진기금(이하 "기금"이라 한다)을 설치한다.(2010.1.18 본항개정)
② 기금은 다음 각호의 재원으로 조성한다.
1. 제23조제1항의 규정에 의한 부담금
2. 기금의 운용 수익금
(2002.1.19 본항신설)
(2002.1.19 본조제목개정)
第23條【국민건강증진부담금의 부과·징수 등】 ① 보건복지부장관은 「지방세법」 제47조제4호 및 제6호에 따른 제조자 및 수입판매업자가 판매하는 같은 조 제1호에 따른 담배(같은 법 제54조에 따라 담배소비세가 면제되는 것, 같은 법 제63조제1항제1호 및 제2호에 따라 담배소비세액이 공제 또는 환급되는 것은 제외한다. 이하 이 조 및 제23조의2에서 같다)에 다음 각 호의 구분에 따른 부담금(이하 "부담금"이라 한다)을 부과·징수한다.
(2021.7.27 본문개정)
1. 궐련 : 20개비당 841원(2014.12.23 본호개정)
2. 전자담배
가. 니코틴 용액을 사용하는 경우 : 1밀리리터당 525원
나. 연초 및 연초 고형물을 사용하는 경우 :
1) 궐련형 : 20개비당 750원
2) 기타 유형 : 1그램당 73원
(2017.12.30 본호개정)
3. 파이프담배 : 1그램당 30.2원
4. 엽궐련(葉卷煙) : 1그램당 85.8원
5. 각련(刻煙) : 1그램당 30.2원
6. 씹는 담배 : 1그램당 34.4원
7. 냄새 맡는 담배 : 1그램당 21.4원
8. 물담배 : 1그램당 1050.1원
9. 머금는 담배 : 1그램당 534.5원
(2014.12.23 3호～9호개정)
② 제1항에 따른 제조자 및 수입판매업자는 매월 1일부터 말일까지 제조장 또는 보세구역에서 반출된 담배의 수량과 산출된 부담금의 내역에 관한 자료를 다음 달 15일까지 보건복지부장관에게 제출하여야 한다.(2021.7.27 본항개정)
③ 보건복지부장관은 제2항에 따른 자료를 제출 받은 때에는 그 날부터 5일 이내에 부담금의 금액과 납부기한 등을 명시하여 해당 제조자 및 수입판매업자에게 납부고지를 하여야 한다.(2021.7.27 본항개정)
④ 제1항에 따른 제조자 및 수입판매업자는 제3항에 따른 납부고지를 받은 때에는 납부고지를 받은 달의 말일까지 이를 납부하여야 한다.(2021.7.27 본항개정)
⑤ 보건복지부장관은 부담금을 납부하여야 할 자가 제4항의 규정에 의한 납부기한 이내에 부담금을 내지 아니하는 경우 납부기한이 지난 후 10일 이내에 30일 이상의 기간을 정하여 독촉장을 발부하여야 하며, 체납된 부담금에 대해서는 「국세기본법」 제47조의4를 준용하여 가산금을 징수한다.(2019.12.3 본항개정)
⑥ 보건복지부장관은 제5항의 규정에 의하여 독촉을 받은 자가 그 기간 이내에 부담금과 가산금을 납부하지 아니한 때에는 국세체납처분의 예에 의하여 이를 징수한다.
(2010.1.18 본항개정)
⑦ 제1항에 따른 담배의 구분에 관하여는 담배의 성질과 모양, 제조과정 등을 기준으로 하여 대통령령으로 정한다.(2014.5.20 본항신설)
第23條의2【부담금의 납부담보】 ① 보건복지부장관은 부담금의 납부 보전을 위하여 대통령령이 정하는 바에 따라 제23조제1항에 따른 제조자 및 수입판매업자에게 담보의 제공을 요구할 수 있다.
② 보건복지부장관은 제1항에 따라 담보제공의 요구를 받은 제조자 및 수입판매업자가 담보를 제공하지 아니하거나 요구분의 일부만을 제공한 경우 특별시장·광역시장·특별자치시장·특별자치도지사·시장·군수 및 세관장에게 담배의 반출금지를 요구할 수 있다.
③ 제2항에 따라 담배의 반출금지 요구를 받은 특별시장·광역시장·특별자치시장·특별자치도지사·시장·군수 및 세관장은 이에 응하여야 한다.
(2021.7.27 본조개정)
第23條의3【부담금 부과·징수의 협조】 ① 보건복지부장관은 부담금의 부과·징수와 관련하여 필요한 경우에는 중앙행정기관·지방자치단체 그 밖의 관계 기관·단체 등에 대하여 자료제출 등의 협조를 요청할 수 있다.
(2010.1.18 본항개정)
② 제1항의 규정에 따른 협조요청을 받은 중앙행정기관·지방자치단체 그 밖의 관계 기관·단체 등은 특별한 사유가 없는 한 이에 응하여야 한다.
③ 제1항 및 제2항의 규정에 따라 보건복지부장관에게 제출되는 자료에 대하여는 사용료·수수료 등을 면제한다.(2010.1.18 본항개정)
(2006.9.27 본조신설)
第24條【基金의 관리·運用】 ① 기금은 보건복지부장관이 관리·운용한다.(2010.1.18 본항개정)
② 보건복지부장관은 기금의 운용성과 및 재정상태를 명확히 하기 위하여 대통령령이 정하는 바에 의하여 회계처리하여야 한다.(2017.12.30 본항개정)
③ 기금의 관리·운용 기타 필요한 사항은 대통령령으로 정한다.
第25條【기금의 사용 등】 ① 기금은 다음 각호의 사업에 사용한다.
1. 금연교육 및 광고, 흡연피해 예방 및 흡연피해자 지원 등 국민건강관리사업(2016.3.2 본호개정)
2. 건강생활의 지원사업
3. 보건교육 및 그 자료의 개발
4. 보건통계의 작성·보급과 보건의료관련 조사·연구 및 개발에 관한 사업
5. 질병의 예방·검진·관리 및 암의 치료를 위한 사업
6. 국민영양관리사업
(2004.12.30 2호～6호개정)
7. 신체활동장려사업(2019.12.3 본호신설)
8. 구강건강관리사업
9. 시·도지사 및 시장·군수·구청장이 행하는 건강증진사업
10. 공공보건의료 및 건강증진을 위한 시설·장비의 확충
11. 기금의 관리·운용에 필요한 경비
12. 그 밖에 국민건강증진사업에 소요되는 경비로서 대통령령이 정하는 사업
(2004.12.30 8호～12호개정)
② 보건복지부장관은 기금을 제1항 각호의 사업에 사용함에 있어서 아동·청소년·여성·노인·장애인 등에 대하여 특별히 배려·지원할 수 있다.(2011.6.7 본항개정)
③ 보건복지부장관은 기금을 제1항 각호의 사업에 사용함에 있어서 필요한 경우에는 보조금으로 교부할 수 있다.(2010.1.18 본항개정)
(2019.12.3 본조제목개정)

第4章 補 則

第26條【費用의 보조】 국가 또는 지방자치단체는 매 회계연도마다 예산의 범위안에서 건강증진사업의 수행에 필요한 비용의 일부를 부담하거나 이를 수행하는 법인 또는 단체에 보조할 수 있다.
第27條【지도·훈련】 ① 보건복지부장관 또는 질병관리청장은 보건교육을 담당하거나 국민건강영양조사 및 영양에 관한 지도를 담당하는 공무원 또는 보건복지부령

으로 정하는 단체 및 공공기관에 종사하는 담당자의 자질향상을 위하여 필요한 지도와 훈련을 할 수 있다.
② 제1항에 따른 훈련에 관하여 필요한 사항은 보건복지부령으로 정한다.
(2023.3.28 본조개정)

第28條【보고·檢査】 ① 보건복지부장관, 시·도지사 및 시장·군수·구청장은 필요하다고 인정하는 때에는 제7조제1항, 제8조제4항, 제8조의2, 제9조제2항부터 제4항까지, 제9조의2, 제9조의4 또는 제23조제1항의 규정에 해당하는 자에 대하여 당해 업무에 관한 보고를 명하거나 관계 공무원으로 하여금 그의 사업소 또는 사업장에 출입하여 장부·서류 기타의 물건을 검사하게 할 수 있다.(2020.12.29 본항개정)
② 제1항의 규정에 의하여 검사를 하는 공무원은 그 권한을 나타내는 증표를 관계인에게 내보여야 한다.

第29條【권한의 위임·위탁】 ① 이 법에 따른 보건복지부장관의 권한은 대통령령으로 정하는 바에 따라 그 일부를 시·도지사에게 위임할 수 있다.
② 보건복지부장관은 이 법에 따른 업무의 일부를 대통령령으로 정하는 바에 따라 건강증진사업을 행하는 법인 또는 단체에 위탁할 수 있다.
③ 이 법에 따른 질병관리청장의 권한은 대통령령으로 정하는 바에 따라 그 일부를 소속기관의 장에게 위임할 수 있다.(2023.3.28 본항신설)
(2023.3.28 본조개정)

第30條【手數料】 ① 지방자치단체의 장은 건강증진사업에 소요되는 경비중 일부에 대하여 그 이용자로부터 조례가 정하는 바에 의하여 수수료를 징수할 수 있다.
② 제1항의 규정에 의하여 수수료를 징수하는 경우 지방자치단체의 장은 노인, 장애인, 生活保護法에 의한 생활보호대상자 등에 대하여 수수료를 감면하여야 한다.

第5章 罰 則

第31條【벌칙】 제21조를 위반하여 정당한 사유 없이 건강검진의 결과를 공개한 자는 3년 이하의 징역 또는 3천만원 이하의 벌금에 처한다.(2014.3.18 본조신설)

第31條의2【罰則】 다음 각 호의 어느 하나에 해당하는 자는 1년 이하의 징역 또는 1천만원 이하의 벌금에 처한다.(2015.6.22 본문개정)
1. 정당한 사유 없이 제8조의2제3항에 따른 광고내용의 변경 등 명령이나 광고의 금지 명령을 이행하지 아니한 자(2020.12.29 본호신설)
2. 제8조제4항을 위반하여 경고문구를 표기하지 아니하거나 이와 다른 경고문구를 표기한 자(2011.6.7 본호개정)
3. 제9조의2를 위반하여 경고그림·경고문구·발암성물질·금연상담전화번호를 표기하지 아니하거나 이와 다른 경고그림·경고문구·발암성물질·금연상담전화번호를 표기한 자(2015.6.22 본호개정)
4. 제9조의4를 위반하여 담배에 관한 광고를 한 자 (2011.6.7 본호개정)
5. 제12조의2제6항을 위반하여 다른 사람에게 자격증을 빌려주거나 빌린 자(2020.4.7 본호신설)
6. 제12조의2제7항을 위반하여 자격증을 빌려주거나 빌리는 것을 알선한 자(2020.4.7 본호신설)

第32條【罰則】 제7조제1항의 규정에 위반하여 정당한 사유 없이 광고의 내용변경 또는 금지의 명령을 이행하지 아니한 자는 100만원 이하의 벌금에 처한다.
(1999.2.8 본조개정)

第33條【양벌규정】 법인의 대표자나 법인 또는 개인의 대리인, 사용인 그 밖의 종업원이 그 법인 또는 개인의 업무에 관하여 제31조, 제31조의2 또는 제32조의 위반행위를 하면 그 행위자를 벌하는 외에 그 법인 또는 개인에게도 해당 조문의 벌금형을 과(科)한다. 다만, 법인 또는 개인이 그 위반행위를 방지하기 위하여 해당 업무에 관하여 상당한 주의와 감독을 게을리하지 아니한 경우에는 그러하지 아니하다.(2014.3.18 본문개정)

第34條【과태료】 ① 다음 각 호의 어느 하나에 해당하는 자에게는 500만원 이하의 과태료를 부과한다.
(2016.12.2 본문개정)
1. 거짓이나 그 밖의 부정한 방법으로 제6조의2제1항에 따른 인증을 받은 자(2019.12.3 본호신설)
1의2. 제6조의2제4항을 위반하여 인증표시 또는 이와 유사한 표시를 한 자(2019.12.3 본호신설)
1의3. 제9조제2항의 규정에 위반하여 담배자동판매기를 설치하여 담배를 판매한 자
2. 제9조제9항에 따른 시정명령을 따르지 아니한 자 (2017.12.30 본호개정)
3. 제9조의3을 위반하여 가향물질을 표시하는 문구나 그림·사진을 제품의 포장이나 광고에 사용한 자 (2011.6.7 본호신설)
4. 제23조제2항의 규정에 위반하여 자료를 제출하지 아니하거나 허위의 자료를 제출한 자(2002.1.19 본호개정)
② 다음 각호의 1에 해당하는 자는 300만원 이하의 과태료에 처한다.(2011.6.7 본문개정)
1. 제9조제3항의 규정에 위반하여 성인인증장치가 부착되지 아니한 담배자동판매기를 설치하여 담배를 판매한 자(2003.7.29 본호신설)
2. (2011.6.7 삭제)
3. 제28조의 규정에 의한 보고를 하지 아니하거나 허위로 보고한 자와 관계공무원의 검사를 거부·방해 또는 기피한 자
(2002.1.19 본항신설)
③ 다음 각 호의 어느 하나에 해당하는 자에게는 10만원 이하의 과태료를 부과한다.(2020.12.29 본문개정)
1. 제8조의4제2항을 위반하여 금주구역에서 음주를 한 사람
2. 제9조제8항을 위반하여 금연구역에서 흡연을 한 사람
(2020.12.29 1호~2호신설)
④ 제1항부터 제3항까지의 규정에 따른 과태료는 대통령령으로 정하는 바에 따라 보건복지부장관, 시·도지사 또는 시장·군수·구청장이 부과·징수한다.(2017.12.30 본항신설)
⑤ 제3항에도 불구하고 과태료 납부 대상자가 대통령령으로 정하는 바에 따라 일정 교육 또는 금연지원 서비스를 받은 경우 시·도지사 또는 시장·군수·구청장은 과태료를 감면할 수 있다.(2019.12.3 본항신설)
(2016.12.2 본조제목개정)

第35條 (2017.12.30 삭제)

第36條 (1999.2.5 삭제)

附 則 (2002.1.19)

① **【시행일】** 이 법은 공포후 1년이 경과한 날부터 시행한다. 다만, 제23조 및 부칙 제2항의 개정규정은 2002년 2월 1일부터 시행한다.
② **【기금사용의 한시적 특례】** 보건복지부장관은 제25조제1항의 규정에 불구하고 2027년 12월 31일까지 매년 기금에서 「국민건강보험법」에 따른 당해연도 보험료 예상수입액의 100분의 6에 상당하는 금액을 동법 제108조제4항의 용도에 사용하도록 동법에 따른 국민건강보험공단에 지원한다. 다만, 그 지원금액은 당해연도 부담금 예상수입액의 100분의 65를 초과할 수 없다.(2023.6.13 본문개정)
③ **【경고문구에 관한 적용례】** 제8조제3항의 개정규정은 이 법 시행후 최초로 제조장 또는 보세구역에서 반출하거나 광고하는 분부터 적용한다.
④ **【부담금 부과에 관한 적용례】** 제23조제1항의 개정규정은 2002년 2월 1일 이후 최초로 제조장 또는 보세구역에서 반출하는 분부터 적용한다.

附 則 (2014.5.20)

第1條【시행일】 이 법은 공포 후 2개월이 경과한 날부터 시행한다. 다만, 제9조의2제3항 및 제9조의4제3항제4호의 개정규정은 공포 후 6개월이 경과한 날부터 시행한다.
第2條【경고문구 및 광고에 관한 적용례】 제9조의2제3항 및 제9조의4제3항제4호의 개정규정은 같은 개정규정 시행 후 최초로 제조장 또는 보세구역에서 반출하거나 광고하는 분부터 적용한다.
第3條【부담금에 관한 적용례】 제23조의 개정규정은 이 법 시행 후 최초로 제조장 또는 보세구역에서 반출하는 분부터 적용한다.

附 則 (2014.12.23)

第1條【시행일】 이 법은 2015년 1월 1일부터 시행한다.
第2條【부담금 부과에 관한 적용례】 제23조제1항의 개정규정은 2015년 1월 1일 이후 최초로 제조장 또는 보세구역에서 반출하는 분부터 적용한다.

附 則 (2015.6.22 法13363號)

第1條【시행일】 이 법은 공포 후 1년 6개월이 경과한 날부터 시행한다.
第2條【경고그림 및 경고문구에 관한 적용례】 제9조의2의 개정규정은 이 법 시행 후 최초로 제조장 또는 보세구역에서 반출하거나 광고하는 분부터 적용한다.

附 則 (2016.3.2)

第1條【시행일】 이 법은 공포 후 6개월이 경과한 날부터 시행한다.
第2條【음주 경고문구 표기에 관한 적용례】 제8조제4항의 개정규정은 이 법 시행 후 최초로 제조장으로부터 출고하거나 수입신고를 하는 주류부터 적용한다.
第3條【국민건강증진부담금 징수 등에 관한 적용례】 제23조제5항의 개정규정은 이 법 시행 후 최초로 납부기한이 도래하는 경우부터 적용한다.

附 則 (2016.12.2)

第1條【시행일】 이 법은 공포 후 6개월이 경과한 날부터 시행한다. 다만, 제9조제4항제20호의 개정규정은 공포 후 1년이 경과한 날부터 시행한다.
第2條【시정명령에 관한 적용례】 제9조제8항의 개정규정은 이 법 시행 후 최초로 위반행위를 하는 경우부터 적용한다.
第3條【과태료에 관한 경과조치】 이 법 시행 전의 행위에 대하여 과태료 규정을 적용할 때에는 종전의 규정에 따른다.

附 則 (2017.3.21)

第1條【시행일】 이 법은 공포일이 속하는 달의 다음 달 1일부터 시행한다.
第2條【부담금 부과에 관한 적용례】 제23조의 개정규정은 이 법 시행 후 최초로 제조장 또는 보세구역에서 반출하는 연초 고형물부터 적용한다.

附 則 (2017.12.30)

第1條【시행일】 이 법은 공포한 날부터 시행한다. 다만, 제9조제4항제24호의 개정규정은 공포 후 6개월이 경과한 날부터, 제9조제6항의 개정규정은 공포 후 1년이 경과한 날부터 각각 시행한다.
第2條【국민건강증진부담금에 관한 적용례】 제23조제1항제2호의 개정규정은 이 법 시행 후 최초로 제조장 또는 보세구역에서 반출하는 분부터 적용한다.

附 則 (2019.12.3)

이 법은 공포 후 2년이 경과한 날부터 시행한다. 다만, 제23조제5항의 개정규정은 2020년 1월 1일부터 시행하고, 제34조제5항의 개정규정은 공포 후 6개월이 경과한 날부터 시행한다.

附 則 (2020.4.7)

이 법은 공포 후 3개월이 경과한 날부터 시행한다.

附 則 (2020.8.11)

第1條【시행일】 이 법은 공포 후 1개월이 경과한 날부터 시행한다.(이하 생략)

附 則 (2020.12.29 法17761號)

第1條【시행일】 이 법은 2021년 1월 1일부터 시행한다.(이하 생략)

附 則 (2020.12.29 法17773號)

第1條【시행일】 이 법은 공포 후 6개월이 경과한 날부터 시행한다.
第2條【주류광고 기준 위반 등에 관한 적용례】 제8조의2제3항 및 제31조의2의 개정규정은 이 법 시행 이후 위반행위부터 적용한다.

附 則 (2021.7.27)

第1條【시행일】 이 법은 공포일이 속하는 달의 다음 달 1일부터 시행한다.
第2條【부담금 부과에 관한 적용례】 제23조제1항의 개정규정은 이 법 시행 이후 제조장 또는 보세구역에서 반출되는 담배부터 적용한다.

附 則 (2021.12.21)

이 법은 공포 후 6개월이 경과한 날부터 시행한다. 다만, 제6조의5의 개정규정은 공포 후 2년이 경과한 날부터 시행하고, 제9조제4항제14호의 개정규정은 공포한 날부터 시행한다.

附 則 (2023.3.28)

이 법은 공포 후 6개월이 경과한 날부터 시행한다.

附 則 (2023.6.13)

이 법은 공포한 날부터 시행한다.

附 則 (2023.8.16)

이 법은 공포 후 1년이 경과한 날부터 시행한다.

附 則 (2024.1.9)

第1條【시행일】 이 법은 공포 후 6개월이 경과한 날부터 시행한다.(이하 생략)

의료법

(2007년 4월 11일
전부개정법률 제8366호)

개정
2007. 7.27법 8559호 2007.10.17법 8651호
2008. 2.29법 8852호(정부조직)
2008.10.14법 9135호 2009. 1.30법 9386호
2009.12.31법 9906호
2010. 1.18법 9932호(정부조직)
2010. 5.27법10325호 2010. 7.23법10387호
2011. 4. 7법10564호(의료기기법)
2011. 4. 7법10565호 2011. 4.28법10609호
2011. 6. 7법10785호(노인복지)
2011. 8. 4법11005호
2011.12.31법11141호(국민보험)
2012. 2. 1법11252호 2013. 4. 5법11748호
2013. 8.13법12069호 2015. 1.28법13107호
2015. 1.28법13108호(장사등에관한법)
2015. 6.22법13367호(한국보건의료인국가시험원법)
2015.12.22법13599호(의료해외진출및외국인환자유치지원에관한법)
2015.12.22법13605호(고엽제후유의증등환자지원및단체설립에관한법)
2015.12.29법13658호
2016. 1. 6법13726호(옥외광고물등의관리와옥외광고산업진흥에관한법)
2016. 3.22법14084호(국민보험)
2016. 5.29법14183호(병역)
2016. 5.29법14220호
2016. 5.29법14224호(정신건강증진및정신질환자복지서비스지원에관한법)
2016.12.20법14438호
2018. 3.20법15522호(공무원재해보상법)
2018. 3.27법15540호 2018. 8.14법15716호
2019. 1.15법16254호 2019. 4.23법16375호
2019. 8.27법16555호 2020. 3. 4법17069호
2020. 4. 7법17203호(시체해부및보존등에관한법)
2020. 8.11법17472호(정부조직)
2020.12.29법17787호 2021. 9.24법18468호
2023. 5.19법19421호
2023.10.31법19818호→2024년 5월 1일 및 2024년 8월 1일 시행
2024. 1.23법20105호
2024. 1.30법20171호(권한지방이양)→2025년 7월 31일 시행이므로 추후 수록

제1장 총 칙

제1조【목적】 이 법은 모든 국민이 수준 높은 의료 혜택을 받을 수 있도록 국민의료에 필요한 사항을 규정함으로써 국민의 건강을 보호하고 증진하는 데에 목적이 있다.

제2조【의료인】 ① 이 법에서 "의료인"이란 보건복지부장관의 면허를 받은 의사·치과의사·한의사·조산사 및 간호사를 말한다.(2010.1.18 본항개정)

② 의료인은 종별에 따라 다음 각 호의 임무를 수행하여 국민보건 향상을 이루고 국민의 건강한 생활 확보에 이바지할 사명을 가진다.

1. 의사는 의료와 보건지도를 임무로 한다.
2. 치과의사는 치과 의료와 구강 보건지도를 임무로 한다.
3. 한의사는 한방 의료와 한방 보건지도를 임무로 한다.
4. 조산사는 조산(助産)과 임산부 및 신생아에 대한 보건과 양호지도를 임무로 한다.(2019.4.23 본호개정)
5. 간호사는 다음 각 목의 업무를 임무로 한다. (2015.12.29 본문개정)
   가. 환자의 간호요구에 대한 관찰, 자료수집, 간호판단 및 요양을 위한 간호
   나. 의사, 치과의사, 한의사의 지도하에 시행하는 진료의 보조
   다. 간호 요구자에 대한 교육·상담 및 건강증진을 위한 활동의 기획과 수행, 그 밖의 대통령령으로 정하는 보건활동
   라. 제80조에 따른 간호조무사가 수행하는 가목부터 다목까지의 업무보조에 대한 지도
   (2015.12.29 가목~라목신설)

판례 치과의사인 피고인이 보톡스 시술법을 이용하여 환자의 눈가와 미간의 주름 치료를 함으로써 면허된 것 이외의 의료행위를 하였다고 하여 의료법 위반으로 기소된 사안에서, 의료법 등 관련 법령이 구강악안면외과를 치과 영역으로 인정하고 치과의사 국가시험과목으로 규정하고 있는데, 구강악안면외과의 진료영역에 문언적 의미나 사회통념상 치과 의료행위로 여겨지는 '치아와 구강, 턱뼈 그리고 턱뼈를 둘러싼 안면부'에 대한 치료는 물론 정형외과나 성형외과의 영역과 중첩되는 안면부 골절상 치료나 악교정수술 등도 포함되고, 여기에 관련 규정의 개정 연혁과 관련 학회의 설립 경위, 국민건강보험공단의 요양급여 지급 결과 등을 더하여 보면 치아, 구강 그리고 턱과 관련되지 아니한 안면부에 대한 의료행위라 하여 모두 치과 의료행위의 대상에서 배제된다고 보기 어려운 점, 의학과 치의학은 의료행위의 기초가 되는 학문적 원리가 다르지 아니하고, 각각의 대학 교육과정 및 수련과정도 공통되는 부분이 적지 않게 존재하며, 대부분의 치과대학이나 치의학전문대학원에서 보톡스 시술에 대하여 교육하고 있고, 치과 의료 현장에서 보톡스 시술이 활용되고 있으며, 시술 부위가 안면부라도 치과대학이나 치의학전문대학원에서는 치아, 혀, 턱뼈, 침샘, 안면의 상당 부분을 형성하는 저작근육과 이에 관련된 주위 조직 등 악안면에 대한 진단 및 처치에 관하여 중점적으로 교육하고 있으므로, 보톡스 시술이 의사만의 업무영역에 전속하는 것이라고 단정할 수 없는 점 등을 종합하면, 환자의 안면부인 눈가와 미간에 보톡스를 시술한 피고인의 행위가 치과의사에게 면허된 것 이외의 의료행위라고 볼 수 없고, 시술이 미용 목적이라 하여 달리 볼 것은 아니다.(대판 2016.7.21, 2013도850 전원합의체)

제3조【의료기관】 ① 이 법에서 "의료기관"이란 의료인이 공중(公衆) 또는 특정 다수인을 위하여 의료·조산의 업(이하 "의료업"이라 한다)을 하는 곳을 말한다.

② 의료기관은 다음 각 호와 같이 구분한다.

1. 의원급 의료기관 : 의사, 치과의사 또는 한의사가 주로 외래환자를 대상으로 각각 그 의료행위를 하는 의료기관으로서 그 종류는 다음 각 목과 같다.
   가. 의원
   나. 치과의원
   다. 한의원
2. 조산원 : 조산사가 조산과 임산부 및 신생아를 대상으로 보건활동과 교육·상담을 하는 의료기관을 말한다. (2019.4.23 본호개정)
3. 병원급 의료기관 : 의사, 치과의사 또는 한의사가 주로 입원환자를 대상으로 의료행위를 하는 의료기관으로서 그 종류는 다음 각 목과 같다.
   가. 병원
   나. 치과병원
   다. 한방병원
   라. 요양병원(「장애인복지법」 제58조제1항제4호에 따른 의료재활시설로서 제3조의2의 요건을 갖춘 의료기관을 포함한다. 이하 같다)(2020.3.4 본목개정)
   마. 정신병원(2020.3.4 본목신설)
   바. 종합병원
(2009.1.30 본항개정)

③ 보건복지부장관은 보건의료정책에 필요하다고 인정하는 경우에는 제2항제1호부터 제3호까지의 규정에 따른 의료기관의 종류별 표준업무를 정하여 고시할 수 있다. (2010.1.18 본항개정)

④~⑧ (2009.1.30 삭제)

제3조의2【병원등】 병원·치과병원·한방병원 및 요양병원(이하 "병원등"이라 한다)은 30개 이상의 병상(병원·한방병원만 해당한다) 또는 요양병상(요양병원만 해당하며, 장기입원이 필요한 환자를 대상으로 의료행위를 하기 위하여 설치한 병상을 말한다)을 갖추어야 한다. (2009.1.30 본조신설)

제3조의3【종합병원】 ① 종합병원은 다음 각 호의 요건을 갖추어야 한다.

1. 100개 이상의 병상을 갖출 것
2. 100병상 이상 300병상 이하인 경우에는 내과·외과·소아청소년과·산부인과 중 3개 진료과목, 영상의학과, 마취통증의학과와 진단검사의학과 또는 병리과를 포함한 7개 이상의 진료과목을 갖추고 각 진료과목마다 전속하는 전문의를 둘 것
3. 300병상을 초과하는 경우에는 내과, 외과, 소아청소년과, 산부인과, 영상의학과, 마취통증의학과, 진단검사의학과 또는 병리과, 정신건강의학과 및 치과를 포함한 9개 이상의 진료과목을 갖추고 각 진료과목마다 전속하는 전문의를 둘 것(2011.8.4 본호개정)

② 종합병원은 제1항제2호 또는 제3호에 따른 진료과목(이하 이 항에서 "필수진료과목"이라 한다) 외에 필요하면 추가로 진료과목을 설치·운영할 수 있다. 이 경우 필수진료과목 외의 진료과목에 대하여는 해당 의료기관에 전속하지 아니한 전문의를 둘 수 있다.
(2009.1.30 본조신설)

제3조의4【상급종합병원 지정】 ① 보건복지부장관은 다음 각 호의 요건을 갖춘 종합병원 중에서 중증질환에 대하여 난이도가 높은 의료행위를 전문적으로 하는 종합병원을 상급종합병원으로 지정할 수 있다.(2010.1.18 본문개정)

1. 보건복지부령으로 정하는 20개 이상의 진료과목을 갖추고 각 진료과목마다 전속하는 전문의를 둘 것 (2010.1.18 본호개정)
2. 제77조제1항에 따라 전문의가 되려는 자를 수련시키는 기관일 것
3. 보건복지부령으로 정하는 인력·시설·장비 등을 갖출 것(2010.1.18 본호개정)
4. 질병군별(疾病群別) 환자구성 비율이 보건복지부령으로 정하는 기준에 해당할 것(2010.1.18 본호개정)

② 보건복지부장관은 제1항에 따른 지정을 하는 경우 제1항 각 호의 사항 및 전문성 등에 대하여 평가를 실시하여야 한다.(2010.1.18 본항개정)

③ 보건복지부장관은 제1항에 따라 상급종합병원으로 지정받은 종합병원에 대하여 3년마다 제2항에 따른 평가를 실시하여 재지정하거나 지정을 취소할 수 있다. (2010.1.18 본항개정)

④ 보건복지부장관은 제2항 및 제3항에 따른 평가업무를 관계 전문기관 또는 단체에 위탁할 수 있다. (2010.1.18 본항개정)

⑤ 상급종합병원 지정·재지정의 기준·절차 및 평가업무의 위탁 절차 등에 관하여 필요한 사항은 보건복지부령으로 정한다.(2010.1.18 본항개정)
(2009.1.30 본조신설)

제3조의5【전문병원 지정】 ① 보건복지부장관은 병원급 의료기관 중에서 특정 진료과목이나 특정 질환 등에 대하여 난이도가 높은 의료행위를 하는 병원을 전문병원으로 지정할 수 있다.(2010.1.18 본항개정)

② 제1항에 따른 전문병원은 다음 각 호의 요건을 갖추어야 한다.

1. 특정 질환별·진료과목별 환자의 구성비율 등이 보건복지부령으로 정하는 기준에 해당할 것
2. 보건복지부령으로 정하는 수 이상의 진료과목을 갖추고 각 진료과목마다 전속하는 전문의를 둘 것

(2010.1.18 1호~2호개정)

③ 보건복지부장관은 제1항에 따라 전문병원으로 지정하는 경우 제2항 각 호의 사항 및 진료의 난이도 등에 대하여 평가를 실시하여야 한다.(2010.1.18 본항개정)

④ 보건복지부장관은 제1항에 따라 전문병원으로 지정받은 의료기관에 대하여 3년마다 제3항에 따른 평가를 실시하여 전문병원으로 재지정할 수 있다. (2015.1.28 본항개정)

⑤ 보건복지부장관은 제1항 또는 제4항에 따라 지정받거나 재지정받은 전문병원이 다음 각 호의 어느 하나에 해당하는 경우에는 그 지정 또는 재지정을 취소할 수 있다. 다만, 제1호에 해당하는 경우에는 그 지정 또는 재지정을 취소하여야 한다.

1. 거짓이나 그 밖의 부정한 방법으로 지정 또는 재지정을 받은 경우
2. 지정 또는 재지정의 취소를 원하는 경우
3. 제4항에 따른 평가 결과 제2항 각 호의 요건을 갖추지 못한 것으로 확인된 경우

(2015.1.28 본항신설)

⑥ 보건복지부장관은 제3항 및 제4항에 따른 평가업무를 관계 전문기관 또는 단체에 위탁할 수 있다. (2010.1.18 본항개정)

⑦ 전문병원 지정·재지정의 기준·절차 및 평가업무의 위탁 절차 등에 관하여 필요한 사항은 보건복지부령으로 정한다.(2010.1.18 본항개정)
(2009.1.30 본조신설)

제2장 의료인

제1절 자격과 면허

제4조【의료인과 의료기관의 장의 의무】 ① 의료인과 의료기관의 장은 의료의 질을 높이고 의료관련감염(의료기관 내에서 환자, 환자의 보호자, 의료인 또는 의료기관 종사자 등에게 발생하는 감염을 말한다. 이하 같다)을 예방하며 의료기술을 발전시키는 등 환자에게 최선의 의료서비스를 제공하기 위하여 노력하여야 한다.(2020.3.4 본항개정)

② 의료인은 다른 의료인 또는 의료법인 등의 명의로 의료기관을 개설하거나 운영할 수 없다.(2019.8.27 본항개정)

③ 의료기관의 장은 「보건의료기본법」 제6조·제12조 및 제13조에 따른 환자의 권리 등 보건복지부령으로 정하는 사항을 환자가 쉽게 볼 수 있도록 의료기관 내에 게시하여야 한다. 이 경우 게시 방법, 게시 장소 등 게시에 필요한 사항은 보건복지부령으로 정한다.(2012.2.1 본항신설)

④ (2020.3.4 삭제)

⑤ 의료기관의 장은 환자와 보호자가 의료행위를 하는 사람의 신분을 알 수 있도록 의료인, 제27조제1항 각 호 외의 부분 단서에 따라 의료행위를 하는 같은 항 제3호에 따른 학생, 제80조에 따른 간호조무사 및 「의료기사 등에 관한 법률」 제2조에 따른 의료기사에게 의료기관 내에서 대통령령으로 정하는 바에 따라 명찰을 달도록 지시·감독하여야 한다. 다만, 응급의료상황, 수술실 내인 경우, 의료행위를 하지 아니할 때, 그 밖에 대통령령으로 정하는 경우에는 명찰을 달지 아니하도록 할 수 있다. (2016.5.29 본항신설)

⑥ 의료인은 일회용 의료기기(한 번 사용할 목적으로 제작되거나 한 번의 의료행위에서 한 환자에게 사용하여야 하는 의료기기로서 보건복지부령으로 정하는 의료기기를 말한다. 이하 같다)를 한 번 사용한 후 다시 사용하여서는 아니 된다.(2020.3.4 본항개정)

제4조의2【간호·간병통합서비스 제공 등】 ① 간호·간병통합서비스란 보건복지부령으로 정하는 입원 환자를 대상으로 보호자 등이 상주하지 아니하고 간호사, 제80조에 따른 간호조무사 및 그 밖에 간병지원인력(이하 이 조에서 "간호·간병통합서비스 제공인력"이라 한다)에 의하여 포괄적으로 제공되는 입원서비스를 말한다.

② 보건복지부령으로 정하는 병원급 의료기관은 간호·간병통합서비스를 제공할 수 있도록 노력하여야 한다.

③ 제2항에 따라 간호·간병통합서비스를 제공하는 병원급 의료기관(이하 이 조에서 "간호·간병통합서비스 제공기관"이라 한다)은 보건복지부령으로 정하는 인력, 시설, 운영 등의 기준을 준수하여야 한다.

④ 「공공보건의료에 관한 법률」 제2조제3호에 따른 공공보건의료기관 중 보건복지부령으로 정하는 병원급 의료기관은 간호·간병통합서비스를 제공하여야 한다. 이 경우 국가 및 지방자치단체는 필요한 비용의 전부 또는 일부를 지원할 수 있다.

⑤ 간호·간병통합서비스 제공기관은 보호자 등의 입원실 내 상주를 제한하고 환자 병문안에 관한 기준을 마련하는 등 안전관리를 위하여 노력하여야 한다.

⑥ 간호·간병통합서비스 제공기관은 간호·간병통합서비스 제공인력의 근무환경 및 처우 개선을 위하여 필요한 지원을 하여야 한다.

⑦ 국가 및 지방자치단체는 간호·간병통합서비스의 제공·확대, 간호·간병통합서비스 제공인력의 원활한 수급 및 근무환경 개선을 위하여 필요한 시책을 수립하고 그에 따른 지원을 하여야 한다.
(2015.12.29 본조신설)

제4조의3【의료인의 면허 대여 금지 등】 ① 의료인은 제5조(의사·치과의사 및 한의사를 말한다), 제6조(조산사를 말한다) 및 제7조(간호사를 말한다)에 따라 받은 면허를 다른 사람에게 대여하여서는 아니 된다.
② 누구든지 제5조부터 제7조까지에 따라 받은 면허를 대여받아서는 아니 되며, 면허 대여를 알선하여서도 아니 된다.
(2020.3.4 본조신설)
제5조【의사·치과의사 및 한의사 면허】 ① 의사·치과의사 또는 한의사가 되려는 자는 다음 각 호의 어느 하나에 해당하는 자격을 가진 자로서 제9조에 따른 의사·치과의사 또는 한의사 국가시험에 합격한 후 보건복지부장관의 면허를 받아야 한다.(2010.1.18 본문개정)
1. 「고등교육법」 제11조의2에 따른 인정기관(이하 "평가인증기구"라 한다)의 인증(이하 "평가인증기구의 인증"이라 한다)을 받은 의학·치의학 또는 한의학을 전공하는 대학을 졸업하고 의학사·치의학사 또는 한의학사 학위를 받은 자(2012.2.1 본호개정)
2. 평가인증기구의 인증을 받은 의학·치의학 또는 한의학을 전공하는 전문대학원을 졸업하고 석사학위 또는 박사학위를 받은 자(2012.2.1 본호개정)
3. 외국의 제1호나 제2호에 해당하는 학교(보건복지부장관이 정하여 고시하는 인정기준에 해당하는 학교를 말한다)를 졸업하고 외국의 의사·치과의사 또는 한의사 면허를 받은 자로서 제9조에 따른 예비시험에 합격한 자(2019.8.27 본호개정)
② 평가인증기구의 인증을 받은 의학·치의학 또는 한의학을 전공하는 대학 또는 전문대학원을 6개월 이내에 졸업하고 해당 학위를 받을 것으로 예정된 자는 제1항제1호 및 제2호의 자격을 가진 자로 본다. 다만, 그 졸업예정시기에 졸업하고 해당 학위를 받아야 면허를 받을 수 있다.
(2012.2.1 본항개정)
③ 제1항에도 불구하고 입학 당시 평가인증기구의 인증을 받은 의학·치의학 또는 한의학을 전공하는 대학 또는 전문대학원에 입학한 사람으로서 그 대학 또는 전문대학원을 졸업하고 해당 학위를 받은 사람은 같은 항 제1호 및 제2호의 자격을 가진 사람으로 본다.(2012.2.1 본항신설)
제6조【조산사 면허】 조산사가 되려는 자는 다음 각 호의 어느 하나에 해당하는 자로서 제9조에 따른 조산사 국가시험에 합격한 후 보건복지부장관의 면허를 받아야 한다.
1. 간호사 면허를 가지고 보건복지부장관이 인정하는 의료기관에서 1년간 조산 수습과정을 마친 자
2. 외국의 조산사 면허(보건복지부장관이 정하여 고시하는 인정기준에 해당하는 면허를 말한다)를 받은 자
(2019.8.27 본호개정)
(2010.1.18 본조개정)
제7조【간호사 면허】 ① 간호사가 되려는 자는 다음 각 호의 어느 하나에 해당하는 자로서 제9조에 따른 간호사 국가시험에 합격한 후 보건복지부장관의 면허를 받아야 한다.(2010.1.18 본문개정)
1. 평가인증기구의 인증을 받은 간호학을 전공하는 대학이나 전문대학[구제(舊制) 전문학교와 간호학교를 포함한다]을 졸업한 자(2012.2.1 본호개정)
2. 외국의 제1호에 해당하는 학교(보건복지부장관이 정하여 고시하는 인정기준에 해당하는 학교를 말한다)를 졸업하고 외국의 간호사 면허를 받은 자(2019.8.27 본호개정)
② 제1항에도 불구하고 입학 당시 평가인증기구의 인증을 받은 간호학을 전공하는 대학 또는 전문대학에 입학한 사람으로서 그 대학 또는 전문대학을 졸업하고 해당 학위를 받은 사람은 같은 항 제1호에 해당하는 사람으로 본다.(2012.2.1 본항신설)
제8조【결격사유 등】 다음 각 호의 어느 하나에 해당하는 자는 의료인이 될 수 없다.
1. 「정신건강증진 및 정신질환자 복지서비스 지원에 관한 법률」 제3조제1호에 따른 정신질환자. 다만, 전문의가 의료인으로서 적합하다고 인정하는 사람은 그러하지 아니하다.(2018.3.27 본문개정)
2. 마약·대마·향정신성의약품 중독자
3. 피성년후견인·피한정후견인(2018.8.14 본호개정)
4. 금고 이상의 실형을 선고받고 그 집행이 끝나거나 그 집행을 받지 아니하기로 확정된 후 5년이 지나지 아니한 자(2023.5.19 본호개정)
5. 금고 이상의 형의 집행유예를 선고받고 그 유예기간이 지난 후 2년이 지나지 아니한 자(2023.5.19 본호신설)
6. 금고 이상의 형의 선고유예를 받고 그 유예기간 중에 있는 자(2023.5.19 본호신설)
제9조【국가시험 등】 ① 의사·치과의사·한의사·조산사 또는 간호사 국가시험과 의사·치과의사·한의사 예비시험(이하 "국가시험등"이라 한다)은 매년 보건복지부장관이 시행한다.(2010.1.18 본항개정)
② 보건복지부장관은 국가시험등의 관리를 대통령령으로 정하는 바에 따라 「한국보건의료인국가시험원법」에 따른 한국보건의료인국가시험원에 맡길 수 있다.
(2015.6.22 본항개정)
③ 보건복지부장관은 제2항에 따라 국가시험등의 관리를 맡긴 때에는 그 관리에 필요한 예산을 보조할 수 있다.
(2010.1.18 본항개정)
④ 국가시험등에 필요한 사항은 대통령령으로 정한다.
제10조【응시자격 제한 등】 ① 제8조 각 호의 어느 하나에 해당하는 자는 국가시험등에 응시할 수 없다.
(2009.1.30 본항개정)
② 부정한 방법으로 국가시험등에 응시한 자나 국가시험등에 관하여 부정행위를 한 자는 그 수험을 정지시키거나 합격을 무효로 한다.
③ 보건복지부장관은 제2항에 따라 수험이 정지되거나 합격이 무효가 된 사람에 대하여 처분의 사유와 위반 정도 등을 고려하여 대통령령으로 정하는 바에 따라 그 다음에 치러지는 이 법에 따른 국가시험등의 응시를 3회의 범위에서 제한할 수 있다.(2016.12.20 본항개정)
제11조【면허 조건과 등록】 ① 보건복지부장관은 보건의료 시책에 필요하다고 인정하면 제5조에서 제7조까지의 규정에 따른 면허를 내줄 때 3년 이내의 기간을 정하여 특정 지역이나 특정 업무에 종사할 것을 면허의 조건으로 붙일 수 있다.(2010.1.18 본항개정)
② 보건복지부장관은 제5조부터 제7조까지의 규정에 따른 면허를 내줄 때에는 그 면허에 관한 사항을 등록대장에 등록하고 면허증을 내주어야 한다.(2010.1.18 본항개정)
③ 제2항의 등록대장은 의료인의 종별로 따로 작성·비치하여야 한다.
④ 면허등록과 면허증에 필요한 사항은 보건복지부령으로 정한다.(2010.1.18 본항개정)
제12조【의료기술 등에 대한 보호】 ① 의료인이 하는 의료·조산·간호 등 의료기술의 시행(이하 "의료행위"라 한다)에 대하여는 이 법이나 다른 법령에 따로 규정된 경우 외에는 누구든지 간섭하지 못한다.
② 누구든지 의료기관의 의료용 시설·기재·약품, 그 밖의 기물 등을 파괴·손상하거나 의료기관을 점거하여 진료를 방해하여서는 아니 되며, 이를 교사하거나 방조하여서는 아니 된다.
③ 누구든지 의료행위가 이루어지는 장소에서 의료행위를 행하는 의료인, 제80조에 따른 간호조무사 및 「의료기사 등에 관한 법률」 제2조에 따른 의료기사 또는 의료행위를 받는 사람을 폭행·협박하여서는 아니 된다.
(2016.5.29 본항신설)
제13조【의료기재 압류 금지】 의료인의 의료 업무에 필요한 기구·약품, 그 밖의 재료는 압류하지 못한다.
제14조【기구 등 우선공급】 ① 의료인은 의료행위에 필요한 기구·약품, 그 밖의 시설 및 재료를 우선적으로 공급받을 권리가 있다.
② 의료인은 제1항의 권리에 부수(附隨)되는 물품, 노력, 교통수단에 대하여서도 제1항과 같은 권리가 있다.
제15조【진료거부 금지 등】 ① 의료인 또는 의료기관 개설자는 진료나 조산 요청을 받으면 정당한 사유 없이 거부하지 못한다.(2016.12.20 본항개정)
② 의료인은 응급환자에게 「응급의료에 관한 법률」에서 정하는 바에 따라 최선의 처치를 하여야 한다.
제16조【세탁물 처리】 ① 의료기관에서 나오는 세탁물은 의료인·의료기관 또는 특별자치시장·특별자치도지사·시장·군수·구청장(자치구의 구청장을 말한다. 이하 같다)에게 신고한 자가 아니면 처리할 수 없다.
(2015.1.28 본항개정)
② 제1항에 따라 세탁물을 처리하는 자는 보건복지부령으로 정하는 바에 따라 위생적으로 보관·운반·처리하여야 한다.(2010.1.18 본항개정)
③ 의료기관의 개설자와 제1항에 따라 의료기관세탁물처리업 신고를 한 자(이하 이 조에서 "세탁물처리업자"라 한다)는 제1항에 따른 세탁물의 처리업무에 종사하는 사람에게 보건복지부령으로 정하는 바에 따라 감염 예방에 관한 교육을 실시하고 그 결과를 기록하고 유지하여야 한다.(2015.1.28 본항신설)
④ 세탁물처리업자가 보건복지부령으로 정하는 신고사항을 변경하거나 그 영업의 휴업(1개월 이상의 휴업을 말한다)·폐업 또는 재개업을 하려는 경우에는 보건복지부령으로 정하는 바에 따라 특별자치시장·특별자치도지사·시장·군수·구청장에게 신고하여야 한다.
(2015.1.28 본항신설)
⑤ 제1항에 따른 세탁물을 처리하는 자의 시설·장비 기준, 신고 절차 및 지도·감독, 그 밖에 관리에 필요한 사항은 보건복지부령으로 정한다.(2010.1.18 본항개정)
제17조【진단서 등】 ① 의료업에 종사하고 직접 진찰하거나 검안(檢案)한 의사[이하 이 항에서는 검안서에 한하여 검시(檢屍)업무를 담당하는 국가기관에 종사하는 의사를 포함한다], 치과의사, 한의사가 아니면 진단서·검안서·증명서를 작성하여 환자(환자가 사망하거나 의식이 없는 경우에는 직계존속·비속, 배우자 또는 배우자의 직계존속을 말하며, 환자가 사망하거나 의식이 없는 경우로서 환자의 직계존속·비속, 배우자 및 배우자의 직계존속이 모두 없는 경우에는 형제자매를 말한다) 또는 「형사소송법」 제222조제1항에 따라 검시(檢屍)를 하는 지방검찰청검사(검안서에 한한다)에게 교부하지 못한다. 다만, 진료 중이던 환자가 최종 진료 시부터 48시간 이내에 사망한 경우에는 다시 진료하지 아니하더라도 진단서나 증명서를 내줄 수 있으며, 환자 또는 사망자를 직접 진찰하거나 검안한 의사·치과의사 또는 한의사가 부득이한 사유로 진단서·검안서 또는 증명서를 내줄 수 없으면 같은 의료기관에 종사하는 다른 의사·치과의사 또는 한의사가 환자의 진료기록부 등에 따라 내줄 수 있다.
(2019.8.27 본문개정)
② 의료업에 종사하고 직접 조산한 의사·한의사 또는 조산사가 아니면 출생·사망 또는 사산 증명서를 내주지 못한다. 다만, 직접 조산한 의사·한의사 또는 조산사가 부득이한 사유로 증명서를 내줄 수 없으면 같은 의료기관에 종사하는 다른 의사·한의사 또는 조산사가 진료기록부 등에 따라 증명서를 내줄 수 있다.
③ 의사·치과의사 또는 한의사는 자신이 진찰하거나 검안한 자에 대한 진단서·검안서 또는 증명서 교부를 요구받은 때에는 정당한 사유 없이 거부하지 못한다.
④ 의사·한의사 또는 조산사는 자신이 조산(助産)한 것에 대한 출생·사망 또는 사산 증명서 교부를 요구받은 때에는 정당한 사유 없이 거부하지 못한다.
⑤ 제1항부터 제4항까지의 규정에 따른 진단서, 증명서의 서식·기재사항, 그 밖에 필요한 사항은 보건복지부령으로 정한다.(2010.1.18 본항개정)
제17조의2【처방전】 ① 의료업에 종사하고 직접 진찰한 의사, 치과의사 또는 한의사가 아니면 처방전[의사나 치과의사가 「전자서명법」에 따른 전자서명이 기재된 전자문서 형태로 작성한 처방전(이하 "전자처방전"이라 한다)을 포함한다. 이하 같다]을 작성하여 환자에게 교부하거나 발송(전자처방전에 한정한다. 이하 이 조에서 같다)하지 못하며, 의사, 치과의사 또는 한의사에게 직접 진찰을 받은 환자가 아니면 누구든지 그 의사, 치과의사 또는 한의사가 작성한 처방전을 수령하지 못한다.
② 제1항에도 불구하고 의사, 치과의사 또는 한의사는 다음 각 호의 어느 하나에 해당하는 경우로서 해당 환자 및 의약품에 대한 안전성을 인정하는 경우에는 환자의 직계존속·비속, 배우자 및 배우자의 직계존속, 형제자매 또는 「노인복지법」 제34조에 따른 노인의료복지시설에서 근무하는 사람 등 대통령령으로 정하는 사람(이하 이 조에서 "대리수령자"라 한다)에게 처방전을 교부하거나 발송할 수 있으며 대리수령자는 환자를 대리하여 그 처방전을 수령할 수 있다.
1. 환자의 의식이 없는 경우
2. 환자의 거동이 현저히 곤란하고 동일한 상병(傷病)에 대하여 장기간 동일한 처방이 이루어지는 경우
③ 처방전의 발급 방법·절차 등에 필요한 사항은 보건복지부령으로 정한다.
(2019.8.27 본조신설)
제18조【처방전 작성과 교부】 ① 의사나 치과의사는 환자에게 의약품을 투여할 필요가 있다고 인정하면 「약사법」에 따라 자신이 직접 의약품을 조제할 수 있는 경우가 아니면 보건복지부령으로 정하는 바에 따라 처방전을 작성하여 환자에게 내주거나 발송(전자처방전만 해당된다)하여야 한다.(2010.1.18 본항개정)
② 제1항에 따른 처방전의 서식, 기재사항, 보존, 그 밖에 필요한 사항은 보건복지부령으로 정한다.(2010.1.18 본항개정)
③ 누구든지 정당한 사유 없이 전자처방전에 저장된 개인정보를 탐지하거나 누출·변조 또는 훼손하여서는 아니 된다.
④ 제1항에 따라 처방전을 발행한 의사 또는 치과의사(처방전을 발행한 한의사를 포함한다)는 처방전에 따라 의약품을 조제하는 약사 또는 한약사가 「약사법」 제26조제2항에 따라 문의한 때 즉시 이에 응하여야 한다. 다만, 다음 각 호의 어느 하나에 해당하는 사유로 약사 또는 한약사의 문의에 응할 수 없는 경우 사유가 종료된 때 즉시 이에 응하여야 한다.
1. 「응급의료에 관한 법률」 제2조제1호에 따른 응급환자를 진료 중인 경우
2. 환자를 수술 또는 처치 중인 경우
3. 그 밖에 약사의 문의에 응할 수 없는 정당한 사유가 있는 경우
(2007.7.27 본항신설)
⑤ 의사, 치과의사 또는 한의사가 「약사법」에 따라 자신이 직접 의약품을 조제하여 환자에게 그 의약품을 내어주는 경우에는 그 약제의 용기 또는 포장에 환자의 이름, 용법 및 용량, 그 밖에 보건복지부령으로 정하는 사항을 적어야 한다. 다만, 급박한 응급의료상황 등 환자의 진료 상황이나 의약품의 성질상 그 약제의 용기 또는 포장에 적는 것이 어려운 경우로서 보건복지부령으로 정하는 경우에는 그러하지 아니하다.(2016.5.29 본항신설)
제18조의2【의약품정보의 확인】 ① 의사 및 치과의사는 제18조에 따른 처방전을 작성하거나 「약사법」 제23조제4항에 따라 의약품을 자신이 직접 조제하는 경우에는 다음 각 호의 정보(이하 "의약품정보"라 한다)를 미리 확인하여야 한다.
1. 환자에게 처방 또는 투여되고 있는 의약품과 동일한 성분의 의약품인지 여부
2. 식품의약품안전처장이 병용금기, 특정연령대 금기 또는 임부금기 등으로 고시한 성분이 포함되는지 여부
3. 그 밖에 보건복지부령으로 정하는 정보

② 제1항에도 불구하고 의사 및 치과의사는 급박한 응급의료상황 등 의약품정보를 확인할 수 없는 정당한 사유가 있을 때에는 이를 확인하지 아니할 수 있다.
③ 제1항에 따른 의약품정보의 확인방법·절차, 제2항에 따른 의약품정보를 확인할 수 없는 정당한 사유 등은 보건복지부령으로 정한다.
(2015.12.29 본조신설)

제19조【정보 누설 금지】 ① 의료인이나 의료기관 종사자는 이 법이나 다른 법령에 특별히 규정된 경우 외에는 의료·조산 또는 간호업무나 제17조에 따른 진단서·검안서·증명서 작성·교부 업무, 제18조에 따른 처방전 작성·교부 업무, 제21조에 따른 진료기록 열람·사본 교부 업무, 제22조제2항에 따른 진료기록부등 보존 업무 및 제23조에 따른 전자의무기록 작성·보관·관리 업무를 하면서 알게 된 다른 사람의 정보를 누설하거나 발표하지 못한다.
② 제58조제2항에 따라 의료기관 인증에 관한 업무에 종사하는 자 또는 종사하였던 자는 그 업무를 하면서 알게 된 정보를 다른 사람에게 누설하거나 부당한 목적으로 사용하여서는 아니 된다.(2016.5.29 본항신설)
(2016.5.29 본조개정)

판례 이 법에서 누설을 금지하고 있는 '다른 사람의 비밀'은 당사자의 동의 없이는 원칙적으로 공개되어서는 안 되는 비밀영역으로 보호되어야 한다. 헌법 제10조는 인간의 존엄과 가치를 선언하고 있고, 헌법 제17조는 사생활의 비밀과 자유를 보장하고 있다. 따라서 모든 국민은 자신에 관한 정보를 스스로 통제할 수 있는 자기결정권과 사생활이 함부로 공개되지 않고 사적 영역의 평온과 비밀을 요구할 수 있는 권리를 갖는다. 이러한 보호의 필요성은 환자가 나중에 사망하더라도 소멸하지 않는다. 따라서 이와 같은 비밀누설 금지의무는 환자가 사망한 후에도 그 본질적인 내용이 변한다고 볼 수 없다.(대판 2018.5.11, 2018도2844)

제20조【태아 성 감별 행위 등 금지】 ① 의료인은 태아 성 감별을 목적으로 임부를 진찰하거나 검사하여서는 아니 되며, 같은 목적을 위한 다른 사람의 행위를 도와서도 아니 된다.
② 의료인은 임신 32주 이전에 태아나 임부를 진찰하거나 검사하면서 알게 된 태아의 성(性)을 임부, 임부의 가족, 그 밖의 다른 사람이 알게 하여서는 아니 된다.
(2009.12.31 본항개정)

제21조【기록 열람 등】 ① 환자는 의료인, 의료기관의 장 및 의료기관 종사자에게 본인에 관한 기록(추가기재·수정된 경우 추가기재·수정된 기록 및 추가기재·수정 전의 원본을 모두 포함한다. 이하 같다)의 전부 또는 일부에 대하여 열람 또는 그 사본의 발급 등 내용의 확인을 요청할 수 있다. 이 경우 의료인, 의료기관의 장 및 의료기관 종사자는 정당한 사유가 없으면 이를 거부하여서는 아니 된다.(2018.3.27 전단개정)
② 의료인, 의료기관의 장 및 의료기관 종사자는 환자가 아닌 다른 사람에게 환자에 관한 기록을 열람하게 하거나 그 사본을 내주는 등 내용을 확인할 수 있게 하여서는 아니 된다.(2016.12.20 본항개정)
③ 제2항에도 불구하고 의료인, 의료기관의 장 및 의료기관 종사자는 다음 각 호의 어느 하나에 해당하면 그 기록을 열람하게 하거나 그 사본을 교부하는 등 그 내용을 확인할 수 있게 하여야 한다. 다만, 의사·치과의사 또는 한의사가 환자의 진료를 위하여 불가피하다고 인정한 경우에는 그러하지 아니하다.(2016.12.20 본문개정)
1. 환자의 배우자, 직계 존속·비속, 형제·자매(환자의 배우자 및 직계 존속·비속, 배우자의 직계존속이 모두 없는 경우에 한정한다) 또는 배우자의 직계 존속이 환자 본인의 동의서와 친족관계임을 나타내는 증명서 등을 첨부하는 등 보건복지부령으로 정하는 요건을 갖추어 요청한 경우(2016.5.29 본호개정)
2. 환자가 지정하는 대리인이 환자 본인의 동의서와 대리권이 있음을 증명하는 서류를 첨부하는 등 보건복지부령으로 정하는 요건을 갖추어 요청한 경우
(2010.1.18 본호개정)
3. 환자가 사망하거나 의식이 없는 등 환자의 동의를 받을 수 없어 환자의 배우자, 직계 존속·비속, 형제·자매(환자의 배우자 및 직계 존속·비속, 배우자의 직계 존속이 모두 없는 경우에 한정한다) 또는 배우자의 직계 존속이 친족관계임을 나타내는 증명서 등을 첨부하는 등 보건복지부령으로 정하는 요건을 갖추어 요청한 경우(2016.5.29 본호개정)
4. 「국민건강보험법」 제14조, 제47조, 제48조 및 제63조에 따라 급여비용 심사·지급·대상여부 확인·사후관리 및 요양급여의 적정성 평가·가감지급 등을 위하여 국민건강보험공단 또는 건강보험심사평가원에 제공하는 경우(2011.12.31 본호개정)
5. 「의료급여법」 제5조, 제11조, 제11조의3 및 제33조에 따라 의료급여 수급권자 확인, 급여비용의 심사·지급, 사후관리 등 의료급여 업무를 위하여 보장기관(시·군·구), 국민건강보험공단, 건강보험심사평가원에 제공하는 경우
6. 「형사소송법」 제106조, 제215조 또는 제218조에 따른 경우
6의2. 「군사법원법」 제146조, 제254조 또는 제257조에 따른 경우(2020.3.4 본호신설)
7. 「민사소송법」 제347조에 따라 문서제출을 명한 경우
8. 「산업재해보상보험법」 제118조에 따라 근로복지공단이 보험급여를 받는 근로자를 진료한 산재보험 의료기관(의사를 포함한다)에 대하여 그 근로자의 진료에 관한 보고 또는 서류 등 제출을 요구하거나 조사하는 경우
9. 「자동차손해배상 보장법」 제12조제2항 및 제14조에 따라 의료기관으로부터 자동차보험진료수가를 청구받은 보험회사등이 그 의료기관에 대하여 관계 진료기록의 열람을 청구한 경우
10. 「병역법」 제11조의2에 따라 지방병무청장이 병역판정검사와 관련하여 질병 또는 심신장애의 확인을 위하여 필요하다고 인정하여 의료기관의 장에게 병역판정검사대상자의 진료기록·치료 관련 기록의 제출을 요구한 경우(2016.5.29 본호개정)
11. 「학교안전사고 예방 및 보상에 관한 법률」 제42조에 따라 공제회가 공제급여의 지급 여부를 결정하기 위하여 필요하다고 인정하여 「국민건강보험법」 제42조에 따른 요양기관에 대하여 관계 진료기록의 열람 또는 필요한 자료의 제출을 요청하는 경우(2011.12.31 본호개정)
12. 「고엽제후유의증 등 환자지원 및 단체설립에 관한 법률」 제7조제3항에 따라 의료기관의 장이 진료기록 및 임상소견서를 보훈병원장에게 보내는 경우
(2015.12.22 본호개정)
13. 「의료사고 피해구제 및 의료분쟁 조정 등에 관한 법률」 제28조제1항 또는 제3항에 따른 경우
(2015.12.29 본호개정)
14. 「국민연금법」 제123조에 따라 국민연금공단이 부양가족연금, 장애연금 및 유족연금 급여의 지급심사와 관련하여 가입자 또는 가입자였던 사람을 진료한 의료기관에 해당 진료에 관한 사항의 열람 또는 사본 교부를 요청하는 경우(2012.2.1 본호신설)
14의2. 다음 각 목의 어느 하나에 따라 공무원 또는 공무원이었던 사람을 진료한 의료기관에 해당 진료에 관한 사항의 열람 또는 사본 교부를 요청하는 경우
가. 「공무원연금법」 제92조에 따라 인사혁신처장이 퇴직유족급여 및 비공무상장해급여와 관련하여 요청하는 경우
나. 「공무원연금법」 제93조에 따라 공무원연금공단이 퇴직유족급여 및 비공무상장해급여와 관련하여 요청하는 경우
다. 「공무원 재해보상법」 제57조 및 제58조에 따라 인사혁신처장(같은 법 제61조에 따라 업무를 위탁받은 자를 포함한다)이 요양급여, 재활급여, 장해급여, 간병급여 및 재해유족급여와 관련하여 요청하는 경우
(2018.3.20 본호개정)
14의3. 「사립학교교직원 연금법」 제19조제4항제4호의2에 따라 사립학교교직원연금공단이 요양급여, 장해급여 및 재해유족급여의 지급심사와 관련하여 교직원 또는 교직원이었던 자를 진료한 의료기관에 해당 진료에 관한 사항의 열람 또는 사본 교부를 요청하는 경우
(2018.8.14 본호신설)
14의4. 다음 각 목의 어느 하나에 따라 군인 또는 군인이었던 사람을 진료한 의료기관에 해당 진료에 관한 사항의 열람 또는 사본 교부를 요청하는 경우
가. 「군인연금법」 제54조제2항에 따라 국방부장관이 퇴직유족급여와 관련하여 요청하는 경우
나. 「군인 재해보상법」 제52조제2항에 따라 국방부장관(같은 법 제54조에 따라 권한을 위임받거나 업무를 위탁받은 자를 포함한다)이 공무상요양비, 장해급여 및 재해유족급여와 관련하여 요청하는 경우
(2023.10.31 본호신설)
15. 「장애인복지법」 제32조제7항에 따라 대통령령으로 정하는 공공기관의 장이 장애 정도에 관한 심사와 관련하여 장애인 등록을 신청한 사람 및 장애인으로 등록한 사람을 진료한 의료기관에 해당 진료에 관한 사항의 열람 또는 사본 교부를 요청하는 경우(2015.12.29 본호신설)
16. 「감염병의 예방 및 관리에 관한 법률」 제18조의4 및 제29조에 따라 질병관리청장, 시·도지사 또는 시장·군수·구청장이 감염병의 역학조사 및 예방접종에 관한 역학조사를 위하여 필요하다고 인정하여 의료기관의 장에게 감염병환자등의 진료기록 및 예방접종을 받은 사람의 예방접종 후 이상반응에 관한 진료기록의 제출을 요청하는 경우(2020.8.11 본호개정)
17. 「국가유공자 등 예우 및 지원에 관한 법률」 제74조의8 제1항제7호에 따라 보훈심사위원회가 보훈심사와 관련하여 보훈심사대상자를 진료한 의료기관에 해당 진료에 관한 사항의 열람 또는 사본 교부를 요청하는 경우
(2020.3.4 본호신설)
18. 「한국보훈복지의료공단법」 제24조의2에 따라 한국보훈복지의료공단이 같은 법 제6조제1호에 따른 국가유공자등에 대한 진료기록등의 제공을 요청하는 경우
(2020.12.29 본호신설)
19. 「군인사법」 제54조의6에 따라 중앙전공사상심사위원회 또는 보통전공사상심사위원회가 전공사상 심사와 관련하여 전사자등을 진료한 의료기관에 대하여 해당 진료에 관한 사항의 열람 또는 사본 교부를 요청하는 경우(2023.10.31 본호신설)
④ 진료기록을 보관하고 있는 의료기관이나 진료기록이 이관된 보건소에 근무하는 의사·치과의사 또는 한의사는 자신이 직접 진료하지 아니한 환자의 과거 진료 내용의 확인 요청을 받은 경우에는 진료기록을 근거로 하여 사실을 확인하여 줄 수 있다.(2009.1.30 본항신설)
⑤ 제1항, 제3항 또는 제4항의 경우 의료인, 의료기관의 장 및 의료기관 종사자는 「전자서명법」에 따른 전자서명이 기재된 전자문서를 제공하는 방법으로 환자 또는 환자가 아닌 다른 사람에게 기록의 내용을 확인하게 할 수 있다.(2020.3.4 본항개정)
(2009.1.30 본조개정)

제21조의2【진료기록의 송부 등】 ① 의료인 또는 의료기관의 장은 다른 의료인 또는 의료기관의 장으로부터 제22조 또는 제23조에 따른 진료기록의 내용 확인이나 진료기록의 사본 및 환자의 진료경과에 대한 소견 등을 송부 또는 전송할 것을 요청받은 경우 해당 환자나 환자 보호자의 동의를 받아 그 요청에 응하여야 한다. 다만, 해당 환자의 의식이 없거나 응급환자인 경우 또는 환자의 보호자가 없어 동의를 받을 수 없는 경우에는 환자나 환자 보호자의 동의 없이 송부 또는 전송할 수 있다.
② 의료인 또는 의료기관의 장이 응급환자를 다른 의료기관에 이송하는 경우에는 지체 없이 내원 당시 작성된 진료기록의 사본 등을 이송하여야 한다.
③ 보건복지부장관은 제1항 및 제2항에 따른 진료기록의 사본 및 진료경과에 대한 소견 등의 전송 업무를 지원하기 위하여 전자정보시스템(이하 이 조에서 "진료기록전송지원시스템"이라 한다)을 구축·운영할 수 있다.
④ 보건복지부장관은 진료기록전송지원시스템의 구축·운영을 대통령령으로 정하는 바에 따라 관계 전문기관에 위탁할 수 있다. 이 경우 보건복지부장관은 그 소요 비용의 전부 또는 일부를 지원할 수 있다.
⑤ 제4항에 따라 업무를 위탁받은 전문기관은 다음 각 호의 사항을 준수하여야 한다.
1. 진료기록전송지원시스템이 보유한 정보의 누출, 변조, 훼손 등을 방지하기 위하여 접근 권한자의 지정, 방화벽의 설치, 암호화 소프트웨어의 활용, 접속기록 보관 등 대통령령으로 정하는 바에 따라 안전성 확보에 필요한 기술적·관리적 조치를 할 것
2. 진료기록전송지원시스템 운영 업무를 다른 기관에 재위탁하지 아니할 것
3. 진료기록전송지원시스템이 보유한 정보를 제3자에게 임의로 제공하거나 유출하지 아니할 것
⑥ 보건복지부장관은 의료인 또는 의료기관의 장에게 보건복지부령으로 정하는 바에 따라 제1항 본문에 따른 환자나 환자 보호자의 동의에 관한 자료 등 진료기록전송지원시스템의 구축·운영에 필요한 자료의 제출을 요구하고 제출받은 목적의 범위에서 보유·이용할 수 있다. 이 경우 자료 제출을 요구받은 자는 정당한 사유가 없으면 이에 따라야 한다.
⑦ 그 밖에 진료기록전송지원시스템의 구축·운영 등에 필요한 사항은 보건복지부령으로 정한다.
⑧ 누구든지 정당한 사유 없이 진료기록전송지원시스템에 저장된 정보를 누출·변조 또는 훼손하여서는 아니 된다.
⑨ 진료기록전송지원시스템의 구축·운영에 관하여 이 법에서 규정된 것을 제외하고는 「개인정보 보호법」에 따른다.
(2016.12.20 본조신설)

제2절 권리와 의무

제22조【진료기록부 등】 ① 의료인은 각각 진료기록부, 조산기록부, 간호기록부, 그 밖의 진료에 관한 기록(이하 "진료기록부등"이라 한다)을 갖추어 두고 환자의 주된 증상, 진단 및 치료 내용 등 보건복지부령으로 정하는 의료행위에 관한 사항과 의견을 상세히 기록하고 서명하여야 한다.(2013.4.5 본항개정)
② 의료인이나 의료기관 개설자는 진료기록부등[제23조제1항에 따른 전자의무기록(電子醫務記錄)을 포함하며, 추가기재·수정된 경우 추가기재·수정된 진료기록부등 및 추가기재·수정 전의 원본을 모두 포함한다. 이하 같다]을 보건복지부령으로 정하는 바에 따라 보존하여야 한다.(2018.3.27 본항개정)
③ 의료인은 진료기록부등을 거짓으로 작성하거나 고의로 사실과 다르게 추가기재·수정하여서는 아니 된다.
(2011.4.7 본항신설)
④ 보건복지부장관은 의료인이 진료기록부등에 기록하는 질병명, 검사명, 약제명 등 의학용어와 진료기록부등의 서식 및 세부내용에 관한 표준을 마련하여 고시하고 의료인 또는 의료기관 개설자에게 그 준수를 권고할 수 있다.(2019.8.27 본항신설)

제23조【전자의무기록】 ① 의료인이나 의료기관 개설자는 제22조의 규정에도 불구하고 진료기록부등을 「전자서명법」에 따른 전자서명이 기재된 전자문서(이하 "전자의무기록"이라 한다)로 작성·보관할 수 있다.
② 의료인이나 의료기관 개설자는 보건복지부령으로 정하는 바에 따라 전자의무기록을 안전하게 관리·보존하는 데에 필요한 시설과 장비를 갖추어야 한다.
(2010.1.18 본항개정)
③ 누구든지 정당한 사유 없이 전자의무기록에 저장된 개인정보를 탐지하거나 누출·변조 또는 훼손하여서는 아니 된다.

④ 의료인이나 의료기관 개설자는 전자의무기록에 추가기재·수정을 한 경우 보건복지부령으로 정하는 바에 따라 접속기록을 별도로 보관하여야 한다.(2018.3.27 본항신설)

제23조의2【전자의무기록의 표준화 등】 ① 보건복지부장관은 전자의무기록이 효율적이고 통일적으로 관리·활용될 수 있도록 기록의 작성, 관리 및 보존에 필요한 전산정보처리시스템(이하 이 조에서 "전자의무기록시스템"이라 한다), 시설, 장비 및 기록 서식 등에 관한 표준을 정하여 고시하고 전자의무기록시스템을 제조·공급하는 자, 의료인 또는 의료기관 개설자에게 그 준수를 권고할 수 있다.
② 보건복지부장관은 전자의무기록시스템이 제1항에 따른 표준, 전자의무기록시스템 간 호환성, 정보 보안 등 대통령령으로 정하는 인증 기준에 적합한 경우에는 인증을 할 수 있다.
③ 제2항에 따라 인증을 받은 자는 대통령령으로 정하는 바에 따라 인증의 내용을 표시할 수 있다. 이 경우 인증을 받지 아니한 자는 인증의 표시 또는 이와 유사한 표시를 하여서는 아니 된다.
④ 보건복지부장관은 다음 각 호의 어느 하나에 해당하는 경우에는 제2항에 따른 인증을 취소할 수 있다. 다만, 제1호에 해당하는 경우에는 인증을 취소하여야 한다.
1. 거짓이나 그 밖의 부정한 방법으로 인증을 받은 경우
2. 제2항에 따른 인증 기준에 미달하게 된 경우
⑤ 보건복지부장관은 전자의무기록시스템의 기술 개발 및 활용을 촉진하기 위한 사업을 할 수 있다.
⑥ 제1항에 따른 표준의 대상, 제2항에 따른 인증의 방법·절차 등에 필요한 사항은 대통령령으로 정한다.
(2016.12.20 본조신설)

제23조의3【진료정보 침해사고의 통지】 ① 의료인 또는 의료기관 개설자는 전자의무기록에 대한 전자적 침해행위로 진료정보가 유출되거나 의료기관의 업무가 교란·마비되는 등 대통령령으로 정하는 사고(이하 "진료정보 침해사고"라 한다)가 발생한 때에는 보건복지부장관에게 즉시 그 사실을 통지하여야 한다.
② 보건복지부장관은 제1항에 따라 진료정보 침해사고의 통지를 받거나 진료정보 침해사고가 발생한 사실을 알게 되면 이를 관계 행정기관에 통보하여야 한다.
(2019.8.27 본조신설)

제23조의4【진료정보 침해사고의 예방 및 대응 등】 ① 보건복지부장관은 진료정보 침해사고의 예방 및 대응을 위하여 다음 각 호의 업무를 수행한다.
1. 진료정보 침해사고에 관한 정보의 수집·전파
2. 진료정보 침해사고의 예보·경보
3. 진료정보 침해사고에 대한 긴급조치
4. 전자의무기록에 대한 전자적 침해행위의 탐지·분석
5. 그 밖에 진료정보 침해사고 예방 및 대응을 위하여 대통령령으로 정하는 사항
② 보건복지부장관은 제1항에 따른 업무의 전부 또는 일부를 전문기관에 위탁할 수 있다.
③ 제1항에 따른 업무를 수행하는 데 필요한 절차 및 방법, 제2항에 따른 업무의 위탁 절차 등에 필요한 사항은 보건복지부령으로 정한다.
(2019.8.27 본조신설)

제23조의5【부당한 경제적 이익등의 취득 금지】 ① 의료인, 의료기관 개설자(법인의 대표자, 이사, 그 밖에 이에 종사하는 자를 포함한다. 이하 이 조에서 같다) 및 의료기관 종사자는 「약사법」 제47조제2항에 따른 의약품공급자로부터 의약품 채택·처방유도·거래유지 등 판매촉진을 목적으로 제공되는 금전, 물품, 편익, 노무, 향응, 그 밖의 경제적 이익(이하 "경제적 이익등"이라 한다)을 받거나 의료기관으로 하여금 받게 하여서는 아니 된다. 다만, 견본품 제공, 학술대회 지원, 임상시험 지원, 제품설명회, 대금결제조건에 따른 비용할인, 시판 후 조사 등의 행위(이하 "견본품 제공등의 행위"라 한다)로서 보건복지부령으로 정하는 범위 안의 경제적 이익등인 경우에는 그러하지 아니하다.
② 의료인, 의료기관 개설자 및 의료기관 종사자는 「의료기기법」 제6조에 따른 제조업자, 같은 법 제15조에 따른 의료기기 수입업자, 같은 법 제17조에 따른 의료기기 판매업자 또는 임대업자로부터 의료기기 채택·사용유도·거래유지 등 판매촉진을 목적으로 제공되는 경제적 이익등을 받거나 의료기관으로 하여금 받게 하여서는 아니 된다. 다만, 견본품 제공등의 행위로서 보건복지부령으로 정하는 범위 안의 경제적 이익등인 경우에는 그러하지 아니하다.
③ 의료인, 의료기관 개설자(의료기관을 개설하려는 자를 포함한다) 및 의료기관 종사자는 「약사법」 제24조의2에 따른 약국개설자로부터 처방전의 알선·수수·제공 또는 환자 유인의 목적으로 경제적 이익등을 요구·취득하거나 의료기관으로 하여금 받게 하여서는 아니 된다.
(2024.1.23 본항신설)
(2015.12.29 본조개정)

제24조【요양방법 지도】 의료인은 환자나 환자의 보호자에게 요양방법이나 그 밖에 건강관리에 필요한 사항을 지도하여야 한다.

제24조의2【의료행위에 관한 설명】 ① 의사·치과의사 또는 한의사는 사람의 생명 또는 신체에 중대한 위해를 발생하게 할 우려가 있는 수술, 수혈, 전신마취(이하 이 조에서 "수술등"이라 한다)를 하는 경우 제2항에 따른 사항을 환자(환자가 의사결정능력이 없는 경우 환자의 법정대리인을 말한다. 이하 이 조에서 같다)에게 설명하고 서면(전자문서를 포함한다. 이하 이 조에서 같다)으로 그 동의를 받아야 한다. 다만, 설명 및 동의 절차로 인하여 수술등이 지체되면 환자의 생명이 위험하여지거나 심신상의 중대한 장애를 가져오는 경우에는 그러하지 아니하다.
② 제1항에 따라 환자에게 설명하고 동의를 받아야 하는 사항은 다음 각 호와 같다.
1. 환자에게 발생하거나 발생 가능한 증상의 진단명
2. 수술등의 필요성, 방법 및 내용
3. 환자에게 설명을 하는 의사, 치과의사 또는 한의사 및 수술등에 참여하는 주된 의사, 치과의사 또는 한의사의 성명
4. 수술등에 따라 전형적으로 발생이 예상되는 후유증 또는 부작용
5. 수술등 전후 환자가 준수하여야 할 사항
③ 환자는 의사, 치과의사 또는 한의사에게 제1항에 따른 동의서 사본의 발급을 요청할 수 있다. 이 경우 요청을 받은 의사, 치과의사 또는 한의사는 정당한 사유가 없으면 이를 거부하여서는 아니 된다.
④ 제1항에 따라 동의를 받은 사항 중 수술등의 방법 및 내용, 수술등에 참여한 주된 의사, 치과의사 또는 한의사가 변경된 경우에는 변경 사유와 내용을 환자에게 서면으로 알려야 한다.
⑤ 제1항 및 제4항에 따른 설명, 동의 및 고지의 방법·절차 등 필요한 사항은 대통령령으로 정한다.
(2016.12.20 본조신설)

판례 환자가 의료행위에 응할 것인지 합리적으로 결정하기 위해서는 그 의료행위의 필요성과 위험성 등을 환자 스스로 숙고하고, 필요하다면 가족 등 주변 사람과 상의하고 결정할 수 있는 시간적 여유가 환자에게 주어져야 한다. 의사가 환자에게 의사를 결정하기에 충분한 시간을 주지 않고 의료행위에 관한 설명을 한 다음 곧바로 의료행위로 나아간다면 이는 환자가 의료행위에 응할 것인지 선택할 기회를 침해한 것으로서 의사의 설명의무가 이행되었다고 볼 수 없다.(대판 2022.1.27, 2021다265010)

제25조【신고】 ① 의료인은 대통령령으로 정하는 바에 따라 최초로 면허를 받은 후부터 3년마다 그 실태와 취업상황 등을 보건복지부장관에게 신고하여야 한다.
(2011.4.28 본항개정)
② 보건복지부장관은 제30조제3항의 보수교육을 이수하지 아니한 의료인에 대하여 제1항에 따른 신고를 반려할 수 있다.(2011.4.28 본항신설)
③ 보건복지부장관은 제1항에 따른 신고 수리 업무를 대통령령으로 정하는 바에 따라 관련 단체 등에 위탁할 수 있다.(2011.4.28 본항신설)

제26조【변사체 신고】 의사·치과의사·한의사 및 조산사는 사체를 검안하여 변사(變死)한 것으로 의심되는 때에는 사체의 소재지를 관할하는 경찰서장에게 신고하여야 한다.

제3절 의료행위의 제한

제27조【무면허 의료행위 등 금지】 ① 의료인이 아니면 누구든지 의료행위를 할 수 없으며 의료인도 면허된 것 이외의 의료행위를 할 수 없다. 다만, 다음 각 호의 어느 하나에 해당하는 자는 보건복지부령으로 정하는 범위에서 의료행위를 할 수 있다.(2010.1.18 단서개정)
1. 외국의 의료인 면허를 가진 자로서 일정 기간 국내에 체류하는 자
2. 의과대학, 치과대학, 한의과대학, 의학전문대학원, 치의학전문대학원, 한의학전문대학원, 종합병원 또는 외국 의료원조기관의 의료봉사 또는 연구 및 시범사업을 위하여 의료행위를 하는 자(2009.1.30 본호개정)
3. 의학·치과의학·한방의학 또는 간호학을 전공하는 학교의 학생
② 의료인이 아니면 의사·치과의사·한의사·조산사 또는 간호사 명칭이나 이와 비슷한 명칭을 사용하지 못한다.
③ 누구든지 「국민건강보험법」이나 「의료급여법」에 따른 본인부담금을 면제하거나 할인하는 행위, 금품 등을 제공하거나 불특정 다수인에게 교통편의를 제공하는 행위 등 영리를 목적으로 환자를 의료기관이나 의료인에게 소개·알선·유인하는 행위 및 이를 사주하는 행위를 하여서는 아니 된다. 다만, 다음 각 호의 어느 하나에 해당하는 행위는 할 수 있다.(2009.1.30 단서개정)
1. 환자의 경제적 사정 등을 이유로 개별적으로 관할 시장·군수·구청장의 사전승인을 받아 환자를 유치하는 행위(2009.1.30 본호신설)
2. 「국민건강보험법」 제109조에 따른 가입자나 피부양자가 아닌 외국인(보건복지부령으로 정하는 바에 따라 국내에 거주하는 외국인은 제외한다)환자를 유치하기 위한 행위(2011.12.31 본호개정)
④ 제3항제2호에도 불구하고 「보험업법」 제2조에 따른 보험회사, 상호회사, 보험설계사, 보험대리점 또는 보험중개사는 외국인환자를 유치하기 위한 행위를 하여서는 아니 된다.(2009.1.30 본항신설)
⑤ 누구든지 의료인이 아닌 자에게 의료행위를 하게 하거나 의료인에게 면허 사항 외의 의료행위를 하게 하여서는 아니 된다.(2020.12.29 본항개정)

판례 비뇨기과 의사인 피고인은 의료기기 판매업자로부터 발기부전 수술에 필요한 보형물을 구매하는 조건으로 의료기기 판매업자의 영업사원을 수술에 참여시켜 수술부위인 남성의 성기를 수술 도구를 이용하여 잡아 벌리거나 수술부위에 연결된 실이나 연결관을 잡아주는 행위 등을 하도록 하였다. 이와 같은 행위는 해당 영업사원이 수술과정에 직접 참여하는 것으로서, 그 행위의 성격이 진료를 보조하는 행위(즉, 간호사 등이 의사의 지도하에 수행할 수 있는 행위)인지 여부를 불문하고 의료인이 아니면 허용되지 아니하는 의료행위에 해당하므로 의료법 위반이다.(대판 2021.5.6, 2021도1769)

판례 무면허 의료행위를 금지하고 있는 의료법 제27조 제1항 등에 대하여 죄형법정주의의 명확성 원칙에 위반되지 아니하고, 실질적 비례의 원칙에 부합하여 청구인들의 직업선택의 자유 등을 침해하지 아니한다는 이유로 심판청구를 기각하는 결정을 선고하였다. 이에 대하여 의료행위의 태양에 따라 필요한 지식 및 기술의 정도나 위험성의 정도가 다름에도 불구하고 비의료인의 의료행위를 전면적으로 금지하는 것은, 위험성이 낮은 의료행위를 하려는 자의 직업선택의 자유를 과도하게 제한하는 것으로서 비의료인의 직업선택의 자유를 침해한다.(헌재결 2013.6.27, 2010헌마658)

판례 피고인들이 공모하여 보험회사와 방문검진 위탁계약을 체결한 후 고용된 간호사들로 하여금 보험가입자들의 주거에 방문하여 의사의 지도·감독 없이 문진, 신체계측 등을 하게 한 뒤 건강검진 결과서를 작성하여 보험회사에 통보하는 등 의료행위를 한 경우, 의사가 간호사에게 의료행위의 실시를 개별적으로 지시하거나 위임한 적이 없음에도 간호사가 본인의 주도 아래 전반적인 의료행위의 실시 여부를 결정하고, 이에 대한 실시 과정에도 의사가 지시, 관여하지 아니한 경우라면 이는 무면허의료행위에 해당한다.(대판 2012.5.10, 2010도5964)

제27조의2 (2015.12.22 삭제)

제4절 의료인 단체

제28조【중앙회와 지부】 ① 의사·치과의사·한의사·조산사 및 간호사는 대통령령으로 정하는 바에 따라 각각 전국적 조직을 두는 의사회·치과의사회·한의사회·조산사회 및 간호사회(이하 "중앙회"라 한다)를 각각 설립하여야 한다.
② 중앙회는 법인으로 한다.
③ 제1항에 따라 중앙회가 설립된 경우에는 의료인은 당연히 해당하는 중앙회의 회원이 되며, 중앙회의 정관을 지켜야 한다.
④ 중앙회에 관하여 이 법에 규정되지 아니한 사항에 대하여는 「민법」 중 사단법인에 관한 규정을 준용한다.
⑤ 중앙회는 대통령령으로 정하는 바에 따라 특별시·광역시·도와 특별자치도(이하 "시·도"라 한다)에 지부를 설치하여야 하며, 시·군·구(자치구만을 말한다. 이하 같다)에 분회를 설치할 수 있다. 다만, 그 외의 지부나 외국에 의사회 지부를 설치하려면 보건복지부장관의 승인을 받아야 한다.(2010.1.18 단서개정)
⑥ 중앙회가 지부나 분회를 설치한 때에는 그 지부나 분회의 책임자는 지체 없이 특별시장·광역시장·도지사·특별자치도지사(이하 "시·도지사"라 한다) 또는 시장·군수·구청장에게 신고하여야 한다.
⑦ 각 중앙회는 제66조의2에 따른 자격정지 처분 요구에 관한 사항 등을 심의·의결하기 위하여 윤리위원회를 둔다.(2011.4.28 본항신설)
⑧ 윤리위원회의 구성, 운영 등에 관한 사항은 대통령령으로 정한다.(2011.4.28 본항신설)

제29조【설립 허가 등】 ① 중앙회를 설립하려면 대표자는 대통령령으로 정하는 바에 따라 정관과 그 밖에 필요한 서류를 보건복지부장관에게 제출하여 설립 허가를 받아야 한다.(2010.1.18 본항개정)
② 중앙회의 정관에 적을 사항은 대통령령으로 정한다.
③ 중앙회가 정관을 변경하려면 보건복지부장관의 허가를 받아야 한다.(2010.1.18 본항개정)

제30조【협조 의무】 ① 중앙회는 보건복지부장관으로부터 의료와 국민보건 향상에 관한 협조 요청을 받으면 협조하여야 한다.(2010.1.18 본항개정)
② 중앙회는 보건복지부령으로 정하는 바에 따라 회원의 자질 향상을 위하여 필요한 보수(補修)교육을 실시하여야 한다.(2010.1.18 본항개정)
③ 의료인은 제2항에 따른 보수교육을 받아야 한다.

제31조 (2011.4.7 삭제)

제32조【감독】 보건복지부장관은 중앙회나 그 지부가 정관으로 정한 사업 외의 사업을 하거나 국민보건 향상에 장애가 되는 행위를 한 때 또는 제30조제1항에 따른 요청을 받고 협조하지 아니한 경우에는 정관을 변경하거나 임원을 새로 뽑을 것을 명할 수 있다.(2010.1.18 본조개정)

제3장 의료기관

제1절 의료기관의 개설

제33조【개설 등】 ① 의료인은 이 법에 따른 의료기관을 개설하지 아니하고는 의료업을 할 수 없으며, 다음 각 호의 어느 하나에 해당하는 경우 외에는 그 의료기관 내에서 의료업을 하여야 한다.
1. 「응급의료에 관한 법률」 제2조제1호에 따른 응급환자를 진료하는 경우
2. 환자나 환자 보호자의 요청에 따라 진료하는 경우
3. 국가나 지방자치단체의 장이 공익상 필요하다고 인정하여 요청하는 경우

保健環境

4. 보건복지부령으로 정하는 바에 따라 가정간호를 하는 경우(2010.1.18 본호개정)
5. 그 밖에 이 법 또는 다른 법령으로 특별히 정한 경우나 환자가 있는 현장에서 진료를 하여야 하는 부득이한 사유가 있는 경우

② 다음 각 호의 어느 하나에 해당하는 자가 아니면 의료기관을 개설할 수 없다. 이 경우 의사는 종합병원·병원·요양병원·정신병원 또는 의원을, 치과의사는 치과병원 또는 치과의원을, 한의사는 한방병원·요양병원 또는 한의원을, 조산사는 조산원만을 개설할 수 있다.
(2020.3.4 후단개정)
1. 의사, 치과의사, 한의사 또는 조산사
2. 국가나 지방자치단체
3. 의료업을 목적으로 설립된 법인(이하 "의료법인"이라 한다)
4. 「민법」이나 특별법에 따라 설립된 비영리법인
5. 「공공기관의 운영에 관한 법률」에 따른 준정부기관, 「지방의료원의 설립 및 운영에 관한 법률」에 따른 지방의료원, 「한국보훈복지의료공단법」에 따른 한국보훈복지의료공단(2009.1.30 본호개정)

③ 제2항에 따라 의원·치과의원·한의원 또는 조산원을 개설하려는 자는 보건복지부령으로 정하는 바에 따라 시장·군수·구청장에게 신고하여야 한다.(2010.1.18 본항개정)

④ 제2항에 따라 종합병원·병원·치과병원·한방병원·요양병원 또는 정신병원을 개설하려면 제33조의2에 따른 시·도 의료기관개설위원회의 심의를 거쳐 보건복지부령으로 정하는 바에 따라 시·도지사의 허가를 받아야 한다. 이 경우 시·도지사는 개설하려는 의료기관이 다음 각 호의 어느 하나에 해당하는 경우에는 개설허가를 할 수 없다.(2020.3.4 전단개정)
1. 제36조에 따른 시설기준에 맞지 아니하는 경우
2. 제60조제1항에 따른 기본시책과 같은 조 제2항에 따른 수급 및 관리계획에 적합하지 아니한 경우

(2019.8.27 1호~2호신설)

⑤ 제3항과 제4항에 따라 개설된 의료기관이 개설 장소를 이전하거나 개설에 관한 신고 또는 허가사항 중 보건복지부령으로 정하는 중요사항을 변경하려는 때에도 제3항 또는 제4항과 같다.(2010.1.18 본항개정)

⑥ 조산원을 개설하는 자는 반드시 지도의사(指導醫師)를 정하여야 한다.

⑦ 다음 각 호의 어느 하나에 해당하는 경우에는 의료기관을 개설할 수 없다.
1. 약국 시설 안이나 구내인 경우
2. 약국의 시설이나 부지 일부를 분할·변경 또는 개수하여 의료기관을 개설하는 경우
3. 약국과 전용 복도·계단·승강기 또는 구름다리 등의 통로가 설치되어 있거나 이런 것들을 설치하여 의료기관을 개설하는 경우
4. 「건축법」 등 관계 법령에 따라 허가를 받지 아니하거나 신고를 하지 아니하고 건축 또는 증축·개축한 건축물에 의료기관을 개설하는 경우(2019.8.27 본호신설)

⑧ 제2항제1호의 의료인은 어떠한 명목으로도 둘 이상의 의료기관을 개설·운영할 수 없다. 다만, 2 이상의 의료인 면허를 소지한 자가 의원급 의료기관을 개설하려는 경우에는 하나의 장소에 한하여 면허 종별에 따른 의료기관을 함께 개설할 수 있다.(2012.2.1 본문개정)

⑨ 의료법인 및 제2항제4호에 따른 비영리법인(이하 이 조에서 "의료법인등"이라 한다)이 의료기관을 개설하려면 그 법인의 정관에 개설하고자 하는 의료기관의 소재지를 기재하여 대통령령으로 정하는 바에 따라 정관의 변경허가를 얻어야 한다(의료법인등을 설립할 때에는 설립 허가를 말한다. 이하 이 항에서 이와 같다). 이 경우 그 법인의 주무관청은 정관의 변경허가를 하기 전에 그 법인이 개설하고자 하는 의료기관이 소재하는 시·도지사 또는 시장·군수·구청장과 협의하여야 한다.
(2015.12.29 본항신설)

⑩ 의료기관을 개설·운영하는 의료법인등은 다른 자에게 그 법인의 명의를 빌려주어서는 아니 된다.
(2015.12.29 본항신설)
(2012.2.1 본조제목개정)

판례 의료기관 내에서만 행하여야 하는 의료업의 범위 : 의료법 제33조에서 '의료기관 내에서 의료업을 해야 한다'는 규정은 '진료, 검안, 처방, 투약 등을 시행하는 질병의 예방 또는 치료행위 등의 의료행위가 모두 의료기관 내에서 환자와 대면해 행해져야 한다'는 것을 의미한다. 따라서 현직 한의사가 전화상의 문진을 통해 환자에게 다이어트 한약을 처방했다면 비록 한의사가 직접 환자와 전화로 상담했고, 환자 상태에 맞는 처방에 관한 판단을 의료기관 내에서 했으며, 그에 필요한 약은 모두 의료기관 내에 보관된 것을 사용하는 등 의료행위의 주요 부분이 의료기관에서 이뤄졌다 하더라도 이는 위법한 의료행위이다.(대판 2020.12.3, 2016도309)

판례 이 법이 금지하는 중복운영방식은 주로 1인의 의료인이 주도적인 지위에서 여러 개의 의료기관을 지배·관리하는 형태이다. 이러한 형태의 중복운영은 의료행위에 외부적인 요인을 개입하게 하고, 의료기관의 운영주체와 실제 의료행위를 하는 의료인을 분리시켜 실제 의료행위를 하는 의료인이 다른 의료인에게 종속되게 하며, 지나친 영리추구로 나아갈 우려도 크다. 그 외에 의료의 중요성, 우리나라의 취약한 공공의료의 실태, 의료인이 여러 개의 의료기관을 운영할 때 의료계 및 국민건강보험 재정 등 국민보건 전반에 미치는 영향, 국가가 국민의 건강을 보호하고 적정한 의료급여를 보장해야 하는 사회국가적 의무 등을 종합하여 볼 때, 이 사건 법률조항은 과잉금지원칙에 반한다고 할 수 없다.(헌재결 2019.8.29, 2014헌바212, 2014헌가15, 2015헌마561, 2016헌바21(병합))

판례 이 법에서 정신병원 등의 개설에 관해서는 허가제로, 정신과의원 개설에 관해서는 신고제로 각각 규정하고 있는 것은 법령에서 정하고 있는 요건 이외의 사유를 들어 그 신고 수리를 반려하는 것을 원칙적으로 배제함으로써 개설 주체가 신속하게 해당 의료기관을 개설할 수 있도록 하기 위한 것이다. 따라서 법령에 정한 요건을 모두 갖춰 정신과의원 개설신고를 했음에도 불구하고 정신과의원 개설신고에 관한 법령상 요건에 해당하지 않는 '공공복리' 등의 이유를 내세워 정신과의원의 개설신고 수리를 거부한 것은 위법하다.
(대판 2018.10.25, 2018두44302)

판례 한 명의 의료인이 둘 이상의 의료기관에 대하여 그 존폐·이전, 의료행위 시행 여부, 자금 조달, 인력·시설·장비의 충원과 관리, 운영성과의 귀속·배분 등의 경영사항에 관하여 의사결정 권한을 보유하면서 관련 업무를 처리했다면 의료기관의 중복 운영에 해당한다.(대판 2018.7.12, 2018도3672)

판례 의료법이 원칙적으로 의료인이 개설한 의료기관 내에서 의료업을 영위하도록 한 것은 의료행위가 의료기관 밖에서 행하여질 경우 의료의 질 저하와 적정 진료를 받을 환자의 권리 침해 등으로 인해 의료질서가 문란하게 되고, 국민의 보건위생에 심각한 위험을 초래하게 되는 것을 사전에 방지하고자 하는 보건의료정책상의 필요성에 의한 것인 점, 진료는 의료인이 아니면 할 수 없는 의료행위의 일종으로서 의료행위가 의료인이 의학적 전문지식을 기초로 하는 경험과 기능으로 진료, 검안, 처방, 투약 또는 외과적 시술을 시행하여 하는 질병의 예방 또는 치료행위 등을 의미하고, 의료인은 위와 같은 의료행위를 할 때 사람의 생명·신체·건강을 관리하는 업무의 성질상 환자의 구체적인 증상이나 상황에 따라 위험을 방지하기 위하여 요구되는 최선의 조치를 취하여야 할 주의의무를 부담하고 있으므로, 환자나 환자 보호자의 요청을 받은 의료인으로서는 최선의 의료행위를 하기 위해서 해당 환자의 증상이나 상황 등을 미리 숙지하여 대비하고 환자의 진료에 필요한 기구, 장비 등을 구비한 다음 그 환자가 있는 장소를 방문하여 진료행위를 할 필요가 있는 점 등을 감안하여 볼 때, 의료법 제33조 제1항 제2호가 정한 '환자나 환자 보호자의 요청에 따라 진료하는 경우'란 특별한 사정이 없는 한 특정 환자에 대한 개별적이고 구체적인 요청에 응하여 이루어지는 진료를 의미한다고 해석하는 것이 타당하다.(대판 2011.4.14, 2010두26315)

제33조의2【의료기관개설위원회 설치 등】 ① 제33조제4항에 따른 의료기관 개설 허가에 관한 사항을 심의하기 위하여 시·도지사 소속으로 의료기관개설위원회를 둔다.

② 제1항의 의료기관개설위원회의 위원은 제28조에 따른 의사회·치과의사회·한의사회·조산사회 및 간호사회의 의료인으로서 경험이 풍부한 사람과 제52조에 따른 의료기관단체의 회원으로서 해당 지역 내 의료기관의 개설·운영 등에 관한 경험이 풍부한 사람으로 한다.

③ 의료기관개설위원회의 구성과 운영에 필요한 사항과 그 밖에 필요한 사항은 보건복지부령으로 정한다.
(2020.3.4 본조신설)

제33조의3【실태조사】 ① 보건복지부장관은 제33조제2항을 위반하여 의료기관을 개설할 수 없는 자가 개설·운영하는 의료기관의 실태를 파악하기 위하여 보건복지부령으로 정하는 바에 따라 조사(이하 이 조에서 "실태조사"라 한다)를 실시하고, 위법이 확정된 경우 그 결과를 공표하여야 한다. 이 경우 수사기관의 수사로 제33조제2항을 위반한 의료기관의 위법이 확정된 경우도 공표 대상에 포함한다.

② 보건복지부장관은 실태조사를 위하여 관계 중앙행정기관의 장, 지방자치단체의 장, 관련 기관·법인 또는 단체 등에 협조를 요청할 수 있다. 이 경우 요청을 받은 자는 특별한 사정이 없으면 이에 협조하여야 한다.

③ 실태조사의 시기·방법 및 결과 공표의 방법 등에 관하여 필요한 사항은 보건복지부령으로 정한다.
(2020.12.29 본조신설)

제34조【원격의료】 ① 의료인(의료업에 종사하는 의사·치과의사·한의사만 해당한다)은 제33조제1항에도 불구하고 컴퓨터·화상통신 등 정보통신기술을 활용하여 먼 곳에 있는 의료인에게 의료지식이나 기술을 지원하는 원격의료(이하 "원격의료"라 한다)를 할 수 있다.

② 원격의료를 행하거나 받으려는 자는 보건복지부령으로 정하는 시설과 장비를 갖추어야 한다.(2010.1.18 본항개정)

③ 원격의료를 하는 자(이하 "원격지의사"라 한다)는 환자를 직접 대면하여 진료하는 경우와 같은 책임을 진다.

④ 원격지의사의 원격의료에 따라 의료행위를 한 의료인이 의사·치과의사 또는 한의사(이하 "현지의사"라 한다)인 경우에는 그 의료행위에 대하여 원격지의사의 과실을 인정할 만한 명백한 근거가 없으면 환자에 대한 책임은 제3항에도 불구하고 현지의사에게 있는 것으로 본다.

제35조【의료기관 개설 특례】 ① 제33조제1항·제2항 및 제8항에 따른 자 외의 자가 그 소속 직원, 종업원, 그 밖의 구성원(수용자를 포함한다)이나 그 가족의 건강관리를 위하여 부속 의료기관을 개설하려면 그 개설 장소를 관할하는 시장·군수·구청장에게 신고하여야 한다. 다만, 부속 의료기관으로 병원급 의료기관을 개설하려면 그 개설 장소를 관할하는 시·도지사의 허가를 받아야 한다.(2009.1.30 본항개정)

② 제1항에 따른 개설 신고 및 허가에 관한 절차·조건, 그 밖에 필요한 사항과 그 의료기관의 운영에 필요한 사항은 보건복지부령으로 정한다.(2010.1.18 본항개정)

제36조【준수사항】 제33조제2항 및 제8항에 따라 의료기관을 개설하는 자는 보건복지부령으로 정하는 바에 따라 다음 각 호의 사항을 지켜야 한다.(2010.1.18 본문개정)
1. 의료기관의 종류에 따른 시설기준 및 규격에 관한 사항
2. 의료기관의 안전관리시설 기준에 관한 사항
3. 의료기관 및 요양병원의 운영 기준에 관한 사항
4. 고가의료장비의 설치·운영 기준에 관한 사항
5. 의료기관의 종류에 따른 의료인 등의 정원 기준에 관한 사항
6. 급식관리 기준에 관한 사항
7. 의료기관의 위생 관리에 관한 사항(2016.5.29 본호신설)
8. 의료기관의 의약품 및 일회용 의료기기의 사용에 관한 사항(2020.3.4 본호개정)
9. 의료기관의 「감염병의 예방 및 관리에 관한 법률」 제41조제4항에 따른 감염병환자등의 진료 기준에 관한 사항
(2016.5.29 본호신설)
10. 의료기관 내 수술실, 분만실, 중환자실 등 감염관리가 필요한 시설의 출입 기준에 관한 사항(2019.4.23 본호신설)
11. 의료인 및 환자 안전을 위한 보안장비 설치 및 보안인력 배치 등에 관한 사항(2019.4.23 본호신설)
12. 의료기관의 신체보호대 사용에 관한 사항(2019.8.27 본호신설)
13. 의료기관의 의료관련감염 예방에 관한 사항(2020.3.4 본호신설)
14. 종합병원과 요양병원의 임종실 설치에 관한 사항
(2023.10.31 본호신설)

제36조의2【공중보건의사 등의 고용금지】 ① 의료기관 개설자는 「농어촌 등 보건의료를 위한 특별조치법」 제5조의2에 따른 배치기관 및 배치시설이나 같은 법 제6조의2에 따른 파견근무기관 및 시설이 아니면 같은 법 제2조제1호의 공중보건의사에게 의료행위를 하게 하거나, 제41조제1항에 따른 당직의료인으로 두어서는 아니 된다.

② 의료기관 개설자는 「병역법」 제34조의2제2항에 따라 군병원 또는 병무청장이 지정하는 병원에서 직무와 관련된 수련을 실시하는 경우가 아니면 같은 법 제2조제14호의 병역판정검사전담의사에게 의료행위를 하게 하거나 제41조제1항에 따른 당직의료인으로 두어서는 아니 된다.(2018.3.27 본항신설)
(2018.3.27 본조제목개정)
(2016.12.20 본조개정)

제37조【진단용 방사선 발생장치】 ① 진단용 방사선 발생장치를 설치·운영하려는 의료기관은 보건복지부령으로 정하는 바에 따라 시장·군수·구청장에게 신고하여야 하며, 보건복지부령으로 정하는 안전관리기준에 맞도록 설치·운영하여야 한다.

② 의료기관 개설자나 관리자는 진단용 방사선 발생장치를 설치한 경우에는 보건복지부령으로 정하는 바에 따라 안전관리책임자를 선임하고, 정기적으로 검사와 측정을 받아야 하며, 방사선 관계 종사자에 대한 피폭관리(被曝管理)를 하여야 한다.

③ 제2항에 따라 안전관리책임자로 선임된 사람은 선임된 날부터 1년 이내에 질병관리청장이 지정하는 방사선 분야 관련 단체(이하 이 조에서 "안전관리책임자 교육기관"이라 한다)가 실시하는 안전관리책임자 교육을 받아야 하며, 주기적으로 보수교육을 받아야 한다.
(2020.12.29 본항신설)

④ 제1항과 제2항에 따른 진단용 방사선 발생장치의 범위·신고·검사·설치 및 측정기준 등에 필요한 사항은 보건복지부령으로 정하고, 제3항에 따른 안전관리책임자 교육 및 안전관리책임자 교육기관의 지정에 필요한 사항은 질병관리청장이 정하여 고시한다.(2020.12.29 본항개정)
(2010.1.18 본조개정)

제38조【특수의료장비의 설치·운영】 ① 의료기관은 보건의료 시책상 적정한 설치와 활용이 필요하여 보건복지부장관이 정하여 고시하는 의료장비(이하 "특수의료장비"라 한다)를 설치·운영하려면 보건복지부령으로 정하는 바에 따라 시장·군수·구청장에게 등록하여야 하며, 보건복지부령으로 정하는 설치인정기준에 맞게 설치·운영하여야 한다.(2012.2.1 본항개정)

② 의료기관의 개설자나 관리자는 제1항에 따라 특수의료장비를 설치하면 보건복지부령으로 정하는 바에 따라 보건복지부장관에게 정기적인 품질관리검사를 받아야 한다.(2010.1.18 본항개정)

③ 의료기관의 개설자나 관리자는 제2항에 따른 품질관리검사에서 부적합하다고 판정받은 특수의료장비를 사용하여서는 아니 된다.

④ 보건복지부장관은 제2항에 따른 품질관리검사업무의 전부 또는 일부를 보건복지부령으로 정하는 바에 따라 관계 전문기관에 위탁할 수 있다.(2010.1.18 본항개정)

제38조의2【수술실 내 폐쇄회로 텔레비전의 설치·운영】 ① 전신마취 등 환자의 의식이 없는 상태에서 수술을 시행하는 의료기관의 개설자는 수술실 내부에 「개인정보 보호법」 및 관련 법령에 따른 폐쇄회로 텔레비전을 설치하여야 한다. 이 경우 국가 및 지방자치단체는 폐쇄회로 텔레비전의 설치 등에 필요한 비용을 지원할 수 있다.

② 환자 또는 환자의 보호자가 요청하는 경우(의료기관의 장이나 의료인이 요청하여 환자 또는 환자의 보호자가 동의하는 경우를 포함한다) 의료기관의 장이나 의료인은 전신마취 등 환자의 의식이 없는 상태에서 수술을 하는 장면을 제1항에 따라 설치한 폐쇄회로 텔레비전으

로 촬영하여야 한다. 이 경우 의료기관의 장이나 의료인은 다음 각 호의 어느 하나에 해당하는 정당한 사유가 없으면 이를 거부할 수 없다.
1. 수술이 지체되면 환자의 생명이 위험하여지거나 심신상의 중대한 장애를 가져오는 응급 수술을 시행하는 경우
2. 환자의 생명을 구하기 위하여 적극적 조치가 필요한 위험도 높은 수술을 시행하는 경우
3. 「전공의의 수련환경 개선 및 지위 향상을 위한 법률」 제2조제2호에 따른 수련병원등의 전공의 수련 등 그 목적 달성을 현저히 저해할 우려가 있는 경우
4. 그 밖에 제1호부터 제3호까지의 규정에 준하는 경우로서 보건복지부령으로 정하는 사유가 있는 경우
③ 의료기관의 장이나 의료인이 제2항에 따라 수술을 하는 장면을 촬영하는 경우 녹음 기능은 사용할 수 없다. 다만, 환자 및 해당 수술에 참여한 의료인 등 정보주체 모두의 동의를 받은 경우에는 그러하지 아니하다.
④ 제1항에 따라 폐쇄회로 텔레비전이 설치된 의료기관의 장은 제2항에 따라 촬영한 영상정보가 분실·도난·유출·변조 또는 훼손되지 아니하도록 보건복지부령으로 정하는 바에 따라 내부 관리계획의 수립, 저장장치와 네트워크의 분리, 접속기록 보관 및 관련 시설의 출입자 관리 방안 마련 등 안전성 확보에 필요한 기술적·관리적 및 물리적 조치를 하여야 한다.
⑤ 의료기관의 장은 다음 각 호의 어느 하나에 해당하는 경우를 제외하고는 제2항에 따라 촬영한 영상정보를 열람(의료기관의 장 스스로 열람하는 경우를 포함한다. 이하 이 조에서 같다)하게 하거나 제공(사본의 발급을 포함한다. 이하 이 조에서 같다)하여서는 아니 된다.
1. 범죄의 수사와 공소의 제기 및 유지, 법원의 재판업무 수행을 위하여 관계 기관이 요청하는 경우
2. 「의료사고 피해구제 및 의료분쟁 조정 등에 관한 법률」 제6조에 따른 한국의료분쟁조정중재원이 의료분쟁의 조정 또는 중재 절차 개시 이후 환자 또는 환자 보호자의 동의를 받아 해당 업무의 수행을 위하여 요청하는 경우
3. 환자 및 해당 수술에 참여한 의료인 등 정보주체 모두의 동의를 받은 경우
⑥ 누구든지 이 법의 규정에 따르지 아니하고 제2항에 따라 촬영한 영상정보를 탐지하거나 누출·변조 또는 훼손하여서는 아니 된다.
⑦ 누구든지 제2항에 따라 촬영한 영상정보를 이 법에서 정하는 목적 외의 용도로 사용하여서는 아니 된다.
⑧ 의료기관의 개설자는 보건복지부장관이 정하는 범위에서 제2항에 따라 촬영한 영상정보의 열람 등에 소요되는 비용을 열람 등을 요청한 자에게 청구할 수 있다.
⑨ 의료기관의 장은 제2항에 따라 촬영한 영상정보를 30일 이상 보관하여야 한다.
⑩ 제1항에 따른 폐쇄회로 텔레비전의 설치 기준, 제2항에 따른 촬영의 범위 및 촬영 요청의 절차, 제2항제1호부터 제3호까지의 규정에 따른 사유의 구체적인 기준, 제5항에 따른 열람·제공의 절차, 제9항에 따른 보관기준 및 보관기간의 연장 사유 등에 필요한 사항은 보건복지부령으로 정한다.
⑪ 이 법에서 정한 것 외에 폐쇄회로 텔레비전의 설치·운영 등에 관한 사항은 「개인정보 보호법」에 따른다.
(2021.9.24 본조신설)

제39조【시설 등의 공동이용】 ① 의료인은 다른 의료기관의 장의 동의를 받아 그 의료기관의 시설·장비 및 인력 등을 이용하여 진료할 수 있다.
② 의료기관의 장은 그 의료기관의 환자를 진료하는 데에 필요하면 해당 의료기관에 소속되지 아니한 의료인에게 진료하도록 할 수 있다.
③ 의료인이 다른 의료기관의 시설·장비 및 인력 등을 이용하여 진료하는 과정에서 발생한 의료사고에 대하여는 진료를 한 의료인의 과실 때문이면 그 의료인에게, 의료기관의 시설·장비 및 인력 등의 결함 때문이면 그것을 제공한 의료기관 개설자에게 각각 책임이 있는 것으로 본다.

제40조【폐업·휴업의 신고】 ① 의료기관 개설자는 의료업을 폐업하거나 1개월 이상 휴업(입원환자가 있는 경우에는 1개월 미만의 휴업도 포함한다. 이하 이 조에서 이와 같다)하려면 보건복지부령으로 정하는 바에 따라 관할 시장·군수·구청장에게 신고하여야 한다.
(2016.12.20 본항개정)
② (2020.3.4 삭제)
③ 시장·군수·구청장은 제1항에 따른 신고에도 불구하고 「감염병의 예방 및 관리에 관한 법률」 제18조 및 제29조에 따라 질병관리청장, 시·도지사 또는 시장·군수·구청장이 감염병의 역학조사 및 예방접종에 관한 역학조사를 실시하거나 같은 법 제18조의2에 따라 의료인 또는 의료기관의 장이 질병관리청장 또는 시·도지사에게 역학조사 실시를 요청한 경우로서 그 역학조사를 위하여 필요하다고 판단하는 때에는 의료기관 폐업 신고를 수리하지 아니할 수 있다.(2020.8.11 본항개정)
④ 의료기관 개설자는 의료업을 폐업 또는 휴업하는 경우 보건복지부령으로 정하는 바에 따라 해당 의료기관에 입원 중인 환자를 다른 의료기관으로 옮길 수 있도록 하는 등 환자의 권익을 보호하기 위한 조치를 하여야 한다.
(2016.12.20 본항신설)
⑤ 시장·군수·구청장은 제1항에 따른 폐업 또는 휴업 신고를 받은 경우 의료기관 개설자가 제4항에 따른 환자의 권익을 보호하기 위한 조치를 취하였는지 여부를 확인하는 등 대통령령으로 정하는 조치를 하여야 한다.
(2016.12.20 본항신설)
(2020.3.4 본조제목개정)

제40조의2【진료기록부등의 이관】 ① 의료기관 개설자는 제40조제1항에 따라 폐업 또는 휴업 신고를 할 때 제22조나 제23조에 따라 기록·보존하고 있는 진료기록부등의 수량 및 목록을 확인하고 진료기록부등을 관할 보건소장에게 넘겨야 한다. 다만, 의료기관 개설자가 보건복지부령으로 정하는 바에 따라 진료기록부등의 보관계획서를 제출하여 관할 보건소장의 허가를 받은 경우에는 직접 보관할 수 있다.
② 제1항에 따라 관할 보건소장의 허가를 받아 진료기록부등을 직접 보관하는 의료기관 개설자는 보관계획서에 기재된 사항 중 보건복지부령으로 정하는 사항이 변경된 경우 관할 보건소장에게 이를 신고하여야 하며, 직접 보관 중 질병, 국외 이주 등 보건복지부령으로 정하는 사유로 보존 및 관리가 어려운 경우 이를 대행할 책임자를 지정하여 보관하게 하거나 진료기록부등을 관할 보건소장에게 넘겨야 한다.
③ 제1항에 따라 관할 보건소장의 허가를 받아 진료기록부등을 직접 보관하는 의료기관 개설자는 보관 기간, 방법 등 보건복지부령으로 정하는 사항을 준수하여야 한다.
④ 제1항에 따라 관할 보건소장의 허가를 받아 진료기록부등을 직접 보관하는 의료기관 개설자(제2항에 따라 지정된 책임자를 포함한다)의 기록 열람 및 보존에 관하여는 제21조 및 제22조제2항을 준용한다.
⑤ 그 밖에 진료기록부등의 이관 방법, 절차 등에 필요한 사항은 보건복지부령으로 정한다.
(2020.3.4 본조신설)

제40조의3【진료기록보관시스템의 구축·운영】 ① 보건복지부장관은 제40조의2에 따라 폐업 또는 휴업한 의료기관의 진료기록부등을 보관하는 관할 보건소장 및 의료기관 개설자가 안전하고 효과적으로 진료기록부등을 보존·관리할 수 있도록 지원하기 위한 시스템(이하 "진료기록보관시스템"이라 한다)을 구축·운영할 수 있다.
② 제40조의2에 따라 폐업 또는 휴업한 의료기관의 진료기록부등을 보관하는 관할 보건소장 및 의료기관 개설자는 진료기록보관시스템에 진료기록부등을 보관할 수 있다.
③ 제2항에 따라 진료기록부등을 진료기록보관시스템에 보관한 관할 보건소장 및 의료기관 개설자(해당 보건소 및 의료기관 소속 의료인 및 그 종사자를 포함한다)는 직접 보관한 진료기록부등 외에는 진료기록보관시스템에 보관된 정보를 열람하는 등 그 내용을 확인하여서는 아니 된다.
④ 보건복지부장관은 제1항에 따른 진료기록보관시스템의 구축·운영 업무를 관계 전문기관 또는 단체에 위탁할 수 있다. 이 경우 보건복지부장관은 진료기록보관시스템의 구축·운영 업무에 소요되는 비용의 전부 또는 일부를 지원할 수 있다.
⑤ 제4항 전단에 따라 진료기록보관시스템의 구축·운영 업무를 위탁받은 전문기관 또는 단체는 보건복지부령으로 정하는 바에 따라 진료기록부등을 안전하게 관리·보존하는 데에 필요한 시설과 장비를 갖추어야 한다.
⑥ 보건복지부장관은 진료기록보관시스템의 효율적 운영을 위하여 원본에 기재된 정보가 변경되지 않는 범위에서 진료기록부등의 형태를 변경하여 보존·관리할 수 있으며, 변경된 형태로 진료기록부등의 사본을 발급할 수 있다.
⑦ 누구든지 정당한 접근 권한 없이 또는 허용된 접근 권한을 넘어 진료기록보관시스템에 보관된 정보를 훼손·멸실·변경·위조·유출하거나 검색·복제하여서는 아니 된다.
⑧ 진료기록보관시스템의 구축 범위 및 운영 절차 등에 필요한 사항은 보건복지부령으로 정한다.
(2020.3.4 본조신설)

제41조【당직의료인】 ① 각종 병원에는 응급환자와 입원환자의 진료 등에 필요한 당직의료인을 두어야 한다.
② 제1항에 따른 당직의료인의 수와 배치 기준은 병원의 종류, 입원환자의 수 등을 고려하여 보건복지부령으로 정한다.(2016.12.20 본항신설)

제41조의2【교육전담간호사】 ① 병원급 의료기관에는 신규 채용되거나 보임된 간호사, 간호대학생(이하 "신규간호사등"이라 한다)에게 직무수행에 필요한 지식, 기술 및 역량 등을 전수하고 적응을 지원하기 위하여 교육전담간호사 양성교육을 이수하는 등 보건복지부령으로 정하는 자격을 갖춘 교육전담간호사를 두어야 한다.
② 제1항에 따른 교육전담간호사는 다음 각 호의 직무를 수행한다.
1. 신규간호사등의 교육과정 기획·운영·평가
2. 신규간호사등의 교육 총괄 및 관리
3. 신규간호사등의 교육을 담당하는 인력의 관리 및 지도
4. 신규간호사등의 교육에 필요한 자원 확보·개발
③ 국가는 제1항에 따른 교육전담간호사 운영에 필요한 비용의 전부 또는 일부를 지원할 수 있다.
④ 제1항에 따른 교육전담간호사의 배치 대상과 기준은 의료기관의 종류 및 규모, 신규간호사등의 수 등을 고려하여 보건복지부령으로 정한다.
(2023.5.19 본조신설)

제42조【의료기관의 명칭】 ① 의료기관은 제3조제2항에 따른 의료기관의 종류에 따르는 명칭 외의 명칭을 사용하지 못한다. 다만, 다음 각 호의 어느 하나에 해당하는 경우에는 그러하지 아니하다.
1. 종합병원 또는 정신병원이 그 명칭을 병원으로 표시하는 경우(2020.3.4 본호개정)
2. 제3조의4제1항에 따라 상급종합병원으로 지정받거나 제3조의5제1항에 따라 전문병원으로 지정받은 의료기관이 지정받은 기간 동안 그 명칭을 사용하는 경우
3. 제33조제8항 단서에 따라 개설한 의원급 의료기관이 면허 종별에 따른 종별명칭을 함께 사용하는 경우
(2009.1.30 2호~3호신설)
4. 국가나 지방자치단체에서 개설하는 의료기관이 보건복지부장관이나 시·도지사와 협의하여 정한 명칭을 사용하는 경우(2010.1.18 본호개정)
5. 다른 법령으로 따로 정한 명칭을 사용하는 경우
② 의료기관의 명칭 표시에 관한 사항은 보건복지부령으로 정한다.(2010.1.18 본항개정)
③ 의료기관이 아니면 의료기관의 명칭이나 이와 비슷한 명칭을 사용하지 못한다.

제43조【진료과목 등】 ① 병원·치과병원 또는 종합병원은 한의사를 두어 한의과 진료과목을 추가로 설치·운영할 수 있다.
② 한방병원 또는 치과병원은 의사를 두어 의과 진료과목을 추가로 설치·운영할 수 있다.
③ 병원·한방병원·요양병원 또는 정신병원은 치과의사를 두어 치과 진료과목을 추가로 설치·운영할 수 있다.
(2020.3.4 본항개정)
④ 제1항부터 제3항까지의 규정에 따라 추가로 진료과목을 설치·운영하는 경우에는 보건복지부령으로 정하는 바에 따라 진료에 필요한 시설·장비를 갖추어야 한다.
(2010.1.18 본항개정)
⑤ 제1항부터 제3항까지의 규정에 따라 추가로 설치한 진료과목을 포함한 의료기관의 진료과목은 보건복지부령으로 정하는 바에 따라 표시하여야 한다. 다만, 치과의 진료과목은 종합병원과 제77조제2항에 따라 보건복지부령으로 정하는 치과병원에 한하여 표시할 수 있다.
(2010.1.18 본항개정)
<이 항 단서의 개정규정 중 치과의사에 대한 부분은 2013.12.31까지 유효>
(2009.1.30 본조개정)

제44조 (2009.1.30 삭제)

제45조【비급여 진료비용 등의 고지】 ① 의료기관 개설자는 「국민건강보험법」 제41조제4항에 따라 요양급여의 대상에서 제외되는 사항 또는 「의료급여법」 제7조제3항에 따라 의료급여의 대상에서 제외되는 사항의 비용(이하 "비급여 진료비용"이라 한다)을 환자 또는 환자의 보호자가 쉽게 알 수 있도록 보건복지부령으로 정하는 바에 따라 고지하여야 한다.(2016.3.22 본항개정)
② 의료기관 개설자는 보건복지부령으로 정하는 바에 따라 의료기관이 환자로부터 징수하는 제증명수수료의 비용을 게시하여야 한다.(2010.1.18 본항개정)
③ 의료기관 개설자는 제1항 및 제2항에서 고지·게시한 금액을 초과하여 징수할 수 없다.
(2009.1.30 본조개정)

제45조의2【비급여 진료비용 등의 보고 및 현황조사 등】 ① 의료기관의 장은 보건복지부령으로 정하는 바에 따라 비급여 진료비용 및 제45조제2항에 따른 제증명수수료(이하 이 조에서 "비급여진료비용등"이라 한다)의 항목, 기준, 금액 및 진료내역 등에 관한 사항을 보건복지부장관에게 보고하여야 한다.(2020.12.29 본항신설)
② 보건복지부장관은 제1항에 따라 보고받은 내용을 바탕으로 모든 의료기관에 대한 비급여진료비용등의 항목, 기준, 금액 및 진료내역 등에 관한 현황을 조사·분석하여 그 결과를 공개할 수 있다. 다만, 병원급 의료기관에 대하여는 그 결과를 공개하여야 한다.
③ 보건복지부장관은 제2항에 따른 비급여진료비용등의 현황에 대한 조사·분석을 위하여 필요하다고 인정하는 경우에는 의료기관의 장에게 관련 자료의 제출을 명할 수 있다. 이 경우 해당 의료기관의 장은 특별한 사유가 없으면 그 명령에 따라야 한다.
④ 제2항에 따른 현황조사·분석 및 결과 공개의 범위·방법·절차 등에 필요한 사항은 보건복지부령으로 정한다.
(2020.12.29 본조개정)

제45조의3【제증명수수료의 기준 고시】 보건복지부장관은 제45조의2제2항에 따른 현황조사·분석의 결과를 고려하여 제증명수수료의 항목 및 금액에 관한 기준을 정하여 고시하여야 한다.(2020.12.29 본조개정)

제46조【환자의 진료의사 선택 등】 ① 환자나 환자의 보호자는 종합병원·병원·치과병원·한방병원·요양병원 또는 정신병원의 특정한 의사·치과의사 또는 한의사를 선택하여 진료를 요청할 수 있다. 이 경우 의료기관의 장은 특별한 사유가 없으면 환자나 환자의 보호자가 요청한 의사·치과의사 또는 한의사가 진료하도록 하여야 한다.(2020.3.4 전단개정)
② 제1항에 따라 진료의사를 선택하여 진료를 받는 환자

保健 環境

나 환자의 보호자는 진료의사의 변경을 요청할 수 있다. 이 경우 의료기관의 장은 정당한 사유가 없으면 이에 응하여야 한다.
③ 의료기관의 장은 환자 또는 환자의 보호자에게 진료의사 선택을 위한 정보를 제공하여야 한다.
④ 의료기관의 장은 제1항에 따라 진료하게 한 경우에도 환자나 환자의 보호자로부터 추가비용을 받을 수 없다.
⑤~⑥ (2018.3.27 삭제)
(2018.3.27 본조개정)

제47조【의료관련감염 예방】 ① 보건복지부령으로 정하는 일정 규모 이상의 병원급 의료기관의 장은 의료관련감염 예방을 위하여 감염관리위원회와 감염관리실을 설치·운영하고 보건복지부령으로 정하는 바에 따라 감염관리 업무를 수행하는 전담 인력을 두는 등 필요한 조치를 하여야 한다.(2020.3.4 본항개정)
② 의료기관의 장은 「감염병의 예방 및 관리에 관한 법률」 제2조제1호에 따른 감염병의 예방을 위하여 해당 의료기관에 소속된 의료인, 의료기관 종사자 및 「보건의료인력지원법」 제2조제3호의 보건의료인력을 양성하는 학교 및 기관의 학생으로서 해당 의료기관에서 실습하는 자에게 보건복지부령으로 정하는 바에 따라 정기적으로 교육을 실시하여야 한다.(2020.12.29 본항개정)
③ 의료기관의 장은 「감염병의 예방 및 관리에 관한 법률」 제2조제1호에 따른 감염병이 유행하는 경우 환자, 환자의 보호자, 의료인, 의료기관 종사자 및 「경비업법」 제2조제3호에 따른 경비원 등 해당 의료기관 내에서 업무를 수행하는 사람에게 감염병의 확산 방지를 위하여 필요한 정보를 제공하여야 한다.(2019.4.23 본항개정)
④ 질병관리청장은 의료관련감염의 발생·원인 등에 대한 의과학적인 감시를 위하여 의료관련감염 감시 시스템을 구축·운영할 수 있다.(2020.8.11 본항개정)
⑤ 의료기관은 제4항에 따른 시스템을 통하여 매월 의료관련감염 발생 사실을 등록할 수 있다.(2020.3.4 본항신설)
⑥ 질병관리청장은 제4항에 따른 시스템의 구축·운영 업무를 대통령령으로 정하는 바에 따라 관계 전문기관에 위탁할 수 있다.(2020.8.11 본항개정)
⑦ 질병관리청장은 제6항에 따라 업무를 위탁한 전문기관에 대하여 그 업무에 관한 보고 또는 자료의 제출을 명할 수 있다.(2020.8.11 본항개정)
⑧ 의료관련감염이 발생한 사실을 알게 된 의료기관의 장, 의료인, 의료기관 종사자 또는 환자 등은 보건복지부령으로 정하는 바에 따라 질병관리청장에게 그 사실을 보고(이하 이 조에서 "자율보고"라 한다)할 수 있다. 이 경우 질병관리청장은 자율보고한 사람의 의사에 반하여 그 신분을 공개하여서는 아니 된다.(2020.8.11 본항개정)
⑨ 자율보고한 사람이 해당 의료관련감염과 관련하여 관계 법령을 위반한 사실이 있는 경우에는 그에 따른 행정처분을 감경하거나 면제할 수 있다.(2020.3.4 본항신설)
⑩ 자율보고가 된 의료관련감염에 관한 정보는 보건복지부령으로 정하는 검증을 한 후에는 개인식별이 가능한 부분을 삭제하여야 한다.(2020.3.4 본항신설)
⑪ 자율보고의 접수 및 분석 등의 업무에 종사하거나 종사하였던 사람은 직무상 알게 된 비밀을 다른 사람에게 누설하거나 직무 외의 목적으로 사용하여서는 아니 된다.
(2020.3.4 본항신설)
⑫ 의료기관의 장은 해당 의료기관에 속한 자율보고를 한 보고자에게 그 보고를 이유로 해고 또는 전보나 그 밖에 신분 또는 처우와 관련하여 불리한 조치를 할 수 없다.(2020.3.4 본항신설)
⑬ 질병관리청장은 제4항 또는 제8항에 따라 수집한 의료관련감염 관련 정보를 감염 예방·관리에 필요한 조치, 계획 수립, 조사·연구, 교육 등에 활용할 수 있다.
(2020.8.11 본항개정)
⑭ 제1항에 따른 감염관리위원회의 구성과 운영, 감염관리실 운영, 제2항에 따른 교육, 제3항에 따른 정보 제공, 제5항에 따라 등록하는 의료관련감염의 종류와 그 등록의 절차·방법 등에 필요한 사항은 보건복지부령으로 정한다.(2020.3.4 본항개정)
(2020.3.4 본조제목개정)

제47조의2【입원환자의 전원】 의료기관의 장은 천재지변, 감염병 의심 상황, 집단 사망사고의 발생 등 입원환자를 긴급하게 전원(轉院)시키지 않으면 입원환자의 생명·건강에 중대한 위험이 발생할 수 있음에도 환자나 보호자의 동의를 받을 수 없는 등 보건복지부령으로 정하는 불가피한 사유가 있는 경우에는 보건복지부령으로 정하는 바에 따라 시장·군수·구청장의 승인을 받아 입원환자를 다른 의료기관으로 전원시킬 수 있다.
(2019.1.15 본조신설)

제2절　의료법인

제48조【설립 허가 등】 ① 제33조제2항에 따른 의료법인을 설립하려는 자는 대통령령으로 정하는 바에 따라 정관과 그 밖의 서류를 갖추어 그 법인의 주된 사무소의 소재지를 관할하는 시·도지사의 허가를 받아야 한다.
② 의료법인은 그 법인이 개설하는 의료기관에 필요한 시설이나 시설을 갖추는 데에 필요한 자금을 보유하여야 한다.
③ 의료법인이 재산을 처분하거나 정관을 변경하려면 시·도지사의 허가를 받아야 한다.
④ 이 법에 따른 의료법인이 아니면 의료법인이나 이와 비슷한 명칭을 사용할 수 없다.

제48조의2【임원】 ① 의료법인에는 5명 이상 15명 이하의 이사와 2명의 감사를 두되, 보건복지부장관의 승인을 받아 그 수를 증감할 수 있다.
② 이사와 감사의 임기는 정관으로 정하되, 이사는 4년, 감사는 2년을 초과할 수 없다. 다만, 이사와 감사는 각각 연임할 수 있다.
③ 이사회의 구성에 있어서 각 이사 상호 간에 「민법」 제777조에 규정된 친족관계에 있는 사람이 그 정수의 4분의 1을 초과해서는 아니 된다.
④ 다음 각 호의 어느 하나에 해당하는 사람은 의료법인의 임원이 될 수 없다.
1. 미성년자
2. 피성년후견인 또는 피한정후견인
3. 파산선고를 받은 사람으로서 복권되지 아니한 사람
4. 금고 이상의 형을 받고 집행이 종료되거나 집행을 받지 아니하기로 확정된 후 3년이 지나지 아니한 사람
⑤ 감사는 이사와 제3항에 따른 특별한 관계에 있는 사람이 아니어야 한다.
(2019.8.27 본조신설)

제49조【부대사업】 ① 의료법인은 그 법인이 개설하는 의료기관에서 의료업무 외에 다음의 부대사업을 할 수 있다. 이 경우 부대사업으로 얻은 수익에 관한 회계는 의료법인의 다른 회계와 구분하여 계산하여야 한다.
1. 의료인과 의료관계자 양성이나 보수교육
2. 의료나 의학에 관한 조사 연구
3. 「노인복지법」 제31조제2호에 따른 노인의료복지시설의 설치·운영
4. 「장사 등에 관한 법률」 제29조제1항에 따른 장례식장의 설치·운영(2015.1.28 본호개정)
5. 「주차장법」 제19조제1항에 따른 부설주차장의 설치·운영
6. 의료업 수행에 수반되는 의료정보시스템 개발·운영사업 중 대통령령으로 정하는 사업
7. 그 밖에 휴게음식점영업, 일반음식점영업, 이용업, 미용업 등 환자 또는 의료법인이 개설한 의료기관 종사자 등의 편의를 위하여 보건복지부령으로 정하는 사업
(2010.1.18 본호개정)
② 제1항제4호·제5호 및 제7호의 부대사업을 하려는 의료법인은 타인에게 임대 또는 위탁하여 운영할 수 있다.
③ 제1항 및 제2항에 따라 부대사업을 하려는 의료법인은 보건복지부령으로 정하는 바에 따라 미리 의료기관의 소재지를 관할하는 시·도지사에게 신고하여야 한다. 신고사항을 변경하려는 경우에도 또한 같다.(2010.1.18 전단개정)

제50조【「민법」의 준용】 의료법인에 대하여 이 법에 규정된 것 외에는 「민법」 중 재단법인에 관한 규정을 준용한다.

제51조【설립 허가 취소】 보건복지부장관 또는 시·도지사는 의료법인이 다음 각 호의 어느 하나에 해당하면 그 설립 허가를 취소할 수 있다.(2010.1.18 본문개정)
1. 정관으로 정하지 아니한 사업을 한 때
2. 설립된 날부터 2년 안에 의료기관을 개설하지 아니한 때
3. 의료법인이 개설한 의료기관이 제64조에 따라 개설허가를 취소당한 때
4. 보건복지부장관 또는 시·도지사가 감독을 위하여 내린 명령을 위반한 때(2010.1.18 본호개정)
5. 제49조제1항에 따른 부대사업 외의 사업을 한 때

제51조의2【임원 선임 관련 금품 등 수수의 금지】 누구든지 의료법인의 임원 선임과 관련하여 금품, 향응 또는 그 밖의 재산상 이익을 주고받거나 주고받을 것을 약속해서는 아니 된다.(2019.8.27 본조신설)

제3절　의료기관 단체

제52조【의료기관단체 설립】 ① 병원급 의료기관의 장은 의료기관의 건전한 발전과 국민보건 향상에 기여하기 위하여 전국 조직을 두는 단체를 설립할 수 있다.
(2009.1.30 본항개정)
② 제1항에 따른 단체는 법인으로 한다.

제52조의2【대한민국의학한림원】 ① 의료인에 관련되는 의학 및 관계 전문분야(이하 이 조에서 "의학등"이라 한다)의 연구·진흥기반을 조성하고 우수한 보건의료인을 발굴·활용하기 위하여 대한민국의학한림원(이하 이 조에서 "한림원"이라 한다)을 둔다.
② 한림원은 법인으로 한다.
③ 한림원은 다음 각 호의 사업을 한다.
1. 의학등의 연구진흥에 필요한 조사·연구 및 정책자문
2. 의학등의 분야별 중장기 연구 기획 및 건의
3. 의학등의 국내외 교류협력사업
4. 의학등 및 국민건강과 관련된 사회문제에 관한 정책자문 및 홍보
5. 보건의료인의 명예를 기리고 보전(保全)하는 사업
6. 보건복지부장관이 의학등의 발전을 위하여 지정 또는 위탁하는 사업
④ 보건복지부장관은 한림원의 사업수행에 필요한 경비의 전부 또는 일부를 예산의 범위에서 지원할 수 있다.
⑤ 한림원에 대하여 이 법에서 정하지 아니한 사항에 관하여는 「민법」 중 사단법인에 관한 규정을 준용한다.
⑥ 한림원이 아닌 자는 대한민국의학한림원 또는 이와 유사한 명칭을 사용하지 못한다.
⑦ 한림원의 운영 및 업무수행에 필요한 사항은 대통령령으로 정한다.
(2015.12.29 본조신설)

제4장　신의료기술평가

제53조【신의료기술의 평가】 ① 보건복지부장관은 국민건강을 보호하고 의료기술의 발전을 촉진하기 위하여 대통령령으로 정하는 바에 따라 제54조에 따른 신의료기술평가위원회의 심의를 거쳐 신의료기술의 안전성·유효성 등에 관한 평가(이하 "신의료기술평가"라 한다)를 하여야 한다.
② 제1항에 따른 신의료기술은 새로 개발된 의료기술로서 보건복지부장관이 안전성·유효성을 평가할 필요성이 있다고 인정하는 것을 말한다.
③ 보건복지부장관은 신의료기술평가의 결과를 「국민건강보험법」 제64조에 따른 건강보험심사평가원의 장에게 알려야 한다. 이 경우 신의료기술평가의 결과를 보건복지부령으로 정하는 바에 따라 공표할 수 있다.
(2011.12.31 전단개정)
④ 그 밖에 신의료기술평가의 대상 및 절차 등에 필요한 사항은 보건복지부령으로 정한다.
(2010.1.18 본조개정)

제54조【신의료기술평가위원회의 설치 등】 ① 보건복지부장관은 신의료기술평가에 관한 사항을 심의하기 위하여 보건복지부에 신의료기술평가위원회(이하 "위원회"라 한다)를 둔다.(2010.1.18 본항개정)
② 위원회는 위원장 1명을 포함하여 20명 이내의 위원으로 구성한다.
③ 위원은 다음 각 호의 자 중에서 보건복지부장관이 위촉하거나 임명한다. 다만, 위원장은 제1호 또는 제2호의 자 중에서 임명한다.(2010.1.18 본문개정)
1. 제28조제1항에 따른 의사회·치과의사회·한의사회에서 각각 추천하는 자
2. 보건의료에 관한 학식이 풍부한 자
3. 소비자단체에서 추천하는 자
4. 변호사의 자격을 가진 자로서 보건의료와 관련된 업무에 5년 이상 종사한 경력이 있는 자
5. 보건의료정책 관련 업무를 담당하고 있는 보건복지부 소속 5급 이상의 공무원(2010.1.18 본호개정)
④ 위원장과 위원의 임기는 3년으로 하되, 연임할 수 있다. 다만, 제3항제5호에 따른 공무원의 경우에는 재임기간으로 한다.
⑤ 위원의 자리가 빈 때에는 새로 위원을 임명하고, 새로 임명된 위원의 임기는 임명된 날부터 기산한다.
⑥ 위원회의 심의사항을 전문적으로 검토하기 위하여 위원회에 분야별 전문평가위원회를 둔다.
⑦ 그 밖에 위원회·전문평가위원회의 구성 및 운영 등에 필요한 사항은 보건복지부령으로 정한다.
(2010.1.18 본항개정)

제55조【자료의 수집 업무 등의 위탁】 보건복지부장관은 신의료기술평가에 관한 업무를 수행하기 위하여 필요한 경우 보건복지부령으로 정하는 바에 따라 자료 수집·조사 등 평가에 수반되는 업무를 관계 전문기관 또는 단체에 위탁할 수 있다.(2010.1.18 본조개정)

제5장　의료광고

제56조【의료광고의 금지 등】 ① 의료기관 개설자, 의료기관의 장 또는 의료인(이하 "의료인등"이라 한다)이 아닌 자는 의료에 관한 광고(의료인등이 신문·잡지·음성·음향·영상·인터넷·인쇄물·간판, 그 밖의 방법에 의하여 의료행위, 의료기관 및 의료인등에 대한 정보를 소비자에게 나타내거나 알리는 행위를 말한다. 이하 "의료광고"라 한다)를 하지 못한다.(2018.3.27 본항개정)
② 의료인등은 다음 각 호의 어느 하나에 해당하는 의료광고를 하지 못한다.(2018.3.27 본문개정)
1. 제53조에 따른 평가를 받지 아니한 신의료기술에 관한 광고
2. 환자에 관한 치료경험담 등 소비자로 하여금 치료 효과를 오인하게 할 우려가 있는 내용의 광고(2018.3.27 본호개정)
3. 거짓된 내용을 표시하는 광고(2018.3.27 본호신설)
4. 다른 의료인등의 기능 또는 진료 방법과 비교하는 내용의 광고(2018.3.27 본호개정)
5. 다른 의료인등을 비방하는 내용의 광고(2018.3.27 본호개정)
6. 수술 장면 등 직접적인 시술행위를 노출하는 내용의 광고
7. 의료인등의 기능, 진료 방법과 관련하여 심각한 부작용 등 중요한 정보를 누락하는 광고(2018.3.27 본호개정)
8. 객관적인 사실을 과장하는 내용의 광고(2018.3.27 본호개정)
9. 법적 근거가 없는 자격이나 명칭을 표방하는 내용의 광고(2018.3.27 본호신설)

10. 신문, 방송, 잡지 등을 이용하여 기사(記事) 또는 전문가의 의견 형태로 표현되는 광고
11. 제57조에 따른 심의를 받지 아니하거나 심의받은 내용과 다른 내용의 광고
12. 제27조제3항에 따라 외국인환자를 유치하기 위한 국내광고(2009.1.30 본호신설)
13. 소비자를 속이거나 소비자로 하여금 잘못 알게 할 우려가 있는 방법으로 제45조에 따른 비급여 진료비용을 할인하거나 면제하는 내용의 광고(2016.5.29 본호신설)
14. 각종 상장 · 감사장 등을 이용하는 광고 또는 인증 · 보증 · 추천을 받았다는 내용을 사용하거나 이와 유사한 내용을 표현하는 광고. 다만, 다음 각 목의 어느 하나에 해당하는 경우는 제외한다.
가. 제58조에 따른 의료기관 인증을 표시한 광고
나. 「정부조직법」 제2조부터 제4조까지의 규정에 따른 중앙행정기관 · 특별지방행정기관 및 그 부속기관, 「지방자치법」 제2조에 따른 지방자치단체 또는 「공공기관의 운영에 관한 법률」 제4조에 따른 공공기관으로부터 받은 인증 · 보증을 표시한 광고
다. 다른 법령에 따라 받은 인증 · 보증을 표시한 광고
라. 세계보건기구와 협력을 맺은 국제평가기구로부터 받은 인증을 표시한 광고 등 대통령령으로 정하는 광고
(2018.3.27 본호신설)
15. 그 밖에 의료광고의 방법 또는 내용이 국민의 보건과 건전한 의료경쟁의 질서를 해치거나 소비자에게 피해를 줄 우려가 있는 것으로서 대통령령으로 정하는 내용의 광고(2018.3.27 본호개정)
③ 의료광고는 다음 각 호의 방법으로는 하지 못한다.
1. 「방송법」 제2조제1호의 방송
2. 그 밖에 국민의 보건과 건전한 의료경쟁의 질서를 유지하기 위하여 제한할 필요가 있는 경우로서 대통령령으로 정하는 방법
④ 제2항에 따라 금지되는 의료광고의 구체적인 내용 등 의료광고에 관하여 필요한 사항은 대통령령으로 정한다.
(2018.3.27 본항개정)
⑤ 보건복지부장관, 시장 · 군수 · 구청장은 제2항제2호부터 제5호까지 및 제7호부터 제9호까지를 위반한 의료인등에 대하여 제63조, 제64조 및 제67조에 따른 처분을 하려는 경우에는 지체 없이 그 내용을 공정거래위원회에 통보하여야 한다.(2018.3.27 본항개정)
판례 의료인이 아닌 자가 행하는 잘못된 광고 내용에 현혹된 일반인들은 올바른 의료 선택을 하지 못하게 되므로 무면허 의료행위의 조장 및 확산이 유발되고, 의약품 등을 취급, 판매하는 업무에 종사하는 자가 단순 판매로 위장하여 무면허 의료행위로 나아갈 위험이 있는 점, 광고내용 심사만으로는 무면허 의료행위 확산을 사전에 차단할 수 없는 점, 의료인에 해당하지 않는 자도 약사법이나 의료기기법 등이 허용하는 한도에서 의약품이나 의료기기에 관한 광고는 허용되는 점 등에 비추어 침해의 최소성 원칙에도 반하지 않는다. 나아가 사람의 생명, 신체나 일반 공중위생상의 위해 방지라는 공익은 의료인이 아닌 자가 제한받게 되는 표현의 자유와 직업 수행의 자유에 비하여 현저히 크다고 할 것이므로 법익균형성 요건도 충족한다. 따라서 의료법 제56조제1항은 의료인이 아닌 자의 표현의 자유 및 직업수행의 자유를 침해하지 아니한다.(헌재결 2014.3.27, 2012헌바293)
판례 의료광고가 객관적인 사실에 기인한 것으로서 의료소비자에게 해당 의료인의 의료기술이나 진료방법을 과장 없이 알려주는 것이라면, 이는 소비자의 합리적 선택에 도움을 주고, 의료인들 사이에 공정한 경쟁을 촉진시켜 공익을 증진시킬 수 있으므로 허용되어야 할 것이지만, 의료행위가 사람의 생명 · 신체에 직접적이고 중대한 영향을 미치는 것임에 비추어 객관적 사실이 아니거나 근거가 없는, 또는 현대의학상 안전성 및 유효성이 과학적으로 검증되지 않은 내용을 기재하여 의료서비스 소비자에게 막연하거나 헛된 의학적 기대를 갖게 하는 광고는 허위 또는 과대광고로서 금지되어야 한다.(대판 2010.5.27, 2006도9083)
판례 구 의료법 제56조 제2항 제2호가 '허위 · 과장광고'를 금지하는 것과는 별개로 '치료효과를 보장하는 등 소비자를 현혹할 우려가 있는 내용의 광고'를 금지하고 있는 취지는, 공익상의 요구 등에 의한 의료광고 규제의 필요성과 더불어 의료광고의 경우에는 그 표현내용의 진실성 여부와 상관없이 일정한 표현방식 내지 표현방법만으로도 의료서비스 소비자의 절박하고 간절한 심리상태에 편승하여 의료기관이나 치료방법의 선택에 관한 판단을 흐리게 하고 그것이 실제 국민들의 건강보호나 의료제도에 영향을 미칠 가능성이 매우 큰 점을 고려하여 일정한 표현방식 내지 표현방법에 의한 광고를 규제하겠다는 것으로 해석된다.
(대판 2010.3.25, 2009두21345)

제57조【의료광고의 심의】 ① 의료인등이 다음 각 호의 어느 하나에 해당하는 매체를 이용하여 의료광고를 하려는 경우 미리 의료광고가 제56조제1항부터 제3항까지의 규정에 위반되는지 여부에 관하여 제2항에 따른 기관 또는 단체의 심의를 받아야 한다.(2018.3.27 본문개정)
1. 「신문 등의 진흥에 관한 법률」 제2조에 따른 신문 · 인터넷신문 또는 「잡지 등 정기간행물의 진흥에 관한 법률」 제2조에 따른 정기간행물(2011.8.4 본호신설)
2. 「옥외광고물 등의 관리와 옥외광고산업 진흥에 관한 법률」 제2조제1호에 따른 옥외광고물 중 현수막(懸垂幕), 벽보, 전단(傳單) 및 교통시설 · 교통수단에 표시(교통수단 내부에 표시되거나 영상 · 음성 · 음향 및 이들의 조합으로 이루어지는 광고를 포함한다)되는 것
(2018.3.27 본호개정)
3. 전광판(2011.8.4 본호신설)
4. 대통령령으로 정하는 인터넷 매체[이동통신단말장치에서 사용되는 애플리케이션(Application)을 포함한다]
(2018.3.27 본호개정)
5. 그 밖에 매체의 성질, 영향력 등을 고려하여 대통령령으로 정하는 광고매체(2018.3.27 본호신설)
② 다음 각 호의 기관 또는 단체는 대통령령으로 정하는 바에 따라 자율심의를 위한 조직 등을 갖추어 보건복지부장관에게 신고한 후 의료광고 심의 업무를 수행할 수 있다.
1. 제28조제1항에 따른 의사회 · 치과의사회 · 한의사회
2. 「소비자기본법」 제29조에 따라 등록한 소비자단체로서 대통령령으로 정하는 기준을 충족하는 단체
(2018.3.27 본항개정)
③ 의료인등은 제1항에도 불구하고 다음 각 호의 사항으로만 구성된 의료광고에 대해서는 제2항에 따라 보건복지부장관에게 신고한 기관 또는 단체(이하 "자율심의기구"라 한다)의 심의를 받지 아니할 수 있다.
1. 의료기관의 명칭 · 소재지 · 전화번호
2. 의료기관이 설치 · 운영하는 진료과목(제43조제5항에 따른 진료과목을 말한다)
3. 의료기관에 소속된 의료인의 성명 · 성별 및 면허의 종류
4. 그 밖에 대통령령으로 정하는 사항
(2018.3.27 본항개정)
④ 자율심의기구는 제1항에 따른 심의를 할 때 적용하는 심의 기준을 상호 협의하여 마련하여야 한다.(2018.3.27 본항개정)
⑤ 의료광고 심의를 받으려는 자는 자율심의기구가 정하는 수수료를 내야 한다.(2018.3.27 본항신설)
⑥ 제2항제1호에 따른 자율심의기구가 수행하는 의료광고 심의 업무 및 이와 관련된 업무의 수행에 관하여는 제29조제3항, 제30조제1항, 제32조, 제83조제1항 및 「민법」 제37조를 적용하지 아니하며, 제2항제2호에 따른 자율심의기구가 수행하는 의료광고 심의 업무 및 이와 관련된 업무의 수행에 관하여는 「민법」 제37조를 적용하지 아니한다.(2018.3.27 본항신설)
⑦ 자율심의기구는 의료광고 제도 및 법령의 개선에 관하여 보건복지부장관에게 의견을 제시할 수 있다.
(2018.3.27 본항신설)
⑧ 제1항에 따른 심의의 유효기간은 심의를 신청하여 승인을 받은 날부터 3년으로 한다.(2018.3.27 본항신설)
⑨ 의료인등이 제8항에 따른 유효기간의 만료 후 계속하여 의료광고를 하려는 경우에는 유효기간 만료 6개월 전에 자율심의기구에 의료광고 심의를 신청하여야 한다.
(2018.3.27 본항신설)
⑩ 제1항부터 제9항까지의 규정에서 정한 것 외에 자율심의기구의 구성 · 운영 및 심의에 필요한 사항은 자율심의기구가 정한다.(2018.3.27 본항신설)
⑪ 자율심의기구는 제1항 및 제4항에 따른 심의 관련 업무를 수행할 때에는 제56조제1항부터 제3항까지의 규정에 따라 공정하고 투명하게 하여야 한다.(2018.3.27 본항신설)
(2018.3.27 본조제목개정)

제57조의2【의료광고에 관한 심의위원회】 ① 자율심의기구는 의료광고를 심의하기 위하여 제2항 각 호의 구분에 따른 심의위원회(이하 이 조에서 "심의위원회"라 한다)를 설치 · 운영하여야 한다.
② 심의위원회의 종류와 심의 대상은 다음 각 호와 같다.
1. 의료광고심의위원회 : 의사, 의원, 의원의 개설자, 병원, 병원의 개설자, 요양병원(한의사가 개설한 경우는 제외한다), 요양병원의 개설자, 정신병원, 정신병원의 개설자, 종합병원(치과는 제외한다. 이하 이 호에서 같다), 종합병원의 개설자, 조산사, 조산원, 조산원의 개설자가 하는 의료광고의 심의(2020.3.4 본호개정)
2. 치과의료광고심의위원회 : 치과의사, 치과의원, 치과의원의 개설자, 치과병원, 치과병원의 개설자, 종합병원(치과만 해당한다. 이하 이 호에서 같다), 종합병원의 개설자가 하는 의료광고의 심의
3. 한방의료광고심의위원회 : 한의사, 한의원, 한의원의 개설자, 한방병원, 한방병원의 개설자, 요양병원(한의사가 개설한 경우만 해당한다. 이하 이 호에서 같다), 요양병원의 개설자가 하는 의료광고의 심의
③ 제57조제2항제1호에 따른 자율심의기구 중 의사회는 제2항제1호에 따른 심의위원회만, 치과의사회는 같은 항 제2호에 따른 심의위원회만, 한의사회는 같은 항 제3호에 따른 심의위원회만 설치 · 운영하고, 제57조제2항제2호에 따른 자율심의기구는 제2항 각 호의 어느 하나에 해당하는 심의위원회만 설치 · 운영할 수 있다.
④ 심의위원회는 위원장 1명과 부위원장 1명을 포함하여 15명 이상 25명 이하의 위원으로 구성한다. 이 경우 제2항 각 호의 심의위원회 종류별로 다음 각 호의 구분에 따라 구성하여야 한다.
1. 의료광고심의위원회 : 제5항제2호부터 제9호까지의 사람을 각각 1명 이상 포함하되, 같은 항 제4호부터 제9호까지의 사람이 전체 위원의 3분의 1 이상이 되도록 구성하여야 한다.
2. 치과의료광고심의위원회 : 제5항제1호 및 제3호부터 제9호까지의 사람을 각각 1명 이상 포함하되, 같은 항 제4호부터 제9호까지의 사람이 전체 위원의 3분의 1 이상이 되도록 구성하여야 한다.
3. 한방의료광고심의위원회 : 제5항제1호 · 제2호 및 제4호부터 제9호까지의 사람을 각각 1명 이상 포함하되, 같은 항 제4호부터 제9호까지의 사람이 전체 위원의 3분의 1 이상이 되도록 구성하여야 한다.
⑤ 심의위원회 위원은 다음 각 호의 어느 하나에 해당하는 사람 중에서 자율심의기구의 장이 위촉한다.
1. 의사
2. 치과의사
3. 한의사
4. 「약사법」 제2조제2호에 따른 약사
5. 「소비자기본법」 제2조제3호에 따른 소비자단체의 장이 추천하는 사람
6. 「변호사법」 제7조제1항에 따라 같은 법 제78조에 따른 대한변호사협회에 등록한 변호사로서 대한변호사협회의 장이 추천하는 사람
7. 「민법」 제32조에 따라 설립된 법인 중 여성의 사회참여 확대 및 복지 증진을 주된 목적으로 설립된 법인의 장이 추천하는 사람
8. 「비영리민간단체 지원법」 제4조에 따라 등록된 단체로서 환자의 권익 보호를 주된 목적으로 하는 단체의 장이 추천하는 사람
9. 그 밖에 보건의료 또는 의료광고에 관한 학식과 경험이 풍부한 사람
⑥ 제1항부터 제5항까지의 규정에서 정한 것 외에 심의위원회의 구성 및 운영에 필요한 사항은 자율심의기구가 정한다.
(2018.3.27 본조신설)

제57조의3【의료광고 모니터링】 자율심의기구는 의료광고가 제56조제1항부터 제3항까지의 규정을 준수하는지 여부에 관하여 모니터링하고, 보건복지부령으로 정하는 바에 따라 모니터링 결과를 보건복지부장관에게 제출하여야 한다.(2018.3.27 본조신설)

제6장 감 독

제58조【의료기관 인증】 ① 보건복지부장관은 의료의 질과 환자 안전의 수준을 높이기 위하여 병원급 의료기관 및 대통령령으로 정하는 의료기관에 대한 인증(이하 "의료기관 인증"이라 한다)을 할 수 있다.
② 보건복지부장관은 대통령령으로 정하는 바에 따라 의료기관 인증에 관한 업무를 제58조의11에 따른 의료기관평가인증원에 위탁할 수 있다.
③ 보건복지부장관은 다른 법률에 따라 의료기관을 대상으로 실시하는 평가를 통합하여 제58조의11에 따른 의료기관평가인증원으로 하여금 시행하도록 할 수 있다.
(2020.3.4 본조개정)

제58조의2【의료기관인증위원회】 ① 보건복지부장관은 의료기관 인증에 관한 주요 정책을 심의하기 위하여 보건복지부장관 소속으로 의료기관인증위원회(이하 이 조에서 "위원회"라 한다)를 둔다.
② 위원회는 위원장 1명을 포함한 15인 이내의 위원으로 구성한다.
③ 위원회의 위원장은 보건복지부차관으로 하고, 위원회의 위원은 다음 각 호의 사람 중에서 보건복지부장관이 임명 또는 위촉한다.
1. 제28조에 따른 의료인 단체 및 제52조에 따른 의료기관단체에서 추천하는 자
2. 노동계, 시민단체(「비영리민간단체지원법」 제2조에 따른 비영리민간단체를 말한다), 소비자단체(「소비자기본법」 제29조에 따른 소비자단체를 말한다)에서 추천하는 자
3. 보건의료에 관한 학식과 경험이 풍부한 자
4. 시설물 안전진단에 관한 학식과 경험이 풍부한 자
(2016.5.29 본호신설)
5. 보건복지부 소속 3급 이상 공무원 또는 고위공무원단에 속하는 공무원
④ 위원회는 다음 각 호의 사항을 심의한다.
1. 인증기준 및 인증의 공표를 포함한 의료기관 인증과 관련된 주요 정책에 관한 사항
2. 제58조제3항에 따른 의료기관 대상 평가제도 통합에 관한 사항
3. 제58조의7제2항에 따른 의료기관 인증 활용에 관한 사항
4. 그 밖에 위원장이 심의에 부치는 사항
⑤ 위원회의 구성 및 운영, 그 밖에 필요한 사항은 대통령령으로 정한다.
(2010.7.23 본조신설)

제58조의3【의료기관 인증기준 및 방법 등】 ① 의료기관 인증기준은 다음 각 호의 사항을 포함하여야 한다.
1. 환자의 권리와 안전
2. 의료기관의 의료서비스 질 향상 활동
3. 의료서비스의 제공과정 및 성과
4. 의료기관의 조직 · 인력관리 및 운영
5. 환자 만족도
② 인증등급은 인증, 조건부인증 및 불인증으로 구분한다.
③ 인증의 유효기간은 4년으로 한다. 다만, 조건부인증의 경우에는 유효기간을 1년으로 한다.
④ 조건부인증을 받은 의료기관의 장은 유효기간 내에 보건복지부령으로 정하는 바에 따라 재인증을 받아야 한다.
⑤ 제1항에 따른 인증기준의 세부 내용은 보건복지부장관이 정한다.
(2010.7.23 본조신설)

제58조의4【의료기관 인증의 신청 및 평가】 ① 의료기관 인증을 받고자 하는 의료기관의 장은 보건복지부령으로 정하는 바에 따라 보건복지부장관에게 신청할 수 있다.

保健 環境

② 제1항에도 불구하고 제3조제2항제3호에 따른 요양병원(「장애인복지법」 제58조제1항제4호에 따른 의료재활시설로서 제3조의2에 따른 요건을 갖춘 의료기관은 제외한다)의 장은 보건복지부령으로 정하는 바에 따라 보건복지부장관에게 인증을 신청하여야 한다.(2020.3.4 본항개정)
③ 제2항에 따라 인증을 신청하여야 하는 요양병원이 조건부인증 또는 불인증을 받거나 제58조의10제1항제4호 및 제5호에 따라 인증 또는 조건부인증이 취소된 경우 해당 요양병원의 장은 보건복지부령으로 정하는 기간 내에 다시 인증을 신청하여야 한다.(2020.3.4 본항개정)
④ 보건복지부장관은 인증을 신청한 의료기관에 대하여 제58조의3제1항에 따른 인증기준 적합 여부를 평가하여야 한다. 이 경우 보건복지부장관은 보건복지부령으로 정하는 바에 따라 필요한 조사를 할 수 있고, 인증을 신청한 의료기관은 정당한 사유가 없으면 조사에 협조하여야 한다.(2020.3.4 본항신설)
⑤ 보건복지부장관은 제4항에 따른 평가 결과와 인증등급을 지체 없이 해당 의료기관의 장에게 통보하여야 한다.
(2020.3.4 본항신설)
(2020.3.4 본조제목개정)
(2010.7.23 본조신설)

제58조의5【이의신청】 ① 의료기관 인증을 신청한 의료기관의 장은 평가결과 또는 인증등급에 관하여 보건복지부장관에게 이의신청을 할 수 있다.
② 제1항에 따른 이의신청은 평가결과 또는 인증등급을 통보받은 날부터 30일 이내에 하여야 한다. 다만, 책임질 수 없는 사유로 그 기간을 지킬 수 없었던 경우에는 그 사유가 없어진 날부터 기산한다.
③ 제1항에 따른 이의신청의 방법 및 처리 결과의 통보 등에 필요한 사항은 보건복지부령으로 정한다.
(2010.7.23 본조신설)

제58조의6【인증서와 인증마크】 ① 보건복지부장관은 인증을 받은 의료기관에 인증서를 교부하고 인증을 나타내는 표시(이하 "인증마크"라 한다)를 제작하여 인증을 받은 의료기관이 사용하도록 할 수 있다.
② 누구든지 제58조제1항에 따른 인증을 받지 아니하고 인증서나 인증마크를 제작·사용하거나 그 밖의 방법으로 인증을 사칭하여서는 아니 된다.
③ 인증마크의 도안 및 표시방법 등에 필요한 사항은 보건복지부령으로 정한다.
(2010.7.23 본조신설)

제58조의7【인증의 공표 및 활용】 ① 보건복지부장관은 인증을 받은 의료기관에 관하여 인증기준, 인증 유효기간 및 제58조의4제4항에 따라 평가한 결과 등 보건복지부령으로 정하는 사항을 인터넷 홈페이지 등에 공표하여야 한다.(2020.3.4 본항개정)
② 보건복지부장관은 제58조의4제4항에 따른 평가 결과와 인증등급을 활용하여 의료기관에 대하여 다음 각 호에 해당하는 행정적·재정적 지원 등 필요한 조치를 할 수 있다.(2020.3.4 본문개정)
1. 제3조의4에 따른 상급종합병원 지정
2. 제3조의5에 따른 전문병원 지정
3. 의료의 질 및 환자 안전 수준 향상을 위한 교육, 컨설팅 지원(2020.3.4 본호신설)
4. 그 밖에 다른 법률에서 정하거나 보건복지부장관이 필요하다고 인정한 사항
③ 제1항에 따른 공표 등에 필요한 사항은 보건복지부령으로 정한다.
(2010.7.23 본조신설)

제58조의8【자료의 제공요청】 ① 보건복지부장관은 인증과 관련하여 필요한 경우에는 관계 행정기관, 의료기관, 그 밖의 공공단체 등에 대하여 자료의 제공 및 협조를 요청할 수 있다.
② 제1항에 따른 자료의 제공과 협조를 요청받은 자는 정당한 사유가 없는 한 요청에 따라야 한다.
(2010.7.23 본조신설)

제58조의9【의료기관 인증의 사후관리】 보건복지부장관은 인증의 실효성을 유지하기 위하여 보건복지부령으로 정하는 바에 따라 인증을 받은 의료기관에 대하여 제58조의3제1항에 따른 인증기준의 충족 여부를 조사할 수 있다.(2020.3.4 본조신설)

제58조의10【의료기관 인증의 취소 등】 ① 보건복지부장관은 인증을 받은 의료기관이 인증 유효기간 중 다음 각 호의 어느 하나에 해당하는 경우에는 의료기관 인증 또는 조건부인증을 취소하거나 인증마크의 사용정지 또는 시정을 명할 수 있다. 다만, 제1호 및 제2호에 해당하는 경우에는 인증 또는 조건부인증을 취소하여야 한다.
(2020.3.4 본문개정)
1. 거짓이나 그 밖의 부정한 방법으로 인증 또는 조건부인증을 받은 경우
2. 제64조제1항에 따라 의료기관 개설 허가가 취소되거나 폐쇄명령을 받은 경우
3. 의료기관의 종별 변경 등 인증 또는 조건부인증의 전제나 근거가 되는 중대한 사실이 변경된 경우
4. 제58조의3제1항에 따른 인증기준을 충족하지 못하게 된 경우(2020.3.4 본호신설)
5. 인증마크의 사용정지 또는 시정명령을 위반한 경우(2020.3.4 본호신설)
② 제1항제1호에 따라 인증이 취소된 의료기관은 인증 또는 조건부인증이 취소된 날부터 1년 이내에 인증 신청을 할 수 없다.
③ 제1항에 따른 의료기관 인증 또는 조건부인증의 취소 및 인증마크의 사용정지 등에 필요한 절차와 처분의 기준 등은 보건복지부령으로 정한다.(2020.3.4 본항신설)
(2020.3.4 본조제목개정)
(2010.7.23 본조신설)

제58조의11【의료기관평가인증원의 설립 등】 ① 의료기관 인증에 관한 업무와 의료기관을 대상으로 실시하는 각종 평가 업무를 효율적으로 수행하기 위하여 의료기관평가인증원(이하 "인증원"이라 한다)을 설립한다.
② 인증원은 다음 각 호의 업무를 수행한다.
1. 의료기관 인증에 관한 업무로서 제58조제2항에 따라 위탁받은 업무
2. 다른 법률에 따라 의료기관을 대상으로 실시하는 평가업무로서 보건복지부장관으로부터 위탁받은 업무
3. 그 밖에 이 법 또는 다른 법률에 따라 보건복지부장관으로부터 위탁받은 업무
③ 인증원은 법인으로 하고, 주된 사무소의 소재지에 설립등기를 함으로써 성립한다.
④ 인증원에는 정관으로 정하는 바에 따라 임원과 필요한 직원을 둔다.
⑤ 보건복지부장관은 인증원의 운영 및 사업에 필요한 경비를 예산의 범위에서 지원할 수 있다.
⑥ 인증원은 보건복지부장관의 승인을 받아 의료기관 인증을 신청한 의료기관의 장으로부터 인증에 소요되는 비용을 징수할 수 있다.
⑦ 인증원은 제2항에 따른 업무 수행에 지장이 없는 범위에서 보건복지부령으로 정하는 바에 따라 교육, 컨설팅 등 수익사업을 할 수 있다.
⑧ 인증원에 관하여 이 법 및 「공공기관의 운영에 관한 법률」에서 정하는 사항 외에는 「민법」 중 재단법인에 관한 규정을 준용한다.
(2020.3.4 본조신설)

제59조【지도와 명령】 ① 보건복지부장관 또는 시·도지사는 보건의료정책을 위하여 필요하거나 국민보건에 중대한 위해(危害)가 발생하거나 발생할 우려가 있으면 의료기관이나 의료인에게 필요한 지도와 명령을 할 수 있다.(2010.1.18 본항개정)
② 보건복지부장관, 시·도지사 또는 시장·군수·구청장은 의료인이 정당한 사유 없이 진료를 중단하거나 의료기관 개설자가 집단으로 휴업하거나 폐업하여 환자 진료에 막대한 지장을 초래하거나 초래할 우려가 있다고 인정할 만한 상당한 이유가 있으면 그 의료인이나 의료기관 개설자에게 업무개시 명령을 할 수 있다.
(2010.1.18 본항개정)
③ 의료인과 의료기관 개설자는 정당한 사유 없이 제2항의 명령을 거부할 수 없다.

제60조【병상 수급계획의 수립 등】 ① 보건복지부장관은 병상의 합리적인 공급과 배치에 관한 기본시책을 5년마다 수립하여야 한다.
② 시·도지사는 제1항에 따른 기본시책에 따라 지역 실정을 고려하여 특별시·광역시 또는 도 단위의 지역별·기능별·종별 의료기관 병상 수급 및 관리계획을 수립한 후 보건복지부장관에게 제출하여야 한다.
③ 보건복지부장관은 제2항에 따라 제출된 병상 수급 및 관리계획이 제1항에 따른 기본시책에 맞지 아니하는 등 보건복지부령으로 정하는 사유가 있으면 시·도지사와 협의하여 보건복지부령으로 정하는 바에 따라 이를 조정하여야 한다.
(2019.8.27 본조개정)

제60조의2【의료인 수급계획 등】 ① 보건복지부장관은 우수한 의료인의 확보와 적절한 공급을 위한 기본시책을 수립하여야 한다.
② 제1항에 따른 기본시책은 「보건의료기본법」 제15조에 따른 보건의료발전계획과 연계하여 수립한다.
(2015.12.29 본조신설)

제60조의3【간호인력 취업교육센터 설치 및 운영】 ① 보건복지부장관은 간호·간병통합서비스 제공·확대 및 간호인력의 역량 강화와 원활한 수급을 위하여 다음 각 호의 업무를 수행하기 위하여 간호인력 취업교육센터를 지역별로 설치·운영할 수 있다.(2023.5.19 본문개정)
1. 지역별, 의료기관별 간호인력 확보에 관한 현황 조사
2. 제7조제1항제1호에 따른 간호학을 전공하는 대학이나 전문대학〔구제(舊制) 전문학교와 간호학교를 포함한다〕 졸업예정자와 신규 간호인력에 대한 취업교육 지원
3. 간호인력의 지속적인 근무를 위한 경력개발 지원
4. 교육전담간호사의 교육(2023.5.19 본호신설)
5. 유휴 및 이직 간호인력의 취업교육 지원
6. 그 밖에 간호인력의 취업교육 지원을 위하여 보건복지부령으로 정하는 사항
② 보건복지부장관은 간호인력 취업교육센터를 효율적으로 운영하기 위하여 그 운영에 관한 업무를 대통령령으로 정하는 절차·방식에 따라 관계 전문기관 또는 단체에 위탁할 수 있다.
③ 국가 및 지방자치단체는 제2항에 따라 간호인력 취업교육센터의 운영에 관한 업무를 위탁한 경우에는 그 운영에 드는 비용을 지원할 수 있다.
④ 그 밖에 간호인력 취업교육센터의 운영 등에 필요한 사항은 보건복지부령으로 정한다.
(2015.12.29 본조신설)

제61조【보고와 업무 검사 등】 ① 보건복지부장관, 시·도지사 또는 시장·군수·구청장은 의료기관 개설자 또는 의료인에게 필요한 사항을 보고하도록 명할 수 있고, 관계 공무원을 시켜 그 업무 상황, 시설 또는 진료기록부·조산기록부·간호기록부 등 관계 서류를 검사하게 하거나 관계인에게서 진술을 들어 사실을 확인받게 할 수 있다. 이 경우 의료기관 개설자 또는 의료인은 정당한 사유 없이 이를 거부하지 못한다.(2019.8.27 본항개정)
② 제1항의 경우에 관계 공무원은 권한을 증명하는 증표 및 조사기간, 조사범위, 조사담당자, 관계 법령 등이 기재된 조사명령서를 지니고 이를 관계인에게 내보여야 한다.
③ 제1항의 보고 및 제2항의 조사명령서에 관한 사항은 보건복지부령으로 정한다.
(2011.8.4 본조개정)

제61조의2【자료제공의 요청】 ① 보건복지부장관은 이 법의 위반 사실을 확인하기 위한 경우 등 소관 업무를 수행하기 위하여 필요한 경우에는 의료인, 의료기관의 장, 「국민건강보험법」에 따른 국민건강보험공단 및 건강보험심사평가원, 그 밖의 관계 행정기관 및 단체 등에 대하여 필요한 자료의 제출이나 의견의 진술 등을 요청할 수 있다.
② 제1항에 따른 자료의 제공 또는 협조를 요청받은 자는 특별한 사유가 없으면 이에 따라야 한다.
(2019.8.27 본조신설)

제62조【의료기관 회계기준】 ① 의료기관 개설자는 의료기관 회계를 투명하게 하도록 노력하여야 한다.
② 100병상 이상의 병원급 의료기관으로서 보건복지부령으로 정하는 일정 규모 이상의 병원급 의료기관 개설자는 회계를 투명하게 하기 위하여 의료기관 회계기준을 지켜야 한다.(2020.3.4 본항개정)
③ 제2항에 따른 의료기관 회계기준은 보건복지부령으로 정한다.(2010.1.18 본항개정)

제63조【시정 명령 등】 ① 보건복지부장관 또는 시장·군수·구청장은 의료기관이 제15조제1항, 제16조제2항, 제21조제1항 후단 및 같은 조 제2항·제3항, 제23조제2항, 제34조제2항, 제35조제2항, 제36조, 제36조의2, 제37조제1항·제2항, 제38조제1항·제2항, 제38조의2, 제41조, 제41조의2제1항·제4항, 제42조, 제43조, 제45조, 제46조, 제47조제1항, 제58조의4제2항 및 제3항, 제62조제2항을 위반한 때, 종합병원·상급종합병원·전문병원이 각각 제3조의3제1항·제3조의4제1항·제3조의5제2항에 따른 요건에 해당하지 아니하게 된 때, 의료기관의 장이 제4조제5항을 위반한 때 또는 자율심의기구가 제57조제11항을 위반한 때에는 일정한 기간을 정하여 그 시설·장비 등의 전부 또는 일부의 사용을 제한 또는 금지하거나 위반한 사항을 시정하도록 명할 수 있다.(2023.5.19 본항개정)
② 보건복지부장관 또는 시장·군수·구청장은 의료인등이 제56조제2항·제3항을 위반한 때에는 다음 각 호의 조치를 명할 수 있다.
1. 위반행위의 중지
2. 위반사실의 공표
3. 정정광고
(2018.3.27 본항신설)
③ 제2항제2호·제3호에 따른 조치에 필요한 사항은 대통령령으로 정한다.(2018.3.27 본항신설)

제64조【개설 허가 취소 등】 ① 보건복지부장관 또는 시장·군수·구청장은 의료기관이 다음 각 호의 어느 하나에 해당하면 그 의료업을 1년의 범위에서 정지시키거나 개설 허가의 취소 또는 의료기관 폐쇄를 명할 수 있다. 다만, 제8호에 해당하는 경우에는 의료기관 개설 허가의 취소 또는 의료기관 폐쇄를 명하여야 하며, 의료기관 폐쇄는 제33조제3항과 제35조제1항 본문에 따라 신고한 의료기관에만 명할 수 있다.(2016.12.20 본문개정)
1. 개설 신고나 개설 허가를 한 날부터 3개월 이내에 정당한 사유 없이 업무를 시작하지 아니한 때
1의2. 제4조제2항을 위반하여 의료인이 다른 의료인 또는 의료법인 등의 명의로 의료기관을 개설하거나 운영한 때(2020.12.29 본호신설)
2. 제27조제5항을 위반하여 무자격자에게 의료행위를 하게 하거나 의료인에게 면허 사항 외의 의료행위를 하게 한 때(2019.4.23 본호개정)
3. 제61조에 따른 관계 공무원의 직무 수행을 기피 또는 방해하거나 제59조 또는 제63조에 따른 명령을 위반한 때
4. 제33조제2항제3호부터 제5호까지의 규정에 따른 의료법인·비영리법인, 준정부기관·지방의료원 또는 한국보훈복지의료공단의 설립허가가 취소되거나 해산된 때
(2009.1.30 본호개정)
4의2. 제33조제2항을 위반하여 의료기관을 개설한 때
(2015.12.29 본호신설)
4의3. 제33조제8항을 위반하여 둘 이상의 의료기관을 개설·운영한 때(2020.12.29 본호신설)
5. 제33조제5항·제7항·제9항·제10항, 제40조, 제40조의2 또는 제56조를 위반한 때. 다만, 의료기관 개설자 본인에게 책임이 없는 사유로 제33조제7항제4호를 위반한 때에는 그러하지 아니하다.(2020.3.4 본호개정)
5의2. 정당한 사유 없이 제40조제1항에 따른 폐업·휴업 신고를 하지 아니하고 6개월 이상 의료업을 하지 아니한 때(2019.8.27 본호신설)
6. 제63조에 따른 시정명령(제4조제5항 위반에 따른 시정명령을 제외한다)을 이행하지 아니한 때(2016.5.29 본호개정)

7. 「약사법」 제24조제2항을 위반하여 담합행위를 한 때
8. 의료기관 개설자가 거짓으로 진료비를 청구하여 금고 이상의 형을 선고받고 그 형이 확정된 때
9. 제36조에 따른 준수사항을 위반하여 사람의 생명 또는 신체에 중대한 위해를 발생하게 한 때(2018.8.14 본호신설)
② 제1항에 따라 개설 허가를 취소당하거나 폐쇄 명령을 받은 자는 그 취소된 날이나 폐쇄 명령을 받은 날부터 6개월 이내에, 의료업 정지처분을 받은 자는 그 업무 정지기간 중에 각각 의료기관을 개설·운영하지 못한다. 다만, 제1항제8호에 따라 의료기관 개설 허가를 취소당하거나 폐쇄 명령을 받은 자는 취소당한 날이나 폐쇄 명령을 받은 날부터 3년 안에는 의료기관을 개설·운영하지 못한다.
③ 보건복지부장관 또는 시장·군수·구청장은 의료기관이 제1항에 따라 그 의료업이 정지되거나 개설 허가의 취소 또는 폐쇄 명령을 받은 경우 해당 의료기관에 입원 중인 환자를 다른 의료기관으로 옮기도록 하는 등 환자의 권익을 보호하기 위하여 필요한 조치를 하여야 한다.
(2016.12.20 본항신설)

제65조【면허 취소와 재교부】 ① 보건복지부장관은 의료인이 다음 각 호의 어느 하나에 해당할 경우에는 그 면허를 취소할 수 있다. 다만, 제1호·제8호의 경우에는 면허를 취소하여야 한다.(2023.5.19 단서개정)
1. 제8조 각 호의 어느 하나에 해당하게 된 경우. 다만, 의료행위 중 「형법」 제268조의 죄를 범하여 제8조제4호부터 제6호까지의 어느 하나에 해당하게 된 경우에는 그러하지 아니하다.(2023.5.19 단서신설)
2. 제66조에 따른 자격 정지 처분 기간 중에 의료행위를 하거나 3회 이상 자격 정지 처분을 받은 경우
2의2. 제2항에 따라 면허를 재교부받은 사람이 제66조제1항 각 호의 어느 하나에 해당하는 경우(2023.5.19 본호신설)
3. 제11조제1항에 따른 면허 조건을 이행하지 아니한 경우
4. 제4조의3제1항을 위반하여 면허를 대여한 경우
(2020.3.4 본호개정)
5. (2016.12.20 삭제)
6. 제4조제6항을 위반하여 사람의 생명 또는 신체에 중대한 위해를 발생하게 한 경우(2016.5.29 본호신설)
7. 제27조제5항을 위반하여 사람의 생명 또는 신체에 중대한 위해를 발생하게 할 우려가 있는 수술, 수혈, 전신마취를 의료인 아닌 자에게 하게 하거나 의료인에게 면허 사항 외로 하게 한 경우(2020.12.29 본호신설)
8. 거짓이나 그 밖의 부정한 방법으로 제5조부터 제7조까지에 따른 의료인 면허 발급 요건을 취득하거나 제9조에 따른 국가시험에 합격한 경우(2023.5.19 본호신설)
② 보건복지부장관은 제1항에 따라 면허가 취소된 자라도 취소의 원인이 된 사유가 없어지거나 개전(改悛)의 정이 뚜렷하다고 인정되고 대통령령으로 정하는 교육프로그램을 이수한 경우에는 면허를 재교부할 수 있다. 다만, 제1항제3호에 따라 면허가 취소된 경우에는 취소된 날부터 1년 이내, 제1항제2호·제2호의2에 따라 면허가 취소된 경우에는 취소된 날부터 2년 이내, 제1항제4호·제6호·제7호 또는 제8조제4호부터 제6호까지에 따른 사유로 면허가 취소된 경우에는 취소된 날부터 3년 이내, 제8조제4호에 따른 사유로 면허가 취소된 사람이 다시 제8조제4호에 따른 사유로 면허가 취소된 경우에는 취소된 날부터 10년 이내에는 재교부하지 못하고, 제1항제8호에 따라 면허가 취소된 경우에는 재교부할 수 없다.
(2023.5.19 본항개정)

제66조【자격정지 등】 ① 보건복지부장관은 의료인이 다음 각 호의 어느 하나에 해당하면(제65조제1항제2호의2에 해당하는 경우는 제외한다) 1년의 범위에서 면허자격을 정지시킬 수 있다. 이 경우 의료기술과 관련한 판단이 필요한 사항에 관하여는 관계 전문가의 의견을 들어 결정할 수 있다.(2023.5.19 전단개정)
1. 의료인의 품위를 심하게 손상시키는 행위를 한 때
2. 의료기관 개설자가 될 수 없는 자에게 고용되어 의료행위를 한 때
2의2. 제4조제6항을 위반한 때(2016.5.29 본호신설)
3. 제17조제1항 및 제2항에 따른 진단서·검안서 또는 증명서를 거짓으로 작성하여 내주거나 제22조제1항에 따른 진료기록부등을 거짓으로 작성하거나 고의로 사실과 다르게 추가기재·수정한 때(2011.4.7 본호개정)
4. 제20조를 위반한 경우(2009.12.31 본호신설)
5. (2020.12.29 삭제)
6. 의료기사가 아닌 자에게 의료기사의 업무를 하게 하거나 의료기사에게 그 업무 범위를 벗어나게 한 때
7. 관련 서류를 위조·변조하거나 속임수 등 부정한 방법으로 진료비를 거짓 청구한 때
8. (2011.8.4 삭제)
9. 제23조의5를 위반하여 경제적 이익등을 제공받은 때
(2019.8.27 본호개정)
10. 그 밖에 이 법 또는 이 법에 따른 명령을 위반한 때
② 제1항제1호에 따른 행위의 범위는 대통령령으로 정한다.
③ 의료기관은 그 의료기관 개설자가 제1항제7호에 따라 자격정지 처분을 받은 경우에는 그 자격정지 기간 중 의료업을 할 수 없다.(2010.7.23 본항개정)
④ 보건복지부장관은 의료인이 제25조에 따른 신고를 하지 아니한 때에는 신고할 때까지 면허의 효력을 정지할 수 있다.(2011.4.28 본항신설)
⑤ 제1항제2호를 위반한 의료인이 자진하여 그 사실을 신고한 경우에는 제1항에도 불구하고 보건복지부령으로 정하는 바에 따라 그 처분을 감경하거나 면제할 수 있다.
(2012.2.1 본항신설)
⑥ 제1항에 따른 자격정지처분은 그 사유가 발생한 날부터 5년(제1항제5호·제7호에 따른 자격정지처분의 경우에는 7년으로 한다)이 지나면 하지 못한다. 다만, 그 사유에 대하여 「형사소송법」 제246조에 따른 공소가 제기된 경우에는 공소가 제기된 날부터 해당 사건의 재판이 확정된 날까지의 기간은 시효 기간에 산입하지 아니 한다.
(2016.5.29 본항신설)

제66조의2【중앙회의 자격정지 처분 요구 등】 각 중앙회의 장은 의료인이 제66조제1항제1호에 해당하는 경우에는 각 중앙회의 윤리위원회의 심의·의결을 거쳐 보건복지부장관에게 자격정지 처분을 요구할 수 있다.
(2011.4.28 본조신설)

제67조【과징금 처분】 ① 보건복지부장관이나 시장·군수·구청장은 의료기관이 제64조제1항 각 호의 어느 하나에 해당할 때에는 대통령령으로 정하는 바에 따라 의료업 정지 처분을 갈음하여 10억원 이하의 과징금을 부과할 수 있으며, 이 경우 과징금은 3회까지만 부과할 수 있다. 다만, 동일한 위반행위에 대하여 「표시·광고의 공정화에 관한 법률」 제9조에 따른 과징금 부과처분이 이루어진 경우에는 과징금(의료업 정지 처분을 포함한다)을 감경하여 부과하거나 부과하지 아니할 수 있다.
(2019.8.27 본문개정)
② 제1항에 따른 과징금을 부과하는 위반 행위의 종류와 정도 등에 따른 과징금의 액수와 그 밖에 필요한 사항은 대통령령으로 정한다.
③ 보건복지부장관이나 시장·군수·구청장은 제1항에 따른 과징금을 기한 안에 내지 아니한 때에는 지방세 체납처분의 예에 따라 징수한다.(2010.1.18 본항개정)

제68조【행정처분의 기준】 제63조, 제64조제1항, 제65조제1항, 제66조제1항에 따른 행정처분의 세부적인 기준은 보건복지부령으로 정한다.(2010.1.18 본조개정)

제69조【의료지도원】 ① 제61조에 따른 관계 공무원의 직무를 행하게 하기 위하여 보건복지부, 시·도 및 시·군·구에 의료지도원을 둔다.(2010.1.18 본항개정)
② 의료지도원은 보건복지부장관, 시·도지사 또는 시장·군수·구청장이 그 소속 공무원 중에서 임명하되, 자격과 임명 등에 필요한 사항은 보건복지부령으로 정한다.
(2010.1.18 본항개정)
③ 의료지도원 및 그 밖의 공무원은 직무를 통하여 알게 된 의료기관, 의료인, 환자의 비밀을 누설하지 못한다.

제7장 분쟁의 조정

제70조~제76조 (2011.4.7 삭제)

제8장 보 칙

제77조【전문의】 ① 의사·치과의사 또는 한의사로서 전문의가 되려는 자는 대통령령으로 정하는 수련을 거쳐 보건복지부장관에게 자격 인정을 받아야 한다.
(2010.1.18 본항개정)
② 제1항에 따라 전문의 자격을 인정받은 자가 아니면 전문과목을 표시하지 못한다. 다만, 보건복지부장관은 의료체계를 효율적으로 운영하기 위하여 전문의 자격을 인정받은 치과의사와 한의사에 대하여 종합병원·치과병원·한방병원 중 보건복지부령으로 정하는 의료기관에 한하여 전문과목을 표시하도록 할 수 있다.(2010.1.18 단서개정)
<이 항 단서의 개정규정 중 치과의사에 대한 부분은 2013.12.31까지, 한의사에 대한 부분은 2009.12.31까지 유효>
③ (2016.12.20 삭제)
④ 전문의 자격 인정과 전문과목에 관한 사항은 대통령령으로 정한다.

제78조【전문간호사】 ① 보건복지부장관은 간호사에게 간호사 면허 외에 전문간호사 자격을 인정할 수 있다.
② 전문간호사가 되려는 사람은 다음 각 호의 어느 하나에 해당하는 사람으로서 보건복지부장관이 실시하는 전문간호사 자격시험에 합격한 후 보건복지부장관의 자격 인정을 받아야 한다.
1. 보건복지부령으로 정하는 전문간호사 교육과정을 이수한 자
2. 보건복지부장관이 인정하는 외국의 해당 분야 전문간호사 자격이 있는 자
(2018.3.27 본항개정)
③ 전문간호사는 제2항에 따라 자격을 인정받은 해당 분야에서 간호 업무를 수행하여야 한다.(2018.3.27 본항신설)
④ 전문간호사의 자격 구분, 자격 기준, 자격 시험, 자격증, 업무 범위, 그 밖에 필요한 사항은 보건복지부령으로 정한다.(2018.3.27 본항신설)
(2010.1.18 본조개정)

제79조【한지 의료인】 ① 이 법이 시행되기 전의 규정에 따라 면허를 받은 한지 의사(限地 醫師), 한지 치과의사 및 한지 한의사는 허가받은 지역에서 의료업무에 종사하는 경우 의료인으로 본다.
② 보건복지부장관은 제1항에 따른 의료인이 허가받은 지역 밖에서 의료행위를 하는 경우에는 그 면허를 취소할 수 있다.(2010.1.18 본항개정)
③ 제1항에 따른 의료인의 허가지역 변경, 그 밖에 필요한 사항은 보건복지부령으로 정한다.(2010.1.18 본항개정)
④ 한지 의사, 한지 치과의사, 한지 한의사로서 허가받은 지역에서 10년 이상 의료업무에 종사한 경력이 있는 자 또는 이 법 시행 당시 의료업무에 종사하고 있는 자 중 경력이 5년 이상인 자에게는 제5조에도 불구하고 보건복지부령으로 정하는 바에 따라 의사, 치과의사 또는 한의사의 면허를 줄 수 있다.(2010.1.18 본항개정)

제80조【간호조무사 자격】 ① 간호조무사가 되려는 사람은 다음 각 호의 어느 하나에 해당하는 사람으로서 보건복지부령으로 정하는 교육과정을 이수하고 간호조무사 국가시험에 합격한 후 보건복지부장관의 자격인정을 받아야 한다. 이 경우 자격시험의 제한에 관하여는 제10조를 준용한다.
1. 초·중등교육법령에 따른 특성화고등학교의 간호 관련 학과를 졸업한 사람(간호조무사 국가시험 응시일로부터 6개월 이내에 졸업이 예정된 사람을 포함한다)
2. 「초·중등교육법」 제2조에 따른 고등학교 졸업자(간호조무사 국가시험 응시일로부터 6개월 이내에 졸업이 예정된 사람을 포함한다) 또는 초·중등교육법령에 따라 같은 수준의 학력이 있다고 인정되는 사람(이하 이 조에서 "고등학교 졸업학력 인정자"라 한다)으로서 보건복지부령으로 정하는 국·공립 간호조무사양성소의 교육을 이수한 사람
3. 고등학교 졸업학력 인정자로서 평생교육법령에 따른 평생교육시설에서 고등학교 교과 과정에 상응하는 교육과정 중 간호 관련 학과를 졸업한 사람(간호조무사 국가시험 응시일로부터 6개월 이내에 졸업이 예정된 사람을 포함한다)
4. 고등학교 졸업학력 인정자로서 「학원의 설립·운영 및 과외교습에 관한 법률」 제2조의2제2항에 따른 학원의 간호조무사 교습과정을 이수한 사람
5. 고등학교 졸업학력 인정자로서 외국의 간호조무사 교육과정(보건복지부장관이 정하여 고시하는 인정기준에 해당하는 교육과정을 말한다)을 이수하고 해당 국가의 간호조무사 자격을 취득한 사람(2019.8.27 본호개정)
6. 제7조제1항제1호 또는 제2호에 해당하는 사람
② 제1항제1호부터 제4호까지에 따른 간호조무사 교육훈련기관은 보건복지부장관의 지정·평가를 받아야 한다. 이 경우 보건복지부장관은 간호조무사 교육훈련기관의 지정을 위한 평가업무를 대통령령으로 정하는 절차·방식에 따라 관계 전문기관에 위탁할 수 있다.
③ 보건복지부장관은 제2항에 따른 간호조무사 교육훈련기관이 거짓이나 그 밖의 부정한 방법으로 지정받는 등 대통령령으로 정하는 사유에 해당하는 경우에는 그 지정을 취소할 수 있다.
④ 간호조무사는 최초로 자격을 받은 후부터 3년마다 그 실태와 취업상황 등을 보건복지부장관에게 신고하여야 한다.
⑤ 제1항에 따른 간호조무사의 국가시험·자격인정, 제2항에 따른 간호조무사 교육훈련기관의 지정·평가, 제4항에 따른 자격신고 및 간호조무사의 보수교육 등에 관하여 필요한 사항은 보건복지부령으로 정한다.
(2015.12.29 본조개정)

제80조의2【간호조무사 업무】 ① 간호조무사는 제27조에도 불구하고 간호사를 보조하여 제2조제2항제5호가목부터 다목까지의 업무를 수행할 수 있다.
② 제1항에도 불구하고 간호조무사는 제3조제2항에 따른 의원급 의료기관에 한하여 의사, 치과의사, 한의사의 지도하에 환자의 요양을 위한 간호 및 진료의 보조를 수행할 수 있다.
③ 제1항 및 제2항에 따른 구체적인 업무의 범위와 한계에 대하여 필요한 사항은 보건복지부령으로 정한다.
(2015.12.29 본조신설)

제80조의3【준용규정】 간호조무사에 대하여는 제8조, 제9조, 제12조, 제16조, 제19조, 제20조, 제22조, 제23조, 제59조제1항, 제61조, 제65조, 제66조, 제68조, 제83조제1항, 제84조, 제85조, 제87조, 제87조의2, 제88조, 제88조의2 및 제91조를 준용하며, 이 경우 "면허"는 "자격"으로, "면허증"은 "자격증"으로 본다.(2019.8.27 본조개정)

제81조【의료유사업자】 ① 이 법이 시행되기 전의 규정에 따라 자격을 받은 접골사(接骨士), 침사(鍼士), 구사(灸士)(이하 "의료유사업자"라 한다)는 제27조에도 불구하고 각 해당 시술소에서 시술(施術)을 업(業)으로 할 수 있다.
② 의료유사업자에 대하여는 이 법 중 의료인과 의료기관에 관한 규정을 준용한다. 이 경우 "의료인"은 "의료유사업자"로, "면허"는 "자격"으로, "면허증"은 "자격증"으로, "의료기관"은 "시술소"로 한다.
③ 의료유사업자의 시술행위, 시술업무의 한계 및 시술소의 기준 등에 관한 사항은 보건복지부령으로 정한다.
(2010.1.18 본항개정)

제82조【안마사】 ① 안마사는 「장애인복지법」에 따른 시각장애인 중 다음 각 호의 어느 하나에 해당하는 자로서 시·도지사에게 자격인정을 받아야 한다.
1. 「초·중등교육법」 제2조제5호에 따른 특수학교 중 고등학교에 준한 교육을 하는 학교에서 제4항에 따른 안마사의 업무한계에 따라 물리적 시술에 관한 교육과정을 마친 자

保健環境

2. 중학교 과정 이상의 교육을 받고 보건복지부장관이 지정하는 안마수련기관에서 2년 이상의 안마수련과정을 마친 자(2010.1.18 본호개정)

② 제1항의 안마사는 제27조에도 불구하고 안마업무를 할 수 있다.

③ 안마사에 대하여는 이 법 중 제8조, 제25조, 제28조부터 제32조까지, 제33조제2항제1호·제3항·제5항·제8항 본문, 제36조, 제40조, 제59조제1항, 제61조, 제63조(제36조를 위반한 경우만을 말한다), 제64조부터 제66조까지, 제68조, 제83조, 제84조를 준용한다. 이 경우 "의료인"은 "안마사"로, "면허"는 "자격"으로, "면허증"은 "자격증"으로, "의료기관"은 "안마시술소 또는 안마원"으로, "해당 의료관계단체의 장"은 "안마사회장"으로 한다.
(2009.1.30 전단개정)

④ 제3항에도 불구하고 국가나 지방자치단체가 관계 법령에 따라 시행하는 장애인일자리 사업 등을 수행하는 자로서 보건복지부령으로 정하는 자가 그 사업 수행과정에서 안마사를 고용하는 경우에는 제66조제1항제2호를 준용하지 아니한다.(2023.10.31 본항신설)

⑤ 안마사의 업무한계, 안마시술소나 안마원의 시설 기준 등에 관한 사항은 보건복지부령으로 정한다.
(2010.1.18 본항개정)

판례 의료법 제82조제1항이 비시각장애인의 직업선택의 자유의 본질적 내용을 침해하여 헌법에 위반되는지 여부 : 이 사건 법률조항은 시각장애인에게 삶의 보람을 얻게 하고 인간다운 생활을 할 권리를 실현시키려는 데에 그 목적이 있으므로 입법목적이 정당하고, 다른 직종에 비해 공간이동과 기동성을 거의 요구하지 않을 뿐더러 촉각이 발달한 시각장애인이 영위하기에 용이한 안마업의 특성 등에 비추어 시각장애인에게 안마업을 독점시킴으로써 그들의 생계를 지원하고 직업활동에 참여할 수 있는 기회를 제공하는 이 사건 법률조항의 경우 이러한 입법목적을 달성하는 데 적절한 수단임을 인정할 수 있다. 나아가 시각장애인에 대한 복지정책이 미흡한 현실에서 안마사가 시각장애인이 선택할 수 있는 거의 유일한 직업이라는 점, 안마사 직역을 비시각장애인에게 허용할 경우 시각장애인의 생계를 보장하기 위한 다른 대안이 충분하지 않다는 점, 시각장애인은 역사적으로 교육, 고용 등 일상생활에서 차별을 받아온 소수자로서 실질적인 평등을 구현하기 위해서 이들을 우대하는 조치를 취할 필요가 있는 점 등에 비추어 최소침해성 원칙에 반하지 아니하고, 이 사건 법률조항으로 인해 얻게 되는 시각장애인의 생존권 등 공익과 그로 인해 잃게 되는 일반국민의 직업선택의 자유 등 사익을 비교해 보더라도, 공익과 사익 사이에 법익 불균형이 발생한다고 단정할 수도 없다. 따라서 위 법조항의 내용이 헌법 제37조 제2항에서 정한 기본권제한 입법의 한계를 벗어나서 비시각장애인의 직업선택의 자유의 본질적 내용을 침해하여 헌법에 위반된다는 상고이유의 주장은 받아들일 수 없다.
(대판 2010.3.25, 2010도1824)

제83조【경비 보조 등】 ① 보건복지부장관 또는 시·도지사는 국민보건 향상을 위하여 필요하다고 인정될 때에는 의료인·의료기관·중앙회 또는 의료 관련 단체에 대하여 시설, 운영 경비, 조사·연구 비용의 전부 또는 일부를 보조할 수 있다.(2010.1.18 본항개정)

② 보건복지부장관은 다음 각 호의 의료기관이 인증을 신청할 때 예산의 범위에서 인증에 소요되는 비용의 전부 또는 일부를 보조할 수 있다.
1. 제58조의4제2항 및 제3항에 따라 인증을 신청하여야 하는 의료기관(2020.3.4 본호개정)
2. 300병상 미만인 의료기관(종합병원은 제외한다) 중 보건복지부장관이 정하는 기준에 해당하는 의료기관
(2010.7.23 본항신설)

제84조【청문】 보건복지부장관, 시·도지사 또는 시장·군수·구청장은 다음 각 호의 어느 하나에 해당하는 처분을 하려면 청문을 실시하여야 한다.(2010.1.18 본문개정)
1. 제23조의2제4항에 따른 인증의 취소(2016.12.20 본호신설)
2. 제51조에 따른 설립 허가의 취소
3. 제58조의10에 따른 의료기관 인증 또는 조건부인증의 취소(2020.3.4 본호개정)
4. 제63조에 따른 시설·장비 등의 사용금지 명령
5. 제64조제1항에 따른 개설허가 취소나 의료기관 폐쇄 명령
6. 제65조제1항에 따른 면허의 취소

제85조【수수료】 ① 이 법에 따른 의료인의 면허나 면허증을 재교부 받으려는 자, 국가시험등에 응시하려는 자, 진단용 방사선 발생 장치의 검사를 받으려는 자, 진단용 방사선 발생장치 안전관리책임자 교육을 받으려는 자는 보건복지부령으로 정하는 바에 따라 수수료를 내야 한다.(2020.12.29 본항개정)

② 제9조제2항에 따른 한국보건의료인국가시험원은 제1항에 따라 납부받은 국가시험등의 응시수수료를 보건복지부장관의 승인을 받아 시험 관리에 필요한 경비에 직접 충당할 수 있다.(2015.6.22 본항개정)

제86조【권한의 위임 및 위탁】 ① 이 법에 따른 보건복지부장관 또는 시·도지사의 권한은 그 일부를 대통령령으로 정하는 바에 따라 질병관리청장, 시·도지사 또는 시장·군수·구청장이나 보건소장에게 위임할 수 있다.
(2020.8.11 본항개정)

② 보건복지부장관은 이 법에 따른 업무의 일부를 대통령령으로 정하는 바에 따라 관계 전문기관에 위탁할 수 있다.
(2010.1.18 본조개정)

제86조의2【벌칙 적용에서 공무원 의제】 제57조의2제4항에 따른 심의위원회 위원은 「형법」 제129조부터 제132조까지의 규정을 적용할 때에는 공무원으로 본다.
(2018.3.27 본조신설)

제86조의3【기록의 보존·보관 의무에 대한 면책】 제22조제2항, 제23조제1항, 제38조의2 또는 제40조의2제1항에 따라 보존·보관하여야 하는 기록이 천재지변이나 그 밖의 불가항력으로 멸실된 경우에는 해당 기록의 보존·보관의무자는 제64조, 제66조 또는 제90조에 따른 책임을 면한다.(2021.9.24 본조개정)

제9장 벌 칙

제87조【벌칙】 제33조제2항을 위반하여 의료기관을 개설하거나 운영하는 자는 10년 이하의 징역이나 1억원 이하의 벌금에 처한다.(2019.8.27 본조신설)

제87조의2【벌칙】 ① 제12조제3항을 위반한 죄를 범하여 사람을 상해에 이르게 한 경우에는 7년 이하의 징역 또는 1천만원 이상 7천만원 이하의 벌금에 처하고, 중상해에 이르게 한 경우에는 3년 이상 10년 이하의 징역에 처하며, 사망에 이르게 한 경우에는 무기 또는 5년 이상의 징역에 처한다.(2019.4.23 본항신설)

② 다음 각 호의 어느 하나에 해당하는 자는 5년 이하의 징역이나 5천만원 이하의 벌금에 처한다.(2016.12.20 본문개정)
1. 제4조의3제1항을 위반하여 면허를 대여한 사람
(2020.3.4 본호개정)
1의2. 제4조의3제2항을 위반하여 면허를 대여받거나 면허 대여를 알선한 사람(2020.3.4 본호신설)
2. 제12조제2항 및 제3항, 제18조제3항, 제21조의2제5항·제8항, 제23조제3항, 제27조제1항, 제33조제2항(제82조제3항에서 준용하는 경우만을 말한다)·제8항(제82조제3항에서 준용하는 경우를 포함한다)·제10항을 위반한 자. 다만, 제12조제3항의 죄는 피해자의 명시한 의사에 반하여 공소를 제기할 수 없다.(2019.8.27 본호개정)
3. 제27조제5항을 위반하여 의료인이 아닌 자에게 의료행위를 하게 하거나 의료인에게 면허 사항 외의 의료행위를 하게 한 자(2020.12.29 본호신설)
3의2. 제38조의2제5항을 위반하여 촬영한 영상정보를 열람하게 하거나 제공한 자
3의3. 제38조의2제6항을 위반하여 촬영한 영상정보를 탐지하거나 누출·변조 또는 훼손한 자
3의4. 제38조의2제7항을 위반하여 촬영한 영상정보를 이 법에서 정한 목적 외의 용도로 사용한 자
(2021.9.24 3호의2~3호의4신설)
4. 제40조의3제3항을 위반하여 직접 보관한 진료기록부 등 외 진료기록보관시스템에 보관된 정보를 열람하는 등 그 내용을 확인한 사람(2020.3.4 본호신설)
5. 제40조의3제7항을 위반하여 정당한 접근 권한 없이 또는 허용된 접근 권한을 넘어 진료기록보관시스템에 보관된 정보를 훼손·멸실·변경·위조·유출하거나 검색·복제한 사람(2020.3.4 본호신설)

제88조【벌칙】 다음 각 호의 어느 하나에 해당하는 자는 3년 이하의 징역이나 3천만원 이하의 벌금에 처한다.
1. 제19조, 제21조제2항(제40조의2제4항에서 준용하는 경우를 포함한다), 제22조제3항, 제27조제3항·제4항, 제33조제4항, 제35조제1항 단서, 제38조제3항, 제47조제11항, 제59조제3항, 제64조제2항(제82조제3항에서 준용하는 경우를 포함한다), 제69조제3항을 위반한 자. 다만, 제19조, 제21조제2항(제40조의2제4항에서 준용하는 경우를 포함한다) 또는 제69조제3항을 위반한 자에 대한 공소는 고소가 있어야 한다.(2020.3.4 본호개정)
2. 제23조의5를 위반한 자. 이 경우 취득한 경제적 이익등은 몰수하고, 몰수할 수 없을 때에는 그 가액을 추징한다.(2019.8.27 전단개정)
3. 제38조의2제2항에 따른 절차에 따르지 아니하고 같은 조 제1항에 따른 폐쇄회로 텔레비전으로 의료행위를 하는 장면을 임의로 촬영한 자(2021.9.24 본호신설)
4. 제82조제1항에 따른 안마사의 자격인정을 받지 아니하고 영리를 목적으로 안마를 한 자
(2016.12.20 본조개정)

제88조의2【벌칙】 다음 각 호의 어느 하나에 해당하는 자는 2년 이하의 징역이나 2천만원 이하의 벌금에 처한다.
(2020.3.4 본문개정)
1. 제20조를 위반한 자(2020.3.4 본호신설)
2. 제38조의2제4항을 위반하여 안전성 확보에 필요한 조치를 하지 아니하여 폐쇄회로 텔레비전으로 촬영한 영상정보를 분실·도난·유출·변조 또는 훼손당한 자
(2021.9.24 본호신설)
3. 제47조제12항을 위반하여 자율보고를 한 사람에게 불리한 조치를 한 자(2020.3.4 본호신설)

제89조【벌칙】 다음 각 호의 어느 하나에 해당하는 자는 1년 이하의 징역이나 1천만원 이하의 벌금에 처한다.
1. 제15조제1항, 제17조제1항·제2항(제1항 단서 후단과 제2항 단서는 제외한다), 제17조의2제1항·제2항(처방전을 교부하거나 발송한 경우만을 말한다), 제23조의2제3항 후단, 제33조제9항, 제56조제1항부터 제3항까지 또는 제58조의6제2항을 위반한 자(2019.8.27 본호개정)
2. 정당한 사유 없이 제40조제4항에 따른 권익보호조치를 하지 아니한 자
3. 제51조의2를 위반하여 의료법인의 임원 선임과 관련하여 금품 등을 주고받거나 주고받을 것을 약속한 자
4. 제61조제1항에 따른 검사를 거부·방해 또는 기피한 자(제33조제2항·제10항 위반 여부에 관한 조사임을 명시한 경우에 한정한다)
(2019.8.27 3호~4호신설)
(2016.12.20 본조개정)

제90조【벌칙】 제16조제1항·제2항, 제17조제3항·제4항, 제17조의2제1항·제2항(처방전을 수령한 경우만을 말한다), 제18조제4항, 제21조제1항 후단(제40조의2제4항에서 준용하는 경우를 포함한다), 제21조의2제1항·제2항, 제22조제1항·제2항(제40조의2제4항에서 준용하는 경우를 포함한다), 제23조제4항, 제26조, 제27조제2항, 제33조제1항·제3항(제82조제3항에서 준용하는 경우를 포함한다)·제5항(허가의 경우만을 말한다), 제35조제1항 본문, 제38조의2제1항부터 제4항까지·제9항, 제41조, 제42조제1항, 제48조제3항·제4항, 제77조제2항을 위반한 자나 제63조에 따른 시정명령을 위반한 자와 의료기관 개설자가 될 수 없는 자에게 고용되어 의료행위를 한 자는 500만원 이하의 벌금에 처한다.(2021.9.24 본조개정)

제90조의2【「형법」상 감경규정에 관한 특례】 음주로 인한 심신장애 상태에서 제12조제3항을 위반하는 죄를 범한 때에는 「형법」 제10조제1항을 적용하지 아니할 수 있다.(2019.4.23 본조신설)

제91조【양벌규정】 법인의 대표자나 법인 또는 개인의 대리인, 사용인, 그 밖의 종업원이 그 법인 또는 개인의 업무에 관하여 제87조, 제87조의2, 제88조, 제88조의2, 제89조 또는 제90조의 위반행위를 하면 그 행위자를 벌하는 외에 그 법인 또는 개인에게도 해당 조문의 벌금형을 과(科)한다. 다만, 법인 또는 개인이 그 위반행위를 방지하기 위하여 해당 업무에 관하여 상당한 주의와 감독을 게을리하지 아니한 경우에는 그러하지 아니하다.(2019.8.27 본문개정)

제92조【과태료】 ① 다음 각 호의 어느 하나에 해당하는 자에게는 300만원 이하의 과태료를 부과한다.
1. 제16조제3항에 따른 교육을 실시하지 아니한 자
(2015.1.28 본호신설)
1의2. 제23조의3제1항을 위반하여 진료정보 침해사고를 통지하지 아니한 자(2019.8.27 본호신설)
1의3. 제24조의2제1항을 위반하여 환자에게 설명을 하지 아니하거나 서면 동의를 받지 아니한 자(2016.12.20 본호신설)
1의4. 제24조의2제4항을 위반하여 환자에게 변경 사유와 내용을 서면으로 알리지 아니한 자(2016.12.20 본호신설)
2. 제37조제1항에 따른 신고를 하지 아니하고 진단용 방사선 발생장치를 설치·운영한 자
3. 제37조제2항에 따른 안전관리책임자를 선임하지 아니하거나 정기검사와 측정 또는 방사선 관계 종사자에 대한 피폭관리를 실시하지 아니한 자
4. (2018.3.27 삭제)
5. 제49조제3항을 위반하여 신고하지 아니한 자

② 다음 각 호의 어느 하나에 해당하는 자에게는 200만원 이하의 과태료를 부과한다.
1. 제21조의2제6항 후단을 위반하여 자료를 제출하지 아니하거나 거짓 자료를 제출한 자
2. 제45조의2제1항을 위반하여 보고를 하지 아니하거나 거짓으로 보고한 자(2020.12.29 본호신설)
3. 제45조의2제3항을 위반하여 자료를 제출하지 아니하거나 거짓으로 제출한 자(2020.12.29 본호개정)
4. 제61조제1항에 따른 보고를 하지 아니하거나 검사를 거부·방해 또는 기피한 자(제89조제4호에 해당하는 경우는 제외한다)(2019.8.27 본호개정)
(2016.12.20 본항개정)

③ 다음 각 호의 어느 하나에 해당하는 자에게는 100만원 이하의 과태료를 부과한다.
1. 제16조제3항에 따른 기록 및 유지를 하지 아니한 자
1의2. 제16조제4항에 따른 변경이나 휴업·폐업 또는 재개업을 신고하지 아니한 자
(2015.1.28 1호~1호의2신설)
2. 제33조제5항(제82조제3항에서 준용하는 경우를 포함한다)에 따른 변경신고를 하지 아니한 자
2의2. 제37조제3항에 따른 안전관리책임자 교육을 받지 아니한 사람(2020.12.29 본호신설)
3. 제40조제1항(제82조제3항에서 준용하는 경우를 포함한다)에 따른 휴업 또는 폐업 신고를 하지 아니한 자
(2020.3.4 본호개정)
3의2. 제40조의2제1항을 위반하여 진료기록부등을 관할 보건소장에게 넘기지 아니하거나 수량 및 목록 등을 거짓으로 보고한 자
3의3. 제40조의2제2항을 위반하여 변경신고를 하지 아니하거나 거짓으로 변경신고를 한 자
3의4. 제40조의2제2항을 위반하여 진료기록부등의 보존 및 열람을 대행할 책임자를 지정하지 아니하거나 진료기록부등을 관할 보건소장에게 넘기지 아니한 자
3의5. 제40조의2제3항에 따른 준수사항을 위반한 자
(2020.3.4 3호의2~3호의5신설)
4. 제42조제3항을 위반하여 의료기관의 명칭 또는 이와 비슷한 명칭을 사용한 자
5. 제43조제5항에 따른 진료과목 표시를 위반한 자
(2009.1.30 본호개정)
6. 제4조제3항에 따라 환자의 권리 등을 게시하지 아니한 자(2012.2.1 본호신설)

7. 제52조의2제6항을 위반하여 대한민국의학한림원 또는 이와 유사한 명칭을 사용한 자(2015.12.29 본호신설)
8. 제4조제5항을 위반하여 그 위반행위에 대하여 내려진 제63조에 따른 시정명령을 따르지 아니한 사람(2016.5.29 본호신설)

④ 제1항부터 제3항까지의 과태료는 대통령령으로 정하는 바에 따라 보건복지부장관 또는 시장·군수·구청장이 부과·징수한다.(2010.1.18 본항개정)

제93조 (2009.1.30 삭제)

부 칙

제1조【시행일】 이 법은 공포한 날부터 시행한다. 다만, 제4조, 제17조제1항, 제36조, 제46조제3항부터 제6항까지, 제49조, 제51조 각 호 외의 부분, 같은 조 제5호, 제4장(제53조부터 제55조까지), 제56조제2항제1호 및 제92조제1항제3호·제4호의 개정규정은 2007년 4월 28일부터 시행하고, 제3조제3항제2호의 개정규정은 2007년 6월 27일부터 시행하며, 부칙 제20조제17항의 개정규정은 2007년 9월 1일부터 시행한다.

제2조【시행일에 관한 경과조치】 부칙 제1조 단서에 따라 제3조제3항제2호, 제4조, 제17조제1항, 제36조, 제46조제4항부터 제6항까지, 제49조, 제51조 각 호 외의 부분 및 제56조제2항제1호의 개정규정이 시행되기 전까지는 그에 해당하는 종전의 제3조제3항제2호, 제4조, 제18조제1항, 제32조, 제37조의2제3항부터 제5항까지, 제42조, 제45조 각 호 외의 부분 및 제46조제2항제1호를 각각 적용한다.

제3조【유효기간】 제43조 단서 및 제77조제2항 단서의 개정규정은 2008년 12월 31일까지 효력을 가진다.

제4조【의료광고의 규제 및 의료광고 심의에 관한 적용례】 제56조 및 제57조의 개정규정은 법률 제8203호 의료법 일부개정법률의 시행일인 2007년 4월 4일 이후 최초로 행하는 의료광고부터 적용한다.

제5조【의사 등의 면허 등에 관한 경과조치】 이 법 시행 당시 종전의 규정에 따라 의사·치과의사·한의사·조산사(조산원)·간호사(간호원) 또는 간호조무사(간호보조원)의 면허를 받은 자, 전문의·전문간호사(업무분야별 간호사의 자격을 포함한다) 또는 안마사의 자격인정을 받은 자는 이 법에 따라 받은 것으로 본다.

제6조【의료기관 등에 관한 경과조치】 이 법 시행 당시 종전의 규정에 따라 개설된 의료기관과 안마시술소는 이 법에 따라 개설된 것으로 본다.

제7조【의사회 등의 설립에 관한 경과조치】 법률 제2533호 의료법개정법률 시행일인 1973년 8월 17일 당시 종전의 규정에 따라 설립된 의사회·치과의사회·한의사회·조산사회·간호사회는 이 법에 따라 설립된 것으로 본다.

제8조【조산사국가시험 실시에 따른 경과조치】 법률 제3948호 의료법중개정법률 시행일인 1988년 3월 29일 당시 제6조제1호에 따른 의료기관에서 수습 중인 자에 대한 조산사면허에 관하여는 종전의 규정에 따른다.

제9조【의사·치과의사·한의사 및 간호사의 국가시험 응시자격에 관한 경과조치】 법률 제4732호 의료법중개정법률 시행일인 1994년 7월 8일 당시 종전의 규정에 따라 보건사회부장관으로부터 응시자격을 인정받은 자와 보건사회부장관이 인정하는 외국의 대학에 재학 중인 자는 종전의 규정에 따른다.

제10조【공제사업의 허가에 관한 경과조치】 법률 제4732호 의료법중개정법률 시행일인 1994년 7월 8일 당시 종전의 규정에 따라 중앙회가 보건사회부장관으로부터 허가받은 공제사업은 이 법에 따라 신고한 것으로 본다.

제11조【의료지도원의 임명에 관한 경과조치】 법률 제4732호 의료법중개정법률 시행일인 1994년 7월 8일 당시 종전의 규정에 따라 임명된 의료감시원은 이 법에 따라 임명된 의료지도원으로 본다.

제12조【국·공립의료기관등의 특례에 관한 경과조치】 법률 제6157호 의료법중개정법률 시행일인 2000년 7월 13일 당시 개설허가를 받았거나 개설신고를 한 의료기관 중 종전의 제38조에 따라 국·공립의료기관등의 특례에 관한 규정을 적용받던 의료기관에 대하여는 제36조의 개정규정을 적용하지 아니한다.

제13조【의료보수에 관한 경과조치】 법률 제6157호 의료법중개정법률 시행일인 2000년 7월 13일 당시 종전의 규정에 따라 시·도지사의 인가를 받은 의료보수에 대하여는 제45조의 개정규정에 따라 시·도지사 또는 시장·군수·구청장에게 각각 신고한 것으로 본다.

제14조【요양급여비용 내역에 포함된 의료행위 등에 관한 경과조치】 법률 제8067호 의료법 일부개정법률 시행일인 2007년 4월 28일 당시 「국민건강보험법」 제42조제4항에 따라 보건복지부장관이 고시한 요양급여비용으로 정한 내역에 포함된 의료행위(비급여 의료행위를 포함한다)에 대하여는 제53조의 개정규정에 따라 신의료기술평가를 받은 것으로 본다.

제15조【의료인의 면허재교부에 관한 경과조치】 법률 제6157호 의료법중개정법률 시행일인 2000년 7월 13일 당시 제65조제1항의 개정규정에 따른 면허취소사유 외의 사유로 면허가 취소된 의료인에 대하여는 제65조제2항의 개정규정에도 불구하고 법률 제6157호 의료법중개정법률 시행일인 2000년 7월 13일부터 취소된 면허를 재교부할 수 있다.

제16조【병상수급계획의 수립에 관한 경과조치】 법률 제8154호 의료법 일부개정법률의 시행일인 2007년 1월 1일 전에 종전의 「국민건강보험 재정건전화 특별법」 제13조에 따라 수립된 기본시책과 병상수급계획은 제60조의 개정규정에 따른 기본시책과 병상수급계획으로 본다.

제17조【시정명령 등에 관한 경과조치】 법률 제8154호 의료법 일부개정법률의 시행일인 2007년 1월 1일 전에 종전의 「국민건강보험 재정건전화 특별법」 제14조제1항 또는 제2항을 위반한 행위와 이에 대하여 이미 행한 제한·금지 또는 시정명령은 제38조제1항 또는 제2항의 개정규정에 따른 위반행위와 제63조의 개정규정에 따른 시정명령 등으로 본다.

제18조【처분 등에 관한 일반적 경과조치】 이 법 시행 당시 종전의 규정에 따른 행정기관의 행위나 행정기관에 대한 행위는 그에 해당하는 이 법에 따른 행정기관의 행위나 행정기관에 대한 행위로 본다.

제19조【벌칙이나 과태료에 관한 경과조치】 ① 이 법 시행 전의 행위에 대하여 벌칙이나 과태료 규정을 적용할 때에는 종전의 규정에 따른다.

② 법률 제8154호 의료법 일부개정법률의 시행일인 2007년 1월 1일 전에 종전의 「국민건강보험 재정건전화 특별법」 제14조제3항의 위반행위에 대한 벌칙을 적용할 때에는 종전의 규정에 따른다.

제20조【다른 법률의 개정】 ①~⑰ ※(해당 법령에 가제정리 하였음)

제21조【다른 법령과의 관계】 이 법 시행 당시 다른 법령에서 종전의 「의료법」 또는 그 규정을 인용한 경우에 이 법 가운데 그에 해당하는 규정이 있으면 종전의 규정을 갈음하여 이 법 또는 이 법의 해당 규정을 인용한 것으로 본다.

부 칙 (2011.8.4)

제1조【시행일】 이 법은 공포 후 1년이 경과한 날부터 시행한다. 다만, 제3조의3제1항제3호의 개정규정 및 부칙 제4조는 공포한 날부터 시행하고, 제61조, 제64조 및 제66조의 개정규정은 공포 후 6개월이 경과한 날부터 시행한다.

제2조【광고심의에 대한 적용례】 제57조의 개정규정은 이 법 시행 후 최초로 같은 개정규정의 광고매체를 이용하여 광고를 하는 자부터 적용한다.

제3조【자격정지에 관한 경과조치】 제66조의 개정규정 시행 전에 발생한 위반행위에 대하여는 같은 개정규정에도 불구하고 종전의 규정에 따른다.

제4조【다른 법률의 개정】 ①~⑭ ※(해당 법령에 가제정리 하였음)

부 칙 (2012.2.1)

제1조【시행일】 이 법은 공포 후 6개월이 경과한 날부터 시행한다. 다만, 제5조 및 제7조의 개정규정은 공포 후 5년이 경과한 날부터 시행한다.

제2조【국가시험 응시 자격에 관한 적용례 및 경과조치】 ① 제5조 및 제7조의 개정규정은 의학·치의학·한의학 또는 간호학에 해당하는 평가인증기구가 해당 과목을 전공하는 모든 대학, 전문대학 또는 전문대학원에 대하여 「고등교육법」 제11조의2제2항에 따른 인증 심사를 실시하여 해당 과목의 학교별 인증 결과가 1회 이상 공개된 이후에 해당 과목의 대학, 전문대학 또는 전문대학원에 입학하는 사람부터 적용한다.

② 제1항에 따라 의학·치의학·한의학 또는 간호학을 전공하는 학교별 인증 결과가 1회 이상 공개되기 전에 입학한 사람에 대하여는 제5조 및 제7조의 개정규정에도 불구하고 종전의 규정에 따른다.

제3조【행정처분의 감경 등에 관한 경과조치】 이 법 시행 전에 발생한 위반행위에 대하여는 제66조제5항의 개정규정에도 불구하고 종전의 규정에 따른다.

부 칙 (2013.8.13)

제1조【시행일】 이 법은 공포한 날부터 시행한다.

제2조【의료업의 정지에 관한 적용례】 제64조제1항의 개정규정은 이 법 시행 전의 위반행위에 대하여 행정처분을 하는 경우에도 적용한다.

부 칙 (2015.12.29)

제1조【시행일】 이 법은 공포 후 9개월이 경과한 날부터 시행한다. 다만, 제4조제4항, 제21조제2항제13호, 제33조제10항, 제36조의2, 제63조, 제64조의 개정규정은 공포한 날부터 시행하고, 제18조의2의 개정규정은 공포 후 1년이 경과한 날부터 시행하며, 제21조제2항제15호의 개정규정은 공포 후 6개월이 경과한 날부터 시행하고, 제23조의2의 개정규정은 공포 후 3개월이 경과한 날부터 시행하며, 제2조제2항제5호, 제80조, 제80조의2, 제80조의3의 개정규정은 2017년 1월 1일부터 시행하고, 제80조제2항의 개정규정(이 법 시행 당시 설치·운영 중인 간호조무사 교육훈련기관에 한한다)은 2019년 1월 1일부터 시행한다.

제2조【대한민국의학한림원에 관한 경과조치】 이 법 시행 당시 보건복지부장관의 설립 허가를 받아 설립한 대한민국의학한림원은 제52조의2의 개정규정에 따른 대한민국의학한림원으로 본다.

제3조【간호조무사 자격에 관한 경과조치】 이 법 시행 당시 종전의 규정에 따라 간호조무사 자격인정을 받은 사람은 이 법에 따라 간호조무사 자격인정을 받은 것으로 본다.

제4조【간호조무사 신고에 관한 경과조치】 ① 이 법 시행 당시 종전의 규정에 따라 간호조무사 자격인정을 받은 사람은 이 법 시행 후 1년 이내에 보건복지부령으로 정하는 바에 따라 실태와 취업상황 등을 신고하여야 한다.

② 보건복지부장관은 간호조무사 자격인정을 받은 사람이 제1항에 따른 신고를 하지 아니한 경우 신고기간이 종료하는 시점부터 신고할 때까지 자격의 효력을 정지할 수 있다.

제5조【법률 제11252호 의료법 일부개정법률 시행 예정에 따른 경과조치】 제60조의3제1항제2호 및 제80조제1항제6호의 개정규정에 따른 "제7조제1항제1호" 및 "제7조제1항제1호 또는 제2호"는 2017년 2월 1일까지는 각각 "제7조제1호" 및 "제7조제1호 또는 제2호"로 본다.

부 칙 (2016.5.29 법14220호)

제1조【시행일】 이 법은 공포한 날부터 시행한다. 다만, 제4조제5항, 제18조제5항, 제21조제2항제1호·제3호, 제36조, 제56조제2항제11호, 제63조, 제64조제1항제6호 및 제92조제3항제8호의 개정규정은 공포 후 9개월이 경과한 날부터 시행한다.

제2조【의료광고 금지규정 위반 행위 통보에 관한 적용례】 제56조제6항의 개정규정은 이 법 시행 후 행하여진 위반행위부터 적용한다.

제3조【자격정지처분 시효의 적용에 관한 경과조치】 이 법 시행 전에 발생한 사유로 인하여 종전의 제66조제1항 각 호에 해당하게 된 경우의 자격정지처분은 이 법 시행일 이전 그 사유가 발생한 날부터 5년(제66조제1항제5호·제7호에 따른 자격정지처분의 경우에는 7년으로 한다)이 지나면 하지 못한다. 다만, 그 사유에 대하여 「형사소송법」 제246조에 따른 공소가 제기된 때에는 공소가 제기된 날부터 해당 사건의 재판이 확정된 날까지의 기간은 시효 기간에 산입하지 아니한다.

제4조【행정처분에 관한 경과조치】 이 법 시행 전의 위반행위에 대한 행정처분에 관하여는 종전의 규정에 따른다.

제5조【과징금 처분에 관한 경과조치】 이 법 시행 전의 행위에 대한 과징금 처분의 적용에 있어서는 종전의 규정에 따른다.

부 칙 (2016.12.20)

제1조【시행일】 이 법은 공포한 날부터 시행한다. 다만, 제10조제3항, 제21조의2제3항부터 제9항까지의 규정, 제23조의2, 제24조의2, 제40조, 제41조제2항, 제64조제3항, 제84조, 제87조제2호(제21조의2제5항·제8항을 위반한 자에 대한 벌칙에 한정한다), 제89조제1호(제23조의2제3항 후단을 위반한 자에 대한 벌칙에 한정한다)·제2호, 제92조제1항제1호의2·제1호의3, 같은 조 제2항제1호의 개정규정은 공포 후 6개월이 경과한 날부터 시행하고, 제45조의3의 개정규정은 공포 후 9개월이 경과한 날부터 시행한다.

제2조【국가시험등 응시에 관한 적용례】 제10조제3항의 개정규정은 같은 개정규정 시행 후 최초로 시행하는 국가시험등에서 수험이 정지되거나 합격이 무효가 된 사람부터 적용한다.

제3조【벌칙에 관한 경과조치】 이 법 시행 전의 행위에 대한 벌칙을 적용할 때에는 종전의 규정에 따른다.

제4조【과태료 처분에 관한 경과조치】 이 법 시행 전의 행위에 대한 과태료 처분의 적용에 있어서는 종전의 규정에 따른다.

제5조【다른 법률의 개정】 ①~② ※(해당 법령에 가제정리 하였음)

부 칙 (2018.3.27)

제1조【시행일】 이 법은 공포 후 6개월이 경과한 날부터 시행한다. 다만, 제8조제1호, 제46조 및 제92조제1항제4호의 개정규정은 공포한 날부터 시행하고, 제78조의 개정규정은 공포 후 2년이 경과한 날부터 시행한다.

제2조【의료광고 사전 심의에 관한 적용례】 제57조의 개정규정은 이 법 시행 후 최초로 의료광고 사전 심의를 신청한 자부터 적용된다.

제3조【행정처분에 관한 적용례】 제63조의 개정규정은 이 법 시행 후 최초로 행하여진 위반행위부터 적용된다.

제4조【벌칙에 관한 적용례】 제89조 및 제90조의 개정규정은 이 법 시행 후 최초로 행하여진 위반행위부터 적용된다.

제5조【다른 법률의 개정】 ①~② ※(해당 법령에 가제정리 하였음)

부 칙 (2018.8.14)

제1조【시행일】 이 법은 공포한 날부터 시행한다. 다만, 제21조제3항제14호의3의 개정규정은 공포 후 3개월이 경과한 날부터 시행한다.

제2조【개설 허가 취소 등에 대한 적용례】 제64조제1항 제9호의 개정규정은 이 법 시행 후 최초로 제36조에 따른 준수사항을 위반하는 경우부터 적용한다.

부 칙 (2019.4.23)

제1조【시행일】 이 법은 공포 후 6개월이 경과한 날부터 시행한다. 다만, 제3조제2항제3호라목, 제86조의3, 제87조 및 제90조의2의 개정규정은 공포한 날부터 시행한다.

제2조【「형법」상 감경규정에 관한 특례에 관한 적용례】 제90조의2의 개정규정은 같은 개정규정 시행 후 최초로 제12조제3항을 위반하는 죄를 범한 때부터 적용한다.

부 칙 (2019.8.27)

제1조【시행일】 이 법은 공포 후 6개월이 경과한 날부터 시행한다. 다만, 제51조의2, 제89조제3호의 개정규정은 공포한 날부터 시행하고, 제4조제2항, 제65조제2항 단서, 제87조, 제87조의2제2항제2호 본문, 제89조제4호, 제92조제2항제3호의 개정규정은 공포 후 3개월이 경과한 날부터 시행한다.

제2조【무허가·무신고 건축물에 의료기관 개설 금지에 관한 적용례】 제33조제7항제4호의 개정규정은 이 법 시행 후 최초로 제33조제3항 또는 제4항에 따라 시장·군수·구청장에게 신고하거나 시·도지사의 허가를 받은 의료기관부터 적용한다.

제3조【의료법인의 임원 선임에 관한 적용례】 제48조의2의 개정규정은 이 법 시행 후 최초로 의료법인의 임원을 선임하는 경우부터 적용한다.

제4조【면허 재교부 제한에 관한 적용례】 제65조제2항 단서의 개정규정(제1항제4호에 관한 개정부분만 해당한다)은 같은 개정규정 시행 후 최초로 의료인이 제4조제4항을 위반하여 면허증을 빌려준 경우부터 적용한다.

제5조【국가시험등의 응시자격에 관한 경과조치】 이 법 시행 당시 종전의 제5조제1항제3호, 제6조제2호, 제7조제1항제2호 및 제80조제1항제5호에 따라 국가시험등의 응시자격을 인정받은 사람은 이 법에 따른 응시자격이 있는 것으로 본다.

제6조【과징금에 관한 경과조치】 이 법 시행 전의 위반행위에 대한 과징금 부과는 제67조제1항의 개정규정에도 불구하고 종전의 규정에 따른다.

제7조【과태료에 관한 경과조치】 제92조제2항제3호의 개정규정 시행 전의 행위에 대한 과태료의 부과는 같은 개정규정에도 불구하고 종전의 규정에 따른다.

부 칙 (2020.3.4)

제1조【시행일】 이 법은 공포 후 6개월이 경과한 날부터 시행한다. 다만, 제21조제3항의 개정규정은 공포한 날부터 시행하고, 제4조제4항, 제4조의3, 제65조제1항제4호 및 제87조의2제2항제1호·제1호의2의 개정규정은 공포 후 3개월이 경과한 날부터 시행하며, 제3조제2항제3호, 제33조제2항 각 호 외의 부분 후단 및 같은 조 제4항 각 호 외의 부분 전단(시·도 의료기관개설위원회의 심의에 관한 사항은 제외한다), 제42조제1항제1호, 제43조제3항, 제46조제1항, 제57조의2제2항제1호 및 제62조제2항의 개정규정은 공포 후 1년이 경과한 날부터 시행하고, 제40조, 제40조의2, 제40조의3, 제64조제1항제5호, 제86조의3, 제87조의2제2항제3호·제4호, 제90조 및 제92조제3항의 개정규정과 제88조의 개정규정 중 "제21조제2항"에 관한 부분은 공포 후 3년이 경과한 날부터 시행한다.

제2조【진료기록부등의 이관에 관한 적용례】 제40조의2의 개정규정은 의료기관 개설자가 같은 개정규정 시행 후 최초로 보건복지부장관에게 폐업·휴업 신고에 따라 진료기록부등을 이관하는 경우부터 적용한다.

제3조【요양병원의 인증에 관한 적용례】 제58조의4제3항의 개정규정은 같은 개정규정 시행 전에 조건부인증 또는 불인증을 받은 요양병원에 대하여도 적용한다.

제4조【의료기관 회계기준에 관한 적용례】 제62조제2항의 개정규정은 같은 개정규정 시행 후 최초 회계연도 시작시점부터 적용한다.

제5조【정신병원 개설 허가에 관한 경과조치】 이 법 시행 당시 종전의 규정에 따라 병원 또는 요양병원으로 개설 허가를 받은 의료기관 중 「정신건강증진 및 정신질환자 복지서비스 지원에 관한 법률」 제19조제1항 후단에 따른 기준에 적합하게 설치된 의료기관은 제3조제2항제3호마목의 개정규정에 따른 정신병원으로 개설 허가를 받은 것으로 본다.

제6조【재단법인 의료기관평가인증원에 관한 경과조치】 ① 이 법 공포일부터 시행일 전까지 「민법」 제32조에 따라 설립된 재단법인 의료기관평가인증원(이하 "구법인"이라 한다)은 이사회의 의결을 거쳐 모든 재산과 권리·의무를 이 법에 따른 의료기관평가인증원(이하 "신법인"이라 한다)이 승계하도록 보건복지부장관에게 승인을 신청하여야 한다.

② 제1항에 따라 보건복지부장관의 승인을 받은 구법인은 신법인의 설립과 동시에 「민법」 중 법인의 해산 및 청산에 관한 규정에도 불구하고 해산된 것으로 보며, 구법인에 속하였던 모든 재산과 권리·의무는 신법인이 포괄 승계한다.

③ 제2항에 따라 신법인에 승계될 재산의 가액은 신법인 설립등기일 전일의 장부 가액으로 한다.

④ 신법인 설립 당시 등기부나 그 밖의 공부(公簿)에 표시된 구법인의 명의는 신법인의 명의로 본다.

⑤ 신법인 설립 당시 구법인의 임직원은 신법인의 임직원으로 보며, 임직원의 임기는 종전의 임명일부터 기산한다.

⑥ 신법인 설립 이전에 구법인이 행한 행위 또는 구법인에 대하여 행하여진 행위는 신법인이 행한 행위 또는 신법인에 대하여 행하여진 행위로 본다.

⑦ 신법인 설립 당시 다른 법령에서 인증전담기관을 인용하고 있는 경우에는 그에 갈음하여 신법인을 인용한 것으로 본다.

제7조【다른 법률의 개정】 ※(해당 법령에 가제정리 하였음)

부 칙 (2020.4.7)

제1조【시행일】 이 법은 공포 후 1년이 경과한 날부터 시행한다.(이하 생략)

부 칙 (2020.8.11)

제1조【시행일】 이 법은 공포 후 1개월이 경과한 날부터 시행한다. 다만, 이 법 시행 전에 공포되었으나 시행일이 도래하지 아니한 법률을 개정한 부분은 각각 해당 법률의 시행일부터 시행한다.(이하 생략)

부 칙 (2020.12.29)

제1조【시행일】 이 법은 공포 후 6개월이 경과한 날부터 시행한다. 다만, 제27조제5항, 제65조제1항제7호, 제66조제1항제5호 및 제87조의2제2항제3호의 개정규정은 공포 후 3개월이 경과한 날부터 시행하고, 제47조제2항의 개정규정은 공포 후 1년이 경과한 날부터 시행하며, 법률 제17069호 의료법 일부개정법률 제87조의2제2항의 개정규정은 2023년 3월 5일부터 시행한다.

제2조【적용례】 ① 제64조제1항제1호의2·제4호의3의 개정규정은 같은 개정규정 시행 이후 제4조제2항 또는 제33조제8항을 위반하여 의료기관을 개설하거나 운영 중인 경우부터 적용한다.

② 제65조제1항제7호, 제87조의2제2항제3호 및 법률 제17069호 의료법 일부개정법률 제87조의2제2항제3호의 개정규정은 같은 개정규정 시행 이후의 위반행위부터 적용한다.

부 칙 (2021.9.24)

이 법은 공포 후 2년이 경과한 날부터 시행한다.

부 칙 (2023.5.19)

제1조【시행일】 이 법은 공포 후 6개월이 경과한 날부터 시행한다. 다만, 제65조제1항 각 호 외의 부분 단서 및 같은 항 제8호의 개정규정은 공포한 날부터 시행하고, 제41조의2, 제60조의3제1항, 법률 제18468호 의료법 일부개정법률 제63조제1항의 개정규정은 공포 후 1년이 경과한 날부터 시행한다.

제2조【의료인 결격사유에 관한 적용례】 이 법 시행 전에 저지른 범죄로 금고 이상의 실형이나 형의 집행유예 또는 선고유예를 받은 경우에는 제8조제4호부터 제6호까지의 개정규정에도 불구하고 종전의 규정에 따른다.

제3조【의료인 면허 취소 및 재교부에 관한 적용례】 ① 제65조제1항제2호의2의 개정규정은 이 법 시행 이후 같은 조 제2항에 따라 면허를 재교부받은 사람이 제66조제1항 각 호의 어느 하나에 해당하는 경우부터 적용한다.

② 제65조제1항 각 호 외의 부분 단서 및 같은 항 제8호의 개정규정은 같은 개정규정 시행 전에 거짓이나 그 밖의 부정한 방법으로 의료인 면허 발급 요건을 취득하거나 국가시험에 합격한 경우에 대하여도 적용한다.

③ 제65조제2항 본문의 개정규정은 이 법 시행 이후 면허를 재교부하는 경우부터 적용한다.

④ 제65조제2항 단서의 개정규정(제8조제4호에 따른 사유로 면허가 취소된 사람이 다시 제8조제4호에 따른 사유로 면허가 취소된 경우에 관한 개정 부분만 해당한다)은 이 법 시행 이후 저지른 범죄로 금고 이상의 실형을 선고받는 경우부터 적용한다.

부 칙 (2023.10.31)

제1조【시행일】 이 법은 공포 후 6개월이 경과한 날부터 시행한다. 다만, 제36조제14호의 개정규정은 공포 후 9개월이 경과한 날부터 시행한다.

제2조【임종실 설치에 관한 경과조치】 제36조제14호 시행 당시 종전의 규정에 따라 의료기관을 개설하여 운영하고 있는 자는 같은 개정규정 시행일부터 1년 이내에 제36조제14호의 개정규정에 따른 시설을 갖추어야 한다.

부 칙 (2024.1.23)

이 법은 공포한 날부터 시행한다.

의료사고 피해구제 및 의료분쟁 조정 등에 관한 법률

(약칭 : 의료분쟁조정법)

(2011년 4월 7일
법 률 제10566호)

개정

2011.12.31법11141호(국민보험)

2016. 5.29법14221호 2017. 3.21법14698호

2018.12.11법15896호 2020. 4. 7법17212호

2023. 6.13법19458호 2023.12.29법19864호

제1장 총 칙

제1조【목적】 이 법은 의료분쟁의 조정 및 중재 등에 관한 사항을 규정함으로써 의료사고로 인한 피해를 신속·공정하게 구제하고 보건의료인의 안정적인 진료환경을 조성함을 목적으로 한다.

제2조【정의】 이 법에서 사용하는 용어의 뜻은 다음과 같다.

1. "의료사고"란 보건의료인(「의료법」 제27조제1항 단서 또는 「약사법」 제23조제1항 단서에 따라 그 행위가 허용되는 자를 포함한다)이 환자에 대하여 실시하는 진단·검사·치료·의약품의 처방 및 조제 등의 행위(이하 "의료행위등"이라 한다)로 인하여 사람의 생명·신체 및 재산에 대하여 피해가 발생한 경우를 말한다.
2. "의료분쟁"이란 의료사고로 인한 다툼을 말한다.
3. "보건의료인"이란 「의료법」에 따른 의료인·간호조무사, 「의료기사 등에 관한 법률」에 따른 의료기사, 「응급의료에 관한 법률」에 따른 응급구조사 및 「약사법」에 따른 약사·한약사로서 보건의료기관에 종사하는 사람을 말한다.
4. "보건의료기관"이란 「의료법」에 따라 개설된 의료기관, 「약사법」에 따라 등록된 약국, 「약사법」에 따라 설립된 한국희귀·필수의약품센터, 「지역보건법」에 따라 설치된 보건소·보건의료원·보건지소 및 「농어촌 등 보건의료를 위한 특별조치법」에 따라 설치된 보건진료소를 말한다.(2018.12.11 본호개정)
5. "보건의료기관개설자"란 「의료법」에 따른 의료기관 개설자, 「약사법」에 따른 약국개설자·한국희귀·필수의약품센터의 장, 「지역보건법」에 따른 보건소·보건의료원·보건지소 및 「농어촌 등 보건의료를 위한 특별조치법」에 따른 보건진료소를 운영하는 시장(「제주특별자치도 설치 및 국제자유도시 조성을 위한 특별법」에 따른 행정시장을 포함한다. 이하 같다)·군수·구청장(자치구의 구청장을 말한다. 이하 같다)을 말한다.(2018.12.11 본호개정)
6. "보건의료인단체 및 보건의료기관단체"란 「의료법」에 따라 설립된 의료인 단체 및 의료기관 단체와 「약사법」에 따라 설립된 대한약사회 및 대한한약사회를 말한다.

제3조【적용 대상】 이 법은 대한민국 국민이 아닌 사람이 보건의료기관에 대하여 의료사고로 인한 손해배상을 구하는 경우에도 적용한다.

제4조【신의성실의 원칙】 제6조에 따른 한국의료분쟁조정중재원은 조정 및 중재 절차가 신속·공정하고 효율적으로 진행되도록 노력하여야 하고, 조정 및 중재 절차에 참여하는 분쟁 당사자는 상호 신뢰와 이해를 바탕으로 성실하게 절차에 임하여야 한다.

제5조【국가·보건의료기관개설자 및 보건의료인의 책무 등】 ① 국가는 의료사고를 예방하기 위하여 조사·연구, 통계 작성 및 공표, 교육 및 지침 개발 등 법적·제도적 기반을 마련하여야 한다.

② 보건의료기관개설자 및 보건의료인은 의료사고 예방을 위하여 시설·장비 및 인력에 흠이 없도록 하고, 필요한 관리상의 주의의무를 다하여야 한다.

③ 보건복지부장관이 정하는 보건의료기관개설자는 의료사고의 예방을 위하여 의료사고예방위원회를 설치·운영하는 등 필요한 조치를 하여야 한다.

④ 보건복지부장관은 의료분쟁을 신속·공정하고 효율적으로 해결하기 위하여 조정 참여를 활성화할 수 있는 조치를 강구할 수 있다.(2018.12.11 본항신설)

⑤ 제3항에 따른 의료사고예방위원회의 구성 및 운영, 그 밖에 필요한 사항은 보건복지부령으로 정한다.

제2장 한국의료분쟁조정중재원

제1절 설립 등

제6조【한국의료분쟁조정중재원의 설립】 ① 의료분쟁을 신속·공정하고 효율적으로 해결하기 위하여 한국의료분쟁조정중재원(이하 "조정중재원"이라 한다)을 설립한다.

② 조정중재원은 법인으로 한다.

③ 조정중재원은 대통령령으로 정하는 바에 따라 필요한 곳에 그 지부를 설치할 수 있다.

④ 조정중재원은 그 주된 사무소의 소재지에서 설립등기를 함으로써 성립한다.

제7조【정관】 ① 조정중재원의 정관에는 다음 각 호의 사항을 기재하여야 한다.
1. 목적
2. 명칭
3. 주된 사무소 및 지부에 관한 사항
4. 임원 및 직원에 관한 사항
5. 이사회의 운영에 관한 사항
6. 제19조에 따른 의료분쟁조정위원회에 관한 사항
7. 제25조에 따른 의료사고감정단에 관한 사항
8. 제47조에 따른 손해배상금 대불(代拂)에 관한 사항
9. 업무와 그 집행에 관한 사항
10. 재산 및 회계에 관한 사항
11. 정관의 변경에 관한 사항
12. 내부규정의 제정·개정 및 폐지에 관한 사항
13. 그 밖에 보건복지부령으로 정하는 사항
② 조정중재원은 그 정관을 변경하려면 보건복지부장관의 인가를 받아야 한다.
제8조【업무】 조정중재원의 업무는 다음 각 호와 같다.
1. 의료분쟁의 조정·중재 및 상담
2. 의료사고 감정
3. 손해배상금 대불
4. 의료분쟁과 관련된 제도와 정책의 연구, 통계 작성, 교육 및 홍보
5. 그 밖에 의료분쟁과 관련하여 대통령령으로 정하는 업무
제9조【유사명칭의 사용금지】 이 법에 따른 한국의료분쟁조정중재원이 아닌 자는 한국의료분쟁조정중재원 또는 이와 유사한 명칭을 사용하여서는 아니 된다.
제10조【임원 및 임기】 ① 조정중재원에 임원으로서 조정중재원의 원장(이하 "원장"이라 한다), 제19조에 따른 의료분쟁조정위원회의 위원장(이하 "위원장"이라 한다) 및 제25조에 따른 의료사고감정단의 단장(이하 "단장"이라 한다)을 포함한 9명 이내의 이사와 감사 1명을 둔다.
② 원장은 상임으로 하고, 그 밖의 임원은 비상임으로 한다.
③ 원장은 의료분쟁의 조정 등에 관하여 학식과 경험이 풍부한 사람 중에서 보건복지부장관이 임명한다.
④ 이사는 의료분쟁에 관하여 학식과 경험이 풍부한 사람 중에서 원장의 제청으로 보건복지부장관이 위촉한다.
⑤ 감사는 보건복지부장관이 위촉한다.
⑥ 임원의 임기는 3년으로 하고, 중임할 수 없다.
제11조【임원의 직무】 ① 원장은 조정중재원을 대표하고 조정중재원의 업무를 총괄한다.
② 원장이 부득이한 사유로 직무를 수행할 수 없는 경우 위원장이 그 직무를 대행한다.
③ 위원장은 원장의 지휘를 받아 의료분쟁조정위원회의 업무를 총괄하고, 단장은 원장의 지휘를 받아 의료사고감정단의 업무를 총괄한다.
④ 원장·위원장이 모두 부득이한 사유로 직무를 수행할 수 없을 때에는 단장, 그 밖에 정관으로 정하는 이사의 순으로 그 직무를 대행한다.
⑤ 감사는 조정중재원의 업무 및 회계를 감사한다.
제12조【임원의 결격사유】 다음 각 호의 어느 하나에 해당하는 사람은 조정중재원의 임원이 될 수 없다.
1. 대한민국 국민이 아닌 사람
2.「국가공무원법」 제33조 각 호의 어느 하나에 해당하는 사람
제13조【이사회】 ① 조정중재원의 업무와 운영에 관한 중요사항을 심의·의결하기 위하여 조정중재원에 이사회를 둔다.
② 이사회는 원장·위원장·단장, 그 밖의 이사로 구성한다.
③ 원장은 이사회를 소집하고 이사회의 의장이 된다.
④ 감사는 이사회에 출석하여 의견을 진술할 수 있다.
⑤ 이사회는 재적의원 과반수의 출석과 출석위원 과반수의 찬성으로 의결한다.
⑥ 이사회의 구성 및 운영 등에 관하여 필요한 사항은 대통령령으로 정한다.
제14조【사무국】 조정중재원의 사무를 처리하기 위하여 조정중재원에 사무국을 둔다.(2016.5.29 본조개정)
제15조【재원】 ① 조정중재원의 설립·운영 및 업무에 필요한 경비는 다음 각 호의 재원으로 충당한다.
1. 정부출연금
2. 조정중재원의 운영에 따른 수입금
② 정부는 조정중재원의 경비를 충당하기 위하여 필요한 출연금을 예산의 범위에서 지급한다.
③ 제2항에 따른 정부출연금의 지급 및 사용 등에 관하여 필요한 사항은 대통령령으로 정한다.
제16조【감독】 ① 보건복지부장관은 조정중재원을 지도·감독하고, 필요한 경우 조정중재원에 대하여 그 사업에 관한 지시 또는 명령을 할 수 있다.
② 조정중재원은 매년 업무계획서와 예산서를 작성하여 보건복지부장관의 승인을 받아야 하고, 매년 결산보고서와 이에 대한 감사의 의견서를 작성하여 보건복지부장관에게 보고하여야 한다. 이 경우 승인 및 보고절차 등에 관하여 필요한 사항은 보건복지부령으로 정한다.
③ 보건복지부장관은 필요한 경우 조정중재원에 대하여 그 업무·회계 및 재산에 관한 사항을 보고하게 하거나 감사할 수 있다.
제17조【벌칙 적용에서의 공무원 의제】 조정중재원의 임원 및 직원, 제19조에 따른 의료분쟁조정위원회의 조정위원 및 의료분쟁조정위원회의 업무를 지원하는 자, 제25조에 따른 의료사고감정단의 감정위원 및 조사관은 「형법」 제129조부터 제132조까지의 규정을 적용할 때에는 공무원으로 본다.(2018.12.11 본조개정)
제18조【「민법」의 준용】 조정중재원에 관하여 이 법에서 규정하지 아니한 사항에 대하여는 「민법」 중 재단법인에 관한 규정을 준용한다.

제2절 의료분쟁조정위원회

제19조【의료분쟁조정위원회의 설치】 ① 의료분쟁을 조정하거나 중재하기 위하여 조정중재원에 의료분쟁조정위원회(이하 "조정위원회"라 한다)를 둔다.
② 조정위원회는 다음 각 호의 사항을 심의·의결한다.
1. 제23조에 따른 조정부의 구성에 관한 사항
2. 조정위원회의 의사에 관한 규칙의 제정·개정 및 폐지
3. 그 밖에 위원장이 심의에 부치는 사항
제20조【조정위원회의 구성 및 운영】 ① 조정위원회는 위원장 및 100명 이상 300명 이내의 조정위원으로 구성하고 비상임으로 한다. 다만, 제37조제2항에 따른 조정조서 작성 등을 위하여 상임 조정위원을 둘 수 있다.
(2016.5.29 본문개정)
② 원장은 다음 각 호의 어느 하나에 해당하는 사람 중에서 조정위원을 임명 또는 위촉한다.
1. 판사·검사 또는 변호사의 자격이 있는 사람(외국의 법제에 관한 학식과 경험이 풍부한 사람을 2명 이상 포함하여야 한다)(2020.4.7 본호개정)
2. 보건의료에 관한 학식과 경험이 풍부한 사람으로서 보건의료인단체 또는 보건의료기관단체에서 추천한 사람(외국의 보건의료에 관한 학식과 경험이 풍부한 사람을 2명 이상 포함하여야 한다)(2020.4.7 본호개정)
3. 소비자권익에 관한 학식과 경험이 풍부한 사람으로서 「비영리민간단체 지원법」 제2조에 따른 비영리민간단체에서 추천한 사람(2020.4.7 본호개정)
4. 대학이나 공인된 연구기관에서 부교수급 이상 또는 이에 상당하는 직에 있거나 있었던 사람으로 보건의료인이 아닌 사람(2020.4.7 본호개정)
③ 위원장은 제2항 각 호의 어느 하나에 해당하는 자격을 가진 사람 중에서 원장의 제청으로 보건복지부장관이 위촉한다.
④ 위원장이 부득이한 사유로 직무를 수행할 수 없을 때에는 위원장이 지정하는 조정위원이 그 직무를 대행한다.
⑤ 조정위원의 임기는 3년으로 하고, 연임할 수 있다.
⑥ 조정위원회는 재적위원 과반수의 출석과 출석위원 과반수의 찬성으로 의결한다.
⑦ 조정위원회의 구성·운영 등에 관하여 필요한 사항은 대통령령으로 정한다.
제21조【조정위원의 결격사유】 「국가공무원법」 제33조 각 호의 어느 하나에 해당하는 사람은 조정위원이 될 수 없다.
제22조【조정위원의 신분보장】 ① 조정위원은 자신의 직무를 독립적으로 수행하고 의료분쟁의 심리 및 판단에 관하여 어떠한 지시에도 구속되지 아니한다.
② 조정위원은 다음 각 호의 어느 하나에 해당하는 경우를 제외하고는 그 의사에 반하여 해임 또는 해촉되지 아니한다.
1. 제21조에 해당하는 경우
2. 신체상 또는 정신상의 장애로 직무를 수행할 수 없게 된 경우
제23조【조정부】 ① 조정위원회의 업무를 효율적으로 수행하기 위하여 5명의 조정위원으로 구성된 분야별, 대상별 또는 지역별 조정부를 둘 수 있다.
② 조정부의 장은 판사·검사 또는 변호사의 자격이 있는 조정위원 중에서 위원장이 지명한다.
③ 조정부는 제20조제2항제1호에 해당하는 사람은 2명(판사로 재직하고 있거나 10년 이상 재직하였던 사람 1명을 포함하여야 한다), 제2호부터 제4호까지의 어느 하나에 해당하는 사람은 각각 1명으로 구성한다.
(2016.5.29 본항개정)
④ 조정부는 조정부의 장을 포함한 조정위원 과반수의 출석과 출석위원 과반수의 찬성으로 의결한다.
⑤ 조정부의 업무는 다음 각 호와 같다.
1. 의료분쟁의 조정결정 및 중재판정
2. 의료사고로 인한 손해액 산정
3. 조정조서 작성
4. 그 밖에 대통령령으로 정하는 사항
⑥ 제4항에 따라 조정부가 내린 결정은 조정위원회가 결정한 것으로 본다.
⑦ 조정위원회의 업무를 지원하기 위하여 변호사 등 대통령령으로 정하는 사람을 둘 수 있다.(2018.12.11 본항개정)
⑧ 조정부의 구성 및 운영 등에 관하여 필요한 사항은 대통령령으로 정한다.
제24조【조정위원의 제척 등】 ① 조정위원이 다음 각 호의 어느 하나에 해당하는 경우 그 직무의 집행에서 제척된다. 다만, 제5호부터 제7호까지에 해당하는 경우에는 해당 보건의료기관·법인 또는 단체에 조정신청일로부터 10년 내에 종사하였던 경우로 한정한다.
(2016.5.29 단서신설)
1. 조정위원 또는 그 배우자나 배우자이었던 사람이 해당 분쟁사건(이하 이 조에서 "사건"이라 한다)의 당사자가 되는 경우
2. 조정위원이 해당 사건의 당사자와 친족관계에 있거나 있었던 경우
3. 조정위원이 해당 사건에 관하여 진술이나 감정을 한 경우
4. 조정위원이 해당 사건에 관하여 당사자의 대리인으로서 관여하거나 관여하였던 경우
5. 조정위원이 해당 사건이 발생한 보건의료기관에 종사하거나 종사하였던 경우
6. 조정위원이 해당 사건이 발생한 보건의료기관과 동일하거나 사실상 동일한 법인이나 단체에 종사하거나 종사하였던 경우
7. 조정위원이 해당 사건이 발생한 보건의료기관과 동일하거나 사실상 동일한 법인이나 단체에 속하는 보건의료기관에 종사하거나 종사하였던 경우
② 사건을 담당한 조정위원에게 제척의 원인이 있는 때에는 해당 조정위원이 속한 조정부는 직권 또는 당사자의 신청에 따라 제척의 결정을 한다.
③ 당사자는 사건을 담당한 조정위원에게 공정한 직무집행을 기대하기 어려운 사정이 있는 경우 사건을 담당한 조정부에 기피신청을 할 수 있다.
④ 기피신청에 관한 결정은 조정위원회의 위원장이 지명하는 조정부가 하고, 해당 조정위원 및 당사자 쌍방은 그 결정에 불복하지 못한다.
⑤ 조정위원은 제1항 또는 제3항에 해당하는 경우 조정부의 허가를 받지 아니하고 해당 사건의 직무집행에서 회피할 수 있다.
⑥ 제3항에 따른 기피신청이 있는 때에는 해당 조정위원이 속한 조정부는 그 신청에 대한 결정이 있을 때까지 조정절차를 중지하여야 한다.
⑦ 제23조제7항에 따라 조정위원회의 업무를 지원하는 사람, 제26조에 따른 감정위원 및 조사관에 대하여는 제1항부터 제6항까지의 규정을 준용한다.(2018.12.11 본항개정)

제3절 의료사고감정단

제25조【의료사고감정단의 설치】 ① 의료분쟁의 신속·공정한 해결을 지원하기 위하여 조정중재원에 의료사고감정단(이하 "감정단"이라 한다)을 둔다.
② 감정단은 단장 및 100명 이상 300명 이내의 감정위원으로 구성하고, 단장은 비상임으로서 보건의료에 관한 학식과 경험이 풍부한 사람 중에서 원장의 제청으로 보건복지부장관이 위촉한다.(2016.5.29 본항개정)
③ 감정단의 업무는 다음 각 호와 같다.
1. 의료분쟁의 조정 또는 중재에 필요한 사실조사
2. 의료행위등을 둘러싼 과실 유무 및 인과관계의 규명
3. 후유장애 발생 여부 등 확인
4. 다른 기관에서 의뢰한 의료사고에 대한 감정
④ 단장은 감정사건의 공정하고 정확한 감정을 위한 의견 청취 및 의학적 자문 등을 위하여 필요하다고 인정하는 경우 관계 전문가를 자문위원으로 위촉할 수 있다.
(2016.5.29 본항신설)
제26조【감정부】 ① 감정단의 업무를 효율적으로 수행하기 위하여 상임 감정위원 및 비상임 감정위원으로 구성된 분야별, 대상별 또는 지역별 감정부를 둘 수 있다.
② 감정위원은 다음 각 호의 어느 하나에 해당하는 사람 중에서 9명의 추천위원으로 구성된 감정위원추천위원회(이하 "추천위원회"라 한다)의 추천을 받아 원장이 임명 또는 위촉한다.
1. 의사전문의 자격 취득 후 2년 이상 경과하거나 치과의사 또는 한의사 면허 취득 후 6년 이상 경과한 사람
2. 변호사 자격 취득 후 4년 이상 경과한 사람
3. 보건복지부장관이 제1호 또는 제2호에 상당하다고 인정하는 외국의 자격 또는 면허 취득 후 5년 이상 경과한 사람
4.「비영리민간단체 지원법」 제2조에 따른 비영리민간단체에서 추천한 사람으로서 소비자권익과 관련된 분야에 3년 이상 종사한 사람(2018.12.11 본호개정)
③ 추천위원회의 위원은 다음 각 호의 어느 하나에 해당하는 사람 중에서 원장이 위촉한다. 이 경우 제1호에 해당하는 사람은 3명으로 하고, 제2호부터 제4호까지의 어느 하나에 해당하는 사람은 각각 2명으로 한다.
1. 판사·검사 또는 변호사의 자격이 있는 사람으로서 법원행정처, 법무부 또는 대한변호사협회에서 추천한 사람
2. 보건의료에 관한 학식과 경험이 풍부한 사람으로서 보건의료인단체 또는 보건의료기관단체에서 추천한 사람
3. 소비자권익에 관한 학식과 경험이 풍부한 사람으로서 「비영리민간단체 지원법」 제2조에 따른 비영리민간단체에서 추천한 사람
4. 대학에서 부교수 이상의 직에 있거나 있었던 사람으로서 한국대학교육협의회에서 추천한 사람(보건의료인은 제외한다)
④ 추천위원회의 위원장은 위원 중에서 호선한다.
⑤ 추천위원회의 회의는 재적위원 과반수의 출석과 출석위원 과반수의 찬성으로 의결한다.
⑥ 감정위원의 임기는 3년으로 하고, 연임할 수 있다.

⑦ 각 감정부에 두는 감정위원의 정수는 다음 각 호와 같다.
1. 제2항제1호 또는 제3호(외국의 의사전문의 자격이나 치과의사 또는 한의사 면허를 취득한 사람에 한정한다)에 해당하는 사람 : 2명
2. 제2항제2호 또는 제3호(외국의 변호사 자격을 취득한 사람에 한정한다)에 해당하는 사람 : 2명(검사로 재직하고 있거나 4년 이상 재직하였던 사람 1명을 포함하여야 한다)(2018.12.11 본호개정)
3. 제2항제4호에 해당하는 사람 : 1명
⑧ 감정부 회의는 재적위원 과반수의 출석과 출석위원 전원의 찬성으로 의결한다. 이 경우 제7항 각 호에 따른 위원이 각각 1명 이상 출석하여야 한다.(2018.12.11 본항신설)
⑨ 감정부의 장은 제2항제1호에 해당하는 사람 중에서 단장이 지명한다.
⑩ 감정부에 1명 이상의 상임 감정위원을 둔다.
⑪ 감정위원은 자신의 직무를 독립적으로 수행하고 의료사고의 감정에 관하여 어떠한 지시에도 구속되지 아니한다.
⑫ 제21조 및 제22조제2항은 감정위원에게 준용한다.
⑬ 감정단의 업무를 지원하기 위하여 의사·치과의사 및 한의사, 약사, 한약사, 간호사 등 대통령령으로 정하는 사람 중에서 조사관을 둘 수 있다.(2018.12.11 본항개정)
⑭ 추천위원회의 구성 및 운영, 감정부의 조직 및 운영 등에 관하여 필요한 사항은 대통령령으로 정한다.

제3장 의료분쟁의 조정 및 중재

제1절 조 정

제27조【조정의 신청】 ① 의료분쟁(이하 "분쟁"이라 한다)의 당사자 또는 그 대리인은 보건복지부령으로 정하는 바에 따라 조정중재원에 분쟁의 조정을 신청할 수 있다.(2016.5.29 본항개정)
② 당사자는 다음 각 호의 어느 하나에 해당하는 사람을 대리인으로 선임할 수 있다. 다만, 제4호의 경우에는 제1호에 해당하는 사람이 없거나 외국인 등 보건복지부령으로 정하는 경우에 한정한다.(2016.5.29 단서개정)
1. 당사자의 법정대리인, 배우자, 직계존비속 또는 형제자매
2. 당사자인 법인 또는 보건의료기관의 임직원
(2016.5.29 본호개정)
3. 변호사
4. 당사자로부터 서면으로 대리권을 수여받은 자
③ 원장은 제1항에 따른 조정신청이 다음 각 호의 어느 하나에 해당하는 경우 신청을 각하한다. 다만, 조정신청이 접수되기 전에 제1호의 소(訴) 또는 제2호의 조정신청이 취하되거나 각하된 경우에는 그러하지 아니하다.
(2016.5.29 단서신설)
1. 이미 해당 분쟁조정사항에 대하여 법원에 소(訴)가 제기된 경우
2. 이미 해당 분쟁조정사항에 대하여 「소비자기본법」 제60조에 따른 소비자분쟁조정위원회에 분쟁조정이 신청된 경우
3. 조정신청 자체로서 의료사고가 아닌 것이 명백한 경우
④ 원장은 조정신청을 접수하면 조정위원회와 감정단에 각각 이를 통지하고 조정신청을 한 자(이하 "신청인"이라 한다)의 상대방(이하 "피신청인"이라 한다)에게 조정신청서를 송달하여야 한다.(2016.5.29 본항개정)
⑤ 위원장은 제4항에 따른 조정신청의 통지를 받은 때에는 지체 없이 관할 조정부를 지정하고 해당 사건을 배당하여야 한다.
⑥ 단장은 제4항에 따른 조정신청의 통지를 받은 때에는 지체 없이 관할 감정부를 지정하고 해당 사건을 배당하여야 한다.
⑦ 위원장 또는 단장은 다음 각 호의 어느 하나에 해당하는 경우 지체 없이 그 사실을 원장에게 통지하여야 한다. 이 경우 원장은 조정신청을 각하한다.
1. 신청인이 조사에 응하지 아니하거나 2회 이상 출석요구에 응하지 아니한 때
2. 신청인이 조정신청 후에 의료사고를 이유로 「의료법」 제12조제2항을 위반하는 행위를 한 때 또는 「형법」 제314조제1항에 해당하는 행위를 한 때
3. 조정신청이 있은 후에 소가 제기된 때
⑧ 제4항에 따라 조정신청서를 송달받은 피신청인이 조정에 응하고자 하는 의사를 조정중재원에 통지함으로써 조정절차를 개시한다. 피신청인이 조정신청서를 송달받은 날부터 14일 이내에 조정절차에 응하고자 하는 의사를 통지하지 아니한 경우 원장은 조정신청을 각하한다.
⑨ 원장은 제8항에도 불구하고 제1항에 따른 조정신청의 대상인 의료사고가 사망 또는 다음 각 호에 해당하는 경우에는 지체 없이 조정절차를 개시하여야 한다. 이 경우 피신청인이 조정신청서를 송달받은 날을 조정절차 개시일로 본다.
1. 1개월 이상의 의식불명
2. 「장애인복지법」 제2조에 따른 장애인 중 장애 정도가 중증에 해당하는 경우로서 대통령령으로 정하는 경우
(2018.12.11 본호개정)
(2016.5.29 본항신설)
⑩ 제9항에 따른 조정절차가 개시된 경우 조정신청서를 송달받은 피신청인은 다음 각 호의 어느 하나에 해당하는 경우 조정절차의 개시에 대하여 송달받은 날부터 14일 이내에 위원장에게 이의신청을 할 수 있다.
1. 신청인이 조정신청 전에 의료사고를 이유로 「의료법」 제12조제2항을 위반하는 행위 또는 「형법」 제314조제1항에 해당하는 행위를 한 경우
2. 거짓된 사실 또는 사실관계로 조정신청을 한 것이 명백한 경우
3. 그 밖에 보건복지부령으로 정하는 사유에 해당되는 경우
(2016.5.29 본항신설)
⑪ 위원장은 제10항에 따른 이의신청을 받은 때에는 그 이의신청일부터 7일 이내에 다음 각 호의 구분에 따른 조치를 하여야 한다.
1. 이의신청이 이유 없다고 인정하는 경우 : 이의신청에 대한 기각결정을 하고 지체 없이 이의신청을 한 피신청인에게 그 결과를 통지한다.
2. 이유 있다고 인정하는 경우 : 그 사실을 원장에게 통지하고 원장은 그 조정신청을 각하한다.
(2016.5.29 본항신설)
⑫ 제7항, 제8항 또는 제11항제2호에 따라 조정신청이 각하된 경우 원장은 지체 없이 위원장과 단장에게 이를 알려야 한다.(2016.5.29 본항개정)
⑬ 제1항에 따른 분쟁의 조정신청은 다음 각 호에 해당하는 기간 내에 하여야 한다.
1. 의료사고의 원인이 된 행위가 종료된 날부터 10년
2. 피해자나 그 법정대리인이 그 손해 및 가해자를 안 날부터 3년
⑭ 신청인이 피신청인을 잘못 지정한 것이 명백한 때에는 조정부는 신청인의 신청에 따라 결정으로 피신청인의 경정을 허가할 수 있다.
⑮ 제14항에 따른 경정허가결정이 있는 경우 새로운 피신청인에 대한 조정신청은 제14항의 경정신청이 있는 때에 한 것으로 보고, 종전의 피신청인에 대한 조정신청은 신청인의 경정신청이 있는 때에 취하된 것으로 본다.
(2016.5.29 본항개정)

제28조【의료사고의 조사】 ① 감정부는 의료사고의 감정을 위하여 필요하다고 인정하는 경우 신청인, 피신청인, 분쟁 관련 이해관계인 또는 참고인(이하 "조정당사자등"이라 한다)으로 하여금 출석하게 하여 진술하게 하거나 조사에 필요한 자료 및 물건 등의 제출을 요구할 수 있다.(2016.5.29 본항개정)
② 감정부는 의료사고가 발생한 보건의료기관의 보건의료인 또는 보건의료기관개설자에게 사고의 원인이 된 행위 당시 환자의 상태 및 그 행위를 선택하게 된 이유 등을 서면 또는 구두로 소명하도록 요구할 수 있다.
③ 감정위원 또는 조사관은 의료사고가 발생한 보건의료기관에 출입하여 관련 문서 또는 물건을 조사·열람 또는 복사할 수 있다. 이 경우 감정위원 또는 조사관은 그 권한을 표시하는 증표를 지니고 이를 관계인에게 내보여야 한다.
④ 제3항에 따른 조사·열람 또는 복사를 하기 위해서는 7일 전까지 그 사유 및 일시 등을 해당 보건의료기관에 서면으로 통보하여야 한다. 다만, 긴급한 경우나 사전 통지 시 증거 인멸 등으로 그 목적을 달성할 수 없다고 인정하는 경우에는 그러하지 아니하다.(2016.5.29 본항신설)
⑤ 조정중재원으로부터 제1항부터 제3항까지에 따른 의료사고 조사 관련 요구를 받은 보건의료기관, 보건의료기관의 의료인, 보건의료기관 개설자 및 조정당사자등은 정당한 이유가 없으면 이에 응하여야 한다.(2016.5.29 본항신설)

제28조의2【감정위원 등의 의견 청취】 감정부는 의료사고의 발생 원인이 2개 이상의 진료과목과 관련이 있는 경우 정확한 감정을 위하여 관련 진료과목을 담당하는 감정위원 또는 자문위원의 의견을 들어야 한다.
(2018.12.11 본조신설)

제29조【감정서】 ① 감정부는 조정절차가 개시된 날부터 60일 이내에 의료사고의 감정결과를 감정서로 작성하여 조정부에 송부하여야 한다.(2016.5.29 본항개정)
② 제1항에도 불구하고 감정부가 필요하다고 인정하는 때에는 그 기간을 1회에 한하여 30일까지 연장할 수 있다. 이 경우 그 사유와 기한을 명시하여 조정부에 통지하여야 한다.
③ 제1항의 감정서에는 사실조사의 내용 및 결과, 과실 및 인과관계 유무, 후유장애의 정도 등 대통령령으로 정하는 사항을 기재하고 감정부의 장 및 감정위원이 이에 기명날인 또는 서명하여야 한다.
④ 제26조제8항에 따라 감정결과를 의결함에 있어 감정위원의 감정소견이 일치하지 아니하는 경우에는 감정서에 감정위원의 소수의견도 함께 기재하여야 한다.
(2018.12.11 본항신설)

제30조【의견진술 등】 ① 조정부는 신청인, 피신청인 또는 분쟁 관련 이해관계인으로 하여금 조정부에 출석하여 발언할 수 있게 하여야 한다.
② 감정부에 소속된 감정위원은 조정부의 요청이 있는 경우 조정부에 출석하여 해당 사건에 대한 감정결과를 설명하여야 하고, 조정부는 조정위원 과반수의 찬성이 있는 경우 그 사유와 기한을 명시하여 재감정을 요구할 수 있다.(2018.12.11 본항개정)
③ 조정부가 제2항에 따라 재감정을 요구한 경우 단장은 기존 감정절차에 참여하지 아니한 감정위원으로 새로이 감정부를 구성하여야 한다.
④ 제3항에 따라 새로이 구성된 감정부는 감정을 실시함에 있어서 필요한 경우 조정중재원에 속하지 아니한 보건의료인에게 자문할 수 있다.

제31조【출석기일】 ① 출석기일은 이를 당사자에게 통지하여야 한다.
② 기일의 통지는 출석요구서를 송달하는 외에 그 밖의 상당한 방법에 따라 이루어져야 한다.

제32조【조정절차의 비공개】 조정부의 조정절차는 공개하지 아니한다. 다만, 조정부의 조정위원 과반수의 찬성이 있는 경우 이를 공개할 수 있다.

제33조【조정결정】 ① 조정부는 사건의 조정절차가 개시된 날부터 90일 이내에 조정결정을 하여야 한다.
(2016.5.29 본항개정)
② 제1항에도 불구하고 조정부가 필요하다고 인정하는 경우 그 기간을 1회에 한하여 30일까지 연장할 수 있다. 이 경우 그 사유와 기한을 명시하여 신청인에게 통지하여야 한다.
③ 조정부는 해당 사건에 대한 감정부의 감정의견을 고려하여 조정결정을 한다.

제33조의2【간이조정】 ① 조정부는 조정신청된 사건이 다음 각 호의 어느 하나에 해당하는 경우 의료사고의 감정을 생략하거나 1명의 감정위원이 감정하는 등 대통령령으로 정하는 절차(이하 "간이조정절차"라 한다)에 따라 조정할 수 있다.(2018.12.11 본문개정)
1. 사건의 사실관계 및 과실 유무 등에 대하여 신청인과 피신청인 간에 큰 이견이 없는 경우
2. 과실의 유무가 명백하거나 사건의 사실관계 및 쟁점이 간단한 경우
3. 그 밖에 제1호 및 제2호에 준하는 경우로서 대통령령으로 정하는 경우
② 제1항에 따른 간이조정절차에 따라 조정을 하는 경우에는 제23조제4항에도 불구하고 조정부의 장이 단독으로 조정결정을 할 수 있다.(2018.12.11 본항개정)
③ 조정부는 제1항에 따른 간이조정절차 중에 해당 사건이 제1항 각 호의 어느 하나에 해당하지 않는 것으로 판단되는 경우에는 이 법의 다른 규정에 따른 통상의 조정절차로 전환할 수 있다.(2020.4.7 본항개정)
④ 조정부는 간이조정절차에 따라 조정하려는 경우에는 해당 의료사고의 내용·성격 및 보건의료인의 과실 여부 등에 대하여 감정부의 의견을 들어야 한다.(2020.4.7 본항신설)
⑤ 조정부는 간이조정절차에 따라 조정하려는 경우나 제3항에 따라 간이조정절차를 통상의 조정절차로 전환하려는 경우에는 미리 신청인과 피신청인의 의견을 들어야 하고, 그 결과를 지체 없이 신청인과 피신청인에게 통지하여야 한다.(2020.4.7 본항신설)
(2018.12.11 본조제목개정)
(2016.5.29 본조신설)

제33조의3【조정을 하지 아니하는 결정】 조정부는 조정신청이 다음 각 호의 어느 하나에 해당하는 경우 조정을 하지 아니하는 결정으로 사건을 종결시킬 수 있다.
1. 신청인이 정당한 사유 없이 조정을 기피하는 등 그 조정신청이 이유 없다고 인정하는 경우
2. 신청인이 거짓된 사실로 조정신청을 하거나 부당한 목적으로 조정신청을 한 것으로 인정하는 경우
3. 사건의 성질상 조정을 하기에 적당하지 아니한 경우
(2016.5.29 본조신설)

제34조【조정결정서】 ① 조정부의 조정결정은 다음 각 호의 사항을 기재한 문서로 하고 조정부의 장 및 조정위원이 이에 기명날인 또는 서명하여야 한다.
1. 사건번호와 사건명
2. 당사자 및 대리인의 성명과 주소
3. 결정주문
4. 신청의 취지
5. 결정이유
6. 조정일자
② 제1항제5호의 결정이유에는 주문의 내용이 정당함을 인정할 수 있는 정도의 판단을 표시하여야 한다.

제35조【배상금의 결정】 조정부는 제33조에 따라 조정결정을 하는 경우 의료사고로 인하여 환자에게 발생한 생명·신체 및 재산에 관한 손해, 보건의료기관개설자 또는 보건의료인의 과실 정도, 환자의 귀책사유 등을 고려하여 손해배상액을 결정하여야 한다.

제36조【조정결과의 통지】 ① 원장은 제33조 또는 제33조의3에 따라 조정부가 조정결정 또는 조정을 하지 아니하는 결정을 한 때에는 그 조정결정서 정본을 7일 이내에 신청인과 피신청인에게 송달하여야 한다.(2016.5.29 본항개정)
② 제1항에 따른 조정결정 송달을 받은 신청인과 피신청인은 그 송달을 받은 날부터 15일 이내에 동의 여부를 조정중재원에 통보하여야 한다. 이 경우 15일 이내에 의사표시가 없는 때에는 동의한 것으로 본다.
(2018.12.11 전단개정)
③ 조정은 제2항에 따라 당사자 쌍방이 조정결정에 동의하거나 동의한 것으로 보는 때에 성립한다.
④ 제3항에 따라 성립된 조정은 재판상 화해와 동일한 효력이 있다.

⑤ 원장은 분쟁의 조정 결과 의료사고에 대한 의료인의 과실이 인정되지 아니하고 해당 의료사고가 보건의료기관이 사용한 다음 각 호의 어느 하나에 해당하는 물건의 흠으로 인한 것으로 의심되는 경우 신청인에게 그와 같은 취지를 설명하고 피해를 구제받을 수 있는 절차 등을 대통령령으로 정하는 바에 따라 안내하여야 한다.
1. 「약사법」 제2조에 따른 의약품, 한약 및 한약제제
2. 「의료기기법」 제2조에 따른 의료기기
3. 「혈액관리법」 제2조에 따른 혈액

제37조【조정절차 중 합의】 ① 신청인은 제27조제1항에 따른 조정신청을 한 후 조정절차 진행 중에 피신청인과 합의할 수 있다.
② 제1항에 따른 합의가 이루어진 경우 조정부는 조정절차를 중단하고 당사자가 합의한 내용에 따라 조정조서를 작성하여야 한다.
③ 조정부는 제2항에 따른 조정조서를 작성하기 전에 당사자의 의사를 확인하여야 한다.
④ 제2항에 따라 작성된 조정조서는 재판상 화해와 동일한 효력이 있다.

제38조【감정서 등의 열람 · 복사】 ① 신청인 또는 피신청인은 조정중재원에 감정서, 조정결정서, 조정조서 또는 본인이 제출한 자료의 열람 또는 복사를 신청할 수 있다. (2016.5.29 본항개정)
② 제1항에 따른 열람 또는 복사의 대상 · 신청방법 및 절차 등에 관하여 필요한 사항은 보건복지부령으로 정한다.

제39조【「민사조정법」의 준용 등】 조정절차에 관하여 이 법에서 규정하지 아니한 사항에 대하여는 「민사조정법」을 준용한다.

제40조【소송과의 관계】 의료분쟁에 관한 소송은 이 법에 따른 조정절차를 거치지 아니하고도 제기할 수 있다.

제41조【비밀누설의 금지】 조정위원, 감정위원, 조사관 및 조정중재원의 임직원으로서 그 업무를 수행하거나 수행하였던 자는 조정 또는 감정 절차의 과정에서 직무상 알게 된 비밀을 누설하여서는 아니 된다.

제42조【시효의 중단】 ① 제27조제1항에 따른 조정의 신청은 시효중단의 효력이 있다. 다만, 그 신청이 취하되거나 각하된 때에는 1개월 이내에 소를 제기하지 아니하면 시효중단의 효력이 없다.(2018.12.11 단서개정)
② 제1항 본문에 따라 중단된 시효는 다음 각 호의 어느 하나에 해당하는 경우 새로이 진행한다.
1. 조정이 성립하였거나 제37조에 따라 조정절차 중 합의가 이루어진 경우
2. 당사자의 일방 또는 쌍방이 조정결정에 동의하지 아니한다는 의사를 표시한 경우
3. 제33조의3에 따라 조정을 하지 아니하는 결정으로 사건이 종결되는 경우(2018.12.11 본호신설)

제42조의2【처리기한의 불산입】 다음 각 호의 어느 하나에 해당하는 기간은 제29조제1항 또는 제33조제1항에 따른 감정 또는 조정 처리기한에 산입하지 아니한다.
1. 조정절차가 개시된 후 당사자가 사망하여 상속인이 수계하는 경우 수계신청서 제출에 필요한 기간
2. 당사자가 감정위원 또는 조정위원에 대하여 기피신청을 한 날부터 그 결정에 이르기까지 소요된 기간
3. 제33조의2제3항에 따라 간이조정절차가 통상의 조정절차로 전환된 경우 간이조정절차에 소요된 기간 (2018.12.11 본호신설)
4. 그 밖에 후유장해 진단에 소요된 기간 등 보건복지부령으로 정하는 사유가 있는 기간

(2016.5.29 본조신설)

제2절 중 재

제43조【중재】 ① 당사자는 분쟁에 관하여 조정부의 종국적 결정에 따르기로 서면으로 합의하고 중재를 신청할 수 있다.
② 제1항의 중재신청은 조정절차 계속 중에도 할 수 있다. 이 경우 조정절차에 제출된 서면 또는 주장 등은 중재절차에서 제출한 것으로 본다.
③ 당사자는 합의에 따라 대통령령으로 정하는 바에 따라 조정부를 선택할 수 있다.
④ 중재절차에 관하여는 조정절차에 관한 이 법의 규정을 우선 적용하고, 보충적으로 「중재법」을 준용한다.

제44조【중재판정의 효력 등】 ① 중재판정은 확정판결과 동일한 효력이 있다.
② 중재판정에 대한 불복과 중재판정의 취소에 관하여는 「중재법」 제36조를 준용한다.

제4장 의료배상공제조합 및 불가항력 의료사고 보상

제45조【의료배상공제조합의 설립 · 운영】 ① 보건의료인단체 및 보건의료기관단체는 의료사고에 대한 배상을 목적으로 하는 의료배상공제조합(이하 "공제조합"이라 한다)을 보건복지부장관의 인가를 받아 설립 · 운영할 수 있다.
② 공제조합은 법인으로 한다.
③ 공제조합은 의료사고에 대한 배상금을 지급하는 공제사업을 운영하여야 한다.
④ 보건의료기관개설자는 자신이 소속되어 있는 보건의료인단체 및 보건의료기관단체가 운영하는 공제조합의 조합원으로 가입할 수 있고, 공제조합에 가입한 경우 공제조합이 정하는 공제료를 납부하여야 한다.
⑤ 공제조합의 설립 · 운영 등에 관하여 필요한 사항은 보건복지부령으로 정한다.
⑥ 공제조합에 관하여 이 법에서 규정된 사항 외에는 「민법」 중 사단법인에 관한 규정을 준용한다.

제46조【불가항력 의료사고 보상】 ① 조정중재원은 보건의료인이 충분한 주의의무를 다하였음에도 불구하고 불가항력적으로 발생하였다고 의료사고보상심의위원회에서 결정한 분만(分娩)에 따른 의료사고로 인한 피해를 보상하기 위한 사업(이하 "의료사고 보상사업"이라 한다)을 실시한다.
② 보건복지부장관은 의료사고 보상사업에 드는 비용을 부담하여야 한다.(2023.6.13 본항개정)
③~④ (2023.6.13 삭제)
⑤ 제1항에 따른 의료사고보상심의위원회의 구성 및 운영, 보상의 범위, 보상금의 지급기준 및 절차 등에 관하여 필요한 사항은 대통령령으로 정한다.(2023.6.13 본항개정)

제46조의2【불가항력 의료사고 보상을 위한 자료 제공】 조정중재원은 보건의료기관, 「국민건강보험법」에 따른 국민건강보험공단이나 건강보험심사평가원, 지방자치단체 등 관계 기관에 대하여 제46조제1항에 따른 의료사고 보상사업에 드는 비용의 산정 등을 위하여 필요한 자료의 제공을 요청할 수 있다.(2023.6.13 본조개정)

제5장 손해배상금 대불

제47조【손해배상금 대불】 ① 의료사고로 인한 피해자가 다음 각 호의 어느 하나에 해당함에도 불구하고 그에 따른 금원을 지급받지 못하였을 경우 미지급금에 대하여 조정중재원에 대불을 청구할 수 있다. 다만, 제3호의 경우 국내 법원에서의 판결이 확정된 경우에 한정한다. (2016.5.29 단서개정)
1. 조정이 성립되거나 중재판정이 내려진 경우 또는 제37조제1항에 따라 조정절차 중 합의로 조정조서가 작성된 경우
2. 「소비자기본법」 제67조제3항에 따라 조정조서가 작성된 경우
3. 법원이 의료분쟁에 관한 민사절차에서 보건의료기관개설자, 보건의료인, 그 밖의 당사자가 될 수 있는 자에 대하여 금원의 지급을 명하는 집행권원을 작성한 경우
② 제1항에 따른 손해배상금의 대불에 필요한 비용(이하 이 조에서 "대불비용"이라 한다)을 충당하기 위한 재원은 보건의료기관개설자가 부담하여야 한다.(2023.12.29 본항개정)
③ 보건복지부장관은 의료분쟁 발생현황, 대불제도 이용실적, 예상 대불비용 등을 고려하여 보건의료기관개설자별로 부담하여야 하는 대불비용 부담액을 산정 · 부과 · 징수하며, 보건의료기관개설자별 대불비용 부담액의 산정과 납부방법 및 관리 등에 필요한 사항은 대통령령으로 정한다.(2023.12.29 본항신설)
④ 보건복지부장관은 제3항에 따른 보건의료기관개설자별 대불비용 부담액의 산정 · 부과 · 징수 업무를 조정중재원에 위탁할 수 있다. 이 경우 조정중재원은 손해배상금 대불을 위하여 보건복지부령으로 정하는 바에 따라 별도 계정을 설치하여야 한다.(2023.12.29 본항개정)
⑤ 제3항에 따라 보건의료기관개설자가 부담하는 비용은 「국민건강보험법」 제47조제3항에도 불구하고 국민건강보험공단이 요양기관에 지급하여야 할 요양급여비용의 일부를 조정중재원에 지급하는 방법으로 할 수 있다. 이 경우 국민건강보험공단은 요양기관에 지급하여야 할 요양급여비용의 일부를 지급하지 아니하고 이를 조정중재원에 지급하여야 한다.(2023.12.29 전단개정)
⑥ 조정중재원은 제1항에 따른 대불청구가 있는 때에는 손해배상 의무가 있는 보건의료기관개설자 또는 보건의료인(이하 이 조에서 "손해배상의무자"라 한다)의 대불금 상환 가능성, 상환 예상액 등 보건복지부령으로 정하는 기준에 따라 심사하고 대불하여야 한다.(2023.12.29 본항개정)
⑦ 조정중재원은 제6항에 따라 손해배상금을 대불한 경우 손해배상의무자에게 그 대불금을 구상할 수 있다. (2023.12.29 본항개정)
⑧ 조정중재원은 제7항에 따라 대불금을 구상함에 있어서 상환이 불가능한 대불금에 대하여 결손처분을 할 수 있다.(2023.12.29 본항개정)
⑨ 제6항에 따른 손해배상금 대불의 대상 · 범위 · 절차 및 방법, 제7항에 따른 구상의 절차 및 방법, 제8항에 따른 상환이 불가능한 대불금의 범위 및 결손처분 절차 등에 관하여 필요한 사항은 대통령령으로 정한다.(2023.12.29 본항개정)

제48조【자료의 제공】 ① 원장은 제47조제7항에 따른 구상 및 같은 조 제8항에 따른 결손처분을 위하여 국가 · 지방자치단체, 「국민건강보험법」에 따른 국민건강보험공단 등 관계 기관에 국세 · 지방세, 토지 · 주택 · 건축물 · 자동차 · 선박 · 항공기, 주민등록 · 가족관계등록, 국민건강보험 · 국민연금 · 고용보험 · 산업재해보상보험 · 보훈급여 · 공무원연금 · 군인연금 · 사립학교교직원연금 · 별정우체국연금 · 기초연금 등에 관한 자료의 제공을 요청할 수 있다.(2023.12.29 본항개정)
② 제1항에 따른 요청을 받은 기관은 특별한 사유가 없으면 이에 따라야 한다.
(2018.12.11 본조개정)

제6장 보 칙

제49조【송달】 이 법에 따른 문서의 송달에 관하여는 「민사소송법」 중 송달에 관한 규정을 준용한다.

제50조【조정비용 등】 ① 조정중재원은 분쟁의 조정 또는 중재 신청을 하는 자에게 수수료를 납부하게 할 수 있다.
② 조정중재원은 다른 기관 등으로부터 의뢰된 감정에 대하여 그 비용을 징수할 수 있다.
③ 제1항에 따른 수수료 및 제2항에 따른 감정비용의 금액과 납부방법 등에 관하여 필요한 사항은 대통령령으로 정한다.

제51조【조정성립 등에 따른 피해자의 의사】 ① 의료사고로 인하여 「형법」 제268조의 죄 중 업무상과실치상죄를 범한 보건의료인에 대하여는 제36조제3항에 따른 조정이 성립하거나 제37조제2항에 따라 조정절차 중 합의로 조정조서가 작성된 경우 피해자의 명시한 의사에 반하여 공소를 제기할 수 없다. 다만, 피해자가 신체의 상해로 인하여 생명에 대한 위험이 발생하거나 장애 또는 불치나 난치의 질병에 이르게 된 경우에는 그러하지 아니하다.
② 제3장제2절에 따른 중재절차에서 「중재법」 제31조에 따른 화해중재판정서가 작성된 경우에도 제1항과 같다.

제52조【권한의 위임 및 위탁】 ① 보건복지부장관은 이 법에 따른 권한의 일부를 대통령령으로 정하는 바에 따라 시 · 도지사 또는 시장 · 군수 · 구청장에게 위임할 수 있다.
② 보건복지부장관은 이 법에 따른 권한의 일부를 대통령령으로 정하는 바에 따라 조정중재원에 위탁할 수 있다.

제7장 벌 칙

제53조【벌칙】 ① 제41조를 위반하여 직무상 알게 된 비밀을 누설한 사람은 3년 이하의 징역 또는 3천만원 이하의 벌금에 처한다. 다만, 이에 대하여는 피해자 또는 그 대리인의 고소가 있어야 공소를 제기할 수 있다. (2017.3.21 본문개정)
② (2016.5.29 삭제)

제54조【과태료】 ① 제28조제5항을 위반하여 조사 · 열람 또는 복사를 정당한 사유 없이 거부 · 방해 또는 기피한 사람에게는 1천만원 이하의 과태료를 부과한다. (2016.5.29 본항신설)
② 다음 각 호의 어느 하나에 해당하는 자에게는 500만원 이하의 과태료를 부과한다.
1. 제9조를 위반하여 동일 또는 유사명칭을 사용한 자
2. (2016.5.29 삭제)
3. 제28조제5항에 따른 조사에 필요한 자료 및 물건 등의 제출요구를 받고 정당한 사유 없이 이를 제출하지 아니한 자(2016.5.29 본호개정)
4. (2016.5.29 삭제)
③ 제1항 및 제2항에 따른 과태료는 대통령령으로 정하는 바에 따라 보건복지부장관, 시 · 도지사 또는 시장 · 군수 · 구청장이 부과 · 징수한다.(2016.5.29 본항개정)

부 칙

제1조【시행일】 이 법은 공포 후 1년이 경과한 날부터 시행한다. 다만, 제46조 및 제51조는 공포 후 2년이 경과한 날부터 시행한다.

제2조【위원회의 설립준비】 ① 보건복지부장관은 이 법의 공포일부터 3개월 이내에 조정중재원의 설립에 관한 사무를 처리하게 하기 위하여 설립준비위원회(이하 "준비위원회"라 한다)를 구성한다.
② 준비위원회는 설립준비위원장(이하 "준비위원장"이라 한다)을 포함한 9명 이내의 설립준비위원(이하 "준비위원"이라 한다)으로 구성한다.
③ 준비위원장과 준비위원은 보건의료인단체 및 보건의료기관단체의 장이 추천한 사람, 「비영리민간단체 지원법」 제2조에 따른 비영리민간단체에서 추천한 사람 및 관계 공무원 중에서 보건복지부장관이 임명 또는 위촉한다.
④ 준비위원회는 이 법 시행 전까지 정관을 작성하여 보건복지부장관의 인가를 받아야 한다.
⑤ 준비위원장은 제4항에 따라 인가를 받은 때에는 조정중재원의 설립등기를 한 후 원장에게 사무를 인계하여야 한다.

⑥ 준비위원장 및 준비위원은 제5항에 따른 사무인계가 끝난 때에는 해임 또는 해촉된 것으로 본다.
제3조【의료분쟁에 관한 적용례】 이 법은 이 법 시행 후 최초로 종료된 의료행위등으로 인하여 발생한 의료사고부터 적용한다.
제4조【공제조합 인가에 관한 경과조치】 이 법 시행 당시 종전의 「의료법」 제31조제1항에 따라 공제사업의 신고를 한 자는 제45조제1항에 따른 인가를 받은 것으로 본다. 다만, 이 법 시행일부터 1년 이내에 이 법에 따른 요건을 갖추어 제45조제1항에 따라 인가를 받아야 한다.
제5조【분쟁조정에 관한 경과조치】 이 법 시행 전에 발생한 의료행위등으로 인한 의료사고의 분쟁조정에 관하여는 종전의 규정에 따른다.

부　칙 (2016.5.29)

제1조【시행일】 이 법은 공포 후 6개월이 경과한 날부터 시행한다.
제2조【자동조정개시에 관한 적용례】 제27조제9항의 개정규정은 이 법 시행 후 최초로 종료된 의료행위 등으로 인하여 발생한 의료사고부터 적용한다.
제3조【벌칙 또는 행정처분에 관한 경과조치】 이 법 시행 전의 행위에 대한 벌칙 또는 행정처분을 적용할 때에는 종전의 규정에 따른다.

부　칙 (2020.4.7)

이 법은 공포한 날부터 시행한다. 다만, 제33조의2의 개정규정은 공포 후 6개월이 경과한 날부터 시행한다.

부　칙 (2023.6.13)

제1조【시행일】 이 법은 공포 후 6개월이 경과한 날부터 시행한다.
제2조【불가항력 의료사고 보상에 관한 경과조치】 이 법 시행 당시 종전의 제46조제3항에 따라 보건의료기관개설자 등에게 부과된 의료사고 보상사업 비용 분담금은 제46조 및 제46조의2의 개정규정에도 불구하고 종전의 규정에 따른다.

부　칙 (2023.12.29)

이 법은 2024년 1월 1일부터 시행한다.

인체조직안전 및 관리 등에 관한 법률(약칭 : 인체조직법)

(2004년 1월 20일 법　률 제7097호)

개정
2005. 1.27법 7375호
2008. 2.29법 8852호(정부조직)
2010. 1.18법 9932호(정부조직)
2011. 4. 7법10564호(의료기기법)
2011. 4.28법10610호
2013. 3.23법11690호(정부조직)
2014. 1.28법12364호　2014. 3.18법12451호
2016. 2. 4법14029호　2018.12.11법15898호
2021. 8.17법18447호　2024. 1.23법20107호

제1장　총　칙

제1조【목적】 이 법은 사람의 신체적 완전성을 기하고 생리적 기능회복을 위하여 인체조직의 기증·관리 및 이식 등에 필요한 사항을 정함으로써 인체조직의 적정한 수급과 안전성을 도모하고 국민보건향상에 이바지함을 목적으로 한다.
제2조【기본이념】 ① 인체조직의 기증·관리 및 이식은 인도적 정신에 따라 행하여져야 한다.
② 자신의 인체조직 기증에 관하여 표시한 의사는 존중되어야 한다. 이 경우 그 의사는 자발적이어야 한다.
③ 인체조직의 이식을 필요로 하는 사람은 사회적·경제적 조건 등에 관계없이 공평하게 이식을 받을 수 있는 기회를 가져야 한다.
④ 인체조직의 기증·관리 및 이식은 윤리적으로 타당하고 의학적으로 인정된 방법에 의하여 행하여져야 한다.
제3조【정의】 이 법에서 사용하는 용어의 정의는 다음과 같다.
1. "인체조직"이라 함은 「장기등 이식에 관한 법률」 제4조제1호에 따른 장기등에 속하지 아니하는 다음 각 목의 어느 하나에 해당하는 것(이하 "조직"이라 한다)을 말한다.(2018.12.11 본문개정)
가. 뼈·연골·근막·피부·양막·인대 및 건
나. 심장판막·혈관
다. 신체의 일부로서 사람의 건강, 신체회복 및 장애예방을 위하여 채취하여 이식될 수 있는 것으로 대통령령이 정하는 것
2. "조직기증자"란 다른 사람의 기능회복을 위하여 대가 없이 특정한 조직을 제공하는 사람으로서 제7조의2제1항에 따라 조직기증자로 등록한 사람을 말한다.(2014.1.28 본호개정)
2의2. "조직기증희망자"란 장래에 사망할 때 조직을 기증할 의사를 가진 사람으로서 제7조의2제1항에 따라 조직기증희망자로 등록한 사람을 말한다.(2014.1.28 본호신설)
2의3. "잠재적 조직기증자"란 유족이 제16조의2에 따른 조직기증지원기관(이하 "조직기증지원기관"이라 한다), 「의료법」 제3조에 따른 의료기관(이하 "의료기관"이라 한다)에 조직기증에 관한 정보제공 및 상담을 요청한 사망자, 「장기등 이식에 관한 법률」 제20조에 따른 장기구득기관(이하 "장기구득기관"이라 한다)에 신고된 뇌사추정자 중 가족이 조직기증에 관한 정보 제공 및 상담을 요청하여 조직기증지원기관으로 연계된 자를 말한다.(2016.2.4 본호신설)
3. "조직이식"이라 함은 조직기증자로부터 기증된 안전성이 확보된 조직을 환자의 질환치료 등을 목적으로 이식하는 행위를 말한다.
4. "조직은행"이라 함은 이식을 목적으로 조직의 관리를 위하여 제13조제1항의 규정에 따라 허가받는 기관을 말한다.
5. "조직관리"라 함은 조직을 채취·저장·처리·보관 및 분배하는 행위를 말한다.(2005.1.27 본호신설)
6. "살아있는 자"·"뇌사자"·"가족" 또는 "유족"의 정의는 「장기등 이식에 관한 법률」 제4조를 준용한다.(2018.12.11 본호개정)
제4조【적용범위】 이 법은 사람의 신체의 완전성을 기하고 생리적 기능의 회복을 위하여 이식의 목적으로 살아있는 자·뇌사자·사망한 자로부터 기증·관리 및 이식 등과 관련하여 국내에서 생산 혹은 외국으로부터 수입된 조직에 적용한다. 다만, 다음 각호의 1은 제외한다.
1. 자가이식용 조직
2. 「약사법」, 「의료기기법」, 그 밖에 다른 법령의 적용을 받는 품목류 또는 품목(2011.4.7 본호개정)
제5조【조직의 매매행위 등의 금지】 ① 누구든지 금전 또는 재산상의 이익 그 밖의 반대급부를 주고받거나 주고받을 것을 약속하고 다음 각호의 1에 해당하는 행위를 하여서는 아니된다.
1. 뇌사자 또는 사망한 자의 조직을 제3자에게 주거나 제3자에게 주기 위하여 받는 행위 또는 이를 각각 약속하는 행위
2. 자신의 조직을 타인에게 주거나 타인의 조직을 자신에게 이식하기 위하여 받는 행위 또는 이를 각각 약속하는 행위
3. 제1호 또는 제2호의 행위를 알선하는 행위
② 누구든지 제1항의 규정을 위반한 행위가 있음을 인지한 때에는 그 행위와 관련되는 조직을 관리하거나 이식하여서는 아니된다.
제5조의2【국가 등의 책무】 국가와 지방자치단체는 조직의 이식이 필요한 모든 사람에게 이식받을 기회를 공평하게 제공하여야 하며, 조직의 기증·관리 및 이식 등이 적정하게 이루어지도록 하여야 한다.(2014.1.28 본조신설)
제6조【인체조직안전관리자문위원회】 ① 조직의 기증·관리 및 이식 등에 관하여 보건복지부장관 및 식품의약품안전처장의 자문에 응하여 다음 각호의 사항을 심의하기 위하여 보건복지부에 인체조직안전관리자문위원회(이하 "위원회"라 한다)를 둔다.(2014.1.28 본문개정)
1. 조직의 기증·관리 및 이식 등에 관한 기본정책 수립에 관한 사항(2014.1.28 본호신설)
2. 조직은행의 허가기준 및 운영에 관한 사항
3. 제16조의3에 따른 공공조직은행(이하 "공공조직은행"이라 한다)의 공적 운영 및 조직분배의 적정성에 관한 사항(2016.2.4 본호신설)
4. 수입 조직의 관리방안에 관한 사항
5. 조직품질·조직검사 또는 조직관리의 정확도 평가(이하 "정도관리"라 한다)에 관한 사항
6. 그 밖에 조직의 기증·관리 및 이식에 관한 조사·연구 등에 관하여 보건복지부장관이 부의하는 사항
(2010.1.18 본호개정)
② 위원회는 위원장과 부위원장 각 1명을 포함한 15명 이내의 위원으로 구성하고, 위원장과 부위원장은 위원 중에서 호선하며 위원은 다음 각 호의 사람이 된다. 이 경우 공무원이 아닌 위원이 전체 위원의 과반수가 되도록 하여야 한다.
1. 보건복지부 및 식품의약품안전처에서 조직의 기증·관리 및 이식 등에 관한 업무를 수행하는 3급이나 3급상당 또는 고위공무원단에 속하는 공무원 중에서 소속 기관의 장이 지명하는 사람
2. 조직의 기증·관리 및 이식에 관한 학식과 경험이 풍부한 사람 중에서 보건복지부장관이 위촉하는 사람
(2018.12.11 본항신설)
③ 제2항제2호에 따른 위원의 임기는 2년으로 한다.
(2018.12.11 본항신설)
④ 그 밖에 위원회의 구성 및 운영 등에 관하여 필요한 사항은 대통령령으로 정한다.(2018.12.11 본항개정)
제6조의2【국립조직기증관리기관】 ① 보건복지부장관은 조직의 기증에 관한 사항을 적정하게 관리하기 위하여 조직기증관리기관(이하 "국립조직기증관리기관"이라 한다)을 두되, 「장기등 이식에 관한 법률」 제10조에 따른 국립장기이식관리기관이 그 역할을 수행하도록 한다.
② 국립조직기증관리기관은 다음 각 호의 업무를 수행한다.
1. 조직기증자 및 조직기증희망자의 등록 및 관리
2. 제7조의3에 따른 조직기증자등록기관(이하 "등록기관"이라 한다), 조직기증지원기관 및 공공조직은행에 관한 지도 및 감독(2016.2.4 본호개정)
3. 제12조에 따른 조직 분배에 관한 관리
4. 조직의 기증에 관한 조사·연구·정보 및 통계의 작성
5. 그 밖에 조직의 기증에 관하여 대통령령으로 정하는 업무
(2014.1.28 본조신설)

제2장　조직의 관리

제7조【조직의 기증에 관한 동의】 ① 조직 기증에 관한 동의는 「장기등 이식에 관한 법률」 제12조를 준용한다.
(2014.1.28 본항개정)
② 제1항의 규정에 의한 동의에는 다음 각호의 사항이 포함되어야 한다.
1. 조직의 보존기간 그 밖의 보관에 관한 사항
2. 동의의 철회 등 동의자의 권리 및 정보보호에 관한 사항
3. 조직의 분배·이식의 적합성을 결정하기 위한 혈액검사, 병력 및 투약이력의 조사 등에 관한 사항
(2014.3.18 본호신설)
4. 그 밖에 보건복지부령이 정하는 사항(2010.1.18 본호개정)
③ 조직을 채취하고자 하는 자는 제1항의 규정에 의한 동의를 얻는 때에는 미리 제2항 각호의 사항에 대하여 충분히 설명하여야 한다.
④ 동의서의 서식 및 보존 등에 관하여 필요한 사항은 보건복지부령으로 정한다.(2010.1.18 본항개정)
제7조의2【조직기증자 등의 등록 등】 ① 조직기증자 또는 조직기증희망자가 되려는 사람은 등록기관에 보건복지부령으로 정하는 바에 따라 등록을 신청하여야 한다. 다만, 조직기증자가 뇌사자 또는 사망한 사람인 경우에는 그 가족 또는 유족 중 1명이 등록을 신청할 수 있다.
② 조직기증자 또는 조직기증희망자의 등록 결정 및 통보, 등록의 철회 및 말소 등에 관하여는 「장기등 이식에 관한 법률」 제14조 및 제15조를 준용한다.
(2014.1.28 본조신설)
제7조의3【조직기증자등록기관의 지정 등】 ① 조직기증자 및 조직기증희망자 등록에 관한 업무를 수행하려는 자는 대통령령으로 정하는 시설·인력 등을 갖추고 보건복지부장관으로부터 조직기증자등록기관으로 지정을 받아야 한다. 지정받은 사항 중 보건복지부령으로 정하는 중요 사항을 변경할 때에도 같다.
② 등록기관으로 지정받을 수 있는 자는 다음 각 호와 같다.

1. 국가 또는 지방자치단체
2. 의료기관(2016.2.4 본호개정)
3. 조직기증 및 이식과 관련된 사업을 목적으로 설립된 비영리법인
4.「공공기관의 운영에 관한 법률」제4조에 따른 공공기관
③ 등록기관의 업무는 다음 각 호와 같다.
1. 조직기증자 접수·등록 및 그 결과의 국립조직기증관리기관 및 식품의약품안전처장에의 통보
2. 조직기증희망자의 접수·등록 및 그 결과의 국립조직기증관리기관에의 통보
3. 조직기증자 또는 조직기증희망자의 개인정보 관리 및 기증 관련 정보 제공
4. 조직기증에 관한 홍보 및 상담
5. 그 밖에 조직기증자 및 조직기증희망자 등록에 관하여 보건복지부령으로 정하는 업무
④ 제1항에도 불구하고 다음 각 호의 어느 하나에 해당하는 자는 별도의 지정 절차 없이 등록기관의 업무를 할 수 있다.
1.「장기등 이식에 관한 법률」제13조에 따라 장기이식등록기관으로 지정받은 자
2. 제13조제2항제1호·제2호에 따라 조직은행으로 허가받은 자
3. 조직기증지원기관으로 지정받은 자
⑤ 그 밖에 등록기관의 지정 절차 및 운영 등에 필요한 사항은 보건복지부령으로 정한다.
(2014.1.28 본조신설)

제8조【조직의 채취요건】 ① 뇌사자와 사망한 자의 조직은 다음 각호의 1에 해당하는 경우에 한하여 이를 채취할 수 있다.(2014.1.28 단서삭제)
1. 본인이 뇌사 또는 사망전에 조직의 채취에 동의한 경우. 다만, 그 가족 또는 유족이 조직 등의 채취를 명시적으로 거부하는 경우를 제외한다.
2. 본인이 뇌사 또는 사망전에 조직의 채취에 동의 또는 반대하였다는 사실이 확인되지 아니한 경우로서 그 가족 또는 유족이 조직의 채취에 동의한 경우. 다만, 본인이 16세 미만의 미성년자인 경우에는 그 부모가 조직의 채취에 동의한 경우에 한한다.
② 살아 있는 자로부터 조직을 채취할 경우에는 본인의 동의가 있는 경우에 한한다. 다만, 미성년자의 조직을 채취하고자 하는 경우에는 본인의 동의외에 부모의 동의를 얻어야 한다.
③ 제1항 및 제2항의 규정에 의하여 동의한 자는 조직의 채취를 위한 수술이 시작되기 전까지 언제든지 조직채취에 관한 동의의 의사표시를 철회할 수 있다.

제9조【조직의 분배·이식의 금지 등】 다음 각호의 1에 해당하는 조직은 이를 분배하거나 이식하여서는 아니된다.
1. 이식에 적합하지 아니한 B형 또는 C형 간염·매독·후천성면역결핍증후군 등 전염성질환에 감염되거나 감염이 의심되는 조직(2005.1.27 본호개정)
2. 치매 등 퇴행성 신경질환을 가진 기증자의 조직
3. 사망원인이 분명하지 아니한 기증자의 조직
4. 유해성물질에 노출된 기증자의 조직
5. 암세포의 전이 우려가 있는 조직
6. 제8조제1항·제2항, 제13조제1항 또는 제17조제1항을 위반한 조직(2014.3.18 본호신설)
7. 그 밖에 제1호부터 제6호까지에 준하는 조직으로 이식대상자의 생명·신체에 위해를 가할 우려가 있어 이식에 적합하지 아니하다고 총리령이 정하는 조직
(2014.3.18 본호개정)

제10조【조직의 안전성확보】 ① 조직은행은 직접 국내에서 채취·처리한 조직과 외국에서 수입한 조직에 대하여 다른 조직은행 또는 조직이식을 행하는 의료기관(이하 "조직이식의료기관"이라 한다)에 분배하기 전에 총리령으로 정하는 바에 따라 이식의 적합성 여부를 검사하여야 한다. 이 경우 조직은행은 분배·이식에 부적합한 조직을 발견하였을 때에는 총리령으로 정하는 바에 따라 이를 폐기처분하고 식품의약품안전처장에게 보고하여야 한다.
② 조직을 채취하려는 조직은행은 조직기증자의 병력 및 투약이력 등에 대하여 조직기증자 또는 유가족을 통하여 문진하여야 한다.(2018.12.11 본항신설)
③ 조직을 채취하려는 조직은행은「국민건강보험법」에 따른 건강보험심사평가원(이하 "심사평가원"이라 한다)에 조직기증자에 대한 병력 및 투약이력의 조사를 요청하여야 한다. 이 경우 심사평가원은 정당한 사유가 없으면 이에 따라야 하며, 그 결과를 통보하여야 한다.
④ 제3항에도 불구하고 제16조의2제7항에 따라 조직기증지원기관으로부터 확인결과를 통보받은 조직은행은 심사평가원에 병력 및 투약이력의 조사를 요청하지 아니할 수 있다.
⑤ 조직은행은 제2항에 따른 문진을 하였거나 제3항 또는 제4항에 따른 통보를 받은 경우에는 조직이 제9조 각 호의 어느 하나에 해당하는지 확인하여야 하며, 그 결과 분배·이식에 부적합한 조직을 발견하였을 때에는 총리령으로 정하는 바에 따라 폐기처분하고 이를 식품의약품안전처장에게 보고하여야 한다.
⑥ 조직은행은 제1항 후단 및 제5항에도 불구하고 다음 각 호의 어느 하나에 해당하는 경우에는 분배·이식에 부적합한 조직을 폐기처분하지 아니하고 직접 사용하거나 이를 사용하려는 다른 조직은행에 공급할 수 있다. 이 경우 그 용도 및 수량, 사용·공급 조직은행명 등 조직의 사용 및 수급 현황에 관하여 총리령으로 정하는 바에 따라 식품의약품안전처장에게 보고하여야 한다.
1. 사람의 건강, 신체회복 및 장애예방 등을 위한 의학연구에 사용하는 경우
2. 조직의 품질 수준의 평가·검증·관리에 사용하는 경우
(2018.12.11 본항신설)
⑦ 제1항에 따른 조직이식의 적합성 여부에 관한 판정기준, 제2항부터 제5항까지의 규정에 따른 확인방법 및 절차, 제6항에 따른 보고의 방법 및 절차 등에 필요한 사항은 총리령으로 정한다.
(2018.12.11 본조개정)

제11조【조직은행의 정도관리】 ① 식품의약품안전처장은 조직은행으로 하여금 정도관리를 받게 할 수 있고, 정도관리 결과를 공개할 수 있다.
② 제1항의 규정에 의한 정도관리의 절차, 정도관리 결과의 공개 그 밖에 정도관리에 필요한 사항은 총리령으로 정한다.
(2013.3.23 본조개정)

제12조【조직분배의 우선순위】 조직기증자로부터 조직을 채취한 조직은행은 다른 조직은행 또는 조직이식의료기관에 조직을 분배하는 경우에 의료적 측면에서 조직이식의 시급성 및 기대효과의 경중을 감안하여 대통령령으로 정하는 바에 따라 분배우선순위를 적용하여 제공하여야 한다.(2018.12.11 본조개정)

제13조【조직은행의 허가 등】 ① 조직은행을 설립하고자 하는 자는 대통령령이 정하는 시설·장비·인력·품질관리체계 등을 갖추고 총리령으로 정하는 바에 따라 식품의약품안전처장의 허가를 받아야 한다. 허가받은 사항 중 총리령으로 정하는 중요 사항을 변경하려는 경우에도 같다.(2014.1.28 본항개정)
② 조직은행으로 허가를 받을 수 있는 자는 다음 각호와 같다. 다만, 제3호 및 제4호에 해당하는 자는 조직의 기증 또는 채취 업무를 할 수 없다.
1. 의료기관(2016.2.4 본호개정)
2. 조직에 관련된 사업을 주된 목적으로 하여 설립된 비영리법인
3. 조직가공처리업자
4. 조직수입업자
③ 조직은행의 업무는 다음 각호와 같다.
1. 조직의 채취·저장·처리·수입·보관 및 분배에 관한 업무(2018.12.11 본호개정)
2. 조직기증자의 관리 및 조직기증을 위한 홍보·상담에 관한 업무
3. 조직기증자의 선별 및 조직의 품질보증에 관한 업무
4. 그 밖에 조직이식의 안전성확보를 위하여 필요한 사항으로서 대통령령이 정하는 업무

제13조의2【의료관리자 등】 ① 조직은행의 장은 그 조직은행마다 의사 또는 치과의사 자격을 가진 사람으로서 조직기증자의 병력 검토, 질병 여부 진단 및 조직 채취 행위 등을 관리하는 업무(이하 "의료관리업무"라 한다)를 수행하는 의료관리자를 1명 이상 두어야 한다.
② 제1항에 따른 의료관리자는 의료관리업무를 수행함에 있어 다음 각 호의 사항을 준수하여야 한다.
1. 제9조에 따른 조직의 분배·이식 금지 대상 여부를 판정하여 적합한 조직만을 분배승인할 것
2. 사망한 기증자로부터 조직을 채취할 때에는 채취 상황 등을 감안하여 조직이 안전하다고 판단되는 경우에만 채취할 것
3. 그 밖에 총리령으로 정하는 사항
③ 제1항에 따른 의료관리자는 의료기관 등에서 의사 등의 업무를 겸직할 수 있다. 다만, 제13조제2항제1호 또는 제2호에 해당하는 조직은행의 의료관리자가 겸직하고자 하는 경우에는 해당 조직은행의 소재지와 의료기관 등의 소재지가 같아야 한다.
④ 조직은행의 장은 의료관리업무를 방해하여서는 아니 되며, 의료관리자가 업무 수행을 위하여 필요한 사항을 요청하면 정당한 사유 없이 거부하여서는 아니 된다.
(2014.3.18 본조신설)

제13조의3【지위의 승계】 ① 제13조에 따라 허가받은 자가 사망하거나 그 영업을 양도한 경우 또는 법인인 조직은행이 합병한 경우에는 그 상속인, 영업을 양수한 자 또는 합병 후 존속하는 법인이나 합병에 따라 설립되는 법인(이하 "양수인등"이라 한다)이 그 허가받은 자의 지위를 승계한다. 이 경우 양수인등은 제13조제2항 각 호의 어느 하나에 해당하여야 한다.
② 제1항에 따라 허가받은 자의 지위를 승계한 자는 총리령으로 정하는 바에 따라 1개월 이내에 식품의약품안전처장에게 신고하여야 한다.
(2018.12.11 본조신설)

제13조의4【행정제재처분 효과의 승계】 제13조의3에 따라 지위를 승계한 경우에 종전의 허가받은 자에 대한 행정제재처분의 효과는 그 처분이 있었던 날부터 1년간 양수인등에 승계되며, 행정제재처분의 절차가 진행 중일 때에는 양수인등에 대하여 행정제재처분의 절차를 속행(續行)할 수 있다. 다만, 양수인등이 지위를 승계할 때에 그 처분 또는 위반 사실을 알지 못한 경우에는 그러하지 아니하다.(2018.12.11 본조신설)

제14조【조직은행 허가의 유효기간 등】 ① 제13조에 따른 조직은행 허가의 유효기간은 허가받은 날부터 3년으로 한다.
② 제1항에 따른 유효기간이 만료된 후 계속하여 조직은행을 운영하려는 자는 식품의약품안전처장에게 갱신허가를 받아야 한다.
③ 식품의약품안전처장은 조직은행이 허가 갱신 이전 3년간 조직의 채취·저장·처리·수입·보관 또는 분배 실적이 없으면 갱신허가를 하지 아니할 수 있다.
(2018.12.11 본항신설)
④ 식품의약품안전처장은 제2항에 따른 갱신허가 신청을 받은 날부터 총리령으로 정하는 기간 내에 갱신허가 여부를 신청인에게 통지하여야 한다.(2018.12.11 본항신설)
⑤ 식품의약품안전처장이 제4항에서 정한 기간 내에 갱신허가 여부 또는 민원 처리 관련 법령에 따른 처리기간의 연장을 신청인에게 통지하지 아니하면 그 기간(민원 처리 관련 법령에 따라 처리기간이 연장 또는 재연장된 경우에는 해당 처리기간을 말한다)이 끝난 날의 다음 날에 갱신허가를 한 것으로 본다.(2018.12.11 본항신설)
⑥ 제2항부터 제5항까지의 규정에 따른 갱신허가의 기준·절차 등에 관하여 필요한 사항은 대통령령으로 정한다.
(2018.12.11 본조개정)

제15조【조직은행의 준수사항】 ① 조직은행의 장은 조직관리 및 품질보증 등 조직의 안전을 위하여 총리령으로 정하는 사항을 준수하여야 한다.(2014.3.18 본항개정)
② 조직은행이 다른 조직은행과의 협력을 통하여 각각의 업무를 수행하는 경우 협력관계 및 계약관계를 명확히 하여야 한다. 다만, 조직 채취에 관한 업무는 총리령으로 정하는 바에 따라 다른 조직은행이나 의료기관의 시설을 이용할 수 있다.(2014.1.28 단서신설)
③ 조직은행이 다른 조직은행이나 조직이식의료기관에게 시술에 필요한 조직을 제공하는 경우에는 비영리원칙을 준수하여야 한다. 다만, 조직은행은 다음 각 호의 어느 하나에 해당하는 경비를 보건복지부령으로 정하는 바에 따라 다른 조직은행이나 조직이식의료기관에 요구할 수 있다.(2014.1.28 본문개정)
1. 기증·관리 및 이식 등에 소요된 경비
2. 비영리법인 또는 의료기관인 조직은행에서 생산한 조직이 아닌 경우에 소요된 경비
(2014.1.28 1호~2호신설)
④ 조직은행에 종사하는 조직 취급관련 의료인 그 밖의 종사자로서 총리령이 정하는 자는 총리령이 정하는 소정의 교육을 받아야 한다.(2013.3.23 본항개정)
⑤ 조직은행의 장은 제4항에 따라 해당 조직은행의 교육대상자가 교육을 받도록 하여야 한다.(2014.3.18 본항신설)
⑥ 조직의 제공절차, 조직의 보관규모, 관리책임자 및 관리현황의 보고 그 밖의 필요한 사항은 총리령으로 정한다.(2013.3.23 본항개정)
⑦ 조직은행의 장은 이식이 가능하도록 처리 과정이 완료된 조직의 최종 용기나 포장을 총리령으로 정하는 바에 따라 봉함하여야 하며, 봉함된 용기나 포장을 개봉 또는 재포장하여 조직을 분배하여서는 아니 된다.
(2014.3.18 본항신설)

제15조의2【조직의 표시 및 기재 사항】 조직은행의 장은 조직의 용기나 포장에 다음 각 호에 해당하는 사항을 적어야 한다. 다만, 총리령으로 정하는 바에 따라 일정 용기나 포장에는 다음 각 호에 해당하는 사항 중 그 일부만을 적을 수 있다.
1. 조직은행(수입한 조직의 경우에는 수출국 제조원을 포함한다)의 명칭과 소재지
2. 조직의 명칭 및 세부 명칭
3. 조직의 제조번호와 사용기한
4. 조직의 크기, 중량 및 치수
5. 조직의 보관방법
6. "인체조직"이라는 문자
7. 그 밖에 총리령으로 정하는 사항
(2014.3.18 본조신설)

제15조의3【첨부문서 기재사항】 조직은행의 장은 다음 각 호에 해당하는 사항을 적어 조직의 용기나 포장에 첨부하여야 한다. 다만, 해당 조직은행이 속한 의료기관에 조직을 분배할 경우에는 생략할 수 있다.
1. 조직의 보관 및 사용 방법
2. 조직 채취 국가명
3. 조직기증자에 대한 검사의 결과
4. 포장 개봉 후 사용시간 제한 등의 사항
5. 개별 포장된 조직은 한 환자에게만 사용가능하다는 사항
6. 그 밖에 총리령으로 정하는 사항
(2014.3.18 본조신설)

제15조의4【기재상의 주의】 ① 제15조의2 및 제15조의3에 규정된 사항은 다른 문자, 기사, 그림 또는 도안보다 쉽게 볼 수 있는 부분에 총리령으로 정하는 바에 따라 한글로 적어야 하며, 필요한 경우 한자 등을 병기할 수 있다.
② 조직은행의 장은 용기나 포장 또는 첨부문서에 다음 각 호의 사항을 적어서는 아니 된다.
1. 해당 조직에 관하여 거짓이나 오해할 우려가 있는 사항
2. 정부기관 또는 특정 단체가 공인·추천·지도하거나 사용하고 있다는 사항이나 불법적으로 외국 상표·상호 등을 표시하는 사항
(2014.3.18 본조신설)

제16조【조직의 채취시 준수사항】 ① 조직을 채취하고자 하는 조직은행은 다음 각호의 사항을 준수하여야 한다.
1. 제7조 또는 제8조제1항·제2항의 규정에 의한 동의의 사실을 확인할 것
2. 본인 또는 동의권자에게 다음 각목의 사항을 충분히 설명할 것

가. 조직기증자의 혈액검사, 병력 및 투약이력의 조사 등에 관한 사항(2014.3.18 본목개정)
나. 조직의 채취수술의 내용
다. 조직기증후의 장례절차에 대한 사전 설명
라. 그 밖에 조직의 기증과 관련하여 사전에 알아두어야 할 사항
② 제1항의 규정에 의한 본인 또는 동의권자에 대한 설명시 준수하여야 할 세부절차·내용 그 밖의 필요한 사항은 보건복지부장관이 정한다.(2010.1.18 본항개정)
제16조의2【조직기증지원기관】 ① 보건복지부장관은 조직의 안정적 수급을 지원하기 위하여 다음 각 호의 업무를 수행하는 조직기증지원기관을 지정할 수 있다.
1. 조직은행, 의료기관 및 장기구득기관 등 관련 기관과 협력을 통한 잠재적 조직기증자 관리 및 조직기증자 발굴
2. 잠재적 조직기증자의 조직기증 적합성 판단을 위한 의무기록의 열람(이 경우 열람은 「의료법」 제2조의 의료인이 하여야 한다)
3. 조직기증자와 그 유족에 대한 관리 및 지원
(2016.2.4 1호~3호개정)
4. 조직기증에 관한 조사·연구 및 교육
5. 그 밖에 조직기증 활성화를 위하여 보건복지부령으로 정하는 업무
② 조직기증지원기관으로 지정받을 수 있는 기관은 다음 각 호와 같다.
1. 의료기관
2. 조직의 기증 및 이식에 관련된 사업을 주된 목적으로 설립된 비영리법인
③ 조직기증지원기관으로 지정받은 자가 지정받은 사항 중 보건복지부령으로 정하는 사항을 변경하려면 보건복지부장관에게 변경신고를 하여야 한다.
④ 조직기증지원기관으로 지정받으려는 자는 대통령령으로 정하는 시설 및 인력 등을 갖추어야 한다.
⑤ 조직기증지원기관은 심사평가원에 조직기증자에 대한 병력 및 투약이력의 조사를 요청할 수 있다. 이 경우 심사평가원은 정당한 사유가 없으면 이에 따라야 하며, 그 결과를 통보하여야 한다.(2014.3.18 본항신설)
⑥ 조직기증지원기관은 제5항에 따른 통보를 받은 경우에는 조직이 제9조 각 호의 어느 하나에 해당하는지 확인할 수 있다. 그 결과 조직기증자의 조직이 분배·이식에 부적합한 경우에는 본인 또는 가족·유족에게 통보하여야 한다.(2014.3.18 본항신설)
⑦ 조직기증지원기관은 조직기증자를 조직은행에 이송한 경우에는 해당 조직은행에 제6항에 따른 확인결과를 통보하여야 한다.(2018.12.11 본항개정)
⑧ 제5항부터 제7항까지에 따른 확인방법 및 절차 등에 필요한 사항은 제10조제7항을 준용한다.(2018.12.11 본항개정)
⑨ 의료기관의 장은 잠재적 조직기증자의 가족 또는 유족이 조직기증에 관한 정보 제공 및 상담을 신청한 경우 즉시 조직기증지원기관의 장에게 통보하여야 한다.
(2016.2.4 본항신설)
⑩ 조직기증지원기관의 장은 외국조직 정보 제공 및 상담을 위하여 필요한 경우 장기구득기관의 장에게 뇌사추정자 및 뇌사판정대상자의 이름, 성별, 생년월일과 입원한 의료기관명의 제공을 요청할 수 있다. 이 경우 장기구득기관의 장은 그 정보를 제공하여야 한다.(2016.2.4 본항신설)
⑪ 조직기증지원기관의 지정 절차 및 운영 등에 필요한 사항은 보건복지부령으로 정한다.
(2014.1.28 본조신설)
제16조의3【공공조직은행】 ① 보건복지부장관은 조직기증지원기관에서 발굴한 조직의 채취, 가공처리 및 분배 등 조직관리를 공익성, 비영리성의 원칙 아래 수행하기 위하여 공공조직은행을 지정하여 운영하여야 한다.
② 공공조직은행으로 지정받을 수 있는 자는 제13조제2항제1호 및 제2호에 해당하는 조직은행이다.
③ 공공조직은행은 뇌사자 및 사망자에 대한 조직 기증업무를 수행할 수 없다.
④ 공공조직은행의 장은 보건복지부령으로 정하는 재무·회계에 관한 기준에 따라 공공조직은행을 투명하게 운영하여야 한다.
⑤ 공공조직은행의 장은 조직관리 현황을 국립조직기증관리기관의 장에게 보고하여야 하며, 위원회는 정기적으로 공공조직은행의 조직 분배의 적정성에 대하여 심의하여야 한다.
⑥ 공공조직은행의 지정 절차, 준수사항 및 운영 등에 필요한 사항은 보건복지부령으로 정한다.
(2016.2.4 본조신설)
제17조【조직의 수입】 ① 조직은행외의 자는 조직을 수입하여서는 아니된다.
② 조직을 수입하려는 조직은행의 장은 총리령으로 정하는 바에 따라 조직마다 식품의약품안전처장의 승인을 받아야 한다. 승인받은 사항을 변경하려는 경우에도 같다.
(2014.1.28 본항개정)
③ 식품의약품안전처장은 외국에서 수입되는 조직의 안전성 확보 등을 위하여 총리령으로 정하는 바에 따라 해당 조직을 처리한 기관·법인·단체 등 수출국 제조원에 대한 실태조사를 할 수 있다. 이 경우 식품의약품안전처장은 수출국 제조원이 실태조사를 정당한 사유 없이 거부하거나 실태조사 결과 수입 조직으로 인한 위해발생의 우려가 있는 경우에는 총리령으로 정하는 바에 따라 해당 수출국 제조원의 조직에 대하여 수입중단 조치를 할 수 있다.(2018.12.11 후단신설)
④ 조직을 수입하는 조직은행의 장은 조직별로 총리령으로 정하는 사항이 기록된 수입 조직 관리현황 자료를 작성하고 이를 비치하여야 한다.(2014.1.28 본항신설)
제17조의2【수출국 제조원의 등록】 ① 조직은행의 장은 제17조제2항 전단에 따른 승인을 받은 후 그 승인받은 조직을 수입하려면 해당 조직의 수출국 제조원을 총리령으로 정하는 바에 따라 식품의약품안전처장에게 등록하여야 한다.
② 조직은행의 장은 제1항에 따라 등록한 사항을 변경하려는 경우에는 총리령으로 정하는 바에 따라 식품의약품안전처장에게 변경등록을 하여야 한다.
③ 제1항 및 제2항에서 규정한 사항 외에 등록 및 변경등록의 절차와 방법 등에 필요한 사항은 총리령으로 정한다.
(2018.12.11 본조신설)
제18조【해부 또는 검시의 우선】 형사소송법 또는 검역법에 의하여 해부 또는 검시를 하여야 하는 경우에는 그 해부 또는 검시전에 조직의 이식을 위한 조직의 채취를 할 수 없다. 다만, 진료를 담당한 의료인이 채취할 조직과 사망의 원인간에 상관관계가 없고 해부 또는 검시를 기다려서는 채취할 시기를 상실할 우려가 있다고 판단하는 경우에는 관할 지방검찰청 또는 지방검찰지청의 검사, 관할 검역소장의 승인과 유족의 동의를 얻어 조직을 채취할 수 있다.
제19조【기록의 작성 및 보고 등】 ① 조직은행은 연 1회 총리령이 정하는 바에 의하여 조직의 기증·관리 및 이식에 관한 사항을 작성하고 식품의약품안전처장에게 보고하여야 한다.
② 조직이식의료기관은 이식 결과를 총리령이 정하는 바에 의하여 조직은행에 통보하여야 한다. 이를 통보받은 조직은행은 제1항의 규정에 의한 보고시 이를 포함하여 보고하여야 한다.
③ 조직은행 및 조직이식의료기관은 총리령으로 정하는 바에 따라 각 조직마다 분배부터 이식까지 조사·기록하는 추적조사를 실시하고, 그 결과 및 부작용 등을 식품의약품안전처장에게 보고하여야 한다.(2014.3.18 본항개정)
(2013.3.23 본조개정)
제20조【기록의 보존】 조직은행 및 조직이식의료기관의 장은 조직의 기증·관리 및 이식 등에 관한 기록을 보건복지부장관이 정하는 바에 따라 10년간 보존하여야 한다.(2010.1.18 본조개정)
제21조【기록의 열람 등】 조직은행의 장은 조직을 기증한 자나 그 유족이 당해 조직의 채취 또는 이식에 관한 기록의 열람 또는 사본의 교부를 요구하는 경우에 조직기증 제반에 관한 기록 또는 이식에 관한 기록을 열람시키거나 사본을 교부하여야 한다. 다만, 진료를 담당한 의료인이 그 기록의 내용을 조직을 기증하거나 이식받은 자가 알게 되는 경우 그의 치료 또는 회복에 현저한 지장을 초래할 우려가 있다고 판단하는 때에는 이를 거부할 수 있다.
제22조【비밀의 유지】 ① 등록기관·조직기증지원기관·조직은행·조직이식의료기관 또는 조직의 기증·관리 및 이식 관련업무에 종사하는 자로서 대통령령이 정하는 자는 이 법에 특별히 규정한 경우를 제외하고는 당해 조직기증자 등의 조직 채취·이식과 관련된 업무를 담당하는 자외의 자에게 다음 각호의 1에 해당하는 사항을 알려주어서는 아니된다.(2014.1.28 본문개정)
1. 조직기증자와 채취한 조직에 관한 사항, 조직기증자의 병력 및 투약이력의 조사결과에 관한 사항, 조직기증자 및 잠재적 조직기증자의 의무기록에 관한 사항, 장기구득기관에서 연계받은 뇌사추정자 및 뇌사판정대상자에 관한 사항(2016.2.4 본호개정)
2. 이식대상자와 이식된 조직에 관한 사항
3. 조직 기증희망자에 관한 사항
② 다음 각호의 1에 해당하는 경우에는 제1항의 규정을 적용하지 아니한다.
1. 범죄수사를 위한 수사기관이 조직 등의 채취 또는 이식과 관련된 자료를 요청한 경우
2. 재판과 관련되어 법관이 조직 등의 채취 또는 이식과 관련된 자료를 요청한 경우
3. 「장기등 이식에 관한 법률」에 따라 장기등 기증을 목적으로 요청한 경우(2014.1.28 본호신설)

제3장 감 독

제23조【보고·조사 등】 ① 보건복지부장관, 식품의약품안전처장 또는 국립조직기증관리기관의 장은 조직의 기증·관리 및 이식 등과 관련하여 필요하다고 인정하는 경우에는 등록기관·조직기증지원기관·조직은행·조직이식의료기관의 장 및 그 종사자에 대하여 그 업무에 관하여 필요한 명령을 하거나 보고 또는 관계서류의 제출을 명할 수 있다.
② 보건복지부장관, 식품의약품안전처장 또는 국립조직기증관리기관의 장은 제1항에 따른 등록기관·조직기증지원기관·조직은행·조직이식의료기관의 관계 서류 등에 대하여 대통령령으로 정하는 바에 따라 관계공무원으로 하여금 조사하게 할 수 있다. 이 경우 조사를 담당하는 관계공무원은 그 권한을 표시하는 증표를 지니고 이를 관계인에게 내보여야 한다.
③ 등록기관·조직기증지원기관·조직은행 또는 조직이식의료기관의 장 및 그 종사자는 정당한 사유가 없는 한 제1항 및 제2항의 규정에 의한 명령 또는 조사에 응하여야 한다.
(2014.1.28 본조개정)
제24조【시정명령】 보건복지부장관, 식품의약품안전처장 또는 국립조직기증관리기관의 장은 등록기관·조직기증지원기관·조직은행 또는 조직이식의료기관의 장 및 그 종사자가 다음 각호의 1에 해당하는 경우에는 해당 기관의 장에게 일정한 기간을 정하여 위반사항의 시정을 명할 수 있다.(2014.1.28 본문개정)
1. 제7조의2제2항에 따른 통보를 하지 아니한 경우
2. 제15조제3항에 따른 조직은행의 준수사항을 지키지 아니한 경우
(2014.1.28 1호~2호신설)
3. 제19조의 규정에 의한 보고를 하지 아니한 경우
4. 제20조의 규정에 의한 기록을 보존하지 아니한 경우
제24조의2【회수·폐기 명령 등】 ① 식품의약품안전처장은 국민보건에 위해를 주었거나 줄 염려가 있는 조직을 처리 또는 수입하여 분배한 조직은행 또는 조직이식의료기관에 대하여 조직의 사용을 중지하거나 그 밖의 필요한 조치를 명할 수 있다.
② 식품의약품안전처장은 조직으로 인하여 공중위생상 위해가 발생하였거나 발생할 우려가 있다고 인정하면 조직은행 또는 조직이식의료기관에 대하여 보관 중인 조직을 회수·폐기하게 하거나 그 밖의 필요한 조치를 명할 수 있다.
③ 식품의약품안전처장은 제1항 또는 제2항에 따른 명령을 받은 자가 그 명령을 이행하지 아니하거나 공중위생을 위하여 긴급한 때에는 관계 공무원에게 해당 조직을 폐기하게 하거나 그 밖의 필요한 처분을 하게 할 수 있다.
④ 제2항 및 제3항에 따른 조직의 회수·폐기와 그 밖의 조치 등에 필요한 사항은 총리령으로 정한다.
(2014.3.18 본조신설)
제25조【허가 등의 취소 등】 ① 식품의약품안전처장은 조직은행이 다음 각 호의 어느 하나에 해당하는 경우에는 그 허가를 취소하거나 총리령이 정하는 바에 따라 1년 이내의 기간을 정하여 그 업무의 전부 또는 일부의 정지를 명할 수 있다. 다만, 보건복지부장관은 제6호 및 제7호의 경우에 대하여 식품의약품안전처장에게 허가 취소 또는 1년 이내의 기간을 정하여 그 업무의 전부 또는 일부의 정지를 명하도록 요청할 수 있다.(2018.12.11 본문개정)
1. 제10조제1항을 위반하여 이식의 적합성 여부를 검사하지 아니한 경우 또는 분배·이식에 부적합한 조직을 폐기처분하지 아니하거나 보고하지 아니한 경우
(2018.12.11 본호신설)
1의2. 제10조제3항 전단 또는 같은 조 제5항을 위반하여 조직기증자의 병력 및 투약이력의 조사를 요청하여 그 결과를 확인하지 아니하거나 분배·이식에 부적합한 조직을 폐기하지 아니한 경우(2018.12.11 본호개정)
1의3. 제10조제6항을 위반하여 조직의 사용 및 수급 현황을 보고하지 아니한 경우(2018.12.11 본호신설)
2. 제13조제1항 전단의 규정에 의한 시설·장비·인력·품질관리체계 등을 갖추지 아니하게 된 경우
(2018.12.11 본호개정)
2의2. 제13조제1항 후단에 따른 중요 사항의 변경허가를 받지 아니한 경우(2018.12.11 본호신설)
2의3. 거짓이나 그 밖의 부정한 방법으로 제13조제1항, 제14조제2항 또는 제17조제2항에 따른 허가·변경허가, 갱신허가 또는 승인·변경승인을 받은 경우
(2021.8.17 본호신설)
3. 제13조의2를 위반한 경우(2014.3.18 본호신설)
4. 제15조 및 제15조의2부터 제15조의4까지를 위반한 경우(2014.3.18 본호신설)
5. 제16조제1항에 따른 조직 채취 시 준수사항을 지키지 아니한 경우(2014.1.28 본호신설)
5의2. 제17조의2를 위반하여 등록 또는 변경등록을 하지 아니한 경우(2018.12.11 본호신설)
6. 제23조제1항의 규정에 의한 명령을 이행하지 아니하거나 동조제2항의 규정에 의한 조사에 불응한 경우
7. 제24조의 규정에 의한 시정명령을 이행하지 아니한 경우
8. 제24조의2제1항 또는 제2항에 따른 명령을 이행하지 아니한 경우(2016.2.4 본호신설)
② 보건복지부장관은 등록기관 또는 조직기증지원기관이 다음 각 호의 어느 하나에 해당하는 경우에는 그 지정을 취소하거나 보건복지부령으로 정하는 바에 따라 1년 이내의 기간을 정하여 그 업무의 전부 또는 일부의 정지를 명할 수 있다.
1. 제7조의3제1항 또는 제16조의2제4항에 따른 시설·인력 등의 기준에 적합하지 아니하게 된 경우
2. 제16조의2제6항 후단 또는 같은 조 제7항을 위반하여 필요한 조치를 취하지 아니한 경우(2014.3.18 본호신설)
3. 제23조제1항에 따른 명령을 이행하지 아니하거나 같은 조 제2항에 따른 조사에 불응한 경우
4. 제24조에 따른 시정명령을 이행하지 아니한 경우
(2014.1.28 본항개정)
③ 보건복지부장관 또는 식품의약품안전처장은 등록기관, 조직기증지원기관 또는 조직은행이 제1항 및 제2항에 따른 업무의 정지명령을 위반하여 업무를 한 때에는 그 허가 또는 지정을 취소할 수 있다.(2014.1.28 본항개정)
④ 제1항부터 제3항까지의 규정에 따라 허가 또는 지정이 취소된 등록기관, 조직기증지원기관 또는 조직은행은 그 허가 또는 지정이 취소된 날부터 1년 이내에 등록기관, 조직기증지원기관 또는 조직은행으로 허가 또는 지정을 받을 수 없다.(2014.1.28 본항개정)

⑤ 제1항의 규정에 의한 행정처분의 세부기준은 그 위반행위의 유형과 위반의 정도 등을 고려하여 총리령으로 정한다.(2013.3.23 본항개정)
⑥ 제2항에 따른 행정처분의 세부기준은 그 위반 행위의 유형과 위반의 정도 등을 고려하여 보건복지부령으로 정한다.(2014.1.28 본항신설)
(2014.1.28 본조제목개정)

제26조【폐업 등의 신고 및 자료이관】 ① 조직은행이 폐업하고자 할 경우 총리령으로 정하는 바에 따라 식품의약품안전처장에게 신고하여야 한다.(2018.12.11 본항개정)
② 등록기관 또는 조직기증지원기관이 폐업하려 하거나 조직기증자·조직기증희망자의 등록업무 또는 조직기증자 발굴업무를 끝내려고 하는 경우에는 보건복지부령으로 정하는 바에 따라 보건복지부장관에게 신고하여야 한다.(2014.1.28 본항신설)
③ 제1항의 규정에 의하여 폐업하거나 제25조의 규정에 의하여 허가가 취소된 조직은행의 장은 대통령령이 정하는 바에 따라 제20조에 따른 기록을 식품의약품안전처장에게 이관하거나, 보관 중인 조직의 처리 계획 및 처리 결과에 관한 자료를 제출하여야 한다.(2018.12.11 본항개정)
④ 제2항에 따라 폐업하거나 업무를 끝내려는 등록기관·조직기증지원기관의 장 또는 제25조에 따라 지정이 취소된 등록기관·조직기증지원기관의 장은 대통령령으로 정하는 바에 따라 관련 자료를 보건복지부장관에게 이관하여야 한다.(2014.1.28 본항신설)

제26조의2【인체조직감시원】 ① 제23조제2항 및 제24조의2제3항에 따른 관계 공무원의 직무를 집행하게 하기 위하여 보건복지부 및 식품의약품안전처에 인체조직감시원을 둔다.
② 인체조직감시원은 보건복지부 또는 식품의약품안전처 공무원 중에서 보건복지부장관 또는 식품의약품안전처장이 각각 임명한다.
③ 인체조직감시원의 자격, 직무범위, 임명절차 및 그 밖에 필요한 사항은 보건복지부장관과 협의하여 총리령으로 정한다.
(2018.12.11 본조신설)

제4장 보 칙

제27조【조직기증 지원사업 등】 ① 국가와 지방자치단체는 조직의 기증과 이식을 활성화하기 위하여 예산의 범위에서 다음 각 호의 사업을 한다.
1. 조직기증자에 대한 지원 정책의 마련 및 추진
2. 조직의 기증·이식에 대한 홍보 지원
3. 조직기증희망자 표시(국가와 지방자치단체가 발행하는 운전면허증 등 증명서에 표시하는 것으로서 제7조의2제1항에 따라 조직기증희망자로 등록한 자 중 원하는 자에 한정한다)

② 국가와 지방자치단체는 등록기관, 조직기증지원기관, 조직은행 또는 조직기증자에게 예산의 범위에서 필요한 지원을 할 수 있다.
③ 국가는 조직의 기증·관리 및 이식 등과 관련된 정보를 관리하는 전산망시스템을 구축·관리할 수 있다.
④ 제3항에 따른 전산망시스템의 구축·관리주체 및 운영 등에 필요한 사항은 대통령령으로 정한다.
(2014.1.28 본조개정)

제27조의2【국제협력】 식품의약품안전처장은 조직의 안전, 품질관리 등을 위하여 국제기구, 관련 국가와 협약을 체결하는 등 국제협력에 노력하여야 한다.(2018.12.11 본조신설)

제28조【권한의 위임】 보건복지부장관 또는 식품의약품안전처장은 이 법에 의한 권한의 일부를 대통령령이 정하는 바에 의하여 소속기관의 장, 특별시장·광역시장·특별자치시장·도지사·특별자치도지사 또는 시장·군수·구청장(자치구의 구청장을 말한다. 이하 같다)에게 위임할 수 있다.(2013.3.23 본조개정)

제29조【협조의무】 ① 보건복지부장관, 식품의약품안전처장, 국립조직기증관리기관의 장, 조직기증지원기관의 장 또는 조직은행의 장은 조직기증자 발굴 또는 조직은 조직을 안전하고 신속하게 채취·운반하거나 이식하기 위하여 필요한 조치를 관계기관의 장에게 요청할 수 있다. 이 경우 관계기관의 장은 정당한 사유가 없는 한 이에 응하여야 한다.(2014.1.28 전단개정)
② 조직은행의 장은 제10조제3항에 따른 조직기증자의 병력 및 투약이력 조사 결과가 조직기증자의 병력을 확인한 다른 자료와 일치하지 아니하는 등 추가 확인이 필요한 경우에는 식품의약품안전처장에게 병력 및 투약이력이 조사된 관련 자료를 요청할 수 있다.(2018.12.11 본항신설)
③ 식품의약품안전처장은 제2항에 따른 요청을 받은 경우 「국민건강보험법」 제42조제1항에 따른 요양기관에 조직기증자의 병력 및 투약이력에 관한 자료를 요청할 수 있다. 이 경우 요청받은 요양기관의 장은 정당한 사유가 없으면 이에 따라야 한다.(2018.12.11 본항신설)

제29조의2【동일명칭의 사용금지 등】 ① 이 법에 따른 조직은행이 아닌 자는 그 상호 중에 조직은행이라는 명칭을 사용하여서는 아니 된다.
② 이 법에 따른 조직은행이 아닌 자는 조직은행으로 허가받은 것으로 오인할 수 있는 표시나 광고를 하여서는 아니 된다.
(2018.12.11 본조신설)

제29조의3【자료 요구】 국립조직기증관리기관 또는 조직기증지원기관의 장은 제7조에 따른 조직 기증에 관한 동의 확인, 제7조의2제1항 단서에 따른 조직기증자가 뇌사자 또는 사망한 사람인 경우 가족 또는 유족 확인, 제8조에 따른 조직채취에 관한 동의 확인을 위하여 필요한 경우 「가족관계의 등록 등에 관한 법률」 제3조에 따른 시·읍·면의 장에게 같은 법 제15조에 따른 증명서의 교부를 신청할 수 있고, 법원행정처장에게 같은 법 제11조제4항에 따른 전산정보자료를 요청할 수 있다. 이 경우 신청 또는 요청을 받은 자는 정당한 사유가 없으면 이에 따라야 하며, 국립조직기증관리기관 또는 조직기증지원기관의 장에게 제공하는 자료에 대하여는 사용료 또는 수수료 등을 면제한다.(2024.1.23 본조신설)

제30조【청문】 보건복지부장관 또는 식품의약품안전처장은 제25조 규정에 의한 취소처분을 하고자 하는 때에는 청문을 실시하여야 한다.(2014.1.28 본조개정)

제31조【비용의 부담 등】 ① 조직의 채취 및 이식에 소요되는 비용은 해당 조직을 이식받은 자가 부담한다. 다만, 이식받은 자가 부담하는 비용에 대하여 다른 법령이 따로 정하는 경우에는 당해 법령이 정하는 바에 의한다.
② 제1항의 규정에 의한 비용의 산출은 국민건강보험법이 정하는 바에 의한다. 다만, 국민건강보험법이 규정하지 아니한 비용의 산출은 보건복지부령이 정하는 바에 의한다.(2010.1.18 단서개정)

제5장 벌 칙

제32조【벌칙】 제9조의 규정을 위반하여 같은 조 각 호(제6호는 제외한다)에 해당하는 조직을 다른 사람에게 이식할 목적으로 분배 또는 이식한 자는 무기징역 또는 2년 이상의 유기징역에 처한다.(2014.3.18 본조개정)

제33조【벌칙】 ① 금전 등을 주고받거나 주고받을 것을 약속하고 제5조제1항제1호 또는 제3호의 규정을 위반한 자는 7년 이하의 징역에 처한다.
② 금전 등을 주고받거나 주고받을 것을 약속하고 제5조제1항제2호의 규정을 위반한 자는 5년 이하의 징역 또는 5천만원 이하의 벌금에 처하거나 이를 병과할 수 있다.(2018.12.11 본항개정)
③ 다음 각 호의 어느 하나에 해당하는 자는 5년 이하의 징역 또는 5천만원 이하의 벌금에 처한다.(2018.12.11 본문개정)
1. 제8조제1항·제2항에 따른 동의를 받지 아니하고 조직을 채취한 자
2. 제13조제1항에 따른 허가를 받지 아니하고 조직은행을 설립한 자
2의2. 거짓이나 그 밖의 부정한 방법으로 제13조제1항 또는 제14조제2항에 따른 허가·변경허가 또는 갱신허가를 받은 자(2021.8.17 본호신설)
3. 제17조제1항을 위반하여 조직을 수입한 자

(2014.3.18 본항개정)
④ 제1항 또는 제2항의 규정을 위반하여 주고받은 금전 또는 재산상의 이익 그 밖의 반대급부는 이를 몰수한다. 다만, 이에 대한 몰수가 불가능할 때에는 그 가액을 추징한다.

제34조【벌칙】 다음 각 호의 어느 하나에 해당하는 자는 2년 이하의 징역 또는 2천만원 이하의 벌금에 처한다.(2018.12.11 본문개정)
1. 제5조제2항의 규정을 위반하여 조직을 관리하거나 이식한 자
2. 제7조의3제1항 또는 제16조의2제1항·제3항을 위반하여 거짓 또는 그 밖의 부정한 방법으로 지정을 받거나 변경신고를 하지 아니하고 변경을 한 자(2014.1.28 본호신설)
2의2. 제9조제6호에 해당하는 조직을 다른 사람에게 이식할 목적으로 분배 또는 이식한 자(2018.12.11 본호신설)
2의3. 제10조제1항을 위반하여 이식의 적합성 여부를 검사하지 아니하거나 분배·이식에 부적합한 조직을 폐기처분 또는 보고하지 아니한 자(2018.12.11 본호신설)
3. 제10조제3항 전단 또는 같은 조 제5항을 위반하여 조직기증자에 대한 병력 및 투약이력의 조사를 요청 또는 확인을 하지 아니하거나 거짓으로 확인한 자
4. 제10조제5항을 위반하여 부적합한 조직을 폐기처분하지 아니하거나 보고하지 아니한 자

(2018.12.11 3호~4호개정)
5. 제16조의2제1항제2호 단서를 위반하여 의료인이 아닌 자가 의무기록을 열람한 경우(2016.2.4 본호신설)
6. 제16조의2제6항 후단 또는 같은 조 제7항을 위반하여 필요한 조치를 취하지 아니한 자(2014.3.18 본호신설)
7. 조직은행의 장으로서 제17조제2항을 위반하여 승인을 받지 아니하거나 변경 승인을 받지 아니하고 조직을 수입한 자(2014.1.28 본호개정)
7의2. 거짓이나 그 밖의 부정한 방법으로 제17조제2항에 따른 승인 또는 변경승인을 받은 자(2021.8.17 본호신설)
8. 제22조의 규정을 위반하여 조직기증자와 채취한 조직에 관한 사항 등을 알려준 자
9. 제24조의2제1항 또는 제2항에 따른 명령을 이행하지 아니한 자(2016.2.4 본호신설)
10. 제29조의2를 위반하여 상호 중에 조직은행이라는 명칭을 사용하거나 조직은행으로 허가받은 것으로 오인할 수 있는 표시나 광고를 한 자(2018.12.11 본호신설)

제35조【자격정지의 병과】 이 법에 위반한 자를 유기징역에 처할 경우에는 10년 이하의 자격정지를 병과할 수 있다.

제36조【양벌규정】 법인의 대표자나 법인 또는 개인의 대리인·사용인 그 밖의 종업원이 그 법인 또는 개인의 업무에 관하여 제33조제2항·제3항 또는 제34조의 위반행위를 하면 그 행위자를 벌하는 외에 그 법인 또는 개인에 대하여도 각 해당 조문의 벌금형을 과(科)한다. 다만, 법인 또는 개인이 그 위반행위를 방지하기 위하여 해당 업무에 관하여 상당한 주의와 감독을 게을리하지 아니한 경우에는 그러하지 아니하다.(2014.1.28 본문개정)

제37조【과태료】 ① 다음 각 호의 어느 하나에 해당하는 자는 500만원 이하의 과태료에 처한다.(2018.12.11 본문개정)
1. 제16조제1항의 규정을 위반하여 동의사실을 확인하지 아니하거나 충분한 설명을 하지 아니한 자
2. 제18조 본문의 규정을 위반하여 조직을 채취한 자

② 다음 각 호의 어느 하나에 해당하는 자는 300만원 이하의 과태료에 처한다.(2018.12.11 본문개정)
1. 제13조의3제2항에 따른 지위승계 신고를 하지 아니한 자(2018.12.11 본호신설)
1의2. 제14조제2항에 따른 갱신허가를 받지 아니한 조직은행의 장(2018.12.11 본호개정)
2. 제15조제5항을 위반하여 교육 대상자가 교육을 받지 아니한 조직은행의 장(2014.3.18 본호신설)
2의2. 제17조제4항을 위반하여 자료 작성 및 비치를 하지 아니한 자(2016.2.4 본호신설)
3. 제19조의 규정을 위반하여 작성·보고 또는 통보하지 아니한 자(2018.12.11 본호개정)
4. 제20조의 규정을 위반하여 기록을 보존하지 아니한 자
5. 제21조 본문의 규정을 위반하여 기록의 열람 또는 사본의 교부요구에 응하지 아니한 자
6. 제23조제1항의 규정에 의한 명령을 이행하지 아니한 자
7. 제24조의 규정에 의한 명령을 이행하지 아니한 자
8. 제26조의 규정을 위반하여 신고를 하지 아니한 자 또는 기록을 이관하지 아니하거나 자료를 제출하지 아니한 자(2018.12.11 본호개정)

③ 제1항 및 제2항에 따른 과태료는 대통령령으로 정하는 바에 따라 보건복지부장관, 식품의약품안전처장, 그 소속기관의 장, 특별시장·광역시장·특별자치시장·도지사·특별자치도지사 또는 시장·군수·구청장이 부과·징수한다.(2013.3.23 본항신설)

제38조 (2013.3.23 삭제)

부 칙 (2016.2.4)

제1조【시행일】 이 법은 공포 후 3개월이 경과한 날부터 시행한다. 다만, 제25조제1항제8호 및 제34조제9호의 개정규정은 공포한 날부터 시행한다.

제2조【허가의 취소 등에 관한 적용례】 ① 제25조제1항제8호 및 제34조제9호의 개정규정은 같은 개정규정 시행 이후 조직은행이 제24조의2제1항 또는 제2항에 따른 명령을 받는 경우부터 적용한다.
② 제37조제2항제2호의2의 개정규정은 이 법 시행 이후 조직은행이 조직을 수입하는 경우부터 적용한다.

부 칙 (2018.12.11)

제1조【시행일】 이 법은 공포 후 1년이 경과한 날부터 시행한다. 다만, 제3조제1호 및 제6호, 제13조제3항제1호, 제16조의2제7항, 제27조의2, 제33조제2항 및 같은 조 제3항 각 호 외의 부분, 제34조 각 호 외의 부분의 개정규정은 공포한 날부터 시행하고, 제6조의 개정규정은 공포 후 3개월이 경과한 날부터 시행하며, 제13조의3, 제13조의4, 제25조제1항제2호 및 제2호의2, 제37조제2항제1호의 개정규정은 공포 후 6개월이 경과한 날부터 시행한다.

제2조【인체조직안전관리자문위원회의 위원 구성에 관한 경과조치】 ① 제6조의 개정규정 시행 후 위원을 지명 또는 위촉할 당시 제6조제2항 각 호 외의 부분 후단의 개정규정을 충족하지 못하는 경우에는 해당 개정규정의 요건이 충족될 때까지는 공무원이 아닌 위원을 위촉하여야 한다.
② 인체조직안전관리자문위원회의 위원 구성에 관하여는 제1항에 따라 제6조제2항 각 호 외의 부분 후단의 개정규정을 충족할 때까지는 종전의 규정에 따른다.

제3조【조직은행 허가의 유효기간에 관한 경과조치】 이 법 시행 당시 종전의 규정에 따라 허가 또는 갱신허가를 받은 조직은행의 허가 유효기간은 제14조의 개정규정에도 불구하고 종전의 규정에 따라 허가 또는 갱신허가를 받은 날부터 3년으로 한다.

부 칙 (2021.8.17)

제1조【시행일】 이 법은 공포한 날부터 시행한다.

제2조【허가취소 등에 관한 적용례】 제25조제1항의 개정규정은 이 법 시행 전에 거짓이나 그 밖의 부정한 방법으로 허가·변경허가·갱신허가·승인·변경승인을 받은 경우에 대해서도 적용한다.

부 칙 (2024.1.23)

이 법은 공포한 날부터 시행한다.

장기등 이식에 관한 법률

(약칭 : 장기이식법)

(2010년 5월 31일 전부개정법률 제10334호)

개정
2011. 8. 4법11005호(의료법)
2013. 7.30법11976호 2017.10.24법14928호
2018.12.11법15900호 2019. 1.15법16256호
2020. 4. 7법17214호 2021.12.21법18623호
2023. 6.13법19459호→2023년 12월 14일 및 2025년 6월 14일 시행
2024. 1.23법20109호

제1장 총 칙

제1조【목적】 이 법은 장기등의 기증에 관한 사항과 사람의 장기등을 다른 사람의 장기등의 기능회복을 위하여 적출(摘出)하고 이식(移植)하는 데에 필요한 사항을 규정하여 장기등의 적출 및 이식을 적정하게 하고 국민보건을 향상시키는 데에 이바지하는 것을 목적으로 한다.

제2조【기본이념】 ① 장기등의 적출 및 이식은 인도적 정신에 따라 이루어져야 한다.
② 장기등을 기증하려는 사람이 자신의 장기등의 기증에 관하여 표시한 의사는 존중되어야 한다. 이 경우 장기등을 기증하려는 사람의 의사는 자발적인 것이어야 한다.
③ 장기등을 이식받을 기회는 장기등의 이식이 필요한 모든 사람에게 공평하게 주어져야 한다.
④ 장기등의 적출 및 이식은 윤리적으로 타당하고 의학적으로 인정된 방법으로 이루어져야 한다.

제3조【장기등기증자의 존중】 ① 장기등기증자의 이웃사랑과 희생정신은 언제나 존중되어야 한다.
② 누구든지 장기등 기증 등을 이유로 장기등기증자를 차별대우하여서는 아니 된다.
③ 국가 또는 지방자치단체는 제2항을 위반하여 장기등기증자에게 불이익을 주거나 차별대우를 한 것으로 인정되는 자에 대하여 시정을 요구할 수 있다.

제4조【정의】 이 법에서 사용하는 용어의 뜻은 다음과 같다.
1. "장기등"이란 사람의 내장이나 그 밖에 손상되거나 정지된 기능을 회복하기 위하여 이식이 필요한 조직으로서 다음 각 목의 어느 하나에 해당하는 것을 말한다.
 가. 신장ㆍ간장ㆍ췌장ㆍ심장ㆍ폐
 나. 말초혈(조혈모세포를 이식할 목적으로 채취하는 경우에 한정한다)ㆍ골수ㆍ안구(2020.4.7 본목개정)
 다. 뼈ㆍ피부ㆍ근육ㆍ신경ㆍ혈관 등으로 구성된 복합조직으로서의 손ㆍ팔 또는 발ㆍ다리
 라. 제8조제2항제4호에 따라 장기등이식윤리위원회의 심의를 거쳐 보건복지부장관이 결정ㆍ고시한 것 (2019.1.15 다목~라목신설)
 마. 그 밖에 사람의 내장 또는 조직 중 기능회복을 위하여 적출ㆍ이식할 수 있는 것으로서 대통령령으로 정하는 것
2. "장기등기증자"란 다른 사람의 장기등의 기능회복을 위하여 대가 없이 자신의 특정한 장기등을 제공하는 사람으로서 제14조에 따라 등록한 사람을 말한다.
3. "장기등기증희망자"란 본인이 장래에 뇌사 또는 사망할 때(말초혈 또는 골수의 경우에는 살아있을 때를 포함한다) 장기등을 기증하겠다는 의사표시를 한 사람으로서 제15조에 따라 등록한 사람을 말한다.(2020.4.7 본호개정)
4. "장기등이식대기자"란 자신의 장기등의 기능회복을 목적으로 다른 사람의 장기등을 이식받기 위하여 제14조에 따라 등록한 사람을 말한다.
5. "살아있는 사람"이란 사람 중에서 뇌사자를 제외한 사람을 말하고, "뇌사자"란 이 법에 따른 뇌사판정기준 및 뇌사판정절차에 따라 뇌 전체의 기능이 되살아날 수 없는 상태로 정지되었다고 판정된 사람을 말한다.
6. "가족" 또는 "유족"이란 살아있는 사람ㆍ뇌사자 또는 사망한 자의 다음 각 목의 어느 하나에 해당하는 사람을 말한다. 다만, 14세 미만인 사람은 제외한다.
 가. 배우자
 나. 직계비속
 다. 직계존속
 라. 형제자매
 마. 가목부터 라목까지에 해당하는 가족 또는 유족이 없는 경우에는 4촌 이내의 친족

제5조【적용범위】 이 법은 다른 사람의 장기등의 기능회복을 위하여 이식할 목적으로 살아있는 사람 등으로부터 적출ㆍ이식되는 장기등에 적용한다.

제6조【국가 및 지방자치단체의 의무】 ① 국가와 지방자치단체는 장기등의 이식이 필요한 모든 사람에게 이식받을 기회를 공평하게 보장하여야 하고, 장기등의 적출ㆍ이식이 적정하게 이루어지도록 하여야 한다.
② 국가와 지방자치단체는 장기등의 기증ㆍ이식을 활성화하기 위하여 예산의 범위에서 다음 각 호의 사업을 하여야 한다.
1. 운전면허증 등 국가와 지방자치단체가 발행하는 증명서에 장기등기증희망자임을 표시(제15조에 따라 장기등기증희망자로 등록한 사람 중 원하는 사람에 한정한다)
2. 장기등의 기증 및 이식에 대한 각종 교육ㆍ홍보 및 교육ㆍ홍보사업에 대한 지원(2021.12.21 본호개정)
3. 장기등기증희망자 및 장기등기증자에 대한 예우 및 지원정책의 마련 및 추진(2021.12.21 본호개정)
4. 의료인 및 의료기관 종사자를 대상으로 한 장기등의 기증ㆍ이식 관련 교육(2013.7.30 본호신설)
5. 제13조에 따른 장기이식등록기관의 확대 및 지원 (2021.12.21 본호신설)

제6조의2【생명나눔 주간 지정 및 공원 조성 등】 ① 장기등기증자의 이웃사랑과 희생정신을 기리고, 생명나눔문화를 확산하기 위하여 매년 9월 중 두 번째 월요일부터 1주간을 생명나눔 주간으로 한다.
② 국가와 지방자치단체는 생명나눔 주간의 취지에 적합한 기념행사를 실시할 수 있다.
③ 국가와 지방자치단체는 장기등기증자의 이웃사랑과 희생정신을 기리고, 생명나눔문화 확산을 위한 교육의 장으로 활용하기 위하여 공원을 조성하거나 조형물을 건립할 수 있다.
(2017.10.24 본조신설)

제7조【장기등의 매매행위 등 금지】 ① 누구든지 금전 또는 재산상의 이익, 그 밖의 반대급부를 주고 받거나 주고 받을 것을 약속하고 다음 각 호의 어느 하나에 해당하는 행위를 하여서는 아니 된다.
1. 다른 사람의 장기등을 제3자에게 주거나 제3자에게 주기 위하여 받는 행위 또는 이를 약속하는 행위
2. 자신의 장기등을 다른 사람에게 주거나 다른 사람의 장기등을 자신에게 이식하기 위하여 받는 행위 또는 이를 약속하는 행위
3. 제1호 또는 제2호의 행위를 교사ㆍ알선ㆍ방조하는 행위
② 누구든지 제1항제1호 또는 제2호의 행위를 교사ㆍ알선ㆍ방조하여서는 아니 된다.
③ 누구든지 제1항 또는 제2항을 위반하는 행위가 있음을 알게 된 경우에는 그 행위와 관련되는 장기등을 적출하거나 이식하여서는 아니 된다.

제7조의2【종합계획의 수립 등】 ① 보건복지부장관은 관계 중앙행정기관의 장과 협의하고, 제8조에 따른 장기등이식윤리위원회의 심의를 거쳐 장기등의 기증 및 이식에 관한 종합계획(이하 "종합계획"이라 한다)을 5년마다 수립ㆍ추진하여야 한다.
② 종합계획에는 다음 각 호의 사항이 포함되어야 한다.
1. 장기등의 기증 및 이식의 발전 방향 및 목표
2. 장기등의 기증 및 이식 관련 정보제공 및 교육
3. 장기기증 활성화를 위한 방안
4. 장기등의 기증 및 이식에 관한 조사ㆍ연구에 관한 사항
5. 그 밖에 제도적 확립을 위하여 필요한 사항
③ 보건복지부장관은 종합계획에 따라 매년 시행계획을 수립ㆍ시행하고 그 추진실적을 평가하여야 한다.
④ 보건복지부장관은 종합계획을 수립하거나 주요 사항을 변경한 경우 지체 없이 국회에 보고하여야 한다.
⑤ 그 밖에 제1항에 따른 종합계획의 수립ㆍ추진, 제3항에 따른 시행계획의 수립ㆍ시행 및 추진실적의 평가 등에 필요한 사항은 대통령령으로 정한다.
(2023.6.13 본조신설 : 2025.6.14 시행)

제2장 장기등이식윤리위원회 및 장기이식관리기관

제8조【장기등이식윤리위원회】 ① 장기등의 적출 및 이식과 뇌사판정 등에 관한 주요사항을 심의하기 위하여 보건복지부에 장기등이식윤리위원회(이하 "위원회"라 한다)를 둔다.(2019.1.15 본항개정)
② 위원회는 다음 각 호의 사항을 심의한다.
1. 뇌사판정 기준에 관한 사항
2. 장기등을 이식받을 사람(이하 "이식대상자"라 한다)의 선정기준에 관한 사항
3. 제13조제1항에 따른 장기이식등록기관, 제19조제1항에 따른 뇌사판정대상자관리전문기관, 제20조제1항에 따른 장기구득기관 및 제25조제1항에 따른 장기이식의료기관의 지정기준에 관한 사항
4. 장기등의 범위에 관한 사항(2019.1.15 본호신설)
4의2. 종합계획에 관한 사항(2023.6.13 본호신설 : 2025.6.14 시행)
5. 그 밖에 장기등의 적출 및 이식 등에 관하여 보건복지부장관이 회의에 부치는 사항

제9조【위원회의 구성과 운영】 ① 위원회는 위원장을 포함한 15명 이상 20명 이하의 위원으로 구성하고, 위원은 의사 또는 변호사 자격을 가진 사람, 판사, 검사, 공무원, 그 밖에 학식과 사회적 덕망이 풍부한 사람 중에서 보건복지부장관이 임명하거나 위촉한다. 이 경우 공무원이 아닌 위원이 전체 위원의 과반수가 되도록 하여야 한다. (2018.12.11 후단신설)
② 위원장은 위원 중에서 호선한다.
③ 위원회는 위원회를 효율적으로 운영하기 위하여 분야별로 전문위원회를 둘 수 있다.
④ 위원회와 전문위원회의 구성 및 운영 등에 관하여 필요한 사항은 대통령령으로 정한다.

제10조【국립장기이식관리기관】 ① 장기등의 이식에 관한 사항을 적정하게 관리하기 위하여 장기이식관리기관(이하 "국립장기이식관리기관"이라 한다)을 두되, 국립장기이식관리기관은 보건복지부 소속 기관 중에서 보건복지부령으로 정하는 기관으로 한다.
② 국립장기이식관리기관의 업무는 다음 각 호와 같다.
1. 이식대상자의 선정
2. 장기등기증희망자의 등록 및 관리, 장기등기증자 및 장기등이식대기자의 인적사항과 신체검사결과에 관한 자료의 관리
3. 제13조에 따른 장기이식등록기관, 제16조에 따른 뇌사판정기관, 제19조에 따른 뇌사판정대상자관리전문기관, 제20조에 따른 장기구득기관 및 제25조에 따른 장기이식의료기관에 대한 지도ㆍ감독
4. 장기등의 적출 및 이식에 관한 조사ㆍ연구, 정보ㆍ통계의 관리 및 홍보
4의2. 제32조의2에 따른 장기등기증자등과 장기등을 이식받은 사람 간 서신 교환 등 교류활동 지원 (2021.12.21 본호신설)
5. 그 밖에 장기등의 적출 및 이식에 관하여 대통령령으로 정하는 업무
③ 국립장기이식관리기관의 운영 등에 필요한 사항은 대통령령으로 정한다.

제3장 장기등의 적출 및 이식 등

제1절 통 칙

제11조【장기등의 적출ㆍ이식의 금지 등】 ① 다음 각 호의 어느 하나에 해당하는 장기등은 이를 적출하거나 이식하여서는 아니 된다.
1. 장기등을 이식하기에 적합하지 아니한 감염성병원체에 감염된 장기등
2. 암세포가 침범한 장기등
3. 그 밖에 이식대상자의 생명ㆍ신체에 위해를 가할 우려가 있는 것으로서 대통령령으로 정하는 장기등
② 이식대상자가 정하여지지 아니한 경우에는 장기등을 적출하여서는 아니 된다. 다만, 안구 등 상당한 기간이 지난 후에도 이식이 가능한 장기등으로서 대통령령으로 정하는 장기등의 경우에는 그러하지 아니하다.
③ 살아있는 사람으로서 다음 각 호의 어느 하나에 해당하는 사람의 장기등은 적출하여서는 아니 된다. 다만, 제1호에 해당하는 사람의 경우에는 말초혈과 골수에 한정하여 적출할 수 있다.(2020.4.7 단서개정)
1. 16세 미만인 사람
2. 임신한 여성 또는 해산한 날부터 3개월이 지나지 아니한 사람
3. 정신질환자ㆍ지적(知的)장애인. 다만, 정신건강의학과 전문의가 본인 동의 능력을 갖춘 것으로 인정하는 사람은 그러하지 아니하다.(2011.8.4 단서개정)
4. 마약ㆍ대마 또는 향정신성 의약품에 중독된 사람
④ 살아있는 사람으로서 16세 이상인 미성년자의 장기등(말초혈과 골수는 제외한다)은 배우자ㆍ직계존비속ㆍ형제자매 또는 4촌 이내의 친족에게 이식하는 경우가 아니면 적출할 수 없다.(2020.4.7 본항개정)
⑤ 살아있는 사람으로부터 적출할 수 있는 장기등은 다음 각 호의 것에 한정한다.
1. 신장은 정상인 것 2개 중 1개
2. 간장ㆍ말초혈ㆍ골수ㆍ폐 및 대통령령으로 정하는 장기등은 의학적으로 인정되는 범위에서 그 일부 (2020.4.7 본호개정)

제12조【장기등의 기증에 관한 동의】 ① 이 법에 따른 장기등기증자ㆍ장기등기증희망자 본인 및 가족ㆍ유족의 장기등의 기증에 관한 동의는 다음 각 호에 따른 것이어야 한다.
1. 본인의 동의 : 본인이 서명한 문서에 의한 동의 또는 「민법」의 유언에 관한 규정에 따른 유언의 방식으로 한 동의
2. 가족 또는 유족의 동의 : 제4조제6호 각 목에 따른 가족 또는 유족의 순서에 따른 선순위자 1명의 서면 동의. 다만, 선순위자 1명이 미성년자이면 그 미성년자와 미성년자가 아닌 다음 순서의 가족 또는 유족 1명이 함께 동의한 것이어야 하고, 선순위자가 행방불명이거나 그 밖에 대통령령으로 정하는 부득이한 사유로 동의를 할 수 없으면 그 다음 순위자가 동의할 수 있다.
② 제22조제3항제1호 단서에 따른 뇌사자 또는 사망한 자의 장기등의 적출에 관한 그 가족 또는 유족의 거부의 의사표시는 제4조제6호 각 목에 따른 가족 또는 유족의 순위에 따른 선순위자 1명이 하여야 한다.
③ 제1항제2호 및 제2항에 따른 선순위자 1명을 확정할 때 선순위자에 포함되는 사람이 2명 이상이면 그중 촌수ㆍ연장자순(촌수가 우선한다)에 따른 1명으로 한다.

제2절 장기등기증희망자ㆍ장기등기증자 및 장기등이식대기자의 등록

제13조【장기이식등록기관】 ① 장기등기증자, 장기등기증희망자, 장기등이식대기자의 등록에 관한 업무를 수행하려는 자는 대통령령으로 정하는 시설ㆍ인력 등을 갖추고 보건복지부장관으로부터 장기이식등록기관(이하 "등록기관"이라 한다)으로 지정받아야 한다. 이 경우 보건복지부장관은 대통령령으로 정하는 바에 따라 해당 등록기관이 등록받을 수 있는 장기등의 종류를 정하여 지정할 수 있다.
② 등록기관으로 지정받을 수 있는 자는 다음 각 호와 같다.
1. 국가 또는 지방자치단체

2. 「대한적십자사 조직법」에 따라 설립된 대한적십자사
3. 「의료법」 제3조에 따른 의료기관(이하 "의료기관"이라 한다)
4. 장기등의 기증 및 이식에 관련된 사업을 주된 목적으로 설립한 비영리법인
5. 「공공기관의 운영에 관한 법률」 제4조에 따른 공공기관(이하 "공공기관"이라 한다)

③ 등록기관의 업무는 다음 각 호와 같다. 다만, 장기등이식대기자의 등록에 관한 업무는 제25조에 따른 이식의료기관에서 수행한다.
1. 장기등기증희망자·장기등기증자 또는 장기등이식대기자의 접수 및 등록에 관한 업무
2. 장기등기증자 또는 장기등이식대기자로 등록하려는 사람의 신체검사에 관한 업무
3. 장기등기증희망자·장기등기증자 또는 장기등이식대기자의 접수·등록 결과를 국립장기이식관리기관에 통보하는 업무
4. 장기등의 기증 활성화를 위한 홍보 및 상담(2017.10.24 본호신설)
5. 그 밖에 제1항에 따른 접수·등록에 관하여 대통령령으로 정하는 업무

④ 등록에 관한 서식 및 보존에 관한 사항은 보건복지부령으로 정한다.

제14조 【장기등기증자 등의 등록】 ① 장기등기증자 또는 장기등이식대기자로 등록하려는 사람은 보건복지부령으로 정하는 바에 따라 등록기관에 등록을 신청하여야 한다. 다만, 장기등기증자가 뇌사자 또는 사망한 자의 경우에는 그 가족 또는 유족 중 1명이 등록을 신청할 수 있다.
② 등록기관의 장은 제1항에 따른 신청을 받으면 다음 각 호의 기준에 따라 등록 여부를 결정하여야 한다.
1. 장기등기증자의 경우 : 제12조 및 제22조에 따른 본인이나 가족 또는 유족의 동의 여부와 등록기관의 장이 실시하는 신체검사(등록기관이 의료기관이 아닌 경우에는 등록기관의 장이 지정하는 의료기관에서 실시하는 신체검사를 말한다. 이하 같다) 결과 장기등기증자로 적합한지 여부. 다만, 장기등기증자로 적합한지 확인할 수 있는 신체검사 결과가 있으면 신체검사를 생략할 수 있다.
2. 장기등이식대기자의 경우 : 등록기관의 장이 실시하는 신체검사 결과 장기등이식대기자로 적합한지 여부

③ 등록기관의 장은 제2항에 따라 등록을 결정하면 그 등록을 하고, 지체 없이 그 결과를 신청인 및 국립장기이식관리기관의 장에게 알려야 한다.
④ 제2항에 따른 신체검사의 항목 및 방법, 그 밖에 신체검사의 실시에 관하여 필요한 사항은 국립장기이식관리기관의 장이 보건복지부장관의 승인을 받아 정한다.
⑤ 등록기관의 장은 등록한 사람이 장기등의 기증 등에 관한 의사표시를 철회하면 즉시 그 등록을 말소하여야 한다.

제15조 【장기등기증희망자의 등록】 ① 본인이 뇌사 또는 사망할 때(말초혈 또는 골수를 기증하려는 사람의 경우에는 살아있을 때를 포함한다) 장기등을 기증하려는 사람은 보건복지부령으로 정하는 바에 따라 등록기관에 장기등기증희망등록신청을 할 수 있다.(2020.4.7 본항개정)
② 등록기관의 장은 제1항에 따라 장기등기증희망등록신청을 받은 경우에는 본인 동의 여부를 확인한 후 그 등록을 하고 지체 없이 그 결과를 신청인 및 국립장기이식관리기관의 장에게 알려야 한다.
③ 등록기관 중 국가, 지방자치단체 또는 공공기관은 보건복지부령으로 정하는 바에 따라 장기등기증희망자 등록에 관한 신청만을 접수하고, 그 밖의 장기등기증희망자 등록 및 사후관리 등에 관한 업무는 국립장기이식관리기관의 장이 수행하도록 할 수 있다.
④ 제3항에 따라 국립장기이식관리기관의 장이 장기등기증희망자의 등록 및 사후관리 등에 관한 업무를 수행하도록 하려는 경우 국가, 지방자치단체 및 공공기관은 신청 접수 결과를 보건복지부령으로 정하는 바에 따라 국립장기이식관리기관의 장에게 알려야 한다.
⑤ 국립장기이식관리기관의 장은 제4항에 따라 접수 결과를 통보받고 그 등록을 한 경우에는 지체 없이 등록결과를 신청인에게 알려야 한다.
⑥ 등록기관 또는 국립장기이식관리기관의 장은 제2항 및 제5항에 따라 등록한 사람이 장기등기증희망등록에 관한 의사표시를 철회하면 즉시 그 등록을 말소하여야 한다.

제3절 뇌사의 판정

제16조 【뇌사판정의료기관 및 뇌사판정위원회】 ① 장기등의 적출 및 이식을 위한 뇌사판정업무를 하려는 의료기관은 보건복지부령으로 정하는 바에 따라 국립장기이식관리기관의 장에게 알려야 한다.
② 뇌사판정업무를 하려는 의료기관은 제1항에 따른 통보 전까지 보건복지부령으로 정하는 시설·장비·인력 등을 갖추고, 해당 의료기관에 뇌사판정위원회를 설치하여야 한다.
③ 제2항에 따른 뇌사판정위원회는 대통령령으로 정하는 바에 따라 전문의사 2명 이상과 「의료법」 제2조제1항에 따른 의료인(이하 "의료인"이라 한다)이 아닌 위원 1명 이상을 포함한 4명 이상 6명 이하의 위원으로 구성한다.
④ 제1항에 따라 통보한 의료기관(이하 "뇌사판정기관"이라 한다)이 아니면 장기등의 적출 및 이식을 위한 뇌사판정업무를 할 수 없다. 다만, 뇌사판정기관이 아닌 의료기관에서 뇌사판정을 수행하고자 할 때는 제2항에 따른 뇌사판정위원회를 활용하여 업무를 수행할 수 있다.
⑤ 제4항 단서에 따라 뇌사판정기관이 아닌 의료기관에서 뇌사판정을 수행하기 위하여 제2항에 따른 뇌사판정위원회를 활용하는 경우 뇌사조사서 작성 및 뇌사판정서, 회의록 제출 등 뇌사판정 절차에 관한 구체적 사항은 대통령령으로 정한다.
⑥ 뇌사판정위원회의 운영 등에 관하여 필요한 사항은 대통령령으로 정한다.

제17조 【뇌사추정자의 신고 및 뇌사판정의 신청】 ① 뇌사로 추정되는 사람(이하 "뇌사추정자"라 한다)을 진료한 의료기관의 장은 제20조에 따른 장기구득기관의 장에게 알려야 하고, 통보를 받은 장기구득기관의 장은 국립장기이식관리기관의 장에게 그 사실을 신고하여야 한다.
② 뇌사추정자의 장기등을 기증하기 위하여 뇌사판정을 받으려는 사람은 보건복지부령으로 정하는 바에 따라 뇌사추정자의 검사기록 및 진료담당의사의 소견서를 첨부하여 뇌사판정기관의 장에게 뇌사판정 신청을 하여야 한다.
③ 제2항에 따라 뇌사판정을 신청할 수 있는 사람은 다음 각 호의 어느 하나에 해당하는 사람으로 한다.
1. 뇌사추정자의 가족
2. 뇌사추정자의 가족이 없는 경우에는 법정대리인 또는 진료담당의사. 이 경우 뇌사추정자가 제15조의 장기등기증희망자인 경우로 한정한다.

④ 제1항에 따라 통보하여야 하는 뇌사추정자의 기준 및 장기구득기관의 장이 국립장기이식관리기관의 장에게 신고하는 데 필요한 절차 및 방법 등은 보건복지부령으로 정한다.

제18조 【뇌사판정 등】 ① 뇌사판정기관의 장은 제17조제2항에 따른 뇌사판정 신청을 받으면 지체 없이 현장에 출동하여 뇌사판정 신청이 된 뇌사추정자(이하 "뇌사판정대상자"라 한다)의 상태를 파악한 후 보건복지부령으로 정하는 바에 따라 전문의사 2명 이상과 진료담당의사가 함께 작성한 뇌사조사서를 첨부하여 뇌사판정위원회에 뇌사판정을 요청하여야 한다.
② 제1항에 따라 뇌사판정의 요청을 받은 뇌사판정위원회는 전문의사인 위원 2명 이상과 의료인이 아닌 위원 1명 이상을 포함한 과반수의 출석과 출석위원 전원의 찬성으로 뇌사판정을 한다. 이 경우 뇌사판정의 기준은 대통령령으로 정한다.
③ 뇌사판정위원회는 뇌사판정을 위하여 필요하다고 인정하면 뇌사조사서를 작성한 전문의사와 진료담당의사를 뇌사판정위원회에 출석시켜 의견을 진술하게 할 수 있다.
④ 뇌사판정위원회는 제2항에 따라 뇌사판정을 한 경우에는 대통령령으로 정하는 바에 따라 출석위원 전원이 서명하거나 기명날인한 뇌사판정서 및 회의록을 작성하여 뇌사판정기관의 장에게 제출하여야 한다.
⑤ 뇌사판정기관의 장은 제4항에 따라 뇌사판정서 및 회의록을 제출받으면 그 사본과 보건복지부령으로 정하는 자료를 국립장기이식관리기관의 장에게 보내야 하고, 뇌사판정 신청자에게는 뇌사판정서 사본을 보내야 한다.

제19조 【뇌사판정대상자관리전문기관】 ① 국립장기이식관리기관의 장은 뇌사판정대상자에 대하여 장기등 기증, 뇌사판정, 장기등 적출·이식 등에 관한 일련의 업무를 통합하여 수행할 수 있는 뇌사판정대상자관리전문기관을 지정할 수 있다.
② 제1항에 따라 뇌사판정대상자관리전문기관으로 지정될 수 있는 기관은 다음 각 호의 요건을 모두 갖추어야 한다.
1. 제13조제1항에 따라 지정된 등록기관일 것
2. 제16조에 따라 통보된 뇌사판정기관일 것
3. 제25조에 따라 지정된 장기이식의료기관일 것
4. 보건복지부령으로 정하는 시설·장비 및 인력 등을 갖출 것

③ 뇌사판정대상자관리전문기관의 지정 절차·업무, 그 밖에 필요한 사항은 보건복지부령으로 정한다.

제20조 【장기구득기관】 ① 보건복지부장관은 뇌사추정자 및 뇌사판정대상자의 파악과 관리, 뇌사판정 및 장기적출 절차의 진행 지원, 장기등 기증 설득 및 장기등기증자와 그 유족에 대한 관리 및 지원 등의 업무를 수행하는 장기구득기관을 지정할 수 있다.(2023.6.13 본항개정)
② 장기구득기관으로 지정받을 수 있는 기관은 다음 각 호와 같다.
1. 의료기관
2. 장기등의 기증 및 이식에 관련된 사업을 주된 목적으로 설립된 비영리법인

③ 장기구득기관은 다음 각 호의 사항을 준수하여야 한다.
1. 뇌사추정자 통보를 받으면 신속하게 현장에 출동하는 등 장기구득을 위한 적절한 조치를 취할 것
2. 장기등 기증을 유도하기 위하여 뇌사자의 가족에게 거짓된 사실을 알리거나 장기등 기증을 강요하지 아니할 것
3. 그 밖에 보건복지부령으로 정하는 사항

④ 장기구득기관은 관할 지역이 설정되어야 하고, 해당 관할 지역의 뇌사판정기관과 잠재 뇌사자를 발굴하기 위하여 협약을 맺어야 한다. 이 경우 장기구득기관의 관할 지역은 보건복지부령으로 정한다.
⑤ 장기구득기관은 뇌사판정대상자를 관리할 수 있는 장기구득 전문 의료인을 두어야 한다. 이 경우 장기구득 전문 의료인의 자격 등에 관한 내용은 대통령령으로 정한다.
⑥ 제5항에 따른 장기구득 전문 의료인은 제17조제1항에 따라 통보받은 뇌사추정자 및 뇌사판정대상자에 한하여 의무기록을 열람하고 대통령령으로 정하는 검사와 처치 업무를 수행할 수 있다.
⑦ 장기구득기관으로 지정받으려는 자는 대통령령으로 정하는 시설·장비 및 인력 등을 갖추어야 한다.
⑧ 장기구득기관의 지정 절차, 업무, 그 밖에 필요한 사항은 보건복지부령으로 정한다.

제21조 【뇌사자의 사망원인 및 사망시각】 ① 뇌사자가 이 법에 따른 장기등의 적출로 사망한 경우에는 뇌사의 원인이 된 질병 또는 행위로 인하여 사망한 것으로 본다.
② 뇌사자의 사망시각은 뇌사판정위원회가 제18조제2항에 따라 뇌사판정을 한 시각으로 한다.

제4절 장기등의 적출 및 이식

제22조 【장기등의 적출 요건】 ① 살아있는 사람의 장기등은 본인이 동의한 경우에만 적출할 수 있다. 다만, 16세 이상인 미성년자의 장기등과 16세 미만인 미성년자의 말초혈 또는 골수를 적출하려는 경우에는 본인과 그 부모(부모가 없고 형제자매에게 말초혈 또는 골수를 이식하기 위하여 적출하려는 경우에는 법정대리인)의 동의를 함께 받아야 한다.(2020.4.7 단서개정)
② 제1항 단서의 경우 부모 중 1명이 행방불명, 그 밖에 대통령령으로 정하는 부득이한 사유로 동의할 수 없으면 부모 중 나머지 1명과 제4조제6호 각 목에 따른 가족 또는 유족의 순서에 따른 선순위자 1명의 동의를 받아야 한다.
③ 뇌사자와 사망한 자의 장기등은 다음 각 호의 어느 하나에 해당하는 경우에만 적출할 수 있다.
1. 본인이 뇌사 또는 사망하기 전에 장기등의 적출에 동의한 경우. 다만, 그 가족 또는 유족이 장기등의 적출을 명시적으로 거부하는 경우는 제외한다.
2. 본인이 뇌사 또는 사망하기 전에 장기등의 적출에 동의하거나 반대한 사실이 확인되지 아니한 경우로서 그 가족 또는 유족이 장기등의 적출에 동의한 경우. 다만, 본인이 16세 미만의 미성년자인 경우에는 그 부모(부모 중 1명이 사망·행방불명, 그 밖에 대통령령으로 정하는 부득이한 사유로 동의할 수 없으면 부모 중 나머지 1명)가 장기등의 적출에 동의한 경우로 한정한다.

④ 제1항부터 제3항까지에 따라 동의한 사람은 장기등을 적출하기 위한 수술이 시작되기 전까지는 언제든지 장기등의 적출에 관한 동의의 의사표시를 철회할 수 있다.

제23조 【장기등의 적출 시 준수사항】 장기등을 적출하려는 의사는 다음 각 호의 사항을 준수하여야 한다.
1. 제22조에 따른 동의 및 제26조제3항 후단에 따른 승인 사실을 확인할 것
2. 장기등기증자가 살아있는 사람인 경우에는 본인 여부를 확인하고 본인과 그 가족에게 다음 각 목의 사항을 충분히 설명할 것
   가. 장기등기증자의 건강상태
   나. 장기등 적출수술의 내용과 건강에 미치는 영향
   다. 장기등을 적출한 후의 치료계획
   라. 그 밖에 장기등기증자가 장기등의 적출과 관련하여 미리 알아야 할 사항

제24조 【해부 또는 검시의 우선】 「형사소송법」 또는 「검역법」에 따라 해부 또는 검시를 하여야 하는 경우에는 그 해부 또는 검시를 하기 전에는 이식을 위하여 장기등을 적출할 수 없다. 다만, 진료담당의사가 적출할 장기등이 사망원인과 상관관계가 없고 해부 또는 검시가 끝날 때까지 기다리면 적출 시기를 놓칠 우려가 있다고 판단하는 경우에는 관할 지방검찰청 또는 지방검찰청지청의 검사, 관할 검역소장의 승인과 유족의 동의를 받아 장기등을 적출할 수 있다.

제25조 【장기이식의료기관】 ① 장기등의 이식을 위하여 장기등을 적출하거나 이식하려는 의료기관은 보건복지부장관으로부터 장기이식의료기관(이하 "이식의료기관"이라 한다)으로 지정받아야 한다.
② 이식의료기관으로 지정받으려는 의료기관은 대통령령으로 정하는 시설·장비·인력 등을 갖추어야 한다.
③ 이식의료기관이 아니면 장기등의 이식을 위하여 장기등을 적출하거나 이식할 수 없다. 다만, 이식의료기관이 아닌 의료기관에서도 보건복지부령으로 정하는 시설·인력·장비 등을 갖춘 경우에는 장기등을 적출할 수 있다.

제26조 【이식대상자 선정 등】 ① 국립장기이식관리기관의 장은 제14조제3항에 따라 장기등기증자의 등록결과를 통보받으면 대통령령으로 정하는 장기등 이식대상자의 선정기준에 따라 장기등이식대기자 중에서 이식대상자를 선정하여야 한다. 이 경우 국립장기이식관리기관의 장은 이를 장기등기증자 또는 이식대상자가 등록된 등록기관의 장에게 알려야 하고 등록기관의 장은 선정사실을 등록된 장기등기증자 또는 이식대상자와 그 가족·유족에게 즉시 알려야 한다.
② 제1항에도 불구하고 안구 및 제4조제1호라목의 경우와 이식대상자의 선정을 기다리면 이식 시기를 놓칠 현저한 우려가 있는 경우 등 대통령령으로 정하는 부득이한 사유가 있으면 이식의료기관의 장이 이식대상자를 선정할 수 있다. 이 경우 이식의료기관의 장은 선정한 사유 및 선정결과를 국립장기이식관리기관의 장에게 알리고, 등록기관의 장·장기등기증자·이식대상자와 그 가족·유족에게 선정결과를 알려야 한다.(2019.1.15 전단개정)

③ 제1항에도 불구하고 살아있는 사람으로서 제11조제4항에 따른 16세 이상의 장기등기증자와 20세 미만인 사람 중 말초혈 또는 골수를 기증하려는 사람은 자신의 장기등의 이식대상자를 선정할 수 있다. 이 경우 본인 또는 배우자의 가족에게 말초혈 또는 골수를 기증하려는 경우 외에는 보건복지부령으로 정하는 기준과 절차에 따라 미리 국립장기이식관리기관의 장의 승인을 받아야 한다. (2020.4.7 본항개정)
④ 이식대상자 선정은 제2항 및 제3항과 제11조제4항에 해당되는 경우 외에는 제1항에 따라 국립장기이식관리기관의 이식대상자 선정절차를 거쳐야 한다.
제27조【뇌사판정 의사의 장기등의 적출 등 금지】 다음 각 호의 어느 하나에 해당하는 자는 해당 뇌사자의 장기등을 적출하거나 이식하는 수술에 참여하여서는 아니 된다.
1. 해당 뇌사자의 뇌사조사서를 작성한 전문의사와 진료담당의사
2. 해당 뇌사자에 대하여 뇌사판정을 한 뇌사판정위원회에 출석한 위원인 의사

제27조의2【국외 장기등 이식자에 대한 관리】 국외에서 장기등을 이식받은 사람은 귀국 후 30일 이내에 이식받은 의료기관 등 보건복지부령으로 정하는 사항이 기재된 서류를 국립장기이식관리기관에 제출하여야 한다. (2020.4.7 본조신설)

제5절 기록의 작성 및 열람 등

제28조【기록의 작성 및 장기등의 적출사실 통보 등】 ① 장기등을 적출하거나 이식한 의사는 보건복지부령으로 정하는 바에 따라 적출·이식 및 장기등을 이식받은 사람의 사후 경과에 관한 기록을 작성하여 해당 장기등을 적출하거나 이식한 의료기관의 장에게 제출하여야 한다.
② 제1항에 따라 기록을 제출받은 의료기관의 장은 보건복지부령으로 정하는 바에 따라 그 내용을 이식 후 1년이 경과하기 전에는 6개월마다, 1년이 경과한 후에는 매년 국립장기이식관리기관의 장에게 제출하여야 한다. 다만, 진료 거부 등 기록 작성 및 제출이 어려운 경우로서 보건복지부령으로 정하는 경우에는 그러하지 아니하다.
③ 뇌사자의 장기등을 적출한 의료기관의 장은 그 사실을 지체 없이 관할 지방검찰청 또는 지방검찰청지청의 장에게 서면으로 알려야 한다.
제29조【기록의 보존】 ① 뇌사판정기관의 장은 제18조제4항에 따른 뇌사판정서 및 회의록, 그 밖에 보건복지부령으로 정하는 뇌사판정에 관련된 자료를 15년 동안 보존하여야 한다.
② 의료기관의 장은 제28조제1항에 따른 장기등의 적출·이식 및 장기등을 이식받은 사람의 사후 경과에 관한 기록을 보건복지부령으로 정하는 바에 따라 보존하여야 한다.
③ 국립장기이식관리기관의 장은 데이터베이스를 구축하여 제28조제2항에 따라 제출받은 기록을 체계적으로 관리하여야 한다.
제30조【기록의 열람 등】 의료기관의 장은 다음 각 호의 어느 하나에 해당하는 경우에는 장기등의 적출 또는 이식에 관한 기록을 열람하게 하거나 사본을 내주어야 한다. 다만, 진료담당의사가 장기등을 기증하거나 이식받은 사람 본인이 그 기록의 내용을 알게 되면 그의 치료 또는 회복에 현저한 지장을 초래할 우려가 있다고 판단하는 경우에는 이를 거부할 수 있다.
1. 장기등을 기증한 사람 또는 그 가족·유족이 해당 장기등의 적출에 관한 기록의 열람 또는 사본의 제공을 요구하는 경우
2. 장기등을 이식받은 사람 또는 그 가족이 해당 장기등의 이식에 관한 기록의 열람 또는 사본의 제공을 요구하는 경우

제30조의2【장기등 기증·적출·이식 통계의 작성·관리】 ① 보건복지부장관은 장기등의 기증·적출 및 이식 등에 관한 자료를 지속적·체계적으로 수집·분석하여 통계를 작성·관리하여야 한다. 이 경우 통계 자료의 수집 및 통계의 작성 등에 관하여는 「통계법」을 준용하며, 통계의 산출을 위하여 처리되는 개인정보는 「개인정보 보호법」 제58조제1항제1호를 적용한다.
② 보건복지부장관은 다음 각 호의 자에 대하여 보건복지부령으로 정하는 바에 따라 제1항에 따른 통계의 작성·관리에 필요한 자료의 제출이나 의견의 진술 등을 요구할 수 있다. 이 경우 자료의 제출이나 의견의 진술을 요구받은 자는 정당한 사유가 없으면 이에 따라야 한다.
1. 장기등을 적출·이식하는 의료인 또는 의료기관
2. 「국민건강보험법」에 따른 국민건강보험공단 또는 건강보험심사평가원
3. 등록기관·뇌사판정기관·뇌사판정대상자관리전문기관 또는 장기구득기관
4. 그 밖에 장기등의 기증·적출 또는 이식에 관한 사업을 하는 법인·기관 또는 단체

(2019.1.15 본조신설)
제31조【비밀의 유지】 ① 국립장기이식관리기관·등록기관·뇌사판정기관(제16조제5항에 따른 의료기관을 포함한다)·이식의료기관(제25조제3항 단서에 따른 의료기관을 포함한다)·뇌사판정대상자관리전문기관·장기구득기관에 종사하는 사람으로서 대통령령으로 정하는 사람은 이 법에서 특별히 규정한 경우 외에는 해당 장기등기증자 등의 등록, 뇌사판정대상자 관리, 장기구득 또는 장기등의 적출·이식과 관련된 업무를 담당하는 사람 외의 사람에게 다음 각 호의 어느 하나에 해당하는 행위를 하여서는 아니 된다.
1. 장기등기증자와 적출한 장기등에 관한 사항을 알려주는 행위
2. 이식대상자와 이식한 장기등에 관한 사항을 알려주는 행위
3. 장기등기증희망자 및 장기등이식대기자에 관한 사항을 알려주는 행위

② 다음 각 호의 어느 하나에 해당하는 경우에는 제1항을 적용하지 아니한다.
1. 범죄수사를 위하여 수사기관이 장기등의 적출 또는 이식에 관련된 자료를 요청한 경우
2. 재판과 관련하여 법관이 장기등의 적출 또는 이식과 관련된 자료의 제출명령을 한 경우
3. 제6조제2항제1호에 따라 장기등기증희망자임을 표시하기 위하여 해당 증명서의 발급기관에 장기등기증희망자의 명단을 제공하는 경우
4. 장기기증 홍보사업 등 공익 목적을 위하여 장기등기증자, 장기등기증자의 유족 또는 장기등이식대기자 본인이 정보제공에 동의한 경우(2021.12.21 본호개정)

제4장 장기등기증자 등에 대한 지원

제32조【장기등기증자 등에 대한 지원 등】 ① 국가는 다음 각 호의 어느 하나에 해당하는 자에게 예산의 범위에서 장제비·진료비 등을 지급할 수 있다.(2017.10.24 본문개정)
1. 장기등기증자
2. 장기등기증자의 가족 또는 유족
3. 장기등기증자인 근로자(「근로기준법」 제2조제1항제1호에 따른 근로자를 말한다. 이하 이 조에서 같다)의 사용자

② 근로자인 장기등기증자가 장기등을 기증하기 위한 신체검사 또는 적출 등에 필요한 입원기간에 대하여는 공무원인 근로자의 소속 기관의 장은 그 기간을 병가로 처리하고, 공무원 외의 근로자의 사용자는 그 기간을 유급휴가로 처리하여야 한다.(2013.7.30 본항개정)
③ 국가와 지방자치단체는 장기등기증자 및 그 유족에 대한 추모 및 예우 사업을 실시할 수 있다. 이 경우 대통령령으로 정하는 바에 따라 제20조에 따른 장기구득기관에 그 사업의 수행을 위탁할 수 있다.(2021.12.21 본항개정)
④ 국립장기이식관리기관의 장은 장기등기증자인 뇌사자 또는 사망한 자에 대한 장례지원 방법·절차, 가족 또는 유족에 대한 상담 등 가족관리, 사후 행정처리 지원 등에 관한 표준지침을 마련하고 이를 뇌사판정대상자관리전문기관, 장기구득기관, 이식의료기관 등 관련 기관이 따르도록 권고할 수 있다.(2018.12.11 본항신설)
⑤ 제1항에 따른 지급의 범위 및 절차, 제3항에 따른 사업의 내용 등에 관하여 필요한 사항은 보건복지부령으로 정한다.(2017.10.24 본항개정)
제32조의2【장기등기증자등과 장기등을 이식받은 자의 서신 교환 등 교류활동 지원】 ① 국립장기이식관리기관의 장은 장기등기증자등(장기등기증자 또는 그 가족·유족을 말한다)과 장기등을 이식받은 사람이 모두 요청하는 경우 상호 서신 교환 등 교류활동을 지원할 수 있다.
② 제1항에 따른 교류 대상의 선정기준, 범위 및 방법과 그 밖에 필요한 사항은 보건복지부령으로 정한다.
(2021.12.21 본조신설)
제33조【국립장기이식관리기관 등에 대한 지원】 국가나 지방자치단체는 국립장기이식관리기관·등록기관·뇌사판정기관·뇌사판정대상자관리전문기관·장기구득기관 및 이식의료기관에 대하여 필요한 예산 등을 지원할 수 있다.

제5장 감 독

제34조【보고·조사 등】 ① 보건복지부장관 또는 국립장기이식관리기관의 장은 장기등의 기증·적출 또는 이식 등과 관련하여 필요하다고 인정하면 등록기관·뇌사판정기관·뇌사판정대상자관리전문기관·장기구득기관 또는 이식의료기관의 장 및 그 종사자에게 그 업무에 관하여 필요한 명령을 하거나, 보고 또는 관계 서류의 제출을 명할 수 있다.
② 보건복지부장관 또는 국립장기이식관리기관의 장은 제1항에 따라 등록기관 등의 관계 서류 등을 관계 공무원에게 조사하게 할 수 있다. 이 경우 조사를 담당하는 관계 공무원은 그 권한을 표시하는 증표를 지니고 이를 내보여야 한다.
③ 제1항 및 제2항의 경우에 등록기관·뇌사판정기관·뇌사판정대상자관리전문기관·장기구득기관 또는 이식의료기관의 장 및 그 종사자는 정당한 사유가 없으면 이에 따라야 한다.
제35조【시정명령】 보건복지부장관 또는 국립장기이식관리기관의 장은 등록기관·뇌사판정기관·뇌사판정대상자관리전문기관·장기구득기관 또는 이식의료기관의 장 및 그 종사자가 다음 각 호의 어느 하나에 해당하면 3개월의 범위에서 일정한 기간을 정하여 해당 기관의 장에게 위반된 사항을 시정할 것을 명할 수 있다.
(2019.1.15 본문개정)
1. 제14조제3항에 따라 장기등기증자 등의 등록결과를 알리지 아니한 경우
2. 제15조제2항 및 제4항에 따라 장기등기증희망자 등록 및 접수 결과를 알리지 아니한 경우
3. 제18조제1항에 따라 지체 없이 현장에 출동하여 뇌사판정대상자의 상태를 파악하지 아니한 경우
4. 제18조제5항에 따라 뇌사판정서 및 회의록의 사본 등을 국립장기이식관리기관의 장에게 보내지 아니한 경우
5. 제20조제3항에 따른 준수사항을 지키지 아니한 경우
6. 제28조제1항에 따라 장기등의 적출·이식 및 장기등을 이식받은 사람의 사후 경과에 관한 기록을 작성하지 아니한 경우
7. 제28조제2항 또는 제3항에 따른 통보를 하지 아니한 경우

제36조【지정취소 등】 ① 보건복지부장관은 등록기관, 장기구득기관 또는 이식의료기관이 다음 각 호의 어느 하나에 해당하면 그 지정을 취소하거나 1년 이내의 기간을 정하여 장기등기증자·장기등기증희망자 등의 등록업무, 장기구득에 관한 업무, 장기등의 적출 또는 이식에 관한 업무의 정지를 명할 수 있다.
1. 제13조제1항 전단, 제20조제7항 또는 제25조제2항에 따른 시설·장비·인력 등을 갖추지 아니한 경우
2. 제13조제1항 후단에 따라 등록받을 수 있는 장기등이 아닌 장기등에 대한 등록업무를 한 경우
3. 제34조제1항에 따른 명령을 이행하지 아니하거나 같은 조 제2항에 따른 조사에 응하지 아니한 경우

② 국립장기이식관리기관의 장은 뇌사판정기관이 다음 각 호의 어느 하나에 해당하면 3년 이내의 기간을 정하여 뇌사판정업무의 정지를 명할 수 있다.
1. 제16조제2항에 따른 시설·장비·인력 등을 갖추지 아니한 경우
2. 제16조제2항에 따른 뇌사판정위원회를 설치하지 아니한 경우
3. 제18조를 위반하여 뇌사판정업무를 한 경우
4. 제34조제1항에 따른 명령을 이행하지 아니하거나 같은 조 제2항에 따른 조사에 응하지 아니한 경우
5. 제35조에 따른 시정명령을 이행하지 아니한 경우
6. 제37조제3항에 따른 뇌사판정업무 종료 통보를 하지 아니한 경우(2018.12.11 본호개정)
7. 그 밖에 이 법 또는 이 법에 따른 명령을 위반한 경우

③ 국립장기이식관리기관의 장은 뇌사판정대상자관리전문기관이 다음 각 호의 어느 하나에 해당하면 그 지정을 취소하거나 1년 이내의 기간을 정하여 뇌사판정대상자관리업무의 정지를 명할 수 있다.
1. 제19조제2항에 따른 요건을 갖추지 못한 경우
2. 제34조제1항에 따른 명령을 이행하지 아니하거나 같은 조 제2항에 따른 조사에 응하지 아니한 경우
3. 제35조에 따른 시정명령을 이행하지 아니한 경우
4. 제37조제1항에 따른 폐업신고 또는 업무종료 신고를 하지 아니한 경우

④ 보건복지부장관 또는 국립장기이식관리기관의 장은 등록기관·뇌사판정대상자관리전문기관·장기구득기관 또는 이식의료기관이 제1항 또는 제3항에 따른 업무정지명령을 위반하여 업무를 하면 그 지정을 취소할 수 있다.
⑤ 제1항·제3항 및 제4항에 따라 지정이 취소된 등록기관·뇌사판정대상자관리전문기관·장기구득기관 또는 이식의료기관은 그 지정이 취소된 날부터 1년 이내에 등록기관·뇌사판정대상자관리전문기관·장기구득기관 또는 이식의료기관으로 지정받을 수 없다.
제37조【폐업 등의 신고·통보 및 자료이관】 ① 등록기관·뇌사판정대상자관리전문기관·장기구득기관 또는 이식의료기관이 폐업하려 하거나 장기등기증자·장기등기증희망자 등의 등록업무, 뇌사판정대상자 관리업무, 장기구득에 관한 업무 또는 장기등의 적출·이식 업무를 끝내려고 하는 경우에는 보건복지부령으로 정하는 바에 따라 보건복지부장관 또는 국립장기이식관리기관의 장에게 신고하여야 한다.
② 보건복지부장관 또는 국립장기이식관리기관의 장은 제1항에 따른 신고를 받은 경우 그 내용을 검토하여 이 법에 적합하면 신고를 수리하여야 한다.(2018.12.11 본항신설)
③ 뇌사판정기관이 뇌사판정업무를 끝내려면 그 사실을 국립장기이식관리기관의 장에게 알려야 한다.
④ 제1항 및 제3항에 따라 폐업하거나 업무를 끝내려는 등록기관·뇌사판정기관·뇌사판정대상자관리전문기관·장기구득기관 또는 이식의료기관의 장, 제36조에 따라 업무정지명령을 받거나 지정이 취소된 등록기관·뇌사판정기관·뇌사판정대상자관리전문기관·장기구득기관의 장은 대통령령으로 정하는 바에 따라 관련 자료를 국립장기이식관리기관의 장에게 이관하여야 한다.
(2018.12.11 본항개정)

제6장 보 칙

제38조【협조의무】 보건복지부장관 또는 국립장기이식관리기관의 장은 장기등을 안전하고 신속하게 적출·운반하거나 이식하기 위하여 필요한 조치를 관계 기관의 장에게 요청할 수 있다. 이 경우 관계 기관의 장은 정당한 사유가 없으면 요청에 따라야 한다.
제38조의2【자료 요구】 국립장기이식관리기관 또는 장기구득기관의 장은 제12조에 따른 장기등의 기증에 관한 동의 확인, 제14조제1항 단서에 따른 장기등기증자가 뇌

사자 또는 사망한 자인 경우 가족 또는 유족 확인, 제22조에 따른 장기등의 적출에 관한 동의 확인을 위하여 필요한 경우 「가족관계의 등록 등에 관한 법률」 제3조에 따른 시·읍·면의 장에게 같은 법 제15조에 따른 증명서의 교부를 신청할 수 있고, 법원행정처장에게 같은 법 제11조제4항에 따른 전산정보자료를 요청할 수 있다. 이 경우 신청 또는 요청을 받은 자는 정당한 사유가 없으면 이에 따라야 하며, 국립장기이식관리기관 또는 장기구득기관의 장에게 제공하는 자료에 대하여는 사용료 또는 수수료 등을 면제한다.(2024.1.23 본조신설)

제39조【국립장기이식관리기관 등의 명칭 사용금지】 이 법에 따른 국립장기이식관리기관, 등록기관, 뇌사판정기관, 뇌사판정대상자관리전문기관, 장기구득기관 또는 이식의료기관이 아니면 각각 해당 명칭을 사용하지 못한다.

제40조【권한의 위임】 이 법에 따른 보건복지부장관의 권한은 그 일부를 대통령령으로 정하는 바에 따라 소속기관의 장이나 특별시장·광역시장·도지사·특별자치도지사 또는 시장·군수·구청장(자치구의 구청장을 말한다. 이하 같다)에게 위임할 수 있다.

제41조【청문】 보건복지부장관 또는 국립장기이식관리기관의 장은 제36조제1항·제3항 및 제4항에 따른 취소처분을 하려면 청문을 하여야 한다.

제42조【장기등의 적출·이식 비용의 부담 등】 ① 장기등의 적출 및 이식에 드는 비용은 해당 장기등을 이식받은 사람이 부담한다. 다만, 이식받은 사람이 부담하는 비용에 대하여 다른 법령에서 따로 정하는 경우에는 해당 법령에서 정하는 바에 따른다.

② 제1항에 따른 비용은 「국민건강보험법」에서 정하는 바에 따라 산출한다. 다만, 「국민건강보험법」에서 규정하지 아니한 비용은 보건복지부령으로 정하는 바에 따라 산출한다.

제43조【수수료】 ① 장기등이식대기자로 등록하려는 사람은 등록기관의 장에게 수수료를 내야 한다.

② 제1항에 따른 수수료의 금액 등에 관하여 필요한 사항은 보건복지부령으로 정한다.

제7장 벌 칙

제44조【벌칙】 ① 다음 각 호의 어느 하나에 해당하는 자는 무기징역 또는 2년 이상의 유기징역에 처한다.
1. 제11조제1항을 위반하여 감염성병원체에 감염된 장기등, 암세포가 침범한 장기등 또는 이식대상자의 생명·신체에 위해를 줄 우려가 있는 장기등을 적출하거나 이식한 자
2. 제11조제2항을 위반하여 이식대상자가 정하여지지 아니한 장기등을 적출한 자
3. 제11조제3항을 위반하여 같은 항 각 호의 어느 하나에 해당하는 사람으로부터 장기등을 적출한 자
4. 제11조제4항을 위반하여 16세 이상인 미성년자의 장기등을 적출한 자
5. 제11조제5항을 위반하여 살아있는 사람으로부터 적출할 수 없는 장기등을 적출한 자
6. 제18조에 따른 뇌사판정을 받지 아니한 뇌사추정자의 장기등을 적출한 자
7. 제18조제2항을 위반하여 뇌사판정을 한 자
8. 제22조제1항 또는 제2항을 위반하여 본인 등의 동의를 받지 아니하고 장기등을 적출한 자
9. 제22조제3항을 위반하여 뇌사자로부터 장기등을 적출한 자

② 제1항 각 호의 어느 하나를 위반하여 사람을 사망에 이르게 한 자는 사형·무기징역 또는 5년 이상의 유기징역에 처한다.

제45조【벌칙】 ① 제7조제1항제1호 또는 제3호를 위반하여 장기등을 주고 받거나 주고 받을 것을 약속하거나, 이를 교사·알선·방조하는 자 또는 같은 조 제3항을 위반하여 장기등을 적출하거나 이식한 자는 2년 이상의 유기징역에 처한다.

② 제7조제1항제2호를 위반하여 장기등을 주고 받거나 주고 받을 것을 약속하거나, 같은 조 제2항을 위반하여 같은 조 제1항제1호 및 제2호의 행위를 교사·알선·방조하는 자는 10년 이하의 징역 또는 1억원 이하의 벌금에 처한다. 이 경우 징역과 벌금은 병과(倂科)할 수 있다.(2017.10.24 전단개정)

③ 제26조제1항부터 제3항까지의 규정에 따른 이식대상자의 선정 또는 선정 승인과 관련하여 금전, 재산상의 이익, 그 밖의 대가적 급부를 받은 자는 7년 이하의 징역 또는 7천만원 이하의 벌금에 처한다. 이 경우 징역과 벌금은 병과할 수 있다.(2017.10.24 전단개정)

④ 제1항부터 제3항까지의 죄를 범하여 얻은 금전이나 재산상의 이익은 몰수한다. 다만, 몰수할 수 없으면 그 가액(價額)을 추징한다.

제46조【벌칙】 ① 제18조제1항에 따른 전문의사 또는 진료담당의사가 뇌사조사서를 거짓으로 작성하여 뇌사자가 아닌 사람에게 뇌사판정을 하게 한 경우에는 1년 이상의 유기징역에 처한다.

② 제1항의 죄를 범하여 사람을 상해(傷害)에 이르게 한 경우에는 2년 이상의 유기징역에 처한다.

③ 제1항의 죄를 범하여 사람을 사망에 이르게 한 경우에는 사형·무기징역 또는 5년 이상의 유기징역에 처한다.

제47조【벌칙】 ① 제18조제1항에 따른 전문의사 또는 진료담당의사가 업무상 과실로 뇌사조사서를 사실과 다르게 작성하여 뇌사자가 아닌 사람에게 뇌사판정을 하게 한 경우에는 5년 이하의 금고 또는 5천만원 이하의 벌금에 처한다.

② 제1항의 죄를 범하여 사람을 상해에 이르게 한 경우에는 7년 이하의 금고 또는 7천만원 이하의 벌금에 처한다.

③ 제1항의 죄를 범하여 사람을 사망에 이르게 한 경우에는 10년 이하의 금고 또는 1억원 이하의 벌금에 처한다.

(2017.10.24 본조개정)

제48조【벌칙】 다음 각 호의 어느 하나에 해당하는 자는 5년 이하의 징역 또는 5천만원 이하의 벌금에 처한다.(2017.10.24 본문개정)
1. 제16조제1항을 위반하여 국립장기이식관리기관의 장에게 알리지 아니하고 뇌사판정업무를 하거나 제36조제2항에 따른 뇌사판정업무의 정지기간 중에 뇌사판정업무를 한 의료기관의 장
2. 제16조제2항 및 제3항에 따른 시설·장비·인력 등을 갖추지 아니하거나 뇌사판정위원회를 설치하지 아니하고 뇌사판정업무를 한 의료기관의 장. 다만, 뇌사판정기관에 설치된 뇌사판정위원회가 제16조제4항 단서에 따라 뇌사판정업무를 하는 경우는 제외한다.
3. 제22조제3항을 위반하여 사망한 자로부터 장기등을 적출한 자
4. 제25조제3항을 위반하여 장기등을 적출하거나 이식한 자
5. 제26조제1항 전단을 위반하여 이식대상자의 선정기준에 따르지 아니하고 이식대상자를 선정한 자
6. 제26조제4항을 위반하여 이식대상자를 선정하거나 그 장기등을 이식한 자
7. 제27조를 위반하여 뇌사자의 장기등의 적출 또는 이식 수술에 참여한 자

제49조【벌칙】 다음 각 호의 어느 하나에 해당하는 자는 3년 이하의 징역 또는 3천만원 이하의 벌금에 처한다.(2017.10.24 본문개정)
1. 제26조제2항 후단을 위반하여 이식대상자를 선정한 사유 및 선정결과를 국립장기이식관리기관의 장에게 알리지 아니한 자
2. 제28조제3항을 위반하여 뇌사자의 장기등을 적출한 사실을 관할 지방검찰청 또는 지방검찰청지청의 장에게 서면으로 알리지 아니한 자
3. 제31조를 위반하여 같은 조 제1항 각 호의 어느 하나에 해당하는 행위를 한 자

제50조【벌칙】 다음 각 호의 어느 하나에 해당하는 자는 2년 이하의 징역 또는 2천만원 이하의 벌금에 처한다.(2017.10.24 본문개정)
1. 업무상 과실로 제11조제1항을 위반하여 감염성병원체에 감염된 장기등, 암세포가 침범한 장기등 또는 이식에 적합하지 아니한 장기등을 적출하거나 이식한 자
2. 제13조제1항을 위반하여 등록기관으로 지정받지 아니하고 장기등기증자 등의 등록업무를 수행한 자
3. 제18조제5항을 위반하여 뇌사판정서 및 회의록의 사본과 해당 자료를 국립장기이식관리기관의 장에게 보내지 아니한 자
4. 제24조를 위반하여 장기등을 적출한 자
5. 제26조제3항을 위반하여 국립장기이식관리기관의 장의 승인을 받지 아니하고 이식대상자를 선정하여 장기등을 기증한 자
6. 제28조제1항을 위반하여 장기등의 적출·이식에 관한 기록을 작성하지 아니하거나 거짓으로 작성한 자
7. 제29조제1항을 위반하여 뇌사판정서 등 뇌사판정에 관련된 자료를 15년 동안 보존하지 아니한 자
8. 제29조제2항을 위반하여 장기등의 적출·이식에 관한 기록을 보존하지 아니한 자

제51조【자격정지의 병과】 이 법을 위반한 자를 유기징역에 처할 경우에는 10년 이하의 자격정지를 병과할 수 있다.

제52조【양벌규정】 법인의 대표자나 법인 또는 개인의 대리인, 사용인, 그 밖의 종업원이 그 법인 또는 개인의 업무에 관하여 제45조제2항·제3항, 제47조부터 제50조까지의 어느 하나에 해당하는 위반행위를 하면 그 행위자를 벌하는 외에 그 법인 또는 개인에게도 해당 조문의 벌금형을 과(科)한다. 다만, 법인 또는 개인이 그 위반행위를 방지하기 위하여 해당 업무에 관하여 상당한 주의와 감독을 게을리하지 아니한 경우에는 그러하지 아니하다.

제53조【과태료】 ① 다음 각 호의 어느 하나에 해당하는 자에게는 500만원 이하의 과태료를 부과한다.
1. 제3조제3항을 위반하여 시정요구를 따르지 아니한 자
2. 제28조제1항을 위반하여 사후 경과에 관한 기록을 작성하지 아니하거나 거짓으로 작성한 자
3. 제29조제2항을 위반하여 사후 경과에 관한 기록을 보존하지 아니한 자

② 다음 각 호의 어느 하나에 해당하는 자에게는 300만원 이하의 과태료를 부과한다.
1. 제14조제3항, 제15조제2항을 위반하여 등록결과를 국립장기이식관리기관의 장에게 알리지 아니한 자
2. 제17조제1항을 위반하여 뇌사추정자를 알리지 아니하거나 신고하지 아니한 자
3. 제23조를 위반하여 동의 및 승인 사실 또는 본인 여부를 확인하지 아니하거나 필요한 설명을 하지 아니한 자
4. 제26조제1항 후단 또는 제2항 후단을 위반하여 이식대상자의 선정사실을 장기등기증자, 이식대상자와 그 가족·유족에게 알리지 아니한 자
5. 제37조제4항을 위반하여 국립장기이식관리기관의 장에게 관련 자료를 이관하지 아니한 자(2018.12.11 본호개정)

③ 다음 각 호의 어느 하나에 해당하는 자에게는 200만원 이하의 과태료를 부과한다.
1. 제34조제1항에 따른 명령을 이행하지 아니하거나 같은 조 제2항에 따른 조사를 거부·방해 또는 기피한 자
2. 제39조를 위반하여 국립장기이식관리기관·등록기관·뇌사판정기관·뇌사판정대상자관리전문기관·장기구득기관 또는 이식의료기관이라는 명칭을 사용한 자

④ 다음 각 호의 어느 하나에 해당하는 자에게는 100만원 이하의 과태료를 부과한다.
1. 제14조제5항 또는 제15조제6항을 위반하여 등록을 말소하지 아니한 자
2. 제30조를 위반하여 기록의 열람 또는 사본의 제공 요구에 따르지 아니한 자
3. 제37조제1항 또는 제3항에 따른 신고 또는 통보를 하지 아니한 자(2018.12.11 본호개정)

제54조【과태료의 부과·징수절차】 제53조에 따른 과태료는 대통령령으로 정하는 바에 따라 보건복지부장관 또는 그 소속 기관의 장이 부과·징수한다.

부 칙

①【시행일】 이 법은 공포 후 1년이 경과한 날부터 시행한다.

②【다른 법령과의 관계】 이 법 시행 당시 다른 법령에서 종전의 「장기등 이식에 관한 법률」의 규정을 인용한 경우에 이 법 가운데 그에 해당하는 규정이 있으면 종전의 규정을 갈음하여 이 법의 해당 규정을 인용한 것으로 본다.

부 칙 (2018.12.11)

제1조【시행일】 이 법은 공포한 날부터 시행한다. 다만, 제9조제1항 후단의 개정규정은 공포 후 3개월이 경과한 날부터 시행한다.

제2조【장기등이식윤리위원회의 위원 구성에 관한 경과조치】 ① 이 법 시행 후 위원을 임명 또는 위촉할 당시 제9조제1항 후단의 개정규정을 충족하지 못하는 경우에는 해당 개정규정의 요건이 충족될 때까지는 공무원이 아닌 위원을 위촉하여야 한다.

② 장기등이식윤리위원회의 위원 구성에 관하여는 제1항에 따라 제9조제1항 후단의 개정규정을 충족할 때까지는 종전의 규정에 따른다.

부 칙 (2019.1.15)

이 법은 공포한 날부터 시행한다. 다만, 제30조의2의 개정규정은 공포 후 6개월이 경과한 날부터 시행한다.

부 칙 (2020.4.7)

제1조【시행일】 이 법은 공포 후 6개월이 경과한 날부터 시행한다.

제2조【국외 장기등 이식자 관리에 관한 적용례】 제27조의2의 개정규정은 이 법 시행 후 최초로 국외에서 장기등을 이식받는 사람부터 적용한다.

부 칙 (2021.12.21)

이 법은 공포 후 1년이 경과한 날부터 시행한다.

부 칙 (2023.6.13)

이 법은 공포 후 6개월이 경과한 날부터 시행한다. 다만, 제7조의2 및 제8조제2항제4호의2의 개정규정은 공포 후 2년이 경과한 날부터 시행한다.

부 칙 (2024.1.23)

이 법은 공포한 날부터 시행한다.

(舊 : 정신보건법)

정신건강증진 및 정신질환자 복지서비스 지원에 관한 법률

(약칭 : 정신건강복지법)

(2016년 5월 29일 전부개정법률 제14224호)

개정
2018. 6.12법15647호 2018.12.11법15907호
2019. 1.15법16261호 2019. 4.23법16377호
2019.12. 3법16723호
2020. 3. 4법17069호(의료법)
2020. 3.24법17091호(지방행정제재·부과금의징수등에관한법)
2020. 4. 7법17203호(시체해부및보존등에관한법)
2020. 4. 7법17217호 2020.12.29법17794호
2021. 6. 8법18224호 2023. 6.13법19464호
2024. 1. 2법19902호→2024년 7월 3일 시행하는 부분은 가제 수록하였고 2026년 1월 3일 시행하는 부분은 「法典 別册」 보유편 수록
2024. 1.23법20113호→2024년 7월 24일 시행

제1장 총 칙

제1조【목적】 이 법은 정신질환의 예방·치료, 정신질환자의 재활·복지·권리보장과 정신건강 친화적인 환경 조성에 필요한 사항을 규정함으로써 국민의 정신건강증진 및 정신질환자의 인간다운 삶을 영위하는 데 이바지함을 목적으로 한다.

제2조【기본이념】 ① 모든 국민은 정신질환으로부터 보호받을 권리를 가진다.
② 모든 정신질환자는 인간으로서의 존엄과 가치를 보장받고, 최적의 치료를 받을 권리를 가진다.
③ 모든 정신질환자는 정신질환이 있다는 이유로 부당한 차별대우를 받지 아니한다.
④ 미성년자인 정신질환자는 특별히 치료, 보호 및 교육을 받을 권리를 가진다.
⑤ 정신질환자에 대해서는 입원 또는 입소(이하 "입원등"이라 한다)가 최소화되도록 지역 사회 중심의 치료가 우선적으로 고려되어야 하며, 정신건강증진시설에 자신의 의지에 따른 입원 또는 입소(이하 "자의입원등"이라 한다)가 권장되어야 한다.
⑥ 정신건강증진시설에 입원등을 하고 있는 모든 사람은 가능한 한 자유로운 환경을 누릴 권리와 다른 사람들과 자유로이 의견교환을 할 수 있는 권리를 가진다.
⑦ 정신질환자는 원칙적으로 자신의 신체와 재산에 관한 사항에 대하여 스스로 판단하고 결정할 권리를 가진다. 특히 주거지, 의료행위에 대한 동의나 거부, 타인과의 교류, 복지서비스의 이용 여부와 복지서비스 종류의 선택 등을 스스로 결정할 수 있도록 자기결정권을 존중받는다.
⑧ 정신질환자는 자신에게 법률적·사실적 영향을 미치는 사안에 대하여 스스로 이해하여 자신의 자유로운 의사를 표현할 수 있도록 필요한 도움을 받을 권리를 가진다.
⑨ 정신질환자는 자신과 관련된 정책의 결정과정에 참여할 권리를 가진다.

제3조【정의】 이 법에서 사용하는 용어의 뜻은 다음과 같다.
1. "정신질환자"란 망상, 환각, 사고(思考)나 기분의 장애 등으로 인하여 독립적으로 일상생활을 영위하는 데 중대한 제약이 있는 사람을 말한다.
2. "정신건강증진사업"이란 정신건강 관련 교육·상담, 정신질환의 예방·치료, 정신질환자의 재활, 정신건강에 영향을 미치는 사회복지·교육·주거·근로 환경의 개선 등을 통하여 국민의 정신건강을 증진시키는 사업을 말한다.
3. "정신건강복지센터"란 정신건강증진시설, 「사회복지사업법」에 따른 사회복지시설(이하 "사회복지시설"이라 한다), 학교 및 사업장과 연계체계를 구축하여 지역사회에서의 정신건강증진사업 및 제33조부터 제38조까지의 규정에 따른 정신질환자 복지서비스 지원사업(이하 "정신건강증진사업등"이라 한다)을 하는 다음 각 목의 기관 또는 단체를 말한다.
   가. 제15조제1항부터 제3항까지의 규정에 따라 국가 또는 지방자치단체가 설치·운영하는 기관
   나. 제15조제6항에 따라 국가 또는 지방자치단체로부터 위탁받아 정신건강증진사업등을 수행하는 기관 또는 단체
4. "정신건강증진시설"이란 정신의료기관, 정신요양시설 및 정신재활시설을 말한다.
5. "정신의료기관"이란 다음 각 목의 어느 하나에 해당하는 기관을 말한다.
   가. 「의료법」에 따른 정신병원
   나. 「의료법」에 따른 의료기관 중 제19조제1항 후단에 따른 기준에 적합하게 설치된 의원
   다. 「의료법」에 따른 병원급 의료기관에 설치된 정신건강의학과로서 제19조제1항 후단에 따른 기준에 적합한 기관
   (2020.3.4 본호개정)
6. "정신요양시설"이란 제22조에 따라 설치된 시설로서 정신질환자를 입소시켜 요양 서비스를 제공하는 시설을 말한다.
7. "정신재활시설"이란 제26조에 따라 설치된 시설로서 정신질환자 또는 정신건강상 문제가 있는 사람 중 대통령령으로 정하는 사람(이하 "정신질환자등"이라 한다)의 사회적응을 위한 각종 훈련과 생활지도를 하는 시설을 말한다.
8. "동료지원인"이란 정신질환자등에 대한 상담 및 교육 등의 역할을 수행할 수 있도록 정신질환자이거나 정신질환자이었던 사람 중 보건복지부령으로 정하는 동료지원인 양성과정을 수료한 사람을 말한다.(2024.1.2 본호신설)

제4조【국가와 지방자치단체의 책무】 ① 국가와 지방자치단체는 국민의 정신건강을 증진시키고, 정신질환을 예방·치료하며, 정신질환자의 재활 및 장애극복과 사회적응 촉진을 위한 연구·조사와 지도·상담 등 필요한 조치를 하여야 한다.
② 국가와 지방자치단체는 정신질환의 예방·치료와 정신질환자의 재활을 위하여 정신건강복지센터와 정신건강증진시설, 사회복지시설, 학교 및 사업장 등을 연계하는 정신건강서비스 전달체계를 확립하여야 한다.
③ 국가와 지방자치단체는 정신질환자등과 그 가족에 대한 권익향상, 인권보호 및 지원 서비스 등에 관한 종합적인 시책을 수립하고 그 추진을 위하여 노력하여야 한다.
④ 국가와 지방자치단체는 정신질환자등과 그 가족에 대한 모든 차별 및 편견을 해소하고 차별받은 정신질환자등과 그 가족의 권리를 구제할 책임이 있으며, 정신질환자등과 그 가족에 대한 차별 및 편견을 해소하기 위하여 적극적인 조치를 하여야 한다.
⑤ 국가와 지방자치단체는 정신질환자등의 적절한 치료 및 재활과 자립을 지원하기 위하여 정신질환자등과 그 가족에 대하여 정신건강증진사업등에 관한 정보를 제공하는 등 필요한 시책을 강구하여야 한다.(2019.4.23 본항신설)
⑥ 국가와 지방자치단체는 국민에게 영·유아, 아동, 청소년, 중·장년, 노인 등 생애주기(이하 "생애주기"라 한다)에 따른 정신건강서비스를 제공하고, 우울·불안·고독 등의 정신건강상 문제와 관련하여 상담을 제공하는 등 국민의 정신건강을 증진하기 위하여 필요한 시책을 강구하여야 한다.(2024.1.2 본항신설)

제5조【국민의 의무】 모든 국민은 정신건강증진을 위하여 국가와 지방자치단체가 실시하는 조사 및 정신건강증진사업등에 협력하여야 한다.

제6조【정신건강증진시설의 장의 의무】 ① 정신건강증진시설의 장은 정신질환자등이 입원등을 하거나 사회적응을 위한 훈련을 받으려고 하는 때에는 지체 없이 정신질환자등과 그 보호의무자에게 이 법 및 다른 법률에 따른 권리 및 권리행사 방법을 알리고, 그 권리행사에 필요한 각종 서류를 정신건강증진시설에 갖추어 두어야 한다. 이 경우 정신질환자등과 그 보호의무자에게 알릴 권리 및 권리행사 방법과 권리행사에 필요한 서류는 정신질환자등이 이해하기 쉬운 형태로 작성되거나 고지되어야 한다.(2024.1.2 후단신설)
② 정신건강증진시설의 장은 정신질환자등이 퇴원 및 퇴소(이하 "퇴원등"이라 한다)를 하려는 때에는 정신질환자등과 그 보호의무자에게 정신건강복지센터의 기능·역할 및 이용 절차 등을 알리고, 지역사회 거주 및 치료에 필요한 정보를 제공하는 정신보건수첩 등 각종 서류를 정신건강증진시설에 갖추어 두어야 한다.(2019.4.23 본항신설)
③ 정신건강증진시설의 장은 정신질환자등의 치료, 보호 및 재활과정에서 정신질환자등의 의견을 존중하여야 한다.
④ 정신건강증진시설의 장은 입원등 또는 거주 중인 정신질환자등이 인간으로서의 존엄과 가치를 보장받으며 자유롭게 생활할 수 있도록 노력하여야 한다.
⑤ 제1항 및 제2항에 따라 정신질환자등과 그 보호의무자에게 알릴 권리의 종류·내용, 고지방법 및 서류비치 등에 관하여 필요한 사항은 보건복지부령으로 정한다.(2019.4.23 본항개정)

제2장 정신건강증진 정책의 추진 등

제7조【국가계획의 수립 등】 ① 보건복지부장관은 관계 행정기관의 장과 협의하여 5년마다 정신건강증진 및 정신질환자 복지서비스 지원에 관한 국가의 기본계획(이하 "국가계획"이라 한다)을 수립하여야 한다.
② 특별시장·광역시장·특별자치시장·도지사·특별자치도지사(이하 "시·도지사"라 한다)는 국가계획에 따라 각각 특별시·광역시·특별자치시·도·특별자치도(이하 "시·도"라 한다) 단위의 정신건강증진 및 정신질환자 복지서비스 지원에 관한 계획(이하 "지역계획"이라 한다)을 수립하여야 한다. 이 경우 해당 지역계획은 「지역보건법」 제7조에 따른 지역보건의료계획과 연계되도록 하여야 한다.
③ 국가계획 또는 지역계획에는 다음 각 호의 사항이 포함되어야 한다.
1. 정신질환의 예방, 상담, 조기발견, 치료 및 재활을 위한 활동과 각 활동 상호 간 연계
2. 생애주기 및 성별에 따른 정신건강증진사업(2024.1.2 본호개정)
3. 정신질환자의 조기퇴원 및 사회적응
4. 적정한 정신건강증진시설의 확보 및 운영
5. 정신질환에 대한 인식개선을 위한 교육·홍보, 정신질환자의 법적 권리보장 및 인권보호 방안
6. 전문인력의 양성 및 관리
7. 정신건강증진을 위한 교육, 주거, 근로환경 등의 개선 및 이와 관련된 부처 또는 기관과의 협력 방안
8. 정신건강 관련 정보체계 구축 및 활용
9. 정신질환자와 그 가족의 지원
10. 정신질환자의 건강, 취업, 교육 및 주거 등 지역사회 재활과 사회참여
11. 정신질환자에 대한 복지서비스의 연구·개발 및 평가에 관한 사항
12. 정신질환자에 대한 복지서비스 제공에 필요한 재원의 조달 및 운용에 관한 사항
13. 우울·불안·고독 등으로 정신건강이 악화될 우려가 있는 사람의 발견 및 정신건강서비스 제공(2024.1.2 본호신설)
14. 재난 심리지원(2024.1.2 본호신설)
15. 언론의 정신질환보도에 대한 권고기준 수립 및 이행 확보 방안(국가계획에 한정한다)(2024.1.23 본호신설)
16. 그 밖에 보건복지부장관 또는 시·도지사가 정신건강증진을 위하여 필요하다고 인정하는 사항
④ 보건복지부장관과 시·도지사는 국가계획 및 지역계획의 수립·시행에 필요한 자료의 제공 및 협조를 관계 행정기관, 정신건강증진시설 및 관련 기관·단체 등에 요청할 수 있다. 이 경우 요청받은 기관·시설·단체 등은 자료의 제공이 법령에 위반되거나 정상적인 업무수행에 뚜렷한 지장을 초래하는 등의 정당한 사유가 없으면 그 요청에 따라야 한다.
⑤ 국가계획 및 지역계획을 수립할 때에는 「장애인복지법」 제10조의2에 따른 장애인정책종합계획과 연계되도록 하여야 한다.
⑥ 보건복지부장관은 5년마다 정신질환자의 인권과 복지증진 추진사항에 관한 백서를 발간하여 공표하여야 한다.
⑦ 국가계획 및 지역계획의 수립 절차 등에 관하여 필요한 사항은 보건복지부령으로 정한다.

제8조【시행계획의 수립·시행 등】 ① 보건복지부장관과 시·도지사는 각각 국가계획과 지역계획에 따라 매년 시행계획을 수립·시행하여야 하고, 시장·군수·구청장(자치구의 구청장을 말한다. 이하 같다)은 매년 관할 시·도의 지역계획에 따라 시행계획을 수립·시행하여야 한다. 다만, 시·도지사나 시장·군수·구청장이 지역계획의 시행계획 내용을 포함하여 「지역보건법」 제7조제2항 및 제8조에 따라 연차별 시행계획을 수립·시행하는 경우에는 본문에 따른 시행계획을 별도로 수립·시행하지 아니할 수 있다.
② 보건복지부장관은 국가계획 및 지역계획의 시행 결과를, 시·도지사는 해당 지역계획의 시행 결과를 각각 대통령령으로 정하는 바에 따라 평가할 수 있다.
③ 제1항에 따른 시행계획의 수립·시행에 필요한 자료의 제공 및 협조에 관하여는 제7조제4항을 준용한다. 이 경우 "보건복지부장관과 시·도지사"는 "보건복지부장관과 시·도지사 및 시장·군수·구청장"으로, "국가계획 및 지역계획"은 "국가계획 및 지역계획의 시행계획"으로 본다.
④ 제1항에 따른 시행계획의 수립절차 등에 관하여 필요한 사항은 보건복지부령으로 정한다.

제9조【정신건강증진 관련 주요정책의 심의】 보건복지부장관은 다음 각 호의 사항에 관하여 「국민건강증진법」 제5조에 따른 국민건강증진정책심의위원회의 심의를 받아야 한다.
1. 국가계획의 수립
2. 정신건강증진 및 정신질환자 복지서비스 지원 체계와 제도의 발전

제10조【실태조사】 ① 보건복지부장관은 5년마다 다음 각 호의 사항에 관한 실태조사를 하여야 한다. 다만, 정신건강증진 정책을 수립하는 데 필요한 경우 수시로 실태조사를 할 수 있다.(2019.12.3 본문개정)
1. 정신질환의 인구학적 분포, 유병률(有病率) 및 유병요인
2. 성별, 연령 등 인구학적 특성에 따른 정신질환의 치료 이력, 정신건강증진시설 이용 현황
3. 정신질환으로 인한 사회적·경제적 손실
4. 정신질환자의 취업·직업훈련·소득·주거·경제상태 및 정신질환자에 대한 복지서비스
5. 정신질환자 가족의 사회·경제적 상황
6. 정신질환자 및 그 가족에 대한 차별 실태
(2023.6.13 본호신설)
7. 우울·불안·고독 등 정신건강 악화가 우려되는 문제
(2024.1.2 본호신설)
8. 그 밖에 정신건강증진에 필요한 사항으로서 보건복지부령으로 정하는 사항
② 제1항에 따른 실태조사(이하 "실태조사"라 한다)와 정신건강증진 관련 지도업무를 수행하기 위하여 시·도에 담당 공무원을 둘 수 있다.(2019.12.3 본항개정)
③ 보건복지부장관은 실태조사를 하는 데 필요한 자료를 제공하도록 정신건강증진시설 및 대통령령으로 정하는 관련 기관·단체 등에 요청할 수 있다. 이 경우 요청받은 정신건강증진시설 및 관련 기관·단체 등은 자료의 제공이 법령에 위반되거나 정상적인 업무수행에 뚜렷한 지장을 초래하는 등의 정당한 사유가 없으면 그 요청에 따라야 한다.
④ 실태조사는 필요한 경우 「장애인복지법」 제31조에 따른 장애 실태조사와 함께 실시할 수 있다.

⑤ 실태조사를 실시하면 그 결과를 공표하여야 한다.(2019.12.3 본항신설)
⑥ 실태조사의 시기, 방법, 절차 및 공표 등에 관하여 필요한 사항은 보건복지부령으로 정한다.(2019.12.3 본항개정)

제11조【정신건강상 문제의 조기발견 등】 ① 보건복지부장관, 시·도지사 및 시장·군수·구청장은 정신질환의 원활한 치료와 만성화 방지를 위하여 정신건강복지센터, 정신건강증진시설 및 의료기관을 연계한 정신건강상 문제(우울·불안·고독 등 정신건강 악화가 우려되는 문제를 포함한다. 이하 이 조에서 같다)의 조기발견 체계를 구축하여야 한다.(2024.1.2 본항개정)
② 보건복지부장관, 시·도지사 및 시장·군수·구청장은 생애주기 및 성별 정신건강상 문제의 조기발견·치료를 위한 교육·상담 등의 정신건강증진사업을 시행한다.
③ 국가와 지방자치단체는 조기치료가 필요한 정신건강상 문제가 있는 사람에 대하여 예산의 범위에서 치료비를 지원할 수 있다.(2021.6.8 본항신설)
④ 제2항에 따른 생애주기 및 성별 정신건강상 문제의 조기발견·치료를 위한 정신건강증진사업의 범위, 대상 및 내용 등과 제3항에 따른 조기치료비 지원의 대상 및 내용 등은 대통령령으로 정한다.(2021.6.8 본항개정)

제12조【국가와 지방자치단체의 정신건강증진사업등의 추진 등】 ① 보건복지부장관은 제7조제3항 각 호에 관한 전국 단위의 정신건강증진사업등을 수행하고, 제2항 및 제3항에 따른 지방자치단체의 지역별 정신건강증진사업등을 총괄·지원한다.
② 시·도지사는 관할 구역에서의 제7조제3항 각 호에 관한 정신건강증진사업등, 시·군·구(자치구를 말한다. 이하 같다) 간 연계체계 구축 및 응급 정신의료 서비스 제공 등 광역 단위의 정신건강증진사업등을 수행하며, 시장·군수·구청장이 제8조제1항 본문에 따른 지역계획의 시행계획이나 같은 항 단서에 따른 지역보건의료계획의 시행계획에 따른 정신건강증진사업등을 총괄·지원한다.
③ 시장·군수·구청장은 관할 구역에서의 제7조제3항 각 호에 관한 정신건강증진사업등을 수행한다.
④ 보건복지부장관, 시·도지사 및 시장·군수·구청장은 제1항부터 제3항까지의 규정에 따른 정신건강증진사업등을 시행하는 경우에 정신건강복지센터, 정신건강증진시설, 사회복지시설, 학교 및 사업장의 관련 활동이 서로 연계되도록 하여야 한다.
⑤ 제1항에 따른 정신건강증진사업등에 관하여 자문·지원하기 위하여 보건복지부장관 소속으로 중앙정신건강복지사업지원단을 두고, 제2항에 따른 정신건강증진사업등에 관하여 자문·지원하기 위하여 시·도지사 소속으로 지방정신건강복지사업지원단을 둔다.
⑥ 제5항에 따른 중앙정신건강복지사업지원단 및 지방정신건강복지사업지원단의 운영 등에 필요한 사항은 대통령령으로 정한다.

제13조【학교 등에서의 정신건강증진사업 실시】 ① 다음 각 호에 해당하는 기관·단체·학교의 장 및 사업장의 사용자는 구성원의 정신건강에 관한 교육·상담과 정신질환 치료와의 연계 등의 정신건강증진사업을 실시하도록 노력하여야 한다.
1. 국가 및 지방자치단체의 기관 중 업무의 성질상 정신건강을 해칠 가능성이 높아 정신건강증진사업을 실시할 필요가 있는 기관으로서 대통령령으로 정하는 기관
2. 「초·중등교육법」 및 「고등교육법」에 따른 학교 중 대통령령으로 정하는 학교
3. 「근로기준법」에 따른 근로자 300명 이상을 사용하는 사업장
4. 그 밖에 업무의 성질이나 근무자 수 등을 고려하여 정신건강증진사업을 실시할 필요가 있는 기관·단체로서 대통령령으로 정하는 기관·단체
② 보건복지부장관은 제1항에 따른 정신건강증진사업의 효율적인 시행을 위하여 그 구체적 내용 및 방법 등에 관한 지침 시행, 정보 제공, 그 밖의 필요한 사항의 권고를 할 수 있다.
③ 보건복지부장관은 제1항 각 호의 기관·단체·학교 및 사업장 중 구성원의 정신건강 증진을 위하여 적극적으로 노력한 기관 등을 선정·공표할 수 있으며, 해당 기관·단체·학교 및 사업장에 대하여 지원을 할 수 있다.

제14조【정신건강의 날】 ① 정신건강의 중요성을 환기하고 정신질환에 대한 편견을 해소하기 위하여 매년 10월 10일을 정신건강의 날로 하고, 정신건강의 날이 포함된 주(週)를 정신건강주간으로 한다.
② 국가와 지방자치단체는 정신건강의 날 취지에 적합한 행사와 교육·홍보사업을 실시할 수 있다.
③ 제2항에 따른 정신건강의 날 행사 등에 관하여 필요한 사항은 보건복지부령으로 정한다.

제15조【정신건강복지센터의 설치 및 운영】 ① 보건복지부장관은 필요한 지역에서의 제12조제1항에 따른 소관 정신건강증진사업등의 제공 및 연계 사업을 전문적으로 수행하게 하기 위하여 정신건강복지센터를 설치·운영할 수 있다.
② 시·도지사는 관할 구역에서의 제12조제2항에 따른 소관 정신건강증진사업등의 제공 및 연계 사업을 전문적으로 수행하게 하기 위하여 광역정신건강복지센터를 설치·운영할 수 있다.
③ 시장·군수·구청장은 관할 구역에서의 제12조제3항에 따른 소관 정신건강증진사업등의 제공 및 연계 사업을 전문적으로 수행하게 하기 위하여 「지역보건법」에 따른 보건소(이하 "보건소"라 한다)에 기초정신건강복지센터를 설치·운영할 수 있다.
④ 정신건강복지센터의 장은 정신건강증진사업등의 제공 및 연계사업을 수행하기 위하여 정신질환자를 관리하는 경우에 정신질환자 본인이나 제39조에 따른 보호의무자(이하 "보호의무자"라 한다)의 동의를 받아야 한다.
⑤ 보건복지부장관은 제2항 및 제3항에 따른 정신건강복지센터의 설치·운영에 필요한 비용의 일부를 부담한다.
⑥ 보건복지부장관은 대통령령으로 정하는 바에 따라, 시·도지사 및 시장·군수·구청장은 조례나 규칙으로 정하는 바에 따라 소관 정신건강증진사업등을 정신건강에 관한 전문성이 있는 기관·단체에 위탁하여 수행할 수 있다.
⑦ 시·도지사는 소관 광역정신건강복지센터의 운영 현황 및 정신건강증진사업등의 추진 내용을, 시장·군수·구청장은 관할 시·도지사를 통하여 소관 기초정신건강복지센터의 운영 현황 및 정신건강증진사업등의 추진 내용을 각각 반기별로 보건복지부장관에게 보고하여야 한다.
⑧ 보건복지부장관, 시·도지사 및 시장·군수·구청장은 수시로 신고를 받을 수 있는 정신건강상담용 긴급전화를 설치·운영하여야 한다.(2019.4.23 본항신설)
⑨ 제1항부터 제7항까지에서 규정한 사항 외에 정신건강복지센터의 설치·운영에 필요한 사항 및 제8항에 따른 긴급전화의 설치·운영에 필요한 사항은 대통령령으로 정한다.(2019.4.23 본항개정)

제15조의2【국가트라우마센터의 설치·운영】 ① 보건복지부장관은 다음 각 호의 어느 하나에 해당하는 사람의 심리적 안정과 사회 적응을 지원(이하 이 조에서 "심리지원"이라 한다)하기 위하여 국가트라우마센터를 설치·운영할 수 있다.(2020.12.29 본문개정)
1. 재난이나 그 밖의 사고로 정신적 피해를 입은 사람과 그 가족
2. 재난이나 사고 상황에서 구조, 복구, 치료 등 현장대응 업무에 참여한 사람으로서 정신적 피해를 입은 사람
(2020.12.29 1호~2호신설)
② 국가트라우마센터는 다음 각 호의 업무를 수행한다.
1. 심리지원을 위한 지침의 개발·보급
2. 제1항 각 호의 어느 하나에 해당하는 사람에 대한 심리평가, 심리상담, 심리치료(2020.12.29 본호개정)
3. 트라우마에 관한 조사·연구
4. 심리지원 관련 기관 간 협력 및 연계 체계의 구축(2024.1.2 본호개정)
5. 트라우마 극복에 관한 대국민 교육 및 홍보
6. 심리지원 전문인력에 대한 교육 및 훈련
7. 재난이나 사고 이후 정신건강상태에 대한 측정도구 개발
(2024.1.2 5호~7호신설)
8. 그 밖에 심리지원을 위하여 보건복지부장관이 정하는 업무
③ 보건복지부장관은 국가트라우마센터의 업무를 지원하기 위하여 권역별 트라우마센터를 설치·지정 및 운영할 수 있다.(2020.12.29 본항신설)
④ 권역별 트라우마센터는 다음 각 호의 업무를 수행한다.
1. 국가트라우마센터의 업무 지원
2. 해당 권역에 거주하는 제1항 각 호의 어느 하나에 해당하는 사람에 대한 심리상담 및 심리치료
3. 해당 권역의 심리지원 관련 기관 간 협력체계의 구축
4. 그 밖에 심리지원을 위하여 보건복지부장관이 정하는 업무
(2024.1.2 본항신설)
⑤ 보건복지부장관은 대통령령으로 정하는 바에 따라 국가트라우마센터 및 권역별 트라우마센터의 설치·지정 및 운영을 그 업무에 필요한 전문인력과 시설을 갖춘 기관에 위임 또는 위탁할 수 있다.(2020.12.29 본항개정)
⑥ 제1항부터 제5항까지에서 규정한 사항 외에 국가트라우마센터 및 권역별 트라우마센터의 설치·지정 및 운영에 필요한 사항은 대통령령으로 정한다.(2024.1.2 본항개정)
(2018.6.12 본조신설)

제15조의3【중독관리통합지원센터의 설치 및 운영】
① 보건복지부장관 또는 지방자치단체의 장은 알코올, 마약, 도박, 인터넷 등의 중독 문제와 관련한 종합적인 지원사업을 수행하기 위하여 중독관리통합지원센터를 설치·운영할 수 있다.
② 제1항에 따른 중독관리통합지원센터(이하 "중독관리통합지원센터"라 한다)는 다음 각 호의 사업을 수행한다.
1. 지역사회 내 중독자의 조기발견 체계 구축
2. 중독자 대상 상담, 치료, 재활 및 사회복귀 지원사업
3. 중독폐해 예방 및 교육사업
4. 중독자 가족에 대한 지원사업
5. 그 밖에 중독 문제의 해소를 위하여 필요한 사업
③ 보건복지부장관은 제1항에 따른 지방자치단체의 중독관리통합지원센터 설치·운영에 필요한 비용의 전부 또는 일부를 부담할 수 있다.
④ 보건복지부장관 또는 지방자치단체의 장은 중독관리통합지원센터의 설치·운영을 그 업무에 관한 전문성이 있는 기관·단체에 위탁할 수 있다.
⑤ 중독관리통합지원센터의 설치·운영 및 위탁 등에 필요한 사항은 보건복지부령으로 정한다.
(2018.12.11 본조신설)

제16조【정신건강연구기관 설치·운영】 보건복지부장관은 다음 각 호의 업무 수행을 위하여 국립정신건강연구기관을 둘 수 있다.
1. 뇌(腦)신경 과학에 관한 연구
2. 정신질환 치료 및 재활을 위한 중개(仲介)·임상 연구
3. 정신건강증진 서비스 전달체계 개선에 관한 연구
4. 정신질환과 관련된 정보·통계의 수집·분석 및 제공
5. 정신건강증진 전문가 양성 및 정신건강증진시설 종사자 훈련
6. 국가계획의 수립 및 실태조사의 지원
7. 국가정신건강정책의 수행을 위한 국립정신병원의 지원
8. 그 밖에 대통령령으로 정하는 업무

제17조【정신건강전문요원의 자격 등】 ① 보건복지부장관은 정신건강 분야에 관한 전문지식과 기술을 갖추고 보건복지부령으로 정하는 수련기관에서 수련을 받은 사람에게 정신건강전문요원의 자격을 줄 수 있다.
② 제1항에 따른 정신건강전문요원(이하 "정신건강전문요원"이라 한다)은 그 전문분야에 따라 정신건강임상심리사, 정신건강간호사, 정신건강사회복지사 및 정신건강작업치료사로 구분한다.(2020.4.7 본항개정)
③ 보건복지부장관은 정신건강전문요원의 자질을 향상시키기 위하여 보수교육을 실시할 수 있다.
④ 보건복지부장관은 제3항에 따른 보수교육을 국립정신병원, 「고등교육법」 제2조에 따른 학교 또는 대통령령으로 정하는 전문기관에 위탁할 수 있다.
⑤ 정신건강전문요원은 다른 사람에게 자기의 명의를 사용하여 정신건강전문요원의 업무를 수행하게 하거나 정신건강전문요원 자격증을 빌려주어서는 아니 된다.(2019.4.23 본항신설)
⑥ 누구든지 정신건강전문요원 자격을 취득하지 아니하고 그 명의를 사용하거나 자격증을 대여받아서는 아니 되며, 명의의 사용이나 자격증의 대여를 알선하여서도 아니 된다.(2019.4.23 본항신설)
⑦ 보건복지부장관은 정신건강전문요원이 다음 각 호의 어느 하나에 해당하는 경우에는 그 자격을 취소하거나 6개월 이내의 기간을 정하여 자격의 정지를 명할 수 있다. 다만, 제1호 또는 제2호에 해당하면 그 자격을 취소하여야 한다.
1. 자격을 받은 후 제18조 각 호의 어느 하나에 해당하게 된 경우
2. 거짓이나 그 밖의 부정한 방법으로 자격을 받은 경우
3. 제5항을 위반하여 다른 사람에게 자기의 명의를 사용하여 정신건강전문요원의 업무를 수행하게 하거나 정신건강전문요원 자격증을 빌려준 경우(2019.4.23 본호신설)
4. 고의 또는 중대한 과실로 제8항에 따라 대통령령으로 정하는 업무의 수행에 중대한 지장이 발생하게 된 경우(2019.4.23 본호개정)
⑧ 제1항부터 제3항까지의 규정에 따른 정신건강전문요원 업무의 범위, 자격·등급에 관하여 필요한 사항은 대통령령으로 정하고, 수련과정 및 보수교육과 정신건강전문요원에 대한 자격증의 발급 등에 관하여 필요한 사항은 보건복지부령으로 정한다.

제18조【정신건강전문요원의 결격사유】 다음 각 호의 어느 하나에 해당하는 사람은 정신건강전문요원이 될 수 없다.
1. 피성년후견인
2. 이 법이나 다음 각 목의 어느 하나에 해당하는 법을 위반하여 금고 이상의 형을 선고받고 그 집행이 끝나지 아니하거나 집행을 받지 아니하기로 확정되지 아니한 사람
가. 「농어촌 등 보건의료를 위한 특별조치법」
나. 「마약류 관리에 관한 법률」
다. 「모자보건법」
라. 「보건범죄 단속에 관한 특별조치법」
마. 「사회보장급여의 이용·제공 및 수급권자 발굴에 관한 법률」
바. 「사회복지사업법」
사. 「시체 해부 및 보존 등에 관한 법률」(2020.4.7 본목개정)
아. 「약사법」
자. 「응급의료에 관한 법률」
차. 「의료기사 등에 관한 법률」
카. 「의료법」
타. 「지역보건법」
파. 「혈액관리법」
하. 「후천성면역결핍증 예방법」
거. 「형법」 중 제233조, 제234조(제233조의 죄에 의하여 작성된 허위진단서등을 행사한 사람만 해당한다. 이하 같다), 제235조(제233조 및 제234조의 미수범만 해당한다), 제269조, 제270조제2항·제3항, 제317조제1항 및 제347조(거짓으로 진료비를 청구하여 환자나 진료비를 지급하는 기관·단체를 속인 경우만 해당한다)
3. 「성폭력범죄의 처벌 등에 관한 특례법」 제2조에 따른 성폭력범죄 또는 「아동·청소년의 성보호에 관한 법률」 제2조제2호에 따른 아동·청소년대상 성범죄를 저질러 금고 이상의 형 또는 치료감호를 선고받고 그 집행이 끝나지 아니하거나 집행을 받지 아니하기로 확정되지 아니한 사람(2018.12.11 본호신설)

제3장 정신건강증진시설의 개설·설치 및 운영 등

제19조【정신의료기관의 개설·운영 등】 ① 정신의료기관의 개설은 「의료법」에 따른다. 이 경우 「의료법」 제36조에도 불구하고 정신의료기관의 시설·장비의 기준과 의료인 등 종사자의 수·자격에 관하여 필요한 사항은 정신의료기관의 규모 등을 고려하여 보건복지부령으로 따로 정한다.
② 다음 각 호의 어느 하나에 해당하는 행위로 금고 이상의 형을 선고받고 그 형의 집행이 끝나거나 집행을 받지 아니하기로 확정된 후 5년이 지나지 아니한 사람 또는 그 사람이 대표자로 있는 법인은 정신의료기관을 개설하거나 설치할 수 없다.
1. 제41조제2항, 제42조제2항 본문, 제43조제7항·제9항 본문, 제47조제4항 또는 제62조제1항 후단을 위반하여 정신질환자를 퇴원이나 임시 퇴원을 시키지 아니한 행위
2. 제68조제1항을 위반하여 정신건강의학과전문의의 대면(對面) 진단에 의하지 아니하고 정신질환자를 정신의료기관에 입원을 시키거나 입원의 기간을 연장한 행위
③ 보건복지부장관은 정신질환자에 대한 지역별 병상 수급 현황 등을 고려하여 정신의료기관이 다음 각 호의 어느 하나에 해당하는 경우에 그 정신의료기관의 규모를 제한할 수 있다.
1. 300병상 이상의 정신의료기관을 개설하려는 경우
2. 정신의료기관의 병상 수를 300병상 미만에서 기존의 병상 수를 포함하여 300병상 이상으로 증설하려는 경우
3. 300병상 이상의 정신의료기관을 운영하는 자가 병상 수를 증설하려는 경우
④ 시·도지사 또는 시장·군수·구청장은 정신의료기관이 다음 각 호의 어느 하나에 해당하는 경우에는 1년의 범위에서 기간을 정하여 시정명령을 할 수 있다.
1. 제1항 후단에 따른 정신의료기관의 시설·장비의 기준과 의료인 등 종사자의 수·자격에 미달하게 된 경우
2. 제41조제2항, 제42조제2항 본문, 제43조제7항·제9항 본문, 제47조제4항 또는 제62조제1항 후단을 위반하여 정신질환자를 퇴원이나 임시 퇴원을 시키지 아니한 경우
3. 제59조제1항제1호부터 제6호까지(제61조제2항에서 준용하는 경우를 포함한다) 또는 제66조제4항에 따른 명령에 따르지 아니한 경우
4. 정당한 사유 없이 제66조제1항에 따른 보고를 하지 아니하거나 거짓으로 보고를 하는 경우, 관계 서류를 제출하지 아니하거나 거짓의 서류를 제출하는 경우 또는 관계 공무원의 검사를 거부·방해 또는 기피하는 경우나 같은 조 제2항에 따른 관계 공무원과 정신건강심의위원회 위원의 심사를 거부·방해 또는 기피한 경우
5. 제68조제1항을 위반하여 정신건강의학과전문의의 대면 진단에 의하지 아니하고 정신질환자를 입원시키거나 입원 기간을 연장한 경우
⑤ 시·도지사 또는 시장·군수·구청장은 정신의료기관이 제4항의 시정명령에 따르지 아니한 경우 보건복지부령으로 정하는 바에 따라 1년의 범위에서 사업의 정지를 명령하거나 개설허가의 취소 또는 시설의 폐쇄를 명령할 수 있다.
⑥ 제4항 및 제5항에 따른 행정처분의 세부적인 기준은 그 위반행위의 유형과 위반의 정도 등을 고려하여 보건복지부령으로 정한다.
⑦ 정신의료기관에 관하여는 이 법에서 규정한 것을 제외하고는 「의료법」에 따른다.

제20조【과징금처분】 ① 시·도지사 또는 시장·군수·구청장은 정신의료기관이 제19조제5항에 해당하여 사업의 정지를 명하여야 하는 경우로서 그 사업의 정지가 이용자에게 심한 불편을 주거나 그 밖에 공익을 해칠 우려가 있는 경우에는 사업의 정지 처분을 갈음하여 1억원 이하의 과징금을 부과할 수 있다.(2019.1.15 본항개정)
② 제1항에 따른 과징금을 부과하는 위반행위의 유형 및 위반 정도 등에 따른 과징금의 금액과 그 밖에 필요한 사항은 대통령령으로 정한다.
③ 시·도지사 또는 시장·군수·구청장은 제1항에 따른 과징금을 내야 할 자가 납부기한까지 과징금을 내지 아니하면 「지방행정제재·부과금의 징수 등에 관한 법률」에 따라 징수한다.(2020.3.24 본항개정)

제21조【국립·공립 정신병원의 설치 등】 ① 국가와 지방자치단체는 국립 또는 공립의 정신의료기관으로서 정신병원을 설치·운영하여야 한다.
② 국가와 지방자치단체가 정신병원을 설치하는 경우 그 병원이 지역적으로 균형 있게 분포되도록 하여야 하며, 정신질환자가 지역사회 중심으로 관리되도록 하여야 한다.
③ 제1항에 따른 정신병원은 제12조제1항부터 제3항까지에 따른 정신건강증진사업을 수행하고 정신건강증진사업 인력에 대한 교육·훈련을 담당한다.

제21조의2【공립 정신병원의 운영 등】 ① 보건복지부장관은 보건복지부령으로 정하는 바에 따라 공립 정신병원에 대한 운영평가를 실시하여야 한다. 다만, 보건복지부장관이 필요하다고 인정하는 경우에는 지방자치단체의 장으로 하여금 운영평가를 하게 할 수 있다.
② 지방자치단체의 장은 공립 정신병원 운영의 전문성과 효율성을 제고하기 위하여 필요한 경우에는 보건복지부령으로 정하는 법인·단체 또는 개인에게 그 운영을 위탁할 수 있다.
③ 제2항에 따라 공립 정신병원의 운영을 위탁하려는 경우에는 이를 공고하여 경쟁입찰에 부쳐야 한다. 다만, 공립 정신병원의 설치·운영에 필요한 부지 또는 건물 등으로서 보건복지부령으로 정하는 재산을 기부채납한 자에게 위탁하는 경우에는 수의계약을 할 수 있다.
④ 공립 정신병원 운영의 위탁기간은 그 위탁을 받은 날부터 5년으로 하며, 지방자치단체의 장은 제1항에 따른 운영평가 결과를 고려하여 5년 단위로 위탁계약을 갱신할 수 있다.
⑤ 지방자치단체의 장은 제2항에 따라 공립 정신병원의 운영을 위탁받은 자(이하 "수탁자"라 한다)가 공립 정신병원을 위법 또는 부당하게 운영하거나 위탁계약을 위반한 사실이 있는 경우 그 시정을 요구할 수 있다.
⑥ 지방자치단체의 장은 수탁자가 다음 각 호의 어느 하나에 해당하는 경우 위탁계약을 해지할 수 있다. 다만, 제1호에 해당하는 경우에는 위탁계약을 해지하여야 한다.
1. 거짓이나 그 밖의 부정한 방법으로 위탁계약을 체결한 경우
2. 부도, 파산, 해산, 의료인의 면허자격 정지 또는 취소, 의료업에 관한 허가 정지 또는 취소 등의 사유로 공립 정신병원의 위탁 운영이 곤란하다고 인정되는 경우
3. 제1항에 따른 운영평가를 정당한 사유 없이 거부·방해 또는 기피한 경우
4. 제5항에 따른 지방자치단체의 장의 시정 요구를 정당한 사유 없이 이행하지 아니한 경우
5. 그 밖에 위탁계약 내용에 포함된 계약 해지 사유가 발생한 경우
⑦ 지방자치단체의 장은 제6항에 따라 위탁계약을 해지하려면 수탁자에게 미리 의견진술의 기회를 주어야 한다.
(2020.4.7 본조신설)

제22조【정신요양시설의 설치·운영】 ① 국가와 지방자치단체는 정신요양시설을 설치·운영할 수 있다.
② 「사회복지사업법」에 따른 사회복지법인(이하 "사회복지법인"이라 한다)과 그 밖의 비영리법인이 정신요양시설을 설치·운영하려는 경우에는 해당 정신요양시설 소재지 관할 특별자치시장·특별자치도지사·시장·군수·구청장의 허가를 받아야 한다.
③ 다음 각 호의 어느 하나에 해당하는 행위로 금고 이상의 형을 선고받고 그 형의 집행이 끝나거나 집행을 받지 아니하기로 확정된 후 5년이 지나지 아니한 사람 또는 그 사람이 대표자로 있는 법인은 정신요양시설을 설치할 수 없다.
1. 제41조제2항, 제42조제2항 본문, 제43조제7항·제9항 본문, 제47조제4항을 위반하여 정신질환자를 퇴소나 임시 퇴소를 시키지 아니한 행위
2. 제68조제1항을 위반하여 정신건강의학과전문의의 대면 진단에 의하지 아니하고 정신질환자를 정신요양시설에 입소시키거나 입소의 기간을 연장한 행위
④ 제2항에 따라 허가를 받은 자가 허가받은 사항을 변경하려는 경우에는 특별자치시장·특별자치도지사·시장·군수·구청장에게 신고하여야 한다. 다만, 입소 정원을 변경하려는 경우에는 변경허가를 받아야 한다.
⑤ 특별자치시장·특별자치도지사·시장·군수·구청장은 제4항 본문에 따른 신고를 받은 경우 그 내용을 검토하여 이 법에 적합하면 신고를 수리하여야 한다.
(2019.1.15 본항신설)
⑥ 보건복지부장관, 시·도지사 및 시장·군수·구청장은 정신요양시설의 장에게 정신질환자의 요양생활에 지장이 없는 범위에서 지역주민·사회단체·언론사 등이 정신요양시설의 운영상황을 파악할 수 있도록 그 시설의 개방을 요구할 수 있다. 이 경우 정신요양시설의 장은 정당한 사유가 없으면 그 요구에 따라야 한다.
⑦ 정신요양시설의 설치기준·수용인원, 종사자의 수·자격 및 정신요양시설의 이용·운영에 필요한 사항은 보건복지부령으로 정한다.

제23조【정신건강의학과전문의의 자문】 정신요양시설의 장은 정신요양시설에서 요양 서비스를 제공할 때 의료와 관련된 부분은 대통령령으로 정하는 바에 따라 정신건강의학과전문의에게 자문하여야 한다.

제24조【정신요양시설의 폐지·휴지·재개 신고】 정신요양시설을 설치·운영하는 자가 그 시설을 폐지·휴지(休止)하거나 재개(再開)하려는 경우에는 보건복지부령으로 정하는 바에 따라 미리 특별자치시장·특별자치도지사·시장·군수·구청장에게 신고하여야 한다. 이 경우 특별자치시장·특별자치도지사·시장·군수·구청장은 그 내용을 검토하여 이 법에 적합하면 신고를 수리하여야 한다.(2019.1.15 후단신설)

제25조【정신요양시설 사업의 정지, 설치허가 취소 등】 ① 특별자치시장·특별자치도지사·시장·군수·구청장은 정신요양시설이 다음 각 호의 어느 하나에 해당하는 경우에는 1년의 범위에서 기간을 정하여 시정명령을 할 수 있다.
1. 제22조제4항을 위반하여 신고하지 아니하거나 변경허가를 받지 아니한 경우
2. 제22조제7항에 따른 설치기준, 수용인원, 종사자의 수·자격 또는 이용·운영에 관한 사항을 위반한 경우(2019.1.15 본호개정)
3. 제41조제2항, 제42조제2항 본문, 제43조제7항·제9항 본문, 제47조제4항을 위반하여 정신질환자를 퇴소 또는 임시 퇴소를 시키지 아니한 경우
4. 제59조제1항제1호부터 제6호까지(제61조제2항에서 준용하는 경우를 포함한다) 또는 제66조제4항에 따른 명령에 따르지 아니한 경우
5. 정당한 사유 없이 제66조제1항에 따른 보고를 하지 아니하거나 거짓으로 보고를 하는 경우, 관계 서류를 제출하지 아니하거나 거짓의 서류를 제출하는 경우 또는 관계 공무원의 검사를 거부·방해 또는 기피하는 경우나 같은 조 제2항에 따른 관계 공무원과 정신건강심의위원회 위원의 심사를 거부·방해 또는 기피한 경우
6. 제68조제1항을 위반하여 정신건강의학과전문의의 대면 진단에 의하지 아니하고 정신질환자를 입소시키거나 입소 기간을 연장한 경우
② 특별자치시장·특별자치도지사·시장·군수·구청장은 정신요양시설이 제1항의 시정명령에 따르지 아니한 경우에는 보건복지부령으로 정하는 바에 따라 1개월의 범위에서의 사업의 정지 또는 정신요양시설의 장의 교체를 명령하거나 설치허가를 취소할 수 있다.
③ 특별자치시장·특별자치도지사·시장·군수·구청장은 정신요양시설을 설치·운영하는 사회복지법인 또는 비영리법인의 설립허가가 취소되거나 법인이 해산된 경우에는 설치허가를 취소하여야 한다.
④ 제1항 및 제2항에 따른 행정처분의 세부적인 기준은 그 위반행위의 유형과 위반의 정도 등을 고려하여 보건복지부령으로 정한다.
⑤ 정신요양시설에 관하여는 이 법에서 규정한 것을 제외하고는 「사회복지사업법」에 따른다.

제26조【정신재활시설의 설치·운영】 ① 국가 또는 지방자치단체는 정신재활시설을 설치·운영할 수 있다.
② 국가나 지방자치단체 외의 자가 정신재활시설을 설치·운영하려면 해당 정신재활시설 소재지 관할 특별자치시장·특별자치도지사·시장·군수·구청장에게 신고하여야 한다. 신고한 사항 중 보건복지부령으로 정하는 중요한 사항을 변경할 때에도 신고하여야 한다.
③ 특별자치시장·특별자치도지사·시장·군수·구청장은 제2항에 따른 신고를 받은 경우 그 내용을 검토하여 이 법에 적합하면 신고를 수리하여야 한다.(2019.1.15 본항신설)
④ 정신재활시설의 시설기준, 수용인원, 종사자 수·자격, 설치·운영신고, 변경신고 및 정신재활시설의 이용·운영에 필요한 사항은 보건복지부령으로 정한다.
⑤ 국가 또는 지방자치단체는 필요한 경우 정신재활시설을 사회복지법인 또는 비영리법인에 위탁하여 운영할 수 있다.
⑥ 제4항에 따른 위탁운영의 기준·기간 및 방법 등에 관하여 필요한 사항은 보건복지부령으로 정한다.

제27조【정신재활시설의 종류】 ① 정신재활시설의 종류는 다음 각 호와 같다.
1. 생활시설 : 정신질환자등이 생활할 수 있도록 주로 의식주 서비스를 제공하는 시설
2. 재활훈련시설 : 정신질환자등이 지역사회에서 직업활동과 사회생활을 할 수 있도록 주로 상담·교육·취업·여가·문화·사회참여 등 각종 재활활동을 지원하는 시설
3. 그 밖에 대통령령으로 정하는 시설
② 제1항 각 호에 따른 정신재활시설의 구체적인 종류와 사업 등에 관하여 필요한 사항은 보건복지부령으로 정한다.

제28조【정신재활시설의 폐지·휴지·재개신고】 제26조제2항에 따라 정신재활시설을 설치·운영하는 자가 그 시설을 폐지·휴지하거나 재개하려면 보건복지부령으로 정하는 바에 따라 미리 특별자치시장·특별자치도지사·시장·군수·구청장에게 신고하여야 한다. 이 경우 특별자치시장·특별자치도지사·시장·군수·구청장은 그 내용을 검토하여 이 법에 적합하면 신고를 수리하여야 한다.
(2019.1.15 후단신설)

제29조【정신재활시설의 폐쇄 등】 ① 특별자치시장·특별자치도지사·시장·군수·구청장은 정신재활시설이 다음 각 호의 어느 하나에 해당하는 경우에는 1년의 범위에서 기간을 정하여 시정명령을 할 수 있다.
1. 제26조제2항 후단에 따른 변경신고를 하지 아니한 경우
2. 제26조제4항에 따른 정신재활시설의 시설기준, 수용인원, 종사자 수·자격, 설치·운영신고, 변경신고 또는 이용·운영에 관한 사항을 위반한 경우(2019.1.15 본호개정)
② 특별자치시장·특별자치도지사·시장·군수·구청장은 정신재활시설이 제1항의 시정명령에 따르지 아니한 경우에는 보건복지부령으로 정하는 바에 따라 1년의 범위에서의 사업의 정지 또는 정신재활시설의 폐쇄를 명령할 수 있다.
③ 특별자치시장·특별자치도지사·시장·군수·구청장은 정신재활시설을 설치·운영하는 사회복지법인 또는 비영리법인의 설립허가가 취소되거나 법인이 해산된 경우에는 시설의 폐쇄를 명하여야 한다.

제30조【기록보존】 ① 정신건강증진시설의 장은 다음 각 호의 사항에 관한 기록을 보건복지부령으로 정하는 바에 따라 진료기록부 등에 작성·보존하여야 한다.

1. 입원등 당시의 대면 진단 내용
2. 제41조제3항 및 제42조제4항에 따른 퇴원등의 의사 확인
3. 제42조제2항에 따른 퇴원등의 신청 일시 및 퇴원등의 거부 사유
4. 제43조제6항에 따른 입원등의 기간 연장에 대한 심사 청구 및 결과
5. 투약 등의 치료 내용을 적은 진료기록
6. 제73조에 따른 특수치료에 관한 협의체의 회의 내용
7. 제74조에 따른 통신과 면회의 자유 제한의 사유 및 내용
8. 제75조에 따른 격리시키거나 묶는 등의 신체적 제한의 사유 및 내용
9. 제76조에 따른 작업치료의 내용 및 결과(2020.4.7 본호개정)
10. 그 밖에 보건복지부령으로 정하는 사항

② 정신건강증진시설의 장은 입원등을 한 사람이 제1항에 따른 기록의 열람·사본발급 등 그 내용확인을 요구하면 그 요구에 따라야 한다.
③ 정신건강증진시설의 장은 「의료법」 제21조제에도 불구하고 보호의무자가 입원등을 한 사람의 동의서와 보호의무자임을 확인할 수 있는 서류를 제출하고 제1항에 따른 기록의 열람·사본발급 등 그 내용확인을 요구하면 그 요구에 따라야 한다. 다만, 입원등을 한 사람이 사망하거나 의사능력이 미흡하여 보호의무자가 입원등을 한 사람의 동의를 받을 수 없는 경우에는 보건복지부령으로 정하는 서류로 그 동의서를 갈음할 수 있다.
④ 정신건강증진시설의 장은 제3항에도 불구하고 입원등을 한 사람에게 해가 되는 경우로서 대통령령으로 정하는 경우에는 제3항에 따른 보호의무자의 요구에 따르지 아니할 수 있다.

제31조【정신건강증진시설의 평가】 ① 보건복지부장관은 정기적으로 정신건강증진시설에 대한 평가(이하 "정신건강증진시설평가"라 한다)를 하여야 한다. 다만, 「의료법」 제58조에 따른 의료기관 인증 또는 「사회복지사업법」 제43조의2에 따른 사회복지시설평가로 정신건강증진시설평가를 갈음할 수 있다.
② 정신건강증진시설의 장은 정당한 사유가 있는 경우를 제외하고는 정신건강증진시설평가를 받아야 한다.
③ 보건복지부장관은 정신건강증진시설평가에 관한 업무를 관계 전문기관 또는 단체에 위탁할 수 있다.
④ 보건복지부장관은 정신건강증진시설평가의 결과를 공표하여야 한다.
⑤ 보건복지부장관은 정신건강증진시설평가 결과가 우수한 정신건강증진시설에 행정적·재정적 지원을 할 수 있다.
⑥ 제1항부터 제4항까지의 규정에 따른 정신건강증진시설평가의 주기·범위·절차, 정신건강증진시설평가 업무의 위탁, 평가결과의 공표 등에 필요한 사항은 보건복지부령으로 정한다.

제32조【청문】 보건복지부장관, 시·도지사 또는 시장·군수·구청장은 다음 각 호의 행정처분을 하려면 청문을 하여야 한다.
1. 제17조제7항에 따른 정신건강전문요원의 자격취소(2019.4.23 본호개정)
2. 제19조제5항에 따른 정신의료기관의 개설허가의 취소 또는 시설 폐쇄명령
3. 제25조제2항에 따른 정신요양시설의 설치허가의 취소
4. 제29조제2항에 따른 정신재활시설의 폐쇄명령
5. 제70조제4항에 따른 인권교육기관의 지정 취소

제4장 복지서비스의 제공

제33조【복지서비스의 개발】 ① 국가와 지방자치단체는 정신질환자가 정신질환에도 불구하고 잠재적인 능력을 최대한 계발할 수 있도록 정신질환자에게 적합한 서비스를 적극적으로 개발하기 위한 연구지원체계를 구축하기 위하여 노력하여야 한다.
② 제1항에 따른 연구지원체계 구축에 필요한 사항은 보건복지부령으로 정한다.

제34조【고용 및 직업재활 지원】 ① 국가와 지방자치단체는 정신질환자가 자신의 능력을 최대한 활용하여 직업생활을 영위할 수 있도록 일자리 창출, 창업지원 등 고용촉진에 필요한 조치를 강구하여야 한다.
② 보건복지부장관은 정신질환자의 능력과 특성에 적합한 직업훈련, 직업지도 등을 지원하기 위하여 필요한 조치를 강구하여야 한다.
③ 제1항 및 제2항의 고용촉진 및 직업훈련 등에 필요한 사항은 보건복지부령으로 정한다.

제35조【평생교육 지원】 ① 국가와 지방자치단체는 정신질환자에게 「교육기본법」 제3조 및 제4조에 따른 평생교육의 기회가 충분히 부여될 수 있도록 특별자치시장·특별자치도지사·시장·군수·구청장별로 「평생교육법」 제2조제2호의 평생교육기관을 지정하여 정신질환자를 위한 교육과정을 적절하게 운영하도록 조치하여야 한다.
② 국가와 지방자치단체는 제1항에 따라 지정된 평생교육기관에 대하여 예산의 범위에서 정신질환자를 위한 교육과정 운영에 필요한 경비의 전부 또는 일부를 지원할 수 있다.
③ 제1항에 따른 평생교육기관의 지정기준과 절차, 정신질환자를 위한 교육과정의 기준, 교육제공인력의 요건 등은 교육부장관이 보건복지부장관과 협의하여 정한다.

제36조【문화·예술·여가·체육활동 등 지원】 국가와 지방자치단체는 이 법에서 정한 지원 외에 문화·예술·여가·체육활동 등의 영역에서 정신질환자에게 필요한 서비스가 지원되도록 최대한 노력하여야 한다.

제37조【지역사회 거주·치료·재활 등 통합 지원】 ① 국가와 지방자치단체는 정신질환자의 지역사회 거주 및 치료를 위하여 필요한 시책을 강구하여야 한다.
② 국가와 지방자치단체는 정신건강증진시설에서의 퇴원등이 필요한 정신질환자에 대한 지역사회 재활 지원 등 지역사회 통합 지원을 위하여 노력하여야 한다. (2019.4.23 본항개정)
③ 제1항 및 제2항에 따른 지역사회 거주·치료·재활 등 통합 지원을 위하여 필요한 사항은 보건복지부령으로 정한다.

제38조【가족에 대한 정보제공과 교육】 ① 국가와 지방자치단체는 정신질환자의 가족이 정신질환자의 적절한 회복과 자립을 지원하는 데 필요한 정보를 제공하거나 관련 교육을 실시할 수 있다.
② 제1항에 따라 제공하는 정보와 교육의 내용·방법 등에 필요한 사항은 보건복지부령으로 정한다.

제5장 보호 및 치료

제39조【보호의무자】 ① 「민법」에 따른 후견인 또는 부양의무자는 정신질환자의 보호의무자가 된다. 다만, 다음 각 호의 어느 하나에 해당하는 사람은 보호의무자가 될 수 없다.
1. 피성년후견인 및 피한정후견인
2. 파산선고를 받고 복권되지 아니한 사람
3. 해당 정신질환자를 상대로 한 소송이 계속 중인 사람 또는 소송한 사실이 있었던 사람과 그 배우자
4. 미성년자
5. 행방불명자
6. 그 밖에 보건복지부령으로 정하는 부득이한 사유로 보호의무자로서의 의무를 이행할 수 없는 사람

② 제1항에 따른 보호의무자 사이의 보호의무의 순위는 후견인·부양의무자의 순위에 따르며 부양의무자가 2명 이상인 경우에는 「민법」 제976조에 따른다.

제40조【보호의무자의 의무】 ① 보호의무자는 보호하고 있는 정신질환자가 적절한 치료 및 요양과 사회적응 훈련을 받을 수 있도록 노력하여야 한다.
② 보호의무자는 보호하고 있는 정신질환자가 정신의료기관 또는 정신요양시설(이하 "정신의료기관등"이라 한다)에 입원등을 할 필요가 있는 경우에는 정신질환자 본인의 의사를 최대한 존중하여야 하며, 정신건강의학과전문의가 정신의료기관등에서 정신질환자의 퇴원등이 가능하다고 진단할 경우에는 퇴원등에 적극 협조하여야 한다.
③ 보호의무자는 보호하고 있는 정신질환자가 자신이나 다른 사람을 해치지 아니하도록 유의하여야 하며, 정신질환자의 재산상의 이익 등 권리보호를 위하여 노력하여야 한다.
④ 보호의무자는 보호하고 있는 정신질환자를 유기하여서는 아니 된다.

제41조【자의입원등】 ① 정신질환자나 그 밖에 정신건강상 문제가 있는 사람은 보건복지부령으로 정하는 입원등 신청서를 정신의료기관등의 장에게 제출함으로써 그 정신의료기관등에 자의입원등을 할 수 있다.
② 정신의료기관등의 장은 자의입원등을 한 사람이 퇴원등을 신청한 경우에는 지체 없이 퇴원등을 시켜야 한다.
③ 정신의료기관등의 장은 자의입원등을 한 사람에게 대하여 입원등을 한 날부터 2개월마다 퇴원등을 할 의사가 있는지를 확인하여야 한다.

제42조【동의입원등】 ① 정신질환자는 보호의무자의 동의를 받아 보건복지부령으로 정하는 입원등 신청서를 정신의료기관등의 장에게 제출함으로써 그 정신의료기관등에 입원등을 할 수 있다.
② 정신의료기관등의 장은 제1항에 따라 입원등을 한 정신질환자가 퇴원등을 신청한 경우에는 지체 없이 퇴원등을 시켜야 한다. 다만, 정신질환자가 보호의무자의 동의를 받지 아니하고 퇴원등을 신청한 경우에는 정신건강의학과전문의 진단 결과 환자의 치료와 보호 필요성이 있다고 인정되는 경우에 한정하여 정신의료기관등의 장은 퇴원등의 신청을 받은 때부터 72시간까지 퇴원등을 거부할 수 있고, 퇴원등을 거부하는 기간 동안 제43조 또는 제44조에 따른 입원등으로 전환할 수 있다.
③ 정신의료기관등의 장은 제2항 단서에 따라 퇴원등을 거부하는 경우에는 지체 없이 환자 및 보호의무자에게 그 거부 사유 및 제55조에 따라 퇴원등의 심사를 청구할 수 있음을 서면 또는 전자문서로 통지하여야 한다.
④ 정신의료기관등의 장은 제1항에 따라 입원등을 한 정신질환자에 대하여 입원등을 한 날부터 2개월마다 퇴원등을 할 의사가 있는지를 확인하여야 한다.

제43조【보호의무자에 의한 입원등】 ① 정신의료기관등의 장은 정신질환자의 보호의무자 2명 이상(보호의무자 간 입원등에 관하여 다툼이 있는 경우에는 제39조제2항의 순위에 따른 선순위자 2명 이상을 말하며, 보호의무자가 1명만 있는 경우에는 1명으로 한다)이 신청한 경우로서 정신건강의학과전문의가 입원등이 필요하다고 진단한 경우에만 해당 정신질환자를 입원등을 시킬 수 있다. 이 경우 정신의료기관등의 장은 입원등을 할 때 보호의무자로부터 보건복지부령으로 정하는 바에 따라 입원등 신청서와 보호의무자임을 확인할 수 있는 서류를 받아야 한다.
② 제1항 전단에 따른 정신건강의학과전문의의 입원등 필요성에 관한 진단은 해당 정신질환자가 다음 각 호의 모두에 해당하는 경우 그 각각에 관한 진단을 적은 입원등 권고서를 제1항에 따른 입원등 신청서에 첨부하는 방법으로 하여야 한다.
1. 정신질환자가 정신의료기관등에서 입원치료 또는 요양을 받을 만한 정도 또는 성질의 정신질환을 앓고 있는 경우
2. 정신질환자 자신의 건강 또는 안전이나 다른 사람에게 해를 끼칠 위험(보건복지부령으로 정하는 기준에 해당하는 위험을 말한다. 이하 같다)이 있어 입원등을 할 필요가 있는 경우

③ 정신의료기관등의 장은 정신건강의학과전문의 진단 결과 정신질환자가 제2항 각 호에 모두 해당하여 입원등이 필요하다고 진단한 경우 그 증상의 정확한 진단을 위하여 2주의 범위에서 기간을 정하여 입원하게 할 수 있다.
④ 정신의료기관등의 장은 제3항에 따른 진단 결과 해당 정신질환자에 대하여 계속 입원등이 필요하다는 서로 다른 정신의료기관등에 소속된 2명 이상의 정신건강의학과전문의(제21조 또는 제22조에 따른 국립·공립의 정신의료기관등 또는 보건복지부장관이 지정하는 정신의료기관등에 소속된 정신건강의학과전문의가 1명 이상 포함되어야 한다)의 일치된 소견이 있는 경우에만 해당 정신질환자에 대하여 치료를 위한 입원등을 하게 할 수 있다.
⑤ 제4항에 따른 입원등의 기간은 최초로 입원등을 한 날부터 3개월 이내로 한다. 다만, 다음 각 호의 구분에 따라 입원등의 기간을 연장할 수 있다.
1. 3개월 이후의 1차 입원등 기간 연장 : 3개월 이내
2. 제1호에 따른 1차 입원등 기간 연장 이후의 입원등 기간 연장 : 매 입원등 기간 연장 시마다 6개월 이내

⑥ 정신의료기관등의 장은 다음 각 호의 모두에 해당하는 경우에만 제5항 각 호에 따른 입원등 기간의 연장을 할 수 있다. 이 경우 정신의료기관등의 장은 입원등 기간을 연장할 때마다 관할 특별자치시장·특별자치도지사·시장·군수·구청장에게 대통령령으로 정하는 기간 이내에 그 연장에 대한 심사를 청구하여야 한다.
1. 서로 다른 정신의료기관등에 소속된 2명 이상의 정신건강의학과전문의(제21조 또는 제22조에 따른 국립·공립의 정신의료기관등 또는 보건복지부장관이 지정하는 정신의료기관등에 소속된 정신건강의학과전문의가 1명 이상 포함되어야 한다)가 입원등 기간을 연장하여 치료할 필요가 있다고 일치된 진단을 하는 경우
2. 제1항에 따른 보호의무자(이하 "신청 보호의무자"라 한다) 2명 이상(제1항에 따른 입원등 신청 시 신청 보호의무자가 1명만 있었던 경우에는 1명으로 한다)이 제5항에 따른 입원등의 기간 연장에 대한 동의서를 제출한 경우

⑦ 정신의료기관등의 장은 제6항에 따른 입원등 기간 연장의 심사 청구에 대하여 특별자치시장·특별자치도지사·시장·군수·구청장으로부터 제59조(제61조제2항에서 준용하는 경우를 포함한다)에 따라 퇴원등 또는 임시 퇴원등(일시적으로 퇴원등을 시킨 후 일정 기간이 지난 후 다시 입원등 여부를 결정하는 조치를 말한다. 이하 같다) 명령의 통지를 받은 경우에는 해당 정신질환자를 지체 없이 퇴원등 또는 임시 퇴원등을 시켜야 한다.
⑧ 정신의료기관등의 장은 제1항이나 제3항부터 제5항까지의 규정에 따라 입원등을 시키거나 입원등의 기간을 연장하였을 때에는 지체 없이 입원등을 한 사람 및 보호의무자에게 그 사실 및 사유를 서면으로 통지하여야 한다.
⑨ 정신의료기관등의 장은 입원등을 한 사람 또는 보호의무자가 퇴원등을 신청한 경우에는 지체 없이 그 사람을 퇴원등을 시켜야 한다. 다만, 정신의료기관등의 장은 그 입원등을 한 사람이 제2항 각 호에 모두 해당하는 경우에는 퇴원등을 거부할 수 있다.
⑩ 정신의료기관등의 장은 제9항 본문에 따라 입원등을 한 사람을 퇴원등을 시켰을 때에는 지체 없이 보호의무자에게 그 사실을 서면으로 통지하여야 하고, 제9항 단서에 따라 퇴원등을 거부하는 경우에는 지체 없이 정신질환자 본인과 퇴원등을 신청한 보호의무자에게 그 거부사실 및 사유와 제55조에 따라 퇴원등의 심사를 청구할 수 있다는 사실 및 그 청구 절차를 서면으로 통지하여야 한다.
⑪ 제4항 및 제6항제1호에 따른 서로 다른 정신의료기관등에 소속된 2명 이상의 정신건강의학과전문의의 진단은 해당 지역의 정신의료기관등 또는 정신건강의학과전문의가 부족한 사정이 있는 경우에는 보건복지부령으로 정하는 바에 따라 구체적인 시행방안을 달리 정하여 진단하도록 할 수 있다.

제44조【특별자치시장·특별자치도지사·시장·군수·구청장에 의한 입원】 ① 정신건강의학과전문의 또는 정신건강전문요원은 정신질환으로 자신의 건강 또는 안전이나 다른 사람에게 해를 끼칠 위험이 있다고 의심되는 사람을 발견하였을 때에는 특별자치시장·특별자치도지사·시장·군수·구청장에게 대통령령으로 정하는 바에 따라 그 사람에 대한 진단과 보호를 신청할 수 있다.

② 경찰관(「국가공무원법」 제2조제2항제2호에 따른 경찰공무원과 「지방공무원법」 제2조제2항제2호에 따른 자치경찰공무원을 말한다. 이하 같다)은 정신질환으로 자신의 건강 또는 안전이나 다른 사람에게 해를 끼칠 위험이 있다고 의심되는 사람을 발견한 경우 정신건강의학과전문의 또는 정신건강전문요원에게 그 사람에 대한 진단과 보호의 신청을 요청할 수 있다.
③ 제1항에 따라 신청을 받은 특별자치시장·특별자치도지사·시장·군수·구청장은 즉시 그 정신질환자로 의심되는 사람에 대한 진단을 정신건강의학과전문의에게 의뢰하여야 한다.
④ 정신건강의학과전문의가 제3항의 정신질환자로 의심되는 사람에 대하여 자신의 건강 또는 안전이나 다른 사람에게 해를 끼칠 위험이 있어 그 증상의 정확한 진단이 필요하다고 인정한 경우에 특별자치시장·특별자치도지사·시장·군수·구청장은 그 사람을 보건복지부장관이나 지방자치단체의 장이 지정한 정신의료기관(이하 "지정정신의료기관"이라 한다)에 2주의 범위에서 기간을 정하여 입원하게 할 수 있다.
⑤ 특별자치시장·특별자치도지사·시장·군수·구청장은 제4항에 따른 입원을 시켰을 때에는 그 사람의 보호의무자 또는 보호를 하고 있는 사람에게 지체 없이 입원 사유·기간 및 장소를 서면으로 통지하여야 한다.
⑥ 제4항에 따라 정신질환자로 의심되는 사람을 입원시킨 정신의료기관의 장은 지체 없이 2명 이상의 정신건강의학과전문의에게 그 사람의 증상을 진단하게 하고 그 결과를 특별자치시장·특별자치도지사·시장·군수·구청장에게 서면으로 통지하여야 한다.
⑦ 특별자치시장·특별자치도지사·시장·군수·구청장은 제6항에 따른 진단 결과 그 정신질환자가 계속 입원할 필요가 있다는 2명 이상의 정신건강의학과전문의의 일치된 소견이 있는 경우에만 그 정신질환자에 대하여 지정정신의료기관에 치료를 위한 입원을 의뢰할 수 있다.
⑧ 특별자치시장·특별자치도지사·시장·군수·구청장은 제7항에 따른 입원 의뢰를 한 때에는 보건복지부령으로 정하는 바에 따라 그 정신질환자와 보호의무자 또는 보호를 하고 있는 사람에게 계속하여 입원이 필요한 사유 및 기간, 제55조에 따라 퇴원등 또는 처우개선의 심사를 청구할 수 있다는 사실 및 그 청구 절차를 지체 없이 서면으로 통지하여야 한다.
⑨ 특별자치시장·특별자치도지사·시장·군수·구청장은 제3항과 제4항에 따라 정신질환자로 의심되는 사람을 진단하거나 입원을 시키는 과정에서 그 사람이 자신의 건강 또는 안전이나 다른 사람에게 해를 끼칠 위험한 행동을 할 때에는 「119구조·구급에 관한 법률」 제2조에 따른 119구급대의 구급대원(이하 "구급대원"이라 한다)에게 호송을 위한 도움을 요청할 수 있다.
⑩ 지정정신의료기관의 지정기준, 지정취소 및 지정취소 기준, 지정 및 지정취소 절차 등에 관하여 필요한 사항은 보건복지부령으로 정한다.

제45조【입원등의 입원적합성심사위원회 신고 등】 ① 제43조 또는 제44조에 따라 입원등을 시키고 있는 정신의료기관등의 장은 입원등을 시킨 즉시 입원등을 한 사람에게 입원등의 사유 및 제46조에 따른 입원적합성심사위원회에 의하여 입원적합성심사를 받을 수 있다는 사실을 구두 및 서면으로 알리고, 입원등을 한 사람의 대면조사 신청 의사를 구두 및 서면으로 확인하여야 한다.
② 제1항에 따른 정신의료기관등의 장은 입원등을 한 날부터 3일 이내에 제46조에 따른 입원적합성심사위원회에 입원등을 한 사람의 주민등록번호를 포함한 인적사항, 입원등 일자, 진단명, 입원등 필요성, 대면조사 신청 여부 및 그 밖에 대통령령으로 정하는 사항을 신고하여야 한다.

제46조【입원적합성심사위원회의 설치 및 운영 등】 ① 보건복지부장관은 제43조 및 제44조에 따른 입원등의 적합성을 심사하기 위하여 제21조에 따른 각 국립정신병원등 대통령령으로 정하는 기관(이하 "국립정신병원등"이라 한다) 안에 입원적합성심사위원회를 설치하며, 각 국립정신병원등의 심사대상 관할 지역은 대통령령으로 정한다.
② 입원적합성심사위원회는 입원심사소위원회를 설치하여 제43조 및 제44조에 따른 입원등에 대한 적합성 여부를 심사하여야 한다.
③ 입원적합성심사위원회는 위원장을 포함하여 10명 이상 30명 이내의 위원으로 구성하고, 위원장은 각 국립정신병원등의 장으로 하며, 위원은 위원장의 추천으로 보건복지부장관이 임명 또는 위촉하되 다음 각 호에 해당하는 사람 중 각각 1명 이상을 포함하여야 한다.
1. 정신건강의학과전문의
2. 판사·검사 또는 변호사의 자격이 있는 사람
3. 정신건강복지센터 소속 정신건강전문요원
4. 정신질환자의 보호와 재활을 위하여 노력한 정신질환자의 가족
5. 다음 각 목의 어느 하나에 해당하는 사람으로서 정신건강에 관한 전문지식과 경험을 가진 사람
가. 정신건강증진시설의 설치·운영자
나. 「고등교육법」 제2조에 따른 학교에서 심리학·간호학·사회복지학 또는 사회사업학을 가르치는 전임강사 이상의 직에 있는 사람
다. 정신질환을 치료하고 회복한 사람
라. 그 밖에 정신건강 관계 공무원, 인권전문가 등 정신건강과 인권에 관한 전문지식과 경험이 있다고 인정되는 사람
④ 입원심사소위원회는 5명 이상 15명 이내의 위원으로 구성하고, 입원적합성심사위원회 위원 중 위원장이 임명 또는 위촉한다.
⑤ 입원적합성심사위원회 및 입원심사소위원회는 월 1회 이상 회의를 개최하여야 한다. 다만, 심사 사항이 없는 달에는 그러하지 아니하다.
⑥ 입원적합성심사위원회 및 입원심사소위원회의 위원의 임기는 2년으로 하되, 연임할 수 있다.
⑦ 입원적합성심사위원회에는 간사 1명을 두되, 간사는 위원장이 해당 국립정신병원등 소속 직원 중에서 지명한다.
⑧ 입원적합성심사위원회 및 입원심사소위원회의 구성, 운영 등에 필요한 사항은 대통령령으로 정한다.

제47조【입원적합성심사위원회의 심사 및 심사결과 통지 등】 ① 입원적합성심사위원회의 위원장은 제45조제2항에 따라 신고된 입원등을 입원심사소위원회에 회부하여야 하고, 입원등을 한 사람이 피후견인인 경우에는 관할 가정법원에 입원 사실 등을 통지하여야 한다.
② 입원심사소위원회는 제1항에 따라 회부된 입원등의 적합 또는 부적합 여부를 심사하여 그 심사결과를 입원적합성심사위원회의 위원장에게 보고하여야 한다. 이 경우 입원등을 한 사람은 입원심사소위원회에 의견을 진술할 수 있다.(2024.1.2 후단신설)
③ 입원적합성심사위원회의 위원장은 최초로 입원등을 한 날부터 1개월 이내에 정신의료기관등의 장에게 입원등의 적합 또는 부적합 여부를 서면으로 통지하여야 한다. 이 경우 통지의 방법과 절차 등에 필요한 사항은 보건복지부령으로 정한다.
④ 정신의료기관등의 장은 제3항에 따라 입원등의 부적합 통지를 받은 경우에는 해당 입원등을 한 사람을 지체 없이 퇴원등을 시켜야 한다.
⑤ 제1항 및 제2항에 따른 입원심사소위원회의 개최·심사·보고 등에 필요한 사항은 대통령령으로 정한다.

제48조【입원적합성의 조사】 ① 입원적합성심사위원회의 위원장은 제47조제1항에 따라 입원심사소위원회에 회부하기 전에 입원등을 한 사람이 대면조사를 신청하거나 입원등의 적합성이 의심되는 등 대통령령으로 정하는 사유가 있는 경우에는 직권으로 그 국립정신병원등의 소속 직원(이하 "조사원"이라 한다)에게 해당 정신의료기관등을 출입하여 입원등을 한 사람을 직접 면담하고 입원등의 적합성, 퇴원등의 필요성 여부를 조사하게 할 수 있다.
② 제1항에 따라 조사를 수행하는 조사원은 해당 정신의료기관등의 장에게 다음 각 호의 사항을 요구할 수 있다. 이 경우 정신의료기관등의 장은 대통령령으로 정하는 특별한 사정이 없으면 이에 협조하여야 한다.
1. 정신의료기관등에 입원등을 한 사람 및 정신의료기관등의 종사자와의 면담
2. 정신의료기관등에 입원등을 한 사람의 진료기록 및 입원등의 기록의 제출
3. 정신의료기관등에의 출입 및 현장확인
4. 그 밖에 입원등 적합성을 확인하기 위하여 필요한 사항으로서 대통령령으로 정하는 사항
③ 제1항 및 제2항에 따라 조사를 수행하는 조사원은 권한을 나타내는 증표를 지니고 이를 조사대상자에게 보여주어야 한다.
④ 제1항 및 제2항에 따른 조사원의 자격, 정신의료기관등에의 출입, 면담 등 조사 방법 및 절차 등에 필요한 사항은 대통령령으로 정한다.

제49조【입원적합성심사위원회 위원 등의 제척】 제46조 및 제47조에 따른 입원적합성심사위원회 및 입원심사소위원회의 입원등의 심사에서 심사 대상이 되는 사람이 입원등을 하고 있는 정신의료기관등에 소속된 위원은 제척(除斥)된다.

제50조【응급입원】 ① 정신질환자로 추정되는 사람으로서 자신의 건강 또는 안전이나 다른 사람에게 해를 끼칠 위험이 큰 사람을 발견한 사람은 그 상황이 매우 급박하여 제41조부터 제44조까지의 규정에 따른 입원등을 시킬 시간적 여유가 없을 때에는 의사와 경찰관의 동의를 받아 정신의료기관에 그 사람에 대한 응급입원을 의뢰할 수 있다.
② 제1항에 따라 입원을 의뢰할 때에는 이에 동의한 경찰관 또는 구급대원은 정신의료기관까지 그 사람을 호송한다.
③ 정신의료기관의 장은 제1항에 따라 응급입원이 의뢰된 사람을 3일(공휴일은 제외한다) 이내의 기간 동안 응급입원을 시킬 수 있다.
④ 제3항에 따라 응급입원을 시킨 정신의료기관의 장은 지체 없이 정신건강의학과전문의에게 그 응급입원한 사람의 증상을 진단하게 하여야 한다.
⑤ 정신의료기관의 장은 제4항에 따른 정신건강의학과전문의의 진단 결과 그 사람이 자신의 건강 또는 안전이나 다른 사람에게 해를 끼칠 위험이 있는 정신질환자로서 계속하여 입원할 필요가 있다고 인정된 경우에는 제41조부터 제44조까지의 규정에 따라 입원을 할 수 있도록 필요한 조치를 하고, 계속하여 입원할 필요가 없다고 인정된 경우에는 즉시 퇴원시켜야 한다.
⑥ 정신의료기관의 장은 제3항에 따른 응급입원을 시켰을 때에는 그 사람의 보호의무자 또는 보호를 하고 있는 사람에게 입원이 필요한 사유·기간 및 장소를 지체 없이 서면으로 통지하여야 한다.

제51조【신상정보의 확인】 ① 정신건강증진시설의 장은 정신건강증진시설에 입원등을 하거나 시설을 이용하는 사람의 성명, 주소, 보호의무자 등의 신상정보를 확인하여야 하며, 신상정보가 확인되지 아니하는 경우에는 보건복지부령으로 정하는 바에 따라 특별자치시장·특별자치도지사·시장·군수·구청장에게 신상정보의 조회를 요청하여야 한다.
② 특별자치시장·특별자치도지사·시장·군수·구청장은 제1항에 따라 조회 요청을 받은 경우 그 대상자의 신상정보를 확인하고 그 결과를 정신건강증진시설의 장에게 통보하여야 한다.
③ 특별자치시장·특별자치도지사·시장·군수·구청장은 제2항에 따라 조회 요청 대상자의 신상정보를 확인하기 어려운 경우 관할 경찰서장에게 신상정보의 확인을 요청할 수 있다.

제52조【퇴원등의 사실의 통보】 ① 정신의료기관등의 장은 제41조부터 제44조까지 또는 제50조에 따라 정신의료기관등에 입원등을 한 사람이 퇴원등을 할 때에는 보건복지부령으로 정하는 바에 따라 본인의 동의를 받아 그 퇴원등의 사실을 관할 정신건강복지센터의 장(관할 지역에 정신건강복지센터가 없는 경우에는 보건소의 장을 말한다. 이하 이 조에서 같다)에게 통보하여야 한다. 다만, 정신건강의학과전문의가 퇴원등을 할 사람 본인의 의사능력이 미흡하다고 판단하는 경우에는 보호의무자의 동의로 본인의 동의를 갈음할 수 있다.
② 제1항에도 불구하고 정신의료기관등의 장은 정신병적 증상으로 인하여 자신 또는 다른 사람의 생명이나 신체에 해를 끼치는 행동으로 입원등을 한 사람이 퇴원등을 할 때 정신건강의학과전문의가 퇴원등 후 치료가 중단되면 증상이 급격히 악화될 우려가 있다고 진단하는 경우에는 그 퇴원등의 사실을 관할 정신건강복지센터의 장에게 통보하여야 한다.(2019.4.23 본항신설)
③ 정신의료기관등의 장은 퇴원등의 사실을 관할 정신건강복지센터의 장에게 통보하기 전에 미리 그 사실을 본인 또는 보호의무자(정신건강의학과전문의가 퇴원등을 할 사람 본인의 의사능력이 미흡하다고 판단하는 경우만 해당한다. 이하 이 조에서 같다)에게 알려야 한다.
(2019.4.23 본항신설)
④ 정신의료기관등의 장은 본인 또는 보호의무자가 제3항에 따라 고지받은 퇴원등의 사실 통보를 거부하는 경우에는 제2항에 따른 통보를 할 수 없다. 다만, 제54조제2항에 따른 정신건강심사위원회의 심사를 거친 경우에는 그러하지 아니하다.(2019.4.23 본항신설)
⑤ 제1항 및 제2항에 따른 퇴원등의 사실 통보, 제3항에 따른 퇴원등의 사실 통보 사전 고지 및 제4항에 따른 퇴원등의 사실 통보 여부 심사절차에 관한 사항은 보건복지부령으로 정한다.(2019.4.23 본항신설)
⑥ 제1항·제2항 또는 제4항에 따라 퇴원등의 사실을 통보받은 정신건강복지센터의 장은 해당 퇴원등을 할 사람 또는 보호의무자와 상담하여 그 사람의 재활과 사회적응을 위한 지원방안을 마련하여야 한다.
(2019.4.23 본조개정)

제6장 퇴원등의 청구 및 심사 등

제53조【정신건강심의위원회의 설치·운영】 ① 시·도지사와 시장·군수·구청장은 정신건강에 관한 중요한 사항을 심의 또는 심사하기 위하여 시·도지사 소속으로 광역정신건강심의위원회를 두고, 시장·군수·구청장 소속으로 기초정신건강심의위원회를 둔다. 다만, 정신의료기관등이 없는 시·군·구에는 기초정신건강심의위원회를 두지 아니할 수 있다.
② 광역정신건강심의위원회는 다음 각 호의 사항을 심의 또는 심사한다. 다만, 특별자치시 및 특별자치도에 두는 광역정신건강심의위원회에서는 다음 각 호의 사항 외에 제3항 각 호의 사항을 심의 또는 심사한다.
1. 정신건강증진시설에 대한 감독에 관한 사항
2. 제60조에 따른 재심사의 청구
3. 그 밖에 보건복지부령으로 정하는 사항
③ 기초정신건강심의위원회는 다음 각 호의 사항을 심의 또는 심사한다.
1. 제43조제6항에 따른 입원등 기간 연장의 심사 청구
1의2. 제52조제4항 및 제66조제8항에 따른 퇴원등의 사실 통보 여부 심사(2019.4.23 본호신설)
2. 제55조제1항에 따른 퇴원등 또는 처우개선의 심사 청구
3. 제62조제2항에 따른 입원 기간 연장의 심사
4. 제64조에 따른 외래치료 지원(2019.4.23 본호개정)
5. 그 밖에 보건복지부령으로 정하는 사항
④ 광역정신건강심의위원회는 10명 이상 20명 이내의 위원으로 구성하고, 기초정신건강심의위원회는 6명 이상 12명 이내의 위원으로 구성하며, 위원의 임기는 각각 2년으로 하되, 연임할 수 있다. 다만, 공무원인 위원의 임기는 그 직위에 재직하는 기간으로 한다.(2019.4.23 본항개정)

⑤ 광역정신건강심의위원회 및 기초정신건강심의위원회(이하 "정신건강심의위원회"라 한다)의 위원은 시·도지사 및 시장·군수·구청장이 각각 임명 또는 위촉하되, 다음 각 호에 해당하는 사람 중 각각 1명 이상을 포함하여야 한다. 다만, 제5호나목부터 라목까지의 어느 하나에 해당하는 사람의 경우 광역정신건강심의위원회에는 3명 이상을, 기초정신건강심의위원회에는 2명 이상을 포함하여야 한다.
1. 정신건강의학과전문의
2. 판사·검사 또는 변호사의 자격이 있는 사람
3. 정신건강복지센터 소속 정신건강전문요원
4. 정신질환자의 보호와 재활을 위하여 노력한 정신질환자의 가족
5. 다음 각 목의 어느 하나에 해당하는 사람으로서 정신건강에 관한 전문지식과 경험을 가진 사람
 가. 정신건강증진시설의 설치·운영자
 나. 「고등교육법」 제2조에 따른 학교에서 심리학·간호학·사회복지학 또는 사회사업학을 가르치는 전임강사 이상의 직에 있는 사람
 다. 정신질환을 치료하고 회복한 사람
 라. 그 밖에 정신건강 관계 공무원, 인권전문가 등 정신건강과 인권에 관한 전문지식과 경험이 있다고 인정되는 사람
⑥ 정신건강심의위원회는 정신질환자에 대한 인권침해 행위를 알게 되었을 때에는 국가인권위원회에 조사를 요청할 수 있다.
⑦ 정신건강심의위원회는 심의 또는 심사를 위하여 월 1회 이상 회의를 개최하여야 한다. 다만, 심의 또는 심사 사항이 없는 달에는 그러하지 아니하다.
⑧ 정신건강심의위원회의 구성·운영 등에 필요한 사항은 대통령령으로 정한다.

제54조【정신건강심사위원회의 설치·운영】 ① 정신건강심의위원회의 업무 중 심사와 관련된 업무를 전문적으로 수행하기 위하여 광역정신건강심의위원회 안에 광역정신건강심사위원회를 두고, 기초정신건강심의위원회 안에 기초정신건강심사위원회를 둔다.
② 광역정신건강심사위원회 및 기초정신건강심사위원회(이하 "정신건강심사위원회"라 한다)는 정신건강심의위원회의 위원 중에서 시·도지사 또는 시장·군수·구청장이 임명한 5명 이상 9명 이내의 위원으로 구성한다. 이 경우 위원은 제53조제5항제1호에 해당하는 사람, 같은 항 제2호에 해당하는 사람 및 같은 항 제3호에 해당하는 사람 중에서 각각 1명 이상, 같은 항 제5호나목부터 라목까지의 어느 하나에 해당하는 사람 2명 이상을 포함하여야 한다.
③ 정신건강심사위원회는 월 1회 이상 위원회의 회의를 개최하여야 한다. 다만, 심사 사항이 없는 달에는 그러하지 아니하다.
④ 정신건강심사위원회의 구성·운영 등에 필요한 사항은 대통령령으로 정한다.

제55조【퇴원등 또는 처우개선 심사의 청구】 ① 정신의료기관등에 입원등을 하고 있는 사람 또는 그 보호의무자는 관할 특별자치시장·특별자치도지사·시장·군수·구청장에게 입원등을 하고 있는 사람의 퇴원등 또는 처우개선(제76조에 따른 작업치료의 적정성 여부를 포함한다. 이하 같다)에 대한 심사를 청구할 수 있다.
(2020.4.7 본항개정)
② 제1항에 따른 청구절차 등에 관하여 필요한 사항은 대통령령으로 정한다.

제56조【정신건강심의위원회에의 회부】 특별자치시장·특별자치도지사·시장·군수·구청장은 제43조제6항 및 제55조제1항에 따른 심사 청구를 받았을 때에는 지체 없이 그 청구 내용을 소관 정신건강심의위원회 회의에 회부하여야 한다.

제57조【퇴원등 또는 처우개선의 심사】 ① 정신건강심의위원회가 제56조에 따른 회부를 받았을 때에는 지체 없이 이를 정신건강심사위원회에서 심사하여 그 결과를 특별자치시장·특별자치도지사·시장·군수·구청장에게 보고하여야 한다.
② 정신건강심사위원회가 제1항에 따라 심사를 할 때에는 심사 대상자 및 심사 대상자가 입원등을 하고 있는 정신의료기관등의 장의 의견을 들어야 한다. 다만, 제55조제1항에 따른 처우개선에 관한 사항의 심사를 할 때에는 그 의견을 듣지 아니할 수 있다.(2024.1.2 본문개정)
③ 정신건강심사위원회가 제1항에 따라 심사를 할 때에는 「의료법」 제21조에도 불구하고 정신의료기관등의 장이나 심사 대상자 또는 그 보호의무자에게 진료기록부와 제30조제1항 각 호에 해당하는 기록의 제출을 요구할 수 있다.

제58조【정신건강심사위원회 위원의 제척·기피·회피】
① 제57조에 따른 정신건강심사위원회의 입원등 기간의 연장과 퇴원등 또는 처우개선의 심사에서 그 사람의 입원등을 결정하였던 위원과 그 사람이 입원등을 하고 있는 정신의료기관등에 소속된 위원은 제척된다.
② 입원등 기간의 연장, 퇴원등 또는 처우개선의 심사를 청구한 자는 정신건강심사위원회의 위원에게 공정한 심사를 기대하기 어려운 사정이 있는 경우에는 위원회에 기피 신청을 할 수 있고, 위원회는 이를 결정한다. 이 경우 기피 신청의 대상인 위원은 그 심사에 참여하지 못한다.
③ 제1항에 따른 제척 사유에 해당하는 위원은 스스로 해당 안건의 심사에서 회피(回避)하여야 한다.

제59조【퇴원등 명령의 통지 등】 ① 제57조제1항에 따라 정신건강심의위원회로부터 보고를 받은 특별자치시장·특별자치도지사·시장·군수·구청장은 심사 청구를 접수한 날부터 15일 이내에 다음 각 호의 어느 하나에 해당하는 명령 또는 결정을 하여야 한다. 이 경우 제4호 또는 제5호의 명령 또는 결정은 심사 대상자인 입원등을 하고 있는 사람의 청구 또는 동의가 있는 경우에 한정하여 할 수 있다.
1. 퇴원등 또는 임시 퇴원등 명령
2. 처우개선을 위하여 필요한 조치 명령
3. 3개월 이내 재심사
4. 다른 정신의료기관등으로의 이송
5. 제41조의 자의입원등 또는 제42조의 동의입원등으로의 전환
6. 제64조에 따른 외래치료 지원(2019.4.23 본호개정)
7. 입원등 기간 연장 결정
8. 계속 입원등 결정
② 제1항 각 호 외의 부분 후단에 따른 입원등을 하고 있는 사람의 청구 또는 동의는 정신건강의학과전문의가 그 사람의 의사능력이 미흡하다고 판단하는 경우에는 보호의무자의 청구 또는 동의로 갈음할 수 있다.
③ 특별자치시장·특별자치도지사·시장·군수·구청장은 제1항에도 불구하고 부득이한 사유로 같은 항 각 호 외의 부분 전단에 따른 기간 내에 명령 또는 결정을 하지 못할 때에는 10일의 범위에서 그 기간을 연장할 수 있다.
④ 특별자치시장·특별자치도지사·시장·군수·구청장은 제43조제6항 및 제55조제1항에 따른 심사 청구를 한 사람, 해당 정신질환자 및 해당 정신의료기관등의 장에게 지체 없이 제1항에 따른 명령 또는 결정의 내용을 서면으로 통지하여야 한다. 다만, 제3항에 해당하는 경우에는 기간 연장의 사유와 그 기간을 통지하여야 한다.

제60조【재심사의 청구 등】 ① 제43조제6항에 따른 심사 청구의 대상인 정신질환자와 그 보호의무자, 제55조제1항에 따른 심사 청구를 한 사람, 제64조제3항에 따른 외래치료 지원 결정 및 같은 조 제8항에 따른 외래치료 지원 연장 결정을 받은 정신질환자 및 그 보호의무자는 다음 각 호의 어느 하나에 해당하는 경우에는 시·도지사에게 재심사를 청구할 수 있다.(2019.4.23 본문개정)
1. 제59조제4항에 따라 통지받은 심사 결과에 불복하거나 심사 기간 내에 심사를 받지 못한 경우
2. 제64조제3항에 따른 외래치료 지원 결정에 불복하는 경우(2019.4.23 본호개정)
3. 제64조제8항에 따른 외래치료 지원 연장 결정에 불복하는 경우(2019.4.23 본호신설)
② 제1항에 따른 재심사 청구의 절차 등에 관하여 필요한 사항은 대통령령으로 정한다.

제61조【재심사의 회부 등】 ① 시·도지사가 제60조제1항에 따른 재심사의 청구를 받았을 때에는 즉시 그 청구 내용을 광역정신건강심의위원회의 회의에 회부하여야 한다.
② 광역정신건강심의위원회의 심사에 관하여는 제57조를, 위원의 제척·기피·회피에 관하여는 제58조를, 시·도지사의 퇴원등 명령의 통지 등에 관하여는 제59조를 준용한다. 이 경우 "특별자치시장·특별자치도지사·시장·군수·구청장"은 "시·도지사"로 본다.
③ 제2항에서 준용하는 제57조에 따라 특별자치시·특별자치도의 광역정신건강심사위원회에서 재심사 청구를 심사하기 위하여 그 광역정신건강심사위원회를 구성하는 경우에 당초 제57조에 따라 심사에 참여하였던 위원을 제외한 해당 광역정신건강심의위원회 위원으로 재심사를 위한 광역정신건강심사위원회를 다시 구성한다. 이 경우 제54조제2항 후단은 적용하지 아니한다.

제62조【특별자치시장·특별자치도지사·시장·군수·구청장에 의한 입원의 해제】 ① 특별자치시장·특별자치도지사·시장·군수·구청장은 제44조제7항에 따라 입원한 정신질환자에 대하여 최초로 입원을 한 날부터 3개월 이내에 입원을 해제하여야 하며, 입원의 해제 사실을 그 정신질환자가 입원하고 있는 정신의료기관의 장에게 서면으로 통지하여야 한다. 이 경우 그 정신의료기관의 장은 지체 없이 그 정신질환자를 퇴원시켜야 한다.
② 제1항에도 불구하고 특별자치시장·특별자치도지사·시장·군수·구청장은 2명 이상의 정신건강의학과전문의가 진단하고 소관 정신건강심사위원회에서 심사한 결과 그 정신질환자가 퇴원할 경우 정신질환으로 인하여 자신의 건강 또는 안전이나 다른 사람에게 해를 끼칠 위험이 명백하다고 인정되는 경우에는 다음 각 호의 구분에 따라 입원등의 기간을 연장할 수 있다.
1. 제1항에 따른 3개월 이후의 1차 입원 기간 연장 : 3개월 이내
2. 제1호에 따른 1차 입원 기간 연장 이후의 입원 기간 연장 : 매 입원 기간 연장 시마다 6개월 이내
③ 특별자치시장·특별자치도지사·시장·군수·구청장은 제2항에 따라 입원 기간을 연장하여 정신질환자를 입원시켰을 때에는 그 정신질환자와 보호의무자 또는 그 사람을 보호를 하고 있는 사람에게 입원 기간의 연장이 필요한 사유와 기간을 서면으로 통지하여야 한다.

제63조【임시 퇴원등】 ① 제43조 또는 제44조에 따라 정신질환자를 입원등을 시키고 있는 정신의료기관등의 장은 2명 이상의 정신건강의학과전문의가 진단한 결과 정신질환자의 증상에 비추어 일시적으로 퇴원등을 시켜 그 회복 경과를 관찰하는 것이 필요하다고 인정되는 경우에는 3개월의 범위에서 해당 정신질환자를 임시 퇴원등을 시키고 그 사실을 보호의무자 또는 특별자치시장·특별자치도지사·시장·군수·구청장에게 통보하여야 한다.
② 특별자치시장·특별자치도지사·시장·군수·구청장은 제1항의 경우 또는 제59조(제61조제2항에서 준용하는 경우를 포함한다)에 따라 임시 퇴원등 명령의 통지를 한 경우에는 그 정신질환자가 임시 퇴원등을 한 후의 경과를 관찰할 수 있다.
③ 특별자치시장·특별자치도지사·시장·군수·구청장은 제2항에 따라 관찰한 결과 증상의 변화 등으로 인하여 다시 입원등을 시킬 필요가 있다고 인정되는 경우에는 2명의 정신건강의학과전문의의 의견을 들어 임시 퇴원등을 한 정신질환자를 재입원 또는 재입소(이하 "재입원등"이라 한다)를 시킬 수 있다. 이 경우 재입원등의 기간은 재입원등을 한 날부터 3개월을 초과할 수 없다.

제64조【외래치료 지원 등】 ① 정신의료기관의 장은 제43조와 제44조에 따라 입원을 한 정신질환자 중 정신병적 증상으로 인하여 입원을 하기 전 자신 또는 다른 사람에게 해를 끼치는 행동(보건복지부령으로 정하는 행동을 말한다. 이하 이 조에서 같다)을 한 사람에 대해서는 특별자치시장·특별자치도지사·시장·군수·구청장에게 외래치료 지원을 청구할 수 있다.(2019.4.23 본항개정)
② 정신의료기관의 장 또는 정신건강복지센터의 장은 정신질환자 중 정신병적 증상으로 인하여 자신 또는 다른 사람에게 해를 끼치는 행동을 하여 정신의료기관에 입원한 사람 또는 외래치료를 받았던 사람으로서 치료를 중단한 사람을 발견한 때에는 특별자치시장·특별자치도지사·시장·군수·구청장에게 그 사람에 대한 외래치료의 지원을 청구할 수 있다.(2019.4.23 본항신설)
③ 특별자치시장·특별자치도지사·시장·군수·구청장은 제1항 및 제2항에 따른 외래치료 지원의 청구를 받았을 때에는 소관 정신건강심사위원회의 심사를 거쳐 1년의 범위에서 기간을 정하여 외래치료를 받도록 정신질환자를 지원할 수 있다.(2019.4.23 본항개정)
④ 특별자치시장·특별자치도지사·시장·군수·구청장은 제3항에 따라 외래치료 지원 결정을 한 때에는 지체 없이 정신질환자 본인 및 그 보호의무자와 외래치료 지원을 청구한 정신의료기관의 장, 정신건강복지센터의 장 및 외래치료를 하게 될 정신의료기관의 장에게 그 사실을 서면으로 통지하여야 한다.(2019.4.23 본항개정)
⑤ 특별자치시장·특별자치도지사·시장·군수·구청장은 제3항에 따라 외래치료 지원 결정을 받은 사람이 그 외래치료 지원 결정에 따르지 아니하고 치료를 중단한 때에는 그 사람이 자신의 건강 또는 안전이나 다른 사람에게 해를 끼칠 위험이 있는지를 평가하기 위하여 그 사람에게 지정정신의료기관에서 평가를 받도록 명령할 수 있다. 이 경우 해당 명령을 받은 사람은 명령을 받은 날부터 14일 이내에 지정정신의료기관에서 평가를 받아야 한다.(2019.4.23 전단개정)
⑥ 특별자치시장·특별자치도지사·시장·군수·구청장은 제5항에 따라 외래치료 지원 결정을 받은 사람에게 평가를 받도록 명령하는 경우 구급대원에게 그 사람을 정신의료기관까지 호송하도록 요청할 수 있다.(2019.4.23 본항개정)
⑦ 특별자치시장·특별자치도지사·시장·군수·구청장은 제5항에 따라 평가한 결과 외래치료 지원 결정을 받은 사람이 자신의 건강 또는 안전이나 다른 사람에게 해를 끼칠 위험이 없다고 인정되는 경우에는 외래치료 지원 결정을 철회하고, 자신의 건강 또는 안전이나 다른 사람에게 해를 끼칠 위험이 있다고 인정되는 경우에는 다음 각 호의 어느 하나에 해당하는 조치를 하여야 한다.
(2019.4.23 본문개정)
1. 제41조에 따라 자의입원등을 신청하게 하는 것
2. 제42조에 따라 동의입원등을 신청하게 하는 것
3. 보호의무자에게 제43조제1항에 따른 입원등 신청을 요청하는 것
4. 제44조제7항에 따라 입원하게 하는 것(제1호부터 제3호까지의 조치에 따르지 아니하는 경우만 해당한다)
⑧ 특별자치시장·특별자치도지사·시장·군수·구청장은 제3항에 따라 외래치료 지원 결정을 받은 사람에 대하여 정신건강의학과전문의가 치료 기간의 연장이 필요하다고 진단한 경우에는 소관 정신건강심사위원회의 심사를 거쳐 1년의 범위에서 기간을 정하여 외래치료 지원을 연장할 수 있다.(2019.4.23 본항신설)
⑨ 국가와 지방자치단체는 외래치료 지원에 따라 발생하는 비용의 전부 또는 일부를 부담할 수 있다.
(2019.4.23 본항개정)
⑩ 제1항 및 제2항에 따른 외래치료 지원의 청구절차와 방법 및 제4항에 따른 외래치료 지원 결정의 집행절차 등은 보건복지부령으로 정한다.(2019.4.23 본항신설)
(2019.4.23 본조제목개정)

제65조【무단으로 퇴원등을 한 사람에 대한 조치】 ① 정신의료기관등의 장은 입원등을 하고 있는 정신질환자로서 자신의 건강 또는 안전이나 다른 사람에게 해를 끼칠 위험이 있는 사람이 무단으로 퇴원등을 하여 그 행방을 알 수 없을 때에는 관할 경찰서장 또는 자치경찰기구를 설치한 제주특별자치도지사에게 다음 각 호의 사항을 통지하여 탐색을 요청하여야 한다.(2019.4.23 본문개정)

1. 퇴원등을 한 사람의 성명·주소·성별 및 생년월일
2. 입원등의 날짜·시간 및 퇴원등의 날짜·시간
3. 증상의 개요 및 인상착의
4. 보호의무자 또는 보호를 하였던 사람의 성명·주소
② 경찰관은 제1항에 따라 탐색 요청을 받은 사람을 발견한 때에는 즉시 그 사실을 해당 정신의료기관등의 장에게 통지하여야 한다.
③ 제2항에 따라 통지를 받은 정신의료기관등의 장은 즉시 정신질환자를 인도받아야 한다. 다만, 그 정신질환자를 즉시 인도받을 수 없는 부득이한 사정이 있는 경우 경찰관은 그 정신질환자를 인도할 때까지 24시간의 범위에서 그 정신질환자를 경찰관서·의료기관·사회복지시설 등에 보호할 수 있다.

제66조【보고·검사 등】 ① 보건복지부장관, 시·도지사 및 시장·군수·구청장은 정신건강증진시설의 설치·운영자의 소관 업무에 관하여 지도·감독을 하거나 보건소로 하여금 지도·감독을 하도록 하여야 하며, 연 1회 이상 그 업무에 관하여 보고 또는 관계 서류의 제출을 명하거나, 관계 공무원으로 하여금 해당 시설의 장부·서류 또는 그 밖의 운영상황을 검사하게 하여야 한다.
② 시·도지사와 시장·군수·구청장은 대통령령으로 정하는 바에 따라 관계 공무원과 정신건강심의위원회의 위원으로 하여금 정신건강증진시설에 출입하여 입원등을 한 사람을 직접 면담하여 입원등의 적절성 여부, 퇴원등의 필요성 또는 처우에 관하여 심사하게 할 수 있다. 이 경우 심사를 한 관계 공무원과 정신건강심의위원회의 위원은 그 심사 결과를 지체 없이 시·도지사 또는 시장·군수·구청장에게 보고하여야 한다.
③ 제1항 및 제2항에 따른 검사·심사를 하는 관계 공무원과 정신건강심의위원회의 위원은 그 권한을 나타내는 증표를 지니고 이를 관계인에게 보여주어야 한다.
④ 시·도지사 또는 시장·군수·구청장은 제2항에 따른 심사 결과에 따라 정신건강증진시설의 장에게 그 정신질환자를 퇴원등을 시키도록 명령하거나 처우개선을 위하여 필요한 조치를 하도록 명령할 수 있다.
⑤ 정신건강증진시설의 장은 제4항에 따라 퇴원등을 시키는 경우에는 보건복지부령으로 정하는 바에 따라 관할 보건소장과 정신건강복지센터의 장에게 그 사실을 통보하여야 한다. 다만, 정신질환자나 보호의무자(정신건강의학과전문의가 퇴원등을 할 사람 본인의 의사능력이 미흡하다고 판단하는 경우만 해당한다. 이하 이 조에서 같다)가 통보하는 것에 동의하지 아니하는 경우에는 그러하지 아니하다.(2019.4.23 단서개정)
⑥ 제5항 단서에도 불구하고 정신건강증진시설의 장은 정신병적 증상으로 인하여 자신 또는 다른 사람의 생명이나 신체에 해를 끼치는 행동으로 입원등을 한 사람이 퇴원등을 할 때 정신건강의학과전문의가 퇴원등 후 치료가 중단되면 증상이 급격히 악화될 우려가 있다고 진단하는 경우에는 그 퇴원등의 사실을 관할 정신건강복지센터의 장과 보건소의 장에게 통보하여야 한다.
(2019.4.23 본항신설)
⑦ 정신건강증진시설의 장은 퇴원등의 사실을 관할 정신건강복지센터의 장과 보건소의 장에게 통보하기 전에 미리 그 사실을 본인 또는 보호의무자에게 알려야 한다.
(2019.4.23 본항신설)
⑧ 정신건강증진시설의 장은 본인 또는 보호의무자가 제7항에 따라 고지받은 퇴원등의 사실 통보를 거부하는 경우에는 제6항에 따른 통보를 할 수 없다. 다만, 정신건강심사위원회의 심사를 거친 경우에는 그러하지 아니하다.
(2019.4.23 본항신설)
⑨ 제5항 및 제6항에 따른 퇴원등의 사실 통보, 제7항에 따른 퇴원등의 사실 통보 사전 고지 및 제8항에 따른 퇴원등의 사실 통보 여부 심사절차에 관한 사항은 보건복지부령으로 정한다.(2019.4.23 본항신설)

제67조【입·퇴원등관리시스템】 ① 보건복지부장관은 정신의료기관등의 입원등 및 퇴원등을 관리하기 위하여 입·퇴원등관리시스템을 구축·운영하여야 한다.
② 정신의료기관등의 장은 제1항에 따른 입·퇴원등관리시스템에 제45조제2항에 따라 신고한 내용 및 대통령령으로 정하는 퇴원등의 사항을 등록하여야 한다.
③ 제2항에 따라 입·퇴원등관리시스템에 등록된 정보는 입원등 및 퇴원등의 심사와 관련된 경우 등 대통령령으로 정하는 경우를 제외하고는 「개인정보 보호법」 제2조에 따른 처리를 하여서는 아니 된다.
④ 보건복지부장관은 정신질환자가 퇴원등을 한 후에 제1항에 따른 입·퇴원등관리시스템에 등록되어 있는 본인 기록의 전부 또는 일부에 대하여 삭제를 요청하는 경우 지체 없이 해당 기록을 삭제하고 그 사실을 본인에게 서면 또는 전자문서로 통지하여야 한다.
⑤ 보건복지부장관은 제1항에 따른 입·퇴원등관리시스템의 구축·운영에 관한 사항을 대통령령으로 정하는 기관에 위탁할 수 있다.

제7장 권익보호 및 지원 등

제68조【입원등의 금지 등】 ① 누구든지 제50조에 따른 응급입원의 경우를 제외하고는 정신건강의학과전문의의 대면 진단에 의하지 아니하고 정신질환자를 정신의료기관등에 입원등을 시키거나 입원등의 기간을 연장할 수 없다.
② 제1항에 따른 진단의 유효기간은 진단서 발급일부터 30일까지로 한다.

제69조【권익보호】 ① 누구든지 정신질환자이거나 정신질환자였다는 이유로 그 사람에 대하여 교육, 고용, 시설이용의 기회를 제한 또는 박탈하거나 그 밖의 불공평한 대우를 하여서는 아니 된다.
② 누구든지 정신질환자, 그 보호의무자 또는 보호를 하고 있는 사람의 동의를 받지 아니하고 정신질환자에 대하여 녹음·녹화 또는 촬영하여서는 아니 된다.
③ 정신건강증진시설의 장은 입원등을 하거나 정신건강증진시설을 이용하는 정신질환자에게 정신건강의학과전문의의 지시에 따른 치료 또는 재활의 목적이 아닌 노동을 강요하여서는 아니 된다.

제70조【인권교육】 ① 정신건강증진시설의 장과 종사자는 인권에 관한 교육(이하 "인권교육"이라 한다)을 받아야 한다.
② 보건복지부장관은 인권교육을 하기 위하여 인권교육기관을 지정할 수 있다.
③ 보건복지부장관은 제2항에 따라 지정한 인권교육기관에 교육과정의 운영에 드는 비용의 일부를 예산의 범위에서 보조할 수 있으며, 제2항에 따라 지정을 받은 인권교육기관은 보건복지부장관의 승인을 받아 교육에 필요한 경비를 교육대상자로부터 징수할 수 있다.
④ 보건복지부장관은 제2항에 따라 지정을 받은 인권교육기관이 다음 각 호의 어느 하나에 해당하면 그 지정을 취소하거나 6개월 이내의 기간을 정하여 업무를 정지할 수 있다. 다만, 제1호에 해당하면 그 지정을 취소하여야 한다.
1. 거짓이나 그 밖의 부정한 방법으로 지정을 받은 경우
2. 제5항에 따라 보건복지부령으로 정하는 지정요건을 갖추지 못하게 된 경우
3. 인권교육의 수행능력이 현저히 부족하다고 인정되는 경우
⑤ 인권교육의 시간·대상·내용·방법, 제2항에 따른 인권교육기관의 지정요건 등 지정 및 제4항에 따른 인권교육기관의 지정취소·업무정지 처분의 기준 등에 필요한 사항은 보건복지부령으로 정한다.

제70조의2【정신질환보도 권고기준 준수 협조요청】
① 보건복지부장관은 정신질환보도로 인한 정신질환 및 정신질환자에 대한 편견과 차별 유발을 방지하기 위하여 방송·신문·잡지 및 인터넷 신문 등 언론에 대하여 제7조제3항제13호에 따른 정신질환보도에 대한 권고기준을 준수하도록 협조를 요청할 수 있다.
② 언론은 제1항에 따른 협조요청을 적극 이행하도록 노력하여야 한다.
(2024.1.23 본조신설)

제71조【비밀누설의 금지】 정신질환자 또는 정신건강증진시설과 관련된 직무를 수행하고 있거나 수행하였던 사람은 그 직무의 수행과 관련하여 알게 된 다른 사람의 비밀을 누설하거나 공표하여서는 아니 된다.

제72조【수용 및 가혹행위 등의 금지】 ① 누구든지 이 법 또는 다른 법령에 따라 정신질환자를 보호할 수 있는 시설 외의 장소에 정신질환자를 수용하여서는 아니 된다.
② 정신건강증진시설의 장이나 그 종사자는 정신건강증진시설에 입원등을 하거나 시설을 이용하는 사람에게 폭행을 하거나 가혹행위를 하여서는 아니 된다.

제73조【특수치료의 제한】 ① 정신의료기관에 입원을 한 사람에 대한 전기충격요법·인슐린혼수요법·마취하최면요법·정신외과요법, 그 밖에 대통령령으로 정하는 치료(이하 "특수치료"라 한다)는 그 정신의료기관이 구성하는 협의체에서 결정하되, 본인 또는 보호의무자에게 특수치료에 관하여 필요한 정보를 제공하고, 본인의 동의를 받아야 한다. 다만, 본인의 의사능력이 미흡한 경우에는 보호의무자의 동의를 받아야 한다.
② 제1항에 따른 협의체는 2명 이상의 정신건강의학과전문의와 대통령령으로 정하는 정신건강증진에 관한 전문지식과 경험을 가진 사람으로 구성하며, 그 운영 등에 필요한 사항은 대통령령으로 정한다.

제74조【통신과 면회의 자유 제한의 금지】 ① 정신의료기관등의 장은 입원등을 한 사람에 대하여 치료 목적으로 정신건강의학과전문의의 지시에 따라 하는 경우가 아니면 통신과 면회의 자유를 제한할 수 없다.
② 정신의료기관등의 장은 치료 목적으로 정신건강의학과전문의의 지시에 따라 통신과 면회의 자유를 제한하는 경우에도 최소한의 범위에서 하여야 한다.

제75조【격리 등 제한의 금지】 ① 정신의료기관등의 장은 입원등을 한 사람에 대하여 치료 또는 보호의 목적으로 정신건강의학과전문의의 지시에 따라 하는 경우가 아니면 격리시키거나 묶는 등의 신체적 제한을 할 수 없다.
② 정신의료기관등의 장은 치료 또는 보호의 목적으로 정신건강의학과전문의의 지시에 따라 입원등을 한 사람을 격리시키거나 묶는 등의 신체적 제한을 하는 경우에도 자신이나 다른 사람을 위험에 이르게 할 가능성이 뚜렷하게 높고 신체적 제한 외의 방법으로 그 위험을 회피하는 것이 뚜렷하게 곤란하다고 판단되는 경우에만 제1항에 따른 신체적 제한을 할 수 있다. 이 경우 격리는 해당 시설 안에서 하여야 한다.

제76조【작업치료】 ① 정신의료기관등의 장은 입원등을 한 사람의 치료, 재활 및 사회적응에 도움이 된다고 인정되는 경우에는 그 사람의 건강상태와 위험성을 고려하여 보건복지부령으로 정하는 작업을 시킬 수 있다.
② 제1항에 따른 작업은 입원등을 한 사람 본인이 신청하거나 동의한 경우에만 정신건강의학과전문의가 지시하는 방법에 따라 시켜야 한다. 다만, 정신요양시설의 경우에는 정신건강의학과전문의의 지도를 받아 정신건강전문요원이 작업의 구체적인 방법을 지시할 수 있다.
③ 제1항에 따른 작업의 시간, 유형 또는 장소 등에 관한 사항은 보건복지부령으로 정한다.
(2020.4.7 본조제목개정)

제77조【직업훈련 지원】 국가 또는 지방자치단체는 정신질환으로부터 회복된 사람이 그 능력에 따라 적당한 직업훈련을 받을 수 있도록 노력하고, 이들에게 적절한 직종을 개발·보급하기 위하여 노력하여야 한다.

제78조【단체·시설의 보호·육성 등】 국가 또는 지방자치단체는 정신질환자의 사회적응 촉진과 권익보호를 목적으로 하는 단체 또는 시설을 보호·육성하고, 이에 필요한 비용을 보조할 수 있다.

제79조【경제적 부담의 경감 등】 국가 또는 지방자치단체는 정신질환자와 그 보호의무자의 경제적 부담을 줄이고 정신질환자의 사회적응을 촉진하기 위하여 의료비의 경감·보조나 그 밖에 필요한 지원을 할 수 있다.

제80조【비용의 부담】 ① 국가 또는 지방자치단체는 제44조 및 제50조에 따른 진단과 치료에 드는 비용의 전부 또는 일부를 부담할 수 있다.(2021.6.8 본항개정)
② 제1항에 따른 비용의 부담에 필요한 사항은 대통령령으로 정한다.

제81조【비용의 징수】 정신요양시설과 정신재활시설의 설치·운영자는 그 시설을 이용하는 사람으로부터 보건복지부장관이 정하여 고시하는 비용징수 한도액의 범위에서 시설 이용에 드는 비용을 받을 수 있다.

제81조의2【상속인 없는 재산의 처리】 ① 정신요양시설과 정신재활시설의 설치·운영자는 그 시설에 입소 중인 사람이 사망하고 그 상속인의 존부가 분명하지 아니한 경우 「민법」 제1053조부터 제1059조까지의 규정에 따라 사망한 사람의 재산을 처리한다. 다만, 사망한 사람의 잔여재산이 「사회복지사업법」 제45조의2제1항 단서에 따른 금액 이하인 경우에는 관할 시장·군수·구청장에게 잔여재산 목록을 작성하여 보고하는 것으로 그 재산의 처리를 갈음할 수 있다.
② 제1항 단서에 따른 보고를 받은 시장·군수·구청장은 상속인, 일반상속채권자, 유증받은 자, 기타 상속재산에 대하여 권리를 주장하려는 자가 있으면 6개월 내에 그 권리를 주장할 것을 3개월 이상 공고하여야 한다.
③ 제2항에 따른 기간 내에 상속재산에 대하여 권리를 주장하는 자가 있는 때에는 시장·군수·구청장이 「민법」 제1034조에 따라 그 기간 내에 신고한 채권자들 간에 배당하여 변제하여야 한다.
④ 제2항에 따른 기간이 경과하여도 상속재산에 대하여 권리를 주장하는 자가 없는 때에는 상속재산은 지방자치단체에 귀속한다.
⑤ 제1항부터 제4항까지에서 규정한 사항 외에 상속인 없는 재산의 처리에 관한 세부절차는 보건복지부령으로 정한다.
(2020.12.29 본조신설)

제82조【보조금 등】 ① 국가는 지방자치단체가 설치·운영하는 정신건강증진시설에 대하여 그 설치·운영에 필요한 비용을 보조할 수 있다.
② 국가는 지방자치단체가 수행하는 제12조제2항 및 제3항에 따른 정신건강증진사업등, 제53조 및 제54조에 따른 정신건강심의위원회와 정신건강심사위원회 운영 및 제66조제1항에 따른 지도·감독을 하는 데에 드는 비용을 보조할 수 있다.

제83조【권한의 위임 및 업무의 위탁】 ① 이 법에 따른 보건복지부장관 또는 시·도지사의 권한은 대통령령으로 정하는 바에 따라 그 일부를 시·도지사, 제16조에 따른 국립정신건강연구기관의 장, 국립정신병원등의 장 또는 시장·군수·구청장에게 위임할 수 있다.
② 보건복지부장관은 이 법에 따른 업무의 일부를 대통령령으로 정하는 바에 따라 정신건강 관련 기관 또는 단체에 위탁할 수 있다.

제8장 벌 칙

제84조【벌칙】 다음 각 호의 어느 하나에 해당하는 자는 5년 이하의 징역 또는 5천만원 이하의 벌금에 처한다.
1. 제40조제4항을 위반하여 정신질환자를 유기한 자
2. 제41조제2항, 제42조제2항, 제43조제9항 또는 제47조제4항을 위반하여 정신질환자를 퇴원등을 시키지 아니한 자
3. 제43조제7항을 위반하여 퇴원등의 명령 또는 임시 퇴원등의 명령에 따르지 아니한 자
4. 제45조제2항을 위반하여 입원적합성심사위원회에 신고하지 아니한 자
5. 제59조제1항제1호(제61조제2항에서 준용하는 경우를 포함한다)에 따른 퇴원등의 명령 또는 임시 퇴원등의 명령에 따르지 아니한자
6. 제62조제1항 후단을 위반하여 정신질환자를 퇴원시키지 아니한 자

7. 제66조제4항에 따른 퇴원등의 명령에 따르지 아니한 자
8. 제67조제3항을 위반하여 정보를 처리한 자
9. 제68조제1항을 위반하여 정신건강의학과전문의의 대면 진단에 의하지 아니하고 정신질환자를 입원등을 시키거나 입원등의 기간을 연장한 자
10. 제72조제1항을 위반하여 정신질환자를 이 법 또는 다른 법령에 따라 정신질환자를 보호할 수 있는 시설 외의 장소에 수용한 자
11. 제72조제2항을 위반하여 정신건강증진시설의 장 또는 그 종사자로서 정신건강증진시설에 입원등을 하거나 시설을 이용하는 사람에게 폭행을 하거나 가혹행위를 한 사람
12. 제73조제1항을 위반하여 협의체의 결정 없이 특수치료를 하거나 정신의료기관에 입원을 한 사람 또는 보호의무자의 동의 없이 특수치료를 한 자

제85조【벌칙】 다음 각 호의 어느 하나에 해당하는 자는 3년 이하의 징역 또는 3천만원 이하의 벌금에 처한다.
1. 제19조제5항 또는 제29조제2항에 따른 사업의 정지명령 또는 시설의 폐쇄명령을 위반한 자
2. 제25조제2항에 따른 사업의 정지명령 또는 정신요양시설의 장의 교체명령을 위반한 자
3. 제26조제2항 전단을 위반하여 신고를 하지 아니하고 정신재활시설을 설치·운영한 자
4. 제67조제4항을 위반하여 기록을 삭제하지 아니한 자
5. 제69조제3항을 위반하여 입원등을 하거나 정신건강증진시설을 이용하는 정신질환자에게 노동을 강요한 자
6. 제71조를 위반하여 직무수행과 관련하여 알게 된 다른 사람의 비밀을 누설하거나 공표한 사람
7. 제74조제1항을 위반하여 입원등을 한 사람의 통신과 면회의 자유를 제한한 자

제86조【벌칙】 다음 각 호의 어느 하나에 해당하는 자는 1년 이하의 징역 또는 1천만원 이하의 벌금에 처한다.
1. 제17조제5항을 위반하여 다른 사람에게 자기의 명의를 사용하여 정신건강전문요원의 업무를 수행하게 하거나 정신건강전문요원 자격증을 빌려준 사람
1의2. 제17조제6항을 위반하여 정신건강전문요원의 명의를 사용하거나 그 자격증을 대여받은 사람
1의3. 제17조제6항을 위반하여 정신건강전문요원의 명의의 사용이나 자격증의 대여를 알선한 사람
(2019.4.23 1호~1호의3신설)
1의4. 제30조를 위반하여 기록을 작성·보존하지 아니하거나 그 내용확인을 거부한 자
2. 제41조제3항 또는 제42조제4항을 위반하여 퇴원등을 할 의사가 있는지 여부를 확인하지 아니한 자
3. 제43조제1항 후단을 위반하여 입원등 신청서나 보호의무자임을 확인할 수 있는 서류를 받지 아니한 자
4. 제43조제6항을 위반하여 입원등 기간 연장에 대한 심사청구기간을 지나서 심사 청구를 하거나, 심사 청구를 하지 아니하고 입원등 기간을 연장하여 입원등을 시킨 자
5. 제50조제5항을 위반하여 즉시 퇴원시키지 아니한 자
6. 제51조제1항을 위반하여 신상정보의 확인이나 조회 요청을 하지 아니한 자
7. 제59조제1항제2호부터 제6호까지(제61조제2항에서 준용하는 경우를 포함한다)에 따른 결정·명령을 따르지 아니한 자 또는 제66조제4항에 따른 처우개선을 위하여 필요한 조치 명령을 따르지 아니한 자
8. 제67조제2항을 위반하여 입·퇴원등관리시스템에 제45조제2항에 따른 신고 내용 및 퇴원등의 사항을 등록하지 아니한 자
9. 제69조제2항을 위반하여 동의를 받지 아니하고 정신질환자에 대하여 녹음·녹화 또는 촬영을 한 자
10. 제75조제1항을 위반하여 정신건강의학과전문의의 지시에 따르지 아니하고 신체적 제한을 한 자
11. 제76조제2항을 위반하여 입원등을 한 사람의 신청 또는 동의 없이 작업을 시키거나 정신건강의학과전문의나 정신건강전문요원이 지시한 방법과 다르게 작업을 시킨 자

제87조【벌칙】 제22조제6항 후단을 위반하여 정당한 사유 없이 시설 개방 요구에 따르지 아니한 자는 500만원 이하의 벌금에 처한다.(2019.1.15 본조개정)

제88조【양벌규정】 법인의 대표자나 법인 또는 개인의 대리인, 사용인, 그 밖의 종업원이 그 법인 또는 개인의 업무에 관하여 제84조부터 제87조까지의 어느 하나에 해당하는 위반행위를 하면 그 행위자를 벌하는 외에 그 법인 또는 개인에게도 해당 조문의 벌금형을 과(科)한다. 다만, 법인 또는 개인이 그 위반행위를 방지하기 위하여 해당 업무에 관하여 상당한 주의와 감독을 게을리하지 아니한 경우에는 그러하지 아니하다.

제89조【과태료】 ① 다음 각 호의 어느 하나에 해당하는 자에게는 100만원 이하의 과태료를 부과한다.
1. 제6조제1항을 위반하여 권리 및 권리행사방법을 알리지 아니하거나 권리행사에 필요한 서류를 정신건강증진시설에 갖추어 두지 아니한 자
1의2. 제6조제2항을 위반하여 정신건강복지센터의 기능·역할 및 이용 절차 등을 알리지 아니하거나 정신보건수첩 등의 서류를 정신건강증진시설에 갖추어 두지 아니한 자(2019.4.23 본호신설)
2. 제24조에 따른 신고를 하지 아니하거나 거짓으로 신고를 한 자
3. 제28조에 따른 신고를 하지 아니하거나 거짓으로 신고를 한 자
4. 제42조제3항을 위반하여 퇴원등 거부사유 및 퇴원등 심사를 청구할 수 있음을 통지하지 아니한 자
5. 제43조제8항을 위반하여 입원등 또는 입원등 기간 연장의 사실 및 사유를 통지하지 아니한 자
6. 제43조제10항을 위반하여 퇴원등 거부 사실 및 사유나 퇴원등 심사를 청구할 수 있다는 사실 및 그 청구절차를 통지하지 아니한 자
7. 제48조제2항 후단을 위반하여 입원적합성심사위원회의 조사에 협조하지 아니한 자
8. 제63조제1항을 위반하여 임시 퇴원등 사실을 통보하지 아니한 자
9. 제66조제1항 및 제2항을 위반하여 보고를 하지 아니하거나 거짓으로 보고를 한 자, 관계 서류를 제출하지 아니하거나 거짓 서류를 제출한 자 또는 관계 공무원이나 정신건강심의위원회 위원의 검사·심사를 거부·방해 또는 기피한 자
10. 제69조제1항을 위반하여 교육, 고용, 시설이용의 기회를 제한 또는 박탈하거나 그 밖의 불공평한 대우를 한 자

② 제1항에 따른 과태료는 대통령령으로 정하는 바에 따라 보건복지부장관, 시·도지사 또는 시장·군수·구청장이 부과·징수한다.

부　칙

제1조【시행일】 이 법은 공포 후 1년이 경과한 날부터 시행한다.

제2조【행정처분기준에 관한 적용례】 제25조제1항의 개정규정은 이 법 시행 후 같은 항 각 호에 따른 시정명령의 사유가 발생한 경우부터 적용한다.

제3조【입원등의 입원적합성 심사 등에 관한 적용례】 제45조부터 제48조까지의 개정규정은 이 법 시행 후 최초로 입원등을 시킨 경우부터 적용한다.

제4조【입·퇴원등관리시스템 등록에 관한 적용례】 제67조의 개정규정은 이 법 시행 후 최초로 입원등을 시킨 경우부터 적용한다.

제5조【입원등 기간 연장에 관한 특례】 정신의료기관등의 장은 이 법 시행 전에 최초로 입원등을 한 후 3개월이 경과한 정신질환자에 대하여 이 법 시행일부터 1개월 이내에 퇴원등을 시키거나 제43조제6항의 개정규정에 따른 심사 청구를 하여야 한다.

제6조【시범사업의 특례】 보건복지부장관은 부칙 제1조에도 불구하고 이 법 시행일부터 1년까지의 기간 동안 제45조부터 제48조까지 및 제67조에 따른 입원적합성 심사 및 입·퇴원등관리시스템 운영의 적정을 기하기 위하여 보건복지부장관이 고시하는 지역에서 시범사업을 실시할 수 있다.

제7조【정신질환자 범위에 관한 경과조치】 종전의 「정신보건법」 제3조제1호를 인용하고 있는 다음 각 호의 법률 규정은 제3조제1호의 개정규정에도 불구하고 다음 각 호의 법률 규정이 개정되기 전까지는 종전의 「정신보건법」 제3조제1호에 따른다.
1. 「공중위생관리법」 제6조제2항제2호 및 제6조의2제7항제1호
2. 「국민영양관리법」 제16조제1호
3. 「노인복지법」 제39조의13제1호
4. 「노인장기요양보험법」 제32조의2제2호
5. 「말산업 육성법」 제13조제1항제2호
6. 「모자보건법」 제15조의2제2호
7. 「사행행위 등 규제 및 처벌 특례법」 제6조제2호다목
8. 「수산생물질병 관리법」 제37조의3제1호
9. 「수상레저안전법」 제5조제1항제2호
10. 「수상에서의 수색·구조 등에 관한 법률」 제30조의3제2호
11. 「수의사법」 제5조제1호
12. 「식품위생법」 제54조제1호
13. 「실험동물에 관한 법률」 제25조제1호
14. 「야생생물 보호 및 관리에 관한 법률」 제46조제3호
15. 「약사법」 제5조제1호
16. 「영유아보육법」 제16조제2호
17. 「응급의료에 관한 법률」 제37조제1호
18. 「의료기기법」 제6조제1항제1호
19. 「의료기사 등에 관한 법률」 제5조제1호
20. 「의료법」 제8조제1호
21. 「장사 등에 관한 법률」 제29조의4제2호
22. 「장애인복지법」 제74조제1항제1호
23. 「장애인활동 지원에 관한 법률」 제29조제1호
24. 「축산법」 제12조제2항제2호
25. 「화장품법」 제3조제2항제1호

제8조【국가계획 및 지역계획에 관한 경과조치】 ① 이 법 시행 후 제7조의 개정규정에 따라 최초로 수립·시행하는 국가계획 및 지역계획은 이 법 시행 후 「지역보건법」 제7조에 따라 최초로 수립·시행하는 지역보건의료계획의 시기에 맞추어 수립·시행하여야 한다.
② 보건복지부장관과 시·도지사는 제1항에 따라 국가계획 및 지역계획을 수립·시행할 때까지는 종전의 제4조의3에 따라 수립한 국가정신보건사업계획 및 시·도의 지역정신보건사업계획의 시행기간을 연장 또는 단축하는 등의 방법으로 해당 계획을 조정하여 시행할 수 있다.

제9조【정신건강복지센터의 설치 및 운영에 관한 경과조치】 이 법 시행 당시 종전의 규정에 따라 설치된 정신보건센터는 제15조의 개정규정에 따른 정신건강복지센터로 본다.

제10조【정신보건전문요원에 대한 경과조치】 이 법 시행 전에 종전의 규정에 따라 정신보건전문요원의 자격을 받은 사람은 제17조의 개정규정에 따라 정신건강전문요원의 자격을 받은 것으로 본다.

제11조【정신건강전문요원의 결격사유에 관한 경과조치】 ① 제18조제1호의 개정규정에 따른 피성년후견인에는 법률 제10429호 민법 일부개정법률 부칙 제2조에 따라 금치산선고의 효력이 유지되는 사람을 포함하는 것으로 본다.
② 이 법 시행 당시 정신건강전문요원이 이 법 시행 전에 발생한 사유로 제18조의 개정규정에 따른 결격사유에 해당하게 된 경우에는 같은 개정규정에도 불구하고 종전의 규정에 따른다.

제12조【정신재활시설에 관한 경과조치】 ① 이 법 시행 당시 종전의 제16조제1항제1호에 따른 정신질환자생활시설은 제27조제1항제1호의 개정규정에 따른 생활시설로 본다.
② 이 법 시행 당시 종전의 제16조제1항제2호 및 제3호에 따른 정신질환자지역사회재활시설 및 정신질환자직업재활시설은 제27조제1항제2호의 개정규정에 따른 재활훈련시설로 본다.

제13조【정신요양시설의 변경 허가 등에 관한 경과조치】 이 법 시행 전에 변경허가를 받은 정신요양시설 설치·운영자는 제22조제4항의 개정규정에 따라 변경신고를 하거나 변경 허가를 받은 것으로 본다.

제14조【보호의무자에 대한 경과조치】 ① 이 법 시행 전에 종전의 제21조제1항 및 제2항에 따른 보호의무자가 한 행위는 제39조제1항 및 제2항의 개정규정에 따른 보호의무자가 한 행위로 본다.
② 제39조제1항제1호의 개정규정에 따른 피성년후견인 및 피한정후견인에는 법률 제10429호 민법 일부개정법률 부칙 제2조에 따라 금치산 또는 한정치산 선고의 효력이 유지되는 사람을 포함하는 것으로 본다.

제15조【정신건강증진시설의 장의 고지의무에 관한 경과조치】 이 법 시행 당시 정신질환자나 정신건강상 문제가 있는 사람을 입원등 또는 훈련시키고 있는 정신건강증진시설의 장은 이 법 시행 후 1개월 이내에 입원등 또는 훈련받고 있는 사람에 대하여 제6조의 개정규정에 따른 고지의무를 이행하여야 한다.

제16조【자의입원등을 한 사람의 퇴원등 의사 확인에 관한 경과조치】 이 법 시행 전에 자의입원등을 한 사람의 경우 정신의료기관등의 장은 제41조제3항의 개정규정에도 불구하고 이 법 시행일부터 2개월마다 퇴원등을 할 의사가 있는지를 확인하여야 한다.

제17조【정신보건심의위원회 등에 관한 경과조치】 이 법 시행 당시 종전의 제27조에 따라 설치된 광역정신보건심의위원회 또는 기초정신보건심의위원회는 제53조의 개정규정에 따라 설치된 광역정신건강심의위원회 또는 기초정신건강심의위원회로 본다.

제18조【정신보건심판위원회에 관한 경과조치 등】 ① 이 법 시행 당시 종전의 제27조에 따라 설치된 광역정신보건심판위원회 또는 기초정신보건심판위원회는 제54조의 개정규정에 따라 설치된 광역정신건강심사위원회 또는 기초정신건강심사위원회로 본다.
② 이 법 시행 전 종전의 제24조제3항, 제29조제1항 및 제34조제1항에 따라 심사 또는 재심사 청구된 사항은 제43조제6항, 제55조제1항 및 제60조제1항의 개정규정에 따라 심사 청구 또는 재심사 청구된 것으로 본다.
③ 제2항에 따라 심사 청구 또는 재심사 청구된 사항에 대해서는 이 법 시행일부터 15일 이내에 제59조제1항의 개정규정에 따른 명령 또는 결정을 하여야 한다. 다만, 부득이한 사유로 본문에 따른 기간 내에 명령 또는 결정을 하지 못할 때에는 10일의 범위에서 그 기간을 연장할 수 있다.

제19조【행정처분에 관한 경과조치】 이 법 시행 전의 위반행위에 대한 행정처분에 관하여는 종전의 규정에 따른다.

제20조【다른 법률의 개정】 ①~㉒ ※(해당 법령에 가제정리 하였음)

제21조【다른 법령과의 관계】 이 법 시행 당시 다른 법령에서 종전의 「정신보건법」 또는 그 규정을 인용하고 있는 경우에 이 법 가운데 그에 해당하는 규정이 있으면 종전의 규정을 갈음하여 이 법 또는 이 법의 해당 규정을 인용한 것으로 본다.

부　칙 (2018.12.11)

제1조【시행일】 이 법은 공포 후 6개월이 경과한 날부터 시행한다. 다만, 제18조제3호의 개정규정은 공포 후 1년이 경과한 날부터 시행한다.

제2조【중독관리통합지원센터에 관한 경과조치】 이 법 시행 당시 종전의 규정에 따라 국가 또는 지방자치단체가 설치하거나 위탁하여 운영하고 있는 중독관리통합지원센터는 제15조의3의 개정규정에 따른 중독관리통합지원센터로 본다.

제3조【정신건강전문요원의 결격사유에 관한 경과조치】 제18조제3호의 개정규정 시행 당시 정신건강전문요원인 사람이 같은 개정규정 시행 전의 행위로 같은 개정규정에 따른 결격사유에 해당하게 된 경우에는 같은 개정규정에도 불구하고 종전의 규정에 따른다.

부 칙 (2019.1.15)

제1조【시행일】 이 법은 공포 후 6개월이 경과한 날부터 시행한다. 다만, 제20조제1항의 개정규정은 공포 후 3개월이 경과한 날부터 시행한다.
제2조【과징금 부과에 관한 경과조치】 이 법 시행 전의 위반행위에 대한 과징금 부과에 관해서는 종전의 규정에 따른다.

부 칙 (2020.3.4)

제1조【시행일】 이 법은 공포 후 6개월이 경과한 날부터 시행한다.(이하 생략)

부 칙 (2020.3.24)

제1조【시행일】 이 법은 공포한 날부터 시행한다.(이하 생략)

부 칙 (2020.4.7 법17203호)

제1조【시행일】 이 법은 공포 후 1년이 경과한 날부터 시행한다.(이하 생략)

부 칙 (2020.4.7 법17217호)

제1조【시행일】 이 법은 공포 후 6개월이 경과한 날부터 시행한다. 다만, 제17조제2항의 개정규정은 공포 후 2년이 경과한 날부터 시행한다.
제2조【공립 정신병원의 운영 위탁에 관한 경과조치】 이 법 시행 당시 지방자치단체의 장이 공립 정신병원의 운영을 위탁 중인 경우 종전의 위탁계약은 이 법에 따른 것으로 보되, 위탁기간은 종전의 위탁계약 체결 당시 계약기간의 남은 기간으로 한다.

부 칙 (2020.12.29)

제1조【시행일】 이 법은 공포한 날부터 시행한다. 다만, 제15조의2제3항부터 제5항까지의 개정규정과 제81조의2의 개정규정은 공포 후 6개월이 경과한 날부터 시행한다.
제2조【상속인 없는 재산의 처리에 관한 적용례】 제81조의2의 개정규정은 부칙 제1조 단서에 따른 시행일 이후 정신요양시설 또는 정신재활시설에 입소 중인 사람이 사망한 경우부터 적용한다.

부 칙 (2021.6.8)

이 법은 공포 후 6개월이 경과한 날부터 시행한다.

부 칙 (2023.6.13)

이 법은 공포한 날부터 시행한다.

부 칙 (2024.1.2)

제1조【시행일】 이 법은 공포 후 6개월이 경과한 날부터 시행한다. 다만, 제3조제3호·제15조의4·제38조의2·제38조의3 및 제69조의2의 개정규정은 공포 후 2년이 경과한 날부터 시행한다.
제2조【국가계획의 수립 등에 관한 적용례】 제7조제3항의 개정규정은 이 법 시행 이후 수립하는 계획부터 적용한다.

부 칙 (2024.1.23)

이 법은 공포 후 6개월이 경과한 날부터 시행한다.

응급의료에 관한 법률

(약칭 : 응급의료법)

(2000년 1월 12일
전개법률 제6147호)

개정
2002. 1.26법 6627호(민사집행법) <중략>
2011. 8. 4법11004호
2011. 8. 4법11024호(선원)
2012. 2. 1법11247호(공공보건의료에관한법)
2012. 3.21법11403호(119구조·구급에관한법)
2012. 5.14법11422호
2012. 6. 1법11476호(철도안전법)
2013. 3.23법11690호(정부조직)
2013. 6. 4법11859호
2013. 8. 6법11998호(지방세외수입금의징수등에관한법)
2014. 3.18법12448호
2014.11.19법12844호(정부조직)
2015. 1.28법13106호
2015. 6.22법13367호(한국보건의료인국가시험원법)
2015. 7.24법13436호(철도안전법)
2016. 3.29법14113호(공항시설법)
2016. 3.29법14116호(항공안전법)
2016. 5.29법14218호
2016.12. 2법14329호
2016.12.27법14476호(지방세징수법)
2017. 4.18법14778호
2017. 7.26법14839호(정부조직)
2017.10.24법14927호
2018. 3.20법15522호(공무원재해보상법)
2018.12.11법15893호 2019. 1.15법16252호
2019. 1.15법16272호(산업안전)
2019. 8.27법16554호 2019.12. 3법16724호
2020. 3.24법17091호(지방행정제재·부과금의징수등에관한법)
2020. 4. 7법17203호(시체해부및보존등에관한법)
2020. 4. 7법17210호
2020.12.22법17689호(국가자치경찰)
2020.12.29법17786호 2021. 3.23법17968호
2021.11.30법18523호(화재의예방및안전관리에관한법)
2021.12.21법18621호 2022.12.27법19124호
2023. 3.14법19234호(개인정보보호법)
2023. 8. 8법19607호
2023. 8.16법19654호→2024년 2월 17일 및 2025년 8월 17일 시행
2024. 1.30법20170호→2024년 7월 31일 시행하는 부분은 가제 수록하였고 2026년 1월 31일 시행하는 부분은 「法典 別冊」 보유편 수록

제1장 총 칙
(2011.8.4 본장개정)

제1조【목적】 이 법은 국민들이 응급상황에서 신속하고 적절한 응급의료를 받을 수 있도록 응급의료에 관한 국민의 권리와 의무, 국가·지방자치단체의 책임, 응급의료제공자의 책임과 권리를 정하고 응급의료자원의 효율적 관리에 필요한 사항을 규정함으로써 응급환자의 생명과 건강을 보호하고 국민의료를 적정하게 함을 목적으로 한다.
제2조【정의】 이 법에서 사용하는 용어의 뜻은 다음과 같다.
1. "응급환자"란 질병, 분만, 각종 사고 및 재해로 인한 부상이나 그 밖의 위급한 상태로 인하여 즉시 필요한 응급처치를 받지 아니하면 생명을 보존할 수 없거나 심신에 중대한 위해(危害)가 발생할 가능성이 있는 환자 또는 이에 준하는 사람으로서 보건복지부령으로 정하는 사람을 말한다.
2. "응급의료"란 응급환자가 발생한 때부터 생명의 위험에서 회복되거나 심신상의 중대한 위해가 제거되기까지의 과정에서 응급환자를 위하여 하는 상담·구조(救助)·이송·응급처치 및 진료 등의 조치를 말한다.
3. "응급처치"란 응급의료행위의 하나로서 응급환자의 기도를 확보하고 심장박동의 회복, 그 밖에 생명의 위험이나 증상의 현저한 악화를 방지하기 위하여 긴급히 필요로 하는 처치를 말한다.
4. "응급의료종사자"란 관계 법령에서 정하는 바에 따라 취득한 면허 또는 자격의 범위에서 응급환자에 대한 응급의료를 제공하는 의료인과 응급구조사를 말한다.
5. "응급의료기관"이란 「의료법」 제3조에 따른 의료기관 중에서 이 법에 따라 지정된 권역응급의료센터, 전문응급의료센터, 지역응급의료센터 및 지역응급의료기관을 말한다.(2021.12.21 본호개정)
6. "구급차등"이란 응급환자의 이송 등 응급의료의 목적에 이용되는 자동차, 선박 및 항공기 등의 이송수단을 말한다.
7. "응급의료기관등"이란 응급의료기관, 구급차등의 운용자 및 응급의료지원센터를 말한다.(2015.1.28 본호개정)
8. "응급환자이송업"이란 구급차등을 이용하여 응급환자 등을 이송하는 업(業)을 말한다.

제2장 국민의 권리와 의무
(2011.8.4 본장개정)

제3조【응급의료를 받을 권리】 모든 국민은 성별, 나이, 민족, 종교, 사회적 신분 또는 경제적 사정 등을 이유로 차별받지 아니하고 응급의료를 받을 권리를 가진다. 국내에 체류하고 있는 외국인도 또한 같다.
제4조【응급의료에 관한 알 권리】 ① 모든 국민은 응급상황에서의 응급처치 요령, 응급의료기관등의 안내 등 기본적인 대응방법을 알 권리가 있으며, 국가와 지방자치단체는 그에 대한 교육·홍보 등 필요한 조치를 마련하여야 한다.
② 모든 국민은 국가나 지방자치단체의 응급의료에 대한 시책에 대하여 알 권리를 가진다.
제5조【응급환자에 대한 신고 및 협조 의무】 ① 누구든지 응급환자를 발견하면 즉시 응급의료기관등에 신고하여야 한다.
② 응급의료종사자가 응급의료를 위하여 필요한 협조를 요청하면 누구든지 적극 협조하여야 한다.
제5조의2【선의의 응급의료에 대한 면책】 생명이 위급한 응급환자에게 다음 각 호의 어느 하나에 해당하는 응급의료 또는 응급처치를 제공하여 발생한 재산상 손해와 사상(死傷)에 대하여 고의 또는 중대한 과실이 없는 경우 그 행위자는 민사책임과 상해(傷害)에 대한 형사책임을 지지 아니하며 사망에 대한 형사책임은 감면한다.
1. 다음 각 목의 어느 하나에 해당하지 아니하는 자가 한 응급처치
 가. 응급의료종사자
 나. 「선원법」 제86조에 따른 선박의 응급처치 담당자, 「소방기본법」 제35조에 따른 구급대 등 다른 법령에 따라 응급처치 제공의무를 가진 자(2011.8.4 본목개정)
2. 응급의료종사자가 업무수행 중이 아닌 때 본인이 받은 면허 또는 자격의 범위에서 한 응급의료
3. 제1호나목에 따른 응급처치 제공의무를 가진 자가 업무수행 중이 아닌 때에 한 응급처치

제3장 응급의료종사자의 권리와 의무
(2011.8.4 본장개정)

제6조【응급의료의 거부금지 등】 ① 응급의료기관등에서 근무하는 응급의료종사자는 응급환자를 항상 진료할 수 있도록 응급의료업무에 성실히 종사하여야 한다.
② 응급의료종사자는 업무 중에 응급의료를 요청받거나 응급환자를 발견하면 즉시 응급의료를 하여야 하며 정당한 사유 없이 이를 거부하거나 기피하지 못한다.
제7조【응급환자가 아닌 사람에 대한 조치】 ① 의료인은 응급환자가 아닌 사람을 응급실이 아닌 의료시설에 진료를 의뢰하거나 다른 의료기관에 이송할 수 있다.
② 진료의뢰·환자이송의 기준 및 절차 등에 관하여 필요한 사항은 대통령령으로 정한다.
제8조【응급환자에 대한 우선 응급의료 등】 ① 응급의료종사자는 응급환자에 대하여는 다른 환자보다 우선하여 상담·구조 및 응급처치를 하고 진료를 위하여 필요한 최선의 조치를 하여야 한다.
② 응급의료종사자는 응급환자가 2명 이상이면 의학적 판단에 따라 더 위급한 환자부터 응급의료를 실시하여야 한다.
제9조【응급의료의 설명·동의】 ① 응급의료종사자는 다음 각 호의 어느 하나에 해당하는 경우를 제외하고는 응급환자에게 응급의료에 관하여 설명하고 그 동의를 받아야 한다.
1. 응급환자가 의사결정능력이 없는 경우
2. 설명 및 동의 절차로 인하여 응급의료가 지체되면 환자의 생명이 위험하여지거나 심신상의 중대한 장애를 가져오는 경우
② 응급의료종사자는 응급환자가 의사결정능력이 없는 경우 법정대리인이 동행하였을 때에는 그 법정대리인에게 응급의료에 관하여 설명하고 그 동의를 받아야 하며, 법정대리인이 동행하지 아니한 경우에는 동행한 사람에게 설명한 후 응급처치를 하고 의사의 의학적 판단에 따라 응급진료를 할 수 있다.
③ 응급의료에 관한 설명·동의의 내용 및 절차 등에 관하여 필요한 사항은 보건복지부령으로 정한다.
제10조【응급의료 중단의 금지】 응급의료종사자는 정당한 사유가 없으면 응급환자에 대한 응급의료를 중단하여서는 아니 된다.
제11조【응급환자의 이송】 ① 의료인은 해당 의료기관의 능력으로는 응급환자에 대하여 적절한 응급의료를 할 수 없다고 판단한 경우에는 지체 없이 그 환자를 적절한 응급의료가 가능한 다른 의료기관으로 이송하여야 한다.
② 의료기관의 장은 제1항에 따라 응급환자를 이송할 때에는 응급환자의 안전한 이송에 필요한 의료기구와 인력을 제공하여야 하며, 응급환자를 이송받는 의료기관에 진료에 필요한 의무기록(醫務記錄)을 제공하여야 한다.
③ 의료기관의 장은 이송에 든 비용을 환자에게 청구할 수 있다.
④ 응급환자의 이송절차, 의무기록의 이송 및 비용의 청구 등에 필요한 사항은 보건복지부령으로 정한다.
제12조【응급의료 등의 방해 금지】 ① 누구든지 응급의료종사자(「의료기사 등에 관한 법률」 제2조에 따른 의료기사와 「의료법」 제80조에 따른 간호조무사를 포함한다)와 구급차등의 응급환자에 대한 구조·이송·응급처치 또는 진료를 폭행, 협박, 위계(僞計), 위력(威力), 그 밖의 방법으로 방해하거나 의료기관 등의 응급의료를 위한 의료용 시설·기재(機材)·의약품 또는 그 밖의 기물(器物)을 파괴·손상하거나 점거하여서는 아니 된다.
② 응급의료기관의 장 또는 응급의료기관 개설자는 제1항을 위반하여 응급의료를 방해하거나 의료용 시설 등을 파괴·손상 또는 점거한 사실을 알게 된 경우에는 수사기관에 즉시 신고하여야 하고, 이후 특별시장·광역시장·특별자치시장·도지사·특별자치도지사(이하 "시·도지사"라 한다) 또는 시장·군수·구청장(자치구의 구청장을 말한다. 이하 같다)에게 통보하여야 한다.
(2023.8.8 본항신설)
(2020.12.29 본조개정)

제4장 국가 및 지방자치단체의 책임

(2011.8.4 본장개정)

제13조【응급의료의 제공】 국가 및 지방자치단체는 응급환자의 보호, 응급의료기관등의 지원 및 설치·운영, 응급의료종사자의 양성, 응급이송수단의 확보 등 응급의료를 제공하기 위한 시책을 마련하고 시행하여야 한다.

제13조의2【응급의료기본계획 및 연차별 시행계획】 ① 보건복지부장관은 제13조에 따른 업무를 수행하기 위하여 제13조의5에 따른 중앙응급의료위원회의 심의를 거쳐 응급의료기본계획(이하 "기본계획"이라 한다)을 5년마다 수립하여야 한다.

② 기본계획은 「공공보건의료에 관한 법률」 제4조에 따른 공공보건의료 기본계획과 연계하여 수립하여야 하며, 다음 각 호의 사항을 포함하여야 한다.(2021.12.21 본문개정)

1. 국민의 안전한 생활환경 조성을 위한 다음 각 목의 사항
   가. 국민에 대한 응급처치 및 응급의료 교육·홍보 계획
   나. 생활환경 속의 응급의료 인프라 확충 계획
   다. 응급의료의 평등한 수혜를 위한 계획
2. 응급의료의 효과적인 제공을 위한 다음 각 목의 사항
   가. 민간 이송자원의 육성 및 이송체계의 개선 계획
   나. 응급의료기관에 대한 평가·지원 및 육성 계획
   다. 응급의료 인력의 공급 및 육성 계획
   라. 응급의료정보통신체계의 구축·운영 계획
   마. 응급의료의 질적 수준 개선을 위한 계획
   바. 재난 등으로 다수의 환자 발생 시 응급의료 대비·대응 계획
3. 기본계획의 효과적 달성을 위한 다음 각 목의 사항
   가. 기본계획의 달성목표 및 그 추진방향
   나. 응급의료제도 및 운영체계에 대한 평가 및 개선방향
   다. 응급의료재정의 조달 및 운용
   라. 기본계획 시행을 위한 중앙행정기관의 협조 사항

③ 보건복지부장관은 기본계획을 확정한 때에는 지체 없이 이를 관계 중앙행정기관의 장과 시·도지사에게 통보하여야 한다.(2023.8.8 본항개정)

④ 보건복지부장관은 보건의료 시책상 필요한 경우 제13조의5에 따른 중앙응급의료위원회의 심의를 거쳐 기본계획을 변경할 수 있다.

⑤ 보건복지부장관은 대통령령으로 정하는 바에 따라 기본계획에 따른 연차별 시행계획을 수립하여야 한다.

제13조의3【지역응급의료시행계획】 ① 시·도지사는 기본계획에 따라 매년 지역응급의료시행계획을 수립하여 시행하여야 한다.

② 지역응급의료시행계획은 제13조의2에 따른 기본계획의 지역 내 시행을 위하여 각 시·도의 상황에 맞게 수립하되, 다음 각 호의 사항을 포함하여야 한다.

1. 응급환자 발생 현황, 응급의료 제공 현황 등 지역응급의료 현황
2. 지역 내 응급의료 자원조사 등을 통한 지역응급의료 이송체계 마련
3. 응급의료의 효과적 제공을 위한 지역응급의료 주요 사업 추진계획 수립 및 실적 관리
4. 응급의료정책 추진을 위한 인력·조직 등의 기반 마련 및 지역 내 응급의료기관 간 협력체계 구축
5. 그 밖에 시·도지사가 기본계획의 시행 및 응급의료 발전을 위하여 필요하다고 인정하는 사항

(2021.12.21 본항신설)

③ 보건복지부장관은 대통령령으로 정하는 바에 따라 지역응급의료시행계획 및 그 시행결과를 평가할 수 있다.

④ 보건복지부장관은 지역응급의료시행계획 및 그 시행 결과에 대하여 평가한 결과를 토대로 시·도지사에게 계획 및 사업의 변경 또는 시정을 요구할 수 있다.

⑤ 그 밖에 지역응급의료시행계획의 수립·시행 및 평가에 관하여는 대통령령으로 정한다.

제13조의4【응급의료계획에 대한 협조】 ① 보건복지부장관 및 시·도지사는 기본계획 및 지역응급의료시행계획의 수립·시행을 위하여 필요한 경우에는 국가기관, 지방자치단체, 응급의료에 관련된 기관·단체 및 「공공기관의 운영에 관한 법률」 제4조에 따른 공공기관(이하 "공공기관"이라 한다)의 장에게 자료제공 등의 협조를 요청할 수 있다.

② 제1항에 따라 협조요청을 받은 국가기관, 지방자치단체, 관계 기관·단체, 공공기관의 장 등은 특별한 사유가 없는 한 이에 응하여야 한다.

③ 제1항에 따라 요청할 수 있는 자료의 범위와 그 관리 및 활용 등은 대통령령으로 정한다.(2015.1.28 본항신설)

(2015.1.28 본조개정)

제13조의5【중앙응급의료위원회】 ① 응급의료에 관한 주요 시책을 심의하기 위하여 보건복지부에 중앙응급의료위원회(이하 "중앙위원회"라 한다)를 둔다.

② 중앙위원회는 위원장 1명과 부위원장 1명을 포함한 15명 이내의 위원으로 구성한다.

③ 중앙위원회의 위원장은 보건복지부장관이 되고 부위원장은 위원 중 위원장이 지명하며 위원은 당연직 위원과 위촉 위원으로 한다.

④ 당연직 위원은 다음 각 호의 사람으로 한다.

1. 기획재정부차관
2. 교육부차관(2013.3.23 본호개정)
3. 국토교통부차관(2013.3.23 본호개정)
4. 소방청장(2017.7.26 본호개정)
5. 제25조에 따른 중앙응급의료센터의 장

⑤ 위촉 위원은 다음 각 호의 사람으로서 위원장이 위촉한다.

1. 「비영리민간단체 지원법」 제2조에 따른 비영리민간단체를 대표하는 사람 3명
2. 응급의료에 관한 학식과 경험이 풍부한 사람 3명
3. 제2조제5호에 따른 응급의료기관을 대표하는 사람 1명
4. 보건의료 관련 업무를 담당하는 지방공무원으로서 특별시·광역시를 대표하는 사람 1명
5. 보건의료 관련 업무를 담당하는 지방공무원으로서 도(특별자치도를 포함한다)를 대표하는 사람 1명

⑥ 중앙위원회는 다음 각 호의 사항을 심의한다.

1. 제13조의2에 따른 응급의료기본계획 및 연차별 시행계획의 수립 및 변경
2. 「국가재정법」 제74조에 따라 응급의료기금의 기금운용심의회에서 심의하여야 할 사항
3. 응급의료에 관련한 정책 및 사업에 대한 조정
4. 응급의료에 관련한 정책 및 사업의 평가 결과
5. 지역응급의료시행계획 및 특별시·광역시·도·특별자치도(이하 "시·도"라 한다)의 응급의료에 관련한 사업의 평가 결과
6. 응급의료의 중기·장기 발전방향 및 제도 개선에 관한 사항
7. 그 밖에 응급의료에 관하여 보건복지부장관이 부의하는 사항

⑦ 중앙위원회는 매년 2회 이상 개최하여야 한다.

⑧ 그 밖에 중앙위원회의 회의 및 운영에 관한 사항은 대통령령으로 정한다.

(2011.8.4 본조신설)

제13조의6【시·도응급의료위원회】 ① 응급의료에 관한 중요 사항을 심의하기 위하여 시·도에 시·도응급의료위원회(이하 "시·도위원회"라 한다)를 둔다.

② 시·도위원회는 해당 시·도의 응급의료에 관한 다음 각 호의 사항을 심의한다.

1. 제13조의3제1항에 따른 지역응급의료시행계획의 수립 및 변경
2. 지역응급의료 자원조사
3. 중증응급환자를 위한 지역 이송체계 마련 및 주요 이송곤란 사례 검토 등을 통한 이송체계 개선

(2021.12.21 2호~3호신설)

4. 응급의료를 위한 지방 재정의 사용
5. 응급의료 시책 및 사업의 조정
6. 응급의료기관등에 대한 평가 결과의 활용
7. 지역응급의료서비스 품질 관리 실태 및 개선 필요 사항(2021.12.21 본호신설)
8. 그 밖에 응급의료에 관하여 시·도지사가 부의하는 사항

③ 시·도지사는 제2항의 시·도위원회 심의사항과 관련된 정책 개발 및 실무 지원을 위하여 시·도 응급의료지원단을 설치·운영한다. 다만, 시·도지사는 필요한 경우 「공공보건의료에 관한 법률」 제22조에 따른 공공보건의료지원단과 통합하여 운영할 수 있다.(2021.12.21 본항신설)

④ 시·도위원회는 매년 2회 이상 개최하여야 한다.

⑤ 시·도위원회 및 시·도 응급의료지원단의 구성·기능 및 운영 등에 관하여 필요한 사항은 대통령령으로 정하는 기준에 따라 해당 시·도의 조례로 정한다.

(2021.12.21 본항개정)

(2011.8.4 본조신설)

제14조【구조 및 응급처치에 관한 교육】 ① 보건복지부장관 또는 시·도지사는 응급의료종사자가 아닌 사람 중에서 다음 각 호의 어느 하나에 해당하는 사람에게 구조 및 응급처치에 관한 교육을 받도록 명할 수 있다. 이 경우 교육을 받도록 명받은 사람은 정당한 사유가 없으면 이에 따라야 한다.(2021.12.21 후단신설)

1. 구급차등의 운전자

1의2. 제47조의2제1항 각 호의 어느 하나에 해당하는 시설 등에서 의료·구호 또는 안전에 관한 업무에 종사하는 사람(2021.12.21 본호신설)

2. 「여객자동차 운수사업법」 제3조제1항에 따른 여객자동차운송사업용 자동차의 운전자
3. 「학교보건법」 제15조에 따른 보건교사
4. 도로교통안전업무에 종사하는 사람으로서 「도로교통법」 제5조에 규정된 경찰공무원등
5. 「산업안전보건법」 제32조제1항 각 호 외의 부분 본문에 따른 안전보건교육의 대상자(2019.1.15 본호개정)
6. 「체육시설의 설치·이용에 관한 법률」 제5조 및 제10조에 따른 체육시설에서 의료·구호 또는 안전에 관한 업무에 종사하는 사람
7. 「유선 및 도선 사업법」 제22조에 따른 인명구조요원
8. 「관광진흥법」 제3조제1항제2호부터 제6호까지의 규정에 따른 관광사업에 종사하는 사람 중 의료·구호 또는 안전에 관한 업무에 종사하는 사람
9. 「항공안전법」 제2조제14호 및 제17호에 따른 항공종사자 또는 객실승무원 중 의료·구호 또는 안전에 관한 업무에 종사하는 사람(2016.3.29 본호개정)
10. 「철도안전법」 제2조제10호가목부터 라목까지의 규정에 따른 철도종사자 중 의료·구호 또는 안전에 관한 업무에 종사하는 사람(2015.7.24 본호개정)
11. 「선원법」 제2조제1호에 따른 선원 중 의료·구호 또는 안전에 관한 업무에 종사하는 사람(2011.8.4 본호개정)
12. 「화재의 예방 및 안전관리에 관한 법률」 제24조에 따른 소방안전관리자 중 대통령령으로 정하는 사람(2021.11.30 본호개정)
13. 「국민체육진흥법」 제2조제6호에 따른 체육지도자
14. 「유아교육법」 제22조제2항에 따른 교사
15. 「영유아보육법」 제21조제2항에 따른 보육교사

(2016.12.2 14호~15호신설)

② 보건복지부장관 및 시·도지사는 대통령령으로 정하는 바에 따라 제4조제1항에 따른 응급처치 요령 등의 교육·홍보를 위한 계획을 매년 수립하고 실시하여야 한다. 이 경우 보건복지부장관은 교육·홍보 계획의 수립 시 소방청장과 협의하여야 한다.(2017.7.26 후단개정)

③ 시·도지사는 제2항에 따라 응급처치 요령 등의 교육·홍보를 실시한 결과를 보건복지부장관에게 보고하여야 한다.(2011.8.4 본항신설)

④ 제1항부터 제3항까지의 규정에 따른 구조 및 응급처치에 관한 교육의 내용 및 실시방법, 보고 등에 관하여 필요한 사항은 보건복지부령으로 정한다.

제15조【응급의료정보통신망의 구축】 ① 국가 및 지방자치단체는 국민들에게 효과적인 응급의료를 제공하기 위하여 다음 각 호의 업무에 필요한 각종 자료 및 정보의 수집, 처리, 분석 및 제공 등을 수행하기 위한 정보통신망(이하 "응급의료정보통신망"이라 한다)을 구축하여야 한다.

1. 제25조제1항 각 호에 따른 중앙응급의료센터의 업무
2. 제27조제2항 각 호에 따른 응급의료지원센터의 업무
3. 그 밖에 보건복지부장관이 정하는 응급의료 관련 업무

(2024.1.30 1호~3호신설)

② 응급의료정보통신망의 체계 및 운용비용 등에 관하여 필요한 사항은 보건복지부령으로 정한다.

③ 보건복지부장관은 응급의료정보통신망을 통한 업무를 수행하기 위하여 필요한 경우 관계 중앙행정기관의 장 또는 지방자치단체의 장 및 응급의료와 관련된 기관·단체 등(이하 이 조에서 "관계 중앙행정기관의 장등"이라 한다)에 다음 각 호의 정보의 제공을 요청할 수 있다. 다만, 제1호 및 제2호의 정보는 제25조제1항제3호·제5호·제9호 및 제27조제2항제3호·제6호·제8호의 업무를 수행하기 위하여 필요한 경우로 한정한다.

1. 응급환자의 인적사항에 관한 정보
2. 응급환자에 대한 응급의료 내용에 관한 정보
3. 그 밖에 응급의료 이용 실태 파악에 필요한 정보로서 대통령령으로 정하는 정보

④ 제3항에 따라 정보제공을 요청받은 관계 중앙행정기관의 장등은 특별한 사유가 없으면 이에 따라야 한다.(2024.1.30 본항신설)

⑤ 보건복지부장관은 응급의료정보통신망을 통하여 제3항 단서에 따른 업무를 수행하기 위하여 불가피한 경우 「개인정보 보호법」 제23조에 따른 건강에 관한 정보 및 같은 법 제24조에 따른 고유식별정보(주민등록번호를 포함한다)가 포함된 자료를 처리할 수 있다.(2024.1.30 본항신설)

⑥ 관계 중앙행정기관의 장등은 응급의료정보통신망이 보유하고 있는 정보의 활용이 필요한 경우 사전에 보건복지부장관과 협의하여야 한다. 이 경우 보건복지부장관은 관계 중앙행정기관의 장등에게 해당 정보 수집의 목적 범위에서 정보를 제공할 수 있고 정보를 제공받은 관계 중앙행정기관의 장등은 제공받은 목적의 범위에서만 이를 보유·활용할 수 있다.(2024.1.30 본항신설)

⑦ 보건복지부장관은 응급의료정보통신망의 구축·운영의 전 과정에서 개인정보 보호를 위하여 필요한 시책을 마련하여야 한다.(2024.1.30 본항신설)

(2024.1.30 본조개정)

제15조의2【응급의료조사통계사업】 보건복지부장관은 응급의료 관련 자료를 지속적이고 체계적으로 수집·분석하여 응급환자의 발생, 분포, 이송, 사망 및 후유 장애 현황 등 응급의료 관련 통계를 산출하기 위한 조사·통계사업을 시행할 수 있다. 이 경우 통계자료의 수집 및 통계의 작성 등에 관하여는 「통계법」을 준용한다.

(2024.1.30 본조신설)

제15조의3【비상대응매뉴얼】 ① 국가와 지방자치단체는 「재난 및 안전관리 기본법」 제3조제1호 및 제2호의 재난 및 해외재난으로부터 국민과 주민의 생명을 보호하기 위하여 응급의료에 관한 기본적인 사항과 응급의료 지원 등에 관한 비상대응매뉴얼을 마련하고 의료인에게 이에 대한 교육을 실시하여야 한다.

② 제1항에 따른 비상대응매뉴얼의 내용, 교육의 대상·방법, 교육 참가자에 대한 비용지원 등에 필요한 사항은 대통령령으로 정한다.

(2014.3.18 본조신설)

제16조【재정 지원】 ① 국가 및 지방자치단체는 예산의 범위에서 응급의료기관등 및 응급의료시설에 대하여 필요한 재정 지원을 할 수 있다.(2017.10.24 본항개정)

② 국가 및 지방자치단체는 제47조의2에 따른 자동심장충격기 등 심폐소생을 위한 응급장비를 갖추어야 하는 시설 등에 대하여 필요한 재정 지원을 할 수 있다.

(2016.5.29 본항개정)

제17조【응급의료기관등에 대한 평가】 ① 보건복지부장관은 응급의료기관등의 시설·장비·인력, 업무의 내용·결과 등에 대하여 평가를 할 수 있다. 이 경우 평가

대상이 되는 응급의료기관등의 장은 특별한 사유가 없으면 평가에 응하여야 한다.(2015.1.28 전단개정)
② 보건복지부장관은 제1항에 따른 응급의료기관등의 평가를 위하여 해당 응급의료기관등을 대상으로 필요한 자료의 제공을 요청할 수 있다. 이 경우 자료의 제공을 요청받은 응급의료기관등은 정당한 사유가 없으면 이에 따라야 한다.
③ 보건복지부장관은 응급의료기관등에 대한 평가 결과를 공표할 수 있다.
④ 보건복지부장관은 제1항에 따른 응급의료기관등에 대한 평가 결과에 따라 응급의료기관등에 대하여 행정적·재정적 지원을 할 수 있다.
⑤ 제1항 및 제3항에 따른 응급의료기관등의 평가방법, 평가주기, 평가결과 공표 등에 관하여 필요한 사항은 보건복지부령으로 정한다.(2015.1.28 본항개정)

제18조 【환자가 여러 명 발생한 경우의 조치】 ① 보건복지부장관, 시·도지사 또는 시장·군수·구청장은 재해 등으로 환자가 여러 명 발생한 경우에는 응급의료종사자에게 응급의료 업무에 종사할 것을 명하거나, 의료기관의 장 또는 구급차등을 운용하는 자에게 의료시설을 제공하거나 응급환자 이송 등의 업무에 종사할 것을 명할 수 있으며, 중앙행정기관의 장 또는 관계 기관의 장에게 협조를 요청할 수 있다.(2023.8.8 본항개정)
② 응급의료종사자, 의료기관의 장 및 구급차등을 운용하는 자는 정당한 사유가 없으면 제1항에 따른 명령을 거부할 수 없다.
③ 환자가 여러 명 발생하였을 때 인명구조 및 응급처치 등에 필요한 사항은 대통령령으로 정한다.

제5장 재 정
(2011.8.4 본장제목개정)

제19조 【응급의료기금의 설치 및 관리·운용】 ① 보건복지부장관은 응급의료를 효율적으로 수행하기 위하여 응급의료기금(이하 "기금"이라 한다)을 설치한다.
② 보건복지부장관은 기금의 관리·운용을 대통령령으로 정하는 의료 관련 기관 또는 의료 관련 단체(이하 "기금관리기관의 장"이라 한다)에 위탁할 수 있다. 이 경우 보건복지부장관은 기금의 관리·운용에 관한 사무를 감독하며 이에 필요한 명령을 할 수 있다.
③ 그 밖에 기금의 설치 및 관리·운용에 필요한 사항은 대통령령으로 정한다.
(2011.8.4 본조개정)

제20조 【기금의 조성】 ① 기금은 다음 각 호의 재원으로 조성한다.
1. 「국민건강보험법」에 따른 요양기관의 업무정지를 갈음하여 보건복지부장관이 요양기관으로부터 과징금으로 징수하는 금액 중 「국민건강보험법」에 따라 지원하는 금액
2. 응급의료와 관련되는 기관 및 단체의 출연금 및 기부금
3. 정부의 출연금
4. 그 밖에 기금을 운용하여 생기는 수익금
(2011.8.4 본항개정)
② 정부는 제1항제3호의 정부출연금으로 다음 각 호의 해당 연도 예상수입액의 100분의 20에 해당하는 금액을 매 회계연도의 세출예산에 계상하여야 한다.
1. 「도로교통법」 제160조제2항 및 제3항에 따른 과태료(같은 법 제161조제1항제1호에 따라 시·도경찰청장이 부과·징수하는 것에 한한다)(2020.12.22 본호개정)
<2027.12.31까지 유효>
2. 「도로교통법」 제162조제3항에 따른 범칙금
(2008.12.31 본항개정)
(2011.8.4 본조제목개정)

제21조 【기금의 사용】 기금은 다음 각 호의 용도로 사용한다.
1. 응급환자의 진료비 중 제22조에 따른 미수금의 대지급(代支給)
2. 응급의료기관등의 육성·발전과 의료기관의 응급환자 진료를 위한 시설 등의 설치에 필요한 자금의 융자 또는 지원
3. 응급의료 제공체계의 원활한 운영을 위한 보조사업
4. 대통령령으로 정하는 재해 등이 발생하였을 때의 의료 지원
5. 구조 및 응급처치 요령 등 응급의료에 관한 교육·홍보 사업
6. 응급의료의 원활한 제공을 위한 자동심장충격기 등 응급장비의 구비 지원(2016.5.29 본호개정)
7. 응급의료를 위한 조사·연구 사업
8. 기본계획 및 지역응급의료시행계획의 시행 지원
9. 응급의료종사자의 양성 등 지원(2019.8.27 본호신설)
(2011.8.4 본조개정)

제22조 【미수금의 대지급】 ① 의료기관과 구급차등을 운용하는 자는 응급환자에게 응급의료를 제공하고 그 비용을 받지 못하였을 때에는 그 비용 중 응급환자 본인이 부담하여야 하는 금액(이하 "미수금"이라 한다)에 대하여는 기금관리기관의 장(기금의 관리·운용에 관한 업무가 위탁되지 아니한 경우에는 보건복지부장관을 말한다. 이하 이 조 및 제22조의2에서 같다)에게 대신 지급하여 줄 것을 청구할 수 있다.
② 기금관리기관의 장은 제1항에 따라 의료기관 등이 미수금에 대한 대지급을 청구하면 보건복지부령으로 정하는 기준에 따라 심사하여 그 미수금을 기금에서 대신 지급하여야 한다.
③ 국가나 지방자치단체는 제2항에 따른 대지급에 필요한 비용을 기금관리기관의 장에게 보조할 수 있다.
④ 기금관리기관의 장은 제2항에 따라 미수금을 대신 지급한 경우에는 응급환자 본인과 그 배우자, 응급환자의 1촌의 직계혈족 및 그 배우자 또는 다른 법령에 따른 진료비 부담 의무자에게 그 대지급금(代支給金)을 구상(求償)할 수 있다.
⑤ 제4항에 따른 대지급금의 상환 청구를 받은 자가 해당 대지급금을 정하여진 기간 내에 상환하지 아니하면 기금관리기관의 장은 기한을 정하여 독촉할 수 있다.
(2017.10.24 본항신설)
⑥ 제5항에 따른 독촉을 받은 자가 그 기한 내에 대지급금을 상환하지 아니하면 기금관리기관의 장은 보건복지부장관의 승인을 받아 국세 체납처분의 예에 따라 이를 징수할 수 있다.(2017.10.24 본항신설)
⑦ 기금관리기관의 장은 제4항에 따라 대지급금을 구상하였으나 상환받기가 불가능하거나 제22조의3에 따른 소멸시효가 완성된 대지급금을 결손으로 처리할 수 있다.
⑧ 미수금 대지급의 대상·범위·절차 및 방법, 구상의 절차 및 방법, 상환이 불가능한 대지급금의 범위 및 결손처분 절차 등에 관하여 필요한 사항은 대통령령으로 정한다.
(2011.8.4 본조개정)

제22조의2 【자료의 제공】 ① 기금관리기관의 장은 국가·지방자치단체 및 의료기관 등 관계기관에 미수금 심사, 대지급금 구상 및 결손처분 등을 위하여 국세·지방세, 토지·주택·건축물·자동차·선박·항공기, 국민건강보험·국민연금·고용보험·산업재해보상보험·보훈급여·공무원연금·공무원재해보상급여·군인연금·사립학교교직원연금·별정우체국연금·기초연금, 주민등록·가족관계등록 등에 관한 자료의 제공을 요청할 수 있다.(2018.3.20 본항개정)
② 제1항에 따른 요청을 받은 기관은 특별한 사유가 없으면 이에 따라야 한다.
③ 제1항에 따라 관계 기관이 기금관리기관의 장에게 제공하는 자료에 대하여는 사용료와 수수료 등을 면제한다.
(2015.1.28 본항신설)
(2011.8.4 본조신설)

제22조의3 【구상권의 시효】 ① 제22조제4항에 따른 대지급금에 대한 구상의 권리는 그 대지급금을 청구할 수 있는 날부터 3년 동안 행사하지 아니하면 소멸시효가 완성된다.
② 시효중단, 그 밖의 소멸시효에 관하여는 「민법」에 따른다.
(2011.8.4 본조신설)

제23조 【응급의료수가의 지급기준】 ① 응급의료수가(應急醫療酬價)의 지급기준은 보건복지부장관이 정한다.
② 보건복지부장관은 제1항에 따른 응급의료수가의 지급기준을 정할 때 제17조에 따른 응급의료기관에 대한 평가결과를 반영하여 응급의료수가에 차등(差等)을 둘 수 있다.
(2011.8.4 본조개정)

제24조 【이송처치료】 ① 구급차등을 운용하는 자가 구급차등을 이용하여 응급환자 등을 이송하였을 때에는 보건복지부령으로 정하는 이송처치료를 그 응급환자로부터 받을 수 있다.
② 구급차등을 운용하는 자는 구급차등의 이용자로부터 제1항에 따른 이송처치료 외에 별도의 비용을 받아서는 아니 된다.
(2011.8.4 본조개정)

판례 구급차 등을 운용하는 자가 구급차 등을 이용하여 응급환자 등을 이송한 경우, 이송료를 제외한 '의사·간호사·응급구조사의 현장출동비용, 이송 중에 사용한 응급의료장비 사용 및 구급처치비용, 소모품, 의약품 비용'을 별도로 받을 수 없다.
(대판 2015.9.10, 2013두25856)

제6장 응급의료기관등
(2011.8.4 본장개정)

제25조 【중앙응급의료센터】 ① 보건복지부장관은 응급의료에 관한 다음 각 호의 업무를 수행하게 하기 위하여 중앙응급의료센터를 설치·운영할 수 있다.(2021.12.21 본문개정)
1. 응급의료기관등에 대한 평가 및 질을 향상시키는 활동에 대한 지원
2. 응급의료종사자에 대한 교육훈련
3. 제26조에 따른 권역응급의료센터 간의 업무조정 및 지원
4. 응급의료 관련 연구
5. 국내외 재난 등의 발생 시 응급의료 관련 업무의 조정, 관련 정보의 수집·제공 및 응급환자 현황 파악과 추적 관리(2024.1.30 본호개정)
6. 응급의료정보통신망의 구축 및 관리·운영과 그에 따른 업무(2024.1.30 본호개정)
7. 제15조의2에 따른 응급의료 관련 조사·통계사업에 관한 업무(2024.1.30 본호신설)
8. 응급처치 관련 교육 및 응급장비 관리에 관한 지원
9. 응급환자 이송체계 운영 및 관리에 관한 지원
10. 응급의료분야 의료취약지 관리 업무
(2021.12.21 8호~10호신설)
11. 그 밖에 보건복지부장관이 정하는 응급의료 관련 업무
② 보건복지부장관은 제1항에 따른 중앙응급의료센터를 효율적으로 운영하기 위하여 필요하다고 인정하면 그 운영에 관한 업무를 대통령령으로 정하는 바에 따라 의료기관·관계전문기관·법인·단체에 위탁할 수 있다. 이 경우 예산의 범위에서 그 운영에 필요한 경비를 지원할 수 있다.(2021.12.21 본항신설)
③ 제1항 및 제2항에 따른 중앙응급의료센터의 설치·운영 및 운영의 위탁 등에 관하여 필요한 사항은 보건복지부령으로 정한다.(2021.12.21 본항개정)

제26조 【권역응급의료센터의 지정】 ① 보건복지부장관은 응급의료에 관한 다음 각 호의 업무를 수행하게 하기 위하여 「의료법」 제3조의4에 따른 상급종합병원 또는 같은 법 제3조의3에 따른 300병상을 초과하는 종합병원 중에서 권역응급의료센터를 지정할 수 있다.
(2015.1.28 본문개정)
1. 중증응급환자 중심의 진료(2015.1.28 본호개정)
2. 재난 대비 및 대응 등을 위한 거점병원으로서 보건복지부령으로 정하는 업무(2016.12.2 본호개정)
3. 권역(圈域) 내에 있는 응급의료종사자에 대한 교육·훈련
4. 권역 내 다른 의료기관에서 제11조에 따라 이송되는 중증응급환자에 대한 수용(2015.1.28 본호신설)
5. 그 밖에 보건복지부장관이 정하는 권역 내 응급의료 관련 업무
② 권역응급의료센터의 지정 기준·방법·절차 및 업무와 중증응급환자의 기준 등은 권역 내 응급의료 수요와 공급 등을 고려하여 보건복지부령으로 정한다.
(2015.1.28 본항개정)

제27조 【응급의료지원센터의 설치 및 운영】 ① 보건복지부장관은 응급의료를 효율적으로 제공할 수 있도록 응급의료자원의 분포와 주민의 생활권을 고려하여 지역별로 응급의료지원센터를 설치·운영하여야 한다.
(2015.1.28 본항개정)
② 응급의료지원센터의 업무는 다음 각 호와 같다.
(2015.1.28 본문개정)
1.~2. (2012.3.21 삭제)
3. 응급의료에 관한 각종 정보의 관리 및 제공
4. (2015.1.28 삭제)
5. 지역 내 응급의료종사자에 대한 교육훈련
6. 지역 내 응급의료기관 간 업무조정 및 지원
7. 지역 내 응급의료의 질 향상 활동에 관한 지원
8. 지역 내 재난 등의 발생 시 응급의료 관련 업무의 조정 및 지원
(2015.1.28 5호~8호신설)
9. 그 밖에 보건복지부령으로 정하는 응급의료 관련 업무
③ 보건복지부장관은 응급의료지원센터를 효율적으로 운영하기 위하여 필요하다고 인정하면 그 운영에 관한 업무를 대통령령으로 정하는 바에 따라 관계 전문기관·법인·단체에 위탁할 수 있다.(2015.1.28 본항개정)
④ 국가 및 지방자치단체는 제3항에 따라 응급의료지원센터의 운영에 관한 업무를 위탁한 경우에는 그 운영에 드는 비용을 지원할 수 있다.(2015.1.28 본항신설)
(2015.1.28 본조제목개정)

제28조 【응급의료지원센터에 대한 협조 등】 ① 응급의료지원센터의 장은 응급의료 관련 정보를 효과적으로 관리하기 위하여 응급의료정보관리체계를 구축하여야 하며, 이를 위하여 응급의료기관의 장과 구급차등을 운용하는 자에게 응급의료에 관한 정보제공을 요청할 수 있다.
(2015.1.28 본항개정)
② 응급의료지원센터의 장은 그 업무를 수행할 때 필요하다고 인정하면 의료기관 및 구급차등을 운용하는 자에게 응급의료에 대한 각종 정보를 제공하고, 구급차등의 출동 등 응급의료에 필요한 조치를 요청할 수 있다.
(2015.1.28 본항개정)
③ 제1항과 제2항에 따라 응급의료에 관한 정보 제공이나 필요한 조치를 요청받은 자는 특별한 사유가 없으면 이에 따라야 한다.
④ 응급의료지원센터에 대한 정보제공 등에 필요한 사항은 대통령령으로 정한다.(2015.1.28 본항개정)
(2015.1.28 본조제목개정)

제29조 【전문응급의료센터의 지정】 ① 보건복지부장관은 소아환자, 화상환자 및 독극물중독환자 등에 대한 응급의료를 위하여 권역응급의료센터, 지역응급의료센터 중에서 분야별로 전문응급의료센터를 지정할 수 있다.
(2021.12.21 본항개정)
② 전문응급의료센터 지정의 기준·방법 및 절차 등에 관하여 필요한 사항은 보건복지부령으로 정한다.

제30조 【지역응급의료센터의 지정】 ① 시·도지사는 응급의료에 관한 다음 각 호의 업무를 수행하게 하기 위하여 「의료법」 제3조의3에 따른 종합병원(이하 "종합병원"이라 한다) 중에서 지역응급의료센터를 지정할 수 있다.
(2021.12.21 본문개정)
1. 응급환자의 진료
2. 제11조에 따라 응급환자에 대하여 적절한 응급의료를 할 수 없다고 판단한 경우 신속한 이송
(2015.1.28 1호~2호신설)
② 지역응급의료센터의 지정 기준·방법·절차와 업무 등에 필요한 사항은 시·도의 응급의료 수요와 공급 등을 고려하여 보건복지부령으로 정한다.
(2015.1.28 본조개정)

제30조의2【권역외상센터의 지정】 ① 보건복지부장관은 외상환자의 응급의료에 관한 다음 각 호의 업무를 수행하게 하기 위하여 권역응급의료센터, 전문응급의료센터 및 지역응급의료센터 중 권역외상센터를 지정할 수 있다.(2021.12.21 본문개정)
1. 외상환자의 진료
2. 외상의료에 관한 연구 및 외상의료표준의 개발
3. 외상의료를 제공하는 의료인의 교육훈련
4. 대형 재해 등의 발생 시 응급의료 지원(2015.1.28 본호신설)
5. 그 밖에 보건복지부장관이 정하는 외상의료 관련 업무
② 권역외상센터는 외상환자에 대한 효과적인 응급의료 제공을 위하여 다음 각 호의 요건을 갖추어야 한다. 이 경우 각 호에 따른 구체적인 요건은 보건복지부령으로 정한다.
1. 외상환자 전용 중환자 병상 및 일반 병상
2. 외상환자 전용 수술실 및 치료실
3. 외상환자 전담 전문의
4. 외상환자 전용 영상진단장비 및 치료장비
5. 그 밖에 외상환자 진료에 필요한 인력·시설·장비
③ 그 밖에 권역외상센터 지정의 기준·방법 및 절차 등에 관한 구체적인 사항은 보건복지부령으로 정한다.
(2012.5.14 본조신설)

제30조의3【지역외상센터의 지정】 ① 시·도지사는 관할 지역의 주민에게 적정한 외상의료를 제공하기 위하여 응급의료기관 중 지역외상센터를 지정할 수 있다.
(2013.6.4 본항개정)
② 지역외상센터 지정의 기준·방법 및 절차 등에 관한 구체적인 사항은 보건복지부령으로 정한다.
(2012.5.14 본조신설)

제30조의4【권역외상센터 및 지역외상센터에 대한 지원】 국가 및 지방자치단체는 중증 외상으로 인한 사망률을 낮추고 효과적인 외상의료체계를 구축하기 위하여 권역외상센터 및 지역외상센터에 대한 행정적·재정적 지원을 실시할 수 있다.(2012.5.14 본조신설)

제30조의5【정신질환자응급의료센터의 지정 등】 ① 보건복지부장관은 정신질환자(「정신건강증진 및 정신질환자 복지서비스 지원에 관한 법률」 제3조제1호에 따른 정신질환자를 말한다. 이하 같다)에 대한 응급의료를 위하여 응급의료기관 중 정신질환자응급의료센터를 지정할 수 있다.
② 정신질환자응급의료센터의 지정 기준·방법 및 절차 등에 관한 구체적인 사항은 보건복지부령으로 정한다.
(2019.8.27 본조신설)

제31조【지역응급의료기관의 지정】 ① 시장·군수·구청장은 응급의료에 관한 다음 각 호의 업무를 수행하게 하기 위하여 종합병원 중에서 지역응급의료기관을 지정할 수 있다. 다만, 시·군의 경우에는 「의료법」 제3조제2항제3호가목의 병원 중에서 지정할 수 있다.
1. 응급환자의 진료
2. 제11조에 따라 응급환자에 대하여 적절한 응급의료를 할 수 없다고 판단한 경우 신속한 이송
② 지역응급의료기관의 지정 기준·방법·절차와 업무 등에 필요한 사항은 시·군·구의 응급의료 수요와 공급 등을 고려하여 보건복지부령으로 정한다.
(2015.1.28 본조개정)

제31조의2【응급의료기관의 운영】 ① 응급의료기관은 응급환자를 24시간 진료할 수 있도록 응급의료기관의 지정기준에 따라 시설, 인력 및 장비 등을 유지하여 운영하여야 한다.
② 제1항에 따른 인력 및 장비에는 보안인력과 보안장비가 포함되어야 한다.(2019.12.3 본항신설)
③ 제2항에 따른 보안인력 및 보안장비에 관한 세부적인 사항은 보건복지부령으로 정한다.(2019.12.3 본항신설)
④ 제1항에도 불구하고 자연재해, 감염병 유행 등 「재난 및 안전관리 기본법」 제3조제1호에 따른 재난 및 이에 준하는 상황으로 인하여 응급의료기관의 지정기준에 따라 시설, 인력 및 장비 등을 유지하여 운영하기 어려운 경우에는 보건복지부장관이 정하는 절차에 따라 그 예외를 인정할 수 있다.(2021.3.23 본항신설)

제31조의3【응급의료기관의 재지정】 ① 보건복지부장관 및 시·도지사, 시장·군수·구청장은 3년마다 해당 지정권자가 지정한 모든 응급의료기관을 대상으로 다음 각 호의 사항을 반영하여 재지정하거나 지정을 취소할 수 있다. 다만, 제1호를 충족하지 못한 경우에는 지정을 취소하여야 한다.
1. 제31조의2에 따른 지정기준의 준수
2. 제17조에 따른 응급의료기관의 평가 결과
3. 그 밖에 보건복지부령으로 정하는 사항
② 응급의료기관의 재지정 절차 및 방법 등은 보건복지부령으로 정한다.
(2015.1.28 본조신설)

제31조의4【환자의 중증도 분류 및 감염병 의심환자 등의 선별】 ① 응급의료기관의 장 및 구급차등의 운용자는 응급환자 등에 대한 신속하고 적절한 이송·진료와 응급실의 감염예방을 위하여 보건복지부령으로 정하는 바에 따라 응급환자 등의 중증도를 분류하고 감염병 의심환자 등을 선별하여야 한다.
② 응급의료기관의 장은 제1항에 따라 선별된 감염병 의심환자 등을 격리 진료할 수 있도록 시설 등을 확보하여야 한다.
③ 구급차등의 운용자는 환자의 이송 시 응급환자의 중증도와 전반적인 환자의 상태, 제13조의3제2항제2호에 따라 마련된 지역응급의료 이송체계 등을 종합적으로 고려하여 이송하여야 한다.(2021.12.21 본항신설)
④ 제26조에 따라 지정된 권역응급의료센터의 장은 중증응급환자 중심의 진료를 위하여 제1항에 따른 응급환자등의 중증도 분류 결과 경증에 해당하는 응급환자를 다른 응급의료기관에 이송할 수 있다. 이 경우 관련 절차는 제7조제2항을 준용한다.(2021.12.21 본항신설)
⑤ 제1항의 분류·선별기준 및 제2항의 격리 시설 기준 등에 관한 사항은 보건복지부령으로 정한다.
(2016.12.2 본조신설)

제31조의5【응급실 출입 제한】 ① 응급환자의 신속한 진료와 응급실 감염예방 등을 위하여 다음 각 호의 어느 하나에 해당하는 사람 외에는 응급실에 출입하여서는 아니 된다.
1. 응급실 환자
2. 응급의료종사자(이에 준하는 사람을 포함한다)
3. 응급실 환자의 보호자로서 진료의 보조에 필요한 사람
② 응급의료기관의 장은 제1항에 따라 응급실 출입이 제한된 사람이 응급실에 출입할 수 없도록 관리하여야 하고, 응급실에 출입하는 사람의 성명 등을 기록·관리하여야 한다.
③ 제1항의 응급실 출입기준 및 제2항의 출입자의 명단 기록·관리에 필요한 사항은 보건복지부령으로 정한다.
④ 제1항에도 불구하고 보건복지부장관, 시·도지사 또는 시장·군수·구청장은 제17조에 따른 응급의료기관 평가, 제31조의3에 따른 재지정 심사 등을 위하여 응급의료기관에 대한 지도·감독이 필요하다고 인정하는 경우 소속 공무원 및 관계 전문가로 하여금 응급실을 출입하도록 할 수 있다.(2021.12.21 본항신설)
⑤ 제4항에 따라 응급실을 출입하는 자는 그 권한을 표시하는 증표를 지니고 이를 관계인에게 보여주어야 한다.
(2021.12.21 본항신설)
(2016.12.2 본조신설)

제32조【비상진료체계】 ① 응급의료기관은 공휴일과 야간에 당직응급의료종사자를 두고 응급환자를 언제든지 진료할 준비체계(이하 "비상진료체계"라 한다)를 갖추어야 한다.
② 응급의료기관의 장으로부터 비상진료체계의 유지를 위한 근무명령을 받은 응급의료종사자는 이를 성실히 이행하여야 한다.
③ 응급의료기관의 장은 제1항에 따른 당직응급의료종사자로서 제31조의2에 따른 인력기준을 유지하는 것과는 별도로 보건복지부령으로 정하는 바에 따라 당직전문의 또는 당직전문의를 갈음할 수 있는 당직의사(이하 "당직전문의등"이라 한다)를 두어야 한다.
④ 응급의료기관의 장은 제31조의2에 따라 응급실에 근무하는 의사가 요청하는 경우 다음 각 호의 어느 하나에 해당하는 자가 응급환자를 직접 진료하게 하여야 한다.
1. 당직전문의등
2. 해당 응급환자의 진료에 적합한 자로서 보건복지부령에 따라 당직전문의등과 동등한 자격을 갖춘 것으로 인정되는 자
⑤ 비상진료체계에 관하여 필요한 사항은 보건복지부령으로 정한다.

제33조【예비병상의 확보】 ① 응급의료기관은 응급환자를 위한 예비병상을 확보하여야 하며 예비병상을 응급환자가 아닌 사람이 사용하게 하여서는 아니 된다.
② 예비병상의 확보 및 유지에 필요한 사항은 보건복지부령으로 정한다.

제33조의2【응급실 체류 제한】 ① 응급의료기관의 장은 환자의 응급실 체류시간을 최소화하고 입원진료가 필요한 응급환자는 신속하게 입원되도록 조치하여야 한다.
② 권역응급의료센터 및 지역응급의료센터의 장은 24시간을 초과하여 응급실에 체류하는 환자의 비율을 보건복지부령으로 정하는 기준 미만으로 유지하여야 한다.
(2016.12.2 본조신설)

제34조【당직의료기관의 지정】 보건복지부장관, 시·도지사 또는 시장·군수·구청장은 공휴일 또는 야간이나 그 밖에 응급환자 진료에 지장을 줄 우려가 있다고 인정할 만한 이유가 있는 경우에는 응급환자에 대한 응급의료를 위하여 보건복지부령으로 정하는 바에 따라 의료기관의 종류별·진료과목별 및 진료기간별로 당직의료기관을 지정하고 이들로 하여금 응급의료를 하게 할 수 있다.

제34조의2【야간·휴일 소아 진료기관의 지정】 ① 보건복지부장관 또는 시·도지사는 응급실 과밀화 해소 및 소아환자에 대한 의료 공백 방지를 위하여 「의료법」 제3조에 따른 의료기관 중에서 야간 또는 휴일에 소아환자를 진료하는 야간·휴일 소아 진료기관을 지정할 수 있다.
② 보건복지부장관, 시·도지사 또는 시장·군수·구청장은 야간·휴일 소아 진료기관에 대한 행정적·재정적 지원을 할 수 있다.
③ 야간·휴일 소아 진료기관의 지정 기준·방법·절차 및 업무 등에 관하여 필요한 사항은 보건복지부령으로 정한다.
(2024.1.30 본조신설)

제35조【응급의료기관의 지정 취소 등】 ① 응급의료기관 및 권역외상센터, 지역외상센터가 다음 각 호의 어느 하나에 해당하는 경우에는 보건복지부장관, 시·도지사 또는 시장·군수·구청장 중 해당 지정권자가 그 지정을 취소할 수 있다.(2016.12.2 본문개정)
1. 지정기준에 미달한 경우
2. 이 법에 따른 업무를 수행하지 아니한 경우
3. 이 법 또는 이 법에 따른 처분이나 명령을 위반한 경우
② 보건복지부장관, 시·도지사 또는 시장·군수·구청장은 응급의료기관 및 권역외상센터, 지역외상센터가 제1항 각 호의 어느 하나에 해당하는 경우에는 일정한 기간을 정하여 위반한 사항을 시정하도록 명하여야 한다.
(2016.12.2 본항신설)
③ 보건복지부장관, 시·도지사 또는 시장·군수·구청장은 제2항의 시정명령을 한 경우 명령의 성실한 이행을 위하여 명령이 이행될 때까지 제16조제1항, 제17조제4항 및 제30조의4에 따른 재정 지원의 전부 또는 일부를 중단할 수 있다.(2016.12.2 본항신설)
④ 보건복지부장관은 응급의료기관 및 권역외상센터, 지역외상센터가 제2항에 따른 시정명령을 이행하지 아니한 경우 일정한 기간을 정하여 제23조에 따른 응급의료수가를 차감할 수 있다.(2016.12.2 본항신설)
(2016.12.2 본조제목개정)

제35조의2【응급의료기관 외의 의료기관】 ① 이 법에 따른 응급의료기관으로 지정받지 아니한 의료기관이 응급의료시설을 설치·운영하려면 보건복지부령으로 정하는 시설·인력 등을 갖추어 시장·군수·구청장에게 신고하여야 한다. 다만, 종합병원의 경우에는 신고를 생략할 수 있다.(2021.12.21 단서개정)
② 시장·군수·구청장은 제1항에 따른 신고를 받은 경우 그 내용을 검토하여 이 법에 적합하면 신고를 수리하여야 한다.(2020.12.29 본항신설)

제7장 응급구조사
(2011.8.4 본장제목개정)

제36조【응급구조사의 자격】 ① 응급구조사는 업무의 범위에 따라 1급 응급구조사와 2급 응급구조사로 구분한다.
② 1급 응급구조사가 되려는 사람은 다음 각 호의 어느 하나에 해당하는 사람으로서 보건복지부장관이 실시하는 시험에 합격한 후 보건복지부장관의 자격인정을 받아야 한다.
1. 대학 또는 전문대학에서 응급구조학을 전공하고 졸업한 사람
2. 보건복지부장관이 정하여 고시하는 기준에 해당하는 외국의 응급구조사 자격인정을 받은 사람(2019.12.3 본호개정)
3. 2급 응급구조사로서 응급구조사의 업무에 3년 이상 종사한 사람
③ 2급 응급구조사가 되려는 사람은 다음 각 호의 어느 하나에 해당하는 사람으로서 보건복지부장관이 실시하는 시험에 합격한 후 보건복지부장관의 자격인정을 받아야 한다.
1. 보건복지부장관이 지정하는 응급구조사 양성기관에서 대통령령으로 정하는 양성과정을 마친 사람
2. 보건복지부장관이 정하여 고시하는 기준에 해당하는 외국의 응급구조사 자격인정을 받은 사람(2019.12.3 본호개정)
④ 보건복지부장관은 제2항과 제3항에 따른 응급구조사 시험의 실시에 관한 업무를 대통령령으로 정하는 바에 따라 「한국보건의료인국가시험원법」에 따른 한국보건의료인국가시험원에 위탁할 수 있다.(2015.6.22 본항개정)
⑤ 1급 응급구조사 및 2급 응급구조사의 시험과목, 시험방법 및 자격인정에 관하여 필요한 사항은 보건복지부령으로 정한다.
(2011.8.4 본조개정)

제36조의2【응급구조사 자격증의 교부 등】 ① 보건복지부장관은 제36조제2항 또는 제3항에 따른 응급구조사 시험에 합격한 사람에게 응급구조사 자격증을 교부하여야 한다. 다만, 자격증 교부 신청일 기준으로 제37조에 따른 결격사유에 해당하는 사람에게는 자격증을 교부해서는 아니 된다.(2019.12.3 단서신설)
② 제1항에 따라 응급구조사 자격증을 교부받은 사람은 응급구조사 자격증의 분실 또는 훼손으로 사용할 수 없게 된 경우에는 보건복지부장관에게 재교부 신청을 할 수 있다.
③ 응급구조사는 다른 사람에게 자기의 성명을 사용하여 제41조에 따른 응급구조사의 업무를 수행하게 하여서는 아니 된다.(2020.4.7 본항개정)
④ 제1항 및 제2항에 따른 응급구조사 자격증의 교부·재교부 및 관리에 필요한 사항은 보건복지부령으로 정한다.
⑤ 제1항에 따라 자격증을 교부받은 사람은 다른 사람에게 그 자격증을 빌려주어서는 아니 되고, 누구든지 그 자격증을 빌려서는 아니 된다.(2020.4.7 본항신설)
⑥ 누구든지 제5항에 따라 금지된 행위를 알선하여서는 아니 된다.(2020.4.7 본항신설)
(2016.5.29 본조신설)

제36조의3【응급구조사 실태 등의 신고】 ① 응급구조사는 대통령령으로 정하는 바에 따라 최초로 자격을 받은 후부터 3년마다 그 실태와 취업상황을 보건복지부장관에게 신고하여야 한다.
② 보건복지부장관은 제43조의 보수교육을 받지 아니한 응급구조사에 대하여 제1항에 따른 신고를 반려할 수 있다.

③ 보건복지부장관은 제1항에 따른 신고 수리 업무를 대통령령으로 정하는 바에 따라 관련 기관 등에 위탁할 수 있다.
(2016.5.29 본조신설)

제37조【결격사유】 다음 각 호의 어느 하나에 해당하는 사람은 응급구조사가 될 수 없다.(2011.8.4 본문개정)

1. 「정신건강증진 및 정신질환자 복지서비스 지원에 관한 법률」 제3조제1호에 따른 정신질환자. 다만, 전문의가 응급구조사로서 적합하다고 인정하는 사람은 그러하지 아니하다.(2018.12.11 본문개정)
2. 마약·대마 또는 향정신성의약품 중독자
(2007.10.17 본호개정)
3. 피성년후견인·피한정후견인(2015.1.28 본호개정)
4. 다음 각 목의 어느 하나에 해당하는 법률을 위반하여 금고 이상의 실형을 선고받고 그 집행이 끝나지 아니하거나 면제되지 아니한 사람
가. 이 법
나. 「형법」 제233조, 제234조, 제268조(의료과실만 해당한다), 제269조, 제270조제1항부터 제3항까지, 제317조제1항
다. 「보건범죄 단속에 관한 특별조치법」, 「지역보건법」, 「국민건강증진법」, 「후천성면역결핍증 예방법」, 「의료법」, 「의료기사 등에 관한 법률」, 「시체 해부 및 보존 등에 관한 법률」, 「혈액관리법」, 「마약류 관리에 관한 법률」, 「모자보건법」, 「국민건강보험법」
(2020.4.7 본목개정)
(2011.8.4 본호개정)

제38조【부정행위에 대한 제재】 ① 부정한 방법으로 응급구조사시험에 응시한 사람 또는 응급구조사시험에서 부정행위를 한 사람에 대하여는 그 수험을 정지시키거나 합격을 무효로 한다.
② 보건복지부장관은 제1항에 따라 수험이 정지되거나 합격이 무효로 된 사람에 대하여 처분의 사유와 위반 정도 등을 고려하여 대통령령으로 정하는 바에 따라 그 다음에 치러지는 응급구조사시험 응시를 3회의 범위에서 제한할 수 있다.(2020.12.29 본항개정)
(2011.8.4 본조개정)

제39조【응급구조사의 준수 사항】 응급구조사는 응급환자의 안전을 위하여 그 업무를 수행할 때 응급처치에 필요한 의료장비, 무선통신장비 및 구급의약품의 관리·운용과 응급구조사의 복장·표시 등 응급환자 이송·처치에 필요한 사항에 대하여 보건복지부령으로 정하는 사항을 지켜야 한다.(2011.8.4 본조개정)

제40조【비밀 준수 의무】 응급구조사는 직무상 알게 된 비밀을 누설하거나 공개하여서는 아니 된다.
(2011.8.4 본조개정)

제41조【응급구조사의 업무】 ① 응급구조사는 응급환자가 발생한 현장에서 응급환자에 대하여 상담·구조 및 이송 업무를 수행하며, 「의료법」 제27조의 무면허 의료행위 금지 규정에도 불구하고 보건복지부령으로 정하는 범위에서 현장에 있거나 이송 중이거나 의료기관 안에 있을 때에는 응급처치의 업무에 종사할 수 있다.
② 보건복지부장관은 5년마다 제1항에 따른 응급구조사 업무범위의 적절성에 대한 조사를 실시하고, 중앙위원회의 심의를 거쳐 응급구조사 업무범위 조정을 위하여 필요한 조치를 할 수 있다.(2019.12.3 본항신설)
(2011.8.4 본조개정)

제41조의2【응급구조사 업무지침의 개발 및 보급】 ① 보건복지부장관은 응급구조사 업무의 체계적·전문적 관리를 위하여 보건복지부령으로 정하는 절차·내용·방법에 따라 응급구조사 업무지침을 작성하여 보급하여야 한다.
② 보건복지부장관은 제41조제2항에 따라 응급구조사의 업무범위를 조정한 경우에는 제1항에 따른 업무지침에 이를 반영하여야 한다.(2019.12.3 본항신설)
③ 응급구조사는 제41조에 따른 업무를 수행할 때 제1항에 따른 업무지침을 활용하여야 한다.
(2012.5.14 본조신설)

제42조【업무의 제한】 응급구조사는 의사로부터 구체적인 지시를 받지 아니하고는 제41조에 따른 응급처치를 하여서는 아니 된다. 다만, 보건복지부령으로 정하는 응급처치를 하는 경우와 급박한 상황에서 통신의 불능(不能) 등으로 의사의 지시를 받을 수 없는 경우에는 그러하지 아니하다.(2011.8.4 본조개정)

제43조【응급구조사의 보수교육 등】 ① 보건복지부장관은 응급구조사의 자질향상을 위하여 필요한 보수교육을 매년 실시하여야 한다.
② 보건복지부장관은 제1항에 따른 보수교육에 관한 업무를 보건복지부령으로 정하는 관계 기관 또는 단체에 위탁할 수 있다.
③ 보건복지부장관은 제2항에 따라 보수교육에 관한 업무를 위탁하는 경우 보수교육의 실효성을 확보하기 위한 평가 및 점검을 매년 1회 이상 정기적으로 실시하여야 한다.
④ 제1항에 따른 보수교육의 내용·대상과 제3항에 따른 평가 및 점검에 필요한 사항은 보건복지부령으로 정한다.
(2012.5.14 본조개정)

제43조의2【응급구조학을 전공하는 학생의 응급처치 허용】 대학 또는 전문대학에서 응급구조학을 전공하는 학생은 보건복지부령으로 정하는 경우에 한하여 의사로부터 구체적인 지시를 받아 응급처치를 할 수 있다. 이 경우 제39조부터 제41조까지 및 제41조의2에 따른 응급구조사에 관한 규정을 준용한다.(2012.5.14 본조신설)

제8장 응급환자 이송 등
(2011.8.4 본장제목개정)

제44조【구급차등의 운용자】 ① 다음 각 호의 어느 하나에 해당하는 자 외에는 구급차등을 운용할 수 없다.

1. 국가 또는 지방자치단체
2. 「의료법」 제3조에 따른 의료기관
3. 다른 법령에 따라 구급차등을 둘 수 있는 자
4. 이 법에 따라 응급환자이송업(이하 "이송업"이라 한다)의 허가를 받은 자
5. 응급환자의 이송을 목적사업으로 하여 보건복지부장관의 설립허가를 받은 비영리법인

② 의료기관은 구급차등의 운용을 제1항제4호에 따른 이송업의 허가를 받은 자(이하 "이송업자"라 한다) 또는 제1항제5호에 따른 비영리법인에 위탁할 수 있다.
③ 제2항에 따라 구급차등의 운용을 위탁한 의료기관과 그 위탁을 받은 자는 보건복지부령으로 정하는 구급차등의 위탁에 대한 기준 및 절차를 지켜야 한다.
(2011.8.4 본조개정)

제44조의2【구급차등의 운용신고 등】 ① 제44조제1항제1호의 국가 또는 지방자치단체가 구급차등을 운용하고자 할 때에는 해당 구급차등을 관계 법령에 따라 등록한 후 지체 없이 보건복지부령으로 정하는 바에 따라 시장·군수·구청장에게 통보하여야 한다. 그 통보 후 보건복지부령으로 정하는 중요 사항을 변경할 때에도 같다.
② 제44조제1항제2호부터 제5호까지에 해당하는 자가 구급차등을 운용하고자 할 때에는 해당 구급차등을 관계 법령에 따라 등록한 후 지체 없이 보건복지부령으로 정하는 바에 따라 시장·군수·구청장에게 신고하여야 한다. 그 신고 후 보건복지부령으로 정하는 중요 사항을 변경할 때에도 같다.(2016.12.2 전단개정)
③ 시장·군수·구청장은 제2항에 따른 신고를 받은 경우 그 내용을 검토하여 이 법에 적합하면 신고를 수리하여야 한다.(2020.12.29 본항신설)
(2013.6.4 본조신설)

제44조의3【구급차등의 말소신고 등】 ① 제44조제1항제1호의 구급차등 운용자는 구급차등이 다음 각 호의 어느 하나에 해당하는 경우에는 보건복지부령으로 정하는 바에 따라 시장·군수·구청장에게 구급차등의 말소 통보를 하여야 한다.

1. 「자동차관리법」 제13조, 「항공안전법」 제15조 등 관계 법령에 따라 구급차등의 등록이 말소된 경우
2. 제46조의2에 따른 운행연한 또는 운행거리가 초과된 경우

② 제44조제1항제2호부터 제5호까지의 구급차등 운용자는 구급차등이 제1항 각 호의 어느 하나에 해당하는 경우에는 보건복지부령으로 정하는 바에 따라 시장·군수·구청장에게 구급차등의 말소 신고를 하여야 한다.
③ 시장·군수·구청장은 제1항 및 제2항에 따라 말소 통보 또는 신고를 하여야 하는 자가 말소 통보 또는 신고를 하지 아니할 경우 직권으로 말소할 수 있다.
(2016.12.2 본조신설)

제44조의4【구급차등의 운용자의 명의이용 금지】 제44조제1항제2호부터 제5호까지의 구급차등 운용자는 자기 명의로 다른 사람에게 구급차등을 운용하게 할 수 없다.
(2021.3.23 본조신설)

제45조【다른 용도에의 사용 금지】 ① 구급차등은 다음 각 호의 용도 외에는 사용할 수 없다.

1. 응급환자 이송
2. 응급의료를 위한 혈액, 진단용 검사대상물 및 진료용 장비 등의 운반
3. 응급의료를 위한 응급의료종사자의 운송
4. 사고 등으로 현장에서 사망하거나 진료를 받다가 사망한 사람을 의료기관 등에 이송
5. 그 밖에 보건복지부령으로 정하는 용도

② 시·도지사 또는 시장·군수·구청장은 제1항 또는 제44조의2제2항을 위반한 구급차등의 운용자에 대하여는 그 운용의 정지를 명하거나 구급차등의 등록기관의 장에게 해당 구급차등의 말소등록을 요청할 수 있다. 이 경우 말소등록을 요청받은 등록기관의 장은 해당 구급차등에 대한 등록을 말소하여야 한다.(2013.6.4 전단개정)
③ 시·도지사 또는 시장·군수·구청장은 관할 구역에서 운용되는 구급차의 제1항에 따른 용도 외의 사용 여부를 확인하기 위하여 필요한 경우 시·도경찰청장 또는 경찰서장에게 구급차의 교통법규 위반사항 확인을 요청할 수 있다. 이 경우 요청을 받은 시·도경찰청장 또는 경찰서장은 정당한 사유가 없으면 이에 따라야 한다.
(2020.12.22 본항개정)
(2011.8.4 본조개정)

제46조【구급차등의 기준】 ① 구급차등은 환자이송 및 응급의료를 하는 데에 적합하게 설계·제작되어야 한다.
② 구급차의 형태, 표시, 내부장치 등에 관한 기준은 보건복지부와 국토교통부의 공동부령으로 정한다.(2016.12.2 본항개정)
(2011.8.4 본조개정)

제46조의2【구급차 운행연한】 ① 구급차는 보건복지부와 국토교통부의 공동부령으로 정하는 운행연한 및 운행거리를 초과하여 운행하지 못한다. 다만, 시장·군수·구청장은 관할 구역 내 구급차의 운행여건 등을 고려하여 보건복지부와 국토교통부의 공동부령으로 정하는 안전성 요건이 충족되는 경우에는 2년의 범위에서 운행연한을 연장할 수 있다.
② 시장·군수·구청장은 구급차의 제작·조립이 중단되거나 출고가 지연되는 등 부득이한 사유로 구급차의 수급이 현저히 곤란하다고 인정되는 때에는 보건복지부와 국토교통부의 공동부령으로 정하는 안전성 요건이 충족되는 경우 6개월의 범위에서 제1항에 따른 운행연한을 초과하여 운행하게 할 수 있다.
(2016.12.2 본조신설)

제46조의3【응급의료 전용헬기】 ① 보건복지부장관 또는 시·도지사는 응급의료 취약지역 응급환자의 신속한 이송 및 응급처치 등을 위하여 응급환자 항공이송을 전담하는 헬리콥터(이하 "응급의료 전용헬기"라 한다)를 운용할 수 있다.
② 보건복지부장관 또는 시·도지사는 응급의료 전용헬기의 환자인계점에 누구든지 쉽게 인식할 수 있도록 해당 인계점이 응급환자 이송을 위하여 사용된다는 사실과 환자인계점에서 제한되는 행위 등을 알리는 안내표지를 설치할 수 있다.(2018.12.11 본항신설)
③ 응급의료 전용헬기의 장비·의약품·환자인계점 관리 등에 필요한 사항은 보건복지부령으로 정한다.
(2016.12.2 본조신설)

제47조【구급차등의 장비】 ① 구급차등에는 응급환자에게 응급처치를 할 수 있도록 의료장비 및 구급의약품 등을 갖추어야 하며, 구급차등이 속한 기관·의료기관 및 응급의료지원센터와 통화할 수 있는 통신장비를 갖추어야 한다. 이 경우 구급의약품의 적정상태를 유지하기 위하여 필요한 조치를 시행하여야 한다.(2021.3.23 후단신설)
② 구급차에는 응급환자의 이송 상황과 이송 중 응급처치의 내용을 파악하기 위하여 보건복지부령으로 정하는 기준에 적합한 다음 각 호의 장비를 장착하여야 한다. 이 경우 보건복지부령으로 정하는 바에 따라 장비 장착에 따른 정보를 수집·보관하여야 하며, 보건복지부장관이 해당 정보의 제출을 요구하는 때에는 이에 따라야 한다.

1. 구급차 운행기록장치 및 영상기록장치(차량 속도, 위치정보 등 구급차의 운행과 관련된 정보를 저장하고 충돌 등 사고발생 시 사고 상황을 영상 등으로 저장하는 기능을 갖춘 장치를 말한다)
2. 구급차 요금미터장치(거리를 측정하여 이를 금액으로 표시하는 장치를 말하며, 보건복지부령으로 정하는 구급차에 한정한다)
3. 「개인정보 보호법」 제2조제7호에 따른 고정형 영상정보처리기기(2023.3.14 본호개정)

(2015.1.28 본항신설)
③ 제1항에 따라 갖추어야 하는 의료장비·구급의약품 및 통신장비 등의 관리와 필요한 조치, 구급차등의 관리 및 제2항에 따른 장비의 장착·관리 등에 필요한 사항은 보건복지부령으로 정한다.(2021.3.23 본항개정)
④ 제2항제3호에 따른 장비는 보건복지부령으로 정하는 구급차 이용자 등의 동의 절차를 거쳐 개인영상정보를 수집하도록 하고, 이 법에서 정한 것 외에 고정형 영상정보처리기기의 설치 등에 관한 사항은 「개인정보 보호법」에 따른다.(2023.3.14 본항개정)

제47조의2【심폐소생을 위한 응급장비의 구비 등의 의무】 ① 다음 각 호의 어느 하나에 해당하는 시설 등의 소유자·점유자 또는 관리자는 자동심장충격기 등 심폐소생술을 할 수 있는 응급장비를 갖추어야 한다.
(2016.5.29 본문개정)

1. 「공공보건의료에 관한 법률」 제2조제3호에 따른 공공보건의료기관(2012.2.1 본호개정)
2. 「119구조·구급에 관한 법률」 제10조에 따른 구급대와 「의료법」 제3조에 따른 의료기관에서 운용 중인 구급차
(2019.12.3 본호개정)
3. 「항공안전법」 제2조제1호에 따른 항공기 중 항공운송사업에 사용되는 여객 항공기 및 「공항시설법」 제2조제3호에 따른 공항(2016.3.29 본호개정)
4. 「철도산업발전 기본법」 제3조제4호에 따른 철도차량 중 객차
5. 「선박법」 제1조의2제1항제1호 및 제2호에 따른 선박 중 총톤수 20톤 이상인 선박(2018.12.11 본호개정)
6. 대통령령으로 정하는 규모 이상의 「건축법」 제2조제2항제2호에 따른 공동주택(2011.8.4 본호신설)

6의2. 「산업안전보건법」 제18조에 따라 보건관리자를 두어야 하는 사업장 중 상시근로자가 300명 이상인 사업장(2021.12.21 본호신설)
6의3. 「관광진흥법」 제52조에 따라 지정된 관광지 및 관광단지 중 실제 운영 중인 관광지 및 관광단지에 소재하는 대통령령으로 정하는 시설(2023.8.16 본호신설)
7. 그 밖에 대통령령으로 정하는 다중이용시설

② 제1항에 따라 자동심장충격기 등 심폐소생술을 할 수 있는 응급장비를 갖춘 경우 해당 시설 등의 소유자·점유자 또는 관리자는 그 사실을 보건복지부령으로 정하는 바에 따라 시장·군수·구청장에게 신고하여야 한다. 신고한 응급장비의 양도·폐기·이전 등 보건복지부령으로 정하는 중요 사항을 변경하려는 경우에도 또한 같다.
(2016.12.2 본항신설)

③ 제1항에 따라 응급장비를 설치한 자는 해당 응급장비를 매월 1회 이상 점검하고 그 결과를 관할 시장·군수·구청장에게 통보하여야 한다.(2021.12.21 본항개정)
④ 제1항에 따라 자동심장충격기 등 심폐소생술을 할 수 있는 응급장비를 설치한 자는 해당 시설 등의 출입구 또는 여러 사람이 보기 쉬운 곳에 사용에 관한 안내표지판을 부착하여야 한다.(2021.12.21 본항신설)
⑤ 제1항에 따라 갖추어야 하는 응급장비의 관리 등에 필요한 사항은 보건복지부령으로 정한다.
(2012.5.14 본조제목개정)
(2007.12.14 본조신설)

제47조의3【여객항공기 등에서의 응급장비 및 응급처치 의약품의 구비】 ① 제47조의2제1항제3호부터 제5호까지의 시설 등을 관장하는 중앙행정기관의 장은 해당 시설 등의 소유자·점유자 또는 관리자가 응급장비 및 응급처치 의약품을 구비하도록 노력하여야 한다.
② 보건복지부장관은 제1항의 응급장비 및 응급처치 의약품 구비에 대한 기준을 마련하여 제시할 수 있으며, 해당 중앙행정기관의 장에게 이를 권고할 수 있다. 다만, 국제협약 등을 준수하기 위하여 다른 법령에서 특별히 정하는 사항이 있는 경우에는 그 법령에서 정하는 바에 따른다.
(2023.8.8 본조신설)

제48조【응급구조사 등의 탑승의무】 구급차등의 운용자는 구급차등이 출동할 때에는 보건복지부령으로 정하는 바에 따라 응급구조사를 탑승시켜야 한다. 다만, 의사나 간호사가 탑승한 경우는 제외한다.(2011.8.4 본조개정)

제48조의2【수용능력 확인 등】 ① 응급환자 등을 이송하는 자(구급차등의 운전자와 제48조에 따라 구급차등에 동승하는 응급구조사, 의사 또는 간호사를 말한다)는 특별한 사유가 없는 한 보건복지부령으로 정하는 방법에 따라 이송하고자 하는 응급의료기관의 응급환자 수용 능력을 확인하고 응급환자의 상태와 이송 중 응급처치의 내용 등을 미리 통보하여야 한다.(2017.10.24 본항개정)
② 응급의료기관의 장은 제1항에 따른 응급환자 수용능력 확인을 요청받은 경우 정당한 사유 없이 응급의료를 거부 또는 기피할 수 없으며 응급환자를 수용할 수 없는 경우에는 제2조제7호의 응급의료기관등에 지체 없이 관련 내용을 통보하여야 한다.(2021.12.21 본항개정)
③ 제1항 및 제2항과 관련된 구체적인 기준, 방법, 절차 등 필요한 사항은 보건복지부령으로 정한다.(2021.12.21 본항신설)

제49조【출동 및 처치 기록 등】 ① 응급구조사가 출동한 때에는 보건복지부령으로 정하는 바에 따라 지체 없이 출동 사항, 제31조의4에 따른 응급환자의 중증도 분류 결과, 처치 내용 등을 기록하고 이를 소속 구급차등의 운용자와 해당 응급환자의 진료의사에게 제출하여야 한다. 다만, 응급구조사를 갈음하여 의사나 간호사가 탑승한 경우에는 탑승한 의사(간호사만 탑승한 경우에는 탑승 간호사)가 출동 및 처치 기록과 관련한 응급구조사의 임무를 수행하여야 한다.(2021.12.21 본문개정)
② 구급차등의 운용자는 구급차등의 운행과 관련하여 보건복지부령으로 정하는 바에 따라 운행기록대장을 작성하여야 한다.(2016.12.2 본항신설)
③ 제1항에 따른 기록을 제출받은 구급차등의 운용자는 그 기록을 보건복지부령으로 정하는 바에 따라 그 소재지를 관할하는 응급의료지원센터에 제출하여야 한다.
(2015.1.28 본항개정)
④ 구급차등의 운용자는 제1항에 따라 제출받은 기록 및 제2항에 따라 작성한 운행기록대장을, 응급환자의 진료의사가 소속된 의료기관의 장은 제1항에 따라 제출받은 기록을 각각 보건복지부령으로 정하는 기간 동안 보존하여야 한다.(2016.12.2 본항신설)
⑤ 출동 및 처치 기록의 내용 및 방법 등에 관하여 필요한 사항은 보건복지부령으로 정한다.
(2016.12.2 본조제목개정)
(2011.8.4 본조개정)

제50조【지도·감독】 ① 시·도지사 또는 시장·군수·구청장은 관할 구역에서 운용되는 구급차등에 대하여 매년 한 번 이상 구급차등의 운용상황과 실태를 점검하여 그 결과에 따라 시정명령·정지명령 등 필요한 조치를 할 수 있다.
② 시·도지사 또는 시장·군수·구청장은 관할 구역 내에 있는 제47조의2제1항 각 호의 시설 등에 대하여 매년 한 번 이상 자동심장충격기 등 심폐소생술을 할 수 있는 응급장비의 구비현황과 관리실태를 점검하여야 하며, 그 결과에 따라 시정명령 등 필요한 조치를 할 수 있다.
(2017.10.24 본항신설)
(2011.8.4 본조개정)

제51조【이송업의 허가 등】 ① 이송업을 하려는 자는 보건복지부와 국토교통부의 공동부령으로 정하는 시설 등을 갖추어 관할 시·도지사의 허가를 받아야 한다. 이 경우 둘 이상의 시·도에서 영업을 하려는 경우에는 해당 시·도별로 시·도지사의 허가를 받아야 한다.
(2013.3.23 전단개정)
② 시·도지사는 제1항에 따라 허가를 하는 경우에는 시설의 규모 등을 고려하여 영업지역을 제한하여 허가할 수 있다.
③ 이송업자가 대통령령으로 정하는 중요한 사항을 변경하려는 경우에는 관할 시·도지사의 변경허가를 받아야 한다.
④ 시·도지사는 제3항에 따른 변경허가의 신청을 받은 날부터 15일 이내에 변경허가 여부를 신청인에게 통지하여야 한다.(2018.12.11 본항신설)
⑤ 시·도지사는 제4항에서 정한 기간 내에 변경허가 여부 또는 민원 처리 관련 법령에 따른 처리기간의 연장 여부를 신청인에게 통지하지 아니하면 그 기간(민원 처리 관련 법령에 따라 처리기간이 연장 또는 재연장된 경우에는 해당 처리기간을 말한다)이 끝난 날의 다음 날에 변경허가를 한 것으로 본다.(2018.12.11 본항신설)
⑥ 이송업자가 제3항의 사항 외에 대통령령으로 정하는 사항을 변경하려는 경우에는 관할 시·도지사에게 신고하여야 한다. 이 경우 관할 시·도지사는 그 내용을 검토하여 이 법에 적합하면 신고를 수리하여야 한다.
(2020.12.29 후단신설)
⑦ 이송업자는 제1항에 따른 시설 등의 기준을 지켜야 한다.
(2011.8.4 본조개정)

제52조【지도의사】 ① 구급차등의 운용자(제44조제1항제2호에 따른 의료기관을 제외한다. 이하 이 조에서 같다)는 응급환자를 이송하기 위하여 구급차등을 사용하는 경우 상담·구조·이송 및 응급처치를 지도받기 위하여 지도의사(指導醫師)를 두거나 응급의료지원센터 또는 응급의료기관의 의사를 지도의사로 위촉하여야 한다.
(2015.1.28 본항개정)
② 구급차등의 운용자에 따른 지도의사의 수(數)와 업무 및 선임(選任) 등에 관하여 필요한 사항은 보건복지부령으로 정한다.
(2011.8.4 본조개정)

제53조【휴업 등의 신고】 이송업자는 이송업의 전부 또는 일부를 휴업·폐업 또는 재개업하려는 경우에는 보건복지부령으로 정하는 바에 따라 관할 시·도지사에게 신고하여야 한다.(2011.8.4 본조개정)

제54조【영업의 승계】 ① 다음 각 호의 어느 하나에 해당하는 자는 이송업자의 지위를 승계한다.
1. 이송업자가 사망한 경우 그 상속인
2. 이송업자가 그 사업을 양도한 경우 그 양수인
3. 법인인 이송업자가 합병한 경우 합병 후 존속하는 법인이나 합병으로 설립되는 법인
② 다음 각 호의 어느 하나에 해당하는 절차에 따라 영업시설의 전부를 인수한 자는 그 이송업자의 지위를 승계한다.
1. 「민사집행법」에 따른 강제경매
2. 「채무자 회생 및 파산에 관한 법률」에 따른 환가(換價)
3. 「국세징수법」, 「관세법」 또는 「지방세징수법」에 따른 압류재산의 매각(2016.12.27 본호개정)
4. 그 밖에 제1호부터 제3호까지의 규정에 준하는 절차
③ 제1항이나 제2항에 따라 이송업자의 지위를 승계한 자는 60일 이내에 보건복지부령으로 정하는 바에 따라 관할 시·도지사에게 신고하여야 한다.
(2011.8.4 본조개정)

제54조의2【유인·알선 등 금지】 제44조제1항에 따른 구급차등의 운용자는 영리를 목적으로 응급환자를 특정 의료기관 또는 의료인에게 이송 또는 소개·알선하거나 그 밖에 유인하거나 사주하는 행위를 하여서는 아니 된다.
(2011.8.4 본조개정)

제54조의3【대규모 행사에서의 응급의료 인력 등 확보 의무】 대통령령으로 정하는 대규모 행사를 개최하려는 자는 응급환자의 발생 시 신속하고 적절한 응급의료를 제공하기 위하여 보건복지부령으로 정하는 바에 따라 응급의료 인력 및 응급이송수단 등을 확보하여야 한다.
(2020.12.29 본조신설)

제9장 보 칙
(2011.8.4 본장개정)

제55조【응급의료종사자의 면허·자격 정지 등】 ① 보건복지부장관은 응급의료종사자가 다음 각 호의 어느 하나에 해당하는 경우에는 그 면허 또는 자격을 취소하거나 6개월 이내의 기간을 정하여 그 면허 또는 자격을 정지시킬 수 있다.
1. 제6조제2항, 제8조, 제18조제2항, 제39조, 제40조 또는 제49조제1항을 위반한 경우
2. 제24조제1항에 따른 이송처치료를 과다하게 징수하거나 같은 조 제2항을 위반하여 이송처치료 외에 별도의 비용을 징수한 때
3. 제32조제2항을 위반하여 응급환자에게 중대한 불이익을 끼친 경우
3의2. 제36조의2제3항 또는 제5항을 위반하여 다른 사람에게 자기의 성명을 사용하여 제41조에 따른 응급구조사의 업무를 수행하게 하거나 응급구조사 자격증을 다른 사람에게 빌려준 경우(2020.4.7 본호개정)
4. 제37조의 결격사유에 해당하게 된 경우
5. 제42조를 위반하여 의사로부터 구체적인 지시를 받지 아니하고 응급처치를 한 경우
6. 제43조제1항에 따른 보수교육을 받지 아니한 경우
7. 그 밖에 이 법 또는 이 법에 따른 명령을 위반한 경우
② 보건복지부장관은 응급구조사가 제36조의3에 따른 신고를 하지 아니한 때에는 신고할 때까지 그 자격을 정지시킬 수 있다.(2016.12.2 본항신설)
③ 보건복지부장관, 시·도지사 또는 시장·군수·구청장은 의료기관이나 이송업자 또는 구급차등을 운용하는 자가 다음 각 호의 어느 하나에 해당하는 경우에는 의료기관 등의 개설 또는 영업에 관한 허가를 취소(신고대상인 경우에는 폐쇄를 말한다. 이하 제4항에서 같다)하거나 6개월 이내의 기간을 정하여 그 업무의 정지를 명할 수 있다.
(2016.12.2 본문개정)
1. 제18조제2항, 제28조제3항, 제32조제1항, 제33조제1항, 제35조의2제1항, 제44조제3항, 제44조의2제2항, 제44조의4, 제45조제1항, 제46조의2, 제47조제1항·제2항, 제48조, 제49조제3항·제4항, 제51조제3항부터 제5항까지, 제52조제1항, 제53조, 제54조제3항, 제54조의2 또는 제59조를 위반한 경우(2021.3.23 본호개정)
2. 제22조제1항에 따른 미수금의 대지급을 부정하게 청구한 경우
3. 제24조제1항에 따른 이송처치료를 과다하게 징수하거나 같은 조 제2항을 위반하여 이송처치료 외에 별도의 비용을 징수한 때
4. 제34조에 따라 당직의료기관으로 지정받은 자가 응급의료를 하지 아니한 경우
5. 제50조제1항에 따른 시정명령·정지명령 등 필요한 조치를 따르지 아니한 경우(2017.10.24 본호개정)
6. 그 밖에 이 법 또는 이 법에 따른 명령을 위반한 경우
④ 제3항에 따라 영업허가의 취소처분을 받은 자는 그 처분을 받은 날부터 1년 이내에는 그 업을 개설·운영하지 못한다.(2016.12.2 본항개정)
⑤ 제1항과 제3항에 따른 행정처분의 세부 사항은 보건복지부령으로 정한다.(2016.12.2 본항개정)

제56조【청문】 보건복지부장관, 시·도지사 또는 시장·군수·구청장은 다음 각 호의 어느 하나에 해당하는 처분을 하려면 청문을 하여야 한다.(2013.6.4 본문개정)
1. 제35조제1항에 따른 응급의료기관의 지정의 취소
(2016.12.2 본호개정)
2. 제55조제1항에 따른 응급의료종사자의 면허 또는 자격의 취소(2013.6.4 본호신설)
3. 제55조제3항에 따른 의료기관 등의 개설 또는 영업에 관한 허가의 취소 및 폐쇄 명령(2016.12.2 본호개정)

제57조【과징금】 ① 보건복지부장관, 시·도지사 또는 시장·군수·구청장은 의료기관이나 이송업자 또는 구급차등을 운용하는 자가 제55조제3항 각 호의 어느 하나에 해당하는 경우로서 그 업무의 정지가 국민보건의료에 커다란 위해를 가져올 우려가 있다고 인정되는 경우에는 업무정지처분을 갈음하여 3억원 이하의 과징금을 부과할 수 있다. 이 경우 과징금의 부과 횟수는 세 번을 초과할 수 없다.(2018.12.11 전단개정)
② 제1항에 따라 과징금을 부과하는 위반행위의 종류, 위반 정도에 따른 과징금의 금액과 그 밖에 필요한 사항은 대통령령으로 정한다.
③ 제1항에 따른 과징금을 내야 할 자가 납부기한까지 이를 내지 아니하면 보건복지부장관은 국세 체납처분의 예에 따라 징수하고, 시·도지사 및 시장·군수·구청장은 「지방행정제재·부과금의 징수 등에 관한 법률」에 따라 징수한다.(2020.3.24 본항개정)

제58조【권한의 위임】 이 법에 따른 보건복지부장관의 권한은 그 일부를 대통령령으로 정하는 바에 따라 시·도지사 또는 시장·군수·구청장에게 위임할 수 있다.

제59조【유사명칭 사용 금지】 ① 이 법에 따른 응급구조사, 구급차, 중앙응급의료센터·권역응급의료센터·권역외상센터·전문응급의료센터·지역응급의료센터·지역외상센터·지역응급의료기관 또는 응급의료지원센터가 아니면 각각의 명칭 또는 이와 유사한 명칭을 사용하지 못한다.(2016.12.2 본항개정)
② 다음 각 호 외의 의료기관은 응급환자 진료와 관련된 명칭이나 표현을 사용하거나 외부에 표기하여서는 아니 된다.
1. 이 법에 따라 지정받은 응급의료기관
2. 제35조의2제1항에 따라 신고한 의료기관
(2020.12.29 본호개정)
3. 종합병원

제59조의2【업무 검사와 보고 등】 ① 보건복지부장관, 시·도지사 또는 시장·군수·구청장은 응급의료종사자 및 응급의료기관등에 대한 지도·감독이 필요하다고 인정되는 경우 관계 공무원으로 하여금 그 업무 상황, 시설 또는 진료기록부, 간호기록부, 제49조에 따른 출동 및 처치 기록지, 운행기록대장 등 관계 서류를 검사하게 하거나 관계인에게서 진술을 들어 사실을 확인하게 할 수 있으며, 응급의료종사자 및 응급의료기관등에게 필요한 사항의 보고 또는 관계 서류의 제출을 명할 수 있다. 이 경우 응급의료종사자 및 응급의료기관등은 정당한 사유 없이 이를 거부하지 못한다.
② 제1항의 경우 관계 공무원은 그 권한을 표시하는 증표 및 조사목적, 조사기간, 조사범위, 조사담당자, 관계 법령 등이 기재된 조사명령서를 지니고 이를 관계인에게 보여주어야 한다.
③ 보건복지부장관은 시·도지사 또는 시장·군수·구청장에게 관할 구역 내 응급의료종사자 및 응급의료기관등에 대하여 제1항에 따른 업무 검사와 보고 등을 실시할 것을 요구할 수 있다.
(2021.12.21 본조신설)

제10장 벌 칙

(2011.8.4 본장개정)

제60조【벌칙】 ①「의료법」 제3조에 따른 의료기관의 응급실에서 응급의료종사자(「의료기사 등에 관한 법률」 제2조에 따른 의료기사와 「의료법」 제80조에 따른 간호조무사를 포함한다)를 폭행하여 상해에 이르게 한 사람은 10년 이하의 징역 또는 1천만원 이상 1억원 이하의 벌금에 처하고, 중상해에 이르게 한 사람은 3년 이상의 유기징역에 처하며, 사망에 이르게 한 사람은 무기 또는 5년 이상의 징역에 처한다.(2019.1.15 본항신설)

② 다음 각 호의 어느 하나에 해당하는 자는 5년 이하의 징역 또는 5천만원 이하의 벌금에 처한다.(2015.1.28 본문개정)

1. 제12조제1항을 위반하여 응급의료를 방해하거나 의료용 시설 등을 파괴·손상 또는 점거한 사람
(2023.8.8 본호개정)
2. 제36조에 따른 응급구조사의 자격인정을 받지 못하고 응급구조사를 사칭하여 제41조에 따른 응급구조사의 업무를 한 사람
3. 제51조제1항을 위반하여 이송업 허가를 받지 아니하고 이송업을 한 자

③ 다음 각 호의 어느 하나에 해당하는 사람은 3년 이하의 징역 또는 3천만원 이하의 벌금에 처한다.
(2015.1.28 본문개정)

1. 제6조제2항을 위반하여 응급의료를 거부 또는 기피한 응급의료종사자

1의2. 제36조의2제3항을 위반하여 다른 사람에게 자기의 성명을 사용하여 제41조에 따른 응급구조사의 업무를 수행하게 한 자(2020.4.7 본호개정)

1의3. 제36조의2제5항을 위반하여 다른 사람에게 자격증을 빌려주거나 빌린 자(2020.4.7 본호신설)

1의4. 제36조의2제6항을 위반하여 자격증을 빌려주거나 빌리는 것을 알선한 자(2020.4.7 본호신설)

2. 제40조의 비밀 준수 의무를 위반한 사람. 다만, 고소가 있어야 공소를 제기할 수 있다.
3. 제42조를 위반하여 의사로부터 구체적인 지시를 받지 아니하고 응급처치를 한 응급구조사

④ 다음 각 호의 어느 하나에 해당하는 자는 1년 이하의 징역 또는 1천만원 이하의 벌금에 처한다.(2016.12.2 본문개정)

1. 제18조제2항을 위반한 응급의료종사자, 의료기관의 장 및 구급차등을 운용하는 자
2. 제44조제1항을 위반하여 구급차등을 운용한 자
(2016.12.2 1호~2호신설)
3. 제44조의4를 위반하여 자기 명의로 다른 사람에게 구급차등을 운용하게 한 자(2021.3.23 본호신설)
4. 제45조제1항을 위반하여 구급차등을 다른 용도에 사용한 자(2016.12.2 본호신설)

제61조【양벌규정】 법인의 대표자나 법인 또는 개인의 대리인, 사용인, 그 밖의 종업원이 그 법인 또는 개인의 업무에 관하여 제60조의 위반행위를 하면 그 행위자를 벌하는 외에 그 법인 또는 개인에게도 해당 조문의 벌금형을 과(科)한다. 다만, 법인 또는 개인이 그 위반행위를 방지하기 위하여 해당 업무에 관하여 상당한 주의와 감독을 게을리하지 아니한 경우에는 그러하지 아니하다.

제62조【과태료】 ① 다음 각 호의 어느 하나에 해당하는 자에게는 300만원 이하의 과태료를 부과한다.

1. 제31조의2를 위반하여 응급의료기관의 지정기준에 따른 시설·인력·장비 등을 유지·운영하지 아니한 자

1의2. 제31조의5제2항을 위반하여 응급실에 출입하는 보호자 등의 명단을 기록 또는 관리하지 아니한 자
(2016.12.2 본호신설)

2. 제32조제4항을 위반하여 당직전문의등 또는 당직전문의등과 동등한 자격을 갖춘 것으로 인정되는 자로 하여금 응급환자를 진료하게 하지 아니한 자
3. 제33조를 위반하여 예비병상을 확보하지 아니하거나 응급환자가 아닌 사람에게 예비병상을 사용하게 한 자

3의2. 제47조의2제1항을 위반하여 자동심장충격기 등 심폐소생술을 할 수 있는 응급장비를 갖추지 아니한 자
(2016.5.29 본호신설)

3의3. 제48조 본문을 위반하여 응급구조사를 탑승시키지 아니한 자(2012.5.14 본호신설)

3의4. 제47조의2제2항을 위반하여 자동심장충격기 등 심폐소생술을 할 수 있는 응급장비의 설치 신고 또는 변경신고를 하지 아니한 자(2016.12.2 본호신설)

3의5. 제47조의2제3항을 위반하여 점검 결과를 통보하지 아니한 자(2023.8.16 본호신설 : 2025.8.17 시행)

4. 제39조 또는 제49조제1항부터 제4항까지를 위반하여 준수 사항을 지키지 아니하거나 출동 및 처치 기록 등에 관한 의무를 이행하지 아니한 자(2016.12.2 본호개정)

4의2. 제44조의2제2항에 따른 신고를 하지 아니하고 구급차등을 운용한 자(2013.6.4 본호신설)

4의3. 제44조의3제1항 및 제2항을 위반하여 말소 통보 또는 신고를 하지 아니한 자(2016.12.2 본호신설)

4의4. 제46조의2에 따른 운행연한 또는 운행거리를 초과하여 구급차를 운용한 자(2016.12.2 본호신설)

5. 제51조제3항, 제53조 또는 제54조제3항에 따른 변경허가를 받지 아니하거나 신고를 하지 아니한 자
6. 제59조를 위반하여 응급구조사·중앙응급의료센터 등의 명칭 또는 이와 비슷한 명칭을 사용하거나, 응급환자 진료와 관련된 명칭이나 표현을 사용하거나 외부에 표기한 자
7. 제59조의2제1항에 따른 검사 등을 거부·방해 또는 기피하거나, 보고 또는 관계 서류 제출을 하지 아니한 자
(2021.12.21 본호신설)

② 제47조의2제4항을 위반하여 자동심장충격기 등 심폐소생술을 할 수 있는 응급장비 사용에 관한 안내표지판을 부착하지 아니한 자에게는 100만원 이하의 과태료를 부과한다.(2023.8.16 본항신설 : 2025.8.17 시행)

③ 제1항에 따른 과태료는 대통령령으로 정하는 바에 따라 보건복지부장관, 시·도지사 또는 시장·군수·구청장이 부과·징수한다.(2018.12.11 본항개정)

③ 제1항 및 제2항에 따른 과태료는 대통령령으로 정하는 바에 따라 보건복지부장관, 시·도지사 또는 시장·군수·구청장이 부과·징수한다.(2023.8.16 본항개정 : 2025.8.17 시행)

제63조【응급처치 및 의료행위에 대한 형의 감면】 ① 응급의료종사자가 응급환자에게 발생한 생명의 위험, 심신상의 중대한 위해 또는 증상의 악화를 방지하기 위하여 긴급히 제공하는 응급의료로 인하여 응급환자가 사상(死傷)에 이른 경우 그 응급의료행위가 불가피하였고 응급의료행위자에게 중대한 과실이 없는 경우에는 정상을 고려하여 「형법」 제268조의 형을 감경(減輕)하거나 면제할 수 있다.

② 제5조의2제1호나목에 따른 응급처치 제공의무를 가진 자가 응급환자에게 발생한 생명의 위험, 심신상의 중대한 위해 또는 증상의 악화를 방지하기 위하여 긴급히 제공하는 응급처치(자동심장충격기를 사용하는 경우를 포함한다)로 인하여 응급환자가 사상에 이른 경우 그 응급처치행위가 불가피하였고 응급처치행위자에게 중대한 과실이 없는 경우에는 정상을 고려하여 형을 감경하거나 면제할 수 있다.(2016.5.29 본항개정)

제64조【「형법」상 감경규정에 관한 특례】 음주로 인한 심신장애 상태에서 제12조제1항을 위반하는 죄를 범한 때에는 「형법」 제10조제1항을 적용하지 아니할 수 있다.
(2023.8.8 본조개정)

부 칙 (2008.12.31)

①【시행일】 이 법은 공포한 날부터 시행한다.
②【적용례】 제20조제2항의 개정규정은 2010회계연도 예산부터 적용한다.
③【유효기간】 제20조제2항제1호의 개정규정은 2027년 12월 31일까지 효력을 가진다.(2022.12.27 본항개정)

부 칙 (2015.1.28)

제1조【시행일】 이 법은 공포 후 6개월이 경과한 날부터 시행한다. 다만, 제13조의2제3항, 제13조의4, 제22조의2, 제37조제3호 및 제60조의 개정규정은 공포한 날부터 시행한다.

제2조【응급의료기관에 대한 경과조치】 이 법 시행 당시 권역응급의료센터 및 지역응급의료센터는 이 법 시행 후 1년 이내에 제26조 및 제30조의 개정규정에 따른 권역응급의료센터 및 지역응급의료센터의 지정기준에 적합하도록 하여야 하며, 지역응급의료기관은 이 법 시행 후 3년 이내에 제31조의 개정규정에 따른 지역응급의료기관의 지정기준에 적합하도록 하여야 한다. 이 경우 기간 내 지정기준을 충족하지 못한 때에는 제56조에 따른 청문 없이 취소된 것으로 본다.

제3조【구급차의 장비 장착에 관한 경과조치】 ① 이 법 시행 당시 제44조제1항제1호에 따른 구급차를 운용하는 자는 이 법 시행 후 1년 이내에 제47조제2항제1호 및 제3호의 개정규정에 따른 장비를 장착하여야 한다.

② 이 법 시행 당시 제44조제1항제2호부터 제5호까지에 따른 구급차를 운용하는 자는 이 법 시행 후 2년 이내에 제47조제2항제1호 및 제3호의 개정규정에 따른 장비를 장착하여야 한다.

제4조【구급차의 운행연한에 관한 경과조치】 이 법 시행 당시 운행 중인 구급차는 제46조제2항의 개정규정에도 불구하고 이 법 시행 후 1년 이내에는 운행연한을 초과하여 운행할 수 있다.

제5조【금치산자 등에 대한 경과조치】 제37조제3호의 개정규정에도 불구하고 법률 제10429호 민법 일부개정법률 부칙 제2조에 따라 금치산 또는 한정치산 선고의 효력이 유지되는 사람에 대해서는 종전의 규정에 따른다.

부 칙 (2016.5.29)

제1조【시행일】 이 법은 공포 후 1년이 경과한 날부터 시행한다. 다만, 제47조의2제1항 및 제62조제1항제3호의2의 개정규정은 공포 후 2년이 경과한 날부터 시행한다.

제2조【응급구조사 신고에 관한 경과조치】 이 법 시행 당시 종전의 규정에 따라 응급구조사 자격을 취득한 자는 이 법 시행 후 1년 이내에 보건복지부령으로 정하는 바에 따라 실태와 취업상황 등을 신고하여야 한다.

부 칙 (2016.12.2)

제1조【시행일】 이 법은 공포 후 1년이 경과한 날부터 시행한다. 다만, 법률 제9305호 응급의료에 관한 법률 일부개정법률 부칙 제3항의 개정규정은 공포한 날부터 시행하고, 제31조의4의 개정규정은 공포 후 2년이 경과한 날부터 시행하며, 제47조의2제2항 및 제62조제1항제3호의4의 개정규정은 2018년 5월 30일부터 시행한다.

제2조【구급차등의 운용신고에 관한 경과조치】 이 법 시행 전에 제51조에 따른 이송업의 허가를 받은 자는 제44조의2제2항의 개정규정 시행 후 3개월 이내에 같은 개정규정에 따라 시장·군수·구청장에게 구급차등의 운용신고를 하여야 한다.

제3조【심폐소생을 위한 응급장비 설치 신고에 관한 경과조치】 이 법 시행 전에 제47조의2제1항에 따라 심폐소생을 위한 응급장비를 설치한 자는 제47조의2제2항의 개정규정 시행 후 3개월 이내에 같은 개정규정에 따라 시장·군수·구청장에게 신고하여야 한다.

제4조【행정처분에 관한 경과조치】 이 법 시행 전의 위반행위에 대한 행정처분에 관하여는 종전의 규정에 따른다.

부 칙 (2017.10.24)

제1조【시행일】 이 법은 공포 후 6개월이 경과한 날부터 시행한다.

제2조【대지급금의 독촉 및 국세 체납처분의 예에 따른 징수에 관한 적용례】 제22조제5항 및 제6항의 개정규정은 이 법 시행 후 최초로 발생하는 대지급금부터 적용한다.

부 칙 (2018.12.11)

제1조【시행일】 이 법은 공포한 날부터 시행한다. 다만, 제46조의3제2항의 개정규정은 공포 후 3개월이 경과한 날부터 시행하고, 제51조제4항 및 제5항, 제57조제1항의 개정규정은 공포 후 6개월이 경과한 날부터 시행한다.

제2조【과징금에 관한 경과조치】 이 법 시행 전의 위반행위에 대한 과징금 부과에 관하여는 종전의 규정에 따른다.

부 칙 (2019.12.3)

제1조【시행일】 이 법은 공포 후 6개월이 경과한 날부터 시행한다. 다만, 제31조의2의 개정규정은 2020년 7월 1일부터 시행한다.

제2조【응급구조사 자격증 교부에 관한 적용례】 제36조의2제1항 단서의 개정규정은 이 법 시행 후 자격증 교부를 신청받은 경우부터 적용한다.

부 칙 (2020.4.7 법17203호)

제1조【시행일】 이 법은 공포 후 1년이 경과한 날부터 시행한다.(이하 생략)

부 칙 (2020.4.7 법17210호)

이 법은 공포 후 3개월이 경과한 날부터 시행한다.

부 칙 (2020.12.22)

제1조【시행일】 이 법은 2021년 1월 1일부터 시행한다.
(이하 생략)

부 칙 (2020.12.29)

제1조【시행일】 이 법은 공포한 날부터 시행한다. 다만, 제12조의 개정규정은 공포 후 3개월이 경과한 날부터 시행하고, 제38조제2항 및 제54조의3의 개정규정은 공포 후 1년이 경과한 날부터 시행한다.

제2조【부정행위에 대한 제재에 관한 적용례】 제38조제2항의 개정규정은 이 법 시행 이후 수험이 정지되거나 합격이 무효로 된 사람부터 적용한다.

제3조【다른 법률의 개정】 ※(해당 법령에 가제정리 하였음)

부 칙 (2021.3.23)

제1조【시행일】 이 법은 공포 후 6개월이 경과한 날부터 시행한다. 다만, 제31조의2제4항의 개정규정은 공포한 날부터 시행한다.

제2조【자연재해, 감염병 유행 등의 재난 및 이에 준하는 상황에 관한 적용례】 제31조의2제4항의 개정규정은 같은 개정규정 시행 당시 「재난 및 안전관리 기본법」 제38조에 따른 위기경보가 발령 중인 재난 상황에서의 응급의료기관의 운영에 대해서도 적용한다.

부 칙 (2021.11.30)

제1조【시행일】 이 법은 공포 후 1년이 경과한 날부터 시행한다.(이하 생략)

부 칙 (2021.12.21)

제1조【시행일】 이 법은 공포 후 1년이 경과한 날부터 시행한다. 다만, 제14조제1항 및 제47조의2제3항의 개정규정은 공포 후 6개월이 경과한 날부터 시행하고, 제31조의4, 제31조의5, 제59조의2 및 제62조의 개정규정은 공포한 날부터 시행한다.

제2조【지역응급의료시행계획에 관한 적용례】 제13조의3제2항의 개정규정은 이 법 시행 이후 수립하는 지역응급의료시행계획부터 적용한다.

제3조【중앙응급의료센터에 관한 경과조치】 이 법 시행 당시 종전의 중앙응급의료센터의 업무는 제25조의 개정규정에 따른 중앙응급의료센터가 이를 승계한다.

제4조【전문응급의료센터에 관한 경과조치】 이 법 시행 당시 종전의 규정에 따라 전문응급의료센터로 지정받은 중앙응급의료센터는 제29조제1항의 개정규정에도 불구하고 전문응급의료센터로 본다.

제5조【권역외상센터에 관한 경과조치】 이 법 시행 당시 종전의 규정에 따라 권역외상센터로 지정받은 중앙응급의료센터는 제30조의2제1항의 개정규정에도 불구하고 권역외상센터로 본다.

부 칙 (2022.12.27)

이 법은 공포한 날부터 시행한다.

부 칙 (2023.3.14)

제1조【시행일】 이 법은 공포 후 6개월이 경과한 날부터 시행한다.(이하 생략)

부 칙 (2023.8.8)

이 법은 공포 후 3개월이 경과한 날부터 시행한다.

부 칙 (2023.8.16)

이 법은 공포 후 6개월이 경과한 날부터 시행한다. 다만, 제62조의 개정규정은 공포 후 2년이 경과한 날부터 시행한다.

부 칙 (2024.1.30)

제1조【시행일】 이 법은 공포 후 6개월이 경과한 날부터 시행한다. 다만, 제36조제2항제1호, 같은 조 제3항제1호 및 제36조의4의 개정규정은 공포 후 2년이 경과한 날부터 시행한다.

제2조【1급 응급구조사 시험 응시자격에 관한 적용례 및 경과조치】 ① 제36조제2항제1호의 개정규정은 같은 개정규정 시행 이후 최초로 보건복지부장관이 제36조의4제3항의 개정규정에 따라 1급 응급구조사 양성대학의 지정 사실을 관보 또는 보건복지부 인터넷홈페이지에 공고한 이후 대학 또는 전문대학에 입학하는 사람부터 적용한다.

② 제36조의4제3항의 개정규정 시행 이후 최초로 보건복지부장관이 같은 개정규정에 따라 1급 응급구조사 양성대학의 지정 사실을 공고하기 전에 입학한 사람에 대해서는 제36조제2항제1호의 개정규정에도 불구하고 종전의 규정에 따른다.

제3조【2급 응급구조사 양성기관에 관한 경과조치】 제36조의4제2항의 개정규정 시행 당시 종전의 규정에 따라 지정된 응급구조사 양성기관은 같은 개정규정에 따라 2급 응급구조사 양성기관으로 지정받은 것으로 본다.

식품위생법

(2009년 2월 6일 전부개정법률 제9432호)

개정
2009. 5.21법 9692호
2009.12.29법 9847호(감염병)
2010. 1.18법 9932호(정부조직)
2010. 2. 4법10022호(농수산물의원산지표시에관한법)
2010. 3.26법10191호(국민영양관리법)
2010. 3.31법10219호(지방세기본법)
2010. 5.25법10310호(축산물위생관리법)
2011. 6. 7법10787호
2011. 8. 4법11000호
2011. 9.15법11048호(청소년보호법)
2013. 3.23법11690호(정부조직)
2013. 5.22법11819호
2013. 6. 7법11873호(부가세)
2013. 7.30법11985호(식품·의약품분야시험·검사등에관한법)
2013. 7.30법11986호
2013. 8. 6법11998호(지방세외수입금의징수등에관한법)
2014. 1.28법12390호
2014. 3.18법12496호
2014. 5.28법12719호
2015. 2. 3법13201호(수입식품안전관리특별법)
2015. 3.27법13277호
2015. 5.18법13332호
2016. 2. 3법13983호(공중위생관리법)
2016. 2. 3법14022호
2016. 2. 3법14026호(한국식품안전관리인증원의설립및운영에관한법)
2016. 5.29법14262호
2016.12. 2법14355호
2016.12.27법14476호(지방세징수법)
2017. 4.18법14835호
2017.12.19법15277호
2018. 3.13법15484호
2018. 3.27법15534호(감염병)
2018.12.11법15943호
2019. 1.15법16296호
2019. 4.30법16431호
2019. 8.27법16568호(양식산업발전법)
2019.12. 3법16717호
2020. 3.24법17091호(지방행정제재·부과금의징수등에관한법)
2020. 8.11법17472호(정부조직)
2020.12.29법17761호(주류면허등에관한법)
2020.12.29법17809호
2021. 7.27법18363호
2021. 8.17법18445호(식품등의표시·광고에관한법)
2022. 6.10법18967호
2024. 1. 2법19917호→2024년 1월 2일 및 2025년 1월 3일 시행
2024. 1.23법20140호→2024년 7월 24일 시행
2024. 2. 6법20246호→2024년 8월 7일 시행
2024년 1월 25일 제412회 국회 본회의 통과→「法典 別冊」 보유편 수록

제1장 총 칙

제1조【목적】 이 법은 식품으로 인하여 생기는 위생상의 위해(危害)를 방지하고 식품영양의 질적 향상을 도모하며 식품에 관한 올바른 정보를 제공함으로써 국민 건강의 보호·증진에 이바지함을 목적으로 한다.(2022.6.10 본조개정)

제2조【정의】 이 법에서 사용하는 용어의 뜻은 다음과 같다.

1. "식품"이란 모든 음식물(의약으로 섭취하는 것은 제외한다)을 말한다.
2. "식품첨가물"이란 식품을 제조·가공·조리 또는 보존하는 과정에서 감미(甘味), 착색(着色), 표백(漂白) 또는 산화방지 등을 목적으로 식품에 사용되는 물질을 말한다. 이 경우 기구(器具)·용기·포장을 살균·소독하는 데에 사용되어 간접적으로 식품으로 옮아갈 수 있는 물질을 포함한다.(2016.2.3 전단개정)
3. "화학적 합성품"이란 화학적 수단으로 원소(元素) 또는 화합물에 분해 반응 외의 화학 반응을 일으켜서 얻은 물질을 말한다.
4. "기구"란 다음 각 목의 어느 하나에 해당하는 것으로서 식품 또는 식품첨가물에 직접 닿는 기계·기구나 그 밖의 물건(농업과 수산업에서 식품을 채취하는 데에 쓰는 기계·기구나 그 밖의 물건 및 「위생용품 관리법」 제2조제1호에 따른 위생용품은 제외한다)을 말한다.(2017.4.18 본문개정)
   가. 음식을 먹을 때 사용하거나 담는 것
   나. 식품 또는 식품첨가물을 채취·제조·가공·조리·저장·소분[(小分) : 완제품을 나누어 유통을 목적으로 재포장하는 것을 말한다. 이하 같다]·운반·진열할 때 사용하는 것
5. "용기·포장"이란 식품 또는 식품첨가물을 넣거나 싸는 것으로서 식품 또는 식품첨가물을 주고받을 때 함께 건네는 물품을 말한다.

5의2. "공유주방"이란 식품의 제조·가공·조리·저장·소분·운반에 필요한 시설 또는 기계·기구 등을 여러 영업자가 함께 사용하거나, 동일한 영업자가 여러 종류의 영업에 사용할 수 있는 시설 또는 기계·기구 등이 갖춰진 장소를 말한다.(2020.12.29 본호신설)

6. "위해"란 식품, 식품첨가물, 기구 또는 용기·포장에 존재하는 위험요소로서 인체의 건강을 해치거나 해칠 우려가 있는 것을 말한다.
7.~8. (2018.3.13 삭제)
9. "영업"이란 식품 또는 식품첨가물을 채취·제조·가공·조리·저장·소분·운반 또는 판매하거나 기구 또는 용기·포장을 제조·운반·판매하는 업(농업과 수산업에 속하는 식품 채취업은 제외한다. 이하 이 호에서 "식품제조업등"이라 한다)을 말한다. 이 경우 공유주방을 운영하는 업과 공유주방에서 식품제조업등을 영위하는 업을 포함한다.(2020.12.29 본호개정)
10. "영업자"란 제37조제1항에 따라 영업허가를 받은 자나 같은 조 제4항에 따라 영업신고를 한 자 또는 같은 조 제5항에 따라 영업등록을 한 자를 말한다.(2011.6.7 본호개정)
11. "식품위생"이란 식품, 식품첨가물, 기구 또는 용기·포장을 대상으로 하는 음식에 관한 위생을 말한다.
12. "집단급식소"란 영리를 목적으로 하지 아니하면서 특정 다수인에게 계속하여 음식물을 공급하는 다음 각 목의 어느 하나에 해당하는 곳의 급식시설로서 대통령령으로 정하는 시설을 말한다.
   가. 기숙사
   나. 학교, 유치원, 어린이집(2020.12.29 본목개정)
   다. 병원
   라. 「사회복지사업법」 제2조제4호의 사회복지시설(2013.5.22 본목개정)
   마. 산업체(2013.5.22 본목신설)
   바. 국가, 지방자치단체 및 「공공기관의 운영에 관한 법률」 제4조제1항에 따른 공공기관(2013.5.22 본목신설)
   사. 그 밖의 후생기관 등(2013.5.22 본목신설)
13. "식품이력추적관리"란 식품을 제조·가공단계부터 판매단계까지 각 단계별로 정보를 기록·관리하여 그 식품의 안전성 등에 문제가 발생할 경우 그 식품을 추적하여 원인을 규명하고 필요한 조치를 할 수 있도록 관리하는 것을 말한다.(2015.2.3 본호개정)
14. "식중독"이란 식품 섭취로 인하여 인체에 유해한 미생물 또는 유독물질에 의하여 발생하였거나 발생한 것으로 판단되는 감염성 질환 또는 독소형 질환을 말한다.
15. "집단급식소에서의 식단"이란 급식대상 집단의 영양섭취기준에 따라 음식명, 식재료, 영양성분, 조리방법, 조리인력 등을 고려하여 작성한 급식계획서를 말한다.(2011.6.7 본호신설)

제3조【식품 등의 취급】 ① 누구든지 판매(판매 외의 불특정 다수인에 대한 제공을 포함한다. 이하 같다)를 목적으로 식품 또는 식품첨가물을 채취·제조·가공·사용·조리·저장·소분·운반 또는 진열을 할 때에는 깨끗하고 위생적으로 하여야 한다.

② 영업에 사용하는 기구 및 용기·포장은 깨끗하고 위생적으로 다루어야 한다.

③ 제1항 및 제2항에 따른 식품, 식품첨가물, 기구 또는 용기·포장(이하 "식품등"이라 한다)의 위생적인 취급에 관한 기준은 총리령으로 정한다.(2013.3.23 본항개정)

제2장 식품과 식품첨가물

제4조【위해식품등의 판매 등 금지】 누구든지 다음 각 호의 어느 하나에 해당하는 식품등을 판매하거나 판매할 목적으로 채취·제조·수입·가공·사용·조리·저장·소분·운반 또는 진열하여서는 아니 된다.

1. 썩거나 상하거나 설익어서 인체의 건강을 해칠 우려가 있는 것
2. 유독·유해물질이 들어 있거나 묻어 있는 것 또는 그러할 염려가 있는 것. 다만, 식품의약품안전처장이 인체의 건강을 해칠 우려가 없다고 인정하는 것은 제외한다.(2013.3.23 단서개정)
3. 병(病)을 일으키는 미생물에 오염되었거나 그러할 염려가 있어 인체의 건강을 해칠 우려가 있는 것
4. 불결하거나 다른 물질이 섞이거나 첨가(添加)된 것 또는 그 밖의 사유로 인체의 건강을 해칠 우려가 있는 것
5. 제18조에 따른 안전성 심사 대상인 농·축·수산물 등 가운데 안전성 심사를 받지 아니하였거나 안전성 심사에서 식용(食用)으로 부적합하다고 인정된 것(2016.2.3 본호개정)
6. 수입이 금지된 것 또는 「수입식품안전관리 특별법」 제20조제1항에 따른 수입신고를 하지 아니하고 수입한 것(2015.2.3 본호개정)
7. 영업자가 아닌 자가 제조·가공·소분한 것

제5조【병든 동물 고기 등의 판매 등 금지】 누구든지 총리령으로 정하는 질병에 걸렸거나 걸렸을 염려가 있는 동물이나 그 질병에 걸려 죽은 동물의 고기·뼈·젖·장기 또는 혈액을 식품으로 판매하거나 판매할 목적으로 채취·수입·가공·사용·조리·저장·소분 또는 운반하거나 진열하여서는 아니 된다.(2013.3.23 본조개정)

제6조【기준·규격이 정하여지지 아니한 화학적 합성품 등의 판매 등 금지】 누구든지 다음 각 호의 어느 하나에 해당하는 행위를 하여서는 아니 된다. 다만, 식품의약품안전처장이 제57조에 따른 식품위생심의위원회(이하 "심의위원회"라 한다)의 심의를 거쳐 인체의 건강을 해칠 우려가 없다고 인정하는 경우에는 그러하지 아니하다.
(2013.3.23 단서개정)
1. 제7조제1항 및 제2항에 따라 기준·규격이 정하여지지 아니한 화학적 합성품인 첨가물과 이를 함유한 물질을 식품첨가물로 사용하는 행위(2016.2.3 본호개정)
2. 제1호에 따른 식품첨가물이 함유된 식품을 판매하거나 판매할 목적으로 제조·수입·가공·사용·조리·저장·소분·운반 또는 진열하는 행위
(2016.2.3 본조제목개정)

제7조【식품 또는 식품첨가물에 관한 기준 및 규격】 ① 식품의약품안전처장은 국민 건강을 보호·증진하기 위하여 필요하면 판매를 목적으로 하는 식품 또는 식품첨가물에 관한 다음 각 호의 사항을 정하여 고시한다.
(2022.6.10 본문개정)
1. 제조·가공·사용·조리·보존 방법에 관한 기준
2. 성분에 관한 규격
② 식품의약품안전처장은 제1항에 따라 기준과 규격이 고시되지 아니한 식품 또는 식품첨가물의 기준과 규격을 인정받으려는 자에게 제1항 각 호의 사항을 제출하게 하여 「식품·의약품분야 시험·검사 등에 관한 법률」 제6조제3항제1호에 따라 식품의약품안전처장이 지정한 식품전문 시험·검사기관 또는 같은 조 제4항 단서에 따라 총리령으로 정하는 시험·검사기관의 검토를 거쳐 제1항에 따른 기준과 규격이 고시될 때까지 그 식품 또는 식품첨가물의 기준과 규격으로 인정할 수 있다.(2016.2.3 본항개정)
③ 수출할 식품 또는 식품첨가물의 기준과 규격은 제1항 및 제2항에도 불구하고 수입자가 요구하는 기준과 규격을 따를 수 있다.
④ 제1항 및 제2항에 따라 기준과 규격이 정하여진 식품 또는 식품첨가물은 그 기준에 따라 제조·수입·가공·사용·조리·보존하여야 하며, 그 기준과 규격에 맞지 아니하는 식품 또는 식품첨가물은 판매하거나 판매할 목적으로 제조·수입·가공·사용·조리·저장·소분·운반·보존 또는 진열하여서는 아니 된다.

제7조의2【권장규격】 ① 식품의약품안전처장은 판매를 목적으로 하는 제7조 및 제9조에 따른 기준 및 규격이 설정되지 아니한 식품등이 국민 건강에 위해를 미칠 우려가 있어 예방조치가 필요하다고 인정하는 경우에는 그 기준 및 규격이 설정될 때까지 위해 우려가 있는 성분 등의 안전관리를 권장하기 위한 규격(이하 "권장규격"이라 한다)을 정할 수 있다.(2022.6.10 본항개정)
② 식품의약품안전처장은 제1항에 따라 권장규격을 정할 때에는 국제식품규격위원회 및 외국의 규격 또는 다른 식품등에 이미 규격이 신설되어 있는 유사한 성분 등을 고려하여야 하고 심의위원회의 심의를 거쳐야 한다.
(2022.6.10 본항개정)
③ 식품의약품안전처장은 영업자가 제1항에 따른 권장규격을 준수하도록 요청할 수 있으며 이행하지 아니한 경우 그 사실을 공개할 수 있다.
(2022.6.10 본조제목개정)
(2013.3.23 본조제목개정)

제7조의3【농약 등의 잔류허용기준 설정 요청 등】 ① 식품에 잔류하는 「농약관리법」에 따른 농약, 「약사법」에 따른 동물용 의약품의 잔류허용기준 설정이 필요한 자는 식품의약품안전처장에게 신청하여야 한다.
② 수입식품에 대한 농약 및 동물용 의약품의 잔류허용기준 설정을 원하는 자는 식품의약품안전처장에게 관련 자료를 제출하여 기준 설정을 요청할 수 있다.
③ 식품의약품안전처장은 제1항의 신청에 따라 잔류허용기준을 설정하는 경우 관계 행정기관의 장에게 자료제공 등의 협조를 요청할 수 있다. 이 경우 요청을 받은 관계 행정기관의 장은 특별한 사유가 없으면 이에 따라야 한다.
④ 제1항 및 제2항에 따른 신청 절차·방법 및 자료제출의 범위 등 세부사항은 총리령으로 정한다.
(2013.7.30 본조신설)

제7조의4【식품등의 기준 및 규격 관리계획 등】 ① 식품의약품안전처장은 관계 중앙행정기관의 장과의 협의 및 심의위원회의 심의를 거쳐 식품등의 기준 및 규격 관리 기본계획(이하 "관리계획"이라 한다)을 5년마다 수립·추진할 수 있다.(2016.2.3 본항개정)
② 관리계획에는 다음 각 호의 사항이 포함되어야 한다.
1. 식품등의 기준 및 규격 관리의 기본 목표 및 추진방향
2. 식품등의 유해물질 노출량 평가
3. 식품등의 유해물질의 총 노출량 적정관리 방안
4. 식품등의 기준 및 규격의 재평가에 관한 사항
5. 그 밖에 식품등의 기준 및 규격 관리에 필요한 사항
③ 식품의약품안전처장은 관리계획을 시행하기 위하여 해마다 관계 중앙행정기관의 장과 협의하여 식품등의 기준 및 규격 관리 시행계획(이하 "시행계획"이라 한다)을 수립하여야 한다.
④ 식품의약품안전처장은 관리계획 및 시행계획을 수립·시행하기 위하여 필요한 때에는 관계 중앙행정기관의 장 및 지방자치단체의 장에게 협조를 요청할 수 있다. 이 경우 협조를 요청받은 관계 중앙행정기관의 장 등은 특별한 사유가 없으면 이에 따라야 한다.
⑤ 관리계획에 포함되는 노출량 평가·관리의 대상이 되는 유해물질의 종류, 관리계획 및 시행계획의 수립·시행 등에 필요한 사항은 총리령으로 정한다.
(2014.5.28 본조신설)

제7조의5【식품등의 기준 및 규격의 재평가 등】 ① 식품의약품안전처장은 관리계획에 따라 식품등에 관한 기준 및 규격을 주기적으로 재평가하여야 한다.
② 식품의약품안전처장은 제1항에 따른 재평가 결과에 따라 식품등의 기준 및 규격을 개정하는 등 필요한 조치를 하여야 한다.(2022.6.10 본항신설)
③ 제1항에 따른 재평가 대상, 방법 및 절차 등에 필요한 사항은 총리령으로 정한다.
(2014.5.28 본조신설)

제3장 기구와 용기·포장

제8조【유독기구 등의 판매·사용 금지】 유독·유해물질이 들어 있거나 묻어 있어 인체의 건강을 해칠 우려가 있는 기구 및 용기·포장과 식품 또는 식품첨가물에 직접 닿으면 해로운 영향을 끼쳐 인체의 건강을 해칠 우려가 있는 기구 및 용기·포장을 판매하거나 판매할 목적으로 제조·수입·저장·운반·진열하거나 영업에 사용하여서는 아니 된다.

제9조【기구 및 용기·포장에 관한 기준 및 규격】 ① 식품의약품안전처장은 국민보건을 위하여 필요한 경우에는 판매하거나 영업에 사용하는 기구 및 용기·포장에 관하여 다음 각 호의 사항을 정하여 고시한다.
(2013.3.23 본문개정)
1. 제조 방법에 관한 기준
2. 기구 및 용기·포장과 그 원재료에 관한 규격
② 식품의약품안전처장은 제1항에 따라 기준과 규격이 고시되지 아니한 기구 및 용기·포장의 기준과 규격을 인정받으려는 자에게 제1항 각 호의 사항을 제출하게 하여 「식품·의약품분야 시험·검사 등에 관한 법률」 제6조제3항제1호에 따라 식품의약품안전처장이 지정한 식품전문 시험·검사기관 또는 같은 조 제4항 단서에 따라 총리령으로 정하는 시험·검사기관의 검토를 거쳐 제1항에 따라 기준과 규격이 고시될 때까지 해당 기구 및 용기·포장의 기준과 규격으로 인정할 수 있다.(2016.2.3 본항개정)
③ 수출할 기구 및 용기·포장과 그 원재료에 관한 기준과 규격은 제1항 및 제2항에도 불구하고 수입자가 요구하는 기준과 규격을 따를 수 있다.
④ 제1항 및 제2항에 따라 기준과 규격이 정하여진 기구 및 용기·포장은 그 기준에 따라 제조하여야 하며, 그 기준과 규격에 맞지 아니한 기구 및 용기·포장은 판매하거나 판매할 목적으로 제조·수입·저장·운반·진열하거나 영업에 사용하여서는 아니 된다.

제9조의2【기구 및 용기·포장에 사용하는 재생원료에 관한 인정】 ① 식품의약품안전처장은 기구 및 용기·포장을 제조할 때 원재료로 사용하기에 적합한 재생원료(이미 사용한 기구 및 용기·포장을 다시 사용할 수 있도록 처리한 원료물질을 말한다. 이하 같다)의 기준을 정하여 고시한다.
② 기구 및 용기·포장의 원재료로 사용할 재생원료를 제조하려는 자는 해당 재생원료가 제1항에 따른 기준에 적합한지에 관하여 식품의약품안전처장의 인정을 받아야 한다. 다만, 가열·화학반응 등에 의해 분해·정제·중합하는 등 총리령으로 정하는 공정을 거친 재생원료의 경우에는 그러하지 아니하다.
③ 제2항에 따라 인정을 받으려는 자는 총리령으로 정하는 서류를 첨부하여 식품의약품안전처장에게 신청하여야 한다.
④ 제3항에 따라 신청을 받은 식품의약품안전처장은 인정을 신청한 자에게 재생원료의 안전성 확인 등 인정에 필요한 자료를 제출하게 할 수 있다.
⑤ 식품의약품안전처장은 제3항에 따라 인정을 신청한 재생원료가 제1항에 따른 기준에 적합하면 제2항에 따라 재생원료에 관한 인정을 하고, 총리령으로 정하는 바에 따라 인정서를 발급하여야 한다.
⑥ 제1항부터 제5항까지에서 규정한 사항 외에 재생원료의 인정 절차, 인정서 발급 절차 등에 필요한 세부사항은 총리령으로 정한다.
(2022.6.10 본조신설)

제9조의3【인정받지 않은 재생원료의 기구 및 용기·포장에의 사용 등 금지】 누구든지 제9조의2제2항에 따른 인정을 받지 아니한 재생원료를 사용한 기구 및 용기·포장을 판매하거나 판매할 목적으로 제조·수입·저장·운반·진열하거나 영업에 사용하여서는 아니 된다.
(2022.6.10 본조신설)

제4장 표 시

제10조~제11조의2 (2018.3.13 삭제)

제12조 (2010.2.4 삭제)

제12조의2【유전자변형식품등의 표시】 ① 다음 각 호의 어느 하나에 해당하는 생명공학기술을 활용하여 재배·육성된 농산물·축산물·수산물 등을 원재료로 하여 제조·가공한 식품 또는 식품첨가물(이하 "유전자변형식품등"이라 한다)은 유전자변형식품임을 표시하여야 한다. 다만, 제조·가공 후에 유전자변형 디엔에이(DNA, Deoxyribonucleic acid) 또는 유전자변형 단백질이 남아 있는 유전자변형식품등에 한정한다.(2016.2.3 본문개정)
1. 인위적으로 유전자를 재조합하거나 유전자를 구성하는 핵산을 세포 또는 세포 내 소기관으로 직접 주입하는 기술
2. 분류학에 따른 과(科)의 범위를 넘는 세포융합기술
(2016.2.3 1호~2호신설)
② 제1항에 따라 표시하여야 하는 유전자변형식품등은 표시가 없으면 판매하거나 판매할 목적으로 수입·진열·운반하거나 영업에 사용하여서는 아니 된다.
(2016.2.3 본항개정)
③ 제1항에 따른 표시의무자, 표시대상 및 표시방법 등에 필요한 사항은 식품의약품안전처장이 정한다.
(2013.3.23 본항개정)
(2016.2.3 본조제목개정)

제12조의3~제13조 (2018.3.13 삭제)

제5장 식품등의 공전(公典)

제14조【식품등의 공전】 식품의약품안전처장은 다음 각 호의 기준 등을 실은 식품등의 공전을 작성·보급하여야 한다.(2013.3.23 본문개정)
1. 제7조제1항에 따라 정하여진 식품 또는 식품첨가물의 기준과 규격
2. 제9조제1항에 따라 정하여진 기구 및 용기·포장의 기준과 규격
3. (2018.3.13 삭제)

제6장 검사 등

제15조【위해평가】 ① 식품의약품안전처장은 국내외에서 유해물질이 함유된 것으로 알려지는 등 위해의 우려가 제기되는 식품등이 제4조 또는 제8조에 따른 식품등에 해당한다고 의심되는 경우에는 그 식품등의 위해요소를 신속히 평가하여 그것이 위해식품등인지를 결정하여야 한다.(2013.3.23 본항개정)
② 식품의약품안전처장은 제1항에 따른 위해평가가 끝나기 전까지 국민건강을 위하여 예방조치가 필요한 식품등에 대하여는 판매하거나 판매할 목적으로 채취·제조·수입·가공·사용·조리·저장·소분·운반 또는 진열하는 것을 일시적으로 금지할 수 있다. 다만, 국민건강에 급박한 위해가 발생하였거나 발생할 우려가 있다고 식품의약품안전처장이 인정하는 경우에는 그 금지조치를 하여야 한다.(2013.3.23 본항개정)
③ 식품의약품안전처장은 제2항에 따른 일시적 금지조치를 하려면 미리 심의위원회의 심의·의결을 거쳐야 한다. 다만, 국민건강을 급박하게 위해할 우려가 있어서 신속히 금지조치를 하여야 할 필요가 있는 경우에는 먼저 일시적 금지조치를 한 뒤 지체 없이 심의위원회의 심의·의결을 거칠 수 있다.(2013.3.23 본문개정)
④ 심의위원회는 제3항 본문 및 단서에 따라 심의하는 경우 대통령령으로 정하는 이해관계인의 의견을 들어야 한다.
⑤ 식품의약품안전처장은 제1항에 따른 위해평가나 제3항 단서에 따른 사후 심의위원회의 심의·의결에서 위해가 없다고 인정된 식품등에 대하여는 지체 없이 제2항에 따른 일시적 금지조치를 해제하여야 한다.
(2013.3.23 본항개정)
⑥ 제1항에 따른 위해평가의 대상, 방법 및 절차, 그 밖에 필요한 사항은 대통령령으로 정한다.

제15조의2【위해평가 결과 등에 관한 공표】 ① 식품의약품안전처장은 제15조에 따른 위해평가 결과에 관한 사항을 공표할 수 있다.(2013.3.23 본항개정)
② 중앙행정기관의 장, 특별시장·광역시장·특별자치시장·도지사·특별자치도지사(이하 "시·도지사"라 한다), 시장·군수·구청장(자치구의 구청장을 말한다. 이하 같다) 또는 대통령령으로 정하는 공공기관의 장은 식품의 위해 여부가 의심되는 경우나 위해와 관련된 사실을 공표하려는 경우로서 제15조에 따른 위해평가가 필요한 경우에는 반드시 식품의약품안전처장에게 그 사실을 미리 알리고 협의하여야 한다.(2016.2.3 본항개정)
③ 제1항에 따른 공표방법 등 공표에 필요한 사항은 대통령령으로 정한다.
(2011.6.7 본조신설)

제16조【소비자 등의 위생검사등 요청】 ① 식품의약품안전처장(대통령령으로 정하는 그 소속 기관의 장을 포함한다. 이하 이 조에서 같다), 시·도지사 또는 시장·군수·구청장은 대통령령으로 정하는 일정 수 이상의 소비자, 소비자단체 또는 「식품·의약품분야 시험·검사 등에 관한 법률」 제6조에 따른 시험·검사기관 중 총리령으로 정하는 시험·검사기관이 식품등 또는 영업시설 등에 대하여 제22조에 따른 출입·검사·수거 등(이하 이 조에서 "위생검사등"이라 한다)을 요청하는 경우에는 이에 따라야 한다. 다만, 다음 각 호의 어느 하나에 해당하는 경우에는 그러하지 아니하다.

1. 같은 소비자, 소비자단체 또는 시험·검사기관이 특정 영업자의 영업을 방해할 목적으로 같은 내용의 위생검사등을 반복적으로 요청하는 경우
2. 식품의약품안전처장, 시·도지사 또는 시장·군수·구청장이 기술 또는 시설, 재원(財源) 등의 사유로 위생검사등을 할 수 없다고 인정하는 경우
(2013.7.30 본항개정)
② 식품의약품안전처장, 시·도지사 또는 시장·군수·구청장은 제1항에 따라 위생검사등의 요청에 따르는 경우 14일 이내에 위생검사등을 하고 그 결과를 대통령령으로 정하는 바에 따라 위생검사등의 요청을 한 소비자, 소비자단체 또는 시험·검사기관에 알리고 인터넷 홈페이지에 게시하여야 한다.(2013.7.30 본항개정)
③ 위생검사등의 요청 요건 및 절차, 그 밖에 필요한 사항은 대통령령으로 정한다.
(2013.7.30 본조제목개정)

제17조【위해식품등에 대한 긴급대응】 ① 식품의약품안전처장은 판매하거나 판매할 목적으로 채취·제조·수입·가공·조리·저장·소분 또는 운반(이하 이 조에서 "제조·판매등"이라 한다)되고 있는 식품등이 다음 각 호의 어느 하나에 해당하는 경우에는 긴급대응방안을 마련하고 필요한 조치를 하여야 한다.(2013.3.23 본문개정)
1. 국내외에서 식품등 위해발생 우려가 총리령으로 정하는 과학적 근거에 따라 제기되었거나 제기된 경우
(2013.3.23 본호개정)
2. 그 밖에 식품등으로 인하여 국민건강에 중대한 위해가 발생하거나 발생할 우려가 있는 경우로서 대통령령으로 정하는 경우
② 제1항에 따른 긴급대응방안은 다음 각 호의 사항이 포함되어야 한다.
1. 해당 식품등의 종류
2. 해당 식품등으로 인하여 인체에 미치는 위해의 종류 및 정도
3. 제3항에 따른 제조·판매등의 금지가 필요한 경우 이에 관한 사항
4. 소비자에 대한 긴급대응요령 등의 교육·홍보에 관한 사항
5. 그 밖에 식품등의 위해 방지 및 확산을 막기 위하여 필요한 사항
③ 식품의약품안전처장은 제1항에 따른 긴급대응이 필요하다고 판단되는 식품등에 대하여는 그 위해 여부가 확인되기 전까지 해당 식품등의 제조·판매등을 금지하여야 한다.(2013.3.23 본항개정)
④ 영업자는 제3항에 따른 식품등에 대하여는 제조·판매등을 하여서는 아니 된다.
⑤ 식품의약품안전처장은 제3항에 따라 제조·판매등을 금지하려면 미리 대통령령으로 정하는 이해관계인의 의견을 들어야 한다.(2013.3.23 본항개정)
⑥ 영업자는 제3항에 따른 금지조치에 대하여 이의가 있는 경우에는 대통령령으로 정하는 바에 따라 식품의약품안전처장에게 해당 금지의 전부 또는 일부의 해제를 요청할 수 있다.(2013.3.23 본항개정)
⑦ 식품의약품안전처장은 식품등으로 인하여 국민건강에 위해가 발생하지 아니하였거나 발생할 우려가 없어졌다고 인정하는 경우에는 제3항에 따른 금지의 전부 또는 일부를 해제하여야 한다.(2013.3.23 본항개정)
⑧ 식품의약품안전처장은 국민건강에 급박한 위해가 발생하거나 발생할 우려가 있다고 인정되는 위해식품에 관한 정보를 국민에게 긴급하게 전달하여야 하는 경우로서 대통령령으로 정하는 요건에 해당하는 경우에는 「방송법」 제2조제3호에 따른 방송사업자 중 대통령령으로 정하는 방송사업자에 대하여 이를 신속하게 방송하도록 요청하거나 「전기통신사업법」 제5조에 따른 기간통신사업자 중 대통령령으로 정하는 기간통신사업자에 대하여 이를 신속하게 문자 또는 음성으로 송신하도록 요청할 수 있다.
(2013.3.23 본항개정)
⑨ 제8항에 따라 요청을 받은 방송사업자 및 기간통신사업자는 특별한 사유가 없는 한 이에 응하여야 한다.

제18조【유전자변형식품등의 안전성 심사 등】 ① 유전자변형식품등을 식용(食用)으로 수입·개발·생산하는 자는 최초로 유전자변형식품등을 수입하는 경우 등 대통령령으로 정하는 경우에는 식품의약품안전처장에게 해당 식품등에 대한 안전성 심사를 받아야 한다.
② 식품의약품안전처장은 제1항에 따른 유전자변형식품등의 안전성 심사를 위하여 식품의약품안전처에 유전자변형식품등 안전성심사위원회(이하 "안전성심사위원회"라 한다)를 둔다.
③ 안전성심사위원회는 위원장 1명을 포함한 20명 이내의 위원으로 구성한다. 이 경우 공무원이 아닌 위원이 전체 위원의 과반수가 되도록 하여야 한다.(2019.1.15 본항신설)
④ 안전성심사위원회의 위원은 유전자변형식품등에 관한 학식과 경험이 풍부한 사람으로서 다음 각 호의 어느 하나에 해당하는 사람 중에서 식품의약품안전처장이 위촉하거나 임명한다.
1. 유전자변형식품 관련 학회 또는 「고등교육법」 제2조제1호 및 제2호에 따른 대학 또는 산업대학의 추천을 받은 사람
2. 「비영리민간단체 지원법」 제2조에 따른 비영리민간단체의 추천을 받은 사람
3. 식품위생 관계 공무원
(2019.1.15 본항신설)
⑤ 안전성심사위원회의 위원장은 위원 중에서 호선한다.
(2019.1.15 본항신설)
⑥ 위원의 임기는 2년으로 한다. 다만, 공무원인 위원의 임기는 해당 직(職)에 재직하는 기간으로 한다.
(2019.1.15 본항신설)
⑦ 그 밖에 안전성심사위원회의 구성·기능·운영에 필요한 사항은 대통령령으로 정한다.(2019.1.15 본항개정)
⑧ 제1항에 따른 안전성 심사의 대상, 안전성 심사를 위한 자료제출의 범위 및 심사절차 등에 관하여는 식품의약품안전처장이 정하여 고시한다.
(2016.2.3 본조개정)

제19조~제19조의3 (2015.2.3 삭제)

제19조의4【검사명령 등】 ① 식품의약품안전처장은 다음 각 호의 어느 하나에 해당하는 식품등을 채취·제조·가공·사용·조리·저장·소분·운반 또는 진열하는 영업자에 대하여 「식품·의약품분야 시험·검사 등에 관한 법률」 제6조제3항제1호에 따른 식품전문 시험·검사기관 또는 같은 법 제8조에 따른 국외시험·검사기관에서 검사를 받을 것을 명(이하 "검사명령"이라 한다)할 수 있다. 다만, 검사로써 위해성분을 확인할 수 없다고 식품의약품안전처장이 인정하는 경우에는 관계 자료 등으로 갈음할 수 있다.(2015.2.3 본문개정)
1. 국내외에서 유해물질이 검출된 식품등
2. (2015.2.3 삭제)
3. 그 밖에 국내외에서 위해발생의 우려가 제기되었거나 제기된 식품등
② 검사명령을 받은 영업자는 총리령으로 정하는 검사기한 내에 검사를 받거나 관련 자료 등을 제출하여야 한다.
(2013.3.23 본항개정)
③ 제1항 및 제2항에 따른 검사명령 대상 식품등의 범위, 제출 자료 등 세부사항은 식품의약품안전처장이 정하여 고시한다.(2013.3.23 본항개정)
(2011.6.7 본조신설)

제20조 (2015.2.3 삭제)

제21조【특정 식품등의 수입·판매 등 금지】 ① 식품의약품안전처장은 특정 국가 또는 지역에서 채취·제조·가공·사용·조리 또는 저장된 식품등이 그 특정 국가 또는 지역에서 위해한 것으로 밝혀졌거나 위해의 우려가 있다고 인정되는 경우에는 그 식품등을 수입·판매하거나 판매할 목적으로 제조·가공·사용·조리·저장·소분·운반 또는 진열하는 것을 금지할 수 있다.
(2013.3.23 본항개정)
② 식품의약품안전처장은 제15조제1항에 따른 위해평가 또는 「수입식품안전관리 특별법」 제21조제1항에 따른 검사 후 식품등에서 제4조제2호에 따른 유독·유해물질이 검출된 경우에는 해당 식품등의 수입을 금지하여야 한다. 다만, 인체의 건강을 해칠 우려가 없다고 식품의약품안전처장이 인정하는 경우는 그러하지 아니하다.
(2015.2.3 본문개정)
③ 식품의약품안전처장은 제1항 및 제2항에 따른 금지를 하려면 미리 관계 중앙행정기관의 장의 의견을 듣고 심의위원회의 심의·의결을 거쳐야 한다. 다만, 국민건강을 급박하게 위해할 우려가 있어서 신속히 금지 조치를 하여야 할 필요가 있는 경우 먼저 금지조치를 한 뒤 지체 없이 심의위원회의 심의·의결을 거칠 수 있다.
(2013.3.23 본문개정)
④ 제3항 본문 및 단서에 따라 심의위원회가 심의하는 경우 대통령령으로 정하는 이해관계인은 심의위원회에 출석하여 의견을 진술하거나 문서로 의견을 제출할 수 있다.
⑤ 식품의약품안전처장은 직권으로 또는 제1항 및 제2항에 따라 수입·판매 등이 금지된 식품등에 대하여 이해관계가 있는 국가 또는 수입한 영업자의 신청을 받아 그 식품등에 위해가 없는 것으로 인정되면 심의위원회의 심의·의결을 거쳐 제1항 및 제2항에 따른 금지의 전부 또는 일부를 해제할 수 있다.(2013.3.23 본항개정)
⑥ 식품의약품안전처장은 제1항 및 제2항에 따른 금지나 제5항에 따른 해제를 하는 경우에는 고시하여야 한다.
(2013.3.23 본항개정)
⑦ 식품의약품안전처장은 제1항 및 제2항에 따라 수입·판매 등이 금지된 해당 식품등의 제조업소, 이해관계가 있는 국가 또는 수입한 영업자가 원인 규명 및 개선사항을 제시할 경우에는 제1항 및 제2항에 따른 금지의 전부 또는 일부를 해제할 수 있다. 이 경우 개선사항에 대한 확인이 필요한 때에는 현지 조사를 할 수 있다.
(2013.3.23 전단개정)

제22조【출입·검사·수거 등】 ① 식품의약품안전처장(대통령령으로 정하는 그 소속 기관의 장을 포함한다. 이하 이 조에서 같다), 시·도지사 또는 시장·군수·구청장은 식품등의 위해방지·위생관리와 영업질서의 유지를 위하여 필요하면 다음 각 호의 구분에 따른 조치를 할 수 있다.(2013.3.23 본문개정)
1. 영업자나 그 밖의 관계인에게 필요한 서류나 그 밖의 자료의 제출 요구
2. 관계 공무원으로 하여금 다음 각 목에 해당하는 출입·검사·수거 등의 조치
가. 영업소(사무소, 창고, 제조소, 저장소, 판매소, 그 밖에 이와 유사한 장소를 포함한다)에 출입하여 판매를 목적으로 하거나 영업에 사용하는 식품등 또는 영업시설 등에 대하여 하는 검사
나. 가목에 따른 검사에 필요한 최소량의 식품등의 무상 수거
다. 영업에 관계되는 장부 또는 서류의 열람
② 식품의약품안전처장은 시·도지사 또는 시장·군수·구청장이 제1항에 따른 출입·검사·수거 등의 업무를 수행하면서 식품등으로 인하여 발생하는 위생 관련 위해방지 업무를 효율적으로 하기 위하여 필요한 경우에는 관계 행정기관의 장, 다른 시·도지사 또는 시장·군수·구청장에게 행정응원(行政應援)을 하도록 요청할 수 있다. 이 경우 행정응원을 요청받은 관계 행정기관의 장, 시·도지사 또는 시장·군수·구청장은 특별한 사유가 없으면 이에 따라야 한다.(2013.3.23 전단개정)
③ 제1항 및 제2항의 경우에 출입·검사·수거 또는 열람하려는 공무원은 그 권한을 표시하는 증표 및 조사기간, 조사범위, 조사담당자, 관계 법령 등 대통령령으로 정하는 사항이 기재된 서류를 지니고 이를 관계인에게 내보여야 한다.(2016.2.3 본항개정)
④ 제2항에 따른 행정응원의 절차, 비용 부담 방법, 그 밖에 필요한 사항은 대통령령으로 정한다.

판례 A가 운영하는 일반음식점에서 음향시설을 갖추고 손님이 춤추는 것을 허용하는 영업을 하고 있다는 내용의 민원이 여러 번 들어오자 구청은 경찰에 합동단속을 요청했다. 경찰은 해당 음식점에 손님인 것처럼 가장해 들어간 뒤 음식점 내에서 흥겨운 음악이 나오자 손님이 일제히 자리에서 일어나 춤을 추는 모습을 확인했고 이를 촬영한 뒤 업소 직원으로부터 미리 작성한 현장확인서 초안에 서명을 받았다. 이후 검찰은 경찰이 촬영한 현장동영상 등을 주요증거로 하여 A를 식품위생법 위반 혐의로 기소했다. 이 사건에서 경찰은 식품위생법이 정하는 증표나 서류를 제시하지 않았으나 범죄혐의가 포착된 상태에서 증거를 보전하기 위해 공개된 장소에 통상적인 방법으로 출입했고, 음식점 내에 있는 사람이라면 누구나 볼 수 있었던 춤추는 모습을 촬영했다. 따라서 영장 없이 범행현장을 찍었다고 해서 경찰의 증거수집 절차가 위법했다고 할 수 없다.
(대판 2023.7.13, 2021도10763)

제22조의2 (2015.2.3 삭제)

제22조의3【영업소 등에 대한 비대면 조사 등】 식품의약품안전처장은 다음 각 호의 어느 하나에 해당하는 경우 제22조제1항에 따른 출입·검사 등의 조치 또는 제48조의3에 따른 조사·평가를 컴퓨터·화상통신 등 정보통신기술을 활용하여 비대면으로 실시할 수 있다.
1. 천재지변, 감염병 발생 등의 사유로 출입·검사·조사 등이 어렵다고 판단되는 경우
2. 신속한 점검 등 효율적인 검사·조사 등을 위하여 필요한 경우
(2024.1.2 본조신설)

제23조【식품등의 재검사】 ① 식품의약품안전처장(대통령령으로 정하는 그 소속 기관의 장을 포함한다. 이하 이 조에서 같다), 시·도지사 또는 시장·군수·구청장은 제22조, 「수입식품안전관리 특별법」 제21조 또는 제25조에 따라 식품등을 검사한 결과 해당 식품등이 제7조 또는 제9조에 따른 식품등의 기준이나 규격에 맞지 아니하면 대통령령으로 정하는 바에 따라 해당 영업자에게 그 검사 결과를 통보하여야 한다.(2015.2.3 본항개정)
② 제1항에 따른 통보를 받은 영업자가 그 검사 결과에 이의가 있으면 검사한 제품과 같은 제품(같은 날에 같은 영업시설에서 같은 제조 공정을 통하여 제조·생산된 제품에 한정한다)을 식품의약품안전처장이 인정하는 국내외 검사기관 2곳 이상에서 같은 검사 항목에 대하여 검사를 받아 그 결과가 제1항에 따라 통보받은 검사 결과와 다를 때에는 그 검사기관의 검사성적서 또는 검사증명서를 첨부하여 식품의약품안전처장, 시·도지사 또는 시장·군수·구청장에게 재검사를 요청할 수 있다. 다만, 시간이 경과함에 따라 검사 결과가 달라질 수 있는 검사항목 등 총리령으로 정하는 검사항목은 재검사 대상에서 제외한다.(2014.5.28 본항개정)
③ 제2항에 따른 재검사 요청을 받은 식품의약품안전처장, 시·도지사 또는 시장·군수·구청장은 영업자가 제출한 검사 결과가 제1항에 따른 검사 결과와 다르다고 확인되거나 같은 항의 검사에 따른 검체(檢體)의 채취·취급방법, 검사방법·검사과정 등이 제7조제1항 또는 제9조제1항에 따른 식품등의 기준 및 규격에 위반된다고 인정되는 때에는 지체 없이 재검사하고 해당 영업자에게 재검사 결과를 통보하여야 한다. 이 경우 재검사 수수료와 보세창고료 등 재검사에 드는 비용은 영업자가 부담한다.(2014.5.28 본항개정)
④ 제2항 및 제3항에 따른 재검사 요청 절차, 재검사 방법 및 결과 통보 등에 필요한 사항은 총리령으로 정한다.
(2018.12.11 본항신설)

제24조~제30조 (2013.7.30 삭제)

제31조【자가품질검사 의무】 ① 식품등을 제조·가공하는 영업자는 총리령으로 정하는 바에 따라 제조·가공하는 식품등이 제7조 또는 제9조에 따른 기준과 규격에 맞는지를 검사하여야 한다.
② 식품등을 제조·가공하는 영업자는 제1항에 따른 검사를 「식품·의약품분야 시험·검사 등에 관한 법률」 제6조제3항제2호에 따른 자가품질위탁 시험·검사기관에 위탁하여 실시할 수 있다.(2018.12.11 본항개정)
③ 제1항에 따른 검사를 직접 행하는 영업자는 제1항에 따른 검사 결과 해당 식품등이 제4조부터 제6조까지, 제7

조제4항, 제8조, 제9조제4항 또는 제9조의3을 위반하여 국민 건강에 위해가 발생하거나 발생할 우려가 있는 경우에는 지체 없이 식품의약품안전처장에게 보고하여야 한다.(2022.6.10 본항개정)
④ 제1항에 따른 검사의 항목·절차, 그 밖에 검사에 필요한 사항은 총리령으로 정한다.(2013.7.30 본항개정)
(2013.3.23 본조개정)
제31조의2【자가품질검사의무의 면제】 식품의약품안전처장 또는 시·도지사는 제48조제3항에 따른 식품안전관리인증기준적용업소가 다음 각 호에 해당하는 경우에는 제31조제1항에도 불구하고 총리령으로 정하는 바에 따라 자가품질검사를 면제할 수 있다.
1. 제48조제3항에 따른 식품안전관리인증기준적용업소가 제31조제1항에 따른 검사가 포함된 식품안전관리인증기준을 지키는 경우
2. 제48조제8항에 따른 조사·평가 결과 그 결과가 우수하다고 총리령으로 정하는 바에 따라 식품의약품안전처장이 인정하는 경우
(2016.2.3 본조신설)
제31조의3【자가품질검사의 확인검사】 ① 제31조제2항에 따라 자가품질검사를 위탁하여 실시한 영업자가 「식품·의약품분야 시험·검사 등에 관한 법률」 제11조제3항에 따라 부적합으로 통보받은 검사 결과에 이의가 있으면 자가품질검사를 실시한 제품과 같은 제품(같은 날에 같은 영업시설에서 같은 제조 공정을 통하여 제조·생산된 제품에 한정한다. 이하 이 조에서 같다)에 대한 확인검사를 2곳 이상의 다른 「식품·의약품분야 시험·검사 등에 관한 법률」 제6조제2항제1호에 따른 식품 등 시험·검사기관에 요청할 수 있다. 이 경우 영업자는 식품의약품안전처장, 시·도지사 또는 시장·군수·구청장에게 확인검사 요청 사실을 지체 없이 보고하여야 한다.
② 제1항에 따라 확인검사를 요청받은 식품 등 시험·검사기관은 자가품질검사를 실시한 제품과 같은 제품에 대하여 같은 검사 항목, 기준 및 방법에 따라 확인검사를 실시한 후 영업자에게 시험·검사성적서를 발급하여야 한다. 다만, 시간이 경과함에 따라 검사 결과가 달라질 수 있는 검사항목 등 총리령으로 정하는 검사항목은 확인검사 대상에서 제외한다.
③ 제2항에 따라 시험·검사성적서를 발급받은 영업자는 해당 시험·검사의 결과가 모두 적합인 경우에는 관할 지방식품의약품안전청장에게 그 시험·검사성적서를 첨부하여 최종 확인검사를 요청할 수 있다. 이 경우 확인검사에 드는 비용은 영업자가 부담한다.
④ 제3항에 따라 최종 확인검사를 요청받은 지방식품의약품안전청장은 제2항에 따른 검사 항목, 기준 및 방법에 따라 검사를 실시하고 영업자에게 시험·검사성적서를 발급하여야 한다.
⑤ 식품의약품안전처장, 시·도지사 또는 시장·군수·구청장은 제1항에 따른 확인검사를 요청한 영업자가 제4항에 따른 검사 결과 적합으로 판정된 시험·검사성적서를 제출하는 경우에는 제45조에 따른 회수조치, 제73조제1항에 따른 공표 명령을 철회하는 등 지체없이 필요한 조치를 하여야 한다.
⑥ 제1항에 따른 확인검사 요청·보고 절차, 제2항에 따른 시험검사성적서의 발급, 제3항에 따른 최종 확인검사의 요청 및 제4항에 따른 지방식품의약품안전청장의 시험·검사성적서 발급 등에 필요한 사항은 총리령으로 정한다.
(2021.7.27 본조신설)
제32조【식품위생감시원】 ① 제22조제1항에 따른 관계 공무원의 직무와 그 밖에 식품위생에 관한 지도 등을 하기 위하여 식품의약품안전처(대통령령으로 정하는 그 소속 기관을 포함한다), 특별시·광역시·특별자치시·도·특별자치도(이하 "시·도"라 한다) 또는 시·군·구(자치구를 말한다. 이하 같다)에 식품위생감시원을 둔다.(2016.2.3 본항개정)
② 제1항에 따른 식품위생감시원의 자격·임명·직무범위, 그 밖에 필요한 사항은 대통령령으로 정한다.
제33조【소비자식품위생감시원】 ① 식품의약품안전처장(대통령령으로 정하는 그 소속 기관의 장을 포함한다. 이하 이 조에서 같다), 시·도지사 또는 시장·군수·구청장은 식품위생관리를 위하여 「소비자기본법」 제29조에 따라 등록한 소비자단체의 임직원 중 해당 단체의 장이 추천한 자나 식품위생에 관한 지식이 있는 자를 소비자식품위생감시원으로 위촉할 수 있다.(2013.3.23 본항개정)
② 제1항에 따라 위촉된 소비자식품위생감시원(이하 "소비자식품위생감시원"이라 한다)의 직무는 다음 각 호와 같다.
1. 제36조제1항제3호에 따른 식품접객업을 하는 자(이하 "식품접객영업자"라 한다)에 대한 위생관리 상태 점검
2. 유통 중인 식품등이 「식품등의 표시·광고에 관한 법률」 제4조부터 제7조까지에 따른 표시·광고의 기준에 맞지 아니하거나 같은 법 제8조에 따른 부당한 표시 또는 광고행위의 금지 규정을 위반한 경우 관할 행정관청에 신고하거나 그에 관한 자료 제공(2018.3.13 본호개정)
3. 제32조에 따른 식품위생감시원이 하는 식품등에 대한 수거 및 검사 지원
4. 그 밖에 식품위생에 관한 사항으로서 대통령령으로 정하는 사항
③ 소비자식품위생감시원은 제2항 각 호의 직무를 수행하는 경우 그 권한을 남용하여서는 아니 된다.
④ 제1항에 따라 소비자식품위생감시원을 위촉한 식품의약품안전처장, 시·도지사 또는 시장·군수·구청장은 소비자식품위생감시원에게 직무 수행에 필요한 교육을 하여야 한다.(2013.3.23 본항개정)
⑤ 식품의약품안전처장, 시·도지사 또는 시장·군수·구청장은 소비자식품위생감시원이 다음 각 호의 어느 하나에 해당하면 그 소비자식품위생감시원을 해촉(解囑)하여야 한다.(2013.3.23 본문개정)
1. 추천한 소비자단체에서 퇴직하거나 해임된 경우
2. 제2항 각 호의 직무와 관련하여 부정한 행위를 하거나 권한을 남용한 경우
3. 질병이나 부상 등의 사유로 직무 수행이 어렵게 된 경우
⑥ 소비자식품위생감시원이 제2항제1호의 직무를 수행하기 위하여 식품접객영업자의 영업소에 단독으로 출입하려면 미리 식품의약품안전처장, 시·도지사 또는 시장·군수·구청장의 승인을 받아야 한다.
(2013.3.23 본항개정)
⑦ 소비자식품위생감시원이 제6항에 따른 승인을 받아 식품접객영업자의 영업소에 단독으로 출입하는 경우에는 승인서와 신분을 표시하는 증표 및 조사기간, 조사범위, 조사담당자, 관계 법령 등 대통령령으로 정하는 사항이 기재된 서류를 지니고 이를 관계인에게 내보여야 한다.(2016.2.3 본항개정)
⑧ 소비자식품위생감시원의 자격, 직무 범위 및 교육, 그 밖에 필요한 사항은 대통령령으로 정한다.
제34조 (2015.3.27 삭제)
제35조【소비자 위생점검 참여 등】 ① 대통령령으로 정하는 영업자는 식품위생에 관한 전문적인 지식이 있는 자 또는 「소비자기본법」 제29조에 따라 등록한 소비자단체의 장이 추천한 자로서 식품의약품안전처장이 정하는 자에게 위생관리 상태를 점검받을 수 있다.
(2013.3.23 본항개정)
② 제1항에 따른 점검 결과 식품의약품안전처장이 정하는 기준에 적합하여 합격한 경우 해당 영업자는 그 합격사실을 총리령으로 정하는 바에 따라 해당 영업소에서 제조·가공한 식품등에 표시하거나 광고할 수 있다.
(2013.3.23 본항개정)
③ 식품의약품안전처장(대통령령으로 정하는 그 소속 기관의 장을 포함한다. 이하 이 조에서 같다), 시·도지사 또는 시장·군수·구청장은 제1항에 따라 위생점검을 받은 영업소 중 식품의약품안전처장이 정하는 기준에 따른 우수 등급의 영업소에 대하여는 관계 공무원으로 하여금 총리령으로 정하는 일정 기간 동안 제22조에 따른 출입·검사·수거 등을 하지 아니하게 할 수 있다.(2016.2.3 본항개정)
④ 식품의약품안전처장, 시·도지사 또는 시장·군수·구청장은 제22조제1항에 따른 출입·검사·수거 등에 참여를 희망하는 소비자를 참여하게 하여 위생 상태를 점검할 수 있다.(2016.2.3 본항개정)
⑤ 제1항에 따른 위생점검의 시기 등은 대통령령으로 정한다.

제7장 영 업

제36조【시설기준】 ① 다음의 영업을 하려는 자는 총리령으로 정하는 시설기준에 맞는 시설을 갖추어야 한다.
(2013.3.23 본문개정)
1. 식품 또는 식품첨가물의 제조업, 가공업, 운반업, 판매업 및 보존업
2. 기구 또는 용기·포장의 제조업
3. 식품접객업
4. 공유주방 운영업(제2조제5호의2에 따라 여러 영업자가 함께 사용하는 공유주방을 운영하는 경우에 한정한다. 이하 같다)(2020.12.29 본호신설)
② 제1항에 따른 시설은 영업을 하려는 자별로 구분되어야 한다. 다만, 공유주방을 운영하는 경우에는 그러하지 아니하다.(2020.12.29 본항신설)
③ 제1항 각 호에 따른 영업의 세부 종류와 그 범위는 대통령령으로 정한다.
제37조【영업허가 등】 ① 제36조제1항 각 호에 따른 영업 중 대통령령으로 정하는 영업을 하려는 자는 대통령령으로 정하는 바에 따라 영업 종류별 또는 영업소별로 식품의약품안전처장 또는 특별자치시장·특별자치도지사·시장·군수·구청장의 허가를 받아야 한다. 허가받은 사항 중 대통령령으로 정하는 중요한 사항을 변경할 때에도 또한 같다.(2016.2.3 전단개정)
② 식품의약품안전처장 또는 특별자치시장·특별자치도지사·시장·군수·구청장은 제1항에 따른 영업허가를 하는 때에는 필요한 조건을 붙일 수 있다.(2016.2.3 본항개정)
③ 제1항에 따라 영업허가를 받은 자가 폐업하거나 허가받은 사항 중 같은 항 후단의 중요한 사항을 제외한 경미한 사항을 변경할 때에는 식품의약품안전처장 또는 특별자치시장·특별자치도지사·시장·군수·구청장에게 신고하여야 한다.(2016.2.3 본항개정)
④ 제36조제1항 각 호에 따른 영업 중 대통령령으로 정하는 영업을 하려는 자는 대통령령으로 정하는 바에 따라 영업 종류별 또는 영업소별로 식품의약품안전처장 또는 특별자치시장·특별자치도지사·시장·군수·구청장에게 신고하여야 한다. 신고한 사항 중 대통령령으로 정하는 중요한 사항을 변경하거나 폐업할 때에도 또한 같다.
(2016.2.3 전단개정)
⑤ 제36조제1항 각 호에 따른 영업 중 대통령령으로 정하는 영업을 하려는 자는 대통령령으로 정하는 바에 따라 영업 종류별 또는 영업소별로 식품의약품안전처장 또는 특별자치시장·특별자치도지사·시장·군수·구청장에게 등록하여야 하며, 등록한 사항 중 대통령령으로 정하는 중요한 사항을 변경할 때에도 또한 같다. 다만, 폐업하거나 대통령령으로 정하는 중요한 사항을 제외한 경미한 사항을 변경할 때에는 식품의약품안전처장 또는 특별자치시장·특별자치도지사·시장·군수·구청장에게 신고하여야 한다.(2016.2.3 본항개정)
⑥ 제1항, 제4항 또는 제5항에 따라 식품 또는 식품첨가물의 제조업·가공업(공유주방에서 식품을 제조·가공하는 영업을 포함한다)의 허가를 받거나 신고 또는 등록을 한 자가 식품 또는 식품첨가물을 제조·가공하는 경우에는 총리령으로 정하는 바에 따라 식품의약품안전처장 또는 특별자치시장·특별자치도지사·시장·군수·구청장에게 그 사실을 보고하여야 한다. 보고한 사항 중 총리령으로 정하는 중요한 사항을 변경하는 경우에도 또한 같다.
(2020.12.29 전단개정)
⑦ 식품의약품안전처장 또는 특별자치시장·특별자치도지사·시장·군수·구청장은 영업자(제4항에 따른 영업신고 또는 제5항에 따른 영업등록을 한 자만 해당한다)가 「부가가치세법」 제8조에 따라 관할세무서장에게 폐업신고를 하거나 관할세무서장이 사업자등록을 말소한 경우에는 신고 또는 등록 사항을 직권으로 말소할 수 있다.
(2016.2.3 본항개정)
⑧ 제3항부터 제5항까지의 규정에 따라 폐업하고자 하는 자는 제71조부터 제76조까지의 규정에 따른 영업정지 등 행정 제재처분기간과 그 처분을 위한 절차가 진행 중인 기간(「행정절차법」 제21조에 따른 처분의 사전 통지 시점부터 처분이 확정되기 전까지의 기간을 말한다) 중에는 폐업신고를 할 수 없다.(2019.4.30 본항개정)
⑨ 식품의약품안전처장 또는 특별자치시장·특별자치도지사·시장·군수·구청장은 제7항의 직권말소를 위하여 필요한 경우 관할 세무서장에게 영업자의 폐업여부에 대한 정보 제공을 요청할 수 있다. 이 경우 요청을 받은 관할 세무서장은 「전자정부법」 제39조에 따라 영업자의 폐업여부에 대한 정보를 제공한다.(2016.2.3 전단개정)
⑩ 식품의약품안전처장 또는 특별자치시장·특별자치도지사·시장·군수·구청장은 제1항에 따른 허가 또는 변경허가의 신청을 받은 날부터 총리령으로 정하는 기간 내에 허가 여부를 신청인에게 통지하여야 한다.
(2018.12.11 본항신설)
⑪ 식품의약품안전처장 또는 특별자치시장·특별자치도지사·시장·군수·구청장이 제10항에서 정한 기간 내에 허가 여부 또는 민원 처리 관련 법령에 따른 처리기간의 연장을 신청인에게 통지하지 아니하면 그 기간(민원 처리 관련 법령에 따라 처리기간이 연장 또는 재연장된 경우에는 해당 처리기간을 말한다)이 끝난 날의 다음 날에 허가를 한 것으로 본다.(2018.12.11 본항신설)
⑫ 식품의약품안전처장 또는 특별자치시장·특별자치도지사·시장·군수·구청장은 다음 각 호의 어느 하나에 해당하는 신고 또는 등록의 신청을 받은 날부터 3일 이내에 신고수리 여부 또는 등록 여부를 신고인 또는 신청인에게 통지하여야 한다.
1. 제3항에 따른 변경신고
2. 제4항에 따른 영업신고 또는 변경신고
3. 제5항에 따른 영업의 등록·변경등록 또는 변경신고
(2018.12.11 본항신설)
⑬ 식품의약품안전처장 또는 특별자치시장·특별자치도지사·시장·군수·구청장이 제12항에서 정한 기간 내에 신고수리 여부, 등록 여부 또는 민원 처리 관련 법령에 따른 처리기간의 연장을 신고인이나 신청인에게 통지하지 아니하면 그 기간(민원 처리 관련 법령에 따라 처리기간이 연장 또는 재연장된 경우에는 해당 처리기간을 말한다)이 끝난 날의 다음 날에 신고를 수리하거나 등록을 한 것으로 본다.(2018.12.11 본항신설)
판례 식품위생법상 신고 대상인 영업장 면적 관련 신고의 영업장 면적은 영업장이 처음 지어진 때가 아니라 새 주인이 양수한 때를 기준으로 판단해야 한다.(대판 2020.3.26, 2019두38830)
제38조【영업허가 등의 제한】 ① 다음 각 호의 어느 하나에 해당하면 제37조제1항에 따른 영업허가를 하여서는 아니 된다.
1. 해당 영업 시설이 제36조에 따른 시설기준에 맞지 아니한 경우
2. 제75조제1항 또는 제2항에 따라 영업허가가 취소(제44조제2항제1호를 위반하여 영업허가가 취소된 경우와 제75조제1항제19호 및 제20호에 따라 영업허가가 취소된 경우는 제외한다)되거나 「식품 등의 표시·광고에 관한 법률」 제16조제1항·제2항에 따라 영업허가가 취소되고 6개월이 지나기 전에 같은 장소에서 같은 종류의 영업을 하려는 경우. 다만, 영업시설 전부를 철거하여 영업허가가 취소된 경우에는 그러하지 아니하다.
(2024.2.6 본문개정)

3. 제44조제2항제1호를 위반하여 영업허가가 취소되거나 제75조제1항제19호 및 제20호에 따라 영업허가가 취소되고 2년이 지나기 전에 같은 장소에서 제36조제1항제3호에 따른 식품접객업을 하려는 경우(2024.2.6 본호개정)
4. 제75조제1항 또는 제2항에 따라 영업허가가 취소(제4조부터 제6조까지, 제8조 또는 제44조제2항제1호를 위반하여 영업허가가 취소된 경우와 제75조제1항제19호 및 제20호에 따라 영업허가가 취소된 경우는 제외한다)되거나 「식품 등의 표시·광고에 관한 법률」 제16조제1항·제2항에 따라 영업허가가 취소되고 2년이 지나기 전에 같은 자(법인인 경우에는 그 대표자를 포함한다)가 취소된 영업과 같은 종류의 영업을 하려는 경우. 다만, 영업시설 전부를 철거(행정 제재처분을 회피하기 위하여 영업시설을 철거한 경우는 제외한다)하여 영업허가가 취소된 경우에는 그러하지 아니하다.
(2024.2.6 본문개정)
5. 제44조제2항제1호를 위반하여 영업허가가 취소되거나 제75조제1항제19호 및 제20호에 따라 영업허가가 취소된 후 3년이 지나기 전에 같은 자(법인인 경우에는 그 대표자를 포함한다)가 제36조제1항제3호에 따른 식품접객업을 하려는 경우(2024.2.6 본호개정)
6. 제4조부터 제6조까지 또는 제8조를 위반하여 영업허가가 취소되고 5년이 지나기 전에 같은 자(법인인 경우에는 그 대표자를 포함한다)가 취소된 영업과 같은 종류의 영업을 하려는 경우
7. 제36조제1항제3호에 따른 식품접객업 중 국민의 보건위생을 위하여 허가를 제한할 필요가 뚜렷하다고 인정되어 시·도지사가 지정하여 고시하는 영업에 해당하는 경우
8. 영업허가를 받으려는 자가 피성년후견인이거나 파산선고를 받고 복권되지 아니한 자인 경우(2014.3.18 본호개정)

② 다음 각 호의 어느 하나에 해당하는 경우에는 제37조제4항에 따른 영업신고 또는 같은 조 제5항에 따른 영업등록을 할 수 없다.
1. 제75조제1항 또는 제2항에 따른 등록취소 또는 영업소 폐쇄명령(제44조제2항제1호를 위반하여 영업소 폐쇄명령을 받은 경우와 제75조제1항제19호 및 제20호에 따라 영업소 폐쇄명령을 받은 경우는 제외한다)이나 「식품 등의 표시·광고에 관한 법률」 제16조제1항부터 제4항까지에 따른 등록취소 또는 영업소 폐쇄명령을 받고 6개월이 지나기 전에 같은 장소에서 같은 종류의 영업을 하려는 경우. 다만, 영업시설 전부를 철거하여 등록취소 또는 영업소 폐쇄명령을 받은 경우에는 그러하지 아니하다.
2. 제44조제2항제1호를 위반하여 영업소 폐쇄명령을 받거나 제75조제1항제19호 및 제20호에 따라 영업소 폐쇄명령을 받은 후 1년이 지나기 전에 같은 장소에서 제36조제1항제3호에 따른 식품접객업을 하려는 경우
3. 제75조제1항 또는 제2항에 따른 등록취소 또는 영업소 폐쇄명령(제4조부터 제6조까지, 제8조 또는 제44조제2항제1호를 위반하여 등록취소 또는 영업소 폐쇄명령을 받은 경우와 제75조제1항제19호 및 제20호에 따라 영업소 폐쇄명령을 받은 경우는 제외한다)이나 「식품 등의 표시·광고에 관한 법률」 제16조제1항부터 제4항까지에 따른 등록취소 또는 영업소 폐쇄명령을 받고 2년이 지나기 전에 같은 자(법인인 경우에는 그 대표자를 포함한다)가 등록취소 또는 폐쇄명령을 받은 영업과 같은 종류의 영업을 하려는 경우. 다만, 영업시설 전부를 철거(행정 제재처분을 회피하기 위하여 영업시설을 철거한 경우는 제외한다)하여 등록취소 또는 영업소 폐쇄명령을 받은 경우에는 그러하지 아니하다.
4. 제44조제2항제1호를 위반하여 영업소 폐쇄명령을 받거나 제75조제1항제19호 및 제20호에 따라 영업소 폐쇄명령을 받고 2년이 지나기 전에 같은 자(법인인 경우에는 그 대표자를 포함한다)가 제36조제1항제3호에 따른 식품접객업을 하려는 경우
(2024.2.6 1호~4호개정)
5. 제4조부터 제6조까지 또는 제8조를 위반하여 등록취소 또는 영업소 폐쇄명령을 받고 5년이 지나지 아니한 자(법인인 경우에는 그 대표자를 포함한다)가 등록취소 또는 폐쇄명령을 받은 영업과 같은 종류의 영업을 하려는 경우
(2011.6.7 본항개정)

제39조【영업 승계】 ① 영업자가 영업을 양도하거나 사망한 경우 또는 법인이 합병한 경우에는 그 양수인·상속인 또는 합병 후 존속하는 법인이나 합병에 따라 설립되는 법인은 그 영업자의 지위를 승계한다.
② 다음 각 호의 어느 하나에 해당하는 절차에 따라 영업 시설의 전부를 인수한 자는 그 영업자의 지위를 승계한다. 이 경우 종전의 영업자에 대한 영업 허가·등록 또는 그가 한 신고는 그 효력을 잃는다.(2016.2.3 전단개정)
1. 「민사집행법」에 따른 경매(2016.2.3 본호신설)
2. 「채무자 회생 및 파산에 관한 법률」에 따른 환가(換價)(2016.2.3 본호신설)
3. 「국세징수법」, 「관세법」 또는 「지방세징수법」에 따른 압류재산의 매각(2016.12.27 본호개정)
4. 그 밖에 제1호부터 제3호까지의 절차에 준하는 절차(2016.2.3 본호신설)

③ 제1항 또는 제2항에 따라 그 영업자의 지위를 승계한 자는 총리령으로 정하는 바에 따라 1개월 이내에 그 사실을 식품의약품안전처장 또는 특별자치시장·특별자치도지사·시장·군수·구청장에게 신고하여야 한다.
(2016.2.3 본항개정)
④ 식품의약품안전처장 또는 특별자치시장·특별자치도지사·시장·군수·구청장은 제3항에 따른 신고를 받은 날부터 3일 이내에 신고수리 여부를 신고인에게 통지하여야 한다.(2018.12.11 본항신설)
⑤ 식품의약품안전처장 또는 특별자치시장·특별자치도지사·시장·군수·구청장이 제4항에서 정한 기간 내에 신고수리 여부 또는 민원 처리 관련 법령에 따른 처리기간의 연장을 신고인에게 통지하지 아니하면 그 기간(민원 처리 관련 법령에 따라 처리기간이 연장 또는 재연장된 경우에는 해당 처리기간을 말한다)이 끝난 날의 다음 날에 신고를 수리한 것으로 본다.(2018.12.11 본항신설)
⑥ 제1항 및 제2항에 따른 승계에 관하여는 제38조를 준용한다. 다만, 상속인이 제38조제1항제8호에 해당하면 상속받은 날부터 3개월 동안은 그러하지 아니하다.

제40조【건강진단】 ① 총리령으로 정하는 영업자 및 그 종업원은 건강진단을 받아야 한다. 다만, 다른 법령에 따라 같은 내용의 건강진단을 받는 경우에는 이 법에 따른 건강진단을 받은 것으로 본다.(2013.3.23 본문개정)
② 제1항에 따라 건강진단을 받은 결과 타인에게 위해를 끼칠 우려가 있는 질병이 있다고 인정된 자는 그 영업에 종사하지 못한다.
③ 영업자는 제1항을 위반하여 건강진단을 받지 아니한 자나 제2항에 따른 건강진단 결과 타인에게 위해를 끼칠 우려가 있는 질병이 있는 자를 그 영업에 종사시키지 못한다.
④ 제1항에 따른 건강진단의 실시방법 등과 제2항 및 제3항에 따른 타인에게 위해를 끼칠 우려가 있는 질병의 종류는 총리령으로 정한다.(2013.3.23 본항개정)

제41조【식품위생교육】 ① 대통령령으로 정하는 영업자 및 유흥종사자를 둘 수 있는 식품접객업 영업자의 종업원은 매년 식품위생에 관한 교육(이하 "식품위생교육"이라 한다)을 받아야 한다.
② 제36조제1항 각 호에 따른 영업을 하려는 자는 미리 식품위생교육을 받아야 한다. 다만, 부득이한 사유로 미리 식품위생교육을 받을 수 없는 경우에는 영업을 시작한 뒤에 식품의약품안전처장이 정하는 바에 따라 식품위생교육을 받을 수 있다.(2013.3.23 단서개정)
③ 제1항 및 제2항에 따라 교육을 받아야 하는 자가 영업에 직접 종사하지 아니하거나 두 곳 이상의 장소에서 영업을 하는 경우에는 종업원 중에서 식품위생에 관한 책임자를 지정하여 영업자 대신 교육을 받게 할 수 있다. 다만, 집단급식소에 종사하는 조리사 및 영양사(「국민영양관리법」 제15조에 따라 영양사 면허를 받은 사람을 말한다. 이하 같다)가 식품위생에 관한 책임자로 지정되어 제56조제1항 단서에 따라 교육을 받은 경우에는 제1항 및 제2항에 따른 해당 연도의 식품위생교육을 받은 것으로 본다.(2010.3.26 단서개정)
④ 제2항에도 불구하고 다음 각 호의 어느 하나에 해당하는 면허를 받은 자가 제36조제1항제3호에 따른 식품접객업을 하려는 경우에는 식품위생교육을 받지 아니하여도 된다.(2015.3.27 본문개정)
1. 제53조에 따른 조리사 면허(2015.3.27 본호신설)
2. 「국민영양관리법」 제15조에 따른 영양사 면허
(2015.3.27 본호신설)
3. 「공중위생관리법」 제6조의2에 따른 위생사 면허
(2016.2.3 본호개정)

⑤ 영업자는 특별한 사유가 없는 한 식품위생교육을 받지 아니한 자를 그 영업에 종사하게 하여서는 아니 된다.
⑥ 식품위생교육은 집합교육 또는 정보통신매체를 이용한 원격교육으로 실시한다. 다만, 제2항(제88조제3항에서 준용하는 경우를 포함한다)에 따라 영업을 하려는 자가 미리 받아야 하는 식품위생교육은 집합교육으로 실시한다.(2019.12.3 본항신설)
⑦ 제6항에도 불구하고 식품위생교육을 받기 어려운 도서·벽지 등의 영업자 및 종업원인 경우 또는 식품의약품안전처장이 「감염병의 예방 및 관리에 관한 법률」 제2조에 따른 감염병이 유행하여 국민건강을 해칠 우려가 있다고 인정하는 경우 등 불가피한 사유가 있는 경우에는 총리령으로 정하는 바에 따라 식품위생교육을 실시할 수 있다.(2020.12.29 본항개정)
⑧ 제1항 및 제2항에 따른 교육의 내용, 교육비 및 교육 실시 기관 등에 관하여 필요한 사항은 총리령으로 정한다.
(2013.3.23 본항개정)

제41조의2【위생관리책임자】 ① 제36조제1항에 따라 공유주방 운영업을 하려는 자는 대통령령으로 정하는 자격기준을 갖춘 위생관리책임자(이하 "위생관리책임자"라 한다)를 두어야 한다. 다만, 공유주방 운영업을 하려는 자가 위생관리책임자의 자격기준을 갖추고 해당 직무를 수행하는 경우에는 그러하지 아니하다.
② 위생관리책임자는 공유주방에서 상시적으로 다음 각 호의 직무를 수행한다.
1. 공유주방의 위생적 관리 및 유지
2. 공유주방 사용에 관한 기록 및 유지
3. 식중독 등 식품사고 원인 조사 및 피해 예방 조치에 관한 지원
4. 공유주방 이용자에 대한 위생관리 지도 및 교육

③ 공유주방을 운영 또는 이용하는 자는 위생관리책임자의 업무를 방해하여서는 아니 되며, 그로부터 업무 수행에 필요한 요청을 받았을 때에는 정당한 사유가 없으면 요청에 따라야 한다.
④ 제1항에 따라 공유주방 운영업을 하는 자가 위생관리책임자를 선임하거나 해임할 때에는 총리령으로 정하는 바에 따라 식품의약품안전처장에게 신고하여야 한다.
⑤ 식품의약품안전처장은 제4항에 따른 신고를 받은 날부터 3일 이내에 신고수리 여부를 신고인에게 통지하여야 한다.
⑥ 식품의약품안전처장이 제5항에서 정한 기간 내에 신고수리 여부나 민원 처리 관련 법령에 따른 처리기간의 연장을 신고인에게 통지하지 아니하면 그 기간(민원 처리 관련 법령에 따라 처리기간이 연장 또는 재연장된 경우에는 해당 처리기간을 말한다)이 끝난 날의 다음 날에 신고를 수리한 것으로 본다.
⑦ 위생관리책임자는 제2항에 따른 직무 수행내역 등을 총리령으로 정하는 바에 따라 기록·보관하여야 한다.
⑧ 위생관리책임자는 매년 식품위생에 관한 교육을 받아야 한다.
⑨ 제8항에 따른 교육의 내용, 시간, 교육 실시 기관 등에 관하여 필요한 사항은 총리령으로 정한다.
(2020.12.29 본조신설)

제42조【실적보고】 ① (2016.2.3 삭제)
② 식품 또는 식품첨가물을 제조·가공하는 영업자는 총리령으로 정하는 바에 따라 식품 및 식품첨가물을 생산한 실적 등을 식품의약품안전처장 또는 시·도지사에게 보고하여야 한다.
(2016.2.3 본조개정)

제43조【영업 제한】 ① 특별자치시장·특별자치도지사·시장·군수·구청장은 영업 질서와 선량한 풍속을 유지하는 데에 필요한 경우에는 영업자 중 식품접객영업자와 그 종업원에 대하여 영업시간 및 영업행위를 제한할 수 있다.
② 제1항에 따른 제한 사항은 대통령령으로 정하는 범위에서 해당 특별자치시·특별자치도·시·군·구의 조례로 정한다.
(2019.1.15 본조개정)

제44조【영업자 등의 준수사항】 ① 제36조제1항 각 호의 영업을 하는 자 중 대통령령으로 정하는 영업자와 그 종업원은 영업의 위생관리와 질서유지, 국민의 보건위생 증진을 위하여 영업의 종류에 따라 다음 각 호에 해당하는 사항을 지켜야 한다.(2017.12.19 본문개정)
1. 「축산물 위생관리법」 제12조에 따른 검사를 받지 아니한 축산물 또는 실험 등의 용도로 사용한 동물은 운반·보관·진열·판매하거나 식품의 제조·가공에 사용하지 말 것(2016.2.3 본호신설)
2. 「야생생물 보호 및 관리에 관한 법률」을 위반하여 포획·채취한 야생생물은 이를 식품의 제조·가공에 사용하거나 판매하지 말 것(2016.2.3 본호신설)
3. 소비기한이 경과된 제품·식품 또는 그 원재료를 제조·가공·조리·판매의 목적으로 소분·운반·진열·보관하거나 이를 판매 또는 식품의 제조·가공·조리에 사용하지 말 것(2021.8.17 본호개정)
4. 수돗물이 아닌 지하수 등을 먹는 물 또는 식품의 조리·세척 등에 사용하는 경우에는 「먹는물관리법」 제43조에 따른 먹는물 수질검사기관에서 총리령으로 정하는 바에 따라 검사를 받아 마시기에 적합하다고 인정된 물을 사용할 것. 다만, 둘 이상의 업소가 같은 건물에서 같은 수원(水原)을 사용하는 경우에는 하나의 업소에 대한 시험결과로 나머지 업소에 대한 검사를 갈음할 수 있다.
5. 제15조제2항에 따라 위해평가가 완료되기 전까지 일시적으로 금지된 식품등을 제조·가공·판매·수입·사용 및 운반하지 말 것
6. 식중독 발생 시 보관 또는 사용 중인 식품은 역학조사가 완료될 때까지 폐기하거나 소독 등으로 현장을 훼손하여서는 아니 되고 원상태로 보존하여야 하며, 식중독 원인규명을 위한 행위를 방해하지 말 것
7. 손님을 꾀어서 끌어들이는 행위를 하지 말 것
8. 그 밖에 영업의 원료관리, 제조공정 및 위생관리와 질서유지, 국민의 보건위생 증진 등을 위하여 총리령으로 정하는 사항
(2016.2.3 4호~8호신설)
② 식품접객영업자는 「청소년 보호법」 제2조에 따른 청소년(이하 이 항에서 "청소년"이라 한다)에게 다음 각 호의 어느 하나에 해당하는 행위를 하여서는 아니 된다.
(2011.9.15 본문개정)
1. 청소년을 유흥접객원으로 고용하여 유흥행위를 하게 하는 행위
2. 「청소년 보호법」 제2조제5호가목3)에 따른 청소년출입·고용 금지업소에 청소년을 출입시키거나 고용하는 행위
3. 「청소년 보호법」 제2조제5호나목3)에 따른 청소년고용금지업소에 청소년을 고용하는 행위
(2011.9.15 2호~3호개정)
4. 청소년에게 주류(酒類)를 제공하는 행위

③ 누구든지 영리를 목적으로 제36조제1항제3호의 식품접객업을 하는 장소(유흥종사자를 둘 수 있도록 대통령령으로 정하는 영업을 하는 장소는 제외한다)에서 손님과 함께 술을 마시거나 노래 또는 춤으로 손님의 유흥을 돋우는 접객행위(공연을 목적으로 하는 가수, 악사, 댄서, 무용수 등이 하는 행위는 제외한다)를 하거나 다른 사람에게 그 행위를 알선하여서는 아니 된다.
④ 제3항에 따른 식품접객영업자는 유흥종사자를 고용·알선하거나 호객행위를 하여서는 아니 된다.
⑤ (2015.2.3 삭제)

판례 소주방·호프·카페 등의 형태로 운영되는 영업이 식품위생법상 일반음식점 영업자가 적법하게 할 수 있는 행위에 속하는지 여부: 단란주점영업과 유흥주점영업은 주로 주류를 조리·판매하는 영업으로서 손님이 노래를 부르는 행위가 허용되는 영업 및 유흥종사자를 두거나 유흥시설을 설치하는 것 등이 해당하며 주로 주류를 판매하지만 단란주점영업이나 유흥주점영업에서만 허용되는 행위를 하지 않는 형태의 영업에 대해서는 별도의 영업허가 종류로 구분해 분류하고 있지 않다. 따라서 이와 같은 유흥종사자나 유흥시설이 없다면 음식류의 조리·판매보다는 주로 주류의 조리·판매를 목적으로 하면서 손님이 술과 안주를 시키면 여종업원이 술을 따르고 옆에서 대화하는 형태의 영업을 하는 술집이라 하더라도 식품위생법상 일반음식점 영업자가 적법하게 할 수 있는 행위에 속한다.(대판 2012.6.28, 2011도15097)

제44조의2【보험 가입】 ① 제36조제1항에 따라 공유주방 운영업을 하는 자는 식품등의 위해로 인하여 소비자에게 발생할 수 있는 손해를 배상하기 위하여 책임보험에 가입하여야 한다.
② 제1항에 따른 책임보험의 종류 등 보험 가입에 필요한 사항은 대통령령으로 정한다.
(2020.12.29 본조신설)

제45조【위해식품등의 회수】 ① 판매의 목적으로 식품등을 제조·가공·소분·수입 또는 판매한 영업자(「수입식품안전관리 특별법」 제15조에 따라 등록한 수입식품등 수입·판매업자를 포함한다. 이하 이 조에서 같다)는 해당 식품등이 제4조부터 제6조까지, 제7조제4항, 제8조, 제9조제4항, 제9조의3 또는 제12조의2제2항을 위반한 사실(식품등의 위해와 관련이 없는 위반사항을 제외한다)을 알게 된 경우에는 지체 없이 유통 중인 해당 식품등을 회수하거나 회수하는 데에 필요한 조치를 하여야 한다. 이 경우 영업자는 회수계획을 식품의약품안전처장, 시·도지사 또는 시장·군수·구청장에게 미리 보고하여야 하며, 회수결과를 보고받은 시·도지사 또는 시장·군수·구청장은 이를 지체 없이 식품의약품안전처장에게 보고하여야 한다. 다만, 해당 식품등이 「수입식품안전관리 특별법」에 따라 수입한 식품등이고, 보고의무자가 해당 식품등을 수입한 자인 경우에는 식품의약품안전처장에게 보고하여야 한다.(2022.6.10 전단개정)
② 식품의약품안전처장, 시·도지사 또는 시장·군수·구청장은 제1항에 따른 회수에 필요한 조치를 성실히 이행한 영업자에 대하여 해당 식품등으로 인하여 받게 되는 제75조 또는 제76조에 따른 행정처분을 대통령령으로 정하는 바에 따라 감면할 수 있다.
③ 제1항에 따른 회수대상 식품등·회수계획·회수절차 및 회수결과 보고 등에 관하여 필요한 사항은 총리령으로 정한다.
(2013.3.23 본조개정)

제46조【식품등의 이물 발견보고 등】 ① 판매의 목적으로 식품등을 제조·가공·소분·수입 또는 판매하는 영업자는 소비자로부터 판매제품에서 식품의 제조·가공·조리·유통 과정에서 정상적으로 사용된 원료 또는 재료가 아닌 것으로서 섭취할 때 위생상 위해가 발생할 우려가 있거나 섭취하기에 부적합한 물질[이하 "이물(異物)"이라 한다]을 발견한 사실을 신고받은 경우 지체 없이 이를 식품의약품안전처장, 시·도지사 또는 시장·군수·구청장에게 보고하여야 한다.
② 「소비자기본법」에 따른 한국소비자원 및 소비자단체와 「전자상거래 등에서의 소비자보호에 관한 법률」에 따른 통신판매중개업자로서 식품접객업소에서 조리한 식품의 통신판매를 전문적으로 알선하는 자는 소비자로부터 이물 발견의 신고를 접수하는 경우 지체 없이 이를 식품의약품안전처장에게 통보하여야 한다.(2019.1.15 본항개정)
③ 시·도지사 또는 시장·군수·구청장은 소비자로부터 이물 발견의 신고를 접수하는 경우 이를 식품의약품안전처장에게 통보하여야 한다.
④ 식품의약품안전처장은 제1항부터 제3항까지의 규정에 따라 이물 발견의 신고를 통보받은 경우 이물혼입 원인 조사를 위하여 필요한 조치를 취하여야 한다.
⑤ 제1항에 따른 이물 보고의 기준·대상 및 절차 등에 필요한 사항은 총리령으로 정한다.
(2013.3.23 본조개정)

제46조의2【식품등의 오염사고의 보고 등】 ① 식품등을 제조·가공하는 영업자는 식품등의 제조·가공 과정에서 「산업안전보건법」 제2조제1호에 따른 산업재해로 인하여 식품등에 이물이 섞이거나 섞일 우려가 있는 등 대통령령으로 정하는 경우에는 해당 식품등의 폐기, 시설 개선 또는 세척 등 오염 예방을 위한 필요한 조치(이하 "오염예방조치"라 한다)를 취하고 지체 없이 식품의약품안전처장에게 보고하여야 한다.
② 제1항에 따른 보고를 받은 식품의약품안전처장은 현장조사를 실시하여야 한다.
③ 제1항에 따른 보고 방법·절차 및 오염예방조치 등에 필요한 사항은 총리령으로 정한다.
(2024.1.2 본조신설 : 2025.1.3 시행)

제47조【모범업소의 지정 등】 ① 특별자치시장·특별자치도지사·시장·군수·구청장은 총리령으로 정하는 위생등급 기준에 따라 위생관리 상태 등이 우수한 식품접객업소(공유주방에서 조리·판매하는 업소를 포함한다) 또는 집단급식소를 모범업소로 지정할 수 있다.
② 시·도지사 또는 시장·군수·구청장은 제1항에 따라 지정한 모범업소에 대하여 관계 공무원으로 하여금 총리령으로 정하는 일정 기간 동안 제22조에 따른 출입·검사·수거 등을 하지 아니하게 할 수 있으며, 제89조제3항제1호에 따른 영업자의 위생관리시설 및 위생설비시설 개선을 위한 융자 사업과 같은 항 제6호에 따른 음식문화 개선과 좋은 식단 실천을 위한 사업에 대하여 우선 지원 등을 할 수 있다.
③ 특별자치시장·특별자치도지사·시장·군수·구청장은 제1항에 따라 모범업소로 지정된 업소가 그 지정기준에 미치지 못하거나 영업정지 이상의 행정처분을 받게 되면 지체 없이 그 지정을 취소하여야 한다.
④ 제1항 및 제3항에 따른 모범업소의 지정 및 그 취소에 관한 사항은 총리령으로 정한다.
(2024.1.2 본조개정)

제47조의2【식품접객업소의 위생등급 지정 등】 ① 식품의약품안전처장, 시·도지사 또는 시장·군수·구청장은 식품접객업소의 위생 수준을 높이기 위하여 식품접객영업자의 신청을 받아 식품접객업소(공유주방에서 조리·판매하는 업소를 포함한다)의 위생상태를 평가하여 위생등급을 지정할 수 있다.(2020.12.29 본항개정)
② 식품의약품안전처장은 제1항에 따른 식품접객업소의 위생상태 평가 및 위생등급 지정에 필요한 기준 및 방법 등을 정하여 고시하여야 한다.
③ 식품의약품안전처장, 시·도지사 또는 시장·군수·구청장은 제1항에 따른 위생등급 지정 결과를 공표할 수 있다.
④ 위생등급을 지정받은 식품접객영업자는 그 위생등급을 표시하여야 하며, 광고할 수 있다.
⑤ 위생등급의 유효기간은 위생등급을 지정한 날부터 2년으로 한다. 다만, 총리령으로 정하는 바에 따라 그 기간을 연장할 수 있다.
⑥ 식품의약품안전처장, 시·도지사 또는 시장·군수·구청장은 제1항에 따라 위생등급을 지정받은 식품접객영업자가 다음 각 호의 어느 하나에 해당하는 경우 그 지정을 취소하거나 시정을 명할 수 있다.
1. 위생등급을 지정받은 후 그 기준에 미달하게 된 경우
2. 위생등급을 표시하지 아니하거나 허위로 표시·광고하는 경우
3. 제75조에 따라 영업정지 이상의 행정처분을 받은 경우
4. 그 밖에 제1호부터 제3호까지에 준하는 사항으로서 총리령으로 정하는 사항을 지키지 아니한 경우
⑦ 식품의약품안전처장, 시·도지사 또는 시장·군수·구청장은 위생등급 지정을 받았거나 받으려는 식품접객영업자에게 필요한 기술적 지원을 할 수 있다.
⑧ 식품의약품안전처장, 시·도지사 또는 시장·군수·구청장은 제1항에 따라 위생등급을 지정한 식품접객업소에 대하여 제22조에 따른 출입·검사·수거 등을 총리령으로 정하는 기간 동안 하지 아니하게 할 수 있다.
⑨ 시·도지사 또는 시장·군수·구청장은 제89조의 식품진흥기금을 같은 조 제3항제1호에 따른 영업자의 위생관리시설 및 위생설비시설 개선을 위한 융자 사업과 같은 항 제7호의2에 따른 식품접객업소의 위생등급 지정사업에 우선 지원할 수 있다.
⑩ 식품의약품안전처장, 시·도지사 또는 시장·군수·구청장은 위생등급 지정에 관한 업무를 「한국식품안전관리인증원의 설립 및 운영에 관한 법률」에 따른 한국식품안전관리인증원에 위탁할 수 있다. 이 경우 필요한 예산을 지원할 수 있다.(2020.12.29 전단개정)
⑪ 제1항에 따른 위생등급과 그 지정 절차, 제3항에 따른 위생등급 지정 결과 공표 및 제7항에 따른 기술적 지원 등에 필요한 사항은 총리령으로 정한다.
(2015.5.18 본조신설)

제48조【식품안전관리인증기준】 ① 식품의약품안전처장은 식품의 원료관리 및 제조·가공·조리·소분·유통의 모든 과정에서 위해한 물질이 식품에 섞이거나 식품이 오염되는 것을 방지하기 위하여 각 과정의 위해요소를 확인·평가하여 중점적으로 관리하는 기준(이하 "식품안전관리인증기준"이라 한다)을 식품별로 정하여 고시할 수 있다.(2014.5.28 본항개정)
② 총리령으로 정하는 식품을 제조·가공·조리·소분·유통하는 영업자는 제1항에 따라 식품의약품안전처장이 식품별로 고시한 식품안전관리인증기준을 지켜야 한다.
(2014.5.28 본항개정)
③ 식품의약품안전처장은 제2항에 따라 식품안전관리인증기준을 지켜야 하는 영업자와 그 밖에 식품안전관리인증기준을 지키기 원하는 영업자의 업소를 식품별 식품안전관리인증기준 적용업소(이하 "식품안전관리인증기준적용업소"라 한다)로 인증할 수 있다. 이 경우 식품안전관리인증기준적용업소로 인증을 받은 영업자가 그 인증을 받은 사항 중 총리령으로 정하는 사항을 변경하려는 경우에는 식품의약품안전처장의 변경 인증을 받아야 한다.(2016.2.3 후단신설)
④ 식품의약품안전처장은 식품안전관리인증기준적용업소로 인증받은 영업자에게 총리령으로 정하는 바에 따라 그 인증 사실을 증명하는 서류를 발급하여야 한다. 제3항 후단에 따라 변경 인증을 받은 경우에도 또한 같다.
(2016.2.3 후단신설)
⑤ 식품안전관리인증기준적용업소의 영업자와 종업원은 총리령으로 정하는 교육훈련을 받아야 한다.
(2014.5.28 본항개정)
⑥ 식품의약품안전처장은 제3항에 따라 식품안전관리인증기준적용업소의 인증을 받거나 받으려는 영업자에게 위해요소중점관리에 필요한 기술적·경제적 지원을 할 수 있다.(2014.5.28 본항개정)
⑦ 식품안전관리인증기준적용업소의 인증요건·인증절차 및 제6항에 따른 기술적·경제적 지원에 필요한 사항은 총리령으로 정한다.(2020.12.29 본항개정)
⑧ 식품의약품안전처장은 식품안전관리인증기준적용업소의 효율적 운영을 위하여 총리령으로 정하는 식품안전관리인증기준의 준수 여부 등에 관한 조사·평가를 할 수 있으며, 그 결과 식품안전관리인증기준적용업소가 다음 각 호의 어느 하나에 해당하면 그 인증을 취소하거나 시정을 명할 수 있다. 다만, 식품안전관리인증기준적용업소가 제1호의2 및 제2호에 해당할 경우 인증을 취소하여야 한다.(2016.2.3 단서개정)
1. 식품안전관리인증기준을 지키지 아니한 경우
(2014.5.28 본호개정)
1의2. 거짓이나 그 밖의 부정한 방법으로 인증을 받은 경우(2016.2.3 본호신설)
2. 제75조 또는 「식품 등의 표시·광고에 관한 법률」 제16조제1항·제3항에 따라 영업정지 2개월 이상의 행정처분을 받은 경우(2018.3.13 본호개정)
3. 영업자와 그 종업원이 제5항에 따른 교육훈련을 받지 아니한 경우
4. 그 밖에 제1호부터 제3호까지에 준하는 사항으로서 총리령으로 정하는 사항을 지키지 아니한 경우
(2013.3.23 본호개정)
⑨ 식품안전관리인증기준적용업소가 아닌 업소의 영업자는 식품안전관리인증기준적용업소라는 명칭을 사용하지 못한다.(2014.5.28 본항개정)
⑩ 식품안전관리인증기준적용업소의 영업자는 인증받은 식품을 다른 업소에 위탁하여 제조·가공하여서는 아니 된다. 다만, 위탁하려는 식품과 동일한 식품에 대하여 식품안전관리인증기준적용업소로 인증된 업소에 위탁하여 제조·가공하려는 경우 등 대통령령으로 정하는 경우에는 그러하지 아니하다.(2014.5.28 본항개정)
⑪ 식품의약품안전처장(대통령령으로 정하는 그 소속 기관의 장을 포함한다), 시·도지사 또는 시장·군수·구청장은 식품안전관리인증기준적용업소에 대하여 관계 공무원으로 하여금 총리령으로 정하는 일정 기간 동안 제22조에 따른 출입·검사·수거 등을 하지 아니하게 할 수 있으며, 시·도지사 또는 시장·군수·구청장은 제89조제3항제1호에 따른 영업자의 위생관리시설 및 위생설비시설 개선을 위한 융자 사업에 대하여 우선 지원 등을 할 수 있다.(2014.5.28 본항개정)
⑫ 식품의약품안전처장은 식품안전관리인증기준적용업소의 공정별·품목별 위해요소의 분석, 기술지원 및 인증 등의 업무를 「한국식품안전관리인증원의 설립 및 운영에 관한 법률」에 따른 한국식품안전관리인증원 등 대통령령으로 정하는 기관에 위탁할 수 있다.(2016.2.3 본항개정)
⑬ 식품의약품안전처장은 제12항에 따른 위탁기관에 대하여 예산의 범위에서 사용경비의 전부 또는 일부를 보조할 수 있다.(2013.3.23 본항개정)
⑭ 제12항에 따른 위탁기관의 업무 등에 필요한 사항은 대통령령으로 정한다.
(2014.5.28 본조제목개정)

제48조의2【인증 유효기간】 ① 제48조제3항에 따른 인증의 유효기간은 인증을 받은 날부터 3년으로 하며, 같은 항 후단에 따른 변경 인증의 유효기간은 당초 인증 유효기간의 남은 기간으로 한다.
② 제1항에 따른 인증 유효기간을 연장하려는 자는 총리령으로 정하는 바에 따라 식품의약품안전처장에게 연장신청을 하여야 한다.
③ 식품의약품안전처장은 제2항에 따른 연장신청을 받았을 때에는 안전관리인증기준에 적합하다고 인정하는 경우 3년의 범위에서 그 기간을 연장할 수 있다.
(2016.2.3 본조신설)

제48조의3【식품안전관리인증기준적용업소에 대한 조사·평가 등】 ① 식품의약품안전처장은 식품안전관리인증기준적용업소로 인증받은 업소에 대하여 식품안전관리인증기준의 준수 여부와 제48조제5항에 따른 교육훈련 수료 여부를 연 1회 이상 조사·평가하여야 한다.
② 식품의약품안전처장은 제1항에 따른 조사·평가 결과 그 결과가 우수한 식품안전관리인증기준적용업소에 대해서는 제1항에 따른 조사·평가를 면제하는 등 행정

적·재정적 지원을 할 수 있다. 다만, 식품안전관리인증기준적용업소가 제48조의2제1항에 따른 인증 유효기간 내에 이 법을 위반하여 영업의 정지, 허가 취소 등 행정처분을 받은 경우에는 제1항에 따른 조사·평가를 면제하여서는 아니 된다.
③ 그 밖에 조사·평가의 방법 및 절차 등에 필요한 사항은 총리령으로 정한다.
(2016.2.3 본조신설)
제48조의4【식품안전관리인증기준의 교육훈련기관 지정 등】 ① 식품의약품안전처장은 제48조제5항에 따른 교육훈련을 전문적으로 수행하기 위하여 식품안전관리인증기준 교육훈련기관(이하 "교육훈련기관"이라 한다)을 지정하여 교육훈련의 실시를 위탁할 수 있다.
② 제1항에 따라 교육훈련기관으로 지정받으려는 자는 총리령으로 정하는 지정기준을 갖추어 식품의약품안전처장에게 신청하여야 한다.
③ 제1항에 따라 교육훈련기관으로 지정받은 자는 지정된 내용 중 총리령으로 정하는 사항이 변경된 경우에는 변경사유가 발생한 날부터 1개월 이내에 식품의약품안전처장에게 신고하여야 한다.
④ 교육훈련기관은 제48조제5항에 따른 교육훈련을 수료한 사람에게 교육훈련수료증을 발급하여야 한다.
⑤ 교육훈련기관은 교육훈련에 관한 자료의 보관 등 총리령으로 정하는 사항을 준수하여야 한다.
⑥ 식품의약품안전처장은 지정된 교육훈련기관의 인력·시설·설비 보유현황 및 활용도, 교육·훈련과정 운영실태 및 교육서비스의 적절성·충실성 등을 평가하여 그 평가 내용을 공표할 수 있다.
⑦ 식품의약품안전처장은 제6항에 따른 평가를 위하여 필요한 경우에는 교육훈련기관에 관련 자료의 제출을 요구할 수 있다.
⑧ 식품의약품안전처장은 교육훈련기관이 다음 각 호의 어느 하나에 해당하는 경우에는 기간을 정하여 시정을 명할 수 있다.
1. 제3항에 따른 변경신고를 하지 아니한 경우
2. 제5항에 따른 교육훈련기관의 준수사항을 위반한 경우
⑨ 제1항부터 제8항까지에서 규정한 사항 외에 교육훈련기관의 지정 절차, 교육 내용·시기·방법, 실시 비용 등에 필요한 사항은 총리령으로 정한다.
(2020.12.29 본조신설)
제48조의5【교육훈련기관의 지정취소 등】 ① 식품의약품안전처장은 교육훈련기관이 다음 각 호의 어느 하나에 해당하는 경우에는 그 지정을 취소하거나 1년 이내의 범위에서 기간을 정하여 업무의 전부 또는 일부를 정지할 수 있다. 다만, 제1호 및 제4호의 경우에는 그 지정을 취소하여야 한다.
1. 거짓 또는 그 밖의 부정한 방법으로 교육훈련기관의 지정을 받은 경우
2. 정당한 사유 없이 1년 이상 계속하여 교육훈련과정을 운영하지 아니하는 경우
3. 제48조의4제2항에 따른 지정기준에 적합하지 아니하게 된 경우
4. 제48조의4제4항에 따른 교육훈련수료증을 거짓 또는 그 밖의 부정한 방법으로 발급한 경우
5. 제48조의4제6항에 따른 평가를 실시한 결과 교육훈련 실적 및 교육훈련내용이 매우 부실하여 지정 목적을 달성할 수 없다고 인정되는 경우
6. 제48조의4제8항에 따른 시정명령을 받고도 정당한 사유 없이 정해진 기간 내에 이를 시정하지 아니하는 경우
② 식품의약품안전처장은 제1항에 따라 교육훈련기관의 지정이 취소된 자(법인인 경우 그 대표자를 포함한다)에 대해서는 지정이 취소된 날부터 3년 이내에 교육훈련기관으로 지정해서는 아니 된다.
③ 제1항에 따른 지정취소 및 업무정지 처분의 세부기준은 그 위반 행위의 유형과 위반 정도 등을 고려하여 총리령으로 정한다.
(2020.12.29 본조신설)
제49조【식품이력추적관리 등록기준 등】 ① 식품을 제조·가공 또는 판매하는 자 중 식품이력추적관리를 하려는 자는 총리령으로 정하는 등록기준을 갖추어 해당 식품을 식품의약품안전처장에게 등록할 수 있다. 다만, 영유아식 제조·가공업자, 일정 매출액·매장면적 이상의 식품판매업자 등 총리령으로 정하는 자는 식품의약품안전처장에게 등록하여야 한다.(2015.2.3 본항개정)
② 제1항에 따라 등록한 식품을 제조·가공 또는 판매하는 자는 식품이력추적관리에 필요한 기록의 작성·보관 및 관리 등에 관하여 식품의약품안전처장이 정하여 고시하는 기준(이하 "식품이력추적관리기준"이라 한다)을 지켜야 한다.(2015.2.3 본항개정)
③ 제1항에 따라 등록을 한 자는 등록사항이 변경된 경우 변경사유가 발생한 날부터 1개월 이내에 식품의약품안전처장에게 신고하여야 한다.
④ 제1항에 따라 등록한 식품에는 식품의약품안전처장이 정하여 고시하는 바에 따라 식품이력추적관리의 표시를 할 수 있다.
⑤ 식품의약품안전처장은 제1항에 따라 등록한 식품을 제조·가공 또는 판매하는 자에 대하여 식품이력추적관리기준의 준수 여부 등을 3년마다 조사·평가하여야 한다. 다만, 제1항 단서에 따라 등록한 식품을 제조·가공 또는 판매하는 자에 대하여는 2년마다 조사·평가하여야 한다.(2015.2.3 본항개정)
⑥ 식품의약품안전처장은 제1항에 따라 등록을 한 자에게 예산의 범위에서 식품이력추적관리에 필요한 자금을 지원할 수 있다.
⑦ 식품의약품안전처장은 제1항에 따라 등록을 한 자가 식품이력추적관리기준을 지키지 아니하면 그 등록을 취소하거나 시정을 명할 수 있다.
⑧ 식품의약품안전처장은 제1항에 따른 등록의 신청을 받은 날부터 40일 이내에, 제3항에 따른 변경신고를 받은 날부터 15일 이내에 등록 여부 또는 신고수리 여부를 신청인 또는 신고인에게 통지하여야 한다.(2018.12.11 본항신설)
⑨ 식품의약품안전처장이 제8항에서 정한 기간 내에 등록 여부, 신고수리 여부 또는 민원 처리 관련 법령에 따른 처리기간의 연장을 신청인 또는 신고인에게 통지하지 아니하면 그 기간(민원 처리 관련 법령에 따라 처리기간이 연장 또는 재연장된 경우에는 해당 처리기간을 말한다)이 끝난 날의 다음 날에 등록을 하거나 신고를 수리한 것으로 본다.(2018.12.11 본항신설)
⑩ 식품이력추적관리의 등록절차, 등록사항, 등록취소 등의 기준 및 조사·평가, 그 밖에 등록에 필요한 사항은 총리령으로 정한다.(2013.7.30 본항개정)
(2013.3.23 본조개정)
제49조의2【식품이력추적관리정보의 기록·보관 등】 ① 제49조제1항에 따라 등록한 자(이하 이 조에서 "등록자"라 한다)는 식품이력추적관리기준에 따른 식품이력추적관리정보를 총리령으로 정하는 바에 따라 전산기록장치에 기록·보관하여야 한다.
② 등록자는 제1항에 따른 식품이력추적관리정보의 기록을 해당 제품의 소비기한 등이 경과한 날부터 2년 이상 보관하여야 한다.(2021.8.17 본항개정)
③ 등록자는 제1항에 따라 기록·보관된 정보가 제49조의3제1항에 따른 식품이력추적관리시스템에 연계되도록 협조하여야 한다.
(2014.5.28 본조신설)
제49조의3【식품이력추적관리시스템의 구축 등】 ① 식품의약품안전처장은 식품이력추적관리시스템을 구축·운영하고, 식품이력추적관리시스템과 제49조의2제1항에 따른 식품이력추적관리정보가 연계되도록 하여야 한다.
② 식품의약품안전처장은 제1항에 따라 식품이력추적관리시스템에 연계된 정보 중 총리령으로 정하는 정보는 소비자 등이 인터넷 홈페이지를 통하여 쉽게 확인할 수 있도록 하여야 한다.
③ 제2항에 따른 정보는 해당 제품의 소비기한 또는 품질유지기한이 경과한 날부터 1년 이상 확인할 수 있도록 하여야 한다.(2021.8.17 본항개정)
④ 누구든지 제1항에 따라 연계된 정보를 식품이력추적관리 목적 외에 사용하여서는 아니 된다.
(2014.5.28 본조신설)
제50조 (2015.3.27 삭제)

제8장 조리사 등
(2010.3.26 본장제목개정)

제51조【조리사】 ① 집단급식소 운영자와 대통령령으로 정하는 식품접객업자는 조리사(調理士)를 두어야 한다. 다만, 다음 각 호의 어느 하나에 해당하는 경우에는 조리사를 두지 아니하여도 된다.(2013.5.22 본문개정)
1. 집단급식소 운영자 또는 식품접객영업자 자신이 조리사로서 직접 음식물을 조리하는 경우
2. 1회 급식인원 100명 미만의 산업체인 경우
3. 제52조제1항에 따른 영양사가 조리사의 면허를 받은 경우
(2013.5.22 1호~3호신설)
② 집단급식소에 근무하는 조리사는 다음 각 호의 직무를 수행한다.
1. 집단급식소에서의 식단에 따른 조리업무[식재료의 전(前)처리에서부터 조리, 배식 등의 전 과정을 말한다]
2. 구매식품의 검수 지원
3. 급식설비 및 기구의 위생·안전 실무
4. 그 밖에 조리실무에 관한 사항
(2011.6.7 본항신설)
제52조【영양사】 ① 집단급식소 운영자는 영양사(營養士)를 두어야 한다. 다만, 다음 각 호의 어느 하나에 해당하는 경우에는 영양사를 두지 아니하여도 된다.
(2013.5.22 본문개정)
1. 집단급식소 운영자 자신이 영양사로서 직접 영양 지도를 하는 경우
2. 1회 급식인원 100명 미만의 산업체인 경우
3. 제51조제1항에 따른 조리사가 영양사의 면허를 받은 경우
(2013.5.22 1호~3호신설)
② 집단급식소에 근무하는 영양사는 다음 각 호의 직무를 수행한다.
1. 집단급식소에서의 식단 작성, 검식(檢食) 및 배식관리
2. 구매식품의 검수(檢受) 및 관리
3. 급식시설의 위생적 관리
4. 집단급식소의 운영일지 작성
5. 종업원에 대한 영양 지도 및 식품위생교육
(2011.6.7 본항신설)
제53조【조리사의 면허】 ① 조리사가 되려는 자는 「국가기술자격법」에 따라 해당 기능분야의 자격을 얻은 후 특별자치시장·특별자치도지사·시장·군수·구청장의 면허를 받아야 한다.(2016.2.3 본항개정)
② 제1항에 따른 조리사의 면허 등에 관하여 필요한 사항은 총리령으로 정한다.(2013.3.23 본항개정)
③~④ (2010.3.26 삭제)
(2010.3.26 본조제목개정)
제54조【결격사유】 다음 각 호의 어느 하나에 해당하는 자는 조리사 면허를 받을 수 없다.(2010.3.26 본문개정)
1. 「정신건강증진 및 정신질환자 복지서비스 지원에 관한 법률」 제3조제1호에 따른 정신질환자. 다만, 전문의가 조리사로서 적합하다고 인정하는 자는 그러하지 아니하다.(2018.12.11 본문개정)
2. 「감염병의 예방 및 관리에 관한 법률」 제2조제13호에 따른 감염병환자. 다만, 같은 조 제4호나목에 따른 B형간염환자는 제외한다.(2018.3.27 단서개정)
3. 「마약류관리에 관한 법률」 제2조제2호에 따른 마약이나 그 밖의 약물 중독자
4. 조리사 면허의 취소처분을 받고 그 취소된 날부터 1년이 지나지 아니한 자(2010.3.26 본호개정)
제55조【명칭 사용 금지】 조리사가 아니면 조리사라는 명칭을 사용하지 못한다.(2010.3.26 본조개정)
제56조【교육】 ① 식품의약품안전처장은 식품위생 수준 및 자질의 향상을 위하여 필요한 경우 조리사와 영양사에게 교육(조리사의 경우 보수교육을 포함한다. 이하 이 조에서 같다)을 받을 것을 명할 수 있다. 다만, 집단급식소에 종사하는 조리사와 영양사는 1년마다 교육을 받아야 한다.(2021.7.27 단서개정)
② 제1항에 따른 교육의 대상자·실시기관·내용 및 방법 등에 관하여 필요한 사항은 총리령으로 정한다.
③ 식품의약품안전처장은 제1항에 따른 교육 등 업무의 일부를 대통령령으로 정하는 바에 따라 관계 전문기관이나 단체에 위탁할 수 있다.
(2013.3.23 본조개정)

제9장 식품위생심의위원회

제57조【식품위생심의위원회의 설치 등】 식품의약품안전처장의 자문에 응하여 다음 각 호의 사항을 조사·심의하기 위하여 식품의약품안전처에 식품위생심의위원회를 둔다.(2013.3.23 본문개정)
1. 식중독 방지에 관한 사항
2. 농약·중금속 등 유독·유해물질 잔류 허용 기준에 관한 사항
3. 식품등의 기준과 규격에 관한 사항
4. 그 밖에 식품위생에 관한 중요 사항
제58조【심의위원회의 조직과 운영】 ① 심의위원회는 위원장 1명과 부위원장 2명을 포함한 100명 이내의 위원으로 구성한다.(2011.8.4 본항신설)
② 심의위원회의 위원은 다음 각 호의 어느 하나에 해당하는 사람 중에서 식품의약품안전처장이 임명하거나 위촉한다. 다만, 제3호의 사람을 전체 위원의 3분의 1 이상 위촉하고, 제2호와 제4호의 사람을 합하여 전체 위원의 3분의 1 이상 위촉하여야 한다.(2013.3.23 본문개정)
1. 식품위생 관계 공무원
2. 식품등에 관한 영업에 종사하는 사람
3. 시민단체의 추천을 받은 사람
4. 제59조에 따른 동업자조합 또는 제64조에 따른 한국식품산업협회(이하 "식품위생단체"라 한다)의 추천을 받은 사람
5. 식품위생에 관한 학식과 경험이 풍부한 사람
(2011.8.4 본항신설)
③ 심의위원회 위원의 임기는 2년으로 하되, 공무원인 위원은 그 직위에 재직하는 기간 동안 재임한다. 다만, 위원이 궐위된 경우 그 보궐위원의 임기는 전임위원 임기의 남은 기간으로 한다.(2011.8.4 본항신설)
④ 심의위원회에 식품등의 국제 기준 및 규격을 조사·연구할 연구위원을 둘 수 있다.
⑤ 제4항에 따른 연구위원의 업무는 다음 각 호와 같다. 다만, 다른 법령에 따라 수행하는 관련 업무는 제외한다.
(2011.8.4 본문개정)
1. 국제식품규격위원회에서 제시한 기준·규격 조사·연구
2. 국제식품규격의 조사·연구에 필요한 외국정부, 관련 소비자단체 및 국제기구와 상호협력
3. 외국의 식품의 기준·규격에 관한 정보 및 자료 등의 조사·연구
4. 그 밖에 제1호부터 제3호까지에 준하는 사항으로서 대통령령으로 정하는 사항
(2011.6.7 본항신설)
⑥ 이 법에서 정한 것 외에 심의위원회의 조직 및 운영에 필요한 사항은 대통령령으로 정한다.

제10장 식품위생단체 등

제1절 동업자조합

제59조【설립】 ① 영업자는 영업의 발전과 국민 건강의 보호·증진을 위하여 대통령령으로 정하는 영업 또는 식

품의 종류별로 동업자조합(이하 "조합"이라 한다)을 설립할 수 있다.(2022.6.10 본항개정)
② 조합은 법인으로 한다.
③ 조합을 설립하려는 경우에는 대통령령으로 정하는 바에 따라 조합원 자격이 있는 자 10분의 1(20명을 초과하면 20명으로 한다) 이상의 발기인이 정관을 작성하여 식품의약품안전처장의 설립인가를 받아야 한다.(2013.3.23 본항개정)
④ 식품의약품안전처장은 제3항에 따라 설립인가의 신청을 받은 날부터 30일 이내에 설립인가 여부를 신청인에게 통지하여야 한다.(2018.12.11 본항신설)
⑤ 식품의약품안전처장이 제4항에서 정한 기간 내에 인가 여부 또는 민원 처리 관련 법령에 따른 처리기간의 연장을 신청인에게 통지하지 아니하면 그 기간(민원 처리 관련 법령에 따라 처리기간이 연장 또는 재연장된 경우에는 해당 처리기간을 말한다)이 끝난 날의 다음 날에 인가를 한 것으로 본다.(2018.12.11 본항신설)
⑥ 조합은 제3항에 따른 설립인가를 받는 날 또는 제5항에 따라 설립인가를 한 것으로 보는 날에 성립된다.
(2018.12.11 본항개정)
⑦ 조합은 정관으로 정하는 바에 따라 하부조직을 둘 수 있다.

제60조【조합의 사업】 조합은 다음 각 호의 사업을 한다.
1. 영업의 건전한 발전과 조합원 공동의 이익을 위한 사업
2. 조합원의 영업시설 개선에 관한 지도
3. 조합원을 위한 경영지도
4. 조합원과 그 종업원을 위한 교육훈련
5. 조합원과 그 종업원의 복지증진을 위한 사업
6. 식품의약품안전처장이 위탁하는 조사·연구 사업
(2013.3.23 본호개정)
7. 조합원의 생활안정과 복지증진을 위한 공제사업
(2011.8.4 본호신설)
8. 제1호부터 제5호까지에 규정된 사업의 부대사업

제60조의2【조합의 공제회 설립·운영】 ① 조합은 조합원의 생활안정과 복지증진을 도모하기 위하여 식품의약품안전처장의 인가를 받아 공제회를 설립하여 공제사업을 영위할 수 있다.(2017.12.19 본항개정)
② 공제회의 구성원(이하 "공제회원"이라 한다)은 공제사업에 필요한 출자금을 납부하여야 한다.
③ 공제회의 설립인가 절차, 운영 등에 관하여 필요한 사항은 대통령령으로 정한다.(2017.12.19 본항개정)
④ 조합이 제1항에 따라 공제사업을 하기 위하여 공제회를 설립하고자 하는 때에는 공제회원의 자격에 관한 사항, 출자금의 부담기준, 공제방법, 공제사업에 충당하기 위한 책임준비금 및 비상위험준비금 등 공제회의 운영에 관하여 필요한 사항을 포함하는 공제정관을 작성하여 식품의약품안전처장의 인가를 받아야 한다. 공제정관을 변경하고자 하는 때에도 또한 같다.(2017.12.19 본항개정)
⑤ 공제회는 법인으로 하며, 주된 사무소의 소재지에서 설립등기를 함으로써 성립한다.(2017.12.19 본항신설)
(2017.12.19 본조제목개정)
(2011.8.4 본조신설)

제60조의3【공제사업의 내용】 공제회는 다음 각 호의 사업을 한다.
1. 공제회원에 대한 공제급여 지급
2. 공제회원의 복리·후생 향상을 위한 사업
3. 기금 조성을 위한 사업
4. 식품위생 영업자의 경영개선을 위한 조사·연구 및 교육 사업
5. 식품위생단체 등의 법인에의 출연
6. 공제회의 목적달성에 필요한 대통령령으로 정하는 수익사업
(2011.8.4 본조신설)

제60조의4【공제회에 대한 감독】 ① 식품의약품안전처장은 공제회에 대하여 감독상 필요한 경우에는 그 업무에 관한 사항을 보고하게 하거나 자료의 제출을 명할 수 있으며, 소속 공무원으로 하여금 장부·서류, 그 밖의 물건을 검사하게 할 수 있다.(2017.12.19 본항개정)
② 제1항에 따라 조사 또는 검사를 하는 공무원 등은 그 권한을 표시하는 증표 및 조사기간, 조사범위, 조사담당자, 관계 법령 등 대통령령으로 정하는 사항이 기재된 서류를 가지고 이를 관계인에게 보여주어야 한다.
(2016.2.3 본항개정)
③ 식품의약품안전처장은 공제회의 운영이 적정하지 아니하거나 자산상황이 불량하여 공제회원 등의 권익을 해칠 우려가 있다고 인정하면 업무집행방법 및 자산예탁기관의 변경, 가치가 없다고 인정되는 자산의 손실처리 등 필요한 조치를 명할 수 있다.(2017.12.19 본항개정)
④ 공제회가 제3항의 개선명령을 이행하지 아니한 경우 식품의약품안전처장은 공제회의 임직원의 징계·해임을 요구할 수 있다.(2017.12.19 본항개정)

제61조【대의원회】 ① 조합원이 500명을 초과하는 조합은 정관으로 정하는 바에 따라 총회를 갈음할 수 있는 대의원회를 둘 수 있다.
② 대의원은 조합원이어야 한다.

제62조【다른 법률의 준용】 ① 조합에 관하여 이 법에서 규정하지 아니한 것에 대하여는 「민법」 중 사단법인에 관한 규정을 준용한다.
② 공제회에 관하여 이 법에서 규정하지 아니한 것에 대해서는 「민법」 중 사단법인에 관한 규정과 「상법」 중 주식회사의 회계에 관한 규정을 준용한다.(2019.4.30 본항신설)
(2019.4.30 본조개정)

제63조【자율지도원 등】 ① 조합은 조합원의 영업시설 개선과 경영에 관한 지도 사업 등을 효율적으로 수행하기 위하여 자율지도원을 둘 수 있다.
② 조합의 관리 및 운영 등에 필요한 기준은 대통령령으로 정한다.

제2절 식품산업협회
(2011.8.4 본절제목개정)

제64조【설립】 ① 식품산업의 발전과 식품위생의 향상을 위하여 한국식품산업협회(이하 "협회"라 한다)를 설립한다.(2011.8.4 본항개정)
② 제1항에 따라 설립되는 협회는 법인으로 한다.
③ 협회의 회원이 될 수 있는 자는 영업자 중 식품 또는 식품첨가물을 제조·가공·운반·판매·보존하는 자 및 그 밖에 식품 관련 산업을 운영하는 자로 한다.
(2011.8.4 본항개정)
④ 협회에 관하여 이 법에서 규정하지 아니한 것에 대하여는 「민법」 중 사단법인에 관한 규정을 준용한다.

제65조【협회의 사업】 협회는 다음 각 호의 사업을 한다.
1. 식품산업에 관한 조사·연구(2011.8.4 본호개정)
2. 식품 및 식품첨가물과 그 원재료(原材料)에 대한 시험·검사 업무
3. 식품위생과 관련한 교육
4. 영업자 중 식품이나 식품첨가물을 제조·가공·운반·판매 및 보존하는 자의 영업시설 개선에 관한 지도
(2011.8.4 본호개정)
5. 회원을 위한 경영지도
6. 식품안전과 식품산업 진흥 및 지원·육성에 관한 사업
(2011.8.4 본호신설)
7. 제1호부터 제5호까지에 규정된 사업의 부대사업

제66조【준용】 협회에 관하여는 제63조제1항을 준용한다. 이 경우 "조합"은 "협회"로, "조합원"은 "협회의 회원"으로 본다.

제3절 식품안전정보원
(2011.8.4 본절제목개정)

제67조【식품안전정보원의 설립】 ① 식품의약품안전처장의 위탁을 받아 제49조에 따른 식품이력추적관리업무와 식품안전에 관한 업무 중 제68조제1항 각 호에 관한 업무를 효율적으로 수행하기 위하여 식품안전정보원(이하 "정보원"이라 한다)를 둔다.(2013.3.23 본항개정)
② 정보원은 법인으로 한다.
③ 정보원의 정관에는 다음 각 호의 사항을 기재하여야 한다.
1. 목적
2. 명칭
3. 주된 사무소가 있는 곳
4. 자산에 관한 사항
5. 임원 및 직원에 관한 사항
6. 이사회의 운영
7. 사업범위 및 내용과 그 집행
8. 회계
9. 공고의 방법
10. 정관의 변경
11. 그 밖에 정보원의 운영에 관한 중요 사항
(2018.12.11 본항신설)
④ 정보원이 정관의 기재사항을 변경하려는 경우에는 식품의약품안전처장의 인가를 받아야 한다.(2018.12.11 본항신설)
⑤ 정보원에 관하여 이 법에서 규정된 것 외에는 「민법」 중 재단법인에 관한 규정을 준용한다.
(2011.8.4 본조개정)

제68조【정보원의 사업】 ① 정보원은 다음 각 호의 사업을 한다.(2011.8.4 본문개정)
1. 국내외 식품안전정보의 수집·분석·정보제공 등
1의2. 식품안전정책 수립을 지원하기 위한 조사·연구 등
(2016.2.3 본호신설)
2. 식품안전정보의 수집·분석 및 식품이력추적관리 등을 위한 정보시스템의 구축·운영 등(2016.2.3 본호개정)
3. 식품이력추적관리의 등록·관리 등
4. 식품이력추적관리에 관한 교육 및 홍보
5. 식품사고가 발생한 때 사고의 신속한 원인규명과 해당 식품의 회수·폐기 등을 위한 정보제공
6. 식품위해정보의 공동활용 및 대응을 위한 기관·단체·소비자단체 등과의 협력 네트워크 구축·운영
7. 소비자 식품안전 관련 신고의 안내·접수·상담 등을 위한 지원(2016.2.3 본호신설)
8. 그 밖에 식품안전정보 및 식품이력추적관리에 관한 사항으로서 식품의약품안전처장이 정하는 사업
(2013.3.23 본호개정)
② 식품의약품안전처장은 정보원의 설립·운영 등에 필요한 비용을 지원할 수 있다.(2013.3.23 본항개정)
(2011.8.4 본조제목개정)

제69조【사업계획서 등의 제출】 ① 정보원은 총리령으로 정하는 바에 따라 매 사업연도 개시 전에 사업계획서와 예산서를 식품의약품안전처장에게 제출하여 승인을 받아야 한다.
② 정보원은 식품의약품안전처장이 지정하는 공인회계사의 검사를 받은 매 사업연도의 세입·세출결산서를 식품의약품안전처장에게 제출하여 승인을 받아 결산을 확정한 후 그 결과를 다음 사업연도 5월 말까지 국회에 보고하여야 한다.
(2013.3.23 본조개정)

제70조【지도·감독 등】 ① 식품의약품안전처장은 정보원에 대하여 감독상 필요한 때에는 그 업무에 관한 사항을 보고하게 하거나 자료의 제출, 그 밖에 필요한 명령을 할 수 있고, 소속 공무원으로 하여금 그 사무소에 출입하여 장부·서류 등을 검사하게 할 수 있다.(2013.3.23 본항개정)
② 제1항에 따라 출입·검사를 하는 공무원은 그 권한을 표시하는 증표 및 조사기간, 조사범위, 조사담당자, 관계 법령 등 대통령령으로 정하는 사항이 기재된 서류를 지니고 이를 관계인에게 내보여야 한다.(2016.2.3 본항개정)
③ 정보원에 대한 지도·감독에 관하여 그 밖에 필요한 사항은 총리령으로 정한다.(2013.3.23 본항개정)

제4절 한국식품안전관리인증원

제70조의2~제70조의6 (2016.2.3 삭제)

제5절 건강 위해가능 영양성분 관리
(2016.5.29 본절신설)

제70조의7【건강 위해가능 영양성분 관리】 ① 국가 및 지방자치단체는 식품의 나트륨, 당류, 트랜스지방 등 영양성분(이하 "건강 위해가능 영양성분"이라 한다)의 과잉섭취로 인하여 국민 건강에 발생할 수 있는 위해를 예방하기 위하여 노력하여야 한다.(2022.6.10 본항개정)
② 식품의약품안전처장은 관계 중앙행정기관의 장과 협의하여 건강 위해가능 영양성분 관리 기술의 개발·보급, 적정섭취를 위한 실천방법의 교육·홍보 등을 실시하여야 한다.
③ 건강 위해가능 영양성분의 종류는 대통령령으로 정한다.

제70조의8【건강 위해가능 영양성분 관리 주관기관 설립·지정】 ① 식품의약품안전처장은 건강 위해가능 영양성분 관리를 위하여 다음 각 호의 사업을 주관하여 수행할 기관(이하 "주관기관"이라 한다)을 설립하거나 건강 위해가능 영양성분 관리와 관련된 사업을 하는 기관·단체 또는 법인을 주관기관으로 지정할 수 있다.
1. 건강 위해가능 영양성분 적정섭취 실천방법 교육·홍보 및 국민 참여 유도
2. 건강 위해가능 영양성분 함량 모니터링 및 정보제공
3. 건강 위해가능 영양성분을 줄인 급식과 외식, 가공식품 생산 및 구매 활성화
4. 건강 위해가능 영양성분 관리 실천사업장 운영 지원
5. 그 밖에 식품의약품안전처장이 필요하다고 인정하는 건강 위해가능 영양성분 관리사업
② 식품의약품안전처장은 주관기관에 대하여 예산의 범위에서 설립·운영 및 제1항 각 호의 사업을 수행하는 데 필요한 경비의 전부 또는 일부를 지원할 수 있다.
③ 제1항에 따라 설립되는 주관기관은 법인으로 한다.
④ 제1항에 따라 설립되는 주관기관에 관하여 이 법에서 규정된 것을 제외하고는 「민법」 중 재단법인에 관한 규정을 준용한다.
⑤ 식품의약품안전처장은 제1항에 따라 지정된 주관기관이 다음 각 호의 어느 하나에 해당하는 경우 지정을 취소할 수 있다. 다만, 제1호에 해당하는 경우에는 지정을 취소하여야 한다.
1. 거짓이나 그 밖의 부정한 방법으로 지정을 받은 경우
2. 제6항에 따른 지정기준에 적합하지 아니하게 된 경우
⑥ 주관기관의 설립, 지정 및 지정 취소의 기준·절차 등에 필요한 사항은 대통령령으로 정한다.

제70조의9【사업계획서 등의 제출】 주관기관은 총리령으로 정하는 바에 따라 전년도의 사업 실적보고서와 해당 연도의 사업계획서를 작성하여 식품의약품안전처장에게 제출하여야 한다. 다만, 제70조의8제1항에 따라 지정된 주관기관의 경우 같은 항 각 호의 사업 수행과 관련된 사항으로 한정한다.

제70조의10【지도·감독 등】 ① 식품의약품안전처장은 주관기관에 대하여 감독상 필요한 때에는 그 업무에 관한 사항을 보고하게 하거나 자료의 제출, 그 밖에 필요한 명령을 할 수 있다. 다만, 제70조의8제1항에 따라 지정된 주관기관에 대한 지도·감독은 같은 항 각 호의 사업 수행과 관련된 사항으로 한정한다.
② 주관기관에 대한 지도·감독에 관하여 그 밖에 필요한 사항은 총리령으로 정한다.

제11장 시정명령과 허가취소 등 행정 제재

제71조【시정명령】 ① 식품의약품안전처장, 시·도지사 또는 시장·군수·구청장은 제3조에 따른 식품등의 위생적 취급에 관한 기준에 맞지 아니하게 영업하는 자와 이

법을 지키지 아니하는 자에게는 필요한 시정을 명하여야 한다.(2013.3.23 본항개정)
② 식품의약품안전처장, 시·도지사 또는 시장·군수·구청장은 제1항의 시정명령을 한 경우에는 그 영업을 관할하는 관서의 장에게 그 내용을 통보하여 시정명령이 이행되도록 협조를 요청할 수 있다.(2013.3.23 본항개정)
③ 제2항에 따라 요청을 받은 관계 기관의 장은 정당한 사유가 없으면 이에 응하여야 하며, 그 조치결과를 지체 없이 요청한 기관의 장에게 통보하여야 한다.
(2011.6.7 본항신설)

제72조【폐기처분 등】 ① 식품의약품안전처장, 시·도지사 또는 시장·군수·구청장은 영업자(「수입식품안전관리 특별법」 제15조에 따라 등록한 수입식품등 수입·판매업자를 포함한다. 이하 이 조에서 같다)가 제4조부터 제6조까지, 제7조제4항, 제8조, 제9조제4항, 제9조의3, 제12조의2제2항 또는 제44조제1항제3호를 위반한 경우에는 관계 공무원에게 그 식품등을 압류 또는 폐기하게 하거나 용도·처리방법 등을 정하여 영업자에게 위해를 없애는 조치를 하도록 명하여야 한다.(2022.6.10 본항개정)
② 식품의약품안전처장, 시·도지사 또는 시장·군수·구청장은 제37조제1항, 제4항 또는 제5항을 위반하여 허가받지 아니하거나 신고 또는 등록하지 아니하고 제조·가공·조리한 식품 또는 식품첨가물이나 여기에 사용한 기구 또는 용기·포장 등을 관계 공무원에게 압류하거나 폐기하게 할 수 있다.(2013.3.23 본항개정)
③ 식품의약품안전처장, 시·도지사 또는 시장·군수·구청장은 식품위생상의 위해가 발생하였거나 발생할 우려가 있는 경우에는 영업자에게 유통 중인 해당 식품등을 회수·폐기하게 하거나 해당 식품등의 원료, 제조 방법, 성분 또는 그 배합 비율을 변경할 것을 명할 수 있다.
(2013.3.23 본항개정)
④ 제1항 및 제2항에 따른 압류나 폐기를 하는 공무원은 그 권한을 표시하는 증표 및 조사기간, 조사범위, 조사담당자, 관계 법령 등 대통령령으로 정하는 사항이 기재된 서류를 지니고 이를 관계인에게 내보여야 한다.
(2016.2.3 본항개정)
⑤ 제1항 및 제2항에 따른 압류 또는 폐기에 필요한 사항과 제3항에 따른 회수·폐기 대상 식품등의 기준 등은 총리령으로 정한다.(2013.3.23 본항개정)
⑥ 식품의약품안전처장, 시·도지사 및 시장·군수·구청장은 제1항에 따라 폐기처분명령을 받은 자가 그 명령을 이행하지 아니하는 경우에는 「행정대집행법」에 따라 대집행을 하고 그 비용을 명령위반자로부터 징수할 수 있다.(2013.3.23 본항개정)

제73조【위해식품등의 공표】 ① 식품의약품안전처장, 시·도지사 또는 시장·군수·구청장은 다음 각 호의 어느 하나에 해당되는 경우에는 해당 영업자에 대하여 그 사실의 공표를 명할 수 있다. 다만, 식품위생에 관한 위해가 발생한 경우에는 공표를 명하여야 한다.
(2013.3.23 본문개정)
1. 제4조부터 제6조까지, 제7조제4항, 제8조, 제9조제4항 또는 제9조의3 등을 위반하여 식품위생에 관한 위해가 발생하였다고 인정되는 때(2022.6.10 본호개정)
2. 제45조제1항 또는 「식품 등의 표시·광고에 관한 법률」 제15조제2항에 따른 회수계획을 보고받은 때
(2018.3.13 본호개정)
② 제1항에 따른 공표방법 등 공표에 관하여 필요한 사항은 대통령령으로 정한다.

제74조【시설 개수명령 등】 ① 식품의약품안전처장, 시·도지사 또는 시장·군수·구청장은 영업시설이 제36조에 따른 시설기준에 맞지 아니한 경우에는 기간을 정하여 그 영업자에게 시설을 개수(改修)할 것을 명할 수 있다.(2013.3.23 본항개정)
② 건축물의 소유자와 영업자 등이 다른 경우 건축물의 소유자는 제1항에 따른 시설 개수명령을 받은 영업자 등이 시설을 개수하는 데에 최대한 협조하여야 한다.

제75조【허가취소 등】 ① 식품의약품안전처장 또는 특별자치시장·특별자치도지사·시장·군수·구청장은 영업자가 다음 각 호의 어느 하나에 해당하는 경우에는 대통령령으로 정하는 바에 따라 영업허가 또는 등록을 취소하거나 6개월 이내의 기간을 정하여 그 영업의 전부 또는 일부를 정지하거나 영업소 폐쇄(제37조제4항에 따라 신고한 영업만 해당한다. 이하 이 조에서 같다)를 명할 수 있다. 다만, 식품접객영업자가 제13조(제44조제2항에 관한 부분만 해당한다)를 위반한 경우로서 청소년의 신분증 위조·변조 또는 도용으로 식품접객영업자가 청소년인 사실을 알지 못하였거나 폭행 또는 협박으로 청소년임을 확인하지 못한 사정이 인정되는 경우에는 대통령령으로 정하는 바에 따라 해당 행정처분을 면제할 수 있다.(2018.12.11 단서신설)
1. 제4조부터 제6조까지, 제7조제4항, 제8조, 제9조제4항, 제9조의3 또는 제12조의2제2항을 위반한 경우
(2022.6.10 본호개정)
2. (2018.3.13 삭제)
3. 제17조제4항을 위반한 경우
4. 제22조제1항(제22조의3에 따라 비대면으로 실시하는 경우를 포함한다)에 따른 출입·검사·수거를 거부·방해·기피한 경우(2024.1.2 본호개정)
4의2. (2015.2.3 삭제)
5. 제31조제1항 및 제3항을 위반한 경우(2016.2.3 본호개정)
6. 제36조를 위반한 경우
7. 제37조제1항 후단, 제3항, 제4항 후단을 위반하거나 같은 조 제2항에 따른 조건을 위반한 경우(2018.12.11 본호개정)
7의2. 제37조제5항에 따른 변경 등록을 하지 아니하거나 같은 항 단서를 위반한 경우(2011.6.7 본호신설)
8. 제38조제1항제8호에 해당하는 경우
9. 제40조제3항을 위반한 경우
10. 제41조제5항을 위반한 경우
10의2. 제41조의2제1항을 위반한 경우(2020.12.29 본호신설)
11. (2016.2.3 삭제)
12. 제43조에 따른 영업 제한을 위반한 경우
13. 제44조제1항·제2항 및 제4항을 위반한 경우
14. 제45조제1항 전단에 따른 회수 조치를 하지 아니한 경우
14의2. 제45조제1항 후단에 따른 회수계획을 보고하지 아니하거나 거짓으로 보고한 경우(2011.6.7 본호신설)
14의3. 제46조의2제1항에 따른 보고를 하지 아니하거나 거짓으로 보고한 경우(2024.1.2 본호신설 : 2025.1.3 시행)
15. 제48조제2항에 따른 식품안전관리인증기준을 지키지 아니한 경우(2014.5.28 본호개정)
15의2. 제49조제1항 단서에 따른 식품이력추적관리를 등록하지 아니한 경우(2013.7.30 본호신설)
16. 제51조제1항을 위반한 경우(2011.6.7 본호개정)
17. 제71조제1항, 제72조제1항·제3항, 제73조제1항 또는 제74조제1항(제88조에 따라 준용되는 제71조제1항, 제72조제1항·제3항 또는 제74조제1항을 포함한다)에 따른 명령을 위반한 경우
18. 제72조제1항·제2항에 따른 압류·폐기를 거부·방해·기피한 경우(2019.4.30 본호신설)
19. 「성매매알선 등 행위의 처벌에 관한 법률」 제4조에 따른 금지행위를 한 경우
20. 「마약류 관리에 관한 법률」 제3조제11호에 따른 행위를 하거나 이를 교사·방조한 경우(2024.2.6 본호신설)
② 식품의약품안전처장 또는 특별자치시장·특별자치도지사·시장·군수·구청장은 영업자가 제1항에 따른 영업정지 명령을 위반하여 영업을 계속하면 영업허가 또는 등록을 취소하거나 영업소 폐쇄를 명할 수 있다.
(2016.2.3 본항개정)
③ 식품의약품안전처장 또는 특별자치시장·특별자치도지사·시장·군수·구청장은 다음 각 호의 어느 하나에 해당하는 경우에는 영업허가 또는 등록을 취소하거나 영업소 폐쇄를 명할 수 있다.(2016.2.3 본문개정)
1. 영업자가 정당한 사유 없이 6개월 이상 계속 휴업하는 경우
2. 영업자(제37조제1항에 따라 영업허가를 받은 자만 해당한다)가 사실상 폐업하여 「부가가치세법」 제8조에 따라 관할세무서장에게 폐업신고를 하거나 관할세무서장이 사업자등록을 말소한 경우(2013.6.7 본호개정)
④ 식품의약품안전처장 또는 특별자치시장·특별자치도지사·시장·군수·구청장은 제3항제2호의 사유로 영업허가를 취소하기 위하여 필요한 경우 관할 세무서장에게 영업자의 폐업여부에 대한 정보 제공을 요청할 수 있다. 이 경우 요청을 받은 관할 세무서장은 「전자정부법」 제39조에 따라 영업자의 폐업여부에 대한 정보를 제공한다.
(2016.2.3 전단개정)
⑤ 제1항 및 제2항에 따른 행정처분의 세부기준은 그 위반 행위의 유형과 위반 정도 등을 고려하여 총리령으로 정한다.(2013.3.23 본항개정)

제76조【품목 제조정지 등】 ① 식품의약품안전처장 또는 특별자치시장·특별자치도지사·시장·군수·구청장은 영업자가 다음 각 호의 어느 하나에 해당하면 대통령령으로 정하는 바에 따라 해당 품목 또는 품목류(제7조 또는 제9조에 따라 정하여진 식품등의 기준 및 규격 중 동일한 기준 및 규격을 적용받아 제조·가공되는 모든 품목을 말한다. 이하 같다)에 대하여 기간을 정하여 6개월 이내의 제조정지를 명할 수 있다.(2016.2.3 본문개정)
1. 제7조제4항을 위반한 경우
2. 제9조제4항을 위반한 경우
3. (2018.3.13 삭제)
3의2. 제12조의2제2항을 위반한 경우(2011.6.7 본호신설)
4. (2018.3.13 삭제)
5. 제31조제1항을 위반한 경우
② 제1항에 따른 행정처분의 세부기준은 그 위반 행위의 유형과 위반 정도 등을 고려하여 총리령으로 정한다.
(2013.3.23 본항개정)

제77조【영업허가 등의 취소 요청】 ① 식품의약품안전처장은 「축산물위생관리법」, 「수산업법」, 「양식산업발전법」 또는 「주류 면허 등에 관한 법률」에 따라 허가 또는 면허를 받은 자가 제4조부터 제6조까지 또는 제7조제4항을 위반한 경우에는 해당 허가 또는 면허 업무를 관할하는 중앙행정기관의 장에게 다음 각 호의 조치를 하도록 요청할 수 있다. 다만, 주류(酒類)는 「보건범죄단속에 관한 특별조치법」 제8조에 따른 유해 등의 기준에 해당하는 경우로 한정한다.(2020.12.29 본문개정)
1. 허가 또는 면허의 전부 또는 일부 취소
2. 일정 기간의 영업정지
3. 그 밖에 위생상 필요한 조치
② 제1항에 따라 영업허가 등의 취소 요청을 받은 관계 중앙행정기관의 장은 정당한 사유가 없으면 이에 따라야 하며, 그 조치결과를 지체 없이 식품의약품안전처장에게 통보하여야 한다.(2013.3.23 본항개정)

제78조【행정 제재처분 효과의 승계】 영업자가 영업을 양도하거나 법인이 합병되는 경우에는 제75조제1항 각 호, 같은 조 제2항 또는 제76조제1항 각 호를 위반한 사유로 종전의 영업자에게 행한 행정 제재처분의 효과는 그 처분기간이 끝난 날부터 1년간 양수인이나 합병 후 존속하는 법인에 승계되며, 행정 제재처분 절차가 진행 중인 경우에는 양수인이나 합병 후 존속하는 법인에 대하여 행정 제재처분 절차를 계속할 수 있다. 다만, 양수인이나 합병 후 존속하는 법인이 양수하거나 합병할 때에 그 처분 또는 위반사실을 알지 못하였음을 증명하는 때에는 그러하지 아니하다.

제79조【폐쇄조치 등】 ① 식품의약품안전처장, 시·도지사 또는 시장·군수·구청장은 제37조제1항, 제4항 또는 제5항을 위반하여 허가받지 아니하거나 신고 또는 등록하지 아니하고 영업을 하는 경우 또는 제75조제1항 또는 제2항에 따라 허가 또는 등록이 취소되거나 영업소 폐쇄명령을 받은 후에도 계속하여 영업을 하는 경우에는 해당 영업소를 폐쇄하기 위하여 관계 공무원에게 다음 각 호의 조치를 하게 할 수 있다.(2013.3.23 본문개정)
1. 해당 영업소의 간판 등 영업 표지물의 제거나 삭제
2. 해당 영업소가 적법한 영업소가 아님을 알리는 게시문 등의 부착
3. 해당 영업소의 시설물과 영업에 사용하는 기구 등을 사용할 수 없게 하는 봉인(封印)
② 식품의약품안전처장, 시·도지사 또는 시장·군수·구청장은 제1항제3호에 따라 봉인한 후 봉인을 계속할 필요가 없거나 해당 영업을 하는 자 또는 그 대리인이 해당 영업소 폐쇄를 약속하거나 그 밖의 정당한 사유를 들어 봉인의 해제를 요청하는 경우에는 봉인을 해제할 수 있다. 제1항제2호에 따른 게시문 등의 경우에도 또한 같다.(2013.3.23 전단개정)
③ 식품의약품안전처장, 시·도지사 또는 시장·군수·구청장은 제1항에 따른 조치를 하려면 해당 영업을 하는 자 또는 그 대리인에게 문서로 미리 알려야 한다. 다만, 급박한 사유가 있으면 그러하지 아니하다.
(2013.3.23 본문개정)
④ 제1항에 따른 조치는 그 영업을 할 수 없게 하는 데에 필요한 최소한의 범위에 그쳐야 한다.
⑤ 제1항의 경우에 관계 공무원은 그 권한을 표시하는 증표 및 조사기간, 조사범위, 조사담당자, 관계 법령 등 대통령령으로 정하는 사항이 기재된 서류를 지니고 이를 관계인에게 내보여야 한다.(2016.2.3 본항개정)

제80조【면허취소 등】 ① 식품의약품안전처장 또는 특별자치시장·특별자치도지사·시장·군수·구청장은 조리사가 다음 각 호의 어느 하나에 해당하면 그 면허를 취소하거나 6개월 이내의 기간을 정하여 업무정지를 명할 수 있다. 다만, 조리사가 제1호 또는 제5호에 해당할 경우 면허를 취소하여야 한다.(2016.2.3 본문개정)
1. 제54조 각 호의 어느 하나에 해당하게 된 경우
2. 제56조에 따른 교육을 받지 아니한 경우
3. 식중독이나 그 밖에 위생과 관련한 중대한 사고 발생에 직무상의 책임이 있는 경우
4. 면허를 타인에게 대여하여 사용하게 한 경우
5. 업무정지기간 중에 조리사의 업무를 하는 경우
(2010.3.26 본호개정)
② 제1항에 따른 행정처분의 세부기준은 그 위반 행위의 유형과 위반 정도 등을 고려하여 총리령으로 정한다.
(2013.3.23 본항개정)

제81조【청문】 식품의약품안전처장, 시·도지사 또는 시장·군수·구청장은 다음 각 호의 어느 하나에 해당하는 처분을 하려면 청문을 하여야 한다.(2013.3.23 본문개정)
1. (2015.2.3 삭제)
1의2. (2013.7.30 삭제)
2. 제48조제8항에 따른 식품안전관리인증기준적용업소의 인증취소(2014.5.28 본호개정)
2의2. 제48조의5제1항에 따른 교육훈련기관의 지정취소
(2020.12.29 본호신설)
3. 제75조제1항부터 제3항까지의 규정에 따른 영업허가 또는 등록의 취소나 영업소의 폐쇄명령(2011.6.7 본호개정)
4. 제80조제1항에 따른 면허의 취소

제82조【영업정지 등의 처분에 갈음하여 부과하는 과징금 처분】 ① 식품의약품안전처장, 시·도지사 또는 시장·군수·구청장은 영업자가 제75조제1항 각 호 또는 제76조제1항 각 호의 어느 하나에 해당하는 경우에는 대통령령으로 정하는 바에 따라 영업정지, 품목 제조정지 또는 품목류 제조정지 처분을 갈음하여 10억원 이하의 과징금을 부과할 수 있다. 다만, 제6조를 위반하여 제75조제1항에 해당하는 경우와 제4조, 제5조, 제7조, 제12조의2, 제37조, 제43조 및 제44조를 위반하여 제75조제1항 또는

제76조제1항에 해당하는 중대한 사항으로서 총리령으로 정하는 경우는 제외한다.(2018.3.13 단서개정)
② 제1항에 따른 과징금을 부과하는 위반 행위의 종류·정도 등에 따른 과징금의 금액과 그 밖에 필요한 사항은 대통령령으로 정한다.
③ 식품의약품안전처장, 시·도지사 또는 시장·군수·구청장은 과징금을 징수하기 위하여 필요한 경우에는 다음 각 호의 사항을 적은 문서로 관할 세무관서의 장에게 과세 정보 제공을 요청할 수 있다.(2013.3.23 본문개정)
1. 납세자의 인적 사항
2. 사용 목적
3. 과징금 부과기준이 되는 매출금액
④ 식품의약품안전처장, 시·도지사 또는 시장·군수·구청장은 제1항에 따른 과징금을 기한 내에 납부하지 아니하는 때에는 대통령령으로 정하는 바에 따라 제1항에 따른 과징금 부과처분을 취소하고 제75조제1항 또는 제76조제1항에 따른 영업정지 또는 제조정지 처분을 하거나 국세 체납처분의 예 또는 「지방행정제재·부과금의 징수 등에 관한 법률」에 따라 징수한다. 다만, 다음 각 호의 어느 하나에 해당하는 경우에는 국세 체납처분의 예 또는 「지방행정제재·부과금의 징수 등에 관한 법률」에 따라 징수한다.(2020.3.24 본문개정)
1. (2013.7.30 삭제)
2. 제37조제3항, 제4항 및 제5항에 따른 폐업 등으로 제75조제1항 또는 제76조제1항에 따른 영업정지 또는 제조정지 처분을 할 수 없는 경우(2011.6.7 본호개정)
⑤ 제1항 및 제4항 단서에 따라 징수한 과징금 중 식품의약품안전처장이 부과·징수한 과징금은 국가에 귀속되고, 시·도지사가 부과·징수한 과징금은 시·도의 식품진흥기금(제89조에 따른 식품진흥기금을 말한다. 이하 이 항에서 같다)에 귀속되며, 시장·군수·구청장이 부과·징수한 과징금은 시·도와 시·군·구의 식품진흥기금에 귀속된다. 이 경우 시·도 및 시·군·구에 귀속시키는 방법 등은 대통령령으로 정한다.(2013.3.23 전단개정)
⑥ 시·도지사는 제91조에 따라 제1항에 따른 과징금을 부과·징수할 권한을 시장·군수·구청장에게 위임한 경우에는 그에 필요한 경비를 대통령령으로 정하는 바에 따라 시장·군수·구청장에게 교부할 수 있다.
⑦ 식품의약품안전처장, 시·도지사 또는 시장·군수·구청장은 제4항에 따라 체납된 과징금의 징수를 위하여 다음 각 호의 어느 하나에 해당하는 자료 또는 정보를 해당 각 호의 자에게 각각 요청할 수 있다. 이 경우 요청을 받은 자는 정당한 사유가 없으면 그 요청에 따라야 한다.
1. 「건축법」 제38조에 따른 건축물대장 등본 : 국토교통부장관
2. 「공간정보의 구축 및 관리 등에 관한 법률」 제71조에 따른 토지대장 등본 : 국토교통부장관
3. 「자동차관리법」 제7조에 따른 자동차등록원부 등본 : 시·도지사
(2020.12.29 본항신설)

제83조 【위해식품등의 판매 등에 따른 과징금 부과 등】 ① 식품의약품안전처장, 시·도지사 또는 시장·군수·구청장은 위해식품등의 판매 등 금지에 관한 제4조부터 제6조까지의 규정 또는 제8조를 위반한 경우 다음 각 호의 어느 하나에 해당하는 자에 대하여 그가 해당 식품등을 판매한 금액의 2배 이하의 범위에서 과징금을 부과할 수 있다.(2024.1.23 본문개정)
1. 제4조제2호·제3호 및 제5호부터 제7호까지의 규정을 위반하여 제75조에 따라 영업정지 2개월 이상의 처분, 영업허가 및 등록의 취소 또는 영업소의 폐쇄명령을 받은 자(2011.6.7 본호개정)
2. 제5조, 제6조 또는 제8조를 위반하여 제75조에 따라 영업허가 및 등록의 취소 또는 영업소의 폐쇄명령을 받은 자(2011.6.7 본호개정)
3. (2018.3.13 삭제)
② 식품의약품안전처장, 시·도지사 또는 시장·군수·구청장은 제1항에 따른 과징금을 부과하는 경우 다음 각 호의 사항을 고려하여야 한다.
1. 위반행위의 내용 및 정도
2. 위반행위의 기간 및 횟수
3. 위반행위로 인하여 취득한 이익의 규모
(2024.1.23 본항신설)
③ 제1항 및 제2항에 따른 과징금의 산출금액은 대통령령으로 정하는 바에 따라 결정하여 부과한다.(2024.1.23 본항개정)
④ 제3항에 따라 부과된 과징금을 기한 내에 납부하지 아니하는 경우 또는 제37조제3항, 제4항 및 제5항에 따라 폐업한 경우에는 국세 체납처분의 예 또는 「지방행정제재·부과금의 징수 등에 관한 법률」에 따라 징수한다.(2024.1.23 본항개정)
⑤ 제1항에 따른 과징금 및 체납 과징금의 징수를 위한 정보·자료의 제공 요청, 부과·징수한 과징금의 귀속 및 귀속 비율과 징수 절차 등에 관하여는 제82조제3항 및 제5항부터 제7항까지의 규정을 준용한다.(2020.12.29 본항개정)

제84조 【위반사실 공표】 식품의약품안전처장, 시·도지사 또는 시장·군수·구청장은 제72조, 제75조, 제76조, 제79조, 제82조 또는 제83조에 따라 행정처분이 확정된 영업자에 대한 처분 내용, 해당 영업소와 식품등의 명칭 등 처분과 관련한 영업 정보를 대통령령으로 정하는 바에 따라 공표하여야 한다.(2013.3.23 본조개정)

제12장 보 칙

제85조 【국고 보조】 식품의약품안전처장은 예산의 범위에서 다음 경비의 전부 또는 일부를 보조할 수 있다.(2013.3.23 본문개정)
1. 제22조제1항(제88조에서 준용하는 경우를 포함한다)에 따른 수거에 드는 경비
2. (2013.7.30 삭제)
3. 조합에서 실시하는 교육훈련에 드는 경비
4. 제32조제1항에 따른 식품위생감시원과 제33조에 따른 소비자식품위생감시원 운영에 드는 경비
5. 정보원의 설립·운영에 드는 경비(2011.8.4 본호개정)
6. 제60조제6호에 따른 조사·연구 사업에 드는 경비
7. 제63조제1항(제66조에서 준용하는 경우를 포함한다)에 따른 조합 또는 협회의 자율지도원 운영에 드는 경비
8. 제72조(제88조에서 준용하는 경우를 포함한다)에 따른 폐기에 드는 경비

제86조 【식중독에 관한 조사 보고】 ① 다음 각 호의 어느 하나에 해당하는 자는 지체 없이 관할 특별자치시장·시장(「제주특별자치도 설치 및 국제자유도시 조성을 위한 특별법」에 따른 행정시장을 포함한다. 이하 이 조에서 같다)·군수·구청장에게 보고하여야 한다. 이 경우 의사나 한의사는 대통령령으로 정하는 바에 따라 식중독 환자나 식중독이 의심되는 자의 혈액 또는 배설물을 보관하는 데에 필요한 조치를 하여야 한다.
(2018.12.11 전단개정)
1. 식중독 환자나 식중독이 의심되는 자를 진단하였거나 그 사체를 검안(檢案)한 의사 또는 한의사
2. 집단급식소에서 제공한 식품등으로 인하여 식중독 환자나 식중독으로 의심되는 증세를 보이는 자를 발견한 집단급식소의 설치·운영자
② 특별자치시장·시장·군수·구청장은 제1항에 따른 보고를 받은 때에는 지체 없이 그 사실을 식품의약품안전처장 및 시·도지사(특별자치시장은 제외한다)에게 보고하고, 대통령령으로 정하는 바에 따라 원인을 조사하여 그 결과를 보고하여야 한다.(2018.12.11 본항개정)
③ 식품의약품안전처장은 제2항에 따른 보고의 내용이 국민 건강상 중대하다고 인정하는 경우에는 해당 시·도지사 또는 시장·군수·구청장과 합동으로 원인을 조사할 수 있다.(2022.6.10 본항개정)
④ 식품의약품안전처장은 식중독 발생의 원인을 규명하기 위하여 식중독 의심환자가 발생한 원인시설 등에 대한 조사절차와 시험·검사 등에 필요한 사항을 정할 수 있다.(2013.3.23 본항개정)

제87조 【식중독대책협의기구 설치】 ① 식품의약품안전처장은 식중독 발생의 효율적인 예방 및 확산방지를 위하여 교육부, 농림축산식품부, 보건복지부, 환경부, 해양수산부, 식품의약품안전처, 질병관리청, 시·도 등 유관기관으로 구성된 식중독대책협의기구를 설치·운영하여야 한다.(2020.8.11 본항개정)
② 제1항에 따른 식중독대책협의기구의 구성과 세부적인 운영사항 등은 대통령령으로 정한다.

제88조 【집단급식소】 ① 집단급식소를 설치·운영하려는 자는 총리령으로 정하는 바에 따라 특별자치시장·특별자치도지사·시장·군수·구청장에게 신고하여야 한다. 신고한 사항 중 총리령으로 정하는 사항을 변경하려는 경우에도 또한 같다.(2018.12.11 후단신설)
② 집단급식소를 설치·운영하는 자는 집단급식소 시설의 유지·관리 등 급식을 위생적으로 관리하기 위하여 다음 각 호의 사항을 지켜야 한다.
1. 식중독 환자가 발생하지 아니하도록 위생관리를 철저히 할 것
2. 조리·제공한 식품의 매회 1인분 분량을 총리령으로 정하는 바에 따라 144시간 이상 보관할 것
(2013.3.23 본호개정)
3. 영양사를 두고 있는 경우 그 업무를 방해하지 아니할 것
4. 영양사를 두고 있는 경우 영양사가 집단급식소의 위생관리를 위하여 요청하는 사항에 대하여는 정당한 사유가 없으면 따를 것
5. 「축산물 위생관리법」 제12조에 따라 검사를 받지 아니한 축산물 또는 실험 등의 용도로 사용한 동물을 음식물의 조리에 사용하지 말 것(2020.12.19 본호신설)
6. 「야생생물 보호 및 관리에 관한 법률」을 위반하여 포획·채취한 야생생물을 음식물의 조리에 사용하지 말 것(2020.12.19 본호신설)
7. 소비기한이 경과한 원재료 또는 완제품을 조리할 목적으로 보관하거나 이를 음식물의 조리에 사용하지 말 것
(2021.8.17 본호개정)
8. 수돗물이 아닌 지하수 등을 먹는 물 또는 식품의 조리·세척 등에 사용하는 경우에는 「먹는물관리법」 제43조에 따른 먹는물 수질검사기관에서 총리령으로 정하는 바에 따라 검사를 받아 마시기에 적합하다고 인정된 물을 사용할 것. 다만, 둘 이상의 업소가 같은 건물에서 같은 수원(水源)을 사용하는 경우에는 하나의 업소에 대한 시험결과로 나머지 업소에 대한 검사를 갈음할 수 있다.
9. 제15조제2항에 따라 위해평가가 완료되기 전까지 일시적으로 금지된 식품등을 사용·조리하지 말 것
10. 식중독 발생 시 보관 또는 사용 중인 식품은 역학조사가 완료될 때까지 폐기하거나 소독 등으로 현장을 훼손하여서는 아니 되고 원상태로 보존하여야 하며, 식중독 원인규명을 위한 행위를 방해하지 말 것
(2020.12.29 8호~10호신설)
11. 그 밖에 식품등의 위생적 관리를 위하여 필요하다고 총리령으로 정하는 사항을 지킬 것(2013.3.23 본호개정)
③ 집단급식소에 관하여는 제3조부터 제6조까지, 제7조제4항, 제8조, 제9조제4항, 제9조의3, 제22조, 제37조제7항·제9항, 제39조, 제40조, 제41조, 제48조, 제71조, 제72조 및 제74조를 준용한다.(2022.6.10 본항개정)
④ 특별자치시장·특별자치도지사·시장·군수·구청장은 제1항에 따른 신고 또는 변경신고를 받은 날부터 3일 이내에 신고수리 여부를 신고인에게 통지하여야 한다.
(2018.12.11 본항신설)
⑤ 특별자치시장·특별자치도지사·시장·군수·구청장이 제4항에서 정한 기간 내에 신고수리 여부 또는 민원 처리 관련 법령에 따른 처리기간의 연장을 신고인에게 통지하지 아니하면 그 기간(민원 처리 관련 법령에 따라 처리기간이 연장 또는 재연장된 경우에는 해당 처리기간을 말한다)이 끝난 날의 다음 날에 신고를 수리한 것으로 본다.(2018.12.11 본항신설)
⑥ 제1항에 따라 신고한 자가 집단급식소 운영을 종료하려는 경우에는 특별자치시장·특별자치도지사·시장·군수·구청장에게 신고하여야 한다.(2018.12.11 본항신설)
⑦ 집단급식소의 시설기준과 그 밖의 운영에 관한 사항은 총리령으로 정한다.(2013.3.23 본항개정)

제89조 【식품진흥기금】 ① 식품위생과 국민의 영양수준 향상을 위한 사업을 하는 데에 필요한 재원에 충당하기 위하여 시·도 및 시·군·구에 식품진흥기금(이하 "기금"이라 한다)을 설치한다.
② 기금은 다음 각 호의 재원으로 조성한다.
1. 식품위생단체의 출연금
2. 제82조, 제83조 및 「건강기능식품에 관한 법률」 제37조, 「식품 등의 표시·광고에 관한 법률」 제19조 및 제20조에 따라 징수한 과징금(2018.3.13 본호개정)
3. 기금 운용으로 생기는 수익금
4. 그 밖에 대통령령으로 정하는 수입금
③ 기금은 다음 각 호의 사업에 사용한다.
1. 영업자(「건강기능식품에 관한 법률」에 따른 영업자를 포함한다)의 위생관리시설 및 위생설비시설 개선을 위한 융자 사업
2. 식품위생에 관한 교육·홍보 사업(소비자단체의 교육·홍보 지원을 포함한다)과 소비자식품위생감시원의 교육·활동 지원
3. 식품위생과 「국민영양관리법」에 따른 영양관리(이하 "영양관리"라 한다)에 관한 조사·연구 사업
(2010.3.26 본호개정)
4. 제90조에 따른 포상금 지급 지원
4의2. 「공익신고자 보호법」 제29조제2항에 따라 지방자치단체가 부담하는 보상금(이 법 및 「건강기능식품에 관한 법률」 위반행위에 관한 신고를 원인으로 한 보상금에 한정한다) 상환액의 지원(2016.12.2 본호신설)
5. 식품위생에 관한 교육·연구 기관의 육성 및 지원
6. 음식문화의 개선과 좋은 식단 실천을 위한 사업 지원
7. 집단급식소(위탁에 의하여 운영되는 집단급식소만 해당한다)의 급식시설 개수·보수를 위한 융자 사업
7의2. 제47조의2에 따른 식품접객업소의 위생등급 지정 사업 지원(2015.5.18 본호신설)
8. 그 밖에 대통령령으로 정하는 식품위생, 영양관리, 식품산업 진흥 및 건강기능식품에 관한 사업
(2010.3.26 본호개정)
④ 기금은 시·도지사 및 시장·군수·구청장이 관리·운용하되, 그에 필요한 사항은 대통령령으로 정한다.

제89조의2 【영업자 등에 대한 행정적·기술적 지원】 국가와 지방자치단체는 식품안전에 대한 영업자 등의 관리능력을 향상하기 위한 기반조성 및 역량 강화에 필요한 시책을 수립·시행하여야 하며, 이를 위한 재원을 마련하고 기술개발, 조사·연구 사업, 해외 정보의 제공 및 국제협력체계의 구축 등에 필요한 행정적·기술적 지원을 할 수 있다.(2020.12.29 본조신설)

제90조 【포상금 지급】 ① 식품의약품안전처장, 시·도지사 또는 시장·군수·구청장은 이 법에 위반되는 행위를 신고한 자에게 신고 내용별로 1천만원까지 포상금을 줄 수 있다.(2013.3.23 본항개정)
② 제1항에 따른 포상금 지급의 기준·방법 및 절차 등에 관하여 필요한 사항은 대통령령으로 정한다.

제90조의2 【정보공개】 ① 식품의약품안전처장은 보유·관리하고 있는 식품등의 안전에 관한 정보 중 국민이 알아야 할 필요가 있다고 인정하는 정보에 대하여는 「공공기관의 정보공개에 관한 법률」에서 허용하는 범위에서 이를 국민에게 제공하도록 노력하여야 한다.
(2013.3.23 본항개정)
② 제1항에 따라 제공되는 정보의 범위, 제공 방법 및 절차 등에 필요한 사항은 대통령령으로 정한다.
(2011.8.4 본조신설)

제90조의3【식품안전관리 업무 평가】 ① 식품의약품안전처장은 식품안전관리 업무 수행 실적이 우수한 시·도 또는 시·군·구에 표창 수여, 포상금 지급 등의 조치를 하기 위하여 시·도 및 시·군·구에서 수행하는 식품안전관리업무를 평가할 수 있다.
② 제1항에 따른 평가 기준·방법 등에 관하여 필요한 사항은 총리령으로 정한다.
(2016.2.3 본조신설)

제90조의4【벌칙 적용에서 공무원 의제】 안전성심사위원회 및 심의위원회의 위원 중 공무원이 아닌 사람은 「형법」 제129조부터 제132조까지의 규정을 적용할 때에는 공무원으로 본다.(2018.12.11 본조신설)

제91조【권한의 위임】 이 법에 따른 식품의약품안전처장의 권한은 대통령령으로 정하는 바에 따라 그 일부를 시·도지사, 식품의약품안전평가원장 또는 지방식품의약품안전청장에게, 시·도지사의 권한은 그 일부를 시장·군수·구청장 또는 보건소장에게 각각 위임할 수 있다.
(2018.12.11 본조개정)

제92조【수수료】 다음 각 호의 어느 하나에 해당하는 자는 총리령으로 정하는 수수료를 내야 한다.
(2013.3.23 본문개정)
1. 제7조제2항 또는 제9조제2항에 따른 기준과 규격의 인정을 신청하는 자(2016.2.3 본호신설)
1의2. 제7조의3제2항에 따른 농약 및 동물용 의약품의 잔류허용기준 설정을 요청하는 자(2013.7.30 본호신설)
1의3. (2018.3.13 삭제)
2. 제18조에 따른 안전성 심사를 받는 자(2016.2.3 본호개정)
3.~3의2. (2015.2.3 삭제)
3의3. 제23조제2항에 따른 재검사를 요청하는 자(2014.5.28 본호신설)
4. (2013.7.30 삭제)
5. 제37조에 따른 허가를 받거나 신고 또는 등록을 하는 자(2011.6.7 본호개정)
6. 제48조제3항(제88조에서 준용하는 경우를 포함한다)에 따른 식품안전관리인증기준적용업소 인증 또는 변경 인증을 신청하는 자(2016.12.2 본호개정)
6의2. 제48조의2제2항에 따른 식품안전관리인증기준적용업소 인증 유효기간의 연장신청을 하는 자(2016.12.2 본호신설)
7. 제49조제1항에 따른 식품이력추적관리를 위한 등록을 신청하는 자
8. 제53조에 따른 조리사 면허를 받는 자(2010.3.26 본호개정)
9. 제88조에 따른 집단급식소의 설치·운영을 신고하는 자

제13장 벌 칙

제93조【벌칙】 ① 다음 각 호의 어느 하나에 해당하는 질병에 걸린 동물을 사용하여 판매할 목적으로 식품 또는 식품첨가물을 제조·가공·수입 또는 조리한 자는 3년 이상의 징역에 처한다.(2011.6.7 본문개정)
1. 소해면상뇌증(狂牛病)
2. 탄저병
3. 가금 인플루엔자
② 다음 각 호의 어느 하나에 해당하는 원료 또는 성분 등을 사용하여 판매할 목적으로 식품 또는 식품첨가물을 제조·가공·수입 또는 조리한 자는 1년 이상의 징역에 처한다.(2011.6.7 본문개정)
1. 마황(麻黃)
2. 부자(附子)
3. 천오(川烏)
4. 초오(草烏)
5. 백부자(白附子)
6. 섬수(蟾酥)
7. 백선피(白鮮皮)
8. 사리풀
③ 제1항 및 제2항의 경우 제조·가공·수입·조리한 식품 또는 식품첨가물을 판매하였을 때에는 그 판매금액의 2배 이상 5배 이하에 해당하는 벌금을 병과(倂科)한다.
(2018.12.11 본항개정)
④ 제1항 또는 제2항의 죄로 형을 선고받고 그 형이 확정된 후 5년 이내에 다시 제1항 또는 제2항의 죄를 범한 자가 제3항에 해당하는 경우 제3항에서 정한 형의 2배까지 가중한다.(2013.7.30 본항신설)

제94조【벌칙】 ① 다음 각 호의 어느 하나에 해당하는 자는 10년 이하의 징역 또는 1억원 이하의 벌금에 처하거나 이를 병과할 수 있다.(2014.3.18 본문개정)
1. 제4조부터 제6조까지(제88조에서 준용하는 경우를 포함하고, 제93조제1항 및 제3항에 해당하는 경우는 제외한다)를 위반한 자
2. 제8조(제88조에서 준용하는 경우를 포함한다)를 위반한 자
2의2. (2018.3.13 삭제)
3. 제37조제1항을 위반한 자
② 제1항의 죄로 금고 이상의 형을 선고받고 그 형이 확정된 후 5년 이내에 다시 제1항의 죄를 범한 자는 1년 이상 10년 이하의 징역에 처한다.(2018.12.11 본항개정)
③ 제2항의 경우 그 해당 식품 또는 식품첨가물을 판매한 때에는 그 판매금액의 4배 이상 10배 이하에 해당하는 벌금을 병과한다.(2018.12.11 본항개정)

제95조【벌칙】 다음 각 호의 어느 하나에 해당하는 자는 5년 이하의 징역 또는 5천만원 이하의 벌금에 처하거나 이를 병과할 수 있다.
1. 제7조제4항(제88조에서 준용하는 경우를 포함한다), 제9조제4항(제88조에서 준용하는 경우를 포함한다) 또는 제9조의3(제88조에서 준용하는 경우를 포함한다)을 위반한 자(2022.6.10 본호개정)
2. (2013.7.30 삭제)
2의2. 제37조제5항을 위반한 자(2013.7.30 본호신설)
3. 제43조에 따른 영업 제한을 위반한 자
3의2. 제45조제1항 전단을 위반한 자(2016.2.3 본호신설)
4. 제72조제1항·제3항(제88조에서 준용하는 경우를 포함한다) 또는 제73조제1항에 따른 명령을 위반한 자
5. 제75조제1항에 따른 영업정지 명령을 위반하여 영업을 계속한 자(제37조제1항에 따른 영업허가를 받은 자만 해당한다)

제96조【벌칙】 제51조 또는 제52조를 위반한 자는 3년 이하의 징역 또는 3천만원 이하의 벌금에 처하거나 이를 병과할 수 있다.
<2023.3.23 헌법재판소 단순위헌결정으로 이 조 중 '제52조제2항을 위반한 자'에 관한 부분은 헌법에 위반>

제97조【벌칙】 다음 각 호의 어느 하나에 해당하는 자는 3년 이하의 징역 또는 3천만원 이하의 벌금에 처한다.
1. 제12조의2제2항, 제17조제4항, 제31조제1항·제3항, 제37조제3항·제4항, 제39조제3항, 제48조제2항·제10항, 제49조제1항 단서 또는 제55조를 위반한 자
(2018.3.13 본호개정)
2. 제22조제1항(제22조의3에 따라 비대면으로 실시하는 경우와 제88조에서 준용하는 경우를 포함한다) 또는 제72조제1항·제2항(제88조에서 준용하는 경우를 포함한다)에 따른 검사·출입·수거·압류·폐기를 거부·방해 또는 기피한 자(2024.1.2 본호개정)
3. (2015.2.3 삭제)
4. 제36조에 따른 시설기준을 갖추지 못한 영업자
5. 제37조제2항에 따른 조건을 갖추지 못한 영업자
6. 제44조제1항에 따라 영업자가 지켜야 할 사항을 지키지 아니한 자. 다만, 총리령으로 정하는 경미한 사항을 위반한 자는 제외한다.(2016.2.3 본문개정)
6의2. 제46조의2제1항을 위반하여 오염예방조치를 하지 아니한 자(2024.1.2 본호신설 : 2025.1.3 시행)
7. 제75조제1항에 따른 영업정지 명령을 위반하여 계속 영업한 자(제37조제4항 또는 제5항에 따라 영업신고 또는 등록을 한 자만 해당한다) 또는 같은 조 제1항 및 제2항에 따른 영업소 폐쇄명령을 위반하여 영업을 계속한 자(2011.6.7 본호개정)
8. 제76조제1항에 따른 제조정지 명령을 위반한 자
9. 제79조제1항에 따라 관계 공무원이 부착한 봉인 또는 게시문 등을 함부로 제거하거나 손상시킨 자
10. 제86조제2항·제3항에 따른 식중독 원인조사를 거부·방해 또는 기피한 자(2020.12.29 본호신설)

제98조【벌칙】 다음 각 호의 어느 하나에 해당하는 자는 1년 이하의 징역 또는 1천만원 이하의 벌금에 처한다.
(2014.3.18 본문개정)
1. 제44조제3항을 위반하여 접객행위를 하거나 다른 사람에게 그 행위를 알선한 자
2. 제46조제1항을 위반하여 소비자로부터 이물 발견의 신고를 접수하고 이를 거짓으로 보고한 자
3. 이물의 발견을 거짓으로 신고한 자
4. 제45조제1항 후단을 위반하여 보고를 하지 아니하거나 거짓으로 보고한 자(2011.6.7 본호신설)

제99조 (2013.7.30 삭제)

제100조【양벌규정】 법인의 대표자나 법인 또는 개인의 대리인, 사용인, 그 밖의 종업원이 그 법인 또는 개인의 업무에 관하여 제93조제3항 또는 제94조부터 제97조까지의 어느 하나에 해당하는 위반행위를 하면 그 행위자를 벌하는 외에 그 법인 또는 개인에게도 해당 조문의 벌금형을 과(科)하고, 제93조제1항의 위반행위를 하면 그 법인 또는 개인에 대하여도 1억5천만원 이하의 벌금에 처하며, 제93조제2항의 위반행위를 하면 그 법인 또는 개인에 대하여도 5천만원 이하의 벌금에 처한다. 다만, 법인 또는 개인이 그 위반행위를 방지하기 위하여 해당 업무에 관하여 상당한 주의와 감독을 게을리하지 아니한 경우에는 그러하지 아니하다.

제101조【과태료】 ① 다음 각 호의 어느 하나에 해당하는 자에게는 1천만원 이하의 과태료를 부과한다.
1. 제46조의2제2항에 따른 현장조사를 거부하거나 방해한 자(2024.1.2 본호신설 : 2025.1.3 시행)
2. 제86조제1항을 위반한 자
3. 제88조제1항 전단을 위반하여 신고하지 아니하거나 허위의 신고를 한 자
4. 제88조제2항을 위반한 자. 다만, 총리령으로 정하는 경미한 사항을 위반한 자는 제외한다.
(2020.12.29 본항신설)
② 다음 각 호의 어느 하나에 해당하는 자에게는 500만원 이하의 과태료를 부과한다.
1. 제3조를 위반한 자(2021.7.27 본호개정)
1의2. (2015.2.3 삭제)
1의3. 제19조의4제2항을 위반하여 검사기한 내에 검사를 받지 아니하거나 자료 등을 제출하지 아니한 영업자(2011.6.7 본호신설)
1의4. (2016.2.3 삭제)
2. (2015.3.27 삭제)
3. 제37조제6항을 위반하여 보고를 하지 아니하거나 허위의 보고를 한 자(2011.6.7 본호개정)
4. (2021.7.27 삭제)
5. (2011.6.7 삭제)
5의2. 제46조제1항을 위반하여 소비자로부터 이물 발견신고를 받고 보고하지 아니한 자(2021.7.27 본호신설)
6. 제48조제9항(제88조에서 준용하는 경우를 포함한다)을 위반한 자
7. (2021.7.27 삭제)
8. 제74조제1항(제88조에서 준용하는 경우를 포함한다)에 따른 명령에 위반한 자
9.~10. (2020.12.29 삭제)
③ 다음 각 호의 어느 하나에 해당하는 자에게는 300만원 이하의 과태료를 부과한다.
1. 제40조제1항 및 제3항(제88조에서 준용하는 경우를 포함한다)을 위반한 자(2021.7.27 본호신설)
1의2. 제41조의2제3항을 위반하여 위생관리책임자의 업무를 방해한 자
1의3. 제41조의2제4항에 따른 위생관리책임자 선임·해임 신고를 하지 아니한 자
1의4. 제41조의2제7항을 위반하여 직무 수행내역 등을 기록·보관하지 아니하거나 거짓으로 기록·보관한 자
1의5. 제41조의2제8항에 따른 교육을 받지 아니한 자
(2020.12.29 1호의2~1호의5신설)
2. (2021.7.27 삭제)
2의2. 제44조의2제1항을 위반하여 책임보험에 가입하지 아니한 자(2020.12.29 본호신설)
3. (2021.7.27 삭제)
4. 제49조제3항을 위반하여 식품이력추적관리 등록사항이 변경된 경우 변경사유가 발생한 날부터 1개월 이내에 신고하지 아니한 자
5. 제49조의3제4항을 위반하여 식품이력추적관리정보를 목적 외에 사용한 자(2014.5.28 본호신설)
6. 제88조제2항에 따라 집단급식소를 설치·운영하는 자가 지켜야 할 사항 중 총리령으로 정하는 경미한 사항을 지키지 아니한 자(2020.12.29 본호신설)
④ 다음 각 호의 어느 하나에 해당하는 자에게는 100만원 이하의 과태료를 부과한다.
1. 제41조제1항 및 제5항(제88조에서 준용하는 경우를 포함한다)을 위반한 자
2. 제42조제2항을 위반하여 보고를 하지 아니하거나 허위의 보고를 한 자
3. 제44조제1항에 따라 영업자가 지켜야 할 사항 중 총리령으로 정하는 경미한 사항을 지키지 아니한 자
4. 제56조제1항을 위반하여 교육을 받지 아니한 자
(2021.7.27 본항신설)
⑤ 제1항부터 제4항까지의 규정에 따른 과태료는 대통령령으로 정하는 바에 따라 식품의약품안전처장, 시·도지사 또는 시장·군수·구청장이 부과·징수한다.
(2021.7.27 본항개정)

제102조【과태료에 관한 규정 적용의 특례】 제101조의 과태료에 관한 규정을 적용하는 경우 제82조에 따라 과징금을 부과한 행위에 대하여는 과태료를 부과할 수 없다. 다만, 제82조제4항 본문에 따라 과징금 부과처분을 취소하고 영업정지 또는 제조정지 처분을 한 경우에는 그러하지 아니하다.

부 칙

제1조【시행일】 이 법은 공포 후 6개월이 경과한 날부터 시행한다. 다만, 부칙 제6조제12항(제11조제1항의 개정부분으로 한정한다)은 2010년 1월 1일부터 시행한다.

제2조【영업허가 등의 제한에 관한 적용례】 제38조제1항제6호 및 같은 조 제2항제5호의 개정규정은 법률 제7374호 식품위생법중개정법률의 시행일인 2005년 7월 28일 이후 최초로 위반행위를 한 영업자부터 적용한다.

제3조【집단급식소에 관한 적용례】 제88조제2항제2호의 개정규정은 이 법 시행 후 최초로 집단급식소에서 식품을 조리·제공하는 경우부터 적용한다.

제4조【처분 등에 관한 경과조치】 이 법 시행 당시 종전의 규정에 따라 행정기관이 행한 허가나 그 밖의 행정기관의 행위 또는 각종 신고나 그 밖의 행정기관에 대한 행위는 이 법에 따른 행정기관의 행위 또는 행정기관에 대한 행위로 본다.

제5조【벌칙이나 과태료에 관한 경과조치】 이 법 시행 전의 행위에 대하여 벌칙이나 과태료 규정을 적용할 때에는 종전의 규정을 따른다.

제6조【다른 법률의 개정】 ①~㉚ ※(해당 법령에 가제정리 하였음)

제7조【다른 법령과의 관계】 이 법 시행 당시 다른 법령에서 종전의 「식품위생법」의 규정을 인용한 경우 이 법 중 그에 해당하는 규정이 있으면 종전의 규정을 갈음하여 이 법의 해당 규정을 인용한 것으로 본다.

부 칙 (2015.3.27)

제1조【시행일】 이 법은 공포한 날부터 시행한다. 다만, 제34조, 제50조, 제97조 및 제101조의 개정규정은 공포 후 6개월이 경과한 날부터 시행한다.
제2조【벌칙이나 과태료에 관한 경과조치】 이 법 시행 전의 위반행위에 대하여 벌칙이나 과태료를 적용할 때에는 종전의 규정에 따른다.

부 칙 (2016.2.3 법14022호)

제1조【시행일】 이 법은 공포 후 6개월이 경과한 날부터 시행한다. 다만, 제12조의2의 개정규정은 공포 후 1년이 경과한 날부터 시행한다.
제2조【영업자의 회수에 관한 적용례】 제45조의 개정규정은 이 법 시행 이후 식품등을 제조·가공·소분·수입 또는 판매를 한 영업자부터 적용한다.
제3조【유전자재조합식품등의 표시에 관한 경과조치】 제12조의2의 개정규정 시행 전에 식품 또는 식품첨가물에 대하여 한 유전자재조합식품등의 표시는 같은 개정규정에 따라 식품 또는 식품첨가물에 대하여 한 유전자변형식품등의 표시로 본다.
제4조【유전자재조합식품등의 안전성 평가 등에 관한 경과조치】 ① 이 법 시행 전에 식품등에 대하여 받은 안전성 평가는 제18조제1항의 개정규정에 따라 받은 안전성 심사로 본다.
② 이 법 시행 당시 종전의 안전성평가자료심사위원회는 제18조제2항의 개정규정에 따른 안전성심사위원회로 본다.
제5조【인증 유효기간에 관한 경과조치】 이 법 시행 당시 종전의 규정에 따라 인증을 받은 식품안전관리인증기준적용업소의 유효기간은 제48조의2의 개정규정에도 불구하고 이 법 시행일부터 역산하여 인증을 받은 날이 3년 이상이 경과된 경우 4년, 2년 이상이 경과된 경우 5년, 2년 미만이 경과된 경우 6년으로 본다.
제6조【영업정지 등의 처분에 갈음하여 부과하는 과징금 처분에 관한 경과조치】 이 법 시행 전의 위반행위로 제75조제1항 각 호 또는 제76조제1항 각 호의 어느 하나에 해당하여 과징금을 부과하는 경우에는 제82조제1항 본문의 개정규정에도 불구하고 종전의 규정에 따른다.

부 칙 (2016.12.2)

제1조【시행일】 이 법은 공포한 날부터 시행한다.
제2조【보상금 상환에 관한 적용례】 제89조제3항의 개정규정은 이 법 시행 후 최초로 「공익신고자 보호법」 제29조제2항에 따라 지방자치단체가 국민권익위원회로부터 보상금 상환요청을 받은 경우부터 적용한다.
제3조【수수료에 관한 적용례】 제92조제6호·제6호의2의 개정규정은 이 법 시행 후 최초로 식품안전관리인증기준적용업소의 변경 인증 신청 또는 인증 유효기간의 연장신청을 하는 자부터 적용한다.

부 칙 (2017.12.19)

제1조【시행일】 이 법은 공포 후 6개월이 경과한 날부터 시행한다. 다만, 제44조제1항의 개정규정은 공포한 날부터 시행한다.
제2조【조합이 수행하는 공제사업에 관한 경과조치】 ① 이 법 시행 당시 종전의 제60조의2제1항에 따라 공제사업을 영위하는 조합은 같은 조 제5항의 개정규정에 따른 공제회가 설립되기 전까지는 같은 개정규정에 따른 공제회로 본다. 이 경우 이 법 시행 후 6개월 이내에 제60조의2제1항의 개정규정에 따라 식품의약품안전처장에게 공제회 설립인가를 받아야 한다.
② 이 법 시행 당시 종전의 제60조의2제1항에 따라 조합이 수행하는 공제사업과 관련된 모든 재산과 권리·의무는 제60조의2제5항의 개정규정에 따라 설립되는 공제회가 승계한다.
③ 조합의 공제사업과 관련하여 조합에 대하여 한 행위 및 조합이 한 행위는 각각 제60조의2제5항의 개정규정에 따라 설립되는 공제회에 대한 행위와 공제회의 행위로 본다.
④ 공제사업과 관련하여 조합에 출자한 조합원은 제60조의2제5항의 개정규정에 따라 설립되는 공제회에 출자한 공제회원으로 본다.
⑤ 공제사업과 관련하여 조합에 납부된 출자금은 제60조의2제5항의 개정규정에 따라 설립되는 공제회에 납부된 출자금으로 본다.

부 칙 (2018.3.13)

제1조【시행일】 이 법은 공포 후 1년이 경과한 날부터 시행한다.
제2조【식품등의 표시에 관한 경과조치】 이 법 시행일부터 2년 이내에 제조·가공·소분 또는 수입하는 식품등에 대하여는 제10조·제11조·제11조의2의 개정규정 및 「식품 등의 표시·광고에 관한 법률」에도 불구하고 종전의 제10조·제11조·제11조의2에 따른 식품등의 표시기준에 따라 표시할 수 있다. 이 경우 해당 식품등은 그 유통기한까지 판매하거나 판매할 목적으로 진열 또는 운반하거나 영업에 사용할 수 있다.
제3조【표시·광고의 심의에 관한 경과조치】 이 법 시행 전에 종전의 제12조의3 및 제12조의4에 따라 신청된 식품에 대한 표시·광고의 심의 및 이의신청에 관하여는 제12조의3 및 제12조의4의 개정규정 및 「식품 등의 표시·광고에 관한 법률」에도 불구하고 종전의 규정에 따른다.
제4조【행정처분 및 과징금의 부과·징수에 관한 경과조치】 이 법 시행 전의 식품등의 표시 또는 광고와 관련된 위반행위에 대한 행정처분 및 과징금의 부과·징수에 관하여는 종전의 규정에 따른다.
제5조【벌칙 및 과태료에 관한 경과조치】 이 법 시행 전의 식품등의 표시 또는 광고와 관련된 행위에 대한 벌칙 및 과태료의 적용에 관하여는 종전의 규정에 따른다.

부 칙 (2018.12.11)

제1조【시행일】 이 법은 공포 후 6개월이 경과한 날부터 시행한다. 다만, 제37조제10항부터 제13항까지, 제39조제4항부터 제6항까지, 제49조제8항부터 제10항까지, 제54조제1호, 제59조제4항부터 제7항까지, 제88조제1항 후단 및 제4항부터 제7항까지, 제101조제2항제9호의 개정규정은 공포 후 1개월이 경과한 날부터 시행한다.
제2조【영업허가 등에 관한 적용례】 제37조제10항부터 제13항까지, 제39조제4항·제5항, 제49조제8항·제9항, 제59조제4항부터 제6항까지, 제88조제1항 후단 및 제4항부터 제6항까지의 개정규정은 같은 개정규정 시행 후 인가, 허가 또는 등록을 신청하거나 신고를 하는 경우부터 적용한다.
제3조【식품접객영업자에 대한 행정처분의 면제에 관한 적용례】 제75조제1항 단서의 개정규정은 이 법 시행 후 최초로 제44조제2항을 위반하는 경우부터 적용한다.
제4조【행정처분에 관한 경과조치】 이 법 시행 전에 제37조제6항을 위반한 행위에 대한 행정처분에 관하여는 제75조제1항제7호의 개정규정에도 불구하고 종전의 규정에 따른다.

부 칙 (2019.1.15)

제1조【시행일】 이 법은 공포 후 6개월이 경과한 날부터 시행한다.
제2조【안전성심사위원회 위원 구성에 관한 경과조치】 ① 이 법 시행 후 위원을 임명 또는 위촉할 당시 제18조제3항 후단의 개정규정을 충족하지 못하는 경우에는 해당 개정규정의 요건이 충족될 때까지는 공무원이 아닌 위원을 위촉하여야 한다.
② 위원회의 위원 구성에 관하여는 제1항에 따라 제18조제3항 후단의 개정규정을 충족할 때까지는 종전의 규정에 따른다.
제3조【행정처분 등에 관한 경과조치】 이 법 시행 전에 특별시·광역시·도의 조례로 정한 영업 제한 사항을 위반한 행위에 대하여 행정처분 또는 행정처분을 갈음하여 부과하는 과징금 처분을 하는 경우에는 제43조의 개정규정에도 불구하고 종전의 규정에 따른다.
제4조【벌칙에 관한 경과조치】 이 법 시행 전에 특별시·광역시·도의 조례로 정한 영업 제한 사항을 위반한 행위에 대하여 벌칙을 적용하는 경우에는 제43조의 개정규정에도 불구하고 종전의 규정에 따른다.

부 칙 (2019.4.30)

제1조【시행일】 이 법은 공포 후 6개월이 경과한 날부터 시행한다. 다만, 제62조의 개정규정은 공포 후 3개월이 경과한 날부터 시행한다.
제2조【폐업신고 제한에 관한 적용례】 제37조제8항의 개정규정은 이 법 시행 후 최초로 이 법에 위반되는 행위를 한 경우부터 적용한다.
제3조【허가취소 등에 관한 적용례】 제75조제1항제4호 및 제18호의 개정규정은 이 법 시행 후 최초로 제22조제1항에 따른 출입·검사·수거 또는 제72조제1항·제2항에 따른 압류·폐기를 거부·방해·기피한 경우부터 적용한다.

부 칙 (2019.12.3)

제1조【시행일】 이 법은 2021년 1월 1일부터 시행한다.
제2조【신규 영업자의 식품위생교육에 관한 경과조치】 이 법 시행 당시 제41조제2항(제88조제3항에서 준용하는 경우를 포함한다)에 따라 식품위생교육을 받은 자는 제41조제6항의 개정규정에 따른 집합교육을 받은 것으로 본다.
제3조【다른 법률의 개정】 ※(해당 법령에 가제정리 하였음)

부 칙 (2020.8.11)

제1조【시행일】 이 법은 공포 후 1개월이 경과한 날부터 시행한다. 다만, 이 법 시행 전에 공포되었으나 시행일이 도래하지 아니한 법률을 개정한 부분은 각각 해당 법률의 시행일부터 시행한다.(이하 생략)

부 칙 (2020.12.29 법17761호)

제1조【시행일】 이 법은 2021년 1월 1일부터 시행한다.(이하 생략)

부 칙 (2020.12.29 법17809호)

제1조【시행일】 이 법은 공포 후 1년이 경과한 날부터 시행한다. 다만, 다음 각 호의 사항은 그 구분에 따른 날부터 시행한다.
1. 제38조·제48조·제48조의4·제48조의5·제81조·제88조제3항·제97조·제101조제1항·제2항 및 제3항제6호의 개정규정 : 공포 후 6개월이 경과한 날
2. 제2조제12호·제82조·제83조 및 제88조제2항의 개정규정 : 공포한 날
3. 제47조의2제10항의 개정규정 : 2021년 7월 1일
4. 법률 제16717호 식품위생법 일부개정법률 제41조의 개정규정 : 2021년 1월 1일
제2조【영업제한에 관한 적용례】 제38조제1항제4호 및 같은 조 제2항제3호의 개정규정은 이 법 시행 후 영업허가 또는 등록이 취소되거나 영업소가 폐쇄된 경우부터 적용한다.
제3조【교육훈련기관의 청문에 관한 적용례】 제81조제2호의2의 개정규정은 이 법 시행 이후 교육훈련기관에 대하여 지정취소 처분을 하는 경우부터 적용한다.
제4조【교육훈련기관의 지정에 관한 경과조치】 이 법 시행 당시 종전의 규정에 따라 제48조제5항에 따른 교육훈련을 실시하는 기관은 제48조의4제1항의 개정규정에 따라 교육훈련기관으로 지정받은 것으로 본다.
제5조【벌칙이나 과태료에 관한 경과조치】 이 법 시행 전의 위반행위에 대하여 벌칙이나 과태료를 적용할 때에는 종전의 규정에 따른다.

부 칙 (2021.7.27)

제1조【시행일】 이 법은 공포한 날부터 시행한다. 다만, 제31조의3의 개정규정은 공포 후 1년이 경과한 날부터 시행하고, 제56조의 개정규정은 2022년 1월 1일부터 시행한다.
제2조【자가품질검사의 확인검사에 관한 적용례】 제31조의3의 개정규정은 같은 개정규정 시행 당시 종전의 규정에 따라 자가품질검사를 위탁하여 실시한 영업자가 부적합으로 통보받은 검사 결과에 이의가 있는 경우에 대하여도 적용한다.
제3조【과태료에 관한 경과조치】 이 법 시행 전의 위반행위에 대하여 과태료를 부과할 때에는 종전의 규정에 따른다.

부 칙 (2021.8.17)

제1조【시행일】 이 법은 2023년 1월 1일부터 시행한다.(이하 생략)

부 칙 (2022.6.10)

이 법은 공포 후 6개월이 경과한 날부터 시행한다. 다만, 제1조, 제7조제1항, 제7조의2제1항·제2항, 제7조의5제2항, 제59조제1항, 제70조의7제1항 및 제86조제3항의 개정규정은 공포한 날부터 시행한다.

부 칙 (2024.1.2)

이 법은 공포한 날부터 시행한다. 다만, 제46조의2, 제75조제1항제14호의3, 제97조제6호의2 및 제101조제1항의 개정규정은 공포 후 1년이 경과한 날부터 시행한다.

부 칙 (2024.1.23)

제1조【시행일】 이 법은 공포 후 6개월이 경과한 날부터 시행한다.
제2조【경과조치】 이 법 시행 전의 위반행위에 대하여 위해식품등의 판매등에 따른 과징금을 부과할 때에는 제83조의 개정규정에도 불구하고 종전의 규정에 따른다.

부 칙 (2024.2.6)

이 법은 공포 후 6개월이 경과한 날부터 시행한다.

식품위생법 시행령

(2009년 8월 6일 전부개정대통령령 제21676호)

개정
2009.10. 8영21774호(농어업경영체육성및지원에관한법시) <중략>
2011.12.19영23380호
2012. 1. 6영23488호(민감정보고유식별정보)
2012. 2. 3영23619호
2012. 7. 4영23928호(위원회공정성일부개정령)
2012. 7.19영23962호(식품산업진흥법시)
2012.11.27영24202호
2013. 3.23영24454호(직제)
2013.10.16영24800호(축산물위생관리법시)
2013.12.30영25052호 2014. 1.28영25132호
2014. 1.28영25133호(축산물위생관리법시)
2014. 5.21영25357호(지방세외수입금의징수등에관한법시)
2014. 7.28영25529호(식품·의약품분야시험·검사등에관한법시)
2014.11.28영25792호
2014.12. 9영25840호(규제기한정비)
2015. 3.30영26180호
2015.12.22영26754호(수산업·어촌발전기본법시)
2015.12.30영26821호
2015.12.31영26844호(행정기관책임성강화)
2016. 1.22영26936호(수입식품안전관리특별법시)
2016. 7.26영27398호 2016.11.22영27609호
2017. 4.18영27997호 2017.12.12영28472호
2018. 5.15영28892호 2018.12.11영29368호
2018.12.24영29421호(규제기한설정)
2019. 3.14영29622호(식품등의표시·광고에관한법시)
2019. 5.21영29785호
2019. 6.25영29886호(전기통신사업법시)
2019. 7. 9영29973호
2020. 3.24영30545호(지방행정제재·부과금의징수등에관한법시)
2020. 9.11영31013호(직제)
2020.12. 1영31215호
2020.12.29영31337호(사법경찰관수사종결)
2021. 2. 2영31430호
2021. 2.17영31449호(주세법시)
2021. 2.19영31472호(수산식품산업의육성및지원에관한법시)
2021. 6.22영31823호 2021.12.30영32276호
2022. 6. 7영32686호(식품등의표시·광고에관한법시)
2022. 7.19영32814호
2023. 4.25영33434호(소상공인경제회복지원을위한일부개정령)
2023. 7.25영33647호
2023.12.12영33913호(행정법제혁신을위한일부개정법령등)

제1조【목적】 이 영은 「식품위생법」에서 위임된 사항과 그 시행에 필요한 사항을 규정함을 목적으로 한다.

제2조【집단급식소의 범위】 「식품위생법」(이하 "법"이라 한다) 제2조제12호에 따른 집단급식소는 1회 50명 이상에게 식사를 제공하는 급식소를 말한다.

제3조 (2019.3.14 삭제)

제4조【위해평가의 대상 등】 ① 법 제15조제1항에 따른 식품, 식품첨가물, 기구 또는 용기·포장(이하 "식품등"이라 한다)의 위해평가(이하 "위해평가"라 한다) 대상은 다음 각 호로 한다.
1. 국제식품규격위원회 등 국제기구 또는 외국 정부가 인체의 건강을 해칠 우려가 있다고 인정하여 판매하거나 판매할 목적으로 채취·제조·수입·가공·사용·조리·저장·소분(小分 : 완제품을 나누어 유통을 목적으로 재포장하는 것을 말한다. 이하 같다)·운반 또는 진열을 금지하거나 제한한 식품등
2. 국내외의 연구·검사기관에서 인체의 건강을 해칠 우려가 있는 원료 또는 성분 등이 검출된 식품등
3. 「소비자기본법」 제29조에 따라 등록한 소비자단체 또는 식품 관련 학회가 위해평가를 요청한 식품등으로서 법 제57조에 따른 식품위생심의위원회(이하 "심의위원회"라 한다)가 인체의 건강을 해칠 우려가 있다고 인정한 식품등
4. 새로운 원료·성분 또는 기술을 사용하여 생산·제조·조합되거나 안전성에 대한 기준 및 규격이 정하여지지 아니하여 인체의 건강을 해칠 우려가 있는 식품등

② 위해평가에서 평가하여야 할 위해요소는 다음 각 호의 요인으로 한다.
1. 잔류농약, 중금속, 식품첨가물, 잔류 동물용 의약품, 환경오염물질 및 제조·가공·조리과정에서 생성되는 물질 등 화학적 요인
2. 식품등의 형태 및 이물(異物) 등 물리적 요인
3. 식중독 유발 세균 등 미생물적 요인

③ 위해평가는 다음 각 호의 과정을 순서대로 거친다. 다만, 식품의약품안전처장이 현재의 기술수준이나 위해요소의 특성에 따라 따로 방법을 정한 경우에는 그에 따를 수 있다.(2013.3.23 단서개정)
1. 위해요소의 인체 내 독성을 확인하는 위험성 확인과정
2. 위해요소의 인체노출 허용량을 산출하는 위험성 결정과정
3. 위해요소가 인체에 노출된 양을 산출하는 노출평가과정
4. 위험성 확인과정, 위험성 결정과정 및 노출평가과정의 결과를 종합하여 해당 식품등이 건강에 미치는 영향을 판단하는 위해도(危害度) 결정과정

④ 심의위원회는 제3항 각 호에 따른 각 과정별 결과 등에 대하여 심의·의결하여야 한다. 다만, 해당 식품등에 대하여 국제식품규격위원회 등 국제기구 또는 국내외의 연구·검사기관에서 이미 위해평가를 실시하였거나 위해요소에 대한 과학적 시험·분석 자료가 있는 경우에는 심의·의결을 한 것으로 본다.

⑤ (2011.12.19 삭제)

⑥ 제1항부터 제4항까지의 규정에 따른 위해평가의 방법, 기준 및 절차 등에 관한 세부 사항은 식품의약품안전처장이 정하여 고시한다.(2013.3.23 본항개정)

제5조【위해평가에 관한 이해관계인의 범위】 법 제15조제4항에서 "대통령령으로 정하는 이해관계인"이란 법 제15조제2항에 따른 일시적 금지조치로 인하여 영업상의 불이익을 받았거나 받게 되는 영업자를 말한다.

제5조의2【위해평가 결과의 공표】 ① 식품의약품안전처장은 법 제15조의2제1항에 따라 위해평가의 결과를 인터넷 홈페이지, 신문, 방송 등을 통하여 공표할 수 있다.(2013.3.23 본항개정)

② 법 제15조의2제2항에서 "대통령령으로 정하는 공공기관"이란 「공공기관의 운영에 관한 법률」 제4조에 따른 공공기관을 말한다.

(2011.12.19 본조신설)

제6조【소비자 등의 위생검사등 요청】 ① 법 제16조제1항 각 호 외의 부분 본문에서 "대통령령으로 정하는 그 소속 기관의 장"이란 지방식품의약품안전청장을 말하고, "대통령령으로 정하는 일정 수 이상의 소비자"란 같은 영업소에 의하여 같은 피해를 입은 5명 이상의 소비자를 말한다.

② 법 제16조제1항에 따라 법 제22조에 따른 출입·검사·수거 등(이하 이 조에서 "위생검사등"이라 한다)을 요청하려는 자는 총리령으로 정하는 요청서를 식품의약품안전처장(지방식품의약품안전청장을 포함한다. 이하 이 조에서 같다), 특별시장·광역시장·특별자치시장·도지사·특별자치도지사(이하 "시·도지사"라 한다) 또는 시장·군수·구청장(자치구의 구청장을 말한다. 이하 같다)에게 제출하되, 소비자의 대표자, 「소비자기본법」 제29조에 따른 소비자단체의 장 또는 「식품·의약품분야 시험·검사 등에 관한 법률」 제6조에 따른 시험·검사기관의 장을 통하여 제출하여야 한다.(2016.7.26 본항개정)

③ 식품의약품안전처장, 시·도지사 또는 시장·군수·구청장은 법 제16조제2항에 따라 위생검사등의 결과를 알리는 경우에는 소비자의 대표자, 소비자단체의 장 또는 시험·검사기관의 장이 요청하는 방법으로 하되, 따로 정하지 아니한 경우에는 문서로 한다.(2014.7.28 본항개정)

(2014.1.28 본조개정)

제7조【위해식품등에 대한 긴급대응】 ① 법 제17조제1항제2호에서 "대통령령으로 정하는 경우"란 다음 각 호의 어느 하나에 해당하는 경우를 말한다.
1. 국내외에서 위해식품등의 섭취로 인하여 사상자가 발생한 경우
2. 국내외의 연구·검사기관에서 인체의 건강을 해칠 심각한 우려가 있는 원료 또는 성분이 식품등에서 검출된 경우
3. 법 제93조제1항에 따른 질병에 걸린 동물을 사용하였거나 같은 조 제2항에 따른 원료 또는 성분 등을 사용하여 제조·가공 또는 조리한 식품등이 발견된 경우

② 법 제17조제5항에서 "대통령령으로 정하는 이해관계인"이란 법 제17조제3항에 따른 금지조치로 인하여 영업상의 불이익을 받거나 받게 되는 영업자를 말한다.

③ 법 제17조제6항에 따라 해당 금지의 전부 또는 일부의 해제를 요청하려는 영업자는 총리령으로 정하는 해제 요청서를 식품의약품안전처장에게 제출하여야 한다.(2013.3.23 본항개정)

④ 제3항에 따른 해제 요청서를 받은 식품의약품안전처장은 검토 결과를 지체 없이 해당 요청자에게 알려야 한다.(2013.3.23 본항개정)

제8조【위해식품 긴급정보 발송】 ① 법 제17조제8항에서 "대통령령으로 정하는 요건에 해당하는 경우"란 제7조제1항 각 호의 어느 하나에 해당하는 경우를 말한다.

② 법 제17조제8항에서 "대통령령으로 정하는 방송사업자"란 「방송법 시행령」 제1조의2제1호의 지상파텔레비전방송사업자 및 같은 조 제2호의 지상파라디오방송사업자를 말한다.

③ 법 제17조제8항에서 "대통령령으로 정하는 기간통신사업자"란 「전기통신사업법」 제6조에 따라 기간통신사업의 등록을 한 자로서 주파수를 할당받아 제공하는 역무 중 이동전화 역무 또는 개인휴대통신 역무를 제공하는 자를 말한다.(2019.6.25 본항개정)

④ 법 제17조제8항에 따른 방송 및 송신의 구체적인 방법과 절차는 제2항 및 제3항에 따른 각각의 방송사업자 및 기간통신사업자가 자율적으로 결정한다.

제9조【유전자변형식품등의 안전성 심사】 법 제18조제1항에서 "최초로 유전자변형식품등을 수입하는 경우 등 대통령령으로 정하는 경우"란 다음 각 호의 어느 하나에 해당하는 경우를 말한다.
1. 최초로 유전자변형식품등[인위적으로 유전자를 재조합하거나 유전자를 구성하는 핵산을 세포나 세포 내 소기관으로 직접 주입하는 기술 또는 분류학에 따른 과(科)의 범위를 넘는 세포융합기술에 해당하는 생명공학기술을 활용하여 재배·육성된 농산물·축산물·수산물 등을 원재료로 하여 제조·가공한 식품 또는 식품첨가물을 말한다. 이하 이 조에서 같다]을 수입하거나 개발 또는 생산하는 경우(2019.7.9 본호개정)
2. 법 제18조에 따른 안전성 심사를 받은 후 10년이 지난 유전자변형식품등으로서 시중에 유통되어 판매되고 있는 경우
3. 그 밖에 법 제18조에 따른 안전성 심사를 받은 후 10년이 지나지 아니한 유전자변형식품등으로서 식품의약품안전처장이 새로운 위해요소가 발견되었다는 등의 사유로 인체의 건강을 해칠 우려가 있다고 인정하여 심의위원회의 심의를 거쳐 고시하는 경우

(2016.7.26 본조개정)

제10조【유전자변형식품등 안전성심사위원회의 구성·운영 등】 ①~③ (2019.7.9 삭제)

④ 법 제18조제2항에 따른 유전자변형식품등 안전성심사위원회(이하 "안전성심사위원회"라 한다)의 위원(공무원인 위원은 제외한다)이 궐위(闕位)된 경우 그 보궐위원의 임기는 전임위원 임기의 남은 기간으로 한다.(2019.7.9 본항개정)

⑤ 위원장은 안전성심사위원회를 대표하며, 안전성심사위원회의 업무를 총괄한다.(2016.7.26 본항개정)

⑥ 안전성심사위원회에 출석한 위원에게는 예산의 범위에서 수당과 여비를 지급할 수 있다. 다만, 공무원인 위원이 그 소관 업무와 직접 관련하여 출석하는 경우에는 그러하지 아니하다.(2016.7.26 본문개정)

⑦ 제4항부터 제6항까지, 제10조의2 및 제10조의3에서 규정한 사항 외에 안전성심사위원회의 운영에 필요한 사항은 안전성심사위원회의 의결을 거쳐 위원장이 정한다.(2019.7.9 본항개정)

(2016.7.26 본조제목개정)

제10조의2【위원의 제척·기피·회피】 ① 안전성심사위원회의 위원이 다음 각 호의 어느 하나에 해당하는 경우에는 안전성심사위원회의 심의·의결에서 제척(除斥)된다.(2016.7.26 본문개정)
1. 위원 또는 그 배우자나 배우자이었던 사람이 해당 안건의 당사자(당사자가 법인·단체 등인 경우에는 그 임원 또는 직원을 포함한다. 이하 이 호 및 제2호에서 같다)가 되거나 그 안건의 당사자와 공동권리자 또는 공동의무자인 경우
2. 위원이 해당 안건의 당사자와 친족이거나 친족이었던 경우
3. 위원 또는 위원이 속한 법인·단체 등이 해당 안건에 대하여 증언, 진술, 자문, 연구, 용역 또는 감정을 한 경우
4. 위원이나 위원이 속한 법인·단체 등이 해당 안건의 당사자의 대리인이거나 대리인이었던 경우
5. 위원이 해당 안건의 당사자인 법인·단체 등에 최근 3년 이내에 임원 또는 직원으로 재직하였던 경우

② 해당 안건의 당사자는 위원에게 공정한 심의·의결을 기대하기 어려운 사정이 있는 경우에는 안전성심사위원회에 기피 신청을 할 수 있고, 안전성심사위원회는 의결로 이를 결정한다. 이 경우 기피 신청의 대상인 위원은 그 의결에 참여하지 못한다.(2016.7.26 전단개정)

③ 위원이 제1항 각 호에 따른 제척 사유에 해당하는 경우에는 스스로 해당 안건의 심의·의결에서 회피(回避)하여야 한다.

(2012.7.4 본조신설)

제10조의3【위원의 해촉】 식품의약품안전처장은 위원이 다음 각 호의 어느 하나에 해당하는 경우에는 해당 위원을 해촉(解囑)할 수 있다.(2013.3.23 본문개정)
1. 심신장애로 인하여 직무를 수행할 수 없게 된 경우
2. 직무태만, 품위손상이나 그 밖의 사유로 인하여 위원으로 적합하지 아니하다고 인정되는 경우
3. 제10조의2제1항 각 호의 어느 하나에 해당하는 데에도 불구하고 회피하지 아니한 경우

(2012.7.4 본조신설)

제10조의4 (2016.1.22 삭제)

제11조【특정 식품등의 수입·판매 등 금지조치에 관한 이해관계인의 범위】 법 제21조제4항에서 "대통령령으로 정하는 이해관계인"이란 법 제21조제1항에 따른 금지조치로 인하여 영업상의 불이익을 받았거나 받게 되는 영업자를 말한다.

제12조【출입·검사·수거 등】 법 제22조제1항 각 호 외의 부분에서 "대통령령으로 정하는 그 소속 기관의 장"이란 지방식품의약품안전청장을 말한다.

제13조【행정응원의 절차 등】 ① 법 제22조제2항에 따라 식품의약품안전처장(지방식품의약품안전청장을 포함한다. 이하 이 조에서 같다)이 관계 행정기관의 장, 다른 관할구역의 시·도지사 또는 시장·군수·구청장에게 행정응원을 요청할 때에는 응원이 필요한 지역, 업무 수행의 내용, 위생점검반의 편성 및 운영에 관한 계획을 수립하여 통보하여야 한다.(2014.1.28 본항개정)

② 제1항에 따른 행정응원 업무를 수행하는 공무원은 식품의약품안전처장의 지휘·감독을 받는다.

③ 제1항에 따른 행정응원에 드는 비용은 식품의약품안전처장이 부담한다.

(2013.3.23 본조개정)

제13조의2【출입·검사·수거 등의 조치 시 제시하는 서류의 기재사항】 법 제22조제3항에서 "조사기간, 조사범위, 조사담당자, 관계 법령 등 대통령령으로 정하는 사항"이란 다음 각 호의 사항을 말한다.
1. 조사목적
2. 조사기간 및 대상
3. 조사의 범위 및 내용
4. 조사담당자의 성명 및 소속
5. 제출자료의 목록

6. 조사 관계 법령
7. 그 밖에 해당 조사에 필요한 사항
(2016.7.26 본조신설)
제14조【식품등의 재검사】 ① 법 제23조제1항에서 "대통령령으로 정하는 그 소속 기관의 장"이란 지방식품의약품안전청장을 말한다.
② 법 제23조제1항에 따라 식품의약품안전처장(지방식품의약품안전청장을 포함한다. 이하 이 조에서 같다), 시·도지사 또는 시장·군수·구청장은 해당 영업자에게 해당 검사에 적용한 검사방법, 검체의 채취·취급방법 및 검사 결과를 해당 검사성적서 또는 검사증명서가 작성된 날부터 7일 이내에 통보하여야 한다.
(2013.3.23 본항개정)
③~⑤ (2015.12.30 삭제)
제15조 (2014.7.28 삭제)
제16조【식품위생감시원의 자격 및 임명】 ① 법 제32조제1항에서 "대통령령으로 정하는 그 소속 기관"이란 지방식품의약품안전청을 말한다.
② 법 제32조제1항에 따른 식품위생감시원(이하 "식품위생감시원"이라 한다)은 식품의약품안전처장(지방식품의약품안전청장을 포함한다), 시·도지사 또는 시장·군수·구청장이 다음 각 호의 어느 하나에 해당하는 소속 공무원 중에서 임명한다.(2018.12.11 본문개정)
1. 위생사, 식품제조기술사(식품기술사·식품기사·식품산업기사·수산제조기술사·수산제조기사 및 수산제조산업기사를 말한다. 이하 같다) 또는 영양사
(2021.12.30 본호개정)
2. 「고등교육법」 제2조제1호 및 제4호에 따른 대학 또는 전문대학에서 의학·한의학·약학·한약학·수의학·축산학·축산가공학·수산제조학·농산제조학·농화학·화학·화학공학·식품가공학·식품화학·식품제조학·식품공학·식품과학·식품영양학·위생학·발효공학·미생물학·조리학·생물학 분야의 학과 또는 학부를 졸업한 사람 또는 이와 같은 수준 이상의 자격이 있는 사람(2021.12.30 본호개정)
3. 외국에서 위생사 또는 식품제조기사의 면허를 받거나 제2호와 같은 과정을 졸업한 것으로 식품의약품안전처장이 인정하는 사람(2021.12.30 본호개정)
4. 1년 이상 식품위생행정에 관한 사무에 종사한 경험이 있는 사람(2021.12.30 본호개정)
③ 식품의약품안전처장(지방식품의약품안전청장을 포함한다), 시·도지사 또는 시장·군수·구청장은 제2항 각 호의 요건에 해당하는 사람만으로는 식품위생감시원의 인력 확보가 곤란하다고 인정될 경우에는 식품위생행정에 종사하는 사람 중 소정의 교육을 2주 이상 받은 사람에 대하여 그 식품위생행정에 종사하는 기간 동안 식품위생감시원의 자격을 인정할 수 있다.(2021.12.30 본항개정)
제17조【식품위생감시원의 직무】 식품위생감시원의 직무는 다음 각 호와 같다.(2018.12.11 본문개정)
1. 식품등의 위생적인 취급에 관한 기준의 이행 지도
2. 수입·판매 또는 사용 등이 금지된 식품등의 취급 여부에 관한 단속
3. 「식품 등의 표시·광고에 관한 법률」 제4조부터 제8조까지의 규정에 따른 표시 또는 광고기준의 위반 여부에 관한 단속(2019.3.14 본호개정)
4. 출입·검사 및 검사에 필요한 식품등의 수거
5. 시설기준의 적합 여부의 확인·검사
6. 영업자 및 종업원의 건강진단 및 위생교육의 이행 여부의 확인·지도
7. 조리사 및 영양사의 법령 준수사항 이행 여부의 확인·지도
8. 행정처분의 이행 여부 확인
9. 식품등의 압류·폐기 등
10. 영업소의 폐쇄를 위한 간판 제거 등의 조치
11. 그 밖에 영업자의 법령 이행 여부에 관한 확인·지도
제17조의2【식품위생감시원의 교육】 ① 식품의약품안전처장, 시·도지사 또는 시장·군수·구청장은 식품위생감시원을 대상으로 제17조에 따른 직무 수행에 필요한 전문지식과 역량을 강화하는 교육 프로그램을 운영하여야 한다.
② 식품의약품안전처장, 시·도지사 또는 시장·군수·구청장은 제1항에 따른 교육 프로그램을 국내외 교육기관 등에 위탁하여 실시할 수 있다.
③ 식품위생감시원은 제1항에 따른 교육을 받아야 한다. 이 경우 교육의 방법·시간·내용 및 그 밖에 교육에 필요한 사항은 총리령으로 정한다.
(2018.12.11 본조신설)
제18조【소비자식품위생감시원의 자격 등】 ① 법 제33조제1항에서 "대통령령으로 정하는 그 소속 기관의 장"이란 지방식품의약품안전청장을 말한다.
② 법 제33조제1항에 따른 소비자식품위생감시원(이하 "소비자식품위생감시원"이라 한다)으로 위촉될 수 있는 자는 다음 각 호의 어느 하나에 해당하는 자로 한다.
1. 식품의약품안전처장이 정하여 고시하는 교육과정을 마친 자(2013.3.23 본호개정)
2. 제16조제2항 각 호의 어느 하나에 해당하는 자
③ 법 제33조제2항제4호에서 "대통령령으로 정하는 사항"이란 제17조에 따른 식품위생감시원의 직무 중 같은 조 제8호에 따른 행정처분의 이행 여부 확인을 지원하는 업무를 말한다.
④ 법 제33조제4항에 따라 식품의약품안전처장(지방식품의약품안전청장을 포함한다. 이하 제5항에서 같다), 시·도지사 또는 시장·군수·구청장은 소비자식품위생감시원에 대하여 반기(半期)마다 식품위생법령 및 위해식품등 식별 등에 관한 교육을 실시하고, 소비자식품위생감시원이 직무를 수행하기 전에 그 직무에 관한 교육을 실시하여야 한다.(2013.3.23 본항개정)
⑤ 식품의약품안전처장, 시·도지사 또는 시장·군수·구청장은 소비자식품위생감시원의 활동을 지원하기 위하여 예산 또는 법 제89조에 따른 식품진흥기금(이하 "기금"이라 한다)의 범위에서 식품의약품안전처장이 정하는 바에 따라 수당 등을 지급할 수 있다.
(2013.3.23 본항개정)
⑥ 법 제33조제6항에 따른 단독출입의 승인 절차와 그 밖에 소비자식품위생감시원의 운영에 필요한 사항은 식품의약품안전처장이 정하여 고시한다.(2013.3.23 본항개정)
⑦ 법 제33조제7항에서 "조사기간, 조사범위, 조사담당자 및 관계 법령 등 대통령령으로 정하는 사항"이란 다음 각 호의 사항을 말한다.
1. 조사목적
2. 조사기간 및 대상
3. 조사의 범위 및 내용
4. 소비자식품위생감시원의 성명 및 위촉기관
5. 소비자식품위생감시원의 소속 단체(단체에 소속된 경우만 해당한다)
6. 그 밖에 해당 조사에 필요한 사항
(2016.7.26 본항신설)
⑧ 법 제33조제7항에 따라 영업소를 단독으로 출입할 때 지니는 승인서 및 증표의 서식은 총리령으로 정한다.
(2013.3.23 본항개정)
제19조 (2015.12.30 삭제)
제20조【소비자 위생점검 참여 등】 ① 법 제35조제1항에서 "대통령령으로 정하는 영업자"란 다음 각 호의 영업자를 말한다.
1. 제21조제1호의 식품제조·가공업자
2. 제21조제3호의 식품첨가물제조업자
3. 제21조제5호나목6)의 기타 식품판매업자
4. 제21조제8호의 식품접객업자 중 법 제47조제1항에 따라 모범업소로 지정받은 영업자
② 법 제35조제3항에서 "대통령령으로 정하는 그 소속 기관의 장"이란 지방식품의약품안전청장을 말한다.
(2016.7.26 본항개정)
③ 제1항에 따른 영업자가 법 제35조제1항에 따라 위생관리 상태 점검을 신청하는 경우에는 1개월 이내에 위생점검을 하여야 한다. 이 경우 같은 업소에 대한 위생점검은 연 1회로 한정한다.
④ 제3항에 따른 위생점검 방법 및 절차는 총리령으로 정한다.(2013.3.23 본항개정)
제21조【영업의 종류】 법 제36조제1항 각 호에 따른 영업의 세부 종류와 그 범위는 다음 각 호와 같다.
(2023.7.25 본문개정)
1. 식품제조·가공업 : 식품을 제조·가공하는 영업
2. 즉석판매제조·가공업 : 총리령으로 정하는 식품을 제조·가공업소에서 직접 최종소비자에게 판매하는 영업
(2013.3.23 본호개정)
3. 식품첨가물제조업
   가. 감미료·착색료·표백제 등의 화학적 합성품을 제조·가공하는 영업
   나. 천연 물질로부터 유용한 성분을 추출하는 등의 방법으로 얻은 물질을 제조·가공하는 영업
   다. 식품첨가물의 혼합제제를 제조·가공하는 영업
   라. 기구 및 용기·포장을 살균·소독할 목적으로 사용되어 간접적으로 식품에 이행(移行)될 수 있는 물질을 제조·가공하는 영업
4. 식품운반업 : 직접 마실 수 있는 유산균음료(살균유산균음료를 포함한다)나 어류·조개류 및 그 가공품 등 부패·변질되기 쉬운 식품을 전문적으로 운반하는 영업. 다만, 해당 영업자의 영업소에서 판매할 목적으로 식품을 운반하는 경우와 해당 영업자가 제조·가공한 식품을 운반하는 경우는 제외한다.(2017.12.12 본문개정)
5. 식품소분·판매업
   가. 식품소분업 : 총리령으로 정하는 식품 또는 식품첨가물의 완제품을 나누어 유통할 목적으로 재포장·판매하는 영업(2013.3.23 본목개정)
   나. 식품판매업
      1) 식용얼음판매업 : 식용얼음을 전문적으로 판매하는 영업
      2) 식품자동판매기영업 : 식품을 자동판매기에 넣어 판매하는 영업. 다만, 소비기한이 1개월 이상인 완제품만을 자동판매기에 넣어 판매하는 경우는 제외한다.(2022.6.7 개정)
      3) 유통전문판매업 : 식품 또는 식품첨가물을 스스로 제조·가공하지 아니하고 제1호의 식품제조·가공업자 또는 제3호의 식품첨가물제조업자에게 의뢰하여 제조·가공한 식품 또는 식품첨가물을 자신의 상표로 유통·판매하는 영업(2011.3.30 개정)
      4) 집단급식소 식품판매업 : 집단급식소에 식품을 판매하는 영업
      5) (2016.1.22 삭제)
      6) 기타 식품판매업 : 1)부터 4)까지를 제외한 영업으로서 총리령으로 정하는 일정 규모 이상의 백화점, 슈퍼마켓, 연쇄점 등에서 식품을 판매하는 영업
      (2016.1.22 개정)
6. 식품보존업
   가. 식품조사처리업 : 방사선을 쬐어 식품의 보존성을 물리적으로 높이는 것을 업(業)으로 하는 영업
   나. 식품냉동·냉장업 : 식품을 얼리거나 차게 하여 보존하는 영업. 다만, 수산물의 냉동·냉장은 제외한다.
7. 용기·포장류제조업
   가. 용기·포장지제조업 : 식품 또는 식품첨가물을 넣거나 싸는 물품으로서 식품 또는 식품첨가물에 직접 접촉되는 용기(옹기류는 제외한다)·포장지를 제조하는 영업
   나. 옹기류제조업 : 식품을 제조·조리·저장할 목적으로 사용되는 독, 항아리, 뚝배기 등을 제조하는 영업
8. 식품접객업
   가. 휴게음식점영업 : 주로 다류(茶類), 아이스크림류 등을 조리·판매하거나 패스트푸드점, 분식점 형태의 영업 등 음식류를 조리·판매하는 영업으로서 음주행위가 허용되지 아니하는 영업. 다만, 편의점, 슈퍼마켓, 휴게소, 그 밖에 음식류를 판매하는 장소(만화가게 및 「게임산업진흥에 관한 법률」 제2조제7호에 따른 인터넷컴퓨터게임시설제공업을 하는 영업소 등 음식류를 부수적으로 판매하는 장소를 포함한다)에서 컵라면, 일회용 다류 또는 그 밖의 음식류에 물을 부어 주는 경우는 제외한다.(2013.12.30 단서개정)
   나. 일반음식점영업 : 음식류를 조리·판매하는 영업으로서 식사와 함께 부수적으로 음주행위가 허용되는 영업
   다. 단란주점영업 : 주로 주류를 조리·판매하는 영업으로서 손님이 노래를 부르는 행위가 허용되는 영업
   라. 유흥주점영업 : 주로 주류를 조리·판매하는 영업으로서 유흥종사자를 두거나 유흥시설을 설치할 수 있고 손님이 노래를 부르거나 춤을 추는 행위가 허용되는 영업
   마. 위탁급식영업 : 집단급식소를 설치·운영하는 자와의 계약에 따라 그 집단급식소에서 음식류를 조리하여 제공하는 영업
   바. 제과점영업 : 주로 빵, 떡, 과자 등을 제조·판매하는 영업으로서 음주행위가 허용되지 아니하는 영업
9. 공유주방 운영업 : 여러 영업자가 함께 사용하는 공유주방을 운영하는 영업(2021.12.30 본호신설)
제22조【유흥종사자의 범위】 ① 제21조제8호라목에서 "유흥종사자"란 손님과 함께 술을 마시거나 노래 또는 춤으로 손님의 유흥을 돋우는 부녀자인 유흥접객원을 말한다.
② 제21조제8호라목에서 "유흥시설"이란 유흥종사자 또는 손님이 춤을 출 수 있도록 설치한 무도장을 말한다.
제23조【허가를 받아야 하는 영업 및 허가관청】 법 제37조제1항 전단에 따라 허가를 받아야 하는 영업 및 해당 허가관청은 다음 각 호와 같다.
1. 제21조제6호가목의 식품조사처리업 : 식품의약품안전처장(2013.3.23 본호개정)
2. 제21조제8호다목의 단란주점영업과 같은 호 라목의 유흥주점영업 : 특별자치시장·특별자치도지사 또는 시장·군수·구청장(2016.7.26 본호개정)
제24조【허가를 받아야 하는 변경사항】 법 제37조제1항 후단에 따라 변경할 때 허가를 받아야 하는 사항은 영업소 소재지로 한다.
제25조【영업신고를 하여야 하는 업종】 ① 법 제37조제4항 전단에 따라 특별자치시장·특별자치도지사 또는 시장·군수·구청장에게 신고를 하여야 하는 영업은 다음 각 호와 같다.(2016.7.26 본문개정)
1. (2011.12.19 삭제)
2. 제21조제2호의 즉석판매제조·가공업
3. (2011.12.19 삭제)
4. 제21조제4호의 식품운반업
5. 제21조제5호의 식품소분·판매업
6. 제21조제6호나목의 식품냉동·냉장업
7. 제21조제7호의 용기·포장류제조업(자신의 제품을 포장하기 위하여 용기·포장류를 제조하는 경우는 제외한다)
8. 제21조제8호가목의 휴게음식점영업, 같은 호 나목의 일반음식점영업, 같은 호 마목의 위탁급식영업 및 같은 호 바목의 제과점영업
② 제1항에도 불구하고 다음 각 호의 어느 하나에 해당하는 경우에는 신고하지 아니한다.
1. 「양곡관리법」 제19조에 따른 양곡가공업 중 도정업을 하는 경우
2. 「수산식품산업의 육성 및 지원에 관한 법률」 제16조에 따라 수산물가공업〔수산동물유(水産動物油) 가공업, 냉동·냉장업 및 선상가공업만 해당한다〕의 신고를 하고 해당 영업을 하는 경우(2021.2.19 본호개정)
3. (2012.11.27 삭제)
4. 「축산물 위생관리법」 제22조에 따라 축산물가공업의 허가를 받아 해당 영업을 하거나 같은 법 제24조 및 같은 법 시행령 제21조제8호에 따라 식육즉석판매가공업 신고를 하고 해당 영업을 하는 경우(2014.1.28 본호개정)

5. 「건강기능식품에 관한 법률」 제5조 및 제6조에 따라 건강기능식품제조업 및 건강기능식품판매업의 영업허가를 받거나 영업신고를 하고 해당 영업을 하는 경우(2016.1.22 본호개정)
6. 식품첨가물이나 다른 원료를 사용하지 아니하고 농산물·임산물·수산물을 단순히 자르거나, 껍질을 벗기거나, 말리거나, 소금에 절이거나, 숙성하거나, 가열(살균의 목적 또는 성분의 현격한 변화를 유발하기 위한 목적의 경우는 제외한다. 이하 같다)하는 등의 가공과정 중 위생상 위해가 발생할 우려가 없고 식품의 상태를 관능검사(官能檢査)로 확인할 수 있도록 가공하는 경우. 다만, 다음 각 목의 어느 하나에 해당하는 경우는 제외한다.
가. 집단급식소에 식품을 판매하기 위하여 가공하는 경우
나. 식품의약품안전처장이 법 제7조제1항에 따라 기준과 규격을 정하여 고시한 신선편의식품(과일, 야채, 채소, 새싹 등을 식품첨가물이나 다른 원료를 사용하지 아니하고 단순히 자르거나, 껍질을 벗기거나, 말리거나, 소금에 절이거나, 숙성하거나, 가열하는 등의 가공과정을 거친 상태에서 따로 씻는 등의 과정 없이 그대로 먹을 수 있게 만든 식품을 말한다)을 판매하기 위하여 가공하는 경우(2013.3.23 본목개정)
7. 「농업·농촌 및 식품산업 기본법」 제3조제2호에 따른 농업인과 「수산업·어촌 발전 기본법」 제3조제3호에 따른 어업인 및 「농어업경영체 육성 및 지원에 관한 법률」 제16조에 따른 영농조합법인과 영어조합법인이 생산한 농산물·임산물·수산물을 집단급식소에 판매하는 경우. 다만, 다른 사람으로 하여금 생산하거나 판매하게 하는 경우는 제외한다.(2015.12.22 본문개정)

제26조 【신고를 하여야 하는 변경사항】 법 제37조제4항 후단에 따라 변경할 때 신고를 하여야 하는 사항은 다음 각 호와 같다.
1. 영업자의 성명(법인인 경우에는 그 대표자의 성명을 말한다)
2. 영업소의 명칭 또는 상호
3. 영업소의 소재지
4. 영업장의 면적
5. (2011.12.19 삭제)
6. 제21조제2호의 즉석판매제조·가공업을 하는 자가 같은 호에 따른 즉석판매제조·가공 대상 식품 중 식품의 유형을 달리하여 새로운 식품을 제조·가공하려는 경우(변경 전 식품의 유형 또는 변경하려는 식품의 유형이 법 제31조에 따른 자가품질검사 대상인 경우만 해당한다)(2011.3.30 본호개정)
7. (2011.12.19 삭제)
8. 제21조제4호의 식품운반업을 하는 자가 냉장·냉동차량을 증감하려는 경우
9. 제21조제5호나목2)의 식품자동판매기영업을 하는 자가 같은 특별자치시·시(「제주특별자치도 설치 및 국제자유도시 조성을 위한 특별법」에 따른 행정시를 포함한다)·군·구(자치구를 말한다. 이하 같다)에서 식품자동판매기의 설치 대수를 증감하려는 경우(2016.7.26 본호개정)

제26조의2 【등록하여야 하는 영업】 ① 법 제37조제5항 본문에 따라 특별자치시장·특별자치도지사 또는 시장·군수·구청장에게 등록하여야 하는 영업은 다음 각 호와 같다. 다만, 제1호에 따른 식품제조·가공업 중 「주세법」 제2조제1호의 주류를 제조하는 경우에는 식품의약품안전처장에게 등록하여야 한다.(2021.2.17 단서개정)
1. 제21조제1호의 식품제조·가공업
2. 제21조제3호의 식품첨가물제조업
3. 제21조제9호의 공유주방 운영업(2021.12.30 본호신설)
② 제1항에도 불구하고 다음 각 호의 어느 하나에 해당하는 경우에는 등록하지 아니한다.
1. 「양곡관리법」 제19조에 따른 양곡가공업 중 도정업을 하는 경우
2. 「수산식품산업의 육성 및 지원에 관한 법률」 제16조에 따라 수산물가공업(수산동물유 가공업, 냉동·냉장업 및 선상가공업만 해당한다)의 신고를 하고 해당 영업을 하는 경우(2021.2.19 본호개정)
3. (2012.11.27 삭제)
4. 「축산물 위생관리법」 제22조에 따라 축산물가공업의 허가를 받아 해당 영업을 하는 경우(2014.1.28 본호개정)
5. 「건강기능식품에 관한 법률」 제5조에 따라 건강기능식품제조업의 영업허가를 받아 해당 영업을 하는 경우
6. 식품첨가물이나 다른 원료를 사용하지 아니하고 농산물·임산물·수산물을 단순히 자르거나, 껍질을 벗기거나, 말리거나, 소금에 절이거나, 숙성하거나, 가열하는 등의 가공과정 중 위생상 위해가 발생할 우려가 없고 식품의 상태를 관능검사로 확인할 수 있도록 가공하는 경우. 다만, 다음 각 목의 어느 하나에 해당하는 경우는 제외한다.
가. 집단급식소에 식품을 판매하기 위하여 가공하는 경우
나. 식품의약품안전처장이 법 제7조제1항에 따라 기준과 규격을 정하여 고시한 신선편의식품(과일, 야채, 채소, 새싹 등을 식품첨가물이나 다른 원료를 사용하지 아니하고 단순히 자르거나, 껍질을 벗기거나, 말리거나, 소금에 절이거나, 숙성하거나, 가열하는 등의 가공과정을 거친 상태에서 따로 씻는 등의 과정 없이 그대로 먹을 수 있게 만든 식품을 말한다)을 판매하기 위하여 가공하는 경우(2013.3.23 본목개정)
(2011.12.19 본조신설)

제26조의3 【등록하여야 하는 변경사항】 법 제37조제5항 본문에 따라 변경할 때 등록하여야 하는 사항은 다음 각 호와 같다.
1. 영업소의 소재지
2. 제21조제1호의 식품제조·가공업을 하는 자가 추가로 시설을 갖추어 새로운 식품군(법 제7조제1항에 따라 식품의약품안전처장이 정하여 고시하는 식품의 기준 및 규격에 따른 식품군을 말한다)에 해당하는 식품을 제조·가공하려는 경우(2013.3.23 본호개정)
3. 제21조제3호의 식품첨가물제조업을 하는 자가 추가로 시설을 갖추어 새로운 식품첨가물(법 제7조제1항에 따라 식품의약품안전처장이 정하여 고시하는 식품의 기준 및 규격에 따른 식품첨가물을 말한다)을 제조하려는 경우(2013.3.23 본호개정)
4. 공유주방을 사용하는 영업의 종류(제21조제9호의 공유주방 운영업만 해당한다)(2021.12.30 본호신설)
(2011.12.19 본조신설)

제27조 【식품위생교육의 대상】 법 제41조제1항에서 "대통령령으로 정하는 영업자"란 다음 각 호의 영업자를 말한다.
1. 제21조제1호의 식품제조·가공업자
2. 제21조제2호의 즉석판매제조·가공업자
3. 제21조제3호의 식품첨가물제조업자
4. 제21조제4호의 식품운반업자
5. 제21조제5호의 식품소분·판매업자(식용얼음판매업자 및 식품자동판매기영업자는 제외한다)
6. 제21조제6호의 식품보존업자
7. 제21조제7호의 용기·포장류제조업자
8. 제21조제8호의 식품접객업자
9. 제21조제9호의 공유주방 운영업자(2021.12.30 본호신설)

제27조의2 【위생관리책임자의 자격기준】 법 제41조의2제1항에 따른 위생관리책임자(이하 "위생관리책임자"라 한다)는 다음 각 호의 어느 하나의 자격을 갖춘 사람이어야 한다.
1. 위생사, 식품제조기사 또는 영양사 자격을 갖춘 사람
2. 「고등교육법」 제2조제1호 및 제4호에 따른 대학 또는 전문대학에서 의학·한의학·약학·한약학·수의학·축산학·축산가공학·수산제조학·농산제조학·농화학·화학·화학공학·식품가공학·식품화학·식품제조학·식품공학·식품과학·식품영양학·위생학·발효공학·미생물학·조리학·생물학 분야의 학과 또는 학부를 졸업한 사람 또는 이와 같은 수준 이상의 자격이 있는 사람
3. 외국에서 위생사 또는 식품제조기사의 면허를 받거나 제2호와 같은 과정을 졸업한 것으로 식품의약품안전처장이 인정하는 사람
(2021.12.30 본조신설)

제28조 【영업의 제한 등】 법 제43조제2항에 따라 특별자치시·특별자치도·시·군·구의 조례로 영업을 제한하는 경우 영업시간의 제한은 1일당 8시간 이내로 하여야 한다.(2019.7.9 본조개정)

제29조 【준수사항 적용 대상 영업자의 범위】 ① 법 제44조제1항 각 호 외의 부분에서 "대통령령으로 정하는 영업자"란 다음 각 호의 영업자를 말한다.(2018.5.15 본문개정)
1. 제21조제1호의 식품제조·가공업자
2. 제21조제2호의 즉석판매제조·가공업자
3. 제21조제3호의 식품첨가물제조업자
4. 제21조제4호의 식품운반업자
5. 제21조제5호의 식품소분·판매업자
6. 제21조제6호가목의 식품조사처리업자
7. 제21조제8호의 식품접객업자
8. 제21조제9호의 공유주방 운영업자(2021.12.30 본호신설)
② 법 제44조제3항에서 "대통령령으로 정하는 영업"이란 제21조제8호라목의 유흥주점영업을 말한다.

제30조 【책임보험의 종류 등】 ① 법 제44조의2제1항에 따른 책임보험(이하 "책임보험"이라 한다)의 종류는 공유주방 운영업자가 등록한 소재지에서 식품등의 위해로 인하여 소비자에게 발생한 손해를 배상하기 위한 사고배상책임보험 또는 그와 같은 내용이 포함된 보험으로 한다.
② 책임보험은 다음 각 호의 어느 하나에 해당하는 경우에 가입하거나 재가입해야 한다.
1. 법 제37조제5항에 따라 영업등록을 하려는 경우
2. 법 제37조제5항에 따라 영업소의 소재지 변경등록을 하려는 경우
3. 법 제39조제3항에 따라 영업자의 지위승계 신고를 하려는 경우
4. 책임보험이 만료된 경우
③ 책임보험의 보상한도액은 다음 각 호의 기준 금액 이상으로 한다. 다만, 지급 보험금액은 제1호 단서의 경우를 제외하고는 실손해액을 초과할 수 없다.
1. 사망의 경우에는 1인당 1억5천만원. 다만, 사망에 따른 실손해액이 2천만원 미만인 경우에는 2천만원으로 한다.
2. 부상을 입은 경우에는 1인당 3천만원
3. 부상의 경우 그 치료가 완료된 후 그 부상이 원인이 되어 신체장애(이하 "후유장애"라 한다)가 생긴 경우에는 1인당 1억5천만원
4. 하나의 사건으로 제1호부터 제3호까지의 손해 중 둘 이상에 해당하는 경우에는 다음 각 목의 구분에 따른 금액
가. 부상자가 치료 중 그 부상이 원인이 되어 사망한 경우에는 제1호 및 제2호의 금액을 더한 금액
나. 부상자에게 그 부상이 원인이 되어 후유장애가 생긴 경우에는 제2호 및 제3호의 금액을 더한 금액
다. 나목에 따른 금액을 지급한 후 그 부상이 원인이 되어 사망한 경우에는 제1호의 금액에서 제3호에 따라 지급한 금액 중 사망한 날 이후에 해당하는 손해액을 뺀 금액
(2021.12.30 본조신설)

제31조 【위해식품등을 회수한 영업자에 대한 행정처분의 감면】 법 제45조제1항에 따라 위해식품등의 회수에 필요한 조치를 성실히 이행한 영업자에 대하여 같은 조 제2항에 따라 행정처분을 감면하는 경우 그 감면기준은 다음 각 호의 구분에 따른다.
1. 법 제45조제1항 후단의 회수계획에 따른 회수계획량(이하 이 조에서 "회수계획량"이라 한다)의 5분의 4 이상을 회수한 경우 : 그 위반행위에 대한 행정처분을 면제
2. 회수계획량 중 일부를 회수한 경우 : 다음 각 목의 어느 하나에 해당하는 기준에 따라 행정처분을 경감
가. 회수계획량의 3분의 1 이상을 회수한 경우(제1호의 경우는 제외한다)
1) 법 제75조제4항 및 제76조제2항에 따른 행정처분의 기준(이하 이 조에서 "행정처분기준"이라 한다)이 영업허가 취소, 등록취소 또는 영업소 폐쇄인 경우에는 영업정지 2개월 이상 6개월 이하의 범위에서 처분(2011.12.19 개정)
2) 행정처분기준이 영업정지 또는 품목·품목류의 제조정지인 경우에는 정지처분기간의 3분의 2 이하의 범위에서 경감
나. 회수계획량의 4분의 1 이상 3분의 1 미만을 회수한 경우
1) 행정처분기준이 영업허가 취소, 등록취소 또는 영업소 폐쇄인 경우에는 영업정지 3개월 이상 6개월 이하의 범위에서 처분(2011.12.19 개정)
2) 행정처분기준이 영업정지 또는 품목·품목류의 제조정지인 경우에는 정지처분기간의 2분의 1 이하의 범위에서 경감

제32조 【위생등급】 법 제47조제2항에서 "대통령령으로 정하는 그 소속 기관의 장"이란 지방식품의약품안전청장을 말한다.

제32조의2 【위생등급 지정에 관한 업무의 위탁】 식품의약품안전처장, 시·도지사 또는 시장·군수·구청장은 법 제47조의2제10항에 따라 위생등급 지정에 관한 업무 중 다음 각 호의 업무를 「한국식품안전관리인증원의 설립 및 운영에 관한 법률」에 따른 한국식품안전관리인증원에 위탁한다.(2020.12.1 본문개정)
1. 위생등급 지정을 받았거나 받으려는 식품접객영업자에 대한 기술지원
2. 위생등급 지정을 위한 식품접객업소의 위생상태 평가
3. 위생등급 지정과 관련된 전문인력의 양성 및 교육·훈련
4. 위생등급 지정에 관한 정보의 수집·제공 및 홍보
5. 위생등급 지정에 관한 조사·연구 사업
6. 그 밖에 위생등급 지정 활성화를 위하여 필요하다고 식품의약품안전처장, 시·도지사 또는 시장·군수·구청장이 인정하는 사업
(2015.12.30 본조신설)

제33조 【식품안전관리인증기준】 ① 법 제48조제10항 단서에서 "위탁하려는 식품과 동일한 식품에 대하여 식품안전관리인증기준적용업소로 인증된 업소에 위탁하여 제조·가공하려는 경우 등 대통령령으로 정한 경우"란 다음 각 호의 경우를 말한다.
1. 위탁하려는 식품과 같은 식품에 대하여 법 제48조제3항에 따라 식품안전관리인증기준 적용업소(이하 "식품안전관리인증기준적용업소"라 한다)로 인증된 업소에 위탁하여 제조·가공하려는 경우
2. 위탁하려는 식품과 같은 제조 공정·중요관리점(식품의 위해를 방지하거나 제거하여 안전성을 확보할 수 있는 단계 또는 공정을 말한다)에 대하여 식품안전관리인증기준적용업소로 인증된 업소에 위탁하여 제조·가공하려는 경우
(2014.11.28 본항개정)
② 법 제48조제11항에서 "대통령령으로 정하는 그 소속 기관의 장"이란 지방식품의약품안전청장을 말한다.
(2014.11.28 본조제목개정)

제34조 【식품안전관리인증기준적용업소에 관한 업무의 위탁 등】 ① 식품의약품안전처장은 법 제48조제12항에 따라 식품안전관리인증기준적용업소에 관한 업무의 일부를 다음 각 호의 어느 하나에 해당하는 기관 중 식품의약품안전처장이 지정하여 고시하는 기관에 위탁한다.(2023.7.25 본문개정)
1. 「한국식품안전관리인증원의 설립 및 운영에 관한 법률」에 따른 한국식품안전관리인증원(2020.12.1 본호개정)

2. 「정부출연연구기관 등의 설립·운영 및 육성에 관한 법률」에 따른 정부출연연구기관
3. 정부가 설립하거나 운영비용의 전부 또는 일부를 지원하는 연구기관으로서 식품안전관리인증기준(법 제48조제1항에 따른 식품안전관리기준을 말한다. 이하 같다)에 관한 전문인력을 보유한 기관(2014.11.28 본호개정)
4. 그 밖에 식품안전관리인증기준 업무를 할 목적으로 설립된 비영리법인 또는 연구소(2014.11.28 본호개정)

② 제1항에 따라 위탁받는 기관은 다음 각 호의 업무를 수행한다.
1. 법 제48조제3항·제4항·제6항 및 법 제48조의2제2항에 따른 식품안전관리인증기준적용업소의 인증, 변경인증, 인증 증명 서류의 발급, 인증을 받거나 받으려는 영업자에 대한 기술지원 및 인증 유효기간의 연장
(2016.7.26 본호개정)
2. (2014.11.28 삭제)
3. 식품안전관리인증기준과 관련된 전문인력의 양성 및 교육·훈련
4. 식품안전관리인증기준적용업소의 공정별·품목별 위해요소의 분석
5. 식품안전관리인증기준에 관한 정보의 수집·제공 및 홍보
6. 식품안전관리인증기준에 관한 조사·연구사업
7. 그 밖에 식품안전관리인증기준 활성화를 위하여 필요한 사업
(2014.11.28 3호~7호개정)

③ 식품의약품안전처장은 제1항에 따라 업무를 위탁하는 경우에는 위탁받는 기관과 위탁 업무의 내용을 고시해야 한다.(2023.7.25 본항신설)
(2014.11.28 본조제목개정)

제35조 (2015.12.30 삭제)

제36조【조리사를 두어야 하는 식품접객업자】 법 제51조제1항 각 호 외의 부분 본문에서 "대통령령으로 정하는 식품접객업자"란 제21조제8호의 식품접객업 중 복어독 제거가 필요한 복어를 조리·판매하는 영업을 하는 자를 말한다. 이 경우 해당 식품접객업자는 「국가기술자격법」에 따른 복어 조리 자격을 취득한 조리사를 두어야 한다.(2017.12.12 본조개정)

제37조 (2013.12.30 삭제)

제38조【교육의 위탁】 ① 식품의약품안전처장은 법 제56조제3항에 따라 조리사 및 영양사에 대한 교육업무를 위탁하려는 경우에는 조리사 및 영양사에 대한 교육을 목적으로 설립된 전문기관 또는 단체에 위탁하여야 한다.

② 제1항에 따라 교육업무를 위탁받은 전문기관 또는 단체는 조리사 및 영양사에 대한 교육을 실시하고, 교육이수자 및 교육시간 등 교육실시 결과를 식품의약품안전처장에게 보고하여야 한다.
(2013.3.23 본조개정)

제39조【식품위생심의위원회의 위원장 등】 법 제58조제6항에 따라 심의위원회의 위원장은 위원 중에서 호선하고, 심의위원회의 부위원장은 심의위원회의 위원장이 지명하는 위원이 된다.(2011.12.19 본조개정)

제39조의2【위원의 제척·기피·회피】 ① 심의위원회의 위원이 다음 각 호의 어느 하나에 해당하는 경우에는 심의위원회의 조사·심의에서 제척(除斥)된다.
1. 위원 또는 그 배우자나 배우자이었던 사람이 해당 안건의 당사자(당사자가 법인·단체 등인 경우에는 그 임원 또는 직원을 포함한다. 이하 이 호 및 제2호에서 같다)가 되거나 그 안건의 당사자와 공동권리자 또는 공동의무자인 경우
2. 위원이 해당 안건의 당사자와 친족이거나 친족이었던 경우
3. 위원 또는 위원이 속한 법인·단체 등이 해당 안건에 대하여 증언, 진술, 자문, 연구, 용역 또는 감정을 한 경우
4. 위원이나 위원이 속한 법인·단체 등이 해당 안건의 당사자의 대리인이거나 대리인이었던 경우
5. 위원이 해당 안건의 당사자인 법인·단체 등에 최근 3년 이내에 임원 또는 직원으로 재직하였던 경우

② 해당 안건의 당사자는 위원에게 공정한 조사·심의를 기대하기 어려운 사정이 있는 경우에는 심의위원회에 기피 신청을 할 수 있고, 심의위원회는 의결로 기피 여부를 결정한다. 이 경우 기피 신청의 대상인 위원은 그 의결에 참여하지 못한다.

③ 위원이 제1항 각 호에 따른 제척 사유에 해당하는 경우에는 스스로 해당 안건의 조사·심의에서 회피(回避)하여야 한다.
(2017.12.12 본조신설)

제39조의3【심의위원회 위원의 해촉】 식품의약품안전처장은 법 제58조제2항제2호부터 제5호까지의 규정에 따른 심의위원회의 위원이 다음 각 호의 어느 하나에 해당하는 경우에는 해당 위원을 해촉할 수 있다.
1. 심신장애로 인하여 직무를 수행할 수 없게 된 경우
2. 직무와 관련된 비위사실이 있는 경우
3. 직무태만, 품위손상이나 그 밖의 사유로 인하여 위원으로 적합하지 아니하다고 인정되는 경우
4. 위원 스스로 직무를 수행하는 것이 곤란하다고 의사를 밝히는 경우
5. 제39조의2제1항 각 호의 어느 하나에 해당하는 경우에도 불구하고 회피 신청을 하지 아니한 경우(2017.12.12 본호신설)
(2015.12.31 본조신설)

제40조【위원의 직무】 ① (2011.12.19 삭제)

② 위원장은 심의위원회를 대표하며, 심의위원회의 업무를 총괄한다.

③ 부위원장은 위원장을 보좌하며, 위원장이 부득이한 사유로 직무를 수행할 수 없을 때에는 그 직무를 대행한다.
(2011.12.19 본조제목개정)

제41조【회의 및 의사】 ① 위원장은 심의위원회의 회의를 소집하고 그 의장이 된다.

② 위원장은 식품의약품안전처장 또는 위원 3분의 1 이상의 요구가 있을 때에는 지체 없이 회의를 소집하여야 한다.(2013.3.23 본항개정)

③ 회의는 재적위원 과반수의 출석으로 개의(開議)하고, 출석위원 과반수의 찬성으로 의결한다.

제42조【의견의 청취】 위원장은 심의위원회의 심의사항과 관련하여 필요한 경우에는 관계인을 출석시켜 의견을 들을 수 있다.

제43조【분과위원회】 ① 심의위원회는 심의위원회의 업무를 효율적으로 수행하기 위하여 위생제도분과위원회, 유해오염물질분과위원회, 국제식품규격분과위원회 등 분야별 분과위원회(이하 "분과위원회"라 한다)를 둘 수 있다.(2023.7.15 본항개정)

② 분과위원회의 위원장은 분과위원회에서 심의·의결한 사항을 지체 없이 심의위원회의 위원장에게 보고하여야 한다.

③ 분과위원회의 회의 및 의사에 관하여는 제41조를 준용한다. 이 경우 "심의위원회"는 "분과위원회"로 본다.

④ 제1항부터 제3항까지에서 규정한 사항 외에 분과위원회의 구성 및 운영에 관하여 필요한 사항은 심의위원회의 의결을 거쳐 심의위원회의 위원장이 정한다.
(2023.7.25 본항신설)

제44조【연구위원 등】 ① 법 제58조제4항에 따라 심의위원회에 20명 이내의 연구위원을 둘 수 있다.
(2011.12.19 본항개정)

② 법 제58조제5항제4호에 따른 연구위원의 업무는 다음 각 호와 같다.
1. 국제식품규격위원회에서 논의할 기준·규격의 제·개정안 발굴 및 제안
2. 식품등의 국제 기준·규격에 관한 국내외 전문가 네트워크 구축 및 운영
3. 국제식품규격위원회가 발행한 문서에 대한 번역본 발간 및 배포
4. 그 밖에 식품등의 국제 기준·규격에 관한 사항으로서 식품의약품안전처장이 심의위원회에 조사·연구를 의뢰한 사항(2013.3.23 본호개정)
(2011.12.19 본항개정)

③ 연구위원은 심의위원회의 회의에 출석하여 발언할 수 있다.

④ 연구위원은 식품등에 관한 학식과 경험이 풍부한 자 중에서 식품의약품안전처장이 임명한다.(2013.3.23 본항개정)

제45조【간사】 심의위원회의 사무를 처리하기 위하여 심의위원회에 간사 1명을 두며, 식품의약품안전처장이 소속 공무원 중에서 임명한다.(2013.3.23 본조개정)

제46조【수당과 여비】 ① 심의위원회에 출석한 위원에게는 예산의 범위에서 식품의약품안전처장이 정하는 바에 따라 수당과 여비를 지급할 수 있다. 다만, 공무원인 위원이 그 소관 업무와 직접 관련하여 출석하는 경우에는 그러하지 아니하다.

② 식품의약품안전처장은 연구위원에게 예산의 범위에서 연구비와 여비 등을 지급할 수 있다.
(2013.3.23 본조개정)

제47조【운영세칙】 이 영에서 정하는 사항 외에 심의위원회의 운영에 관한 사항과 연구위원의 복무 등에 관하여 필요한 사항은 심의위원회의 의결을 거쳐 위원장이 정한다.

제48조【동업자조합 설립단위 등】 ① 법 제59조제1항에서 "대통령령으로 정하는 영업"이란 제21조 각 호의 영업을 말한다.

② 법 제59조제1항에 따라 설립하는 동업자조합(이하 "조합"이라 한다)의 설립단위는 전국으로 한다. 다만, 지역 또는 영업의 특수성 등으로 인하여 전국적 조합 설립이 불가능하다고 식품의약품안전처장이 인정하는 경우에는 그러하지 아니하다.(2013.3.23 단서개정)

제49조【설립인가의 신청】 법 제59조제3항에 따라 조합의 설립인가를 받으려는 자는 설립인가신청서에 다음 각 호의 서류를 첨부하여 식품의약품안전처장에게 제출하여야 한다.(2013.3.23 본문개정)
1. 창립총회의 회의록
2. 정관
3. 사업계획서 및 수지예산서
4. 재산목록
5. 임원명부
6. 임원의 취임승낙서
7. 임원의 이력서
8. 임원의 주민등록증 사본 등 신원을 확인할 수 있는 증명서 사본

제49조의2【공제회 설립인가 등】 ① 조합은 법 제60조의2에 따라 공제회의 설립인가를 받으려면 공제회 설립인가 신청서에 공제회의 구성원(이하 "공제회원"이라 한다)의 자격, 출자금의 부담기준, 공제방법, 공제사업에 충당하기 위한 책임준비금 및 비상위험준비금 등 공제회의 운영에 필요한 사항을 정한 공제정관을 첨부하여 식품의약품안전처장에게 신청하여야 한다.(2018.5.15 본항개정)

② 공제회는 매 사업연도 말에 책임준비금, 비상위험준비금 및 지급준비금을 계상(計上)하고 적립하여야 한다.
(2018.5.15 본항개정)

③ (2018.5.15 삭제)

④ 법 제60조의3제6호에서 "대통령령으로 정하는 수익사업"이란 다음 각 호의 사업을 말한다.
1. 공제회원에 대한 융자 사업
2. 공제회원에 대한 경영컨설팅 사업
3. 그 밖에 공제회원의 생활안정과 복지증진을 위한 사업

⑤ 법 제60조의4제2항에서 "조사기간, 조사범위, 조사담당자, 관계 법령 등 대통령령으로 정하는 사항"이란 다음 각 호의 사항을 말한다.
1. 조사목적
2. 조사기간 및 대상
3. 조사의 범위 및 내용
4. 조사담당자의 성명 및 소속
5. 제출자료의 목록
6. 그 밖에 해당 조사와 관련하여 필요한 사항
(2016.7.26 본항신설)
(2018.5.15 본조제목개정)
(2012.2.3 본조신설)

제50조【자율지도원의 임명 및 직무 등】 ① 조합은 법 제63조제1항에 따라 정관으로 정하는 자격기준에 해당하는 자를 자율지도원으로 둘 수 있다.

② 제1항에 따른 자율지도원은 정관으로 정하는 바에 따라 해당 조합의 장이 임명한다.

③ 제1항에 따른 자율지도원은 소속된 조합의 조합원에 대하여 다음 각 호의 사항에 관한 직무를 수행한다.
1. 법 제36조에 따른 시설기준에 관한 지도
2. 영업자 및 그 종업원의 위생교육, 건강진단, 그 밖에 위생관리의 지도
3. 법 제44조에 따른 영업자의 준수사항 이행 지도 및 법 제37조제2항에 따른 조건부 허가에 따른 조건 이행 지도
4. 그 밖에 정관으로 정하는 식품위생 지도에 관한 사항

제50조의2【식품안전정보원에 대한 출입·검사 시 제시하는 서류의 기재사항】 법 제70조제2항에서 "조사기간, 조사범위, 조사담당자, 관계 법령 등 대통령령으로 정하는 사항"이란 다음 각 호의 사항을 말한다.
1. 조사목적
2. 조사기간 및 대상
3. 조사의 범위 및 내용
4. 조사담당자의 성명 및 소속
5. 제출자료의 목록
6. 그 밖에 해당 조사와 관련하여 필요한 사항
(2016.7.26 본조신설)

제50조의3 (2017.12.12 삭제)

제50조의4【건강 위해가능 영양성분의 종류】 법 제70조의7제1항에 따른 건강 위해가능 영양성분의 종류는 다음 각 호와 같다.
1. 나트륨
2. 당류
3. 트랜스지방
(2016.11.22 본조신설)

제50조의5【주관기관의 지정 및 지정 취소의 기준·절차 등】 ① 법 제70조의8제1항에 따른 주관기관(이하 "주관기관"이라 한다)으로 지정을 받으려는 자는 총리령으로 정하는 지정신청서(전자문서로 된 신청서를 포함한다)에 다음 각 호의 서류(전자문서를 포함한다)를 첨부하여 식품의약품안전처장에게 제출하여야 한다.
1. 정관 또는 이에 준하는 사업운영규정
2. 제2항제2호에 따른 요건을 갖추었음을 증명하는 서류
3. 법 제70조의8제1항 각 호의 사업에 관한 사업계획서

② 주관기관의 지정기준은 다음 각 호와 같다.
1. 법 제70조의8제1항 각 호의 사업을 주된 업무로 하는 비영리 목적의 기관·단체 또는 법인일 것
2. 법 제70조의8제1항 각 호의 사업을 수행할 수 있는 전담인력과 조직 등 식품의약품안전처장이 정하여 고시하는 요건을 갖출 것

③ 식품의약품안전처장은 법 제70조의8제1항에 따라 주관기관을 지정한 경우에는 총리령으로 정하는 주관기관 지정서를 발급하여야 한다.

④ 법 제70조의8제1항에 따라 주관기관으로 지정을 받은 자는 그 명칭, 대표자 또는 소재지 중 어느 하나가 변경된 경우에는 총리령으로 정하는 변경지정신청서(전자문서로 된 신청서를 포함한다)에 다음 각 호의 서류(전자문서를 포함한다)를 첨부하여 식품의약품안전처장에게 제출하여야 한다.
1. 주관기관 지정서
2. 변경된 사항을 증명하는 서류

⑤ 식품의약품안전처장은 제1항에 따른 지정신청 또는 제4항에 따른 변경지정신청을 받은 경우에는 「전자정부법」 제36조제1항에 따른 행정정보의 공동이용을 통하여

법인 등기사항증명서(법인인 경우로 한정한다)를 확인하여야 한다.
⑥ 식품의약품안전처장은 제4항에 따른 변경지정신청이 적합하다고 인정되는 경우에는 주관기관 지정서에 변경된 사항을 적어 내주어야 한다.
⑦ 주관기관의 장은 법 제70조의8제5항에 따라 지정이 취소된 경우에는 주관기관 지정서를 식품의약품안전처장에게 반납하여야 한다.
⑧ 제1항부터 제3항까지의 규정에서 정한 사항 외에 주관기관의 지정 절차 등에 관하여 필요한 세부사항은 식품의약품안전처장이 정한다.
(2016.11.22 본조신설)

제50조의6【식품등의 압류·폐기 시 제시하는 서류의 기재사항】 법 제72조제4항에서 "조사기간, 조사범위, 조사담당자, 관계 법령 등 대통령령으로 정하는 사항"이란 다음 각 호의 사항을 말한다.
1. 조사목적
2. 조사기간 및 대상
3. 조사의 범위 및 내용
4. 조사담당자의 성명 및 소속
5. 압류·폐기 대상 제품
6. 조사 관계 법령
7. 그 밖에 해당 조사와 관련하여 필요한 사항

(2016.7.26 본조신설)

제51조【위해식품등의 공표방법】 ① 법 제73조제1항에 따라 위해식품등의 공표명령을 받은 영업자는 지체 없이 위해 발생사실 또는 다음 각 호의 사항이 포함된 위해식품등의 긴급회수문을 「신문 등의 진흥에 관한 법률」 제9조제1항에 따라 등록한 전국을 보급지역으로 하는 1개 이상의 일반일간신문[당일 인쇄·보급되는 해당 신문의 전체 판(版)을 말한다. 이하 같다]에 게재하고, 식품의약품안전처의 인터넷 홈페이지에 게재를 요청하여야 한다.
(2013.3.23 본문개정)
1. 식품등을 회수한다는 내용의 표제
2. 제품명
3. 회수대상 식품등의 제조일·수입일 또는 소비기한·품질유지기한(2022.6.7 본호개정)
4. 회수 사유
5. 회수방법
6. 회수하는 영업자의 명칭
7. 회수하는 영업자의 전화번호, 주소, 그 밖에 회수에 필요한 사항

② 제1항에 따른 공표에 관한 세부사항은 총리령으로 정한다.(2013.3.23 본항개정)

제52조【허가취소 등】 ① 다음 각 호의 처분은 처분 사유 및 처분 내용 등이 기재된 서면으로 하여야 한다.
1. 법 제75조에 따른 영업허가 취소, 등록취소, 영업정지 또는 영업소 폐쇄 처분(2011.12.19 본호개정)
2. 법 제76조에 따른 품목·품목류 제조정지 처분
3. 법 제80조에 따른 조리사 또는 영양사의 면허취소 또는 업무정지 처분

② 제1항에 따른 처분을 하기 위하여 법 제81조에 따른 청문을 하거나 「행정절차법」 제27조에 따른 의견제출을 받았을 때에는 특별한 사유가 없으면 그 절차를 마친 날부터 14일 이내에 처분을 하여야 한다.
③ 식품의약품안전처장 또는 특별자치시장·특별자치도지사·시장·군수·구청장은 법 제75조제1항 각 호 외의 부분 단서에 따라 식품접객영업자가 법 제44조제2항을 위반한 경우로서 청소년(「청소년 보호법」 제2조제1호에 따른 청소년을 말한다. 이하 같다)의 신분증 위조·변조 또는 도용으로 청소년인 사실을 알지 못했거나 폭행 또는 협박으로 청소년임을 확인하지 못한 사정이 인정되어 불송치 또는 불기소(불송치 또는 불기소를 받은 이후 해당 사건에 대하여 다시 수사절차가 진행 중인 경우 또는 해당 사건에 대하여 공소가 제기되어 형사재판이 진행 중인 경우는 제외한다)를 받거나 선고유예 판결을 받은 경우에는 해당 행정처분을 면제한다.(2020.12.29 본항개정)

제52조의2【영업소 폐쇄를 위한 조치 시 제시하는 서류의 기재사항】 법 제79조제5항에서 "조사기간, 조사범위, 조사담당자, 관계 법령 등 대통령령으로 정하는 사항"이란 다음 각 호의 사항을 말한다.
1. 조사목적
2. 조사기간 및 대상
3. 조사의 범위 및 내용
4. 조사담당자의 성명 및 소속
5. 조사 관계 법령
6. 그 밖에 해당 조사와 관련하여 필요한 사항

(2016.7.26 본조신설)

제53조【영업정지 등의 처분에 갈음하여 부과하는 과징금의 산정기준】 법 제82조제1항 본문에 따라 부과하는 과징금의 금액은 위반행위의 종류와 위반 정도 등을 고려하여 총리령으로 정하는 영업정지, 품목·품목류 제조정지 처분기준에 따라 별표1의 기준을 적용하여 산정한다.(2013.3.23 본조개정)

제54조【과징금의 부과 및 징수절차】 ① 식품의약품안전처장, 시·도지사 또는 시장·군수·구청장은 법 제82조에 따라 과징금을 부과하려면 그 위반행위의 종류와 해당 과징금의 금액 등을 명시하여 납부할 것을 서면으로 알려야 한다.
② 법 제82조에 따른 과징금의 징수절차는 총리령으로 정한다.
(2013.3.23 본조개정)

제54조의2【과징금의 납부기한 연기 및 분할 납부】 식품의약품안전처장, 시·도지사 또는 시장·군수·구청장이 「행정기본법」 제29조 단서에 따라 법 제82조제1항에 따른 과징금의 납부기한을 연기하거나 분할 납부하게 하는 경우 납부기한의 연기는 그 납부기한의 다음 날부터 1년을 초과할 수 없고, 각 분할된 납부기한 간의 간격은 4개월 이내로 하며, 분할 납부의 횟수는 3회 이내로 한다.(2023.12.12 본조개정)

제55조【과징금 부과처분 취소 대상자】 법 제82조제4항 각 호 외의 부분 본문에 따라 과징금 부과처분을 취소하고 업무정지, 영업정지 또는 제조정지 처분을 하거나 국세 체납처분의 예 또는 「지방행정제재·부과금의 징수 등에 관한 법률」에 따라 과징금을 징수하여야 하는 대상자는 과징금을 기한 내에 납부하지 아니한 자로서 1회의 독촉을 받고 그 독촉을 받은 날부터 15일 이내에 과징금을 납부하지 아니한 자를 말한다.(2020.3.24 본조개정)

제56조【기금의 귀속비율】 법 제82조제5항 후단에 따른 기금의 특별시·광역시·특별자치시·도·특별자치도(이하 "시·도"라 한다) 및 시·군·구 귀속비율은 다음 각 호와 같다.(2019.7.9 본문개정)
1. 시·도 : 100분의 40
2. 시·군·구 : 100분의 60

제57조【위해식품등의 판매 등에 따른 과징금 부과 기준 및 절차】 ① 법 제83조제1항에 따라 부과하는 과징금의 금액은 위해식품등의 판매량에 판매가격을 곱한 금액으로 한다.
② 제1항에 따른 판매량은 위해식품등을 최초로 판매한 시점부터 적발시점까지의 출하량에서 회수량 및 자연적 소모량을 제외한 수량으로 하고, 판매가격은 판매기간 중 가격이 변동된 경우에는 판매시기별로 가격을 산정한다.
③ 법 제83조제1항에 따른 과징금의 부과·징수절차 및 귀속 비율에 관하여는 제54조 및 제56조를 준용한다.

제58조【위반사실의 공표】 법 제84조에 따라 식품의약품안전처장, 시·도지사 또는 시장·군수·구청장은 행정처분이 확정된 영업자에 대한 다음 각 호의 사항을 지체 없이 해당 기관의 인터넷 홈페이지 또는 「신문 등의 진흥에 관한 법률」 제9조제1항에 따라 등록한 전국을 보급지역으로 하는 일반일간신문 등에 게재하여야 한다.
(2013.3.23 본문개정)
1. 「식품위생법」 위반사실의 공표라는 내용의 표제
2. 영업의 종류
3. 영업소 명칭, 소재지 및 대표자 성명
4. 식품등의 명칭(식품등의 제조·가공, 소분·판매업만 해당한다)(2016.1.22 본호개정)
5. 위반 내용(위반행위의 구체적인 내용과 근거 법령을 포함한다)
6. 행정처분의 내용, 처분일 및 기간
7. 단속기관 및 단속일 또는 적발일

제59조【식중독 원인의 조사】 ① 식중독 환자나 식중독이 의심되는 자를 진단한 의사나 한의사는 다음 각 호의 어느 하나에 해당하는 경우 법 제86조제1항 각 호 외의 부분 후단에 따라 해당 식중독 환자나 식중독이 의심되는 자의 혈액 또는 배설물을 채취하여 법 제86조제2항에 따라 특별자치시장·시장(「제주특별자치도 설치 및 국제자유도시 조성을 위한 특별법」에 따른 행정시장을 포함한다. 이하 이 조에서 같다)·군수·구청장이 조사하기 위하여 인수할 때까지 변질되거나 오염되지 아니하도록 보관하여야 한다. 이 경우 보관용기에는 채취일, 식중독 환자나 식중독이 의심되는 자의 성명 및 채취자의 성명을 표시하여야 한다.(2019.5.21 전단개정)
1. 구토·설사 등의 식중독 증세를 보여 의사 또는 한의사가 혈액 또는 배설물의 보관이 필요하다고 인정한 경우
2. 식중독 환자나 식중독이 의심되는 자 또는 그 보호자가 혈액 또는 배설물의 보관을 요청한 경우

② 법 제86조제2항에 따라 특별자치시장·시장·군수·구청장이 하여야 할 조사는 다음 각 호와 같다.(2019.5.21 본문개정)
1. 식중독의 원인이 된 식품등과 환자 간의 연관성을 확인하기 위해 실시하는 설문조사, 섭취음식 위험도 조사 및 역학적(疫學的) 조사
2. 식중독 환자나 식중독이 의심되는 자의 혈액·배설물 또는 식중독의 원인이라고 생각되는 식품등에 대한 미생물학적 또는 이화학적(理化學的) 시험에 의한 조사
3. 식중독의 원인이 된 식품등의 오염경로를 찾기 위하여 실시하는 환경조사

③ 특별자치시장·시장·군수·구청장은 제2항제2호에 따른 조사를 할 때에는 「식품·의약품분야 시험·검사 등에 관한 법률」 제6조제4항 단서에 따라 총리령으로 정하는 시험·검사기관에 협조를 요청할 수 있다.
(2019.5.21 본항개정)

제60조【식중독대책협의기구의 구성·운영 등】 ① 법 제87조제1항에 따른 식중독대책협의기구(이하 "협의기구"라 한다)의 위원은 다음 각 호에 해당하는 자로 한다.
1. 교육부, 법무부, 국방부, 농림축산식품부, 보건복지부, 환경부 및 질병관리청 등 중앙행정기관의 장이 해당 중앙행정기관의 고위공무원단에 속하는 일반직공무원 또는 이에 상당하는 공무원[법무부 및 국방부의 경우에는 각각 이에 해당하는 검사(檢事) 및 장성급(將星級) 장교를 포함한다] 중에서 지명하는 자(2020.9.11 본호개정)
2. 지방자치단체의 장이 해당 지방행정기관의 고위공무원단에 속하는 일반직공무원 또는 이에 상당하는 지방공무원 중에서 지명하는 자
3. 그 밖에 식품의약품안전처장이 지정하는 기관 및 단체의 장(2013.3.23 본호개정)

② 식품의약품안전처장은 협의기구의 회의를 소집하고 그 의장이 된다.(2013.3.23 본항개정)
③ 협의기구의 회의는 재적위원 과반수의 출석으로 개의하고, 출석위원 과반수의 찬성으로 의결한다.
④ 협의기구는 그 직무를 수행하기 위하여 필요한 경우에는 관계 공무원이나 관계 전문가를 협의기구의 회의에 출석시켜 의견을 듣거나 관계 기관·단체 등으로 하여금 자료나 의견을 제출하도록 하는 등 필요한 협조를 요청할 수 있다.
⑤ 협의기구는 업무 수행을 위하여 필요한 경우에는 관계 전문가 또는 관계 기관·단체 등에 전문적인 조사나 연구를 의뢰할 수 있다.
⑥ 이 영에서 규정한 사항 외에 협의기구의 운영에 필요한 사항은 협의기구의 의결을 거쳐 식품의약품안전처장이 정한다.(2013.3.23 본항개정)

제61조【기금사업】 ① 법 제89조제3항제8호에 따라 기금을 사용할 수 있는 사업은 다음 각 호의 사업으로 한다.
1. 식품의 안전성과 식품산업진흥에 대한 조사·연구사업
2. 식품사고 예방과 사후관리를 위한 사업
3. 식중독 예방과 원인 조사, 위생관리 및 식중독 관련 홍보사업
4. 식품의 재활용을 위한 사업
5. 식품위생과 식품산업 진흥을 위한 전산화사업
6. 식품산업진흥사업
7. 시·도지사가 식품위생과 주민 영양을 개선하기 위하여 민간단체에 연구를 위탁한 사업
8. 남은 음식 재사용 안 하기 활동에 대한 지원
9. 제18조제5항에 따른 수당 등의 지급
10. 「식품·의약품분야 시험·검사 등에 관한 법률」 제6조제3항제2호에 따른 자가품질위탁 시험·검사기관의 시험·검사실 설치 지원(2014.7.28 본호개정)
11. 법 제47조제2항에 따른 우수업소와 모범업소에 대한 지원
12. 법 제48조제11항에 따른 식품안전관리인증기준을 지키는 영업자와 이를 지키기 위하여 관련 시설 등을 설치하려는 영업자에 대한 지원(2014.11.28 본호개정)
13. 법 제63조제1항에 따른 자율지도원의 활동 지원
14. 「건강기능식품에 관한 법률」 제22조제6항에 따른 우수건강기능식품제조기준을 지키는 영업자와 이를 지키기 위하여 관련 시설 등을 설치하려는 영업자에 대한 지원
15. 「어린이 식생활안전관리 특별법」 제6조제2항에 따른 어린이 기호식품 전담 관리원의 지정 및 운영
16. 「어린이 식생활안전관리 특별법」 제7조제3항에 따른 어린이 기호식품 우수판매업소에 대한 보조 또는 융자(2011.4.22 본호개정)
17. 「어린이 식생활안전관리 특별법」 제21조제4항에 따른 어린이급식관리지원센터 설치 및 운영 비용 보조
18. 그 밖에 제1호부터 제17호까지의 규정에 따른 사업에 준하는 것으로서 식품위생, 영양관리 또는 식품산업 진흥 등을 위해 식품의약품안전처장이 필요하다고 인정하여 고시하는 사업(2021.2.2 본호신설)

② 식품의약품안전처장은 제62조제2항에 따른 기금운용계획에 따라 시·도지사 또는 시장·군수·구청장이 행하는 사업의 이행 여부를 확인하거나 해당 사업의 추진현황을 시·도지사 또는 시장·군수·구청장으로 하여금 보고하도록 할 수 있다. 이 경우 시장·군수·구청장은 시·도지사를 거쳐 보고하여야 한다.(2013.3.23 전단개정)

제62조【기금의 운용】 ① 기금의 회계연도는 정부회계연도에 따른다.
② 시·도지사 또는 시장·군수·구청장은 매년 기금운용계획을 수립하여야 한다. 이 경우 기금운용계획에는 기금의 운용 및 관리에 드는 비용을 포함시킬 수 있다.
③ 시·도지사 또는 시장·군수·구청장은 기금의 융자업무를 취급하기 위하여 기금을 금융기관에 위탁하여 관리하게 할 수 있다.
④ 시·도지사 또는 시장·군수·구청장은 기금의 수입과 지출에 관한 사무를 하게 하기 위하여 소속 공무원 중에서 기금수입징수관, 기금재무관, 기금지출관 및 기금출납공무원을 임명한다.
⑤ 시·도지사 또는 시장·군수·구청장은 기금계정을 설치할 은행을 지정하고, 지정한 은행에 수입계정과 지출계정을 구분하여 기금계정을 설치하여야 한다.
⑥ 시·도지사 또는 시장·군수·구청장은 기금재무관에게 지출원인행위를 하도록 하는 경우 기금운용계획에 따라 지출한도액을 배정하여야 한다.
⑦ 제1항부터 제6항까지에서 규정한 사항 외에 기금의 운용에 필요한 사항은 시·도 및 시·군·구의 조례로 정한다.

제63조【포상금의 지급기준】 ① 법 제90조제1항에 따라 포상금을 지급하는 경우 그 기준은 다음 각 호와 같다.

1. 법 제93조를 위반한 자를 신고한 경우 : 1천만원 이하
2. 법 제4조부터 제6조(법 제88조에서 준용하는 경우를 포함한다)까지, 제8조(법 제88조에서 준용하는 경우를 포함한다) 또는 제37조제1항을 위반한 자를 신고한 경우 : 30만원 이하
3. 법 제7조제4항(법 제88조에서 준용하는 경우를 포함한다), 제9조제4항(법 제88조에서 준용하는 경우를 포함한다), 제37조제5항, 제44조제1항 · 제2항을 위반한 자 또는 법 제75조제1항에 따른 영업정지명령을 위반하여 영업을 계속한 자를 신고한 경우 : 20만원 이하
(2016.1.22 본호개정)
4. 「식품 등의 표시 · 광고에 관한 법률」 제8조, 법 제37조제4항을 위반한 자 또는 법 제76조제1항에 따른 품목제조정지명령을 위반한 자를 신고한 경우 : 10만원 이하
(2019.3.14 본호개정)
5. 법 제40조제3항 또는 제88조제1항을 위반한 자를 신고한 경우 : 5만원 이하(2010.8.11 본호개정)
6. 제1호부터 제5호까지의 규정 외에 법을 위반한 자 중 위생상 위해발생 우려가 있는 위반사항을 신고한 경우 : 3만원 이하

② 제1항에 따른 포상금의 세부적인 지급대상, 지급금액, 지급방법 및 지급절차 등은 식품의약품안전처장이 정하여 고시한다.(2013.3.23 본항개정)

제64조【신고자 비밀보장】 ① 식품의약품안전처장, 시 · 도지사 또는 시장 · 군수 · 구청장은 법 제90조제1항에 따라 법을 위반한 행위를 신고한 자의 인적사항 등 그 신분이 누설되지 아니하도록 하여야 한다.
② 식품의약품안전처장, 시 · 도지사 또는 시장 · 군수 · 구청장은 신고자의 신분이 공개된 경우 그 경위를 확인하여 신고자의 신분을 누설한 자에 대하여 징계를 요청하는 등 필요한 조치를 할 수 있다.
(2013.3.23 본조개정)

제64조의2【정보공개】 ① 법 제90조의2제1항에 따라 제공되는 식품등의 안전에 관한 정보의 범위는 다음 각 호와 같다.
1. 심의위원회의 조사 · 심의 내용
2. 안정성심사위원회의 심사 내용(2016.7.26 본호개정)
3. 국내외에서 유해물질이 함유된 것으로 알려지는 등 위해의 우려가 제기되는 식품등에 관한 정보
4. 그 밖에 식품등의 안전에 관한 정보로서 식품의약품안전처장이 공개할 필요가 있다고 인정하는 정보
(2013.3.23 본호개정)

② 식품의약품안전처장은 법 제90조의2제1항에 따라 식품등의 안전에 관한 정보를 인터넷 홈페이지, 신문, 방송 등을 통하여 공개할 수 있다.(2013.3.23 본항개정)
(2011.12.19 본조신설)

제65조【권한의 위임】 식품의약품안전처장은 법 제91조에 따라 다음 각 호의 권한을 지방식품의약품안전청장에게 위임한다.(2013.3.23 본문개정)
1. 법 제31조의3제1항 후단에 따른 확인검사 요청 사실 보고의 접수(제21조제1호의 식품제조 · 가공업 중 「주세법」에 따른 주류를 제조 · 가공하는 영업자의 보고에 관한 권한으로 한정한다)(2022.7.19 본호신설)
1의2.~1의3. (2016.1.22 삭제)
2.~3. (2014.7.28 삭제)
4. 법 제37조제1항 및 제2항에 따른 영업의 허가 및 변경허가(2013.12.30 본호개정)
4의2. 법 제37조제3항에 따른 폐업신고 및 변경신고
4의3. 법 제37조제5항 본문에 따른 영업의 등록 및 변경등록
4의4. 법 제37조제6항에 따른 보고 및 변경보고
4의5. 법 제37조제7항에 따른 등록 사항의 직권말소
(2013.12.30 4호의2~4호의5신설)
5. 법 제39조에 따른 영업 승계 신고의 수리
6. 법 제45조에 따른 위해식품등의 회수계획 보고에 관한 업무 및 행정처분 감면
6의2. 법 제46조제1항에 따른 이물(異物) 발견보고
(2013.12.30 본호신설)
7. (2014.11.28 삭제)
8. 법 제48조제8항에 따른 식품안전관리인증기준적용업소에 대한 조사 · 평가 및 인증취소 또는 시정명령
(2014.11.28 본호개정)
8의2. 법 제49조제1항 및 제3항에 따른 식품이력추적관리 등록 및 변경신고
8의3. 법 제49조제5항에 따른 식품이력추적관리기준 준수 여부 등에 대한 조사 · 평가
8의4. 법 제49조제7항에 따른 식품이력추적관리 등록을 한 자에 대한 등록취소 또는 시정명령
(2014.1.28 8호의2~8호의4신설)
9. 법 제71조에 따른 시정명령
10. 법 제72조에 따른 식품등의 압류 · 폐기처분 또는 위해 방지 조치 명령
11. 법 제73조에 따른 위해식품등의 공표
12. 법 제74조에 따른 시설 개수명령
13. 법 제75조에 따른 허가 · 등록 취소 또는 영업정지명령(2013.12.30 본호개정)
14. 법 제76조에 따른 품목 또는 품목류 제조정지명령
15. 법 제79조에 따른 영업소를 폐쇄하기 위한 조치 및 그 해제를 위한 조치
16. 법 제81조제2호 및 제3호에 따른 청문(2016.1.22 본호개정)
17. 법 제82조 및 제83조에 따른 과징금 부과 · 징수
18. 법 제90조제1항에 따른 포상금 지급(2017.12.12 본호신설)
19. 법 제92조제5호(이 조 제4호, 제4호의2 및 제4호의3에 따라 위임된 권한에 따른 수수료만 해당한다)에 따른 수수료의 징수(2018.5.15 본호개정)
20. 법 제101조에 따른 과태료 부과 · 징수

제65조의2【민감정보 및 고유식별정보의 처리】 식품의약품안전처장(제34조 또는 제65조에 따라 식품의약품안전처장의 권한 또는 업무를 위임 · 위탁받은 자를 포함한다), 시 · 도지사 또는 시장 · 군수 · 구청장(해당 권한이 위임 · 위탁된 경우에는 그 권한을 위임 · 위탁받은 자를 포함한다)은 다음 각 호의 사무를 수행하기 위하여 불가피한 경우 「개인정보 보호법」 제23조에 따른 건강에 관한 정보, 같은 법 시행령 제18조제2호에 따른 범죄경력자료에 해당하는 정보, 같은 영 제19조제1호 또는 제4호에 따른 주민등록번호 또는 외국인등록번호가 포함된 자료를 처리할 수 있다. 다만, 제6호의2의 사무의 경우에는 「개인정보 보호법 시행령」 제18조제2호에 따른 범죄경력자료에 해당하는 정보는 제외한다.(2023.7.25 단서신설)
1. 법 제16조에 따른 위생검사등의 요청에 관한 사무
2. 법 제22조에 따른 자료제출 및 출입 · 검사 · 수거 등의 조치에 관한 사무
3. (2014.7.28 삭제)
4. 법 제37조에 따른 영업허가, 영업신고, 영업등록 등에 관한 사무
5. 법 제38조에 따른 영업허가 및 영업등록 등에 관한 사무
6. 법 제39조에 따른 영업 승계 등에 관한 사무
6의2. 법 제40조에 따른 건강진단에 관한 사무(2023.7.25 본호신설)
7. 법 제43조에 따른 영업시간 및 영업행위의 제한에 관한 사무
8. 법 제45조에 따른 식품등의 회수에 관한 사무
9. 법 제48조에 따른 식품안전관리인증기준적용업소의 인증, 기술적 · 경제적 지원, 조사 · 평가 및 인증취소 · 시정명령 등에 관한 사무(2014.11.28 본호개정)
10. 법 제53조에 따른 조리사의 면허에 관한 사무
11. 법 제71조부터 제80조까지의 규정에 따른 행정처분에 관한 사무
12. 법 제81조에 따른 청문에 관한 사무
13. 법 제82조 및 제83조에 따른 과징금의 부과 · 징수에 관한 사무
14. 법 제90조에 따른 포상금 지급에 관한 사무
(2012.1.6 본조신설)

제66조【규제의 재검토】 식품의약품안전처장은 다음 각 호의 사항에 대하여 2022년 1월 1일을 기준으로 3년마다(매 3년이 되는 해의 1월 1일 전까지를 말한다) 그 타당성을 검토하여 개선 등의 조치를 해야 한다.
1. 제27조의2에 따른 위생관리책임자의 자격기준
2. 제30조에 따른 책임보험의 종류 등
(2021.12.30 본조신설)

제67조【과태료의 부과기준】 법 제101조제1항부터 제4항까지의 규정에 따른 과태료의 부과기준은 별표2와 같다.(2023.7.25 본조개정)

부　칙

제1조【시행일】 이 영은 2009년 8월 7일부터 시행한다. 다만, 부칙 제4조제5항의 개정규정(제8조의 개정부분으로 한정한다)은 2010년 1월 1일부터 시행하고, 제25조제1항제3호의 식품첨가물제조업 및 같은 항 제5호의 식품소분 · 판매업 중 식품등수입판매업의 영업신고에 관한 개정규정은 2011년 1월 1일부터 시행한다.
제2조【위해식품등의 판매 등에 따른 과징금 부과 기준 및 절차에 관한 적용례】 제57조의 개정규정은 이 영 시행 후 최초로 위해식품등의 판매 등 금지에 관한 법 제4조부터 제6조까지 또는 제8조를 위반하여 법 제83조제1항에 따른 과징금 부과 대상에 해당하는 자부터 적용한다.
제3조【과태료에 관한 경과조치】 이 영 시행 전의 행위에 대하여 과태료의 기준을 적용할 때에는 종전의 규정에 따른다.
제4조【다른 법령의 개정】 ①~⑯ ※(해당 법령에 가제정리 하였음)
제5조【다른 법령과의 관계】 이 영 시행 당시 다른 법령에서 종전의 「식품위생법 시행령」의 규정을 인용한 경우에 이 영 가운데 그에 해당하는 규정이 있으면 종전의 규정을 갈음하여 이 영의 해당 규정을 인용한 것으로 본다.

부　칙 (2012.11.27)

제1조【시행일】 이 영은 2013년 7월 1일부터 시행한다.
제2조【주류 제조자의 등록에 관한 경과조치】 이 영 시행 당시 「주세법」 제6조에 따라 주류 제조면허를 받은 자는 이 영에 따라 식품제조 · 가공업을 등록한 것으로 본다. 이 경우 주류 제조면허를 받은 자는 이 영 시행 후 2년 이내에 법 제36조에 따른 식품제조 · 가공업의 시설기준에 맞는 시설을 갖추어야 한다.

부　칙 (2015.3.30)

제1조【시행일】 이 영은 공포한 날부터 시행한다.
제2조【과징금 기준에 관한 경과조치】 이 영 시행 전의 위반행위에 대한 과징금의 기준에 관하여는 별표1 제2호의 개정규정에도 불구하고 종전의 규정에 따른다.

부　칙 (2015.12.30)

제1조【시행일】 이 영은 공포한 날부터 시행한다. 다만, 제32조의2의 개정규정은 2017년 5월 19일부터 시행한다.
제2조【과태료의 부과기준에 관한 경과조치】 ① 이 영 시행 전의 위반행위에 대하여 과태료의 부과기준을 적용할 때에는 별표2 제2호서목1)의 개정규정에도 불구하고 종전의 규정에 따른다.
② 이 영 시행 전의 위반행위로 받은 과태료의 부과처분은 별표2의 개정규정에 따른 위반행위의 횟수 산정에 포함하지 아니한다.

부　칙 (2017.12.12)

제1조【시행일】 이 영은 공포한 날부터 시행한다. 다만, 제36조의 개정규정은 공포 후 2년이 경과한 날부터 시행한다.
제2조【과징금 납부기한의 연장 및 분할 납부에 관한 적용례】 제54조의2의 개정규정은 이 영 시행 전에 법 제82조제1항에 따라 과징금을 부과한 경우에도 적용한다.
제3조【과태료의 부과기준에 관한 경과조치】 이 영 시행 전에 법 제44조제1항을 위반한 행위에 대하여 과태료를 적용할 때에는 별표2 제2호카목의 개정규정에도 불구하고 종전의 규정에 따른다.

부　칙 (2020.12.1)

이 영은 공포한 날부터 시행한다.

부　칙 (2020.12.29)

제1조【시행일】 이 영은 2021년 1월 1일부터 시행한다.
제2조【일반적 적용례】 이 영은 이 영 시행 당시 사법경찰관이 수사 중인 사건에 대해서도 적용한다.

부　칙 (2021.2.2)

이 영은 공포한 날부터 시행한다.

부　칙 (2021.2.17)

제1조【시행일】 이 영은 공포한 날부터 시행한다.(이하 생략)

부　칙 (2021.2.19)

제1조【시행일】 이 영은 2021년 2월 19부터 시행한다. (이하 생략)

부　칙 (2021.6.22)

이 영은 2021년 6월 30일부터 시행한다.

부　칙 (2021.12.30)

제1조【시행일】 이 영은 2021년 12월 30일부터 시행한다.
제2조【다른 법령의 개정】 ①~② ※(해당 법령에 가제정리 하였음)

부　칙 (2022.6.7)

제1조【시행일】 이 영은 2023년 1월 1일부터 시행한다. (이하 생략)

부　칙 (2022.7.19)

이 영은 2022년 7월 28일부터 시행한다.

부　칙 (2023.4.25)

제1조【시행일】 이 영은 공포한 날부터 시행한다.
제2조【행정처분 · 과징금 또는 과태료에 관한 적용례】 제1조부터 제61조까지의 개정규정은 이 영 시행 전의 위반행위에 대하여 이 영 시행 이후 행정처분을 하거나 과징금 또는 과태료 부과처분을 하는 경우에도 적용한다.

부　칙 (2023.7.25)
(2023.12.12)

이 영은 공포한 날부터 시행한다.

〔별표〕 ➡ 「法典 別冊」 참조

식품위생법 시행규칙

(2009년 8월 12일
전부개정보건복지가족부령 제132호)

개정
2010. 3.19보건복지부령 1호(직제시규) <중략>
2011. 8.19보건복지부령 73호 2012. 1.17보건복지부령100호
2012. 5.31보건복지부령125호(행정정보의공동이용)
2012. 6.29보건복지부령131호 2012.12.17보건복지부령174호
2013. 3.23총리령 1010호(직제시규)
2013.10.25총리령 1041호 2013.12.13총리령 1047호
2014. 2.19총리령 1066호(축산물위생관리법시규)
2014. 3. 6총리령 1068호
2014. 4. 1총리령 1074호(행정규제재검토에따른일부개정령)
2014. 5. 9총리령 1080호 2014. 8.18총리령 1090호
2014. 8.20총리령 1088호(식품·의약품분야시험·검사등에관한법시규)
2014.10.13총리령 1099호 2014.12.26총리령 1117호
2015. 5.27총리령 1159호 2015. 5.27총리령 1160호
2015. 7.21총리령 1179호 2015. 8.18총리령 1190호
2015.10.21총리령 1199호 2015.12.31총리령 1232호
2016. 2. 4총리령 1253호(수입식품안전관리특별법시규)
2016. 4.19총리령 1271호
2016. 6.30총리령 1297호(경제활성화를위한현장규제정비관련건강기능식품에관한법시규)
2016. 7.12총리령 1300호 2016. 8. 2총리령 1309호
2016. 8. 4총리령 1313호 2016.11.30총리령 1335호
2017. 1. 4총리령 1349호 2017. 5.16총리령 1396호
2017.12.29총리령 1437호 2018. 6.28총리령 1472호
2018.12.31총리령 1518호 2019. 4.19총리령 1534호
2019. 4.25총리령 1535호(식품등의표시·광고에관한법시규)
2019. 6.12총리령 1543호 2019.11.20총리령 1572호
2019.12.31총리령 1585호 2020. 4.13총리령 1610호
2020. 8.24총리령 1639호 2020.10.16총리령 1651호
2020.12.31총리령 1661호 2021. 4.12총리령 1695호
2021. 5.27총리령 1702호 2021. 6.30총리령 1715호
2021.12.30총리령 1774호 2022. 4.28총리령 1803호
2022. 6.30총리령 1813호(식품등의표시·광고에관한법시규)
2022. 7.28총리령 1821호(노인·장애인등사회복지시설의급식안전지원에관한법시규)
2022. 7.28총리령 1822호 2022.12. 9총리령 1836호
2023. 1.30총리령 1860호 2023. 5.19총리령 1879호

제1조【목적】 이 규칙은 「식품위생법」 및 같은 법 시행령에서 위임된 사항과 그 시행에 필요한 사항을 규정함을 목적으로 한다.

제2조【식품등의 위생적인 취급에 관한 기준】 「식품위생법」(이하 "법"이라 한다) 제3조제3항에 따른 식품, 식품첨가물, 기구 또는 용기·포장(이하 "식품등"이라 한다)의 위생적인 취급에 관한 기준은 별표1과 같다.

제3조【판매 등이 허용되는 식품등】 유독·유해물질이 들어 있거나 묻어 있는 식품등 또는 그러한 염려가 있는 식품등으로서 법 제4조제2호 단서에 따라 인체의 건강을 해칠 우려가 없다고 식품의약품안전처장이 인정하여 판매 등의 금지를 하지 아니할 수 있는 것은 다음 각 호의 어느 하나에 해당하는 것으로 한다.(2013.3.23 본문개정)
1. 법 제7조제1항·제2항 또는 법 제9조제1항·제2항에 따른 식품등의 제조·가공 등에 관한 기준 및 성분에 관한 규격(이하 "식품등의 기준 및 규격"이라 한다)에 적합한 것
2. 제1호의 식품등의 기준 및 규격이 정해지지 아니한 것으로서 식품의약품안전처장이 법 제57조에 따른 식품위생심의위원회(이하 "식품위생심의위원회"라 한다)의 심의를 거쳐 유해의 정도가 인체의 건강을 해칠 우려가 없다고 인정한 것(2013.3.23 본호개정)

제4조【판매 등이 금지되는 병든 동물 고기 등】 법 제5조에서 "총리령으로 정하는 질병"이란 다음 각 호의 질병을 말한다.(2013.3.23 본문개정)
1. 「축산물 위생관리법 시행규칙」 별표3 제1호다목에 따라 도축이 금지되는 가축전염병(2014.2.19 본호개정)
2. 리스테리아병, 살모넬라병, 파스튜렐라병 및 선모충증

제5조【식품등의 한시적 기준 및 규격의 인정 등】 ① 법 제7조제2항 또는 법 제9조제2항에 따라 한시적으로 제조·가공 등에 관한 기준과 성분에 관한 규격을 인정받을 수 있는 식품등은 다음 각 호와 같다.(2016.8.4 본문개정)
1. 식품(원료로 사용되는 경우만 해당한다)
  가. 국내에서 새로 원료로 사용하려는 농산물·축산물·수산물 등
  나. 농산물·축산물·수산물 등으로부터 추출·농축·분리 등의 방법으로 얻은 것으로서 식품으로 사용하려는 원료(2011.8.19 본목개정)
  다. 세포·미생물 배양 등 새로운 기술을 이용하여 얻은 것으로서 식품으로 사용하려는 원료(2023.5.19 본목신설)
2. 식품첨가물 : 법 제7조제1항에 따라 개별 기준 및 규격이 정하여지지 아니한 식품첨가물(2016.8.4 본호개정)
3. 기구 또는 용기·포장 : 법 제9조제1항에 따라 개별 기준 및 규격이 고시되지 아니한 식품 및 식품첨가물에 사용되는 기구 또는 용기·포장

② 식품의약품안전처장은 「식품·의약품분야 시험·검사 등에 관한 법률」 제6조제3항제1호에 따라 지정된 식품전문 시험·검사기관 또는 같은 조 제4항 단서에 따라 총리령으로 정하는 시험·검사기관(이하 이 조에서 "식품 등 시험·검사기관"이라 한다)이 한시적으로 인정하는 식품등의 제조·가공 등에 관한 기준과 성분의 규격에 대하여 검토한 내용이 제4항에 따른 검토기준에 적합하지 아니하다고 인정하는 경우에는 그 식품 등 시험·검사기관에 시정을 요청할 수 있다.(2014.8.20 본항개정)
③ 식품 등 시험·검사기관은 제2항에 따른 검토를 하는 데에 필요한 경우에는 그 검토를 의뢰한 자에게 관계 문헌, 원료 및 시험에 필요한 특수시약의 제출을 요청할 수 있다.(2014.8.20 본항개정)
④ 한시적으로 인정하는 식품등의 제조·가공 등에 관한 기준과 성분의 규격에 관하여 필요한 세부 검토기준 등에 대해서는 식품의약품안전처장이 정하여 고시한다.(2013.3.23 본항개정)

제5조의2【농약 또는 동물용 의약품 잔류허용기준의 설정】 ① 식품에 대하여 법 제7조의3제1항에 따라 농약 또는 동물용 의약품 잔류허용기준(이하 "잔류허용기준"이라 한다)의 설정을 신청하려는 자는 별지 제1호서식의 국내식품 중 농약·동물용 의약품 잔류허용기준 설정 신청서(전자문서로 된 신청서를 포함한다)에 다음 각 호의 자료(전자문서를 포함한다)를 첨부하여 식품의약품안전처장에게 제출해야 한다.(2023.5.19 본문개정)
1. 농약 또는 동물용 의약품의 독성에 관한 자료와 그 요약서
2. 농약 또는 동물용 의약품의 식품 잔류에 관한 자료와 그 요약서
3. 농약 또는 동물용 의약품의 표준품
(2023.5.19 1호~3호신설)
② 법 제7조의3제2항에 따라 수입식품에 대한 잔류허용기준의 설정을 요청하려는 자는 별지 제1호의2서식의 설정 요청서(전자문서로 된 요청서를 포함한다)에 다음 각 호의 자료(전자문서를 포함한다)를 첨부하여 식품의약품안전처장에게 제출하여야 한다.
1. 농약 또는 동물용 의약품의 독성에 관한 자료와 그 요약서
2. 농약 또는 동물용 의약품의 식품 잔류에 관한 자료와 그 요약서
3. 국제식품규격위원회의 잔류허용기준에 관한 자료와 잔류허용기준의 설정에 관한 자료
4. 수출국의 잔류허용기준에 관한 자료와 잔류허용기준의 설정에 관한 자료
5. 수출국의 농약 또는 동물용 의약품의 표준품
③ 식품의약품안전처장은 제1항에 따른 신청이나 제2항에 따른 요청 내용이 타당한 경우에는 잔류허용기준을 설정할 수 있으며, 잔류허용기준 설정 여부가 결정되면 지체 없이 그 사실을 별지 제1호의3서식에 따라 신청인 또는 요청인에게 통보하여야 한다.
④ 제1항부터 제3항까지에서 규정한 사항 외에 잔류허용기준 설정의 신청 또는 요청 등에 필요한 사항은 식품의약품안전처장이 정하여 고시한다.(2023.5.19 본항신설)
(2014.3.6 본조신설)

제5조의3【잔류허용기준의 변경 등】 ① 제5조의2제1항 또는 제2항에 따라 잔류허용기준의 설정을 받은 자가 그 기준을 변경할 필요가 있는 경우에는 별지 제1호서식의 변경 신청서 또는 별지 제1호의2서식의 변경 요청서를 식품의약품안전처장에게 제출하여야 한다.
② 제5조의2제1항 또는 제2항에 따라 잔류허용기준 설정을 신청 또는 요청하는 대신 잔류허용기준을 설정할 필요가 없음을 확인받으려는 자는 별지 제1호서식의 설정면제 신청서 또는 별지 제1호의2서식의 설정면제 요청서를 식품의약품안전처장에게 제출하여야 한다.
③ 잔류허용기준의 변경·설정면제 및 통보에 관하여는 제5조의2제3항을 준용한다.
(2014.3.6 본조신설)

제5조의4【식품등의 기준 및 규격 관리 기본계획 등의 수립·시행】 ① 법 제7조의4제1항에 따른 식품등의 기준 및 규격 관리 기본계획(이하 "관리계획"이라 한다)에 포함되는 노출량 평가·관리의 대상이 되는 유해물질의 종류는 다음 각 호와 같다.
1. 중금속
2. 곰팡이 독소
3. 유기성오염물질
4. 제조·가공 과정에서 생성되는 오염물질
5. 그 밖에 식품등의 안전관리를 위하여 식품의약품안전처장이 노출량 평가·관리가 필요하다고 인정한 유해물질
② 식품의약품안전처장은 관리계획 및 법 제7조의4제3항에 따른 식품등의 기준 및 규격 관리 시행계획을 수립·시행할 때에는 다음 각 호의 자료를 기초로 하여야 한다.
1. 식품등의 유해물질 오염도에 관한 자료
2. 식품등의 유해물질 저감화(低減化)에 관한 자료
3. 총식이조사(TDS, Total Diet Study)에 관한 자료
4. 「국민영양관리법」 제7조제2항제2호다목에 따른 영양 및 식생활 조사에 관한 자료
(2015.8.18 본조신설)

제5조의5【식품등의 기준 및 규격의 재평가 등】 ① 법 제7조의5제1항에 따른 재평가 대상은 다음 각 호와 같다.
1. 법 제7조제1항에 따라 정해진 식품 또는 식품첨가물의 기준 및 규격
2. 법 제9조제1항에 따라 정해진 기구 및 용기·포장의 기준 및 규격
② 식품의약품안전처장은 법 제7조의5제1항에 따라 재평가를 할 때에는 미리 그 계획서를 작성하여 식품위생심의위원회의 심의를 받아야 한다.
③ 법 제7조의5제1항에 따른 재평가의 방법 및 절차에 관한 세부 사항은 식품의약품안전처장이 정하여 고시한다.
(2015.8.18 본조신설)

제6조【기구 및 용기·포장에 사용하는 재생원료에 관한 인정 절차 등】 ① 법 제9조의2제2항 단서에서 "가열·화학반응 등에 의해 분해·정제·중합하는 등 총리령으로 정하는 공정"이란 합성수지를 가열·화학반응 등에 의해 원료물질로 분해한 후 증류, 결정화 등을 거쳐 순수하게 정제한 것을 다시 중합(重合)하는 공정을 말한다.
② 법 제9조의2제3항에 따라 기구 및 용기·포장의 원재료로 사용할 재생원료가 같은 조 제1항에 따른 기준에 적합한지에 관하여 인정을 받으려는 자는 별지 제1호의4서식의 기구 및 용기·포장의 재생원료 인정 신청서에 다음 각 호의 서류를 첨부하여 식품의약품안전처장에게 제출해야 한다.
1. 재생공정에 투입하는 원료에 관한 서류
2. 재생공정에 관한 서류
3. 오염물질 제거방법에 관한 서류
4. 그 밖에 법 제9조의2제1항에 따른 기준에 적합한지 판단하기 위하여 필요하다고 식품의약품안전처장이 정하여 고시하는 서류
③ 식품의약품안전처장은 제2항에 따라 인정 신청한 재생원료가 법 제9조의2제1항에 따른 기준에 적합한 경우에는 신청인에게 별지 제1호의5서식의 기구 및 용기·포장의 재생원료 인정서를 발급해야 한다.
(2022.12.9 본조신설)

제7조~제8조 (2019.4.25 삭제)

제9조【위생검사등 요청서】 「식품위생법 시행령」(이하 "영"이라 한다) 제6조제2항에 따라 출입·검사·수거 등(이하 "위생검사등"이라 한다)을 요청하려는 자는 별지 제1호의6서식의 소비자 위생검사등 요청서에 요청인의 신분을 확인할 수 있는 증명서를 첨부하여 식품의약품안전처장, 지방식품의약품안전청장, 특별시장·광역시장·특별자치시장·도지사·특별자치도지사(이하 "시·도지사"라 한다) 또는 시장·군수·구청장(자치구의 구청장을 말한다. 이하 같다)에게 제출해야 한다.
(2022.12.9 본조개정)

제9조의2【위생검사등 요청기관】 법 제16조제1항 각 호외의 부분 본문에서 "총리령으로 정하는 식품위생검사기관"이란 다음 각 호의 기관을 말한다.
1. 식품의약품안전평가원
2. 지방식품의약품안전청
3. 「보건환경연구원법」 제2조제1항에 따른 보건환경연구원(2019.6.12 본호개정)
(2014.3.6 본조신설)

제10조【긴급대응의 대상 등】 법 제17조제1항제1호에 따른 "국내외에서 식품등 위해발생 우려가 총리령으로 정하는 과학적 근거에 따라 제기되었거나 제기된 경우"란 식품위생심의위원회가 과학적 시험 및 분석자료 등을 바탕으로 조사·심의하여 인체의 건강을 해칠 우려가 있다고 인정한 경우를 말한다.(2013.3.23 본조개정)

제11조【금지 해제 요청서】 영 제7조제3항에 따라 해당 금지의 전부 또는 일부의 해제를 요청하려는 영업자는 별지 제2호서식의 해제 요청서에 「식품·의약품분야 시험·검사 등에 관한 법률」 제6조제3항제1호에 따라 지정된 식품전문 시험·검사기관 또는 같은 조 제4항 단서에 따라 총리령으로 정하는 시험·검사기관이 발행한 시험·검사성적서(이하 "검사성적서"라 한다)를 첨부하여 식품의약품안전처장에게 제출하여야 한다.
(2014.8.20 본조개정)

제12조~제15조의7 (2016.2.4 삭제)

제15조의8【검사명령 이행기한】 법 제19조의4제2항에 따른 검사기한은 같은 조 제1항에 따른 검사명령을 받은 날부터 20일 이내로 한다.(2012.1.17 본조신설)

제16조~제18조 (2016.2.4 삭제)

제19조【출입·검사·수거 등】 ① 법 제22조에 따른 출입·검사·수거 등은 국민의 보건위생을 위하여 필요하다고 판단되는 경우에는 수시로 실시한다.
② 제1항에도 불구하고 제89조에 따라 행정처분을 받은 업소에 대한 출입·검사·수거 등은 그 처분일부터 6개월 이내에 1회 이상 실시하여야 한다. 다만, 행정처분을 받은 영업자가 그 처분의 이행 결과를 보고하는 경우에는 그러하지 아니하다.

제20조【수거량 및 검사 의뢰 등】 ① 법 제22조제1항제2호나목에 따라 무상으로 수거할 수 있는 식품등의 대상과 그 수거량은 별표8과 같다.
② 관계 공무원이 제1항에 따라 식품등을 수거한 경우에는 별지 제16호서식의 수거증(전자문서를 포함한다)을 발급하여야 한다.(2011.8.19 본항개정)
③ 제1항에 따라 식품등을 수거한 관계 공무원은 그 수거한 식품등을 그 수거 장소에서 봉함하고 관계 공무원 및 피수거자의 인장 등으로 봉인하여야 한다.
④ 식품의약품안전처장, 시·도지사 또는 시장·군수·구청장은 제1항에 따라 수거한 식품등에 대해서는 지체 없이 「식품·의약품분야 시험·검사 등에 관한 법률」 제6조제3항제1호에 따라 식품의약품안전처장이 지정한 식품전문 시험·검사기관 또는 같은 조 제4항 단서에 따라 총리령으로 정하는 시험·검사기관에 검사를 의뢰하여야 한다.(2014.8.20 본항개정)

⑤ 식품의약품안전처장, 시·도지사 또는 시장·군수·구청장은 법 제22조제1항에 따라 관계 공무원으로 하여금 출입·검사·수거를 하게 한 경우에는 별지 제17호서식의 수거검사 처리대장(전자문서를 포함한다)에 그 내용을 기록하고 이를 갖춰 두어야 한다.(2013.3.23 본항개정)

⑥ 법 제22조제3항에 따른 출입·검사·수거 또는 열람하려는 공무원의 권한을 표시하는 증표는 별지 제18호서식과 같다.

제20조의2【식품등의 재검사 요청 절차 및 방법 등】 ① 법 제23조제2항 본문에 따라 식품등의 재검사를 요청하려는 영업자는 법 제23조제1항에 따른 검사 결과를 통보받은 날부터 60일 이내에 별지 제17호의2서식의 식품등 재검사 신청서(전자문서로 된 신청서를 포함한다)에 다음 각 호의 서류를 첨부하여 식품의약품안전처장(지방식품의약품안전청장을 포함한다. 이하 이 조에서 같다), 시·도지사 또는 시장·군수·구청장에게 제출해야 한다.

1. 법 제23조제1항에 따른 검사 결과에 관한 서류
2. 법 제23조제2항 본문에 따른 검사성적서 또는 검사증명서
3. 제2호에 따른 검사 제품이 제1호에 따른 검사 제품과 같은 제품(같은 날에 같은 영업시설에서 같은 제조 공정을 통해 제조·생산된 제품에 한정한다)임을 증명하는 자료

② 식품의약품안전처장, 시·도지사 또는 시장·군수·구청장은 제1항에 따른 재검사 요청이 법 제23조제3항 전단에 따른 재검사 요건에 부합하면 다음 각 호의 구분에 따라 재검사를 해야 한다.

1. 「보건환경연구원법」 제2조제1항에 따른 보건환경연구원에서 실시한 검사에 대해서는 지방식품의약품안전청장에게 의뢰하여 검사할 것
2. 「식품·의약품분야 시험·검사 등에 관한 법률」 제6조제3항제1호에 따른 식품전문 시험·검사기관에서 실시한 검사에 대해서는 지방식품의약품안전청장에게 의뢰하여 검사할 것
3. 지방식품의약품안전청장이 실시한 검사에 대해서는 식품의약품안전평가원장에게 의뢰하여 검사할 것

③ 법 제23조제3항에 따른 식품등의 재검사는 법 제23조제1항에 따른 검사를 하고 남아 있는 제품을 대상으로 실시한다. 다만, 남아 있는 제품이 없는 경우에는 법 제23조제1항에 따라 검사한 제품과 같은 제품(같은 날에 같은 영업시설에서 같은 제조 공정을 통해 제조·생산된 제품에 한정한다)을 대상으로 실시한다.

④ 식품의약품안전처장, 시·도지사 또는 시장·군수·구청장은 법 제23조제3항에 따라 재검사를 완료한 경우에는 별지 제17호의3서식에 따라 그 결과를 신청인에게 알려야 한다. 이 경우 그 통보기간은 제1항에 따라 재검사를 요청받은 날부터 20일로 한다.

⑤ 제1항부터 제4항까지에서 규정한 사항 외에 식품등의 재검사 요청 절차 및 재검사 방법 등에 필요한 세부 사항은 식품의약품안전처장이 정하여 고시한다.
(2019.6.12 본조신설)

제21조【식품등의 재검사 제외대상】 법 제23조제2항 단서에 따라 재검사 대상에서 제외하는 검사항목은 이물, 미생물, 곰팡이독소, 잔류농약 및 잔류동물용의약품에 관한 검사로 한다.(2015.12.31 본조신설)

제22조~제30조 (2014.8.20 삭제)

제31조【자가품질검사】 ① 법 제31조제1항에 따른 자가품질검사는 별표12의 자가품질검사기준에 따라 하여야 한다.

②~③ (2014.8.20 삭제)

④ 자가품질검사에 관한 기록서는 2년간 보관하여야 한다.

제31조의2【자가품질검사의무의 면제】 법 제31조의2제2호에 따라 식품안전관리인증기준적용업소의 자가품질검사 의무를 면제하는 경우는 해당 식품안전관리인증기준적용업소에 대하여 제66조제1항에 따른 조사·평가를 한 결과가 만점의 95퍼센트 이상인 경우로 한다.
(2016.8.2 본조신설)

제31조의3【확인검사 등의 보고 절차 등】 ① 법 제31조의3제1항 전단에 따라 확인검사를 요청한 영업자는 별지 제17호의4서식의 확인검사 요청 사실 보고서에 다음 각 호의 서류를 첨부하여 관할 지방식품의약품안전청장, 시·도지사 또는 시장·군수·구청장에게 보고해야 한다.

1. 법 제31조의3제1항에 따른 자가품질검사 검사성적서
2. 확인검사 의뢰서

② 제1항에 따라 확인검사 요청 사실을 보고받은 관할 지방식품의약품안전청장, 시·도지사 또는 시장·군수·구청장은 식품의약품안전처장에게 그 사실을 통보해야 한다.

③ 법 제31조의3제2항 본문에 따라 확인검사를 실시한 「식품·의약품분야 시험·검사 등에 관한 법률」 제6조제2항제1호에 따른 식품 등 시험·검사기관은 별지 제17호의5서식의 확인검사 검사성적서를 발급해야 한다.
(2022.7.28 본조신설)

제31조의4【확인검사 제외대상 검사항목】 법 제31조의3제2항 단서에서 "시간이 경과함에 따라 검사 결과가 달라질 수 있는 검사항목 등 총리령으로 정하는 검사항목"이란 이물, 미생물, 곰팡이독소, 잔류농약 및 잔류동물용의약품을 말한다.(2022.7.28 본조신설)

제31조의5【최종 확인검사 요청 절차 등】 ① 법 제31조의3제3항에 따라 최종 확인검사를 요청하려는 영업자는 법 제31조의3제2항에 따른 확인검사 결과를 통보받은 날부터 60일 이내에 별지 제17호의6서식의 최종 확인검사 신청서에 다음 각 호의 서류를 첨부하여 관할 지방식품의약품안전청장에게 제출해야 한다.

1. 법 제31조의3제1항에 따른 자가품질검사 검사성적서
2. 법 제31조의3제2항에 따른 확인검사 검사성적서
3. 자가품질검사를 실시한 제품과 확인검사를 실시한 제품이 같은 제품(같은 날에 같은 영업시설에서 같은 제조 공정을 통해 제조·생산된 제품을 말한다)임을 증명하는 자료

② 제1항에 따라 최종 확인검사를 요청받은 지방식품의약품안전청장은 요청받은 날부터 20일 이내에 최종 확인검사를 완료하고 별지 제17호의7서식의 최종 확인검사 검사성적서를 발급해야 한다.
(2022.7.28 본조신설)

제31조의6【식품위생감시원의 교육시간 등】 ① 법 제32조제1항에 따른 식품위생감시원(이하 이 조에서 "식품위생감시원"이라 한다)은 영 제17조의2에 따라 매년 7시간 이상 식품위생감시원 직무교육을 받아야 한다. 다만, 식품위생감시원으로 임명된 최초의 해에는 21시간 이상을 받아야 한다.

② 영 제17조의2에 따른 식품위생감시원 직무교육에는 다음 각 호의 내용이 포함되어야 한다.

1. 식품안전 법령에 관한 사항
2. 식품 등의 기준 및 규격에 관한 사항
3. 영 제17조에 따른 식품위생감시원의 직무에 관한 사항
4. 그 밖에 제1호부터 제3호까지에 준하는 사항으로서 식품의약품안전처장, 시·도지사 또는 시장·군수·구청장이 식품위생감시원의 전문성 및 직무역량 강화를 위해 필요하다고 인정하는 사항

③ 제1항 및 제2항에서 규정한 사항 외에 식품위생감시원의 교육 운영 등에 필요한 세부 사항은 식품의약품안전처장이 정하여 고시한다.
(2019.11.20 본조신설)

제32조【소비자식품위생감시원의 단독 출입 시 승인서 및 증표】 영 제18조제7항에 따라 소비자식품위생감시원이 영업소를 단독으로 출입할 때 지니는 승인서 및 증표는 각각 별지 제24호서식 및 별지 제25호서식과 같다.

제33조~제34조 (2015.12.31 삭제)

제35조【위생점검의 절차 및 결과 표시 등】 ① 법 제35조제1항에 따른 위생관리 상태의 점검을 신청하려는 영업자는 별지 제28호서식의 소비자 위생점검 참여신청서(전자문서로 된 신청서를 포함한다)에 다음 각 호의 구분에 따른 서류(전자문서를 포함한다)를 첨부하여 식품의약품안전처장에게 제출하여야 한다.(2013.3.23 본문개정)

1. 영 제21조제1호의 식품제조·가공업자 및 영 제21조제3호의 식품첨가물제조업자의 경우 : 제품명, 사용한 원재료명 및 성분배합 비율, 제조·가공의 방법, 사용한 식품첨가물의 명칭·사용량 등에 관한 서류
2. 영 제21조제5호나목6)의 기타 식품판매업자의 경우 : 제품의 안전성 및 위생적 관리, 보존 및 보관에 관한 서류
3. 영 제21조제8호의 식품접객업자 중 법 제47조제1항에 따라 모범업소로 지정받은 영업자의 경우 : 취수원, 배수시설 등 건물의 구조 및 환경, 주방시설 및 기구, 원재료의 보관 및 운반시설, 종업원의 서비스, 제공반찬과 가격 표시, 남은 음식을 처리할 수 있는 시설 및 설비에 관한 서류

② 식품의약품안전처장은 제1항에 따라 신청을 받은 경우에는 신청 받은 날부터 1개월 이내에 식품위생에 관한 전문적인 지식이 있는 사람 또는 소비자단체의 장이 추천한 사람 중에서 해당 영업소의 업종 등을 고려하여 적합한 전문가들로 점검단을 구성하여 위생점검을 실시하게 하여야 한다.(2013.3.23 본항개정)

③ 식품의약품안전처장은 제2항에 따른 위생점검 결과 합격한 영업자에게는 별지 제29호서식의 위생점검 합격증서를 발급하고, 그 영업자는 그 합격사실을 별표13에 따라 표시하거나 광고할 수 있다. 이 경우 그 표시사항은 제품·포장·용기 및 주변의 도안 등을 고려하여 소비자가 알아보기 쉽게 표시하여야 한다.(2013.3.23 전단개정)

④ 법 제35조제3항에 따라 식품의약품안전처장, 시·도지사 또는 시장·군수·구청장은 우수 등급의 영업소에 대하여는 우수 등급이 확정된 날부터 2년 동안 법 제22조에 따른 출입·검사·수거 등을 하지 아니할 수 있다.
(2013.3.23 본항개정)

제36조【업종별 시설기준】 법 제36조에 따른 업종별 시설기준은 별표14와 같다.

제37조【즉석판매제조·가공업의 대상】 영 제21조제2호에서 "총리령으로 정하는 식품"이란 별표15와 같다.
(2013.3.23 본조개정)

제38조【식품소분업의 신고대상】 ① 영 제21조제5호가목에서 "총리령으로 정하는 식품 또는 식품첨가물"이란 영 제21조제1호 및 제3호에 따른 영업의 대상이 되는 식품 또는 식품첨가물(수입되는 식품 또는 식품첨가물을 포함한다)과 벌꿀[영업자가 자가채취하여 직접 소분(小分)·포장하는 경우를 제외한다]을 말한다. 다만, 다음 각 호의 어느 하나에 해당하는 경우에는 소분·판매해서는 안 된다.(2020.8.24 단서개정)

1. 어육 제품
2. 특수용도식품(체중조절용 조제식품은 제외한다)
3. 통·병조림 제품
4. 레토르트식품
5. 전분
6. 장류 및 식초(제품의 내용물이 외부에 노출되지 않도록 개별 포장되어 있어 위해가 발생할 우려가 없는 경우는 제외한다)

(2020.8.24 1호~6호신설)

② 식품 또는 식품첨가물제조업의 신고를 한 자가 자기가 제조한 제품의 소분·포장만을 하기 위하여 신고를 한 제조업소 외의 장소에서 식품소분업을 하려는 경우에는 그 제품이 제1항의 식품소분업 신고대상 품목이 아니더라도 식품소분업 신고를 할 수 있다.

제39조【기타 식품판매업의 신고대상】 영 제21조제5호나목6)의 기타 식품판매업에서 "총리령으로 정하는 일정 규모 이상의 백화점, 슈퍼마켓, 연쇄점 등"이란 백화점, 슈퍼마켓, 연쇄점 등의 영업장의 면적이 300제곱미터 이상인 업소를 말한다.(2013.3.23 본조개정)

제40조【영업허가의 신청】 ① 법 제37조제1항 전단에 따라 영업허가를 받으려는 자는 별지 제30호서식의 영업허가신청서(전자문서로 된 신청서를 포함한다)에 다음 각 호의 서류(전자문서를 포함한다)를 첨부하여 영 제23조에 따른 허가관청(이하 "허가관청"이라 한다)에 제출하여야 한다.(2012.5.31 후단삭제)

1. (2012.5.31 삭제)
2. 교육이수증(법 제41조제2항에 따라 미리 교육을 받은 경우만 해당한다)
3. 유선 및 도선사업 면허증 또는 신고필증(수상구조물로 된 유선장 또는 도선장에서 영 제21조제8호다목의 단란주점영업 및 같은 호 라목의 유흥주점영업을 하려는 경우만 해당한다)
4. 「먹는물관리법」에 따른 먹는물 수질검사기관이 발행한 수질검사(시험)성적서(수돗물이 아닌 지하수 등을 먹는 물 또는 식품등의 제조과정이나 식품의 조리·세척 등에 사용하는 경우만 해당한다)
5. (2019.11.20 삭제)
6. (2016.6.30 삭제)

② 제1항에 따라 신청서를 제출받은 허가관청은 「전자정부법」 제36조제1항에 따른 행정정보의 공동이용을 통하여 다음 각 호의 서류를 확인하여야 한다. 다만, 신청인이 제3호부터 제6호까지의 확인에 동의하지 아니하는 경우에는 그 사본을 첨부하도록 하여야 한다.(2019.11.20 단서개정)

1. 토지이용계획확인서
2. 건축물대장
3. 액화석유가스 사용시설완성검사증명서(영 제21조제8호다목의 단란주점영업 및 같은 호 라목의 유흥주점영업을 하려는 자 중 「액화석유가스의 안전관리 및 사업법」 제44조제2항에 따라 액화석유가스 사용시설의 완성검사를 받아야 하는 경우만 해당한다)(2020.4.13 본호개정)
4. 「전기사업법」 제66조의2제1항제3호 및 같은 법 시행규칙 제38조제3항에 따른 전기안전점검확인서(영 제21조제8호다목의 단란주점영업 및 같은 호 라목의 유흥주점영업을 하려는 경우만 해당한다)(2015.8.18 본호신설)
5. 건강진단결과서(제49조에 따른 건강진단대상자의 경우만 해당한다)(2016.6.30 본호신설)
6. 「다중이용업소의 안전관리에 관한 특별법」 제9조제5항에 따라 소방본부장 또는 소방서장이 발급하는 안전시설등 완비증명서(영 제21조제8호다목의 단란주점영업 및 같은 호 라목의 유흥주점영업을 하려는 경우만 해당한다)(2019.11.20 본호신설)

(2012.5.31 본항신설)

③ 허가관청은 신청인이 법 제38조제1항제8호에 해당하는지 여부를 내부적으로 확인할 수 없는 경우에는 제1항 각 호의 서류 외에 신원 확인에 필요한 자료를 제출하게 할 수 있다. 이 경우 신청인이 외국인인 경우에는 해당 국가의 정부나 그 밖의 권한 있는 기관이 발행한 서류 또는 공증인이 공증한 신청인의 진술서로서 「재외공관 공증법」에 따라 해당 국가에 주재하는 대한민국공관의 영사관이 확인한 서류를 제출하게 할 수 있다.
(2011.4.7 본항개정)

④ 허가관청은 영업허가를 할 경우에는 영 제21조제6호가목의 영업의 경우에는 별지 제31호서식, 영 제21조제8호다목 및 라목의 영업의 경우에는 별지 제32호서식의 영업허가증을 각각 발급하여야 한다. 이 경우 허가관청은 영 제21조제6호가목의 영업의 경우에는 별지 제33호서식, 영 제21조제8호다목 및 라목의 영업의 경우에는 별지 제34호서식의 영업허가 관리대장을 각각 작성하여 보관하거나 같은 서식으로 전산망에 입력하여 관리하여야 한다.

⑤ 영업자가 허가증을 잃어버렸거나 허가증이 헐어 못 쓰게 되어 허가증을 재발급받으려는 경우에는 별지 제35

호서식의 재발급신청서(허가증이 헐어 못 쓰게 된 경우에는 못 쓰게 된 허가증을 첨부하여야 한다)를 허가관청에 제출하여야 한다.(2011.8.19 본문개정)

1.~2. (2011.8.19 삭제)

제41조【허가사항의 변경】 ① 법 제37조제1항 후단에 따라 변경허가를 받으려는 자는 별지 제36호서식의 허가사항 변경 신청·신고서에 허가증과 다음 각 호의 서류를 첨부하여 변경한 날부터 7일 이내에 허가관청에 제출하여야 한다.(2018.12.31 본문개정)

1. (2012.5.31 삭제)
2. 유선 및 도선사업 면허증 또는 신고필증(수상구조물로 된 유선장 또는 도선장에서 영 제21조제8호다목의 단란주점영업 및 같은 호 라목의 유흥주점영업만 해당한다) (2019.11.20 본호개정)
3. 「먹는물관리법」에 따른 먹는물 수질검사기관이 발행한 수질검사(시험)성적서(수돗물이 아닌 지하수 등을 먹는 물 또는 식품등의 제조과정이나 식품의 조리·세척 등에 사용하는 경우만 해당한다)
4. (2019.11.20 삭제)

② 제1항에 따라 신청서를 제출받은 허가관청은 「전자정부법」 제36조제1항에 따른 행정정보의 공동이용을 통하여 다음 각 호의 서류를 확인하여야 한다. 다만, 신청인이 제3호부터 제5호까지의 확인에 동의하지 아니하는 경우에는 그 사본을 첨부하도록 하여야 한다.(2019.11.20 단서개정)

1. 토지이용계획확인서
2. 건축물대장
3. 액화석유가스 사용시설완성검사증명서(영 제21조제8호다목의 단란주점영업 및 같은 호 라목의 유흥주점영업을 하는 자 중 「액화석유가스의 안전관리 및 사업법」 제44조제2항에 따라 액화석유가스 사용시설의 완성검사를 받아야 하는 경우만 해당한다)(2020.4.13 본호개정)
4. 「전기사업법」 제66조의2제1항제3호 및 같은 법 시행규칙 제38조제3항에 따른 전기안전점검확인서(영 제21조제8호다목의 단란주점영업 및 같은 호 라목의 유흥주점영업만 해당한다)(2019.11.20 본호개정)
5. 「다중이용업소의 안전관리에 관한 특별법」 제9조제5항에 따라 소방본부장 또는 소방서장이 발급하는 안전시설등 완비증명서(영 제21조제8호다목의 단란주점영업 및 같은 호 라목의 유흥주점영업만 해당한다) (2019.11.20 본호신설)

(2012.5.31 본항신설)

③ 영업허가를 받은 자가 다음 각 호의 사항을 변경한 경우에는 법 제37조제3항에 따라 변경한 날부터 7일 이내에 허가관청에 별지 제36호서식의 허가사항 변경 신청·신고서에 허가증을 첨부하여 신고하여야 한다. 다만, 제48조의 영업자 지위승계에 따른 변경의 경우는 제외한다.(2019.11.20 본문개정)

1. 영업자의 성명(영업자가 법인인 경우에는 그 대표자의 성명을 말한다)
2. 영업소의 명칭 또는 상호
3. 영업장의 면적

④ 제3항에 따라 신고서를 제출 받은 허가관청은 「전자정부법」 제36조제1항에 따른 행정정보의 공동이용을 통해 「다중이용업소의 안전관리에 관한 특별법」 제9조제5항에 따라 소방본부장 또는 소방서장이 발급하는 안전시설등 완비증명서(영업장 면적을 변경하는 경우로서 영 제21조제8항다목의 단란주점영업 및 같은 호 라목의 유흥주점영업만 해당한다)를 확인해야 한다. 다만, 신고인이 확인에 동의하지 않는 경우에는 그 사본을 첨부하도록 해야 한다.(2019.11.20 본항신설)

제42조【영업의 신고 등】 ① 법 제37조제4항 전단에 따라 영업신고를 하려는 자는 영업에 필요한 시설을 갖춘 후 별지 제37호서식의 영업신고서(전자문서로 된 신고서를 포함한다)에 다음 각 호의 서류(전자문서를 포함한다)를 첨부하여 영 제25조제1항에 따른 신고관청(이하 "신고관청"이라 한다)에 제출하여야 한다.(2012.5.31 후단삭제)

1. 교육이수증(법 제41조제2항에 따라 미리 교육을 받은 경우만 해당한다)
2. 제조·가공하려는 식품의 유형 및 제조방법설명서(영 제21조제2호의 영업만 해당한다)(2020.12.31 본호개정)
3. 시설사용계약서(영 제21조제4호의 식품운반업을 하려는 자 중 차고 또는 세차장을 임대할 경우만 해당한다)
4. 「먹는물관리법」에 따른 먹는물 수질검사기관이 발행한 수질검사(시험)성적서(수돗물이 아닌 지하수 등을 먹는 물 또는 식품등의 제조과정이나 식품의 조리·세척 등에 사용하는 경우만 해당한다)
5. (2012.5.31 삭제)
6. 유선 및 도선사업 면허증 또는 신고필증(수상구조물로 된 유선장 및 도선장에서 영 제21조제8호가목의 휴게음식점영업, 같은 호 나목의 일반음식점영업 및 같은 호 바목의 제과점영업을 하려는 경우만 해당한다)
7. (2019.11.20 삭제)
8. 식품자동판매기의 종류 및 설치장소가 기재된 서류(2대 이상의 식품자동판매기를 설치하고 일련관리번호를 부여하여 일괄 신고를 하는 경우만 해당한다)
9. 수상레저사업 등록증(수상구조물로 된 수상레저사업장에서 영 제21조제8호가목의 휴게음식점영업 및 같은 호 바목의 제과점영업을 하려는 경우만 해당한다)
10. 「국유재산법 시행규칙」 제14조제3항에 따른 국유재산 사용허가서(군사시설 또는 국유철도의 정거장시설에서 영 제21조제2호의 즉석판매제조·가공업의 영업, 같은 조 제5호의 식품소분·판매업의 영업, 같은 조 제8호가목의 휴게음식점영업, 같은 호 나목의 일반음식점영업 또는 같은 호 바목의 제과점영업을 하려는 경우만 해당한다)(2017.12.29 본호개정)
11. 해당 도시철도사업자와 체결한 도시철도시설 사용계약에 관한 서류(도시철도의 정거장시설에서 영 제21조제2호의 즉석판매제조·가공업의 영업, 같은 조 제5호의 식품소분·판매업의 영업, 같은 조 제8호가목의 휴게음식점영업, 같은 호 나목의 일반음식점영업 또는 같은 호 바목의 제과점영업을 하려는 경우만 해당한다) (2011.8.19 본호개정)
12. 예비군식당 운영계약에 관한 서류(군사시설에서 영 제21조제8호나목의 일반음식점영업을 하려는 경우만 해당한다)
13. 영업장과 연접하는 외부 장소를 영업장으로 사용하려는 경우에는 해당 외부 장소에 대해 정당한 사용 권한이 있음을 증명하는 서류(영 제21조제8호가목의 휴게음식점영업, 같은 호 나목의 일반음식점영업 또는 같은 호 바목의 제과점영업을 하려는 자가 해당 외부 장소에서 음식류 등을 제공하는 경우만 해당한다) (2020.12.31 본호신설)
14. 「자동차관리법 시행규칙」 별표1 제1호·제2호 및 비고 제1호가목에 따른 이동용 음식판매 용도인 소형·경형화물자동차 또는 같은 표 제2호에 따른 이동용 음식판매 용도인 특수작업형 특수자동차(이하 "음식판매자동차"라 한다)를 사용하여 영 제21조제8호가목의 휴게음식점영업 또는 같은 호 바목의 제과점영업을 하려는 경우는 별표15의2에 따른 서류(2014.10.13 본호개정)
15. 「어린이놀이시설 안전관리법」 제12조제1항 및 같은 법 시행령 제7조제4항에 따른 어린이놀이시설 설치검사합격증 또는 「어린이놀이시설 안전관리법」 제12조제2항 및 같은 법 시행령 제8조제5항에 따른 어린이놀이시설 정기시설검사합격증(영 제21조제8호가목, 나목, 마목 또는 바목의 영업을 하려는 경우로서 해당 영업장에 어린이놀이시설을 설치하는 경우만 해당한다) (2015.8.18 본호신설)
16. 공유주방 소재지, 면적 등이 기재된 공유주방 사용계약에 관한 서류(영 제21조제9호의 공유주방 운영업자의 공유주방을 사용하는 경우만 해당한다) (2021.12.30 본호신설)

② 제1항에 따라 신고서를 제출받은 신고관청은 「전자정부법」 제36조제1항에 따른 행정정보의 공동이용을 통하여 다음 각 호의 서류를 확인하여야 한다. 다만, 신고인이 제3호부터 제7호까지의 확인에 동의하지 아니하는 경우에는 그 사본을 첨부하도록 하여야 한다.(2019.11.20 단서개정)

1. 토지이용계획확인서(제1항제10호에 따른 국유재산 사용허가서를 제출한 경우에는 제외한다)
2. 건축물대장 또는 「건축법」 제22조제3항제2호에 따른 건축물의 임시사용 승인서(제1항제10호에 따른 국유재산 사용허가서를 제출한 경우에는 제외한다) (2018.12.31 1호~2호개정)
3. 액화석유가스 사용시설완성검사증명서(영 제21조제8호가목의 휴게음식점영업, 같은 호 나목의 일반음식점영업 및 같은 호 바목의 제과점영업을 하려는 자 중 「액화석유가스의 안전관리 및 사업법」 제44조제2항에 따라 액화석유가스 사용시설의 완성검사를 받아야 하는 경우만 해당한다)(2020.4.13 본호개정)
4. 자동차등록증(음식판매자동차를 사용하여 영 제21조제8호가목의 휴게음식점영업 또는 같은 호 바목의 제과점영업을 하려는 경우만 해당한다)(2014.8.18 본호신설)
5. 사업자등록증(「고등교육법」 제2조에 따른 학교에서 해당 학교의 경영자가 음식판매자동차를 사용하여 영 제21조제8호가목의 휴게음식점영업 또는 같은 호 바목의 제과점영업을 하려는 경우만 해당한다)(2015.5.27 본호신설)
6. 건강진단결과서(제49조에 따른 건강진단 대상자만 해당한다)(2016.6.30 본호신설)
7. 「다중이용업소의 안전관리에 관한 특별법」 제9조제5항에 따라 소방본부장 또는 소방서장이 발급하는 안전시설등 완비증명서(「다중이용업소의 안전관리에 관한 특별법 시행령」 제2조제1호가목에 따른 영업을 하려는 경우만 해당한다)(2019.11.20 본호신설)

③ 제1항에도 불구하고 신고한 영업소 외의 다른 장소(제2호의 경우에는 별표14 제8호가목5)에 따른 장소만 해당한다)에서 1개월의 범위에서 한시적으로 영업을 하려는 자는 다음 각 호의 구분에 따른 서류를 관할 신고관청에 제출해야 한다.

1. 영 제21조제2호에 따른 즉석판매제조·가공업자 : 영업신고증 및 자가품질검사 결과서(자가품질검사가 필요한 영업만 해당한다)
2. 영 제21조제8호에 따른 휴게음식점영업자, 일반음식점영업자 또는 제과점영업자(음식판매자동차를 사용하여 영업을 하는 경우는 제외한다) : 영업신고증 (2020.4.13 본항개정)

④ 제1항에도 불구하고 음식판매자동차를 사용하는 영 제21조제8호가목의 휴게음식점영업자 또는 같은 호 바목의 제과점영업자가 신고한 영업소의 소재지 외의 장소에서 해당 영업을 하려는 경우에는 영업을 하려는 지역의 관할 행정관청에 영업신고증 및 별표15의2에 따른 서류(전자문서를 포함한다)를 제출하여야 한다.(2016.7.12 본항신설)

⑤ 제4항에 따라 영업신고증 및 서류를 제출받은 관할 행정관청은 지체 없이 제출된 영업신고증의 뒷면에 제출일 및 새로운 영업소의 소재지를 적어 발급하고 그 사실을 신고관청에 통보하여야 하며, 신고관청은 통보받은 내용을 영업신고 관리대장에 작성·보관하거나 전산망에 입력하여 관리하여야 한다.(2016.7.12 본항신설)

⑥ 제1항에 따른 영업신고를 할 경우 같은 사람이 같은 시설 안에서 영 제21조제5호나목의 식품판매업 중 식용얼음판매업, 식품자동판매기영업 및 기타 식품판매업을 하려는 경우에도 영업별로 각각 영업신고를 하여야 한다.

⑦ 제1항에 따른 식품자동판매기영업을 신고할 때 같은 특별자치시·시(제주특별자치도의 경우에는 행정시를 말한다)·군·구(자치구를 말한다)에서 식품자동판매기를 2대 이상 설치하여 영업을 하려는 경우에는 해당 식품자동판매기에 일련관리번호를 부여하여 일괄 신고를 할 수 있다.(2016.8.4 본항개정)

⑧ 제1항에 따라 신고를 받은 신고관청은 지체 없이 영 제21조제2호 및 제7호의 영업의 경우에는 별지 제38호서식의 영업신고증을 발급하고, 영 제21조제4호·제5호·제6호나목 및 제8호가목·나목·마목 및 바목의 영업의 경우에는 별지 제39호서식의 영업신고증을 발급하여야 한다.(2015.8.18 본항개정)

⑨ 제8항에 따라 신고증을 발급한 신고관청은 영 제21조제2호, 제4호, 제5호, 제6호나목 및 제7호의 영업의 경우에는 별지 제33호서식의 영업신고 관리대장을, 영 제21조제8호가목·나목·마목 및 바목의 영업의 경우에는 별지 제34호서식의 영업신고 관리대장을 각각 작성·보관하거나 같은 서식으로 전산망에 입력하여 관리하여야 한다. (2016.7.12 본항개정)

⑩ 제1항에 따라 신고를 받은 신고관청은 해당 영업소의 시설에 대한 확인이 필요한 경우에는 신고증 발급 후 15일 이내에 신고받은 사항을 확인하여야 한다. 다만, 영 제21조제8호의 식품접객업 영업신고를 받은 경우에는 반드시 1개월 이내에 해당 영업소의 시설에 대하여 신고받은 사항을 확인하여야 한다.(2011.8.19 단서신설)

⑪ 영업자가 신고증을 잃어버렸거나 헐어 못 쓰게 되어 신고증을 재발급받으려는 경우에는 별지 제35호서식의 재발급신청서에 신고증(신고증이 헐어 못 쓰게 되어 재발급을 신청하는 경우만 해당한다)을 첨부하여 신고관청에 신청하여야 한다.(2012.6.29 본문개정)

1.~2. (2011.4.7 삭제)

제43조【신고사항의 변경】 ① 법 제37조제4항 후단에 따라 변경신고를 하려는 자는 별지 제41호서식의 영업신고사항 변경신고서에 영업신고증 및 다음 각 호의 구분에 따른 서류를 첨부하여 변경한 날부터 7일 이내에 신고관청에 제출해야 한다.

1. 영 제26조제3호의 영업소 소재지를 변경하려는 경우 : 제42조제1항제3호부터 제12호까지 및 제14호부터 제16호까지의 서류
2. 건물 외부에 영업장과 연접하는 외부장소를 영업장으로 사용하기 위하여 영 제26조제4호의 영업장 면적을 변경하려는 경우 : 사용하려는 장소에 대한 정당한 사용 권한이 있음을 증명하는 서류
3. 영 제26조제6호의 사항을 변경하려는 경우 : 제조·가공하려는 식품의 유형 및 제조방법설명서

(2021.12.30 본항신설)

② 제1항에 따라 신고서를 제출받은 신고관청은 「전자정부법」 제36조제1항에 따른 행정정보의 공동이용을 통하여 다음 각 호의 서류를 확인해야 한다. 다만, 신고인이 제3호부터 제6호까지의 서류의 확인에 동의하지 않는 경우에는 그 사본을 첨부하도록 해야 한다(2021.12.30 본문개정)

1. 토지이용계획확인서(제42조제1항제10호에 따른 국유재산 사용허가서를 제출한 경우에는 제외한다)
2. 건축물대장 또는 「건축법」 제22조제3항제2호에 따른 건축물의 임시사용 승인서(제42조제1항제10호에 따른 국유재산 사용허가서를 제출한 경우에는 제외한다) (2018.12.31 1호~2호개정)
3. 액화석유가스 사용시설완성검사증명서(영 제21조제8호가목의 휴게음식점영업, 같은 호 나목의 일반음식점영업 및 같은 호 바목의 제과점영업을 하는 자 중 「액화석유가스의 안전관리 및 사업법」 제44조제2항에 따라 액화석유가스 사용시설의 완성검사를 받아야 하는 경우만 해당한다)(2020.4.13 본호개정)
4. 자동차등록증(신고한 음식판매자동차의 면적을 변경하려는 경우만 해당한다)(2014.8.18 본호신설)
5. 「다중이용업소의 안전관리에 관한 특별법」 제9조제5항에 따라 소방본부장 또는 소방서장이 발급하는 안전시설등 완비증명서(영업소 소재지 또는 영업장 면적을 변경하는 경우로서 「다중이용업소의 안전관리에 관한 특별법 시행령」 제2조제1호가목에 따른 영업만 해당한다) (2019.11.20 본호신설)

6. 사업자등록증(「고등교육법」 제2조에 따른 학교에서 해당 학교의 경영자가 음식판매자동차를 사용하여 영 제21조제8호가목의 휴게음식점영업 또는 같은 호 바목의 제과점영업을 하는 경우만 해당한다)(2019.11.20 본호신설)

제43조의2【영업의 등록 등】 ① 법 제37조제5항 본문에 따라 영업등록을 하려는 자는 영업에 필요한 시설을 갖춘 후 별지 제41호의2서식의 영업등록신청서에 다음 각 호에서 정하는 바에 따른 서류를 첨부하여 영 제26조의2에 따른 등록관청(이하 "등록관청"이라 한다)에 제출해야 한다.

1. 공통서류
 가. 법 제41조제2항에 따라 미리 교육을 받은 경우 : 교육이수증
 나. 수돗물이 아닌 지하수 등을 먹는 물 또는 식품등의 제조과정 등에 사용하는 경우 : 「먹는물관리법」에 따른 먹는물 수질검사기관이 발행한 수질검사(시험)성적서
2. 영 제21조제1호의 식품제조 · 가공업 및 같은 조 제3호의 식품첨가물제조업을 하려는 경우
 가. 제조 · 가공하려는 식품 또는 식품첨가물의 종류 및 제조방법 설명서
 나. 공유주방 소재지, 면적 등이 기재된 공유주방 사용계약에 관한 서류(영 제21조제9호의 공유주방 운영업자의 공유주방을 사용하는 경우만 해당한다)
3. 영 제21조제9호의 공유주방 운영업을 하려는 경우
 가. 제55조제1항에 따른 위생관리책임자 선임신고서
 나. 법 제44조의2 및 영 제30조에 따른 책임보험에 가입하였음을 증명하는 서류
4. (2016.6.30 삭제)

(2021.12.30 본항개정)

② 제1항에 따라 신청서를 제출받은 등록관청은 「전자정부법」 제36조제1항에 따른 행정정보의 공동이용을 통하여 다음 각 호의 서류를 확인해야 한다. 다만, 신청인이 제3호 및 제4호의 서류의 확인에 동의하지 않는 경우에는 그 사본을 첨부하도록 해야 한다.

1. 토지이용계획확인서
2. 건축물대장 또는 「건축법」 제22조제3항제2호에 따른 건축물의 임시사용 승인서
3. 「다중이용업소의 안전관리에 관한 특별법」 제9조제5항에 따라 소방본부장 또는 소방서장이 발급하는 안전시설등 완비증명서(「다중이용업소의 안전관리에 관한 특별법 시행령」 제2조제1호의2의 영업을 하려는 경우만 해당한다)
4. 건강진단결과서(제49조에 따른 건강진단대상자만 해당한다)

(2021.12.30 본항신설)

③ 제1항에 따른 등록신청을 받은 등록관청은 해당 영업소의 시설을 확인한 후 별지 제41호의3서식의 영업등록증을 발급하여야 한다.

④ 제3항에 따라 등록증을 발급한 등록관청은 별지 제33호서식의 영업등록 관리대장을 작성 · 보관하거나 같은 서식으로 전산망에 입력하여 관리하여야 한다.

(2021.12.30 본항개정)

⑤ 영업자가 등록증을 잃어버렸거나 등록증이 헐어 못 쓰게 되어 등록증을 재발급받으려는 경우에는 별지 제35호서식의 재발급신청서(등록증이 헐어 못 쓰게 된 경우에는 못 쓰게 된 등록증을 첨부하여야 한다)를 등록관청에 제출하여야 한다.(2012.6.29 본항개정)

(2012.1.17 본조신설)

제43조의3【등록사항의 변경】 ① 법 제37조제5항 본문에 따라 변경등록을 하려는 자는 별지 제41호의4서식의 변경등록신청서에 등록증과 다음 각 호의 구분에 따른 서류를 첨부하여 변경한 날부터 7일 이내에 등록관청에 제출해야 한다.

1. 영 제26조의3제1호의 영업소 소재지를 변경하여 수돗물이 아닌 지하수 등을 먹는 물 또는 식품등의 제조과정 등에 사용하려는 경우 : 「먹는물관리법」에 따른 먹는물 수질검사기관이 발행한 수질검사(시험)성적서
2. 영 제21조제9호의 공유주방 운영업자가 영 제26조의3제1호의 영업소 소재지를 변경하려는 경우 : 법 제44조의2 및 영 제30조에 따른 책임보험에 가입하였음을 증명하는 서류
3. 영 제26조의3제2호 또는 제3호의 사항을 변경하려는 경우 : 새롭게 제조 · 가공하려는 식품 또는 식품첨가물의 종류 및 제조방법설명서(2021.12.30 본호신설)
4. 영 제26조의3제4호의 공유주방을 사용하는 영업의 종류를 변경하려는 경우 : 공유주방을 사용하는 영업의 종류가 기재된 공유주방 사용계약에 관한 서류 (2021.12.30 본호신설)

(2021.12.30 본항개정)

② 제1항에 따라 신청서를 제출받은 등록관청은 「전자정부법」 제36조제1항에 따른 행정정보의 공동이용을 통하여 다음 각 호의 서류를 확인해야 한다. 다만, 신청인이 제3호의 서류의 확인에 동의하지 않는 경우에는 그 사본을 첨부하도록 해야 한다.

1. 토지이용계획확인서
2. 건축물대장 또는 「건축법」 제22조제3항제2호에 따른 건축물의 임시사용 승인서
3. 「다중이용업소의 안전관리에 관한 특별법」 제9조제5항에 따라 소방본부장 또는 소방서장이 발급하는 안전시설등 완비증명서(「다중이용업소의 안전관리에 관한 특별법 시행령」 제2조제1호의2의 영업만 해당한다)

(2021.12.30 본항신설)

③ 영업등록을 한 자가 다음 각 호의 사항을 변경한 경우에는 법 제37조제5항 단서에 따라 별지 제41호의4서식의 변경신고서에 등록증과 변경내용을 기재한 서류를 첨부하여 변경한 날부터 7일 이내에 등록관청에 신고하여야 한다. 다만, 제48조의 영업자 지위승계에 따른 변경의 경우는 제외한다.(2018.12.31 본문개정)

1. 영업자의 성명(법인의 경우에는 그 대표자의 성명을 말한다)
2. 영업소의 명칭 또는 상호
3. 영업장의 면적

(2012.1.17 본조신설)

제44조【폐업신고】 ① 법 제37조제3항부터 제5항까지의 규정에 따라 폐업신고를 하려는 자는 별지 제42호서식의 영업의 폐업신고서(전자문서로 된 신고서를 포함한다)에 영업허가증, 영업신고증 또는 영업등록증을 첨부하여 허가관청, 신고관청 또는 등록관청에 제출하여야 한다.

② 제1항에 따라 폐업신고를 하려는 자가 「부가가치세법」 제8조제7항에 따른 폐업신고를 같이 하려는 경우에는 제1항에 따른 폐업신고서에 「부가가치세법 시행규칙」 별지 제9호서식의 폐업신고서를 함께 제출하여야 한다. 이 경우 허가관청, 신고관청 또는 등록관청은 함께 제출받은 폐업신고서를 지체 없이 관할 세무서장에게 송부(정보통신망을 이용한 송부를 포함한다. 이하 이 조에서 같다)하여야 한다.(2020.4.13 전단개정)

③ 관할 세무서장이 「부가가치세법 시행령」 제13조제5항에 따라 제1항에 따른 폐업신고를 받아 이를 해당 허가관청, 신고관청 또는 등록관청에 송부한 경우에는 제1항에 따른 폐업신고서가 제출된 것으로 본다.

(2013.12.13 본조개정)

제45조【품목제조의 보고 등】 ① 법 제37조제6항에 따라 식품 또는 식품첨가물의 제조 · 가공에 관한 보고를 하려는 자는 별지 제43호서식의 품목제조보고서(전자문서로 된 보고서를 포함한다)에 다음 각 호의 서류(전자문서를 포함한다)를 첨부하여 제품생산 시작 전이나 제품생산 시작 후 7일 이내에 등록관청에 제출하여야 한다. 이 경우 식품제조 · 가공업자가 식품을 위탁 제조 · 가공하는 경우에는 위탁자가 보고를 하여야 한다.

(2014.5.9 전단개정)

1. 제조방법설명서
2. 「식품 · 의약품분야 시험 · 검사 등에 관한 법률」 제6조제3항제1호에 따라 식품의약품안전처장이 지정한 식품전문 시험 · 검사기관 또는 같은 조 제4항 단서에 따라 총리령으로 정하는 시험 · 검사기관이 발급한 식품등의 한시적 기준 및 규격 검토서(제5조제1항에 따른 식품등의 한시적 기준 및 규격의 인정 대상이 되는 식품등만 해당한다)(2014.8.20 본호개정)
3. 식품의약품안전처장이 정하여 고시한 기준에 따라 설정한 소비기한의 설정사유서(「식품 등의 표시 · 광고에 관한 법률」 제4조제1항의 표시기준에 따른 소비기한 표시 대상 식품 외에 소비기한을 표시하려는 식품을 포함한다)(2022.6.30 본호개정)
4. (2020.4.13 삭제)

② 등록관청은 제1항에 따른 보고를 받은 경우에는 그 내용을 별지 제44호서식의 품목제조보고 관리대장(전자문서로 된 관리대장을 포함한다)에 기록 · 보관하여야 한다.

(2020.4.14 본항개정)

제46조【품목제조보고사항 등의 변경】 ① 제45조에 따라 보고를 한 자가 해당 품목에 대하여 다음 각 호의 어느 하나에 해당하는 사항을 변경하려는 경우에는 별지 제45호서식의 품목제조보고사항 변경신고서(전자문서로 된 보고서를 포함한다)에 품목제조보고서 사본 및 소비기한 연장사유서(제3호의 사항을 변경하려는 경우만 해당한다)를 첨부하여 제품생산 시작 전이나 제품생산 시작일부터 7일 이내에 등록관청에 제출하여야 한다. 다만, 수출용 식품등을 제조하기 위하여 변경하는 경우는 그러하지 아니하다.(2022.6.30 본문개정)

1. 제품명
2. 원재료명 또는 성분명 및 배합비율(제45조제1항에 따라 품목제조보고 시 등록관청에 제출한 원재료성분 및 배합비율을 변경하려는 경우만 해당한다)(2014.5.9 본호개정)
3. 소비기한(제45조제1항에 따라 품목제조보고를 한 자가 해당 품목의 소비기한을 연장하려는 경우만 해당한다)(2022.6.30 본호개정)
4. (2020.4.13 삭제)

② (2012.6.29 삭제)

제47조【영업허가 등의 보고】 ① 지방식품의약품안전청장 또는 특별자치시장 · 특별자치도지사 · 시장 · 군수 · 구청장은 법 제37조제1항 또는 제5항에 따른 영업허가(영 제21조제6호가목의 식품조사처리업만 해당한다)를 하였거나 영업등록을 한 경우에는 그 날부터 15일 이내에 별지 제47호서식에 따라 지방식품의약품안전청장 또는 특별자치시장 · 특별자치도지사의 경우에는 식품의약품안전처장에게, 시장 · 군수 · 구청장의 경우에는 시 · 도지사에게 보고하여야 한다. 이 경우 시 · 도지사는 시장 · 군수 · 구청장으로부터 보고받은 사항을 분기별로 분기 종료 후 20일 이내에 식품의약품안전처장에게 보고하여야 한다.(2016.8.4 전단개정)

② (2013.3.23 삭제)

③ (2014.5.9 삭제)

제47조의2【영업 신고 또는 등록 사항의 직권말소 절차】 지방식품의약품안전청장, 특별자치시장 · 특별자치도지사 · 시장 · 군수 · 구청장은 법 제37조제7항에 따라 직권으로 신고 또는 등록 사항을 말소하려는 경우에는 다음 각 호의 절차에 따른다.(2016.8.4 본문개정)

1. 신고 또는 등록 사항 말소 예정사실을 해당 영업자에게 사전 통지할 것
2. 신고 또는 등록 사항 말소 예정사실을 해당 기관 게시판과 인터넷 홈페이지에 10일 이상 예고할 것

(2014.5.9 본조개정)

제48조【영업자 지위승계 신고】 ① 법 제39조제3항에 따른 영업자의 지위승계 신고를 하려는 자는 별지 제49호서식의 영업자 지위승계 신고서에 다음 각 호에서 정하는 바에 따른 서류를 첨부하여 허가관청, 신고관청 또는 등록관청에 제출해야 한다.(2022.4.28 후단삭제)

1. 공통서류
 가. 영업허가증, 영업신고증 또는 영업등록증
 나. 영업자 지위 승계를 증명할 수 있는 다음의 서류
  1) 양도의 경우 : 양도 · 양수를 증명할 수 있는 서류 사본
  2) 상속의 경우 : 상속인임을 증명하는 서류(2022.4.28 개정)
  3) 그 밖에 해당 사유별로 영업자의 지위를 승계하였음을 증명할 수 있는 서류
 다. 법 제41조제2항 본문에 따라 미리 식품위생교육을 받은 경우 : 교육이수증
 라. 양수인이 영업자 지위승계 신고를 위임한 경우 : 위임인의 자필서명이 있는 위임인의 신분증명서 사본 및 위임장
2. 「다중이용업소의 안전관리에 관한 특별법 시행령」 제2조제1호 및 제1호의2의 영업 : 「다중이용업소의 안전관리에 관한 특별법」 제13조의2에 따른 화재배상책임보험에 가입하였음을 증명하는 서류
3. 영 제21조제9호의 공유주방 운영업 : 법 제44조의2 및 영 제30조에 따른 책임보험에 가입하였음을 증명하는 서류
4. (2020.4.13 삭제)

5.~6. (2021.12.30 삭제)

(2021.12.30 본항개정)

② 제1항에 따라 신청서를 제출받은 허가관청, 신고관청 또는 등록관청은 「전자정부법」 제36조제1항에 따른 행정정보의 공동이용을 통해 다음 각 호의 구분에 따른 행정정보를 확인해야 한다. 다만, 신청인이 확인에 동의하지 않는 경우에는 그 사본을 첨부하도록 해야 한다.

1. 제49조에 따른 건강진단 대상자의 경우 : 건강진단결과서
2. 상속의 경우 : 상속인의 가족관계증명서

(2022.4.28 본항신설)

③ 제1항에 따라 영업자의 지위승계 신고를 하려는 상속인이 제44조제1항에 따른 폐업신고를 함께 하려는 경우에는 제1항 각 호의 첨부서류 중 제1항제1호가목 및 같은 호 나목2)의 서류(상속인이 영업자 지위승계 신고를 위임한 경우에는 같은 항 제1호라목의 서류를 포함한다)만을 첨부하여 제출할 수 있다.(2022.4.28 본항개정)

④ 허가관청은 신청인이 법 제38조제1항제8호에 해당하는지 여부를 내부적으로 확인할 수 없는 경우에는 제1항의 서류 외에 신원 확인에 필요한 자료를 제출하게 할 수 있다.(2011.8.19 본항개정)

⑤ 제1항에 따라 영업자 지위승계 신고를 하는 자가 제41조제2항제2호 및 제43조에 따라 영업소의 명칭 또는 상호를 변경하려는 경우에는 이를 함께 신고할 수 있다.

제49조【건강진단 대상자】 ① 법 제40조제1항 본문에 따라 건강진단을 받아야 하는 사람은 식품 또는 식품첨가물(화학적 합성품 또는 기구등의 살균 · 소독제는 제외한다)을 채취 · 제조 · 가공 · 조리 · 저장 · 운반 또는 판매하는 일에 직접 종사하는 영업자 및 종업원으로 한다. 다만, 완전 포장된 식품 또는 식품첨가물을 운반하거나 판매하는 일에 종사하는 사람은 제외한다.

② 제1항에 따라 건강진단을 받아야 하는 영업자 및 그 종업원은 영업 시작 전 또는 영업에 종사하기 전에 미리 건강진단을 받아야 한다.

③ 제1항에 따른 건강진단은 「식품위생 분야 종사자의 건강진단 규칙」에서 정하는 바에 따른다.(2013.3.23 본항개정)

제50조【영업에 종사하지 못하는 질병의 종류】 법 제40조제4항에 따라 영업에 종사하지 못하는 사람은 다음의 질병에 걸린 사람으로 한다.

1. 「감염병의 예방 및 관리에 관한 법률」 제2조제3호가목에 따른 결핵(비감염성인 경우는 제외한다)
2. 「감염병의 예방 및 관리에 관한 법률 시행규칙」 제33조제1항 각 호의 어느 하나에 해당하는 감염병

(2020.4.13 1호~2호개정)

3. 피부병 또는 그 밖의 고름형성(화농성) 질환
(2021.6.30 본호개정)
4. 후천성면역결핍증(「감염병의 예방 및 관리에 관한 법률」 제19조에 따라 성매개감염병에 관한 건강진단을 받아야 하는 영업에 종사하는 사람만 해당한다)
(2020.8.24 본호개정)

제51조【식품위생교육기관 등】 ① 법 제41조제1항 및 제41조의2제8항에 따른 식품위생교육 및 위생관리책임자에 대한 교육을 실시하는 기관은 식품의약품안전처장이 지정·고시하는 식품위생교육전문기관, 법 제59조제1항에 따른 동업자조합 또는 법 제64조제1항에 따른 한국식품산업협회로 한다.
② 식품위생교육 및 위생관리책임자에 대한 교육의 내용은 식품위생, 개인위생, 식품위생시책, 식품의 품질관리 등으로 한다.
③ 식품위생교육전문기관의 운영과 식품위생교육 및 위생관리책임자에 대한 교육 내용에 관한 세부 사항은 식품의약품안전처장이 정한다.
(2021.12.30 본조개정)

제52조【교육시간】 ① 법 제41조제1항(제88조제3항에 따라 준용되는 경우를 포함한다)에 따라 영업자와 종업원이 받아야 하는 식품위생교육 시간은 다음 각 호와 같다.
1. 영 제21조제1호부터 제9호까지의 영업자[같은 조 제5호나목1)의 식용얼음판매업자와 같은 목 2)의 식품자동판매기영업자는 제외한다] : 3시간(2021.12.30 본호개정)
2. 영 제21조제8호라목에 따른 유흥주점영업의 유흥종사자 : 2시간
3. 법 제88조제2항에 따라 집단급식소를 설치·운영하는 자 : 3시간
② 법 제41조제2항(법 제88조제3항에 따라 준용되는 경우를 포함한다)에 따라 영업을 하려는 자가 받아야 하는 식품위생교육 시간은 다음 각 호와 같다.
1. 영 제21조제1호, 제3호 및 제9호의 영업을 하려는 자 : 8시간(2023.5.19 본호개정)
2. 영 제21조제4호부터 제7호까지의 영업을 하려는 자 : 4시간(2021.12.30 본호개정)
3. 영 제21조제2호 및 제8호의 영업을 하려는 자 : 6시간
(2023.5.19 본호개정)
4. 법 제88조제1항에 따라 집단급식소를 설치·운영하려는 자 : 6시간
③ 제1항 및 제2항에 따라 식품위생교육을 받은 자가 다음 각 호의 어느 하나에 해당하는 경우에는 해당 영업에 대한 신규 식품위생교육을 받은 것으로 본다.
1. 신규 식품위생교육을 받은 날부터 2년이 지나지 않은 자 또는 제1항에 따른 교육을 받은 날부터 1년이 지나지 아니한 자가 교육받은 업종과 같은 업종으로 영업을 하려는 경우(2016.6.30 본호개정)
2. 신규 식품위생교육을 받은 날부터 2년이 지나지 않은 자 또는 제1항에 따른 교육을 받은 날부터 1년이 지나지 아니한 자가 다음 각 목의 어느 하나에 해당하는 업종 중에서 같은 목의 다른 업종으로 영업을 하려는 경우
(2016.6.30 본문개정)
가. 영 제21조제1호의 식품제조·가공업, 같은 조 제2호의 즉석판매제조·가공업 및 같은 조 제3호의 식품첨가물제조업
나. 영 제21조제5호가목의 식품소분업, 같은 호 나목의 식용얼음판매업, 유통전문판매업, 집단급식소 식품판매업 및 기타 식품판매업(2019.12.31 본목신설)
다. 영 제21조제8호가목의 휴게음식점영업, 같은 호 나목의 일반음식점영업 및 같은 호 바목의 제과점영업
라. 영 제21조제8호다목의 단란주점영업 및 같은 호 라목의 유흥주점영업
3. 영 제21조제1호부터 제3호까지의 어느 하나에 해당하는 영업에서 같은 조 제4호부터 제7호까지의 어느 하나에 해당하는 영업으로 업종을 변경하거나 그 업종을 함께하려는 경우(2017.12.29 본호개정)
4. 영 제21조제1호부터 제8호까지의 어느 하나에 해당하는 영업을 하는 자가 영 제21조제5호나목2)의 식품자동판매기영업으로 업종을 변경하거나 그 업종을 함께 하려는 경우
④ 제1항에 따라 식품위생교육을 받은 자가 다음 각 호의 어느 하나에 해당하는 경우에는 해당 영업에 대하여 제1항에 따른 식품위생교육을 받은 것으로 본다.
1. 해당 연도에 제1항에 따른 교육을 받은 자가 기존 영업의 영업소가 속한 특별시·광역시·특별자치시·도·특별자치도의 관할 구역에서 교육받은 업종과 같은 업종으로 영업을 하고 있는 경우(2020.8.24 본호개정)
2. 해당 연도에 제1항에 따른 교육을 받은 자가 기존 영업의 허가관청·신고관청·등록관청과 같은 관할 구역에서 다음 각 목의 어느 하나에 해당하는 업종 중에서 같은 목의 다른 업종으로 영업을 하고 있는 경우
가. 영 제21조제1호에 따른 식품제조·가공업, 같은 조 제2호에 따른 즉석판매제조·가공업 및 같은 조 제3호에 따른 식품첨가물제조업
나. 영 제21조제5호가목의 식품소분업, 같은 호 나목의 유통전문판매업, 집단급식소 식품판매업 및 기타 식품판매업(2019.12.31 본목신설)
다. 영 제21조제8호가목에 따른 휴게음식점영업, 같은 호 나목에 따른 일반음식점영업 및 같은 호 바목에 따른 제과점영업
라. 영 제21조제8호다목에 따른 단란주점영업 및 같은 호 라목에 따른 유흥주점영업
(2015.12.31 본항신설)
⑤ 법 제41조제1항에 따른 식품위생교육 대상자가 「부가가치세법」 제8조제8항에 따른 휴업신고로 해당 연도 전체 기간 동안 휴업한 경우에는 해당 연도의 식품위생교육을 받지 않을 수 있다.(2022.4.28 본항신설)

제53조【교육교재 등】 ① 제51조제1항에 따른 식품위생교육기관은 교육교재를 제작하여 교육 대상자에게 제공하여야 한다.
② 식품위생교육기관은 식품위생교육을 수료한 사람에게 수료증을 발급하고, 교육 실시 결과를 교육 후 1개월 이내에 허가관청, 신고관청 또는 등록관청에, 해당 연도 종료 후 1개월 이내에 식품의약품안전처장에게 각각 보고하여야 하며, 수료증 발급대장 등 교육에 관한 기록을 2년 이상 보관·관리하여야 한다.(2015.8.18 본항개정)

제54조【도서·벽지 등의 영업자 등에 대한 식품위생교육】 ① 법 제41조제7항에 따라 식품위생교육을 실시하는 경우에는 다음 각 호의 구분에 따른다.
1. 도서·벽지 등의 영업자 및 종업원의 경우 : 제53조에 따른 교육교재를 배부하여 학습하도록 하는 방법(법 제41조제1항에 따라 식품위생교육을 받아야 하는 사람으로서 허가관청·신고관청 또는 등록관청이 인정하는 경우만 해당한다)
2. 그 밖의 경우 : 정보통신매체를 이용한 원격교육의 방법
(2020.12.31 본항개정)
② 법 제41조제2항에 따른 식품위생교육 대상자 중 영업준비상 사전교육을 받기가 곤란하다고 허가관청, 신고관청 또는 등록관청이 인정하는 자에 대해서는 영업허가를 받거나 영업신고 또는 영업등록을 한 후 6개월 이내에 허가관청, 신고관청 또는 등록관청이 정하는 바에 따라 식품위생교육을 받게 할 수 있다.(2023.5.19 본항개정)

제55조【위생관리책임자의 선임·해임 신고】 ① 법 제41조의2제1항에 따른 위생관리책임자(이하 "위생관리책임자"라 한다)를 선임하려는 영업자는 별지 제49호의2서식의 위생관리책임자 선임신고서에 위생관리책임자의 자격증빙서류를 첨부하여 식품의약품안전처장에게 제출해야 한다. 다만, 다른 영업소에 위생관리책임자로 선임된 경력이 있는 사람을 선임하는 경우에는 자격증빙서류를 제출하지 않을 수 있다.
② 법 제41조의2제4항에 따라 위생관리책임자를 해임하려는 영업자는 별지 제49호의2서식의 위생관리책임자 해임신고서를 제출해야 한다.
(2021.12.30 본조신설)

제55조의2【위생관리책임자의 기록·보관】 위생관리책임자는 법 제41조의2제7항에 따라 직무수행 일자·내용·결과를 기록하여 6개월간 보관해야 한다.
(2021.12.30 본조신설)

제55조의3【위생관리책임자의 교육훈련】 ① 법 제41조의2제8항에 따라 위생관리책임자가 받아야 하는 교육은 새로 선임되고 받는 신규교육(이하 이 조에서 "신규교육"이라 한다)과 신규교육 후 매년 받는 보수교육(이하 이 조에서 "보수교육"이라 한다)으로 구분한다.
② 신규교육과 보수교육의 교육시간은 각각 3시간으로 한다.
③ 신규교육과 보수교육의 교육주기는 다음 각 호와 같다.
1. 신규교육 : 정당한 사유가 없는 한 신규로 선임된 날부터 3개월 이내. 다만, 선임된 날 이전 1년 이내에 신규 또는 보수교육을 받은 경우에는 신규교육을 받은 것으로 본다.
2. 보수교육 : 제1호 본문에 따라 신규교육을 받은 연도 또는 제1호 단서에 따라 신규교육을 받은 것으로 보는 연도의 다음 연도부터 매년 1회
(2021.12.30 본조신설)

제56조【생산실적 등의 보고】 ① 법 제42조제2항에 따른 식품 및 식품첨가물의 생산실적 등에 관한 보고(전자문서를 포함한다)는 별지 제50호서식에 따르되, 다음 해 2월 말일까지 해야 한다.(2023.1.30 본항개정)
② 영업자가 제1항에 따른 보고를 할 때에는 등록관청을 거쳐 식품의약품안전처장 또는 시·도지사(특별자치시장·특별자치도지사를 제외한다)에게 보고하여야 한다.
(2016.8.4 본항개정)

제56조의2 (2016.2.4 삭제)

제57조【식품접객영업자 등의 준수사항 등】 법 제44조제1항에 따라 식품접객영업자 등이 지켜야 할 준수사항은 별표17과 같다.

제58조【회수대상 식품등의 기준】 ① 법 제45조제1항 및 법 제72조제3항에 따른 회수대상 식품등의 기준은 별표18과 같다.
② 법 제45조제1항 전단에서 "위반한 사실(식품등의 위해와 관련이 없는 위반사항을 제외한다)을 알게 된 경우"란 법 제31조에 따른 자가품질검사 또는 「식품·의약품분야 시험·검사 등에 관한 법률」 제6조에 따른 식품 등 시험·검사기관의 위탁검사 결과 해당 식품등이 제1항에 따른 기준을 위반한 사실을 확인한 경우를 말한다.
(2014.8.20 본항개정)

제59조【위해식품등의 회수계획 및 절차 등】 ① 법 제45조제1항에 따른 회수계획에 포함되어야 할 사항은 다음 각 호와 같다.
1. 제품명, 제조연월일, 소비기한(2022.7.28 본호개정)
2. 회수계획량(위해식품등으로 판명 당시 해당 식품등의 소비량 및 소비기한 등을 고려하여 산출하여야 한다)
(2022.6.30 본호개정)
3. 회수 사유
4. 회수방법
5. 회수기간 및 예상 소요기간
6. 회수되는 식품등의 폐기 등 처리방법
7. 회수 사실을 국민에게 알리는 방법
② 허가관청, 신고관청 또는 등록관청은 영업자로부터 회수계획을 보고받은 경우에는 지체 없이 다음 각 호에 따른 조치를 하여야 한다.(2014.5.9 본문개정)
1. 식품의약품안전처장에게 회수계획을 통보할 것. 이 경우 허가관청, 신고관청 또는 등록관청이 시장·군수·구청장인 경우에는 시·도지사를 거쳐야 한다.
(2014.5.9 후단개정)
2. 법 제73조제1항에 따라 해당 영업자에게 회수계획의 공표를 명할 것
3. 유통 중인 해당 회수 식품등에 대하여 해당 위반 사실을 확인하기 위한 검사를 실시할 것
③ 법 제45조제1항 후단에 따라 회수계획을 보고한 영업자는 해당 위해식품등을 회수하고, 그 회수결과를 지체 없이 허가관청, 신고관청 또는 등록관청에 보고하여야 한다. 이 경우 회수결과 보고서에는 다음 각 호의 사항이 포함되어야 한다.(2022.7.28 전단개정)
1. 식품등의 제조·가공량, 판매량, 회수량 및 미회수량 등이 포함된 회수실적
2. 미회수량에 대한 조치계획
3. 재발 방지를 위한 대책
④ 제1항부터 제3항까지의 규정에 따른 회수계획, 허가관청 등의 조치, 회수 및 회수결과 보고에 관한 세부사항은 식품의약품안전처장이 정하여 고시한다.(2017.1.4 본항신설)

제60조【이물 보고의 대상 등】 ① 법 제46조제1항에 따라 영업자가 지방식품의약품안전청장, 시·도지사 또는 시장·군수·구청장에게 보고하여야 하는 이물(異物)은 다음 각 호의 어느 하나에 해당하는 물질을 말한다.
(2014.5.9 본문개정)
1. 금속성 이물, 유리조각 등 섭취과정에서 인체에 직접적인 위해나 손상을 줄 수 있는 재질 또는 크기의 물질
2. 기생충 및 그 알, 동물의 사체 등 섭취과정에서 혐오감을 줄 수 있는 물질
3. 그 밖에 인체의 건강을 해칠 우려가 있거나 섭취하기에 부적합한 물질로서 식품의약품안전처장이 인정하는 물질(2013.3.23 본호개정)
② 법 제46조제1항에 따라 이물의 발견 사실을 보고하려는 자는 별지 제51호서식의 이물보고서(전자문서로 된 보고서를 포함한다)에 사진, 해당 식품 등 증거자료를 첨부하여 관할 지방식품의약품안전청장, 시·도지사 또는 시장·군수·구청장에게 제출하여야 한다.(2014.5.9 본항개정)
③ 제2항에 따라 이물 보고를 받은 관할 지방식품의약품안전청장, 시·도지사 또는 시장·군수·구청장은 다음 각 호에 따라 구분하여 식품의약품안전처장에게 통보하여야 한다.(2014.5.9 본문개정)
1. 제1항제1호에 해당하는 이물 또는 같은 항 제2호·제3호 중 식품의약품안전처장이 위해 우려가 있다고 정하는 이물의 경우 : 보고받은 즉시 통보(2013.3.23 본호개정)
2. 제1호 외의 이물의 경우 : 월별로 통보
④ 제1항부터 제3항까지의 규정에 따른 보고 대상 이물의 범위, 크기, 재질 및 보고 방법 등 세부적인 사항은 식품의약품안전처장이 정하여 고시한다.(2013.3.23 본항개정)

제61조【우수업소·모범업소의 지정 등】 ① 법 제47조제1항에 따른 우수업소 또는 모범업소의 지정은 다음 각 호의 구분에 따른 자가 행한다.
1. 우수업소의 지정 : 식품의약품안전처장 또는 특별자치시장·특별자치도지사·시장·군수·구청장
2. 모범업소의 지정 : 특별자치시장·특별자치도지사·시장·군수·구청장
(2016.8.4 1호~2호개정)
② 영 제21조제1호의 식품제조·가공업 및 같은 조 제3호의 식품첨가물제조업은 우수업소와 일반업소로 구분하며, 영 제2조의 집단급식소 및 영 제21조제8호나목의 일반음식점영업은 모범업소와 일반업소로 구분한다. 이 경우 그 등급 결정의 기준은 별표19의 우수업소·모범업소의 지정기준에 따른다.
③ 식품의약품안전처장 또는 특별자치시장·특별자치도지사·시장·군수·구청장은 제2항에 따라 우수업소 또는 모범업소로 지정된 업소에 대하여 해당 업소에서 생산한 식품 또는 식품첨가물에 식품의약품안전처장이 정하는 우수업소 로고를 표시하게 하거나 해당 업소의 외부 또는 내부에 식품의약품안전처장이 정하는 규격에 따

른 모범업소 표지판을 붙이게 할 수 있으며, 다음 각 호의 어느 하나에 해당하는 경우를 제외하고는 우수업소 또는 모범업소로 지정된 날부터 2년 동안은 법 제22조에 따른 출입·검사를 하지 아니할 수 있다.(2016.8.4 본문개정)
1. 법 제71조에 따른 시정명령 또는 법 제74조에 따른 시설개수명령을 받은 업소
2. 법 제93조부터 법 제98조까지의 규정에 따른 징역 또는 벌금형이 확정된 영업자가 운영하는 업소
3. 법 제101조에 따른 과태료 처분을 받은 업소
(2011.8.19 1호~3호신설)
④ 식품의약품안전처장 또는 특별자치시장·특별자치도지사·시장·군수·구청장은 법 제47조제3항에 따라 지정을 취소할 경우 다음 각 호의 조치를 취하여야 한다.(2016.8.4 본문개정)
1. 우수업소 지정증 또는 모범업소 지정증의 회수
2. 우수업소 표지판 또는 모범업소 표지판의 회수
3. 그 밖에 해당 업소에 대한 우수업소 또는 모범업소 지정에 따른 지원의 중지
(2011.8.19 본항신설)
⑤ 법 제47조제3항에 따라 지정이 취소된 우수업소 또는 모범업소의 영업자 또는 운영자는 그 지정증 및 표지판을 지체없이 식품의약품안전처장 또는 특별자치시장·특별자치도지사·시장·군수·구청장에게 반납하여야 한다.(2016.8.4 본항개정)

제61조의2 【위생등급의 지정절차 및 위생등급 공표·표시의 방법 등】 ① 법 제47조의2제1항에 따라 위생등급을 지정받으려는 식품접객영업자(영 제21조제8호가목에 따른 휴게음식점영업자, 같은 호 나목에 따른 일반음식점영업자 및 같은 호 바목에 따른 제과점영업자만 해당한다)는 별지 제51호의2서식의 위생등급 지정신청서에 영업신고증을 첨부하여 식품의약품안전처장, 시·도지사 또는 시장·군수·구청장에게 제출하여야 한다.(2018.12.31 본항개정)
② 제1항에 따른 신청을 받은 식품의약품안전처장, 시·도지사 또는 시장·군수·구청장은 신청을 받은 날부터 60일 이내에 식품의약품안전처장이 정하여 고시하는 절차와 방법에 따라 위생등급을 지정하고 별지 제51호의3서식의 위생등급 지정서를 발급하여야 한다.
③ 법 제47조의2제3항에 따른 공표는 식품의약품안전처, 시·도 또는 시·군·구의 인터넷 홈페이지에 게재하는 방법으로 한다.
④ 법 제47조의2제4항에 따라 위생등급을 표시할 때에는 위생등급 표지판을 그 영업장의 주된 출입구 또는 소비자가 잘 볼 수 있는 장소에 부착하는 방법으로 한다.
⑤ 제3항에 따른 공표 및 제4항에 따른 위생등급 표지판의 도안·규격 등에 필요한 세부 사항은 식품의약품안전처장이 정하여 고시한다.
(2015.12.31 본조신설)

제61조의3 【위생등급 유효기간의 연장 등】 ① 법 제47조의2제5항 단서에 따라 위생등급 유효기간의 연장을 신청하려는 자는 위생등급의 유효기간이 끝나기 60일 전까지 별지 제51호의4서식의 위생등급 유효기간 연장신청서를 식품의약품안전처장, 시·도지사 또는 시장·군수·구청장에게 제출해야 한다.(2023.5.19 본항개정)
② 제1항에 따라 유효기간의 연장신청을 받은 식품의약품안전처장, 시·도지사 또는 시장·군수·구청장은 식품의약품안전처장이 정하여 고시하는 절차와 방법에 따라 위생등급을 지정하고, 별지 제51호의3서식의 위생등급 지정서를 발급하여야 한다.
③ 법 제47조의2제6항제4호에서 "총리령으로 정하는 사항을 지키지 아니한 경우"란 거짓 또는 그 밖의 부정한 방법으로 위생등급을 지정받은 경우를 말한다.
④ 법 제47조의2제7항에 따른 기술적 지원의 구체적 내용은 다음 각 호와 같다.
1. 위생등급 지정에 관한 교육
2. 위생등급 지정 등에 필요한 검사
⑤ 법 제47조의2제8항에서 "총리령으로 정하는 기간"이란 2년을 말한다.
(2015.12.31 본조신설)

제62조 【식품안전관리인증기준 대상 식품】 ① 법 제48조제2항에서 "총리령으로 정하는 식품"이란 다음 각 호의 어느 하나에 해당하는 식품을 말한다.(2013.3.23 본문개정)
1. 수산가공식품류의 어육가공품류 중 어묵·어육소시지
2. 기타수산물가공품 중 냉동 어류·연체류·조미가공품
(2017.12.29 1호~2호개정)
3. 냉동식품 중 피자류·만두류·면류
4. 과자류, 빵류 또는 떡류 중 과자·캔디류·빵류·떡류(2017.12.29 본호개정)
5. 빙과류 중 빙과(2017.12.29 본호개정)
6. 음료류〔다류(茶類) 및 커피류는 제외한다〕
(2017.12.29 본호신설)
7. 레토르트식품
8. 절임류 또는 조림류의 김치류 중 김치(배추를 주원료로 하여 절임, 양념혼합과정 등을 거쳐 이를 발효시킨 것이거나 발효시키지 아니한 것 또는 이를 가공한 것에 한한다)(2017.12.29 본호개정)
9. 코코아가공품 또는 초콜릿류 중 초콜릿류(2014.5.9 본호신설)
10. 면류 중 유탕면 또는 곡분, 전분, 전분질원료 등을 주원료로 반죽하여 손이나 기계 따위로 면을 뽑아내거나 자른 국수로서 생면·숙면·건면(2017.12.29 본호개정)
11. 특수용도식품
12. 즉석섭취·편의식품류 중 즉석섭취식품
(2014.5.9 11호~12호신설)
12의2. 즉석섭취·편의식품류의 즉석조리식품 중 순대(2016.4.19 본호신설)
13. 식품제조·가공업의 영업소 중 전년도 총 매출액이 100억원 이상인 영업소에서 제조·가공하는 식품
(2014.5.9 본호신설)
② 제1항에 따른 식품에 대한 식품안전관리인증기준의 적용·운영에 관한 세부적인 사항은 식품의약품안전처장이 정하여 고시한다.(2015.8.18 본항개정)
(2015.8.18 본조제목개정)

제63조 【식품안전관리인증기준적용업소의 인증신청 등】 ① 법 제48조제3항에 따라 식품안전관리인증기준적용업소로 인증을 받으려는 자는 별지 제52호서식의 식품안전관리인증기준적용업소 인증신청서(전자문서로 된 신청서를 포함한다)에 법 제48조제1항에 따른 식품안전관리인증기준에 따라 작성한 적용대상 식품별 식품안전관리인증계획서(전자문서를 포함한다)를 첨부하여 법 제48조제12항에 따라 해당 업무를 위탁받은 기관(이하 "인증기관"이라 한다)의 장에게 제출하여야 한다.(2015.8.18 본항개정)
② 제1항에 따라 식품안전관리인증기준적용업소로 인증을 받으려는 자는 다음 각 호의 요건을 갖추어야 한다.
1. 선행요건관리기준(식품안전관리인증기준을 적용하기 위하여 미리 갖추어야 하는 시설기준 및 위생관리기준을 말한다)을 작성하여 운용할 것
2. 식품안전관리인증기준을 작성하여 운용할 것
(2015.8.18 본항개정)
③ 제1항에 따른 인증신청을 받은 인증기관의 장은 해당 업소를 식품안전관리인증기준적용업소로 인증한 경우에는 별지 제53호서식의 식품안전관리인증기준적용업소 인증서를 발급하여야 한다.(2015.8.18 본항개정)
④ 법 제48조제3항 후단에 따라 식품안전관리인증기준적용업소로 인증받은 사항 중 식품의 위해를 방지하거나 제거하여 안전성을 확보할 수 있는 단계 또는 공정(이하 "중요관리점"이라 한다)을 변경하거나 영업장 소재지를 변경하려는 자는 별지 제54호서식의 변경신청서(전자문서로 된 신청서를 포함한다)에 다음 각 호의 서류(전자문서를 포함한다)를 첨부하여 인증기관의 장에게 제출하여야 한다.(2017.1.4 본문개정)
1. 별지 제53호서식의 식품안전관리인증기준적용업소 인증서(2015.8.18 본호개정)
2. 중요관리점의 변경 내용에 대한 설명서
⑤ 인증기관의 장은 제4항에 따라 변경신청을 받으면 서류검토 또는 현장실사 등의 방법으로 변경사항을 확인하고 식품안전관리인증기준의 적용에 적합하다고 인정되는 경우에는 별지 제53호서식의 인증서를 재발급하여야 한다.(2015.8.18 본항개정)
⑥ 인증기관의 장은 제3항 또는 제5항에 따라 인증서를 발급하거나 재발급하였을 때에는 지체 없이 그 사실을 식품의약품안전처장과 관할 지방식품의약품안전청장에게 통보하여야 한다.(2017.1.4 본항개정)
(2015.8.18 본조제목개정)

제64조 【식품안전관리인증기준적용업소의 영업자 및 종업원에 대한 교육훈련】 ① 법 제48조제5항에 따라 식품안전관리인증기준적용업소의 영업자 및 종업원이 받아야 하는 교육훈련의 종류는 다음 각 호와 같다. 다만, 법 제48조제8항 및 이 규칙 제66조에 따른 조사·평가 결과 만점의 95퍼센트 이상을 받은 식품안전관리인증기준적용업소의 종업원에 대하여는 그 다음 연도의 제2호에 따른 정기교육훈련을 면제한다.(2017.1.4 단서개정)
1. 영업자 및 종업원에 대한 신규 교육훈련
2. 종업원에 대하여 매년 1회(인증받은 연도는 제외한다) 이상 실시하는 정기교육훈련(2021.5.27 본호개정)
3. 그 밖에 식품의약품안전처장이 식품위해사고의 발생 및 확산이 우려되어 영업자 및 종업원에게 명하는 교육훈련(2013.3.23 본호개정)
② (2021.6.30 삭제)
③ 제1항에 따른 교육훈련의 시간은 다음 각 호와 같다.
1. 신규 교육훈련 : 영업자의 경우 2시간 이내, 종업원의 경우 16시간 이내
2. 정기교육훈련 : 4시간 이내
3. 제1항제3호에 따른 교육훈련 : 8시간 이내
④~⑤ (2021.6.30 삭제)
⑥ 제1항 및 제3항에서 규정한 사항 외에 교육훈련 대상별 교육시간 등에 관한 세부적인 사항은 식품의약품안전처장이 정하여 고시한다.(2021.6.30 본항개정)
(2015.8.18 본조제목개정)

제65조 【식품안전관리인증기준적용업소에 대한 지원 등】 식품의약품안전처장은 법 제48조제6항에 따라 식품안전관리인증기준적용업소의 인증을 받거나 받으려는 영업자에게 식품안전관리인증기준에 관한 다음 각 호의 사항을 지원할 수 있다.(2015.8.18 본문개정)
1. 식품안전관리인증기준 적용에 관한 전문적 기술과 교육(2015.8.18 본호개정)
2. 위해요소 분석 등에 필요한 검사
3. 식품안전관리인증기준 적용을 위한 자문 비용
(2015.8.18 본호개정)
4. 식품안전관리인증기준 적용을 위한 시설·설비 등 개수·보수 비용(2015.8.18 본호개정)
5. 교육훈련 비용
(2015.8.18 본조제목개정)

제66조 【식품안전관리인증기준적용업소에 대한 조사·평가】 ① 지방식품의약품안전청장은 법 제48조제8항에 따라 식품안전관리인증기준적용업소로 인증받은 업소에 대하여 식품안전관리인증기준의 준수 여부 등에 관하여 매년 1회 이상 조사·평가할 수 있다.(2015.8.18 본항개정)
② 제1항에 따른 조사·평가사항은 다음 각 호와 같다.
1. 법 제48조제1항에 따른 제조·가공·조리 및 유통에 따른 위해요소분석, 중요관리점 결정 등이 포함된 식품안전관리인증기준의 준수 여부(2015.8.18 본호개정)
2. 제64조에 따른 교육훈련 수료 여부
③ 그 밖에 조사·평가에 관한 세부적인 사항은 식품의약품안전처장이 정한다.(2013.3.23 본항개정)
(2015.8.18 본조제목개정)

제67조 【식품안전관리인증기준적용업소 인증취소 등】 ① 법 제48조제8항제4호에서 "총리령으로 정하는 사항을 지키지 아니한 경우"란 다음 각 호의 경우를 말한다.
(2013.3.23 본문개정)
1. 법 제48조제10항을 위반하여 식품안전관리인증기준적용업소의 영업자가 인증받은 식품을 다른 업소에 위탁하여 제조·가공한 경우(2015.8.18 본호개정)
2. 제63조제4항을 위반하여 변경신청을 하지 아니한 경우
3. (2017.1.4 삭제)
② 법 제48조제8항에 따른 식품안전관리인증기준적용업소 인증취소 등의 기준은 별표20과 같다.(2015.8.18 본항개정)
(2015.8.18 본조제목개정)

제68조 【식품안전관리인증기준적용업소에 대한 출입·검사 면제】 지방식품의약품안전청장, 시·도지사 또는 시장·군수·구청장은 법 제48조제11항에 따라 법 제48조의2제1항에 따른 인증 유효기간(이하 "인증유효기간"이라 한다) 동안 관계 공무원으로 하여금 출입·검사를 하지 아니하게 할 수 있다.(2017.1.4 본조개정)

제68조의2 【인증유효기간의 연장신청 등】 ① 인증기관의 장은 인증유효기간이 끝나기 90일 전까지 다음 각 호의 사항을 식품안전관리인증기준적용업소의 영업자에게 통지하여야 한다. 이 경우 통지는 휴대전화 문자메시지, 전자우편, 팩스, 전화 또는 문서 등으로 할 수 있다.
1. 인증유효기간을 연장하려면 인증유효기간이 끝나기 60일 전까지 연장 신청을 하여야 한다는 사실
2. 인증유효기간의 연장 신청 절차 및 방법
② 법 제48조의2제2항에 따라 인증유효기간의 연장을 신청하려는 영업자는 인증유효기간이 끝나기 60일 전까지 별지 제52호서식의 식품안전관리인증기준적용업소 인증 연장신청서(전자문서로 된 신청서를 포함한다)에 법 제48조제1항에 따른 식품안전관리인증기준에 따라 작성한 적용대상 식품별 식품안전관리인증계획서(전자문서를 포함한다)를 첨부하여 인증기관의 장에게 제출해야 한다.
(2023.5.19 본문개정)
1.~2. (2023.5.19 삭제)
③ 인증기관의 장은 법 제48조의2제3항에 따라 인증유효기간을 연장하는 경우에는 별지 제53호서식의 식품안전관리인증기준적용업소 인증서를 발급하여야 한다.
(2017.1.4 본조신설)

제68조의3 【식품안전관리인증기준의 교육훈련기관 지정 등】 ① 법 제48조의4제1항에 따른 식품안전관리인증기준 교육훈련기관(이하 "교육훈련기관"이라 한다)으로 지정받으려는 자는 별지 제54호의2서식의 교육훈련기관 지정 신청서에 다음 각 호의 서류를 첨부하여 식품의약품안전처장에게 제출해야 한다. 이 경우 식품의약품안전처장은 「전자정부법」 제36조제1항에 따른 행정정보의 공동이용을 통해 법인등기사항 증명서(법인만 해당한다)를 확인해야 한다.
1. 제4항 각 호의 지정기준에 적합함을 증명하는 서류
2. 교육훈련의 과정·내용·방법 및 일정 등에 관한 서류
3. 정관(법인만 해당한다) 또는 이에 준하는 조직운영규정 등에 관한 서류
② 식품의약품안전처장은 제1항에 따라 교육훈련기관의 지정 신청을 받은 경우에는 그 신청일부터 30일 이내에 서류심사와 실태조사를 통해 그 지정 여부를 결정해야 한다.
③ 식품의약품안전처장은 제2항에 따라 교육훈련기관을 지정한 경우에는 별지 제54호의3서식에 따른 교육훈련기관 지정서를 발급하고, 그 지정 사실을 식품의약품안전처의 인터넷 홈페이지에 공고해야 한다.
④ 법 제48조의4제2항에서 "총리령으로 정하는 지정기준"이란 다음 각 호의 기준을 말한다.
1. 법인, 기관 또는 단체에 해당할 것
2. 교육훈련을 전담하는 별도의 운영조직을 갖출 것
3. 자체 교육훈련규정을 갖출 것
4. 다음 각 목의 인력을 모두 갖출 것
가. 식품의약품안전처장이 정하여 고시하는 자격기준에 해당하는 교육훈련 강사 2명 이상
나. 상근하는 교육훈련 전담 관리자 1명 이상

5. 다음 각 목의 시설 및 장비를 모두 갖출 것
가. 정당한 사용 권한이 있는 교육훈련용 건물
나. 독립적으로 구분되는 사무실, 강의실, 휴게실 및 화장실
다. 책상, 의자, 탁자, 컴퓨터, 스크린 및 음향시설 등 교육훈련에 필요한 시설 및 장비
⑤ 법 제48조의4제3항에서 "총리령으로 정하는 사항"이란 다음 각 호의 어느 하나에 해당하는 사항을 말한다.
1. 교육훈련기관의 명칭
2. 교육훈련기관의 대표자
3. 교육훈련기관의 소재지
4. 교육훈련 강사
5. 교육훈련 과정ㆍ내용
⑥ 제1항부터 제5항까지에서 규정한 사항 외에 교육훈련기관의 지정절차ㆍ방법ㆍ기준 및 지정 변경 등에 필요한 세부 사항은 식품의약품안전처장이 정하여 고시한다.
(2021.6.30 본조신설)
제68조의4【교육훈련기관의 교육내용 및 준수사항 등】 ① 교육훈련기관이 실시하는 교육훈련 내용에는 다음 각 호에 관한 사항이 포함되어야 한다.
1. 식품안전관리인증기준의 원칙과 절차
2. 식품안전관리인증기준 관련 법령
3. 식품안전관리인증기준의 적용방법
4. 식품안전관리인증기준의 조사ㆍ평가
5. 식품안전관리인증기준과 관련된 식품 위생
6. 그 밖에 식품안전관리인증기준의 효율적 운영을 위해 식품의약품안전처장이 필요하다고 인정하는 내용
② 교육훈련기관은 교육훈련 대상자로부터 다음 각 호의 경비에 상당하는 금액을 기준으로 교육훈련 실시 비용을 받을 수 있다.
1. 강사수당
2. 교육훈련 교재 편찬비
3. 교육훈련에 필요한 실험재료비 및 현장실습비
4. 그 밖에 교육훈련 관련 사무용품 구입비 등 소요경비
③ 법 제48조의4제5항에서 "교육훈련에 관한 자료의 보관 등 총리령으로 정하는 사항"이란 다음 각 호의 사항을 말한다.
1. 교육훈련 과정이 종료된 날부터 3년간 해당 교육훈련에 관한 기록 및 자료 등을 보관할 것
2. 교육훈련 과정별로 교육훈련 교재를 개발하여 교육훈련 대상자에게 배부할 것
3. 교육훈련의 시설ㆍ인력ㆍ과정ㆍ내용 등에 관한 사항을 인터넷 또는 인쇄물 등을 통해 공개할 것
4. 연간 교육훈련 과정의 운영계획 및 실시 결과 등을 식품의약품안전처장에게 보고할 것
5. 그 밖에 교육훈련기관의 적정한 운영 및 원활한 교육훈련의 실시를 위해 식품의약품안전처장이 필요하다고 인정하는 사항
④ 제1항부터 제3항까지에서 규정한 사항 외에 교육훈련기관의 교육훈련 내용, 실시 비용 및 준수사항 등에 필요한 세부 사항은 식품의약품안전처장이 정하여 고시한다.
(2021.6.30 본조신설)
제68조의5【교육훈련기관의 행정처분 기준】 법 제48조의5제1항에 따른 교육훈련기관의 지정취소 및 업무정지 처분의 세부기준은 별표20의2와 같다.(2021.6.30 본조신설)
제69조【식품이력추적관리의 등록신청 등】 ① 법 제49조제1항에 따라 식품이력추적관리에 관한 등록을 하려는 자는 별지 제55호서식의 식품이력추적관리 등록신청서(전자문서로 된 신청서를 포함한다)에 다음 각 호의 서류(전자문서를 포함한다)를 첨부하여 지방식품의약품안전청장에게 제출하여야 한다.(2014.3.6 본문개정)
1. 별지 제43호서식의 식품 품목제조보고서(유통전문판매업의 경우에는 수탁자의 식품 품목제조보고서) 사본
(2016.2.4 본호개정)
2. 제2항에 따른 식품이력관리전산시스템 등 식품의약품안전처장이 정하여 고시하는 사항을 포함한 식품이력추적관리 계획서(2015.8.18 본호개정)
② 법 제49조제1항 본문에서 "총리령으로 정하는 등록기준"이란 식품이력추적관리에 필요한 기록의 작성ㆍ보관 및 관리 등에 필요한 시스템(이하 "식품이력관리전산시스템"이라 한다)을 말한다.(2015.8.18 본항개정)
③ 식품이력추적관리의 등록대상인 식품의 품목은 다음 각 호의 요건을 모두 갖추어야 한다.
1. 제조ㆍ가공단계부터 판매단계까지의 식품이력에 관한 정보를 추적하여 제공할 수 있도록 관리되고 있을 것
2. 제조ㆍ가공단계부터 판매단계까지 식품의 회수 등 사후관리체계를 갖추고 있을 것
④ 제1항에 따른 신청을 받은 지방식품의약품안전청장은 식품이력관리전산시스템을 갖추고 있는지 여부와 제3항에 따른 등록대상에 적합한 품목인지 여부를 심사하고, 그 심사 결과 적합하다고 인정되는 경우에는 해당 식품을 품목별로 등록한 후 별지 제56호서식의 식품이력추적관리 품목 등록증을 발급하여야 한다.(2015.8.18 본항개정)
⑤ (2015.8.18 삭제)
제69조의2【식품이력추적관리 등록 대상】 법 제49조제1항 단서에서 "총리령으로 정하는 자"란 다음 각 호의 자를 말한다.
1. 영유아식(영아용 조제식품, 성장기용 조제식품, 영유아용 곡류 조제식품 및 그 밖의 영유아용 식품을 말한다) 제조ㆍ가공업자(2016.2.4 본호개정)
2. 임산ㆍ수유부용 식품, 특수의료용도 등 식품 및 체중조절용 조제식품 제조ㆍ가공업자(2018.6.28 본호신설 : 시행일 부칙 참조)
3. 영 제21조제5호나목6) 및 이 규칙 제39조에 따른 기타 식품판매업자
(2014.3.6 본조신설)
제70조【등록사항】 법 제49조제1항에 따른 식품이력추적관리의 등록사항은 다음 각 호와 같다.
1. 국내식품의 경우
가. 영업소의 명칭(상호)과 소재지
나. 제품명과 식품의 유형
다. 소비기한 및 품질유지기한(2022.6.30 본목개정)
라. 보존 및 보관방법
2. 수입식품의 경우
가. 영업소의 명칭(상호)과 소재지
나. 제품명
다. 원산지(국가명)
라. 제조회사 또는 수출회사
제71조【등록사항의 변경신고】 ① 법 제49조제3항에 따른 등록사항 변경 신고를 하려는 자는 그 변경사유가 발생한 날부터 1개월 이내에 별지 제57호서식의 변경신고서(전자문서로 된 신고서를 포함한다)에 별지 제56호서식의 식품이력추적관리 품목 등록증을 첨부하여 지방식품의약품안전청장에게 제출하여야 한다.
② 제1항에 따라 변경신고를 받은 지방식품의약품안전청장은 별지 제56호서식의 식품이력추적관리 품목 등록증에 변경사항을 기재하여 내주어야 한다.
(2014.3.6 본조개정)
제72조【조사ㆍ평가 등】 ① 법 제49조제5항에 따라 식품이력추적관리를 등록한 식품을 제조ㆍ가공 또는 판매하는 자에 대하여 식품이력추적관리기준의 준수 여부 등에 대한 조사ㆍ평가를 하는 경우에는 서류검토 및 현장조사의 방법으로 한다.(2016.2.4 본항개정)
② 제1항에 따른 조사ㆍ평가에는 다음 각 호의 사항이 포함되어야 한다.
1. 식품이력관리전산시스템의 구축ㆍ운영 여부
(2015.8.18 본호개정)
2. 식품이력추적관리기준의 준수 여부
③ 제1항 및 제2항에서 규정한 사항 외에 조사ㆍ평가의 점검사항과 방법 등에 필요한 세부사항은 식품의약품안전처장이 정하여 고시한다.
(2014.3.6 본조개정)
제73조【자금지원 대상 등】 식품의약품안전처장은 법 제49조제6항에 따라 식품이력추적관리를 등록한 자에게 다음 각 호의 사항에 대하여 자금을 지원할 수 있다.
(2013.3.23 본문개정)
1. 식품이력관리전산시스템의 구축ㆍ운영에 필요한 장비 구입
2. 식품이력관리전산시스템의 프로그램 개발 비용
(2015.8.18 1호～2호개정)
3. 그 밖에 식품의약품안전처장이 식품이력추적관리에 필요하다고 인정하는 사업(2013.3.23 본호개정)
제74조【식품이력추적관리 등록증의 반납】 법 제49조제7항에 따라 식품이력추적관리 등록이 취소된 자는 별지 제56호서식의 식품이력추적관리 품목 등록증을 지체 없이 지방식품의약품안전청장에게 반납하여야 한다.
(2014.3.6 본조개정)
제74조의2【식품이력추적관리 등록취소 등의 기준】 법 제49조제7항에 따른 식품이력추적관리 등록취소 등의 기준은 별표20의3과 같다.(2021.6.30 본조개정)
제74조의3【식품이력추적관리 정보의 기록ㆍ보관】 법 제49조의2제1항에 따라 식품이력추적관리정보를 기록ㆍ보관할 때에는 식품이력관리전산시스템을 활용하여야 한다.(2015.8.18 본조신설)
제74조의4【식품이력추적관리시스템에 연계된 정보의 공개】 법 제49조의3제2항에서 "총리령으로 정하는 정보"란 다음 각 호의 구분에 따른 정보를 말한다.
1. 국내식품의 경우 : 다음 각 목의 정보
가. 식품이력추적관리번호
나. 제조업소의 명칭 및 소재지
다. 제조일
라. 소비기한 또는 품질유지기한(2022.6.30 본목개정)
마. 원재료명 또는 성분명
바. 원재료의 원산지 국가명
사. 유전자변형식품(인위적으로 유전자를 재조합하거나 유전자를 구성하는 핵산을 세포나 세포 내 소기관으로 직접 주입하는 기술 또는 분류학에 따른 과(科)의 범위를 넘는 세포융합기술에 해당하는 생명공학기술을 활용하여 재배ㆍ육성된 농산물ㆍ축산물ㆍ수산물 등을 원재료로 하여 제조ㆍ가공한 식품 또는 식품첨가물을 말한다. 이하 같다) 여부(2016.8.4 본목개정)
아. 출고일
자. 법 제45조제1항 또는 제72조제3항에 따른 회수대상 여부 및 회수사유
2. 수입식품의 경우 : 다음 각 목의 정보
가. 식품이력추적관리번호
나. 수입업소 명칭 및 소재지
다. 제조국
라. 제조업소의 명칭 및 소재지
마. 제조일
바. 유전자변형식품 여부(2016.8.4 본목개정)
사. 수입일
아. 소비기한 또는 품질유지기한(2022.6.30 본목개정)
자. 원재료명 또는 성분명
차. 법 제45조제1항 또는 제72조제3항에 따른 회수대상 여부 및 회수사유
(2015.8.18 본조신설)
제75조～제78조 (2015.12.31 삭제)
제79조 (2020.4.13 삭제)
제80조【조리사의 면허신청 등】 ① 법 제53조제1항에 따라 조리사의 면허를 받으려는 자는 별지 제60호서식의 조리사 면허증 발급ㆍ재발급 신청서에 다음 각 호의 서류를 첨부하여 특별자치시장ㆍ특별자치도지사ㆍ시장ㆍ군수ㆍ구청장에게 제출해야 한다. 이 경우 특별자치시장ㆍ특별자치도지사ㆍ시장ㆍ군수ㆍ구청장은 「전자정부법」 제36조제1항에 따른 행정정보의 공동이용을 통하여 조리사 국가기술자격증을 확인해야 하며, 신청인이 그 확인에 동의하지 않는 경우에는 국가기술자격증 사본을 첨부하도록 해야 한다.(2021.6.30 본문개정)
1. 사진(최근 6개월 이내에 모자를 쓰지 않고 정면 상반신을 찍은 가로 3센티미터, 세로 4센티미터의 사진을 말하며, 전자적 파일 형태의 사진을 포함한다. 이하 제81조제1항에서 같다) 1장(2021.6.30 본호개정)
2. 법 제54조제1호 본문에 해당하는 사람이 아님을 증명하는 최근 6개월 이내의 의사의 진단서 또는 법 제54조제1호 단서에 해당하는 사람임을 증명하는 최근 6개월 이내의 전문의의 진단서
3. 법 제54조제2호 및 제3호에 해당하는 사람이 아님을 증명하는 최근 6개월 이내의 의사의 진단서
(2020.12.31 2호～3호개정)
② 특별자치시장ㆍ특별자치도지사ㆍ시장ㆍ군수ㆍ구청장은 조리사의 면허를 한 때에는 별지 제61호서식의 조리사명부에 기록하고 별지 제62호서식의 조리사 면허증을 발급하여야 한다.(2016.8.4 본항개정)
제81조【면허증의 재발급 등】 ① 조리사는 면허증을 잃어버렸거나 헐어 못 쓰게 된 경우에는 별지 제60호서식의 조리사 면허증 발급ㆍ재발급 신청서에 사진 1장과 면허증(헐어 못 쓰게 된 경우만 해당한다)을 첨부하여 특별자치시장ㆍ특별자치도지사ㆍ시장ㆍ군수ㆍ구청장에게 제출해야 한다.(2021.6.30 본항개정)
② 조리사는 면허증의 기재사항에 변경이 있는 경우 별지 제63호서식의 조리사 면허증 기재사항 변경신청서에 면허증과 그 변경을 증명하는 서류를 첨부하여 특별자치시장ㆍ특별자치도지사ㆍ시장ㆍ군수ㆍ구청장에게 제출하여야 한다.
(2016.8.4 본조개정)
제82조【조리사 면허증의 반납】 조리사가 법 제80조에 따라 그 면허의 취소처분을 받은 경우에는 지체 없이 면허증을 특별자치시장ㆍ특별자치도지사ㆍ시장ㆍ군수ㆍ구청장에게 반납하여야 한다.(2016.8.4 본조개정)
제83조【조리사 및 영양사의 교육】 ① 식품의약품안전처장은 법 제56조제2항에 따라 식품으로 인하여 「감염병의 예방 및 관리에 관한 법률」 제2조에 따른 감염병이 유행하거나 집단식중독의 발생 및 확산 등으로 국민건강을 해칠 우려가 있다고 인정되는 경우 또는 시ㆍ도지사가 국제적 행사나 대규모 특별행사 등으로 식품위생 수준의 향상이 필요하여 식품위생에 관한 교육의 실시를 요청하는 경우에는 다음 각 호의 어느 하나에 해당하는 조리사 및 영양사에게 식품의약품안전처장이 정하는 시간에 해당하는 교육을 받을 것을 명할 수 있다. 이 경우 교육실시기관은 제84조제1항에 따라 식품의약품안전처장이 지정한 기관으로 한다.(2013.3.23 본문개정)
1. 법 제51조제1항에 따라 조리사를 두어야 하는 식품접객업소 또는 집단급식소에 종사하는 조리사
2. 법 제52조제1항에 따라 영양사를 두어야 하는 집단급식소에 종사하는 영양사
(2014.5.9 1호～2호개정)
② 법 제51조제1항제3호에 따른 조리사 면허를 받은 영양사나 법 제52조제1항제3호에 따른 영양사 면허를 받은 조리사가 제1항에 따른 교육을 이수한 경우에는 해당 조리사 교육과 영양사 교육을 모두 받은 것으로 본다.
(2014.5.9 본항개정)
③ 제1항에 따라 교육을 받아야 하는 조리사 및 영양사가 식품의약품안전처장이 정하는 질병 치료 등 부득이한 사유로 교육에 참석하기가 어려운 경우에는 교육교재를 배부하여 이를 익히고 활용하도록 함으로써 교육을 갈음할 수 있다.(2013.3.23 본항개정)
제84조【조리사 및 영양사의 교육기관 등】 ① 법 제56조제1항 단서에 따른 집단급식소에 종사하는 조리사 및 영양사에 대한 교육은 식품의약품안전처장이 식품위생 관련 교육을 목적으로 하는 전문기관 또는 단체 중에서 지정한 기관이 실시한다.(2013.3.23 본항개정)

② 제1항에 따른 교육기관은 다음 각 호의 내용에 대한 교육을 실시한다.
1. 식품위생법령 및 시책
2. 집단급식 위생관리
3. 식중독 예방 및 관리를 위한 대책
4. 조리사 및 영양사의 자질향상에 관한 사항
5. 그 밖에 식품위생을 위하여 필요한 사항
③ 교육시간은 6시간으로 한다.
④ 제1항부터 제3항까지에서 규정한 사항 외에 교육방법 및 내용 등에 관하여 필요한 사항은 식품의약품안전처장이 정하여 고시한다.(2013.3.23 본항개정)

제85조【식품안전정보원 사업계획서 제출】 법 제67조제1항에 따른 식품안전정보원(이하 "정보원"으로 한다)은 법 제69조에 따라 매 사업연도 시작 전까지 다음 연도의 사업계획서와 다음 각 호의 서류를 첨부한 예산서에 대하여 이사회의 의결을 거친 후 식품의약품안전처장에게 승인을 받아야 한다. 이를 변경할 때에도 또한 같다.
(2013.3.23 전단개정)
1. 추정재무상태표(2021.6.30 본호개정)
2. 추정손익계산서
3. 자금의 수입·지출 계획서
(2012.6.29 본조제목개정)

제86조【정보원에 대한 지도·감독】 ① 식품의약품안전처장은 법 제70조제3항에 따라 정보원에 대하여 매년 1회 이상 다음 각 호의 사항을 지도·감독하여야 한다.
(2013.3.23 본문개정)
1. 법 제68조에 따른 정보원의 사업에 관한 사항
(2012.6.29 본호개정)
2. 운영예산 편성·집행의 적정 여부
3. 운영 장비 관리의 적정 여부
4. 그 밖에 식품의약품안전처장이 필요하다고 인정한 사항(2013.3.23 본호개정)
② 식품의약품안전처장은 정보원의 사업과 관련하여 필요한 경우에는 정보원의 장에게 관련 업무의 처리상황을 보고하게 할 수 있다.(2013.3.23 본항개정)
(2012.6.29 본조제목개정)

제86조의2 (2020.12.31 삭제)

제86조의3 (2022.7.28 삭제)

제86조의4【주관기관 지정신청서 등】 ① 영 제50조의5제1항에 따른 지정신청서는 별지 제63호의2서식과 같다.
② 영 제50조의5제3항에 따른 주관기관 지정서는 별지 제63호의3서식과 같다.
③ 영 제50조의5제4항에 따른 변경지정신청서는 별지 제63호의4서식과 같다.
(2016.11.30 본조신설)

제86조의5【사업계획서 등의 제출】 ① 주관기관은 법 제70조의9에 따라 다음 각 호의 서류를 첨부한 전년도 사업 실적보고서와 해당 연도의 사업계획서를 작성하여 매년 1월 말까지 식품의약품안전처장에게 제출해야 한다.
(2021.6.30 본문개정)
1. 예산서
2. 추정재무상태표(2021.6.30 본호개정)
3. 추정손익계산서
4. 자금의 수입·지출계획서
② 주관기관은 제1항에 따라 제출한 사업계획서를 변경하려는 경우에는 변경 내용 및 사유를 적은 서류를 식품의약품안전처장에게 제출하여야 한다.
(2016.11.30 본조신설)

제86조의6【주관기관에 대한 지도·감독】 식품의약품안전처장은 법 제70조의10에 따라 주관기관에 대하여 매년 1회 이상 다음 각 호의 사항을 지도·감독하여야 한다.
1. 법 제70조의8제1항 각 호에 따른 주관기관의 사업에 관한 사항
2. 예산편성·집행의 적정 여부에 관한 사항
3. 그 밖에 식품의약품안전처장이 주관기관의 지도·감독을 위하여 필요하다고 인정하는 사항
(2016.11.30 본조신설)

제87조【회수명령 및 압류 등】 ① 관계 공무원이 법 제72조에 따라 식품등을 압류한 경우에는 별지 제16호서식의 압류증을 발급하여야 한다.
② 법 제72조제3항에 따라 식품 등의 회수명령을 받은 영업자는 지체 없이 회수대상 식품 등의 유통·판매를 중지하고, 회수계획을 작성하여 그 회수계획에 따라 회수해야 한다. 이 경우 회수계획, 회수절차 및 회수결과 보고 등에 관하여는 제59조제1항 및 제3항을 준용한다.
(2022.7.28 본항개정)
③ 제1항 및 제2항에서 규정한 사항 외에 회수계획, 회수절차 등에 관해 필요한 사항은 식품의약품안전처장이 정하여 고시한다.(2022.7.28 본항신설)
④ 법 제72조제3항에 따라 식품 등의 회수를 명한 허가관청, 신고관청 또는 등록관청은 제59조제2항제1호 및 제2호의 조치를 해야 한다.(2022.7.28 본항신설)
⑤ 법 제72조제4항에 따라 압류나 폐기를 하는 공무원의 권한을 표시하는 증표는 별지 제18호서식에 따른다.
(2022.7.28 본조제목개정)

제88조【위해식품등의 긴급회수문】 ① 영 제51조제1항에 따른 위해식품등의 긴급회수문의 내용 및 작성요령 등은 별표22와 같다.
② 영 제51조제1항에 따라 위해 발생사실 또는 위해식품등의 긴급회수문을 공표한 영업자는 다음 각 호의 사항이 포함된 공표 결과를 지체 없이 허가관청, 신고관청 또는 등록관청에 통보하여야 한다.(2015.8.18 본문개정)
1. 공표일
2. 공표매체
3. 공표횟수
4. 공표문 사본 또는 내용

제89조【행정처분의 기준】 법 제71조, 법 제72조, 법 제74조부터 법 제76조까지 및 법 제80조에 따른 행정처분의 기준은 별표23과 같다.

제90조【영업소 폐쇄 등의 게시】 허가관청, 신고관청 또는 등록관청은 법 제75조에 따라 영업허가취소, 영업등록취소, 영업정지 또는 영업소의 폐쇄처분을 한 경우 영업소명, 처분 내용, 처분기간 등을 적은 별지 제63호의5서식의 게시문을 해당 처분을 받은 영업소의 출입구나 그 밖의 잘 보이는 곳에 붙여두어야 한다.(2016.11.30 본조개정)

제91조【행정처분대장 등】 ① 식품의약품안전처장, 지방식품의약품안전청장 또는 허가관청·신고관청·등록관청은 법 제71조, 법 제72조, 법 제74조부터 법 제76조까지, 법 제79조 및 법 제80조에 따라 행정처분을 한 경우와 법 제81조에 따른 청문을 한 경우에는 별지 제64호서식의 행정처분 및 청문대장에 그 내용을 기록하고 이를 갖춰 두어야 한다.(2016.8.4 본항개정)
② 지방식품의약품안전청장 또는 특별자치시장·특별자치도지사·시장·군수·구청장이 법 제75조에 따라 영업허가·영업등록을 취소한 경우 또는 법 제79조에 따라 영업소의 폐쇄명령을 한 경우에는 그 영업자의 성명·생년월일, 취소 또는 폐쇄 사유, 취소 또는 폐쇄일 등을 지방식품의약품안전청장은 다른 지방식품의약품안전청장에게, 시장·군수·구청장은 관할 시·도지사를 거쳐 다른 시·도지사에게 각각 알려야 한다.(2016.8.4 본항개정)
③ 지방식품의약품안전청장 또는 특별자치시장·특별자치도지사·시장·군수·구청장이 다음 각 호의 어느 하나에 해당하는 영업에 대하여 법 제75조, 법 제76조 및 법 제79조에 따른 행정처분을 한 경우에는 지체 없이 그 영업소의 명칭, 영업허가(신고·등록)번호, 위반내용, 행정처분 내용, 처분기간 및 처분대상 품목명 등을 별지 제65호서식에 따라 식품의약품안전처장에게 보고하여야 한다. 이 경우 시장·군수·구청장은 시·도지사를 거쳐 보고하여야 한다.(2016.8.4 전단개정)
1. 영 제21조제1호의 식품제조·가공업
2. 영 제21조제3호의 식품첨가물제조업
3. 영 제21조제5호나목3)의 유통전문판매업
4. (2016.2.4 삭제)
5. 영 제21조제7호의 용기·포장류제조업

제92조【과징금부과 제외대상 및 징수절차 등】 ① 법 제82조제1항 단서에 따른 과징금 부과 제외대상은 별표23과 같다.
② 영 제54조에 따른 과징금의 징수절차에 관하여는 「국고금관리법 시행규칙」을 준용한다. 이 경우 납입고지서에는 이의방법 및 이의기간 등을 함께 기재하여야 한다.

제93조【식중독환자 또는 그 사체에 관한 보고】 ① 의사 또는 한의사가 법 제86조제1항에 따라 하는 보고에는 다음 각 호의 사항이 포함되어야 한다.
1. 보고자의 주소 및 성명
2. 식중독을 일으킨 환자, 식중독이 의심되는 사람 또는 식중독으로 사망한 사람의 주소·성명·생년월일 및 사체의 소재지
3. 식중독의 원인
4. 발병 연월일
5. 진단 또는 검사 연월일
② 법 제86조제2항에 따라 특별자치시장·시장(「제주특별자치도 설치 및 국제자유도시 조성을 위한 특별법」에 따른 행정시장을 포함한다)·군수·구청장이 하는 식중독 발생 보고 및 식중독 조사결과 보고는 각각 별지 제66호서식 및 별지 제67호서식에 따른다.(2019.6.12 본항개정)

제94조【집단급식소의 신고 등】 ① 법 제88조제1항에 따라 집단급식소를 설치·운영하려는 자는 제96조에 따른 시설을 갖춘 후 별지 제68호서식의 집단급식소 설치·운영신고서(전자문서로 된 신고서를 포함한다)에 제42조제1항제1호 및 제4호의 서류(전자문서를 포함한다)를 첨부하여 신고관청에 제출하여야 한다.(2017.1.4 본항개정)
② 제9항에 따라 집단급식소 설치·운영 종료 신고가 된 집단급식소를 운영하려는 자(종료 신고를 한 설치·운영자가 아닌 자를 포함한다)는 별지 제68호서식의 집단급식소 설치·운영신고서(전자문서로 된 신고서를 포함한다)에 다음 각 호의 서류(전자문서를 포함한다)를 첨부하여 신고관청에 제출하여야 한다.
1. 제42조제1항제1호의 서류(2017.1.4 본호개정)
2. 제42조제4호의 서류. 다만, 종전 집단급식소의 수도시설을 그대로 사용하는 경우는 제외한다.
3. 양도·양수 계약서 사본이나 그 밖에 신고인이 해당 집단급식소의 설치·운영자임을 증명하는 서류
(2014.5.9 본항신설)
③ 제1항 또는 제2항(종전 집단급식소의 시설·설비 및 운영 체계를 유지하는 경우는 제외한다)에 따른 신고를 받은 신고관청은 「전자정부법」 제36조제1항에 따른 행정정보의 공동이용을 통하여 액화석유가스 사용시설완성검사증명서(「액화석유가스의 안전관리 및 사업법」 제44조제2항에 따라 액화석유가스 사용시설의 완성검사를 받아야 하는 경우만 해당한다) 및 건강진단결과서(제49조에 따른 건강진단 대상자의 경우만 해당한다)를 확인하여야 하며, 신청인이 확인에 동의하지 아니하는 경우에는 그 사본을 첨부하도록 하여야 한다.(2020.4.13 본항개정)
④ 제1항 또는 제2항에 따라 신고를 받은 신고관청은 지체 없이 별지 제69호서식의 집단급식소 설치·운영신고증을 내어주고, 15일 이내에 신고받은 사항을 확인하여야 한다.
⑤ 제4항에 따라 신고증을 내어준 신고관청은 별지 제70호서식의 집단급식소의 설치·운영신고대장에 기록·보관하거나 같은 서식에 따른 전산망에 입력하여 관리하여야 한다.
⑥ 제4항에 따라 신고증을 받은 집단급식소의 설치·운영자가 해당 신고증을 잃어버렸거나 헐어 못 쓰게 되어 신고증을 다시 받으려는 경우에는 별지 제35호서식의 재발급신청서(전자문서로 된 신청서를 포함한다)에 헐어 못 쓰게 된 신고증(헐어 못 쓰게 된 경우만 해당한다)을 첨부하여 신고관청에 제출하여야 한다.
⑦ 집단급식소의 설치·운영자가 신고사항 중 다음 각 호의 구분에 따른 사항을 변경하는 경우에는 별지 제71호서식의 신고사항 변경신고서(전자문서로 된 신청서를 포함한다)에 집단급식소 설치·운영신고증을 첨부하여 신고관청에 제출하여야 한다. 이 경우 집단급식소의 소재지를 변경하는 경우에는 제42조제1항제1호 및 제4호의 서류(전자문서를 포함한다)를 추가로 첨부하여야 한다.
1. 집단급식소의 설치·운영자가 법인인 경우 : 그 대표자, 그 대표자의 성명, 소재지 또는 위탁급식영업자
2. 집단급식소의 설치·운영자가 법인이 아닌 경우 : 설치·운영자의 성명, 소재지 또는 위탁급식영업자
(2014.5.9 1호~2호신설)
⑧ 제7항 각 호 외의 부분 후단에 따라 집단급식소의 소재지를 변경하는 변경신고서를 제출받은 신고관청은 「전자정부법」 제36조제1항에 따른 행정정보의 공동이용을 통하여 액화석유가스 사용시설완성검사증명서(「액화석유가스의 안전관리 및 사업법」 제44조제2항에 따라 액화석유가스 사용시설의 완성검사를 받아야 하는 경우만 해당한다)를 확인하여야 한다. 다만, 신청인이 확인에 동의하지 아니하는 경우에는 그 사본을 첨부하도록 하여야 한다.
(2020.4.13 본문개정)
⑨ 집단급식소의 설치·운영자가 그 운영을 그만하려는 경우에는 별지 제72호서식의 집단급식소 설치·운영 종료신고서(전자문서로 된 신고서를 포함한다)에 집단급식소 설치·운영신고증을 첨부하여 신고관청에 제출하여야 한다.
⑩ 법 제88조제3항에서 준용되는 같은 법 제39조에 따라 집단급식소의 설치·운영자의 지위승계 신고를 하려는 자는 별지 제73호서식의 집단급식소 설치·운영자 지위승계 신고서에 다음 각 호의 서류를 첨부하여 신고관청에 제출해야 한다.(2022.4.28 후단삭제)
1. 집단급식소의 설치·운영신고증
2. 권리의 이전을 증명하는 다음 각 목의 구분에 따른 서류
   가. 양도의 경우에는 양도·양수를 증명할 수 있는 서류 사본
   나. 상속의 경우에는 상속인임을 증명하는 서류
   (2022.4.28 본목개정)
   다. 그 밖에 해당 사유별로 설치·운영자의 지위를 승계하였음을 증명할 수 있는 서류
3. 교육이수증(법 제41조제2항 본문에 따라 미리 식품위생교육을 받은 경우만 해당한다)
4. 위임인의 자필서명이 있는 위임장 및 위임인의 신분증명서 사본(양수인이 지위승계 신고를 위임한 경우만 해당한다)
(2021.6.30 본항신설)
⑪ 제10항에 따라 신청서를 제출받은 신고관청은 「전자정부법」 제36조제1항에 따른 행정정보의 공동이용을 통해 다음 각 호의 구분에 따른 행정정보를 확인해야 한다. 다만, 신청인이 확인에 동의하지 않는 경우에는 그 사본을 첨부하도록 해야 한다.
1. 제49조에 따른 건강진단 대상자의 경우 : 건강진단결과서
2. 상속의 경우 : 상속인의 가족관계증명서
(2022.4.28 본항신설)
⑫ 제10항에 따라 집단급식소의 설치·운영자의 지위승계 신고를 하려는 상속인이 제9항에 따른 종료신고를 함께 하려는 경우에는 제10항제1호·제2호나목의 서류(상속인이 지위승계 신고를 위임한 경우에는 같은 항 제4호의 서류를 포함한다)만을 첨부하여 제출할 수 있다.
(2021.6.30 본항신설)
(2014.5.9 본조개정)

제95조【집단급식소의 설치·운영자 준수사항】 ① 법 제88조제2항제2호에 따라 조리·제공한 식품(법 제2조제12호다목에 따른 병원의 경우에는 일반식만 해당한다)을 보관할 때에는 매회 1인분 분량을 섭씨 영하 18도 이하로 보관해야 한다.(2023.5.19 본항개정)
② 제1항에도 불구하고 완제품 형태로 제공한 가공식품은 소비기한 내에서 해당 식품의 제조업자가 정한 보관방법에 따라 보관할 수 있다. 다만, 완제품 형태로 제공하

는 식품 중 식품의약품안전처장이 정하여 고시하는 가공식품을 완제품 형태로 제공한 경우에는 해당 제품의 제품명, 제조업소명, 제조일자 또는 소비기한 등 제품을 확인·추적할 수 있는 정보를 기록·보관함으로써 해당 가공식품의 보관을 갈음할 수 있다.(2023.5.19 본항신설)
③ 법 제88조제2항제11호에서 "총리령으로 정하는 사항"이란 별표24와 같다.(2021.6.30 본항개정)

제96조【집단급식소의 시설기준】 법 제88조제7항에 따른 집단급식소의 시설기준은 별표25와 같다.
(2021.6.30 본조개정)

제96조의2【식품안전관리 업무 평가 기준 및 방법 등】
① 법 제90조3제1항에 따른 식품안전관리 업무 평가의 기준은 다음 각 호와 같다.
1. 식품안전관리 사업 목표 달성도 또는 사업의 성과
2. 그 밖에 식품안전관리를 위하여 식품의약품안전처장이 정하는 사항
② 식품의약품안전처장은 제1항에 따른 평가를 할 때에는 시·도와 시·군·구를 구분하여 실시할 수 있다.
(2016.8.4 본조신설)

제97조【수수료】 ① 법 제92조에 따른 수수료는 별표26과 같다.
② 제1항에 따른 수수료는 정부수입인지, 해당 지방자치단체의 수입증지, 현금, 신용카드·직불카드 또는 정보통신망을 이용한 전자화폐·전자결제 등의 방법으로 낼 수 있다.
(2021.5.27 본조개정)

제98조【벌칙에서 제외되는 사항】 법 제97조제6호에서 "총리령으로 정하는 경미한 사항"이란 다음 각 호의 어느 하나에 해당하는 경우를 말한다.(2013.3.23 본문개정)
1. 영 제21조제1호의 식품제조·가공업자가 식품광고 시 소비기한을 확인하여 제품을 구입하도록 권장하는 내용을 포함하지 아니한 경우(2022.6.30 본호개정)
2. 영 제21조제1호의 식품제조·가공업자 및 제21조제5호의 식품소분·판매업자가 해당 식품 거래기록을 보관하지 아니한 경우
3. 영 제21조제8호의 식품접객업자가 영업신고증 또는 영업허가증을 보관하지 아니한 경우
4. 영 제21조제8호라목의 유흥주점영업자가 종업원 명부를 비치·관리하지 아니한 경우

제99조【규제의 재검토】 식품의약품안전처장은 다음 각 호의 사항에 대하여 다음 각 호의 기준일을 기준으로 3년마다(매 3년이 되는 해의 기준일과 같은 날 전까지를 말한다) 그 타당성을 검토하여 개선 등의 조치를 해야 한다.
(2022.4.28 본문개정)
1. 제36조 및 별표14에 따른 업종별 시설기준 : 2020년 1월 1일(2021.12.30 본호개정)
2. 제52조제1항 및 제2항에 따른 식품위생교육 시간 : 2022년 1월 1일(2021.12.30 본호개정)
3. 제57조 및 별표17에 따른 식품접객업영업자 등의 준수사항 : 2022년 1월 1일(2021.12.30 본호개정)
4. 제62조제1항제8호에 따른 식품안전관리인증기준의 대상 식품 : 2020년 1월 1일(2021.12.30 본호개정)
5. 제67조제2항 및 별표20에 따른 식품안전관리인증기준적용업소 인증취소 등의 기준 : 2022년 1월 1일
(2022.4.28 본호신설)

제100조【과태료의 부과기준】 영 제67조 및 영 별표2에 따라 법 제3조 및 법 제88조제2항제11호를 위반한 자에 대한 과태료의 부과기준은 별표27과 같다.
(2021.6.30 본조개정)

제101조【과태료의 부과대상】 ① 법 제101조제1항제3호 단서 및 같은 조 제3항제6호에서 "총리령으로 정하는 경미한 사항"이란 법 제88조제2항제11호에 해당하는 사항을 말한다.(2021.6.30 본항신설)
② 법 제101조제4항제3호에서 "총리령으로 정하는 경미한 사항"이란 다음 각 호의 어느 하나에 해당하는 경우를 말한다.(2023.1.30 본문개정)
1. 영 제21조제8호의 식품접객업자가 별표17 제7호자목에 따른 영업신고증, 영업허가증 또는 조리사면허증 보관의무를 준수하지 아니한 경우(2017.12.29 본호개정)
2. 영 제21조제8호라목의 유흥주점영업자가 별표17 제7호파목에 따른 종업원명부 비치·기록 및 관리 의무를 준수하지 아니한 경우(2017.12.29 본호개정)

부 칙

제1조【시행일】 이 규칙은 공포한 날부터 시행한다. 다만, 별표17 제2호가목 단서의 개정규정은 2010년 7월 1일부터 시행하고, 부칙 제8조제5항의 개정규정(제2조제1항의 개정부분으로 한정한다)은 2010년 5월 23일부터 시행하며, 대통령령 제21676호 식품위생법 시행령 전부개정령 제25조제1항제3호의 식품첨가물제조업 및 같은 항 제5호의 식품소분·판매업 중 식품등수입 판매업의 영업신고에 관한 개정규정의 시행과 관련된 개정규정은 2011년 1월 1일부터 시행한다.

제2조【영양표시에 관한 특례】 식품을 제조·가공·소분 또는 수입하는 영업자는 제6조제1항제2호, 제10호 및 제11호의 개정규정에도 불구하고 빙과류, 어육가공품 중 어육소시지, 즉석섭취식품 중 김밥·햄버거·샌드위치의 영양표시를 2010년 1월 1일까지 하지 아니할 수 있다.

제3조【허위표시·과대광고의 범위에 관한 특례】 제8조제1항제6호의 개정규정에도 불구하고 2010년 1월 1일까지 식품등에 "인증" 또는 "보증"을 받았다는 내용을 사용하거나 이와 유사한 내용을 표현하는 광고를 할 수 있다.

제4조【식품위생검사기관 지정서 재발급에 관한 경과조치】 이 규칙 시행 당시 종전의 규정에 따라 식품의약품안전청장으로부터 식품위생검사기관 지정서를 발급받은 식품위생검사기관은 2009년 12월 31일까지 제24조제3항의 개정규정에 따라 식품위생검사기관 지정서를 식품의약품안전청장 또는 지방식품의약품안전청장으로부터 새로 발급받아야 한다. 이 경우 수수료는 면제한다.

제5조【위해요소중점관리기준 지정서 재발급에 관한 경과조치】 이 규칙 시행 당시 종전의 규정에 따라 식품의약품안전청장으로부터 위해요소중점관리기준적용업소 지정서를 발급받은 업소는 2009년 12월 31일까지 제63조제3항의 개정규정에 따라 새로 발급받아야 한다. 이 경우 수수료는 면제한다.

제6조【영업허가·신고증, 집단급식소 설치·운영신고증, 조리사면허증 발급에 관한 경과조치】 이 규칙 시행 당시 종전의 규정에 따라 허가관청·신고관청 및 면허관청이 발급한 영업허가·신고증, 집단급식소 설치·운영신고증, 조리사면허증은 이 규칙에 따라 각각 발급한 것으로 본다.

제7조【행정처분기준에 관한 경과조치】 이 규칙 시행 전의 위반행위에 대한 행정처분에 관하여는 그 기준이 종전보다 강화된 경우에는 종전의 규정에 따르고, 종전보다 완화된 경우에는 이 규칙의 개정규정에 따른다.

제8조【다른 법령의 개정】 ①~⑦ ※(해당 법령에 가제정리 하였음)

제9조【다른 법령과의 관계】 이 규칙 시행 당시 다른 법령에서 종전의 「식품위생법 시행규칙」의 규정을 인용한 경우에 이 규칙 가운데 그에 해당하는 규정이 있으면 종전의 규정을 갈음하여 이 규칙의 해당 규정을 인용한 것으로 본다.

부 칙 (2014.3.6)

제1조【시행일】 ① 이 규칙은 공포한 날부터 시행한다. 다만, 제69조제1항 각 호 외의 부분, 같은 조 제4항, 제71조제1항·제2항, 제74조, 별지 제55호서식, 별지 제56호서식(식품의약품안전처장 관련 부분에 한정한다) 및 별지 제57호서식의 개정규정은 2014년 7월 1일부터 시행한다.
② 제1항에도 불구하고 제69조의2제1호의 개정규정은 다음 각 호의 구분에 따른 날부터 시행한다.
1. 영유아식의 식품유형별 2013년 매출액이 50억 이상인 제조·수입·가공업자 : 2014년 12월 1일
2. 영유아식의 식품유형별 2013년 매출액이 10억 이상 50억 미만인 제조·수입·가공업자 : 2015년 12월 1일
3. 영유아식의 식품유형별 2013년 매출액이 1억 이상 10억 미만인 제조·수입·가공업자 : 2016년 12월 1일
4. 영유아식의 식품유형별 2013년 매출액이 1억 미만인 제조·수입·가공업자 및 2014년 이후 영 제25조제1항 또는 제26조의2제1항에 따라 영업신고 또는 등록을 한 영유아식 제조·수입·가공업자 : 2017년 12월 1일
③ 제1항에도 불구하고 제69조의2제2호의 개정규정은 다음 각 호의 구분에 따른 날부터 시행한다.
1. 영업장 면적이 2013년 12월 31일을 기준으로 1,000제곱미터 이상인 기타 식품판매업자 : 2014년 12월 1일
2. 영업장 면적이 2013년 12월 31일을 기준으로 500제곱미터 이상 1,000제곱미터 미만인 기타 식품판매업자 : 2015년 12월 1일
3. 영업장 면적이 2013년 12월 31일을 기준으로 300제곱미터 이상 500제곱미터 미만인 기타 식품판매업자 및 2014년 이후 영 제25조제1항에 따라 영업신고를 한 기타 식품판매업자 : 2016년 12월 1일

제2조【수수료에 관한 적용례】 별표26 제7호의 개정규정은 이 규칙 시행 후 제5조의2 또는 제5조의3의 개정규정에 따라 수입식품에 대한 잔류허용기준의 설정 또는 변경을 요청하거나 설정면제를 요청한 것부터 적용한다.

부 칙 (2014.5.9)

제1조【시행일】 ① 이 규칙은 공포한 날부터 시행한다. 다만, 제62조제1항제13호의 개정규정은 2017년 12월 1일부터 시행하고, 제83조의 개정규정은 2014년 5월 23일부터 시행한다.
② 제1항 본문 및 단서에도 불구하고 제62조제1항제1호(어육소시지만 해당한다), 제4호(과자·캔디류만 해당한다), 제5호(비가열음료는 제외한다) 및 제8호부터 제12호까지의 개정규정은 다음 각 호의 구분에 따른 날부터 시행한다.
1. 해당 식품유형별 2013년 매출액이 20억원 이상이고, 종업원 수가 51명 이상인 영업소에서 제조·가공하는 식품 : 2014년 12월 1일
2. 해당 식품유형별 2013년 매출액이 5억원 이상이고, 종업원 수가 21명 이상인 영업소(이 항 제1호에 해당하는 영업소는 제외한다)에서 제조·가공하는 식품 : 2016년 12월 1일
3. 해당 식품유형별 2013년 매출액이 1억원 이상이고, 종업원 수가 6명 이상인 영업소(이 항 제1호 또는 제2호에 해당하는 영업소 및 제62조제1항제13호의 개정규정에 해당하는 영업소는 제외한다)에서 제조·가공하는 식품 : 2018년 12월 1일. 다만, 제62조제1항제8호의 개정규정 중 떡류의 경우로서 해당 떡류의 2013년 매출액이 1억원 이상이고, 종업원 수가 10명 이상인 영업소에서 제조·가공하는 떡류 : 2017년 12월 1일(2016.4.19 단서신설)
4. 제1호부터 제3호까지의 어느 하나에 해당하지 아니하는 영업소(제62조제1항제13호의 개정규정에 해당하는 영업소는 제외한다)에서 제조·가공하는 식품 : 2020년 12월 1일

제2조【행정처분 기준에 관한 경과조치】 이 규칙 시행 전의 위반행위에 대한 행정처분에 관하여는 별표23의 개정규정에도 불구하고 종전의 규정에 따른다.

부 칙 (2015.8.18)

제1조【시행일】 이 규칙은 공포한 날부터 시행한다. 다만, 다음 각 호의 구분에 따른 개정규정은 각각 해당 호에서 정하는 날부터 시행한다.
1. 제6조제1항제12호 및 제14호의 개정규정 : 2016년 1월 1일
2. 제6조제1항제13호의 개정규정 : 다음 각 목에서 정하는 날
가. 해당 장류의 2014년 매출액이 200억원 이상인 영업소에서 제조·가공·소분 또는 수입하는 식품 : 2016년 1월 1일
나. 해당 장류의 2014년 매출액이 100억원 이상 200억원 미만인 영업소에서 제조·가공·소분 또는 수입하는 식품 : 2017년 1월 1일
다. 해당 장류의 2014년 매출액이 10억원 이상 100억원 미만인 영업소에서 제조·가공·소분 또는 수입하는 식품 : 2018년 1월 1일
라. 해당 장류의 2014년 매출액이 5억원 이상 10억원 미만인 영업소에서 제조·가공·소분 또는 수입하는 식품 : 2019년 1월 1일
마. 가목부터 라목까지에 해당하지 아니하는 영업소에서 제조·가공·소분 또는 수입하는 식품 : 2021년 1월 1일
3. 별표17 제6호타목7) 및 별표23의 Ⅱ. 개별기준의 3. 식품접객업의 제10호가목3)의 개정규정 : 공포 후 6개월이 경과한 날

제2조【식품제조·가공업의 시설기준에 관한 경과조치】 이 규칙 시행 당시 식품제조·가공업 영업자의 급수시설이 별표14 제1호라목2)의 개정규정에 적합하지 아니한 경우에는 이 규칙 시행일부터 1년 이내에 같은 개정규정에 적합하게 하여야 한다.

제3조【식품안전관리인증기준적용업소의 인증취소 등의 기준에 관한 경과조치】 이 규칙 시행 전의 위반행위에 대한 인증취소 등의 기준에 관하여는 별표20의 개정규정에도 불구하고 종전의 규정에 따른다.

부 칙 (2015.10.21)

제1조【시행일】 이 규칙은 공포한 날부터 시행한다. 다만, 다음 각 호의 구분에 따른 개정규정은 각각 해당 호에서 정하는 날부터 시행한다.
1. 별표12 제6호가목1) 및 3)의 개정규정 : 다음 각 목에서 정하는 날
가. 2014년 매출액이 50억원 이상인 식품제조·가공업자 : 공포 후 1년이 경과한 날
나. 2014년 매출액이 5억원 이상 50억원 미만인 식품제조·가공업자 : 공포 후 1년 6개월이 경과한 날
다. 2014년 매출액이 5억원 미만인 식품제조·가공업자 및 2015년 1월 1일 이후 법 제37조제5항에 따라 등록한 식품제조·가공업자 : 공포 후 2년이 경과한 날
2. 별표16 제14호의 개정규정 : 다음 각 목에서 정하는 날
가. 2014년 매출액이 100억원 이상인 식품제조·가공업자와 식품첨가물제조업자 : 공포 후 6개월이 경과한 날
나. 2014년 매출액이 50억원 이상 100억원 미만인 식품제조·가공업자와 식품첨가물제조업자 : 공포 후 1년이 경과한 날
다. 2014년 매출액이 50억원 미만인 식품제조·가공업자와 식품첨가물제조업자 및 2015년 1월 1일 이후 법 제37조제5항에 따라 등록한 식품제조·가공업자와 식품첨가물제조업자 : 공포 후 1년 6개월이 경과한 날

제2조【자가품질검사에 관한 경과조치】 부칙 제1조제1호 각 목에 따른 시행일 전에 법 제37조제5항에 따라 등록한 식품제조·가공업자가 그 시행일 이후 첫 번째로 하는 자가품질검사에 대해서는 별표12 제6호가목1) 및 3)의 개정규정에도 불구하고 종전의 규정에 따른다.

제3조【행정처분 기준에 관한 경과조치】 이 규칙 시행 전의 위반행위에 대한 행정처분기준에 관하여는 별표23의 개정규정에도 불구하고 종전의 규정에 따른다.

부 칙 (2015.12.31)

제1조【시행일】 이 규칙은 공포한 날부터 시행한다. 다만, 제8조제1항제6호 각 목 외의 부분 본문 및 별표16 제

15호의 개정규정은 2017년 1월 1일부터 시행하고, 제61조의2, 제61조의3, 별표17 제6호허목 및 별지 제51호의2서식부터 별지 제51호의4서식까지의 개정규정은 2017년 5월 19일부터 시행한다.

제2조【인증·보증 등 표시에 관한 적용례】 제8조제1항제6호 각 목 외의 부분 본문의 개정규정은 부칙 제1조 단서에 따른 시행일 이후 제조·가공하거나 수입하기 위하여 선적하는 식품등부터 적용한다.

제3조【허가사항·신고사항 변경 신고에 관한 적용례】 제41조제3항 및 제43조의 개정규정은 이 규칙 시행 이후 영업장의 면적을 변경하는 경우부터 적용한다.

제4조【빙초산의 어린이보호포장에 관한 적용례】 별표16 제15호의 개정규정은 부칙 제1조 단서에 따른 시행일 이후 제조하는 빙초산부터 적용한다.

제5조【과태료에 관한 경과조치】 이 규칙 시행 전의 위반행위로 받은 과태료의 부과처분은 별표27의 개정규정에 따른 위반행위의 횟수 산정에 포함하지 아니한다.

부 칙 (2016.4.19)

이 규칙은 공포한 날부터 시행한다. 다만, 제62조제1항제12호의2의 개정규정은 다음 각 호의 구분에 따른 날부터 시행한다.

1. 2014년의 종업원 수가 2명 이상인 영업소에서 제조·가공하는 순대 : 2016년 12월 1일
2. 제1호에 해당하지 아니하는 영업소에서 제조·가공하는 순대 : 2017년 12월 1일

부 칙 (2016.6.30)

제1조【시행일】 이 규칙은 공포한 날부터 시행한다.

제2조~제4조 (생략)

제5조【「식품위생법 시행규칙」의 개정에 관한 경과조치】 이 규칙 시행 전의 위반행위에 대한 행정처분 기준에 관하여는 별표23 Ⅱ. 개별기준 1. 식품제조·가공업등의 제11호나목의 개정규정에도 불구하고 종전의 규정에 따른다.

부 칙 (2016.8.2)

제1조【시행일】 이 규칙은 공포한 날부터 시행한다. 다만, 제31조의2의 개정규정은 2016년 8월 4일부터 시행한다.

제2조【행정처분 기준에 관한 경과조치】 이 규칙 시행 전의 위반행위에 대한 행정처분 기준에 관하여는 별표23 Ⅰ. 일반기준 제15호의 개정규정에도 불구하고 종전의 규정에 따른다.

부 칙 (2016.8.4)

이 규칙은 2016년 8월 4일부터 시행한다. 다만, 별표17 제1호하목의 개정규정은 다음 각 호의 구분에 따른 날부터 시행하며, 같은 호 거목의 개정규정은 2017년 1월 1일부터 시행한다.

1. 2014년 매출액이 100억원 이상인 식품제조·가공업자와 식품첨가물제조업자 : 공포한 날
2. 2014년 매출액이 50억원 이상 100억원 미만인 식품제조·가공업자와 식품첨가물제조업자 : 2016년 10월 22일
3. 2014년 매출액이 50억원 미만인 식품제조·가공업자와 식품첨가물제조업 및 2015년 1월 1일 이후 법 제37조제5항에 따라 등록한 식품제조·가공업자와 식품첨가물제조업자 : 2017년 4월 22일

부 칙 (2017.1.4)

제1조【시행일】 이 규칙은 공포한 날부터 시행한다.

제2조【행정처분 기준에 관한 경과조치】 이 규칙 시행 전의 위반행위에 대한 행정처분 기준에 관하여는 별표23의 개정규정에도 불구하고 종전의 규정에 따른다.

제3조【과태료 금액에 관한 경과조치】 이 규칙 시행 전의 위반행위에 대하여 과태료를 부과할 때에는 별표27의 개정규정에도 불구하고 종전의 규정에 따른다.

부 칙 (2017.5.16)

이 규칙은 2017년 5월 19일부터 시행한다.

부 칙 (2017.12.29)

제1조【시행일】 이 규칙은 공포한 날부터 시행한다. 다만, 다음 각 호의 구분에 따른 개정규정은 각각 해당 호에서 정하는 날부터 시행한다.

1. 제6조제1항제2호, 제6호, 제8호 및 제12호의 개정규정, 제62조제1항 및 별표12 제6호가목·나목의 개정규정 : 2018년 1월 1일
2. 제6조제1항제4호(코코아가공품류에 관한 개정규정에 한한다), 제11호 및 제13호의 개정규정 : 2020년 1월 1일
3. 별표14 제8호가목1)마) 및 별지 제56호서식의 개정규정 : 공포 후 6개월이 경과한 날
4. 별표26 제2호가목의 개정규정 : 2018년 2월 1일

제2조【유전자변형식품등 안전성 심사의 수수료에 관한 적용례】 별표26 제2호가목의 개정규정은 이 규칙 시행 이후 유전자변형식품등 안전성 심사를 신청하는 경우부터 적용한다.

제3조【행정처분의 기준에 관한 경과조치】 이 규칙 시행 전의 위반행위에 대한 행정처분의 기준에 관하여는 별표23의 개정규정에도 불구하고 종전의 규정에 따른다.

제4조【식품이력추적관리 품목 등록증에 관한 경과조치】 이 규칙 시행 당시 종전의 규정에 따라 발급된 식품이력추적관리 품목 등록증은 이 규칙에 따라 발급된 것으로 본다.

부 칙 (2018.6.28)

제1조【시행일】 이 규칙은 공포한 날부터 시행한다. 다만, 제69조의2제2호의 개정규정은 다음 각 호의 구분에 따른 날부터 시행한다.

1. 임산·수유부용 식품, 특수의료용도 등 식품 및 체중조절용 조제식품의 식품유형별 2016년 매출액이 50억원 이상인 제조·가공업자 : 2019년 12월 1일
2. 임산·수유부용 식품, 특수의료용도 등 식품 및 체중조절용 조제식품의 식품유형별 2016년 매출액이 10억원 이상 50억원 미만인 제조·가공업자 : 2020년 12월 1일
3. 임산·수유부용 식품, 특수의료용도 등 식품 및 체중조절용 조제식품의 식품유형별 2016년 매출액이 1억원 이상 10억원 미만인 제조·가공업자 : 2021년 12월 1일
4. 임산·수유부용 식품, 특수의료용도 등 식품 및 체중조절용 조제식품의 식품유형별 2016년 매출액이 1억원 미만인 제조·가공업자 및 2017년 이후 영 제26조의2제1항에 따라 영업등록을 한 임산·수유부용 식품, 특수의료용도 등 식품, 체중조절용 조제식품 제조·가공업자 : 2022년 12월 1일

제2조【행정처분 기준에 관한 경과조치】 이 규칙 시행 전의 위반행위에 대하여 행정처분 기준을 적용할 때에는 별표23의 개정규정에도 불구하고 종전의 규정에 따른다.

부 칙 (2018.12.31)

제1조【시행일】 이 규칙은 공포한 날부터 시행한다.

제2조【행정처분 기준에 관한 경과조치】 이 규칙 시행 전의 위반행위에 대한 행정처분 기준에 관하여는 별표23의 개정규정에도 불구하고 종전의 규정에 따른다.

부 칙 (2019.11.20)

제1조【시행일】 이 규칙은 공포 후 1개월이 경과한 날부터 시행한다. 다만, 제31조의3의 개정규정은 2019년 12월 12일부터 시행하고, 별표23의 개정규정은 공포한 날부터 시행한다.

제2조【행정정보 공동이용 확인서류에 관한 적용례】 다음 각 호의 구분에 따른 개정규정은 이 규칙 시행 이후 영업허가, 변경허가, 변경신고 및 영업신고 등을 신청하는 것부터 적용한다.

1. 제40조제1항제5호, 같은 조 제2항 각 호 외의 부분 단서 및 같은 항 제6호
2. 제41조제1항제4호, 같은 조 제2항 각 호 외의 부분 단서 및 같은 항 제5호
3. 제41조제3항 각 호 외의 부분 본문 및 같은 조 제4항
4. 제42조제1항제7호, 같은 조 제2항 각 호 외의 부분 단서 및 같은 항 제7호
5. 제43조 각 호 외의 부분 전단·후단 및 같은 조 제5호·제6호

부 칙 (2019.12.31)

제1조【시행일】 이 규칙은 공포 후 1개월이 경과한 날부터 시행한다. 다만, 제52조제3항제2호 및 제4항제2호의 개정규정은 2020년 1월 1일부터 시행한다.

제2조【식품위생교육의 생략에 관한 적용례】 제52조제3항제2호 및 제4항제2호의 개정규정은 부칙 제1조 단서에 따른 시행일 이후에 제52조제1항 또는 제2항에 따라 식품위생교육을 받은 경우부터 적용한다.

제3조【식품안전관리인증기준적용업소의 인증취소에 관한 적용례】 별표20 제1호다목의 개정규정은 이 규칙 시행 이후 식품안전관리인증기준에서 정한 중요관리점에 대한 모니터링을 하지 않거나 한계기준의 위반사실이 발생한 경우부터 적용한다.

제4조【수수료 면제에 관한 적용례】 별표26 제1호바목 단서의 개정규정은 이 규칙 시행 이후 제48조제2항에 따라 영업자 지위승계를 신고하는 경우부터 적용한다.

부 칙 (2020.4.13)

제1조【시행일】 이 규칙은 공포한 날부터 시행한다. 다만, 제42조제3항 및 별표12 제6호나목1)의 개정규정은 공포 후 1개월이 경과한 날부터 시행한다.

제2조【식품의 자가품질검사에 관한 적용례】 ① 별표12 제6호가목1)·4)의 개정규정은 이 규칙 시행 전에 종전의 규정에 따라 자가품질검사를 실시한 주류에 대해서도 적용한다.

② 즉석판매제조·가공업자가 부칙 제1조 단서에 따른 시행일 전에 별표12 제6호나목1)의 개정규정에 해당하는 과자를 제조·가공한 경우에는 부칙 제1조 단서에 따른 시행일 이후 3개월 이내에 해당과자에 대한 자가품질검사를 실시해야 한다.

제3조【건강진단결과서의 확인에 관한 경과조치】 이 규칙 시행 당시 법 제39조제3항에 따라 영업자의 지위승계 신고절차가 진행 중인 경우에는 제48조제1항 각 호 외의 부분 후단 및 같은 항 제4호의 개정규정에도 불구하고 종전의 규정에 따른다.

제4조【식품용수 종류의 기재에 관한 경과조치】 이 규칙 시행 당시 법 제37조 및 제88조에 따라 영업허가·영업등록·영업신고 또는 집단급식소의 설치·운영 신고 절차가 진행 중인 경우에는 별지 제30호서식, 별지 제37호서식, 별지 제41조의2서식 및 별지 제68호서식의 개정규정(식품용수 종류의 기재에 관한 사항만 해당한다)에도 불구하고 종전의 규정에 따른다.

부 칙 (2020.8.24)

제1조【시행일】 이 규칙은 공포 후 1개월이 경과한 날부터 시행한다. 다만, 제52조제4항제1호의 개정규정은 2021년 1월 1일부터 시행한다.

제2조【식품위생교육에 관한 적용례】 제52조제4항제1호의 개정규정은 2021년도에 받은 식품위생교육부터 적용한다.

제3조【행정처분 기준 등에 관한 경과조치】 이 규칙 시행 전의 위반행위에 대한 행정처분 기준에 관하여는 별표23의 개정규정에도 불구하고 종전의 규정에 따른다.

부 칙 (2020.10.16)

제1조【시행일】 이 규칙은 공포 후 20일이 경과한 날부터 시행한다.

제2조【식품접객영업자의 준수사항에 관한 적용례】 별표17 제7호고목의 개정규정은 이 규칙 시행 전에 「재난 및 안전관리 기본법」 제38조제2항 본문에 따라 발령되어 이 규칙 시행 당시 계속 유효한 경계 또는 심각의 위기경보에 대해서도 적용한다.

부 칙 (2020.12.31)

제1조【시행일】 이 규칙은 2021년 1월 1일부터 시행한다. 다만, 제80조제1항제2호·제3호, 제86조의2, 별표23 Ⅱ. 개별기준 제3호 및 별지 제60호서식의 개정규정은 공포한 날부터 시행한다.

제2조【조리사 면허증의 제출서류에 관한 적용례】 제80조제1항제2호 및 제3호의 개정규정은 부칙 제1조 단서에 따른 시행일 이후 조리사 면허증의 발급 또는 재발급을 신청하는 경우부터 적용한다.

제3조【옥외 시설 등에서 음식 등을 제공하는 자에 관한 경과조치】 ① 이 규칙 시행 전에 종전의 별표14 제8호가목5)라) 및 마)에 따라 옥외 시설 또는 옥외 장소 등에서 음식 등을 제공하고 있는 자는 이 규칙 시행일부터 6개월 이내에 제43조의 개정규정에 따라 변경신고를 해야 한다.

② 제1항에 따라 변경신고를 해야 하는 자는 이 규칙 시행일부터 1년 이내에 별표14 제8호나목1)사)에 따른 시설기준을 갖춰야 한다.

제4조【행정처분에 관한 경과조치】 이 규칙 시행 전의 위반행위에 대하여 행정처분 기준을 적용할 때에는 별표23 Ⅱ. 개별기준 제3호의 개정규정에도 불구하고 종전의 규정에 따른다.

부 칙 (2021.4.12)

제1조【시행일】 이 규칙은 공포 후 1개월이 경과한 날부터 시행한다. 다만, 별표24 제3호의3의 개정규정은 공포 후 6개월이 경과한 날부터 시행한다.

부 칙 (2021.5.27)

제1조【시행일】 이 규칙은 공포한 날부터 시행한다. 다만, 별표26 제2호나목, 별지 제52호서식 및 별지 제54호서식의 개정규정은 공포 후 6개월이 경과한 날부터 시행한다.

제2조【수수료에 관한 적용례】 별표26 제2호나목, 별지 제52호서식 및 별지 제54호서식의 개정규정은 부칙 제1조 단서에 따른 시행일 이후에 인증신청 또는 인증사항의 변경신청을 하는 경우부터 적용한다.

부 칙 (2021.6.30)

제1조【시행일】 이 규칙은 공포한 날부터 시행한다. 다만, 다음 각 호의 개정규정은 해당 각 호의 구분에 따른 날부터 시행한다.

1. 별표14 제8호가목2)아), 별표17 제7호도목·로목, 별

표23 Ⅱ 제3호의 표 제4호하목2)·3) 및 제10호가목4)·12), 별표27 제1호의 개정규정 : 공포 후 1개월이 경과한 날
2. 제64조, 제68조의3부터 제68조의5까지, 제74조의2, 별표20의2, 별표20의3, 별표24(제3호는 제외한다), 별표27 제2호, 별지 제54호의2서식, 별지 제54호의3서식의 개정규정 : 2021년 6월 30일
3. 별표24 제3호의 개정규정 : 2021년 10월 13일

제2조【행정처분 기준에 관한 경과조치】 ① 별표20의2의 개정규정은 이 규칙 시행 전의 위반행위(종전의 제64조제6항에 따라 식품의약품안전처장이 고시한 위반행위를 말한다)에 대해서도 적용한다. 이 경우 그 위반행위의 횟수에 관계없이 1차 위반 시의 처분기준을 적용한다.
② 이 규칙 시행 이후의 위반행위에 대하여 별표20의2의 개정규정을 적용하는 경우 이 규칙 시행 전의 위반행위는 해당 개정규정에 따른 위반행위의 횟수에 포함하지 않는다.
③ 이 규칙 시행 전의 위반행위에 대한 행정처분 기준에 관하여는 별표23 Ⅰ 제15호자목의 개정규정에도 불구하고 종전의 규정에 따른다.

부　칙 (2021.12.30)

이 규칙은 2021년 12월 30일부터 시행한다.

부　칙 (2022.4.28)

제1조【시행일】 이 규칙은 공포한 날부터 시행한다. 다만, 별표12 제6호나목1)의 개정규정은 공포 후 6개월이 경과한 날부터 시행한다.
제2조【자가품질검사기준에 관한 적용례】 신선편의식품 또는 간편조리세트 제조·가공업자가 부칙 제1조 단서에 따른 시행일 전에 별표12 제6호나목1)의 개정규정에 해당하는 신선편의식품 또는 간편조리세트를 제조·가공한 경우에는 부칙 제1조 단서에 따른 시행일 이후 3개월 이내에 해당 제품에 대한 자가품질검사를 실시해야 한다.

부　칙 (2022.6.30)

제1조【시행일】 이 규칙은 2023년 1월 1일부터 시행한다.(이하 생략)

부　칙 (2022.7.28 총리령1821호)

제1조【시행일】 이 규칙은 2022년 7월 28일부터 시행한다.(이하 생략)

부　칙 (2022.7.28 총리령1822호)

제1조【시행일】 이 규칙은 공포한 날부터 시행한다.
제2조【소비기한에 관한 경과조치】 제59조제1항제1호, 별표18 및 별지 제17호의4서식부터 별지 제17호의7서식까지 중 "소비기한"은 2022년 12월 31일까지는 "유통기한"으로 본다.

부　칙 (2022.12.9)

이 규칙은 2022년 12월 11일부터 시행한다. 다만, 별지 제43호서식은 2023년 7월 1일부터 시행한다.

부　칙 (2023.1.30)

이 규칙은 공포한 날부터 시행한다.

부　칙 (2023.5.19)

제1조【시행일】 이 규칙은 공포한 날부터 시행한다. 다만, 총리령 제1836호 식품위생법 시행규칙 일부개정령 별지 제43호서식의 개정규정은 2023년 7월 1일부터 시행하고, 제52조제2항의 개정규정은 2024년 1월 1일부터 시행한다.
제2조【일반음식점의 시설기준에 관한 경과조치】 이 규칙 시행 당시 설치·운영 중인 일반음식점의 객실이 별표14 제8호나목1)가)의 개정규정에 따른 시설기준에 적합하지 않은 경우에는 이 규칙 시행일부터 1년 이내에 해당 기준에 적합하도록 해야 한다.

〔별표〕 ➡ 「法典 別册」 참조

〔별지서식〕 ➡ 「www.hyeonamsa.com」 참조

식품안전기본법

(2008년 6월 13일
법　률　제9121호)

개정
2010. 1.18법 9932호(정부조직)
2010. 5.25법10310호(축산물위생관리법)
2011. 7.21법10885호(농수산물품질관리법)
2011. 8. 4법10999호
2011.11.22법11101호(소금산업진흥법)
2012. 6. 1법11459호(친환경농어업육성및유기식품등의관리·지원에관한법)
2013. 3.23법11690호(정부조직)
2014. 5.21법12670호　2015. 3.27법13276호
2016. 2. 3법14021호　2016.12. 2법14354호
2018. 6.12법15708호
2020. 2.18법17037호(수산식품산업의육성및지원에관한법)
2020. 8.11법17472호(정부조직)
2020.12.29법17761호(주류면허등에관한법)
2021. 7.27법18362호　2022. 6.10법18966호

제1장　총　칙

제1조【목적】 이 법은 식품의 안전에 관한 국민의 권리·의무와 국가 및 지방자치단체의 책임을 명확히 하고, 식품안전정책의 수립·조정 등에 관한 기본적인 사항을 규정함으로써 국민이 건강하고 안전하게 식생활(食生活)을 영위하게 함을 목적으로 한다.
제2조【정의】 이 법에서 사용하는 용어의 뜻은 다음과 같다.
1. "식품"이란 모든 음식물을 말한다. 다만, 의약으로서 섭취하는 것을 제외한다.
2. "사업자"란 다음 각 목의 어느 하나에 해당하는 것의 생산·채취·제조·가공·수입·운반·저장·조리 또는 판매(이하 "생산·판매등"이라 한다)를 업으로 하는 자를 말한다.
가. 「식품위생법」에 따른 식품·식품첨가물·기구·용기 또는 포장
나. 「농수산물 품질관리법」에 따른 농수산물
(2011.7.21 본목개정)
다. (2011.7.21 삭제)
라. 「축산법」에 따른 축산물
마. 「비료관리법」에 따른 비료
바. 「농약관리법」에 따른 농약
사. 「사료관리법」에 따른 사료
아. 「약사법」 제85조에 따른 동물용 의약품
자. 식품의 안전성에 영향을 미칠 우려가 있는 농·수·축산업의 생산자재
차. 그 밖에 식품과 관련된 것으로서 대통령령으로 정하는 것
3. "소비자"란 사업자가 제공하는 제2호 각 목에 해당하는 것(이하 "식품등"이라 한다)을 섭취하거나 사용하는 자를 말한다. 다만, 자기의 영업에 사용하기 위하여 식품등을 제공받는 경우를 제외한다.
4. "관계중앙행정기관"이란 기획재정부·교육부·농림축산식품부·산업통상자원부·보건복지부·환경부·해양수산부·식품의약품안전처·관세청·농촌진흥청 및 질병관리청을 말하고, "관계행정기관"이란 식품등에 관한 행정권한을 가지는 행정기관을 말한다.
(2020.8.11 본호개정)
5. "식품안전법령등"이란 「식품위생법」, 「건강기능식품에 관한 법률」, 「어린이 식생활안전관리 특별법」, 「감염병의 예방 및 관리에 관한 법률」, 「국민건강증진법」, 「식품산업진흥법」, 「수산식품산업의 육성 및 지원에 관한 법률」, 「농수산물 품질관리법」, 「축산물 위생관리법」, 「가축전염병 예방법」, 「축산법」, 「사료관리법」, 「농약관리법」, 「약사법」, 「비료관리법」, 「인삼산업법」, 「양곡관리법」, 「친환경농어업 육성 및 유기식품 등의 관리·지원에 관한 법률」, 「보건범죄 단속에 관한 특별조치법」, 「학교급식법」, 「학교보건법」, 「수도법」, 「먹는물관리법」, 「소금산업 진흥법」, 「주세법」, 「주류 면허 등에 관한 법률」, 「대외무역법」, 「산업표준화법」, 「유전자변형생물체의 국가간 이동 등에 관한 법률」, 「식품·의약품분야 시험·검사 등에 관한 법률」, 「가축 및 축산물 이력관리에 관한 법률」, 「수입식품안전관리 특별법」, 그 밖에 식품등의 안전과 관련되는 법률과 위 법률의 위임사항 또는 그 시행에 관한 사항을 규정하는 명령·조례 또는 규칙 중 식품등의 안전과 관련된 규정을 말한다.
(2020.12.29 본호개정)
6. "위해성평가"란 식품등에 존재하는 위해요소가 인체의 건강을 해하거나 해할 우려가 있는지 여부와 그 정도를 과학적으로 평가하는 것을 말한다.
7. "추적조사"란 식품등의 생산·판매등의 과정에 관한 정보를 추적하여 조사하는 것을 말한다.
제3조【다른 법률과의 관계】 ① 식품등의 안전에 관하여 제2조제5호에 따른 법률에 특별한 규정이 있는 경우를 제외하고는 이 법으로 정하는 바에 따른다.
② 식품안전법령등을 제정 또는 개정하는 경우 이 법의 취지에 부합하도록 하여야 한다.
제4조【국가 및 지방자치단체의 책무】 ① 국가 및 지방자치단체는 국민이 건강하고 안전한 식생활을 영위할 수 있도록 생산부터 소비까지 단계별로 식품등의 안전에 관한 정책(이하 "식품안전정책"이라 한다)을 수립하고 시행할 책무를 진다.(2022.6.10 본항개정)
② 국가 및 지방자치단체는 식품안전정책을 수립·시행할 경우 과학적 합리성, 일관성, 투명성, 신속성 및 사전예방의 원칙이 유지되도록 하여야 한다.
③ 국가 및 지방자치단체는 식품등의 생산·제조·가공·조리·포장·보존 및 유통 등에 관한 기준과 식품등의 성분에 관한 규격(이하 "식품등의 안전에 관한 기준·규격"이라 한다)을 정함에 있어 국민의 생명과 안전을 고려한 과학적 기준을 세워야 하며, 「세계 무역기구 설립을 위한 마라케쉬협정」에 따른 국제식품규격위원회의 식품규격 등 국제적 기준과 조화를 이루도록 노력한다.
(2011.8.4 본항개정)
④ 국가 및 지방자치단체는 중복적인 출입·수거·검사 등으로 인하여 사업자에게 과도한 부담을 주지 아니하도록 노력하여야 한다.
제5조【국민의 권리와 사업자의 책무】 ① 국민은 국가나 지방자치단체의 식품안전정책의 수립·시행에 참여하고, 식품안전정책에 대한 정보에 관하여 알권리가 있다.
② 사업자는 국민의 건강에 유익하고 안전한 식품등을 생산·판매등을 하여야 하고, 취급하는 식품등의 위해 여부에 대하여 항상 확인하고 검사할 책무를 진다.
제5조의2【식품안전의 날 및 식품안전주간】 ① 식품안전에 대한 국민의 이해와 관심 및 사업자의 인식과 역량을 높이기 위하여 매년 5월 14일을 식품안전의 날로 하며, 매년 5월 7일부터 5월 21일까지를 식품안전주간으로 한다.
② 국가 및 지방자치단체는 식품안전의 날의 취지에 적합한 기념행사를 개최할 수 있고, 관련 사업을 실시하거나 관련 단체 등의 활동을 지원할 수 있다.
(2021.7.27 본조개정)

제2장　식품안전정책의 수립 및 추진체계

제6조【식품안전관리기본계획 등】 ① 관계중앙행정기관의 장은 5년마다 소관 식품등에 관한 안전관리계획을 수립하여 국무총리에게 제출하여야 한다.(2018.6.12 본항개정)
② 국무총리는 제1항에 따라 제출받은 관계중앙행정기관의 식품등에 관한 안전관리계획을 종합하여 제7조에 따른 식품안전정책위원회의 심의를 거쳐 식품안전관리기본계획(이하 "기본계획"이라 한다)을 수립한 후 관계중앙행정기관의 장에게 통보하여야 한다.
③ 기본계획은 다음 각 호의 사항을 포함하여야 한다.
1. 식생활의 변화와 전망
2. 식품안전정책의 목표 및 기본방향
3. 식품안전법령등의 정비 등 제도개선에 관한 사항
4. 사업자에 대한 지원 등 식품등의 안전성 확보를 위한 지원방법에 관한 사항
5. 식품등의 안전에 관한 연구 및 기술개발에 관한 사항
6. 식품등의 안전을 위한 국제협력에 관한 사항
7. 그 밖에 식품등의 안전성 확보를 위하여 필요한 사항
④ 관계중앙행정기관의 장 및 지방자치단체의 장은 기본계획을 기초로 하여 매년 식품안전관리시행계획(이하 "시행계획"이라 한다)을 수립·시행하여야 한다.
⑤ 관계중앙행정기관의 장 및 지방자치단체의 장은 기본계획 및 시행계획을 추진하기 위한 인력과 재원을 우선적으로 확보하도록 노력하여야 한다.
⑥ 제1항부터 제5항까지의 규정으로 정한 것 외에 기본계획 및 시행계획의 수립·시행에 관하여 필요한 사항은 대통령령으로 정한다.
제7조【식품안전정책위원회】 ① 식품안전정책을 종합·조정하기 위하여 국무총리 소속으로 식품안전정책위원회(이하 "위원회"라 한다)를 둔다.
② 위원회는 다음 각 호의 사항을 심의·조정한다.
1. 기본계획에 관한 사항
2. 식품등의 안전 관련 주요 정책에 관한 사항
3. 국민건강에 중대한 영향을 미칠 수 있는 식품안전법령등 및 식품등의 안전에 관한 기준·규격의 제정·개정에 관한 사항
4. 국민건강에 중대한 영향을 미칠 수 있는 식품등에 대한 위해성평가에 관한 사항
5. 중대한 식품등의 안전사고에 대한 종합대응방안에 관한 사항
6. 그 밖에 식품등의 안전에 관한 중요한 사항으로 위원장이 부의하는 사항
제8조【위원회의 구성 등】 ① 위원회는 위원장 1명을 포함한 20명 이내의 위원으로 구성한다.
② 위원회의 위원장은 국무총리가 되고, 위원은 다음 각 호의 자가 된다.
1. 기획재정부장관·교육부장관·법무부장관·농림축산식품부장관·보건복지부장관·환경부장관·해양수산부장관·식품의약품안전처장 및 국무조정실장
(2013.3.23 본호개정)
2. 식품등의 안전에 관한 학식과 경험이 풍부한 자 중에서 국무총리가 위촉하는 자
③ 위원장이 필요하다고 인정하는 때에는 관계행정기관의 장, 관계 공무원 및 전문가 등을 위원회의 회의에 출석시켜 발언하게 할 수 있다.

제9조【위원장의 직무】 ① 위원장은 위원회의 회의를 소집하고 그 의장이 된다.
② 위원장이 부득이한 사유로 직무를 수행할 수 없는 때에는 위원장이 미리 지명한 위원이 그 직무를 대행한다.
제10조【위원의 임기와 의무】 ① 위원의 임기는 2년으로 하되, 연임할 수 있다. 다만, 공무원인 위원은 그 직위에 재직하는 기간동안 재임한다.
② 위원은 양심에 따라 공정하게 업무를 수행하여야 하고, 특정집단의 이익을 대변하여서는 아니 된다.
제11조【위원회의 회의】 ① 위원회의 회의는 위원장이 필요하다고 인정하거나 재적위원 3분의 1 이상의 요청이 있는 경우 소집한다.
② 위원회의 회의는 재적위원 과반수의 출석으로 개의하고, 출석위원 과반수의 찬성으로 의결한다.
제12조【전문위원회】 ① 위원회는 위원장이 요청하는 사항에 대하여 전문적인 검토를 하기 위하여 전문위원회를 둘 수 있다.
② 전문위원회의 구성·기능·운영에 관하여 필요한 사항은 대통령령으로 정한다.
제13조【위원회의 운영】 ① 위원회의 사무를 처리하기 위하여 위원회에 사무기구를 둘 수 있다.
② 위원장은 위원회의 업무수행을 위하여 필요한 경우 관계행정기관·연구기관 또는 단체 등의 장과 협의하여 그 소속 공무원 또는 소속 직원의 파견을 요청할 수 있다.
③ 이 법으로 정한 것 외에 위원회의 조직과 운영에 관하여 필요한 사항은 대통령령으로 정한다.
제14조【자료 및 조사·분석 요청】 위원회 및 전문위원회는 식품등의 안전을 확보하기 위하여 관계행정기관에 자료를 요청하거나 제23조에 따른 시험·분석·연구기관에 위해성평가에 필요한 조사·분석·검사를 요청할 수 있다.

제3장 긴급대응 및 추적조사 등

제15조【긴급대응】 ① 정부는 식품등으로 인하여 국민건강에 중대한 위해가 발생하거나 발생할 우려가 있는 경우 국민에 대한 피해를 사전에 예방하거나 최소화하기 위하여 긴급히 대응할 수 있는 체계를 구축·운영하여야 한다.
② 관계중앙행정기관의 장은 생산·판매등이 되고 있는 식품등이 유해물질을 함유한 것으로 알려지거나 그 밖의 사유로 위해우려가 제기되고 그로 인하여 국민 불특정 다수의 건강에 중대한 위해가 발생하거나 발생할 우려가 있다고 판단되는 경우 다음 각 호의 사항이 포함된 긴급대응방안을 마련하여 위원회의 심의를 거쳐 해당 긴급대응방안에 따라 필요한 조치를 하여야 한다. 다만, 위원회의 심의를 거치는 것이 긴급대응의 목적을 달성할 수 없다고 판단되는 경우에는 필요한 조치를 한 후에 위원회의 심의를 거칠 수 있다.
1. 해당 식품등의 종류
2. 해당 식품등으로 인하여 인체에 미치는 위해의 종류 및 정도
3. 제16조에 따른 생산·판매등의 금지가 필요한 경우 이에 관한 사항
4. 제18조에 따른 추적조사가 필요한 경우 이에 관한 사항
5. 소비자에 대한 긴급대응 대처요령 등의 교육·홍보에 관한 사항
5의2. 다른 관계행정기관의 장의 협조가 필요한 경우 이에 관한 사항(2016.12.2 본호신설)
6. 그 밖에 식품등의 위해방지 및 확산을 막기 위하여 필요한 사항
③ 위원회는 관계중앙행정기관의 장이 제출한 긴급대응방안을 지체 없이 심의하고 그 내용과 관련된 다른 관계행정기관의 장에게 통보하며 일반 국민에게 공표하여야 한다.
④ 관계중앙행정기관의 장은 제2항에 따라 필요한 조치를 행한 후 그 결과를 지체 없이 위원회에 보고하여야 한다.
⑤ 관계행정기관의 장, 사업자 및 소비자는 긴급대응방안의 시행에 협력하여야 한다.
제16조【생산·판매등의 금지】 ① 관계행정기관의 장은 제15조제2항에 따른 긴급대응이 필요하다고 판단되는 식품등에 대하여 그 위해 여부가 확인되기 전까지 해당 식품등의 생산·판매등을 금지하여야 한다.(2011.8.4 본항개정)
② 사업자는 제1항에 따라 생산·판매등이 금지된 식품등의 생산·판매등을 하여서는 아니 된다.
③ 제1항에 따라 생산·판매등을 금지하고자 하는 관계행정기관의 장은 미리 대통령령으로 정하는 이해관계인의 의견을 들어야 한다. 다만, 이해관계인의 의견을 듣고 조치할 경우 그 위해의 확산으로 국민건강에 심각한 피해를 끼칠 것으로 판단될 때에는 그러하지 아니하다.(2022.6.10 단서신설)
④ 제1항에 따른 금지조치를 한 관계행정기관의 장은 지체 없이 해당 내용을 사업자 등 대통령령으로 정하는 이해관계인에게 통지하여야 한다.(2022.6.10 본항신설)
⑤ 제4항에 따라 통지를 받은 사업자는 제1항에 따른 금지조치에 대하여 이의가 있는 경우 대통령령으로 정하는 바에 따라 관계행정기관의 장에게 해당 금지의 전부 또는 일부의 해제를 요청할 수 있다.(2022.6.10 본항개정)
⑥ 관계행정기관의 장은 식품등으로부터 국민건강에 위해가 발생하지 아니하였거나 발생할 우려가 없어졌다고 인정하는 경우 해당 금지의 전부 또는 일부를 지체 없이 해제하여야 한다.
제17조【검사명령】 ① 관계행정기관의 장은 다음 각 호의 어느 하나에 해당하는 식품등의 생산·판매등을 하는 사업자에 대하여 관계중앙행정기관의 장이 지정·고시하는 검사기관에서 검사를 받을 것을 명할 수 있다.
1. 제15조제2항에 따른 긴급대응이 필요하다고 판단되는 식품등
2. 국내외에서 위해발생의 우려가 제기되었거나 제기된 식품등
3. 그 밖에 국민건강에 중대한 위해가 발생하거나 발생할 우려가 있는 식품등으로서 대통령령으로 정하는 것
② 제1항에 따른 검사명령을 받은 사업자는 대통령령으로 정하는 검사기한 내에 검사를 받아야 하며, 검사기관은 그 검사결과를 사업자 및 관계행정기관의 장에게 통보하여야 한다.
제18조【추적조사 등】 ① 관계중앙행정기관의 장은 식품등의 생산·판매등의 이력(履歷)을 추적하기 위한 시책을 수립·시행하여야 한다.
② 관계행정기관의 장은 국민건강에 중대한 위해가 발생하거나 발생할 우려가 있는 식품등에 대하여 추적조사를 실시하여야 한다. 이 경우 관련된 관계행정기관이 있는 때에는 합동조사 등의 방법에 의하여 함께 추적조사를 하여야 한다.
③ 관련된 관계행정기관의 장은 제2항 후단에 따른 추적조사에 적극 협조하여야 한다.
④ 사업자는 식품등의 생산·판매등의 과정을 확인할 수 있도록 필요한 사항을 기록·보관하여야 하고, 관계행정기관의 장이 그 기록의 열람 또는 제출을 요구하는 경우 이에 응할 수 있도록 관리하여야 한다.
⑤ 제4항에 따라 식품등의 생산·구입 및 판매과정을 기록·보관하여야 하는 사업자의 범위 등은 대통령령으로 정한다.
⑥ 식품등의 이력추적 시책을 수립·시행하고 있는 관계중앙행정기관의 장은 다른 관계행정기관의 장에게 이력추적에 관한 정보의 제공을 요청할 수 있다. 이 경우 요청받은 기관의 장은 정당한 사유가 없으면 요청에 따라야 한다.(2016.2.3 본항신설)
제19조【식품등의 회수】 ① 사업자는 생산·판매등을 한 식품등이 식품안전법령등으로 정한 식품등의 안전에 관한 기준·규격 등에 맞지 아니하여 국민건강에 위해가 발생하거나 발생할 우려가 있는 경우 해당 식품등을 지체 없이 회수하여야 한다.
② 사업자는 제1항에 따라 식품등을 회수하는 경우 대통령령으로 정하는 바에 따라 소비자에게 회수사유, 회수계획 및 회수현황 등을 공개하여야 한다.

제4장 식품안전관리의 과학화

제20조【위해성평가】 ① 관계중앙행정기관의 장은 식품등의 안전에 관한 기준·규격을 제정 또는 개정하거나 식품등이 국민건강에 위해를 발생시키는지의 여부를 판단하고자 하는 경우 사전에 위해성평가를 실시하여야 한다. 다만, 제15조제2항에 따른 긴급대응이 필요한 경우 사후에 위해성평가를 할 수 있다.
② 제1항에도 불구하고 다음 각 호의 어느 하나에 해당하는 경우 위원회의 심의를 거쳐 위해성평가를 하지 아니할 수 있다.
1. 식품등의 안전에 관한 기준·규격 또는 위해의 내용으로 보아 위해성평가를 실시할 필요가 없는 것이 명확한 경우
2. 국민건강에 위해를 발생시키는 것이 확실한 경우
③ 위해성평가는 현재 활용가능한 과학적 근거에 기초하여 객관적이고 공정·투명하게 실시하여야 한다.
제21조【신종식품의 안전관리】 관계중앙행정기관의 장은 유전자재조합기술을 활용하여 생산된 농·수·축산물, 그 밖에 식용으로 사용하지 아니하던 것을 새로이 식품으로 생산·판매등을 하도록 허용하는 경우 국민건강에 위해가 발생하지 아니하도록 안전관리대책을 수립·시행하여야 한다.
제22조【식품안전관리인증기준】 관계중앙행정기관의 장은 식품등의 생산·판매등의 과정에서 식품등의 위해요소를 사전에 방지하기 위하여 중점적으로 관리하도록 하는 제도를 도입·시행하여야 하고, 해당 제도를 적용하는 사업자에 대하여 기술 및 자금 등을 지원할 수 있다.(2016.12.2 본조제목개정)
제23조【시험·분석·연구기관의 운용 등】 관계행정기관의 장은 식품등의 안전에 관한 시험·분석 또는 연구를 하는 소속 기관, 정부출연기관 또는 식품안전법령등에서 지정한 기관(이하 "시험·분석·연구기관"이라 한다)의 전문성과 효율성을 높이기 위하여 노력하여야 한다.

제5장 정보공개 및 상호협력 등

제24조【정보공개 등】 ① 정부는 식품등의 안전정보의 관리와 공개를 위하여 종합적인 식품등의 안전정보관리체계를 구축·운영하여야 한다.
② 관계중앙행정기관의 장은 식품안전정책을 수립하는 경우 사업자, 소비자 등 이해당사자에게 해당 정책에 관한 정보를 제공하여야 한다.
③ 관계행정기관의 장은 사업자가 식품안전법령등을 위반한 것으로 판명된 경우 해당 식품등 및 사업자에 대한 정보를 「공공기관의 정보공개에 관한 법률」 제9조제1항제6호에도 불구하고 공개할 수 있다.
④ 관계행정기관의 장은 대통령령으로 정하는 일정 수 이상의 소비자가 정보공개 요청사유, 정보공개 범위 및 소비자의 신분을 확인할 수 있는 증명서 구비 등 대통령령으로 정하는 요건을 갖추어 해당 관계행정기관이 보유·관리하는 식품등의 안전에 관한 정보를 공개할 것을 요청하는 경우로서 해당 식품등의 안전에 관한 정보가 국민 불특정 다수의 건강과 관련된 정보인 경우 「공공기관의 정보공개에 관한 법률」 제9조제1항제5호에도 불구하고 공개하여야 한다.
⑤ 시험·분석·연구기관은 시험·분석, 연구·개발 및 정보수집 등에 관하여 기관 상호 간에 협력하고 관련 정보를 공유하여야 한다.
제24조의2【통합식품안전정보망 구축·운영】 ① 식품의약품안전처장은 관계행정기관에 분산된 식품안전정보를 연계·통합하여 함께 활용하고 이를 국민에게 개방하기 위한 통합식품안전정보망을 구축·운영하여야 한다.
② 식품의약품안전처장은 제1항에 따른 통합식품안전정보망의 운영을 위하여 관계행정기관의 장에게 기간을 정하여 식품안전에 관한 정보의 제공을 요청할 수 있다. 이 경우 관계행정기관 및 식품안전에 관한 정보의 범위는 대통령령으로 정한다.(2018.6.12 전단개정)
③ 제2항에 따라 자료의 제공을 요청받은 관계행정기관의 장은 정당한 사유가 없으면 해당 기간을 준수하여 그 요청에 따라야 한다.(2018.6.12 본항개정)
④ 식품의약품안전처장은 제1항에 따른 통합식품안전정보망의 구축·운영에 관한 업무를 대통령령으로 정하는 기관 또는 단체에 위탁할 수 있다. 이 경우 식품의약품안전처장은 예산의 범위에서 위탁 업무의 수행에 필요한 경비를 지원할 수 있다.(2016.12.2 본항신설)
⑤ 제1항에 따른 통합식품안전정보망의 구축·운영에 필요한 사항은 대통령령으로 정한다.
(2015.3.27 본조신설)
제25조【소비자 및 사업자의 의견수렴】 ① 관계중앙행정기관의 장은 소비자 및 사업자의 의견을 수렴하여 식품등의 안전에 관한 기준·규격을 제정하거나 개정하여야 하고, 제정하거나 개정할 때는 그 사유 및 과학적 근거를 구체적으로 공개하여야 한다.
② 관계중앙행정기관의 장은 소비자의 선택권 등을 보장하기 위하여 식품등에 대하여 표시기준을 마련하도록 노력하여야 한다.
제26조【관계행정기관 간의 상호협력】 ① 관계행정기관의 장은 식품안전정책을 수립·시행할 때 상호 긴밀히 협력하여야 하고, 식품등의 안전에 관한 기준·규격을 제정하거나 개정하고자 하는 경우 관련된 행정기관의 장과 사전에 협의하여야 한다.
② 관계행정기관의 장은 외국정부 및 국제기구 등과의 교류·협력을 통하여 취득한 식품등의 안전에 관한 정보 등 국내외 식품등의 안전에 관한 정보를 대통령령으로 정하는 바에 따라 상호 간에 공유하도록 하여야 한다.
③ 식품안전법령등을 위반한 사건을 수사하는 기관의 장은 해당 사건에 관한 내용을 공표하고자 하는 경우 해당 관계행정기관의 장과 사전에 협의하여야 한다.
④ 식품등의 안전에 관한 사항을 조사하는 행정기관(「공공기관의 운영에 관한 법률」에 따른 공공기관을 포함한다)의 장은 조사 결과를 공표하고자 하는 경우 해당 관계중앙행정기관의 장에게 공표하고자 하는 날의 7일 전까지 그 내용을 미리 통보하여야 한다.(2016.2.3 본항신설)
⑤ 관계행정기관의 장은 식품등의 안전에 관한 기준·규격을 효율적으로 관리 및 재평가하기 위한 체계를 갖추도록 상호 긴밀히 협력하여야 한다.(2014.5.21 본항신설)
제27조【소비자 및 사업자 등에 대한 지원】 ① 관계행정기관의 장은 소비자의 건전하고 자주적이며 책임있는 식품등의 안전활동을 지원·육성하기 위한 정책을 마련하여야 한다.
② 관계행정기관의 장은 사업자에 대하여 공동검사시설 등 대통령령으로 정하는 식품등의 안전성 확보를 위한 시설투자 등에 소요되는 비용과 생산기술 등을 지원할 수 있다.
③ 관계행정기관의 장은 국제적 수준의 식품등의 안전관리기술의 확보와 국민의 식생활 향상을 위하여 식품등의 관련 연구기관 또는 단체 등에게 식품등의 관련 연구에 필요한 재정적 지원을 할 수 있다.

제6장 소비자 등의 참여
(2016.12.2 본장제목개정)

제28조【소비자등의 참여】 ① 관계행정기관의 장은 식품등의 안전에 관한 각종 위원회에 소비자를 참여시키도록 노력하여야 한다.
② 관계행정기관의 장은 대통령령으로 정하는 일정 수 이상의 소비자, 「소비자기본법」 제29조에 따라 등록한 소

비자단체 또는 시험·분석·연구기관(이하 이 조에서 "소비자등"이라 한다)이 대통령령으로 정하는 바에 따라 식품등에 대한 시험·분석 및 시료채취(이하 "시험·분석등"이라 한다)를 요청하는 경우 다음 각 호의 어느 하나에 해당하는 경우를 제외하고는 이에 응하여야 한다. (2016.12.2 본문개정)

1. 시험·분석·연구기관이 소비자등이 요청한 수준의 시험·분석등을 할 수 있는 능력이 없는 경우 (2016.12.2 본호개정)
2. 시험·분석등의 요청 건수가 과도하여 해당 시험·분석·연구기관의 업무에 중대한 지장을 초래하는 경우
3. 동일한 소비자등이 동일한 목적으로 시험·분석등을 반복적으로 요청하는 경우(2016.12.2 본호개정)
4. 특정한 사업자를 이롭게 할 목적으로 시험·분석등을 요청하는 경우 등 공익적 목적에 반하는 경우

③ 관계행정기관의 장은 제2항에 따라 해당 식품등에 대한 시험·분석등 요청에 응하는 경우 120일 이내에 시험·분석등을 실시한 후 그 결과를 대통령령으로 정하는 바에 따라 같은 항의 소비자등에게 통보하여야 한다. 이 경우 시험·분석등의 수수료는 대통령령으로 정하는 바에 따라 시험·분석등을 요청한 소비자등이 부담한다. (2016.12.2 본항개정)
(2016.12.2 본조제목개정)

제29조【신고인 보호】 사업자는 인체에 유해한 식품등이나 사업자의 식품안전법령등 위반행위를 관계행정기관에 신고하거나 그에 관한 자료를 제출한 신고인 등에 대하여 불이익한 처우를 하여서는 아니 된다.

제30조【포상금 지급】 관계행정기관의 장은 이 법 및 식품안전법령등의 위반행위를 신고한 자에 대하여 대통령령으로 정하는 기준에 따라 포상금을 지급할 수 있다. 다만, 식품안전법령등으로 별도로 정하고 있는 경우에는 해당 규정을 적용한다.

부 칙

이 법은 공포 후 6개월이 경과한 날부터 시행한다. 다만, 제2조제5호의 「어린이 식생활안전관리 특별법」의 부분은 2009년 3월 22일부터 시행한다.

부 칙 (2018.6.12)

제1조【시행일】 이 법은 공포한 날부터 시행한다.

제2조【식품등에 관한 안전관리계획 수립에 관한 적용례】 제6조제1항의 개정규정은 이 법 시행 후 최초로 수립하는 식품등에 관한 안전관리계획부터 적용한다.

부 칙 (2020.2.18)

제1조【시행일】 이 법은 공포 후 1년이 경과한 날부터 시행한다.(이하 생략)

부 칙 (2020.8.11)

제1조【시행일】 이 법은 공포 후 1개월이 경과한 날부터 시행한다.(이하 생략)

부 칙 (2020.12.29)

제1조【시행일】 이 법은 2021년 1월 1일부터 시행한다.(이하 생략)

부 칙 (2021.7.27)

이 법은 공포한 날부터 시행한다.

부 칙 (2022.6.10)

이 법은 공포 후 3개월이 경과한 날부터 시행한다.

공중위생관리법

(1999년 2월 8일 법 률 제5839호)

개정
2000. 1.12법 6155호
2001. 1.29법 6400호(정부조직)
2002. 1.19법 6616호 2002. 8.26법 6726호
2004. 1.29법 7147호
2005. 3.31법 7428호(채무자회생파산)
2005. 3.31법 7455호 2006. 9.27법 8003호
2007. 5.25법 8488호 2007.12.14법 8689호
2008. 2.29법 8852호(정부조직)
2008. 3.28법 9026호
2009.12.29법 9847호(감염병)
2010. 1.18법 9932호(정부조직)
2010. 3.31법 10219호(지방세기본법)
2011. 3.30법 10506호
2011. 9.15법 11048호(청소년보호법)
2013. 3.23법 11690호(정부조직)
2013. 8. 6법 11998호(지방세외수입금의징수등에관한법)
2015.12.22법 13596호 2016. 2. 3법 13983호
2016.12.27법 14476호(지방세징수법)
2017.12.12법 15184호 2018.12.11법 15873호
2019. 1.15법 16237호 2019.12. 3법 16718호
2020. 3.24법 17091호(지방행정제재·부과금의징수등에관한법)
2020. 4. 7법 17195호 2021.12.21법 18605호
2023. 3.28법 19291호 2023. 6.13법 19444호
2024. 1.30법 20171호(권한지방이양)→2025년 7월 31일 시행이므로 추후 수록
2024. 2. 6법 20210호→2024년 8월 7일 시행

제1조【목적】 이 법은 공중이 이용하는 영업의 위생관리 등에 관한 사항을 규정함으로써 위생수준을 향상시켜 국민의 건강증진에 기여함을 목적으로 한다. (2016.2.3 본조개정)

제2조【정의】 ① 이 법에서 사용하는 용어의 정의는 다음과 같다.

1. "공중위생영업"이라 함은 다수인을 대상으로 위생관리서비스를 제공하는 영업으로서 숙박업·목욕장업·이용업·미용업·세탁업·건물위생관리업을 말한다. (2016.2.3 본호개정)
2. "숙박업"이라 함은 손님이 잠을 자고 머물 수 있도록 시설 및 설비 등의 서비스를 제공하는 영업을 말한다. 다만, 농어촌에 소재하는 민박 등 대통령령이 정하는 경우를 제외한다.
3. "목욕장업"이라 함은 다음 각목의 어느 하나에 해당하는 서비스를 손님에게 제공하는 영업을 말한다. 다만, 숙박업 영업소에 부설된 욕실 등 대통령령이 정하는 경우를 제외한다.
   가. 물로 목욕을 할 수 있는 시설 및 설비 등의 서비스
   나. 맥반석·황토·옥 등을 직접 또는 간접 가열하여 발생되는 열기 또는 원적외선 등을 이용하여 땀을 낼 수 있는 시설 및 설비 등의 서비스
   (2005.3.31 본호개정)
4. "이용업"이라 함은 손님의 머리카락 또는 수염을 깎거나 다듬는 등의 방법으로 손님의 용모를 단정하게 하는 영업을 말한다.
5. "미용업"이라 함은 손님의 얼굴, 머리, 피부 및 손톱·발톱 등을 손질하여 손님의 외모를 아름답게 꾸미는 다음 각 목의 영업을 말한다.(2019.12.3 본문개정)
   가. 일반미용업 : 파마·머리카락자르기·머리카락모양내기·머리피부손질·머리카락염색·머리감기, 의료기기나 의약품을 사용하지 아니하는 눈썹손질을 하는 영업
   나. 피부미용업 : 의료기기나 의약품을 사용하지 아니하는 피부상태분석·피부관리·제모(除毛)·눈썹손질을 하는 영업
   다. 네일미용업 : 손톱과 발톱을 손질·화장(化粧)하는 영업
   라. 화장·분장 미용업 : 얼굴 등 신체의 화장, 분장 및 의료기기나 의약품을 사용하지 아니하는 눈썹손질을 하는 영업
   마. 그 밖에 대통령령으로 정하는 세부 영업
   바. 종합미용업 : 가목부터 마목까지의 업무를 모두 하는 영업
   (2019.12.3 가목~바목신설)
6. "세탁업"이라 함은 의류 기타 섬유제품이나 피혁제품 등을 세탁하는 영업을 말한다.
7. "건물위생관리업"이라 함은 공중이 이용하는 건축물·시설물 등의 청결유지와 실내공기정화를 위한 청소 등을 대행하는 영업을 말한다.(2016.2.3 본호개정)
8. (2015.12.22 삭제)

② 제1항제2호부터 제4호까지, 제6호 및 제7호의 영업은 대통령령이 정하는 바에 의하여 이를 세분할 수 있다. (2019.12.3 본항개정)

제3조【공중위생영업의 신고 및 폐업신고】 ① 공중위생영업을 하고자 하는 자는 공중위생영업의 종류별로 보건복지부령이 정하는 시설 및 설비를 갖추고 시장·군수·구청장(자치구의 구청장에 한한다. 이하 같다)에게 신고하여야 한다. 보건복지부령이 정하는 중요사항을 변경하고자 하는 때에도 또한 같다.(2010.1.18 본항개정)
② 제1항의 규정에 의하여 공중위생영업의 신고를 한 자(이하 "공중위생영업자"라 한다)는 공중위생영업을 폐업한 날부터 20일 이내에 시장·군수·구청장에게 신고하여야 한다. 다만, 제11조에 따른 영업정지 등의 기간 중에는 폐업신고를 할 수 없다.(2016.2.3 단서신설)
③ 제2항에도 불구하고 이용업 또는 미용업의 신고를 한 자의 사망으로 제6조에 따른 면허를 소지하지 아니한 자가 상속인이 된 경우에는 그 상속인은 상속받은 날부터 3개월 이내에 시장·군수·구청장에게 폐업신고를 하여야 한다.(2023.3.28 본항신설)
④ 시장·군수·구청장은 공중위생영업자가 「부가가치세법」 제8조에 따라 관할 세무서장에게 폐업신고를 하거나 관할 세무서장이 사업자등록을 말소한 경우에는 보건복지부령으로 정하는 바에 따라 신고 사항을 직권으로 말소할 수 있다.(2021.12.21 본항개정)
⑤ 시장·군수·구청장은 제4항의 직권말소를 위하여 필요한 경우 관할 세무서장에게 공중위생영업자의 폐업여부에 대한 정보 제공을 요청할 수 있다. 이 경우 요청을 받은 관할 세무서장은 「전자정부법」 제36조제1항에 따라 공중위생영업자의 폐업여부에 대한 정보를 제공하여야 한다.(2023.3.28 전단개정)
⑥ 제1항부터 제3항까지에 따른 신고의 방법 및 절차 등에 필요한 사항은 보건복지부령으로 정한다.(2023.3.28 본항개정)
(2005.3.31 본조제목개정)

제3조의2【공중위생영업의 승계】 ① 공중위생영업자가 그 공중위생영업을 양도하거나 사망한 때 또는 법인의 합병이 있는 때에는 그 양수인·상속인 또는 합병후 존속하는 법인이나 합병에 의하여 설립되는 법인은 그 공중위생영업자의 지위를 승계한다.(2005.3.31 본항개정)
② 민사집행법에 의한 경매, 「채무자 회생 및 파산에 관한 법률」에 의한 환가나 국세징수법·관세법 또는 「지방세징수법」에 의한 압류재산의 매각 그 밖에 이에 준하는 절차에 따라 공중위생영업 관련시설 및 설비의 전부를 인수한 자는 이 법에 의한 그 공중위생영업자의 지위를 승계한다.(2016.12.27 본항개정)
③ 제1항 또는 제2항의 규정에 불구하고 이용업 또는 미용업의 경우에는 제6조의 규정에 의한 면허를 소지한 자에 한하여 공중위생영업자의 지위를 승계할 수 있다.
④ 제1항 또는 제2항의 규정에 의하여 공중위생영업자의 지위를 승계한 자는 1월 이내에 보건복지부령이 정하는 바에 따라 시장·군수 또는 구청장에게 신고하여야 한다. (2010.1.18 본항개정)
(2002.8.26 본조신설)

제4조【공중위생영업자의 위생관리의무 등】 ① 공중위생영업자는 그 이용자에게 건강상 위해요인이 발생하지 아니하도록 영업관련 시설 및 설비를 위생적이고 안전하게 관리하여야 한다.
② 목욕장업을 하는 자는 다음 각호의 사항을 지켜야 한다. 이 경우 세부기준은 보건복지부령으로 정한다. (2010.1.18 후단개정)

1. 제2조제1항제3호가목의 서비스를 제공하는 경우 : 목욕장의 수질기준 및 수질검사방법 등 수질 관리에 관한 사항
2. 제2조제1항제3호나목의 서비스를 제공하는 경우 : 위생기준 등에 관한 사항

(2005.3.31 본항개정)
③ 이용업을 하는 자는 다음 각호의 사항을 지켜야 한다.

1. 이용기구는 소독을 한 기구와 소독을 하지 아니한 기구로 분리하여 보관하고, 면도기는 1회용 면도날만을 손님 1인에 한하여 사용할 것. 이 경우 이용기구의 소독기준 및 방법은 보건복지부령으로 정한다.(2010.1.18 후단개정)
2. 이용사면허증을 영업소안에 게시할 것
3. 이용업소표시등을 영업소 외부에 설치할 것 (2008.3.28 본호신설)

④ 미용업을 하는 자는 다음 각호의 사항을 지켜야 한다.

1. 의료기구와 의약품을 사용하지 아니하는 순수한 화장 또는 피부미용을 할 것
2. 미용기구는 소독을 한 기구와 소독을 하지 아니한 기구로 분리하여 보관하고, 면도기는 1회용 면도날만을 손님 1인에 한하여 사용할 것. 이 경우 미용기구의 소독기준 및 방법은 보건복지부령으로 정한다.(2010.1.18 후단개정)
3. 미용사면허증을 영업소안에 게시할 것

⑤ 세탁업을 하는 자는 세제를 사용함에 있어서 국민건강에 유해한 물질이 발생되지 아니하도록 기계 및 설비를 안전하게 관리하여야 한다. 이 경우 유해한 물질이 발생되는 세제의 종류와 기계 및 설비의 안전관리에 관하여 필요한 사항은 보건복지부령으로 정한다. (2010.1.18 후단개정)
⑥ 건물위생관리업을 하는 자는 사용장비 또는 약제의 취급시 인체의 건강에 해를 끼치지 아니하도록 위생적이고 안전하게 관리하여야 한다.(2016.2.3 본항개정)
⑦ 제1항 내지 제6항의 규정에 의하여 공중위생영업자가 준수하여야 할 위생관리기준 기타 위생관리서비스의 제공에 관하여 필요한 사항으로서 그 각항에 규정된 사항외의 사항 및 감염병환자 기타 함께 출입시켜서는 아니되는 자의 범위와 목욕장내에 둘 수 있는 종사자의 범위 등 건전한 영업질서유지를 위하여 영업자가 준수하여야 할 사항은 보건복지부령으로 정한다.(2010.1.18 본항개정)

판례 일반적으로 술에 취한 사람은 자신을 통제할 능력이 감퇴된다고 보아야 할 것이므로, 그와 같은 상태의 사람에게 재차 영리의 목적으로 술을 판매하는 영업자로서는 추가적인 음주로 말미암아 그가 안전상 사고를 당하지 않도록 구체적인 상황하에서 요구되는 필요한 조치를 취하여야 할 안전배려의무는 인정될 수 있고, 이러한 안전배려의무는 고온의 찜질실 등 이용객의 구체적 상태 여하에 따라 안전에 위해를 초래할 수도 있는 시설을 제공하는 찜질방 영업자에게도 마찬가지로 요구된다.(대판 2010.2.11, 2009다79316)

제5조【공중위생영업자의 불법카메라 설치 금지】 공중위생영업자는 영업소에 「성폭력범죄의 처벌 등에 관한 특례법」 제14조제1항에 위반되는 행위에 이용되는 카메라나 그 밖에 이와 유사한 기능을 갖춘 기계장치를 설치하여서는 아니 된다.(2018.12.11 본조신설)

제6조【이용사 및 미용사의 면허 등】 ① 이용사 또는 미용사가 되고자 하는 자는 다음 각호의 1에 해당하는 자로서 보건복지부령이 정하는 바에 의하여 시장·군수·구청장의 면허를 받아야 한다.(2010.1.18 본문개정)
1. 전문대학 또는 이와 같은 수준 이상의 학력이 있다고 교육부장관이 인정하는 학교에서 이용 또는 미용에 관한 학과를 졸업한 자(2018.12.11 본호개정)
1의2. 「학점인정 등에 관한 법률」 제8조에 따라 대학 또는 전문대학을 졸업한 자와 같은 수준 이상의 학력이 있는 것으로 인정되어 같은 법 제9조에 따라 이용 또는 미용에 관한 학위를 취득한 자(2018.12.11 본호개정)
2. 고등학교 또는 이와 같은 수준의 학력이 있다고 교육부장관이 인정하는 학교에서 이용 또는 미용에 관한 학과를 졸업한 자(2018.12.11 본호개정)
3. 초·중등교육법령에 따른 특성화고등학교, 고등기술학교나 고등학교 또는 고등기술학교에 준하는 각종학교에서 1년 이상 이용 또는 미용에 관한 소정의 과정을 이수한 자(2019.12.3 본호개정)
4. 국가기술자격법에 의한 이용사 또는 미용사의 자격을 취득한 자
② 다음 각호의 1에 해당하는 자는 이용사 또는 미용사의 면허를 받을 수 없다.
1. 피성년후견인(2015.12.22 본호개정)
2. 「정신건강증진 및 정신질환자 복지서비스 지원에 관한 법률」 제3조제1호에 따른 정신질환자. 다만, 전문의가 이용사 또는 미용사로서 적합하다고 인정하는 사람은 그러하지 아니하다.(2018.12.11 본문개정)
3. 공중의 위생에 영향을 미칠 수 있는 감염병환자로서 보건복지부령이 정하는 자(2010.1.18 본호개정)
4. 마약 기타 대통령령으로 정하는 약물 중독자
5. 제7조제1항제2호, 제4호, 제6호 또는 제7호의 사유로 면허가 취소된 후 1년이 경과되지 아니한 자
(2016.2.3 본호개정)
③ 제1항에 따라 면허증을 발급받은 사람은 다른 사람에게 그 면허증을 빌려주어서는 아니 되고, 누구든지 그 면허증을 빌려서는 아니 된다.(2020.4.7 본항신설)
④ 누구든지 제3항에 따라 금지된 행위를 알선하여서는 아니 된다.(2020.4.7 본항신설)

제6조의2【위생사의 면허 등】 ① 위생사가 되려는 사람은 다음 각 호의 어느 하나에 해당하는 사람으로서 위생사 국가시험에 합격한 후 보건복지부장관의 면허를 받아야 한다.
1. 전문대학이나 이와 같은 수준 이상에 해당된다고 교육부장관이 인정하는 학교(보건복지부장관이 정하여 고시하는 인정기준에 해당하는 외국의 학교를 포함한다. 이하 같다)에서 보건 또는 위생에 관한 교육과정을 이수한 사람(2018.12.11 본호개정)
2. 「학점인정 등에 관한 법률」 제8조에 따라 전문대학을 졸업한 사람과 같은 수준 이상의 학력이 있는 것으로 인정되어 같은 법 제9조에 따라 보건 또는 위생에 관한 학위를 취득한 사람
3. 외국의 위생사 면허 또는 자격(보건복지부장관이 정하여 고시하는 인정기준에 해당하는 면허 또는 자격을 말한다)을 가진 사람(2018.12.11 본호개정)
② 제1항에 따른 위생사 국가시험은 매년 1회 이상 보건복지부장관이 실시하며, 시험과목·시험방법·합격기준과 그 밖에 시험에 필요한 사항은 대통령령으로 정한다.
③ 보건복지부장관은 위생사 국가시험의 실시에 관한 업무를 「한국보건의료인국가시험원법」에 따른 한국보건의료인국가시험원에 위탁할 수 있다.
④ 위생사 국가시험에서 대통령령으로 정하는 부정행위를 한 사람에 대하여는 그 시험을 정지시키거나 합격을 무효로 한다.
⑤ 제4항에 따라 시험이 정지되거나 합격이 무효가 된 사람은 해당 위생사 국가시험 후에 치러지는 위생사 국가시험에 2회 응시할 수 없다.
⑥ 보건복지부장관은 위생사 면허를 부여하는 경우에는 보건복지부령으로 정하는 바에 따라 면허대장에 등록하고 면허증을 발급하여야 한다. 다만, 면허 발급 신청일 기준으로 제7항에 따른 결격사유에 해당하는 사람에게는 면허 등록 및 면허증 발급을 하여서는 아니 된다.
(2019.12.3 단서신설)
⑦ 다음 각 호의 어느 하나에 해당하는 사람은 위생사 면허를 받을 수 없다.
1. 「정신건강증진 및 정신질환자 복지서비스 지원에 관한 법률」 제3조제1호에 따른 정신질환자. 다만, 전문의가 위생사로서 적합하다고 인정하는 사람은 그러하지 아니하다.(2018.12.11 본문개정)
2. 「마약류 관리에 관한 법률」에 따른 마약류 중독자
3. 이 법, 「감염병의 예방 및 관리에 관한 법률」, 「검역법」, 「식품위생법」, 「의료법」, 「약사법」, 「마약류 관리에 관한 법률」 또는 「보건범죄 단속에 관한 특별조치법」을 위반하여 금고 이상의 실형을 선고받고 그 집행이 끝나지 아니하거나 그 집행을 받지 아니하기로 확정되지 아니한 사람
⑧ 제6항에 따른 면허의 등록, 수수료 및 면허증에 필요한 사항은 보건복지부령으로 정한다.
⑨ 제6항에 따라 면허증을 발급받은 사람은 다른 사람에게 그 면허증을 빌려주어서는 아니 되고, 누구든지 그 면허증을 빌려서는 아니 된다.(2020.4.7 본항신설)
⑩ 누구든지 제9항에 따라 금지된 행위를 알선하여서는 아니 된다.(2020.4.7 본항신설)
(2016.2.3 본조신설)

제7조【이용사 및 미용사의 면허취소 등】 ① 시장·군수·구청장은 이용사 또는 미용사가 다음 각호의 1에 해당하는 때에는 그 면허를 취소하거나 6월 이내의 기간을 정하여 그 면허의 정지를 명할 수 있다. 다만, 제1호, 제2호, 제4호, 제6호 또는 제7호에 해당하는 경우에는 그 면허를 취소하여야 한다.(2018.12.11 단서개정)
1. 제6조제2항제1호(2018.12.11 본호신설)
2. 제6조제2항제2호 내지 제4호에 해당하게 된 때
(2018.12.11 본호개정)
3. 면허증을 다른 사람에게 대여한 때
4. 「국가기술자격법」에 따라 자격이 취소된 때
5. 「국가기술자격법」에 따라 자격정지처분을 받은 때(「국가기술자격법」에 따른 자격정지처분 기간에 한정한다)
6. 이중으로 면허를 취득한 때(나중에 발급받은 면허를 말한다)
7. 면허정지처분을 받고도 그 정지 기간 중에 업무를 한 때
8. 「성매매알선 등 행위의 처벌에 관한 법률」이나 「풍속영업의 규제에 관한 법률」을 위반하여 관계 행정기관의 장으로부터 그 사실을 통보받은 때
(2016.2.3 4호~8호신설)
② 제1항의 규정에 의한 면허취소·정지처분의 세부적인 기준은 그 처분의 사유와 위반의 정도 등을 감안하여 보건복지부령으로 정한다.(2010.1.18 본항개정)

제7조의2【위생사 면허의 취소 등】 ① 보건복지부장관은 위생사가 다음 각 호의 어느 하나에 해당하는 경우에는 그 면허를 취소한다.
1. 제6조의2제7항 각 호의 어느 하나에 해당하게 된 경우
2. 면허증을 대여한 경우
② 위생사가 제1항제1호에 따라 면허가 취소된 후 그 처분의 원인이 된 사유가 소멸된 때에는 보건복지부장관은 그 사람에 대하여 다시 면허를 부여할 수 있다.
(2016.2.3 본조신설)

제8조【이용사 및 미용사의 업무범위 등】 ① 제6조제1항의 규정에 의한 이용사 또는 미용사의 면허를 받은 자가 아니면 이용업 또는 미용업을 개설하거나 그 업무에 종사할 수 없다. 다만, 이용사 또는 미용사의 감독을 받아 이용 또는 미용 업무의 보조를 행하는 경우에는 그러하지 아니하다.
② 이용 및 미용의 업무는 영업소외의 장소에서 행할 수 없다. 다만, 보건복지부령이 정하는 특별한 사유가 있는 경우에는 그러하지 아니하다.(2010.1.18 단서개정)
③ 제1항의 규정에 의한 이용사 및 미용사의 업무범위와 이용·미용의 업무보조 범위에 관하여 필요한 사항은 보건복지부령으로 정한다.(2016.2.3 본항개정)

제8조의2【위생사의 업무범위】 위생사의 업무범위는 다음 각 호와 같다.
1. 공중위생영업소, 공중이용시설 및 위생용품의 위생관리
2. 음료수의 처리 및 위생관리
3. 쓰레기, 분뇨, 하수, 그 밖의 폐기물의 처리
4. 식품·식품첨가물과 이에 관련된 기구·용기 및 포장의 제조와 가공에 관한 위생관리
5. 유해 곤충·설치류 및 매개체 관리
6. 그 밖에 보건위생에 영향을 미치는 것으로서 대통령령으로 정하는 업무
(2016.2.3 본조신설)

제9조【보고 및 출입·검사】 ① 특별시장·광역시장·도지사(이하 "시·도지사"라 한다) 또는 시장·군수·구청장은 공중위생관리상 필요하다고 인정하는 때에는 공중위생영업자에 대하여 필요한 보고를 하게 하거나 소속공무원으로 하여금 영업소·사무소 등에 출입하여 공중위생영업자의 위생관리의무이행 등에 대하여 검사하게 하거나 필요에 따라 공중위생영업장부나 서류를 열람하게 할 수 있다.(2015.12.22 본항개정)
② 시·도지사 또는 시장·군수·구청장은 공중위생영업자의 영업소에 제5조에 따라 설치가 금지되는 카메라나 기계장치가 설치되었는지를 검사할 수 있다. 이 경우 공중위생영업자는 특별한 사정이 없으면 검사에 따라야 한다.(2018.12.11 본항신설)
③ 제2항의 경우에 시·도지사 또는 시장·군수·구청장은 관할 경찰관서의 장에게 협조를 요청할 수 있다.
(2018.12.11 본항신설)
④ 제2항의 경우에 시·도지사 또는 시장·군수·구청장은 영업소에 대하여 검사 결과에 대한 확인증을 발부할 수 있다.(2018.12.11 본항신설)
⑤ 제1항 및 제2항의 경우에 관계공무원은 그 권한을 표시하는 증표를 지녀야 하며, 관계인에게 이를 내보여야 한다.(2018.12.11 본항개정)
⑥ 제1항 및 제2항의 규정을 적용함에 있어서 「관광진흥법」 제4조에 따라 등록한 관광숙박업(이하 "관광숙박업"이라 한다)의 경우에는 해당 관광숙박업의 관할 행정기관의 장과 사전에 협의하여야 한다. 다만, 보건위생관리상 위해요인을 방지하기 위하여 긴급한 사유가 있는 경우에는 그러하지 아니하다.(2021.12.21 본문개정)

제9조의2【영업의 제한】 시·도지사는 공익상 또는 선량한 풍속을 유지하기 위하여 필요하다고 인정하는 때에는 공중위생영업자 및 종사원에 대하여 영업시간 및 영업행위에 관한 필요한 제한을 할 수 있다.(2004.1.29 본조신설)

제10조【위생지도 및 개선명령】 시·도지사 또는 시장·군수·구청장은 다음 각 호의 어느 하나에 해당하는 자에 대하여 보건복지부령으로 정하는 바에 따라 기간을 정하여 그 개선을 명할 수 있다.(2016.2.3 본문개정)
1. 제3조제1항의 규정에 의한 공중위생영업의 종류별 시설 및 설비기준을 위반한 공중위생영업자
2. 제4조의 규정에 의한 위생관리의무 등을 위반한 공중위생영업자
3. (2015.12.22 삭제)
(2002.8.26 본조개정)

제11조【공중위생영업소의 폐쇄 등】 ① 시장·군수·구청장은 공중위생영업자가 다음 각 호의 어느 하나에 해당하면 6월 이내의 기간을 정하여 영업의 정지 또는 일부 시설의 사용중지를 명하거나 영업소폐쇄 등을 명할 수 있다. 다만, 관광숙박업의 경우에는 해당 관광숙박업의 관할 행정기관의 장과 미리 협의하여야 한다.
(2019.12.3 단서개정)
1. 제3조제1항 전단에 따른 영업신고를 하지 아니하거나 시설과 설비기준을 위반한 경우
2. 제3조제1항 후단에 따른 변경신고를 하지 아니한 경우
3. 제3조의2제4항에 따른 지위승계신고를 하지 아니한 경우
4. 제4조에 따른 공중위생영업자의 위생관리의무등을 지키지 아니한 경우
(2016.2.3 1호~4호신설)
4의2. 제5조를 위반하여 카메라나 기계장치를 설치한 경우(2018.12.11 본호신설)
5. 제8조제2항을 위반하여 영업소 외의 장소에서 이용 또는 미용 업무를 한 경우
6. 제9조에 따른 보고를 하지 아니하거나 거짓으로 보고한 경우 또는 관계 공무원의 출입, 검사 또는 공중위생영업 장부 또는 서류의 열람을 거부·방해하거나 기피한 경우
7. 제10조에 따른 개선명령을 이행하지 아니한 경우
(2016.2.3 5호~7호신설)
8. 「성매매알선 등 행위의 처벌에 관한 법률」, 「풍속영업의 규제에 관한 법률」, 「청소년 보호법」, 「아동·청소년의 성보호에 관한 법률」, 「의료법」 또는 「마약류 관리에 관한 법률」을 위반하여 관계 행정기관의 장으로부터 그 사실을 통보받은 경우(2024.2.6 본호개정)
② 시장·군수·구청장은 제1항에 따른 영업정지처분을 받고도 그 영업정지 기간에 영업을 한 경우에는 영업소폐쇄를 명할 수 있다.(2016.2.3 본항신설)
③ 시장·군수·구청장은 다음 각 호의 어느 하나에 해당하는 경우에는 영업소 폐쇄를 명할 수 있다.
1. 공중위생영업자가 정당한 사유 없이 6개월 이상 계속 휴업하는 경우
2. 공중위생영업자가 「부가가치세법」 제8조에 따라 관할 세무서장에게 폐업신고를 하거나 관할 세무서장이 사업자 등록을 말소한 경우
3. 공중위생영업자가 영업을 하지 아니하기 위하여 영업시설의 전부를 철거한 경우(2023.6.13 본호신설)
(2016.2.3 본항신설)
④ 제1항에 따른 행정처분의 세부기준은 그 위반행위의 유형과 위반 정도 등을 고려하여 보건복지부령으로 정한다.(2016.2.3 본항개정)
⑤ 시장·군수·구청장은 공중위생영업자가 제1항의 규정에 의한 영업소폐쇄명령을 받고도 계속하여 영업을 하는 때에는 관계공무원으로 하여금 해당 영업소를 폐쇄하기 위하여 다음 각호의 조치를 하게 할 수 있다. 제3조제1항 전단을 위반하여 신고를 하지 아니하고 공중위생영업을 하는 경우에도 또한 같다.(2019.12.3 전단개정)
1. 해당 영업소의 간판 기타 영업표지물의 제거
(2019.12.3 본호개정)
2. 해당 영업소가 위법한 영업소임을 알리는 게시물 등의 부착(2019.12.3 본호개정)
3. 영업을 위하여 필수불가결한 기구 또는 시설물을 사용할 수 없게 하는 봉인
⑥ 시장·군수·구청장은 제5항제3호에 따른 봉인을 한 후 봉인을 계속할 필요가 없다고 인정되는 때와 영업자등이나 그 대리인이 해당 영업소를 폐쇄할 것을 약속하는 때 및 정당한 사유를 들어 봉인의 해제를 요청하는 때에는 그 봉인을 해제할 수 있다. 제5항제2호에 따른 게시물 등의 제거를 요청하는 경우에도 또한 같다.
(2019.12.3 전단개정)

판례 공중위생영업을 양수한 사람에 대한 영업정지처분의 가부 : 구 공중위생관리법(2000.1.12. 법률 제6155호로 개정 전) 제3조제1항에서 보건복지부장관은 공중위생영업자로 하여금 일정한 시설

및 설비를 갖추고 이를 유지·관리하게 할 수 있으며, 제2항에서 공중위생영업자가 영업소를 개설한 후 시장 등에게 영업소개설사실을 통보하도록 규정하는 외에 공중위생영업에 대한 어떠한 제한 규정도 두고 있지 않는 바, 이는 공중위생영업의 양도가 가능함을 전제로 한 것이라 할 것이므로, 양수인이 그 양수 후 행정청에 새로운 영업소개설통보를 하였더라도, 그로 인하여 영업양도·양수로 영업소에 관한 권리의무가 양수인에게 이전하는 법률효과까지 부정되는 것은 아니라 할 것인 바, 만일 어떠한 공중위생영업에 대하여 그 영업을 정지할 위법사유가 있다면, 관할 행정청은 그 영업이 양도·양수되었다 하더라도 그 업소의 양수인에 대하여 영업정지처분을 할 수 있다.(대판 2001.6.29, 2001두1611)

제11조의2【과징금처분】 ① 시장·군수·구청장은 제11조제1항의 규정에 의한 영업정지가 이용자에게 심한 불편을 주거나 그 밖에 공익을 해할 우려가 있는 경우에는 영업정지 처분에 갈음하여 1억원 이하의 과징금을 부과할 수 있다. 다만, 제5조, 「성매매알선 등 행위의 처벌에 관한 법률」, 「아동·청소년의 성보호에 관한 법률」, 「풍속영업의 규제에 관한 법률」 제3조 각 호의 어느 하나, 「마약류 관리에 관한 법률」 또는 이에 상응하는 위반행위로 인하여 처분을 받게 되는 경우를 제외한다.(2024.2.6 단서개정)

② 제1항의 규정에 의한 과징금을 부과하는 위반행위의 종별·정도 등에 따른 과징금의 금액 등에 관하여 필요한 사항은 대통령령으로 정한다.

③ 시장·군수·구청장은 제1항의 규정에 의한 과징금을 납부하여야 할 자가 납부기한까지 이를 납부하지 아니한 경우에는 대통령령으로 정하는 바에 따라 제1항에 따른 과징금 부과처분을 취소하고, 제11조제1항에 따른 영업정지 처분을 하거나 「지방행정제재·부과금의 징수 등에 관한 법률」에 따라 이를 징수한다.(2020.3.24 본항개정)

④ 제1항 및 제3항의 규정에 의하여 시장·군수·구청장이 부과·징수한 과징금은 해당 시·군·구에 귀속된다.(2019.12.3 본항개정)

⑤ 시장·군수·구청장은 과징금의 징수를 위하여 필요한 경우에는 다음 각 호의 사항을 기재한 문서로 관할 세무관서의 장에게 과세정보의 제공을 요청할 수 있다.

1. 납세자의 인적사항
2. 사용목적
3. 과징금 부과기준이 되는 매출금액

(2016.2.3 본항신설)

(2002.8.26 본조신설)

제11조의3【행정제재처분효과의 승계】 ① 공중위생영업자가 그 영업을 양도하거나 사망한 때 또는 법인의 합병이 있는 때에는 종전의 영업자에 대하여 제11조제1항의 위반을 사유로 행한 행정제재처분의 효과는 그 처분기간이 만료된 날부터 1년간 양수인·상속인 또는 합병 후 존속하는 법인에 승계된다.

② 공중위생영업자가 그 영업을 양도하거나 사망한 때 또는 법인의 합병이 있는 때에는 제11조제1항의 위반을 사유로 하여 종전의 영업자에 대하여 진행 중인 행정제재처분 절차를 양수인·상속인 또는 합병 후 존속하는 법인에 대하여 속행할 수 있다.

③ 제1항 및 제2항에도 불구하고 양수인이나 합병 후 존속하는 법인이 양수하거나 합병할 때에 그 처분 또는 위반사실을 알지 못한 경우에는 그러하지 아니하다.

(2019.12.3 본항신설)

(2002.8.26 본조신설)

제11조의4【같은 종류의 영업 금지】 ① 제5조, 「성매매알선 등 행위의 처벌에 관한 법률」·「아동·청소년의 성보호에 관한 법률」, 「풍속영업의 규제에 관한 법률」·「청소년 보호법」 또는 「마약류 관리에 관한 법률」(이하 이 조에서 "「성매매알선 등 행위의 처벌에 관한 법률」 등"이라 한다)을 위반하여 제11조제1항의 폐쇄명령을 받은 자(법인인 경우에는 그 대표자를 포함한다. 이하 제2항에서 같다)는 그 폐쇄명령을 받은 후 2년이 경과하지 아니한 때에는 같은 종류의 영업을 할 수 없다.(2024.2.6 본항개정)

② 「성매매알선 등 행위의 처벌에 관한 법률」 등 외의 법률을 위반하여 제11조제1항의 폐쇄명령을 받은 자는 그 폐쇄명령을 받은 후 1년이 경과하지 아니한 때에는 같은 종류의 영업을 할 수 없다.

③ 「성매매알선 등 행위의 처벌에 관한 법률」 등의 위반으로 제11조제1항에 따른 폐쇄명령이 있은 후 1년이 경과하지 아니한 때에는 누구든지 그 폐쇄명령이 이루어진 영업장소에서 같은 종류의 영업을 할 수 없다.

④ 「성매매알선 등 행위의 처벌에 관한 법률」 등 외의 법률의 위반으로 제11조제1항에 따른 폐쇄명령이 있은 후 6개월이 경과하지 아니한 때에는 누구든지 그 폐쇄명령이 이루어진 영업장소에서 같은 종류의 영업을 할 수 없다.

(2007.5.25 본조신설)

제11조의5【이용업소표시등의 사용제한】 누구든지 시·군·구에 이용업 신고를 하지 아니하고 이용업소표시등을 설치할 수 없다.(2008.3.28 본조신설)

제11조의6【위반사실 공표】 시장·군수·구청장은 제7조, 제11조 또는 제11조의2에 따라 행정처분이 확정된 공중위생영업자에 대한 처분 내용, 해당 영업소의 명칭 등 처분과 관련한 영업 정보를 대통령령으로 정하는 바에 따라 공표하여야 한다.(2016.2.3 본조신설)

제12조【청문】 보건복지부장관 또는 시장·군수·구청장은 다음 각 호의 어느 하나에 해당하는 처분을 하려면 청문을 하여야 한다.

1. (2021.12.21 삭제)
2. 제7조에 따른 이용사와 미용사의 면허취소 또는 면허정지
3. 제7조의2에 따른 위생사의 면허 취소
4. 제11조에 따른 영업정지명령, 일부 시설의 사용중지명령 또는 영업소 폐쇄명령

(2016.2.3 본조개정)

제13조【위생서비스수준의 평가】 ① 시·도지사는 공중위생영업소(관광숙박업의 경우를 제외한다. 이하 이 조에서 같다)의 위생관리수준을 향상시키기 위하여 위생서비스평가계획(이하 "평가계획"이라 한다)을 수립하여 시장·군수·구청장에게 통보하여야 한다.(2005.3.31 본항개정)

② 시장·군수·구청장은 평가계획에 따라 관할지역별 세부평가계획을 수립한 후 공중위생영업소의 위생서비스수준을 평가(이하 "위생서비스평가"라 한다)하여야 한다.(2005.3.31 본항개정)

③ 시장·군수·구청장은 위생서비스평가의 전문성을 높이기 위하여 필요하다고 인정하는 경우에는 관련 전문기관 및 단체로 하여금 위생서비스평가를 실시하게 할 수 있다.(2005.3.31 본항개정)

④ 제1항 내지 제3항의 규정에 의한 위생서비스평가의 주기·방법, 위생관리등급의 기준 기타 평가에 관하여 필요한 사항은 보건복지부령으로 정한다.(2010.1.18 본항개정)

제14조【위생관리등급 공표 등】 ① 시장·군수·구청장은 보건복지부령이 정하는 바에 의하여 위생서비스평가의 결과에 따른 위생관리등급을 해당 공중위생영업자에게 통보하고 이를 공표하여야 한다.(2010.1.18 본항개정)

② 공중위생영업자는 제1항의 규정에 의하여 시장·군수·구청장으로부터 통보받은 위생관리등급의 표지를 영업소의 명칭과 함께 영업소의 출입구에 부착할 수 있다.(2005.3.31 본항개정)

③ 시·도지사 또는 시장·군수·구청장은 위생서비스평가의 결과 위생서비스의 수준이 우수하다고 인정되는 영업소에 대하여 포상을 실시할 수 있다.(2005.3.31 본항개정)

④ 시·도지사 또는 시장·군수·구청장은 위생서비스평가의 결과에 따른 위생관리등급별로 영업소에 대한 위생감시를 실시하여야 한다. 이 경우 영업소에 대한 출입·검사와 위생감시의 실시주기 및 횟수 등 위생관리등급별 위생감시기준은 보건복지부령으로 정한다.(2010.1.18 후단개정)

제15조【공중위생감시원】 ① 제3조, 제3조의2, 제4조 또는 제8조 내지 제11조의 규정에 의한 관계공무원의 업무를 행하게 하기 위하여 특별시·광역시·도 및 시·군·구(자치구에 한한다)에 공중위생감시원을 둔다.(2015.12.22 본항개정)

② 제1항의 규정에 의한 공중위생감시원의 자격·임명·업무범위 기타 필요한 사항은 대통령령으로 정한다.

제15조의2【명예공중위생감시원】 ① 시·도지사는 공중위생의 관리를 위한 지도·계몽 등을 행하게 하기 위하여 명예공중위생감시원을 둘 수 있다.(2005.3.31 본항개정)

② 제1항의 규정에 의한 명예공중위생감시원의 자격 및 위촉방법, 업무범위 등에 관하여 필요한 사항은 대통령령으로 정한다.

(2002.8.26 본조신설)

제16조【공중위생영업자단체의 설립】 공중위생영업자는 공중위생과 국민보건의 향상을 기하고 그 영업의 건전한 발전을 도모하기 위하여 영업의 종류별로 전국적인 조직을 가지는 영업자단체를 설립할 수 있다.

제17조【위생교육】 ① 공중위생영업자는 매년 위생교육을 받아야 한다.(2004.1.29 본항개정)

② 제3조제1항 전단의 규정에 의하여 신고를 하고자 하는 자는 미리 위생교육을 받아야 한다. 다만, 보건복지부령으로 정하는 부득이한 사유로 미리 교육을 받을 수 없는 경우에는 영업개시 후 6개월 이내에 위생교육을 받을 수 있다.(2016.2.3 단서개정)

③ 제1항 및 제2항의 규정에 따른 위생교육을 받아야 하는 자 중 영업에 직접 종사하지 아니하거나 2 이상의 장소에서 영업을 하는 자는 종업원 중 영업장별로 공중위생에 관한 책임자를 지정하고 그 책임자로 하여금 위생교육을 받게 하여야 한다.(2008.3.28 본항개정)

④ 제1항부터 제3항까지의 규정에 따른 위생교육은 보건복지부장관이 허가한 단체 또는 제16조에 따른 단체가 실시할 수 있다.(2010.1.18 본항개정)

⑤ 제1항부터 제4항까지의 규정에 따른 위생교육의 방법·절차 등에 관하여 필요한 사항은 보건복지부령으로 정한다.(2010.1.18 본항개정)

제18조【위임 및 위탁】 ① 보건복지부장관은 이 법에 의한 권한의 일부를 대통령령이 정하는 바에 의하여 시·도지사 또는 시장·군수·구청장에게 위임할 수 있다.

② 보건복지부장관은 대통령령이 정하는 바에 의하여 관계 전문기관에 그 업무의 일부를 위탁할 수 있다.

(2018.12.11 본항개정)

(2010.1.18 본조개정)

제19조【국고보조】 국가 또는 지방자치단체는 제13조제3항의 규정에 의하여 위생서비스평가를 실시하는 자에 대하여 예산의 범위안에서 위생서비스평가에 소요되는 경비의 전부 또는 일부를 보조할 수 있다.

제19조의2【수수료】 제6조의 규정에 의하여 이용사 또는 미용사 면허를 받고자 하는 자는 대통령령이 정하는 바에 따라 수수료를 납부하여야 한다.(2005.3.31 본조신설)

제19조의3【같은 명칭의 사용금지】 위생사가 아니면 위생사라는 명칭을 사용하지 못한다.(2016.2.3 본조신설)

제19조의4【벌칙 적용에서 공무원 의제】 제18조제2항에 따라 위탁받은 업무에 종사하는 관계 전문기관의 임직원은 「형법」 제129조부터 제132조까지의 규정을 적용할 때에는 공무원으로 본다.(2018.12.11 본조신설)

제20조【벌칙】 ① 제3조제1항 전단에 따른 신고를 하지 아니하고 숙박업 영업을 한 자는 2년 이하의 징역 또는 2천만원 이하의 벌금에 처한다.(2021.12.21 본항신설)

② 다음 각호의 1에 해당하는 자는 1년 이하의 징역 또는 1천만원 이하의 벌금에 처한다.

1. 제3조제1항 전단에 따른 신고를 하지 아니하고 공중위생영업(숙박업은 제외한다)을 한 자(2021.12.21 본호개정)
2. 제11조제1항의 규정에 의한 영업정지명령 또는 일부 시설의 사용중지명령을 받고도 그 기간 중에 영업을 하거나 그 시설을 사용한 자 또는 영업소 폐쇄명령을 받고도 계속하여 영업을 한 자

(2002.8.26 본항개정)

③ 다음 각호의 1에 해당하는 자는 6월 이하의 징역 또는 500만원 이하의 벌금에 처한다.

1. 제3조제1항 후단의 규정에 의한 변경신고를 하지 아니한 자
2. 제3조의2제1항의 규정에 의하여 공중위생영업자의 지위를 승계한 자로서 동조제4항의 규정에 의한 신고를 하지 아니한 자
3. 제4조제7항의 규정에 위반하여 건전한 영업질서를 위하여 공중위생영업자가 준수하여야 할 사항을 준수하지 아니한 자

(2002.8.26 본항개정)

④ 다음 각 호의 어느 하나에 해당하는 사람은 300만원 이하의 벌금에 처한다.

1. 제6조제3항을 위반하여 다른 사람에게 이용사 또는 미용사의 면허증을 빌려주거나 빌린 사람
2. 제6조제4항을 위반하여 이용사 또는 미용사의 면허증을 빌려주거나 빌리는 것을 알선한 사람
3. 제6조의2제9항을 위반하여 다른 사람에게 위생사의 면허증을 빌려주거나 빌린 사람
4. 제6조의2제10항을 위반하여 위생사의 면허증을 빌려주거나 빌리는 것을 알선한 사람

(2020.4.7 1호~4호신설)

5. 제7조제1항에 따른 면허의 취소 또는 정지 중에 이용업 또는 미용업을 한 사람
6. 제8조제1항을 위반하여 면허를 받지 아니하고 이용업 또는 미용업을 개설하거나 그 업무에 종사한 사람

(2015.12.22 본항개정)

제21조【양벌규정】 법인의 대표자나 법인 또는 개인의 대리인, 사용인, 그 밖의 종업원이 그 법인 또는 개인의 업무에 관하여 제20조의 위반행위를 하면 그 행위자를 벌하는 외에 그 법인 또는 개인에게도 해당 조문의 벌금형을 과(科)한다. 다만, 법인 또는 개인이 그 위반행위를 방지하기 위하여 해당 업무에 관하여 상당한 주의와 감독을 게을리하지 아니한 경우에는 그러하지 아니하다.(2011.3.30 본조개정)

제22조【과태료】 ① 다음 각호의 1에 해당하는 자는 300만원 이하의 과태료에 처한다.(2002.8.26 본문개정)

1. (2016.2.3 삭제)

1의2. 제4조제2항의 규정을 위반하여 목욕장의 수질기준 또는 위생기준을 준수하지 아니한 자로서 제10조의 규정에 의한 개선명령에 따르지 아니한 자(2005.3.31 본호개정)

2. 제4조제7항의 규정에 위반하여 숙박업소의 시설 및 설비를 위생적이고 안전하게 관리하지 아니한 자
3. 제4조제7항의 규정에 위반하여 목욕장업소의 시설 및 설비를 위생적이고 안전하게 관리하지 아니한 자
4. 제9조의 규정에 의한 보고를 하지 아니하거나 관계공무원의 출입·검사 기타 조치를 거부·방해 또는 기피한 자
5. 제10조의 규정에 의한 개선명령에 위반한 자
6. 제11조의5를 위반하여 이용업소표시등을 설치한 자

(2008.3.28 본호신설)

② 다음 각호의 1에 해당하는 자는 200만원 이하의 과태료에 처한다.(2002.8.26 본문개정)

1. 제4조제3항 각호 및 제7항의 규정에 위반하여 이용업소의 위생관리 의무를 지키지 아니한 자
2. 제4조제4항 각호 및 제7항의 규정에 위반하여 미용업소의 위생관리 의무를 지키지 아니한 자
3. 제4조제5항 및 제7항의 규정에 위반하여 세탁업소의 위생관리 의무를 지키지 아니한 자
4. 제4조제6항 및 제7항의 규정에 위반하여 건물위생관리업소의 위생관리 의무를 지키지 아니한 자

(2016.2.3 본호개정)

5. 제8조제2항의 규정에 위반하여 영업소외의 장소에서 이용 또는 미용업무를 행한 자
6. 제17조제1항의 규정에 위반하여 위생교육을 받지 아니한 자

③ 제19조의3을 위반하여 위생사의 명칭을 사용한 자에게는 100만원 이하의 과태료를 부과한다.(2016.2.3 본항신설)
④ 제1항부터 제3항까지의 규정에 따른 과태료는 대통령령으로 정하는 바에 따라 보건복지부장관 또는 시장·군수·구청장이 부과·징수한다.(2016.2.3 본항신설)
제23조 (2016.2.3 삭제)

부　칙

제1조【시행일】 이 법은 공포후 6월이 경과한 날부터 시행한다.
제2조【다른 법률의 폐지】 공중위생법은 이를 폐지한다.
제3조【유기장업·위생처리업 및 위생용품제조업에 관한 경과조치】 이 법 시행이후의 유기장업·위생처리업 및 위생용품제조업에 관하여는 관련 법률의 제정 또는 개정시까지 종전의 공중위생법을 적용한다.
제4조【이용사·미용사 면허에 관한 경과조치】 이 법 시행당시 종전의 공중위생법에 의한 이용사·미용사 면허는 이 법에 의한 면허로 본다.
제5조【영업자단체에 관한 경과조치】 이 법 시행당시 종전의 공중위생법에 의하여 설립된 영업자단체는 이 법에 의하여 설립된 공중위생영업자단체로 본다.
제6조【종전의 행위 등에 대한 경과조치】 ① 이 법 시행전의 공중위생법 위반행위에 대한 처분에 관하여는 종전의 공중위생법에 의한다.
② 이 법 시행당시 종전의 공중위생법에 의하여 행정기관이 행한 처분은 이 법에 의하여 행한 처분으로 본다.
③ 이 법 시행당시 종전의 공중위생법에 의하여 행한 청문은 이 법에 의하여 행한 청문으로 본다.
제7조【벌칙 등에 관한 경과조치】 이 법 시행전의 공중위생법 위반행위에 대한 벌칙 또는 과태료의 적용에 있어서는 종전의 공중위생법에 의한다.
제8조【다른 법률과의 관계】 이 법 시행당시 다른 법령에서 종전의 공중위생법을 인용하고 있는 경우 이 법중 그에 해당하는 규정이 있는 때에는 종전의 규정에 갈음하여 이 법 또는 이 법의 해당 규정을 인용한 것으로 본다.

부　칙 (2015.12.22)

제1조【시행일】 이 법은 공포 후 1년이 경과한 날부터 시행한다.
제2조【금치산자에 대한 경과조치】 제6조제2항제1호의 개정규정에 따른 피성년후견인에는 법률 제10429호 민법 일부개정법률 부칙 제2조에 따라 금치산 선고의 효력이 유지되는 사람을 포함하는 것으로 본다.
제3조【벌칙에 관한 경과조치】 이 법 시행 전의 행위에 대한 벌칙의 적용에 있어서는 종전의 규정에 따른다.

부　칙 (2016.2.3)

제1조【시행일】 이 법은 공포 후 6개월이 경과한 날부터 시행한다.
제2조【다른 법률의 폐지】 위생사에 관한 법률은 폐지한다.
제3조【과징금 부과처분 취소 및 재영업정지 처분에 관한 적용례】 제11조의2제3항의 개정규정은 이 법 시행 후 최초로 과징금 부과처분을 받은 공중위생영업자부터 적용한다.
제4조【위반사실 공표에 관한 적용례】 제11조의6의 개정규정은 이 법 시행 후 최초로 행정처분이 확정된 경우부터 적용한다.
제5조【위생사 국가시험 응시자격에 관한 특례】 이 법 시행일부터 5년까지의 기간 내에 종전의 「위생사에 관한 법률」 제3조제1항제2호 또는 제3호에 해당하는 자는 제6조의2제1항의 개정규정에도 불구하고 위생사 국가시험에 응시할 수 있다.
제6조【위생관리용역업에 관한 경과조치】 이 법 시행 당시 종전의 규정에 따라 위생관리용역업의 신고를 한 자는 제2조제1항제7호의 개정규정에 따른 건물위생관리업의 신고를 한 것으로 본다.
제7조【위생사에 대한 경과조치】 ① 이 법 시행 당시 종전의 「위생사에 관한 법률」에 따라 위생사 면허를 받은 사람은 이 법에 따라 면허를 받은 것으로 본다.
② 이 법 시행 당시 종전의 衛生士등에관한法律(법률 제5842호로 개정되기 전의 것을 말한다)에 따른 위생시험사로서 법률 제5842호 衛生士등에관한法律改正法律 부칙 제3항에 따라 교육과정을 이수한 사람은 이 법에 따른 위생사로 본다.
제8조【행정처분에 관한 경과조치】 이 법 시행 전의 위반행위에 대한 행정처분에 관하여는 종전의 규정에 따른다.
제9조【과태료에 관한 경과조치】 이 법 시행 전의 위반행위에 대한 과태료를 적용할 때에는 종전의 규정에 따른다.
제10조【다른 법률의 개정】 ①~② ※(해당 법령에 가제정리 하였음)
제11조【다른 법령과의 관계】 이 법 시행 당시 다른 법령에서 「위생사에 관한 법률」 또는 그 규정을 인용하고 있는 경우 이 법 중 그에 해당하는 규정이 있으면 「위생사에 관한 법률」 또는 종전의 규정을 갈음하여 이 법 또는 이 법의 해당 규정을 인용한 것으로 본다.

부　칙 (2018.12.11)

제1조【시행일】 이 법은 공포한 날부터 시행한다. 다만, 제5조, 제9조제2항부터 제6항까지, 제11조제1항제4호의2, 제11조의2제1항 및 제11조의4제1항의 개정규정은 공포 후 6개월이 경과한 날부터 시행하며, 제6조의2제1항제1호 및 제3호의 개정규정은 공포 후 1년이 경과한 날부터 시행한다.
제2조【위생사 국가시험의 응시자격에 관한 경과조치】 이 법 시행 당시 종전의 제6조의2제1항제1호 및 제3호에 따라 위생사 국가시험의 응시자격을 인정받은 사람은 이 법에 따른 응시자격이 있는 것으로 본다.

부　칙 (2019.1.15)

제1조【시행일】 이 법은 공포 후 3개월이 경과한 날부터 시행한다.
제2조【과징금 부과에 관한 경과조치】 이 법 시행 전의 위반행위에 대한 과징금 부과에 관해서는 종전의 규정에 따른다.

부　칙 (2019.12.3)

제1조【시행일】 이 법은 공포한 날부터 시행한다. 다만, 제2조제1항제5호, 같은 조 제2항 및 제6조제1항제3호의 개정규정은 공포 후 6개월이 경과한 날부터 시행한다.
제2조【이용사 및 미용사의 면허에 관한 적용례】 제6조제1항제3호의 개정규정은 이 법 시행 이전에 특성화고등학교 및 각종학교(고등학교 또는 고등기술학교에 준하는 경우만 해당한다)에서 1년 이상 이용 또는 미용에 관한 소정의 과정을 이수한 자에게도 적용한다.
제3조【위생사 국가시험에 관한 적용례】 제6조의2제6항의 개정규정은 이 법 시행 후 공고되는 위생사 국가시험부터 적용한다.

부　칙 (2020.3.24)

제1조【시행일】 이 법은 공포한 날부터 시행한다.(이하 생략)

부　칙 (2020.4.7)

이 법은 공포 후 3개월이 경과한 날부터 시행한다.

부　칙 (2021.12.21)

이 법은 공포 후 6개월이 경과한 날부터 시행한다.

부　칙 (2023.3.28)

제1조【시행일】 이 법은 공포 후 6개월이 경과한 날부터 시행한다.
제2조【상속인의 폐업신고에 관한 경과조치】 이용업 또는 미용업의 신고를 한 자의 사망으로 제6조에 따른 면허를 소지하지 아니한 자가 이 법 시행 전에 상속인이 된 경우에는 제3조제3항의 개정규정에도 불구하고 이 법 시행일부터 3개월 이내에 폐업신고를 할 수 있다.
제3조【다른 법률의 개정】 ※(해당 법령에 가제정리 하였음)

부　칙 (2023.6.13)

이 법은 공포 후 6개월이 경과한 날부터 시행한다.

부　칙 (2024.2.6)

제1조【시행일】 이 법은 공포 후 6개월이 경과한 날부터 시행한다.
제2조【공중위생영업소의 폐쇄등에 관한 적용례】 제11조제1항제8호의 개정규정은 이 법 시행 이후 「마약류 관리에 관한 법률」을 위반하여 관계 행정기관의 장으로부터 그 사실을 통보받은 경우부터 적용한다.

공중위생관리법 시행령

(1999년 12월 27일 대통령령 제16619호)

개정
2000. 7. 1영16887호
2001. 7. 7영17296호(학원의설립·운영및과외교습에관한법시)
2003. 4. 4영17954호
2004. 3.17영18312호(전자적민원처리를위한가석방자관리규정등)
2004. 5.25영18402호(다중이용시설등의실내공기질관리법시)
2005. 3.18영18740호(청소년활동진흥법시)
2005.11. 1영19111호
2006. 8. 4영19639호(산림자원조성관리시)
2008. 2.29영20679호(직제)
2008. 6.30영20890호
2009.12.15영21887호(농어촌정비시)
2010. 3.15영22075호(직제)
2011. 4.22영22906호(경제활성화친서민해소)
2011.12.30영23451호(관광진흥법시)
2012. 1. 6영23488호(민감정보고유식별정보)
2012. 1.10영23503호　2013. 9.26영24774호
2013.12.30영25050호(행정규제재검토에따른일부개정령)
2014.10.15영25657호
2014.12. 9영25840호(규제기한정비)
2016. 3.22영27044호(관광진흥법시)
2016. 8. 2영27431호　2018. 9.28영29197호
2018.12.24영29421호(규제기한설정)
2019. 4. 9영29680호
2019. 7. 2영29950호(법령용어정비)
2019.10. 8영30106호(과태료금액정비)
2020. 3.24영30545호(지방행정제재·부과금의징수등에관한법시)
2020. 4.28영30639호(관광진흥법시)
2020. 6. 2영30744호
2023.12.12영33913호(행정법제혁신을위한일부개정법령등)

제1조【목적】 이 영은 「공중위생관리법」에서 위임된 사항과 그 시행에 관하여 필요한 사항을 규정함을 목적으로 한다.(2005.11.1 본조개정)
제2조【적용제외 대상】 ① 「공중위생관리법」(이하 "법"이라 한다) 제2조제1항제2호 단서에 따라 숙박업에서 제외되는 시설은 다음 각 호와 같다.(2019.4.9 본문개정)
1. 「농어촌정비법」에 따른 농어촌민박사업용 시설(2009.12.15 본호개정)
2. 「산림문화·휴양에 관한 법률」에 따라 자연휴양림 안에 설치된 시설(2006.8.4 본호개정)
3. 「청소년활동 진흥법」 제10조제1호에 따른 청소년수련시설(2019.4.9 본호개정)
4. 「관광진흥법」 제4조에 따라 등록한 외국인관광 도시민박업용 시설 및 한옥체험업용 시설(2020.4.28 본호개정)
② 법 제2조제1항제3호 단서에 따라 목욕장업에서 제외되는 시설은 다음 각 호와 같다.(2019.4.9 본문개정)
1. 숙박업 영업소에 부설된 욕실
2. 「체육시설의 설치·이용에 관한 법률」에 따른 종합체육시설업의 체온 관리실(2019.4.9 본호개정)
3. 제1항 각 호의 어느 하나에 해당하는 시설에 부설된 욕실(2019.4.9 본호개정)
제3조 (2016.8.2 삭제)
제4조【숙박업의 세분】 법 제2조제2항에 따라 숙박업을 다음과 같이 세분한다.
1. 숙박업(일반) : 손님이 잠을 자고 머물 수 있도록 시설(취사시설은 제외한다) 및 설비 등의 서비스를 제공하는 영업
2. 숙박업(생활) : 손님이 잠을 자고 머물 수 있도록 시설(취사시설을 포함한다) 및 설비 등의 서비스를 제공하는 영업
(2020.6.2 본조개정)
제5조 (2003.4.4 삭제)
제6조【마약외의 약물 중독자】 법 제6조제2항제4호에서 "기타 대통령령으로 정하는 약물 중독자"라 함은 대마 또는 향정신성의약품의 중독자를 말한다.
제6조의2【위생사 국가시험의 시험방법 등】 ① 보건복지부장관은 법 제6조의2제1항에 따른 위생사 국가시험(이하 "위생사 국가시험"이라 한다)을 실시하려는 경우에는 시험일시, 시험장소 및 시험과목 등 위생사 국가시험 시행계획을 시험실시 90일 전까지 공고하여야 한다. 다만, 시험장소의 경우에는 시험실시 30일 전까지 공고할 수 있다.
② 위생사 국가시험은 다음 각 호의 구분에 따라 필기시험과 실기시험으로 실시한다.
1. 필기시험 : 다음 각 목의 시험과목에 대한 검정(檢定)
가. 공중보건학
나. 환경위생학
다. 식품위생학
라. 위생곤충학
마. 위생 관계 법령(「공중위생관리법」, 「식품위생법」, 「감염병의 예방 및 관리에 관한 법률」, 「먹는물관리법」, 「폐기물관리법」 및 「하수도법」과 그 하위법령)
2. 실기시험 : 위생사 업무 수행에 필요한 지식 및 기술 등의 실기 방법에 따른 검정
③ 위생사 국가시험의 합격자 결정기준은 다음 각 호의 구분에 따른다.
1. 필기시험 : 각 과목 총점의 40퍼센트 이상, 전 과목 총점의 60퍼센트 이상 득점한 사람
2. 실기시험 : 실기시험 총점의 60퍼센트 이상 득점한 사람

④ 보건복지부장관은 위생사 국가시험을 실시할 때마다 시험과목에 대한 전문지식 또는 위생사 업무에 대한 풍부한 경험을 갖춘 사람 중에서 시험위원을 임명하거나 위촉한다. 이 경우 해당 시험위원에 대해서는 예산의 범위에서 수당과 여비를 지급할 수 있다.
⑤ 보건복지부장관은 법 제6조의2제3항에 따라 위생사 국가시험의 실시에 관한 업무를 「한국보건의료인국가시험원법」에 따른 한국보건의료인국가시험원에 위탁한다.
⑥ 법 제6조의2제4항에서 "대통령령으로 정하는 부정행위"란 다음 각 호의 어느 하나에 해당하는 행위를 말한다.
1. 대리시험을 의뢰하거나 대리로 시험에 응시하는 행위
2. 다른 수험생의 답안지를 보거나 본인의 답안지를 보여주는 행위
3. 정보통신기기나 그 밖의 신호 등을 이용하여 해당 시험내용에 관하여 다른 사람과 의사소통하는 행위
4. 부정한 자료를 가지고 있거나 이용하는 행위
5. 그 밖의 부정한 수단으로 본인 또는 다른 사람의 시험 결과에 영향을 미치는 행위로서 보건복지부령으로 정하는 행위
⑦ 제1항부터 제6항까지에서 규정한 사항 외에 위생사 국가시험의 실시절차, 실시방법, 실시비용 및 업무위탁 등에 필요한 사항은 보건복지부장관이 정하여 고시한다.
(2016.8.2 본조신설)
제6조의3【위생사의 업무】 법 제8조의2제6호에서 "대통령령으로 정하는 업무"란 다음 각 호의 업무를 말한다.
1. 소독업무
2. 보건관리업무
(2016.8.2 본조신설)
제7조 (2003.4.4 삭제)
제7조의2【과징금을 부과할 위반행위의 종별과 과징금의 금액】 ① 법 제11조의2제2항의 규정에 따라 부과하는 과징금의 금액은 위반행위의 종별·정도 등을 감안하여 보건복지부령이 정하는 영업정지기간에 별표1의 과징금 산정기준을 적용하여 산정한다.(2010.3.15 본항개정)
② 시장·군수·구청장(자치구의 구청장을 말한다. 이하 같다)은 공중위생영업자의 사업규모·위반행위의 정도 및 횟수 등을 고려하여 제1항에 따른 과징금의 2분의 1 범위에서 과징금을 늘리거나 줄일 수 있다. 이 경우 과징금을 늘리는 때에도 그 총액은 1억원을 초과할 수 없다.
(2019.4.9 본항개정)
제7조의3【과징금의 부과 및 납부】 ① 시장·군수·구청장은 법 제11조의2의 규정에 따라 과징금을 부과하고자 할 때에는 그 위반행위의 종별과 해당 과징금의 금액 등을 명시하여 이를 납부할 것을 서면으로 통지하여야 한다.
② 제1항에 따라 통지를 받은 자는 통지를 받은 날부터 20일 이내에 과징금을 시장·군수·구청장이 정하는 수납기관에 납부해야 한다.(2023.12.12 본항개정)
③ 제2항의 규정에 따라 과징금의 납부를 받은 수납기관은 영수증을 납부자에게 교부하여야 한다.
④ 과징금의 수납기관은 제2항의 규정에 따라 과징금을 수납한 때에는 지체없이 그 사실을 시장·군수·구청장에게 통보하여야 한다.
⑤ 시장·군수·구청장이 「행정기본법」 제29조 단서에 따라 과징금의 납부기한을 연기하거나 분할 납부하게 하는 경우 납부기한의 연기는 그 납부기한의 다음 날부터 1년을 초과할 수 없고, 분할 납부는 12개월의 범위에서 분할 납부의 횟수를 3회 이내로 한다.(2023.12.12 본항개정)
⑥~⑦ (2023.12.12 삭제)
⑧ 과징금의 징수절차는 보건복지부령으로 정한다.
(2010.3.15 본항개정)
(2003.4.4 본조신설)
제7조의4【과징금 부과처분 취소 대상자】 법 제11조의2 제3항에 따라 과징금 부과처분을 취소하고 영업정지 처분을 하거나 「지방행정제재·부과금의 징수 등에 관한 법률」에 따라 과징금을 징수하여야 하는 대상자는 과징금을 기한 내에 납부하지 아니한 자로서 1회의 독촉을 받고 그 독촉을 받은 날부터 15일 이내에 과징금을 납부하지 아니한 자로 한다.(2020.3.24 본조개정)
제7조의5【위반사실의 공표】 ① 법 제11조의6에 따른 공표 사항은 다음 각 호와 같다.
1. 「공중위생관리법」 위반사실의 공표라는 내용의 표제
2. 공중위생영업의 종류
3. 영업소의 명칭 및 소재지와 대표자 성명
4. 위반 내용(위반행위의 구체적 내용과 근거 법령을 포함한다)
5. 행정처분의 내용, 처분일 및 처분기간
6. 그 밖에 보건복지부장관이 특히 공표할 필요가 있다고 인정하는 사항
② 시장·군수·구청장은 법 제11조의6에 따라 공표하는 경우에는 해당 시·군·구(자치구를 말한다)의 인터넷 홈페이지와 공중위생영업자의 인터넷 홈페이지(인터넷 홈페이지가 있는 경우만 해당한다)에 각각 게시하여야 한다.
③ 제2항에 따른 공표의 절차 및 방법 등에 필요한 세부 사항은 보건복지부장관이 정하여 고시한다.
(2016.8.2 본조신설)
제8조【공중위생감시원의 자격 및 임명】 ① 법 제15조에 따라 특별시장·광역시장·도지사(이하 "시·도지사"라 한다) 또는 시장·군수·구청장은 다음 각 호의 어느 하나에 해당하는 소속 공무원 중에서 공중위생감시원을 임명한다.
1. 위생사 또는 환경기사 2급 이상의 자격증이 있는 사람
2. 「고등교육법」에 따른 대학에서 화학·화공학·환경공학 또는 위생학 분야를 전공하고 졸업한 사람 또는 법령에 따라 이와 같은 수준 이상의 학력이 있다고 인정되는 사람
3. 외국에서 위생사 또는 환경기사의 면허를 받은 사람
4. 1년 이상 공중위생행정에 종사한 경력이 있는 사람
② 시·도지사 또는 시장·군수·구청장은 제1항 각 호의 어느 하나에 해당하는 사람만으로는 공중위생감시원의 인력확보가 곤란하다고 인정되는 때에는 공중위생 행정에 종사하는 사람 중 공중위생 감시에 관한 교육훈련을 2주 이상 받은 사람을 공중위생 행정에 종사하는 기간 동안 공중위생감시원으로 임명할 수 있다.
(2018.9.28 본조개정)
제9조【공중위생감시원의 업무범위】 법 제15조에 따른 공중위생감시원의 업무는 다음 각호와 같다.
(2016.8.2 본문개정)
1. 법 제3조제1항의 규정에 의한 시설 및 설비의 확인
2. 법 제4조의 규정에 의한 공중위생영업 관련 시설 및 설비의 위생상태 확인·검사, 공중위생영업자의 위생관리의무 및 영업자준수사항 이행여부의 확인
3. (2016.8.2 삭제)
4. 법 제10조의 규정에 의한 위생지도 및 개선명령 이행여부의 확인
5. 법 제11조의 규정에 의한 공중위생영업소의 영업의 정지, 일부 시설의 사용중지 또는 영업소 폐쇄명령 이행여부의 확인
6. 법 제17조의 규정에 의한 위생교육 이행여부의 확인
(2003.4.4 본조개정)
제9조의2【명예공중위생감시원의 자격 등】 ① 법 제15조의2제1항의 규정에 의한 명예공중위생감시원(이하 "명예감시원"이라 한다)은 시·도지사가 다음 각호의 1에 해당하는 자 중에서 위촉한다.(2005.11.1 본문개정)
1. 공중위생에 대한 지식과 관심이 있는 자
2. 소비자단체, 공중위생관련 협회 또는 단체의 소속직원중에서 당해 단체 등의 장이 추천하는 자
② 명예감시원의 업무는 다음 각호와 같다.
1. 공중위생감시원이 행하는 검사대상물의 수거 지원
2. 법령 위반행위에 대한 신고 및 자료 제공
3. 그 밖에 공중위생에 관한 홍보·계몽 등 공중위생관리업무와 관련하여 시·도지사가 따로 정하여 부여하는 업무(2005.11.1 본호개정)
③ 시·도지사는 명예감시원의 활동지원을 위하여 예산의 범위안에서 시·도지사가 정하는 바에 따라 수당 등을 지급할 수 있다.(2005.11.1 본항개정)
④ 명예감시원의 운영에 관하여 필요한 사항은 시·도지사가 정한다.(2005.11.1 본항개정)
(2003.4.4 본조신설)
제10조【세탁물관리 사고로 인한 분쟁의 조정】 법 제16조의 규정에 의하여 설립된 세탁업자단체는 그 정관이 정하는 바에 의하여 세탁업자와 소비자간의 분쟁 조정을 위하여 노력하여야 한다.
제10조의2【수수료】 법 제19조의2의 규정에 따른 수수료는 지방자치단체의 수입증지 또는 정보통신망을 이용한 전자화폐·전자결제 등의 방법으로 시장·군수·구청장에게 납부하여야 하며, 그 금액은 다음 각 호와 같다.
(2011.4.22 본문개정)
1. 이용사 또는 미용사 면허를 신규로 신청하는 경우 : 5천500원
2. 이용사 또는 미용사 면허증을 재교부 받고자 하는 경우 : 3천원
(2005.11.1 본조신설)
제10조의3【민감정보 및 고유식별정보의 처리】 ① 보건복지부장관(법 제6조의2제3항에 따라 보건복지부장관의 업무를 위탁받은 자를 포함한다)은 다음 각 호의 사무를 수행하기 위하여 불가피한 경우 「개인정보 보호법」 제23조에 따른 건강에 관한 정보, 같은 법 시행령 제19조 제1호 또는 제4호에 따른 주민등록번호 또는 외국인등록번호가 포함된 자료를 처리할 수 있다.
1. 법 제6조의2에 따른 위생사 면허 및 위생사 국가시험에 관한 사무
2. 법 제7조의2에 따른 위생사 면허의 취소 및 면허 재부여에 관한 사무
3. 법 제12조제3호에 따른 청문에 관한 사무
(2016.8.2 본항신설)
② 시·도지사 또는 시장·군수·구청장(시·도지사는 제5호의 사무만 해당하며, 해당 권한이 위임·위탁된 경우에는 그 권한을 위임·위탁받은 자를 포함한다)은 다음 각 호의 사무를 수행하기 위하여 불가피한 경우 「개인정보 보호법」 제23조에 따른 건강에 관한 정보, 같은 법 시행령 제19조제1호 또는 제4호에 따른 주민등록번호 또는 외국인등록번호가 포함된 자료를 처리할 수 있다.
1. 법 제3조에 따른 공중위생영업의 신고·변경신고 및 폐업신고에 관한 사무
2. 법 제3조의2에 따른 공중위생영업자의 지위승계 신고에 관한 사무
3. 법 제6조에 따른 이용사 및 미용사 면허신청 및 면허증 발급에 관한 사무
4. 법 제7조에 따른 이용사 및 미용사의 면허취소 등에 관한 사무
5. 법 제10조에 따른 위생지도 및 개선명령에 관한 사무
6. 법 제11조에 따른 공중위생업소의 폐쇄 등에 관한 사무
7. 법 제11조의2에 따른 과징금의 부과·징수에 관한 사무
8. 법 제12조제1호·제2호 및 제4호에 따른 청문에 관한 사무(2016.8.2 본호개정)
(2012.1.6 본조신설)
제10조의4 (2018.12.24 삭제)
제11조【과태료의 부과】 법 제22조에 따른 과태료의 부과기준은 별표2와 같다.(2008.6.30 본조개정)

부 칙 (2008.6.30)

제1조【시행일】 이 영은 2008년 7월 1일부터 시행한다.
제2조【미용업의 세분에 관한 경과조치】 이 영 시행 당시 종전의 규정에 따라 미용업의 신고를 한 자는 다음 각 호의 구분에 따라 제4조의 개정규정에 따른 세분된 미용업의 신고를 한 것으로 본다.
1. 신고 수리 시 제4조제1호의 미용업(일반)에 해당하는 업무에 한하여 영업을 할 수 있다는 취지의 조건이 붙은 경우 : 미용업(일반)
2. 제1호 외의 경우 : 미용업(종합)

부 칙 (2014.10.15)

제1조【시행일】 이 영은 2015년 7월 1일부터 시행한다.
제2조【미용업의 세분에 관한 경과조치】 ① 이 영 시행 당시 종전의 규정에 따른 미용업(일반)의 신고를 한 사람은 제4조제2호가목의 개정규정에 따른 미용업(일반)과 같은 호 라목의 개정규정에 따른 미용업(화장·분장)의 신고를 한 것으로 본다.
② 이 영 시행 당시 종전의 규정에 따른 미용업(종합)의 신고를 한 사람은 제4조제2호마목의 개정규정에 따른 미용업(종합)의 신고를 한 것으로 본다.

부 칙 (2016.8.2)

제1조【시행일】 이 영은 2016년 8월 4일부터 시행한다. 다만, 제3조 및 제9조제3호의 개정규정은 2016년 12월 23일부터 시행한다.
제2조【다른 법령의 폐지】 위생사에 관한 법률 시행령은 폐지한다.
제3조【과징금의 산정기준에 관한 경과조치】 이 영 시행 전의 위반행위에 대하여 과징금을 부과하는 경우에는 별표1의 개정규정에도 불구하고 종전의 규정에 따른다.
제4조【과태료의 부과기준에 관한 경과조치】 이 영 시행 전의 위반행위에 대하여 과태료를 부과하는 경우에는 별표2 제1호의 개정규정에도 불구하고 종전의 규정에 따른다.
제5조【다른 법령의 개정】 ※(해당 법령에 가제정리 하였음)

부 칙 (2019.4.9)

이 영은 2019년 4월 16일부터 시행한다.

부 칙 (2019.7.2)

이 영은 공포한 날부터 시행한다.(이하 생략)

부 칙 (2019.10.8)
(2020.3.4)
(2020.4.28)

제1조【시행일】 이 영은 공포한 날부터 시행한다.(이하 생략)

부 칙 (2020.6.2)

제1조【시행일】 이 영은 2020년 6월 4일부터 시행한다.
제2조【과징금의 분할 납부에 관한 적용례】 제7조의3의 개정규정은 이 영 시행 전에 법 제11조의2에 따라 과징금을 부과한 경우에도 적용한다.

부 칙 (2023.12.12)

이 영은 공포한 날부터 시행한다.

〔별표〕 ➡ 「法典 別冊」 참조

장사 등에 관한 법률(약칭 : 장사법)

(2007년 5월 25일
전부개정법률 제8489호)

개정
2008. 3.28법 9030호
2009.12.29법 9847호(감염병)
2010. 5.31법10331호(산지관리법)
2011. 5.30법10741호(국가장법)
2011. 8. 4법11008호 2012. 2. 1법11253호
2013. 8. 6법11998호(지방세외수입금의징수등에관한법)
2015. 1.28법13108호 2015.12.29법13660호
2017.12.19법15269호 2018.12.11법15901호
2019. 4.23법16376호
2020. 3.24법17091호(지방행정제재・부과금의징수등에관한법)
2020. 4. 7법17203호(시체해부및보존등에관한법)
2020. 4. 7법17215호
2020.12.29법17799호(독점)
2021. 1.12법17893호(지방자치)
2021. 7.27법18331호 2021.12.21법18624호
2022.12.27법19117호(산림자원조성관리)
2023. 3.21법19251호(자연유산의보존및활용에관한법)
2023. 3.28법19299호 2023. 6.13법19460호
2023. 8. 8법19590호(문화유산)
2024. 1.23법20110호→2025년 1월 24일 시행
2024. 2. 6법20221호→2024년 8월 7일 시행
2024년 1월 25일 제412회 국회 본회의 통과(정부조직)→「法典 別冊」 보유편 수록

제1장 총 칙

제1조 【목적】 이 법은 장사(葬事)의 방법과 장사시설의 설치・조성 및 관리 등에 관한 사항을 정하여 보건위생상의 위해(危害)를 방지하고, 국토의 효율적 이용과 공공복리 증진에 이바지하는 것을 목적으로 한다.

제2조 【정의】 이 법에서 사용하는 용어의 뜻은 다음과 같다.
1. "매장"이란 시신(임신 4개월 이후에 죽은 태아를 포함한다. 이하 같다)이나 유골을 땅에 묻어 장사(葬事)하는 것을 말한다.(2015.1.28 본호개정)
2. "화장"이란 시신이나 유골을 불에 태워 장사하는 것을 말한다.(2015.1.28 본호개정)
3. "자연장(自然葬)"이란 화장한 유골의 골분(骨粉)을 수목・화초・잔디 등의 밑이나 주변에 묻어 장사하는 것을 말한다.

3. "자연장(自然葬)"이란 화장한 유골의 골분(骨粉)을 수목・화초・잔디 등의 밑이나 주변에 묻거나 해양 등 대통령령으로 정하는 구역에 뿌려 장사하는 것을 말한다.(2024.1.23 본호개정 : 2025.1.24 시행)

4. "개장"이란 매장한 시신이나 유골을 다른 분묘 또는 봉안시설에 옮기거나 화장 또는 자연장하는 것을 말한다.(2015.1.28 본호개정)
5. "봉안"이란 유골을 봉안시설에 안치하는 것을 말한다.
6. "분묘"란 시신이나 유골을 매장하는 시설을 말한다.(2015.1.28 본호개정)
7. "묘지"란 분묘를 설치하는 구역을 말한다.
8. "화장시설"이란 시신이나 유골을 화장하기 위한 화장로 시설(대통령령으로 정하는 부대시설을 포함한다)을 말한다.(2015.1.28 본호개정)
9. "봉안시설"이란 유골을 안치(매장은 제외한다)하는 다음 각 목의 시설을 말한다.
   가. 분묘의 형태로 된 봉안묘
   나. 「건축법」 제2조제1항제2호의 건축물인 봉안당
   다. 탑의 형태로 된 봉안탑
   라. 벽과 담의 형태로 된 봉안담
   (2015.1.28 본호개정)
10.~12. (2015.1.28 삭제)
13. "자연장지(自然葬地)"란 자연장으로 장사할 수 있는 구역을 말한다.
14. "수목장림"이란 「산림자원의 조성 및 관리에 관한 법률」 제2조제1호에 따른 산림에 조성하는 자연장지를 말한다.
15. "장사시설"이란 묘지・화장시설・봉안시설・자연장지 및 제28조의2・제29조에 따른 장례식장을 말한다.(2015.12.29 본호개정)
16. "연고자"란 사망한 자와 다음 각 목의 관계에 있는 자를 말하며, 연고자의 권리・의무는 다음 각 목의 순서로 행사한다. 다만, 순위가 같은 자녀 또는 직계비속이 2명 이상이면 최근친(最近親)의 연장자가 우선 순위를 갖는다.(2015.1.28 본문개정)
   가. 배우자
   나. 자녀
   다. 부모
   라. 자녀 외의 직계비속
   마. 부모 외의 직계존속
   바. 형제・자매
   사. 사망하기 전에 치료・보호 또는 관리하고 있었던 행정기관 또는 치료・보호기관의 장으로서 대통령령으로 정하는 사람
   아. 가목부터 사목까지에 해당하지 아니하는 자로서 시신이나 유골을 사실상 관리하는 자
   (2015.1.28 사목~아목개정)

제3조 【국가가 설치・운영하는 장사시설에 관한 적용배제】 국가가 설치・운영하는 장사시설(자연장지는 제외한다)에 대하여는 이 법을 적용하지 아니한다.
(2015.1.28 본조개정)

제4조 【국가와 지방자치단체의 책무】 ① 국가와 지방자치단체는 묘지 증가에 따른 국토 훼손을 방지하기 위하여 화장・봉안 및 자연장의 장려와 위법한 분묘설치의 방지를 위한 시책을 강구・시행하여야 한다.
(2015.12.29 본항개정)
② 지방자치단체는 지역주민의 화장에 대한 수요를 충족할 수 있는 화장시설을 갖추어 매년 관리 실태를 점검하고, 필요한 경우에는 유지・보수를 하여야 한다.
(2023.6.13 본항개정)

제5조 【묘지 등의 수급계획 수립】 ① 보건복지부장관은 묘지・화장시설・봉안시설 및 자연장지의 수급에 관한 종합계획을 5년마다 수립하여야 한다.
② 특별시장・광역시장・특별자치시장・도지사・특별자치도지사(이하 "시・도지사"라 한다)와 시장・군수・구청장(자치구의 구청장을 말한다. 이하 같다)은 제1항의 종합계획에 따라 관할 구역 안의 묘지・화장시설・봉안시설 및 자연장지의 수급(需給)에 관한 지역수급계획을 수립하여야 한다.(2015.1.28 본항개정)
③ 시・도지사 및 시장・군수・구청장은 제2항에 따른 지역수급계획의 전부 또는 일부를 다른 시・도지사 또는 시장・군수・구청장과 공동으로 수립할 수 있다.
(2015.1.28 본항개정)
④ 시장・군수・구청장은 제2항에 따라 수립된 지역수급계획을 특별시장・광역시장・도지사에게, 시・도지사는 이를 보건복지부장관에게 각각 보고하여야 한다.
(2015.1.28 본항개정)
⑤ 보건복지부장관은 제4항에 따라 보고받은 지역수급계획 중 지역 간 장사시설의 수급조정, 장사시설의 공동설치 및 장사시설에 관한 지역 간 갈등조정 등이 필요한 사항에 대하여는 관계 중앙행정기관의 장과의 협의를 거쳐 이를 확정하여야 한다.(2015.1.28 본항개정)
⑥ 제1항 및 제2항에 따른 계획수립의 기간・범위・내용 등 필요한 사항은 대통령령으로 정한다.

제2장 매장・화장・개장 및 자연장의 방법 등

제6조 【매장 및 화장의 시기】 사망 또는 사산한 때부터 24시간이 지난 후가 아니면 매장 또는 화장을 하지 못한다. 다만, 다른 법률에 특별한 규정이 있거나 임신 7개월이 되기 전에 죽은 태아, 그 밖에 대통령령으로 정하는 시신의 경우에는 그러하지 아니하다.(2015.1.28 단서개정)

제7조 【매장 및 화장의 장소】 ① 누구든지 제13조 또는 제14조에 따른 묘지 외의 구역에 매장을 하여서는 아니 된다.
② 누구든지 화장시설 외의 시설 또는 장소에서 화장을 하여서는 아니 된다. 다만, 대통령령으로 정하는 경우로서 보건위생상의 위해가 없는 경우에는 그러하지 아니하다.

제8조 【매장・화장 및 개장의 신고】 ① 매장을 한 자는 매장 후 30일 이내에 매장지를 관할하는 특별자치시장・특별자치도지사・시장・군수・구청장(이하 "시장등"이라 한다)에게 신고하여야 한다.(2015.1.28 본항개정)
② 화장을 하려는 자는 화장시설(제7조제2항 단서의 경우에는 화장을 하는 시설 또는 장소를 말한다)을 관할하는 시장등에게 신고하여야 한다.
③ 개장을 하려는 자는 다음 각 호의 구분에 따라 시신 또는 유골의 현존지(現存地) 또는 개장지를 관할하는 시장등에게 각각 신고하여야 한다.(2015.1.28 본문개정)
1. 매장한 시신 또는 유골을 다른 분묘로 옮기거나 화장하는 경우 : 시신 또는 유골의 현존지와 개장지
2. 매장한 시신 또는 유골을 봉안하거나 자연장하는 경우 : 시신 또는 유골의 현존지
(2015.1.28 1호~2호개정)
3. 봉안한 유골을 다른 분묘로 옮기는 경우 : 개장지
④ 제13조제1항에 따른 공설묘지・공설화장시설・공설봉안시설 또는 공설자연장지를 이용하는 경우에는 해당 공설묘지・공설화장시설・공설봉안시설 또는 공설자연장지를 설치・조성 또는 관리하는 시・도지사 또는 시장・군수・구청장에게 제1항부터 제3항까지의 규정에 따른 신고를 하여야 한다.
⑤ 시장등은 제1항 및 제3항에 따른 신고를 받은 경우 그 내용을 검토하여 이 법에 적합하면 신고를 수리하여야 한다.(2019.4.23 본항신설)
⑥ 시・도지사 또는 시장・군수・구청장은 제1항부터 제4항까지의 규정에 따른 신고를 받은 때에는 신고증명서를 내주어야 한다.
⑦ 제1항부터 제6항까지의 규정에 따른 신고 및 신고증명서의 교부에 관하여 필요한 사항은 보건복지부령으로 정한다.(2019.4.23 본항개정)

제9조 【매장・화장 및 개장의 방법 등】 ① 매장하려는 자가 시신에 대하여 약품처리를 하려면 보건복지부령으로 정하는 기준에 따라 위생적으로 처리하여야 한다. 다만, 질병의 감염・확산 예방, 범죄의 수사 등 보건복지부령으로 정하는 사유에 해당하는 경우에는 시신에 대한 약품처리를 할 수 없다.(2019.4.23 단서신설)
② 매장・화장 및 개장을 하려는 자는 공중위생에 해를 끼치지 아니하도록 하여야 하며, 매장 깊이와 시신이나 유골의 소각 정도 및 종전 분묘의 처리 등 그 구체적인 방법 및 기준에 관하여 필요한 사항은 대통령령으로 정한다.
(2015.1.28 본조개정)

제10조 【자연장의 방법】 ① 자연장을 하는 자는 화장한 유골을 묻기에 적합하도록 분골하여야 한다.

① 자연장을 하는 자는 화장한 유골을 묻거나 뿌리기에 적합하도록 분골하여야 한다.(2024.1.23 본항개정 : 2025.1.24 시행)

② 제1항에 따라 유골을 분골하여 용기에 담아 묻는 경우 그 용기는 생화학적으로 분해가 가능한 것이어야 한다.
③ 제1항 및 제2항에 따른 묻는 방법, 사용하는 용기의 기준 등에 관하여 필요한 사항은 대통령령으로 정한다.

③ 제1항 및 제2항에 따른 묻거나 뿌리는 방법, 사용하는 용기의 기준 등에 관하여 필요한 사항은 대통령령으로 정한다.(2024.1.23 본항개정 : 2025.1.24 시행)

제11조 【묘지의 일제 조사】 보건복지부장관, 시・도지사 또는 시장・군수・구청장은 제5조제1항에 따른 묘지 등 수급계획의 수립 또는 제28조에 따른 무연분묘(無緣墳墓)의 정리 등을 위하여 필요하다고 인정하면 일정한 기간 및 구역을 정하여 분묘에 대한 일제 조사를 할 수 있다.

제12조 【무연고 시신 등의 처리】 ① 시장등은 관할 구역 안에 있는 시신으로서 연고자가 없거나 연고자를 알 수 없는 시신에 대해서는 조례로 정하는 바에 따라 장례의식을 행한 후 일정 기간 매장하거나 화장하여 봉안하여야 한다. 다만, 다른 법률에 특별한 규정이 있는 경우에는 그러하지 아니하다.(2023.3.28 본문개정)
② 제1항에도 불구하고 시장등은 무연고 사망자가 사망하기 전에 장기적・지속적인 친분관계를 맺은 사람 또는 종교활동 및 사회적 연대활동 등을 함께 한 사람, 사망한 사람이 사망하기 전에 본인이 서명한 문서 또는 「민법」의 유언에 관한 규정에 따른 유언의 방식으로 지정한 사람이 희망하는 경우에는 장례의식을 주관하게 할 수 있다.
(2023.3.28 본항신설)
③ 시장등은 제1항 따라 무연고 시신(無緣故 屍身) 등을 처리하기 전에 무연고 사망자가 「국가유공자 등 예우 및 지원에 관한 법률」 제4조에 따른 국가유공자 등 대통령령으로 정하는 자(이하 "국가유공자등"이라 한다)인지 여부를 행정정보시스템을 통해 확인하고, 국가유공자등인 경우 관할 지방보훈청(지방보훈지청을 포함한다)과 함께 국가보훈부장관이 정하는 바에 따라 장사 예우를 받을 수 있도록 하여야 한다.(2024.2.6 본항신설)
④ 시장등은 제1항에 따라 무연고 시신 등을 처리한 때에는 보건복지부령으로 정하는 바에 따라 지체 없이 공고하여야 하며, 공고한 사항을 보건복지부령으로 정하는 기간 동안 보존하여야 한다.(2024.2.6 본항개정)
⑤ 제1항에 따른 매장 또는 봉안의 기간과 그 기간이 끝난 후의 처리 방법 등에 관하여 필요한 사항은 대통령령으로 정한다.
⑥ 제1항에 따라 시장등이 무연고 시신 등을 처리하는 경우 장례의식 등 최소한의 존엄이 보장되도록 국가나 지방자치단체가 장례비용 등을 지원할 수 있다.
(2021.12.21 본항신설)
⑦ 시장등은 제1항 및 제6항에 따른 업무를 장사업무 관련 법인 또는 단체에 위탁할 수 있다.(2024.2.6 본항개정)
(2015.1.28 본조제목개정)

제12조의2 【유류금품의 처분】 시장등은 제12조에 따라 무연고 시신 등을 처리한 때에는 사망자가 유류(遺留)한 금전 또는 유가증권으로 그 비용에 충당하고, 그 부족액은 유류물품의 매각대금으로 충당할 수 있다.
(2019.4.23 본조신설)

제3장 묘지・화장시설・봉안시설・자연장지

제13조 【공설묘지 등의 설치】 ① 시・도지사 및 시장・군수・구청장은 공설묘지・공설화장시설・공설봉안시설 및 공설자연장지를 설치・조성 및 관리하여야 한다.
② 시・도지사 또는 시장・군수・구청장은 제1항에 따른 공설묘지・공설화장시설・공설봉안시설 및 공설자연장지의 전부 또는 일부를 다른 시・도지사 또는 시장・군수・구청장과 공동으로 설치・조성 및 관리할 수 있다.
(2015.1.28 본항개정)
③ 산림청장 또는 다른 중앙행정기관의 장은 국유림 등 국유지에 수목장림이나 그 밖의 자연장지를 조성・관리할 수 있다.
④ 산림청장, 다른 중앙행정기관의 장 또는 지방자치단체의 장이 수목장림이나 그 밖의 자연장지를 조성한 때에는 그 명칭, 위치, 지번, 면적 등 대통령령으로 정하는 사항을 고시하여야 한다.
⑤ 제1항에 따른 공설묘지・공설화장시설・공설봉안시설・공설자연장지 및 제3항에 따른 수목장림 등 자연장지를 설치・조성 또는 관리하는 자는 제24조제2항 및 제4항을 준용하여 가격표의 게시・등록 및 거래명세서의 발급을 하여야 하고, 같은 조 제3항 각 호의 행위를 하여서는 아니 된다.(2017.12.19 본항개정)
⑥ 제5항에 규정된 장사시설을 설치・조성 또는 관리하는 자는 묘지・분묘, 화장, 봉안 또는 자연장에 관한 상황을 보건복지부령으로 정하는 방법・절차 등에 따라 기록・보관하여야 한다.(2015.12.29 본항신설)
⑦ 제1항부터 제3항까지의 규정에 따른 공설묘지・공설화장시설・공설봉안시설의 설치기준과 수목장림 등 자연장지의 조성기준 등에 관하여 필요한 사항은 대통령령으로 정한다.

제14조【사설묘지의 설치 등】 ① 국가, 시·도지사 또는 시장·군수·구청장이 아닌 자는 다음 각 호의 구분에 따른 묘지(이하 "사설묘지"라 한다)를 설치·관리할 수 있다.
1. 개인묘지 : 1기의 분묘 또는 해당 분묘에 매장된 자와 배우자 관계였던 자의 분묘를 같은 구역 안에 설치하는 묘지
2. 가족묘지 : 「민법」에 따라 친족관계였던 자의 분묘를 같은 구역 안에 설치하는 묘지
3. 종중·문중묘지 : 종중이나 문중 구성원의 분묘를 같은 구역 안에 설치하는 묘지
4. 법인묘지 : 법인이 불특정 다수인의 분묘를 같은 구역 안에 설치하는 묘지
② 개인묘지를 설치한 자는 보건복지부령으로 정하는 바에 따라 묘지를 설치한 후 30일 이내에 해당 묘지를 관할하는 시장등에게 신고하여야 한다. 신고한 사항 중 대통령령으로 정하는 사항을 변경한 경우에도 또한 같다.
③ 시장등은 제2항에 따른 신고 또는 변경신고를 받은 경우 그 내용을 검토하여 이 법에 적합하면 신고를 수리하여야 한다.(2019.4.23 본항신설)
④ 가족묘지, 종중·문중묘지 또는 법인묘지를 설치·관리하려는 자는 보건복지부령으로 정하는 바에 따라 해당 묘지를 관할하는 시장등의 허가를 받아야 한다. 허가받은 사항 중 대통령령으로 정하는 사항을 변경하려는 경우에도 또한 같다.
⑤ 시장등은 묘지의 설치·관리를 목적으로 「민법」에 따라 설립된 재단법인에 한정하여 법인묘지의 설치·관리를 허가할 수 있다.
⑥ 시장등이 제4항에 따른 가족묘지 또는 종중·문중묘지의 설치·관리를 허가한 때에는 「산지관리법」 제14조·제15조에 따른 산지전용허가 및 산지전용신고, 같은 법 제15조의2에 따른 산지일시사용허가·신고와 「산림자원의 조성 및 관리에 관한 법률」 제36조제1항·제5항에 따른 입목벌채 등의 허가·신고가 있는 것으로 본다. 다만, 대통령령으로 정하는 면적 이상의 묘지의 경우에는 그러하지 아니하다.(2022.12.27 본문개정)
⑦ 시장등은 가족묘지 또는 종중·문중묘지의 설치·관리를 허가할 때에 그 내용에 제6항에 규정된 산지전용허가·신고, 산지일시사용허가·신고 또는 입목벌채 등의 허가·신고 사항이 포함되어 있는 경우에는 관계 행정기관의 장과 미리 협의하여야 한다.(2019.4.23 본항개정)
⑧ 법인묘지를 설치·관리하는 자는 묘지·분묘에 관한 상황을 보건복지부령으로 정하는 방법·절차 등에 따라 기록·보관하여야 한다.(2015.12.29 본항신설)
⑨ 사설묘지의 설치면적, 분묘의 형태, 설치장소, 그 밖의 설치기준 등에 관하여 필요한 사항은 대통령령으로 정한다.

제15조【사설화장시설 등의 설치】 ① 시·도지사 또는 시장·군수·구청장이 아닌 자가 화장시설(이하 "사설화장시설"이라 한다) 또는 봉안시설(이하 "사설봉안시설"이라 한다)을 설치·관리하려는 경우에는 보건복지부령으로 정하는 바에 따라 그 사설화장시설 또는 사설봉안시설을 관할하는 시장등에게 신고하여야 한다. 신고한 사항 중 대통령령으로 정하는 사항을 변경하려는 경우에도 또한 같다.(2019.4.23 전단개정)
② 시장등은 제1항에 따른 신고 또는 변경신고를 받은 경우 그 내용을 검토하여 이 법에 적합하면 신고를 수리하여야 한다.(2019.4.23 본항신설)
③ 사설봉안시설의 시공자는 제1항에 따른 봉안시설 신고 여부를 확인하여야 한다.
④ 유골 500구 이상을 안치할 수 있는 사설봉안시설을 설치·관리하려는 자는 「민법」에 따라 봉안시설의 설치·관리를 목적으로 하는 재단법인을 설립하여야 한다. 다만, 대통령령으로 정하는 공공법인 또는 종교단체에서 설치·관리하는 경우이거나 「민법」에 따라 친족관계였던 자 또는 종중·문중의 구성원 관계였던 자의 유골만을 안치하는 시설을 설치·관리하는 경우에는 그러하지 아니하다.
⑤ 사설화장시설 또는 사설봉안시설을 설치·관리하는 자는 화장 또는 봉안에 관한 상황을 보건복지부령으로 정하는 바에 따라 기록·보관하여야 한다.(2015.1.28 본항신설)
⑥ 사설화장시설 및 사설봉안시설의 면적, 설치장소, 그 밖의 설치기준 등에 관하여 필요한 사항은 대통령령으로 정한다.

판례 사설묘지 설치허가 신청 대상지가 관련 법령에 명시적으로 설치제한지역으로 규정되어 있지 않더라도 관할 관청이 그 신청지의 현상과 위치 및 주위의 상황 등 제반 사정을 고려하여 사설묘지의 설치를 억제함으로써 환경오염 내지 지역주민들의 보건위생상의 위해 등을 예방하거나 묘지의 증가로 인한 국토의 훼손을 방지하고 국토의 효율적 이용 및 공공복리의 증진을 도모하는 등 중대한 공익상 필요가 있다고 인정할 때에는 그 허가를 거부할 수 있다.
(대판 2008.4.10, 2007두6106)

제16조【자연장지의 조성 등】 ① 국가, 시·도지사 또는 시장·군수·구청장이 아닌 자는 다음 각 호의 구분에 따라 수목장림이나 그 밖의 자연장지(이하 "사설자연장지"라 한다)를 조성할 수 있다.
1. 개인·가족자연장지 : 면적이 100제곱미터 미만인 것으로서 1구의 유골을 자연장하거나 「민법」에 따라 친족관계였던 자의 유골을 같은 구역 안에 자연장할 수 있는 구역
2. 종중·문중자연장지 : 종중이나 문중 구성원의 유골을 같은 구역 안에 자연장할 수 있는 구역
3. 법인등자연장지 : 법인이나 종교단체가 불특정 다수인의 유골을 같은 구역 안에 자연장할 수 있는 구역
② 개인자연장지를 조성한 자는 자연장지의 조성을 마친 후 30일 이내에 보건복지부령으로 정하는 바에 따라 관할 시장등에게 신고하여야 한다. 신고한 사항 중 대통령령으로 정하는 사항을 변경하는 경우에도 또한 같다.
(2015.12.29 전단개정)
③ 가족자연장지 또는 종중·문중자연장지를 조성하려는 자는 보건복지부령으로 정하는 바에 따라 관할 시장등에게 신고하여야 한다. 신고한 사항 중 대통령령으로 정하는 사항을 변경하는 경우에도 또한 같다.
(2015.12.29 전단개정)
④ 시장등은 제2항 및 제3항에 따른 신고 또는 변경신고를 받은 경우 그 내용을 검토하여 이 법에 적합하면 신고를 수리하여야 한다.(2019.4.23 본항신설)
⑤ 법인등자연장지를 조성하려는 자는 대통령령으로 정하는 바에 따라 시장등의 허가를 받아야 한다. 허가받은 사항을 변경하고자 하는 경우에도 또한 같다.
(2012.2.1 본항개정)
⑥ 시장등은 다음 각 호의 어느 하나에 해당하는 자에 한하여 법인등자연장지의 조성을 허가할 수 있다.
1. 자연장지의 조성·관리를 목적으로 「민법」에 따라 설립된 재단법인
2. 대통령령으로 정하는 공공법인 또는 종교단체
⑦ 사설자연장지를 조성·관리하는 자는 자연장에 관한 상황을 보건복지부령으로 정하는 바에 따라 기록·보관하여야 한다.(2015.1.28 본항신설)
⑧ 자연장지에는 사망자 및 연고자의 이름 등을 기록한 표지와 편의시설 외의 시설을 설치하여서는 아니 된다.
⑨ 제1항에 따른 사설자연장지의 종류별 면적, 제8항에 따라 자연장지에 설치하는 표지의 규격, 사설자연장지에 설치가 허용되는 편의시설의 종류 및 설치기준 등에 관하여 필요한 사항은 대통령령으로 정한다.(2019.4.23 본항개정)
⑩ 시장등이 가족수목장림 또는 종중·문중수목장림 조성에 대하여 신고를 수리한 때에는 「산지관리법」 제15조의2에 따른 산지일시사용 신고와 「산림자원의 조성 및 관리에 관한 법률」 제36조에 따른 입목벌채 등의 신고가 있는 것으로 본다. 다만, 대통령령으로 정하는 면적 이상의 수목장림의 경우에는 그러하지 아니하다.
(2015.12.29 본항신설)
⑪ 제10항에 따라 산지일시사용 신고와 입목벌채 등의 신고가 있는 것으로 보는 경우에는 제14조제7항을 준용한다.(2019.4.23 본항개정)

제17조【묘지 등의 설치 제한】 다음 각 호의 어느 하나에 해당하는 지역에는 묘지·화장시설·봉안시설 또는 자연장지를 설치·조성할 수 없다.
1. 「국토의 계획 및 이용에 관한 법률」 제36조제1항제1호라목에 따른 녹지지역 중 대통령령으로 정하는 지역

> 1. 「국토의 계획 및 이용에 관한 법률」 제36조제1항제1호라목에 따른 녹지지역 및 같은 법 제40조에 따른 수산자원보호구역 중 대통령령으로 정하는 지역·구역
> (2024.1.23 본호개정 : 2025.1.24 시행)

2. 「수도법」 제7조제1항에 따른 상수원보호구역. 다만, 기존의 사원 경내에 설치하는 봉안시설 또는 대통령령으로 정하는 지역주민이 설치하거나 조성하는 일정규모 미만의 개인, 가족 및 종중·문중의 봉안시설 또는 자연장지인 경우에는 그러하지 아니하다.
3. 「문화유산의 보존 및 활용에 관한 법률」 제27조·제70조제3항 및 「자연유산의 보존 및 활용에 관한 법률」 제13조·제41조제1항에 따른 보호구역. 다만, 대통령령으로 정하는 규모 미만의 자연장지로서 문화재청장의 허가를 받은 경우에는 그러하지 아니하다.(2023.8.8 본문개정)

> 4. 「해양환경관리법」 제15조제1항에 따른 환경관리해역(2024.1.23 본호신설 : 2025.1.24 시행)

5. 그 밖에 대통령령으로 정하는 지역

제18조【분묘 등의 점유면적 등】 ① 공설묘지, 가족묘지, 종중·문중묘지 또는 법인묘지 안의 분묘 1기 및 그 분묘의 상석(床石)·비석 등 시설물을 설치하는 구역의 면적은 10제곱미터(합장하는 경우에는 15제곱미터)를 초과하여서는 아니 된다.
② 개인묘지는 30제곱미터를 초과하여서는 아니 된다.
③ 봉안시설 중 봉안묘의 높이는 70센티미터, 봉안묘의 1기당 면적은 2제곱미터를 초과하여서는 아니 된다.
④ 분묘, 봉안묘 또는 봉안탑 1기당 설치할 수 있는 상석·비석 등 시설물의 종류 및 크기 등에 관한 사항은 대통령령으로 정한다.

제19조【분묘의 설치기간】 ① 제13조에 따른 공설묘지 및 제14조에 따른 사설묘지에 설치된 분묘의 설치기간은 30년으로 한다.(2015.12.29 본항개정)
② 제1항에 따른 설치기간이 지난 분묘의 연고자가 시·도지사, 시장·군수·구청장 또는 제14조제4항에 따라 법인묘지의 설치·관리를 허가받은 자에게 그 설치기간의 연장을 신청하는 경우에는 1회에 한하여 그 설치기간을 30년으로 하여 연장하여야 한다.(2019.4.23 본항개정)
③ 제1항 및 제2항에 따른 설치기간을 계산할 때 합장 분묘인 경우에는 합장된 날을 기준으로 계산한다.
④ 제2항에도 불구하고 시·도지사 또는 시장·군수·구청장은 관할 구역 안의 묘지 수급을 위하여 필요하다고 인정되면 조례로 정하는 바에 따라 5년 이상 30년 미만의 기간 안에서 제2항에 따른 분묘 설치기간의 연장 기간을 단축할 수 있다.(2015.12.29 본항개정)
⑤ 제2항에 따른 분묘 설치기간의 연장 신청에 관하여 필요한 사항은 보건복지부령으로 정한다.

제20조【설치기간이 종료된 분묘의 처리】 ① 제19조에 따른 설치기간이 끝난 분묘의 연고자는 설치기간이 끝난 날부터 1년 이내에 해당 분묘에 설치된 시설물을 철거하고 매장된 유골을 화장하거나 봉안하여야 한다.
② 공설묘지 또는 사설묘지의 설치자는 연고자가 제1항에 따른 철거 및 화장·봉안을 하지 아니한 때에는 해당 분묘에 설치된 시설물을 철거하고 매장된 유골을 화장하여 일정 기간 봉안할 수 있다.
③ 공설묘지 또는 사설묘지의 설치자는 제2항에 따른 조치를 하려면 미리 기간을 정하여 해당 분묘의 연고자에게 알려야 한다. 다만, 연고자를 알 수 없으면 그 뜻을 공고하여야 한다.
④ 제3항에 따른 통보 및 공고의 기간·방법·절차 등에 관하여 필요한 사항은 보건복지부령으로 정한다.
⑤ 제2항에 따른 봉안에 관하여는 제12조제5항을 준용한다.(2024.2.6 본항개정)

제21조【묘지의 사전 매매 등의 금지】 제13조에 따라 공설묘지를 설치·관리하는 시·도지사와 시장·군수·구청장 또는 제14조에 따라 사설묘지를 설치·관리하는 자는 매장될 자가 사망하기 전에는 묘지의 매매·양도·임대·사용계약 등을 할 수 없다. 다만, 70세 이상인 자가 사용하기 위하여 매매 등을 요청하는 경우 등 대통령령으로 정하는 경우에는 그러하지 아니하다.

제22조【묘적부의 기록·관리】 ① 시장등은 보건복지부령으로 정하는 바에 따라 관할 구역 안의 묘지 현황에 대한 묘적부(墓籍簿)를 작성·관리하여야 한다.
② 제1항에 따른 묘적부는 전자적 처리가 불가능한 특별한 사유가 있는 경우를 제외하고는 전자적 방법에 의하여 작성·관리하여야 한다.

제23조【공설묘지 등의 사용료·관리비의 부과】 ① 지방자치단체의 장이 공설묘지·공설화장시설·공설봉안시설 또는 공설자연장지를 사용하는 자에게 부과하는 사용료 또는 관리비의 금액과 부과방법, 사용료 또는 관리비의 용도, 그 밖에 필요한 사항은 당해 지방자치단체의 조례로 정한다. 이 경우 사용료 및 관리비의 금액은 토지가격, 시설물 설치·조성비용, 지역주민 복지증진 등을 고려하여 정하여야 한다.
② 제1항에 따라 사용료 또는 관리비를 부과함에 있어서는 당해 지역의 주민과 다른 지역의 주민을 구분하여 달리 부과할 수 있다.
③ 산림청장이나 그 밖의 중앙행정기관의 장은 국유림이나 그 밖의 국유지에 자연장지를 조성·관리하는 경우에는 사용자에게 부과하는 사용료 또는 관리비의 부과금액과 부과방법, 사용료 또는 관리비의 용도, 그 밖에 필요한 사항을 미리 정하여 고시하여야 한다.

제23조의2【공설화장시설의 사용료에 대한 특례】 지방자치단체의 장은 다음 각 호의 어느 하나에 해당하는 사람이 사망하여 공설화장시설을 사용하는 경우에는 사용자에게 부과하는 사용료를 전액 면제한다.
1. 「국민기초생활 보장법」 제7조제1항제1호에 따른 생계급여 수급자 또는 같은 항 제3호에 따른 의료급여 수급자(2015.12.29 본호개정)
2. 「국가보훈 기본법」에 따른 희생·공헌자
(2012.2.1 본조신설)

제24조【법인묘지 등의 사용료·관리비의 신고 등】 ① 법인묘지·사설화장시설·사설봉안시설 또는 사설자연장지를 설치·조성 또는 관리하는 자는 그 법인묘지·사설화장시설·사설봉안시설 또는 사설자연장지의 사용료 및 관리비를 정하면 보건복지부령으로 정하는 바에 따라 관할 시장등에게 신고하여야 한다. 신고한 사항을 변경한 때에도 또한 같다.
② 법인묘지·사설화장시설·사설봉안시설 또는 사설자연장지를 설치·조성 또는 관리하는 자는 다음 각 호의 사항을 모두 표시한 가격표를 이용자가 보기 쉬운 곳에 게시하여야 하고, 제33조의2제1항에 따른 장사정보시스템에 등록하여야 한다.(2015.12.29 본문개정)
1. 제1항에 따라 신고한 사용료 및 관리비에 관한 사항
2. 상석·비석 등 시설물 및 장례용품의 품목별 가격에 관한 사항
3. 제1호에 따른 사용료 및 관리비의 반환 기준·방법 등 반환에 필요한 사항
(2015.1.28 1호~3호신설)
③ 법인묘지·사설화장시설·사설봉안시설 또는 사설자연장지를 설치·조성 또는 관리하는 자는 다음 각 호의 어느 하나에 해당하는 행위를 하여서는 아니 된다.
(2015.1.28 본문개정)
1. 제2항제1호 및 제2호에 따라 게시한 사용료·관리비와 시설물·장례용품의 가격 외의 금품을 받는 것
2. 시설물 또는 장례용품의 구매 또는 사용을 강요하는 것
(2015.1.28 1호~2호신설)
④ 법인묘지·사설화장시설·사설봉안시설 또는 사설자연장지를 설치·조성 또는 관리하는 자는 해당 시설을

이용하는 자에게 시설의 사용료·관리비, 시설물 및 장례용품에 대한 거래명세서를 발급하여야 한다.(2017.12.19 본항신설)
⑤ 제1항, 제2항 및 제4항에 따른 사용료 및 관리비의 범위와 가격표의 게시방법, 거래명세서 발급의 세부기준 등에 필요한 사항은 보건복지부령으로 정한다.(2017.12.19 본항개정)
(2017.12.19 본조제목개정)

제25조【사설묘지 등에 대한 관리금의 적립】 ① 사설묘지·사설봉안시설 또는 사설자연장지 중 대통령령으로 정하는 시설을 설치·조성 및 관리하는 자는 그 묘지·봉안시설·자연장지의 재해에 대비하여 시설물의 유지·관리 및 개·보수에 필요한 관리금을 시설물별로 적립하여야 한다.
② 제1항에 따라 적립된 관리금은 해당 장사시설의 보존·관리·재해예방 및 개수·보수를 위한 용도로만 사용하여야 한다.(2015.1.28 본항신설)
③ 제1항에 따른 관리금의 적립금액, 관리금의 적립시기·절차 및 방법 등에 관하여 필요한 사항은 보건복지부령으로 정한다. 이 경우 관리금의 적립금액은 시설물별 설치·조성비용, 재해의 위험율 및 연간 관리비 징수액 등을 고려하여 정하여야 한다.(2015.1.28 전단개정)

제26조【장사시설의 폐지 등】 ① 다음 각 호의 어느 하나에 해당하는 장사시설을 폐지하려는 자는 보건복지부령으로 정하는 바에 따라 관할 시장등에게 신고하여야 한다.
1. 제14조제4항에 따라 허가받은 사설묘지(2019.4.23 본호개정)
2. 제15조제1항에 따라 신고한 사설화장시설 또는 사설봉안시설
3. 제16조제3항 또는 제5항에 따라 신고하거나 허가받은 사설자연장지(2019.4.23 본호개정)
② 시장등은 제1항에 따른 신고를 받은 경우 그 내용을 검토하여 이 법에 적합하면 신고를 수리하여야 한다.(2019.4.23 본항신설)
③ 제1항에 따라 장사시설을 폐지하려는 자는 3개월 이상의 기간을 정하여 다음 각 호의 어느 하나에 해당하는 사람에게 해당 장사시설이 폐지된다는 사실을 알려야 한다. 다만, 그 해당하는 사람을 알 수 없는 경우에는 그 사실을 공고하여야 한다.
1. 매장된 시신·유골의 연고자
2. 안치된 유골의 연고자
3. 자연장된 유골 골분의 연고자
4. 해당 장사시설의 사용 계약을 한 사람
④ 제1항에 따라 장사시설을 폐지하려는 자는 보건복지부령으로 정하는 바에 따라 시신이나 유골 등의 사후처리, 사용료·관리비 정산 등의 조치를 하여야 한다.
⑤ 제3항에 따른 통지 및 공고의 방법·절차 등에 필요한 사항은 보건복지부령으로 정한다.(2019.4.23 본항개정)
(2015.1.28 본조개정)

제4장 무연분묘의 처리 등

제27조【타인의 토지 등에 설치된 분묘 등의 처리 등】
① 토지 소유자(점유자나 그 밖의 관리인을 포함한다. 이하 이 조에서 같다), 묘지 설치자 또는 연고자는 다음 각 호의 어느 하나에 해당하는 분묘에 대하여 보건복지부령으로 정하는 바에 따라 그 분묘를 관할하는 시장등의 허가를 받아 분묘에 매장된 시신 또는 유골을 개장할 수 있다.(2015.1.28 본문개정)
1. 토지 소유자의 승낙 없이 해당 토지에 설치한 분묘
2. 묘지 설치자 또는 연고자의 승낙 없이 해당 묘지에 설치한 분묘
② 토지 소유자, 묘지 설치자 또는 연고자는 제1항에 따른 개장을 하려면 미리 3개월 이상의 기간을 정하여 그 뜻을 해당 분묘의 설치자 또는 연고자에게 알려야 한다. 다만, 해당 분묘의 연고자를 알 수 없으면 그 뜻을 공고하여야 하며, 공고기간 종료 후에도 분묘의 연고자를 알 수 없는 경우에는 화장한 후에 유골을 일정 기간 봉안하였다가 처리하여야 하고, 이 사실을 관할 시장등에게 신고하여야 한다.(2015.1.28 단서개정)
③ 제1항 각 호의 어느 하나에 해당하는 분묘의 연고자는 해당 토지 소유자, 묘지 설치자 또는 연고자에게 토지 사용권이나 그 밖에 분묘의 보존을 위한 권리를 주장할 수 없다.
④ 토지 소유자 또는 자연장지 조성자의 승낙 없이 다른 사람 소유의 토지 또는 자연장지에 자연장을 한 자 또는 그 연고자는 당해 토지 소유자 또는 자연장지 조성자에 대하여 토지사용권이나 그 밖에 자연장의 보존을 위한 권리를 주장할 수 없다.
⑤ 제2항에 따른 봉안기간과 처리방법에 관한 사항은 대통령령으로 정하고, 통지·공고 및 신고에 관한 사항은 보건복지부령으로 정한다.(2015.1.28 본항개정)

제28조【무연분묘의 처리】 ① 시·도지사 또는 시장·군수·구청장은 제11조에 따른 일제 조사 결과 연고자가 없는 분묘(이하 "무연분묘"라 한다)에 매장된 시신 또는 유골을 화장하여 일정 기간 봉안할 수 있다.(2015.1.28 본항개정)
② 시·도지사 또는 시장·군수·구청장은 제1항에 따른 조치를 하려면 보건복지부령으로 정하는 바에 따라 그 뜻을 미리 공고하여야 한다.
③ 시·도지사 또는 시장·군수·구청장은 제1항에 따라 봉안한 유골의 연고자가 확인을 요구하면 그 요구에 따라야 한다.
④ 제1항에 따른 봉안에 관하여는 제12조제5항을 준용한다.(2024.2.6 본항개정)

제5장 장례식장영업

제28조의2【공설장례식장의 설치·운영】 ① 시·도지사 또는 시장·군수·구청장은 장례의식을 하는 장소(이하 "장례식장"이라 한다)를 설치·운영할 수 있다. 이 경우 이용 대상과 시설·설비 및 안전기준에 관한 사항은 대통령령으로 정한다.
② 제1항에 따른 장례식장에서의 시신의 위생적 관리, 가격표의 게시·등록, 게시한 가격 외의 금품징수 및 구매·사용강요 금지, 교육, 계약체결 전 계약내용 설명, 거래명세서의 발급에 관하여는 제29조제3항부터 제5항까지 및 제7항부터 제9항까지의 규정을 준용한다.(2021.7.27 본항개정)
(2015.12.29 본조신설)

제29조【장례식장영업의 신고 등】 ① 시·도지사 또는 시장·군수·구청장이 아닌 자가 장례식장을 설치·운영하려는 경우에는 대통령령으로 정하는 시설·설비 및 안전기준을 갖추어 보건복지부령으로 정하는 바에 따라 장례식장 소재지를 관할하는 시장등에게 신고하여야 한다. 신고한 사항을 변경하려는 경우에도 같다.(2015.12.29 전단개정)
② 시장등은 제1항에 따른 신고 또는 변경신고를 받은 경우 그 내용을 검토하여 이 법에 적합하면 신고를 수리하여야 한다.(2019.4.23 본항신설)
③ 제1항에 따라 신고하고 장례식장을 운영하는 자(이하 "장례식장영업자"라 한다)는 장례식장에서 시신을 보관·안치·염습·운구 등을 할 때에는 보건복지부령으로 정하는 바에 따라 시신을 위생적으로 관리하여야 한다.
④ 장례식장영업자는 장례식장 임대료와 장례에 관련된 수수료 및 장례용품의 품목별 가격을 표시한 가격표를 이용자가 보기 쉬운 곳에 게시하여야 하고, 제33조의2제1항에 따른 장사정보시스템에 등록하여야 한다. 이 경우 임대료는 오전 12시부터 다음 날 오전 12시까지를 1일로 계산하고, 염습실은 1회 사용요금을 기준으로 한다.
⑤ 장례식장영업자는 다음 각 호의 어느 하나에 해당하는 행위를 하여서는 아니 된다.
1. 제4항에 따라 게시한 장례식장 임대료·수수료 및 장례용품의 품목별 가격 외의 금품을 받는 것(2019.4.23 본호개정)
2. 장례용품의 구매 또는 사용을 강요하는 것
⑥ 장례식장영업자는 장례식장영업을 폐업한 경우에는 폐업한 날부터 20일 이내에 보건복지부령으로 정하는 바에 따라 관할 시장등에게 신고하여야 한다.(2015.1.28 본항신설)
⑦ 다음 각 호에 해당하는 자는 보건복지부령으로 정하는 바에 따라 장례 관련 법규, 보건위생, 장례서비스 준수사항 등에 관한 교육을 받아야 한다.
1. 장례식장영업자와 그 종사자
2. 제1항에 따라 신고하려는 자
(2015.1.28 본항신설)
⑧ 장례식장영업자는 장례식장 이용에 관한 계약을 체결하기 전에 이용자가 계약의 내용을 이해할 수 있도록 다음 각 호의 사항을 설명하여야 한다.
1. 장례식장영업자의 성명(법인의 경우에는 대표자의 성명을 말한다)
2. 장례의식의 내용
3. 장례식장 이용기간 및 이용시설
4. 이용료 및 그 지급방법과 시기
5. 장례식장 이용에 관한 약관
6. 그 밖에 이용자와 장례식장영업자 사이의 분쟁 처리에 관한 사항으로서 보건복지부령으로 정하는 사항
(2021.7.27 본항신설)
⑨ 장례식장영업자는 장례식장 이용자에게 장례식장 임대료와 장례에 관련된 수수료 및 장례용품에 대한 거래명세서를 발급하여야 한다.(2017.12.19 본항신설)
⑩ 제4항 및 제9항에 따라 게시하거나 등록하는 사항 및 거래명세서 발급에 관한 세부기준 등은 보건복지부령으로 정한다.(2021.7.27 본항개정)
(2015.1.28 본조개정)

제29조의2【장례지도사】 ① 시·도지사는 시신의 위생적 관리와 장사업무에 관한 전문지식과 기술을 가진 사람에게 장례지도사 자격을 부여할 수 있다.(2015.1.28 본항개정)
② 장례지도사가 되려는 사람은 제29조의3에 따른 장례지도사 교육기관에서 교육과정을 마쳐야 한다.
③ 시·도지사는 제2항에 따라 장례지도사 교육과정을 마친 사람에게 장례지도사의 자격을 무시험검정하고 자격증을 교부하여야 한다.
④ 장례지도사의 자격검정 기준, 교육과정 및 자격증 교부 등에 관하여 필요한 사항은 보건복지부령으로 정한다.
⑤ 시·도지사는 제3항에 따라 장례지도사 자격증을 교부 및 재교부받고자 하는 사람에게 보건복지부령으로 정하는 바에 따라 수수료를 납부하게 할 수 있다.
⑥ 제3항에 따라 자격증을 교부받은 사람은 다른 사람에게 그 자격증을 빌려주어서는 아니 되고, 누구든지 그 자격증을 빌려서는 아니 된다.(2020.4.7 본항신설)
⑦ 누구든지 제6항에 따라 금지된 행위를 알선하여서는 아니 된다.(2020.4.7 본항신설)
(2011.8.4 본조신설)

제29조의3【장례지도사 교육기관의 설치】 ① 장례지도사를 교육하는 기관을 설치하려는 자는 보건복지부령으로 정하는 기준을 갖추고 시·도지사에게 신고하여야 한다.
② 시·도지사는 제1항에 따른 신고를 받은 경우 그 내용을 검토하여 이 법에 적합하면 신고를 수리하여야 한다.(2019.4.23 본항신설)
③ 장례지도사 교육기관의 신고절차 등에 관하여 필요한 사항은 보건복지부령으로 정한다.
(2011.8.4 본조신설)

제29조의4【장례지도사의 결격사유】 다음 각 호의 어느 하나에 해당하는 사람은 장례지도사가 될 수 없다.
1. 피성년후견인(2015.1.28 본호개정)
2. 「정신건강증진 및 정신질환자 복지서비스 지원에 관한 법률」 제3조제1호에 따른 정신질환자. 다만, 전문의가 장례지도업무에 종사하는 것이 적합하다고 인정하는 사람의 경우에는 그러하지 아니하다.(2017.12.19 본호개정)
3. 마약·대마 또는 향정신성의약품 중독자
4. 이 법, 「형법」 제158조부터 제162조까지의 규정 또는 「시체 해부 및 보존 등에 관한 법률」을 위반하여 금고 이상의 실형을 선고받고 그 집행이 종료(집행이 종료된 것으로 보는 경우를 포함한다)되지 아니하거나 집행이 면제되지 아니한 사람(2020.4.7 본호개정)
5. 장례지도사의 자격이 취소(제1호에 해당하여 자격이 취소된 경우는 제외한다)된 날부터 1년이 경과되지 아니한 자(2019.4.23 본호신설)
(2011.8.4 본조신설)

제29조의5【장례지도사의 자격취소 등】 ① 시·도지사는 장례지도사가 다음 각 호의 어느 하나에 해당하는 경우에는 그 자격을 취소하거나 6개월의 범위에서 자격의 정지를 명할 수 있다. 다만, 제1호 및 제2호에 해당하는 경우에는 그 자격을 취소하여야 한다.
1. 거짓이나 그 밖에 부정한 방법으로 자격증을 교부받은 경우
2. 제29조의4 각 호의 어느 하나에 해당하게 된 경우
3. 장례지도사 자격증을 대여한 경우
4. (2019.4.23 삭제)
② 제1항에 따른 자격의 취소 및 정지 처분에 대한 기준은 보건복지부령으로 정한다.
(2011.8.4 본조신설)

제29조의6【청문】 시·도지사는 제29조의5제1항에 따라 자격의 취소 또는 정지를 명하려면 청문을 하여야 한다.
(2011.8.4 본조신설)

제6장 장사시설 정비·제한명령 및 시정명령 등

제30조【장사시설 등의 정비 및 제한명령】 시·도지사 또는 시장·군수·구청장은 다음 각 호의 어느 하나에 해당하는 장사시설의 설치·조성자 또는 관리자에 대하여 그 시설의 안전관리를 위한 정비·개선명령을 하거나 그 전부 또는 일부의 사용을 제한할 수 있다.
1. 감염병의 전파 등으로 인하여 보건위생상 위해를 주거나 줄 우려가 있는 때(2009.12.29 본호개정)
2. 풍수해 등의 재해로 토사유출, 지반붕괴 등의 위험이 발생하여 인근지역에 피해를 주거나 줄 우려가 있는 때

제31조【사설묘지 설치자 등에 대한 처분】 시장등은 사설묘지·사설화장시설·사설봉안시설 및 사설자연장지의 연고자 또는 설치·조성자가 다음 각 호의 어느 하나에 해당하면 보건복지부령으로 정하는 바에 따라 그 연고자 또는 설치·조성자에게 묘지·화장시설·봉안시설 또는 자연장지의 이전·개수, 허가취소, 시설의 폐쇄, 시설의 전부·일부의 사용 금지 또는 6개월의 범위 내에서 업무의 정지를 명할 수 있다.
1. 제14조제4항 또는 제9항, 제17조 또는 제18조를 위반하여 사설묘지를 설치한 경우(2019.4.23 본호개정)
2. 제15조 또는 제17조를 위반하여 사설화장시설 또는 사설봉안시설을 설치한 경우
3. 제16조 또는 제17조를 위반하여 자연장지를 조성한 경우
4. 제24조제1항에 따른 신고 또는 변경신고를 하지 아니한 경우
4의2. 제24조제2항에 따른 게시·등록을 하지 아니하거나 거짓으로 게시·등록을 한 경우(2015.12.29 본호개정)
4의3. 제24조제3항제1호를 위반하여 금품을 받거나 같은 항 제2호를 위반하여 구매 또는 사용을 강요한 경우(2015.1.28 본호신설)
4의4. 제24조제4항을 위반하여 거래명세서를 발급하지 아니한 경우(2017.12.19 본호신설)
5. 제25조제1항에 따른 관리금을 적립하지 아니하거나 같은 조 제2항을 위반하여 용도대로 사용하지 아니한 경우
(2015.1.28 본조개정)

제32조【장례식장영업자에 대한 시정명령 등】 ① 시장등은 장례식장영업자가 다음 각 호의 어느 하나에 해당

하면 보건복지부령으로 정하는 바에 따라 일정한 기간을 정하여 그 시정을 명할 수 있다.
1. 제29조제1항에 따른 신고와 달리 시설·설비 또는 안전기준을 위반하여 장례식장을 설치·운영한 경우(2015.1.28 본호신설)
1의2. 제29조제3항에 따른 시신의 위생적 관리 의무를 위반한 경우(2019.4.23 본호개정)
2. 제29조제4항에 따른 게시·등록을 하지 아니하거나 거짓으로 게시·등록을 한 경우(2019.4.23 본호개정)
3. 제29조제5항제1호를 위반하여 금품을 받거나 같은 항 제2호를 위반하여 구매 또는 사용을 강요한 경우
4. 제29조제7항에 따른 교육을 받지 아니한 경우(2019.4.23 3호~4호개정)
4의2. 제29조제8항을 위반하여 계약체결 전에 계약내용 설명을 하지 아니한 경우(2021.7.27 본호신설)
5. 제29조제9항을 위반하여 거래명세서를 발급하지 아니한 경우(2021.7.27 본호개정)
② 시장등은 장례식장영업자가 제1항에 따른 시정명령을 받고 그 기간 안에 이행하지 아니하면 보건복지부령으로 정하는 바에 따라 6개월의 범위 내에서 기간을 정하여 그 영업의 정지를 명할 수 있다.
③ 시장등은 장례식장영업자가 다음 각 호의 어느 하나에 해당하는 경우에는 해당 장례식장의 폐쇄를 명할 수 있다.(2015.1.28 본문개정)
1. 제2항에 따른 영업정지처분 기간 중에 영업을 한 경우
2. 제29조제1항에 따른 신고를 하지 아니하고 장례식장을 운영한 경우
(2015.1.28 1호~2호신설)
제33조【청문】 시장등은 제31조 또는 제32조에 따른 허가의 취소, 시설의 폐쇄명령 또는 장례식장의 폐쇄명령을 하려면 청문을 하여야 한다.
제33조의2【장사정보시스템의 구축·운영 등】 ① 보건복지부장관은 장사 등에 관한 정책·정보의 제공과 장사시설의 예약·이용·관리업무 등을 전자적으로 처리할 수 있는 정보시스템(이하 "장사정보시스템"이라 한다)을 구축·운영할 수 있다.
② 장사정보시스템의 기능에는 다음 각 호의 사항이 포함되어야 한다.
1. 전국의 화장시설 예약 단일화 시스템
2. 장사시설 현황 및 가격 정보 제공
3. 장례 및 장사절차 등에 관한 정보 제공
4. 각종 연금·복지 급여의 지급기관 등에 제공하기 위한 사망정보 관리
5. 그 밖에 보건복지부장관이 필요하다고 인정하는 사항
③ 보건복지부장관은 장사정보시스템을 제33조의4에 따른 장사지원센터에서 운영하도록 할 수 있다.
④ 장사정보시스템의 구축·운영 등에 필요한 사항은 보건복지부령으로 정한다.
⑤ 장사정보시스템은 「사회복지사업법」 제6조의2제2항에 따른 정보시스템과 연계하여 활용할 수 있다.
(2015.1.28 본조신설)
제33조의3【사망자정보의 수집과 제공】 ① 장사시설 중 대통령령으로 정하는 장사시설을 설치·운영하는 자가 장례의식·매장·화장·봉안 등을 행하는 경우에는 사망자 성명, 성별 등 대통령령으로 정하는 사망자정보를 장사정보시스템에 등록하여야 한다.(2015.12.29 본항개정)
② 보건복지부장관은 제1항에 따라 수집된 정보를 각종 연금·복지 급여의 관리 등 대통령령으로 정하는 바에 따라 중앙행정기관, 지방자치단체 또는 공공단체 등에 제공할 수 있다.
③ 제1항에 따라 사망자정보를 등록할 때에는 보건복지부령으로 정하는 바에 따라 유족 등의 동의를 받아야 한다.
(2015.1.28 본조신설)
제33조의4【장사지원센터의 설치 등】 ① 보건복지부장관은 장사 등에 관한 다음 각 호의 업무를 수행하는 지원센터(이하 "장사지원센터"라 한다)를 설치·운영할 수 있다.
1. 장사정보시스템의 운영
2. 국내외 재해·재난 등의 발생 시 사망자 장례지원
3. 무연고 사망자 장례지원(2021.12.21 본호신설)
4. 장사정책·장례문화의 연구 및 콘텐츠 개발
5. 장사시설 종사인력에 대한 교육
6. 친자연적 장례문화의 교육 및 홍보
7. 장사 등 관련 상담서비스
8. 그 밖에 보건복지부장관이 정하는 장사 등에 관한 업무
② 보건복지부장관은 장사정보시스템의 운영 등 장사업무 등의 원활한 수행을 위하여 관계 중앙행정기관, 지방자치단체, 관련 기관·법인·단체의 장에게 장사 등에 필요한 자료 또는 정보의 제공을 요청할 수 있다. 이 경우 관계 중앙행정기관의 장 등은 정당한 사유가 없으면 그 요청에 따라야 한다.
③ 보건복지부장관은 장사지원센터의 설치·운영을 그 업무에 필요한 전문인력과 시설을 갖춘 법인 또는 단체에 위탁할 수 있다. 이 경우 제2항에 따른 자료 또는 정보의 제공 요청은 보건복지부령으로 정하는 바에 따라 위탁받은 법인 또는 단체의 장이 할 수 있다.
④ 보건복지부장관은 제3항에 따라 위탁받은 법인 또는 단체에 대하여 그 소요되는 비용의 전부 또는 일부를 지원할 수 있다.
⑤ 장사지원센터의 설치·운영과 제3항에 따른 위탁 등에 필요한 사항은 보건복지부령으로 정한다.
(2015.1.28 본조신설)
제34조【역사적 보존가치가 있는 묘지 등에 관한 특례】 ① (2019.4.23 삭제)
② 보건복지부장관 또는 시·도지사는 다음 각 호의 어느 하나에 해당하는 묘지 또는 분묘에 대하여 관계 기관의 의견 조회와 관계 전문가의 자문을(이하 "보존묘지심사위원회"라 한다)의 심의를 거쳐 보존묘지 또는 보존분묘로 지정할 수 있다.(2019.4.23 본문개정)
1. 역사적·문화적으로 보존가치가 있는 묘지 또는 분묘
2. 애국정신을 기르는 데에 이바지하는 묘지 또는 분묘
3. 국가장·사회장 등을 하여 국민의 추모 대상이 되는 사람의 묘지 또는 분묘(2011.5.30 본호개정)
4. 시·도의 조례로 정하는 묘지 또는 분묘(2019.4.23 본호신설)
③ 제2항에 따라 지정된 묘지 또는 분묘에는 제18조 및 제19조를 적용하지 아니한다.(2015.1.28 본항개정)
④ 제2항에 따라 지정된 묘지 또는 분묘를 이전하거나 개장한 경우 그 지정 취지가 남아있는 한 지정의 효력이 상실되지 아니한다.(2015.1.28 본항개정)
⑤ 보건복지부장관 또는 시·도지사는 제2항에 따라 지정한 보존묘지 또는 보존분묘가 지정기준에 맞지 아니하거나 지정 사유가 소멸한 경우에는 관계 기관의 의견 조회와 관계 전문가의 자문을 거쳐 지정을 해제하거나 그 범위를 조정하여야 한다.(2019.4.23 본항개정)
⑥ 제2항부터 제5항까지에서 규정한 사항 외에 보존묘지 또는 보존분묘의 지정기준·지정절차·지정해제·관리 등에 필요한 사항은 대통령령으로 정한다.(2019.4.23 본항개정)
제35조【과징금 처분】 ① 시장등은 제31조 또는 제32조에 따라 법인묘지·사설화장시설·사설봉안시설 또는 사설자연장지의 설치·조성자와 장례식장영업자에 대한 처분을 하려는 경우로서 그 처분이 이용자에게 큰 불편을 주거나 그 밖에 현저하게 공익을 해칠 우려가 있으면 그 처분을 갈음하여 2억원 이하의 과징금을 부과할 수 있다. 다만, 제24조제3항제2호 또는 제29조제5항제2호를 위반한 행위로 인하여 「독점규제 및 공정거래에 관한 법률」 제50조에 따라 과징금을 부과받은 경우(조사 중이거나 과징금 부과예정인 경우를 포함한다)에는 이 법에 따른 과징금(과징금으로 갈음할 수 있는 업무정지 또는 영업정지 처분을 포함한다)을 부과할 수 없다.
(2020.12.29 단서개정)
② 시장등은 제24조제3항제2호 또는 제29조제5항제2호를 위반한 행위에 대하여 과징금을 부과하려는 경우에는 그 대상자, 위반행위의 내용 및 부과 예정일을 미리 공정거래위원회에 알리고 그 의견을 들어야 한다.
(2019.4.23 본항개정)
③ 제1항에 따른 과징금을 부과하는 위반행위의 종류·정도에 따른 과징금의 금액과 그 밖에 필요한 사항은 대통령령으로 정한다.
④ 시장등은 제1항에 따른 과징금을 내야 하는 자가 납부기한까지 내지 아니하면 「지방행정제재·부과금의 징수 등에 관한 법률」에 따라 징수한다.(2020.3.24 본항개정)
⑤ 시장등은 제1항에 따른 과징금의 부과를 위하여 필요한 경우에는 다음 각 호의 사항을 적은 문서로 관할 세무관서의 장에게 「국세기본법」 제81조의13에 따른 과세정보의 제공을 요청할 수 있다.
1. 납세자의 인적 사항
2. 과세정보의 사용 목적
3. 과징금의 부과 기준이 되는 매출액
(2020.4.7 본항신설)
제36조【비용의 보조】 ① 국가는 공설묘지·공설화장시설·공설봉안시설 또는 공설자연장지의 설치·조성 및 관리에 드는 비용을 보조할 수 있다.
② 국가 또는 지방자치단체는 화장·봉안 및 자연장의 확산, 묘지 면적의 축소, 그 밖에 장례문화 개선을 위한 조사·연구 등을 하는 자에게 예산의 범위 안에서 그 경비를 보조할 수 있다.
제37조【검사 및 보고】 ① 시장등은 장사시설의 안전관리·보건위생·운영실태를 점검하거나 이 법에서 정하고 있는 사항의 이행 또는 위반 여부의 확인을 위하여 필요하다고 인정하면 관계 공무원에게 법인묘지·사설화장시설·사설봉안시설·사설자연장지 또는 장례식장에 출입하여 서류나 그 밖의 물건을 검사하게 하거나 법인묘지·사설화장시설·사설봉안시설·사설자연장지의 설치·조성자 또는 장례식장영업자에게 필요한 보고를 하게 할 수 있다.(2019.4.23 본항개정)
② 법인묘지·사설화장시설·사설봉안시설·사설자연장지의 설치자·조성자·관리자 또는 장례식장영업자는 보건복지부령으로 정하는 바에 따라 매장, 화장, 봉안, 자연장의 상황 또는 장례식장의 관리·운영상황 등을 관할 시장등에게 보고하여야 한다.(2015.1.28 본항신설)
③ 제1항에 따라 법인묘지 등에 출입하는 공무원은 그 권한을 나타내는 증표를 지니고 이를 관계인에게 내보여야 한다.
제38조【권한의 위임 및 위탁】 ① 시·도지사는 대통령령으로 정하는 바에 따라 이 법에 따른 권한의 전부 또는 일부를 시장·군수·구청장에게 위임할 수 있다.
② 중앙행정기관의 장은 제13조제3항에 따른 수목장림이나 그 밖의 자연장지의 조성·관리에 관한 업무의 전부 또는 일부를 대통령령으로 정하는 바에 따라 그 중앙행정기관의 장이 지정하는 공공법인이나 그 밖의 비영리법인에게 위탁할 수 있다.(2015.12.29 본항개정)
③ 지방자치단체의 장은 제13조제1항에 따른 공설묘지·공설화장시설·공설봉안시설·공설자연장지 및 제28조의2제1항에 따른 공설장례식장의 운영의 전부 또는 일부를 「지방자치법」 제117조에 따라 해당 지방자치단체의 조례 또는 규칙으로 정하는 공공법인이나 그 밖의 비영리법인 등에 위탁할 수 있다.(2021.1.12 본항개정)

제7장 벌 칙

제39조【벌칙】 다음 각 호의 어느 하나에 해당하는 자는 2년 이하의 징역 또는 2천만원 이하의 벌금에 처한다.
(2015.1.28 본문개정)
1. 제14조제4항에 따른 허가 또는 변경 허가를 받지 아니하고 가족묘지, 종중·문중묘지 또는 법인묘지를 설치한 자(2019.4.23 본항개정)
2. 제17조를 위반하여 금지구역 안에 묘지·화장시설·봉안시설 또는 자연장지를 설치·조성한 자
2의2. 제29조제1항에 따른 신고를 하지 아니하고 장례식장을 운영한 자(2015.1.28 본호신설)
3. 제30조에 따른 장사시설 등의 정비·개선명령이나 사용제한명령을 이행하지 아니한 자
제40조【벌칙】 다음 각 호의 어느 하나에 해당하는 자는 1년 이하의 징역 또는 1천만원 이하의 벌금에 처한다.
(2015.1.28 본문개정)
1. 제6조를 위반하여 사망 또는 사산한 후 24시간 이내에 매장 또는 화장을 한 자
2. 제7조를 위반하여 묘지 외의 구역에 매장을 하거나 화장장 외의 시설·장소에서 화장을 한 자
3. 제9조 및 제10조에 따른 매장·화장·자연장 또는 개장의 방법 및 기준을 위반하여 매장·화장·자연장 또는 개장을 한 자(2019.4.23 본호개정)
4. 제16조제5항에 따른 허가 또는 변경허가를 받지 아니하고 법인등자연장지를 조성한 자(2019.4.23 본호개정)
5. 제18조에 따른 면적기준 또는 시설물의 설치기준을 위반하여 분묘·묘지 또는 시설물을 설치한 자
6. 제20조제1항을 위반하여 설치기간이 끝난 분묘에 설치된 시설물을 철거하지 아니하거나 화장 또는 봉안하지 아니한 자
7. 제21조를 위반하여 묘지의 매매·양도·임대·사용계약을 한 자
7의2. 제26조제1항에 따른 신고를 하지 아니하고 장사시설을 폐지한 자(2015.1.28 본호신설)
8. 제27조제1항을 위반하여 허가를 받지 아니하고 개장을 한 자
8의2. 제29조의2제6항을 위반하여 다른 사람에게 자격증을 빌려주거나 빌린 자(2020.4.7 본호신설)
8의3. 제29조의2제7항을 위반하여 자격증을 빌려주거나 빌리는 것을 알선한 자(2020.4.7 본호신설)
9. 제31조에 따른 묘지·화장시설·봉안시설 또는 자연장지의 이전·개수명령·시설의 폐쇄·사용금지 명령 또는 업무의 정지 명령을 이행하지 아니한 자
(2015.1.28 본호개정)
10. 제32조제3항에 따른 장례식장의 폐쇄명령을 이행하지 아니한 자
제41조【양벌규정】 법인의 대표자나 법인 또는 개인의 대리인, 사용인, 그 밖의 종업원이 그 법인 또는 개인의 업무에 관하여 제39조 또는 제40조의 위반행위를 하면 그 행위자를 벌하는 외에 그 법인 또는 개인에게도 해당 조문의 벌금형을 과(科)한다. 다만, 법인 또는 개인이 그 위반행위를 방지하기 위하여 해당 업무에 관하여 상당한 주의와 감독을 게을리하지 아니한 경우에는 그러하지 아니하다.(2015.1.28 본조개정)
제42조【과태료】 ① 다음 각 호의 어느 하나에 해당하는 자에게는 300만원 이하의 과태료를 부과한다. 다만, 제35조제1항에 따라 과징금(과징금으로 갈음할 수 있는 업무정지 또는 영업정지 처분을 포함한다)을 부과받은 자의 경우에는 그러하지 아니하다.(2015.1.28 단서신설)
1. 제8조제1항부터 제4항까지의 규정에 따른 신고를 하지 아니한 자
2. 제9조제1항에 따른 기준을 위반하여 시신에 약품처리를 한 자(2015.1.28 본호개정)
3. 제14조제2항에 따른 신고 또는 변경신고를 하지 아니한 자
3의2. 제14조제8항에 따른 기록·보관을 하지 아니한 자(2019.4.23 본호개정)
4. 제15조제1항에 따른 신고 또는 변경 신고를 하지 아니한 자
5. 제15조제1항에 따른 신고 또는 변경 신고를 하지 아니한 봉안시설을 설치한 시공자
5의2. 제15조제5항 또는 제16조제7항에 따른 기록·보관을 하지 아니한 자(2019.4.23 본호개정)
6. 제16조제2항 및 제3항에 따른 신고 또는 변경신고를 하지 아니한 자(2012.2.1 본호개정)

7. 제20조제3항에 따른 통보 또는 공고를 하지 아니하고 같은 조 제2항에 따른 조치를 한 사설묘지 설치자
8. 제24조제2항에 따른 게시·등록을 하지 아니하거나 거짓으로 게시·등록을 한 자(2015.12.29 본호개정)
8의2. 제24조제3항제1호를 위반하여 금품을 받은 자(2015.1.28 본호신설)
8의3. 제24조제3항제2호를 위반하여 구매 또는 사용을 강요한 자(「독점규제 및 공정거래에 관한 법률」 제125조제4호에 따른 벌칙을 받는 경우는 제외한다)(2020.12.29 본호개정)
8의4. 제24조제4항을 위반하여 거래명세서를 발급하지 아니한 자(2017.12.19 본호신설)
9. 제26조제3항 또는 제4항에 따른 통지·공고, 사후처리 또는 정산 등의 조치를 하지 아니한 자(2019.4.23 본호개정)
10. 제27조제2항에 따른 통지 또는 공고를 하지 아니하고 개장을 한 자 또는 화장한 후의 봉안기간과 처리방법을 이행하지 아니하거나 그 처리사실을 신고하지 아니한 자(2015.12.29 본호개정)
10의2. 제29조제1항에 따른 변경신고를 하지 아니한 자(2015.1.28 본호신설)
11. 제29조제3항에 따른 시신의 위생적 관리 의무를 위반한 자(2019.4.23 본호개정)
12. 제29조제4항에 따른 게시·등록을 하지 아니하거나 거짓으로 게시·등록을 하거나 임대료 또는 염습실 사용요금을 산정하지 아니한 자(2019.4.23 본호개정)
12의2. 제29조제5항제1호를 위반하여 금품을 받은 자(2019.4.23 본호개정)
12의3. 제29조제5항제2호를 위반하여 구매 또는 사용을 강요한 자(「독점규제 및 공정거래에 관한 법률」 제125조제4호에 따른 벌칙을 받는 경우는 제외한다)(2020.12.29 본호개정)
12의4. 제29조제6항에 따른 장례식장영업 폐업신고를 하지 아니한 자(2019.4.23 본호개정)
12의5. 제29조제7항에 따른 교육을 받지 아니한 사람(2019.4.23 본호개정)
12의6. 제29조제8항을 위반하여 계약체결 전에 계약내용 설명을 하지 아니한 자(2021.7.27 본호신설)
12의7. 제29조제9항을 위반하여 거래명세서를 발급하지 아니한 자(2021.7.27 본호개정)
12의8. 제33조의3제1항에 따른 사망자정보를 정당한 사유 없이 장사정보시스템에 등록하지 아니하거나 거짓으로 등록한 자(2015.12.29 본호신설)
13. 제37조제1항 및 제2항에 따른 관계 공무원의 검사를 거부·방해·기피한 자 또는 필요한 보고를 하지 아니하거나 거짓으로 보고한 자(2015.1.28 본호개정)
② 제1항에 따른 과태료는 대통령령으로 정하는 바에 따라 시·도지사 또는 시장·군수·구청장이 부과·징수한다.(2015.1.28 본항개정)
③~⑤ (2015.1.28 삭제)
제43조【이행강제금】 ① 시장등은 다음 각 호의 어느 하나에 해당하는 자에게 500만원의 이행강제금을 부과한다.
1. 제17조 또는 제18조를 위반하여 묘지·화장시설·봉안시설·자연장지를 설치·조성한 자
2. 제20조제1항을 위반하여 설치기간이 끝난 분묘에 매장된 유골을 화장 또는 봉안하지 아니한 자
3. 제31조에 따른 묘지·봉안시설·자연장지의 이전 또는 개수명령을 받고 이행하지 아니한 해당 묘지·봉안시설·자연장지의 연고자
② 시장등은 제1항에 따른 이행강제금을 부과하기 전에 이행강제금을 부과·징수한다는 뜻을 문서로써 미리 알려야 한다.
③ 시장등은 제1항에 따른 이행강제금을 부과하는 경우에는 이행강제금의 금액·부과사유·납부기한·수납기관·이의제기방법 및 이의제기기관 등을 명시한 문서로써 하여야 한다.
④ 시장등은 최초의 이전 또는 개수명령이 있은 날을 기준으로 하여 그 명령이 이행될 때까지 1년에 2회의 범위 안에서 반복하여 제1항에 따른 이행강제금을 부과·징수할 수 있다.
⑤ 시장등은 제31조에 따른 이전 또는 개수명령을 받은 자가 그 명령을 이행하면 새로운 이행강제금의 부과를 즉시 중지하되, 이미 부과된 이행강제금은 징수하여야 한다.
⑥ 시장등은 제1항에 따라 이행강제금 부과처분을 받은 자가 이행강제금을 기한 내에 납부하지 아니한 때에는 「지방행정제재·부과금의 징수 등에 관한 법률」에 따라 징수한다.(2020.3.24 본항개정)

부 칙

제1조【시행일】 이 법은 공포 후 1년이 경과한 날부터 시행한다.
제2조【적용례】 ① 제18조제3항 및 제4항의 개정규정은 이 법 시행 이후 설치하는 봉안묘 또는 봉안탑부터 적용한다.
② 제19조 및 제27조제3항의 개정규정은 법률 제6158호 매장및묘지등에관한법률개정법률의 시행일인 2001년 1월 13일 이후 최초로 설치되는 분묘부터 적용한다.
제3조【묘지 등에 관한 경과조치】 법률 제6158호 매장및묘지등에관한법률개정법률의 시행일인 2001년 1월 13일 당시 종전의 규정 또는 다른 법령에 따라 설치된 묘지·화장장 및 납골당은 이 법에 따라 설치된 묘지·화장시설 및 봉안시설로 본다.
제4조【납골시설 등에 관한 경과조치】 이 법 시행 당시 종전의 규정에 따라 설치 중이거나 설치된 납골묘·납골당·납골탑 등 납골시설 및 화장장은 이 법에 따라 설치 중이거나 설치된 봉안묘·봉안당·봉안탑 등 봉안시설 및 화장시설로 본다.
제5조【사설납골시설을 설치·운영 중인 종교단체에 대한 경과조치】 이 법 시행 당시 종전의 규정에 따라 종교단체가 설치 중이거나 설치한 사설납골시설은 제15조제3항 단서의 개정규정에도 불구하고 종전의 규정에 따른다.
제6조【자연장지의 조성허가 또는 신고에 관한 경과조치】 이 법 시행 당시 묘지허가를 받은 구역 내에서 이 법에 따른 자연장지를 조성 중이거나 조성한 경우에는 이 법 시행 이후 6개월 이내에 제16조의 개정규정에 따라 자연장지의 신고를 하거나 허가를 받아야 한다.
제7조【묘지 등의 설치 제한에 관한 경과조치】 ① 법률 제6615호 장사등에관한법률중개정법률의 시행일인 2002년 4월 20일 당시 설치 중인 납골시설에 대하여는 제17조의 개정규정에도 불구하고 법률 제6615호 장사등에관한법률중개정법률 전의 제15조에 따른다.
② 이 법 시행 당시 종전의 규정에 따라 설치 중이거나 설치된 납골시설은 제17조제2호의 개정규정에도 불구하고 종전의 규정에 따른다.
제8조【처분 등에 관한 일반적 경과조치】 이 법 시행 당시 종전의 규정에 따른 행정기관의 행위나 행정기관에 대한 행위는 그에 해당하는 이 법에 따른 행정기관의 행위나 행정기관에 대한 행위로 본다.
제9조【벌칙이나 과태료에 관한 경과조치】 이 법 시행 전의 행위에 대하여 벌칙이나 과태료 규정을 적용할 때에는 종전의 규정에 따른다.
제10조【다른 법률의 개정】 ※(해당 법령에 가제정리 하였음)
제11조【다른 법령과의 관계】 이 법 시행 당시 다른 법령에서 종전의 「장사 등에 관한 법률」 또는 그 규정을 인용한 경우에 이 법 가운데 그에 해당하는 규정이 있으면 종전의 규정을 갈음하여 이 법의 해당 조항을 인용한 것으로 본다.

부 칙 (2015.1.28)

제1조【시행일】 이 법은 공포한 날부터 시행한다. 다만, 제24조제2항·제4항, 제26조, 제27조제2항·제5항, 제29조(같은 조 제4항은 제외한다), 제31조제4호의2, 제32조제1항제1호·제2호·제4호, 같은 조 제3항, 제33조의2, 제33조의3, 제33조의4, 제39조제2호의2, 제40조제7호의2 및 제42조제1항제8호·제9호·제10호·제10호의2·제12호·제12호의4·제12호의5의 개정규정은 공포 후 1년이 경과한 날부터 시행한다.
제2조【과징금 부과 등에 관한 적용례】 제24조제3항제2호 및 제29조제4항제2호의 개정규정을 위반한 자에 대한 제35조의 개정규정은 이 법 시행 후 해당 위반행위를 한 자부터 적용한다.
제3조【관리금의 사용에 관한 적용례】 제25조제2항의 개정규정은 이 법 시행 당시 적립된 관리금에 대해서도 적용한다.
제4조【장사시설 폐지 등에 관한 적용례】 제26조의 개정규정은 이 법 시행 후 장사시설의 폐지신고를 하는 경우부터 적용한다.
제5조【장례식장영업자에 대한 경과조치】 이 법 시행 당시 「부가가치세법」 등에 따라 사업자등록을 하고 장례식장영업을 하고 있는 자는 제29조제1항의 개정규정에 따른 신고를 한 것으로 본다. 다만, 이 법 시행 후 2년 이내에 제29조제1항의 개정규정에 따른 시설·설비 및 안전기준을 갖추어 관할 시장등에게 다시 신고하여야 한다.
제6조【금치산자 등에 대한 경과조치】 제29조의4제1호의 개정규정에도 불구하고 법률 제10429호 민법 일부개정법률 부칙 제2조에 따라 금치산 또는 한정치산 선고의 효력이 유지되는 사람에 대하여는 종전의 규정에 따른다.
제7조【행정처분에 관한 경과조치】 이 법 시행 전의 행위에 대하여 행정처분을 할 때에는 종전의 규정에 따른다.
제8조【다른 법률의 개정】 ①~② ※(해당 법령에 가제정리 하였음)

부 칙 (2015.12.29)

제1조【시행일】 이 법은 공포 후 8개월이 경과한 날부터 시행한다. 다만, 제19조의 개정규정은 공포한 날부터 시행하고, 제23조의2제1호의 개정규정은 2016년 1월 1일부터 시행한다.
제2조【분묘의 설치기간에 관한 적용례】 제19조의 개정규정은 법률 제6158호 매장및묘지등에관한법률 개정법률의 시행일인 2001년 1월 13일 이후 최초로 설치된 분묘부터 적용한다.
제3조【의제규정에 관한 적용례】 제14조제5항·제6항 및 제16조제9항·제10항의 개정규정은 각각 이 법 시행 후 최초로 사설묘지의 설치허가를 신청하는 자 또는 수목장림을 조성하려고 신고하는 자부터 적용한다.
제4조【가족자연장지의 조성신고에 관한 적용례】 제16조제2항 및 제3항의 개정규정은 이 법 시행 후 최초로 가족자연장지를 조성하려는 자부터 적용한다.
제5조【공설장례식장에 관한 경과조치】 이 법 시행 당시 지방자치단체의 장이 설치·운영하고 있는 장례식장(그 운영을 위탁한 경우를 포함한다)은 제28조의2제1항의 개정규정에 따른 장례식장으로 본다. 이 경우 해당 장례식장을 설치·운영하는 지방자치단체의 장은 이 법 시행 후 1년 6개월 이내에 제28조의2제1항 후단의 개정규정에 따른 시설·설비 및 안전기준을 갖추어야 한다.
제6조【행정처분에 관한 경과조치】 이 법 시행 전의 위반행위에 대한 행정처분에 관하여는 종전의 규정에 따른다.
제7조【다른 법률의 개정】 ※(해당 법령에 가제정리 하였음)

부 칙 (2018.12.11)

제1조【시행일】 이 법은 공포 후 6개월이 경과한 날부터 시행한다.
제2조【과징금 부과에 관한 경과조치】 이 법 시행 전의 위반행위에 대한 과징금 부과에 관하여는 종전의 규정에 따른다.

부 칙 (2020.3.24)

제1조【시행일】 이 법은 공포한 날부터 시행한다.(이하 생략)

부 칙 (2020.4.7 법17203호)

제1조【시행일】 이 법은 공포 후 1년이 경과한 날부터 시행한다.(이하 생략)

부 칙 (2020.4.7 법17215호)

이 법은 공포 후 3개월이 경과한 날부터 시행한다. 다만, 제35조제5항의 개정규정은 공포한 날부터 시행한다.

부 칙 (2020.12.29)
(2021.1.12)

제1조【시행일】 이 법은 공포 후 1년이 경과한 날부터 시행한다.(이하 생략)

부 칙 (2021.7.27)
(2021.12.21)

이 법은 공포 후 6개월이 경과한 날부터 시행한다.

부 칙 (2022.12.27)

제1조【시행일】 이 법은 공포 후 6개월이 경과한 날부터 시행한다.(이하 생략)

부 칙 (2023.3.21)

제1조【시행일】 이 법은 공포 후 1년이 경과한 날부터 시행한다.(이하 생략)

부 칙 (2023.3.28)

이 법은 공포 후 6개월이 경과한 날부터 시행한다.

부 칙 (2023.6.13)

이 법은 공포한 날부터 시행한다.

부 칙 (2023.8.8)

제1조【시행일】 이 법은 2024년 5월 17일부터 시행한다.(이하 생략)

부 칙 (2024.1.23)

이 법은 공포 후 1년이 경과한 날부터 시행한다.

부 칙 (2024.2.6)

이 법은 공포 후 6개월이 경과한 날부터 시행한다.

(舊 : 시체 해부 및 보존에 관한 법률)

시체 해부 및 보존 등에 관한 법률(약칭 : 시체해부법)

(1995년 1월 5일 전개법률 제4915호)

개정
1997.12.13법 5453호(행정절차)
1997.12.13법 5454호(정부부처명)
1998.12.30법 5611호
1999. 2. 8법 5858호(장기등이식에관한법)
2003. 9.29법 6980호
2007. 4.11법 8364호(검역법)
2008. 2.29법 8852호(정부조직)
2008. 3.28법 9033호
2009. 1.30법 9386호(의료법)
2009.12.29법 9846호(검역법)
2010. 1.18법 9932호(정부조직)
2011. 7.21법10866호(고등교육)
2012.10.22법11519호
2015.12.29법13652호
2016. 2. 3법13998호
2017. 9.19법14885호
2020. 4. 7법17203호
2020. 8.11법17472호(정부조직)

제1장 총 칙
(2020.4.7 본장제목신설)

제1조【목적】 이 법은 사인(死因)의 조사와 병리학적·해부학적 연구를 적정하게 함으로써 국민 보건을 향상시키고 의학(치과의학과 한의학을 포함한다. 이하 같다)의 교육 및 의학·의생명과학의 연구에 기여하기 위하여 시체(임신 4개월 이후에 죽은 태아를 포함한다. 이하 같다)의 해부·보존 및 연구에 관한 사항을 정함을 목적으로 한다.(2020.4.7 본조개정)

제2장 시체의 해부
(2020.4.7 본장제목신설)

제2조【시체의 해부】 시체를 해부할 수 있는 경우는 다음 각 호의 어느 하나에 해당하는 경우로 한다.
1. 시체의 해부에 관하여 상당한 지식과 경험이 있는 의사(치과의사를 포함한다. 이하 같다)로서 대통령령으로 정하는 사람이 해부하는 경우(2015.12.29 본호신설)
2. 의과대학(치과대학과 한의과대학을 포함한다. 이하 같다)의 해부학·병리학 또는 법의학을 전공한 교수·부교수 또는 조교수가 직접 해부하거나 의학을 전공하는 학생으로 하여금 자신의 지도하에 해부하게 하는 경우
3. 제6조에 따라 해부하는 경우
4. 「형사소송법」 제140조 또는 제173조제1항에 따라 해부하는 경우
5. 「검역법」 제15조제1항제5호에 따라 해부하는 경우
6. 그 밖에 특별자치시장·특별자치도지사·시장·군수·구청장(구청장은 자치구의 구청장을 말한다. 이하 같다)이 시체 해부가 필요하다고 인정하여 시체를 해부하게 하는 경우. 이 경우 시체를 해부할 사람 등 시체 해부에 필요한 사항을 정하여야 한다.

(2012.10.22 본조개정)

제3조~제3조의2 (1998.12.30 삭제)

제4조【시체 해부에 대한 유족의 동의】 ① 시체를 해부하려면 그 유족의 동의를 받아야 한다. 다만, 다음 각 호의 어느 하나에 해당할 때에는 그러하지 아니하다.
(2016.2.3 본문개정)
1. 시체의 해부에 관하여 「민법」 제1060조에 따른 유언이 있을 때
1의2. 본인의 시체 해부에 동의한다는 의사표시, 성명 및 연월일을 자서·날인한 문서에 의한 동의가 있을 때
(2015.12.29 본호신설)
2. (2016.2.3 삭제)
3. 2명 이상의 의사가 진료하던 환자가 사망한 경우 진료에 종사하던 의사 전원이 사인(死因)을 조사하기 위하여 특히 해부가 필요하다고 인정하고 또한 그 유족이 있는 곳을 알 수 없어 유족의 동의 여부가 판명될 때까지 기다려서는 해부의 목적을 달성할 수 없을 때. 이 경우 다음 각 목의 어느 하나에 해당하는 사람이 해부하여야 한다.(2016.2.3 전단개정)
가. 제2조제1호 및 제3호부터 제6호까지의 규정에 따라 시체를 해부한 경험이 있는 사람(2015.12.29 본목개정)
나. 의과대학의 해부학·병리학 또는 법의학을 전공한 교수·부교수 또는 조교수
4. 제2조제3호부터 제5호까지의 규정에 따라 해부할 때
(2015.12.29 본호개정)

② 제1항 본문에 따른 동의는 서면으로 하여야 한다.
(2016.2.3 본항개정)
③ (2016.2.3 삭제)
(2016.2.3 본조제목개정)
(2012.10.22 본조개정)

제5조 (1999.2.8 삭제)

제6조【시체 해부 명령】 보건복지부장관, 국방부장관(군인의 시체를 해부하는 경우만 해당한다) 또는 특별자치시장·특별자치도지사·시장·군수·구청장은 시체를 해부하지 아니하고는 그 사인을 알 수 없거나 이로 인하여 국민 보건에 중대한 위해(危害)를 끼칠 우려가 있는 경우에는 시체의 해부를 명할 수 있다.(2012.10.22 본조개정)

제7조【변사체의 검증】 ① 변사체 또는 변사(變死)한 것으로 의심되는 시체에 대하여는 「형사소송법」 제222조에 따른 검시(檢視)를 받지 아니하고는 해부할 수 없다.
② 제1항에 따른 해부는 「형사소송법」 제140조 또는 제173조제1항에 따른 해부를 배제하지 아니한다.
(2012.10.22 본조개정)

제8조 (1998.12.30 삭제)

제3장 시체의 일부를 이용한 연구 등
(2020.4.7 본장제목신설)

제9조【인체의 구조 연구를 위한 해부】 인체의 구조를 연구하기 위한 시체 해부는 의과대학에서 하여야 한다.
(2020.4.7 본조제목개정)
(2012.10.22 본조개정)

제9조의2【시체의 일부를 이용한 연구의 심의】 시체의 일부(시체로부터 분리된 산물을 포함한다. 이하 같다)를 이용하여 연구하려는 자는 그 연구를 하기 전에 연구계획서를 작성하여 「생명윤리 및 안전에 관한 법률」 제10조에 따른 기관생명윤리위원회(이하 "기관위원회"라 한다)의 심의를 받아야 한다.(2020.4.7 본조신설)

제9조의3【시체의 일부를 이용한 연구에 대한 유족의 동의】 ① 시체의 일부를 이용하여 연구하려는 자 또는 제9조의4제1항에 따른 허가를 받아 시체의 일부를 수집·보존하여 연구 목적으로 제공하려는 기관은 그 유족의 동의를 받아야 한다. 다만, 다음 각 호의 어느 하나에 해당할 때에는 그러하지 아니하다.
1. 본인의 시체의 일부를 이용한 연구에 동의한다는 「민법」 제1060조에 따른 유언이 있을 때
2. 본인의 시체의 일부를 이용한 연구에 동의한다는 의사표시, 성명 및 연월일을 자서·날인한 문서에 의한 동의가 있을 때

② 제1항에 따른 동의는 서면으로 하여야 하며, 다음 각 호의 사항이 포함되어야 한다.
1. 시체의 일부를 이용한 연구의 목적
2. 성명, 주민등록번호 등 개인을 식별할 수 있는 정보(이하 "식별정보"라 한다)의 보호 및 처리에 관한 사항
3. 시체의 일부의 제공에 관한 사항(제9조의4제1항에 따라 허가를 받은 기관이 시체의 일부를 제공하려는 경우에 한정한다)
4. 시체의 일부의 보존, 관리 및 폐기에 관한 사항
5. 동의 철회의 방법, 동의 철회 시 시체의 일부의 처리 방법, 동의한 사람의 권리 및 그 밖에 보건복지부령으로 정하는 사항

③ 제9조의4제1항에 따라 허가를 받은 기관이 제1항의 동의를 받았을 때에는 그 기관으로부터 시체의 일부를 제공받아 이를 이용하여 연구하려는 자도 제1항의 동의를 받은 것으로 본다.
④ 시체의 일부를 이용하여 연구하려는 자 또는 제9조의4제1항에 따라 허가를 받은 기관은 제1항에 따른 동의를 받기 전에 유족에게 제2항 각 호의 사항을 충분히 설명하여야 한다.
(2020.4.7 본조신설)

제9조의4【연구를 위한 시체의 일부의 제공】 ① 다음 각 호의 어느 하나에 해당하는 기관으로서 대통령령으로 정하는 시설·장비 및 인력 등을 갖추어 보건복지부장관의 허가를 받은 기관은 시체의 일부를 수집·보존하여 연구 목적으로 연구자에게 제공할 수 있다.
1. 의과대학
2. 「의료법」 제3조의3에 따른 종합병원(이하 "종합병원"이라 한다)

② 제1항에 따라 허가를 받은 기관이 대통령령으로 정하는 중요한 사항을 변경하려는 경우에는 보건복지부장관의 변경허가를 받아야 한다.
③ 제1항에 따른 허가의 기준·절차, 제2항에 따른 변경허가의 기준·절차 및 그 밖에 필요한 사항은 대통령령으로 정한다.
(2020.4.7 본조신설)

제9조의5【허가의 취소와 업무의 정지】 ① 보건복지부장관은 제9조의4제1항에 따라 허가를 받은 기관이 다음 각 호의 어느 하나에 해당하는 경우에는 그 허가를 취소하거나 1년 이내의 기간을 정하여 시체의 일부의 제공을 정지하도록 명할 수 있다. 다만, 제1호에 해당하는 경우에는 그 허가를 취소하여야 한다.
1. 속임수나 그 밖의 부정한 방법으로 허가를 받은 경우
2. 제9조의4제2항에 따른 변경허가를 받지 아니하고 허가 내용을 변경한 경우
3. 제9조의4제3항에 따른 허가 기준 또는 변경허가 기준에 미달한 경우
4. 제9조의6제2항 및 제9조의7제1항에 따른 준수사항을 지키지 아니한 경우
5. 제18조의2제1항 및 제2항에 따른 명령을 이행하지 아니한 경우
6. 제18조의2제3항에 따른 관계 공무원의 검사·질문·수거에 따르지 아니한 경우

② 제1항에 따른 행정처분의 세부 기준은 그 위반행위의 유형과 위반 정도 등을 고려하여 보건복지부령으로 정한다.
(2020.4.7 본조신설)

제9조의6【연구를 위한 시체의 일부의 제공 절차 및 방법】 ① 제9조의4제1항에 따라 허가를 받은 기관의 장이 시체의 일부를 제공하려는 경우 이를 제공받아 연구하려는 연구자로부터 이용계획서를 제출받아 그 내용을 검토한 후 기관위원회의 심의를 거쳐 제공 여부를 결정하여야 한다.
② 제9조의4제1항에 따라 허가를 받은 기관의 장이 시체의 일부를 제공할 때에는 익명화하여야 한다. 다만, 식별정보를 포함하는 것에 대하여 본인 또는 유족으로부터 별도의 동의를 받은 경우에는 그러하지 아니하다.
③ 제9조의4제1항에 따라 허가를 받은 기관의 장은 시체의 일부의 보존 및 제공에 소요된 경비를 보건복지부령으로 정하는 바에 따라 시체의 일부를 제공받아 이를 이용하여 연구하려는 자에게 요구할 수 있다.
④ 제1항에 따른 시체의 일부의 제공 절차 및 방법, 제2항에 따른 익명화 방법, 제3항에 따른 경비의 산출 및 그 밖에 시체의 일부의 제공에 필요한 사항은 보건복지부령으로 정한다.
(2020.4.7 본조신설)

제9조의7【시체의 일부를 이용한 연구의 준수사항】 ① 제9조의4제1항에 따라 허가를 받은 기관의 장 및 그 종사자와 시체의 일부를 이용하여 연구하는 자는 시체의 일부를 목적 외로 이용하거나 정당한 사유 없이 폐기·손상하여서는 아니 된다.
② 제9조의4제1항에 따라 허가를 받은 기관의 장 및 시체의 일부를 이용하여 연구하는 자는 제9조의3에 따른 동의를 받은 시체의 일부의 보존기간이 지나면 그 시체의 일부를 폐기하여야 한다. 다만, 시체의 일부를 보존하는 중에 그 유족이 보존기간의 변경이나 폐기를 요청하는 경우에는 그 요청에 따라야 한다.
③ 제9조의4제1항에 따라 허가를 받은 기관의 장 및 시체의 일부를 이용하여 연구하는 자는 제2항에 따른 시체의 일부의 폐기에 관한 사항을 보건복지부령으로 정하는 바에 따라 기록·보관하여야 한다.
④ 제9조의4제1항에 따라 허가를 받은 기관의 장 및 시체의 일부를 이용하여 연구하는 자는 부득이한 사정으로 시체의 일부를 보존할 수 없는 경우에는 기관위원회의 심의를 거쳐 보건복지부령으로 정하는 바에 따라 시체의 일부를 폐기하거나 다른 기관에 이관하여야 한다.
⑤ 제9조의4제1항에 따라 허가를 받은 기관의 장은 보건복지부령으로 정하는 바에 따라 시체의 일부에 대한 익명화 방안이 포함된 식별정보 보호 지침을 마련하고, 식별정보 관리 및 보안을 담당하는 책임자를 지정하여야 한다.
⑥ 시체의 일부의 보존, 폐기, 처리 또는 이관 등에 필요한 사항은 보건복지부령으로 정한다.
(2020.4.7 본조신설)

제9조의8【연구를 위한 시체의 일부의 제공 관리】 보건복지부장관은 시체의 일부의 제공에 관한 사항을 적정하게 관리할 수 있도록 다음 각 호의 업무를 수행하여야 한다.
1. 제9조의4제1항에 따라 허가를 받은 기관에 대한 관리·감독
2. 제9조의4제1항에 따라 허가를 받은 기관 간 협력을 위한 정보시스템 구축·관리 및 활용 촉진
3. 제9조의6에 따라 시체의 일부를 제공하는 절차의 표준 마련
4. 시체의 일부의 제공을 위한 정책·제도의 조사·연구 및 관련 통계의 조사·분석
5. 그 밖에 시체의 일부의 제공에 관하여 대통령령으로 정하는 사항

(2020.4.7 본조신설)

제9조의9【시체의 일부의 제공을 위한 지원】 국가나 지방자치단체는 제9조의4제1항에 따라 허가를 받은 기관이 시체의 일부를 보존 및 제공하는 데 필요한 행정적·기술적 지원을 할 수 있다.(2020.4.7 본조신설)

제4장 시체의 관리 등
(2020.4.7 본장제목신설)

제10조【시체의 관리】 ① 시체를 해부하거나 시체로부터 필요한 부분을 꺼내는 자는 그 시체가 다른 시체와 구분되도록 시체마다 따로 관리하여야 한다.
② 시체를 해부하거나 시체로부터 필요한 부분을 꺼내는 자는 그 시체의 전부 또는 일부를 이 법에서 정하는 목적을 위반하여 타인에게 양도하여서는 아니 된다.
③ 누구든지 이 법에 따라 제공된 시체의 전부 또는 일부를 금전이나 재산상의 이익, 그 밖의 반대급부를 목적으로 취득하거나 이를 타인에게 양도하여서는 아니 된다.
④ 누구든지 제2항 또는 제3항의 행위를 알선하여서는 아니 된다.
(2012.10.22 본조개정)

제11조【이상 발견 시의 조치】 ① 시체를 해부하는 자는 그 시체에서 범죄와 관련이 있다고 인정되는 이상을 발견하였을 때에는 지체 없이 관할 경찰서장에게 통보하여야 한다.
② 시체를 해부하는 자는 그 시체가 국민 보건에 중대한 위해를 끼칠 우려가 있다고 인정할 때에는 지체 없이 특별자치시장·특별자치도지사·시장·군수·구청장에게 그 사실을 통보하여야 하며, 그 통보를 받은 특별자치시장·특별자치도지사는 보건복지부장관에게, 시장·군수·구청장은 보건복지부장관과 특별시장·광역시장 또는 도지사에게 지체 없이 그 내용을 보고하여야 한다.
(2012.10.22 본조개정)

제12조~제15조 (2016.2.3 삭제)

제16조【시체표본 보존에 대한 유족의 동의】 ① 의과대학의 장, 종합병원의 장, 그 밖에 의학·의생명과학에 관한 연구기관의 장은 의학의 교육 또는 의학·의생명과학의 연구를 위하여 시체의 전부 또는 일부를 표본으로 보존하려는 경우에는 그 유족의 동의를 받아야 한다.
(2020.4.7 본항개정)
② 제1항에 따른 동의는 서면으로 하여야 한다.
(2020.4.7 본조제목개정)
(2016.2.3 본조개정)

제17조【시체에 대한 예의】 ① 시체를 해부하거나 시체의 전부 또는 일부를 표본으로 보존하는 사람 및 시체의 일부를 이용하여 연구하거나 이를 수집·보존하여 연구 목적으로 제공하는 사람 시체를 취급할 때 정중하게 예의를 지켜야 한다.
② 시체나 그 시체의 해부, 수집·보존, 제공 및 이용 과정에서 부수적으로 발생하는 조직은 이를 화장하거나 폐기 또는 이관이 이루어질 때까지 주의하여 보존·관리하여야 한다.
(2020.4.7 본조개정)

제17조의2【시체 해부 동의자 등에 대한 예우】 ① 국가는 시체 해부에 동의한 사람 및 그 가족, 시체 해부를 승낙한 유족("가족" 또는 "유족"은 「장기등 이식에 관한 법률」 제4조제6호를 준용한다)에 대하여 국가의 의학발전을 위한 헌신성을 고려하여 적절한 예우 및 지원을 할 수 있다.
② 제1항에 따른 예우 및 지원에 필요한 사항은 보건복지부령으로 정한다.
(2015.12.29 본조신설)

제5장 보 칙

(2020.4.7 본장제목신설)

제18조【권한 또는 업무의 위임·위탁】 ① 이 법에 따른 보건복지부장관의 권한은 그 일부를 대통령령으로 정하는 바에 따라 특별시장·광역시장·특별자치시장·도지사·특별자치도지사 및 질병관리청장에게 위임할 수 있다.(2020.8.11 본항개정)
② 이 법에 따른 보건복지부장관의 업무는 그 일부를 대통령령으로 정하는 바에 따라 관계 기관·단체에 위탁할 수 있다.(2020.4.7 본항신설)

제18조의2【보고와 조사】 ① 보건복지부장관은 정당한 사유 없이 시체를 훼손하는 것을 방지하고 시체에 대한 예의를 지키도록 하기 위하여 필요하다고 인정할 때에는 제9조의4제1항에 따라 허가를 받은 기관의 장 및 그 종사자와 시체의 일부를 이용하여 연구하는 자에게 보건복지부령으로 정하는 바에 따라 이 법의 시행에 필요한 보고 또는 자료의 제출을 명할 수 있다.
② 보건복지부장관은 정당한 사유 없이 시체가 훼손되거나 시체에 대한 예의가 지켜지지 못할 우려가 있을 때에는 시체의 일부의 제공 또는 연구의 중단을 명하거나 그 밖에 필요한 조치를 할 수 있다.
③ 보건복지부장관은 이 법에서 정하고 있는 사항의 이행 또는 위반 여부의 확인을 위하여 필요하다고 인정할 때에는 관계 공무원으로 하여금 제9조의4제1항에 따라 허가를 받은 기관 및 시체의 일부를 이용하여 연구하는 자가 소속된 기관 등에 출입하여 그 시설 또는 장비, 관계 장부나 서류 및 그 밖의 물건을 검사하게 하거나 관계인에게 질문하게 할 수 있으며, 시험에 필요한 시료(試料)를 최소분량으로 수거하게 할 수 있다. 이 경우 관계 공무원은 그 권한을 표시하는 증표를 지니고 이를 관계인에게 보여주어야 한다.
④ 제1항부터 제3항까지의 규정에 따른 명령·검사·질문 등을 받은 자는 정당한 사유가 없으면 이에 따라야 한다.
(2020.4.7 본조신설)

제6장 벌 칙

(2020.4.7 본장제목신설)

제19조【벌칙】 다음 각 호의 어느 하나에 해당하는 자는 1년 이하의 징역 또는 1천만원 이하의 벌금에 처한다.
(2017.9.19 본문개정)
1. 제2조를 위반하여 시체를 해부한 자
2. 제4조제1항 각 호 외의 부분 본문을 위반하여 유족의 동의를 받지 아니하고 시체를 해부한 자(2016.2.3 본호개정)
3. 제7조제1항을 위반하여 검시를 하지 아니한 시체를 해부한 자
3의2. 제9조의3제1항 및 제2항을 위반하여 서면동의 없이 시체의 일부를 이용하여 연구하거나 시체의 일부를 수집·보존하여 제공한 자
3의3. 제9조의4제1항에 따른 허가를 받지 아니하고 시체의 일부를 제공한 자
3의4. 제9조의6제2항을 위반하여 익명화하지 아니하고 시체의 일부를 제공한 자
3의5. 제9조의7제1항을 위반하여 시체의 일부를 목적 외로 이용하거나 정당한 사유 없이 폐기·손상한 자
3의6. 제9조의7제2항을 위반하여 보존기간이 지난 시체의 일부를 폐기하지 아니하거나 유족이 보존기간의 변경이나 폐기를 요청하였음에도 그 요청에 따르지 아니한 자
3의7. 제9조의7제4항을 위반하여 시체의 일부를 폐기하지 아니하거나 다른 기관에 이관하지 아니한 자
(2020.4.7 3호의2~3호의7신설)
4. 제10조제2항을 위반하여 시체의 전부 또는 일부를 타인에게 양도한 자
5. 제10조제3항을 위반하여 시체의 전부 또는 일부를 취득하거나 양도한 자
6. 제10조제4항을 위반하여 같은 조 제2항 또는 제3항의 행위를 알선한 자
7. (2016.2.3 삭제)
8. 제16조제1항을 위반하여 동의를 받지 아니하고 시체의 전부 또는 일부를 표본으로 보존한 자(2016.2.3 본호개정)

제20조【벌칙】 다음 각 호의 어느 하나에 해당하는 자는 6개월 이하의 징역 또는 500만원 이하의 벌금에 처한다.
(2017.9.19 본문개정)
1. 정당한 사유 없이 제6조에 따른 시체 해부 명령에 따르지 아니한 자
2. 제11조를 위반하여 통보를 하지 아니한 자
3. (2016.2.3 삭제)
(2012.10.22 본조개정)

제21조【과태료】 ① 다음 각 호의 어느 하나에 해당하는 자에게는 500만원 이하의 과태료를 부과한다.
(2017.9.19 본문개정)
1. 제9조를 위반하여 의과대학이 아닌 곳에서 시체를 해부한 자
1의2. 제9조의4제2항을 위반하여 변경허가를 받지 아니한 자(2020.4.7 본호신설)
1의3. 제9조의7제5항을 위반하여 익명화 방안이 포함된 식별정보 보호 지침을 마련하지 아니하거나 식별정보 관리 및 보안을 담당하는 책임자를 지정하지 아니한 자
(2020.4.7 본호신설)
2. 제10조제1항을 위반하여 시체를 관리한 자
3. 제17조를 위반한 자
4. 제18조의2제4항을 위반하여 정당한 사유 없이 명령·검사·질문 등에 따르지 아니한 자(2020.4.7 본호신설)
② 제1항에 따른 과태료는 대통령령으로 정하는 바에 따라 특별자치시장·특별자치도지사·시장·군수·구청장이 부과·징수한다.
(2012.10.22 본조개정)

부 칙 (2016.2.3)

제1조【시행일】 이 법은 공포 후 6개월이 경과한 날부터 시행한다.

제2조【시체 해부 및 보존에 대한 유족의 승낙에 관한 경과조치】 이 법 시행 당시 종전의 규정에 따라 시체의 해부 또는 시체의 보존에 대한 유족의 승낙을 받은 경우에는 제4조 또는 제16조의 개정규정에 따른 유족의 동의를 받은 것으로 본다.

제3조【인수자가 없는 시체에 관한 경과조치】 이 법 시행 전에 종전의 제12조제1항에 따라 제공된 인수자가 없는 시체를 해부한 경우에 해당 시체의 인도·화장 및 시체처리 비용의 부담 등에 관하여는 제13조부터 제15조까지의 개정규정에도 불구하고 종전의 규정에 따른다.

제4조【벌칙에 관한 경과조치】 ① 이 법 시행 전에 종전의 제12조제1항에 따라 제공된 인수자가 없는 시체를 해부한 경우에 이 법 시행 이후 부칙 제3조에 따른 인도 및 화장과 관련하여 벌칙을 적용할 때에는 제19조제7호 및 제20조제3호의 개정규정에도 불구하고 종전의 규정에 따른다.
② 이 법 시행 전의 위반행위에 대하여 벌칙을 적용할 때에는 종전의 규정에 따른다.

부 칙 (2020.4.7)

제1조【시행일】 이 법은 공포 후 1년이 경과한 날부터 시행한다.

제2조【시체를 이용한 연구에 관한 경과조치】 이 법 시행 전에 시체를 이용한 연구에서 이미 사용되고 있는 시체의 일부에 대해서는 제9조의3의 개정규정에 따른 동의 없이 계속 연구에 사용할 수 있다. 다만, 이를 다른 자에게 제공할 경우에는 그러하지 아니한다.

제3조【과태료에 관한 경과조치】 이 법 시행 전의 행위에 대하여 과태료를 적용할 때에는 종전의 규정에 따른다.

제4조【다른 법률의 개정】 ①~⑤ ※(해당 법령에 가제정리 하였음)

제5조【다른 법령과의 관계】 이 법 시행 당시 다른 법령에서 「시체 해부 및 보존에 관한 법률」이나 그 조문을 인용한 경우에 이 법 중 그에 해당하는 규정이 있으면 종전의 규정을 갈음하여 이 법 또는 이 법의 해당 조항을 인용한 것으로 본다.

부 칙 (2020.8.11)

제1조【시행일】 이 법은 공포 후 1개월이 경과한 날부터 시행한다.(이하 생략)

감염병의 예방 및 관리에 관한 법률(약칭 : 감염병예방법)

(2009년 12월 29일 전부개정법률 제9847호)

개정
2010. 1.18법 9932호(정부조직)
2011. 6. 7법10789호(영유아보육법)
2012. 5.23법11439호 2013. 3.22법11645호
2014. 3.18법12444호 2015. 7. 6법13392호
2015. 8.11법13474호(공동주택관리법)
2015.12.29법13639호
2016.12. 2법14286호(주민등록)
2016.12. 2법14316호 2017.12.12법15183호
2018. 3.27법15534호
2018. 4.17법15608호(위치정보의보호및이용등에관한법)
2018.12.31법16101호(부가세)
2019.12. 3법16725호 2020. 3. 4법17067호
2020. 8.11법17472호(정부조직)
2020. 8.12법17475호 2020. 9.29법17491호
2020.12.15법17642호
2020.12.22법17653호(부가세)
2020.12.22법17689호(국가자치경찰)
2021. 1.12법17893호(지방자치)
2021. 3. 9법17920호 2021.10.19법18507호
2021.12.21법18603호
2022. 1.11법18744호(전자정부법)
2022. 6.10법18893호
2023. 1.17법19213호(재난관리자원의관리등에관한법)
2023. 3.28법19290호 2023. 5.19법19419호
2023. 6.13법19441호 2023. 8. 8법19603호
2023. 8.16법19644호
2023. 9.14법19715호→시행일 부칙 참조
2024. 1.23법20090호→2024년 4월 24일 및 2024년 7월 24일 시행
2024. 1.30법20171호(권한지방이양)→2025년 7월 31일 시행이므로 추후 수록

제1장 총 칙

제1조【목적】 이 법은 국민 건강에 위해(危害)가 되는 감염병의 발생과 유행을 방지하고, 그 예방 및 관리를 위하여 필요한 사항을 규정함으로써 국민 건강의 증진 및 유지에 이바지함을 목적으로 한다.

제2조【정의】 이 법에서 사용하는 용어의 뜻은 다음과 같다.
1. "감염병"이란 제1급감염병, 제2급감염병, 제3급감염병, 제4급감염병, 기생충감염병, 세계보건기구 감시대상 감염병, 생물테러감염병, 성매개감염병, 인수(人獸)공통감염병 및 의료관련감염병을 말한다.
2. "제1급감염병"이란 생물테러감염병 또는 치명률이 높거나 집단 발생의 우려가 커서 발생 또는 유행 즉시 신고하여야 하고, 음압격리와 같은 높은 수준의 격리가 필요한 감염병으로서 다음 각 목의 감염병을 말한다. 다만, 갑작스러운 국내 유입 또는 유행이 예견되어 긴급한 예방·관리가 필요하여 질병관리청장이 보건복지부장관과 협의하여 지정하는 감염병을 포함한다.
(2020.8.11 단서개정)
가. 에볼라바이러스병
나. 마버그열
다. 라싸열
라. 크리미안콩고출혈열
마. 남아메리카출혈열
바. 리프트밸리열
사. 두창
아. 페스트
자. 탄저
차. 보툴리눔독소증
카. 야토병
타. 신종감염병증후군
파. 중증급성호흡기증후군(SARS)
하. 중동호흡기증후군(MERS)
거. 동물인플루엔자 인체감염증
너. 신종인플루엔자
더. 디프테리아
3. "제2급감염병"이란 전파가능성을 고려하여 발생 또는 유행 시 24시간 이내에 신고하여야 하고, 격리가 필요한 다음 각 목의 감염병을 말한다. 다만, 갑작스러운 국내 유입 또는 유행이 예견되어 긴급한 예방·관리가 필요하여 질병관리청장이 보건복지부장관과 협의하여 지정하는 감염병을 포함한다.(2020.8.11 단서개정)
가. 결핵(結核)
나. 수두(水痘)

다. 홍역(紅疫)
라. 콜레라
마. 장티푸스
바. 파라티푸스
사. 세균성이질
아. 장출혈성대장균감염증
자. A형간염
차. 백일해(百日咳)
카. 유행성이하선염(流行性耳下腺炎)
타. 풍진(風疹)
파. 폴리오
하. 수막구균 감염증
거. b형헤모필루스인플루엔자
너. 폐렴구균 감염증
더. 한센병
러. 성홍열
머. 반코마이신내성황색포도알균(VRSA) 감염증
버. 카바페넴내성장내세균목(CRE) 감염증
(2023.6.13 본목개정)
서. E형간염(2019.12.3 본목신설)
4. "제3급감염병"이란 그 발생을 계속 감시할 필요가 있어 발생 또는 유행 시 24시간 이내에 신고하여야 하는 다음 각 목의 감염병을 말한다. 다만, 갑작스러운 국내 유입 또는 유행이 예견되어 긴급한 예방·관리가 필요하여 질병관리청장이 보건복지부장관과 협의하여 지정하는 감염병을 포함한다.(2020.8.11 단서개정)
가. 파상풍(破傷風)
나. B형간염
다. 일본뇌염
라. C형간염
마. 말라리아
바. 레지오넬라증
사. 비브리오패혈증
아. 발진티푸스
자. 발진열(發疹熱)
차. 쯔쯔가무시증
카. 렙토스피라증
타. 브루셀라증
파. 공수병(恐水病)
하. 신증후군출혈열(腎症侯群出血熱)
거. 후천성면역결핍증(AIDS)
너. 크로이츠펠트-야콥병(CJD) 및 변종크로이츠펠트-야콥병(vCJD)
더. 황열
러. 뎅기열
머. 큐열(Q熱)
버. 웨스트나일열
서. 라임병
어. 진드기매개뇌염
저. 유비저(類鼻疽)
처. 치쿤구니야열
커. 중증열성혈소판감소증후군(SFTS)
터. 지카바이러스 감염증
퍼. 매독(梅毒)(2023.8.8 본목신설)
5. "제4급감염병"이란 제1급감염병부터 제3급감염병까지의 감염병 외에 유행 여부를 조사하기 위하여 표본감시 활동이 필요한 다음 각 목의 감염병을 말한다. 다만, 질병관리청장이 지정하는 감염병을 포함한다.
(2023.8.8 단서신설)
가. 인플루엔자
나. (2023.8.8 삭제)
다. 회충증
라. 편충증
마. 요충증
바. 간흡충증
사. 폐흡충증
아. 장흡충증
자. 수족구병
차. 임질
카. 클라미디아감염증
타. 연성하감
파. 성기단순포진
하. 첨규콘딜롬
거. 반코마이신내성장알균(VRE) 감염증
너. 메티실린내성황색포도알균(MRSA) 감염증
더. 다제내성녹농균(MRPA) 감염증
러. 다제내성아시네토박터바우마니균(MRAB) 감염증
머. 장관감염증
버. 급성호흡기감염증
서. 해외유입기생충감염증
어. 엔테로바이러스감염증
저. 사람유두종바이러스 감염증
(2018.3.27 1호~5호개정)
6. "기생충감염병"이란 기생충에 감염되어 발생하는 감염병 중 질병관리청장이 고시하는 감염병을 말한다.
(2020.8.11 본호개정)
7. (2018.3.27 삭제)
8. "세계보건기구 감시대상 감염병"이란 세계보건기구가 국제공중보건의 비상사태에 대비하기 위하여 감시대상으로 정한 질환으로서 질병관리청장이 고시하는 감염병을 말한다.(2020.8.11 본호개정)
9. "생물테러감염병"이란 고의 또는 테러 등을 목적으로 이용된 병원체에 의하여 발생된 감염병 중 질병관리청장이 고시하는 감염병을 말한다.(2020.8.11 본호개정)
10. "성매개감염병"이란 성 접촉을 통하여 전파되는 감염병 중 질병관리청장이 고시하는 감염병을 말한다.
(2020.8.11 본호개정)
11. "인수공통감염병"이란 동물과 사람 간에 서로 전파되는 병원체에 의하여 발생되는 감염병 중 질병관리청장이 고시하는 감염병을 말한다.(2020.8.11 본호개정)
12. "의료관련감염병"이란 환자나 임산부 등이 의료행위를 적용받는 과정에서 발생한 감염병으로서 감시활동이 필요하여 질병관리청장이 고시하는 감염병을 말한다.
(2020.8.11 본호개정)
13. "감염병환자"란 감염병의 병원체가 인체에 침입하여 증상을 나타내는 사람으로서 제11조제6항의 진단 기준에 따른 의사, 치과의사 또는 한의사의 진단이나 제16조의2에 따른 감염병병원체 확인기관의 실험실 검사를 통하여 확인된 사람을 말한다.(2020.3.4 본호개정)
14. "감염병의사환자"란 감염병병원체가 인체에 침입한 것으로 의심이 되나 감염병환자로 확인되기 전 단계에 있는 사람을 말한다.
15. "병원체보유자"란 임상적인 증상은 없으나 감염병병원체를 보유하고 있는 사람을 말한다.
15의2. "감염병의심자"란 다음 각 목의 어느 하나에 해당하는 사람을 말한다.
가. 감염병환자, 감염병의사환자 및 병원체보유자(이하 "감염병환자등"이라 한다)와 접촉하거나 접촉이 의심되는 사람(이하 "접촉자"라 한다)
나. 「검역법」 제2조제7호 및 제8호에 따른 검역관리지역 또는 중점검역관리지역에 체류하거나 그 지역을 경유한 사람으로서 감염이 우려되는 사람
다. 감염병병원체 등 위험요인에 노출되어 감염이 우려되는 사람
(2020.3.4 본호신설)
16. "감시"란 감염병 발생과 관련된 자료, 감염병병원체·매개체에 대한 자료를 체계적이고 지속적으로 수집, 분석 및 해석하고 그 결과를 제때에 필요한 사람에게 배포하여 감염병 예방 및 관리에 사용하도록 하는 일체의 과정을 말한다.(2020.3.4 본호개정)
16의2. "표본감시"란 감염병 중 감염병환자의 발생빈도가 높아 전수조사가 어렵고 중증도가 비교적 낮은 감염병의 발생에 대하여 감시기관을 지정하여 정기적이고 지속적인 의과학적 감시를 실시하는 것을 말한다.
(2019.12.3 본호신설)
17. "역학조사"란 감염병환자등이 발생한 경우 감염병의 차단과 확산 방지 등을 위하여 감염병환자등의 발생 규모를 파악하고 감염원을 추적하는 등의 활동과 감염병 예방접종 후 이상반응 사례가 발생한 경우나 감염병 여부가 불분명하나 그 발병원인을 조사할 필요가 있는 사례가 발생한 경우 그 원인을 규명하기 위하여 하는 활동을 말한다.(2020.3.4 본호개정)
18. "예방접종 후 이상반응"이란 예방접종 후 그 접종으로 인하여 발생할 수 있는 모든 증상 또는 질병으로서 해당 예방접종과 시간적 관련성이 있는 것을 말한다.
19. "고위험병원체"란 생물테러의 목적으로 이용되거나 사고 등에 의하여 외부에 유출될 경우 국민 건강에 심각한 위험을 초래할 수 있는 감염병병원체로서 보건복지부령으로 정하는 것을 말한다.(2010.1.18 본호개정)
20. "관리대상 해외 신종감염병"이란 기존 감염병의 변이 및 변종 또는 기존에 알려지지 아니한 새로운 병원체에 의해 발생하여 국제적으로 보건문제를 야기하고 국내 유입에 대비하여야 하는 감염병으로서 질병관리청장이 보건복지부장관과 협의하여 지정하는 것을 말한다.
(2020.8.11 본호개정)
21. "의료·방역 물품"이란 「약사법」 제2조에 따른 의약품·의약외품, 「의료기기법」 제2조에 따른 의료기기 등 의료 및 방역에 필요한 물품 및 장비로서 질병관리청장이 지정하는 것을 말한다.(2020.12.15 본호신설)

제3조【다른 법률과의 관계】 감염병의 예방 및 관리에 관하여는 다른 법률에 특별한 규정이 있는 경우를 제외하고는 이 법에 따른다.

제4조【국가 및 지방자치단체의 책무】 ① 국가 및 지방자치단체는 감염병환자등의 인간으로서의 존엄과 가치를 존중하고 그 기본적 권리를 보호하며, 법률에 따르지 아니하고는 취업 제한 등의 불이익을 주어서는 아니 된다.
② 국가 및 지방자치단체는 감염병의 예방 및 관리를 위하여 다음 각 호의 사업을 수행하여야 한다.
1. 감염병의 예방 및 방역대책
2. 감염병환자등의 진료 및 보호
3. 감염병 예방을 위한 예방접종계획의 수립 및 시행
4. 감염병에 관한 교육 및 홍보
5. 감염병에 관한 정보의 수집·분석 및 제공
6. 감염병에 관한 조사·연구
7. 감염병병원체(감염병병원체 확인을 위한 혈액, 체액 및 조직 등 검체를 포함한다) 수집·검사·보존·관리 및 약제내성 감시(藥劑耐性 監視)(2020.3.4 본호개정)
8. 감염병 예방 및 관리 등을 위한 전문인력의 양성
(2020.12.15 본호개정)
8의2. 감염병 예방 및 관리 등의 업무를 수행한 전문인력의 보호(2020.12.15 본호신설)
9. 감염병 관리정보 교류 등을 위한 국제협력
10. 감염병의 치료 및 예방을 위한 의료·방역 물품의 비축(2020.12.15 본호개정)
11. 감염병 예방 및 관리사업의 평가(2020.12.15 본호개정)
12. 기후변화, 저출산·고령화 등 인구변동 요인에 따른 감염병 발생조사·연구 및 예방대책 수립(2014.3.18 본호개정)
13. 한센병의 예방 및 진료 업무를 수행하는 법인 또는 단체에 대한 지원
14. 감염병 예방 및 관리를 위한 정보시스템의 구축 및 운영
15. 해외 신종감염병의 국내 유입에 대비한 계획 준비, 교육 및 훈련
16. 해외 신종감염병 발생 동향의 지속적 파악, 위험성 평가 및 관리대상 해외 신종감염병의 지정
17. 관리대상 해외 신종감염병에 대한 병원체 등 정보 수집, 특성 분석, 연구를 통한 예방과 대응체계 마련, 보고서 발간 및 지침(매뉴얼을 포함한다) 고시
(2015.7.6 14호~17호신설)
③ 국가·지방자치단체(교육감을 포함한다)는 감염병의 효율적 치료 및 확산방지를 위하여 질병의 정보, 발생 및 전파 상황을 공유하고 상호 협력하여야 한다.
(2015.7.6 본항신설)
④ 국가 및 지방자치단체는 「의료법」에 따른 의료기관 및 의료인단체와 감염병의 발생 감시·예방을 위하여 관련 정보를 공유하여야 한다.(2015.7.6 본항신설)

제5조【의료인 등의 책무와 권리】 ① 「의료법」에 따른 의료인 및 의료기관의 장 등은 감염병 환자의 진료에 관한 정보를 제공받을 권리가 있고, 감염병 환자의 진단 및 치료 등으로 인하여 발생한 피해에 대하여 보상받을 수 있다.
② 「의료법」에 따른 의료인 및 의료기관의 장 등은 감염병 환자의 진단·관리·치료 등에 최선을 다하여야 하며, 보건복지부장관, 질병관리청장 또는 지방자치단체의 장의 행정명령에 적극 협조하여야 한다.(2020.8.11 본항개정)
③ 「의료법」에 따른 의료인 및 의료기관의 장 등은 국가와 지방자치단체가 수행하는 감염병의 발생 감시와 예방·관리 및 역학조사 업무에 적극 협조하여야 한다.
(2015.7.6 본조개정)

제6조【국민의 권리와 의무】 ① 국민은 감염병으로 격리 및 치료 등을 받은 경우 이로 인한 피해를 보상받을 수 있다.
② 국민은 감염병 발생 상황, 감염병 예방 및 관리 등에 관한 정보와 대응방법을 알 권리가 있고, 국가와 지방자치단체는 신속하게 정보를 공개하여야 한다.
③ 국민은 의료기관에서 이 법에 따른 감염병에 대한 진단 및 치료를 받을 권리가 있고, 국가와 지방자치단체는 이에 소요되는 비용을 부담하여야 한다.(2015.7.6 본항신설)
④ 국민은 치료 및 격리조치 등 국가와 지방자치단체의 감염병 예방 및 관리를 위한 활동에 적극 협조하여야 한다.(2015.7.6 본항신설)
(2015.7.6 본조개정)

제2장 기본계획 및 사업

제7조【감염병 예방 및 관리 계획의 수립 등】 ① 질병관리청장은 보건복지부장관과 협의하여 감염병의 예방 및 관리에 관한 기본계획(이하 "기본계획"이라 한다)을 5년마다 수립·시행하여야 한다.(2020.8.11 본항개정)
② 기본계획에는 다음 각 호의 사항이 포함되어야 한다.
1. 감염병 예방·관리의 기본목표 및 추진방향
2. 주요 감염병의 예방·관리에 관한 사업계획 및 추진방법
2의2. 감염병 대비 의료·방역 물품의 비축 및 관리에 관한 사항(2020.12.15 본호신설)
3. 감염병 전문인력의 양성 방안(2015.7.6 본호개정)
3의2. 「의료법」 제3조제2항 각 호에 따른 의료기관 종별 감염병 위기대응역량의 강화 방안(2015.7.6 본호신설)
4. 감염병 통계 및 정보통신기술 등을 활용한 감염병 정보의 관리 방안(2021.3.9 본호개정)
5. 감염병 관련 정보의 의료기관 간 공유 방안
(2015.7.6 본호신설)
6. 그 밖에 감염병의 예방 및 관리에 필요한 사항
③ 특별시장·광역시장·특별자치시장·도지사·특별자치도지사(이하 "시·도지사"라 한다)와 시장·군수·구청장(자치구의 구청장을 말한다. 이하 같다)은 기본계획에 따라 시행계획을 수립·시행하여야 한다.
(2023.6.13 본항개정)
④ 질병관리청장, 시·도지사 또는 시장·군수·구청장은 기본계획이나 제3항에 따른 시행계획의 수립·시행에 필요한 자료의 제공 등을 관계 행정기관 또는 단체에 요청할 수 있다.(2020.8.11 본항개정)
⑤ 제4항에 따라 요청받은 관계 행정기관 또는 단체는 특별한 사유가 없으면 이에 따라야 한다.

제8조【감염병관리사업지원기구의 운영】 ① 질병관리청장 및 시·도지사는 제7조에 따른 기본계획 및 시행계

회의 시행과 국제협력 등의 업무를 지원하기 위하여 민간전문가 등으로 구성된 감염병관리사업지원기구를 둘 수 있다.(2023.5.19 본항개정)
② 국가 및 지방자치단체는 감염병관리사업지원기구의 운영 등에 필요한 예산을 지원할 수 있다.
③ 제1항 및 제2항에 따른 감염병관리사업지원기구의 설치·운영 및 지원 등에 필요한 사항은 대통령령으로 정한다.
제8조의2【감염병병원】 ① 국가는 감염병의 연구·예방, 전문가 양성 및 교육, 환자의 진료 및 치료 등을 위한 시설, 인력 및 연구능력을 갖춘 중앙감염병전문병원을 설립하거나 지정하여 운영한다.
② 국가는 감염병 환자의 진료 및 치료 등을 위하여 권역별로 보건복지부령으로 정하는 일정규모 이상의 병상(음압병상 및 격리병상을 포함한다)을 갖춘 권역별 감염병 전문병원을 설립하거나 지정하여 운영한다. 이 경우 인구 규모, 지리적 접근성 등을 고려하여 권역을 설정하여야 한다.
③ 국가는 예산의 범위에서 제1항 및 제2항에 따른 중앙감염병전문병원 또는 권역별 감염병전문병원을 설립하거나 지정하여 운영하는 데 필요한 예산을 지원할 수 있다.
④ 국가는 제1항에 따른 중앙감염병전문병원의 업무에 관한 자문 등을 수행하기 위하여 중앙감염병전문병원에 감염병임상위원회를 설치할 수 있다.(2023.8.16 본항신설)
⑤ 제1항 및 제2항에 따른 중앙감염병전문병원 또는 권역별 감염병전문병원을 설립하거나 지정하여 운영하는 데 필요한 절차, 방법, 지원내용 등의 사항은 대통령령으로 정한다.
(2023.8.16 본조개정)
제8조의3【내성균 관리대책】 ① 보건복지부장관은 내성균 발생 예방 및 확산 방지 등을 위하여 제9조에 따른 감염병관리위원회의 심의를 거쳐 내성균 관리대책을 5년마다 수립·추진하여야 한다.
② 내성균 관리대책에는 정책목표 및 방향, 진료환경 개선 등 내성균 확산 방지를 위한 사항 및 감시체계 강화에 관한 사항, 그 밖에 내성균 관리대책에 필요하다고 인정되는 사항이 포함되어야 한다.
③ 내성균 관리대책의 수립 절차 등에 관하여 필요한 사항은 대통령령으로 정한다.
(2016.12.2 본조신설)
제8조의4【업무의 협조】 ① 보건복지부장관은 내성균 관리대책의 수립·시행을 위하여 관계 공무원 또는 관계 전문가의 의견을 듣거나 관계 기관 및 단체 등에 필요한 자료제출 등 협조를 요청할 수 있다.
② 보건복지부장관은 내성균 관리대책의 작성을 위하여 관계 중앙행정기관의 장에게 내성균 관리대책의 정책목표 및 방향과 관련한 자료 또는 의견의 제출 등 필요한 협조를 요청할 수 있다.
③ 제1항 및 제2항에 따른 협조 요청을 받은 자는 정당한 사유가 없으면 이에 따라야 한다.
(2016.12.2 본조신설)
제8조의5【긴급상황실】 ① 질병관리청장은 감염병 정보의 수집·전파, 상황관리, 감염병이 유입되거나 유행하는 긴급한 경우의 초동조치 및 지휘 등의 업무를 수행하기 위하여 상시 긴급상황실을 설치·운영하여야 한다.
(2020.8.11 본항개정)
② 제1항에 따른 긴급상황실의 설치·운영에 필요한 사항은 대통령령으로 정한다.
(2018.3.27 본조신설)
제8조의6【감염병 연구개발 지원 등】 ① 질병관리청장은 감염병에 관한 조사·연구를 위하여 감염병 연구개발 기획 및 치료제·백신 등의 연구개발에 관한 사업을 추진할 수 있다. 이 경우 질병관리청장은 예산의 범위에서 연구개발사업을 하는 기관 또는 단체에 그 연구에 드는 비용을 충당할 자금을 출연금으로 지급할 수 있다.
② 질병관리청장은 제1항에 따른 조사·연구를 위하여 보건복지부령으로 「국가연구개발혁신법」 제2조제4호에 따른 전문기관을 지정 또는 해제한다.
③ 제1항에 따른 출연금의 지급·사용·관리 및 제2항에 따른 전문기관의 지정·운영 등에 관하여 필요한 사항은 「보건의료기술 진흥법」을 준용한다.
④ 질병관리청장은 감염병 치료제·백신 개발 관련 연구기관·대학 및 기업 등의 의뢰를 받아 보건복지부령으로 정하는 바에 따라 감염병 치료제·백신 개발에 관한 시험·분석을 할 수 있다.
⑤ 제4항에 따라 시험·분석을 의뢰하는 자는 보건복지부령으로 정하는 바에 따라 수수료를 내야 한다.
(2023.5.19 본조개정)
제9조【감염병관리위원회】 ① 감염병의 예방 및 관리에 관한 주요 시책을 심의하기 위하여 질병관리청에 감염병관리위원회(이하 "위원회"라 한다)를 둔다.(2020.8.11 본항개정)
② 위원회는 다음 각 호의 사항을 심의한다.
1. 기본계획의 수립
2. 감염병 관련 의료 제공
3. 감염병에 관한 조사 및 연구
4. 감염병의 예방·관리 등에 관한 지식 보급 및 감염병환자등의 인권 증진
5. 제20조에 따른 해부명령에 관한 사항
6. 제32조제3항에 따른 예방접종의 실시기준과 방법에 관한 사항(2021.3.9 본호개정)
6의2. 제33조의2제1항에 따라 제24조의 필수예방접종 및 제25조의 임시예방접종에 사용되는 의약품(이하 "필수예방접종약품등"이라 한다)의 사전 비축 및 장기 구매에 관한 사항(2019.12.3 본호신설)
6의3. 제33조의2제2항에 따른 필수예방접종약품등의 공급의 우선순위 등 분배기준, 그 밖에 필요한 사항의 결정(2019.12.3 본호신설)
7. 제34조에 따른 감염병 위기관리대책의 수립 및 시행
8. 제40조제1항 및 제2항에 따른 예방·치료 의료·방역 물품의 사전 비축, 장기 구매 및 생산에 관한 사항(2020.12.15 본호개정)
8의2. 제40조의2에 따른 의료·방역 물품(「약사법」에 따른 의약품 및 「의료기기법」에 따른 의료기기로 한정한다) 공급의 우선순위 등 분배기준, 그 밖에 필요한 사항의 결정(2022.6.10 본호개정)
8의3. 제40조의6에 따른 개발 중인 백신 또는 의약품의 구매 및 공급에 필요한 계약에 관한 사항(2021.3.9 본호신설)
9. 제71조에 따른 예방접종 등으로 인한 피해에 대한 국가보상에 관한 사항
10. 내성균 관리대책에 관한 사항(2016.12.2 본호신설)
11. 그 밖에 감염병의 예방 및 관리에 관한 사항으로서 위원장이 위원회의 회의에 부치는 사항
제10조【위원회의 구성】 ① 위원회는 위원장 1명과 부위원장 1명을 포함하여 30명 이내의 위원으로 구성한다.
(2018.3.27 본항개정)
② 위원장은 질병관리청장이 되고, 부위원장은 위원 중에서 위원장이 지명하며, 위원은 다음 각 호의 어느 하나에 해당하는 사람 중에서 위원장이 임명하거나 위촉하는 사람으로 한다. 이 경우 공무원이 아닌 위원이 전체 위원의 과반수가 되도록 하여야 한다.(2020.8.11 전단개정)
1. 감염병의 예방 또는 관리 업무를 담당하는 공무원
2. 감염병 또는 감염관리를 전공한 의료인(2015.12.29 본호개정)
3. 감염병과 관련된 전문지식을 소유한 사람
4. 「지방자치법」 제182조에 따른 시·도지사협의체가 추천하는 사람(2021.1.12 본호개정)
5. 「비영리민간단체 지원법」 제2조에 따른 비영리민간단체가 추천하는 사람
6. 그 밖에 감염병에 관한 지식과 경험이 풍부한 사람
③ 위원회의 업무를 효율적으로 수행하기 위하여 위원회의 위원과 외부 전문가로 구성되는 분야별 전문위원회를 둘 수 있다.
④ 제1항부터 제3항까지에서 규정한 사항 외에 위원회 및 전문위원회의 구성·운영 등에 관하여 필요한 사항은 대통령령으로 정한다.

제3장 신고 및 보고

제11조【의사 등의 신고】 ① 의사, 치과의사 또는 한의사는 다음 각 호의 어느 하나에 해당하는 사실(제16조제6항에 따라 표본감시 대상이 되는 제4급감염병으로 인한 경우는 제외한다)이 있으면 소속 의료기관의 장에게 보고하여야 하고, 해당 환자와 그 동거인에게 질병관리청장이 정하는 감염 방지 방법 등을 지도하여야 한다. 다만, 의료기관에 소속되지 아니한 의사, 치과의사 또는 한의사는 그 사실을 관할 보건소장에게 신고하여야 한다.
(2020.8.11 본문개정)
1. 감염병환자등을 진단하거나 그 사체를 검안(檢案)한 경우
2. 예방접종 후 이상반응자를 진단하거나 그 사체를 검안한 경우
3. 감염병환자등이 제1급감염병부터 제3급감염병까지에 해당하는 감염병으로 사망한 경우(2018.3.27 본호개정)
4. 감염병환자로 의심되는 사람이 감염병병원체 검사를 거부하는 경우(2020.3.4 본호신설)
② 제16조의2에 따른 감염병병원체 확인기관의 소속 직원은 실험실 검사 등을 통하여 보건복지부령으로 정하는 감염병환자등을 발견한 경우 그 사실을 그 기관의 장에게 보고하여야 한다.(2020.3.4 본항개정)
③ 제1항 및 제2항에 따라 보고를 받은 의료기관의 장 및 제16조의2에 따른 감염병병원체 확인기관의 장은 제1급감염병의 경우에는 즉시, 제2급감염병 및 제3급감염병의 경우에는 24시간 이내에, 제4급감염병의 경우에는 7일 이내에 질병관리청장 또는 관할 보건소장에게 신고하여야 한다.(2020.8.11 본항개정)
④ 육군, 해군, 공군 또는 국방부 직할 부대에 소속된 군의관은 제1항 각 호의 어느 하나에 해당하는 사실(제16조제6항에 따라 표본감시 대상이 되는 제4급감염병으로 인한 경우는 제외한다)이 있으면 소속 부대장에게 보고하여야 하고, 보고를 받은 소속 부대장은 제1급감염병의 경우에는 즉시, 제2급감염병 및 제3급감염병의 경우에는 24시간 이내에 관할 보건소장에게 신고하여야 한다.(2018.3.27 본항개정)
⑤ 제16조제1항에 따른 감염병 표본감시기관은 제16조제6항에 따라 표본감시 대상이 되는 제4급감염병으로 인하여 제1항제1호 또는 제3호에 해당하는 사실이 있으면 보건복지부령으로 정하는 바에 따라 질병관리청장 또는 관할 보건소장에게 신고하여야 한다.(2020.8.11 본항개정)
⑥ 제1항부터 제5항까지의 규정에 따른 감염병환자등의 진단 기준, 신고의 방법 및 절차 등에 관하여 필요한 사항은 보건복지부령으로 정한다.(2015.7.6 본항개정)
제12조【그 밖의 신고의무자】 ① 다음 각 호의 어느 하나에 해당하는 사람은 제1급감염병부터 제3급감염병까지에 해당하는 감염병 중 보건복지부령으로 정하는 감염병이 발생한 경우에는 의사, 치과의사 또는 한의사의 진단이나 검안을 요구하거나 해당 주소지를 관할하는 보건소장에게 신고하여야 한다.(2018.3.27 본문개정)
1. 일반가정에서는 세대를 같이하는 세대주. 다만, 세대주가 부재 중인 경우에는 그 세대원
2. 학교, 사회복지시설, 병원, 관공서, 회사, 공연장, 예배장소, 선박·항공기·열차 등 운송수단, 각종 사무소·사업소, 음식점, 숙박업소 또는 그 밖에 여러 사람이 모이는 장소로서 보건복지부령으로 정하는 장소의 관리인, 경영자 또는 대표자(2020.12.15 본호개정)
3. 「약사법」에 따른 약사·한약사 및 약국개설자
(2020.12.15 본호신설)
② 제1항에 따른 신고의무자가 아니더라도 감염병환자등 또는 감염병으로 인한 사망자로 의심되는 사람을 발견하면 보건소장에게 알려야 한다.
③ 제1항에 따른 신고의 방법과 기간 및 제2항에 따른 통보의 방법과 절차 등에 관하여 필요한 사항은 보건복지부령으로 정한다.(2015.7.6 본항개정)
제13조【보건소장 등의 보고 등】 ① 제11조 및 제12조에 따라 신고를 받은 보건소장은 그 내용을 관할 특별자치시장·특별자치도지사 또는 시장·군수·구청장에게 보고하여야 하며, 보고를 받은 특별자치시장·특별자치도지사는 질병관리청장에게, 시장·군수·구청장은 질병관리청장 및 시·도지사에게 이를 각각 보고하여야 한다.(2023.6.13 본항개정)
② 제1항에 따라 보고를 받은 질병관리청장, 시·도지사 또는 시장·군수·구청장은 제11조제1항제4호에 해당하는 사람(제1급감염병 환자로 의심되는 경우에 한정한다)에 대하여 감염병병원체 검사를 하게 할 수 있다.
(2020.8.11 본항개정)
③ 제1항에 따른 보고의 방법 및 절차 등에 관하여 필요한 사항은 보건복지부령으로 정한다.
(2020.3.4 본조제목개정)
(2010.1.18 본조개정)
제14조【인수공통감염병의 통보】 ① 「가축전염병예방법」 제11조제1항제2호에 따라 신고를 받은 국립가축방역기관장, 신고대상 가축의 소재지를 관할하는 시장·군수·구청장 또는 시·도 가축방역기관의 장은 같은 법에 따른 가축전염병 중 다음 각 호의 어느 하나에 해당하는 감염병의 경우에는 즉시 질병관리청장에게 통보하여야 한다.
(2020.8.11 본문개정)
1. 탄저
2. 고병원성조류인플루엔자
3. 광견병
4. 그 밖에 대통령령으로 정하는 인수공통감염병
② 제1항에 따른 통보를 받은 질병관리청장은 감염병의 예방 및 확산 방지를 위하여 이 법에 따른 적절한 조치를 취하여야 한다.(2020.8.11 본항개정)
③ 제1항에 따른 신고 또는 통보를 받은 행정기관의 장은 신고자의 요청이 있는 때에는 신고자의 신원을 외부에 공개하여서는 아니 된다.
④ 제1항에 따른 통보의 방법 및 절차 등에 관하여 필요한 사항은 보건복지부령으로 정한다.(2010.1.18 본항개정)
제15조【감염병환자등의 파악 및 관리】 보건소장은 관할구역에 거주하는 감염병환자등에 관하여 제11조 및 제12조에 따른 신고를 받았을 때에는 보건복지부령으로 정하는 바에 따라 기록하고 그 명부(전자문서를 포함한다)를 관리하여야 한다.(2010.1.18 본조개정)

제4장 감염병감시 및 역학조사 등

제16조【감염병 표본감시 등】 ① 질병관리청장은 감염병의 표본감시를 위하여 질병의 특성과 지역을 고려하여 「보건의료기본법」에 따른 보건의료기관이나 그 밖의 기관 또는 단체를 감염병 표본감시기관으로 지정할 수 있다.(2020.8.11 본항개정)
② 질병관리청장, 시·도지사 또는 시장·군수·구청장은 제1항에 따라 지정받은 감염병 표본감시기관(이하 "표본감시기관"이라 한다)의 장에게 감염병의 표본감시와 관련하여 필요한 자료의 제출을 요구하거나 감염병의 예방·관리에 필요한 협조를 요청할 수 있다. 이 경우 표본감시기관은 특별한 사유가 없으면 이에 따라야 한다.
(2020.8.11 전단개정)
③ 질병관리청장, 시·도지사 또는 시장·군수·구청장은 제2항에 따라 수집한 정보 중 국민 건강에 관한 중요한 정보를 관련 기관·단체·시설 또는 국민들에게 제공하여야 한다.(2020.8.11 본항개정)
④ 질병관리청장, 시·도지사 또는 시장·군수·구청장은 표본감시활동에 필요한 경비를 표본감시기관에 지원할 수 있다.(2020.8.11 본항개정)

⑤ 질병관리청장은 표본감시기관이 다음 각 호의 어느 하나에 해당하는 경우에는 그 지정을 취소할 수 있다. (2020.8.11 본문개정)

1. 제2항에 따른 자료 제출 요구 또는 협조 요청에 따르지 아니하는 경우
2. 폐업 등으로 감염병 표본감시 업무를 수행할 수 없는 경우
3. 그 밖에 감염병 표본감시 업무를 게을리하는 등 보건복지부령으로 정하는 경우

(2019.12.3 1호~3호신설)

⑥ 제1항에 따른 표본감시의 대상이 되는 감염병은 제4급감염병으로 하고, 표본감시기관의 지정 및 지정취소의 사유 등에 관하여 필요한 사항은 보건복지부령으로 정한다.(2018.3.27 본항개정)

⑦ 질병관리청장은 감염병이 발생하거나 유행할 가능성이 있어 관련 정보를 확보할 긴급한 필요가 있다고 인정되는 경우 「공공기관의 운영에 관한 법률」에 따른 공공기관 중 대통령령으로 정하는 공공기관의 장에게 정보 제공을 요구할 수 있다. 이 경우 정보 제공을 요구받은 기관의 장은 정당한 사유가 없는 한 이에 따라야 한다. (2020.8.11 전단개정)

⑧ 제7항에 따라 제공되는 정보의 내용, 절차 및 정보의 취급에 필요한 사항은 대통령령으로 정한다.(2015.7.6 본항개정)

제16조의2【감염병병원체 확인기관】 ① 다음 각 호의 기관(이하 "감염병병원체 확인기관"이라 한다)은 실험실 검사 등을 통하여 감염병병원체를 확인할 수 있다.

1. 질병관리청(2020.8.11 본호개정)
2. 질병대응센터(2023.5.19 본호개정)
3. 「보건환경연구원법」 제2조에 따른 보건환경연구원
4. 「지역보건법」 제10조에 따른 보건소
5. 「의료법」 제3조에 따른 의료기관 중 진단검사의학과 전문의가 상근(常勤)하는 기관
6. 「고등교육법」 제4조에 따라 설립된 의과대학 중 진단검사의학과가 개설된 의과대학
7. 「결핵예방법」 제21조에 따라 설립된 대한결핵협회(결핵환자의 병원체를 확인하는 경우만 해당한다)
8. 「민법」 제32조에 따라 한센병환자 등의 치료·재활을 지원할 목적으로 설립된 기관(한센병환자의 병원체를 확인하는 경우만 해당한다)
9. 인체에서 채취한 검사물에 대한 검사를 국가, 지방자치단체, 의료기관 등으로부터 위탁받아 처리하는 기관 중 진단검사의학과 전문의가 상근하는 기관

② 질병관리청장은 감염병병원체 확인의 정확성·신뢰성을 확보하기 위하여 감염병병원체 확인기관의 실험실 검사능력을 평가하고 관리할 수 있다.(2020.8.11 본항개정)

③ 제2항에 따른 감염병병원체 확인기관의 실험실 검사능력 평가 및 관리에 관한 방법, 절차 등에 관하여 필요한 사항은 보건복지부령으로 정한다.

(2020.3.4 본조신설)

제17조【실태조사】 ① 질병관리청장 및 시·도지사는 감염병의 관리 및 감염 실태와 내성균 실태를 파악하기 위하여 실태조사를 실시하고, 그 결과를 공표하여야 한다. (2020.8.11 본항개정)

② 질병관리청장 및 시·도지사는 제1항에 따른 조사를 위하여 의료기관 등 관계 기관·법인 및 단체의 장에게 필요한 자료의 제출 또는 의견의 진술을 요청할 수 있다. 이 경우 요청을 받은 자는 정당한 사유가 없으면 이에 협조하여야 한다.(2020.8.11 전단개정)

③ 제1항에 따른 실태조사에 포함되어야 할 사항과 실태조사의 시기, 방법, 절차 및 공표 등에 관하여 필요한 사항은 보건복지부령으로 정한다.

(2020.3.4 본조개정)

제18조【역학조사】 ① 질병관리청장, 시·도지사 또는 시장·군수·구청장은 감염병이 발생하여 유행할 우려가 있거나, 감염병 여부가 불분명하나 발병원인을 조사할 필요가 있다고 인정하면 지체 없이 역학조사를 하여야 하고, 그 결과에 관한 정보를 필요한 범위에서 해당 의료기관에 제공하여야 한다. 다만, 지역확산 방지 등을 위하여 필요한 경우 다른 의료기관에 제공하여야 한다. (2020.8.11 본문개정)

② 질병관리청장, 시·도지사 또는 시장·군수·구청장은 역학조사를 하기 위하여 역학조사반을 각각 설치하여야 한다.(2020.8.11 본항개정)

③ 누구든지 질병관리청장, 시·도지사 또는 시장·군수·구청장이 실시하는 역학조사에서 다음 각 호의 행위를 하여서는 아니 된다.(2020.8.11 본문개정)

1. 정당한 사유 없이 역학조사를 거부·방해 또는 회피하는 행위
2. 거짓으로 진술하거나 거짓 자료를 제출하는 행위
3. 고의적으로 사실을 누락·은폐하는 행위

(2015.7.6 1호~3호신설)

④ 제1항에 따른 역학조사의 내용과 시기·방법 및 제2항에 따른 역학조사반의 구성·임무 등에 관하여 필요한 사항은 대통령령으로 정한다.

제18조의2【역학조사의 요청】 ① 「의료법」에 따른 의료인 또는 의료기관의 장은 감염병 또는 알 수 없는 원인으로 인한 질병이 발생하였거나 발생할 것이 우려되는 경우 질병관리청장 또는 시·도지사에게 제18조에 따른 역학조사를 실시할 것을 요청할 수 있다.(2020.8.11 본항개정)

② 제1항에 따른 요청을 받은 질병관리청장 또는 시·도지사는 역학조사의 실시 여부 및 그 사유 등을 지체 없이 해당 의료인 또는 의료기관 개설자에게 통지하여야 한다. (2020.8.11 본항개정)

③ 제1항에 따른 역학조사 실시 요청 및 제2항에 따른 통지의 방법·절차 등 필요한 사항은 보건복지부령으로 정한다.

(2015.7.6 본조신설)

제18조의3【역학조사인력의 양성】 ① 질병관리청장은 제60조의2에 따른 역학조사관 또는 수습역학조사관에 대하여 정기적으로 역학조사에 관한 교육·훈련을 실시할 수 있다.

② 제1항에 따른 대상별 교육·훈련 과정 및 그 밖에 필요한 사항은 보건복지부령으로 정한다.

(2023.5.19 본조개정)

제18조의4【자료제출 요구 등】 ① 질병관리청장은 제18조에 따른 역학조사 등을 효율적으로 시행하기 위하여 관계 중앙행정기관의 장, 대통령령으로 정하는 기관·단체 등에 대하여 역학조사에 필요한 자료제출을 요구할 수 있다.(2020.8.11 본항개정)

② 질병관리청장 또는 시·도지사는 감염병과 관련하여 「재난 및 안전관리 기본법」 제38조제2항에 따른 주의 이상의 위기경보가 발령된 경우에는 제18조에 따른 역학조사를 효율적으로 시행하기 위하여 법인·단체·개인 등에 대하여 역학조사에 필요한 자료제출을 요구할 수 있다. (2023.5.19 본항신설)

③ 질병관리청장은 제18조에 따른 역학조사를 실시하는 경우 필요에 따라 관계 중앙행정기관의 장에게 인력 파견 등 필요한 지원을 요청할 수 있다.(2020.8.11 본항개정)

④ 제1항 및 제2항에 따른 자료제출 요구 및 제3항에 따른 지원 요청 등을 받은 자는 특별한 사정이 없으면 이에 따라야 한다.(2023.5.19 본항개정)

⑤ 제1항 및 제2항에 따른 자료제출 요구 및 제3항에 따른 지원 요청 등의 범위와 방법 등에 관하여 필요한 사항은 대통령령으로 정한다.(2023.5.19 본항개정)

제18조의5【감염병 교육의 실시】 ① 국가기관의 장 및 지방자치단체의 장은 소속 공무원 및 직원 등에 대하여 감염병의 예방·관리 및 위기 대응을 위한 교육(이하 "감염병 교육"이라 한다)을 연 1회 이상 실시하고, 그 결과를 질병관리청장에게 제출하여야 한다.

② 「공공기관의 운영에 관한 법률」 제4조에 따른 공공기관의 장은 소속된 임직원 및 종사자에게 감염병 교육을 실시할 수 있다.

③ 질병관리청장은 제1항 및 제2항에 따른 감염병 교육을 효과적으로 실시하기 위하여 관련 교육과정을 개발하여 보급하여야 한다.

④ 제1항 및 제2항에 따른 감염병 교육의 대상과 범위, 내용 및 방법, 제3항에 따른 교육과정 개발 및 보급 등에 필요한 사항은 대통령령으로 정한다.

(2023.9.14 본조신설 : 2024.9.15 시행)

제19조【건강진단】 성매개감염병의 예방을 위하여 종사자의 건강진단이 필요한 직업으로 보건복지부령으로 정하는 직업에 종사하는 사람과 성매개감염병에 감염되어 그 전염을 매개할 상당한 우려가 있다고 특별자치시장·특별자치도지사 또는 시장·군수·구청장이 인정한 사람은 보건복지부령으로 정하는 바에 따라 성매개감염병에 관한 건강진단을 받아야 한다.(2023.6.13 본조개정)

제20조【해부명령】 ① 질병관리청장은 국민 건강에 중대한 위협을 미칠 우려가 있는 감염병으로 사망한 것으로 의심이 되어 시체를 해부(解剖)하지 아니하고는 감염병 여부의 진단과 사망의 원인규명을 할 수 없다고 인정하면 그 시체의 해부를 명할 수 있다.(2020.8.11 본항개정)

② 제1항에 따라 해부를 하려면 미리 「장사 등에 관한 법률」 제2조제16호에 따른 연고자(같은 호 각 목에 규정된 선순위자가 없는 경우에는 그 다음 순위자를 말한다. 이하 "연고자"라 한다)의 동의를 받아야 한다. 다만, 소재불명 및 연락두절 등 미리 연고자의 동의를 받기 어려운 특별한 사정이 있고 해부가 늦어질 경우 감염병 예방과 국민 건강의 보호라는 목적을 달성하기 어렵다고 판단되는 경우에는 연고자의 동의를 받지 아니하고 해부를 명할 수 있다.

③ 질병관리청장은 감염병 전문의, 해부학, 병리학 또는 법의학을 전공한 사람을 해부를 담당하는 의사로 지정하여 해부를 하여야 한다.(2020.8.11 본항개정)

④ 제3항에 따른 해부는 사망자가 걸린 것으로 의심되는 감염병의 종류별로 질병관리청장이 정하여 고시한 생물학적 안전 등급을 갖춘 시설에서 실시하여야 한다. (2020.8.11 본항개정)

⑤ 제3항에 따른 해부를 담당하는 의사의 지정, 감염병 종류별로 갖추어야 할 시설의 기준, 해당 시체의 관리 등에 관하여 필요한 사항은 보건복지부령으로 정한다. (2010.1.18 본항개정)

제20조의2【시신의 장사방법 등】 ① 질병관리청장은 감염병환자등이 사망한 경우(사망 후 감염병병원체를 보유하였던 것으로 확인된 사람을 포함한다) 감염병의 차단과 확산 방지 등을 위하여 필요한 범위에서 그 시신의 장사방법 등을 제한할 수 있다.(2020.8.11 본항개정)

② 질병관리청장은 제1항에 따른 제한을 하려는 경우 연고자에게 해당 조치의 필요성 및 구체적인 방법·절차 등을 미리 설명하여야 한다.(2020.8.11 본항개정)

③ 질병관리청장은 화장시설의 설치·관리자에게 제1항에 따른 조치에 협조하여 줄 것을 요청할 수 있으며, 요청을 받은 화장시설의 설치·관리자는 이에 적극 협조하여야 한다.(2020.8.11 본항개정)

④ 제1항에 따른 제한의 대상·방법·절차 등 필요한 사항은 보건복지부령으로 정한다.

(2015.12.29 본조신설)

제5장 고위험병원체

제21조【고위험병원체의 분리, 분양·이동 및 이동신고】 ① 감염병환자, 식품, 동식물, 그 밖의 환경 등으로부터 고위험병원체를 분리한 자는 지체 없이 고위험병원체의 명칭, 분리된 검체명, 분리 일자 등을 질병관리청장에게 신고하여야 한다.(2020.8.11 본항개정)

② 고위험병원체를 분양·이동받으려는 자는 사전에 고위험병원체의 명칭, 분양 및 이동계획 등을 질병관리청장에게 신고하여야 한다.(2020.8.11 본항개정)

③ 고위험병원체를 이동하려는 자는 사전에 고위험병원체의 명칭과 이동계획 등을 질병관리청장에게 신고하여야 한다.(2020.8.11 본항개정)

④ 질병관리청장은 제1항부터 제3항까지의 신고를 받은 경우 그 내용을 검토하여 이 법에 적합하면 신고를 수리하여야 한다.(2020.8.11 본항개정)

⑤ 질병관리청장은 제1항에 따라 고위험병원체의 분리신고를 받은 경우 현장조사를 실시할 수 있다.(2020.8.11 본항개정)

⑥ 고위험병원체를 보유·관리하는 자는 매년 고위험병원체 보유현황에 대한 기록을 작성하여 질병관리청장에게 제출하여야 한다.(2020.8.11 본항개정)

⑦ 제1항부터 제3항까지에 따른 신고 및 제6항에 따른 기록 작성·제출의 방법 및 절차 등에 관하여 필요한 사항은 보건복지부령으로 정한다.(2020.3.4 본항개정)

제22조【고위험병원체의 반입 허가 등】 ① 감염병의 진단 및 학술 연구 등을 목적으로 고위험병원체를 국내로 반입하려는 자는 다음 각 호의 요건을 갖추어 질병관리청장의 허가를 받아야 한다.(2020.8.11 본문개정)

1. 제23조제1항에 따른 고위험병원체 취급시설을 설치·운영하거나 고위험병원체 취급시설을 설치·운영하고 있는 자와 고위험병원체 취급시설을 사용하는 계약을 체결할 것(2021.10.19 본호개정)
2. 고위험병원체의 안전한 수송 및 비상조치 계획을 수립할 것(2019.12.3 본호신설)
3. 보건복지부령으로 정하는 요건을 갖춘 고위험병원체 전담관리자를 둘 것(2019.12.3 본호신설)

② 제1항에 따라 허가받은 사항을 변경하려는 자는 질병관리청장의 허가를 받아야 한다. 다만, 대통령령으로 정하는 경미한 사항을 변경하려는 경우에는 질병관리청장에게 신고하여야 한다.(2020.8.11 본항개정)

③ 제1항에 따라 고위험병원체의 반입 허가를 받은 자가 해당 고위험병원체를 인수하여 이동하려면 대통령령으로 정하는 바에 따라 그 인수 장소를 지정하고 제21조제1항에 따라 이동계획을 질병관리청장에게 미리 신고하여야 한다. 이 경우 질병관리청장은 그 내용을 검토하여 이 법에 적합하면 신고를 수리하여야 한다.(2020.8.11 본항개정)

④ 질병관리청장은 제1항에 따라 허가를 받은 자가 다음 각 호의 어느 하나에 해당하는 경우에는 그 허가를 취소할 수 있다. 다만, 제1호 또는 제2호에 해당하는 경우에는 그 허가를 취소하여야 한다.

1. 속임수나 그 밖의 부정한 방법으로 허가를 받은 경우
2. 허가를 받은 날부터 1년 이내에 제3항에 따른 인수 신고를 하지 않은 경우
3. 제1항의 요건을 충족하지 못하는 경우

(2021.10.19 본항신설)

⑤ 제1항부터 제4항까지의 규정에 따른 허가, 신고 또는 허가 취소의 방법과 절차 등에 관하여 필요한 사항은 보건복지부령으로 정한다.(2021.10.19 본항개정)

제23조【고위험병원체의 안전관리 등】 ① 고위험병원체를 검사, 보유, 관리 및 이동하려는 자는 그 검사, 보유, 관리 및 이동에 필요한 시설(이하 "고위험병원체 취급시설"이라 한다)을 설치·운영하거나 고위험병원체 취급시설을 설치·운영하고 있는 자와 고위험병원체 취급시설을 사용하는 계약을 체결하여야 한다.(2021.10.19 본항개정)

② 고위험병원체 취급시설을 설치·운영하려는 자는 고위험병원체 취급시설의 안전관리 등급별로 보건복지부장관의 허가를 받거나 질병관리청장에게 신고하여야 한다. 이 경우 고위험병원체 취급시설을 설치·운영하려는 자가 둘 이상인 경우에는 공동으로 허가를 받거나 신고하여야 한다.(2021.10.19 후단신설)

③ 제2항에 따라 허가를 받은 자는 허가받은 사항을 변경하려면 변경허가를 받아야 한다. 다만, 대통령령으로 정하는 경미한 사항을 변경하려면 변경신고를 하여야 한다.

④ 제2항에 따라 신고한 자는 신고한 사항을 변경하려면 변경신고를 하여야 한다.

⑤ 제2항에 따라 허가를 받거나 신고한 자는 고위험병원체 취급시설을 폐쇄하는 경우 그 내용을 질병관리청장에게 신고하여야 한다.(2020.8.11 본항개정)
⑥ 질병관리청장은 제2항, 제4항 및 제5항에 따른 신고를 받은 경우 그 내용을 검토하여 이 법에 적합하면 신고를 수리하여야 한다.(2020.8.11 본항개정)
⑦ 제2항에 따라 허가를 받거나 신고한 자는 고위험병원체 취급시설의 안전관리 등급에 따라 대통령령으로 정하는 안전관리 준수사항을 지켜야 한다.
⑧ 질병관리청장은 고위험병원체를 검사, 보유, 관리 및 이동하는 자가 제7항에 따른 안전관리 준수사항 및 제9항에 따른 허가 및 신고 기준을 지키고 있는지 여부 등을 점검할 수 있다.(2020.8.11 본항개정)
⑨ 제1항부터 제5항까지의 규정에 따른 고위험병원체 취급시설의 안전관리 등급, 설치·운영 허가 및 신고의 기준과 절차, 폐쇄 신고의 기준과 절차 등에 필요한 사항은 대통령령으로 정한다.
(2020.3.4 본조개정)

제23조의2【고위험병원체 취급시설의 허가취소 등】 ① 질병관리청장은 제23조제2항에 따라 고위험병원체 취급시설 설치·운영의 허가를 받거나 신고를 한 자가 다음 각 호의 어느 하나에 해당하는 경우에는 그 허가를 취소하거나 고위험병원체 취급시설의 폐쇄를 명하거나 1년 이내의 기간을 정하여 그 시설의 운영을 정지하도록 명할 수 있다. 다만, 제1호에 해당하는 경우에는 허가를 취소하거나 고위험병원체 취급시설의 폐쇄를 명하여야 한다.
(2020.8.11 본문개정)
1. 속임수나 그 밖의 부정한 방법으로 허가를 받거나 신고한 경우
2. 제23조제3항 또는 제4항에 따른 변경허가를 받지 아니하거나 변경신고를 하지 아니하고 허가 내용 또는 신고 내용을 변경한 경우
3. 제23조제7항에 따른 안전관리 준수사항을 지키지 아니한 경우(2020.3.4 본호개정)
4. 제23조제9항에 따른 허가 또는 신고의 기준에 미달한 경우(2020.3.4 본호개정)

② 제1항에 따라 허가가 취소되거나 고위험병원체 취급시설의 폐쇄명령을 받은 자는 보유하고 있는 고위험병원체를 90일 이내에 폐기하고 그 결과를 질병관리청장에게 보고하여야 한다. 다만, 질병관리청장은 본문에 따라 고위험병원체를 폐기 및 보고하여야 하는 자가 천재지변 등 부득이한 사유로 기한 내에 처리할 수 없어 기한의 연장을 요청하는 경우에는 90일의 범위에서 그 기한을 연장할 수 있다.(2021.10.19 본항신설)
③ 제1항에 따라 허가가 취소되거나 고위험병원체 취급시설의 폐쇄명령을 받은 자가 보유하고 있는 고위험병원체를 제2항의 기한 이내에 폐기 및 보고하지 아니하는 경우에는 질병관리청장은 해당 고위험병원체를 폐기할 수 있다.(2021.10.19 본항신설)
④ 제2항 및 제3항에 따른 고위험병원체의 폐기 방법 및 절차 등에 필요한 사항은 보건복지부령으로 정한다.
(2021.10.19 본항신설)
(2017.12.12 본조신설)

제23조의3【생물테러감염병병원체의 보유허가 등】 ① 감염병의 진단 및 학술연구 등을 목적으로 생물테러감염병을 일으키는 병원체 중 보건복지부령으로 정하는 병원체(이하 "생물테러감염병병원체"라 한다)를 보유하고자 하는 자는 사전에 질병관리청장의 허가를 받아야 한다. 다만, 감염병의사환자로부터 생물테러감염병병원체를 분리한 후 보유하는 경우 등 대통령령으로 정하는 부득이한 사정으로 사전에 허가를 받을 수 없는 경우에는 보유 즉시 허가를 받아야 한다.(2020.8.11 본문개정)
② 제22조제1항에 따라 국내반입허가를 받은 경우에는 제1항에 따른 허가를 받은 것으로 본다.
③ 제1항에 따라 허가받은 사항을 변경하고자 하는 경우에는 질병관리청장의 변경허가를 받아야 한다. 다만, 고위험병원체를 취급하는 사람의 변경 등 대통령령으로 정하는 경미한 사항을 변경하려는 경우에는 질병관리청장에게 변경신고를 하여야 한다.(2020.8.11 본항개정)
④ 질병관리청장은 제1항에 따라 생물테러감염병병원체의 보유허가를 받은 자가 속임수나 그 밖의 부정한 방법으로 허가를 받은 경우에는 그 허가를 취소하여야 한다.
(2021.10.19 본항신설)
⑤ 제1항부터 제4항까지의 규정에 따른 허가, 변경허가, 변경신고 또는 허가취소의 방법 및 절차 등에 관하여 필요한 사항은 보건복지부령으로 정한다.(2021.10.19 본항개정)
(2019.12.3 본조신설)

제23조의4【고위험병원체의 취급 기준】 ① 고위험병원체는 다음 각 호의 어느 하나에 해당하는 사람만 취급할 수 있다.
1. 「고등교육법」 제2조제4호에 따른 전문대학 이상의 대학에서 보건의료 또는 생물 관련 분야를 전공하고 졸업한 사람 또는 이와 동등한 학력을 가진 사람
2. 「고등교육법」 제2조제4호에 따른 전문대학 이상의 대학을 졸업한 사람 또는 이와 동등 이상의 학력을 가진 사람으로서 보건의료 또는 생물 관련 분야 외의 분야를 전공하고 2년 이상의 보건의료 또는 생물 관련 분야의 경력이 있는 사람
3. 「초·중등교육법」 제2조제3호에 따른 고등학교·고등기술학교를 졸업한 사람 또는 이와 동등 이상의 학력을 가진 사람으로서 4년 이상의 보건의료 또는 생물 관련 분야의 경력이 있는 사람

② 누구든지 제1항 각 호의 어느 하나에 해당하지 아니하는 사람에게 고위험병원체를 취급하도록 하여서는 아니 된다.
③ 제1항 각 호의 학력 및 경력에 관한 구체적인 사항은 보건복지부령으로 정한다.
(2019.12.3 본조신설)

제23조의5【고위험병원체 취급 교육】 ① 고위험병원체를 취급하는 사람은 고위험병원체의 안전한 취급을 위하여 매년 필요한 교육을 받아야 한다.
② 질병관리청장은 제1항에 따른 교육을 보건복지부령으로 정하는 전문 기관 또는 단체에 위탁할 수 있다.
(2020.8.11 본항개정)
③ 제1항 및 제2항에 따른 교육 및 교육의 위탁 등에 필요한 사항은 보건복지부령으로 정한다.
(2019.12.3 본조신설)

제6장 예방접종

제24조【필수예방접종】 ① 특별자치시장·특별자치도지사 또는 시장·군수·구청장은 다음 각 호의 질병에 대하여 관할 보건소를 통하여 필수예방접종(이하 "필수예방접종"이라 한다)을 실시하여야 한다.(2023.6.13 본문개정)
1. 디프테리아
2. 폴리오
3. 백일해
4. 홍역
5. 파상풍
6. 결핵
7. B형간염
8. 유행성이하선염
9. 풍진
10. 수두
11. 일본뇌염
12. b형헤모필루스인플루엔자(2013.3.22 본호신설)
13. 폐렴구균(2014.3.18 본호신설)
14. 인플루엔자(2016.12.2 본호신설)
15. A형간염(2018.3.27 본호신설)
16. 사람유두종바이러스 감염증(2018.3.27 본호신설)
17. 그룹 A형 로타바이러스 감염증(2023.3.28 본호신설)
18. 그 밖에 질병관리청장이 감염병의 예방을 위하여 필요하다고 인정하여 지정하는 감염병(2020.8.11 본호개정)

② 특별자치시장·특별자치도지사 또는 시장·군수·구청장은 제1항에 따른 필수예방접종업무를 대통령령으로 정하는 바에 따라 관할구역 안에 있는 「의료법」에 따른 의료기관에 위탁할 수 있다.(2023.6.13 본항개정)
③ 특별자치시장·특별자치도지사 또는 시장·군수·구청장은 필수예방접종 대상 아동 부모(아동의 법정대리인을 포함한다)에게 보건복지부령으로 정하는 바에 따라 필수예방접종을 사전에 알려야 한다. 이 경우 「개인정보 보호법」 제24조에 따른 고유식별정보를 처리할 수 있다.
(2024.1.23 전단개정)
(2018.3.27 본조제목개정)

제25조【임시예방접종】 ① 특별자치시장·특별자치도지사 또는 시장·군수·구청장은 다음 각 호의 어느 하나에 해당하면 관할 보건소를 통하여 임시예방접종(이하 "임시예방접종"이라 한다)을 하여야 한다.
1. 질병관리청장이 감염병 예방을 위하여 특별자치시장·특별자치도지사 또는 시장·군수·구청장에게 예방접종을 실시할 것을 요청한 경우
2. 특별자치시장·특별자치도지사 또는 시장·군수·구청장이 감염병 예방을 위하여 예방접종이 필요하다고 인정하는 경우
(2023.6.13 본항개정)

② 제1항에 따른 임시예방접종업무의 위탁에 관하여는 제24조제2항을 준용한다.

제26조【예방접종의 공고】 특별자치시장·특별자치도지사 또는 시장·군수·구청장은 임시예방접종을 할 경우에는 예방접종의 일시 및 장소, 예방접종의 종류, 예방접종을 받을 사람의 범위를 정하여 미리 인터넷 홈페이지에 공고하여야 한다. 다만, 제32조제3항에 따른 예방접종의 실시기준 등이 변경될 경우에는 그 변경 사항을 미리 인터넷 홈페이지에 공고하여야 한다.(2023.6.13 본조개정)

제26조의2【예방접종 내역의 사전확인】 ① 보건소장 및 제24조제2항(제25조제2항에서 준용하는 경우를 포함한다)에 따라 예방접종업무를 위탁받은 의료기관의 장은 예방접종을 하기 전에 대통령령으로 정하는 바에 따라 예방접종을 받으려는 사람 본인 또는 법정대리인의 동의를 받아 해당 예방접종을 받으려는 사람의 예방접종 내역을 확인하여야 한다. 다만, 예방접종을 받으려는 사람 또는 법정대리인의 동의를 받지 못한 경우에는 그러하지 아니하다.
② 제1항 본문에 따라 예방접종을 확인하는 경우 제33조의4에 따른 예방접종통합관리시스템을 활용하여 그 내역을 확인할 수 있다.(2019.12.3 본항개정)
(2015.12.29 본조신설)

제27조【예방접종증명서】 ① 질병관리청장, 특별자치시장·특별자치도지사 또는 시장·군수·구청장은 필수예방접종 또는 임시예방접종을 받은 사람 본인 또는 법정대리인에게 보건복지부령으로 정하는 바에 따라 예방접종증명서를 발급하여야 한다.(2023.6.13 본항개정)
② 특별자치시장·특별자치도지사 또는 시장·군수·구청장이 아닌 자가 이 법에 따른 예방접종을 한 때에는 질병관리청장, 특별자치시장·특별자치도지사 또는 시장·군수·구청장은 보건복지부령으로 정하는 바에 따라 해당 예방접종을 한 자로 하여금 예방접종증명서를 발급하게 할 수 있다.(2023.6.13 본항개정)
③ 제1항 및 제2항에 따른 예방접종증명서는 전자문서를 이용하여 발급할 수 있다.

제28조【예방접종 기록의 보존 및 보고 등】 ① 특별자치시장·특별자치도지사 또는 시장·군수·구청장은 필수예방접종 및 임시예방접종을 하거나, 제2항에 따라 보고를 받은 경우에는 보건복지부령으로 정하는 바에 따라 예방접종에 관한 기록을 작성·보관하여야 하고, 특별자치시장·특별자치도지사는 질병관리청장에게, 시장·군수·구청장은 질병관리청장 및 시·도지사에게 그 내용을 각각 보고하여야 한다.
② 특별자치시장·특별자치도지사 또는 시장·군수·구청장이 아닌 자가 이 법에 따른 예방접종을 하면 보건복지부령으로 정하는 바에 따라 특별자치시장·특별자치도지사 또는 시장·군수·구청장에게 보고하여야 한다.
(2023.6.13 본조개정)

제29조【예방접종에 관한 역학조사】 질병관리청장, 시·도지사 또는 시장·군수·구청장은 다음 각 호의 구분에 따라 조사를 실시하고, 예방접종 후 이상반응 사례가 발생하면 그 원인을 밝히기 위하여 제18조에 따라 역학조사를 하여야 한다.(2020.8.11 본문개정)
1. 질병관리청장 : 예방접종의 효과 및 예방접종 후 이상반응에 관한 조사(2020.8.11 본호개정)
2. 시·도지사 또는 시장·군수·구청장 : 예방접종 후 이상반응에 관한 조사

제29조의2【예방접종 후 이상반응에 대한 검사】 ① 「의료법」에 따른 의료인 및 의료기관의 장은 필수예방접종 또는 임시예방접종 후 혈소판감소성 혈전증 등 보건복지부령으로 정하는 이상반응이 나타나거나 의심되는 사람을 발견한 경우에는 질병관리청장에게 이상반응에 대한 검사를 의뢰할 수 있다.
② 제1항에 따라 의뢰받은 질병관리청장은 검사를 실시하여야 한다.
③ 제1항 및 제2항에 따른 검사항목, 검사의뢰 방법 및 절차, 검사방법은 질병관리청장이 정한다.
(2023.9.14 본조신설)

제30조【예방접종피해조사반】 ① 제71조제1항 및 제2항에 규정된 예방접종으로 인한 질병·장애·사망의 원인 규명 및 피해 보상 등을 조사하고 제72조제1항에 따른 제3자의 고의 또는 과실 유무를 조사하기 위하여 질병관리청에 예방접종피해조사반을 둔다.(2020.8.11 본항개정)
② 제1항에 따른 예방접종피해조사반의 설치 및 운영 등에 관하여 필요한 사항은 대통령령으로 정한다.

제31조【예방접종 완료 여부의 확인】 ① 특별자치시장·특별자치도지사 또는 시장·군수·구청장은 초등학교와 중학교의 장에게 「학교보건법」 제10조에 따른 예방접종 완료 여부에 대한 검사 기록을 제출하도록 요청할 수 있다.
② 특별자치시장·특별자치도지사 또는 시장·군수·구청장은 「유아교육법」에 따른 유치원의 장과 「영유아보육법」에 따른 어린이집의 원장에게 보건복지부령으로 정하는 바에 따라 영유아의 예방접종 여부를 확인하도록 요청할 수 있다.
③ 특별자치시장·특별자치도지사 또는 시장·군수·구청장은 제1항에 따른 제출 기록 및 제2항에 따른 확인 결과를 확인하여 예방접종을 끝내지 못한 영유아, 학생 등이 있으면 그 영유아 또는 학생 등에게 예방접종을 하여야 한다.
(2023.6.13 본조개정)

제32조【예방접종의 실시주간 및 실시기준 등】 ① 질병관리청장은 국민의 예방접종에 대한 관심을 높여 감염병에 대한 예방접종을 활성화하기 위하여 예방접종주간을 설정할 수 있다.(2020.8.11 본항개정)
② 누구든지 거짓이나 그 밖의 부정한 방법으로 예방접종을 받아서는 아니 된다.(2021.3.9 본항신설)
③ 예방접종의 실시기준과 방법 등에 관하여 필요한 사항은 보건복지부령으로 정한다.
(2010.1.18 본조개정)

제32조의2【예방접종 휴가】 ① 사업주는 이 법에 따른 예방접종을 받은 근로자에게 유급휴가를 줄 수 있다. 이 경우 국가 및 지방자치단체는 필요한 경우 사업주에게 해당 유급휴가를 위한 비용을 지원할 수 있다.
② 국가 및 지방자치단체는 「고용보험법」 제2조제1호에 따른 피보험자 등 대통령령으로 정하는 사람으로서 제1항에 따른 유급휴가를 사용하지 못하는 경우 그 비용을 지원할 수 있다.
③ 제1항 및 제2항에 따른 예방접종 및 비용의 지원 범위, 신청·지원 절차 등에 필요한 사항은 대통령령으로 정한다.
(2023.5.19 본조신설)

제33조【예방접종약품의 계획 생산】 ① 질병관리청장은 예방접종약품의 국내 공급이 부족하다고 판단되는 경우 등 보건복지부령으로 정하는 경우에는 예산의 범위에서 감염병의 예방접종에 필요한 수량의 예방접종약품을 미리 계산하여 「약사법」 제31조에 따른 의약품 제조업자(이하 "의약품 제조업자"라 한다)에게 생산하게 할 수 있으며, 예방접종약품을 연구하는 자 등을 지원할 수 있다.
② 질병관리청장은 보건복지부령으로 정하는 바에 따라 제1항에 따른 예방접종약품의 생산에 드는 비용의 전부 또는 일부를 해당 의약품 제조업자에게 미리 지급할 수 있다.
(2020.8.11 본조개정)

제33조의2【필수예방접종약품등의 비축 등】 ① 질병관리청장은 제24조에 따른 필수예방접종 및 제25조에 따른 임시예방접종이 원활하게 이루어질 수 있도록 하기 위하여 필요한 필수예방접종약품등을 위원회의 심의를 거쳐 미리 비축하거나 장기 구매를 위한 계약을 미리 할 수 있다.
② 질병관리청장은 제1항에 따라 비축한 필수예방접종약품등의 공급의 우선순위 등 분배기준, 그 밖에 필요한 사항을 위원회의 심의를 거쳐 정할 수 있다.
(2020.8.11 본조개정)

제33조의3【필수예방접종약품등의 생산 계획 등의 보고】 「약사법」 제31조 및 같은 법 제42조에 따른 품목허가를 받거나 신고를 한 자 중 필수예방접종의약품등을 생산·수입하거나 하려는 자는 보건복지부령으로 정하는 바에 따라 필수예방접종약품등의 생산·수입 계획(계획의 변경을 포함한다) 및 실적을 질병관리청장에게 보고하여야 한다.(2020.8.11 본조개정)

제33조의4【예방접종통합관리시스템의 구축·운영 등】
① 질병관리청장은 예방접종업무에 필요한 각종 자료 또는 정보의 효율적 처리와 기록·관리업무의 전산화를 위하여 예방접종통합관리시스템(이하 "통합관리시스템"이라 한다)을 구축·운영하여야 한다.(2020.8.11 본항개정)
② 질병관리청장은 통합관리시스템을 구축·운영하기 위하여 다음 각 호의 자료를 수집·관리·보유할 수 있으며, 관련 기관 및 단체에 필요한 자료의 제공을 요청할 수 있다. 이 경우 자료의 제공을 요청받은 기관 및 단체는 정당한 사유가 없으면 이에 따라야 한다.(2020.8.11 전단개정)
1. 예방접종 대상자의 인적사항(「개인정보 보호법」 제24조에 따른 고유식별정보 등 대통령령으로 정하는 개인정보를 포함한다)
2. 예방접종을 받은 사람의 이름, 접종명, 접종일시 등 예방접종 실시 내역
3. 예방접종 위탁 의료기관 개설 정보, 제11조 및 제13조에 따른 예방접종 후 이상반응 신고·보고 내용, 제29조에 따른 예방접종에 관한 역학조사 내용, 제71조에 따른 예방접종 피해보상 신청 내용 등 그 밖에 예방접종업무를 하는 데에 필요한 자료로서 대통령령으로 정하는 자료
(2023.3.28 본호개정)
③ 보건소장 및 제24조제2항(제25조제2항에서 준용하는 경우를 포함한다)에 따라 예방접종업무를 위탁받은 의료기관의 장은 이 법에 따른 예방접종을 하면 제2항제2호의 정보를 대통령령으로 정하는 바에 따라 통합관리시스템에 입력하여야 한다.
④ 질병관리청장은 대통령령으로 정하는 바에 따라 통합관리시스템을 활용하여 예방접종 대상 아동 부모에게 자녀의 예방접종 내역을 제공하거나 예방접종증명서 발급을 지원할 수 있다. 이 경우 예방접종 내역 제공 또는 예방접종증명서 발급의 적정성을 확인하기 위하여 법원행정처장에게 「가족관계의 등록 등에 관한 법률」 제11조에 따른 등록전산정보자료를 요청할 수 있으며, 법원행정처장은 정당한 사유가 없으면 이에 따라야 한다.
(2020.8.11 전단개정)
⑤ 통합관리시스템은 예방접종업무와 관련된 다음 각 호의 정보시스템과 전자적으로 연계하여 활용할 수 있다.
1. 「초·중등교육법」 제30조의4에 따른 교육정보시스템
2. 「유아교육법」 제19조의2에 따른 유아교육정보시스템
3. 「민원 처리에 관한 법률」 제12조의2제3항에 따른 통합전자민원창구 등 그 밖에 보건복지부령으로 정하는 정보시스템(2022.1.11 본호개정)
⑥ 제1항부터 제5항까지의 정보의 보호 및 관리에 관한 사항은 이 법에서 규정된 것을 제외하고는 「개인정보 보호법」의 규정에 따른다.
(2015.12.29 본조신설)

제7장 감염 전파의 차단 조치

제34조【감염병 위기관리대책의 수립·시행】 ① 보건복지부장관 및 질병관리청장은 감염병의 확산 또는 해외 신종감염병의 국내 유입으로 인한 재난상황에 대처하기 위하여 위원회의 심의를 거쳐 감염병 위기관리대책(이하 "감염병 위기관리대책"이라 한다)을 수립·시행하여야 한다.(2020.8.11 본항개정)
② 감염병 위기관리대책에는 다음 각 호의 사항이 포함되어야 한다.
1. 재난상황 발생 및 해외 신종감염병 유입에 대한 대응체계 및 기관별 역할
2. 재난 및 위기상황의 판단, 위기경보 결정 및 관리체계
3. 감염병위기 시 동원하여야 할 의료인 등 전문인력, 시설, 의료기관의 명부 작성
(2015.7.6 1호~3호개정)
4. 의료·방역 물품의 비축방안 및 조달방안
(2020.12.15 본호개정)
5. 재난 및 위기상황별 국민행동요령, 동원 대상 인력, 시설, 기관에 대한 교육 및 도상연습, 제1급감염병 등 긴급한 대처가 필요한 감염병에 대한 위기대응 등 실제 상황대비 훈련(2023.9.14 본호개정)
5의2. 감염취약계층에 대한 유형별 보호조치 방안 및 사회복지시설의 유형별·전파상황별 대응방안
(2021.3.9 본호신설)
6. 그 밖에 재난상황 및 위기상황 극복을 위하여 필요하다고 보건복지부장관 및 질병관리청장이 인정하는 사항(2020.8.11 본호개정)
③ 보건복지부장관 및 질병관리청장은 감염병 위기관리대책에 따른 정기적인 훈련을 실시하여야 한다.
(2020.8.11 본항개정)
④ 감염병 위기관리대책의 수립 및 시행 등에 필요한 사항은 대통령령으로 정한다.

제34조의2【감염병위기 시 정보공개】 ① 질병관리청장, 시·도지사 및 시장·군수·구청장은 국민의 건강에 위해가 되는 감염병 확산으로 인하여 「재난 및 안전관리 기본법」 제38조제2항에 따른 주의 이상의 위기경보가 발령되면 감염병 환자의 이동경로, 이동수단, 진료의료기관 및 접촉자 현황, 감염병의 지역별·연령대별 발생 및 검사 현황 등 국민들이 감염병 예방을 위하여 알아야 하는 정보를 정보통신망 게재 또는 보도자료 배포 등의 방법으로 신속히 공개하여야 한다. 다만, 성별, 나이, 그 밖에 감염병 예방과 관계없다고 판단되는 정보로서 대통령령으로 정하는 정보는 제외하여야 한다.(2021.3.9 본문개정)
② 질병관리청장, 시·도지사 및 시장·군수·구청장은 제1항에 따라 공개한 정보가 그 공개목적의 달성 등으로 공개될 필요가 없어진 때에는 지체 없이 그 공개된 정보를 삭제하여야 한다.(2020.9.29 본항신설)
③ 누구든지 제1항에 따라 공개된 사항이 다음 각 호의 어느 하나에 해당하는 경우에는 질병관리청장, 시·도지사 또는 시장·군수·구청장에게 서면이나 말로 또는 정보통신망을 이용하여 이의신청을 할 수 있다.
(2020.9.29 본문개정)
1. 공개된 사항이 사실과 다른 경우
2. 공개된 사항에 관하여 의견이 있는 경우
(2020.3.4 본항신설)
④ 질병관리청장, 시·도지사 또는 시장·군수·구청장은 제3항에 따라 신청한 이의가 상당한 이유가 있다고 인정하는 경우에는 지체 없이 공개된 정보의 정정 등 필요한 조치를 하여야 한다.(2020.9.29 본항개정)
⑤ 제1항부터 제3항까지에 따른 정보공개 및 삭제와 이의신청의 범위, 절차 및 방법 등에 관하여 필요한 사항은 보건복지부령으로 정한다.(2020.9.29 본항개정)

제35조【시·도별 감염병 위기관리대책의 수립 등】 ① 질병관리청장은 제34조제1항에 따라 수립한 감염병 위기관리대책을 시·도지사에게 알려야 한다.(2020.8.11 본항개정)
② 시·도지사는 제1항에 따라 통보된 감염병 위기관리대책에 따라 특별시·광역시·특별자치시·도·특별자치도(이하 "시·도"라 한다)별 감염병 위기관리대책을 수립·시행하여야 한다.(2023.6.13 본항개정)

제35조의2【재난 시 의료인에 대한 거짓 진술 등의 금지】 누구든지 감염병에 관하여 「재난 및 안전관리 기본법」 제38조제2항에 따른 주의 이상의 예보 또는 경보가 발령된 후에는 의료인에 대하여 의료기관 내원(內院)이력 및 진료이력 등 감염 여부 확인에 필요한 사실에 관하여 거짓 진술, 거짓 자료를 제출하거나 고의적으로 사실을 누락·은폐하여서는 아니 된다.(2017.12.12 본조개정)

제36조【감염병관리기관의 지정 등】 ① 보건복지부장관, 질병관리청장 또는 시·도지사는 보건복지부령으로 정하는 바에 따라 「의료법」 제3조에 따른 의료기관을 감염병관리기관으로 지정하여야 한다.(2020.8.11 본항개정)
② 시장·군수·구청장은 보건복지부령으로 정하는 바에 따라 「의료법」에 따른 의료기관을 감염병관리기관으로 지정할 수 있다.
③ 제1항 및 제2항에 따라 지정받은 의료기관(이하 "감염병관리기관"이라 한다)의 장은 바에 따라 감염병을 예방하고 감염병환자등을 진료하는 시설(이하 "감염병관리시설"이라 한다)을 설치하여야 한다. 이 경우 보건복지부령으로 정하는 일정규모 이상의 감염병관리기관에는 감염병의 전파를 막기 위하여 전실(前室) 및 음압시설(陰壓施設) 등을 갖춘 1인 병실을 보건복지부령으로 정하는 기준에 따라 설치하여야 한다.
④ 보건복지부장관, 질병관리청장, 시·도지사 또는 시장·군수·구청장은 감염병관리시설의 설치 및 운영에 드는 비용을 감염병관리기관에 지원하여야 한다.
(2020.8.11 본항개정)
⑤ 감염병관리기관이 아닌 의료기관이 감염병관리시설을 설치·운영하려면 보건복지부령으로 정하는 바에 따라 특별자치시장·특별자치도지사 또는 시장·군수·구청장에게 신고하여야 한다. 이 경우 특별자치시장·특별자치도지사 또는 시장·군수·구청장은 그 내용을 검토하여 이 법에 적합하면 신고를 수리하여야 한다.
(2023.6.13 본항개정)
⑥ 보건복지부장관, 질병관리청장, 시·도지사 또는 시장·군수·구청장은 감염병 발생 등 긴급상황 발생 시 감염병관리기관에 진료개시 등 필요한 사항을 지시할 수 있다.(2020.8.11 본항개정)
(2020.3.4 본조개정)

제37조【감염병위기 시 감염병관리기관의 설치 등】 ① 보건복지부장관, 질병관리청장, 시·도지사 또는 시장·군수·구청장은 감염병환자가 대량으로 발생하거나 제36조에 따라 지정된 감염병관리기관만으로 감염병환자등을 모두 수용하기 어려운 경우에는 다음 각 호의 조치를 취할 수 있다.(2020.8.11 본문개정)
1. 제36조에 따라 지정된 감염병관리기관이 아닌 의료기관을 일정 기간 동안 감염병관리기관으로 지정
2. 격리소·요양소 또는 진료소의 설치·운영
② 제1항제1호에 따라 지정된 감염병관리기관의 장은 보건복지부령으로 정하는 바에 따라 감염병관리시설을 설치하여야 한다.(2010.1.18 본항개정)
③ 보건복지부장관, 질병관리청장, 시·도지사 또는 시장·군수·구청장은 제2항에 따른 시설의 설치 및 운영에 드는 비용을 감염병관리기관에 지원하여야 한다.
(2020.8.11 본항개정)
④ 제1항제1호에 따라 지정된 감염병관리기관의 장은 정당한 사유없이 제2항의 명령을 거부할 수 없다.
⑤ 보건복지부장관, 질병관리청장, 시·도지사 또는 시장·군수·구청장은 감염병 발생 등 긴급상황 발생 시 감염병관리기관에 진료개시 등 필요한 사항을 지시할 수 있다.(2020.8.11 본항개정)

제38조【감염병환자등의 입소 거부 금지】 감염병관리기관은 정당한 사유 없이 감염병환자등의 입소(入所)를 거부할 수 없다.

제39조【감염병관리시설 등의 설치 및 관리방법】 감염병관리시설 및 제37조에 따른 격리소·요양소 또는 진료소의 설치 및 관리방법 등에 관하여 필요한 사항은 보건복지부령으로 정한다.(2010.1.18 본조개정)

제39조의2【감염병관리시설 평가】 질병관리청장, 시·도지사 및 시장·군수·구청장은 감염병관리시설을 정기적으로 평가하고 그 결과를 시설의 감독·지원 등에 반영할 수 있다. 이 경우 평가의 방법, 절차, 시기 및 감독·지원의 내용 등은 보건복지부령으로 정한다.
(2020.8.11 전단개정)

제39조의3【감염병의심자 격리시설 지정】 ① 시·도지사는 감염병 발생 또는 유행 시 감염병의심자를 격리하기 위한 시설(이하 "감염병의심자 격리시설"이라 한다)을 지정하여야 한다. 다만, 「의료법」 제3조에 따른 의료기관은 감염병의심자 격리시설로 지정할 수 없다.
② 질병관리청장 또는 시·도지사는 감염병의심자가 대량으로 발생하거나 제1항에 따라 지정된 감염병의심자 격리시설만으로 감염병의심자를 모두 수용하기 어려운 경우에는 제1항에 따라 감염병의심자 격리시설로 지정되지 아니한 시설을 일정기간 동안 감염병의심자 격리시설로 지정할 수 있다.
③ 제1항 및 제2항에 따른 감염병의심자 격리시설의 지정 및 관리 방법 등에 필요한 사항은 보건복지부령으로 정한다.
(2020.12.15 본조개정)

제40조【생물테러감염병 등에 대비한 의료·방역 물품의 비축】 ① 질병관리청장은 생물테러감염병 및 그 밖의 감염병의 대유행이 우려되면 위원회의 심의를 거쳐 예방·치료 의료·방역 물품의 품목을 정하여 미리 비축하거나 장기 구매를 위한 계약을 미리 할 수 있다.
(2020.12.15 본항개정)
② 질병관리청장은 「약사법」 제31조제2항에도 불구하고 생물테러감염병이나 그 밖의 감염병의 대유행이 우려되면 예방·치료 의약품을 정하여 의약품 제조업자에게 생산하게 할 수 있다.
③ 질병관리청장은 제2항에 따른 예방·치료 의약품의 효과와 이상반응에 관하여 조사하고, 이상반응 사례가 발생하면 제18조에 따라 역학조사를 하여야 한다.
(2020.12.15 본조제목개정)
(2020.8.11 본조개정)

제40조의2【감염병 대비 의료·방역 물품 공급의 우선순위 등 분배기준】 질병관리청장은 생물테러감염병이나 그 밖의 감염병의 대유행에 대비하여 제40조제1항 및 제2항에 따라 비축하거나 생산한 의료·방역 물품(「약사법」에 따른 의약품 및 「의료기기법」에 따른 의료기기로 한정한다) 공급의 우선순위 등 분배기준, 그 밖에 필요한 사항을 위원회의 심의를 거쳐 정할 수 있다. 이 경우 분배기준을 정할 때에는 다음 각 호의 어느 하나에 해당하는 지역에 의료·방역 물품이 우선 분배될 수 있도록 노력하여야 한다.
1. 감염병 확산으로 인하여 「재난 및 안전관리 기본법」 제60조에 따른 특별재난지역으로 선포된 지역
2. 감염병이 급속히 확산하거나 확산될 우려가 있는 지역으로서 치료병상 현황, 환자 중증도 등을 고려하여 질병관리청장이 정하는 지역
(2022.6.10 1호~2호신설)
(2022.6.10 본조개정)

제40조의3【수출금지 등】 ① 보건복지부장관은 제1급감염병의 유행으로 그 예방·방역 및 치료에 필요한 의료·방역 물품 중 보건복지부령으로 정하는 물품의 급격한 가격상승 또는 공급부족으로 국민건강을 현저하게 저해할 우려가 있을 때에는 그 물품의 수출이나 국외 반출을 금지할 수 있다.(2020.12.15 본항개정)
② 보건복지부장관은 제1항에 따른 금지를 하려면 미리 관계 중앙행정기관의 장과 협의하여야 하고, 금지 기간을 미리 정하여 공표하여야 한다.
(2020.3.4 본조신설)

제40조의4【지방자치단체의 감염병 대비 의료·방역 물품의 비축】 시·도지사 또는 시장·군수·구청장은 감염병의 확산 또는 해외 신종감염병의 국내 유입으로 인한 재난상황에 대처하기 위하여 감염병 대비 의료·방역 물품을 비축·관리하고, 재난상황 발생 시 이를 지급하는 등 필요한 조치를 취할 수 있다.(2020.12.15 본조개정)

제40조의5【감염병관리통합정보시스템】 ① 질병관리청장은 감염병의 예방·관리·치료 업무에 필요한 각종 자료 또는 정보의 효율적 처리와 기록·관리 업무의 전산화를 위하여 감염병환자등, 「의료법」에 따른 의료인, 의약품 및 장비 등을 관리하는 감염병관리통합정보시스템(이하 "감염병정보시스템"이라 한다)을 구축·운영할 수 있다.
② 질병관리청장은 감염병정보시스템을 구축·운영하기 위하여 다음 각 호의 자료를 수집·관리·보유 및 처리할 수 있으며, 관련 기관 및 단체에 필요한 자료의 입력 또는 제출을 요청할 수 있다. 이 경우 자료의 입력 또는 제출을 요청받은 기관 및 단체는 정당한 사유가 없으면 이에 따라야 한다.
1. 감염병환자등의 인적사항(「개인정보 보호법」 제24조에 따른 고유식별정보 등 대통령령으로 정하는 개인정보를 포함한다)
2. 감염병 치료내용, 그 밖에 감염병환자등에 대한 예방·관리·치료 업무에 필요한 자료로서 대통령령으로 정하는 자료
③ 감염병정보시스템은 다음 각 호의 정보시스템과 전자적으로 연계하여 활용할 수 있다. 이 경우 연계를 통하여 수집할 수 있는 자료 또는 정보는 감염병환자등에 대한 예방·관리·치료 업무를 위한 것으로 한정한다.
1. 「주민등록법」 제28조제1항에 따른 주민등록전산정보를 처리하는 정보시스템
2. 「지역보건법」 제5조제1항에 따른 지역보건의료정보시스템
3. 「식품안전기본법」 제24조의2에 따른 통합식품안전정보망
4. 「가축전염병 예방법」 제3조의3에 따른 국가가축방역통합정보시스템
5. 「재난관리자원의 관리 등에 관한 법률」 제46조에 따른 재난관리자원 통합관리시스템(2023.1.17 본호개정)
6. 「결핵예방법」 제7조제2항에 따른 결핵통합관리시스템(2023.8.16 본호신설)
7. 그 밖에 대통령령으로 정하는 정보시스템
④ 제1항에서 제3항까지의 규정에 따른 정보의 보호 및 관리에 관한 사항은 이 법에서 규정된 것을 제외하고는 「개인정보 보호법」 및 「공공기관의 정보공개에 관한 법률」을 따른다.
⑤ 감염병정보시스템의 구축·운영 및 감염병 관련 정보의 요청 방법 등에 관하여 필요한 사항은 보건복지부령으로 정한다.
(2020.9.29 본조신설)

제40조의6【생물테러감염병 등에 대비한 개발 중인 백신 및 치료제 구매 특례】 ① 질병관리청장은 생물테러감염병 및 그 밖의 감염병의 대유행에 대하여 기존의 백신이나 의약품으로 대처하기 어렵다고 판단되는 경우 「국가를 당사자로 하는 계약에 관한 법률」에도 불구하고 위원회의 심의를 거쳐 개발 중인 백신이나 의약품의 구매 및 공급에 필요한 계약을 할 수 있다.
② 공무원이 제1항에 따른 계약 및 계약 이행과 관련된 업무를 적극적으로 처리한 결과에 대하여 그의 행위에 고의나 중대한 과실이 없는 경우에는 「국가공무원법」 등 관계법령에 따른 징계 또는 문책 등 책임을 묻지 아니한다.
③ 제1항에 따른 계약의 대상 및 절차, 그 밖에 필요한 사항은 질병관리청장이 기획재정부장관과 협의하여 정한다.
(2021.3.9 본조신설)

제41조【감염병환자등의 관리】 ① 감염병 중 특히 전파 위험이 높은 감염병으로서 제1급감염병 및 질병관리청장이 고시한 감염병에 걸린 감염병환자등은 감염병관리기관, 중앙감염병전문병원, 권역별 감염병전문병원 및 감염병관리시설을 갖춘 의료기관(이하 "감염병관리기관등"이라 한다)에서 입원치료를 받아야 한다.(2023.8.16 본항개정)
② 질병관리청장, 시·도지사 또는 시장·군수·구청장은 다음 각 호의 어느 하나에 해당하는 사람에게 자가(自家)치료, 제37조제1항제2호에 따라 설치·운영하는 시설에서의 치료(이하 "시설치료"라 한다) 또는 의료기관 입원치료를 하게 할 수 있다.
1. 제1항에도 불구하고 의사가 자가치료 또는 시설치료가 가능하다고 판단하는 사람(2020.8.12 본호신설)
2. 제1항에 따른 입원치료 대상자가 아닌 사람
3. 감염병의심자
③ 보건복지부장관, 질병관리청장, 시·도지사 또는 시장·군수·구청장은 다음 각 호의 어느 하나에 해당하는 경우 제1항 또는 제2항에 따라 치료 중인 사람을 다른 감염병관리기관등이나 감염병관리기관등이 아닌 의료기관으로 전원(轉院)하거나, 자가 또는 제37조제1항제2호에 따라 설치·운영하는 시설로 이송(이하 "전원등"이라 한다)하여 치료받게 할 수 있다.(2020.9.29 본문개정)
1. 중증도의 변경이 있는 경우
2. 의사가 입원치료의 필요성이 없다고 판단하는 경우
3. 격리병상이 부족한 경우 등 질병관리청장이 전원등의 조치가 필요하다고 인정하는 경우
(2020.8.12 본항신설)
④ 감염병환자등은 제3항에 따른 조치를 따라야 하며, 정당한 사유 없이 이를 거부할 경우 치료에 드는 비용은 본인이 부담한다.(2020.8.12 본항신설)
⑤ 제1항 및 제2항에 따른 입원치료, 자가치료, 시설치료의 방법 및 절차, 제3항에 따른 전원등의 방법 및 절차 등에 관하여 필요한 사항은 대통령령으로 정한다.
(2020.8.12 본조개정)

제41조의2【사업주의 협조의무】 ① 사업주는 근로자가 이 법에 따라 입원 또는 격리되는 경우 「근로기준법」 제60조 외에 그 입원 또는 격리기간 동안 유급휴가를 줄 수 있다. 이 경우 사업주가 국가로부터 유급휴가를 위한 비용을 지원 받을 때에는 유급휴가를 주어야 한다.
② 사업주는 제1항에 따른 유급휴가를 이유로 해고나 그 밖의 불리한 처우를 하여서는 아니 되며, 유급휴가 기간에는 그 근로자를 해고하지 못한다. 다만, 사업을 계속할 수 없는 경우에는 그러하지 아니하다.
③ 국가는 제1항에 따른 유급휴가를 위한 비용을 지원할 수 있다.
④ 제3항에 따른 비용의 지원 범위 및 신청·지원 절차 등 필요한 사항은 대통령령으로 정한다.
(2015.12.29 본조신설)

제42조【감염병에 관한 강제처분】 ① 질병관리청장, 시·도지사 또는 시장·군수·구청장은 해당 공무원으로 하여금 다음 각 호의 어느 하나에 해당하는 감염병환자등이 있다고 인정되는 주거시설, 선박·항공기·열차 등 운송수단 또는 그 밖의 장소에 들어가 필요한 조사나 진찰을 하게 할 수 있으며, 그 진찰 결과 감염병환자등으로 인정될 때에는 동행하여 치료받게 하거나 입원시킬 수 있다.(2020.8.11 본문개정)
1. 제1급감염병(2018.3.27 본호개정)
2. 제2급감염병 중 결핵, 홍역, 콜레라, 장티푸스, 파라티푸스, 세균성이질, 장출혈성대장균감염증, A형간염, 수막구균 감염증, 폴리오, 성홍열 또는 질병관리청장이 정하는 감염병(2020.8.11 본호개정)
3. (2018.3.27 삭제)
4. 제3급감염병 중 질병관리청장이 정하는 감염병
(2020.8.11 본호개정)
5. 세계보건기구 감시대상 감염병
6. (2018.3.27 삭제)
② 질병관리청장, 시·도지사 또는 시장·군수·구청장은 제1급감염병이 발생한 경우 해당 공무원으로 하여금 감염병의심자에게 다음 각 호의 조치를 하게 할 수 있다. 이 경우 해당 공무원은 감염병 증상 유무를 확인하기 위하여 필요한 조사나 진찰을 할 수 있다.(2020.9.29 전단개정)
1. 자가(自家) 또는 시설에 격리
1의2. 제1호에 따른 격리에 필요한 이동수단의 제한
(2020.9.29 본호신설)
2. 유선·무선 통신, 정보통신기술을 활용한 기기 등을 이용한 감염병의 증상 유무 확인이나 위치정보의 수집. 이 경우 위치정보의 수집은 제1호에 따라 격리된 사람으로 한정한다.(2020.9.29 본호개정)
3. 감염 여부 검사(2020.9.29 본호신설)
(2020.3.4 본항신설)
③ 질병관리청장, 시·도지사 또는 시장·군수·구청장은 제2항에 따른 조사나 진찰 결과 감염병환자등으로 인정된 사람에 대해서는 해당 공무원과 동행하여 치료받게 하거나 입원시킬 수 있다.(2020.8.11 본항개정)
④ 질병관리청장, 시·도지사 또는 시장·군수·구청장은 제1항·제2항에 따른 조사·진찰이나 제13조제2항에 따른 검사를 거부하는 사람(이하 이 조에서 "조사거부자"라 한다)에 대해서는 해당 공무원으로 하여금 감염병관리기관에 동행하여 필요한 조사나 진찰을 받게 하여야 한다.(2020.8.11 본항개정)
⑤ 제1항부터 제4항까지에 따라 조사·진찰·격리·치료 또는 입원 조치를 하거나 동행하는 공무원은 그 권한을 증명하는 증표를 지니고 이를 관계인에게 보여주어야 한다.(2020.3.4 본항개정)
⑥ 질병관리청장, 시·도지사 또는 시장·군수·구청장은 제2항부터 제4항까지 및 제7항에 따른 조사·진찰·격리·치료 또는 입원 조치를 위하여 필요한 경우에는 관할 경찰서장에게 협조를 요청할 수 있다. 이 경우 요청을 받은 관할 경찰서장은 정당한 사유가 없으면 이에 따라야 한다.(2020.8.11 전단개정)
⑦ 질병관리청장, 시·도지사 또는 시장·군수·구청장은 조사거부자를 자가 또는 감염병관리시설에 격리할 수 있으며, 제4항에 따른 조사·진찰 결과 감염병환자등으로 인정될 때에는 감염병관리시설에서 치료받게 하거나 입원시켜야 한다.(2020.8.11 본항개정)
⑧ 질병관리청장, 시·도지사 또는 시장·군수·구청장은 감염병의심자 또는 조사거부자가 감염병환자등이 아닌 것으로 인정되면 제2항 또는 제7항에 따른 격리 조치를 즉시 해제하여야 한다.(2020.8.11 본항개정)
⑨ 질병관리청장, 시·도지사 또는 시장·군수·구청장은 제7항에 따라 조사거부자를 치료·입원시킨 경우 그 사실을 조사거부자의 보호자에게 통지하여야 한다. 이 경우 통지의 방법·절차 등에 관하여 필요한 사항은 제43조를 준용한다.(2020.8.11 전단개정)
⑩ 제8항에도 불구하고 정당한 사유 없이 격리 조치가 해제되지 아니하는 경우 감염병의심자 및 조사거부자는 구제청구를 할 수 있으며, 그 절차 및 방법 등에 대해서는 「인신보호법」을 준용한다. 이 경우 "감염병의심자 및 조사거부자"는 "피수용자"로, 격리 조치를 명한 "질병관리청장, 시·도지사 또는 시장·군수·구청장"은 "수용자"로 본다(다만, 「인신보호법」 제6조제1항제3호는 적용을 제외한다).(2020.8.11 후단개정)
⑪ 제1항부터 제4항까지 및 제7항에 따라 조사·진찰·격리·치료를 하는 기관의 지정 기준, 제2항에 따른 감염병의심자에 대한 격리나 증상여부 확인 방법 등 필요한 사항은 대통령령으로 정한다.(2020.3.4 본항개정)
⑫ 제2항제2호에 따라 수집된 위치정보의 저장·보호·이용 및 파기 등에 관한 사항은 「위치정보의 보호 및 이용 등에 관한 법률」을 따른다.(2020.9.29 본항신설)

제43조【감염병환자등의 입원 통지】 ① 질병관리청장, 시·도지사 또는 시장·군수·구청장은 감염병환자등이 제41조에 따른 입원치료가 필요한 경우에는 그 사실을 입원치료 대상자와 그 보호자에게 통지하여야 한다.
(2020.8.11 본항개정)
② 제1항에 따른 통지의 방법·절차 등에 관하여 필요한 사항은 보건복지부령으로 정한다.
(2010.1.18 본조개정)

제43조의2【격리자에 대한 격리 통지】 ① 질병관리청장, 시·도지사 또는 시장·군수·구청장은 제42조제2항·제3항 및 제7항, 제47조제3호 또는 제49조제1항제14호에 따른 입원 또는 격리 조치를 할 때에는 그 사실을 입원 또는 격리 대상자와 그 보호자에게 통지하여야 한다.
(2020.8.11 본항개정)
② 제1항에 따른 통지의 방법·절차 등에 관하여 필요한 사항은 보건복지부령으로 정한다.
(2020.3.4 본조신설)

제44조【수감 중인 환자의 관리】 교도소장은 수감자로서 감염병에 감염된 자에게 감염병의 전파를 차단하기 위한 조치와 적절한 의료를 제공하여야 한다.

제45조【업무 종사의 일시 제한】 ① 감염병환자등은 보건복지부령으로 정하는 바에 따라 업무의 성질상 일반인과 접촉하는 일이 많은 직업에 종사할 수 없고, 누구든지 감염병환자등을 그러한 직업에 고용할 수 없다.
(2010.1.18 본항개정)
② 제19조에 따른 성매개감염병에 관한 건강진단을 받아야 할 자가 건강진단을 받지 아니한 때에는 같은 조에 따른 직업에 종사할 수 없으며 해당 영업을 영위하는 자는 건강진단을 받지 아니한 자를 그 영업에 종사하게 하여서는 아니 된다.

제46조【건강진단 및 예방접종 등의 조치】 질병관리청장, 시·도지사 또는 시장·군수·구청장은 보건복지부령으로 정하는 바에 따라 다음 각 호의 어느 하나에 해당하는 사람에게 건강진단을 받거나 감염병 예방에 필요한 예방접종을 받게 하는 등의 조치를 할 수 있다.(2020.8.11 본문개정)
1. 감염병환자등의 가족 또는 그 동거인
2. 감염병 발생지역에 거주하는 사람 또는 그 지역에 출입하는 사람으로서 감염병에 감염되었을 것으로 의심되는 사람
3. 감염병환자등과 접촉하여 감염병에 감염되었을 것으로 의심되는 사람

제47조【감염병 유행에 대한 방역 조치】 질병관리청장, 시·도지사 또는 시장·군수·구청장은 감염병이 유행하면 감염병 전파를 막기 위하여 다음 각 호에 해당하는 모든 조치를 하거나 그에 필요한 일부 조치를 하여야 한다.(2020.8.11 본문개정)
1. 감염병병원체에 오염되었거나 오염되었다고 인정되는 장소에 대한 다음 각 목의 조치
(2015.7.6 본문개정)
가. 일시적 폐쇄
나. 일반 공중의 출입금지
다. 해당 장소 내 이동제한
라. 그 밖에 통행차단을 위하여 필요한 조치
(2015.7.6 가목~라목신설)
2. 의료기관에 대한 업무 정지(2015.7.6 본호신설)
3. 감염병의심자를 적당한 장소에 일정한 기간 입원 또는 격리시키는 것(2020.3.4 본호개정)
4. 감염병병원체에 오염되었거나 오염되었다고 의심되는 물건을 사용·접수·이동하거나 버리는 행위 또는 해당 물건의 세척을 금지하거나 태우거나 폐기처분하는 것

5. 감염병병원체에 오염된 장소에 대한 소독이나 그 밖에 필요한 조치를 명하는 것
6. 일정한 장소에서 세탁하는 것을 막거나 오물을 일정한 장소에서 처리하도록 명하는 것

제48조【오염장소 등의 소독 조치】 ① 육군·해군·공군 소속 부대의 장, 국방부직할부대의 장 및 제12조제1항 각 호의 어느 하나에 해당하는 사람은 감염병환자등이 발생한 장소나 감염병병원체에 오염되었다고 의심되는 장소에 대하여 의사, 한의사 또는 관계 공무원의 지시에 따라 소독이나 그 밖에 필요한 조치를 하여야 한다.
② 제1항에 따른 소독 등의 조치에 관하여 필요한 사항은 보건복지부령으로 정한다.(2010.1.18 본항개정)

제8장 예방 조치

제49조【감염병의 예방 조치】 ① 질병관리청장, 시·도지사 또는 시장·군수·구청장은 감염병을 예방하기 위하여 다음 각 호에 해당하는 모든 조치를 하거나 그에 필요한 일부 조치를 하여야 하며, 보건복지부장관은 감염병을 예방하기 위하여 제2호, 제2호의2부터 제2호의4까지, 제12호 및 제12호의2에 해당하는 조치를 할 수 있다.
(2021.3.9 본문개정)
1. 관할 지역에 대한 교통의 전부 또는 일부를 차단하는 것
2. 흥행, 집회, 제례 또는 그 밖의 여러 사람의 집합을 제한하거나 금지하는 것
2의2. 감염병 전파의 위험성이 있는 장소 또는 시설의 관리자·운영자 및 이용자 등에 대하여 출입자 명단 작성, 마스크 착용 등 방역지침의 준수를 명하는 것
2의3. 버스·열차·선박·항공기 등 감염병 전파가 우려되는 운송수단의 이용자에 대하여 마스크 착용 등 방역지침의 준수를 명하는 것
2의4. 감염병 전파가 우려되어 지역 및 기간을 정하여 마스크 착용 등 방역지침 준수를 명하는 것
(2020.8.12 2호의2~2호의4신설)
3. 건강진단, 시체 검안 또는 해부를 실시하는 것
4. 감염병 전파의 위험성이 있는 음식물의 판매·수령을 금지하거나 그 음식물의 폐기나 그 밖에 필요한 처분을 명하는 것
5. 인수공통감염병 예방을 위하여 살처분(殺處分)에 참여한 사람 또는 인수공통감염병에 드러난 사람 등에 대한 예방조치를 명하는 것
6. 감염병 전파의 매개가 되는 물건의 소지·이동을 제한·금지하거나 그 물건에 대하여 폐기, 소각 또는 그 밖에 필요한 처분을 명하는 것
7. 선박·항공기·열차 등 운송 수단, 사업장 또는 그 밖에 여러 사람이 모이는 장소에 의사를 배치하거나 감염병 예방에 필요한 시설의 설치를 명하는 것
8. 공중위생에 관계있는 시설 또는 장소에 대한 소독이나 그 밖에 필요한 조치를 명하거나 상수도·하수도·우물·쓰레기장·화장실의 신설·개조·변경·폐지 또는 사용을 금지하는 것
9. 쥐, 위생해충 또는 그 밖의 감염병 매개동물의 구제(驅除) 또는 구제시설의 설치를 명하는 것
10. 일정한 장소에서의 어로(漁撈)·수영 또는 일정한 우물의 사용을 제한하거나 금지하는 것
11. 감염병 매개의 중간 숙주가 되는 동물류의 포획 또는 생식을 금지하는 것
12. 감염병 유행기간 중 의료인·의료업자 및 그 밖에 필요한 의료관계요원을 동원하는 것(2015.12.29 본호개정)
12의2. 감염병 유행기간 중 의료기관 병상, 연수원·숙박시설 등 시설을 동원하는 것(2020.8.12 본호신설)
13. 감염병병원체에 오염되었거나 오염되었을 것으로 의심되는 시설 또는 장소에 대한 소독이나 그 밖에 필요한 조치를 명하는 것(2020.9.29 본호개정)
14. 감염병의심자를 적당한 장소에 일정한 기간 입원 또는 격리시키는 것(2020.3.4 본호개정)
② 시·도지사 또는 시장·군수·구청장은 제1항제8호 및 제10호에 따라 식수를 사용하지 못하게 하려면 그 사용금지기간 동안 별도로 식수를 공급하여야 하며, 제1항제1호·제2호·제6호·제8호·제10호 및 제11호에 따른 조치를 하려면 그 사실을 주민에게 미리 알려야 한다.
③ 시·도지사 또는 시장·군수·구청장은 제1항제2호의2의 조치를 따르지 아니한 관리자·운영자에게 해당 장소나 시설의 폐쇄를 명하거나 3개월 이내의 기간을 정하여 운영의 중단을 명할 수 있다. 다만, 운영중단 명령을 받은 자가 그 운영중단기간 중에 운영을 계속한 경우에는 해당 장소나 시설의 폐쇄를 명하여야 한다.
(2021.3.9 본문개정)
④ 제3항에 따라 장소나 시설의 폐쇄 또는 운영 중단 명령을 받은 관리자·운영자는 정당한 사유가 없으면 이에 따라야 한다.(2021.3.9 본항신설)
⑤ 시·도지사 또는 시장·군수·구청장은 제3항에 따른 폐쇄 명령에도 불구하고 관리자·운영자가 그 운영을 계속하는 경우에는 관계 공무원에게 해당 장소나 시설을 폐쇄하기 위한 다음 각 호의 조치를 하게 할 수 있다.
(2021.3.9 본문개정)
1. 해당 장소나 시설의 간판이나 그 밖의 표지판의 제거
2. 해당 장소나 시설이 제3항에 따라 폐쇄된 장소나 시설임을 알리는 게시물 등의 부착
(2020.9.29 본항신설)
⑥ 제3항에 따른 장소나 시설의 폐쇄를 명한 시·도지사 또는 시장·군수·구청장은 위기경보 또는 방역지침의 변경으로 장소 또는 시설 폐쇄의 필요성이 없어진 경우, 「재난 및 안전관리 기본법」 제11조의 지역위원회 심의를 거쳐 폐쇄 중단 여부를 결정할 수 있다.(2021.3.9 본항신설)
⑦ 제3항에 따른 행정처분의 기준은 그 위반행위의 종류와 위반 정도 등을 고려하여 보건복지부령으로 정한다.
(2020.9.29 본항신설)
[판례] 헌법 제23조에서 보장하는 재산권은 사적 유용성 및 그에 대한 원칙적 처분권을 내포하는 재산가치 있는 구체적 권리로, 구체적인 권리가 아닌 단순한 이익이나 재화의 획득에 관한 기회 또는 기업활동의 사실적·법적 여건 등은 재산권 보장의 대상에 포함되지 않는다. 감염병예방법 제49조제1항제2호에 근거한 집합제한 조치로 인해 일반음식점 영업이 제한되어 영업이익이 감소되었다고 하더라도, 영업 시설·장비 등에 대한 구체적인 사용·수익 및 처분 권한을 제한받는 것이 아니기 때문에 보상 규정의 부재가 재산권을 제한한다고 볼 수 없다.(헌재결 2023.6.29, 2020헌마1669)

제49조의2【감염취약계층의 보호 조치】 ① 보건복지부장관, 시·도지사 또는 시장·군수·구청장은 호흡기와 관련된 감염병으로부터 저소득층과 사회복지시설을 이용하는 어린이, 노인, 장애인 및 기타 보건복지부령으로 정하는 대상(이하 "감염취약계층"이라 한다)을 보호하기 위하여 「재난 및 안전관리 기본법」 제38조제2항에 따른 주의 이상의 위기경보가 발령된 경우 감염취약계층에게 의료·방역 물품(「약사법」에 따른 의약외품으로 한정한다) 지급 등 필요한 조치를 취할 수 있다.
(2020.12.15 본항개정)
② 질병관리청장, 시·도지사 또는 시장·군수·구청장은 「재난 및 안전관리 기본법」 제38조제2항에 따른 주의 이상의 위기경보가 발령된 경우 감염취약계층이 이용하는 「사회복지사업법」 제2조제4호의 사회복지시설에 대하여 소독이나 그 밖에 필요한 조치를 명할 수 있다.
(2021.3.9 본항신설)
③ 제1항에 따른 감염병의 종류, 감염취약계층의 범위 및 지급절차 등에 관하여 필요한 사항은 보건복지부령으로 정한다.
(2020.3.4 본조신설)

제49조의3【의료인, 환자 및 의료기관 보호를 위한 한시적 비대면 진료】 ① 의료업에 종사하는 의료인(「의료법」 제2조에 따른 의료인 중 의사·치과의사·한의사만 해당한다. 이하 이 조에서 같다)은 감염병과 관련하여 「재난 및 안전관리 기본법」 제38조제2항에 따른 심각 단계 이상의 위기경보가 발령된 때에는 환자, 의료인 및 의료기관 등을 감염의 위험에서 보호하기 위하여 필요하다고 인정하는 경우 「의료법」 제33조제1항에도 불구하고 보건복지부장관이 정하는 범위에서 유선·무선·화상통신, 컴퓨터 등 정보통신기술을 활용하여 의료기관 외부에 있는 환자에게 건강 또는 질병의 지속적 관찰, 진단, 상담 및 처방을 할 수 있다.
② 보건복지부장관은 위원회의 심의를 거쳐 제1항에 따른 한시적 비대면 진료의 지역, 기간 등 범위를 결정한다.
(2020.12.15 본조신설)

제50조【그 밖의 감염병 예방 조치】 ① 육군·해군·공군 소속 부대의 장, 국방부직할부대의 장 및 제12조제1항제2호에 해당하는 사람은 감염병환자등이 발생하였거나 발생할 우려가 있으면 소독이나 그 밖에 필요한 조치를 하여야 하고, 특별자치시장·특별자치도지사 또는 시장·군수·구청장과 협의하여 감염병 예방에 필요한 추가 조치를 하여야 한다.(2023.6.13 본항개정)
② 교육부장관 또는 교육감은 감염병 발생 등을 이유로 「학교보건법」 제2조제2호의 학교에 대하여 「초·중등교육법」 제64조에 따른 휴업 또는 휴교를 명령하거나 「유아교육법」 제31조에 따른 휴업 또는 휴원을 명령할 경우 질병관리청장과 협의하여야 한다.(2020.8.11 본항개정)

제51조【소독 의무】 ① 특별자치시장·특별자치도지사 또는 시장·군수·구청장은 감염병을 예방하기 위하여 청소나 소독을 실시하거나 쥐, 위생해충 등의 구제조치(이하 "소독"이라 한다)를 하여야 한다. 이 경우 소독은 사람의 건강과 자연에 유해한 영향을 최소화하여 안전하게 실시하여야 한다.(2023.6.13 전단개정)
② 제1항에 따른 소독의 기준과 방법은 보건복지부령으로 정한다.(2020.3.4 본항신설)
③ 공동주택, 숙박업소 등 여러 사람이 거주하거나 이용하는 시설 중 대통령령으로 정하는 시설을 관리·운영하는 자는 보건복지부령으로 정하는 바에 따라 감염병 예방에 필요한 소독을 하여야 한다.(2010.1.18 본항개정)
④ 제3항에 따라 소독을 하여야 하는 시설의 관리·운영자는 제52조제1항에 따라 소독업의 신고를 한 자에게 소독하게 하여야 한다. 다만, 「공동주택관리법」 제2조제1항 제15호에 따른 주택관리업자가 제52조제1항에 따른 소독장비를 갖추었을 때에는 그가 관리하는 공동주택은 직접 소독할 수 있다.(2020.3.4 본문개정)

제52조【소독업의 신고 등】 ① 소독을 업으로 하려는 자(제51조제4항 단서에 따른 주택관리업자는 제외한다)는 보건복지부령으로 정하는 시설·장비 및 인력을 갖추어 특별자치시장·특별자치도지사 또는 시장·군수·구청장에게 신고하여야 한다. 신고한 사항을 변경하려는 경우에도 또한 같다.(2023.6.13 전단개정)
② 특별자치시장·특별자치도지사 또는 시장·군수·구청장은 제1항에 따른 신고를 받은 경우 그 내용을 검토하여 이 법에 적합하면 신고를 수리하여야 한다.(2023.6.13 본항개정)
③ 특별자치시장·특별자치도지사 또는 시장·군수·구청장은 제1항에 따라 소독업의 신고를 한 자(이하 "소독업자"라 한다)가 다음 각 호의 어느 하나에 해당하면 소독업 신고가 취소된 것으로 본다.(2023.6.13 본문개정)
1. 「부가가치세법」 제8조제8항에 따라 관할 세무서장에게 폐업 신고를 한 경우(2020.12.22 본호개정)
2. 「부가가치세법」 제8조제9항에 따라 관할 세무서장이 사업자등록을 말소한 경우(2020.12.22 본호개정)
3. 제53조제1항에 따른 휴업이나 폐업 신고를 하지 아니하고 소독업에 필요한 시설 등이 없어진 상태가 6개월 이상 계속된 경우(2020.3.4 본호개정)
④ 특별자치시장·특별자치도지사 또는 시장·군수·구청장은 제3항에 따른 소독업 신고가 취소된 것으로 보기 위하여 필요한 경우 관할 세무서장에게 소독업자의 폐업 여부에 대한 정보 제공을 요청할 수 있다. 이 경우 요청을 받은 관할 세무서장은 「전자정부법」 제36조제1항에 따라 소독업자의 폐업 여부에 대한 정보를 제공하여야 한다.
(2023.6.13 본항개정)

제53조【소독업의 휴업 등의 신고】 ① 소독업자가 그 영업을 30일 이상 휴업하거나 폐업하려면 보건복지부령으로 정하는 바에 따라 특별자치시장·특별자치도지사 또는 시장·군수·구청장에게 신고하여야 한다.
② 소독업자가 휴업한 후 재개업을 하려면 보건복지부령으로 정하는 바에 따라 특별자치시장·특별자치도지사 또는 시장·군수·구청장에게 신고하여야 한다. 이 경우 특별자치시장·특별자치도지사 또는 시장·군수·구청장은 그 내용을 검토하여 이 법에 적합하면 신고를 수리하여야 한다.
(2023.6.13 본조개정)

제54조【소독의 실시 등】 ① 소독업자는 보건복지부령으로 정하는 기준과 방법에 따라 소독하여야 한다.
② 소독업자가 소독하였을 때에는 보건복지부령으로 정하는 바에 따라 그 소독에 관한 사항을 기록·보존하여야 한다.
(2010.1.18 본조개정)

제55조【소독업자 등에 대한 교육】 ① 소독업자(법인인 경우에는 그 대표자를 말한다. 이하 이 조에서 같다)는 소독에 관한 교육을 받아야 한다.
② 소독업자는 소독업무 종사자에게 소독에 관한 교육을 받게 하여야 한다.
③ 제1항 및 제2항에 따른 교육의 내용과 방법, 교육시간, 교육비 부담 등에 관하여 필요한 사항은 보건복지부령으로 정한다.(2010.1.18 본항개정)

제56조【소독업무의 대행】 특별자치시장·특별자치도지사 또는 시장·군수·구청장은 제47조제5호, 제48조제1항, 제49조제1항제8호·제9호·제13호, 제50조 및 제51조제1항·제3항에 따라 소독을 실시하여야 할 경우에는 그 소독업무를 소독업자가 대행하게 할 수 있다.
(2023.6.13 본조개정)

제57조【서류제출 및 검사 등】 ① 특별자치시장·특별자치도지사 또는 시장·군수·구청장은 소속 공무원으로 하여금 소독업자에게 소독의 실시에 관한 관계 서류의 제출을 요구하게 하거나 검사 또는 질문을 하게 할 수 있다.(2023.6.13 본항개정)
② 제1항에 따라 서류제출을 요구하거나 검사 또는 질문을 하려는 소속 공무원은 그 권한을 표시하는 증표를 지니고 이를 관계인에게 보여주어야 한다.

제58조【시정명령】 특별자치시장·특별자치도지사 또는 시장·군수·구청장은 소독업자가 다음 각 호의 어느 하나에 해당하면 1개월 이상의 기간을 정하여 그 위반 사항을 시정하도록 명하여야 한다.(2023.6.13 본문개정)
1. 제52조제1항에 따른 시설·장비 및 인력 기준을 갖추지 못한 경우
2. 제55조제1항에 따른 교육을 받지 아니하거나 소독업무 종사자에게 같은 조 제2항에 따른 교육을 받게 하지 아니한 경우

제59조【영업정지 등】 ① 특별자치시장·특별자치도지사 또는 시장·군수·구청장은 소독업자가 다음 각 호의 어느 하나에 해당하면 영업소의 폐쇄를 명하거나 6개월 이내의 기간을 정하여 영업의 정지를 명할 수 있다. 다만, 제5호에 해당하는 경우에는 영업소의 폐쇄를 명하여야 한다.(2023.6.13 본문개정)
1. 제52조제1항 후단에 따른 변경 신고를 하지 아니하거나 제53조제1항 및 제2항에 따른 휴업, 폐업 또는 재개업 신고를 하지 아니한 경우(2020.3.4 본호개정)
2. 제54조제1항에 따른 소독의 기준과 방법에 따르지 아니하고 소독을 실시하거나 같은 조 제2항을 위반하여 소독실시 사항을 기록·보존하지 아니한 경우
3. 제57조에 따른 관계 서류의 제출 요구에 따르지 아니하거나 소속 공무원의 검사 및 질문을 거부·방해 또는 기피한 경우
4. 제58조에 따른 시정명령에 따르지 아니한 경우
5. 영업정지기간 중에 소독업을 한 경우

② 특별자치시장·특별자치도지사 또는 시장·군수·구청장은 제1항에 따른 영업소의 폐쇄명령을 받고도 계속하여 영업을 하거나 제52조제1항에 따른 신고를 하지 아니하고 소독업을 하는 경우에는 관계 공무원에게 해당 영업소를 폐쇄하기 위한 다음 각 호의 조치를 하게 할 수 있다.(2023.6.13 본문개정)
1. 해당 영업소의 간판이나 그 밖의 영업표지 등의 제거·삭제
2. 해당 영업소가 적법한 영업소가 아님을 알리는 게시물 등의 부착
③ 제1항에 따른 행정처분의 기준은 그 위반행위의 종류와 위반 정도 등을 고려하여 보건복지부령으로 정한다.(2010.1.18 본항개정)

제9장 방역관, 역학조사관, 검역위원 및 예방위원 등

(2015.7.6 본장제목개정)

제60조【방역관】 ① 질병관리청장 및 시·도지사는 감염병 예방 및 방역에 관한 업무를 담당하는 방역관을 소속 공무원 중에서 임명한다. 다만, 감염병 예방 및 방역에 관한 업무를 처리하기 위하여 필요한 경우에는 시장·군수·구청장이 방역관을 소속 공무원 중에서 임명할 수 있다.(2020.8.11 본문개정)
② 방역관은 제4조제2항제1호부터 제7호까지의 업무를 담당한다. 다만, 질병관리청 소속 방역관은 같은 항 제8호의 업무도 담당한다.(2020.8.11 단서개정)
③ 방역관은 감염병의 국내 유입 또는 유행이 예견되어 긴급한 대처가 필요한 경우 제4조제2항제1호 및 제2호에 따른 업무를 수행하기 위하여 통행의 제한 및 주민의 대피, 감염병의 매개가 되는 음식물·물건 등의 폐기·소각, 의료인 등 감염병 관리인력에 대한 임무부여 및 방역물자의 배치 등 감염병 발생지역의 현장에 대한 조치권한을 가진다.
④ 감염병 발생지역을 관할하는 「국가경찰과 자치경찰의 조직 및 운영에 관한 법률」 제12조 및 제13조에 따른 경찰관서 및 「소방기본법」 제3조에 따른 소방관서의 장, 「지역보건법」 제10조에 따른 보건소의 장 등 관계 공무원 및 그 지역 내의 법인·단체·개인은 정당한 사유가 없으면 제3항에 따른 방역관의 조치에 협조하여야 한다.(2020.12.22 본항개정)
⑤ 제1항부터 제4항까지 규정한 사항 외에 방역관의 자격·직무·조치권한의 범위 등에 관하여 필요한 사항은 대통령령으로 정한다.
(2015.7.6 본조개정)
제60조의2【역학조사관】 ① 감염병 역학조사에 관한 사무를 처리하기 위하여 질병관리청 소속 공무원으로 100명 이상, 시·도 소속 공무원으로 각각 2명 이상의 역학조사관을 두어야 한다. 이 경우 시·도 역학조사관 중 1명 이상은 「의료법」 제2조제1항에 따른 의료인 중 의사로 임명하여야 한다.(2020.8.11 본문개정)
② 시장·군수·구청장은 역학조사에 관한 사무를 처리하기 위하여 필요한 경우 소속 공무원으로 역학조사관을 둘 수 있다. 다만, 인구수 등을 고려하여 보건복지부령으로 정하는 기준을 충족하는 시·군·구의 장은 소속 공무원으로 1명 이상의 역학조사관을 두어야 한다.
(2020.3.4 본항신설)
③ 제1항 및 제2항에 따른 역학조사관은 다음 각 호의 어느 하나에 해당하는 사람으로서 제18조의3에 따른 역학조사 교육·훈련 과정을 이수한 사람 중에서 임명한다.
(2023.5.19 본문개정)
1. 방역, 역학조사 또는 예방접종 업무를 담당하는 공무원
2. 「의료법」 제2조제1항에 따른 의료인
3. 그 밖에 「약사법」 제2조제2호에 따른 약사, 「수의사법」 제2조제1호에 따른 수의사 등 감염병·역학 관련 분야의 전문가
④ 질병관리청장, 시·도지사 또는 시장·군수·구청장은 소속 공무원을 역학조사관으로 임명하기 위하여 제18조의3에 따른 역학조사 교육·훈련 과정을 이수하도록 하여야 할 경우 해당 공무원을 수습역학조사관으로 임명하여야 한다.(2023.5.19 본항신설)
⑤ 역학조사관은 감염병의 확산이 예견되는 긴급한 상황으로서 즉시 조치를 취하지 아니하면 감염병이 확산되어 공중위생에 심각한 위해를 가할 것으로 우려되는 경우 일시적으로 제47조제1호 각 목의 조치를 할 수 있다. 다만, 수습역학조사관은 방역관 또는 역학조사관의 지휘를 받는 경우에 한정하여 일시적으로 제47조제1호 각 목의 조치를 할 수 있다.(2023.5.19 단서신설)
⑥ 「국가경찰과 자치경찰의 조직 및 운영에 관한 법률」 제12조 및 제13조에 따른 경찰관서 및 「소방기본법」 제3조에 따른 소방관서의 장, 「지역보건법」 제10조에 따른 보건소의 장 등 관계 공무원은 정당한 사유가 없으면 제5항에 따른 역학조사관 및 수습역학조사관의 조치에 협조하여야 한다.(2023.5.19 본항개정)
⑦ 역학조사관 및 수습역학조사관은 제5항에 따른 조치를 한 경우 즉시 질병관리청장, 시·도지사 또는 시장·군수·구청장에게 보고하여야 한다.(2023.5.19 본항개정)
⑧ 질병관리청장, 시·도지사 또는 시장·군수·구청장은 제1항·제2항 및 제4항에 따라 임명된 역학조사관 및 수습역학조사관에게 예산의 범위에서 직무 수행에 필요한 비용 등을 지원할 수 있다.(2023.5.19 본항개정)
⑨ 제1항부터 제8항까지 규정한 사항 외에 역학조사관 및 수습역학조사관의 자격·직무·권한·비용지원 등에 관하여 필요한 사항은 대통령령으로 정한다.
(2023.5.19 본항개정)
(2015.7.6 본조신설)
제60조의3【한시적 종사명령】 ① 질병관리청장 또는 시·도지사는 감염병의 유입 또는 유행이 우려되거나 이미 발생한 경우 기간을 정하여 「의료법」 제2조제1항의 의료인에게 제36조 및 제37조에 따라 감염병관리기관으로 지정된 의료기관 또는 제8조의2에 따라 설립되거나 지정된 중앙감염병전문병원 또는 권역별 감염병전문병원에서 방역업무에 종사하도록 명할 수 있다.(2023.8.16 본항개정)
② 질병관리청장, 시·도지사 또는 시장·군수·구청장은 감염병이 유입되거나 유행하는 긴급한 경우 제60조의2 제3항제2호 또는 제3호에 해당하는 자를 기간을 정하여 방역관으로 임명하여 방역업무를 수행하게 할 수 있다.
(2020.9.29 본항개정)
③ 질병관리청장, 시·도지사 또는 시장·군수·구청장은 감염병의 유입 또는 유행으로 역학조사인력이 부족한 경우 제60조의2제3항제2호 또는 제3호에 해당하는 자를 기간을 정하여 역학조사관으로 임명하여 역학조사에 관한 직무를 수행하게 할 수 있다.(2020.8.11 본항개정)
④ 제2항 또는 제3항에 따라 질병관리청장, 시·도지사 또는 시장·군수·구청장이 임명한 방역관 또는 역학조사관은 「국가공무원법」 제26조의5에 따른 임기제공무원으로 임용된 것으로 본다.(2020.8.11 본항개정)
⑤ 제1항에 따른 종사명령 및 제2항·제3항에 따른 임명의 기간·절차 등 필요한 사항은 대통령령으로 정한다.
(2015.12.29 본조신설)
제61조【검역위원】 ① 시·도지사는 감염병을 예방하기 위하여 필요하면 검역위원을 두고 검역에 관한 사무를 담당하게 하며, 특별히 필요하면 운송수단 등을 검역하게 할 수 있다.
② 검역위원은 제1항에 따른 사무나 검역을 수행하기 위하여 운송수단 등에 무상으로 승선하거나 승차할 수 있다.
③ 제1항에 따른 검역위원의 임명 및 직무 등에 관하여 필요한 사항은 보건복지부령으로 정한다.(2010.1.18 본항개정)
제62조【예방위원】 ① 특별자치시장·특별자치도지사 또는 시장·군수·구청장은 감염병이 유행하거나 유행할 우려가 있으면 특별자치시·특별자치도 또는 시·군·구(자치구를 말한다. 이하 같다)에 감염병 예방 사무를 담당하는 예방위원을 둘 수 있다.(2023.6.13 본항개정)
② 제1항에 따른 예방위원은 무보수로 한다. 다만, 특별자치시·특별자치도 또는 시·군·구의 인구 2만명당 1명의 비율로 유급위원을 둘 수 있다.(2023.6.13 단서개정)
③ 제1항에 따른 예방위원의 임명 및 직무 등에 관하여 필요한 사항은 보건복지부령으로 정한다.(2010.1.18 본항개정)
제63조【한국건강관리협회】 ① 제2조제6호에 따른 기생충감염병에 관한 조사·연구 등 예방사업을 수행하기 위하여 한국건강관리협회(이하 "협회"라 한다)를 둔다.
(2018.3.27 본항개정)
② 협회는 법인으로 한다.
③ 협회에 관하여는 이 법에서 정한 사항 외에는 「민법」 중 사단법인에 관한 규정을 준용한다.

제10장 경 비

제64조【특별자치시·특별자치도와 시·군·구가 부담할 경비】 다음 각 호의 경비는 특별자치시·특별자치도와 시·군·구가 부담한다.(2023.6.13 본문개정)
1. 제4조제2항제13호에 따른 한센병의 예방 및 진료 업무를 수행하는 법인 또는 단체에 대한 지원 경비의 일부
2. 제24조제1항 및 제25조제1항에 따른 예방접종에 드는 경비
3. 제24조제2항 및 제25조제2항에 따라 의료기관이 예방접종을 하는 데 드는 경비의 전부 또는 일부
4. 제36조에 따라 특별자치시장·특별자치도지사 또는 시장·군수·구청장이 지정한 감염병관리기관의 감염병관리시설의 설치·운영에 드는 경비(2023.6.13 본호개정)
5. 제37조에 따라 특별자치시장·특별자치도지사 또는 시장·군수·구청장이 설치한 격리소·요양소 또는 진료소 및 같은 조에 따라 지정된 감염병관리기관의 감염병관리시설 설치·운영에 드는 경비(2023.6.13 본호개정)
6. 제47조제1호 및 제3호에 따른 교통 차단 또는 입원으로 인하여 생업이 어려운 사람에 대한 「국민기초생활 보장법」 제2조제6호에 따른 최저보장수준 지원
(2015.12.29 본호개정)
7. 제47조, 제48조, 제49조제1항제8호·제9호·제13호 및 제51조제1항에 따라 특별자치시·특별자치도와 시·군·구에서 실시하는 소독이나 그 밖의 조치에 드는 경비(2023.6.13 본호개정)
8. 제49조제1항제7호 및 제12호에 따라 특별자치시장·특별자치도지사 또는 시장·군수·구청장이 의사를 배치하거나 의료인·의료업자·의료관계요원 등을 동원하는 데 드는 수당·치료비 또는 조제료(2023.6.13 본호개정)
8의2. 제49조제1항제12호의2에 따라 특별자치시장·특별자치도지사 또는 시장·군수·구청장이 동원한 의료기관 병상, 연수원·숙박시설 등 시설의 운영비 등 경비
(2023.6.13 본호개정)
9. 제49조제2항에 따른 식수 공급에 드는 경비
10. 제62조에 따른 예방위원의 배치에 드는 경비
10의2. 제70조의6제1항에 따라 특별자치시장·특별자치도지사 또는 시장·군수·구청장이 실시하는 심리지원에 드는 경비(2023.6.13 본호개정)
10의3. 제70조의6제2항에 따라 특별자치시장·특별자치도지사 또는 시장·군수·구청장이 위탁하여 관계 전문기관이 심리지원을 실시하는 데 드는 경비(2023.6.13 본호개정)
11. 그 밖에 이 법에 따라 특별자치시·특별자치도와 시·군·구가 실시하는 감염병 예방 사무에 필요한 경비
(2023.6.13 본호개정)
(2023.6.13 본조제목개정)
제65조【시·도가 부담할 경비】 다음 각 호의 경비는 시·도가 부담한다.
1. 제4조제2항제13호에 따른 한센병의 예방 및 진료 업무를 수행하는 법인 또는 단체에 대한 지원 경비의 일부
1의2. 제35조제2항에 따른 시·도의 위기대응 훈련에 드는 경비(2023.9.14 본호신설)
2. 제36조에 따라 시·도지사가 지정한 감염병관리기관의 감염병관리시설의 설치·운영에 드는 경비
3. 제37조에 따른 시·도지사가 설치한 격리소·요양소 또는 진료소 및 같은 조에 따라 지정된 감염병관리기관의 감염병관리시설 설치·운영에 드는 경비
3의2. 제39조의3에 따라 시·도지사가 지정한 감염병의심자 격리시설의 설치·운영에 드는 경비
(2020.12.15 본호개정)
4. 제41조 및 제42조에 따라 내국인 감염병환자등의 입원치료, 조사, 진찰 등에 드는 경비
5. 제46조에 따른 건강진단, 예방접종 등에 드는 경비
6. 제49조제1항제1호에 따른 교통 차단으로 생업이 어려운 자에 대한 「국민기초생활 보장법」 제2조제6호에 따른 최저보장수준 지원(2015.12.29 본호개정)
6의2. 제49조제1항제12호에 따라 시·도지사가 의료인·의료업자·의료관계요원 등을 동원하는 데 드는 수당·치료비 또는 조제료(2015.12.29 본호신설)
6의3. 제49조제1항제12호의2에 따라 시·도지사가 동원한 의료기관 병상, 연수원·숙박시설 등 시설의 운영비 등 경비(2020.8.12 본호신설)
7. 제49조제2항에 따른 식수 공급에 드는 경비
7의2. 제60조의3제1항 및 제3항에 따라 시·도지사가 의료인 등을 방역업무에 종사하게 하는 데 드는 수당 등 경비(2015.12.29 본호신설)
8. 제61조에 따른 검역위원의 배치에 드는 경비
8의2. 제70조의6제1항에 따라 시·도지사가 실시하는 심리지원에 드는 경비(2020.9.29 본호신설)
8의3. 제70조의6제2항에 따라 시·도지사가 위탁하여 관계 전문기관이 심리지원을 실시하는 데 드는 경비
(2020.9.29 본호신설)
9. 그 밖에 이 법에 따라 시·도가 실시하는 감염병 예방 사무에 필요한 경비
제66조【시·도가 보조할 경비】 시·도(특별자치시·특별자치도는 제외한다)는 제64조에 따라 시·군·구가 부담할 경비에 관하여 대통령령으로 정하는 바에 따라 보조하여야 한다.(2023.6.13 본조개정)
제67조【국고 부담 경비】 다음 각 호의 경비는 국가가 부담한다.
1. 제4조제2항제2호에 따른 감염병환자등의 진료 및 보호에 드는 경비
2. 제4조제2항제4호에 따른 감염병 교육 및 홍보를 위한 경비
3. 제4조제2항제8호에 따른 감염병 예방을 위한 전문인력의 양성에 드는 경비
4. 제16조제4항에 따른 표본감시활동에 드는 경비
4의2. 제18조의3에 따른 교육·훈련에 드는 경비
(2015.7.6 본호신설)
5. 제20조에 따른 해부에 필요한 시체의 운송과 해부 후 처리에 드는 경비
5의2. 제20조의2에 따라 시신의 장사를 치르는 데 드는 경비(2015.12.29 본호신설)
6. 제33조에 따른 예방접종약품의 생산 및 연구 등에 드는 경비
6의2. 제33조의2제1항에 따른 필수예방접종약품등의 비축에 드는 경비(2019.12.3 본호신설)
6의3. 제34조제2항제5호에 따른 국가의 위기대응 훈련에 드는 경비(2023.9.14 본호신설)
6의4. 제36조제1항에 따라 보건복지부장관 또는 질병관리청장이 지정한 감염병관리기관의 감염병관리시설의 설치·운영에 드는 경비(2020.8.11 본호개정)

7. 제37조에 따라 보건복지부장관 및 질병관리청장이 설치한 격리소·요양소 또는 진료소 및 같은 조에 따라 지정된 감염병관리기관의 감염병관리시설 설치·운영에 드는 경비(2020.8.11 본호개정)
7의2. 제39조의3에 따라 질병관리청장이 지정한 감염병의심자 격리시설의 설치·운영에 드는 경비(2020.12.15 본호개정)
8. 제40조제1항에 따라 위원회의 심의를 거친 품목의 비축 또는 장기구매를 위한 계약에 드는 경비
9. (2020.8.12 삭제)
9의2. 제49조제1항제12호에 따라 국가가 의료인·의료업자·의료관계요원 등을 동원하는 데 드는 수당·치료비 또는 조제료(2015.12.29 본호신설)
9의3. 제49조제1항제12호의2에 따라 국가가 동원한 의료기관 병상, 연수원·숙박시설 등 시설의 운영비 등 경비(2020.8.12 본호신설)
9의4. 제60조의3제1항부터 제3항까지에 따라 국가가 의료인 등을 방역업무에 종사하게 하는 데 드는 수당 등 경비(2015.12.29 본호신설)
9의5. 제70조의6제1항에 따라 국가가 실시하는 심리지원에 드는 경비(2020.9.29 본호신설)
9의6. 제70조의6제2항에 따라 국가가 위탁하여 관계 전문기관이 심리지원을 실시하는 데 드는 경비(2020.9.29 본호신설)
10. 제71조에 따른 예방접종 등으로 인한 피해보상을 위한 경비

제68조【국가가 보조할 경비】 국가는 다음 각 호의 경비를 보조하여야 한다.
1. 제4조제2항제13호에 따른 한센병의 예방 및 진료 업무를 수행하는 법인 또는 단체에 대한 지원 경비의 일부
2. 제65조 및 제66조에 따라 시·도가 부담할 경비의 2분의 1 이상

제69조【본인으로부터 징수할 수 있는 경비】 특별자치시장·특별자치도지사 또는 시장·군수·구청장은 보건복지부령으로 정하는 바에 따라 제41조 및 제42조에 따른 입원치료비 외에 본인의 지병이나 본인에게 새로 발병한 질환 등으로 입원, 진찰, 검사 및 치료 등에 드는 경비를 본인이나 그 보호자로부터 징수할 수 있다.(2023.6.13 본조개정)

제69조의2【외국인의 비용 부담】 질병관리청장은 국제관례 또는 상호주의의 원칙 등을 고려하여 외국인인 감염병환자등 및 감염병의심자에 대한 다음 각 호의 경비를 본인에게 전부 또는 일부 부담하게 할 수 있다. 다만, 국내에서 감염병에 감염된 것으로 확인된 외국인에 대해서는 그러하지 아니하다.
1. 제41조에 따른 치료비
2. 제42조에 따른 조사·진찰·치료·입원 및 격리에 드는 경비
(2020.8.12 본조신설)

제70조【손실보상】 ① 보건복지부장관, 시·도지사 및 시장·군수·구청장은 다음 각 호의 어느 하나에 해당하는 손실을 입은 자에게 제70조의2의 손실보상심의위원회의 심의·의결에 따라 그 손실을 보상하여야 한다.
1. 제36조 및 제37조에 따른 감염병관리기관의 지정 또는 격리소 등의 설치·운영으로 발생한 손실
1의2. 제39조의3에 따른 감염병의심자 격리시설의 설치·운영으로 발생한 손실(2020.12.15 본호개정)
2. 이 법에 따른 조치에 따라 감염병환자, 감염병의사환자 등을 진료한 의료기관의 손실
3. 이 법에 따른 의료기관의 폐쇄 또는 업무 정지 등으로 의료기관에 발생한 손실
4. 제47조제1호, 제4호 및 제5호, 제48조제1항, 제49조제1항제4호, 제6호부터 제10호까지, 제12호, 제12호의2 및 제13호에 따른 조치로 인하여 발생한 손실(2020.8.12 본호개정)
5. 감염병환자등이 발생·경유하거나 질병관리청장, 시·도지사 또는 시장·군수·구청장이 그 사실을 공개하여 발생한 「국민건강보험법」 제42조에 따른 요양기관의 손실로서 제1호부터 제4호까지의 손실에 준하고, 제70조의2에 따른 손실보상심의위원회가 심의·의결하는 손실(2020.8.11 본호개정)

② 제1항에 따른 손실보상금을 받으려는 자는 보건복지부령으로 정하는 바에 따라 손실보상 청구서에 관련 서류를 첨부하여 보건복지부장관, 시·도지사 또는 시장·군수·구청장에게 청구하여야 한다.
③ 제1항에 따른 보상액을 산정함에 있어 손실을 입은 자가 이 법 또는 관련 법령에 따른 조치의무를 위반하여 그 손실을 발생시켰거나 확대시킨 경우에는 보상금을 지급하지 아니하거나 보상금을 감액하여 지급할 수 있다.(2015.12.29 본항신설)
④ 제1항에 따른 보상의 대상·범위와 보상액의 산정, 제3항에 따른 지급 제외 및 감액의 기준 등에 관하여 필요한 사항은 대통령령으로 정한다.(2015.12.29 본항신설)
(2015.12.29 본조개정)

제70조의2【손실보상심의위원회】 ① 제70조에 따른 손실보상에 관한 사항을 심의·의결하기 위하여 보건복지부 및 시·도에 손실보상심의위원회(이하 "심의위원회"라 한다)를 둔다.
② 위원회는 위원장 2인을 포함한 20인 이내의 위원으로 구성하되, 보건복지부에 설치된 심의위원회의 위원장은 보건복지부차관과 민간위원이 공동으로 되며, 시·도에 설치된 심의위원회의 위원장은 부시장 또는 부지사와 민간위원이 공동으로 된다.
③ 심의위원회 위원은 관련 분야에 대한 학식과 경험이 풍부한 사람과 관계 공무원 중에서 대통령령으로 정하는 바에 따라 보건복지부장관 또는 시·도지사가 임명하거나 위촉한다.
④ 심의위원회는 제1항에 따른 심의·의결을 위하여 필요한 경우 관계자에게 출석 또는 자료의 제출 등을 요구할 수 있다.
⑤ 그 밖의 심의위원회의 구성과 운영 등에 관하여 필요한 사항은 대통령령으로 정한다.
(2015.12.29 본조신설)

제70조의3【보건의료인력 등에 대한 재정적 지원】 ① 질병관리청장, 시·도지사 및 시장·군수·구청장은 이 법에 따른 감염병의 발생 감시, 예방·관리 및 역학조사업무에 조력한 의료인, 의료기관 개설자 또는 약사에 대하여 예산의 범위에서 재정적 지원을 할 수 있다.(2020.12.15 본항개정)
② 질병관리청장, 시·도지사 및 시장·군수·구청장은 감염병 확산으로 인하여 「재난 및 안전관리 기본법」 제38조제2항에 따른 심각 단계 이상의 위기경보가 발령되는 경우 이 법에 따른 감염병의 발생 감시, 예방·방역·검사·치료·관리 및 역학조사 업무에 조력한 보건의료인력 및 보건의료기관 종사자(「보건의료인력지원법」 제2조제3호에 따른 보건의료인력 및 같은 조 제4호에 따른 보건의료기관 종사자를 말한다)에 대하여 예산의 범위에서 재정적 지원을 할 수 있다.(2021.12.21 본항신설)
③ 제1항 및 제2항에 따른 지원 내용, 절차, 방법 등 지원에 필요한 사항은 대통령령으로 정한다.(2021.12.21 본항개정)
(2021.12.21 본조제목개정)

제70조의4【감염병환자등에 대한 생활지원】 ① 질병관리청장, 시·도지사 및 시장·군수·구청장은 이 법에 따라 입원 또는 격리된 사람에 대하여 예산의 범위에서 치료비, 생활지원 및 그 밖의 재정적 지원을 할 수 있다.(2020.8.11 본항개정)
② 시·도지사 및 시장·군수·구청장은 제1항에 따른 사람 및 제70조의3제1항에 따른 의료인이 입원 또는 격리조치, 감염병의 발생 감시, 예방·관리 및 역학조사업무에 조력 등으로 자녀에 대한 돌봄 공백이 발생한 경우 「아이돌봄 지원법」에 따른 아이돌봄서비스를 제공하는 등 필요한 조치를 하여야 한다.
③ 제1항 및 제2항에 따른 지원·제공을 위하여 필요한 사항은 대통령령으로 정한다.
(2015.12.29 본조신설)

제70조의5【손실보상금의 긴급지원】 보건복지부장관, 시·도지사 및 시장·군수·구청장은 심의위원회의 심의·의결에 따라 제70조제1항 각 호의 어느 하나에 해당하는 손실을 입은 자로서 경제적 어려움으로 자금의 긴급한 지원이 필요한 자에게 제70조제1항에 따른 손실보상금의 일부를 우선 지급할 수 있다.(2020.9.29 본조신설)

제70조의6【심리지원】 ① 보건복지부장관, 시·도지사 또는 시장·군수·구청장은 감염병환자등과 그 가족, 감염병의심자, 감염병 대응 의료인, 그 밖의 현장대응인력에 대하여 「정신건강증진 및 정신질환자 복지서비스 지원에 관한 법률」 제15조의2에 따른 심리지원(이하 "심리지원"이라 한다)을 할 수 있다.
② 보건복지부장관, 시·도지사 또는 시장·군수·구청장은 심리지원을 「정신건강증진 및 정신질환자 복지서비스 지원에 관한 법률」 제15조의2에 따른 국가트라우마센터 또는 대통령령으로 정하는 관계 전문기관에 위임 또는 위탁할 수 있다.
③ 제1항에 따른 현장대응인력의 범위와 제1항 및 제2항에 따른 심리지원에 관하여 필요한 사항은 대통령령으로 정한다.
(2020.9.29 본조신설)

제71조【예방접종 등에 따른 피해의 국가보상】 ① 국가는 제24조 및 제25조에 따라 예방접종을 받은 사람 또는 제40조제2항에 따라 생산된 예방·치료 의약품을 투여받은 사람이 그 예방접종 또는 예방·치료 의약품으로 인하여 질병에 걸리거나 장애인이 되거나 사망하였을 때에는 대통령령으로 정하는 기준과 절차에 따라 다음 각 호의 구분에 따른 보상을 하여야 한다.
1. 질병으로 진료를 받은 사람 : 진료비 전액 및 정액 간병비
2. 장애인이 된 사람 : 일시보상금
3. 사망한 사람 : 대통령령으로 정하는 유족에 대한 일시보상금 및 장제비

② 제1항에 따라 보상받을 수 있는 질병, 장애 또는 사망은 예방접종약품의 이상이나 예방접종 행위자 및 예방·치료 의약품 투여자 등의 과실 유무에 관계없이 해당 예방접종 또는 예방·치료 의약품을 투여받은 것으로 인하여 발생한 피해로서 질병관리청장이 인정하는 경우로 한다.(2020.8.11 본항개정)
③ 질병관리청장은 제1항에 따른 보상청구가 있은 날부터 120일 이내에 제2항에 따른 질병, 장애 또는 사망에 해당하는지를 결정하여야 한다. 이 경우 미리 위원회의 의견을 들어야 한다.(2020.8.11 전단개정)
④ 제1항에 따른 보상의 청구, 제3항에 따른 결정의 방법과 절차 등에 관하여 필요한 사항은 대통령령으로 정한다.

제72조【손해배상청구권과의 관계 등】 ① 국가는 예방접종약품의 이상이나 예방접종 행위자, 예방·치료 의약품의 투여자 등 제3자의 고의 또는 과실로 인하여 제71조에 따른 피해보상을 하였을 때에는 보상액의 범위에서 보상을 받은 사람이 제3자에 대하여 가지는 손해배상청구권을 대위한다.
② 예방접종을 받은 자, 예방·치료 의약품을 투여받은 자 또는 제71조제1항제3호에 따른 유족이 제3자로부터 손해배상을 받았을 때에는 국가는 그 배상액의 범위에서 제71조에 따른 보상금을 지급하지 아니하며, 보상금을 잘못 지급하였을 때에는 해당 금액을 국세 징수의 예에 따라 징수할 수 있다.

제72조의2【손해배상청구권】 보건복지부장관, 질병관리청장, 시·도지사 및 시장·군수·구청장은 이 법을 위반하여 감염병을 확산시키거나 확산 위험성을 증대시킨 자에 대하여 입원치료비, 격리비, 진단검사비, 손실보상금 등 이 법에 따른 예방 및 관리 등을 위하여 지출된 비용에 대해 손해배상을 청구할 권리를 갖는다.
(2021.3.9 본조신설)

제73조【국가보상을 받을 권리의 양도 등 금지】 제70조 및 제71조에 따라 보상받을 권리는 양도하거나 압류할 수 없다.

제11장 보 칙

제74조【비밀누설의 금지】 이 법에 따라 건강진단, 입원치료, 진단 등 감염병 관련 업무에 종사하는 자 또는 종사하였던 자는 그 업무상 알게 된 비밀을 다른 사람에게 누설하거나 업무목적 외의 용도로 사용하여서는 아니 된다.(2020.9.29 본조개정)

제74조의2【자료의 제공 요청 및 검사】 ① 질병관리청장, 시·도지사 또는 시장·군수·구청장은 감염병관리기관의 장 등에게 감염병관리시설, 제37조에 따른 격리소·요양소 또는 진료소, 제39조의3에 따른 감염병의심자 격리시설의 설치 및 운영에 관한 자료의 제공을 요청할 수 있으며, 소속 공무원으로 하여금 해당 시설에 출입하여 관계 서류나 시설·장비 등을 검사하게 하거나 관계인에게 질문을 하게 할 수 있다.(2020.12.15 본항개정)
② 제1항에 따라 출입·검사를 행하는 공무원은 그 권한을 표시하는 증표를 지니고 이를 관계인에게 제시하여야 한다.
(2015.7.6 본조신설)

제75조【청문】 시·도지사 또는 시장·군수·구청장은 다음 각 호의 어느 하나에 해당하는 처분을 하려면 청문을 실시하여야 한다.
1. 제49조제3항에 따른 장소나 시설의 폐쇄 명령
2. 제59조제1항에 따른 영업소의 폐쇄 명령
(2021.3.9 본조개정)

제76조【위임 및 위탁】 ① 이 법에 따른 보건복지부장관의 권한 또는 업무는 대통령령으로 정하는 바에 따라 그 일부를 질병관리청장 또는 시·도지사에게 위임하거나 관련 기관 또는 관련 단체에 위탁할 수 있다.
② 이 법에 따른 질병관리청장의 권한 또는 업무는 대통령령으로 정하는 바에 따라 그 일부를 시·도지사에게 위임하거나 관련 기관 또는 관련 단체에 위탁할 수 있다.
(2020.8.11 본조개정)

제76조의2【정보 제공 요청 및 정보 확인 등】 ① 질병관리청장 또는 시·도지사는 감염병 예방·관리 및 감염 전파의 차단을 위하여 필요한 경우 관계 중앙행정기관(그 소속기관 및 책임운영기관을 포함한다)의 장, 지방자치단체의 장(「지방교육자치에 관한 법률」 제18조에 따른 교육감을 포함한다), 「공공기관의 운영에 관한 법률」 제4조에 따른 공공기관, 의료기관 및 약국, 법인·단체·개인에 대하여 감염병환자등, 감염병의심자 및 예방접종을 받은 자에 관한 다음 각 호의 정보 제공을 요청할 수 있으며, 요청을 받은 자는 이에 따라야 한다.
(2023.3.28 본문개정)
1. 성명, 「주민등록법」 제7조의2제1항에 따른 주민등록번호, 주소 및 전화번호(휴대전화번호를 포함한다) 등 인적사항(2016.12.2 본호개정)
2. 「의료법」 제17조에 따른 처방전 및 같은 법 제22조에 따른 진료기록부등
3. 「국민건강보험법」 제5조에 따른 가입자 및 피부양자 또는 「의료급여법」 제3조에 따른 수급권자에 관한 정보 중 장애중증도, 장애유형, 소득분위 등 감염병 예방·관리를 위하여 필요한 정보로서 대통령령으로 정하는 정보
4. 진료이력, 투약정보, 상병내역 등 「국민건강보험법」 제47조에 따른 요양급여비용의 청구와 지급에 관한 정보 및 「의료급여법」 제11조에 따른 급여비용의 청구와 지급에 관한 정보로서 대통령령으로 정하는 정보
(2023.3.28 3호~4호신설)
5. 질병관리청장이 정하는 기간의 출입국관리기록
(2020.8.11 본호개정)
6. 그 밖에 이동경로를 파악하기 위하여 대통령령으로 정하는 정보

② 질병관리청장, 시·도지사 또는 시장·군수·구청장은 감염병 예방·관리 및 감염 전파의 차단을 위하여 필요한 경우 감염병환자등 및 감염병의심자의 위치정보를 「국가경찰과 자치경찰의 조직 및 운영에 관한 법률」에 따른 경찰청, 시·도경찰청 및 경찰서(이하 이 조에서 "경찰관서"라 한다)의 장에게 요청할 수 있다. 이 경우 질병관리청장, 시·도지사 또는 시장·군수·구청장의 요청을 받은 경찰관서의 장은 「위치정보의 보호 및 이용 등에 관한 법률」 제15조 및 「통신비밀보호법」 제3조에도 불구하고 「위치정보의 보호 및 이용 등에 관한 법률」 제5조제7항에 따른 개인위치정보사업자, 「전기통신사업법」 제2조제8호에 따른 전기통신사업자에게 감염병환자등 및 감염병의심자의 위치정보를 요청할 수 있고, 요청을 받은 위치정보사업자와 전기통신사업자는 정당한 사유가 없으면 이에 따라야 한다.(2023.3.28 전단개정)

③ 질병관리청장은 제1항 및 제2항에 따라 수집한 정보를 관련 중앙행정기관의 장, 지방자치단체의 장, 국민건강보험공단 이사장, 건강보험심사평가원 원장, 「보건의료기본법」 제3조제4호의 보건의료기관(이하 "보건의료기관"이라 한다) 및 그 밖의 단체 등에게 제공할 수 있다. 이 경우 보건의료기관 등에 제공하는 정보는 감염병 예방·관리 및 감염 전파의 차단을 위하여 해당 기관의 업무에 관련된 정보로 한정한다.(2023.3.28 후단개정)

④ 질병관리청장은 감염병 예방·관리 및 감염 전파의 차단을 위하여 필요한 경우 제3항 전단에도 불구하고 다음 각 호의 정보시스템을 활용하여 보건의료기관에 제1항제5호에 따른 정보 및 같은 항 제6호에 따른 이동경로 정보를 제공하여야 한다. 이 경우 보건의료기관에 제공하는 정보는 해당 기관의 업무에 관련된 정보로 한정한다.(2023.3.28 전단개정)

1. 국민건강보험공단의 정보시스템
2. 건강보험심사평가원의 정보시스템
3. 감염병의 국내 유입 및 확산 방지를 위하여 질병관리청장이 필요하다고 인정하여 지정하는 기관의 정보시스템(2020.8.11 본호개정)

(2020.3.4 본항신설)

⑤ 의료인, 약사 및 보건의료기관의 장은 의료행위를 하거나 의약품을 처방·조제하는 경우 제4항 각 호의 어느 하나에 해당하는 정보시스템을 통하여 같은 항에 따라 제공된 정보를 확인하여야 한다.(2020.3.4 본항신설)

⑥ 제3항 및 제4항에 따라 정보를 제공받은 자는 이 법에 따른 감염병 관련 업무 이외의 목적으로 정보를 사용할 수 없으며, 업무 종료 시 지체 없이 파기하고 질병관리청장에게 통보하여야 한다.(2020.8.11 본항개정)

⑦ 질병관리청장, 시·도지사 또는 시장·군수·구청장은 제1항 및 제2항에 따라 수집된 정보의 주체(이하 "정보주체"라 한다)에게 다음 각 호의 사실을 통지하여야 한다.(2024.1.23 본문개정)

1. 감염병 예방·관리 및 감염 전파의 차단을 위하여 필요한 정보가 수집되었다는 사실(2023.3.28 본호개정)
2. 제1호의 정보가 다른 기관에 제공되었을 경우 그 사실
3. 제2호의 경우에도 이 법에 따른 감염병 관련 업무 이외의 목적으로 정보를 사용할 수 없으며, 업무 종료 시 지체 없이 파기된다는 사실

⑧ 제3항 및 제4항에 따라 정보를 제공받은 자가 이 법의 규정을 위반하여 해당 정보를 처리한 경우에는 「개인정보 보호법」에 따른다.(2020.3.4 본항개정)

⑨ 제3항에 따른 정보 제공의 대상·범위 및 제7항에 따른 통지의 방법 등에 관하여 필요한 사항은 보건복지부령으로 정한다.(2020.3.4 본항개정)

(2020.3.4 본조제목개정)

(2015.7.6 본조신설)

제76조의3【개인정보처리 보고서 작성 및 공개】 ① 질병관리청장은 제76조의2제7항에 따른 정보주체에 대한 통지 등 개인정보처리에 관한 보고서(이하 "개인정보처리 보고서"라 한다)를 매년 작성하여야 한다.

② 시·도지사 또는 시장·군수·구청장은 제76조의2제7항에 따른 정보주체에 대한 통지 관련 자료를 질병관리청장에게 제출하여야 한다.

③ 질병관리청장은 제1항에 따라 작성된 개인정보처리 보고서를 보건복지부령으로 정하는 바에 따라 다음 연도 상반기까지 질병관리청의 인터넷 홈페이지에 공개하여야 한다.

④ 개인정보처리 보고서의 작성 및 자료제출에 필요한 사항은 보건복지부령으로 정한다.

(2024.1.23 본조신설)

제76조의4【감염병 정보의 분석 및 연구】 ① 질병관리청장은 감염병 예방·관리 및 감염 전파의 차단을 위하여 필요한 경우 다음 각 호의 정보를 분석하거나 감염병 관련 연구에 이용할 수 있다.

1. 제11조제5항에 따른 신고 및 제13조에 따른 보고를 통하여 수집한 정보
2. 제18조에 따른 역학조사 정보
3. 제28조의 예방접종 기록 정보
4. 제29조의 예방접종에 관한 역학조사 정보
5. 제76조의2제1항 및 제2항에 따라 제공받은 정보
6. 그 밖에 감염병 예방·관리 및 감염 전파의 차단을 위하여 필요한 정보로서 질병관리청장이 정하는 정보

② 질병관리청장이 제1항에 따라 개인정보를 이용하는 경우에는 「개인정보 보호법」 제2조제1호의2에 따른 가명처리(이하 이 조에서 "가명처리"라 한다)를 하여야 한다. 다만, 다음 각 호의 어느 하나에 해당하는 경우에는 그러하지 아니하다.

1. 병상배정 등 긴급한 조치가 필요하여 가명처리를 할 시간적 여유가 없는 경우
2. 예방접종 후 이상반응 대응, 감염병 후유증 관리, 감염 취약계층 지원 등 가명처리한 개인정보로는 원활한 업무 수행이 어려운 경우

③ 제1항에 따라 개인정보를 이용하는 경우에는 그 법적 근거, 목적 및 범위 등에 관하여 필요한 사항을 「개인정보 보호법」 제18조제4항에 따라 관보 또는 인터넷 홈페이지 등에 게재하여야 한다. 다만, 제2항 각 호 외의 부분 본문에 따라 가명처리하여 이용하는 경우에는 그러하지 아니하다.

(2023.3.28 본조신설)

제76조의5【준용규정】 제42조제6항은 제41조제1항, 제47조제3호, 제49조제1항제14호에 따른 입원 또는 격리에 관하여도 준용한다.(2020.8.12 본조개정)

제76조의6【벌칙 적용에서 공무원 의제】 심의위원회 위원 중 공무원이 아닌 사람은 「형법」 제127조 및 제129조부터 제132조까지의 규정을 적용할 때에는 공무원으로 본다.(2020.3.4 본조신설)

제12장 벌 칙

제77조【벌칙】 다음 각 호의 어느 하나에 해당하는 자는 5년 이하의 징역 또는 5천만원 이하의 벌금에 처한다.

1. 제22조제1항 또는 제2항을 위반하여 고위험병원체의 반입 허가를 받지 아니하고 반입한 자
2. 제23조의3제1항을 위반하여 보유허가를 받지 아니하고 생물테러감염병병원체를 보유한 자
3. 제40조의3제1항을 위반하여 의료·방역 물품을 수출하거나 국외로 반출한 자(2020.12.15 본호개정)

(2020.3.4 본조개정)

제78조【벌칙】 다음 각 호의 어느 하나에 해당하는 자는 3년 이하의 징역 또는 3천만원 이하의 벌금에 처한다.(2017.12.12 본문개정)

1. 제23조제2항에 따른 허가를 받지 아니하거나 같은 조 제3항 본문에 따른 변경허가를 받지 아니하고 고위험병원체 취급시설을 설치·운영한 자(2017.12.12 본호신설)
2. 제23조의3제3항에 따른 변경허가를 받지 아니한 자(2019.12.3 본호신설)
3. 제74조를 위반하여 업무상 알게 된 비밀을 누설하거나 업무목적 외의 용도로 사용한 자(2020.9.29 본호개정)

제79조【벌칙】 다음 각 호의 어느 하나에 해당하는 자는 2년 이하의 징역 또는 2천만원 이하의 벌금에 처한다.

1. 제18조제3항을 위반한 자(2015.7.6 본호신설)
2. 제21조제1항부터 제3항까지 또는 제22조제3항에 따른 신고를 하지 아니하거나 거짓으로 신고한 자(2019.12.3 본호개정)

2의2. 제21조제5항에 따른 현장조사를 정당한 사유 없이 거부·방해 또는 기피한 자(2020.3.4 본호신설)

2의3. 제23조제2항에 따른 신고를 하지 아니하고 고위험병원체 취급시설을 설치·운영한 자(2017.12.12 본호신설)

3. 제23조제8항에 따른 안전관리 점검을 거부·방해 또는 기피한 자(2020.3.4 본호개정)

3의2. 제23조의2에 따른 고위험병원체 취급시설의 폐쇄명령 또는 운영정지명령을 위반한 자(2017.12.12 본호신설)

3의3. 제49조제4항을 위반하여 정당한 사유 없이 폐쇄 명령에 따르지 아니한 자(2021.3.9 본호신설)

4. 제60조제4항을 위반한 자(다만, 공무원은 제외한다)(2015.7.6 본호신설)
5. 제76조의2제6항을 위반한 자(2020.3.4 본호개정)

제79조의2【벌칙】 다음 각 호의 어느 하나에 해당하는 자는 1년 이하의 징역 또는 2천만원 이하의 벌금에 처한다.(2019.12.3 본문개정)

1. 제18조의4제4항을 위반하여 같은 조 제2항에 따른 질병관리청장 또는 시·도지사의 자료제출 요구를 받고 이를 거부·방해·회피하거나, 거짓자료를 제출하거나 또는 고의적으로 사실을 누락·은폐한 자(2023.5.19 본호신설)
2. 제23조의4제1항을 위반하여 고위험병원체를 취급한 자
3. 제23조의4제2항을 위반하여 고위험병원체를 취급하게 한 자

(2019.12.3 2호~3호신설)

4. 제76조의2제1항을 위반하여 질병관리청장 또는 시·도지사의 요청을 거부하거나 거짓자료를 제공한 의료기관 및 약국, 법인·단체·개인(2020.9.29 본호신설)
5. 제76조의2제2항 후단을 위반하여 경찰관서의 장의 요청을 거부하거나 거짓자료를 제공한 자(2020.9.29 본호개정)

제79조의3【벌칙】 다음 각 호의 어느 하나에 해당하는 자는 1년 이하의 징역 또는 1천만원 이하의 벌금에 처한다.

1. 제41조제1항을 위반하여 입원치료를 받지 아니한 자
2. (2020.8.12 삭제)
3. 제41조제2항을 위반하여 자가치료 또는 시설치료 및 의료기관 입원치료를 거부한 자(2020.8.12 본호개정)
4. 제42조제1항·제2항제1호·제3항 또는 제7항에 따른 입원 또는 격리 조치를 거부한 자
5. 제47조제3호 또는 제49조제1항제14호에 따른 입원 또는 격리 조치를 위반한 자

(2020.3.4 본조신설)

제79조의4【벌칙】 다음 각 호의 어느 하나에 해당하는 자는 500만원 이하의 벌금에 처한다.

1. 제1급감염병 및 제2급감염병에 대하여 제11조에 따른 보고 또는 신고 의무를 위반하거나 거짓으로 보고 또는 신고한 의사, 치과의사, 한의사, 군의관, 의료기관의 장 또는 감염병병원체 확인기관의 장
2. 제1급감염병 및 제2급감염병에 대하여 제11조에 따른 의사, 치과의사, 한의사, 군의관, 의료기관의 장 또는 감염병병원체 확인기관의 장의 보고 또는 신고를 방해한 자

(2018.3.27 본조신설)

제80조【벌칙】 다음 각 호의 어느 하나에 해당하는 자는 300만원 이하의 벌금에 처한다.

1. 제3급감염병 및 제4급감염병에 대하여 제11조에 따른 보고 또는 신고 의무를 위반하거나 거짓으로 보고 또는 신고한 의사, 치과의사, 한의사, 군의관, 의료기관의 장, 감염병병원체 확인기관의 장 또는 감염병 표본감시기관(2018.3.27 본호신설)
2. 제3급감염병 및 제4급감염병에 대하여 제11조에 따른 의사, 치과의사, 한의사, 군의관, 의료기관의 장, 감염병병원체 확인기관의 장 또는 감염병 표본감시기관의 보고 또는 신고를 방해한 자(2018.3.27 본호신설)

2의2. 제13조제2항에 따른 감염병병원체 검사를 거부한 자(2020.3.4 본호신설)

3. 제37조제4항을 위반하여 감염병관리시설을 설치하지 아니한 자
4. (2020.3.4 삭제)
5. 제42조에 따른 강제처분에 따르지 아니한 자(제42조제1항·제2항제1호·제3항 및 제7항에 따른 입원 또는 격리 조치를 거부한 자는 제외한다)(2020.2.3 본호개정)
6. 제45조를 위반하여 일반인과 접촉하는 일이 많은 직업에 종사한 자 또는 감염병환자등을 그러한 직업에 고용한 자
7. 제47조(같은 조 제3호는 제외한다) 또는 제49조제1항(같은 항 제2호의2부터 제2호의4까지 및 제3호 중 건강진단에 관한 사항과 같은 항 제14호는 제외한다)에 따른 조치에 위반한 자(2020.8.12 본호개정)
8. 제52조제1항에 따른 소독업 신고를 하지 아니하거나 거짓이나 그 밖의 부정한 방법으로 신고하고 소독업을 영위한 자
9. 제54조제1항에 따른 기준과 방법에 따라 소독하지 아니한 자

제81조【벌칙】 다음 각 호의 어느 하나에 해당하는 자는 200만원 이하의 벌금에 처한다.

1.~2. (2018.3.27 삭제)

3. 제12조제1항에 따른 신고를 게을리한 자
4. 세대주, 관리인 등으로 하여금 제12조제1항에 따른 신고를 하지 아니하도록 한 자
5. (2015.7.6 삭제)
6. 제20조에 따른 해부명령을 거부한 자
7. 제27조에 따른 예방접종증명서를 거짓으로 발급한 자
8. 제29조를 위반하여 역학조사를 거부·방해 또는 기피한 자

8의2. 제32조제2항을 위반하여 거짓이나 그 밖의 부정한 방법으로 예방접종을 받은 사람(2021.3.9 본호신설)

9. 제45조제2항을 위반하여 성매개감염병에 관한 건강진단을 받지 아니한 자를 영업에 종사하게 한 자
10. 제46조 또는 제49조제1항제3호에 따른 건강진단을 거부하거나 기피한 자
11. 정당한 사유 없이 제74조의2제1항에 따른 자료 제공 요청에 따르지 아니하거나 거짓 자료를 제공한 자, 검사나 질문을 거부·방해 또는 기피한 자(2019.12.3 본호신설)

제81조의2【형의 가중처벌】 ① 단체나 다중(多衆)의 위력(威力)을 통하여 조직적·계획적으로 제79조제1호의 죄를 범한 경우 그 죄에서 정한 형의 2분의 1까지 가중한다.

② 제79조의3 각 호의 죄를 범하여 고의 또는 중과실로 타인에게 감염병을 전파시킨 경우 그 죄에서 정한 형의 2분의 1까지 가중한다.

(2021.3.9 본조신설)

제82조【양벌규정】 법인의 대표자나 법인 또는 개인의 대리인, 사용인, 그 밖의 종업원이 그 법인 또는 개인의 업무에 관하여 제77조부터 제81조까지의 어느 하나에 해당하는 위반행위를 하면 그 행위자를 벌하는 외에 그 법인 또는 개인에게도 해당 조문의 벌금형을 과(科)한다. 다만, 법인 또는 개인이 그 위반행위를 방지하기 위하여 해당 업무에 관하여 상당한 주의와 감독을 게을리하지 아니한 경우에는 그러하지 아니하다.

제83조【과태료】 ① 다음 각 호의 어느 하나에 해당하는 자에게는 1천만원 이하의 과태료를 부과한다.(2017.12.12 본문개정)

1. 제23조제3항 단서 또는 같은 조 제4항에 따른 변경신고를 하지 아니한 자(2017.12.12 본호신설)

2. 제23조제5항에 따른 신고를 하지 아니한 자 (2017.12.12 본호신설)
3. 제23조의3제3항 단서에 따른 변경신고를 하지 아니한 자(2019.12.3 본호신설)
4. 제35조의2를 위반하여 거짓 진술, 거짓 자료를 제출하거나 고의적으로 사실을 누락·은폐한 자 (2017.12.12 본호신설)

② 제49조제1항제2호의2의 조치를 따르지 아니한 관리자·운영자에게는 300만원 이하의 과태료를 부과한다. (2020.8.12 본항신설)

③ 다음 각 호의 어느 하나에 해당하는 자에게는 100만원 이하의 과태료를 부과한다.
1. 제28조제2항에 따른 보고를 하지 아니하거나 거짓으로 보고한 자
2. 제33조의3에 따른 보고를 하지 아니하거나 거짓으로 보고한 자(2019.12.3 본호신설)
2의2. 제41조제3항에 따른 전원등의 조치를 거부한 자 (2020.8.12 본호신설)
3. 제51조제3항에 따른 소독을 하지 아니한 자(2020.3.4 본호개정)
4. 제53조에 따른 휴업·폐업 또는 재개업 신고를 하지 아니한 자
5. 제54조제2항에 따른 소독에 관한 사항을 기록·보존하지 아니하거나 거짓으로 기록한 자

④ 다음 각 호의 어느 하나에 해당하는 자에게는 10만원 이하의 과태료를 부과한다.
1. 제49조제1항제2호의2 또는 제2호의3의 조치를 따르지 아니한 이용자
2. 제49조제1항제2호의4의 조치를 따르지 아니한 자 (2020.8.12 본항신설)

⑤ 제1항부터 제4항까지에 따른 과태료는 대통령령으로 정하는 바에 따라 보건복지부장관, 질병관리청장, 관할 시·도지사 또는 시장·군수·구청장이 부과·징수한다. (2023.6.13 본항개정)

부 칙

제1조【시행일】 이 법은 공포 후 1년이 경과한 날부터 시행한다.

제2조【다른 법률의 폐지】 寄生蟲疾患豫防法은 폐지한다.

제3조【의사 등의 신고 등에 관한 적용례】 제11조의 개정규정은 이 법 시행 후 최초로 제11조제1항·제3항 또는 제4항의 개정규정에서 각각 정하고 있는 사실이 발생한 경우부터 적용한다.

제4조【고위험병원체의 분리 및 이동 신고에 관한 적용례】 제21조의 개정규정은 이 법 시행 후 최초로 고위험병원체를 분리하거나 이미 분리된 고위험병원체를 이동하려는 경우부터 적용한다.

제5조【고위험병원체의 반입 허가 등에 관한 적용례】 제22조의 개정규정은 이 법 시행 후 최초로 고위험병원체를 국내로 반입하려는 경우부터 적용한다.

제6조【국가 및 지방자치단체 등이 부담 또는 보조할 경비에 관한 적용례】 제64조부터 제68조까지의 개정규정은 국가 및 지방자치단체가 부담하거나 보조하여야 하는 2011년도 비용분부터 적용한다.

제7조【처분 등에 관한 일반적 경과조치】 이 법 시행 당시 종전의 「기생충질환예방법」 및 종전의 「전염병예방법」에 따라 행한 행정처분이나 그 밖의 행정기관의 행위와 행정기관에 대한 행위는 그에 해당하는 이 법에 따른 행정기관의 행위 또는 행정기관에 대한 행위로 본다.

제8조【전염병 등에 관한 경과조치】 이 법 시행 당시 종전의 「전염병예방법」에 따른 전염병은 이 법에 따른 감염병으로 본다.

제9조【기생충질환 검사 등에 따른 손실보상에 관한 경과조치】 이 법 시행 전에 종전의 「기생충질환예방법」 제4조제1항에 따른 물건의 수거로 발생한 손실에 대한 보상은 종전의 「기생충질환예방법」에 따른다.

제10조【표본감시의료기관에 관한 경과조치】 이 법 시행 당시 종전의 「전염병예방법」에 따라 지정된 표본감시의료기관은 제16조의 개정규정에 따라 지정된 표본감시기관으로 본다.

제11조【예방접종증명서에 관한 경과조치】 이 법 시행 당시 종전의 「전염병예방법」에 따른 예방접종증명서는 제27조의 개정규정에 따른 예방접종증명서로 본다.

제12조【예방접종피해조사반에 관한 경과조치】 이 법 시행 당시 종전의 「전염병예방법」에 따른 예방접종피해조사반은 제30조의 개정규정에 따른 예방접종피해조사반으로 본다.

제13조【전염병예방시설의 지정에 관한 경과조치】 이 법 시행 당시 종전의 「전염병예방법」에 따라 시·도지사 또는 시장·군수·구청장이 설치하거나 보건복지가족부장관이 지정한 전염병예방시설은 제36조의 개정규정에 따라 감염병관리기관으로 지정된 것으로 본다.

제14조【소독업의 신고 등에 관한 경과조치】 ① 이 법 시행 당시 종전의 「전염병예방법」에 따른 소독업 신고는 제52조제1항의 개정규정에 따른 소독업 신고로 본다.

② 이 법 시행 당시 종전의 「전염병예방법」에 따른 소독업의 휴업·폐업 또는 재개업 신고는 제53조의 개정규정에 따른 소독업의 휴업·폐업 또는 재개업 신고로 본다.

제15조【소독업자 등에 대한 교육에 관한 경과조치】 이 법 시행 당시 종전의 「전염병예방법」에 따라 소독업자와 소독업무 종사자가 받은 교육은 제55조의 개정규정에 따라 교육을 받은 것으로 본다.

제16조【소독업무의 대행에 관한 경과조치】 이 법 시행 당시 종전의 「전염병예방법」에 따라 소독업무를 대행하고 있는 소독업자는 제56조의 개정규정에 따라 소독업무를 대행하는 것으로 본다.

제17조【방역관 등에 관한 경과조치】 이 법 시행 당시 종전의 「전염병예방법」에 따른 방역관, 검역위원 또는 예방위원은 제60조부터 제62조까지의 개정규정에 따른 방역관, 검역위원 또는 예방위원으로 본다.

제18조【기생충질환예방협회에 관한 경과조치】 ① 이 법 시행 당시 종전의 「기생충질환예방법」에 따라 설치된 기생충질환예방협회는 제63조의 개정규정에 따른 한국건강관리협회로 본다.

② 이 법 시행 당시 등기부나 그 밖의 공부상에 표시된 기생충질환예방협회의 명의는 제63조의 개정규정에 따른 한국건강관리협회의 명의로 본다.

제19조【예방접종 등으로 인한 피해에 대한 국가보상에 관한 경과조치】 이 법 시행 당시 종전의 「전염병예방법」에 따라 예방접종 등으로 발생한 피해에 대한 보상신청을 한 사람은 제71조의 개정규정에 따라 보상청구를 한 것으로 본다.

제20조【벌칙에 관한 경과조치】 이 법 시행 전의 행위에 대하여 벌칙을 적용할 때에는 종전의 「기생충질환예방법」 및 종전의 「전염병예방법」에 따른다.

제21조【다른 법률의 개정】 ①~㉚ ※(해당 법령에 가제정리 하였음)

제22조【다른 법령과의 관계】 이 법 시행 당시 다른 법령에서 종전의 「기생충질환예방법」 및 종전의 「전염병예방법」 또는 그 규정을 인용한 경우에 이 법 가운데 그에 해당하는 규정이 있으면 종전의 규정을 갈음하여 이 법 또는 이 법의 해당 규정을 인용한 것으로 본다.

부 칙 (2015.12.29)

제1조【시행일】 이 법은 공포 후 6개월이 경과한 날부터 시행한다. 다만, 제64조제6호 및 제65조제6호의 개정규정은 2016년 1월 1일부터 시행하고, 제76조의2 및 제79조의2의 개정규정은 2016년 1월 7일부터 시행한다.

제2조【감염병병원의 설립을 위한 준비행위】 보건복지부장관은 이 법 시행 전에 제8조의2에 따른 감염병병원의 설립을 위하여 원장의 임명 등 필요한 준비행위를 할 수 있다. 이 경우 보건복지부장관은 관계 중앙행정기관의 장, 지방자치단체의 장, 국립·공립 병원, 보건소, 민간의료시설, 그 밖의 공공단체 및 관계 전문가에게 필요한 협조를 요청할 수 있다.

제3조【손실보상을 위한 준비행위】 보건복지부장관, 시·도지사 또는 시장·군수·구청장은 이 법에 따른 손실보상을 위하여 필요하다고 인정되는 경우 이 법 시행 전에 다음 각 호의 행위를 할 수 있다.
1. 제70조의 개정규정에 따른 손실보상의 신청·결정 및 지급 등에 필요한 조치
2. 제70조의2의 개정규정에 따른 심의위원회의 구성·운영을 위한 준비행위 및 관계자에 대한 자료의 제출 요구

제4조【시신의 장사방법 등에 관한 적용례】 제20조의2의 개정규정은 이 법 시행 후 최초로 감염병환자등이 사망한 경우부터 적용한다.

제5조【사업주의 협조의무에 관한 적용례】 제41조의2의 개정규정은 이 법 시행 전 제2조제5호머목에 따른 중동 호흡기 증후군(MERS)으로 인하여 이 법에 따라 입원 또는 격리된 근로자에게 유급휴가를 준 사업주에 대하여도 적용한다.

제6조【손실보상에 관한 적용례】 제70조의 개정규정은 이 법 시행 전 제2조제5호머목에 따른 중동 호흡기 증후군(MERS)으로 인하여 손실을 입은 자에 대하여도 적용한다.

제7조【의료인 및 감염병환자등에 대한 재정적 지원에 관한 적용례】 제70조의3 및 제70조의4의 개정규정은 이 법 시행 전 제2조제5호머목에 따른 중동 호흡기 증후군(MERS)으로 인하여 재정적 지원이 필요하게 된 경우에도 적용한다.

제8조【중복지원에 관한 적용례】 제70조 및 제70조의3의 개정규정에 따른 손실보상 및 재정적 지원을 하는 경우 이 법 시행 당시 제2조제5호머목에 따른 중동 호흡기 증후군(MERS)으로 같은 내용의 보상 또는 지원을 받은 자에 대하여는 해당 부분을 제외하고 지원한다.

부 칙 (2017.12.12)

제1조【시행일】 이 법은 공포 후 6개월이 경과한 날부터 시행한다.

제2조【고위험병원체 취급시설의 설치·운영 허가·신고에 관한 경과조치】 이 법 시행 당시 종전의 규정에 따라 질병관리본부장에게 고위험병원체 취급시설 설치·운영 허가를 받거나 신고를 한 자 및 고위험병원체를 검사, 보존, 관리 및 이동하는 자로서 「유전자변형생물체의 국가간 이동 등에 관한 법률」 제22조제1항에 따른 연구시설의 설치·운영 허가를 받거나 신고를 한 자는 제23조제2항의 개정규정에 따른 허가를 받거나 신고를 한 것으로 본다.

부 칙 (2018.3.27)

제1조【시행일】 이 법은 2020년 1월 1일부터 시행한다. 다만, 제8조의5, 제10조, 제37조제5항의 개정규정은 공포한 날부터 시행하고, 제21조, 제24조, 제27조제1항, 제28조제1항, 제39조의3, 제65조제3호의2, 제67조제7호의2, 제70조제1항제1호의2, 제74조의2제1항의 개정규정 및 부칙 제2조제5항은 공포 후 6개월이 경과한 날부터 시행한다.

제2조【다른 법률의 개정】 ①~⑤ ※(해당 법령에 가제정리 하였음)

부 칙 (2019.12.3)

제1조【시행일】 이 법은 공포 후 6개월이 경과한 날부터 시행한다. 다만, 제9조제2항제6호의2·제6호의3, 제33조의2 및 제67조제6호의2의 개정규정은 공포한 날부터, 제10조제2항 후단의 개정규정은 공포 후 3개월이 경과한 날부터, 법률 제15534호 감염병의 예방 및 관리에 관한 법률 일부개정법률 제2조제3호서목의 개정규정은 2020년 7월 1일부터 시행한다.

제2조【위원회의 구성에 관한 경과조치】 ① 이 법 시행 후 위원을 임명 또는 위촉할 당시 제10조제2항 후단의 개정규정을 충족하지 못하는 경우에는 해당 개정규정이 충족될 때까지는 공무원이 아닌 위원을 위촉하여야 한다.

② 위원회의 위원 구성에 관하여는 제1항에 따라 제10조제2항 후단의 개정규정을 충족할 때까지는 종전의 규정에 따른다.

부 칙 (2020.3.4)

제1조【시행일】 이 법은 공포 후 6개월이 경과한 날부터 시행한다. 다만, 다음 각 호의 사항은 그 구분에 따른 날부터 시행한다.
1. 제2조·제11조제1항·제13조·제16조의2제1항·제22조·제23조·제23조의2·제34조의2·제40조의3·제42조·제47조·제49조·제52조제2항부터 제4항까지·제53조·제59조·제60조·제60조의3(시장·군수·구청장에 관한 부분으로 한정한다)·제76조의2·제76조의3·제79조제3호·제5호 및 제83조제2항제3호의 개정규정 : 공포한 날
2. 제7조·제49조의2·제51조·제52조제1항·제56조 및 제76조의4의 개정규정과 법률 제16725호 감염병의 예방 및 관리에 관한 법률 일부개정법률 제83조제2항제3호의 개정규정 : 공포 후 3개월이 경과한 날
3. 법률 제16725호 감염병의 예방 및 관리에 관한 법률 일부개정법률 제21조·제23조·제77조 및 제79조제2호의2의 개정규정 : 2020년 6월 4일
4. 제77조·제79조의3·제79조의4 및 제80조의 개정규정 : 공포 후 1개월이 경과한 날

제2조【역학조사관에 관한 경과조치】 이 법 시행 당시 종전의 규정에 따라 시·도지사가 시·군·구에 둔 역학조사관은 제60조의2의 개정규정에 따라 시장·군수·구청장이 임명한 역학조사관으로 본다.

부 칙 (2020.8.11)

제1조【시행일】 이 법은 공포 후 1개월이 경과한 날부터 시행한다. 다만, 이 법 시행 전에 공포되었으나 시행일이 도래하지 아니한 법률을 개정한 부분은 각각 해당 법률의 시행일부터 시행한다.(이하 생략)

부 칙 (2020.8.12)

제1조【시행일】 이 법은 공포한 날부터 시행한다. 다만, 제41조·제76조의3·제79조의3 및 제83조의 개정규정은 공포 후 2개월이 경과한 날부터 시행한다.

제2조【외국인의 비용 부담에 관한 적용례】 제69조의2의 개정규정은 이 법 시행 후 국내에 입국하는 외국인부터 적용한다.

제3조【질병관리청장에 관한 경과조치】 제41조제3항 및 제69조의2의 개정규정 중 "질병관리청장"은 2020년 9월 11일까지는 "보건복지부장관"으로 본다.

제4조【벌칙에 관한 경과조치】 이 법 시행 전의 위반행위에 대하여 벌칙을 적용할 때에는 제41조제2항 및 제79조의3제2호의 개정규정에도 불구하고 종전의 규정에 따른다.

부 칙 (2020.9.29)

이 법은 공포한 날부터 시행한다. 다만, 제40조의5, 제49조제3항부터 제5항까지, 제64조, 제65조, 제67조 및 제70조의6의 개정규정은 공포 후 3개월이 경과한 날부터 시행하고, 법률 제17475호 감염병의 예방 및 관리에 관한 법률 일부개정법률 제41조제3항의 개정규정은 2020년 10월 13일부터 시행한다.

부 칙 (2020.12.15)

제1조【시행일】 이 법은 공포 후 6개월이 경과한 날부터 시행한다. 다만, 제49조의3의 개정규정은 공포한 날부터 시행한다.
제2조【감염병 발생 신고에 관한 적용례】 제12조제1항제2호 및 제3호의 개정규정은 이 법 시행 이후 같은 항에 따라 신고하여야 하는 감염병이 발생한 경우부터 적용한다.
제3조【감염병의심자 격리시설 지정에 대한 경과조치】 이 법 시행 이전에 접촉자 격리시설로 지정된 시설은 제39조의3의 개정규정에 따라 감염병의심자 격리시설로 지정된 것으로 본다.

부 칙 (2020.12.22 법17653호)
(2020.12.22 법17689호)

제1조【시행일】 이 법은 2021년 1월 1일부터 시행한다.(이하 생략)

부 칙 (2021.1.12)

제1조【시행일】 이 법은 공포 후 1년이 경과한 날부터 시행한다.(이하 생략)

부 칙 (2021.3.9)

제1조【시행일】 이 법은 공포한 날부터 시행한다. 다만, 제34조 및 제49조의2의 개정규정은 공포 후 6개월이 경과한 날부터 시행한다.
제2조【생물테러감염병 등에 대비한 개발 중인 백신 및 치료제 구매 특례에 대한 경과조치】 이 법 시행 전에 생물테러감염병 및 그 밖의 감염병의 대유행에 대처하기 위해 체결한 개발 중인 백신이나 의약품의 구매 및 공급에 필요한 계약은 제40조의6의 개정규정에 따라 체결된 계약으로 본다.
제3조【손해배상에 관한 적용례】 제72조의2의 개정규정은 이 법 시행 후 이 법을 위반하여 감염병을 확산시키거나 확산 위험성을 증대시킨 경우부터 적용한다.

부 칙 (2021.10.19)

제1조【시행일】 이 법은 공포 후 6개월이 경과한 날부터 시행한다. 다만, 제8조의2의 개정규정은 공포한 날부터 시행한다.
제2조【고위험병원체 반입 허가 취소에 관한 적용례】
① 제22조제4항제1호 및 제3호의 개정규정은 이 법 시행 전의 위반행위에 대하여도 적용한다.
② 제22조제4항제2호의 개정규정은 이 법 시행 전에 고위험병원체 반입 허가를 받은 자가 이 법 시행 이후 1년 이내에 인수 신고를 하지 않은 경우에 대하여도 적용한다.
제3조【고위험병원체 폐기에 관한 적용례】 제23조의2제2항 및 제3항의 개정규정은 이 법 시행 당시 고위험병원체 취급시설의 허가가 취소되거나 폐쇄명령을 받은 자가 보유하고 있는 고위험병원체의 경우에 대하여도 적용한다.
제4조【생물테러감염병병원체의 보유허가 취소에 관한 적용례】 제23조의3제4항의 개정규정은 이 법 시행 전에 속임수나 그 밖의 부정한 방법으로 생물테러감염병병원체의 보유허가를 받은 자에 대하여도 적용한다.

부 칙 (2021.12.21)

이 법은 공포 후 3개월이 경과한 날부터 시행한다.

부 칙 (2022.1.11)

제1조【시행일】 이 법은 공포 후 6개월이 경과한 날부터 시행한다.(이하 생략)

부 칙 (2022.6.10)

이 법은 공포 후 6개월이 경과한 날부터 시행한다.

부 칙 (2023.1.17)

제1조【시행일】 이 법은 공포 후 1년이 경과한 날부터 시행한다.(이하 생략)

부 칙 (2023.3.28)

이 법은 공포 후 6개월이 경과한 날부터 시행한다. 다만, 제24조제1항의 개정규정은 공포 후 3개월이 경과한 날부터 시행한다.

부 칙 (2023.5.19)

이 법은 공포한 날부터 시행한다. 다만, 제32조의2의 개정규정은 공포 후 3개월이 경과한 날부터 시행하고, 제8조의6제4항 및 제5항의 개정규정은 공포 후 6개월이 경과한 날부터 시행한다.

부 칙 (2023.6.13)

이 법은 공포한 날부터 시행한다. 다만, 제2조의 개정규정은 공포 후 6개월이 경과한 날부터 시행한다.

부 칙 (2023.8.8)

이 법은 2024년 1월 1일부터 시행한다. 다만, 제2조제5호 각 목 외의 부분 단서의 개정규정은 공포한 날부터 시행한다.

부 칙 (2023.8.16)

제1조【시행일】 이 법은 공포 후 6개월이 경과한 날부터 시행한다.
제2조【중앙감염병병원에 관한 경과조치】 이 법 시행 전에 종전의 제8조의2제1항에 따라 지정된 중앙감염병병원은 같은 항의 개정규정에 따른 중앙감염병전문병원으로 본다.

부 칙 (2023.9.14)

제1조【시행일】 이 법은 공포 후 3개월이 경과한 날부터 시행한다. 다만, 제18조의5의 개정규정은 공포 후 1년이 경과한 날부터 시행하고, 제34조제2항, 제65조 및 제67조의 개정규정은 2024년 1월 1일부터 시행한다.
제2조【검사의뢰에 관한 적용례】 제29조의2제1항의 개정규정은 이 법 시행 이후 의료인 및 의료기관의 장이 질병관리청장에게 이상반응에 대한 검사를 의뢰한 경우부터 적용한다.

부 칙 (2024.1.23)

이 법은 공포 후 6개월이 경과한 날부터 시행한다. 다만, 제24조제3항의 개정규정은 공포 후 3개월이 경과한 날부터 시행한다.

후천성면역결핍증 예방법

(약칭 : 에이즈예방법)

(1987년 11월 28일
법 률 제3943호)

개정
1988.12.31법 4077호 1995.12.30법 5135호
1997.12.13법 5454호(정부부처명)
1999. 2. 8법 5840호 2005. 3.31법 7451호
2007. 5.17법 8435호(가족관계등록)
2008. 2.29법 8852호(정부조직)
2008. 3.21법 8940호
2009.12.29법 9847호(감염병)
2010. 1.18법 9932호(정부조직)
2013. 4. 5법11749호 2017. 4.18법14780호
2018. 3.27법15534호(감염병)
2020. 8.11법17472호(정부조직)

제1장 총 칙
(2013.4.5 본장개정)

제1조【목적】 이 법은 후천성면역결핍증의 예방·관리와 그 감염인의 보호·지원에 필요한 사항을 정함으로써 국민건강의 보호에 이바지함을 목적으로 한다.
제2조【정의】 이 법에서 사용하는 용어의 뜻은 다음과 같다.
1. "감염인"이란 인체면역결핍바이러스에 감염된 사람을 말한다.
2. "후천성면역결핍증환자"란 감염인 중 대통령령으로 정하는 후천성면역결핍증 특유의 임상증상이 나타난 사람을 말한다.
제3조【국가·지방자치단체 및 국민의 의무】 ① 국가와 지방자치단체는 후천성면역결핍증의 예방·관리와 감염인의 보호·지원을 위한 대책을 수립·시행하고 감염인에 대한 차별 및 편견의 방지와 후천성면역결핍증의 예방을 위한 교육과 홍보를 하여야 한다.
② 국가와 지방자치단체는 국제사회와 협력하여 후천성면역결핍증의 예방과 치료를 위한 활동에 이바지하여야 한다.
③ 국민은 후천성면역결핍증에 관한 올바른 지식을 가지고 예방을 위한 주의를 하여야 하며, 국가나 지방자치단체가 이 법에 따라 하는 조치에 적극 협력하여야 한다.
④ 제1항부터 제3항까지의 경우에 국가·지방자치단체 및 국민은 감염인의 인간으로서의 존엄과 가치를 존중하고 그 기본적 권리를 보호하며, 이 법에서 정한 사항 외의 불이익을 주거나 차별대우를 하여서는 아니 된다.
⑤ 사용자는 근로자가 감염인이라는 이유로 근로관계에 있어서 법률에서 정한 사항 외의 불이익을 주거나 차별대우를 하여서는 아니 된다.
제4조 (2009.12.29 삭제)

제2장 신고 및 보고
(2013.4.5 본장개정)

제5조【의사 또는 의료기관 등의 신고】 ① 감염인을 진단하거나 감염인의 사체를 검안한 의사 또는 의료기관은 보건복지부령으로 정하는 바에 따라 24시간 이내에 진단·검안 사실을 관할 보건소장에게 신고하고, 감염인과 그 배우자(사실혼 관계에 있는 사람을 포함한다. 이하 같다) 및 성 접촉자에게 후천성면역결핍증의 전파 방지에 필요한 사항을 알리고 이를 준수하도록 지도하여야 한다. 이 경우 가능하면 감염인의 의사(意思)를 참고하여야 한다.(2018.3.27 전단개정)
② 학술연구 또는 제9조에 따른 혈액 및 혈액제제(血液製劑)에 대한 검사에 의하여 감염인을 발견한 사람이나 해당 연구 또는 검사를 한 기관의 장은 보건복지부령으로 정하는 바에 따라 24시간 이내에 질병관리청장에게 신고하여야 한다.(2020.8.11 본항개정)
③ 감염인이 사망한 경우 이를 처리한 의사 또는 의료기관은 보건복지부령으로 정하는 바에 따라 24시간 이내에 관할 보건소장에게 신고하여야 한다.(2018.3.27 본항개정)
④ 제1항 및 제3항에 따라 신고를 받은 보건소장은 특별자치시장·특별자치도지사·시장·군수 또는 구청장(자치구의 구청장을 말한다. 이하 같다)에게 이를 보고하여야 하고, 보고를 받은 특별자치시장·특별자치도지사는 질병관리청장에게, 시장·군수·구청장은 특별시장·광역시장 또는 도지사를 거쳐 질병관리청장에게 이를 보고하여야 한다.(2020.8.11 본항개정)
제6조 (2008.3.21 삭제)
제7조【비밀 누설 금지】 다음 각 호의 어느 하나에 해당하는 사람은 이 법 또는 이 법에 따른 명령이나 다른 법령에서 정하고 있는 경우 또는 본인의 동의가 있는 경우를 제외하고는 재직 중에는 물론 퇴직 후에도 감염인에 대하여 업무상 알게 된 비밀을 누설하여서는 아니 된다.
1. 국가 또는 지방자치단체에서 후천성면역결핍증의 예방·관리와 감염인의 보호·지원에 관한 사무에 종사하는 사람

2. 감염인의 진단·검안·진료 및 간호에 참여한 사람
3. 감염인에 관한 기록을 유지·관리하는 사람

제3장 검 진
(2013.4.5 본장개정)

제8조【검진】 ① 질병관리청장, 특별시장·광역시장·특별자치시장·도지사 또는 특별자치도지사(이하 "시·도지사"라 한다), 시장·군수·구청장은 공중(公衆)과 접촉이 많은 업소에 종사하는 사람으로서 제2항에 따른 검진 대상이 되는 사람에 대하여 후천성면역결핍증에 관한 정기검진 또는 수시검진을 하여야 한다.(2020.8.11 본항개정)

② 질병관리청장, 시·도지사, 시장·군수·구청장은 후천성면역결핍증에 감염되었다고 판단되는 충분한 사유가 있는 사람 또는 후천성면역결핍증에 감염되기 쉬운 환경에 있는 사람으로서 다음 각 호의 어느 하나에 해당하는 사람에 대하여 후천성면역결핍증에 관한 검진을 할 수 있다.(2020.8.11 본문개정)

1. 감염인의 배우자 및 성 접촉자
2. 그 밖에 후천성면역결핍증의 예방을 위하여 검진이 필요하다고 질병관리청장이 인정하는 사람(2020.8.11 본호개정)

③ 해외에서 입국하는 외국인 중 대통령령으로 정하는 장기체류자는 입국 전 1개월 이내에 발급받은 후천성면역결핍증 음성확인서를 질병관리청장에게 보여주어야 한다. 이를 보여주지 못하는 경우에는 입국 후 72시간 이내에 검진을 받아야 한다.(2020.8.11 전단개정)

④ 후천성면역결핍증에 관한 검진을 하는 자는 검진 전에 검진 대상자에게 이름·주민등록번호·주소 등을 밝히지 아니하거나 가명을 사용하여 검진(이하 "익명검진"이라 한다)할 수 있다는 사실을 알려 주어야 하고, 익명검진을 신청하는 경우에도 검진을 하여야 한다.

⑤ 제4항에 따른 검진을 하는 자는 검진 결과 감염인으로 밝혀진 사람이 있는 경우에는 보건복지부령으로 정하는 바에 따라 관할 보건소장에게 신고하여야 한다. 이 경우 감염인의 정보는 익명으로 관리하여야 한다.

제8조의2【검진 결과의 통보】 ① 후천성면역결핍증에 관한 검진을 한 자는 검진 대상자 본인 외의 사람에게 검진 결과를 통보할 수 없다. 다만, 검진 대상자가 군(軍), 교정시설 등 공동생활자인 경우에는 해당 기관의 장에게 통보하고, 미성년자, 심신미약자, 심신상실자인 경우에는 그 법정대리인에게 통보한다.

② 제1항에 따른 검진 결과 통보의 경우 감염인으로 판정을 받은 사람에게는 면접통보 등 검진 결과의 비밀이 유지될 수 있는 방법으로 하여야 한다.

③ 사업주는 근로자에게 후천성면역결핍증에 관한 검진결과서를 제출하도록 요구할 수 없다.

제9조【혈액·장기·조직 등의 검사】 ①「혈액관리법」제2조제3호의 혈액원(血液院)과 같은 조 제8호의 혈액제제〔혈액과 혈장(血漿)을 포함한다. 이하 같다〕를 수입하는 자는 해당 혈액원에서 채혈된 혈액이나 수입 혈액제제에 대하여 보건복지부령으로 정하는 바에 따라 인체면역결핍바이러스의 감염 여부를 검사하여야 한다. 다만, 인체면역결핍바이러스에 감염되어 있지 아니하다는 해당 제품 수출국가의 증명서류가 첨부되어 있는 수입 혈액제제로서 질병관리청장이 그 검사가 필요 없다고 인정하는 경우에는 그러하지 아니하다.(2020.8.11 단서개정)

② 의사 또는 의료기관은 다음 각 호의 어느 하나에 해당하는 행위를 하기 전에 보건복지부령으로 정하는 바에 따라 인체면역결핍바이러스의 감염 여부를 검사하여야 한다.

1. 장기(인공장기를 포함한다. 이하 같다)·조직의 이식
2. 정액의 제공
3. 그 밖에 인체면역결핍바이러스 감염의 위험이 있는 매개체(이하 "매개체"라 한다)의 사용

③ 제1항과 제2항에 따른 검사를 받지 아니하거나 검사를 한 결과 인체면역결핍바이러스에 감염된 것으로 나타난 혈액·수입 혈액제제·장기·조직·정액·매개체는 이를 유통·판매하거나 사용하여서는 아니 된다.

제10조【역학조사】 질병관리청장, 시·도지사, 시장·군수·구청장은 감염인 및 감염이 의심되는 충분한 사유가 있는 사람에 대하여 후천성면역결핍증에 관한 검진이나 전파 경로의 파악 등을 위한 역학조사를 할 수 있다.(2020.8.11 본조개정)

제11조【증표 제시】 제8조에 따른 검진 및 제10조에 따른 역학조사를 하는 사람은 그 권한을 나타내는 증표를 지니고 이를 관계인에게 보여주어야 한다.

제12조【증명서 발급】 제8조에 따른 검진 및 제10조에 따른 역학조사를 받은 사람에게는 보건복지부령으로 정하는 바에 따라 그 결과를 나타내는 증명서를 발급하여야 한다.

제4장 감염인의 보호·지원
(2013.4.5 본장개정)

제13조【전문진료기관 등의 설치】 ① 질병관리청장은 후천성면역결핍증의 예방·관리와 그 감염인의 보호·지원 또는 치료를 위하여 필요한 전문진료기관 또는 연구기관을 설치·운영할 수 있다.(2020.8.11 본항개정)

② 제1항에 따른 전문진료기관 또는 연구기관의 설치 및 운영에 필요한 사항은 대통령령으로 정한다.

제14조【치료 권고】 질병관리청장, 시·도지사 또는 시장·군수·구청장은 인체면역결핍바이러스의 전염을 방지하기 위하여 감염인 중 다른 사람에게 감염시킬 우려가 있는 사람 등 다음 각 호로 정하는 감염인에게 제13조에 따른 전문진료기관 또는 제16조에 따른 요양시설에서 치료를 받거나 요양을 하도록 권고할 수 있다.(2020.8.11 본문개정)

1. 검진 결과 감염인으로 판명된 사람으로서 검진을 받아야 할 업소에 종사하거나 종사할 가능성이 높은 감염인
2. 주의 능력과 주위 환경 등으로 보아 다른 사람에게 감염시킬 우려가 있다고 인정되는 감염인
3. 생계유지 능력이 없고, 다른 사람에 의하여 부양 또는 보호를 받고 있지 아니한 감염인

제14조의2 (1999.2.8 삭제)

제15조【치료 및 보호조치 등】 ① 질병관리청장, 시·도지사 또는 시장·군수·구청장은 제14조에 따른 치료 권고에 따르지 아니하는 감염인 중 감염인의 주의 능력과 주위 환경 등으로 보아 다른 사람에게 감염시킬 우려가 높다고 인정되는 감염인에 대하여는 치료 및 보호조치를 강제할 수 있다.(2020.8.11 본항개정)

② 제1항에 따라 강제할 경우 이를 집행하는 사람은 그 권한을 나타내는 증표를 지니고 이를 관계인에게 보여주어야 한다.

제16조【요양시설 등의 설치·운영】 ① 질병관리청장 또는 시·도지사는 감염인의 요양 및 치료 등을 위한 시설(이하 "요양시설"이라 한다)과 감염인에 대한 정보 제공, 상담 및 자활 등을 위한 시설(이하 "쉼터"라 한다)을 설치·운영할 수 있다.(2020.8.11 본항개정)

② 요양시설 및 쉼터의 설치·운영에 필요한 사항은 보건복지부령으로 정한다.

제17조 (1999.2.8 삭제)

제17조의2【예방치료기술의 확보 등】 ① 질병관리청장은 후천성면역결핍증의 예방과 치료를 위한 의약품 및 기술을 확보하기 위하여 노력하여야 한다.

② 질병관리청장은 제1항에 따른 의약품 및 기술 확보를 위한 연구 사업을 지원할 수 있다.
(2020.8.11 본조개정)

제18조【취업의 제한】 ① 감염인은 제8조제1항에 따라 그 종사자가 정기검진을 받아야 하는 업소에 종사할 수 없다.

② 제8조제1항에 따른 업소를 경영하는 자는 감염인 또는 검진을 받지 아니한 사람을 그 업소에 종사하게 하여서는 아니 된다.

제19조【전파매개행위의 금지】 감염인은 혈액 또는 체액을 통하여 다른 사람에게 전파매개행위를 하여서는 아니 된다.

제5장 보 칙
(2013.4.5 본장개정)

제20조【부양가족의 보호】 특별자치시장·특별자치도지사·시장·군수 또는 구청장은 감염인 중 그 부양가족의 생계유지가 곤란하다고 인정할 때에는 대통령령으로 정하는 바에 따라 그 부양가족의 생활보호에 필요한 조치를 하여야 한다.

제21조【협조 의무】 ① 질병관리청장은 후천성면역결핍증의 예방·관리와 그 감염인의 보호·지원에 필요한 협조를 관계 기관의 장에게 요구할 수 있다.(2020.8.11 본항개정)

② 제1항에 따른 요구를 받은 기관의 장은 적극적으로 이에 협조하여야 하며 정당한 사유 없이 그 요구를 거부할 수 없다.

제22조【비용 부담】 다음 각 호의 어느 하나에 해당하는 비용은 대통령령으로 정하는 바에 따라 국가 또는 지방자치단체가 부담하거나 그 전부 또는 일부를 보조한다.

1. 제8조에 따른 검진 비용
2. 제10조에 따른 역학조사 비용
3. 제13조에 따른 전문진료기관 또는 연구기관의 설치·운영 비용
4. 제13조에 따른 전문진료기관에서의 진료 비용
5. 제20조에 따른 생활보호 비용
6. 제23조제2항에 따라 위탁받은 단체 또는 기관의 후천성면역결핍증 예방을 위한 교육과 홍보 비용
7. 제23조제3항에 따라 위탁받은 단체 또는 기관의 요양시설 및 쉼터의 설치·운영 비용

제23조【권한의 위임·위탁】 ① 이 법에 따른 질병관리청장의 권한은 그 일부를 대통령령으로 정하는 바에 따라 시·도지사 또는 국립검역소장에게 위임할 수 있다.

② 질병관리청장 또는 지방자치단체의 장은 대통령령으로 정하는 바에 따라 제3조제1항에 따른 예방을 위한 교육과 홍보를 민간단체 또는 관계 전문기관에 위탁할 수 있다.

③ 질병관리청장 또는 시·도지사는 대통령령으로 정하는 바에 따라 요양시설 및 쉼터의 설치·운영을 민간단체 또는 관계 전문기관에 위탁할 수 있다.
(2020.8.11 본조개정)

제24조 (2008.3.21 삭제)

제6장 벌 칙
(2013.4.5 본장개정)

제25조【벌칙】 다음 각 호의 어느 하나에 해당하는 사람은 3년 이하의 징역에 처한다.

1. 제9조제3항을 위반하여 혈액·수입 혈액제제·장기·조직·정액 또는 매개체를 유통·판매하거나 사용한 사람
2. 제19조를 위반하여 전파매개행위를 한 사람

제26조【벌칙】 다음 각 호의 어느 하나에 해당하는 자는 3년 이하의 징역 또는 3천만원 이하의 벌금에 처한다.
(2017.4.18 본문개정)

1. 제7조를 위반하여 비밀을 누설한 사람
2. 제9조제1항 또는 제2항을 위반하여 검사를 하지 아니한 자
3. 제18조제2항을 위반하여 감염인을 해당 업소에 종사하도록 한 자

제27조【벌칙】 다음 각 호의 어느 하나에 해당하는 자는 1년 이하의 징역 또는 1천만원 이하의 벌금에 처한다.
(2017.4.18 본문개정)

1. 제5조를 위반하여 신고를 하지 아니하거나 거짓으로 신고를 한 자
2. 제8조에 따른 검진 또는 제10조에 따른 역학조사에 응하지 아니한 사람
3. 제8조의2제1항 및 제2항을 위반하여 검진 결과를 통보하거나 같은 조 제3항을 위반하여 검진결과서 제출을 요구한 자
4. 제15조제1항에 따른 치료 및 보호조치에 응하지 아니한 사람
5. 제18조제1항을 위반하여 취업이 제한되는 업소에 종사한 사람 또는 같은 조 제2항을 위반하여 검진을 받지 아니한 사람을 해당 업소에 종사하도록 한 자

제28조【양벌규정】 법인의 대표자나 법인 또는 개인의 대리인, 사용인, 그 밖의 종업원이 그 법인 또는 개인의 업무에 관하여 제26조 또는 제27조의 위반행위를 하면 그 행위자를 벌하는 외에 그 법인 또는 개인에게도 해당 조문의 벌금형을 과(科)하고, 제25조제1호의 위반행위를 하면 그 행위자를 벌하는 외에 그 법인 또는 개인을 3천만원 이하의 벌금에 처한다. 다만, 법인 또는 개인이 그 위반행위를 방지하기 위하여 해당 업무에 관하여 상당한 주의와 감독을 게을리하지 아니한 경우에는 그러하지 아니하다.
(2017.4.18 본문개정)

부 칙 (2013.4.5)
(2017.4.18)

이 법은 공포한 날부터 시행한다.

부 칙 (2018.3.27)

제1조【시행일】 이 법은 2020년 1월 1일부터 시행한다.
(이하 생략)

부 칙 (2020.8.11)

제1조【시행일】 이 법은 공포 후 1개월이 경과한 날부터 시행한다.(이하 생략)

암관리법

(2010년 5월 31일 전부개정법률 제10333호)

개정
2011. 3.29법10465호(개인정보보호법)
2013. 3.23법11690호(정부조직)
2015. 5.18법13323호(지역보건법)
2015.12.29법13654호 2016. 2. 3법14000호
2016. 2. 3법14013호(호스피스 · 완화의료및임종과정에있는환자의연명의료결정에관한법)
2017. 9.19법14888호 2018.12.11법15890호
2020. 4. 7법17207호
2020. 8.11법17472호(정부조직)
2021. 3.23법17967호 2022. 6.10법18898호
2024. 1. 2법19896호→2025년 1월 3일 시행

제1장 총 칙

제1조【목적】 이 법은 국가가 암의 예방, 진료, 연구 및 암 치료 후 사후관리 등에 관한 정책을 종합적으로 수립·시행함으로써 암으로 인한 개인적 고통과 피해 및 사회적 부담을 줄이고 국민건강증진에 이바지함을 목적으로 한다.(2022.6.10 본조개정)

제2조 (2020.4.7 삭제)

제3조【국가 등의 의무】 ① 국가 및 지방자치단체는 암의 예방, 진료, 연구 및 암 치료 후 사후관리 등(이하 "암관리"라 한다)에 관한 사업을 시행하고 지원함으로써 암을 예방하고 암환자에게 적절한 의료서비스가 제공될 수 있도록 적극 노력하여야 한다.(2022.6.10 본항개정)
②「의료법」에 따른 의료인 및 의료기관의 장은 국가 및 지방자치단체가 시행하는 암관리에 관한 사업(이하 "암관리사업"이라 한다)에 적극 협조하여야 한다.

제4조【암 예방의 날 및 홍보 등】 ① 암에 대한 국민의 이해를 높이고 암의 예방·치료 및 관리 의욕을 고취시키기 위하여 매년 3월 21일을 암 예방의 날로 정하고, 이에 적합한 행사를 하여야 한다.
② 국가와 지방자치단체는 암의 발생을 예방하고, 암의 조기 발견 및 암에 대한 인식 개선 등 암관리에 대한 범국민적인 관심을 높이기 위한 교육·홍보 사업을 시행하여야 한다.(2022.6.10 본항개정)

제2장 암관리

제1절 암관리종합계획 수립 등

제5조【암관리종합계획의 수립】 ① 보건복지부장관은 제6조에 따른 국가암관리위원회의 심의를 거쳐 암관리종합계획(이하 "종합계획"이라 한다)을 5년마다 세워야 한다.(2020.4.7 본항개정)
② 종합계획에는 다음 각 호의 사항이 포함되어야 한다.(2020.4.7 본문개정)
1. 암관리사업의 기본목표와 추진방향(2020.4.7 본호개정)
2. 암관리사업의 계획 및 추진 방법(2020.4.7 본호개정)
3. 암관리에 필요한 전문 인력의 육성에 관한 사항
4. 암 치료 후 사후관리에 관한 사항(2022.6.10 본호신설)
5. 그 밖에 암관리에 필요한 사항
③ 특별시장·광역시장·특별자치시장·도지사·특별자치도지사(이하 "시·도지사"라 한다) 및 시장·군수·구청장(자치구의 구청장을 말한다. 이하 같다)은 그 지방자치단체의 실정을 고려하여 종합계획에 따른 세부집행계획을 각각 세워야 한다.(2020.4.7 본항개정)
④ 제3항에 따른 세부집행계획은「지역보건법」제7조에 따른 지역보건의료계획에 포함하여 수립한다.(2015.5.18 본항개정)
⑤ 그 밖에 종합계획 및 제3항에 따른 세부집행계획의 수립·시행에 필요한 사항은 대통령령으로 정한다.(2020.4.7 본항신설)

제6조【국가암관리위원회】 종합계획의 수립 등 암관리에 관한 중요사항을 심의하기 위하여 보건복지부장관 소속으로 국가암관리위원회(이하 "위원회"라 한다)를 둔다.(2020.4.7 본조개정)

제7조【위원회의 구성】 ① 위원회는 위원장 1인을 포함한 15인 이내의 위원으로 구성한다.
② 위원장은 보건복지부차관이 되고, 위원은 다음 각 호의 어느 하나에 해당하는 사람 중에서 보건복지부장관이 임명 또는 위촉한다.
1. 암의 예방 및 관리 업무를 담당하는 공무원
2. 암에 관한 학식과 경험이 풍부한 사람
(2020.4.7 본항개정)
③ 위원회는 업무를 효율적으로 수행하기 위하여 위원회의 위원과 외부 전문가로 구성되는 분야별 전문위원회를 둘 수 있다.(2020.4.7 본항개정)
④ 그 밖에 위원회 및 전문위원회의 구성·운영 등에 필요한 사항은 대통령령으로 정한다.(2020.4.7 본항개정)

제8조【위원회의 기능】 위원회는 다음 각 호의 사항을 심의한다.
1. 국가암관리체계 및 제도의 발전에 관한 사항
2. 종합계획의 수립 및 평가에 관한 사항(2020.4.7 본호개정)
3. 연도별 암관리사업 시행계획에 관한 사항
4. 암관리사업의 예산에 관한 중요 사항
5. 그 밖에 위원장이 심의에 부치는 사항(2020.4.7 본호신설)

제2절 암연구사업 등

제9조【암연구사업】 ① 보건복지부장관은 암의 예방과 진료기술의 발전을 위하여 암 연구·개발사업(이하 "암연구사업"이라 한다)을 시행한다.
② 보건복지부장관은 암연구사업을 추진할 때 학계·연구기관 및 산업체 간의 공동연구사업을 우선 지원하여야 한다.
③ 보건복지부장관은 암연구사업에 관한 국제협력의 증진을 위하여 노력하고 선진기술의 도입을 위한 전문 인력의 국외 파견 및 국내 유치 등의 방안을 마련하여야 한다.
④ 보건복지부장관은 암연구사업의 구체적이고 세부적인 사업에 대한 기획·관리 및 평가 등의 업무를 효율적으로 수행하기 위하여 제27조에 따라 설립된 국립암센터(이하 "국립암센터"라 한다)로 하여금 다음 각 호의 업무를 수행하게 할 수 있다.
1. 암연구사업의 국내외 추세 및 암연구사업에 대한 수요 예측
2. 암연구사업 계획의 작성
3. 연도별 암연구사업 과제의 공모·심의 및 선정
4. 암연구사업 결과의 평가 및 활용
5. 그 밖에 암연구사업에 필요한 사항
⑤ 제4항에 따라 국립암센터가 업무를 수행할 때에 지켜야 하는 사항은 보건복지부령으로 정한다.

제9조의2【암데이터사업】 ① 보건복지부장관은 공익적 목적으로 다음 각 호의 사업을 수행하기 위하여 필요한 데이터를 수집, 처리, 분석 및 제공하는 사업(이하 "암데이터사업"이라 한다)을 수행할 수 있다.
1. 암관리를 위한 정책 수립 및 평가
2. 암관리를 위한 연구·개발
② 보건복지부장관은 암데이터사업을 수행하기 위하여 중앙행정기관, 지방자치단체, 국립암센터,「국민건강보험법」에 따른 국민건강보험공단 및 건강보험심사평가원과 그 밖에 대통령령으로 정하는 공공기관(이하 "자료제공기관"이라 한다)에 필요한 자료의 제공을 요청할 수 있다. 이 경우 요청을 받은 자료제공기관은 특별한 사유가 없으면 그 요청에 따라야 한다.(2020.8.11 전단개정)
③ 보건복지부장관은 제2항에 따라 필요한 자료를 요청할 경우「개인정보 보호법」에 따른 개인정보가 포함된 자료의 제공을 요청할 수 있다. 이 경우 자료제공기관은 개인정보를「개인정보 보호법」에 따라 가명처리한 후 제공하여야 한다.
④ 보건복지부장관은 제2항 및 제3항에 따라 제공받은 가명정보 중 두 개 이상의 정보를 결합하여 분석할 필요가 있는 경우「개인정보 보호법」에 따라 가명정보를 결합하여 처리할 수 있다.
⑤ 보건복지부장관은 제1항부터 제4항까지의 규정에 따라 처리하는 가명정보를 암데이터사업의 목적을 위하여「개인정보 보호법」에 따라 제3자에게 제공할 수 있다. 이 경우 특정 개인을 알아보기 위하여 사용될 수 있는 정보를 포함하여서는 아니 된다.
⑥ 제3항에 따른 가명처리의 방법·절차, 제4항에 따른 가명정보 결합의 방법·절차 및 제5항에 따른 자료 제공의 절차 등에 관하여 필요한 사항은 대통령령으로 정한다.
⑦ 개인정보 보호에 관하여는 이 법에서 정하는 사항을 제외하고는「개인정보 보호법」에 따른다.
(2020.4.7 본조신설)

제10조【진료방법의 개발 및 보급 등】 ① 보건복지부장관은 효과적이고 적절한 암의 예방 및 진료방법 등을 개발하고 적극 보급하여야 한다.
② 보건복지부장관은 제1항에 따라 개발한 암의 예방 및 진료방법 등에 관한 신기술의 활용을 촉진하기 위하여 필요한 지원시책을 마련하여야 한다.

제10조의2【암예방사업】 보건복지부장관은 암 발생 위험을 낮추거나 암 발생을 감소시키기 위하여 다음 각 호의 예방사업(이하 "암예방사업"이라 한다)을 시행하여야 한다.
1. 국민 암 예방수칙 및 실천지침의 개발과 보급
2. 암 위험요인에 대한 인식과 암 예방 실천에 대한 모니터링
3. 효과적인 암 예방을 위한 사업 개발
4. 대국민 암 예방 교육·홍보사업
5. 그 밖에 암 예방을 위하여 보건복지부장관이 필요하다고 인정하는 사업
(2020.4.7 본조신설)

제10조의3【발암요인관리사업】 보건복지부장관은 발암요인을 관리하기 위하여 다음 각 호의 사업을 시행할 수 있다.
1. 발암요인의 목록 작성 및 보급
2. 발암요인 및 그 위해성에 대한 정보 제공
3. 발암요인의 위해성 평가와 관리를 위한 국제협력사업
4. 그 밖에 발암요인의 관리와 관련하여 보건복지부령으로 정하는 사업
(2022.6.10 본조개정)

제11조【암검진사업】 ① 보건복지부장관은 암의 치료율을 높이고 암으로 인한 사망률을 줄이기 위하여 암을 조기에 발견하는 검진사업(이하 "암검진사업"이라 한다)을 시행하여야 한다.
② 암검진사업의 범위, 대상자, 암의 종류·검진주기, 연령 기준 등에 관하여 필요한 사항은 대통령령으로 정한다. 이 경우 보건복지부장관은 암의 발생률, 생존율, 사망률 등 암 통계 및 치료에 관한 자료를 고려하여 암검진사업의 대상자, 암의 종류·검진주기 등을 정하여야 한다.
③ 암의 검진 방법 및 절차 등에 관하여 필요한 사항은 보건복지부령으로 정한다.
④ 보건복지부장관은 암검진을 받는 사람 중「의료급여법」에 따른 의료급여수급권자 및 대통령령으로 정하는 건강보험가입자에 대하여는 예산 또는「국민건강증진법」에 따른 국민건강증진기금(이하 "국민건강증진기금"이라 한다)에서 그 비용의 전부 또는 일부를 지원할 수 있다.

제12조【재가암환자 관리사업】 보건복지부장관은 가정에서 치료 또는 요양 중인 암환자(이하 "재가암환자"라 한다)에 대하여 다음 각 호의 재가암환자 관리사업을 시행하여야 한다.
1. 재가암환자에 대한 통증관리, 완화의료, 간호 및 상담 서비스 등을 위한 가정방문사업
2. 재가암환자와 그 가족을 위한 교육프로그램의 개발 및 보급
3. 그 밖에 보건복지부령으로 정하는 사업

제12조의2【암생존자통합지지사업】 ① 보건복지부장관은 암생존자(암환자 중「호스피스·완화의료 및 임종과정에 있는 환자의 연명의료결정에 관한 법률」제2조제3호에 따른 말기환자에 해당하지 아니하는 사람을 말한다. 이하 같다)의 건강증진과 사회복귀를 지원하기 위하여 다음 각 호의 지지(支持) 사업(이하 "암생존자통합지지사업"이라 한다)을 시행하여야 한다.
1. 암생존자의 건강관리와 학교복귀 및 직업복귀에 대한 상담·교육(2022.6.10 본호개정)
2. 암생존자 관리 프로그램 개발 및 보급
3. 그 밖에 암생존자의 건강증진 및 사회복귀와 관련하여 보건복지부령으로 정하는 사업
② 보건복지부장관은 암생존자통합지지사업을 효율적으로 추진하기 위하여 국립암센터와 지역암센터를 중앙암생존자통합지지센터와 권역암생존자통합지지센터로 각각 지정할 수 있다.
③ 보건복지부장관은 중앙암생존자통합지지센터 또는 권역암생존자통합지지센터가 다음 각 호의 어느 하나에 해당하는 경우에는 그 지정을 취소할 수 있다. 다만, 제1호에 해당하는 경우에는 그 지정을 취소하여야 한다.
1. 거짓이나 그 밖의 부정한 방법으로 지정을 받은 경우
2. 정당한 사유 없이 암생존자통합지지사업을 수행하지 아니한 경우
④ 중앙암생존자통합지지센터와 권역암생존자통합지지센터의 지정, 운영 및 지정취소 등에 필요한 사항은 보건복지부령으로 정한다.
(2020.4.7 본조신설)

제13조【암환자의 의료비 지원사업 등】 ① 국가와 지방자치단체는 암환자의 암 종류별 경제적 부담능력 등을 고려하여 암 치료에 드는 비용을 예산 또는 국민건강증진기금에서 지원할 수 있다.
② 제1항에 따라 의료비를 지원받으려는 암환자 또는 그를 대리하는 사람(이하 "암환자등"이라 한다)은 관할 보건소장에게 지원 신청을 하여야 한다.(2020.4.7 본항개정)
③ 관할 보건소장은 소속 공무원으로 하여금 암환자등의 동의를 받아 제2항에 따른 의료비 지원의 신청을 대리하게 할 수 있다.(2020.4.7 본항신설)
④ 제2항에 따라 신청을 할 때에는 다음 각 호의 자료 또는 정보의 제공에 대한 암환자와 그 가구원(「국민기초생활 보장법」제2조제8호에 따른 개별가구의 가구원을 말한다. 이하 같다)의 동의 서면을 제출하여야 한다.
1.「금융실명거래 및 비밀보장에 관한 법률」제2조제2호 및 제3호에 따른 금융자산 및 금융거래의 내용에 대한 자료 또는 정보 중 예금의 평균잔액과 그 밖에 대통령령으로 정하는 자료 또는 정보(이하 "금융정보"라 한다)
2.「신용정보의 이용 및 보호에 관한 법률」제2조제1호에 따른 신용정보 중 채무액과 그 밖에 대통령령으로 정하는 자료 또는 정보(이하 "신용정보"라 한다)
3.「보험업법」제4조제1항 각 호에 따른 보험에 가입하여 납부한 보험료와 그 밖에 대통령령으로 정하는 자료 또는 정보(이하 "보험정보"라 한다)
(2016.2.3 본항신설)
⑤ 보건소장이 지정한 법인·단체·시설·기관 등은 암환자등의 요청에 따라 제2항에 따른 의료비 지원 신청을 지원할 수 있다.(2021.3.23 본항신설)
⑥ 제1항에 따른 의료비 지원의 대상·기준·방법, 제3항에 따른 대리 신청 및 제4항에 따른 동의의 방법·절차 등 의료비 지원을 위하여 필요한 사항은 대통령령으로 정한다.(2020.4.7 본항개정)

제13조의2【금융정보등의 제공】 ① 국가와 지방자치단체는「금융실명거래 및 비밀보장에 관한 법률」제4조와「신용정보의 이용 및 보호에 관한 법률」제32조에도 불구하고 제13조제4항에 따라 암환자와 그 가구원이 제

출한 동의 서면을 전자적 형태로 바꾼 문서로 「금융실명거래 및 비밀보장에 관한 법률」 제2조제1호에 따른 금융회사등이나 「신용정보의 이용 및 보호에 관한 법률」 제2조제6호에 따른 신용정보집중기관(이하 "금융기관등"이라 한다)의 장에게 금융정보·신용정보 또는 보험정보(이하 "금융정보등"이라 한다)의 제공을 요청할 수 있다.(2020.4.7 본항개정)
② 제1항에 따라 금융정보등의 제공을 요청받은 금융기관등의 장은 「금융실명거래 및 비밀보장에 관한 법률」 제4조와 「신용정보의 이용 및 보호에 관한 법률」 제32조에도 불구하고 명의인의 금융정보등을 제공하여야 한다.
③ 제2항에 따라 금융정보등을 제공한 금융기관등의 장은 금융정보등의 제공 사실을 명의인에게 통보하여야 한다. 다만, 명의인이 동의하는 경우에는 「금융실명거래 및 비밀보장에 관한 법률」 제4조의2제1항과 「신용정보의 이용 및 보호에 관한 법률」 제32조제5항에도 불구하고 통보하지 아니할 수 있다.
④ 제1항 및 제2항에 따른 금융정보등의 제공 요청 및 제공은 「정보통신망 이용촉진 및 정보보호 등에 관한 법률」 제2조제1항제1호에 따른 정보통신망을 이용하여야 한다. 다만, 정보통신망이 손상되는 등 불가피한 경우에는 그러하지 아니하다.
⑤ 제1항 및 제2항에 따른 업무에 종사하거나 종사하였던 사람은 업무를 수행하면서 취득한 금융정보등을 이 법에서 정한 목적 외의 다른 용도로 사용하거나 다른 사람 또는 기관에 제공하거나 유출하여서는 아니 된다.
⑥ 제1항·제2항 및 제4항에 따른 금융정보등의 제공 요청 및 제공 등에 필요한 사항은 대통령령으로 정한다.(2016.2.3 본조신설)

제14조【암등록통계사업】 ① 보건복지부장관은 암 발생 위험 요인과 암의 발생 및 치료에 관한 자료를 지속적이고 체계적으로 수집·분석하여 암 발생률, 생존율 등의 통계를 산출하기 위한 등록·관리·조사사업(이하 "암등록통계사업"이라 한다)을 시행하여야 한다. 이 경우 통계자료의 수집 및 통계의 작성 등에 관하여는 「통계법」을 준용하며, 통계의 산출을 위하여 처리되는 개인정보는 「개인정보 보호법」 제58조제1항에 따라 같은 법이 적용되지 아니하는 개인정보로 본다.(2011.3.29 후단개정)
② 보건복지부장관은 암환자를 진단·치료하는 의료인 또는 의료기관, 「국민건강보험법」에 따른 국민건강보험공단 및 건강보험심사평가원, 행정안전부, 통계청, 「통계법」에 따른 통계작성기관, 그 밖에 암에 관한 사업을 하는 법인·기관·단체에 대하여 보건복지부령으로 정하는 바에 따라 암등록통계사업에 필요한 자료의 제출이나 의견의 진술 등을 요구할 수 있다. 이 경우 자료의 제출을 요구받은 자는 특별한 사유가 없으면 요구에 따라야 한다.(2020.4.7 전단개정)
③ 보건복지부장관은 암등록통계사업과 관련하여 고유식별정보를 처리하는 경우에는 개인정보 보호를 위하여 보건복지부령으로 정하는 바에 따라 암호화 등 안전성 확보에 필요한 조치를 하여야 한다.(2015.12.29 본항신설)

제15조【암정보사업】 ① 보건복지부장관은 암에 관한 정보를 지속적이고 체계적으로 구축하여 효율적으로 국민에게 제공하는 사업(이하 "암정보사업"이라 한다)을 시행하여야 한다.
② 암정보사업을 효율적으로 추진하기 위하여 국립암센터로 하여금 암정보사업을 수행하게 할 수 있다.
③ 제1항에 따른 암정보사업은 다음 각 호와 같다.
1. 암에 관한 각종 정보의 생산, 수집 및 관리
2. 국민에 대한 암 정보 제공 및 상담
3. 암에 관한 교육자료 개발 및 교육·홍보
4. 그 밖에 암정보사업의 수행을 위하여 보건복지부장관이 필요하다고 인정하는 업무
(2020.4.7 1호~4호개정)

제16조【역학조사】 ① 질병관리청장 또는 시·도지사는 암 발생의 원인 규명 등을 위하여 필요하다고 인정하면 역학조사를 할 수 있다.(2020.8.11 본항개정)
② 질병관리청장 또는 시·도지사는 역학조사를 수행하기 위하여 역학조사반을 각각 설치하여야 한다.(2020.8.11 본항개정)
③ 질병관리청장 또는 시·도지사는 제1항에 따른 역학조사를 효율적으로 시행하기 위하여 관계 행정기관의 장, 대통령령으로 정하는 기관·단체 등의 장에게 역학조사에 필요한 자료의 제출을 요청할 수 있다. 이 경우 자료의 제출을 요청받은 기관의 장은 특별한 사정이 없으면 이에 따라야 한다.(2020.8.11 전단개정)
④ 누구든지 질병관리청장 또는 시·도지사가 실시하는 역학조사에서 다음 각 호의 행위를 하여서는 아니 된다.(2020.8.11 본문개정)
1. 정당한 사유 없이 역학조사를 거부·방해 또는 회피하는 행위
2. 거짓으로 진술하거나 거짓 자료를 제출하는 행위
3. 고의적으로 사실을 누락·은폐하는 행위
(2020.4.7 본항신설)
⑤ 제1항에 따른 역학조사의 내용·시기 및 방법과 제2항에 따른 역학조사반의 구성·임무 등에 관하여 필요한 사항은 대통령령으로 정한다(2020.4.7 본항신설)

제3절 중앙암등록본부, 지역암등록본부, 국가암데이터센터 및 지역암센터
(2020.4.7 본절제목개정)

제17조【중앙암등록본부 및 지역암등록본부의 지정 등】 ① 보건복지부장관은 다음 각 호의 업무를 수행하기 위하여 국립암센터 또는 보건복지부령으로 정하는 시설·인력·장비 등의 기준을 충족하는 암 전문 연구기관 중 1개 기관을 중앙암등록본부로 지정할 수 있다.
1. 암 발생률 및 생존율 등 암 통계 산출을 위한 자료의 수집·분석·관리
2. 암등록통계사업과 관련한 조사·연구
(2020.4.7 1호~2호개정)
3. 암등록통계사업과 관련한 교육훈련·국제협력
4. 지역별 암 등록자료 수집·분석 및 지역암등록본부 지원(2020.4.7 본호개정)
5. 그 밖에 암등록통계사업과 관련하여 보건복지부장관이 필요하다고 인정하는 사업
② 보건복지부장관은 다음 각 호의 업무를 수행하기 위하여 제19조에 따른 지역암센터 또는 보건복지부령으로 정하는 시설·인력·장비 등의 기준을 충족하는 관련 전문기관 중 1개 기관을 특별시·광역시·특별자치시·도·특별자치도(이하 "시·도"라 한다)별 지역암등록본부로 지정할 수 있다.(2015.12.29 본문개정)
1. 해당 지역의 암 발생률 및 생존율 등 암 통계 산출을 위한 자료의 수집·분석·관리
2. 해당 지역의 암등록통계사업과 관련한 조사·연구
(2020.4.7 본호개정)
3. 그 밖에 암등록통계사업과 관련하여 보건복지부장관 또는 중앙암등록본부의 장이 필요하다고 인정하는 사업
③ 보건복지부장관은 중앙암등록본부 및 지역암등록본부가 다음 각 호의 어느 하나에 해당하는 경우에는 그 지정을 취소할 수 있다.
1. 제1항 또는 제2항에 따른 업무를 수행하지 아니하거나 제18조에 따른 지도·감독을 따르지 아니한 경우
2. 제1항 또는 제2항에 따른 지정 기준에 미달한 경우
3. 그 밖에 대통령령으로 정하는 사유에 해당한 경우
④ 중앙암등록본부 및 지역암등록본부의 지정 절차 등에 관하여 필요한 사항은 보건복지부령으로 정한다.

제18조【중앙암등록본부 및 지역암등록본부의 지도·감독 등】 ① 중앙암등록본부의 장은 매년 암등록통계사업계획을 수립하여 암등록통계자료의 기재사항 및 기준 등을 지역암등록본부 및 암환자를 진단·치료하는 의료인 또는 의료기관의 장에게 통보하여야 한다.
② 중앙암등록본부의 장은 전년도의 암등록통계사업 결과를 종합·분석하여 그 다음 연도 2월 말일까지 보건복지부장관에게 보고한 후 매년 공표하여야 한다.
③ 지역암등록본부의 장이 암등록통계사업 결과를 공표하려는 경우에는 중앙암등록본부의 장과 미리 협의하여야 한다.
④ 보건복지부장관은 암등록통계사업과 관련하여 필요하면 중앙암등록본부의 장 및 지역암등록본부의 장에게 관련 업무의 처리상황을 보고하게 할 수 있다.

제18조의2【국가암데이터센터의 지정 등】 ① 보건복지부장관은 암데이터사업의 효율적인 수행을 위하여 국립암센터 또는 보건복지부령으로 정하는 시설·인력·장비 등의 기준을 충족하는 기관 중 1개 기관을 국가암데이터센터로 지정하여 다음 각 호의 업무를 수행하게 할 수 있다. 이 경우 국가암데이터센터는 「개인정보 보호법」 제28조의3제1항에 따른 전문기관으로 지정받은 것으로 본다.
1. 암데이터사업을 위한 시설, 장비, 조직의 구축 및 운영
2. 암데이터사업을 위한 조사 및 기획
3. 암데이터사업을 위한 자료의 수집, 결합, 분석 및 제공
4. 암데이터사업의 수행을 위한 세부 지침과 절차의 마련
5. 암데이터사업의 수행을 위하여 처리되는 정보의 안전성 확보 조치
6. 그 밖에 암데이터사업과 관련하여 보건복지부장관이 필요하다고 인정하는 업무
② 보건복지부장관은 국가암데이터센터가 다음 각 호의 어느 하나에 해당하는 경우에는 그 지정을 취소할 수 있다. 다만, 제1호에 해당하는 경우에는 그 지정을 취소하여야 한다.
1. 거짓이나 그 밖의 부정한 방법으로 지정을 받은 경우
2. 제1항에 따른 지정 기준에 미달한 경우
3. 제1항에 따른 업무를 수행하지 아니한 경우
③ 국가암데이터센터의 지정 및 운영 등에 필요한 사항은 보건복지부령으로 정한다.
(2020.4.7 본조신설)

제19조【지역암센터의 지정 등】 ① 보건복지부장관은 「의료법」 제3조제2항제3호마목에 따른 종합병원 중 보건복지부령으로 정하는 기준을 충족하는 종합병원을 시·도별 지역암센터로 지정할 수 있다.
② 지역암센터는 다음 각 호의 사업을 수행한다.(2020.4.7 본문개정)
1. 암의 발생·예방·진단·치료 및 관리 등에 관한 조사·연구(2020.4.7 본호개정)
2. 암검진, 암환자의 진료 및 재활 등의 의료서비스 제공(2020.4.7 본호개정)
3. 암의 예방과 관리에 관한 홍보 및 교육·훈련
4. 종합계획 관련 사업 수행(2020.4.7 본호개정)
5. 그 밖에 암관리에 필요한 사업으로서 보건복지부령으로 정하는 사업
③ 보건복지부장관은 지역암센터가 제2항 각 호의 사업을 하지 아니하거나 잘못 수행한 경우에는 시정을 명할 수 있다.
④ 보건복지부장관은 지역암센터가 수행하는 사업을 정기적으로 평가하고 그 결과를 지원에 반영할 수 있다.(2020.4.7 본항개정)
⑤ 보건복지부장관은 지역암센터가 다음 각 호의 어느 하나에 해당하는 경우에는 그 지정을 취소할 수 있다. 다만, 제1호에 해당하는 경우에는 그 지정을 취소하여야 한다.
1. 거짓이나 그 밖의 부정한 방법으로 지정을 받은 경우
2. 제1항에 따른 지정 기준에 미달한 경우
3. 제2항 각 호의 사업을 하지 아니하거나 잘못 수행한 경우
4. 제3항에 따른 시정명령을 따르지 아니한 경우
(2020.4.7 본항신설)
⑥ 제1항에 따른 지역암센터의 지정 기준·절차 및 제4항에 따른 평가 등에 필요한 사항은 보건복지부령으로 정한다.(2020.4.7 본항개정)

제4절 말기암환자의 완화의료

제20조~제26조 (2016.2.3 삭제)

제3장 국립암센터

제1절 설립 등

제27조【국립암센터 설립 등】 ① 암에 관한 전문적인 연구와 암환자의 진료 등을 위하여 국립암센터를 설립·운영한다.
② 국립암센터는 법인으로 한다.
③ 국립암센터는 주된 사무소의 소재지에서 설립등기를 함으로써 성립한다.
④ 제3항에 따른 설립등기 사항은 다음 각 호와 같다.
1. 목적
2. 명칭
3. 주된 사무소 및 부속기관
4. 임원의 성명 및 주소
5. 공고의 방법

제28조【정관】 ① 국립암센터의 정관에는 다음 각 호의 사항을 기재하여야 한다.
1. 목적
2. 명칭
3. 주된 사무소 및 부속기관의 소재지
4. 사업 및 재정에 관한 사항
5. 이사회에 관한 사항
6. 기구와 직원의 정원에 관한 사항
7. 정관의 변경에 관한 사항
8. 해산에 관한 사항
9. 공고의 방법에 관한 사항
10. 인력 및 기술의 지원에 관한 협약 체결에 관한 사항
② 국립암센터는 정관을 변경하려는 경우에는 보건복지부장관의 인가를 받아야 한다.

제29조【부속기관의 설치】 ① 국립암센터에 연구소, 부속병원, 국가암관리사업본부 및 그 밖에 필요한 기구를 둔다.(2020.4.7 본항개정)
② 국립암센터는 교육부장관의 인가를 받아 「고등교육법」 제30조에 따른 대학원대학(이하 "대학원대학"이라 한다)을 설치할 수 있다.(2013.3.23 본항개정)
③ 대학원대학의 조직, 교원, 학위 과정 운영 등에 관하여 필요한 사항은 대통령령으로 정한다.

제30조【사업】 국립암센터는 다음 각 호의 사업을 한다.
1. 암의 발생·예방·진단·치료·관리 및 암관리 정책 등에 관한 연구(2020.4.7 본호개정)
2. 암환자의 진료
3. 제12조에 따른 재가암환자 관리사업에 관련된 교육·훈련 및 지원 업무
4. 암의 예방 및 관리에 관한 교육 및 홍보(2020.4.7 본호개정)
5. 암과 관련된 정보·통계의 수집·분석 및 제공
6. 암과 관련된 국내외 협력
7. 암의 예방·진단 및 치료 등에 관한 신기술의 개발 및 보급
8. 제29조제2항에 따라 설치된 대학원대학을 통한 국내외 암전문인력 양성 및 훈련(2020.4.7 본호신설)
9. 암 통합 데이터 구축(2020.4.7 본호신설)
10. 제50조제2항에 따라 암에 관한 각종 사업을 위탁받은 경우 그 사업
11. 제1호부터 제10호까지의 사업에 부대되는 사업
(2020.4.7 본호개정)

제2절 임원과 이사회 등

제31조【임원】 ① 국립암센터에 임원으로 이사장·원장을 포함한 9명 이내의 이사와 감사 1명을 둔다.
② 이사장, 이사(대통령령으로 정하는 5명 이내의 당연직 이사는 제외한다. 이하 제4항 및 제32조제1항제2호에서 같다) 및 감사는 이사회에서 선임하되, 보건복지부장관의 승인을 받아야 한다.
③ 원장을 제외한 임원은 비상근으로 한다.
④ 이사장 및 이사의 임기는 3년으로 하되, 1차에 한하여 연임할 수 있다.
⑤ 감사의 임기는 2년으로 하되, 1차에 한하여 연임할 수 있다.
⑥ 임원이 임기 중 결원이 된 경우 당연직 이사를 제외한 후임 임원의 임기는 전임자 임기의 남은 기간으로 한다.
⑦ 감사는 국립암센터의 업무 및 회계를 감사한다.
⑧「국가공무원법」제33조 각 호의 어느 하나에 해당하는 자는 임원이 될 수 없다.(2018.12.11 본항신설)
제32조【이사회】 ① 국립암센터에 다음 각 호의 사항을 심의·의결하기 위하여 이사회를 둔다.
1. 예산 및 결산
2. 이사장, 이사 및 감사의 선임
3. 원장 추천
4. 정관의 변경
5. 기부금의 관리·운용 및 사용
6. 그 밖에 이사회가 특히 필요하다고 인정하는 사항
② 이사회는 이사장 및 원장을 포함한 이사로 구성한다.
③ 이사장은 이사회를 소집하고, 그 의장이 된다.
④ 이사장은 원장을 겸할 수 없다.
⑤ 감사는 이사회에 출석하여 발언할 수 있다.
제33조【원장】 ① 국립암센터에 원장 1명을 둔다.
② 원장은 국립암센터를 대표하며, 국립암센터의 업무를 총괄하고 소속 직원을 지휘·감독한다.
③ 원장은 이사회의 추천을 받아 보건복지부장관이 임명한다.
④ 원장의 임기는 3년으로 하되, 1차에 한하여 연임할 수 있다.
⑤ 원장이 부득이한 사유로 직무를 수행할 수 없을 때에는 정관으로 정하는 사람이 그 직무를 대행한다.
제34조【직원의 임면】 ① 제29조제1항에 따른 연구소장 및 국가암관리사업본부장은 보건복지부장관의 승인을 받아 국립암센터의 원장이 임면(任免)한다.(2020.4.7 본항개정)
② 제29조제2항에 따른 대학원대학의 총장은 국립암센터의 원장으로 한다.
③ 그 밖의 직원은 정관으로 정하는 바에 따라 국립암센터의 원장이 임면한다.
제35조【직원 겸직】 ①「고등교육법」제2조제1호에 따른 대학에 근무하는 교육공무원은 제30조의 사업을 하기 위하여 필요한 경우에는 그 소속 대학의 총장·학장의 허가를 받아 국립암센터의 연구소 및 부속병원의 연구 및 진료업무를 겸할 수 있다.(2020.4.7 본항개정)
② 제1항에 따라 교육공무원이 업무를 겸하는 경우 그 직무, 보수 및 그 밖에 겸직에 필요한 사항은 대통령령으로 정한다.

제3절 관리·운영 등

제36조【재원】 국립암센터는 제37조에 따른 출연금, 제30조에 따른 사업의 수익금, 기부금 및 그 밖의 수입금으로 운영한다.
제37조【출연 또는 보조】 ① 정부는 국립암센터의 사업 및 운영에 드는 경비를 예산 또는 국민건강증진기금에서 출연 또는 보조할 수 있다.
② 국립암센터는 매 사업연도의 4월 30일까지 다음 연도의 출연금예산요구서를 대통령령으로 정하는 바에 따라 보건복지부장관에게 제출하여야 한다.
제38조【국유재산의 무상대부 등】 ① 정부는 국립암센터의 설립·운영을 위하여 필요하다고 인정하는 때에는「국유재산법」에도 불구하고 국유재산을 국립암센터에 무상으로 사용허가 또는 대부할 수 있다.
② 제1항에 따른 사용허가 또는 대부에 필요한 사항은 대통령령으로 정한다.
(2020.4.7 본조개정)
제38조의2【국유재산의 전대 등】 ① 국립암센터는 제30조에 따른 사업을 효율적으로 수행하기 위하여 필요한 경우에는 제38조에 따라 사용허가 또는 대부받은 국유재산을 목적 사업에 지장을 주지 아니하는 범위에서 전대(轉貸)할 수 있다.
② 국립암센터는 제1항에 따른 전대를 하려면 미리 보건복지부장관의 승인을 받아야 한다. 승인받은 사항을 변경하려는 경우에도 또한 같다.
③ 제1항에 따라 국유재산을 전대받은 자는 그 재산을 다른 자에게 대부하거나 사용·수익하게 하여서는 아니 된다.
④ 제1항에 따라 국유재산을 전대받은 자는 그 재산에 건물이나 그 밖의 영구시설물을 축조하지 못한다. 다만, 보건복지부장관이 행정 목적의 달성 또는 국립암센터의 업무를 수행하는 데에 필요하다고 인정하는 시설물로서 국가에 기부할 것을 조건으로 하는 경우에는 그러하지 아니하다.(2020.4.7 본항신설)
제39조【사업연도】 국립암센터의 사업연도는 정부의 회계연도에 따른다.
제40조【사업계획서 등의 제출 등】 ① 국립암센터는 대통령령으로 정하는 바에 따라 매 사업연도 개시 전까지 사업계획서 및 예산서를 작성·제출하여 보건복지부장관의 승인을 받아야 한다.
② 제1항에 따른 사업계획서 및 예산서의 중요한 내용을 변경하려는 경우에는 미리 그 변경할 내용 및 변경사유를 명시한 사업계획서 및 예산서를 작성·제출하여 보건복지부장관의 승인을 받아야 한다.
제41조【결산서의 제출】 국립암센터는 대통령령으로 정하는 바에 따라 매 사업연도의 결산서를 작성하여 공인회계사의 회계감사를 받아 다음 연도 2월 말일까지 보건복지부장관에게 제출하여야 한다.
제42조【업무협력 및 협약체결】 ① 국립암센터는 다른 의료기관이나 연구기관 등과 협력하여 암에 관한 의료지식과 암 치료 기술의 보급 등에 관한 업무를 추진할 수 있다.(2020.4.7 본항개정)
② 국립암센터의 원장은 제30조의 사업을 하기 위하여 필요하다고 인정하는 경우에는 대학, 연구기관 및 의료기관과 인력 및 기술의 지원에 관한 협약을 체결할 수 있다.
제43조【동일 명칭 사용의 금지】 이 법에 따른 국립암센터가 아니면 국립암센터의 명칭을 사용할 수 없다.
제44조【비밀유지 의무】 국립암센터의 임직원 또는 그 직에 있었던 자는 직무상 알게 된 비밀을 누설하거나 도용(盜用)하여서는 아니 된다.
제45조【「민법」등의 준용】 국립암센터에 관하여 이 법과「공공기관의 운영에 관한 법률」에서 정한 사항 외에는「민법」중 재단법인에 관한 규정을 준용한다.

제4장 보 칙

제46조【비용 지원】 국가와 지방자치단체는 다음 각 호의 어느 하나에 해당하는 비용의 전부 또는 일부를 지원할 수 있다.
1. 지역암센터가 제19조제2항의 사업을 하기 위하여 필요한 시설·인력 및 장비 등을 확충하는 데 드는 비용
2. 중앙암등록본부 및 지역암등록본부의 암등록통계사업에 드는 비용과 의료기관의 암등록통계자료 제출에 드는 비용
3. 암검진사업의 시행 및 지원에 드는 비용
4. 암예방사업에 드는 비용(2020.4.7 본호개정)
5. 재가암환자 관리사업에 드는 비용
6. 암데이터사업에 드는 비용
7. 암생존자통합지지사업에 드는 비용
(2020.4.7 5호~7호신설)
8. 제50조제2항에 따라 위탁받은 암관리사업을 하는 법인·단체의 암에 관한 교육 및 홍보사업에 드는 비용
9.「장기등 이식에 관한 법률」제13조에 따른 장기이식등록기관이 시행하는 골수기증희망자 등록사업에 드는 비용
10. 소아청소년암 진료체계 구축에 드는 비용(2024.1.2 본호신설 : 2025.1.3 시행)
제47조【지도·감독】 보건복지부장관은 국립암센터의 업무를 지도·감독하며, 업무·회계 등에 관하여 필요한 사항을 보고하게 하거나 필요한 서류의 제출을 명할 수 있다.
제48조【청문】 보건복지부장관은 제12조의2제3항, 제17조제3항, 제18조의2제2항 또는 제19조제5항에 따라 지정을 취소하려는 경우에는 청문을 하여야 한다.
(2020.4.7 본조개정)
제49조【개인정보의 목적 외 사용 금지】 이 법에 따라 암관리사업에 종사하거나 종사하였던 사람은「개인정보 보호법」제18조제2항에 따른 경우를 제외하고는 업무상 알게 된 개인정보를 타인에게 제공 또는 누설하거나 목적 외의 용도로 사용하여서는 아니 된다.(2011.3.29 본조개정)
제50조【위임 및 위탁】 ① 이 법에 따른 보건복지부장관의 권한은 그 일부를 대통령령으로 정하는 바에 따라 시·도지사 또는 시장·군수·구청장에게 위임할 수 있다.
② 이 법에 따른 보건복지부장관의 업무는 그 일부를 대통령령으로 정하는 바에 따라 국립암센터,「국민건강보험법」에 따른 국민건강보험공단·건강보험심사평가원 또는 그 밖에 암관리사업을 하는 법인·단체에 위탁할 수 있다.

제5장 벌 칙

제50조의2【벌칙】 ① 제13조의2제5항 또는 제49조를 위반하여 금융정보등 또는 개인정보를 이 법에서 정한 목적 외의 다른 용도로 사용하거나 다른 사람 또는 기관에 제공 또는 유출한 사람은 5년 이하의 징역 또는 5천만원 이하의 벌금에 처한다.
② (2017.9.19 삭제)
(2017.9.19 본조개정)
제51조【벌칙】 제44조를 위반한 자는 3년 이하의 징역 또는 3천만원 이하의 벌금에 처한다.(2017.9.19 본조개정)
제51조의2【벌칙】 제16조제4항을 위반하여 정당한 사유 없이 역학조사를 거부·방해 또는 회피하거나 거짓으로 진술 또는 거짓 자료의 제출을 하거나 고의적으로 사실을 누락·은폐한 사람은 200만원 이하의 벌금에 처한다.
(2020.4.7 본조신설)
제52조【과태료】 ① 제43조를 위반한 자에게는 200만원 이하의 과태료를 부과한다.
② 제1항에 따른 과태료는 대통령령으로 정하는 바에 따라 보건복지부장관이 부과·징수한다.

부 칙

제1조【시행일】 이 법은 공포 후 1년이 경과한 날부터 시행한다.
제2조【다른 법률의 폐지】 국립암센터법은 폐지한다.
제3조【완화의료전문기관에 관한 경과조치】 이 법 시행 당시 종전의 규정에 따라 지정받은 말기암환자전문의료기관은 제22조의 개정규정에 따라 지정받은 완화의료전문기관으로 본다.
제4조【국립암센터에 관한 경과조치】 이 법 시행 당시 종전의「국립암센터법」에 따라 설립된 국립암센터는 이 법에 따라 설립된 것으로 본다.
제5조【국립암센터의 임원에 관한 경과조치】 이 법 시행 당시 종전의「국립암센터법」에 따라 임명된 임원은 이 법에 따라 임명된 것으로 보며, 그 임기는 종전의 임명일부터 기산한다.
제6조【다른 법률의 개정】 ①~③ ※(해당 법령에 가제정리 하였음)

부 칙 (2015.12.29)

이 법은 공포한 날부터 시행한다. 다만, 제14조제3항의 개정규정은 공포 후 6개월이 경과한 날부터 시행한다.

부 칙 (2016.2.3 법14000호)

이 법은 공포 후 6개월이 경과한 날부터 시행한다.

부 칙 (2016.2.3 법14013호)

제1조【시행일】 이 법은 공포 후 1년 6개월이 경과한 날부터 시행한다.(이하 생략)

부 칙 (2017.9.19)
(2018.12.11)

이 법은 공포한 날부터 시행한다.

부 칙 (2020.4.7)

이 법은 공포 후 1년이 경과한 날부터 시행한다.

부 칙 (2020.8.11)

제1조【시행일】 이 법은 공포 후 1개월이 경과한 날부터 시행한다. 다만, 이 법 시행 전에 공포되었으나 시행일이 도래하지 아니한 법률을 개정한 부분은 각각 해당 법률의 시행일부터 시행한다.(이하 생략)

부 칙 (2021.3.23)

이 법은 2022년 1월 1일부터 시행한다.

부 칙 (2022.6.10)

이 법은 공포 후 1년이 경과한 날부터 시행한다.

부 칙 (2024.1.2)

이 법은 공포 후 1년이 경과한 날부터 시행한다.

검역법

(2009년 12월 29일 전부개정법률 제9846호)

개정
2010. 1.18법 9932호(정부조직)
2013. 7.30법11972호
2014. 3.18법12445호
2016. 2. 3법13980호
2017. 7.26법14839호(정부조직)
2017.12.19법15266호
2020. 3. 4법17068호
2020. 8.11법17472호(정부조직)
2021.12.21법18604호
2024. 1.23법20091호

제1장 총 칙

제1조【목적】 이 법은 우리나라로 들어오거나 외국으로 나가는 사람, 운송수단 및 화물을 검역(檢疫)하는 절차와 감염병을 예방하기 위한 조치에 관한 사항을 규정하여 국내외로 감염병이 번지는 것을 방지함으로써 국민의 건강을 유지·보호하는 것을 목적으로 한다.(2020.3.4 본조개정)

제2조【정의】 이 법에서 사용하는 용어의 뜻은 다음과 같다.

1. "검역감염병"이란 다음 각 목의 어느 하나에 해당하는 것을 말한다.
   가. 콜레라
   나. 페스트
   다. 황열
   라. 중증 급성호흡기 증후군(SARS)(2017.12.19 본목개정)
   마. 동물인플루엔자 인체감염증(2017.12.19 본목개정)
   바. 신종인플루엔자(2017.12.19 본목개정)
   사. 중동 호흡기 증후군(MERS)(2016.2.3 본목신설)
   아. 에볼라바이러스병(2020.3.4 본목신설)
   자. 가목에서 아목까지의 것 외의 감염병으로서 외국에서 발생하여 국내로 들어올 우려가 있거나 우리나라에서 발생하여 외국으로 번질 우려가 있어 질병관리청장이 긴급 검역조치가 필요하다고 인정하여 고시하는 감염병(2020.8.11 본목개정)
2. "운송수단"이란 선박, 항공기, 열차 또는 자동차를 말한다.

2의2. "운송수단의 장"이란 운송수단을 운행·조종하는 사람이나 운행·조종의 책임자 또는 운송수단의 소유자를 말한다.(2020.3.4 본호신설)

3. "검역감염병 환자"란 검역감염병 병원체가 인체에 침입하여 증상을 나타내는 사람으로서 의사, 치과의사 또는 한의사의 진단 및 검사를 통하여 확인된 사람을 말한다.(2020.3.4 본호개정)
4. "검역감염병 의사환자"란 검역감염병 병원체가 인체에 침입한 것으로 의심되나 검역감염병 환자로 확인되기 전 단계에 있는 사람을 말한다.
5. "검역감염병 접촉자"란 검역감염병 환자, 검역감염병 의사환자 및 병원체 보유자(이하 "검역감염병 환자등"이라 한다)와 접촉하거나 접촉이 의심되는 사람을 말한다.(2020.3.4 본호개정)
6. "감염병 매개체"란 공중보건에 위해한 감염성 병원체를 전파할 수 있는 설치류나 해충으로서 보건복지부령으로 정하는 것을 말한다.(2020.3.4 본호개정)
7. "검역관리지역"이란 검역감염병이 유행하거나 유행할 우려가 있어 국내로 유입될 가능성이 있는 지역으로서 제5조에 따라 지정된 지역을 말한다.(2020.3.4 본호신설)
8. "중점검역관리지역"이란 검역관리지역 중 유행하거나 유행할 우려가 있는 검역감염병이 치명적이고 감염력이 높아 집중적인 검역이 필요한 지역으로서 제5조에 따라 지정된 지역을 말한다.(2020.3.4 본호신설)

제3조【국가의 책무】 ① 국가는 검역 업무를 수행할 때에 검역 대상자의 인권을 보호하여야 한다.
② 국가는 검역감염병이 국내외로 번지는 것에 신속하게 대처하기 위한 대응 방안을 수립하여야 한다.
③ (2020.3.4 삭제)
(2020.3.4 본조제목개정)

제3조의2【국민의 권리와 의무】 ① 국민은 검역감염병 발생상황, 예방 및 관리 등에 대한 정보와 대응 방법을 알 권리가 있다.
② 국민은 검역감염병으로 격리 등을 받은 경우 이로 인한 피해를 보상받을 수 있다.
③ 국민은 검역감염병이 국내외로 번지는 것을 막기 위한 국가와 지방자치단체의 시책에 적극 협력하여야 한다.
(2020.3.4 본조신설)

제4조【다른 법률과의 관계】 검역 관련 업무에 관하여는 다른 법률에 특별한 규정이 있는 경우 외에는 이 법에 따른다.

제4조의2【검역관리 기본계획의 수립·시행 등】 ① 질병관리청장은 검역전문위원회(「감염병의 예방 및 관리에 관한 법률」 제9조 및 제10조제3항에 따라 감염병관리위원회에 설치한 검역 분야 전문위원회를 말한다. 이하 같다)의 심의를 거쳐 검역관리 기본계획(이하 "기본계획"이라 한다)을 5년마다 수립·시행하여야 한다.
(2020.8.11 본항개정)
② 기본계획은 다음 각 호의 사항을 포함하여야 한다.
1. 검역 기본목표와 추진방향
2. 검역 사업계획과 추진방법
3. 검역 통계 및 정보의 관리 방안
4. 제30조에 따른 검역공무원의 교육과 역량강화 방안
5. 그 밖에 검역관리에 필요한 사항
③ 검역소장은 제1항의 기본계획에 따라 소관별로 연도별 시행계획을 수립·시행하여야 한다.
④ 질병관리청장과 검역소장은 기본계획이나 시행계획의 수립·시행에 필요한 자료의 제공을 관계 행정기관 또는 단체에 요청할 수 있다.(2020.8.11 본항개정)
⑤ 제4항에 따라 요청받은 관계 행정기관 또는 단체는 특별한 사유가 없으면 이에 따라야 한다.
(2020.3.4 본조신설)

제5조【검역관리지역등의 지정 및 해제】 ① 질병관리청장은 검역전문위원회의 심의를 거쳐 검역관리지역 및 중점검역관리지역(이하 "검역관리지역등"이라 한다)을 지정 또는 해제할 수 있다.(2020.8.11 본항개정)
② 제1항에 따른 검역관리지역등의 지정·해제 기준 및 절차 등에 관하여 필요한 사항은 보건복지부령으로 정한다.
(2020.3.4 본조개정)

제5조의2 (2020.3.4 삭제)

제2장 검역조사

제6조【검역조사의 대상 등】 ① 다음 각 호의 어느 하나에 해당하는 사람과 운송수단 및 화물(운송수단 내의 컨테이너, 운송수단 내 비치용품, 소모용품 및 개인 소지 물품을 포함한다. 이하 같다)은 제12조에 따른 검역조사를 받아야 한다.
1. 우리나라로 들어오거나 외국으로 나가는 승객, 승무원 등 모든 사람(이하 "출입국자"라 한다), 운송수단 및 보건복지부령으로 정하는 화물
2. 범죄의 예방, 수사 업무나 피의자 체포 업무 수행 등 대통령령으로 정하는 사유로 제1호에 해당하는 운송수단과 접촉한 사람과 운송수단 및 화물
(2020.3.4 본항개정)
② 제1항에 따른 검역조사를 받지 아니한 운송수단과 사람 및 화물은 검역 절차가 끝나기 전에는 우리나라로 들어오거나 외국으로 나갈 수 없다.
③ 제1항과 제2항에도 불구하고 검역감염병 환자등과 사망자가 없는 운송수단으로서 다음 각 호의 어느 하나에 해당하는 운송수단은 대통령령으로 정하는 바에 따라 검역조사의 전부 또는 일부를 생략할 수 있다.
(2020.3.4 본문개정)
1. 외국으로 나가는 운송수단으로서 질병관리청장이 우리나라에서 검역감염병이 발생하여 국외로 번질 우려가 없다고 인정하는 운송수단(출입국자 및 화물을 포함한다)(2020.8.11 본호개정)
2. 연료나 자재 및 생활필수품 등을 공급받을 목적으로 우리나라에 일시 머무르는 운송수단 중 보건복지부령으로 정하는 운송수단(2020.3.4 본호신설)
3. 군용(軍用) 운송수단으로서 해당 운송수단의 장이 운송수단 안에 검역감염병 환자등과 감염병 매개체가 없다는 사실을 통보한 군용 운송수단(2020.3.4 본호신설)
4. 「남북교류협력에 관한 법률」 제23조제2항에 따른 통일부장관이 요청하는 운송수단(이 경우 검역조사 또는 그 절차의 일부를 생략할 수 있다)(2020.3.4 본호신설)
5. 관계 중앙행정기관의 장이 검역조사의 생략을 요청하는 운송수단으로서 질병관리청장이 인정하는 운송수단(2020.8.11 본호개정)
(2020.3.4 본조제목개정)

제7조~제8조 (2020.3.4 삭제)

제9조【검역 통보】 ① 제6조에 따른 검역조사의 대상이 되는 운송수단의 장은 해당 운송수단이 검역 장소에 접근하였을 때에는 해당 검역 장소를 관할하는 검역소장에게 검역감염병 환자등의 유무와 위생 상태 등 보건복지부령으로 정하는 사항을 보건복지부령으로 정하는 바에 따라 통보하여야 한다. 다만, 운송수단이 긴급한 위난을 피하기 위하여 부득이하게 검역 장소가 아닌 곳에 도착한 경우에는 그 도착장소와 가장 가까운 검역구역을 관할하는 검역소장에게 통보하여야 한다.(2020.3.4 본항개정)
② 제1항 단서에 따른 통보를 받은 검역소장은 운송수단의 장에게 검역감염병 환자등에 대한 조치 등 필요한 조치를 하도록 지시할 수 있으며, 지시를 받은 운송수단의 장은 그 지시에 따라야 한다.(2020.3.4 본항신설)
③ 제1항에도 불구하고 나포(拿捕), 귀순 및 조난 등으로 들어오는 경우에는 조사 관련 기관의 장이 통보할 수 있다.
(2020.3.4 본항신설)
④ 운송수단의 장 또는 조사 관련 기관의 장은 제1항 및 제3항에 따른 통보 이후 변경사항이 발생하면 즉시 그 내용을 검역소장에게 알려야 한다.(2020.3.4 본항신설)
⑤ 제1항부터 제4항까지의 통보 방법 및 절차 등에 관하여 필요한 사항은 보건복지부령으로 정한다.
(2020.3.4 본항신설)

제10조【검역 장소】 ① 질병관리청장은 관계 중앙행정기관의 장과 협의하여 검역 장소를 정한다.(2020.8.11 본항개정)
② 검역을 받으려는 출입국자 및 운송수단은 검역 장소에 도착하여 검역조사를 받아야 한다. 다만, 검역 장소에서 검역조사를 받기 어렵거나 검역조사가 완료되기 어려운 경우 보건복지부령으로 정하는 검역구역에서 검역조사를 받을 수 있다.(2020.3.4 본항개정)
③ 제2항에도 불구하고 다음 각 호의 어느 하나에 해당하는 경우는 검역소장이 정하는 장소에서 검역조사를 받을 수 있다.
1. 나포, 귀순, 조난 및 응급환자 발생 등 부득이한 경우
2. 날씨나 그 밖의 부득이한 사유로 보건복지부령으로 정하는 경우
(2020.3.4 본항개정)
④ (2020.3.4 삭제)

제11조【검역 시각】 ① (2020.3.4 삭제)
② 검역소장은 제6조에 따른 검역조사의 대상이 검역 장소에 도착하는 즉시 검역조사를 하여야 한다. 다만, 즉시 검역조사를 하지 못하는 보건복지부령으로 정하는 부득이한 사유가 있는 경우에는 검역 장소에 대기하거나 격리할 것을 조건으로 승객, 승무원 및 화물을 내리게 할 수 있다.(2020.3.4 본항개정)
③ 외국으로 나가는 운송수단의 장은 검역소장에게 출발 예정 시각을 통보하여야 한다.
④ 검역소장은 제3항에 따라 통보받은 출발 예정 시각 전에 검역조사를 마쳐야 한다.

제12조【검역조사】 ① 검역소장은 다음 각 호의 사항에 대하여 검역조사를 한다. 다만, 자동차의 경우에는 제2호 외의 사항을 생략할 수 있다.
1. 운송수단 및 화물의 보건·위생 상태에 대한 경과(經過)와 현황(2020.3.4 본호개정)
2. 출입국자의 검역감염병 감염·위험요인 여부 및 예방관리에 관한 사항(2020.3.4 본호개정)
3. 운송수단의 식품 보관 상태(2020.3.4 본호개정)
4. 감염병 매개체의 서식 유무와 번식 상태
② 육로를 통하여 들어오는 출입국자는 출입하기 전에 검역구역이나 보건복지부령으로 정하는 장소에서 검역조사를 받아야 한다.(2020.3.4 본항개정)
③ 검역소장은 제1항에 따른 검역조사를 하기 위하여 출입국자와 운송수단의 장에게 필요한 서류를 제출(제29조의2에 따른 검역정보시스템을 통한 서류 제출을 포함한다)하거나 제시하도록 요구할 수 있으며, 필요한 사항을 질문하거나 검사·조사할 수 있다.(2024.1.23 본항개정)
④ 검역소장은 검역업무를 신속하고 정확하게 수행하기 위하여 정보화기기, 영상정보처리기기, 전자감지기 등 장비를 활용할 수 있다.(2020.3.4 본항신설)
⑤ 제1항부터 제4항까지의 규정에 따른 검역조사의 방법과 절차 등에 관하여 필요한 사항은 보건복지부령으로 정한다.(2020.3.4 본항개정)

제12조의2【신고의무 및 조치 등】 ① 다음 각 호의 어느 하나에 해당하는 사람은 해당 검역관리지역 또는 중점검역관리지역을 출발한 후 제17조제3항에 따른 검역감염병의 최대 잠복기간이 경과하지 아니한 경우 그 사실을 보건복지부령으로 정하는 바에 따라 검역소장에게 건강 상태 등을 신고하여야 한다.
1. 검역관리지역에 체류하거나 그 지역을 경유하여 국내에 입국하는 사람 중 검역감염병을 의심할 수 있는 증상이 있는 사람
2. 중점검역관리지역에 체류하거나 그 지역을 경유하여 국내에 입국하는 사람
② 질병관리청장은 제1항 각 호의 어느 하나에 해당하는 사람이 건강 상태 등을 신고할 수 있도록 공항, 항만 및 육로의 입국장 등 보건복지부령으로 정하는 장소에 해외감염병신고센터를 설치하여야 한다.(2021.12.21 본항개정)
③ 검역소장은 검역감염병의 전파가 우려될 경우에는 제1항에 따라 신고하는 사람에게 다음 각 호의 조치를 할 수 있다.
1. 여행지역과 시기에 관한 정보의 요구
2. 검역감염병 관련 건강 상태에 관한 정보의 요구
3. 예방접종을 증명할 수 있는 서류의 요구
4. 검역감염병의 감염 여부를 파악하기 위한 검사 또는 검진
5. 그 밖에 검역감염병의 전파를 방지하기 위하여 필요한 조치로서 보건복지부령으로 정하는 조치
④ 검역감염병이 국내에서 발생하여 외국으로 전파될 위험이 있는 경우, 외국으로 나가는 사람 중 검역감염병을 의심할 수 있는 증상이 있는 사람은 제2항에 따른 해외감염병신고센터에 건강 상태 등을 신고하여야 한다. 이 경우, 검역소장은 건강 상태 등을 신고한 자에 대하여 제3항 각 호의 조치를 실시할 수 있다.
⑤ 제1항 및 제4항에 따른 신고 절차·방법 및 제2항에 따른 해외감염병신고센터 설치·운영 등에 필요한 사항은 보건복지부령으로 정한다.
(2020.3.4 본조신설)

제12조의3【항공기 검역조사】 ① 항공기 검역조사를 받으려는 운송수단의 장은 보건복지부령으로 정하는 바에 따라 검역조사에 필요한 서류를 검역소장에게 제출하여야 한다.
② 검역소장은 제1항에 따라 제출한 서류를 심사하여 검역감염병이 국내에 전파될 우려가 없다고 판단한 경우에는 서류 심사로 검역조사를 할 수 있다. 다만, 검역감염병의 전파 위험이 큰 경우 등 보건복지부령으로 정하는 경우에는 탑승하여 검역조사를 하여야 한다.
③ 제1항에 따른 서류 제출 및 제2항 본문에 따른 서류 심사에 의한 검역조사는 전산시스템을 이용하여 처리할 수 있다.

④ 제1항에 따라 제출한 서류 정보가 사실과 다른 것으로 확인된 경우에는 보건복지부령으로 정하는 바에 따라 재검역 등 필요한 조치를 하여야 한다.
(2020.3.4 본조신설)

제12조의4【선박 검역조사】 ① 선박 검역조사를 받으려는 운송수단의 장은 보건복지부령으로 정하는 바에 따라 검역조사에 필요한 서류를 검역소장에게 제출하여야 한다. 이 경우 운송수단의 장은 검역 장소에 도착하여 선박에 노란색 기(旗)를 달거나 노란색 전조등을 켜는 등 검역 표시를 하여야 한다.

② 검역소장은 제12조제3항에 따라 운송수단의 장에게 서류의 제출을 요구할 때에는 「해운법」 제33조에 따라 등록한 해운대리점의 대표자로 하여금 운송수단이 도착하기 전까지 관련 서류를 제출하거나 제시하도록 요구할 수 있다.

③ 검역소장은 제1항에 따라 제출한 서류를 심사하여 검역감염병이 국내에 전파될 우려가 없다고 판단한 경우에는 서류 심사로 검역조사를 할 수 있다. 다만, 검역감염병의 전파 위험이 큰 경우 등 보건복지부령으로 정하는 경우에는 승선하여 검역조사를 하여야 한다.

④ 제1항에 따른 서류 제출 및 제3항 본문에 따른 서류 심사에 의한 검역조사는 전산시스템을 이용하여 처리할 수 있다.

⑤ 검역소장은 제1항에 따라 제출한 서류의 사실 확인 및 보건위생관리를 위하여 보건복지부령으로 정하는 바에 따라 대상 선박을 선정하여 검역조사 이후에 보건위생조사를 실시할 수 있다.

⑥ 제1항에 따라 제출한 서류정보가 사실과 다른 것으로 확인된 경우에는 보건복지부령으로 정하는 바에 따라 재검역 등 필요한 조치를 하여야 한다.
(2020.3.4 본조신설)

제12조의5【육로 검역조사】 ① 육로를 통하여 들어오는 출입국자 및 운송수단은 보건복지부령으로 정하는 바에 따라 검역조사를 받아야 한다.

② 질병관리청장은 육로를 통하여 들어오는 출입국자 및 운송수단에 대하여 통일부장관이 「남북교류협력에 관한 법률」 제23조제2항 단서에 따른 협의를 요청할 때에는 보건복지부령으로 정하는 바에 따라 제9조제1항에 따른 검역통보 절차의 일부를 생략할 수 있다.(2020.8.11 본항개정)
(2020.3.4 본조신설)

제13조【검역 전의 승선·탑승】 ① 검역조사를 받아야 할 운송수단에 검역조사가 완료되어 검역증이 발급되기 전에는 제30조에 따른 검역공무원이 아닌 사람은 승선하거나 탑승할 수 없다. 다만, 미리 보건복지부령으로 정하는 바에 따라 검역소장의 허가를 받은 경우에는 그러하지 아니한다.

② 검역소장의 허가를 받지 아니하고 승선하거나 탑승한 사람은 검역조사를 받아야 하며, 제1항 단서에 따라 검역소장의 허가를 받아 승선하거나 탑승한 사람이 검역감염병 증상이 있거나 검역감염병 환자등과 접촉한 경우 즉시 검역소장에게 신고를 하여야 한다.

③ 검역소장은 제2항에 따른 신고를 받은 경우 신고한 자에 대해 즉시 검역조사를 실시하여야 한다.
(2020.3.4 본항신설)

④ 제3항에 따른 검역조사의 방법은 보건복지부령으로 정한다.(2020.3.4 본항신설)
(2020.3.4 본조개정)

제14조 (2020.3.4 삭제)

제15조【검역조치】 ① 질병관리청장은 검역감염병 유입과 전파를 차단하기 위하여 검역감염병에 감염되었거나 감염된 것으로 의심되는 사람, 검역감염병 병원체에 오염되었거나 오염된 것으로 의심되거나 감염병 매개체가 서식하는 것으로 의심되는 운송수단이나 화물에 대하여 다음 각 호의 전부 또는 일부의 조치를 할 수 있다.
(2020.8.11 본문개정)

1. 검역감염병 환자등을 감시하거나 격리시키는 것
(2020.3.4 본호개정)
2. 검역감염병 접촉자 또는 보건복지부령으로 정하는 검역감염병 위험요인에 노출된 사람(이하 "검역감염병 위험요인에 노출된 사람"이라 한다)을 감시하거나 격리시키는 것(2020.3.4 본호개정)
3. 검역감염병 병원체에 오염되었거나 오염된 것으로 의심되는 화물을 소독 또는 폐기하거나 옮기지 못하게 하는 것
4. 검역감염병 병원체에 오염되었거나 오염된 것으로 의심되는 곳을 소독하거나 사용을 금지 또는 제한하는 것

4의2. 검역감염병 병원체 오염 여부를 확인할 필요가 있다고 인정되는 운송수단 및 화물을 검사하는 것
(2020.3.4 본호신설)

5. (2020.3.4 삭제)
6. 감염병 매개체가 서식하거나 서식하는 것으로 의심되는 운송수단과 화물을 소독하고 감염병 매개체를 없애도록 운송수단의 장이나 화물의 소유자 또는 관리자에게 명하는 것(2020.3.4 본호개정)
7. 검역감염병의 감염 여부를 확인할 필요가 있다고 인정되는 사람을 진찰하거나 검사하는 것
8. 검역감염병의 예방이 필요한 사람에게 예방접종을 하는 것

② (2020.3.4 삭제)

③ 제1항제6호에 따른 명령을 받은 운송수단의 장이나 화물의 소유자 또는 관리자는 보건복지부령으로 정하는 자격이 있는 자에게 소독 등의 업무를 대신하게 하고 그 결과를 검역소장에게 제출하여 검역소장의 확인을 받아야 한다.(2020.3.4 본항개정)

④ 질병관리청장이 제1항에 따른 적절한 조치를 시행할 수 없는 경우에는 운송수단의 장에게 그 이유를 알리고 회항 또는 지정하는 장소로 이동할 것을 지시할 수 있다. 이 경우 해당 운송수단의 장은 그 지시에 따라야 한다.
(2021.12.21 전단개정)

⑤ 질병관리청장은 제1항에 따른 검역조치를 할 때에 필요한 경우 대통령령으로 정하는 바에 따라 관계 기관에 협조를 요청할 수 있으며, 그 요청을 받은 관계 기관의 장은 부득이한 사유가 없으면 협조하여야 한다. 이 경우 질병관리청장은 제29조의2에 따른 검역정보시스템을 통하여 관계 기관에 협조를 요청할 수 있다.(2024.1.23 후단신설)

제16조【검역감염병 환자등의 격리】 ① 질병관리청장은 제15조제1항제1호에 따라 검역감염병 환자등을 다음 각 호의 어느 하나에 해당하는 시설에 격리한다. 다만, 사람 간 전파가능성이 낮은 경우 등 질병관리청장이 정하는 경우는 격리 대상에서 제외할 수 있다.(2020.8.11 본문개정)

1. 검역소에서 관리하는 격리시설로서 질병관리청장이 지정한 시설(2021.12.21 본호개정)
2. 「감염병의 예방 및 관리에 관한 법률」 제36조 또는 제37조에 따른 감염병관리기관, 격리소·요양소 또는 진료소
3. 자가(自家)
4. 「감염병의 예방 및 관리에 관한 법률」 제8조의2에 따른 감염병전문병원(2017.12.19 본호신설)
5. 국내에 거주지가 없는 경우 질병관리청장이 지정하는 시설 또는 장소(2020.8.11 본호신설)

② 질병관리청장은 검역감염병 환자등이 많이 발생하여 제1항에 따른 격리시설이나 감염병관리기관 등이 부족한 경우에는 보건복지부령으로 정하는 바에 따라 임시 격리시설을 설치·운영할 수 있다.(2020.8.11 본항개정)

③ 질병관리청장은 제1항에 따른 격리조치(이송을 포함한다)를 할 때에 필요하면 특별시장·광역시장·특별자치시장·도지사·특별자치도지사(이하 "시·도지사"라 한다) 또는 시장·군수·구청장(자치구의 구청장을 말한다. 이하 같다)에게 협조를 요청할 수 있다. 이 경우 시·도지사 또는 시장·군수·구청장은 특별한 사유가 없으면 협조하여야 한다.(2020.8.11 전단개정)

④ 검역감염병 환자등의 격리 기간은 검역감염병 환자등의 감염력이 없어질 때까지로 하고, 격리기간이 지나면 즉시 해제하여야 한다.(2020.3.4 본항개정)

⑤ 제4항에 따른 격리 기간 동안 격리된 사람은 검역소장의 허가를 받지 아니하고는 다른 사람과 접촉할 수 없다.

⑥ 검역소장은 검역감염병 환자등을 격리하였을 때에는 보건복지부령으로 정하는 바에 따라 격리 사실을 격리대상자 및 격리 대상자의 가족, 보호자 또는 격리 대상자가 지정한 사람에게 알려야 한다.(2020.3.4 본항개정)

제17조【검역감염병 접촉자에 대한 감시 등】 ① 질병관리청장은 제15조제1항제2호에 따라 검역감염병 접촉자 또는 검역감염병 위험요인에 노출된 사람이 입국 후 거주하거나 체류하는 지역의 특별자치도지사·시장·군수·구청장에게 건강 상태를 감시하거나 「감염병의 예방 및 관리에 관한 법률」 제49조제1항에 따라 격리시킬 것을 요청할 수 있다.(2020.8.11 본항개정)

② 특별자치도지사·시장·군수·구청장은 제1항에 따라 감시하는 동안 검역감염병 접촉자 또는 검역감염병 위험요인에 노출된 사람이 검역감염병 환자등으로 확인된 경우에는 지체 없이 격리 등 필요한 조치를 하고 즉시 그 사실을 질병관리청장에게 보고하여야 한다.(2020.8.11 본항개정)

③ 제1항에 따른 감시 또는 격리 기간은 보건복지부령으로 정하는 해당 검역감염병의 최대 잠복기간을 초과할 수 없다.

1.~6. (2020.3.4 삭제)
(2020.3.4 본조개정)

제18조【격리시설 등에서 물품 반출의 금지】 제16조에 따른 격리시설과 임시 격리시설에서 사용하거나 보관 중인 물품은 검역소장의 허락을 받지 아니하고 반출하여서는 아니 된다.(2020.3.4 본조개정)

제19조【오염운송수단 등의 이동금지 등의 조치】 ① 질병관리청장은 검역감염병에 감염되었거나 감염이 의심되는 승객, 승무원 및 도보출입자, 검역감염병 병원체에 오염되었거나 오염이 의심되는 운송수단 및 화물(이하 이 조에서 "오염운송수단등"이라 한다)에 대하여는 검역소장이 지정하는 장소에서 검역감염병 유무에 관한 검사, 소독 및 물건의 폐기 등의 조치가 끝날 때까지 보건복지부령으로 정하는 바에 따라 이동금지 등의 조치를 할 수 있다. 이 경우 검역소장의 허가를 받지 아니하고는 오염운송수단등에 접촉하거나 탑승할 수 없다.(2020.8.11 전단개정)

② 검역소장은 오염운송수단등에 대한 조치를 하여 검역감염병이 국내로 번질 우려가 없다고 인정되면 그 이동금지 등의 조치를 해제하여야 한다. 이 경우 이동금지 등의 조치를 해제하기 위한 인정 기준은 보건복지부령으로 정한다.
(2010.1.18 본조개정)

제20조【검역감염병 외의 감염병에 대한 예방조치】 검역소장은 검역조사에서 다음 각 호를 발견한 경우에는 보건복지부령으로 정하는 바에 따라 진찰, 검사, 소독 및 그 밖에 필요한 예방조치를 할 수 있다.(2020.3.4 본문개정)

1. 검역감염병 외의 감염병 환자
2. 검역감염병 외의 감염병 의사환자
3. 검역감염병 외의 감염병으로 죽은 사람의 시체
4. 검역감염병 외의 감염병 병원체에 오염되었거나 오염되었을 가능성이 있는 운송수단

(2020.3.4 1호~4호신설)

제21조【소독이 필요한 화물의 보관】 검역소장은 운송수단의 화물선적 목록에 적힌 화물 중 소독할 필요가 있다고 인정되는 화물은 다른 화물과 접촉되지 아니하게 따로 보관할 것을 해당 세관장에게 요구할 수 있다.

제22조【검역증】 검역소장은 검역조사 결과 출입국자, 운송수단 또는 화물에 의하여 검역감염병이 국내외로 번질 우려가 없는 등 이상이 없는 것으로 인정되면 출입국자 또는 운송수단의 장이 요구하는 경우 보건복지부령으로 정하는 바에 따라 검역증을 내주어야 한다.
(2020.3.4 본조개정)

제23조【조건부 검역증】 ① 검역소장은 검역조사 결과 검역소독 등을 실시할 것을 조건으로 운송수단의 장에게 조건부 검역증을 내줄 수 있다.(2020.3.4 본항개정)

② 검역소장은 조건부 검역증을 받은 운송수단의 장이 해당 조건을 이행하였을 때에는 그 운송수단의 장에게 검역증을 내주어야 한다. 이 경우 운송수단의 장은 종전에 발급받은 조건부 검역증을 폐기하여야 한다.
(2020.3.4 본항개정)

③ 검역소장은 운송수단의 장이 제1항에 따른 조건부 검역증에 제시된 조건을 이행하지 아니하면 이동금지 등의 조치를 할 수 있다.

④ 검역소장은 제1항에 따른 조건부 검역증을 받은 운송수단의 장이 운송수단에 대한 조건을 이행하는 것이 곤란하다고 판단될 경우에는 운송수단의 장에게 그 이유를 밝히고 보건복지부령으로 정하는 바에 따라 검역소장이 지정하는 장소로 이동할 것을 지시할 수 있다. 이 경우 해당 운송수단의 장은 그 지시에 따라야 한다.
(2020.3.4 전단개정)

제24조【출입국의 금지 또는 정지 요청】 질병관리청장은 공중보건상 큰 위해를 끼칠 염려가 있다고 인정되는 다음 각 호에 해당하는 사람에 대하여는 법무부장관에게 출국 또는 입국의 금지 또는 정지를 요청할 수 있다. 다만, 입국의 금지 또는 정지의 요청은 외국인의 경우에만 해당한다.(2020.8.11 본문개정)

1. 검역감염병 환자등
2. 검역감염병 접촉자
3. 검역감염병 위험요인에 노출된 사람
4. 검역관리지역등에서 입국하거나 이 지역을 경유하여 입국하는 사람

(2020.3.4 1호~4호신설)

제25조【시체 등의 반입 및 조사】 ① 국내로 시체를 반입하려는 자는 검역감염병으로 인한 사망 여부를 확인하기 위하여 보건복지부령으로 정하는 바에 따라 필요한 서류를 제출하거나 제시하여야 한다.(2010.1.18 본항개정)

② 검역소장은 검역감염병으로 죽은 사람의 시체, 유골 및 유물로서, 방부처리(防腐處理) 후 불침투성(不浸透性) 관(棺)에 밀봉되어 있지 아니하거나 화장조치(火葬措置)가 되어 있지 아니한 것에 대하여는 국내 반입을 허용하지 아니한다.

③ 운송수단의 운행 중 발생한 시체는 보건복지부령으로 정하는 바에 따라 검역조사를 받아야 한다.(2020.3.4 본항개정)

④ 검역소장은 제1항 또는 제3항에 따른 조사 결과 해당 시체의 사인을 확인할 수 없거나 검역감염병에 감염된 것으로 의심되는 시체의 경우에는 검사를 위해 해부를 명할 수 있으며, 필요한 경우 관계기관에 협조를 요청할 수 있다. 이 경우 해부의 방법 및 절차 등에 관하여는 「감염병의 예방 및 관리에 관한 법률」 제20조를 준용하며, "질병관리청장"은 "검역소장"으로 본다.(2020.8.11 후단개정)

⑤ 검역소장은 검역감염병 환자등이 사망한 경우나 사망 후 사망한 사람이 검역감염병병원체를 보유하였던 것으로 확인된 경우 검역감염병의 차단과 확산 방지 등을 위하여 필요한 범위에서 그 시신의 장사방법 등을 제한할 수 있다. 이 경우 그 방법 및 절차 등에 관하여는 「감염병의 예방 및 관리에 관한 법률」 제20조의2를 준용하며, "질병관리청장"은 "검역소장"으로 본다.(2020.8.11 후단개정)

제26조 (2020.3.4 삭제)

제27조【선박위생 증명서의 발급 등】 ① 검역소장은 선장 또는 선박의 소유자가 선박위생 증명서 발급을 신청하면 그 선박에 대하여 검역감염병 병원체의 오염 여부와 감염병 매개체 유무 등에 관한 조사를 하고, 그 결과 해당 선박에 검역감염병 병원체의 오염 의심이 없고 감염병 매개체가 서식하지 아니한 경우에는 6개월간 유효한 선박위생관리 면제증명서를 내준다.(2020.3.4 본항개정)

② 검역소장은 제1항에 따른 조사 결과 해당 선박에 검역감염병 병원체의 오염이 의심되거나 감염병 매개체의 서식이 의심되면 보건복지부령으로 정하는 자격이 있는 자

에게 소독을 하게 하거나 감염병 매개체를 없애도록 한 후 6개월간 유효한 선박위생관리 증명서를 내준다.
(2020.3.4 본항개정)
③ 검역소장은 제15조제1항제6호에 따른 조치명령을 받아 같은 조 제3항에 따라 소독하거나 감염병 매개체를 없앤 선장 또는 선박의 소유자가 명령 이행에 대한 증명서 발급을 신청하면 6개월간 유효한 선박위생관리 증명서를 내준다.
④ 검역소장은 선박이 선적지(船籍地)로 돌아가거나 제12조와 제15조에 따른 검역조사 및 검역조치를 이행할 수 없는 특별한 사유가 있는 경우에는 제1항에 따른 선박위생관리 면제증명서 및 제2항·제3항에 따른 선박위생관리 증명서의 유효기간을 1개월의 범위에서 연장할 수 있다.(2021.12.21 본항개정)
⑤ 검역소장은 제1항부터 제3항까지의 규정에 따라 발급된 증명서의 유효기간이 지난 선박이나 그 증명서를 지니지 아니하고 도착한 선박 또는 그 증명서에 재검사가 필요한 것으로 기재되어 있는 선박에 대하여는 제12조에 따른 검역조사를 하여야 한다.
⑥ 제1항에 따른 조사의 내용 및 선박위생관리 증명서와 선박위생관리 면제증명서의 신청 절차와 발급 방법 등에 관하여 필요한 사항은 보건복지부령으로 정한다.
(2020.3.4 본항개정)
(2020.3.4 본조제목개정)

제28조 【그 밖의 증명서 발급】 ① 검역소장은 운송수단의 장이 감염병 매개체 구제증명서(驅除證明書) 발급을 신청하면 해당 운송수단에 대하여 보건복지부령으로 정하는 바에 따라 해당 운송수단의 감염병 매개체 구제 여부를 확인하고 그 증명서를 내주어야 한다.(2020.3.4 본항개정)
② 검역소장은 물품을 수출하려는 사람이 다음 각 호에 해당하는 증명서의 발급을 신청하면 그에 해당하는 검역감염병에 대한 예방조치를 하거나 하였는지 확인하고 보건복지부령으로 정하는 바에 따라 해당 증명서를 내주어야 한다.
1. 물품에 대한 소독증명확인서 : 검역감염병의 유무에 관한 검사, 소독 및 감염병 매개체를 없애는 일
2. 물품에 대한 병원체 검사증명서 : 검역감염병 병원체의 유무에 관한 세균·바이러스 검사 실시
(2020.3.4 본항개정)
③ 검역소장은 승객 및 승무원 등 외국으로 나가는 사람이 병원체 검사증명서의 발급을 신청하면 검역감염병 감염 여부와 검역감염병 병원체의 유무에 관한 검사를 실시하고 보건복지부령으로 정하는 바에 따라 해당 증명서를 내주어야 한다.(2020.3.4 본문개정)
1.~2. (2020.3.4 삭제)
④ 제1항부터 제3항까지의 규정에 따른 증명서 외의 증명서의 발급 신청 및 그에 따른 예방조치 내용과 증명서 발급 절차에 관하여 필요한 사항은 보건복지부령으로 정한다.
⑤ 제1항과 제2항에 따른 소독 및 감염병 매개체를 없애는 일은 보건복지부령으로 정하는 자격이 있는 자가 하여야 한다.
(2010.1.18 본조개정)

제28조의2 【국제공인예방접종】 ① 질병관리청장은 외국으로 나가는 사람의 요청이 있을 경우에는 검역감염병의 예방접종을 실시하고 국제공인예방접종증명서를 내주어야 한다.(2020.8.11 본항개정)
② 질병관리청장은 검역감염병의 예방접종 후 이상반응에 대비하여 관련 응급처치 비상품을 구비하여야 한다.
(2020.8.11 본항개정)
③ 제28조의3의 국제공인예방접종기관의 장은 검역감염병의 예방접종을 수행한 경우 예방접종증명서를 발급하여야 하며, 검역소장은 예방접종증명서의 사실을 확인한 후 국제공인예방접종증명서를 발급한다.
④ 제1항 및 제3항에 따른 국제공인예방접종증명서의 발급 절차와 제2항에 따른 이상반응 관리 등에 필요한 사항은 보건복지부령으로 정한다.
(2020.3.4 본조개정)

제28조의3 【국제공인예방접종지정기관의 지정 등】 ① 질병관리청장은 다음 각 호의 어느 하나에 해당하는 기관 중에서 국제공인예방접종을 실시할 수 있는 기관(이하 "국제공인예방접종지정기관"이라 한다)을 지정할 수 있다. 이 경우 질병관리청장은 이를 공고하여야 한다.
(2020.8.11 본문개정)
1. 「의료법」 제3조에 따른 의료기관
2. 의무실이 설치되어 있고 의사가 항상 근무하는 국가 및 지방자치단체의 기관, 「공공기관의 운영에 관한 법률」에 따른 공공기관
② 질병관리청장은 국제공인예방접종지정기관이 다음 각 호의 어느 하나에 해당하는 경우에는 그 지정을 취소할 수 있다.(2020.8.11 본문개정)
1. 최근 3년간 검역감염병에 대한 예방접종 실적이 없는 경우
2. 검역감염병 예방접종과 관련하여 이 법이나 의료 관계 법령을 위반한 경우
③ 제1항 및 제2항에서 규정한 사항 외에 국제공인예방접종지정기관의 지정 및 지정취소의 기준·절차 등에 필요한 사항은 보건복지부령으로 정한다.
(2014.3.18 본조신설)

제29조 【검역구역의 보건위생관리】 ① 질병관리청장은 검역감염병이나 검역감염병 외의 감염병이 유행하거나 유행할 우려가 있다고 인정하면 보건복지부령으로 정하는 바에 따라 검역구역 내 운송수단, 시설, 건물, 물품 및 그 밖의 장소와 그 관계인에 대하여 보건위생관리에 필요한 다음 각 호의 조치를 하거나 필요한 지시를 할 수 있다.(2020.8.11 본문개정)
1. 검역감염병 및 검역감염병 외의 감염병에 관한 역학조사(疫學調査)
2. 살충·살균을 위한 소독과 감염병 매개체를 없애는 일
3. 검역감염병 보균자 및 검역감염병 외의 감염병 보균자 색출 검사와 예방접종
4. 운송수단에 실리는 식재료, 식품 및 식수검사
5. 어패류와 식품을 다루는 사람에 대한 위생지도와 교육·홍보
6. 검역구역 안의 감염병 매개체의 서식 분포 등에 대한 조사
7. 선박의 균형을 유지하기 위하여 선박에 실은 물에 대한 조사
8. 그 밖에 질병관리청장이 검역감염병 및 검역감염병 외의 감염병을 예방하기 위하여 필요하다고 인정하는 사항(2020.8.11 본호개정)
② 질병관리청장은 제1항에 따른 조치와 지시를 할 때에 필요하면 관계 기관이나 관계인에게 협조를 요청할 수 있으며, 그 요청을 받은 관계 기관의 장이나 관계인은 부득이한 사유가 없으면 협조하여야 한다.(2021.12.21 본항개정)

제29조의2 【검역정보시스템의 구축·운영】 ① 질병관리청장은 검역감염병에 감염되었거나 감염되었을 것으로 우려되는 사람과 오염 우려가 있는 운송수단을 신속히 확인하는 등 효율적 검역업무의 수행을 위하여 검역대상자 등의 정보를 전자적으로 처리할 수 있는 검역정보시스템을 구축·운영할 수 있다.(2020.8.11 본항개정)
② 질병관리청장은 검역 업무를 위하여 다음 각 호의 정보시스템을 통하여 검역과 관련된 정보를 관계 기관의 장에게 요청할 수 있다. 이 경우 관계 기관의 장은 정당한 사유가 없으면 이에 따라야 한다.(2020.8.11 전단개정)
1. 「약사법」 제23조의3제1항에 따른 의약품안전사용정보시스템
2. 「여권법」 제8조제2항에 따른 여권정보통합관리시스템
3. 「출입국관리법」에 따른 출입국관리정보를 처리하는 정보시스템
4. 「관세법」 제327조에 따른 국가관세종합정보망
5. 그 밖에 보건복지부령으로 정하는 정보시스템
(2020.3.4 본항신설)
③ 보건복지부장관은 제1항에 따른 시스템을 통하여 운영하는 정보를 효율적인 검역 업무의 수행 이외의 목적에는 활용할 수 없으며, 사생활의 비밀을 침해하지 아니하도록 관리하여야 한다.
④ 제1항 및 제2항의 정보의 보호 및 관리에 관한 사항은 이 법에서 규정된 것을 제외하고는 「개인정보 보호법」의 규정을 따른다.(2020.3.4 본항신설)
⑤ 제1항 및 제2항에 따른 시스템의 구축·운영 등에 필요한 사항은 보건복지부령으로 정한다.(2020.3.4 본항개정)
(2016.2.3 본조신설)

제2장의2 자료제출 요청 등
(2016.2.3 본장신설)

제29조의3 (2020.3.4 삭제)

제29조의4 【승객예약자료의 요청】 ① 질병관리청장은 다음 각 호의 업무를 수행하기 위하여 필요한 경우에는 운송수단의 장에게 운송수단의 장이 보유하고 있는 승객예약자료를 정보통신망을 통하여 열람할 수 있도록 하거나 지체 없이 문서(전자문서를 포함한다)로 제출할 것을 요청할 수 있다.(2020.8.11 본문개정)
1. 검역감염병 발생국가에서 입국하거나 검역감염병 발생국가를 경유하여 입국한 것으로 의심되는 사람에 대한 검역업무
2. 검역감염병에 감염되었거나 감염되었을 것으로 우려되는 사람이 출국 또는 입국하는 경우의 검역업무
3. 제12조에 따른 검역조사 업무
4. 제12조의2제3항에 따른 조치 업무(2020.3.4 본호개정)
② 제1항에 따른 요청을 받은 운송수단의 장은 정당한 사유가 없으면 이에 따라야 한다.(2020.3.4 본항개정)
③ 제1항에 따라 열람하거나 제출받을 수 있는 자료의 범위는 다음 각 호로 한정한다.
1. 성명, 국적, 생년월일, 여권번호 및 예약번호
2. 주소 및 전화번호
3. 운송수단의 편명, 입항일시
4. 예약 및 탑승수속 시점
5. 탑승권 번호·좌석번호·발권일·발권장소
6. 여행경로 및 여행사
7. 가족, 단체여행객 등 동반탑승자 및 동반탑승자의 좌석번호
8. 수하물에 관한 자료
④ 제1항에 따라 제공받은 승객예약자료의 보관방법, 보존기한, 파기 등에 관하여 필요한 사항은 대통령령으로 정한다.

제29조의5 【관계기관의 협조】 질병관리청장은 검역감염병의 예방·관리를 위하여 검역감염병에 감염되었거나 감염되었을 것으로 우려되는 사람의 주민등록번호, 출입국관리기록, 여행자 휴대품 신고내용 및 금융정보, 그 밖의 긴급하게 필요한 자료·정보로서 대통령령으로 정하는 자료·정보를 다음 각 호의 어느 하나에 해당하는 관계 중앙행정기관의 장(그 소속기관 및 책임운영기관의 장을 포함한다. 이하 이 조에서 같다)에게 요청할 수 있다. 이 경우 요청을 받은 관계 중앙행정기관의 장은 정당한 사유가 없으면 이에 따라야 한다.(2020.8.11 전단개정)
1. 외교부장관(2020.3.4 본호신설)
2. 법무부장관
3. 행정안전부장관(2017.7.26 본호개정)
4. 국토교통부장관
5. 금융위원회위원장
6. 관세청장
7. 그 밖에 대통령령으로 정하는 중앙행정기관의 장

제29조의6 【안내·교육】 ① 「공항시설법」 제2조제3호에 따른 공항 또는 「항만법」 제2조제1호에 따른 항만 등의 시설관리자는 보건복지부령으로 정하는 바에 따라 검역관리지역등의 위치, 그 지역에서 발생하고 있는 검역감염병의 종류 및 예방방법, 검역감염병에 감염되었거나 감염이 의심되는 경우 조치방법 등에 관하여 시설을 이용하는 자에게 안내하여야 한다.
② 검역소장은 검역관리지역등에 대한 안내와 검역감염병의 예방에 관한 교육 등이 필요한 경우 운송수단의 장에게 출입국자를 대상으로 다음 각 호의 사항에 관하여 안내 및 교육을 실시하도록 요청하여야 한다. 이 경우 검역소장은 운송수단의 장에게 실시할 안내 및 교육의 구체적인 내용을 영상물 등 시각적인 매체의 형태를 포함하여 제공하여야 하고, 요청을 받은 운송수단의 장은 정당한 사유가 없으면 이에 따라야 한다.
1. 검역관리지역등의 위치
2. 검역관리지역등에서 발생하고 있는 검역감염병의 종류, 그 위험성 및 예방방법
3. 검역감염병에 감염되었거나 감염이 의심되는 경우 조치방법
4. 건강 상태 신고 및 발열여부 검사에 관한 사항
5. 제12조의2에 따른 신고의 절차·방법 등에 관한 사항
6. 그 밖에 검역소장이 필요하다고 인정하여 안내 및 교육을 요청하는 사항
(2020.3.4 1호~6호신설)
(2020.3.4 본조개정)

제29조의7 【검역소의 설치】 ① 검역감염병이 국내외로 전파되는 것을 방지하고 국민의 건강을 안전하게 보호하기 위하여 공항, 항만, 철도역 및 국경에 국립검역소(이하 "검역소"라 한다)를 설치하여 운영한다.
② 질병관리청장은 대통령령으로 정하는 기준에 따라 권역별 거점검역소를 운영할 수 있다.(2020.8.11 본항개정)
(2020.3.4 본조신설)

제29조의8 【검역소의 기능 및 업무】 검역소는 다음 각 호의 기능 및 업무를 수행한다.
1. 검역감염병의 국내유입 및 국외전파를 방지하기 위한 검역
2. 입국자 중 감염병 증상이 있는 자의 역학조사
3. 검역감염병 환자등 및 검역감염병 접촉자의 격리, 진단검사
4. 검역구역의 보건위생관리
5. 검역감염병의 예방교육 및 홍보
6. 그 밖에 검역과 관련하여 보건복지부령으로 정하는 업무
(2020.3.4 본조신설)

제29조의9 【검역소 시설·장비 등】 검역소는 보건복지부령으로 정하는 기준에 적합한 시설·장비 등을 갖추어야 한다.(2020.3.4 본조신설)

제3장 검역공무원

제30조 【검역공무원】 ① 이 법에 규정한 직무를 수행하기 위하여 검역소에 검역소장, 검역관 및 그 밖의 공무원(이하 "검역공무원"이라 한다)을 둔다.(2020.3.4 본항개정)
② 질병관리청장은 검역공무원에 대하여 정기적으로 업무수행에 관한 교육·훈련을 실시하여야 한다.
(2020.8.11 본항개정)
③ 검역공무원의 자격 등에 관하여 필요한 사항은 보건복지부령으로 정한다.(2010.1.18 본항개정)

제31조 【검역공무원의 권한】 ① 검역공무원은 이 법에 규정된 직무를 수행하기 위하여 검역 대상이 되는 운송수단과 그 밖에 필요한 장소에 출입할 수 있으며, 운송수단의 운행과 관련된 서류나 시설·장비 등을 검사·조사할 수 있다.(2020.3.4 본항개정)
② 검역공무원은 출입국자와 운송수단의 장에게 검역조사를 위한 질문이나 그 밖에 필요한 자료를 제출하거나 제시하도록 요구할 수 있다.(2020.3.4 본항신설)

제32조 【검역선 등의 운용】 ① 검역소장은 검역 사무를 수행하기 위하여 검역선(檢疫船), 검역차량 등을 운용할 수 있으며, 이에 필요한 세부 사항은 보건복지부령으로 정한다.(2010.1.18 본항개정)
② 검역소장은 환자가 발생한 경우 등 긴급한 검역조치가 필요한 경우에는 관계 기관의 장에게 검역 업무의 수

행에 필요한 검역선 등을 제공하도록 요청할 수 있으며, 그 요청을 받은 관계 기관의 장은 부득이한 사유가 없으면 요청에 따라야 한다.

제33조【검역공무원의 제복 등】 ① 검역공무원은 이 법에 규정된 직무를 수행할 때에는 제복을 입어야 하며, 권한을 표시하는 증표를 지니고 관계인이 요구하면 보여주어야 한다.

② 제1항에 따른 검역공무원의 복제(服制) 및 증표에 관한 사항은 보건복지부령으로 정한다.(2020.3.4 본항개정)

제4장 보 칙

제34조【수수료의 징수】 질병관리청장은 다음 각 호의 조치를 한 경우에는 운송수단의 장, 화물의 소유자 또는 관리자 및 승객·승무원 등으로부터 보건복지부령으로 정하는 바에 따라 수수료를 받을 수 있다.(2020.8.11 본문개정)

1. 제15조제1항제3호, 제4호, 제4호의2, 제7호 및 제8호에 따른 조치를 한 경우(2021.12.21 본호개정)

1의2. 제25조제4항에 따른 조치를 한 경우(2020.3.4 본호신설)

2. 제27조, 제28조 및 제28조의2에 따른 조치를 하거나 그에 대한 증명서를 발급한 경우

(2020.3.4 본조개정)

제34조의2【청문】 질병관리청장은 제28조의3에 따라 국제공인예방접종지정기관의 지정을 취소하려는 경우에는 청문을 하여야 한다.(2020.8.11 본조개정)

제35조【비용 부담】 제16조 및 제17조의 격리 및 감시에 드는 경비는 국가가 부담한다.

제36조【질병관리조직의 설치·운영】 질병관리청장은 검역 사무와 다른 법률에서 정하는 사무를 맡기기 위하여 「정부조직법」 제3조와 제4조에도 불구하고 대통령령으로 정하는 바에 따라 질병관리조직을 설치·운영할 수 있다.(2020.8.11 본조개정)

제37조【권한의 위임】 이 법에 따른 질병관리청장의 권한은 대통령령으로 정하는 바에 따라 그 일부를 소속 기관의 장에게 위임할 수 있다.(2020.8.11 본조개정)

제38조【비밀누설 금지】 검역조사 등 검역 관련 업무에 종사하거나 종사하였던 사람은 제12조에 따른 검역조사, 제12조의2에 따른 조치, 제12조의3에 따른 항공기 검역조사, 제12조의4에 따른 선박 검역조사, 제12조의5에 따른 육로에서의 검역조사, 제29조의2에 따른 검역정보시스템의 구축·운영, 제29조의4에 따른 승객예약자료 제공 요청 및 제29조의5에 따른 협조 요청 등에서 업무상 알게 된 비밀을 다른 사람에게 누설하여서는 아니 된다.

(2020.3.4 본조개정)

제5장 벌 칙

제39조【벌칙】 ① 다음 각 호의 어느 하나에 해당하는 자는 1년 이하의 징역 또는 1천만원 이하의 벌금에 처한다.

1. 제6조제1항에 따른 검역조사를 받지 아니하고 우리나라로 들어오거나 외국으로 나간 사람, 운송수단의 장, 화물의 소유자 또는 관리자(2020.3.4 본호개정)
2. 제12조제3항에 따른 서류의 제출 또는 제시 요구를 거부·방해·기피하거나 거짓 서류를 제출 또는 제시한 자
3. 제15조제1항에 따른 질병관리청장의 조치에 따르지 아니한 자(2020.8.11 본호개정)
4. 제16조제1항 및 제17조제1항에 따른 격리조치에 따르지 아니한 자
5. 제38조를 위반하여 업무상 알게 된 비밀을 다른 사람에게 누설한 자(2020.3.4 본호개정)

② 다음 각 호의 어느 하나에 해당하는 자는 500만원 이하의 벌금에 처한다.

1. 제15조제3항을 위반하여 소독 실시 등의 명령을 이행하지 아니하거나 그 실시 결과에 대하여 검역소장에게 제출하여 확인을 받지 아니한 자(2020.3.4 본호개정)
2. 제15조제4항 또는 제23조제4항에 따른 이동 지시를 거부한 운송수단의 장(2020.3.4 본호개정)
3. 제18조를 위반하여 격리시설과 임시 격리시설에서 사용하거나 보관 중인 물품을 검역소장의 허락을 받지 아니하고 반출한 자(2020.3.4 본호개정)
4. 제19조제1항에 따른 이동금지 등의 조치에 따르지 아니한 자

제40조【양벌규정】 법인의 대표자나 법인 또는 개인의 대리인, 사용인, 그 밖의 종업원이 그 법인 또는 개인의 업무에 관하여 제39조의 위반행위를 하면 그 행위자를 벌하는 외에 그 법인 또는 개인에게도 해당 조문의 벌금형을 과(科)한다. 다만, 법인 또는 개인이 그 위반행위를 방지하기 위하여 해당 업무에 관하여 상당한 주의와 감독을 게을리하지 아니한 경우에는 그러하지 아니하다.

제41조【과태료】 ① 다음 각 호의 어느 하나에 해당하는 자에게는 1천만원 이하의 과태료를 부과한다.

1. 제12조의2제1항을 위반하여 신고를 하지 아니하거나 허위로 신고한 자(2020.3.4 본호개정)
2. 제29조의4에 따른 승객예약자료 제공 요청에 불응하거나 거짓 자료를 제출한 자

(2016.2.3 본항신설)

② 다음 각 호의 어느 하나에 해당하는 자에게는 500만원 이하의 과태료를 부과한다.

1. (2020.3.4 삭제)
2. 제9조에 따른 검역 통보를 하지 아니하거나 거짓으로 통보한 운송수단의 장(2020.3.4 본호개정)

2의2. 제12조의2제3항에 따른 조치에 따르지 아니한 자(2020.3.4 본호신설)

3. 제13조를 위반하여 검역 전에 승선하거나 탑승한 자
4. 제16조제5항을 위반하여 격리 기간 동안 다른 사람과 접촉한 격리 대상자
5. (2020.3.4 삭제)
6. 제29조제1항에 따른 조치나 지시에 따르지 아니한 자
7. 제29조의6제2항을 위반하여 정당한 사유 없이 요청에 응하지 아니한 자(2016.2.3 본호신설)

③ 제1항 및 제2항에 따른 과태료는 대통령령으로 정하는 바에 따라 검역소장이 부과·징수한다.(2016.2.3 본항개정)

부 칙

제1조【시행일】 이 법은 공포 후 1년이 경과한 날부터 시행한다.

제2조【처분 등에 관한 경과조치】 이 법 시행 당시 종전의 규정에 따른 행정기관의 행위나 행정기관에 대한 행위는 그에 해당하는 이 법에 따른 행정기관의 행위나 행정기관에 대한 행위로 본다.

제3조【벌칙과 과태료에 관한 경과조치】 이 법 시행 전의 행위에 대하여 벌칙이나 과태료 규정을 적용할 때에는 종전의 규정에 따른다.

제4조【다른 법률의 개정】 ①~② ※(해당 법령에 가제정리 하였음)

제5조【다른 법령과의 관계】 이 법 시행 당시 다른 법령에서 종전의 「검역법」의 규정을 인용한 경우 이 법 가운데 그에 해당하는 규정이 있으면 종전의 규정을 갈음하여 이 법의 해당 조항을 인용한 것으로 본다.

부 칙 (2014.3.18)

제1조【시행일】 이 법은 공포 후 6개월이 경과한 날부터 시행한다.

제2조【국제공인예방접종지정기관에 관한 경과조치】 이 법 시행 당시 보건복지부령에 따른 국제공인예방접종지정기관은 제28조의2의 개정규정에 따른 국제공인예방접종지정기관으로 지정받은 것으로 본다.

부 칙 (2020.3.4)

제1조【시행일】 이 법은 공포 후 1년이 경과한 날부터 시행한다. 다만, 제2조제7호·제8호, 제5조 및 제24조의 개정규정은 공포한 날부터 시행한다.

제2조【검역관리지역등에 관한 경과조치】 이 법 시행 당시 종전의 규정에 따라 지정된 오염지역 또는 오염인근지역은 제5조제1항에 따라 지정된 검역관리지역 또는 중점검역관리지역으로 본다.

제3조【경과조치】 ① 부칙 제1조 단서에 따른 제5조의 개정규정의 시행에도 불구하고 이 법 시행일 전까지는 제5조의2 및 제29조의6(법률 제17068호 검역법 일부개정법률로 개정되기 전의 것을 말한다)에 따른 "오염지역 및 오염인근지역"은 제5조의 개정규정에 따른 "검역관리지역등"으로 본다.

② 부칙 제1조 단서에 따른 제5조의 개정규정의 시행에도 불구하고 이 법 시행일 전까지는 제29조의3의 "오염지역"은 제5조(법률 제17068호 검역법 일부개정법률로 개정되기 전의 것을 말한다)에 따른 "오염지역"으로 본다.

③ 부칙 제1조 단서에 따른 제24조의 개정규정의 시행에도 불구하고 이 법 시행일 전까지는 제24조제2호의 개정규정의 "검역감염병 접촉자"는 제2조제5호(법률 제17068호 검역법 일부개정법률로 개정되기 전의 것을 말한다)의 "검역감염병 의심자"로 본다.

제4조【다른 법령의 개정】 ※(해당 법령에 가제정리 하였음)

부 칙 (2020.8.11)

제1조【시행일】 이 법은 공포 후 1개월이 경과한 날부터 시행한다. 다만, 이 법 시행 전에 공포되었으나 시행일이 도래하지 아니한 법률을 개정한 부분은 각각 해당 법률의 시행일부터 시행한다.(이하 생략)

부 칙 (2021.12.21)

제1조【시행일】 이 법은 공포 후 6개월이 경과한 날부터 시행한다.

제2조【수수료 징수에 관한 적용례】 제34조제1호의 개정규정은 이 법 시행 이후 제15조제1항제4호의2에 따라 운송수단 및 화물을 검사하는 경우부터 적용한다.

부 칙 (2024.1.23)

이 법은 공포 후 3개월이 경과한 날부터 시행한다.

모자보건법

(1986년 5월 10일 전개법률 제3824호)

개정
1987.11.28법 3948호(의료법)
1994.12.22법 4791호(기금관리기본법)
1997.12.13법 5454호(정부부처명)
1999. 2. 8법 5859호
2005.12. 7법 7703호
2007. 4.11법 8366호(의료법)
2008. 2.29법 8852호(정부조직)
2009. 1. 7법 9333호
2010. 1.18법 9932호(정부조직)
2012. 5.23법11441호
2013. 8. 6법11998호(지방세외수입금의징수등에관한법)
2015. 1.28법13104호
2015. 7.24법13426호(제주자치법)
2015.12.22법13597호
2016.12. 2법14323호
2017.12.12법15186호
2018. 3.13법15444호
2019. 1.15법16245호
2019. 4.23법16370호
2020. 2.18법17007호(권한지방이양)
2020. 3.24법17091호(지방행정제재·부과금의징수등에관한법)
2021.12.21법18612호
2024. 1. 2법19890호→2025년 1월 3일 시행이므로 「法典 別冊」 보유편 수록
2024. 1.23법20094호→2025년 1월 24일 시행이므로 「法典 別冊」 보유편 수록
2024. 2. 6법20215호→2024년 2월 6일 및 2024년 8월 7일 시행

제1조【목적】 이 법은 모성(母性) 및 영유아(嬰幼兒)의 생명과 건강을 보호하고 건전한 자녀의 출산과 양육을 도모함으로써 국민보건 향상에 이바지함을 목적으로 한다.(2009.1.7 본조개정)

제2조【정의】 이 법에서 사용하는 용어의 뜻은 다음과 같다.

1. "임산부"란 임신 중이거나 분만 후 6개월 미만인 여성을 말한다.
2. "모성"이란 임산부와 가임기(可姙期) 여성을 말한다.
3. "영유아"란 출생 후 6년 미만인 사람을 말한다.
4. "신생아"란 출생 후 28일 이내의 영유아를 말한다.
5. "미숙아(未熟兒)"란 신체의 발육이 미숙한 채로 출생한 영유아로서 대통령령으로 정하는 기준에 해당하는 영유아를 말한다.
6. "선천성이상아(先天性異常兒)"란 선천성 기형(奇形) 또는 변형(變形)이 있거나 염색체에 이상이 있는 영유아로서 대통령령으로 정하는 기준에 해당하는 영유아를 말한다.
7. "인공임신중절수술"이란 태아가 모체 밖에서는 생명을 유지할 수 없는 시기에 태아와 그 부속물을 인공적으로 모체 밖으로 배출시키는 수술을 말한다.
8. "모자보건사업"이란 모성과 영유아에게 전문적인 보건의료서비스 및 그와 관련된 정보를 제공하고, 모성의 생식건강(生殖健康) 관리와 임신·출산·양육 지원을 통하여 이들이 신체적·정신적·사회적으로 건강을 유지하게 하는 사업을 말한다.
9. (2017.12.12 삭제)
10. "산후조리업(産後調理業)"이란 산후조리 및 요양 등에 필요한 인력과 시설을 갖춘 곳(이하 "산후조리원"이라 한다)에서 분만 직후의 임산부나 출생 직후의 영유아에게 급식·요양과 그 밖에 일상생활에 필요한 편의를 제공하는 업(業)을 말한다.
11. "난임(難姙)"이란 부부(사실상의 혼인관계에 있는 경우를 포함한다. 이하 이 호에서 같다)가 피임을 하지 아니한 상태에서 부부간 정상적인 성생활을 하고 있음에도 불구하고 1년이 지나도 임신이 되지 아니하는 상태를 말한다.(2019.4.23 본호개정)
12. "보조생식술"이란 임신을 목적으로 자연적인 생식과정에 인위적으로 개입하는 의료행위로서 인간의 정자와 난자의 채취 등 보건복지부령으로 정하는 시술을 말한다.(2015.12.22 본호신설)

(2009.1.7 본조개정)

제3조【국가와 지방자치단체의 책임】 ① 국가와 지방자치단체는 모성과 영유아의 건강을 유지·증진하기 위한 조사·연구와 그 밖에 필요한 조치를 하여야 한다.

② 국가와 지방자치단체는 모자보건사업에 관한 시책을 마련하고 모성과 영유아의 보호자에게 적극적으로 홍보하여 국민보건 향상에 이바지하도록 노력하여야 한다.

(2021.12.21 본항개정)

(2009.1.7 본조개정)

제3조의2【임산부의 날】 임신과 출산의 중요성을 북돋우기 위하여 10월 10일을 임산부의 날로 정한다.

(2009.1.7 본조개정)

제3조의3【결혼이민자에 대한 적용】 이 법은 「재한외국인 처우 기본법」 제2조제3호의 결혼이민자에 대하여도 적용한다.(2009.1.7 본조신설)

제4조【모성 등의 의무】 ① 모성은 임신·분만·수유 및 생식과 관련하여 자신의 건강에 대한 올바른 이해와 관심을 가지고 그 건강관리에 노력하여야 한다.

② 영유아의 친권자·후견인이나 그 밖에 영유아를 보호하고 있는 자(이하 "보호자"라 한다)는 육아에 대한 올바른 이해를 가지고 영유아의 건강을 유지·증진하는 데에 적극적으로 노력하여야 한다.

(2009.1.7 본조개정)

제5조【사업계획의 수립 및 조정】 ① 보건복지부장관은 대통령령으로 정하는 바에 따라 모자보건사업에 관한 시

책을 종합·조정하고 그에 관한 기본계획을 세워야 한다.(2017.12.12 본항개정)
② 관계 중앙행정기관의 장과 지방자치단체의 장은 제1항의 기본계획을 시행하는 데에 필요한 세부계획을 수립·시행하여야 한다.
(2009.1.7 본조개정)
제6조 (2015.12.22 삭제)
제7조【모자보건기구의 설치】 ① 국가와 지방자치단체는 모자보건사업에 관한 다음 각 호의 사항을 관장하기 위하여 모자보건기구를 설치·운영할 수 있다. 이 경우 지방자치단체가 모자보건기구를 설치할 때에는 그 지방자치단체가 설치한 보건소에 설치함을 원칙으로 한다.
(2017.12.12 전단개정)
1. 임산부의 산전(産前)·산후(産後)관리 및 분만관리와 응급처치에 관한 사항
2. 영유아의 건강관리와 예방접종 등에 관한 사항
3. 모성의 생식건강 관리와 건강 증진 프로그램 개발 등에 관한 사항
4. 부인과(婦人科) 질병 및 그에 관련되는 질병의 예방에 관한 사항
5. 심신장애아의 발생 예방과 건강관리에 관한 사항
6. 성교육·성상담 및 보건에 관한 지도·교육·연구·홍보 및 통계관리 등에 관한 사항
② 제1항에 따른 모자보건기구의 설치기준과 운영에 필요한 사항은 대통령령으로 정한다.
③ 국가와 지방자치단체는 제1항 각 호의 사항을 대통령령으로 정하는 바에 따라 의료법인이나 비영리법인에 위탁하여 수행할 수 있다.
(2009.1.7 본조개정)
제8조【임산부의 신고 등】 ① 임산부가 이 법에 따른 보호를 받으려면 본인이나 그 보호자가 보건복지부령으로 정하는 바에 따라 「의료법」 제3조에 따른 의료기관(이하 "의료기관"이라 한다) 또는 보건소에 임신 또는 분만 사실을 신고하여야 한다.(2010.1.18 본항개정)
② 의료기관의 장 또는 보건소장은 제1항에 따른 신고를 받으면 이를 종합하여 보건복지부령으로 정하는 바에 따라 특별자치시장·특별자치도지사 또는 시장(「제주특별자치도 설치 및 국제자유도시 조성을 위한 특별법」 제10조제2항에 따른 행정시의 시장은 제외한다. 이하 같다)·군수·구청장(자치구의 구청장을 말한다. 이하 같다)에게 보고하여야 한다.(2015.7.24 본항개정)
③ 의료기관의 장 또는 보건소장은 해당 의료기관이나 보건소에서 임산부가 사망하거나 사산(死産)하였을 때 또는 신생아가 사망하였을 때에는 보건복지부령으로 정하는 바에 따라 특별자치시장·특별자치도지사 또는 시장·군수·구청장에게 보고하여야 한다.(2015.1.28 본항개정)
④ 의료기관의 장은 해당 의료기관에서 미숙아나 선천성이상아가 출생하면 보건복지부령으로 정하는 바에 따라 보건소장에게 보고하여야 한다.(2010.1.18 본항개정)
⑤ 제4항에 따른 미숙아 또는 선천성이상아(이하 "미숙아등"이라 한다)의 출생을 보고받은 보건소장은 그 보호자가 해당 관할 구역에 주소를 가지고 있지 아니하면 그 보호자의 주소지를 관할하는 보건소장에게 그 출생 보고를 이송하여야 한다.
(2009.1.7 본조개정)
제9조【모자보건수첩의 발급】 ① 특별자치시장·특별자치도지사 또는 시장·군수·구청장은 제8조제1항에 따라 신고된 임산부나 영유아에 대하여 모자보건수첩을 발급하여야 한다.(2015.1.28 본항개정)
② 제1항에 따른 모자보건수첩의 발급 절차 등에 필요한 사항은 보건복지부령으로 정한다.(2010.1.18 본항개정)
제9조의2【미숙아등의 정보 기록·관리】 제8조제4항과 제5항에 따라 미숙아등의 출생 보고를 받은 보건소장은 보건복지부령으로 정하는 바에 따라 미숙아등에 대한 정보를 기록·관리하여야 한다.(2015.12.22 본조개정)
제10조【임산부·영유아·미숙아등의 건강관리 등】 ① 국가와 지방자치단체는 임산부·영유아·미숙아등에 대하여 대통령령으로 정하는 바에 따라 정기적으로 건강진단·예방접종을 실시하거나 모자보건전문가(의사·한의사·조산사·간호사의 면허를 받은 사람 또는 간호조무사의 자격을 인정받은 사람으로서 모자보건사업에 종사하는 사람을 말한다)에게 그 가정을 방문하여 보건진료를 하게 하는 등 보건관리에 필요한 조치를 하여야 한다.
(2024.2.6 본항개정)
② 국가와 지방자치단체는 임산부·영유아·미숙아등 중 입원진료가 필요한 사람에게 다음 각 호의 의료 지원을 할 수 있다.(2024.2.6 본문개정)
1. 진찰
2. 약제나 치료재료의 지급
3. 처치(處置), 수술, 그 밖의 치료
4. 의료시설에의 수용
5. 간호
6. 이송
(2009.1.7 본조개정)
제10조의2【고위험 임산부와 신생아 집중치료 시설 등의 지원】 국가와 지방자치단체는 고위험 임산부와 미숙아등의 건강을 보호·증진하기 위하여 필요한 의료를 적절하게 제공할 수 있는 고위험 임산부와 신생아 집중치료 시설 및 장비 등을 지원할 수 있다.(2016.12.2 본조개정)
제10조의3【모유수유시설의 설치 등】 ① 국가와 지방자치단체는 영유아의 건강을 유지·증진하기 위하여 필요한 모유수유시설 및 영유아를 동반한 사람 등이 이용할 수 있는 수유시설의 설치를 지원할 수 있다.
(2021.12.21 본항개정)
② 국가와 지방자치단체는 모유수유를 권장하기 위하여 필요한 자료조사·홍보·교육 등을 적극 추진하여야 한다.
③ 산후조리원, 의료기관 및 보건소는 모유수유에 관한 지식과 정보를 임산부에게 충분히 제공하는 등 모유수유를 적극적으로 권장하여야 하고, 임산부가 영유아에게 모유를 먹일 수 있도록 임산부와 영유아가 함께 있을 수 있는 시설을 설치하기 위하여 노력하여야 한다.
(2009.1.7 본조신설)
제10조의4【다태아 임산부 등에 대한 지원】 국가와 지방자치단체는 다태아(多胎兒) 임산부의 건강하고 안전한 임신·출산 및 다태아로 태어난 영유아의 건강을 유지·증진하기 위하여 필요한 지원을 할 수 있다.
(2015.12.22 본조신설)
제10조의5【산전·산후 우울증 검사 등 지원】 국가와 지방자치단체는 임산부에게 필요하다고 인정되는 경우 산전·산후 우울증 검사와 관련한 지원을 할 수 있다.
(2016.12.2 본조신설)
제10조의6【중앙모자의료센터】 ① 보건복지부장관은 고위험 임산부 및 미숙아등의 의료지원에 필요한 다음 각 호의 업무를 수행하게 하기 위하여 「공공보건의료에 관한 법률」 제2조제3호에 따른 공공보건의료기관 중에서 중앙모자의료센터를 지정할 수 있다.
1. 고위험 임산부 및 신생아 집중치료 시설에 대한 지원 및 평가
2. 고위험 임산부 및 신생아 집중치료 시설 간의 연계 및 업무조정
3. 고위험 임산부 및 신생아 집중치료 시설 종사자에 대한 교육훈련
4. 고위험 임산부 및 미숙아등 관련 사례 분석 및 통계 작성
5. 그 밖에 고위험 임산부 및 신생아 집중치료 시설의 지원에 관하여 보건복지부장관이 정하는 업무
② 보건복지부장관은 중앙모자의료센터로 지정받은 의료기관이 다음 각 호의 어느 하나에 해당하는 경우에는 그 지정을 취소할 수 있다. 다만, 제1호에 해당하는 경우에는 지정을 취소하여야 한다.
1. 거짓이나 그 밖의 부정한 방법으로 지정을 받은 경우
2. 제3항에 따른 지정 기준에 미치지 못하게 된 경우
3. 지정받은 사항을 위반하여 업무를 수행한 경우
③ 중앙모자의료센터의 지정 기준 및 절차, 지정 취소 등에 필요한 사항은 보건복지부령으로 정한다.
(2018.3.13 본조신설)
제11조【난임극복 지원사업】 ① 국가와 지방자치단체는 난임 등 생식건강 문제를 극복하기 위한 지원을 할 수 있다.(2012.5.23 본항개정)
② 난임극복 지원에는 다음 각 호의 내용이 포함되어야 한다.
1. 난임치료를 위한 시술비 지원. 이 경우 「한의약 육성법」 제2조제1호에 따른 한방의료를 통하여 난임을 치료하는 한방난임치료(이하 "한방난임치료"라 한다) 비용의 지원을 포함할 수 있다.(2024.2.6 본호개정)
2. 난임 관련 상담 및 교육
3. 난임 예방 및 관련 정보 제공
4. 그 밖에 보건복지부장관이 필요하다고 인정하는 사업
(2015.12.22 본항신설)
(2015.12.22 본조제목개정)
제11조의2【난임치료의 기준 고시】 보건복지부장관은 난임시술 의료기관의 보조생식술, 한방난임치료 등 난임치료에 관한 의학적·한의학적 기준을 정하여 고시할 수 있다.(2024.2.6 본조개정)
제11조의3【난임시술 의료기관의 지정 등】 ① 보건복지부장관은 「의료법」 제3조제2항제1호가목·다목 및 같은 항 제3호가목·다목·마목에 따른 의료기관 중 보조생식술 등 난임시술이 가능한 의료기관을 난임시술 의료기관으로 지정할 수 있다.
② 제1항에 따른 난임시술 의료기관은 보건복지부령으로 정하는 시설·장비 및 전문인력 등을 갖추어야 한다.
③ 보건복지부 장관은 제1항에 따라 지정된 난임시술 의료기관(이하 "지정의료기관"이라 한다)에 대하여 3년마다 제2항의 기준 및 실적 등에 대한 평가를 실시하고 평가 결과에 따라 그 지정을 취소할 수 있다.
④ 보건복지부장관은 제3항에 따른 평가업무를 관계 전문기관 또는 단체에 위탁할 수 있다.
⑤ 보건복지부장관은 제3항에 따른 평가결과를 공개하여야 한다.(2018.3.13 본항개정)
⑥ 제1항 및 제3항에 따른 난임시술 의료기관 지정의 기준·절차, 제4항에 따른 위탁, 제5항에 따른 평가결과의 공개방법 등에 필요한 사항은 보건복지부령으로 정한다.
(2015.12.22 본조신설)
제11조의4【난임전문상담센터의 설치·운영 등】 ① 보건복지부장관은 난임 극복을 위한 다음 각 호의 업무를 전문적이고 체계적으로 수행하기 위하여 중앙난임전문상담센터(이하 "중앙난임전문상담센터"라 한다)를 설치·운영할 수 있다.
1. 난임 관련 상담 및 교육
2. 제2항에 따른 권역별 난임전문상담센터 종사자에 대한 교육
3. 제2항에 따른 권역별 난임전문상담센터와의 정보 교류 및 협력
4. 난임 극복을 위한 조사 및 연구
5. 그 밖에 난임 극복을 위하여 보건복지부장관이 정하는 업무
② 특별시장·광역시장·특별자치시장·도지사 또는 특별자치도지사(이하 "시·도지사"라 한다)는 난임 관련 상담 및 교육 등의 업무를 전문적으로 수행하기 위하여 권역별로 난임전문상담센터(이하 "권역별 난임전문상담센터"라 한다)를 설치·운영할 수 있다.
③ 보건복지부장관과 시·도지사는 제1항 및 제2항에 따른 난임전문상담센터의 설치·운영을 보건복지부령으로 정하는 전문인력과 시설을 갖춘 기관에 위탁할 수 있다.
④ 그 밖에 제1항 및 제2항에 따른 난임전문상담센터의 설치·운영과 제3항에 따른 위탁에 필요한 사항은 보건복지부령으로 정한다.
(2016.12.2 본조신설)
제11조의5【청문】 보건복지부장관은 제11조의3제3항에 따라 지정의료기관의 지정을 취소하고자 할 때에는 청문을 하여야 한다.(2015.12.22 본조신설)
제11조의6【통계관리 등】 ① 보건복지부장관은 난임 극복 지원을 효율적으로 하기 위하여 보조생식술 등 난임시술현황 및 그에 따른 임신·출산 등에 대한 통계 및 정보 등의 자료를 수집·분석하고 관리(이하 "통계관리"라 한다)하여야 한다.
② 제1항에 따른 자료는 다음 각 호의 내용을 포함하여야 한다.
1. 인구통계학적 특성
2. 산과 및 의학적 과거력
3. 난임의 원인
4. 난임시술의 과정 및 임신·출산 등 난임시술의 결과
5. 난임시술로 태어난 출생아의 건강 정보
6. 난임시술 의료기관의 정보
7. 그 밖에 난임시술의 통계관리에 필요한 자료로서 보건복지부령으로 정하는 사항
③ 보건복지부장관은 통계관리를 보건복지부령으로 정하는 기관에 위탁·운영할 수 있다.
④ 보건복지부장관은 통계관리에 필요한 경우 난임환자를 진단·치료하는 의료인 또는 의료기관, 「국민건강보험법」에 따른 국민건강보험공단 및 건강보험심사평가원, 그 밖에 난임극복에 관한 사업을 하는 법인·기관·단체 등에 자료를 요청할 수 있다. 이 경우 자료요청을 받은 자는 특별한 사유가 없으면 요구에 따라야 한다.
⑤ 제3항에 따른 위탁 등에 필요한 사항은 보건복지부령으로 정한다.
(2015.12.22 본조신설)
제12조【인공임신중절 예방 등의 사업】 ① 국가와 지방자치단체는 여성의 건강보호 및 생명존중 분위기를 조성하기 위하여 인공임신중절의 예방 등 필요한 사업을 실시할 수 있다.
② 특별자치시장·특별자치도지사 또는 시장·군수·구청장은 보건복지부령으로 정하는 바에 따라 원하는 사람에게 피임약제나 피임용구를 보급할 수 있다.
(2020.2.18 본항개정)
(2012.5.23 본조개정)
제13조 (2009.1.7 삭제)
제14조【인공임신중절수술의 허용한계】 ① 의사는 다음 각 호의 어느 하나에 해당되는 경우에만 본인과 배우자(사실상의 혼인관계에 있는 사람을 포함한다. 이하 같다)의 동의를 받아 인공임신중절수술을 할 수 있다.
1. 본인이나 배우자가 대통령령으로 정하는 우생학적(優生學的) 또는 유전학적 정신장애나 신체질환이 있는 경우
2. 본인이나 배우자가 대통령령으로 정하는 전염성 질환이 있는 경우
3. 강간 또는 준강간(準强姦)에 의하여 임신된 경우
4. 법률상 혼인할 수 없는 혈족 또는 인척 간에 임신된 경우
5. 임신의 지속이 보건의학적 이유로 모체의 건강을 심각하게 해치고 있거나 해칠 우려가 있는 경우
② 제1항의 경우에 배우자의 사망·실종·행방불명, 그 밖에 부득이한 사유로 동의를 받을 수 없으면 본인의 동의만으로 그 수술을 할 수 있다.
③ 제1항의 경우 본인이나 배우자가 심신장애로 의사표시를 할 수 없을 때에는 그 친권자나 후견인의 동의로, 친권자나 후견인이 없을 때에는 부양의무자의 동의로 각각 그 동의를 갈음할 수 있다.
(2009.1.7 본조개정)
제15조【산후조리업의 신고】 ① 산후조리업을 하려는 자는 산후조리원 운영에 필요한 간호사 또는 간호조무사 등의 인력과 시설을 갖추고 책임보험에 가입하여 특별자치시장·특별자치도지사 또는 시장·군수·구청장에게 신고하여야 한다. 신고한 사항 중 보건복지부령으로 정하는 중요 사항을 변경하려는 경우에도 또한 같다.
(2015.1.28 전단개정)
② 제1항에 따른 인력·시설의 기준, 신고의 방법 및 절차는 보건복지부령으로 정한다.(2010.1.18 본항개정)

제15조의2【결격사유】 다음 각 호의 어느 하나에 해당하는 자는 산후조리원을 설치·운영하거나 이에 종사할 수 없다.
1. 18세 미만인 자, 피성년후견인 또는 피한정후견인 (2015.1.28 본호개정)
2. 「정신건강증진 및 정신질환자 복지서비스 지원에 관한 법률」 제3조제1호에 따른 정신질환자(2018.3.13 본호개정)
3. 「마약류관리에 관한 법률」에 따른 마약류 중독자
4. 이 법을 위반하여 금고 이상의 실형을 선고받고 그 집행이 끝나거나(집행이 끝난 것으로 보는 경우를 포함한다) 집행이 면제된 날부터 3년이 지나지 아니한 자
5. 이 법을 위반하여 형의 집행유예를 선고받고 그 유예기간 중에 있는 자
6. 제15조의9에 따라 산후조리원의 폐쇄명령(제1호부터 제3호까지의 어느 하나에 해당하여 폐쇄명령을 받은 경우는 제외한다)을 받고 1년이 지나지 아니한 자 (2015.12.22 본호개정)
7. 대표자가 제1호부터 제6호까지의 어느 하나에 해당하는 법인
(2009.1.7 본조개정)

제15조의3【산후조리업의 승계】 ① 다음 각 호의 어느 하나에 해당하는 자는 제15조제1항에 따라 산후조리업을 신고한 자(이하 "산후조리업자"라 한다)의 지위를 승계한다.
1. 산후조리업자가 사망한 경우 그 상속인
2. 산후조리업자가 산후조리업을 양도한 경우 그 양수인
3. 법인인 산후조리업자가 합병한 경우 합병 후 신설되거나 존속하는 법인
② 제1항에 따라 산후조리업자의 지위를 승계한 자는 보건복지부령으로 정하는 바에 따라 승계한 날부터 1개월 이내에 특별자치시장·특별자치도지사 또는 시장·군수·구청장에게 신고하여야 한다.(2015.1.28 본항개정)
(2009.1.7 본조개정)

제15조의4【산후조리업자의 준수사항】 산후조리업자는 임산부 및 영유아의 건강·위생 관리와 위해(危害) 방지 등을 위하여 다음 각 호에서 정하는 사항을 지켜야 한다.
1. 보건복지부령으로 정하는 바에 따라 건강기록부를 갖추어 임산부와 영유아의 건강 상태를 기록하고 관리할 것(2010.1.18 본호개정)
2. 감염이나 질병을 예방하기 위하여 다음 각 목의 사항에 관하여 보건복지부령으로 정하는 조치를 할 것 (2019.1.15 본문개정)
가. 소독 등의 환경관리
나. 임산부·영유아의 건강관리
다. 종사자·방문객의 위생관리
(2019.1.15 가목~다목신설)
3. 임산부나 영유아에게 감염 또는 질병이 의심되거나 발생한 경우 또는 화재·누전 등의 안전사고로 인한 인적 피해가 발생한 경우에는 즉시 의료기관으로 이송하는 등 필요한 조치를 할 것
4. 제3호에 따라 감염 또는 질병이 의심되거나 발생하여 이송한 경우 임산부 또는 보호자로부터 그 감염 또는 질병의 종류를 통보받아 확인하고 확산을 방지하기 위하여 소독 및 격리 등 필요한 조치를 할 것(2019.1.15 본호신설)
5. 제3호에 따라 이송한 경우 그 이송 사실 및 제4호에 따른 조치내역을 지체 없이 산후조리원의 소재지를 관할하는 보건소장에게 보고할 것(2019.1.15 본호개정)
(2009.1.7 본조개정)

제15조의5【건강진단 등】 ① 다음 각 호의 어느 하나에 해당하는 사람은 건강진단 및 예방접종(이하 "건강진단 등"이라 한다)을 받아야 한다. 다만, 다른 법령에 따라 같은 내용의 건강진단 등을 받은 경우에는 이 법에 따른 건강진단 등을 받은 것으로 갈음할 수 있다.
1. 산후조리업자
2. 제15조제1항에 따라 산후조리업의 신고를 하려는 자
3. 산후조리업에 종사하는 사람
(2019.1.15 1호~3호신설)
② 산후조리업자는 제1항에 따른 건강진단 등을 받지 아니한 사람과 다른 사람에게 위해를 끼칠 우려가 있는 질병이 있거나 질병이 있는 것으로 의심되는 사람에게 격리 등 근무제한 조치를 하여야 한다.
③ 산후조리업에 종사하는 사람은 제2항에 따른 질병과 관련하여 「의료법」 제3조에 따른 의료기관 및 「지역보건법」 제2조제1호에 따른 지역보건의료기관에서 「감염병의 예방 및 관리에 관한 법률」 제2조제13호에 따른 감염병환자 또는 같은 조 제14호에 따른 감염병의사환자라는 진단을 받은 경우에는 그 사실을 지체 없이 산후조리업자에게 알려야 한다.(2019.1.15 본항신설)
④ 제1항에 따른 산후조리업에 종사하는 사람의 범위, 건강진단 등의 실시방법 및 제2항에 따른 질병의 종류, 의심되는 사람의 범위는 각각 대통령령으로 정한다.
(2019.1.15 본조개정)

제15조의6【감염 예방 등에 관한 교육】 ① 산후조리업자와 산후조리업에 종사하는 사람은 보건복지부령으로 정하는 바에 따라 감염 예방 등에 관한 교육을 정기적으로 받아야 한다.(2019.1.15 본항개정)
② 제15조제1항에 따라 산후조리업의 신고를 하려는 자는 미리 제1항에 따른 교육을 받아야 한다. 다만, 질병이나 부상으로 입원 중인 경우 등 부득이한 사유로 신고 전에 교육을 받을 수 없는 경우에는 보건복지부령으로 정하는 바에 따라 그 산후조리업을 시작한 후 교육을 받아야 한다.(2010.1.18 단서개정)
③ 제1항과 제2항에도 불구하고 산후조리업자와 산후조리업의 신고를 하려는 자 중 산후조리업에 직접 종사하지 아니하거나 둘 이상의 장소에서 산후조리업을 하려는 자는 종사자 중 임산부와 영유아의 건강관리를 위한 책임자(「의료법」 제2조제1항에 따른 의료인으로 한정한다)를 지정한 경우 그 책임자에게 해당 교육을 받게 할 수 있다.(2019.1.15 본항개정)
④ 산후조리업자는 산후조리업에 종사하는 사람이 제1항에 따른 교육을 받도록 하여야 한다.(2019.1.15 본항신설)

제15조의7【보고·출입·검사 등】 ① 특별자치시장·특별자치도지사 또는 시장·군수·구청장은 필요하다고 인정하면 산후조리업자에게 필요한 보고를 하도록 할 수 있고, 소속 공무원에게 산후조리원에 출입하여 산후조리업자의 준수사항 이행 등에 대하여 검사하도록 하거나 건강기록부 등의 서류를 열람하도록 할 수 있다. (2015.1.28 본항개정)
② 제1항에 따라 출입·검사 또는 열람하려는 공무원은 그 권한을 표시하는 증표를 지니고 이를 관계인에게 내보여야 한다.
③ 제1항에 따른 보고 또는 검사의 범위·시기·내용·절차·방법 등에 관련하여 이 법으로 정하는 사항 이외의 사항은 「행정조사기본법」에서 정하는 바에 따른다. (2015.12.22 본항신설)
(2009.1.7 본조개정)

제15조의8【시정명령】 특별자치시장·특별자치도지사 또는 시장·군수·구청장은 산후조리업자가 다음 각 호의 어느 하나에 해당하면 보건복지부령으로 정하는 바에 따라 산후조리업자에게 3개월 이내의 기간을 정하여 시정을 명할 수 있다.(2015.1.28 본문개정)
1. 제15조에 따른 인력과 시설을 갖추지 아니한 경우
2. 제15조의2를 위반하여 결격사유가 있는 사람을 종사하게 한 경우
3. 제15조의4제1호부터 제3호까지의 규정에 따른 준수사항을 지키지 아니한 경우
4. 제15조의5제2항을 위반하여 건강진단 등을 받지 아니한 사람과 다른 사람에게 위해를 끼칠 우려가 있는 질병이 있거나 질병이 있는 것으로 의심되는 사람에게 격리 등 근무제한 조치를 하지 아니한 경우(2019.1.15 본호개정)
5. 제15조의14제1항을 위반하여 "산후조리원"이라는 글자를 사용하지 아니한 경우
6. 제15조의15제2항을 위반하여 책임보험에 가입하지 아니한 경우(2015.1.28 본호신설)
7. 제15조의16제1항을 위반하여 서비스의 내용과 요금체계 및 중도해약 시 환불기준을 게시하지 아니하거나 거짓으로 게시한 경우(2019.1.15 본호신설)
(2009.1.7 본조개정)

제15조의9【산후조리원의 폐쇄 등】 ① 특별자치시장·특별자치도지사 또는 시장·군수·구청장은 산후조리업자가 다음 각 호의 어느 하나에 해당하는 경우에는 6개월 이내의 기간을 정하여 산후조리업의 정지를 명하거나 산후조리원의 폐쇄를 명할 수 있다.(2019.1.15 본문개정)
1. 제15조의8에 따른 시정명령을 위반한 경우
2. 산후조리원을 이용하는 임산부나 영유아를 사망하게 하거나 임산부나 영유아의 신체에 보건복지부령으로 정하는 중대한 피해를 입힌 경우
3. 제15조의4제4호에 따른 소독 및 격리 등 필요한 조치를 하지 아니한 경우
(2019.1.15 1호~3호신설)
② 특별자치시장·특별자치도지사 또는 시장·군수·구청장은 산후조리업자가 다음 각 호의 어느 하나에 해당하면 산후조리원의 폐쇄를 명하여야 한다.
(2015.1.28 본문개정)
1. 제1항에 따른 정지기간 중에 산후조리업을 계속한 경우
2. 제15조의2 각 호의 어느 하나에 해당하는 경우. 다만, 제15조의2제7호에 해당하게 된 법인이 3개월 이내에 그 대표자를 변경하는 경우에는 그러하지 아니하다.
③ 특별자치시장·특별자치도지사 또는 시장·군수·구청장은 산후조리업자가 제1항과 제2항에 따라 폐쇄명령을 받은 후 계속하여 산후조리업을 할 때에는 그 업소를 폐쇄하기 위하여 관계 공무원에게 다음 각 호의 조치를 하도록 할 수 있다.(2015.1.28 본문개정)
1. 해당 산후조리원의 간판이나 그 밖의 업소표지물의 제거
2. 해당 산후조리원이 위법한 업소임을 알리는 게시물 등의 부착
3. 해당 산후조리업을 하기 위하여 필수불가결한 기구나 시설물을 사용할 수 없게 하는 봉인
④ 제1항과 제2항에 따라 산후조리원의 폐쇄명령을 받은 후 6개월이 지나지 아니한 경우에는 누구든지 같은 장소에서 산후조리업을 할 수 없다.
⑤ 제1항과 제2항에 따른 산후조리업 정지명령과 산후조리원 폐쇄명령의 세부적인 기준은 그 위반행위의 종류와 위반 정도 등을 고려하여 대통령령으로 정한다.
(2009.1.7 본조개정)

제15조의10【산후조리업의 폐업·휴업 및 재개의 신고】 산후조리업자가 산후조리업을 폐업·휴업 또는 재개(再開)하려면 보건복지부령으로 정하는 바에 따라 특별자치시장·특별자치도지사 또는 시장·군수·구청장에게 미리 신고하여야 한다.(2015.1.28 본조개정)

제15조의11【과징금】 ① 특별자치시장·특별자치도지사 또는 시장·군수·구청장은 제15조의9제1항에 따른 산후조리업 정지명령이 산후조리원 이용자에게 심한 불편을 주거나 줄 우려가 있는 경우에는 산후조리업 정지명령을 갈음하여 3천만원 이하의 과징금을 부과·징수할 수 있다.(2015.1.28 본항개정)
② 제1항에 따라 과징금을 부과하는 위반행위의 종류와 위반 정도 등에 따른 과징금의 금액과 그 밖에 필요한 사항은 대통령령으로 정한다.
③ 특별자치시장·특별자치도지사 또는 시장·군수·구청장은 제1항에 따라 과징금의 부과처분을 받은 자가 그 과징금을 납부기한까지 내지 아니하면 「지방행정제재·부과금의 징수 등에 관한 법률」에 따라 징수한다.
(2020.3.24 본항개정)
(2009.1.7 본조개정)

제15조의12【행정제재처분 효과의 승계】 ① 다음 각 호의 어느 하나에 해당하는 자는 제15조의9에 따라 종전의 산후조리업자에게 한 행정제재처분의 효과를 승계한다.
1. 산후조리업자가 사망한 경우 그 상속인
2. 산후조리업자가 산후조리업을 양도한 경우 그 양수인
3. 법인인 산후조리업자가 합병한 경우 합병 후 신설되거나 존속하는 법인
② 제1항 각 호의 어느 하나에 해당하는 자에 대하여는 제15조의9에 따라 종전의 산후조리업자에게 진행 중이던 행정제재처분의 절차를 계속 진행할 수 있다.
③ 제1항과 제2항에도 불구하고 상속인·양수인 또는 합병 후 신설되거나 존속하는 법인이 상속·양수 또는 합병할 때에 그 처분이나 위반사실을 알지 못하였음을 증명하면 그러하지 아니하다.
(2009.1.7 본조개정)

제15조의13【청문】 특별자치시장·특별자치도지사 또는 시장·군수·구청장은 제15조의9에 따라 산후조리원의 폐쇄명령을 하려면 청문을 하여야 한다.(2015.1.28 본조개정)

제15조의14【명칭 사용의 제한 등】 ① 산후조리업자는 산후조리업을 하기 위하여 명칭을 사용할 때에는 "산후조리원"이라는 글자를 사용하여야 한다.
② 이 법에 따라 개설된 산후조리원이 아니면 산후조리원 또는 이와 유사한 명칭을 사용하지 못한다.
(2009.1.7 본조개정)

제15조의15【손해배상책임의 보장】 ① 산후조리업자는 산후조리원 이용으로 인한 감염 등으로 이용자에게 손해를 입힌 경우에는 그 손해를 배상할 책임이 있다.
② 산후조리업자는 제1항에 따른 손해배상책임을 보장하기 위하여 책임보험에 가입하여야 한다.
③ 제2항에 따른 책임보험의 가입금액과 그 밖에 필요한 사항은 대통령령으로 정한다.
(2015.1.28 본조신설)

제15조의16【이용요금 등의 공개】 ① 산후조리업자는 해당 산후조리원 이용 시 제공되는 서비스의 내용과 요금체계 및 중도해약 시 환불기준을 그 산후조리원 및 인터넷 홈페이지 등에 게시하여야 한다.(2015.12.22 본항개정)
② 제1항에 따라 게시하여야 할 사항의 게시 방법 및 시기 등은 보건복지부령으로 정한다.
(2015.12.22 본조제목개정)
(2015.1.28 본조신설)

제15조의17【지방자치단체의 산후조리원 설치】 ① 시·도지사 또는 시장·군수·구청장은 관할 구역 내 산후조리원의 수요와 공급실태 등을 고려하여 임산부의 산후조리를 위한 산후조리원(이하 이 조에서 "공공산후조리원"이라 한다)을 설치·운영할 수 있다.
② 공공산후조리원 설치·운영 시 감염 및 안전관리 대책 마련, 모자동실 설치·운영, 이용자 부담 및 저소득 취약계층 우선이용 여부 등 설치기준과 운영에 필요한 사항은 대통령령으로 정한다.
(2021.12.21 본조개정)

제15조의18【산후조리도우미의 지원】 ① 국가 또는 지방자치단체는 임산부와 신생아의 건강관리를 위하여 출산 후 가정에서 산후조리를 하고자 하는 임산부가 신청을 하는 경우 해당 임산부의 가정을 방문하여 산후조리를 돕는 도우미(이하 "산후조리도우미"라 한다)의 이용을 지원할 수 있다.
② 산후조리도우미의 신청 방법·절차, 지원 기준·방법 등에 필요한 사항은 대통령령으로 정한다.(2021.12.21 본항개정)
(2015.12.22 본조신설)

제15조의19【산후조리도우미의 자격】 ① 산후조리도우미는 「사회서비스 이용 및 이용권 관리에 관한 법률」 제2조제4호에 따른 사회서비스 제공자(이하 "사회서비스 제공자"라 한다)에 소속된 사람으로서 「아동복지법」 제26조의2제2항에 따른 아동학대 예방교육 및 보건복지부장관이 고시하는 교육과정을 수료한 사람으로 한다.

② 다음 각 호의 어느 하나에 해당하는 사람은 산후조리도우미로 활동할 수 없다.
1. 미성년자·피성년후견인 또는 피한정후견인
2. 「정신건강증진 및 정신질환자 복지서비스 지원에 관한 법률」 제3조제1호에 따른 정신질환자. 다만, 정신건강의학과전문의가 산후조리도우미로서 직무를 수행할 수 있다고 인정하는 사람은 그러하지 아니하다.
3. 마약·대마 또는 향정신성의약품 중독자
4. 금고 이상의 실형을 선고받고 그 집행이 종료(집행이 종료된 것으로 보는 경우를 포함한다)되거나 집행이 면제된 날부터 3년이 경과되지 아니한 사람
5. 금고 이상의 형의 집행유예를 선고받고 그 유예기간 중에 있는 사람
6. 「아동복지법」 제17조 위반에 따른 같은 법 제71조제1항의 죄, 「성폭력범죄의 처벌 등에 관한 특례법」 제2조에 따른 성폭력범죄 또는 「아동·청소년의 성보호에 관한 법률」 제2조제2호에 따른 아동·청소년대상 성범죄를 범하여 형 또는 치료감호를 선고받고 그 형 또는 치료감호의 전부 또는 일부의 집행이 종료되거나 집행이 유예·면제된 날부터 10년이 지나지 아니한 사람
7. 「아동복지법」 제3조제7호의2에 따른 아동학대관련범죄로 금고 이상의 실형을 선고받고 그 집행이 종료되거나 집행이 면제된 날부터 20년이 지나지 아니한 사람
8. 「아동복지법」 제3조제7호의2에 따른 아동학대관련범죄로 금고 이상의 형의 집행유예를 선고받고 그 집행유예가 확정된 날부터 20년이 지나지 아니한 사람
9. 「아동복지법」 제3조제7호의2에 따른 아동학대관련범죄로 벌금형이 확정된 날부터 10년이 지나지 아니한 사람
③ 산후조리도우미가 소속되어 있는 사회서비스 제공자는 소속 산후조리도우미가 제2항에 따른 결격사유에 해당하는지를 확인하기 위하여 본인의 동의를 받아 소재지를 관할하는 시·도경찰청장 또는 경찰서장에게 「형의 실효 등에 관한 법률」 제6조에 따른 범죄경력조회를 요청하여야 한다.
④ 제3항에 따라 범죄경력조회를 요청받은 시·도경찰청장 또는 경찰서장은 정당한 사유가 없으면 이에 따라야 한다.
(2021.12.21 본조신설)

제15조의20【산후조리원 평가】 ① 보건복지부장관은 산후조리 서비스의 질적 수준을 향상시키기 위하여 산후조리원의 시설·서비스 수준 및 종사자의 전문성 등을 평가할 수 있다.
② 보건복지부장관은 제1항에 따른 평가 업무를 대통령령으로 정하는 기관 또는 단체에 위탁할 수 있다.
③ 보건복지부장관은 제1항에 따른 산후조리원 평가의 결과를 보건복지부령으로 정하는 바에 따라 공표할 수 있다.
④ 제1항에 따른 산후조리원 평가의 실시 등에 필요한 사항은 보건복지부령으로 정한다.
(2015.12.22 본조신설)

제15조의21【산후조리 관련 실태조사】 ① 국가와 지방자치단체는 임산부와 신생아의 건강과 안전을 위하여 3년마다 산후조리와 관련된 실태조사를 실시하여야 한다.
② 국가 및 지방자치단체는 제1항에 따른 실태조사를 위하여 필요한 경우에는 관계 중앙행정기관의 장, 지방자치단체의 장, 「공공기관 운영에 관한 법률」에 따른 공공기관의 장 및 관계 기관·법인의 장에게 관련 자료의 제출 등 협조를 요청할 수 있다. 이 경우 자료의 제출 등 협조를 요청받은 자는 특별한 사유가 없으면 이에 따라야 한다.(2021.12.21 본항신설)
③ 제1항에 따른 실태조사의 내용·방법 등에 필요한 사항은 대통령령으로 정한다.
(2015.12.22 본조신설)

제15조의22【모자동실 운영】 산후조리업자는 임산부와 영유아의 정서안정을 도모하고, 감염이나 질병을 예방하기 위하여 임산부와 영유아가 같은 공간에서 함께 지낼 수 있는 모자동실을 적정하게 제공할 수 있도록 노력하여야 한다.(2019.1.15 본조신설)

제16조【협회】 ① 모자보건사업 및 출산 지원에 관한 조사·연구·교육 및 홍보 등의 업무를 하기 위하여 인구보건복지협회(이하 "협회"라 한다)를 둔다.
② 협회의 회원이 될 수 있는 사람은 협회의 설립취지와 사업에 찬성하는 사람으로 한다.
③ 협회는 법인으로 한다.
④ 협회의 정관 기재사항과 업무에 관하여 필요한 사항은 대통령령으로 정한다.
⑤ 협회에 관하여 이 법에 규정되지 아니한 사항은 「민법」 중 사단법인에 관한 규정을 준용한다.
(2009.1.7 본조개정)

제17조~제18조 (1999.2.8 삭제)

제19조 (1994.12.22 삭제)

제20조【동일명칭의 사용 금지】 이 법에 따른 협회가 아닌 자는 인구보건복지협회와 같은 명칭을 사용하지 못한다.(2009.1.7 본조개정)

제21조【경비의 보조】 ① 국가는 예산의 범위에서 다음 각 호의 경비를 보조할 수 있다.
1. 모자보건기구(국가가 설치하는 경우는 제외한다. 이하 같다)의 설치비용 및 부대비용의 3분의 2 이내
2. 모자보건기구 운영비의 2분의 1 이내
3. 제7조제3항에 따라 업무를 위탁받은 자의 위탁받은 업무수행 경비
4. 제10조제1항에 따른 건강진단 등의 경비
5. 제10조의2에 따른 신생아 집중치료 시설 및 장비 지원 경비
6. 제10조의3에 따른 모유수유시설 및 수유시설 설치 지원 경비(2021.12.21 본호개정)
7. 제11조의3제4항에 따라 평가업무를 위탁받은 자의 위탁받은 업무수행 경비(2015.12.22 본호신설)
8. 제11조의4제3항에 따라 중앙난임전문상담센터 및 권역별 난임전문상담센터의 업무를 위탁받은 자의 위탁받은 업무수행 경비(2016.12.2 본호신설)
9. 제11조의6제3항에 따라 통계관리업무를 위탁받은 자의 운영에 필요한 경비(2016.12.2 본호개정)
② 지방자치단체는 예산의 범위에서 제1항제4호부터 제6호까지 및 제8호의 경비 중 국가에서 보조하는 부분 외의 경비를 보조한다.(2016.12.2 본항개정)
(2009.1.7 본조개정)

제22조【국유재산의 무상 대여】 국가는 필요하다고 인정할 때에는 협회에 국유재산을 무상으로 대여할 수 있다.(2009.1.7 본조개정)

제23조【위반사실 등의 공표】 ① 특별자치시장·특별자치도지사 또는 시장·군수·구청장은 산후조리업자가 다음 각 호의 어느 하나에 해당하여 그 처분이나 형이 확정된 경우에는 그 위반사실, 처분내용, 해당 산후조리원의 명칭 및 주소, 산후조리업자의 성명(법인인 경우에는 법인명을 말한다), 그 밖에 대통령령으로 정하는 사항을 공표할 수 있다.
1. 제15조의8제3호·제4호에 따른 시정명령을 위반하여 제15조의9제1항제1호에 따른 산후조리업 정지명령 또는 산후조리원 폐쇄명령을 받은 경우(2019.1.15 본호개정)
2. 제15조의9제1항제2호 및 제3호에 따른 산후조리업 정지 명령 또는 산후조리원 폐쇄 명령을 받은 경우(2019.1.15 본호신설)
3. 제15조의11제1항에 따라 제1호 및 제2호의 산후조리업 정지명령을 갈음하여 과징금을 부과받은 경우
4. 제26조제2항 또는 같은 조 제3항제2호에 따라 징역형 또는 벌금형을 선고 받은 경우
(2019.1.15 3호~4호개정)
② 특별자치시장·특별자치도지사 또는 시장·군수·구청장은 제1항에 따른 공표를 실시하기 전에 공표 대상자에게 그 사실을 통지하여 소명자료를 제출하거나 출석하여 의견진술을 할 수 있는 기회를 부여하여야 한다.
③ 제1항에 따른 공표의 절차 및 방법 등 필요한 사항은 대통령령으로 정한다.
(2018.3.13 본조신설)

제24조【비밀 누설의 금지】 모자보건사업에 종사하는 사람은 이 법 또는 다른 법령에서 특별히 규정된 경우를 제외하고는 그 업무 수행상 알게 된 다른 사람의 비밀을 누설하거나 공표하여서는 아니 된다.(2017.12.12 본조개정)

제25조【권한의 위임 및 업무의 위탁】 ① 이 법에 따른 보건복지부장관의 권한은 대통령령으로 정하는 바에 따라 그 일부를 시·도지사에게 위임할 수 있다.
(2016.12.2 본항개정)
② 보건복지부장관은 대통령령으로 정하는 바에 따라 제15조의6에 따른 감염 예방 등에 관한 교육의 실시에 관한 업무를 협회 등에 위탁할 수 있다.(2015.12.22 본항신설)
(2015.12.22 본조제목개정)

제26조【벌칙】 ① 다음 각 호의 어느 하나에 해당하는 자는 1년 이하의 징역 또는 1천만원 이하의 벌금에 처한다.
1. 제15조제1항을 위반하여 신고 또는 변경신고를 하지 아니하고 산후조리업을 한 자
2. (2019.1.15 삭제)
3. 제15조의9제1항 또는 제2항에 따른 산후조리업 정지명령 또는 산후조리원 폐쇄명령을 받고도 계속하여 산후조리업을 한 자
4. 제24조를 위반하여 비밀을 누설하거나 공표한 자
② 제15조의4제3호를 위반하여 필요한 조치를 하지 아니한 자는 500만원 이하의 벌금에 처한다.(2019.1.15 본항신설)
③ 다음 각 호의 어느 하나에 해당하는 자는 300만원 이하의 벌금에 처한다.
1. 제15조의3제2항을 위반하여 승계 사실을 신고하지 아니한 자
2. 제15조의4제4호를 위반하여 필요한 조치를 하지 아니한 자(2019.1.15 본호개정)
(2009.1.7 본조개정)

제26조의2【양벌규정】 법인의 대표자나 법인 또는 개인의 대리인, 사용인, 그 밖의 종업원이 그 법인 또는 개인의 업무에 관하여 제26조의 위반행위를 하면 그 행위자를 벌하는 외에 그 법인 또는 개인에게도 해당 조문의 벌금형을 과(科)한다. 다만, 법인 또는 개인이 그 위반행위를 방지하기 위하여 해당 업무에 관하여 상당한 주의와 감독을 게을리하지 아니한 경우에는 그러하지 아니하다.
(2009.1.7 본조개정)

제27조【과태료】 ① 다음 각 호의 어느 하나에 해당하는 자에게는 200만원 이하의 과태료를 부과한다.
1. 제15조의4제1호 또는 제2호를 위반한 자
1의2. 제15조의4제5호를 위반하여 의료기관으로 이송한 사실 및 조치내역을 지체 없이 보고하지 아니한 자
2. 제15조의5제1항을 위반하여 건강진단 등을 받지 아니한 산후조리업자 및 같은 조 제2항을 위반하여 건강진단 등을 받지 아니한 사람에게 격리 등 근무제한 조치를 하지 아니한 산후조리업자
(2019.1.15 1호~2호개정)
2의2. 제15조의5제2항을 위반하여 질병이 있거나 질병이 있는 것으로 의심되는 사람에게 격리 등 근무제한 조치를 하지 아니한 산후조리업자(2019.1.15 본호신설)
3. 제15조의6제1항 또는 제2항을 위반하여 감염 예방 등에 관한 교육을 받지 아니한 자
3의2. 제15조의6제4항을 위반하여 산후조리업에 종사하는 사람을 교육받도록 하지 아니한 산후조리업자
(2019.1.15 본호신설)
4. 제15조의7제1항에 따른 보고를 하지 아니하거나 거짓으로 보고한 자 또는 공무원의 출입·검사 또는 열람을 거부·방해 또는 기피한 자
5. 제15조의16에 따른 서비스의 내용과 요금체계 및 중도해약 시 환불기준을 게시하지 아니하거나 거짓으로 게시한 자(2015.12.22 본호개정)
② 다음 각 호의 어느 하나에 해당하는 자에게는 100만원 이하의 과태료를 부과한다.
1. 제8조제3항을 위반하여 임산부의 사망·사산 또는 신생아의 사망 사실을 보고하지 아니한 의료기관의 장 또는 보건소장
2. 제15조의5제3항을 위반하여 해당 사실을 지체 없이 산후조리업자에게 알리지 아니하거나 거짓으로 알린 자
(2019.1.15 본호신설)
3. 제15조의10을 위반하여 산후조리업의 폐업·휴업 또는 재개를 신고하지 아니한 산후조리업자
4. 제15조의14에 따른 명칭 사용에 관한 규정을 위반한 자
5. 제15조의15를 위반하여 책임보험에 가입하지 아니한 자(2015.12.22 본호신설)
6. 제20조를 위반하여 인구보건복지협회와 같은 명칭을 사용한 자
③ 제1항과 제2항에 따른 과태료는 다음 각 호의 구분에 따라 부과·징수하되 대통령령으로 정하는 바에 따른다.
1. 제1항 및 제2항제1호부터 제5호까지의 규정에 해당하는 경우 : 특별자치시장·특별자치도지사 또는 시장·군수·구청장이 부과·징수한다.(2019.1.15 본호개정)
2. 제2항제6호에 해당하는 경우 : 보건복지부장관이 부과·징수한다.(2018.3.13 본호개정)
(2009.1.7 본조개정)

제28조【「형법」의 적용 배제】 이 법에 따른 인공임신중절수술을 받은 자와 수술을 한 자는 「형법」 제269조제1항·제2항 및 제270조제1항에도 불구하고 처벌하지 아니한다.(2009.1.7 본조개정)

제29조 (2009.1.7 삭제)

부 칙 (2009.1.7)

제1조【시행일】 이 법은 공포 후 6개월이 경과한 날부터 시행한다.

제2조【산후조리업자의 준수사항에 관한 적용례】 ① 제15조의4제3호의 개정규정은 이 법 시행 후 최초로 안전사고로 인한 인적 피해가 발생한 것부터 적용한다.
② 제15조의4제4호의 개정규정은 이 법 시행 후 최초로 제15조의4제3호의 개정규정에 따라 의료기관으로 이송한 것부터 적용한다.

제3조【피임시술행위에 관한 경과조치】 이 법 시행 당시 종전의 제13조에 따라 소정의 교육과정을 마친 조산사 또는 간호사는 제13조와 제29조의 개정규정에도 불구하고 종전의 규정에 따라 피임시술행위를 할 수 있다.

제4조【다른 법령과의 관계】 이 법 시행 당시 다른 법령에서 종전의 「모자보건법」의 규정을 인용한 경우에 이 법 가운데 그에 해당하는 규정이 있으면 종전의 규정을 갈음하여 이 법의 해당 조항을 인용한 것으로 본다.

부 칙 (2015.1.28)

제1조【시행일】 이 법은 공포 후 6개월이 경과한 날부터 시행한다.

제2조【신고요건으로서 책임보험 가입에 관한 적용례】 제15조제1항의 개정규정 중 신고요건으로서 책임보험 가입에 관한 사항은 이 법 시행 후 최초로 산후조리원 설치·운영을 신고하는 자부터 적용한다.

제3조【금치산자 및 한정치산자에 대한 경과조치】 제15조의2의 개정규정에 따른 피성년후견인 및 피한정후견인에는 법률 제10429호 민법 일부개정법률 부칙 제2조에 따라 금치산 및 한정치산 선고의 효력이 유지되는 사람을 포함하는 것으로 본다.

부 칙 (2017.12.12)

이 법은 공포 후 3개월이 경과한 날부터 시행한다. 다만, 제15조의17의 개정규정은 공포 후 6개월이 경과한 날부터 시행한다.

부 칙 (2018.3.13)

제1조【시행일】 이 법은 공포 후 6개월이 경과한 날부터 시행한다. 다만, 제15조의2제2호의 개정규정은 공포한 날부터 시행한다.
제2조【위반사실 공표에 관한 적용례】 제23조의 개정규정은 이 법 시행 후 최초의 위반행위부터 적용한다.

부 칙 (2019.1.15)

제1조【시행일】 이 법은 공포 후 1년이 경과한 날부터 시행한다.
제2조【시정명령 등에 관한 적용례】 제15조의8제4호·제7호, 제15조의9제1항제2호·제3호 및 제23조의 개정규정은 이 법 시행 후 최초의 위반행위부터 적용한다.
제3조【벌칙이나 과태료에 관한 경과조치】 이 법 시행 전의 위반행위에 대하여 벌칙이나 과태료를 적용할 때에는 종전의 규정에 따른다.

부 칙 (2019.4.23)

이 법은 공포 후 6개월이 경과한 날부터 시행한다.

부 칙 (2020.2.18)

제1조【시행일】 이 법은 2021년 1월 1일부터 시행한다.(이하 생략)

부 칙 (2020.3.24)

제1조【시행일】 이 법은 공포한 날부터 시행한다.(이하 생략)

부 칙 (2021.12.21)

제1조【시행일】 이 법은 공포 후 6개월이 경과한 날부터 시행한다. 다만, 제3조, 제15조의21제2항 및 제3항의 개정규정은 공포한 날부터 시행한다.
제2조【산후조리도우미의 자격에 관한 경과조치】 이 법 시행 당시 종전의 제15조의18에 따라 산후조리도우미의 자격이 있던 사람은 제15조의19제1항의 개정규정에도 불구하고 산후조리도우미의 자격이 있는 것으로 본다. 다만, 이 법 시행 후 1년 이내에 같은 개정규정에 따른 요건을 갖추어야 한다.

부 칙 (2024.2.6)

이 법은 공포한 날부터 시행한다. 다만, 제11조제2항제1호 및 제11조의2의 개정규정은 공포 후 6개월이 경과한 날부터 시행한다.

생명윤리 및 안전에 관한 법률

(약칭 : 생명윤리법)

(2012년 2월 1일
전부개정법률 제11250호)

개정
2013. 3.23법11690호(정부조직)
2014. 3.18법12447호
2014.11.19법12844호(정부조직)
2015.12.29법13651호
2016.12.20법14438호(의료법)
2017. 7.26법14839호(정부조직)
2017.12.12법15188호
2019. 4.23법16372호
2020. 8.11법17472호(정부조직)
2020.12.29법17783호

2018.12.11법15888호

제1장 총 칙

제1조【목적】 이 법은 인간과 인체유래물 등을 연구하거나, 배아나 유전자 등을 취급할 때 인간의 존엄과 가치를 침해하거나 인체에 위해(危害)를 끼치는 것을 방지함으로써 생명윤리 및 안전을 확보하고 국민의 건강과 삶의 질 향상에 이바지함을 목적으로 한다.
제2조【정의】 이 법에서 사용하는 용어의 뜻은 다음과 같다.
1. "인간대상연구"란 사람을 대상으로 물리적으로 개입하거나 의사소통, 대인 접촉 등의 상호작용을 통하여 수행하는 연구 또는 개인을 식별할 수 있는 정보를 이용하는 연구로서 보건복지부령으로 정하는 연구를 말한다.
2. "연구대상자"란 인간대상연구의 대상이 되는 사람을 말한다.
3. "배아"(胚芽)란 인간의 수정란 및 수정된 때부터 발생학적(發生學的)으로 모든 기관(器官)이 형성되기 전까지의 분열된 세포군(細胞群)을 말한다.
4. "잔여배아"란 체외수정(體外受精)으로 생성된 배아 중 임신의 목적으로 이용하고 남은 배아를 말한다.
5. "잔여난자"란 체외수정에 이용하고 남은 인간의 난자를 말한다.
6. "체세포핵이식행위"란 핵이 제거된 인간의 난자에 인간의 체세포 핵을 이식하는 것을 말한다.
7. "단성생식행위"란 인간의 난자가 수정 과정 없이 세포분열하여 발생하도록 하는 것을 말한다.
8. "체세포복제배아"(體細胞複製胚芽)란 체세포핵이식행위에 의하여 생성된 세포군을 말한다.
9. "단성생식배아"(單性生殖胚芽)란 단성생식행위에 의하여 생성된 세포군을 말한다.
10. "배아줄기세포주"(Embryonic stem cell lines)란 배아, 체세포복제배아, 단성생식배아 등으로부터 유래한 것으로서, 배양 가능한 조건에서 지속적으로 증식(增殖)할 수 있고 다양한 세포로 분화(分化)할 수 있는 세포주(細胞株)를 말한다.
11. "인체유래물"(人體由來物)이란 인체로부터 수집하거나 채취한 조직·세포·혈액·체액 등 인체 구성물 또는 이들로부터 분리된 혈청, 혈장, 염색체, DNA(Deoxyribonucleic acid), RNA(Ribonucleic acid), 단백질 등을 말한다.
12. "인체유래물연구"란 인체유래물을 직접 조사·분석하는 연구를 말한다.
13. "인체유래물은행"이란 인체유래물 또는 유전정보와 그에 관련된 역학정보(疫學情報), 임상정보 등을 수집·보존하여 이를 직접 이용하거나 타인에게 제공하는 기관을 말한다.
14. "유전정보"란 인체유래물을 분석하여 얻은 개인의 유전적 특징에 관한 정보를 말한다.
15. "유전자검사"란 인체유래물로부터 유전정보를 얻는 행위로서 개인의 식별 또는 질병의 예방·진단·치료 등을 위하여 하는 검사를 말한다.
16. "유전자치료"란 질병의 예방 또는 치료를 목적으로 인체 내에서 유전적 변이를 일으키거나, 유전물질 또는 유전물질이 도입된 세포를 인체로 전달하는 일련의 행위를 말한다.(2015.12.29 본호개정)
17. "개인식별정보"란 연구대상자와 배아·난자·정자 또는 인체유래물의 기증자(이하 "연구대상자등"이라 한다)의 성명·주민등록번호 등 개인을 식별할 수 있는 정보를 말한다.
18. "개인정보"란 개인식별정보, 유전정보 또는 건강에 관한 정보 등 개인에 관한 정보를 말한다.
19. "익명화"(匿名化)란 개인식별정보를 영구적으로 삭제하거나, 개인식별정보의 전부 또는 일부를 해당 기관의 고유식별기호로 대체하는 것을 말한다.

제3조【기본 원칙】 ① 이 법에서 규율하는 행위들은 인간의 존엄과 가치를 침해하는 방식으로 하여서는 아니 되며, 연구대상자등의 인권과 복지는 우선적으로 고려되어야 한다.
② 연구대상자등의 자율성은 존중되어야 하며, 연구대상자등의 자발적인 동의는 충분한 정보에 근거하여야 한다.
③ 연구대상자등의 사생활은 보호되어야 하며, 사생활을 침해할 수 있는 개인정보는 당사자가 동의하거나 법률에 특별한 규정이 있는 경우를 제외하고는 비밀로서 보호되어야 한다.
④ 연구대상자등의 안전은 충분히 고려되어야 하며, 위험은 최소화되어야 한다.
⑤ 취약한 환경에 있는 개인이나 집단은 특별히 보호되어야 한다.
⑥ 생명윤리와 안전을 확보하기 위하여 필요한 국제 협력을 모색하여야 하고, 보편적인 국제기준을 수용하기 위하여 노력하여야 한다.
제4조【적용 범위】 ① 생명윤리 및 안전에 관하여는 다른 법률에 특별한 규정이 있는 경우를 제외하고는 이 법에 따른다.
② 생명윤리 및 안전에 관한 내용을 담은 다른 법률을 제정하거나 개정할 경우에는 이 법에 부합하도록 하여야 한다.
제5조【국가와 지방자치단체의 책무】 ① 국가와 지방자치단체는 생명윤리 및 안전에 관한 문제에 효율적으로 대처할 수 있도록 필요한 시책을 마련하여야 한다.
② 국가와 지방자치단체는 생명윤리 및 안전 관련 연구와 활동에 대한 행정적·재정적 지원방안을 마련하여야 한다.
③ 국가와 지방자치단체는 각급 교육기관 등에서 생명윤리 및 안전에 대한 교육을 할 수 있도록 하여야 하고, 교육 프로그램을 개발하는 등 교육 여건이 조성되도록 지원하여야 한다.
제6조【생명윤리정책연구센터의 지정】 ① 보건복지부장관은 생명윤리정책에 관한 전문적인 조사, 연구 및 교육 등을 실시하기 위하여 해당 업무를 수행할 능력이 있다고 인정하는 기관·단체 또는 시설을 생명윤리정책연구센터로 지정할 수 있다.
② 제1항에 따른 생명윤리정책연구센터의 지정 및 운영 등에 필요한 사항은 보건복지부령으로 정한다.

제2장 국가생명윤리심의위원회 및 기관생명윤리위원회 등

제1절 국가생명윤리심의위원회

제7조【국가생명윤리심의위원회의 설치 및 기능】 ① 생명윤리 및 안전에 관한 다음 각 호의 사항을 심의하기 위하여 대통령 소속으로 국가생명윤리심의위원회(이하 "국가위원회"라 한다)를 둔다.
1. 국가의 생명윤리 및 안전에 관한 기본 정책의 수립에 관한 사항
2. 제12조제1항제3호에 따른 공용기관생명윤리위원회의 업무에 관한 사항
3. 제15조제2항에 따른 인간대상연구의 심의 면제에 관한 사항
4. 제19조제3항에 따른 기록·보관 및 정보 공개에 관한 사항
5. 제29조제1항제3호에 따른 잔여배아를 이용할 수 있는 연구에 관한 사항
6. 제31조제2항에 따른 연구의 종류·대상 및 범위에 관한 사항
7. 제35조제1항제3호에 따른 배아줄기세포주를 이용할 수 있는 연구에 관한 사항
8. 제36조제2항에 따른 인체유래물연구의 심의 면제에 관한 사항
9. 제50조제1항에 따른 유전자검사의 제한에 관한 사항
10. 그 밖에 생명윤리 및 안전에 관하여 사회적으로 심각한 영향을 미칠 수 있다고 판단하여 국가위원회의 위원장이 회의에 부치는 사항

② 국가위원회의 위원장은 제1항제1호부터 제9호까지의 규정에 해당하는 사항으로서 재적위원 3분의 1 이상의 위원이 발의한 사항에 관하여는 국가위원회의 회의에 부쳐야 한다.
제8조【국가위원회의 구성】 ① 국가위원회는 위원장 1명, 부위원장 1명을 포함한 16명 이상 20명 이하의 위원으로 구성한다.(2013.3.23 본항개정)
② 위원장은 위원 중에서 대통령이 임명하거나 위촉하고, 부위원장은 위원 중에서 호선(互選)한다.
③ 국가위원회의 위원은 다음 각 호의 사람이 된다.
1. 교육부장관, 과학기술정보통신부장관, 법무부장관, 산업통상자원부장관, 보건복지부장관, 여성가족부장관(2017.7.26 본호개정)
2. 생명과학·의과학(醫科學)·사회과학 등의 연구 분야에 대한 전문지식과 경험이 풍부한 사람 중에서 대통령이 위촉하는 7명 이내의 사람
3. 종교계·윤리학계·법조계·시민단체(「비영리민간단체 지원법」 제2조에 따른 비영리민간단체를 말한다) 또는 여성계를 대표하는 사람 중에서 대통령이 위촉하는 7명 이내의 사람

④ 제3항제2호 및 제3호에 따른 위원의 임기는 3년으로 하되, 연임할 수 있다. 다만, 위원의 자리가 비게 된 경우에 새로 위촉된 위원의 임기는 전임자 임기의 남은 기간으로 한다.

⑤ 국가위원회에 간사위원 2명을 두되, 간사위원은 과학기술정보통신부장관과 보건복지부장관으로 하며, 수석 간사위원은 보건복지부장관으로 한다.(2017.7.26 본항개정)
⑥ 보건복지부장관은 국가위원회의 사무 처리 등 업무를 지원하기 위하여 보건복지부령으로 정하는 바에 따라 생명윤리 및 안전에 관련한 전문기관 중 하나를 지정하여 그 전문기관으로 하여금 사무국의 기능을 수행하게 할 수 있다.(2014.3.18 본항신설)
제9조【국가위원회의 운영】 ① 국가위원회의 효율적인 운영을 위하여 국가위원회에 분야별 전문위원회를 둘 수 있다.
② 국가위원회의 사무는 수석 간사위원이 처리한다.
③ 국가위원회의 회의 등 활동은 독립적이어야 하고, 공개를 원칙으로 한다.
④ 국가위원회는 필요한 경우에 관련 당사자의 출석, 의견 진술 및 자료 제출 등을 요구할 수 있다. 이 경우 해당 요구를 받은 자는 타당한 사유가 없으면 요구에 따라야 한다.
⑤ 이 법에서 정한 사항 외에 국가위원회 및 전문위원회의 구성·운영, 그 밖에 필요한 사항은 대통령령으로 정한다.

제2절 기관생명윤리위원회

제10조【기관생명윤리위원회의 설치 및 기능】 ① 생명윤리 및 안전을 확보하기 위하여 다음 각 호의 기관은 기관생명윤리위원회(이하 "기관위원회"라 한다)를 설치하여야 한다.
1. 인간대상연구를 수행하는 자(이하 "인간대상연구자"라 한다)가 소속된 교육·연구 기관 또는 병원 등
2. 인체유래물연구를 수행하는 자(이하 "인체유래물연구자"라 한다)가 소속된 교육·연구 기관 또는 병원 등
3. 제22조제1항에 따라 지정된 배아생성의료기관
4. 제29조제2항에 따라 등록한 배아연구기관
5. 제31조제3항에 따라 등록한 체세포복제배아등의 연구기관
6. 제41조제1항에 따라 보건복지부장관의 허가를 받은 인체유래물은행
7. 그 밖에 생명윤리 및 안전에 관하여 사회적으로 심각한 영향을 미칠 수 있는 기관으로서 보건복지부령으로 정하는 기관
② 제1항에도 불구하고 보건복지부령으로 정하는 바에 따라 다른 기관의 기관위원회 또는 제12조제1항에 따른 공용기관생명윤리위원회와 제3항 및 제11조제4항에서 정한 기관위원회 업무의 수행을 위탁하기로 협약을 맺은 기관은 기관위원회를 설치한 것으로 본다.
③ 기관위원회는 다음 각 호의 업무를 수행한다.
1. 다음 각 목에 해당하는 사항의 심의
가. 연구계획서의 윤리적·과학적 타당성
나. 연구대상자등으로부터 적법한 절차에 따라 동의를 받았는지 여부
다. 연구대상자등의 안전에 관한 사항
라. 연구대상자등의 개인정보 보호 대책
마. 그 밖에 기관에서의 생명윤리 및 안전에 관한 사항
2. 해당 기관에서 수행 중인 연구의 진행과정 및 결과에 대한 조사·감독
3. 그 밖에 생명윤리 및 안전을 위한 다음 각 목의 활동
가. 해당 기관의 연구자 및 종사자 교육
나. 취약한 연구대상자등의 보호 대책 수립
다. 연구자를 위한 윤리지침 마련
④ 제1항에 따라 기관위원회를 설치한 기관은 보건복지부장관에게 그 기관위원회를 등록하여야 한다.
⑤ 제3항 및 제4항에 따른 기관위원회의 기능 및 등록 등에 필요한 사항은 보건복지부령으로 정한다.
제11조【기관위원회의 구성 및 운영 등】 ① 기관위원회는 위원장 1명을 포함하여 5명 이상의 위원으로 구성하되, 하나의 성(性)으로만 구성할 수 없으며, 사회적·윤리적 타당성을 평가할 수 있는 경험과 지식을 갖춘 사람 1명 이상과 그 기관에 종사하지 아니하는 사람 1명 이상이 포함되어야 한다.
② 기관위원회의 위원은 제10조제1항 각 호의 기관의 장이 위촉하며, 위원장은 위원 중에서 호선한다.
③ 기관위원회의 심의대상인 연구·개발 또는 이용에 관여하는 위원은 해당 연구·개발 또는 이용과 관련된 심의에 참여하여서는 아니 된다.
④ 제10조제1항 각 호의 기관의 장은 해당 기관에서 수행하는 연구 등에서 생명윤리 또는 안전에 중대한 위해가 발생하거나 발생할 우려가 있는 경우에는 지체 없이 기관위원회를 소집하여 이를 심의하도록 하고, 그 결과를 보건복지부장관에게 보고하여야 한다.
⑤ 제10조제1항 각 호의 기관의 장은 기관위원회가 독립성을 유지할 수 있도록 하여야 하며, 행정적·재정적 지원을 하여야 한다.
⑥ 제10조제1항에 따라 둘 이상의 기관위원회를 설치한 기관은 보건복지부령으로 정하는 바에 따라 해당 기관위원회를 통합하여 운영할 수 있다.
⑦ 제1항부터 제6항까지에서 규정한 사항 외에 기관위원회의 구성 및 운영에 필요한 사항은 보건복지부령으로 정한다.
제12조【공용기관생명윤리위원회의 지정 및 기관위원회의 공동 운영】 ① 보건복지부장관은 다음 각 호의 업무를 하게 하기 위하여 제10조제1항에 따라 설치된 기관위원회 중에서 기관 또는 연구자가 공동으로 이용할 수 있는 공용기관생명윤리위원회(이하 "공용위원회"라 한다)를 지정할 수 있다.
1. 제10조제2항에 따라 공용위원회와 협약을 맺은 기관이 위탁한 업무
2. 교육·연구 기관 또는 병원 등에 소속되지 아니한 인간대상연구자 또는 인체유래물연구자가 신청한 업무
3. 그 밖에 국가위원회의 심의를 거쳐 보건복지부령으로 정하는 업무
② 둘 이상의 기관이 공동으로 수행하는 연구로서 각각의 기관위원회에서 해당 연구를 심의하는 것이 적절하지 아니하는 경우에 수행 기관은 각각의 소관 기관위원회 중 하나의 기관위원회를 선정하여 해당 연구를 심의하게 할 수 있다.
③ 제1항 및 제2항에 따른 공용위원회의 지정, 기능, 운영 및 기관위원회의 공동 운영 등에 필요한 사항은 보건복지부령으로 정한다.
제13조【기관위원회의 지원 등】 ① 보건복지부장관은 기관위원회의 운영을 적절하게 감독·지원하기 위하여 다음 각 호의 업무를 수행한다.
1. 기관위원회의 조사
2. 기관위원회 위원의 교육
3. 그 밖에 기관위원회의 감독 및 지원에 필요한 업무로서 보건복지부령으로 정하는 업무
② 기관위원회의 조사 및 교육 지원 등에 필요한 사항은 보건복지부령으로 정한다.
제14조【기관위원회의 평가 및 인증】 ① 보건복지부장관은 기관위원회의 구성 및 운영실적 등을 정기적으로 평가하여 인증할 수 있다.
② 보건복지부장관은 제1항에 따라 인증을 받은 기관위원회의 인증 결과를 인터넷 홈페이지 등에 공표할 수 있다.
③ 중앙행정기관의 장은 제1항에 따른 인증 결과에 따라 그 기관에 예산 지원 및 국가 연구비 지원 제한 등의 조치를 할 수 있다.
④ 보건복지부장관은 제1항에 따라 인증을 받은 기관위원회가 다음 각 호의 어느 하나에 해당하면 그 인증을 취소할 수 있다. 다만, 제1호에 해당하는 경우에는 그 인증을 취소하여야 한다.
1. 거짓이나 부정한 방법으로 인증을 받은 경우
2. 기관위원회의 구성 및 운영에 중요한 변동사항이 발생하여 제5항에 따른 인증기준에 맞지 아니하는 경우
⑤ 제1항에 따른 인증의 기준 및 유효기간 등에 관하여 필요한 사항은 대통령령으로 정한다.

제3장 인간대상연구 및 연구대상자 보호

제15조【인간대상연구의 심의】 ① 인간대상연구를 하려는 자는 인간대상연구를 하기 전에 연구계획서를 작성하여 기관위원회의 심의를 받아야 한다.
② 제1항에도 불구하고 연구대상자 및 공공에 미치는 위험이 미미한 경우로서 국가위원회의 심의를 거쳐 보건복지부령으로 정한 기준에 맞는 연구는 기관위원회의 심의를 면제할 수 있다.
제16조【인간대상연구의 동의】 ① 인간대상연구자는 인간대상연구를 하기 전에 연구대상자로부터 다음 각 호의 사항이 포함된 서면동의(전자문서를 포함한다. 이하 같다)를 받아야 한다.
1. 인간대상연구의 목적
2. 연구대상자의 참여 기간, 절차 및 방법
3. 연구대상자에게 예상되는 위험 및 이득
4. 개인정보 보호에 관한 사항
5. 연구 참여에 따른 손실에 대한 보상
6. 개인정보 제공에 관한 사항
7. 동의의 철회에 관한 사항
8. 그 밖에 기관위원회가 필요하다고 인정하는 사항
② 제1항에도 불구하고 동의 능력이 없거나 불완전한 사람으로서 보건복지부령으로 정하는 연구대상자가 참여하는 연구의 경우에는 다음 각 호에서 정한 대리인의 서면동의를 받아야 한다. 이 경우 대리인의 동의는 연구대상자의 의사에 어긋나서는 아니 된다.
1. 법정대리인
2. 법정대리인이 없는 경우 배우자, 직계존속, 직계비속의 순으로 하되, 직계존속 또는 직계비속이 여러 사람일 경우 협의하여 정하고, 협의가 되지 아니하면 연장자가 대리인이 된다.
③ 제1항에도 불구하고 다음 각 호의 요건을 모두 갖춘 경우에는 기관위원회의 승인을 받아 연구대상자의 서면동의를 면제할 수 있다. 이 경우 제2항에 따른 대리인의 서면동의는 면제하지 아니한다.
1. 연구대상자의 동의를 받는 것이 연구 진행과정에서 현실적으로 불가능하거나 연구의 타당성에 심각한 영향을 미친다고 판단되는 경우
2. 연구대상자의 동의 거부를 추정할 만한 사유가 없고, 동의를 면제하여도 연구대상자에게 미치는 위험이 극히 낮은 경우
④ 인간대상연구자는 제1항 및 제2항에 따른 서면동의를 받기 전에 동의권자에게 제1항 각 호의 사항에 대하여 충분히 설명하여야 한다.
제17조【연구대상자에 대한 안전대책】 ① 인간대상연구자는 사전에 연구 및 연구환경이 연구대상자에게 미칠 신체적·정신적 영향을 평가하고 안전대책을 마련하여야 하며, 수행 중인 연구가 개인 및 사회에 중대한 해악(害惡)을 초래할 가능성이 있을 때에는 이를 즉시 소속 기관의 장에게 보고하고 적절한 조치를 하여야 한다.
② 인간대상연구자는 질병의 진단이나 치료, 예방과 관련된 연구에서 연구대상자에게 의학적으로 필요한 치료를 지연하거나 진단 및 예방의 기회를 박탈하여서는 아니 된다.
제18조【개인정보의 제공】 ① 인간대상연구자는 제16조제1항에 따라 연구대상자로부터 개인정보를 제공하는 것에 대하여 서면동의를 받은 경우에는 기관위원회의 심의를 거쳐 개인정보를 제3자에게 제공할 수 있다.
② 인간대상연구자가 제1항에 따라 개인정보를 제3자에게 제공하는 경우에는 익명화하여야 한다. 다만, 연구대상자가 개인식별정보를 포함하는 것에 동의한 경우에는 그러하지 아니하다.
제19조【기록의 유지와 정보의 공개】 ① 인간대상연구자는 인간대상연구와 관련한 사항을 기록·보관하여야 한다.
② 연구대상자는 자신에 관한 정보의 공개를 청구할 수 있으며, 그 청구를 받은 인간대상연구자는 특별한 사유가 없으면 정보를 공개하여야 한다.
③ 제1항 및 제2항에 따른 기록·보관 및 정보 공개에 관한 구체적인 사항은 국가위원회의 심의를 거쳐 보건복지부령으로 정한다.

제4장 배아 등의 생성과 연구

제1절 인간 존엄과 정체성 보호

제20조【인간복제의 금지】 ① 누구든지 체세포복제배아 및 단성생식배아(이하 "체세포복제배아등"이라 한다)를 인간 또는 동물의 자궁에 착상시켜서는 아니 되며, 착상된 상태를 유지하거나 출산하여서는 아니 된다.
② 누구든지 제1항에 따른 행위를 유인하거나 알선하여서는 아니 된다.
제21조【이종 간의 착상 등의 금지】 ① 누구든지 인간의 배아를 동물의 자궁에 착상시키거나 동물의 배아를 인간의 자궁에 착상시키는 행위를 하여서는 아니 된다.
② 누구든지 다음 각 호의 행위를 하여서는 아니 된다.
1. 인간의 난자를 동물의 정자로 수정시키거나 동물의 난자를 인간의 정자로 수정시키는 행위. 다만, 의학적으로 인간의 정자의 활동성을 시험하기 위한 경우는 제외한다.
2. 핵이 제거된 인간의 난자에 동물의 체세포 핵을 이식하거나 핵이 제거된 동물의 난자에 인간의 체세포 핵을 이식하는 행위
3. 인간의 배아와 동물의 배아를 융합하는 행위
4. 다른 유전정보를 가진 인간의 배아를 융합하는 행위
③ 누구든지 제2항 각 호의 어느 하나에 해당하는 행위로부터 생성된 것을 인간 또는 동물의 자궁에 착상시키는 행위를 하여서는 아니 된다.

제2절 배아생성의료기관

제22조【배아생성의료기관의 지정 등】 ① 체외수정을 위하여 난자 또는 정자를 채취·보존하거나 이를 수정시켜 배아를 생성하려는 의료기관은 보건복지부장관으로부터 배아생성의료기관으로 지정받아야 한다.
② 배아생성의료기관으로 지정받으려는 의료기관은 보건복지부령으로 정하는 시설 및 인력 등을 갖추어야 한다.
③ 배아생성의료기관의 지정 기준 및 절차 등에 관하여 필요한 사항은 보건복지부령으로 정한다.
④ 제1항에 따라 지정을 받은 배아생성의료기관(이하 "배아생성의료기관"이라 한다)이 보건복지부령으로 정하는 중요한 사항을 변경할 경우에는 보건복지부장관에게 그 변경사항을 신고하여야 한다.
⑤ 배아생성의료기관의 장은 휴업하거나 폐업하는 경우에는 보건복지부령으로 정하는 바에 따라 보건복지부장관에게 신고하여야 한다.
⑥ 배아생성의료기관의 장은 휴업하거나 폐업할 때에 보건복지부령으로 정하는 바에 따라 보관 중인 배아, 생식세포 및 관련 서류를 보건복지부 또는 다른 배아생성의료기관으로 이관하여야 한다.(2020.8.11 본항개정)
제23조【배아의 생성에 관한 준수사항】 ① 누구든지 임신 외의 목적으로 배아를 생성하여서는 아니 된다.
② 누구든지 배아를 생성할 때 다음 각 호의 어느 하나에 해당하는 행위를 하여서는 아니 된다.
1. 특정의 성을 선택할 목적으로 난자와 정자를 선별하여 수정시키는 행위
2. 사망한 사람의 난자 또는 정자로 수정하는 행위

3. 미성년자의 난자 또는 정자로 수정하는 행위. 다만, 혼인한 미성년자가 그 자녀를 얻기 위하여 수정하는 경우는 제외한다.
③ 누구든지 금전, 재산상의 이익 또는 그 밖의 반대급부(反對給付)를 조건으로 배아나 난자 또는 정자를 제공 또는 이용하거나 이를 유인하거나 알선하여서는 아니 된다.

제24조【배아의 생성 등에 관한 동의】 ① 배아생성의료기관은 배아를 생성하기 위하여 난자 또는 정자를 채취할 때에는 다음 각 호의 사항에 대하여 난자 기증자, 정자 기증자, 체외수정 시술대상자 및 해당 기증자·시술대상자의 배우자가 있는 경우 그 배우자(이하 "동의권자"라 한다)의 서면동의를 받아야 한다. 다만, 장애인의 경우는 그 특성에 맞게 동의를 구하여야 한다.
1. 배아생성의 목적에 관한 사항
2. 배아·난자·정자의 보존기간 및 그 밖에 보존에 관한 사항
3. 배아·난자·정자의 폐기에 관한 사항
4. 잔여배아 및 잔여난자를 연구 목적으로 이용하는 것에 관한 사항
5. 동의의 변경 및 철회에 관한 사항
6. 동의권자의 권리 및 정보 보호, 그 밖에 보건복지부령으로 정하는 사항
② 배아생성의료기관은 제1항에 따른 서면동의를 받기 전에 동의권자에게 제1항 각 호의 사항에 대하여 충분히 설명하여야 한다.
③ 제1항에 따른 서면동의를 위한 동의서의 서식 및 보관 등에 필요한 사항은 보건복지부령으로 정한다.

제25조【배아의 보존 및 폐기】 ① 배아의 보존기간은 5년으로 한다. 다만, 동의권자가 보존기간을 5년 미만으로 정한 경우에는 이를 보존기간으로 한다.
② 제1항에도 불구하고 항암치료 등 보건복지부령으로 정하는 경우에는 동의권자가 보존기간을 5년 이상으로 정할 수 있다.
③ 배아생성의료기관은 제1항 또는 제2항에 따른 보존기간이 끝난 배아 중 제29조에 따른 연구의 목적으로 이용하지 아니할 배아는 폐기하여야 한다.
④ 배아생성의료기관은 배아의 폐기에 관한 사항을 기록·보관하여야 한다.
⑤ 제3항 및 제4항에 따른 배아의 폐기 절차 및 방법, 배아의 폐기에 관한 사항의 기록·보관에 필요한 사항은 보건복지부령으로 정한다.

제26조【잔여배아 및 잔여난자의 제공】 ① 배아생성의료기관은 연구에 필요한 잔여배아를 제30조제1항에 따라 배아연구계획서의 승인을 받은 배아연구기관에 제공하거나 잔여난자를 제31조제4항에 따라 체세포복제배아등 연구계획서의 승인을 받은 체세포복제배아등의 연구기관에 제공하는 경우에는 무상으로 하여야 한다. 다만, 배아생성의료기관은 잔여배아 및 잔여난자의 보존 및 제공에 든 경비의 경우에는 보건복지부령으로 정하는 바에 따라 제공받는 연구기관에 대하여 경비지급을 요구할 수 있다.
② 제1항에 따른 잔여배아 및 잔여난자의 제공 절차, 경비의 산출, 그 밖에 필요한 사항은 보건복지부령으로 정한다.
③ 배아생성의료기관은 잔여배아 및 잔여난자의 보존 및 제공 등에 관한 사항을 보건복지부령으로 정하는 바에 따라 보건복지부장관에게 보고하여야 한다.

제27조【난자 기증자의 보호 등】 ① 배아생성의료기관은 보건복지부령으로 정하는 바에 따라 난자를 채취하기 전에 난자 기증자에 대하여 건강검진을 하여야 한다.
② 배아생성의료기관은 보건복지부령으로 정하는 건강기준에 미치지 못하는 사람으로부터 난자를 채취하여서는 아니 된다.
③ 배아생성의료기관은 동일한 난자 기증자로부터 대통령령으로 정하는 빈도 이상으로 난자를 채취하여서는 아니 된다.
④ 배아생성의료기관은 난자 기증에 필요한 시술 및 회복에 걸리는 시간에 따른 보상금 및 교통비 등 보건복지부령으로 정하는 항목에 관하여 보건복지부령으로 정하는 금액을 난자 기증자에게 지급할 수 있다.

제28조【배아생성의료기관의 준수사항 등】 ① 배아생성의료기관은 다음 각 호의 사항을 준수하여야 한다.
1. 제24조에 따른 동의서에 적힌 내용대로 배아·난자 및 정자를 취급할 것
2. 보건복지부령으로 정하는 바에 따라 잔여배아 및 잔여난자의 보존·취급 및 폐기 등의 관리를 철저히 할 것
3. 그 밖에 생명윤리 및 안전의 확보를 위하여 필요하다고 인정하여 보건복지부령으로 정하는 사항
② 보건복지부장관은 배아의 생성 등에 관한 동의 등을 적절하게 관리하기 위하여 배아생성의료기관에 관한 표준운영지침을 정하고 배아생성의료기관에게 그 준수를 권장하여야 한다.(2015.12.29 본항신설)
(2015.12.29 본조제목개정)

제3절 잔여배아 연구 등

제29조【잔여배아 연구】 ① 제25조에 따른 배아의 보존기간이 지난 잔여배아는 발생학적으로 원시선(原始線)이 나타나기 전까지만 체외에서 다음 각 호의 연구 목적으로 이용할 수 있다.
1. 난임치료법 및 피임기술의 개발을 위한 연구
2. 근이영양증(筋異營養症), 그 밖에 대통령령으로 정하는 희귀·난치병의 치료를 위한 연구
3. 그 밖에 국가위원회의 심의를 거쳐 대통령령으로 정하는 연구
② 제1항에 따라 잔여배아를 연구하려는 자는 보건복지부령으로 정하는 시설·인력 등을 갖추고 보건복지부장관에게 배아연구기관으로 등록하여야 한다.
③ 제2항에 따라 등록한 배아연구기관(이하 "배아연구기관"이라 한다)이 보건복지부령으로 정하는 중요한 사항을 변경하거나 폐업할 경우에는 보건복지부장관에게 신고하여야 한다.

제30조【배아연구계획서의 승인】 ① 배아연구기관은 잔여배아의 연구를 하려면 미리 보건복지부장관에게 배아연구계획서를 제출하여 승인을 받아야 한다. 배아연구계획서의 내용 중 대통령령으로 정하는 중요한 사항을 변경하는 경우에도 또한 같다.
② 제1항에 따른 배아연구계획서에는 기관위원회의 심의 결과에 관한 서류가 첨부되어야 한다.
③ 보건복지부장관은 다른 중앙행정기관의 장이 연구비를 지원하는 배아연구기관으로부터 배아연구계획서를 제출받았을 때에는 승인 여부를 결정하기 전에 그 중앙행정기관의 장과 협의하여야 한다.
④ 배아연구계획서의 승인 기준 및 절차, 제출서류, 그 밖에 필요한 사항은 보건복지부령으로 정한다.

제31조【체세포복제배아등의 연구】 ① 누구든지 제29조제1항제2호에 따른 희귀·난치병의 치료를 위한 연구 목적 외에는 체세포핵이식행위 또는 단성생식행위를 하여서는 아니 된다.
② 제1항에 따른 연구의 종류·대상 및 범위는 국가위원회의 심의를 거쳐 대통령령으로 정한다.
③ 체세포복제배아등을 생성하거나 연구하려는 자는 보건복지부령으로 정하는 시설 및 인력 등을 갖추고 보건복지부장관에게 등록하여야 한다.
④ 제3항에 따라 등록한 기관(이하 "체세포복제배아등의 연구기관"이라 한다)은 체세포복제배아등을 생성하거나 연구하려면 보건복지부령으로 정하는 바에 따라 미리 보건복지부장관에게 연구계획서(이하 "체세포복제배아등 연구계획서"라 한다)를 제출하여 승인을 받아야 한다.
⑤ 체세포복제배아등 연구계획서의 승인에 관하여는 제30조를 준용한다. 이 경우 "잔여배아"는 "체세포복제배아등"으로, "배아연구계획서"는 "체세포복제배아등 연구계획서"로 각각 본다.

제32조【배아연구기관 등의 준수사항】 ① 배아연구기관 및 체세포복제배아등의 연구기관은 해당 기관에서 수행하는 연구로 인하여 생명윤리 또는 안전에 중대한 위해가 발생하거나 발생할 우려가 있는 경우에는 연구 중단 등 적절한 조치를 하여야 한다.
② 배아연구기관 및 체세포복제배아등의 연구기관이 잔여배아 및 잔여난자를 제공받은 후 이를 연구의 목적으로 이용하지 아니하려는 경우에는 제25조제3항부터 제5항까지의 규정을 준용한다. 이 경우 "배아"는 "잔여배아 및 잔여난자"로 본다.
③ 배아연구기관이 잔여배아를 관리하는 경우 및 체세포복제배아등의 연구기관이 잔여난자, 체세포복제배아등을 관리하는 경우에는 제28조를 준용한다.

제4절 배아줄기세포주

제33조【배아줄기세포주의 등록】 ① 배아줄기세포주를 수립하거나 수입한 자는 그 배아줄기세포주를 제34조에 따라 제공하거나 제35조에 따라 이용하기 전에 보건복지부령으로 정하는 바에 따라 그 배아줄기세포주를 보건복지부장관에게 등록하여야 한다.
② 보건복지부장관은 배아줄기세포주의 등록을 신청한 자가 다른 중앙행정기관의 장으로부터 과학적 검증을 받은 경우에는 제1항에 따른 등록을 하는 데에 그 검증자료를 활용하여야 한다.
③ 보건복지부장관은 제1항에 따라 배아줄기세포주를 등록한 자에게 배아줄기세포주의 검증 등에 든 비용의 전부 또는 일부를 지원할 수 있다.

제34조【배아줄기세포주의 제공】 ① 배아줄기세포주를 수립한 자가 그 배아줄기세포주를 타인에게 제공하려면 보건복지부령으로 정하는 바에 따라 기관위원회의 심의를 거쳐야 한다.
② 제1항에 따라 배아줄기세포주를 제공한 자는 보건복지부령으로 정하는 바에 따라 보건복지부장관에게 배아줄기세포주의 제공현황을 보고하여야 한다.
③ 제1항에 따라 배아줄기세포주를 제공하는 경우에는 무상으로 하여야 한다. 다만, 배아줄기세포주를 제공하는 자는 배아줄기세포주의 보존 및 제공에 든 경비의 경우에는 보건복지부령으로 정하는 바에 따라 이를 제공받는 자에 대하여 경비지급을 요구할 수 있다.
④ 제1항부터 제3항까지의 규정에 따른 배아줄기세포주의 제공 및 보고, 경비의 산출 방법 등에 관하여 필요한 사항은 보건복지부령으로 정한다.

제35조【배아줄기세포주의 이용】 ① 제33조제1항에 따라 등록된 배아줄기세포주는 체외에서 다음 각 호의 연구 목적으로만 이용할 수 있다.
1. 질병의 진단·예방 또는 치료를 위한 연구
2. 줄기세포의 특성 및 분화에 관한 기초연구
3. 그 밖에 국가위원회의 심의를 거쳐 대통령령으로 정하는 연구
② 제1항에 따라 배아줄기세포주를 이용하려는 자는 해당 연구계획서에 대하여 보건복지부령으로 정하는 바에 따라 기관위원회의 심의를 거쳐 해당 기관의 장의 승인을 받아야 한다. 승인을 받은 연구계획서의 내용 중 대통령령으로 정하는 중요한 사항을 변경하는 경우에도 또한 같다.
③ 제2항에 따라 승인 또는 변경승인을 받은 자는 보건복지부령으로 정하는 바에 따라 그 사실을 보건복지부장관에게 보고하여야 한다.
④ 제2항에 따라 승인을 받은 자는 배아줄기세포주를 제공한 자에게 제공받은 배아줄기세포주의 이용계획서를 작성하여 제출하여야 한다.
⑤ 제2항에 따라 연구를 승인한 기관의 장은 연구를 하는 자가 연구계획에 적합하게 연구를 하도록 감독하여야 한다.

제5장 인체유래물연구 및 인체유래물은행

제1절 인체유래물연구

제36조【인체유래물연구의 심의】 ① 인체유래물연구를 하려는 자는 인체유래물연구를 하기 전에 연구계획서에 대하여 기관위원회의 심의를 받아야 한다.
② 제1항에도 불구하고 인체유래물 기증자 및 공공에 미치는 위험이 미미한 경우로서 국가위원회의 심의를 거쳐 보건복지부령으로 정한 기준에 맞는 연구는 기관위원회의 심의를 면제할 수 있다.

제37조【인체유래물연구의 동의】 ① 인체유래물연구자는 인체유래물연구를 하기 전에 인체유래물 기증자로부터 다음 각 호의 사항이 포함된 서면동의를 받아야 한다.
1. 인체유래물연구의 목적
2. 개인정보의 보호 및 처리에 관한 사항
3. 인체유래물의 보존 및 폐기 등에 관한 사항
4. 인체유래물과 그로부터 얻은 유전정보(이하 "인체유래물등"이라 한다)의 제공에 관한 사항
5. 동의의 철회, 동의 철회 시 인체유래물등의 처리, 인체유래물 기증자의 권리, 연구 목적의 변경, 그 밖에 보건복지부령으로 정하는 사항
② 인체유래물 기증자가 동의 능력이 없거나 불완전한 경우의 대리인 동의에 관하여는 제16조제2항을 준용한다. 이 경우 "연구대상자"는 "인체유래물 기증자"로 본다.
(2018.12.11 본항신설)
③ 제1항 및 제2항에도 불구하고 인체유래물연구자가 아닌 인체유래물 채취자로부터 인체유래물을 제공받아 연구를 하는 인체유래물연구자의 경우에 그 인체유래물 채취자가 인체유래물 기증자(제2항에 따라 준용되는 제16조제2항에 따른 대리인을 포함한다. 이하 이 조 및 제38조에서 같다)로부터 제1항 각 호의 사항이 포함된 서면동의를 받았을 때에는 제1항에 따른 서면동의를 받은 것으로 본다.(2018.12.11 본항개정)
④ 인체유래물연구의 서면동의 면제에 관하여는 제16조제3항을 준용한다. 이 경우 "연구대상자"는 "인체유래물 기증자"로 본다.
⑤ 인체유래물연구자는 제1항 및 제2항에 따른 서면동의를 받기 전에 인체유래물 기증자에게 제1항 각 호의 사항에 대하여 충분히 설명하여야 한다.(2018.12.11 본항개정)
⑥ 제1항 및 제2항에 따른 서면동의를 위한 동의서의 서식 등에 관하여 필요한 사항은 보건복지부령으로 정한다.
(2018.12.11 본항개정)

제38조【인체유래물등의 제공】 ① 인체유래물연구자는 제37조제1항 및 제2항에 따라 인체유래물 기증자로부터 인체유래물등을 제공하는 것에 대하여 서면동의를 받은 경우에는 기관위원회의 심의를 거쳐 인체유래물등을 인체유래물은행이나 다른 연구자에게 제공할 수 있다.
(2018.12.11 본항개정)
② 인체유래물연구자가 제1항에 따라 인체유래물등을 다른 연구자에게 제공하는 경우에는 익명화하여야 한다. 다만, 인체유래물 기증자가 개인식별정보를 포함하는 것에 동의한 경우에는 그러하지 아니하다.
③ 제1항에 따라 인체유래물등을 제공할 경우 무상으로 하여야 한다. 다만, 인체유래물연구자가 소속된 기관은 인체유래물등의 보존 및 제공에 든 경비의 경우에는 보건복지부령으로 정하는 바에 따라 인체유래물등을 제공받아 연구하는 자에게 경비지급을 요구할 수 있다.
④ 인체유래물연구자는 제1항에 따라 인체유래물등을 제공하거나 제공받았을 때에는 보건복지부령으로 정하는 바에 따라 인체유래물등의 제공에 관한 기록을 작성·보관하여야 한다.
⑤ 인체유래물등의 제공 방법 및 절차, 경비의 산출, 그 밖에 필요한 사항은 보건복지부령으로 정한다.

제39조【인체유래물등의 보존 및 폐기】 ① 인체유래물연구자는 동의서에 정한 기간이 지난 인체유래물등을 폐기하여야 한다. 다만, 인체유래물등을 보존하는 중에 인

체유래물 기증자가 보존기간의 변경이나 폐기를 요청하는 경우에는 요청에 따라야 한다.
② 인체유래물연구자는 제1항에 따른 인체유래물등의 폐기에 관한 사항을 보건복지부령으로 정하는 바에 따라 기록·보관하여야 한다.
③ 인체유래물연구자가 부득이한 사정으로 인하여 인체유래물등을 보존할 수 없는 경우에는 기관위원회의 심의를 거쳐 인체유래물등을 처리하거나 이관하여야 한다.
④ 인체유래물등의 보존, 폐기, 처리 또는 이관 등에 필요한 사항은 보건복지부령으로 정한다.

제40조【인체유래물연구자의 준수사항】 인체유래물연구자의 인체유래물 기증자에 대한 안전대책 및 기록의 유지와 정보 공개에 관하여는 제17조 및 제19조를 각각 준용한다. 이 경우 "인간대상연구"는 "인체유래물연구"로, "연구대상자"는 "인체유래물 기증자"로 각각 본다.

제2절 인체유래물은행

제41조【인체유래물은행의 허가 및 신고】 ① 인체유래물은행을 개설하려는 자는 대통령령으로 정하는 바에 따라 보건복지부장관의 허가를 받아야 한다. 다만, 국가기관이 직접 인체유래물은행을 개설하고자 하는 경우는 제외한다.
② 제1항에도 불구하고 다른 법령에 따라 중앙행정기관의 장으로부터 연구비 지원의 승인을 받아 인체유래물은행을 개설하려는 경우에는 그 중앙행정기관의 장으로부터 연구비 지원의 승인을 받은 후 보건복지부장관에게 신고하면 제1항에 따른 허가를 받은 것으로 본다. 이 경우 그 중앙행정기관의 장은 미리 보건복지부장관과 협의하여야 한다.
③ 제1항 및 제2항에 따라 개설된 인체유래물은행이 대통령령으로 정하는 중요한 사항을 변경하거나 휴업 또는 폐업하려는 경우에는 보건복지부장관에게 신고하여야 한다.
④ 인체유래물은행의 시설·장비 기준 및 허가·신고 절차, 그 밖에 필요한 사항은 대통령령으로 정한다.

제42조【인체유래물 채취 시의 동의】 ① 인체유래물은행은 인체유래물연구에 쓰일 인체유래물을 직접 채취하거나 채취를 의뢰할 때에는 인체유래물을 채취하기 전에 인체유래물 기증자로부터 다음 각 호의 사항이 포함된 서면동의를 받아야 한다.
1. 인체유래물연구의 목적(인체유래물은행이 인체유래물연구를 직접 수행하는 경우만 해당한다)
2. 개인정보의 보호 및 처리에 관한 사항
3. 인체유래물등이 제공되는 연구자 및 기관의 범위에 관한 사항
4. 인체유래물등의 보존, 관리 및 폐기에 관한 사항
5. 동의의 철회, 동의의 철회 시 인체유래물등의 처리, 인체유래물 기증자의 권리나 그 밖에 보건복지부령으로 정하는 사항
② 인체유래물은행은 제1항에 따른 서면동의를 받기 전에 인체유래물 기증자에게 제1항 각 호의 사항에 대하여 충분히 설명하여야 한다.
③ 제1항에 따른 서면동의를 위한 동의서의 서식 등에 관하여 필요한 사항은 보건복지부령으로 정한다.

제42조의2【잔여검체의 제공 등】 ① 제42조에도 불구하고 인체유래물은행은 의료기관(「의료법」에 따라 개설된 의료기관을 말한다. 이하 이 조에서 같다)으로부터 그 의료기관에서 치료 및 진단을 목적으로 사용하고 남은 인체유래물(이하 "잔여검체"라 한다)을 연구목적에 한정하여 제2항부터 제6항까지의 방법 및 절차에 따라 제공받을 수 있다. 이 경우 의료기관은 잔여검체를 제공할 목적으로 치료 및 진단에 필요한 정도를 초과하는 인체유래물을 채취하여서는 아니 된다.
② 잔여검체를 인체유래물은행에 제공하려는 의료기관은 제공 대상이 되는 인체유래물을 채취하기 전에 피채취자에게 다음 각 호의 사항을 서면으로 고지하여야 한다. 이 경우 제1호에 대한 사항은 구두로도 설명하여야 한다.
1. 피채취자가 거부의사를 표시하지 않으면 잔여검체가 인체유래물은행에 제공될 수 있다는 사실
2. 제1호에 따른 거부의사 표시 방법 및 절차
3. 잔여검체의 익명화 방법
4. 잔여검체의 보존, 관리, 폐기 및 이용 등에 관한 사항
5. 그 밖에 보건복지부령으로 정하는 사항
③ 제2항에 따른 고지를 받은 피채취자가 잔여검체의 제공을 거부하려는 경우에는 서명 또는 날인된 서면이나 그 밖에 보건복지부령으로 정하는 방법으로 거부의사를 표시하여야 한다. 이 경우 제2항에 따른 서면의 수령 거부는 전단에 따른 거부의사를 표시한 것으로 본다.
④ 의료기관은 제3항에 따라 피채취자가 거부의사를 표시한 잔여검체를 인체유래물은행에 제공하여서는 아니 된다.
⑤ 의료기관은 제1항에 따라 인체유래물은행에 잔여검체를 제공하기 전에 잔여검체 제공 목적 및 대상, 익명화의 방법 등을 정하여 미리 기관위원회의 승인을 받아야 한다.
⑥ 의료기관은 제1항에 따라 잔여검체를 인체유래물은행에 제공하는 경우에는 익명화하여야 한다.
⑦ 제1항에 따라 의료기관이 잔여검체를 제공할 경우 무상으로 하여야 한다. 다만, 의료기관은 잔여검체의 보존 및 제공에 든 경비의 경우에는 보건복지부령으로 정하는 바에 따라 인체유래물은행에 그 경비지급을 요구할 수 있다.
⑧ 의료기관은 잔여검체를 제공하였을 때에는 보건복지부령으로 정하는 바에 따라 잔여검체의 제공에 관한 기록을 작성·보관하여야 한다.
⑨ 인체유래물은행의 잔여검체 제공에 관하여는 제43조를 준용한다. 이 경우 "인체유래물등"은 "잔여검체"로 본다.
⑩ 제2항에 따른 서면고지의 방법 및 절차, 제3항에 따른 거부의사 표시 방법 및 절차, 제5항에 따른 기관위원회의 승인 항목 및 절차 등에 관하여 필요한 사항은 보건복지부령으로 정한다.
(2019.4.23 본조신설)

제42조의3【잔여검체의 관리】 ① 인체유래물은행의 장 또는 그 종사자는 보존 중인 잔여검체를 정당한 이유 없이 사용, 폐기 또는 손상하여서는 아니 된다.
② 인체유래물은행의 잔여검체 보존 및 폐기에 관하여는 제39조를 준용한다. 이 경우 "인체유래물연구자"는 "인체유래물은행"으로, "인체유래물등"은 "잔여검체"로 본다.
③ 인체유래물은행이 제42조의2제1항에 따라 잔여검체를 제공받은 경우에는 익명화하여야 한다.
④ 인체유래물은행의 장은 보건복지부령으로 정하는 바에 따라 잔여검체의 익명화 방안이 포함된 개인정보 보호 지침을 마련하고, 개인정보 관리 및 보안을 담당하는 책임자를 지정하여야 한다.
(2019.4.23 본조신설)

제43조【인체유래물등의 제공】 ① 인체유래물은행의 장은 인체유래물등을 제공받으려는 자로부터 이용계획서를 제출받아 그 내용을 검토하여 제공 여부를 결정하여야 한다.
② 인체유래물은행의 장은 인체유래물등을 타인에게 제공하는 경우에는 익명화하여야 한다. 다만, 인체유래물 기증자가 개인식별정보를 포함하는 것에 동의한 경우에는 그러하지 아니하다.
③ 인체유래물은행의 장은 인체유래물등을 타인에게 제공하는 경우에는 무상으로 하여야 한다. 다만, 인체유래물등의 보존 및 제공에 든 경비를 보건복지부령으로 정하는 바에 따라 인체유래물등을 제공받는 자에게 요구할 수 있다.
④ 기관위원회는 인체유래물등의 제공에 필요한 지침을 마련하고, 지침에 따라 적정하게 제공되고 있는지 정기적으로 심의하여야 한다.
⑤ 인체유래물등 이용계획서의 기재내용·제출절차, 제공에 필요한 지침, 기관위원회의 심의, 그 밖에 인체유래물등의 제공 및 관리에 필요한 사항은 보건복지부령으로 정한다.

제44조【인체유래물은행의 준수사항】 ① 인체유래물은행의 장 또는 그 종사자는 보존 중인 인체유래물등을 타당한 사유 없이 사용, 폐기, 손상하여서는 아니 된다.
② 인체유래물은행이 제38조제1항 및 제53조제1항에 따라 인체유래물등을 제공받은 경우에는 익명화하여야 한다.
③ 인체유래물은행의 인체유래물등의 보존 및 폐기에 관하여는 제39조를 준용한다.
④ 인체유래물은행의 장은 보건복지부령으로 정하는 바에 따라 인체유래물등의 익명화 방안이 포함된 개인정보 보호 지침을 마련하고, 개인정보 관리 및 보안을 담당하는 책임자를 지정하여야 한다.

제45조【인체유래물은행에 대한 지원】 국가나 지방자치단체는 예산의 범위에서 인체유래물은행의 운영에 필요한 비용을 지원할 수 있다.

제6장 유전자치료 및 검사 등

제46조【유전정보에 의한 차별 금지 등】 ① 누구든지 유전정보를 이유로 교육·고용·승진·보험 등 사회활동에서 다른 사람을 차별하여서는 아니 된다.
② 다른 법률에 특별한 규정이 있는 경우를 제외하고는 누구든지 타인에게 유전자검사를 받도록 강요하거나 유전자검사의 결과를 제출하도록 강요하여서는 아니 된다.
③ 의료기관은 「의료법」 제21조제3항에 따라 환자 외의 자에게 제공하는 의무기록 및 진료기록 등에 유전정보를 포함시켜서는 아니 된다. 다만, 해당 환자와 동일한 질병의 진단 및 치료를 목적으로 다른 의료기관의 요청이 있고 개인정보 보호에 관한 조치를 한 경우에는 그러하지 아니하다.(2016.12.20 본문개정)

제47조【유전자치료 및 연구】 ① 유전자치료에 관한 연구는 다음 각 호의 어느 하나에 해당하는 경우에만 할 수 있다.(2020.12.29 본문개정)
1. 유전질환, 암, 후천성면역결핍증, 그 밖에 생명을 위협하거나 심각한 장애를 불러일으키는 질병의 치료를 위한 연구
2. 현재 이용 가능한 치료법이 없거나 유전자치료의 효과가 다른 치료법과 비교하여 현저히 우수할 것으로 예측되는 치료를 위한 연구
② 제1항에 따라 유전자치료에 관한 연구를 하는 자는 연구계획서를 기관위원회에 제출하여 심의를 받아야 한다. 이 경우 기관위원회는 제출된 연구계획서가 위험성 및 신규성이 높은 연구 등 보건복지부령으로 정하는 연구에 해당하는 때에는 국가위원회에 자문을 하고, 자문 이후 심의 결과를 국가위원회에 보고하여야 한다.
(2020.12.29 본항개정)
③ 제2항 후단에 따른 보고를 받은 국가위원회는 기관위원회에 해당 연구의 진행과정 및 결과에 대한 자료의 제출을 요청할 수 있다.(2020.12.29 본항신설)
④ 제2항 및 제3항에 따른 기관위원회의 심의 기준과 절차, 국가위원회에 대한 자문 요청 절차 등에 관하여 필요한 사항은 보건복지부령으로 정한다.(2020.12.29 본항신설)
⑤ 유전자치료는 배아, 난자, 정자 및 태아에 대하여 시행하여서는 아니 된다.
(2020.12.29 본조제목개정)

제48조【유전자치료기관】 ① 유전자치료를 하고자 하는 의료기관은 보건복지부장관에게 신고하여야 한다. 대통령령으로 정하는 중요한 사항을 변경하는 경우에도 또한 같다.
② 보건복지부장관은 제1항에 따른 신고 또는 변경신고를 받은 경우 그 내용을 검토하여 이 법에 적합하면 신고를 수리하여야 한다.(2020.12.29 본항신설)
③ 제1항에 따라 보건복지부장관에게 신고한 의료기관(이하 "유전자치료기관"이라 한다)은 유전자치료를 하고자 하는 환자에 대하여 다음 각 호의 사항에 관하여 미리 설명한 후 서면동의를 받아야 한다.
1. 치료의 목적
2. 예측되는 치료 결과 및 그 부작용
3. 그 밖에 보건복지부령으로 정하는 사항
④ 유전자치료기관의 신고 요건 및 절차, 동의서의 서식, 그 밖에 필요한 사항은 보건복지부령으로 정한다.

제49조【유전자검사기관】 ① 유전자검사를 하려는 자는 유전자검사목적에 따라 보건복지부령으로 정하는 시설 및 인력 등을 갖추고 보건복지부장관에게 신고하여야 한다. 다만, 국가기관이 유전자검사를 하는 경우에는 그러하지 아니하다.(2020.12.29 본항개정)
② 제1항에 따라 신고한 사항 중 대통령령으로 정하는 중요한 사항을 변경하는 경우에도 신고하여야 한다.
③ 보건복지부장관은 제1항 및 제2항에 따른 신고를 받은 경우 그 내용을 검토하여 이 법에 적합하면 신고를 수리하여야 한다.(2020.12.29 본항개정)
④ 제1항에 따라 신고한 유전자검사기관(이하 "유전자검사기관"이라 한다)은 유전자검사의 업무를 휴업하거나 폐업하려는 경우에는 보건복지부령으로 정하는 바에 따라 보건복지부장관에게 신고하여야 한다.(2020.12.29 본항개정)
⑤ 보건복지부장관은 유전자검사기관이 「부가가치세법」 제8조에 따라 관할 세무서장에게 폐업신고를 하거나 관할 세무서장이 사업자등록을 말소한 경우에는 신고 사항을 직권으로 말소할 수 있다.(2017.12.12 본항개정)
⑥ 보건복지부장관은 제5항의 직권말소를 위하여 필요한 경우 관할 세무서장에게 유전자검사기관의 폐업여부에 대한 정보 제공을 요청할 수 있다. 이 경우 요청을 받은 관할 세무서장은 「전자정부법」 제36조제1항에 따라 유전자검사기관의 폐업여부에 대한 정보를 제공하여야 한다.
(2017.12.12 본항신설)

제49조의2【유전자검사기관의 평가 및 인증】 ① 유전자검사기관의 장은 보건복지부령으로 정하는 바에 따라 숙련도 평가를 받아야 하며, 보건복지부장관은 그 결과를 공개할 수 있다.
② 제50조제3항제2호에 따른 검사(이하 "소비자 대상 직접 시행 유전자검사"라 한다)를 하려는 유전자검사기관의 장은 보건복지부령으로 정하는 시설 및 인력 등을 갖추고 보건복지부장관으로부터 검사항목별 숙련도, 검사결과의 분석·해석·전달, 검사대상자와 개인정보의 보호방안 등 해당 기관의 검사역량에 대하여 인증을 받아야 한다. 이 경우 인증받은 기관은 인증 유효기간 동안 제1항에 따른 숙련도 평가를 받지 아니할 수 있다.
③ 제2항에 따른 인증의 유효기간은 인증을 받은 날부터 3년으로 하며, 인증의 유효기간이 끝난 후에도 계속하여 그 인증을 유지하려는 경우에는 재인증을 받아야 한다.
④ 보건복지부장관은 제2항에 따라 인증을 받은 유전자검사기관이 다음 각 호의 어느 하나에 해당하는 경우에는 그 인증을 취소할 수 있다. 다만, 제1호에 해당하는 경우에는 그 인증을 취소하여야 한다.
1. 거짓이나 부정한 방법으로 인증을 받은 경우
2. 유전자검사기관의 검사역량에 시설·인력·장비 등 중요한 변동사항이 발생하여 제2항에 따른 인증기준에 맞지 아니하게 된 경우
3. 인증받은 항목 외에 소비자 대상 직접 시행 유전자검사를 수행한 경우
4. 검사대상자의 개인정보를 유출하거나 검사의 효용성을 왜곡하는 등 검사대상자를 현저하게 오도(誤導)하는 방식으로 소비자 대상 직접 시행 유전자검사를 수행한 경우

5. 그 밖에 보건복지부령으로 정하는 기준을 위반하여 소비자 대상 직접 시행 유전자검사를 수행한 경우
⑤ 제1항부터 제4항까지의 규정에 따른 평가, 인증, 재인증, 인증 취소의 기준과 절차 등에 관하여 필요한 사항은 보건복지부령으로 정한다.
(2020.12.29 본조신설)
제49조의3【유전자검사교육】 ① 유전자검사기관의 종사자는 유전자검사 및 그 정보의 안전한 관리 등을 위하여 필요한 교육(이하 "유전자검사교육"이라 한다)을 받아야 한다.
② 보건복지부장관은 유전자검사교육을 효율적으로 실시하기 위하여 유전자검사교육기관을 지정할 수 있다. 이 경우 예산의 범위에서 유전자검사교육에 소요되는 비용을 지원할 수 있다.
③ 제2항에 따른 지정을 받은 유전자검사교육기관은 보건복지부장관의 승인을 받아 유전자검사교육에 필요한 비용을 교육대상자로부터 징수할 수 있다.
④ 유전자검사교육의 내용·방법, 제2항에 따른 유전자검사교육기관의 지정 등에 필요한 사항은 보건복지부령으로 정한다.
(2020.12.29 본조신설)
제50조【유전자검사의 제한 등】 ① 누구든지 과학적 증명이 불확실하여 검사대상자를 오도할 우려가 있는 신체 외관이나 성격에 관한 유전자검사 또는 그 밖에 국가위원회의 심의를 거쳐 대통령령으로 정하는 유전자검사를 하여서는 아니 된다.(2020.12.29 본항개정)
② 유전자검사기관은 근이영양증이나 그 밖에 대통령령으로 정하는 유전질환을 진단하기 위한 목적으로만 배아 또는 태아를 대상으로 유전자검사를 할 수 있다.
③ 의료기관이 아닌 유전자검사기관에서는 다음 각 호를 제외한 경우에는 질병의 예방, 진단 및 치료와 관련한 유전자검사를 할 수 없다.(2015.12.29 본문개정)
1. 의료기관의 의뢰를 받은 경우
2. 질병의 예방과 관련된 유전자검사로 보건복지부장관이 필요하다고 인정하는 경우
(2015.12.29 1호~2호신설)
④ 누구든지 유전자검사에 관하여 거짓표시 또는 과대광고를 하여서는 아니 된다. 이 경우 거짓표시 또는 과대광고의 판정 기준 및 절차, 그 밖에 필요한 사항은 보건복지부령으로 정한다.(2020.12.29 전단개정)
제51조【유전자검사의 동의】 ① 유전자검사기관이 유전자검사에 쓰일 검사대상물을 직접 채취하거나 채취를 의뢰할 때에는 검사대상물을 채취하기 전에 검사대상자로부터 다음 각 호의 사항에 대하여 서면동의를 받아야 한다. 다만, 장애인의 경우는 그 특성에 맞게 동의를 구하여야 한다.
1. 유전자검사의 목적
2. 검사대상물의 관리에 관한 사항
3. 동의의 철회, 검사대상자의 권리 및 정보보호, 그 밖에 보건복지부령으로 정하는 사항
② 유전자검사기관이 검사대상물을 인체유래물연구자나 인체유래물은행에 제공하기 위하여는 검사대상자로부터 다음 각 호의 사항이 포함된 서면동의를 제1항에 따른 동의와 별도로 받아야 한다.
1. 개인정보의 보호 및 처리에 대한 사항
2. 검사대상물의 보존, 관리 및 폐기에 관한 사항
3. 검사대상물의 제공에 관한 사항
4. 동의의 철회, 동의 철회 시 검사대상물의 처리, 검사대상자의 권리, 그 밖에 보건복지부령으로 정하는 사항
③ 유전자검사기관 외의 자가 검사대상물을 채취하여 유전자검사기관에 유전자검사를 의뢰하는 경우에는 제1항에 따라 검사대상자로부터 서면동의를 받아 첨부하여야 하며, 보건복지부령으로 정하는 바에 따라 개인정보를 보호하기 위한 조치를 하여야 한다.
④ 검사대상자가 동의 능력이 없거나 불완전한 경우의 대리인 동의에 관하여는 제16조제2항을 준용한다. 이 경우 "연구대상자"는 "검사대상자"로, "연구"는 "검사"로 각각 본다.
⑤ 다음 각 호의 어느 하나에 해당하는 경우에는 동의 없이 유전자검사를 할 수 있다.
1. 시체 또는 의식불명인 사람이 누구인지 식별하여야 할 긴급한 필요가 있거나 특별한 사유가 있는 경우
2. 다른 법률에 규정이 있는 경우
⑥ 제1항부터 제4항까지의 규정에 따라 서면동의를 얻고자 하는 자는 미리 검사대상자 또는 법정대리인에게 유전자검사의 목적과 방법, 예측되는 유전자검사의 결과와 의미 등에 대하여 충분히 설명하여야 한다.
⑦ 유전자검사의 동의 방식, 동의 면제 사항, 그 밖에 필요한 사항은 보건복지부령으로 정한다.
제52조【기록 보관 및 정보의 공개】 ① 유전자검사기관은 다음 각 호의 서류를 보건복지부령으로 정하는 바에 따라 기록·보관하여야 한다.
1. 제51조에 따른 동의서
2. 유전자검사 결과
3. 제53조제2항에 따른 검사대상물의 제공에 관한 기록
② 유전자검사기관은 검사대상자나 그의 법정대리인이 제1항에 따른 기록의 열람 또는 사본의 발급을 요청하는 경우에는 그 요청에 따라야 한다.
③ 제2항에 따른 기록의 열람 또는 사본의 발급에 관한 신청 절차 및 서식 등에 관하여 필요한 사항은 보건복지부령으로 정한다.
제53조【검사대상물의 제공과 폐기 등】 ① 유전자검사기관은 제51조제2항에 따라 검사대상자로부터 검사대상물의 제공에 대한 서면동의를 받은 경우에는 인체유래물연구자나 인체유래물은행에 검사대상물을 제공할 수 있다.
② 제1항에 따른 검사대상물의 제공에 관하여는 제38조제2항부터 제5항까지의 규정을 준용한다. 이 경우 "인체유래물등"은 "검사대상물"로, "인체유래물 기증자"는 "검사대상자"로 각각 본다.
③ 유전자검사기관은 제1항에 따라 검사대상물을 제공하는 경우 외에는 검사대상물을 유전자검사 결과 획득 후 즉시 폐기하여야 한다.
④ 유전자검사기관은 검사대상물의 폐기에 관한 사항을 기록·보관하여야 한다.
⑤ 유전자검사기관은 휴업 또는 폐업이나 그 밖에 부득이한 사정으로 인하여 검사대상물을 보존할 수 없는 경우에는 보건복지부령으로 정하는 바에 따라 검사대상물을 처리하거나 이관하여야 한다.
⑥ 검사대상물의 폐기, 폐기에 관한 기록·보관 및 검사대상물의 처리 또는 이관에 필요한 사항은 보건복지부령으로 정한다.

제7장 감 독

제54조【보고와 조사】 ① 보건복지부장관은 생명윤리 및 안전의 확보와 관련하여 필요하다고 인정할 때에는 제10조제1항 각 호의 기관, 유전자치료기관 및 유전자검사기관(이하 "감독대상기관"이라 한다) 및 그 종사자에 대하여 보건복지부령으로 정하는 바에 따라 이 법의 시행에 필요한 보고 또는 자료의 제출을 명할 수 있고, 생명윤리 또는 안전에 중대한 위해가 발생하거나 발생할 우려가 있을 때에는 그 연구 및 연구 성과 이용의 중단을 명하거나 그 밖에 필요한 조치를 할 수 있다.
(2020.12.29 본항개정)
② 보건복지부장관은 이 법에서 정하고 있는 사항의 이행 또는 위반 여부의 확인을 위하여 필요하다고 인정할 때에는 관계 공무원으로 하여금 감독대상기관 또는 그 사무소 등에 출입하여 그 시설 또는 장비, 관계 장부나 서류, 그 밖의 물건을 검사하게 하거나 관계인에게 질문하게 할 수 있으며, 시험에 필요한 시료(試料)를 최소분량으로 수거하게 할 수 있다. 이 경우 관계 공무원은 그 권한을 표시하는 증표를 지니고 이를 관계인에게 보여주어야 한다.
③ 감독대상기관 또는 그 종사자는 제1항 및 제2항에 따른 명령·검사·질문 등에 대하여 타당한 사유가 없으면 응하여야 한다.
제55조【폐기 및 개선 명령】 ① 보건복지부장관은 감독대상기관 또는 그 종사자와 제33조부터 제35조까지의 규정에 따라 배아줄기세포주를 등록·제공 또는 이용한 자에게 다음 각 호의 대상물을 폐기할 것을 명할 수 있다. 이 경우 폐기의 절차 및 방법에 관하여는 제25조제5항, 제39조제4항, 제53조제6항을 각각 준용한다.
1. 제22조제1항부터 제3항까지, 제23조, 제24조제1항, 제25조제3항(제32조제2항에서 준용하는 경우를 포함한다), 제26조제1항, 제27조제1항부터 제3항까지, 제29조제1항·제2항, 제30조제1항부터 제3항까지, 제31조제1항·제3항·제4항, 제33조제1항, 제34조제1항·제3항, 제35조제2항을 위반하여 채취·생성·보존·연구 또는 제공된 배아·체세포복제배아등·배아줄기세포주 또는 난자
2. 제39조제1항, 제41조제1항, 제43조제2항, 제47조제1항·제2항 전단·제5항, 제48조제1항, 제49조제1항·제2항, 제49조의2제2항 전단, 제50조제1항부터 제3항까지, 제51조제1항·제2항·제4항, 제53조제1항부터 제3항까지의 규정을 위반하여 채취·생성·보존·연구 또는 제공된 검사대상물 및 인체유래물 등(2020.12.29 본호개정)
② 보건복지부장관은 감독대상기관의 시설·인력 등이 제22조제2항, 제29조제2항, 제31조제3항, 제41조제4항, 제49조제1항 또는 제49조의2제2항 전단에서 정하는 기준 등에 맞지 아니하여 채취·생성·연구·보존·제공 또는 배아의 생성 등을 하는 경우에 생명윤리나 안전에 중대한 위해가 발생하거나 발생할 우려가 있다고 인정할 때에는 감독대상기관에 대하여 그 시설의 개선을 명하거나 그 시설의 전부 또는 일부의 사용을 금지할 것을 명할 수 있다.(2020.12.29 본항개정)
제56조【등록 등의 취소와 업무의 정지】 ① 보건복지부장관은 감독대상기관이 다음 각 호의 어느 하나에 해당할 때에는 그 지정·등록 또는 허가를 취소하거나 1년 이내의 기간을 정하여 그 업무의 전부 또는 일부의 정지를 명할 수 있다.
1. 제10조제1항(같은 항 제1호 및 제2호에 해당하는 기관의 경우는 제외한다), 제20조, 제21조, 제22조제1항부터 제3항까지, 제23조, 제24조제1항·제2항, 제25조제3항·제4항(제32조제2항에서 준용하는 경우를 포함한다), 제26조제1항·제3항, 제27조제1항부터 제3항까지, 제28조(제32조제3항에서 준용하는 경우를 포함한다), 제29조제2항, 제30조제1항, 제31조제1항, 제32조제1항, 제42조의3제1항, 제43조제2항, 제44조제1항, 제47조제1항·제2항 전단·제5항, 제48조제1항 후단·제3항, 제49조제2항, 제49조의2제2항 전단·제3항, 제50조, 제51조제1항부터 제4항까지, 제52조제1항·제2항 및 제53조제2항부터 제5항까지의 규정을 위반하였을 때
(2020.12.29 본호개정)
2. 제49조의2제4항에 따라 인증이 취소되었음에도 계속하여 소비자 대상 직접 시행 유전자검사를 수행하는 경우
(2020.12.29 본호신설)
3. 제54조제1항 및 제55조에 따른 명령을 이행하지 아니하였을 때
4. 제54조제2항에 따른 검사·질문·수거에 응하지 아니하였을 때
② 제1항에 따른 행정처분의 세부 기준은 그 위반행위의 유형과 위반 정도 등을 고려하여 보건복지부령으로 정한다.
제56조의2【시설의 폐쇄 등】 ① 보건복지부장관은 유전자치료를 하려는 자가 제48조제1항 전단에 따른 신고를 하지 아니하고 유전자치료를 수행하거나, 유전자검사를 하려는 자가 제49조제1항 본문에 따른 신고를 하지 아니하고 유전자검사를 수행할 경우 해당 시설의 폐쇄를 명할 수 있다.
② 제1항에 따라 폐쇄명령을 받은 자(시설을 포함한다)는 폐쇄명령을 받은 지 2년이 지나기 전에는 제48조제1항 전단 또는 제49조제1항 본문에 따른 신고를 할 수 없다.
(2020.12.29 본조신설)
제57조【청문】 보건복지부장관은 제49조의2제4항, 제56조 및 제56조의2에 따라 기관의 지정·등록·허가 또는 인증을 취소하거나 시설을 폐쇄하려는 경우에는 청문을 하여야 한다.(2020.12.29 본조개정)
제58조【과징금】 ① 보건복지부장관은 감독대상기관이 다음 각 호의 어느 하나에 해당하여 업무정지처분을 하여야 할 경우로서 그 업무정지가 해당 사업의 이용자에게 심한 불편을 주거나 그 밖에 공익을 해칠 우려가 있을 때에는 대통령령으로 정하는 바에 따라 그 업무정지처분을 갈음하여 2억원 이하의 과징금을 부과할 수 있다.
1. 제22조제1항부터 제3항까지, 제24조제1항·제2항, 제25조제3항·제4항(제32조제2항에서 준용하는 경우를 포함한다), 제27조제1항부터 제3항까지의 규정, 제47조제1항·제2항 전단·제5항, 제48조제1항 후단·제3항, 제49조제2항 및 제49조의2제2항 전단·제3항을 위반하였을 때(2020.12.29 본호개정)
2. 제28조(제32조제3항에서 준용하는 경우를 포함한다) 및 제32조제1항에 따른 준수사항을 위반하였을 때
3. 제54조제1항 및 제55조에 따른 명령을 이행하지 아니하였을 때
4. 제54조제2항에 따른 검사·질문·수거에 응하지 아니하였을 때
② 제1항에 따라 과징금을 부과하는 위반행위의 종류와 위반 정도 등에 따른 과징금의 금액이나 그 밖에 필요한 사항은 보건복지부령으로 정한다.
③ 보건복지부장관은 제1항에 따른 과징금을 내야 할 자가 납부기한까지 내지 아니하였을 때에는 국세 체납처분의 예에 따라 징수한다.
제59조【수수료】 보건복지부장관은 이 법의 규정에 따라 지정·허가·등록·승인·인증을 받으려 하거나 신고를 하는 자 또는 그 내용을 변경하려는 자로 하여금 보건복지부령으로 정하는 바에 따라 수수료를 내게 할 수 있다.(2020.12.29 본조개정)

제8장 보 칙

제60조【국고 보조】 보건복지부장관은 이 법에 따른 생명윤리 및 안전의 확보에 이바지할 수 있는 연구사업 및 교육을 육성·지원하기 위하여 대통령령으로 정하는 바에 따라 해당 단체·기관 또는 종사자에게 필요한 비용의 전부 또는 일부를 지원할 수 있다.
제61조【위임 및 위탁 등】 ① 보건복지부장관은 이 법에 따른 권한의 일부를 대통령령으로 정하는 바에 따라 질병관리청장 또는 소속 기관의 장에게 위임할 수 있다.
(2020.8.11 본항개정)
② 보건복지부장관은 대통령령으로 정하는 바에 따라 다음 각 호의 어느 하나에 해당하는 업무의 일부를 관계 전문기관 또는 단체에 위탁할 수 있다.
1. 제10조제4항에 따른 기관위원회의 등록에 관한 업무
(2020.12.29 본호신설)
2. 제13조제1항제2호에 따른 기관위원회 위원의 교육에 관한 업무
3. 제14조에 따른 기관위원회의 평가·인증에 관한 업무
4. 제49조의2제1항에 따른 유전자검사의 숙련도 평가에 관한 업무와 같은 조 제2항에 따른 유전자검사기관의 검사역량 인증에 관한 업무(2020.12.29 본호개정)
③ 보건복지부장관은 제2항에 따라 관계 전문기관 또는 단체에 업무를 위탁한 경우에는 필요한 예산을 보조할 수 있다.

④ 제2항에 따른 관계 전문기관 또는 단체에 대한 예산 보조, 보조금 환수(還收), 지원 금지 등에 필요한 사항은 대통령령으로 정한다.
제62조【벌칙 적용 시의 공무원 의제】 보건복지부장관이 제61조에 따라 위탁한 업무에 종사하는 기관, 단체의 임직원은 「형법」 제129조부터 제132조까지의 규정을 적용할 때에는 공무원으로 본다.
제63조【비밀 누설 등의 금지】 감독대상기관 또는 그 종사자나 업무에 종사하였던 사람은 직무상 알게 된 개인정보 등의 비밀을 누설하거나 도용하여서는 아니 된다.

제9장 벌 칙

제64조【벌칙】 ① 제20조제1항을 위반하여 체세포복제배아등을 자궁에 착상시키거나 착상된 상태를 유지하거나 출산한 사람은 10년 이하의 징역에 처한다.
② 제1항의 경우 미수범도 처벌한다.
제65조【벌칙】 ① 제21조제1항을 위반하여 인간의 배아를 동물의 자궁에 착상시키거나 동물의 배아를 인간의 자궁에 착상시킨 사람 또는 같은 조 제3항을 위반하여 같은 조 제2항 각 호의 어느 하나에 해당하는 행위로부터 생성된 것을 인간 또는 동물의 자궁에 착상시킨 사람은 5년 이하의 징역에 처한다.
② 제1항의 경우 미수범도 처벌한다.
제66조【벌칙】 ① 다음 각 호의 어느 하나에 해당하는 사람은 3년 이하의 징역에 처한다.
1. 제20조제2항을 위반하여 체세포복제배아등을 자궁에 착상시키거나 착상된 상태를 유지 또는 출산하도록 유인하거나 알선한 사람
2. 제21조제2항 각 호의 어느 하나에 해당하는 행위를 한 사람
3. 제23조제1항을 위반하여 임신 외의 목적으로 배아를 생성한 사람
4. 제23조제3항을 위반하여 금전, 재산상의 이익 또는 그 밖의 반대급부를 조건으로 배아나 난자 또는 정자를 제공 또는 이용하거나 이를 유인하거나 알선한 사람
5. 제31조제1항을 위반하여 희귀·난치병의 치료를 위한 연구 목적 외의 용도로 체세포핵이식행위 또는 단성생식행위를 한 사람
6. 제63조를 위반하여 비밀을 누설하거나 도용한 사람
② 제29조제1항을 위반하여 잔여배아를 이용한 자는 3년 이하의 징역 또는 5천만원 이하의 벌금에 처한다.
③ 제1항제1호 및 제2호의 경우 미수범도 처벌한다.
제67조【벌칙】 ① 다음 각 호의 어느 하나에 해당하는 자는 2년 이하의 징역 또는 3천만원 이하의 벌금에 처한다.
1. 배아를 생성할 때 제23조제2항 각 호의 어느 하나에 해당하는 행위를 한 자
2. 제24조제1항을 위반하여 서면동의 없이 난자 또는 정자를 채취한 자
3. 제27조제1항을 위반하여 난자 기증자에 대하여 건강검진을 하지 아니한 자 또는 같은 조 제2항이나 제3항을 위반하여 난자를 채취한 자
4. 제46조제1항부터 제3항까지의 규정을 위반하여 유전정보를 이유로 다른 사람을 차별한 자, 유전자검사를 받도록 강요하거나 유전자검사 결과를 제출하도록 강요한 자 또는 환자 외의 자에게 제공하는 기록 등에 유전정보를 포함시킨 자
5. 제47조제1항 또는 제5항을 위반하여 유전자치료에 관한 연구를 하거나 유전자치료를 시행한 자(2020.12.29 본호개정)
6. 제49조의2제4항제1호에 따른 거짓이나 부정한 방법으로 인증을 받은 자(2020.12.29 본호신설)
7. 제50조제1항부터 제3항까지의 규정을 위반하여 유전자검사를 한 자
8. 제55조에 따른 폐기명령 또는 개선명령을 이행하지 아니한 자
9. 제56조의2제1항에 따른 시설 폐쇄명령을 이행하지 아니한 자(2020.12.29 본호신설)
② 제22조제6항을 위반하여 배아, 생식세포를 이관하지 아니한 자는 2년 이하의 징역 또는 1천만원 이하의 벌금에 처한다.
제68조【벌칙】 다음 각 호의 어느 하나에 해당하는 자는 1년 이하의 징역 또는 2천만원 이하의 벌금에 처한다.
1. 제22조제1항부터 제3항까지의 규정을 위반하여 배아생성의료기관으로 지정받지 아니하고 인간의 난자 또는 정자를 채취·보존하거나 이를 수정시켜 배아를 생성한 자
2. 제25조제3항(제32조제2항에서 준용하는 경우를 포함한다)을 위반하여 배아를 폐기하지 아니한 자
3. 제26조제1항을 위반하여 유상(有償)으로 잔여배아 및 잔여난자를 제공한 자
4. 제26조제3항을 위반하여 보건복지부장관에게 보고하지 아니한 자
5. 제29조제2항을 위반하여 배아연구기관으로 등록하지 아니하고 잔여배아를 연구한 자
6. 제30조제1항을 위반하여(제31조제5항에서 준용하는 경우를 포함한다) 배아연구계획서의 승인을 받지 아니하고 배아연구를 한 자
7. 제31조제3항을 위반하여 보건복지부장관에게 등록하지 아니하고 체세포복제배아등을 생성하거나 연구한 자
8. 제41조제1항을 위반하여 허가를 받지 아니하고 인체유래물은행을 개설한 자
9. 제42조제1항을 위반하여 서면동의 없이 인체유래물을 직접 채취하거나 채취를 의뢰한 자
9의2. 제42조의2제2항에 따른 서면고지 없이 잔여검체를 인체유래물은행에 제공한 자
9의3. 제42조의2제4항을 위반하여 거부의사를 표시한 피채취자의 잔여검체를 인체유래물은행에 제공한 자
(2019.4.23 9호의2~9호의3신설)
10. 제48조제1항을 위반하여 신고하지 아니하고 유전자치료를 한 자(2020.12.29 본호신설)
11. 제49조제1항 본문을 위반하여 신고하지 아니하고 유전자검사를 한 자(2020.12.29 본호신설)
12. 제50조제4항을 위반하여 유전자검사에 관하여 거짓 표시 또는 과대광고를 한 자
13. 제51조제1항·제2항·제4항을 위반하여 유전자검사에 관한 서면동의를 받지 아니하고 검사대상물을 채취한 자 또는 같은 조 제3항을 위반하여 서면동의서를 첨부하지 아니하거나 개인정보를 보호하기 위한 조치를 하지 아니하고 유전자검사를 의뢰한 자
제69조【양벌규정】 ① 법인의 대표자나 법인 또는 개인의 대리인, 사용인, 그 밖의 종업원이 그 법인 또는 개인의 업무에 관하여 제64조부터 제66조까지의 어느 하나에 해당하는 위반행위를 하면 그 행위자를 벌하는 외에 그 법인 또는 개인을 5천만원 이하의 벌금에 처한다. 다만, 법인 또는 개인이 그 위반행위를 방지하기 위하여 해당 업무에 관하여 상당한 주의와 감독을 게을리하지 아니한 경우에는 그러하지 아니하다.
② 법인의 대표자나 법인 또는 개인의 대리인, 사용인, 그 밖의 종업원이 그 법인 또는 개인의 업무에 관하여 제67조 또는 제68조의 위반행위를 하면 그 행위자를 벌하는 외에 그 법인 또는 개인에게도 해당 조문의 벌금형을 과(科)한다. 다만, 법인 또는 개인이 그 위반행위를 방지하기 위하여 해당 업무에 관하여 상당한 주의와 감독을 게을리하지 아니한 경우에는 그러하지 아니하다.
제70조【과태료】 ① 다음 각 호의 어느 하나에 해당하는 자에게는 500만원 이하의 과태료를 부과한다.
1. 제10조제1항을 위반하여 기관위원회를 설치하지 아니한 자
2. 제33조제1항을 위반하여 등록하지 아니하고 해당 배아줄기세포주를 제공하거나 이용한 자
3. 제35조제1항을 위반하여 배아줄기세포주를 이용한 자
4. 제38조제2항을 위반하여 인체유래물등을 익명화하지 아니하고 다른 연구자에게 제공한 자
5. 제39조제1항 본문 또는 제3항(제42조의3제2항 및 제44조제3항에서 준용하는 경우를 포함한다)에 따라 인체유래물을 폐기, 처리하거나 이관하지 아니한 자
(2019.4.23 본호개정)
6. 제41조제2항에 따른 신고를 하지 아니한 자
6의2. 제42조의2제6항을 위반하여 잔여검체를 익명화하지 아니하고 인체유래물은행에 제공한 자
6의3. 제42조의2제9항을 위반하여 잔여검체를 익명화하지 아니하고 타인에게 제공한 자
6의4. 제42조의3제4항을 위반하여 잔여검체의 익명화 방안이 포함된 개인정보 보호 지침을 마련하지 아니하거나 개인정보 관리 및 보안을 담당하는 책임자를 두지 아니한 자
(2019.4.23 6호의2~6호의4신설)
7. 제44조제4항을 위반하여 인체유래물등의 익명화 방안이 포함된 개인정보 보호 지침을 마련하지 아니하거나 개인정보 관리 및 보안을 담당하는 책임자를 두지 아니한 자
8.~9. (2020.12.29 삭제)
10. 제49조의2제1항을 위반하여 숙련도 평가를 받지 아니한 자(2020.12.29 본호신설)
11. 제54조제3항을 위반하여 보건복지부장관의 명령·검사·질문 등에 대하여 타당한 사유 없이 응하지 아니한 감독대상기관 또는 그 종사자
② 다음 각 호의 어느 하나에 해당하는 자에게는 300만원 이하의 과태료를 부과한다.
1. 제22조제4항 또는 제5항, 제29조제3항을 위반하여 보건복지부장관에게 신고하지 아니한 자
2. 제22조제6항을 위반하여 관련 서류를 이관하지 아니한 자
③ 다음 각 호의 어느 하나에 해당하는 자에게는 200만원 이하의 과태료를 부과한다.
1. 제10조제4항을 위반하여 보건복지부장관에게 등록하지 아니한 자
2. 제11조제4항을 위반하여 보건복지부장관에게 보고하지 아니한 자
3. 제34조제3항을 위반하여 유상으로 배아줄기세포주를 제공한 자
4. 제38조제3항을 위반하여 유상으로 인체유래물등을 제공한 자
5. 제41조제3항에 따른 신고를 하지 아니한 자
5의2. 제42조의2제7항을 위반하여 유상으로 잔여검체를 제공한 자(2019.4.23 본호신설)
6. 제47조제2항 전단을 위반하여 기관위원회의 심의를 받지 아니하고 유전자치료에 관한 연구를 한 자
(2020.12.29 본호신설)
7. 제49조제2항 또는 제4항에 따른 신고를 하지 아니한 자
④ 제1항부터 제3항까지에 따른 과태료는 대통령령으로 정하는 바에 따라 보건복지부장관이 부과·징수한다.

부 칙

제1조【시행일】 이 법은 공포 후 1년이 경과한 날부터 시행한다.
제2조【인체유래물연구의 동의에 관한 경과조치】 이 법 시행 전에 유전자연구 외의 인체유래물연구에서 이미 사용되고 있는 인체유래물에 대하여는 제37조제1항에 따른 서면동의 없이 계속 연구에 사용할 수 있다. 다만, 이를 타인에게 제공할 경우에는 그러하지 아니하다.
제3조【인체유래물은행의 허가에 관한 경과조치】 이 법 시행 전에 종전의 규정에 따라 허가를 받은 유전자은행은 이 법에 따라 허가를 받은 인체유래물은행으로 본다.
제4조【행정처분에 관한 경과조치】 이 법 시행 전의 위반행위에 대한 행정처분(과징금 부과처분을 포함한다)에 관하여는 종전의 규정에 따른다.
제5조【과태료에 관한 경과조치】 이 법 시행 전의 행위에 대하여 과태료를 적용할 때에는 종전의 규정에 따른다.
제6조【다른 법률의 개정】 ①~② ※(해당 법령에 가제정리 하였음)
제7조【다른 법령과의 관계】 이 법 시행 당시 다른 법령에서 종전의 「생명윤리 및 안전에 관한 법률」의 규정을 인용하고 있는 경우에 이 법 중 그에 해당하는 규정이 있으면 종전의 규정을 갈음하여 이 법의 해당 규정을 인용한 것으로 본다.

부 칙 (2015.12.29)

이 법은 공포한 날부터 시행한다. 다만, 제28조제2항 및 제50조제3항제2호의 개정규정은 공포 후 6개월이 경과한 날부터 시행한다.

부 칙 (2017.12.12)

이 법은 공포한 날부터 시행한다.

부 칙 (2018.12.11)

이 법은 공포 후 3개월이 경과한 날부터 시행한다.

부 칙 (2019.4.23)

이 법은 공포 후 6개월이 경과한 날부터 시행한다.

부 칙 (2020.8.11)

제1조【시행일】 이 법은 공포 후 1개월이 경과한 날부터 시행한다.(이하 생략)

부 칙 (2020.12.29)

제1조【시행일】 이 법은 공포 후 1년이 경과한 날부터 시행한다.
제2조【유전자검사기관 인증에 관한 경과조치】 이 법 시행 당시 소비자 대상 직접 시행 유전자검사를 수행하고 있는 유전자검사기관의 장은 이 법 시행 이후 1년 이내에 제49조의2의 개정규정에 따라 인증을 받아야 한다.

호스피스·완화의료 및 임종과정에 있는 환자의 연명의료결정에 관한 법률

(약칭 : 연명의료결정법)

(2016년 2월 3일 법 률 제14013호)

개정
2018. 3.27법15542호　2018.12.11법15912호
2020. 4. 7법17218호　2021.12.21법18627호
2023. 6.13법19466호

제1장 총 칙

제1조【목적】 이 법은 호스피스·완화의료와 임종과정에 있는 환자의 연명의료와 연명의료중단등결정 및 그 이행에 필요한 사항을 규정함으로써 환자의 최선의 이익을 보장하고 자기결정을 존중하여 인간으로서의 존엄과 가치를 보호하는 것을 목적으로 한다.

제2조【정의】 이 법에서 사용하는 용어의 뜻은 다음과 같다.

1. "임종과정"이란 회생의 가능성이 없고, 치료에도 불구하고 회복되지 아니하며, 급속도로 증상이 악화되어 사망에 임박한 상태를 말한다.
2. "임종과정에 있는 환자"란 제16조에 따라 담당의사와 해당 분야의 전문의 1명으로부터 임종과정에 있다는 의학적 판단을 받은 자를 말한다.
3. "말기환자(末期患者)"란 적극적인 치료에도 불구하고 근원적인 회복의 가능성이 없고 점차 증상이 악화되어 보건복지부령으로 정하는 절차와 기준에 따라 담당의사와 해당 분야의 전문의 1명으로부터 수개월 이내에 사망할 것으로 예상되는 진단을 받은 환자를 말한다. (2018.3.27 본문개정)
가.~마. (2018.3.27 삭제)
4. "연명의료"란 임종과정에 있는 환자에게 하는 심폐소생술, 혈액 투석, 항암제 투여, 인공호흡기 착용 및 그 밖에 대통령령으로 정하는 의학적 시술로서 치료효과 없이 임종과정의 기간만을 연장하는 것을 말한다. (2018.3.27 본호개정)
5. "연명의료중단등결정"이란 임종과정에 있는 환자에 대한 연명의료를 시행하지 아니하거나 중단하기로 하는 결정을 말한다.
6. "호스피스·완화의료"(이하 "호스피스"라 한다)란 다음 각 목의 어느 하나에 해당하는 질환으로 말기환자로 진단을 받은 환자 또는 임종과정에 있는 환자(이하 "호스피스대상환자"라 한다)와 그 가족에게 통증과 증상의 완화 등을 포함한 신체적, 심리사회적, 영적 영역에 대한 종합적인 평가와 치료를 목적으로 하는 의료를 말한다.(2018.3.27 본문개정)
가. 암
나. 후천성면역결핍증
다. 만성 폐쇄성 호흡기질환
라. 만성 간경화
마. 그 밖에 보건복지부령으로 정하는 질환
(2018.3.27 가목~마목신설)
7. "담당의사"란 「의료법」에 따른 의사로서 말기환자 또는 임종과정에 있는 환자(이하 "말기환자등"이라 한다)를 직접 진료하는 의사를 말한다.(2018.3.27 본호개정)
8. "연명의료계획서"란 말기환자등의 의사에 따라 담당의사가 환자에 대한 연명의료중단등결정 및 호스피스에 관한 사항을 계획하여 문서(전자문서를 포함한다)로 작성한 것을 말한다.(2018.3.27 본호개정)
9 "사전연명의료의향서"란 19세 이상인 사람이 자신의 연명의료중단등결정 및 호스피스에 관한 의사를 직접 문서(전자문서를 포함한다)로 작성한 것을 말한다. (2018.3.27 본호개정)

제3조【기본 원칙】 ① 호스피스와 연명의료 및 연명의료중단등결정에 관한 모든 행위는 환자의 인간으로서의 존엄과 가치를 침해하여서는 아니 된다.
② 모든 환자는 최선의 치료를 받으며, 자신이 앓고 있는 상병(傷病)의 상태와 예후 및 향후 본인에게 시행될 의료행위에 대하여 분명히 알고 스스로 결정할 권리가 있다.
③ 「의료법」에 따른 의료인(이하 "의료인"이라 한다)은 환자에게 최선의 치료를 제공하고, 호스피스와 연명의료 및 연명의료중단등결정에 관하여 정확하고 자세하게 설명하며, 그에 따른 환자의 결정을 존중하여야 한다.

제4조【다른 법률과의 관계】 이 법은 호스피스와 연명의료, 연명의료중단등결정 및 그 이행에 관하여 다른 법률에 우선하여 적용한다.

제5조【국가 및 지방자치단체의 책무】 ① 국가와 지방자치단체는 환자의 인간으로서의 존엄과 가치를 보호하는 사회적·문화적 토대를 구축하기 위하여 노력하여야 한다.
② 국가와 지방자치단체는 환자의 최선의 이익을 보장하기 위하여 호스피스 이용의 기반 조성에 필요한 시책을 우선적으로 마련하여야 한다.

제6조【호스피스의 날 지정】 ① 삶과 죽음의 의미와 가치를 널리 알리고 범국민적 공감대를 형성하며 호스피스를 적극적으로 이용하고 연명의료에 관한 환자의 의사를 존중하는 사회 분위기를 조성하기 위하여 매년 10월 둘째 주 토요일을 "호스피스의 날"로 한다.
② 국가와 지방자치단체는 호스피스의 날의 취지에 부합하는 행사와 교육·홍보를 실시하도록 노력하여야 한다.

제7조【종합계획의 시행·수립】 ① 보건복지부장관은 호스피스와 연명의료 및 연명의료중단등결정의 제도적 확립을 위하여 관계 중앙행정기관의 장과 협의하고, 제8조에 따른 국가호스피스연명의료위원회의 심의를 거쳐 호스피스와 연명의료 및 연명의료중단등결정에 관한 종합계획(이하 "종합계획"이라 한다)을 5년마다 수립·추진하여야 한다.(2020.4.7 본항개정)
② 종합계획에는 다음 각 호의 사항이 포함되어야 한다.
1. 호스피스와 연명의료 및 연명의료중단등결정의 제도적 확립을 위한 추진방향 및 기반조성
2. 호스피스와 연명의료 및 연명의료중단등결정 관련 정보제공 및 교육의 시행·지원
3. 제14조에 따른 의료기관윤리위원회의 설치·운영에 필요한 지원
4. 말기환자등과 그 가족의 삶의 질 향상을 위한 교육프로그램 및 지침의 개발·보급
5. 제25조에 따른 호스피스전문기관의 육성 및 전문 인력의 양성
6. 다양한 호스피스 사업의 개발
7. 호스피스와 연명의료 및 연명의료중단등결정에 관한 조사·연구에 관한 사항
8. 그 밖에 호스피스와 연명의료 및 연명의료중단등결정의 제도적 확립을 위하여 필요한 사항
③ 보건복지부장관은 종합계획을 수립할 때 생명윤리 및 안전에 관하여 사회적으로 심각한 영향을 미칠 수 있는 사항에 대하여는 미리 「생명윤리 및 안전에 관한 법률」 제7조에 따른 국가생명윤리심의위원회와 협의하여야 한다.
④ 보건복지부장관은 종합계획에 따라 매년 시행계획을 수립·시행하고 그 추진실적을 평가하여야 한다.
⑤ 보건복지부장관은 종합계획을 수립하거나 주요 사항을 변경한 경우 지체 없이 국회에 보고하여야 한다.

제8조【국가호스피스연명의료위원회】 ① 보건복지부는 종합계획 및 시행계획을 심의하기 위하여 보건복지부장관 소속으로 국가호스피스연명의료위원회(이하 "위원회"라 한다)를 둔다.
② 위원회는 위원장을 포함한 15인 이내의 위원으로 구성한다.
③ 위원장은 보건복지부차관이 된다.
④ 위원은 말기환자 진료, 호스피스 및 임종과정에 관한 학식과 경험이 풍부한 다양한 분야의 전문가들 중에서 보건복지부장관이 임명 또는 위촉한다.
⑤ 그 밖에 위원회의 조직 및 운영에 필요한 사항은 대통령령으로 정한다.

제2장 연명의료중단등결정의 관리체계

제9조【국립연명의료관리기관】 ① 보건복지부장관은 연명의료, 연명의료중단등결정 및 그 이행에 관한 사항을 적정하게 관리하기 위하여 국립연명의료관리기관(이하 "관리기관"이라 한다)을 둔다.
② 관리기관의 업무는 다음 각 호와 같다.
1. 제10조에 따라 등록된 연명의료계획서 및 제12조에 따라 등록된 사전연명의료의향서에 대한 데이터베이스의 구축 및 관리
2. 제11조에 따른 사전연명의료의향서 등록기관에 대한 관리 및 지도·감독
3. 제17조제2항에 따른 연명의료계획서 및 사전연명의료의향서 확인 조회 요청에 대한 회답
4. 연명의료, 연명의료중단등결정 및 그 이행의 현황에 대한 조사·연구, 정보수집 및 관련 통계의 산출
5. 그 밖에 연명의료, 연명의료중단등결정 및 그 이행과 관련하여 대통령령으로 정하는 업무
③ 관리기관의 운영 등에 필요한 사항은 대통령령으로 정한다.

제10조【연명의료계획서의 작성·등록 등】 ① 담당의사는 말기환자등에게 연명의료중단등결정, 연명의료계획서 및 호스피스에 관한 정보를 제공할 수 있다.
② 말기환자등은 의료기관(「의료법」 제3조에 따른 의료기관 중 의원·한의원·병원·한방병원·요양병원 및 종합병원을 말한다. 이하 같다)에서 담당의사에게 연명의료계획서의 작성을 요청할 수 있다.
③ 제2항에 따른 요청을 받은 담당의사는 해당 환자에게 연명의료계획서를 작성하기 전에 다음 각 호의 사항에 관하여 설명하고, 환자로부터 내용을 이해하였음을 확인받아야 한다. 이 경우 해당 환자가 미성년자인 때에는 환자 및 그 법정대리인에게 설명하고 확인을 받아야 한다.
1. 환자의 질병 상태와 치료방법에 관한 사항
2. 연명의료의 시행방법 및 연명의료중단등결정에 관한 사항
3. 호스피스의 선택 및 이용에 관한 사항
4. 연명의료계획서의 작성·등록·보관 및 통보에 관한 사항
5. 연명의료계획서의 변경·철회 및 그에 따른 조치에 관한 사항
6. 그 밖에 보건복지부령으로 정하는 사항
④ 연명의료계획서는 다음 각 호의 사항을 포함하여야 한다.
1. 환자의 연명의료중단등결정 및 호스피스의 이용에 관한 사항
2. 제3항 각 호의 설명을 이해하였다는 환자의 서명, 기명날인, 녹취, 그 밖에 이에 준하는 대통령령으로 정하는 방법으로의 확인
3. 담당의사의 서명 날인
4. 작성 연월일
5. 그 밖에 보건복지부령으로 정하는 사항
⑤ 환자는 연명의료계획서의 변경 또는 철회를 언제든지 요청할 수 있다. 이 경우 담당의사는 이를 반영한다.
⑥ 의료기관의 장은 작성된 연명의료계획서를 등록·보관하여야 하며, 연명의료계획서가 등록·변경 또는 철회된 경우 그 결과를 관리기관의 장에게 통보하여야 한다.
⑦ 연명의료계획서의 서식 및 연명의료계획서의 작성·등록·통보 등에 필요한 사항은 보건복지부령으로 정한다.

제11조【사전연명의료의향서 등록기관】 ① 보건복지부장관은 대통령령으로 정하는 시설·인력 등 요건을 갖춘 다음 각 호의 기관 중에서 사전연명의료의향서 등록기관(이하 "등록기관"이라 한다)을 지정할 수 있다.
1. 「지역보건법」 제2조에 따른 지역보건의료기관
2. 의료기관
3. 사전연명의료의향서에 관한 사업을 수행하는 비영리법인 또는 비영리단체(「비영리민간단체 지원법」 제4조에 따라 등록된 비영리민간단체를 말한다)
4. 「공공기관의 운영에 관한 법률」 제4조에 따른 공공기관
5. 「노인복지법」 제36조제1항제1호에 따른 노인복지관 (2021.12.21 본호신설)
② 등록기관의 업무는 다음 각 호와 같다.
1. 사전연명의료의향서 등록에 관한 업무
2. 사전연명의료의향서에 관한 설명 및 작성 지원
3. 사전연명의료의향서에 관한 상담, 정보제공 및 홍보
4. 관리기관에 대한 사전연명의료의향서의 등록·변경·철회 등의 결과 통보
5. 그 밖에 사전연명의료의향서에 관하여 보건복지부령으로 정하는 업무
③ 등록기관의 장은 제2항에 따른 업무 수행의 결과를 기록·보관하고, 관리기관의 장에게 보고하여야 한다.
④ 국가와 지방자치단체는 등록기관의 운영 및 업무 수행에 필요한 행정적·재정적 지원을 할 수 있다.
⑤ 등록기관의 장은 등록기관의 업무를 폐업 또는 1개월 이상 휴업하거나 운영을 재개하는 경우 보건복지부장관에게 신고하여야 한다.
⑥ 등록기관의 장은 등록기관의 업무를 폐업 또는 1개월 이상 휴업하는 경우 보건복지부령으로 정하는 바에 따라 관련 기록을 관리기관의 장에게 이관하여야 한다. 다만, 휴업하려는 등록기관의 장이 휴업 예정일 전일까지 관리기관의 장의 허가를 받은 경우에는 관련 기록을 직접 보관할 수 있다.
⑦ 등록기관의 지정 절차, 업무 수행 결과 기록·보관과 보고, 폐업 등의 신고절차에 관하여 필요한 사항은 보건복지부령으로 정한다.

제12조【사전연명의료의향서의 작성·등록 등】 ① 사전연명의료의향서를 작성하고자 하는 사람(이하 "작성자"라 한다)은 이 조에 따라서 직접 작성하여야 한다.
② 등록기관은 작성자에게 그 작성 전에 다음 각 호의 사항을 충분히 설명하고, 작성자로부터 내용을 이해하였음을 확인받아야 한다.
1. 연명의료의 시행방법 및 연명의료중단등결정에 대한 사항
2. 호스피스의 선택 및 이용에 관한 사항
3. 사전연명의료의향서의 효력 및 효력 상실에 관한 사항
4. 사전연명의료의향서의 작성·등록·보관 및 통보에 관한 사항
5. 사전연명의료의향서의 변경·철회 및 그에 따른 조치에 관한 사항
6. 그 밖에 보건복지부령으로 정하는 사항
③ 사전연명의료의향서는 다음 각 호의 사항을 포함하여야 한다.
1. 연명의료중단등결정
2. 호스피스의 이용
3. 작성 연월일(2018.3.27 본호개정)
4. 그 밖에 보건복지부령으로 정하는 사항
④ 등록기관의 장은 사전연명의료의향서를 제출받을 때 본인의 작성 여부를 확인한 후 작성된 사전연명의료의향서를 등록·보관하여야 한다.
⑤ 등록기관의 장은 제4항에 따른 등록 결과를 관리기관의 장에게 통보하여야 한다.
⑥ 사전연명의료의향서를 작성한 사람은 언제든지 그 의사를 변경하거나 철회할 수 있다. 이 경우 등록기관의 장은 지체 없이 사전연명의료의향서를 변경하거나 등록을 말소하여야 한다.
⑦ 등록기관의 장은 제6항에 따라 사전연명의료의향서가 변경 또는 철회된 경우 그 결과를 관리기관의 장에게 통보하여야 한다.
⑧ 사전연명의료의향서는 다음 각 호의 어느 하나에 해

당하는 경우 그 효력이 없다. 다만, 제4호의 경우에는 그 때부터 효력을 잃는다.
1. 본인이 직접 작성하지 아니한 경우
2. 본인의 자발적 의사에 따라 작성되지 아니한 경우
3. 제2항 각 호의 사항에 관한 설명이 제공되지 아니하거나 작성자의 확인을 받지 아니한 경우
4. 사전연명의료의향서 작성·등록 후에 연명의료계획서가 다시 작성된 경우
⑨ 사전연명의료의향서의 서식 및 사전연명의료의향서의 작성·등록·보관·통보 등에 필요한 사항은 보건복지부령으로 정한다.

제13조【등록기관의 지정 취소】 ① 보건복지부장관은 등록기관이 다음 각 호의 어느 하나에 해당하는 경우 그 지정을 취소할 수 있다. 다만, 제1호에 해당하는 경우에는 그 지정을 취소하여야 한다.
1. 거짓이나 그 밖의 부정한 방법으로 지정을 받은 경우
2. 제11조제1항에 따른 지정기준에 미달하는 경우
3. 제11조제2항 각 호의 업무를 정당한 사유 없이 이행하지 아니한 경우
4. 정당한 사유 없이 제34조제3항에 따른 명령·조사에 응하지 아니한 자
② 제1항에 따라 지정이 취소된 등록기관은 지정이 취소된 날로부터 2년 이내에 등록기관으로 지정받을 수 없다.
③ 등록기관의 장은 제1항에 따라 지정이 취소된 경우 대통령령으로 정하는 바에 따라 보관하고 있는 기록을 관리기관의 장에게 이관하여야 한다.

제14조【의료기관윤리위원회의 설치 및 운영 등】 ① 연명의료중단등결정 및 그 이행에 관한 업무를 수행하려는 의료기관은 보건복지부령으로 정하는 바에 따라 해당 의료기관에 의료기관윤리위원회(이하 "윤리위원회"라 한다)를 설치하고 이를 보건복지부장관에게 등록하여야 한다.
② 윤리위원회는 다음 각 호의 활동을 수행한다.
1. 연명의료중단등결정 및 그 이행에 관하여 임종과정에 있는 환자와 그 환자가족 또는 의료인이 요청한 사항에 관한 심의
2. 제19조제3항에 따른 담당의사의 교체에 관한 심의
3. 환자와 환자가족에 대한 연명의료중단등결정 관련 상담
4. 해당 의료기관의 의료인에 대한 의료윤리교육
5. 그 밖에 보건복지부령으로 정하는 사항
③ 윤리위원회의 위원은 위원장 1명을 포함하여 5명 이상으로 구성하되, 해당 의료기관에 종사하는 사람으로만 구성할 수 없으며, 의료인이 아닌 사람으로서 종교계·법조계·윤리학계·시민단체 등의 추천을 받은 사람 2명 이상을 포함하여야 한다.
④ 윤리위원회 위원은 해당 의료기관의 장이 위촉하고, 위원장은 위원 중에서 호선한다.
⑤ 제1항에도 불구하고 보건복지부령으로 정하는 바에 따라 다른 의료기관의 윤리위원회 또는 제6항에 따른 공용윤리위원회와 제2항 각 호의 업무의 수행을 위탁하기로 협약을 맺은 의료기관은 윤리위원회를 설치한 것으로 본다.
⑥ 보건복지부장관은 의료기관이 제2항 각 호의 업무의 수행을 위탁할 수 있도록 공용윤리위원회를 지정할 수 있다.
⑦ 그 밖에 윤리위원회 및 공용윤리위원회의 구성 및 운영 등에 필요한 사항은 보건복지부령으로 정한다.

제3장 연명의료중단등결정의 이행

제15조【연명의료중단등결정 이행의 대상】 담당의사는 임종과정에 있는 환자가 다음 각 호의 어느 하나에 해당하는 경우에만 연명의료중단등결정을 이행할 수 있다.
1. 제17조에 따라 연명의료계획서, 사전연명의료의향서 또는 환자가족의 진술을 통하여 환자의 의사로 보는 의사가 연명의료중단등결정을 원하는 것이고, 임종과정에 있는 환자의 의사에도 반하지 아니하는 경우
2. 제18조에 따라 연명의료중단등결정이 있는 것으로 보는 경우

제16조【환자가 임종과정에 있는지 여부에 대한 판단】 ① 담당의사는 환자에 대한 연명의료중단등결정을 이행하기 전에 해당 환자가 임종과정에 있는지 여부를 해당 분야의 전문의 1명과 함께 판단하고 그 결과를 보건복지부령으로 정하는 바에 따라 기록(전자문서로 된 기록을 포함한다)하여야 한다.(2018.3.27 본항개정)
② 제1항에도 불구하고 제25조에 따른 호스피스전문기관에서 호스피스를 이용하는 말기환자가 임종과정에 있는지 여부에 대한 판단은 담당의사의 판단으로 갈음할 수 있다.(2018.3.27 본항신설)

제17조【환자의 의사 확인】 ① 연명의료중단등결정을 원하는 환자의 의사는 다음 각 호의 어느 하나의 방법으로 확인한다.
1. 의료기관에서 작성된 연명의료계획서가 있는 경우 이를 환자의 의사로 본다.
2. 담당의사가 사전연명의료의향서의 내용을 환자에게 확인하는 경우 이를 환자의 의사로 본다. 담당의사 및 해당 분야의 전문의 1명이 다음 각 목을 모두 확인한 경우에도 같다.
가. 환자가 사전연명의료의향서의 내용을 확인하기에 충분한 의사능력이 없다는 의학적 판단
나. 사전연명의료의향서가 제2조제4호의 범위에서 제12조에 따라 작성되었다는 사실
3. 제1호 또는 제2호에 해당하지 아니하고 19세 이상의 환자가 의사를 표현할 수 없는 의학적 상태인 경우 환자의 연명의료중단등결정에 관한 의사로 보기에 충분한 기간 동안 일관하여 표시된 연명의료중단등에 관한 의사에 대하여 환자가족(19세 이상인 자로서 다음 각 목의 어느 하나에 해당하는 사람을 말한다) 2명 이상의 일치하는 진술(환자가족이 1명인 경우에는 그 1명의 진술을 말한다)이 있으면 담당의사와 해당 분야의 전문의 1명의 확인을 거쳐 이를 환자의 의사로 본다. 다만, 그 진술과 배치되는 내용의 다른 환자가족의 진술 또는 보건복지부령으로 정하는 객관적인 증거가 있는 경우에는 그러하지 아니하다.
가. 배우자
나. 직계비속
다. 직계존속
라. 가목부터 다목까지에 해당하는 사람이 없는 경우 형제자매
② 담당의사는 제1항제1호 및 제2호에 따른 연명의료계획서 또는 사전연명의료의향서 확인을 위하여 관리기관에 등록 조회를 요청할 수 있다.
③ 제1항제2호나 제3호에 따라 환자의 의사를 확인한 담당의사 및 해당 분야의 전문의는 보건복지부령으로 정하는 바에 따라 확인 결과를 기록(전자문서로 된 기록을 포함한다)하여야 한다.(2018.3.27 본항개정)

제18조【환자의 의사를 확인할 수 없는 경우의 연명의료중단등결정】 ① 제17조에 해당하지 아니하여 환자의 의사를 확인할 수 없고 환자가 의사표현을 할 수 없는 의학적 상태인 경우 다음 각 호의 어느 하나에 해당할 때에는 해당 환자를 위한 연명의료중단등결정이 있는 것으로 본다. 다만, 담당의사 또는 해당 분야 전문의 1명이 환자가 연명의료중단등결정을 원하지 아니하였다는 사실을 확인한 경우는 제외한다.
1. 미성년자인 환자의 법정대리인(친권자에 한정한다)이 연명의료중단등결정의 의사표시를 하고 담당의사와 해당 분야 전문의 1명이 확인한 경우
2. 환자가족 중 다음 각 목에 해당하는 사람(19세 이상인 사람에 한정하며, 행방불명자 등 대통령령으로 정하는 사유에 해당하는 사람은 제외한다) 전원의 합의로 연명의료중단등결정의 의사표시를 하고 담당의사와 해당 분야 전문의 1명이 확인한 경우(2018.12.11 본문개정)
가. 배우자
나. 1촌 이내의 직계 존속·비속
다. 가목 및 나목에 해당하는 사람이 없는 경우 2촌 이내의 직계 존속·비속
라. 가목부터 다목까지에 해당하는 사람이 없는 경우 형제자매
(2018.12.11 가목~라목신설)
② 제1항제1호·제2호에 따라 연명의료중단등결정을 확인한 담당의사 및 해당 분야의 전문의는 보건복지부령으로 정하는 바에 따라 확인 결과를 기록(전자문서로 된 기록을 포함한다)하여야 한다.(2018.3.27 본항개정)

제19조【연명의료중단등결정의 이행 등】 ① 담당의사는 제15조 각 호의 어느 하나에 해당하는 환자에 대하여 즉시 연명의료중단등결정을 이행하여야 한다.
② 연명의료중단등결정 이행 시 통증 완화를 위한 의료행위와 영양분 공급, 물 공급, 산소의 단순 공급은 시행하지 아니하거나 중단되어서는 아니 된다.
③ 담당의사가 연명의료중단등결정의 이행을 거부할 때에는 해당 의료기관의 장은 윤리위원회의 심의를 거쳐 담당의사를 교체하여야 한다. 이 경우 의료기관의 장은 연명의료중단등결정의 이행 거부를 이유로 담당의사에게 해고나 그 밖에 불리한 처우를 하여서는 아니 된다.
④ 담당의사는 연명의료중단등결정을 이행하는 경우 그 과정 및 결과를 기록(전자문서로 된 기록을 포함한다)하여야 한다.(2018.3.27 본항개정)
⑤ 의료기관의 장은 제1항에 따라 연명의료중단등결정을 이행하는 경우 그 결과를 지체 없이 보건복지부령으로 정하는 바에 따라 관리기관의 장에게 통보하여야 한다.

제20조【기록의 보존】 의료기관의 장은 연명의료중단등결정 및 그 이행에 관한 다음 각 호의 기록을 연명의료중단등결정 이행 후 10년 동안 보존하여야 한다.
1. 제10조에 따라 작성된 연명의료계획서
2. 제16조에 따라 기록된 임종과정에 있는 환자 여부에 대한 담당의사와 해당 분야 전문의 1명의 판단 결과
3. 제17조제1항제1호 및 제2호에 따른 연명의료계획서 또는 사전연명의료의향서에 대한 담당의사 및 해당 분야 전문의의 확인 결과
4. 제17조제1항제3호에 따른 환자가족의 진술에 대한 자료·문서 및 그에 대한 담당의사와 해당 분야 전문의의 확인 결과
5. 제18조제1항제1호·제2호에 따른 의사표시에 대한 자료·문서 및 그에 대한 담당의사와 해당 분야 전문의의 확인 결과
6. 제19조제4항에 따라 기록된 연명의료중단등결정 이행의 결과
7. 그 밖에 연명의료중단등결정 및 그 이행에 관한 중요한 기록으로서 대통령령으로 정하는 사항

제4장 호스피스·완화의료

제21조【호스피스사업】 ① 보건복지부장관은 호스피스를 위하여 다음 각 호의 사업을 실시하여야 한다.
1. 말기환자등의 적정한 통증관리 등 증상 조절을 위한 지침 개발 및 보급
2. 입원형, 자문형, 가정형 호스피스의 설치 및 운영, 그 밖에 다양한 호스피스 유형의 정책개발 및 보급
3. 호스피스의 발전을 위한 연구·개발 사업
4. 제25조에 따른 호스피스전문기관의 육성 및 호스피스 전문 인력의 양성
5. 말기환자등과 그 가족을 위한 호스피스 교육프로그램의 개발 및 보급
6. 호스피스 이용 환자의 경제적 부담능력 등을 고려한 의료비 지원사업
7. 말기환자, 호스피스의 현황과 관리실태에 관한 자료를 지속적이고 체계적으로 수집·분석하여 통계를 산출하기 위한 등록·관리·조사 사업(이하 "등록통계사업"이라 한다)
8. 호스피스에 관한 홍보
9. 그 밖에 보건복지부장관이 필요하다고 인정하는 사업
② 보건복지부장관은 제1항 각 호에 따른 사업을 대통령령으로 정하는 바에 따라 관계 전문기관 및 단체에 위탁할 수 있다.

제22조【자료제공의 협조 등】 보건복지부장관은 제21조제1항제7호에 따른 등록통계사업에 필요한 경우 관계기관 또는 단체에 자료의 제출이나 의견의 진술 등을 요구할 수 있다. 이 경우 자료의 제출 등을 요구받은 자는 정당한 사유가 없으면 이에 따라야 한다.

제23조【중앙호스피스센터의 지정 등】 ① 보건복지부장관은 다음 각 호의 업무를 수행하게 하기 위하여 보건복지부령으로 정하는 기준을 충족하는 「의료법」 제3조제2항제3호마목에 따른 종합병원(이하 "종합병원"이라 한다)을 중앙호스피스센터(이하 "중앙센터"라 한다)로 지정할 수 있다. 이 경우 국공립 의료기관을 우선하여 지정한다.
1. 말기환자의 현황 및 진단·치료·관리 등에 관한 연구
2. 호스피스사업에 대한 정보·통계의 수집·분석 및 제공
3. 호스피스사업 계획의 작성
4. 호스피스에 관한 신기술의 개발 및 보급
5. 호스피스대상환자에 대한 호스피스 제공(2018.3.27 본호개정)
6. 호스피스사업 결과의 평가 및 활용
7. 그 밖에 말기환자 관리에 필요한 사업으로서 보건복지부령으로 정하는 사업
② 보건복지부장관은 중앙센터가 제1항 각 호의 사업을 하지 아니하거나 잘못 수행한 경우에는 시정을 명할 수 있다.
③ 보건복지부장관은 중앙센터가 다음 각 호의 어느 하나에 해당하는 경우에는 그 지정을 취소할 수 있다.
1. 제1항에 따른 지정 기준에 미달한 경우
2. 제1항 각 호의 사업을 하지 아니하거나 잘못 수행한 경우
3. 제2항에 따른 시정명령을 따르지 아니한 경우
④ 제1항 및 제3항에 따른 중앙센터 지정 및 지정취소의 기준·방법·절차 및 운영에 관하여 필요한 사항은 보건복지부령으로 정한다.

제24조【권역별호스피스센터의 지정 등】 ① 보건복지부장관은 다음 각 호의 업무를 수행하게 하기 위하여 보건복지부령으로 정하는 기준을 충족하는 종합병원을 권역별호스피스센터(이하 "권역별센터"라 한다)로 지정할 수 있다. 이 경우 국공립 의료기관을 우선하여 지정한다.
1. 말기환자의 현황 및 진단·치료·관리 등에 관한 연구
2. 해당 권역의 호스피스사업의 지원
3. 해당 권역의 호스피스전문기관들에 관한 의료 지원 및 평가
4. 호스피스대상환자의 호스피스 제공(2018.3.27 본호개정)
5. 해당 권역의 호스피스사업에 관련된 교육·훈련 및 지원 업무
6. 해당 권역의 호스피스에 관한 홍보
7. 말기환자 등록통계자료의 수집·분석 및 제공
8. 그 밖에 말기환자 관리에 필요한 사업으로서 보건복지부령으로 정하는 사업
② 보건복지부장관은 권역별센터가 제1항 각 호의 사업을 하지 아니하거나 잘못 수행한 경우에는 시정을 명할 수 있다.
③ 보건복지부장관은 권역별센터가 다음 각 호의 어느 하나에 해당하는 경우에는 그 지정을 취소할 수 있다.
1. 제1항에 따른 지정 기준에 미달한 경우
2. 제1항 각 호의 사업을 하지 아니하거나 잘못 수행한 경우
3. 제2항에 따른 시정명령을 따르지 아니한 경우
④ 제1항 및 제3항에 따른 권역별센터 지정 및 지정취소의 기준·방법·절차 및 운영에 관하여 필요한 사항은 보건복지부령으로 정한다.

제25조【호스피스전문기관의 지정 등】 ① 보건복지부장관은 호스피스대상환자를 대상으로 호스피스전문기관

을 설치·운영하려는 의료기관 중 보건복지부령으로 정하는 시설·인력·장비 등의 기준을 충족하는 의료기관을 입원형, 자문형, 가정형으로 구분하여 호스피스전문기관으로 지정할 수 있다.(2018.3.27 본항개정)
② 제1항에 따라 지정을 받으려는 의료기관은 보건복지부령으로 정하는 바에 따라 보건복지부장관에게 신청하여야 한다.
③ 보건복지부장관은 제1항에 따라 지정받은 호스피스전문기관(이하 "호스피스전문기관"이라 한다)에 대하여 제29조에 따른 평가결과를 반영하여 호스피스사업에 드는 비용의 전부 또는 일부를 차등 지원할 수 있다.
④ 제1항 및 제2항에서 규정한 사항 외에 호스피스전문기관의 지정에 필요한 사항은 보건복지부령으로 정한다.
제26조【변경·폐업 등 신고】 ① 호스피스전문기관의 장은 보건복지부령으로 정하는 인력·시설·장비 등 중요한 사항을 변경하려는 경우 보건복지부장관에게 그 변경사항을 신고하여야 한다.
② 호스피스전문기관의 장은 호스피스사업을 폐업 또는 휴업하려는 경우 보건복지부장관에게 미리 신고하여야 한다.
③ 제1항 및 제2항에 따른 신고의 절차 등에 필요한 사항은 보건복지부령으로 정한다.
제27조【의료인의 설명의무】 ① 호스피스전문기관의 의료인은 호스피스대상환자나 그 가족 등에게 호스피스의 선택과 이용 절차에 관하여 설명하여야 한다.
② 호스피스전문기관의 의사 또는 한의사는 호스피스를 시행하기 전에 치료 방침을 호스피스대상환자나 그 가족에게 설명하여야 하며, 호스피스대상환자나 그 가족이 질병의 상태에 대하여 알고자 할 때에는 이를 설명하여야 한다.
(2018.3.27 본조개정)
제28조【호스피스의 신청】 ① 호스피스대상환자가 호스피스전문기관에서 호스피스를 이용하려는 경우에는 호스피스 이용동의서(전자문서로 된 동의서를 포함한다)와 의사가 발급하는 호스피스대상환자임을 나타내는 의사소견서(전자문서로 된 소견서를 포함한다)를 첨부하여 호스피스전문기관에 신청하여야 한다.(2018.3.27 본항개정)
② 호스피스대상환자가 의사결정능력이 없을 때에는 미리 지정한 지정대리인이 신청할 수 있고 지정대리인이 없을 때에는 제17조제1항제3호 각 목의 순서대로 신청할 수 있다.(2018.3.27 본항개정)
③ 호스피스대상환자는 언제든지 직접 또는 대리인을 통하여 호스피스의 신청을 철회할 수 있다.(2018.3.27 본항개정)
④ 호스피스의 신청 및 철회 등에 필요한 사항은 보건복지부령으로 정한다.
제28조의2【호스피스종합정보시스템의 구축·운영】
① 보건복지부장관은 호스피스전문기관의 정보 및 호스피스의 신청 등 호스피스에 관한 업무를 전자적으로 처리할 수 있도록 호스피스종합정보시스템(이하 "종합정보시스템"이라 한다)을 구축·운영할 수 있다.
② 보건복지부장관은 종합정보시스템의 구축·운영에 관한 사무를 수행하기 위하여 불가피한 경우 「개인정보 보호법」 제24조에 따른 고유식별정보가 포함된 자료를 처리할 수 있다. 이 경우 보건복지부장관은 「개인정보 보호법」에 따라 해당 정보를 보호하여야 한다.
③ 보건복지부장관은 기관 간 정보 공유 및 협력체계 구축을 위하여 중앙센터, 권역별센터 및 호스피스전문기관과 필요한 정보연계를 위한 조치를 할 수 있다. 이 경우 정보연계 목적의 범위에서 해당 센터 및 기관은 종합정보시스템을 통하여 연계된 정보를 이용할 수 있다.
④ 종합정보시스템의 구축·운영, 종합정보시스템을 통한 호스피스의 이용 신청 등에 필요한 사항은 보건복지부령으로 정한다.
(2023.6.13 본조신설)
제29조【호스피스전문기관의 평가】 ① 보건복지부장관은 호스피스의 질을 향상시키기 위하여 호스피스전문기관에 대하여 다음 각 호의 사항을 평가할 수 있다.
1. 시설·인력 및 장비 등의 질과 수준
2. 호스피스 질 관리 현황
3. 그 밖에 보건복지부령으로 정하는 사항
② 호스피스전문기관의 평가 시기·범위·방법·절차 등에 필요한 사항은 보건복지부령으로 정한다.
③ 보건복지부장관은 제1항에 따른 평가결과를 보건복지부령으로 정하는 바에 따라 공개할 수 있으며, 지원 및 감독에 반영할 수 있다.
④ 보건복지부장관은 제1항에 따른 평가업무를 대통령령으로 정하는 바에 따라 관계 전문기관 또는 단체에 위탁할 수 있다.
제30조【호스피스전문기관의 지정 취소 등】 ① 보건복지부장관은 호스피스전문기관이 다음 각 호의 어느 하나에 해당하는 경우 그 지정을 취소하거나, 6개월 이내의 기간을 정하여 호스피스 업무의 정지를 명할 수 있다. 다만, 제1호에 해당하는 경우에는 그 지정을 취소하여야 한다.
1. 거짓이나 그 밖의 부정한 방법으로 지정을 받은 경우
2. 제25조제1항에 따른 지정 기준에 미달한 경우
3. 정당한 사유 없이 제29조에 따른 평가를 거부한 경우
② 제1항에 따른 호스피스전문기관 지정 취소의 기준·방법·절차 및 운영에 필요한 사항은 보건복지부령으로 정한다.
③ 제1항에 따라 지정이 취소된 호스피스전문기관은 지정이 취소된 날부터 2년 이내에는 호스피스전문기관으로 지정받을 수 없다.

제5장 보 칙

제31조【민감정보 및 고유식별정보의 처리】 관리기관, 등록기관, 의료기관, 중앙센터, 권역별센터, 호스피스전문기관, 담당의사 및 해당 분야 전문의는 이 법에서 정한 연명의료의 결정 및 호스피스에 관한 사무를 수행하기 위하여 불가피한 경우 「개인정보 보호법」 제23조에 따른 건강에 관한 정보 및 같은 법 제24조에 따른 고유식별정보가 포함된 자료를 처리할 수 있다.(2018.3.27 본조개정)
제32조【정보 유출 금지】 관리기관, 등록기관, 의료기관, 중앙센터, 권역별센터 및 호스피스전문기관에 종사하거나 종사하였던 사람은 연명의료중단등결정 및 그 이행 또는 호스피스 업무상 알게 된 정보를 유출하여서는 아니 된다.(2018.3.27 본조개정)
제33조【기록 열람 등】 ① 환자가족(이 조에서는 연령을 제한하지 아니한다)은 보건복지부령으로 정하는 바에 따라 관리기관의 장 또는 해당 의료기관의 장에게 환자의 연명의료중단등결정 또는 그 이행에 관한 기록의 열람을 요청할 수 있으며, 이 경우 요청을 받은 자는 정당한 사유가 없으면 사본을 교부하거나 그 내용을 확인할 수 있도록 하여야 한다.
② 제1항에 따른 기록 열람의 범위와 절차 및 열람 거부 등에 관하여 필요한 사항은 보건복지부령으로 정한다.
제34조【보고·조사 등】 ① 보건복지부장관 또는 관리기관의 장은 연명의료중단등결정의 이행 또는 호스피스 등과 관련하여 필요하다고 인정하는 경우 등록기관 또는 의료기관의 장 및 그 종사자에게 그 업무에 관하여 필요한 명령을 하거나, 보고 또는 관련 서류의 제출을 명할 수 있다.
② 보건복지부장관 또는 관리기관의 장은 제1항에 따른 관련 서류 등을 관계 공무원에게 조사하게 할 수 있다. 이 경우 조사를 담당하는 관계 공무원은 그 권한을 표시하는 증표를 지니고 이를 내보여야 한다.
③ 등록기관 또는 의료기관의 장 및 그 종사자는 제1항 및 제2항에 따른 명령·조사에 정당한 사유가 없으면 응하여야 한다.
제35조【청문】 보건복지부장관은 다음 각 호의 어느 하나에 해당하는 처분을 하고자 하는 경우에는 청문을 하여야 한다.
1. 제13조에 따른 등록기관의 지정 취소
2. 제30조에 따른 호스피스전문기관의 지정 취소
제36조【유사명칭의 사용금지】 이 법에 따른 관리기관, 등록기관, 중앙센터, 권역별센터 또는 호스피스전문기관이 아니면 국립연명의료관리기관, 사전연명의료의향서 등록기관, 중앙호스피스센터, 권역별호스피스센터, 호스피스전문기관 또는 이와 유사한 명칭을 사용하지 못한다.
(2018.3.27 본조개정)
제37조【보험 등의 불이익 금지】 이 법에 따른 연명의료중단등결정 및 그 이행으로 사망한 사람과 보험금수령인 또는 연금수급자를 보험금 또는 연금급여 지급 시 불리하게 대우하여서는 아니 된다.
제38조【연명의료 결정 등 비용의 부담】 제10조에 따른 연명의료계획서 작성, 제16조에 따른 임종과정에 있는 환자인지 여부에 대한 판단 및 제28조에 따른 호스피스의 신청을 위한 의사소견서 발급 및 호스피스의 이용 등에 따른 비용은 「국민건강보험법」에서 정하는 바에 따른다. 다만, 「국민건강보험법」에서 규정하지 아니한 비용은 보건복지부령으로 정하는 바에 따른다.

제6장 벌 칙

제39조【벌칙】 다음 각 호의 어느 하나에 해당하는 자는 3년 이하의 징역 또는 3천만원 이하의 벌금에 처한다.
1. (2018.3.27 삭제)
2. 제20조 각 호에 따른 기록을 허위로 기록한 자
3. 제32조를 위반하여 정보를 유출한 자
제40조【벌칙】 ① 다음 각 호의 어느 하나에 해당하는 자는 1년 이하의 징역 또는 1천만원 이하의 벌금에 처한다.(2018.3.27 본문개정)
1. 제11조제1항을 위반하여 보건복지부장관으로부터 지정받지 아니하고 사전연명의료의향서의 등록에 관한 업무를 한 자
2. 임종과정에 있는 환자에 대하여 제17조에 따른 환자의 의사 또는 제18조에 따른 연명의료중단등결정에 반하여 연명의료를 시행하지 아니하거나 중단한 자
(2018.3.27 1호~2호신설)
② 제20조 각 호에 따른 기록을 보존하지 아니한 자는 300만원 이하의 벌금에 처한다.
제41조【자격정지의 병과】 이 법을 위반한 자를 유기징역에 처할 경우에는 7년 이하의 자격정지를 병과할 수 있다.
제42조【양벌규정】 법인의 대표자나 법인 또는 개인의 대리인, 사용인, 그 밖의 종업원이 그 법인 또는 개인의 업무에 관하여 제39조 또는 제40조의 어느 하나에 해당하는 위반행위를 하면 그 행위자를 벌하는 외에 그 법인 또는 개인에게도 해당 조문의 벌금형을 과(科)한다. 다만, 법인 또는 개인이 그 위반행위를 방지하기 위하여 해당 업무에 관하여 상당한 주의와 감독을 게을리하지 아니한 경우에는 그러하지 아니하다.
제43조【과태료】 ① 다음 각 호의 어느 하나에 해당하는 자에게는 500만원 이하의 과태료를 부과한다.
1. 제14조제1항을 위반하여 윤리위원회를 설치하지 아니한 자
2. 제19조제5항을 위반하여 연명의료중단등결정의 이행 결과를 관리기관의 장에게 알리지 아니한 자
② 다음 각 호의 어느 하나에 해당하는 자에게는 300만원 이하의 과태료를 부과한다.
1. 제11조제3항을 위반하여 업무 수행 결과를 기록·보관 또는 보고하지 아니한 자
2. 제34조제3항에 따른 명령에 정당한 사유 없이 응하지 아니한 자
③ 다음 각 호의 어느 하나에 해당하는 자에게는 200만원 이하의 과태료를 부과한다.
1. 제11조제5항 및 제26조를 위반하여 폐업 또는 휴업 등의 변경 사항을 신고하지 아니한 자
2. 제11조제6항 및 제13조제3항에 따른 기록이관 의무를 하지 아니한 자
3. 제36조를 위반하여 국립연명의료관리기관, 사전연명의료의향서 등록기관, 중앙호스피스센터, 권역별호스피스센터, 호스피스전문기관 또는 이와 유사한 명칭을 사용한 자(2018.3.27 본호개정)
④ 제1항부터 제3항까지의 규정에 따른 과태료는 대통령령으로 정하는 바에 따라 보건복지부장관이 부과·징수한다.

부 칙

제1조【시행일】 이 법은 공포 후 1년 6개월이 경과한 날부터 시행한다. 다만, 제9조부터 제20조까지, 제25조제1항(의료기관 중 요양병원에 관한 사항에 한정한다), 제31조, 제33조, 제36조, 제37조, 제39조제1호·제2호, 제40조, 제43조제1항 및 같은 조 제2항제1호·제3항제2호는 공포 후 2년이 경과한 날부터 시행한다.
제2조【다른 법률의 개정】 ※(해당 법령에 가제정리 하였음)
제3조【다른 법률의 개정에 따른 경과조치】 이 법 시행 당시 종전의 「암관리법」에 따라 완화의료전문기관으로 지정을 받은 자는 이 법에 따라 호스피스전문기관으로 지정을 받은 것으로 본다. 다만, 이 법 시행일부터 1년 이내에 이 법에 따른 요건을 갖추어 제25조제1항에 따라 지정을 받아야 한다.

부 칙 (2018.3.27)

이 법은 공포한 날부터 시행한다. 다만, 제2조제3호·제4호·제6호·제7호, 제16조제2항, 제23조제1항제5호, 제24조제1항제4호, 제25조제1항, 제27조제1항 및 제2항, 제28조[제1항의 개정규정 중 "이용동의서(전자문서로 된 동의서를 포함한다)" 및 "의사소견서(전자문서로 된 소견서를 포함한다)"에 관한 부분은 제외한다]의 개정규정은 공포 후 1년이 경과한 날부터 시행한다.

부 칙 (2018.12.11)

이 법은 2019년 3월 28일부터 시행한다.

부 칙 (2020.4.7)

이 법은 공포한 날부터 시행한다.

부 칙 (2021.12.21)

이 법은 공포 후 3개월이 경과한 날부터 시행한다.

부 칙 (2023.6.13)

이 법은 공포 후 1년이 경과한 날부터 시행한다.

약사법

(2007년 4월 11일
전부개정법률 제8365호)

개정
2007. 7.27법 8558호 2007.10.17법 8643호
2007.12.21법 8723호(보호소년등의처우에관한법)
2007.12.21법 8728호(형의집행수용자)
2008. 2.29법 8852호(정부조직)
2008. 6.13법 9123호
2009.11. 2법 9819호(군에서의형의집행및군수용자의처우에관한법)
2009.12.29법 9847호(감염병)
2010. 1.18법 9932호(정부조직)
2010. 5.27법10324호 2011. 3.30법10512호
2011. 6. 7법10788호
2011. 7.21법10888호(수산생물질병관리법)
2011.12. 2법11118호
2011.12.31법11141호(국민보험)
2012. 2. 1법11251호 2012. 5.14법11421호
2013. 3.23법11690호(정부조직)
2013. 7.30법11985호(식품・의약품분야시험・검사등에관한법)
2013. 8. 6법11998호(지방세외수입금의징수등에관한법)
2013. 8.13법12074호 2014. 3.18법12450호
2015. 1.28법13114호 2015. 3.13법13219호
2015. 5.18법13320호
2015. 5.18법13331호(마약)
2015. 6.22법13367호(한국보건의료인국가시험원법)
2015. 7.24법13425호(의무경찰대설치및운영에관한법)
2015.12.22법13598호 2015.12.29법13655호
2016. 5.29법14170호(경비교도대폐지에따른보상등에관한법)
2016.12. 2법14328호 2017. 2. 8법14560호
2017. 7.26법14839호(정부조직)
2017.10.24법14926호
2018. 3.27법15534호(감염병)
2018. 6.12법15709호 2018.12.11법15891호
2019. 1.15법16250호
2019. 8.27법16556호(첨단재생의료및첨단바이오의약품안전및지원에관한법)
2020. 3.24법17091호(지방행정제재・부과금의징수등에관한법)
2020. 4. 7법17208호→시행일 부칙 참조
2020. 8.11법17472호(정부조직)
2020.12.29법17799호(독점)
2021. 1. 5법17883호(5・18민주유공자예우및단체설립에관한법)
2021. 3. 9법17922호(공중보건위기대응의료제품의개발촉진및긴급공급을위한특별법)
2021. 7.20법18307호 2022. 6.10법18970호
2023. 4.18법19359호→시행일 부칙 참조. 2024년 10월 19일 시행하는 부분은 「法典 別冊」 보유편 수록
2023. 7.11법19528호→2024년 7월 12일 시행
2023. 8.16법19652호→시행일 부칙 참조
2024. 1. 2법19897호→2024년 1월 2일 및 2024년 7월 21일 시행
2024. 1.23법20102호
2024. 1.23법20139호(디지털의료제품법)→2025년 1월 24일 시행이므로 추후 수록

제1장 총 칙

제1조【목적】 이 법은 약사(藥事)에 관한 일들이 원활하게 이루어질 수 있도록 필요한 사항을 규정하여 국민보건 향상에 기여하는 것을 목적으로 한다.

제2조【정의】 이 법에서 사용하는 용어의 뜻은 다음과 같다.

1. "약사(藥事)"란 의약품・의약외품의 제조・조제・감정(鑑定)・보관・수입・판매〔수여(授與)를 포함한다. 이하 같다〕와 그 밖의 약학 기술에 관련된 사항을 말한다.
2. "약사(藥師)"란 한약에 관한 사항 외의 약사(藥事)에 관한 업무(한약제제에 관한 사항을 포함한다)를 담당하는 자로서, "한약사"란 한약과 한약제제에 관한 약사(藥事) 업무를 담당하는 자로서 각각 보건복지부장관의 면허를 받은 자를 말한다.(2010.1.18 본호개정)
3. "약국"이란 약사나 한약사가 수여할 목적으로 의약품 조제 업무〔약국제제(藥局製劑)를 포함한다〕를 하는 장소(그 개설자가 의약품 판매업을 겸하는 경우에는 그 판매업에 필요한 장소를 포함한다)를 말한다. 다만, 의료기관의 조제실은 예외로 한다.
4. "의약품"이란 다음 각 목의 어느 하나에 해당하는 물품을 말한다.
   가. 대한민국약전(大韓民國藥典)에 실린 물품 중 의약외품이 아닌 것(2011.6.7 본목개정)
   나. 사람이나 동물의 질병을 진단・치료・경감・처치 또는 예방할 목적으로 사용하는 물품 중 기구・기계 또는 장치가 아닌 것
   다. 사람이나 동물의 구조와 기능에 약리학적(藥理學的) 영향을 줄 목적으로 사용하는 물품 중 기구・기계 또는 장치가 아닌 것
5. "한약"이란 동물・식물 또는 광물에서 채취된 것으로 주로 원형대로 건조・절단 또는 정제된 생약(生藥)을 말한다.
6. "한약제제(韓藥製劑)"란 한약을 한방원리에 따라 배합하여 제조한 의약품을 말한다.
7. "의약외품(醫藥外品)"이란 다음 각 목의 어느 하나에 해당하는 물품(제4호나목 또는 다목에 따른 목적으로 사용되는 물품은 제외한다)으로서 식품의약품안전처장이 지정하는 것을 말한다.(2013.3.23 본문개정)
   가. 사람이나 동물의 질병을 치료・경감(輕減)・처치 또는 예방할 목적으로 사용되는 섬유・고무제품 또는 이와 유사한 것
   나. 인체에 대한 작용이 약하거나 인체에 직접 작용하지 아니하며, 기구 또는 기계가 아닌 것과 이와 유사한 것
   다. 감염병 예방을 위하여 살균・살충 및 이와 유사한 용도로 사용되는 제제(2009.12.29 본목개정)
8. "신약"이란 화학구조나 본질 조성이 전혀 새로운 신물질의약품 또는 신물질을 유효성분으로 함유한 복합제제 의약품으로서 식품의약품안전처장이 지정하는 의약품을 말한다.(2013.3.23 본호개정)
9. "일반의약품"이란 다음 각 목의 어느 하나에 해당하는 것으로서 보건복지부장관과 협의하여 식품의약품안전처장이 정하여 고시하는 기준에 해당하는 의약품을 말한다.(2013.3.23 본문개정)
   가. 오용・남용될 우려가 적고, 의사나 치과의사의 처방 없이 사용하더라도 안전성 및 유효성을 기대할 수 있는 의약품
   나. 질병 치료를 위하여 의사나 치과의사의 전문지식이 없어도 사용할 수 있는 의약품
   다. 의약품의 제형(劑型)과 약리작용상 인체에 미치는 부작용이 비교적 적은 의약품
10. "전문의약품"이란 일반의약품이 아닌 의약품을 말한다.
11. "조제"란 일정한 처방에 따라서 두 가지 이상의 의약품을 배합하거나 한 가지 의약품을 그대로 일정한 분량으로 나누어서 특정한 용법에 따라 특정인의 특정된 질병을 치료하거나 예방하는 등의 목적으로 사용하도록 약제를 만드는 것을 말한다.
12. "복약지도(服藥指導)"란 다음 각 목의 어느 하나에 해당하는 것을 말한다.
   가. 의약품의 명칭, 용법・용량, 효능・효과, 저장 방법, 부작용, 상호 작용이나 성상(性狀) 등의 정보를 제공하는 것(2014.3.18 본목개정)
   나. 일반의약품을 판매할 때 진단적 판단을 하지 아니하고 구매자가 필요한 의약품을 선택할 수 있도록 도와주는 것
13. "안전용기・포장"이란 5세 미만 어린이가 열기 어렵게 설계・고안된 용기나 포장을 말한다.
14. "위탁제조판매업"이란 제조시설을 갖추지 아니하고 식품의약품안전처장으로부터 제조판매품목허가를 받은 의약품을 의약품제조업자에게 위탁하여 제조판매하는 영업을 말한다.(2013.3.23 본호개정)
15. "임상시험"이란 의약품 등의 안전성과 유효성을 증명하기 위하여 사람을 대상으로 해당 약물의 약동(藥動)・약력(藥力)・약리・임상적 효과를 확인하고 이상반응을 조사하는 시험(생물학적 동등성시험을 포함한다)을 말한다. 다만, 「첨단재생의료 및 첨단바이오의약품 안전 및 지원에 관한 법률」 제2조제3호에 따른 첨단재생의료 임상연구는 제외한다.(2019.8.27 단서신설)
16. "비임상시험"이란 사람의 건강에 영향을 미치는 시험물질의 성질이나 안전성에 관한 각종 자료를 얻기 위하여 실험실과 같은 조건에서 동물・식물・미생물과 물리적・화학적 매체 또는 이들의 구성 성분으로 이루어진 것을 사용하여 실시하는 시험을 말한다.(2011.6.7 본호신설)
17. "생물학적 동등성시험"이란 임상시험 중 생물학적 동등성을 입증하기 위한 생체시험으로서 동일 주성분을 함유한 두 제제의 생체이용률이 통계학적으로 동등하다는 것을 보여주는 시험을 말한다.(2017.10.24 본호개정)
18. "희귀의약품"이란 제4호에 따른 의약품 중 다음 각 목의 어느 하나에 해당하는 의약품으로서 식품의약품안전처장의 지정을 받은 의약품을 말한다.
   가. 「희귀질환관리법」 제2조제1호에 따른 희귀질환을 진단하거나 치료하기 위한 목적으로 사용되는 의약품
   나. 적용 대상이 드문 의약품으로서 대체 가능한 의약품이 없거나 대체 가능한 의약품보다 현저히 안전성 또는 유효성이 개선된 의약품
19. "국가필수의약품"이란 질병 관리, 방사능 방재 등 보건의료상 필수적이나 시장 기능만으로는 안정적 공급이 어려운 의약품으로서 보건복지부장관과 식품의약품안전처장이 관계 중앙행정기관의 장과 협의하여 지정하는 의약품을 말한다.

(2016.12.2 18호~19호신설)

제2조의2【약의 날】 ① 국민의 생명, 신체 및 건강상의 안전을 확보하는 의약품의 중요성을 널리 알리고 적절한 정보 제공을 통하여 의약품의 오남용을 방지하기 위하여 매년 11월 18일을 약의 날로 한다.
② 국가와 지방자치단체는 약의 날 취지에 적합한 행사와 교육・홍보 등 관련 사업을 실시하거나 관련 단체 등의 활동을 지원할 수 있다.
③ 제2항에 따른 약의 날 행사 및 교육・홍보 등 관련 사업 등에 관하여 필요한 사항은 대통령령으로 정한다.
(2021.7.20 본조신설)

제2장 약사 및 한약사

제1절 자격과 면허

제3조【약사 자격과 면허】 ① 약사(藥師)가 되려는 자는 보건복지부령으로 정하는 바에 따라 보건복지부장관의 면허를 받아야 한다.(2010.1.18 본항개정)
② 제1항에 따른 약사면허는 다음 각 호의 어느 하나에 해당하는 자에게 준다.
1. 약학을 전공하는 대학을 졸업하고 약학사 학위를 받은 자로서 약사국가시험에 합격한 자

1. 「고등교육법」 제11조의2에 따른 인정기관의 인증을 받은 약학을 전공하는 대학을 졸업하고 약학사 학위를 받은 자로서 약사국가시험에 합격한 자(2020.4.7 본호개정 : 2025.4.8 시행)

2. 외국의 약학을 전공하는 대학(보건복지부장관이 정하여 고시하는 인정기준에 해당하는 대학을 말한다)을 졸업하고 외국의 약사면허를 받은 자로서 약사예비시험과 약사국가시험에 합격한 자(2019.1.15 본호개정)
③ 약사면허를 받지 아니한 자는 약사라는 명칭을 사용할 수 없다.

④ 제2항에도 불구하고 입학 당시 「고등교육법」 제11조의2에 따른 인정기관의 인증을 받은 약학을 전공하는 대학에 입학한 사람으로서 그 대학을 졸업하고 해당 학위를 받은 사람은 제2항제1호에 따른 약학사 학위를 받은 사람으로 본다.(2020.4.7 본항신설 : 2025.4.8 시행)

제4조【한약사 자격과 면허】 ① 한약사가 되려는 자는 보건복지부령으로 정하는 바에 따라 보건복지부장관의 면허를 받아야 한다.(2010.1.18 본항개정)
② 제1항에 따른 한약사면허는 대학에서 한약학과를 졸업하고 한약학사 학위를 받은 자로서 한약사국가시험에 합격한 자에게 준다.
③ 한약사면허를 받지 아니한 자는 한약사라는 명칭을 사용할 수 없다.

제5조【결격 사유】 다음 각 호의 어느 하나에 해당하는 자는 약사면허 또는 한약사면허를 받을 수 없다.
1. 「정신건강증진 및 정신질환자 복지서비스 지원에 관한 법률」 제3조제1호에 따른 정신질환자. 다만, 전문의가 약사(藥事)에 관한 업무를 담당하는 것이 적합하다고 인정하는 사람은 그러하지 아니하다.(2018.12.11 본문개정)
2. 피성년후견인・피한정후견인(2014.3.18 본호개정)
3. 마약・대마・향정신성의약품 중독자(2012.2.1 본호개정)
4. 「약사법」, 「마약류 관리에 관한 법률」, 「보건범죄 단속에 관한 특별조치법」, 「의료법」, 「형법」 제347조(거짓으로 약제비를 청구하여 환자나 약제비를 지급하는 기관 또는 단체를 속인 경우만 해당한다. 이하 같다), 그 밖에 약사(藥事)에 관한 법령을 위반하여 금고 이상의 형을 선고받고 집행이 종료되지 아니하였거나 집행을 받지 아니하기로 확정되지 아니한 자(2011.12.2 본호개정)
5. 「형법」 제347조의 죄를 범하여 면허취소 처분을 받고 3년이 지나지 아니하였거나 약사(藥事)에 관한 법령을 위반하여 면허취소의 처분을 받고 2년이 지나지 아니한 자

제6조【면허증 교부와 등록】 ① 보건복지부장관은 약사면허 또는 한약사면허를 줄 때에는 각각 등록대장에 면허에 관한 사항을 등록하고 면허증을 내주어야 한다.(2010.1.18 본항개정)
② 제1항의 면허증을 분실 또는 훼손하였거나 기재 사항이 변경된 경우에는 면허증을 다시 교부받을 수 있다.
③ 약사 및 한약사는 제3조 및 제4조에 따라 받은 면허를 다른 사람에게 대여하여서는 아니 된다.(2020.4.7 본항개정)
④ 누구든지 제3조 및 제4조에 따라 받은 면허를 대여받아서는 아니 되며 면허 대여를 알선하여서도 아니 된다.(2020.4.7 본항신설)
⑤ 약사면허 또는 한약사면허의 등록과 면허증 교부에 필요한 사항은 보건복지부령으로 정한다.(2010.1.18 본항개정)

제7조【약사・한약사 신고】 ① 약사 또는 한약사는 보건복지부령으로 정하는 바에 따라 최초로 면허를 받은 후부터 3년마다 취업상황 등 그 실태를 보건복지부장관에게 신고하여야 한다.(2020.4.7 본항개정)
② 보건복지부장관은 제15조제1항에 따라 연수교육을 명

한 경우에는 해당 연수교육을 이수하지 아니한 약사 또는 한약사에 대하여 제1항에 따른 신고를 반려할 수 있다.
(2020.4.7 본항신설)
③ 보건복지부장관은 제1항에 따른 신고 수리 업무를 대통령령으로 정하는 바에 따라 관련 단체 등에 위탁할 수 있다.(2020.4.7 본항신설)

제8조【약사·한약사 국가시험 등】 ① 약사·한약사국가시험 및 약사예비시험(이하 "국가시험등"이라 한다)은 매년 1회 이상 보건복지부장관이 시행한다.(2017.2.8 본항개정)
② 보건복지부장관은 제1항에 따른 국가시험등의 관리를 대통령령으로 정하는 바에 따라 「한국보건의료인국가시험원법」에 따른 한국보건의료인국가시험원으로 하여금 수행하게 할 수 있다.(2017.2.8 본항개정)
③ 보건복지부장관은 제2항에 따라 국가시험등의 관리를 하는 한국보건의료인국가시험원에 경비를 보조할 수 있다.(2015.6.22 본항개정)
④ 국가시험등에 관한 사항은 대통령령으로 정한다.
(2017.2.8 본항개정)
(2017.2.8 본조제목개정)

제9조【응시자격 제한】 제5조제1호부터 제3호까지의 규정에 해당하는 자는 국가시험등에 응시할 수 없다.
(2017.2.8 본조개정)

제10조【수험자의 부정행위】 ① 국가시험등에서 부정행위를 한 자에 대하여는 그 시험을 정지시키며, 합격 후에 부정행위가 발견된 자에 대하여는 합격을 무효로 한다.
② 보건복지부장관은 제1항에 해당하는 자에게 2년간 국가시험등에 응시하지 못하게 할 수 있다.
(2017.2.8 본조개정)

제2절 약사회 및 한약사회

제11조【약사회】 ① 약사(藥師)는 약사(藥事)에 관한 연구와 약사윤리(藥師倫理) 확립, 약사의 권익 증진 및 자질 향상을 위하여 대통령령으로 정하는 바에 따라 대한약사회(이하 "약사회"라 한다)를 설립하여야 한다.
② 약사회는 법인으로 한다.
③ 약사회가 설립되면 약사는 당연히 그 회원이 된다.
④ 약사회에 대하여는 이 법에서 규정한 것 외에 「민법」 중 사단법인에 관한 규정을 준용한다.
⑤ 약사회는 제79조의2에 따른 면허취소 및 자격정지 처분 요구에 대한 심의·의결을 위하여 윤리위원회를 둔다.
(2017.10.24 본항개정)
⑥ 윤리위원회의 구성, 운영 등에 관한 사항은 대통령령으로 정한다.(2011.6.7 본항신설)

제12조【한약사회】 ① 한약사는 한약 및 한약제제에 관련된 약사(藥事)에 관한 연구와 한약사윤리 확립, 한약사의 권익 증진 및 자질 향상을 위하여 대통령령으로 정하는 바에 따라 대한한약사회(이하 "한약사회"라 한다)를 설립하여야 한다.
② 한약사회는 법인으로 한다.
③ 한약사회가 설립되면 한약사는 당연히 그 회원이 된다.
④ 한약사회에 대하여는 이 법에서 규정한 것 외에 「민법」 중 사단법인에 관한 규정을 준용한다.
⑤ 한약사회는 제79조의2에 따른 면허취소 및 자격정지 처분 요구에 대한 심의·의결을 위하여 윤리위원회를 둔다.(2017.10.24 본항개정)
⑥ 윤리위원회의 구성, 운영 등에 관한 사항은 대통령령으로 정한다.(2011.6.7 본항신설)

제13조【인가 등】 ① 약사회 또는 한약사회를 설립하려면 대통령령으로 정하는 바에 따라 정관이나 그 밖에 필요한 서류를 보건복지부장관에게 제출하고 보건복지부장관의 인가를 받아야 한다.(2010.1.18 본항개정)
② 약사회 또는 한약사회가 정관에 적어야 할 사항은 대통령령으로 정한다.
③ 약사회 또는 한약사회가 정관을 변경하려면 보건복지부장관의 인가를 받아야 한다.(2010.1.18 본항개정)

제14조【약사회 및 한약사회의 지부 등】 ① 약사회 및 한약사회는 대통령령으로 정하는 바에 따라 특별시·광역시·특별자치시·도·특별자치도(이하 "시·도"라 한다)에 지부를 설치하여야 하며, 특별시·광역시의 구와 시(특별자치도의 경우에는 행정시를 말한다. 이하 같다)·군에 분회를 설치할 수 있다.
② 약사회 또는 한약사회가 그 지부 또는 분회를 설치하면 지체 없이 특별시장·광역시장·특별자치시장·도지사·특별자치도지사(이하 "시·도지사"라 한다)에게 신고하여야 한다.
(2015.1.28 본조개정)

제15조【연수교육】 ① 보건복지부장관은 약사 및 한약사의 자질 향상을 위하여 필요한 연수교육을 명할 수 있다.
② 제1항의 연수교육에 필요한 사항은 보건복지부령으로 정한다.
(2010.1.18 본조개정)

제16조【협조의무와 위탁】 ① 약사회 또는 한약사회는 보건복지부장관으로부터 국민보건 향상에 필요한 사업이나, 약사(藥事) 및 약사 윤리 또는 한약사 윤리에 대한 협조 요청을 받으면 이에 협조하여야 한다.
② 보건복지부장관은 대통령령으로 정하는 바에 따라 약사(藥事) 및 약사 윤리 또는 한약사 윤리에 관한 업무의 일부를 약사회 또는 한약사회에 위탁할 수 있다.
(2010.1.18 본조개정)

제17조【경비 보조】 보건복지부장관은 약사회 또는 한약사회의 사업이 국민보건 향상에 필요하다고 인정할 때나 약사회 또는 한약사회에 대하여 약사(藥事) 또는 한약사(韓藥事)에 관한 교육·조사·연구를 명령하거나 위탁한 경우에는 필요한 경비의 전부 또는 일부를 보조할 수 있다.(2010.1.18 본조개정)

제3장 약사(藥事)심의위원회

제18조【중앙약사심의위원회】 ① 보건복지부장관과 식품의약품안전처장의 자문에 응하게 하기 위하여 식품의약품안전처에 중앙약사심의위원회(이하 이 조에서 "위원회"라 한다)를 둔다.
② 위원회는 위원장 2명과 부위원장 2명을 포함한 300명 이내의 위원으로 구성한다. 이 경우 공무원이 아닌 위원이 전체 위원의 과반수가 되도록 하여야 한다.
(2021.7.20 전단개정)
③ 위원장은 식품의약품안전처차장과 식품의약품안전처장이 지명하는 민간위원이 공동으로 하고, 부위원장은 보건복지부 및 식품의약품안전처의 고위공무원단에 속하는 공무원 각 1명으로 한다.(2021.7.20 본항개정)
④ 위원은 약사 관계 공무원, 약사 관련 단체의 장이 추천하는 사람 또는 약사에 관한 학식과 경험이 풍부한 사람 중에서 식품의약품안전처장이 임명하거나 위촉하며, 보건복지부장관은 위원을 추천할 수 있다.(2019.1.15 본항신설)
⑤ 위원의 임기는 2년으로 한다. 다만, 공무원인 위원의 임기는 해당 직(職)에 재직하는 기간으로 한다.
(2019.1.15 본항신설)
⑥ 위원회의 업무를 효율적으로 수행하기 위하여 분야별로 분과위원회를 둘 수 있다.(2021.7.20 본항신설)
⑦ 위원회와 분과위원회의 위원장은 심의와 관련하여 필요한 경우 약사(藥事)에 관한 전문적인 지식과 경험이 있는 관계 전문가를 참석하게 하여 의견을 들을 수 있다.
(2021.7.20 본항신설)
⑧ 그 밖에 위원회 및 분과위원회의 구성과 운영 등에 필요한 사항은 대통령령으로 정한다.(2021.7.20 본항개정)
(2019.1.15 본조개정)

제19조 (2011.3.30 삭제)

제4장 약국과 조제

제1절 약 국

제20조【약국 개설등록】 ① 약사 또는 한약사가 아니면 약국을 개설할 수 없다.
<2002.9.19 헌법재판소 헌법불합치결정으로 이 항은 입법자가 개정할 때까지 계속 적용>
② 약국을 개설하려는 자는 보건복지부령으로 정하는 바에 따라 시장·군수·구청장(자치구의 구청장을 말한다. 이하 같다)에게 개설등록을 하여야 한다. 등록된 사항을 변경할 때에도 또한 같다.(2010.1.18 전단개정)
③ 제2항에 따른 등록을 하려는 자는 대통령령으로 정하는 시설 기준에 따라 필요한 시설을 갖추어야 한다.
④ 시·도지사는 대통령령으로 정하는 기준에 따라 시·도의 규칙으로 약국의 개설등록 기준을 정할 수 있다.
⑤ 다음 각 호의 어느 하나에 해당하는 경우에는 개설등록을 받지 아니한다.
1. 제76조에 따라 개설등록이 취소된 날부터 6개월이 지나지 아니한 자인 경우
2. 약국을 개설하려는 장소가 의료기관의 시설 안 또는 구내인 경우
3. 의료기관의 시설 또는 부지의 일부를 분할·변경 또는 개수(改修)하여 약국을 개설하는 경우
4. 의료기관과 약국 사이에 전용(專用) 복도·계단·승강기 또는 구름다리 등의 통로가 설치되어 있거나 이를 설치하는 경우
⑥ 제2항에 따라 개설등록한 약국이 아니면 약국의 명칭이나 이와 비슷한 명칭을 사용하지 못한다.(2014.3.18 본항신설)

판례 약사 또는 한약사로 구성된 법인의 약국 개설 : 법인의 설립은 그 자체가 간접적인 직업선택의 한 방법으로서 직업수행의 자유의 본질적 부분의 하나이다. 따라서 본래 약국개설권이 있는 약사들만으로 구성된 법인에게 정당한 이유 없이 약국개설을 금지하는 것은 과도한 제한이라고 할 수 있다. 이는 법인을 구성하여 약국을 개설·운영하려고 하는 약사들 및 이들로 구성된 법인의 직업선택(직업수행)의 자유, 약국경영을 위한 법인을 설립하고 운영하는 것에 관한 결사의 자유를 침해하는 것이다. 또한 변호사, 공인회계사 등 여타 전문직과 의약품제조업자 등 약사법의 규율을 받는 다른 직종들에 대하여는 법인을 구성하여 업무를 수행할 수 있도록 하면서, 약사에게만 합리적 이유 없이 이를 금지한다면 이는 헌법상의 평등권을 침해하는 것이다. 다만 법적 혼란을 초래할 우려가 있으므로 입법자가 이 사건 법률조항을 대체할 합헌적 법률을 입법할 때까지는 위헌적인 법규정을 존속케 하고 또한 잠정적으로 적용하게 할 필요가 있어 헌법불합치결정을 선고한다.
(헌재결 2002.9.19, 2000헌바84(헌법불합치))

판례 약사 또는 한약사가 아닌 자연인의 약국 개설 금지 : 일정한 교육과 시험을 거쳐 자격을 갖춘 약사에게만 약국을 개설할 수 있도록 하는 규정은 의약품 오·남용 및 국민 건강상의 위험을 예방하는 한편 건전한 의약품 유통체계 및 판매질서를 확립함으로써 궁극적으로는 국민보건 향상에 기여하는 데 적합한 수단이다. 비약사의 약국 개설을 허용하되 관리약사를 반드시 두도록 하고 의약품의 조제·판매는 해당 관리약사만이 할 수 있도록 하는 등의 대안만으로는 약사법과 같은 정도로 입법목적을 달성할 수 없다. 따라서 약사 또는 한약사가 아닌 자연인이 약국을 개설하는 것을 금지하는 조항은 헌법에 위반되지 아니한다.(헌재결 2020.10.29, 2019헌바249)

판례 약국개설등록을 받지 않는 경우의 하나로 '의료기관의 시설 또는 부지의 일부를 분할하여 약국을 개설하는 경우'를 들고 있고, 그 입법 취지는 의료기관과 약국 사이의 장소적 관련성이 긴밀하면 의료기관과 약국이 담합할 가능성이 현저히 높은 반면, 일반적인 행정감독으로는 양자 사이의 구체적인 담합행위를 적발해내기가 매우 어려운 점을 감안하여, 의료기관과 약국 사이에 일정한 장소적 관련성이 있는 경우 그곳에 약국을 개설하지 못하도록 함으로써 의약분업의 시행에 따라 의료기관과 약국의 담합행위를 근원적으로 방지하는 데에 있다.(대판 2009.6.11, 2009두4265)

제20조의2【실태조사】 ① 보건복지부장관은 제6조제3항·제4항, 제20조제1항 및 제21조제1항을 위반하여 약국을 개설할 수 없는 자가 개설·운영하는 약국의 실태를 파악하기 위하여 보건복지부령으로 정하는 바에 따라 조사(이하 이 조에서 "실태조사"라 한다)를 실시하고, 법원의 판결로써 위법이 확정된 경우 그 결과를 공표하여야 한다. 이 경우 실태조사 없이 수사기관의 수사를 거쳐 법원의 판결로써 위법이 확정된 경우도 공표 대상에 포함한다.
② 보건복지부장관은 실태조사를 위하여 관계 중앙행정기관의 장, 지방자치단체의 장, 관련 기관·법인 또는 단체 등에 협조를 요청할 수 있다. 이 경우 요청을 받은 자는 특별한 사정이 없으면 이에 협조하여야 하며, 협조를 요청할 수 있는 관련 기관·법인 또는 단체 등의 범위는 대통령령으로 정한다.
③ 보건복지부장관은 제1항에 따른 실태조사에 관한 업무의 일부를 대통령령으로 정하는 바에 따라 관계 전문기관 또는 단체에 위탁할 수 있다.
④ 실태조사의 시기·방법, 결과 공표의 방법 등에 관하여 필요한 사항은 보건복지부령으로 정한다.
(2023.7.11 본조신설)

제21조【약국의 관리의무】 ① 약사 또는 한약사는 하나의 약국만을 개설할 수 있다.
② 약국개설자는 자신이 그 약국을 관리하여야 한다. 다만, 약국개설자 자신이 그 약국을 관리할 수 없는 경우에는 대신할 약사 또는 한약사를 지정하여 약국을 관리하게 하여야 한다.
③ 약국을 관리하는 약사 또는 한약사는 약국 관리에 필요한 다음 각 호의 사항을 지켜야 한다.
1. 약국의 시설과 의약품을 보건위생상 위해(危害)가 없고 의약품의 효능이 떨어지지 아니하도록 관리할 것
2. 보건위생과 관련된 사고가 없도록 종업원을 철저히 감독할 것
3. 보건위생에 위해를 끼칠 염려가 있는 물건을 약국에 두지 아니할 것
4. 의약품 등의 사용과 관련하여 부작용 등이 발생한 경우에는 필요한 안전대책을 강구할 것(2011.6.7 본호개정)
5. 약사, 한약사가 의약품을 조제 또는 판매하는 경우에는 보건복지부령으로 정하는 바에 따라 환자가 그 신분을 알 수 있도록 명찰을 달 것(제23조제1항 단서 또는 제44조제1항 단서에 따라 조제 또는 판매행위를 하는 대학의 학생이 보건복지부령으로 정하는 바에 따라 환자가 그 신분을 알 수 있도록 명찰을 달도록 지시·감독할 것을 포함한다)(2015.12.29 본호신설)
6. 그 밖에 제1호부터 제5호까지의 규정에 준하는 사항으로서 약국의 시설과 의약품을 보건상 위해가 없도록 관리하기 위하여 필요하다고 인정하여 식품의약품안전처장과 협의하여 보건복지부령으로 정하는 사항
(2015.12.29 본호개정)

제21조의2【약국개설자의 지위 승계】 ① 약국개설자가 영업을 양도한 경우에 그 양수인이 종전의 약국개설자의 지위를 승계하려는 경우에는 그 양도일부터 1개월 이내에 보건복지부령으로 정하는 바에 따라 그 사실을 시장·군수·구청장에게 신고하여야 한다.
② 시장·군수·구청장은 제1항에 따른 신고를 받은 경우에는 그 내용을 검토하여 이 법에 적합하면 신고를 수리하여야 한다. 이 경우 시장·군수·구청장은 양수인이 약사 또는 한약사가 아니거나 제5조 각 호의 어느 하나에 해당하는 경우에는 신고를 수리하여서는 아니 된다.
③ 제1항에 따른 신고가 수리된 경우에는 양수인은 그 양수일부터 종전 약국개설자의 지위를 승계한다.
(2019.1.15 본조신설)

제21조의3【공공심야약국의 지정·운영 등】 ① 시·도지사 또는 시장·군수·구청장은 보건복지부령으로 정하는 심야시간대 및 공휴일에 의약품 또는 의약외품을 판매하는 약국(이하 "공공심야약국"이라 한다)을 지정할 수 있다.
② 공공심야약국으로 지정받으려는 약국개설자는 시·도지사 또는 시장·군수·구청장에게 신청하여야 한다.
③ 공공심야약국을 관리하는 약사 또는 한약사는 보건복지부령으로 정하는 심야시간대 및 공휴일의 운영시간을 준수하여야 한다.
④ 보건복지부장관, 시·도지사 또는 시장·군수·구청

장은 예산의 범위에서 공공심야약국의 운영에 필요한 비용의 전부 또는 일부를 지원할 수 있다.
⑤ 시·도지사 또는 시장·군수·구청장은 공공심야약국이 다음 각 호의 어느 하나에 해당하는 경우 그 지정을 취소할 수 있다. 다만, 제1호에 해당하는 경우에는 지정을 취소하여야 한다.
1. 거짓이나 그 밖의 부정한 방법으로 지정을 받은 경우
2. 보건복지부장관, 시·도지사 또는 시장·군수·구청장이 지원한 예산을 부당하게 집행하거나 목적과 다르게 사용한 경우
3. 제8항에 따른 지정 기준에 미달하게 된 경우
4. 제69조의4제1호의2에 따른 시정명령을 이행하지 아니한 경우
5. 그 밖에 보건복지부령으로 정하는 사유에 해당하는 경우
⑥ 보건복지부장관, 시·도지사 또는 시장·군수·구청장은 제5항에 따라 지정이 취소된 경우 해당 공공심야약국에 지급한 지원금의 전부 또는 일부를 환수할 수 있다.
⑦ 제5항에 따라 지정이 취소된 자는 지정이 취소된 날부터 1년 이내에 다시 공공심야약국으로 지정받을 수 없다.
⑧ 제1항에 따른 공공심야약국 지정의 기준·방법 및 절차, 제2항에 따른 신청 및 제5항에 따른 지정 취소의 방법·절차 등에 관하여 필요한 사항은 보건복지부령으로 정한다.
(2023.4.18 본조신설)

제22조【폐업 등의 신고】 약국개설자는 약국을 폐업 또는 휴업하거나 휴업하였던 약국을 다시 연 경우에는 폐업·휴업 또는 다시 연 날부터 7일 이내에 보건복지부령으로 정하는 바에 따라 이를 관할 시장·군수·구청장에게 신고하여야 한다. 다만, 휴업기간이 1개월 미만인 경우에는 그러하지 아니하다.(2010.1.18 본문개정)

제2절 조 제

제23조【의약품 조제】 ① 약사 및 한약사가 아니면 의약품을 조제할 수 없으며, 약사 및 한약사는 각각 면허 범위에서 의약품을 조제하여야 한다. 다만, 약학을 전공하는 대학의 학생은 보건복지부령으로 정하는 범위에서 의약품을 조제할 수 있다.(2010.1.18 단서개정)
② 약사 또는 한약사가 의약품을 조제할 때에는 약국 또는 의료기관의 조제실(제92조제1항제2호 후단에 따라 한국희귀·필수의약품센터에 설치된 조제실을 포함한다)에서 하여야 한다. 다만, 시장·군수·구청장의 승인을 받은 경우에는 예외로 한다.(2016.12.2 본문개정)
③ 의사 또는 치과의사는 전문의약품과 일반의약품을 처방할 수 있고, 약사는 의사 또는 치과의사의 처방전에 따라 전문의약품과 일반의약품을 조제하여야 한다. 다만, 다음 각 호의 어느 하나에 해당하면 의사 또는 치과의사의 처방전 없이 조제할 수 있다.
1. 의료기관이 없는 지역에서 조제하는 경우
2. 재해가 발생하여 사실상 의료기관이 없게 되어 재해 구호를 위하여 조제하는 경우
3. 감염병이 집단으로 발생하거나 발생할 우려가 있다고 보건복지부장관 또는 질병관리청장이 인정하여 경구용(經口用) 감염병 예방접종약을 판매하는 경우
(2020.8.11 본호개정)
4. 사회봉사 활동을 위하여 조제하는 경우
④ 제1항에도 불구하고 의사 또는 치과의사는 다음 각 호의 어느 하나에 해당하는 경우에는 자신이 직접 조제할 수 있다.
1. 약국이 없는 지역에서 조제하는 경우
2. 재해가 발생하여 사실상 약국이 없게 되어 재해 구호를 위하여 조제하는 경우
3. 응급환자 및 조현병(調絃病) 또는 조울증 등으로 자신 또는 타인을 해칠 우려가 있는 정신질환자에 대하여 조제하는 경우(2012.2.1 본호개정)
4. 입원환자, 「감염병의 예방 및 관리에 관한 법률」 제2조제13호에 따른 감염병환자 중 콜레라·장티푸스·파라티푸스·세균성이질·장출혈성대장균감염증·A형간염환자 및 「사회복지사업법」에 따른 사회복지시설에 입소한 자에 대하여 조제하는 경우(사회복지시설에서 숙식을 하지 아니하는 자인 경우에는 해당 시설을 이용하는 동안에 조제하는 경우만 해당한다)(2018.3.27 본호개정)
5. 주사제를 주사하는 경우
6. 감염병 예방접종약·진단용 의약품 등 보건복지부령으로 정하는 의약품을 투여하는 경우
7. 「지역보건법」에 따른 보건소 및 보건지소의 의사·치과의사가 그 업무(보건소와 보건복지부장관이 지정하는 보건지소의 지역 주민에 대한 외래 진료 업무는 제외한다)로서 환자에 대하여 조제하는 경우
(2010.1.18 6호~7호개정)
8. 국가유공자 등 예우 및 지원에 관한 법령에 따른 상이등급 1급부터 3급까지에 해당하는 자, 「5·18민주유공자예우 및 단체설립에 관한 법률」에 따른 5·18민주화운동부상자 중 장해등급 1급부터 4급까지에 해당하는 자, 고엽제 후유의증 환자 지원 등에 관한 법령에 따른 고도장애인, 장애인복지 관련 법령에 따른 1급·2급 장애인 및 이에 준하는 장애인, 파킨슨병 환자 또는 한센병 환자에 대하여 조제하는 경우(2021.1.5 본호개정)
9. 장기이식을 받은 자에 대하여 이에 관련된 치료를 하거나 후천성 면역결핍증 환자에 대하여 해당 질병을 치료하기 위하여 조제하는 경우
10. 병역의무를 수행 중인 군인·의무경찰과 「형의 집행 및 수용자의 처우에 관한 법률」 및 「군에서의 형의 집행 및 군수용자의 처우에 관한 법률」에 따른 교정시설, 「보호소년 등의 처우에 관한 법률」에 따른 보호소년 수용시설 및 「출입국관리법」에 따른 외국인 보호시설에 수용 중인 자에 대하여 조제하는 경우(2016.5.29 본호개정)
11. 「결핵예방법」에 따라 결핵치료제를 투여하는 경우(보건소·보건지소 및 대한결핵협회 부속의원만 해당한다)
12. 사회봉사 활동을 위하여 조제하는 경우
13. 국가안전보장에 관련된 정보 및 보안을 위하여 처방전을 공개할 수 없는 경우
14. 그 밖에 대통령령으로 정하는 경우
⑤ 제3항제1호에 따른 의료기관이 없는 지역 및 제4항제1호에 따른 약국이 없는 지역의 범위에 관하여는 보건복지부장관이 정한다.(2010.1.18 본항개정)
⑥ 한약사가 한약을 조제할 때에는 한의사의 처방전에 따라야 한다. 다만, 보건복지부장관이 정하는 한약 처방의 종류 및 조제 방법에 따라 조제하는 경우에는 한의사의 처방전 없이도 조제할 수 있다.(2010.1.18 단서개정)
⑦ 의료기관의 조제실에서 조제업무에 종사하는 약사는 「의료법」 제18조에 따라 처방전이 교부된 환자를 위하여 의약품을 조제하여서는 아니 된다.

제23조의2【의약품정보의 확인】 ① 약사는 제23조제3항에 따라 의약품을 조제하는 경우에는 다음 각 호의 정보(이하 "의약품정보"라 한다)를 미리 확인하여야 한다.
1. 환자에게 처방 또는 투여되고 있는 의약품과 동일한 성분의 의약품인지 여부
2. 식품의약품안전처장이 병용금기, 특정연령대 금기 또는 임부금기 등으로 고시한 성분이 포함되는지 여부
3. 그 밖에 보건복지부령으로 정하는 정보
② 제1항에도 불구하고 약사는 의약품정보를 확인할 수 없는 정당한 사유가 있을 때에는 이를 확인하지 아니할 수 있다.
③ 제1항에 따른 의약품정보의 확인방법·절차, 제2항에 따른 의약품정보를 확인할 수 없는 정당한 사유 등은 보건복지부령으로 정한다.
(2015.12.29 본조신설)

제23조의3【의약품안전사용정보시스템의 구축·운영 등】
① 보건복지부장관은 제23조의2 및 「의료법」 제18조의2에 따른 의약품정보의 확인을 지원하기 위하여 의약품안전사용정보시스템(이하 "정보시스템"이라 한다)을 구축·운영할 수 있다.
② 보건복지부장관은 정보시스템의 운영을 보건복지부령으로 정하는 전문기관에 위탁할 수 있다. 이 경우 보건복지부장관은 정보시스템의 운영에 소요되는 비용의 전부 또는 일부를 지원할 수 있다.
③ 보건복지부장관 또는 제2항에 따라 위탁받은 전문기관의 장은 의사, 치과의사, 약사 등에 대하여 정보시스템 운영에 필요한 정보(「개인정보 보호법」 제23조에 따른 민감정보 및 같은 법 제24조에 따른 고유식별정보를 포함한다. 이 경우 해당 정보는 「개인정보 보호법」에 따라 보호하여야 한다)로서 보건복지부령으로 정하는 자료를 요청하여 처리할 수 있다. 이 경우 요청을 받은 의사, 치과의사, 약사 등은 특별한 사유가 없으면 이에 따라야 한다.
④ 보건복지부장관은 제1항에 따른 정보시스템의 원활한 운영을 위하여 의약품안전사용정보시스템 운영위원회(이하 이 조에서 "운영위원회"라 한다)를 설치·운영할 수 있다.
⑤ 제1항에 따른 정보시스템의 구축·운영, 제2항에 따른 위탁, 제4항에 따른 운영위원회의 구성·운영 등에 필요한 사항은 보건복지부령으로 정한다.
(2015.12.29 본조신설)

제24조【의무 및 준수 사항】 ① 약국에서 조제에 종사하는 약사 또는 한약사는 조제 요구를 받으면 정당한 이유 없이 조제를 거부할 수 없다.
② 약국개설자(해당 약국 종사자를 포함한다. 이하 이 조에서 같다)와 의료기관 개설자(해당 의료기관의 종사자를 포함한다. 이하 이 조에서 같다)는 다음 각 호의 어느 하나에 해당하는 담합 행위를 하여서는 아니 된다.
1. 약국개설자가 특정 의료기관의 처방전을 가진 자에게 약제비의 전부 또는 일부를 면제하여 주는 행위
2. (2024.1.23 삭제)
3. 의료기관 개설자가 처방전을 가진 자에게 특정 약국에서 조제 받도록 지시하거나 유도하는 행위(환자의 요구에 따라 지역 내 약국들의 명칭·소재지 등을 종합하여 안내하는 행위는 제외한다)
4. 의사 또는 치과의사가 제25조제2항에 따라 의사회 분회 또는 치과의사회 분회가 약사회 분회에 제공한 처방 의약품 목록에 포함되어 있는 의약품과 같은 성분의 다른 품목을 반복하여 처방하는 행위(그 처방전에 따라 의약품을 조제한 약사의 행위도 또한 같다)
5. 제1호부터 제4호까지의 규정에 해당하는 행위와 유사하여 담합의 소지가 있는 행위로서 대통령령으로 정하는 행위
③ 제23조제2항에 따른 의료기관의 조제실에 근무하는 약사 또는 한약사가 의약품을 조제할 때에는 식품의약품안전처장과 협의하여 보건복지부령으로 정하는 사항을 지켜야 한다.(2013.3.23 본항개정)
④ 약사는 의약품을 조제하면 환자 또는 환자보호자에게 필요한 복약지도(服藥指導)를 구두 또는 복약지도서(복약지도에 관한 내용을 환자가 읽기 쉽고 이해하기 쉬운 용어로 설명한 서면 또는 전자문서를 말한다)로 하여야 한다. 이 경우 복약지도서의 양식 등 필요한 사항은 보건복지부령으로 정한다.(2014.3.18 본항개정)
⑤ 보건복지부장관은 약사가 적정한 처방건수를 조제하게 하여 제4항에 따른 복약지도를 충실히 할 수 있도록 필요한 조치를 강구할 수 있다.(2010.1.18 본항개정)

제24조의2【부당한 경제적 이익 등의 제공 금지】 ① 약국개설자(약국을 개설하려는 자 및 해당 약국 종사자를 포함한다)는 처방전의 알선·수수·제공 또는 환자 유인의 목적으로 의료인, 「의료법」 제23조의5제3항에 따른 의료기관 개설자 또는 의료기관 종사자에게 금전, 물품, 편익, 노무, 향응, 그 밖의 경제적 이익(이하 "경제적 이익등"이라 한다)을 제공·약속하거나 의료인, 의료기관 개설자 또는 의료기관 종사자로 하여금 의료기관이 경제적 이익등을 취득하게 하여서는 아니 된다.
② 누구든지 제1항에 위반되는 경제적 이익등의 제공행위를 알선 또는 중개하거나 알선 또는 중개의 목적으로 광고를 하여서는 아니 된다.
(2024.1.23 본조신설)

제24조의3【책임의 감면 등】 ① 제24조의2를 위반한 자가 자진하여 그 사실을 신고한 경우에는 그 신고자에 대하여 형을 감경하거나 면제할 수 있다.
② 제1항에 따른 신고를 한 자가 다음 각 호의 어느 하나에 해당하는 경우에는 이 법에 따른 보호 또는 보상을 받지 못한다.
1. 신고의 내용이 거짓이라는 사실을 알았거나 알 수 있었음에도 신고한 경우
2. 그 밖에 부정한 목적으로 신고한 경우
(2024.1.23 본조신설)

제25조【처방의약품 목록 작성 등】 ① 의료기관 개설자는 해당 의료기관에서 처방하려는 의약품의 목록을 그 의료기관이 소재하는 시·군·구의 「의료법」 제28조제5항에 따라 설치된 시·군·구 의사회 분회 또는 치과의사회 분회(이하 "의사회분회등"이라 한다)에 제출한다.
② 의사회분회등은 제1항에 따른 의료기관별 처방의약품 목록에서 품목 수를 적정하게 조정한 지역처방의약품 목록과 그 지역처방의약품 목록의 범위에서 조정된 의료기관별 처방의약품 목록을 해당 시·군·구의 약사회 분회에 제공한다.
③ 약사회 분회는 제2항에 따라 의사회분회등으로부터 지역처방의약품 목록과 의료기관별 처방의약품 목록을 받으면 해당 지역의 약국개설자에게 이를 통보하여 갖추도록 한다.
④ 약국개설자가 제2항에 따른 처방의약품 목록에 따라 의약품을 갖추는 데 어려움이 있어서 그 품목 수를 조정할 필요가 있으면 의사회분회등과 약사회 분회가 협의하여 조정할 수 있다. 품목 수가 추가되거나 변경되는 경우에도 또한 같다.
⑤ 의사회분회등은 제2항에 따른 처방의약품 목록을 변경하거나 추가하려면 30일 전에 약사회 분회에 이를 통보한다.

제26조【처방의 변경·수정】 ① 약사 또는 한약사는 처방전을 발행한 의사·치과의사·한의사 또는 수의사의 동의 없이 처방을 변경하거나 수정하여 조제할 수 없다.
② 약사 또는 한약사는 처방전에 표시된 의약품의 명칭·분량·용법 및 용량 등이 다음 각 호의 어느 하나로 의심되는 경우 처방전을 발행한 의사·치과의사·한의사 또는 수의사에게 전화 및 팩스를 이용하거나 「정보통신망 이용촉진 및 정보보호 등에 관한 법률」 제2조제1항제1호에 따른 정보통신망을 통하여 의심스러운 점을 확인한 후가 아니면 조제를 하여서는 아니 된다.
(2015.12.29 본문개정)
1. 식품의약품안전처장이 의약품의 안정성·유효성 문제로 의약품 품목 허가 또는 신고를 취소한 의약품이 기재된 경우(2013.3.23 본호개정)
2. 의약품의 제품명 또는 성분명을 확인할 수 없는 경우
3. 식품의약품안전처장이 병용금기, 특정연령대 금기 또는 임부금기 성분으로 고시한 의약품이 기재된 경우. 다만, 의사 또는 치과의사가 「의료법」 제18조의2제1항에 따라 정보시스템을 활용하여 그 사유를 기재하거나, 처방전에 그 사유를 기재한 경우 등 보건복지부령으로 정하는 경우는 제외한다.(2015.12.29 본호개정)
(2007.7.27 본항개정)
③ 제1항에 따른 처방의 변경 및 수정 방법과 절차 등 세부적인 사항은 보건복지부령으로 정한다.(2010.1.18 본항개정)

제27조【대체조제】 ① 약사는 의사 또는 치과의사가 처방전에 적은 의약품을 성분·함량 및 제형이 같은 다른 의약품으로 대체하여 조제하려는 경우에는 미리 그 처방전을 발행한 의사 또는 치과의사의 동의를 받아야 한다.
② 제1항에도 불구하고 약사는 다음 각 호의 어느 하나에 해당하면 그 처방전을 발행한 의사 또는 치과의사의 사전 동의 없이 대체조제를 할 수 있다.

1. 식품의약품안전처장이 생물학적 동등성이 있다고 인정한 품목(생체를 이용한 시험을 할 필요가 없거나 할 수 없어서 생체를 이용하지 아니하는 시험을 통하여 생물학적 동등성을 입증한 의약품을 포함한다)으로 대체하여 조제하는 경우. 다만, 의사 또는 치과의사가 처방전에 대체조제가 불가하다는 표시를 하고 임상적 사유 등을 구체적으로 적은 품목은 제외한다.(2013.3.23 본문개정)
2. 처방전에 기재된 의약품의 제조업자와 같은 제조업자가 제조한 의약품으로서 처방전에 적힌 의약품과 성분·제형은 같으나 함량이 다른 의약품으로 같은 처방 용량을 대체조제하는 경우. 다만, 일반의약품은 일반의약품으로, 전문의약품은 전문의약품으로 대체조제하는 경우만 해당한다.
3. 약국이 소재하는 시·군·구 외의 지역에 소재하는 의료기관에서 발행한 처방전에 적힌 의약품이 해당 약국이 있는 지역의 지역처방의약품 목록에 없고, 해당 약국의 지역처방의약품 목록 중 처방전에 적힌 의약품과 그 성분·함량 및 제형이 같은 의약품으로 대체조제하는 경우로서 그 처방전을 발행한 의사 또는 치과의사의 동의를 미리 받기 어려운 부득이한 사정이 있는 경우

③ 약사는 제1항 또는 제2항에 따라 처방전에 적힌 의약품을 대체조제한 경우에는 그 처방전을 지닌 자에게 즉시 대체조제한 내용을 알려야 한다.

④ 약사는 제2항에 따라 처방전에 적힌 의약품을 대체조제한 경우에는 그 처방전을 발행한 의사 또는 치과의사에게 대체조제한 내용을 1일(부득이한 사유가 있는 경우에는 3일) 이내에 통보하여야 한다. 다만, 미리 그 처방전을 발행한 의사 또는 치과의사의 동의를 받거나 처방전에 기재한 전화·팩스번호가 사실과 다른 경우 등 보건복지부령으로 정하는 사유가 있는 경우에는 그러하지 아니하다.(2015.12.29 단서개정)

⑤ 의사 또는 치과의사의 사전 동의 없이 처방전에 적힌 의약품을 대체조제한 경우에는 그 대체조제한 의약품으로 인하여 발생한 약화(藥禍) 사고에 대하여 의사 또는 치과의사는 책임을 지지 아니한다.

⑥ 제1항과 제4항에 따른 동의와 통보의 방법 및 절차 등에 필요한 사항은 보건복지부령으로 정한다.
(2010.1.18 본항개정)

제28조【조제된 약제의 표시 및 기입】 ① 약사 또는 한약사는 판매할 목적으로 조제한 약제의 용기 또는 포장에 그 처방전에 적힌 환자의 이름·용법 및 용량, 그 밖에 보건복지부령으로 정하는 사항을 적어야 한다.

② 약사 또는 한약사가 조제를 한 경우에는 그 처방전에 조제 연월일과 그 밖에 보건복지부령으로 정하는 사항을 적어야 한다.
(2010.1.18 본조개정)

제29조【처방전의 보존】 약사 또는 한약사가 약국에서 조제한 처방전은 조제한 날부터 2년 동안 보존하여야 한다.

제30조【조제기록부】 ① 약사는 약국에서 의약품을 조제(제23조제3항 각 호 외의 부분 단서 및 각 호에 따라 처방전 없이 조제하는 경우를 포함한다. 이하 이 조에서 같다)하면 환자의 인적 사항, 조제 연월일, 처방 약품명과 일수, 조제 내용 및 복약지도 내용, 그 밖에 보건복지부령으로 정하는 사항을 조제기록부(전자문서로 작성한 것을 포함한다)에 적어 5년 동안 보존하여야 한다.
(2011.3.30 본항개정)

② 환자는 약사에게 본인에 관한 기록의 열람 또는 사본의 발급 등 그 내용의 확인을 요청할 수 있다. 이 경우 약사는 정당한 사유 없이 이를 거부하여서는 아니 된다.
(2015.12.29 본항개정)

③ 약사는 환자가 아닌 다른 사람에게 환자에 관한 조제기록부를 열람하게 하거나 그 사본을 내주는 등 내용을 확인할 수 있게 하여서는 아니 된다. 다만, 다음 각 호의 어느 하나에 해당하는 경우에는 그 내용을 확인하게 할 수 있다.
1. 환자의 배우자, 직계존속·비속, 형제·자매(환자의 배우자 및 직계존속·비속, 배우자의 직계존속이 모두 없는 경우에 한정한다) 또는 배우자의 직계존속이 환자 본인의 동의서와 친족관계임을 나타내는 증명서 등을 첨부하는 등 보건복지부령으로 정하는 요건을 갖추어 요청한 경우
2. 환자가 지정하는 대리인이 환자 본인의 동의서와 대리권이 있음을 증명하는 서류를 첨부하는 등 보건복지부령으로 정하는 요건을 갖추어 요청한 경우
3. 환자의 법정대리인(「민법」 제928조 또는 제936조에 따른 후견인으로 한정한다)이 대리권이 있음을 증명하는 서류를 첨부하는 등 보건복지부령으로 정하는 요건을 갖추어 요청한 경우
4. 환자가 사망하거나 의식이 없는 등 환자의 동의를 받을 수 없어 환자의 배우자, 직계존속·비속, 형제·자매(환자의 배우자 및 직계존속·비속, 배우자의 직계존속이 모두 없는 경우에 한정한다) 또는 배우자의 직계존속이 친족관계임을 나타내는 증명서 등을 첨부하는 등 보건복지부령으로 정하는 요건을 갖추어 요청한 경우
5. 「국민건강보험법」 제14조, 제47조, 제48조 및 제63조에 따라 급여비용 심사·지급·대상여부 확인·사후관리 및 요양급여의 적정성 평가·가감지급 등을 위하여 국민건강보험공단 또는 건강보험심사평가원에 제공하는 경우
6. 「의료급여법」 제5조, 제11조, 제11조의3 및 제33조에 따라 의료급여 수급권자 확인, 급여비용의 심사·지급, 사후관리 등 의료급여 업무를 위하여 보장기관(시·군·구), 국민건강보험공단, 건강보험심사평가원에 제공하는 경우
7. 「형사소송법」 제106조, 제215조 또는 제218조에 따른 경우
8. 「민사소송법」 제347조에 따라 문서제출을 명한 경우
(2015.12.29 본항신설)

제5장 의약품등의 제조 및 수입 등

제1절 의약품등의 제조업

제31조【제조업 허가 등】 ① 의약품 제조를 업(業)으로 하려는 자는 대통령령으로 정하는 시설기준에 따라 필요한 시설을 갖추고 총리령으로 정하는 바에 따라 식품의약품안전처장의 허가를 받아야 한다.(2013.3.23 본항개정)

② 제1항에 따른 제조업자가 그 제조(다른 제조업자에게 제조를 위탁하는 경우를 포함한다)한 의약품을 판매하려는 경우에는 총리령으로 정하는 바에 따라 품목별로 식품의약품안전처장의 제조판매품목허가(이하 "품목허가"라 한다)를 받거나 제조판매품목 신고(이하 "품목신고"라 한다)를 하여야 한다.(2013.3.23 본항개정)

③ 제1항에 따른 제조업자 외의 자(제4호의 경우 제91조제1항에 따른 한국희귀·필수의약품센터만 해당한다)가 다음 각 호의 어느 하나에 해당하는 의약품을 제조업자에게 위탁제조하여 판매하려는 경우에는 총리령으로 정하는 바에 따라 식품의약품안전처장에게 위탁제조판매업신고를 하여야 하며, 품목별로 품목허가를 받아야 한다.
1. 제34조제1항에 따라 식품의약품안전처장으로부터 임상시험계획의 승인을 받아 임상시험(생물학적 동등성시험은 제외한다. 이하 이 항에서 같다)을 실시한 의약품
2. 제1호에 따른 임상시험 외에 외국에서 실시한 임상시험 중 총리령으로 정하는 임상시험을 실시한 의약품
3. 외국에서 판매되고 있는 의약품 중 국내 제조업자에게 제제기술을 이전한 의약품으로서 총리령으로 정하는 의약품(2017.10.24 본호신설)
4. 제91조제1항에 따른 한국희귀·필수의약품센터에서 취급하는 같은 항 각 호에 따른 의약품(2018.12.11 본호개정)
(2017.10.24 본항개정)

④ 의약외품의 제조를 업으로 하려는 자는 대통령령으로 정하는 시설기준에 따라 필요한 시설을 갖추고 식품의약품안전처장에게 제조업신고를 하여야 하며, 품목별로 품목허가를 받거나 품목신고를 하여야 한다.(2013.3.23 본항개정)

⑤ 제2항 및 제3항에 따라 품목허가를 받거나 품목신고를 한 자(이하 "품목허가를 받은 자"라 한다)는 총리령으로 정하는 바에 따라 영업소를 설치할 수 있다.
(2013.3.23 본항개정)

⑥ 제1항부터 제4항까지의 규정에도 불구하고 제34조에 따른 임상시험용 의약품 등 총리령으로 정하는 의약품 또는 의약외품(이하 "의약품등"이라 한다)에 대하여는 제조업허가 또는 품목허가를 받지 아니하거나 품목신고를 하지 아니할 수 있다.(2013.3.23 본항개정)

⑦ 제2항부터 제4항까지의 규정에도 불구하고 의약품등과 의료기기가 조합되어 있거나 복합 구성된 것으로서 주된 기능이 의료기기에 해당하여 「의료기기법」에 따라 허가를 받거나 신고한 제품 또는 품목은 제2항부터 제4항까지의 규정에 따라 품목허가를 받거나 품목신고를 한 것으로 본다.(2011.3.30 본항신설)

⑧ 다음 각 호의 어느 하나에 해당하는 자는 의약품등의 제조업이나 위탁제조판매업에 대한 허가를 받거나 신고를 할 수 없다.(2011.3.30 본문개정)
1. 제5조 각 호의 어느 하나에 해당하는 자
2. 제76조에 따라 제조업 허가가 취소되거나 위탁제조판매업소 또는 제조소(製造所)가 폐쇄된 날부터 1년이 지나지 아니한 자. 다만, 다음 각 목의 어느 하나에 해당하는 경우는 제외한다.(2017.10.24 단서신설)
  가. 제5조제1호 또는 제3호에 해당하여 취소 또는 폐쇄된 후 정신건강의학과 전문의가 약사(藥事)에 관한 업무를 담당하는 것이 적합하다고 인정한 경우
  나. 제5조제2호에 해당하여 취소 또는 폐쇄된 후 가정법원의 성년후견·한정후견 종료의 심판을 받은 경우
  (2017.10.24 가목~나목신설)
3. 파산선고를 받고 복권되지 아니한 자

⑨ 제1항부터 제4항까지의 경우에 허가받은 사항 또는 신고한 사항 중 총리령으로 정하는 사항을 변경하려는 때에는 총리령으로 정하는 바에 따라 변경허가를 받거나 변경신고를 하여야 한다.(2013.3.23 본항개정)

⑩ 제2항 및 제3항에 따라 허가를 받거나 신고하려는 품목이 신약 또는 식품의약품안전처장이 지정하는 의약품인 경우에는 안전성·유효성 등에 관한 다음 각 호의 자료 중 의약품의 특성, 종류 등에 따라 총리령으로 정하는 자료를 제출하여야 한다.
1. 품질에 관한 자료
2. 비임상시험자료
3. 임상시험자료
4. 특허관계 확인서와 그 사유를 적은 서류 및 근거자료
5. 그 밖에 총리령으로 정하는 자료
(2021.7.20 본항개정)

⑪ 제10항에 따라 자료를 제출하는 의약품이 임상시험자료를 작성한 자의 의약품과 동일한 제조소에서 동일한 처방 및 제조방법으로 모든 제조공정을 동일하게 하여 제조되는 경우(완제품 포장 공정만 다르게 하여 제조되는 경우를 포함한다)에는 해당 임상시험자료를 사용할 수 있도록 하는 작성자의 동의서로 같은 항 제3호의 자료를 갈음할 수 있다. 이 경우 전문의약품(「첨단재생의료 및 첨단바이오의약품 안전 및 지원에 관한 법률」 제2조제5호에 따른 첨단바이오의약품, 생물학적 제제 및 그 밖에 식품의약품안전처장이 정하는 의약품은 제외한다)의 임상시험자료를 작성한 자는 3회에 한정하여 해당 자료의 사용에 동의할 수 있다.(2021.7.20 본항신설)

⑫ 제2항에 따라 허가를 받거나 신고하려는 품목이 신약 또는 식품의약품안전처장이 지정하는 의약품과 주성분의 종류, 함량 및 투여경로가 동일한 경우에는 다음 각 호의 자료를 총리령으로 정하는 바에 따라 제출하여야 한다. 다만, 생체를 이용하지 아니하는 시험을 하는 품목의 경우에는 식품의약품안전처장이 정하여 고시하는 자료로 제2호의 자료를 갈음할 수 있다.
1. 품질에 관한 자료
2. 생물학적 동등성자료(생물학적 동등성에 관한 시험자료 또는 비교임상시험 성적서에 관한 자료를 말한다. 이하 이 조에서 같다)
3. 특허관계 확인서와 그 사유를 적은 서류 및 근거자료
4. 그 밖에 총리령으로 정하는 자료
(2021.7.20 본항신설)

⑬ 제12항에 따라 자료를 제출하는 의약품이 생물학적 동등성자료(같은 항 단서에 따라 식품의약품안전처장이 정하여 고시하는 자료를 포함한다. 이하 이 항에서 같다)를 작성한 자의 의약품과 동일한 제조소에서 동일한 처방 및 제조방법으로 모든 제조공정을 동일하게 하여 제조되는 경우(완제품 포장 공정만 다르게 하여 제조되는 경우를 포함한다)에는 해당 생물학적 동등성자료를 사용할 수 있도록 하는 작성자의 동의서로 같은 항 제2호의 자료를 갈음할 수 있다. 이 경우 생물학적 동등성자료를 작성한 자는 3회에 한정하여 해당 자료의 사용에 동의할 수 있다.(2021.7.20 본항신설)

⑭ 식품의약품안전처장은 제2항부터 제4항까지 및 제9항에 따른 신고(품목신고를 제외한다)를 받은 경우에는 그 내용을 검토하여 이 법에 적합하면 신고를 수리하여야 하고, 품목허가(변경허가를 포함한다) 신청을 받거나 품목신고(변경신고를 포함한다)를 받은 경우에는 다음 각 호의 요건을 모두 갖춘 경우에 한정하여 허가를 하거나 신고를 수리하여야 한다.(2021.7.20 본문개정)
1. 의약품등의 안전성·유효성이 인정될 것
2. 의약품등의 품질이 인정될 것
3. 제12항에 따라 자료를 제출하는 의약품의 경우 동등성이 인정될 것
4. 그 밖에 총리령으로 정하는 사항에 적합할 것
(2021.7.20 1호~4호신설)

⑮ 제1항부터 제4항까지 및 제9항부터 제14항까지에 따른 의약품등의 제조업·위탁제조판매업 및 제조판매품목의 허가 또는 신고를 할 때 허가 또는 신고의 대상·기준·조건, 제출 자료의 종류·요건·면제·변경과 제출 방법·절차 및 관리 등에 관하여 필요한 사항은 총리령으로 정한다.(2021.7.20 본항개정)

⑯ 의약품등의 제조업자 또는 위탁제조판매업 신고를 한 자는 다음 각 호의 어느 하나에 해당하는 의약품등의 품목허가를 받거나 품목신고를 할 수 없다.
1. 거짓이나 그 밖의 부정한 방법으로 품목허가·변경허가를 받거나 품목신고·변경신고를 하여 품목허가 또는 품목신고가 취소된 날부터 5년이 지나지 아니한 의약품등
2. 거짓이나 그 밖의 부정한 방법으로 제53조에 따른 국가출하승인을 받아 품목허가가 취소된 날부터 3년이 지나지 아니한 의약품
(2021.7.20 본항신설)
(2007.10.17 본조개정)

판례 제조업체로부터 포장이 봉합된 의약외품뿐 아니라 반제품이나 포장되지 않은 상태의 제품을 공급받아 완제품 형태로 포장하여 그 제품이 자신의 회사가 제조한 것처럼 상호를 표시하고 제품의 용도와 용량 등을 표기한 사건에서, 소비자 등이 상호의 회사를 제조업체로 오인하거나 원래의 제품과의 동일성을 상실케 할 별개의 제품으로 여길 가능성이 크기 때문에 이와 같은 재포장행위는 의약외품 제조행위로 봐야 한다.(대판 2019.9.9, 2019도9078)

제31조의2【원료의약품의 등록 등】 ① 신약의 원료의약품 또는 식품의약품안전처장이 정하여 고시하는 원료의약품을 제조하여 판매하려는 자는 총리령으로 정하는 바에 따라 그 성분·명칭과 제조방법 등 총리령으로 정하는 사항을 식품의약품안전처장에게 등록할 수 있다.
(2013.3.23 본항개정)

② 식품의약품안전처장은 제1항에 따른 등록사항이 총리령으로 정하는 기준에 적합한지 여부를 검토하여 그 결과를 신청인에게 알리고, 그 내용을 원료의약품 등록대장에 기록하고 보관하여야 한다. 이 경우 해당 원료의약품의 성분 및 제조원 등 총리령으로 정하는 사항을 공고하여야 한다.(2013.3.23 본항개정)

③ 제1항 및 제2항에 따라 등록된 사항 중 총리령으로 정하는 중요한 사항을 변경하려는 자는 식품의약품안전처장에게 변경등록을 하여야 한다. 다만, 그 밖의 사항을 변경하려는 자는 보고하여야 한다.(2013.3.23 본문개정)
④ 제1항부터 제3항까지의 규정에 따라 등록된 원료의약품은 제31조제2항에 따른 품목허가를 받거나 품목신고를 한 것으로 본다.
⑤ 제1항부터 제3항까지에서 규정한 사항 외에 원료의약품의 등록·변경등록 또는 변경보고, 등록된 원료의약품의 공고 등에 필요한 사항은 총리령으로 정한다.
(2013.3.23 본항개정)
(2011.3.30 본조신설)

제31조의3~제31조의4 (2015.3.13 삭제)

제31조의5【의약품 품목허가 등의 갱신】 ① 제31조제2항 및 제3항에 따른 의약품의 품목허가 및 품목신고의 유효기간은 5년으로 한다. 다만, 다음 각 호의 어느 하나에 해당하는 의약품은 유효기간을 적용하지 아니한다.
1. 원료의약품
2. 수출만을 목적으로 생산하는 수출용 의약품
3. 그 밖에 제1호 및 제2호에 준하는 의약품으로서 총리령으로 정하는 의약품(2013.3.23 본호개정)
② 제1항에도 불구하고 제32조에 따른 재심사 대상 의약품에 대한 품목허가의 유효기간은 해당 의약품에 대한 재심사 기간이 끝난 후부터 적용한다.
③ 품목허가를 받은 자는 제1항 및 제2항에 따른 유효기간이 끝난 후에 계속하여 해당 의약품을 판매하려면 그 유효기간이 끝나기 전에 식품의약품안전처장에게 품목허가를 갱신받거나 품목신고를 갱신하여야 한다.
(2013.3.23 본항개정)
④ 식품의약품안전처장은 의약품의 안전성 또는 유효성에 중대한 문제가 있다고 인정하는 경우, 제3항에 따른 갱신에 필요한 자료를 제출하지 아니한 경우 등에는 해당 의약품에 대한 품목허가 또는 품목신고를 갱신하지 아니할 수 있다.(2013.3.23 본항개정)
⑤ 품목허가를 받은 자는 제1항에 따른 유효기간 동안 제조되지 아니한 의약품에 대하여는 제3항에 따라 품목허가를 갱신받거나 품목신고를 갱신할 수 없다. 다만, 총리령으로 정하는 부득이한 사유로 제조되지 못한 의약품의 경우에는 그러하지 아니하다.(2013.3.23 단서개정)
⑥ 제1항 및 제2항에 따른 유효기간의 산정방법과 제3항 및 제4항에 따른 품목허가 및 품목신고 갱신의 기준, 방법 및 절차 등에 관하여 필요한 사항은 총리령으로 정한다.
(2013.3.23 본항개정)
(2012.5.14 본조신설)

제32조【신약 등의 재심사】 ① 제31조제2항 및 제3항에 따라 품목허가를 받은 의약품 중 제31조제10항에 해당하는 의약품은 그 품목허가를 받은 날부터 품목에 따라 4년에서 6년이 지난 날부터 3개월 이내에 식품의약품안전처장의 재심사를 받아야 한다.
② 제1항에 따른 재심사의 방법·절차·시기 등에 필요한 사항은 총리령으로 정한다.
(2013.3.23 본조개정)

제33조【의약품등 재평가】 ① 식품의약품안전처장은 제31조제2항부터 제4항까지의 규정에 따라 품목허가를 하거나 품목신고를 받은 의약품등 중 그 효능 또는 성분별로 안전성 및 유효성을 검토할 필요가 있거나, 의약품 동등성(同等性)을 입증할 필요가 있다고 인정되는 의약품에 대하여는 재평가를 할 수 있다.(2015.1.28 본항개정)
② 제1항에 따른 재평가 방법·절차 등에 필요한 사항은 식품의약품안전처장이 정한다.
(2015.1.28 본조제목개정)
(2013.3.23 본조개정)

제34조【임상시험의 계획 승인 등】 ① 의약품등으로 임상시험을 하려는 자는 그에 관한 계획서를 작성하여 식품의약품안전처장의 승인을 받아야 하며, 승인받은 사항을 변경하려는 경우에도 총리령으로 정하는 바에 따라 변경승인을 받아야 한다. 다만, 임상시험 계획서 중 총리령으로 정하는 사항을 변경하려는 경우에는 식품의약품안전처장에게 보고하여야 한다.
② 제1항에도 불구하고 판매 중인 의약품등에 대하여 그 품목허가를 받거나 품목신고를 한 범위에서 임상적인 효과 등을 관찰하고 이상 반응이 있는지를 조사하기 위한 시험 등 총리령으로 정하는 임상시험은 제1항에 따른 승인을 받지 아니할 수 있다.
③ 제1항에 따라 임상시험을 하려는 자는 다음 각 호의 사항을 지켜야 한다.
1. 제34조의2제1항에 따라 지정된 임상시험실시기관 또는 임상시험검체분석기관에서 임상시험을 실시할 것. 다만, 임상시험의 특성상 임상시험실시기관 또는 임상시험검체분석기관이 아닌 의료기관의 참여가 필요하다고 인정되는 총리령으로 정하는 임상시험은 그러하지 아니하다.
2. 총리령으로 정하는 적합한 제조시설에서 제조되거나 제조되어 수입된 의약품등을 사용하는 등 임상시험의 실시 기준을 준수할 것
3. 임상시험을 실시하기 위한 대상자의 모집 공고 시 임상시험의 명칭, 목적, 방법, 대상자 자격과 선정기준, 의뢰자와 책임자의 성명(법인명)·주소·연락처 및 예측 가능한 부작용에 관한 사항을 알릴 것
4. (2017.10.24 삭제)
5. 임상시험 대상자에게 발생할 수 있는 건강상의 피해를 배상 또는 보상하기 위하여 보험에 가입하고, 피해 발생으로 보상하는 경우에는 제34조의2제3항제2호에 따라 임상시험 대상자에게 사전에 설명한 보상 절차 등을 준수할 것(2018.12.11 본호신설)
6. 임상시험용 의약품 등의 안전성 정보를 총리령으로 정하는 바에 따라 평가·기록·보존·보고할 것
(2018.12.11 본호신설)
④ 임상시험(생물학적 동등성시험은 제외한다. 이하 이 항에서 같다)을 위하여 제조되거나 제조되어 수입된 의약품등은 임상시험이 아닌 다른 용도에 사용하여서는 아니 된다.(2023.4.18 단서삭제)
1.~3. (2023.4.18 삭제)
⑤ 식품의약품안전처장은 안전성·유효성에 문제가 있는 성분을 포함한 제제, 혈액 제제, 유전자 치료제, 세포치료제 등에 대한 임상시험이 공익상 또는 보건위생상 위해를 끼치거나 끼칠 우려가 있으면 제1항에 따라 승인을 받으려는 임상시험을 제한할 수 있다.
⑥ 식품의약품안전처장은 제1항 전단 및 후단에 따라 승인을 받은 임상시험이 그 승인을 받은 사항에 위반되거나 임상시험에 대하여 중대한 안전성·윤리성 문제가 제기되는 경우에는 임상시험을 중지하거나 임상시험의 용도로 의약품등을 사용하는 것을 금지하거나 해당 의약품등을 회수·폐기하는 등 필요한 조치를 명할 수 있다.
⑦ 제1항에 따른 임상시험의 계획 승인 및 계획에 포함될 사항, 제3항제2호에 따른 임상시험의 실시 기준 등에 관하여 필요한 사항은 총리령으로 정한다.
(2017.10.24 본조개정)

제34조의2【임상시험실시기관 등의 지정 등】 ① 다음 각 호의 어느 하나에 해당하는 기관은 해당 호의 구분에 따라 총리령으로 정하는 시설, 전문인력 및 기구(機構)를 갖추어 총리령으로 정하는 바에 따라 식품의약품안전처장의 지정을 받아야 한다.
1. 임상시험[인체로부터 수집·채취된 검체의 분석(이하 "검체분석"이라 한다)은 제외한다]을 실시하려는 기관(「의료법」 제3조에 따른 의료기관으로 한정한다)
2. 임상시험 중 검체분석을 실시하려는 기관
(2017.10.24 1호~2호신설)
② 제1항제1호에 따라 지정을 받아 임상시험을 실시하는 기관(이하 "임상시험실시기관"이라 한다) 또는 같은 항 제2호에 따라 지정을 받아 검체분석을 실시하는 기관(이하 "임상시험검체분석기관"이라 한다)이 지정받은 사항을 변경하려는 경우에는 총리령으로 정하는 바에 따라 식품의약품안전처장의 변경지정을 받아야 한다. 다만, 총리령으로 정하는 사항을 변경하려는 경우에는 식품의약품안전처장에게 보고하여야 한다.
③ 임상시험실시기관 또는 임상시험검체분석기관은 다음 각 호의 사항을 지켜야 한다. 다만, 제1호부터 제5호까지의 규정은 임상시험실시기관에만 해당한다.
(2021.7.20 단서개정)
1. 사회복지시설 등 총리령으로 정하는 집단시설에 수용 중인 자(이하 이 호에서 "수용자"라 한다)를 임상시험의 대상자로 선정하지 아니할 것. 다만, 임상시험의 특성상 수용자를 그 대상으로 하는 것이 불가피한 경우로서 총리령으로 정하는 기준에 해당하는 경우에는 수용자를 임상시험의 대상자로 선정할 수 있다.
2. 임상시험의 내용, 임상시험으로 인하여 그 대상자에게 발생할 가능성이 예상되는 건강상의 피해 정도와 보상 내용 및 보상 신청 절차 등을 임상시험의 대상자에게 사전에 설명하고 서면 동의(「전자서명법」에 따른 전자서명이 기재된 전자문서를 포함한다. 이하 이 조에서 같다)를 받을 것(2018.12.11 본호개정)
3. 제2호에도 불구하고 임상시험 대상자의 이해능력·의사표현능력의 결여 등의 사유로 동의를 받을 수 없는 경우에는 다음 각 목에서 정한 대리인의 서면 동의를 받을 것. 이 경우 대리인의 동의는 임상시험 대상자의 의사에 어긋나서는 아니 된다.
가. 법정대리인
나. 법정대리인이 없는 경우 배우자, 직계존속, 직계비속의 순으로 하되, 직계존속 또는 직계비속이 여러 사람일 경우 협의하여 정하고, 협의가 되지 아니하면 연장자가 대리인이 된다.
(2018.12.11 본호신설)
4. 건강한 사람을 대상으로 임상시험을 실시하는 경우에는 임상시험일 전 6개월 이내에 임상시험에 참여하지 아니한 사람을 총리령으로 정하는 바에 따라 임상시험 대상자로 선정할 것(2018.12.11 본호신설)
5. 임상시험에 참여하는 대상자의 권리·안전·복지를 위하여 임상시험 실시에 관한 심사 등 업무를 수행하는 임상시험심사위원회(이하 "심사위원회"라 한다)를 설치·운영할 것. 다만, 총리령으로 정하는 바에 따라 임상시험 실시에 관한 심사 등 업무를 제34조의5제2항에 따른 중앙임상시험심사위원회 또는 다른 심사위원회에 위탁하는 경우에는 그러하지 아니하다.(2021.7.20 본호신설)
6. 임상시험을 실시하였을 때에는 임상시험성적서 또는 임상시험검체분석성적서를 작성·발급하고 그 임상시험의 대상자 정보(「개인정보 보호법」 제24조에 따른 고유식별정보를 포함한다)에 관한 기록, 임상시험에서 발생한 이상반응에 관한 기록, 임상시험에 사용된 의약품의 관리에 관한 기록 및 임상시험에 관한 계약서(이하 "임상시험에 관한 기록"이라 한다)를 작성·보관·보고하는 등 총리령으로 정하는 사항을 지킬 것
(2018.12.11 본호개정)
④ 식품의약품안전처장 및 임상시험실시기관은 임상시험 대상자의 선정·관리 등에 관한 업무를 수행하기 위하여 당사자의 동의를 받아 「개인정보 보호법」 제23조에 따른 건강에 관한 정보와 같은 법 제24조에 따른 고유식별정보가 포함된 자료를 처리할 수 있다. 이 경우 식품의약품안전처장 및 임상시험실시기관은 「개인정보 보호법」에 따라 해당 정보를 보호하여야 한다.(2018.12.11 본항신설)
⑤ 제1항부터 제4항까지에서 규정한 사항 외에 임상시험실시기관 또는 임상시험검체분석기관의 지정요건과 절차·방법 및 운영과 관리 등에 관하여 필요한 사항은 총리령으로 정한다.(2018.12.11 본항개정)
(2017.10.24 본조개정)

제34조의3【비임상시험실시기관의 지정 등】 ① 의약품등의 안전성과 유효성에 관하여 사람 외의 것을 대상으로 식품의약품안전처장이 정하여 고시하는 비임상시험을 실시하려는 기관은 총리령으로 정하는 시설, 전문인력 및 기구를 갖추어 총리령으로 정하는 바에 따라 식품의약품안전처장의 지정을 받아야 한다.(2015.1.28 본항개정)
② 제1항에 따른 지정을 받아 비임상시험을 실시하는 기관(이하 "비임상시험실시기관"이라 한다)이 지정받은 사항을 변경하려는 경우에는 총리령으로 정하는 바에 따라 식품의약품안전처장의 변경지정을 받아야 한다. 다만, 총리령으로 정하는 사항을 변경하려는 경우에는 식품의약품안전처장에게 보고하여야 한다.(2015.1.28 본항개정)
③ 비임상시험실시기관은 제1항에 따른 비임상시험을 실시하였을 때에는 비임상시험성적서를 작성·발급하고 그 비임상시험에 관한 기록을 보관하는 등 총리령으로 정하는 사항을 지켜야 한다.(2013.3.23 본항개정)
④ 제1항부터 제3항까지에서 규정한 사항 외에 비임상시험실시기관의 지정요건과 절차·방법 및 운영과 관리 등에 관하여 필요한 사항은 총리령으로 정한다.
(2013.3.23 본항개정)

제34조의4【임상시험 종사자에 대한 교육】 ① 임상시험실시기관의 장과 제34조제1항에 따라 임상시험을 하려는 자는 임상시험 계획서에 따라 임상시험에 참여하는 다음 각 호의 인력(이하 "임상시험 종사자"라 한다)에 대하여 전문성 향상 및 임상시험 대상자의 보호를 위하여 필요한 교육(이하 "임상시험 교육"이라 한다)을 받도록 하여야 한다.
1. 임상시험실시기관의 임상시험 수행 책임자
2. 임상시험을 감독·확인·검토하는 모니터요원
3. 임상시험실시기관에서 제1호에 따른 책임자의 위임 및 감독에 따라 임상시험 업무를 담당하는 사람
4. 임상시험에 참여하는 대상자의 권리 보호 및 안전에 관한 업무를 수행하는 사람으로서 총리령으로 정하는 사람
② 식품의약품안전처장은 임상시험실시기관의 장과 임상시험을 하려는 자에게 그가 고용하고 있는 임상시험 종사자가 임상시험 교육을 받을 것을 명할 수 있다.
③ 식품의약품안전처장은 임상시험 관련 전문 단체 또는 기관 등을 임상시험 교육을 할 기관(이하 "임상시험 교육실시기관"이라 한다)으로 지정할 수 있다. 이 경우 식품의약품안전처장은 그 지정 내용을 고시하여야 한다.
④ 임상시험 교육실시기관은 임상시험 교육에 관한 기록을 작성·보관하는 등 총리령으로 정하는 사항을 지켜야 한다.
⑤ 제1항부터 제4항까지에서 규정한 사항 외에 교육의 내용·시간·방법 및 교육비 등 임상시험 교육에 필요한 사항과 임상시험 교육실시기관의 지정 요건 및 절차, 운영, 지정취소 등에 관하여 필요한 사항은 총리령으로 정한다.
(2017.10.24 본조개정)

제34조의5【임상시험안전지원기관 및 중앙임상시험심사위원회】 ① 식품의약품안전처장은 다음 각 호의 업무를 수행하게 하기 위하여 총리령으로 정하는 바에 따라 관계 전문기관 또는 단체를 임상시험안전지원기관으로 지정할 수 있다.
1. 심사위원회의 운영에 대한 자문 등 지원
2. 제2항에 따른 중앙임상시험심사위원회의 운영에 대한 지원
3. 임상시험 안전성 정보에 대한 분석 및 연구
4. 임상시험 대상자의 권리 보호를 위한 상담 및 정보 제공
5. 임상시험 관련 홍보 및 교육 지원
6. 그 밖에 총리령으로 정하는 업무
② 제1항에 따른 임상시험안전지원기관은 제34조의2제3항제5호 단서에 따라 위탁받은 임상시험 실시에 관한 심사 업무를 수행하게 하기 위하여 중앙임상시험심사위원회(이하 "중앙심사위원회"라 한다)를 구성·운영할 수 있다.
③ 식품의약품안전처장은 임상시험안전지원기관 및 중앙심사위원회의 운영과 업무 수행 등에 필요한 비용을 지원할 수 있다.

④ 임상시험안전지원기관의 지정·운영 및 중앙심사위원회의 구성·운영 등에 필요한 사항은 총리령으로 정한다.
(2021.7.20 본조신설)

제34조의6【임상시험용의약품의 치료목적 사용승인 등】 ① 제34조제4항에도 불구하고 다음 각 호의 어느 하나에 해당하는 경우에는 식품의약품안전처장의 승인을 받아 임상시험을 위하여 제조되거나 제조되어 수입된 의약품(이하 이 조에서 "임상시험용의약품"이라 한다)을 임상시험이 아닌 다른 용도에 사용할 수 있다. 다만, 제1호와 제2호의 경우에는 총리령으로 정하는 바에 따라 미리 환자의 동의를 받아야 한다.
1. 말기암 또는 후천성면역결핍증 등 생명을 위협하는 중대한 질환을 가진 환자를 치료하려는 경우
2. 생명이 위급하거나 대체치료수단이 없는 등 총리령으로 정하는 응급환자를 치료하려는 경우
3. 해당 임상시험용의약품을 연구 또는 분석(사람을 대상으로 하지 아니하는 연구 또는 분석을 말한다)의 목적으로 사용하려는 경우

② 외국에서 임상시험 중인 임상시험용의약품으로서 제1항제1호 또는 제2호 중 어느 하나에 해당하는 경우에는 식품의약품안전처장의 승인을 받아 해당 의약품을 사용할 수 있다. 이 경우 총리령으로 정하는 바에 따라 미리 환자의 동의를 받아야 한다.
③ 제1항 및 제2항에 따른 승인 시 대상범위·절차·방법 등에 관하여 필요한 사항은 총리령으로 정한다.
(2023.4.18 본조신설)

제35조【조건부 허가 등】 ① 식품의약품안전처장은 제31조제1항 및 제2항에 따른 허가를 할 때 의약품 제조업 또는 총리령으로 정하는 품목에 대하여는 일정한 기간 내에 제31조제1항에 따른 시설을 갖출 것을 조건으로 허가(이하 "시설 조건부 허가"라 한다)할 수 있다.
② 식품의약품안전처장은 심각한 중증질환 또는 「희귀질환관리법」 제2조제1호에 따른 희귀질환을 치료하기 위한 목적으로 사용되는 의약품 중 총리령으로 정하는 의약품에 대하여 다음 각 호의 어느 하나에 해당하는 자료를 근거로 하여 품목허가를 신청하는 경우에는 해당 의약품의 인체에 대한 안전성·유효성 등을 확증하기 위하여 투약자 대상 임상시험 자료 등을 별도로 정하는 기간 내에 제출할 것을 조건으로 중앙약사심의위원회의 의견을 들어 품목허가(이하 "품목 조건부 허가"라 한다)를 할 수 있다.
1. 해당 품목이 총리령으로 정하는 임상적 평가변수에 대하여 효과가 있음을 입증하는 임상시험 자료
2. 해당 품목이 약물역학(藥物疫學), 약물치료학(藥物治療學), 병태생리학(病態生理學) 등의 관점에서 임상적 효과를 합리적으로 예측할 수 있는 대리평가변수를 통해 효과가 있음을 입증하는 임상시험 자료

③ 품목 조건부 허가에 관하여는 「공중보건 위기대응 의료제품의 개발 촉진 및 긴급 공급을 위한 특별법」 제13조부터 제16조까지, 제22조 및 제36조를 준용한다. 이 경우 "의료제품"은 "의약품"으로, "위원회"는 "중앙약사심의위원회"로 각각 본다.(2021.7.20 본항신설)
④ 제1항부터 제3항까지에서 규정한 사항 외에 시설 조건부 허가 또는 품목 조건부 허가 등에 필요한 사항은 총리령으로 정한다.(2021.7.20 본항신설)
(2021.7.20 본조개정)

제35조의2【조건의 이행 점검】 ① 품목 조건부 허가를 받은 자는 투약자 대상 임상시험의 실시 상황 등 제35조제2항에 따른 조건의 이행 상황을 총리령으로 정하는 바에 따라 식품의약품안전처장에게 보고하여야 한다.
② 식품의약품안전처장은 제1항에 따른 보고 내용을 검토하여 조건의 이행 상황을 점검하고, 조건의 이행을 위하여 필요한 조치를 명할 수 있다.
(2021.7.20 본조신설)

제35조의3【조건부 허가의 취소】 식품의약품안전처장은 다음 각 호의 어느 하나에 해당하는 경우 제35조에 따른 시설 조건부 허가 또는 품목 조건부 허가를 취소할 수 있다. 다만, 제1호 또는 제2호에 해당하는 경우에는 그 허가를 취소하여야 한다.
1. 거짓이나 그 밖의 부정한 방법으로 시설 조건부 허가 또는 품목 조건부 허가를 받은 경우
2. 시설 조건부 허가 또는 품목 조건부 허가를 받은 자가 정당한 사유 없이 그 조건을 이행하지 아니하는 경우
3. 품목 조건부 허가를 받은 자가 제35조의2제1항에 따른 보고를 하지 아니하거나 같은 조 제2항에 따른 조치 명령을 이행하지 아니하는 경우

(2021.7.20 본조신설)

제35조의4【우선심사 대상 지정】 ① 의약품을 개발하는 자는 식품의약품안전처장에게 개발 중인 의약품을 우선심사 대상으로 지정하여 줄 것을 신청할 수 있다.
② 식품의약품안전처장은 제1항에 따라 신청된 의약품이 다음 각 호의 어느 하나에 해당하는 경우 우선심사 대상으로 지정할 수 있다.
1. 심각한 중증질환 또는 「희귀질환관리법」 제2조제1호에 따른 희귀질환을 치료하기 위한 목적으로 사용되는 의약품으로서 총리령으로 정하는 의약품
2. 「제약산업 육성 및 지원에 관한 특별법」 제2조제3호에 따른 혁신형 제약기업이 개발한 신약 중 보건복지부장관의 지정 요청이 있는 의약품

③ 식품의약품안전처장은 제1항에 따른 신청을 받은 날부터 30일 이내에 지정 여부를 결정하고 그 결과를 신청자에게 통보하여야 한다.
④ 식품의약품안전처장은 제2항에 따라 우선심사 대상으로 지정된 의약품의 품목허가 신청에 대하여는 우선심사 대상으로 지정되지 아니한 의약품의 품목허가 신청에 우선하여 심사하여야 한다.
⑤ 제1항부터 제4항까지의 규정에 따른 우선심사 대상 지정의 기준·절차·방법 및 우선심사의 절차 등에 필요한 사항은 총리령으로 정한다.
(2021.7.20 본조신설)

제35조의5【우선심사 대상 지정의 취소】 식품의약품안전처장은 제35조의4제2항에 따라 우선심사 대상으로 지정된 의약품이 다음 각 호의 어느 하나에 해당하는 경우 그 우선심사 대상 지정을 취소하여야 한다.
1. 거짓이나 그 밖의 부정한 방법으로 지정을 받은 경우
2. 품목허가를 받기 전에 제35조의4제2항 각 호의 어느 하나에 해당하지 아니하게 된 경우

(2021.7.20 본조신설)

제35조의6【의약품등의 품목허가 등의 사전 검토】 ① 제31조에 따라 의약품등의 품목허가를 받거나 품목신고를 하려는 자와 제34조에 따라 임상시험을 하려는 자는 허가·신고·승인 등에 필요한 자료의 작성기준에 관하여 미리 식품의약품안전처장에게 검토를 요청할 수 있다.(2017.10.24 본항개정)
② 식품의약품안전처장은 제1항에 따라 검토 요청을 받으면 이를 확인한 후 그 결과를 신청인에게 서면(전자문서를 포함한다)으로 알려야 한다.(2020.4.7 본항개정)
③ 식품의약품안전처장은 제31조 및 제34조에 따른 허가·신고·승인 등을 할 때에 제2항에 따른 검토 결과를 고려하여야 한다.
④ 제1항에 따른 사전 검토의 대상·범위와 그 절차·방법 등 사전 검토에 필요한 사항은 총리령으로 정한다.
(2013.3.23 본조개정)

제36조【의약품등의 제조관리자】 ① 의약품등 제조업자(제2조제7호가목에 해당하는 물품만을 제조하는 의약외품 제조업자는 제외한다)는 그 제조소마다 총리령으로 정하는 바에 따라 필요한 수(數)의 약사 또는 한약사를 두고 제조 업무를 관리하게 하여야 한다. 다만, 생물학적 제제를 제조하는 제조업의 경우에는 식품의약품안전처장의 승인을 받은 의사 또는 총리령으로 정하는 세균학적 지식을 가진 전문기술자에게 그 제조 업무를 관리하게 할 수 있다.(2019.8.27 단서개정)
② 제2조제7호가목에 해당하는 물품만을 제조하는 의약외품 제조업자는 제조소마다 식품의약품안전처장의 승인을 받은 기술자를 두고 제조 업무를 관리하게 하여야 한다. 다만, 제조업자 자신이 식품의약품안전처장의 승인을 받은 기술자로서 제조 업무를 관리하는 제조소는 따로 기술자를 두지 아니하여도 된다.
③ 의약품등의 제조업자는 제1항 또는 제2항에 따라 의약품등의 제조 업무를 관리하는 자(이하 "제조관리자"라 한다)를 두려는 경우에는 총리령으로 정하는 바에 따라 식품의약품안전처장에게 신고하여야 한다.
④ 식품의약품안전처장은 제3항에 따른 신고를 받은 경우에는 그 내용을 검토하여 이 법에 적합하면 신고를 수리하여야 한다.(2019.1.15 본항신설)
(2015.1.28 본조제목개정)
(2013.3.23 본조개정)

제37조【의약품등의 제조 관리의무】 ① 제조관리자는 의약품등의 제조 업무에 종사하는 종업원에 대한 지도·감독, 품질 관리 및 제조 시설 관리, 그 밖에 의약품등의 제조 관리에 관하여 총리령으로 정하는 사항을 지켜야 한다.(2013.3.23 본항개정)
② 제조관리자는 해당 제조소의 제조 관리 업무 외의 업무에 종사할 수 없다.
③ 의약품등의 제조업자 또는 품목허가를 받은 자는 제조관리자의 관리 업무를 방해하여서는 아니 되며, 제조관리자가 업무 수행을 위하여 필요한 사항을 요청하면 정당한 사유 없이 그 요청을 거부하여서는 아니 된다.
(2007.10.17 본항개정)

제37조의2【제조관리자 등에 대한 교육】 ① 제조관리자는 의약품등의 안전성·유효성 확보 및 제조·품질관리에 관한 교육을 정기적으로 받아야 한다.
② 식품의약품안전처장은 국민건강상 위해를 방지하기 위하여 필요한 경우 제조관리자에게 제1항에 따른 교육을 받을 것을 명할 수 있다.(2013.3.23 본항개정)
③ 제조관리자(제40조제1항제3호에 따라 제조관리자를 변경신고한 경우에는 그 변경된 제조관리자를 포함한다)는 제조 관리 업무를 시작하는 날부터 6개월 이내에 제1항에 따른 교육을 받아야 한다. 다만, 제조관리자가 되기 전 2년 이내에 해당 교육을 받은 자는 그러하지 아니하다.
(2016.12.2 본문개정)
④ 식품의약품안전처장은 제1항부터 제3항까지의 규정에 따른 교육을 실시하기 위하여 관련 전문단체 또는 기관을 교육실시기관으로 지정·고시할 수 있다.
(2013.3.23 본항개정)
⑤ 제4항에 따라 지정된 교육실시기관(이하 "제조관리자 교육실시기관"이라 한다)은 교육을 한 경우 교육 수료증을 발급하고 교육에 관한 기록을 작성·보관하는 등 총리령으로 정하는 사항을 지켜야 한다.(2015.1.28 본항신설)
⑥ 제1항부터 제5항까지에서 규정한 사항 외에 교육의 내용·시간·방법 및 교육비 등 제조관리자의 교육에 필요한 사항과 제조관리자 교육실시기관의 지정 요건 및 절차, 운영, 지정취소 등에 필요한 사항은 총리령으로 정한다.(2015.1.28 본항개정)
(2011.6.7 본조신설)

제37조의3【의약품의 시판 후 안전관리】 ① 품목허가를 받은 자는 총리령으로 정하는 바에 따라 의사·약사 또는 한약사를 두고 신약 등의 재심사, 의약품의 재평가, 부작용 보고 등 시판 후 안전관리업무를 하여야 한다. 다만, 동물용으로만 사용할 것을 목적으로 하는 의약품의 품목허가를 받은 자는 수의사를 두고 시판 후 안전관리업무를 할 수 있다.(2015.1.28 본항개정)
② 제1항에 따른 안전관리업무를 실시하는 자(이하 "안전관리책임자"라 한다)는 유통 중인 의약품의 안전관리에 관하여 총리령으로 정하는 사항을 준수하여야 한다.
(2013.3.23 본조개정)

제37조의4【안전관리책임자에 대한 교육】 ① 안전관리책임자는 제37조의3제1항에 따른 안전관리업무에 관한 교육을 정기적으로 받아야 한다.
② 식품의약품안전처장은 국민건강상 위해를 방지하기 위하여 필요한 경우에는 안전관리책임자에게 제1항에 따른 교육을 정기적으로 받는 것 외에 수시로 교육을 받을 것을 명할 수 있다.
③ 안전관리책임자(제40조제1항제3호에 따라 안전관리책임자를 변경신고한 경우에는 그 변경된 안전관리책임자를 포함한다)는 안전관리업무를 시작하는 날부터 6개월 이내에 제1항에 따른 교육을 받아야 한다. 다만, 안전관리책임자가 되기 전 2년 이내에 해당 교육을 받은 자는 그러하지 아니하다.(2016.12.2 본문개정)
④ 식품의약품안전처장은 제1항부터 제3항까지에 따른 교육을 실시하기 위하여 관련 전문단체·기관을 교육기관으로 지정할 수 있다.
⑤ 제4항에 따른 교육기관은 교육을 실시한 경우 총리령으로 정하는 바에 따라 수료자에 대한 교육 수료증을 발급하고 교육에 관한 기록을 작성·보관하여야 한다.
⑥ 제1항부터 제4항까지에서 규정한 사항 외에 교육의 내용·시간·방법 및 교육비 등 교육에 필요한 사항과 교육기관의 지정, 운영, 지정 취소 등에 필요한 사항은 총리령으로 정한다.
(2014.3.18 본조신설)

제38조【의약품등의 생산 관리의무 및 보고】 ① 의약품등의 제조업자 또는 의약품의 품목허가를 받은 자는 자가(自家)시험을 포함한 의약품등의 제조 및 품질관리 기준(이하 "제조 및 품질관리기준"이라 한다), 그 밖의 생산 관리에 관하여 총리령으로 정하는 사항을 지켜야 한다.
(2022.6.10 본항개정)
② 의약품의 품목허가를 받은 자 또는 의약외품의 제조업자는 총리령으로 정하는 바에 따라 의약품등의 생산 실적 등을 식품의약품안전처장 또는 제47조의3제1항에 따른 의약품관리종합정보센터의 장에게 보고하여야 한다.
(2016.12.2 본항개정)

제38조의2【제조 및 품질관리기준에 대한 적합판정】
① 의약품등의 제조업자는 의약품등을 제조하여 판매하려는 경우에는 총리령으로 정하는 바에 따라 제형 또는 제조방법별로 제38조제1항에 따른 제조 및 품질관리기준에 적합하다는 식품의약품안전처의 판정(이하 "적합판정"이라 한다)을 받아야 한다.
② 제1항에 따라 적합판정을 받은 사항을 변경하려는 때에는 변경적합판정을 받아야 한다. 다만, 총리령으로 정하는 경미한 사항을 변경하고자 하는 경우에는 그러하지 아니하다.
③ 제1항 또는 제2항에 따라 적합판정 또는 변경적합판정을 받으려는 의약품등의 제조업자는 총리령으로 정하는 바에 따라 제조 및 품질관리에 관한 자료를 제출하여야 한다.
④ 제1항에 따른 적합판정의 유효기간은 적합판정을 받은 날부터 3년으로 한다. 다만, 이미 적합판정을 받은 제조소에서 다른 제형 또는 제조방법에 대하여 적합판정을 받으려는 경우 그 유효기간은 이미 받은 적합판정의 유효기간의 남은 기간으로 할 수 있다.
(2022.6.10 본조신설)

제38조의3【적합판정 확인·조사 등】 ① 식품의약품안전처장은 적합판정을 받은 의약품등의 제조업자에 대하여 적합판정의 유효기간 만료 전에 제조 및 품질관리 기준 준수 여부를 확인·조사(이하 이 조에서 "정기조사"라 한다)하여야 한다. 다만, 식품의약품안전처장이 필요하다고 인정하는 경우에는 수시로 확인·조사할 수 있다.
② 식품의약품안전처장은 제1항에 따른 정기조사 결과 적합하다고 판단하는 경우 적합판정의 유효기간을 3년의 범위에서 연장할 수 있다.
③ 식품의약품안전처장은 제1항에 따른 확인·조사의 결과 다음 각 호의 어느 하나에 해당하는 경우 총리령으로 정하는 바에 따라 해당 의약품등의 적합판정을 취소하거나 시정명령 등 필요한 조치를 명할 수 있다. 다만, 의약품등의 제조업자가 제1호에 해당하는 경우에 그 적합판정을 취소하여야 한다.
1. 거짓이나 그 밖의 부정한 방법으로 적합판정 또는 변경적합판정을 받은 경우

2. 적합판정을 받은 이후 반복적으로 의약품등의 제조 및 품질관리에 관한 기록을 거짓으로 작성하거나 잘못 작성하여 의약품등을 판매하는 경우
3. 그 밖에 제조 및 품질관리기준에 관한 사항 중 총리령으로 정하는 사항을 지키지 아니한 경우
④ 식품의약품안전처장은 제3항에 따라 적합판정이 취소된 의약품등이 환자의 치료 등에 필수적인 의약품등으로서 대체 가능한 의약품등이 없다고 인정되는 품목인 경우에는 제38조의2제1항에도 불구하고 식품의약품안전처장이 정하는 기간 동안 적합판정 없이 해당 품목을 제조하여 판매하도록 할 수 있다.
⑤ 제1항에 따른 확인·조사에 필요한 사항은 총리령으로 정한다.
(2022.6.10 본조신설)
제38조의4【의약품등의 제조·품질관리 조사관】 ① 식품의약품안전처장은 제조 및 품질관리기준의 준수 여부를 조사·평가하기 위하여 다음 각 호에 해당하는 사람 중 제38조의5에 따른 제조 및 품질관리기준 교육·훈련 과정을 이수한 사람을 의약품등의 제조·품질관리 조사관(이하 "제조·품질관리 조사관"이라 한다)으로 임명한다.
1. 제78조에 따른 약사감시원
2. 식품의약품안전처 소속 직원 중 제조 및 품질관리기준과 관련하여 전문지식과 경험이 있다고 식품의약품안전처장이 인정하는 사람
② 식품의약품안전처장은 제조·품질관리 조사관으로 하여금 의약품등을 제조·저장 또는 취급하는 공장·창고·점포나 사무소(제42조제7항에 따른 해외제조소를 포함한다), 그 밖에 조사의 필요성이 있다고 인정되는 장소에 출입하여 관련 장부나 서류, 그 밖의 물건을 조사하거나 관계인에게 질문을 하게 할 수 있다. 이 경우 제조·품질관리 조사관은 그 권한을 표시하는 증표 및 조사기간, 조사범위, 조사 담당자, 관계 법령 등 대통령령으로 정하는 사항이 기재된 서류를 지니고 이를 관계인에게 내보여야 한다.
③ 제조·품질관리 조사관의 자격 및 업무 범위, 그 밖에 필요한 사항은 총리령으로 정한다.
④ 제2항에 따른 조사 또는 질문의 절차·방법 등에 관하여는 이 법에서 정하는 사항을 제외하고는 「행정조사기본법」에서 정하는 바에 따른다.
(2022.6.10 본조신설)
제38조의5【제조·품질관리 조사관의 교육 등】 ① 식품의약품안전처장은 제38조의4제1항 각 호에 해당하는 사람에 대하여 정기적으로 제조 및 품질관리기준에 관한 교육·훈련을 실시할 수 있다.
② 식품의약품안전처장은 제1항에 따른 교육·훈련을 전문적으로 수행하기 위하여 제조·품질관리기준 교육·훈련기관을 지정하여 교육·훈련의 실시를 위탁할 수 있다.
③ 제1항에 따른 교육·훈련 과정과 제2항에 따른 교육·훈련기관의 지정 및 위탁 등에 필요한 사항은 총리령으로 정한다.
(2022.6.10 본조신설)
제38조의6【의약품 식별표시】 ① 식품의약품안전처장이 정하여 고시하는 제형에 해당하는 의약품의 품목허가를 받은 자는 해당 의약품이 다른 의약품과 구별될 수 있도록 표시(이하 "식별표시"라 한다)를 하여야 하며, 해당 식별표시를 총리령으로 정하는 바에 따라 식품의약품안전처장에게 등록한 후 시판하여야 한다.
② 제1항에 따라 식별표시를 등록한 자가 식별표시를 변경하는 경우에는 식품의약품안전처장에게 변경등록을 하여야 한다.
③ 식품의약품안전처장은 제1항 및 제2항에 따른 식별표시 등록 업무를 제67조에 따라 설립된 법인이나 대통령령으로 정하는 관련 전문기관에 위탁할 수 있다.
④ 제1항부터 제3항까지의 규정에 따른 식별표시 방법, 등록 절차 등 식별표시 제도 운영에 필요한 사항은 총리령으로 정한다.
(2015.1.28 본조신설)
제39조【위해의약품등의 회수】 ① 다음 각 호의 어느 하나에 해당하는 자는 의약품등이 제53조제1항·제61조(제66조에서 준용하는 경우를 포함한다) 또는 제62조(제66조에서 준용하는 경우를 포함한다)에 위반되어 안전성·유효성에 문제가 있는 사실을 알게 되면 지체 없이 유통 중인 의약품등을 회수하거나 회수에 필요한 조치를 하여야 한다. 이 경우 제1호부터 제3호까지의 어느 하나에 해당하는 자는 미리 식품의약품안전처장에게 회수 계획을 보고하여야 한다.
1. 의약품의 품목허가를 받은 자
2. 의약외품의 제조업자
3. 제42조제2항에 따른 의약품등의 수입자
4. 의약품등의 판매업자
5. 약국개설자
6. 의료기관의 개설자
7. 그 밖에 이 법 또는 다른 법률에 따라 의약품을 판매하거나 취급할 수 있는 자 중 총리령으로 정하는 자
(2015.1.28 본항개정)
② 식품의약품안전처장, 시·도지사 또는 시장·군수·구청장은 제1항에 따른 회수 또는 회수에 필요한 조치를 성실히 이행한 의약품의 품목허가를 받은 자, 의약외품의 제조업자 또는 의약품등의 수입자, 약국개설자, 의약품의 판매업자에 대하여 총리령으로 정하는 바에 따라 제76조에 따른 행정처분을 감면할 수 있다.
③ 제1항에 따른 의약품등의 회수에 필요한 위해성 등급 및 평가 기준, 회수 계획 또는 회수 절차, 회수의약품등의 폐기 및 사후조치 등에 필요한 사항은 총리령으로 정한다.
(2013.3.23 본조개정)
제40조【폐업 등의 신고】 ① 의약품등의 제조업자 또는 품목허가를 받은 자가 다음 각 호의 어느 하나에 해당하는 경우에는 7일 이내에 식품의약품안전처장에게 그 사실을 신고하여야 한다. 다만, 휴업기간이 1개월 미만인 경우에는 신고하지 아니할 수 있다.(2016.12.2 본문개정)
1. 제조소 또는 위탁제조판매업소를 폐업 또는 휴업하는 경우
2. 휴업한 제조소 또는 위탁제조판매업소를 다시 연 경우
3. 제조관리자·안전관리책임자와 그 밖에 총리령으로 정하는 사항이 변경된 경우(2013.3.23 본호개정)
② 의약품등의 제조업자 또는 품목허가를 받은 자가 제1항에 따라 폐업 또는 휴업의 신고를 하려면 제39조에 따라 유통 중인 의약품등을 회수하거나 회수에 필요한 조치를 하는 등 총리령으로 정하는 바에 따라 필요한 조치를 하여야 한다.(2016.12.2 본항신설)
③ 의약품등의 제조업자 또는 품목허가를 받은 자가 제1항제2호에 따른 재개업 신고를 할 때에는 의약품등 제조소의 시설 점검결과, 의약품등 보유 현황 등 총리령으로 정하는 서류 또는 자료를 첨부하여 식품의약품안전처장에게 제출하여야 한다. 다만, 식품의약품안전처장은 휴업기간이 1년 미만인 의약품등의 제조업자 또는 품목허가를 받은 자가 재개업 신고를 할 때에는 서류 또는 자료의 제출 의무를 면제할 수 있다.(2016.12.2 본항신설)
④ 식품의약품안전처장은 제1항에 따른 신고를 받은 경우에는 그 내용을 검토하여 이 법에 적합하면 신고를 수리하여야 한다.(2019.1.15 본항신설)
(2007.10.17 본조개정)
제41조【약국제제의 제조】 ① 약국개설자가 약국제제를 제조하거나 보건복지부장관이 지정하는 의료기관의 조제실에서 제제를 제조하려면 보건복지부장관과 협의하여 총리령으로 정하는 바에 따라 제조하려는 품목을 시장·군수·구청장에게 신고하여야 한다. 다만, 「의료법」에 따라 시·도지사의 허가를 받아 개설한 의료기관의 조제실에서 제제를 제조하려는 경우에는 시·도지사에게 신고하여야 한다.
② 시장·군수·구청장 또는 시·도지사는 제1항에 따른 신고를 받은 경우에는 그 내용을 검토하여 이 법에 적합하면 신고를 수리하여야 한다.(2019.1.15 본항신설)
③ 약국제제 및 조제실제제의 범위·조제실 시설, 그 밖에 필요한 사항은 보건복지부장관과 협의하여 총리령으로 정한다.
(2013.3.23 본조개정)

제2절 의약품등의 수입허가 등

제42조【의약품등의 수입허가 등】 ① 의약품등의 수입을 업으로 하려는 자는 총리령으로 정하는 바에 따라 식품의약품안전처장에게 수입업 신고를 하여야 하며, 총리령으로 정하는 바에 따라 품목마다 식품의약품안전처장의 허가를 받거나 신고를 하여야 한다. 허가받은 사항 또는 신고한 사항을 변경하려는 경우에도 또한 같다.
(2015.1.28 전단개정)
② 제1항에도 불구하고 국방부장관 또는 제1항 전단에 따라 수입업 신고를 한 자(이하 "수입자"라 한다)는 다음 각 호의 어느 하나에 해당하는 경우에는 해당 의약품등에 대하여 제1항에 따른 품목별 허가를 받거나 신고를 하지 아니하고 수입할 수 있다.(2015.1.28 본문개정)
1. 국방부장관이 긴급히 군사 목적에 사용하기 위하여 국내에서 생산되지 아니하는 의약품등을 미리 식품의약품안전처장과 품목 및 수량에 대한 협의를 거쳐 수입하려는 경우(2013.3.23 본호개정)
2. 수입자가 의약품등의 제조를 위하여 원료의약품을 수입하거나 임상시험용 의약품 등 총리령으로 정하는 의약품등을 수입하려는 경우(2013.3.23 본호개정)
③ 수입자는 대통령령으로 정하는 시설 기준에 따라 영업소 등 필요한 시설을 갖추어야 한다.(2015.1.28 본항개정)
④ 다음 각 호의 어느 하나에 해당하는 자는 제1항에 따른 수입업 신고를 할 수 없다. 법인의 경우 그 대표자가 다음 각 호의 어느 하나에 해당하는 경우에도 또한 같다.
1. 제5조 각 호의 어느 하나에 해당하는 자
2. 제76조에 따라 영업소가 폐쇄된 날부터 1년이 지나지 아니한 자. 다만, 다음 각 목의 어느 하나에 해당하는 경우는 제외한다.(2017.10.24 단서신설)
가. 제5조제1호 또는 제3호에 해당하여 폐쇄된 후 정신건강의학과 전문의가 약사(藥事)에 관한 업무를 담당하는 것이 적합하다고 인정한 경우
나. 제5조제2호에 해당하여 폐쇄된 후 가정법원의 성년후견·한정후견 종료의 심판을 받은 경우
(2017.10.24 가목～나목신설)
3. 파산선고를 받고 복권되지 아니한 자
(2015.1.28 본항신설)
⑤ 제1항에 따라 수입되는 의약품등 또는 그 수입자에 관하여는 제31조제7항, 같은 조 제10항부터 제16항까지, 제31조의2, 제31조의5, 제32조, 제33조, 제35조제2항부터 제4항까지, 제35조의2부터 제35조의6까지, 제36조, 제37조, 제37조의2부터 제37조의4까지, 제38조, 제38조의4부터 제38조의6까지, 제40조, 제50조의2부터 제50조의10까지, 제69조의3 및 제75조를 준용한다. 이 경우 "제조" 또는 "생산"은 각각 "수입"으로, "제조업자" 또는 "품목허가를 받은 자"는 각각 "수입자"로, "제조소 또는 위탁제조판매업소"는 각각 "영업소"로 본다.(2022.6.10 전단개정)
⑥ 식품의약품안전처장은 제1항에 따른 신고를 받은 경우에는 그 내용을 검토하여 이 법에 적합하면 신고를 수리하여야 한다.(2019.1.15 본항신설)
⑦ 수입자는 다음 각 호의 어느 하나에 해당하는 의약품등 중 총리령으로 정하는 의약품등을 수입하려면 그 해외제조소(의약품 등의 제조 및 품질관리를 하는 해외에 소재하는 시설을 말한다. 이하 같다)의 명칭 및 소재지를 총리령으로 정하는 사항을 식품의약품안전처장에게 등록하여야 한다.(2021.7.20 본문개정)
1. 제1항에 따라 품목별 허가를 받거나 신고를 한 의약품등
2. 제2항제2호에 따른 의약품등의 제조를 위하여 수입하는 원료의약품
3. 제31조의2제4항에 따라 등록된 원료의약품(이 조 제5항에서 준용하는 경우로 한정한다)
(2021.7.20 1호～3호신설)
⑧ 수입자는 제7항에 따라 등록한 사항 중 총리령으로 정하는 사항을 변경하려는 경우에는 식품의약품안전처장에게 변경등록을 하여야 하며, 총리령으로 정하는 사항 외의 사항을 변경한 경우에는 식품의약품안전처장에게 신고하여야 한다.(2019.1.15 본항개정)
⑨ 제1항에 따른 수입업 신고나 품목 허가 또는 신고의 대상·기준·조건 및 관리와 제7항 및 제8항에 따른 등록·변경등록·변경신고의 절차·방법 등에 관하여 필요한 사항은 총리령으로 정한다.(2019.1.15 본항개정)
제43조【멸종 위기에 놓인 야생 동·식물의 국제교역 등】 ①「멸종 위기에 놓인 야생 동·식물의 국제거래에 관한 협약」에 따른 동·식물의 가공품 중 의약품을 수출·수입 또는 공해(公海)를 통하여 반입하려는 자는 총리령으로 정하는 바에 따라 식품의약품안전처장의 허가를 받아야 한다.(2013.3.23 본항개정)
② 누구든지 멸종 위기에 놓인 야생동물을 이용한 가공품인 코뿔소 뿔 또는 호랑이 뼈에 대하여 다음 각 호의 행위를 하여서는 아니 된다.
1. 코뿔소 뿔 또는 호랑이 뼈를 수입·판매하거나 판매할 목적으로 저장 또는 진열하는 행위
2. 코뿔소 뿔 또는 호랑이 뼈를 사용하여 의약품을 제조 또는 조제하는 행위
3. 코뿔소 뿔 또는 호랑이 뼈를 사용하여 제조 또는 조제된 의약품을 판매하거나 판매할 목적으로 저장 또는 진열하는 행위

제3절 의약품등의 판매업

제44조【의약품 판매】 ① 약국 개설자(해당 약국에 근무하는 약사 또는 한약사를 포함한다. 제47조, 제48조 및 제50조에서도 같다)가 아니면 의약품을 판매하거나 판매할 목적으로 취득할 수 없다. 다만, 의약품의 품목허가를 받은 자 또는 수입자가 그 제조 또는 수입한 의약품을 이 법에 따라 의약품을 제조 또는 판매할 수 있는 자에게 판매하는 경우와 약학을 전공하는 대학의 학생이 보건복지부령으로 정하는 범위에서 의약품을 판매하는 경우에는 그러하지 아니하다.(2015.12.29 단서개정)
② 제1항에도 불구하고 다음 각 호의 어느 하나에 해당하는 자는 의약품을 판매하거나 판매할 목적으로 의약품을 취득할 수 있다.
1. 제91조에 따라 설립된 한국희귀·필수의약품센터
(2016.12.2 본호개정)
1의2. 제44조의2에 따라 등록한 안전상비의약품 판매자(제44조의2제1항에 따른 안전상비의약품을 판매하는 경우만 해당한다)(2012.5.14 본호신설)
2. 제45조에 따라 허가를 받은 한약업사 및 의약품 도매상
제44조의2【안전상비의약품 판매자의 등록】 ① 안전상비의약품(일반의약품 중 주로 가벼운 증상에 시급하게 사용하며 환자 스스로 판단하여 사용할 수 있는 것으로서 해당 품목의 성분, 부작용, 함량, 제형, 인지도, 구매의 편의성 등을 고려하여 20개 품목 이내의 범위에서 보건복지부장관이 정하여 고시하는 의약품을 말한다. 이하 같다)을 약국이 아닌 장소에서 판매하려는 자는 시장·군수·구청장에게 안전상비의약품 판매자로 등록하여야 한다.
② 제1항에 따라 안전상비의약품 판매자로 등록하려는 자는 24시간 연중 무휴(無休) 점포를 갖춘 자로서 지역 주민의 이용 편리성, 위해의약품의 회수 용이성 등을 고려하여 보건복지부령으로 정하는 등록기준을 갖추어야 한다.
③ 안전상비의약품 판매자는 등록한 사항 중 보건복지부령으로 정하는 사항을 변경하려면 시장·군수·구청장에게 변경등록을 하여야 한다.

④ 안전상비의약품 판매자는 안전상비의약품의 판매 업무를 폐업 또는 휴업하거나 휴업 이후 그 업무를 재개한 경우에는 시장·군수·구청장에게 신고하여야 한다. 다만, 휴업기간이 1개월 미만인 경우에는 그러하지 아니하다.
⑤ 제1항부터 제3항까지에 따른 등록, 변경등록 등에 필요한 사항과 제4항에 따른 폐업·휴업·재개 신고의 방법, 절차 등에 관하여 필요한 사항은 보건복지부령으로 정한다.
(2012.5.14 본조신설)

제44조의3【안전상비의약품 판매자의 교육】 ① 제44조의2제1항에 따라 안전상비의약품 판매자로 등록하려는 자는 미리 안전상비의약품의 안전성 확보와 품질관리에 관한 교육을 받아야 한다.
② 보건복지부장관은 국민건강상 위해를 방지하기 위하여 필요하다고 인정하는 경우에는 안전상비의약품 판매자(종업원을 포함한다)에게 안전상비의약품의 안전성 확보와 품질관리에 관한 교육을 받을 것을 명할 수 있다.
③ 보건복지부장관은 제1항 및 제2항에 따른 교육을 실시하기 위하여 관련 단체 또는 기관을 교육기관으로 지정할 수 있다.
④ 제1항 및 제2항에 따른 교육의 내용, 시간, 방법, 절차, 교육비 등에 관하여 필요한 사항과 제3항에 따른 교육기관의 지정, 운영, 지정취소 등에 필요한 사항은 보건복지부령으로 정한다.
(2012.5.14 본조신설)

제44조의4【안전상비의약품 판매자의 준수사항】 안전상비의약품 판매자는 다음 각 호의 사항을 지켜야 한다.
1. 안전상비의약품이 보건위생상 위해가 없고 그 효능이 떨어지지 아니하도록 시설과 안전상비의약품을 관리할 것
2. 보건위생과 관련된 사고가 일어나지 아니하도록 종업원을 철저히 감독할 것
3. 1회 판매 수량 제한, 연령에 따른 판매 제한 등 판매 시 안전관리에 관하여 보건복지부령으로 정하는 사항을 지킬 것
4. 그 밖에 제1호부터 제3호까지의 사항에 준하는 사항으로서 보건복지부령으로 정하는 사항을 지킬 것

(2012.5.14 본조신설)

제44조의5【안전상비의약품 판매자의 지위 승계】 ① 안전상비의약품 판매자가 영업을 양도한 경우에 그 양수인이 종전의 안전상비의약품 판매자의 지위를 승계하려는 경우에는 그 양도일부터 1개월 이내에 보건복지부령으로 정하는 바에 따라 그 사실을 시장·군수·구청장에게 신고하여야 한다.
② 시장·군수·구청장은 제1항에 따른 신고를 받은 경우에는 그 내용을 검토하여 이 법에 적합하면 신고를 수리하여야 한다. 다만, 시장·군수·구청장은 양수인이 제44조의2제2항에 따른 등록기준을 갖추지 아니하거나 제44조의3제1항에 따른 안전상비의약품의 안전성 확보와 품질관리에 관한 교육을 받지 아니한 경우에는 신고를 수리하여서는 아니 된다.
③ 제1항에 따른 신고가 수리된 경우에는 양수인은 그 양수일부터 종전의 안전상비의약품 판매자의 지위를 승계한다.
(2020.4.7 본조신설)

제44조의6【준용】 ① 제39조제1항, 제47조제1항, 제50조제1항 및 제3항, 제56조제2항, 제68조의7, 제69조, 제71조, 제72조제2항은 제44조의2제1항에 따라 등록한 안전상비의약품 판매자에 준용한다. 이 경우 "약국개설자"는 "제44조의2제1항에 따라 등록한 안전상비의약품 판매자"로 보고, 제50조제3항 중 "일반의약품"은 "제44조의2제1항에 따른 안전상비의약품"으로 본다.
② 제47조의3제2항은 제44조의2제1항에 따라 등록한 안전상비의약품 판매자에게 준용한다. 이 경우 "약국"은 "안전상비의약품 판매자"로 본다.(2016.12.2 전단개정)
(2012.5.14 본조신설)

제45조【의약품 판매업의 허가】 ① 제44조제2항제2호에 따른 한약업사 및 의약품 도매상이 되려는 자는 보건복지부령으로 정하는 바에 따라 시장·군수·구청장의 허가를 받아야 한다. 허가 받은 사항을 변경할 경우에도 또한 같다.(2011.6.7 전단개정)
② 제1항에 따라 허가를 받으려는 한약업사 또는 의약품 도매상은 다음 각 호의 구분과 같이 시설을 갖추어야 한다.
1. 한약업사는 영업소와 그 밖에 대통령령으로 정하는 기준에 맞는 시설
2. 의약품 도매상은 영업소와 창고 및 그 밖에 대통령령으로 정하는 기준에 맞는 시설. 이 경우 창고의 면적은 165제곱미터 이상이어야 한다. 다만, 수입의약품·시약·원료의약품만을 취급하는 경우에는 창고의 면적이 66제곱미터 이상이어야 하고, 동물용의약품만을 취급하는 경우에는 창고의 면적이 33제곱미터 이상이어야 하며, 한약·의료용고압가스 및 방사성의약품만을 취급하는 경우에는 창고의 면적기준을 적용하지 아니한다.(2015.1.28 후단개정)

(2011.3.30 본항개정)
③ 제1항에 따른 한약업사는 보건복지부령이 정하는 지역에 한정하여 대통령령으로 정하는 한약업사시험에 합격한 자에게 허가한다.(2010.1.18 본항개정)
④ 제1항에 따라 허가를 받은 한약업사는 환자가 요구하면 기존 한약서에 실린 처방 또는 한의사의 처방전에 따라 한약을 혼합 판매할 수 있다.
⑤ 제1항에 따라 허가를 받은 의약품 도매상은 약사를 두고 업무를 관리하게 하여야 하며, 한약 도매상은 다음 각 호의 어느 하나에 해당하는 자를 두고 업무를 관리하게 하여야 한다. 다만, 의약품 도매상 자신이 약사로서 업무를 직접 관리하거나, 한약 도매상이 다음 각 호의 어느 하나에 해당한 자로서 업무를 직접 관리하는 경우에는 그러하지 아니하다.
1. 약사
2. 한약사
3. 한약업사
4. 보건복지부장관이 인정하는 대학의 한약 관련 학과를 졸업한 자(2010.1.18 본호개정)

⑥ 의약품 도매상 및 한약 도매상은 제5항에 따라 업무를 관리하는 자를 두려는 경우에는 보건복지부령으로 정하는 바에 따라 시장·군수·구청장에게 신고하여야 한다. 이 경우 시장·군수·구청장은 그 내용을 검토하여 이 법에 적합하면 신고를 수리하여야 한다.(2019.1.15 후단신설)
⑦ 제1항에 따른 허가의 기준, 조건 및 관리에 필요한 사항은 보건복지부령으로 정한다.(2010.1.18 본항개정)
⑧ 제5항에도 불구하고 보건복지부령으로 정하는 요건을 갖춘 다른 의약품 도매상에 의약품의 보관·배송 등 유통관리 업무를 위탁하는 경우에는 제5항에 따른 업무관리자를 두지 아니할 수 있다. 다만, 이 경우 해당 유통관리 업무를 위탁받는 자는 보건복지부령으로 정하는 바에 따라 제5항에 따른 업무관리자를 두어야 한다.
(2015.12.29 본항신설)

제46조【한약업사 또는 의약품 도매상 허가의 결격사유】 다음 각 호의 어느 하나에 해당하는 자에게는 한약업사 또는 의약품 도매상의 허가를 하지 아니한다.
1. 제5조 각 호의 어느 하나에 해당하는 자
2. 제76조에 따라 허가가 취소된 후 1년이 지나지 아니한 자
3. 의료기관의 개설자(의료기관이 법인인 경우에는 그 임원 및 직원) 또는 약국개설자(2011.6.7 본호개정)
4. 파산선고를 받고 복권되지 아니한 자

제47조【의약품등의 판매 질서】 ① 다음 각 호의 어느 하나에 해당하는 자는 의약품등의 유통 체계 확립과 판매 질서 유지를 위하여 다음 사항을 지켜야 한다.
1. 의약품의 품목허가를 받은 자, 수입자 또는 의약품 도매상(이하 "의약품공급자"라 한다)은 다음 각 목의 어느 하나에 해당하는 행위를 할 수 없다.
   가. 의약품의 소매
   나. 약국개설자, 안전상비의약품 판매자, 한약업사, 법률 제8365호 약사법 전부개정법률 부칙 제5조에 따른 약업사 또는 매약상(이하 "약국등의 개설자"라 한다), 다른 의약품 도매상, 그 밖에 이 법에 따라 의약품을 판매할 수 있는 자 외의 자에게의 의약품 판매
2. 제1호에도 불구하고 의약품공급자는 공익 목적을 위한 경우 등 대통령령으로 정하는 사유에 해당하는 때에는 의약품을 소매하거나 판매할 수 있다.
3. 의약품 도매상 또는 약국등의 개설자는 다음 각 목의 사항을 준수하여야 한다.
   가. 의약품공급자가 아닌 자로부터 의약품을 구입하지 아니할 것. 다만, 폐업하는 약국등의 개설자로부터 의약품을 구입하거나 의사 또는 치과의사가 처방한 의약품이 없어 약국개설자가 다른 약국개설자로부터 해당 의약품을 긴급하게 구입하는 경우에는 그러하지 아니하다.
   나. 의약품 도매상의 경우 제45조제2항에 따라 갖춘 창고 외의 장소에 의약품을 보관하지 아니할 것
4. 의약품공급자, 약국등의 개설자 및 그 밖에 이 법에 따라 의약품을 판매할 수 있는 자는 다음 각 목의 사항을 준수하여야 한다.
   가. 불량·위해 의약품 유통 금지, 의약품 도매상의 의약품 유통품질관리기준 준수 등 의약품등의 안전 및 품질 관련 유통관리에 관한 사항으로서 총리령으로 정하는 사항
   나. 매점매석(買占賣惜) 등 시장 질서를 어지럽히는 행위, 약국의 명칭 등으로 소비자를 유인하는 행위나 의약품의 조제·판매 제한을 넘어서는 행위를 금지하는 등 의약품 유통관리 및 판매질서 유지와 관련한 사항으로서 보건복지부령으로 정하는 사항

(2015.12.29 본항개정)
② 의약품공급자(법인의 대표자나 이사, 그 밖에 이에 종사하는 자를 포함하고, 법인이 아닌 경우 그 종사자를 포함한다. 이하 이 조에서 같다) 및 의약품공급자로부터 의약품의 판매촉진 업무를 위탁받은 자(법인의 대표자나 이사, 그 밖에 이에 종사하는 자를 포함하고, 법인이 아닌 경우 그 종사자를 포함한다. 이하 이 조에서 같다)는 의약품 채택·처방유도·거래유지 등 판매촉진을 목적으로 약사·한약사(해당 약국 종사자를 포함한다. 이하 이 조에서 같다)·의료인·의료기관 개설자(법인의 대표자나 이사, 그 밖에 이에 종사하는 자를 포함한다. 이하 이 조에서 같다) 또는 의료기관 종사자에게 경제적 이익등을 제공하거나 약사·한약사·의료인·의료기관 개설자 또는 의료기관 종사자로 하여금 약국 또는 의료기관이 경제적 이익등을 취득하게 하여서는 아니 된다. 다만, 견본품 제공, 학술대회 지원, 임상시험 지원, 제품설명회, 대금결제조건에 따른 비용할인, 시판 후 조사 등의 행위(이하 "견본품 제공등의 행위"라 한다)로서 식품의약품안전처장과 협의하여 보건복지부령으로 정하는 범위 안의 경제적 이익등인 경우에는 그러하지 아니하다.(2024.1.23 본문개정)
③ 약사 또는 한약사는 의약품공급자 및 의약품공급자로부터 의약품의 판매촉진 업무를 위탁받은 자로부터 의약품 채택·처방유도·거래유지 등 판매촉진을 목적으로 제공되는 경제적 이익등을 제공받거나 약국이 경제적 이익등을 취득하게 하여서는 아니 된다. 다만, 견본품 제공 등의 행위로서 식품의약품안전처장과 협의하여 보건복지부령으로 정하는 범위 안의 경제적 이익등인 경우에는 그러하지 아니하다.(2021.7.20 본문개정)
④ 의약품 도매상은 다음 각 호의 어느 하나에 해당하는 특수한 관계에 있는 의료기관이나 약국에 직접 또는 다른 의약품 도매상을 통하여 의약품을 판매하여서는 아니 된다. 다만, 한약의 경우에는 이를 적용하지 아니한다.
1. 의약품 도매상과 다음 각 목의 어느 하나에 해당하는 특수한 관계에 있는 자(이하 "특수관계인"이라 한다)가 의료기관 개설자 또는 약국개설자인 경우 해당 의료기관 또는 약국
   가. 의약품 도매상이 개인인 경우 그의 2촌 이내의 친족(「민법」 제767조에 따른 친족을 말한다. 이하 같다)
   나. 의약품 도매상이 법인인 경우 해당 법인의 임원 및 그의 2촌 이내의 친족
   다. 의약품 도매상이 법인인 경우 해당 법인을 사실상 지배하고 있는 자(해당 법인의 총출연금액·총발행주식·총출자지분의 100분의 50을 초과하여 출연 또는 소유하는 자 및 해당 법인의 임원 구성이나 사업운영 등에 대하여 지배적인 영향력을 행사하는 자를 말한다. 이하 같다)
   라. 다목의 특수관계인이 법인인 경우 해당 법인의 임원 및 해당 법인을 사실상 지배하고 있는 자
   마. 다목 및 라목의 특수관계인이 개인인 경우 그의 2촌 이내의 친족
   바. 의약품 도매상을 사실상 지배하고 있는 법인
   사. 이 호의 특수관계인이 사실상 지배하고 있는 법인
   아. 의약품 도매상 및 이 호의 특수관계인의 사용인(법인의 경우에는 임원을, 개인의 경우에는 상업사용인 및 고용계약에 의한 피용인을 말한다. 이하 이 조에서 같다)
2. 의료기관 개설자 또는 약국개설자와 다음 각 목의 어느 하나에 해당하는 특수관계인이 의약품 도매상인 경우 해당 의료기관 또는 약국
   가. 의료기관 개설자 또는 약국개설자가 개인인 경우 그의 2촌 이내의 친족
   나. 의료기관 개설자가 법인인 경우 해당 법인의 임원 및 그의 2촌 이내의 친족
   다. 의료기관 개설자가 법인인 경우 해당 법인을 사실상 지배하고 있는 자
   라. 다목의 특수관계인이 법인인 경우 해당 법인의 임원 및 해당 법인을 사실상 지배하고 있는 자
   마. 다목 및 라목의 특수관계인이 개인인 경우 그의 2촌 이내의 친족
   바. 법인인 의료기관을 사실상 지배하고 있는 법인
   사. 이 호의 특수관계인이 사실상 지배하고 있는 법인
   아. 의료기관 개설자, 약국개설자 또는 이 호의 특수관계인의 사용인

(2011.6.7 본항신설)
⑤ 약국 개설자 또는 의료기관 개설자가 의약품공급자에게 의약품 거래 대금을 지급하는 경우에는 의약품을 수령한 날부터 6개월 이내에 대금을 지급하여야 한다. 다만, 약국 개설자 또는 의료기관 개설자가 의약품공급자에 대하여 거래상 우월적 지위에 있다고 인정되지 아니하는 경우로서 의약품 거래규모 등을 고려하여 보건복지부령으로 정하는 경우에는 그러하지 아니하다.
(2015.12.22 본항신설)
⑥ 약국 개설자 또는 의료기관 개설자가 의약품공급자에게 제5항에서 정한 기간이 지난 후에 의약품 거래 대금을 지급하는 경우에는 그 초과기간에 대하여 연 100분의 20 이내에서 「은행법」에 따른 은행이 적용하는 연체금리 등 경제사정을 고려하여 보건복지부장관이 정하여 고시하는 이율에 따른 이자를 지급하여야 한다.(2015.12.22 본항신설)
⑦ 제5항에 따른 의약품 거래 대금을 어음 또는 「하도급거래 공정화에 관한 법률」에 따른 어음대체결제수단으로 지급하는 경우에 대해서는 같은 법 제13조를 준용한다. 이 경우 "원사업자"는 "약국 개설자 또는 의료기관 개설자"로, "수급사업자"는 "의약품공급자"로, "하도급대금"은 "의약품 거래 대금"으로, "60일"은 "6개월"로, "100분의 40"은 "100분의 20"으로, "공정거래위원회"는 "보건복지부"로 본다.(2015.12.22 본항신설)

판례 의약품을 판매하면서 '추석선물 특가'라는 단어를 사용하여 광고한 것은 추석을 맞이하여 의약품을 합리적인 가격에 판매한다는 정보를 소비자에게 제공할 의도였을 뿐이고, 「약사법」 제47조제1항제4호나목 및 「약사법 시행규칙」 제44조제2항제3호바목에서 금지하는 '다른 약국과 판매의약품의 가격을 비교하는 표시·광고'에 해당한다고 볼 수 없다.(헌재결 2021.5.27, 2020헌마1163)

제47조의2【경제적 이익등 제공 내역에 관한 지출보고서 제출 등】 ① 의약품공급자 및 의약품공급자로부터 의

약품의 판매촉진 업무를 위탁받은 자(이하 이 조에서 "의약품공급자등"이라 한다)는 보건복지부령으로 정하는 바에 따라 매 회계연도 종료 후 3개월 이내에 약사ㆍ한약사ㆍ의료인ㆍ의료기관 개설자 또는 의료기관 종사자에게 제공한 경제적 이익등 내역에 관한 지출보고서를 작성하여 보건복지부령으로 정하는 바에 따라 공개하고, 해당 지출보고서와 관련 장부 및 근거 자료를 5년간 보관하여야 한다.
② 보건복지부장관은 필요하다고 인정하는 경우 제1항에 따른 지출보고서와 관련 장부 및 근거 자료의 제출을 요구할 수 있다. 이 경우 의약품공급자등은 정당한 사유가 없으면 이에 따라야 한다.
③ 보건복지부장관은 의약품공급자등에 대하여 보건복지부령으로 정하는 바에 따라 지출보고서에 관한 실태조사를 실시하고 그 결과를 공표하여야 한다.(2021.7.20 본항신설)
④ 보건복지부장관은 제1항에 따른 공개와 관련된 업무와 제3항에 따른 실태조사업무를 관계 전문기관 또는 단체에 위탁할 수 있다.(2021.7.20 본항신설)
(2021.7.20 본조개정)
제47조의3【의약품관리종합정보센터의 지정ㆍ운영 등】 ① 보건복지부장관은 의약품의 생산ㆍ수입ㆍ공급 및 사용내역 등 의약품유통정보의 수집ㆍ조사ㆍ가공ㆍ이용 및 제공을 위하여 대통령령으로 정하는 바에 따라 관계 전문기관 또는 단체를 의약품 유통정보관리기관(이하 "의약품관리종합정보센터"라 한다)으로 지정하여 그 업무를 수행하게 할 수 있다.(2010.1.18 본항개정)
② 의약품 품목허가를 받은 자ㆍ수입자 및 의약품 도매상은 의료기관, 약국 및 의약품 도매상에 의약품을 공급한 경우에는 의약품관리종합정보센터에 그 공급 내역을 보건복지부령으로 정하는 바에 따라 제출하여야 한다. 다만, 보건복지부령으로 정하는 바에 따라 공급 내역의 확인이 가능한 방법으로 의약품을 공급한 때에는 이를 생략할 수 있다.
③ 의약품관리종합정보센터는 국가ㆍ지방자치단체, 그 밖의 공공단체 등에 대하여 의약품유통정보의 효율적 관리를 위하여 필요한 자료의 제공을 요청할 수 있으며, 자료의 제공을 요청받은 국가ㆍ지방자치단체, 그 밖의 공공단체 등은 특별한 사유가 없는 한 이에 응하여야 한다. 이 경우 의약품관리종합정보센터에 제공되는 자료에 대하여는 사용료, 수수료 등을 면제한다.
④ 보건복지부장관 및 식품의약품안전처장은 의약품관리종합정보센터의 장에게 의약품 유통관리현황에 대하여 보고를 명할 수 있다.(2013.3.23 본항개정)
⑤ 보건복지부장관은 의약품관리종합정보센터의 운영에 사용되는 비용의 전부 또는 일부를 지원할 수 있다.
(2010.1.18 본항개정)
⑥ 의약품관리종합정보센터의 운영 등에 관하여 필요한 사항은 대통령령으로 정한다.
(2007.10.17 본조신설)
제47조의4【전문의약품 유통 질서 확립을 위한 특례】 의약품의 소비자는 제44조에 따라 의약품을 판매할 수 있는 자 이외의 자로부터 다음 각 호의 어느 하나에 해당하는 의약품을 취득하여서는 아니 된다.
1. 스테로이드 성분의 주사제
2. 에페드린 성분의 주사제
3. 그 밖에 제1호 및 제2호에 준하는 전문의약품으로서 총리령으로 정하는 의약품
(2021.7.20 본조신설)
제48조【개봉 판매 금지】 누구든지 제63조에 따라 의약품등 제조업자ㆍ품목허가를 받은 자나 수입자가 봉함(封緘)한 의약품의 용기나 포장을 개봉하여 판매할 수 없다. 다만, 다음 각 호의 어느 하나에 해당하는 경우에는 개봉하여 판매할 수 있다.(2007.10.17 본문개정)
1. 약국개설자가 의사ㆍ치과의사 또는 한의사의 처방전에 따르거나 제23조제3항 단서 및 같은 조 제6항 단서 또는 법률 제4731호 「약사법중개정법률」 부칙 제4조에 따라 의약품을 조제ㆍ판매하는 경우
2. 약국개설자가 한약제제를 개봉하여 판매하는 경우
3. 보건복지부장관이 지정하는 자가 보건복지부령에서 정하는 범위의 의약품을 개봉하여 판매하는 경우
(2010.1.18 본호개정)
제49조【매약상의 판매 품목 제한】 매약상(賣藥商)은 보건복지부장관이 따로 지정하는 의약품 외의 의약품을 판매하거나 판매할 목적으로 저장하거나 진열하여서는 아니 된다.(2010.1.18 본조개정)
제50조【의약품 판매】 ① 약국개설자 및 의약품판매업자는 그 약국 또는 점포 이외의 장소에서 의약품을 판매하여서는 아니 된다. 다만, 시장ㆍ군수ㆍ구청장의 승인을 받은 경우에는 예외로 한다.
② 약국개설자는 의사 또는 치과의사의 처방전에 따라 조제하는 경우 외에는 전문의약품을 판매하여서는 아니 된다. 다만, 「수의사법」에 따른 동물병원 개설자에게 보건복지부령으로 정하는 바에 따라 판매하는 경우에는 그러하지 아니하다.(2010.1.18 단서개정)
③ 약국개설자는 의사 또는 치과의사의 처방전이 없이 일반의약품을 판매할 수 있다.
④ 약국개설자는 일반의약품을 판매할 때에 필요하다고 판단되면 복약지도를 할 수 있다.

제5장의2 의약품에 관한 특허권의 등재 및 판매금지 등

(2015.3.13 본장신설)

제1절 의약품에 관한 특허권의 등재

제50조의2【의약품에 관한 특허권의 등재】 ① 제31조제2항 및 제3항에 따른 품목허가 또는 같은 조 제9항에 따른 품목에 관한 변경허가(이하 "품목허가 또는 변경허가"라 한다)를 받은 자는 식품의약품안전처장이 품목허가 또는 변경허가를 받은 의약품에 관한 특허권(이하 "의약품특허권"이라 한다)을 등재ㆍ관리하는 의약품 특허목록(이하 "특허목록"이라 한다)에 의약품특허권의 등재를 신청할 수 있다.
② 제1항에 따라 특허목록에 의약품특허권의 등재를 신청하려는 자는 해당 의약품의 품목허가 또는 변경허가를 받은 날, 「특허법」 제87조에 따라 특허권의 설정등록이 있은 날, 또는 「특허법」 제136조에 따른 정정을 한다는 심결이 확정된 날부터 30일 이내에 다음 각 호의 사항을 기재한 등재 신청서에 특허등록원부 사본, 「특허법」에 따른 특허권자 또는 전용실시권자(이하 "특허권자등"이라 한다)의 동의서 등 총리령으로 정하는 서류를 첨부하여 식품의약품안전처장에게 제출하여야 한다.(2023.8.16 본문개정)
1. 의약품의 명칭
2. 등재신청자의 인적사항
3. 특허권자등의 인적사항(국내에 주소 또는 영업소가 없는 경우 국내에 주소 또는 영업소가 있는 대리인의 인적사항)
4. 특허번호
5. 특허권의 존속기간 만료일
6. 특허로 보호받으려는 사항(이하 "특허청구항"이라 한다)
7. 그 밖에 총리령으로 정하는 사항
③ 제1항에 따라 의약품특허권의 등재를 신청한 자는 신청에 대한 결정이 있기 전에 식품의약품안전처장에게 제2항에 따른 등재 신청서 내용의 변경을 신청할 수 있다. 다만, 특허청구항을 추가하는 경우에는 제2항에 따른 신청기간 내에 신청하여야 한다.
④ 식품의약품안전처장은 제1항에 따라 등재를 신청하거나 제3항에 따라 등재 신청서 내용의 변경을 신청한 의약품특허권이 다음 각 호의 대상 및 요건을 모두 충족하는 경우에는 의약품의 명칭, 특허권자등의 인적사항, 특허번호, 특허존속기간 등 총리령으로 정하는 사항을 특허목록에 등재하고, 이를 인터넷 홈페이지에 공개하여야 한다.
1. 다음 각 목의 어느 하나에 관한 것일 것
가. 물질
나. 제형
다. 조성물
라. 의약적 용도
2. 해당 의약품의 품목허가 또는 변경허가를 받은 사항과 직접 관련되었을 것. 이 경우 제2항에 따라 정정을 한다는 심결이 확정된 이후 등재를 신청한 경우에는 정정받은 사항이 해당 의약품의 품목허가 또는 변경허가를 받은 사항과 직접 관련된 경우로 한정한다.(2023.8.16 후단신설)
3. 해당 의약품의 품목허가일 또는 변경허가일 이전에 「특허법」 제42조에 따라 출원되었을 것
4. 의약품특허권이 존속기간 만료, 무효, 포기 등으로 소멸하지 아니하였을 것
5. 해당 의약품의 품목허가 또는 변경허가가 유효할 것
⑤ 식품의약품안전처장은 제4항 각 호의 대상 및 요건을 충족하는지를 검토하기 위하여 필요한 경우 의약품특허권의 등재를 신청한 자에게 추가 자료의 제출을 명할 수 있다.
⑥ 제1항에 따른 의약품특허권의 등재 신청 또는 제3항에 따른 등재 신청서 내용 변경의 신청 절차ㆍ방법 등에 관하여 필요한 사항은 총리령으로 정한다.
제50조의3【등재사항의 변경 등】 ① 제50조의2제1항에 따라 의약품특허권의 등재를 신청하여 특허목록에 의약품특허권을 등재받은 자(이하 "특허권등재자"라 한다)는 제50조의2제4항에 따라 특허목록에 등재된 사항(이하 이 조에서 "등재사항"이라 한다)의 변경 또는 삭제를 식품의약품안전처장에게 신청할 수 있다.
② 등재사항 중 특허목록에 등재된 특허권(이하 "등재특허권"이라 한다)의 존속기간 만료일 변경은 그 변경이 있은 날부터 30일 이내에 신청하여야 한다. 다만, 식품의약품안전처장은 특허권등재자의 신청에 따라 추가로 30일 이내의 변경 기간을 부여할 수 있다.
③ 식품의약품안전처장은 제1항에 따른 신청 내용을 확인한 후 신청 내용이 적합하다고 인정되면 등재사항을 변경 또는 삭제할 수 있다. 이 경우 식품의약품안전처장은 의약품의 명칭 등 총리령으로 정하는 경미한 사항이 변경되는 경우를 제외하고는 미리 특허목록에 의약품특허권이 등재된 의약품(이하 "등재의약품"이라 한다)의 특허권자등(이하 "등재특허권자등"이라 한다)과 등재의약품의 안전성ㆍ유효성에 관한 자료를 근거로 의약품의 품목허가 또는 변경허가를 신청한 자 등 이해관계인의 의견을 들어야 한다.(2023.8.16 후단개정)
④ 식품의약품안전처장은 다음 각 호의 어느 하나에 해당하는 경우에는 직권으로 등재사항을 변경 또는 삭제할 수 있다. 이 경우 제1호부터 제3호까지의 어느 하나에 해당하는 때에는 식품의약품안전처장은 미리 특허권등재자의 의견을 들어야 한다.(2023.8.16 후단개정)
1. 특허권자등이 동의를 철회한 경우
2. 제50조의2제4항의 대상 및 요건을 충족하지 아니하게 된 경우
3. 거짓이나 그 밖의 부정한 방법으로 의약품특허권이 등재된 경우
4. 제31조제9항에 따라 변경허가를 한 경우 등 총리령으로 정하는 경미한 사항이 변경된 경우(2023.8.16 본호신설)
⑤ 식품의약품안전처장은 제3항 및 제4항에 따라 등재사항을 변경하거나 삭제하는 경우 이를 인터넷 홈페이지에 공개하여야 한다.
⑥ 제1항에 따른 등재사항의 변경ㆍ삭제 신청의 절차, 방법 등에 관하여 필요한 사항은 총리령으로 정한다.

제2절 품목허가 신청사실의 통지 및 판매금지 등

제50조의4【품목허가 등 신청사실의 통지】 ① 등재의약품의 안전성ㆍ유효성에 관한 자료를 근거로 제31조제2항 또는 제3항에 따라 의약품의 품목허가를 신청하거나 같은 조 제9항에 따라 효능ㆍ효과에 관한 변경허가를 신청한 자는 허가를 신청한 사실, 허가신청일 등 총리령으로 정하는 사항을 특허권등재자와 등재특허권자등에게 통지하여야 한다. 다만, 다음 각 호의 어느 하나에 해당하는 경우에는 그러하지 아니하다.
1. 등재특허권의 존속기간이 만료된 경우
2. 등재특허권의 존속기간이 만료된 후에 의약품을 판매하기 위하여 품목허가 또는 변경허가를 신청한 경우
3. 특허권등재자와 등재특허권자등이 통지하지 아니하는 것에 동의한 경우
4. 제1호부터 제3호까지의 규정에 준하는 것으로서 대통령령으로 정하는 경우
② 제1항 단서에도 불구하고 제1항제2호부터 제4호까지의 규정에 따른 사유가 소멸한 경우에는 제1항 본문에 따른 통지를 하여야 한다.
③ 제1항 또는 제2항에 따른 통지는 특허목록에 기재된 특허권자등 또는 그 대리인의 국내 주소에 도달하면 이루어진 것으로 본다.
④ 제1항 또는 제2항에 따른 통지는 품목허가 또는 변경허가 신청일부터 20일 이내에 하여야 한다. 그 기한 내에 통지를 하지 아니한 경우에는 품목허가 또는 변경허가를 신청한 자가 특허권등재자 또는 등재특허권자등에게 통지한 날 중 통지가 늦은 날을 품목허가 또는 변경허가 신청일로 본다.
⑤ 제1항 또는 제2항에 따라 통지를 한 자는 그 통지한 사실을 증명할 수 있는 서류를 지체 없이 식품의약품안전처장에게 제출하여야 한다. 이 경우 식품의약품안전처장은 통지된 의약품(이하 "통지의약품"이라 한다)의 허가신청일, 주성분, 제형 등 총리령으로 정하는 사항을 인터넷 홈페이지에 공개하여야 한다.
⑥ 식품의약품안전처장은 제1항 또는 제2항에 따른 통지가 되지 아니한 경우 해당 품목허가 또는 변경허가를 하여서는 아니 된다.
⑦ 제1항에 따른 통지의 방법, 절차 등에 관하여 필요한 사항은 총리령으로 정한다.
제50조의5【판매금지 신청】 ① 등재특허권자등은 제50조의4에 따른 통지를 받은 날부터 45일 이내에 식품의약품안전처장에게 다음 각 호의 사항이 기재된 진술서를 첨부하여 통지의약품의 판매금지를 신청할 수 있다.
1. 판매금지 신청은 정당하게 등록된 특허권에 기하여 이루어졌을 것
2. 제2항에 따른 심판 또는 소송을 선의로 청구 또는 제기하였으며, 승소의 전망이 있고, 심판 또는 소송 절차를 불합리하게 지연하지 아니할 것
② 등재특허권자등은 판매금지를 신청하기 전에 통지의약품을 대상으로 등재특허권과 관련한 다음 각 호의 어느 하나에 해당하는 소를 제기하거나 심판을 청구하거나 받아야 한다.
1. 「특허법」 제126조에 따른 특허침해의 금지 또는 예방 청구의 소
2. 「특허법」 제135조에 따른 권리범위 확인심판
③ 제1항에도 불구하고 이미 제50조의6제1항에 따라 판매금지를 하였던 의약품에 대해서는 추가적으로 판매금지를 신청할 수 없다. 다만, 제31조제9항에 따른 효능ㆍ효과에 관한 변경허가 신청에 따른 통지의약품에 대해서는 그러하지 아니하다.
④ 식품의약품안전처장은 제1항에 따른 판매금지 신청기간이 경과할 때까지 통지의약품에 대한 품목허가 또는 변경허가를 하여서는 아니 된다. 다만, 다음 각 호의 어느 하나에 해당하는 경우에는 그러하지 아니하다.
1. 판매금지가 신청된 의약품이 등재특허권의 권리범위에 속하지 아니한다는 취지의 「특허법」 제162조에 따른 심결 또는 같은 법 제189조에 따른 판결이 있은 경우
2. 등재특허권이 무효라는 취지의 「특허법」 제162조에 따른 심결 또는 같은 법 제189조에 따른 판결이 있은 경우

3. 의약품특허권의 등재가 위법하다는 취지의 「행정심판법」 제43조에 따른 재결 또는 「행정소송법」 제3조에 따라 제기된 소에 대한 법원의 판결이 있은 경우
⑤ 식품의약품안전처장은 제4항 각 호의 심결, 재결 또는 판결 이후에 그에 반하는 취지의 심결 또는 판결이 있으면 제4항 단서에도 불구하고 통지의약품에 대한 품목허가 또는 변경허가를 하여서는 아니 된다.
⑥ 판매금지 신청의 방법 및 절차 등에 관하여 필요한 사항은 총리령으로 정한다.

제50조의6【판매금지 등】 ① 제50조의5제1항에 따라 판매금지 신청을 받은 식품의약품안전처장은 판매금지가 신청된 의약품에 대한 품목허가 또는 변경허가를 할 때 다음 각 호의 어느 하나에 해당하는 경우를 제외하고는 제50조의4에 따라 등재특허권자등이 통지받은 날(이하 "통지받은 날"이라고 한다)부터 9개월 동안 판매를 금지하여야 한다.
1. 제50조의5제1항에 따른 신청기간을 준수하지 아니한 경우
2. 존속기간 만료, 포기 등으로 소멸된 특허권을 기초로 한 경우
3. 제50조의5제2항 각 호의 소송을 제기하거나 심판을 청구하거나 받지 아니하고 신청한 경우
4. 거짓이나 그 밖의 부정한 방법으로 의약품특허권이 등재된 경우
5. 제50조의4에 따라 통지된 의약품이 2개 이상이고, 통지된 의약품과 다음 각 목의 사항이 동일한 경우(이하 "동일의약품"이라 한다)로서 그 동일의약품 중 일부에 대하여서만 판매금지 신청을 한 경우
가. 주성분 및 그 함량
나. 제형
다. 용법·용량
라. 효능·효과
6. 판매금지가 신청된 의약품과 동일의약품으로서 이미 등재의약품의 안전성·유효성에 관한 자료를 근거로 품목허가 또는 변경허가를 받고 판매가 가능한 의약품이 존재하는 경우
7. 제50조의5제4항 각 호의 어느 하나에 해당하는 심결, 재결 또는 판결이 있은 경우
8. 등재특허권이 「특허법」 제106조제1항, 제106조의2제1항에 해당하거나 같은 법 제107조에 따른 재정의 대상이 된 경우
② 식품의약품안전처장은 통지의약품에 대한 품목허가 또는 변경허가를 하기 전에 제1항제7호의 심결, 재결 또는 판결에 대하여 이를 취소하거나 파기하는 취지의 심결 또는 판결(「특허법」 제178조에 따른 재심의 심결을 포함한다)이 있으면 제1항에도 불구하고 통지받은 날부터 9개월 동안 판매를 금지하여야 한다.
③ 제1항에 따른 판매금지의 효력은 다음 각 호의 날 중 가장 이른 날에 소멸된다.
1. 판매금지가 신청된 의약품이 등재특허권의 권리범위에 속하지 아니한다는 취지의 심결일 또는 판결일
2. 판매금지가 신청된 의약품이 등재특허권을 침해하지 아니한다는 취지의 판결일
3. 등재특허권이 무효라는 취지의 심결일 또는 판결일
4. 의약품특허권의 등재가 위법하다는 취지의 재결일 또는 판결일
5. 제50조의5제2항 각 호 중 어느 하나의 심판 또는 소송이 특허권자등의 취하, 취하의 동의, 화해 또는 각하 등으로 종료된 날
6. 제50조의5제2항 각 호 중 어느 하나의 심판 또는 소송과 관련하여 중재 또는 조정이 성립된 날
7. 등재의약품의 품목허가 또는 변경허가 소멸일
8. 등재특허권의 존속기간 만료일
9. 등재특허권자등이 판매금지 또는 제50조의7에 따른 우선판매품목허가와 관련하여 「독점규제 및 공정거래에 관한 법률」 제5조제1항, 제40조제1항 또는 제45조제1항을 위반하였다는 공정거래위원회의 의결 또는 법원의 판결이 있은 날(2020.12.29 본호개정)
10. 거짓이나 부정한 방법으로 판매금지를 신청한 것으로 판명된 날
④ 제1항부터 제3항까지의 규정에 따른 판매금지 또는 소멸의 절차 등에 관하여 필요한 사항은 총리령으로 정한다.

제3절 우선판매품목허가

제50조의7【우선판매품목허가의 신청】 ① 제50조의4에 따라 통지를 하여야 하는 자는 의약품의 품목허가 또는 변경허가를 신청할 때 다음 각 호의 요건을 모두 갖춘 의약품보다 우선하여 의약품을 판매할 수 있는 허가(이하 "우선판매품목허가"라 한다)를 식품의약품안전처장에게 신청할 수 있다.
1. 우선판매품목허가를 신청하는 의약품과 동일의약품일 것
2. 등재의약품의 안전성·유효성에 관한 자료를 근거로 품목허가 또는 변경허가를 신청하는 의약품 중 등재의약품과 유효성분이 동일한 의약품일 것
② 우선판매품목허가를 받으려는 자는 제1항에 따른 신청을 하기 전에 다음 각 호의 어느 하나에 해당하는 심판을 청구하여야 한다.
1. 「특허법」 제133조에 따른 특허의 무효심판
2. 「특허법」 제134조에 따른 특허권 존속기간 연장등록의 무효심판
3. 「특허법」 제135조에 따른 권리범위 확인심판
③ 제2항 각 호의 심판을 청구하는 자는 지체 없이 특허심판번호 등 총리령으로 정하는 사항을 식품의약품안전처장에게 통지하여야 한다. 식품의약품안전처장은 통지받은 사항을 인터넷 홈페이지에 공개할 수 있다.
④ 우선판매품목허가를 받으려는 자는 다음 각 호의 사항을 기재한 우선판매품목허가 신청서에 제2항 각 호의 심판 청구서 등 총리령으로 정하는 서류를 첨부하여 식품의약품안전처장에게 제출하여야 한다.
1. 신청자의 인적사항
2. 특허번호
3. 특허심판번호
4. 심판 청구일
5. 그 밖에 총리령으로 정하는 사항

제50조의8【우선판매품목허가】 ① 제50조의7에 따라 우선판매품목허가 신청을 받은 식품의약품안전처장은 신청자가 다음 각 호의 요건을 모두 갖춘 경우 의약품의 품목허가 또는 변경허가와 함께 우선판매품목허가를 하여야 한다.
1. 제50조의4에 따라 통지하여야 하는 의약품의 품목허가 또는 변경허가를 신청한 자 중 가장 이른 날에 품목허가 또는 변경허가를 신청한 자일 것(같은 날에 신청한 자가 여럿인 경우 모두 같은 순위로 본다)
2. 제50조의7제2항에 따라 심판을 청구한 자 중 등재특허권에 관하여 특허의 무효, 존속기간 연장등록의 무효 또는 해당 의약품이 특허권리범위에 속하지 아니한다는 취지의 심결 또는 판결을 받은 자일 것. 다만, 통지받은 날부터 7개월이 경과하는 날 이후에 심결 또는 판결을 받은 자는 제외한다.
3. 제2호에 따른 심결 또는 판결을 받은 자 중 다음 각 목의 요건 중 어느 하나의 요건에 해당하는 자일 것
가. 최초로 제50조의7제2항 각 호의 심판(이하 이 호에서 "최초 심판"이라 한다)을 청구한 자일 것
나. 최초 심판이 청구된 날부터 14일 이내에 심판을 청구한 자일 것
다. 가목 또는 나목의 요건에 해당하는 자보다 먼저 제2호에 따른 심결 또는 판결을 받은 자일 것
② 식품의약품안전처장은 제1항에 따라 우선판매품목허가를 하는 경우 우선판매품목허가 의약품의 주성분, 제형, 허가일 등 총리령으로 정하는 사항을 인터넷 홈페이지에 공개하여야 한다.

제50조의9【동일의약품 등에 대한 판매금지 등】 ① 식품의약품안전처장은 제50조의8제1항에 따라 우선판매품목허가를 한 경우 다음 각 호의 요건을 모두 갖춘 의약품에 대한 품목허가 또는 변경허가를 할 때 제2항에 따른 기간 동안 판매를 금지할 수 있다.
1. 우선판매품목허가를 받은 의약품과 동일의약품일 것
2. 등재의약품의 안전성·유효성에 관한 자료를 근거로 품목허가 또는 변경허가를 신청한 의약품 중 등재의약품과 유효성분이 동일한 의약품일 것
② 제1항에 따른 판매금지기간은 최초로 우선판매품목허가를 받은 자의 판매가능일부터 9개월이 경과하는 날까지로 한다. 다만, 해당 의약품이 「국민건강보험법」 제41조제1항제2호에 따라 요양급여를 신청한 약제인 경우 2개월의 범위에서 연장할 수 있다.
③ 제1항 및 제2항에 따른 판매금지의 방법 및 절차 등에 관하여 필요한 사항은 총리령으로 정한다.

제50조의10【동일의약품 등에 대한 판매금지 효력의 소멸 등】 ① 제50조의9제1항에 따른 판매금지의 효력은 다음 각 호의 날 중 가장 이른 날에 소멸된다.
1. 우선판매품목허가를 받은 의약품의 품목허가 또는 변경허가가 소멸한 날
2. 등재특허권이 존속기간 만료, 무효라는 취지의 심결 또는 판결의 확정(우선판매품목허가를 받은 자가 청구 또는 제기한 심판 또는 소송에 의한 것은 제외한다) 등으로 소멸한 날
② 식품의약품안전처장은 다음 각 호의 어느 하나에 해당하는 경우 제50조의9제1항에 따른 판매금지의 효력을 소멸시켜야 한다. 이 경우 식품의약품안전처장은 미리 우선판매품목허가를 받은 자의 의견을 들어야 한다.
1. 제50조의8제1항제2호의 심결 또는 판결에 대하여 이를 취소 또는 파기하는 취지의 판결(「특허법」 제178조에 따른 재심의 심결을 포함한다)이 있은 경우
2. 우선판매품목허가 의약품을 판매가능일부터 2개월 이내에 정당한 사유 없이 판매하지 아니한 경우
3. 우선판매품목허가를 받은 자가 판매금지 또는 우선판매품목허가와 관련하여 「독점규제 및 공정거래에 관한 법률」 제5조제1항, 제40조제1항 또는 제45조제1항을 위반하였다는 공정거래위원회의 의결 또는 법원의 판결이 있은 경우(2020.12.29 본호개정)
4. 거짓이나 그 밖의 부정한 방법으로 우선판매품목허가를 받은 경우
③ 식품의약품안전처장은 제1항 또는 제2항에 따라 판매금지의 효력이 소멸되는 경우 우선판매품목허가를 받은 의약품 중 해당 의약품이 제50조의9제1항 각 호의 요건에 모두 해당하는 의약품에 대하여는 같은 조 제2항에 따른 기간 동안 해당 의약품의 판매를 금지할 수 있다.
(2023.8.16 본항신설)
④ 우선판매품목허가를 받은 자는 다음 각 호의 어느 하나에 해당하는 사유가 발생한 경우 총리령으로 정하는 바에 따라 그 사실을 식품의약품안전처장에게 보고하여야 한다.
1. 제50조의8제1항제2호의 심결 또는 판결에 대하여 이를 취소 또는 파기하는 취지의 판결(「특허법」 제178조에 따른 재심의 심결을 포함한다)이 있은 경우
2. 우선판매품목허가 의약품을 판매가능일부터 2개월 이내에 판매하지 아니한 경우
3. 우선판매품목허가를 받은 자가 판매금지 또는 우선판매품목허가와 관련하여 「독점규제 및 공정거래에 관한 법률」 제5조제1항, 제40조제1항 또는 제45조제1항을 위반하였다는 공정거래위원회의 의결 또는 법원의 판결이 있은 경우
(2023.8.16 본항신설)
⑤ 우선판매품목허가를 받은 의약품과 동일의약품의 품목허가 또는 변경허가를 신청한 자 등 이해관계인은 우선판매품목허가가 제1항 또는 제2항 각 호의 어느 하나에 해당한다는 취지의 정보를 식품의약품안전처장에게 제공할 수 있다.
⑥ 제1항부터 제5항까지의 규정에 따른 판매금지 효력의 소멸 및 이해관계인의 정보 제공의 방법, 절차 등에 관하여 필요한 사항은 총리령으로 정한다.(2023.8.16 본항개정)

제4절 영향평가 등

제50조의11【영향평가】 ① 식품의약품안전처장은 제50조의6에 따른 판매금지 및 우선판매품목허가 등 이 장에 규정된 사항이 국내 제약산업, 보건정책, 고용 증감 등에 미치는 영향을 분석·평가하여야 한다.
② 식품의약품안전처장은 제1항의 영향평가를 위하여 필요하다고 인정할 때에는 관계 행정기관, 교육·연구기관 등에 필요한 자료를 요청할 수 있다. 이 경우 자료 요청을 받은 관계 행정기관의 장, 교육·연구기관의 장 등은 정당한 사유가 없으면 이에 따라야 한다.
③ 제1항에 따른 영향평가를 할 때에는 해외 사례를 분석하여야 한다.
④ 식품의약품안전처장은 제1항에 따른 영향평가 결과를 공개하고 국회에 보고하여야 한다.
⑤ 제1항부터 제4항까지에 따른 영향평가의 기준, 방법, 절차 등에 관하여 필요한 사항은 총리령으로 정한다.

제50조의12【등재의약품의 관리 등】 ① 식품의약품안전처장은 의약품특허권과 관련하여 다음 각 호의 사업을 수행한다.
1. 등재의약품의 시장동향 및 가격정보 수집
2. 중소기업의 특허목록 등재, 우선판매품목허가 등과 관련한 업무 지원
3. 의약품특허권과 관련하여 제약업체 역량을 강화하기 위한 교육
4. 등재의약품과 관련한 특허정보 분석 및 제공
5. 이 장에 규정된 사항과 관련된 해외사례 및 정책 연구, 통계의 산출 및 분석
6. 그 밖에 식품의약품안전처장이 필요하다고 인정하는 사업
② 식품의약품안전처장은 제1항의 사업 수행을 다른 기관에 위탁할 수 있다.
③ 식품의약품안전처장은 제1항의 사업을 수행하기 위하여 필요하다고 인정하는 경우에는 다음 각 호의 기관에 의약품특허권 등에 관한 자료의 제공을 요청할 수 있고, 요청을 받은 기관은 정당한 사유가 없으면 이에 따라야 한다.
1. 국가 또는 지방자치단체
2. 공공기관 또는 공공단체

제6장 의약품등의 취급

제1절 기준과 검정

제51조【대한민국약전】 ① 식품의약품안전처장은 의약품등의 성질과 상태, 품질 및 저장 방법 등을 적정하게 하기 위하여 중앙약사심의위원회의 심의를 거쳐 대한민국약전을 정하여 공고한다.(2013.3.23 본항개정)
② 대한민국약전은 제1부와 제2부로 하되, 제1부에는 주로 자주 사용되는 원료의약품과 기초적 제제를 싣고, 제2부에는 주로 혼합제제와 제1부에 실리지 아니한 의약품 등을 싣는다.
(2011.6.7 본조개정)

제52조【의약품등의 기준】 ① 식품의약품안전처장은 생물학적 제제 및 대한민국약전에 실리지 아니한 의약품에 대하여 중앙약사심의위원회의 의견을 들어 성질과 상태, 품질 및 저장 방법 등과 그 밖에 필요한 기준을 정할 수 있다.
② 식품의약품안전처장은 보건위생상의 위해(危害)를 방지하기 위하여 필요하다고 인정하면 의약외품에 대하여 중앙약사심의위원회의 의견을 들어 제법·성상·성능·품질 및 저장 방법과 그 밖에 필요한 기준을 정할 수 있다.
(2013.3.23 본조개정)

제52조의2【특정집단에 대한 의약품 안전사용 실태 조사·연구 등】 ① 보건복지부장관 및 식품의약품안전처

장은 노인, 소아, 임산부 등 특별한 주의가 필요한 집단으로서 총리령으로 정하는 집단(이하 "특정집단"이라 한다)에 대한 의약품 안전사용 실태에 관하여 보건복지부령으로 정하는 바에 따라 조사를 실시할 수 있다.
② 식품의약품안전처장은 제1항에 따른 조사를 위하여 해당 의약품의 제조업자 또는 품목허가를 받은 자에게 해당 특정집단에 미치는 영향을 조사·연구하도록 지시할 수 있으며, 이 경우 지시를 받은 제조업자 또는 품목허가를 받은 자는 이에 따라야 한다.
(2015.12.29 본조신설)

제53조【국가출하승인의약품】 ① 다음 각 호의 어느 하나에 해당하는 의약품 중에서 총리령으로 정하는 의약품을 판매하거나 판매할 목적으로 진열·보관 또는 저장하려는 자는 제조·품질관리에 관한 자료 검토 및 검정 등을 거쳐 식품의약품안전처장의 출하승인을 받아야 한다.
(2013.3.23 본문개정)
1. 생물학적 제제
2. 변질되거나 변질되어 썩기 쉬운 의약품
3. (2018.12.11 삭제)
② 제1항에 따른 출하승인의 절차와 방법 등에 필요한 사항은 총리령으로 정한다.(2013.3.23 본항개정)
(2011.6.7 본조개정)

제54조【방사성 의약품】 식품의약품안전처장은 방사성 의약품의 제조 및 수입 등에 필요한 사항을 과학기술정보통신부장관과 협의하여 정할 수 있다.(2017.7.26 본조개정)

제55조【중독성·습관성 의약품】 인체에 중독성이나 습관성으로 작용할 염려가 있는 의약품의 제조·관리 등에 필요한 사항은 따로 법률로 정한다.

제2절 의약품의 취급

제56조【의약품 용기 등의 기재 사항】 ① 의약품 품목허가를 받은 자와 수입자는 의약품의 용기나 포장에 다음 각 호의 사항을 적어야 한다. 다만, 총리령으로 정하는 용기나 포장인 경우에는 총리령으로 정하는 바에 따라 다음 각 호의 사항 중 그 일부를 적지 아니하거나 그 일부만을 적을 수 있다.(2013.3.23 단서개정)
1. 의약품 품목허가를 받은 자 또는 수입자의 상호와 주소(위탁제조한 경우에는 제조소의 명칭과 주소를 포함한다)
2. 제품명(2016.12.2 본호개정)
3. 제조번호와 유효기한 또는 사용기한
4. 중량 또는 용량이나 개수
5. 대한민국약전에서 용기나 포장에 적도록 정한 사항
6. 제52조제1항에 따라 기준이 정하여진 의약품은 그 저장 방법과 그 밖에 그 기준에서 용기나 포장에 적도록 정한 사항
7. 품목허가증 및 품목신고증에 기재된 모든 성분의 명칭, 유효 성분의 분량(유효 성분이 분명하지 아니한 것은 그 본질 및 그 제조방법의 요지) 및 보존제의 분량. 다만, 보존제를 제외한 소량 함유 성분 등 총리령으로 정하는 성분은 제외할 수 있다.(2016.12.2 본호개정)
8. "전문의약품" 또는 "일반의약품"[안전상비의약품은 "일반(안전상비)의약품"]이라는 문자(2012.5.14 본호개정)
9. 제58조제1항제1호부터 제3호까지에 규정된 사항. 다만, 같은 조 제2항에 따라 의약품에 첨부하는 문서 대신 전자적 방법 등으로 그 내용을 제공하는 경우에는 그 내용을 확인하기 위하여 표기되는 바코드 등으로 갈음할 수 있다. 이 경우 의약품에 첨부하는 문서 대신 그 내용을 전자적 방법 등으로 제공한다는 문구를 용기나 포장에 적어야 한다.(2024.1.2 본호개정)
10. 그 밖에 총리령으로 정하는 사항(2013.3.23 본호개정)
② 약국개설자 등 소비자에게 직접 의약품을 판매하는 자는 보건복지부장관이 정하는 바에 따라 의약품의 가격을 의약품의 용기나 포장에 적어야 한다.
(2011.6.7 본조개정)

제57조【외부 포장 기재 사항】 의약품을 직접 담는 용기나 직접 포장하는 부분에 적힌 제56조제1항 각 호 및 같은 조 제2항의 사항이 외부의 용기나 포장에 가려 보이지 아니하면 그 외부의 용기나 포장에도 같은 사항을 적어야 한다.(2011.6.7 본조개정)

제58조【첨부 문서 기재 사항】 ① 의약품에 첨부하는 문서(이하 "첨부 문서"라 한다)에는 다음 각 호의 사항을 적어야 한다.(2024.1.2 본문개정)
1. 용법·용량, 그 밖에 사용 또는 취급할 때에 필요한 주의 사항
2. 대한민국약전에 실린 의약품은 대한민국약전에서 의약품의 첨부 문서 또는 그 용기나 포장에 적도록 정한 사항(2011.6.7 본호개정)
3. 제52조제1항에 따라 기준이 정하여진 의약품은 그 기준에서 의약품의 첨부 문서 또는 그 용기나 포장에 적도록 정한 사항
4. 그 밖에 총리령으로 정하는 사항(2013.3.23 본호개정)
② 제1항에도 불구하고 전문의약품 중 식품의약품안전처장이 정하는 의약품인 경우에는 첨부 문서 대신 전자적 방법 등으로 제1항 각 호의 사항을 제공하도록 할 수 있다.
(2024.1.2 본항신설)

제59조【기재상의 주의】 제56조, 제57조 및 제58조제1항에 규정된 사항은 다른 문자·기사·그림 또는 도안보다 쉽게 볼 수 있는 부분에 적어야 하며, 그 사항(제58조제2항에 따라 첨부 문서 대신 전자적 방법 등으로 제58조제1항 각 호의 사항을 제공한 경우 전자적 방법 등으로 확인 가능한 사항을 포함한다)은 총리령으로 정하는 바에 따라 읽기 쉽고 이해하기 쉬운 용어로 정확히 적어야 한다.(2024.1.2 본조개정)

제59조의2【시각·청각장애인을 위한 의약품의 표시】 의약품의 품목허가를 받은 자와 수입자는 안전상비의약품 및 식품의약품안전처장이 정하는 의약품의 경우 시각·청각장애인이 활용할 수 있도록 제56조, 제57조 및 제58조제1항에 규정된 사항 중 제품명 등 식품의약품안전처장이 정하는 사항을 용기 또는 포장에는 점자 및 음성·수어영상변환용 코드 등 총리령으로 정하는 방법 및 기준에 따라, 첨부 문서(제58조제2항에 따라 첨부 문서 대신 전자적 방법 등으로 제58조제1항 각 호의 사항을 제공한 경우 전자적 방법 등으로 확인 가능한 사항을 포함한다. 이하 제60조 및 제61조에서 같다)에는 음성·수어영상변환용 코드 등 총리령으로 정하는 방법 및 기준에 따라 표시하여야 한다.(2024.1.2 본조개정)

제60조【기재 금지 사항】 첨부 문서 또는 의약품의 용기나 포장에 다음 각 호에 해당하는 내용을 적어서는 아니 된다.(2024.1.2 본문개정)
1. 해당 의약품에 관하여 거짓이나 오해할 우려가 있는 사항
2. 제31조제2항·제3항·제9항 또는 제41조제1항에 따른 허가·변경허가를 받지 아니하였거나 신고·변경신고를 하지 아니한 효능·효과(2018.12.11 본호개정)
3. 보건위생에 위험한 용법·용량이나 사용 기간

제61조【판매 등의 금지】 ① 누구든지 다음 각 호의 의약품을 판매하거나 판매할 목적으로 저장 또는 진열하여서는 아니 된다.
1. 제56조부터 제60조까지의 규정에 위반되는 의약품이나 위조(僞造) 의약품
2. 제31조제1항부터 제3항까지 및 제9항, 제41조제1항, 제42조제1항·제3항 및 제43조제1항을 위반하여 제조 또는 수입된 의약품(2018.12.11 본호개정)
② 누구든지 의약품이 아닌 것을 용기·포장 또는 첨부문서에 의학적 효능·효과 등이 있는 것으로 오인될 우려가 있는 표시를 하거나 이와 같은 내용의 광고를 하여서는 아니 되며, 이와 같은 의약품과 유사하게 표시되거나 광고된 것을 판매하거나 판매할 목적으로 저장 또는 진열하여서는 아니 된다.

제61조의2【의약품 불법판매 및 알선·광고 금지 등】 ① 누구든지 제44조, 제50조제1항·제2항에 위반되는 의약품의 판매를 알선하거나 광고해서는 아니 되고, 제61조제1항 각 호에 해당하는 것 또는 같은 조 제2항에 따른 의약품과 유사하게 표시되거나 광고된 것의 판매를 알선하거나 광고해서는 아니 된다.
② 식품의약품안전처장은 「정보통신망 이용촉진 및 정보보호 등에 관한 법률」 제2조제1항제1호에 따른 정보통신망(이하 "정보통신망"이라 한다)을 이용하여 하는 행위가 다음 각 호의 어느 하나의 행위에 해당되는지 여부를 모니터링할 수 있다.
1. 제44조, 제50조제1항·제2항을 위반하여 의약품을 판매하는 행위
2. 제61조제1항 각 호의 어느 하나에 해당하는 의약품 또는 같은 조 제2항에 따른 의약품과 유사하게 표시되거나 광고된 것을 판매하는 행위
3. 제1항을 위반하는 행위
4. 그 밖에 제1호부터 제3호까지에 준하는 행위로서 총리령으로 정하는 행위
(2023.4.18 본항신설)
③ 식품의약품안전처장은 제2항에 따른 모니터링 결과 위반사항 확인을 위하여 「정보통신망 이용촉진 및 정보보호 등에 관한 법률」 제2조제1항제3호에 따른 정보통신서비스 제공자(「정보통신망 이용촉진 및 정보보호 등에 관한 법률」 제32조의5에 따라 지정된 국내대리인을 포함한다) 또는 「전자상거래 등에서의 소비자보호에 관한 법률」 제20조에 따른 통신판매중개업자(이하 이 조에서 "정보통신서비스 제공자등"이라 한다)에 대하여 필요한 자료제출을 요청할 수 있다. 이 경우 자료제출을 요청받은 정보통신서비스 제공자등은 정당한 사유가 없으면 이에 따라야 한다.(2023.4.18 전단개정)
④ 정보통신서비스 제공자등은 정보통신망을 이용하여 제2항 각 호의 어느 하나의 행위를 하는 것을 발견한 때에는 즉시 그 사실을 식품의약품안전처장에게 통보하여야 한다.(2023.4.18 본항개정)
⑤ 식품의약품안전처장은 다음 각 호의 어느 하나에 해당하는 경우에는 정보통신서비스 제공자등에게 위반 사항이 확인되는 의약품에 대하여 불법판매 알선 광고임을 소비자에게 알리기 위하여 대통령령으로 정하는 조치를 요청할 수 있다. 이 경우 필요한 조치를 요청받은 정보통신서비스 제공자등은 정당한 사유가 없으면 이에 따라야 한다.
1. 제2항에 따른 모니터링 결과 같은 항 각 호의 어느 하나의 행위에 해당된다고 판단하는 경우
2. 제4항에 따라 통보를 받은 결과 제2항 각 호의 어느 하나의 행위에 해당된다고 판단하는 경우
(2023.4.18 본항신설)
⑥ 식품의약품안전처장은 제2항에 따른 모니터링 결과 또는 제4항에 따라 받은 통보 결과가 제2항 각 호의 어느 하나에 해당하는 경우 그 내용 및 제5항에 따른 정보통신서비스 제공자등의 조치 결과를 관계 중앙행정기관의 장에게 알릴 수 있다.(2023.4.18 본항신설)
⑦ 제2항에 따른 모니터링의 내용, 방법 및 절차, 제3항에 따른 자료제출 요청의 범위 및 절차, 제4항에 따른 통보의 방법 등에 관하여 필요한 사항은 총리령으로 정한다.
(2023.4.18 본항개정)
(2023.4.18 본조제목개정)
(2018.12.11 본조신설)

제61조의3【의약품 불법판매 등 모니터링 업무의 위탁 등】 ① 제61조의2제2항에 따른 식품의약품안전처장의 모니터링 업무는 그 일부를 대통령령으로 정하는 기관 또는 단체에 위탁할 수 있다.
② 식품의약품안전처장은 제1항에 따른 위탁기관에 대하여 예산의 범위에서 위탁업무 수행에 필요한 비용의 전부 또는 일부를 지원할 수 있다.
(2023.4.18 본조신설)

제62조【제조 등의 금지】 누구든지 다음 각 호의 어느 하나에 해당하는 의약품을 판매하거나 판매할 목적으로 제조·수입·저장 또는 진열하여서는 아니 된다.
1. 대한민국약전에 실린 의약품으로서 성상·성능 또는 품질이 대한민국약전에서 정한 기준에 맞지 아니하는 의약품(2011.6.7 본호개정)
2. 제31조제2항·제3항·제9항 또는 제41조제1항에 따라 허가·변경허가 또는 신고·변경신고된 의약품으로서 그 성분 또는 분량(유효 성분이 분명하지 아니한 것은 본질 또는 제조 방법의 요지)이 허가·변경허가 또는 신고·변경신고된 내용과 다른 의약품(2018.12.11 본호개정)
3. 제52조제1항에 따라 기준이 정하여진 의약품으로서 정한 기준에 맞지 아니한 의약품
4. 전부 또는 일부가 불결한 물질 또는 변질이나 변하여 썩은 물질로 된 의약품
5. 병원 미생물(病原 微生物)에 오염되었거나 오염되었다고 인정되는 의약품
6. 이물질이 섞였거나 부착된 의약품
7. 식품의약품안전처장이 정한 타르 색소와 다른 타르 색소가 사용된 의약품(2013.3.23 본호개정)
8. 보건위생에 위해가 있을 수 있는 비위생적 조건에서 제조되었거나 그 시설이 대통령령으로 정하는 기준에 맞지 아니한 곳에서 제조된 의약품
9. 용기나 포장이 불량하여 보건위생상 위해가 있을 염려가 있는 의약품
10. 용기나 포장이 그 의약품의 사용 방법을 오인하게 할 염려가 있는 의약품
11. 제76조제1항제4호에 해당하는 의약품

제63조【봉함】 의약품의 제조업자·품목허가를 받은 자나 수입자는 제조 또는 수입한 의약품을 판매할 때에는 총리령으로 정하는 바에 따라 의약품의 용기나 포장을 봉함(封緘)하여야 한다. 다만, 의약품 제조업자 또는 품목허가를 받은 자에게 판매하는 경우에는 예외로 한다.(2013.3.23 본문개정)

제64조【안전용기·포장 등】 ① 의약품 품목허가를 받은 자나 수입자는 자신이 제조 또는 수입한 의약품을 판매할 때에는 오용으로 발생하는 어린이의 약물 사고를 방지하기 위하여 안전용기·포장을 사용하여야 한다. 다만, 의약품 제조업자 또는 품목허가를 받은 자에게 판매하는 경우에는 그러하지 아니하다.(2007.10.17 본항개정)
② 안전용기·포장을 사용하여야 할 품목 및 안전용기·포장의 기준 등에 관하여는 총리령으로 정한다.
(2013.3.23 본항개정)

제3절 의약외품

제65조【의약외품 용기 등의 기재사항】 ① 의약외품의 제조업자와 수입자는 의약외품의 용기나 포장에 다음 각 호의 사항을 적어야 한다. 다만, 총리령으로 정하는 바에 따라 다음 각 호의 사항 중 그 일부를 적지 아니하거나 그 일부만을 적을 수 있다.(2017.10.24 본문개정)
1. 의약외품의 명칭(2017.10.24 본호개정)
2. 제조업자 또는 수입자의 상호 및 주소
3. 용량 또는 중량(제2조제7호가목에 해당하는 물품은 용량 또는 중량이나 개수)
4. 제조 번호와 사용기한(2017.10.24 본호개정)
5. 품목허가증 및 품목신고증에 기재된 모든 성분의 명칭. 다만, 보존제를 제외한 소량 함유 성분 등 총리령으로 정하는 성분은 제외할 수 있다.(2017.10.24 본문개정)
6. 제52조제2항에 따라 기준이 정하여진 제품은 그 저장 방법, 그 밖에 그 기준에서 용기나 포장에 적도록 정한 사항
7. "의약외품"이라는 문자
8. 그 밖에 총리령으로 정하는 사항(2013.3.23 본호개정)
② 약국개설자 등 소비자에게 직접 의약외품을 판매하는 자는 보건복지부장관이 정하는 바에 따라 의약외품의 가격을 의약외품의 용기나 포장에 적어야 한다.
(2011.6.7 본조개정)

제65조의2【외부 포장 기재사항】 의약외품을 직접 담는 용기나 직접 포장하는 부분에 적힌 제65조제1항 각 호 및 같은 조 제2항의 사항이 외부의 용기나 포장에 가려 보이지 아니하면 그 외부의 용기나 포장에도 같은 사항을 적어야 한다.(2017.10.24 본조신설)

제65조의3【첨부 문서 기재사항】 의약외품에 첨부하는 문서가 있는 경우에는 그 문서에 다음 각 호의 사항을 적어야 한다.

1. 용법·용량, 그 밖에 사용 또는 취급할 때에 필요한 주의사항
2. 대한민국약전에 실린 의약외품은 대한민국약전에서 의약외품의 첨부 문서 또는 그 용기나 포장에 적도록 정한 사항
3. 제52조제2항에 따라 기준이 정하여진 의약외품은 그 기준에서 의약외품의 첨부 문서 또는 그 용기나 포장에 적도록 정한 사항
4. 그 밖에 의약외품의 안전한 사용을 위하여 필요한 사항으로서 총리령으로 정하는 사항

(2017.10.24 본조신설)

제65조의4【기재상의 주의】 제65조, 제65조의2 및 제65조의3에 따른 기재사항은 다른 문자·기사·그림 또는 도안보다 쉽게 볼 수 있는 부분에 적어야 하며, 그 사항은 총리령으로 정하는 바에 따라 읽기 쉽고 이해하기 쉬운 용어로 정확히 적어야 한다.(2017.10.24 본조개정)

제65조의5【시각·청각장애인을 위한 의약외품의 표시】 의약외품의 제조업자와 수입자는 식품의약품안전처장이 정하는 의약외품의 경우 시각·청각장애인이 활용할 수 있도록 제65조, 제65조의2 및 제65조의3에서 규정된 사항 중 제품명 등 식품의약품안전처장이 정하는 사항을 용기 또는 포장에는 점자 및 음성·수어영상변환용 코드 등 총리령으로 정하는 방법 및 기준에 따라, 첨부문서에는 음성·수어영상변환용 코드 등 총리령으로 정하는 방법 및 기준에 따라 표시하여야 한다.

(2021.7.20 본조신설)

제65조의6【시각·청각장애인을 위한 표시에 관한 교육·홍보 등】 ① 식품의약품안전처장은 시각·청각장애인이 의약품등을 안전하게 사용할 수 있도록 제59조의2 및 제65조의5에 따른 적합한 표시 방법과 기준을 개발하고 교육 및 홍보를 하여야 한다.

② 식품의약품안전처장은 제59조의2 및 제65조의5에 따른 표시에 필요한 경우 행정적 지원을 할 수 있다.

③ 식품의약품안전처장은 시각·청각장애인의 의약품등의 정보에 관한 접근성을 제고하기 위하여 제59조의2 및 제65조의5에 따른 표시가 총리령으로 정하는 기준에 적합한지 여부에 관한 실태조사 및 평가와 장애인의 의약품등 정보 접근성 향상을 위한 연구개발을 할 수 있다.

④ 식품의약품안전처장은 제3항에 따른 실태조사, 평가 및 연구개발 결과 개선이 필요하다고 인정하는 사항에 대해서는 해당 의약품등의 품목허가를 받은 자, 제조업자 또는 수입자에게 표시 실태의 개선을 권고할 수 있다.

⑤ 식품의약품안전처장은 제1항에 따른 표시 방법과 기준의 개발, 교육·홍보 및 제3항에 따른 실태조사·평가·연구개발 업무를 제68조의3에 따른 한국의약품안전관리원에 위탁할 수 있다.

⑥ 제3항에 따른 실태조사 및 평가의 내용·방법 등에 관하여 필요한 사항은 총리령으로 정한다.

(2021.7.20 본조신설)

제66조【준용】 의약외품에 관하여는 제60조, 제61조, 제61조의2(제44조, 제50조제1항·제2항 위반과 관련된 내용은 제외한다), 제62조 및 제63조(의약외품 중 제2조제7호가목에 해당하는 물품은 제60조, 제61조, 제61조의2(제44조, 제50조제1항·제2항 위반과 관련된 내용은 제외한다) 및 제62조)를 준용한다. 이 경우 "의약품"은 "의약외품"으로, "제31조제1항부터 제3항까지 및 제9항"은 "제31조제4항·제9항"으로, "제31조제2항·제3항·제9항"은 각각 "제31조제4항·제9항"으로, "제52조제1항"은 "제52조제2항"으로, "제56조부터 제60조까지"는 "제65조, 제65조의2부터 제65조의4까지 및 제66조에 따라 준용되는 제60조"로 본다.(2023.4.18 전단개정)

제4절 약업단체

제67조【조직】 의약품등의 제조업자·품목허가를 받은 자·수입자 또는 의약품 판매업자는 자주적인 활동과 공동이익을 보장하고 국민보건 향상에 이바지하기 위하여 각각 사단법인을 조직할 수 있다.(2007.10.17 본조개정)

제67조의2【자율규제】 ① 제67조에 따른 사단법인(이하 이 조에서 "사단법인"이라 한다)은 의약품등에 대하여 올바른 정보를 제공하고 국민 건강을 보호하기 위하여 필요한 행동강령을 정하여 시행할 수 있다.

② 보건복지부장관 및 식품의약품안전처장은 제61조의2 제2항 각 호의 어느 하나에 해당하는 행위가 발생하지 아니하도록 제1항에 따라 행동강령을 정하여 시행하는 사단법인 또는 「정보통신망 이용촉진 및 정보보호 등에 관한 법률」 제44조의4에 따라 자율규제 가이드라인을 정하여 시행하는 정보통신서비스 제공자단체를 지원할 수 있다.

(2023.4.18 본조신설)

제5절 의약품등의 광고

제68조【과장광고 등의 금지】 ① 의약품등의 명칭·제조방법·효능이나 성능에 관하여 거짓광고 또는 과장광고를 하지 못한다.

② 의약품등은 그 효능이나 성능에 관하여 의사·치과의사·한의사·수의사 또는 그 밖의 자가 보증한 것으로 오해할 염려가 있는 기사를 사용하지 못한다.

③ 의약품등은 그 효능이나 성능을 암시하는 기사·사진·도안, 그 밖의 암시적 방법을 사용하여 광고하지 못한다.

④ 의약품에 관하여 낙태를 암시하는 문서나 도안은 사용하지 못한다.

⑤ 제31조제2항부터 제4항까지 및 제9항 또는 제42조제1항에 따른 허가·변경허가를 받거나 신고·변경신고를 한 후가 아니면 의약품등의 명칭·제조 방법·효능이나 성능에 관하여 광고하지 못한다.(2018.12.11 본항개정)

⑥ 다음 각 호의 어느 하나에 해당하는 의약품을 광고하여서는 아니 된다. 다만, 「감염병의 예방 및 관리에 관한 법률」 제2조제2호부터 제12호까지의 감염병의 예방용 의약품을 광고하는 경우와 의학·약학에 관한 전문가 등을 대상으로 하는 의약전문매체에 광고하는 경우 등 총리령으로 정하는 경우에는 그러하지 아니하다.

1. 전문의약품
2. 전문의약품과 제형, 투여 경로 및 단위제형당 주성분의 함량이 같은 일반의약품
3. 원료의약품

(2017.10.24 본항신설)

⑦ 의약품등의 광고 방법과 그 밖에 필요한 사항은 총리령으로 정한다.(2017.10.24 본항개정)

제68조의2【광고의 심의】 ① 의약품 제조업자·품목허가를 받은 자 또는 수입자가 그 제조 또는 수입한 의약품을 광고하려는 경우에는 총리령으로 정하는 바에 따라 식품의약품안전처장의 심의를 받아야 한다.

② 식품의약품안전처장은 제1항에 따른 의약품 광고심의에 관한 업무를 제67조에 따라 설립된 법인에 위탁할 수 있다.

③ 제1항에 따른 광고심의의 절차와 방법, 심의 결과에 대한 이의신청, 심의 내용의 변경과 심의 결과의 표시 등에 관하여 필요한 사항은 총리령으로 정한다.

(2013.3.23 본조개정)

제6절 한국의약품안전관리원

(2011.6.7 본절신설)

제68조의3【설립】 ① 의약품등으로 인한 부작용 및 품목허가정보·품목신고정보 등 의약품등의 안전과 관련한 각종 정보(이하 "의약품안전정보"라 한다)의 수집·관리·분석·평가 및 제공 업무를 효율적이고 체계적으로 수행하기 위하여 한국의약품안전관리원(이하 "의약품안전관리원"이라 한다)을 설립한다.

② 의약품안전관리원은 법인으로 한다.

③ 의약품안전관리원의 정관에는 다음 각 호의 사항을 기재하여야 한다.

1. 목적
2. 명칭
3. 주된 사무소가 있는 곳
4. 자산에 관한 사항
5. 임원 및 직원에 관한 사항
6. 이사회의 운영
7. 사업범위 및 내용과 그 집행
8. 회계
9. 공고의 방법
10. 정관의 변경
11. 그 밖에 의약품안전관리원의 운영에 관한 중요 사항

(2018.12.11 본항신설)

④ 의약품안전관리원이 정관의 기재사항을 변경하려는 경우에는 식품의약품안전처장의 인가를 받아야 한다.

(2018.12.11 본항신설)

⑤ 의약품안전관리원에 관하여는 이 법에서 규정한 것을 제외하고는 「민법」 중 재단법인에 관한 규정을 준용한다.

⑥ 그 밖에 의약품안전관리원의 조직 및 운영 등에 관하여 필요한 사항은 대통령령으로 정한다.

제68조의4【사업】 의약품안전관리원은 제84조 또는 다른 법령에 따라 식품의약품안전처장으로부터 위탁받은 각 호의 사업 및 제86조제5항에 따라 위탁받은 의약품부작용 피해구제사업과 의약품안전정보와 관련하여 대통령령으로 정하는 수익사업을 수행한다.(2015.5.18 본문개정)

1. 약화사고 등 의약품 부작용의 인과관계 조사·규명
2. 의약품안전정보의 수집 및 관리를 위한 의약품안전정보관리시스템의 구축
3. 의약품안전정보의 수집·분석·평가·관리 및 제공
4. 의약품안전정보의 개발·활용을 위한 조사·연구 및 교육·홍보
5. 그 밖에 이 법 또는 다른 법령에 따라 위탁받은 업무 (2015.5.18 본호신설)

제68조의5【운영재원】 의약품안전관리원은 정부 또는 정부 외의 자의 출연금, 그 밖의 수익금으로 운영한다.

제68조의6【사업계획서의 제출 등】 ① 의약품안전관리원의 사업연도는 정부의 회계연도에 따른다.

② 의약품안전관리원은 대통령령으로 정하는 바에 따라 매 회계연도의 사업계획서 및 예산서를 작성하여 식품의약품안전처장의 승인을 받아야 한다. 이를 변경하고자 할 때에도 또한 같다.(2013.3.23 전단개정)

제68조의7【자료제공의 요청】 ① 의약품안전관리원장은 의약품안전정보의 수집·평가 등 업무상 필요하다고 인정하는 경우에는 다음 각 호의 기관 또는 사람에 대하여 의약품안전정보에 관한 자료의 제공을 요청할 수 있다. 이 경우 요청을 받은 기관 또는 사람은 정당한 사유가 없으면 그 요청에 따라야 한다.(2015.1.28 후단신설)

1. 국가 또는 지방자치단체
2. 공공기관 또는 공공단체
3. 연구기관
4. 약국개설자 또는 의료기관 개설자
5. 의약품등의 제조업자, 품목허가를 받은 자, 수입자 또는 판매업자 등 이 법에 따라 의약품을 취급할 수 있는 자

② 의약품안전관리원장은 제1항에 따라 필요한 자료의 제공을 요청하는 경우 「개인정보 보호법」 제23조에 따른 민감정보와 같은 법 제24조에 따른 고유식별정보(주민등록번호를 포함한다) 등의 개인정보가 포함된 자료의 제공을 요청할 수 있다. 이 경우 요청을 받은 기관 또는 사람은 개인식별이 가능한 부분을 삭제한 후 제공하여야 한다.(2015.1.28 본항개정)

③ 제2항에도 불구하고 의약품안전관리원장은 식품의약품안전처장이 복수의 기관 또는 사람이 보유한 자료를 통합하여 분석할 필요가 있다고 승인한 경우에는 개인식별이 가능한 부분을 포함한 자료를 제출받아 자료의 통합작업을 수행할 수 있다. 이 경우 자료를 통합한 후에는 지체 없이 개인식별이 가능한 부분을 삭제하고 복구 또는 재생되지 아니하도록 하여야 한다.(2015.1.28 본항신설)

④ 제1항부터 제3항까지의 규정에 따라 제공된 자료는 그 제공을 요청한 목적 외의 용도로 이용하여서는 아니 된다.(2015.1.28 본항개정)

⑤ 식품의약품안전처장은 의약품안전관리원장이 제3항 및 제4항을 준수하는지를 정기적으로 점검하고 이를 위반한 경우에는 해임 등 필요한 조치를 할 수 있다.

(2015.1.28 본항신설)

제68조의8【부작용 등의 보고】 ① 의약품등의 제조업자·품목허가를 받은 자·수입자 및 의약품 도매상은 의약품등으로 인하여 발생하였다고 의심되는 유해사례로서 질병·장애·사망, 그 밖에 총리령으로 정하는 의약품등의 안전성·유효성에 관한 사례를 알게 된 경우에는 식품의약품안전처장이 정하는 바에 따라 의약품안전관리원장에게 보고하여야 한다.

② 약국개설자와 의료기관 개설자는 의약품등으로 인하여 발생하였다고 의심되는 유해사례로서 총리령으로 정하는 중대한 질병·장애·사망 사례를 알게 된 경우에는 식품의약품안전처장이 정하는 바에 따라 의약품안전관리원장에게 보고하여야 한다.

③ 의약품안전관리원장은 제1항 및 제2항에 따라 보고받은 사항을 식품의약품안전처장이 정하는 바에 따라 식품의약품안전처장에게 보고하여야 한다.

(2013.3.23 본조개정)

제68조의9【비밀유지의무】 의약품안전관리원의 임원이나 직원 또는 그 직에 있었던 자는 직무상 알게 된 비밀을 누설하여서는 아니 된다.

제68조의10【유사명칭의 사용금지】 의약품안전관리원이 아닌 자는 의약품안전관리원 또는 이와 유사한 명칭을 사용하지 못한다.

제68조의11【의약품부작용 심의위원회의 설치】 ① 다음 각 호의 사항을 심의하기 위하여 식품의약품안전처에 의약품부작용 심의위원회(이하 "심의위원회"라 한다)를 둔다.(2014.3.18 본문개정)

1. 의약품등의 부작용·위해가능성의 판단 등에 관한 사항
2. 의약품등 부작용의 인과관계 규명, 그 밖에 약화사고 등의 원인규명에 관한 사항
3. 제86조의3제1항에 따른 피해구제급여 등 의약품 피해구제에 관한 사항

(2014.3.18 1호~3호신설)

② 심의위원회는 위원장 1명을 포함한 10명 이상 15명 이내의 위원으로 구성하며, 위원장은 위원 중에서 호선(互選)한다.

③ 위원은 대통령령으로 정하는 바에 따라 식품의약품안전처장이 임명하거나 위촉(委囑)하되, 다음 각 호의 어느 하나에 해당하는 자가 각각 1명 이상 포함되어야 한다.

(2013.3.23 본문개정)

1. 보건의료 및 의약품 분야의 전문지식을 갖춘 자
2. 「비영리민간단체 지원법」 제2조에 따른 비영리민간단체가 추천하는 자
3. 「의료법」 및 법의학 전문가로서 판사, 검사 또는 변호사의 자격이 있는 자
4. 대통령령으로 정하는 관계 중앙행정기관 소속 공무원

④ (2014.3.18 삭제)

⑤ 심의위원회는 제1항 각 호의 사항을 전문적으로 심의하도록 하기 위하여 전문위원회를 둘 수 있다.

(2014.3.18 본항개정)

⑥ 심의위원회 및 전문위원회의 구성과 운영, 그 밖에 필요한 사항은 대통령령으로 정한다.

제68조의12【약물역학조사관】 ① 의약품안전관리원의 장은 제68조의4제1호에 따른 사업을 수행하기 위하여 필요하다고 인정하는 경우에는 소속 직원 또는 관련 분야의 전문지식과 경험이 있는 사람 중에서 약물의 역학조사를 위하여 조사관(이하 "약물역학조사관"이라 한다)을 임명하거나 위촉할 수 있다.

② 의약품안전관리원의 장은 약물역학조사관을 임명하거나 위촉하였을 때에는 지체 없이 식품의약품안전처장에게 보고하여야 한다.

③ 의약품안전관리원의 장은 약물역학조사관으로 하여금 약국, 의료기관, 의약품등을 제조·저장 또는 취급하는 공장·창고·점포나 사무소, 그 밖에 조사의 필요성이 있다고 인정되는 장소에 출입하여 관련 장부나 서류, 그 밖의 물건을 조사하거나 관계인에게 질문을 하게 할 수 있다. 이 경우 약물역학조사관은 그 권한을 표시하는 증표 및 조사기간, 조사범위, 조사담당자, 관계 법령 등 대통령령으로 정하는 사항이 기재된 서류를 지니고 이를 관계인에게 내보여야 한다.(2015.12.29 후단개정)

④ 약물역학조사관의 자격 및 직무 범위, 그 밖에 필요한 사항은 총리령으로 정한다.

⑤ 제3항에 따른 조사 또는 질문의 절차·방법 등에 관하여는 이 법 또는 약물역학조사와 관련된 법령에서 정하는 사항을 제외하고는 「행정조사기본법」에서 정하는 바에 따른다.(2015.12.29 본항신설)

(2014.3.18 본조신설)

제7장 감 독

제69조【보고와 검사 등】 ① 보건복지부장관, 식품의약품안전처장(대통령령으로 정하는 그 소속 기관의 장을 포함한다), 시·도지사, 시장·군수·구청장은 다음 각 호의 사항을 지시할 수 있다.(2020.4.7 본문개정)

1. 약국개설자, 의료기관 개설자, 의약품등의 제조업자·품목허가를 받은 자·수입자 또는 판매업자, 특허권등재자, 등재특허권자등, 우선판매품목허가를 받은 자, 임상시험의 계획 승인을 받은 자, 임상시험실시기관, 임상시험검체분석기관, 비임상시험실시기관, 중앙심사위원회, 그 밖에 의약품등을 취급하는 업무에 종사하는 자에게 필요한 서류나 그 밖의 자료 제출의 요구
2. 관계 공무원으로 하여금 약국·의료기관, 의약품등을 제조·저장 또는 취급하는 공장·창고·점포나 사무소, 임상시험실시기관, 임상시험검체분석기관, 비임상시험실시기관, 중앙심사위원회, 특허권등재자, 등재특허권자등 또는 우선판매품목허가를 받은 자가 업무를 하는 장소, 임상시험 용도로 의약품등을 취급하는 업무를 하는 장소, 그 밖의 의약품등을 취급하는 업무를 하는 장소에 출입하여 그 시설 또는 관계 장부나 서류, 그 밖의 물건의 검사 또는 관계인에 대한 질문

(2021.7.20 1호~2호개정)

3. 제71조제1항에 해당된다고 의심되는 물품·의약품등의 품질 검사를 위하여 필요한 최소 분량의 물품 수거

② 제1항에 따라 출입·검사를 하는 공무원은 그 권한을 표시하는 증표 및 조사기간, 조사범위, 조사담당자, 관계 법령 등 대통령령으로 정하는 사항이 기재된 서류를 지니고 이를 관계인에게 내보여야 한다.(2015.12.29 본항개정)

③ 제2항에 따른 관계 공무원의 권한 및 직무 범위, 그 밖에 필요한 사항은 보건복지부장관과 협의하여 총리령으로 정한다.(2013.3.23 본항개정)

④ 제1항제2호에 따른 검사 또는 질문의 절차·방법 등에 관하여는 이 법에서 정하는 사항을 제외하고는 「행정조사기본법」에서 정하는 바에 따른다.(2015.12.29 본항신설)

제69조의2【관계 기관에의 통보】 식품의약품안전처장은 대통령령으로 정하는 관계 중앙행정기관의 장에게 다음 각 호에 관한 사항을 통보하여야 한다.

1. 제50조의6제1항 및 제2항에 따른 의약품의 판매금지처분 및 같은 조 제3항에 따른 판매금지 효력의 소멸
2. 우선판매품목허가 및 제50조의10제1항 및 제2항에 따른 동일의약품에 대한 판매금지 효력의 소멸
3. 제1호 또는 제2호와 관련된 특허 심판 또는 소송의 개시 및 종결

(2015.3.13 본조신설)

제69조의3【합의 사항의 보고】 다음 각 호의 어느 하나에 해당하는 합의가 있는 경우 합의의 당사자는 합의가 있은 날부터 15일 이내에 합의 당사자, 합의 내용, 합의 시기 등 총리령으로 정하는 사항을 식품의약품안전처장 및 공정거래위원회에 보고하여야 한다.

1. 등재의약품의 품목허가 또는 변경허가를 받은 자 또는 등재특허권자등과 통지의약품에 대한 품목허가 또는 변경허가 신청을 한 자 간의 해당 의약품의 제조 또는 판매에 관한 합의
2. 등재의약품의 품목허가 또는 변경허가를 받은 자 또는 등재특허권자등과 통지의약품에 대한 품목허가 또는 변경허가 신청을 한 자 간의 우선판매품목허가의 취득 또는 그 소멸에 관한 합의
3. 통지의약품에 대한 품목허가 또는 변경허가 신청을 한 자 간의 우선판매품목허가의 취득 또는 그 소멸에 관한 합의

(2015.3.13 본조신설)

제69조의4【시정명령】 보건복지부장관, 식품의약품안전처장, 시·도지사 또는 시장·군수·구청장은 약국개설자, 의약품의 품목허가를 받은 자, 수입자, 의약품 판매업자, 의약품 판촉영업자, 그 밖에 이 법에 따라 의약품을 판매할 수 있는 자가 다음 각 호의 어느 하나에 해당할 경우 일정한 기간을 정하여 그 위반사항을 시정하도록 명할 수 있다.(2023.4.18 본문개정)

1. 제21조제3항에 따른 약국 관리에 필요한 사항을 위반한 경우

1의2. 제21조의3제3항에 따른 운영시간을 준수하지 아니한 경우(2023.4.18 본호신설)

2. 제47조제1항에 따른 의약품등의 유통 체계 확립과 판매 질서 유지에 필요한 사항을 위반한 경우
3. 제47조의2제1항에 따른 지출보고서를 작성 또는 공개하지 아니하거나 해당 지출보고서와 관련 장부 및 근거자료를 보관하지 아니한 경우(2021.7.20 본호개정)
4. 제56조제2항(제44조의6제1항에서 준용하는 경우를 포함한다) 또는 제65조제2항을 위반하여 가격을 용기나 포장에 적지 아니한 경우(2020.4.7 본호개정)

(2015.12.29 본조신설)

제69조의5【해외제조소에 대한 현지실사 등】 ① 식품의약품안전처장은 다음 각 호의 어느 하나에 해당하는 경우에는 수입자, 해외제조소의 관리자 또는 수출국 정부와 사전에 협의를 거쳐 해외제조소에 대한 출입 및 검사(이하 이 조에서 "현지실사"라 한다)를 할 수 있다.

1. 수입되는 의약품등(이하 이 조에서 "수입의약품등"이라 한다)의 위해방지를 위하여 현지실사가 필요하다고 식품의약품안전처장이 인정하는 경우
2. 국내외에서 수집된 수입의약품등의 안전정보에 대한 사실 확인이 필요하다고 식품의약품안전처장이 인정하는 경우

② 식품의약품안전처장은 해외제조소가 현지실사를 정당한 사유 없이 거부하거나 현지실사 결과 수입의약품등에 위해발생 우려가 있는 경우에는 해당 해외제조소의 수입의약품등에 대하여 수입 중단, 검사명령 또는 시정을 요청하거나 해외제조소 등록을 취소(이하 이 조에서 "수입 중단등"이라 한다)할 수 있다.

③ 식품의약품안전처장은 제2항에 따라 수입 중단등의 조치가 되어 있는 수입의약품등에 대하여 수입자, 해외제조소의 관리자 또는 수출국 정부가 원인을 규명하여 개선사항을 제시하거나 현지실사 등을 통하여 그 수입의약품등에 위해가 없는 것으로 인정되는 경우에는 수입 중단등의 조치를 해제할 수 있다. 이 경우 개선사항에 대한 확인이 필요할 때에는 현지실사를 할 수 있다.

④ 제1항부터 제3항까지의 규정에 따른 현지실사, 수입 중단등의 조치와 그 해제의 절차 및 방법 등에 필요한 사항은 총리령으로 정한다.

(2018.12.11 본조신설)

제70조【업무 개시 명령 등】 ① 보건복지부장관, 식품의약품안전처장, 시·도지사, 시장·군수·구청장은 의약품 제조업자·품목허가를 받은 자, 약국개설자 또는 의약품 판매업자가 공동으로 의약품의 생산·판매를 중단하거나 집단 휴업 또는 폐업을 하여 의약품 구매에 현저한 지장을 주거나 줄 우려가 있다고 인정되면 의약품 제조업자·품목허가를 받은 자, 약국개설자 또는 의약품 판매업자에게 의약품을 생산하게 하거나 업무를 개시하도록 명할 수 있다.(2013.3.23 본항개정)

② 의약품 제조업자·품목허가를 받은 자, 약국개설자 또는 의약품 판매업자는 정당한 사유 없이 제1항의 명령을 거부할 수 없다.

(2007.10.17 본조개정)

제71조【폐기 명령 등】 ① 식품의약품안전처장, 시·도지사, 시장·군수·구청장은 의약품의 품목허가를 받은 자·의약외품 제조업자·의약품등의 수입자·판매업자, 약국개설자, 의료기관 개설자, 그 밖에 이 법 또는 다른 법률에 따라 의약품을 판매하거나 취급할 수 있는 자 중 총리령으로 정하는 자에게 제53조제1항·제61조(제66조에서 준용하는 경우를 포함한다) 및 제62조(제66조에서 준용하는 경우를 포함한다)를 위반하여 판매·저장·진열·제조 또는 수입한 의약품등이나 불량한 의약품등 또는 그 원료나 재료 등을 공중위생상의 위해를 방지할 수 있는 방법으로 폐기하거나 그 밖의 필요한 조치를 하도록 명할 수 있다.(2013.3.23 본항개정)

② 식품의약품안전처장, 시·도지사 또는 시장·군수·구청장은 의약품등으로 인하여 공중위생상 위해가 발생하였거나 발생할 우려가 있다고 인정하면 의약품의 품목허가를 받은 자·의약외품 제조업자·의약품등의 수입자·판매업자, 약국 개설자, 의료기관 개설자, 그 밖에 이 법 또는 다른 법률에 따라 의약품을 판매하거나 취급할 수 있는 자 중 총리령으로 정하는 자에 대하여 유통 중인 의약품등을 회수·폐기하게 하거나 그 밖의 필요한 조치를 하도록 명할 수 있다.(2013.3.23 본항개정)

③ 식품의약품안전처장, 시·도지사, 시장·군수·구청장은 제1항 또는 제2항에 따른 명령을 받은 자가 그 명령을 이행하지 아니한 때, 또는 공중위생을 위하여 긴급한 때에는 관계 공무원에게 해당 물품을 회수·폐기하게 하거나 그 밖에 필요한 처분을 하게 할 수 있다.

(2013.3.23 본항개정)

④ 제2항에 관하여는 제69조제2항을 준용한다.

⑤ 제2항에 따른 의약품등의 위해성 등급 및 평가기준, 회수·폐기, 그 밖의 조치 등에 필요한 사항은 총리령으로 정한다.(2013.3.23 본항개정)

제72조【의약품등의 회수 등 사실 공표】 ① 식품의약품안전처장은 제39조제1항 후단에 따른 의약품등의 회수계획을 보고받으면 의약품의 품목 허가를 받은 자, 의약외품 제조업자 또는 의약품등의 수입자에게 회수계획을 공표하도록 명할 수 있다. 다만, 해당 의약품등의 사용으로 인하여 완치 불가능한 중대한 부작용을 초래하거나 일시적 또는 의학적으로 완치 가능한 부작용을 초래하는 등 총리령으로 정하는 위해가 발생한 경우에는 공표를 명하여야 한다.(2013.3.23 본항개정)

② 식품의약품안전처장, 시·도지사 또는 시장·군수·구청장은 제71조제2항에 따라 유통 중인 의약품등을 회수·폐기하게 하거나 그 밖에 필요한 조치를 하게 한 경우에는 의약품의 품목허가를 받은 자·의약외품 제조업자·의약품등의 수입자·판매업자, 약국 개설자, 의료기관 개설자, 그 밖에 이 법 또는 다른 법률에 따라 의약품을 판매하거나 취급할 수 있는 자 중 총리령으로 정하는 자에게 그 사실을 공표하도록 명하여야 한다.

(2013.3.23 본항개정)

③ 제1항 및 제2항에 따라 공표명령을 받은 자는 제71조제5항에 따른 위해성 등급에 따라 다음 각 호의 어느 하나에 해당하는 방법으로 공표하여야 한다.

1. 방송, 일간신문 또는 이와 동등 이상의 대중매체
2. 의학·약학 전문지 또는 이와 동등 이상의 매체
3. 자사(自社) 홈페이지 또는 이와 동등 이상의 매체

(2012.2.1 본항신설)

④ 제1항부터 제3항까지의 규정에 따른 공표에 필요한 사항은 총리령으로 정한다.(2013.3.23 본항개정)

제73조【검사명령과 시험·검사기관】 ① 식품의약품안전처장 또는 시·도지사는 의약품등의 품질검사를 위하여 의약품등의 제조업자, 의약품의 품목허가를 받은 자 또는 수입자에게 「식품·의약품분야 시험·검사 등에 관한 법률」 제6조제2항제3호에 따라 식품의약품안전처장이 지정하는 의약품 등 시험·검사기관(이하 "시험·검사기관"이라 한다)에서 제조·수입하거나 품목허가를 받거나 품목신고를 한 의약품등에 관한 검사를 받도록 명할 수 있다.

②~④ (2013.7.30 삭제)

(2013.7.30 본조개정)

제73조의2~제73조의3 (2013.7.30 삭제)

제74조【개수명령】 식품의약품안전처장, 시·도지사, 시장·군수·구청장은 약국 개설자, 의약품등의 제조업자·품목허가를 받은 자, 수입자, 판매업자, 임상시험실시기관, 임상시험검체분석기관, 비임상시험실시기관에게 그 시설이 제20조제3항, 제31조제1항·제4항, 제34조의2제1항, 제34조의3제1항, 제42조제3항, 제45조제2항에 따른 시설 기준에 맞지 아니하거나 그 시설이 낡거나 더럽거나 손상되어 그 시설로 의약품등을 제조하면 의약품등이 제62조(제66조에서 준용하는 경우를 포함한다) 각 호의 어느 하나에 해당하게 될 염려가 있으면 시설을 개수(改修)하도록 명하거나 개수가 끝날 때까지 그 시설의 전부 또는 일부를 사용하지 못하게 명할 수 있다.

(2017.10.24 본조개정)

제75조【관리자 등의 변경명령】 의약품등의 제조업 관리자 또는 약국의 관리자가 이 법 또는 이 법에 따른 명령을 위반하거나 관리자로서 부적당하다고 인정하면 식품의약품안전처장은 해당 제조업자에게, 시장·군수·구청장은 해당 약국개설자에게 각각 그 관리자를 변경하도록 명할 수 있다.(2013.3.23 본조개정)

제75조의2【시정명령】 보건복지부장관, 시장·군수·구청장은 약국 개설자가 제47조제5항부터 제7항까지의 규정을 위반한 경우에는 보건복지부령으로 정하는 바에 따라 약국 개설자에게 3개월 이내의 기간을 정하여 그 위반사항을 시정하도록 명할 수 있다.(2015.12.22 본조신설)

제76조【허가취소와 업무정지 등】 ① 의약품등의 제조업자, 품목허가를 받은 자, 원료의약품의 등록을 한 자, 수입자, 임상시험의 계획 승인을 받은 자 또는 약국개설자나 의약품 판매업자, 의약품 판촉영업자가 다음 각 호의 어느 하나에 해당하면 의약품등의 제조업자, 품목허가를 받은 자, 원료의약품의 등록을 한 자, 수입자, 임상시험의 계획 승인을 받은 자에게는 식품의약품안전처장이, 약국개설자나 의약품 판매업자, 의약품 판촉영업자에게는 시장·군수·구청장이 그 허가·승인·등록의 취소, 신고 수리의 취소(제46조의2제1항에 따라 신고한 경우만 해당한다) 또는 위탁제조판매업소·제조소 폐쇄(제31조제4항에 따라 신고한 경우만 해당한다. 이하 제77조제1호의2에서 같다), 영업소 폐쇄(제42조제1항, 제46조의2제1항에 따라 신고한 경우만 해당한다. 이하 제77조제1호의2에서 같다), 품목제조 금지나 품목수입 금지를 명하거나, 1년의 범위에서 업무의 전부 또는 일부의 정지를 명할 수 있다. 다만, 제4호의 경우에 그 업자에게 책임이 없고 그 의약품등의 성분·처방 등을 변경하여 허가 또는 신고 목적을 달성할 수 있다고 인정되면 그 성분·처방 등의 변경만을 명할 수 있다.(2023.4.18 본문개정)

1. 제5조 각 호의 어느 하나에 해당하는 경우(제5호는 수입자의 경우로 한정한다). 다만, 법인의 대표자가 같은 규정의 어느 하나에 해당하게 된 경우로서 6개월 이내에 그 대표자를 개임(改任)한 경우는 제외한다.

(2015.1.28 본호개정)

2. 제20조제5항 각 호의 어느 하나 또는 제31조제8항제2호, 제42조제4항제2호·제3호에 해당하는 사실이 있음이 밝혀진 경우. 다만, 법인의 대표자가 같은 규정의 어느 하나에 해당하게 된 경우로서 6개월 이내에 그 대표자를 개임한 경우는 제외한다.(2015.1.28 본호개정)
2의2. 거짓이나 그 밖의 부정한 방법으로 제20조제2항에 따른 개설등록·변경등록을 한 경우(2020.4.7 본호신설)
2의3. 거짓이나 그 밖의 부정한 방법으로 제31조제1항부터 제4항까지 또는 제9항에 따른 허가·변경허가를 받거나 신고·변경신고를 한 경우(2020.4.7 본호신설)
2의4. 제31조제2항 또는 제3항을 위반하여 품목허가를 받지 아니하거나 품목신고를 하지 아니한 경우
(2018.12.11 본호신설)
2의5. 제31조제9항을 위반하여 변경허가를 받지 아니하거나 변경신고를 하지 아니한 경우(2018.12.11 본호신설)
2의6. 거짓이나 그 밖의 부정한 방법으로 제31조의2제1항·제3항(제42조제5항에 따라 준용되는 경우를 포함한다)에 따른 원료의약품의 등록, 변경등록 또는 변경보고를 한 경우(2015.1.28 본호개정)
2의7. 제31조의2제3항(제42조제5항에 따라 준용되는 경우를 포함한다)에 따라 원료의약품의 변경등록 또는 변경보고를 하지 아니한 경우(2015.1.28 본호개정)
2의8. 거짓이나 그 밖의 부정한 방법으로 제34조제1항에 따른 임상시험의 계획 승인·변경승인을 받은 경우
(2020.4.7 본호신설)
3. 이 법 또는 이 법에 따른 명령을 위반한 경우
4. 국민보건에 위해를 주었거나 줄 염려가 있는 의약품등과 그 효능이 없다고 인정되는 의약품등을 제조·수입 또는 판매한 경우
4의2. 제38조의2제1항 및 제2항을 위반하여 적합판정 또는 변경적합판정을 받지 아니하고 의약품등을 제조하여 판매한 경우(2022.6.10 본호신설)
4의3. 제38조의3제3항에 따른 시정명령 등 필요한 조치명령을 이행하지 아니한 경우(2022.6.10 본호신설)
5. 제39조제1항에 따른 회수 또는 회수에 필요한 조치를 하지 아니하거나 회수계획을 보고하지 아니하거나 거짓으로 보고를 한 경우(2012.2.1 본호개정)
5의2. 제42조제1항을 위반하여 품목마다 허가·변경허가를 받지 아니하거나 신고·변경신고를 하지 아니한 경우(2018.12.11 본호신설)
5의3. 거짓이나 그 밖의 부정한 방법으로 제42조제1항에 따른 허가·변경허가를 받거나 신고·변경신고를 하거나 같은 조 제7항 또는 제8항에 따른 해외제조소의 등록·변경등록 또는 변경신고를 한 경우(2020.4.7 본호개정)
5의4. 제42조제7항 또는 제8항을 위반하여 등록·변경등록 또는 변경신고를 하지 아니한 경우(2019.1.15 본호개정)
5의5. 거짓이나 그 밖의 부정한 방법으로 제43조제1항에 따른 허가를 받은 경우(2020.4.7 본호신설)
5의6. 거짓이나 그 밖의 부정한 방법으로 제45조제1항에 따른 한약업사 또는 의약품도매상 허가·변경허가를 받은 경우(2020.4.7 본호신설)
5의7. 제47조제2항을 위반하여 경제적 이익등을 제공한 경우(2010.5.27 본호신설)
5의8. 제50조의4제1항제2호를 위반하여 등재특허권의 존속기간이 만료된 후에 판매하기 위하여 품목허가 또는 변경허가를 신청한 자가 해당 기간이 만료되기 전에 의약품을 판매한 경우(2015.3.13 본호신설)
5의9. 제50조의6제1항·제2항, 제50조의9제1항 또는 제50조의10제3항에 따라 판매가 금지된 의약품을 판매한 경우(2023.8.16 본호개정)
5의10. 제53조제1항을 위반하여 출하승인을 받지 아니하거나 거짓 또는 그 밖의 부정한 방법으로 출하승인을 받은 경우(2021.7.20 본호신설)
5의11. 제60조를 위반하여 의약품에 첨부하는 문서 또는 의약품의 용기나 포장에 같은 조 각 호에 해당하는 내용을 적은 경우(2018.12.11 본호신설)
5의12. 제62조를 위반하여 같은 조 각 호의 어느 하나에 해당하는 의약품을 판매하거나 판매할 목적으로 제조·수입·저장 또는 진열한 경우(2018.12.11 본호신설)
5의13. 제71조제1항·제2항 및 제72조제1항·제2항에 따른 명령을 위반한 경우(2012.2.1 본호신설)
6. 약국 개설자가 제79조제2항에 따라 약사 또는 한약사의 자격정지처분을 받은 경우
7. 제75조의2에 따른 시정명령을 이행하지 아니한 때
(2015.12.22 본호신설)
② 제1항에 규정된 자의 시설이 제20조제3항, 제31조제1항·제4항, 제42조제3항 및 제45조제2항에 따른 시설 기준에 맞지 아니한 경우에도 제1항과 같다.(2007.10.17 본항개정)
③ 제1항과 제2항에 따른 행정처분 기준 중 의약품등의 제조업자, 품목허가를 받은 자, 원료의약품 등록을 한 자, 수입자, 임상시험의 계획 승인을 받은 자에 대한 허가·신고·등록·승인의 취소, 업무의 정지 등에 대한 행정처분 기준은 총리령으로, 약사, 한약사, 약국개설자 또는 의약품판매업자의 면허·등록·허가의 취소, 자격 또는 업무의 정지 등에 대한 행정처분 기준은 보건복지부령으로 정한다.(2017.10.24 본항개정)

제76조의2 【임상시험실시기관 등의 지정취소 등】 ① 식품의약품안전처장은 제34조의2, 제34조의3에 따른 임상시험실시기관, 임상시험검체분석기관, 비임상시험실시기관(이하 "검사기관등"이라 한다)이 다음 각 호의 어느 하나에 해당하면 그 지정을 취소하거나 9개월의 범위에서 업무의 전부 또는 일부 정지를 명할 수 있다. 다만, 제1호·제2호·제2호의2·제5호(제2호 및 제2호의2의 경우에는 고의 또는 중대한 과실인 경우에 한정한다)에 해당하는 경우에는 지정을 취소하여야 한다.(2018.12.11 본문개정)
1. 거짓이나 그 밖의 부정한 방법으로 지정을 받은 경우
2. 제34조의2제3항제6호에 따른 임상시험성적서, 임상시험검체분석성적서를 거짓으로 작성·발급하거나 임상시험에 관한 기록을 거짓으로 작성한 경우(2021.7.20 본호개정)
2의2. 제34조의3제3항에 따른 비임상시험성적서를 거짓으로 작성·발급한 경우(2018.6.12 본호신설)
3. 제34조의2제1항·제5항 또는 제34조의3제1항·제4항에 따른 지정요건에 미달된 경우(2018.12.11 본호개정)
4. 제34조의2제3항 또는 제34조의3제3항에 따른 준수사항을 지키지 아니한 경우(2013.7.30 본호개정)
5. 업무정지기간 중에 업무를 한 경우
② 제1항에 따라 지정취소처분을 받은 자는 지정이 취소된 날부터 2년 이내에는 다시 지정을 받을 수 없다.
③ 식품의약품안전처장은 제34조의2에 따른 임상시험실시기관이 같은 조 제3항에 따른 준수사항을 지키지 아니한 경우로서 그 책임이 임상시험 수행 책임자에게 있다고 인정되는 경우 해당 임상시험실시기관의 장에게 임상시험 수행 책임자를 변경하거나 9개월의 범위에서 임상시험에서 배제할 것을 명할 수 있다.(2020.4.7 본항신설)
④ 제1항 및 제3항에 따른 행정처분의 기준은 총리령으로 정한다.(2020.4.7 본항개정)
(2018.12.11 본조제목개정)
(2011.6.7 본조신설)

제76조의3 【안전상비의약품 판매자의 등록취소】 ① 시장·군수·구청장은 안전상비의약품 판매자가 다음 각 호의 어느 하나에 해당하는 경우에는 등록을 취소할 수 있다. 다만, 제1호 및 제3호부터 제6호까지의 어느 하나에 해당하는 경우에는 등록을 취소하여야 한다.
1. 거짓이나 그 밖의 부정한 방법으로 등록한 경우
2. 제39조제1항 전단을 위반하여 의약품을 회수하지 아니하거나 회수에 필요한 조치를 하지 아니한 경우
3. 제44조의2제2항에 따른 등록기준에 미달한 경우
4. 제44조의2제3항을 위반하여 변경등록을 하지 아니하거나 거짓 또는 그 밖의 부정한 방법으로 변경등록을 한 경우
5. 제44조의3제1항을 위반하여 교육을 받지 아니한 경우
6. 제44조의4를 위반하여 안전상비의약품 판매자의 준수사항을 지키지 아니한 경우(1년 이내에 3회 이상 위반한 경우만 해당한다)
7. 제47조제1항을 위반하여 제69조의4에 따른 시정명령을 받고도 유통 체계 확립과 판매 질서 유지에 필요한 사항을 지키지 아니한 경우(2015.12.29 본호개정)
8. 제50조제1항을 위반하여 등록된 장소 외의 장소에서 의약품을 판매한 경우
9. 제69조제1항제1호에 따른 서류·자료의 제출 요구에 따르지 아니하거나 같은 항 제2호 및 제3호에 따른 출입·검사·질문·수거를 거부·방해·기피한 경우
10. 제71조제1항에 따른 폐기 등의 명령 또는 같은 조 제2항에 따른 회수·폐기 등의 명령에 따르지 아니하거나 같은 조 제3항에 따른 회수·폐기 등의 처분을 거부·방해·기피한 경우
11. 제72조제2항에 따른 공표 명령에 따르지 아니한 경우
② 제1항에 따라 등록이 취소된 자는 등록이 취소된 날부터 1년 이내에 다시 안전상비의약품 판매자로 등록할 수 없다.
(2012.5.14 본조신설)

제77조 【청문】 보건복지부장관, 식품의약품안전처장, 시·도지사, 시장·군수 또는 구청장은 다음 각 호의 어느 하나에 해당하는 처분을 하려면 청문을 하여야 한다.
(2013.3.23 본문개정)
1. 제21조의3제5항에 따른 지정의 취소(2023.4.18 본호신설)
1의2. 제76조에 따른 허가·승인·등록의 취소 또는 위탁제조판매업소·제조소·영업소 폐쇄, 품목제조금지명령, 품목수입금지명령(2015.1.28 본호개정)
1의3. 제76조의3에 따른 등록의 취소(2012.5.14 본호신설)
2. 제76조의2제1항에 따른 지정의 취소(2011.6.7 본호신설)
3. 제79조제1항 또는 제2항에 따른 면허취소

제78조 【약사감시원】 ① 제69조제1항과 제71조제2항에 따른 관계 공무원의 직무를 집행하게 하기 위하여 보건복지부, 식품의약품안전처, 시·도, 시·군·구(특별시 및 광역시의 자치구를 말한다)에 약사감시원(藥事監視員)을 둔다.
② 약사감시원은 해당 보건복지부, 식품의약품안전처, 시·도, 시·군·구 소속 공무원 중에서 보건복지부장관, 식품의약품안전처장, 시·도지사, 시장·군수 또는 구청장이 임명한다.
③ 약사감시원의 자격·임명, 그 밖에 필요한 사항은 보건복지부장관과 협의하여 총리령으로 정한다.
(2013.3.23 본조개정)

제79조 【약사·한약사 면허의 취소 등】 ① 보건복지부장관은 약사 또는 한약사가 제5조제1호부터 제4호까지의 규정 중 어느 하나에 해당하면 그 면허를 취소하여야 한다.(2010.1.18 본항개정)
② 보건복지부장관은 약사 또는 한약사가 다음 각 호의 어느 하나에 해당하면 그 면허를 취소하거나 1년 이내의 기간을 정하여 약사 자격 또는 한약사의 자격정지를 명할 수 있다.(2010.1.18 본문개정)
1. 약사에 관한 법령을 위반하거나 보건복지부령으로 정하는 윤리 기준을 위반한 경우(2010.1.18 본호개정)
2. 관련 서류를 위조·변조하거나 거짓이나 그 밖의 부정한 방법으로 약제비를 거짓으로 청구한 경우
3. 제79조의2제2항에 따른 명령을 정당한 사유 없이 따르지 아니한 경우(2017.10.24 본호신설)
③ 보건복지부장관은 약사 또는 한약사가 다음 각 호의 어느 하나에 해당하면 1년 이내의 기간을 정하여 약사 또는 한약사의 자격정지를 명할 수 있다.
1. 약국의 개설자가 될 수 없는 자에게 고용되어 약사 또는 한약사의 업무를 한 경우
1의2. 제24조의2제1항을 위반하여 경제적 이익등을 제공한 경우(2024.1.23 본호신설)
2. 제47조제3항을 위반하여 경제적 이익등을 제공받은 경우
(2010.5.27 본항개정)
④ 보건복지부장관은 약사 또는 한약사가 제7조제1항에 따른 신고를 하지 아니한 때에는 신고할 때까지 면허의 효력을 정지할 수 있다.(2020.4.7 본항신설)
⑤ 보건복지부장관은 제1항과 제2항에 따라 면허가 취소된 자라도 그 취소 원인이 된 사유가 없어진 때에는 보건복지부령으로 정하는 바에 따라 그 면허를 다시 줄 수 있다.(2010.1.18 본항개정)
⑥ 제2항 또는 제3항에 따른 자격정지처분은 그 사유가 발생한 날부터 5년(제2항제2호에 따른 자격정지처분은 7년)이 지나면 하지 못한다. 다만, 그 사유에 대하여 「형사소송법」 제246조에 따른 공소가 제기된 경우에는 공소가 제기된 날부터 해당 사건의 재판이 확정된 날까지의 기간은 시효기간에 산입하지 아니한다.(2016.12.2 본항신설)

제79조의2 【약사회 및 한약사회의 면허취소 또는 자격정지 처분 요구 등】 ① 약사회 또는 한약사회의 장은 약사 또는 한약사가 다음 각 호의 어느 하나에 해당하는 것으로 판단되는 경우에는 약사회 또는 한약사회의 윤리위원회의 심의·의결을 거쳐 보건복지부장관에게 다음 각 호에 따른 처분을 요구할 수 있다.
1. 제5조제1호·제3호의 결격사유에 해당하는 경우 : 면허 취소
2. 제79조제2항제1호 중 윤리 기준 위반에 해당하는 경우 : 자격 정지
② 보건복지부장관은 제1항제1호에 따라 약사회 또는 한약사회의 장이 약사 또는 한약사에 대한 면허 취소 처분을 요구할 경우에는 해당 약사 또는 한약사에게 제5조제1호·제3호의 결격사유 해당 여부에 관하여 전문의의 검사를 받도록 명할 수 있다.
(2017.10.24 본조개정)

제80조 【면허·허가·등록증 등의 갱신】 약사면허 또는 한약사면허를 받은 자, 약국개설등록을 한 자, 안전상비의약품 판매자 또는 의약품 판매업 허가를 받은 자는 보건복지부령으로, 의약품등의 제조업 허가를 받거나 위탁제조판매업 신고를 한 자는 총리령으로 정하는 바에 따라 면허증·허가증·등록증 등을 갱신하여야 한다.
(2013.3.23 본조개정)

제81조 【업무정지 처분을 갈음하여 부과하는 과징금 처분】 ① 식품의약품안전처장, 시·도지사, 시장·군수 또는 구청장은 의약품등의 제조업자·품목허가를 받은 자·수입자·약국개설자 또는 의약품 판매업자가 제76조에 따라 업무의 정지처분을 받게 될 때에는 대통령령으로 정하는 바에 따라 업무정지처분을 갈음하여 10억원(약국개설자 또는 한약업사는 1억원) 이하의 과징금을 부과할 수 있다. 이 경우 제79조제2항제2호에 따라 약사 또는 한약사 자격정지처분을 받은 약국개설자가 제76조제1항제5호에 따라 업무정지처분을 받게 되는 경우 이에 갈음하는 과징금은 3회를 초과하여 부과할 수 없다.
(2019.1.15 전단개정)
② 제1항에 따른 과징금을 부과하는 위반행위의 종류·정도 등에 따른 과징금의 금액과 그 밖에 필요한 사항은 대통령령으로 정한다.
③ 식품의약품안전처장, 시·도지사, 시장·군수 또는 구청장은 과징금을 부과하기 위하여 필요하면 다음 각 호의 사항을 적은 문서로 관할 세무관서의 장에게 과세정보 제공을 요청할 수 있다.(2018.12.11 본문개정)
1. 납세자의 인적사항
2. 사용 목적
3. 과징금 부과기준이 되는 매출금액에 관한 자료
④ 식품의약품안전처장, 시·도지사, 시장·군수 또는 구청장은 제1항에 따른 과징금을 내야 할 자가 납부기한까지 내지 아니하면 대통령령으로 정하는 바에 따라 제1항에 따른 과징금 부과처분을 취소하고 제76조제1항 또는 제2항에 따른 업무정지처분을 하거나 국세 체납처분의 예 또는 「지방행정제재·부과금의 징수 등에 관한 법률」에 따라 징수한다. 다만, 제40조에 따른 폐업 등으로 제76

조제1항 또는 제2항에 따른 업무정지처분을 할 수 없으면 국세 체납처분의 예 또는 「지방행정제재·부과금의 징수 등에 관한 법률」에 따라 징수한다.(2020.3.24 본항개정)
⑤ 식품의약품안전처장, 시·도지사 또는 시장·군수·구청장은 제4항에 따라 체납된 과징금의 징수를 위하여 다음 각 호의 어느 하나에 해당하는 자료를 해당 각 호의 자에게 각각 요청할 수 있다. 이 경우 요청을 받은 자는 특별한 사유가 없으면 이에 따라야 한다.
1. 「건축법」 제38조에 따른 건축물대장 등본 : 국토교통부장관
2. 「공간정보의 구축 및 관리 등에 관한 법률」 제71조에 따른 토지대장 등본 : 국토교통부장관
3. 「자동차관리법」 제7조에 따른 자동차등록원부 등본 : 시·도지사
(2018.12.11 본항신설)
⑥ 제1항과 제4항에 따라 과징금으로 징수한 금액은 그 징수기관이 속하는 국가나 지방자치단체에 귀속된다.
(2018.12.11 본조제목개정)
제81조의2【위해 의약품 제조 등에 대한 과징금 부과 등】 ① 식품의약품안전처장은 의약품 제조업자, 품목허가를 받은 자 또는 수입자가 다음 각 호의 어느 하나에 해당하는 경우에는 그가 해당 품목을 판매한 금액의 2배 이하의 범위에서 과징금을 부과할 수 있다.
1. 제31조제2항·제3항·제9항, 제42조제1항, 제53조제1항, 제60조제3호 또는 제62조를 위반하여 제76조제1항에 따라 허가의 취소처분, 위탁제조판매업소·영업소의 폐쇄명령, 3개월 이상의 업무정지명령 또는 6개월 이상의 업무 일부정지명령을 받은 경우
2. 제38조의3제3항에 따라 의약품의 제형 또는 제조방법에 대한 적합판정이 취소된 경우
3. 거짓이나 그 밖의 부정한 방법으로 제31조제1항부터 제3항까지 및 같은 조 제9항, 제42조제1항, 제53조제1항에 따른 허가·변경허가, 출하승인을 받거나 신고·변경신고를 한 경우
(2022.6.10 본항개정)
② 식품의약품안전처장은 제1항에 따른 과징금을 부과하는 경우 다음 각 호의 사항을 고려하여야 한다.
1. 위반행위의 내용 및 정도
2. 위반행위의 기간 및 횟수
3. 위반행위로 인하여 취득한 이익의 규모
③ 제1항 및 제2항에 따른 과징금의 부과기준 및 부과절차 등에 필요한 사항은 대통령령으로 정한다.
④ 식품의약품안전처장은 제1항에 따른 과징금을 내야 할 자가 납부기한까지 내지 아니하면 납부기한의 다음 날부터 체납된 과징금에 대하여 연 100분의 3에 해당하는 가산금을 징수한다.
⑤ 식품의약품안전처장은 제1항에 따른 과징금을 내야 할 자가 납부기한까지 내지 아니하면 기간을 정하여 독촉하고, 그 지정된 기간에 과징금과 제4항에 따른 가산금을 내지 아니하면 국세 체납처분의 예에 따라 징수한다.
⑥ 제1항에 따른 과징금의 부과·징수를 위하여 필요한 정보·자료의 제공 요청에 관하여는 제81조제3항 및 제5항을 준용한다.
(2018.12.11 본조신설)
제81조의3【위반사실의 공표】 ① 식품의약품안전처장은 제76조, 제76조의2, 제81조 및 제81조의2에 따라 행정처분이 확정된 의약품등의 제조업자, 품목허가를 받은 자, 원료의약품 등록을 한 자, 수입자, 임상시험계획의 승인을 받은 자, 임상시험실시기관, 임상시험검체분석기관 및 비임상시험실시기관에 대한 처분 내용, 처분 대상자, 해당 의약품등의 명칭 등 처분에 관한 정보로서 대통령령으로 정하는 사항을 공표하여야 한다.
② 제1항에 따른 공표의 방법, 절차 등 필요한 사항은 대통령령으로 정한다.
(2022.6.10 본조신설)
제82조【수수료】 ① 다음 각 호에 해당하는 자는 보건복지부령으로 정하는 바에 따라 수수료를 내야 한다. 면허·등록·허가 등 보건복지부령으로 정하는 사항을 변경하려는 경우에도 또한 같다.
1. 제3조 및 제4조에 따른 약사·한약사 면허를 받으려는 자
2. 제20조에 따른 약국 개설등록을 하려는 자
3. 제44조의2에 따른 안전상비의약품 판매자의 등록을 하려는 자
4. 제45조에 따른 의약품 판매업의 허가를 받으려는 자
5. 의약품유통정보의 제공 신청을 하려는 자
6. 약사·한약사국가시험 및 약사예비시험 등 시험에 응시하려는 자(2017.2.8 본호개정)
7. 그 밖에 보건복지부령으로 정하는 사항을 요청하는 자
② 식품의약품안전처 소관 업무와 관련하여 다음 각 호에 해당하는 자는 총리령으로 정하는 바에 따라 수수료를 내야 한다. 허가·갱신·등록·신고·승인·적합판정 또는 그 밖에 총리령으로 정하는 사항을 변경하려는 경우에도 또한 같다.(2022.6.10 후단개정)
1. 허가·갱신·등록·신고·승인·지정, 사전 검토, 적합판정 신청을 하려는 자(2022.6.10 본호개정)
2. 신제품의 기준을 정하려는 자
2의2. 제50조의2, 제50조의3, 제50조의5 또는 제50조의7에 따른 의약품특허권의 등재, 등재사항 변경, 판매금지 또는 우선판매품목허가를 신청하려는 자
2의3. 제50조의3제2항 단서에 따른 추가 기간에 등재사항 변경신청을 하려는 자
(2015.3.13 2호의2~2호의3신설)
3. 그 밖에 총리령으로 정하는 사항을 요청하는 자
(2013.3.23 본조개정)
제82조의2【등재료】 ① 특허권등재자는 총리령으로 정하는 바에 따라 의약품특허권이 등재된 날을 기준으로 매 1년분의 등재료를 납부하여야 한다.
② 식품의약품안전처장은 제1항에 따른 등재료가 납부되지 아니하는 경우 해당 의약품특허권을 특허목록에서 삭제하여야 한다.
③ 제1항에 따른 등재료의 금액, 납부 방법 및 납부 기간 등에 필요한 사항은 총리령으로 정한다.
(2015.3.13 본조신설)

제8장 보 칙

제83조【국고 보조】 보건복지부장관과 식품의약품안전처장은 수출에 기여한 의약품등의 제조업자나 국민보건에 공헌할 의약품등의 안전성에 관한 연구사업을 하는 연구기관 등에게 대통령령으로 정하는 바에 따라 연구비를 보조할 수 있다.(2013.3.23 본조개정)
제83조의2【전문인력 양성】 ① 보건복지부장관 및 식품의약품안전처장은 국민보건 향상 및 제약산업 육성을 위하여 필요한 전문인력을 양성하는 데 노력하여야 한다.
② 보건복지부장관 및 식품의약품안전처장은 제1항에 따른 전문인력을 양성하기 위하여 대통령령으로 정하는 바에 따라 대학·연구소 등 적절한 인력과 시설 등을 갖춘 기관 또는 단체를 전문인력 양성기관으로 지정하여 필요한 교육 및 훈련을 실시하게 할 수 있다.
③ 보건복지부장관 및 식품의약품안전처장은 제2항에 따라 지정된 전문인력 양성기관에 대하여 대통령령으로 정하는 바에 따라 예산의 범위에서 그 양성에 필요한 비용의 전부 또는 일부를 지원할 수 있다.
④ 제2항에 따른 전문인력 양성기관의 지정 기준 및 절차 등은 대통령령으로 정한다.
(2015.1.28 본조신설)
제83조의3【전문약사】 ① 약사로서 전문약사가 되려는 사람은 대통령령으로 정하는 교육과정을 이수한 후 보건복지부장관에게 자격 인정을 받아야 한다.
② 제1항에 따라 전문약사 자격을 인정받은 사람이 아니면 전문과목을 표시하지 못한다.
③ 전문약사 자격 인정과 전문과목에 관한 사항은 대통령령으로 정한다.
(2020.4.7 본조신설)
제83조의4【국가필수의약품의 안정공급기반 구축】 ① 보건복지부장관과 식품의약품안전처장은 국가필수의약품과 관련하여 다음 각 호의 업무를 수행한다.
1. 국가필수의약품 안정공급 종합대책의 수립·추진
2. 국가필수의약품의 안정공급기반 구축과 연구개발 및 안전한 사용을 위한 지원
3. 그 밖에 국가필수의약품 안정공급과 관련하여 필요한 업무
② 보건복지부장관과 식품의약품안전처장은 국가필수의약품에 관하여 필요한 경우 행정적·재정적·기술적 지원을 할 수 있다.
③ 국가필수의약품에 관하여 필요한 사항을 관계 중앙행정기관의 장 등과 협의하기 위하여 식품의약품안전처에 국가필수의약품 안정공급 협의회를 둔다.
④ 제3항에 따른 국가필수의약품 안정공급 협의회의 구성 및 운영 등에 필요한 사항은 대통령령으로 정한다.
(2016.12.2 본조신설)
제83조의5【의약품 안전관리 종합계획 등】 ① 식품의약품안전처장은 의약품의 안전관리를 위하여 관계 중앙행정기관의 장과 협의하여 5년마다 의약품 안전관리 종합계획(이하 "종합계획"이라 한다)을 수립하여야 한다.
② 종합계획에는 다음 각 호의 사항이 포함되어야 한다.
1. 의약품 안전관리 정책의 기본목표 및 추진방향에 관한 사항
2. 의약품 안전관리를 위한 사업계획 및 재원의 조달방법에 관한 사항
3. 의약품 안전관리에 필요한 교육 및 홍보에 관한 사항
4. 의약품 안전관리에 대한 조사·연구·개발에 관한 사항
5. 그 밖에 의약품 안전관리를 위하여 필요하다고 식품의약품안전처장이 인정하는 사항
③ 식품의약품안전처장은 종합계획을 시행하기 위하여 매년 의약품 안전관리에 관한 시행계획(이하 "시행계획"이라 한다)을 관계 중앙행정기관의 장과 협의를 거쳐 수립하여야 한다.
④ 식품의약품안전처장은 종합계획 또는 시행계획을 수립한 경우에는 관계 중앙행정기관의 장 및 지방자치단체의 장에게 통보하여야 한다.
⑤ 식품의약품안전처장은 종합계획 또는 시행계획을 수립하기 위하여 필요한 경우에는 관계 중앙행정기관의 장, 지방자치단체의 장 또는 관련 기관·단체의 장에게 필요한 자료의 제공을 요청할 수 있다.
⑥ 종합계획 및 시행계획의 수립·시행에 필요한 사항은 총리령으로 정한다.
(2018.12.11 본조신설)
제83조의6【의약품통합정보시스템의 구축·운영 등】 ① 식품의약품안전처장은 의약품등의 임상시험, 품목허가, 제조, 수입, 판매, 사용 등에 있어서의 안전관리에 필요한 업무를 종합적으로 관리하기 위하여 의약품통합정보시스템(이하 "통합정보시스템"이라 한다)을 구축·운영하여야 한다.
② 식품의약품안전처장은 다음 각 호의 기관·단체 또는 사람 등에 대하여 통합정보시스템의 구축·운영에 필요한 정보(「개인정보 보호법」 제23조에 따른 민감정보 및 같은 법 제24조에 따른 고유식별정보를 포함한다. 이 경우 해당 정보는 「개인정보 보호법」에 따라 보호하여야 한다)의 제공을 요청할 수 있다. 이 경우 요청을 받은 기관, 단체, 사람 등은 정당한 사유가 없으면 이에 따라야 한다.
1. 국가 또는 지방자치단체
2. 공공기관 또는 공공단체
3. 약국개설자, 의료기관 개설자, 의약품등의 제조업자·품목허가를 받은 자·수입자 또는 판매업자, 특허권등재자, 등재특허권자등, 우선판매품목허가를 받은 자, 임상시험의 계획 승인을 받은 자, 임상시험실시기관, 임상시험검체분석기관, 비임상시험실시기관 및 그 밖에 의약품등을 취급하는 업무에 종사하는 자로서 총리령으로 정하는 자
③ 식품의약품안전처장은 통합정보시스템의 유지·관리에 필요한 업무를 의약품안전관리원에 위탁할 수 있다. 이 경우 식품의약품안전처장은 통합정보시스템의 유지·관리에 소요되는 비용의 전부 또는 일부를 지원할 수 있다.
④ 제1항부터 제3항까지에 따른 통합정보시스템의 구축·운영, 정보의 제공 요청, 위탁 등에 필요한 사항은 총리령으로 정한다.
(2018.12.11 본조신설)
제83조의7【국제협력】 식품의약품안전처장은 의약품의 안전 및 품질관리와 해외진출 촉진 등을 위하여 외국정부, 국제기구 등과 협약을 체결하는 등 국제협력을 증진하도록 노력하여야 한다.(2020.4.7 본조신설)
제83조의8【소비자 교육 및 홍보】 ① 보건복지부장관, 식품의약품안전처장 및 관계 중앙행정기관의 장은 소비자가 의약품등을 안전하게 사용할 수 있도록 의약품등의 판매, 구매, 표시·광고 등에 관한 교육 및 홍보를 할 수 있다.
② 식품의약품안전처장은 제1항에 따른 교육 및 홍보를 대통령령으로 정하는 기관 또는 단체에 위탁할 수 있다.
③ 제1항에 따른 교육 및 홍보의 내용 등에 관하여 필요한 사항은 총리령으로 정한다.
(2023.4.18 본조신설)
제83조의9【정보통신망을 이용한 의약품 불법판매 등 방지를 위한 연구·개발 지원】 ① 식품의약품안전처장은 정보통신망을 이용한 의약품등의 불법판매의 알선·광고와 관련된 현황 조사, 효율적인 모니터링 기술 등을 마련하기 위한 연구·개발을 지원할 수 있다.
② 제1항에 따른 연구·개발 지원의 절차·방법 및 그 밖에 필요한 사항은 총리령으로 정한다.
(2023.4.18 본조신설)
제84조【권한의 위임 및 위탁】 ① 보건복지부장관은 이 법에 따른 권한의 일부를 대통령령으로 정하는 바에 따라 질병관리청장 또는 시·도지사에게 위임할 수 있다.(2020.8.11 본항개정)
② 식품의약품안전처장은 이 법에 따른 권한의 일부를 대통령령으로 정하는 바에 따라 지방식품의약품안전청장, 식품의약품안전평가원장 또는 시·도지사에게 위임할 수 있다.
③ 식품의약품안전처장 및 시·도지사는 이 법에 따른 권한의 일부를 대통령령으로 정하는 바에 따라 시장·군수·구청장 또는 보건소장에게 위임할 수 있다.
④ 시장·군수·구청장은 이 법에 따른 권한의 일부를 대통령령으로 정하는 바에 따라 보건소장에게 위임할 수 있다.
⑤ 보건복지부장관과 식품의약품안전처장은 이 법에 따른 약사(藥事)에 관한 업무의 일부를 대통령령으로 정하는 바에 따라 제67조에 따른 단체 또는 의약품안전관리원에 위탁할 수 있다.
(2013.3.23 본조개정)
제85조【동물용 의약품 등에 대한 특례】 ① 이 법에 따른 보건복지부장관 또는 식품의약품안전처장의 소관 사항 중 동물용으로만 사용할 것을 목적으로 하는 의약품등에 관하여는 농림축산식품부장관 또는 해양수산부장관의 소관으로 하며, 이 법의 해당 규정 중 "보건복지부장관" 또는 "식품의약품안전처장"은 "농림축산식품부장관" 또는 "해양수산부장관"으로, "보건복지부령" 또는 "총리령"은 "농림축산식품부령" 또는 "해양수산부령"으로 본다. 이 경우 농림축산식품부장관이 농림축산식품부령을 발하거나 해양수산부장관이 해양수산부령을 발할 때에는 보건복지부장관 또는 식품의약품안전처장과 협의하여야 한다.(2018.12.11 전단개정)
② 농림축산식품부장관 또는 해양수산부장관은 동물의 질병을 진료 또는 예방하기 위하여 사용되는 동물용 의약품등으로서 다음 각 호의 어느 하나에 해당하는 제제에 대하여는 사용 대상, 용법·용량 및 사용금지기간 등 사용 기준을 정할 수 있다.

1. 동물의 체내에 남아 사람의 건강에 위해를 끼칠 우려가 있다고 지정하는 제제
2. 가축전염병 또는 수산동물전염병의 방역 목적으로 투약 또는 사용하여야 한다고 지정하는 제제
(2018.12.11 본항개정)
③ 제2항에 따라 사용 기준이 정해진 동물용 의약품등을 사용하려는 자는 그 기준을 지켜야 한다. 다만, 수의사 및 수산질병관리사의 진료 또는 처방에 따라 사용하는 경우에는 그 기준을 지키지 아니하여도 된다.
(2018.12.11 본문개정)
④ 「수의사법」에 따른 동물병원 개설자는 제44조에도 불구하고 동물 사육자에게 동물용 의약품을 판매하거나, 동물을 진료할 목적으로 제50조제2항 단서에 따라 약국개설자로부터 의약품을 구입할 수 있다. 이 경우 동물병원 개설자는 농림축산식품부령 또는 해양수산부령으로 정하는 바에 따라 거래 현황을 작성·보존하여야 한다.
(2013.3.23 후단개정)
⑤ 「수산생물질병 관리법」에 따른 수산질병관리원 개설자는 제44조에도 불구하고 수산생물양식자에게 수산생물용 의약품을 판매할 수 있다.(2011.7.21 본항개정)
⑥ 이 법에 따라 동물용 의약품 도매상의 허가를 받은 자는 농림축산식품부장관 또는 해양수산부장관이 정하여 고시하는 다음 각 호의 어느 하나에 해당하는 동물용 의약품을 수의사 또는 수산질병관리사의 처방전 없이 판매하여서는 아니 된다. 다만, 동물병원 개설자, 수산질병관리원 개설자, 약국개설자 또는 동물용 의약품 도매상 간에 판매하는 경우에는 그러하지 아니하다.
(2013.3.23 본문개정)
1. 오용·남용으로 사람 및 동물의 건강에 위해를 끼칠 우려가 있는 동물용 의약품
2. 수의사 또는 수산질병관리사의 전문지식을 필요로 하는 동물용 의약품
3. 제형과 약리작용상 장애를 일으킬 우려가 있다고 인정되는 동물용 의약품
(2012.2.1 본항신설)
⑦ 약국개설자는 제6항 각 호에 따른 동물용 의약품을 수의사 또는 수산질병관리사의 처방전 없이 판매할 수 있다. 다만, 농림축산식품부장관 또는 해양수산부장관이 정하는 다음 각 호의 어느 하나에 해당하는 동물용 의약품은 그러하지 아니하다.(2013.3.23 단서개정)
1. 주사용 항생물질 제제
2. 주사용 생물학적 제제
(2012.2.1 본항신설)
⑧ 제6항 및 제7항에도 불구하고 이 법에 따라 동물용 의약품을 판매하는 자는 다음 각 호의 어느 하나에 해당하면 제6항 각 호에 따른 동물용 의약품을 수의사 또는 수산질병관리사의 처방전 없이 판매할 수 있다. 이 경우 판매방법·기록관리 및 구입자의 범위·준수사항, 그 밖에 필요한 사항은 농림축산식품부령 또는 해양수산부령으로 정한다.
1. 농림축산식품부장관 또는 해양수산부장관이 정하는 도서·벽지의 축산농가 또는 수산생물양식어가에 판매하는 경우
2. 농림축산식품부장관 또는 해양수산부장관, 시·도지사 또는 시장·군수·구청장이 긴급방역의 목적으로 「가축전염병예방법」 제15조 또는 「수산생물질병 관리법」 제13조에 따라 동물용 의약품의 사용을 명령한 경우
(2013.3.23 본항개정)
⑨ 이 법에 따라 동물용 의약품등을 판매하는 자는 다음 각 호의 사항을 준수하여야 한다.
1. 담합행위의 금지, 판매장소의 지정, 기록관리 등 동물용 의약품등의 유통체계 확립과 판매질서 유지를 위하여 농림축산식품부령 또는 해양수산부령으로 정하는 사항
2. 오남용 방지 등 동물용 의약품등의 안전한 사용을 위하여 농림축산식품부령 또는 해양수산부령으로 정하는 사항
(2018.12.11 본항개정)
⑩ 이 법에 따라 동물용 의약품등을 판매하는 자는 사람이나 동물에게 위해를 줄 우려가 있어 사용을 제한할 필요가 있다고 농림축산부령 또는 해양수산부령으로 정하는 동물용 의약품등을 판매하는 경우에는 그 거래현황을 작성·보존하여야 한다.(2018.12.11 본항신설)
⑪ 이 법에 따라 동물용 의약품 도매상의 업무를 관리하는 자는 농림축산식품부령 또는 해양수산부령으로 정하는 바에 따라 동물용 의약품의 안전성 확보와 품질관리를 관한 교육을 받아야 한다.(2015.12.29 본항신설)
⑫ 동물용 의약품 도매상의 허가를 받은 자는 제47조제1항에도 불구하고 동물 사육자나 수산생물양식자에게 농림축산식품부령 또는 해양수산부령으로 정하는 바에 따라 동물용 의약품을 판매할 수 있다.(2015.12.29 본항신설)
(2012.2.1 본조제목개정)

제85조의2【국가비상 상황 등의 경우 예방·치료 의약품에 관한 특례】① (2021.3.9 삭제)
② 질병관리청장은 「감염병의 예방 및 관리에 관한 법률」 제40조제1항에 따라 비축한 의약품의 유효기간을 연장하려는 경우에는 식품의약품안전처장에게 유효기간의 연장을 요청할 수 있다.(2020.8.11 본항개정)
③ 식품의약품안전처장은 제2항에 따라 유효기간의 연장을 요청할 수 있는 의약품의 종류·대상, 유효기간 연장 요청 절차, 저장 조건·방법, 기준 등에 관하여 필요한 사항을 총리령으로 정할 수 있다.
(2015.1.28 본조신설)

제85조의3【「인삼산업법」에 따른 인삼류에 관한 특례】① 「인삼산업법」 제17조제1항에 따른 인삼류검사기관(이하 이 조에서 "인삼류검사기관"이라 한다)은 제31조제1항에 따른 의약품 제조업 허가를 신청할 수 있고, 해당 인삼류검사기관에서 검사하는 홍삼 및 백삼(「인삼산업법」 제2조제3호 및 제5호에 따른 홍삼 및 백삼으로 수입된 것은 제외한다. 이하 같다)에 대하여 제31조제2항에 따른 품목허가를 신청하거나 품목신고를 할 수 있다.
② 「인삼산업법」 제12조제1항에 따라 신고를 한 자(이하 이 조에서 "인삼류제조업자"라 한다)는 제1항에 따라 품목허가를 받거나 품목신고한 홍삼 및 백삼을 제44조에도 불구하고 다음 각 호의 어느 하나에 해당하는 자에게 판매할 수 있다.
1. 한약업사
2. 의약품 도매상
3. 약국개설자
4. 한약을 취급하는 의료기관 개설자
③ 제2항에 따라 홍삼 및 백삼을 판매하는 인삼류제조업자에게는 제47조, 제69조, 제71조, 제94조, 제94조의2, 제95조, 제96조 및 제97조를 적용한다. 이 경우 인삼류제조업자는 "의약품등의 제조업자" 및 "의약품의 품목허가를 받은 자"로, 인삼류제조업자의 공장·창고·점포나 사무소는 "의약품등을 제조·저장 또는 취급하는 공장·창고·점포나 사무소"로 본다.
(2015.5.18 본조신설)

제85조의4【기록의 보존·보관 의무에 대한 면책】이 법에 따라 보존·보관하여야 하는 기록이 천재지변이나 그 밖의 불가항력으로 멸실된 경우에는 해당 기록의 보존·보관의무자는 이 법에 따른 책임을 면한다.
(2018.6.12 본조신설)

제86조【의약품 부작용 피해구제사업】① 식품의약품안전처장은 의약품 부작용으로 발생하는 피해를 구제하고, 의약품의 제조업자·품목허가를 받은 자 또는 수입자로 조직된 단체는 의약품 안전성 향상과 신약 개발을 지원하기 위한 연구사업을 하여야 한다.(2014.3.18 본항개정)
② 제1항의 사업을 위하여 의약품의 제조업자·품목허가를 받은 자 또는 수입자는 필요한 비용을 부담하여야 한다.(2007.10.17 본항개정)
③ 정부는 예산의 범위에서 제1항의 사업을 위한 보조금을 지급할 수 있다.
④ 제1항의 사업에 필요한 사항은 총리령으로 정한다.
(2013.3.23 본항개정)
⑤ 식품의약품안전처장은 의약품 부작용 피해구제사업을 의약품안전관리원에 위탁할 수 있다.(2014.3.18 본항신설)
(2014.3.18 본조제목개정)

제86조의2【의약품 부작용 피해구제 부담금】① 식품의약품안전처장은 제86조제1항에 따른 피해구제를 위하여 의약품의 제조업자·품목허가를 받은 자 및 수입자로부터 의약품 부작용 피해구제 부담금(이하 "부담금"이라 한다)을 부과·징수한다. 이 경우 식품의약품안전처장은 그 부과·징수를 의약품안전관리원에 위탁할 수 있다.
② 부담금은 이 법에 따라 전문의약품 또는 일반의약품으로 분류되는 의약품의 생산액 또는 수입액에 비례하여 부과하는 기본부담금과 심의위원회의 심의를 거쳐 식품의약품안전처장이 부작용 피해구제의 필요성을 인정한 의약품으로 판정된 의약품에 부과하는 추가부담금으로 하되, 다음 각 호의 금액을 초과하지 아니하는 범위에서 대통령령으로 정하는 금액으로 한다.
1. 기본부담금 : 전년도 의약품 생산액 및 수입액의 1000분의 1
2. 추가부담금 : 전년도 해당 의약품으로 인한 피해구제 지급액의 100분의 25. 다만, 그 의약품의 전년도 생산액·수입액의 100분의 1을 초과하지 아니한다.
③ 제1항 후단에 따라 부과·징수 업무를 위탁받은 의약품안전관리원의 장은 제2항제1호의 기본부담금의 징수금액을 피해구제 예상비용, 부담금 운용 수익금, 정부보조금 등을 고려하여 대통령령으로 정하는 바에 따라 5년의 범위에서 식품의약품안전처장의 승인을 받아 정하여야 한다.
④ 제1항 후단에 따라 부과·징수 업무를 위탁받은 의약품안전관리원의 장은 부담금을 다른 회계와 구분하여 회계처리하여야 하며, 부담금의 부과·징수 및 운용을 위하여 대통령령으로 정하는 바에 따라 재정운용위원회를 구성·운영하여야 한다.(2018.12.11 본항개정)
⑤ 식품의약품안전처장 또는 제1항 후단에 따라 부과·징수 업무를 위탁받은 의약품안전관리원의 장은 부담금을 납부하여야 하는 자가 납부기한까지 부담금을 내지 아니하면 30일 이상의 기간을 정하여 납부를 독촉하여야 한다. 이 경우 그 납부기한의 다음 날부터 납부일 전일까지의 기간에 대하여 체납된 부담금의 100분의 3을 초과하지 아니하는 범위에서 그 기간에 상응하는 가산금을 부과하되 가산금의 비율은 대통령령으로 정한다.
⑥ 제5항에 따라 독촉을 받은 자가 그 기간까지 부담금과 가산금을 내지 아니하면 국세 체납처분의 예에 따라 이를 징수한다.
⑦ 제1항에 따른 부담금의 징수방법, 납부기한, 납부절차, 이의신청, 그 밖에 부담금의 부과·징수 등에 필요한 사항은 대통령령으로 정한다.
(2014.3.18 본조신설)

제86조의3【의약품 부작용 피해구제급여】① 의약품안전관리원의 장은 의약품을 사용한 사람이 그 의약품의 부작용으로 인하여 질병에 걸리거나 장애가 발생하거나 사망한 때에는 다음 각 호의 어느 하나에 해당하는 피해구제급여(이하 "피해구제급여"라 한다)를 지급하여야 한다.
1. 진료비
2. 장애일시보상금
3. 사망일시보상금
4. 장례비
② 제1항에도 불구하고 다음 각 호의 어느 하나에 해당하는 경우에는 피해구제급여를 지급하지 아니한다.
1. 암이나 그 밖의 특수질병에 사용되는 의약품으로 식품의약품안전처장이 정하는 의약품인 경우
2. 의약품 부작용으로 인한 질병, 장애 또는 사망이 「감염병의 예방 및 관리에 관한 법률」에 따른 예방접종으로 인한 것인 경우
3. 질병, 장애 또는 사망이 피해자의 고의 또는 중대한 과실로 인하여 발생한 경우
4. 질병, 장애 또는 사망이 「의료사고 피해구제 및 의료분쟁 조정 등에 관한 법률」에 따른 의료사고로 인한 것인 경우
5. 동일한 질병, 장애 또는 사망을 이유로 「민법」이나 그 밖의 법령에 따라 이 법의 구제급여에 상당한 금품을 이미 받은 경우
6. 그 밖에 총리령으로 정하는 경우
③ 피해구제급여의 지급 기준·범위, 그 밖에 지급 등에 필요한 사항은 총리령으로 정한다.
(2014.3.18 본조신설)

제86조의4【의약품 부작용 피해구제 절차 등】① 피해구제급여를 받으려는 사람은 총리령으로 정하는 바에 따라 서류를 첨부하여 의약품안전관리원의 장에게 피해구제급여의 지급을 신청하여야 한다.
② 의약품안전관리원의 장은 피해구제급여의 신청을 받은 경우에는 지체 없이 그 부작용이나 피해의 사실조사, 의료사고 해당 여부, 의약품과의 인과관계 규명, 후유장애 발생 여부, 피해보상의 범위 및 피해구제급여의 지급제한 등에 관한 조사·감정 등을 하여야 한다.
③ 의약품안전관리원의 장은 피해구제급여의 신청을 받은 날부터 90일 이내에 제2항에 따른 조사 결과와 감정의견을 첨부하여 심의위원회에 심의를 요청하여야 한다. 다만, 새로운 부작용 등의 이유로 조사·감정이 어려운 때에는 그 기간을 1회에 한하여 30일까지 연장할 수 있다.
④ 의약품안전관리원의 장은 심의위원회의 심의 결과 피해구제급여를 지급하기로 의결한 경우에는 그 결정일부터 30일 이내에 피해구제급여를 지급하여야 한다.
⑤ 의약품안전관리원의 장은 제4항에 따른 심의 결과가 제86조의3제2항에 따라 피해구제급여의 지급제한 사유에 해당하여 지급하지 아니하는 때에는 신청인에게 그 사실 및 지급제한 사유를 통지하여야 한다. 이 경우 신청인이 「민법」이나 그 밖의 법령에 따라 배상을 받을 수 있다고 판단하는 때에는 의약품안전관리원의 장은 총리령으로 정하는 바에 따라 그 방법을 안내할 수 있다.
⑥ 피해구제급여의 신청은 다음 각 호의 기간 내에 하여야 한다.
1. 제86조의3제1항제1호 : 해당 진료행위가 있은 날부터 5년
2. 제86조의3제1항제2호부터 제4호까지 : 장애가 발생하거나 사망한 날부터 5년
⑦ 심의위원회의 심의 결과와 「의료사고 피해구제 및 의료분쟁 조정 등에 관한 법률」에 따른 의료분쟁조정위원회의 심의 결과가 상충되는 때에는 대통령령으로 정하는 바에 따라 보건복지부장관과 식품의약품안전처장이 협의하여 이를 중재하여야 한다.
⑧ 의약품안전관리원의 장은 심의위원회의 심의 결과에 이의가 있는 경우에는 식품의약품안전처장에게 재결정을 요청할 수 있다. 이 경우 식품의약품안전처장은 중앙약사심의위원회에 자문하고 그 결과를 의약품안전관리원의 장에게 통보하여야 하며, 의약품안전관리원의 장은 식품의약품안전처장의 재결정이 있은 날부터 30일 이내에 피해구제급여를 지급하여야 한다.
⑨ 제2항부터 제8항까지에 따른 중재, 절차·방법 등에 필요한 사항은 총리령으로 정한다.
(2014.3.18 본조신설)

제86조의5【피해구제급여의 지급중단 결정 및 부당이득의 징수 등】① 의약품안전관리원의 장은 신청인이 고의 또는 중대한 과실로 해당 질병의 상태를 악화시키거나 치유를 거부·방해한 것으로 인정되는 때에는 피해구제급여의 전부 또는 일부의 지급을 중단할 수 있다.
② 의약품안전관리원의 장은 피해구제급여를 받은 사람이 다음 각 호의 어느 하나에 해당하는 경우에는 그 피해구제급여액(제1호의 경우에는 그 급여액의 2배를 말한다)을 징수하여 부담금 회계의 수익금으로 하여야 한다.
1. 거짓 또는 그 밖의 부정한 방법으로 피해구제급여를 받은 경우
2. 피해구제급여를 받은 이후 의료사고로 판명되어 조정·중재를 받은 경우

3. 그 밖에 잘못 지급된 피해구제급여가 있는 경우
③ 제1항 및 제2항에 따른 피해구제급여의 중단 및 징수 등에 필요한 사항은 총리령으로 정한다.
(2014.3.18 본조신설)

제86조의6【부작용 피해의 조사 등】 ① 의약품안전관리원의 장은 제86조의4제2항에 따른 조사·감정을 할 때에는 신청인, 의약품의 제조업자·품목허가를 받은 자·수입자·판매업자, 약국 개설자, 의료기관 개설자, 이 법 또는 다른 법률에 따라 의약품을 판매하거나 취급하는 자, 관련 이해관계인 또는 참고인으로 하여금 출석하여 진술하게 하거나 조사에 필요한 자료 및 물건 등의 제출을 요구할 수 있다.
② 의약품안전관리원의 장은 제86조의4제2항에 따른 조사·감정을 실시하는 경우에는 부작용이 발생한 의약품을 처방한 의료인(해당 의료기관 개설자를 포함한다)이나 그 의약품을 조제한 약사(해당 약국 개설자를 포함한다)에게 부작용의 원인이 된 의약품의 처방·조제 당시 환자의 상태 및 처방·조제 행위 등에 대하여 구두 또는 서면으로 소명하도록 요구할 수 있다.
③ 의약품안전관리원의 장은 제86조의4제2항에 따른 조사·감정을 실시하는 경우 부작용이 발생한 의약품의 제조업자·품목허가를 받은 자·수입자·판매업자 또는 그 의약품을 처방·조제한 의료기관·약국 등에 출입하여 관련 문서 또는 물건을 조사·열람 또는 복사할 수 있다. 이 경우 조사자는 그 권한을 표시하는 증표 및 조사기간, 조사범위, 조사담당자, 관계 법령 등 대통령령으로 정하는 사항이 기재된 서류를 지니고 이를 관계인에게 내보여야 한다.(2015.12.29 후단개정)
④ 의약품안전관리원의 장은 피해구제급여를 신청한 사람에 대하여 부작용의 인과관계를 규명하는 데 필요한 조사를 위하여 정부기관과 「공공기관의 운영에 관한 법률」에 따른 공공기관에 개인식별이 가능하여 자료 간 연계분석이 가능한 형태의 정보를 요구할 수 있다. 이 경우 요구를 받은 자는 정당한 사유가 없으면 이에 따라야 한다.
⑤ 제1항부터 제4항까지 규정한 사항 외에 부작용 피해의 조사·감정에 필요한 사항은 총리령으로 정한다.
⑥ 제3항에 따라 문서 또는 물건을 조사·열람, 복사하려는 경우 그 절차·방법 등에 관하여는 이 법에서 정하는 사항을 제외하고는 「행정조사기본법」에서 정하는 바에 따른다.(2015.12.29 본항신설)
(2014.3.18 본조신설)

제86조의7【피해구제급여권의 보호】 이 법에 따른 피해구제급여를 받을 권리는 양도 또는 압류하거나 담보로 제공할 수 없다.(2014.3.18 본조신설)

제86조의8【공과금 면제 등】 국가나 지방자치단체는 피해구제급여로 지급된 금액에 대하여는 공과금을 부과하지 아니한다.(2014.3.18 본조신설)

제87조【비밀 누설 금지】 ① 약사·한약사는 이 법 또는 다른 법령에 규정된 경우 외에는 의약품을 조제·판매하면서 알게 된 타인의 비밀을 누설하여서는 아니 된다.
② 제47조의3제2항에 따라 의약품 품목허가를 받은 자·수입자 및 의약품 도매상 등의 영업에 관한 비밀을 업무상 알게 된 자는 그 비밀을 타인에게 누설하거나 업무목적 외의 용도로 사용하여서는 아니 된다.(2016.12.2 본항개정)

제87조의2【유사명칭의 사용 금지】 이 법에 따른 의약품등의 제조업자, 위탁제조판매업 신고를 한 자, 품목허가를 받은 자, 수입자 또는 판매업자가 아닌 자는 그 상호 중에 제약, 약품 등 총리령으로 정하는 유사한 명칭을 사용하지 못한다.(2016.12.2 본조신설)

제88조【제출된 자료의 보호】 ① 식품의약품안전처장은 제31조, 제31조의2, 제32조부터 제34조까지, 제35조, 제35조의6 또는 제42조에 따라 제출된 자료에 대하여 그것을 제출한 자가 이를 보호하여 줄 것을 문서로 요청하면 그 자료를 공개하여서는 아니 된다. 다만, 공익을 위하여 자료를 공개할 필요가 있다고 인정되는 경우에는 공개할 수 있다.(2021.7.20 본문개정)
② 제1항에 따라 보호를 요청한 제출 자료를 열람·검토한 자는 그 자료를 통하여 알게 된 내용을 외부에 공개하여서는 아니 된다.

제88조의2【심사 결과의 공개】 ① 식품의약품안전처장은 총리령으로 정하는 의약품에 대하여 제31조에 따라 품목허가를 하거나 품목신고를 수리한 경우, 제35조에 따라 시설 조건부 허가나 품목 조건부 허가를 한 경우 또는 제42조에 따라 품목허가를 하거나 품목신고를 수리한 경우 그 심사 또는 검토 결과를 공개하여야 한다. 다만, 그 의약품의 품목허가를 받거나 품목신고를 한 자 또는 시설 조건부 허가나 품목 조건부 허가를 받은 자가 경영상·영업상 비밀에 관한 사항에 해당되는 부분을 공개하지 아니할 것을 요청하는 경우에는 해당 부분을 제외하고 공개할 수 있다.
② 제1항에 따른 심사 결과 공개의 방법 및 절차 등에 필요한 사항은 총리령으로 정한다.
(2021.7.20 본조신설)

제89조【제조업자 등의 지위 승계 등】 ① 의약품등의 제조업자, 품목허가를 받은 자, 위탁제조판매업 신고를 한 자, 의약품 판매업자(한약업사는 제외한다), 임상시험계획의 승인을 받은 자 또는 검사기관등으로 지정받은 자(이하 이 조 및 제89조의2에서 "제조업자등"이라 한다)가 사망하거나 그 영업을 양도한 경우 또는 법인인 제조업자등이 합병한 경우에는 그 상속인, 영업을 양수한 자 또는 합병 후 존속하는 법인이나 합병에 따라 설립되는 법인이 그 제조업자등의 지위를 승계한다. 다만, 영업을 양수한 자 또는 합병 후 존속하는 법인이나 합병으로 설립되는 법인이 다음 각 호의 어느 하나에 해당하면 그러하지 아니하다.(2017.10.24 본문개정)
1. 의약품등의 제조업자, 품목허가를 받은 자, 위탁제조판매업 신고를 한 자 및 임상시험계획의 승인을 받은 자 : 제31조제8항 각 호의 어느 하나에 해당하는 경우 (2017.10.24 본호개정)
2. 의약품 판매업자 : 제46조 각 호의 어느 하나에 해당하는 경우
② 의약품등의 제조업자, 품목허가를 받은 자, 위탁제조판매업 신고를 한 자 또는 수입자가 제31조제2항부터 제4항까지 또는 제42조제1항에 따라 제조품목 또는 수입품목 허가를 받거나 신고한 의약품등에 대한 영업을 양도한 경우에는 그 영업을 양수한 의약품등의 제조업자, 품목허가를 받은 자, 위탁제조판매업 신고를 한 자 또는 수입자가 해당 품목의 허가 또는 신고에 관한 의약품등의 제조업자, 품목허가를 받은 자, 위탁제조판매업 신고를 한 자 또는 수입자의 지위를 승계한다.
③ 제1항과 제2항에 따라 제조업자등의 지위를 승계한 자는 다음 각 호의 구분에 따라 1개월 이내에 식품의약품안전처장(의약품판매업자의 경우에는 시장·군수·구청장을 말한다)에게 신고하여야 한다. 다만, 제1항에 따라 제조업자등의 지위를 승계한 상속인이 제1항 각 호의 어느 하나에 해당하면 상속이 시작된 날부터 6개월 이내에 그 지위를 다른 사람에게 양도하여야 한다.
1. 의약품등의 제조업자, 품목허가를 받은 자 및 위탁제조판매업 신고를 한 자의 지위를 승계한 자 : 총리령으로 정하는 바에 따를 것
2. 의약품 판매업자의 지위를 승계한 자 : 보건복지부령으로 정하는 바에 따를 것
(2013.3.23 본항개정)
(2011.6.7 본조개정)

제89조의2【행정제재처분 효과의 승계】 제89조에 따라 지위를 승계한 경우에 종전의 제조업자등과 수입자에 대한 행정처분의 효과는 그 처분이 있은 날부터 1년간 양수인 또는 합병 후 존속하는 법인이나 합병으로 설립되는 법인에 승계되며, 행정처분의 절차가 진행 중일 때에는 양수인 또는 합병 후 존속하는 법인이나 합병으로 설립되는 법인에 대하여 행정제재처분의 절차를 속행(續行)할 수 있다. 다만, 새로운 제조업자등(상속에 의한 지위 승계는 제외한다)과 수입자가 영업을 승계할 때에 그 처분 또는 위반사실을 알지 못한 경우에는 그러하지 아니하다.(2011.6.7 본조신설)

제90조【포상금】 제23조, 제24조제1항·제2항, 제24조의2, 제26조제1항, 제27조제1항·제3항, 제44조제1항, 제47조의4 및 제50조제1항(제44조의6제1항에서 준용하는 경우를 포함한다)·제2항을 위반한 사실을 감독기관이나 수사기관에 신고·고발한 자에게는 대통령령으로 정하는 바에 따라 포상금을 지급할 수 있다.(2024.1.23 본조개정)

제90조의2【백신안전기술지원센터의 설립】 ① 백신의 품질확보 및 제품화 기술지원 등에 관한 업무를 수행하기 위하여 백신안전기술지원센터(이하 "백신센터"라 한다)를 둔다.
② 백신센터는 법인으로 한다.
③ 백신센터의 정관에는 다음 각 호의 사항을 기재하여야 한다.
1. 명칭
2. 목적
3. 주된 사무소가 있는 곳
4. 자산에 관한 사항
5. 임원 및 직원에 관한 사항
6. 이사회에 관한 사항
7. 업무와 그 집행에 관한 사항
8. 회계에 관한 사항
9. 공고에 관한 사항
10. 정관의 변경에 관한 사항
11. 그 밖에 백신센터의 운영에 관한 중요 사항
④ 백신센터가 정관의 기재사항을 변경하려는 경우에는 식품의약품안전처장의 인가를 받아야 한다.
⑤ 백신센터에 관하여 이 법에서 규정한 사항 외에는 「민법」 중 재단법인에 관한 규정을 준용한다.
⑥ 제1항에 따른 백신센터의 운영 등에 필요한 사항은 대통령령으로 정한다.
(2021.7.20 본조신설)

제90조의3【백신센터의 사업】 ① 백신센터는 다음 각 호의 사업을 수행한다.
1. 백신 개발지원 및 제품화 기술지원
2. 백신 관련 인허가, 국제기준·제도, 국내외 개발 동향 정보 등의 수집 및 분석
3. 백신 임상검체 분석 및 시험법 구축
4. 백신 품질검사 지원 및 시험법 구축
5. 백신 개발 및 제품화를 위한 컨설팅 및 전문인력 양성
6. 기타 대통령령으로 정하는 업무
② 백신센터는 제1항의 사업에 관하여 수수료와 그 밖의 실비를 징수할 수 있다.
③ 식품의약품안전처장은 백신센터가 제1항에 따른 사업을 하는 경우 재정 지원 등을 할 수 있다.
(2021.7.20 본조신설)

제91조【한국희귀·필수의약품센터의 설립】 ① 다음 각 호의 의약품에 대한 각종 정보 제공 및 공급(조제 및 투약 업무를 포함한다. 이하 같다) 등에 관한 업무를 하기 위하여 한국희귀·필수의약품센터(이하 "센터"라 한다)를 둔다.(2018.12.11 본문개정)
1. 희귀의약품
2. 국가필수의약품
3. 그 밖에 국민 보건상 긴급하게 도입할 필요가 있거나 안정적 공급 지원이 필요한 의약품으로서 식품의약품안전처장이 필요하다고 인정하는 의약품
(2018.12.11 1호~3호신설)
② 센터는 법인으로 한다.
③ 센터의 정관에는 다음 각 호의 사항을 기재하여야 한다.
1. 목적
2. 명칭
3. 주된 사무소가 있는 곳
4. 자산에 관한 사항
5. 임원 및 직원에 관한 사항
6. 이사회의 운영
7. 사업범위 및 내용과 그 집행
8. 회계
9. 공고의 방법
10. 정관의 변경
11. 그 밖에 센터의 운영에 관한 중요 사항
(2018.12.11 본항신설)
④ 센터가 정관의 기재사항을 변경하려는 경우에는 식품의약품안전처장의 인가를 받아야 한다.(2018.12.11 본항신설)
⑤ 센터에 관하여 이 법에서 규정한 외에는 「민법」 중 재단법인에 관한 규정을 준용한다.
⑥ 제1항에 따른 센터의 운영 등에 필요한 사항은 대통령령으로 정한다.
(2016.12.2 본조제목개정)

제92조【센터의 사업】 ① 센터는 다음 각 호의 사업을 한다.
1. 제91조제1항 각 호에 따른 의약품과 관련한 각종 정보 수집 및 전산망 구축과 관련된 사업(2018.12.11 본호개정)
2. 제91조제1항 각 호에 따른 의약품의 공급 및 비축 사업. 이 경우 센터의 장은 센터에 조제실을 설치하고, 센터 직원 중 약사를 지정하여 사업을 담당하게 하여야 한다. (2018.12.11 전단개정)
2의2. 제31조제3항제4호에 따라 제91조제1항 각 호에 따른 의약품을 위탁제조하여 판매하는 사업(2018.12.11 본호신설)
3. 국가필수의약품의 안정공급기반 구축과 연구·개발 지원 및 안전사용 지원 등과 관련된 사업(2016.12.2 본호개정)
4. 그 밖에 식품의약품안전처장이 인정하는 제91조제1항 각 호에 따른 의약품과 관련된 사업(2018.12.11 본호개정)
② 식품의약품안전처장은 센터가 제1항의 사업을 하는 경우 재정 지원 등을 할 수 있다.(2013.3.23 본항개정)

제92조의2【벌칙 적용 시의 공무원 의제】 다음 각 호의 어느 하나에 해당하는 자는 「형법」 제127조 및 제129조부터 제132조까지의 규정에 따른 벌칙을 적용할 때에는 공무원으로 본다.(2018.12.11 본문개정)
1. 약물역학조사관(의약품안전관리원 직원인 경우에는 「형법」 제127조에 따른 벌칙 적용은 제외한다) (2018.12.11 본호개정)
2. 센터 및 백신센터에 근무하는 임직원(2021.7.20 본호개정)
3. 제61조의3제1항에 따라 위탁받은 업무에 종사하는 기관 또는 단체의 임직원(2023.4.18 본호신설)
4. 제68조의2제2항에 따라 위탁받은 업무에 종사하는 법인의 임직원(2018.12.11 본호신설)
5. 제조·품질관리 조사관 중 공무원이 아닌 사람 (2022.6.10 본호신설)

제92조의3【규제의 재검토】 식품의약품안전처장은 우선판매품목허가 및 제97조의2에 따른 과태료 금액에 대하여 2015년 1월 1일을 기준으로 3년마다(매 3년이 되는 해의 1월 1일 전까지를 말한다) 그 타당성을 검토하여 개선 등의 조치를 하여야 한다.(2015.3.13 본조신설)

제9장 벌 칙

제93조【벌칙】 ① 다음 각 호의 어느 하나에 해당하는 자는 5년 이하의 징역 또는 5천만원 이하의 벌금에 처한다.(2015.1.28 본문개정)
1. 제6조제3항을 위반하여 다른 사람에게 면허를 대여한 사람(2020.4.7 본호개정)
1의2. 제6조제4항을 위반하여 면허를 대여받거나 면허 대여를 알선한 사람(2020.4.7 본호신설)
2. 제20조제1항을 위반하여 약국을 개설한 자
3. 제23조제1항을 위반한 자

4. 제31조제1항부터 제4항까지 또는 제9항을 위반하여 허가를 받거나 신고를 하지 아니한 자 또는 변경허가를 받거나 변경신고를 하지 아니한 자(2018.12.11 본호개정)
4의2. 거짓이나 그 밖의 부정한 방법으로 제31조제1항부터 제4항까지 또는 제9항에 따른 허가·변경허가를 받거나 신고·변경신고를 한 자(2020.4.7 본호신설)
4의3. 거짓이나 그 밖의 부정한 방법으로 제31조의2제1항·제3항(제42조제5항에서 준용하는 경우를 포함한다)에 따른 원료의약품의 등록·변경등록을 한 자(2020.4.7 본호신설)
4의4. 거짓이나 그 밖의 부정한 방법으로 제35조제1항 및 제2항(제42조제5항에서 준용하는 경우를 포함한다)에 따른 시설 조건부 허가 또는 품목 조건부 허가를 받은 자(2021.7.20 본호신설)
4의5. 제38조의2제1항 및 제2항을 위반하여 적합판정 또는 변경적합판정을 받지 아니하고 의약품등을 제조하여 판매한 자(2022.6.10 본호신설)
4의6. 거짓이나 그 밖의 부정한 방법으로 제38조의2제1항 및 제2항에 따른 적합판정 또는 변경적합판정을 받은 자(2022.6.10 본호신설)
5. 제42조제1항을 위반하여 허가를 받거나 신고를 하지 아니한 자 또는 변경허가를 받거나 변경신고를 하지 아니한 자
5의2. 거짓이나 그 밖의 부정한 방법으로 제42조제1항에 따른 허가·변경허가를 받거나 신고·변경신고를 한 자(2020.4.7 본호신설)
6. 제43조를 위반한 자
6의2. 거짓이나 그 밖의 부정한 방법으로 제43조제1항에 따른 허가를 받은 자(2020.4.7 본호신설)
7. 제44조제1항을 위반한 자
8. 제44조제2항제2호에 따른 허가를 받지 아니하고 의약품을 판매한 자
8의2. 거짓이나 그 밖의 부정한 방법으로 제44조의2제1항에 따른 등록 또는 같은 조 제3항에 따른 변경등록을 한 자(2020.4.7 본호신설)
8의3. 거짓이나 그 밖의 부정한 방법으로 제45조제1항에 따른 허가·변경허가를 받은 자(2020.4.7 본호신설)
9. 제53조제1항을 위반하여 출하승인을 받지 아니하거나 거짓 또는 그 밖의 부정한 방법으로 출하승인을 받은 자(2021.7.20 본호개정)
10. 제61조(제66조에서 준용하는 경우를 포함한다)를 위반한 자. 다만, 제56조제2항(제44조의6제1항에서 준용하는 경우를 포함한다) 또는 제65조제2항을 위반한 자는 제외한다.(2020.4.7 단서개정)
11. 제34조의2제3항제6호 또는 제34조의3제3항에 따른 임상시험성적서, 임상시험검체분석성적서 또는 비임상시험성적서를 거짓으로 작성·발급한 자(2021.7.20 본호개정)
② 제1항의 경우 징역과 벌금은 병과(倂科)할 수 있다.

제94조【벌칙】 ① 다음 각 호의 어느 하나에 해당하는 자는 3년 이하의 징역 또는 3천만원 이하의 벌금에 처한다. 다만, 제87조제1항을 위반한 자에 대하여는 고소가 있어야 공소를 제기할 수 있다.(2015.1.28 본문개정)
1. 제3조제3항 또는 제4조제3항을 위반한 자
2. 제24조제2항을 위반하여 담합행위를 한 자
2의2. 제24조의2를 위반한 자(2024.1.23 본호신설)
3. 제34조제1항 본문·제3항제1호·제2호 및 같은 조 제4항을 위반한 자 또는 같은 조 제6항에 따른 명령을 위반한 자(2018.12.11 본호개정)
3의2. 거짓이나 그 밖의 부정한 방법으로 제34조제1항에 따른 임상시험의 계획 승인·변경승인을 받은 자(2020.4.7 본호신설)
3의3. 제34조의2제1항을 위반하여 지정을 받지 아니하고 임상시험을 실시한 자(2017.10.24 본호개정)
3의4. 제34조의2제2항 본문을 위반하여 변경지정을 받지 아니하고 임상시험을 실시한 자(2017.10.24 본호개정)
3의5. 제34조의2제3항제1호 또는 제2호를 위반한 자(2017.10.24 본호신설)
4. 제37조제3항(제42조제5항에서 준용하는 경우를 포함한다)을 위반한 자(2015.1.28 본호개정)
4의2. 제39조제1항 전단(제44조의6제1항에서 준용하는 경우를 포함한다)을 위반하여 회수 또는 회수에 필요한 조치를 하지 아니한 자(2020.4.7 본호개정)
5. 제45조제5항을 위반한 자
5의2. 제47조제2항을 위반하여 경제적 이익등을 제공하거나 같은 조 제3항을 위반하여 경제적 이익등을 제공받은 자. 이 경우 취득한 경제적 이익등은 몰수하고, 몰수할 수 없을 때에는 그 가액을 추징한다.(2016.12.2 본호신설)
6. (2015.12.29 삭제)
7. 제49조를 위반하여 의약품을 판매·저장 또는 진열한 자
8. 제50조제1항(제44조의6제1항에서 준용하는 경우를 포함한다)을 위반한 자(2020.4.7 본호개정)
9. 제62조(제66조에서 준용하는 경우를 포함한다)를 위반하여 의약품을 판매·제조·수입·저장 또는 진열한 자
9의2. 제68조의9를 위반하여 비밀을 누설한 자(2011.6.7 본호신설)
10. 제70조제2항을 위반하여 정당한 사유 없이 의약품 생산 또는 업무개시명령을 거부한 자
11. 제71조제1항·제2항(제44조의6제1항에서 준용하는 경우를 포함한다) 및 제72조제1항·제2항(제44조의6제1항에서 준용하는 경우를 포함한다)에 따른 명령을 위반한 자 또는 제71조제3항(제44조의6제1항에서 준용하는 경우를 포함한다)에 따른 관계 공무원이 행하는 물품의 회수·폐기와 그 밖에 필요한 처분을 거부·방해하거나 기피한 자(2020.4.7 본호개정)
12. 제87조 또는 제88조제2항에 위반한 자
② 제1항의 징역과 벌금은 병과(倂科)할 수 있다.

제94조의2 (2016.12.2 삭제)

제95조【벌칙】 ① 다음 각 호의 어느 하나에 해당하는 자는 1년 이하의 징역 또는 1천만원 이하의 벌금에 처한다.(2015.1.28 본문개정)
1. 제20조제2항 전단을 위반하여 개설등록을 하지 아니한 자(2019.1.15 본호개정)
1의2. 거짓이나 그 밖의 부정한 방법으로 제20조제2항에 따른 개설 등록·변경등록을 한 자(2020.4.7 본호신설)
2. 제21조제1항·제2항을 위반한 자
3. 제23조제2항·제3항·제4항·제6항·제7항을 위반한 자
4. 제24조제1항을 위반하여 정당한 사유 없이 조제를 거부한 자
5. 제26조제1항을 위반하여 조제한 자(2007.7.27 본호개정)
6. 제27조제1항·제3항·제4항을 위반한 자
6의2. 제34조제3항제5호를 위반하여 보험에 가입하지 아니하거나 대상자에게 사전에 설명한 보상 절차 등을 준수하여 보상하지 아니한 자
6의3. 제34조제3항제6호를 위반하여 임상시험용 의약품등의 안전성 정보를 평가·기록·보존·보고하지 아니하거나 거짓으로 평가·기록·보존·보고한 자(2018.12.11 6호의2~6호의3신설)
6의4. 제34조의2제3항제6호(제93조제1항제11호에 따른 위반사항은 제외한다)를 위반하여 임상시험에 관한 기록을 작성·보관·보고하지 아니하거나 거짓으로 작성·보관·보고한 자(2021.7.20 본호개정)
7. 제36조(제42조제5항에서 준용하는 경우를 포함한다)·제37조제2항(제42조제5항에서 준용하는 경우를 포함한다) 또는 제37조의3제1항(제42조제5항에서 준용하는 경우를 포함한다)을 위반하여 안전관리업무를 실시하지 아니한 자(2015.1.28 본호개정)
7의2. 제37조제1항 또는 제38조제1항을 위반하여 의약품등의 제조 관리의무 또는 생산 관리의무를 지키지 아니한 자(2018.12.11 본호신설)
7의3. 제39조제1항 후단을 위반하여 회수 계획을 보고하지 아니하거나 거짓으로 보고한 자(2018.12.11 본호신설)
8. 제47조제1항(제47조제1항제3호나목은 제외하며, 제44조의6제1항에서 준용하는 경우를 포함한다)·제4항 또는 제85조제9항을 위반한 자(2020.4.7 본호개정)
8의2. 제47조의2제1항을 위반하여 지출보고서를 작성 또는 공개하지 아니하거나 해당 지출보고서와 관련 장부 및 근거 자료를 보관하지 아니한 자(2021.7.20 본호개정)
8의3. 제47조의2제1항에 따른 지출보고서를 거짓으로 작성 또는 공개한 자(2021.7.20 본호신설)
8의4. 제47조의2제2항에 따른 지출보고서와 관련 장부 및 근거 자료의 제출 요구를 따르지 아니한 자(2021.7.20 본호신설)
8의5. 제48조 본문을 위반하여 봉함한 의약품의 용기나 포장을 개봉하여 판매한 자(2015.12.29 본호신설)
9. 제50조제2항을 위반하여 전문의약품을 판매한 자
9의2. 거짓이나 그 밖의 부정한 방법으로 제50조의2제4항에 따른 등재를 받은 자(2015.3.13 본호신설)
9의3. 거짓이나 그 밖의 부정한 방법으로 제50조의5에 따른 판매금지를 신청하거나 우선판매품목허가를 신청한 자(2015.3.13 본호신설)
10. 제60조(제66조에 따라 준용되는 경우를 포함한다), 제64조제1항 또는 제68조를 위반한 자(2017.10.24 본호개정)
10의2. 제61조의2제1항을 위반하여 판매를 알선하거나 광고한 자(2018.12.11 본호신설)
10의3. 거짓이나 그 밖의 부정한 방법으로 제69조의3에 따른 합의 사항을 보고한 자(2015.3.13 본호신설)
11. 제85조제6항·제7항을 위반하여 처방전 없이 동물용의약품을 판매한 자(2012.2.1 본호신설)
12. 제86조의5제2항제1호에 따른 거짓 또는 그 밖의 부정한 방법으로 피해구제급여를 받은 사람(2014.3.18 본호신설)
② 제1항의 징역과 벌금은 병과(倂科)할 수 있다.
③ 제1항제7호의2의 죄로 형을 선고받고 그 형이 확정된 후 3년 이내에 다시 같은 호의 죄를 범한 자는 해당 형의 2분의 1까지 가중한다.(2018.12.11 본항신설)

제95조의2【벌칙】 제26조제2항을 위반한 자는 300만원 이하의 벌금에 처한다.(2007.7.27 본조신설)

제96조【벌칙】 다음 각 호의 어느 하나에 해당하는 자는 200만원 이하의 벌금에 처한다. 다만, 제30조제2항을 위반한 자에 대해서는 고소가 있어야 공소를 제기할 수 있다.
1. 제24조제3항을 위반한 자
2. 제28조, 제29조 또는 제30조제1항·제2항·제3항을 위반한 자(2015.12.29 본호개정)
3. 제37조의3제2항 또는 제47조제1항제3호나목을 위반한 자(2018.12.11 본호개정)
3의2. 제38조의6제1항(제42조제5항에서 준용하는 경우를 포함한다)을 위반하여 식별표시를 하지 아니하고 시판하거나 식별표시를 등록하지 아니하고 시판한 자(2022.6.10 본호개정)
3의3. 제38조의6제2항(제42조제5항에서 준용하는 경우를 포함한다)을 위반하여 변경등록을 하지 아니하고 시판한 자(2022.6.10 본호개정)
3의4.~3의6. (2021.7.20 삭제)
4. 제56조제1항, 제57조, 제58조, 제63조(제66조에서 준용하는 경우를 포함한다), 제65조제1항, 제65조의2 또는 제65조의3제1호부터 제3호까지를 위반한 자(2017.10.24 본호개정)
5. 제68조의12제3항 또는 제69조제1항(제44조의6제1항에서 준용하는 경우를 포함한다)에 따른 약물역학조사관 또는 관계 공무원의 조사·검사·질문·수거 등을 거부·방해하거나 기피한 자(2020.4.7 본호개정)
6. 제69조제1항(제44조의6제1항에서 준용하는 경우를 포함한다), 제72조제3항·제4항, 제73조, 제74조 및 제75조까지에 따른 보고·공표·검사·개수·변경 등의 명령을 위반한 자(2020.4.7 본호개정)
7. 제86조의6제3항에 따른 조사·열람 또는 복사를 정당한 이유 없이 거부·방해 또는 기피한 자(2014.3.18 본호신설)

제97조【양벌규정】 법인의 대표자나 법인 또는 개인의 대리인, 사용인, 그 밖의 종업원이 그 법인 또는 개인의 업무에 관하여 제93조, 제94조, 제94조의2, 제95조, 제95조의2 또는 제96조의 위반행위를 하면 그 행위자를 벌하는 외에 그 법인 또는 개인에게도 해당 조문의 벌금형을 과(科)한다. 다만, 법인 또는 개인이 그 위반행위를 방지하기 위하여 해당 업무에 관하여 상당한 주의와 감독을 게을리하지 아니한 경우에는 그러하지 아니하다.
(2011.6.7 본조개정)

제97조의2【과태료】 ① 정당한 사유 없이 제69조의3에 따른 합의 사항을 보고하지 아니한 자에게는 5천만원 이하의 과태료를 부과한다.
② 제1항에 따른 과태료는 대통령령으로 정하는 바에 따라 식품의약품안전처장이 부과·징수한다.
(2015.3.13 본조신설)

제97조의3【과태료】 ① 제61조의2제3항을 위반하여 정당한 사유 없이 자료제출 요청에 따르지 아니한 자에게는 500만원 이하의 과태료를 부과한다.
② 제1항에 따른 과태료는 대통령령으로 정하는 바에 따라 식품의약품안전처장이 부과·징수한다.
(2023.4.18 본조신설)

제98조【과태료】 ① 다음 각 호의 어느 하나에 해당하는 자에게는 100만원 이하의 과태료를 부과한다.
1.~2. (2020.4.7 삭제)
2의2. 제20조제2항 후단을 위반하여 변경등록을 하지 아니한 자(2019.1.15 본호신설)
2의3. 제20조제6항을 위반하여 약국의 명칭 또는 이와 비슷한 명칭을 사용한 자(2014.3.18 본호신설)
3. 제21조제3항을 위반하여 제69조의4에 따른 시정명령을 받고도 약국 관리에 필요한 사항을 지키지 아니한 자(2017.10.24 본호개정)
3의2. 제24조제4항을 위반하여 복약지도를 하지 아니한 사람(2014.3.18 본호신설)
4. 제22조 또는 제40조제1항(제42조제5항에서 준용하는 경우를 포함한다)을 위반하여 폐업 등의 신고를 하지 아니한 자(2016.12.2 본호개정)
4의2. 제37조의2(제42조제5항에서 준용하는 경우를 포함한다)를 위반하여 교육을 받지 아니한 자(2015.1.28 본호개정)
4의3. 제37조의4(제42조제5항에서 준용하는 경우를 포함한다)를 위반하여 교육을 받지 아니한 사람(2015.1.28 본호개정)
4의4. 제34조제1항 단서 또는 제34조의2제2항 단서를 위반하여 변경보고를 하지 아니하거나 제34조제3항제3호를 위반하여 임상시험 대상자 모집 공고를 한 자
4의5. 제34조의4제1항·제2항을 위반하여 임상시험 종사자에게 교육을 받도록 하지 아니한 자
(2017.10.24 4호의4~4호의5개정)
5. 제38조제2항(제42조제5항에서 준용하는 경우를 포함한다)을 위반하여 의약품등의 생산 실적 또는 수입 실적 등을 보고하지 아니한 자(2015.1.28 본호개정)
5의2. 제40조제2항(제42조제5항에서 준용하는 경우를 포함한다)을 위반하여 의약품등에 대한 필요한 조치를 이행하지 아니한 자(2016.12.2 본호신설)
6. (2012.2.1 삭제)
6의2. 제41조제1항을 위반하여 약국제제 또는 조제실제제 제조 등의 신고를 하지 아니한 자
6의3. 제44조의2제4항 본문을 위반하여 폐업·휴업·재개 신고를 하지 아니한 자(2012.5.14 본호신설)
6의4. 제44조의3제2항에 따른 명령을 위반하여 교육을 받지 아니한 자(2012.5.14 본호신설)
7. 제44조의4를 위반하여 안전상비의약품 판매자의 준수사항을 지키지 아니한 자(2012.5.14 본호신설)

7의2. 제46조의3제1항을 위반하여 의약품의 판매질서 등에 관한 교육을 받지 아니한 자(2023.4.18 본호신설 : 2024.10.19 시행)

7의3. 제47조의3제2항(제44조의6제2항에서 준용하는 경우를 포함한다)을 위반하여 의약품 공급 내역을 제출하지 아니한 자(2020.4.7 본호개정)

7의4. 제47조의4를 위반하여 의약품을 취득한 자(2021.7.20 본호신설)

7의5. 제50조의10제4항(제42조제5항에서 준용하는 경우를 포함한다)에 따른 보고를 하지 아니하거나 거짓으로 보고한 자(2023.8.16 본호신설)

7의6. 제56조제2항(제44조의6제1항에서 준용하는 경우를 포함한다) 또는 제65조제2항을 위반하여 제69조의4에 따른 시정명령을 받고도 가격을 용기나 포장에 적지 아니한 자(2020.4.7 본호개정)

7의7. 제59조의2 또는 제65조의5를 위반하여 시각·청각 장애인을 위한 표시를 하지 아니한 자(2021.7.20 본호신설)

7의8. 제68조의8을 위반하여 유해사례를 보고하지 아니한 자(2011.6.7 본호신설)

7의9. 제68조의10을 위반하여 의약품안전관리원 또는 이와 유사한 명칭을 사용한 자(2011.6.7 본호신설)

7의10. 제86조의6제1항에 따른 출석요구를 받고 정당한 사유 없이 출석하지 아니한 자(참고인은 제외한다)(2014.3.18 본호신설)

7의11. 제86조의6제1항에 따른 자료 및 물건 등의 제출요구를 받고 정당한 사유 없이 제출하지 아니한 자(참고인은 제외한다)(2014.3.18 본호신설)

7의12. 제86조의6제2항에 따른 소명요구를 받고 정당한 사유 없이 따르지 아니한 자(2014.3.18 본호신설)

8. (2012.2.1 삭제)

9. 제80조를 위반하여 면허증·허가증 또는 등록증을 갱신하지 아니한 자

10. 제85조제3항을 위반하여 동물용 의약품등의 사용 기준을 지키지 아니한 자(2018.12.11 본호개정)

10의2. 제85조제10항을 위반하여 동물용 의약품등의 거래현황을 작성·보존하지 아니하거나 거짓으로 작성·보존한 자(2018.12.11 본호신설)

11. 제87조의2를 위반하여 제약, 약품 등 총리령으로 정하는 유사한 명칭을 사용한 자(2016.12.2 본호신설)

② 제1항에 따른 과태료는 대통령령으로 정하는 바에 따라 보건복지부장관, 식품의약품안전처장, 시·도지사, 시장·군수·구청장이 부과·징수한다.(2013.3.23 본항개정)

③～⑤ (2011.6.7 삭제)

부　칙

제1조【시행일】 이 법은 공포한 날부터 시행한다. 다만, 제81조의 개정규정은 2007년 7월 4일부터 시행한다.

제2조【시행일에 관한 경과조치】 부칙 제1조 단서에 따라 제81조의 개정규정이 시행되기 전까지는 그에 해당하는 종전의 제71조의3을 적용한다.

제3조【과징금 부과처분에 관한 적용례】 제81조제4항의 개정규정은 법률 제8201호 약사법 일부개정법률의 시행일인 2007년 7월 4일 이후 최초로 과징금 부과처분을 받는 자부터 적용한다.

제4조【가족계획용 의약품등에 관한 경과조치】 가족계획용 의약품으로서 보건복지부장관이 정하는 품목은 제44조·제50조 및 제68조제4항의 개정규정을 적용하지 아니한다. 또한 열차·항공기 그 밖에 보건복지부장관이 지정하는 장소에서의 의약품의 수여 및 판매에 관하여는 제44조 및 제50조의 개정규정에도 불구하고 보건복지부령으로 정하는 바에 따라 보건복지부장관이 지정하는 품목에 한정하여 보건복지부장관이 지정하는 자로 하여금 실수요자에게 수여 또는 판매하게 할 수 있다.

제5조【약업사 등에 관한 경과조치】 법률 제2279호 약사법중개정법률의 시행일인 1971년 1월 13일 당시 종전의 법령에 따라 허가를 받은 약업사(종전의 약종상을 말한다)와 매약상은 종전 법령의 적용을 받는다.

제6조【한약업사에 대한 경과조치】 법률 제2279호 약사법중개정법률의 시행일인 1971년 1월 13일 당시 한약종상의 허가를 받은 자는 이 법에 의한 한약업사로 본다.

제7조【한약종상의 허가지역에 관한 경과조치】 법률 제2279호 약사법중개정법률의 시행일인 1971년 1월 13일 당시의 한약종상 중 전란 그 밖의 천재지변으로 허가지역을 이탈한 자와 법률 제1910호 약사법중개정법률의 시행일인 1967년 3월 3일 전에 허가지역을 이탈한 자로서 거주지를 관할하는 서울특별시장·부산시장 또는 도지사의 허가를 받았을 때에 한정하여 당해 거주지를 허가지역으로 할 수 있다.

제8조【한의사·수의사의 조제에 관한 경과조치】 한의사가 자신이 치료용으로 사용하는 한약 및 한약제제를 자신이 직접 조제하거나 수의사가 자신이 치료용으로 사용하는 동물용 의약품을 자신이 직접 조제하는 경우에는 제23조제1항 및 제2항의 개정규정에도 불구하고 이를 조제할 수 있다.

제9조【약사의 한약조제에 관한 경과조치】 제23조제1항의 개정규정에도 불구하고 다음 각 호의 어느 하나에 해당하는 자는 제23조제6항의 개정규정에 준하여 한약을 조제할 수 있다.

1. 법률 제4731호 약사법중개정법률의 시행 당시 약사면허소지자와 약학을 전공하는 대학을 졸업하고 약사면허를 받지 아니한 자로서 같은 법의 시행일부터 2년 이내에 대통령령으로 정하는 한약조제시험에 합격한 자. 다만, 한약조제시험은 약사면허를 취득한 후 응시하여야 한다.
2. 법률 제4731호 약사법중개정법률의 시행 당시 약학을 전공하는 대학에 재학 중인 자로서 보건복지부령으로 정하는 한약 관련 과목을 이수하고 졸업 후 2년 이내에 대통령령으로 정하는 한약조제시험에 합격한 자. 다만, 한약조제시험은 약사면허를 취득한 후 응시하여야 한다.

제10조【약업사의 전문의약품 판매에 관한 경과조치】 법률 제6153호 약사법중개정법률의 시행일인 2000년 7월 1일 당시 영업 중인 약업사는 제23조제5항의 개정규정에 따라 보건복지부장관이 의료기관 또는 약국이 없는 지역으로 정하는 지역 외의 지역에서는 전문의약품을 판매할 수 없다.

제11조【대체조제에 관한 경과조치】 제27조의 개정규정은 의사회분회등이 제25조제2항에 따라 지역처방의약품 목록 및 의료기관별 처방의약품 목록을 당해 시·군·구의 약사회 분회에 제공한 후(제25조제4항에 따라 처방의약품 목록을 조정하는 경우에는 조정한 날) 30일이 지난 날부터 시행한다.

제12조【한국희귀의약품센터에 대한 경과조치】 법률 제6511호 약사법중개정법률의 시행일인 2001년 8월 14일 당시 「민법」 제32조에 따라 설립된 재단법인 한국희귀의약품센터는 제91조의 개정규정에 따라 설립된 한국희귀의약품센터로 본다.

제13조【한약사 면허부여에 관한 특례】 다음 각 호의 어느 하나에 해당하는 자로서 대학에서 법률 제7376호 약사법중개정법률 제3조의2제2항의 위임에 따른 대통령령 제14319호 약사법시행령중개정령 제3조의2에서 정한 한약 관련 과목을 95학점 이상 이수하고 한약사국가시험에 합격한 자에게는 제4조제2항의 개정규정에도 불구하고 한약사면허를 부여한다.

1. 1997년 3월 6일 당시 약학을 전공하는 대학(한약학과를 제외한 학과에 한한다)에 재학 중이던 자로서 1996학년도 이전에 입학한 자
2. 1997년 3월 6일 당시 약학을 전공하는 대학을 졸업한 자
3. 1997년 3월 6일 당시 약학을 전공하는 대학 외의 대학에 재학 중이던 자로서 1996학년도 이전에 입학한 자와 약학을 전공하는 대학 외의 대학을 졸업한 자

제14조【약학사 학위를 받은 자에 대한 경과조치】 법률 제7635호 약사법 일부개정법률의 시행 당시 한약학과를 졸업하고 약학사 학위를 받은 자는 제4조의 개정규정에 따라 한약학사 학위를 받은 자로 본다.

제15조【약사·한약사국가시험의 응시자격에 관한 경과조치】 이 법 시행 당시 종전의 규정에 따라 약사·한약사국가시험의 응시자격이 있는 자는 이 법에 따른 응시자격이 있는 것으로 본다.

제16조【대한약사회 등에 관한 경과조치】 이 법 시행 당시 종전의 규정에 따라 설립된 대한약사회, 대한한약사회와 그 지부 또는 분회는 이 법에 따라 설립·설치된 것으로 본다.

제17조【면허에 관한 경과조치】 이 법 시행 당시 종전의 규정에 따라 약사·한약사의 면허를 받은 자는 이 법에 따라 면허를 받은 것으로 본다.

제18조【허가 등 처분에 관한 경과조치】 이 법 시행 당시 보건복지부장관, 식품의약품안전청장, 시·도지사, 시장·군수·구청장으로부터 허가를 받거나 등록, 신고를 한 경우 또는 허가, 등록 등의 신청을 한 경우에는 이 법에 따라 받거나 한 것으로 본다.

제19조【처분 등에 관한 일반적 경과조치】 이 법 시행 당시 종전의 규정에 따른 행정기관의 행위나 행정기관에 대한 행위는 그에 해당하는 이 법에 따른 행정기관의 행위나 행정기관에 대한 행위로 본다.

제20조【벌칙이나 과태료에 관한 경과조치】 이 법 시행 전의 행위에 대하여 벌칙이나 과태료 규정을 적용할 때에는 종전의 규정에 따른다.

제21조【다른 법률의 개정】 ①～⑫ ※(해당 법령에 가제정리 하였음)

제22조【다른 법령과의 관계】 이 법 시행 당시 다른 법령에서 종전의 「약사법」 또는 그 규정을 인용한 경우에 이 법 가운데 그에 해당하는 규정이 있으면 종전의 규정을 갈음하여 이 법 또는 이 법의 해당 규정을 인용한 것으로 본다.

부　칙 (2011.12.2)

이 법은 「대한민국과 미합중국 간의 자유무역협정 및 대한민국과 미합중국 간의 자유무역협정에 관한 서한교환」이 발효되는 날부터 시행한다.<2012.3.15 발효> 다만, 제5조제4호의 개정규정은 공포한 날부터 시행하며, 법률 제10512호 약사법 일부개정법률 제42조제4항 전단의 개정규정은 2012년 3월 31일부터 시행한다.

부　칙 (2012.5.14)

제1조【시행일】 이 법은 공포 후 6개월이 경과한 날부터 시행한다. 다만, 제31조의5 및 제42조제4항 전단의 개정규정은 2013년 1월 1일부터 시행하고, 법률 제11251호 약사법 일부개정법률 제95조제1항제8호의 개정규정은 2013년 8월 2일부터 시행한다.

제2조【품목허가 및 품목신고의 유효기간에 관한 특례】 2013년 1월 1일 전에 품목허가를 받거나 품목신고를 한 의약품과 2013년 1월 1일 전에 재심사 기간이 끝난 의약품에 대한 품목허가 또는 품목신고의 유효기간은 제31조의5제1항의 개정규정(제42조제4항 전단의 개정규정에 따라 준용되는 경우를 포함한다)에도 불구하고 2018년 1월 1일부터 2023년 12월 31일까지의 범위에서 식품의약품안전처장이 정하여 고시하는 날까지로 한다.(2013.3.23 본조개정)

부　칙 (2014.3.18)

제1조【시행일】 이 법은 공포 후 9개월이 경과한 날부터 시행한다. 다만, 제5조, 제20조제6항, 제45조제2항제2호 및 제98조제1항제2호의2의 개정규정은 공포한 날부터 시행하고, 제2조, 제24조제4항, 제98조제1항제3호의2의 개정규정은 공포 후 3개월이 경과한 날부터 시행하며, 제37조의4, 제42조제4항 및 제98조제1항제4호의3의 개정규정은 공포 후 6개월이 경과한 날부터 시행한다.

제2조【부담금의 부과·징수 등에 관한 준비행위】 식품의약품안전처장은 이 법이 공포된 날부터 부담금의 부과·징수 및 운영조직 설립 등 이 법 시행을 위하여 필요한 준비행위를 할 수 있다.

제3조【피해구제에 관한 적용례】 의약품 부작용 피해구제는 이 법 시행 후 최초로 발생한 부작용 피해부터 적용한다.

제4조【피해구제급여 지급범위의 단계적 적용】 피해구제급여는 이 법 시행 후 5년의 범위에서 대통령령으로 정하는 바에 따라 사망일시보상금부터 지급하되 그 지급범위를 단계적으로 확대하여 적용한다.

제5조【금치산자 등에 대한 경과조치】 제5조의 개정규정에도 불구하고 법률 제10429호 민법 일부개정법률 부칙 제2조에 따라 금치산 또는 한정치산 선고의 효력이 유지되는 사람에 대하여는 종전의 규정을 적용한다.

부　칙 (2015.1.28)

제1조【시행일】 이 법은 공포 후 8개월이 경과한 날부터 시행한다. 다만, 제14조, 제34조의2, 제34조의3, 제37조의3, 제45조제2항제2호, 제68조의7, 제74조, 제76조의2, 제93조제1항, 제94조제1항 각 호 외의 부분 및 같은 항 제3호(제34조제3항·제4항 관련 부분으로 한정한다)·제3호의2·제3호의3 및 제95조제1항 각 호 외의 부분의 개정규정은 공포한 날부터 시행하고, 제33조의 개정규정은 공포 후 6개월이 경과한 날부터 시행한다.

제2조【임상시험등의 계획 승인에 관한 적용례】 제34조제1항의 개정규정은 이 법 시행 후 최초로 임상시험등 계획 변경승인을 신청하는 경우부터 적용한다.

제3조【비축의약품의 유효기간 연장에 관한 적용례】 이 법 시행 당시 보건복지부장관이 비축하고 있는 의약품에 대해서도 제85조의2제2항의 개정규정을 적용한다.

제4조【의약품 식별표시에 관한 경과조치】 ① 이 법 시행 당시 식품의약품안전처장이 정하여 고시한 의약품에 대하여 식품의약품안전처장이 고시한 바에 따라 한 의약품 식별표시는 제38조의2제1항의 개정규정에 따라 한 식별표시로 본다.

② 이 법 시행 당시 식품의약품안전처장이 정하여 고시한 의약품에 대하여 식품의약품안전처장이 고시한 바에 따라 한 의약품 식별표시의 등록은 제38조의2제1항의 개정규정에 따라 한 등록으로 본다.

제5조【수입업 신고에 관한 경과조치】 이 법 시행 전에 종전의 규정에 따라 의약품등 품목허가를 받거나 품목신고를 한 의약품등의 수입자 또는 제42조제2항에 해당하는 수입자로서 이 법 시행 후 의약품등의 수입을 업으로 하려는 자는 이 법 시행 후 1년 이내에 제42조의 개정규정에 따라 수입업 신고를 하여야 한다.

부　칙 (2015.3.13)

제1조【시행일】 이 법은 2015년 3월 15일부터 시행한다. 다만, 법률 제13114호 약사법 일부개정법률 제42조제5항의 개정규정은 2015년 9월 29일부터 시행한다.

제2조【판매금지 신청에 관한 적용례】 제50조의5제1항의 개정규정(제42조제4항의 개정규정에 따라 준용되는 경우를 포함한다)은 이 법 시행 이후 의약품에 대하여 품목허가 또는 변경허가를 신청한 자가 제50조의4제1항 또는 제2항의 개정규정(제42조제4항의 개정규정에 따라 준용되는 경우를 포함한다)에 따라 한 통지를 받는 경우부터 적용한다.

제3조【우선판매품목허가 신청에 관한 적용례】 제50조의7제2항 각 호의 개정규정(제42조제4항의 개정규정에

따라 준용되는 경우를 포함한다)은 이 법 시행 전에 등재 특허권에 관한 제50조의7제2항 각 호의 개정규정에 따른 심판(이하 이 조에서 "종전 특허심판"이라 한다)을 청구한 자에 대해서도 적용한다. 이 경우 종전 특허심판은 이 법 시행일 전날 청구된 것으로 본다.

제4조【우선판매품목허가에 관한 적용례】 제50조의8제1항제1호의 개정규정(제42조제4항의 개정규정에 따라 준용되는 경우를 포함한다)은 이 법 시행 이후 제50조의4의 개정규정(제42조제4항의 개정규정에 따라 준용되는 경우를 포함한다)에 따라 통지하여야 하는 의약품의 품목허가 또는 변경허가를 신청한 자부터 적용한다.

제5조【동일의약품 등의 판매금지에 관한 적용례】 제50조의9제1항의 개정규정(제42조제4항의 개정규정에 따라 준용되는 경우를 포함한다)은 이 법 시행 이후 품목허가를 신청한 의약품 또는 제50조의4제2항에 따라 통지하여야 하는 의약품부터 적용한다.

제6조【합의 사항의 보고에 관한 적용례】 제69조의3의 개정규정(제42조제4항의 개정규정에 따라 준용되는 경우를 포함한다)은 이 법 시행 이후 제69조의3 각 호의 개정규정에 따른 합의가 있는 경우부터 적용한다.

제7조【수수료에 관한 적용례】 제82조제2항제2호의2의 개정규정은 이 법 시행 이후 등재 또는 등재사항의 변경을 신청하는 경우부터 적용한다.

제8조【등재료에 관한 적용례】 제82조의2의 개정규정은 이 법 시행 전에 등재된 경우에도 적용한다. 이 경우 이 법 시행일을 등재된 날로 본다.

제9조【의약품 특허의 등재 등에 관한 경과조치】 ① 이 법 시행 전에 종전의 제31조의3제1항에 따라 의약품 특허목록에 등재를 신청한 경우 등재 대상 및 기준에 관하여는 제50조의2제4항의 개정규정(제42조제4항의 개정규정에 따라 준용되는 경우를 포함한다)에도 불구하고 종전의 규정에 따른다.

② 이 법 시행 전에 종전의 제31조의3제2항에 따라 의약품 특허목록에 등재된 의약품특허권은 제50조의2의 개정규정(제42조제4항의 개정규정에 따라 준용되는 경우를 포함한다)에 따라 의약품 특허목록에 등재된 의약품특허권으로 본다.

제10조【등재사항의 변경 등에 관한 경과조치】 이 법 시행 전에 특허목록에 등재된 특허정보가 변경된 경우의 변경 등재 신청에 관하여는 제50조의3제2항의 개정규정(제42조제4항의 개정규정에 따라 준용되는 경우를 포함한다)에도 불구하고 종전의 제31조의3제3항에 따른다.

제11조【등재사항의 직권 변경 또는 삭제에 관한 경과조치】 이 법 시행 전에 종전의 제31조의3제2항에 따라 특허목록에 등재된 의약품특허권의 등재사항 직권 변경 또는 삭제에 대해서는 제50조의3제4항제1호 및 제3호의 개정규정(제42조제4항의 개정규정에 따라 준용되는 경우를 포함한다)에도 불구하고 종전의 제31조의3제5항에 따른다.

제12조【품목허가 등 신청사실의 통지에 관한 경과조치】 이 법 시행 전에 제31조제2항 또는 제3항에 따라 등재의약품의 안전성·유효성에 관한 자료를 근거로 의약품의 품목허가를 신청한 자는 제50조의4제1항의 개정규정(제42조제4항의 개정규정에 따라 준용되는 경우를 포함한다)에도 불구하고 종전의 제31조의4에 따른다. 다만, 위 규정에도 불구하고 이 법 시행 후 제50조의4제1항제2호부터 제4호까지의 개정규정에 해당하는 사유가 소멸한 경우에는 같은 조 제2항의 개정규정을 적용한다.

제13조【행정처분에 관한 경과조치】 이 법 시행 전의 위반행위에 대한 행정처분에 관하여는 제76조제1항제5호의3의 개정규정에도 불구하고 종전의 규정에 따른다.

부　칙 (2015.12.22)

제1조【시행일】 이 법은 공포 후 2년이 경과한 날부터 시행한다.

제2조【기존 의약품 거래의 대금 지급에 관한 경과조치】 의약품 거래일이 이 법 시행 전인 경우에 대하여는 이 법 시행일부터 1년 이내에 해당 거래 대금을 지급하면 제47조제5항부터 제7항까지의 개정규정에 따라 대금을 지급한 것으로 본다.

부　칙 (2015.12.29)

제1조【시행일】 이 법은 공포 후 3개월이 경과한 날부터 시행한다. 다만, 제21조제3항, 제23조의2, 제23조의3, 제26조, 제27조제4항, 제30조제3항, 제44조제1항, 제45조제8항, 제52조의2, 제68조의12제3항, 제69조제2항, 제86조의6제3항의 개정규정은 공포 후 1년이 경과한 날부터 시행한다.

제2조【벌칙에 관한 경과조치】 이 법 시행 전의 행위에 대하여 벌칙을 적용할 때에는 종전의 규정을 따른다.

부　칙 (2016.12.2)

제1조【시행일】 이 법은 공포한 날부터 시행한다. 다만, 제38조제2항, 제44조의5제2항, 제47조의2, 제47조의3, 제69조의4제3호, 제83조의3, 제87조제2항, 제96조제3호의4부터 제3호의6까지, 제98조제1항제7호의2의 개정규정은 공포 후 6개월이 경과한 날부터 시행하고, 제37조의2, 제37조의4, 제40조제1항부터 제3항까지, 제56조제1항, 제65조제1항, 제87조의2, 제98조제1항제4호·제5호의2·제11호의 개정규정은 공포 후 1년이 경과한 날부터 시행한다.

제2조【지출보고서 제출 등에 관한 적용례】 제47조의2의 개정규정은 같은 개정규정 시행일이 속하는 회계연도의 다음 회계연도부터 적용한다.

제3조【의약품 또는 의약외품 용기 등의 기재사항 변경에 관한 적용례】 제56조제1항 및 제65조제1항의 개정규정은 같은 개정규정 시행 이후 최초로 제조 또는 수입하는 의약품등부터 적용한다.

제4조【제약, 약품 등 유사명칭을 사용하여 제조·가공 또는 수입된 물품에 관한 적용례】 제87조의2의 개정규정은 같은 개정규정 시행 이후 최초로 제조·가공 또는 수입된 물품부터 적용한다.

제5조【의약품 또는 의약외품 용기 등의 기재사항 변경에 관한 경과조치】 이 법 시행 당시 종전의 규정에 따라 의약품등의 용기 등에 기재된 사항은 제56조제1항 및 제65조제1항의 개정규정에도 불구하고 같은 개정규정 시행 이후 1년이 되는 날까지는 해당 품목의 기재사항으로 사용할 수 있다.

제6조【제약, 약품 등 유사명칭을 사용하여 제조·가공 또는 수입된 물품에 관한 경과조치】 이 법 시행 당시 제약, 약품 등 총리령으로 정하는 유사한 명칭을 사용하여 제조·가공 또는 수입된 물품은 제87조의2의 개정규정에도 불구하고 같은 개정규정 시행 이후 1년이 되는 날까지는 판매하거나 판매의 목적으로 진열 또는 운반하거나 영업상 사용할 수 있다.

제7조【자격정지처분 시효의 적용에 관한 경과조치】 이 법 시행 전에 발생한 사유로 인하여 제79조제2항 또는 제3항 각 호에 해당하게 된 경우의 자격정지처분은 이 법 시행일 이전 그 사유가 발생한 날부터 5년(제79조제2항제2호에 따른 자격정지처분의 경우에는 7년)이 지나면 하지 못한다. 다만, 그 사유에 대하여 「형사소송법」 제246조에 따른 공소가 제기된 때에는 공소가 제기된 날부터 해당 사건의 재판이 확정된 날까지의 기간은 시효기간에 산입하지 아니한다.

제8조【벌칙에 관한 경과조치】 이 법 시행 전의 행위에 대한 벌칙을 적용할 때에는 종전의 규정에 따른다.

제9조【과태료에 관한 경과조치】 이 법 시행 전의 행위에 대한 과태료를 적용할 때에는 종전의 규정에 따른다.

부　칙 (2017.10.24)

제1조【시행일】 이 법은 공포 후 1년이 경과한 날부터 시행한다. 다만, 제31조제8항제2호, 제42조제4항제2호의 개정규정은 공포한 날부터 시행하고, 제11조제5항, 제12조제5항, 제68조제6항·제7항, 제69조의4제4호, 제79조제2항제3호, 제79조의2, 제98조제1항제3호·제7호의3의 개정규정은 공포 후 6개월이 경과한 날부터 시행한다.

제2조【임상시험을 하려는 자의 준수사항에 관한 적용례】 제34조제3항제1호 본문의 개정규정(임상시험검체분석기관에서 임상시험을 실시하도록 한 부분만 해당한다)은 이 법 시행 후 제34조제1항 본문의 개정규정에 따라 임상시험 계획의 승인을 신청하는 경우부터 적용한다.

제3조【임상시험 대상자 모집 공고에 관한 적용례】 제34조제3항제3호의 개정규정은 이 법 시행 후 최초로 임상시험을 하기 위하여 임상시험 대상자 모집 공고를 실시하는 자부터 적용한다.

제4조【전문의약품 등의 광고 금지에 관한 적용례】 제68조제6항의 개정규정은 같은 개정규정 시행 후 최초로 행하는 의약품 광고부터 적용한다.

제5조【의약외품 용기 등의 기재사항에 관한 적용례】 제65조제1항의 개정규정은 이 법 시행 이후 최초로 제조 또는 수입하는 의약외품부터 적용한다.

제6조【임상시험 계획의 승인을 받은 자의 지위 승계에 관한 적용례】 제89조제1항의 개정규정은 임상시험 계획의 승인을 받은 자가 이 법 시행 이후 사망하거나 영업을 양도하거나 합병하는 경우부터 적용한다.

제7조【임상시험 등의 계획 승인·변경승인에 관한 경과조치】 이 법 시행 당시 종전의 제34조제1항 본문에 따라 임상시험 또는 생물학적 동등성시험의 계획 승인·변경승인을 신청하거나 받은 경우에는 해당 임상시험 또는 생물학적 동등성시험에 관하여 제34조제1항 본문의 개정규정에 따라 임상시험의 계획 승인·변경승인을 신청하거나 받은 것으로 본다.

제8조【임상시험실시기관 등에 관한 경과조치】 ① 이 법 시행 당시 종전의 규정에 따라 식품의약품안전처장이 지정한 임상시험실시기관은 제34조의2제1항제1호의 개정규정에 따라 식품의약품안전처장이 지정한 임상시험실시기관으로 본다.

② 이 법 시행 당시 종전의 규정에 따라 식품의약품안전처장이 지정한 생물학적 동등성시험실시기관 중 의료기관은 제34조의2제1항제1호의 개정규정에 따라 식품의약품안전처장이 지정한 임상시험실시기관(생물학적 동등성시험에 한정한다)으로 본다. 다만, 이 법 시행일부터 1년 이내에 제34조의2의 개정규정에 적합하도록 하여야 한다.

③ 이 법 시행 당시 종전의 규정에 따라 식품의약품안전처장이 지정한 생물학적 동등성시험실시기관 중 분석기관은 제34조의2제1항제2호의 개정규정에 따라 식품의약품안전처장이 지정한 임상시험검체분석기관(생물학적 동등성시험에 한정한다)으로 본다. 다만, 이 법 시행일부터 1년 이내에 제34조의2의 개정규정에 적합하도록 하여야 한다.

④ 이 법 시행 당시 종전의 규정에 따라 식품의약품안전처장이 지정한 생물학적 동등성시험실시기관 중 분석·의료기관은 제34조의2제1항제1호·제2호의 개정규정에 따라 식품의약품안전처장이 지정한 임상시험실시기관(생물학적 동등성시험에 한정한다) 및 임상시험검체분석기관(생물학적 동등성시험에 한정한다)으로 본다. 다만, 이 법 시행일부터 1년 이내에 제34조의2의 개정규정에 적합하도록 하여야 한다.

제9조【의약외품의 용기 등의 기재사항에 관한 경과조치】 이 법 시행 당시 종전의 제65조, 제65조의2 및 제66조에 따라 기재사항이 적혀있는 용기나 포장 및 첨부 문서에 대해서는 제65조제1항, 제65조의2부터 제65조의4까지 및 제66조 후단의 개정규정에도 불구하고 이 법 시행일부터 1년까지는 종전의 규정에 따라 사용할 수 있다.

제10조【벌칙에 관한 경과조치】 이 법 시행 전의 행위에 대하여 벌칙을 적용할 때에는 종전의 규정에 따른다.

제11조【과태료에 관한 경과조치】 이 법 시행 전의 행위에 대하여 과태료를 적용할 때에는 종전의 규정에 따른다.

부　칙 (2018.6.12)

제1조【시행일】 이 법은 2018년 10월 25일부터 시행한다. 다만, 제85조의4 및 제92조의2의 개정규정은 공포한 날부터 시행한다.

제2조【임상시험에 관한 기록의 작성 등에 관한 적용례】 법률 제14926호 약사법 일부개정법률 제34조의2제3항제3호·제76조의2제1항제2호 및 제95조제1항제6호의2의 개정규정은 이 법 시행 후 최초로 임상시험의 계획 승인을 받은 경우(변경승인을 받은 경우도 포함한다)부터 적용한다.

제3조【기록의 보존·보관의무에 대한 면책에 관한 적용례】 제85조의4의 개정규정은 이 법 시행 전에 천재지변이나 그 밖의 불가항력으로 기록이 멸실된 경우에도 적용한다.

부　칙 (2018.12.11)

제1조【시행일】 이 법은 공포 후 1년이 경과한 날부터 시행한다. 다만, 제5조제1호, 제24조제2항제1호, 제31조제3항제4호, 제34조제3항제5호, 제34조의2제3항제5호 및 같은 조 제4항·제5항, 제53조제1항, 제60조제2호, 제61조제1항제2호, 제62조제2호, 제66조, 제68조제5항, 제76조의2제1항제2호·제3호, 제86조의2제4항, 제91조제1항, 제92조제1항, 제92조의2, 제93조제1항제4호·제10호 및 제11호, 제95조제1항제6호의2 및 제6호의4의 개정규정은 공포한 날부터 시행하고, 제68조의3, 제91조제3항부터 제6항까지의 개정규정은 공포 후 3개월이 경과한 날부터 시행하며, 제34조제3항제6호, 제34조의2제3항 각 호 외의 부분 단서 및 같은 항 제2호부터 제4호까지, 제85조, 제94조제1항제3호, 제95조제1항제6호의3, 제98조제1항제10호 및 제10호의2의 개정규정은 공포 후 6개월이 경과한 날부터 시행한다.

제2조【의약품통합정보시스템 구축·운영을 위한 준비행위】 식품의약품안전처장은 이 법 시행 전에 제83조의5의 개정규정에 따른 의약품통합정보시스템의 구축·운영 등에 필요한 준비행위를 할 수 있다.

제3조【임상시험을 하려는 자의 준수사항에 관한 적용례】 제34조제3항제5호·제6호의 개정규정은 같은 개정규정 시행 후 최초로 제34조제1항에 따라 식품의약품안전처장의 승인을 받아 임상시험을 하려는 자부터 적용한다.

제4조【임상시험실시기관 등의 준수사항에 관한 적용례】 제34조의2제3항제3호·제4호의 개정규정은 제34조의2제1항에 따라 식품의약품안전처장의 지정을 받은 임상시험실시기관이 같은 개정규정 시행 후 최초로 실시하는 임상시험부터 적용한다.

제5조【과징금 부과에 관한 적용례】 제81조의2제1항의 개정규정은 이 법 시행 후 최초로 제31조제2항·제3항·제9항, 제42조제1항, 제60조제3호 또는 제62조를 위반하는 경우부터 적용한다.

제6조【수입자의 해외제조소 등록에 관한 경과조치】 이 법 시행 당시 수입자 중 제42조제7항의 개정규정에 따라 등록하여야 하는 수입자는 이 법 시행일부터 1년까지는 같은 개정규정에 따른 등록을 하지 아니하고 의약품등을 수입할 수 있다.(2019.1.15 본조개정)

제7조【정관 변경에 따른 경과조치】 제68조의3제3항 및 제91조제3항의 개정규정 시행 당시 한국의약품안전관리원과 한국희귀·필수의약품센터의 정관은 같은 개정규정에 따른 정관으로 본다. 다만, 종전의 정관이 같은 개정규정에 적합하지 아니한 경우에는 같은 개정규정 시행 후 3개월 이내에 정관을 변경하여 식품의약품안전처장의 인가를 받아야 한다.

부 칙 (2019.1.15)

제1조【시행일】 이 법은 공포 후 6개월이 경과한 날부터 시행한다. 다만, 제31조, 제36조제4항, 제40조제4항, 제41조제2항, 제42조 및 제45조제6항의 개정규정은 공포한 날부터 시행하고, 제3조제2항제2호의 개정규정은 공포 후 1년이 경과한 날부터 시행하며, 법률 제15891호 약사법 일부개정법률 제42조제6항부터 제9항까지, 제76조제1항제5호의3·제5호의4의 개정규정 및 부칙 제6조는 2019년 12월 12일부터 시행한다.

제2조【약사국가시험의 응시자격에 관한 경과조치】 이 법 시행 당시 종전의 제3조제2항제2호에 따라 약사국가시험의 응시자격을 인정받은 사람은 이 법에 따른 응시자격이 있는 것으로 본다.

제3조【중앙약사심의위원회의 위원 구성에 관한 경과조치】 ① 이 법 시행 후 위원을 임명 또는 위촉할 당시 제18조제2항 후단의 개정규정을 충족하지 못하는 경우에는 해당 개정규정의 요건이 충족될 때까지는 공무원이 아닌 위원을 위촉하여야 한다.

② 중앙약사심의위원회의 위원 구성에 관하여는 제1항에 따라 제18조제2항 후단의 개정규정을 충족할 때까지는 종전의 규정에 따른다.

제4조【과징금에 관한 경과조치】 이 법 시행 전의 위반행위에 대한 과징금 부과는 제81조제1항의 개정규정에도 불구하고 종전의 규정에 따른다.

제5조【다른 법률의 개정】 ※(해당 법령에 가제정리 하였음)

부 칙 (2020.4.7)

제1조【시행일】 이 법은 공포 후 6개월이 경과한 날부터 시행한다. 다만, 제76조제1항, 제83조의7, 제93조제1항제4호의2·제4호의3·제5호의2, 제6호의2·제8호의2·제8호의3, 제94조제1항제3호의2부터 제3호의5까지 및 제95조제1항제1호의2의 개정규정은 공포한 날부터 시행하고, 제6조 및 제93조제1항제1호·제1호의2의 개정규정은 공포 후 3개월이 경과한 날부터 시행하며, 제7조, 제79조 및 제98조제1항제1호·제2호의 개정규정은 공포 후 1년이 경과한 날부터 시행하고, 제83조의3부터 제83조의6까지의 개정규정은 공포 후 3년이 경과한 날부터 시행하며, 제3조의 개정규정은 공포 후 5년이 경과한 날부터 시행한다.

제2조【약사국가시험 응시자격에 관한 적용례 및 경과조치】 ① 제3조의 개정규정은 약학교육에 대한 인정기관이 약학을 전공하는 모든 대학에 대하여 「고등교육법」 제11조의2제2항에 따른 인증 심사를 실시하여 대학별 인증 결과가 1회 이상 공개된 이후에 약학을 전공하는 대학에 입학하는 사람부터 적용한다.

② 제1항에 따라 약학을 전공하는 대학별 인증 결과가 1회 이상 공개되기 전에 입학한 사람에 대해서는 제3조제2항제1호의 개정규정에도 불구하고 종전의 규정에 따른다.

제3조【허가취소 등에 관한 적용례】 제76조제1항의 개정규정은 같은 개정규정 시행 전에 거짓이나 그 밖의 부정한 방법으로 허가·변경허가·승인·변경승인을 받거나 등록·변경등록·신고·변경신고를 한 경우에 대해서도 적용한다.

제4조【약사·한약사의 신고에 관한 경과조치】 ① 제7조의 개정규정 시행 전에 약사 또는 한약사 면허를 받은 사람은 같은 개정규정 시행 후 1년 이내에 취업상황 등 그 실태를 신고하여야 한다.

② 보건복지부장관은 제7조의 개정규정 시행 전에 약사 또는 한약사 면허를 받은 사람이 제1항에 따른 신고를 하지 아니한 경우 신고기간이 종료되는 시점부터 신고를 할 때까지 면허의 효력을 정지할 수 있다.

제5조【과태료에 관한 경과조치】 제98조제1항제1호 및 제2호의 개정규정 시행 전의 행위에 대하여 과태료를 적용할 때에는 종전의 규정에 따른다.

부 칙 (2020.12.29)

제1조【시행일】 이 법은 공포 후 1년이 경과한 날부터 시행한다.(이하 생략)

부 칙 (2021.1.5)

제1조【시행일】 이 법은 공포 후 3개월이 경과한 날부터 시행한다.(이하 생략)

부 칙 (2021.3.9)

제1조【시행일】 이 법은 공포한 날부터 시행한다.(이하 생략)

부 칙 (2021.7.20)

제1조【시행일】 이 법은 공포 후 6개월이 경과한 날부터 시행한다. 다만, 제2조의2, 제31조제10항부터 제15항까지(제42조제5항의 개정규정에서 준용하는 경우를 포함한다), 제34조의2제3항, 제76조의2제1항제2호, 제93조제1항제11호 및 제95조제1항제6호의4의 개정규정은 공포한 날부터 시행하고, 제90조의2, 제90조의3 및 제92조의2의 개정규정은 공포 후 3개월이 경과한 날부터 시행하며, 제34조의5, 제42조제7항, 제47조의4, 제69조제1항 및 제98조제1항제7호의3의 개정규정은 공포 후 1년이 경과한 날부터 시행하고, 제47조의2제1항의 개정규정 중 지출보고서 공개에 관한 부분은 공포 후 2년이 경과한 날부터 시행하며, 제59조의2, 제65조의5, 제65조의6 및 제98조제1항제7호의5의 개정규정은 공포 후 3년이 경과한 날부터 시행한다.

제2조【점자 및 음성·수어영상변환용 코드의 표시를 위한 준비행위】 식품의약품안전처장은 제59조의2, 제65조의5 및 제65조의6의 개정규정 시행 전에 같은 개정규정에 따른 점자 및 음성·수어영상변환용 코드의 표시 등에 필요한 준비행위를 할 수 있다.

제3조【제조판매품목허가 등에 관한 적용례】 제31조제10항부터 제15항까지(제42조제5항의 개정규정에서 준용하는 경우를 포함한다)의 개정규정은 같은 개정규정 시행 이후 의약품의 제조판매, 위탁제조판매 또는 수입의 품목허가를 신청하거나 품목신고를 한 경우부터 적용한다.

제4조【품목 조건부 허가에 관한 적용례】 제35조제2항부터 제4항까지의 개정규정은 이 법 시행 이후 품목 조건부 허가를 신청하는 경우부터 적용한다.

제5조【우선심사 대상에 관한 적용례】 제35조의4의 개정규정은 이 법 시행 이후 우선심사를 신청하는 경우부터 적용한다.

제6조【지출보고서 작성 등에 관한 적용례】 제47조의2의 개정규정은 같은 개정규정 시행일이 속하는 회계연도의 다음 회계연도부터 적용한다.

제7조【시각·청각장애인을 위한 점자 및 음성·수어영상변환용 코드의 표시에 관한 적용례】 제59조의2 및 제65조의5의 개정규정은 같은 개정규정 시행 이후 해당 의약품 또는 의약외품을 제조장으로부터 반출하거나 「관세법」에 따른 수입신고를 하는 분부터 적용한다.

제8조【심사 결과 공개에 관한 적용례】 제88조의2의 개정규정은 이 법 시행 이후 제31조에 따라 품목허가를 하거나 품목신고를 수리하는 의약품, 제35조에 따라 시설 조건부 허가나 품목 조건부 허가를 하는 의약품 및 제42조에 따라 품목허가를 하거나 품목신고를 수리하는 의약품부터 적용한다.

제9조【행정처분에 관한 경과조치】 이 법 시행 전의 위반행위에 대한 행정처분에 관하여는 종전의 규정에 따른다.

제10조【임상시험 실시 중인 의약품에 관한 경과조치】 이 법 시행 당시 다수의 의약품 제조업자가 공동개발하기로 하고 제34조제1항에 따라 식품의약품안전처장으로부터 임상시험계획 승인을 받은 의약품에 대해서는 공동개발하기로 한 의약품 제조업자에 한정하여 제31조제10항부터 제15항까지의 개정규정에도 불구하고 종전의 규정에 따른다. 이 경우 제34조제1항에 따라 임상시험계획 승인을 받은 자는 해당 의약품을 공동개발하기로 한 사실을 입증자료를 첨부하여 제31조제10항부터 제15항까지의 개정규정의 시행일부터 1개월 이내에 식품의약품안전처장에게 신고하여야 한다.

제11조【임상시험자료 또는 생물학적 동등성자료의 사용 동의에 관한 경과조치】 제31조제11항 및 제13항의 개정규정 시행 전에 임상시험자료 또는 생물학적 동등성자료의 사용에 대하여 한 동의는 같은 개정규정에 따른 동의의 횟수 산정에 포함하지 아니한다.

제12조【임상시험심사위원회에 관한 경과조치】 제34조의2제3항제5호의 개정규정 시행 당시 「의약품 등의 안전에 관한 규칙」에 따라 설치한 임상시험심사위원회는 같은 개정규정에 따라 설치한 임상시험심사위원회로 본다.

제13조【조건부 허가 등에 관한 경과조치】 이 법 시행 당시 종전의 제35조에 따라 허가를 받은 자는 제35조제1항의 개정규정에 따라 시설 조건부 허가를 받은 것으로 본다.

제14조【원료의약품의 해외제조소 등록에 관한 경과조치】 제42조제7항제2호 및 제3호의 개정규정 시행 당시 원료의약품을 수입하고 있는 수입자는 같은 개정규정에도 불구하고 같은 개정규정 시행일부터 6개월까지는 같은 개정규정에 따른 등록을 하지 아니하고 원료의약품을 수입할 수 있다.

제15조【백신안전기술지원센터 설립에 따른 경과조치】 ① 제90조의2의 개정규정 시행 당시 「민법」 제32조에 따라 설립된 재단법인 백신안전기술지원센터(이하 "구법인"이라 한다)는 같은 개정규정에 따른 백신안전기술지원센터(이하 "신법인"이라 한다)로 본다. 이 경우 구법인은 제90조의2의 개정규정 시행일부터 3개월 이내에 이 법의 요건에 부합하도록 정관을 변경하여 같은 조 제4항의 개정규정에 따른 인가를 받아야 한다.

② 제1항에 따라 식품의약품안전처장의 인가를 받은 구법인은 신법인의 설립과 동시에 「민법」 중 법인의 해산 및 청산에 관한 규정에도 불구하고 해산된 것으로 보며, 구법인에 속하였던 모든 소관업무, 권리·의무 및 재산은 신법인이 승계한다.

③ 제2항에 따라 신법인에 승계될 재산의 가액은 신법인 설립등기일 전일의 장부가액으로 한다.

④ 신법인 설립 당시 등기부나 그 밖의 공부(公簿)에 표시된 구법인의 명의는 신법인의 명의로 본다.

⑤ 신법인 설립 당시 구법인의 임직원은 신법인의 임직원으로 보며, 임직원의 임기는 종전의 임명일부터 기산한다.

⑥ 신법인의 설립 이전에 구법인이 행한 행위 또는 구법인에 대하여 행하여진 행위는 신법인이 행한 행위 또는 신법인에 대하여 행하여진 행위로 본다.

부 칙 (2022.6.10)

제1조【시행일】 이 법은 공포 후 6개월이 경과한 날부터 시행한다.

제2조【위반사실 공표에 관한 적용례】 제81조의3의 개정규정은 이 법 시행 후 최초로 행정처분이 확정되는 경우부터 적용한다.

제3조【적합판정에 관한 경과조치】 이 법 시행 당시 종전의 규정에 따라 받은 적합판정은 제38조의2제1항의 개정규정에 따라 받은 것으로 본다. 이 경우 적합판정의 유효기간은 종전 적합판정 유효기간의 남은 기간으로 한다.

부 칙 (2023.4.18)

제1조【시행일】 이 법은 공포 후 6개월이 경과한 날부터 시행한다. 다만, 제21조의3, 제69조의4제1호의2 및 제77조제1호의 개정규정은 공포 후 1년이 경과한 날부터 시행하고, 법률 제18307호 약사법 일부개정법률 제98조제1항제7호의6의 개정규정은 2024년 7월 21일부터 시행하며, 제46조의2, 제46조의3, 제47조, 제47조의2, 제69조제1항제1호, 제69조의4제3호의2, 제75조의2, 제76조제1항제5호의7부터 제5호의18까지, 제77조제1호의2, 제79조제3항제2호, 제89조제1항 및 제3항, 제89조의2, 제94조제1항제5호의2부터 제5호의5까지, 제95조제1항제8호·제8호의4·제8호의5, 제98조제1항제4호 및 법률 제18307호 약사법 일부개정법률 제98조제1항제7호의2의 개정규정은 공포 후 1년 6개월이 경과한 날부터 시행한다.(2023.8.16 단서개정)

제2조【공공심야약국 지정에 관한 경과조치】 제21조의3의 개정규정 시행 당시 시·도지사 또는 시장·군수·구청장으로부터 심야시간대에 의약품·의약외품을 판매하는 약국으로 지정받은 약국은 같은 개정규정에 따른 공공심야약국으로 지정을 받은 것으로 본다. 다만, 제21조의3의 개정규정 시행일부터 6개월 이내에 같은 개정규정에 따른 지정 기준을 갖추어 시·도지사 또는 시장·군수·구청장으로부터 공공심야약국으로 지정받아야 한다.

제3조【위탁계약서 등 보관에 관한 적용례】 제47조의2제2항 및 제3항의 개정규정은 같은 개정규정 시행 이후 의약품의 판매촉진 업무를 위탁하는 경우부터 적용한다.

부 칙 (2023.7.11)

이 법은 공포 후 1년이 경과한 날부터 시행한다.

부 칙 (2023.8.16)

제1조【시행일】 이 법은 공포 후 6개월이 경과한 날부터 시행한다. 다만, 법률 제19359호 약사법 일부개정법률 부칙 제1조 단서의 개정규정은 2023년 10월 19일부터 시행하고, 법률 제19359호 약사법 일부개정법률 제98조제1항제7호의7의 개정규정은 2024년 7월 21일부터 시행한다.

제2조【특허권 등재에 관한 적용례】 제50조의2제2항의 개정규정은 이 법 시행 이후 「특허법」 제136조에 따라 정정심판을 청구한 경우부터 적용한다.

제3조【등재사항 변경에 관한 적용례】 제50조의3제3항의 개정규정은 이 법 시행 이후 신청된 등재사항 변경부터 적용하고, 같은 조 제4항의 개정규정은 이 법 시행 이후 제31조제9항 또는 제42조제1항에 따라 변경허가를 받은 경우부터 적용한다.

제4조【판매금지 효력의 소멸에 관한 적용례】 제50조의10제3항의 개정규정은 이 법 시행일 전에 효력소멸의 사유가 발생한 의약품에도 적용한다.

부 칙 (2024.1.2)

이 법은 공포한 날부터 시행한다. 다만, 법률 제18307호 약사법 일부개정법률 제59조의2의 개정규정은 2024년 7월 21일부터 시행한다.

부 칙 (2024.1.23)

제1조【시행일】 이 법은 공포한 날부터 시행한다.

제2조【책임의 감면 등에 관한 적용례】 제24조의3 및 제90조의 개정규정은 이 법 시행 이후 위반행위에 대한 신고 또는 고발을 하는 경우부터 적용한다.

약사법 시행령

(2007년 6월 28일 전부개정대통령령 제20130호)

개정
2007. 7. 3영20156호
2008. 2.29영20679호(직제)
2008. 4.10영20767호
2008. 6.25영20875호(산업재해시)
2008.10.14영21084호
2010. 3.15영22075호(직제)
2011.12.30영23459호
2012. 1. 6영23488호(민감정보고유식별정보)
2012. 4.17영23734호(고엽제후유의증등환자지원에관한법시)
2012. 5. 1영23759호(수험생편의제공일부개정령)
2012. 6. 7영23843호
2012. 6.27영23886호(보훈보상대상자지원에관한법시)
2012. 8.31영24077호(국민보험시)
2012.10.22영24144호
2012.12.21영24247호(고엽제후유의증등환자지원및단체설립에관한법시)
2013. 3.23영24479호　2013. 9.26영24775호
2013.12.30영25050호(행정규제재검토에따른일부개정령)
2014. 5.21영25357호(지방세외수입금의징수등에관한법시)
2014. 7. 7영25447호
2014. 7.28영25529호(식품 · 의약품분야시험 · 검사등에관한법시)
2014. 9.11영25605호
2014.12.16영25862호(의약품부작용피해구제에관한규정)
2015. 3.13영26143호　2015. 9.22영26544호
2015.12.22영26742호(한국보건의료인국가시험원법시)
2015.12.31영26844호(행정기관책임성강화)
2016. 3.22영27048호　2016.12.13영27673호
2017. 5.29영28081호
2017. 7.26영28211호(직제)
2017.11.28영28456호　2018. 4.24영28820호
2019. 6. 4영29811호
2019. 7. 2영29950호(법령용어정비)
2019. 7.16영29983호
2019.10.29영30170호(첨단의료복합단지육성에관한특별법시)
2019.12.24영30256호(산업안전시)
2020. 1.29영30372호
2020. 3. 3영30509호(규제기한해제)
2020. 3. 3영30510호
2020. 3.24영30545호(지방행정제재 · 부과금의징수등에관한법시)
2020. 9.22영31047호
2021. 1. 5영31380호(법령용어정비)
2021. 4. 6영31603호
2021. 4. 6영31614호(5 · 18민주유공자예우및단체설립에관한법시)
2021.10.19영32088호→시행일 부칙 참조
2022.12. 9영33052호
2022.12.20영33112호(개인정보침해요인개선을위한일부개정령)
2023. 3. 7영33321호(규제기한정비)
2023. 4.11영33382호(직제)
2023.10.17영33818호→시행일 부칙 참조
2023.12.12영33913호(행정법제혁신을위한일부개정법령등)

제1조【목적】 이 영은 「약사법」에서 위임된 사항과 그 시행에 필요한 사항을 규정함을 목적으로 한다.

제1조의2【약의 날 행사 등】 ① 국가와 지방자치단체는 「약사법」(이하 "법"이라 한다) 제2조의2제2항에 따른 약의 날 기념행사를 주간이나 월간으로 정하여 실시할 수 있다.
② 국가와 지방자치단체는 법 제2조의2제2항에 따른 약의 날 기념행사를 실시할 경우 의약품 안전 및 제약산업 발전 등에 이바지한 공이 매우 큰 개인이나 단체를 약의 날 유공자로 선정하여 포상할 수 있다.
(2021.10.19 본조신설)

제2조【약사 · 한약사국가시험 및 약사예비시험의 실시】 ① 법 제8조제2항에 따라 보건복지부장관은 약사 · 한약사국가시험 및 약사예비시험(이하 "국가시험등"이라 한다)을 「한국보건의료인국가시험원법」에 따른 한국보건의료인국가시험원(이하 "국가시험등 관리기관"이라 한다)으로 하여금 관리하게 한다.(2021.10.19 본항개정)
② 국가시험등 관리기관의 장은 국가시험등을 실시하려면 미리 보건복지부장관의 승인을 받아 시험일시 · 시험장소 · 시험과목 및 응시원서 제출기간, 그 밖에 시험에 필요한 사항을 시험 90일 전까지 공고해야 한다. 다만, 시험장소는 지역별 응시인원이 확정된 후 시험 30일 전까지 공고할 수 있다.
(2020.1.29 본조개정)

제3조【국가시험등의 응시 등】 ① 국가시험등에 응시하려는 사람은 국가시험등 관리기관의 장이 정하는 응시원서를 국가시험등 관리기관의 장에게 제출해야 한다.
② (2020.1.29 삭제)
③ 제1항에 따라 응시원서를 제출하는 사람은 국가시험 관리기관의 장이 보건복지부장관의 승인을 받아 결정한 수수료를 현금으로 내야 한다. 이 경우 수수료의 금액 및 납부방법 등은 제2조에 따라 국가시험등 관리기관의 장이 공고한다.
④ 국가시험등 관리기관의 장은 정보통신망을 이용하여 전자화폐 · 전자결제 등의 방법으로 제3항에 따른 수수료를 내게 할 수 있다.
(2020.1.29 본조개정)

제4조【시험과목】 ① 약사국가시험은 다음 각 호의 과목에 대하여 필기시험으로 실시하며, 과목별 세부내용은 보건복지부령으로 정한다.
1. 생명약학
2. 산업약학
3. 임상 · 실무약학
4. 보건 · 의약 관계 법규
② 한약사국가시험은 다음 각 호의 과목에 대하여 필기시험으로 실시하며, 과목별 세부내용은 보건복지부령으로 정한다.
1. 한약학 기초
2. 한약학 응용
3. 보건 · 의약 관계 법규
③ 약사예비시험은 다음 각 호의 과목에 대하여 필기시험으로 실시하고, 과목별 세부내용은 보건복지부령으로 정한다.
1. 약학 기초
2. 한국어
(2020.1.29 본항신설)
(2013.9.26 본조개정)

제5조【시험의 합격 결정】 ① 약사 · 한약사국가시험 합격자는 각 과목 만점의 40퍼센트 이상, 전 과목 총점의 60퍼센트 이상 득점한 사람으로 한다.
② 약사예비시험 합격자는 약학 기초 과목 만점의 60퍼센트 이상 득점하고 보건복지부령으로 정하는 한국어 과목에 관한 요건을 갖춘 사람으로 한다.
③ 약사예비시험 합격자는 다음 회의 약사국가시험부터 약사예비시험을 면제한다.
(2020.1.29 본조개정)

제6조【합격자의 발표】 국가시험등 관리기관의 장은 제2조와 제5조에 따라 국가시험등을 시행하고 그 합격자를 결정하면 지체 없이 발표해야 한다.(2020.1.29 본조개정)

제7조【시험위원】 국가시험등 관리기관의 장은 국가시험등의 출제 및 채점을 위하여 약학 또는 관련 법령에 관한 학식과 경험이 풍부한 사람 중에서 시험위원을 위촉한다.(2020.1.29 본조개정)

제8조【관계기관 등에 대한 협조 요청】 국가시험등 관리기관의 장은 국가시험등 관리업무를 원활하게 수행하기 위하여 필요하면 국가 · 지방자치단체 또는 관계 기관 · 단체에 시험장소 및 시험감독 지원 등 협조를 요청할 수 있다.(2020.1.29 본조개정)

제8조의2【윤리위원회의 구성】 ① 법 제11조제5항 및 제12조제5항에 따라 대한약사회(이하 "약사회"라 한다) 와 대한한약사회(이하 "한약사회"라 한다)에 두는 윤리위원회(이하 "윤리위원회"라 한다)는 위원장 1명을 포함한 11명의 위원으로 구성한다.
② 위원장은 위원 중에서 약사회 또는 한약사회(이하 이 조부터 제8조의4까지의 규정에서 "각 협회"라 한다)의 장이 위촉한다.
③ 위원은 다음 각 호의 사람 중에서 각 협회의 장이 위촉하되, 제2호에 해당하는 사람이 4명 이상 포함되어야 한다.
1. 각 협회 소속 회원으로서 약사 경력이 10년 이상 또는 한약사 경력이 5년 이상인 사람
2. 약사 또는 한약사가 아닌 사람으로서 법률, 보건, 언론, 소비자 권익 등에 관하여 경험과 학식이 풍부한 사람
④ 위원의 임기는 3년으로 하며, 한 번만 연임할 수 있다.
(2012.6.7 본조신설)

제8조의3【윤리위원회의 운영】 ① 윤리위원회는 다음 각 호의 사항을 심의 · 의결한다.
1. 법 제79조의2제1항 각 호에 따른 면허 취소 및 자격정지의 처분 요구에 관한 사항(2018.4.24 본호개정)
2. 각 협회 소속 회원에 대한 자격심사 및 징계에 관한 사항
3. 그 밖에 회원의 윤리 확립을 위하여 필요한 사항으로서 각 협회의 정관으로 정하는 사항
② 윤리위원회의 회의는 위원장이 필요하다고 인정하는 경우나 각 협회의 장 또는 재적위원 3분의 1 이상이 요청하는 경우에 위원장이 소집한다.
③ 위원장은 회의를 소집하려면 회의 개최 7일 전까지 회의의 일시, 장소 및 안건을 각 위원에게 통보하여야 한다. 다만, 긴급히 개최하여야 하거나 부득이한 사유가 있는 경우에는 회의 개최 전날까지 통보할 수 있다.
④ 윤리위원회의 회의는 재적위원 3분의 2 이상의 출석으로 개의(開議)하고, 출석위원 3분의 2 이상의 찬성으로 의결한다. 다만, 제1항제2호 및 제3호의 사항에 관한 정족수는 각 협회의 정관으로 달리 정할 수 있다.
⑤ 윤리위원회의 위원장은 제1항제1호 및 제2호의 사항에 관하여 심의 · 의결하려는 경우에는 해당 안건의 당사자에게 구술 또는 서면(전자문서를 포함한다)으로 의견을 진술할 기회를 주어야 한다.
⑥ 제1항부터 제5항까지에서 규정한 사항 외에 윤리위원회의 운영에 필요한 사항은 각 협회의 정관으로 정한다.
(2012.6.7 본조신설)

제8조의4【윤리위원회 위원의 제척 등】 ① 윤리위원회의 위원은 다음 각 호의 어느 하나에 해당하는 경우 윤리위원회 심의 · 의결에서 제척된다.
1. 위원이 윤리위원회의 심의 · 의결 안건(이하 이 조에서 "해당 안건"이라 한다)의 당사자인 경우
2. 위원이 해당 안건의 당사자와 친족이거나 친족이었던 경우
3. 위원이 해당 안건의 당사자가 최근 3년 이내에 소속되어 있었던 기관에 종사하거나 종사하였던 경우
② 해당 안건의 당사자는 위원에게 제1항의 제척사유가 있거나 그 밖에 심의 · 의결의 공정을 기대하기 어려운 사정이 있는 경우에는 그 사유를 밝혀 서면으로 윤리위원회에 기피신청을 할 수 있다.
③ 윤리위원회는 제2항에 따른 기피신청을 받은 경우 재적위원 과반수의 출석과 출석위원 과반수의 찬성으로 기피 여부를 의결한다. 이 경우 기피신청을 당한 위원은 그 의결에 참여하지 못한다.
④ 윤리위원회의 위원은 제1항 또는 제2항의 사유에 해당하는 경우 스스로 심의 · 의결에서 회피할 수 있다.
(2012.6.7 본조신설)

제9조【약사회 및 한약사회의 설립인가】 약사회 또는 한약사회가 법 제13조제1항에 따라 설립인가를 받으려면 다음 각 호의 서류를 갖추어 보건복지부장관에게 제출하여야 한다.(2012.6.7 본문개정)
1. 정관
2. 자산명세서
3. 사업계획서 및 수지예산서
4. 설립결의서
5. 설립대표자의 선출경위에 관한 서류
6. 임원의 취임승낙서와 이력서

제10조【정관 기재사항】 약사회나 한약사회 정관에 포함되어야 할 사항은 다음 각 호와 같다.
1. 목적
2. 명칭
3. 주된 사무소
4. 자산과 회계에 관한 사항
5. 임원의 선임에 관한 사항
6. 회원의 자격과 징계에 관한 사항
7. 정관 변경에 관한 사항
8. 공고방법에 관한 사항
9. 윤리위원회의 운영 등에 관한 사항(2012.6.7 본호신설)

제11조【정관 변경의 인가신청】 법 제13조제3항에 따라 약사회나 한약사회가 정관 변경의 인가를 받으려면 다음 각 호의 서류를 제출하여야 한다.
1. 정관 변경의 내용 및 그 사유
2. 정관 변경에 관한 회의록
3. 신 · 구정관대비표, 그 밖의 참고서류

제12조【지부의 설치】 약사회나 한약사회는 그 설립등기를 마친 날부터 3주일 안에 법 제14조에 따라 특별시 · 광역시 · 도 · 특별자치도에 지부를 설치하여야 한다.

제13조【중앙약사심의위원회의 기능】 법 제18조제1항에 따른 중앙약사심의위원회(이하 제14조의2, 제14조의3, 제15조부터 제20조까지, 제20조의2, 제21조 및 제22조에서 "심의위원회"라 한다)는 다음 각 호의 사항을 심의한다.(2019.7.16 본문개정)
1. 법 제51조에 따른 대한민국약전의 제정과 개정에 관한 사항(2014.9.11 본호개정)
2. 법 제52조에 따른 의약품 및 의약외품(이하 "의약품등"이라 한다)의 기준에 관한 사항
3. 의약품등의 안전성 · 유효성에 대한 조사 · 연구 및 평가에 관한 사항
4. 의약품 부작용 피해 구제에 관한 사항
5. 일반의약품과 전문의약품의 분류에 관한 사항
6. 그 밖에 보건복지부장관 · 식품의약품안전처장이 심의에 부치는 사항(2013.3.23 본호개정)

제14조 (2019.6.4 삭제)

제14조의2【심의위원회 위원의 해촉】 식품의약품안전처장은 법 제18조제4항에 따라 위촉된 심의위원회의 위원이 다음 각 호의 어느 하나에 해당하는 경우에는 해당 위원을 해촉(解囑)할 수 있다.(2019.6.4 본문개정)
1. 심신장애로 인하여 직무를 수행할 수 없게 된 경우
2. 직무와 관련된 비위사실이 있는 경우
3. 직무태만, 품위손상이나 그 밖의 사유로 인하여 위원으로 적합하지 아니하다고 인정되는 경우
4. 위원 스스로 직무를 수행하는 것이 곤란하다고 의사를 밝히는 경우
5. 제14조의3제1항 각 호의 어느 하나에 해당하는 데에도 불구하고 회피하지 아니한 경우(2017.5.29 본호신설)
(2015.12.31 본조신설)

제14조의3【심의위원회 위원의 제척 · 기피 · 회피】 ① 심의위원회의 위원이 다음 각 호의 어느 하나에 해당하는 경우에는 심의위원회의 심의 · 의결에서 제척(除斥)된다.
1. 위원 또는 그 배우자나 배우자이었던 사람이 해당 안건의 당사자(당사자가 법인 · 단체 등인 경우에는 그 임원 또는 직원을 포함한다. 이하 이 호 및 제2호에서 같다)이거나 그 안건의 당사자와 공동권리자 또는 공동의무자인 경우(2020.3.3 본호개정)
2. 위원이 해당 안건의 당사자와 친족이거나 친족이었던 경우
3. 위원이 해당 안건에 대하여 증언, 진술, 자문, 연구, 용역 또는 감정을 한 경우
4. 위원이나 위원이 속한 법인 · 단체 등이 해당 안건의 당사자의 대리인이거나 대리인이었던 경우
(2020.3.3 본호개정)
5. 위원이 해당 안건의 당사자인 법인 · 단체 등에 최근 3년 이내에 임원 또는 직원으로 재직한 경우
(2020.3.3 본호신설)
6. 그 밖에 위원이 해당 안건과 직접적인 이해 관계가 있는 등 심의위원회의 공정한 심의 · 의결을 저해할 중대한 사유가 있다고 심의위원회 위원장(이하 "위원장"이라 한다)이 인정하는 경우(2021.10.19 본호개정)
② 당사자는 위원에게 공정한 심의 · 의결을 기대하기 어려운 사정이 있는 경우에는 심의위원회에 그 사실을 서면으로 소명하여 기피(忌避) 신청을 할 수 있다.

③ 심의위원회는 제2항에 따른 기피 신청이 있는 경우에는 의결로 이를 결정한다. 이 경우 기피 신청의 대상인 위원은 그 의결에 참여하지 못한다.
④ 위원이 제1항 각 호의 어느 하나에 해당하거나 본인에게 공정한 심의·의결을 기대하기 어려운 사정이 있다고 판단되는 경우에는 스스로 해당 안건의 심의·의결에서 회피(回避)하여야 한다.
(2017.5.29 본조신설)

제15조【위원장 등의 직무】 ① 위원장은 공동으로 심의위원회를 대표하고, 심의위원회 업무를 총괄한다.
② 부위원장은 위원장을 보좌하며, 위원장이 모두 부득이한 사유로 직무를 수행할 수 없을 때에는 심의위원회가 미리 정한 부위원장이 직무를 대신 수행한다.
(2021.10.19 본조개정)

제16조【회의의 소집】 ① 위원장은 공동으로 심의위원회 회의를 소집하고, 교대로 그 회의의 의장이 된다.
(2021.10.19 본항개정)
② 위원장은 보건복지부장관·식품의약품안전처장 또는 그 재적위원 과반수가 회의 소집을 요구하면 지체 없이 회의를 소집하여야 한다.(2013.3.23 본항개정)

제17조【분과위원회 등】 ① 심의위원회에 분야별 심의를 위하여 다음 각 호의 구분에 따른 분과위원회(이하 "분과위원회"라 한다)를 둔다.
1. 약사제도 분과위원회 : 의약품 정책 및 분류 등에 관한 심의
2. 의약품등 기준·규격 분과위원회 : 의약품등의 기준·규격 등에 관한 심의
3. 의약품등 안전성·유효성 분과위원회 : 의약품등의 안전성·유효성 등에 관한 심의
4. 신약 분과위원회 : 신약 및 임상시험 등에 관한 심의
5. 생물의약품 분과위원회 : 생물의약품(사람이나 다른 생물체에서 유래된 것을 원료 또는 재료로 하여 제조한 의약품을 말한다)에 관한 심의

② 분과위원회 위원장은 분과위원회 위원 중에서 호선(互選)한다.(2021.10.19 본항신설)
③ 분과위원회 업무를 효율적으로 수행하기 위하여 전문분야별로 소분과위원회(이하 "소분과위원회"라 한다)를 둘 수 있다.(2021.10.19 본항신설)
④ 제1항부터 제3항까지에서 규정한 사항 외에 분과위원회와 소분과위원회의 구성과 운영에 관한 사항은 보건복지부장관과 협의하여 식품의약품안전처장이 정한다.
(2021.10.19 본조개정)

제18조【의사】 ① 심의위원회의 회의는 재적위원 과반수의 출석으로 열리고, 출석위원 3분의 2 이상의 찬성으로 의결한다.
② 분과위원회나 소분과위원회가 심의한 사항은 다른 위원회에서 재심의하여야 할 필요가 있다고 위원장이 판단한 경우를 제외하고는 심의위원회가 의결한 것으로 본다.

제19조【보고】 위원장은 심의위원회에서 심의된 사항을 지체 없이 식품의약품안전처장에게 보고하여야 하며, 제13조제6호에 따라 보건복지부장관이 심의에 부치는 사항에 대해서는 보건복지부장관에게 지체 없이 알려야 한다.(2013.3.23 본조개정)

제20조【연구위원 등】 ① 심의위원회에 10명 이내의 연구위원을 둔다.
② 연구위원은 위원장의 명을 받아 심의위원회의 심의사항을 미리 조사·연구한다.
③ 연구위원은 심의위원회의 회의에 출석하여 발언할 수 있다.
④ 연구위원을 보조하게 하기 위하여 심의위원회에 10명 이내의 연구원을 둔다.
⑤ 제1항과 제4항에 따른 연구위원과 연구원은 약사에 관한 학식과 경험이 풍부한 자 중에서 식품의약품안전처장이 임명한다.(2013.3.23 본항개정)

제20조의2 (2021.10.19 삭제)

제21조【간사와 서기】 ① 심의위원회에 간사 1명과 서기 몇 명을 둔다.
② 간사와 서기는 식품의약품안전처 소속 공무원 중에서 식품의약품안전처장이 임명한다.(2013.3.23 본항개정)
③ 간사는 위원장의 명을 받아 심의위원회의 사무를 처리하고, 서기는 간사를 보조한다.

제22조【수당과 여비 등】 식품의약품안전처장은 예산의 범위에서 심의위원회·분과위원회 및 소분과위원회의 위원에게는 수당과 여비를, 연구위원과 연구원에게는 연구비와 여비를 각각 지급할 수 있다.(2013.3.23 본조개정)

제22조의2【약국의 시설 기준】 ① 법 제20조제3항에 따라 약국에는 다음 각 호의 시설을 갖추어야 한다.
1. 조제실
2. 저온 보관 및 빛가림을 위한 시설
3. 수돗물이나 「먹는물관리법」 제5조에 따른 먹는물의 수질 기준에 맞는 지하수 등을 공급할 수 있는 시설
4. 조제에 필요한 기구

② 제1항에 따른 시설의 세부기준은 보건복지부장관이 식품의약품안전처장과 협의하여 보건복지부령으로 정한다.
(2013.3.23 본조신설)

제23조【의사나 치과의사의 직접 조제 범위】 법 제23조제4항제14호에서 "대통령령으로 정하는 경우"란 다음 각 호의 경우를 말한다.
1. 「국군조직법」 제15조에 따른 국군의료시설의 의사나 치과의사가 그 업무 수행으로서 같은 법 제4조에 따른 군인인 환자에 대하여 조제하는 경우
2. 「경찰청과 그 소속기관 직제」 제31조에 따른 경찰병원 또는 「소방공무원 보건안전 및 복지 기본법 시행령」 제7조에 따른 중앙소방전문치료센터의 의사나 치과의사가 그 업무 수행으로서 경찰·소방공무원인 환자에 대하여 조제하는 경우(2016.12.13 본호개정)
3. 「산업재해보상보험법」 제11조제2항에 따라 근로복지공단이 설치·운영하는 의료기관의 의사나 치과의사가 그 업무 수행으로서 같은 법 제5조제1호에 따른 업무상의 재해를 입은 자 중 진폐증 환자에 대하여 조제하는 경우(2011.12.30 본호개정)
4. 「한국보훈복지의료공단법」 제7조에 따라 설치된 보훈병원의 의사나 치과의사가 그 업무 수행으로서 「국가유공자 등 예우 및 지원에 관한 법률」, 「보훈보상대상자 지원에 관한 법률」, 「고엽제후유의증 등 환자지원 및 단체설립에 관한 법률」 및 「5·18민주유공자예우 및 단체설립에 관한 법률」에 따라 진료비 전액을 국가가 부담하는 환자에 대하여 조제하는 경우(2021.4.6 본호개정)
5. 「학교보건법」 제3조에 따른 보건실의 의사나 치과의사(「의료법」에 따라 해당 학교에 개설된 의료기관에 종사하는 경우는 제외한다)가 업무 수행으로서 해당 학교의 학생 및 교직원인 환자에 대하여 조제하는 경우
6. 「산업안전보건법」 제18조에 따른 보건관리자인 의사나 치과의사(「의료법」에 따라 해당 사업장에 개설된 의료기관에 종사하는 경우는 제외한다)가 사업장에서 업무 수행으로서 해당 사업장의 근로자인 환자에 대하여 조제하는 경우(2019.12.24 본호개정)
7. 「의료법」 제27조제3항제2호에 따른 외국인환자에 대하여 조제하는 경우(2011.12.30 본호신설)

제24조【유사담합행위】 ① 법 제24조제2항제5호에서 "제1호부터 제4호까지의 규정에 해당하는 행위와 유사하여 담합의 소지가 있는 행위로서 대통령령으로 정하는 행위"란 다음 각 호의 행위를 말한다.
1. 약국개설자와 의료기관 개설자 사이의 사전 약속에 따라 처방전에 의약품의 명칭 등을 기호나 암호로 적어 특정 약국에서만 조제할 수 있도록 하는 행위
2. 의료기관 개설자가 법 제25조에 따른 처방의약품 목록 외의 의약품을 처방하여 특정 약국에서만 조제할 수 있도록 하는 행위
3. 약국개설자와 의료기관 개설자 사이에 의약품 구매사무, 의약품 조제업무 또는 「국민건강보험법」에 따른 요양급여비용 심사청구업무 등을 지원하거나 관리하는 행위
4. 의료기관 개설자가 처방전 소지자의 요구가 없음에도 불구하고 특정 약국에서 조제하도록 처방전을 팩스·컴퓨터통신 등을 이용하여 전송하는 행위(2019.7.2 본호개정)
5. 의료기관 개설자가 사실상 그의 지휘·감독을 받는 약사로 하여금 약국을 개설하도록 하거나 약국을 개설한 약사를 지휘·감독하여 의료기관개설자가 그 약국을 사실상 운영하는 행위

② 보건복지부장관, 특별시장·광역시장·도지사·특별자치도지사(이하 "시·도지사"라 한다), 시장·군수·구청장(자치구의 구청장을 말한다. 이하 같다)은 법 제24조제2항에 따른 담합행위를 방지하기 위하여 다음 각 호의 어느 하나에 해당하는 경우에는 의료기관 개설자 또는 약국개설자에 대하여 보건복지부장관이 정하는 기준에 따라 관계공무원으로 하여금 법 제69조에 따른 검사를 하게 하여야 한다.(2013.3.23 본문개정)
1. 의료기관 개설자(의료기관개설자가 법인인 경우에는 그 법인의 임원을 포함한다)와 약국개설자가 배우자·부모·형제·자매·자녀 또는 그 배우자의 관계에 있는 경우로서 해당 약국이 해당 의료기관에서 발행한 처방전을 독점적으로 유치하고 있다고 판단되는 경우
2. 동일한 건물 안에 의료기관과 약국이 출입구를 함께 사용하도록 개설된 경우로서 해당 약국이 해당 의료기관에서 발행한 처방전을 독점적으로 유치하고 있다고 판단되는 경우

제24조의2【의약품등의 제조·품질관리 조사관의 출입·조사를 위한 서류 기재 사항】 법 제38조의4제2항 후단에서 "조사기간, 조사범위, 조사 담당자, 관계 법령 등 대통령령으로 정하는 사항"이란 다음 각 호의 사항을 말한다.
1. 조사의 목적, 기간, 범위 및 내용
2. 조사 담당자의 성명 및 직위
3. 의약품등의 제조 및 품질관리에 관한 자료 등 조사 자료의 목록
4. 조사에 대한 근거 법령
5. 제1호부터 제4호까지에 준하는 사항으로서 식품의약품안전처장이 해당 조사를 위하여 필요하다고 인정하는 사항

(2022.12.9 본조신설)

제24조의3【의약품 식별표시 등록 업무의 위탁】 ① 법 제38조의6제3항에서 "대통령령으로 정하는 관련 전문기관"이란 「민법」 제32조에 따라 식품의약품안전처장의 허가를 받아 설립된 의약품 관련 법인 중 식품의약품안전처장이 지정하여 고시하는 법인을 말한다.
② 식품의약품안전처장은 법 제38조의6제3항에 따라 업무를 위탁하는 경우에는 수탁자 및 위탁하는 업무의 내용을 고시해야 한다.
(2022.12.9 본조개정)

제25조【한약업사 시험】 법 제45조제3항에 따른 한약업사의 시험은 한약 취급에 관한 필요한 지식과 그 실무상의 기능에 관하여 시·도지사가 수행한다.

제26조【응시 자격】 한약업사시험에 응시할 수 있는 사람은 고등학교 이상의 학교를 졸업한 사람 또는 교육부장관이 이와 같은 수준 이상의 학력이 있다고 인정한 사람으로서 5년 이상 한의원이나 한약업소에서 한약취급업무에 종사한 경력이 있는 사람으로 한다.(2019.7.16 본조개정)

제27조【시험과목 및 배점비율 등】 한약업사의 시험은 필기시험과 실기시험으로 구분하되, 그 시험과목과 배점비율은 다음과 같다.

구 분	시 험 과 목	배점비율
1. 필기시험	가. 본초강목, 방약합편, 약성가에 수록된 한약의 명칭·성상·용도·저장방법 및 극약과 독약의 구별	45퍼센트
	나. 기성한약서에 수록된 처방과 혼합방법	20퍼센트
	다. 약사 및 마약에 관한 법규	15퍼센트
2. 실기시험	50종 이상의 한약재에 대한 감별능력 및 약침도	20퍼센트

(2019.7.2 본조개정)

제28조【시험공고】 시·도지사는 한약업사의 시험을 시행하려면 시험일시·시험장소·시험과목·응시원서 제출기간 및 영업허가 예정지역과 그 허가예정인원, 그 밖에 시험에 필요한 사항을 시험 30일 전에 공고하여야 한다.

제29조【응시원서】 ① 한약업사의 시험에 응시하려는 자는 응시원서에 다음 각 호의 서류를 첨부하여 시·도지사에게 제출하여야 한다.
1. 이력서
2. 제26조에 해당하는 학력과 실무에 종사한 경력을 증명하는 서류
3. 법 제5조제1호 본문에 해당하는 자가 아님을 증명하는 의사의 진단서 또는 법 제5조제1호 단서에 해당하는 자임을 증명하는 전문의의 진단서(2008.10.14 본호개정)
4. 법 제5조제3호에 해당하는 자가 아님을 증명하는 의사의 진단서(2008.10.14 본호신설)
5. 영업예정지 및 그 약도

② 제1항에 따라 응시원서를 제출하는 자는 보건복지부령으로 정하는 바에 따라 수수료를 내야 한다.
(2010.3.15 본항개정)

제30조【합격자의 결정 등】 ① 시·도지사는 한약업사의 시험을 시행한 후에는 제28조에 따라 공고한 영업허가 예정지역별로 허가예정인원 수의 범위에서 전과목 총점의 6할 이상 득점한 자를 합격자로 결정한다. 다만, 한약업사 허가예정지역별 허가예정인원을 초과하여 동점자가 2명 이상인 경우에는 필기 시험의 성적 순으로 합격자를 결정하고, 필기 시험의 성적도 동점인 경우에는 모두를 합격자로 한다.
② 시·도지사는 제1항에 따라 합격한 자에게 합격하였음을 통지하여야 한다.

제31조【시험위원】 ① 시·도지사는 한약에 관한 학식과 경험이 풍부한 자와 약사 및 마약에 관한 법규에 관하여 지식이 풍부한 자 중에서 시험위원을 위촉한다.
② 제1항의 시험위원은 한 과목에 대하여 2명부터 5명까지의 인원으로 구성한다.

제31조의2【한약업사 및 의약품 도매상 등의 시설기준】 ① 법 제45조제2항제1호에 따라 한약업사가 갖추어야 할 영업소의 세부기준은 보건복지부장관이 식품의약품안전처장과 협의하여 보건복지부령으로 정한다.
② 법 제45조제2항제2호에 따라 의약품 도매상은 보건복지부장관이 식품의약품안전처장과 협의하여 보건복지부령으로 정하는 영업소와 창고를 갖추어야 하며, 해당 시설의 운영 등을 위하여 보건복지부령으로 정하는 자산을 보유하여야 한다. 다만, 의료용 고압가스 도매상의 경우에는 「고압가스 안전관리법」 제4조제4항에 따른 고압가스 판매 시설기준에 따르고, 방사성의약품 도매상의 경우에는 「원자력안전법」 제55조제1항에 따른 방사성동위원소 판매업의 시설 기준에 따른다.
③ 제2항 본문에도 불구하고 의약품 도매상이 보건복지부령으로 정하는 요건을 갖춘 다른 의약품 도매상에 의약품의 보관·배송 등 유통관리 업무를 위탁하는 경우에는 창고를 갖추지 아니할 수 있다.
④ 법률 제8365호 약사법 전부개정법률 부칙 제5조에 따른 약업사(藥業士) 및 매약상(賣藥商)이 영업을 하려는 경우에는 보건복지부장관이 식품의약품안전처장과 협의하여 보건복지부령으로 정하는 영업소를 갖추어야 한다.
(2013.3.23 본조신설)

제32조【의약품 품목허가를 받은 자 등의 의약품 소매·판매 사유】 법 제47조제1항제2호에서 "공익 목적을 위한 경우 등 대통령령으로 정하는 사유"란 별표1의2에 해당하는 사유를 말한다.(2016.3.22 본조개정)

제32조의2【의약품관리종합정보센터의 지정】 보건복지부장관은 법 제47조의3제1항에 따라 「국민건강보험법」 제62조에 따른 건강보험심사평가원을 의약품 유통정보관리기관(이하 "의약품관리종합정보센터"라 한다)으로 지정한다.(2017.5.29 본조개정)

제32조의3【의약품관리종합정보센터의 운영 등】① 의약품관리종합정보센터는 다음 각 호의 업무를 수행한다.
1. 의약품유통정보의 수집 · 조사 · 가공 · 이용 및 제공
2. 의약품 유통정보화를 위한 기본계획의 수립 및 시행
3. 의약품유통정보 데이터베이스의 구축 및 운영
4. 의약품 표준코드〔의약품을 식별하기 위하여 각 의약품에 부여된 고유번호로서 국가 식별코드, 의약품 품목허가를 받은 자(법 제31조제2항 또는 제3항에 따라 제조판매품목허가를 받거나 제조판매품목신고를 한 자를 말한다. 이하 같다) 또는 법 제42조제1항 전단에 따라 수입업 신고를 한 자(이하 "수입자"라 한다)의 식별코드, 품목코드 및 검증번호를 포함하는 13자리 숫자를 말한다〕의 공고 등 보건복지부장관이 정하는 의약품 바코드 또는 전자태그(RFID tag)의 관리(2017.5.29 본호개정)
5. 의약품유통정보의 표준화에 관한 연구 · 교육 및 홍보
6. 법 제47조의3제2항에 따른 의약품 공급 내역 등의 제출에 필요한 프로그램의 개발 · 보급 등 의약품 유통정보화의 지원(2017.5.29 본호개정)
7. 그 밖에 의약품유통정보와 관련하여 보건복지부장관이 필요하다고 인정하는 사항(2010.3.15 본호개정)
② 의약품관리종합정보센터의 장은 제1항의 업무에 관한 해당 회계연도의 사업계획 · 사업실적과 예산 · 결산을 다음 각 호의 구분에 따른 기한까지 보건복지부장관에게 보고하여야 한다.(2010.3.15 본문개정)
1. 해당 회계연도의 사업계획 및 예산 : 해당 회계연도 개시 전까지
2. 해당 회계연도의 사업실적 및 결산 : 다음 회계연도 2월 말일까지
③ 의약품관리종합정보센터의 장은 제1항제4호에 따른 의약품 바코드 또는 전자태그의 관리를 위하여 필요한 경우 의약품 품목허가를 받은 자 또는 수입자에게 보건복지부장관이 정하여 고시하는 바에 따라 제조판매 또는 수입하려는 의약품의 제품정보에 관한 보고서를 제출하게 할 수 있다.(2010.3.15 본항개정)
(2008.10.14 본조신설)

제32조의4【의약품유통정보 제공에 대한 수수료】① 의약품관리종합정보센터는 의약품 품목허가를 받은 자, 수입자, 의약품 도매상 등의 신청에 따라 의약품유통정보를 가공하여 제공하는 경우(「공공기관의 정보공개에 관한 법률」 제2조제2호에 따른 공개에 해당하는 경우는 제외한다)에는 해당 신청인에게 수수료를 받을 수 있다. 다만, 다음 각 호의 어느 하나에 해당하는 경우에는 수수료를 감면할 수 있다.
1. 국가기관 또는 지방자치단체가 법령에 따른 업무 수행과 관련하여 의약품유통정보의 제공을 신청하는 경우
2. 학술 · 연구의 목적 또는 행정감시를 위하여 비영리법인 또는 비영리의 학술 · 공익단체가 의약품유통정보의 제공을 신청하는 경우
3. 신청인이 같은 연도에 같은 기준에 따라 가공된 같은 의약품유통정보의 제공을 신청하는 경우
4. 그 밖에 보건복지부장관이 공공복리 등을 위하여 수수료 감면이 필요하다고 인정하는 경우(2010.3.15 본호개정)
② 제1항에 따른 수수료는 의약품유통정보의 가공 및 제공에 드는 비용, 의약품 유통정보관리에 필요한 프로그램의 개발 비용 등을 고려하여 실비의 범위에서 정하여야 한다.
③ 제1항에 따른 수수료는 의약품관리종합정보센터가 지정하는 금융기관 또는 체신관서에 현금(정보통신망을 이용한 전자화폐 및 전자결제 등의 방법에 따른 지급을 포함한다)으로 납부하여야 한다.
④ 제1항에 따른 의약품유통정보의 신청 방법 및 수수료의 감면 대상과 감면 비율, 제2항에 따른 수수료의 구체적인 산정 방법 등에 관하여 필요한 사항은 보건복지부장관이 정하여 고시한다.(2010.3.15 본항개정)
(2008.10.14 본조신설)

제32조의5【품목허가 등 신청사실 통지의 예외사유】법 제50조의4제1항제4호(법 제42조제5항에서 준용하는 경우를 포함한다)에서 "대통령령으로 정하는 경우"란 법 제50조의2제4항제1호라목에 따른 의약적 용도에 관한 등재특허권이 법 제31조제2항 · 제3항 · 제9항 또는 법 제42조제1항에 따라 제조판매 또는 수입의 품목허가나 변경허가를 신청한 의약품의 효능 · 효과와 관련된 것이 아닌 경우를 말한다.(2015.9.22 본조개정)

제32조의6【의약품 불법판매 · 알선 · 광고임을 알리는 조치】① 법 제61조의2제5항 각 호 외의 부분 전단에서 "대통령령으로 정하는 조치"란 같은 조 제3항 전단에 따른 정보통신서비스 제공자등으로 하여금 다음 각 호의 사항을 법 제61조의2제2항 각 호에 해당하는 의약품 등의 판매, 알선 또는 광고를 한 인터넷 홈페이지 등의 매체에 게시하도록 하는 조치를 말한다.
1. 법 제61조의2제5항에 해당하는 조치라는 내용의 제목
2. 법 제61조의2제2항 각 호에 해당하는 의약품 등의 명칭
3. 위반행위(위반행위의 구체적 내용과 근거 법령을 포함한다)
② 식품의약품안전처장은 법 제61조의2제2항 각 호에 해당하는 의약품 등의 판매, 알선 또는 광고 게시물이 삭제되거나 접근이 제한된 경우에는 제1항에 따른 조치를 요청하지 않는다.
(2023.10.17 본조신설)

제32조의7【의약품 불법판매 등 모니터링 업무의 위탁】① 법 제61조의3제1항에서 "대통령령으로 정하는 기관 또는 단체"란 다음 각 호의 어느 하나에 해당하는 기관 또는 단체 중 식품의약품안전처장이 정하여 고시하는 기관 또는 단체를 말한다.
1. 법 제67조에 따른 사단법인
2. 「공공기관의 운영에 관한 법률」 제4조에 따른 공공기관
3. 「정부출연연구기관 등의 설립 · 운영 및 육성에 관한 법률」에 따른 연구기관
4. 그 밖에 의약품 불법판매 등 모니터링 업무 수행에 필요한 전문인력과 전담조직을 갖추었다고 식품의약품안전처장이 인정하는 기관 또는 단체
② 식품의약품안전처장은 법 제61조의3제1항에 따라 의약품 불법판매 등 모니터링 업무를 위탁하는 경우에는 위탁받는 기관 또는 단체와 위탁 업무의 내용을 고시해야 한다.
(2023.10.17 본조신설)

제32조의8【광고심의 업무의 위탁】식품의약품안전처장은 법 제68조의2제2항에 따라 의약품 광고심의에 관한 업무를 법 제67조에 따라 설립된 사단법인 중 식품의약품안전처장이 지정 · 고시하는 사단법인에 위탁한다.
(2013.3.23 본조개정)

제32조의9【한국의약품안전관리원의 조직 및 운영】① 법 제68조의3에 따른 한국의약품안전관리원(이하 "의약품안전관리원"이라 한다)에 임원으로 원장을 포함한 이사와 감사를 둔다.
② 의약품안전관리원의 원장은 정관에서 정하는 바에 따라 식품의약품안전처장이 임명한다.(2013.3.23 본항개정)
③ 의약품안전관리원의 업무에 관한 중요한 사항을 심의 · 의결하기 위하여 의약품안전관리원에 이사회를 둔다.
④ 제1항부터 제3항까지에서 규정한 사항 외에 의약품안전관리원의 조직 및 운영에 관하여 필요한 사항은 정관으로 정한다.
(2011.12.30 본조신설)

제32조의10【수익사업】법 제68조의4 각 호 외의 부분에서 "대통령령으로 정하는 수익사업"이란 다음 각 호의 사업을 말한다.
1. 의약품안전정보 관련 업무 담당자의 교육 · 훈련
2. 의약품안전정보 관련 간행물 등의 제작 · 판매
3. 그 밖에 의약품안전관리원의 설립목적을 달성하기 위한 사업으로서 식품의약품안전처장의 승인을 받은 사업(2013.3.23 본호개정)
(2011.12.30 본조신설)

제32조의11【사업계획서 및 예산서의 승인】① 의약품안전관리원은 법 제68조의6제2항 전단에 따라 사업계획서와 예산서를 승인받으려면 매 회계연도 시작 전까지 다음 연도의 사업계획서와 다음 각 호의 서류를 첨부한 예산서를 이사회의 의결을 거쳐 식품의약품안전처장에게 제출해야 한다.(2021.1.5 본문개정)
1. 추정재무상태표(2021.1.5 본호개정)
2. 추정손익계산서
3. 자금의 수입 · 지출 계획서
② 의약품안전관리원은 법 제68조의6제2항 후단에 따라 사업계획서와 예산서의 변경 승인을 받으려면 변경 내용과 사유를 적은 서류를 이사회의 의결을 거쳐 식품의약품안전처장에게 제출하여야 한다.(2013.3.23 본항개정)
(2011.12.30 본조신설)

제32조의12【약물역학조사관의 출입 · 조사를 위한 서류】법 제68조의12제3항 후단에서 "조사기간, 조사범위, 조사담당자, 관계 법령 등 대통령령으로 정하는 사항"이란 다음 각 호의 사항을 말한다.
1. 조사목적, 조사기간, 조사범위 및 조사내용
2. 조사담당자의 성명 및 직위
3. 제출자료의 목록
4. 조사에 대한 근거법령
5. 조사의 거부 · 방해 · 기피 등에 대한 행정처분 또는 벌칙 등의 내용 및 근거법령
6. 제1호부터 제5호까지에 준하는 사항으로서 식품의약품안전처장이 해당 조사를 위하여 필요하다고 인정하는 사항
(2016.12.13 본조신설)

제32조의13【출입 · 검사 · 수거 등의 지시】① 법 제69조제1항 각 호 외의 부분에서 "대통령령으로 정하는 그 소속 기관의 장"이란 지방식품의약품안전청장을 말한다.(2020.9.22 본항신설)
② 법 제69조제2항에서 "조사기간, 조사범위, 조사담당자, 관계 법령 등 대통령령으로 정하는 사항"이란 다음 각 호의 사항을 말한다.
1. 제32조의12제1호부터 제5호까지의 규정에 따른 사항(2023.10.17 본호개정)
2. 제1호에 준하는 사항으로서 보건복지부장관 또는 식품의약품안전처장이 해당 조사를 위하여 필요하다고 인정하는 사항
(2020.9.22 본조제목개정)
(2016.12.13 본조신설)

제32조의14【관계기관에의 통보】법 제69조의2 각 호 외의 부분에서 "대통령령으로 정하는 관계 중앙행정기관의 장"이란 다음 각 호의 중앙행정기관의 장을 말한다.
1. 보건복지부장관
2. 공정거래위원회 위원장
3. 특허청장
(2015.3.13 본조신설)

제33조【업무정지 처분을 갈음하여 부과하는 과징금의 산정기준】법 제81조제2항에 따른 과징금의 금액은 위반행위의 종류와 위반 정도 등을 고려하여 다음 각 호의 구분에 따라 정하는 업무정지처분 기준에 따라 별표2 기준을 적용하여 산정한다.(2013.3.23 본문개정)
1. 의약품등의 제조업자, 품목허가를 받은 자 및 수입자에 대한 과징금 부과의 경우 : 총리령으로 정하는 기준
2. 약국개설자 및 의약품 판매업자에 대한 과징금 부과의 경우 : 보건복지부령으로 정하는 기준
(2013.3.23 1호~2호신설)
(2019.6.4 본조제목개정)

제34조【업무정지 처분을 갈음하여 부과하는 과징금의 부과 · 징수절차】① 법 제81조에 따라 식품의약품안전처장, 시 · 도지사, 시장 · 군수 · 구청장은 과징금을 부과하려면 위반행위의 종류와 해당 과징금의 금액을 서면에 적어 과징금을 낼 것을 통지하여야 한다.
② 과징금의 징수절차는 다음 각 호의 구분에 따른다.
1. 의약품등의 제조업자, 품목허가를 받은 자 및 수입자에 대한 과징금 부과의 경우 : 총리령으로 정하는 징수절차
2. 약국개설자 및 의약품 판매업자에 대한 과징금 부과의 경우 : 보건복지부령으로 정하는 징수절차
(2019.6.4 본조제목개정)
(2013.3.23 본조개정)

제34조의2【업무정지 처분을 갈음하여 부과하는 과징금 미납자에 대한 처분】① 법 제81조제4항 본문에 따라 식품의약품안전처장, 시 · 도지사, 시장 · 군수 또는 구청장은 과징금을 내야 할 자가 납부기한까지 내지 아니하면 납부기한이 지난 후 15일 이내에 독촉장을 발부하여야 한다. 이 경우 납부기한은 독촉장을 발부하는 날부터 10일 이내로 하여야 한다.(2013.3.23 전단개정)
② 제1항에 따라 과징금을 내지 아니한 자가 독촉장을 받고도 납부기한까지 과징금을 내지 아니하면 과징금 부과처분을 취소하고 업무정지처분을 하여야 한다. 다만, 법 제81조제4항 단서에 해당하는 경우에는 국세 체납처분의 예 또는 「지방행정제재 · 부과금의 징수 등에 관한 법률」에 따라 징수한다.(2020.3.24 단서개정)
③ 제2항 본문에 따라 과징금 부과처분을 취소하고 업무정지처분을 하려면 처분대상자에게 서면으로 그 내용을 통지하되, 서면에는 처분이 변경된 사유와 업무정지처분의 기간 등 업무정지처분에 필요한 사항을 기재하여야 한다.(2014.9.11 본항개정)
(2019.6.4 본조제목개정)

제34조의3【위해 의약품 제조 등에 대한 과징금의 부과기준】① 법 제81조의2제1항에 따라 부과하는 과징금의 금액은 위반 품목의 판매량에 판매가격을 곱한 금액의 2배로 한다. 이 경우 판매기간 중 판매가격이 변동된 경우에는 판매가격이 변동된 판매기간별로 각각 산정하여 합산한 금액을 과징금 금액으로 한다.
② 제1항에 따른 판매량은 판매기간 중 출하량에서 회수 · 반품 · 검사 등의 사유로 실제로 판매되지 않은 양을 제외한 수량으로 한다.
③ 식품의약품안전처장은 법 제81조의2제2항 각 호의 사항을 고려하여 제1항에 따라 산정된 과징금 금액의 2분의 1의 범위에서 그 금액을 줄일 수 있다.
(2021.10.19 본조개정)

제34조의4【위해 의약품 제조 등에 대한 과징금의 부과 및 납부】① 식품의약품안전처장은 법 제81조의2제1항에 따라 과징금을 부과하려면 그 위반행위의 종류와 해당 과징금의 금액을 명시하여 이를 납부할 것을 서면으로 통지해야 한다.
② 제1항에 따라 통지를 받은 자(이하 "과징금납부의무자"라 한다)는 통지를 받은 날부터 60일 이내에 식품의약품안전처장이 정하는 수납기관에 과징금을 납부해야 한다.
③ 제2항에 따라 과징금의 납부를 받은 수납기관은 그 납부자에게 영수증을 발급하고, 과징금을 납부받은 사실을 지체 없이 식품의약품안전처장에게 통보해야 한다.
④ 제1항부터 제3항까지에서 규정한 사항 외에 과징금의 부과 및 납부에 필요한 사항은 총리령으로 정한다.
(2019.6.4 본조신설)

제34조의5【위해 의약품 제조 등에 대한 과징금의 납부기한 연기 및 분할 납부】식품의약품안전처장이 「행정기본법」 제29조 단서에 따라 법 제81조의2제1항에 따른 과징금의 납부기한을 연기하거나 분할 납부하게 하는 경우 납부기한의 연기는 그 납부기한의 다음 날부터 1년을 초과할 수 없고, 각 분할된 납부기한 간의 간격은 3개월 이내로 하며, 분할 납부의 횟수는 3회 이내로 한다.
(2023.12.12 본조개정)

제34조의6【위해 의약품 제조 등에 대한 과징금의 독촉】① 식품의약품안전처장은 과징금납부의무자가 납부기한까지 과징금을 내지 않으면 법 제81조의2제5항에 따라 납부기한(제34조의5제1항에 따라 과징금의 납부기한을 연기하거나 분할 납부하게 한 경우로서 「행정기본법 시행령」 제7조제3항에 따라 과징금을 한꺼번에 징수하는 경우에는 한꺼번에 납부하도록 한 기한을 말한다)이 지난 날부터 10일 이내에 독촉장을 발부해야 한다.
(2023.12.12 본항개정)

② 제1항에 따라 독촉장을 발부하는 경우 체납된 과징금의 납부기한은 독촉장을 발부한 날부터 10일 이내로 한다.
(2019.6.4 본조신설)

제34조의7【위반사실의 공표】 ① 법 제81조의3제1항에서 "대통령령으로 정하는 사항"이란 다음 각 호의 사항을 말한다.
1. "「약사법」 위반사실의 공표"라는 내용의 표제
2. 처분이 확정된 의약품등의 명칭
3. 처분 대상자의 업종명, 명칭, 소재지 및 대표자의 성명
4. 위반 내용 및 위반 법령
5. 처분 내용, 처분일 및 처분 기간

② 식품의약품안전처장은 법 제81조의3제1항에 따라 이 조 제1항 각 호의 사항을 공표하는 경우에는 식품의약품안전처의 인터넷 홈페이지에 5년의 범위에서 식품의약품안전처장이 정하여 고시하는 기간 동안 게시해야 한다.
(2022.12.9 본조신설)

제34조의8【전문인력 양성기관의 지정 등】 ① 보건복지부장관 및 식품의약품안전처장은 법 제83조의2제2항에 따라 다음 각 호의 어느 하나에 해당하는 기관 또는 단체를 전문인력 양성기관(이하 "전문인력 양성기관"이라 한다)으로 지정할 수 있다.
1. 의약품안전관리원
2. 법 제67조에 따라 설립된 법인
3. 「고등교육법」 제2조제1호에 따른 대학 중 의약품 관련 학과 또는 전공이 설치된 대학
4. 그 밖에 의약품이나 보건 관련 업무를 수행하기 위하여 설립된 기관 또는 단체

② 제1항에 따라 전문인력 양성기관으로 지정받으려는 자는 보건복지부령 또는 총리령으로 정하는 지정신청서에 보건복지부령 또는 총리령으로 정하는 서류를 첨부하여 보건복지부장관 또는 식품의약품안전처장에게 제출하여야 한다.

③ 전문인력 양성기관의 지정기준은 다음 각 호와 같다.
1. 교육 및 훈련의 과정과 내용이 적정할 것
2. 교육 및 훈련을 실시하는 데에 필요한 적절한 인력과 시설·설비를 갖추고 있을 것
3. 운영경비의 조달계획이 타당할 것

④ 보건복지부장관 및 식품의약품안전처장은 전문인력 양성기관을 지정하였을 때에는 보건복지부령 또는 총리령으로 정하는 지정서를 발급하고 그 사실을 보건복지부 또는 식품의약품안전처의 인터넷 홈페이지에 공고하여야 한다.

⑤ 법 제83조의2제3항에 따라 전문인력 양성기관에 지원할 수 있는 비용은 다음 각 호와 같다.
1. 강의료와 수당(2017.5.29 본호개정)
2. 교육교재 제작비와 실습기자재 구입비
3. 현장실습 비용
4. 그 밖에 전문인력 양성에 필요하다고 인정되는 비용
(2015.9.22 본조신설)

제34조의9【국가필수의약품 안정공급 협의회의 기능】 법 제83조의4제3항에 따른 국가필수의약품 안정공급 협의회(이하 "협의회"라 한다)는 다음 각 호의 사항을 협의한다.
1. 국가필수의약품의 지정 및 지정해제에 관한 사항
2. 법 제83조의4제1항 각 호에 따른 업무에 관한 사항
(2023.10.17 본조개정)

제34조의10【협의회의 구성】 ① 협의회는 의장 1명을 포함한 20명 이내의 위원으로 구성한다.

② 의장은 식품의약품안전처 차장이 된다.

③ 위원은 교육부, 국방부, 행정안전부, 국가보훈부, 보건복지부, 고용노동부, 국무조정실, 식품의약품안전처, 질병관리청 및 원자력안전위원회의 고위공무원단에 속하는 일반직공무원 중에서 해당 기관의 장이 임명하는 사람으로 한다.(2023.4.11 본항개정)
(2017.5.29 본조신설)

제34조의11【협의회의 운영】 ① 의장은 협의회를 대표하고, 협의회의 업무를 총괄한다.

② 의장이 부득이한 사유로 직무를 수행할 수 없을 때에는 의장이 미리 지명한 위원이 그 직무를 대행한다.

③ 협의회의 정기회의는 연 1회 개최하며, 임시회의는 의장이 필요하다고 인정하거나 위원의 3분의 1 이상이 소집을 요구할 때 개최한다.

④ 의장은 회의를 개최하려는 경우에는 회의 소집일 7일 전까지 회의의 일시, 장소 및 안건을 각 위원에게 통보하여야 한다. 다만, 긴급히 개최하여야 하거나 부득이한 사유가 있는 경우에는 회의 개최 전날까지 통보할 수 있다.

⑤ 협의회의 회의는 재적의원 과반수의 출석으로 개의(開議)하고, 출석의원 과반수의 찬성으로 의결한다.

⑥ 의장은 효율적인 협의를 위하여 필요한 경우에는 해당 안건과 관련이 있는 사람 또는 전문가를 회의에 출석시켜 발언하게 할 수 있다.
(2017.5.29 본조신설)

제34조의12【실무협의회 및 분과위원회】 ① 협의회의 업무를 효율적으로 수행하기 위하여 필요하면 협의회에 실무협의회와 분과위원회를 둘 수 있다.

② 실무협의회와 분과위원회의 구성과 운영에 필요한 사항은 식품의약품안전처장이 정한다.
(2017.5.29 본조신설)

제34조의13【간사】 ① 협의회 및 실무협의회에 협의회 및 실무협의회의 사무를 처리할 간사를 각 1명씩 둔다.

② 간사는 식품의약품안전처 소속 공무원 중에서 식품의약품안전처장이 지명한다.
(2017.5.29 본조신설)

제34조의14【수당 등】 협의회, 실무협의회 및 분과위원회에 출석한 관계 전문가에 대하여 예산의 범위에서 수당, 여비, 그 밖에 필요한 경비를 지급할 수 있다.
(2017.5.29 본조신설)

제34조의15【소비자 교육 및 홍보 업무의 위탁】 ① 법 제83조의8제2항에서 "대통령령으로 정하는 기관 또는 단체"란 다음 각 호의 어느 하나에 해당하는 기관 또는 단체 중 식품의약품안전처장이 정하여 고시하는 기관 또는 단체를 말한다.
1. 법 제67조에 따른 사단법인
2. 그 밖에 의약품등에 관한 전문성을 갖추었다고 식품의약품안전처장이 인정하는 기관 또는 단체

② 식품의약품안전처장은 법 제83조의8제2항에 따라 교육 및 홍보 업무를 위탁하는 경우에는 위탁받는 기관 또는 단체와 위탁 업무의 내용을 고시해야 한다.
(2023.10.17 본조신설)

제35조【권한·업무의 위임·위탁】 ① 법 제84조제2항에 따라 식품의약품안전처장은 다음 각 호의 권한을 지방식품의약품안전청장에게 위임한다.(2015.9.22 본문개정)
1. 법 제31조제2항·제9항, 제31조의5제3항(법 제42조제5항에서 준용하는 경우를 포함한다) 및 제42조제1항에 따른 의약품(의약품 동등성의 입증이 필요한 품목만 해당한다) 제조판매품목 허가·변경허가·갱신허가, 수입 품목별 허가·변경허가·갱신허가 및 수입업 신고·변경신고의 수리(2018.4.24 본호개정)
2. 법 제31조제2항·제9항, 제31조의5제3항(법 제42조제5항에서 준용하는 경우를 포함한다) 및 제42조제1항에 따른 의약품(식품의약품안전처장이 정하여 고시하는 원료의약품은 제외한다) 제조판매품목 신고·변경신고·갱신신고의 수리 및 수입 품목별 신고·변경신고·갱신신고의 수리(2018.4.24 본호개정)

2의2. 법 제35조제1항에 따른 시설 조건부 허가(의약품 동등성의 입증이 필요하지 않은 품목에 대한 시설 조건부 허가는 제외한다)

2의3. 법 제38조의2제1항에 따른 제조 및 품질관리기준에 대한 적합판정 및 같은 조 제2항에 따른 변경적합판정

2의4. 법 제38조의3제1항에 따른 제조 및 품질관리기준 준수 여부의 확인·조사

2의5. 법 제38조의3제2항에 따른 적합판정 유효기간의 연장

2의6. 법 제38조의3제3항에 따른 적합판정의 취소·시정명령 등 필요한 조치

2의7. 법 제38조의3제4항에 따른 적합판정 취소 의약품등의 제조·판매 허용
(2022.12.9 2호의2～2호의7신설)

3. 법 제42조제5항에 따라 준용되는 법 제36조제3항 및 제40조에 따른 수입자의 수입관리자 신고 및 폐업 등 신고의 수리(2015.9.22 본호신설)

3의2. 법 제81조의2에 따른 의약품 제조업자, 품목허가를 받은 자 또는 수입자에 대한 과징금의 부과·징수 및 체납처분(2019.6.4 본호신설)

4. 법 제98조제1항제4호의3에 따른 과태료의 부과·징수(2015.9.22 본호신설)

② 식품의약품안전처장은 법 제84조제5항에 따라 법 제38조제2항에 따른 의약품등의 생산 실적 등의 보고 접수 업무를 법 제67조에 따른 사단법인 중 식품의약품안전처장이 정하여 고시하는 단체에 위탁한다.(2023.10.17 본항신설)

③ 법 제16조제2항에 따라 보건복지부장관은 약사회나 한약사회에 다음 각 호의 업무를 위탁한다.(2021.4.6 본문개정)
1. 법 제7조제1항에 따른 약사 또는 한약사 취업실태 신고의 수리에 관한 업무(2021.4.6 본호개정)
2. 법 제15조에 따른 약사나 한약사의 연수교육에 관한 업무
3. 법 제16조제2항에 따른 약사나 한약사 윤리의 심사에 관한 업무
4. 법 제56조제2항에 따른 약국의 판매가격 표시를 조사·확인하기 위한 업무(2021.4.6 본호개정)
(2021.4.6 본조제목개정)

제36조【동물용 의약품등에 대한 특례】 법 제85조에 따른 동물용 의약품 등에 대하여 제33조, 제34조, 제38조의2 및 제39조를 적용할 때에는 같은 조 중 "보건복지부장관" 또는 "식품의약품안전처장"은 "농림축산식품부장관 또는 해양수산부장관"으로, "총리령" 또는 "보건복지부령"은 "농림축산식품부령 또는 해양수산부령"으로 본다.
(2017.11.28 본조개정)

제36조의2【의약품 부작용 피해의 조사·감정을 위한 현장조사서류】 법 제86조의6제3항 후단에서 "조사기간, 조사범위, 조사담당자, 관계 법령 등 대통령령으로 정하는 사항"이란 제32조의12 각 호에 따른 사항을 말한다.
(2023.10.17 본조개정)

제37조【포상금의 지급절차】 ① 법 제90조에 따라 관련 법령 위반사실의 신고 또는 고발을 받은 감독기관 또는 수사기관은 그 사건의 개요를 관할 시장·군수·구청장에게 알려주어야 한다.

② 제1항에 따른 통지를 받은 시장·군수·구청장은 그 사건에 관한 법원의 확정판결이 있거나 과태료 부과 처분이 확정되면 예산의 범위에서 포상금을 지급할 수 있다.(2021.10.19 본항개정)

③ 제2항에 따른 포상금은 그 사건으로 선고된 벌금액(징역형의 선고를 받은 경우에는 해당 적용벌칙의 벌금상한액) 또는 부과된 과태료 금액의 100분의 10 이내로 한다.
(2021.10.19 본항개정)

제37조의2【백신안전기술지원센터 운영 등】 ① 법 제90조의2에 따른 백신안전기술지원센터(이하 "백신센터"라 한다)의 장(이하 "센터장"이라 한다)은 정관에서 정하는 바에 따라 식품의약품안전처장이 임명한다.

② 센터장은 매 회계연도 시작 전까지 다음 연도의 사업계획서와 수입·지출예산서를 이사회의 의결을 거쳐 식품의약품안전처장에게 제출해야 한다. 이를 변경하려는 경우에도 같다.

③ 센터장은 법 제90조의3제1항에 따른 사업 수행을 위하여 필요한 경우에는 관계 중앙행정기관, 관련 민간기관·단체 또는 연구소 등에 소속 공무원 또는 임직원·연구원의 파견을 요청할 수 있다.

④ 제1항부터 제3항까지에서 규정한 사항 외에 백신센터의 운영 등에 관하여 필요한 세부 사항은 정관으로 정한다.
(2021.10.19 본조신설)

제37조의3【백신센터의 업무】 법 제90조의3제1항제6호에서 "대통령령으로 정하는 업무"란 다음 각 호의 업무를 말한다.
1. 백신 세포주의 구축·유지 및 분양 관리 업무
2. 법 제34조의2제2항에 따른 임상시험검체분석기관의 분석능력 개선을 위한 지원 업무
3. 그 밖에 백신센터의 설립목적을 달성하기 위하여 식품의약품안전처장이 필요하다고 인정하는 업무
(2021.10.19 본조신설)

제38조【한국희귀·필수의약품센터의 운영 등】 ① 법 제91조에 따른 한국희귀·필수의약품센터(이하 "센터"라 한다)의 장은 매 사업연도 4월 30일까지 다음 연도의 사업계획서와 수지예산서를 식품의약품안전처장에게 제출하여야 한다.(2017.5.29 본항개정)

② 제1항에 따른 사업계획서 및 수지예산서의 중요한 내용을 변경하려면 변경할 내용 및 사유를 적은 서류를 식품의약품안전처장에게 제출하여야 한다.(2013.3.23 본항개정)

③ 식품의약품안전처장은 제1항에 따라 다음 연도의 사업계획서와 수지예산서를 제출받은 경우에 필요하면 센터의 장에게 다음 각 호의 사항에 관한 자료를 요청할 수 있다.(2013.3.23 본문개정)
1. 법 제92조제1항 각 호의 사업에 관한 사항
2. 법 제92조제2항에 따라 지원된 재정의 사용 내용에 관한 사항
(2017.5.29 본조제목개정)

제38조의2【민감정보 및 고유식별정보의 처리】 보건복지부장관(제35조에 따라 보건복지부장관의 업무를 위탁받은 자를 포함한다), 식품의약품안전처장(같은 조에 따라 식품의약품안전처장의 권한을 위임받은 자를 포함한다), 지방식품의약품안전청장, 시·도지사 또는 시장·군수·구청장(해당 권한이 위임·위탁된 경우에는 그 권한을 위임·위탁받은 자를 포함한다) 또는 국가시험등 관리기관은 다음 각 호의 사무를 수행하기 위하여 불가피한 경우 「개인정보 보호법」 제23조에 따른 건강에 관한 정보, 같은 법 시행령 제18조제2호에 따른 범죄경력자료에 해당하는 정보, 같은 영 제19조제1호 또는 제4호에 따른 주민등록번호 또는 외국인등록번호가 포함된 자료를 처리할 수 있다. 다만, 제2호, 제5호, 제6호, 제9호, 제11호, 제11호의3, 제15호, 제16호, 제19호 및 제21호의 사무의 경우에는 「개인정보 보호법」 제23조에 따른 건강에 관한 정보와 같은 법 시행령 제18조제2호에 따른 범죄경력자료에 해당하는 정보는 제외한다.(2022.12.20 단서신설)
1. 법 제6조에 따른 약사면허 및 한약사면허의 등록과 면허증 교부 및 재교부에 관한 사무
2. 법 제7조제1항에 따른 약사 또는 한약사의 취업실태 신고에 관한 사무(2021.4.6 본호개정)
3. 법 제8조에 따른 약사·한약사국가시험 및 약사예비시험의 관리에 관한 사무(2020.1.29 본호개정)
4. 법 제9조에 따른 약사·한약사국가시험 및 약사예비시험 응시자격의 확인에 관한 사무(2020.1.29 본호개정)
5. 법 제20조에 따른 약국의 개설등록 및 변경등록에 관한 사무
6. 법 제22조에 따른 약국의 폐업·휴업·재개업 신고에 관한 사무(2017.11.28 본호개정)
7. 법 제31조에 따른 의약품 제조업허가, 의약품 위탁제조판매업 신고 및 의약외품 제조업신고와 그 변경허가 및 변경신고에 관한 사무
8. 법 제35조에 따른 의약품의 조건부 제조업허가에 관한 사무

8의2. 법 제36조에 따른 의약품등의 제조관리자(법 제42조제5항에 따라 준용되는 수입관리자를 포함한다) 신고에 관한 사무(2017.5.29 본호신설)

9. 법 제39조에 따른 의약품등의 회수에 관한 사무
10. 법 제40조에 따른 폐업·휴업·재개업 또는 제조관리

자 변경 신고에 관한 사무(법 제42조제5항에 따라 수입자에 대해 준용되는 사무를 포함한다)(2020.3.3 본호개정)
11. 법 제41조에 따른 약국제제 및 조제실제제의 제조 신고에 관한 사무
11의2. 법 제42조제1항에 따른 의약품등의 수입업 신고 및 그 변경신고에 관한 사무(2015.9.22 본호신설)
11의3. 법 제44조의2에 따른 안전상비의약품 판매자 등록 및 변경등록에 관한 사무(2012.10.22 본호신설)
12. 법 제45조에 따른 한약업사 및 의약품도매상의 허가 등에 관한 사무
13. 법 제69조에 따른 지시에 관한 사무
14. 법 제70조부터 제76조까지 및 제76조의3에 따른 행정처분에 관한 사무(법 제42조제5항에 따라 수입자에 대해 준용되는 법 제75조의 사무를 포함한다)
(2020.3.3 본호개정)
15. 법 제77조에 따른 청문에 관한 사무
16. 법 제78조에 따른 약사감시원의 임명에 관한 사무
17. 법 제79조에 따른 약사 및 한약사 면허 취소 및 자격정지에 관한 사무
18. 법 제80조에 따른 면허증·허가증·등록증 등의 갱신에 관한 사무
19. 법 제81조 및 제81조의2에 따른 과징금의 부과·징수에 관한 사무(2022.12.9 본호개정)
20. 법 제89조에 따른 제조업자등의 지위 승계에 관한 사무
21. 법 제90조에 따른 포상금 지급에 관한 사무
22. 법률 제8365호 약사법 전부개정법률 부칙 제5조에 따른 약업사의 자격증 발급에 관한 사무
(2012.1.6 본조신설)
제38조의3 (2023.3.7 삭제)
제39조【과태료의 부과·징수】 ① 법 제97조의2제1항에 따른 과태료의 부과기준은 별표2의3과 같다.
(2019.6.4 본항개정)
② 법 제97조의3제1항 및 제98조제1항에 따른 과태료의 부과기준은 별표3과 같다.(2023.10.17 본항개정)
③ (2016.12.13 삭제)

부 칙

제1조【시행일】 이 영은 공포한 날부터 시행한다.
제2조【한약조제시험】 ① 보건복지부장관은 법 부칙 제9조제1항 각 호에 따른 한약조제시험을 실시하되, 한약조제시험을 제2조에 따른 국가시험등 관리기관으로 하여금 관리하게 한다. 이 경우 국가시험등 관리기관은 한약조제시험의 시험위원의 위촉, 시험출제 등에 관한 기본계획을 수립하고 이를 시행한다.(2020.1.29 본항개정)
② 보건복지부장관은 매년 1회 이상 한약조제시험을 시행하여야 한다.
③ 한약조제시험은 필기시험과 실기시험으로 구분하되, 그 시험과목은 다음과 같다.

구 분	시 험 과 목
1. 필기시험	본초학 방제학 한약조제지침서
2. 실기시험	50종 이상의 한약재 감별능력

④ 국가시험등 관리기관의 장은 한약조제시험을 실시하려면 미리 보건복지부장관의 승인을 받아 시험일시·시험장소·시험과목 및 응시원서 제출기간, 그 밖에 시험에 필요한 사항을 시험 90일 전까지 공고해야 한다. 다만, 시험장소는 지역별 응시인원이 확정된 후 시험 30일 전까지 공고할 수 있다.(2020.1.29 본문개정)
⑤ 국가시험등 관리기관의 장은 한약조제시험 관리업무를 원활하게 수행하기 위하여 필요하면 국가·지방자치단체 또는 관계 기관·단체에 시험장소·원서교부 및 시험감독의 지원 등 협조를 요청할 수 있다.(2020.1.29 본항개정)
⑥ 한약조제시험에 응시하려는 사람은 응시원서에 다음 각 호의 서류를 첨부하여 제출해야 한다.
1. 법 부칙 제9조제1항제1호에 해당하는 사람은 약사면허증 사본
2. 법 부칙 제9조제1항제2호에 해당하는 사람은 한약관련과목을 이수했음을 증명하는 서류와 약사면허증 사본
(2020.1.29 본항개정)
⑦ 한약조제시험의 합격자는 각 과목 만점의 40퍼센트 이상, 전 과목 총점의 60퍼센트 이상 득점한 사람으로 한다.(2020.1.29 본항개정)
⑧ 보건복지부장관은 한약조제시험에 합격한 사람에게 보건복지부령으로 정하는 바에 따라 한약조제자격증을 발급한다.(2020.1.29 본항개정)
⑨ 제6항에 따라 응시원서를 제출하는 사람은 국가시험등 관리기관의 장이 보건복지부장관의 승인을 얻어 결정한 수수료를 현금으로 납부해야 한다. 이 경우 수수료의 금액 및 납부방법 등은 국가시험등 관리기관의 장이 공고한다.(2020.1.29 본항개정)

부 칙 (2013.3.23)

제1조【시행일】 이 영은 공포한 날부터 시행한다.
제2조【약사법 일부개정법률의 시행일】 법률 제11690호 정부조직법 전부개정법률 부칙 제1조제2항에서 "대통령령으로 정하는 날"이란 이 영 공포일을 말한다.
제3조【중앙약사심의위원회 위원 등에 대한 경과조치】 ① 이 영 시행 당시 종전의 규정에 따라 보건복지부장관이 임명하거나 위촉한 중앙약사심의위원회 위원은 제14조제3항의 개정규정에 따라 식품의약품안전처장이 임명하거나 위촉한 것으로 본다.
② 이 영 시행 당시 종전의 규정에 따라 보건복지부장관이 임명한 중앙약사심의위원회 연구위원 및 연구원은 제20조제5항의 개정규정에 따라 식품의약품안전처장이 임명한 것으로 본다.
제4조【약국 등의 시설 기준에 대한 경과조치】 이 영 시행 당시 종전의 「약국 및 의약품 등의 제조업·수입자 및 판매업의 시설기준령」에 따라 약국 및 판매업 등의 시설을 갖춘 자는 제22조의2 및 제31조의2의 개정규정에 따른 기준을 갖춘 것으로 본다.
제5조【유사담합행위의 검사에 대한 경과조치】 이 영 시행 당시 종전의 규정에 따라 식품의약품안전청장이 검사하던 유사담합행위는 제24조제2항의 개정규정에도 불구하고 식품의약품안전처장이 계속하여 검사를 하게 할 수 있고, 식품의약품안전청장은 해당 검사가 종료되면 그 결과를 지체 없이 보건복지부장관에게 통보하여야 한다.
제6조【제조판매·수입품목 허가 및 변경허가에 대한 경과조치】 이 영 시행 당시 종전의 규정에 따라 식품의약품안전청에 제출된 제조판매품목 허가·변경허가 및 수입 품목별 허가·변경허가 신청서는 이 영에 따라 신청인의 주소지를 관할하는 지방식품의약품안전청에 제출된 것으로 본다.
제7조【다른 법령의 개정】 ※(해당 법령에 가제정리 하였음)

부 칙 (2013.9.26)

제1조【시행일】 이 영은 2015년 1월 1일부터 시행한다.
제2조【국가시험 과목 변경에 관한 적용례】 제4조의 개정규정은 이 영 시행 후 실시되는 시험부터 적용한다.
제3조【약사국가시험 과목 변경에 관한 경과조치】 2009년 1월 1일 전에 약학을 전공하는 국내 대학에 입학한 사람에 대해서는 2016년 2월 29일까지 제4조제1항의 개정규정에도 불구하고 종전의 제4조제1항에 따라 약사국가시험을 실시할 수 있다.

부 칙 (2014.9.11)

제1조【시행일】 이 영은 공포한 날부터 시행한다. 다만, 별표3의 개정규정은 2014년 9월 19일부터 시행한다.
제2조【과징금 미납자에 대한 처분에 관한 적용례】 제34조의2제2항의 개정규정은 이 영 시행 전에 독촉장을 받고도 납부기한까지 과징금을 내지 아니한 자에 대해서도 적용한다.
제3조【과징금의 산정기준에 관한 경과조치】 이 영 시행 전의 위반행위에 대하여 과징금을 부과할 때에는 별표2의 개정규정에도 불구하고 종전의 규정에 따른다.

부 칙 (2016.12.13)

제1조【시행일】 이 영은 2016년 12월 30일부터 시행한다.
제2조【과태료의 부과기준에 관한 경과조치】 이 영 시행 전의 위반행위로 받은 과태료 부과처분은 별표3의 개정규정에 따른 위반행위의 횟수 산정에 포함하지 아니한다.

부 칙 (2017.5.29)

이 영은 공포한 날부터 시행한다. 다만, 제32조의2, 제32조의3제1항제6호 및 제34조의4부터 제34조의9까지의 개정규정은 2017년 6월 3일부터 시행한다.

부 칙 (2017.11.28)

이 영은 공포한 날부터 시행한다. 다만, 제38조의2 및 별표3 제2호의 개정규정은 2017년 12월 3일부터 시행한다.

부 칙 (2018.4.24)

제1조【시행일】 이 영은 2018년 4월 25일부터 시행한다. 다만, 별표3 제2호사목 및 아목의 개정규정은 2018년 10월 25일부터 시행한다.
제2조【권한의 위임에 관한 적용례】 제35조제1항제1호 및 제2호의 개정규정은 이 영 시행 전에 제조판매품목 및 수입 품목별 허가의 갱신과 제조판매품목 및 수입 품목별 신고의 갱신을 신청한 경우에 대해서도 적용한다.
제3조【다른 법령의 개정】 ※(해당 법령에 가제정리 하였음)

부 칙 (2019.6.4)

이 영은 2019년 12월 12일부터 시행한다. 다만, 별표3 제2호저목 및 처목의 개정규정은 2019년 6월 12일부터 시행하고, 제13조, 제14조, 제14조의2 및 제20조의2의 개정규정은 2019년 7월 16일부터 시행한다.

부 칙 (2019.7.16)

이 영은 2019년 7월 16일부터 시행한다. 다만, 대통령령 제29811호 약사법 시행령 일부개정령 별표3 제2호의 개정규정은 2019년 12월 12일부터 시행한다.

부 칙 (2019.10.29)

제1조【시행일】 이 영은 2019년 11월 1일부터 시행한다.(이하 생략)

부 칙 (2019.12.24)

제1조【시행일】 이 영은 2020년 1월 16일부터 시행한다.(이하 생략)

부 칙 (2020.1.29)

이 영은 2020년 2월 9일부터 시행한다.

부 칙 (2020.3.3 법30509호)
(2020.3.3 법30510호)

이 영은 공포한 날부터 시행한다.

부 칙 (2020.3.24)

제1조【시행일】 이 영은 공포한 날부터 시행한다.(이하 생략)

부 칙 (2020.9.22)

제1조【시행일】 이 영은 2020년 10월 8일부터 시행한다.
제2조【다른 법령의 개정】 ※(해당 법령에 가제정리 하였음)

부 칙 (2021.1.5)

이 영은 공포한 날부터 시행한다.(이하 생략)

부 칙 (2021.4.6 법31603호)

이 영은 2021년 4월 8일부터 시행한다.

부 칙 (2021.4.6 법31614호)

제1조【시행일】 이 영은 2021년 4월 6일부터 시행한다.(이하 생략)

부 칙 (2021.10.19)

이 영은 2022년 1월 21일부터 시행한다. 다만, 다음 각 호의 개정규정은 각 호의 구분에 따른 날부터 시행한다.
1. 제1조의2, 제2조, 제34조의9의 개정규정 : 공포일
2. 제37조의2 및 제37조의3의 개정규정 : 2021년 10월 21일
3. 별표3 제2호머목의 개정규정 : 2022년 7월 21일
4. 별표3 제2호서목의 개정규정 : 2024년 7월 21일

부 칙 (2022.12.9)

이 영은 2022년 12월 11일부터 시행한다.

부 칙 (2022.12.20)
(2023.3.7)

이 영은 공포한 날부터 시행한다.

부 칙 (2023.4.11)

제1조【시행일】 이 영은 2023년 6월 5일부터 시행한다.(이하 생략)

부 칙 (2023.10.17)

이 영은 2023년 10월 19일부터 시행한다. 다만, 다음 각 호의 개정규정은 해당 호에서 정하는 날부터 시행한다.
1. 제34조의9 및 제35조제2항의 개정규정 : 공포한 날
2. 대통령령 제32088호 약사법 시행령 일부개정령 별표3 제2호어목의 개정규정 : 2024년 7월 21일
3. 별표3 제2호러목의 개정규정 : 2024년 10월 19일

부 칙 (2023.12.12)

이 영은 공포한 날부터 시행한다.

[별표] ➡ 「法典 別冊」 참조

(舊 : 유해화학물질 관리법)

화학물질관리법

(2013년 6월 4일
전부개정법률 제11862호)

개정
2014. 3.18법12490호(해양생태계의보전및관리에관한법)
2015. 1.20법13035호
2015.12. 1법13534호(한국환경산업기술원법)
2016. 1.27법13890호 2016. 5.29법14231호
2016.12.27법14476호(지방세징수법)
2016.12.27법14493호
2017. 1.17법14532호(물환경보전법)
2017.11.28법15105호 2018. 6.12법15659호
2018.12.24법16084호 2020. 3.31법17182호
2020. 5.26법17326호(법률용어정비)
2021. 5.18법18174호 2021. 8.17법18420호
2024. 2. 6법20231호→2024년 2월 6일 시행하는 부분은 가제 수록 하였고 2025년 8월 7일 시행하는 부분은 「法典 別冊」 보유편 수록

제1장 총 칙

제1조【목적】 이 법은 화학물질로 인한 국민건강 및 환경상의 위해(危害)를 예방하고 화학물질을 적절하게 관리하는 한편, 화학물질로 인하여 발생하는 사고에 신속히 대응함으로써 화학물질로부터 모든 국민의 생명과 재산 또는 환경을 보호하는 것을 목적으로 한다.

제2조【정의】 이 법에서 사용하는 용어의 뜻은 다음과 같다.
1. "화학물질"이란 원소·화합물 및 그에 인위적인 반응을 일으켜 얻어진 물질과 자연 상태에서 존재하는 물질을 화학적으로 변형시키거나 추출 또는 정제한 것을 말한다.
2. "유독물질"이란 유해성(有害性)이 있는 화학물질로서 대통령령으로 정하는 기준에 따라 환경부장관이 정하여 고시한 것을 말한다.
3. "허가물질"이란 위해성(危害性)이 있다고 우려되는 화학물질로서 환경부장관의 허가를 받아 제조, 수입, 사용하도록 환경부장관이 관계 중앙행정기관의 장과의 협의와 「화학물질의 등록 및 평가 등에 관한 법률」 제7조에 따른 화학물질평가위원회의 심의를 거쳐 고시한 것을 말한다.
4. "제한물질"이란 특정 용도로 사용되는 경우 위해성이 크다고 인정되는 화학물질로서 그 용도로의 제조, 수입, 판매, 보관·저장, 운반 또는 사용을 금지하기 위하여 환경부장관이 관계 중앙행정기관의 장과의 협의와 「화학물질의 등록 및 평가 등에 관한 법률」 제7조에 따른 화학물질평가위원회의 심의를 거쳐 고시한 것을 말한다.
5. "금지물질"이란 위해성이 크다고 인정되는 화학물질로서 모든 용도로의 제조, 수입, 판매, 보관·저장, 운반 또는 사용을 금지하기 위하여 환경부장관이 관계 중앙행정기관의 장과의 협의와 「화학물질의 등록 및 평가 등에 관한 법률」 제7조에 따른 화학물질평가위원회의 심의를 거쳐 고시한 것을 말한다.
6. "사고대비물질"이란 화학물질 중에서 급성독성(急性毒性)·폭발성 등이 강하여 화학사고의 발생 가능성이 높거나 화학사고가 발생한 경우에 그 피해 규모가 클 것으로 우려되는 화학물질로서 화학사고 대비가 필요하다고 인정하여 제39조에 따라 환경부장관이 지정·고시한 화학물질을 말한다.
7. "유해화학물질"이란 유독물질, 허가물질, 제한물질 또는 금지물질, 사고대비물질, 그 밖에 유해성 또는 위해성이 있거나 그러할 우려가 있는 화학물질을 말한다.
8. "유해화학물질 영업"이란 유해화학물질 중 허가물질 및 금지물질을 제외한 나머지 물질에 대한 영업을 말한다.
9. "유해성"이란 화학물질의 독성 등 사람의 건강이나 환경에 좋지 아니한 영향을 미치는 화학물질 고유의 성질을 말한다.
10. "위해성"이란 유해성이 있는 화학물질이 노출되는 경우 사람의 건강이나 환경에 피해를 줄 수 있는 정도를 말한다.
11. "취급시설"이란 화학물질을 제조, 보관·저장, 운반(항공기·선박·철도를 이용한 운반은 제외한다) 또는 사용하는 시설이나 설비를 말한다.
12. "취급"이란 화학물질을 제조, 수입, 판매, 보관·저장, 운반 또는 사용하는 것을 말한다.
13. "화학사고"란 시설의 교체 등 작업 시 작업자의 과실, 시설 결함·노후화, 자연재해, 운송사고 등으로 인하여 화학물질이 사람이나 환경에 유출·누출되어 발생하는 모든 상황을 말한다.(2020.5.26 본호개정)

제3조【적용범위】 ① 이 법은 다음 각 호의 어느 하나에 해당하는 화학물질에는 적용하지 아니한다.
1. 「원자력안전법」 제2조제5호에 따른 방사성물질
2. 「약사법」 제2조제4호·제7호에 따른 의약품 및 의약외품
3. 「마약류 관리에 관한 법률」 제2조제1호에 따른 마약류
4. 「화장품법」 제2조제1호에 따른 화장품과 화장품에 사용하는 원료
5. 「농약관리법」 제2조제1호·제3호에 따른 농약과 원제(原劑)
6. 「비료관리법」 제2조제1호에 따른 비료
7. 「식품위생법」 제2조제1호·제2호·제4호·제5호에 따른 식품, 식품첨가물, 기구 및 용기·포장
8. 「사료관리법」 제2조제1호에 따른 사료
9. 「총포·도검·화약류 등 단속법」 제2조제3항에 따른 화약류
10. 「군수품관리법」 제2조 및 「방위사업법」 제3조제2호에 따른 군수품[「군수품관리법」 제3조에 따른 통상품(通常品)은 제외한다]
11. 「건강기능식품에 관한 법률」 제3조제1호에 따른 건강기능식품
12. 「의료기기법」 제2조제1항에 따른 의료기기
13. 「고압가스 안전관리법」에 따른 독성 가스
14. 「친환경농어업 육성 및 유기식품 등의 관리·지원에 관한 법률」 제2조제4호·제5호·제5호의2·제6호 및 제7호에 따른 유기식품, 비식품용유기가공품, 무농약원료가공식품, 유기농어업자재 및 허용물질(2021.5.18 본호신설)
15. 「폐기물관리법」 제2조제4호에 따른 지정폐기물(「폐기물관리법」 제25조제5항제1호부터 제4호까지의 폐기물처리업에서 취급하는 경우에 한한다)(2024.2.6 본호신설)

② 제1항제13호에 해당하는 화학물질에 대하여는 제1항에도 불구하고 제4조부터 제23조까지(제6조제3항제1호부터 제5호까지, 제13조, 제16조, 제19조 및 제20조는 제외한다), 제23조의2, 제23조의3, 제26조, 제39조부터 제50조까지(제49조제1항제7호·제8호 및 제50조제1항제6호는 제외한다), 제52조, 제54조부터 제64조까지(제54조제8호부터 제13호까지, 제58조제4호·제5호, 제59조제7호부터 제9호까지, 제59조제11호, 제61조제4호, 제64조제1항제5호부터 제9호까지 및 제64조제2항제4호는 제외한다)를 적용한다.(2020.3.31 본항개정)
③ 제1항제2호부터 제15호까지의 규정에 따른 화학물질의 관리 및 화학사고 대응에 관하여 관계 법률에 다른 특별한 규정이 있는 경우를 제외하고는 제1항에도 불구하고 이 법에 따른다.(2024.2.6 본항개정)

제4조【국가 및 지방자치단체의 책무】 ① 국가 및 지방자치단체는 화학물질의 유해성·위해성으로부터 국민건강과 환경에 미치는 영향을 늘 파악하고, 국민건강이나 환경상의 위해를 예방하기 위하여 필요한 시책을 수립·시행하여야 한다.
② 국가 및 지방자치단체는 화학물질의 관리를 위한 오염도 측정, 조사·연구, 기술개발, 전문인력 양성, 교육 및 홍보시책 등을 강구하여야 하고, 화학물질의 안전관리에 필요한 행정적·기술적·재정적 지원을 하여야 한다.(2016.1.27 본항개정)
③ 국가는 화학물질 안전관리와 관련된 기술개발을 촉진하고 분야별 전문인력을 양성하기 위하여 다음 각 호의 사업을 실시하는 자에게 자금의 전부나 일부를 출연하거나 보조할 수 있다.
1. 화학물질의 오염도 측정·분석 기술
2. 화학물질 취급시설의 안전관리 기술
3. 화학물질의 영향조사·분석 기술
4. 화학물질로 인한 피해 최소화·제거 및 복구 기술
④ 환경부장관은 중소기업의 화학물질 안전관리를 위하여 관계 중앙행정기관의 장과 협의를 거쳐 다음 각 호의 사항에 대한 행정적·기술적·재정적 지원방안을 마련하여 시행할 수 있다.
1. 제23조에 따른 화학사고예방관리계획서의 작성(2020.3.31 본호개정)
2. 제24조 및 제25조에 따른 유해화학물질 취급시설의 설치, 안전진단 및 개선
3. 그 밖에 중소기업의 화학물질 안전관리를 위하여 대통령령으로 정하는 사항
(2016.1.27 본항신설)

제5조【화학물질 취급자의 책무】 ① 화학물질을 취급하는 자는 화학물질로 인한 국민건강상 또는 환경상의 위해가 발생하지 아니하도록 적절한 시설·설비의 유지, 종업원의 교육, 기술개발 및 정보의 교환 등 필요한 조치를 하여야 하며, 화학물질의 적절한 관리를 위한 국가의 시책에 참여하고 협력하여야 한다.
② 화학물질을 취급하는 자는 해당 화학물질의 안전한 관리에 관한 책임을 진다.

제6조【화학물질의 관리에 관한 기본계획】 ① 환경부장관은 유해성·위해성이 있는 화학물질을 효율적으로 관리하기 위하여 5년마다 화학물질의 관리에 관한 기본계획(이하 "기본계획"이라 한다)을 수립하여야 한다.
② 환경부장관은 기본계획을 수립하는 경우 미리 관계 중앙행정기관의 장과 협의한 후 제7조에 따른 화학물질관리위원회의 심의를 거쳐야 한다. 기본계획을 변경하려는 경우에도 또한 같다.
③ 기본계획에는 다음 각 호의 사항이 포함되어야 한다.
1. 화학물질 관리정책의 목표와 이를 달성하기 위한 전략
2. 화학물질 관리를 위한 주요 추진시책과 추진계획
3. 화학물질의 관리현황과 향후 전망
4. 화학물질 관리를 위한 각종 사업의 시행에 드는 재원조달 방안
5. 화학물질 관리와 관련한 기관 및 국제기구 등과의 협력계획
6. 화학사고에 대비한 훈련·교육
7. 화학사고 대응 및 사후조치에 관한 기관별 역할 및 공조체계
8. 화학사고 대응 및 사후조치에 필요한 자원 및 인력·장비 등의 동원 방법
9. 그 밖에 화학물질 관리 및 화학사고 대응을 위하여 필요한 사항
④ 환경부장관은 기본계획을 수립하면 지체 없이 그 내용을 관계 중앙행정기관의 장 및 지방자치단체의 장에게 통보하여야 한다.
⑤ 관계 중앙행정기관의 장 및 지방자치단체의 장은 기본계획에 따라 소관 사항에 속하는 시책을 수립·시행하여야 한다.

제7조【화학물질관리위원회】 ① 기본계획의 수립 등 화학물질 관리와 관련한 중요 사항을 심의하기 위하여 환경부장관 소속으로 화학물질관리위원회(이하 "관리위원회"라 한다)를 둔다.
② 관리위원회는 위원장과 부위원장 각 1명을 포함한 30명 이내의 위원으로 구성한다.
③ 관리위원회 위원장은 화학물질 관리업무를 주관하는 환경부 소속 고위공무원단에 속하는 공무원 중에서 환경부장관이 지명하고, 부위원장은 위원 중에서 위원장이 임명하거나 위촉한다.
④ 관리위원회 위원은 화학·환경·보건 등 관련 분야의 학식과 경험이 풍부한 전문가와 화학물질 관련 업계의 대표 및 관련 분야의 업무를 담당하는 공무원 중에서 환경부장관이 임명하거나 위촉한다.
⑤ 관리위원회의 회의는 재적위원 과반수의 출석으로 개의(開議)하고, 출석위원 과반수의 찬성으로 의결한다.
⑥ 관리위원회의 심의사항을 전문적으로 연구·검토하기 위하여 필요한 경우에는 관리위원회의 위원과 관련 분야의 전문가로 구성되는 분야별 전문위원회를 둘 수 있다.
⑦ 그 밖에 관리위원회 및 분야별 전문위원회의 구성·운영 등에 필요한 사항은 대통령령으로 정한다.

제7조의2【화학물질의 관리에 관한 조례의 제정】 지방자치단체는 관할구역에서 취급하는 화학물질을 효율적으로 관리하고 화학물질로 발생하는 사고에 대비·대응하기 위하여 다음 각 호의 사항을 조례로 정할 수 있다.
1. 화학물질 안전관리 및 화학사고 대비·대응을 위한 계획 또는 시책의 수립·시행
2. 화학물질의 관리에 관한 중요 사항을 심의하고 자문하기 위한 위원회의 구성·운영
3. 화학물질 관련 정보의 제공
4. 화학물질의 안전관리에 필요한 행정 및 재정 지원
5. 사업장의 화학물질 배출저감계획 수립·이행의 확인 및 지원(2017.11.28 본호신설)
6. 그 밖에 화학물질 안전관리 및 화학사고 대비·대응을 위하여 필요한 사항
(2016.5.29 본조신설)

제8조【주요 시책 등의 협의】 중앙행정기관의 장은 화학물질의 관리와 직접적인 관계가 있는 시책이나 계획 중 대통령령으로 정하는 시책이나 계획을 수립·시행하려면 미리 환경부장관과 협의하여야 한다.

제2장 화학물질의 통계조사 및 정보공개 등

제9조【화학물질확인】 ① 화학물질을 제조하거나 수입하려는 자(수입을 수입 대행자에게 위탁한 경우에는 그 위탁한 자를 말한다. 이하 같다)는 환경부령으로 정하는 바에 따라 해당 화학물질이나 그 성분이 다음 각 호의 어느 하나에 해당하는지를 확인(이하 "화학물질확인"이라 한다)하고, 그 내용을 환경부장관에게 제출하여야 한다.
1. 「화학물질의 등록 및 평가 등에 관한 법률」 제2조제3호에 따른 기존화학물질
2. 「화학물질의 등록 및 평가 등에 관한 법률」 제2조제4호에 따른 신규화학물질
3. 유독물질
4. 허가물질
5. 제한물질
6. 금지물질
7. 사고대비물질
② 제1항에도 불구하고 특정한 고체 형태로 일정한 기능을 발휘하는 제품에 들어있어 그 사용 과정에서 유출되지 아니하는 등 환경부장관이 정하여 고시하는 기준에 해당하는 경우에는 그러하지 아니하다.(2020.5.26 본항개정)
③ 제1항에 따라 화학물질을 제조하거나 수입하려는 자는 화학물질확인을 위하여 필요하다고 인정하면 환경부령으로 정하는 자료를 첨부하여 환경부장관에게 해당 화학물질이나 그 성분이 제1항 각 호의 어느 하나에 해당하는지에 관한 증명을 신청할 수 있다.

제10조【화학물질 통계조사 및 정보체계 구축·운영】 ① 환경부장관은 2년마다 화학물질의 취급과 관련된 취급현황, 취급시설 등에 관한 통계조사(이하 "화학물질 통계조사"라 한다)를 실시하여야 한다. 이 경우 통계의 조사·작성에 관하여는 「통계법」의 관계 규정을 준용한다.
② 환경부장관은 화학물질 통계조사의 효율적 수립·시행을 위하여 서면조사 또는 현장조사를 실시하거나 정보체계를 구축·운영하여야 한다.
③ 환경부장관은 화학물질 통계조사 및 제2항에 따른 정보체계의 구축·운영을 위하여 필요한 경우에는 관계 중앙행정기관의 장, 지방자치단체의 장, 공공기관(「공공기관의 운영에 관한 법률」 제4조에 따른 공공기관을 말한다)의 장, 관계 기관 및 단체의 장 등에게 필요한 자료 및 정보의 제공을 요청할 수 있다. 이 경우 자료 및 정보

의 제공을 요구받은 자는 정당한 사유가 없으면 이에 따라야 한다.
④ 환경부장관은 화학물질을 취급하는 자에게 화학물질 통계조사에 필요한 자료를 제출하도록 명하거나 관계 공무원으로 하여금 해당 사업장 등에 출입하여 화학물질과 관련된 현황을 조사하게 할 수 있다. 이 경우 출입·조사를 하는 공무원은 그 권한을 표시하는 증표를 지니고 이를 관계인에게 내보여야 한다.
⑤ 화학물질 통계조사의 대상, 내용, 방법 및 절차 등에 관하여 필요한 사항은 환경부령으로 정한다.
제11조【화학물질 배출량조사】 ① 환경부장관은 화학물질 배출로부터 국민의 건강 및 환경을 보호하고 사업장으로 하여금 자발적인 화학물질 배출의 저감을 유도하기 위하여 매년 대통령령으로 정하는 화학물질을 취급하는 사업장에 대하여 해당 화학물질을 취급하는 과정에서 배출되는 화학물질 현황 등의 조사(이하 "화학물질 배출량조사"라 한다)를 실시하여야 한다.
② 환경부장관은 화학물질 배출량조사를 하는 경우 환경부령으로 정하는 바에 따라 화학물질을 취급하는 자에게 필요한 자료를 제출하도록 명하거나 관계 공무원으로 하여금 해당 사업장에 출입하여 해당 화학물질 배출량조사를 하게 할 수 있다.(2020.5.26 본항개정)
③ 환경부장관은 화학물질 배출량조사를 하려는 때에는 관계 중앙행정기관의 장, 지방자치단체의 장, 공공기관(「공공기관의 운영에 관한 법률」 제4조에 따른 공공기관을 말한다)의 장, 관계 기관 및 단체의 장 등에게 기관별 조사 결과와 필요한 자료를 제출하도록 요청할 수 있다.
④ 제2항에 따라 출입·조사를 하는 공무원은 그 권한을 표시하는 증표를 지니고 이를 관계인에게 내보여야 한다.
⑤ 화학물질 배출량조사의 대상, 내용, 방법 및 절차 등에 관하여 필요한 사항은 환경부령으로 정한다.
제11조의2【화학물질 배출저감계획서의 작성·제출 등】
① 제11조제1항에 따른 화학물질 배출량조사 대상 사업장 중 유해성이 높은 화학물질을 연간 일정량 이상 배출하는 등 환경부령으로 정하는 사업장은 5년마다 화학물질 배출저감계획서(이하 "배출저감계획서"라 한다)를 작성하여 환경부장관에게 제출하여야 한다.
② 환경부장관은 배출저감계획서를 제출받으면 환경부령으로 정하는 바에 따라 이를 검토한 후 제출한 자에게 적합 여부를 통보하여야 한다.
③ 환경부장관은 배출저감계획서를 검토한 결과 수정·보완할 필요가 있는 경우에는 제출한 자에게 수정·보완을 요청할 수 있다. 이 경우 요청을 받은 자는 특별한 사유가 없으면 배출저감계획서를 수정·보완하여 제출하여야 한다.
④ 배출저감계획서를 작성·제출한 자 중 그 일부 내용을 기업의 영업비밀로 보호받고자 하는 자는 비공개 요청을 할 수 있다.
⑤ 환경부장관은 배출저감계획서를 환경부령으로 정하는 바에 따라 사업장 소재지의 지방자치단체의 장에게 제공하여야 하며, 지방자치단체의 장은 제공받은 배출저감계획서를 환경부령으로 정하는 바에 따라 공개할 수 있다. 다만, 제4항에 따라 비공개 요청을 받아 환경부장관이 기업의 영업비밀과 관련되어 배출저감계획서의 일부 내용을 공개하지 아니할 필요가 있다고 인정하는 경우에는 그 내용을 제외하고 제공하여야 한다.
⑥ 환경부장관 또는 지방자치단체의 장은 배출저감계획서를 작성·제출한 자에게 필요한 자료를 제출하도록 명하거나 관계 공무원으로 하여금 해당 사업장에 출입하여 배출저감과 관련된 현황을 조사하게 할 수 있다. 이 경우 출입·조사를 하는 공무원은 그 권한을 표시하는 증표를 지니고 이를 관계인에게 내보여야 한다.
⑦ 환경부장관과 사업장 소재지의 지방자치단체의 장은 사업장의 배출저감계획서 이행에 대하여 기술적·행정적·재정적 지원을 할 수 있다.
⑧ 배출저감계획서 작성내용·제출시기, 배출저감계획서의 공개 관련 영업비밀 보호신청 범위·절차 및 영업비밀 심의 기준·절차 등은 환경부령으로 정한다.
(2017.11.28 본조신설)
제12조【화학물질 조사결과 및 정보의 공개】 ① 환경부장관은 화학물질 통계조사와 화학물질 배출량조사를 완료한 때에는 사업장별로 그 결과를 지체 없이 공개하여야 한다. 다만, 다음 각 호의 어느 하나에 해당하는 경우에는 그러하지 아니한다.
1. 공개할 경우 국가안전보장·질서유지 또는 공공복리에 현저한 지장을 초래할 것으로 인정되는 경우
2. 조사 결과의 신뢰성이 낮아 그 이용에 혼란이 초래될 것으로 인정되는 경우
3. 기업의 영업비밀과 관련되어 일부 조사 결과를 공개하지 아니할 필요가 있다고 인정되는 경우
② 환경부장관은 화학물질을 취급하는 자가 이 법에 따른 규정을 위반하였거나 환경부장관의 명령을 이행하지 아니한 경우 해당 화학물질을 취급하는 자의 인적사항, 화학물질 취급량 및 취급시설의 정보, 법령 위반사실 등(이하 "화학물질 취급정보"이라 한다)을 공개할 수 있다. 다만, 위반사실과 관련하여 행정심판 또는 행정소송이 계류 중인 경우 등 대통령령으로 정하는 사유가 있는 경우에는 그러하지 아니하다.(2017.11.28 본문개정)
③ 제1항 또는 제2항에 따른 정보공개의 대상자가 제1항에 따른 조사 결과 또는 제2항에 따른 화학물질 취급정보를 비공개하기를 원하는 경우에는 환경부장관에게 환경부령으로 정하는 바에 따라 공개 여부에 관한 심의를 청구할 수 있다. 이 경우 제52조제1항 본문에 따른 자료의 보호를 요청한 것으로 본다.(2017.11.28 본항신설)
④ 제1항부터 제3항까지에 따른 화학물질 취급정보에 대한 공개 여부를 심의하기 위하여 관리위원회에 화학물질정보공개심의위원회를 둔다.(2017.11.28 본항개정)
⑤ 환경부장관은 화학물질정보공개심의위원회의 심의를 거친 화학물질 취급정보의 공개대상자에게 서면으로 통지하여 소명의 기회를 부여하여야 한다.(2017.11.28 후단삭제)
⑥ 제1항 및 제2항에 따른 공개는 관보에 게재하거나 인터넷 홈페이지에 게시하는 방법에 따른다.
⑦ 제1항부터 제5항까지의 규정에 따른 조사결과 및 정보의 공개와 관련한 기준, 공개절차 및 화학물질정보공개심의위원회의 구성·운영 등에 필요한 사항은 환경부령으로 정한다.(2017.11.28 본항개정)

제3장 유해화학물질의 안전관리

제1절 유해화학물질 취급기준 등

제13조【유해화학물질 취급기준】 누구든지 유해화학물질을 취급하는 경우에는 다음 각 호의 유해화학물질 취급기준을 지켜야 한다.
1. 유해화학물질 취급시설이 본래의 성능을 발휘할 수 있도록 적절하게 유지·관리할 것
2. 유해화학물질의 취급과정에서 안전사고가 발생하지 아니하도록 예방대책을 강구하고, 화학사고가 발생하면 응급조치를 할 수 있는 방재장비(防災裝備)와 약품을 갖추어 둘 것
3. 유해화학물질을 보관·저장하는 경우 종류가 다른 유해화학물질을 혼합하여 보관·저장하지 말 것
4. 유해화학물질을 차에 싣거나 내릴 때나 다른 유해화학물질 취급시설로 옮길 때에는 해당 유해화학물질 운반자·작업자 외에 제32조에 따른 유해화학물질관리자 또는 유해화학물질관리자가 지정하는 제33조제1항에 따른 유해화학물질 안전교육을 받은 자가 참여하도록 할 것(2020.3.31 본호개정)
5. 유해화학물질을 운반하는 사람은 제32조에 따른 유해화학물질관리자 또는 제33조제1항에 따른 유해화학물질 안전교육을 받은 사람일 것(2020.5.26 본호개정)
6. 그 밖에 제1호부터 제5호까지의 규정에 준하는 사항으로서 유해화학물질의 안전관리를 위하여 필요하다고 인정하여 환경부령으로 정하는 사항
제14조【취급자의 개인보호장구 착용】 ① 유해화학물질을 취급하는 자는 다음 각 호 어느 하나에 해당하는 경우 해당 유해화학물질에 적합한 개인보호장구를 착용하여야 한다.
1. 기체의 유해화학물질을 취급하는 경우
2. 액체 유해화학물질에서 증기가 발생할 우려가 있는 경우
3. 고체 상태의 유해화학물질에서 분말이나 미립자 형태 등이 체류하거나 날릴 우려가 있는 경우(2021.8.17 본호개정)
4. 그 밖에 환경부령으로 정하는 경우
② 제1항에 따른 개인보호장구의 구체적 종류 및 기준 등은 해당 유해화학물질의 특성에 따라 환경부장관이 고시한다.
제15조【유해화학물질의 진열량·보관량 제한 등】 ① 유해화학물질을 취급하는 자가 유해화학물질을 환경부령으로 정하는 일정량을 초과하여 진열·보관하고자 하는 경우에는 사전에 진열·보관계획서를 작성하여 환경부장관의 확인을 받아야 한다.
② 제1항에도 불구하고 유해화학물질을 취급하는 자가 유해화학물질의 보관·저장 시설을 보유하지 아니한 경우에는 진열하거나 보관할 수 없다.
③ 유해화학물질을 운반하는 자가 1회에 환경부령으로 정하는 일정량을 초과하여 운반하고자 하는 경우에는 환경부령으로 정하는 바에 따라 사전에 해당 유해화학물질의 운반자, 운반시간, 운반경로·노선 등을 내용으로 하는 운반계획서를 작성하여 환경부장관에게 제출하여야 한다.
④ 제1항 및 제2항에 따른 계획서의 작성방법, 확인통보 등에 관한 구체적인 사항은 환경부령으로 정한다.
제16조【유해화학물질의 표시 등】 ① 유해화학물질을 취급하는 자는 해당 유해화학물질의 용기나 포장에 다음 각 호의 사항이 포함되어 있는 유해화학물질에 관한 표시를 하여야 한다. 제조하거나 수입된 유해화학물질을 소량으로 나누어 판매하려는 경우에도 또한 같다.
1. 명칭 : 유해화학물질의 이름이나 제품의 이름 등에 관한 정보
2. 그림문자 : 유해성의 내용을 나타내는 그림
3. 신호어 : 유해성의 정도에 따라 위험 또는 경고로 표시하는 문구
4. 유해·위험 문구 : 유해성을 알리는 문구
5. 예방조치 문구 : 부적절한 저장·취급 등으로 인한 유해성을 막거나 최소화하기 위한 조치를 나타내는 문구
6. 공급자정보 : 제조자 또는 공급자의 이름(법인인 경우에는 명칭을 말한다)·전화번호·주소 등에 관한 정보
7. 국제연합번호 : 유해위험물질 및 제품의 국제적 운송보호를 위하여 국제연합이 지정한 물질분류번호
② 유해화학물질을 취급하는 자는 유해화학물질 취급시설과 취급현장, 유해화학물질을 보관·저장 또는 진열하는 장소, 유해화학물질 운반차량에 제1항에 따른 유해화학물질에 관한 표시를 하여야 한다.
③ 환경부장관은 유해화학물질 이외의 화학물질에 대한 안전관리를 위하여 필요하다고 인정하면 그 물질을 취급하는 자에게 물질별로 적절한 표시를 하도록 권고할 수 있다.
④ 유해화학물질의 표시대상 및 표시방법 등에 관하여 필요한 사항은 환경부령으로 정한다.
제17조【유해화학물질의 제조·수입 등의 중지 등】 ① 환경부장관은 유해화학물질로 인하여 사람의 건강이나 환경에 중대한 위해가 발생하거나 발생할 우려가 있다고 판단하는 경우에는 유해화학물질의 제조, 수입, 판매, 보관·저장, 운반 또는 사용의 중지를 명할 수 있다.
② 환경부장관은 제1항에 따라 유해화학물질의 제조·수입 등의 중지를 명하는 경우에는 이해관계인의 의견을 들어야 한다.
③ 환경부장관은 제1항 및 제2항에 따라 사업자가 유해화학물질의 제조·수입 등을 중지한 경우에는 관계 행정기관의 장에게 통보하며 일반 국민에게 공표하여야 한다.
④ 사업자는 제1항에 따른 중지조치에 대하여 이의가 있는 경우에는 대통령령으로 정하는 바에 따라 환경부장관에게 해당 중지의 전부 또는 일부의 해제를 요청할 수 있다.
⑤ 환경부장관은 제1항에 따라 제조·수입 등을 중지한 유해화학물질이 사람의 건강이나 환경에 위해를 미칠 우려가 없어졌다고 인정하는 경우 해당 중지의 전부 또는 일부를 지체 없이 해제하여야 한다.
제18조【금지물질의 취급금지 및 제한물질의 취급제한】 ① 누구든지 금지물질을 취급하여서는 아니 된다. 다만, 금지물질에 해당하는 시험용·연구용·검사용 시약을 그 목적으로 제조·수입·판매하려는 자가 환경부령으로 정하는 바에 따라 환경부장관의 허가를 받은 경우는 그러하지 아니하다.
② 제1항 단서에 따라 금지물질 취급의 허가를 받은 자는 허가받은 사항 중 환경부령으로 정하는 사항을 변경하려면 환경부령으로 정하는 바에 따라 변경허가를 받거나 변경신고를 하여야 한다.
③ 환경부장관은 제1항 단서에 따라 허가를 하는 경우 화학사고 예방조치계획서 제출 등 해당 금지물질의 적절한 관리에 필요한 조건을 붙일 수 있다.
④ 누구든지 제한물질을 사용이 제한된 용도로 취급하여서는 아니 된다.(2018.6.12 본항신설)
(2018.6.12 본조제목개정)
제19조【허가물질의 제조·수입·사용 허가 등】 ① 허가물질을 제조·수입·사용하려는 자는 다음 각 호의 자료를 제출하여 미리 환경부장관의 허가를 받아야 한다. 다만, 「화학물질의 등록 및 평가 등에 관한 법률」 제25조에 따른 허가유예기간에는 그러하지 아니한다.
1. 제조·수입·사용을 하려는 자의 명칭, 소재지 및 대표자
2. 화학물질의 명칭, 분자식·구조식 등 화학물질의 식별정보
3. 화학물질의 용도
4. 화학물질의 위해성
5. 허가물질의 대안 분석 및 실행가능성
6. 허가물질의 대체 계획
② 다음 각 호의 어느 하나에 해당하는 화학물질에 대하여는 제1항을 적용하지 아니한다.
1. 기계에 내장(內藏)되어 수입되는 화학물질
2. 시험운전용으로 기계 또는 장치류와 함께 수입되는 화학물질
3. 특정한 고체 형태로 일정한 기능을 발휘하는 제품에 들어있어 그 사용 과정에서 유출되지 아니하는 화학물질(2020.5.26 본호개정)
4. 조사용·연구용으로 제조·수입되는 화학물질, 그 밖에 대통령령으로 정하는 화학물질
③ 제1항에 따라 허가를 받으려는 자는 환경부령으로 정하는 바에 따라 허가신청을 하여야 한다. 다만, 동일한 허가물질을 제조·수입·사용하려는 자는 허가물질의 용도가 동일한 경우에 한정하여 공동으로 허가신청을 할 수 있다.(2020.5.26 단서개정)
④ 환경부장관은 제3항에 따라 허가신청을 받은 날부터 환경부령으로 정한 기간 내에 제1항에 따라 제출된 자료를 검토하여 다음 각 호의 요건을 충족하는 경우에 허가 여부를 결정하여 신청인에게 통지하여야 한다.
1. 인간의 건강 및 환경에 대한 위해성을 적정하게 관리할 수 있는 경우
2. 허가물질의 사용으로부터 발생되는 사회경제적 이득이 인간의 건강 및 환경에 대한 위해성보다 더 큰 경우
3. 허가물질을 대체할 적절할 물질이나 기술이 존재하지 아니하는 경우
⑤ 환경부장관은 제4항에 따라 허가를 통지하는 경우 허가번호, 허가물질의 용도와 제조·수입·사용의 한정기간 등의 조건을 부여하여야 한다.

⑥ 제5항에 따른 허가물질의 제조·수입·사용의 한정기간을 부여받은 자는 그 기간 내에 환경부령으로 정하는 바에 따라 다시 허가를 받아야 한다. 이 경우 허가 여부 결정 및 통지 등에 관하여는 제4항 및 제5항을 준용한다.
⑦ 환경부장관은 다음 각 호의 어느 하나에 해당하는 경우에는 허가를 취소할 수 있다. 다만, 제1호에 해당하는 경우에는 허가를 취소하여야 한다.
1. 거짓 또는 그 밖의 부정한 방법으로 제1항에 따른 허가를 받은 경우
2. 제1항에 따라 허가를 받은 자가 제5항의 조건을 준수하지 아니한 경우
⑧ 제1항에 따른 자료의 세부내용, 제4항에 따른 허가 여부 결정 및 통지 등 필요한 사항은 환경부령으로 정한다.

제20조【제한물질 수입허가 및 유독물질 수입신고 등】 ① 제한물질을 수입하려는 자는 해당 제한물질의 용도가 명확하고 적정한 관리가 가능한 경우에 한정하여 환경부령으로 정하는 바에 따라 환경부장관의 허가를 받아야 한다.(2020.5.26 본항개정)
② 유독물질을 수입하려는 자는 환경부령으로 정하는 바에 따라 유독물질의 종류와 용도 등을 환경부장관에게 신고하여야 한다.
③ 제1항 및 제2항에도 불구하고 시험용·연구용·검사용 시약을 그 목적으로 사용하기 위하여 수입하려는 경우 등 대통령령으로 정하는 경우에는 그러하지 아니하다.
④ 제1항에 따라 허가를 받거나 제2항에 따라 신고한 사항을 변경하는 경우에는 환경부령으로 정하는 바에 따라 변경허가를 받거나 변경신고를 하여야 한다.

제21조【제한물질 또는 금지물질의 수출승인 등】 ① 제한물질(취급이 제한된 용도에 한정한다) 또는 금지물질을 수출하려는 자는 제2항제4호에 따른 수출통보서에 포함되어야 하는 정보에 관한 자료를 갖추어 환경부령으로 정하는 바에 따라 매년 환경부장관의 승인을 받아야 한다. 환경부령으로 정하는 중요한 사항이 변경되는 경우에도 또한 같다.(2020.5.26 전단개정)
② 환경부장관은 산업통상자원부장관과 협의하여 다음 각 호의 사항을 고시하여야 한다.
1. 「특정 유해화학물질 및 농약의 국제교역 시 사전 통보승인절차에 관한 로테르담협약」(이하 이 항에서 "로테르담협약"이라 한다) 제5조에 따라 협약 당사국이 수입을 금지하거나 제한하는 화학물질의 명칭과 금지 또는 제한의 내용
2. 로테르담협약 제13조에 따라 화학물질을 수출하는 자의 준수사항
3. 로테르담협약 부속서 Ⅲ에 규정된 화학물질
4. 로테르담협약 부속서 Ⅴ에 규정된 수출통보서에 포함되어야 하는 정보
③ 제2항제1호 및 제3호에 따른 화학물질을 수출하려는 자는 제2항제2호의 준수사항을 지켜야 한다.

제22조【환각물질의 흡입 등의 금지】 ① 누구든지 흥분·환각 또는 마취의 작용을 일으키는 화학물질로서 대통령령으로 정하는 물질(이하 "환각물질"이라 한다)을 섭취 또는 흡입하거나 이러한 목적으로 소지하여서는 아니 된다.
② 누구든지 환각물질을 섭취하거나 흡입하려는 사람에게 그 사실을 알면서도 이를 판매하거나 제공하여서는 아니 된다.(2020.5.26 본항개정)

판례 환각물질이란 섭취하거나 흡입할 경우 흥분·환각 또는 마취작용을 일으키고 사람의 육체와 정신을 피폐하게 하는 물질을 말한다. 환각물질 섭취·흡입에 따른 비정상적인 심리상태에서 범죄가 발생할 위험성도 있기 때문에 환각물질의 섭취·흡입을 금지하고 이를 처벌하는 것은 이와 같은 국민의 육체와 정신을 피폐하게 하는 폐해를 방지하기 위한 것이다. 개인적 쾌락이나 만족보다 국민건강 증진 및 사회적 위험 감소라는 공익이 월등히 중요하며, 따라서 환각물질 섭취·흡입행위를 금지하고 이를 처벌하는 것이 개인의 일반적 행동자유권을 침해한다고 할 수 없다.
(헌재결 2021.10.28, 2018헌바367)

제2절 유해화학물질 취급시설의 설치·운영 등

제23조【화학사고예방관리계획서의 작성·제출】 ① 유해화학물질 취급시설을 설치·운영하려는 자는 사전에 화학사고 발생으로 사업장 주변 지역의 사람이나 환경 등에 미치는 영향을 평가하고 그 피해를 최소화하기 위한 화학사고예방관리계획서(이하 "화학사고예방관리계획서"라 한다)를 작성하여 환경부장관에게 제출하여야 한다. 다만, 다음 각 호의 어느 하나에 해당하는 유해화학물질 취급시설을 설치·운영하려는 자는 그러하지 아니하다.
1. 「연구실 안전환경 조성에 관한 법률」 제2조제2호의 연구실
2. 「학교안전사고 예방 및 보상에 관한 법률」 제2조제1호의 학교
3. 화학사고 발생으로 사업장 주변 지역의 사람이나 환경에 미치는 영향이 크지 아니하거나 유해화학물질 취급형태·수량 등을 고려할 때 화학사고예방관리계획서의 작성 필요성이 낮은 유해화학물질 취급시설로서 환경부령으로 정하는 기준에 해당하는 시설
② 화학사고예방관리계획서에 포함되어야 하는 내용은 다음 각 호의 내용을 포함하여 환경부령으로 정한다. 이 경우 취급하는 유해화학물질의 유해성 및 취급수량 등을 고려하여 화학사고예방관리계획서에 포함되어야 하는 내용을 달리 정할 수 있다.
1. 취급하는 유해화학물질의 목록 및 유해성정보
2. 화학사고 발생으로 유해화학물질이 사업장 주변 지역으로 유출·누출될 경우 사람의 건강이나 주변 환경에 영향을 미치는 정도
3. 유해화학물질 취급시설의 목록 및 방재시설과 장비의 보유현황
4. 유해화학물질 취급시설의 공정안전정보, 공정위험성 분석자료, 공정운전절차, 운전책임자, 작업자 현황 및 유의사항에 관한 사항
5. 화학사고 대비 교육·훈련 및 자체점검 계획
6. 화학사고 발생 시 비상연락체계 및 가동중지에 대한 권한자 등 안전관리 담당조직
7. 화학사고 발생 시 유출·누출 시나리오 및 응급조치 계획
8. 화학사고 발생 시 영향 범위에 있는 주민, 공작물·농작물 및 환경매체 등의 확인
9. 화학사고 발생 시 주민의 소산계획
10. 화학사고 피해의 최소화·제거 및 복구 등을 위한 조치계획
11. 그 밖에 유해화학물질의 안전관리에 관한 사항
③ 제1항에 따라 화학사고예방관리계획서를 제출한 자가 다음 각 호의 어느 하나에 해당하는 경우에는 환경부령으로 정하는 바에 따라 변경된 화학사고예방관리계획서를 환경부장관에게 제출하여야 한다.
1. 유해화학물질의 취급량 또는 취급시설 용량이 증가하거나 새로운 유해화학물질 취급시설을 설치하는 경우
2. 유해화학물질의 품목, 농도, 성상 또는 취급시설의 위치가 변경되는 등 환경부령으로 정하는 중요사항이 변경되는 경우
3. 사업장 소재지를 관할하는 지방자치단체의 장이 제2항제9호에 따른 주민의 소산계획의 보완이 필요하다고 요청한 경우로서 환경부장관이 그 필요성을 인정하여 제출자에게 변경제출을 통지한 경우
④ 취급하는 유해화학물질의 유해성 및 취급수량 등을 고려하여 환경부령으로 정하는 기준 이상의 유해화학물질 취급시설(이하 "주요취급시설"이라 한다)을 설치·운영하는 자는 5년마다 화학사고예방관리계획서를 환경부령으로 정하는 바에 따라 작성하여 환경부장관에게 제출하여야 한다.
⑤ 환경부장관은 제1항, 제3항 또는 제4항에 따라 제출된 화학사고예방관리계획서(변경된 화학사고예방관리계획서를 포함한다)를 환경부령으로 정하는 바에 따라 검토한 후 이를 제출한 자에게 해당 유해화학물질 취급시설의 위험도 및 적합 여부를 통보하여야 한다. 이 경우 적합 통보를 받은 자는 해당 화학사고예방관리계획서를 사업장 내에 비치하여야 한다.
⑥ 환경부장관은 제5항에 따른 적합 여부를 결정할 때 유해화학물질 취급시설의 사고위험성 등을 고려하여 환경부령으로 정하는 시설에 대하여 현장조사를 실시할 수 있다. 이 경우 해당 유해화학물질 취급시설에 대한 화학사고예방관리계획서를 제출한 자는 현장조사에 성실히 협조하여야 한다.
⑦ 환경부장관은 제5항 및 제6항에 따라 화학사고예방관리계획서를 검토한 결과 이를 수정·보완할 필요가 있는 경우에는 해당 화학사고예방관리계획서를 제출한 자에게 수정·보완을 요청할 수 있다. 이 경우 요청을 받은 자는 특별한 사유가 없으면 화학사고예방관리계획서를 수정·보완하여 제출하여야 한다.
⑧ 환경부장관은 제5항에 따른 검토를 위하여 필요하다고 인정하는 경우에는 해당 지방자치단체의 장에게 협의를 요청할 수 있다. 이 경우 협의를 요청받은 지방자치단체의 장은 화학사고예방관리계획서를 검토한 후 그 검토의견을 환경부장관에게 통보하여야 한다.
⑨ 화학사고예방관리계획서의 작성 내용·방법과 제출 시기·방법, 현장조사 등에 필요한 사항은 환경부령으로 정한다.
(2020.3.31 본조개정)

제23조의2【화학사고예방관리계획서 이행 등】 ① 제23조에 따라 화학사고예방관리계획서를 제출하여 유해화학물질 취급시설을 설치·운영하는 자는 화학사고예방관리계획서를 성실히 이행하여야 한다.
② 환경부장관은 주요취급시설에 대하여 화학사고예방관리계획서의 이행 여부를 정기적으로 점검하여야 한다.
③ 환경부장관은 제2항에 따른 점검 결과 주요취급시설 등을 개선·보완할 필요가 있다고 인정하는 경우에는 주요취급시설을 설치·운영하는 자에게 시정조치나 그 밖에 필요한 조치를 명할 수 있다.
④ 제2항에 따른 점검 방법·주기 및 제3항에 따른 조치 등에 관하여 필요한 사항은 환경부령으로 정한다.
(2020.3.31 본조개정)

제23조의3【화학사고예방관리계획서의 지역사회 고지】 ① 주요취급시설을 설치·운영하려는 자로서 제23조제5항에 따라 적합통보를 받은 자는 취급사업장 인근 지역 주민에게 다음 각 호의 정보를 알기 쉽게 명시하여 고지하여야 한다. 이 경우 고지는 제2항에 따른 방법으로 매년 1회 이상 실시하여야 하며, 고지된 사항이 변경된 때에는 그 사유가 발생한 날부터 1개월 이내에 변경사항에 대하여 고지하여야 한다.
1. 취급하는 유해화학물질의 유해성정보 및 화학사고 위험성
2. 화학사고 발생 시 대기·수질·지하수·토양·자연환경 등의 영향 범위
3. 화학사고 발생 시 조기경보 전달방법, 주민 대피 등 행동요령
② 제1항에 따른 고지는 같은 항 각 호의 정보를 제48조제1항에 따른 화학물질 종합정보시스템에 등록하는 방법으로 하여야 한다. 이 경우 서면통지, 개별설명 또는 집합전달 등의 방법 중 하나 이상의 방법을 함께 사용하여야 한다.
③ 지방자치단체의 장은 제1항에 따른 고지가 원활히 이행될 수 있도록 필요한 지원을 할 수 있다.
④ 제1항에 따라 지역주민에게 고지하여야 하는 자는 제2항의 방법에 따른 고지 외에도 지역주민의 요청이 있을 경우 제1항 각 호의 정보를 지역주민에게 개별적으로 통지하여야 한다.
⑤ 제1항부터 제4항까지에 따른 화학사고예방관리계획서의 지역사회 고지에 필요한 사항은 환경부령으로 정한다.
(2020.3.31 본조개정)

제23조의4【지역화학사고대응계획의 수립 등】 ① 지방자치단체의 장은 관할 지역에서 화학사고가 발생하는 경우에 대비하기 위하여 다음 각 호의 사항이 포함된 계획(이하 "지역화학사고대응계획"이라 한다)을 수립하여야 한다.
1. 화학사고 발생 시 주민 대피에 관한 사항
2. 긴급구호물자 지급 및 응급의료지원 등 화학사고와 관련된 복구 및 지원에 관한 사항
3. 그 밖에 적정한 계획 수립을 위하여 환경부령으로 정하는 사항
② 환경부장관은 지방자치단체의 장이 관할 지역의 지역화학사고대응계획을 수립하거나 관할 소방관서의 장 등 화학사고 대응 관계 기관의 장이 화학사고에 대비·대응하기 위한 경우 필요한 범위에서 관련 자료를 지방자치단체의 장 등에게 제공할 수 있다. 이 경우 자료를 제공받은 지방자치단체의 장 등은 「공공기관의 정보공개에 관한 법률」 및 그 밖의 다른 법률에 따른 정보공개절차에 의하지 아니하고 이를 공개하여서는 아니 된다.
③ 지역화학사고대응계획의 수립 및 제2항에 따른 자료제공의 범위 및 절차 등에 관하여 필요한 사항은 환경부령으로 정한다.
(2020.3.31 본조개정)

제24조【취급시설의 배치·설치 및 관리 기준 등】 ① 유해화학물질 취급시설은 환경부령으로 정하는 배치·설치 및 관리 기준 등에 따라 설치·운영되어야 한다.
② 유해화학물질 취급시설의 설치를 마친 자는 환경부령으로 정하는 검사기관에서 검사를 받고 그 결과를 환경부장관에게 제출하여야 한다.
③ 유해화학물질 취급시설을 설치·운영하는 자는 취급시설별로 환경부령으로 정하는 기간마다 제2항에 따른 검사기관에서 정기검사 또는 수시검사를 받고 그 결과를 환경부장관에게 제출하여야 한다. 다만, 제5항에 따라 안전진단을 실시하고 안전진단결과보고서를 제출한 자에 대하여는 환경부령으로 정하는 기간 동안 정기검사를 면제할 수 있다.(2020.3.31 단서개정)
④ 제3항 본문에도 불구하고 다음 각 호의 어느 하나에 해당하는 유해화학물질 취급시설을 설치·운영하는 자에 대해서는 정기검사 및 수시검사를 면제한다.
1. 「연구실 안전환경 조성에 관한 법률」 제2조제2호의 연구실(환경부령으로 정하는 시험생산용 설비를 운영하는 연구실은 제외한다)
2. 「학교안전사고 예방 및 보상에 관한 법률」 제2조제1호의 학교
(2020.3.31 본항신설)
⑤ 유해화학물질 취급시설의 설치를 마친 자 또는 유해화학물질 취급시설을 설치·운영하는 자는 다음 각 호의 어느 하나에 해당하는 경우에는 제2항에 따른 검사기관에 의한 안전진단을 실시하고 취급시설의 안전 상태를 입증하기 위한 안전진단결과보고서를 환경부장관에게 제출하여야 한다.
1. 제2항 또는 제3항에 따른 검사 결과 유해화학물질 취급시설의 구조물이나 설비가 침하(沈下)·균열·부식(腐蝕) 등으로 안전상의 위해가 우려된다고 인정되는 경우
2. 유해화학물질 취급시설을 설치한 후 취급시설별로 환경부령으로 정하는 기간이 지난 경우(2020.5.26 본호개정)
⑥ 제2항 및 제3항에 따른 검사 또는 제5항에 따른 안전진단 결과 적합 판정을 받지 아니한 유해화학물질 취급시설은 사용할 수 없다. 다만, 검사 또는 안전진단을 위하여 그 시설을 사용하는 경우에는 그러하지 아니하다.
(2020.3.31 본문개정)
⑦ 제2항 및 제3항에 따른 검사의 절차·기준 및 검사기관의 관리기준, 제5항에 따른 안전진단의 세부적인 방법 등에 관하여 필요한 사항은 환경부령으로 정한다.
(2020.3.31 본항개정)

제25조【취급시설 개선명령 등】 ① 환경부장관은 유해화학물질 취급시설이 다음 각 호의 어느 하나에 해당하는 경우에는 해당 시설을 설치·운영하는 자에게 환경부령으로 정하는 바에 따라 기간을 정하여 그 시설의 개선을 명할 수 있다.

1. 유해화학물질 취급시설의 배치·설치 및 관리 기준이 제24조제1항에 따른 기준에 맞지 아니한 경우
2. 제24조제2항 및 제3항에 따른 검사 또는 같은 조 제5항에 따른 안전진단 결과 부적합 판정을 받은 경우
(2020.3.31 본호개정)

② 환경부장관은 제1항에 따른 개선명령을 받은 자가 기간 내에 이를 이행하지 아니하거나 그 이행이 불가능하다고 판단되면 해당 시설의 가동중지를 명할 수 있다.

제26조【취급시설 등의 자체 점검】 ① 유해화학물질 취급시설을 설치·운영하는 자(가동중단 또는 휴업 중인 자를 포함한다)는 주 1회 이상 해당 유해화학물질의 취급시설 및 장비 등에 대하여 환경부령으로 정하는 바에 따라 정기적으로 점검을 실시하고 그 결과를 5년간 기록·비치하여야 한다.

② 제1항에 따른 점검의 내용은 다음 각 호와 같다.
1. 유해화학물질의 이송배관·접합부 및 밸브 등 관련 설비의 부식 등으로 인한 유출·누출 여부
2. 고체 상태 유해화학물질의 용기를 밀폐한 상태로 보관하고 있는지 여부
3. 액체·기체 상태의 유해화학물질을 완전히 밀폐한 상태로 보관하고 있는지 여부
4. 유해화학물질의 보관용기가 파손 또는 부식되거나 균열이 발생하였는지 여부
5. 탱크로리, 트레일러 등 유해화학물질 운반 장비의 부식·손상·노후화 여부
6. 그 밖에 환경부령으로 정하는 유해화학물질 취급시설 및 장비 등에 대한 안전성 여부

제4장 유해화학물질 영업자

제1절 유해화학물질 영업구분 및 영업허가

제27조【유해화학물질 영업의 구분】 유해화학물질 영업은 다음과 같이 구분한다.
1. 유해화학물질 제조업 : 판매할 목적으로 유해화학물질 중 허가물질 및 금지물질을 제외한 나머지 물질을 제조하는 영업
2. 유해화학물질 판매업 : 유해화학물질 중 허가물질 및 금지물질을 제외한 나머지 물질을 상업적으로 판매하는 영업
3. 유해화학물질 보관·저장업 : 유해화학물질 중 허가물질 및 금지물질을 제외한 나머지 물질을 제조, 사용, 판매 및 운반할 목적으로 일정한 시설에 보관·저장하는 영업
4. 유해화학물질 운반업 : 유해화학물질 중 허가물질 및 금지물질을 제외한 나머지 물질을 운반(항공기·선박·철도를 이용한 운반은 제외한다)하는 영업
5. 유해화학물질 사용업 : 유해화학물질 중 허가물질 및 금지물질을 제외한 나머지 물질을 사용하여 제품을 제조하거나 세척(洗滌)·도장(塗裝) 등 작업과정 중에 이들 물질을 사용하는 영업

제28조【유해화학물질 영업허가】 ① 유해화학물질 영업을 하려는 자는 환경부령으로 정하는 바에 따라 사업장마다 사전에 다음 각 호의 서류를 제출하여야 한다.
(2021.5.18 본문개정)
1. 유해화학물질 취급시설의 설치·운영에 관하여 제23조제5항에 따라 적합통보를 받은 화학사고예방관리계획서(2020.3.31 본호개정)
2. 유해화학물질 취급시설에 관하여 제24조제6항에 따라 적합 판정을 받은 검사결과서(2020.3.31 본호개정)
3. (2020.3.31 삭제)

② 제1항에 따른 서류를 제출한 자는 환경부령으로 정하는 기준에 맞는 유해화학물질별 취급시설·장비 및 기술인력을 갖추어 사업장마다 제27조 각 호의 영업 구분에 따라 환경부장관의 허가를 받아야 한다.(2021.5.18 본항개정)

③ 제1항에 따라 서류를 제출한 자는 환경부령으로 정하는 기간 내에 환경부장관의 허가를 받아야 한다. 이 경우 환경부장관은 해당 유해화학물질 취급에 적정한 관리를 위하여 필요한 조건을 붙일 수 있다.

④ 환경부장관은 유해화학물질 영업을 하려는 자가 제1항에 따른 서류제출과 제2항에 따른 취급시설·장비 및 기술인력 등의 요건을 갖추어 허가신청을 할 때에는 지체 없이 허가하여야 한다. 다만, 환경부령으로 정하는 중요 사항이 변경된 경우에는 그러하지 아니하다.

⑤ 제4항에 따른 유해화학물질 영업허가를 받은 자가 허가받은 사항 중 환경부령으로 정하는 중요 사항을 변경하려면 변경허가를 받아야 하고, 그 밖의 사항을 변경하려면 변경신고를 하여야 한다. 이 경우 변경허가나 변경신고의 절차는 환경부령으로 정한다.

⑥ 환경부장관은 제5항 전단에 따른 변경신고를 받은 경우 그 내용을 검토하여 이 법에 적합하면 신고를 수리하여야 한다.(2020.3.31 본항신설)

⑦ 환경부장관은 제3항에 따른 허가 또는 제5항에 따른 변경허가를 하거나 같은 항에 따른 변경신고를 수리한 경우에는 그 사항을 환경부령으로 정하는 바에 따라 유해화학물질 취급시설의 소재지를 관할하는 소방관서의 장에게 알려야 한다.(2020.3.31 본항개정)

⑧ 환경부장관은 유해화학물질 취급시설 설치현황을 환경부령으로 정하는 바에 따라 소방관서와 지방자치단체 등 화학사고 대응 기관에 제공하여야 한다.

제28조의2【유해화학물질 통신판매】 ① 다음 각 호의 어느 하나에 해당하는 자가 「전자상거래 등에서의 소비자보호에 관한 법률」에 따른 통신판매를 하는 경우 구매자에 대한 실명·연령 확인 및 본인 인증을 거쳐야 한다.
1. 제27조제2호에 따른 유해화학물질 판매업을 하는 자
2. 제29조제2호에 따른 유해화학물질에 해당하는 시험용·연구용·검사용 시약을 그 목적으로 판매하는 자

② 제1항에 따른 구매자에 대한 실명·연령 확인 및 본인 인증에 필요한 사항은 환경부령으로 정한다.
(2016.12.27 본조신설)

제29조【유해화학물질 영업허가의 면제】 제28조에도 불구하고 다음 각 호 어느 하나에 해당하는 자에 대하여는 제28조를 적용하지 아니한다.
1. 기계나 장치에 내장되어 있는 유해화학물질을 판매, 보관·저장, 운반 또는 사용하는 영업을 하는 자
2. 유해화학물질에 해당하는 시험용·연구용·검사용 시약을 그 목적으로 판매, 보관·저장, 운반 또는 사용하는 영업을 하는 자
3. 항만, 역구내(驛區內) 등 일정한 구역에서 유해화학물질을 하역하거나 운반하는 자
4. 제1호부터 제3호까지의 규정에 준하여 유해화학물질 영업허가가 필요 없다고 인정하여 환경부령으로 정한 자

제29조의2【시약 판매자의 고지의무】 ① 제29조제2호에 따라 영업허가를 면제 받아 시약을 판매하는 자는 구매자에게 다음 각 호의 사항을 알려주어야 한다.
1. 시험용·연구용·검사용 시약은 해당 용도로만 사용하여야 한다는 것
2. 취급 시 유해화학물질 취급기준을 준수하여야 한다는 것

② 제1항에 따른 고지의 방법 등에 필요한 사항은 환경부령으로 정한다.
(2016.12.27 본조신설)

제29조의3【시약 판매업 신고】 ① 제29조에도 불구하고 유해화학물질에 해당하는 시험용·연구용·검사용 시약을 그 목적으로 판매하는 영업을 하려는 자는 환경부장관에게 신고하여야 한다.

② 제1항에 따라 신고를 한 자가 신고한 사항 중 환경부령으로 정하는 중요 사항을 변경하려는 경우에는 변경신고를 하여야 한다.

③ 환경부장관은 제1항 및 제2항에 따라 신고를 받으면 그 신고 내용을 확인한 후 지체 없이 신고확인증을 신고인에게 발급하여야 한다.

④ 제1항부터 제3항까지의 규정에 따른 신고, 변경신고의 방법 및 절차, 신고확인증에 관하여 필요한 사항은 환경부령으로 정한다.
(2016.12.27 본조신설)

제30조【유해화학물질 영업자의 결격사유】 다음 각 호의 어느 하나에 해당하는 자는 유해화학물질 영업을 할 수 없다. 다만, 제4호에 해당하는 자의 경우에는 그 취소된 해당 유해화학물질 영업의 경우에 한정하여 유해화학물질 영업을 할 수 없다.(2020.5.26 단서개정)
1. 피성년후견인 또는 피한정후견인
2. 파산선고를 받고 복권되지 아니한 자
3. 이 법을 위반하여 금고 이상의 실형을 선고받고 그 집행이 끝나거나(집행이 끝난 것으로 보는 경우를 포함한다) 집행을 받지 아니하기로 확정된 후 2년이 지나지 아니한 자
4. 제35조에 따라 허가가 취소(이 조 제1호 또는 제2호에 해당하여 허가가 취소된 경우는 제외한다)된 날부터 2년이 지나지 아니한 자(2021.5.18 본호개정)
5. 임원 중에 제1호부터 제3호까지의 규정 중 어느 하나에 해당하는 자가 있는 법인

제2절 유해화학물질 영업자에 대한 관리

제31조【유해화학물질 취급의 도급신고 등】 ① 제27조에 따른 유해화학물질 영업을 하는 자(이하 "유해화학물질 영업자"라 한다)가 해당 유해화학물질의 취급을 도급(하도급을 포함한다. 이하 같다)하는 경우 해당 수급인(하수급인을 포함한다. 이하 같다)의 명칭, 도급의 사유, 도급계획 및 화학사고 안전관리계획 등에 관한 사항을 환경부령으로 정하는 바에 따라 환경부장관에게 신고하여야 한다. 신고한 사항 중 환경부령으로 정하는 중요한 사항을 변경하려는 경우에도 또한 같다.(2020.3.31 본항개정)

② 환경부장관은 제1항에 따른 신고 또는 변경신고를 받은 경우 그 내용을 검토하여 이 법에 적합하면 신고 또는 변경신고를 수리하여야 한다.(2020.3.31 본항신설)

③ 제1항에 따라 유해화학물질 취급을 도급받은 수급인이 도급받은 업무와 관련하여 이 법을 위반한 경우 이 법 위반에 따른 효과는 도급인에게도 미친다. 다만, 제7장 벌칙(제57조부터 제64조까지)을 적용할 때에는 그러하지 아니하다.(2020.5.26 단서개정)

④ 도급인은 환경부령으로 정한 능력과 기준을 갖춘 자에게만 해당 유해화학물질의 취급을 도급하여야 한다.

⑤ 도급인이 유해화학물질의 취급을 도급한 경우에는 해당 수급인을 관리·감독하여야 할 의무가 있고, 수급인에게 무리한 취급시설의 운영 등 환경부령으로 정한 사항을 요구하여서는 아니 된다.

제32조【유해화학물질관리자】 ① 유해화학물질 영업자는 유해화학물질 취급시설의 안전 확보와 유해화학물질의 위해 방지에 관한 직무를 수행하게 하기 위하여 사업개시 전에 해당 영업자의 유해화학물질 취급량 및 종사자수 등 환경부령으로 정하는 기준에 따라 유해화학물질관리자를 선임하여야 한다.

② 유해화학물질 영업자가 유해화학물질 취급시설 관리를 전문으로 하는 자에게 위탁하여 관리하게 할 경우에는 그 유해화학물질 취급시설의 관리업무를 위탁받은 자(이하 "수탁관리자"라 한다)가 제1항에 따른 유해화학물질관리자를 선임하여야 한다.

③ 제1항이나 제2항에 따라 유해화학물질관리자를 선임한 자는 유해화학물질관리자를 선임 또는 해임하거나 유해화학물질관리자가 퇴직한 경우에는 지체 없이 이를 환경부장관에게 신고하고, 해임 또는 퇴직한 날부터 30일 이내에 다른 유해화학물질관리자를 선임하여야 한다. 다만, 그 기간 내에 선임할 수 없으면 환경부장관의 승인을 받아 그 기간을 연장할 수 있다.

④ 제1항이나 제2항에 따라 유해화학물질관리자를 선임한 자는 유해화학물질관리자가 여행 또는 질병, 그 밖의 사유로 인하여 일시적으로 그 직무를 수행할 수 없으면 대리자를 지정하여 그 직무를 대행하게 하여야 한다.

⑤ 유해화학물질관리자는 유해화학물질 취급시설 종사자에게 해당 유해화학물질에 대한 안전관리 정보를 제공하고 수탁관리자 및 취급시설 종사자가 이 법 또는 이 법에 따른 명령을 위반하지 아니하도록 지도·감독하여야 한다.

⑥ 유해화학물질 영업자, 수탁관리자 및 종사자는 유해화학물질관리자의 안전에 관한 의견을 존중하고 권고에 따라야 한다.

⑦ 유해화학물질관리자의 종류·자격·인원·직무범위 및 유해화학물질관리자의 대리자 대행 기간과 그 밖에 필요한 사항은 대통령령으로 정한다.

제33조【유해화학물질 안전교육】 ① 제28조제2항에 따른 유해화학물질 취급시설의 기술인력, 제32조에 따른 유해화학물질관리자, 그 밖에 대통령령으로 정하는 유해화학물질 취급 담당자는 환경부령으로 정하는 교육기관이 실시하는 유해화학물질 안전교육(이하 "유해화학물질 안전교육"이라 한다)을 받아야 한다.

② 유해화학물질 영업자는 유해화학물질 안전교육을 받아야 할 사람을 고용한 때에는 그 해당자에게 유해화학물질 안전교육을 받게 하여야 한다. 이 경우 유해화학물질 영업자는 교육에 드는 경비를 부담하여야 한다.
(2020.5.26 전단개정)

③ 유해화학물질 영업자는 해당 사업장의 모든 종사자에 대하여 환경부령으로 정하는 바에 따라 정기적으로 유해화학물질 안전교육을 실시하여야 한다.

제34조【유해화학물질 취급중단 및 휴업·폐업 등】 ① 유해화학물질 영업자가 환경부령으로 정하는 바에 따라 사업장 내 유해화학물질의 취급을 중단하거나 취급방식을 변경하려는 경우 미리 환경부령으로 정하는 바에 따라 조치하여야 한다. 다만, 폐업의 경우 미리 사업장의 잔여 유해화학물질을 처분하여야 한다.

② 유해화학물질 영업자가 그 영업을 폐업하거나 휴업하려는 경우 및 환경부령으로 정하는 일정 기간 이상 유해화학물질 취급시설을 가동하지 아니하는 경우에는 제1항에 따른 처분을 한 이후에 환경부령으로 정하는 바에 따라 환경부장관에게 신고하여야 한다.(2016.12.27 본항개정)

③ 환경부장관은 제2항에 따른 폐업 또는 휴업 신고의 내용을 검토한 결과 사람의 건강이나 환경을 해칠 우려가 있다고 인정하면 해당 유해화학물질 영업자에게 폐업 또는 휴업 전에 해당 유해화학물질의 위해성 방지를 위하여 필요한 조치를 취할 것을 명할 수 있다.

④ 환경부장관은 유해화학물질 영업자의 휴업·폐업 현황을 확인하기 위하여 필요한 경우에는 관할 세무관서의 장에게 대통령령으로 정하는 바에 따라 휴업·폐업에 관한 과세정보의 제공을 요청할 수 있다. 이 경우 요청을 받은 세무관서의 장은 정당한 사유가 없으면 그 요청에 따라야 한다.(2021.5.18 본항신설)

제34조의2【유해화학물질 영업자에 대한 개선명령】 ① 환경부장관은 유해화학물질 영업자가 다음 각 호의 어느 하나에 해당하는 경우에는 기간을 정하여 개선을 명할 수 있다.
1. 제10조제4항에 따른 화학물질 통계조사 또는 제11조제2항에 따른 화학물질 배출량조사에 필요한 자료의 제출을 하지 아니한 경우
2. 제13조제2호의 유해화학물질 취급기준을 위반한 경우
3. 제14조제1항을 위반하여 개인보호장구를 착용하지 아니한 경우
4. 제15조제2항을 위반하여 보관·저장 시설을 보유하지 아니하고 유해화학물질을 진열·보관한 경우
5. 제16조제1항 및 제2항에 따른 유해화학물질에 관한 표시를 하지 아니한 경우
5의2. 제23조의3을 위반하여 화학사고예방관리계획서를 고지하지 아니한 경우(2020.3.31 본호개정)
6. 제26조제1항을 위반하여 취급시설 및 장비 등을 점검하지 아니하거나 그 결과를 5년간 기록·비치하지 아니한 경우

7. 제27조 각 호의 영업 구분과 영업 내용의 범위를 벗어나는 영업을 한 경우(2021.5.18 본호개정)
8. 제28조제5항 전단에 따른 변경허가를 받지 아니한 경우
9. 제32조제1항 및 제2항에 따라 유해화학물질관리자를 선임하지 아니한 경우
10. 제40조를 위반하여 사고대비물질의 관리기준을 지키지 아니한 경우
11. 제49조제1항에 따른 보고를 하지 아니하거나 자료를 제출하지 아니한 경우
12. 제50조제1항에 따른 유해화학물질의 취급과 관련된 사항을 기록·보존하지 아니한 경우
② 제1항에 따른 개선명령의 세부적인 기준은 위반 횟수, 사람의 건강이나 환경에 미치는 영향의 정도, 유해화학물질 영업자의 고의·과실 등을 고려하여 환경부령으로 정한다.
(2016.1.27 본조신설)

제35조【유해화학물질 영업허가의 취소 등】 ① 환경부장관은 유해화학물질 영업자가 다음 각 호의 어느 하나에 해당하면 그 허가를 취소하여야 한다.
1. 제18조를 위반하여 금지물질을 취급한 경우
2. 다른 법령에 따라 제27조 각 호에 따른 유해화학물질 영업과 관계되는 인가·허가 등이 취소되어 영업을 계속할 수 없다고 인정되는 경우
3. 거짓이나 그 밖의 부정한 방법으로 제28조에 따른 영업허가를 받은 경우
4. 유해화학물질 영업허가를 받은 자가 제28조제3항 후단에 따른 필요한 조건을 준수하지 아니한 경우
5. 유해화학물질 영업자가 제30조 각 호의 어느 하나에 해당하게 된 경우. 다만, 법인의 임원 중 제30조제1호부터 제3호까지의 규정 중 어느 하나에 해당하는 자가 있는 경우 6개월 이내에 그 임원을 바꾸어 임명한 경우에는 그러하지 아니하다.
6. 2년에 3회 이상 영업정지 처분을 받은 경우
② 환경부장관은 유해화학물질 영업자가 다음 각 호의 어느 하나에 해당하면 그 영업허가를 취소하거나 6개월 이내의 기간을 정하여 영업의 전부 또는 일부의 정지를 명할 수 있다.
1. 다른 사람에게 명의를 대여하여 해당 영업을 하게 하거나 허가증을 사용하게 한 경우
2. 제10조제4항에 따른 화학물질 통계조사 또는 제11조제2항에 따른 화학물질 배출량조사에 필요한 자료의 제출을 하지 아니한 경우
3. 제13조를 위반하여 유해화학물질 취급기준을 준수하지 아니한 경우
4. 제14조제1항을 위반하여 개인보호장구를 착용하지 아니한 경우
5. 제15조제1항을 위반하여 유해화학물질 취급량을 초과하여 진열·보관하거나 같은 조 제2항을 위반하여 보관·저장 시설을 보유하지 아니하고 유해화학물질을 진열·보관한 경우
6. 제15조제3항을 위반하여 운반계획서를 제출하지 아니하고 유해화학물질을 운반한 경우
7. 제16조제1항 및 제2항에 따른 유해화학물질에 관한 표시를 하지 아니한 경우
8. 제17조제1항에 따른 유해화학물질 취급의 중지명령을 위반하여 유해화학물질로 인하여 사람의 건강이나 환경에 위해가 발생한 경우
8의2. 제23조의2제1항을 위반하여 화학사고예방관리계획서를 이행하지 아니한 경우(2020.3.31 본호신설)
8의3. 제23조의3을 위반하여 화학사고예방관리계획서를 고지하지 아니한 경우(2020.3.31 본호신설)
9. 제24조제3항에 따른 유해화학물질 취급시설 검사 또는 같은 조 제5항에 따른 안전진단을 실시하지 아니하고 취급시설을 설치·운영한 경우(2020.3.31 본항개정)
10. 제24조제5항에 따른 안전진단결과보고서를 제출하지 아니하거나 같은 조 제6항에 따라 적합 판정을 받지 아니하고 취급시설을 설치·운영한 경우(2020.3.31 본호개정)
11. 제25조 및 제34조의2에 따른 개선명령을 이행하지 아니한 경우(2016.1.27 본호개정)
12. 제26조제1항을 위반하여 취급시설 및 장비 등을 점검하지 아니하거나 그 결과를 5년간 기록·비치하지 아니한 경우
13. 제27조 각 호의 영업 구분과 영업 내용의 범위를 벗어나는 영업을 한 경우(2021.5.18 본호개정)
14. 제28조제4항에 따른 영업허가를 받은 후 2년 이내에 영업을 시작하지 아니하거나 정당한 사유 없이 계속하여 2년 이상 휴업한 경우
15. 제28조제5항 전단에 따른 변경허가를 받지 아니한 경우
16. 제31조제1항을 위반하여 유해화학물질 취급의 도급신고나 변경신고를 하지 아니한 경우(2020.3.31 본호개정)
17. 제31조제4항을 위반하여 능력과 기준을 갖추지 못한 자에게 도급한 경우(2020.3.31 본호개정)
18. 제31조제5항을 위반하여 무리한 취급시설의 운영 등을 요구한 경우(2020.3.31 본호개정)
19. 제32조제1항 및 제2항에 따라 유해화학물질관리자를 선임하지 아니한 경우
20. 제40조를 위반하여 사고대비물질의 관리기준을 지키지 아니한 경우
21.~22. (2020.3.31 삭제)
23. 제43조제2항을 위반하여 즉시 신고를 하지 아니한 경우
24. 제49조제1항에 따른 보고를 하지 아니하거나 거짓으로 보고한 경우와 자료를 제출하지 아니하거나 거짓으로 제출한 경우
25. 제50조제1항에 따른 유해화학물질의 취급과 관련된 사항을 기록·보존하지 아니한 경우
26. 업무상 과실 또는 중대한 과실로 화학사고가 발생하여 사상자가 발생하거나 환경부령으로 정하는 기준에 따른 재산·환경에 영향이 발생한 경우
③ 제1항 및 제2항에 따른 행정처분의 기준에 관한 사항은 위반횟수, 사람의 건강이나 환경에 미치는 영향의 정도 등을 고려하여 환경부령으로 정한다.

제36조【영업정지 처분을 갈음하여 부과하는 과징금 처분】 ① 환경부장관은 유해화학물질 영업자에 대하여 제35조제2항에 따라 영업정지를 명하여야 하는 경우에는 대통령령으로 정하는 바에 따라 영업정지 처분을 갈음하여 해당 사업장 매출액의 100분의 5 이하의 과징금을 부과할 수 있다. 다만, 단일 사업장을 보유하고 있는 기업의 경우에는 매출액의 1천분의 25를 초과하지 못한다.
② 제1항에 따른 과징금은 위반행위의 종류, 사업규모, 위반횟수 등을 참작하여 대통령령으로 정하는 기준에 따라 과징금을 부과하되, 그 금액의 2분의 1의 범위에서 가중(加重)하거나 감경(減輕)할 수 있다.
③ 환경부장관은 제1항에 따른 과징금을 부과하기 위하여 필요한 경우에는 다음 각 호의 사항을 적은 문서로 관할 세무관서의 장에게 과세정보 제공을 요청할 수 있다.
1. 납세자의 인적사항
2. 과세 정보의 사용 목적
3. 과징금 부과기준이 되는 매출금액
(2020.3.31 본항신설)
④ 제1항에 따른 과징금을 내야 하는 자가 납부기한까지 내지 아니하면 환경부장관은 대통령령으로 정하는 바에 따라 제1항에 따른 과징금 부과처분을 취소하고 영업정지 처분을 하거나 국세 체납처분의 예에 따라 징수한다. 다만, 제34조에 따른 폐업 또는 휴업으로 제35조제2항에 따른 영업정지 처분을 할 수 없는 경우에는 국세 체납처분의 예에 따라 징수한다.
⑤ 제1항에 따라 환경부장관이 부과·징수한 과징금은 「환경정책기본법」에 따른 환경개선특별회계의 세입으로 한다.

제37조【권리·의무의 승계】 ① 유해화학물질 영업자가 사망하거나 그 영업을 양도한 때 또는 법인이 합병한 때에는 그 상속인·양수인 또는 합병 후 존속하는 법인이나 합병에 따라 설립되는 법인은 허가에 따른 유해화학물질 영업자의 권리·의무를 승계한다. 이 경우 그 상속인이 제30조제1호부터 제3호까지의 규정 중 어느 하나에 해당하는 경우에는 90일 이내에 그 사업을 다른 사람에게 양도할 수 있다.
② 다음 각 호의 어느 하나에 해당하는 절차에 따라 유해화학물질 취급시설을 인수한 자는 그 영업자의 지위를 승계한다. 이 경우 종전의 영업자에 대한 영업 허가·등록 또는 그가 한 신고는 그 효력을 잃는다.
1. 「민사집행법」에 따른 경매
2. 「채무자 회생 및 파산에 관한 법률」에 따른 환가(換價)
3. 「국세징수법」, 「관세법」 또는 「지방세징수법」에 따른 압류재산의 매각(2016.12.27 본호개정)
4. 그 밖에 제1호부터 제3호까지의 절차에 준하는 절차
③ 유해화학물질 영업자가 그 영업을 양도하거나 사망한 때 또는 법인을 합병한 때에는 종전의 유해화학물질 영업자에 대하여 제35조 및 제36조에 따른 행정처분의 효과는 그 처분기간이 끝난 날부터 1년간 양수인·상속인 또는 합병 후 신설되거나 존속하는 법인에 승계되며, 행정처분의 절차가 진행 중인 때에는 양수인·상속인 또는 합병 후 신설되거나 존속하는 법인에 행정처분의 절차를 계속 진행할 수 있다. 다만, 양수인 또는 합병 후 신설되거나 존속하는 법인이 그 처분이나 위반의 사실을 양수 또는 합병한 때에 알지 못하였음을 증명하는 경우에는 그러하지 아니하다.
④ 제1항에 따라 유해화학물질 영업자의 권리·의무를 승계한 자는 환경부령으로 정하는 바에 따라 승계한 날부터 30일 이내에 이를 환경부장관에게 신고하여야 한다.

제38조【유해화학물질관리자 및 취급시설의 공동 활용 승인 등】 ① 같은 부지나 건축물에 사업장이 설치되어 있는 둘 이상의 유해화학물질 영업자는 환경부령으로 정하는 바에 따라 환경부장관의 승인을 받아 유해화학물질 취급시설이나 유해화학물질관리자를 공동으로 활용할 수 있다. 이 경우 각 유해화학물질 영업자별로 유해화학물질 취급시설이나 유해화학물질관리자를 갖춘 것으로 본다.
② 유해화학물질 영업자는 제1항에 따라 승인을 받은 사항 중 환경부령으로 정하는 중요한 사항을 변경하려면 환경부령으로 정하는 바에 따라 신고를 하여야 한다.

제5장 화학사고의 대비 및 대응 등

제1절 사고대비물질의 지정 등

제39조【사고대비물질의 지정】 환경부장관은 화학사고 발생의 우려가 높거나 화학사고가 발생하면 피해가 클 것으로 우려되는 다음 각 호의 어느 하나에 해당하는 화학물질 중에서 대통령령으로 정하는 바에 따라 사고대비물질을 지정·고시하여야 한다.
1. 인화성, 폭발성 및 반응성, 유출·누출 가능성 등 물리적·화학적 위험성이 높은 물질
2. 경구(經口) 투입, 흡입 또는 피부에 노출될 경우 급성독성이 큰 물질
3. 국제기구 및 국제협약 등에서 사람의 건강 및 환경에 위해를 미칠 수 있다고 밝혀진 물질(2020.5.26 본호개정)
4. 그 밖에 화학사고 발생의 우려가 높아 특별한 관리가 필요하다고 인정되는 물질

제40조【사고대비물질의 관리기준】 사고대비물질을 취급하는 자는 외부인 출입관리 기록 등 환경부령으로 정하는 사고대비물질의 관리기준을 지켜야 한다. 다만, 사고대비물질의 취급시설이 「연구실 안전환경 조성에 관한 법률」 제2조제2호에 따른 연구실인 경우에는 그러하지 아니하다.

제41조~제42조 (2020.3.31 삭제)

제2절 화학사고의 대응 등

제43조【화학사고 발생신고 등】 ① 화학사고가 발생하거나 발생할 우려가 있으면 해당 화학물질을 취급하는 자는 즉시 화학사고예방관리계획서에 따라 위해방제에 필요한 응급조치를 하여야 한다. 다만, 화학사고의 중대성·시급성이 인정되는 경우에는 취급시설의 가동을 중단하여야 한다.(2020.3.31 본문개정)
② 화학사고가 발생하면 해당 화학물질을 취급하는 자는 즉시 관할 지방자치단체, 지방환경관서, 국가경찰관서, 소방관서 또는 지방고용노동관서에 신고하여야 한다.
③ 제2항에 따라 신고를 받은 기관의 장은 즉시 이를 환경부령으로 정하는 바에 따라 화학사고의 원인·규모 등을 환경부장관에게 통보하여야 한다.
④ 제2항에 따른 신고 또는 제3항에 따른 통보를 한 경우에는 「재난 및 안전관리 기본법」 제18조에 따른 신고 또는 통보를 각각 마친 것으로 본다.

제44조【화학사고 현장 대응】 ① 환경부장관은 화학사고의 신속한 대응 및 상황 관리, 사고정보의 수집과 통보를 위하여 해당 화학사고 발생현장에 환경부령으로 정하는 요건을 갖춘 현장수습조정관을 파견할 수 있다.
② 제1항에 따른 현장수습조정관의 역할은 다음과 같다.
1. 화학사고의 대응 관련 조정·지원
2. 화학사고 대응, 영향조사, 피해의 최소화·제거, 복구 등에 필요한 조치
3. 화학사고 대응, 복구 관련 기관과의 협조 및 연락 유지
4. 화학사고 원인, 피해규모, 조치 사항 등에 대한 대국민 홍보 및 브리핑
5. 그 밖에 화학사고 수습에 필요한 조치
③ 화학사고가 발생한 지역을 관할하는 지방자치단체의 장(해당 지역에 소재하는 긴급구조기관 및 긴급구조지원기관을 포함한다)은 현장수습조정관이 화학사고 현장에서 원활히 업무를 수행할 수 있도록 적극 협조하여야 하고 주요한 사안을 결정·집행할 경우에는 현장수습조정관과 협의하여야 한다.

제44조의2【화학사고 발생 시설에 대한 가동중지명령】 ① 제44조에 따른 현장수습조정관은 같은 조 제2항 각 호에 따른 업무의 효율적인 수행을 위하여 필요하다고 인정되는 경우 해당 화학물질 취급시설에 대한 가동 중지를 명령(이하 "가동중지명령"이라 한다)할 수 있다.
② 가동중지명령을 받은 사업자는 즉시 해당 화학물질 취급시설의 가동을 중지하여야 하고, 환경부장관이 그 가동중지명령을 해제할 때까지는 해당 화학물질 취급시설을 가동하여서는 아니 된다.
③ 가동중지명령과 가동중지명령 해제의 요건, 방법 및 절차 등에 필요한 사항은 환경부령으로 정한다.
(2016.12.27 본조신설)

제45조【화학사고 영향조사】 ① 환경부장관은 화학사고의 원인 규명, 사람의 건강이나 환경 피해의 최소화 및 복구 등을 위하여 필요한 경우 관계 기관의 장과 협의하여 다음 각 호의 사항에 대하여 영향조사(이하 "영향조사"라 한다)를 실시하여야 한다.
1. 화학사고의 원인, 규모, 경과 및 인적·물적 피해사항
2. 화학사고 원인이 되는 화학물질의 특성 및 유해성·위해성
3. 화학사고 발생지역 인근 주민의 건강 및 주변 환경에 대한 영향
4. 화학사고 원인이 되는 화학물질의 노출량 및 오염정도
5. 화학사고 원인이 되는 화학물질의 대기·수질·토양·자연환경 등으로 이동 및 잔류 형태
6. 화학사고가 추가로 발생할 가능성
7. 그 밖에 화학사고의 피해구제에 필요한 사항
② 환경부장관은 영향조사를 수행하기 위하여 대통령령으로 정하는 바에 따라 제44조에 따른 현장수습조정관을 단장으로 하는 화학사고 조사단을 구성·운영할 수 있다.

제46조【조치명령 등】 ① 환경부장관은 해당 화학사고의 원인이 되는 사업자에 대하여 환경부령으로 정하는 기한 내에 다음 각 호의 조치를 명할 수 있다.
1. 화학사고로 인한 사람의 건강이나 주변 환경에 대한 피해의 최소화 및 제거
2. 화학물질로 오염된 지역에 대한 복구

② 제1항에 따라 조치명령을 받은 자는 환경부령으로 정하는 바에 따라 이행계획서를 환경부장관에게 제출하여 제1항에 따른 조치명령을 이행하여야 한다.
③ 환경부장관은 제1항제1호에 따른 최소화 및 제거 조치를 결정하는 경우 화학물질의 유해성·위해성, 노출경로 등을 고려하여 우선순위를 정할 수 있다.(2020.5.26 본항개정)
④ 제1항제2호에 따른 복구조치의 기준은 「대기환경보전법」·「물환경보전법」·「토양환경보전법」에서 규정한 환경기준을 적용하고, 환경기준이 없는 경우에는 환경부장관이 별도로 정하는 지침을 따른다.(2017.1.17 본항개정)
⑤ 제1항 및 제2항에 따른 최소화·제거 조치, 복구조치 및 이행계획서의 작성방법에 관한 세부적인 사항은 환경부령으로 정한다.
제47조【화학사고 특별관리지역의 지정】 ① 환경부장관은 화학사고 발생에 따른 현장 대응을 강화하기 위하여 산업단지 등 화학사고 발생 우려가 높은 지역을 대통령령으로 정하는 바에 따라 화학사고 특별관리지역(이하 "특별관리지역"이라 한다)으로 지정할 수 있다.
② 특별관리지역을 지정하려는 경우 환경부장관은 그 지역을 관할하는 특별시장·광역시장·특별자치시장·도지사 및 특별자치도지사와 협의하여야 한다.
③ 환경부장관은 특별관리지역 내에 화학물질을 취급하는 사업장에 대한 상시적인 관리·감독 및 화학사고 대응 등을 위하여 전담기관을 설치·운영할 수 있다.

제6장 보 칙

제48조【화학물질 종합정보시스템 구축·운영】 ① 환경부장관은 유해화학물질 취급시설 설치현황 등 화학물질의 안전관리, 화학사고 발생 이력(履歷) 및 화학사고 대비·대응 등과 관련된 정보를 수집·보급하기 위하여 화학물질 종합정보시스템을 구축·운영하여야 한다.
(2018.12.24 본항개정)
② 환경부장관은 제1항에 따른 화학물질 종합정보시스템에 의하여 확보된 화학물질의 안전관리 등과 관련된 정보를 대통령령으로 정하는 바에 따라 화학물질을 취급하는 자, 지방자치단체·관할 소방관서의 장 등 화학사고 대응 관계 기관 및 국민에게 제공하여야 한다.
(2018.12.24 본항개정)
③ 제1항의 화학물질 종합정보시스템의 구축·운영 등에 필요한 사항은 환경부령으로 정한다.
제48조의2【전자민원창구의 설치·운영】 ① 환경부장관은 제20조에 따른 유독물질 수입신고, 제28조에 따른 유해화학물질 영업허가 등 환경부령으로 정하는 업무를 전자적으로 처리할 수 있는 서비스를 제공하기 위하여 전자민원창구를 설치·운영할 수 있다.
② 환경부장관은 민원인에게 제1항에 따른 서비스를 제공하기 위하여 중앙행정기관과 그 소속기관, 지방자치단체 및 공공기관(이하 "중앙행정기관등"이라 한다)의 장과 협의하여 제1항에 따른 전자민원창구와 다른 중앙행정기관등의 정보시스템을 연계할 수 있다.
③ 제1항에 따른 전자민원창구의 설치·운영에 필요한 사항은 환경부령으로 정한다.
(2021.8.17 본조신설)
제48조의3【자료 제공의 요청】 환경부장관은 이 법에 따른 화학물질의 수입에 관한 허가 또는 신고 등의 이행 여부를 확인하기 위하여 필요하다고 인정되면 관계 행정기관의 장에게 대통령령으로 정하는 바에 따라 화학물질의 수입에 관한 자료의 제공을 요청할 수 있다. 이 경우 요청받은 기관의 장은 정당한 사유가 없으면 그 요청에 따라야 한다.(2021.5.18 본조신설)
제49조【보고 및 검사 등】 ① 환경부장관은 다음 각 호에 해당하는 자에 대하여 각각 환경부령으로 정하는 바에 따라 필요한 보고를 명하거나 자료를 제출하게 하거나, 관계 공무원으로 하여금 해당 사업장 또는 시설에 출입하여 화학물질을 채취하게 하거나 관련 서류·시설 및 장비 등을 검사하게 할 수 있다. 이 경우 시험을 위하여 필요한 최소량의 화학물질 및 시료를 무상으로 수거하게 할 수 있다.
1. 제9조제1항에 따라 화학물질확인을 하여야 하는 자
2. 제18조제1항 단서에 따라 금지물질의 제조·수입·판매 허가를 받아야 하는 자
3. 제19조에 따른 허가물질의 제조·수입·사용 허가를 받아야 하는 자
4. 제20조제1항에 따라 제한물질의 수입허가를 받아야 하는 자
5. 제20조제2항에 따라 유독물질의 수입신고를 하여야 하는 자
6. 제21조제1항에 따라 제한물질·금지물질의 수출승인을 받아야 하는 자
6의2. 제23조의2제1항에 따라 화학사고예방관리계획서를 이행하여야 하는 자(2020.3.31 본호신설)
7. 제28조에 따라 유해화학물질의 영업허가를 받아야 하는 자
7의2. 제29조제2호에 따라 유해화학물질에 해당하는 시험용·연구용·검사용 시약을 판매하는 자
(2016.12.27 본호신설)
8. 제37조제4항에 따라 유해화학물질 영업자의 권리·의무 승계신고를 하여야 하는 자
9. 제40조에 따라 사고대비물질의 관리기준을 지켜야 하는 자
9의2. (2020.3.31 삭제)
10. 제43조제2항에 따라 화학사고를 신고하여야 하는 자
11. 제55조제2항에 따라 환경부장관으로부터 업무를 위탁받은 자
② 제1항에 따라 출입하거나 검사를 하는 공무원은 그 권한을 표시하는 증표를 지니고 이를 관계인에게 내보여야 한다.
제50조【서류의 기록·보존】 ① 다음 각 호의 어느 하나에 해당하는 자는 해당 화학물질의 취급과 관련된 사항을 5년간 환경부령으로 정하는 바에 따라 기록·보존하여야 한다.
1. 제9조제1항에 따라 화학물질확인을 한 자
2. 제18조제1항 단서에 따라 금지물질의 제조·수입·판매 허가를 받은 자
3. 제19조에 따른 허가물질의 제조·수입·사용 허가를 받은 자
4. 제20조제1항에 따라 제한물질의 수입허가를 받은 자나 같은 조 제2항에 따라 유독물질의 수입신고를 한 자
5. 제21조제1항에 따라 제한물질·금지물질의 수출승인을 받은 자
6. 제28조에 따라 유해화학물질 영업허가를 받은 자
6의2. 제29조제2호에 따라 유해화학물질에 해당하는 시험용·연구용·검사용 시약을 판매하는 자
(2016.12.27 본호신설)
7. 제40조에 따라 사고대비물질을 취급하는 자
② 제1항의 경우 전산 입력 자료가 있으면 해당 서류를 갈음하여 전산 입력 자료를 보존할 수 있다.
제51조【청문】 환경부장관은 다음 각 호의 경우 청문을 하여야 한다.
1. (2020.3.31 삭제)
2. 제35조에 따라 유해화학물질 영업허가를 취소할 경우
(2016.1.27 본조개정)
제52조【자료의 보호】 ① 환경부장관은 이 법에 따라 자료를 제출한 자가 비밀보호를 위하여 화학물질의 성분 등에 대한 자료 보호를 요청하면 대통령령으로 정하는 자료보호기간 동안 이를 공개하여서는 아니 된다. 다만, 다음 각 호의 어느 하나에 해당하는 경우에는 그러하지 아니하다.
1. 보호를 요청한 자료가 국내외에 공개된 자료
2. 제12조제1항 및 제2항에 따라 공개하기로 결정된 자료
3. 그 밖에 대통령령으로 정하는 자료
② 환경부장관은 제1항 본문에 따라 보호를 요청한 자료가 같은 항 단서에 따른 자료보호 대상이 아닌 자료에 해당되면 보호를 요청한 자에게 이를 알려야 한다.
③ 그 밖에 자료보호 요청의 절차 등 필요한 사항은 환경부령으로 정한다.
제53조【화학물질 관리에 관한 협회】 ① 화학물질을 제조, 수입, 판매, 보관·저장, 운반 또는 사용하는 영업을 하는 자는 화학물질의 적정한 관리, 기술개발, 그 밖에 영업의 건전한 발전을 도모하기 위하여 화학물질 관리에 관한 협회(이하 "협회"라 한다)를 설립할 수 있다.
② 협회는 법인으로 한다.
③ 협회는 정관을 작성하여 환경부장관의 인가를 받아야 한다. 이를 변경하려는 경우에도 또한 같다.
④ 환경부장관은 협회의 운영이 법령에 위반되거나 정관에 위배된다고 인정하면 시정을 요구할 수 있다.
⑤ 환경부장관은 협회가 다음 각 호의 어느 하나에 해당하는 경우에는 인가를 취소할 수 있다. 다만, 제1호에 해당하는 경우에는 인가를 취소하여야 한다.
1. 거짓이나 부정한 방법으로 설립 인가를 받은 경우
2. 법령의 개정 등 사정이 변경되어 협회의 설립목적 달성이 불가능하게 된 경우
3. 제4항에 따른 시정요구에도 불구하고 시정하지 아니한 경우
⑥ 협회에 관하여는 이 법에서 규정한 것 외에는 「민법」 중 사단법인에 관한 규정을 준용한다.
제54조【수수료】 다음 각 호의 어느 하나에 따른 신고를 하거나 지정·확인·심사 또는 허가 등을 받으려는 자는 환경부령으로 정하는 수수료를 내야 한다.
1. 제9조제3항에 따른 화학물질확인증명의 발급
2. 제18조에 따른 금지물질의 제조·수입·판매 허가 및 변경허가
3. 제19조제1항에 따른 허가물질의 제조·수입·사용 허가
4. 제20조제1항에 따른 제한물질의 수입허가
5. 제20조제2항에 따른 유독물질의 수입신고
6. 제20조제4항에 따른 제한물질의 수입변경허가 및 유독물질의 수입변경신고
7. 제21조제1항에 따른 제한물질·금지물질 수출의 승인 및 변경승인
8. 제24조제2항 및 제3항에 따른 유해화학물질 취급시설의 검사(2020.3.31 본호개정)
9. 제24조제5항에 따른 유해화학물질 취급시설의 안전진단(2020.3.31 본호개정)
10. 제28조에 따른 유해화학물질의 영업허가
11. 제28조제5항에 따른 유해화학물질 영업의 변경허가 및 변경신고
12. 제31조제1항에 따른 유해화학물질 취급의 도급신고 및 변경신고(2020.3.31 본호개정)
13. 제34조제2항에 따른 유해화학물질 영업의 휴업·폐업 신고
제55조【권한의 위임·위탁】 ① 환경부장관은 이 법에 따른 권한의 일부를 대통령령으로 정하는 바에 따라 소속 기관의 장에게 위임할 수 있다.
② 환경부장관은 이 법에 따른 업무의 일부를 대통령령으로 정하는 바에 따라 「한국환경산업기술원법」에 따른 한국환경산업기술원, 「한국환경공단법」에 따른 한국환경공단, 협회에 위탁할 수 있다.(2015.12.1 본항개정)
제56조【벌칙 적용에서의 공무원 의제】 제55조제2항에 따라 위탁받은 업무를 하는 한국환경산업기술원, 한국환경공단, 협회의 임직원은 「형법」 제129조부터 제132조까지의 규정을 적용할 때에는 공무원으로 본다.

제7장 벌 칙

제57조【벌칙】 업무상 과실 또는 중과실로 화학사고를 일으켜 사람을 사상(死傷)에 이르게 한 자는 10년 이하의 금고나 2억원 이하의 벌금에 처한다.
제58조【벌칙】 다음 각 호의 어느 하나에 해당하는 자는 5년 이하의 징역 또는 1억원 이하의 벌금에 처한다.
1. 제17조제1항에 따른 유해화학물질 취급의 중지명령을 위반하여 그 취급을 중지하지 아니한 자
2. 제18조제1항 본문을 위반하여 금지물질을 취급한 자
2의2. 제18조제4항을 위반하여 제한물질을 취급한 자
(2018.6.12 본호신설)
3. 제19조를 위반하여 허가를 받지 아니하거나 거짓으로 허가를 받고 허가물질을 제조·수입·사용한 자
3의2. 제23조제1항 및 제4항에 따른 화학사고예방관리계획서를 제출하지 아니하거나 거짓으로 제출한 자
(2020.3.31 본호개정)
3의3. 제23조의2제1항을 위반하여 화학사고예방관리계획서를 이행하지 아니한 자(2020.3.31 본호개정)
3의4. 제23조의3을 위반하여 화학사고예방관리계획서를 고지하지 아니한 자(2020.3.31 본호개정)
4. 제28조에 따른 유해화학물질 영업허가를 받지 아니하거나 거짓으로 허가를 받고 유해화학물질을 영업 또는 취급한 자
5. 제34조제1항을 위반하여 사업장의 잔여 유해화학물질을 처분하지 아니한 자
6. 제40조를 위반하여 사고대비물질의 관리기준을 지키지 아니한 자
7. 제46조제1항에 따른 피해의 최소화 및 제거 조치, 복구조치 명령을 이행하지 아니한 자
제59조【벌칙】 다음 각 호의 어느 하나에 해당하는 자는 3년 이하의 징역 또는 5천만원 이하의 벌금에 처한다.
1. 제13조를 위반하여 유해화학물질 취급기준을 지키지 아니한 자
2. 제14조제1항을 위반하여 개인보호장구를 착용하지 아니한 자
3. 제15조제1항을 위반하여 유해화학물질 취급량을 초과하여 진열·보관하거나 같은 조 제2항을 위반하여 보관·저장시설을 보유하지 아니하고 유해화학물질을 진열·보관한 자
4. 제16조제1항 및 제2항에 따른 유해화학물질에 관한 표시를 하지 아니한 자
5. 제20조제1항에 따른 제한물질의 수입허가를 받지 아니하거나 거짓으로 수입허가를 받고 수입한 자
6. 제22조를 위반하여 환각물질을 섭취·흡입하거나 이러한 목적으로 소지한 자 또는 환각물질을 섭취하거나 흡입하려는 자에게 그 사실을 알면서 이를 판매 또는 제공한 자
7. 제24조제5항에 따른 안전진단결과보고서를 제출하지 아니하거나 거짓으로 제출하고 취급시설을 설치·운영한 자(2020.3.31 본호개정)
8. 제24조제6항에 따라 적합 판정을 받지 아니하고 취급시설을 설치·운영한 자(2020.3.31 본호개정)
9. 제25조에 따른 개선명령 또는 가동중지 명령을 이행하지 아니한 자
10. 제26조제1항을 위반하여 취급시설 및 장비 등을 점검하지 아니하거나 그 결과를 5년간 기록·비치하지 아니한 자
10의2. 제34조제1항 본문을 위반하여 유해화학물질의 취급중단 및 휴업·폐업 시 조치를 하지 아니한 자
(2016.12.27 본호신설)
11. 제34조제3항에 따른 휴업·폐업 전에 조치명령을 이행하지 아니한 자
12. 제44조의2제2항을 위반하여 가동중지명령을 받은 화학물질 취급시설의 가동을 즉시 중단하지 아니하거나 가동중지명령이 해제되기 전에 해당 화학물질 취급시설을 가동한 자(2016.12.27 본호신설)
제60조【벌칙】 제43조제2항에 따라 즉시 신고를 하지 아니한 자는 2년 이하의 징역 또는 1억원 이하의 벌금에 처한다.
제61조【벌칙】 다음 각 호의 어느 하나에 해당하는 자는 1년 이하의 징역 또는 3천만원 이하의 벌금에 처한다.
1. 제19조제5항에 따른 허가조건을 이행하지 하지 아니한 자
2. 제20조제2항에 따른 유독물질 수입신고를 하지 아니하거나 거짓으로 신고하고 수입한 자

3. 제21조제1항 전단에 따른 제한물질의 수출승인을 받지 아니하거나 거짓으로 승인을 받고 수출한 자
3의2. 제23조제3항에 따른 변경된 화학사고예방관리계획서를 제출하지 아니하거나 거짓으로 제출한 자. (2020.3.31 본호개정)
3의3. 제23조제7항에 따른 화학사고예방관리계획서를 수정·보완하여 제출하지 아니한 자(2020.3.31 본호개정)
3의4. 제23조의2제3항에 따른 시정명령 등에 따르지 아니한 자(2020.3.31 본호개정)
4. 제28조제5항 전단에 따른 유해화학물질 영업의 변경허가를 받지 아니하거나 거짓으로 변경허가를 받고 영업을 한 자
5. 제29조의3에 따른 유해화학물질에 해당하는 시험용·연구용·검사용 시약의 판매업 신고를 하지 아니하거나 거짓으로 신고한 자(2016.12.27 본호신설)

제62조【벌칙】 다음 각 호의 어느 하나에 해당하는 자는 6개월 이하의 징역 또는 500만원 이하의 벌금에 처한다.
1. 제18조제1항 단서를 위반하여 금지물질의 제조·수입·판매 허가를 받지 아니하거나 거짓으로 허가를 받은 자
2. 제18조제2항에 따른 변경허가를 받지 아니하거나 거짓으로 변경허가를 받고 금지물질을 수입한 자
3. 제21조제1항 후단에 따른 제한물질·금지물질의 수출에 대한 변경승인을 받지 아니하거나 거짓으로 변경승인을 받아 수출한 자
4. 제28조의2를 위반하여 구매자의 실명·연령 확인 또는 본인 인증을 거치지 아니하고 유해화학물질을 판매한 자(2016.12.27 본호신설)

제63조【양벌규정】 법인의 대표자나 법인 또는 개인의 대리인, 사용인, 그 밖의 종업원이 그 법인 또는 개인의 업무에 관하여 제57조부터 제62조까지의 어느 하나에 해당하는 위반행위를 하면 그 행위자를 벌하는 외에 그 법인 또는 개인에게도 해당 조문의 벌금형을 과(科)한다. 다만, 법인 또는 개인이 그 위반행위를 방지하기 위하여 해당 업무에 관하여 상당한 주의와 감독을 게을리하지 아니한 경우에는 그러하지 아니하다.

제64조【과태료】 ① 다음 각 호의 어느 하나에 해당하는 자에게는 1천만원 이하의 과태료를 부과한다.
1. 제9조제1항을 위반하여 화학물질확인 내용을 제출하지 아니하거나 거짓으로 제출한 자
2. 제10조제4항에 따른 화학물질 통계조사에 필요한 자료제출 명령에 따르지 아니하거나 거짓으로 제출한 자
3. 제11조제2항에 따른 화학물질 배출량조사에 필요한 자료제출 명령에 따르지 아니하거나 거짓으로 제출한 자
3의2. 배출저감계획서를 제출하지 아니하거나 거짓으로 제출한 자(2017.11.28 본호신설)
3의3. 제11조의2제6항에 따른 자료 제출을 하지 아니하거나 거짓으로 한 자 또는 관계 공무원의 출입·조사를 거부·방해 또는 기피한 자(2017.11.28 본호신설)
3의4. 제12조제3항에 따른 심의 또는 같은 조 제5항에 따른 소명에 필요한 자료를 거짓으로 제출한 자 (2017.11.28 본호신설)
4. 제22조제2항을 위반하여 환각물질을 판매하거나 제공한 자
4의2. (2020.3.31 삭제)
5. 제28조제5항 전단에 따른 유해화학물질 영업의 변경신고를 하지 아니하거나 거짓으로 변경신고를 하고 영업을 한 자
6. 제31조제1항 전단을 위반하여 유해화학물질 취급의 도급신고를 하지 아니한 자(2020.3.31 본호개정)
7. 제32조를 위반하여 유해화학물질관리자 선임, 해임, 퇴직신고를 하지 아니한 자 또는 직무 대리자를 지정하지 아니한 자
8. 제34조제2항에 따른 신고를 하지 아니하고 폐업·휴업하거나 유해화학물질 취급시설의 가동을 중단한 자 (2016.12.27 본호개정)
9. 제37조제4항에 따른 승계신고를 하지 아니한 자
10. 제38조제2항에 따른 신고를 하지 아니하거나 거짓으로 신고하고 유해화학물질 영업을 한 자
11. 제49조제1항에 따른 보고 또는 자료의 제출을 하지 아니하거나 거짓으로 한 자, 관계 공무원의 출입·검사를 거부·방해 또는 기피한 자

② 다음 각 호의 어느 하나에 해당하는 자에게는 300만원 이하의 과태료를 부과한다.
1. 배출저감계획서를 수정·보완하여 제출하지 아니한 자(2017.11.28 본호신설)
2. (2020.3.31 삭제)
3. 제29조의2를 위반하여 시약 구매자에게 같은 조 제1항 각 호의 사항을 알려주지 아니한 자(2016.12.27 본호신설)
3의2. 제31조제1항 후단에 따른 변경신고를 하지 아니하거나 거짓으로 변경신고를 한 자(2020.3.31 본호신설)
4. 제33조제2항을 위반하여 유해화학물질 안전교육을 받게 하지 아니하거나 같은 조 제3항을 위반하여 유해화학물질 안전교육을 실시하지 아니한 유해화학물질 영업자
5. 제50조제1항에 따른 기록·보존 의무를 위반한 자

③ 제1항 및 제2항에 따른 과태료는 대통령령으로 정하는 바에 따라 환경부장관이 부과·징수한다.

부 칙

제1조【시행일】 이 법은 2015년 1월 1일부터 시행한다.

제2조【제한물질의 수입허가에 관한 경과조치】 이 법 시행 전에 종전의 「유해화학물질 관리법」에 따라 취급제한물질의 수입허가를 받은 자는 환경부령으로 정하는 바에 따라 이 법에 따른 제한물질의 수입허가를 받은 것으로 본다.

제3조【유독물질의 수입신고에 관한 경과조치】 이 법 시행 전에 종전의 「유해화학물질 관리법」에 따라 유독물의 수입신고를 한 자는 환경부령으로 정하는 바에 따라 이 법에 따른 유독물질의 수입신고를 한 것으로 본다.

제4조【제한물질 또는 금지물질의 수출승인에 관한 경과조치】 이 법 시행 전에 종전의 「유해화학물질 관리법」에 따라 제한물질 또는 금지물질에 대한 수출승인을 받은 자는 환경부령으로 정하는 바에 따라 이 법에 따른 제한물질 또는 금지물질의 수출승인을 받은 것으로 본다.

제5조【유해화학물질 영업허가에 관한 경과조치】 ① 이 법 시행 전에 종전의 「유해화학물질 관리법」에 따라 유독물영업의 등록을 하거나 취급제한·금지물질영업의 허가를 받은 자는 이 법에 따른 유해화학물질 영업허가를 받은 것으로 본다. 다만, 환경부령으로 정하는 기간 내에 제23조의 개정규정에 따른 장외영향평가서를 작성하여 환경부장관에게 제출하여야 한다.
② 이 법 시행 전에 종전의 「유해화학물질 관리법」에 따라 사고대비물질을 취급한 자가 이 법에 따른 영업허가를 받아야 하는 경우에는 환경부령으로 정하는 기간 내에 제28조의 개정규정에 따른 유해화학물질 영업허가를 받아야 한다.

제6조【유해화학물질의 취급의 도급신고에 관한 경과조치】 이 법 시행 전에 유해화학물질의 취급을 도급한 경우에는 환경부령으로 정하는 기간 내에 제31조제1항의 개정규정에 따른 도급신고를 하여야 한다.

제7조【유해화학물질관리자 선임신고에 관한 경과조치】 이 법 시행 전에 종전의 「유해화학물질 관리법」에 따라 유독물관리자를 임명한 자는 환경부령으로 정하는 기간 내에 제32조제3항의 개정규정에 따른 유해화학물질관리자 선임신고를 하여야 한다.

제8조【위해관리계획서 작성·제출에 관한 경과조치】 이 법 시행 전에 종전의 「유해화학물질 관리법」에 따라 자체방제계획서를 제출한 자는 환경부령으로 정하는 기간 내에 제41조제1항의 개정규정에 따라 위해관리계획서를 작성하여 환경부장관에게 제출하여야 한다.

제9조【금치산자 등에 관한 경과조치】 제30조제1호의 개정규정에 따른 피성년후견인 및 피한정후견인에는 법률 제10429호 민법 일부개정법률 부칙 제2조에 따라 금치산 또는 한정치산 선고의 효력이 유지되는 사람이 포함되는 것으로 본다.

제10조【벌칙 등에 관한 경과조치】 이 법 시행 전의 행위에 대한 벌칙, 행정처분, 과징금 및 과태료의 적용에 있어서는 종전의 「유해화학물질 관리법」의 관련 규정에 따른다.

제11조【다른 법률의 개정】 ①～⑳ ※(해당 법령에 가제정리 하였음)

제12조【다른 법령과의 관계】 이 법 시행 당시 다른 법령에서 종전의 「유해화학물질 관리법」 또는 그 규정을 인용하고 있는 경우 이 법에서 그에 해당하는 규정이 있으면 종전의 규정을 갈음하여 이 법 또는 이 법의 해당 규정을 인용한 것으로 본다.

부 칙 (2017.1.17)

제1조【시행일】 이 법은 공포 후 1년이 경과한 날부터 시행한다.(이하 생략)

부 칙 (2017.11.28)

제1조【시행일】 이 법은 공포 후 1년이 경과한 날부터 시행한다. 다만, 제11조의2, 제64조제1항제3호의2·제3호의3, 법률 제14493호 화학물질관리법 일부개정법률 제3조제2항 및 같은 개정법률 제64조제2항제1호의 개정규정은 공포 후 2년이 경과한 날부터 시행한다.

제2조【명단 공개에 관한 적용례】 제12조제2항의 개정규정은 이 법 시행 후 최초로 이 법에 따른 규정을 위반하거나 환경부장관의 명령을 이행하지 아니한 경우부터 적용한다.

부 칙 (2018.6.12)

이 법은 공포 후 3개월이 경과한 날부터 시행한다.

부 칙 (2018.12.24)

이 법은 공포 후 6개월이 경과한 날부터 시행한다.

부 칙 (2020.3.31)

제1조【시행일】 이 법은 공포 후 1년이 경과한 날부터 시행한다. 다만, 제36조의 개정규정은 공포한 날부터 시행하고, 제24조, 제25조제1항제2호, 제28조제1항제2호 및 같은 조 제6항부터 제8항까지, 제31조, 제35조제2항제9호·제10호 및 제16호부터 제18호까지, 제54조제8호·제9호·제12호, 제59조제7호·제8호, 제64조제1항제6호 및 같은 조 제2항제3호의2의 개정규정은 공포 후 6개월이 경과한 날부터 시행한다.

제2조【장외영향평가서에 관한 경과조치】 ① 이 법 시행 전에 종전의 제23조제1항에 따라 장외영향평가서를 제출한 자에 대해서는 제23조, 제23조의2 및 제23조의3의 개정규정에도 불구하고 종전의 규정에 따른다. 다만, 이 법 시행 후에 종전의 장외영향평가서를 변경하여 제출하는 경우에는 제23조, 제23조의2 및 제23조의3의 개정규정을 적용한다.
② 이 법 시행 전에 제출한 장외영향평가서의 검토결과는 제23조제5항의 개정규정에 따른 화학사고예방관리계획서의 검토결과로 본다.

제3조【위해관리계획서에 관한 경과조치】 ① 이 법 시행 전에 종전의 제41조제1항에 따라 위해관리계획서를 제출한 자에 대해서는 제23조, 제23조의2 및 제23조의3의 개정규정에도 불구하고 종전의 규정에 따른다. 다만, 이 법 시행 후에 종전의 위해관리계획서를 변경하여 제출하거나 위해관리계획서를 제출한 후 5년이 경과하여 다시 제출하는 경우에는 제23조, 제23조의2 및 제23조의3의 개정규정을 적용한다.
② 이 법 시행 전에 제출한 위해관리계획서에 대한 검토결과 및 이행 여부 점검결과는 제23조제5항의 개정규정에 따른 화학사고예방관리계획서의 검토결과 및 제23조의2 제2항의 개정규정에 따른 화학사고예방관리계획서의 이행 여부 점검결과로 본다.

제4조【다른 법률의 개정】 ※(해당 법령에 가제정리 하였음)

부 칙 (2020.5.26)

이 법은 공포한 날부터 시행한다. 다만, 법률 제17182호 화학물질관리법 일부개정법률 제24조제5항제2호 및 제31조제3항 단서의 개정 부분은 2020년 10월 1일부터 시행한다.

부 칙 (2021.5.18)

이 법은 공포 후 6개월이 경과한 날부터 시행한다. 다만, 제30조제4호의 개정규정은 공포한 날부터 시행한다.

부 칙 (2021.8.17)

이 법은 공포 후 6개월이 경과한 날부터 시행한다.

부 칙 (2024.2.6)

제1조【시행일】 이 법은 공포 후 1년 6개월이 경과한 날부터 시행한다. 다만, 제3조의 개정규정은 공포한 날부터 시행한다.

제2조【유해화학물질 영업허가·신고에 관한 경과조치】 ① 이 법 시행 전에 유해화학물질 영업허가를 받은 자가 제28조의 개정규정에 따라 영업신고를 하여야 하는 자인 경우에는 제28조제6항에 따른 영업신고를 한 것으로 본다.
② 이 법 시행 전에 유해화학물질을 취급한 자가 이 법에 따라 최초로 영업허가를 받거나 영업신고를 하여야 하는 경우에는 환경부령으로 정하는 기간 내에 제28조의 개정규정에 따른 유해화학물질 영업허가를 받거나 영업신고를 하여야 한다.

제3조【시약판매업의 유해화학물질관리자 선임 등에 관한 경과조치】 ① 이 법 시행 전에 시약판매업 신고를 한 자로서 제32조제1항에 따라 유해화학물질관리자를 선임하여야 하는 자는 이 법 시행일로부터 1년 이내에 제32조제1항 또는 제2항에 따른 유해화학물질관리자를 선임하여야 한다.
② 이 법 시행 전에 시약판매업 신고를 한 자가 선임한 유해화학물질관리자 등 제33조제1항에 따라 유해화학물질 안전교육을 받아야 하는 자는 이 법 시행일로부터 1년 이내에 제33조제1항에 따른 유해화학물질 안전교육을 받아야 한다.

제4조【벌칙 등에 관한 경과조치】 이 법 시행 전의 행위에 대한 벌칙, 행정처분, 과징금 및 과태료의 적용에 있어서는 종전의 「화학물질관리법」의 관련 규정에 따른다.

제5조【다른 법률의 개정】 ①～㉛※(해당 법령에 가제정리 하였음)

제6조【다른 법령과의 관계】 이 법 시행 당시 다른 법에서 종전의 「화학물질관리법」 또는 그 규정을 인용하고 있는 경우 이 법에서 그에 해당하는 규정이 있으면 종전의 규정을 갈음하여 이 법 또는 이 법의 해당 규정을 인용한 것으로 본다.

화학물질의 등록 및 평가 등에 관한 법률(약칭 : 화학물질등록평가법)

(2013년 5월 22일
법 률 제11789호)

개정
2016. 1.27법13891호 2018. 3.20법15512호
2018. 4.17법15584호 2018.10.16법15844호
2019. 1.15법16272호(산업안전)
2020. 5.26법17326호(법률용어정비)
2021. 4.13법18034호 2023. 1. 3법19172호
2024. 1. 9법19964호→2024년 7월 10일 시행
2024. 2. 6법20232호→2025년 1월 1일 및 2025년 8월 7일 시행이므로「法典 別冊」보유편 수록

제1장 총 칙

제1조【목적】 이 법은 화학물질의 등록·신고 및 유해성(有害性)·위해성(危害性)에 관한 심사·평가, 유해화학물질 지정에 관한 사항을 규정하고, 화학물질에 대한 정보를 생산·활용하도록 함으로써 국민건강 및 환경을 보호하는 것을 목적으로 한다.(2018.3.20 본조개정)

제2조【정의】 이 법에서 사용하는 용어의 뜻은 다음 각 호와 같다.

1. "화학물질"이란 원소·화합물 및 그에 인위적인 반응을 일으켜 얻어진 물질과 자연 상태에서 존재하는 물질을 화학적으로 변형시키거나 추출 또는 정제한 것을 말한다.
2. "혼합물"이란 두 가지 이상의 물질로 구성된 물질 또는 용액을 말한다.
3. "기존화학물질"이란 다음 각 목의 화학물질을 말한다.
   가. 1991년 2월 2일 전에 국내에서 상업용으로 유통된 화학물질로서 환경부장관이 고용노동부장관과 협의하여 고시한 화학물질
   나. 1991년 2월 2일 이후 종전의「유해화학물질 관리법」에 따라 유해성심사를 받은 화학물질로서 환경부장관이 고시한 화학물질
4. "신규화학물질"이란 기존화학물질을 제외한 모든 화학물질을 말한다.
5. (2018.3.20 삭제)
6. "유독물질"이란 유해성이 있는 화학물질로서 대통령령으로 정하는 기준에 따라 환경부장관이 지정하여 고시한 것을 말한다.
7. "허가물질"이란 위해성이 있다고 우려되는 화학물질로서 환경부장관의 허가를 받아 제조·수입·사용하도록 제25조에 따라 환경부장관이 관계 중앙행정기관의 장과의 협의와 제7조에 따른 화학물질평가위원회의 심의를 거쳐 고시한 것을 말한다.
8. "제한물질"이란 특정 용도로 사용되는 경우 위해성이 크다고 인정되는 화학물질로서 그 용도로의 제조, 수입, 판매, 보관·저장, 운반 또는 사용을 금지하기 위하여 제27조에 따라 환경부장관이 관계 중앙행정기관의 장과의 협의와 제7조에 따른 화학물질평가위원회의 심의를 거쳐 고시한 것을 말한다.
9. "금지물질"이란 위해성이 크다고 인정되는 화학물질로서 모든 용도로의 제조, 수입, 판매, 보관·저장, 운반 또는 사용을 금지하기 위하여 제27조에 따라 환경부장관이 관계 중앙행정기관의 장과의 협의와 제7조에 따른 화학물질평가위원회의 심의를 거쳐 고시한 것을 말한다.
10. "유해화학물질"이란 유독물질, 허가물질, 제한물질 및 금지물질을 말한다.(2018.3.20 본호개정)

10의2. "중점관리물질"이란 다음 각 목의 어느 하나에 해당하는 화학물질 중에서 위해성이 있다고 우려되어 제7조에 따른 화학물질평가위원회의 심의를 거쳐 환경부장관이 정하여 고시하는 것을 말한다.
   가. 사람 또는 동물에게 암, 돌연변이, 생식능력 이상 또는 내분비계 장애를 일으키거나 일으킬 우려가 있는 물질
   나. 사람 또는 동식물의 체내에 축적성이 높고, 환경 중에 장기간 잔류하는 물질
   다. 사람에게 노출되는 경우 폐, 간, 신장 등의 장기에 손상을 일으킬 수 있는 물질
   라. 사람 또는 동식물에게 가목부터 다목까지의 물질과 동등한 수준 또는 그 이상의 심각한 위해를 줄 수 있는 물질

(2018.3.20 본호신설)

11. "유해성"이란 화학물질의 독성 등 사람의 건강이나 환경에 좋지 아니한 영향을 미치는 화학물질 고유의 성질을 말한다.
12. "위해성"이란 유해성이 있는 화학물질이 노출되는 경우 사람의 건강이나 환경에 피해를 줄 수 있는 정도를 말한다.
13. "총칭명"(總稱名)이란 자료보호를 목적으로 화학물질의 본래의 이름을 대체하여 명명한 이름을 말한다.
14. "사업자"란 영업의 목적으로 화학물질을 제조·수입·사용·판매하는 자를 말한다.
15. "제품"이란「소비자기본법」제2조제1호에 따른 소비자가 사용하는 물품 또는 그 부분품이나 부속품으로서 소비자에게 화학물질의 노출을 유발할 가능성이 있는 다음 각 목의 것을 말한다.(2018.3.20 본문개정)
   가. 혼합물로 이루어진 제품
   나. 화학물질이 사용 과정에서 유출되지 아니하고 특정한 고체 형태로 일정한 기능을 발휘하는 제품
16. (2018.3.20 삭제)
17. "하위사용자"란 영업활동 과정에서 화학물질 또는 혼합물을 사용하는 자(법인의 경우에는 국내에 설립된 경우로 한정한다)를 말한다. 다만, 화학물질 또는 혼합물을 제조·수입·판매하는 자 또는 소비자는 제외한다.
18. "판매"란 화학물질, 혼합물 또는 제품을 시장에 출시하는 행위를 말한다.
19. "척추동물대체시험"이란 화학물질의 유해성, 위해성 등에 관한 정보를 생산하는 과정에서 살아있는 척추동물의 사용을 최소화하거나 부득이하게 척추동물을 사용하는 경우 불필요한 고통을 경감시키는 시험을 말한다.(2018.4.17 본호신설)

제3조【적용범위】 이 법은 다음 각 호의 어느 하나에 해당하는 화학물질에는 적용하지 아니한다.

1.「원자력안전법」제2조제5호에 따른 방사성물질
2.「약사법」제2조제4호·제7호에 따른 의약품 및 의약외품
3.「마약류 관리에 관한 법률」제2조제1호에 따른 마약류
4.「화장품법」제2조제1호에 따른 화장품과 화장품에 사용하는 원료
5.「농약관리법」제2조제1호·제3호에 따른 농약과 원제(原劑)
6.「비료관리법」제2조제1호에 따른 비료
7.「식품위생법」제2조제1호·제2호·제4호·제5호에 따른 식품, 식품첨가물, 기구 및 용기·포장
8.「사료관리법」제2조제1호에 따른 사료
9.「총포·도검·화약류 등 단속법」제2조제3항에 따른 화약류
10.「군수품관리법」제2조 및「방위사업법」제3조제2호에 따른 군수품(「군수품관리법」제3조에 따른 통상품(通常品)은 제외한다)
11.「건강기능식품에 관한 법률」제3조제1호에 따른 건강기능식품
12.「의료기기법」제2조제1항에 따른 의료기기
13.「위생용품 관리법」제2조제1호에 따른 위생용품
14.「생활화학제품 및 살생물제의 안전관리에 관한 법률」제3조제7호·제8호에 따른 살생물물질과 살생물제품

(2018.3.20 13호～14호신설)

15.「친환경농어업 육성 및 유기식품 등의 관리·지원에 관한 법률」제2조제4호·제5호·제5호의2·제6호 및 제7호에 따른 유기식품, 비식용유기가공품, 무농약원료가공식품, 유기농어업자재 및 허용물질(2021.4.13 본호신설)

제4조【국가의 책무】 ① 국가는 화학물질의 유해성과 위해성을 파악하고 그로 인한 피해를 예방하기 위하여 필요한 시책을 수립·시행하여야 한다.
② 국가는 화학물질의 유해성과 위해성 등에 관한 정보가 생산·확보되어 체계적으로 관리되고 화학물질을 양도·양수하는 과정에서 해당 정보가 전달되도록 하기 위하여 기술적·행정적·재정적 지원을 하여야 한다.
③ 국가는 제품 내에 들어있는 화학물질로부터 국민의 건강 및 환경을 보호하기 위하여 제품의 안전관리에 관한 시책을 수립·시행하여야 한다.(2020.5.26 본항개정)
④ 국가는 중소기업의 화학물질 등록·평가 등과 관련하여 조사·연구·교육·홍보 등 지원을 하여야 한다.
(2018.3.20 본항개정)
⑤ 국가는 화학물질의 유해성, 위해성 등에 관한 정보를 생산하는 과정에서 척추동물의 사용이 최소화될 수 있도록 척추동물대체시험의 개발·이용에 관한 정책을 수립·시행하여야 한다.(2018.4.17 본항신설)

제5조【사업자의 책무】 ① 사업자는 화학물질로 인한 국민건강 또는 환경상의 위해를 예방하거나 최소화하기 위하여 유해성 또는 위해성이 있는 화학물질의 사용을 줄이거나 그러한 화학물질을 대체할 수 있는 물질 또는 신기술의 개발 등 필요한 조치를 하여야 한다.
(2018.3.20 본항개정)
② 사업자는 제조·수입하는 화학물질의 유해성과 위해성에 관한 정보를 적극적으로 생산·교환·활용하고, 화학물질의 등록·신고 및 유해성심사·위해성평가와 관련한 국가의 시책에 참여하고 협력하여야 한다.
(2018.3.20 본항개정)
③ 사업자는 화학물질의 용도·안정성 및 화학물질 노출 시 대응 방법 등에 관한 정보를 적극적으로 생산하는 등 국민의 건강 및 환경을 보호하기 위하여 노력하여야 한다.
④ 제품을 생산·수입하는 사업자는 제품에 들어있는 화학물질로 인하여 국민의 생명·신체 또는 재산에 피해가 발생하지 아니하도록 하여야 한다.(2020.5.26 본항개정)
⑤ 사업자는 화학물질의 유해성, 위해성 등에 관한 정보를 생산하는 경우에는 척추동물대체시험을 우선적으로 고려하여야 한다.(2018.4.17 본항신설)

제6조【화학물질의 평가 등에 관한 기본계획】 ① 환경부장관은 화학물질의 등록·신고 및 평가, 제품에 들어있는 중점관리물질의 신고 등에 관한 기본계획(이하 "기본계획"이라 한다)을 5년마다 수립하여야 한다.
(2020.5.26 본항개정)
② 환경부장관은 기본계획을 수립하는 경우 미리 관계 중앙행정기관의 장과 협의한 후 제7조에 따른 화학물질평가위원회의 심의를 거쳐야 한다. 기본계획을 변경하려는 경우에도 또한 같다.
③ 기본계획에는 다음 각 호의 사항이 포함되어야 한다.
1. 화학물질의 등록·신고, 유해성심사·위해성평가, 제품에 들어있는 중점관리물질의 신고 등을 하기 위한 방법 및 계획(2020.5.26 본호개정)
2. 화학물질의 등록·신고, 제품에 들어있는 중점관리물질의 신고, 유해성·위해성에 관한 심사·평가에 필요한 기술 개발 등에 관한 사항(2020.5.26 본호개정)
3. 화학물질의 유해성·위해성 관련 조사·연구, 안전관리 및 국제협력에 관한 사항(2018.3.20 본호개정)
4. 화학물질로 인한 국민건강상 또는 환경상의 피해를 예방하기 위한 산업계 활동, 노동자 및 소비자 안전 지원과 교육에 관한 사항(2018.3.20 본호개정)
5. 그 밖에 화학물질의 등록·신고 및 유해성심사·위해성평가 등을 추진하기 위하여 필요한 사항(2018.3.20 본호개정)

④ 환경부장관은 기본계획을 수립하면 지체 없이 그 내용을 관계 중앙행정기관의 장 및 지방자치단체의 장에게 통보하여야 한다.
⑤ 관계 중앙행정기관의 장 및 지방자치단체의 장은 기본계획에 따라 소관 사항에 속하는 시책을 수립·시행하여야 한다.

제7조【화학물질평가위원회】 ① 화학물질의 등록·신고, 제품에 들어있는 중점관리물질의 신고, 유해성·위해성에 관한 심사·평가 등과 관련한 다음 각 호의 사항을 심의하기 위하여 환경부장관 소속으로 화학물질평가위원회(이하 "평가위원회"라 한다)를 둔다.(2020.5.26 본문개정)
1. 기본계획의 수립에 관한 사항
2. 중점관리물질의 지정에 관한 사항(2018.3.20 본호개정)
3. 허가물질, 제한물질 또는 금지물질의 지정에 관한 사항
4. 제10조제5항에 따라 등록하여야 하는 화학물질의 지정에 관한 사항(2018.3.20 본호개정)

4의2. 제11조제1항제2호에 따라 등록 등이 면제되는 화학물질의 지정에 관한 사항(2018.3.20 본호신설)

5. (2018.3.20 삭제)
6. 그 밖에 화학물질의 등록·신고, 유해성·위해성에 관한 심사·평가 및 안전관리 등과 관련하여 대통령령으로 정하는 사항(2018.3.20 본호개정)

② 평가위원회는 위원장 1명과 부위원장 1명을 포함하여 30명 이내의 위원으로 구성한다.
③ 평가위원회의 위원장은 환경부차관이 되고, 부위원장은 위원 중에서 호선한다.
④ 평가위원회의 위원은 다음 각 호의 사람 중에서 환경부장관이 임명하거나 위촉한다.
1. 화학물질에 관한 업무를 담당하는 관계 중앙행정기관 소속 공무원 중에서 해당 기관의 장이 추천하는 사람(2018.3.20 본호개정)
2. 화학·환경·보건 등 관련 분야의 학식과 경험이 풍부한 전문가와 화학물질 관련 산업계·민간단체 관계자
3. 제2호의 사람 중에서 관계 중앙행정기관의 장이 추천하는 사람

⑤ 평가위원회의 회의는 재적위원 과반수의 출석으로 개의(開議)하고, 출석위원 과반수의 찬성으로 의결한다.
⑥ 평가위원회의 심의사항을 전문적으로 연구·검토하기 위하여 필요한 경우에는 평가위원회의 위원과 관련 분야의 전문가로 구성되는 위해성평가위원회 등의 분야별 전문위원회를 둘 수 있다.(2018.3.20 본항개정)
⑦ 제1항부터 제6항까지에서 규정한 사항 외에 평가위원회 및 전문위원회의 구성·운영 등에 필요한 사항은 대통령령으로 정한다.

제2장 화학물질의 등록

제8조～제9조 (2018.3.20 삭제)

제10조【화학물질의 등록 등】 ① 연간 100킬로그램 이상 신규화학물질 또는 연간 1톤 이상 기존화학물질을 제조·수입하려는 자(제4항제2호에 해당하는 자는 제외한다)는 제조 또는 수입 전에 환경부장관에게 등록하여야 한다.
② 제1항에도 불구하고 기존화학물질을 제조·수입하려는 자는 다음 각 호에서 정하는 등록유예기간(이하 "등록유예기간"이라 한다) 동안에는 등록을 하지 아니하고 제조·수입할 수 있다.
1. 연간 1톤 이상으로 사람 또는 동물에게 암, 돌연변이, 생식능력 이상을 일으키거나 일으킬 우려가 있는 물질로 평가위원회의 심의를 거쳐 환경부장관이 지정·고시한 기존화학물질 및 연간 1천톤 이상의 기존화학물질을 제조·수입하려는 경우 : 2021년 12월 31일
2. 연간 100톤 이상 1천톤 미만의 기존화학물질을 제조·수입하려는 경우 : 2024년 12월 31일
3. 연간 1톤 이상 100톤 미만의 기존화학물질을 제조·수입하려는 경우 : 2030년 12월 31일 이내의 범위에서 대통령령으로 정하는 기간

(2018.3.20 1호～3호신설)
③ 제2항에 따라 등록유예기간 동안 등록을 하지 아니하고 제조·수입하려는 자는 환경부령으로 정하는 바에 따라 제조 또는 수입 전에 환경부장관에게 다음 각 호의 사항을 신고하여야 하며, 신고한 사항 중 대통령령으로 정하는 사항이 변경된 경우에는 환경부령으로 정하는 바에 따라 환경부장관에게 변경신고를 하여야 한다.

1. 화학물질의 명칭
2. 연간 제조량 또는 수입량
3. 화학물질의 분류·표시
4. 화학물질의 용도
5. 그 밖에 제조 또는 수입하려는 자의 상호 등 환경부령으로 정하는 사항
(2018.3.20 본항신설)
④ 다음 각 호의 어느 하나에 해당하는 자는 해당 각 호의 신규화학물질을 제조 또는 수입하기 전에 환경부장관에게 신고하여야 한다.
1. 연간 100킬로그램 미만의 신규화학물질을 제조·수입하려는 자
2. 다음 각 목의 어느 하나에 해당하는 신규화학물질에 대하여 종전의 「유해화학물질 관리법」(법률 제11862호로 개정되기 전의 것을 말한다) 제10조제1항제3호에 따라 유해성심사 면제확인을 받은 자로서 그 면제확인을 받은 바에 따라 해당 신규화학물질을 제조·수입하려는 자
가. 연간 100킬로그램 이하로 제조되거나 수입되는 신규화학물질
나. 신규화학물질이 아닌 화학물질로만 구성된 고분자화합물질로서 환경부장관이 정하여 고시하는 신규화학물질
(2018.3.20 본항신설)
⑤ 제1항에 따른 등록대상이 아님에도 불구하고 사람의 건강 또는 환경에 심각한 피해를 입힐 우려가 크다고 인정되거나 연간 국내 총 제조·수입량이 대통령령으로 정하는 기준을 초과하여 평가위원회의 심의를 거쳐 환경부장관이 지정·고시한 화학물질을 제조·수입하려는 자는 대통령령으로 정하는 기간 이내에 해당 화학물질을 환경부장관에게 등록하여야 한다.(2018.3.20 본항신설)
⑥ 제1항·제5항에 따라 등록하려는 자 또는 제4항에 따라 신고하려는 자는 환경부령으로 정하는 바에 따라 환경부장관에게 등록신청 또는 신고를 하여야 한다.
⑦ 환경부장관은 제6항에 따라 등록신청 또는 신고를 받은 날부터 환경부령으로 정하는 기간 이내에 등록 또는 신고 수리 여부를 결정하여 신청인에게 통지하여야 한다.
⑧ 제1항부터 제7항까지에서 규정한 사항 외에 화학물질의 등록 및 신고에 필요한 사항은 환경부령으로 정한다.
(2018.3.20 본조개정)

제11조【화학물질의 등록 등 면제】 ① 다음 각 호의 어느 하나에 해당하는 자는 제10조제1항·제5항에 따른 등록 또는 같은 조 제4항에 따른 신고를 하지 아니하고 화학물질을 제조·수입할 수 있다.
1. 다음 각 목의 어느 하나에 해당하는 화학물질을 제조·수입하려는 자
가. 기계에 내장(內藏)되어 수입되는 화학물질
나. 시험운전용으로 사용되는 기계 또는 장치류와 함께 수입되는 화학물질
다. 특정한 고체 형태로 일정한 기능을 발휘하는 제품에 들어있어 그 사용 과정에서 유출되지 아니하는 화학물질(2020.5.26 본목개정)
2. 위해성이 매우 낮은 화학물질로서 평가위원회의 심의를 거쳐 환경부장관이 지정·고시하는 화학물질을 제조·수입하려는 자
3. 그 밖에 국외로 전량 수출하기 위하여 제조하거나 수입하는 화학물질 등 대통령령으로 정하는 화학물질로서 환경부장관으로부터 등록 또는 신고의 면제 확인(이하 "등록등면제확인"이라 한다)을 받은 화학물질을 제조·수입하려는 자(2018.3.20 본호신설)
② 등록등면제확인을 받으려는 자는 환경부장관에게 등록등면제확인을 신청하여야 한다. 이 경우 환경부장관은 환경부령으로 정하는 바에 따라 제1항제3호에 따른 등록 또는 신고의 면제대상에 해당하는지를 확인하여 신청인에게 통지하여야 한다.
③ 제2항에 따라 환경부장관에게 등록등면제확인 통지를 받은 자는 등록등면제확인을 받은 화학물질의 제조·수입량 등 환경부령으로 정하는 사항이 변경된 경우에는 환경부장관에게 변경신청을 하여야 한다.(2018.10.16 본항신설)
④ 제1항부터 제3항까지에서 규정한 사항 외에 등록등면제확인의 기준 등 등록등면제확인 또는 변경신청에 필요한 사항은 환경부령으로 정한다.(2018.10.16 본항개정)
(2018.3.20 본조개정)

제12조【변경등록·변경신고 등】 ① 제10조제1항 또는 제5항에 따라 등록한 자는 다음 각 호의 어느 하나에 해당하는 변경사항이 발생한 경우 환경부령으로 정하는 바에 따라 변경등록을 하여야 한다.(2018.3.20 본문개정)
1. 등록한 화학물질의 연간 제조량·수입량이 환경부령으로 정하는 범위 이상 변경된 경우
2. 등록한 화학물질의 용도, 유해성 및 위해성 등에 관하여 환경부령으로 정하는 사항이 변경된 경우
② 제10조제1항 또는 제5항에 따라 등록한 자는 다음 각 호의 어느 하나에 해당하는 사항이 변경된 경우 환경부령으로 정하는 바에 따라 변경된 사항을 신고하여야 한다.(2018.3.20 본문개정)
1. 등록한 자의 상호·성명 또는 소재지
2. 대표자(등록한 자가 법인인 경우만 해당한다)
3. 그 밖에 신고에 관하여 환경부령으로 정하는 사항
(2018.3.20 1호~3호신설)
③ 제10조제4항에 따라 신고한 자는 다음 각 호의 어느 하나에 해당하는 사항이 변경된 경우 환경부령으로 정하는 바에 따라 환경부장관에게 변경신고를 하여야 한다.
1. 신고한 자의 상호·성명 또는 소재지
2. 대표자(신고한 자가 법인인 경우만 해당한다)
3. 신고한 화학물질의 용도, 유해성 및 위해성에 관한 사항 등 환경부령으로 정하는 사항
(2018.3.20 본항신설)
④ 제1항부터 제3항까지에서 규정한 사항 외에 변경등록, 신고 및 변경신고에 필요한 사항은 환경부령으로 정한다.
(2018.3.20 본항개정)

제13조【등록 의무 등 불이행에 대한 조치 등】 ① 누구든지 제10조제1항·제5항에 따른 등록 또는 같은 조 제4항에 따른 신고의 대상임에도 불구하고 해당 등록 또는 신고를 하지 아니하거나 등록등면제확인을 받지 아니한 화학물질(이하 "미등록등화학물질"이라 한다)을 제조·수입·사용 또는 판매하여서는 아니 된다.
(2021.4.13 본항개정)
② 환경부장관은 미등록등화학물질의 하위사용자 또는 이를 제조·수입·판매하는 자에게 그 화학물질의 제조·수입·사용·판매의 중지, 회수 및 그 밖에 대통령령으로 정하는 필요한 조치를 명할 수 있다.(2021.4.13 본항개정)
③ 환경부장관은 제10조제3항에 따른 신고를 하지 아니하고 등록유예기간 이내에 기존화학물질을 제조 또는 수입하는 자에게 해당 화학물질의 제조, 수입, 사용 또는 판매를 중지하도록 명할 수 있다.
④ 제3항에 따른 제조 또는 수입의 중지 명령을 받은 자는 해당 기존화학물질을 제조 또는 수입하려면 제10조제2항에도 불구하고 등록하여야 하며, 등록신청에 관하여는 제10조제6항 및 제7항을 적용한다.
(2018.3.20 본조개정)

제14조【화학물질의 등록 등 신청 시 제출 자료】 ① 제10조제1항 또는 제5항에 따라 등록을 하려는 자는 환경부령으로 정하는 바에 따라 다음 각 호의 사항에 관한 자료(이하 "등록신청자료"라 한다)를 제출하여야 한다. 다만, 대통령령으로 정하는 신규화학물질 또는 기존화학물질의 경우에는 환경부령으로 정하는 바에 따라 해당 자료의 일부를 제출하지 아니할 수 있다.(2018.3.20 본문개정)
1. 제조·수입하려는 자의 명칭, 소재지 및 대표자
2. 화학물질의 명칭, 분자식·구조식 등 화학물질의 식별정보
3. 화학물질의 용도
4. 화학물질의 분류 및 표시
5. 화학물질의 물리적·화학적 특성
6. 화학물질의 유해성
7. 화학물질의 전과정에서 취급방법과 노출통제·관리방법을 기술한 노출시나리오를 포함한 위해성(제조·수입하려는 화학물질의 양이 연간 10톤 이상인 경우만 해당한다)
8. 안전사용을 위한 지침 관련 자료(보호구, 폭발·화재·누출 시 응급조치사항 등)
9. 그 밖에 환경부령으로 정하는 자료
② 제1항제5호 및 제6호의 사항에 관한 등록신청자료 중 환경부령으로 정하는 자료는 다음 각 호의 어느 하나에 해당하는 시험기관에서 실시된 시험결과를 기록한 서류로 제출하여야 한다.
1. 제22조제1항에 따른 국내 시험기관
2. 경제협력개발기구의 우수실험실 운영에 관한 기준을 준수한다고 환경부령에 따라 확인된 외국 시험기관
③ 제10조제1항 또는 제5항에 따라 등록을 하려는 자는 환경부령으로 정하는 바에 따라 제1항제5호 및 제6호의 사항에 관한 등록신청자료의 일부를 시험의 내용 및 일정 등을 포함한 계획서(이하 이 조에서 "시험계획서"라 한다)로 대체하여 제출할 수 있다. 이 경우 환경부장관은 시험계획서의 시험내용 및 시험일정의 적정성 등을 환경부령으로 정하는 바에 따라 검토하고, 제조자·수입자에게 시험의 구체적 내용, 자료의 제출기한 등을 통지하여야 한다.(2018.3.20 전단개정)
④ 환경부장관은 기존화학물질 중 일부에 대하여 제1항제5호 및 제6호의 사항에 관한 등록신청자료를 확보하여 제1항에 따른 등록을 하려는 자에게 제공할 수 있다. 이 경우 등록신청자료의 확보에 드는 비용을 환경부령으로 정하는 바에 따라 등록을 하려는 자로부터 받을 수 있다.
(2018.3.20 본항신설)
⑤ 환경부장관은 제4항 전단에 따라 등록신청자료를 확보하려는 경우에는 동물실험을 최소화하기 위하여 제2항 각 호의 시험기관에서 척추동물을 이용하여 실시한 시험결과를 기록한 시험자료(이하 "척추동물시험자료"라 한다) 또는 동물실험을 대체하는 방법에 따라 작성된 자료를 우선적으로 확보하여야 한다.(2018.3.20 본항신설)
⑥ 제10조제4항에 따라 신고하려는 자는 환경부령으로 정하는 바에 따라 다음 각 호의 자료를 제출하여야 한다.
1. 제1항제1호부터 제4호까지의 사항에 관한 자료
2. 그 밖에 환경부령으로 정하는 자료
(2018.3.20 본항신설)
⑦ 제1항에 따른 자료의 세부적인 내용, 제1항제5호 및 제6호의 사항에 관한 등록신청자료를 생산하기 위한 시험방법, 제1항제7호의 위해성에 관한 자료의 작성방법, 시험계획서의 작성방법, 제4항에 따른 자료의 확보 등에 필요한 사항은 환경부령으로 정한다.(2018.3.20 본항개정)
(2018.3.20 본조제목개정)

제15조【기존화학물질의 등록신청 시 자료제출 방법】 ① 기존화학물질을 등록유예기간 이내에 등록하려는 자는 제10조제6항에 따라 각자 등록을 신청하되, 환경부령으로 정하는 등록신청자료는 대표자를 정하여 공동으로 제출하여야 한다. 다만, 다음 각 호의 어느 하나에 해당하는 경우 환경부장관의 확인(이하 "개별제출확인"이라 한다)을 받고 개별적으로 제출할 수 있다.(2018.3.20 본문개정)
1. 기업의 영업비밀이 공개되어 상당한 상업적 손실이 생길 것으로 예상되는 경우(2020.5.26 본호개정)
2. 공동으로 제출하는 것이 개별적으로 제출하는 것보다 더 많은 비용이 소요되는 경우
3. 그 밖에 대통령령으로 정하는 사유에 해당하는 경우
② 환경부장관은 등록신청자료의 공동 제출이 원활하게 이루어질 수 있도록 제10조제3항에 따라 신고된 사항 중 등록신청자료의 공동 제출에 필요한 정보를 제1항 본문에 따라 등록신청자료를 공동으로 제출하여야 하는 자에게 제공할 수 있다.(2018.3.20 본항신설)
③ 등록신청자료의 공동 제출, 공동 제출에 필요한 정보의 제공 및 개별제출확인의 방법과 절차 등 필요한 사항은 환경부령으로 정한다.(2018.3.20 본항개정)
(2018.3.20 본조제목개정)

제16조【기존 등록신청자료의 공동활용】 ① 제10조제1항 또는 제5항에 따라 등록을 하려는 자는 다른 등록자가 제14조제1항에 따라 제출한 기존 등록신청자료 중 환경부령으로 정하는 등록신청자료는 소유자의 사용동의를 받아 자신의 등록신청 목적으로 활용할 수 있다. 다만, 등록된 지 15년이 지난 등록신청자료의 경우에는 소유자의 사용동의를 받지 아니하고 활용할 수 있다.
(2018.3.20 본문개정)
② 제10조제1항 또는 제5항에 따라 등록을 하려는 자는 제1항에 따라 기존 등록신청자료를 활용하기 위하여 같은 화학물질이 등록되었는지 등을 환경부장관에게 문의할 수 있다. 이 경우 환경부장관은 환경부령으로 정하는 바에 따라 결과를 알려주어야 한다.(2018.3.20 전단개정)
③ 제1항과 제2항에서 규정한 사항 외에 등록신청자료의 공동활용 등에 필요한 사항은 환경부령으로 정한다.

제16조의2【척추동물시험의 최소화 원칙】 화학물질의 등록, 유해성심사, 위해성평가 등을 위한 척추동물시험은 척추동물대체시험 등을 통해 최소한의 범위에서 실시하여야 하며, 해당 화학물질이 사람, 동물 또는 환경에 미치는 위해성이 새롭게 밝혀지는 등 대통령령으로 정하는 사유가 있는 경우 외에는 동일한 화학물질에 대하여 반복적으로 실시하여서는 아니 된다.(2018.4.17 본조신설)

제17조【척추동물시험자료에 관한 특례】 ① 제10조제1항 또는 제5항에 따라 등록을 하려는 자는 척추동물시험을 최소화하기 위하여 척추동물시험자료가 이미 존재하는지 여부를 미리 확인하여야 한다.
② 등록신청을 하려는 자는 제1항에 따른 확인 결과 척추동물시험자료가 있는 경우 소유자의 사용동의를 받아 해당 척추동물시험자료를 자신의 등록신청 목적으로 활용하여야 한다. 다만, 척추동물시험자료가 등록신청자료로 제출된 자료로서 등록된 지 15년이 지난 경우에는 소유자의 사용동의를 받지 아니하고 활용할 수 있다.
(2018.4.17 본항신설)
③ 제2항에도 불구하고 등록신청을 하려는 자는 척추동물시험자료의 소유자가 사용동의를 하지 아니하는 경우에는 환경부장관의 확인을 받고 해당 등록신청자료를 제출하지 아니할 수 있다. 다만, 환경부장관은 해당 척추동물시험자료 없이는 화학물질의 유해성 등을 판단하기 곤란한 경우 등 척추동물시험자료를 제출할 필요가 있다고 인정하는 경우에는 환경부령으로 정하는 기간 내에 해당 자료를 생산하여 제출하도록 명할 수 있다.
④ 제2항에 따라 척추동물시험자료의 사용동의를 요청받은 자는 대통령령으로 정하는 정당한 사유가 없으면 그 요청에 따라야 한다.
⑤ 제4항에 따른 정당한 사유 없이 척추동물시험자료의 사용동의를 거부한 자는 해당 척추동물시험자료를 등록신청 목적으로 제출할 수 없다.
⑥ 제1항부터 제5항까지에서 규정한 사항 외에 척추동물시험자료의 사용동의 등에 필요한 사항은 환경부령으로 정한다.
(2018.4.17 본조개정)

제17조의2【과징금의 부과】 ① 환경부장관은 화학물질을 제조 또는 수입하는 자가 다음 각 호의 어느 하나에 해당하는 위반행위를 한 경우에는 해당 화학물질을 제조 또는 수입하는 자에게 대통령령으로 정하는 바에 따라 매출액의 100분의 5 이하에 해당하는 금액을 과징금으로 부과할 수 있다. 다만, 매출액이 없거나 매출액의 산정이 곤란한 경우로서 대통령령으로 정하는 경우에는 10억원 이하의 과징금을 부과할 수 있으며, 단일 사업장을 보유하고 있는 기업의 경우에는 매출액의 1천분의 25를 초과하지 못한다.
1. 제10조제1항 또는 제5항을 위반하여 등록을 하지 아니하거나 등록한 내용과 다르게 화학물질을 제조 또는 수입한 경우

2. 제12조제1항을 위반하여 변경등록을 하지 아니하거나 변경등록한 내용과 다르게 화학물질을 제조 또는 수입한 경우
② 환경부장관은 제1항에 따라 과징금을 부과하는 경우에는 다음 각 호의 사항을 고려하여야 한다.
1. 위반행위의 내용 및 정도
2. 위반행위의 기간 및 횟수
3. 위반행위로 인하여 취득한 이익의 규모
③ 환경부장관은 제1항 각 호의 어느 하나에 해당하는 위반행위를 한 법인이 합병을 하는 경우 그 법인이 행한 위반행위는 합병 후 존속하거나 합병으로 설립된 법인이 행한 행위로 보아 과징금을 부과할 수 있다.
④ 제1항부터 제3항까지에서 규정한 사항 외에 과징금의 부과기준 등 과징금의 부과에 필요한 사항은 대통령령으로 정한다.
(2018.3.20 본조신설)
제17조의3【과징금의 징수 및 체납처분 등】 ① 환경부장관은 제17조의2제1항에 따른 과징금 납부의무자(이하 이 조에서 "과징금납부의무자"라 한다)가 납부기한 내에 과징금을 납부하지 아니한 경우에는 납부기한의 다음 날부터 납부한 날까지의 기간에 대하여 「은행법」 제2조제1항제2호에 따른 은행의 연체 이자율을 고려하여 대통령령으로 정하는 바에 따라 가산금을 징수할 수 있다. 이 경우 가산금을 징수하는 기간은 60개월을 초과하지 못한다.
② 환경부장관은 과징금납부의무자가 납부기한 내에 과징금을 납부하지 아니한 경우에는 기간을 정하여 독촉을 하고, 그 기간 내에 과징금 및 제1항에 따른 가산금을 납부하지 아니한 경우에는 국세 체납처분의 예에 따라 이를 징수할 수 있다.
③ 환경부장관은 법원의 판결 등의 사유로 과징금을 환급하는 경우에는 과징금을 납부한 날부터 환급하는 날까지의 기간에 대하여 대통령령으로 정하는 바에 따라 환급가산금을 지급하여야 한다.
④ 제1항부터 제3항까지에서 규정한 사항 외에 과징금의 징수 및 체납처분 등에 필요한 사항은 대통령령으로 정한다.
(2018.3.20 본조신설)

제3장 화학물질의 유해성심사 및 위해성평가

제18조【유해성심사】 ① 환경부장관은 제10조제1항 또는 제5항에 따라 등록한 화학물질(제12조제1항에 따라 변경등록한 화학물질을 포함한다)에 대하여 환경부령으로 정하는 바에 따라 유해성심사를 하고 그 결과를 등록한 자에게 통지하여야 한다.(2018.3.20 본항개정)
② 환경부장관은 유해성심사를 위하여 필요한 경우 등록한 자에게 유해성심사에 필요한 자료의 제출을 명할 수 있다.
③ 제1항에 따른 유해성심사 및 결과의 통지, 제2항에 따른 자료의 제출 명령 등에 필요한 사항은 환경부령으로 정한다.
제19조【유해성평가 등】 ① 환경부장관은 국제기구에서 유해성을 평가하는 화학물질 중 우리나라가 평가하기로 한 화학물질 등 유해성평가가 필요하다고 인정되는 화학물질로서 대통령령으로 정하는 화학물질에 대하여 환경부령으로 정하는 바에 따라 유해성평가를 하여야 한다.
② 제1항에 따른 유해성평가를 위하여 생산한 유해성 시험자료(이하 "유해성 시험자료"라 한다)를 제10조에 따른 등록 등 국내외의 법령에 따른 화학물질의 등록 또는 유해성심사 신청의 목적으로 사용하고자 하는 자는 환경부장관의 승인을 받아야 한다.(2018.10.16 본항개정)
③ 환경부장관은 제2항에 따라 유해성 시험자료의 사용 승인을 받은 자가 다음 각 호의 어느 하나에 해당하는 경우에는 사용 승인을 취소할 수 있다. 다만, 제1호에 해당하는 경우에는 그 승인을 취소하여야 한다.
(2018.10.16 본문개정)
1. 거짓이나 그 밖의 부정한 방법으로 사용 승인을 받은 경우
2. 사용 승인을 받지 아니한 자로 하여금 유해성 시험자료를 사용하게 한 경우(2018.10.16 본호개정)
3. 사용 승인을 받은 목적 외의 용도로 유해성 시험자료를 사용하는 경우(2018.10.16 본호개정)
(2016.1.27 본항신설)
④ 제2항 및 제3항에 따른 유해성 시험자료의 사용 승인 및 취소의 방법 등에 필요한 사항은 환경부령으로 정한다.(2018.10.16 본항개정)
제19조의2【사용료】 ① 환경부장관은 제19조제2항에 따라 유해성 시험자료의 사용승인을 받은 자에게 사용료를 징수한다.
② 환경부장관은 제1항에 따라 사용료를 징수하는 경우에는 사용 대상이 되는 유해성 시험자료 취득금액의 1천분의 50 이상의 범위에서 사용료를 결정할 수 있다.
③ 환경부장관은 제2항에도 불구하고 다음 각 호의 어느 하나에 해당하는 경우에는 사용료의 전부 또는 일부를 감면할 수 있다.
1. 유해성 시험자료의 사용승인을 받은 자가 「소상공인기본법」 제2조에 따른 소상공인이 경영하는 업종에 해당하는 경우
2. 사용 대상이 되는 유해성 시험자료가 척추동물대체시험자료인 경우
3. 그 밖에 환경부령으로 정하는 경우
④ 사용료는 「환경정책기본법」에 따른 환경개선특별회계의 세입으로 한다.
⑤ 제2항·제3항에 따른 사용료의 결정 및 감면에 필요한 사항은 환경부령으로 정한다.
⑥ 사용료의 납부기한 등 이 법에서 규정하지 아니한 사항은 「국유재산법」 중 사용료에 관한 규정을 준용한다.
(2024.1.9 본조신설)
제20조【유독물질의 지정】 환경부장관은 유해성심사 결과 유해성이 있는 화학물질에 대하여는 대통령령으로 정하는 기준에 따라 유독물질로 지정하여 고시하여야 한다.
제21조【유해성심사 결과의 공개】 ① 환경부장관은 유해성심사를 마친 경우 해당 화학물질의 명칭, 유해성, 제20조에 따른 유독물질에 해당하는지 여부 및 그 밖에 환경부령으로 정하는 사항을 고시하여야 한다.
② 환경부장관은 제1항에 따라 고시하는 화학물질의 명칭이 제45조제1항에 따른 자료보호 대상이면 그 자료보호기간이 끝나기 전까지는 총칭명으로 고시하여야 한다. 다만, 그 화학물질이 제20조에 따른 유독물질에 해당하는 경우에는 화학물질의 명칭을 고시하여야 한다.
③ 제1항과 제2항의 고시에 필요한 세부적인 사항은 환경부령으로 정한다.
제22조【시험기관의 지정 등】 ① 환경부장관은 대통령령으로 정하는 연구기관 중에서 화학물질의 물리적·화학적 특성 및 유해성에 관한 시험을 수행할 수 있는 시험기관을 지정하여야 한다. 이 경우 해당 시험기관이 수행할 수 있는 시험분야 또는 시험항목을 함께 지정한다.
② 제1항에 따라 시험기관으로 지정받으려는 연구기관의 장은 환경부장관에게 지정신청을 하여야 한다. 지정받은 사항 중 환경부령으로 정하는 중요한 사항을 변경하려면 변경지정을 신청하여야 한다.
③ 환경부장관은 제1항에 따라 지정한 시험기관이 적절하게 운영되는지를 환경부령으로 정하는 바에 따라 정기적으로 평가하여야 한다.
④ 제1항에 따라 지정된 시험기관의 장은 시험기관의 운영실적 등을 매년 환경부장관에게 보고하여야 한다.
(2018.4.17 본항신설)
⑤ 제1항부터 제4항까지에서 규정한 사항 외에 시험기관의 지정이나 변경지정의 기준·절차와 시험기관의 관리기준, 보고 등에 관하여 필요한 사항은 환경부령으로 정한다.(2018.4.17 본항개정)
제23조【시험기관의 지정취소 등】 ① 환경부장관은 제22조에 따라 시험기관으로 지정받은 자가 다음 각 호의 어느 하나에 해당되면 시험기관의 지정을 취소하여야 한다.
1. 거짓이나 그 밖의 부정한 방법으로 지정을 받은 경우
2. 업무정지기간 중에 시험업무를 한 경우
3. 고의 또는 중대한 과실로 시험 결과를 사실과 다르게 작성한 경우
② 환경부장관은 제22조에 따라 시험기관으로 지정받은 자가 다음 각 호의 어느 하나에 해당되면 시험기관의 지정이나 시험분야 또는 시험항목의 지정을 취소하거나 6개월 이내의 기간을 정하여 그 시험분야 또는 시험항목에 대한 업무정지를 명할 수 있다.
1. 제22조제3항에 따른 평가 결과 같은 조 제4항에 따른 지정기준에 미치지 못하거나 관리기준을 위반한 경우
2. 시험기관으로 지정받은 후 정당한 사유 없이 2년 이내에 지정받은 시험분야 또는 시험항목에 대한 시험업무를 시작하지 아니하거나 계속하여 2년 이상 업무 실적이 없는 경우
3. 지정받은 시험분야 또는 시험항목 외의 시험을 하거나 시험성적서를 발급한 경우
4. 제22조제4항에 따른 보고를 하지 아니하거나 거짓으로 보고한 경우(2018.4.17 본호신설)
③ 제1항이나 제2항에 따라 시험기관의 지정이 취소된 후 2년이 지나지 아니한 경우에는 제22조에 따른 시험기관의 지정을 받을 수 없다.
④ 제2항에 따라 시험분야 또는 시험항목의 지정이 취소된 후 6개월이 지나지 아니한 경우에는 동일한 시험분야 또는 시험항목에 대하여 제22조에 따른 시험분야 또는 시험항목의 지정을 받을 수 없다.
⑤ 제1항 및 제2항에 따른 행정처분의 기준은 환경부령으로 정한다.
제24조【위해성평가】 ① 환경부장관은 제10조제1항 또는 제5항에 따라 등록한 화학물질 중 다음 각 호의 어느 하나에 해당하는 화학물질에 대하여 유해성심사 결과를 기초로 환경부령으로 정하는 바에 따라 위해성평가를 하고 그 결과를 등록한 자에게 통지하여야 한다.
(2018.3.20 본문개정)
1. 제조 또는 수입되는 양이 연간 10톤 이상인 화학물질
2. 유해성심사 결과 위해성평가가 필요하다고 인정하는 화학물질
② 환경부장관은 위해성평가를 위하여 필요한 경우 환경부령으로 정하는 바에 따라 등록한 자에게 위해성평가에 필요한 자료의 제출을 명할 수 있다.
③ 환경부장관은 위해성평가 결과에 따라 위해성을 최소화하기 위하여 대통령령으로 정하는 바에 따라 필요한 조치를 할 수 있다.

제4장 허가물질 등의 지정 및 변경

제25조【허가물질의 지정】 ① 환경부장관은 중점관리물질과 그 밖에 유해성심사 및 위해성평가 결과 위해성이 있다고 우려되는 화학물질에 대하여 관계 중앙행정기관의 장과의 협의와 평가위원회의 심의를 거쳐 제조·수입·사용 전에 환경부장관의 허가를 받아야 하는 허가물질로 지정하여 고시할 수 있다. 이 경우 환경부장관은 대통령령으로 정하는 바에 따라 위해성이 낮아 허가를 받지 아니하고 제조·수입·사용할 수 있는 용도를 함께 지정·고시할 수 있다.(2018.3.20 본문개정)
1.~3. (2018.3.20 삭제)
② 환경부장관은 제1항에 따라 허가물질을 지정·고시하는 경우 허가물질의 명칭, 허가를 받지 아니하고 제조·수입·사용할 수 있는 기간 등을 포함하여야 한다.
(2018.3.20 본항개정)
③ 제1항과 제2항에서 규정한 사항 외에 허가물질의 지정 및 고시에 필요한 사항은 대통령령으로 정한다.
제26조【허가물질 지정의 해제 등】 환경부장관은 다음 각 호의 어느 하나에 해당하는 경우에는 평가위원회의 심의를 거쳐 허가물질의 지정을 해제하거나 제25조제1항에 따라 고시한 내용의 전부 또는 일부를 변경할 수 있다. 이 경우 지정의 해제 또는 변경 사실을 고시하여야 한다.
1. 허가물질을 대체할 수 있는 물질 또는 신기술을 개발하여 허가물질을 사용하지 아니하여도 되는 경우
2. 신기술의 상용화(常用化)로 허가물질을 사용하여도 위해성이 없게 되는 경우
3. 허가물질의 위해성이 없다는 새로운 과학적 증거가 확인되는 경우
제27조【제한물질 또는 금지물질의 지정 등】 ① 환경부장관은 화학물질이 다음 각 호의 어느 하나에 해당되는 경우 관계 중앙행정기관의 장과의 협의와 평가위원회의 심의를 거쳐 대통령령으로 정하는 바에 따라 해당 화학물질을 제한물질 또는 금지물질로 지정하여 고시하여야 한다.
1. 유해성심사 및 위해성평가 결과 위해성이 있다고 인정되는 경우
2. 외국정부, 국제기구 등이 위해성이 있다고 인정하는 경우(2018.3.20 본호개정)
3. 국제협약 등에 따라 제조·수입 또는 사용이 금지되거나 제한되는 경우
4. 제26조제1호의 사유로 지정 해제된 허가물질에 해당하는 경우
② 환경부장관은 제한물질 또는 금지물질을 지정하려는 경우에는 제한물질 또는 금지물질로 지정하려는 화학물질의 명칭 및 지정예정 시기 등을 관보나 인터넷 홈페이지를 통하여 미리 예고하여야 한다. 다만, 해당 화학물질로 인하여 사람의 건강이나 환경에 중대한 위해가 발생하거나 발생할 우려가 있다고 판단되어 긴급 대응이 필요한 경우에는 그러하지 아니하다.
③ 환경부장관은 제한물질 또는 금지물질을 지정·고시하는 경우 제한물질 또는 금지물질의 명칭, 용도에 따른 금지의 내용 등을 포함하여야 한다.
④ 제1항부터 제3항까지에서 규정한 사항 외에 제한물질 또는 금지물질의 지정 및 고시에 필요한 사항은 대통령령으로 정한다.
제28조【제한물질 또는 금지물질 지정의 해제 등】 환경부장관은 다음 각 호의 어느 하나에 해당하는 경우에는 평가위원회의 심의를 거쳐 제한물질 또는 금지물질의 지정을 해제하거나 제27조제1항에 따라 고시한 내용의 전부 또는 일부를 변경할 수 있다. 이 경우 지정의 해제 또는 변경 사실을 고시하여야 한다.
1. 신기술의 상용화로 제한물질 또는 금지물질을 사용하여도 위해성이 없게 되는 경우
2. 제한물질 또는 금지물질의 위해성이 없다는 새로운 과학적 증거가 확인되는 경우

제5장 화학물질의 정보제공

제29조【화학물질의 정보제공】 ① 다음 각 호의 어느 하나에 해당하는 화학물질 또는 해당 화학물질이 들어있는 혼합물을 양도하는 자는 해당 화학물질의 함량이 대통령령으로 정하는 기준에 해당하는 경우에는 양수하는 자에게 해당 화학물질의 등록번호, 명칭, 유해성 및 위해성에 관한 정보, 안전사용정보 등 환경부령으로 정하는 정보를 작성하여 제공하여야 한다. 다만, 「산업안전보건법」 제110조제1항·제3항 또는 제111조에 따라 물질안전보건자료를 작성·제공하여야 하는 경우에는 해당 정보를 물질안전보건자료에 기록하여 제공하여야 한다.
(2020.5.26 본문개정)
1. 제10조제1항·제4항 또는 제5항에 따라 등록 또는 신고된 화학물질
2. 제10조제2항에 따라 등록유예기간 동안 등록되지 아니한 기존화학물질 중 유해화학물질
(2018.3.20 본항개정)
② 제1항에 따른 양도자가 동일한 화학물질 또는 해당 화학물질이 들어있는 혼합물을 동일인에게 계속하여 반복적으로 양도하는 경우에는 제1항에 따른 정보를 최초로 양도할 때에만 제공할 수 있다.(2020.5.26 본항개정)

③ 제1항 및 제2항에 따라 정보를 제공한 자 또는 그 정보를 제공받은 자는 제공된 정보에 환경부령으로 정하는 변경사항이 발생한 경우 변경사실을 안 날부터 1개월 이내에 환경부령으로 정하는 바에 따라 그 사실을 상대방에게 알려야 한다.
④ 제1항부터 제3항까지의 규정에 따른 정보제공은 해당 화학물질 또는 혼합물을 사업장에서 제품의 원료로 사용하거나 소비하기 위하여 양도·양수하는 경우에 한정하여 적용한다.
⑤ 제1항부터 제4항까지에서 규정한 사항 외에 화학물질의 정보제공에 필요한 사항은 환경부령으로 정한다.
제30조【하위사용자 등의 정보제공】 ① 화학물질 또는 혼합물의 하위사용자 및 이를 판매하는 자는 해당 화학물질 또는 혼합물을 제조·수입하는 자가 제10조에 따른 등록 또는 신고를 이행하기 위하여 요청한 경우 그 자에게 사용·판매하고 있는 화학물질의 용도, 노출정보, 사용량·판매량, 안전사용 여부 등의 정보를 제공하여야 한다.(2018.3.20 본항개정)
② 화학물질 또는 혼합물을 제조·수입하는 자는 해당 화학물질 또는 혼합물의 하위사용자 및 이를 판매하는 자가 요청한 경우 그 자에게 화학물질의 특성, 용도, 제조량·수입량, 안전사용 정보 등을 제공하여야 한다.
③ 제1항 및 제2항에 따른 화학물질의 정보제공에 필요한 사항은 환경부령으로 정한다.
제31조【화학물질의 정보제공을 위한 통보 등】 환경부장관은 제29조와 제30조 및 제35조에 따른 화학물질의 정보제공이 원활하게 이루어지도록 하기 위하여 제29조·제30조 및 제35조에 따른 제공 대상 정보에 변경사항이 발생한 경우 환경부령으로 정하는 바에 따라 그 사실을 제10조에 따라 등록한 자와 제32조에 따라 신고한 자에게 지체 없이 통지하는 등 필요한 조치를 하여야 한다.

제6장 화학물질 함유제품의 관리
(2018.3.20 본장제목개정)

제32조【제품에 들어있는 중점관리물질의 신고】 ① 중점관리물질이 들어있는 제품을 생산하거나 수입하는 자는 다음 각 호의 요건에 모두 해당하는 경우에는 환경부령으로 정하는 바에 따라 해당 제품에 들어있는 중점관리물질의 명칭, 함량 및 유해성정보, 노출정보, 제품에 들어있는 중점관리물질의 용도에 대하여 생산 또는 수입 전에 환경부장관에게 신고하여야 한다.(2020.5.26 본문개정)
1. 제품 1개당 개별 중점관리물질의 함유량이 0.1중량퍼센트를 초과할 것(2018.3.20 본호신설)
2. 제품 전체에 들어있는 중점관리물질의 물질별 총량이 연간 1톤을 초과할 것(2020.5.26 본호개정)
② 다음 각 호의 어느 하나에 해당하는 경우에는 제1항에 따른 신고를 하지 아니하고 환경부령으로 정하는 바에 따라 중점관리물질이 들어있는 제품을 생산·수입할 수 있다.(2020.5.26 본문개정)
1. 제품을 통상적 용법으로 사용할 경우 인간 또는 환경에 대한 노출을 차단할 수 있는 화학물질
2. 해당 제품의 용도로 이미 제10조제1항·제5항에 따라 등록하거나 같은 조 제4항에 따라 신고한 화학물질(2018.3.20 본호개정)
3. 제11조제1항에 따라 등록 또는 신고를 하지 아니하고 제조·수입할 수 있는 화학물질(2018.3.20 본호신설)
③ 환경부장관은 제1항에 따른 신고의 내용이 이 법에 적합하면 신고를 수리하여야 한다.(2018.3.20 본항개정)
④ 제1항부터 제3항까지에서 규정한 사항 외에 제품에 들어있는 중점관리물질의 신고에 필요한 사항은 환경부령으로 정한다.(2020.5.26 본항개정)
(2020.5.26 본조제목개정)
제33조【제품에 들어있는 중점관리물질의 변경신고 등】 ① 제32조에 따라 신고한 자는 다음 각 호의 어느 하나에 해당하는 변경사항이 발생한 경우 발생한 연도의 다음 연도 1월 말까지 환경부장관에게 변경된 사실을 신고하여야 한다.
1. 제품 1개당 중점관리물질의 함유량이 0.1중량퍼센트를 초과하는 제품을 새로 생산·수입하는 경우
2. 제품에 들어있는 중점관리물질의 노출정보가 변경된 경우
3. 중점관리물질의 용도가 변경된 경우
4. 중점관리물질의 함유량이 변경된 경우(환경부령으로 정하는 범위에서 변경된 경우는 제외한다)
5. 그 밖에 신고한 내용 중 환경부령으로 정하는 사항이 변경된 경우
② 제1항에도 불구하고 변경사항이 발생한 중점관리물질의 연간 생산량·수입량이 1톤을 초과하지 아니하는 경우에는 변경신고하지 아니할 수 있다.
(2023.1.3 본조신설)
제34조 (2018.3.20 삭제)
제35조【제품에 들어있는 화학물질의 정보제공】 ① 제32조에 따라 신고한 중점관리물질이 들어있는 제품을 양도하는 자는 해당 중점관리물질의 명칭, 용도, 조건 등 환경부령으로 정하는 정보를 환경부령으로 정하는 바에 따라 작성하여 양수하는 자에게 제공하여야 한다.
(2020.5.26 본항개정)
② 제1항에 따라 제품을 양도하는 자는 제품의 소비자가 정보의 제공을 요청하는 경우에는 환경부령으로 정하는 바에 따라 제품의 안전한 사용과 관련한 정보를 제공하여야 한다.
③ 제품에 들어있는 중점관리물질의 정보제공 방법 등에 관하여는 제29조제2항부터 제4항까지 또는 제30조를 준용한다.(2020.5.26 본항개정)
④ 제1항부터 제3항까지에서 규정한 사항 외에 제품에 들어있는 중점관리물질의 정보제공에 필요한 사항은 환경부령으로 정한다.(2020.5.26 본항개정)
(2020.5.26 본조제목개정)
제36조~제37조 (2018.3.20 삭제)

제7장 보 칙

제38조【국외제조·생산자가 선임한 자에 의한 등록신청 등】 ① 국외에서 우리나라로 수입되는 화학물질 또는 제품을 제조·생산하고 있거나 제조·생산하려는 자(이하 이 조에서 "국외제조·생산자"라 한다)는 환경부령으로 정하는 요건을 갖춘 자를 선임(選任)하여 화학물질 또는 제품을 수입하고 있거나 수입하려는 자를 갈음하여 다음 각 호의 업무를 수행하도록 할 수 있다.
1. 제10조에 따른 등록, 신고 및 변경신고(2018.3.20 본호개정)
2. 제11조에 따른 등록면제확인의 신청 및 변경신청(2018.10.16 본호개정)
3. 제12조에 따른 변경등록, 신고 및 변경신고(2018.3.20 본호신설)
4. 제32조에 따른 신고
5. 그 밖에 대통령령으로 정하는 업무
② 제1항에 따라 선임된 자는 환경부령으로 정하는 바에 따라 국외제조·생산자에 의하여 선임 또는 해임된 사실을 환경부장관에게 신고하여야 한다.
③ 제1항에 따라 선임된 자는 환경부령으로 정하는 바에 따라 선임된 사실, 선임받은 업무 등 대통령령으로 정하는 사항을 제1항에 따른 화학물질 또는 제품을 수입하고 있거나 수입하려는 자에게 통보하여야 한다.
(2018.3.20 본항신설)
제39조【화학물질 정보처리시스템 구축·운영】 ① 환경부장관은 화학물질 또는 제품을 제조·생산·수입하고 있거나 제조·생산·수입하려는 자가 제10조에 따른 등록·신고·변경신고, 제12조에 따른 변경등록·신고·변경신고 및 제32조에 따른 신고 등 대통령령으로 정하는 업무를 전자적으로 처리할 수 있도록 하기 위하여 화학물질 정보처리시스템을 구축·운영하여야 한다.
(2018.3.20 본항개정)
② 제1항에 따른 화학물질 정보처리시스템의 구축·운영 등에 관한 사항은 대통령령으로 정한다.
제40조【녹색화학센터의 지정·운영】 ① 환경부장관은 관계 중앙행정기관의 장과 협의하여 화학물질의 유해성과 위해성으로 인한 피해를 예방하기 위한 기술개발 등을 수행하도록 하기 위하여 대통령령으로 정하는 기관을 녹색화학센터로 지정·운영할 수 있다.
② 제1항에 따른 녹색화학센터(이하 "녹색화학센터"라 한다)는 다음 각 호의 업무를 수행할 수 있다.
1. 화학물질의 정보 생산, 유해성심사 및 위해성평가와 관련한 전문 인력의 양성 및 교육·훈련
2. 화학물질의 정보 생산, 유해성심사 및 위해성평가, 화학물질의 위해성 저감(低減) 및 예방 등과 관련한 기술개발
3. 산업계의 화학물질의 위해성 저감 활동과 화학물질로 인한 국민건강상 또는 환경상의 피해를 예방하기 위한 활동 지원
4. 화학물질의 등록·신고 및 평가 등에 필요한 자료 작성 등의 지원(2018.3.20 본호신설)
5. 그 밖에 화학물질의 유해성과 위해성으로 인한 피해를 예방하기 위하여 필요한 업무
③ 환경부장관 또는 관계 중앙행정기관의 장은 예산의 범위에서 녹색화학센터의 사업에 필요한 비용의 전부 또는 일부를 지원할 수 있다.
④ 제1항부터 제3항까지에서 규정한 사항 외에 녹색화학센터의 지정절차, 지정요건 및 운영 등에 필요한 사항은 대통령령으로 정한다.
제41조【녹색화학센터의 지정취소 등】 ① 환경부장관은 녹색화학센터가 다음 각 호의 어느 하나에 해당하는 경우에는 지정을 취소하거나 6개월 이내의 기간을 정하여 업무의 전부 또는 일부의 정지를 명할 수 있다. 다만, 제1호와 제2호에 해당하는 경우에는 지정을 취소하여야 한다.
1. 거짓이나 그 밖의 부정한 방법으로 지정을 받은 경우
2. 업무정지 기간 중에 제40조제2항 각 호의 업무를 한 경우
3. 제40조제4항에 따른 지정요건을 충족하지 못하게 된 경우
4. 그 밖에 대통령령으로 정하는 경우
② 제1항에 따른 지정취소 및 업무정지의 기준 및 절차 등에 관하여 필요한 사항은 대통령령으로 정한다.
제42조【화학물질 정보의 공개】 환경부장관은 일반인이 화학물질의 유해성 및 위해성에 관한 정보를 쉽게 확인하고 활용할 수 있도록 하기 위하여 환경부령으로 정하는 바에 따라 화학물질의 명칭, 유해성 등의 정보를 공개하여야 한다.
제42조의2【중소기업의 화학물질 등록·평가 등에 관한 지원】 환경부장관은 관계 중앙행정기관의 장과 협의를 거쳐 중소기업의 화학물질 등록·평가 등과 관련한 다음 각 호의 사항에 대한 행정적·기술적·재정적 지원을 할 수 있다.
1. 화학물질 정보의 생산 및 관리 기반 구축
2. 화학물질 등록·신고의 이행 기반 구축(2018.3.20 본호개정)
3. 기존 척추동물시험자료의 확보 및 활용(2018.4.17 본호신설)
4. 척추동물대체시험의 개발 및 보급(2018.4.17 본호신설)
5. 화학물질 관리인력 양성
6. 중점관리물질이 들어있는 제품의 관리(2020.5.26 본호개정)
7. 중소기업 간 상호협력
8. 제39조에 따른 화학물질 정보처리시스템의 활용방안
9. 그 밖에 대통령령으로 정하는 사항
(2016.1.27 본조신설)
제43조【보고와 검사 등】 ① 환경부장관은 환경부령으로 정하는 바에 따라 다음 각 호의 자에게 필요한 보고나 자료의 제출을 명하거나 관계 공무원으로 하여금 그 시설이나 사업장에 출입하여 화학물질을 채취하게 하거나 관련 서류·시설 및 장비 등을 검사하게 할 수 있다.
1. 화학물질을 제조·수입 또는 판매하는 자(2018.3.20 본호개정)
2. 제10조제3항에 따라 신고를 한 자(2018.3.20 본호개정)
3. (2018.3.20 삭제)
4. 제32조제1항에 따른 중점관리물질이 들어있는 제품을 생산·수입하는 자(2020.5.26 본호개정)
5. (2018.3.20 삭제)
6. 제48조제2항에 따라 환경부장관으로부터 업무를 위탁받은 자
② 제1항에 따라 출입하거나 검사를 하는 공무원은 그 권한을 표시하는 증표를 지니고 이를 관계인에게 보여주어야 한다.
제43조의2【자료제공의 요청】 환경부장관은 이 법에 따른 화학물질의 제조·수입에 관한 등록 또는 신고 등의 이행여부를 확인하기 위하여 필요하다고 인정되면 관계 행정기관의 장에게 대통령령으로 정하는 바에 따라 화학물질의 수출입에 관한 자료의 제공을 요청할 수 있다. 이 경우 요청받은 기관의 장은 정당한 사유가 없으면 그 요청에 따라야 한다.(2021.4.13 본조신설)
제44조【서류의 기록 및 보존】 다음 각 호의 어느 하나에 해당하는 자는 해당 화학물질의 제조·수입·판매·사용과 관련된 사항을 환경부령으로 정하는 바에 따라 기록·보존하여야 한다.
1. (2018.3.20 삭제)
2. 제10조에 따라 화학물질의 등록을 신청하거나 신고를 한 자(제12조에 따라 변경등록, 신고 또는 변경신고를 한 자를 포함한다)(2018.3.20 본호개정)
3. 제11조에 따라 화학물질의 등록등면제확인을 신청하거나 변경신청을 한 자(2018.10.16 본호개정)
4. 제32조제1항에 따른 제품에 들어있는 중점관리물질의 신고를 한 자(2020.5.26 본호개정)
5.~6. (2018.3.20 삭제)
제45조【자료의 보호】 ① 환경부장관은 제11조제2항·제3항, 제12조제1항부터 제3항까지, 제14조제1항·제3항·제6항, 제18조제2항, 제24조제2항 및 제32조제1항에 따라 자료를 제출한 자가 비밀의 보호를 위하여 화학물질의 성분 등에 대한 자료보호를 요청하면 대통령령으로 정하는 자료보호기간 동안 자료를 공개하여서는 아니 된다. 다만, 보호를 요청한 자료가 이미 공개된 자료이거나 그 밖에 대통령령으로 정하는 자료에 해당되는 경우에는 공개할 수 있다.(2018.10.16 본문개정)
② 환경부장관은 제1항 본문에 따라 보호를 요청한 자료가 제1항 단서에 따라 보호 대상이 아닌 경우에는 보호를 요청한 자에게 그 사실을 알려야 한다.
③ 제1항에 따라 자료보호를 요청한 자는 자료의 보호를 요청한 사유가 없어진 경우에는 환경부령으로 정하는 바에 따라 환경부장관에게 자료보호의 해지 요청을 하여야 한다.(2018.3.20 본항신설)
④ 제1항부터 제3항까지에서 규정한 사항 외에 자료보호 및 자료보호 해지 요청의 절차 등 필요한 사항은 환경부령으로 정한다.(2018.3.20 본항개정)
제45조의2【권리·의무의 승계】 ① 제10조에 따른 화학물질을 등록·신고를 한 자, 제11조에 따른 등록등면제확인을 받은 자 또는 제32조에 따른 제품에 들어있는 중점관리물질의 신고를 한 자가 사망하거나 그 영업을 양도한 경우 또는 법인인 화학물질 제조자·수입자가 합병한 경우에는 그 상속인, 양수인 또는 합병 후 존속하는 법인이나 합병에 의하여 설립되는 법인이 그 지위를 승계한다.
② 제1항에 따라 화학물질을 등록·신고한 자, 등록등면제확인을 받은 자 또는 제품에 들어있는 중점관리물질의 신고를 한 자의 지위를 승계한 자는 승계한 날부터 1개월

이내에 환경부령으로 정하는 바에 따라 그 사실을 환경부장관에게 신고하여야 한다.
(2023.1.3 본조신설)

제46조【수수료】 다음 각 호의 어느 하나에 따른 등록·신고를 하거나 또는 확인·승인을 받으려는 자는 환경부령으로 정하는 수수료를 내야 한다.
1. 제10조에 따른 화학물질의 등록 또는 신고
(2018.3.20 본호개정)
2. 제11조제2항에 따른 화학물질의 등록등면제확인
(2018.3.20 본호개정)
3. 제12조제1항에 따른 화학물질의 변경등록
4. 제19조에 따른 유해성 시험자료의 사용 승인
(2018.10.16 본호개정)
5. 제32조제1항에 따른 제품에 들어있는 중점관리물질의 신고(2020.5.26 본호개정)
6. 제33조제1항에 따른 제품에 들어있는 중점관리물질의 변경신고(2023.1.3 본호신설)
7. 제45조의2제2항에 따른 지위승계 신고(2023.1.3 본호신설)

제47조【청문】 환경부장관은 제19조제3항에 따라 사용승인을 취소하거나 제23조 및 제41조에 따라 지정을 취소하려면 청문을 하여야 한다.(2016.1.27 본조개정)

제48조【권한의 위임·위탁】 ① 환경부장관은 이 법에 따른 권한의 일부를 대통령령으로 정하는 바에 따라 국립환경과학원장, 화학물질안전원장 또는 유역환경청장 및 지방환경청장에게 위임할 수 있다.
② 환경부장관은 이 법에 따른 업무의 일부를 대통령령으로 정하는 바에 따라 「한국환경산업기술원법」에 따른 한국환경산업기술원, 「한국환경공단법」에 따른 한국환경공단 및 「화학물질관리법」 제53조에 따라 설립된 협회에 위탁할 수 있다.
(2016.1.27 본조개정)

제48조의2【벌칙 적용에서 공무원 의제】 다음 각 호의 어느 하나에 해당하는 사람은 「형법」 제127조 및 제129조부터 제132조까지의 규정을 적용할 때에는 공무원으로 본다.(2018.3.20 본문개정)
1. 평가위원회의 위원 중 공무원이 아닌 위원
2. 제22조제1항에 따라 지정된 시험기관의 임직원
3. 제48조제2항에 따라 위탁받은 업무에 종사하는 기관의 임직원
(2018.3.20 1호~3호신설)

제8장 벌 칙

제49조 (2018.3.20 삭제)

제50조【벌칙】 다음 각 호의 어느 하나에 해당하는 자는 5년 이하의 징역 또는 1억원 이하의 벌금에 처한다. 다만, 제38조제1항에 따라 선임된 자가 다음 각 호의 어느 하나에 해당하는 경우에는 선임된 자에 대해서만 적용한다.(2018.3.20 단서신설)
1. 제10조제1항 또는 제5항을 위반하여 등록하지 아니하거나 거짓으로 등록하고 신규화학물질 또는 기존화학물질을 제조·수입한 자(2018.3.20 본호개정)
1의2. 제10조제4항을 위반하여 신고하지 아니하거나 거짓으로 신고하고 신규화학물질을 제조·수입한 자
(2018.3.20 본호신설)
2. 제12조제1항을 위반하여 화학물질의 변경등록을 하지 아니하거나 거짓으로 변경등록한 자
3. 제13조제2항에 따른 조치명령을 위반한 자로서 미등록등화학물질을 제조·수입한 자(2021.4.13 본호개정)
3의2. 제22조제1항에 따라 시험기관으로 지정된 자로서 고의 또는 중대한 과실로 시험 결과를 사실과 다르게 작성한 자(2018.3.20 본호신설)
4. 제32조제1항을 위반하여 제품에 들어있는 중점관리물질의 신고를 하지 아니하거나 거짓으로 신고하고 중점관리물질이 들어있는 제품을 생산·수입한 자
(2020.5.26 본호개정)
5. (2018.3.20 삭제)

제51조【벌칙】 다음 각 호의 어느 하나에 해당하는 자는 3년 이하의 징역 또는 5천만원 이하의 벌금에 처한다. 다만, 제38조제1항에 따라 선임된 자가 다음 각 호의 어느 하나에 해당하는 경우에는 선임된 자에 대해서만 적용한다.
1. (2018.3.20 삭제)
2. 제11조를 위반하여 등록등면제확인을 받지 아니하거나 거짓으로 등록등면제확인을 받고 신규화학물질 또는 기존화학물질을 제조·수입한 자
2의2. 제13조제2항에 따른 조치명령을 위반한 자로서 미등록등화학물질의 하위사용자 또는 이를 판매한 자
(2021.4.13 본호신설)
3. 제18조제2항 및 제24조제2항에 따른 자료의 제출 명령을 위반하여 자료를 제출하지 아니하거나 거짓으로 제출한 자
4. 제22조제1항에 따라 시험기관으로 지정받지 아니하고 시험기관의 업무를 수행하였거나 거짓 또는 그 밖의 부정한 방법으로 지정을 받은 자
5. 제23조제2항에 따른 업무정지명령을 위반하여 시험기관의 업무를 수행한 자(2018.3.20 본호신설)
(2018.3.20 본조개정)

제52조【벌칙】 다음 각 호의 어느 하나에 해당하는 자는 1년 이하의 징역 또는 3천만원 이하의 벌금에 처한다. 다만, 제38조제1항에 따라 선임된 자가 다음 각 호의 어느 하나에 해당하는 경우에는 선임된 자에 대해서만 적용한다.(2018.3.20 단서신설)
1. 제19조제2항을 위반하여 거짓이나 그 밖의 부정한 방법으로 유해성 시험자료의 사용 승인을 받은 자
(2018.10.16 본호개정)
2. 제29조제1항 및 제35조제1항을 위반하여 화학물질의 정보를 제공하지 아니하거나 거짓으로 제공한 자
3. 제30조제1항 및 제2항을 위반하여 정보를 제공하지 아니하거나 거짓으로 제공한 자
4. 제35조제2항을 위반하여 소비자에게 제품의 안전한 사용과 관련한 정보를 제공하지 아니하거나 거짓으로 제공한 자

제53조【양벌규정】 법인의 대표자나 법인 또는 개인의 대리인, 사용인, 그 밖의 종업원이 그 법인 또는 개인의 업무에 관하여 제50조부터 제52조까지의 어느 하나에 해당하는 위반행위를 하면 그 행위자를 벌하는 외에 그 법인 또는 개인에게도 해당 조문의 벌금형을 과(科)한다. 다만, 법인 또는 개인이 그 위반행위를 방지하기 위하여 해당 업무에 관하여 상당한 주의와 감독을 게을리하지 아니한 경우에는 그러하지 아니하다.(2018.3.20 본문개정)

제54조【과태료】 ① 다음 각 호의 어느 하나에 해당하는 자에게는 1천만원 이하의 과태료를 부과한다. 다만, 제38조제1항에 따라 선임된 자가 다음 각 호의 어느 하나에 해당하는 경우에는 선임된 자에 대해서만 적용한다.
(2018.3.20 단서신설)
1. 제11조제3항을 위반하여 등록등면제확인 변경신청을 하지 아니하거나 거짓으로 한 자(2018.10.16 본호신설)
2. 제12조제2항에 따른 신고 또는 같은 조 제3항에 따른 변경신고를 하지 아니하거나 거짓으로 신고 또는 변경신고를 한 자(2018.3.20 본호개정)
3. 제15조제1항을 위반하여 개별제출확인을 받지 아니하고 등록신청자료를 공동으로 제출하지 아니한 자
4. 제29조제3항을 위반하여 정보의 변경사항을 알리지 아니하거나 거짓으로 알린 자
4의2. 제33조제1항에 따른 변경신고를 하지 아니하거나 거짓으로 변경신고를 한 자(2023.1.3 본호신설)
5. 제43조제1항에 따른 보고 또는 자료의 제출을 하지 아니하거나 거짓으로 제출한 자 및 관계 공무원의 출입·검사를 거부·방해 또는 기피한 자
6. 제44조에 따른 서류의 기록·보존 의무를 위반한 자
7. 제45조의2제2항을 위반하여 지위승계의 신고를 하지 아니한 자(2023.1.3 본호신설)
② 제1항에 따른 과태료는 대통령령으로 정하는 바에 따라 환경부장관이 부과·징수한다.

부 칙

제1조【시행일】 이 법은 2015년 1월 1일부터 시행한다. 다만, 제14조제1항제7호 및 제24조제1항제1호의 개정규정은 다음 각 호의 구분에 따른 날부터 시행한다.
1. 제조·수입하려는 화학물질의 양이 연간 100톤 이상인 경우 : 2015년 1월 1일
2. 제조·수입하려는 화학물질의 양이 연간 70톤 이상인 경우 : 2017년 1월 1일
3. 제조·수입하려는 화학물질의 양이 연간 50톤 이상인 경우 : 2018년 1월 1일
4. 제조·수입하려는 화학물질의 양이 연간 20톤 이상인 경우 : 2019년 1월 1일
5. 제조·수입하려는 화학물질의 양이 연간 10톤 이상인 경우 : 2020년 1월 1일

제2조【유독물질, 제한물질·금지물질의 지정·고시에 관한 경과조치】 이 법 시행 당시 종전의 「유해화학물질 관리법」에 따라 지정·고시된 유독물 및 취급제한물질·취급금지물질은 제20조에 따른 유독물질 및 제27조에 따른 제한물질 또는 금지물질로 지정·고시된 것으로 본다.

제3조【화학물질 등록신청에 관한 경과조치】 ① 이 법 시행 당시 종전의 「유해화학물질 관리법」에 따른 유해성심사를 받은 자는 제10조에 따른 화학물질의 등록 및 제18조에 따른 유해성심사를 마친 것으로 본다. 이 경우 대통령령으로 정하는 절차에 따라 환경부장관에게 신고하여야 한다.
② 제1항 후단에도 불구하고 신고한 자가 제12조제1항 각 호의 어느 하나에 해당하는 경우에는 변경등록을 신청하여야 한다.

제4조【화학물질 등록면제확인신청에 관한 경과조치】 이 법 시행 당시 종전의 「유해화학물질 관리법」에 따른 유해성심사 면제확인을 받은 자는 제11조에 따라 등록면제확인을 받은 것으로 본다.

제5조【시험기관의 지정에 관한 경과조치】 이 법 시행 당시 종전의 「유해화학물질 관리법」 제14조에 따라 지정된 시험기관은 제22조에 따라 지정된 시험기관으로 본다.

제6조【행정처분에 관한 경과조치】 ① 이 법 시행 전의 행위에 대하여 시험기관의 지정취소 또는 업무정지를 할 때에는 제23조에도 불구하고 종전의 「유해화학물질 관리법」에 따른다.
② 이 법 시행 당시 종전의 「유해화학물질 관리법」 제14조의2제1항 또는 제2항에 따라 지정취소 또는 업무정지를 받은 시험기관은 제23조제1항 또는 제2항에 따라 지정취소 또는 업무정지를 받은 것으로 본다.

제7조【벌칙 및 과태료에 관한 경과조치】 이 법 시행 전의 행위에 대하여 벌칙 및 과태료를 부과할 때에는 종전의 「유해화학물질 관리법」에 따른다.

부 칙 (2018.3.20)

제1조【시행일】 이 법은 2019년 1월 1일부터 시행한다. 다만, 제2조제10호·제15호, 제4조제4항 및 제27조의 개정규정은 공포한 날부터 시행한다.

제2조【제품에 함유된 중점관리물질의 신고에 관한 적용례】 제32조의 개정규정은 이 법 시행 후 중점관리물질이 함유된 제품을 생산하거나 수입하는 경우부터 적용한다.

제3조【기본계획 수립에 관한 경과조치】 환경부장관은 제6조의 개정규정에 따른 기본계획을 2019년 7월 1일까지 수립하여야 한다.

제4조【등록대상기존화학물질에 관한 경과조치】 이 법 시행 당시 종전의 제9조에 따라 등록대상기존화학물질로 지정·고시된 화학물질의 등록 및 등록 유예기간에 대해서는 제10조제1항부터 제3항까지의 개정규정에도 불구하고 종전의 규정에 따른다.

제5조【신규화학물질의 신고에 관한 경과조치】 ① 이 법 시행 전에 종전의 제10조제1항에 따라 연간 100킬로그램 미만의 신규화학물질을 제조 또는 수입하기 위하여 등록한 자는 제10조제4항의 개정규정에 따른 신고를 한 것으로 본다.
② 이 법 시행 당시 신규화학물질을 제조 또는 수입하고 있는 자로서 제10조제4항제2호의 개정규정에 해당하는 자는 이 법 시행일부터 2년까지는 제10조제4항의 개정규정에 따른 신고를 하지 아니하고 해당 신규화학물질을 제조 또는 수입할 수 있다.

제6조【등록면제확인에 관한 경과조치】 이 법 시행 당시 종전의 제11조제1항제2호에 따른 등록면제확인을 받은 자 및 법률 제11789호 화학물질의 등록 및 평가 등에 관한 법률 부칙 제4조에 따라 등록면제확인을 받은 것으로 보는 자(제10조제4항제2호의 개정규정에 해당하는 자는 제외한다)는 제11조제1항제3호의 개정규정에 따른 등록등면제확인을 받은 것으로 본다.

제7조【등록유예기간 이내의 화학물질 제조 등의 신고에 관한 경과조치】 이 법 시행 당시 연간 1톤 이상 기존화학물질을 제조 또는 수입하고 있는 자로서 종전의 제10조제2항에 따라 등록유예기간 동안 등록을 하지 아니하고 제조 또는 수입하는 자는 이 법 시행일부터 6개월까지는 제10조제3항의 개정규정에 따른 신고를 하지 아니하고 해당 기존화학물질을 제조 또는 수입할 수 있다.

제8조【벌칙 및 과태료에 관한 경과조치】 이 법 시행 전의 행위에 대하여 벌칙이나 과태료를 적용할 때에는 종전의 규정에 따른다.

부 칙 (2020.5.26)

이 법은 공포한 날부터 시행한다.(이하 생략)

부 칙 (2021.4.13)

제1조【시행일】 이 법은 공포 후 6개월이 경과한 날부터 시행한다.

제2조【미등록등화학물질의 하위사용자 또는 이를 판매한 자에 대한 조치명령에 관한 적용례】 제13조제2항의 개정규정은 이 법 시행 이후 미등록등화학물질을 사용 또는 판매하는 경우부터 적용한다.

부 칙 (2023.1.3)

제1조【시행일】 이 법은 공포 후 1년이 경과한 날부터 시행한다.

제2조【제품에 들어있는 중점관리물질의 변경신고 등에 관한 적용례】 제33조의 개정규정은 이 법 시행 이후 변경사항이 발생하는 경우부터 적용한다.

부 칙 (2024.1.9)

제1조【시행일】 이 법은 공포 후 6개월이 경과한 날부터 시행한다.

제2조【사용료에 관한 적용례】 제19조의2의 개정규정은 이 법 시행 이후 유해성 시험자료의 사용료를 징수하는 경우부터 적용한다.

생활화학제품 및 살생물제의 안전관리에 관한 법률

(약칭 : 화학제품안전법)

(2018년 3월 20일
법 률 제15511호)

개정
2020. 3.24법17103호
2020. 5.26법17326호(법률용어정비)
2021. 5.18법18170호
2024. 1.30법20172호(행정법제혁신을위한일부개정법령등)

제1장 총 칙

제1조【목적】 이 법은 생활화학제품의 위해성(危害性) 평가, 살생물물질(殺生物物質) 및 살생물제품의 승인, 살생물처리제품의 기준, 살생물제품에 의한 피해의 구제 등에 관한 사항을 규정함으로써 국민의 건강 및 환경을 보호하고 공공의 안전에 이바지하는 것을 목적으로 한다.(2021.5.18 본조개정)

제2조【생활화학제품 및 살생물제 관리의 기본원칙】 생활화학제품 및 살생물제는 다음 각 호의 원칙에 따라 관리되어야 한다.
1. 생활화학제품 및 살생물제와 사람, 동물의 건강과 환경에 대한 피해 사이에 과학적 상관성이 명확히 증명되지 아니하는 경우에도 그 생활화학제품 및 살생물제가 사람, 동물의 건강과 환경에 해로운 영향을 미치지 아니하도록 사전에 배려하여 안전하게 관리되어야 한다.
2. 어린이, 임산부 등 생활화학제품 또는 살생물제로부터 발생하는 화학물질 등의 노출에 취약한 계층을 우선적으로 배려하여 관리되어야 한다.
3. 오용과 남용으로 인한 피해를 예방하기 위하여 생활화학제품 및 살생물제의 안전에 관한 정보가 정확하고 신속하게 제공되어야 한다.

제3조【정의】 이 법에서 사용하는 용어의 뜻은 다음과 같다.
1. "화학물질"이란 원소·화합물 및 그에 인위적인 반응을 일으켜 얻은 물질과 자연 상태에서 존재하는 물질을 화학적으로 변형시키거나 추출 또는 정제한 것을 말한다.
2. "위해성"이란 화학물질 또는 살생물물질이 노출될 경우 사람의 건강이나 환경에 피해를 줄 수 있는 정도를 말한다.(2020.3.24 본호개정)
3. "생활화학제품"이란 가정, 사무실, 다중이용시설 등 일상적인 생활공간에서 사용되는 화학제품으로서 사람이나 환경에 화학물질의 노출을 유발할 가능성이 있는 것을 말한다.
4. "안전확인대상생활화학제품"이란 환경부장관이 제8조제1항에 따른 위해성평가를 한 결과 위해성이 있다고 인정되어 같은 조 제3항 본문에 따라 지정·고시한 생활화학제품을 말한다.
5. "유해생물"이란 사람이나 동물에게 직접적 또는 간접적으로 해로운 영향을 주는 생물을 말한다.
6. "살생물제"(殺生物劑)란 살생물물질, 살생물제품 및 살생물처리제품을 말한다.
7. "살생물물질"이란 유해생물을 제거, 무해화(無害化) 또는 억제(이하 "제거등"이라 한다)하는 기능으로 사용하는 화학물질, 천연물질 또는 미생물을 말한다.
8. "살생물제품"이란 유해생물의 제거등을 주된 목적으로 하는 다음 각 목의 어느 하나에 해당하는 제품을 말한다.
   가. 한 가지 이상의 살생물물질로 구성되거나 살생물물질과 살생물물질이 아닌 화학물질·천연물질 또는 미생물이 혼합된 제품
   나. 화학물질 또는 화학물질·천연물질 또는 미생물의 혼합물로부터 살생물물질을 생성하는 제품
9. "살생물처리제품"이란 제품의 주된 목적 외에 유해생물 제거등의 부수적인 목적을 위하여 살생물제품을 사용한 제품을 말한다.
10. "나노물질"이란 다음 각 목의 어느 하나에 해당하는 물질을 말한다.
    가. 3차원의 외형치수 중 최소 1차원의 크기가 1나노미터에서 100나노미터인 입자의 개수가 50퍼센트 이상 분포하는 물질
    나. 3차원의 외형치수 중 최소 1차원의 크기가 1나노미터 이하인 풀러렌(fullerene), 그래핀 플레이크(graphene flake) 또는 단일벽 탄소나노튜브
11. "물질동등성"이란 서로 다른 살생물물질 간에 화학적 조성(組成), 위해성 및 유해생물 제거등의 효과·효능이 기술적으로 동등한 성질을 말한다.
12. "제품유사성"이란 서로 다른 살생물제품 간에 동일한 살생물물질(물질동등성을 인정받은 것을 포함한다)이 들어있고, 살생물제품에 들어있는 물질의 성분·배합비율, 살생물제품의 용도, 위해성 및 유해생물 제거등의 효과·효능이 유사한 성질을 말한다.(2020.5.26 본호개정)
13. "유족"이란 사망한 사람의 배우자(사실상 혼인 관계에 있는 사람을 포함한다)·자녀·부모·손자녀·조부모 또는 형제자매를 말한다.(2021.5.18 본호신설)

제4조【생활화학제품 및 살생물제 관리에 관한 종합계획의 수립】 ① 환경부장관은 5년마다 생활화학제품 및 살생물제 관리에 관한 종합계획(이하 "종합계획"이라 한다)을 수립하여야 한다.
② 환경부장관은 종합계획을 수립하는 경우 미리 관계 중앙행정기관의 장과 협의한 후 제6조제1항에 따른 생활화학제품 및 살생물제 관리위원회의 심의를 거쳐야 한다. 종합계획을 변경하는 경우에도 또한 같다.
③ 종합계획에는 다음 각 호의 사항이 포함되어야 한다.
1. 생활화학제품 및 살생물제 관리 정책의 목표 및 기본방향
2. 생활화학제품의 실태조사 및 위해성평가 등을 위한 방법 및 계획에 관한 사항
3. 살생물물질의 승인 및 살생물제품의 승인 등 살생물제 관리를 위한 방법 및 계획에 관한 사항
4. 생활화학제품 및 살생물제에 관한 연구 및 기술개발에 관한 사항
5. 생활화학제품 및 살생물제의 안전관리와 관련하여 국제기구 또는 외국정부와의 협력에 관한 사항
6. 그 밖에 생활화학제품 및 살생물제의 안전을 확보하기 위하여 필요한 사항
④ 환경부장관은 종합계획을 수립하면 지체 없이 그 내용을 관계 중앙행정기관의 장 및 지방자치단체의 장에게 통보하여야 한다.
⑤ 관계 중앙행정기관의 장 및 지방자치단체의 장은 종합계획에 따라 소관 사항에 속하는 시책을 수립·시행하여야 한다.

제5조【적용 범위】 ① 생활화학제품 또는 살생물제가 다음 각 호의 어느 하나에 해당하는 경우에는 이 법을 적용하지 아니한다. 다만, 다음 각 호의 해당 법률에서 정하는 목적과 용도로 제조, 수입, 판매 또는 사용되지 아니하는 경우에는 이 법을 적용한다.
1. 「건강기능식품에 관한 법률」 제3조제1호에 따른 건강기능식품
2. 「군수품관리법」 제2조 및 「방위사업법」 제3조제2호에 따른 군수품[「군수품관리법」 제3조에 따른 통상품(通常品)은 제외한다]
3. 「농약관리법」 제2조제1호, 제1호의2, 제3호 및 제3호의2에 따른 농약, 천연식물보호제, 원제(原劑) 및 농약활용기자재
4. 「먹는물관리법」 제3조제5호에 따른 수처리제(水處理劑)
5. 「사료관리법」 제2조제2호에 따른 단미사료(單味飼料) 및 같은 조 제4호에 따른 보조사료(補助飼料)
6. 「선박평형수(船舶平衡水) 관리법」 제2조제10호에 따른 처리물질
7. 「식품위생법」 제2조제1호, 제2호, 제4호 및 제5호에 따른 식품, 식품첨가물, 기구 및 용기·포장
8. 「약사법」 제2조제4호에 따른 의약품, 같은 조 제7호에 따른 의약외품(醫藥外品) 및 같은 법 제85조제1항에 따른 동물용 의약품·의약외품
9. 「위생용품 관리법」 제2조제1호에 따른 위생용품
10. 「의료기기법」 제2조제1항 각 호 외의 부분 본문에 따른 의료기기
11. 「화장품법」 제2조제1호에 따른 화장품
12. 「친환경농어업 육성 및 유기식품 등의 관리·지원에 관한 법률」 제2조제4호·제5호·제5호의2·제6호 및 제7호에 따른 유기식품, 비식용유기가공품, 무농약원료가공식품, 유기농어업자재 및 허용물질(2021.5.18 본호신설)
② 생활화학제품 또는 살생물제가 다음 각 호의 어느 하나에 해당하는 경우에는 제10조 또는 제3장을 적용하지 아니한다.
1. 과학적 실험용·분석용 또는 연구용인 생활화학제품 또는 살생물제
2. 판매를 목적으로 하지 아니하는 시제품인 생활화학제품 또는 살생물제
3. 전량 국외로 수출되는 생활화학제품 또는 살생물제
4. 제1호부터 제3호까지에 해당하는 제품에만 사용되는 생활화학제품 또는 살생물제
5. 그 밖에 국내에 판매되지 아니하는 제품 등 대통령령으로 정하는 생활화학제품 또는 살생물제
(2020.3.24 본항신설)

제6조【생활화학제품 및 살생물제 관리위원회】 ① 생활화학제품 및 살생물제의 관리에 관한 다음 각 호의 사항을 심의하기 위하여 환경부장관 소속으로 생활화학제품 및 살생물제 관리위원회(이하 "관리위원회"라 한다)를 둔다.
1. 제4조제1항에 따른 종합계획의 수립에 관한 사항
2. 제8조제3항 본문에 따른 안전확인대상생활화학제품의 지정에 관한 사항
3. 제9조제1항에 따른 안전기준, 제10조제8항에 따른 표시기준에 관한 사항(2020.3.24 본호개정)
4. 제12조제1항 본문에 따른 살생물물질의 승인, 제16조제2항 전단에 따른 물질동등성의 인정(이하 "물질동등성 인정"이라 한다) 및 제17조제1항·제2항에 따른 승인·인정의 취소 등에 관한 사항(2020.3.24 본호개정)
5. 제20조제1항에 따른 살생물제품의 승인, 제25조제2항 전단에 따른 제품유사성의 인정(이하 "제품유사성 인정"이라 한다) 및 제26조제1항·제2항에 따른 승인·인정의 취소 등에 관한 사항(2020.3.24 본호개정)
6. 제30조제4항에 따른 살생물처리제품에 대한 정보 제공 또는 열람 명령에 관한 사항
7. 제31조제2항에 따른 자료의 비공개에 관한 사항
8. 제48조의2에 따른 살생물제품피해 구제급여의 지급 등에 관한 사항(2021.5.18 본호신설)
9. 그 밖에 생활화학제품 및 살생물제의 안전관리와 관련하여 관리위원회의 위원장이 심의에 부치는 사항
② 관리위원회는 위원장 1명을 포함하여 20명 이내의 위원으로 성별을 고려하여 구성한다.
③ 관리위원회의 위원장은 생활화학제품 및 살생물제 관리 업무를 주관하는 환경부 소속 고위공무원단에 속하는 공무원 중에서 환경부장관이 임명한다.
④ 관리위원회의 위원은 다음 각 호의 사람 중에서 환경부장관이 임명하거나 위촉한다.
1. 화학물질 또는 제품에 관한 업무를 담당하는 관계 중앙행정기관 소속 공무원 중에서 해당 기관의 장이 추천하는 사람
2. 화학·환경·보건 등 관련 분야의 학식과 경험이 풍부한 전문가와 화학물질 관련 산업계·민간단체 관계자
3. 제2호의 사람 중에서 관계 중앙행정기관의 장이 추천하는 사람
4. 영상의학, 산업의학, 호흡기내과, 예방의학, 핵의학, 병리학, 직업환경의학 등 살생물제품피해 관련 전문과목의 전문의로서 5년 이상 실무에 종사한 사람
5. 판사·검사 또는 변호사로서 5년 이상 재직한 사람
(2021.5.18 4호~5호신설)
⑤ 관리위원회의 회의는 재적위원 과반수의 출석으로 개의하고, 출석위원 과반수의 찬성으로 의결한다.
⑥ 관리위원회의 심의사항을 전문적으로 연구·검토하기 위하여 필요한 경우에는 환경부령으로 정하는 바에 따라 관리위원회의 위원과 관련 분야의 전문가로 구성되는 분야별 전문위원회를 둘 수 있다.
⑦ 제1항부터 제6항까지에서 규정한 사항 외에 관리위원회의 구성·운영 등에 필요한 사항은 대통령령으로 정한다.

제2장 생활화학제품의 관리 등

제7조【실태조사】 ① 환경부장관은 생활화학제품으로 인한 국민 건강 또는 환경상의 위해 예방 및 제8조제3항 본문에 따른 안전확인대상생활화학제품의 지정 여부 결정에 필요한 자료 수집 등을 위하여 생활화학제품을 제조, 수입, 판매 또는 유통하는 자를 대상으로 다음 각 호의 사항에 대한 실태조사를 할 수 있다.
1. 생활화학제품의 종류, 제조·수입·판매량 및 용도에 관한 사항
2. 생활화학제품의 성분·배합비율 및 유해성에 관한 사항
3. 그 밖에 생활화학제품의 안전관리를 위하여 환경부장관이 필요하다고 인정하는 사항
② 환경부장관은 제1항에 따른 실태조사를 위하여 필요한 경우 생활화학제품을 제조, 수입, 판매 또는 유통하는 자에게 제1항 각 호의 사항에 관한 자료의 제출 또는 보고를 요구할 수 있다.
③ 제1항 및 제2항에 따른 실태조사의 절차 등에 필요한 사항은 환경부령으로 정한다.

제8조【위해성평가 등】 ① 환경부장관은 생활화학제품이 다음 각 호의 어느 하나에 해당하는 경우에는 해당 생활화학제품에 대하여 환경부령으로 정하는 바에 따라 위해성평가를 할 수 있다.
1. 제7조제1항에 따른 실태조사를 한 결과 생활화학제품의 위해성이 우려되는 경우
2. 생활화학제품에 들어있는 화학물질의 위해성이 크다는 우려가 국내외에서 제기되는 경우(2020.5.26 본호개정)
② 환경부장관은 제1항에 따른 위해성평가를 한 경우에는 관계 중앙행정기관의 장에게 그 결과를 통지하여야 한다.
③ 환경부장관은 제1항에 따른 위해성평가를 한 결과 위해성이 있다고 인정하는 경우에는 관계 중앙행정기관의 장과 협의하고 관리위원회의 심의를 거쳐 해당 생활화학제품을 안전확인대상생활화학제품으로 지정·고시하여야 한다. 다만, 제20조제1항에 따라 환경부장관의 승인을 받은 살생물제품은 안전확인대상생활화학제품에서 제외한다.(2020.3.24 단서개정)
④ 환경부장관은 제1항에 따른 위해성평가를 한 결과 위해성이 매우 커서 그 위해를 막기 위하여 긴급한 조치가 필요하다고 인정하는 경우에는 해당 생활화학제품을 제3항 본문에 따라 안전확인대상생활화학제품으로 지정·고시하기 전에 그 제품의 제조 또는 수입의 금지를 명할 수 있다.
⑤ 환경부장관은 위해성평가를 마친 경우 해당 제품의 명칭, 위해성, 그 밖에 환경부령으로 정하는 사항을 공개할 수 있다.
⑥ 제1항부터 제5항까지에서 규정한 사항 외에 위해성평가의 기준 및 절차 등에 필요한 사항은 환경부령으로 정한다.

제9조【안전확인대상생활화학제품의 안전기준】 ① 환경부장관은 안전확인대상생활화학제품에 대하여 종류별로 위해성 등에 관한 안전기준을 정하여 고시할 수 있다. 이 경우 안전기준을 고시하기 전에 관계 중앙행정기관의 장과 협의하고 관리위원회의 심의를 거쳐야 한다.
② 안전기준에는 다음 각 호의 사항이 포함되어야 한다.
1. 안전확인대상생활화학제품에 들어있으면 아니 되는 화학물질(2020.5.26 본호개정)
2. 안전확인대상생활화학제품에 들어있는 화학물질의 함유량, 용출량 또는 발산량에 관한 기준(2020.5.26 본호개정)
3. 용기·포장 또는 그 내용물의 누출로 인한 위해성이 우려되는 경우 그 용기 또는 포장에 관한 기준(어린이, 임산부 등 해당 제품으로부터 발생하는 화학물질 등의 노출에 취약한 계층의 안전사고 방지를 위한 내용을 포함한다)
4. 그 밖에 안전확인대상생활화학제품의 안전관리를 위하여 환경부장관이 필요하다고 인정하는 사항

제10조【안전기준의 확인 및 표시기준 등】 ① 제9조제1항에 따라 안전기준이 고시된 안전확인대상생활화학제품을 제조 또는 수입하려는 자는 제41조제1항에 따라 지정을 받은 시험·검사기관으로부터 해당 안전확인대상생활화학제품이 안전기준에 적합한지 확인을 받아야 한다.
② 제1항에 따른 확인의 유효기간은 확인을 받은 날부터 3년으로 한다.
③ 제2항에 따른 확인의 유효기간이 종료된 후에도 계속하여 해당 안전확인대상생활화학제품을 제조 또는 수입하려는 자는 제1항에 따른 확인을 다시 받아야 한다.
④ 제1항에 따라 확인을 받은 자는 제품정보·성분 및 함량 등 환경부령으로 정하는 사항을 환경부장관에게 신고하여야 한다.
⑤ 제4항에 따른 신고를 한 자가 신고한 사항 중 환경부령으로 정하는 사항을 변경하려는 경우에는 환경부장관에게 변경신고를 하여야 한다.(2020.3.24 본항신설)
⑥ 안전기준이 고시되지 아니한 안전확인대상생활화학제품을 제조 또는 수입하려는 자는 대통령령으로 정하는 바에 따라 해당 제품에 들어있는 화학물질의 용도, 유해성, 노출정보 등에 관한 자료를 제출하여 환경부장관의 승인을 받아야 한다.(2020.5.26 본항개정)
⑦ 제6항에 따라 승인을 받은 자가 승인을 받은 사항 중 환경부령으로 정하는 사항을 변경하려는 경우에는 환경부장관의 변경승인을 받아야 한다. 다만, 성명 또는 상호, 주소 및 연락처 등 환경부령으로 정하는 경미한 사항을 변경하려는 경우에는 환경부장관에게 변경신고를 하여야 한다.(2020.3.24 본항신설)
⑧ 안전확인대상생활화학제품을 제조하거나 수입하여 국내에 판매 또는 유통시키려는 자는 안전확인대상생활화학제품 겉면 또는 포장에 다음 각 호의 사항을 한글로 표시(이하 "표시기준"이라 한다)하여야 한다. 이 경우 한자 또는 외국어를 함께 기재할 수 있다.
1. 안전확인대상생활화학제품의 명칭
2. 제조 또는 수입하는 자의 성명 또는 상호, 주소 및 연락처
3. 안전확인대상생활화학제품에 사용된 화학물질에 관하여 환경부령으로 정하는 사항
4. 중량 또는 용량
5. 사용할 때의 주의사항
6. 제4항에 따라 신고한 사항(2020.3.24 본호개정)
7. 제6항에 따라 승인을 받은 사항(2020.3.24 본호개정)
8. 그 밖에 환경부령으로 정하는 사항
⑨ 제1항에 따른 확인, 제4항에 따른 신고, 제5항에 따른 변경신고, 제6항에 따른 승인, 제7항에 따른 변경승인·변경신고 및 제8항에 따른 표시기준의 절차 등에 필요한 사항은 대통령령으로 정한다.(2020.3.24 본항개정)

제10조의2【안전확인대상생활화학제품의 정보공개】 ① 환경부장관은 제10조제4항에 따라 신고하거나 같은 조 제6항에 따라 승인을 받은 안전확인대상생활화학제품에 관한 다음 각 호의 정보를 공개하여야 한다.
1. 안전확인대상생활화학제품의 명칭
2. 안전확인대상생활화학제품을 제조 또는 수입하는 자의 성명 또는 상호, 주소 및 연락처
3. 해당 안전확인대상생활화학제품에 사용된 주요 성분
4. 그 밖에 환경부령으로 정하는 사항
② 제1항에 따른 정보공개의 방법 및 절차 등에 관하여 필요한 사항은 환경부령으로 정한다.
(2020.3.24 본조신설)

제11조【안전확인대상생활화학제품의 제조·수입 금지 등】 ① 환경부장관은 안전확인대상생활화학제품을 제조 또는 수입하는 자가 다음 각 호의 어느 하나에 해당하는 경우에는 해당 안전확인대상생활화학제품의 제조 또는 수입의 금지를 명할 수 있다.
1. 제10조제1항·제6항에 따른 확인 또는 승인을 받지 아니하거나 거짓 또는 그 밖의 부정한 방법으로 확인 또는 승인을 받은 경우(2020.3.24 본호개정)
2. 제10조제1항·제6항에 따른 확인 또는 승인을 받은 내용과 다르게 안전확인대상생활화학제품을 제조 또는 수입하는 경우(2020.3.24 본호개정)
3. 제10조제2항에 따른 확인의 유효기간이 종료된 후에도 같은 조 제3항에 따라 다시 확인을 받지 아니하고 계속하여 해당 안전확인대상생활화학제품을 제조 또는 수입하는 경우
4. 제10조제4항에 따른 신고를 하지 아니하고 안전확인대상생활화학제품을 제조 또는 수입하는 경우
5. 제10조제5항에 따른 변경신고를 하지 아니하거나 같은 조 제7항 본문에 따른 변경승인을 받지 아니하고 안전확인대상생활화학제품을 제조 또는 수입하는 경우
(2020.3.24 본호신설)
6. 제10조제8항에 따른 표시기준을 위반한 안전확인대상생활화학제품을 제조 또는 수입하는 경우
(2020.3.24 본호개정)
7. 제36조의2제2항에 따른 시정명령을 이행하지 아니한 경우(2020.3.24 본호신설)
② 제1항에 따라 안전확인대상생활화학제품의 제조 또는 수입의 금지 명령을 받은 자는 그 명령을 받은 날부터 6개월이 지나기 전까지는 해당 안전확인대상생활화학제품에 대하여 제10조제1항에 따른 확인 또는 제6항에 따른 승인을 신청할 수 없다.(2020.3.24 본항개정)

제3장 살생물제의 안전관리

제1절 살생물물질의 승인

제12조【살생물물질의 승인】 ① 살생물제품에 사용하기 위하여 살생물물질을 제조 또는 수입하려는 자는 해당 살생물물질에 대하여 환경부장관의 승인을 받아야 한다. 다만, 위해성이 낮다고 인정되어 관리위원회의 심의를 거쳐 환경부장관이 고시한 살생물물질은 그러하지 아니하다.(2020.3.24 단서개정)
1.~4. (2020.3.24 삭제)
② 제1항 각 호 외의 부분 본문에 따른 승인(이하 "물질승인"이라 한다)의 기준은 다음 각 호와 같으며 구체적인 사항은 환경부장관이 정하여 고시한다.
1. 살생물물질 또는 그 잔류물이 사람·동물의 건강 또는 환경에 부정적인 영향을 미치지 아니할 것
2. 살생물물질의 유해생물 제거등의 효과·효능이 충분할 것
3. 살생물물질이 제거등의 목적이 되는 유해생물에게 내성(耐性)이 생기게 하지 아니할 것
4. 살생물물질이 척추동물의 제거등을 목적으로 사용될 경우 제거등의 과정에서 척추동물에게 불필요한 고통을 유발하지 아니할 것
③ 환경부장관은 물질승인을 받으려는 자가 다음 각 호의 어느 하나에 해당하는 경우에는 제2항 각 호의 기준의 일부 또는 전부를 완화하여 적용할 수 있다.
1. 물질승인 대상 살생물물질의 사용목적 및 용도가 제한되어 사람 또는 환경에 노출될 가능성이 작은 경우
2. 물질승인 대상 살생물물질을 대체할 수 있는 위해성이 낮은 물질이 없어 해당 살생물물질의 사용이 국민의 건강 및 환경에 필요한 경우
④ 물질승인의 유효기간은 제15조에 따른 변경승인 또는 신고 여부와 관계없이 살생물물질의 유해성·위해성을 고려하여 10년 이내의 범위에서 대통령령으로 정하는 기간으로 한다. 다만, 다음 각 호의 어느 하나에 해당하는 살생물물질의 경우에는 7년 이내의 범위에서 대통령령으로 정하는 기간으로 한다.
1. 제3항에 따라 물질승인의 기준이 완화 적용되는 살생물물질
2. 호흡기에 민감한 영향을 끼치는 살생물물질 등 환경부령으로 정하는 살생물물질
⑤ 제4항에 따른 물질승인의 유효기간이 종료된 후에도 계속하여 해당 살생물물질을 제조 또는 수입하려는 자는 유효기간이 종료되기 전에 물질승인을 다시 받아야 한다.

제13조【물질승인의 신청 등】 ① 물질승인을 받으려는 자는 다음 각 호의 자료를 갖추어 환경부장관에게 물질승인을 신청하여야 한다.
1. 물질승인을 신청한 자의 성명 또는 상호, 주소 및 연락처
2. 살생물물질의 명칭, 분자식, 화학적 조성 등 식별정보
3. 살생물물질이 사용될 수 있는 살생물제품의 유형(살생물제품을 사용 목적 또는 용도에 따라 종류별로 세분화한 것으로서 환경부령으로 정하는 것을 말한다. 이하 "살생물제품유형"이라 한다)
4. 살생물물질에 관한 다음 각 목의 자료
가. 물리·화학적 또는 생물학적 특성
나. 살생물물질의 용도, 주요 노출경로, 노출형태 등 노출정보
다. 인체·동물 및 환경에 대한 유해성·위해성 정보
라. 효과·효능
마. 분류 및 표시
5. 제12조제3항 각 호의 어느 하나에 해당하는 경우에는 그 사실을 증명하는 자료
6. 그 밖에 살생물물질의 제조에 사용되는 원료 및 제조공정 등 대통령령으로 정하는 자료
7. 제1호부터 제6호까지의 자료를 고려하여 평가한 살생물물질의 안전성에 관한 종합 자료
② 제1항에 따라 물질승인을 신청하는 자는 해당 살생물물질이 다음 각 호의 어느 하나에 해당하는 경우에는 제1항 각 호에 따른 자료를 제출하지 아니할 수 있다.
1. 살생물물질의 사용목적과 사용될 수 있는 살생물제품의 유형을 고려할 때 노출정보가 특정되어 인체·동물 및 환경에 미치는 영향이 작다는 사실을 증명하는 경우
2. 과학적으로 자료의 제출이 필요 없다는 사실을 증명하는 경우
3. 「화학물질의 등록 및 평가 등에 관한 법률」 제10조에 따른 등록을 위하여 해당 자료를 제출한 경우
(2020.3.24 본호개정)
③ 제12조제5항에 따라 물질승인을 다시 받으려는 자는 같은 조 제4항에 따른 유효기간이 종료되기 1년 전까지 제1항 각 호의 자료를 갖추어 환경부장관에게 물질승인을 신청하여야 한다. 다만, 해당 각 호의 자료가 이전의 물질승인을 신청할 때 이미 제출한 자료와 내용이 동일한 경우에는 해당 자료를 제출하지 아니할 수 있다.
④ 제1항 및 제3항에 따른 물질승인의 신청 및 자료의 작성방법 등에 필요한 사항은 대통령령으로 정한다.

제14조【물질승인의 절차 등】 ① 환경부장관은 제13조제1항 또는 제3항에 따라 물질승인의 신청을 받은 경우에는 대통령령으로 정하는 바에 따라 물질승인에 관한 평가를 하여야 한다. 이 경우 그 물질승인을 신청한 자(이하 "물질승인신청자"라 한다)가 제출한 자료에 보완이 필요하면 보완 내용 및 기간을 정하여 문서로 보완을 요청할 수 있다.
② 환경부장관은 제1항 전단에 따른 평가를 위하여 시험·검사가 필요한 경우에는 제41조제1항에 따라 지정을 받은 시험·검사기관이 그 시험·검사업무를 대행하게 할 수 있다.
③ 환경부장관은 제1항 전단에 따른 평가를 완료한 경우에는 환경부령으로 정하는 바에 따라 평가서 초안을 작성하고, 물질승인신청자가 30일 이상 열람할 수 있도록 하여야 한다. 이 경우 물질승인신청자는 열람기간이 끝난 날부터 30일 이내에 평가서 초안에 대한 의견을 제출할 수 있으며, 부득이한 사유가 있는 경우에는 환경부령으로 정하는 바에 따라 30일 이내의 범위에서 의견 제출기간의 연장을 요청할 수 있다.
④ 환경부장관은 제3항 후단에 따라 의견을 제출받은 날(의견이 없는 경우에는 의견 제출기간의 종료일을 말한다)부터 30일 이내에 평가서에 대한 관리위원회의 심의를 거쳐 물질승인 여부를 결정하여야 한다.
⑤ 환경부장관은 제출된 의견을 검토하여 반영하는 데 상당한 시일이 걸리는 경우 등 정당한 사유가 있어 30일 이내에 물질승인 여부를 결정하는 것이 곤란한 경우에는 30일 이내의 범위에서 결정기간을 연장할 수 있다. 이 경우 결정기간의 연장 사실과 연장 사유를 물질승인신청자에게 지체 없이 통지하여야 한다.
⑥ 환경부장관은 제4항에 따라 물질승인을 하기로 결정한 경우에는 다음 각 호의 사항을 환경부령으로 정하는 바에 따라 물질승인신청자에게 지체 없이 통지하여야 한다.
1. 살생물물질이 유지하여야 하는 순도(純度) 범위
2. 살생물물질에 들어있는 것이 허용되는 불순물의 특성 및 함량 범위(2020.5.26 본호개정)
3. 살생물물질이 사용될 수 있는 살생물제품유형
4. 살생물물질의 사용자 범위
5. 물질승인의 유효기간
6. 그 밖에 물질승인에 관하여 대통령령으로 정하는 사항

제15조【물질승인의 변경 등】 물질승인을 받은 자는 살생물물질의 유해성·위해성 정보, 효과·효능 등 대통령령으로 정하는 중요한 사항을 변경하려는 경우에는 환경부령으로 정하는 바에 따라 변경승인을 받아야 한다. 다만, 성명, 상호, 주소 및 연락처 등 그 밖의 승인 사항을 변경하려는 경우에는 환경부령으로 정하는 바에 따라 변경신고를 하여야 한다.

제16조【물질동등성의 인정】 ① 물질승인을 받은 살생물물질(이하 이 조에서 "기준살생물물질"이라 한다)과 다른 살생물물질 간에 물질동등성을 인정받으려는 자는 물질동등성을 갖추었음을 증명할 수 있는 자료를 갖추어 환경부장관에게 물질동등성의 인정을 신청하여야 한다. 이 경우 제32조제1항에 따른 자료의 사용에 관한 동의를 받아야 한다.
② 환경부장관은 제1항에 따라 신청을 받은 경우에는 관리위원회의 심의를 거쳐 물질동등성의 인정 여부를 결정하여야 한다. 이 경우 인정 여부를 결정하는 과정에서 제1항에 따라 제출한 자료에 보완이 필요하면 그 신청을 한 자에게 보완 내용 및 기간을 정하여 문서로 보완을 요청할 수 있다.
③ 환경부장관은 물질동등성 인정 여부를 결정한 경우에는 제1항에 따른 신청을 한 자에게 지체 없이 통지하여야 한다.
④ 기준살생물물질과 물질동등성 인정을 받은 살생물물질은 물질승인을 받은 것으로 본다. 이 경우 물질동등성 인정의 유효기간은 기준살생물물질의 물질승인의 유효기간이 종료되는 날까지로 한다.
⑤ 환경부장관은 물질동등성 인정을 받은 살생물물질의 기준살생물물질이 제15조 본문에 따라 변경승인을 받은

경우에는 물질동등성 인정을 받은 살생물물질을 제조 또는 수입하는 자에게 그 변경승인 내용을 통지하여야 한다.
⑥ 제5항에 따라 통지를 받은 자는 변경승인을 받은 기존살생물물질과 물질동등성을 갖추었음을 증명할 수 있는 자료를 갖추어 물질동등성을 다시 인정받아야 한다. 다만, 변경승인을 받은 기존살생물물질의 화학적 조성이 변경되지 아니하는 경우 등 대통령령으로 정하는 경우는 제외한다.
⑦ 제1항부터 제6항까지에서 규정한 사항 외에 물질동등성 인정 기준, 절차 및 방법 등에 필요한 사항은 대통령령으로 정한다.
제17조【물질승인의 취소 등】 ① 환경부장관은 물질승인 또는 제15조 본문에 따른 변경승인(이하 "물질승인등"이라 한다)이나 물질동등성 인정을 받은 자가 다음 각 호의 어느 하나에 해당하는 경우에는 관리위원회의 심의를 거쳐 해당 살생물물질에 대한 물질승인등 또는 물질동등성 인정을 취소하거나 1년 이내의 범위에서 해당 살생물물질의 제조 또는 수입의 금지를 명할 수 있다. 다만, 제1호에 해당하는 경우에는 물질승인등 또는 물질동등성 인정을 취소하여야 한다.
1. 거짓이나 그 밖의 부정한 방법으로 물질승인등 또는 물질동등성 인정을 받은 경우
2. 물질승인등 또는 물질동등성 인정을 받은 내용과 다르게 살생물물질을 제조 또는 수입한 경우
3. 제12조제4항에 따른 물질승인의 유효기간 또는 제16조제4항 후단에 따른 물질동등성 인정의 유효기간이 종료된 후에도 물질승인 또는 물질동등성 인정을 받지 아니하고 계속하여 해당 살생물물질을 제조 또는 수입한 경우
4. 물질승인등 또는 물질동등성 인정을 받을 당시 알려지지 아니한 위해성이 새로 밝혀진 경우
5. 외국정부, 국제기구 등이 해당 살생물물질이 위해성이 있다고 인정하는 경우
② 환경부장관은 기존살생물물질에 대하여 제1항에 따라 물질승인등을 취소하거나 제조 또는 수입의 중지를 명한 경우에는 해당 기존살생물물질과 물질동등성 인정을 받은 살생물물질에 대하여 관리위원회의 심의를 거쳐 그 물질동등성 인정을 취소하거나 1년 이내의 범위에서 제조 또는 수입의 중지를 명할 수 있다.
제18조【기존살생물물질의 승인유예】 ① 2018년 12월 31일 이전에 국내에서 유통된 살생물제품 또는 살생물처리제품에 들어있는 살생물물질(이하 "기존살생물물질"이라 한다)을 제조 또는 수입하려는 자는 제2항에 따라 신고하여 승인유예대상 기존살생물물질로 지정·고시되는 경우 승인유예기간 동안 제12조제1항 본문에도 불구하고 물질승인을 받지 아니하고 기존살생물물질을 제조 또는 수입할 수 있다.(2020.5.26 본문개정)
1.~2. (2020.3.24 삭제)
② 제1항에 따라 승인유예기간의 종료일까지 물질승인을 받지 아니하고 기존살생물물질을 제조 또는 수입하려는 자는 제조 또는 수입하기 전에 다음 각 호의 사항을 환경부장관에게 신고하여야 한다.(2020.3.24 본문개정)
1. 제조 또는 수입하려는 자의 성명 또는 상호, 주소 및 연락처
2. 기존살생물물질의 명칭, 화학적 조성 및 제조량 또는 수입량
3. 기존살생물물질이 사용될 수 있는 살생물제품유형
4. 그 밖에 환경부령으로 정하는 사항
③ 환경부장관은 제2항에 따른 신고를 받은 경우에는 신고일부터 6개월 이내에 신고를 받은 기존살생물물질의 유해성·위해성을 고려하여 승인유예대상 기존살생물물질로 지정하고, 다음 각 호의 사항을 고시하여야 한다.(2020.3.24 본문개정)
1. 승인유예대상 기존살생물물질의 명칭
2. 승인유예대상 기존살생물물질이 사용될 수 있는 살생물제품유형
3. 승인유예기간
④ 제3항제3호의 승인유예기간은 승인유예대상 기존살생물물질의 유해성·위해성, 해당 물질이 사용되는 살생물제품 유형 등을 고려하여 10년 이내의 범위에서 대통령령으로 정한다.
⑤ 제1항부터 제4항까지에서 규정한 사항 외에 기존살생물물질의 신고 절차 등에 필요한 사항은 환경부령으로 정한다.
제19조【물질승인 신청계획서 등의 제출】 ① 제18조제2항에 따른 신고를 한 자는 해당 기존살생물물질이 같은 조 제3항에 따른 승인유예대상 기존살생물물질(이하 "승인유예대상 기존살생물물질"이라 한다)로 지정·고시된 날부터 1년 이내에 제13조제1항 각 호에 따른 물질승인 신청자료의 작성 절차 및 방법 등에 관한 계획서(이하 이 조에서 "물질승인 신청계획서"라 한다)를 환경부장관에게 제출하여야 한다.
② 환경부장관은 제18조제2항에 따른 신고를 한 자가 물질승인 신청계획서를 기한까지 제출하지 아니하거나 물질승인 신청계획서에 따라 제13조제1항 각 호에 따른 물질승인 신청자료(이하 이 조에서 "물질승인 신청자료"라 한다)를 작성하지 아니하여 승인유예기간 이내에 승인신청 자료의 제출이 어렵다고 인정되는 경우에는 그 신고를 한 자에게 해당 승인유예대상 기존살생물물질의 제조 또는 수입의 금지를 명할 수 있다. 이 경우 해당 승인유예대상 기존살생물물질을 제조 또는 수입하려면 물질승인을 받아야 한다.
③ 환경부장관은 제2항 전단에 따라 해당 승인유예대상 기존살생물물질에 대하여 신고를 한 자 모두에게 제조 또는 수입의 금지를 명한 경우에는 그 기존살생물물질에 대한 승인유예대상 기존살생물물질의 지정을 해제할 수 있다.
④ 명칭, 화학적 조성이 동일한 승인유예대상 기존살생물물질에 대하여 물질승인 신청계획서를 제출한 자가 둘 이상인 경우에는 각자 물질승인을 신청하되, 물질승인 신청자료 중 환경부령으로 정하는 자료는 대표자를 정하여 공동으로 제출하여야 한다. 다만, 다음 각 호의 어느 하나에 해당하는 경우에는 환경부장관의 확인을 받고 개별로 제출할 수 있다.(2020.3.24 본문개정)
1. 공동으로 제출하는 경우 기업의 영업비밀이 공개되어 상당한 손실을 초래할 것으로 예상되는 경우
2. 공동으로 제출하는 것이 개별로 제출하는 것보다 더 많은 비용이 드는 경우
3. 그 밖에 개별제출에 관하여 대통령령으로 정하는 사유에 해당하는 경우
⑤ 환경부장관은 승인유예대상 기존살생물물질에 대한 물질승인 신청자료 중 환경부령으로 정하는 자료를 확보하여 제18조제2항에 따른 신고를 한 자에게 제공할 수 있다. 이 경우 환경부장관은 환경부령으로 정하는 바에 따라 물질승인 신청자료를 확보하는 데 드는 비용을 해당 자료를 제공받는 자로부터 받을 수 있다.
⑥ 제1항부터 제5항까지에서 규정한 사항 외에 물질승인 신청계획서의 제출 및 물질승인 신청자료의 공동제출·개별제출 확인의 절차 등에 필요한 사항은 환경부령으로 정한다.

제2절 살생물제품의 승인 및 살생물처리제품의 관리 등

제20조【살생물제품의 승인】 ① 살생물제품을 국내에 판매하거나 유통시키기 위하여 제조 또는 수입하려는 자는 해당 살생물제품에 대하여 환경부장관의 승인을 받아야 한다.(2020.3.24 단서삭제)
1.~3. (2020.3.24 삭제)
② 제1항에 따른 승인(이하 "제품승인"이라 한다)의 기준은 다음 각 호와 같으며 구체적인 사항은 환경부장관이 정하여 고시한다.(2020.3.24 본문개정)
1. 살생물제품 또는 그 잔류물이 사람·동물의 건강 또는 환경에 부정적인 영향을 미치지 아니할 것
2. 살생물제품에 들어있는 모든 살생물물질이 다음 각 목의 어느 하나에 해당하는 살생물물질일 것(2020.5.26 본문개정)
가. 물질승인등을 받은 범위에서 사용되는 살생물물질
나. 제12조제1항 단서에 따라 고시된 살생물물질
다. 제18조제3항에 따라 지정·고시된 범위에서 사용되는 승인유예대상 기존살생물물질(제18조제3항제2호에 따른 살생물제품유형이 승인 대상 살생물제품의 유형과 다른 경우에 한정한다)
(2020.3.24 가목~다목신설)
3. 살생물제품의 유해생물 제거등의 효과·효능이 충분할 것
4. 살생물제품이 제거등의 목적이 되는 유해생물에게 내성이 생기게 하지 아니할 것
5. 살생물제품이 척추동물의 제거등을 목적으로 사용될 경우 제거등의 과정에서 척추동물에게 불필요한 고통을 유발하지 아니할 것
6. 살생물제품의 취급 또는 사용에 따른 안전사고를 방지하기 위하여 환경부령으로 정하는 기준에 따른 안전용기 또는 포장을 사용할 것
③ 환경부장관은 제2항 각 호의 기준을 적용할 때에는 다음 각 호의 사항을 고려하여야 한다.
1. 살생물제품 위해성의 최대 정도
2. 살생물제품의 사용 및 폐기 과정에서 환경에 미칠 수 있는 부정적 영향
3. 살생물제품에 들어있는 살생물물질이 다른 살생물물질 및 화학물질 등과 상호 작용하여 일으키는 효과(2020.5.26 본호개정)
4. 살생물제품이 살생물처리제품에 사용되는 경우 그 살생물처리제품의 종류 및 사용방법의 적정성
④ 환경부장관은 제품승인을 받으려는 자가 다음 각 호의 요건을 갖춘 경우에는 제2항 각 호의 기준의 일부 또는 전부를 완화하여 적용할 수 있다.
1. 제품승인 대상 살생물제품이 산업용으로만 사용될 것
2. 제품승인 대상 살생물제품을 대체할 수 있는 위해성이 낮은 제품이 없어 해당 살생물제품의 사용이 국민의 건강 및 환경에 필요한 경우
⑤ 제품승인의 유효기간은 제23조에 따른 변경승인 또는 신고 여부와 관계없이 살생물제품의 유해성·위해성을 고려하여 10년 이내의 범위에서 대통령령으로 정하는 기간으로 한다. 다만, 다음 각 호의 어느 하나에 해당하는 살생물제품의 경우에는 5년 이내의 범위에서 대통령령으로 정하는 기간으로 한다.
1. 제4항에 따라 제품승인의 기준이 완화 적용되는 살생물제품
2. 제12조제4항 각 호의 어느 하나에 해당하는 살생물물질이 들어있는 살생물제품(2020.5.26 본호개정)
⑥ 제5항에 따른 제품승인의 유효기간이 종료된 후에도 계속하여 해당 살생물제품을 제조 또는 수입하려는 자는 유효기간이 종료되기 전에 제품승인을 다시 받아야 한다.
⑦ (2020.3.24 삭제)
제21조【제품승인의 신청 등】 ① 제품승인을 받으려는 자는 다음 각 호의 자료를 갖추어 환경부장관에게 제품승인을 신청하여야 한다.
1. 제품승인을 신청한 자의 성명 또는 상호, 주소 및 연락처
2. 살생물제품의 제품명, 살생물제품유형
3. 살생물제품에 들어있는 물질에 관한 다음 각 목의 자료
가. 살생물제품에 들어있는 살생물물질을 포함한 모든 물질의 성분, 배합비율, 사용 목적 및 용도
나. 살생물제품에 들어있는 살생물물질의 공급자명 및 주소
다. 살생물제품에 나노물질이 의도적으로 들어있는 경우에는 해당 나노물질의 명칭, 사용 목적 및 용도
(2020.5.26 본호개정)
4. 살생물제품에 관한 다음 각 목의 자료
가. 물리·화학적 또는 생물학적 특성
나. 살생물제품의 용도, 주요 노출경로, 노출형태 등 노출정보
다. 인체·동물 및 환경에 대한 유해성·위해성 정보
라. 효과·효능
마. 분류·표시 및 포장
5. 제20조제4항 각 호의 어느 하나에 해당하는 경우에는 그 사실을 증명하는 자료
6. 그 밖에 살생물제품의 제조에 사용되는 원료 및 제조공정 등 대통령령으로 정하는 자료
7. 제1호부터 제6호까지의 자료를 고려하여 평가한 살생물제품의 안전성에 관한 종합 자료
② 제1항에 따라 제품승인을 신청하는 자는 해당 살생물제품이 다음 각 호의 어느 하나에 해당하는 경우에는 제1항 각 호에 따른 자료를 제출하지 아니할 수 있다.
1. 살생물제품 또는 살생물제품에 들어있는 살생물물질의 사용용도와 노출정보가 특정되어 인체·동물 및 환경에 미치는 영향이 작다는 사실을 증명하는 경우
(2020.5.26 본호개정)
2. 과학적으로 자료제출이 필요 없다는 사실을 증명하는 경우
3. 「화학물질의 등록 및 평가 등에 관한 법률」 제10조에 따른 등록을 위하여 해당 자료를 제출한 경우
(2020.3.24 본호개정)
③ 제20조제6항에 따라 제품승인을 다시 받으려는 자는 같은 조 제5항에 따른 유효기간이 종료되기 1년 전까지 제1항 각 호의 자료를 갖추어 환경부장관에게 제품승인을 신청하여야 한다. 다만, 해당 각 호의 자료가 이전의 제품승인을 신청할 때 이미 제출한 자료와 내용이 동일한 경우에는 해당 자료를 제출하지 아니할 수 있다.
④ 제1항 및 제3항에 따른 제품승인 신청 및 자료의 작성 방법 등에 필요한 사항은 대통령령으로 정한다.
제22조【제품승인의 절차 등】 ① 환경부장관은 제21조제1항 또는 제3항에 따라 제품승인의 신청을 받은 경우에는 대통령령으로 정하는 바에 따라 제품승인에 관한 평가를 하여야 한다. 이 경우 그 제품승인을 신청한 자(이하 "제품승인신청자"라 한다)가 제출한 자료에 보완이 필요하면 보완 내용 및 기간을 정하여 문서로 보완을 요청할 수 있다.
② 환경부장관은 제1항 전단에 따른 평가를 위하여 시험·검사가 필요한 경우에는 제41조제1항에 따라 지정을 받은 시험·검사기관이 그 시험·검사업무를 대행하게 할 수 있다.
③ 환경부장관은 제1항 전단에 따른 평가를 완료한 경우에는 환경부령으로 정하는 바에 따라 평가서 초안을 작성하고, 제품승인신청자가 30일 이상 열람할 수 있도록 하여야 한다. 이 경우 제품승인신청자는 열람기간이 끝난 날부터 30일 이내에 평가서 초안에 대한 의견을 제출할 수 있으며, 부득이한 사유가 있는 경우에는 환경부령으로 정하는 바에 따라 30일 이내의 범위에서 의견 제출기간의 연장을 요청할 수 있다.
④ 환경부장관은 제3항 후단에 따라 의견을 제출받은 날(의견이 없는 경우에는 의견 제출기간의 종료일을 말한다)부터 30일 이내에 평가서에 대한 관리위원회의 심의를 거쳐 제품승인 여부를 결정하여야 한다.
⑤ 환경부장관은 제출된 의견을 검토·반영하는 데 상당한 시일이 걸리는 경우 등 정당한 사유가 있어 30일 이내에 제품승인 여부를 결정하는 것이 곤란한 경우에는 30일 이내의 범위에서 결정기간을 연장할 수 있다. 이 경우 결정기간의 연장 사실과 연장 사유를 제품승인신청자에게 지체 없이 통지하여야 한다.
⑥ 환경부장관은 제4항에 따라 제품승인을 하기로 결정한 경우에는 다음 각 호의 사항을 환경부령으로 정하는 바에 따라 제품승인신청자에게 지체 없이 통지하여야 한다.

1. 살생물제품의 제품명 및 살생물제품유형
2. 제품승인의 유효기간
3. 살생물제품의 사용 대상자 및 사용 범위
4. 살생물제품에 들어있는 모든 물질의 성분 및 배합비율(2020.5.26 본호개정)
5. 해당 살생물제품이 살생물처리제품에 사용되는 경우 그 살생물처리제품의 종류 및 사용방법
6. 그 밖에 살생물제품의 제품승인에 관하여 대통령령으로 정하는 사항

제23조【제품승인의 변경 등】 제품승인을 받은 자는 살생물제품의 유해성·위해성 정보, 효과·효능 등 대통령령으로 정하는 중요한 사항을 변경하려는 경우에는 환경부령으로 정하는 바에 따라 변경승인을 받아야 한다. 다만, 성명 또는 상호, 주소 및 연락처 등 그 밖의 사항을 변경하려는 경우에는 환경부령으로 정하는 바에 따라 변경신고를 하여야 한다.

제24조【제품승인의 특례】 ① 다음 각 호의 요건을 모두 충족하는 살생물제품의 제품승인에 대해서는 제21조, 제22조 및 제23조 본문을 적용하지 아니한다.
1. 살생물제품에 들어있는 모든 살생물물질이 제12조제1항 단서에 따라 고시한 살생물물질일 것(2020.5.26 본호개정)
2. 살생물제품에 들어있는 물질 중 살생물물질이 아닌 물질이 다음 각 목에 해당하지 아니할 것(2020.5.26 본문개정)
  가. 「화학물질의 등록 및 평가 등에 관한 법률」 제2조제10호의2에 따른 중점관리물질(이하 "중점관리물질"이라 한다)
  나. 나노물질
  다. 유해성 또는 위해성이 있는 물질로서 환경부령으로 정하는 물질
3. 유해생물 제거등에 대한 효과·효능이 충분할 것
4. 취급하거나 사용할 때 개인보호장비가 필요하지 아니할 것

② 제1항 각 호의 요건을 충족하는 살생물제품에 대하여 제품승인을 받으려는 자는 환경부령으로 정하는 바에 따라 다음 각 호의 자료를 갖추어 환경부장관에게 제품승인을 신청하여야 한다.
1. 제품승인 신청자의 성명 또는 상호, 주소 및 연락처
2. 살생물제품의 제품명
3. 살생물제품에 들어있는 살생물물질을 포함한 모든 물질의 성분 및 배합비율(2020.5.26 본호개정)
4. 제1항 각 호의 요건을 충족함을 증명하는 자료
5. 그 밖에 살생물제품의 제품승인에 관하여 대통령령으로 정하는 자료

③ 환경부장관은 제2항에 따른 신청을 받은 경우에는 대통령령으로 정하는 바에 따라 제품승인 여부를 결정하고 그 결과를 신청을 한 자에게 통지하여야 한다.
④ 환경부장관은 살생물제품이 다음 각 호에 모두 해당하는 경우 관계 중앙행정기관의 장이 요청하면 환경부령에 따라 해당 제품 및 해당 제품에 들어있는 살생물물질을 한시적으로 승인을 받지 아니하고 제조 또는 수입하도록 허용할 수 있다.(2020.5.26 본문개정)
1. 공중보건 등에 긴급히 필요한 경우
2. 대체할 수 있는 제품이 없는 경우
(2020.3.24 본항신설)
⑤ 환경부장관은 제4항의 요청이 있는 경우 사람·동물의 건강 또는 환경에 미치는 부정적 영향을 확인하기 위하여 필요하면 위해성평가를 실시할 수 있다.
(2020.3.24 본항신설)

제25조【제품유사성의 인정】 ① 제품승인을 받은 살생물제품(이하 이 조에서 "기준살생물제품"이라 한다)과 다른 살생물제품 간에 제품유사성을 인정받으려는 자는 제품유사성을 갖추었음을 증명할 수 있는 자료를 갖추어 환경부장관에게 제품유사성의 인정을 신청하여야 한다. 이 경우 제32조제1항에 따른 자료의 사용에 관한 동의를 받아야 한다.
② 환경부장관은 제1항에 따라 신청을 받은 경우에는 관리위원회의 심의를 거쳐 제품유사성의 인정 여부를 결정하여야 한다. 이 경우 인정 여부를 결정하는 과정에서 제1항에 따라 제출한 자료에 보완이 필요하면 그 신청을 한 자에게 보완 내용 및 기간을 정하여 문서로 보완을 요청할 수 있다.
③ 환경부장관은 제품유사성 인정 여부를 결정한 경우에는 제1항에 따른 신청을 한 자에게 지체 없이 통지하여야 한다.
④ 기준살생물제품과 제품유사성 인정을 받은 살생물제품은 제품승인을 받은 것으로 본다. 이 경우 제품유사성 인정의 유효기간은 기준살생물제품의 제품승인의 유효기간이 종료되는 날까지로 한다.
⑤ 환경부장관은 제품유사성 인정을 받은 살생물제품의 기준살생물제품이 제23조 본문에 따라 변경승인을 받은 경우에는 제품유사성 인정을 받은 살생물제품을 제조 또는 수입하는 자에게 그 변경승인 내용을 통지하여야 한다.
⑥ 제5항에 따라 통지를 받은 자는 변경승인을 받은 기준살생물제품과 제품유사성을 갖추었음을 증명할 수 있는 자료를 갖추어 제품유사성을 다시 인정받아야 한다. 다만, 변경승인을 받은 기준살생물제품에 들어있는 물질의 성분 및 배합비율 등이 변경되지 아니한 경우 등 대통령령으로 정하는 경우는 제외한다.(2020.5.26 단서개정)
⑦ 제1항부터 제6항까지에서 규정한 사항 외에 제품유사성 인정 기준, 절차 및 방법 등에 필요한 사항은 대통령령으로 정한다.

제26조【제품승인의 취소 등】 ① 환경부장관은 제품승인 또는 제23조 본문에 따른 변경승인(이하 "제품승인등"이라 한다)이나 제품유사성 인정을 받은 자가 다음 각 호의 어느 하나에 해당하는 경우에는 관리위원회의 심의를 거쳐 해당 살생물제품에 대한 제품승인등 또는 제품유사성 인정을 취소하거나 1년 이내의 범위에서 해당 살생물제품의 제조 또는 수입의 중지를 명할 수 있다. 다만, 제1호에 해당하는 경우에는 제품승인등 또는 제품유사성 인정을 취소하여야 한다.
1. 거짓이나 그 밖의 부정한 방법으로 제품승인등 또는 제품유사성 인정을 받은 경우
2. 제품승인등 또는 제품유사성 인정을 받은 내용과 다르게 살생물제품을 제조 또는 수입한 경우
3. 제20조제5항에 따른 제품승인의 유효기간 또는 제25조제4항 후단에 따른 제품유사성 인정의 유효기간이 종료된 후에도 제품승인 또는 제품유사성 인정을 받지 아니하고 계속하여 해당 살생물제품을 제조 또는 수입한 경우
4. 제36조의2제2항에 따른 시정명령을 이행하지 아니한 경우(2020.3.24 본호개정)
5. 제품승인등 또는 제품유사성 인정을 받을 당시 알려지지 아니한 위해성이 새로 밝혀진 경우
6. 외국정부, 국제기구 등이 해당 살생물제품이 위해성이 있다고 인정하는 경우

② 환경부장관은 기준살생물제품에 대하여 제1항에 따라 제품승인등을 취소하거나 제조 또는 수입의 중지를 명한 경우에는 해당 기준살생물제품과 제품유사성 인정을 받은 살생물제품에 대하여 관리위원회의 심의를 거쳐 그 제품유사성 인정을 취소하거나 1년 이내의 범위에서 제조 또는 수입의 중지를 명할 수 있다.

제27조【살생물제품의 표시 등】 제품승인을 받은(제25조제4항 전단에 따라 제품승인을 받은 것으로 보는 경우를 포함한다) 살생물제품을 국내에 판매하거나 유통시키기 위하여 제조 또는 수입하는 자는 환경부령으로 정하는 바에 따라 다음 각 호의 사항을 해당 살생물제품의 겉면에 구매자가 알아보기 쉽게 표시하여야 한다.
1. 살생물제품에 사용된 모든 살생물물질의 성분 및 배합비율
2. 살생물제품을 제조 또는 수입하는 자의 성명 또는 상호, 주소 및 연락처
3. 살생물제품의 사용에 따른 위험성 및 응급처치 방법
4. 살생물제품의 유통기한 및 폐기방법
5. 살생물제품에 나노물질이 의도적으로 들어있는 경우 나노물질의 명칭, 사용 목적 및 용도(2020.5.26 본호개정)
6. 그 밖에 환경부장관이 살생물제품의 안전한 사용을 위하여 표시가 필요하다고 인정하여 환경부령으로 정하는 사항

제28조【살생물처리제품의 안전기준 및 표시기준】 ① 살생물처리제품을 국내에 판매하거나 유통시키기 위하여 제조 또는 수입하는 자는 해당 살생물처리제품에 사용되는 살생물제품에 대하여 다음 각 호의 안전기준을 준수하여야 한다.
1. 살생물처리제품에 사용되는 살생물제품이 제품승인을 받은(제25조제4항 전단에 따라 제품승인을 받은 것으로 보는 경우를 포함한다. 이하 이 호에서 같다) 것(살생물처리제품을 수입하는 경우에는 제품승인을 받은 살생물제품과 대통령령으로 정하는 유사성 기준을 충족하는 살생물제품이 사용된 것)으로서 해당 제품승인을 받은 범위에서 사용될 것
2. 그 밖에 살생물처리제품의 안전관리를 위하여 환경부령으로 정하는 사항을 준수할 것

② 살생물처리제품을 국내에 판매하거나 유통시키기 위하여 제조 또는 수입하는 자는 해당 살생물처리제품의 유해생물 제거등에 대한 효과·효능을 구매자에게 알리려는 경우에는 환경부령으로 정하는 바에 따라 다음 각 호의 사항을 해당 살생물처리제품의 겉면에 구매자가 알아보기 쉽게 표시하여야 한다.
1. 살생물제품이 사용되었음을 알리는 문구
2. 살생물처리제품에 사용된 살생물제품에 들어있는 모든 살생물물질의 명칭 및 기능(2020.5.26 본호개정)
3. 살생물처리제품에 사용된 살생물제품에 나노물질이 의도적으로 들어있는 경우 나노물질이 들어있다는 사실(2020.5.26 본호개정)
4. 살생물처리제품에 사용된 살생물제품의 위험성 및 취급 시 주의사항

제3절 정보의 공개 및 자료의 보호 등

제29조【살생물물질 및 살생물제품의 정보공개】 ① 환경부장관은 물질승인을 받은(제16조제4항 전단에 따라 물질승인을 받은 것으로 보는 경우를 포함한다. 이하 이 항에서 같다) 살생물물질에 관한 다음 각 호의 정보를 공개하여야 한다.
1. 살생물물질의 명칭 및 물질승인의 유효기간
2. 살생물물질의 유해성 및 위해성 정도
3. 물질승인을 받은 자의 성명 또는 상호, 주소 및 연락처
4. 해당 살생물물질의 사용이 가능한 살생물제품유형
5. 그 밖에 물질승인을 받은 살생물물질의 정보공개에 관하여 환경부령으로 정하는 사항

② 환경부장관은 제품승인을 받은(제25조제4항 전단에 따라 제품승인을 받은 것으로 보는 경우를 포함한다. 이하 이 항에서 같다) 살생물제품에 관한 다음 각 호의 정보를 공개하여야 한다.
1. 살생물제품의 명칭 및 제품승인의 유효기간
2. 살생물제품의 유해성 및 위해성 정도
3. 제품승인을 받은 자의 성명 또는 상호, 주소 및 연락처
4. 해당 살생물제품이 살생물처리제품에 사용되는 경우 사용이 가능한 살생물처리제품의 종류 및 사용방법
5. 그 밖에 제품승인을 받은 살생물제품의 정보공개에 관하여 환경부령으로 정하는 사항

③ 제1항 및 제2항에 따른 정보 공개의 방법 및 절차 등에 필요한 사항은 환경부령으로 정한다.

제30조【살생물처리제품의 정보제공 등】 ① 살생물처리제품을 구매한 자는 대통령령으로 정하는 바에 따라 살생물처리제품에 사용된 살생물제품에 대한 정보의 제공 또는 열람을 그 살생물처리제품을 제조하거나 수입하는 자에게 청구할 수 있다.
② 제1항에 따른 정보의 제공 또는 열람의 청구를 받은 자는 해당 정보가 경영상·영업상 비밀에 속하는 경우를 제외하고는 해당 정보를 제공하거나 열람하게 하여야 한다.
③ 제1항에 따라 정보의 제공 또는 열람을 청구한 자는 제2항에 따른 정보의 제공 또는 열람이 거부된 경우에는 환경부령으로 정하는 바에 따라 환경부장관에게 해당 정보의 제공 또는 열람을 명하여 줄 것을 신청할 수 있다.
④ 환경부장관은 제3항에 따른 신청을 받은 경우에는 관리위원회의 심의를 거쳐 살생물처리제품을 제조하거나 수입하는 자에게 해당 정보의 제공 또는 열람을 명할 수 있다.
⑤ 제2항 또는 제4항에 따라 정보를 제공받거나 열람한 자는 그 정보를 청구한 목적과 다르게 사용하거나 다른 자에게 제공하는 등 부당한 목적으로 사용하여서는 아니 된다.
⑥ 제1항부터 제5항까지에서 규정한 사항 외에 정보의 청구, 정보의 제공 또는 열람 절차 등에 필요한 사항은 대통령령으로 정한다.

제31조【자료의 보호】 ① 환경부장관은 물질승인신청자, 제품승인신청자, 제16조제1항 전단에 따른 물질동등성의 인정을 신청한 자 또는 제25조제1항 전단에 따른 제품유사성의 인정을 신청한 자가 물질승인등, 제품승인등, 물질동등성 인정 또는 제품유사성 인정을 위하여 제출한 자료를 15년 이내의 범위에서 대통령령으로 정하는 보호기간까지 공개하여서는 아니 된다. 다만, 다음 각 호의 어느 하나에 해당하는 자료는 그러하지 아니하다.
1. 국내외에 이미 공개된 자료
2. 제29조제1항 또는 제2항에 따라 공개하여야 하는 자료
3. 그 밖에 자료공개에 관하여 대통령령으로 정하는 자료

② 환경부장관은 다음 각 호 외의 어느 하나에 해당하는 경우에는 제1항 각 호 외의 부분 본문에 따른 보호기간이 지나도 관리위원회의 심의를 거쳐 해당 자료를 공개하지 아니할 수 있다.
1. 자료의 공개로 국가안전보장·질서유지 또는 공공복리에 현저한 지장을 초래할 우려가 있는 경우
2. 해당 자료가 「부정경쟁방지 및 영업비밀보호에 관한 법률」 제2조제2호에 따른 영업비밀에 해당하는 경우로서 자료를 제출한 자가 자료보호를 요청한 경우

③ 제1항과 제2항에서 규정한 사항 외에 자료의 보호 등에 필요한 사항은 환경부령으로 정한다.

제32조【자료 사용동의】 ① 다음 각 호의 신청을 위하여 자료를 제출하여야 하는 자는 다른 자가 환경부장관에게 이미 제출한 자료를 해당 자료의 소유자의 사용동의를 받아 활용할 수 있다.
1. 제13조제1항·제3항 또는 제15조 본문에 따른 물질승인등의 신청
2. 제16조제1항에 따른 물질동등성의 인정 신청
3. 제21조제1항·제3항, 제23조 본문 또는 제24조제2항에 따른 제품승인등의 신청
4. 제25조제1항에 따른 제품유사성의 인정 신청

② 제1항에 따른 자료 사용동의에 관한 절차 등에 필요한 사항은 환경부령으로 정한다.

제32조의2【척추동물시험의 최소화 원칙 등】 ① 생활화학제품의 위해성 평가, 살생물물질 또는 살생물제품의 승인을 위한 척추동물시험은 「화학물질의 등록 및 평가 등에 관한 법률」 제2조제19호에 따른 척추동물대체시험(이하 "척추동물대체시험"이라 한다) 등을 통하여 최소한의 범위에서 실시하여야 하고, 해당 생활화학제품, 살생물물질, 살생물제품이 사람·동물 또는 환경에 미치는 위해성이 새롭게 밝혀지는 등 대통령령으로 정하는 사유가 있는 경우 외에는 동일한 생활화학제품, 살생물물질, 살생물제품에 대하여 척추동물시험을 반복적으로 실시하여서는 아니 된다.

② 환경부장관은 생활화학제품의 위해성 평가, 살생물물질 또는 살생물제품의 승인 등의 과정에서 척추동물시험이 최소화될 수 있도록 척추동물대체시험의 개발·이용에 관한 정책을 수립·시행하여야 한다.
(2020.3.24 본조신설)

제33조【척추동물 시험자료에 관한 특례】 ① 제32조제1항 각 호 외의 부분에 따른 자료를 제출하여야 하는 자는 동물실험을 대체하는 방법에 따라 작성된 자료의 확보를 위하여 노력하여야 하며, 동물실험이 필요한 경우에는 환경부장관에게 척추동물을 이용하여 실시한 시험 결과를 기록한 시험자료(이하 이 조에서 "척추동물시험자료"라 한다)의 존재 여부에 대한 확인을 요청하여야 한다.
② 환경부장관은 제1항에 따른 요청을 받아 해당 척추동물시험자료가 이미 존재하는 것을 확인한 경우에는 해당 척추동물시험자료 소유자의 성명 등 환경부령으로 정하는 사항을 그 소유자의 동의를 받아 지체 없이 제1항에 따라 확인을 요청한 자에게 통지하여야 한다.
③ 제1항에 따라 확인을 요청한 자는 제2항에 따른 통지를 받은 경우에는 동물실험을 최소화하기 위하여 소유자에게 사용동의를 받아 해당 척추동물시험자료를 자신의 신청 목적으로 활용하여야 한다. 다만, 척추동물시험자료가 신청자료로 제출된 지 15년이 지난 경우에는 척추동물시험자료 소유자의 사용동의를 받지 아니하고 활용할 수 있다.
④ 척추동물시험자료 소유자는 제3항 본문에 따라 척추동물시험자료의 사용동의를 요청받은 경우에는 대통령령으로 정하는 정당한 사유가 없으면 그 요청에 따라야 한다.
⑤ 제1항에 따라 확인을 요청한 자는 제4항에도 불구하고 척추동물시험자료의 소유자가 사용동의를 하지 아니하는 경우에는 환경부장관의 확인을 받아 해당 자료를 제출하지 아니할 수 있다. 다만, 환경부장관은 해당 척추동물시험자료 없이는 화학물질의 유해성 등을 판단하기 곤란한 경우 등 척추동물시험자료를 제출할 필요가 있다고 인정하는 경우에는 환경부령으로 정하는 기간 내에 해당 자료를 생산하여 제출하도록 명할 수 있다.
⑥ 제1항부터 제5항까지에서 규정한 사항 외에 척추동물시험자료의 사용동의 등에 필요한 사항은 환경부령으로 정한다.

제4장 생활화학제품 및 살생물제의 사후 관리 등

제34조【표시·광고의 제한】 ① 안전확인대상생활화학제품 또는 살생물제품을 제조, 수입, 판매 또는 유통하는 자는 해당 제품을 포장하거나 광고하는 경우에는 다음 각 호의 사항을 모두 준수하여야 한다.
1. 사람·동물의 건강과 환경에 미치는 부정적 영향에 대한 오해를 일으키지 아니하도록 "무독성", "환경친화적" 등 환경부령으로 정하는 문구 또는 이와 유사한 표현을 사용하지 아니할 것. 다만, 안전확인대상생활화학제품이 「환경기술 및 환경산업 지원법」 제17조에 따른 환경표지의 인증을 받은 경우 해당 표지를 부착할 수 있다.
2. 제품의 사용으로 인한 위해를 방지하기 위하여 환경부령으로 정하는 문구를 명확하고 알아보기 쉽게 제품의 광고에 포함시킬 것
② 제품승인등을 받은(제25조제4항 전단에 따라 제품승인을 받은 것으로 보는 경우를 포함한다) 살생물제품 또는 살생물처리제품이 아닌 제품을 제조, 수입, 판매 또는 유통하는 자는 해당 제품이 살생물제품 또는 살생물처리제품임을 표시·광고하거나 살생물제품 또는 살생물처리제품으로 오인될 우려가 있는 표시·광고를 하여서는 아니 된다.

제35조【판매 등의 금지】 ① 누구든지 다음 각 호의 어느 하나에 해당하는 물질 또는 제품을 판매 또는 증여하거나 판매 또는 증여의 목적으로 진열, 보관 또는 저장하여서는 아니 된다.(2020.3.24 본문개정)
1. 다음 각 목의 어느 하나에 해당하는 생활화학제품
  가. 제8조제4항 또는 제11조제1항에 따라 제조 또는 수입이 금지된 생활화학제품
  나. 제10조제1항·제6항에 따른 확인 또는 승인을 받지 아니한 안전확인대상생활화학제품(2020.3.24 본목개정)
  다. 제10조제4항에 따른 신고를 하지 아니한 안전확인대상생활화학제품
  라. 제10조제8항에 따른 표시기준을 위반한 안전확인대상생활화학제품(2020.3.24 본목개정)
2. 다음 각 목의 어느 하나에 해당하는 살생물물질
  가. 물질승인등을 받지 아니한 살생물물질
  나. 제17조에 따라 물질승인등 또는 물질동등성 인정이 취소되거나 제조 또는 수입 중지 명령을 받은 살생물물질
(2020.3.24 본호신설)
3. 다음 각 목의 어느 하나에 해당하는 살생물제품
  가. 제품승인등을 받지 아니한 살생물제품
  나. 제26조에 따라 제품승인등 또는 제품유사성 인정이 취소되거나 제조 또는 수입이 중지된 살생물제품
  다. 제27조에 따른 표시를 하지 아니한 살생물제품
4. 제28조에 따른 안전기준 또는 표시기준을 준수하지 아니한 살생물처리제품
② 안전확인대상생활화학제품, 살생물제품 또는 살생물처리제품의 판매를 중개하거나 구매를 대행하는 자는 제1항 각 호의 어느 하나에 해당하는 제품의 판매를 중개(「전자상거래 등에서의 소비자보호에 관한 법률」에 따른 통신판매중개자가 자신이 운영하는 사이버몰에서 해당 제품을 발견하는 즉시 삭제하고, 소비자가 이러한 정보를 확인할 수 있도록 기술적 조치를 한 경우는 제외한다. 이하 같다)하거나 구매를 대행하여서는 아니 된다.

제36조【새로운 위해성 등에 대한 보고 및 조치 권고】 ① 안전확인대상생활화학제품을 제조·수입하는 자, 물질승인·제품승인을 받은(제16조제4항 전단에 따라 물질승인을 받은 것으로 보는 경우 및 제25조제4항 전단에 따라 제품승인을 받은 것으로 보는 경우를 포함한다) 자 또는 살생물처리제품을 국내에 판매·유통시키기 위하여 제조·수입하는 자는 다음 각 호의 어느 하나에 해당하는 정보를 새로 알게 된 경우에는 지체 없이 그 내용을 환경부령으로 정하는 바에 따라 환경부장관에게 보고하여야 한다.
1. 안전확인대상생활화학제품 또는 살생물제의 유해성·위해성에 관한 정보
2. 살생물물질 또는 살생물제품의 효과·효능이 충분하지 아니하다는 정보
② 환경부장관은 제1항에 따라 보고된 안전확인대상생활화학제품 또는 살생물제로 인한 생명·신체 및 재산상의 위해를 방지하기 위하여 필요한 경우에는 대통령령으로 정하는 바에 따라 해당 안전확인대상생활화학제품 또는 살생물제를 제조하거나 수입하는 자에게 수거·파기·수리·교환·환급·개선조치 또는 그 밖에 필요한 조치를 권고할 수 있다.

제36조의2【품질관리 의무 등】 ① 승인을 받은 안전확인대상생활화학제품 또는 살생물제품을 제조·수입하는 자는 해당 제품의 품질을 승인받은 대로 유지·관리하기 위하여 제조·보관 시설, 안전관리 등 환경부령으로 정하는 기준을 준수하여야 한다.
② 환경부장관은 제1항에 따른 기준을 준수하지 아니하는 자에게 환경부령으로 정하는 바에 따라 기간을 정하여 이를 시정하도록 명할 수 있다.
(2020.3.24 본조신설)

제37조【회수명령 등】 ① 환경부장관은 다음 각 호의 어느 하나에 해당하는 경우에는 제품을 제조·수입·판매 또는 유통한 자에게 대통령령으로 정하는 바에 따라 해당 생활화학제품 또는 살생물제의 회수, 폐기 등의 필요한 조치를 명할 수 있다.
1. 생활화학제품 또는 살생물제가 제35조제1항제1호부터 제4호까지의 어느 하나에 해당하는 경우(2020.3.24 본호개정)
2. 제36조제2항에 따른 권고를 받은 자가 정당한 사유 없이 그 권고를 따르지 아니한 경우
② 제1항에 따른 조치명령을 받은 자는 조치를 이행하고 조치의 결과 등을 환경부장관에게 보고하여야 한다.
③ 환경부장관은 제1항에 따른 조치명령을 받은 자가 회수, 폐기 등의 명령을 이행하지 아니하는 경우 해당하는 생활화학제품 또는 살생물제에 대한 필요한 조치를 직접 할 수 있다. 이 경우 회수, 폐기 등에 소요되는 경비는 제조, 수입, 판매 및 유통하는 자의 부담으로 한다.
④ 제1항에 따른 회수, 폐기 등의 명령, 제2항에 따른 보고에 필요한 사항은 환경부령으로 정한다.

제38조【과징금의 부과】 ① 환경부장관은 다음 각 호의 어느 하나에 해당하는 자에게 그가 제조하거나 수입한 해당 안전확인대상생활화학제품 또는 살생물제의 판매금액에 상당하는 금액을 과징금으로 부과할 수 있다. 다만, 판매금액이 없거나 판매금액을 산정하기가 곤란한 경우로서 대통령령으로 정하는 경우에는 10억원 이하의 과징금을 부과할 수 있다.
1. 제10조제1항·제6항을 위반하여 확인 또는 승인을 받지 아니하거나 거짓 또는 그 밖의 부정한 방법으로 받고 안전확인대상생활화학제품을 제조 또는 수입한 경우
(2020.3.24 본호개정)
1의2. 제10조제3항을 위반하여 확인의 유효기간이 종료된 안전확인대상생활화학제품을 제조 또는 수입한 경우(2020.3.24 본호신설)
2. 제11조제1항을 위반하여 제조 또는 수입의 금지 명령을 받은 안전확인대상생활화학제품을 제조 또는 수입한 경우
3. 제12조제1항 본문을 위반하여 물질승인을 받지 아니하거나 거짓 또는 그 밖의 부정한 방법으로 받고 살생물물질을 제조 또는 수입한 경우(2020.3.24 본호개정)
3의2. 제12조제5항을 위반하여 물질승인의 유효기간이 종료된 살생물물질을 제조 또는 수입한 경우
(2020.3.24 본호신설)
4. 제17조제1항에 따라 물질승인등 또는 물질동등성 인정이 취소되거나 제조 또는 수입의 중지 명령을 받은 살생물물질을 제조 또는 수입한 경우
5. 제20조제1항을 위반하여 제품승인을 받지 아니하거나 거짓 또는 그 밖의 부정한 방법으로 받고 살생물제품을 제조 또는 수입한 경우(2020.3.4 본호개정)
5의2. 제20조제6항을 위반하여 제품승인의 유효기간이 종료된 살생물제품을 제조 또는 수입한 경우
(2020.3.24 본호신설)
6. 제26조제1항에 따라 제품승인등 또는 제품유사성 인정이 취소되거나 제조 또는 수입의 중지 명령을 받은 살생물제품을 제조 또는 수입한 경우
② 환경부장관은 제1항 각 호에 해당하는 사업자인 법인이 합병을 하는 경우 그 법인이 한 위반행위는 합병 후 존속하는 법인이나 합병으로 설립된 법인이 한 행위로 보아 과징금을 부과할 수 있다.
③ 제1항에 따른 판매금액의 산정, 과징금의 부과 및 징수에 필요한 사항은 대통령령으로 정한다.

제39조【과징금의 징수 및 체납처분 등】 ① 환경부장관은 제38조제1항에 따른 과징금 납부의무자(이하 이 조에서 "과징금납부의무자"라 한다)가 납부기한까지 과징금을 납부하지 아니한 경우에는 납부기한의 다음 날부터 납부한 날까지의 기간에 대하여 「은행법」 제2조제1항제2호에 따른 은행의 연체 이자율을 고려하여 대통령령으로 정하는 바에 따라 가산금을 징수할 수 있다. 이 경우 가산금 징수기간은 60개월을 초과하지 못한다.
② 환경부장관은 과징금납부의무자가 납부기한까지 과징금을 납부하지 아니한 경우에는 기간을 정하여 독촉을 하고, 그 기간 내에 과징금 및 제1항에 따른 가산금을 납부하지 아니한 경우에는 국세 체납처분의 예에 따라 징수할 수 있다.
③ 환경부장관은 법원의 판결 등의 사유로 과징금을 환급하는 경우에는 과징금을 납부한 날부터 환급하는 날까지의 기간에 대하여 대통령령으로 정하는 바에 따라 환급가산금을 지급하여야 한다.
④ 제1항부터 제3항까지에서 규정한 사항 외에 과징금의 징수 및 체납처분 등에 필요한 사항은 대통령령으로 정한다.

제40조【위반사실 공표】 환경부장관은 제8조제4항, 제11조제1항, 제17조, 제19조제2항 전단, 제26조, 제37조, 제38조제1항 또는 제43조제1항에 따라 행정처분이 확정된 자에 대한 처분 내용, 해당 생활화학제품 또는 살생물제의 명칭 등 처분과 관련된 정보를 대통령령으로 정하는 바에 따라 공표하여야 한다.

제5장 생활화학제품 및 살생물제 안전관리의 기반조성

제41조【시험·검사기관의 지정 등】 ① 환경부장관은 다음 각 호의 기관을 생활화학제품의 안전 확인 및 살생물제의 승인 등을 위한 시험·검사기관으로 지정할 수 있다.
1. 「한국환경공단법」에 따른 한국환경공단
2. 「한국환경산업기술원법」에 따른 한국환경산업기술원
3. 그 밖에 환경부장관이 생활화학제품 및 살생물제의 시험·검사 능력이 있다고 인정하는 기관
② 제1항제3호에 따른 기관이 시험·검사기관으로 지정을 받으려는 경우에는 대통령령으로 정하는 시설, 장비 및 기술인력의 기준을 갖추어 환경부장관에게 시험·검사기관의 지정을 신청하여야 한다. 이 경우 환경부장관은 해당 기관이 수행할 수 있는 시험·검사분야를 함께 지정하여야 한다.
③ 제1항에 따라 지정을 받은 시험·검사기관(이하 "시험·검사기관"이라 한다)은 다음 각 호의 업무를 수행한다.
1. 제10조제1항에 따른 안전확인대상생활화학제품의 안전기준 적합 여부 확인
2. 제14조제2항 및 제22조제2항에 따른 시험·검사업무의 대행
④ 제1항제3호에 따라 시험·검사기관으로 지정받은 기관은 대통령령으로 정하는 중요한 사항을 변경하려는 경우에는 환경부장관으로부터 변경지정을 받아야 한다.
⑤ 환경부장관은 제1항 각 호의 기관을 시험·검사기관으로 지정하거나 변경지정한 경우에는 해당 기관에 지정서를 발급하고, 그 내용을 관보나 환경부 인터넷 홈페이지 등에 게시하는 방법으로 공고하여야 한다.
⑥ 제1항제3호에 따라 시험·검사기관으로 지정받은 기관의 지정 유효기간은 제4항에 따른 변경지정 여부와 관계없이 지정된 날부터 5년으로 한다. 이 경우 유효기간이 종료된 후에도 계속하여 시험·검사업무를 하려는 자는 유효기간이 종료되는 날부터 3개월 전까지 재지정을 신청하여야 한다.
⑦ 환경부장관은 시험·검사기관이 적절하게 운영되는지를 환경부령으로 정하는 바에 따라 정기적으로 평가하여야 한다.
⑧ 제1항부터 제7항까지에서 규정한 사항 외에 시험·검사기관의 지정·변경지정·재지정의 절차 및 방법 등에 필요한 사항은 대통령령으로 정한다.

제42조【시험·검사기관의 결격사유】 다음 각 호의 어느 하나에 해당하는 자는 시험·검사기관으로 지정받을 수 없다.
1. 피성년후견인 또는 피한정후견인
2. 파산선고를 받고 복권되지 아니한 자
3. 이 법을 위반하여 징역 이상의 실형을 선고받고 그 집행이 끝나거나(집행이 끝난 것으로 보는 경우를 포함한다) 집행이 면제된 날부터 2년이 지나지 아니한 자

4. 제43조제1항에 따라 시험·검사기관의 지정이 취소(이 조 제1호 또는 제2호에 해당하여 지정이 취소된 경우는 제외한다)된 자로서 지정이 취소된 날부터 2년이 지나지 아니한 자
5. 임원 중에 제1호부터 제4호까지의 어느 하나에 해당하는 자가 있는 법인

제43조【시험·검사기관의 지정 취소 등】 ① 환경부장관은 시험·검사기관이 다음 각 호의 어느 하나에 해당하는 경우에는 지정을 취소하거나 1년 이내의 기간을 정하여 그 업무의 전부 또는 일부의 정지를 명할 수 있다. 다만, 제1호 또는 제3호에 해당하는 경우에는 그 지정을 취소하여야 한다.
1. 거짓이나 그 밖의 부정한 방법으로 제41조제1항제3호에 따른 지정을 받은 경우
2. 제41조제2항 전단에 따른 시설, 장비 및 기술능력 기준에 미달하게 된 경우
3. 업무정지 기간 중에 시험·검사업무를 한 경우
4. 제41조제7항에 따른 평가 결과가 환경부령으로 정하는 기준에 미달하는 경우
5. 제42조제1호부터 제3호까지 또는 제5호에 해당하게 된 경우. 다만, 제42조제5호에 해당하는 경우에 6개월 이내에 그 임원을 바꾸어 임명하는 경우는 제외한다.
6. 고의 또는 중대한 과실로 시험·검사 결과를 사실과 다르게 작성한 경우
7. 지정을 받은 후 정당한 사유 없이 계속하여 3년 이상 휴업한 경우

② 제1항에 따른 행정처분의 세부 기준은 위반행위의 유형 및 위반 정도 등을 고려하여 환경부령으로 정한다.

제44조【교육훈련 및 홍보】 ① 환경부장관은 생활화학제품 및 살생물제의 안전관리에 대한 이해도를 높이고, 제조·수입·판매 또는 사용 과정에서 생활화학제품 및 살생물제의 안전관리를 자발적으로 실천할 수 있도록 생활화학제품 또는 살생물제를 제조 또는 수입하는 자 및 그 고용인에 대한 교육훈련과 소비자에 대한 홍보를 할 수 있다.
② 제1항에 따른 교육훈련 및 홍보에 필요한 사항은 환경부령으로 정한다.

제45조【중소기업에 대한 지원】 환경부장관은 생활화학제품 및 살생물제의 안전관리 등을 위하여 「중소기업기본법」 제2조에 따른 중소기업을 대상으로 다음 각 호의 사항에 대한 지원방안을 마련하여 시행할 수 있다. (2020.3.24 본문개정)
1. 물질승인 및 제품승인을 위한 기술적 지원
2. 생활화학제품 및 살생물제 안전관리를 위한 중소기업 간 상호 협력
3. 기존 척추동물시험자료의 확보 및 활용(2020.3.24 본호신설)
4. 척추동물대체시험의 개발 및 보급(2020.3.24 본호신설)
5. 그 밖에 중소기업에 대한 지원에 관하여 대통령령으로 정하는 사항

제46조【생활화학제품 및 살생물제 안전센터의 지정 등】 ① 환경부장관은 다음 각 호의 업무를 기술적으로 지원하기 위하여 대통령령으로 정하는 전문기관을 생활화학제품 및 살생물제 안전센터(이하 "생활화학제품안전센터"라 한다)로 지정할 수 있다.
1. 제7조제1항에 따른 실태조사
2. 제8조제1항에 따른 위해성평가
3. 안전확인대상생활화학제품의 안전기준 검토
4. 물질승인등의 신청 자료 검토 및 평가서 작성
5. 물질동등성의 인정 신청 자료 검토
6. 제품승인등의 신청 자료 검토 및 평가서 작성
7. 제품유사성의 인정 신청 자료 검토
8. 그 밖에 생활화학제품 및 살생물제 안전에 관하여 환경부령으로 정하는 업무

② 환경부장관은 생활화학제품안전센터의 운영 등에 필요한 경비를 예산의 범위에서 지원할 수 있다.

제47조【생활화학제품 등의 정보망 구축 등】 ① 환경부장관은 물질승인등 또는 제품승인등의 신청, 제36조제1항에 따른 새로운 위해성 등에 대한 보고 등 대통령령으로 정하는 업무를 전자적으로 처리하기 위하여 생활화학제품 및 살생물제 관리 정보망을 구축하여 운영할 수 있다.
② 환경부장관은 관계 중앙행정기관이 확보한 화학물질 및 화학물질 함유제품의 안전에 관한 정보를 통합적으로 관리할 수 있는 정보망을 구축하여 운영할 수 있다. (2020.3.24 본항신설)
③ 환경부장관은 제2항에 따른 정보망 구축을 위하여 관계 중앙행정기관의 장이 소관 법률에 따라 확보한 화학물질 및 화학물질 함유제품의 안전에 관한 정보 제공을 요청할 수 있다. 이 경우 요청을 받은 관계 중앙행정기관의 장은 특별한 사유가 없으면 이에 따라야 한다. (2020.3.24 본항신설)
④ 환경부장관은 제3항에 따라 확보된 화학물질 및 화학물질 함유제품의 유해성·위해성 및 안전 사용방법 등 대통령령으로 정하는 사항을 공개할 수 있다. (2020.3.24 본항신설)
⑤ 제1항에 따른 정보망의 구축 및 운영 등에 필요한 사항은 환경부령으로 정하고, 제2항에 따른 정보망의 구축 및 운영 등에 필요한 사항은 대통령령으로 정한다. (2020.3.24 본조개정)

제48조【관련 단체 등과의 협력 등】 ① 환경부장관은 생활화학제품 및 살생물제 관련 사고를 예방하기 위하여 시장 감시 등 환경부령으로 정하는 사항에 대하여 소비자 및 제품안전 관련 업무를 수행하는 법인 또는 단체 등과 협력하여 사업을 추진할 수 있다.
② 환경부장관은 생활화학제품 및 살생물제의 안전성을 제고하기 위하여 기업, 관련 학계 및 전문기관 간에 생활화학제품 및 살생물제 관리에 관한 연구와 기술개발 및 홍보 등에 관하여 상호 협력하도록 필요한 시책을 수립·시행할 수 있다.

제5장의2 살생물제품피해의 구제
(2021.5.18 본장신설)

제48조의2【구제급여의 지급 대상 등】 ① 환경부장관은 제20조제1항에 따라 환경부장관의 승인을 받은 살생물제품 중 「제조물 책임법」에 따른 제조물의 결함이 있는 제품에 노출되어 발생한 사람의 생명 또는 건강상의 피해(후유증을 포함한다. 이하 "살생물제품피해"라 한다)로서 다음 각 호의 어느 하나에 해당하여 피해자가 배상받지 못하거나 피해를 신속히 구제할 필요가 있는 경우에는 피해자 또는 그 유족에게 살생물제품피해의 구제를 위한 급여(이하 "구제급여"라 한다)를 지급할 수 있다.
1. 살생물제품피해의 원인을 제공한 자(이하 이 조에서 "원인자"라 한다)가 무자력인 경우
2. 집단적 피해가 발생하는 등 살생물제품피해 규모가 상당하여 신속한 조치가 필요한 경우
3. 살생물제품피해가 심각하여 긴급한 치료나 요양이 필요한 경우
4. 살생물제품피해의 원인이 가까운 시일 내에 완전하게 제거되지 아니하여 장래에도 피해가 지속될 것으로 판단되는 경우
5. 그 밖에 환경부장관이 필요하다고 인정하는 경우

② 원인자가 배상할 책임이 있는 살생물제품피해에 대하여 제1항에 따라 환경부장관이 피해자에게 구제급여를 지급한 경우 환경부장관은 지급한 구제급여의 범위(원인자가 제48조의16에 따른 살생물제품피해구제분담금을 납부한 경우 그 금액을 제외한 범위를 말한다)에서 그 피해자가 원인자에 대하여 가지는 손해배상청구권을 대위할 수 있다.
③ 제2항에 따른 손해배상청구권을 대위함에 있어서 구제급여는 「민법」에 따른 손해배상금으로 본다.

제48조의3【살생물제품피해조사단의 설치·운영】 ① 환경부장관은 구제급여의 지급에 관한 사항을 심의하는데 필요한 사항을 조사·연구하기 위하여 대통령령으로 정하는 바에 따라 살생물제품피해조사단(이하 "조사단"이라 한다)을 설치·운영할 수 있다.
② 환경부장관은 제1항에 따른 조사·연구를 실시하기 위하여 관계 중앙행정기관, 지방자치단체, 피해자 및 유족, 제48조의16에 따른 원인제품의 제조·수입업자 등 대통령령으로 정하는 자에게 주민등록·가족관계등록·의료기록·건강보험·살생물제품 정보 등 대통령령으로 정하는 자료를 제출하도록 요청할 수 있다. 이 경우 자료의 제출 요청을 받은 자는 정당한 사유가 없으면 「개인정보 보호법」 제18조제1항에도 불구하고 요청받은 자료를 제출하여야 한다.

제48조의4【구제급여 지급 신청 등】 ① 구제급여를 지급받으려는 사람(이하 "신청자"라 한다)은 환경부령으로 정하는 바에 따라 서류를 첨부하여 환경부장관에게 구제급여의 지급을 신청하여야 한다.
② 환경부장관은 제1항에 따른 신청이 제48조의2제1항에 따른 요건에 해당하지 아니할 경우 신청을 받은 날부터 30일 이내에 관리위원회의 심의를 거쳐 각하하여야 한다.
③ 환경부장관은 제1항에 따른 신청을 받은 경우에는 피해 사실, 살생물제품과 피해 간의 인과관계 규명, 구제급여의 범위 및 구제급여의 지급제한 등에 관한 조사·감정 등을 하여야 한다.
④ 환경부장관은 제1항에 따른 신청을 받은 날부터 90일 이내에 구제급여 지급 대상 여부, 피해정도에 대한 등급(이하 "피해등급"이라 한다)에 대하여 관리위원회의 심의를 거쳐 결정(이하 "구제급여 지급결정"이라 한다)하고 그 결과를 신청자에게 통지하여야 한다. 다만, 의학적 사유로 판단이 어려운 경우 등 정당한 사유가 있는 경우에는 한 차례에 한정하여 30일을 넘지 아니하는 범위에서 그 기간을 연장할 수 있다.
⑤ 피해등급의 기준에 관하여 필요한 사항은 환경부령으로 정한다.
⑥ 제4항에 따라 구제급여 지급 대상으로 결정된 사람(이하 "구제급여 대상자"라 한다)이 제48조의5제1항에 따른 유효기간 중에 구제급여를 청구할 경우에는 같은 항에 따른 관리위원회의 심의 절차를 생략한다.
⑦ 제1항부터 제6항까지의 규정에 따른 구제급여 지급결정의 절차·방법, 통지 등에 필요한 사항은 환경부령으로 정한다.

제48조의5【구제급여 지급결정의 유효기간 등】 ① 구제급여 지급결정의 유효기간(이하 "유효기간"이라 한다)은 살생물제품피해의 종류 및 피해등급 등을 고려하여 대통령령으로 정한다.
② 구제급여 대상자는 자신의 건강피해가 유효기간 동안에 계속되는 때에는 유효기간이 끝나기 4개월 전부터 2개월 전까지 유효기간의 갱신을 환경부장관에게 신청할 수 있다. 이 경우 유효기간의 갱신은 한 차례로 한정한다.
③ 환경부장관은 제2항에 따른 신청이 있거나 구제급여 대상자의 건강피해가 완치 또는 개선되었다고 판단하는 때에는 관리위원회의 심의를 거쳐 구제급여 지급결정을 취소하거나 유효기간의 갱신, 피해등급의 변경 등을 할 수 있다.
④ 환경부장관은 구제급여 지급결정을 취소하거나 유효기간의 갱신, 피해등급의 변경 등을 한 경우에는 지체 없이 그 결과를 해당 구제급여 대상자에게 통지하여야 한다.
⑤ 제1항부터 제4항까지에서 규정한 사항 외에 구제급여 지급결정의 취소, 유효기간의 갱신, 피해등급의 변경 등에 필요한 사항은 대통령령으로 정한다.

제48조의6【구제급여의 종류】 ① 구제급여의 종류는 다음 각 호와 같다.
1. 진료비
2. 장애일시보상금
3. 사망일시보상금
4. 장례비

② 구제급여의 지급 기준·범위, 그 밖의 지급 등에 필요한 사항은 환경부령으로 정한다.

제48조의7【구제급여의 지급】 ① 환경부장관은 구제급여 지급결정이 있은 날부터 30일 이내에 구제급여를 지급하여야 한다. 다만, 부득이한 사유로 구제급여 지급이 어려운 경우에는 한 차례에 한정하여 15일을 넘지 아니하는 범위에서 그 기간을 연장할 수 있다.
② 그 밖에 구제급여의 지급에 필요한 사항은 환경부령으로 정한다

제48조의8【미지급 진료비의 지급】 ① 진료비를 지급받을 권리가 있는 사람(이하 "수급권자"라 한다)이 사망한 경우 그 수급권자에게 아직 지급되지 아니한 진료비가 있으면 수급권자의 사망 당시 생계를 같이 하고 있던 유족의 청구에 따라 그 진료비를 지급한다.
② 제1항에 따라 진료비를 지급받을 수 있는 사람의 순위는 그 배우자(사실상 혼인 관계에 있는 사람을 포함한다)·자녀·부모·손자녀·조부모 또는 형제자매의 순으로 한다.
③ 제1항에 따라 진료비를 지급받을 수 있는 같은 순위의 유족이 2명 이상이면 그 유족에게 똑같이 나누어 지급한다.
④ 제1항에 따른 미지급 진료비의 지급 청구는 수급권자가 사망한 날부터 3년이 경과하였을 때에는 할 수 없다.

제48조의9【구제급여 지급중단 및 부당이득의 환수】 ① 환경부장관은 구제급여 대상자가 고의 또는 중대한 과실로 해당 질병의 상태를 악화시키거나 치유를 방해한 것으로 인정되는 때에는 구제급여의 전부 또는 일부의 지급을 중단할 수 있다.
② 환경부장관은 제1항에 따라 구제급여 지급중단을 결정하면 지체 없이 이를 구제급여 대상자에게 알려야 한다.
③ 환경부장관은 구제급여 대상자가 다음 각 호의 어느 하나에 해당하는 경우 그 급여액을 환수하여 제48조의14에 따른 살생물제품피해 구제계정에 납입하여야 한다.
1. 거짓이나 그 밖의 부정한 방법으로 구제급여를 받은 경우
2. 그 밖에 구제급여를 잘못 지급받은 경우

④ 그 밖에 구제급여의 지급중단 및 부당이득의 환수에 필요한 사항은 환경부령으로 정한다.

제48조의10【손해배상 및 다른 구제와의 관계】 ① 구제급여 대상자가 동일한 사유로 「민법」이나 그 밖의 법령에 따라 구제급여에 해당하는 배상이나 구제 등을 받은 경우 그 금액의 한도에서 구제급여를 지급하지 아니한다.
② 구제급여 대상자가 동일한 사유로 이 법에 따른 구제급여를 지급받은 경우 제48조의16제1항에 따른 살생물제품피해구제분담금을 납부한 제조·수입업자는 지급된 구제급여액의 한도 내에서 「민법」이나 그 밖의 법령에 따른 손해배상의 책임이 면제된다.

제48조의11【수급권의 보호】 이 법에 따른 구제급여를 받을 권리는 양도 또는 압류하거나 담보로 제공할 수 없다.

제48조의12【공과금의 면제】 구제급여로 지급된 금품에 대하여는 국가나 지방자치단체의 공과금을 부과하지 아니한다.

제48조의13【재심사 청구】 ① 다음 각 호의 어느 하나에 해당하는 결정에 대하여 불복하는 자는 환경부장관에게 재심사를 청구할 수 있다.
1. 제48조의4제2항에 따른 각하에 관한 사항
2. 제48조의4제4항에 따른 구제급여 지급결정에 관한 사항
3. 제48조의5제3항에 따른 구제급여 지급결정의 취소, 유효기간의 갱신, 피해등급의 변경 등에 관한 사항
4. 제48조의9제1항에 따른 구제급여의 지급 중단에 관한 사항

② 제1항에 따른 재심사 청구는 결정이 있음을 안 날부터 90일 이내에 하여야 한다. 다만, 천재지변·전쟁·사변, 그 밖의 불가항력적인 사유로 재심사를 청구할 수 없는 기간은 재심사 청구 기간에 산입하지 아니한다.

③ 제1항에 따른 재심사 청구가 있는 경우 환경부장관은 관리위원회의 심의를 거쳐 30일 이내에 재심사 결과를 신청자에게 통지하여야 한다. 다만, 부득이한 사유로 그 기간 내에 통지할 수 없는 때에는 한 차례에 한정하여 30일을 넘지 아니하는 범위에서 그 기간을 연장할 수 있다.
④ 제1항부터 제3항까지 규정한 사항 외에 재심사 청구의 절차·방법 등은 환경부령으로 정한다.
제48조의14【살생물제품피해 구제계정】 ① 환경부장관은 구제급여의 지급 등 다음 각 호의 용도에 사용하기 위하여 살생물제품피해 구제계정(이하 "구제계정"이라 한다)을 설치·운용할 수 있다.
1. 구제급여의 지급
2. 제3항에 따른 차입금의 원리금 상환
3. 구제계정의 관리·운용에 필요한 경비(위탁경비를 포함한다)의 지출
4. 살생물제품피해의 평가 및 피해 경감 등을 위한 조사·연구
5. 그 밖에 살생물제품피해 구제제도를 유지·개선하는 데 필요하다고 인정하는 경비의 지출
② 구제계정은 다음 각 호의 재원으로 운용한다.
1. 제3항에 따른 차입금
2. 제38조에 따른 과징금
3. 제48조의2제2항에 따라 대위권을 행사하여 받은 손해배상금
4. 제48조의9제3항에 따른 구제급여의 환수금
5. 제48조의16에 따른 살생물제품피해구제분담금
6. 제52조에 따른 수수료
7. 제60조에 따른 과태료
8. 개인, 법인 또는 단체의 기부금
9. 구제계정의 운용수익금과 그 밖의 수익금
③ 환경부장관은 구제계정 운용에 필요하다고 인정하는 경우에는 구제계정의 부담으로 금융기관으로부터 자금을 차입할 수 있다.
④ 환경부장관은 「기부금품의 모집 및 사용에 관한 법률」 제5조제2항에도 불구하고 자발적으로 기탁되는 금품을 살생물제품피해 구제 목적에 부합하는 범위에서 접수할 수 있다.
⑤ 환경부장관은 제4항에 따른 기부금을 구제계정에 별도 계정을 설정하여 관리하여야 한다.
제48조의15【구제계정의 관리·운용 등】 ① 환경부장관은 구제계정에 상당하는 자산을 그 밖의 자산과 구별하여 운용하여야 한다.
② 환경부장관은 해당 연도 구제급여 등에 사용하지 못하고 남은 구제계정을 다음 연도 구제업무 사용을 위하여 적립할 수 있다.
③ 환경부장관은 구제계정의 여유자금을 대통령령으로 정하는 방법에 따라 운용할 수 있다.
④ 환경부장관은 구제계정의 관리·운용에 관한 업무의 일부를 「한국환경산업기술원법」에 따른 한국환경산업기술원(이하 "운영기관"이라 한다)에 위탁할 수 있다.
⑤ 제4항에 따라 구제계정의 관리·운용에 관한 업무를 위탁받은 운영기관의 장은 구제계정의 관리·운용 등을 위하여 구제계정운용위원회를 구성·운영하여야 한다.
제48조의16【살생물제품피해구제분담금】 ① 환경부장관은 살생물제품피해구제에 필요한 재원을 확보하기 위하여 살생물제품피해를 발생시킨 살생물제품(이하 "원인제품"이라 한다)의 제조·수입업자에 대하여 대통령령으로 정하는 바에 따라 살생물제품피해구제분담금(이하 "분담금"이라 한다)을 부과·징수하여야 한다. 이 경우 환경부장관은 분담금의 부과·징수를 운영기관의 장에게 위탁할 수 있다.
② 제1항에 따라 개별 제조·수입업자에게 부과·징수하는 분담금은 다음 계산식에 따른다.

$$\text{분담금} = \text{1인당 지원예상액} \times \text{피해자수} \times \frac{(\text{원인제품사용비율} \times 2.5 + \text{원인제품판매비율} \times 1)}{3.5}$$

③ 제2항에서 "원인제품사용비율"이란 조사단의 조사를 통하여 확인된 총 구제급여 대상자가 사용한 원인제품 중 개별 제조·수입업자의 점유율을 말하며, 구체적인 산정 방법은 대통령령으로 정한다.
④ 제2항에서 "원인제품판매비율"이란 원인제품의 총 판매량 중 개별 제조·수입사업자의 판매량 점유율을 말하며, 구체적인 산정 방법은 대통령령으로 정한다.
⑤ 제1항에도 불구하고 환경부장관은 분담 능력이 없거나 「중소기업기본법」 제2조제1항에 따른 중소기업자에 해당하는 제조·수입업자 등 대통령령으로 정하는 제조·수입업자에 대해서는 분담금 납부의무를 면제하거나 분담금을 감액할 수 있다.
⑥ 제1항 후단에 따라 부과·징수 업무를 위탁받은 운영기관의 장은 분담금을 다른 회계와 구분하여 회계처리하여야 한다.
⑦ 환경부장관 또는 운영기관의 장은 분담금을 납부하여야 하는 자가 납부기한까지 분담금을 내지 아니하면 30일 이상의 기간을 정하여 납부를 독촉하여야 한다. 이 경우 그 납부기한의 다음 날부터 납부일 전일까지의 기간에 대하여 체납된 분담금의 100분의 3을 초과하지 아니하는 범위에서 그 기간에 상응하는 가산금을 부과하되 가산금의 비율은 대통령령으로 정한다.
⑧ 제7항에 따라 독촉을 받은 자가 그 기간까지 분담금과 가산금을 내지 아니하면 국세강제징수의 예에 따라 징수한다.
⑨ 분담금 부과에 대하여 이의가 있는 자는 분담금 납부통지를 받은 날부터 30일 이내에 대통령령으로 정하는 방법에 따라 환경부장관 또는 운영기관의 장에게 이의를 신청할 수 있다. 이 경우 환경부장관 또는 운영기관의 장은 이의신청을 받은 날부터 30일 이내에 그 결과를 신청인에게 통보하여야 한다.
⑩ 제9항에서 규정한 사항 외에 분담금 부과처분에 대한 이의신청에 관한 사항은 「행정기본법」 제36조(같은 조 제2항 단서는 제외한다)에 따른다.(2024.1.30 본항신설)
⑪ 분담금의 징수방법, 납부기한, 납부 절차, 그 밖에 부과·징수에 필요한 사항은 대통령령으로 정한다.
(2024.1.30 본항개정)
제48조의17【진찰요구 등】 환경부장관은 이 법에 따른 결정 등을 위하여 필요한 경우 대통령령으로 정하는 바에 따라 구제급여 대상자에게 환경부장관이 정하는 기관에서 진찰, 검사, 조사 등을 받을 것을 요구할 수 있다.
제48조의18【구제급여의 일시 중지】 ① 환경부장관은 진료비를 받고자 하는 사람이 다음 각 호의 어느 하나에 해당하는 경우에는 그 지급을 일시 중지할 수 있다.
1. 제48조의17에 따른 요구에 따르지 아니하는 경우
2. 그 밖에 대통령령으로 정하는 경우
② 제1항에 따른 일시 중지의 기간 및 절차는 대통령령으로 정한다.

제6장 보 칙

제49조【기록 및 보고】 ① 안전확인대상생활화학제품 또는 살생물제를 제조하거나 수입하는 자는 다음 각 호의 사항을 환경부령으로 정하는 바에 따라 기록(전자문서를 포함한다)하고 그 기록을 10년간 보존하여야 한다.
1. 제조 또는 수입한 안전확인대상생활화학제품의 제품명과 수량
2. 안전확인대상생활화학제품에 들어있는 물질의 성분 및 배합비율(2020.5.26 본호개정)
3. 제조 또는 수입한 살생물제의 명칭·제품명 및 수량
4. 살생물제품에 들어있는 살생물물질의 성분 및 배합비율(2020.5.26 본호개정)
5. 살생물처리제품에 사용된 살생물제품의 제품명 및 사용량
6. 안전확인대상생활화학제품 및 살생물제품의 품질관리에 관한 사항(2020.3.24 본호신설)
② 안전확인대상생활화학제품 또는 살생물제를 제조하거나 수입하는 자는 다음 각 호의 구분에 따른 자료를 2년마다 환경부장관에게 보고하여야 한다.
1. 살생물물질을 제조하거나 수입하는 자 : 제조 또는 수입한 살생물물질의 명칭과 양
2. 안전확인대상생활화학제품 또는 살생물제품을 제조하거나 수입하는 자 : 제조 또는 수입한 제품의 제품명 및 수량, 제품에 들어있는 중점관리물질 및 살생물물질의 명칭과 양(2020.5.26 본호개정)
③ 환경부장관은 다른 법령에 따라 제2항 각 호의 어느 하나에 해당하는 자료를 보고하는 등 환경부령으로 정하는 사유가 있는 경우에는 제2항에 따른 보고를 면제할 수 있다.
④ 제1항부터 제3항까지에서 규정한 사항 외에 보고의 시기 및 방법 등 기록·보고에 필요한 사항은 환경부령으로 정한다.
제50조【출입·검사·수거 등】 ① 환경부장관은 생활화학제품 및 살생물제의 안전한 관리를 위하여 필요하다고 인정하는 경우에는 환경부령으로 정하는 바에 따라 생활화학제품 또는 살생물제의 제조자, 수입자, 판매자, 시험·검사기관 또는 그 밖의 관계인에 대하여 필요한 보고를 하게 하거나, 관계 공무원으로 하여금 사업장, 시험·검사기관 또는 그 밖에 이와 유사한 장소에 출입하여 다음 각 호의 조치를 하게 할 수 있다.
1. 제조 또는 수입되는 생활화학제품 또는 살생물제의 안전성, 용기, 포장 및 제조·보관시설 등에 대한 검사
2. 제1호에 따른 검사에 필요한 최소량의 생활화학제품 또는 살생물제 및 이와 관계가 있다고 인정되는 화학물질, 용기, 포장 등의 무상 수거
3. 생활화학제품·살생물제 또는 시험·검사업무 관련 장부·서류의 열람 또는 자료의 제출 요구
② 제1항에 따라 출입·검사·수거 또는 열람하려는 관계 공무원은 그 권한을 나타내는 증표를 지니고 관계인에게 보여 주어야 한다.
제51조【권리·의무의 승계】 ① 제10조제1항·제6항에 따른 안전확인대상생활화학제품의 확인·승인, 물질승인등 또는 제품승인등을 받은(제16조제4항 전단에 따라 물질승인을 받은 것으로 보는 경우 및 제25조제4항 전단에 따라 제품승인을 받은 것으로 보는 경우를 포함한다. 이하 이 조에서 같다) 자의 사망, 그 지위의 양도 또는 합병의 사유가 있으면 물질승인등 또는 제품승인등으로 인하여 발생한 권리·의무는 상속인, 양수인 또는 합병 후 존속하는 법인이나 합병에 의하여 설립되는 법인이 승계한다.
② 제1항에 따라 제10조제1항·제6항에 따른 안전확인대상생활화학제품의 확인·승인, 물질승인등 또는 제품승인등을 받은 자의 지위를 승계한 자는 승계한 날부터 1개월 이내에 환경부령으로 정하는 바에 따라 그 사실을 환경부장관에게 통보하여야 한다.
(2020.3.24 본조개정)
제52조【수수료】 다음 각 호의 어느 하나에 해당하는 자는 환경부령으로 정하는 바에 따라 수수료를 내야 한다.
1. 제13조제1항·제3항 또는 제15조 본문에 따라 물질승인등을 신청하려는 자
2. 제16조제1항에 따라 물질동등성의 인정을 신청하려는 자
3. 제21조제1항·제3항, 제23조 본문 또는 제24조제2항에 따라 제품승인등을 신청하려는 자
4. 제25조제1항에 따라 제품유사성의 인정을 신청하려는 자
5. 제30조제3항에 따라 정보의 제공 또는 열람 명령을 신청하려는 자
제52조의2【포상금】 ① 환경부장관은 다음 각 호의 어느 하나에 해당하는 자를 신고한 자에게 예산의 범위에서 포상금을 지급할 수 있다.
1. 제35조제1항 각 호의 어느 하나에 해당하는 제품을 판매 또는 증여하거나 판매 또는 증여의 목적으로 진열, 보관 또는 저장한 자
2. 제37조제1항에 따른 제품의 회수, 폐기 등의 조치 명령에도 불구하고 해당 생활화학제품 또는 살생물제를 제조·수입·판매 또는 유통한 자
② 제1항에 따른 포상금의 지급 기준, 방법, 절차 및 구체적인 지급액 등에 관하여 필요한 사항은 대통령령으로 정한다.
(2020.3.24 본조신설)
제53조【청문】 환경부장관은 다음 각 호의 어느 하나에 해당하는 처분을 하려면 청문을 하여야 한다.
1. 제17조제1항 또는 제2항에 따른 물질승인등 또는 물질동등성 인정의 취소
2. 제26조제1항 또는 제2항에 따른 제품승인등 또는 제품유사성 인정의 취소
3. 제38조제1항에 따른 과징금의 부과
4. 제43조제1항에 따른 시험·검사기관의 지정 취소
제54조【권한의 위임 및 업무의 위탁】 ① 환경부장관은 이 법에 따른 권한의 일부를 대통령령으로 정하는 바에 따라 소속 기관의 장에게 위임할 수 있다.
② 이 법에 따른 환경부장관의 업무 중 다음 각 호의 업무를 대통령령으로 정하는 바에 따라 관련 법인 또는 단체에 위탁할 수 있다.
1. 제7조제1항에 따른 실태조사
2. 제8조제1항에 따른 위해성평가
3. 그 밖에 생활화학제품 및 살생물제 안전에 관하여 대통령령으로 정하는 업무
③ 환경부장관은 제48조의3제2항에 관한 업무를 대통령령으로 정하는 바에 따라 조사단에 위탁할 수 있다.
(2021.5.18 본항신설)
④ 환경부장관은 제48조의4, 제48조의5, 제48조의7부터 제48조의9까지, 제48조의13, 제48조의17 및 제48조의18에 따른 살생물제품피해 구제에 관한 업무를 대통령령으로 정하는 바에 따라 운영기관의 장에게 위탁할 수 있다.
(2021.5.18 본항신설)
제54조의2【국외제조자가 선임한 자에 의한 승인 신청 등】 ① 국외에서 우리나라로 수입되는 살생물제를 제조하고 있거나 제조하려는 자는 환경부령으로 정하는 요건을 갖춘 자를 선임하여 살생물제를 수입하고 있거나 수입하려는 자를 갈음하여 다음 각 호의 업무를 수행하도록 할 수 있다.
1. 제13조에 따른 물질승인의 신청 등
2. 제15조에 따른 물질승인 변경승인의 신청 또는 변경신고
3. 제16조에 따른 물질동등성 인정의 신청
4. 제18조에 따른 기존살생물물질의 승인유예를 위한 신고
5. 제19조에 따른 물질승인 신청계획서 등의 제출
6. 제21조에 따른 제품승인의 신청 등
7. 제23조에 따른 제품승인 변경승인의 신청 또는 변경신고
8. 제24조에 따른 제품승인 특례의 신청
9. 제25조에 따른 제품유사성 인정의 신청
10. 제36조에 따른 새로운 위해성 등에 대한 보고 및 조치
11. 그 밖에 대통령령으로 정하는 업무
② 제1항에 따라 선임된 자는 환경부령으로 정하는 바에 따라 선임 또는 해임된 사실을 환경부장관에게 신고하여야 한다.
③ 제1항에 따라 선임된 자는 환경부령으로 정하는 바에 따라 선임된 사실, 선임 받은 업무 등 대통령령으로 정하는 사항을 제1항에 따른 살생물제를 수입하고 있거나 수입하려는 자에게 통보하여야 한다.
(2020.3.24 본조신설)

제55조【벌칙 적용에서 공무원 의제】 다음 각 호의 어느 하나에 해당하는 사람은 「형법」 제127조 및 제129조부터 제132조까지의 규정을 적용할 때에는 공무원으로 본다.
1. 관리위원회의 위원 중 공무원이 아닌 위원
2. 제41조제1항에 따라 지정된 시험·검사기관의 임직원
3. 조사단의 단원(2021.5.18 본호신설)
4. 제54조제2항에 따라 위탁받은 업무를 하는 법인 또는 단체의 임직원
5. 제48조의15제4항, 제48조의16제1항 후단 및 제54조제4항에 따라 위탁받은 업무를 하는 운영기관의 임직원(2021.5.18 본호신설)

제7장 벌 칙

제56조【벌칙】 ① 다음 각 호의 어느 하나에 해당하는 자는 7년 이하의 징역 또는 7천만원 이하의 벌금에 처한다. 이 경우 징역형과 벌금형은 병과(併科)할 수 있다.
1. 제10조제1항을 위반하여 확인을 받지 아니하거나 거짓 또는 그 밖의 부정한 방법으로 확인을 받고 안전기준이 고시된 안전확인대상생활화학제품을 제조 또는 수입한 자
2. 제10조제1항을 위반하여 확인을 받은 내용과 다르게 안전확인대상생활화학제품을 제조 또는 수입한 자
3. 거짓이나 그 밖의 부정한 방법으로 제10조제1항에 따른 안전확인대상생활화학제품의 확인을 한 자
4. 제10조제6항을 위반하여 승인을 받지 아니하거나 거짓 또는 그 밖의 부정한 방법으로 승인을 받고 안전확인대상생활화학제품을 제조 또는 수입한 자
5. 제10조제6항을 위반하여 승인을 받은 내용과 다르게 안전확인대상생활화학제품을 제조 또는 수입한 자
(2020.3.24 4호~5호개정)
6. 제11조제1항을 위반하여 제조 또는 수입의 금지 명령을 받은 안전확인대상생활화학제품을 제조 또는 수입한 자
7. 제12조제1항 본문을 위반하여 물질승인을 받지 아니하거나 거짓 또는 그 밖의 부정한 방법으로 물질승인을 받고(제16조제4항 전단에 따라 물질승인을 받은 것으로 보는 경우는 제외한다) 살생물물질을 제조 또는 수입한 자(2020.3.24 본호개정)
8. 제12조제1항 본문을 위반하여 물질승인을 받은(제16조제4항 전단에 따라 물질승인을 받은 것으로 보는 경우는 제외한다) 내용과 다르게 살생물물질을 제조 또는 수입한 자(2020.3.24 본호개정)
9. 제17조제1항에 따라 물질승인등 또는 물질동등성 인정이 취소되거나 제조 또는 수입의 중지 명령을 받은 살생물물질을 제조 또는 수입한 자
10. 제20조제1항을 위반하여 제품승인을 받지 아니하거나 거짓 또는 그 밖의 부정한 방법으로 제품승인을 받고(제25조제4항 전단에 따라 제품승인을 받은 것으로 보는 경우는 제외한다) 살생물제품을 제조 또는 수입한 자(2020.3.24 본호개정)
11. 제20조제1항을 위반하여 제품승인을 받은(제25조제4항 전단에 따라 제품승인을 받은 것으로 보는 경우는 제외한다) 내용과 다르게 살생물제품을 제조 또는 수입한 자(2020.3.24 본호개정)
12. 제26조제1항에 따라 제품승인등 또는 제품유사성 인정이 취소되거나 제조 또는 수입의 중지 명령을 받은 살생물제품을 제조 또는 수입한 자
13. 제37조를 위반하여 회수, 폐기 등의 조치 명령을 따르지 아니한 자
14. 제41조제1항에 따른 시험·검사기관의 지정을 받지 아니하거나 거짓 또는 그 밖의 부정한 방법으로 지정을 받고 제10조제1항에 따른 안전확인대상생활화학제품의 확인을 한 자

② 제1항의 경우에 제54조의2에 따라 선임된 자가 제1항제7호부터 제12호까지 중 어느 하나에 해당하는 자를 갈음하여 살생물물질이나 살생물제품의 승인·변경승인, 물질동등성 인정 또는 제품유사성 인정을 신청한 때에는 선임된 자를 제1항제7호부터 제12호까지 중 어느 하나에 해당하는 자로 보고 선임된 자에 대해서만 적용한다. 다만, 선임된 자가 통보한 내용과 다르게 살생물물질 또는 살생물제품이 수입되었음을 입증하는 경우에는 그러하지 아니하다.(2020.3.24 본항신설)

③ 제1항의 행위로 인하여 사람을 사상(死傷)에 이르게 한 자는 10년 이하의 징역 또는 1억원 이하의 벌금에 처한다. 이 경우 징역형과 벌금형은 병과할 수 있다.

제57조【벌칙】 ① 다음 각 호의 어느 하나에 해당하는 자는 5년 이하의 징역 또는 5천만원 이하의 벌금에 처한다. 이 경우 징역형과 벌금형은 병과할 수 있다.
1. 제10조제4항을 위반하여 제조 또는 수입의 금지 명령을 받은 생활화학제품을 제조 또는 수입한 자
1의2. 제10조제7항 본문을 위반하여 변경승인을 받지 아니하거나 거짓 또는 그 밖의 부정한 방법으로 변경승인을 받고 안전확인대상생활화학제품을 제조 또는 수입한 자(2020.3.24 본호신설)
1의3. 제10조제7항 본문을 위반하여 변경승인을 받은 내용과 다르게 안전확인대상생활화학제품을 제조 또는 수입한 자(2020.3.24 본호신설)
2. 제10조제8항을 위반하여 같은 항 각 호의 사항을 표시하지 아니하거나 거짓으로 표시하고 안전확인대상생활화학제품을 제조 또는 수입한 자(2020.3.24 본호개정)
3. 제15조 본문을 위반하여 변경승인을 받지 아니하거나 거짓 또는 그 밖의 부정한 방법으로 변경승인을 받고 살생물물질을 제조 또는 수입한 자
4. 제15조 본문을 위반하여 변경승인을 받은 내용과 다르게 살생물물질을 제조 또는 수입한 자
5. 제16조제1항을 위반하여 거짓 또는 그 밖의 부정한 방법으로 물질동등성을 인정받거나 물질동등성을 인정받은 내용과 다르게 살생물물질을 제조 또는 수입한 자
6. 제16조제6항 본문을 위반하여 물질동등성을 다시 인정받지 아니하고 살생물물질을 제조 또는 수입한 자
7. 제23조 본문을 위반하여 변경승인을 받지 아니하거나 거짓 또는 그 밖의 부정한 방법으로 변경승인을 받고 살생물제품을 제조 또는 수입한 자
8. 제23조 본문을 위반하여 변경승인을 받은 내용과 다르게 살생물제품을 제조 또는 수입한 자
9. 제25조제1항을 위반하여 거짓 또는 그 밖의 부정한 방법으로 제품유사성을 인정받거나 제품유사성을 인정받은 내용과 다르게 살생물제품을 제조 또는 수입한 자
10. 제25조제6항 본문을 위반하여 제품유사성을 다시 인정받지 아니하고 살생물제품을 제조 또는 수입한 자
11. 제27조를 위반하여 같은 조 각 호의 사항을 표시하지 아니하거나 거짓으로 표시하고 살생물제품을 제조 또는 수입한 자
12. 제28조제1항을 위반하여 안전기준을 준수하지 아니하고 살생물처리제품을 제조 또는 수입한 자
13. 제28조제2항을 위반하여 같은 항 각 호의 사항을 표시하지 아니하거나 거짓으로 표시하고 살생물처리제품을 제조 또는 수입한 자
14. 제43조제1항을 위반하여 업무정지 기간 중에 시험·검사업무를 한 자

② 제1항의 경우에 제54조의2에 따라 선임된 자가 제1항제3호부터 제10호까지 중 어느 하나에 해당하는 자를 갈음하여 살생물물질이나 살생물제품의 변경승인, 물질동등성 인정 또는 제품유사성 인정을 신청한 때에는 선임된 자를 제1항제3호부터 제10호까지 중 어느 하나에 해당하는 자로 보고 선임된 자에 대해서만 적용한다. 다만, 선임된 자가 통보한 내용과 다르게 살생물물질 또는 살생물제품이 수입되었음을 입증하는 경우에는 그러하지 아니하다.(2020.3.24 본항신설)

③ 제1항의 행위로 인하여 사람을 사상에 이르게 한 자는 7년 이하의 징역 또는 7천만원 이하의 벌금에 처한다. 이 경우 징역형과 벌금형은 병과할 수 있다.

제58조【벌칙】 다음 각 호의 어느 하나에 해당하는 자는 3년 이하의 징역 또는 3천만원 이하의 벌금에 처한다.
1. 제10조제4항을 위반하여 신고를 하지 아니하거나 거짓 또는 부정한 방법으로 신고하고 안전확인대상생활화학제품을 제조 또는 수입한 자
2. 제30조제4항을 위반하여 정보의 제공 또는 열람 명령을 따르지 아니한 자
3. 제30조제5항을 위반하여 제공받거나 열람한 정보를 부당한 목적으로 사용한 자
4. 제34조제1항을 위반하여 안전확인대상생활화학제품 또는 살생물제품의 포장 또는 광고에 관한 사항을 준수하지 아니한 자
5. 제34조제2항을 위반하여 표시 또는 광고를 한 자
6. 제35조제1항제1호, 제2호 또는 제3호를 위반하여 생활화학제품, 살생물물질 또는 살생물제품을 판매 또는 증여하거나 판매 또는 증여의 목적으로 진열, 보관 또는 저장한 자(2020.3.24 본호개정)
7. 제50조제1항을 위반하여 출입·검사·수거 등을 거부·방해 또는 기피한 자

제58조의2【벌칙】 거짓이나 그 밖의 부정한 방법으로 구제급여를 받은 자는 2년 이하의 징역 또는 2천만원 이하의 벌금에 처한다.(2021.5.18 본조신설)

제59조【양벌규정】 법인의 대표자나 법인 또는 개인의 대리인, 사용인, 그 밖의 종업원이 그 법인 또는 개인의 업무에 관하여 제56조부터 제58조까지의 어느 하나에 해당하는 위반행위를 하면 그 행위자를 벌하는 외에 그 법인 또는 개인에게도 해당 조문의 벌금형을 과(科)한다. 다만, 법인 또는 개인이 그 위반행위를 방지하기 위하여 해당 업무에 관하여 상당한 주의와 감독을 게을리하지 아니한 경우에는 그러하지 아니하다.

제60조【과태료】 ① 다음 각 호의 어느 하나에 해당하는 자에게는 1천만원 이하의 과태료를 부과한다.
1. 제7조제2항에 따른 자료의 제출 또는 보고를 하지 아니하거나 거짓으로 한 자
2. 제10조제5항을 위반하여 변경신고를 하지 아니한 자(2020.3.24 본호신설)
3. 제10조제7항 단서를 위반하여 변경신고를 하지 아니한 자(2020.3.24 본호신설)
4. 제15조 단서 또는 제23조 단서를 위반하여 변경신고를 하지 아니한 자. 다만, 제54조의2에 따라 선임된 자가 제15조 또는 제23조의 업무를 수행한 경우에는 선임된 자에 대해서만 적용한다.(2020.3.24 단서신설)
5. 제35조제1항제4호를 위반하여 살생물처리제품을 판매 또는 증여하거나 판매 또는 증여의 목적으로 수입, 진열, 보관 또는 저장한 자(2020.3.24 본호개정)
6. 제35조제2항을 위반하여 판매를 중개하거나 구매를 대행한 자
7. 제36조제1항을 위반하여 지체 없이 보고를 하지 아니하거나 거짓으로 보고한 자
8. 제36조의2제1항에 따른 기준을 준수하지 아니한 자(2020.3.24 본호신설)
9. 제37조제2항에 따른 보고를 하지 아니하거나 거짓으로 보고한 자(2020.3.24 본호개정)
10. 제41조제4항을 위반하여 중요한 사항이 변경되었음에도 불구하고 변경지정을 받지 아니한 자
11. 제49조제1항을 위반하여 기록 또는 보존을 하지 아니하거나 거짓으로 기록한 자
12. 제49조제2항을 위반하여 자료를 보고하지 아니하거나 거짓으로 보고한 자

② 제48조의3제2항 후단을 위반하여 정당한 사유 없이 요청받은 자료를 제출하지 아니하거나 거짓으로 제출한 자에 대하여는 500만원 이하의 과태료를 부과한다.(2021.5.18 본항신설)

③ 제1항 및 제2항에 따른 과태료는 대통령령으로 정하는 바에 따라 환경부장관이 부과·징수한다.(2021.5.18 본항개정)

부 칙

제1조【시행일】 이 법은 2019년 1월 1일부터 시행한다.

제2조【안전확인대상생활화학제품에 관한 경과조치】 ① 이 법 시행 전에 종전의 「화학물질의 등록 및 평가 등에 관한 법률」(법률 제15512호로 개정되기 전의 것을 말한다. 이하 같다) 제2조제16호에 따라 환경부장관이 고시한 위해우려제품(이하 "위해우려제품"이라 한다)은 안전확인대상생활화학제품으로 본다.

② 이 법 시행 이후 위해우려제품을 제조 또는 수입하는 자는 해당 위해우려제품이 종전의 「화학물질의 등록 및 평가 등에 관한 법률」 제34조에 따른 안전기준·표시기준(이하 "안전기준등"이라 한다)을 준수하였음을 확인받은 날부터 3년까지는 이 법 제10조제1항에 따른 안전기준의 확인 및 같은 조 제4항에 따른 신고를 하지 아니하고 해당 제품을 제조 또는 수입할 수 있다. 다만, 2016년 1월 1일부터 2018년 1월 1일까지의 기간에 안전기준등을 준수하였음을 확인받은 경우에는 2020년 12월 31일까지 해당 제품을 제조 또는 수입할 수 있다.(2020.3.24 본항개정)

③ 제2항에 따라 위해우려제품을 제조 또는 수입하는 자는 종전의 「화학물질의 등록 및 평가 등에 관한 법률」 제34조에 따른 안전기준등을 준수하여야 하며, 이를 따르지 아니하는 경우에는 제10조제1항에 따른 확인을 받은 내용과 다르게 안전확인대상생활화학제품을 제조 또는 수입한 것으로 본다.(2020.3.24 본항신설)

제3조【살생물제품의 제품승인 등에 관한 경과조치】 ① 살생물제품을 제조 또는 수입하는 자는 제20조제1항 각 호 외의 부분 본문에도 불구하고 다음 각 호의 구분에 따른 기간까지는 제품승인을 받지 아니하고 해당 살생물제품을 제조 또는 수입할 수 있다.
1. 살생물제품에 함유된 모든 살생물물질이 승인유예대상 기존살생물물질인 경우 : 제18조제3항제3호에 따른 승인유예기간의 종료일(승인유예기간이 서로 다른 둘 이상의 승인유예대상 기존살생물물질이 함유된 경우에는 해당 살생물제품의 유형으로 지정·고시된 기존살생물물질의 승인유예기간 종료일 중 마지막에 도래하는 종료일을 말한다)부터 2년 이내(2020.3.24 본호개정)
2. 살생물제품에 함유된 모든 살생물물질이 승인유예대상 기존살생물물질이었으나 그 중 하나 이상의 물질이 제19조에 따라 제조·수입이 금지되거나 승인유예대상 기존살생물물질 지정이 해제된 경우 : 제조·수입 금지일 또는 지정 해제일 중 가장 먼저 발생한 날부터 1년 이내(2020.3.24 본호신설)
3. 제1호 또는 제2호에 해당하지 아니하는 살생물제품인 경우 : 2020년 12월 31일까지(2020.3.24 본호개정)

② 제1항에 따라 제품승인을 받지 아니하고 살생물제품을 제조 또는 수입하는 자는 같은 항 각 호의 구분에 따른 기간 이내에 제품승인을 받은 경우에는 그 제품승인을 받은 날부터 1년이 되는 날까지 제27조에 따른 표시를 하지 아니하고 해당 살생물제품을 제조 또는 수입할 수 있다.

제4조【살생물처리제품의 안전기준 등에 관한 경과조치】 ① 살생물처리제품을 제조 또는 수입하는 자는 다음 각 호의 구분에 따른 기간까지는 제28조에 따른 안전기준 및 표시기준을 따르지 아니하고 해당 살생물처리제품을 제조 또는 수입할 수 있다.

1. 살생물처리제품에 사용된 모든 살생물제품이 부칙 제3조제1항제1호에 해당하는 경우(살생물처리제품을 수입하는 경우에는 사용된 모든 살생물제품이 부칙 제3조제1항제1호에 해당하는 살생물제품과 제28조제1항제1호에 따른 유사성 기준을 충족하는 경우) : 부칙 제3조제1항제1호에 따른 기간의 종료일부터 2년 이내(2020.3.24 본호개정)
2. 살생물처리제품에 사용된 모든 살생물제품이 부칙 제3조제1항제1호에 해당하는 제품이었으나 그 중 하나 이상의 살생물제품이 부칙 제3조제1항제2호에 해당하게 된 경우 : 부칙 제3조제1항제2호에 따른 기간의 종료일 중 가장 먼저 도래하는 날부터 2년 이내(2020.3.24 본호신설)
3. 제1호 또는 제2호에 해당하지 아니하는 살생물처리제품인 경우 : 부칙 제3조제1항제3호에 따른 기간의 종료일부터 2년 이내(2020.3.24 본호개정)

② 환경부장관은 제1항 각 호의 구분에 따른 기간까지 살생물처리제품을 제조 또는 수입하는 자가 해당 기간 내에 제28조에 따른 안전기준 및 표시기준을 준수할 수 없는 사유 등 대통령령으로 정하는 자료를 제출하여 소명하는 경우에는 1년의 범위에서 경과조치를 연장하여 적용할 수 있다.(2020.3.24 본항신설)

제5조【벌칙 등에 관한 경과조치】 이 법 시행 전의 위해우려제품에 관한 행위에 대하여 벌칙 및 과태료를 적용할 때에는 종전의 「화학물질의 등록 및 평가 등에 관한 법률」에 따른다.

부 칙 (2020.3.24)

이 법은 2021년 1월 1일부터 시행한다. 다만, 제3조제2호, 제13조제2항, 제18조, 제19조제4항, 제21조제2항 및 법률 제15511호 생활화학제품 및 살생물제의 안전관리에 관한 법률 부칙 제2조의 개정규정은 공포한 날부터 시행한다.

부 칙 (2020.5.26)

이 법은 공포한 날부터 시행한다. 다만, 법률 제17103호 생활화학제품 및 살생물제의 안전관리에 관한 법률 일부개정법률 제10조제6항, 제20조제2항제2호 각 목 외의 부분 및 제24조제4항 각 호 외의 부분의 개정 부분은 2021년 1월 1일부터 시행한다.

부 칙 (2021.5.18)

제1조【시행일】 이 법은 2021년 12월 31일부터 시행한다. 다만, 제5조의 개정규정은 공포 후 6개월이 경과한 날부터 시행한다.
제2조【구제급여 지급에 관한 적용례】 제48조의2의 개정규정은 이 법 시행 이후 살생물제품피해가 발생한 경우부터 적용한다.

부 칙 (2024.1.30)

제1조【시행일】 이 법은 공포한 날부터 시행한다.
제2조【이의신청에 관한 적용례】 이의신청에 관한 개정규정은 이 법 시행 이후 하는 처분부터 적용한다.(이하 생략)

마약류 관리에 관한 법률

(약칭 : 마약류관리법)

(2000년 1월 12일 법 률 제6146호)

개정
2002.12.26법 6824호 2004. 1.20법 7098호
2008. 2.29법 8852호(정부조직)
2008. 3.28법 9024호
2009. 5.27법 9717호(농어업 · 농어촌및식품산업기본법)
2010. 1.18법 9932호(정부조직)
2011. 6. 7법10786호
2012. 6. 1법11461호(전자문서및전자거래기본법)
2013. 3.23법11690호(정부조직)
2013. 6. 4법11862호(화학물질관리법)
2013. 7.30법11984호 2014. 3.18법12495호
2015. 5.18법13331호
2015. 6.22법13383호(수산업 · 어촌발전기본법)
2016. 2. 3법14019호
2016.12. 2법14353호 2017. 4.18법14834호
2018. 3.13법15481호 2018.12.11법15939호
2019.12. 3법16714호
2020. 3.24법17091호(지방행정제재 · 부과금의징수등에관한법)
2020. 3.31법17190호 2021. 8.17법18443호
2022. 6.10법18964호 2023. 3.28법19322호
2023. 6.13법19450호
2023. 8. 8법19604호→2024년 2월 9일 및 2024년 8월 9일 시행
2023. 8.16법19648호→시행일 부칙 참조
2024. 1. 2법19889호→2024년 7월 3일 및 2024년 8월 9일 시행
2024. 2. 6법20214호→시행일 부칙 참조. 2025년 2월 7일 시행하는 부분은 「法典 別冊」 보유편 수록

제1장 총 칙
(2011.6.7 본장개정)

제1조【목적】 이 법은 마약 · 향정신성의약품(向精神性醫藥品) · 대마(大麻) 및 원료물질의 취급 · 관리를 적정하게 하고, 마약류 중독에 대한 치료 · 예방 등을 위하여 필요한 사항을 규정함으로써 그 오용 또는 남용으로 인한 보건상의 위해(危害)를 방지하여 국민보건 향상과 건강한 사회 조성에 이바지함을 목적으로 한다.
(2023.8.16 본조개정)

제2조【정의】 이 법에서 사용하는 용어의 뜻은 다음과 같다.
1. "마약류"란 마약 · 향정신성의약품 및 대마를 말한다.
2. "마약"이란 다음 각 목의 어느 하나에 해당하는 것을 말한다.
 가. 양귀비 : 양귀비과(科)의 파파베르 솜니페룸 엘(Papaver somniferum L.), 파파베르 세티게룸 디시(Papaver setigerum DC.) 또는 파파베르 브락테아툼(Papaver bracteatum)(2017.4.18 본목개정)
 나. 아편 : 양귀비의 액즙(液汁)이 응결(凝結)된 것과 이를 가공한 것. 다만, 의약품으로 가공한 것은 제외한다.
 다. 코카 잎[葉] : 코카 관목[(灌木) : 에리드록시론속(屬)의 모든 식물을 말한다]의 잎. 다만, 엑고닌 · 코카인 및 엑고닌 알칼로이드 성분이 모두 제거된 잎은 제외한다.
 라. 양귀비, 아편 또는 코카 잎에서 추출되는 모든 알카로이드 및 그와 동일한 화학적 합성품으로서 대통령령으로 정하는 것(2016.2.3 본목개정)
 마. 가목부터 라목까지에 규정된 것 외에 그와 동일하게 남용되거나 해독(害毒) 작용을 일으킬 우려가 있는 화학적 합성품으로서 대통령령으로 정하는 것
 (2016.2.3 본목개정)
 바. 가목부터 마목까지에 열거된 것을 함유하는 혼합물질 또는 혼합제제. 다만, 다른 약물이나 물질과 혼합되어 가목부터 마목까지에 열거된 것으로 다시 제조하거나 제제(製劑)할 수 없고, 그것에 의하여 신체적 또는 정신적 의존성을 일으키지 아니하는 것으로서 총리령으로 정하는 것[이하 "한외마약"(限外麻藥)이라 한다]은 제외한다.(2013.3.23 단서개정)
3. "향정신성의약품"이란 인간의 중추신경계에 작용하는 것으로서 이를 오용하거나 남용할 경우 인체에 심각한 위해가 있다고 인정되는 다음 각 목의 어느 하나에 해당하는 것으로서 대통령령으로 정하는 것을 말한다.
 가. 오용하거나 남용할 우려가 심하고 의료용으로 쓰이지 아니하며 안전성이 결여되어 있는 것으로서 이를 오용하거나 남용할 경우 심한 신체적 또는 정신적 의존성을 일으키는 약물 또는 이를 함유하는 물질
 나. 오용하거나 남용할 우려가 심하고 매우 제한된 의료용으로만 쓰이는 것으로서 이를 오용하거나 남용할 경우 심한 신체적 또는 정신적 의존성을 일으키는 약물 또는 이를 함유하는 물질
 다. 가목과 나목에 규정된 것보다 오용하거나 남용할 우려가 상대적으로 적고 의료용으로 쓰이는 것으로서 이를 오용하거나 남용할 경우 그리 심하지 아니한 신체적 의존성을 일으키거나 심한 정신적 의존성을 일으키는 약물 또는 이를 함유하는 물질
 라. 다목에 규정된 것보다 오용하거나 남용할 우려가 상대적으로 적고 의료용으로 쓰이는 것으로서 이를 오용하거나 남용할 경우 다목에 규정된 것보다 신체적 또는 정신적 의존성을 일으킬 우려가 적은 약물 또는 이를 함유하는 물질
 마. 가목부터 라목까지에 열거된 것을 함유하는 혼합물질 또는 혼합제제. 다만, 다른 약물 또는 물질과 혼합되어 가목부터 라목까지에 열거된 것으로 다시 제조하거나 제제할 수 없고, 그것에 의하여 신체적 또는 정신적 의존성을 일으키지 아니하는 것으로서 총리령으로 정하는 것은 제외한다.(2013.3.23 단서개정)
4. "대마"란 다음 각 목의 어느 하나에 해당하는 것을 말한다. 다만, 대마초[칸나비스 사티바 엘(Cannabis sativa L)을 말한다. 이하 같다]의 종자 · 뿌리 및 성숙한 대마초의 줄기와 그 제품은 제외한다.(2016.2.3 본문개정)
 가. 대마초와 그 수지(樹脂)
 나. 대마초 또는 그 수지를 원료로 하여 제조된 모든 제품
 다. 가목 또는 나목에 규정된 것과 동일한 화학적 합성품으로서 대통령령으로 정하는 것
 라. 가목부터 다목까지에 규정된 것을 함유하는 혼합물질 또는 혼합제제
 (2016.2.3 가목~라목신설)
5. "마약류취급자"란 다음 가목부터 사목까지의 어느 하나에 해당하는 자로서 이 법에 따라 허가 또는 지정을 받은 자와 아목 및 자목에 해당하는 자를 말한다.
 가. 마약류수출입업자 : 마약 또는 향정신성의약품의 수출입을 업(業)으로 하는 자
 나. 마약류제조업자 : 마약 또는 향정신성의약품의 제조[제제 및 소분(小分)을 포함한다. 이하 같다]를 업으로 하는 자
 다. 마약류원료사용자 : 한외마약 또는 의약품을 제조할 때 마약 또는 향정신성의약품을 원료로 사용하는 자
 라. 대마재배자 : 섬유 또는 종자를 채취할 목적으로 대마초를 재배하는 자
 마. 마약류도매업자 : 마약류소매업자, 마약류취급의료업자, 마약류관리자 또는 마약류취급학술연구자에게 마약 또는 향정신성의약품을 판매하는 것을 업으로 하는 자
 바. 마약류관리자 : 「의료법」에 따른 의료기관(이하 "의료기관"이라 한다)에 종사하는 약사로서 그 의료기관에서 환자에게 투약하거나 투약하기 위하여 제공하는 마약 또는 향정신성의약품을 조제 · 수수(授受)하고 관리하는 책임을 진 자
 사. 마약류취급학술연구자 : 학술연구를 위하여 마약 또는 향정신성의약품을 사용하거나, 대마초를 재배하거나 대마를 수입하여 사용하는 자
 아. 마약류소매업자 : 「약사법」에 따라 등록한 약국개설자로서 마약류취급의료업자의 처방전에 따라 마약 또는 향정신성의약품을 조제하여 판매하는 것을 업으로 하는 자
 자. 마약류취급의료업자 : 의료기관에서 의료에 종사하는 의사 · 치과의사 · 한의사 또는 「수의사법」에 따라 동물 진료에 종사하는 수의사로서 의료나 동물 진료를 목적으로 마약 또는 향정신성의약품을 투약하거나 투약하기 위하여 제공하거나 마약 또는 향정신성의약품을 기재한 처방전을 발급하는 자
6. "원료물질"이란 마약류가 아닌 물질 중 마약 또는 향정신성의약품의 제조에 사용되는 물질로서 대통령령으로 정하는 것을 말한다.
7. "원료물질취급자"란 원료물질의 제조 · 수출입 · 매매에 종사하거나 이를 사용하는 자를 말한다.
8. "군수용마약류"란 국방부 및 그 직할 기관과 육군 · 해군 · 공군에서 관리하는 마약류를 말한다.
9. "치료보호"란 마약류 중독자의 마약류에 대한 정신적 · 신체적 의존성을 극복시키고 재발을 예방하여 건강한 사회인으로 복귀시키기 위한 입원 치료와 통원(通院) 치료를 말한다.

제2조의2【국가 등의 책임】 ① 국가와 지방자치단체는 국민이 마약류 등을 남용하는 것을 예방하고, 마약류 중독자에 대한 치료보호와 사회복귀 촉진을 위하여 연구 · 조사 등 필요한 조치를 하고 재원 등을 마련하여야 한다.
② 국가와 지방자치단체는 「청소년 보호법」 제2조제1호의 청소년을 대상으로 한 마약류 중독 예방 교육(이하 "청소년 마약중독예방교육"이라 한다)을 실시하여야 한다.
③ 국가와 지방자치단체는 국민보건 향상과 건강한 사회 조성을 위하여 마약류 중독 등의 폐해 예방을 위한 홍보 · 교육 · 연구 등 필요한 조치를 하여야 한다.
④ 국민은 마약류 중독자에 대하여 치료의 대상으로 인식하고 건강한 사회구성원으로 자립할 수 있도록 협조하여야 한다.
(2023.8.16 본조개정)

제2조의3【마약류관리기본계획】 ① 관계 중앙행정기관의 장은 5년마다 소관 마약류 관리에 관한 계획을 수립하여 국무총리에게 제출하여야 한다.
② 국무총리는 제1항에 따라 제출받은 관계 중앙행정기관의 마약류 관리에 관한 계획을 종합하여 제2조의4에 따른 마약류대책협의회의 협의 · 조정을 거쳐 마약류관리기본계획(이하 "기본계획"이라 한다)을 수립한 후 관계 중앙행정기관의 장에게 통보하여야 한다.
③ 기본계획에는 다음 각 호의 사항이 포함되어야 한다.
1. 마약류관리에 관한 기본목표 및 추진방향
2. 마약류관리에 관한 추진계획 및 추진방법
3. 마약류관리에 관한 관계 기관 및 단체의 역할과 협조에 필요한 사항
4. 그 밖에 마약류관리의 체계적 · 효율적 수행을 위하여 필요한 사항

④ 관계 중앙행정기관의 장은 기본계획에 따라 매년 연도별 시행계획을 수립하여 국무총리에게 제출하고, 국무총리는 제출받은 관계 중앙행정기관의 시행계획을 종합하여 제2조의4에 따른 마약류대책협의회의 협의·조정을 거쳐 연도별 시행계획(이하 "시행계획"이라 한다)을 수립한 후 관계 중앙행정기관의 장에게 통보하여야 한다.
⑤ 국무총리 및 관계 중앙행정기관의 장은 기본계획이나 시행계획을 수립하고 추진하기 위하여 필요한 경우에는 관계 기관 및 단체의 장 등에게 자료의 제공 등을 요청할 수 있다. 이 경우 관계 기관이나 단체의 장 등은 특별한 사유가 없으면 이에 따라야 한다.
⑥ 그 밖에 기본계획 및 시행계획의 수립·시행에 필요한 사항은 대통령령으로 정한다.
(2023.8.16 본조개정)

제2조의4【마약류대책협의회】 ① 마약류의 오남용을 방지하고 마약류 문제에 대응하기 위하여 국무총리 소속으로 마약류대책협의회(이하 "협의회"라 한다)를 둔다.
② 협의회는 다음 각 호의 사항을 협의·조정한다.
1. 기본계획과 시행계획의 수립·추진에 관한 사항
2. 마약류 관련 국내외 정보의 공유 및 관리, 국제협력·수사·단속·치료·재활·교육·홍보 등을 위한 관계 기관 및 단체의 협조에 관한 사항
3. 그 밖에 마약류와 관련하여 관계 기관 및 단체의 협의·조정이 필요한 사항
③ 협의회는 의장 1인을 포함한 20인 이내의 위원으로 구성한다.
④ 협의회의 의장은 국무조정실장으로 하고, 위원은 다음 각 호의 사람으로 한다. 이 경우 복수의 차관·차장 또는 상임위원이 있는 기관은 해당 기관의 장이 지명하는 차관·차장 또는 상임위원으로 한다.
1. 기획재정부차관·교육부차관·외교부차관·법무부차관·행정안전부차관·보건복지부차관·방송통신위원회상임위원·국가정보원차장·식품의약품안전처차장·대검찰청차장검사·관세청차장·경찰청차장·해양경찰청차장 및 국무조정실 사회조정실장
2. 그 밖에 대통령령으로 정하는 중앙행정기관의 고위공무원단에 속하는 공무원
3. 마약류와 관련하여 학계·언론계·기관·단체에 종사하는 등 마약류 관련 분야에 관한 학식과 경험이 풍부한 사람 중에서 의장이 위촉하는 사람
⑤ 협의회에 간사 2명을 둔다. 이 경우 간사는 국무조정실 및 식품의약품안전처 소속 고위공무원단에 속하는 공무원 중에서 의장이 지명하는 사람이 된다.
⑥ 협의회의 업무를 효율적으로 지원하기 위하여 협의회에 분과위원회 및 실무협의회를 둘 수 있다.
⑦ 협의회와 제6항에 따른 분과위원회 및 실무협의회의 구성 및 운영 등에 필요한 사항은 대통령령으로 정한다.
(2023.8.16 본조개정)

제2조의5【마약류 사건보도 권고기준 수립 및 준수 협조요청】 ① 식품의약품안전처장은 마약류 사건보도로 인한 마약류사범 발생을 방지하기 위하여 대통령령으로 정하는 관계 중앙행정기관의 장과 협의하여 언론의 마약류 사건보도에 대한 권고기준을 수립하고 그 이행확보 방안을 마련하여야 한다.
② 식품의약품안전처장은 방송·신문·잡지 및 인터넷신문 등 언론에 대하여 제1항에 따른 마약류 사건보도에 대한 권고기준을 준수하도록 협조를 요청할 수 있다. 이 경우 언론은 협조요청을 적극 이행하도록 노력하여야 한다.
(2024.1.2 본조개정)

제2조의6【청소년 마약중독예방교육과 학교교육의 연계】 ① 국가와 지방자치단체는 청소년 마약중독예방교육과 「교육기본법」에 따른 학교교육을 연계할 수 있도록 교육 콘텐츠 개발 등 필요한 시책을 대통령령으로 정하는 바에 따라 수립·시행하여야 한다.
② 국가와 지방자치단체는 제1항에 따른 시책을 수립할 때에는 미리 관계 기관과 협의하여야 하며, 전문가의 의견을 들어야 한다.
③ 제2항에 따른 협의를 요청받은 관계 기관은 특별한 사유가 없으면 이에 따라야 한다.
(2024.1.2 본조신설)

제3조【일반 행위의 금지】 누구든지 다음 각 호의 어느 하나에 해당하는 행위를 하여서는 아니 된다.
1. 이 법에 따르지 아니한 마약류의 사용
2. 마약의 원료가 되는 식물을 재배하거나 그 성분을 함유하는 원료·종자·종묘(種苗)를 소지, 소유, 관리, 수출입, 수수, 매매 또는 매매의 알선을 하거나 그 성분을 추출하는 행위. 다만, 대통령령으로 정하는 바에 따라 식품의약품안전처장의 승인을 받은 경우는 제외한다. (2013.3.23 단서개정)
3. 헤로인, 그 염류(鹽類) 또는 이를 함유하는 것을 소지, 소유, 관리, 수입, 제조, 매매, 매매의 알선, 수수, 운반, 사용, 투약하거나 투약하기 위하여 제공하는 행위. 다만, 대통령령으로 정하는 바에 따라 식품의약품안전처장의 승인을 받은 경우는 제외한다.(2013.3.23 단서개정)
4. 마약 또는 향정신성의약품을 제조할 목적으로 원료물질을 제조, 수출입, 매매, 매매의 알선, 수수, 소지, 소유 또는 사용하는 행위. 다만, 대통령령으로 정하는 바에 따라 식품의약품안전처장의 승인을 받은 경우는 제외한다. (2013.3.23 단서개정)
5. 제2조제3호가목의 향정신성의약품 또는 이를 함유하는 향정신성의약품을 소지, 소유, 사용, 관리, 수출입, 제조, 매매, 매매의 알선 또는 수수하는 행위. 다만, 대통령령으로 정하는 바에 따라 식품의약품안전처장의 승인을 받은 경우는 제외한다.(2013.3.23 단서개정)
6. 제2조제3호가목의 향정신성의약품의 원료가 되는 식물 또는 버섯류에서 그 성분을 추출하거나 그 식물 또는 버섯류를 수출입, 매매, 매매의 알선, 수수, 흡연 또는 섭취하거나 흡연 또는 섭취할 목적으로 그 식물 또는 버섯류를 소지·소유하는 행위. 다만, 대통령령으로 정하는 바에 따라 식품의약품안전처장의 승인을 받은 경우는 제외한다.(2016.2.3 본문개정)
7. 대마를 수출입·제조·매매하거나 매매를 알선하는 행위. 다만, 공무, 학술연구 또는 의료 목적을 위하여 대통령령으로 정하는 바에 따라 식품의약품안전처장의 승인을 받은 경우는 제외한다.(2018.12.11 단서개정)
8.~9. (2016.2.3 삭제)
10. 다음 각 목의 어느 하나에 해당하는 행위
가. 대마 또는 대마초 종자의 껍질을 흡연 또는 섭취하는 행위(제7호 단서에 따라 의료 목적으로 섭취하는 행위는 제외한다)(2018.12.11 본목개정)
나. 가목의 행위를 할 목적으로 대마, 대마초 종자 또는 대마초 종자의 껍질을 소지하는 행위
다. 가목 또는 나목의 행위를 하려 한다는 정(情)을 알면서 대마초 종자나 대마초 종자의 껍질을 매매하거나 매매를 알선하는 행위
11. 제4조제1항 또는 제1호부터 제10호까지의 규정에서 금지한 행위를 하기 위한 장소·시설·장비·자금 또는 운반 수단을 타인에게 제공하는 행위
12. 다음 각 목의 어느 하나에 해당하는 규정에서 금지하는 행위에 관한 정보를 「표시·광고의 공정화에 관한 법률」 제2조제2호에서 정하는 방법으로 타인에게 널리 알리거나 제시하는 행위
가. 제1호부터 제11호까지의 규정
나. 제4조제1항 또는 제3항
다. 제5조제1항 또는 제2항
라. 제5조의2제5항(2018.3.13 본목개정)
(2016.12.2 본호신설)

제3조의2 → 제2조의2로 이동

제4조【마약류취급자가 아닌 자의 마약류 취급 금지】
① 마약류취급자가 아니면 다음 각 호의 어느 하나에 해당하는 행위를 하여서는 아니 된다.
1. 마약 또는 향정신성의약품을 소지, 소유, 사용, 운반, 관리, 수입, 수출, 제조, 조제, 투약, 수수, 매매, 매매의 알선 또는 제공하는 행위
2. 대마를 재배·소지·소유·수수·운반·보관 또는 사용하는 행위
3. 마약 또는 향정신성의약품을 기재한 처방전을 발급하는 행위
4. 한외마약을 제조하는 행위
② 제1항에도 불구하고 다음 각 호의 어느 하나에 해당하는 경우에는 마약류취급자가 아닌 자도 마약류를 취급할 수 있다.
1. 이 법에 따라 마약 또는 향정신성의약품을 마약류취급의료업자로부터 투약받아 소지하는 경우
2. 이 법에 따라 마약 또는 향정신성의약품을 마약류소매업자로부터 구입하거나 양수(讓受)하여 소지하는 경우
3. 이 법에 따라 마약류취급자를 위하여 마약류를 운반·보관·소지 또는 관리하는 경우
4. 공무상(公務上) 마약류를 압류·수거 또는 몰수하여 관리하는 경우
5. 제13조에 따라 마약류 취급 자격 상실자 등이 마약류취급자에게 그 마약류를 인계하기 전까지 소지하는 경우
6. 제3조제7호 단서에 따라 의료 목적으로 사용하기 위하여 대마를 운반·보관 또는 소지하는 경우 (2018.12.11 본호신설)
7. 그 밖에 총리령으로 정하는 바에 따라 식품의약품안전처장의 승인을 받은 경우(2013.3.23 본호개정)
③ 마약류취급자는 이 법에 따르지 아니하고는 마약류를 취급하여서는 아니 된다. 다만, 대통령령으로 정하는 바에 따라 식품의약품안전처장의 승인을 받은 경우에는 그러하지 아니하다.(2013.3.23 단서개정)
④ 제2항제3호에 따라 대마를 운반·보관 또는 소지하려는 자는 특별자치시장·시장(「제주특별자치도 설치 및 국제자유도시 조성을 위한 특별법」에 따른 행정시장을 포함한다. 이하 같다)·군수 또는 구청장(자치구의 구청장을 말한다. 이하 같다)에게 신고하여야 한다. 이 경우 특별자치시장·시장·군수 또는 구청장은 그 신고 받은 내용을 검토하여 이 법에 적합하면 신고를 수리하여야 한다.(2018.12.11 후단신설)
⑤ 제4항 전단에 따른 신고 절차 및 대마의 운반·보관 또는 소지 방법에 관하여 필요한 사항은 총리령으로 정한다.(2018.12.11 본항개정)

제5조【마약류 등의 취급 제한】 ① 마약류취급자는 그 업무 외의 목적을 위하여 제4조제1항 각 호에 규정된 행위를 하여서는 아니 된다.
② 이 법에 따라 마약류 또는 임시마약류를 소지·소유·운반 또는 관리하는 자는 다른 목적을 위하여 이를 사용하여서는 아니 된다.(2018.3.13 본항개정)
③ 식품의약품안전처장은 공익을 위하여 필요하다고 인정하는 때에는 다음 각 호의 어느 하나에 해당하는 경우 마약류(대마는 제외한다) 또는 임시마약류의 수입·수출·제조·판매 또는 사용을 금지 또는 제한하거나 그 밖의 필요한 조치를 할 수 있다.(2018.3.13 본문개정)
1. 국내의 수요량 및 보유량을 고려하여 마약 또는 향정신성의약품을 제조·수입 또는 수출할 필요가 없다고 인정하는 경우
2. 이미 제조 또는 수입된 품종 또는 품목의 마약 또는 향정신성의약품과 동일한 품종 또는 품목의 마약 또는 향정신성의약품을 국내의 수급여건 등을 고려하여 다른 제조업자 또는 수입업자가 제조 또는 수입할 필요가 없다고 인정하는 경우
3. 마약류 품목허가증에 기재된 용량 이상의 마약 또는 향정신성의약품을 남용하였다고 인정하는 경우
4. 마약 또는 향정신성의약품에 대한 신체적·정신적 존성을 야기하게 할 염려가 있을 정도로 마약 또는 향정신성의약품을 장기 또는 계속 투약하거나 투약하기 위하여 제공하는 경우
5. 그 밖에 대통령령으로 정하는 경우
(2018.3.13 본조제목개정)

제5조의2【임시마약류 지정 등】 ① 식품의약품안전처장은 마약류가 아닌 물질·약물·제제·제품 등(이하 이 조에서 "물질등"이라 한다) 중 오용 또는 남용으로 인한 보건상의 위해가 우려되어 긴급히 마약류에 준하여 취급·관리할 필요가 있다고 인정하는 물질등을 임시마약류로 지정할 수 있다. 이 경우 임시마약류는 다음 각 호에서 정하는 바와 같이 구분하여 지정한다.
1. 1군 임시마약류 : 중추신경계에 작용하거나 마약류와 구조적·효과적 유사성을 지닌 물질로서 의존성을 유발하는 등 신체적·정신적 위해를 끼칠 가능성이 높은 물질
2. 2군 임시마약류 : 의존성을 유발하는 등 신체적·정신적 위해를 끼칠 가능성이 있는 물질
(2018.3.13 본항개정)
② 제1항에도 불구하고 다음 각 호의 어느 하나에 해당하는 의약품은 임시마약류의 지정 대상에서 제외한다.
1. 「약사법」 제31조제2항 및 제3항에 따라 식품의약품안전처장으로부터 의약품 품목허가를 받거나 품목신고를 한 의약품
2. 「약사법」 제34조제1항에 따라 식품의약품안전처장으로부터 승인을 받은 임상시험용 의약품
(2018.3.13 본항신설)
③ 식품의약품안전처장이 임시마약류를 지정하려는 때에는 미리 대통령령으로 정하는 관계 기관과의 협의를 거쳐 다음 각 호의 사항을 1개월 이상 관보 및 인터넷 홈페이지에 예고하여야 하고, 임시마약류를 지정한 때에는 다음 제1호부터 제3호까지 및 제5호의 사항을 관보 및 인터넷 홈페이지에 공고하여야 한다.(2014.3.18 본문개정)
1. 임시마약류의 지정 사유
2. 임시마약류의 명칭
3. 1군 임시마약류 또는 2군 임시마약류의 구분 (2018.3.13 본호개정)
4. 임시마약류 지정의 예고 기간 등 임시마약류의 지정 예고에 관한 사항(2014.3.18 본호개정)
5. 임시마약류 지정 기간 등 임시마약류의 지정에 관한 사항(2014.3.18 본호신설)
④ 제3항에 따라 지정 전에 예고한 임시마약류(이하 "예고임시마약류"라 한다)에 대한 효력은 임시마약류로 예고한 날부터 임시마약류 지정 공고 전날까지로 하며, 예고임시마약류를 임시마약류로 지정하려는 때에는 3년의 범위에서 기간을 정하여 지정하여야 한다. 다만, 마약류 지정을 검토할 필요가 있는 임시마약류에 대하여서는 그 지정기간이 끝나기 전에 제3항에 따라 예고하여 임시마약류로 다시 지정할 수 있다.
(2018.3.13 본항개정)
⑤ 누구든지 예고임시마약류 또는 임시마약류에 대하여 다음 각 호의 어느 하나에 해당하는 행위를 하여서는 아니 된다.
1. 재배·추출·제조·수출입하거나 그러할 목적으로 소지·소유
2. 매매·매매의 알선·수수·제공하거나 그러할 목적으로 소지·소유
3. 소지·소유·사용·운반·관리·투약·보관
4. 1군 또는 2군 임시마약류와 관련된 금지행위를 하기 위한 장소·시설·장비·자금 또는 운반 수단을 타인에게 제공
(2018.3.13 본항개정)
⑥ 제5항에도 불구하고 다음 각 호의 어느 하나에 해당하는 경우에는 예고임시마약류 또는 임시마약류를 취급할 수 있다.
1. 공무상 예고임시마약류 또는 임시마약류를 압류·수거 또는 몰수하여 관리하는 경우
2. 그 밖에 공무상 마약류를 취급하는 공무원 또는 마약류취급학술연구자가 대통령령으로 정하는 바에 따라 식품의약품안전처장의 승인을 받아 예고임시마약류 또는 임시마약류를 취급하는 경우
(2018.3.13 본항신설)
(2011.6.7 본조신설)

제5조의3【마약류안전관리심의위원회】 ① 다음 각 호의 사항을 심의하기 위하여 식품의약품안전처에 마약류안전관리심의위원회(이하 "심의위원회"라 한다)를 둔다.
1. 마약류의 오남용 방지를 위한 조치기준에 관한 사항
2. 마약류의 안전사용 기준에 관한 사항
3. 제11조의2제1항에 따른 마약류 통합정보의 제공 및 활용에 관한 사항
4. 그 밖에 식품의약품안전처장이 필요하다고 인정하는 사항
② 심의위원회는 위원장 1명을 포함하여 30명 이내의 위원으로 구성하며, 위원장은 식품의약품안전처 차장이 된다.
③ 위원은 다음 각 호의 어느 하나에 해당하는 사람 중에서 식품의약품안전처장이 임명하거나 위촉한다.
1. 마약류의 안전관리, 범죄수사 등의 업무를 담당하는 공무원
2. 마약류의 오남용 방지 분야의 전문지식을 가진 사람
3. 「비영리민간단체 지원법」 제2조에 따른 비영리민간단체가 추천하는 사람
4. 그 밖에 마약류 안전관리 또는 관련 법률에 관한 학식과 경험이 풍부한 사람
④ 그 밖에 심의위원회의 운영 등에 필요한 사항은 대통령령으로 정한다.
(2019.12.3 본조신설)

제2장 허가 등
(2011.6.7 본장개정)

제6조【마약류취급자의 허가 등】 ① 마약류취급자가 되려는 다음 각 호의 어느 하나에 해당하는 자로서 총리령으로 정하는 바에 따라 제1호·제2호 및 제4호에 해당하는 자는 식품의약품안전처장의 허가를 받아야 하고, 제3호 및 제5호에 해당하는 자는 특별자치시장·시장·군수 또는 구청장의 허가를 받아야 한다. 허가받은 사항을 변경할 때에도 또한 같다.(2022.6.10 전단개정)
1. 마약류수출입업자 : 「약사법」에 따른 수입자로서 식품의약품안전처장에게 의약품 품목허가를 받거나 품목신고를 한 자(2013.3.23 본호개정)
2. 마약류제조업자 및 마약류원료사용자 : 「약사법」에 따라 의약품제조업의 허가를 받은 자
3. 마약류도매업자 : 「약사법」에 따라 등록된 약국개설자 또는 의약품 도매상의 허가를 받은 자
4. 마약류취급학술연구자 : 연구기관 및 학술기관 등에서 학술연구를 위하여 마약류의 사용을 필요로 하는 자
5. 대마재배자 : 「농업·농촌 및 식품산업 기본법」 제3조 제2호에 따른 농업인으로서 섬유나 종자를 채취할 목적으로 대마초를 재배하려는 자(2015.6.22 본호개정)
② 마약류관리자가 되려면 마약류취급의료업자가 있는 의료기관에 종사하는 약사로서 총리령으로 정하는 바에 따라 특별자치시장·시장·군수 또는 구청장의 지정을 받아야 한다. 지정받은 사항을 변경할 때에도 또한 같다.
(2022.6.10 전단개정)
③ 다음 각 호의 어느 하나에 해당하는 사람은 마약류수출입업자, 마약류취급학술연구자 또는 대마재배자의 허가를 받을 수 없다.
1. 피성년후견인, 피한정후견인 또는 미성년자
(2014.3.18 본호개정)
2. 「정신건강증진 및 정신질환자 복지서비스 지원에 관한 법률」 제3조제1호에 따른 정신질환자(정신건강의학과 전문의가 마약류에 관한 업무를 담당하는 것이 적합하다고 인정한 사람은 제외한다) 또는 마약류의 중독자
(2018.12.11 본호개정)
3. 「약사법」·「의료법」·「보건범죄 단속에 관한 특별조치법」 또는 그 밖에 마약류 관련 법률을 위반하거나 이 법을 위반하여 금고 이상의 형을 선고받고 그 집행이 끝나거나 받지 아니하기로 확정된 후 3년이 지나지 아니한 사람(2018.12.11 본호개정)
④ 제44조에 따라 마약류취급자의 허가 취소처분을 받고 2년이 지나지 아니한 자 또는 지정 취소처분을 받고 1년이 지나지 아니한 자에 대하여는 제1항이나 제2항에 따른 허가 또는 지정을 할 수 없다. 다만, 제3항제1호에 해당하여 허가 또는 지정이 취소된 경우는 제외한다.
(2018.12.11 단서신설)

제6조의2【원료물질의 수출입업 또는 제조업의 허가】
① 대통령령으로 정하는 원료물질의 수출입 또는 제조를 업으로 하려는 자는 총리령으로 정하는 바에 따라 식품의약품안전처장의 허가를 받아야 한다. 허가받은 사항을 변경할 때에도 또한 같다.
② 제6조제3항 각 호의 어느 하나에 해당하는 사람은 원료물질의 수출입업자 또는 제조업자로 허가받을 수 없다.
③ 원료물질의 수출입 또는 제조를 업으로 하려는 자의 허가 제한에 관하여는 제6조제4항을 준용한다.
(2018.12.11 본조개정)

제7조【허가증 등의 발급과 등재】 ① 제6조제1항·제2항이나 제6조의2제1항에 따라 허가 또는 지정을 하는 식품의약품안전처장, 특별자치시장·시장·군수 또는 구청장(이하 "허가관청"이라 한다)은 총리령으로 정하는 바에 따라 마약류취급자나 원료물질의 수출입업자 또는 제조업 허가를 받은 자(이하 "원료물질수출입업자등"이라 한다) 명부(名簿)에 그 내용을 기록하고 허가증 또는 지정서를 발급하여야 한다. 허가 또는 지정한 사항을 변경할 때에도 또한 같다.(2022.6.10 전단개정)
② 제6조제1항·제2항이나 제6조의2제1항에 따라 허가 또는 지정받은 자가 그 허가증 또는 지정서를 잃어버렸거나 못쓰게 된 경우에는 총리령으로 정하는 바에 따라 재발급받아야 한다.
(2013.3.23 본조개정)

제8조【허가증 등의 양도 금지와 폐업 등의 신고 등】 ① 마약류취급자는 그 허가증 또는 지정서를 타인에게 빌려주거나 양도(讓渡)하여서는 아니 된다.
② 마약류취급자나 원료물질수출입업자등이 마약류의 취급 또는 원료물질의 수출입·제조에 관한 업무를 폐업 또는 휴업하거나 그 휴업한 업무를 다시 시작(이하 "폐업등"이라 한다)하려는 경우에는 총리령으로 정하는 바에 따라 해당 허가관청에 그 사실을 신고하여야 한다. 다만, 다음 각 호에 따라 폐업등을 신고한 경우에는 본문에 따라 폐업등을 신고한 것으로 본다.(2018.12.11 본문개정)
1. 의료기관 개설자인 마약류취급의료업자가 「의료법」 제40조에 따라 의료업의 폐업등을 신고한 경우
2. 마약류소매업자가 「약사법」 제22조에 따라 약국의 폐업등을 신고한 경우
③ 마약류취급자나 원료물질수출입업자등이 다음 각 호의 어느 하나에 해당하게 되었을 때에는 각 호의 구분에 따른 자는 총리령으로 정하는 바에 따라 해당 허가관청에 그 사실 및 소지 마약류 또는 원료물질의 품명, 수량 등 총리령으로 정하는 사항을 신고하여야 한다.
(2018.12.11 본문개정)
1. 사망한 경우 : 상속인(상속인이 분명하지 아니한 경우에는 그 상속재산의 관리인을 말한다. 이하 같다)
2. 피성년후견인 또는 피한정후견인이 된 경우 : 후견인(後見人)(2014.3.18 본호개정)
3. 법인이 해산한 경우 : 청산인(淸算人)
4. 학술연구를 마친 경우 : 마약류취급학술연구자
④ 허가관청의 장은 제2항 각 호 외의 부분 본문 또는 제3항에 따른 신고를 받은 경우에는 그 내용을 검토하여 이 법에 적합하면 신고를 수리하여야 한다.
(2018.12.11 본항신설)
⑤ 제1항을 위반하였거나 제2항에 따른 폐업신고 또는 제3항에 따른 신고를 수리한 경우에는 해당 허가 또는 지정은 그 효력을 상실한다.(2018.12.11 본항개정)
⑥ 허가관청은 제5항에 따라 마약류취급자 또는 원료물질수출입업자등의 허가 또는 지정의 효력이 상실되었거나 제44조에 따라 마약류취급자 또는 원료물질수출입업자등의 허가 또는 지정의 취소처분을 하거나 업무의 정지처분을 하였을 때에는 총리령으로 정하는 바에 따라 마약류취급자 또는 원료물질수출입업자등 명부에 그 사항을 기록하여야 한다.(2018.12.11 본항개정)

제3장 마약류의 관리
(2011.6.7 본장개정)

제9조【수수 등의 제한】 ① 마약류취급자 또는 마약류취급승인자(제3조제2호부터 제7호까지 또는 제4조제2항제7호에 따라 마약류 취급의 승인을 받은 자를 말한다. 이하 같다)는 마약류취급자 또는 마약류취급승인자가 아닌 자로부터 마약류를 양수할 수 없다. 다만, 제13조에 따라 허가관청의 승인을 받은 경우에는 그러하지 아니하다.(2018.12.11 본문개정)
② 마약류취급자 또는 마약류취급승인자는 이 법에서 정한 경우 외에는 마약류를 양도할 수 없다. 다만, 다음 각 호의 어느 하나에 해당하는 경우에는 그러하지 아니하다.
1. 다음 각 목의 어느 하나에 해당하여 식품의약품안전처장의 승인을 받은 경우
가. 품목허가가 취소되어 소지·소유 또는 관리하는 마약 및 향정신성의약품을 다른 마약류취급자에게 양도하려는 경우
나. 마약류취급학술연구자, 마약류취급승인자(제57조의2제2호에 해당하는 자는 제외한다) 또는 제4조제3항 단서에 따라 승인을 받은 마약류취급자에게 마약류를 양도하려는 경우
2. 소유 또는 관리하던 마약 및 향정신성의약품을 사용중단 등의 사유로 원소유자 등인 마약류취급자·마약류취급승인자 또는 외국의 원소유자 등에게 반품하려는 경우
3. 「약사법」 제91조에 따른 한국희귀·필수의약품센터가 제57조의2제2호에 해당하는 마약류취급승인자에게 마약류를 양도하려는 경우
(2023.8.8 본항개정)
③ 마약류제조업자, 마약류원료사용자 또는 마약류취급학술연구자가 다른 마약류제조업자, 마약류원료사용자 또는 마약류취급학술연구자에게 마약류(제제는 제외한다)를 양도하려면 총리령으로 정하는 바에 따라 식품의약품안전처장의 승인을 받아야 한다.(2013.3.23 본항개정)

제10조 (2015.5.18 삭제)

제11조【마약류 취급의 보고】 ① 마약류취급자 또는 마약류취급승인자는 수출입·제조·판매·양수·양도·구입·사용·폐기·조제·투약하거나 투약하기 위하여 제공 또는 학술연구를 위하여 사용한 마약 또는 향정신성의약품의 품명·수량·취급연월일·구입처·재고량·일련번호와 상대방(마약 또는 향정신성의약품의 조제 또는 투약의 대상이 동물인 경우에는 그 소유자 또는 관리자를 말한다)의 성명 등에 관한 사항을 식품의약품안전처장에게 보고하여야 한다. 이 경우 마약류취급자 또는 마약류취급승인자가 마약류 취급의 상대방일 때에는 취급범위, 허가·승인번호 및 허가·취급승인일을 함께 보고하여야 한다.(2019.12.3 전단개정)
② 마약류취급의료업자와 마약류소매업자는 제1항에서 정한 사항 외에 다음 각 호의 사항을 식품의약품안전처장에게 보고하여야 한다.
1. 마약 또는 향정신성의약품을 조제 또는 투약 받거나 투약하기 위하여 제공받은 환자의 주민등록번호(외국인인 경우에는 여권번호 또는 외국인 등록번호를 말한다. 이하 같다) 및 「통계법」 제22조제1항 전단에 따라 작성·고시된 한국표준질병·사인분류에 따른 질병분류기호(마약 또는 향정신성의약품의 조제 또는 투약의 대상이 동물인 경우에는 그 종류, 질병명과 소유자 또는 관리자의 주민등록번호를 말한다)(2019.12.3 본호개정)
2. 마약 또는 향정신성의약품을 투약하거나 투약하기 위하여 제공하거나 제32조제2항에 따라 이를 기재한 처방전을 발급한 자의 업소명칭, 성명 및 면허번호
③ 마약류관리자가 있는 의료기관의 경우 그 의료기관에서 마약류취급의료업자 또는 마약류관리자가 투약하거나 투약하기 위하여 제공하는 마약 또는 향정신성의약품에 대하여는 제1항과 제2항에도 불구하고 해당 마약류관리자가 식품의약품안전처장에게 보고하여야 한다.
④ 제2항에도 불구하고 마약류취급의료업자 또는 마약류소매업자가 조제·투약보고를 하는 경우로서 다음 각 호의 어느 하나에 해당하는 경우에는 해당 정보를 식품의약품안전처장에게 보고하지 아니할 수 있다.
1. 처방전에 질병분류기호 또는 질병명이 기재되지 아니한 경우 : 해당 질병분류기호 또는 질병명(마약류소매업자에 한정한다)
2. 수의사가 동물진료를 목적으로 마약 또는 향정신성의약품의 투약을 동물병원 내에서 완료한 경우 : 해당 동물의 소유자 또는 관리자의 주민등록번호
3. 국가안전보장에 관련된 정보 및 보안을 위하여 처방전을 공개할 수 없는 경우 : 해당 환자 또는 처방의사의 성명이나 환자의 주민등록번호
(2019.12.3 본항신설)
⑤ 제1항부터 제3항까지의 규정에 따른 보고사항을 변경하고자 하는 때에는 변경보고를 하여야 한다.
⑥ 제1항부터 제3항까지의 규정에 따른 보고 대상·절차·시기 등 및 제5항에 따른 변경보고 등에 필요한 사항은 총리령으로 정한다.(2019.12.3 본항개정)
(2015.5.18 본조개정)

제11조의2【마약류통합정보관리센터】 ① 식품의약품안전처장은 제11조에 따라 보고받거나 제13조제2항에 따라 통지받은 정보(이하 "마약류 통합정보"라 한다) 등을 효과적으로 관리하기 위하여 대통령령으로 정하는 바에 따라 관계 전문기관을 마약류통합정보관리센터(이하 "통합정보센터"라 한다)로 지정하여 다음 각 호의 업무를 위탁할 수 있다.(2019.12.3 본문개정)
1. 마약류 통합정보의 수집·조사·이용 및 제공에 관한 사항(2019.12.3 본호개정)
2. 마약류 통합정보 관리를 위한 계획의 수립 및 시행에 관한 사항
3. 제11조에 따른 마약류 취급 보고에 관한 교육 및 홍보에 관한 사항
4. 마약류 통합정보의 표준화 및 활용에 관한 연구·조사 및 교육에 관한 사항
5. 제11조의3에 따른 마약류통합관리시스템의 구축 및 운영에 관한 사항
6. 제11조의3에 따른 마약류통합관리시스템과의 연계 사용을 위한 외부 소프트웨어의 기능 검사 및 결과 공개에 관한 사항
(2019.12.3 2호~6호신설)
7. 그 밖에 마약류의 통합정보 관리에 관하여 총리령으로 정하는 사항
② 통합정보센터의 장은 국가, 지방자치단체, 공공기관, 마약류취급자 및 마약류취급승인자 등을 대상으로 보고받은 정보의 진위 여부를 확인하는 등 제1항에 따른 업무를 수행하거나 마약류 오남용을 분석하는 데 필요한 경우에 한하여 그 업무와 관련성이 있는 「주민등록법」 제30조제1항에 따른 주민등록전산정보자료, 「가족관계의 등록 등에 관한 법률」 제11조제4항에 따른 전산정보자료, 출입국관리기록, 진료기록, 의약품공급기록 등의 자료로서 대통령령으로 정하는 자료[개인정보(「개인정보 보호법」 제2조제1호에 따른 개인정보를 말한다. 이하 같다)를 포함한다]를 제공하도록 요청할 수 있다. 이 경우 요청을 받은 자는 정당한 사유가 없으면 이에 따라야 하며, 통합정보센터의 장에게 제공하는 자료에 대하여는 사용료 또는 수수료 등을 면제한다.(2019.12.3 전단개정)
③ 식품의약품안전처장과 통합정보센터의 장은 제11조에 따라 보고된 정보나 제2항에 따라 제공받은 자료와 정보를 철저히 관리하여야 한다.(2019.12.3 본항개정)
④ 식품의약품안전처장은 통합정보센터의 장에게 마약 또는 향정신성의약품의 취급 및 관리 현황 등에 대하여 보고하게 할 수 있다.
⑤ 식품의약품안전처장은 통합정보센터의 운영 등에 사용되는 비용의 전부 또는 일부를 지원할 수 있다.

⑥ 제1항제6호에 따른 외부 소프트웨어의 기능 검사에 필요한 구체적인 방법 및 기준은 식품의약품안전처장이 정하여 고시한다.(2019.12.3 본항신설)
⑦ 그 밖에 통합정보센터의 운영 등에 필요한 사항은 대통령령으로 정한다.
(2015.5.18 본조신설)
제11조의3【마약류통합관리시스템의 구축·운영】 ① 식품의약품안전처장은 마약류 통합정보 등을 효과적으로 관리하기 위하여 마약류통합관리시스템(이하 "마약류통합관리시스템"이라 한다)을 구축·운영하여야 한다.
② 마약류통합관리시스템의 구축 및 운영에 필요한 사항은 대통령령으로 정한다.
(2019.12.3 본조신설)
제11조의4【마약류 통합정보의 제공 등】 ① 식품의약품안전처장 및 통합정보센터의 장은 마약류의 오남용 방지 및 안전한 취급·관리를 위하여 마약류 통합정보(개인정보는 제외한다)를 대통령령으로 정하는 행정기관 및 공공기관에 제공할 수 있다.
② 식품의약품안전처장 및 통합정보센터의 장은 마약류 통합정보 및 제11조의2제2항에 따라 제공받은 자료를 제3자에게 제공해서는 아니 된다. 다만, 다음 각 호의 어느 하나에 해당하는 경우에는 대통령령으로 정하는 바에 따라 마약류 통합정보를 제공할 수 있다.
1. 특별시장·광역시장·특별자치시장·도지사 또는 특별자치도지사(이하 "시·도지사"라 한다) 또는 시장·군수·구청장이 제41조에 따른 마약류의 취급 감시 등 안전관리 업무 수행을 위하여 필요한 경우
(2022.6.10 본호개정)
2. 검찰, 경찰, 그 밖의 수사기관이 법원이 발부한 압수·수색영장에 따라 범죄수사에 관련된 자료제공을 요구하는 경우
3. 마약류취급의료업자가 마약 또는 향정신성의약품의 과다·중복 처방 등 오남용을 방지하기 위하여 투약내역(일자, 약품정보, 수량을 말한다. 이하 같다)을 요청(전자적 방법을 통한 요청을 포함한다)하는 경우. 이 경우 마약류취급의료업자는 환자에게 열람요청 사실을 사전에 알려야 한다.
4. 그 밖에 식품의약품안전처장이 공익목적을 위하여 정보제공이 필요하다고 인정하는 경우. 이 경우 심의위원회의 심의를 거쳐야 한다.
③ 제2항에 따라 정보를 제공받은 자는 해당 정보를 요구 또는 요청한 목적이 달성된 때에는 지체 없이 파기하여야 한다.
(2019.12.3 본조신설)
제11조의5【마약류 통합정보의 가공 및 활용】 식품의약품안전처장 및 통합정보센터의 장은 마약류 오남용으로 인한 보건상의 위해를 방지할 목적으로 다음 각 호의 어느 하나에 해당하는 경우에 한정하여 대통령령으로 정하는 바에 따라 마약류 통합정보(개인정보는 제외한다)를 가공하여 활용할 수 있다.
1. 관련 행정기관 또는 공공기관 등에 마약류 오남용에 관한 통계 자료 등을 제공하여 관련 정책 수립 및 집행에 활용하도록 하는 경우
2. 마약류소매업자 또는 마약류취급의료업자에게 마약류 오남용 사례 및 통계 자료 등을 제공하여 과다 처방을 억제하도록 하기 위한 경우. 이 경우 자료제공의 내용 및 대상 등에 관하여는 심의위원회의 심의를 거쳐야 한다.
3. 마약류 오남용 관련 연구, 조사 및 교육 등을 위하여 마약류 오남용 관련 통계 자료 등을 제공하거나 공개하는 경우
4. 그 밖에 식품의약품안전처장이 공익목적을 위하여 가공 및 활용이 필요하다고 인정하는 경우
(2019.12.3 본조신설)
제11조의6【취급정보의 목적 외 이용·제공 제한】 식품의약품안전처 및 통합정보센터에 종사하는 사람이나 종사하였던 사람, 마약류통합관리시스템을 구축·운영하기 위한 용역·연구·조사를 수행하는 사람이나 수행하였던 사람, 제11조의4 또는 제11조의5에 따라 마약류 통합정보를 제공받은 사람은 업무상 알게 된 마약류 통합정보와 관련하여 다음 각 호의 행위를 하여서는 아니 된다.
1. 개인정보를 업무상 목적 외의 용도로 이용하거나 제3자에게 제공하는 행위
2. 개인정보를 제외한 정보를 업무상 목적 외의 용도로 이용하거나 제3자에게 제공하는 행위
(2019.12.3 본조신설)
제12조【사고 마약류 등의 처리】 ① 마약류취급자 또는 마약류취급승인자는 소지하고 있는 마약류에 대하여 다음 각 호의 어느 하나에 해당하는 사유가 발생하면 총리령으로 정하는 바에 따라 해당 허가관청(마약류취급의료업자의 경우에는 해당 의료기관의 개설허가나 신고관청을 말하며, 마약류소매업자의 경우에는 약국 개설 등록관청을 말한다. 이하 같다)에 지체 없이 그 사유를 보고하여야 한다.(2016.2.3 본문개정)
1. 재해로 인한 상실(喪失)
2. 분실 또는 도난
3. 변질·부패 또는 파손
② 마약류취급자 또는 마약류취급승인자가 소지하고 있는 마약류를 다음 각 호의 어느 하나에 해당하는 사유로 폐기하려는 경우에는 총리령으로 정하는 바에 따라 폐기하여야 한다.(2016.2.3 본문개정)
1. 제1항제3호에 해당하는 사유
2. 유효기한 또는 사용기한의 경과
3. 유효기한 또는 사용기한이 지나지 아니하였으나 재고 관리 또는 보관을 하기에 곤란한 사유
제13조【자격 상실자의 마약류 처분】 ① 마약류취급자(마약류관리자는 제외한다)가 제8조 및 제44조에 따라 마약류취급자 자격을 상실한 경우에는 해당 마약류취급자·상속인·후견인·청산인 및 합병 후 존속하거나 신설된 법인은 보유하고 있는 마약류를 총리령으로 정하는 바에 따라 해당 허가관청의 승인을 받아 마약류취급자에게 양도하여야 한다. 다만, 그 상속인이나 법인이 마약류취급자인 경우에는 해당 허가관청의 승인을 받아 이를 양도하지 아니할 수 있으며, 대마재배자의 상속인이나 그 상속 재산의 관리인·후견인 또는 법인이 대마재배자가 되려고 신고하는 경우에는 해당 연도에 한정하여 제6조제1항제5호에 따른 허가를 받은 것으로 본다.(2013.3.23 본문개정)
② 제1항에 따라 마약 또는 향정신성의약품의 양도 등을 승인한 허가관청은 승인에 관한 사항을 총리령으로 정하는 바에 따라 식품의약품안전처장에게 알려야 한다.
(2015.5.18 본항신설)
③ 특별자치시장·시장·군수 또는 구청장은 제1항 단서에 따른 신고를 받은 경우에는 그 내용을 검토하여 이 법에 적합하면 신고를 수리하여야 한다.(2018.12.11 본항신설)
제14조【광고】 ① 제3조제12호에도 불구하고 마약류제조업자·마약류수출입업자는 제18조 또는 제21조에 따라 품목허가를 받은 마약 또는 향정신성의약품을 의학·약학·수의학에 관한 전문가 등을 대상으로 하는 매체 또는 수단에 의한 경우에 한정하여 광고할 수 있다.
② 제1항에 따른 광고의 매체 또는 수단은 다음 각 호와 같다.
1. 의학·약학·수의학에 관한 사항을 전문적으로 취급하는 신문 또는 잡지
2. 제품설명회. 이 경우 설명 내용에는 부작용 등 사용시 주의사항에 관한 정보가 포함되어야 한다.
(2020.3.31 본항신설)
③ 제1항에 따른 마약 또는 향정신성의약품에 관한 광고의 기준은 총리령으로 정한다.
(2020.3.31 본조개정)
제15조【마약류의 저장】 마약류취급자, 마약류취급승인자 또는 제4조제2항제3호부터 제5호까지 및 제5조의2제6항 각 호에 따라 마약류나 예고임시마약류 또는 임시마약류를 취급하는 자는 그 보관·소지 또는 관리하는 마약류나 예고임시마약류 또는 임시마약류를 총리령으로 정하는 바에 따라 다른 의약품과 구별하여 저장하여야 한다. 이 경우 마약은 잠금장치가 되어 있는 견고한 장소에 저장하여야 한다.(2018.3.13 본조개정)
제16조【봉함】 ① 다음 각 호의 어느 하나에 해당하는 자가 마약류를 판매하거나 수출 또는 양도할 때에는 그 용기나 포장을 봉함(封緘)하여야 한다. 이 경우 봉함은 그 봉함을 뜯지 아니하고서는 용기나 포장을 개봉할 수 없고, 개봉한 후에는 쉽게 원상으로 회복시킬 수 없도록 하여야 한다.
1. 마약류수출입업자
2. 마약류제조업자
3. 마약류원료사용자
4. 마약류취급학술연구자
5. 마약류취급승인자
(2016.2.3 1호~5호신설)
② 마약류취급자·마약류취급승인자는 제1항에 따라 봉함을 하지 아니한 마약류를 수수하지 못한다. 다만, 다음 각 호의 어느 하나에 해당하는 경우에는 그러하지 아니하다.
1. 마약류취급자가 제9조제2항제3호에 따라 소유 또는 관리하던 마약 또는 향정신성의약품을 원소유자 등 마약류취급자에게 반품하려는 경우
2. 제13조에 따라 보유하고 있는 마약류를 마약류취급자에게 양도하는 경우 등 대통령령으로 정하는 사유로 식품의약품안전처장의 승인을 받은 경우
(2016.2.3 1호~2호신설)
(2016.2.3 본조개정)
제17조【용기 등의 기재사항】 ① 마약, 향정신성의약품 및 한외마약의 용기·포장 또는 첨부 문서에는 총리령으로 정하는 사항을 기재하여야 한다.
② 마약 및 향정신성의약품의 용기·포장 및 첨부 문서에는 총리령으로 정하는 바에 따라 붉은색으로 표시된 "마약" 또는 "향정신성"이라는 문자를 다른 문자·기사·그림 또는 도안보다 쉽게 볼 수 있는 부분에 표시하여야 한다.
(2016.2.3 본항신설)
(2013.3.23 본조개정)

제4장 마약류취급자
(2011.6.7 본장개정)

제18조【마약류 수출입의 허가 등】 ① 마약류수출입업자가 아니면 마약 또는 향정신성의약품을 수출입하지 못한다.
② 마약류수출입업자가 마약 또는 향정신성의약품을 수출입하려면 총리령으로 정하는 바에 따라 다음 각 호의 허가 또는 승인을 받아야 한다.(2014.3.18 본문개정)
1. 품목마다 식품의약품안전처장의 허가를 받을 것. 허가받은 사항을 변경할 때에도 같다.
2. 수출입할 때마다 식품의약품안전처장의 승인을 받을 것. 승인받은 사항을 변경할 때에도 같다.
(2014.3.18 1호~2호신설)
③ 식품의약품안전처장은 제2항에 따른 허가신청에 대하여 심사 결과 적합한 것으로 인정된 경우에는 이를 허가하여야 한다.(2013.3.23 본항개정)
④ 제2항의 경우 제44조에 따라 품목 허가의 취소처분을 받고 1년이 지나지 아니한 자에 대하여는 해당 품목의 허가를 하지 못한다. 다만, 제6조제3항제1호에 해당하여 품목 허가가 취소된 경우는 제외한다.(2018.12.11 단서신설)
제19조 (2015.5.18 삭제)
제20조【수입한 마약 등의 판매】 마약류수출입업자는 수입한 마약 또는 향정신성의약품을 마약류제조업자, 마약류원료사용자 및 마약류도매업자 외의 자에게 판매하지 못한다.
제21조【마약류 제조의 허가 등】 ① 마약류제조업자가 아니면 마약 및 향정신성의약품을 제조하지 못한다.
② 마약류제조업자가 마약 또는 향정신성의약품을 제조하려면 총리령으로 정하는 바에 따라 품목마다 식품의약품안전처장의 허가를 받아야 한다. 허가받은 사항을 변경할 때에도 또한 같다.(2013.3.23 전단개정)
③ 제2항의 경우에는 제18조제3항 및 제4항을 준용한다.
제22조【제조한 마약 등의 판매】 ① 마약류제조업자는 제조한 마약을 마약류도매업자 외의 자에게 판매하여서는 아니 된다.
② 마약류제조업자가 제조한 향정신성의약품은 마약류수출입업자, 마약류도매업자, 마약류소매업자 또는 마약류취급의료업자 외의 자에게 판매하여서는 아니 된다.
제23조 (2015.5.18 삭제)
제24조【마약류 원료 사용의 허가 등】 ① 마약류원료사용자가 아니면 마약 또는 향정신성의약품을 원료로 사용한 한외마약 또는 의약품을 제조하지 못한다.
② 마약류원료사용자가 한외마약을 제조하려면 총리령으로 정하는 바에 따라 품목마다 식품의약품안전처장의 허가를 받아야 한다. 허가받은 사항을 변경할 때에도 또한 같다.(2013.3.23 전단개정)
③ 제2항의 경우에는 제18조제3항 및 제4항을 준용한다.
제25조 (2015.5.18 삭제)
제26조【마약류의 도매】 ① 마약류도매업자는 그 영업소가 있는 특별시·광역시·특별자치시·도 또는 특별자치도 내의 마약류소매업자, 마약류취급의료업자, 마약류관리자 또는 마약류취급학술연구자 외의 자에게 마약을 판매하여서는 아니 된다. 다만, 해당 허가관청의 승인을 받아 판매하는 경우에는 그러하지 아니하다.
(2016.2.3 본문개정)
② 마약류도매업자는 마약류취급학술연구자, 마약류도매업자, 마약류소매업자, 마약류취급의료업자 또는 마약류관리자 외의 자에게 향정신성의약품을 판매하여서는 아니 된다. 다만, 해당 허가관청의 승인을 받아 판매하는 경우에는 그러하지 아니하다.
제27조 (2015.5.18 삭제)
제28조【마약류의 소매】 ① 마약류소매업자가 아니면 마약류취급의료업자가 발급한 마약 또는 향정신성의약품을 기재한 처방전에 따라 조제한 마약 또는 향정신성의약품을 판매하지 못한다. 다만, 마약류취급의료업자가 「약사법」에 따라 자신이 직접 조제할 수 있는 경우는 제외한다.
② 마약류소매업자는 그 조제한 처방전을 2년간 보존하여야 한다.
③ 마약류소매업자는 「전자문서 및 전자거래 기본법」 제2조제5호에 따른 전자거래를 통한 마약 또는 향정신성의약품의 판매를 하여서는 아니 된다.(2012.6.1 본항개정)
④ 마약류소매업자는 다음 각 호의 어느 하나에 해당하는 경우에는 조제를 거부할 수 있다. 다만, 처방전을 발행한 마약류취급의료업자에게 전화 및 팩스를 이용하거나 「정보통신망 이용촉진 및 정보보호 등에 관한 법률」 제2조제1항제1호에 따른 정보통신망을 통하여 다음 각 호에 해당하지 아니함을 확인한 경우에는 그러하지 아니하다.
1. 제4조제1항제3호를 위반하여 마약류취급의료업자가 아닌 자가 발급한 처방전으로 의심되는 경우
2. 제32조제2항에 따른 기재사항의 전부 또는 일부가 기입되어 있지 아니하거나 기재사항을 거짓으로 기입한 것으로 의심되는 처방전의 경우
(2023.8.8 본항신설)
제29조 (2015.5.18 삭제)
제30조【마약류 투약 등】 ① 마약류취급의료업자가 아니면 의료나 동물 진료를 목적으로 마약 또는 향정신성의약품을 투약하거나 투약하기 위하여 제공하거나 마약 또는 향정신성의약품을 기재한 처방전을 발급하여서는 아니 된다.
② 마약류취급의료업자는 대통령령으로 정하는 마약 또는 향정신성의약품을 기재한 처방전을 발급하는 경우에는 제11조의4제2항제3호에 따라 식품의약품안전처장 및 통합정보센터의 장에게 투약내역의 제공을 요청하여 확인하여야 한다. 다만, 긴급한 사유가 있거나 오남용 우려가 없는 경우 등 대통령령으로 정하는 경우에는 그러하지 아니하다.(2023.6.13 본항신설)

③ 마약류취급의료업자는 제11조의4제2항제3호에 따라 투약내역을 확인한 결과 마약 또는 향정신성의약품의 과다·중복 처방 등 오남용이 우려되는 경우에는 처방 또는 투약을 하지 아니할 수 있다.(2019.12.3 본항신설)

제31조 (2015.5.18 삭제)

제32조【처방전의 기재】 ① 마약류취급의료업자는 처방전에 따르지 아니하고는 마약 또는 향정신성의약품을 투약하거나 투약하기 위하여 제공하여서는 아니 된다. 다만, 다음 각 호의 어느 하나에 해당하는 경우에는 그러하지 아니하다.(2019.12.3 단서개정)

1. 「약사법」에 따라 자신이 직접 조제할 수 있는 마약류취급의료업자가 진료기록부에 그가 사용하려는 마약 또는 향정신성의약품의 품명과 수량을 적고 이를 직접 투약하거나 투약하기 위하여 제공하는 경우(2019.12.3 본호신설)
2. 「수의사법」에 따라 수의사가 진료부에 사용하려는 마약 또는 향정신성의약품의 품명과 수량을 적고 이를 동물에게 직접 투약하거나 투약하기 위하여 제공하는 경우(2019.12.3 본호신설)

② 마약류취급의료업자가 마약 또는 향정신성의약품을 기재한 처방전을 발급할 때에는 그 처방전에 발급자의 업소 소재지, 상호 또는 명칭, 면허번호와 환자나 동물의 소유자·관리자의 성명 및 주민등록번호를 기입하여 서명 또는 날인하여야 한다.(2019.12.3 본항개정)

③ 제1항과 제2항에 따른 처방전 또는 진료기록부(「전자서명법」에 따른 전자서명이 기재된 전자문서를 포함한다)는 2년간 보존하여야 한다.(2015.5.18 본항개정)

제33조【마약류관리자】 ① 4명 이상의 마약류취급의료업자가 의료에 종사하는 의료기관의 대표자는 그 의료기관에 마약류관리자를 두어야 한다. 다만, 향정신성의약품만을 취급하는 의료기관의 경우에는 그러하지 아니하다.

② 제1항의 마약류관리자가 다음 각 호의 어느 하나에 해당하는 경우에는 해당 의료기관의 대표자는 다른 마약류관리자(다른 마약류관리자가 없는 경우에는 후임 마약류관리자가 결정될 때까지 그 의료기관에 종사하는 마약류취급의료업자)에게 관리 중인 마약류를 인계하게 하고 그 이유를 해당 허가관청에 신고하여야 한다.

1. 제8조제5항에 따라 마약류관리자 지정의 효력이 상실된 경우(2018.12.11 본호개정)
2. 제44조에 따라 마약류취급자의 지정이 취소되거나 업무정지처분을 받은 경우

제34조【마약 등의 관리】 마약류관리자가 있는 의료기관이 마약 및 향정신성의약품을 관리할 때에는 그 마약류관리자가 해당 의료기관에서 투약하거나 투약하기 위하여 제공할 목적으로 구입 또는 관리하는 마약 및 향정신성의약품이 아니면 이를 투약하거나 투약하기 위하여 제공하지 못한다.

제35조【마약류취급학술연구자】 ① 마약류취급학술연구자가 아니면 마약류를 학술연구의 목적에 사용하지 못한다.

② 마약류취급학술연구자가 대마초를 재배하거나 대마를 수입하여 학술연구에 사용하였을 때에는 총리령으로 정하는 바에 따라 그 사용(대마초 재배 현황을 포함한다) 및 연구에 관한 장부를 작성하고, 그 내용을 식품의약품안전처장에게 보고하여야 한다.(2015.5.18 본항개정)

③ 마약류취급학술연구자가 마약 또는 향정신성의약품을 학술연구에 사용하였을 때에는 총리령으로 정하는 바에 따라 그 연구에 관한 장부를 작성하여야 한다.
(2015.5.18 본항개정)

④ 마약류취급학술연구자는 제2항과 제3항에 따라 작성한 장부를 2년간 보존하여야 한다.

제36조【대마재배자의 보고】 ① 대마재배자는 총리령으로 정하는 바에 따라 대마초의 재배 면적과 생산 현황 및 수량을 특별자치시장·시장·군수 또는 구청장에게 보고하여야 한다.

② 대마재배자는 그가 재배한 대마초 중 그 종자·뿌리 및 성숙한 줄기를 제외하고는 이를 소각(燒却)·매몰하거나 그 밖에 그 유출을 방지할 수 있는 방법으로 폐기하고 그 결과를 총리령으로 정하는 바에 따라 특별자치시장·시장·군수 또는 구청장에게 보고하여야 한다.
(2016.2.3 본조개정)

제37조【허가 등의 제한】 허가관청은 제6조, 제18조, 제21조 및 제24조에 따른 허가 또는 지정을 할 때에 마약류의 오용이나 남용으로 인하여 국민보건에 위해를 끼칠 우려가 있다고 인정하는 경우에는 특정 지역 또는 특정 품목을 한정하여 허가 또는 지정을 하지 아니할 수 있다. 이 경우 특정 지역 또는 특정 품목에 관한 사항은 미리 공고하여야 한다.

제38조【마약류취급자의 관리의무】 ① 마약류제조업자 또는 마약류원료사용자는 그 업무에 종사하는 종업원의 지도·감독과 품질관리, 그 밖에 마약·향정신성의약품 및 한외마약에 관한 업무에 대하여 총리령으로 정하는 사항을 준수하여야 한다.(2013.3.23 본항개정)

② 마약류취급자는 변질·부패·오염 또는 파손되었거나 사용기간 또는 유효기간이 지난 마약류를 판매하거나 사용하여서는 아니 된다.

③ 마약류취급자가 그 업무에 종사할 때에는 의료용 마약류의 도난 및 유출을 방지하기 위하여 대통령령으로 정하는 사항을 준수하여야 한다.

제5장 마약류 중독자 등
(2019.12.3 본장제목개정)

제39조【마약 사용의 금지】 마약류취급의료업자는 마약 중독자에게 그 중독 증상을 완화시키거나 치료하기 위하여 다음 각 호의 어느 하나에 해당하는 행위를 하여서는 아니 된다. 다만, 제40조에 따른 치료보호기관에서 보건복지부장관 또는 시·도지사의 허가를 받은 경우에는 그러하지 아니하다.

1. 마약을 투약하는 행위
2. 마약을 투약하기 위하여 제공하는 행위
3. 마약을 기재한 처방전을 발급하는 행위

(2011.6.7 본조개정)

제40조【마약류 중독자의 치료보호】 ① 보건복지부장관 또는 시·도지사는 마약류 사용자의 마약류 중독 여부를 판별하거나 마약류 중독자로 판명된 사람을 치료보호하기 위하여 치료보호기관을 설치·운영하거나 지정할 수 있다.

② 보건복지부장관 또는 시·도지사는 마약류 사용자에 대하여 제1항에 따른 치료보호기관에서 마약류 중독 여부의 판별검사를 받게 하거나 마약류 중독자로 판명된 사람에 대하여 치료보호를 받게 할 수 있다. 이 경우 판별검사 기간은 1개월 이내로 하고, 치료보호 기간은 12개월 이내로 한다.

③ 보건복지부장관 또는 시·도지사는 제2항에 따른 판별검사 또는 치료보호를 하려면 치료보호심사위원회의 심의를 거쳐야 한다.

④ 제3항에 따른 판별검사 및 치료보호에 관한 사항을 심의하기 위하여 보건복지부, 특별시, 광역시, 특별자치시, 도 및 특별자치도에 치료보호심사위원회를 둔다.
(2016.2.3 본항개정)

⑤ 국가 및 지방자치단체는 제2항에 따른 판별검사 및 치료보호에 드는 비용을 부담한다.(2023.8.16 본항신설)

⑥ 제1항부터 제5항까지에 따른 치료보호기관의 설치·운영 및 지정, 판별검사 및 치료보호, 치료보호심사위원회의 구성·운영·직무 등에 관하여 필요한 사항은 대통령령으로 정한다.(2023.8.16 본항개정)
(2011.6.7 본조개정)

제40조의2【형벌과 수강명령 등의 병과】 ① 법원은 제3조, 제4조 또는 제5조를 위반하여 마약류를 투약, 흡연 또는 섭취한 사람(이하 이 조에서 "마약류사범"이라 한다)에 대하여 형의 선고를 유예하는 경우에는 1년 동안 보호관찰을 받을 것을 명할 수 있다.

② 법원은 마약류사범에 대하여 유죄판결(선고유예는 제외한다)을 선고하거나 약식명령을 고지하는 경우에는 200시간의 범위에서 재범예방에 필요한 교육의 수강명령(이하 "수강명령"이라 한다) 또는 재활교육 프로그램의 이수명령(이하 "이수명령"이라 한다)을 병과(倂科)하여야 한다. 다만, 수강명령 또는 이수명령을 부과할 수 없는 특별한 사정이 있는 경우에는 그러하지 아니하다.

③ 수강명령은 형의 집행을 유예하는 경우에 그 집행유예기간 내에서 병과하고, 이수명령은 벌금 이상의 형을 선고하거나 약식명령을 고지하는 경우에 병과한다.

④ 법원이 마약류사범에 대하여 형의 집행을 유예하는 경우에는 수강명령 외에 그 집행유예기간 내에서 보호관찰 또는 사회봉사 중 하나 이상의 처분을 병과할 수 있다.

⑤ 수강명령 또는 이수명령은 형의 집행을 유예하는 경우에는 그 집행유예기간 내에, 벌금형을 선고하거나 약식명령을 고지하는 경우에는 형 확정일부터 6개월 이내에, 징역형 이상의 실형(實刑)을 선고하는 경우에는 형기 내에 각각 집행한다.

⑥ 수강명령 또는 이수명령이 형의 집행유예 또는 벌금형과 병과된 경우에는 보호관찰소의 장이 집행하고, 징역형 이상의 실형과 병과된 경우에는 교정시설의 장이 집행한다. 다만, 징역형 이상의 실형과 병과된 이수명령을 모두 이행하기 전에 석방 또는 가석방되거나 미결구금일수 산입 등의 사유로 형을 집행할 수 없게 된 경우에는 보호관찰소의 장이 남은 이수명령을 집행한다.

⑦ 수강명령 또는 이수명령은 다음 각 호의 내용으로 한다.

1. 마약류사범 행동의 진단·상담
2. 마약류 폐해에 대한 이해를 위한 교육
3. 그 밖에 마약류사범의 재범예방을 위하여 필요한 사항

⑧ 보호관찰소의 장 또는 교정시설의 장은 수강명령 또는 이수명령의 집행에 관한 업무를 제51조의6에 따른 한국마약퇴치운동본부에 위탁할 수 있다.(2023.8.16 본항개정)

⑨ 형벌과 병과하는 보호관찰, 사회봉사, 수강명령 및 이수명령에 관하여 이 법에서 규정한 사항 외에는 「보호관찰 등에 관한 법률」을 준용한다.
(2019.12.3 본조신설)

제40조의3【판결 전 조사】 ① 법원은 제3조, 제4조 또는 제5조를 위반하여 마약류를 투약, 흡연 또는 섭취한 피고인에 대하여 제40조의2에 따른 보호관찰, 사회봉사, 수강명령 또는 이수명령을 부과하기 위하여 필요하다고 인정하면 그 법원의 소재지 또는 피고인의 주거지를 관할하는 보호관찰소의 장에게 피고인의 신체적·심리적 특성 및 상태, 성장배경, 가정환경, 직업, 생활환경, 교우관계, 범행동기, 마약류 중독여부, 병력(病歷), 재범위험성 등 피고인에 관한 사항의 조사를 요구할 수 있다.

② 제1항의 요구를 받은 보호관찰소의 장은 지체 없이 이를 조사하여 서면으로 해당 법원에 알려야 한다. 이 경우 필요하다고 인정하면 피고인이나 그 밖의 관계인을 소환하여 심문하거나 소속 보호관찰관에게 필요한 사항을 조사하게 할 수 있다.

③ 법원은 제1항의 요구를 받은 보호관찰소의 장에게 조사진행상황에 관한 보고를 요구할 수 있다.
(2019.12.3 본조신설)

제6장 감독과 단속
(2011.6.7 본장개정)

제41조【출입·검사와 수거】 ① 식품의약품안전처장(대통령령으로 정하는 그 소속 기관의 장을 포함한다), 시·도지사 또는 시장·군수·구청장은 마약류, 임시마약류 및 원료물질의 취급을 감시하고 단속할 필요가 있다고 인정하면 관계 공무원으로 하여금 마약류취급자, 마약류취급승인자, 제5조의2제6항에 따라 임시마약류를 취급하는 자 및 원료물질취급자에 대하여 해당 업소나 공장·창고, 대마초 재배지, 약국, 조제 장소, 그 밖에 마약류, 임시마약류 및 원료물질에 관계 있는 장소에 출입하여 다음 각 호의 업무를 하게 할 수 있다.(2020.3.31 본문개정)

1. 해당 업소 등의 구조·설비·업무현황, 기록한 서류와 의약품, 그 밖의 물건에 대한 검사
2. 관계인에 대한 질문
3. 마약류·임시마약류·원료물질 및 이와 관계가 있다고 인정되는 약품과 물건을 총리령으로 정하는 바에 따른 수거. 이 경우 시험용으로 필요한 최소 분량으로 한정한다.(2018.3.13 전단개정)

② 식품의약품안전처장은 통합정보센터의 감독에 필요하다고 인정하는 경우에는 통합정보센터의 장에게 그 업무 및 재산에 관한 보고 또는 자료의 제출을 명하거나 소속 공무원으로 하여금 현장 출입 또는 서류검사를 하게 하는 등 필요한 조치를 할 수 있다.(2015.5.18 본항신설)

③ 제1항 또는 제2항에 따라 출입·검사 또는 수거하는 공무원은 그 권한을 표시하는 증표를 지니고 이를 관계인에게 보여주어야 한다.(2015.5.18 본항개정)

제42조【폐기 명령 등】 ① 식품의약품안전처장, 시·도지사 또는 시장·군수·구청장은 제12조에 따라 보고된 마약류나 제13조에 따른 승인을 받지 못한 마약류 및 제16조, 제17조, 제18조, 제21조 또는 제24조를 위반하여 제조·판매·저장 또는 수입한 향정신성의약품이나 불량한 향정신성의약품 등을 공중위생상의 위해의 발생을 방지할 수 있는 방법으로 폐기하거나 필요한 조치를 마약류취급자 및 마약류취급승인자에게 명할 수 있다.
(2013.7.30 본항개정)

② 식품의약품안전처장, 시·도지사 또는 시장·군수·구청장은 다음 각 호의 어느 하나에 해당하는 경우에는 관계 공무원으로 하여금 해당 물품을 폐기 또는 압류하거나 그 밖에 필요한 조치를 하게 할 수 있다.
(2013.3.23 본문개정)

1. 제1항에 따른 명령을 받은 자가 그 명령을 이행하지 아니한 경우
2. 대마재배자가 제36조제2항에 따른 폐기를 하지 아니한 경우
3. 제3조제4호를 위반하여 원료물질이 제조, 수출입, 매매, 매매의 알선, 수수, 소지, 소유 또는 사용되거나 그러한 목적으로 저장된 원료물질이 발견된 경우

제43조【업무 보고 등】 식품의약품안전처장, 시·도지사 또는 시장·군수·구청장은 마약류취급자, 마약류취급승인자 및 원료물질취급자에 대하여 그 업무에 관하여 필요한 사항을 보고하게 하거나, 관계 장부·서류나 그 밖의 물건을 제출할 것을 명할 수 있다.(2013.7.30 본조개정)

제44조【허가 등의 취소와 업무정지】 ① 마약류취급자, 마약류취급승인자 또는 원료물질수출입업자등이 다음 각 호의 어느 하나에 해당하는 경우에는 해당 허가관청은 이 법에 따른 허가(품목허가를 포함한다), 지정 또는 승인을 취소하거나 1년의 범위에서 그 업무 또는 마약류 및 원료물질 취급의 전부 또는 일부의 정지를 명할 수 있다. 다만, 국민보건에 위해를 끼쳤거나 끼칠 우려가 있는 마약, 향정신성의약품 또는 한외마약의 경우에는 그 취급자에게 책임질 사유가 없고 그 약품의 성분·처방 등을 변경함으로써 그 허가 목적을 달성할 수 있다고 인정되는 경우에는 그 변경만을 명할 수 있다.
(2019.12.3 본문개정)

1. 업무 또는 마약류 및 원료물질 취급의 전부 또는 일부의 정지를 명하는 경우(2013.7.30 본문개정)
   가. 제5조제1항 및 제2항에 따른 마약류 취급 제한 규정을 위반한 경우
   나. 제5조제3항의 조치를 위반한 때
   다. 제6조제1항 각 호 외의 부분 후단 및 같은 조 제2항 후단에 따른 변경허가 또는 변경지정을 받지 아니한 경우
   라. 제6조의2제1항 후단에 따른 변경허가를 받지 아니한 경우
   마. 제7조제2항에 따른 허가증 또는 지정서를 재발급받지 아니한 경우
   바. 제9조제2항 및 제3항을 위반하여 마약류를 양도한 경우
   사.~아. (2015.5.18 삭제)

자. 제11조를 위반하여 보고하지 아니하거나 거짓으로 보고한 경우(2015.5.18 본목개정)
차. 제12조를 위반하여 보고하지 아니하거나 사고 마약류 등을 폐기한 경우
카. 제14조를 위반하여 마약류를 광고한 경우
타. 제15조를 위반하여 마약류를 저장한 경우
파. 제16조를 위반하여 마약류를 봉함하지 아니하거나 봉함하지 아니한 마약류를 수수한 경우
하. 제17조를 위반하여 기재를 하지 아니하거나 거짓으로 기재한 경우
거. (2015.5.18 삭제)
너. 제20조·제22조 및 제26조를 위반하여 판매한 경우
더. 제32조를 위반하여 처방전에 따르지 아니하고 투약 등을 하거나 처방전을 거짓으로 기재한 경우 및 처방전을 작성·비치·보존하지 아니한 경우
러. 제33조를 위반하여 마약류관리자를 두지 아니한 경우
머. 제35조제2항부터 제4항까지의 규정을 위반하여 기록·보존을 하지 아니하거나 거짓으로 기록한 경우
버. 대마재배자가 정당한 사유 없이 2년간 계속하여 대마초를 재배하지 아니한 경우
서. 제38조에 따른 마약류취급자의 관리의무를 위반한 경우
어. 제41조에 따른 관계 공무원의 검사·질문·수거를 거부·방해하거나 기피한 경우
저. 제50조를 위반하여 마약류취급자 또는 원료물질수출입업자등이 교육을 받지 아니한 경우
처. 제51조제1항을 위반하여 원료물질의 수출입 승인을 받지 아니하고 수출입한 경우나 승인받은 내용과 다르게 수출입한 경우
커. 제51조제2항을 위반하여 원료물질의 제조, 수출입, 수수 또는 매매에 대한 기록을 작성·보존하지 아니하거나 거짓으로 기록한 경우
터. 제51조제2항에 따른 원료물질의 수출입, 수수 또는 매매에 대한 기록 작성의 의무를 회피할 목적으로 소량으로 나누어 원료물질을 거래한 경우
퍼. 제51조제3항에 따른 신고를 하지 아니한 경우
(2013.7.30 처목~퍼목신설)
허. 제18조제2항제2호에 따른 수출입 승인 또는 변경승인을 받지 아니한 경우(2014.3.18 본목신설)
2. 허가(품목허가를 포함한다), 지정 또는 승인을 취소하는 경우(2021.8.17 본문개정)
가. 제6조제3항 각 호의 결격사유에 해당한 경우
나. 제18조제2항제1호·제21조제2항 및 제24조제2항에 따른 허가 또는 변경허가를 받지 아니한 경우
(2014.3.18 본목개정)
다. 제1호가목·파목·어목 또는 제9조제2항을 2회 이상 위반한 경우
라. 제1호자목·차목·러목·허목 또는 제9조제3항을 3회 이상 위반한 경우(2014.3.18 본목개정)
마. 마약의 유효성분 함량이나 제제할 때 발생하는 마약의 손실률(損失率) 등에 대하여 총리령으로 정하는 기준을 3회 이상 위반한 경우(2013.3.23 본목개정)
바. 마약류취급자가 제6조제1항 또는 제2항에 따른 마약류취급자가 되기 위하여 필요한 약사 등의 자격을 상실하거나 「약사법」에 따른 의약품제조업, 의약품도매상 등의 허가가 취소 등이 된 경우
사. 원료물질수출입업자등이 「부가가치세법」 제8조에 따라 관할 세무서장에게 폐업신고를 하거나 관할 세무서장이 사업자등록을 말소한 경우
(2018.12.11 바목~사목신설)
아. 거짓이나 그 밖의 부정한 방법으로 제3조제2호부터 제7호까지의 규정, 제4조제2항제7호 또는 같은 조 제3항에 따른 승인을 받은 경우
자. 거짓이나 그 밖의 부정한 방법으로 제6조제1항 또는 제6조의2제1항에 따른 허가 또는 변경허가를 받은 경우
차. 거짓이나 그 밖의 부정한 방법으로 제18조제2항제1호, 제21조제2항 또는 제24조제2항에 따른 허가 또는 변경허가를 받은 경우
(2021.8.17 아목~차목신설)
카. 업무정지기간 중에 업무를 한 경우(2024.2.6 본목신설)
② 제1항에 따른 행정처분의 기준은 총리령으로 정한다.
(2013.3.23 본항개정)
③ 식품의약품안전처장은 제1항제2호사목의 사유로 허가를 취소하기 위하여 필요한 경우에는 관할 세무서장에게 원료물질수출입업자등의 폐업 여부에 대한 정보의 제공을 요청할 수 있다. 이 경우 요청을 받은 관할 세무서장은 특별한 사유가 없으면 「전자정부법」 제36조제1항에 따라 영업자의 폐업 여부에 대한 정보를 제공하여야 한다.(2018.12.11 본항신설)
④ 허가관청은 마약류취급의료업자 및 마약류소매업자에 대하여 제1항에 따른 처분을 한 경우에는 그 사실을 「국민건강보험법」에 따른 건강보험심사평가원과 국민건강보험공단에 알려야 한다.(2024.2.6 본항신설)

제44조의2【위반사항의 통보】 ① 수사기관의 장은 다음 각 호의 영업소를 운영하는 자(실질적 운영자를 포함한다)가 그 영업소 운영과 관련하여 제3조제11호를 위반(교사와 방조를 포함한다)한 경우에 해당 영업의 허가, 신고 또는 등록을 관할하는 특별자치시장·시장·군수 또는 구청장에게 통보하여야 한다.
1. 「식품위생법」 제36조제1항제3호에 따른 식품접객업 중 주류를 조리·판매하는 영업으로서 대통령령으로 정하는 영업
2. 「공중위생관리법」 제2조제1항제2호에 따른 숙박업
3. 「음악산업진흥에 관한 법률」 제2조제13호에 따른 노래연습장업
② 제1항에 따른 통보 절차 등에 필요한 사항은 총리령으로 정한다.
(2024.2.6 본조신설)

제45조【청문】 허가관청은 제44조제1항에 따라 마약류취급자 또는 원료물질수출입업자등의 허가 또는 지정을 취소하려면 청문을 하여야 한다.

제46조【과징금처분】 ① 허가관청은 마약류취급자 또는 원료물질수출입업자등에 대하여 제44조제1항에 따른 업무정지처분을 하게 되는 경우에는 대통령령으로 정하는 바에 따라 업무정지처분을 갈음하여 2억원 이하의 과징금을 부과할 수 있다. 이 경우 과징금 부과는 업무정지처분으로 인하여 국민보건에 큰 위해를 가져오거나 가져올 우려가 있는 경우로 한정하며, 3회를 초과하여 부과할 수 없다.(2018.12.11 전단개정)
② 제1항에 따른 과징금을 부과하는 위반행위의 종류, 위반정도 등에 따른 과징금의 금액과 그 밖에 필요한 사항은 대통령령으로 정한다.
③ 허가관청은 제1항에 따른 과징금을 부과하기 위하여 필요한 경우에는 다음 각 호의 사항을 적은 문서로 관할 세무관서의 장에게 과세 정보의 제공을 요청할 수 있다.
(2016.2.3 본문개정)
1. 납세자의 인적사항
2. 과세 정보의 사용 목적
3. 과징금 부과기준이 되는 매출금액
(2016.2.3 1호~3호신설)
④ 허가관청은 제1항에 따른 과징금을 기한까지 내지 아니하면 대통령령으로 정하는 바에 따라 제1항에 따른 과징금 부과처분을 취소하고 제44조제1항에 따른 업무정지처분을 하거나 국세 체납처분의 예 또는 「지방행정제재·부과금의 징수 등에 관한 법률」에 따라 징수한다. 다만, 폐업 등으로 제44조제1항에 따른 업무정지처분을 할 수 없는 경우에는 국세 체납처분의 예 또는 「지방행정제재·부과금의 징수 등에 관한 법률」에 따라 징수한다.
(2020.3.24 본항개정)
⑤ 허가관청은 제4항에 따라 체납된 과징금의 징수를 위하여 필요한 경우에는 다음 각 호의 어느 하나에 해당하는 자료의 제공을 해당 각 호의 자에게 각각 요청할 수 있다. 이 경우 요청을 받은 자는 정당한 사유가 없으면 이에 따라야 한다.
1. 「건축법」 제38조에 따른 건축물대장 등본 : 특별자치시장·특별자치도지사·시장(「제주특별자치도 설치 및 국제자유도시 조성을 위한 특별법」에 따른 행정시장을 제외한다)·군수 또는 구청장(2022.6.10 본호개정)
2. 「공간정보의 구축 및 관리 등에 관한 법률」 제71조에 따른 토지대장 등본 : 국토교통부장관
3. 「자동차관리법」 제7조에 따른 자동차등록원부 등본 : 시·도지사
(2016.2.3 본항신설)

제47조【부정 마약류의 처분】 식품의약품안전처장은 이 법이나 그 밖의 마약류에 관한 법령을 위반하여 소지, 소유, 사용, 관리, 재배, 수출입, 제조, 매매, 매매의 알선, 수수, 투약 또는 투약하기 위하여 제공하거나 조제 또는 연구에 사용하는 마약류, 예고임시마약류 및 임시마약류에 대하여는 압류나 그 밖에 필요한 처분을 할 수 있다.
(2018.3.13 본조개정)

제48조【마약류 감시원】 ① 제41조제1항 및 제42조제2항에 따른 관계 공무원의 직무와 그 밖에 마약류와 원료물질에 관한 감시 업무를 하게 하기 위하여 식품의약품안전처와 그 소속 기관, 특별시·광역시·특별자치시·도·특별자치도 및 시·군·구(자치구만 해당한다. 이하 같다)에 마약류 감시원을 둔다.(2016.2.3 본항개정)
② 마약류 감시원의 자격, 직무 범위, 그 밖에 필요한 사항은 대통령령으로 정한다.

제49조 (2023.8.16 삭제)

제50조【마약류취급자와 원료물질수출입업자등의 교육】 ① 마약류취급자(대마재배자는 제외한다) 또는 원료물질수출입업자등은 식품의약품안전처장 또는 시·도지사가 하는 마약류 또는 원료물질 관리에 관한 교육을 받아야 한다.
② 제1항에 따른 마약류 또는 원료물질 관리에 관한 교육의 방법·횟수 및 내용 등에 필요한 사항은 총리령으로 정한다.
(2013.3.23 본조개정)

제51조【원료물질의 관리】 ① 원료물질을 수출입하는 자는 수출입할 때마다 식품의약품안전처장의 승인을 받아야 한다.(2013.3.23 본항개정)
② 원료물질을 제조하거나 수출입·수수 또는 매매하는 자는 제조, 수출입·수수 또는 매매(이하 이 조에서 "거래"라 한다)에 대한 기록을 작성하고 이를 2년간 보존하여야 한다. 다만, 다음 각 호의 어느 하나에 해당하는 경우는 제외한다.
1. 「약사법」에 따라 제조·거래에 대한 기록을 작성·보존하고 있는 제조·거래의 경우
2. 「화학물질관리법」에 따라 제조·거래에 대한 기록을 작성·보존하고 있는 제조·거래의 경우(2013.6.4 본호개정)
3. 원료물질을 대통령령으로 정하는 농도 이하로 함유하는 원료물질 복합제를 제조·거래하는 경우(2023.8.16 본호개정)
4. 통상적인 사업 수행을 위한 합법적인 거래로서 대통령령으로 정하는 거래의 경우
5. 대통령령으로 정하는 수량 이하로 거래하는 경우
③ 원료물질취급자는 다음 각 호의 어느 하나에 해당하는 경우에는 그 사실을 법무부장관이나 식품의약품안전처장에게 지체 없이 신고하여야 한다.(2013.3.23 본문개정)
1. 원료물질의 구매 목적이 불확실하거나 마약 및 향정신성의약품의 불법 제조에 사용될 우려가 있는 거래의 경우
2. 대통령령으로 정하는 수량 이상의 원료물질의 도난 또는 소재불명, 그 밖의 사고가 발생한 경우
④ 제3항에 따라 법무부장관이나 식품의약품안전처장에게 신고한 원료물질취급자나 신고를 받은 공무원은 그 사항에 대하여 비밀을 유지하여야 한다.(2013.3.23 본항개정)
⑤ 제1항의 승인을 받아야 할 원료물질의 종류와 승인절차에 관하여 필요한 사항은 대통령령으로 정한다.
⑥ 제2항과 제3항에 따른 제조·거래 기록의 작성·보존 및 신고에 필요한 사항은 총리령으로 정한다.
(2013.3.23 본항개정)
⑦ 원료물질수출입업자등은 국제협력에 필요한 경우 등 총리령으로 정하는 사유가 있어 식품의약품안전처장이 요구하는 경우에는 제조·거래에 관한 사항을 지체 없이 보고하여야 한다.(2013.3.23 본항개정)

제6장의2 마약류 중독 예방 등
(2023.8.16 본장신설)

제51조의2【마약류 오남용 예방 및 사회재활사업】 ① 식품의약품안전처장은 마약류의 오남용을 예방하고 마약류 중독자의 사회복귀를 지원하기 위하여 다음 각 호의 업무를 수행한다.
1. 마약류 오남용 예방을 위한 교육·상담 및 홍보
2. 마약류 중독자의 사회복귀를 지원하기 위하여 필요한 교육·상담·홍보 등 사업(이하 "사회재활사업" 이라 한다)
3. 사회재활사업 관련 인력의 양성 및 활용
4. 그 밖에 마약류 오남용 예방 및 사회재활사업을 위하여 식품의약품안전처장이 필요하다고 인정하는 업무
② 식품의약품안전처장은 제1항에 따른 마약류 오남용 예방 및 사회재활사업을 위하여 불가피한 경우에는 관계 기관 및 단체의 장 등에게 다음 각 호의 자료 또는 정보의 제공을 요청할 수 있고, 제공받은 자료 또는 정보를 처리(「개인정보 보호법」 제2조제2호의 처리를 말한다)할 수 있다.
1. 주민등록번호, 여권번호 또는 외국인등록번호
2. 「형의 실효 등에 관한 법률」 제2조제5호에 따른 범죄경력자료로서 이 법에 관한 정보
3. 제40조에 따른 치료보호기관의 치료보호 관련 정보로서 건강에 관한 정보
4. 제40조의2에 따른 수강명령 또는 이수명령의 이행실적
5. 이 법을 위반하여 「형사소송법」 제247조에 따라 검사의 조건부 기소유예 처분을 받은 사람의 교육 이수실적
③ 제2항 각 호의 자료 또는 정보의 제공을 요청받은 관계 기관 및 단체의 장은 특별한 사유가 없으면 그 요청에 따라야 한다.
④ 제1항에 따른 인력의 양성·활용과 사회재활사업, 제2항에 따른 자료 또는 정보의 제공요청 및 처리 등에 필요한 사항은 대통령령으로 정한다.
⑤ 식품의약품안전처장은 제1항과 제2항에 따른 업무의 전부 또는 일부를 대통령령으로 정하는 관계 기관 또는 단체에 위탁하고 이에 필요한 재정적 지원을 할 수 있다.

제51조의3【마약퇴치의 날】 ① 마약류 등의 오남용에 대한 사회적 경각심을 높이고 마약류에 관한 범죄를 예방하기 위하여 매년 6월 26일을 마약퇴치의 날로 정한다.
② 국가와 지방자치단체는 마약퇴치의 날의 취지에 적합한 행사와 교육·홍보사업을 실시할 수 있다.
③ 제2항에 따른 마약퇴치의 날 행사 및 교육·홍보사업에 필요한 사항은 대통령령으로 정한다.

제51조의4【실태조사】 ① 보건복지부장관과 식품의약품안전처장은 이 법의 적절한 시행을 위하여 마약류 사용·중독·확산 및 예방·치료·재활·시설 현황 등에 대한 실태조사를 3년마다 실시하여야 한다.
② 제1항에 따른 조사의 방법과 내용 등에 관한 사항은 보건복지부령 또는 총리령으로 정한다.

제51조의5【마약류 명예지도원】 ① 마약류의 오용·남용을 방지하고 홍보·계몽 등을 하기 위하여 식품의약품안전처, 특별시·광역시·특별자치시·도·특별자치도 및 시·군·구에 마약류 명예지도원을 둘 수 있다.
② 마약류 명예지도원의 자격, 업무 범위, 그 밖에 필요한 사항은 대통령령으로 정한다.

제51조의6【한국마약퇴치운동본부의 설립】 ① 마약류에 대한 다음 각 호의 사업을 수행하기 위하여 한국마약퇴치운동본부를 둔다.

1. 마약류의 폐해에 대한 대국민 홍보·계몽 및 교육 사업
2. 마약류 중독자의 사회복귀를 위한 사회복지 사업
3. 마약류 관련 예방교육을 위한 자료의 개발 및 보급
4. 마약류 중독자 재활 및 예방 관련 전문인력의 양성 지원
5. 그 밖에 식품의약품안전처장이 필요하다고 인정하는 불법 마약류 및 약물 오용·남용 퇴치와 관련된 사업

② 한국마약퇴치운동본부는 법인으로 한다.
③ 한국마약퇴치운동본부는 정관으로 정하는 바에 따라 필요한 곳에 지부를 둘 수 있다.
④ 한국마약퇴치운동본부에 관하여 이 법에서 규정한 것을 제외하고는 「민법」 중 재단법인에 관한 규정을 준용한다.
⑤ 식품의약품안전처장과 지방자치단체의 장은 예산의 범위에서 한국마약퇴치운동본부에 대하여 운영과 제1항에 따른 사업에 필요한 경비를 지원할 수 있다.
⑥ 한국마약퇴치운동본부의 운영 등에 필요한 사항은 대통령령으로 정한다.

제51조의7【벌칙 적용에서 공무원 의제】 제51조의6제1항에 따른 한국마약퇴치운동본부 임직원 중 공무원이 아닌 사람은 「형법」 제127조 및 제129조부터 제132조까지를 적용할 때에는 공무원으로 본다.

제7장 보 칙
(2023.8.16 본장제목신설)

제52조【마약류 관계 자료의 수집】 보건복지부장관과 식품의약품안전처장은 정부 각 기관으로부터 이 법이나 그 밖의 마약류 관계 법령의 시행에 관한 사항을 수집하며, 마약류에 대하여 필요한 사항에 관하여 그 자료의 제출을 요구할 수 있다.(2013.3.23 본조개정)

제52조의2【유해성 평가】 식품의약품안전처장은 마약류의 적정한 지정을 위하여 임시마약류 및 그 밖에 이에 준하는 것으로서 대통령령으로 정하는 물질에 대하여 신체적 또는 정신적 의존성, 독성 등 유해성 평가를 하여야 한다.(2018.12.11 본조신설)

제52조의3【국제협력】 식품의약품안전처장은 마약류·원료물질의 안전관리, 오남용 예방 및 사회재활사업을 위하여 국제기구 및 국외 관계기관 등과 정보교환 등 국제협력에 노력하여야 한다.(2023.8.16 본조개정)

제53조【몰수 마약류의 처분방법 등】 ① 이 법이나 그 밖의 법령에서 정하는 바에 따라 몰수된 마약류는 시·도지사에게 인계하여야 한다.
② 시·도지사는 제1항의 마약류를 인수하였을 때에는 이를 폐기하거나 그 밖에 필요한 처분을 하여야 한다.
③ 제2항의 처분에 필요한 사항은 대통령령으로 정한다.

제53조의2【가정 내 의료용 마약류 수거·폐기 사업 실시 등】 ① 식품의약품안전처장 또는 시·도지사는 가정 내 의료용 마약류의 오남용을 예방하기 위하여 가정에서 사용하고 남은 의료용 마약류의 수거·폐기를 위한 사업을 실시할 수 있다.
② 식품의약품안전처장은 제1항에 따른 사업에 참여하는 개인·기관·단체 또는 법인 등에 예산의 범위에서 사업 수행에 필요한 비용을 지원할 수 있다.
③ 제1항에 따른 사업에 참여하는 개인·기관·단체 또는 법인의 선정 기준·절차, 사업 수행 방법, 비용 지원 등에 관하여 필요한 사항은 대통령령으로 정한다.
(2018.12.11 본조신설)

제54조【보상금】 이 법이나 그 밖의 법령에서 규정하는 마약류에 관한 범죄가 발각되기 전에 그 범죄를 수사기관에 신고 또는 고발하거나 검거한 사람에게는 대통령령으로 정하는 바에 따라 보상금을 지급한다. 다만, 공무원이 그 직무와 관련하여 신고 또는 고발하거나 검거한 경우에는 보상금을 지급하지 아니한다.(2022.6.10 단서신설)

제55조【수수료】 다음 각 호의 어느 하나에 해당하는 자는 총리령으로 정하는 바에 따라 수수료를 내야 한다.
(2013.3.23 본문개정)
1. 이 법에 따른 허가 또는 지정을 받으려는 자
2. 이 법에 따른 허가 또는 지정 사항을 변경하려는 자
3. 이 법에 따른 허가증 또는 지정서를 재발급받으려는 자

제56조【권한의 위임】 이 법에 따른 식품의약품안전처장의 권한은 대통령령으로 정하는 바에 따라 그 일부를 소속 기관의 장 또는 시·도지사에게 위임할 수 있으며, 이 법에 따른 시·도지사의 권한은 대통령령으로 정하는 바에 따라 그 일부를 시장·군수·구청장에게 위임할 수 있다.
(2013.3.23 본조개정)

제56조의2【군수용 마약류의 취급에 관한 특례】 ① 이 법의 규정에도 불구하고 군수용 마약류의 소지·관리, 조제·투약·수수, 학술연구를 위한 사용 또는 마약류를 기재한 처방전의 발급에 관하여는 이를 국방부장관 소관으로 한다.
② 제1항에 따른 군수용 마약류의 취급에 필요한 사항은 국방부령으로 정한다.

제57조【다른 법률의 적용】 마약 및 향정신성의약품의 제조·관리 등에 관하여 이 법에 규정된 것을 제외하고는 「약사법」을 적용한다.

제57조의2【적용의 일부 제외】 다음 각 호의 어느 하나에 해당하는 마약류취급승인자에 관하여는 제11조, 제15조 및 제44조를 적용하지 아니한다.
1. 자가치료를 목적으로 마약 또는 향정신성의약품을 휴대하고 출입국하기 위하여 승인을 받은 경우
2. 「약사법」 제91조에 따른 한국희귀·필수의약품센터를 통하여 수입된 마약류를 취급하기 위하여 승인받은 경우
(2019.12.3 본조신설)

제8장 벌 칙
(2011.6.7 본장개정)

제58조【벌칙】 ① 다음 각 호의 어느 하나에 해당하는 자는 무기 또는 5년 이상의 징역에 처한다.
1. 제3조제2호·제3호, 제4조제1항, 제18조제1항 또는 제21조제1항을 위반하여 마약을 수출입·제조·매매하거나 매매를 알선한 자 또는 그러할 목적으로 소지·소유한 자(2018.3.13 본호개정)
2. 제3조제4호를 위반하여 마약 또는 향정신성의약품을 제조할 목적으로 그 원료가 되는 물질을 제조·수출입하거나 그러할 목적으로 소지·소유한 자
3. 제3조제5호를 위반하여 제2조제3호가목에 해당하는 향정신성의약품 또는 그 물질을 함유하는 향정신성의약품을 제조·수출입·매매·매매의 알선 또는 수수하거나 그러할 목적으로 소지·소유한 자
4. 제3조제6호를 위반하여 제2조제3호가목에 해당하는 향정신성의약품의 원료가 되는 식물 또는 버섯류에서 그 성분을 추출한 자 또는 그 식물 또는 버섯류를 수출입하거나 수출입할 목적으로 소지·소유한 자(2016.2.3 본호개정)
5. 제3조제7호를 위반하여 대마를 수입하거나 수출한 자 또는 그러할 목적으로 대마를 소지·소유한 자
6. 제4조제1항을 위반하여 제2조제3호나목에 해당하는 향정신성의약품 또는 그 물질을 함유하는 향정신성의약품을 제조 또는 수출입하거나 그러할 목적으로 소지·소유한 자
7. 제4조제1항 또는 제5조의2제5항을 위반하여 미성년자에게 마약을 수수·조제·투약·제공한 자 또는 향정신성의약품이나 임시마약류를 매매·수수·조제·투약·제공한 자(2018.3.13 본호개정)
8. 1군 임시마약류에 대하여 제5조의2제5항제1호 또는 제2호를 위반한 자(2018.3.13 본호신설)

② 영리를 목적으로 하거나 상습적으로 제1항의 행위를 한 자는 사형·무기 또는 10년 이상의 징역에 처한다.
③ 제1항과 제2항에 규정된 죄의 미수범은 처벌한다.
④ 제1항(제7호는 제외한다) 및 제2항에 규정된 죄를 범할 목적으로 예비(豫備) 또는 음모한 자는 10년 이하의 징역에 처한다.

제58조의2【벌칙】 ① 제3조제10호 또는 제4조제1항을 위반하여 미성년자에게 대마를 수수·제공하거나 대마 또는 대마초 종자의 껍질을 흡연 또는 섭취하게 한 자는 2년 이상의 유기징역에 처한다.
② 상습적으로 제1항의 죄를 범한 자는 3년 이상의 유기징역에 처한다.
③ 제1항 및 제2항에 규정된 죄의 미수범은 처벌한다.
(2023.3.28 본조신설)

제59조【벌칙】 ① 다음 각 호의 어느 하나에 해당하는 자는 1년 이상의 유기징역에 처한다.
1. 제3조제2호를 위반하여 수출입·매매 또는 제조할 목적으로 마약의 원료가 되는 식물을 재배하거나 그 성분을 함유하는 원료·종자·종묘를 소지·소유한 자
2. 제3조제2호를 위반하여 마약의 성분을 함유하는 원료·종자·종묘를 관리·수수하거나 그 성분을 추출하는 행위를 한 자
3. 제3조제3호를 위반하여 헤로인이나 그 염류 또는 이를 함유하는 것을 소지·소유·관리·수수·운반·사용 또는 투약하거나 투약하기 위하여 제공하는 행위를 한 자
4. 제3조제4호를 위반하여 마약 또는 향정신성의약품을 제조할 목적으로 그 원료가 되는 물질을 매매하거나 매매를 알선하거나 수수한 자 또는 그러할 목적으로 소지·소유 또는 사용한 자
5. 제3조제5호를 위반하여 제2조제3호가목에 해당하는 향정신성의약품 또는 그 물질을 함유하는 향정신성의약품을 소지·소유·사용·관리한 자
6. 제3조제6호를 위반하여 제2조제3호가목에 해당하는 향정신성의약품의 원료가 되는 식물 또는 버섯류를 매매하거나 매매를 알선하거나 수수한 자 또는 그러할 목적으로 소지·소유한 자(2016.2.3 본호개정)
7. 제3조제7호를 위반하여 대마를 제조하거나 매매·매매의 알선을 한 자 또는 그러할 목적으로 대마를 소지·소유한 자(2016.2.3 본호개정)
8. (2023.3.28 삭제)
9. 제4조제1항을 위반하여 마약을 소지·소유·관리 또는 수수하거나 제24조제1항을 위반하여 한외마약을 제조한 자(2018.3.13 본호개정)
10. 제4조제1항을 위반하여 제2조제3호다목에 해당하는 향정신성의약품 또는 그 물질을 함유하는 향정신성의약품을 제조 또는 수출입하거나 그러할 목적으로 소지·소유한 자
11. 제4조제1항을 위반하여 대마의 수출·매매 또는 제조할 목적으로 대마초를 재배한 자(2018.3.13 본호개정)
12. 제4조제3항을 위반하여 마약류(대마는 제외한다)를 취급한 자
13. 1군 임시마약류에 대하여 제5조의2제5항제3호를 위반한 자(2018.3.13 본호신설)
14. 제18조제1항·제21조제1항 또는 제24조제1항을 위반하여 향정신성의약품을 수출입 또는 제조하거나 의약품을 제조한 자

② 상습적으로 제1항의 죄를 범한 자는 3년 이상의 유기징역에 처한다.
③ 제1항(제5호 및 제13호는 제외한다) 및 제2항에 규정된 죄의 미수범은 처벌한다.(2018.3.13 본항개정)
④ 제1항제7호의 죄를 범할 목적으로 예비 또는 음모한 자는 10년 이하의 징역에 처한다.

제60조【벌칙】 ① 다음 각 호의 어느 하나에 해당하는 자는 10년 이하의 징역 또는 1억원 이하의 벌금에 처한다.
1. 제3조제1호를 위반하여 마약 또는 제2조제3호가목에 해당하는 향정신성의약품을 사용하거나 제3조제11호를 위반하여 마약 또는 제2조제3호가목에 해당하는 향정신성의약품과 관련된 금지된 행위를 하기 위한 장소·시설·장비·자금 또는 운반 수단을 타인에게 제공한 자
2. 제4조제1항을 위반하여 제2조제3호나목 및 다목에 해당하는 향정신성의약품 또는 그 물질을 함유하는 향정신성의약품을 매매, 매매의 알선, 수수, 소지, 소유, 사용, 관리, 조제, 투약, 제공한 자 또는 향정신성의약품을 기재한 처방전을 발급한 자
3. 제4조제1항을 위반하여 제2조제3호라목에 해당하는 향정신성의약품 또는 그 물질을 함유하는 향정신성의약품을 제조 또는 수출입하거나 그러할 목적으로 소지·소유한 자
4. 제5조제1항·제2항, 제9조제1항, 제28조제1항, 제30조제1항, 제35조제1항 또는 제39조를 위반하여 마약을 취급하거나 그 처방전을 발급한 자(2019.12.3 본호개정)
5. 1군 임시마약류에 대하여 제5조의2제5항제4호를 위반한 자(2018.3.13 본호신설)
6. 2군 임시마약류에 대하여 제5조의2제5항제1호를 위반한 자(2018.3.13 본호신설)

② 상습적으로 제1항의 죄를 범한 자는 그 죄에 대하여 정하는 형의 2분의 1까지 가중(加重)한다.
③ 제1항과 제2항에 규정된 죄의 미수범은 처벌한다.

제61조【벌칙】 ① 다음 각 호의 어느 하나에 해당하는 자는 5년 이하의 징역 또는 5천만원 이하의 벌금에 처한다.
1. 제3조제1호를 위반하여 향정신성의약품(제2조제3호가목에 해당하는 향정신성의약품은 제외한다) 또는 대마를 사용하거나 제3조제11호를 위반하여 향정신성의약품(제2조제3호가목에 해당하는 향정신성의약품은 제외한다) 및 대마와 관련된 금지된 행위를 하기 위한 장소·시설·장비·자금 또는 운반 수단을 타인에게 제공한 자
2. 제3조제2호를 위반하여 마약의 원료가 되는 식물을 재배하거나 그 성분을 함유하는 원료·종자·종묘를 소지·소유한 자

2의2. 거짓이나 그 밖의 부정한 방법으로 제3조제2호부터 제7호까지의 규정, 제4조제2항제7호 또는 같은 조 제3항에 따른 승인을 받은 자(2021.8.17 본호신설)

3. 제3조제6호를 위반하여 제2조제3호가목에 해당하는 향정신성의약품의 원료가 되는 식물 또는 버섯류를 흡연·섭취하거나 그러할 목적으로 소지·소유한 자 또는 다른 사람에게 흡연·섭취하게 할 목적으로 소지·소유한 자(2016.2.3 본호개정)
4. 제3조제10호를 위반하여 다음 각 목의 어느 하나에 해당하는 행위를 한 자
   가. 대마 또는 대마초 종자의 껍질을 흡연하거나 섭취한 자
   나. 가목의 행위를 할 목적으로 대마, 대마초 종자 또는 대마초 종자의 껍질을 소지하고 있는 자
   다. 가목 또는 나목의 행위를 하려 한다는 정을 알면서 대마초 종자나 대마초 종자의 껍질을 매매하거나 매매를 알선한 자
5. 제4조제1항을 위반하여 제2조제3호라목에 해당하는 향정신성의약품 또는 그 물질을 함유하는 향정신성의약품을 매매, 매매의 알선, 수수, 소지, 소유, 사용, 관리, 조제, 투약, 제공한 자 또는 향정신성의약품을 기재한 처방전을 발급한 자
6. 제4조제1항을 위반하여 대마를 재배·소지·소유·수수·운반·보관하거나 이를 사용한 자(2018.3.13 본호개정)
7. 제5조제1항·제2항, 제9조제1항 또는 제35조제1항을 위반하여 향정신성의약품, 대마 또는 임시마약류를 취급한 자(2018.3.13 본호개정)
8. 2군 임시마약류에 대하여 제5조의2제5항제2호부터 제4호까지의 규정을 위반한 자(2018.3.13 본호신설)

8의2. 거짓이나 그 밖의 부정한 방법으로 제6조제1항, 제6조의2제1항, 제18조제2항제1호, 제21조제2항 또는 제24조제2항에 따른 허가 또는 변경허가를 받은 자
(2021.8.17 본호신설)

9. 제6조의2를 위반하여 원료물질을 수출입하거나 제조한 자
10. 제11조의6제1호를 위반하여 마약류 통합정보에 포함된 개인정보를 업무상 목적 외의 용도로 이용하거나 제3자에게 제공한 자(2019.12.3 본호신설)

10의2. 제18조제2항제1호를 위반하여 마약 또는 향정신성의약품을 수출입한 자(2021.8.17 본호신설)
10의3. 제21조제2항을 위반하여 마약 또는 향정신성의약품을 제조한 자(2021.8.17 본호신설)
10의4. 제24조제2항을 위반하여 마약을 원료로 사용한 한외마약을 제조한 자(2021.8.17 본호신설)

11. 제28조제1항 또는 제30조제1항을 위반하여 향정신성의약품을 취급하거나 그 처방전을 발급한 자
(2023.6.13 본호개정)
12. 제28조제3항을 위반하여 마약 또는 향정신성의약품을 전자거래를 통하여 판매한 자
② 상습적으로 제1항의 죄를 범한 자는 그 죄에 대하여 정하는 형의 2분의 1까지 가중한다.
③ 제1항(제2호·제3호 및 제9호는 제외한다) 및 제2항(제1항제2호·제3호 및 제9호를 위반한 경우는 제외한다)에 규정된 죄의 미수범은 처벌한다.(2018.3.13 본항개정)
제62조【벌칙】 ① 다음 각 호의 어느 하나에 해당하는 자는 3년 이하의 징역 또는 3천만원 이하의 벌금에 처한다.
1. 제8조제1항을 위반하여 마약의 취급에 관한 허가증 또는 지정서를 타인에게 빌려주거나 양도한 자 또는 제9조제2항·제3항, 제18조제2항제2호, 제20조, 제22조제1항, 제26조제1항을 위반하여 마약을 취급한 자
(2021.8.17 본호개정)
2. 제9조제2항, 제20조, 제22조제1항, 제26조제1항의 위반행위의 상대방이 되어 마약을 취급한 자
3. 제11조의6제2호를 위반하여 마약류 통합정보 중 개인정보 이외의 정보를 업무상 목적 외의 용도로 이용하거나 제3자에게 제공한 자(2019.12.3 본호신설)
4. 제3조제12호를 위반하여 금지되는 행위에 관한 정보를 타인에게 널리 알리거나 제시한 자(예고임시마약류에 대해서는 제외한다)(2018.3.13 본호개정)
② 상습적으로 제1항의 죄를 범한 자는 그 죄에 대하여 정하는 형의 2분의 1까지 가중한다.
③ 제1항과 제2항에 규정된 죄의 미수범은 처벌한다.
제63조【벌칙】 ① 다음 각 호의 어느 하나에 해당하는 자는 2년 이하의 징역 또는 2천만원 이하의 벌금에 처한다.
1. 제51조제1항부터 제4항까지의 규정을 위반한 자
(2021.8.17 본호개정)
2. 제8조제1항을 위반하여 향정신성의약품의 취급에 관한 허가증 또는 지정서를 타인에게 빌려주거나 양도한 자 또는 제9조제2항·제3항, 제20조·제22조제2항 또는 제28조제2항을 위반하여 향정신성의약품을 취급한 자
3. 제8조제1항을 위반하여 대마의 취급에 관한 허가증을 타인에게 빌려주거나 양도한 자 또는 제9조제2항·제3항을 위반하여 대마를 취급한 자
4. 제9조제2항, 제20조 및 제22조제2항의 위반행위의 상대방이 되어 향정신성의약품을 취급한 자
5. 제9조제2항의 위반행위의 상대방이 되어 대마를 취급한 자
6. 제11조제1항부터 제3항까지 및 제5항, 제16조, 제28조제2항, 제32조제1항 및 제2항, 제33조제1항, 제34조를 위반하여 마약을 취급한 자(2019.12.3 본호개정)
7. 제11조제1항부터 제3항까지 및 제5항의 규정에 따른 보고 또는 변경보고를 거짓으로 하거나 제32조제2항에 따른 처방전에 거짓으로 기재하여 마약을 취급한 자
(2019.12.3 본호개정)
8. 제17조를 위반하여 기재하지 아니하거나 거짓으로 기재하여 마약을 취급한 자(2015.5.18 본호개정)
8의2. 제43조에 따른 명령을 위반하여 보고하지 아니하거나 거짓된 보고를 하여 마약을 취급한 자(2015.5.18 본호신설)
9. 제12조제1항을 위반하여 거짓으로 보고하여 마약을 취급하거나 제12조제2항을 위반하여 마약을 폐기한 자
(2015.5.18 본호개정)
10. 제13조제1항, 제33조제2항을 위반하여 마약을 취급한 자(제69조제1항제8호에 해당하는 자는 제외한다)
(2015.5.18 본호개정)
11. 제18조제2항제2호를 위반하여 향정신성의약품을 취급한 자(2021.8.17 본호개정)
12. 제40조제1항에 따른 치료보호기관을 정당한 이유 없이 이탈한 자 또는 이탈한 자를 은닉한 자
13. 제40조제2항에 따른 중독 판별검사 또는 치료보호를 정당한 이유 없이 거부·방해 또는 기피한 자
14. 마약을 취급하는 자로서 정당한 이유 없이 제41조제1항에 따른 출입, 검사, 수거 등을 거부·방해 또는 기피한 자 또는 제47조에 따른 처분을 거부·방해 또는 기피한 자(2018.3.13 본호개정)
15. 제44조에 따른 업무정지기간에 그 업무를 하여 마약을 취급한 자
16. 제51조제2항에 따른 기록작성의 의무를 회피할 목적으로 소량으로 나누어 원료물질을 거래한 자
② 상습적으로 제1항제2호부터 제5호까지, 제11호·제12호의 죄를 범한 자는 그 죄에 대하여 정하는 형의 2분의 1까지 가중한다.
③ 제1항제2호부터 제5호까지, 제11호·제12호와 제2항에 규정된 죄의 미수범은 처벌한다.
제64조【벌칙】 다음 각 호의 어느 하나에 해당하는 자는 1년 이하의 징역 또는 1천만원 이하의 벌금에 처한다.
1. 제8조제2항·제3항에 따른 신고를 거짓으로 한 자
2. 제11조제1항부터 제3항까지 및 제5항을 위반하여 보고 또는 변경보고를 하지 아니하거나 거짓으로 보고하여 향정신성의약품을 취급한 자(2019.12.3 본호개정)
3. 제12조제1항을 위반하여 거짓으로 보고하여 향정신성의약품을 취급하거나 또는 제17조에 따른 기재를 하지 아니하거나 거짓으로 기재하여 향정신성의약품을 취급한 자(2015.5.18 본호개정)
4. 제36조 또는 제43조에 따른 명령을 위반하거나 보고 또는 신고를 하지 아니한 자 또는 명령을 위반하거나 거짓된 보고 또는 신고를 하여 대마를 취급한 자
5. 제12조제2항을 위반하여 향정신성의약품을 폐기한 자
6. 제12조제2항을 위반하여 대마를 폐기한 자
7. 제13조제1항을 위반하여 대마를 취급한 자(2015.5.18 본호개정)
8. 제13조제1항, 제16조, 제26조제2항, 제32조제1항 및 제2항, 제33조제2항 또는 제34조를 위반하여 향정신성의약품을 취급한 자(2023.6.13 본호개정)
9. 제13조제1항, 제33조제2항을 위반하여 마약류취급자에게 향정신성의약품을 양도 또는 인계하지 아니한 자
(2015.5.18 본호개정)
10. 제14조를 위반한 자
11. 제15조를 위반하여 마약류(향정신성의약품은 제외한다)를 저장한 자
12. 제26조제2항의 위반행위의 상대방이 되어 향정신성의약품을 취급한 자
12의2. 제32조제2항에 따른 처방전에 거짓으로 기재하여 향정신성의약품을 취급한 자(2023.6.13 본호신설)
13. 제35조제2항 및 제3항을 위반하여 장부를 작성하지 아니하거나 거짓으로 작성하거나 보고한 자(2015.5.18 본호개정)
14. 제36조제2항 또는 제42조제2항을 위반하여 대마를 폐기하지 아니하거나 처분을 거부·방해 또는 기피한 자
15. 제38조제2항을 위반하여 마약류를 판매하거나 사용한 자
16. 향정신성의약품, 예고임시마약류, 임시마약류를 취급하는 자 또는 원료물질취급자로서 정당한 이유 없이 제41조제1항, 제42조, 제43조 또는 제47조에 따른 명령을 위반하거나 거짓된 보고를 하거나 검사·수거·압류 또는 처분을 거부·방해 또는 기피한 자(2018.3.13 본호개정)
17. 대마를 취급하는 자로서 정당한 이유 없이 제41조제1항에 따른 출입·검사 또는 수거를 거부·방해 또는 기피한 자(2018.3.13 본호개정)
18. 제44조에 따른 업무정지기간에 그 업무를 하여 향정신성의약품을 취급한 자
19. 제44조에 따른 업무정지기간에 그 업무를 하여 대마를 취급한 자
20. 제51조제7항에 따른 보고를 거짓으로 한 자
제65조 (2002.12.26 삭제)
제65조의2【벌칙】 제40조의2제2항에 따라 이수명령을 부과받은 사람이 보호관찰소의 장 또는 교정시설의 장의 이수명령 이행에 관한 지시에 불응하여 「보호관찰 등에 관한 법률」 또는 「형의 집행 및 수용자의 처우에 관한 법률」에 따른 경고를 받은 후 재차 정당한 사유 없이 이수명령 이행에 관한 지시에 불응한 경우에는 다음 각 호에 따른다.
1. 징역형 이상의 실형과 병과된 경우에는 1년 이하의 징역 또는 1천만원 이하의 벌금에 처한다.
2. 벌금형과 병과된 경우에는 1천만원 이하의 벌금에 처한다.
(2019.12.3 본조신설)
제66조【자격정지 또는 벌금의 병과】 ① 제58조 및 제59조에서 정한 죄에 대하여는 10년 이하의 자격정지 또는 1억원 이하의 벌금을 병과(倂科)할 수 있다.
② 제60조부터 제64조까지의 규정에서 정한 죄를 범한 자에 대하여는 5년 이하의 자격정지 또는 각 해당 조문의 벌금(징역에 처하는 경우만 해당한다)을 병과할 수 있다.
제67조【몰수】 이 법에 규정된 죄에 제공한 마약류·임시마약류 및 시설·장비·자금 또는 운반 수단과 그로 인한 수익금은 몰수한다. 다만, 이를 몰수할 수 없는 경우에는 그 가액(價額)을 추징한다.
제68조【양벌규정】 법인의 대표자나 법인 또는 개인의 대리인, 사용인, 그 밖의 종업원이 그 법인 또는 개인의 마약류 업무에 관하여 이 법에 규정된 죄를 범하면 그 행위자를 벌하는 외에 그 법인 또는 개인에게도 1억원(대마의 경우에는 5천만원) 이하의 벌금형을 과(科)하되, 제61조부터 제64조까지의 어느 하나에 해당하는 위반행위를 하면 해당 조문의 벌금형을 과한다. 다만, 법인 또는 개인이 그 위반행위를 방지하기 위하여 해당 업무에 관하여 상당한 주의와 감독을 게을리하지 아니한 경우에는 그러하지 아니하다.
제69조【과태료】 ① 다음 각 호의 어느 하나에 해당하는 자에게는 500만원 이하의 과태료를 부과한다.
1. 제8조제2항 및 제3항에 따른 신고를 하지 아니한 자
2. (2015.5.18 삭제)
3. 제11조제1항부터 제3항까지 및 제5항을 위반하여 마약류취급의료업자, 마약류관리자, 마약류소매업자가 의료행위 또는 동물 진료나 조제를 목적으로 가지고 있는 향정신성의약품이 보고된 재고량과 차이가 있는 경우
(2019.12.3 본호개정)
4. (2015.5.18 삭제)
5. 제12조제1항, 제35조제2항 또는 제51조제7항에 따른 보고를 하지 아니한 자(2015.5.18 본호개정)
6. 제15조를 위반하여 향정신성의약품을 저장한 자
6의2. 제30조제2항을 위반하여 투약내역을 확인하지 아니한 마약류취급의료업자(2023.6.13 본호신설)
7. 제32조제3항을 위반하여 기록을 보존하지 아니한 자
8. 제33조제2항을 위반하여 마약류 인계 후 그 이유를 해당 관청에 신고하지 아니한 자
9. 제35조제4항을 위반하여 장부를 보존하지 아니한 자
10. 예고임시마약류에 대하여 제5조의2제5항을 위반한 자(2018.3.13 본호신설)
② 제1항에 따른 과태료는 위반행위의 종류 및 그 정도 등을 고려하여 대통령령으로 정하는 바에 따라 식품의약품안전처장, 시·도지사, 시장·군수·구청장이 부과·징수한다.(2013.3.23 본항개정)

부 칙

제1조【시행일】 이 법은 2000년 7월 1일부터 시행한다.
제2조【폐지법률】 마약법·향정신성의약품관리법 및 대마관리법은 이를 각각 폐지한다.
제3조【면허·허가·지정·승인 등에 관한 경과조치】
① 이 법 시행당시 부칙 제2조의 규정에 의하여 폐지되는 마약법·향정신성의약품관리법 또는 대마관리법(이하 "종전법률"이라 한다)의 규정에 의하여 마약수입업자 또는 향정신성의약품수출입업자로 면허 또는 허가를 받은 자는 제6조제1항제1호의 규정에 의한 마약류수출입업자로, 마약제조업자·마약제제업자·마약소분업자 또는 향정신성의약품제조업자로 면허 또는 허가를 받은 자는 제6조제1항제2호의 규정에 의한 마약류제조업자로, 한외마약제제업자 또는 향정신성의약품원료사용자로 면허 또는 허가를 받은 자는 제6조제1항제2호의 규정에 의한 마약류원료사용자로, 마약도매업자 또는 향정신성의약품도매업자로 면허 또는 지정을 받은 자는 제6조제1항제3호의 규정에 의한 마약류도매업자로, 마약취급학술연구자·향정신성의약품학술연구자 또는 대마연구자로 면허 또는 허가를 받은 자는 제6조제1항제4호의 규정에 의한 마약류취급학술연구자로, 대마재배자로 허가를 받은 자는 제6조제1항제5호의 규정에 의한 대마재배자로 본다.
② 이 법 시행당시 종전법률의 규정에 의한 마약관리자 또는 향정신성의약품관리자로 면허 또는 지정을 받은 자는 제6조제2항의 규정에 의한 마약류관리자로 본다.
③ 이 법 시행당시 종전법률의 규정에 의한 마약수입품목·마약제조품목·마약제제품목·마약소분품목의 허가, 한외마약제제품목허가, 향정신성의약품수출입품목·향정신성의약품제조품목의 허가를 받은 자는 제18조제2항·제21조제2항 또는 제24조제2항의 규정에 의하여 품목허가를 받은 것으로 본다.
제4조【마약류중독자의 치료보호기관 등에 관한 경과조치】 이 법 시행당시 종전법률의 규정에 의하여 식품의약품안전청장 또는 시·도지사로부터 치료보호기관으로 지정받은 자는 제40조제1항의 규정에 의한 치료보호기관으로, 식품의약품안전청장·특별시·광역시·도가 설치·운영하고 있는 치료보호심사위원회는 제40조제4항의 규정에 의한 치료보호심사위원회로 본다.
제5조【마약류 명예지도원에 관한 경과조치】 이 법 시행전에 종전법률의 규정에 의하여 위촉된 마약 명예지도원·향정신성의약품 명예지도원 또는 대마 명예지도원은 제49조제1항의 규정에 의한 마약류 명예지도원으로 본다.
제6조【처분 등에 관한 경과조치】 이 법 시행당시 부칙 제3조 내지 제5조에 규정된 사항외에 종전법률에 의하여 행정기관이 행한 면허·허가 그 밖의 행정기관의 행위 또는 각종 신고 그밖의 행정기관에 대한 행위는 그에 해당하는 이 법에 의한 행정기관의 행위 또는 행정기관에 대한 행위로 본다.
제7조【벌칙에 관한 경과조치】 이 법 시행전의 종전법률에 위반한 행위에 대한 벌칙의 적용에 있어서는 종전법률에 의한다.
제8조【다른 법률의 개정】 ①~⑦ ※(해당 법령에 가제정리 하였음)
제9조【다른 법령과의 관계】 이 법 시행당시 다른 법령에서 종전법률 또는 그 규정을 인용하고 있는 경우에는 그에 갈음하여 이 법 또는 그에 해당하는 이 법의 조항을 각각 인용한 것으로 본다.

부 칙 (2013.7.30)

제1조【시행일】 이 법은 공포 후 3개월이 경과한 날부터 시행한다. 다만, 제44조제1항 각 호 외의 부분 본문의 개정규정 중 "1년의 범위에서 그" 부분은 공포한 날부터 시행한다.
제2조【업무정지에 관한 적용례】 제44조제1항 각 호 외의 본문의 개정규정 중 "1년의 범위에서 그" 부분은 같은 개정규정 시행 전의 위반행위에 대하여 행정처분을 하는 경우에도 적용한다.

부 칙 (2014.3.18)

제1조【시행일】 이 법은 공포한 날부터 시행한다. 다만, 제18조제2항제2호, 제44조제1항제1호허목 및 같은 항 제2호라목의 개정규정은 공포 후 6개월이 경과한 날부터 시행한다.
제2조【임시마약류에 관한 적용례】 제5조의2의 개정규정은 이 법 시행 후 최초로 예고하는 임시마약류부터 적용한다.

제3조【부정 향정신성의약품 및 대마의 처분에 관한 적용례】 제47조의 개정규정은 이 법 시행 후 최초로 적발하는 부정 향정신성의약품 및 대마부터 적용한다.
제4조【임시마약류에 관한 경과조치】 이 법 시행 전에 공고된 임시마약류의 지정 기간에 대하여는 종전의 지정기간에도 불구하고 제5조의2제3항의 개정규정을 적용한다.
제5조【행정처분에 관한 경과조치】 이 법 시행 전의 행위에 대하여 허가 등의 취소나 업무 등의 정지 등 행정처분을 할 경우에는 종전의 규정에 따른다.
제6조【금치산자 등에 대한 경과조치】 제6조제3항제1호 및 제8조제3항제2호의 개정규정에도 불구하고 법률 제10429호 민법 일부개정법률 부칙 제2조에 따라 금치산 또는 한정치산 선고의 효력이 유지되는 사람에 대해서는 종전의 규정에 따른다.

부　칙 (2015.5.18)

제1조【시행일】 이 법은 공포한 날부터 3년을 넘지 아니하는 범위에서 마약류 취급보고에 필요한 시스템의 준비상황 등을 고려하여 총리령으로 정하는 날부터 시행한다. 다만, 제9조, 제11조의2, 제41조 및 부칙 제3조의 개정규정은 공포한 날부터 시행한다.
제2조【법 시행을 위한 준비행위】 ① 식품의약품안전처장은 이 법 시행 전에 마약류 취급보고를 위한 시스템의 구축 및 운영 등 필요한 조치를 할 수 있다.
② 식품의약품안전처장은 법 시행을 위하여 필요하다고 인정하는 경우에는 이 법 시행 전에 제11조, 제11조의2, 제13조제2항의 개정규정에 따른 자료 또는 정보(「개인정보 보호법」에 따른 개인정보를 포함한다)의 제공을 국가, 지방자치단체, 공공기관, 마약류취급자 및 마약류취급승인자 등에 대하여 요청할 수 있다. 이 경우 식품의약품안전처장은 절차, 방법 등을 정하여 공고하여야 한다.
제3조【다른 법률의 개정】 ※(해당 법령에 가제정리 하였음)

부　칙 (2016.2.3)

제1조【시행일】 이 법은 공포한 날부터 시행한다. 다만, 다음 각 호의 사항은 각 호의 구분에 의한 날부터 시행한다.
1. 제2조제4호, 제3조제7호부터 제9호까지, 제5조의2, 제46조제3항부터 제5항까지 및 제59조제1항제7호의 개정규정은 공포 후 9개월이 경과한 날
2. 제16조 및 제17조의 개정규정은 법률 제13331호 마약류 관리에 관한 법률 일부개정법률 제11조가 시행되는 날
제2조【봉함 및 표시에 관한 적용례】 제16조 및 제17조의 개정규정은 같은 개정규정 시행 후에 최초로 수입하거나 제조한 마약류부터 적용한다.

부　칙 (2018.3.13)

제1조【시행일】 이 법은 공포 후 6개월이 경과한 날부터 시행한다.
제2조【과태료 부과에 관한 적용례】 제69조제1항제10호의 개정규정에 따른 과태료 부과는 이 법 시행 후 최초로 위반행위를 한 자부터 적용한다.

부　칙 (2018.12.11)

제1조【시행일】 이 법은 공포한 날부터 시행한다. 다만, 제3조제7호, 같은 조 제10호가목, 제4조제2항제6호, 제9조제1항, 제46조제1항 및 제52조의2의 개정규정은 공포 후 3개월이 경과한 날부터 시행하고, 제44조제1항제2호바목·사목, 같은 조 제3항 및 제53조의2의 개정규정은 공포 후 1년이 경과한 날부터 시행한다.
제2조【과징금 부과에 관한 경과조치】 제46조제1항의 개정규정 시행 전의 위반행위에 대한 과징금 부과에 관하여는 종전의 규정에 따른다.

부　칙 (2019.12.3)

제1조【시행일】 이 법은 공포한 날부터 시행한다. 다만, 제5조의3, 제11조의2제2항, 제11조의3부터 제11조의5까지의 개정규정과 제11조의6, 제61조제1항제10호 및 제62조제1항제3호(제11조의3부터 제11조의5까지의 개정규정과 관련된 부분만 해당한다)의 개정규정은 공포 후 6개월이 경과한 날부터 시행하고, 제40조의2, 제40조의3 및 제65조의2의 개정규정은 공포 후 1년이 경과한 날부터 시행한다.
제2조【마약류사범에 대한 형벌과 수강명령 등의 병과에 관한 적용례】 제40조의2의 개정규정은 같은 개정규정 시행 후 최초로 제3조, 제4조 또는 제5조를 위반하여 마약류를 투약, 흡연 또는 섭취한 사람부터 적용한다.

부　칙 (2020.3.31)

제1조【시행일】 이 법은 공포 후 6개월이 경과한 날부터 시행한다.
제2조【마약 또는 향정신성의약품의 광고에 관한 적용례】 제14조의 개정규정은 이 법 시행 후 최초로 마약 또는 향정신성의약품에 관하여 광고하는 경우부터 적용한다.

부　칙 (2021.8.17)

제1조【시행일】 이 법은 공포한 날부터 시행한다.
제2조【허가취소 등에 관한 적용례】 제44조제1항의 개정규정은 이 법 시행 전에 거짓이나 그 밖의 부정한 방법으로 허가·변경허가·승인·변경승인을 받은 경우에 대해서도 적용한다.

부　칙 (2022.6.10)

제1조【시행일】 이 법은 공포 후 1년이 경과한 날부터 시행한다. 다만, 제54조의 개정규정은 공포 후 6개월이 경과한 날부터 시행한다.
제2조【권한 이양에 따른 경과조치】 ① 이 법 시행 당시 종전의 규정에 따라 시·도지사가 한 허가·지정과 그 밖의 행위는 이 법의 개정규정에 따라 특별자치시장·시장·군수 또는 구청장이 한 것으로 본다.
② 이 법 시행 당시 다음 각 호의 어느 하나에 해당하는 절차가 진행 중인 경우에는 해당 호의 개정규정에도 불구하고 종전의 규정에 따른다.
1. 제6조제1항에 따른 마약류도매업자의 허가 및 변경허가
2. 제6조제2항에 따른 마약류관리자 지정 및 변경지정
3. 제7조제1항에 따른 허가증·지정서 발급 및 명부 작성

부　칙 (2023.3.28)

이 법은 공포 후 6개월이 경과한 날부터 시행한다.

부　칙 (2023.6.13)

이 법은 공포 후 1년이 경과한 날부터 시행한다. 다만, 제64조의 개정규정은 공포 후 3개월이 경과한 날부터 시행한다.

부　칙 (2023.8.8)

제1조【시행일】 이 법은 공포 후 6개월이 경과한 날부터 시행한다. 다만, 제2조의2 및 제2조의4의 개정규정은 공포 후 1년이 경과한 날부터 시행한다.
제2조【한국희귀·필수의약품센터의 양도승인 신청에 관한 적용례】 제9조제2항의 개정규정은 이 법 시행 전에 한국희귀·필수의약품센터가 종전의 제9조제2항 단서 및 같은 항 제2호에 따라 마약류취급승인자에게 마약류를 양도하기 위하여 식품의약품안전처장에게 승인 신청을 한 경우에도 적용한다.

부　칙 (2023.8.16)

제1조【시행일】 이 법은 공포 후 6개월이 경과한 날부터 시행한다. 다만, 제40조의 개정규정은 2024년 1월 1일부터 시행하고, 법률 제19604호 마약류 관리에 관한 법률 일부개정법률 제2조의2, 제2조의4 및 제2조의5의 개정규정은 2024년 8월 9일부터 시행하며, 제2조의3의 개정규정, 제51조제2항제3호의 개정규정 및 제51조의3의 개정규정(제51조의3을 신설하는 개정규정을 말한다)은 공포 후 1년이 경과한 날부터 시행한다.
제2조【적용례】 제51조제2항제3호의 개정규정은 같은 개정규정 시행 이후 제조하거나 거래 계약을 체결하는 원료물질부터 적용한다.

부　칙 (2024.1.2)

이 법은 공포 후 6개월이 경과한 날부터 시행한다. 다만, 법률 제19604호 마약류 관리에 관한 법률 일부개정법률 제2조의5 및 제2조의6의 개정규정은 2024년 8월 9일부터 시행한다.

부　칙 (2024.2.6)

제1조【시행일】 이 법은 공포한 날부터 시행한다. 다만, 제44조제4항의 개정규정은 공포 후 3개월이 경과한 날부터 시행하고, 제44조의2의 개정규정은 공포 후 6개월이 경과한 날부터 시행하며, 제40조제2항부터 제12항까지, 제60조제1항제4호 및 제63조제1항제13호의 개정규정 및 법률 제19450호 마약류 관리에 관한 법률 일부개정법률 제30조제2항, 제61조제1항제7호·제11호 및 제69조제1항제6호의2의 개정규정, 법률 제19648호 마약류 관리에 관한 법률 일부개정법률 제51조의7 및 제51조의8의 개정규정은 공포 후 1년이 경과한 날부터 시행한다.
제2조【허가 등 취소에 관한 적용례】 제44조제1항제2호카목의 개정규정은 이 법 시행 이후 업무정지기간 중에 업무를 한 경우부터 적용한다.

마약류 관리에 관한 법률 시행령

(2000년 7월 1일 대통령령 제16884호)

개정
2001. 1.27영17110호　2001.12.19영17431호
2003. 7.30영18078호
2004. 3.17영18312호(전자적민원처리를위한가석방자관리규정등)
2005.11.16영19135호　2006.12. 4영19744호
2008. 2.29영20679호(직제)
2008. 9.23영21029호
2008.12.31영21214호(직제)
2009. 7. 1영21605호
2010. 3.15영22075호(직제)
2011. 2. 1영22656호　2011. 8.25영23095호
2012. 1. 6영23488호(민감정보고유식별정보)
2012. 6. 7영23845호
2013. 3.23영24454호(직제)
2013.12.30영25050호(행정규제재검토에따른일부개정령)
2014. 8.27영25582호
2014.11.19영25751호(직제)
2014.12.23영25888호　2015. 7.20영26427호
2016. 2.12영26980호(민원처리에관한법시)
2016.11. 1영27573호
2017. 7.26영28211호(직제)
2017.10.17영28395호　2018. 1.16영28589호
2018. 9.11영29157호　2019. 3.12영29620호
2019.12.10영30244호
2020. 3. 3영30509호(규제기한해제)
2020. 3.24영30545호(지방행정제재·부과금의징수등에관한법시)
2020. 6. 2영30755호　2020. 9.22영31048호
2021. 1. 5영31380호(법령용어정비)
2021. 1. 5영31381호
2021. 9.24영32014호(행정기본법시)
2021.12.14영32219호　2022.12. 9영33053호
2022.12.20영33112호(개인정보침해요인개선을위한일부개정령)
2023.11. 7영33855호
2023.12.12영33913호(행정법제혁신을위한일부개정법령등)
2024. 1.30영34173호→시행일 부칙 참조

제1조【목적】 이 영은 「마약류 관리에 관한 법률」에서 위임된 사항과 그 시행에 필요한 사항을 규정함을 목적으로 한다.(2012.6.7 본조개정)
제2조【마약 등】 ① 「마약류 관리에 관한 법률」(이하 "법"이라 한다) 제2조제2호라목에 따른 마약은 별표1과 같다.
② 법 제2조제2호마목에 따른 마약은 별표2와 같다.
③ 법 제2조제3호가목부터 마목까지의 규정에 따른 향정신성의약품은 각각 별표3부터 별표7까지와 같다.
④ 법 제2조제4호다목에 따른 대마는 별표7의2와 같다.(2016.11.1 본항신설)
⑤ 법 제2조제6호에 따른 원료물질은 별표8과 같다.
(2012.6.7 본조개정)
제2조의2【마약류관리기본계획 및 시행계획】 ① 관계 중앙행정기관의 장은 법 제2조의3제1항에 따라 소관 마약류 관리에 관한 계획을 수립하여 같은 조 제2항에 따른 마약류관리기본계획의 시행 전년도 6월 30일까지 국무총리에게 제출해야 한다.
② 관계 중앙행정기관의 장은 법 제2조의3제4항에 따라 다음 연도의 마약류 관리에 관한 시행계획을 수립하여 매년 11월 30일까지 국무총리에게 제출해야 한다.
(2024.1.30 본조신설)
제2조의3【마약류대책협의회의 구성】 ① 법 제2조의4제4항제2호에서 "대통령령으로 정하는 중앙행정기관의 고위공무원단에 속하는 공무원"이란 국립과학수사연구원의 원장을 말한다.
② 법 제2조의4제1항에 따른 마약류대책협의회(이하 "협의회"라 한다) 위원의 임기는 2년으로 하되, 연임할 수 있다. 다만, 공무원인 위원의 임기는 그 직위에 재직하는 기간 동안으로 한다.
③ 협의회의 의장은 법 제2조의4제4항제3호에 따라 위촉된 위원이 다음 각 호의 어느 하나에 해당하는 경우에는 해당 위원을 해촉(解囑)할 수 있다.
1. 심신쇠약으로 직무를 수행할 수 없게 된 경우
2. 직무와 관련된 비위 사실이 있는 경우
3. 직무태만, 품위손상이나 그 밖의 사유로 위원으로 적합하지 않다고 인정되는 경우
4. 위원 스스로 직무를 수행하기 어렵다는 의사를 밝히는 경우
(2024.1.30 본조신설)
제2조의4【협의회의 운영】 ① 협의회의 의장은 협의회를 대표하며, 협의회의 업무를 총괄한다.
② 협의회의 의장이 부득이한 사유로 직무를 수행할 수 없는 때에는 의장이 미리 지명한 위원이 그 직무를 대행한다.
③ 협의회의 회의는 의장이 필요하다고 인정하거나 재적위원 3분의 1 이상이 요구하는 경우 의장이 소집한다.
④ 협의회의 회의는 재적위원 과반수의 출석으로 개의(開議)하고, 출석위원 과반수의 찬성으로 의결한다.
⑤ 협의회는 업무를 수행하기 위하여 필요한 때에는 전문적인 지식과 경험이 있는 공무원 또는 관계 전문가를 참석하게 하여 의견을 듣거나 관계 기관·단체 등에 대하여 필요한 자료 또는 의견의 제출 등 필요한 협조를 요청할 수 있다.
⑥ 협의회에 출석한 위원 및 관계 전문가에 대하여는 예산의 범위에서 수당·여비 및 그 밖에 필요한 경비를 지

급할 수 있다. 다만, 공무원이 그 소관 업무와 직접적으로 관련되어 협의회에 출석하는 경우에는 그렇지 않다.
(2024.1.30 본조신설)

제2조의5【실무협의회의 구성 및 운영】 ① 법 제2조의4제6항에 따른 실무협의회(이하 "실무협의회"라 한다)는 의장 1명을 포함한 20명 이내의 위원으로 구성한다.
② 실무협의회의 의장은 국무조정실 사회조정실장이 된다.
③ 실무협의회의 위원은 다음 각 호의 사람이 된다.
1. 기획재정부·교육부·외교부·법무부·행정안전부·보건복지부·방송통신위원회·국가정보원·식품의약품안전처·대검찰청·관세청·경찰청·해양경찰청 및 국무조정실의 국장급 공무원 중 해당 기관의 장이 지명하는 사람
2. 마약류 관련 단체·연구기관 또는 학계·언론계에 종사하는 마약류 관련 전문가 중에서 협의회의 의장이 위촉하는 사람
④ 실무협의회 위원의 임기는 2년으로 하되, 연임할 수 있다. 다만, 공무원인 위원의 임기는 그 직위에 재직하는 기간 동안으로 한다.
⑤ 협의회 의장의 제3항제2호에 따라 위촉된 위원의 해촉에 관하여는 제2조의3제3항을 준용한다.
⑥ 실무협의회의 효율적인 운영을 위하여 실무협의회에 전문분야별로 다음 각 호의 실무분과협의회(이하 "실무분과협의회"라 한다)를 둘 수 있다.
1. 수사·단속·정보실무분과협의회
2. 치료·사회재활실무분과협의회
3. 예방·교육·홍보실무분과협의회
⑦ 실무협의회의 운영에 관하여는 제2조의4를 준용한다. 이 경우 "협의회"는 "실무협의회"로 본다.
(2024.1.30 본조신설)

제2조의6【운영세칙】 이 영에서 규정한 사항 외에 협의회, 실무협의회 및 실무분과협의회의 구성 및 운영에 필요한 사항은 협의회의 의결을 거쳐 의장이 정한다.
(2024.1.30 본조신설)

제2조의7【청소년 마약중독예방교육과 학교교육 연계】 국가와 지방자치단체는 법 제2조의6제1항에 따른 시책을 수립·시행하는 경우에는 다음 각 호의 사항을 포함해야 한다.
1. 법 제2조의2제2항에 따른 청소년 마약중독예방교육(이하 "청소년 마약중독예방교육"이라 한다)을 위한 교육 콘텐츠 개발 등 청소년 마약중독예방교육에 필요한 사항
2. 청소년 마약중독예방교육을 위한 전문가 육성, 온라인 교육 플랫폼의 활성화 등 청소년 마약중독예방교육과 「교육기본법」에 따른 학교교육(이하 "학교교육"이라 한다)을 연계하기 위한 기반 조성에 필요한 사항
3. 그 밖에 청소년 마약중독예방교육과 학교교육의 연계에 필요한 사항
(2024.1.30 본조신설)

제3조【일반 행위 금지의 예외】 ① 법 제3조제2호 단서, 제3호 단서 또는 제4호 단서에 따라 식품의약품안전처장으로부터 마약 또는 원료물질 등의 취급에 관한 승인을 받을 수 있는 경우는 다음 각 호와 같다.(2013.3.23 본문개정)
1. 마약류취급학술연구자가 학술연구를 위하여 필요한 양만 취급하려는 경우
2. 공무상 필요에 따라 취급하려는 경우
3. 마약류제조업자 또는 「약사법」에 따른 의약품제조업자가 향정신성의약품의 품목허가를 받기 위한 시험제품을 제조하기 위하여 원료물질을 취급하려는 경우
(2021.1.5 본호개정)
4. 「대외무역법」 제2조제3호에 따른 무역거래자가 물품매도확약서를 발행하여 구매의 알선행위를 하는 경우
5. 제1호부터 제4호까지에 준하는 경우로서 마약 또는 원료물질 등을 취급할 필요가 있다고 식품의약품안전처장이 인정하는 경우
(2014.12.23 4호~5호신설)
② 법 제3조제5호 단서 또는 제6호 단서에 따라 식품의약품안전처장으로부터 향정신성의약품 등의 취급에 관한 승인을 받을 수 있는 경우는 다음 각 호와 같다.
(2013.3.23 본문개정)
1. 마약류취급학술연구자가 학술연구를 위하여 필요한 양만 취급하려는 경우
2. 공무상 필요에 따라 취급하려는 경우
3. 마약류제조업자가 시험용으로 향정신성의약품을 필요로 하는 경우
4. 「대외무역법」 제2조제3호에 따른 무역거래자가 물품매도확약서를 발행하여 구매의 알선행위를 하는 경우
(2014.12.23 본호개정)
5. 제1호부터 제4호까지에 준하는 경우로서 향정신성의약품 등을 취급할 필요가 있다고 식품의약품안전처장이 인정하는 경우(2014.12.23 본호신설)
③ 법 제3조제7호 단서에 따라 식품의약품안전처장으로부터 대마를 수출입·제조[제제(製劑) 및 소분(小分)을 포함한다. 이하 같다]·매매하거나 매매를 알선하는 행위를 승인받을 수 있는 경우는 다음 각 호와 같다.
1. 공무상 마약류를 취급하는 공무원이 공무상 필요한 경우
2. 마약류취급학술연구자가 학술연구를 위하여 필요한 경우
3. 「약사법」 제91조에 따른 한국희귀·필수의약품센터(이하 이 조에서 "센터"라 한다)가 다음 각 목의 어느 하나에 해당하는 대마를 수입·매매하는 경우
가. 「약사법」 제91조제1항제3호에 따라 국민 보건상 긴급하게 도입할 필요가 있다고 식품의약품안전처장이 인정하는 의약품으로서의 대마
나. 국내에 대체 가능한 의약품이 없어 환자가 센터에 수입하여 판매할 것을 요청하는 의약품으로서의 대마
4. 환자가 질병의 치료를 위하여 제3호에 따라 센터가 수입하는 의약품으로서의 대마가 필요한 경우
(2019.3.12 3호~4호신설)
5. 환자가 자가치료를 목적으로 의약품으로서의 대마를 휴대하고 출입국하는 경우(2022.12.9 본호신설)
(2016.11.1 본항개정)
④ 제1항부터 제3항까지의 규정에 따른 승인신청에 필요한 사항은 총리령으로 정한다.(2013.3.23 본항개정)
(2012.6.7 본조개정)

제4조【마약류취급자의 예외적인 마약류 취급】 ① 법 제4조제3항 단서에 따라 마약류취급자가 식품의약품안전처장으로부터 마약류 취급에 관한 승인을 받을 수 있는 경우는 다음 각 호와 같다.(2013.3.23 본문개정)
1. 마약류수출입업자·마약류제조업자·마약류원료사용자 또는 마약류취급학술연구자가 마약류 품질관리를 목적으로 취급하려는 경우
2. 마약류수출입업자·마약류제조업자·마약류원료사용자 또는 마약류취급학술연구자가 마약·향정신성의약품 또는 한외마약(限外痲藥)의 품목허가를 받기 위한 임상연구나 시험제품을 제조하기 위하여 취급하려는 경우(2021.1.5 본호개정)
3. 제1호 및 제2호에 준하는 경우로서 마약류를 취급할 필요가 있다고 식품의약품안전처장이 인정하는 경우
(2014.12.23 본호신설)
② 제1항에 따른 승인신청에 필요한 사항은 총리령으로 정한다.(2013.3.23 본항개정)
(2012.6.7 본조개정)

제5조【마약류 취급의 금지 및 제한】 ① 법 제5조제3항 제5호에서 "대통령령으로 정하는 경우"란 마약류 품목허가증에 기재된 용법, 효능·효과, 사용상의 주의사항을 벗어나 마약 또는 향정신성의약품을 처방·투약하거나 투약하기 위하여 제공하는 경우를 말한다. 다만, 환자의 치료를 위하여 사용이 필요하거나 의학적 타당성 등이 있다고 확인된 경우는 제외한다.(2021.12.14 본항개정)
② 식품의약품안전처장은 법 제5조제3항에 따른 금지 등의 조치를 하는 경우에는 그 사실을 서면으로 알려야 한다.
③ 법 제5조제3항에 따른 조치의 세부기준은 식품의약품안전처장이 정하여 고시한다.(2021.12.14 본항신설)
(2013.3.23 본조개정)

제5조의2【임시마약류 지정 시 협의 기관】 법 제5조의2제3항 각 호 외의 부분에서 "대통령령으로 정하는 관계기관"이란 교육부, 외교부, 법무부, 행정안전부, 보건복지부, 여성가족부, 국가정보원, 관세청, 검찰청, 경찰청, 해양경찰청, 그 밖에 식품의약품안전처장이 임시마약류 지정과 관련하여 협의할 필요가 있다고 인정하는 관계 기관을 말한다.(2018.9.11 본조개정)

제5조의3【예고임시마약류 또는 임시마약류의 취급승인】 법 제5조의2제6항제2호에 따라 공무상 마약류를 취급하는 공무원 또는 마약류취급학술연구자가 예고임시마약류 또는 임시마약류를 취급하려는 경우에는 총리령으로 정하는 바에 따라 식품의약품안전처장의 승인을 받아야 한다.(2018.9.11 본조개정)

제5조의4【마약류안전관리심의위원회의 위원 임기】 법 제5조의3제1항에 따른 마약류안전관리심의위원회(이하 "심의위원회"라 한다)의 위원 임기는 다음 각 호의 구분에 따른다.
1. 법 제5조의3제3항제1호에 따라 임명되거나 위촉된 공무원위원 : 같은 호에 따른 마약류의 안전관리 등의 업무를 담당하는 직위에 재직하는 기간
2. 법 제5조의3제3항제2호부터 제4호까지의 규정에 따라 위촉된 위원 : 2년. 다만, 위원의 사임 등으로 새로 위촉된 위원의 임기는 전임위원 임기의 남은 기간으로 한다.
(2020.6.2 본조신설)

제5조의5【위원의 제척·기피·회피】 ① 심의위원회의 위원이 다음 각 호의 어느 하나에 해당하는 경우에는 해당 심의위원회의 심의에서 제척(除斥)된다.
1. 위원 또는 그 배우자나 배우자였던 사람이 해당 안건의 당사자(당사자가 법인·단체 등인 경우에는 그 임원 또는 직원을 포함한다. 이하 이 호 및 제2호에서 같다)이거나 그 안건의 당사자와 공동권리자 또는 공동의무자인 경우
2. 위원이 해당 안건의 당사자와 친족이거나 친족이었던 경우
3. 위원 또는 위원이 속한 법인·단체 등이 해당 안건에 대해 증언, 진술, 자문, 연구, 용역 또는 감정을 한 경우
4. 위원이나 위원이 속한 법인·단체 등이 해당 안건의 당사자의 대리인이거나 대리인이었던 경우
5. 위원이 해당 안건의 당사자인 법인·단체 등에서 최근 3년 이내에 임원 또는 직원으로 재직한 경우
6. 그 밖에 위원이 해당 안건과 직접적인 이해관계가 있는 등 심의위원회의 공정한 심의를 저해할 중대한 사유가 있다고 심의위원회의 위원장(이하 "위원장"이라 한다)이 인정하는 경우
② 당사자는 심의위원회의 위원에게 공정한 심의를 기대하기 어려운 사정이 있는 때에는 심의위원회에 서면으로 기피(忌避) 신청을 할 수 있고, 심의위원회는 의결로 기피 여부를 결정한다. 이 경우 기피 신청의 대상인 위원은 그 의결에 참여하지 못한다.
③ 심의위원회의 위원이 제1항 각 호에 따른 제척사유에 해당하거나 본인에게 공정한 심의를 기대하기 어려운 사정이 있는 때에는 스스로 해당 안건의 심의에서 회피(回避)해야 한다.
(2020.6.2 본조신설)

제5조의6【위원의 해임 또는 해촉】 식품의약품안전처장은 심의위원회의 위원이 다음 각 호의 어느 하나에 해당하는 경우에는 해당 위원을 해임하거나 해촉할 수 있다.
(2024.1.30 본문개정)
1. 심신장애로 직무를 수행할 수 없게 된 경우
2. 직무와 관련된 비위사실이 있는 경우
3. 직무태만, 품위손상이나 그 밖의 사유로 위원으로 적합하지 않다고 인정되는 경우
4. 위원 스스로 직무를 수행하는 것이 곤란하다고 의사를 밝히는 경우
5. 제5조의5제1항 각 호에 따른 제척사유에 해당함에도 불구하고 같은 조 제3항에 따라 회피하지 않은 경우
(2020.6.2 본조신설)

제5조의7【심의위원회의 운영】 ① 위원장은 심의위원회를 대표하고, 심의위원회의 사무를 총괄한다.
② 위원장이 부득이한 사유로 직무를 수행할 수 없는 때에는 위원장이 미리 지명한 위원이 그 직무를 대행한다.
③ 심의위원회의 회의는 재적위원 과반수의 출석으로 개의하고, 출석위원 3분의 2 이상의 찬성으로 의결한다.
(2024.1.30 본항개정)
④ 심의위원회의 사무를 처리하기 위해 심의위원회에 간사 1명을 두며, 간사는 식품의약품안전처 소속 공무원 중에서 식품의약품안전처장이 지명한다.
⑤ 심의위원회는 심의위원회의 심의를 위해 필요하다고 인정하는 경우에는 관계 행정기관, 공공기관, 법인·단체 또는 전문가 등에게 심의위원회의 회의 출석이나 의견 또는 자료의 제출 등을 요청할 수 있다.
(2020.6.2 본조신설)

제5조의8【심의위원회의 운영세칙】 제5조의4부터 제5조의7까지에서 규정한 사항 외에 심의위원회의 운영 등에 필요한 세부 사항은 식품의약품안전처장이 정한다.
(2020.6.2 본조신설)

제6조【원료물질의 수출입업 또는 제조업의 허가】 법 제6조의2제1항 전단에서 "대통령령으로 정하는 원료물질"이란 별표8 중 1군에 해당하는 원료물질을 말한다.
(2019.3.12 본조제목개정)
(2012.6.7 본조개정)

제6조의2 → 제5조의2로 이동

제7조 (2016.11.1 삭제)

제8조【마약류통합정보관리센터의 지정 등】 ① 식품의약품안전처장은 법 제11조의2제1항에 따라 「약사법」 제68조의3제1항에 따른 한국의약품안전관리원(이하 "한국의약품안전관리원"이라 한다)을 마약류통합정보관리센터(이하 "통합정보센터"라 한다)로 지정하고, 법 제11조의2제1항 각 호의 업무를 위탁한다.(2024.1.30 본항개정)
② 통합정보센터의 장은 매 회계연도 시작 전까지 다음 연도의 사업계획서와 다음 각 호의 서류를 첨부한 예산서를 이사회에서 의결한 후 식품의약품안전처장의 승인을 받아야 한다. 사업계획서와 예산서를 변경하는 경우에도 또한 같다.(2020.6.2 전단개정)
1. 추정재무상태표(2021.1.5 본호개정)
2. 추정손익계산서
3. 자금의 수입·지출 계획서
(2016.11.1 본항신설)

제8조의2【통합정보센터의 업무수행 등을 위한 요청 자료의 범위】 법 제11조의2제2항 전단에서 "대통령령으로 정하는 자료"란 다음 각 호의 자료를 말한다.
1. 「주민등록법」 제30조제1항에 따른 주민등록전산정보자료
2. 「가족관계의 등록 등에 관한 법률」 제11조제4항에 따른 전산정보자료
3. 「출입국관리법」에 따른 다음 각 목의 자료
가. 「출입국관리법」 제3조·제6조·제12조 및 제28조에 따른 출입국 기록에 관한 자료
나. 「출입국관리법」 제31조 및 제32조에 따른 외국인등록사항(외국인등록번호를 포함한다)에 관한 자료
4. 「재외동포의 출입국과 법적 지위에 관한 법률」 제6조에 따른 국내거소신고사항(국내거소신고번호 및 거주국에 관한 사항을 포함한다)에 관한 자료
5. 「의료법」에 따른 다음 각 목의 자료
가. 「의료법」 제11조제2항에 따라 의사·치과의사·한의사의 면허에 관한 사항을 등록한 등록대장
나. 「의료법」 제18조제1항에 따른 처방전
다. 「의료법」 제22조제1항에 따른 진료기록부 또는 같은 법 제23조제1항에 따른 진료기록부에 대한 전자의무기록(진료를 받은 사람의 인적사항, 주된 증상 및 치료 내용에 관한 사항만 해당한다)
라. 「의료법」 제65조 및 제66조에 따른 의사·치과의사·한의사의 면허취소 및 자격정지 등의 행정처분에 관한 자료
6. 「약사법」에 따른 다음 각 목의 자료
가. 「약사법」 제6조제1항에 따라 약사·한약사의 면허에 관한 사항을 등록한 등록대장

나. 「약사법」 제23조의3제1항에 따른 의약품안전사용정보시스템을 활용한 의약품정보의 확인에 관한 자료
다. 「약사법」 제29조에 따라 보존하고 있는 처방전
라. 「약사법」 제30조제1항에 따른 조제기록부(환자의 인적사항, 처방 약품명, 처방 일수 및 조제 내용에 관한 사항만 해당한다)
마. 「약사법」 제47조의3제2항 본문에 따른 의약품(마약류만 해당한다)의 공급 내역에 관한 자료
바. 「약사법」 제79조에 따른 약사·한약사의 면허취소 및 자격정지 등의 행정처분에 관한 자료
7. 「수의사법」에 따른 다음 각 목의 자료
가. 「수의사법」 제6조제1항에 따라 수의사의 면허에 관한 사항을 등록한 면허대장
나. 「수의사법」 제12조의2제1항에 따른 처방전
다. 「수의사법」 제13조제1항에 따른 진료부(동물의 소유자·관리인의 성명·주소, 병명, 주요 증상 및 사용한 마약·향정신성의약품의 품명·수량에 관한 사항만 해당한다)
라. 「수의사법」 제32조에 따른 수의사의 면허취소 및 효력정지 등의 행정처분에 관한 자료
8. 「관세법」 제241조제1항에 따른 물품(마약류만 해당한다)의 수출·수입 또는 반송의 신고에 관한 자료
(2020.6.2 본조신설)
제8조의3【마약류통합관리시스템의 구축·운영】 ① 식품의약품안전처장은 법 제11조의3에 따른 마약류통합관리시스템(이하 "마약류통합관리시스템"이라 한다)의 구축·운영을 위해 필요하다고 인정하는 경우에는 관계 행정기관, 공공기관, 법인·단체 또는 전문가 등에게 의견이나 자료의 제출 등 필요한 협조를 요청할 수 있다.
② 식품의약품안전처장은 마약류통합관리시스템의 효율적 개선·정비를 위해 필요하다고 인정하는 경우에는 마약류통합관리시스템의 업무 과정, 업무 성과 또는 안전성 확보 조치 등에 관한 평가체계를 마련하여 주기적으로 이를 평가할 수 있다. 다만, 식품의약품안전처장이 중대하거나 긴급한 평가가 필요하다고 인정하는 경우에는 수시로 평가할 수 있다.
③ 식품의약품안전처장은 마약류통합관리시스템에서 관리하는 정보의 유출·위조·변조 또는 훼손 등을 방지하기 위해 다음 각 호의 기술적 또는 물리적 조치 등을 취할 수 있다.
1. 마약류통합관리시스템의 접근 통제를 위한 접근 권한자 등의 지정·관리
2. 마약류통합관리시스템의 불법 접근 방지를 위한 방화벽, 침입탐지시스템 또는 침입차단시스템 등의 설치·운영
3. 마약류통합관리시스템에서 관리하는 정보에 대한 암호화 조치 또는 보안프로그램 등의 설치·갱신
4. 마약류통합관리시스템에 대한 접속기록 및 사용기록 등의 보관·관리
5. 마약류통합관리시스템과 연계되어 운영되는 다른 정보시스템에 대한 보안성 검토 및 점검 실시
④ 식품의약품안전처장은 마약류통합관리시스템을 활용하여 다음 각 호의 업무를 수행할 수 있다.
1. 법 제11조의2제1항 각 호 외의 부분에 따른 마약류 통합정보(이하 "마약류 통합정보"라 한다)의 수집·조사·이용·제공 및 분석 등의 업무
2. 법 제11조의2제1항제6호에 따른 외부 소프트웨어의 기능 검사 및 결과 공개
3. 법 제11조의4제1항 및 같은 조 제2항 단서에 따른 마약류 통합정보의 제공
4. 법 제11조의5에 따른 마약류 통합정보의 가공 및 활용
5. 그 밖에 제1호부터 제4호까지의 업무와 유사한 것으로서 식품의약품안전처장이 마약류통합관리시스템을 활용하여 처리하는 것이 적정하다고 인정하는 업무
(2020.6.2 본조신설)
제8조의4【마약류 통합정보의 제공】 ① 법 제11조의4제1항에서 "대통령령으로 정하는 행정기관 및 공공기관"이란 다음 각 호의 구분에 따른 기관을 말한다.
1. 다음 각 목의 행정기관
가. 기획재정부
나. 교육부
다. 외교부
라. 법무부
마. 행정안전부
바. 보건복지부
사. 방송통신위원회
아. 국가정보원
자. 관세청
차. 통계청
카. 대검찰청
타. 경찰청
파. 해양경찰청
하. 그 밖에 마약류의 취급·관리와 관련이 있는 중앙행정기관 또는 지방자치단체의 행정기관 중 식품의약품안전처장이 마약류 통합정보[「개인정보 보호법」 제2조제1호에 따른 개인정보(이하 "개인정보"라 한다)는 제외한다]의 제공이 필요하다고 인정하는 행정기관
2. 다음 각 목의 공공기관
가. 「국민건강보험법」 제13조에 따른 국민건강보험공단
나. 「국민건강보험법」 제62조에 따른 건강보험심사평가원
② 식품의약품안전처장 및 통합정보센터의 장은 법 제11조의4제2항 각 호 외의 부분 단서에 따라 마약류 통합정보를 제공하는 경우에는 다음 각 호의 기준에 따라야 한다.
1. 마약류통합관리시스템을 통해 제공할 것. 다만, 제공하는 정보의 내용·성격 또는 정보 제공의 목적·방식 등에 비추어 마약류통합관리시스템으로 제공하는 것이 적절하지 않다고 식품의약품안전처장이 인정하는 경우에는 그렇지 않다.
2. 제공되는 마약류 통합정보의 이용 또는 활용 목적을 고려하여 해당업무 수행에 필요한 최소한의 범위에서 제공할 것
3. 제공되는 마약류 통합정보를 목적 외의 용도로 이용 또는 활용하거나 다른 제3자에게 제공해서는 안 된다는 것을 분명히 밝힐 것
4. 제공되는 마약류 통합정보에 개인정보가 포함된 경우에는 해당 개인정보에 대한 보호 대책을 요청할 것. 다만, 법 제11조의4제2항제2호에 따라 제공하거나 마약류통합관리시스템을 통해 열람의 형식으로 제공하는 경우에는 그렇지 않다.
(2020.6.2 본조신설)
제8조의5【마약류 통합정보의 가공 및 활용】 ① 식품의약품안전처장 및 통합정보센터의 장은 법 제11조의5에 따라 마약류 통합정보(개인정보는 제외한다. 이하 이 조에서 같다)의 효율적 가공·활용을 위해 필요하다고 인정하는 경우에는 관계 행정기관, 공공기관, 법인·단체 또는 전문가 등에게 의견이나 자료의 제출 등 필요한 협조를 요청할 수 있다.
② 식품의약품안전처장 및 통합정보센터의 장은 마약류통합관리시스템을 통해 마약류 통합정보를 가공하여 활용할 수 있으며, 해당 마약류 통합정보를 가공하는 경우에도 그 활용 목적 등을 고려하여 해당 통합정보의 안전성에 지장을 초래하지 않는 범위에서 가공해야 한다.
③ 식품의약품안전처장 및 통합정보센터의 장은 법 제11조의5에 따라 마약류 오남용에 관한 통계 자료 등을 제공받은 자에 대해서는 해당 통계 자료 등을 활용하여 달성한 업무 실적이나 그 결과물 등을 제출해 줄 것을 요청할 수 있다.
(2020.6.2 본조신설)
제9조【봉함하지 아니한 마약류의 수수】 법 제16조제2항제2호에서 "제13조에 따라 보유하고 있는 마약류를 마약류취급자에게 양도하는 경우 등 대통령령으로 정하는 사유"란 다음 각 호의 사유를 말한다.(2016.11.1 본문개정)
1. 법 제13조제1항에 따라 허가관청의 승인을 받아 수수하는 경우(2016.11.1 본호개정)
2. 마약류취급학술연구자가 학술연구를 위하여 수수하는 경우
3. 공무상 필요에 따라 연구 및 시험용으로 제품 또는 반제품(半製品)으로 수수하려는 경우
(2017.10.17 본조제목개정)
(2012.6.7 본조개정)
제10조 (2019.3.12 삭제)
제11조【마약의 투약】 법 제30조에 따라 마약류취급의료업자는 의료나 동물 진료를 목적으로 마약을 투약하기 위하여 제공하려는 경우에는 마약을 조제하여 제공하여야 한다.(2012.6.7 본조개정)
제12조【기록의 인계】 법 제33조제2항에 따라 의료기관의 대표자는 관리 중인 마약류를 인계하는 경우에는 해당 마약류를 취급한 기록을 함께 인계하여야 한다.
(2016.11.1 본조개정)
제12조의2【마약류취급자의 준수사항】 법 제38조제3항에 따라 마약류취급자는 다음 각 호의 사항을 준수하여야 한다.
1. 마약류취급자가 보관·소지 또는 관리하는 의료용 마약류의 입고·출고 및 사용에 대한 기록을 작성하고 2년간 보관할 것. 다만, 법 제11조에 따라 마약류취급자가 보관·소지 또는 관리하는 의료용 마약류의 입고·출고 및 사용에 대하여 식품의약품안전처장에게 보고한 경우는 제외한다.(2016.11.1 본호개정)
2. 의료용 마약류의 저장시설에는 마약류취급자 또는 마약류취급자가 지정한 종업원 외의 사람을 출입시켜서는 아니 되며, 저장시설을 주 1회 이상 점검하여 점검부를 작성·비치하고 이를 2년간 보존할 것
3. 종업원에 대한 지도·감독을 철저히 하여 의료용 마약류의 도난사고가 발생하지 아니하도록 할 것
(2012.6.7 본조신설)
제13조【마약 중독자에 대한 마약 사용】 법 제39조 각 호 외의 부분 단서에 따른 마약의 투약은 법 제40조제1항에 따른 치료보호기관의 장이 중독자의 증상을 고려하여 특히 필요하다고 인정하는 경우로서 보건복지부령으로 정하는 바에 따라 보건복지부장관 또는 특별시장·광역시장·특별자치시장·도지사 또는 특별자치도지사(이하 "시·도지사"라 한다)의 허가를 받은 경우로 한정한다.
(2017.10.17 본조개정)
제13조의2【출입·검사와 수거】 법 제41조제1항 각 호 외의 부분에서 "대통령령으로 정하는 그 소속 기관의 장"이란 지방식품의약품안전청장을 말한다.(2020.9.2 본조신설)
제14조【행정처분 등】 법 제42조제1항에 따른 폐기 등 필요한 조치의 명령과 법 제44조제1항에 따른 허가 등의 취소, 업무정지 또는 취급정지 등에 관한 명령은 서면으로 실시하고, 법 제47조에 따라 압류나 그 밖에 필요한 처분을 하는 경우에는 총리령으로 정하는 바에 따라 압류증 등의 서류를 발급하여야 한다.(2017.10.17 본조개정)
제15조【과징금의 산정기준】 법 제46조에 따른 과징금의 금액은 위반행위의 종류, 위반 정도 등을 고려하여 총리령으로 정하는 업무정지처분기준에 따라 별표9의 기준을 적용하여 산정한다.(2013.3.23 본조개정)
제16조【과징금의 부과·징수절차】 ① 법 제46조에 따라 식품의약품안전처장, 시·도지사 또는 시장·군수·구청장이 과징금을 부과하려는 경우에는 그 위반행위의 종류와 해당 과징금의 금액 등을 구체적으로 적은 서면으로 과징금 부과 대상자에게 알려야 한다.(2016.11.1 본항개정)
② 제1항에 따라 통지를 받은 자는 20일 이내에 해당 과징금을 식품의약품안전처장, 시·도지사 또는 시장·군수·구청장이 정하는 수납기관에 내야 한다.(2023.12.12 단서삭제)
③ 제2항에 따라 과징금을 받은 수납기관은 과징금을 낸 자에게 영수증을 발급하여야 한다.
④ 제2항에 따라 과징금을 받은 수납기관은 지체 없이 그 사실을 식품의약품안전처장, 시·도지사 또는 시장·군수·구청장에게 통보하여야 한다.(2016.11.1 본항개정)
⑤ (2021.9.24 삭제)
(2012.6.7 본조개정)
제16조의2【과징금 미납자에 대한 처분】 ① 식품의약품안전처장, 시·도지사 또는 시장·군수·구청장은 법 제46조제1항에 따라 과징금을 납부하여야 할 자가 납부기한까지 과징금을 내지 아니하면 같은 조 제4항 본문에 따라 납부기한이 지난 후 15일 이내에 독촉장을 발급하여야 한다. 이 경우 납부기한은 독촉장을 발급하는 날부터 10일 이내로 하여야 한다.
② 식품의약품안전처장, 시·도지사 또는 시장·군수·구청장은 과징금을 납부하여야 할 자가 제1항에 따른 독촉장을 받고도 그 납부기한까지 과징금을 내지 아니하면 법 제46조제4항 본문에 따라 과징금 부과처분을 취소하고 법 제44조제1항에 따른 업무정지 처분을 하거나 국세체납처분의 예 또는 「지방행정제재·부과금의 징수 등에 관한 법률」에 따라 징수하여야 한다.(2020.3.24 본항개정)
③ 식품의약품안전처장, 시·도지사 또는 시장·군수·구청장은 법 제46조제4항 본문에 따라 과징금 부과처분을 취소하고 법 제44조제1항에 따른 업무정지 처분을 하는 경우에는 처분대상자에게 서면으로 그 내용을 통지하여야 한다. 이 경우 서면에는 처분의 변경사유와 업무정지 처분의 기간 등 업무정지 처분에 필요한 사항이 포함되어야 한다.
(2016.11.1 본조신설)
제17조【마약류 감시원】 ① 법 제48조에 따라 식품의약품안전처장, 시·도지사 또는 시장·군수·구청장(자치구의 구청장을 말한다. 이하 같다)은 다음 각 호의 어느 하나에 해당하는 소속 공무원을 마약류 감시원으로 임명한다.(2013.3.23 본문개정)
1. 「고등교육법」 제2조에 따른 학교의 약학 관련 학과 또는 법학 관련 학과에서 학사 이상의 학위를 받은 사람이나 다른 법령에 따라 이와 같은 수준 이상의 학력이 있다고 인정되는 사람
2. 1년 이상 약무(藥務)에 관한 업무에 종사한 경력이 있는 사람
3. 보건행정관서에서 1년 이상 보건행정에 관한 업무에 종사한 경력이 있는 사람
② 법 제48조제2항에 따른 마약류 감시원의 직무 범위는 다음 각 호와 같다.
1. 마약류취급자, 마약류 취급의 승인을 받은 자 및 취급업소에 대한 감시·출입·검사 및 감독(2014.12.23 본호개정)
2. 원료물질취급자 및 취급업소에 대한 감시·출입·검사 및 감독
3. 마약·향정신성의약품 또는 한외마약의 품질관리를 위한 마약·향정신성의약품·한외마약 또는 이와 관계있는 의약품의 수거
4. 마약류 중독자 치료보호의 지원
③ 제1항에 따라 식품의약품안전처장, 시·도지사 또는 시장·군수·구청장은 마약류 감시원을 임명하는 경우에는 이에 관한 사항을 임명에 관한 관리대장에 기록하고 마약류 감시원증을 발급하여야 한다.(2013.3.23 본항개정)
(2012.6.7 본조개정)
제18조 → 제20조의6로 이동
제19조【원료물질 거래기록의 작성 및 보존이 면제되는 거래】 ① 법 제51조제2항제4호에 따라 원료물질 거래기록의 작성 및 보존이 면제되는 거래는 다음 각 호의 거래로 한다.
1. 수입의 경우 : 생산국 정부가 발행한 제조증명서 또는 판매증명서를 첨부하는 거래
2. 수출의 경우 : 대한민국 정부가 발행한 수출증명서를 첨부하는 거래
3. 수수 및 매매의 경우 : 국가 또는 지방자치단체를 상대방으로 하는 거래
② 법 제51조제2항제5호에 따라 원료물질 거래기록의 작성 및 보존이 면제되는 원료물질의 최대거래량은 별표8과 같다.
(2012.6.7 본조개정)

제19조의2【도난 등 사고 발생 원료물질의 신고】 원료물질취급자는 법 제51조제3항제2호에 따라 다음 각 호의 구분에 따른 원료물질의 도난, 소재불명 또는 그 밖의 사고가 발생한 경우에는 법무부장관 또는 식품의약품안전처장에게 지체 없이 신고하여야 한다.(2013.3.23 본문개정)
1. 별표8에서 원료물질의 최대거래량을 정하고 있는 경우 : 최대거래량 이상의 원료물질
2. 별표8에서 원료물질의 최대거래량을 정하지 아니한 경우 : 해당 원료물질
(2008.9.23 본조신설)

제20조【승인을 받아야 할 원료물질의 종류와 승인절차 등】 ① 법 제51조제5항에 따라 원료물질을 수출입하는 자가 수출입할 때마다 식품의약품안전처장의 승인을 받아야 할 원료물질의 종류는 별표8 중 1군에 해당하는 원료물질로 한다. 다만, 「약사법」, 「식품위생법」, 그 밖의 다른 법률에 따라 수출입에 관한 허가 또는 승인을 받거나 등록 또는 신고 등을 하여야 하는 원료물질은 제외한다.
② 제1항 본문에 따른 승인을 받으려는 자는 원료물질 수출입 승인신청서에 총리령으로 정하는 서류를 첨부하여 식품의약품안전처장에게 제출하여야 한다.
③ 식품의약품안전처장은 제2항에 따른 신청에 대하여 승인을 한 경우에는 신청인에게 원료물질 수출입 승인서를 발급하여야 한다.
④ 제1항 단서에 따른 원료물질의 수출입에 관한 허가 또는 승인을 하였거나 등록 또는 신고 등을 받은 행정기관의 장은 식품의약품안전처장에게 원료물질취급자·수입국·수출국·수량 및 용도 등이 포함된 허가·승인·등록 또는 신고 내용을 통보하여야 한다.
(2013.3.23 본조개정)

제20조의2【마약류 오남용 예방 및 사회재활사업】 식품의약품안전처장은 법 제51조의2제1항에 따른 마약류 오남용 예방 및 마약류 중독자 사회복귀 지원 업무를 효율적으로 추진하기 위하여 다음 각 호의 업무를 수행할 수 있다.
1. 마약류 오남용 예방 및 마약류 중독자의 사회복귀 지원을 위한 전문인력 인증제도의 운영
2. 마약류 오남용 예방 및 마약류 중독자의 사회복귀 지원을 위한 전문인력 양성과정 개발 및 보급
3. 마약류 오남용 예방 및 마약류 중독자의 사회복귀 지원 전문인력 양성 우수사례 발굴
4. 마약류 오남용 예방 및 마약류 중독자의 사회복귀 지원을 위한 기반 마련, 프로그램 개발 및 보급
5. 마약류 오남용 예방 및 마약류 중독자의 사회복귀 지원을 위한 정보체계의 구축·운영
6. 마약류 중독 인식개선 및 사회재활사업의 홍보
7. 마약류 중독자 재활센터의 설치·운영의 지원
8. 마약류 중독자 대상 재활시설 입소 지원
(2024.1.30 본조신설)

제20조의3【자료 또는 정보의 제공요청 및 처리】 ① 식품의약품안전처장은 법 제51조의2제2항에 따라 마약류 오남용 예방 및 사회재활사업을 위하여 자료 또는 정보를 요청하려는 경우에는 다음 각 호의 내용을 포함하여 서면 또는 전자적 방식으로 요청해야 한다.
1. 자료 또는 정보 제공요청의 목적
2. 자료 또는 정보의 항목
3. 자료 또는 정보의 보유 및 이용기간
② 제1항에 따른 요청을 받은 관계 기관 및 단체의 장은 해당 자료 또는 정보를 서면 또는 전자적 방식으로 제공할 수 있다.
③ 식품의약품안전처장은 제2항에 따라 제공받은 자료 또는 정보 중 개인정보에 대하여 보유기간의 경과, 개인정보의 처리 목적 달성 등 개인정보가 불필요하게 되었을 때에는 「개인정보 보호법」에 따라 지체 없이 그 개인정보를 파기해야 한다.
(2024.1.30 본조신설)

제20조의4【마약류 오남용 예방 및 사회재활사업의 위탁】 ① 법 제51조의2제5항에서 "대통령령으로 정하는 관계 기관 또는 단체"란 다음 각 호의 기관 또는 단체를 말한다.
1. 법 제51조의6제1항에 따른 한국마약퇴치운동본부(이하 "한국마약퇴치운동본부"라 한다)
2. 한국의약품안전관리원
3. 그 밖에 마약류 분야에 전문성이 있다고 식품의약품안전처장이 인정하는 기관 또는 단체
② 식품의약품안전처장은 법 제51조의2제5항에 따라 업무를 위탁하는 경우에는 위탁업무의 내용과 수탁기관을 고시해야 한다.
(2024.1.30 본조신설)

제20조의5【마약퇴치의 날 행사 등】 ① 국가와 지방자치단체는 법 제51조의3제2항에 따른 마약퇴치의 날 기념행사를 주간이나 월간으로 정하여 실시할 수 있다.
② 국가와 지방자치단체는 법 제51조의3제2항에 따른 마약퇴치의 날 기념행사를 실시할 경우 마약퇴치에 이바지한 공이 매우 큰 개인이나 단체를 마약퇴치유공자로 선정하여 포상할 수 있다.
(2024.1.30 본조개정)

제20조의6【마약류 명예지도원】 ① 법 제51조의5제1항에 따라 식품의약품안전처장, 시·도지사 또는 시장·군수·구청장은 마약류 명예지도원을 두려는 경우에는 다음 각 호의 어느 하나에 해당하는 사람 중에서 위촉해야 한다.(2024.1.30 본문개정)
1. 「고등교육법」 제2조에 따른 학교에서 학사 이상의 학위를 받은 사람 또는 다른 법령에 따라 이와 같은 수준 이상의 학력이 있다고 인정되는 사람
2. 소비자 관련 단체, 청소년 관련 단체 또는 의약 관련 협회·단체(이하 이 조에서 "관련 단체"라 한다)의 회원 또는 직원으로서 해당 관련 단체의 장이 추천한 사람
3. 보건행정관서에서 1년 이상 보건행정에 관한 업무에 종사한 경력이 있는 사람
4. 마약류 관련 수사업무에 1년 이상 종사한 경력이 있는 사람
② 법 제51조의5제1항에 따른 마약류 명예지도원의 업무범위는 다음 각 호와 같다.(2024.1.30 본문개정)
1. 마약류의 오용·남용 방지를 위한 홍보 및 계몽
2. 법 위반행위에 대한 신고 및 자료 제공
③ 마약류 명예지도원의 임기는 2년으로 하며, 연임할 수 있다. 다만, 제1항제2호에 따라 위촉된 사람의 연임은 관련 단체의 장의 연임요청이 있어야 한다.
④ 식품의약품안전처장, 시·도지사 또는 시장·군수·구청장은 예산의 범위에서 마약류 명예지도원의 활동에 필요한 경비를 지원할 수 있다.(2013.3.23 본항개정)
⑤ 식품의약품안전처장, 시·도지사 또는 시장·군수·구청장은 마약류 명예지도원이 다음 각 호의 어느 하나에 해당하는 경우에는 위촉을 해제하여야 한다.
(2013.3.23 본문개정)
1. 법 제3조를 위반한 경우
2. 관련 단체로부터 퇴직 또는 해임되거나 회원자격을 상실한 경우
3. 마약류 명예지도원의 업무와 관련하여 부정한 행위로 물의를 일으킨 경우
4. 질병·부상 등의 사유로 업무 수행이 곤란하게 된 경우
⑥ 이 영에서 규정한 사항 외에 마약류 명예지도원의 운영에 필요한 세부 사항은 식품의약품안전처장, 시·도지사 및 시장·군수·구청장이 따로 정한다.(2013.3.23 본항개정)
(2012.6.7 본조개정)

제20조의7【한국마약퇴치운동본부의 운영 등】 ① 법 제51조의6제6항에 따라 한국마약퇴치운동본부의 장은 매 사업연도가 시작되기 60일 전까지 사업계획서 및 수입·지출예산서를 식품의약품안전처장에게 제출해야 한다.(2024.1.30 본항개정)
② 한국마약퇴치운동본부의 장은 제1항에 따른 사업계획서 및 수입·지출예산서의 내용을 변경하려는 경우에는 그 변경할 내용 및 사유를 구체적으로 적은 서류를 식품의약품안전처장에게 제출하여야 한다.(2013.3.23 본항개정)
③ 식품의약품안전처장은 제1항에 따라 다음 연도의 사업계획서 및 수입·지출예산서를 받거나 제2항에 따라 변경 내용 및 사유를 적은 서류를 받은 경우 필요하면 한국마약퇴치운동본부의 장에게 다음 각 호의 사항에 관한 자료를 요청할 수 있다.(2013.3.23 본문개정)
1. 법 제51조의6제1항 각 호의 사업에 관한 사항
2. 법 제51조의6제5항에 따라 지원된 재정의 사용 명세에 관한 사항
(2024.1.30 1호~2호개정)

제20조의8【유해성 평가 대상 물질】 법 제52조의2에서 "대통령령으로 정하는 물질"이란 다음 각 호의 어느 하나에 해당하는 물질을 말한다.
1. 마약류 또는 임시마약류와 구조적·효과적 유사성이 있는 물질로서 보건상 위해가 우려되는 물질
2. 오용 또는 남용으로 인한 신체적·정신적 위해를 끼칠 가능성이 있는 물질
(2019.3.12 본조신설)

제21조【몰수 마약류의 폐기방법】 시·도지사는 법 제53조제2항에 따라 몰수 마약류를 폐기하는 경우에는 다음 각 호의 방법으로 하여야 한다.
1. 가연성이 있는 마약류는 보건위생상 위해(危害)가 발생할 우려가 없는 장소에서 태워버릴 것
2. 중화·가수분해·산화·환원·희석 또는 그 밖의 방법으로 마약류가 아닌 것으로 변화시킬 것
3. 제1호 또는 제2호의 방법으로 마약류를 폐기할 수 없는 경우에는 지하수를 오염시킬 우려가 없는 지하 1미터 이상의 땅속에 파묻거나, 해수면 위에 떠오를 우려가 없는 방법으로 바닷물 속에 가라앉히거나, 그 밖에 보건위생상 위해가 발생할 우려가 없는 방법으로 처리할 것
(2012.6.7 본조개정)

제22조【몰수 마약류의 처분】 ① 법 제53조제2항에 따른 "필요한 처분"은 다음 각 호의 어느 하나에 해당하는 경우로서 시·도지사가 몰수 마약류를 이에 제공할 필요가 있다고 인정하여 실시하는 처분으로 한다.
1. 마약류취급학술연구자가 연구용으로 필요한 양만 쓰려는 경우
2. 공무상 시험용으로 쓰려는 경우
3. 몰수 마약류를 법에 따라 제조 또는 수입 등이 된 마약류로 재활용하려는 경우
② 제1항제1호 및 제2호에 따라 마약류를 제공받으려는 자는 총리령으로 정하는 바에 따라 신청서를 시·도지사에게 제출하여야 한다.(2013.3.23 본항개정)
③ 제1항제3호에 따라 마약류를 재활용하려는 시·도지사는 그 양수인을 지정하여야 한다.
④ 제3항에 따라 양수인으로 지정되어 몰수 마약류를 양수하려는 자는 시·도지사가 정하는 가액(價額)을 해당 지방자치단체의 수입증지로 내야 한다. 다만, 시·도지사는 정보통신망을 이용하여 전자화폐·전자결제 등의 방법으로 내게 할 수 있다.
(2012.6.7 본조개정)

제22조의2【의료용 마약류 수거·폐기사업참여자 선정】 ① 법 제53조의2에 따라 가정에서 사용하고 남은 의료용 마약류의 수거·폐기 사업(이하 "수거·폐기사업"이라 한다)에 참여하는 개인·기관·단체 또는 법인 등(이하 "수거·폐기사업참여자"라 한다)의 선정 기준은 다음 각 호와 같다.
1. 수거·폐기사업 수행에 필요한 전담 인력과 전담 조직 등을 갖추고 있을 것
2. 수거·폐기사업 수행에 필요한 시설과 장비 등을 갖추고 있을 것
3. 설립목적 또는 활동실적이 보건의료 분야와 관련될 것
② 식품의약품안전처장 또는 시·도지사는 법 제53조의2에 따라 수거·폐기사업참여자를 선정할 때에는 다음 각 호의 사항이 포함된 선정 계획을 30일 이상 공고해야 한다.
1. 수거·폐기사업의 내용 및 기간 등에 관한 사항
2. 수거·폐기사업참여자의 선정 방법 및 절차 등에 관한 사항
3. 수거·폐기사업참여자의 비용 지원에 관한 사항
4. 그 밖에 수거·폐기사업참여자의 선정과 관련하여 식품의약품안전처장 또는 시·도지사가 필요하다고 인정하는 사항
③ 법 제53조의2에 따라 수거·폐기사업참여자로 선정받으려는 자는 수거·폐기사업참여자 선정신청서에 다음 각 호의 서류를 첨부하여 식품의약품안전처장 또는 시·도지사에게 제출해야 한다.
1. 제1항 각 호에 따른 선정 기준에 적합함을 증명하는 서류
2. 수거·폐기사업 수행을 위한 사업계획서
3. 수거·폐기사업 수행을 위한 자금운용계획서
4. 정관 또는 이에 준하는 사업 운영 규정
④ 식품의약품안전처장 또는 시·도지사는 법 제53조의2에 따라 수거·폐기사업참여자를 선정한 경우에는 그 선정 사실을 인터넷 홈페이지에 공고해야 한다.
⑤ 법 제53조의2에 따라 수거·폐기사업참여자로 선정된 자는 매 연도의 사업 실적보고서와 자금운용 결산서를 다음 연도 1월 31일까지 식품의약품안전처장 또는 시·도지사에게 제출해야 한다.
⑥ 제1항부터 제5항까지에서 규정한 사항 외에 수거·폐기사업참여자의 선정 기준, 절차 및 방법 등에 필요한 세부 사항은 식품의약품안전처장이 정하여 고시한다.
(2019.12.10 본조신설)

제22조의3【의료용 마약류 수거·폐기사업참여자 지원】 식품의약품안전처장이 법 제53조의2제2항에 따라 수거·폐기사업참여자에게 지원할 수 있는 비용은 다음 각 호와 같다.
1. 수거·폐기사업 전담 인력의 운용 또는 관리 등에 드는 비용
2. 수거·폐기사업에 필요한 시설 또는 장비의 설치·운용 등에 드는 비용
3. 마약류의 운반 또는 폐기 등에 드는 비용
4. 그 밖에 제1호부터 제3호까지에 준하는 비용으로서 수거·폐기사업의 효율적 수행에 필요하다고 식품의약품안전처장이 인정하는 비용
(2019.12.10 본조신설)

제23조【신고·고발】 ① 법 제54조에 따른 마약류에 관한 범죄의 신고 또는 고발(이하 이 조에서 "신고·고발"이라 한다)은 익명 또는 가명으로 할 수 있다.
② 신고·고발이 말로 접수된 경우 이를 접수한 공무원은 신고조서 또는 고발조서를 작성하여야 한다.
③ 신고·고발에 관한 사무를 처리하는 사람은 그 신고인 또는 고발인에 대한 사항을 누설해서는 아니 된다.
(2012.6.7 본조개정)

제24조【보상금의 지급신청】 ① 법 제54조에 따른 보상금을 받으려는 사람은 법무부령으로 정하는 바에 따라 보상금 지급신청서를 관할 지방검찰청 검사장(지청장을 포함한다. 이하 이 조에서 같다)을 거쳐 법무부장관에게 제출하여야 한다.
② 제1항에 따른 신청은 「민원 처리에 관한 법률 시행령」 제2조제1항제3호에도 불구하고 익명 또는 가명으로 할 수 있다. 이 경우 그 사유에 관한 범죄인지관서의 장의 확인을 받아야 한다.(2016.2.12 전단개정)
③ 제1항에 따른 신청서를 접수한 관할 지방검찰청 검사장은 그 신청서에 법무부령으로 정하는 서류를 첨부하여 법무부장관에게 제출하여야 한다.
(2012.6.7 본조개정)

제25조【보상금의 지급】 ① 법 제54조에 따른 보상금은 검사가 범인에 대하여 공소를 제기하거나 기소유예처분을 한 경우에 지급한다. 다만, 범인을 검거하지 못하고 마약류만 압수한 경우에는 법무부령으로 정하는 바에 따라 보상금을 지급할 수 있다.
② 법 제54조에 따른 보상금은 법무부령으로 정하는 바에 따라 추징금액과 몰수품의 국내 도매가격을 합산한 금액 또는 추징 예상금액과 압수물의 국내 도매가격을 합산한 금액을 한도로 예산의 범위에서 지급한다.(2022.12.9 단서삭제)
(2012.6.7 본조개정)

제26조【보상금의 지급조서 및 대장】 법 제54조에 따라 법무부장관이 보상금을 지급하는 경우에는 법무부령으로 정하는 바에 따라 보상금 지급조서 및 보상금 지급대장을 작성·비치하여야 한다.(2012.6.7 본조개정)

제27조【허가의 경합】 동일인이 두 종류 이상의 법 제6조제1항에 따른 마약류취급자의 허가 또는 법 제6조의2 제1항에 따른 원료물질의 수출입업 또는 제조업의 허가를 받은 경우에는 마약류취급자 또는 법 제7조제1항 전단에 따른 원료물질수출입업자등(이하 "원료물질수출입업자등"이라 한다)에 관한 규정을 적용할 때 각 허가별로 별개의 마약류취급자 또는 원료물질수출입업자등으로 본다.(2019.3.12 본조개정)

제28조【권한의 위임】 ① 식품의약품안전처장은 법 제56조에 따라 법 제52조의2에 따른 임시마약류 등의 유해성 평가에 관한 권한을 식품의약품안전평가원장에게 위임한다.(2019.3.12 본항신설)

② 식품의약품안전처장은 법 제56조에 따라 다음 각 호의 권한을 지방식품의약품안전처장에게 위임한다.

(2013.3.23 본문개정)

1. 법 제6조제1항제4호에 따른 마약류취급학술연구자의 허가 및 변경허가

1의2. 법 제6조의2제1항에 따른 원료물질의 수출입업 또는 제조업의 허가 및 변경허가(2019.3.12 본호개정)

1의3. 법 제7조제1항 및 제2항에 따른 마약류취급학술연구자 및 원료물질수출입업자등의 명부(名簿) 기록 및 허가증 또는 지정서 발급 및 재발급(2013.3.23 본호신설)

2. 법 제8조에 따른 마약류취급학술연구자 또는 원료물질수출입업자등의 마약류 또는 원료물질 취급에 관한 업무의 폐업 등의 신고의 수리(受理)(2013.3.23 본호개정)

3. 법 제9조제2항제1호 및 같은 조 제3항에 따른 마약류 양도의 승인(2024.1.30 본호개정)

4. 법 제12조에 따른 사고 마약류의 처리 및 이에 대한 보고의 접수

5. 법 제13조제1항에 따른 마약류취급학술연구자의 자격상실 등에 따른 소지 중인 마약류의 처분 승인

(2016.11.1 본호개정)

6. 법 제16조제2항 단서에 따른 마약류취급학술연구자에 대한 무봉함(無封緘) 마약 및 향정신성의약품 수수의 승인

7. 법 제35조제2항에 따른 마약류취급학술연구자의 대마의 학술연구용 사용 보고와 대마초 재배 보고의 접수

(2016.11.1 본호개정)

8. (2020.9.22 삭제)

9. 법 제42조에 따른 마약류의 폐기 명령 및 폐기 처분

10. 법 제43조에 따른 업무 보고 등 명령에 관한 업무

11. 법 제44조제1항에 따른 마약류취급학술연구자 또는 원료물질수출입업자등에 대한 허가의 취소와 그 업무 또는 마약류 사용의 전부나 일부의 정지명령 및 법 제46조에 따른 마약류취급학술연구자에 대한 과징금의 부과·징수(2013.3.23 본호개정)

12. 법 제47조에 따른 부정 마약의 처분

13. 법 제51조의5 및 이 영 제20조의6에 따른 마약류 명예지도원의 위촉·위촉해제 및 그 운영(2024.1.30 본호개정)

14. 법 제50조에 따른 마약류수출입업자·마약류제조업자·마약류원료사용자·마약류취급학술연구자 및 원료물질수출입업자등에 대한 교육 및 수료증 발급

14의2. 법 제51조제3항에 따른 신고의 접수

(2013.3.23 본호신설)

15. 법 제69조에 따른 마약류취급학술연구자 또는 원료물질수출입업자등에 대한 과태료의 부과·징수

(2013.3.23 본호개정)

③~④ (2024.1.30 삭제)

(2012.6.7 본조개정)

제28조의2【민감정보 및 고유식별정보의 처리】 보건복지부장관, 식품의약품안전처장(제8조제1항 또는 제28조에 따라 식품의약품안전처장의 업무를 위탁받거나 권한을 위임받은 자를 포함한다), 지방식품의약품안전청장, 시·도지사 또는 시장·군수·구청장(해당 권한이 위임·위탁된 경우에는 그 권한을 위임·위탁받은 자를 포함한다) 또는 법 제40조제1항에 따른 치료보호기관(제9호 및 제10호의 사무만 해당한다)은 다음 각 호의 사무를 수행하기 위하여 불가피한 경우 「개인정보 보호법」 제23조에 따른 건강에 관한 정보(이하 "건강정보"라 한다), 같은 법 시행령 제18조제2호에 따른 범죄경력자료에 해당하는 정보(이하 "범죄경력정보"라 한다), 같은 영 제19조제1호, 제2호 또는 제4호에 따른 주민등록번호, 여권번호 또는 외국인등록번호가 포함된 자료를 처리할 수 있다. 다만, 제4호, 제5호, 제7호 및 제16호의 사무의 경우에는 건강정보와 범죄경력정보는 제외하고, 제6호의2의 사무의 경우에는 범죄경력정보는 제외한다.(2022.12.20 본문개정)

1. 법 제3조제7호 단서 및 이 영 제3조제3항제4호에 따른 대마 매매의 승인에 관한 사무(2019.12.10 본호신설)

1의2. 법 제4조에 따른 마약류취급자가 아닌 자의 마약류 취급 금지 등에 관한 사무

2. 법 제6조에 따른 마약류취급자의 허가 등에 관한 사무

3. 법 제6조의2에 따른 원료물질의 수출입업 또는 제조업의 허가 등에 관한 사무(2019.3.12 본호개정)

4. 법 제7조에 따른 허가증 등의 발급과 등재에 관한 사무

5. 법 제8조에 따른 폐업 등의 신고 등에 관한 사무

6. 법 제9조에 따른 마약류 양도·양수의 승인 등에 관한 사무

6의2. 법 제11조에 따른 마약류 취급의 보고에 관한 사무

6의3. 법 제11조의2에 따른 정보의 수집·조사·이용 및 제공에 관한 사무

(2019.3.12 6호의2~6호의3신설)

7. 법 제12조에 따른 사고 마약류 등의 처리에 관한 사무

8. 법 제13조에 따른 자격 상실자의 마약류 처분에 관한 사무

9. 법 제39조 각 호 외의 부분 단서에 따른 마약 중독자에 대한 마약 사용의 허가에 관한 사무

10. 법 제40조에 따른 마약류 중독자의 치료보호에 관한 사무

11. 법 제41조에 따른 출입·검사와 수거 등에 관한 사무

12. 법 제42조에 따른 폐기 명령 등에 관한 사무

13. 법 제43조에 따른 업무 보고 등에 관한 사무

14. 법 제44조에 따른 허가 등의 취소처분 등에 관한 사무

15. 법 제46조에 따른 과징금의 부과·징수에 관한 사무

16. 법 제48조에 따른 마약류 감시원에 관한 사무

17. 법 제51조에 따른 원료물질의 관리에 관한 사무

18. 법 제51조의5에 따른 마약류 명예지도원에 관한 사무

(2024.1.30 본호개정)

19. 법 제52조에 따른 마약류 관계 자료의 수집 등에 관한 사무

20. 법 제53조에 따른 몰수 마약류의 처분 등에 관한 사무

20의2. 법 제53조의2에 따른 수거·폐기사업참여자의 선정 및 관리에 관한 사무(2019.12.10 본호신설)

21. 법 제54조에 따른 보상금의 지급에 관한 사무

(2012.6.7 본조개정)

제28조의3 (2020.3.3 삭제)

제29조【과태료의 부과·징수】 법 제69조제1항에 따른 과태료의 부과기준은 별표10과 같다.(2012.6.7 본조개정)

부 칙

①【시행일】 이 영은 2000년 7월 1일부터 시행한다.

②【다른 법령의 폐지】 마약법시행령, 향정신성의약품관리법시행령 및 대마관리법시행령은 이를 각각 폐지한다.

③【마약류감시원 임명에 관한 경과조치】 (생략)

④【다른 법령의 개정】 ※(해당 법령에 가제정리 하였음)

⑤【다른 법령과의 관계】 이 영 시행당시 다른 법령에서 종전의 마약법시행령, 향정신성의약품관리법시행령 또는 대마관리법시행령을 인용하고 있는 경우 이 영에 그에 해당하는 규정이 있는 때에는 종전의 규정에 갈음하여 이 영 또는 이 영의 해당 규정을 각각 인용한 것으로 본다.

부 칙 (2014.8.27)

제1조【시행일】 이 영은 공포한 날부터 시행한다. 다만, 별표4 제42호 및 제43호의 개정규정은 공포 후 6개월이 경과한 날부터 시행한다.

제2조【허가의 신청 등에 관한 준비행위 등】 ① 식품의약품안전처장은 이 영 시행을 위하여 필요하다고 인정하는 경우에는 부칙 제1조 단서에 따른 시행일 전에 별표4 제42호 및 제43호의 개정규정에 따라 향정신성의약품으로 분류되는 틸레타민 또는 졸라제팜에 대하여 법 제4조에 따른 마약류취급의 승인, 법 제6조에 따른 마약류취급자 허가 또는 지정, 법 제18조 및 제21조에 따른 마약류제조 또는 수출입 품목허가 절차를 진행할 수 있다.

② 제1항에 따른 승인, 허가 또는 지정의 절차가 부칙 제1조 단서에 따른 시행일 전에 완료된 경우에는 부칙 제1조 단서에 따른 시행일을 승인일, 허가일 또는 지정일로 본다.

제3조【마약류 제조·수출입 품목허가 등에 관한 경과조치】 ① 부칙 제1조 단서에 따른 시행일 전에 별표4 제42호 및 제43호의 개정규정에 따라 향정신성의약품으로 분류되는 틸레타민 또는 졸라제팜의 성분을 포함하는 동물의약품에 대하여 「약사법」 제85조에 따라 제조품목의 허가 또는 수입품목의 허가를 받은 자는 법 제18조 및 제21조에 따라 마약류 제조 또는 수출입 품목허가를 받은 자로 본다.

② 제1항에 해당하는 자 중 법 제6조에 따라 마약류취급자로 허가 또는 지정을 받지 아니한 자는 별표4 제42호 및 제43호의 개정규정에 따라 향정신성의약품으로 분류되는 틸레타민 또는 졸라제팜을 취급하려는 경우에는 법 제6조에 따라 마약류취급자로 허가 또는 지정을 받아야 한다.

부 칙 (2016.11.1)

제1조【시행일】 이 영은 2016년 11월 4일부터 시행한다. 다만, 다음 각 호의 사항은 각 호의 구분에 따른 날부터 시행한다.

1. 제8조, 제12조의2제1호 본문, 제16조 및 별표1부터 별표6까지의 개정규정 : 공포한 날

2. 제7조, 제9조, 제12조, 제12조의2제1호 단서, 제28조 및 별표10의 개정규정 : 법률 제13331호 마약류 관리에 관한 법률 일부개정법률의 시행일

제2조【과징금 미납자에 대한 처분에 관한 적용례】 제16조의2의 개정규정은 이 영 시행 당시 과징금 부과처분을 받고 납부기한이 도래하지 아니한 자에 대해서도 적용한다.

제3조【과징금 산정기준에 관한 경과조치】 이 영 시행 전의 위반행위에 대하여 과징금 산정기준을 적용할 때에는 별표9 제1호가목의 개정규정에도 불구하고 종전의 규정에 따른다.

제4조【과태료 부과기준에 관한 경과조치】 이 영 시행 전의 위반행위에 대하여 과태료 부과기준을 적용할 때에는 별표10의 개정규정에도 불구하고 종전의 규정에 따른다.

부 칙 (2019.12.10)

이 영은 2019년 12월 12일부터 시행한다. 다만, 제28조의2 제1호·제1호의2, 별표2, 별표3 및 별표8의 개정규정은 공포한 날부터 시행한다.

부 칙 (2020.3.3)

이 영은 공포한 날부터 시행한다.

부 칙 (2020.3.24)

제1조【시행일】 이 영은 공포한 날부터 시행한다.(이하 생략)

부 칙 (2020.6.2)

이 영은 2020년 6월 4일부터 시행한다.

부 칙 (2020.9.22)

이 영은 2020년 10월 1일부터 시행한다.

부 칙 (2021.1.5 영31380호)

이 영은 공포한 날부터 시행한다.(이하 생략)

부 칙 (2021.1.5 영31381호)

이 영은 공포한 날부터 시행한다.

부 칙 (2021.9.24)

제1조【시행일】 이 영은 공포한 날부터 시행한다.(이하 생략)

부 칙 (2021.12.14)

이 영은 공포한 날부터 시행한다. 다만, 제5조의 개정규정은 공포 후 3개월이 경과한 날부터 시행한다.

부 칙 (2022.12.9)

이 영은 2022년 12월 11일부터 시행한다.

부 칙 (2022.12.20)
(2023.11.7)
(2023.12.12)

이 영은 공포한 날부터 시행한다.

부 칙 (2024.1.30)

제1조【시행일】 이 영은 2024년 2월 17일부터 시행한다. 다만, 다음 각 호의 개정규정은 해당 호에서 정하는 날부터 시행한다.

1. 제2조의2 및 제20조의5의 개정규정 : 2024년 8월 17일
2. 제2조의7의 개정규정 : 2024년 8월 9일
3. 제28조제2항제3호 및 같은 조 제3항·제4항의 개정규정 : 2024년 2월 9일

제2조【마약류관리기본계획 및 시행계획에 관한 특례】 제2조의2의 개정규정에도 불구하고 이 영 시행 이후 최초로 수립하는 마약류관리기본계획 및 연도별 시행계획에 대해서는 그 제출 기한을 국무총리가 따로 정할 수 있다.

〔별표〕 ➡ 「法典 別冊」 참조

환경정책기본법

(2011년 7월 21일 전부개정법률 제10893호)

개정
2011. 7.28법10977호(야생생물보호및관리에관한법)
2012. 2. 1법11256호(대기환경)
2012. 2. 1법11268호
2013. 1. 1법11603호(교통·에너지·환경세법)
2013. 4. 5법11751호
2013. 7.16법11913호(전기·전자제품및자동차의자원순환에관한법)
2013. 7.16법11917호(환경기술및환경산업지원법)
2013. 7.30법11980호(폐기물의국가간이동및그처리에관한법)
2015. 7.20법13410호(수도권대기환경개선에관한특별법)
2015.12. 1법13534호(한국환경산업기술원법)
2015.12. 1법13535호
2015.12.15법13550호(교통·에너지·환경세법)
2015.12.22법13603호(환경오염시설의통합관리에관한법)
2016. 1.27법13872호(금강수계물관리및주민지원등에관한법)
2016. 1.27법13873호(낙동강수계물관리및주민지원등에관한법)
2016. 1.27법13879호(수질수생태계보전)
2016. 1.27법13883호(영산강·섬진강수계물관리및주민지원등에관한법)
2016. 1.27법13886호(잔류성오염물질관리법)
2016. 1.27법13889호(한강수계상수원수질개선및주민지원등에관한법)
2016. 1.27법13894호
2016. 5.29법14229호(자원순환기본법)
2016.12.27법14494호
2017. 1.17법14532호(물환경보전법)
2018.12.31법16096호(교통·에너지·환경세법)
2019. 1.15법16267호
2019. 4. 2법16305호(대기관리권역의대기환경개선에관한특별법)
2019.11.26법16619호 2019.12.31법16861호
2020. 5.26법17326호(법률용어정비)
2020.12.29법17797호(대기환경)
2021. 1. 5법17857호
2021. 6.15법18283호(녹색융합클러스터의조성및육성에관한법)
2021. 9.24법18469호(기후위기대응을위한탄소중립·녹색성장기본법)
2021.12.21법18584호(교통·에너지·환경세법)
2022. 6.10법18918호
2022.12.30법19151호(유기성폐자원을활용한바이오가스의생산및이용촉진법)
2022.12.31법19208호(순환경제사회전환촉진법)
2023. 1. 3법19173호

제1장 총 칙

제1조【목적】 이 법은 환경보전에 관한 국민의 권리·의무와 국가의 책무를 명확히 하고 환경정책의 기본 사항을 정하여 환경오염과 환경훼손을 예방하고 환경을 적정하고 지속가능하게 관리·보전함으로써 모든 국민이 건강하고 쾌적한 삶을 누릴 수 있도록 함을 목적으로 한다.

제2조【기본이념】 ① 환경의 질적인 향상과 그 보전을 통한 쾌적한 환경의 조성 및 이를 통한 인간과 환경 간의 조화와 균형의 유지는 국민의 건강과 문화적인 생활의 향유 및 국토의 보전과 항구적인 국가발전에 반드시 필요한 요소임에 비추어 국가, 지방자치단체, 사업자 및 국민은 환경을 보다 양호한 상태로 유지·조성하도록 노력하고, 환경을 이용하는 모든 행위를 할 때에는 환경보전을 우선적으로 고려하며, 기후변화 등 지구환경상의 위해(危害)를 예방하기 위하여 공동으로 노력함으로써 현 세대의 국민이 그 혜택을 널리 누릴 수 있게 함과 동시에 미래의 세대에게 그 혜택이 계승될 수 있도록 하여야 한다.
② 국가와 지방자치단체는 환경 관련 법령이나 조례·규칙을 제정·개정하거나 정책을 수립·시행할 때 모든 사람들에게 실질적인 참여를 보장하고, 환경에 관한 정보에 접근하도록 보장하며, 환경적 혜택과 부담을 공평하게 나누고, 환경오염 또는 환경훼손으로 인한 피해에 대하여 공정한 구제를 보장함으로써 환경정의를 실현하도록 노력한다.
(2019.1.15 본조개정)

판례 토지의 소유자라 하더라도 토양오염물질을 토양에 누출·유출하거나 투기·방치함으로써 토양오염을 유발하였음에도 오염토양을 정화하지 않은 상태에서 오염토양이 포함된 토지를 거래에 제공함으로써 유통되게 하거나, 토지에 폐기물을 불법으로 매립하였음에도 처리하지 않은 상태에서 토지를 거래에 제공하는 등으로 유통되게 하였다면, 다른 특별한 사정이 없는 한 이는 거래의 상대방 및 토지를 전전 취득한 현재의 토지 소유자에 대한 위법행위로서 불법행위가 성립할 수 있다. 그리고 토지를 매수한 현재의 토지 소유자가 오염토양 또는 폐기물이 매립되어 있는 지하까지 토지를 개발·사용하게 된 경우 등과 같이 자신의 토지소유권을 완전하게 행사하기 위하여 오염토양 정화비용이나 폐기물 처리비용을 지출하였거나 지출해야만 하는 상황에 이르렀다거나 구 토양환경보전법에 의하여 관할 행정관청으로부터 조치명령 등을 받음에 따라 마찬가지의 상황에 이르렀다면 위법행위로 인하여 오염토양 정화비용 또는 폐기물 처리비용의 지출이라는 손해의 결과가 현실적으로 발생하였으므로, 토양오염을 유발하거나 폐기물을 매립한 종전 토지 소유자는 오염토양 정화비용 또는 폐기물 처리비용 상당의 손해에 대하여 불법행위자로서 손해배상책임을 진다.
(대판 2016.5.19, 2009다66549 전원합의체)

제3조【정의】 이 법에서 사용하는 용어의 뜻은 다음과 같다.
1. "환경"이란 자연환경과 생활환경을 말한다.
2. "자연환경"이란 지하·지표(해양을 포함한다) 및 지상의 모든 생물과 이들을 둘러싸고 있는 비생물적인 것을 포함한 자연의 상태(생태계 및 자연경관을 포함한다)를 말한다.
3. "생활환경"이란 대기, 물, 토양, 폐기물, 소음·진동, 악취, 일조(日照), 인공조명, 화학물질 등 사람의 일상생활과 관계되는 환경을 말한다.(2019.1.15 본호개정)
4. "환경오염"이란 사업활동 및 그 밖의 사람의 활동에 의하여 발생하는 대기오염, 수질오염, 토양오염, 해양오염, 방사능오염, 소음·진동, 악취, 일조 방해, 인공조명에 의한 빛공해 등으로서 사람의 건강이나 환경에 피해를 주는 상태를 말한다.(2016.1.27 본호개정)
5. "환경훼손"이란 야생동식물의 남획(濫獲) 및 그 서식지의 파괴, 생태계질서의 교란, 자연경관의 훼손, 표토(表土)의 유실 등으로서 자연환경의 본래적 기능에 중대한 손상을 주는 상태를 말한다.
6. "환경보전"이란 환경오염 및 환경훼손으로부터 환경을 보호하고 오염되거나 훼손된 환경을 개선함과 동시에 쾌적한 환경 상태를 유지·조성하기 위한 행위를 말한다.
7. "환경용량"이란 일정한 지역에서 환경오염 또는 환경훼손에 대하여 환경이 스스로 수용, 정화 및 복원하여 환경의 질을 유지할 수 있는 한계를 말한다.
8. "환경기준"이란 국민의 건강을 보호하고 쾌적한 환경을 조성하기 위하여 국가가 달성하고 유지하는 것이 바람직한 환경상의 조건 또는 질적인 수준을 말한다.

제4조【국가 및 지방자치단체의 책무】 ① 국가는 환경오염 및 환경훼손과 그 위해를 예방하고 환경을 적정하게 관리·보전하기 위하여 환경계획을 수립하여 시행할 책무를 진다.
② 지방자치단체는 관할 구역의 지역적 특성을 고려하여 국가의 환경계획에 따라 그 지방자치단체의 환경계획을 수립하여 이를 시행할 책무를 진다.
③ 국가 및 지방자치단체는 지속가능한 국토환경 유지를 위하여 제1항에 따른 환경계획과 제2항에 따른 지방자치단체의 환경계획을 수립할 때에는 「국토기본법」에 따른 국토계획과의 연계방안 등을 강구하여야 한다.
④ 환경부장관은 제3항에 따른 환경계획과 국토계획의 연계를 위하여 필요한 경우에는 적용범위, 연계방법 및 절차 등을 국토교통부장관과 공동으로 정할 수 있다.
(2021.1.5 본조개정)

제5조【사업자의 책무】 사업자는 그 사업활동으로부터 발생하는 환경오염 및 환경훼손을 스스로 방지하기 위하여 필요한 조치를 하여야 하며, 국가 또는 지방자치단체의 환경보전시책에 참여하고 협력하여야 할 책무를 진다.

제6조【국민의 권리와 의무】 ① 모든 국민은 건강하고 쾌적한 환경에서 생활할 권리를 가진다.
② 모든 국민은 국가 및 지방자치단체의 환경보전시책에 협력하여야 한다.
③ 모든 국민은 일상생활에서 발생하는 환경오염과 환경훼손을 줄이고, 국토 및 자연환경의 보전을 위하여 노력하여야 한다.

제6조의2【다른 법률과의 관계】 환경정책에 관한 다른 법령 등을 제정하거나 개정하는 경우에는 이 법의 목적과 기본이념에 부합하도록 하여야 한다.(2019.1.15 본조신설)

제7조【오염원인자 책임원칙】 자기의 행위 또는 사업활동으로 환경오염 또는 환경훼손의 원인을 발생시킨 자는 그 오염·훼손을 방지하고 오염·훼손된 환경을 회복·복원할 책임을 지며, 환경오염 또는 환경훼손으로 인한 피해의 구제에 드는 비용을 부담함을 원칙으로 한다.

제7조의2【수익자 부담원칙】 국가 및 지방자치단체는 국가 또는 지방자치단체 이외의 자가 환경보전을 위한 사업으로 현저한 이익을 얻는 경우 이익을 얻는 자에게 그 이익의 범위에서 해당 환경보전을 위한 사업 비용의 전부 또는 일부를 부담하게 할 수 있다.(2021.1.5 본조신설)

제8조【환경오염 등의 사전예방】 ① 국가 및 지방자치단체는 환경오염물질 및 환경오염원의 원천적인 감소를 통한 사전예방적 오염관리에 우선적인 노력을 기울여야 하며, 사업자로 하여금 환경오염을 예방하기 위하여 스스로 노력하도록 촉진하기 위한 시책을 마련하여야 한다.
② 사업자는 제품의 제조·판매·유통 및 폐기 등 사업활동의 모든 과정에서 환경오염이 적은 원료를 사용하고 공정(工程)을 개선하며, 자원의 절약과 재활용의 촉진 등을 통하여 오염물질의 배출을 원천적으로 줄이고, 제품의 사용 및 폐기로 환경에 미치는 해로운 영향을 최소화하도록 노력하여야 한다.
③ 국가, 지방자치단체 및 사업자는 행정계획이나 개발사업에 따른 국토 및 자연환경의 훼손을 예방하기 위하여 해당 행정계획 또는 개발사업이 환경에 미치는 해로운 영향을 최소화하도록 노력하여야 한다.

제9조【환경과 경제의 통합적 고려 등】 ① 정부는 환경과 경제를 통합적으로 평가할 수 있는 방법을 개발하여 각종 정책을 수립할 때에 이를 활용하여야 한다.
② 정부는 환경용량의 범위에서 산업 간, 지역 간, 사업 간 협의에 의하여 환경에 미치는 해로운 영향을 최소화하도록 지원하여야 한다.

제10조【자원 등의 절약 및 순환적 사용 촉진】 ① 국가 및 지방자치단체는 자원과 에너지를 절약하고 자원의 재사용·재활용 등 자원의 순환적 사용을 촉진하는 데 필요한 시책을 마련하여야 한다.
② 사업자는 경제활동을 할 때 제1항에 따른 국가 및 지방자치단체의 시책에 협력하여야 한다.

제11조【보고】 ① 정부는 매년 주요 환경보전시책의 추진상황에 관한 보고서를 국회에 제출하여야 한다.
② 제1항의 보고서에는 다음 각 호의 사항이 포함되어야 한다.
1. 환경오염·환경훼손 현황
2. 국내외 환경 동향
3. 환경보전시책의 추진상황
4. 그 밖에 환경보전에 관한 주요 사항
③ 환경부장관은 제1항의 보고서 작성에 필요한 자료의 제출을 관계 중앙행정기관의 장에게 요청할 수 있으며, 관계 중앙행정기관의 장은 특별한 사유가 없으면 이에 따라야 한다.

제2장 환경계획의 수립 등
(2021.1.5 본장제목개정)

제1절 환경기준

제12조【환경기준의 설정】 ① 국가는 생태계 또는 인간의 건강에 미치는 영향 등을 고려하여 환경기준을 설정하여야 하며, 환경 여건의 변화에 따라 그 적정성이 유지되도록 하여야 한다.(2016.1.27 본항개정)
② 환경기준은 대통령령으로 정한다.
③ 특별시·광역시·특별자치시·도·특별자치도(이하 "시·도"라 한다)는 해당 지역의 환경적 특수성을 고려하여 필요하다고 인정할 때에는 해당 시·도의 조례로 제1항에 따른 환경기준보다 확대·강화된 별도의 환경기준(이하 "지역환경기준"이라 한다)을 설정 또는 변경할 수 있다.(2021.1.5 본항개정)
④ 특별시장·광역시장·특별자치시장·도지사·특별자치도지사(이하 "시·도지사"라 한다)는 제3항에 따라 지역환경기준을 설정하거나 변경한 경우에는 이를 지체 없이 환경부장관에게 통보하여야 한다.(2021.1.5 본항개정)

제12조의2【환경기준 등의 공표】 ① 환경부장관은 제12조에 따라 정한 환경기준 및 그 설정 근거를 공표하여야 한다.
② 제1항에 따른 공표의 기준·방법은 환경부령으로 정한다.
(2019.1.15 본조신설)

제12조의3【환경기준의 평가 등】 ① 환경부장관은 제12조에 따른 환경기준의 적정성 유지를 위하여 5년의 범위에서 환경기준에 대한 평가를 실시하여야 한다.
② 환경부장관은 제1항에 따라 환경기준의 평가를 실시한 때에는 그 결과를 지체 없이 국회 소관 상임위원회에 보고하여야 한다.
③ 국가 및 지방자치단체는 제12조제1항 및 제3항에 따라 환경기준을 설정하거나 변경할 때에는 제1항에 따른 평가 결과를 반영하여야 한다.
④ 그 밖에 환경기준의 평가 등에 필요한 사항은 대통령령으로 정한다.
(2019.1.15 본조신설)

제13조【환경기준의 유지】 국가 및 지방자치단체는 환경에 관계되는 법령을 제정 또는 개정하거나 행정계획의 수립 또는 사업의 집행을 할 때에는 제12조에 따른 환경기준이 적절히 유지되도록 다음 사항을 고려하여야 한다.
1. 환경 악화의 예방 및 그 요인의 제거
2. 환경오염지역의 원상회복
3. 새로운 과학기술의 사용으로 인한 환경오염 및 환경훼손의 예방
4. 환경오염방지를 위한 재원(財源)의 적정 배분

제2절 기본적 시책

제14조【국가환경종합계획의 수립 등】 ① 환경부장관은 관계 중앙행정기관의 장과 협의하여 국가 차원의 환경보전을 위한 종합계획(이하 "국가환경종합계획"이라 한다)을 20년마다 수립하여야 한다.(2015.12.1 본항개정)
② 환경부장관은 국가환경종합계획을 수립하거나 변경하려면 그 초안을 마련하여 공청회 등을 열어 국민, 관계 전문가 등의 의견을 수렴한 후 국무회의의 심의를 거쳐 확정한다.
③ 국가환경종합계획 중 대통령령으로 정하는 경미한 사항을 변경하려는 경우에는 제2항에 따른 절차를 생략할 수 있다.

제15조【국가환경종합계획의 내용】 국가환경종합계획에는 다음 각 호의 사항이 포함되어야 한다.
1. 인구·산업·경제·토지 및 해양의 이용 등 환경변화 여건에 관한 사항
2. 환경오염원·환경오염도 및 오염물질 배출량의 예측과 환경오염 및 환경훼손으로 인한 환경의 질(質)의 변화 전망
3. 환경의 현황 및 전망
4. 환경정의 실현을 위한 목표 설정과 이의 달성을 위한 대책(2019.1.15 본호신설)
5. 환경보전 목표의 설정과 이의 달성을 위한 다음 각 목의 사항에 관한 단계별 대책 및 사업계획
가. 생물다양성·생태계·생태축(생물다양성을 증진시키고 생태계 기능의 연속성을 위하여 생태적으로 중요한 지역 또는 생태적 기능의 유지가 필요한 지역을 연결하는 생태적 서식공간을 말한다)·경관 등 자연환경의 보전에 관한 사항(2021.1.5 본목개정)
나. 토양환경 및 지하수 수질의 보전에 관한 사항
다. 해양환경의 보전에 관한 사항
라. 국토환경의 보전에 관한 사항
마. 대기환경의 보전에 관한 사항
바. 물환경의 보전에 관한 사항(2021.1.5 본목개정)

사. 수자원의 효율적인 이용 및 관리에 관한 사항
(2021.1.5 본목신설)
아. 상하수도의 보급에 관한 사항
자. 폐기물의 관리 및 재활용에 관한 사항
차. 화학물질의 관리에 관한 사항(2019.1.15 본목개정)
카. 방사능오염물질의 관리에 관한 사항(2019.1.15 본목개정)
타. 기후변화에 관한 사항(2019.1.15 본목신설)
파. 그 밖에 환경의 관리에 관한 사항
6. 사업의 시행에 드는 비용의 산정 및 재원 조달 방법
7. 직전 종합계획에 대한 평가(2016.12.27 본호신설)
8. 제1호부터 제6호까지의 사항에 부대되는 사항
(2016.12.27 본호개정)

제16조【국가환경종합계획의 시행】 ① 환경부장관은 제14조에 따라 수립 또는 변경된 국가환경종합계획을 지체없이 관계 중앙행정기관의 장에게 통보하여야 한다.
② 관계 중앙행정기관의 장은 국가환경종합계획의 시행에 필요한 조치를 하여야 한다.

제16조의2【국가환경종합계획의 정비】 ① 환경부장관은 환경적·사회적 여건 변화 등을 고려하여 5년마다 국가환경종합계획의 타당성을 재검토하고 필요한 경우 이를 정비하여야 한다.
② 환경부장관은 제1항에 따라 국가환경종합계획을 정비하려면 그 초안을 마련하여 공청회 등을 열어 국민, 관계 전문가 등의 의견을 수렴한 후 관계 중앙행정기관의 장과의 협의를 거쳐 확정한다.(2021.1.5 본항신설)
③ 환경부장관은 제1항 및 제2항에 따라 정비한 국가환경종합계획을 관계 중앙행정기관의 장, 시·도지사 및 시장·군수·구청장(자치구의 구청장을 말한다. 이하 같다)에게 통보하여야 한다.(2021.1.5 본항신설)
(2015.12.1 본조신설)

제17조 (2021.1.5 삭제)

제18조【시·도의 환경계획의 수립 등】 ① 시·도지사는 국가환경종합계획(제16조의2제1항에 따라 정비한 국가환경종합계획을 포함한다. 이하 제19조부터 제21조까지에서 같다)에 따라 관할 구역의 지역적 특성을 고려하여 해당 시·도의 환경계획(이하 "시·도 환경계획"이라 한다)을 수립·시행하여야 한다.(2021.1.5 본항개정)
② 시·도지사는 시·도 환경계획을 수립하거나 변경하려면 그 초안을 마련하여 공청회 등을 열어 주민, 관계 전문가 등의 의견을 수렴하여야 한다. 다만, 대통령령으로 정하는 경미한 사항을 변경하려는 경우에는 그러하지 아니하다.(2021.1.5 본문개정)
③ (2021.1.5 삭제)
④ 환경부장관은 제39조에 따른 영향권별 환경관리를 위하여 필요한 경우에는 해당 시·도지사에게 시·도 환경계획의 변경을 요청할 수 있다.
⑤ 시·도지사는 시·도 환경계획을 수립·변경할 때에 활용할 수 있도록 대통령령으로 정하는 바에 따라 물, 대기, 자연생태 등 분야별 환경 현황에 대한 공간환경정보를 관리하여야 한다.(2021.1.5 본항신설)
⑥ 시·도 환경계획의 수립 기준, 작성 방법 등에 관하여 필요한 사항은 환경부령으로 정한다.(2021.1.5 본항신설)
(2021.1.5 본조제목개정)

제18조의2【시·도 환경계획의 승인】 ① 시·도지사는 제18조에 따라 시·도 환경계획을 수립하거나 변경하려는 경우 환경부장관의 승인을 받아야 한다. 다만, 대통령령으로 정하는 경미한 사항을 변경하려는 경우에는 그러하지 아니하다.
② 환경부장관은 제1항에 따라 시·도 환경계획을 승인하려면 미리 관계 중앙행정기관의 장과 협의하여야 한다.
③ 시·도지사는 제1항에 따른 승인을 받으면 지체 없이 그 주요 내용을 공고하고 시장·군수·구청장에게 통보하여야 한다.
(2021.1.5 본조신설)

제19조【시·군·구의 환경계획의 수립 등】 ① 시장·군수·구청장은 국가환경종합계획 및 시·도 환경계획에 따라 관할 구역의 지역적 특성을 고려하여 해당 시·군·구의 환경계획(이하 "시·군·구 환경계획"이라 한다)을 수립·시행하여야 한다.(2021.1.5 본항개정)
② (2021.1.5 삭제)
③ 지방환경관서의 장 또는 시·도지사는 제39조에 따른 영향권별 환경관리를 위하여 필요한 경우에는 해당 시장·군수·구청장에게 시·군·구 환경계획의 변경을 요청할 수 있다.
④ 시장·군수·구청장은 시·군·구 환경계획을 수립하거나 변경하려면 그 초안을 마련하여 공청회 등을 열어 주민, 관계 전문가 등의 의견을 수렴하여야 한다. 다만, 대통령령으로 정하는 경미한 사항을 변경하려는 경우에는 그러하지 아니하다.(2021.1.5 본항신설)
⑤ 시장 또는 군수는 해당 시·군의 환경계획을 수립·변경할 때에 활용할 수 있도록 대통령령으로 정하는 바에 따라 물, 대기, 자연생태 등 분야별 환경 현황에 대한 공간환경정보를 관리하여야 한다.(2021.1.5 본항신설)
⑥ 시·군·구 환경계획의 수립 기준 및 작성 방법 등에 관하여 필요한 사항은 환경부령으로 정한다.(2021.1.5 본항신설)
(2021.1.5 본조제목개정)

제19조의2【시·군·구 환경계획의 승인】 ① 시장·군수·구청장은 제19조에 따라 시·군·구 환경계획을 수립하거나 변경하려는 경우 시·도지사의 승인을 받아야 한다. 다만, 대통령령으로 정하는 경미한 사항을 변경하려는 경우에는 그러하지 아니하다.
② 시·도지사는 제1항에 따라 시·군·구 환경계획을 승인하려면 미리 지방환경관서의 장과 협의하여야 한다.
③ 시장·군수·구청장은 제1항에 따른 승인을 받으면 지체 없이 그 주요 내용을 공고하여야 한다.
(2021.1.5 본조신설)

제20조【국가환경종합계획 등의 공개】 환경부장관, 시·도지사 및 시장·군수·구청장은 제14조 또는 제16조의2에 따라 수립·변경 또는 정비된 국가환경종합계획, 제18조 및 제18조의2에 따라 수립 또는 변경된 시·도 환경계획 및 제19조 및 제19조의2에 따라 수립 또는 변경된 시·군·구 환경계획을 해당 기관의 인터넷 홈페이지 등을 통하여 공개하여야 한다.(2021.1.5 본조개정)

제21조【개발 계획·사업의 환경적 고려 등】 ① 국가 및 지방자치단체의 장은 토지의 이용 또는 개발에 관한 계획을 수립할 때에는 국가환경종합계획, 시·도 환경계획 및 시·군·구 환경계획(이하 "국가환경종합계획등"이라 한다)과 해당 지역의 환경용량을 고려하여야 한다.
② 관계 중앙행정기관의 장, 시·도지사 및 시장·군수·구청장은 토지의 이용 또는 개발에 관한 사업의 허가 등을 하는 경우에는 국가환경종합계획등을 고려하여야 한다.

제22조【환경상태의 조사·평가 등】 ① 국가 및 지방자치단체는 다음 각 호의 사항을 상시 조사·평가하여야 한다.
1. 자연환경 및 생활환경 현황
2. 환경오염 및 환경훼손 실태
3. 환경오염원 및 환경훼손 요인
4. 기후변화 등 환경의 질 변화(2019.1.15 본호개정)
5. 그 밖에 국가환경종합계획등의 수립·시행에 필요한 사항
② 국가 및 지방자치단체는 제1항에 따른 조사·평가를 적정하게 시행하기 위한 연구·감시·측정·시험 및 분석체제를 유지하여야 한다.
③ 제1항에 따른 조사·평가와 제2항에 따른 연구·감시·측정·시험 및 분석체제에 필요한 사항은 대통령령으로 정한다.

제22조의2【국가환경시료은행의 설치·운영 등】 ① 환경부장관은 환경오염과 환경훼손의 상태를 조사·평가하기 위하여 대통령령으로 정하는 시료(이하 "환경시료"라 한다)를 확보·저장·활용할 수 있다.
② 환경부장관은 환경시료의 확보·저장·활용 등을 위하여 환경부에 국가환경시료은행(이하 "환경시료은행"이라 한다)을 둘 수 있다.
③ 환경시료은행은 다음 각 호의 업무를 수행한다.
1. 환경시료의 확보·저장·활용
2. 환경시료 정보시스템 구축 및 운영
3. 환경시료의 안정적 저장 및 관리에 필요한 기술지원 및 인력양성
4. 국내외 환경시료 관련 기관과의 협력
5. 그 밖에 환경시료의 확보·저장·활용을 증진하기 위하여 대통령령으로 정하는 사업
④ 그 밖에 환경시료은행의 설치·운영 등에 관하여 필요한 사항은 대통령령으로 정한다.
(2023.1.3 본조신설)

제23조【환경친화적 계획기법등의 작성·보급】 ① 정부는 환경에 영향을 미치는 행정계획 및 개발사업이 환경적으로 건전하고 지속가능하게 계획되어 수립·시행될 수 있도록 환경친화적인 계획기법 및 토지이용·개발기준(이하 "환경친화적 계획기법등"이라 한다)을 작성·보급할 수 있다.
② 환경부장관은 국토환경을 효율적으로 보전하고 국토를 환경친화적으로 이용하기 위하여 국토에 대한 환경적 가치를 평가하여 등급으로 표시한 환경성 평가지도를 작성·보급할 수 있다.
③ 환경친화적 계획기법등과 환경성 평가지도의 작성 방법 및 내용 등 필요한 사항은 대통령령으로 정한다.

제24조【환경정보의 보급 등】 ① 환경부장관은 모든 국민에게 환경보전에 관한 지식·정보를 보급하고, 국민이 환경에 관한 정보에 쉽게 접근할 수 있도록 노력하여야 한다.
② 환경부장관은 제1항에 따른 환경보전에 관한 지식·정보의 원활한 생산·보급 등을 위하여 환경정보망을 구축하여 운영할 수 있다.
③ 환경부장관은 관계 행정기관의 장에게 환경정보망 구축·운영에 필요한 자료의 제출을 요청할 수 있다. 이 경우 관계 행정기관의 장은 특별한 사유가 없으면 요청에 따라야 한다.
④ 환경부장관은 제2항에 따른 환경정보망을 효율적으로 구축·운영하기 위하여 필요한 경우에는 전문기관에 환경현황 조사를 의뢰하거나 환경정보망의 구축·운영을 위탁할 수 있다.
⑤ 제2항에 따른 환경정보망의 구축·운영, 제4항에 따른 환경현황 조사 의뢰 및 환경정보망 구축·운영의 위탁 등 필요한 사항은 대통령령으로 정한다.

제25조【환경보전에 관한 교육 등】 국가 및 지방자치단체는 환경보전에 관한 교육과 홍보 등을 통하여 국민의 환경보전에 대한 이해를 깊게 하고 국민 스스로 환경보전에 참여하며 일상생활에서 이를 실천할 수 있도록 필요한 시책을 수립·추진하여야 한다.

제26조【민간환경단체 등의 환경보전활동 촉진】 ① 국가 및 지방자치단체는 민간환경단체 등의 자발적인 환경보전활동을 촉진하기 위하여 정보의 제공 등 필요한 시책을 마련하여야 한다.
② 국가 및 지방자치단체는 민간환경단체 등이 경관이나 생태적 가치 등이 우수한 지역을 매수하여 관리하는 등의 환경보전활동을 하는 경우 이에 필요한 행정적 지원을 할 수 있다.

제27조【국제협력 및 지구환경보전】 국가 및 지방자치단체는 지구 전체의 환경에 영향을 미치는 기후변화, 오존층의 파괴, 해양오염, 사막화 및 생물자원의 감소 등으로부터 지구의 환경을 보전하고, 미세먼지·초미세먼지 등 대기오염물질의 장거리이동을 통하여 발생하는 피해를 방지하기 위하여 다음 각 호의 국제적인 노력에 적극 참여하여야 한다.(2019.11.26 본문개정)
1. 지구환경의 감시·관측 및 보호에 관한 상호 협력
2. 대기오염 등 환경오염으로 인한 피해를 줄이기 위한 국가 간 또는 국제기구와의 협력
3. 환경 정보·기술 교류 및 전문인력 양성
4. 그 밖에 지구환경보전을 위하여 필요한 사항
(2019.11.26 1호~4호신설)

제27조의2【국제환경협력센터의 지정 등】 ① 환경부장관은 제27조에 따른 국제협력을 체계적으로 추진하기 위하여 필요한 전문인력과 시설을 갖춘 기관·법인 또는 단체를 국제환경협력센터로 지정할 수 있다.
② 제1항에 따른 국제환경협력센터(이하 이 조에서 "국제환경협력센터"라 한다)는 다음 각 호의 사업을 한다.
1. 국제환경협력을 위한 정책 조사·연구 및 협력사업 발굴
2. 국제환경협약 및 국제환경규제에 관한 정보의 수집·분석·보급
3. 국제환경협력을 위한 환경 정보·기술 교류 및 전시회·학술회의 개최
4. 국제환경협력을 위한 외국 정부, 국제기구 등과의 양해각서 체결 지원
5. 국제환경협력을 위한 전문인력 양성 및 국제교류
6. 국제환경협력 정보시스템 구축·운영 지원
7. 그 밖에 국제환경협력을 증진하기 위하여 필요한 사업
③ 환경부장관은 국제환경협력센터에 대하여 예산의 범위에서 사업을 수행하는 데 필요한 경비의 전부 또는 일부를 지원할 수 있다.
④ 환경부장관은 국제환경협력센터가 다음 각 호의 어느 하나에 해당하는 경우에는 그 지정을 취소하거나 6개월 이내의 범위에서 기간을 정하여 업무의 전부 또는 일부를 정지할 수 있다. 다만, 제1호에 해당하는 경우에는 지정을 취소하여야 한다.
1. 거짓이나 그 밖의 부정한 방법으로 지정을 받은 경우
2. 지정받은 사항을 위반하여 업무를 행한 경우
3. 제5항에 따른 지정기준에 적합하지 아니하게 된 경우
4. 그 밖에 제1호부터 제3호까지의 규정에 준하는 경우로서 대통령령으로 정하는 경우
⑤ 국제환경협력센터의 지정 및 지정취소의 기준·기간·절차와 운영 등에 필요한 사항은 대통령령으로 정한다.
(2019.11.26 본조신설)

제27조의3【남북 간 환경부문 교류·협력】 정부는 남북 간 환경·생태 관련 실태조사·공동연구 등 환경부문 교류 및 협력의 활성화를 위하여 노력하여야 한다.
(2021.1.5 본조신설)

제28조【환경과학기술의 진흥】 국가 및 지방자치단체는 환경보전을 위한 실험·조사·연구·기술개발 및 전문인력의 양성 등 환경과학기술의 진흥에 필요한 시책을 마련하여야 한다.

제29조【환경보전시설의 설치·관리】 국가 및 지방자치단체는 환경오염을 줄이기 위한 녹지대(綠地帶), 폐수·하수 및 폐기물의 처리를 위한 시설, 소음·진동 및 악취의 방지를 위한 시설, 야생동식물 및 생태계의 보호·복원을 위한 시설, 오염된 토양·지하수의 정화를 위한 시설 등 환경보전을 위한 공공시설의 설치·관리에 필요한 조치를 하여야 한다.

제30조【환경보전을 위한 규제 등】 ① 정부는 환경보전을 위하여 대기오염·수질오염·토양오염 또는 해양오염의 원인이 되는 물질의 배출, 소음·진동·악취의 발생, 폐기물의 처리, 일조의 침해 및 자연환경의 훼손에 대하여 필요한 규제를 하여야 한다.
② 환경부장관 및 지방자치단체의 장은 환경오염의 원인이 되는 물질을 배출하는 시설이 설치된 사업장으로서 2개 분야 이상의 배출시설이 설치된 사업장에 대하여 관계 법률에 따라 출입·검사를 하는 경우에는 이를 통합적으로 실시할 수 있다.
③ 환경부장관 및 지방자치단체의 장은 사업자가 환경보전을 위한 관계 법령을 위반한 것으로 밝혀져 행정처분을 한 경우 그 사실을 공표할 수 있다. 다만, 사업자의 영업상 비밀에 관한 사항으로서 공표될 경우 사업자의 정당한 이익을 현저히 침해할 우려가 있다고 인정되는 사항은 그러하지 아니하다.(2020.5.26 본문개정)
④ 제3항에 따른 공표의 내용 및 방법 등에 관하여 필요한 사항은 대통령령으로 정한다.(2021.1.5 본항신설)

제31조【배출허용기준의 예고】 국가는 관계 법령에 따라 환경오염에 관한 배출허용기준을 정하거나 변경할 때에는 이를 해당 기관의 인터넷 홈페이지 등을 통하여 사전에 알려야 한다.

제32조【경제적 유인수단】 정부는 자원의 효율적인 이용을 도모하고 환경오염의 원인을 일으킨 자가 스스로 오염물질의 배출을 줄이도록 유도하기 위하여 필요한 경제적 유인수단을 마련하여야 한다.

제33조【화학물질의 관리】 정부는 화학물질에 의한 환경오염과 건강상의 위해를 예방하기 위하여 화학물질을 적정하게 관리하기 위한 시책을 마련하여야 한다.
(2019.1.15 본조개정)

제34조【방사성 물질에 의한 환경오염의 방지 등】 ① 정부는 방사성 물질에 의한 환경오염 및 그 방지 등을 위하여 적절한 조치를 하여야 한다.
② 제1항에 따른 조치는 「원자력안전법」과 그 밖의 관계 법률에서 정하는 바에 따른다.

제35조【과학기술의 위해성 평가 등】 정부는 과학기술의 발달로 인하여 생태계 또는 인간의 건강에 미치는 해로운 영향을 예방하기 위하여 필요하다고 인정하는 경우 그 영향에 대한 분석이나 위해성 평가 등 적절한 조치를 마련하여야 한다.

제36조【환경성 질환에 대한 대책】 국가 및 지방자치단체는 환경오염으로 인한 국민의 건강상의 피해를 규명하고 환경오염으로 인한 질환에 대한 대책을 마련하여야 한다.

제37조【국가시책 등의 환경친화성 제고】 ① 국가 및 지방자치단체는 교통부문의 환경오염 또는 환경훼손을 최소화하기 위하여 환경친화적인 교통체계 구축에 필요한 시책을 마련하여야 한다.
② 국가 및 지방자치단체는 에너지 이용에 따른 환경오염 또는 환경훼손을 최소화하기 위하여 에너지의 합리적·효율적 이용과 환경친화적인 에너지의 개발·보급에 필요한 시책을 마련하여야 한다.
③ 국가 및 지방자치단체는 농림어업부문의 환경오염 또는 환경훼손을 최소화하기 위하여 환경친화적인 농림어업의 진흥에 필요한 시책을 마련하여야 한다.

제38조【특별종합대책의 수립】 ① 환경부장관은 환경오염·환경훼손 또는 자연생태계의 변화가 현저하거나 현저하게 될 우려가 있는 지역과 환경기준을 자주 초과하는 지역을 관계 중앙행정기관의 장 및 시·도지사와 협의하여 환경보전을 위한 특별대책지역으로 지정·고시하고, 해당 지역의 환경보전을 위한 특별종합대책을 수립하여 관할 시·도지사에게 이를 시행하게 할 수 있다.
② 환경부장관은 제1항에 따른 특별대책지역의 환경개선을 위하여 특히 필요한 경우에는 대통령령으로 정하는 바에 따라 그 지역에서 토지 이용과 시설 설치를 제한할 수 있다.

제39조【영향권별 환경관리】 ① 환경부장관은 환경오염의 상황을 파악하고 그 방지대책을 마련하기 위하여 대기오염의 영향권별 지역, 수질오염의 수계별 지역 및 생태계 권역 등에 대한 환경의 영향권별 관리를 하여야 한다.
② 지방자치단체의 장은 관할 구역의 대기오염, 수질오염 또는 생태계를 효과적으로 관리하기 위하여 지역의 실정에 따라 환경의 영향권별 관리를 할 수 있다.

제3절 자연환경의 보전 및 환경영향평가

제40조【자연환경의 보전】 국가와 국민은 자연환경의 보전이 인간의 생존 및 생활의 기본임에 비추어 자연의 질서와 균형이 유지·보전되도록 노력하여야 한다.

제41조【환경영향평가】 ① 국가는 환경기준의 적정성을 유지하고 자연환경을 보전하기 위하여 환경에 영향을 미치는 계획 및 개발사업이 환경적으로 지속가능하게 수립·시행될 수 있도록 전략환경영향평가, 환경영향평가, 소규모 환경영향평가를 실시하여야 한다.
② 제1항에 따른 전략환경영향평가, 환경영향평가 및 소규모 환경영향평가의 대상, 절차 및 방법 등에 관한 사항은 따로 법률로 정한다.

제4절 분쟁 조정 및 피해 구제

제42조【분쟁 조정】 국가 및 지방자치단체는 환경오염 또는 환경훼손으로 인한 분쟁이나 그 밖에 환경 관련 분쟁이 발생한 경우에 그 분쟁이 신속하고 공정하게 해결되도록 필요한 시책을 마련하여야 한다.

제43조【피해 구제】 국가 및 지방자치단체는 환경오염 또는 환경훼손으로 인한 피해를 원활하게 구제하기 위하여 필요한 시책을 마련하여야 한다.

제44조【환경오염의 피해에 대한 무과실책임】 ① 환경오염 또는 환경훼손으로 피해가 발생한 경우에는 해당 환경오염 또는 환경훼손의 원인자가 그 피해를 배상하여야 한다.
② 환경오염 또는 환경훼손의 원인자가 둘 이상인 경우에 어느 원인자에 의하여 제1항에 따른 피해가 발생한 것인지를 알 수 없을 때에는 각 원인자가 연대하여 배상하여야 한다.

제5절 환경개선특별회계의 설치

제45조【환경개선특별회계의 설치 등】 ① 정부는 환경개선사업의 투자를 확대하고 그 관리·운영을 효율화하기 위하여 환경개선특별회계(이하 "회계"라 한다)를 설치한다.
② 회계는 환경부장관이 관리·운용한다.

제46조【회계의 세입】 회계의 세입은 다음 각 호와 같다.
1. 「공공차관의 도입 및 관리에 관한 법률」에 따른 차관수입금
2. 「한강수계 상수원수질개선 및 주민지원 등에 관한 법률」 제8조의5 및 제8조의6에 따른 오염총량초과과징금·가산금·과징금, 「낙동강수계 물관리 및 주민지원 등에 관한 법률」 제13조 및 제14조에 따른 오염총량초과과징금·가산금·과징금, 「금강수계 물관리 및 주민지원 등에 관한 법률」 제13조 및 제14조에 따른 오염총량초과과징금·가산금·과징금, 「영산강·섬진강수계 물관리 및 주민지원 등에 관한 법률」 제13조 및 제14조에 따른 오염총량초과과징금·가산금·과징금
(2016.1.27 본호개정)
3. 「대기환경보전법」 제35조에 따른 배출부과금·가산금, 「대기관리권역의 대기환경개선에 관한 특별법」 제22조에 따른 총량초과과징금·가산금(2019.4.2 본호개정)
3의2. 「대기환경보전법」 제51조에 따른 결함확인검사 수수료 및 같은 법 제86조제2호에 따른 수수료
(2012.2.1 본호신설)
3의3. (2020.12.29 삭제)
4. 「먹는물관리법」 제31조에 따른 수질개선부담금·가산금
5. 「소음·진동관리법」 제31조에 따른 수수료 및 같은 법 제33조에 따른 검사에 드는 비용
6. 「물환경보전법」 제41조에 따른 배출부과금·가산금
7. 「물환경보전법」 제48조의2제1항 및 제49조의6제1항 후단에 따른 공공폐수처리시설 설치 부담금(시행자가 국가인 경우에만 해당한다)및 가산금
(2017.1.17 6호~7호개정)
7의2. 「환경오염시설의 통합관리에 관한 법률」 제15조에 따른 배출부과금·가산금 및 같은 법 제23조에 따른 과징금(2015.12.22 본호신설)
7의3. 「물환경보전법」 제48조의3제1항 및 제49조의6제1항 후단에 따른 공공폐수처리시설 사용료(시행자가 국가인 경우에만 해당하며, 「물환경보전법」 제48조제1항 각 호의 어느 하나에 해당하는 자에게 위탁하여 실시하는 경우는 제외한다) 및 가산금(2017.1.17 본호개정)
8. 「야생생물 보호 및 관리에 관한 법률」 제50조에 따른 수렵장 사용료(2011.7.28 본호개정)
9. 「자연환경보전법」 제46조에 따른 생태계보전협력금 및 같은 법 제48조에 따른 가산금
9의2. 「순환경제사회 전환 촉진법」 제36조에 따른 폐기물처분부담금·가산금(2022.12.31 본호개정)
10. 「자원의 절약과 재활용촉진에 관한 법률」 제12조에 따른 폐기물부담금·가산금 및 같은 법 제19조에 따른 재활용부과금·가산금, 같은 법 제20조에 따른 지원으로서의 융자금의 원리금수입
11. 「전기·전자제품 및 자동차의 자원순환에 관한 법률」 제18조에 따른 전기·전자제품의 재활용부과금, 제18조의2에 따른 전기·전자제품의 회수부과금 및 제18조의3에 따른 가산금(2013.7.16 본호개정)
12. 「폐기물관리법」 제51조에 따른 사후관리이행보증금 및 같은 법 제52조에 따른 사전 적립금
13. 「폐기물의 국가 간 이동 및 그 처리에 관한 법률」 제23조에 따른 수수료(2013.7.30 본호개정)
14. 「환경개선비용 부담법」 제9조 및 제20조에 따른 환경개선부담금 및 가산금
15. 「환경개선비용 부담법」 제11조에 따른 융자금의 원리금수입
16. 「환경범죄 등의 단속 및 가중처벌에 관한 법률」 제12조에 따른 과징금
17. 「유기성 폐자원을 활용한 바이오가스의 생산 및 이용 촉진법」 제8조에 따른 과징금 및 가산금(2022.12.30 본호신설)
18. 제47조제1항제14호에 따른 융자금의 원리금수입
19. 제48조에 따른 일반회계로부터의 전입금
20. 제49조제1항 및 제2항에 따른 차입금
21. 제51조에 따른 결산상 잉여금
22. 다른 특별회계 또는 기금으로부터의 전입금 및 예수금
23. 다른 법률에 따라 회계로 귀속되는 수입금
24. 회계에 속하는 재산의 매각대금 또는 운용수입
25. 그 밖에 환경개선사업을 관리·운영하여 생긴 수입금

제47조【회계의 세출】 ① 회계의 세출은 다음 각 호와 같다. 다만, 제46조제4호의 수질개선부담금 및 그 가산금으로 조성된 재원은 제3호의 용도에만, 같은 조 제7호의 공공폐수처리시설 설치 부담금 및 그 가산금으로 조성된 재원과 같은 조 제7호의3의 공공폐수처리시설 사용료 및 그 가산금으로 조성된 재원은 제4호의 용도에만, 같은 조 제9호의 생태보전협력금 및 그 가산금으로 조성된 재원은 제6호의 용도에만, 같은 조 제9호의2의 폐기물처분부담금 및 그 가산금으로 조성된 재원은 제6호의2의 용도에만, 같은 조 제10호의 폐기물부담금·재활용부과금 및 그 가산금으로 조성된 재원은 제7호의 용도에만, 같은 조 제11호의 재활용부과금 및 그 가산금으로 조성된 재원은 제8호의 용도에만, 같은 조 제12호의 사후관리이행보증금 및 사전적립금으로 조성된 재원은 제9호의 용도에만, 같은 조 제14호의 환경개선부담금 및 그 가산금으로 조성된 재원은 제12호의 용도에만 각각 사용하여야 한다.
(2016.5.29 단서개정)
1. 국가환경개선사업
2. 지방자치단체의 환경개선사업 지원
2의2. (2020.12.29 삭제)
3. 「먹는물관리법」 제31조제7항 및 제33조에 따른 용도
4. 「물환경보전법」 제48조제1항에 따라 국가가 실시하는 공공폐수처리시설 설치비 또는 운영비의 지출
(2017.1.17 본호개정)
5. 「야생생물 보호 및 관리에 관한 법률」 제58조 각 호에 따른 용도(2011.7.28 본호개정)
6. 「자연환경보전법」 제49조에 따른 용도
6의2. 「순환경제사회 전환 촉진법」 제37조에 따른 용도
(2022.12.31 본호개정)
7. 「자원의 절약과 재활용촉진에 관한 법률」 제20조에 따른 용도
8. 「전기·전자제품 및 자동차의 자원순환에 관한 법률」 제19조에 따른 용도
9. 「폐기물관리법」 제53조에 따른 용도
10. 「폐기물의 국가 간 이동 및 그 처리에 관한 법률」 제4조에 따른 국가의 책무 수행 및 같은 법 제21조에 따른 대집행에 소요되는 비용의 지급(2013.7.30 본호개정)
11. 「한국환경공단법」에 따른 한국환경공단(이하 "한국환경공단"이라 한다)의 사업비 및 운영비 출연
12. 「환경개선비용 부담법」 제11조에 따른 용도
13. 「환경범죄 등의 단속 및 가중처벌에 관한 법률」 제15조에 따른 포상금의 지급
14. 제46조제1호·제19호 및 제21호에 따른 차관·차입금 및 예수금의 원리금 상환
15. 지방자치단체의 환경기초시설 설치, 민간의 환경오염방지시설 설치, 저공해제품생산시설 설치 및 기술개발에 필요한 자금의 융자
16. 민간의 환경에 관한 정책연구, 기술개발, 홍보활동, 조사·연구와 환경연구기관에 대한 지원
17. 회계의 세입징수비용 지급
18. 그 밖에 회계운영에 필요한 경비
② 제1항제7호·제12호 및 제15호에 따라 행하는 융자의 대상·조건 및 절차에 관한 사항은 환경부장관이 정하여 고시하는 바에 따른다. 이 경우 융자의 이율 및 기간은 환경부장관이 기획재정부장관과 협의하여 정한다.
③ 제1항제7호·제12호 및 제15호에 따른 융자에 관한 사무는 한국환경공단 또는 「한국환경산업기술원법」에 따른 한국환경산업기술원에 위탁하여 시행할 수 있다.
(2015.12.1 본항개정)

제48조【일반회계로부터의 전입】 회계는 세출재원을 확보하기 위하여 예산으로 정하는 바에 따라 일반회계로부터 전입을 받을 수 있다.

제49조【차입금】 ① 회계는 세출재원이 부족할 때에는 국회의 의결을 받은 금액의 범위에서 장기차입할 수 있다.
② 회계는 운영자금이 일시적으로 부족할 때에는 일시차입할 수 있다.
③ 제2항에 따른 일시차입금의 원리금은 해당 회계연도 내에 상환하여야 한다.

제50조【세출예산의 이월】 회계의 세출예산 중 해당 회계연도 내에 지출하지 아니한 것은 「국가재정법」 제48조에도 불구하고 다음 연도로 이월하여 사용할 수 있다.

제51조【잉여금의 처리】 회계의 결산상 잉여금은 다음 연도의 세입에 이입(移入)한다.

제52조【예비비】 회계는 예측할 수 없는 예산 외의 지출 또는 예산초과지출에 충당하기 위하여 예비비로서 상당한 금액을 세출예산에 계상(計上)할 수 있다.

제53조【초과수입금의 직접사용】 ① 환경부장관은 회계의 세입예산을 초과하거나 초과할 것으로 예상되는 제46조제3호 및 제6호에 따른 배출부과금·총량초과과징금 및 가산금, 같은 조 제4호에 따른 수질개선부담금 및 가산금, 같은 조 제7호에 따른 공공폐수처리시설 설치 부담금 및 가산금, 같은 조 제7호의3에 따른 공공폐수처리시설 사용료 및 가산금, 같은 조 제14호에 따른 환경개선부담금 및 가산금(이하 "초과수입금"이라 한다)이 있을 때에는 그 초과수입금을 각각 회계의 세출예산을 초과하는 배출부과금 징수비용의 지급, 「먹는물관리법」 제31조제7항에 따른 수질개선부담금 및 가산금의 지급, 수질개선부담금 징수비용의 지급, 공공폐수처리시설 설치비 또는 운영비의 지출 및 환경개선부담금 징수비용의 지급에 직접 사용할 수 있다.(2016.1.27 본항개정)
② 환경부장관은 제1항에 따라 초과수입금을 사용하려면 미리 기획재정부장관의 승인을 받아야 한다.
③ 환경부장관은 제2항에 따른 승인을 받으려면 그 이유와 필요 금액을 명시한 명세서를 작성하여 기획재정부장관에게 제출하여야 한다.

④ 기획재정부장관은 제2항에 따른 초과수입금의 사용을 승인한 경우에는 이를 환경부장관에게 통지하고, 그 사실을 감사원에 통보하여야 한다.

제3장 법제상 및 재정상의 조치

제54조【법제상의 조치 등】 국가 및 지방자치단체는 환경보전을 위한 시책의 실시에 필요한 법제상·재정상의 조치와 그 밖에 필요한 행정상의 조치를 하여야 한다.

제55조【지방자치단체에 대한 재정지원 등】 ① 국가는 지방자치단체의 환경보전사업에 드는 재원의 전부 또는 일부를 국고에서 지원할 수 있다.

② 환경부장관은 지방자치단체의 환경관리능력을 향상시키고 환경친화적 지방행정을 활성화하기 위하여 환경관리시범 지방자치단체를 지정하고 이를 지원하기 위하여 필요한 조치를 할 수 있다.

제56조【사업자의 환경관리 지원】 ① 국가 및 지방자치단체는 사업자가 행하는 환경보전을 위한 시설의 설치·운영을 지원하기 위하여 필요한 세제상의 조치와 그 밖의 재정지원을 할 수 있다.

② 국가 및 지방자치단체는 사업자가 스스로 환경관리를 위하여 노력하는 자발적 환경관리체제가 정착·확산될 수 있도록 필요한 행정적·재정적 지원을 할 수 있다.

제57조【조사·연구 및 기술개발에 대한 재정지원】 국가 및 지방자치단체는 환경보전에 관련되는 학술 조사·연구 및 기술개발에 필요한 재정지원을 할 수 있다.

제4장 환경정책위원회

제58조【환경정책위원회】 ① 환경부장관은 다음 각 호의 사항에 대한 심의·자문을 수행하는 중앙환경정책위원회를 둘 수 있다.

1. 제14조에 따른 국가환경종합계획의 수립·변경에 관한 사항(2021.1.5 본호개정)

1의2. 제16조의2에 따른 국가환경종합계획의 정비에 관한 사항(2021.1.5 본호신설)

2. 환경기준·오염물질배출허용기준 및 방류수수질기준 등에 관한 사항
3. 제38조에 따른 특별대책지역의 지정 및 특별종합대책의 수립에 관한 사항
4. 「가축분뇨의 관리 및 이용에 관한 법률」 제5조에 따른 가축분뇨관리기본계획 등 가축분뇨의 처리·자원화를 위한 기본시책에 관한 사항
5. 「녹색제품 구매촉진에 관한 법률」 제4조에 따른 녹색제품구매촉진기본계획 등 녹색제품 구매촉진을 위한 기본시책에 관한 사항
6. 「잔류성오염물질 관리법」 제5조에 따른 잔류성오염물질관리기본계획 등 잔류성오염물질 관리를 위한 기본시책에 관한 사항(2016.1.27 본호개정)
7. 「환경분야 시험·검사 등에 관한 법률」 제3조에 따른 환경시험·검사발전기본계획 등 환경시험·검사 및 환경기술 분야의 기본시책에 관한 사항
8. 「전기·전자제품 및 자동차의 자원순환에 관한 법률」 제9조제1항, 제10조제1항 및 제2항, 제12조제3항, 제16조제1항 및 제25조제1항에 따른 유해물질 함유기준 설정, 재질·구조의 개선, 재활용비율 등에 관한 사항

8의2. 「환경오염시설의 통합관리에 관한 법률」 제24조제1항에 따른 최적가용기법 및 같은 조 제2항에 따른 최적가용기법 기준서에 관한 사항(2015.12.22 본호신설)

8의3. 「녹색융합클러스터의 조성 및 육성에 관한 법률」 제6조 및 제9조에 따른 녹색융합클러스터 기본계획 및 조성계획에 관한 사항(2021.6.15 본호신설)

9. 그 밖에 환경정책·자연환경·기후대기·물·상하수도·자연순환·지구환경 등 부문별 환경보전 기본계획이나 대책의 수립·변경에 관한 사항과 위원장 또는 분과위원장이 중앙환경정책위원회의 심의 또는 자문을 요청하는 사항

② 지역의 환경정책에 관한 심의·자문을 위하여 시·도지사 소속으로 시·도환경정책위원회를 두며, 시장·군수·구청장 소속으로 시·군·구환경정책위원회를 둘 수 있다.

③ 제1항에 따른 중앙환경정책위원회는 위원장과 10명 이내의 분과위원장을 포함한 200명 이내의 위원으로 성별을 고려하여 구성한다.(2021.1.5 본항개정)

④ 제3항에 따른 위원장은 환경부장관과 환경부장관이 위촉하는 민간위원 중에서 호선으로 선정된 사람이 공동으로 하고, 분과위원장은 환경정책·자연환경·기후대기·물·상하수도·자원순환 등 환경관리 부문별로 환경부장관이 지명한 사람이 된다.

⑤ 제1항에 따른 중앙환경정책위원회의 구성·운영에 관하여 그 밖에 필요한 사항은 대통령령으로 정하며, 제2항에 따른 시·도환경정책위원회 및 시·군·구환경정책위원회의 구성 및 운영 등 필요한 사항은 해당 시·도 및 시·군·구의 조례로 정한다.

제59조【한국환경보전원】 ① 환경보전에 관한 조사연구, 기술개발 및 교육·홍보, 생태복원 등을 효율적으로 수행하여 쾌적한 환경을 유지시키고 국민생활 향상에 기여하기 위하여 한국환경보전원(이하 "보전원"이라 한다)을 설립한다.

② 보전원은 법인으로 한다.

③ 국가 및 지방자치단체는 보전원의 운영과 사업에 드는 경비를 충당하기 위하여 예산의 범위에서 출연 또는 보조할 수 있다.

④ 보전원의 운영과 사업에 필요한 재원은 제3항에 따른 출연금·보조금, 제5항 각 호의 사업에 따른 수입금·수수료, 정부 외의 자의 기부금, 차입금, 그 밖에 정관으로 정하는 재원으로 충당한다. 이 경우 출연금·보조금의 지급·관리·사용에 필요한 사항은 대통령령으로 정한다.

⑤ 보전원은 다음 각 호의 사업을 수행하며, 이를 국가 또는 지방자치단체, 공공기관, 그 밖의 자(이하 이 항에서 "국가등"이라 한다)로부터 위탁받아 시행할 수 있다.

1. 환경기술인 등 대국민 환경교육사업 및 국가·지방자치단체 환경교육의 강화·지원사업
2. 수질개선을 위한 수계별 매수토지 등의 관리·활용, 수변생태계 복원, 수질·유량조사 등의 물환경보전사업
3. 훼손된 자연환경 및 생태계를 복원하기 위한 자연환경 복원사업
4. 환경오염에 대한 측정·조사·검사·평가·연구사업
5. 환경오염 방지를 위한 시설 등의 진단·개선·지원사업
6. 환경보전 또는 기후변화 등에 관한 홍보사업 및 국내외 교류·협력·지원사업
7. 다른 법령에 따라 보전원이 수행할 수 있거나 국가등으로부터 위탁받은 사업
8. 그 밖에 보전원의 설립목적을 달성하기 위하여 대통령령으로 정하는 사업 또는 제1호부터 제7호까지의 사업에 딸린 업무로서 정관으로 정하는 사업

⑥ 환경부장관은 보전원의 운영·사업 등을 지도·감독하고, 보전원은 대통령령으로 정하는 바에 따라 매 회계연도의 사업계획·예산 및 사업실적·결산을 환경부장관에게 제출하여야 한다.

⑦ 보전원의 원장은 환경부장관이 임명하는 상임임원으로서 보전원을 대표하고 업무를 총괄하며 직원을 지휘·감독한다.(2022.6.10 본항신설)

⑧ 보전원의 원장을 제외한 임직원의 임면 등에 관한 사항은 정관으로 정한다.(2022.6.10 본항신설)

⑨ 이 법에 따른 보전원이 아닌 자는 한국환경보전원 또는 이와 유사한 명칭을 사용하지 못한다.(2022.6.10 본항신설)

⑩ 보전원에 관하여 이 법에 규정되지 아니한 사항은 「민법」 중 재단법인에 관한 규정을 준용한다.
(2022.6.10 본조개정)

제5장 보 칙

제60조【권한의 위임 및 위탁】 ① 이 법에 따른 환경부장관의 권한은 대통령령으로 정하는 바에 따라 그 일부를 시·도지사 또는 지방환경관서의 장에게 위임할 수 있다.

② 이 법에 따른 환경부장관의 업무는 그 일부를 대통령령으로 정하는 바에 따라 관계 전문기관의 장에게 위탁할 수 있다.

제61조【벌칙 적용 시의 공무원 의제】 제60조제2항에 따라 위탁받은 업무에 종사하는 사람은 「형법」 제129조부터 제132조까지의 규정을 적용할 때에는 공무원으로 본다.

부 칙

제1조【시행일】 이 법은 공포 후 1년이 경과한 날부터 시행한다.

제2조【다른 법률의 폐지】 환경개선특별회계법은 폐지한다.

제3조【일반적 경과조치】 이 법 시행 당시 종전의 규정에 따라 행정기관이 한 지정·고시나 그 밖의 행위 및 행정기관에 대한 행위는 이 법에 따른 행정기관의 지정·고시나 행위 및 행정기관에 대한 행위로 본다.

제4조【환경개선특별회계에 관한 경과조치】 이 법 시행으로 폐지되는 「환경개선특별회계법」에 따라 설치된 환경개선특별회계는 이 법에 따른 환경개선특별회계로 본다.

제4조의2【일반회계로부터 환경개선특별회계로의 전입에 관한 경과조치】 제48조의 개정규정에도 불구하고 교통·에너지·환경세 전입액과 관련하여서는 2024년 12월 31일까지는 다음 각 호에 따른다.(2021.12.21 본문개정)

1. 정부는 회계연도마다 일반회계로부터 「교통·에너지·환경세법」에 따른 교통·에너지·환경세의 1천분의 230에 해당하는 금액(이하 "교통·에너지·환경세전입액"이라 한다)을 환경개선특별회계에 전입하여야 한다.
(2021.9.24 본호개정)
2. 환경개선특별회계는 세출재원을 확보하기 위하여 교통·에너지·환경세전입액 외에 예산으로 정하는 바에 따라 일반회계로부터 전입을 받을 수 있다.
3. 교통·에너지·환경세전입액의 예산액과 결산액 사이에 차액이 발생한 경우에는 이를 결산 연도의 다음 연도 예산에 계상하여 정산하여야 한다.

(2012.2.1 본조신설)

제5조【다른 법률의 개정】 ①~㉝ ※(해당 법령에 가제정리 하였음)

제6조【다른 법령과의 관계】 이 법 시행 당시 다른 법령에서 종전의 「환경정책기본법」의 규정, 「환경개선특별회계법」 또는 그 규정을 인용하고 있는 경우에 이 법 가운데 그에 해당하는 규정이 있을 때에는 종전의 규정을 갈음하여 이 법 또는 이 법의 해당 규정을 인용한 것으로 본다.

부 칙 (2016.1.27 법13886호)

제1조【시행일】 이 법은 미나마타협약이 우리나라에 효력을 발생하는 날부터 시행한다.(이하 생략)
<2020.2.20 발효>

부 칙 (2020.5.26)

이 법은 공포한 날부터 시행한다.(이하 생략)

부 칙 (2020.12.29)

제1조【시행일】 이 법은 공포 후 6개월이 경과한 날부터 시행한다.(이하 생략)

부 칙 (2021.1.5)

제1조【시행일】 이 법은 공포 후 6개월이 경과한 날부터 시행한다.

제2조【국가환경종합계획에 관한 적용례】 제15조의 개정규정은 이 법 시행 이후 제14조에 따라 국가환경종합계획을 수립·변경하거나 제16조의2제1항에 따라 정비하는 경우부터 적용한다.

제3조【시·도 환경계획 및 시·군·구 환경계획의 수립에 관한 경과조치】 이 법 시행 당시 종전의 규정에 따라 수립된 시·도 환경보전계획 및 시·군·구 환경보전계획은 각각 제18조, 제18조의2, 제19조 및 제19조의2의 개정규정에 따른 시·도 환경계획 및 시·군·구 환경계획으로 본다.

제4조【다른 법률의 개정】 ①~⑤ ※(해당 법령에 가제정리 하였음)

부 칙 (2021.6.15)

제1조【시행일】 이 법은 공포 후 6개월이 경과한 날부터 시행한다.(이하 생략)

부 칙 (2021.9.24)

제1조【시행일】 이 법은 공포 후 6개월이 경과한 날부터 시행한다.(이하 생략)

부 칙 (2021.12.21)

제1조【시행일】 이 법은 2022년 1월 1일부터 시행한다.(이하 생략)

부 칙 (2022.6.10)

제1조【시행일】 이 법은 공포 후 1년이 경과한 날부터 시행한다.

제2조【환경보전협회에 관한 경과조치】 ① 이 법 시행 당시 종전의 규정에 따라 설립된 환경보전협회는 이 법에 따라 설립된 한국환경보전원으로 보며, 「민법」 중 법인의 해산 및 청산에 관한 규정에도 불구하고 한국환경보전원의 설립과 동시에 해산된 것으로 본다.

② 이 법 시행 당시 환경보전협회가 행한 행위와 그 밖의 법률관계에 있어서는 이를 한국환경보전원이 행한 것으로 본다.

③ 이 법 시행 당시 등기부와 그 밖의 공부(公簿)상의 환경보전협회의 명의는 한국환경보전원의 명의로 본다.

④ 이 법 시행 당시 환경보전협회의 재산과 권리·의무는 한국환경보전원 설립과 동시에 한국환경보전원이 이를 포괄하여 승계한다. 이 경우 한국환경보전원이 승계한 재산의 가액은 승계 당시의 장부가액으로 한다.

⑤ 이 법 시행 당시 환경보전협회의 임직원은 한국환경보전원의 임직원으로 선임되거나 임명된 것으로 본다. 이 경우 임원의 임기는 환경보전협회의 임원으로 선임된 날부터 기산한다.

제3조【다른 법령의 개정】 ※(해당 법령에 가제정리 하였음)

제4조【다른 법령과의 관계】 이 법 시행 당시 다른 법령에서 환경보전협회를 인용하고 있는 경우에는 종전의 규정을 갈음하여 이 법의 한국환경보전원을 인용한 것으로 본다.

부 칙 (2022.12.30)
(2022.12.31)

제1조【시행일】 이 법은 공포 후 1년이 경과한 날부터 시행한다.(이하 생략)

부 칙 (2023.1.3)

이 법은 공포 후 6개월이 경과한 날부터 시행한다.

환경영향평가법

(2011년 7월 21일
전부개정법률 제10892호)

개정
2011. 8. 4법11019호(산업단지인·허가절차간소화를위한특례법)
2013. 3.23법11690호(정부조직)
2015. 1.20법13040호
2015. 7.24법13426호(제주자치법)
2016. 1.27법13879호(수질수생태계보전)
2016. 5.29법14232호
2017. 1.17법14532호(물환경보전법)
2017.11.28법15106호
2018. 6.12법15662호
2019.11.26법16617호
2021. 8.17법18432호(정부출연)

제1장 총 칙

제1조【목적】 이 법은 환경에 영향을 미치는 계획 또는 사업을 수립·시행할 때에 해당 계획과 사업이 환경에 미치는 영향을 미리 예측·평가하고 환경보전방안 등을 마련하도록 하여 친환경적이고 지속가능한 발전과 건강하고 쾌적한 국민생활을 도모함을 목적으로 한다.

제2조【정의】 이 법에서 사용하는 용어의 뜻은 다음과 같다.
1. "전략환경영향평가"란 환경에 영향을 미치는 계획을 수립할 때에 환경보전계획과의 부합 여부 확인 및 대안의 설정·분석 등을 통하여 환경적 측면에서 해당 계획의 적정성 및 입지의 타당성 등을 검토하여 국토의 지속가능한 발전을 도모하는 것을 말한다.(2017.11.28 본호개정)
2. "환경영향평가"란 환경에 영향을 미치는 실시계획·시행계획 등의 허가·인가·승인·면허 또는 결정 등(이하 "승인등"이라 한다)을 할 때에 해당 사업이 환경에 미치는 영향을 미리 조사·예측·평가하여 해로운 환경영향을 피하거나 제거 또는 감소시킬 수 있는 방안을 마련하는 것을 말한다.
3. "소규모 환경영향평가"란 환경보전이 필요한 지역이나 난개발(亂開發)이 우려되어 계획적 개발이 필요한 지역에서 개발사업을 시행할 때에 입지의 타당성과 환경에 미치는 영향을 미리 조사·예측·평가하여 환경보전방안을 마련하는 것을 말한다.
4. "환경영향평가등"이란 전략환경영향평가, 환경영향평가 및 소규모 환경영향평가를 말한다.
5. "협의기준"이란 사업의 시행으로 영향을 받게 되는 지역에서 다음 각 목의 어느 하나에 해당하는 기준으로는 「환경정책기본법」 제12조에 따른 환경기준을 유지하기 어렵거나 환경의 악화를 방지할 수 없다고 인정하여 사업자 또는 승인기관의 장이 해당 사업에 적용하기로 환경부장관과 협의한 기준을 말한다.
   가. 「가축분뇨의 관리 및 이용에 관한 법률」 제13조에 따른 방류수수질기준
   나. 「대기환경보전법」 제16조에 따른 배출허용기준
   다. 「물환경보전법」 제12조제3항에 따른 방류수 수질기준
   라. 「물환경보전법」 제32조에 따른 배출허용기준
   (2017.1.17 다목~라목개정)
   마. 「폐기물관리법」 제31조제1항에 따른 폐기물처리시설의 관리기준
   바. 「하수도법」 제7조에 따른 방류수수질기준
   사. 「소음·진동관리법」 제7조에 따른 소음·진동의 배출허용기준(2019.11.26 본목신설)
   아. 「소음·진동관리법」 제26조에 따른 교통소음·진동 관리기준(2019.11.26 본목신설)
   자. 그 밖에 관계 법률에서 환경보전을 위하여 정하고 있는 오염물질의 배출기준
6. "환경영향평가사"란 환경 현황 조사, 환경영향 예측·분석, 환경보전방안의 설정 및 대안 평가 등을 통하여 환경영향평가서 등의 작성 등에 관한 업무를 수행하는 사람으로서 제63조제1항에 따른 자격을 취득한 사람을 말한다.

제3조【국가 등의 책무】 ① 국가, 지방자치단체 및 사업자는 정책이나 계획을 수립·시행하거나 사업을 시행할 때에 환경오염과 환경 훼손을 최소화하기 위하여 필요한 방안을 마련하여야 한다.
② 국가, 지방자치단체, 사업자 및 국민은 환경영향평가등의 중요성을 인식하고, 이 법에서 정하고 있는 절차가 적절하고 원활하게 추진될 수 있도록 노력하여야 한다.
③ 환경부장관은 환경영향평가등의 객관성, 과학성 및 예측 가능성 등을 높이기 위하여 환경영향평가등의 평가지침, 작성기준 및 점검목록 등을 작성·보급하여야 한다.

제4조【환경영향평가등의 기본원칙】 환경영향평가등은 다음 각 호의 기본원칙에 따라 실시되어야 한다.
1. 환경영향평가등은 보전과 개발이 조화와 균형을 이루는 지속가능한 발전이 되도록 하여야 한다.
2. 환경보전방안 및 그 대안은 과학적으로 조사·예측된 결과를 근거로 하여 경제적·기술적으로 실행할 수 있는 범위에서 마련되어야 한다.
3. 환경영향평가등의 대상이 되는 계획 또는 사업에 대하여 충분한 정보 제공 등을 함으로써 환경영향평가등의 과정에 주민 등이 원활하게 참여할 수 있도록 노력하여야 한다.
4. 환경영향평가등의 결과는 지역주민 및 의사결정권자가 이해할 수 있도록 간결하고 평이하게 작성되어야 한다.
5. 환경영향평가등은 계획 또는 사업이 특정 지역 또는 시기에 집중될 경우에는 이에 대한 누적적 영향을 고려하여 실시되어야 한다.
6. 환경영향평가등은 계획 또는 사업으로 인한 환경적 위해가 어린이, 노인, 임산부, 저소득층 등 환경유해인자의 노출에 민감한 집단에게 미치는 사회·경제적 영향을 고려하여 실시되어야 한다.(2018.6.12 본호신설)

제5조【환경보전목표의 설정 등】 환경영향평가등을 하려는 자는 다음 각 호의 기준, 계획 또는 사업의 성격, 토지이용 및 환경 현황, 계획 또는 사업이 환경에 미치는 영향의 정도, 평가 당시의 과학적·기술적 수준 및 경제적 상황 등을 고려하여 환경보전목표를 설정하고 이를 토대로 환경영향평가등을 실시하여야 한다.
1. 「환경정책기본법」 제12조에 따른 환경기준
2. 「자연환경보전법」 제2조제14호에 따른 생태·자연도(生態·自然圖)
3. 「대기환경보전법」, 「물환경보전법」 등에 따른 지역별 오염총량기준(2017.1.17 본호개정)
4. 그 밖에 관계 법률에서 환경보전을 위하여 설정한 기준

제6조【환경영향평가등의 대상지역】 환경영향평가등은 계획의 수립이나 사업의 시행으로 영향을 받게 되는 지역으로서 환경영향을 과학적으로 예측·분석한 자료에 따라 그 범위가 설정된 지역에 대하여 실시하여야 한다.

제7조【환경영향평가등의 분야 및 평가항목】 ① 환경영향평가등은 계획의 수립이나 사업의 시행으로 영향을 받게 될 자연환경, 생활환경, 사회·경제 환경 등의 분야(이하 "환경영향평가분야"라 한다)에 대하여 실시하여야 한다.
② 환경영향평가분야의 세부 평가항목(이하 "환경영향평가항목"이라 한다) 및 평가방법 등은 대통령령으로 정한다.

제8조【환경영향평가협의회】 ① 환경부장관, 계획 수립기관의 장, 계획이나 사업에 대하여 승인등을 하는 기관의 장(이하 "승인기관의 장"이라 한다) 또는 승인등을 받지 아니하여도 되는 사업자는 다음 각 호의 사항을 심의하기 위하여 환경영향평가협의회를 구성·운영하여야 한다.(2017.11.28 본문개정)
1. 제11조와 제24조에 따른 평가 항목·범위 등의 결정에 관한 사항
2. 제31조제2항에 따른 환경영향평가 협의 내용의 조정에 관한 사항
3. 제51조제2항에 따른 약식절차에 의한 환경영향평가 실시 여부에 관한 사항
4. 제52조제3항에 따른 의견 수렴 내용과 협의 내용의 조정에 관한 사항
5. 그 밖에 원활한 환경영향평가등을 위하여 필요한 사항으로서 대통령령으로 정하는 사항

② 제1항에 따른 환경영향평가협의회(이하 "환경영향평가협의회"라 한다)는 환경영향평가분야에 관한 학식과 경험이 풍부한 자로 구성하되, 주민대표, 시민단체 등 민간전문가가 포함되도록 하여야 한다. 다만, 「환경보건법」 제13조에 따라 건강영향평가를 실시하여야 하는 경우에는 본문에 따른 민간전문가 외에 건강영향평가분야 전문가가 포함되도록 하여야 한다.(2015.1.20 단서신설)
③ 환경영향평가협의회의 구성·운영 등에 필요한 사항은 대통령령으로 정한다.

제2장 전략환경영향평가

제1절 전략환경영향평가의 대상

제9조【전략환경영향평가의 대상】 ① 다음 각 호의 어느 하나에 해당하는 계획을 수립하려는 행정기관의 장은 전략환경영향평가를 실시하여야 한다.
1. 도시의 개발에 관한 계획
2. 산업입지 및 산업단지의 조성에 관한 계획
3. 에너지 개발에 관한 계획
4. 항만의 건설에 관한 계획
5. 도로의 건설에 관한 계획
6. 수자원의 개발에 관한 계획
7. 철도(도시철도를 포함한다)의 건설에 관한 계획
8. 공항의 건설에 관한 계획
9. 하천의 이용 및 개발에 관한 계획
10. 개간 및 공유수면의 매립에 관한 계획
11. 관광단지의 개발에 관한 계획
12. 산지의 개발에 관한 계획
13. 특정 지역의 개발에 관한 계획
14. 체육시설의 설치에 관한 계획
15. 폐기물 처리시설의 설치에 관한 계획
16. 국방·군사 시설의 설치에 관한 계획
17. 토석·모래·자갈·광물 등의 채취에 관한 계획
18. 환경에 영향을 미치는 시설로서 대통령령으로 정하는 시설의 설치에 관한 계획

② 제1항에 따른 전략환경영향평가 대상계획(이하 "전략환경영향평가 대상계획"이라 한다)은 그 계획의 성격 등을 고려하여 다음 각 호와 같이 구분한다.
1. 정책계획 : 국토의 전 지역이나 일부 지역을 대상으로 개발 및 보전 등에 관한 기본방향이나 지침 등을 일반적으로 제시하는 계획
2. 개발기본계획 : 국토의 일부 지역을 대상으로 하는 계획으로서 다음 각 목의 어느 하나에 해당하는 계획
   가. 구체적인 개발구역의 지정에 관한 계획
   나. 개별 법령에서 실시계획 등을 수립하기 전에 수립하도록 하는 계획으로서 실시계획 등의 기준이 되는 계획

③ 전략환경영향평가 대상계획 및 제2항에 따른 정책계획 및 개발기본계획의 구체적인 종류는 제10조의2에서 정한 절차를 거쳐 대통령령으로 정한다.(2016.5.29 본항개정)

제10조【전략환경영향평가 대상 제외】 제9조에도 불구하고 다음 각 호의 어느 하나에 해당하는 계획에 대하여는 전략환경영향평가를 실시하지 아니할 수 있다.
1. 국방부장관이 군사상 고도의 기밀보호가 필요하거나 군사작전의 긴급한 수행을 위하여 필요하다고 인정하여 환경부장관과 협의한 계획
2. 국가정보원장이 국가안보를 위하여 고도의 기밀보호가 필요하다고 인정하여 환경부장관과 협의한 계획

제10조의2【전략환경영향평가 대상계획의 결정 절차】 ① 행정기관의 장은 소관 전략환경영향평가 대상계획에 대하여 대통령령으로 정하는 기간마다 다음 각 호의 사항을 고려하여 전략환경영향평가 실시 여부를 결정하고 그 결과를 환경부장관에게 통보하여야 한다.
1. 계획에 따른 환경영향의 중대성
2. 계획에 대한 환경성 평가의 가능성
3. 계획이 다른 계획 또는 개발사업 등에 미치는 영향
4. 기존 전략환경영향평가 실시 대상계획의 적절성
5. 전략환경영향평가의 필요성이 제기되는 계획의 추가 필요성

② 제1항에 따라 전략환경영향평가를 실시하지 아니하기로 결정하려는 행정기관의 장은 그 사유에 대하여 관계 전문가 등의 의견을 청취하여야 하고, 환경부장관과 협의를 거쳐야 한다.
③ 환경부장관은 제2항에 따라 협의요청을 받은 사유를 검토하여 전략환경영향평가가 필요하다고 판단되면 해당 계획에 대한 전략환경영향평가 실시를 요청할 수 있다.
④ 행정기관의 장은 소관 전략환경영향평가 대상계획 중 다른 계획에서 실시한 전략환경영향평가와 내용이 중복되는 등 동일한 평가가 시행된 것으로 볼 수 있는 계획에 대하여는 대통령령으로 정하는 기간마다 검토하여 해당 계획에 대한 전략환경영향평가를 생략할 수 있다. 이 경우 관계전문가 등의 의견을 청취하여야 하고, 환경부장관과 협의를 거쳐야 한다.
⑤ 제1항에 따른 통보, 제2항에 따른 협의, 제3항에 따른 실시요청, 제4항에 따른 협의에 필요한 절차는 환경부령으로 정한다.
(2016.5.29 본조신설)

제11조【평가 항목·범위 등의 결정】 ① 전략환경영향평가 대상계획을 수립하려는 행정기관의 장은 전략환경영향평가를 실시하기 전에 평가준비서를 작성하여 환경영향평가협의회의 심의를 거쳐 다음 각 호의 사항(이하 이 장에서 "전략환경영향평가항목등"이라 한다)을 결정하여야 한다. 다만, 제9조제2항제2호에 따른 개발기본계획(이하 "개발기본계획"이라 한다)의 사업계획 면적이 대통령령으로 정하는 규모 미만인 경우에는 환경영향평가협의회의 심의를 생략할 수 있다.(2016.5.29 단서신설)
1. 전략환경영향평가 대상지역
2. 토지이용구상안
3. 대안
4. 평가 항목·범위·방법 등

② 행정기관 외의 자가 제안하여 수립되는 전략환경영향평가 대상계획의 경우에는 전략환경영향평가 대상계획을 제안하는 자가 평가준비서를 작성하여 전략환경영향평가 대상계획을 수립하는 행정기관의 장에게 전략환경영향평가항목등을 결정하여 줄 것을 요청하여야 한다.
③ 제2항에 따른 요청을 받은 행정기관의 장은 대통령령으로 정하는 기간 내에 환경영향평가협의회의 심의를 거쳐 전략환경영향평가 대상계획을 제안하는 자에게 그 결과를 통보하여야 한다.
④ 전략환경영향평가 대상계획을 수립하려는 행정기관의 장은 제1항부터 제3항까지의 규정에 따라 전략환경영향평가항목등을 결정할 때에는 다음 각 호의 사항을 고려하여야 한다.
1. 해당 계획의 성격
2. 상위계획 등 관련 계획과의 부합성
3. 해당 지역 및 주변 지역의 입지 여건, 토지이용 현황 및 환경 특성
4. 계절적 특성 변화(환경적·생태적으로 가치가 큰 지역)
5. 그 밖에 환경기준 유지 등과 관련된 사항

⑤ 전략환경영향평가 대상계획을 수립하려는 행정기관의 장은 제1항 및 제3항에 따라 결정된 전략환경영향평가항목등을 대통령령으로 정하는 방법에 따라 공개하고 주민 등의 의견을 들어야 한다. 다만, 전략환경영향평가항목등에 환경영향평가항목이 모두 포함되는 경우에는 공개를 생략할 수 있다.(2016.5.29 단서신설)
⑥ 제1항부터 제4항까지의 규정에 따른 전략환경영향평가항목등의 결정에 필요한 사항은 대통령령으로 정하고, 평가준비서의 작성방법은 환경부령으로 정한다.

제11조의2【약식전략환경영향평가】 ① 전략환경영향평가 대상계획을 수립하려는 행정기관의 장은 해당 계획이

입지 등 구체적인 사항을 정하고 있지 않거나 정량적인 평가가 불가능한 경우 등에는 제11조제1항제4호의 사항을 간략하게 하는 약식전략환경영향평가 실시를 결정할 수 있다.
② 평가대상, 평가항목, 평가절차 등 약식전략환경영향평가를 실시하기 위하여 필요한 구체적인 사항은 대통령령으로 정한다.
(2016.5.29 본조신설)

제2절 전략환경영향평가서 초안에 대한 의견 수렴 등

제12조 【전략환경영향평가서 초안의 작성】 ① 개발기본계획을 수립하는 행정기관의 장은 제11조에 따라 결정된 전략환경영향평가항목등에 맞추어 전략환경영향평가서 초안을 작성한 후 제13조에 따라 주민 등의 의견을 수렴하여야 한다. 다만, 행정기관 외의 자가 제안하여 수립되는 개발기본계획의 경우에는 개발기본계획을 제안하는 자가 전략환경영향평가서 초안을 작성하여 개발기본계획을 수립하는 행정기관의 장에게 제출하여야 한다.
② 개발기본계획을 수립하는 행정기관의 장은 전략환경영향평가서 초안을 다음 각 호의 자에게 제출하여 의견을 들어야 한다.
1. 환경부장관
2. 승인기관의 장(승인등을 받아야 하는 계획만 해당한다)
3. 그 밖에 대통령령으로 정하는 관계 행정기관의 장
③ 제1항에 따른 전략환경영향평가서 초안의 작성방법과 제2항에 따른 의견 제출방법 등 필요한 사항은 대통령령으로 정한다.

제13조 【주민 등의 의견 수렴】 ① 개발기본계획을 수립하려는 행정기관의 장은 개발기본계획에 대한 전략환경영향평가서 초안을 공고·공람하고 설명회를 개최하여 해당 평가 대상지역 주민의 의견을 들어야 한다. 다만, 대통령령으로 정하는 범위의 주민이 공청회의 개최를 요구하면 공청회를 개최하여야 한다.
② 개발기본계획을 수립하려는 행정기관의 장은 개발기본계획이 생태계의 보전가치가 큰 지역, 환경훼손 또는 자연생태계의 변화가 현저하거나 현저하게 될 우려가 있는 지역 등으로서 대통령령으로 정하는 지역을 포함하는 경우에는 관계 전문가 등 평가 대상지역의 주민이 아닌 자의 의견도 들어야 한다.(2018.6.12 본항개정)
③ 개발기본계획을 수립하려는 행정기관의 장이 책임질 수 없는 사유로 제1항에 따른 설명회나 공청회가 정상적으로 진행되지 못하는 등 대통령령으로 정하는 사유가 있는 경우에는 설명회나 공청회를 개최하지 아니할 수 있다. 이 경우 대통령령으로 정하는 바에 따라 설명회 또는 공청회에 준하는 방법으로 주민 등의 의견을 들어야 한다.
④ 개발기본계획을 수립하려는 행정기관의 장은 제1항 및 제2항에 따른 주민등의 의견 수렴 결과와 반영 여부를 대통령령으로 정하는 방법에 따라 공개하여야 한다.
⑤ 제1항 및 제2항에 따른 공고·공람, 설명회 또는 공청회 개최, 그 밖에 의견 수렴 등에 필요한 사항은 대통령령으로 정한다.

제14조 【주민 등의 의견 수렴 절차의 생략】 개발기본계획을 수립하려는 행정기관의 장은 다른 법령에 따른 의견 수렴 절차에서 전략환경영향평가서 초안에 대한 의견을 수렴한 경우에는 제13조에 따른 의견 수렴 절차를 거치지 아니할 수 있다.

제15조 【주민 등의 의견 재수렴】 ① 개발기본계획을 수립하려는 행정기관의 장은 제13조에 따라 의견 수렴 절차를 거친 후 제18조에 따라 협의 내용을 통보받기 전에 개발기본계획 대상지역 등 대통령령으로 정하는 중요한 사항을 변경하려는 경우에는 제11조부터 제14조까지의 규정에 따라 전략환경영향평가서 초안을 다시 작성하여 주민 등의 의견을 재수렴하여야 한다.
② 개발기본계획을 수립하려는 행정기관의 장은 제13조 제4항에 따라 공개한 의견의 수렴 절차에 흠이 존재하는 등 환경부령으로 정하는 사유가 있어 주민 등이 의견의 재수렴을 신청하는 경우에는 제13조에 따라 주민 등의 의견을 재수렴하여야 한다.(2017.11.28 본항신설)
③ 제2항에 따른 의견 재수렴 신청 기간, 절차, 최소신청인원 등은 환경부령으로 정한다.(2017.11.28 본항신설)

제15조의2 【정책계획의 의견 수렴】 정책계획을 수립하려는 행정기관의 장은 제16조에 따라 협의를 요청할 때 해당 계획의 전략환경영향평가서에 대한 행정예고를 「행정절차법」에 따라 실시하여야 한다.(2016.5.29 본조신설)

제3절 전략환경영향평가서의 협의 등

제16조 【전략환경영향평가서의 작성 및 협의 요청 등】 ① 승인등을 받지 아니하여도 되는 전략환경영향평가 대상계획을 수립하려는 행정기관의 장은 해당 계획을 확정하기 전에 전략환경영향평가서를 작성하여 환경부장관에게 협의를 요청하여야 한다.
② 승인등을 받아야 하는 전략환경영향평가 대상계획을 수립하는 행정기관의 장은 전략환경영향평가서를 작성하여 승인기관의 장에게 제출하여야 하며, 승인기관의 장은 해당 계획에 대하여 승인등을 하기 전에 환경부장관에게 협의를 요청하여야 한다.
③ 제1항 및 제2항에 따라 전략환경영향평가서를 작성하는 자는 제12조제2항 및 제13조제1항부터 제3항까지의 규정에 따라 제시된 의견이 타당하다고 인정할 때에는 그 의견을 전략환경영향평가서에 반영하여야 한다.
④ 제1항부터 제3항까지의 규정에 따른 전략환경영향평가서의 작성방법, 제출방법, 협의 요청시기 등 필요한 사항은 대통령령으로 정한다.
⑤ 전략환경영향평가서를 작성한 행정기관의 담당자 및 책임자의 소속, 직책, 성명은 전략환경영향평가서에 반드시 포함되어야 한다.(2016.5.29 본항신설)

제17조 【전략환경영향평가서의 검토 등】 ① 환경부장관은 제16조제1항 및 제2항에 따라 협의를 요청받은 경우에는 주민의견 수렴 절차 등의 이행 여부 및 전략환경영향평가서의 내용 등을 검토하여야 한다.
② 환경부장관은 전략환경영향평가서의 검토를 위하여 필요하면 「정부출연연구기관 등의 설립·운영 및 육성에 관한 법률」에 따라 설립된 한국환경연구원(이하 "한국환경연구원"이라 한다) 등 전략환경영향평가에 필요한 전문성을 갖춘 기관으로서 대통령령으로 정하는 기관 또는 관계 전문가의 의견을 듣거나 현지조사를 의뢰할 수 있고, 관계 행정기관의 장에게 관련 자료의 제출을 요청할 수 있다. 다만, 해양수산부장관 외의 자가 수립하는 계획으로서 계획의 대상지역에 「연안관리법」 제2조제3호에 따른 연안육역(沿岸陸域)이 포함되어 있는 전략환경영향평가서의 경우에는 해양수산부장관의 의견을 들어야 한다.(2021.8.17 본문개정)
③ 환경부장관은 제1항에 따라 전략환경영향평가서를 검토한 결과 전략환경영향평가서를 보완할 필요가 있는 등 대통령령으로 정하는 사유가 있는 경우에는 전략환경영향평가 대상계획을 수립하려는 행정기관의 장(승인등을 받아야 하는 계획의 경우에는 승인기관의 장을 말한다. 이하 "주관 행정기관의 장"이라 한다)에게 전략환경영향평가서의 보완을 요청하거나 보완을 전략환경영향평가 대상계획을 제안하는 자 등에게 요구할 것을 요청할 수 있다. 이 경우 보완 요청은 두 차례만 할 수 있다.
(2016.5.29 본항개정)
④ 환경부장관은 다음 각 호의 어느 하나에 해당하는 경우에는 전략환경영향평가서를 반려할 수 있다.
1. 제3항에 따라 보완 요청을 하였음에도 불구하고 요청한 내용의 중요한 사항이 누락되는 등 전략환경영향평가서가 적정하게 작성되지 아니하여 협의를 진행할 수 없다고 판단하는 경우
2. 전략환경영향평가서가 거짓으로 작성되었다고 판단하는 경우
(2017.11.28 본항개정)
⑤ 환경부장관은 다음 각 호의 어느 하나에 해당하는 경우에는 해당 전략환경영향평가 대상계획의 규모·내용·시행시기 등을 재검토할 것을 주관 행정기관의 장에게 통보할 수 있다.
1. 해당 전략환경영향평가 대상계획을 축소·조정하더라도 그 계획의 추진으로 환경훼손 또는 자연생태계의 변화가 현저하거나 현저하게 될 우려가 있는 경우
2. 해당 전략환경영향평가 대상계획이 국가환경정책에 부합하지 아니하거나 생태적으로 보전가치가 높은 지역을 심각하게 훼손할 우려가 있는 경우
(2019.11.26 본항신설)
⑥ 제1항에 따른 전략환경영향평가서 등의 검토 기준·방법, 제3항에 따른 전략환경영향평가서 등의 보완, 제4항에 따른 반려 및 제5항에 따른 전략환경영향평가 대상계획의 재검토에 필요한 사항은 대통령령으로 정한다.
(2019.11.26 본항개정)

제18조 【협의 내용의 통보기간 등】 ① 환경부장관은 협의를 요청받은 날부터 대통령령으로 정하는 기간 이내에 주관 행정기관의 장에게 협의 내용을 통보하여야 한다. 다만, 부득이한 사정이 있을 때에는 그 기간을 연장할 수 있다.
② 환경부장관은 제1항 단서에 따라 협의 내용 통보기간을 연장할 때에는 협의기간이 끝나기 전에 주관 행정기관의 장에게 그 사유와 연장한 기간을 통보하여야 한다.
③ 환경부장관은 다음 각 호의 어느 하나에 해당하는 경우에는 해당 계획에 관련 내용을 반영할 것을 조건으로 주관 행정기관의 장에게 협의 내용을 통보할 수 있다.
1. 보완하여야 할 사항이 경미한 경우
2. 해당 계획을 수립·결정하기 전에 보완이 가능한 경우
(2016.5.29 1호~2호개정)

제19조 【협의 내용의 이행】 ① 주관 행정기관의 장은 제18조에 따라 통보받은 협의 내용을 해당 계획에 반영하기 위하여 필요한 조치를 하거나 전략환경영향평가 대상계획을 제안하는 자 등에게 필요한 조치를 할 것을 요구하여야 하며, 그 조치결과 또는 조치계획을 환경부장관에게 통보하여야 한다.
② 주관 행정기관의 장은 협의 내용을 해당 계획에 반영하기 곤란한 특별한 사유가 있을 때에는 대통령령으로 정하는 바에 따라 환경부장관과 협의한 후 해당 계획을 승인하거나 확정하여야 한다.
③ 전략환경영향평가 대상계획을 수립하는 자는 제1항에 따른 조치결과 및 조치계획을 성실히 이행하여야 한다.
④ 제1항에 따른 조치결과 또는 조치계획 등 필요한 사항은 대통령령으로 정한다.

제20조 【재협의】 ① 개발기본계획을 수립하는 행정기관의 장은 제16조부터 제18조까지의 규정에 따라 협의한 개발기본계획을 변경하는 경우로서 다음 각 호의 어느 하나에 해당하는 경우에는 제11조부터 제19조까지의 규정에 따라 전략환경영향평가를 다시 하여야 한다.
1. 개발기본계획 대상지역을 대통령령으로 정하는 일정 규모 이상으로 증가시키는 경우
2. 협의 내용에서 원형대로 보전하거나 제외하도록 한 지역을 대통령령으로 정하는 규모 이상으로 개발하거나 그 위치를 변경하는 경우
② 개발기본계획을 수립하려는 행정기관의 장은 다음 각 호의 어느 하나에 해당하면 전략환경영향평가 재협의를 생략할 수 있다.
1. 전략환경영향평가 대상계획이 환경부장관과 협의를 거쳐 확정된 후 취소 또는 실효된 경우로서 협의 내용을 통보받은 날부터 대통령령으로 정하는 기간을 경과하지 아니한 경우
2. 전략환경영향평가 대상계획이 환경부장관과 협의를 거친 후 지연 중인 경우로서 협의 내용을 통보받은 날부터 대통령령으로 정하는 기간을 경과하지 아니한 경우
(2016.5.29 본항신설)

제21조 【변경협의】 ① 주관 행정기관의 장은 제16조부터 제18조까지의 규정에 따라 협의한 개발기본계획에 대하여 제20조 각 호에 해당하지 아니하는 변경을 하려는 경우로서 대통령령으로 정하는 사항을 변경하려는 경우에는 미리 환경부장관과 변경 내용에 대하여 협의를 하여야 한다.
② 주관 행정기관의 장은 제16조부터 제18조까지의 규정에 따라 협의한 정책계획을 변경하려는 경우로서 대통령령으로 정하는 사항을 변경하려는 경우에는 환경부장관과 변경 내용에 대하여 협의를 하여야 한다.
③ 제1항 및 제2항에 따른 변경협의에 대하여는 제16조부터 제19조까지의 규정을 준용한다.

제3장 환경영향평가

제1절 환경영향평가의 대상

제22조 【환경영향평가의 대상】 ① 다음 각 호의 어느 하나에 해당하는 사업(이하 "환경영향평가 대상사업"이라 한다)을 하려는 자(이하 이 장에서 "사업자"라 한다)는 환경영향평가를 실시하여야 한다.
1. 도시의 개발사업
2. 산업입지 및 산업단지의 조성사업
3. 에너지 개발사업
4. 항만의 건설사업
5. 도로의 건설사업
6. 수자원의 개발사업
7. 철도(도시철도를 포함한다)의 건설사업
8. 공항의 건설사업
9. 하천의 이용 및 개발 사업
10. 개간 및 공유수면의 매립사업
11. 관광단지의 개발사업
12. 산지의 개발사업
13. 특정 지역의 개발사업
14. 체육시설의 설치사업
15. 폐기물 처리시설의 설치사업
16. 국방·군사 시설의 설치사업
17. 토석·모래·자갈·광물 등의 채취사업
18. 환경에 영향을 미치는 시설로서 대통령령으로 정하는 시설의 설치사업
② 환경영향평가 대상사업의 구체적인 종류, 범위 등은 대통령령으로 정한다.

제23조 【환경영향평가 대상 제외】 제22조에도 불구하고 다음 각 호의 어느 하나에 해당하는 사업은 환경영향평가 대상에서 제외한다.
1. 「재난 및 안전관리 기본법」 제37조에 따른 응급조치를 위한 사업
2. 국방부장관이 군사상 고도의 기밀보호가 필요하거나 군사작전의 긴급한 수행을 위하여 필요하다고 인정하여 환경부장관과 협의한 사업
3. 국가정보원장이 국가안보를 위하여 고도의 기밀보호가 필요하다고 인정하여 환경부장관과 협의한 사업

제2절 환경영향평가서 초안에 대한 의견 수렴 등

제24조 【평가 항목·범위 등의 결정】 ① 승인등을 받지 아니하여도 되는 사업자는 환경영향평가를 실시하기 전에 평가준비서를 작성하여 대통령령으로 정하는 기간 내에 환경영향평가협의회의 심의를 거쳐 다음 각 호의 사항(이하 이 장에서 "환경영향평가항목등"이라 한다)을 결정하여야 한다.
1. 환경영향평가 대상지역
2. 환경보전방안의 대안
3. 평가 항목·범위·방법 등
② 승인등을 받아야 하는 사업자는 환경영향평가를 실시하기 전에 평가준비서를 작성하여 승인기관의 장에게 환경영향평가항목등을 정하여 줄 것을 요청하여야 한다.
③ 환경부장관은 다음 각 호의 어느 하나에 해당하는 요청을 받은 경우에는 환경영향평가항목등을 결정할 수 있다.
1. 승인등을 받지 아니하여도 되는 사업자가 환경영향평가협의회의 심의를 거치기 곤란한 부득이한 사유가 있

거나 특별히 전문성이 요구된다고 판단하여 환경영향평가항목등을 정하여 줄 것을 요청한 경우
2. 승인등을 받아야 하는 사업자가 환경영향평가협의회의 심의를 거치기 곤란한 부득이한 사유가 있거나 특별히 전문성이 요구된다고 판단하여 승인기관을 거쳐 환경영향평가항목등을 정하여 줄 것을 요청한 경우
(2016.5.29 1호~2호개정)
④ 제2항 및 제3항에 따른 요청을 받은 승인기관의 장이나 환경부장관은 대통령령으로 정하는 기간 내에 환경영향평가협의회의 심의를 거쳐 환경영향평가항목등을 결정하여 사업자에게 통보하여야 한다.
⑤ 승인등을 받지 아니하여도 되는 사업자 또는 승인기관의 장(이하 "승인기관장등"이라 한다)이나 환경부장관은 제1항부터 제4항까지의 규정에 따라 환경영향평가항목등을 결정할 때에는 다음 각 호의 사항을 고려하여야 한다.
1. 제11조에 따라 결정한 전략환경영향평가항목등(개발기본계획을 수립한 환경영향평가 대상사업만 해당한다)
2. 해당 지역 및 주변 지역의 입지 여건
3. 토지이용 상황
4. 사업의 성격
5. 환경 특성
6. 계절적 특성 변화(환경적·생태적으로 가치가 큰 지역)
⑥ 사업자는 제11조에 따른 전략환경영향평가항목등에 환경영향평가항목등이 포함되어 결정된 경우로서 환경부장관과 전략환경영향평가에 대하여 협의하였을 때에는 제1항 및 제2항에 따른 환경영향평가항목등의 결정절차를 거치지 아니할 수 있다. 이 경우 제11조에 따라 결정된 전략환경영향평가항목등은 제1항부터 제5항까지의 규정에 따라 결정된 환경영향평가항목등으로 본다.
(2017.11.28 전단개정)
⑦ 승인기관장등이나 환경부장관은 제1항과 제4항에 따라 결정된 환경영향평가항목등을 대통령령으로 정하는 방법에 따라 공개하고 주민 등의 의견을 들어야 한다.
⑧ 제1항부터 제5항까지의 규정에 따른 환경영향평가항목등의 결정에 필요한 사항은 대통령령으로 정하고, 제1항 및 제2항에 따른 평가준비서의 작성방법은 환경부령으로 정한다.

제25조【주민 등의 의견 수렴】 ① 사업자는 제24조에 따라 결정된 환경영향평가항목등에 따라 환경영향평가서 초안을 작성하여 주민 등의 의견을 수렴하여야 한다.
② 제1항에 따른 환경영향평가서 초안의 작성 및 주민 등의 의견 수렴 절차에 관하여는 제12조 및 제13조를 준용한다. 다만, 주민에 대한 공고 및 공람은 환경영향평가 대상사업의 사업지역을 관할하는 시장(「제주특별자치도 설치 및 국제자유도시 조성을 위한 특별법」 제11조제2항에 따른 행정시장을 포함한다)·군수·구청장(자치구의 구청장을 말한다)이 하여야 한다.(2016.5.29 본문개정)
③ 사업자가 제1항에 따른 환경영향평가서 초안에 대하여 다른 법령에 따라 주민 등의 의견을 20일 이상 수렴하는 등 제2항의 절차에 준하여 수렴한 경우에는 제1항에 따라 주민 등의 의견을 수렴한 것으로 본다.
(2016.5.29 본항신설)
④ 사업자는 제1항 및 제3항에 따른 주민 등의 의견 수렴 결과와 반영 여부를 대통령령으로 정하는 방법에 따라 공개하여야 한다.(2016.5.29 본항개정)
⑤ 사업자는 환경영향평가 대상사업에 대한 개발기본계획을 수립할 때에 제12조부터 제15조까지의 규정에 따른 전략환경영향평가서 초안의 작성 및 의견 수렴 절차를 거친 경우(제14조에 따라 의견 수렴 절차를 생략한 경우는 제외한다)로서 다음 각 호의 요건에 모두 해당하는 경우 협의기관의 장과의 협의를 거쳐 제1항 및 제2항에 따른 환경영향평가서 초안의 작성 및 의견 수렴 절차를 거치지 아니할 수 있다.
1. 제18조에 따라 전략환경영향평가서의 협의 내용을 통보받은 날부터 3년이 지나지 아니한 경우
2. 제18조에 따른 협의 내용보다 사업규모가 30퍼센트 이상 증가되지 아니한 경우
3. 제18조에 따른 협의 내용보다 사업규모가 제22조제2항에 따라 대통령령으로 정하는 환경영향평가 대상사업의 최소 사업규모 이상 증가되지 아니한 경우
4. 폐기물소각시설, 폐기물매립시설, 하수종말처리시설, 공공폐수처리시설 등 주민의 생활환경에 미치는 영향이 큰 시설의 입지가 추가되지 아니한 경우
(2016.1.27 본호개정)
⑥ 제1항에 따른 환경영향평가서 초안의 작성방법과 제2항 단서에 따른 공고·공람의 방법 등 필요한 사항은 대통령령으로 정한다.

제26조【주민 등의 의견 재수렴】 ① 사업자는 제25조에 따른 의견 수렴 절차를 거친 후 제29조에 따라 협의 내용을 통보받기 전까지 환경영향평가 대상사업의 변경 등 대통령령으로 정하는 중요한 사항을 변경하려는 경우에는 제24조 및 제25조에 따라 환경영향평가서 초안을 다시 작성하여 주민 등의 의견을 재수렴하여야 한다.
② 사업자는 제25조제4항에 따라 공개한 의견의 수렴 절차에 흠이 존재하는 등 환경부령으로 정하는 사유가 있어 주민 등이 의견의 재수렴을 신청하는 경우에는 제25조에 따라 주민 등의 의견을 재수렴하여야 한다.
(2017.11.28 본항신설)
③ 제2항에 따른 의견 재수렴 신청 기간, 절차, 최소신청인원 등은 환경부령으로 정한다.(2017.11.28 본항신설)

제3절 환경영향평가서의 협의, 재협의, 변경협의 등

제27조【환경영향평가서의 작성 및 협의 요청 등】 ① 승인기관장등은 환경영향평가 대상사업에 대한 승인등을 하거나 환경영향평가 대상사업을 확정하기 전에 환경부장관에게 협의를 요청하여야 한다. 이 경우 승인기관의 장은 환경영향평가서에 대한 의견을 첨부할 수 있다.
② 승인등을 받지 아니하여도 되는 사업자는 제1항에 따라 환경부장관에게 협의를 요청할 경우 환경영향평가서를 작성하여야 하며, 승인등을 받아야 하는 사업자는 환경영향평가서를 작성하여 승인기관의 장에게 제출하여야 한다.
③ 제1항과 제2항에 따른 환경영향평가서의 작성방법, 협의 요청시기 및 제출방법 등은 대통령령으로 정한다.

제28조【환경영향평가서의 검토 등】 ① 환경부장관은 제27조제1항에 따라 협의를 요청받은 경우에는 주민의견 수렴 절차 등의 이행 여부 및 환경영향평가서의 내용 등을 검토하여야 한다.
② 환경부장관은 제1항에 따라 환경영향평가서를 검토할 때에 필요하면 환경영향평가에 필요한 전문성을 갖춘 기관으로서 대통령령으로 정하는 기관 또는 관계 전문가의 의견을 듣거나 현지조사를 의뢰할 수 있고, 사업자 또는 승인기관의 장에게 관련 자료의 제출을 요청할 수 있다. 다만, 다음 각 호의 자로부터 그 의견을 들어야 한다.
(2019.11.26 본문개정)
1. 한국환경연구원(2021.8.17 본호개정)
2. 해양수산부장관(해양환경에 영향을 미치는 사업으로서 대통령령으로 정하는 사업만 해당한다)
(2013.3.23 본호개정)
③ 환경부장관은 제1항에 따라 환경영향평가서를 검토한 결과 환경영향평가서 또는 사업계획 등을 보완·조정할 필요가 있는 등 대통령령으로 정하는 사유가 있는 경우에는 승인기관장등에게 환경영향평가서 또는 사업계획 등의 보완·조정을 요청하거나 보완·조정을 사업자 등에게 요구할 것을 요청할 수 있다. 이 경우 보완·조정의 요청은 두 차례만 할 수 있으며, 요청을 받은 승인기관장등은 특별한 사유가 없으면 이에 따라야 한다.
(2016.5.29 후단개정)
④ 환경부장관은 다음 각 호의 어느 하나에 해당하는 경우에는 환경영향평가서를 반려할 수 있다.
1. 제3항에 따라 보완·조정의 요청을 하였음에도 불구하고 요청한 내용의 중요한 사항이 누락되는 등 환경영향평가서 또는 해당 사업계획이 적정하게 작성되지 아니하여 협의를 진행할 수 없다고 판단하는 경우
2. 환경영향평가서가 거짓으로 작성되었다고 판단하는 경우
(2017.11.28 본항개정)
⑤ 환경부장관은 다음 각 호의 어느 하나에 해당하는 경우에는 해당 환경영향평가 대상사업의 규모·내용·시행시기 등을 재검토할 것을 승인기관장등에게 통보할 수 있다.
1. 해당 환경영향평가 대상사업을 축소·조정하더라도 해당 환경영향평가 대상사업이 포함된 사업계획의 추진으로 환경훼손 또는 자연생태계의 변화가 현저하거나 현저하게 될 우려가 있는 경우
2. 해당 환경영향평가 대상사업이 포함된 사업계획이 국가환경정책에 부합하지 아니하거나 생태적으로 보전가치가 높은 지역을 심각하게 훼손할 우려가 있는 경우
(2019.11.26 본항신설)
⑥ 사업자나 승인기관의 장은 제5항에 따라 통보받은 재검토 내용에 대하여 이의가 있으면 환경부장관에게 재검토 내용을 조정하여 줄 것을 요청할 수 있다. 이 경우 조정 요청의 절차 및 조정 여부의 결정 등에 관하여는 제31조를 준용한다.(2019.11.26 본항신설)
⑦ 제1항에 따른 환경영향평가서 등의 검토 기준·방법, 제3항에 따른 환경영향평가서 등의 보완·조정, 제4항에 따른 반려 및 제5항에 따른 환경영향평가 대상사업의 재검토에 필요한 사항은 대통령령으로 정한다.
(2019.11.26 본항개정)

제29조【협의 내용의 통보기간 등】 ① 환경부장관은 제27조제1항에 따라 협의를 요청받은 날부터 대통령령으로 정하는 기간 이내에 승인기관장등에게 협의 내용을 통보하여야 한다. 다만, 부득이한 사정이 있을 때에는 그 기간을 연장할 수 있다.
② 환경부장관은 제1항에 따라 협의 내용 통보기간을 연장할 때에는 협의기간이 끝나기 전까지 승인기관장등에게 그 사유와 연장한 기간을 통보하여야 한다.
③ 제1항 및 제2항에 따라 협의 내용을 통보받은 승인기관의 장은 이를 지체 없이 사업자에게 통보하여야 한다.
④ 환경부장관은 다음 각 호의 어느 하나에 해당하는 경우에는 해당 사업계획 등에 관련 내용을 반영할 것을 조건으로 승인기관장등에게 협의 내용을 통보할 수 있다.
1. 보완·조정하여야 할 사항이 경미한 경우
2. 해당 사업계획 등에 대한 승인등을 하거나 해당 사업을 시행하기 전에 보완·조정이 가능한 경우

제30조【협의 내용의 반영 등】 ① 사업자나 승인기관의 장은 제29조에 따라 협의 내용을 통보받았을 때에는 그 내용을 해당 사업계획 등에 반영하기 위하여 필요한 조치를 하여야 한다.
② 승인기관의 장은 사업계획 등에 대하여 승인등을 하려면 협의 내용이 사업계획 등에 반영되었는지를 확인하여야 한다. 이 경우 협의 내용이 사업계획 등에 반영되지 아니한 경우에는 이를 반영하게 하여야 한다.
③ 승인기관장등은 사업계획 등에 대하여 승인등을 하거나 확정을 하였을 때에는 협의 내용의 반영 결과를 환경부장관에게 통보하여야 한다.
④ 환경부장관은 제3항에 따라 통보받은 결과에 협의 내용이 반영되지 아니한 경우 승인기관장등에게 협의 내용을 반영하도록 요청할 수 있다. 이 경우 승인기관장등은 특별한 사유가 없으면 이에 따라야 한다.

제31조【조정 요청 등】 ① 사업자나 승인기관의 장은 제29조에 따라 통보받은 협의 내용에 대하여 이의가 있으면 환경부장관에게 협의 내용을 조정하여 줄 것을 요청할 수 있다. 이 경우 승인등을 받아야 하는 사업자는 승인기관의 장을 거쳐 조정을 요청하여야 한다.
② 환경부장관은 제1항에 따른 조정 요청을 받았을 때에는 대통령령으로 정하는 기간 이내에 환경영향평가협의회의 심의를 거쳐 조정 여부를 결정하고 그 결과를 사업자나 승인기관의 장에게 통보하여야 한다.
③ 승인기관장등은 협의 내용의 조정을 요청하였을 때에는 제2항에 따른 통보를 받기 전에 그 사업계획 등에 대하여 승인등을 하거나 확정을 하여서는 아니 된다. 다만, 조정 요청과 관련된 내용을 사업계획 등에서 제외시키는 경우에는 그러하지 아니하다.
④ 제1항부터 제3항까지의 규정에 따른 조정 요청에 필요한 사항은 대통령령으로 정한다.

제32조【재협의】 ① 승인기관장등은 제27조부터 제29조까지의 규정에 따라 협의한 사업계획 등을 변경하는 경우 등 다음 각 호의 어느 하나에 해당하는 경우에는 환경부장관에게 재협의를 요청하여야 한다.
(2016.5.29 본문개정)
1. 사업계획 등을 승인하거나 사업계획 등을 확정한 후 대통령령으로 정하는 기간 내에 사업을 착공하지 아니한 경우. 다만, 사업을 착공하지 아니한 기간 동안 주변 여건이 경미하게 변한 경우로서 승인기관장등이 환경부장관과 협의한 경우는 그러하지 아니하다.
2. 환경영향평가 대상사업의 면적·길이 등을 대통령령으로 정하는 규모 이상으로 증가시키는 경우
3. 제29조 또는 제31조에 따라 통보받은 협의 내용에서 원형대로 보전하거나 제외하도록 한 지역을 대통령령으로 정하는 규모 이상으로 개발하거나 그 위치를 변경하는 경우
4. 대통령령으로 정하는 사유가 발생하여 협의 내용에 따라 사업계획 등을 시행하는 것이 맞지 아니하는 경우
② 승인기관장등은 다음 각 호의 어느 하나에 해당하면 재협의 요청을 생략할 수 있다.
1. 환경영향평가 대상사업이 환경부장관과 협의를 거쳐 확정되거나 승인등을 받고 취소 또는 실효된 경우로서 협의 내용을 통보받은 날부터 대통령령으로 정하는 기간을 경과하지 아니한 경우
2. 환경영향평가 대상사업이 환경부장관과 협의를 거친 후 지연 중인 경우로서 협의 내용을 통보받은 날부터 대통령령으로 정하는 기간을 경과하지 아니한 경우
(2016.5.29 본항신설)
③ 제1항에 따른 재협의에 대하여는 제24조부터 제31조까지의 규정을 준용한다.

제33조【변경협의】 ① 사업자는 제27조부터 제29조까지의 규정에 따라 협의한 사업계획 등을 변경하는 경우로서 제32조제1항 각 호에 해당하지 아니하는 경우에는 사업계획 등의 변경에 따른 환경보전방안을 마련하여 이를 변경되는 사업계획 등에 반영하여야 한다.
② 승인등을 받아야 하는 사업자는 제1항에 따른 환경보전방안에 대하여 미리 승인기관의 장의 검토를 받아야 한다. 다만, 환경부령으로 정하는 경미한 변경사항에 대하여는 그러하지 아니하다.
③ 승인기관장등은 제1항 및 제2항에 따라 환경보전방안을 마련하거나 검토할 때에 대통령령으로 정하는 사유에 해당하면 환경부장관의 의견을 들어야 한다.
④ 제1항에 따른 환경보전방안의 반영 여부에 대한 확인·통보에 관하여는 제30조제2항부터 제4항까지의 규정을 준용한다. 이 경우 "협의 내용"은 "환경보전방안"으로 본다.

제34조【사전공사의 금지 등】 ① 사업자는 제27조부터 제29조까지 및 제31조부터 제33조까지의 규정에 따른 협의·재협의 또는 변경협의의 절차를 거치지 아니하거나 절차가 끝나기 전(공사가 일부 진행되는 과정에서 재협의 또는 변경협의의 사유가 발생한 경우에는 재협의 또는 변경협의의 절차가 끝나기 전을 말한다)에 환경영향평가 대상사업의 공사를 하여서는 아니 된다. 다만, 다음 각 호의 어느 하나에 해당하는 공사의 경우에는 그러하지 아니하다.(2019.11.26 본문개정)
1. 제27조부터 제31조까지의 규정에 따른 협의를 거쳐 승인등을 받은 지역으로서 재협의나 변경협의의 대상에 포함되지 아니한 지역에서 시행되는 공사
2. 착공을 준비하기 위한 현장사무소 설치 공사 또는 다른 법령에 따른 의무를 이행하기 위한 공사 등 환경부령으로 정하는 경미한 사항에 대한 공사(2017.11.28 본호개정)

② 승인기관의 장은 제27조부터 제33조까지의 규정에 따른 협의·재협의 또는 변경협의의 절차가 끝나기 전에 사업계획 등에 대한 승인등을 하여서는 아니 된다.
③ 승인기관의 장은 승인등을 받아야 하는 사업자가 제1항을 위반하여 공사를 시행하였을 때에는 해당 사업의 전부 또는 일부에 대하여 공사중지를 명하여야 한다.
④ 환경부장관은 사업자가 제1항을 위반하여 공사를 시행하였을 때에는 승인등을 받지 아니하여도 되는 사업자에게 공사중지, 원상복구 또는 그 밖에 필요한 조치를 할 것을 명령하거나 승인기관의 장에게 공사중지, 원상복구 또는 그 밖에 필요한 조치를 명할 것을 요청할 수 있다. 이 경우 승인기관장등은 특별한 사유가 없으면 이에 따라야 한다.(2017.11.28 전단개정)

제4절 협의 내용의 이행 및 관리 등

제35조【협의 내용의 이행 등】 ① 사업자는 사업계획등을 시행할 때에 사업계획 등에 반영된 협의 내용을 이행하여야 한다.
② 사업자는 협의 내용을 성실히 이행하기 위하여 환경부령으로 정하는 바에 따라 협의 내용을 적은 관리대장에 그 이행 상황을 기록하여 공사현장에 갖추어 두어야 한다.
③ 사업자는 협의 내용이 적정하게 이행되는지를 관리하기 위하여 협의 내용 관리책임자(이하 "관리책임자"라 한다)를 지정하여 환경부령으로 정하는 바에 따라 다음 각 호의 자에게 통보하여야 한다.
1. 환경부장관
2. 승인기관의 장(승인등을 받아야 하는 환경영향평가 대상사업만 해당한다)
④ 관리책임자의 자격기준 등 필요한 사항은 환경부령으로 정한다.
제36조【사후환경영향조사】 ① 사업자는 해당 사업을 착공한 후에 그 사업이 주변 환경에 미치는 영향을 조사(이하 "사후환경영향조사"라 한다)하고, 그 결과를 다음 각 호의 자에게 통보하여야 한다.
1. 환경부장관
2. 승인기관의 장(승인등을 받아야 하는 환경영향평가 대상사업만 해당한다)
② 사업자는 사후환경영향조사 결과 주변 환경의 피해를 방지하기 위하여 조치가 필요한 경우에는 지체 없이 그 사실을 제1항 각 호의 자에게 통보하고 필요한 조치를 하여야 한다.
③ 환경부장관은 제1항에 따른 사후환경영향조사의 결과 및 제2항에 따라 통보받은 사후환경영향조사의 결과 및 조치의 내용 등을 검토하고 그 내용을 대통령령으로 정하는 방법에 따라 공개하여야 한다.(2018.6.12 본항개정)
④ 환경부장관은 제3항에 따라 사후환경영향조사의 결과 및 조치의 내용 등을 검토할 때에 필요하면 관계 전문기관 또는 대통령령으로 정하는 기관의 의견을 듣거나 현지조사를 의뢰할 수 있고, 사업자 또는 승인기관의 장에게 관련 자료의 제출을 요청할 수 있다.(2015.1.20 본항신설)
⑤ 사후환경영향조사의 대상사업, 조사항목 및 조사기간, 사후환경영향조사 결과 및 조치의 내용 등에 대한 검토기준·방법, 그 밖에 필요한 사항은 환경부령으로 정한다.(2015.1.20 본항개정)
제37조【사업착공등의 통보】 ① 사업자는 사업을 착공, 준공, 3개월 이상의 공사 중지 또는 3개월 이상 공사를 중지한 후 재개(이하 이 조 및 제48조에서 "사업착공등"이라 한다)하려는 경우에는 환경부령으로 정하는 바에 따라 다음 각 호의 자에게 그 내용을 통보하여야 한다.
(2019.11.26 본문개정)
1. 환경부장관
2. 승인기관의 장(승인등을 받아야 하는 환경영향평가 대상사업만 해당한다)
② 제1항에 따라 사업착공등을 통보받은 승인기관의 장은 해당 내용을 평가 대상지역 주민에게 대통령령으로 정하는 방법에 따라 공개하여야 한다.(2018.6.12 본항신설)
(2018.6.12 본조제목개정)
제38조【협의 내용 등에 대한 이행의무의 승계 등】 ① 사업자가 사업을 양도하거나 사망한 경우 또는 법인이 합병한 경우에는 그 양수인이나 상속인 또는 합병 후 존속하는 법인이나 합병에 따라 설립되는 법인이 제35조부터 제37조까지의 규정에 따른 의무를 승계한다. 다만, 양도·상속 또는 합병으로 이전되는 시설의 운영자가 따로 있는 경우에는 그 시설의 운영자가 그 의무를 승계한다.
② 제1항 본문에 따라 종전 사업자의 의무를 승계한 사업자(같은 항 단서에 따라 의무를 승계한 운영자를 포함한다)는 협의 내용의 이행 상황과 승계 사유 등 환경부령으로 정하는 사항을 승계받은 날부터 30일 이내에 승인기관의 장과 환경부장관에게 통보하여야 한다.(2019.11.26 본항개정)
제39조【협의 내용의 관리·감독】 ① 승인기관의 장은 승인등을 받아야 하는 사업자가 협의 내용을 이행하였는지를 확인하여야 한다.
② 환경부장관 또는 승인기관의 장은 사업자에게 협의 내용의 이행에 관련된 자료를 제출하게 하거나 소속 공무원으로 하여금 사업장에 출입하여 조사하게 할 수 있다. 이 경우 조사에 관하여는 제60조제2항 및 제3항을 준용한다.
③ 승인기관장등은 해당 사업의 준공검사를 하려는 경우에는 협의 내용의 이행 여부를 확인하고 그 결과를 환경부장관에게 통보하여야 한다. 이 경우 승인기관장등은 필요하면 환경부장관에게 공동으로 협의 내용의 이행 여부를 확인하여 줄 것을 요청할 수 있다.
제40조【조치명령 등】 ① 승인기관의 장은 승인등을 받아야 하는 사업자가 협의 내용을 이행하지 아니하였을 때에는 그 이행에 필요한 조치를 명하여야 한다.
② 승인기관의 장은 승인등을 받아야 하는 사업자가 제1항에 따른 조치명령을 이행하지 아니하여 해당 사업이 환경에 중대한 영향을 미친다고 판단하는 경우에는 그 사업의 전부 또는 일부에 대한 공사중지명령을 하여야 한다.
③ 환경부장관은 협의 내용에 협의기준에 관한 내용이 포함되어 있으면 협의기준의 준수 여부를 확인하여야 한다.(2017.11.28 본항개정)
④ 환경부장관은 다음 각 호의 어느 하나에 해당하는 경우에는 승인등을 받지 아니하여도 되는 사업자에게 공사중지, 원상복구 또는 그 밖에 필요한 조치를 할 것을 명령하거나, 승인기관의 장에게 공사중지, 원상복구 또는 그 밖에 필요한 조치를 할 것을 명령하도록 요청할 수 있다. 이 경우 승인기관장등은 특별한 사유가 없으면 이에 따라야 한다.
1. 협의 내용의 이행을 관리하기 위하여 필요하다고 인정하는 경우
2. 사후환경영향조사의 결과 및 조치의 내용 등을 검토한 결과 주변 환경의 피해를 방지하기 위하여 필요하다고 인정하는 경우
(2017.11.28 본항신설)
⑤ 승인기관의 장이 제1항·제2항 또는 제4항에 따른 조치명령 또는 공사중지명령을 하거나 사업자가 제4항에 따른 조치를 하였을 때에는 지체 없이 그 내용을 환경부장관에게 통보하여야 한다.(2017.11.28 본항개정)
제40조의2【과징금】 ① 환경부장관 또는 승인기관의 장은 제40조제4항에 따라 원상복구할 것을 명령하여야 하는 경우에 해당하나, 그 원상복구가 주민의 생활, 국민경제, 그 밖에 공익에 현저한 지장을 초래하여 현실적으로 불가능할 경우에는 원상복구를 갈음하여 총 공사비의 3퍼센트 이하의 범위에서 과징금을 부과할 수 있다.
② 제1항에 따른 과징금을 부과하는 위반행위의 종류·정도 등에 따른 과징금의 금액과 그 밖에 필요한 사항은 대통령령으로 정한다.
③ 환경부장관 또는 승인기관의 장은 제1항에 따라 과징금을 내야할 자가 납부기한까지 과징금을 내지 아니하면 국세 체납처분의 예 또는 「지방세외수입금의 징수 등에 관한 법률」에 따라 징수한다.(2019.11.26 본항신설)
(2017.11.28 본조신설)
제41조【재평가】 ① 환경부장관은 다음 각 호의 어느 하나에 해당하는 경우에는 승인기관장등과의 협의를 거쳐 한국환경연구원의 장 또는 관계 전문기관의 장(이하 "재평가기관"이라 한다)에게 재평가를 하도록 요청할 수 있다.(2021.8.17 본문개정)
1. 환경영향평가 협의 당시 예측하지 못한 사정이 발생하여 주변 환경에 중대한 영향을 미치는 경우로서 제36조제2항 또는 제40조에 따른 조치나 조치명령으로는 환경보전방안을 마련하기 곤란한 경우
2. 제53조제5항제2호를 위반하여 환경영향평가서등과 그 작성의 기초가 되는 자료를 거짓으로 작성한 경우
(2017.11.28 본항개정)
② 재평가기관은 제1항에 따른 요청을 받았을 때에는 해당 사업계획 등에 대하여 재평가를 실시하고 그 결과를 대통령령으로 정하는 기간 이내에 환경부장관과 승인기관장등에게 통보하여야 한다.(2017.11.28 본항개정)
③ 환경부장관이나 승인기관장등은 제2항에 따라 재평가 결과를 통보받았을 때에는 재평가 결과에 따라 환경보전을 위하여 사업자에게 필요한 조치를 하게 하거나 다른 행정기관의 장 등에게 필요한 조치명령을 하도록 요청할 수 있다.
④ 제1항제2호에 해당하는 사업자는 재평가기관에 환경영향평가대행업체의 선정 등 환경부령으로 정하는 대행계약의 체결에 필요한 업무를 위탁하여야 한다. 이 경우 사업자는 환경영향평가서 작성 등에 필요한 비용을 부담하여야 한다.(2017.11.28 본항신설)

제5절 시·도의 조례에 따른 환경영향평가

제42조【시·도의 조례에 따른 환경영향평가】 ① 특별시·광역시·도·특별자치도 또는 인구 50만 이상의 시(이하 "시·도"라 한다)는 환경영향평가 대상사업의 종류 및 범위에 해당하지 아니하는 사업으로서 대통령령으로 정하는 범위에 해당하는 사업에 대하여 지역 특성 등을 고려하여 환경영향평가를 실시할 필요가 있다고 인정하면 해당 시·도의 조례로 정하는 바에 따라 그 사업을 시행하는 자로 하여금 환경영향평가를 실시하게 할 수 있다. 다만, 제43조에 따른 소규모 환경영향평가 대상사업에 해당하는 경우에는 그러하지 아니하다.
② 인구 50만 이상의 시의 경우에는 그 지역을 관할하는 도가 환경영향평가의 실시에 관한 조례를 정하지 아니한 경우에만 해당 시의 조례로 정하는 바에 따라 환경영향평가를 실시할 수 있다.
③ 제1항 및 제2항에 따라 환경영향평가를 실시하는 경우의 환경영향평가 분야 및 세부 항목, 환경영향평가서의 작성 및 의견 수렴과 환경영향평가서의 협의 및 협의 내용의 관리 등의 절차, 그 밖에 필요한 사항은 해당 시·도의 조례로 정한다.

제4장 소규모 환경영향평가

제43조【소규모 환경영향평가의 대상】 ① 다음 각 호 모두에 해당하는 개발사업(이하 "소규모 환경영향평가 대상사업"이라 한다)을 하려는 자(이하 이 장에서 "사업자"라 한다)는 소규모 환경영향평가를 실시하여야 한다.
1. 보전이 필요한 지역과 난개발이 우려되어 환경보전을 고려한 계획적 개발이 필요한 지역으로서 대통령령으로 정하는 지역(이하 "보전용도지역"이라 한다)에서 시행되는 개발사업
2. 환경영향평가 대상사업의 종류 및 범위에 해당하지 아니하는 개발사업으로서 대통령령으로 정하는 개발사업
② 제1항에도 불구하고 다음 각 호의 어느 하나에 해당하는 개발사업은 소규모 환경영향평가 대상에서 제외한다.
1. 「재난 및 안전관리 기본법」 제37조에 따른 응급조치를 위한 사업
2. 국방부장관이 군사상 고도의 기밀보호가 필요하거나 군사작전의 긴급한 수행을 위하여 필요하다고 인정하여 환경부장관과 협의한 개발사업
3. 국가정보원장이 국가안보를 위하여 고도의 기밀보호가 필요하다고 인정하여 환경부장관과 협의한 개발사업
제44조【소규모 환경영향평가서의 작성 및 협의 요청 등】 ① 승인등을 받아야 하는 사업자는 소규모 환경영향평가 대상사업에 대한 승인등을 받기 전에 소규모 환경영향평가서를 작성하여 승인기관의 장에게 제출하여야 한다.
② 승인기관장등은 소규모 환경영향평가 대상사업에 대한 승인등을 하거나 대상사업을 확정하기 전에 환경부장관에게 소규모 환경영향평가서를 제출하고 소규모 환경영향평가에 대한 협의를 요청하여야 한다.
③ 승인등을 받아야 하는 사업자 및 승인기관장등은 다음 각 호의 어느 하나에 해당하면 제1항 및 제2항에 따른 소규모 환경영향평가서의 작성 및 협의요청을 생략할 수 있다.
1. 소규모 환경영향평가 대상사업이 환경부장관과 협의를 거쳐 확정되거나 승인등을 받고 취소 또는 실효된 경우로서 협의 내용을 통보받은 날부터 대통령령으로 정하는 기간을 경과하지 아니한 경우
2. 소규모 환경영향평가 대상사업이 환경부장관과 협의를 거친 후 지연 중인 경우로서 협의 내용을 통보받은 날부터 대통령령으로 정하는 기간을 경과하지 아니한 경우
(2016.5.29 본항신설)
④ 제1항에 따른 소규모 환경영향평가서의 내용 및 작성방법, 제2항에 따른 소규모 환경영향평가에 대한 협의 요청시기 및 절차 등 필요한 사항은 대통령령으로 정한다.
제45조【소규모 환경영향평가서의 검토 등】 ① 환경부장관은 제44조제2항에 따라 협의를 요청받은 경우에는 협의 요청 절차의 적합성과 소규모 환경영향평가서의 내용 등을 검토한 후 협의를 요청받은 날부터 대통령령으로 정하는 기간 이내에 협의 내용을 승인기관장등에게 통보하여야 한다.
② 제1항에 따른 소규모 환경영향평가서의 검토에 관하여는 제17조제2항을 준용한다. 이 경우 "전략환경영향평가서"는 "소규모 환경영향평가서"로 본다.
③ 환경부장관은 제1항에 따라 소규모 환경영향평가서를 검토한 결과 소규모 환경영향평가서 또는 사업계획 등을 보완·조정할 필요가 있는 등 대통령령으로 정하는 사유가 있는 경우에는 승인기관장등에게 소규모 환경영향평가서 또는 해당 사업계획의 보완·조정을 요청하거나 보완·조정을 사업자 등에게 요구할 것을 요청할 수 있다. 이 경우 보완·조정의 요청은 두 차례만 할 수 있으며, 요청을 받은 승인기관장등은 특별한 사유가 없으면 이에 따라야 한다.(2016.5.29 후단개정)
④ 환경부장관은 제3항에 따라 보완·조정의 요청을 하였음에도 불구하고 요청한 내용의 중요한 사항이 누락되는 등 소규모 환경영향평가서 또는 해당 사업계획이 적정하게 작성되지 아니하여 협의를 진행할 수 없다고 판단되는 경우에는 소규모 환경영향평가서를 반려할 수 있다.(2016.5.29 본항신설)
⑤ 환경부장관은 다음 각 호의 어느 하나에 해당하는 경우에는 해당 소규모 환경영향평가 대상사업의 규모·내용·시행시기 등을 재검토할 것을 승인기관장등에게 통보할 수 있다.
1. 해당 소규모 환경영향평가 대상사업을 축소·조정하더라도 해당 소규모 환경영향평가 대상사업이 포함된 사업계획의 추진으로 환경훼손 또는 자연생태계의 변화가 현저하거나 현저하게 될 우려가 있는 경우
2. 해당 소규모 환경영향평가 대상사업이 포함된 사업계획이 국가환경정책에 부합하지 아니하거나 생태적으로 보전가치가 높은 지역을 심각하게 훼손할 우려가 있는 경우
(2019.11.26 본항신설)
⑥ 제1항에 따른 소규모 환경영향평가서 등의 검토 기준·방법, 제3항에 따른 소규모 환경영향평가서 등의 보완·조정, 제4항에 따른 반려 및 제5항에 따른 소규모 환

경영향평가 대상사업의 재검토에 필요한 사항은 대통령령으로 정한다.(2019.11.26 본항개정)
(2016.5.29 본조제목개정)

제46조【협의 내용의 반영 등】 ① 사업자나 승인기관의 장은 제45조에 따라 협의 내용을 통보받았을 때에는 이를 해당 사업계획에 반영하기 위하여 필요한 조치를 하여야 한다.
② 제1항에 따른 협의 내용의 반영, 결과의 통보, 반영 요청 등에 관하여는 제30조제2항부터 제4항까지의 규정을 준용한다.

제46조의2【변경협의】 ① 사업자는 제43조부터 제45조까지의 규정에 따라 협의한 사업계획 등을 변경하는 경우로서 원형대로 보전하도록 한 지역 또는 개발에서 제외하도록 한 지역을 추가로 개발하는 등 대통령령으로 정하는 사유에 해당하면 사업계획 등의 변경에 따른 환경보전방안을 마련하여 이를 변경하는 사업계획 등에 반영하여야 한다.
② 승인등을 받아야 하는 사업자는 제1항에 따라 사업계획 등을 변경하려는 경우에는 환경보전방안에 대하여 미리 승인기관의 장의 검토를 받아야 한다.
③ 승인등을 받지 아니하여도 되는 사업자가 제1항에 따라 환경보전방안을 마련하거나 승인기관의 장이 제2항에 따라 환경보전방안을 검토하는 경우에는 환경부장관의 의견을 들어야 한다.
④ 제1항에 따른 환경보전방안의 반영 여부에 대한 확인·통보에 관하여는 제30조제2항부터 제4항까지의 규정을 준용한다. 이 경우 "협의 내용"은 "환경보전방안"으로 본다.
(2017.11.28 본조신설)

제47조【사전공사의 금지 등】 ① 사업자는 제44조 및 제45조에 따른 협의 절차 또는 제46조의2에 따른 변경협의 절차를 거치지 아니하거나 절차가 끝나기 전(공사가 일부 진행되는 과정에서 변경협의의 사유가 발생한 경우에는 변경협의의 절차가 끝나기 전을 말한다)에 소규모 환경영향평가 대상사업에 관한 공사를 하여서는 아니 된다.(2019.11.26 본항개정)
② 승인기관의 장은 제44조 및 제45조에 따른 협의 절차 또는 제46조의2에 따른 변경협의 절차가 끝나기 전에 소규모 환경영향평가 대상사업에 대한 승인등을 하여서는 아니 된다.(2017.11.28 본항개정)
③ 제1항을 위반한 자에 대한 공사중지명령 및 조치명령 등에 대하여는 제34조제3항 및 제4항을 준용한다.

제48조【사업착공등의 통보】 소규모 환경영향평가 대상사업에 대한 사업착공등의 통보에 관하여는 제37조를 준용한다.(2018.6.12 본조개정)

제49조【협의 내용 이행의 관리·감독】 ① 사업자는 개발사업을 시행할 때에 그 사업계획에 반영된 협의 내용을 이행하여야 한다.
② 제1항에 따른 협의 내용 이행의 확인·통보, 자료제출·조사 및 조치명령 등에 관하여는 제39조와 제40조를 준용한다.

제5장 환경영향평가등에 관한 특례

제50조【개발기본계획과 사업계획의 통합 수립 등에 따른 특례】 ① 개발기본계획과 환경영향평가 대상사업에 대한 계획을 통합하여 수립하는 경우에는 제2조제1호 및 제2호에도 불구하고 전략환경영향평가와 환경영향평가를 통합하여 검토하되, 전략환경영향평가 또는 환경영향평가 중 하나만을 실시할 수 있다.
② 제16조제1항 및 제2항에 따른 전략환경영향평가 대상계획에 대한 협의시기와 제27조제1항에 따른 환경영향평가 대상사업에 대한 협의시기가 같은 경우에는 환경영향평가만을 실시할 수 있다. 이 경우 제11조에 따른 전략환경영향평가항목등을 포함하여 환경영향평가서를 작성하여야 한다.(2017.11.28 후단신설)

제51조【환경영향평가의 협의 절차 등에 관한 특례】 ① 사업자는 환경영향평가 대상사업 중 환경에 미치는 영향이 적은 사업으로서 대통령령으로 정하는 사업에 대하여는 대통령령으로 정하는 환경영향평가서(이하 "약식평가서"라 한다)를 작성하여 제25조에 따른 의견 수렴과 제27조에 따른 협의 요청을 함께 할 수 있다.
② 승인등을 받지 아니하여도 되는 사업자는 제24조제1항에 따른 환경영향평가항목등을 결정할 때에 환경영향평가협의회의 심의를 거쳐 제1항에 따른 절차(이하 "약식절차"라 한다)에 따라 환경영향평가를 실시할 수 있는지를 결정한다.
③ 사업자는 승인기관의 장 또는 환경부장관에게 제24조제2항 또는 제3항에 따라 환경영향평가항목등을 결정하여 줄 것을 요청할 때에 약식절차에 따라 환경영향평가를 실시할 수 있는지 여부를 결정하여 줄 것을 함께 요청할 수 있다.
④ 승인기관의 장이나 환경부장관은 제3항에 따른 요청을 받으면 환경영향평가협의회의 심의를 거쳐 약식절차에 의한 환경영향평가 실시 여부를 결정하고 대통령령으로 정하는 기간 내에 그 결과를 사업자에게 통보하여야 한다.
⑤ 약식절차에 따라 환경영향평가를 실시할 수 있는지 여부를 결정할 때에는 제24조제5항을 준용한다.

제52조【약식절차의 완료에 따른 평가서의 작성 등】 ① 승인등을 받지 아니하여도 되는 사업자는 제51조제1항에 따라 의견 수렴 절차와 협의 절차를 마치면 제출된 의견과 협의 내용 등이 포함된 환경영향평가서를 다시 작성하여야 한다. 다만, 제출된 의견과 협의 내용이 다른 경우에는 환경부장관의 의견을 들어야 한다.
② 승인등을 받아야 하는 사업자는 제51조제1항에 따라 의견 수렴 절차와 협의 절차를 마치면 제출된 의견과 협의 내용 등이 포함된 환경영향평가서를 다시 작성하여 승인기관의 장에게 제출하여야 한다. 다만, 제출된 의견과 협의 내용이 다른 경우에는 승인기관의 장을 거쳐 환경부장관의 의견을 들어야 한다.
③ 환경부장관은 제1항 단서 및 제2항 단서에 따른 의견을 통보하려면 대통령령으로 정하는 기간 내에 환경영향평가협의회의 심의를 거쳐 승인기관의 장과 사업자에게 그 의견을 통보하여야 한다.
④ 승인기관장등은 제30조제3항에 따라 환경부장관에게 협의 내용의 반영 결과를 통보할 때에 제1항 및 제2항에 따른 환경영향평가서를 함께 제출하여야 한다.
⑤ 제1항 및 제2항에 따라 다시 작성하여야 하는 환경영향평가서의 작성 방법 및 절차 등 필요한 사항은 대통령령으로 정한다.

제6장 환경영향평가의 대행

제53조【환경영향평가의 대행 등】 ① 환경영향평가등을 하려는 자는 다음 각 호의 서류(이하 "환경영향평가서등"이라 한다)를 작성할 때에는 제54조제1항에 따라 환경영향평가업의 등록을 한 자(이하 "환경영향평가업자"라 한다)에게 그 작성을 대행하게 할 수 있다.
1. 환경영향평가등의 평가서 초안 및 평가서
2. 사후환경영향조사서
3. 약식평가서
4. 제33조에 따른 환경보전방안(2016.5.29 본호신설)
② 다음 각 호의 어느 하나에 해당하는 기관이나 단체의 장(이하 "발주청"이라 한다)이 제1항에 따라 환경영향평가서등의 작성을 대행하게 하려는 때에는 이에 참여하려는 환경영향평가업자의 기술·경영능력 등의 사업수행능력을 평가하여야 한다.
1. 국가기관 또는 지방자치단체
2. 「공공기관의 운영에 관한 법률」 제5조에 따른 공기업·준정부기관
3. 「지방공기업법」에 따른 지방공사·지방공단
4. 그 밖에 대통령령으로 정하는 기관 및 단체
(2015.1.20 본항신설)
③ 발주청은 제2항에 따라 사업수행능력을 평가할 때 필요하면 제71조에 따라 설립된 환경영향평가협회에 협조를 요청할 수 있다. 이 경우 환경영향평가협회는 특별한 사유가 없으면 이에 협조하여야 한다.(2015.1.20 본항신설)
④ 제2항 및 제3항에 따른 사업수행능력 평가의 대상·기준·절차 및 협조 등에 필요한 사항은 대통령령으로 정한다.(2015.1.20 본항신설)
⑤ 환경영향평가등을 하려는 자는 다음 각 호의 사항을 지켜야 한다.
1. 다른 환경영향평가서등의 내용을 복제하여 환경영향평가서등을 작성하지 아니할 것
2. 환경영향평가서등과 그 작성의 기초가 되는 자료를 거짓으로 또는 부실하게 작성하지 아니할 것
3. 환경영향평가서등과 그 작성의 기초가 되는 자료를 환경부령으로 정하는 기간 동안 보존할 것. 다만, 환경영향평가서등을 전자문서로 작성하여 환경부령으로 정하는 바에 따라 제70조제3항에 따른 정보지원시스템에 입력한 경우에는 그러하지 아니하다.
4. 환경영향평가업자와 환경영향평가서등의 작성에 관한 대행계약을 체결하는 경우에는 해당 환경영향평가등의 대상이 되는 계획이나 사업의 수립·시행과 관련되는 계약과 분리하여 체결할 것(2015.1.20 본호개정)
5. 환경영향평가업자와 환경영향평가서등의 작성에 관한 대행계약을 체결하는 경우에는 환경영향평가서등과 그 작성의 기초가 되는 자료 및 환경영향 예측·분석 결과를 거짓으로 작성하거나 평가에 영향을 미치는 중요한 자료를 누락하는 등 부실하게 작성하도록 요구하지 아니할 것(2016.5.29 본호신설)
⑥ 제5항제2호 및 제5호에 따른 거짓 또는 부실 작성의 구체적인 판단기준은 환경부령으로 정한다.(2016.5.29 본항개정)

제54조【환경영향평가업의 등록】 ① 환경영향평가등을 대행하는 사업(이하 "환경영향평가업"이라 한다)을 하려는 자는 환경영향평가사 등의 기술인력과 시설 및 장비를 갖추어 환경부장관에게 등록을 하여야 한다.
② 제1항에 따라 등록한 사항 중 기술인력 등 대통령령으로 정하는 중요 사항을 변경하는 경우에는 변경등록을 하여야 한다.
③ 제1항 및 제2항에 따라 환경영향평가업의 기술인력으로 등록된 환경영향평가사의 직무는 다음 각 호와 같다.
1. 환경 현황 조사
2. 환경영향 예측·분석
3. 환경보전방안의 설정 및 대안 평가
4. 환경영향평가서등의 작성 및 관리
④ 제1항에 따라 갖추어야 하는 기술인력과 시설 및 장비, 환경영향평가업의 등급 및 그에 따른 업무의 범위는 대통령령으로 정한다.

제55조【결격사유】 다음 각 호의 어느 하나에 해당하는 자는 환경영향평가업의 등록을 할 수 없다.
1. 피성년후견인 또는 피한정후견인(2015.1.20 본호개정)
2. 파산선고를 받고 복권되지 아니한 사람
3. 제58조에 따라 등록이 취소(이 조 제1호 또는 제2호에 해당하여 등록이 취소된 경우는 제외한다)된 날부터 2년(제58조제1항제4호에 따라 등록이 취소된 경우는 6개월)이 지나지 아니한 자(2019.11.26 본호개정)
4. 이 법을 위반하여 징역 이상의 실형을 선고받고 그 형의 집행이 끝나거나(집행이 끝난 것으로 보는 경우를 포함한다) 집행을 받지 아니하기로 확정된 날부터 2년이 지나지 아니한 사람
5. 대표자 또는 임원 중 제1호부터 제4호까지의 어느 하나에 해당하는 사람이 있는 법인

제56조【환경영향평가업자의 준수사항】 ① 환경영향평가업자는 다음 각 호의 사항을 지켜야 한다.
1. 다른 환경영향평가서등의 내용을 복제하여 환경영향평가서등을 작성하지 아니할 것
2. 환경영향평가서등과 그 작성의 기초가 되는 자료를 거짓으로 또는 부실하게 작성하지 아니할 것
3. 환경영향평가서등과 그 작성의 기초가 되는 자료를 환경부령으로 정하는 기간 동안 보존할 것. 다만, 환경영향평가서등을 전자문서로 작성하여 환경부령으로 정하는 바에 따라 제70조제3항에 따른 정보지원시스템에 입력한 경우에는 그러하지 아니하다.
4. 등록증이나 명의를 다른 사람에게 빌려 주지 아니할 것
5. 자신이 대행하는 환경영향평가등의 대행 업무를 다른 자에게 재대행하게 하지 아니할 것. 다만, 환경부령으로 정하는 요건 및 분야에 따라 환경영향평가등의 평가 항목을 조사·측정하는 업무로서 해당 업무를 발주한 자의 승인을 받아 재대행하도록 하는 경우는 제외한다.
(2017.11.28 본호개정)
6. 환경측정장비를 갖추어 대기·수질·토양·소음·진동 등을 측정하여 그 결과를 환경영향평가서등의 작성에 활용하는 경우에는 그 측정장비에 대하여 「환경분야 시험·검사 등에 관한 법률」 제11조에 따른 정도검사(精度檢査)를 받을 것
② 제1항제2호에 따른 거짓 또는 부실 작성의 구체적인 판단기준과 제1항제5호 단서에 따른 승인절차 및 재대행에 필요한 사항은 환경부령으로 정한다.(2017.11.28 본항개정)

제56조의2【권리·의무의 승계】 ① 환경영향평가업자가 사망하거나 그 영업을 양도한 때 또는 환경영향평가업자인 법인이 합병한 때에는 그 상속인·양수인 또는 합병 후 존속하는 법인이나 합병에 따라 설립되는 법인은 등록에 따른 종전의 환경영향평가업자의 권리·의무를 승계한다.
② 제1항에 따라 종전의 환경영향평가업자의 권리·의무를 승계한 자는 환경부령으로 정하는 바에 따라 1개월 이내에 그 사실을 환경부장관에게 신고하여야 한다.
③ 제2항에 따라 권리·의무 승계 사실을 신고한 자는 종전의 환경영향평가서등 작성 대행 실적을 승계한다.
(2016.5.29 본조신설)

제57조【업무의 폐업·휴업】 환경영향평가업자는 환경영향평가업을 폐업하거나 휴업하려는 경우에는 환경부령으로 정하는 바에 따라 환경부장관에게 신고하여야 한다. 이 경우 휴업의 기간은 2년을 초과하여서는 아니 된다.

제58조【등록의 취소 등】 ① 환경부장관은 환경영향평가업자가 다음 각 호의 어느 하나에 해당하면 그 등록을 취소하거나 6개월 이내의 기간을 정하여 영업의 정지를 명할 수 있다. 다만, 제1호부터 제3호까지 또는 제7호에 해당하는 경우에는 그 등록을 취소하여야 한다.
1. 거짓이나 그 밖의 부정한 방법으로 등록한 경우
2. 영업정지기간 중 환경영향평가 대행계약을 새로 체결한 경우
3. 최근 1년 이내에 두 번의 영업정지처분을 받고 다시 영업정지처분에 해당하는 행위를 한 경우
4. 등록 후 2년 이내에 환경영향평가업을 시작하지 아니하거나 계속하여 2년 이상 환경영향평가 대행 실적이 없는 경우
4의2. 거짓이나 그 밖의 부정한 방법으로 제53조제2항에 따른 사업수행능력 평가를 받은 경우(2015.1.20 본호신설)
5. 제54조제1항에 따른 기술인력, 시설 및 장비를 갖추지 못하게 된 경우
6. 제54조제2항을 위반하여 변경등록을 하지 아니하고 중요 사항을 변경한 경우
7. 제55조 각 호의 어느 하나에 해당하는 경우. 다만, 제55조제5호에 해당하는 법인이 6개월 이내에 그 임원을 바꾸어 임명한 경우에는 그러하지 아니하다.
8. 제56조제1항 각 호의 준수사항을 위반한 경우
② 제1항에 따른 환경영향평가업 등록의 취소 또는 영업의 정지명령에 관한 기준은 그 처분의 사유와 위반의 정도 등을 고려하여 환경부령으로 정한다.

제59조【등록취소나 영업정지 처분을 받은 환경영향평가업자의 업무 계속】 ① 제58조에 따라 등록취소 또는 영업정지의 처분을 받은 자는 그 처분 전에 체결한 환경영향평가 대행계약에 한정하여 환경영향평가업을 계속할 수 있다.
② 제1항에 따라 환경영향평가업을 계속하는 자는 해당 업무를 끝낼 때까지 이 법에 따른 환경영향평가업자로 본다.

③ 제1항에 따라 환경영향평가업을 계속하는 자는 그 처분 전에 체결한 환경영향평가 대행계약 외의 대행계약을 새로 체결하여서는 아니 된다.
④ 환경부장관은 제58조제1항제1호 또는 제5호에 따른 사유로 등록취소의 처분을 받은 자가 적정한 환경영향평가를 할 수 없다고 인정하는 경우에는 제1항에도 불구하고 그 처분 전에 체결한 환경영향평가 대행계약의 전부 또는 일부의 수행을 제한할 수 있다.

제59조의2【행정처분의 효과 승계】 환경영향평가업자가 그 영업을 양도하거나 환경영향평가업자인 법인이 합병한 때에는 종전의 환경영향평가업자에게 한 제58조에 따른 행정처분의 효과는 그 처분기간이 끝난 날부터 1년간 양수인 또는 합병 후 존속하는 법인이나 합병에 따라 설립되는 법인에 승계되며, 행정처분의 절차가 진행 중인 때에는 양수인 또는 합병 후 존속하는 법인이나 합병에 따라 설립되는 법인에 대하여 그 절차를 계속 진행할 수 있다. 다만, 양수인 또는 합병 후 존속하는 법인이나 합병에 따라 설립되는 법인이 양수 또는 합병할 때 그 처분이나 위반사실을 알지 못하였음을 증명하면 그러하지 아니하다.(2016.5.29 본조신설)

제60조【보고·조사】 ① 환경부장관은 환경영향평가업이 적정하게 수행되는지를 확인하기 위하여 필요하면 환경영향평가업자로 하여금 필요한 보고를 하도록 명하거나 자료를 제출하게 할 수 있으며, 관계 공무원으로 하여금 환경영향평가업자의 사무실, 사업장, 그 밖의 필요한 장소에 출입하여 장부·서류, 그 밖의 물건을 조사하거나 관계인에게 질문하게 할 수 있다.
② 제1항에 따른 조사를 하는 경우에는 조사 7일 전까지 조사 이유 및 조사 내용 등에 관한 조사계획을 환경영향평가업자에게 알려야 한다. 다만, 긴급히 처리할 필요가 있거나 사전에 알리면 증거인멸 등으로 조사의 목적을 달성할 수 없다고 판단되는 경우에는 그러하지 아니하다.
③ 제1항에 따라 출입조사를 하는 공무원은 그 권한을 표시하는 증표를 지니고 이를 관계인에게 보여주어야 한다.

제61조【환경영향평가 대행 실적의 보고 등】 ① 환경영향평가업자는 환경영향평가서등의 작성에 관한 대행계약 체결 등 환경부령으로 정하는 환경영향평가 대행 실적을 환경부령으로 정하는 바에 따라 대행계약 체결 등이 있은 날부터 30일 이내에 환경부장관에게 보고하여야 한다.(2016.5.29 본항개정)
② 환경부장관은 환경영향평가업을 체계적으로 육성하기 위하여 환경영향평가업자의 현황과 제1항에 따라 보고된 환경영향평가 대행 실적을 관리하여야 한다.
(2016.5.29 본항신설)
③ 환경부장관은 매년 한 번 이상 환경부령으로 정하는 바에 따라 환경영향평가 대행 실적과 행정처분 내용을 공고하여야 한다.

제62조【환경영향평가등의 대행 비용의 산정기준】 환경부장관은 환경영향평가등을 대행할 때 필요한 비용의 산정기준을 정하여 고시하여야 한다.

제6장의2 환경영향평가기술자의 육성
(2016.5.29 본장신설)

제62조의2【환경영향평가기술자의 육성 등】 ① 환경부장관은 다음 각 호의 어느 하나에 해당하는 사람으로서 제62조의3제2항에 따라 환경부장관의 인정을 받은 사람(이하 "환경영향평가기술자"라 한다)을 효율적으로 활용하고 전문성을 높이기 위하여 필요한 경우에는 환경영향평가기술자의 육성과 교육·훈련 등에 관한 시책을 수립·추진할 수 있다.
1. 「국가기술자격법」 등 관계 법률에 따른 환경 관련 기술에 관한 자격을 가진 사람으로서 대통령령으로 정하는 사람
2. 환경 관련 기술에 관하여 대통령령으로 정하는 학력 또는 경력을 갖춘 사람
3. 환경영향평가사
② 환경영향평가기술자는 대통령령으로 정하는 바에 따라 환경부장관이 실시하는 환경영향평가 업무 수행에 필요한 교육·훈련을 받아야 한다.
③ 제2항에 따라 교육·훈련을 받아야 할 사람을 고용하고 있는 사용자는 환경영향평가기술자가 제2항에 따른 교육·훈련을 받는 데에 필요한 경비를 부담하여야 한다.
④ 그 밖에 환경영향평가기술자의 육성과 교육·훈련 등에 필요한 사항은 대통령령으로 정한다.

제62조의3【환경영향평가기술자의 인정】 ① 환경영향평가기술자로 인정받으려는 사람은 환경부령으로 정하는 바에 따라 근무처·경력·학력 및 자격 등(이하 "근무경력등"이라 한다)의 관리에 필요한 사항을 첨부하여 환경부장관에게 신청하여야 한다. 환경부령으로 정하는 신청사항이 변경된 경우에도 같다.
② 환경부장관은 제1항에 따른 신청인이 제62조의2제1항 각 호의 어느 하나에 해당하면 환경영향평가기술자로 인정하여야 한다.
③ 환경부장관은 제1항에 따른 신청인을 제2항에 따라 환경영향평가기술자로 인정하면 해당 환경영향평가기술자의 근무경력등에 관한 기록을 유지·관리하여야 하며, 환경영향평가기술자가 신청하면 근무경력등에 관한 증명서(이하 "환경영향평가기술자경력증"이라 한다)를 발급하여야 한다.
④ 환경부장관은 제1항에 따라 신청받은 내용을 확인하기 위하여 필요한 경우에는 중앙행정기관, 지방자치단체, 「초·중등교육법」 제2조 및 「고등교육법」 제2조에 따른 학교, 발주청, 신고한 환경영향평가기술자가 소속 중이거나 소속되었던 기관·업체 등 관계 기관의 장에게 관련 자료를 제출하여 줄 것을 요청할 수 있다. 이 경우 요청을 받은 자는 특별한 사유가 없으면 요청에 따라야 한다.
⑤ 제1항에 따른 환경영향평가기술자의 인정 신청 및 제3항에 따른 환경영향평가기술자경력증의 발급·관리 등에 필요한 사항은 환경부령으로 정한다.

제62조의4【환경영향평가기술자의 인정취소 등】 ① 환경부장관은 환경영향평가기술자가 다음 각 호의 어느 하나에 해당하면 그 인정을 취소하거나 3년의 범위에서 인정을 정지할 수 있다. 다만, 제1호 및 제2호에 해당하는 경우에는 그 인정을 취소하여야 한다.
1. 거짓이나 그 밖의 부정한 방법으로 환경영향평가기술자로 인정된 경우
2. 환경영향평가기술자로 인정받은 사람이 「국가기술자격법」 제16조 또는 이 법 제65조에 따라 그 국가기술자격이나 환경영향평가사 자격이 취소된 경우
3. 환경영향평가기술자로 인정받은 사람이 「국가기술자격법」 제16조 또는 이 법 제65조에 따라 그 국가기술자격이나 환경영향평가사 자격이 정지된 경우
4. 제62조의2제2항에 따른 교육·훈련을 정당한 사유 없이 받지 아니한 경우
5. 다른 사람에게 환경영향평가기술자경력증을 빌려 주거나 다른 사람에게 자기의 이름으로 환경영향평가기술자의 업무를 하게 한 경우
6. 다른 환경영향평가서등의 내용을 복제하여 환경영향평가서등을 작성한 경우
7. 고의 또는 중대한 과실로 환경영향평가서등을 거짓으로 작성하거나 평가에 영향을 미치는 중요한 자료를 누락하는 등 부실하게 작성한 경우
8. 다른 행정기관이 법령에 따라 업무정지를 요청한 경우
② 환경영향평가서등의 대행계약 용역을 발주한 자, 환경영향평가등 대상사업에 대하여 승인등을 하는 기관의 장 및 환경영향평가등의 협의기관의 장은 환경영향평가기술자가 제1항 각 호의 어느 하나에 해당하는 경우에는 그 사실을 환경부장관에게 통보하여야 하며, 환경부장관은 해당 환경영향평가기술자에 대하여 제1항에 따라 인정의 취소 또는 인정의 정지를 한 경우 그 내용을 제70조제3항에 따른 정보지원시스템 등을 이용하여 공개할 수 있다.
③ 제1항에 따라 인정의 취소 또는 인정의 정지를 받은 환경영향평가기술자는 지체 없이 환경영향평가기술자경력증을 환경부장관에게 반납하여야 하며, 환경부장관은 근무경력등에 관한 기록의 수정 또는 말소 등 필요한 조치를 하여야 한다.
④ 제1항에 따른 인정정지의 기준 등에 필요한 사항은 환경부령으로 정한다.

제7장 환경영향평가사

제63조【환경영향평가사】 ① 환경영향평가사가 되려는 사람은 환경부장관이 실시하는 자격시험에 합격하여야 한다. 이 경우 환경부장관은 자격시험에 합격한 사람에게 자격증을 발급하여야 한다.
② 다음 각 호의 어느 하나에 해당하는 사람은 환경영향평가사가 될 수 없다.
1. 미성년자, 피성년후견인 또는 피한정후견인
(2015.1.20 본호개정)
2. 파산선고를 받고 복권되지 아니한 사람
3. 징역 이상의 실형을 선고받고 그 형의 집행이 끝나거나(집행이 끝난 것으로 보는 경우를 포함한다) 집행을 받지 아니하기로 확정된 날부터 2년이 지나지 아니한 사람
4. 징역 이상의 형의 집행유예를 선고받고 그 유예기간 중에 있는 사람
5. 제65조에 따라 환경영향평가사의 자격이 취소(이 항 제1호 또는 제2호에 해당하여 자격이 취소된 경우는 제외한다)된 후 3년이 지나지 아니한 사람(2019.11.26 본호개정)
③ (2016.5.29 삭제)
④ 환경영향평가사가 아닌 사람은 환경영향평가사 또는 이와 비슷한 명칭을 사용하지 못한다.
⑤ (2016.5.29 삭제)

제63조의2【환경영향평가사 자격시험】 ① 환경부장관은 제63조제1항에 따른 환경영향평가사 자격시험(이하 "환경영향평가사 자격시험"이라 한다)을 매년 1회 이상 실시하여야 한다. 다만, 환경영향평가사의 수급 상황 등을 고려하여 해당 연도의 시험을 실시하지 아니할 수 있다.(2019.11.26 본항개정)
② 환경영향평가사 자격시험은 제1차 시험과 제2차 시험으로 구분하여 실시한다. 이 경우 응시자격, 검정방법 및 자격 관리 등에 필요한 사항은 대통령령으로 정한다.
(2019.11.26 전단개정)
③ 환경부장관은 대통령령으로 정하는 사람에 대하여 대통령령으로 정하는 바에 따라 제1차 시험과목의 일부를 면제할 수 있다.
④ 환경부장관은 제1차 시험에 합격한 사람에 대해서는 합격한 날부터 실시되는 2회의 시험에 한정하여 제1차 시험을 면제한다.
⑤ 환경영향평가사 자격시험에서 대통령령으로 정하는 부정행위를 한 사람에 대해서는 그 시험을 정지시키거나 합격을 무효로 한다.(2019.11.26 본항신설)
⑥ 제5항에 따라 환경영향평가사 자격시험이 정지되거나 합격이 무효처리된 사람은 그 시험의 응시일부터 3년간 환경영향평가사 자격시험에 응시할 수 없다.
(2019.11.26 본항신설)
(2019.11.26 본조제목개정)
(2016.5.29 본조신설)

제64조【환경영향평가사의 준수사항】 ① 환경영향평가사는 환경영향평가의 기본원칙에 따라 업무를 공정하게 수행하여야 한다.
② 환경영향평가사는 환경부장관으로부터 발급받은 환경영향평가사 자격증을 다른 사람에게 빌려 주거나, 다른 사람에게 자기의 이름으로 환경영향평가사의 업무를 하게 하여서는 아니 된다.

제65조【환경영향평가사의 자격취소 등】 ① 환경부장관은 환경영향평가사가 다음 각 호의 어느 하나에 해당하면 그 자격을 취소하거나 3년의 범위에서 자격을 정지시킬 수 있다. 다만, 제1호·제2호 및 제4호에 해당하는 경우에는 그 자격을 취소하여야 한다.
1. 거짓이나 그 밖의 부정한 방법으로 환경영향평가사 자격을 취득한 경우
2. 최근 1년 이내에 두 번의 자격정지처분을 받고 다시 자격정지처분에 해당하는 행위를 한 경우
3. 고의 또는 중대한 과실로 환경영향평가서등을 거짓으로 또는 부실하게 작성한 경우
4. 제62조의2제2항을 위반하여 환경부장관이 실시하는 환경영향평가 업무 수행에 필요한 교육·훈련을 특별한 사유 없이 이수하지 아니한 경우(2019.11.26 본호개정)
5. 제63조제2항 각 호의 어느 하나에 해당하는 경우
6. 제64조제2항을 위반하여 자격증을 다른 사람에게 빌려주거나, 다른 사람에게 자기의 이름으로 환경영향평가사의 업무를 하게 한 경우
② 제1항에 따른 환경영향평가사 자격의 취소 또는 정지처분에 관한 기준은 그 처분의 사유와 위반의 정도 등을 고려하여 환경부령으로 정한다.

제8장 보 칙

제66조【환경영향평가서등의 공개】 ① 환경부장관은 다른 법령에 따라 공개가 제한되는 경우를 제외하고는 제70조제3항에 따른 정보지원시스템 등을 이용하여 환경영향평가서등을 공개할 수 있다.
② 환경부장관은 환경영향평가서등을 제출한 자가 다음 각 호의 어느 하나에 해당하는 사유로 환경영향평가서등의 전부 또는 일부를 공개하지 아니하도록 요청한 경우에는 이를 공개하지 아니하거나 공개의 범위를 제한하거나 다른 시기에 공개할 수 있다.
1. 군사상의 기밀보호 등 국가안보를 위하여 필요한 경우
2. 환경영향평가서등에 해당 사업의 영업비밀 등이 포함되어 있는 경우
3. 해당 계획 또는 사업의 추진에 현저한 지장을 줄 것으로 판단되어 공개의 범위·시기 등을 정하여 요청한 경우
③ 제1항에 따른 환경영향평가서등의 공개의 시기 및 방법 등 필요한 사항은 대통령령으로 정한다.
④ 제1항부터 제3항까지에서 규정한 사항 외에 환경영향평가서등의 공개와 관련하여 이 법에서 정하지 아니한 사항은 「공공기관의 정보공개에 관한 법률」에서 정하는 바에 따른다.

제66조의2【환경영향평가 협의 위반사실의 공표】 ① 환경부장관은 사업자가 다음 각 호의 어느 하나의 경우에 해당하여 행정처분이 확정된 때에는 대상 사업장의 명칭, 위반행위, 처분 내용 등을 공표할 수 있다. 다만, 사업의 폐지 등으로 명단 공개의 실효성이 없는 경우에는 그러하지 아니하다.
1. 제34조제1항 및 제47조제1항을 위반하여 사전공사를 한 경우
2. 제35조제1항 및 제49조제1항을 위반하여 협의 내용을 이행하지 아니한 경우
② 제1항에 따른 공표의 구체적인 기준·내용 및 방법 등은 환경부령으로 정한다.
(2017.11.28 본조신설)

제67조【청문】 환경부장관은 다음 각 호의 어느 하나에 해당하는 처분을 하려면 청문을 하여야 한다.
1. 제58조에 따른 환경영향평가업자의 등록취소
2. 제65조에 따른 환경영향평가사의 자격취소

제68조【전문기관 등의 수행사항】 환경부장관은 효율적인 환경영향평가등을 위하여 국립환경과학원, 한국환경연구원 또는 관계 전문기관 등에게 다음 각 호의 사항을 수행하게 할 수 있다.(2021.8.17 본문개정)
1. 환경영향평가등에 필요한 각종 지표(指標)의 개발·작성·보완
2. 환경영향평가등의 기법 및 예측기법의 적정성 여부 평가 및 개발
3. 제70조제3항에 따른 환경영향평가와 관련된 정보지원시스템의 운영
4. 그 밖에 환경영향평가등을 효율적으로 수행하기 위하여 필요한 사항
(2016.5.29 본조제목개정)

제69조【비밀 유지의 의무】 환경영향평가업자, 환경영향평가사, 환경영향평가서의 검토 과정에 참여한 관계 전문가나 전문기관의 임직원 또는 관계 전문기관의 임직원이나 임직원이었던 사람은 환경영향평가등과 관련하여 직무상 취득한 비밀을 다른 사람에게 누설하거나 도용(盜用)하여서는 아니 된다.

제70조【환경영향평가 정보지원시스템의 구축·운영 등】 ① 환경부장관은 환경영향평가등의 전문성, 객관성 및 예측 가능성 등을 높이기 위하여 환경영향평가등에 관련된 정보를 수집하여 보급하여야 한다.
② 환경부장관은 환경영향평가등의 기술을 향상하고 전문인력을 육성하기 위하여 필요한 방안을 마련하여야 한다.
③ 환경부장관은 제1항에 따른 정보의 수집·보급과 제53조제5항제3호 단서, 제56조제1항제3호 단서, 제62조의4 제2항 및 제66조제1항에 따른 환경영향평가서등의 공개 등을 위하여 환경영향평가등과 관련된 정보지원시스템을 구축·운영하여야 한다.(2016.5.29 본항개정)
④ 환경부장관은 제61조제2항에 따른 환경영향평가업자의 현황과 환경영향평가 대행 실적의 관리 및 제62조의3 제3항에 따른 환경영향평가기술자의 근무경력등에 관한 기록의 관리 등을 위하여 정보화시스템을 구축·운영하여야 한다.(2016.5.29 본항신설)
⑤ 제3항에 따른 정보지원시스템 및 제4항에 따른 정보화시스템의 구축·운영 등에 필요한 사항은 환경부장관이 정한다.(2016.5.29 본항개정)

제71조【환경영향평가협회】 ① 환경영향평가업자 및 환경영향평가등과 관련된 업무에 종사하는 자는 환경영향평가등에 관한 조사·연구·교육·홍보와 그 밖에 환경영향평가등과 관련된 업무의 건전한 발전을 위하여 환경영향평가협회(이하 이 장에서 "협회"라 한다)를 설립할 수 있다.
② 협회는 법인으로 한다.
③ 협회를 설립하기 위하여는 환경부장관의 허가를 받아야 한다.
④ 환경부장관은 협회의 운영이 법령이나 정관에 위배된다고 인정할 때에는 그 정관 또는 사업계획을 변경하거나 임원을 바꾸어 임명할 것을 명할 수 있다.
⑤ 협회에 관하여 이 법에 규정되지 아니한 사항은 「민법」 중 사단법인에 관한 규정을 준용한다.

제72조【권한의 위임 및 위탁】 ① 이 법에 따른 환경부장관의 권한은 그 일부를 대통령령으로 정하는 바에 따라 지방환경관서의 장에게 위임할 수 있다.
② 이 법에 따른 환경부장관의 업무는 그 일부를 대통령령으로 정하는 바에 따라 협회나 관계 전문기관의 장에게 위탁할 수 있다.
③ 제2항에 따라 위탁받은 업무를 수행하는 협회나 관계 전문기관의 임직원 또는 제41조제1항·제2항과 제68조에 따라 업무를 수행하는 한국환경연구원 또는 관계 전문기관 등의 임직원은 「형법」 제129조부터 제132조까지의 규정을 적용할 때에는 공무원으로 본다.(2021.8.17 본항개정)

제9장 벌 칙

제73조【벌칙】 다음 각 호의 어느 하나에 해당하는 자는 5년 이하의 징역 또는 5천만원 이하의 벌금에 처한다.
1. 제34조제3항 및 제40조제2항에 따른 공사중지명령을 이행하지 아니한 자
2. 제34조제4항 또는 제40조제4항에 따른 공사중지명령 또는 원상복구명령을 이행하지 아니한 사업자
(2017.11.28 본호개정)
3. 제47조제3항에 따라 준용되는 제34조제3항 및 제4항에 따른 공사중지명령 또는 조치명령(원상복구명령만 해당한다)을 이행하지 아니한 자

제74조【벌칙】 ① 다음 각 호의 어느 하나에 해당하는 자는 2년 이하의 징역 또는 2천만원 이하의 벌금에 처한다.
1. 제36조제1항에 따른 사후환경영향조사를 실시하지 아니한 사업자
1의2. 제41조에 따른 재평가를 받지 아니한 사업자
(2017.11.28 본호신설)
2. 제49조제2항에 따라 준용되는 제40조제2항 또는 제4항에 따른 공사중지명령 또는 원상복구명령을 이행하지 아니한 사업자(2017.11.28 본호개정)
3. 제53조제5항제1호 또는 제56조제1항제1호를 위반하여 다른 환경영향평가서등의 내용을 복제하여 환경영향평가서등을 작성한 자(2015.1.20 본호개정)
4. 제53조제5항제2호 또는 제56조제1항제2호를 위반하여 환경영향평가서등을 거짓으로 작성한 자(2015.1.20 본호개정)
4의2. 제53조제5항제3호 또는 제56조제1항제3호를 위반하여 환경영향평가서등과 그 작성의 기초가 되는 자료를 보존하지 아니한 자(2016.5.29 본호신설)
4의3. 제53조제5항제5호를 위반하여 환경영향평가서등과 그 작성의 기초가 되는 자료 및 환경영향 예측·분석 결과를 거짓으로 작성하거나 평가에 영향을 미치는 중요한 자료를 누락하는 등 부실하게 작성하도록 요구한 자(2016.5.29 본호신설)
5. 제54조제1항에 따른 등록을 하지 아니하고 환경영향평가업을 한 자
6. 거짓이나 그 밖의 부정한 방법으로 제54조제1항에 따른 등록을 한 자
7. 제59조제3항을 위반하여 등록이 취소된 후 또는 영업정지기간 중에 새로 환경영향평가 대행계약을 체결한 자
② 다음 각 호의 어느 하나에 해당하는 자는 1년 이하의 징역 또는 1천만원 이하의 벌금에 처한다.
1. 제22조 또는 제43조를 위반하여 환경영향평가등을 거치지 아니하고 공사를 한 자
2. 제34조제1항 및 제47조제1항을 위반하여 협의 또는 재협의 절차를 거치지 아니하거나 절차가 끝나기 전(공사가 일부 진행되는 과정에서 재협의의 사유가 발생한 경우에는 재협의의 절차가 끝나기 전을 말한다)에 공사를 한 자(2019.11.26 본호개정)
3. 제39조제2항(제49조제2항에 따라 준용되는 경우를 포함한다)을 위반하여 정당한 사유 없이 자료 제출을 거부하거나 출입·조사를 방해 또는 기피한 자
4. 제56조제1항제4호를 위반하여 등록증이나 명의를 다른 사람에게 빌려 준 자
5. 제56조제1항제5호를 위반하여 환경영향평가등의 대행업무를 다른 자에게 재대행한 자(2017.11.28 본호개정)
6. 제60조제1항을 위반하여 정당한 사유 없이 자료 제출 또는 보고·조사를 거부한 자
6의2. 제62조의3제1항에 따른 신청·변경신청을 하면서 근무경력등의 관리에 필요한 사항을 거짓으로 첨부한 자(2016.5.29 본호신설)
7. 제64조제2항을 위반하여 자격증을 다른 사람에게 빌려주거나, 다른 사람에게 자신의 이름으로 환경영향평가사의 업무를 하게 한 사람
8. 제69조를 위반하여 비밀을 누설하거나 도용한 자

제75조【양벌규정】 법인의 대표자나 법인 또는 개인의 대리인, 사용인, 그 밖의 종업원이 그 법인 또는 개인의 업무에 관하여 제73조 또는 제74조의 위반행위를 하면 그 행위자를 벌하는 외에 그 법인 또는 개인에게도 해당 조문의 벌금형을 과(科)한다. 다만, 법인 또는 개인이 그 위반행위를 방지하기 위하여 해당 업무에 관하여 상당한 주의와 감독을 게을리하지 아니한 경우에는 그러하지 아니하다.

제76조【과태료】 ① 다음 각 호의 어느 하나에 해당하는 자에게는 5천만원 이하의 과태료를 부과한다.
1. 제40조제1항에 따른 조치명령을 이행하지 아니한 사업자
2. 제40조제4항에 따른 그 밖에 필요한 조치명령을 이행하지 아니한 사업자
3. 제41조제3항에 따른 조치명령을 이행하지 아니한 사업자
(2017.11.28 본항신설)
② 제34조제1항을 위반하여 변경협의 절차를 거치지 아니하거나 절차가 끝나기 전(공사가 일부 진행되는 과정에서 변경협의의 사유가 발생한 경우에는 변경협의의 절차가 끝나기 전을 말한다)에 공사를 한 자에게는 2천만원 이하의 과태료를 부과한다.(2019.11.26 본항개정)
③ 다음 각 호의 어느 하나에 해당하는 자에게는 1천만원 이하의 과태료를 부과한다.
1. 제36조제1항을 위반하여 사후환경영향조사의 일부를 하지 아니한 자
2. 제36조제2항을 위반하여 통보 또는 필요한 조치를 하지 아니한 자
2의2. 제49조제2항에 따라 준용되는 제40조제1항 또는 제4항에 따른 필요한 조치명령(공사중지명령 또는 원상복구명령은 제외한다)을 이행하지 아니한 자(2017.11.28 본호신설)
3. 제53조제5항제2호 또는 제56조제1항제2호를 위반하여 환경영향평가서등을 부실하게 작성한 자
4. 제53조제5항제4호를 위반하여 환경영향평가서등의 작성에 관한 대행계약을 해당 환경영향평가등의 대상이 되는 계획이나 사업의 수립·시행과 관련되는 계약과 분리하여 체결하지 아니한 사업자
(2015.1.20 3호~4호개정)
5. 제63조제4항을 위반하여 환경영향평가사 또는 이와 비슷한 명칭을 사용한 사람
④ 다음 각 호의 어느 하나에 해당하는 자에게는 500만원 이하의 과태료를 부과한다.
1. 제35조제2항을 위반하여 관리대장에 협의 내용의 이행 상황을 기록하지 아니하거나 공사현장에 관리대장을 갖추어 두지 아니한 자
2. 제35조제3항을 위반하여 관리책임자를 지정하지 아니하거나 지정한 사실을 통보하지 아니한 자
3. 제36조제1항을 위반하여 사후환경영향조사 결과를 통보하지 아니한 자
4. 제37조제1항을 위반하여 사업의 착공·준공·중지 또는 재개를 통보하지 아니한 자(2019.11.26 본호개정)
5. 제38조제2항을 위반하여 협의 내용의 이행 상황과 승계 사유 등 환경부령으로 정하는 사항을 통보하지 아니한 자
6. 제47조제1항을 위반하여 변경협의 절차를 거치지 아니하거나 절차가 끝나기 전(공사가 일부 진행되는 과정에서 변경협의의 사유가 발생한 경우에는 변경협의의 절차가 끝나기 전을 말한다)에 공사를 한 자(2019.11.26 본호신설)
7. (2016.5.29 삭제)
8. 제54조제2항을 위반하여 변경등록을 하지 아니하고 중요 사항을 변경한 자
8의2. 제56조의2제2항을 위반하여 권리·의무 승계의 신고를 하지 아니한 자(2016.5.29 본호신설)
9. 제61조제1항을 위반하여 환경영향평가 대행 실적을 보고하지 아니한 자
⑤ 다음 각 호의 어느 하나에 해당하는 자에게는 300만원 이하의 과태료를 부과한다.
1. 제62조의2제2항에 따른 교육·훈련을 정당한 사유 없이 받지 아니한 환경영향평가기술자
2. 제62조의2제3항에 따른 경비를 부담하지 아니하거나 경비부담을 이유로 환경영향평가기술자에게 불이익을 준 사용자
3. 제62조의4제3항을 위반하여 환경영향평가기술자경력증을 반납하지 아니한 환경영향평가기술자
(2016.5.29 본항신설)
⑥ 제1항부터 제5항까지의 규정에 따른 과태료는 대통령령으로 정하는 바에 따라 환경부장관이 부과·징수한다.
(2019.11.26 본항개정)

부 칙

제1조【시행일】 이 법은 공포 후 1년이 경과한 날부터 시행한다. 다만, 부칙 제2조는 공포한 날부터 시행한다.

제2조【평가계획서의 작성 및 평가항목·범위등의 결정에 관한 경과조치】 종전의 「환경영향평가법」 제10조는 법률 제9037호 환경·교통·재해등에관한영향평가법 전부개정법률 부칙 제2조에도 불구하고 이 법 시행일까지 효력을 가진다.

제3조【처분 등에 관한 일반적 경과조치】 이 법 시행 당시 종전의 「환경정책기본법」(사전환경성검토와 관련된 부분만 해당한다)이나 「환경영향평가법」에 따라 행정기관이 한 고시·명령이나 그 밖의 행위와 행정기관에 대하여 한 신청·신고 또는 그 밖의 행위는 이 법에 따른 행정기관의 행위 또는 행정기관에 대한 행위로 본다.

제4조【환경영향평가등에 관한 경과조치】 ① 이 법 시행 당시 종전의 「환경정책기본법」 또는 「환경영향평가법」에 따라 환경영향평가등과 관련하여 다음 각 호의 절차가 진행 중인 경우 해당 절차에 관하여는 종전의 규정에 따른다.
1. 전략환경영향평가항목등 또는 환경영향평가항목등의 결정
2. 주민 등의 의견 수렴
3. 평가서 초안 및 평가서의 작성
4. 사전환경성검토서 또는 환경영향평가서에 대한 협의
② 이 법 시행 당시 종전의 「환경정책기본법」에 따른 평가항목등의 결정, 평가서의 작성, 주민 등의 의견 수렴, 협의 요청 및 협의 내용 통보 등은 이 법의 해당 규정에 따른 전략환경영향평가항목등의 결정, 평가서의 작성, 주민 등의 의견 수렴, 협의 요청 및 협의 내용 통보 등으로 본다.
③ 이 법 시행 당시 종전의 「환경영향평가법」에 따른 평가항목등의 결정, 주민 등의 의견 수렴, 협의 요청 및 협의 내용 통보 및 사후환경영향조사 등은 이 법에 따른 환경영향평가항목등의 결정, 주민 등의 의견수렴, 협의 요청 및 협의 내용 통보 및 사후환경영향조사 등으로 본다.
④ 이 법 시행 당시 종전의 「환경영향평가법」에 따라 환경영향평가등과 관련된 협의 내용 등의 의무를 승계한 사업자는 이 법에 따라 협의 내용 등의 의무를 승계한 것으로 본다.

제5조【약식 환경영향평가에 관한 경과조치】 이 법 시행 당시 종전의 「환경영향평가법」에 따라 진행 중인 약식절차에서 제출된 주민 등의 의견과 협의 내용이 다른 경우에는 제52조제1항부터 제3항까지의 개정규정에도 불구하고 종전의 규정에 따른다.

제6조【환경영향평가대행자에 대한 경과조치】 이 법 시행 당시 종전의 「환경영향평가법」에 따라 환경영향평가 대행자로 등록된 자는 제54조의 개정규정에 따른 환경영향평가업의 등록을 한 것으로 본다. 이 경우 환경영향평가대행자는 제54조제1항의 개정규정에 따라 환경영향평가사를 이 법 시행일부터 10년의 범위에서 대통령령으로 정하는 날까지 확보하여야 한다.

제7조【행정처분기준에 관한 경과조치】 이 법 시행 전의 위반행위에 대하여 행정처분을 할 때에는 종전의 「환경정책기본법」 또는 「환경영향평가법」에 따른다.

제8조【벌칙 등에 관한 경과조치】 이 법 시행 전의 행위에 대하여 벌칙이나 과태료규정을 적용할 때에는 종전의 「환경정책기본법」이나 「환경영향평가법」에 따른다.

제9조【다른 법률의 개정】 ①~㉟ ※(해당 법령에 가제정리 하였음)

제10조【다른 법령과의 관계】 이 법 시행 당시 다른 법령에서 종전의 「환경정책기본법」(사전환경성검토에 관한 부분만 해당한다), 「환경영향평가법」 또는 그 규정을 인용하고 있는 경우에 이 법 가운데 그에 해당하는 규정이 있을 때에는 종전의 규정을 갈음하여 이 법 또는 이 법의 해당 규정을 인용한 것으로 본다.

부 칙 (2015.1.20)

제1조【시행일】 이 법은 공포 후 6개월이 경과한 날부터 시행한다. 다만, 제55조제1호·제3호 및 제63조제2항제1호의 개정규정은 공포한 날부터 시행하고, 제53조제2항의 개정규정은 공포 후 1년이 경과한 날부터 시행한다.

제2조【사후환경영향조사 결과 등의 검토 등에 관한 적용례】 제36조제3항 및 제4항의 개정규정은 이 법 시행 후 최초로 사후환경영향조사를 하는 경우부터 적용한다.

제3조【환경영향평가업자의 사업수행능력 평가 등에 관한 적용례】 제53조제2항의 개정규정은 같은 개정규정 시

행 후 최초로 발주청이 환경영향평가서등의 작성을 대행하게 하려는 경우부터 적용한다.
제4조【등록이 취소된 자의 결격사유에 관한 적용례】 제55조제3호의 개정규정은 같은 개정규정 시행 전에 제58조제1항제4호에 따라 등록이 취소된 자에 대하여도 적용한다.
제5조【금치산자 등에 대한 경과조치】 제55조제1호 및 제63조제2항제1호의 개정규정에 따른 피성년후견인 및 피한정후견인에는 법률 제10429호 민법 일부개정법률 부칙 제2조에 따라 금치산 또는 한정치산 선고의 효력이 유지되는 사람이 포함되는 것으로 본다.

부　칙 (2016.5.29)

제1조【시행일】 이 법은 공포 후 1년이 경과한 날부터 시행한다. 다만, 제61조 및 제6장의2(제62조의2부터 제62조의4까지)의 개정규정은 2018년 1월 1일부터 시행하고, 제10조의2, 제11조의2, 제15조의2, 제16조제5항, 제17조제3항 전단, 제18조제3항, 제20조제2항, 제32조제2항 및 제44조제3항의 개정규정은 공포 후 6개월이 경과한 날부터 시행한다.
제2조【전략환경영향평가 대상계획에 관한 경과조치】 이 법 시행 당시 종전의 규정에 따라 정한 전략환경영향평가 대상계획은 제10조의2의 개정규정에 따른 절차를 거쳐 결정된 것으로 본다.
제3조【전략환경영향평가서 등의 보완·조정 및 반려에 관한 적용례】 제17조제3항 후단, 같은 조 제4항·제5항, 제28조제3항 후단, 같은 조 제4항·제5항 및 제45조제3항 후단, 같은 조 제4항·제5항의 개정규정은 이 법 시행 후 환경부장관에게 협의를 요청하는 경우부터 적용한다.
제4조【권리·의무의 승계에 관한 적용례】 제56조의2의 개정규정은 이 법 시행 후 환경영향평가업자가 사망하거나 그 영업을 양도하는 경우 또는 환경영향평가업자인 법인이 합병하는 경우부터 적용한다.
제5조【행정처분의 효과 승계에 관한 적용례】 제59조의2의 개정규정은 이 법 시행 후의 위반행위에 대한 행정처분부터 적용한다.
제6조【환경영향평가 대행 실적의 보고에 관한 적용례】 제61조제1항의 개정규정은 2018년 1월 1일 이후의 환경영향평가 대행 실적부터 적용한다.
제7조【환경영향평가 대행 실적의 보고에 관한 경과조치】 제61조제1항의 개정규정에도 불구하고 2017년도의 환경영향평가 대행 실적의 보고에 관하여는 종전의 규정에 따른다.
제8조【과태료에 관한 경과조치】 이 법 시행 전의 행위에 대한 과태료의 적용은 종전의 규정에 따른다.
제9조【다른 법률의 개정】 ①~② ※(해당 법령에 가제정리 하였음)

부　칙 (2017.11.28)

제1조【시행일】 이 법은 공포 후 1년이 경과한 날부터 시행한다.
제2조【의견의 재수렴에 관한 적용례】 제15조 및 제26조의 개정규정은 이 법 시행 후 최초로 의견의 수렴을 하는 경우부터 적용한다.
제3조【반려에 관한 적용례】 제17조제4항제2호 및 제28조제4항제2호의 개정규정은 이 법 시행 후 최초로 환경부장관이 전략환경영향평가서 또는 환경영향평가서를 검토하는 경우부터 적용한다.
제4조【소규모 환경영향평가의 변경협의에 관한 적용례】 제46조의2의 개정규정은 이 법 시행 후 사업계획 등을 변경하려는 경우부터 적용한다.
제5조【환경영향평가등의 대행 업무의 재대행에 관한 적용례】 제56조제1항제5호의 개정규정은 이 법 시행 후 환경영향평가등의 평가 항목을 조사·측정하는 업무를 재대행하는 경우부터 적용한다.
제6조【환경영향평가항목등의 결정에 관한 경과조치】 이 법 시행 전에 제11조에 따라 전략환경영향평가항목등이 결정된 경우에는 제24조제6항 전단의 개정규정에도 불구하고 종전의 규정에 따른다.

부　칙 (2019.11.26)

제1조【시행일】 이 법은 공포 후 6개월이 경과한 날부터 시행한다. 다만, 제40조의2제3항, 제55조제3호 및 제63조제2항제5호의 개정규정은 공포한 날부터 시행한다.
제2조【협의기준에 관한 적용례】 제2조제5호의 개정규정은 이 법 시행 이후 제16조, 제27조 또는 제44조에 따른 협의를 요청하는 경우부터 적용한다.
제3조【사업착공등 통보에 관한 적용례】 제37조제1항의 개정규정은 이 법 시행 이후 공사를 중지하는 경우로서 3개월 이상 공사를 중지한 후 재개하는 경우부터 적용한다.
제4조【환경영향평가사 자격시험 부정행위자에 관한 적용례】 제63조의2제5항 및 제6항의 개정규정은 이 법 시행 이후 시행하는 환경영향평가사 자격시험부터 적용한다.

부　칙 (2021.8.17)

제1조【시행일】 이 법은 공포한 날부터 시행한다.(이하 생략)

환경기술 및 환경산업 지원법

(약칭 : 환경기술산업법)

(**2000년　2월　3일 전개법률 제6262호**)

개정
2001. 1.16법 6353호(과학기술기본법)
2001.12.31법 6590호(기금관리기본법)
2003. 5.29법 6913호
2004. 2. 9법 7170호(악취방지법)
2004. 9.23법 7219호(과학기술분야정부출연연구기관등의설립·운영및육성에관한법)
2004.12.31법 7292호(유해화학)
2004.12.31법 7294호
2004.12.31법 7296호(친환경상품구매촉진에관한법)
2005. 3.31법 7428호(채무자회생파산)
2005. 3.31법 7459호(수질환경)
2005.12.30법 7820호
2006.10. 4법 8038호(환경분야시험·검사등에관한법)
2007. 1. 3법 8216호
2007. 4.11법 8369호(소음)
2007. 4.11법 8371호(폐기물관리법)
2007. 4.27법 8404호(대기환경)
2007. 5.17법 8466호(수질수생태계보전)
2008. 2.29법 8852호(정부조직)
2008. 3.21법 8957호
2009. 1. 7법 9335호
2009. 2. 6법 9433호(한국환경공단법)
2009. 5.21법 9685호(중소기업판로지원)
2009. 6. 9법 9770호(소음·진동관리법)
2010. 1.13법 9931호(저탄소녹색성장기본법)
2010. 4.12법 10250호(엔지니어링산업진흥법)
2011. 4. 5법 10550호(녹색제품구매촉진에관한법)
2011. 4.28법 10615호
2011. 7.21법 10893호(환경정책)
2012. 2. 1법 11266호(환경분야시험·검사등에관한법)
2013. 3.23법 11690호(정부조직)
2013. 3.23법 11713호(과학기술기본법)
2013. 6. 4법 11862호(화학물질관리법)
2013. 7.16법 11917호
2014. 3.24법 12523호
2015. 2. 3법 13174호
2015.12. 1법 13534호(한국환경산업기술원법)
2015.12.22법 13601호(실내공기질관리법)
2016. 1. 6법 13747호(환경친화적산업구조로의전환촉진에관한법)
2016. 1.19법 13781호
2016. 1.27법 13886호(잔류성오염물질관리법)
2016. 1.27법 13892호
2017. 1.17법 14532호(물환경보전법)
2018. 1.16법 15344호(과학기술기본법)
2018.10.16법 15845호
2020. 3.31법 17183호
2020.12.29법 17799호(독점)
2021. 1. 5법 17857호(환경정책)
2021. 4.13법 18035호
2021. 6.15법 18283호(녹색융합클러스터의조성및육성에관한법)
2021. 9.24법 18469호(기후위기대응을위한탄소중립·녹색성장기본법)

제1조【목적】 이 법은 환경기술의 개발·지원 및 보급을 촉진하고 환경산업을 육성함으로써 환경보전, 녹색성장 촉진 및 국민경제의 지속가능한 발전에 이바지함을 목적으로 한다.(2010.1.13 본조개정)
제2조【정의】 이 법에서 사용하는 용어의 뜻은 다음과 같다.
1. "환경기술"이란 환경의 자정능력(自淨能力)을 향상시키고 사람과 자연에 대한 환경피해 유발 요인을 억제·제거하는 기술로서 환경오염을 사전에 예방 또는 감소시키거나 오염 및 훼손된 환경을 복원하는 등 환경의 보전과 관리에 필요한 다음 각 목의 기술을 말한다.
가. 다음 물질 등(이하 "환경오염물질"이라 한다)의 감소·처리 기술과 소음·진동 방지 기술
(1)「대기환경보전법」 제2조제1호에 따른 대기오염물질
(2)「악취방지법」 제2조제1호에 따른 악취
(3)「실내공기질 관리법」 제2조제3호에 따른 오염물질(2015.12.22 개정)
(4)「물환경보전법」 제2조제7호에 따른 수질오염물질(2017.1.17 개정)
(5)「토양환경보전법」 제2조제2호에 따른 토양오염물질 및 폐기물
나. 환경오염의 사전 예방·감소 기술, 오염 유발 억제제품의 개발 기술, 재활용 및 회수(回收) 기술
다. 자연환경의 보전·복원 및 개선 기술, 환경위해성평가(環境危害性評價) 및 그 관리 기술, 환경영향평가 기술
라. 환경오염물질이나 소음·진동 또는 환경상태의 측정·분석 기술
마. 상수도의 정수처리 및 오염방지 기술
바. 가목부터 마목까지의 규정에 따른 기술을 응용하거나 활용〔이하 "실용화(實用化)"라 한다〕하는 기술
2. "환경시설"이란 환경오염물질 등으로 인한 자연환경 및 생활환경에 대한 위해를 사전에 예방 또는 감소하거나 환경오염물질의 적정한 처리 또는 폐기물 등의 재활용을 위한 시설·기계·기구, 그 밖의 물체로서 환경부령으로 정하는 것을 말한다.
3. "환경산업"이란 대기, 수질, 소음·진동, 생태계 등 환경 전반에 걸쳐 오염물질 배출을 최소화하고 자원의 효율을 높여 환경을 개선할 수 있는 시설·장치 또는 서비스를 제공하는 다음 각 목의 산업을 말한다.
가. 환경오염물질 배출 등으로 인한 환경피해의 측정·예방·최소화·복구 등에 필요한 시설·장치 또는 서비스를 제공하는 산업
나. 폐자원에 아이디어나 디자인 등을 더하여 새로운 방식으로 고부가가치를 창출하는 새활용 산업 등 자원을 순환시켜 환경의 보전·개선에 기여하는 제품을 생산하거나 서비스를 제공하는 산업
다. 환경기술에 관한 서비스를 제공하는 산업
라. 그 밖에 환경의 보전·관리·개선을 위하여 필요한 시설·장치 또는 서비스를 제공하는 산업으로서 대통령령으로 정하는 산업
(2021.4.13 본호개정)
4. "환경전문공사"란 다음 각 목의 시설을 설계·시공하는 공사를 말한다.
가.「대기환경보전법」 제2조제12호에 따른 대기오염방지시설
나.「소음·진동관리법」 제2조제4호에 따른 소음·진동방지시설
다.「물환경보전법」 제2조제12호에 따른 수질오염방지시설(2017.1.17 본목개정)
(2011.4.28 본호신설)
5. "제품의 환경성"이란 재료와 제품을 제조·소비·폐기하는 전 과정에서 오염물질이나 온실가스 등을 배출하는 정도 및 자원과 에너지를 소비하는 정도 등 환경에 미치는 영향력의 정도를 말한다.(2014.3.24 본호신설)
6. "표시"란 제품의 용기·포장에 기재하는 문자·숫자 또는 도형을 말한다.(2014.3.24 본호신설)
7. "광고"란 라디오·텔레비전·신문·잡지·음성·음향·영상·인터넷·인쇄물·간판, 그 밖의 방법에 의하여 제품에 대한 정보를 나타내거나 알리는 행위를 말한다.(2014.3.24 본호신설)
(2008.3.21 본조개정)
제3조【환경기술 및 환경산업 육성계획의 수립】 ① 환경부장관은 5년마다 관계 중앙행정기관의 환경기술개발계획을 종합하여 「국가과학기술자문회의법」에 따른 국가과학기술자문회의(이하 이 조에서 "국가과학기술자문회의"라 한다)의 심의를 거쳐 환경기술 개발 및 환경산업의 육성을 위한 계획(이하 "육성계획"이라 한다)을 수립하여야 한다.(2018.1.16 본항개정)
② 육성계획에는 다음 각 호에 관한 사항이 포함되어야 한다.(2011.4.28 본문개정)
1.「환경정책기본법」 제14조에 따른 국가 차원의 환경보전을 위한 종합계획(같은 법 제16조의2제1항에 따라 정비한 국가환경종합계획을 포함한다)에 기초한 환경규제 수준의 현황과 장기전망(2021.1.5 본호개정)
2. 환경기술 및 환경산업의 국내외 동향과 그 발전전망
3. 환경기술 및 환경산업의 육성목표, 정책의 기본방향 및 부문별 육성시책에 관한 사항
4. 환경기술 및 환경산업의 육성에 관한 연도별 투자 및 추진계획
5. 환경기술 및 환경산업의 국제협력 및 해외시장 진출
6. 학교·학술단체·연구기관 등에 대한 환경기술 및 환경산업의 연구 지원
7. 환경기술의 보급 및 실용화 촉진
8. 그 밖에 환경기술 및 환경산업을 육성하기 위하여 필요한 사항
(2011.4.28 2호~8호개정)
9. (2011.4.28 삭제)
③ 환경부장관은 육성계획을 수립하기 위하여 대통령령으로 정하는 바에 따라 관계 중앙행정기관의 장에게 필요한 자료의 제출을 요청할 수 있다.(2011.4.28 본항개정)
④ 육성계획을 수립할 때에는 산(産)·학(學)·연(硏) 협동연구 및 국제 환경기술 및 환경산업의 협력을 촉진할 수 있는 방안을 마련하여야 한다.(2011.4.28 본항개정)
⑤ 환경부장관은 관계 중앙행정기관의 장의 소관 분야별로 연도별 육성계획의 추진실적을 제출받아 이를 종합하여 국가과학기술자문회의에 보고하여야 한다.
(2018.1.16 본항개정)
⑥ 환경부장관은 육성계획을 수립하려는 경우에는 미리 공청회 등을 열어 이해관계인, 관계 전문가 등으로부터 의견을 들을 수 있다.(2011.4.28 본항신설)
⑦ 환경부장관은 육성계획을 수립 또는 변경한 때에는 인터넷 홈페이지 등을 통하여 그 내용을 공개할 수 있다.
(2011.4.28 본항신설)
(2011.4.28 본조제목개정)
제4조 (2009.1.7 삭제)
제5조【환경기술개발사업의 추진】 ① 정부는 환경보전 및 국민경제의 지속가능한 발전을 위하여 대통령령으로 정하는 바에 따라 다음 각 호의 어느 하나에 해당하는 기관이나 단체 또는 사업자(이하 이 조에서 "연구기관등"이라 한다)로 하여금 환경기술개발사업(이하 "개발사업"이라 한다)을 하게 할 수 있다.
1. 국·공립연구기관
2.「특정연구기관 육성법」의 적용을 받는 연구기관
3.「정부출연연구기관 등의 설립·운영 및 육성에 관한 법률」에 따라 설립된 정부출연연구기관 또는「과학기술분야 정부출연연구기관 등의 설립·운영 및 육성에 관한 법률」에 따라 설립된 과학기술분야 정부출연연구기관
4.「고등교육법」 제2조에 따른 학교
5. 대통령령으로 정하는 기준에 해당하는 기업부설연구소
6.「산업기술연구조합 육성법」에 따른 산업기술연구조합
7. 제10조에 따른 녹색환경지원센터(2011.4.28 본호개정)
8. 환경산업을 영위하는 사업자(이하 "환경산업체"라 한다)

9. 대통령령으로 정하는 기준에 해당하는 외국연구기관. 다만, 국내의 기관이나 단체 또는 사업자와 공동으로 연구개발을 하는 외국연구기관으로 한정한다.
10. 그 밖에 대통령령으로 정하는 기관이나 단체 또는 사업자

② 개발사업에 필요한 비용은 정부의 출연금(出捐金)이나 정부 외의 자의 출연금, 그 밖에 기업의 연구개발비로 충당한다.
③ 정부는 개발사업을 추진하기 위하여 제1항에 따라 개발사업을 하는 연구기관등에 출연금을 지급할 수 있다.
④ 제3항에 따라 출연금을 받아 개발사업을 하는 연구기관등의 장은 개발사업이 끝난 후 연구개발 결과를 사용, 양도(讓渡), 대여(貸與) 또는 수출하려는 자와 기술실시계약을 체결하여 기술료를 징수할 수 있다.
⑤ 제4항에 따라 징수한 기술료는 개발사업 등 대통령령으로 정하는 용도에 사용하여야 하고, 대통령령으로 정하는 바에 따라 일정 비율에 해당하는 금액을 「한국환경산업기술원법」에 따른 한국환경산업기술원(이하 "한국환경산업기술원"이라 한다)에 내야 한다.(2021.4.13 본항개정)
⑥ 제3항에 따른 출연금의 지급·사용 및 관리와 제4항 및 제5항에 따른 기술료의 징수 및 사용 등에 필요한 사항은 대통령령으로 정한다.
(2008.3.21 본조개정)

제5조의2【국가연구개발사업 등의 참여제한 등】 ① 환경부장관은 제5조에 따라 개발사업에 참여한 기관, 단체, 사업자 또는 그 소속 임직원에 대하여 「과학기술기본법」 제11조의2제1항 각 호의 어느 하나에 해당하는 경우에는 5년(과거에 이미 동일한 참여제한 사유로 다른 국가연구개발사업 과제에서 참여를 제한받은 자에 대해서는 10년)의 범위에서 개발사업과 환경부장관이 발주하는 「과학기술기본법」 제11조에 따른 국가연구개발사업(이하 이 조에서 "국가연구개발사업"이라 한다)의 참여를 제한할 수 있으며, 환경부장관이 이미 출연한 사업비의 전부 또는 일부를 환수할 수 있다.(2020.3.31 본항개정)
② 환경부장관은 제1항에 따라 개발사업과 국가연구개발사업의 참여를 제한한 경우에는 다른 관계 중앙행정기관의 장에게 그 사실을 알려야 한다.
③ 제2항에 따라 참여제한 사실을 통보받은 관계 중앙행정기관의 장은 참여제한 조치를 받은 자에 대하여 소관 국가연구개발사업의 참여를 5년(과거에 이미 동일한 참여제한 사유로 다른 국가연구개발사업 과제에서 참여를 제한받은 자에 대해서는 10년)의 범위에서 제한할 수 있다.
(2020.3.31 본항개정)
④ 환경부장관 및 관계 중앙행정기관의 장은 제1항부터 제3항까지의 규정에 따라 참여제한을 결정한 때에는 지체 없이 참여제한 조치를 받은 자에게 그 사실을 알려야 한다.
⑤ 제1항 또는 제3항에 따른 참여제한 조치를 받은 자는 그 조치권자에게 이의신청을 할 수 있다.
⑥ 환경부장관은 제1항에 따라 참여제한 또는 환수 조치를 받는 자에 대하여 「과학기술기본법」 제11조의2제1항 제1호에 해당하는 경우로서 연구개발을 성실하게 수행한 사실이 인정되는 경우에는 참여제한 기간과 사업비 환수액을 감면할 수 있다.(2020.3.31 본항신설)
⑦ 제1항부터 제6항까지의 규정에 따른 참여제한 기간, 개발사업결과의 평가기준·평가절차, 사업비의 환수 및 이의신청 절차 등에 필요한 사항은 대통령령으로 정한다.
(2020.3.31 본항개정)
(2013.7.16 본조신설)

제5조의3 (2015.12.1 삭제)

제6조【환경기술의 실용화】 ① 정부는 다음 각 호의 사업자 등을 육성하기 위하여 필요한 시책을 마련하여야 한다. 다만, 제4호에 해당하는 자에 대하여는 지원시책을 마련하여야 한다.
1. 환경기술을 개발하거나 이를 실용화하는 사업자
2. 환경기술개발을 위한 출자(出資)를 주된 사업으로 하는 자
3. 제17조에 따라 환경표지의 인증을 받은 자
4. 제18조에 따라 환경성적표지의 인증을 받은 자
5. 환경산업의 해외시장 개척을 하는 사업자
6. 환경산업체

② 정부는 개발된 환경기술의 실용화를 촉진하기 위하여 다음 각 호의 사업을 할 수 있다.
1. 환경기술의 실용화를 지원하는 전문기관의 육성
2. 특허기술의 실용화 사업
3. 환경기술의 실용화에 필요한 인력, 시설, 정보 등의 지원 및 기술 지도
4. 환경산업의 해외시장 개척을 위한 해외 현지 사무소 건립을 지원하는 사업
5. 그 밖에 환경기술의 실용화를 촉진하기 위하여 대통령령으로 정하는 사업

③ 다음 각 호의 어느 하나의 재원(財源)을 운영하는 자(이하 "재원운영자"라 한다)는 그 재원에서 제1항에 해당하는 자에게 필요한 자금을 지원할 수 있다.
1. 「환경정책기본법」에 따른 환경개선특별회계
(2011.7.21 본호개정)
2. 「중소기업진흥에 관한 법률」에 따른 중소기업진흥 및 산업기반기금(2009.5.21 본호개정)
3. 「과학기술기본법」에 따른 과학기술진흥기금
(2008.3.21 본조개정)

제7조【신기술인증과 기술검증】 ① 환경부장관은 다음 각 호의 기술에 대하여 신기술인증을 신청받은 때에는 그 기술이 기존의 기술과 비교하여 신규성과 우수성이 있다고 평가하여 인증한 기술(이하 "신기술"이라 한다)이면 신기술인증을 할 수 있다.
1. 국내에서 최초로 개발된 환경 분야 공법기술과 그에 관련된 기술
2. 도입한 기술의 개량에 따른 새로운 환경 분야 공법기술과 그에 관련된 기술

② 환경부장관은 다음 각 호의 기술에 대하여 기술검증을 신청받은 때에는 현장평가 등을 통하여 그 성능이 검증된 기술(이하 "검증기술"이라 한다)이면 기술검증을 할 수 있다.
1. 제1항에 따라 신기술인증을 받은 신기술
2. 제7조의2제3항 각 호의 기관에서 설치한 환경시설에 적용되는 기술의 성공 여부 판단을 위하여 기술검증을 신청한 기술

③ 제1항 및 제2항에 따른 신기술인증과 기술검증이 모두 필요한 기술로서 하수·폐수처리기술, 정수처리기술 등 대통령령으로 정하는 환경기술에 대하여는 신기술인증과 기술검증을 함께 받아야 한다. 이 경우 환경부령으로 정하는 바에 따라 신기술인증과 기술검증을 동시에 신청하여야 한다.(2013.7.16 본항신설)
④ 환경부장관은 제1항에 따라 신기술인증을 한 때에는 신기술인증서를, 제2항에 따라 기술검증을 한 때에는 기술검증서를 각각 발급하여야 하고, 제3항에 따라 신기술인증과 기술검증을 모두 한 때에는 신기술인증서와 기술검증서를 같이 발급하여야 한다.(2013.7.16 본항개정)
⑤ 환경부장관은 제1항부터 제3항까지의 규정에 따라 신기술인증이나 기술검증을 신청하는 자에게 환경부령으로 정하는 바에 따라 신청한 기술을 평가하는 데에 드는 비용을 부담하게 할 수 있다.(2013.7.16 본항개정)
⑥ 재원운영자는 신기술인증과 기술검증을 촉진하고 신기술의 보급을 지원하기 위하여 다음 각 호의 어느 하나에 해당하는 자에게 신기술인증, 기술검증, 시범사업 및 환경기술 실용화에 드는 비용의 전부나 일부를 제6조제3항 각 호의 재원에서 우선 지원할 수 있다.
1. 대통령령으로 정하는 기준에 해당하는 중소기업으로서 신기술인증이나 기술검증을 받는 자
2. 신기술인증이나 기술검증을 받은 환경기술의 시범사업을 하는 자
3. 신기술인증이나 기술검증을 받은 기술로서 환경부장관이 공공의 목적을 위하여 보급할 필요가 있다고 인정하는 환경기술을 실용화하는 자

⑦ 신기술인증이나 기술검증의 신청절차, 평가기준, 평가방법, 그 밖에 신기술인증이나 기술검증 등에 필요한 사항은 대통령령으로 정한다.
(2011.4.28 본조개정)

제7조의2【신기술인증 또는 기술검증의 표시방법과 우선 활용 등】 ① 제7조에 따라 신기술인증 또는 기술검증을 받은 자는 해당 기술을 이용하여 설치한 시설이나 제품 등에 환경부령으로 정하는 바에 따라 신기술인증 또는 기술검증의 표시를 하거나 이를 광고에 이용할 수 있다.
(2013.7.16 본항개정)
② 제7조에 따라 신기술인증 또는 기술검증을 받은 자가 아니면 신기술인증 또는 기술검증의 표시 또는 이와 유사한 표시를 하거나 이에 관한 광고를 하여서는 아니 된다.
(2013.7.16 본항개정)
③ 환경부장관은 환경시설을 설치하여 운영하는 다음 각 호의 기관이나 사업자에게 신기술 또는 검증기술을 우선 활용할 수 있도록 「수도법」 제75조, 「폐기물관리법」 제56조 및 「하수도법」 제63조 등에 따른 환경 관련 보조금의 우선 지원 등 적절한 조치를 할 수 있다.(2013.7.16 본문개정)
1. 국가기관이나 지방자치단체
2. 「공공기관의 운영에 관한 법률」 제5조에 따른 공공기관
3. 국가나 지방자치단체의 출연을 받은 기관

④ 제3항 각 호의 기관이나 사업자가 신기술 또는 검증기술을 활용한 때에는 매년 활용실적을 환경부령으로 정하는 바에 따라 환경부장관에게 제출하여야 한다.
(2013.7.16 본항개정)
⑤ 환경부장관은 제4항에 따라 제출된 신기술 또는 검증기술 활용실적을 토대로 환경부령으로 정하는 바에 따라 신기술 또는 검증기술의 성능 및 경제성 등에 대하여 사후평가를 실시할 수 있다.(2013.7.16 본항신설)
⑥ 환경부장관은 제5항에 따른 사후평가의 결과를 환경부령으로 정하는 바에 따라 공표하고, 제3항 각 호의 기관이나 사업자에게 통보하여야 한다.(2013.7.16 본항신설)
⑦ 제3항 각 호의 기관 소속으로서 신기술인증이나 기술검증을 받은 환경기술을 이용한 시설의 설치 계약 담당자나 그 시설의 운영 담당자는 고의 또는 중대한 과실이 없는 경우에는 그 기술로 인하여 발생한 해당 기관의 손실에 대하여 책임을 지지 아니한다. 다만, 「국가배상법」에 따른 책임은 면제되지 아니한다.(2021.4.13 본항신설)
(2013.7.16 본조제목개정)
(2008.3.21 본조개정)

제7조의3【신기술인증과 기술검증의 유효기간】 ① 신기술인증과 기술검증의 유효기간은 신기술인증 또는 기술검증을 받은 날부터 8년으로 한다.(2021.4.13 본항개정)
② 제1항에 따른 유효기간은 한 번만 연장할 수 있으며 그 연장 기간은 신기술인증은 5년 이내, 기술검증은 7년 이내로 한다.(2011.4.28 본항개정)
③ 신기술인증의 연장신청 등에 필요한 사항은 대통령령으로 정한다.
(2011.4.28 본조제목개정)
(2008.3.21 본조개정)

제7조의4【신기술인증이나 기술검증의 취소】 ① 환경부장관은 다음 각 호의 어느 하나에 해당하는 경우에는 신기술인증이나 기술검증을 취소하여야 한다.
1. 거짓이나 그 밖의 부정한 방법으로 신기술인증이나 기술검증을 받은 경우
2. 신기술이나 검증기술의 내용에 중대한 결함이 있어 보급하기가 적당하지 아니하다고 환경부장관이 인정하는 경우

② 제1항에 따른 취소절차 등에 필요한 사항은 대통령령으로 정한다.
(2008.3.21 본조개정)

제7조의5【환경기술 성능의 확인】 ① 환경부장관은 환경부령으로 정하는 환경기술의 성능에 대하여 확인할 수 있다.
② 제1항에 따른 환경기술의 성능을 확인받으려는 자는 환경부령으로 정하는 바에 따라 환경부장관에게 신청하여야 한다.
③ 환경부장관은 제2항에 따른 신청을 받은 경우에는 환경기술 성능의 확인에 필요한 평가를 실시하여야 한다.
④ 환경부장관은 제2항에 따라 환경기술 성능의 확인을 신청하는 자에게 환경부령으로 정하는 바에 따라 확인에 필요한 비용을 부담하게 할 수 있다.
⑤ 제1항 및 제3항에 따른 환경기술 성능 확인의 절차 및 평가방법 등에 필요한 사항은 환경부령으로 정한다.
(2016.1.27 본조신설)

제7조의6【우수환경산업체의 지정·지원】 ① 환경부장관은 환경산업을 지원·육성하기 위하여 대통령령으로 정하는 기준에 따라 사업실적, 기술력 등이 우수한 환경산업체를 우수환경산업체로 지정할 수 있다.
② 환경부장관은 제1항에 따라 지정된 우수환경산업체에 대하여 우선하여 제13조의4에 따른 해외시장 진출 지원 및 재정적 지원을 할 수 있다.(2016.1.27 본항개정)
③ 제1항에 따른 우수환경산업체 지정의 유효기간은 그 지정을 받은 날부터 5년으로 하고, 5년 단위로 재지정할 수 있다.
④ 제1항에 따른 우수환경산업체의 지정 방법 및 절차 등 필요한 사항은 환경부령으로 정한다.
⑤ 환경부장관은 다음 각 호의 어느 하나에 해당하는 경우에는 제1항에 따라 지정된 우수환경산업체의 지정을 취소할 수 있다. 다만, 제1호에 해당하는 경우에는 지정을 취소하여야 한다.
1. 거짓이나 부정한 방법으로 우수환경산업체로 지정받은 경우
2. 제1항에 따라 대통령령으로 정한 지정기준에 미달하게 된 경우

⑥ 환경부장관은 제1항 및 제3항에 따른 우수환경산업체 지정·재지정, 제5항에 따른 지정취소를 한 경우에는 인터넷 홈페이지 등을 통하여 그 내용을 공표하여야 한다.
(2011.4.28 본조신설)

제8조【국제공동연구의 촉진】 ① 정부는 국민경제의 지속가능하고 균형 있는 발전을 위하여 환경기술 및 환경산업에 관한 국제공동연구를 촉진하기 위한 시책을 마련하여야 한다.
② 정부는 제1항에 따른 국제공동연구를 촉진하기 위하여 다음 각 호의 사업을 추진할 수 있다.
1. 환경기술 및 환경산업에 관한 국제협력을 위한 조사·연구
2. 환경기술 및 환경산업에 관한 인력·정보의 국제교류
3. 환경기술 및 환경산업에 관한 전시회와 학술회의의 개최
4. 환경기술 및 환경산업의 해외시장 개척
5. 지구환경보전을 위한 기술개발 추진
6. 그 밖에 국제공동연구를 촉진하기 위하여 필요하다고 인정하는 사업

(2008.3.21 본조개정)

제9조【환경기술·정보의 보급 등】 ① 정부는 우수한 환경기술의 보급 및 환경기술정보의 수집·보급에 관한 구체적인 시책을 마련하여야 한다.
② 정부는 제1항에 따른 환경기술의 보급 및 환경기술정보의 수집·보급을 위하여 환경기술·정보를 전산화하여 관리할 수 있다.
③ 환경부장관은 제2항에 따른 환경기술·정보의 전산화를 위하여 필요한 정보를 관계 기관의 장에게 요청할 수 있다.
④ 정부는 환경오염물질을 배출하는 사업자 및 환경산업체 등에게 환경기술의 개발, 우수한 환경기술의 도입 및 환경기술정보의 교환 등을 권고할 수 있다.
⑤ 환경부장관은 「환경정책기본법」 제12조에 따른 환경기준을 달성하기 위하여 필요하다고 인정되는 경우에는 관계 중앙행정기관 또는 지방자치단체의 장에게 우수한 환경기술을 사용·보급하도록 권고할 수 있다.
(2011.7.21 본항개정)
(2008.3.21 본조개정)

제9조의2【환경기술 및 환경산업 실태조사】 ① 환경부장관은 환경기술 및 환경산업과 관련된 정부의 정책을 수립하기 위하여 환경기술 및 환경산업에 대한 실태조사(이하 "실태조사"라 한다)를 실시하고, 그 결과를 공개할 수 있다.
② 환경부장관은 실태조사를 위하여 필요한 경우에는 관련 공공기관, 환경기술 및 환경산업과 관련 법인·단체에 대하여 자료의 제출이나 의견의 진술 등을 요청할 수 있다. 이 경우 요청을 받은 자는 정당한 사유가 없으면 이에 협조하여야 한다.(2016.1.27 후단신설)
③ 실태조사의 내용·시기·절차 등 필요한 사항은 대통령령으로 정한다.
(2011.4.28 본조신설)

제10조【녹색환경지원센터의 지정 및 운영】 ① 환경부장관은 환경현안 문제 해결과 「기후위기 대응을 위한 탄소중립·녹색성장 기본법」 제2조제14호에 따른 녹색성장(이하 이 조에서 "녹색성장"이라 한다)의 기반조성 및 활성화 등을 위하여 대통령령으로 정하는 바에 따라 중앙녹색환경지원센터와 지역녹색환경지원센터(이하 "녹색환경지원센터"라 한다)를 지정하여 운영할 수 있다.
(2021.9.24 본항개정)
② 녹색환경지원센터는 다음 각 호의 구분에 따라 사업을 수행한다.
1. 중앙녹색환경지원센터 : 다음 각 목에 해당하는 사업
가. 지역녹색환경지원센터 간 네트워크 구축·운영
나. 지역녹색환경지원센터가 수행하는 사업의 성과관리 및 확산을 위한 사업
다. 환경산업체 지원 및 협력 프로그램의 개발
라. 제10조의2제1항에 따른 지역녹색환경지원센터 평가 지원
마. 녹색환경지원센터의 공동 홍보 사업
바. 그 밖에 환경부장관이 인정하는 녹색환경지원센터의 공동 발전을 위한 사업
2. 지역녹색환경지원센터 : 다음 각 목에 해당하는 사업
가. 지역의 환경개선 및 보전을 위한 조사·연구, 환경기술 개발 및 민관협력 사업
나. 환경 및 환경기술정보 관련 기초자료의 수집·분류·가공·보급 및 이에 관한 전산망의 구축과 관련되는 사업
다. 환경기술의 국제교류
라. 환경산업체에 대한 지원 및 협력을 위한 사업
마. 녹색성장 및 지역의 환경개선 등을 위한 환경 관련 교육·홍보 사업
바. 「대기환경보전법」 제23조, 「물환경보전법」 제33조, 「폐기물관리법」 제25조 등 환경 관련 각종 인·허가 또는 신고를 위한 기술 자문의 제공
사. 가목부터 바목까지의 사업과 관련하여 국가, 지방자치단체, 「공공기관의 운영에 관한 법률」 제4조에 따른 공공기관으로부터 위탁받은 사업
아. 그 밖에 환경부장관이 인정하는 지역의 환경문제 관련 사업
(2021.4.13 본항개정)
③ 제1항에 따른 녹색환경지원센터의 지정기간은 5년으로 하고, 제10조의2제1항제2호에 따른 종합평가를 거쳐 5년 단위로 재지정할 수 있다.(2011.4.28 본항개정)
④ 제1항에 따른 녹색환경지원센터의 지정기준 등 필요한 사항은 환경부령으로 정한다.(2011.4.28 본항개정)
⑤ 환경부장관 또는 지방자치단체의 장은 제1항에 따른 녹색환경지원센터의 사업 및 운영에 필요한 자금을 지원할 수 있다.(2016.1.27 본항신설)
⑥ 지방자치단체의 장은 녹색환경지원센터의 운영을 위하여 필요한 경우에는 「공유재산 및 물품 관리법」에도 불구하고 대통령령으로 정하는 바에 따라 공유재산을 무상으로 대부하거나 사용·수익하게 할 수 있다.
(2021.4.13 본항신설)
(2011.4.28 본조제목개정)

제10조의2【녹색환경지원센터의 평가 및 지정취소 등】 ① 환경부장관은 다음 각 호의 구분에 따라 제10조에 따른 녹색환경지원센터를 평가하여야 한다.
1. 정기평가 : 연 1회 녹색환경지원센터의 전년도 사업실적 등에 대한 평가
2. 종합평가 : 5년마다 녹색환경지원센터의 재지정을 위하여 지정기간 만료 시 녹색환경지원센터 운영전반에 대한 평가
② 환경부장관은 제1항에 따라 녹색환경지원센터를 평가하기 위하여 필요하다고 인정하는 경우에는 관계 전문가로 구성되는 녹색환경지원센터평가단(이하 "평가단"이라 한다)을 구성·운영할 수 있다.
③ 평가단의 구성·운영에 필요한 사항은 환경부령으로 정한다.
④ 환경부장관은 제1항에 따른 평가를 실시하려는 경우에는 대통령령으로 정하는 바에 따라 평가의 기준, 시기 등을 미리 알려 주어야 한다.
⑤ 환경부장관은 제1항제1호에 따른 정기평가 결과 사업실적이 부실한 경우에는 경고조치를 하고, 제10조제2항에 따른 지원을 중단하거나 지원금액을 감액할 수 있다.
⑥ 환경부장관은 제10조에 따른 녹색환경지원센터로 지정받은 자가 다음 각 호의 어느 하나에 해당하는 경우에는 지정을 취소할 수 있다.
1. 3년 이내에 두 번 이상 제5항에 따른 경고를 받은 경우
2. 제10조제4항에 따라 환경부령으로 정한 지정기준에 미달하게 되어 녹색환경지원센터의 지정 목적을 달성하기 어렵다고 인정되는 경우
(2011.4.28 본조신설)

제10조의3【녹색경영기업금융지원시스템의 구축·운영】 ① 환경부장관은 「기후위기 대응을 위한 탄소중립·녹색성장 기본법」 제55조에 따른 녹색경영을 하는 기업에 대한 금융지원에 필요한 정보를 제공하기 위하여 녹색경영기업금융지원시스템을 구축하여 운영할 수 있다.
(2021.9.24 본항개정)
② 환경부장관은 제1항에 따른 녹색경영기업금융지원시스템의 구축과 운영을 위하여 필요한 경우에는 관계 중앙행정기관, 지방자치단체 및 관련 기관·단체의 장에게 환경부장관이 정하여 고시하는 환경 관련 자료의 제출을 요청할 수 있다. 이 경우 그 요청을 받은 자는 특별한 사유가 없으면 이에 협조하여야 한다.
③ 환경부장관은 「금융산업의 구조개선에 관한 법률」 제2조제1호의 금융기관(이하 "금융기관"이라 한다) 및 환경부장관이 정하여 고시하는 금융 유관기관이 녹색경영 기업에 대한 금융지원에 필요한 정보를 요청하는 경우 제1항에 따른 녹색경영기업금융지원시스템을 통하여 이를 제공할 수 있다.(2021.4.13 본항개정)
④ 그 밖에 제1항에 따른 녹색경영기업금융지원시스템의 구축·운영에 필요한 사항은 환경부령으로 정한다.
(2016.1.27 본조신설)

제10조의4【환경책임투자 지원 및 활성화】 ① 금융기관은 환경적 요소를 투자의사결정에 반영하는 투자(이하 "환경책임투자"라 한다)를 하기 위하여 노력하여야 한다.
② 환경부장관은 환경책임투자의 지원 및 활성화를 위하여 다음 각 호의 사업을 할 수 있다.
1. 환경적으로 지속가능한 경제활동 여부를 판단하기 위한 녹색분류체계의 수립. 이 경우 환경부장관은 미리 산업통상자원부장관 및 금융위원회 위원장과 협의하여야 한다.
2. 기업의 환경적 성과를 평가하기 위한 표준 평가체계의 구축
3. 그 밖에 대통령령으로 정하는 사업
(2021.4.13 본조신설)

제10조의5【전담기관의 지정 등】 ① 환경부장관은 제10조의4제2항에 따른 사업을 전문적으로 추진하기 위하여 한국환경산업기술원 등 대통령령으로 정하는 기관 또는 단체를 환경책임투자 지원 업무를 전담하는 기관(이하 "전담기관"이라 한다)으로 지정할 수 있다.
② 제1항에 따라 지정된 전담기관은 대통령령으로 정하는 바에 따라 다음 각 호의 업무를 수행한다.
1. 제10조의4제2항제2호에 따른 표준 평가체계를 적용한 평가 실시
2. 제1호에 따른 평가에 필요한 관련 정보의 수집·관리 및 제공
3. 그 밖에 대통령령으로 정하는 업무
③ 환경부장관은 전담기관이 제2항에 따른 업무를 수행하는 데 필요한 비용의 전부 또는 일부를 지원할 수 있다.
④ 환경부장관은 전담기관이 다음 각 호의 어느 하나에 해당하는 경우에는 지정을 취소할 수 있다. 다만, 제1호에 해당하는 경우에는 지정을 취소하여야 한다.
1. 거짓이나 그 밖의 부정한 방법으로 지정받은 경우
2. 전담기관의 지정요건에 적합하지 아니하게 된 경우
3. 그 밖에 전담기관으로서 업무를 수행하는 것이 현저히 부당하게 된 경우
⑤ 전담기관의 지정 및 지정취소의 요건·절차 등에 필요한 사항은 대통령령으로 정한다.
(2021.4.13 본조신설)

제11조【환경산업협회의 설립·운영】 ① 제15조제3항에 따른 환경전문공사업자, 제16조의4에 따른 환경컨설팅회사 등 대통령령으로 정하는 자는 환경부장관의 허가를 받아 환경산업협회(이하 "협회"라 한다)를 설립할 수 있다.
② 협회는 법인으로 한다.
③ 협회는 다음 각 호의 업무를 수행한다.
1. 환경산업에 대한 업종별 현황 및 관련 통계의 조사
2. 환경산업의 육성을 위한 제도의 연구 및 개선 건의
3. 환경기술 및 환경산업과 관련된 시장정보의 수집·분석 및 제공
4. 국가 또는 지방자치단체로부터 위탁받은 업무
5. 그 밖에 환경산업의 육성과 관련된 사항으로 협회의 정관으로 정하는 업무
④ 환경부장관은 협회에 대하여 환경기술 개발 및 환경산업 육성을 위하여 필요한 자금의 일부를 지원할 수 있다.
⑤ 협회에 관하여 이 법에 규정된 사항을 제외하고는 「민법」 중 사단법인에 관한 규정을 준용한다.
(2011.4.28 본조개정)

제12조【환경기술지원】 ① 정부는 기업의 생산활동 과정에서 발생하는 환경오염을 사전에 예방 또는 감소하고 환경시설이 효율적으로 운영·관리될 수 있도록 기술 지원을 할 수 있다.(2011.4.28 본항개정)
② 정부는 제1항에 따른 기술 지원을 한 결과 그 시설의 개선이 필요하다고 인정되는 경우에는 시설 개선 경비의 일부를 지원할 수 있다.
③ 제1항과 제2항에 따른 기술 지원의 대상 시설, 지원 방법 및 지원 비용 등에 필요한 사항은 대통령령으로 정한다.
(2008.3.21 본조개정)

제13조【기술진단】 ① 환경부장관은 공공의 환경시설의 고장을 예방하고 적정한 운영을 도모하기 위하여 공공의 환경시설에 대한 기술진단을 할 수 있다.
② 환경부장관은 제1항에 따른 기술진단 결과 시설의 개선이 필요하다고 인정되는 경우에는 시설 개선 경비의 일부를 지원할 수 있다.
③ 환경부장관은 공공의 환경시설관리자에게 제1항에 따른 기술진단의 결과에 따라 시설의 보완 등 필요한 조치를 요청할 수 있다.
④ 공공의 환경시설관리자는 제1항에 따른 기술진단에 협조하여야 한다.
⑤ 제1항에 따른 기술진단의 대상 시설, 진단 주기 및 진단 비용 등에 필요한 사항은 환경부령으로 정한다.
(2008.3.21 본조개정)

제13조의2~제13조의3 (2021.6.15 삭제)

제13조의4【해외시장 진출 지원 등】 ① 환경부장관은 환경산업의 국제협력 및 해외시장 진출을 지원하기 위하여 다음 각 호의 사업을 추진할 수 있다.
1. 환경산업의 국제협력 및 해외진출을 위한 조사·연구
2. 환경산업 관련 기술·인력 및 정보의 국제교류
3. 환경산업 관련 전시회·학술회의의 개최
4. 환경기술 및 환경산업 관련 해외마케팅 및 홍보활동
5. 환경산업체의 해외진출에 관한 정보제공·상담·자문 및 교육 등의 지원
② 환경부장관은 환경산업의 국제 경쟁력을 강화하기 위하여 환경산업체가 다음 각 호의 어느 하나에 해당하는 사업을 추진하는 경우에는 필요한 자금의 일부를 보조 또는 융자할 수 있다.
1. 환경시설의 개발·설계 및 시공
2. 환경산업 관련 해외시장 진출
3. 환경산업 관련 기술·인력·정보의 국제교류
4. 그 밖에 환경산업의 국제 경쟁력 강화를 위하여 대통령령으로 정하는 사업
(2011.4.28 본조신설)

제13조의5 (2021.6.15 삭제)

제14조 (2012.2.1 삭제)

제15조【환경전문공사업의 등록】 ① 환경전문공사에 관한 영업(이하 "환경전문공사업"이라 한다)을 하려는 자는 대통령령으로 정하는 기술능력을 갖추어 특별시장·광역시장·도지사·특별자치도지사(이하 "시·도지사"라 한다)에게 등록하여야 한다. 등록한 사항 중 대통령령으로 정하는 사항을 변경하려는 경우에도 또한 같다.
(2011.4.28 전단개정)
② 다음 각 호의 어느 하나에 해당하는 자로서 환경부령으로 정하는 바에 따라 시·도지사에게 신고한 자는 해당 분야의 환경전문공사의 설계에 관하여 제1항에 따른 환경전문공사업의 등록을 한 것으로 본다.
(2011.4.28 본문개정)
1. 「기술사법」 제6조에 따라 소음·진동방지시설의 설계를 그 직무로 하기 위하여 기술사사무소의 개설등록을 한 자
2. 「엔지니어링산업 진흥법」 제21조제1항에 따라 소음·진동방지시설의 설계를 위한 영업을 하기 위하여 엔지니어링사업자로 신고한 자(2010.4.12 본호개정)
③ 제1항에 따라 환경전문공사업의 등록을 한 자(이하 "환경전문공사업자"라 한다)는 환경전문공사를 할 때 그 시공이 「건설산업기본법」 제2조제4호에 따른 건설공사에 해당되는 경우에는 같은 법 제9조제1항에도 불구하고 이를 시공할 수 있다.(2011.4.28 본항개정)
④ 다음 각 호의 어느 하나에 해당하는 자는 제1항이나 제2항에 따른 환경전문공사업의 등록 또는 신고를 할 수 없다.(2011.4.28 본문개정)
1. 미성년자·피성년후견인 또는 피한정후견인
(2015.2.3 본호개정)
2. 파산선고를 받고 복권되지 아니한 자
3. 제5항에 따라 환경전문공사업자의 등록이 취소(이 항 제1호 또는 제2호에 해당하여 등록이 취소된 경우는 제외한다)된 후 2년이 경과되지 아니한 자(2021.4.13 본호개정)
4. 이 법, 「대기환경보전법」, 「물환경보전법」 또는 「소음·진동관리법」을 위반하여 징역의 실형을 선고받고 그 형의 집행이 종료(집행이 종료된 것으로 보는 경우를 포함한다)되거나 집행이 면제된 날부터 2년이 지나지 아니한 자(2017.1.17 본호개정)
5. 제1호부터 제4호까지의 어느 하나에 해당하는 임원이 있는 법인
⑤ 시·도지사는 환경전문공사업자가 다음 각 호의 어느 하나에 해당하면 그 등록을 취소하거나 6개월 이내의 기간을 정하여 그 영업의 전부 또는 일부의 정지를 명할 수 있다. 다만, 제1호 또는 제2호에 해당하는 경우에는 그 등록을 취소하여야 한다.(2011.4.28 본문개정)
1. 제4항에 해당하는 경우. 다만, 법인의 임원 중 제4항에 해당하는 자가 있는 경우 6개월 이내에 그 임원을 바꾸어 임명한 경우에는 그러하지 아니하다.
2. 속임수나 그 밖의 부정한 방법으로 등록을 한 경우
3. 1년에 두 번 이상 영업정지처분을 받은 경우

4. 등록 후 2년 이내에 영업을 시작하지 아니하거나 2년 이상 계속하여 영업실적이 없는 경우
5. 제1항에 따른 등록요건을 갖추지 못하게 된 경우
6. 다른 사람에게 자기의 명의를 사용하여 환경전문공사 업무를 하게 하거나 등록증을 다른 사람에게 빌려 준 경우(2011.4.28 본호개정)
7. 고의 또는 중대한 과실로 환경전문공사를 부실하게 한 경우(2011.4.28 본호개정)
8. 도급받은 공사를 한꺼번에 하도급한 경우
9. 영업정지명령을 받은 후 그 영업정지 기간에 영업을 한 경우
⑥ 환경전문공사업의 등록수수료는 환경부령으로 정한다.(2011.4.28 본항개정)
(2011.4.28 본조제목개정)
(2008.3.21 본조개정)

제16조【등록취소 또는 영업정지된 환경전문공사업자의 계속 시공 등】 ① 제15조제5항에 따라 등록의 취소 또는 영업정지처분을 받은 자는 그 처분 전에 체결한 도급계약에 대하여만 환경전문공사를 할 수 있다. 이 경우 시·도지사는 환경부령으로 정하는 바에 따라 시공감리자를 지정하여 공사를 관리·감독하게 할 수 있다.
② 제1항에 따라 환경전문공사를 계속하는 자는 그 설계나 시공을 끝낼 때까지는 이 법에 따른 환경전문공사업자로 본다.
(2011.4.28 본조개정)

제16조의2【녹색기업의 지정 등】 ① 환경부장관은 오염물질의 현저한 감소, 자원과 에너지의 절감, 제품의 환경성 개선, 녹색경영체제의 구축 등을 통하여 환경개선에 크게 이바지하는 기업 및 사업장을 녹색기업으로 지정할 수 있으며, 지정 기간이 끝나면 다시 지정할 수 있다.
(2016.1.6 후단삭제)
② 제1항에 따른 녹색기업의 지정 기간 및 재지정 기간은 3년으로 한다.(2011.4.28 본항개정)
③ 제1항에 따라 녹색기업으로 지정받은 자는 그 지정받은 사항 중 환경부령으로 정하는 사항을 변경하려는 경우에는 변경신고를 하여야 한다.(2010.1.13 본항개정)
④ 녹색기업의 지정과 재지정 기준, 절차 및 운영에 필요한 사항은 환경부령으로 정한다. 이 경우 환경부장관은 산업통상자원부장관 및 국토교통부장관과 협의하여야 한다.(2013.3.23 후단개정)
⑤ 환경부장관은 녹색기업으로 지정된 기업 및 사업장에 대하여는 다음 각 호의 어느 하나에 해당하는 조치를 하여야 한다.(2011.4.28 본문개정)
1. 「대기환경보전법」 제23조 및 「물환경보전법」 제33조에 따른 허가를 신고로 대신(2017.1.17 본호개정)
2. 「대기환경보전법」 제82조, 「물환경보전법」 제68조, 「소음·진동관리법」 제47조, 「폐기물관리법」 제39조, 「화학물질의 등록 및 평가 등에 관한 법률」 제43조, 「화학물질관리법」 제49조, 「가축분뇨의 관리 및 이용에 관한 법률」 제41조, 「하수도법」 제69조, 「건설폐기물의 재활용촉진에 관한 법률」 제34조, 「악취방지법」 제17조, 「토양환경보전법」 제26조의2 및 「잔류성오염물질 관리법」 제29조에 따른 보고·검사 중 환경부령으로 정하는 사항의 면제(2017.1.17 본호개정)
3. 그 밖에 대통령령으로 정하는 우대 조치
⑥ 환경부장관은 제1항에 따라 녹색기업으로 지정받은 자가 다음 각 호의 사업을 하는 경우에는 그 사업에 필요한 자금 또는 기술을 지원할 수 있다.
1. 녹색기업 간의 공동 협력사업
2. 녹색기업과 녹색기업의 협력업체 간의 환경 관련 협력사업
3. 공동 환경정보망의 개발·운영 사업
4. 녹색기업의 국제 환경협력 사업
5. 그 밖에 녹색기업을 지원하기 위하여 환경부령으로 정하는 사업
(2011.4.28 본항신설)
(2010.1.13 본조제목개정)
(2008.3.21 본조개정)

제16조의3【녹색기업의 지정취소】 ① 환경부장관은 녹색기업으로 지정받은 자가 다음 각 호의 어느 하나에 해당하면 그 지정을 취소할 수 있다. 다만, 제1호에 해당하는 경우에는 그 지정을 취소하여야 한다.(2010.1.13 본문개정)
1. 거짓이나 그 밖의 부정한 방법으로 지정을 받은 경우
2. 제16조의2제4항에 따른 지정기준에 맞지 아니하게 된 경우
3. 환경 관련 법령을 위반하는 등 녹색기업에 적합하지 아니한 것으로서 대통령령으로 정하는 경우
(2010.1.13 본호개정)
(2008.3.21 본항개정)
② 환경부장관은 제1항에 따라 지정이 취소된 자 또는 이와 실질적 동일성이 인정되는 자에 대하여는 그 취소된 날부터 3년이 지나지 아니한 경우에는 지정을 하여서는 아니 된다. 이 경우 실질적 동일성의 기준에 관하여는 대통령령으로 정한다.(2016.1.27 본항신설)
(2010.1.13 본조제목개정)

제16조의4【환경컨설팅회사의 등록】 ① 다음 각 호의 업무를 하는 「상법」에 따른 회사(이하 "환경컨설팅회사"라 한다)로서 제16조의5에 따른 지원을 받으려는 회사는 대통령령으로 정하는 인력요건을 갖추어 시·도지사에게 등록하여야 한다. 등록한 사항 중 상호(商號)나 기술인력 등 대통령령으로 정하는 중요한 사항을 변경하려는 경우에도 또한 같다.(2011.4.28 전단개정)
1. 국내외 환경 관련 규제에 대한 조사, 분석, 상담 및 정보제공(이하 "조사등"이라 한다)
2. 환경 관련 등록 및 인·허가 등 환경행정 절차에 대한 상담, 정보제공 및 대행
3. 사업장과 각종 시설의 입지(立地) 및 건설, 운영관리 등과 관련된 환경규제에 대한 진단 및 조사등
4. 환경오염의 예방과 최적 처리를 위한 진단·조사등 및 교육
5. 환경산업체의 창업 및 운영에 대한 진단·조사등 및 교육
6. 사업장의 환경성에 대한 진단·조사등 및 교육
7. 환경기술의 개발 및 실용화에 대한 진단·조사등 및 교육
8. 그 밖에 대통령령으로 정하는 사항
② 임원 중 다음 각 호의 어느 하나에 해당하는 자가 있는 회사는 환경컨설팅회사로 등록할 수 없다.
1. 미성년자 또는 피성년후견인(2015.2.3 본호개정)
2. 파산선고를 받은 자로서 복권되지 아니한 자
3. 이 법, 「대기환경보전법」, 「물환경보전법」, 「소음·진동관리법」 또는 「토양환경보전법」을 위반하여 징역의 실형을 선고받고 그 집행이 끝나거나(집행이 끝난 것으로 보는 경우를 포함한다) 집행이 면제된 날부터 3년이 지나지 아니한 자(2017.1.17 본호개정)
4. 제16조의6에 따라 등록이 취소된 후 2년이 지나지 아니한 회사의 등록취소 당시 임원이었던 자
(2008.3.21 본조개정)

제16조의5【환경컨설팅회사에 대한 지원】 환경부장관 및 시·도지사는 등록된 환경컨설팅회사에 다음 각 호의 지원을 할 수 있다.(2011.4.28 본문개정)
1. 환경컨설팅 관련 정보의 제공
2. 환경컨설팅 인력에 대한 교육
(2008.3.21 본조개정)

제16조의6【환경컨설팅회사의 등록취소 등】 ① 시·도지사는 등록된 환경컨설팅회사가 다음 각 호의 어느 하나에 해당하면 그 등록을 취소하거나 이 법에 따른 지원을 중단할 수 있다. 다만, 제1호나 제2호에 해당하는 경우에는 그 등록을 취소하여야 한다.(2011.4.28 본문개정)
1. 거짓이나 그 밖의 부정한 방법으로 등록을 한 경우
2. 임원이 제16조의4제2항 각 호의 어느 하나에 해당하는 경우. 다만, 결격사유에 해당된 날부터 6개월 이내에 그 임원을 바꾸어 임명한 경우에는 그러하지 아니하다.
3. 제16조의4제1항에 따른 인력요건을 갖추지 못하게 된 경우
4. 등록증을 빌려 준 경우
5. 등록일부터 1년 이내에 제16조의4제1항 각 호의 업무를 시작하지 아니하거나 1년 이상 계속하여 업무실적이 없는 경우
(2008.3.21 본항개정)
② 환경부장관은 등록된 환경컨설팅회사가 제1항 각 호의 어느 하나에 해당하면 이 법에 따른 지원을 중단할 수 있다.(2011.4.28 본항신설)

제16조의7【비밀 준수의 의무】 제16조의4제1항에 따라 등록된 환경컨설팅회사의 임직원이거나 임직원이었던 자 및 같은 항 각 호의 업무에 참여한 자는 직무와 관련하여 취득한 비밀을 누설하거나 몰래 사용하여서는 아니 된다.(2008.3.21 본조개정)

제16조의8【환경정보의 작성·공개】 ① 다음 각 호의 어느 하나에 해당하는 기업은 환경정보를 작성·공개하여야 한다.
1. 제16조의2에 따른 녹색기업
2. 「자본시장과 금융투자업에 관한 법률」 제9조제15항제3호에 따른 주권상장법인 중 최근 사업연도말 자산 총액이 대통령령으로 정하는 규모 이상인 기업
3. 그 밖에 대통령령으로 정하는 공공기관 및 환경영향이 큰 기업
(2021.4.13 본항신설)
② 제1항에 따라 작성·공개하여야 하는 환경정보는 다음 각 호와 같다. 다만, 「부정경쟁방지 및 영업비밀보호에 관한 법률」 제2조제2호에 따른 영업비밀에 해당하는 환경정보는 제외한다.(2021.4.13 본문개정)
1. 환경보호, 자원절약, 환경오염물질 배출 저감 등의 관리(이하 이 조에서 "환경관리"라 한다)를 위한 목표 및 주요활동 계획
2. 환경관리를 위한 제품 및 서비스의 개발·활용에 관한 사항
3. 환경관리 성과에 관한 사항
4. 「기후위기 대응을 위한 탄소중립·녹색성장 기본법」 제55조에 따른 녹색경영에 관한 사항(2021.9.24 본호개정)
③ 제1항 및 제2항에 따른 환경정보의 공개 방법 및 절차 등 세부사항은 환경부령으로 정한다.(2021.4.13 본항개정)
(2011.4.28 본조신설)

제16조의9【환경정보의 검증】 ① 환경부장관은 제16조의8에 따라 공개된 환경정보의 신뢰성을 확보하기 위하여 환경정보를 검증할 수 있다.
② 환경부장관은 제1항에 따라 검증한 결과, 공개된 환경정보가 사실과 다른 경우에는 수정을 요청할 수 있다.
③ 제1항에 따른 환경정보의 검증 방법 및 절차 등 세부사항은 환경부령으로 정한다.
(2011.4.28 본조신설)

제16조의10【부당한 표시·광고 행위의 금지 등】 ① 제조업자, 제조판매업자 또는 판매자(이하 "제조업자등"이라 한다)는 제품의 환경성과 관련하여 소비자를 속이거나 소비자로 하여금 잘못 알게 할 우려가 있는 다음 각 호의 행위를 하여서는 아니 된다.
1. 거짓·과장의 표시·광고
2. 기만적인 표시·광고
3. 부당하게 비교하는 표시·광고
4. 비방적인 표시·광고
② 환경부장관은 제조업자등이 한 표시·광고가 제1항을 위반하는지 여부를 확인하기 위하여 유통·판매되고 있는 제품에 대하여 조사를 할 수 있다.(2016.1.19 본항신설)
③ 제1항 각 호의 행위의 구체적인 내용은 대통령령으로 정한다.
(2016.1.19 본조제목개정)
(2014.3.24 본조신설)

제16조의11【표시·광고 내용의 실증 등】 ① 제조업자등은 자기가 한 표시·광고 중 제품의 환경성과 관련한 사항에 대하여는 이를 실증(實證)할 수 있어야 한다.
② 환경부장관은 제조업자등이 한 표시·광고 중 제품의 환경성과 관련한 사항이 제16조의10제1항을 위반할 우려가 있어 제1항에 따른 실증이 필요하다고 인정하는 경우 그 내용을 구체적으로 명시하여 해당 제조업자등에게 관련 자료의 제출을 요청할 수 있다.
③ 제2항에 따라 자료의 제출을 요청받은 제조업자등은 요청받은 날부터 15일 이내에 그 자료를 환경부장관에게 제출하여야 한다. 다만, 환경부장관은 정당한 사유가 있다고 인정하는 경우에는 그 제출기간을 연장할 수 있다.
④ 환경부장관은 제조업자등이 제2항에 따라 자료의 제출을 요청받고도 제3항에 따른 제출기간 내에 이를 제출하지 아니한 채 계속하여 표시·광고를 하는 때에는 자료를 제출할 때까지 그 표시·광고 행위의 중지를 명하여야 한다.
⑤ 환경부장관은 「표시·광고의 공정화에 관한 법률」 등 다른 법률에 따라 다른 기관이 제3항에 따라 제출된 자료를 요청하는 경우에는 특별한 사유가 없으면 이에 따라야 한다.
⑥ 제1항부터 제3항까지에 따른 실증의 대상, 자료의 범위 및 요건, 제출방법 등에 관하여 필요한 사항은 대통령령으로 정한다.
(2014.3.24 본조신설)

제16조의12【시정조치】 ① 환경부장관은 제조업자등이 제16조의10제1항을 위반하여 부당한 표시·광고 행위를 하는 경우에는 그 제조업자등에 대하여 다음 각 호의 조치를 명할 수 있다.
1. 해당 위반행위의 중지
2. 시정명령을 받은 사실의 공표
3. 정정광고
4. 그 밖에 위반행위의 시정을 위하여 필요한 조치
② 제1항제2호 및 제3호에 따른 시정명령을 받은 사실의 공표 및 정정광고에 필요한 사항은 대통령령으로 정한다.
(2016.1.19 본조신설)

제16조의13【과징금】 ① 환경부장관은 제16조의10제1항을 위반하여 표시·광고 행위를 한 제조업자등에 대하여는 대통령령으로 정하는 매출액(대통령령으로 정하는 제조업자등의 경우에는 영업수익을 말한다. 이하 같다)에 100분의 2를 곱한 금액을 초과하지 아니하는 범위에서 과징금을 부과할 수 있다. 다만, 그 위반행위를 한 자가 매출액이 없거나 매출액을 산정하기 곤란한 경우로서 대통령령으로 정하는 제조업자등인 경우에는 5억원을 초과하지 아니하는 범위에서 과징금을 부과할 수 있다.
② 환경부장관은 제1항에 따라 과징금을 부과하는 경우에는 다음 각 호의 사항을 고려하여야 한다.
1. 위반행위의 내용 및 정도
2. 위반행위의 기간 및 횟수
3. 위반행위로 인하여 취득한 이익의 규모
③ 제16조의10제1항을 위반한 제조업자등인 법인이 합병을 하는 경우 그 법인이 한 위반행위는 합병 후 존속하는 법인이나 합병으로 설립된 법인이 한 행위로 보아 과징금을 부과·징수한다.
④ 이 법에 따른 과징금의 납부기한 연장 및 분할납부, 과징금의 연대납부의무, 과징금 징수 및 체납처분과 과징금 환급가산금에 관하여는 「독점규제 및 공정거래에 관한 법률」 제103조부터 제106조까지의 규정을 준용한다. 이 경우 "공정거래위원회"는 "환경부장관"으로, "사업자"는 "제조업자등"으로 본다.(2020.12.29 전단개정)
⑤ 제1항에 따른 과징금의 부과기준은 대통령령으로 정한다.
(2016.1.19 본조신설)

제16조의14【표시·광고의 사전 검토】 ① 제조업자등은 제품의 환경성과 관련한 사항을 표시·광고하기 전에 그 표시·광고의 내용을 환경부장관에게 제출하여 제16조의10제1항을 위반하는지 여부를 검토하여 줄 것을 요청할 수 있다.
② 환경부장관은 제1항에 따라 제출받은 표시·광고의 내용을 환경부령으로 정하는 바에 따라 검토하고 그 결과를 검토를 요청한 제조업자등에게 통보하여야 한다.

③ 환경부장관은 환경부령으로 정하는 바에 따라 제1항에 따라 검토를 요청하는 제조업자등에게 검토에 필요한 비용을 부담하게 할 수 있다.
(2016.1.19 본조신설)

제16조의15【위반사실의 신고 등】 ① 환경부장관은 제16조의10제1항 각 호의 행위를 신고 또는 제보하고 이를 입증할 수 있는 증거자료를 제출한 자에게 예산의 범위에서 포상금을 지급할 수 있다.
② 제1항에 따른 포상금 지급대상과 지급액의 범위, 포상금의 지급 기준, 방법 및 절차 등에 관하여 필요한 사항은 대통령령으로 정한다.
(2020.3.31 본조신설)

제17조【환경표지의 인증】 ① 환경부장관은 같은 용도의 다른 제품(기기, 자재 및 환경에 영향을 미치는 서비스를 포함한다. 이하 같다)에 비하여 제품의 환경성을 개선한 경우 그 제품에 대하여 환경표지의 인증을 할 수 있다.
(2014.3.24 본항개정)
② 제1항에 따른 인증을 받으려는 자는 대통령령으로 정하는 바에 따라 환경부장관에게 신청하여야 한다.
③ 제1항에 따른 환경표지의 인증을 위한 대상 제품의 선정·폐지에 필요한 사항은 대통령령으로 정하며, 대상 제품별 인증기준은 환경부장관이 정하여 고시한다.
(2008.3.21 본조개정)

제18조【환경성적표지의 인증 등】 ① 환경부장관은 재료와 제품의 환경친화성을 높이기 위하여 환경부장관이 산업통상자원부장관과 협의하여 지정하는 전문기관(이하 "인증기관"이라 한다)으로 하여금 환경부령으로 정하는 제품의 환경성에 관한 정보를 계량적으로 표시하는 환경성적표지의 인증을 하게 할 수 있다.(2014.3.24 본항개정)
② 인증기관의 지정기준은 다음 각 호와 같다.
1. 환경성적표지의 인증업무를 수행할 전담조직을 갖출 것
2. 제21조에 따른 심사원을 2명 이상 두고 그 심사원을 관리할 체계가 마련되어 있을 것
③ 환경부장관은 제1항에 따른 지정목적을 달성하기 위하여 필요한 범위에서 인증기관의 업무를 지도·감독할 수 있다.
④ 인증기관으로 지정받으려는 자는 환경부장관에게 인증기관 지정신청을 하여야 한다.
⑤ 환경부장관은 제4항에 따라 신청한 자를 인증기관으로 지정한 경우에는 환경성적표지 인증기관 지정서를 발급하여야 한다.
⑥ (2016.1.27 삭제)
⑦ 인증기관 지정의 절차, 방법 등에 필요한 세부사항은 환경부령으로 정한다.
(2008.3.21 본조개정)

제19조【인증기관의 지정취소 등】 환경부장관은 인증기관이 다음 각 호의 어느 하나에 해당하면 그 지정을 취소하거나 1년 이내의 기간을 정하여 업무의 전부 또는 일부의 정지를 명할 수 있다. 다만, 제1호 또는 제8호에 해당하는 경우에는 그 지정을 취소하여야 한다.
(2011.4.28 단서개정)
1. 속임수나 그 밖의 부정한 방법으로 지정을 받은 경우
2. 정당한 사유 없이 지정을 받은 날부터 1년 이상 계속하여 인증업무를 하지 아니한 경우
3. 제18조제2항에 따른 지정기준에 맞지 아니하게 된 경우
4. (2016.1.27 삭제)
5. 제20조제3항에 따른 인증기준 및 절차를 위반하여 인증업무를 수행한 경우
6. 제23조제2항을 위반하여 환경성적표지의 인증을 취소하여야 하는 사유가 발생하였음에도 불구하고 인증을 취소하지 아니한 경우
7. 제28조제2항을 위반하여 재료와 제품의 생산공정을 조사하지 아니하거나 시험·분석에 필요한 재료와 제품을 수거하지 아니한 경우
8. 업무정지명령을 받은 후 그 업무정지 기간에 인증업무를 한 경우
(2008.3.21 본조개정)

제19조의2 → 제16조의2로 이동
제19조의3 → 제16조의3으로 이동
제19조의4 → 제16조의4로 이동
제19조의5 → 제16조의5로 이동
제19조의6 → 제16조의6으로 이동
제19조의7 → 제16조의7로 이동

제20조【환경성적표지의 인증신청 등】 ① 제18조제1항에 따른 환경성적표지의 인증 대상이 되는 재료와 제품의 선정·폐지에 필요한 사항은 대통령령으로 정하고, 환경성적표지에 관한 작성지침은 환경부장관이 정하는 바에 따른다.
② 환경성적표지의 인증을 받으려는 자는 인증기관에 환경성적표지의 인증을 신청하여야 한다.
③ 인증기관은 제2항에 따라 인증신청을 받은 경우에는 해당 환경성적표지가 제1항에 따른 환경성적표지에 관한 작성지침에 맞게 작성되었는지를 환경부령으로 정하는 절차에 따라 심사하고, 이에 맞게 작성된 경우에는 인증을 하여야 한다.
④ 인증기관은 제3항에 따라 환경성적표지의 인증을 한 경우에는 환경부령으로 정하는 바에 따라 환경부장관에게 보고하여야 한다.
(2008.3.21 본조개정)

제21조【인증심사원】 ① 환경성적표지의 인증심사업무를 수행하는 자(이하 "심사원"이라 한다) 및 심사원이 되려는 자는 환경부령으로 정하는 바에 따라 환경부장관이 실시하는 교육을 받아야 한다.
② 심사원의 자격기준 등은 대통령령으로 정한다.
(2008.3.21 본조개정)

제21조의2【업무규정】 ① 인증기관, 제31조제2항에 따라 환경표지의 인증 및 그 관련 업무를 위탁 받은 기관이나 단체(이하 "인증수탁기관"이라 한다)와 심사원에 대한 교육업무를 위탁 받은 기관이나 단체는 인증업무나 교육업무에 필요한 규정을 정하여 환경부장관의 승인을 받아야 한다. 이를 변경하려는 경우에도 또한 같다.
② 제1항에 따른 인증업무나 교육업무에 필요한 규정에 포함될 사항은 대통령령으로 정한다.
(2008.3.21 본조개정)

제22조【환경표지 등의 사용】 ① 제17조제1항 또는 제20조제3항에 따라 환경표지 또는 환경성적표지(이하 "환경표지등"이라 한다)의 인증을 받은 자는 재료 및 제품의 포장·용기(容器) 등에 환경부령으로 정하는 바에 따라 환경표지등을 표시하거나 환경표지등의 인증에 관한 광고를 할 수 있다.
② 제17조제1항 또는 제20조제3항에 따라 환경표지등의 인증을 받은 자가 아니면 재료 및 제품의 포장·용기 등에 환경표지등 또는 이와 유사한 표지를 표시하거나 환경표지등의 인증에 관한 광고를 하여서는 아니 된다.
(2008.3.21 본조개정)

제23조【환경표지등의 인증취소】 ① 환경부장관은 제17조제1항에 따라 환경표지의 인증을 받은 자가 다음 각 호의 어느 하나에 해당하면 시정명령을 하거나 그 인증을 취소할 수 있다. 다만, 제1호에 해당하는 경우에는 인증을 취소하여야 한다.(2011.4.28 본문개정)
1. 속임수나 그 밖의 부정한 방법으로 인증을 받은 경우
2. 제17조제3항에 따른 인증기준에 맞지 아니한 제품에 환경표지를 표시하여 유통시키는 경우
3. 환경표지의 인증을 받은 제품을 천재지변이나 그 밖의 부득이한 사유 없이 환경부령으로 정하는 기간 동안 계속 유통시키지 아니하는 경우
4. 제28조제2항에 따른 자료제출, 출입·검사 또는 조사·수거를 정당한 사유 없이 거부·방해 또는 기피하는 경우(2020.3.31 본호신설)
5. 그 밖에 환경표지의 인증이 적합하지 아니한 사유가 있다고 대통령령으로 정하는 경우
② 인증기관은 제20조제3항에 따라 환경성적표지의 인증을 받은 자가 다음 각 호의 어느 하나에 해당하면 그 인증을 취소할 수 있다. 다만, 제1호에 해당하는 경우에는 인증을 취소하여야 한다.
1. 속임수나 그 밖의 부정한 방법으로 인증을 받은 경우
2. 제20조제3항에 따른 인증의 내용과 다른 재료와 제품에 환경성적표지를 표시하여 유통시키는 경우
3. 환경성적표지의 인증을 받은 재료와 제품을 천재지변이나 그 밖의 부득이한 사유 없이 환경부령으로 정하는 기간 동안 계속 유통시키지 아니하는 경우
4. 그 밖에 환경성적표지의 인증이 적합하지 아니한 사유가 있다고 대통령령으로 정하는 경우
③ 인증기관이 제2항에 따라 환경성적표지의 인증을 취소하는 경우에는 그 사실을 환경부장관에게 보고하여야 한다.
④ 환경부장관은 제1항 또는 제2항에 따라 환경표지나 환경성적표지의 인증이 취소되는 경우에는 대통령령으로 정하는 바에 따라 공고하여야 한다.
⑤ 제1항 및 제2항에 따라 환경표지등의 인증이 취소된 제품에 대하여는 1년 이내에 환경표지등의 인증을 다시 신청할 수 없다.(2011.4.28 본항신설)
(2008.3.21 본조개정)

제24조【환경표지등의 제거 및 이행실적 제출】 제23조에 따라 인증취소처분을 받은 자는 환경부령으로 정하는 바에 따라 해당 재료와 제품의 환경표지등을 제거하고 그 이행실적을 30일 내에 환경부장관에게 제출하여야 한다.
(2020.3.31 본조개정)

제24조의2【환경표지등의 국가 상호 인정】 ① 정부는 환경표지등의 상호 인정에 관하여 외국 정부와 협정을 체결할 수 있다.
② 환경부장관은 제1항에 따라 외국 정부와 협정을 체결하면 그 내용을 고시하여야 한다.
(2008.3.21 본조개정)

제25조【수수료 등】 ① 환경부장관, 인증기관 및 인증수탁기관은 제17조제2항 또는 제20조제2항에 따라 환경표지등의 인증을 신청한 자에게 신청수수료를 징수할 수 있으며, 제22조에 따라 환경표지등을 사용하는 자에게 사용료를 징수할 수 있다. 이 경우 인증기관이나 인증수탁기관이 징수하는 신청수수료와 사용료는 그 인증기관 및 인증수탁기관의 수입으로 한다.
② 제1항에 따라 신청수수료와 사용료를 징수하는 인증기관이나 인증수탁기관은 그로 인한 수입을 환경표지등의 인증에 관한 운영경비, 홍보비, 그 밖에 대통령령으로 정하는 경비로만 사용할 수 있다.
③ 제1항의 신청수수료와 사용료의 징수기준 등에 필요한 사항은 대통령령으로 정한다.
(2008.3.21 본조개정)

제26조【환경표지인증기준 개발 등의 지원】 정부는 인증기관과 인증수탁기관이 다음 각 호의 사업을 추진하는 경우에는 그에 필요한 자금을 출연하거나 그 밖에 필요한 지원을 할 수 있다.
1. 제17조나 제18조에 따른 인증을 위한 기준의 개발
2. 재료와 제품의 생산단계, 유통단계, 소비단계 및 폐기단계 등의 과정에서 환경성분석기법의 개발
3. 환경친화적인 재료와 제품의 생산·사용촉진 등을 위한 정보망의 구축·운영
4. 환경을 고려한 제품설계·생산기법의 개발 및 보급의 확산
5. 환경표지등의 적정 사용 및 인증제품 관리를 위한 교육(2011.4.28 본호신설)
6. 그 밖에 환경표지등의 인증업무의 전문성 제고
(2008.3.21 본조개정)

제27조【환경기술인력의 육성】 정부는 환경기술의 진흥에 필요한 인력자원을 양성하기 위하여 5년마다 환경기술인력 육성계획을 수립하고, 환경기술인력에 대한 교육의 강화 및 환경기술인력의 확보·관리 등에 관한 시책을 마련하여야 한다.(2016.1.27 본조개정)

제27조의2 → 제24조의2로 이동

제28조【사후관리】 ① 관계 중앙행정기관의 장은 다음 각 호의 어느 하나에 해당하는 자에게 관련 업무의 처리 현황을 보고하게 할 수 있으며, 정부출연금 등의 사용을 확인하기 위하여 관계 공무원으로 하여금 필요한 사항을 조사하게 하거나 관계인에게 질문하게 할 수 있다.
(2011.4.28 본문개정)
1. 제5조에 따라 개발사업을 하는 연구기관 등
2. 제6조제3항, 제7조제6항, 제10조제2항 및 제13조의4제2항에 따라 비용을 지원·보조·융자받은 자
(2016.1.27 본호개정)
② 환경부장관은 환경부령으로 정하는 경우에는 다음 각 호의 어느 하나에 해당하는 자에게 필요한 자료를 제출하게 하거나 관계 공무원으로 하여금 사무실·사업장이나 그 밖의 필요한 장소에 출입하여 관계 서류·시설·장비 등을 검사하게 할 수 있으며, 제2호에 해당하는 자에 대하여는 인증기관 또는 인증수탁기관으로 하여금 재료와 제품의 생산공정을 조사하거나 시험·분석에 필요한 재료와 제품을 수거하게 할 수 있다.(2013.7.16 본문개정)
1. 제10조에 따른 녹색환경지원센터(2011.4.28 본호개정)
2. 제22조제1항에 따라 환경표지등을 표시하거나 환경표지등의 인증에 관한 광고를 하는 자
③ 시·도지사는 환경부령으로 정하는 경우에는 환경전문공사업자에게 필요한 자료를 제출하게 하거나 관계 공무원으로 하여금 사무실·사업장이나 그 밖의 필요한 장소에 출입하여 관계 서류·시설·장비 등을 검사하게 할 수 있다.(2013.7.16 본항신설)
④ 제1항부터 제3항까지의 규정에 따라 조사·질문하거나 출입·검사·조사 또는 수거하는 공무원, 인증기관 또는 인증수탁기관의 관계자는 그 권한을 표시하는 증표를 지니고 이를 관계인에게 내보여야 한다.(2013.7.16 본항개정)
(2008.3.21 본조개정)

제29조【행정처분의 기준】 제15조제5항, 제16조의6 및 제19조에 따른 행정처분의 기준은 환경부령으로 정한다.
(2008.3.21 본조개정)

제30조【청문 등】 ① 환경부장관 또는 시·도지사는 다음 각 호의 어느 하나에 해당하는 처분을 하려면 미리 청문을 하여야 한다.
1. 제7조의4에 따른 신기술인증이나 기술검증의 취소
2. 제7조의6제5항에 따른 우수환경산업체의 지정취소
(2016.1.27 본호개정)
3. 제10조의2제6항에 따른 녹색환경지원센터의 지정취소
3의2. 제10조의5제4항에 따른 전담기관의 지정취소
(2021.4.13 본호신설)
4. 제15조제5항에 따른 환경전문공사업의 등록취소 또는 영업정지(2013.7.16 본호개정)
5. 제16조의3에 따른 녹색기업의 지정취소
6. 제16조의6에 따른 환경컨설팅회사의 등록취소
6의2. 제16조의12에 따른 시정명령(2016.1.19 본호개정)
6의3. 제16조의13에 따른 과징금 부과(2016.1.19 본호신설)
7. 제19조에 따른 인증기관의 지정취소 또는 업무정지
(2013.7.16 본호개정)
8. 제23조제1항에 따른 환경표지의 인증취소
② 인증기관이 제23조제2항에 따라 환경성적표지의 인증을 취소하려면 인증을 받은 자에게 의견제출의 기회를 주어야 한다.
③ 제2항에 따른 의견제출에 관하여는 「행정절차법」 제22조제4항부터 제6항까지 및 제27조를 준용한다. 이 경우 "행정청" 및 "관할행정청"은 각각 "인증기관"으로 본다.
(2011.4.28 본조개정)

제31조【권한의 위임·위탁】 ① 이 법에 따른 환경부장관의 권한은 대통령령으로 정하는 바에 따라 그 일부를 국립환경연구원장, 지방환경관서의 장 또는 시·도지사에게 위임할 수 있다.
② 환경부장관은 대통령령으로 정하는 바에 따라 다음 각 호의 구분에 따른 업무를 각 해당 기관 등에 위탁할 수 있다.

1. 제5조의2에 따른 참여제한 및 사업비의 환수에 관한 업무 : 한국환경산업기술원(2021.4.13 본호개정)
1의2. 제7조에 따른 신기술인증과 기술검증 업무, 제7조의2제4항 및 제5항에 따른 신기술 또는 검증기술 활용실적 접수 및 사후평가에 관한 업무 : 한국환경산업기술원(2021.4.13 본호개정)
1의3. 제7조의5에 따른 환경기술 성능의 확인에 관한 업무 : 한국환경산업기술원(2021.4.13 본호개정)
1의4. 제7조의6에 따른 우수환경산업체의 지정에 관한 업무 : 한국환경산업기술원(2021.4.13 본호개정)
1의5. 제9조제2항 및 제3항에 따른 환경기술·정보의 전산화 및 관리에 관한 업무 : 한국환경산업기술원 (2021.4.13 본호개정)
1의6. 제9조의2제1항에 따른 실태조사에 관한 업무 : 「통계법」 제15조에 따른 통계작성지정기관(2011.4.28 본호신설)
1의7. 제10조의3에 따른 녹색경영기업금융지원시스템의 구축 및 운영에 관한 업무 : 한국환경산업기술원 (2021.4.13 본호개정)
2. 제12조에 따른 환경기술지원업무(경비지원업무를 포함한다) : 「한국환경공단법」에 따른 한국환경공단
3. 제13조에 따른 기술진단업무(경비지원업무를 포함한다) : 「한국환경공단법」에 따른 한국환경공단
(2009.2.6 2호~3호개정)
4. 제16조의9에 따른 환경정보의 검증에 관한 업무 : 한국환경산업기술원(2021.4.13 본호개정)
4의2. 제16조의10제2항에 따른 조사에 관한 업무 : 한국환경산업기술원(2021.4.13 본호개정)
4의3. 제16조의11제2항에 따른 실증자료의 제출 요청에 관한 업무 : 한국환경산업기술원(2021.4.13 본호개정)
4의4. 제16조의14에 따른 표시·광고의 사전 검토에 관한 업무 : 한국환경산업기술원(2021.4.13 본호개정)
5. 제17조와 제23조제1항에 따른 환경표지 인증 및 인증취소, 제18조와 제23조제2항에 따른 환경성적표지 인증 및 인증취소에 관한 업무 : 환경 관계 기관이나 단체 또는 관계 중앙행정기관의 장이 지정하는 기관이나 단체 중 대통령령으로 정하는 기관이나 단체(2016.1.19 본호개정)
6. 제21조에 따른 교육에 관한 업무 : 환경 관계 기관이나 단체 또는 관계 중앙행정기관의 장이 지정하는 기관이나 단체 중 대통령령으로 정하는 기관이나 단체 (2011.4.28 본호신설)
(2008.3.21 본조개정)

제32조【벌칙 적용 시의 공무원 의제】 다음 각 호의 어느 하나에 해당하는 기관 또는 단체의 임직원은 위탁 받은 권한에 관하여 「형법」 제129조부터 제132조까지의 규정에 따른 벌칙을 적용할 때에는 공무원으로 본다.
1. 제10조의2제2항에 따른 평가단
2. 제11조에 따른 협회
3. 제31조제2항에 따라 환경부장관의 권한을 위탁받은 기관 또는 단체
(2011.4.28 1호~3호개정)
4.~5. (2011.4.28 삭제)
(2008.3.21 본조개정)

제33조【포상】 정부는 환경기술의 개발 및 보급을 촉진하고 환경산업을 육성하기 위하여 다음 각 호의 어느 하나에 해당하는 자에게 포상(褒賞)할 수 있다.
1. 환경기술 분야에서 우수한 제품을 개발하거나 실용화한 자
2. 환경을 고려한 제품설계기법의 도입·실용화와 생산단계, 유통단계, 소비단계 및 폐기단계 등의 과정에서 환경친화적인 제품을 생산한 자
3. 환경시설 설치·운영의 효율성·경제성을 높이는 데에 이바지한 자
(2008.3.21 본조개정)

제34조【벌칙】 다음 각 호의 어느 하나에 해당하는 자는 2년 이하의 징역 또는 2천만원 이하의 벌금에 처한다. (2014.3.24 본문개정)
1. 제7조의2제2항을 위반하여 신기술인증 또는 기술검증을 받지 아니하고 신기술인증 또는 기술검증의 표시나 이와 유사한 표시 또는 이에 관한 광고를 한 자 (2013.7.16 본호개정)
2. 제16조의7을 위반하여 직무와 관련하여 취득한 비밀을 누설하거나 몰래 사용한 자
3. 제16조의10제1항제1호 및 제2호를 위반하여 부당한 표시·광고 행위를 한 자(2016.1.19 본호개정)
4. 제16조의11제4항에 따른 중지명령을 따르지 아니하고 제품의 환경성에 관한 표시·광고 행위를 한 자 (2014.3.24 본호신설)
4의2. 제16조의12제1항에 따른 명령(제16조의10제1항제3호 및 제4호를 위반한 경우로 한정한다)에 따르지 아니한 자(2016.1.19 본호신설)
5. 제22조를 위반하여 환경표지등의 인증을 받지 아니하고 환경표지등 또는 이와 유사한 표지를 표시하거나 환경표지등의 인증에 관한 광고를 한 자
6. 제24조를 위반하여 환경표지등을 제거하지 아니한 자 (2020.3.31 본호개정)
(2008.3.21 본조개정)

제35조【벌칙】 제15조제1항과 제2항을 위반하여 환경전문공사업의 등록 또는 변경등록을 하지 아니하고 환경전문공사업을 한 자 또는 영업이 정지된 기간 중에 환경전문공사업을 한 자는 1년 이하의 징역 또는 1천만원 이하의 벌금에 처한다.(2014.3.24 본조개정)

제36조【양벌규정】 ① 법인의 대표자, 대리인, 사용인, 그 밖의 종업원이 그 법인의 업무에 관하여 제34조나 제35조의 위반행위를 하면 그 행위자를 벌할 뿐만 아니라 그 법인에도 해당 조문의 벌금형을 과(科)한다. 다만, 법인이 그 위반행위를 방지하기 위하여 해당 업무에 관하여 상당한 주의와 감독을 게을리하지 아니한 때에는 그러하지 아니하다.
② 개인의 대리인, 사용인, 그 밖의 종업원이 그 개인의 업무에 관하여 제34조나 제35조의 위반행위를 하면 그 행위자를 벌할 뿐만 아니라 그 개인에게도 해당 조문의 벌금형을 과한다. 다만, 개인이 그 위반행위를 방지하기 위하여 해당 업무에 관하여 상당한 주의와 감독을 게을리하지 아니한 때에는 그러하지 아니하다.
(2008.3.21 본조개정)

제37조【과태료】 ① 다음 각 호의 어느 하나에 해당하는 자에게는 300만원 이하의 과태료를 부과한다.
1. 제16조의8제1항을 위반하여 환경정보를 공개하지 아니한 자
2. 제16조의9제2항에 따른 환경정보의 수정 요청에도 불구하고 환경정보를 수정하지 아니한 자
3. 제16조의11제3항에 따른 제출기간 내에 제품의 환경성에 관한 실증자료를 제출하지 아니한 자
(2014.3.24 본항개정)
② 다음 각 호의 어느 하나에 해당하는 자에게는 100만원 이하의 과태료를 부과한다.
1. 제24조를 위반하여 이행실적을 제출하지 아니한 자 (2020.3.31 본호신설)
2. 제28조제2항에 따른 자료제출, 출입·검사 또는 조사·수거를 거부·방해 또는 기피한 자
3. 제28조제3항에 따른 자료제출 또는 출입·검사를 거부·방해 또는 기피한 자(2013.7.16 본호신설)
③ 제1항 및 제2항제2호에 따른 과태료는 대통령령으로 정하는 바에 따라 환경부장관 또는 시·도지사가 부과·징수하고, 제2항제3호에 따른 과태료는 대통령령으로 정하는 바에 따라 시·도지사가 부과·징수한다.
(2016.1.27 본항개정)
(2011.4.28 본조개정)

제38조 → 제34조로 이동
제39조 → 제35조로 이동
제40조 → 제36조로 이동
제41조 → 제37조로 이동

부　칙 (2005.12.30)

① **【시행일】** 이 법은 공포 후 6월이 경과한 날부터 시행한다.
② **【환경기술인력육성계획의 적용기간에 관한 경과조치】** 이 법 시행 후 제31조제1항의 개정규정에 따라 수립되는 환경기술인력육성계획의 최초 적용기간은 2008년 1월 1일부터 2012년 12월 31일까지로 한다.

부　칙 (2009.1.7)

제1조【시행일】 이 법은 공포 후 3개월이 경과한 날부터 시행한다. 다만, 제4조의 개정규정은 공포한 날부터 시행한다.
제2조【설립준비】 ① 환경부장관은 이 법 공포일부터 30일 이내에 한국환경산업기술원의 설립에 관한 사무를 처리하기 위하여 설립위원회를 설치한다.
② 설립위원회는 환경부장관이 임명 또는 위촉하는 10명 이내의 설립위원으로 구성하며, 위원장은 설립위원 중에서 호선(互選)한다.
③ 설립위원회는 한국환경산업기술원의 정관을 작성하여 환경부장관의 인가를 받아야 한다.
④ 이 법 시행 당시 종전의 규정에 따라 임명된 한국환경기술진흥원의 원장은 이 법 시행일부터 이 법에 따른 한국환경산업기술원의 원장에 임명된 것으로 보며, 그 밖에 최초로 임명될 임원은 「공공기관의 운영에 관한 법률」 제26조에 따라 임명한다. 이 경우 설립위원회는 임원추천위원회로 본다.
⑤ 설립위원회의 위원장은 제4항에 따라 임원이 임명되면 이 법 시행일과 동시에 한국환경산업기술원의 설립등기를 하여야 한다.
⑥ 설립위원회는 제5항에 따라 설립등기를 마치면 지체 없이 그 사무를 한국환경산업기술원의 원장에게 인계하여야 하며, 설립위원회 또는 설립위원은 사무인계가 끝나면 해산·면직 또는 해촉된 것으로 본다.
⑦ 설립위원회는 한국환경산업기술원의 설립준비에 드는 비용을 한국환경기술진흥원 및 「친환경상품 구매촉진에 관한 법률」 제13조에 따른 친환경상품진흥원의 예산의 범위에서 지원받을 수 있다.
제3조【한국환경기술진흥원 및 친환경상품진흥원에 대한 경과조치】 ① 이 법 시행 당시 종전의 제5조의2에 따라 설립된 한국환경기술진흥원과 「친환경상품 구매촉진에 관한 법률」 제13조에 따라 설립된 친환경상품진흥원은 부칙 제2조제5항에 따라 한국환경산업기술원의 설립등기를 마친 때에는 「민법」 중 법인의 해산 및 청산에 관한 규정에도 불구하고 해산된 것으로 본다.
② 이 법 시행 당시 종전의 제5조의2에 따라 설립된 한국환경기술진흥원과 「친환경상품 구매촉진에 관한 법률」 제13조에 따라 설립된 친환경상품진흥원에 속하는 모든 재산과 권리·의무는 한국환경산업기술원의 설립과 동시에 한국환경산업기술원이 포괄승계한다.
③ 제2항에 따라 포괄승계된 재산과 권리·의무에 관한 등기부, 그 밖에 공적 문서와 장부에 표시된 한국환경기술진흥원과 「친환경상품 구매촉진에 관한 법률」 제13조에 따라 설립된 친환경상품진흥원의 명의는 한국환경산업기술원의 설립과 동시에 한국환경산업기술원의 명의로 본다.
④ 이 법 시행 당시 종전의 제5조의2에 따라 설립된 한국환경기술진흥원과 「친환경상품 구매촉진에 관한 법률」 제13조에 따라 설립된 친환경상품진흥원의 행위는 한국환경산업기술원의 행위로 보며, 한국환경기술진흥원과 친환경상품진흥원에 대한 행위는 한국환경산업기술원에 대한 행위로 본다.
제4조【조직통합 및 기능 이관에 따른 소속 직원에 대한 경과조치】 이 법 시행 당시 종전의 한국환경기술진흥원 및 친환경상품진흥원의 직원은 한국환경산업기술원의 직원으로 임용된 것으로 본다.
제5조【공공기관 지정에 관한 경과조치】 이 법 시행 당시 한국환경기술진흥원에 대하여 기획재정부장관이 「공공기관의 운영에 관한 법률」에 따라 공공기관으로 지정한 것은 이 법에 따른 한국환경산업기술원에 대하여 지정한 것으로 본다.
제6조【다른 법률의 개정】 ※(해당 법령에 가제정리 하였음)

부　칙 (2011.4.28)

제1조【시행일】 이 법은 공포 후 6개월이 경과한 날부터 시행한다.
제2조【환경기술개발 종합계획에 관한 경과조치】 이 법 시행 전에 종전의 규정에 따라 수립된 환경기술개발 종합계획은 제3조제1항의 개정규정에 따라 수립된 환경기술 개발 및 환경산업의 육성을 위한 계획으로 본다.
제3조【기술검증의 유효기간에 관한 경과조치】 이 법 시행 전에 받은 기술검증의 유효기간은 제7조의3제1항의 개정규정에도 불구하고 이 법 시행일부터 역산하여 기술검증을 받은 날이 2년 이상 경과한 경우에는 1년, 1년 이상 2년 미만이 경과된 경우에는 2년, 1년 미만이 경과된 경우에는 3년으로 본다.
제4조【환경기술개발센터에 관한 경과조치】 ① 이 법 시행 당시 종전의 규정에 따라 지정된 환경기술개발센터는 이 법 시행일에 제10조제1항의 개정규정에 따라 녹색환경지원센터로 지정된 것으로 본다.
② 제1항에 따라 녹색환경지원센터로 지정된 것으로 보는 환경기술개발센터가 이 법 시행 전에 종전의 제10조제3항에 따라 정기적 평가를 받은 것은 제10조의2제1항제1호의 개정규정에 따라 정기평가를 받은 것으로 본다.
제5조【방지시설업의 등록에 관한 경과조치】 이 법 시행 당시 종전의 규정에 따라 방지시설업을 등록한 자는 제15조의 개정규정에 따라 환경전문공사업을 등록한 것으로 본다.
제6조【녹색기업의 재지정에 관한 경과조치】 이 법 시행 당시 종전의 규정에 따라 재지정받은 녹색기업의 재지정 기간은 종전의 제16조의2제2항에 따른다.
제7조【환경컨설팅회사에 관한 경과조치】 이 법 시행 당시 종전의 규정에 따라 환경부장관에게 등록한 환경컨설팅회사는 제16조의4의 개정규정에 따라 시·도지사에게 등록한 환경컨설팅회사로 본다.
제8조【다른 법률의 개정】 ①~⑬ ※(해당 법령에 가제정리 하였음)
제9조【다른 법령과의 관계】 이 법 시행 당시 다른 법령에서 종전의 「환경기술개발 및 지원에 관한 법률」 또는 그 규정을 인용한 경우에 이 법 가운데 그에 해당하는 규정이 있으면 종전의 「환경기술개발 및 지원에 관한 법률」 또는 그 규정을 갈음하여 이 법 또는 이 법의 해당 규정을 인용한 것으로 본다.

부　칙 (2013.7.16)

제1조【시행일】 이 법은 공포 후 6개월이 경과한 날부터 시행한다.
제2조【신기술인증 및 기술검증 유효기간 변경에 관한 적용례】 제7조의3제1항의 개정규정에 따른 신기술인증과 기술검증의 유효기간은 이 법 시행 후 최초로 교부하는 신기술인증서 또는 기술검증서부터 적용한다.
제3조【신기술인증 및 기술검증 동시 신청에 관한 경과조치】 이 법 시행 당시 제7조제3항의 개정규정에 따라 신기술인증과 기술검증을 모두 받아야 하는 기술에 대하여 신기술인증만 받은 자는 그 기술에 대하여 이 법 시행 후 6개월 이내에 기술검증을 신청하여야 한다.
제4조【다른 법률의 개정】 ①~② ※(해당 법령에 가제정리 하였음)

부　칙 (2015.2.3)

제1조【시행일】 이 법은 공포한 날부터 시행한다.

제2조【금치산자 등의 결격사유에 관한 경과조치】 제15조제4항제1호 및 제16조의4제2항제1호의 개정규정에 따른 피성년후견인 또는 피한정후견인에는 법률 제10429호 민법 일부개정법률 부칙 제2조에 따라 금치산 또는 한정치산 선고의 효력이 유지되는 사람이 포함되는 것으로 본다.

부　칙 (2016.1.19)

제1조【시행일】 이 법은 공포 후 6개월이 경과한 날부터 시행한다. 다만, 부칙 제2조는 2016년 12월 2일부터 시행한다.
제2조【다른 법률의 개정】 ※(해당 법령에 가제정리 하였음)

부　칙 (2016.1.27 법13886호)

제1조【시행일】 이 법은 미나마타협약이 우리나라에 효력을 발생하는 날부터 시행한다.(이하 생략)
<2020.2.20 발효>

부　칙 (2016.1.27 법13892호)

제1조【시행일】 이 법은 공포 후 1년이 경과한 날부터 시행한다. 다만, 제7조의6제2항, 제9조의2제2항, 제13조의3, 제13조의4, 제16조의3제2항, 제28조제1항제2호의 개정규정은 공포 후 6개월이 경과한 날부터 시행한다.
제2조【환경산업연구단지의 조성에 대한 고시에 관한 적용례】 제13조의3제2항의 개정규정은 같은 개정규정 시행 당시 조성 중인 단지부터 적용한다.
제3조【녹색기업 지정 제한에 관한 적용례】 제16조의3제2항의 개정규정은 같은 개정규정 시행 후 최초로 녹색기업 지정이 취소된 경우부터 적용한다.
제4조【과태료에 관한 경과조치】 이 법 시행 전의 위반행위에 대하여 과태료를 부과할 때에는 종전의 규정에 따른다.
제5조【한국환경산업기술원 설립에 따른 경과조치】 제13조의3제3항의 개정규정 중 "「한국환경산업기술원법」에 따른 한국환경산업기술원"은 법률 제13534호 「한국환경산업기술원법」에 따라 한국환경산업기술원이 설립되기 전까지는 "제5조의3에 따른 한국환경산업기술원"으로 본다.

부　칙 (2020.3.31)

이 법은 공포한 날부터 시행한다. 다만, 제16조의15, 제23조제1항, 제24조, 제34조 및 제37조제2항의 개정규정은 공포 후 6개월이 경과한 날부터 시행한다.

부　칙 (2020.12.29)

제1조【시행일】 이 법은 공포 후 1년이 경과한 날부터 시행한다.(이하 생략)

부　칙 (2021.1.5)

제1조【시행일】 이 법은 공포 후 6개월이 경과한 날부터 시행한다.(이하 생략)

부　칙 (2021.4.13)

제1조【시행일】 이 법은 공포한 날부터 시행한다. 다만, 제10조, 제10조의4, 제10조의5, 제16조의8 및 제30조의 개정규정은 공포 후 6개월이 경과한 날부터 시행한다.
제2조【신기술인증과 기술검증의 유효기간 연장에 관한 적용례 등】 ① 제7조의3제1항의 개정규정은 이 법 시행 전에 신기술인증 또는 기술검증을 받은 기술로서 이 법 시행 당시 유효기간이 만료되지 아니한 경우에도 적용한다.
② 환경부장관은 제1항에 따라 제7조의3제1항의 개정규정을 적용받는 신기술인증이나 기술검증을 받은 자가 연장된 유효기간이 반영된 신기술인증서 또는 기술검증서의 발급을 신청하는 경우에는 이를 반영하여 신기술인증서 또는 기술검증서를 발급하여야 한다.
제3조【녹색환경지원센터의 지정에 관한 경과조치】 이 법 시행 당시 종전의 규정에 따라 지정된 녹색환경지원센터는 제10조의 개정규정에 따라 지정된 지역녹색환경지원센터로 본다.

부　칙 (2021.6.15)
(2021.9.24)

제1조【시행일】 이 법은 공포 후 6개월이 경과한 날부터 시행한다.(이하 생략)

환경개선비용 부담법

(1991년 12월 31일
법　률　제4493호)

개정
1994. 1. 5법 4714호(환경개선특별회계법)
1997.12.13법 5454호(정부부처명)
1999. 2. 8법 5861호
1999.12.31법 6097호(환경정책)
2001. 1.29법 6406호(산업입지및개발에관한법)
2002. 2. 4법 6656호(공토법)
2005. 1.27법 7386호(사회기반시설에대한민간투자법)
2005. 3.31법 7459호(수질환경)
2007. 1. 3법 8215호
2007. 5.17법 8466호(수질수생태계보전)
2009. 2. 6법 9433호(한국환경공단법)
2010. 5.25법10316호
2011. 7.21법10893호(환경정책)
2013. 7.16법11916호　　2015. 1.20법13039호
2019. 4.16법16319호
2020. 5.26법17326호(법률용어정비)
2021. 1. 5법17857호(환경정책)
2023. 7.18법19558호

제1조【목적】 이 법은 환경오염의 원인자로 하여금 환경개선에 필요한 비용을 부담하게 하여 환경개선을 위한 투자재원을 합리적으로 조달함으로써 국가의 지속적인 발전의 기반이 되는 쾌적한 환경을 조성하는 데 이바지하는 것을 목적으로 한다.(2010.5.25 본조개정)
제2조～제4조 (2010.5.25 삭제)
제5조～제8조 (1999.12.31 삭제)
제9조【환경개선부담금의 부과·징수】 ① 환경부장관은 경유를 연료로 사용하는 자동차의 소유자로부터 환경개선부담금(이하 "개선부담금"이라 한다)을 부과·징수한다.(2015.1.20 본항개정)
② 제1항에 따른 개선부담금의 부과 대상이 되는 자동차의 범위는 대통령령으로 정한다.(2015.1.20 본항개정)
③ 제2항에도 불구하고 다음 각 호의 어느 하나에 해당하는 자동차에 대하여는 대통령령으로 정하는 바에 따라 개선부담금을 감면(減免)할 수 있다.(2015.1.20 본문개정)
1. 외국정부 및 국제기구의 소유인 자동차(외국정부의 공관원 및 국제기구의 직원이 소유하는 자동차를 포함한다). 다만, 해당 국가가 대한민국정부의 소유인 자동차(대한민국정부의 공관원이 소유하는 자동차를 포함한다)에 대하여 개선부담금과 유사한 성격의 부담금을 부과하는 경우에는 그러하지 아니할 수 있다.
(2015.1.20 본호개정)
2.～7. (2015.1.20 삭제)
8. 전시용 자동차나 배출가스가 현저히 적게 배출되는 자동차로서 대통령령으로 정하는 것
9. 다음 각 목에 해당하는 사람이 보철용·생업활동용으로 사용하기 위하여 등록한 자동차 1대
가. 「국민기초생활 보장법」 제2조제1호에 따른 수급권자
나. 대통령령으로 정하는 국가유공자나 장애인
(2013.7.16 본호신설)
④ 환경부장관은 개선부담금을 반기별로 산정하여 부과하며, 부과기준일, 부과기간 및 납부기간은 별표와 같다. 다만, 개선부담금 부과 대상 자동차의 등록이 말소되는 등 대통령령으로 정하는 경우에는 부과 대상자의 신청 또는 직권으로 개선부담금을 수시로 부과할 수 있다.
(2019.4.16 본항신설)
⑤ 환경부장관은 제22조에 따라 특별시장·광역시장·특별자치시장·도지사·특별자치도지사(이하 "시·도지사"라 한다) 또는 「지방자치법」 제198조제2항제1호에 따른 인구 100만 이상의 대도시(이하 "특례시"라 한다)의 장에게 그 관할구역의 개선부담금 징수에 관한 권한을 위임한 경우에는 징수된 금액 중 일부를 대통령령으로 정하는 바에 따라 징수 비용으로 지급할 수 있다.
(2023.7.18 본항개정)
⑥ 환경부장관은 대통령령으로 정하는 바에 따라 개선부담금을 분할납부하게 할 수 있다.
⑦ 환경부장관은 제1항에 따라 개선부담금을 납부하여야 하는 자가 다음 각 호의 구분에 따른 기간 중에 별표에 따른 전년도 하반기 개선부담금과 해당 연도 상반기 개선부담금을 한꺼번에 신고하여 납부하려는 경우에는 다음 각 호의 구분에 따른 개선부담금 금액의 100분의 10을 감면할 수 있다.
1. 1월 16일부터 1월 31일까지 신고납부하는 경우 : 전년도 하반기 및 해당 연도 상반기 개선부담금
2. 3월 16일부터 3월 31일까지 신고납부하는 경우 : 해당 연도 상반기 개선부담금
(2019.4.16 본항개정)
⑧ 개선부담금 납부 의무의 승계 및 제2차 납부 의무에 관하여는 「국세기본법」 제23조, 제24조 및 제38조부터 제41조까지의 규정을 준용하고, 개선부담금 연대 납부 의무에 관하여는 「국세기본법」 제25조, 「민법」 제413조부터 제416조까지, 제419조, 제421조, 제423조 및 제425조부터 제427조까지의 규정을 준용한다. 이 경우 "국세"는 "개선부담금"으로, "세무서장"은 "환경부장관"으로, "납세"는 "납부"로 본다.(2019.4.16 전단개정)
⑨ 제1항부터 제8항까지에서 규정한 사항 외에 개선부담금의 부과·징수에 필요한 사항은 대통령령으로 정한다.
(2019.4.16 본항개정)
(2010.5.25 본조개정)
제9조의2【신용카드등으로 하는 개선부담금의 납부】
① 개선부담금(제20조제1항에 따른 가산금을 포함한다. 이하 이 조에서 같다)을 납부하여야 하는 자는 대통령령으로 정하는 기관(이하 이 조에서 "납부대행기관"이라 한다)을 통하여 신용카드, 직불카드 등(이하 이 조에서 "신용카드등"이라 한다)으로 개선부담금을 납부할 수 있다.
② 제1항에 따라 신용카드등으로 개선부담금을 납부하는 경우에는 납부대행기관의 승인일을 납부일로 본다.
③ 납부대행기관은 개선부담금의 납부자로부터 납부를 대행하는 대가로 수수료를 받을 수 있다.
④ 납부대행기관의 지정, 운영 및 수수료 등에 필요한 사항은 대통령령으로 정한다.
(2019.4.16 본조신설)
제10조【개선부담금의 산정기준】 ① (2015.1.20 삭제)
② 제9조제2항에 따른 자동차에 대한 개선부담금은 다음의 계산식에 따라 산정한다.
대당(臺當) 기본 부과금액 × 오염유발계수 × 차령계수(車齡係數) × 지역계수
③ 제2항에 따른 대당 기본 부과금액, 오염유발계수, 차령계수 및 지역계수는 대통령령으로 정한다.
(2015.1.20 본항개정)
(2010.5.25 본조개정)
제11조【개선부담금의 용도】 제9조에 따라 징수된 개선부담금은 다음 각 호의 용도에만 사용한다.
1. 「환경정책기본법」 제14조에 따른 국가환경종합계획(같은 법 제16조의2제1항에 따라 정비한 국가환경종합계획을 포함한다)에 따라 시행하는 대기 및 수질 환경 개선사업비의 지원(2021.1.5 본호개정)
2. 사업자가 시행하는 대기 및 수질 환경 개선사업비의 융자 및 저공해기술 개발연구비의 지원
3. 자연환경보전사업이나 그 밖에 대통령령으로 정하는 용도
(2010.5.25 본조개정)
제12조 (2010.5.25 삭제)
제13조～제18조 (2007.1.3 삭제)
제19조【개선부담금의 납입】 개선부담금은 「환경정책기본법」에 따른 환경개선특별회계의 세입(歲入)으로 한다.(2011.7.21 본조개정)
제20조【강제징수 등】 ① 환경부장관은 개선부담금을 내야 할 자가 납부기한까지 그 부담금을 내지 아니하면 10일 이상의 기간을 정하여 독촉하여야 한다. 이 경우 체납된 부담금에 대하여는 100분의 3에 해당하는 가산금을 부과하여야 한다. 다만, 국가와 지방자치단체에 대하여는 그러하지 아니하다.(2013.7.16 후단개정)
② 제1항에 따라 독촉을 받은 자가 그 기간 내에 부담금을 내지 아니하면 국세 강제징수의 예 또는 「지방행정제재·부과금의 징수 등에 관한 법률」에 따라 징수할 수 있다.(2023.7.18 본항개정)
③ 환경부장관은 개선부담금의 부과·징수를 위하여 필요한 경우에는 관계 중앙행정기관의 장 또는 지방자치단체의 장에게 필요한 자료의 제출을 요청할 수 있다. 이 경우 자료의 제출을 요청받은 관계 중앙행정기관의 장 또는 지방자치단체의 장은 특별한 사유가 없으면 요청받은 자료를 제출하여야 한다.
(2010.5.25 본조개정)
제21조【결손처분】 ① 환경부장관은 개선부담금을 체납한 자에게 다음 각 호의 어느 하나에 해당하는 사유가 있는 경우에는 결손처분을 할 수 있다.
1. 체납처분이 끝나고 그 체납액에 충당된 배분 금액이 체납액보다 부족한 경우
2. 개선부담금을 받을 권리에 대한 소멸시효가 완성된 경우
3. 개선부담금을 체납한 자의 행방을 알 수 없거나 재산이 없다는 것이 밝혀져 체납액을 징수할 가능성이 없는 경우(2020.5.26 본호개정)
② 환경부장관은 제1항에 따라 결손처분을 한 후 압류할 수 있는 다른 재산을 발견하면 지체 없이 그 처분을 취소하고 체납처분을 하여야 한다. 다만, 제1항제2호에 해당하는 경우에는 그러하지 아니하다.
(2019.4.16 본조신설)
제21조의2【개선부담금 납부 증명서류의 제시】 제9조제2항에 따른 개선부담금 부과 대상 자동차에 대하여 「자동차관리법」 제12조에 따른 이전등록을 신청하려는 자 또는 같은 법 제13조에 따른 말소등록을 신청하려는 자는 해당 등록관청에 개선부담금을 납부한 증명서류를 제출하거나 내보여야 한다. 다만, 해당 등록관청에서 행정정

보시스템을 통하여 납부사실을 확인할 수 있는 경우에는 그러하지 아니하다.(2019.4.16 본조신설)

제22조【권한의 위임】 이 법에 따른 환경부장관의 권한은 대통령령으로 정하는 바에 따라 그 일부를 시·도지사 또는 특례시의 장에게 위임할 수 있다.(2023.7.18 본조개정)

부 칙 (2013.7.16)

제1조【시행일】 이 법은 공포한 날부터 시행한다.

제2조【개선부담금 감면에 관한 적용례】 제9조제3항 및 제6항의 개정규정에 따른 개선부담금의 감면은 2014년 상반기에 개선부담금을 부과하는 경우부터 적용한다.

제3조【가산금 부과에 관한 경과조치】 이 법 시행 전에 개선부담금을 부과 받은 자에 대해서는 제20조제1항의 개정규정에도 불구하고 종전의 규정에 따른다.

부 칙 (2015.1.20)

제1조【시행일】 이 법은 2015년 7월 1일부터 시행한다.

제2조【환경개선부담금에 관한 경과조치】 이 법 시행 당시 종전의 제9조 및 제10조에 따라 부과하였거나 부과하여야 할 시설물에 대한 환경개선부담금은 종전의 규정에 따른다.

제3조【다른 법률의 개정】 ※(해당 법령에 가제정리 하였음)

부 칙 (2019.4.16)

제1조【시행일】 이 법은 공포 후 6개월이 경과한 날부터 시행한다.

제2조【개선부담금 납부에 관한 적용례】 제9조제8항의 개정규정은 이 법 시행 후 개선부담금을 부과하는 경우부터 적용한다.

부 칙 (2020.5.26)

이 법은 공포한 날부터 시행한다.(이하 생략)

부 칙 (2021.1.5)

제1조【시행일】 이 법은 공포 후 6개월이 경과한 날부터 시행한다.(이하 생략)

부 칙 (2023.7.18)

이 법은 공포한 날부터 시행한다.

〔별표〕 ➡ 「法典 別冊」 參照

환경분쟁 조정법

(1997년 8월 28일
전개법률 제5393호)

개정
2002.12.26법 6831호
2005. 3.31법 7428호(채무자회생파산)
2005.12.29법 7796호(국가공무원)
2006. 3.24법 7919호
2007. 5.11법 8428호
2008. 3.21법 8955호
2011. 4.28법10615호(환경기술및환경산업지원법)
2012. 2. 1법11267호
2015.12.22법13602호
2018.10.16법15846호
2021. 4. 1법17985호

제1장 총 칙

(2012.2.1 본장개정)

제1조【목적】 이 법은 환경분쟁의 알선(斡旋)·조정(調停)·재정(裁定) 및 중재(仲裁)의 절차 등을 규정함으로써 환경분쟁을 신속·공정하고 효율적으로 해결하여 환경을 보전하고 국민의 건강과 재산상의 피해를 구제함을 목적으로 한다.(2015.12.22 본조개정)

제2조【정의】 이 법에서 사용하는 용어의 뜻은 다음과 같다.

1. "환경피해"란 사업활동, 그 밖에 사람의 활동에 의하여 발생하였거나 발생이 예상되는 대기오염, 수질오염, 토양오염, 해양오염, 소음·진동, 악취, 자연생태계 파괴, 일조 방해, 통풍 방해, 조망 저해, 인공조명에 의한 빛공해, 지하수 수위 또는 이동경로의 변화, 하천수위의 변화, 그 밖에 대통령령으로 정하는 원인으로 인한 건강상·재산상·정신상의 피해를 말한다. 다만, 방사능오염으로 인한 피해는 제외한다.(2021.4.1 본문개정)
2. "환경분쟁"이란 환경피해에 대한 다툼과 「환경기술 및 환경산업 지원법」 제2조제2호에 따른 환경시설의 설치 또는 관리와 관련된 다툼을 말한다.
3. "조정"(調整)이란 환경분쟁에 대한 알선·조정(調停)·재정 및 중재를 말한다.(2015.12.22 본호개정)
4. "다수인관련분쟁"이란 같은 원인으로 인한 환경피해를 주장하는 자가 다수(多數)인 환경분쟁을 말한다.

제3조【신의성실의 원칙】 제4조에 따른 환경분쟁조정위원회(環境紛爭調整委員會)는 조정절차가 신속·공정하고 경제적으로 진행되도록 노력하여야 하며, 조정의 절차에 참여하는 분쟁 당사자들은 상호 신뢰와 이해를 바탕으로 성실하게 절차에 임하여야 한다.

제2장 환경분쟁조정위원회

(2012.2.1 본장개정)

제4조【환경분쟁조정위원회의 설치】 제5조에 따른 사무를 관장하기 위하여 환경부에 중앙환경분쟁조정위원회(이하 "중앙조정위원회"라 한다)를 설치하고, 특별시·광역시·특별자치시·도·특별자치도(이하 "시·도"라 한다)에 지방환경분쟁조정위원회(이하 "지방조정위원회"라 한다)를 설치한다.(2018.10.16 본조개정)

제5조【환경분쟁조정위원회의 소관 사무】 중앙조정위원회 및 지방조정위원회(이하 "위원회"라 한다)의 소관 사무는 다음 각 호와 같다.

1. 환경분쟁(이하 "분쟁"이라 한다)의 조정. 다만, 다음 각 목의 어느 하나에 해당하는 분쟁의 조정은 해당 목에서 정하는 경우만 해당한다.(2015.12.22 단서개정)
   가. 「건축법」 제2조제1항제8호의 건축으로 인한 일조 방해 및 조망 저해와 관련된 분쟁 : 그 건축으로 인한 다른 분쟁과 복합되어 있는 경우
   나. 지하수 수위 또는 이동경로의 변화와 관련된 분쟁 : 공사 또는 작업(「지하수법」에 따른 지하수의 개발·이용을 위한 공사 또는 작업은 제외한다)으로 인한 경우
   (2015.12.22 가목～나목신설)
   다. 하천수위의 변화와 관련된 분쟁 : 「하천법」 제2조제3호에 따른 하천시설 또는 「수자원의 조사·계획 및 관리에 관한 법률」 제2조제4호에 따른 수자원시설로 인한 경우(2021.4.1 본목신설)
2. 환경피해와 관련되는 민원의 조사, 분석 및 상담
3. 분쟁의 예방 및 해결을 위한 제도와 정책의 연구 및 건의
4. 환경피해의 예방 및 구제와 관련된 교육, 홍보 및 지원(2015.12.22 본호개정)
5. 그 밖에 법령에 따라 위원회의 소관으로 규정된 사항

제6조【관할】 ① 중앙조정위원회는 분쟁 조정사무 중 다음 각 호의 사항을 관할한다.

1. 분쟁의 재정(제5호에 따른 재정은 제외한다) 및 중재(2018.10.16 본호개정)
2. 국가나 지방자치단체를 당사자로 하는 분쟁의 조정
3. 둘 이상의 시·도의 관할 구역에 걸친 분쟁의 조정
4. 제30조에 따른 직권조정(職權調停)
5. 제35조의3제1호에 따른 원인재정과 제42조제2항에 따라 원인재정 이후 신청된 분쟁의 조정(2018.10.16 본호신설)
6. 그 밖에 대통령령으로 정하는 분쟁의 조정

② 지방조정위원회는 해당 시·도의 관할 구역에서 발생한 분쟁의 조정사무 중 제1항제2호부터 제6호까지의 사무 외의 사무를 관할한다. 다만, 제1항제1호의 경우에는 일조 방해, 통풍 방해, 조망 저해로 인한 분쟁은 제외한 것으로서 대통령령으로 정하는 분쟁의 재정 및 중재만 해당한다.(2018.10.16 본문개정)

제7조【위원회의 구성 등】 ① 중앙조정위원회는 위원장 1명을 포함한 30명 이내의 위원으로 구성하며, 그 중 상임위원은 3명 이내로 한다.(2015.12.22 본항개정)

② 지방조정위원회는 위원장 1명을 포함한 20명 이내의 위원으로 구성하며, 그 중 상임위원은 1명을 둘 수 있다.(2015.12.22 본항개정)

③ 위원회 위원의 임기는 2년으로 하며, 연임할 수 있다.

제8조【위원회 위원의 임명】 ① 중앙조정위원회의 위원장을 포함한 위원은 환경에 관한 학식과 경험이 풍부한 사람으로서 다음 각 호의 어느 하나에 해당하는 사람 중 환경부장관의 제청에 의하여 대통령이 임명하거나 위촉한다. 이 경우 제2호에 해당하는 사람이 3명 이상 포함되어야 한다.

1. 1급부터 3급까지에 상당하는 공무원 또는 고위공무원단에 속하는 공무원으로 3년 이상 재직한 사람
2. 판사·검사 또는 변호사로 6년 이상 재직한 사람
3. 공인된 대학이나 연구기관에서 부교수 이상 또는 이에 상당하는 직(職)에 재직한 사람
4. 환경 관계 업무에 10년 이상 종사한 사람

② 중앙조정위원회의 위원장은 고위공무원단에 속하는 일반직공무원으로서 「국가공무원법」 제26조의5에 따른 임기제공무원으로 보한다.(2015.12.22 본항개정)

③ 지방조정위원회의 위원은 제1항 각 호의 어느 하나에 해당하는 사람 중에서 특별시장·광역시장·특별자치시장·도지사·특별자치도지사(이하 "시·도지사"라 한다)가 임명하거나 위촉한다. 이 경우 제1항제2호에 해당하는 사람이 2명 이상 포함되어야 한다.(2018.10.16 전단개정)

④ 지방조정위원회의 위원장은 부시장 또는 부지사 중에서 시·도지사가 임명하는 사람으로 한다.

제9조【결격사유】 다음 각 호의 어느 하나에 해당하는 사람은 위원회의 위원이 될 수 없다.

1. 피성년후견인, 피한정후견인 또는 파산선고를 받고 복권되지 아니한 사람(2015.12.22 본호개정)
2. 금고 이상의 실형을 선고받고 그 집행이 끝나거나(집행이 끝난 것으로 보는 경우를 포함한다) 집행이 면제된 날부터 2년이 지나지 아니한 사람
3. 금고 이상의 형의 집행유예를 선고받고 그 유예기간 중에 있는 사람
4. 법원의 판결이나 법률에 따라 자격이 정지된 사람

제10조【신분보장】 ① 위원회의 위원은 독립하여 직무를 수행한다.

② 위원회의 위원은 다음 각 호의 어느 하나에 해당하는 경우를 제외하고는 그 의사에 반하여 해임되거나 해촉(解囑)되지 아니한다.

1. 제9조 각 호의 어느 하나에 해당하게 된 경우
2. 장기간의 심신쇠약으로 직무를 수행할 수 없게 된 경우
3. 직무와 관련된 비위사실이 있거나 위원의 직을 유지하기 적합하지 아니하다고 인정되는 비위사실이 있는 경우

(2018.10.16 본항개정)

제11조【위원장의 직무 등】 ① 위원회의 위원장은 위원회를 대표하고 위원회의 직무를 총괄한다.

② 위원회의 위원장이 부득이한 사유로 직무를 수행할 수 없는 경우에는 해당 위원회의 위원 중 위원회의 위원장이 미리 지명한 위원이 그 직무를 대행한다.

제12조【위원의 제척 등】 ① 위원회의 위원은 다음 각 호의 어느 하나에 해당하는 경우에는 그 직무의 집행에서 제척(除斥)된다.

1. 위원이나 그 배우자 또는 배우자였던 사람이 해당 분쟁사건(이하 "사건"이라 한다)의 당사자가 되거나 그 사건에 관하여 당사자와 공동권리자 또는 공동의무자의 관계에 있는 경우
2. 위원이 해당 사건의 당사자와 친족이거나 친족이었던 경우
3. 위원이 해당 사건에 관하여 진술이나 감정(鑑定)을 한 경우
4. 위원이 해당 사건에 당사자의 대리인으로서 관여하고 있거나 관여하였던 경우
5. 위원이 해당 사건의 원인이 된 처분 또는 부작위(不作爲)에 관여한 경우

② 제척의 원인이 있으면 위원회는 직권으로 또는 당사자의 신청에 의하여 제척의 결정을 한다.

③ 당사자는 위원에게 공정한 직무집행을 기대하기 어려운 사정이 있는 경우에는 위원회에 기피신청을 할 수 있으며, 위원회는 기피신청이 타당하다고 인정하면 기피의 결정을 한다.

④ 위원은 제1항 또는 제3항의 사유에 해당할 때에는 스스로 그 사건의 직무집행을 회피할 수 있다.

⑤ 위원회는 제3항에 따른 기피신청을 받으면 그 신청에 대한 결정을 할 때까지 조정절차를 중지하여야 한다.

⑥ 조정절차에 관여하는 직원 및 제13조제3항에 따른 관계전문가(이하 "관계전문가"라 한다)에 대하여는 제1항부터 제5항까지의 규정을 준용한다.

제13조【사무국】 ① 위원회의 사무를 처리하기 위하여 위원회에 사무국을 둘 수 있다.

② 사무국에는 다음 각 호의 사무를 분장(分掌)할 심사관을 둔다.

1. 분쟁의 조정에 필요한 사실조사와 인과관계의 규명
2. 환경피해액의 산정 및 산정기준의 연구·개발
3. 그 밖에 위원회의 위원장이 지정하는 사항
③ 위원회의 위원장은 특정 사건에 관한 전문적인 사항을 처리하기 위하여 관계전문가를 위촉하여 제2항 각 호의 사무를 수행하게 할 수 있다.

제14조【벌칙 적용 시의 공무원 의제】 위원회의 위원 중 공무원이 아닌 위원과 관계전문가는 「형법」 제127조, 제129조부터 제132조까지의 규정을 적용할 때에는 공무원으로 본다.

제15조【규칙 제정 등】 ① 중앙조정위원회는 위원회의 소관 사무 처리절차와 그 밖에 위원회의 운영에 관한 규칙과 조정(調停)·재정 및 중재위원회의 각 위원장 선임방법 등 구성에 관한 규칙을 정할 수 있다.
② 지방조정위원회의 구성 및 운영과 그 밖에 필요한 사항은 해당 시·도의 조례로 정한다.
(2015.12.22 본조개정)

제15조의2【의견의 통지】 위원회는 소관 업무의 수행으로 얻게 된 환경보전 및 환경피해방지를 위한 개선대책에 관한 의견을 관계 행정기관의 장에게 통지할 수 있다.

제3장 분쟁 조정(調整)
(2012.2.1 본장개정)

제1절 통 칙

제16조【조정의 신청 등】 ① 조정을 신청하려는 자는 제6조에 따른 관할 위원회에 알선·조정(調停)·재정 또는 중재 신청서를 제출하여야 한다.(2015.12.22 본항개정)
② 국가를 당사자로 하는 조정에서는 환경부장관이 국가를 대표한다. 이 경우 환경부장관은 해당 사건의 소관 행정청 소속 공무원을 조정수행자로 지정할 수 있다.
③ 위원회는 제1항에 따라 조정신청을 받았을 때에는 지체 없이 조정절차를 시작하여야 한다.
④ 위원회는 제3항에 따른 조정절차를 시작하기 전에 이해관계인이나 주무관청의 의견을 들을 수 있다.
⑤ 제1항에 따른 신청서의 기재 사항은 대통령령으로 정한다.
⑥ 위원회는 당사자의 분쟁 조정신청을 받았을 때에는 대통령령으로 정하는 기간 내에 그 절차를 완료하여야 한다.

제16조의2【합의 권고】 ① 위원회의 위원장은 조정신청을 받으면 당사자에게 피해배상에 관한 합의를 권고할 수 있다.(2015.12.22 본항개정)
② 제1항에 따른 권고는 조정절차의 진행에 영향을 미치지 아니한다.

제17조【신청의 각하 등】 ① 위원회는 조정신청이 적법하지 아니한 경우에는 적절한 기간을 정하여 그 기간 내에 흠을 바로 잡을 것을 명할 수 있다.
② 위원회는 신청인이 제1항에 따른 명령에 따르지 아니하거나 흠을 바로잡을 수 없는 경우에는 결정으로 조정신청을 각하(却下)한다.
③ 위원회는 다른 법률에서 정하고 있는 조정절차를 이미 거쳤거나 거치고 있는 분쟁에 대한 조정신청은 결정으로 각하한다.

제18조【관계 행정기관의 협조】 ① 위원회는 분쟁의 조정을 위하여 필요하다고 인정하면 관계 행정기관의 장에게 자료 또는 의견의 제출, 기술적 지식의 제공, 환경오염물질의 측정 및 분석 등 필요한 협조를 요청할 수 있다.
② 위원회는 분쟁의 조정 시에 환경피해의 제거 또는 예방을 위하여 필요하다고 인정하면 관계 행정기관의 장에게 환경피해의 원인을 제공하는 자에 대한 개선명령, 조업정지명령 또는 공사중지명령 등 필요한 행정조치를 하도록 권고할 수 있다.
③ 제1항 및 제2항에 따른 협조를 요청받거나 권고를 받은 관계 행정기관의 장은 정당한 사유가 없으면 이에 따라야 한다.

제19조【선정대표자】 ① 다수인이 공동으로 조정의 당사자가 되는 경우에는 그 중에서 3명 이하의 대표자를 선정할 수 있다.
② 위원회는 당사자가 제1항에 따라 대표자를 선정하지 아니한 경우에 필요하다고 인정할 때에는 당사자들에게 대표자를 선정할 것을 권고할 수 있다.
③ 제1항에 따라 선정된 대표자(이하 "선정대표자"라 한다)는 다른 신청인이나 피신청인을 위하여 해당 사건의 조정에 관한 모든 행위를 할 수 있다. 다만, 신청의 철회, 제33조제1항에 따른 합의 및 제33조의2제4항에 따른 이의신청에 대해서는 다른 당사자들로부터 서면으로 동의를 받아야 한다.(2018.10.16 단서개정)
④ 대표자가 선정되었을 때에는 다른 당사자들은 그 선정대표자를 통하여만 해당 사건에 관한 행위를 할 수 있다.
⑤ 대표자를 선정한 당사자들은 필요하다고 인정하면 선정대표자를 해임하거나 변경할 수 있다. 이 경우 당사자들은 그 사실을 지체 없이 위원회에 통지하여야 한다.

제20조【참가】 ① 분쟁이 조정절차에 계류(繫留)되어 있는 경우에 같은 원인에 의한 환경피해를 주장하는 자는 위원회의 승인을 받아 당사자로서 해당 절차에 참가할 수 있다.
② 위원회는 제1항에 따른 승인을 하려는 경우에는 당사자의 의견을 들어야 한다.

제21조【피신청인의 경정】 ① 위원회의 위원장은 신청인이 피신청인을 잘못 지정한 것이 명백할 때에는 신청인의 신청을 받아 피신청인의 경정(更正)을 허가할 수 있다.
② 위원회의 위원장은 제1항에 따른 허가를 하였을 때에는 그 사실을 당사자와 새로운 피신청인에게 통보하여야 한다.
③ 제1항에 따른 허가가 있는 때에는 종전의 피신청인에 대한 조정신청은 철회되고 새로운 피신청인에 대한 조정신청이 제1항에 따른 경정신청이 있은 때에 있은 것으로 본다.

제22조【대리인】 ① 당사자는 다음 각 호에 해당하는 사람을 대리인으로 선임할 수 있다.
1. 당사자의 배우자, 직계존비속 또는 형제자매
2. 당사자인 법인의 임직원
3. 변호사
4. 환경부장관 또는 지방자치단체의 장이 지명하는 소속 공무원
② 제1항제1호 또는 제2호의 사람을 대리인으로 선임하려는 당사자는 위원회 위원장의 허가를 받아야 한다.
③ 대리인의 권한은 서면으로 소명(疎明)하여야 한다.
④ 대리인은 다음 각 호의 행위에 대하여는 특별히 위임을 받아야 한다.
1. 신청의 철회
2. 제33조제1항에 따른 합의 및 제33조의2제4항에 따른 이의신청(2018.10.16 본호개정)
3. 복대리인(復代理人)의 선임

제23조【중간결정에 대한 불복】 ① 조정절차와 관련된 위원회의 중간결정에 대하여는 그 결정이 있음을 안 날부터 14일 이내에 해당 위원회에 이의를 제기할 수 있다.
② 위원회는 제1항에 따른 이의 제기가 이유 있다고 인정할 때에는 그 결정을 경정하여야 하며, 이의 제기가 이유 없다고 인정할 때에는 이를 기각(棄却)하여야 한다.

제24조【조정절차의 위임】 제31조제1항에 따른 조정위원회(調停委員會), 제36조제1항에 따른 재정위원회(裁定委員會) 또는 제45조의3제1항에 따른 중재위원회(仲裁委員會)는 각 소속 위원에게 조정(調停)·재정(裁定) 또는 중재(仲裁) 절차의 일부를 실시하도록 위임할 수 있다.
(2015.12.22 본조개정)

제25조【절차의 비공개】 위원회가 수행하는 조정의 절차는 이 법에 특별한 규정이 있는 경우를 제외하고는 공개하지 아니한다.

제26조【환경단체의 조정신청】 ① 다음 각 호의 요건을 모두 갖춘 환경단체는 중대한 자연생태계 파괴로 인한 피해가 발생하였거나 발생할 위험이 현저한 경우에는 위원회의 허가를 받아 분쟁 당사자를 대리하여 위원회에 조정을 신청할 수 있다.
1. 「민법」 제32조에 따라 환경부장관의 허가를 받아 설립된 비영리법인일 것
2. 정관에 따라 환경보호 등 공익의 보호와 증진을 목적으로 하는 단체일 것
3. 그 밖에 대통령령으로 정하는 요건에 해당할 것
② 제1항에 따라 조정을 신청하는 환경단체에 대하여는 제22조제3항 및 제4항을 준용한다.

제2절 알 선

제27조【알선위원의 지명】 ① 위원회에 의한 알선은 3명 이내의 위원(이하 "알선위원"이라 한다)이 한다.
② 알선위원은 사건마다 위원회의 위원 중에서 위원회의 위원장이 지명한다.

제28조【알선위원의 임무】 알선위원은 당사자 양쪽이 주장하는 요점을 확인하여 사건이 공정하게 해결되도록 노력하여야 한다.

제29조【알선의 중단】 ① 알선위원은 알선으로는 분쟁해결의 가능성이 없다고 인정할 때에는 알선을 중단할 수 있다.
② 알선 절차가 진행 중인 분쟁에 대하여 조정(調停)·재정 또는 중재 신청이 있으면 그 알선은 중단된 것으로 본다.(2015.12.22 본항개정)

제3절 조정(調停)

제30조【직권조정】 ① 중앙조정위원회는 환경오염으로 인한 사람의 생명·신체에 대한 중대한 피해, 제2조제2호의 환경시설의 설치 또는 관리와 관련된 다툼 등 사회적으로 파급효과가 클 것으로 우려되는 분쟁에 대하여는 당사자의 신청이 없는 경우에도 직권으로 조정절차를 시작할 수 있다.
② 시·도지사, 시장·군수·구청장(자치구의 구청장을 말한다) 또는 유역환경청장·지방환경청장은 제1항에 따른 직권조정이 필요하다고 판단되는 분쟁에 대해서는 중앙조정위원회에 직권조정을 요청할 수 있다.
(2015.12.22 본항신설)
③ 제1항에 따른 직권조정의 대상, 조정절차 및 직권조정을 수행하는 사람에 관한 사항은 대통령령으로 정한다.

제31조【조정위원의 지명 등】 ① 조정은 3명의 위원으로 구성되는 위원회(이하 "조정위원회"라 한다)에서 한다.
② 조정위원회의 위원(이하 "조정위원"이라 한다)은 사건마다 위원회의 위원 중에서 위원회의 위원장이 지명하되, 제8조제1항제2호에 해당하는 사람 1명 이상이 포함되어야 한다.
③ 조정위원회의 회의는 조정위원회의 위원장이 소집한다.
④ 조정위원회의 회의는 구성원 전원의 출석으로 개의(開議)하고 구성원 과반수의 찬성으로 의결한다.

제32조【조정위원회의 조사권 등】 ① 조정위원회는 분쟁의 조정을 위하여 필요하다고 인정할 때에는 조정위원회의 위원 또는 심사관으로 하여금 당사자가 점유하고 있는 공장, 사업장 또는 그 밖에 사건과 관련된 장소에 출입하여 관계 문서 또는 물건을 조사·열람 또는 복사하도록 하거나 참고인의 진술을 들을 수 있도록 할 수 있다.
② 조정위원회는 제1항에 따른 조사결과를 조정의 자료로 할 때에는 당사자의 의견을 들어야 한다.
③ 제1항의 경우에 조정위원회의 위원 또는 심사관은 그 권한을 나타내는 증표를 지니고 이를 관계인에게 보여주어야 한다.

제32조의2【당사자에 대한 출석요구】 ① 조정위원회는 분쟁의 조정을 위하여 조정기일을 정하여 당사자에게 출석을 요구할 수 있다.
② 조정위원회가 제1항에 따라 당사자의 출석을 요구하는 경우에는 조정기일 7일 전까지 당사자에게 환경부령으로 정하는 출석요구서를 통지하여야 한다.
③ 제2항에 따른 통지를 받은 신청인이 제1항에 따라 정해진 조정기일에 2회에 걸쳐 참석하지 아니한 경우에는 해당 조정신청이 취하된 것으로 본다. 다만, 신청인이 정당한 사유가 있어 환경부령으로 정하는 불출석 사유서를 해당 조정기일 전까지 조정위원회에 제출하여 불출석 승인을 받은 경우에는 그러하지 아니하다.
(2018.10.16 본조신설)

제33조【조정의 성립】 ① 조정은 당사자 간에 합의된 사항을 조서에 적음으로써 성립한다.
② 조정위원회가 제1항에 따른 조서를 작성하였을 때에는 지체 없이 조서의 정본(正本)을 당사자나 대리인에게 송달하여야 한다.
(2018.10.16 본조개정)

제33조의2【조정결정】 ① 조정위원회는 당사자 간에 합의가 이루어지지 아니한 경우로서 신청인의 주장이 이유 있다고 판단되는 경우에는 당사자들의 이익과 그 밖의 모든 사정을 고려하여 신청 취지에 반하지 아니하는 한도에서 조정을 갈음하는 결정(이하 "조정결정"이라 한다)을 할 수 있다.
② 조정결정은 문서로써 하여야 한다. 이 경우 조정결정문서에는 다음 각 호의 사항을 적고 조정위원이 기명날인하여야 한다.
1. 사건번호와 사건명
2. 당사자, 선정대표자, 대표당사자 및 대리인의 주소와 성명(법인의 경우에는 명칭을 말한다)
3. 조정 내용
4. 신청의 취지
5. 이유
6. 조정결정한 날짜
③ 조정위원회가 조정결정을 하였을 때에는 지체 없이 조정결정문서의 정본을 당사자나 대리인에게 송달하여야 한다.
④ 당사자는 제3항에 따른 조정결정문서 정본을 송달받은 날부터 14일 이내에 불복 사유를 명시하여 서면으로 이의신청을 할 수 있다.
(2018.10.16 본조신설)

제34조【조정을 하지 아니하는 경우】 ① 조정위원회는 해당 분쟁이 그 성질상 조정을 하기에 적당하지 아니하다고 인정하거나 당사자가 부당한 목적으로 조정을 신청한 것으로 인정할 때에는 조정을 하지 아니할 수 있다.
② 조정위원회는 제1항에 따라 조정을 하지 아니하기로 결정하였을 때에는 그 사실을 당사자에게 통지하여야 한다.

제35조【조정의 종결】 ① 조정위원회는 해당 조정사건에 관하여 당사자 간에 합의가 이루어질 가능성이 없다고 인정할 때에는 조정을 하지 아니한다는 결정으로 조정을 종결시킬 수 있다.
② 조정결정에 대하여 제33조의2제4항에 따른 이의신청이 있는 경우에는 당사자 간의 조정은 종결된다.
(2018.10.16 본항개정)
③ 조정절차가 진행 중인 분쟁에 대하여 재정 또는 중재 신청이 있으면 그 조정은 종결된다.(2015.12.22 본항신설)
④ 조정위원회는 제1항 또는 제2항에 따라 조정이 종결되었을 때에는 그 사실을 당사자에게 통지하여야 한다.
⑤ 제4항에 따라 통지를 받은 당사자가 통지를 받은 날부터 30일 이내에 소송을 제기한 경우 시효의 중단 및 제소기간의 계산에 있어서는 조정의 신청을 재판상의 청구로 본다.
(2015.12.22 본항개정)

제35조의2【조정의 효력】 제33조제1항에 따라 성립된 조정과 제33조의2제4항에 따른 이의신청이 없는 조정결정은 재판상 화해와 동일한 효력이 있다. 다만, 당사자가 임의로 처분할 수 없는 사항에 대해서는 그러하지 아니하다.(2018.10.16 본조신설)

제4절 재 정

제35조의3【재정의 종류】 이 법에 따른 재정의 종류는 다음 각 호와 같다.
1. 원인재정 : 환경피해를 발생시키는 행위와 환경피해 사이의 인과관계 존재 여부를 결정하는 재정
2. 책임재정 : 환경피해에 대한 분쟁 당사자 간의 손해배상 등의 책임의 존재와 그 범위 등을 결정하는 재정
(2018.10.16 본조신설)

제36조【재정위원의 지명 등】 ① 재정은 5명의 위원으로 구성되는 위원회(이하 "재정위원회"라 한다)에서 한다. 다만, 다음 각 호에 해당하는 사건의 재정은 해당 호에서 정한 재정위원회에서 할 수 있다.(2015.12.22 단서개정)
1. 다수인의 생명·신체에 중대한 피해가 발생한 분쟁이나 제2조제2호에 따른 환경시설의 설치 또는 관리와 관련된 다툼 등 사회적으로 파급효과가 클 것으로 우려되는 사건으로서 대통령령으로 정하는 사건 : 10명 이상의 위원으로 구성되는 재정위원회
2. 대통령령으로 정하는 경미한 사건 : 3명의 위원으로 구성되는 재정위원회
(2015.12.22 1호~2호신설)
② 재정위원회의 위원(이하 "재정위원"이라 한다)은 사건마다 위원회의 위원 중에서 위원회의 위원장이 지명하되, 제8조제1항제2호에 해당하는 사람 1명 이상이 포함되어야 한다.
③ 재정위원회의 회의는 재정위원회의 위원장이 소집한다.
④ 재정위원회의 회의는 구성원 전원의 출석으로 개의하고 구성원 과반수의 찬성으로 의결한다.

제37조【심문】 ① 재정위원회는 심문(審問)의 기일을 정하여 당사자에게 의견을 진술하게 하여야 한다.
② 재정위원회는 제1항에 따른 심문기일을 심문기일 7일 전까지 당사자에게 통지하여야 한다.
③ 심문은 공개하여야 한다. 다만, 재정위원회가 당사자의 사생활 또는 사업상의 비밀을 유지할 필요가 있다고 인정하거나 절차의 공정을 해칠 염려가 있다고 인정할 때, 그 밖에 공익을 위하여 필요하다고 인정할 때에는 그러하지 아니하다.

제38조【재정위원회의 조사권 등】 ① 재정위원회는 분쟁의 재정을 위하여 필요하다고 인정할 때에는 당사자의 신청에 의하여 또는 직권으로 다음 각 호의 행위를 할 수 있다.
1. 당사자 또는 참고인에 대한 출석 요구, 질문 및 진술 청취
2. 감정인의 출석 및 감정 요구
3. 사건과 관계있는 문서 또는 물건의 열람·복사·제출 요구 및 유치(留置)
4. 사건과 관계있는 장소의 출입·조사
② 당사자는 제1항에 따른 조사 등에 참여할 수 있다.
③ 재정위원회가 직권으로 제1항에 따른 조사 등을 하였을 때에는 그 결과에 대하여 당사자의 의견을 들어야 한다.
④ 재정위원회는 제1항에 따라 당사자 또는 참고인에게 진술하게 하거나 감정인에게 감정하게 할 때에는 당사자, 참고인 또는 감정인에게 선서를 하도록 하여야 한다.
⑤ 제1항제4호의 경우에 재정위원회의 위원 또는 심사관은 그 권한을 나타내는 증표를 지니고 관계인에게 보여주어야 한다.

제39조【증거보전】 ① 위원회는 재정신청 전에 미리 증거조사를 하지 아니하면 그 증거를 확보하기 곤란하다고 인정하는 경우에는 재정을 신청하려는 자의 신청을 받아 제38조제1항 각 호의 행위를 할 수 있다.
② 위원회의 위원장은 제1항에 따른 신청을 받으면 위원회의 위원 중에서 증거보전에 관여할 사람을 지명하여야 한다.

제40조【재정】 ① 재정은 문서로써 하여야 하며, 재정문서에는 다음 각 호의 사항을 적고 재정위원이 기명날인하여야 한다.
1. 사건번호와 사건명
2. 당사자, 선정대표자, 대표당사자 및 대리인의 주소 및 성명(법인의 경우에는 명칭을 말한다)
3. 주문(主文)
4. 신청의 취지
5. 이유
6. 재정한 날짜
② 제1항제5호에 따른 이유를 적을 때에는 주문의 내용이 정당함을 인정할 수 있는 한도에서 당사자의 주장 등에 대한 판단을 표시하여야 한다.
③ 재정위원회는 재정을 하였을 때에는 지체 없이 재정문서의 정본을 당사자나 대리인에게 송달하여야 한다.
(2018.10.16 본항개정)

제41조【원상회복】 재정위원회는 환경피해의 복구를 위하여 원상회복이 필요하다고 인정하면 손해배상을 갈음하여 당사자에게 원상회복을 명하는 제35조의3제2호에 따른 책임재정(이하 "책임재정"이라 한다)을 하여야 한다. 다만, 원상회복에 과다한 비용이 들거나 그 밖의 사유로 그 이행이 현저히 곤란하다고 인정하는 경우에는 그러하지 아니하다.(2018.10.16 본문개정)

제42조【재정의 효력 등】 ① 지방조정위원회의 재정위원회가 한 책임재정에 불복하는 당사자는 재정문서의 정본이 당사자에게 송달된 날부터 60일 이내에 중앙조정위원회에 책임재정을 신청할 수 있다.
② 재정위원회가 제35조의3제1호에 따른 원인재정(이하 "원인재정"이라 한다)을 하여 재정문서의 정본을 송달받은 당사자는 이 법에 따른 알선, 조정, 책임재정 및 중재를 신청할 수 있다.(2018.10.16 본항신설)
③ 재정위원회가 책임재정을 한 경우에 재정문서의 정본이 당사자에게 송달된 날부터 60일 이내에 당사자 양쪽 또는 어느 한쪽으로부터 그 재정의 대상인 환경피해를 원인으로 하는 소송이 제기되지 아니하거나 그 소송이 철회된 경우 또는 제1항에 따른 신청이 되지 아니한 경우에는 그 재정문서는 재판상 화해와 동일한 효력이 있다. 다만, 당사자가 임의로 처분할 수 없는 사항에 관한 것은 그러하지 아니하다.
(2018.10.16 본조개정)

제43조【조정에의 회부】 ① 재정위원회는 재정신청된 사건을 조정(調停)에 회부하는 것이 적합하다고 인정할 때에는 직권으로 직접 조정하거나 관할 위원회에 송부하여 조정하게 할 수 있다.
② 제1항에 따라 조정에 회부된 사건에 관하여 당사자간에 합의가 이루어지지 아니하였을 때에는 재정절차를 계속 진행하고, 합의가 이루어졌을 때에는 재정의 신청은 철회된 것으로 본다.

제43조의2【재정신청의 철회】 재정절차가 진행 중인 분쟁에 대하여 중재신청이 있으면 그 재정신청은 철회된 것으로 본다.(2015.12.22 본조신설)

제44조【시효의 중단 등】 당사자가 책임재정에 불복하여 소송을 제기한 경우 시효의 중단 및 제소기간의 계산에 있어서는 책임재정의 신청을 재판상의 청구로 본다.
(2018.10.16 본조개정)

제45조【소송과의 관계】 ① 재정이 신청된 사건에 대한 소송이 진행 중일 때에는 수소법원(受訴法院)은 재정이 있을 때까지 소송절차를 중지할 수 있다.
② 재정위원회는 제1항에 따른 소송절차의 중지가 없는 경우에는 해당 사건의 재정절차를 중지하여야 한다. 다만, 제4항에 따라 원인재정을 하는 경우는 제외한다.
(2018.10.16 단서신설)
③ 재정위원회는 재정이 신청된 사건과 같은 원인으로 다수인이 관련되는 같은 종류의 사건 또는 유사한 사건에 대한 소송이 진행 중인 경우에는 결정으로 재정절차를 중지할 수 있다.
④ 환경분쟁에 대한 소송과 관련하여 수소법원은 분쟁의 인과관계 여부를 판단하기 위하여 필요한 경우에는 중앙조정위원회에 원인재정을 촉탁할 수 있다. 이 경우 제16조제1항에 따른 당사자의 신청이 있는 것으로 본다.
(2018.10.16 본항신설)
⑤ 제4항에 따라 진행되는 원인재정 절차에 필요한 비용 중 제63조제1항에 따라 각 당사자가 부담하여야 하는 비용은 「민사소송비용법」에 따른 소송비용으로 본다.
(2018.10.16 본항신설)

제5절 중 재
(2015.12.22 본절신설)

제45조의2【중재위원의 지명 등】 ① 중재는 3명의 위원으로 구성되는 위원회(이하 "중재위원회"라 한다)에서 한다.
② 중재위원회의 위원(이하 "중재위원"이라 한다)은 사건마다 위원회 위원 중에서 위원회의 위원장이 지명하되, 당사자가 합의하여 위원을 선정한 경우에는 그 위원을 지명한다.
③ 제15조제1항에 따른 위원회의 규칙에서 정하는 위원이 중재위원회의 위원장이 된다. 다만, 제2항에 따라 당사자가 합의하여 위원을 선정한 경우에는 그 위원 중에서 위원회의 위원장이 지명한 위원이 중재위원회의 위원장이 된다.
④ 중재위원회의 회의는 중재위원회의 위원장이 소집한다.
⑤ 중재위원회의 회의는 구성원 전원의 출석으로 개의하고, 구성원 과반수의 찬성으로 의결한다.

제45조의3【중재위원회의 심문 등】 중재위원회의 심문, 조사권, 증거보전, 중재의 방식 및 원상회복 등에 관하여는 제37조부터 제41조까지의 규정을 준용한다.

제45조의4【중재의 효력】 중재는 양쪽 당사자 간에 법원의 확정판결과 동일한 효력이 있다.

제45조의5【「중재법」의 준용】 ① 중재에 대한 불복과 중재의 취소에 관하여는 「중재법」 제36조를 준용한다.
② 중재와 관련된 절차에 관하여는 이 법에 특별한 규정이 있는 경우를 제외하고는 「중재법」을 준용한다.

제4장 다수인관련분쟁의 조정(調整)
(2012.2.1 본장개정)

제46조【다수인관련분쟁의 조정신청】 ① 다수인에게 같은 원인으로 환경피해가 발생하거나 발생할 우려가 있는 경우에는 그 중 1명 또는 수인(數人)이 대표당사자로서 조정을 신청할 수 있다.
② 제1항에 따라 조정을 신청하려는 자는 위원회의 허가를 받아야 한다.
③ 제2항에 따른 허가의 신청은 서면으로 하여야 한다.
④ 제3항에 따른 허가신청서에는 다음 각 호의 사항을 적어야 한다.
1. 신청인의 주소 및 성명
2. 대리인이 신청하는 경우에는 대리인의 주소 및 성명
3. 피신청인이 될 자의 주소 및 성명
4. 신청인이 대표하려는 다수인의 범위
5. 손해배상을 청구하는 경우에는 1명당 배상청구액의 상한
6. 분쟁 조정신청의 취지 및 원인

제47조【허가요건】 위원회는 제46조에 따른 허가신청이 다음 각 호의 요건을 모두 충족할 때에는 이를 허가할 수 있다.
1. 같은 원인으로 발생하였거나 발생할 우려가 있는 환경피해를 청구원인으로 할 것
2. 공동의 이해관계를 가진 자가 100명 이상이며, 선정대표자에 의한 조정이 현저하게 곤란할 것
3. 피해배상을 신청하는 경우에는 1명당 피해배상요구액이 500만원 이하일 것
4. 신청인이 대표하려는 다수인 중 30명 이상이 동의할 것
5. 신청인이 구성원의 이익을 공정하고 적절하게 대표할 수 있을 것

제48조【신청의 경합】 ① 위원회는 다수인관련분쟁 조정의 허가신청이 경합(競合)하는 경우에는 사건을 분리하거나 병합하는 등의 방법을 각 신청인에게 권고할 수 있다.
② 위원회는 제1항에 따른 권고가 수락되지 아니하는 경우에는 해당 신청에 대하여 불허가 결정을 할 수 있다.

제49조【허가 결정】 ① 위원회는 다수인관련분쟁 조정의 허가 결정을 할 때에는 그 결정서에 제46조제4항 각 호의 사항을 적어야 한다.
② 위원회는 제1항에 따른 허가 결정을 하였을 때에는 즉시 신청인과 피신청인에게 그 사실을 통지하여야 한다.
③ 위원회가 다수인관련분쟁 조정의 허가 결정을 한 경우에는 제46조에 따라 허가를 신청한 때에 조정이 신청된 것으로 본다.

제50조【대표당사자의 감독 등】 ① 위원회는 필요하다고 인정할 때에는 대표당사자에게 필요한 보고를 할 것을 요구할 수 있다.
② 위원회는 대표당사자가 구성원을 공정하고 적절하게 대표하지 아니한다고 인정할 때에는 구성원의 신청에 의하여 또는 직권으로 그 대표당사자를 변경하거나 허가를 취소할 수 있다.

제51조【공고 등】 ① 위원회는 다수인관련분쟁의 조정신청을 받았을 때에는 다음 각 호의 사항을 신청 후 15일 이내에 공고하고, 그 공고안을 그 분쟁이 발생한 지방자치단체의 사무소에서 공람할 수 있도록 하여야 한다.
1. 신청인과 피신청인의 주소 및 성명
2. 대리인의 주소 및 성명
3. 구성원의 범위 및 구성원 1명당 배상청구액의 상한
4. 신청의 취지 및 원인의 요지
5. 사건번호 및 사건명
6. 참가신청의 방법 및 기간과 참가신청을 하지 아니한 자에게는 조정의 효력이 미치지 아니한다는 사항
7. 그 밖에 위원회가 필요하다고 인정하는 사항
② 제1항에 따른 공고는 관보 또는 일간신문에 게재하거나 그 밖에 위원회가 적절하다고 인정하는 방법으로 할 수 있다.
③ 위원회는 제1항에 따른 공고에 드는 비용을 대표당사자로 하여금 부담하게 할 수 있다.

제52조【참가의 신청】 ① 대표당사자가 아닌 자로서 해당 분쟁의 조정결과와 이해관계가 있는 자는 제51조제1항에 따른 공고가 있은 날부터 60일 이내에 조정절차에의 참가를 신청할 수 있다.
② 제47조제4호에 따라 동의를 한 자는 조정절차에 참가한 것으로 본다.

제53조【효력】 조정의 효력은 대표당사자와 제52조에 따라 참가를 신청한 자에게만 미친다.

제54조【동일한 분쟁에 대한 조정신청의 금지】 제52조에 따라 참가의 신청을 하지 아니한 자는 그 신청원인 및 신청취지상 동일한 분쟁으로 인정되는 사건에 대하여는 다시 조정을 신청할 수 없다.

제55조【조정절차의 준용】 다수인관련분쟁의 조정절차에 관하여 이 장에서 규정하지 아니한 사항에 관하여는 그 성질에 반하지 아니하는 범위에서 제3장을 준용한다.

제56조【배분】 대표당사자가 조정에 의하여 손해배상금을 받은 경우에는 위원회가 정하는 기간 내에 배분계획을 작성하여 위원회의 인가를 받은 후 그 배분계획에 따라 손해배상금을 배분하여야 한다.

제57조【배분계획의 기재 사항】 손해배상금의 배분계획에는 다음 각 호의 사항이 포함되어야 한다.
1. 손해배상금을 받을 자 및 1명당 채권액의 상한
2. 피신청인이 지급하는 금전의 총액
3. 제59조에 따른 공제항목 및 그 금액
4. 배분에 충당하는 금액
5. 배분기준
6. 지급 신청기간, 신청장소 및 신청방법에 관한 사항
7. 채권의 확인방법에 관한 사항
8. 배분금을 받는 기간, 받을 장소 및 방법에 관한 사항
9. 그 밖에 위원회가 정하는 사항

제58조【배분기준】 ① 손해배상금은 재정의 이유 또는 조정조서(調停調書)의 기재내용을 기준으로 배분하여야 한다.

② 확인된 채권의 총액이 배분에 충당하는 금액을 초과하는 경우에는 각 채권의 가액(價額)에 비례하여 배분하여야 한다.
제59조【공제】 대표당사자는 피신청인이 지급하는 금액 중에서 다음 각 호의 비용을 공제할 수 있다.
1. 조정절차의 수행에 든 비용
2. 배분에 드는 비용
제60조【배분계획의 공고】 ① 위원회는 제56조에 따라 배분계획을 인가한 경우에는 다음 각 호의 사항을 공고하여야 한다.
1. 재정 또는 조정조서(調停調書)의 요지
2. 제57조 각 호의 사항
3. 대표당사자의 주소 및 성명
② 제1항에 따른 공고에 관하여는 제51조제2항 및 제3항을 준용한다.
③ 제56조에 따른 배분계획의 인가에 대한 불복에 관하여는 제23조를 준용한다.
제61조【배분계획의 변경 등】 ① 제60조제1항에 따라 공고된 배분계획에 이의가 있는 당사자는 공고 후 7일 이내에 위원회에 의견을 제출할 수 있다.
② 위원회는 제56조에 따라 배분계획을 인가한 후 이를 변경할 필요가 있다고 인정하면 결정으로 배분계획을 변경할 수 있다. 다만, 직권으로 변경하는 경우에는 대표당사자의 의견을 들어야 한다.
③ 위원회는 제2항에 따라 변경된 내용을 공고하여야 한다.
④ 제3항에 따른 공고에 관하여는 제51조제2항 및 제3항을 준용한다.

제5장 보 칙
(2012.2.1 본장개정)

제62조【「국가배상법」과의 관계】 「국가배상법」을 적용받는 분쟁으로서 이 법에 따른 조정절차(調整節次)를 거친 경우(제34조 및 제35조를 포함한다)에는 「국가배상법」에 따른 배상심의회의 심의·의결을 거친 것으로 본다.
제63조【조정비용 등】 ① 위원회가 진행하는 조정절차(調整節次)에 필요한 비용은 대통령령으로 정하는 사항을 제외하고는 각 당사자가 부담한다.
② 위원회에 조정(調停) 등의 신청을 하는 자는 대통령령(지방조정위원회의 경우에는 해당 시·도의 조례)으로 정하는 바에 따라 수수료를 내야 한다.
제64조【준용규정】 문서의 송달 및 법정이율에 관하여는 「민사소송법」 중 송달에 관한 규정과 「소송촉진 등에 관한 특례법」 제3조를 각각 준용한다.

제6장 벌 칙
(2012.2.1 본장개정)

제65조【벌칙】 제32조제1항, 제38조(제45조의3에 따라 준용되는 경우를 포함한다)제1항제3호 및 제4호에 따른 위원회의 위원 또는 심사관의 출입·조사·열람 또는 복사를 정당한 이유없이 거부 또는 기피하거나 방해하는 행위를 한 자는 200만원 이하의 벌금에 처한다.
(2015.12.22 본조개정)
제66조【과태료】 ① 다음 각 호의 어느 하나에 해당하는 자에게는 100만원 이하의 과태료를 부과한다.
1. 제38조(제45조의3에 따라 준용되는 경우를 포함한다. 이하 이 조에서 같다)제1항제1호에 따라 재정위원회로부터 계속하여 2회의 출석 요구를 받고 정당한 사유 없이 출석하지 아니한 자(2015.12.22 본호개정)
2. 제38조제1항제3호에 따른 문서 또는 물건을 제출하지 아니한 자 또는 거짓 문서·물건을 제출한 자
② 제38조제4항에 따라 선서한 당사자, 참고인 또는 감정인이 거짓으로 진술 또는 감정을 하였을 때에는 50만원 이하의 과태료를 부과한다.
③ 제1항 및 제2항에 따른 과태료는 대통령령으로 정하는 바에 따라 환경부장관 또는 시·도지사가 부과·징수한다.

부 칙 (2012.2.1)

제1조【시행일】 이 법은 공포 후 3개월이 경과한 날부터 시행한다. 다만, 제2조제1호의 개정규정은 「인공조명에 의한 빛공해 방지법」 시행 후 1년이 경과한 날부터 시행한다.
제2조【다른 법률의 개정】 ①~② ※(해당 법령에 가제정리 하였음)

부 칙 (2015.12.22)

제1조【시행일】 이 법은 공포 후 1년이 경과한 날부터 시행한다. 다만, 제8조제2항의 개정규정은 공포한 날부터 시행한다.
제2조【합의권고에 관한 적용례】 제16조의2의 개정규정은 이 법 시행 당시 위원회에 계류 중인 알선·조정(調停) 및 재정 사건에 대해서도 적용한다.
제3조【재정위원회 구성에 관한 적용례】 제36조제1항의 개정규정은 이 법 시행 후 위원회에 접수되는 재정신청 사건부터 적용한다.
제4조【중앙조정위원회 위원장의 임명에 관한 경과조치】 제8조제2항의 개정규정에도 불구하고 같은 개정규정 시행 당시 재직 중인 중앙조정위원회의 위원장은 그 임기가 만료될 때까지는 종전의 규정에 따른다.
제5조【금치산자 등에 대한 경과조치】 제9조제1호의 개정규정에 따른 피성년후견인 또는 피한정후견인에는 법률 제10429호 민법 일부개정법률 부칙 제2조에 따라 금치산 또는 한정치산 선고의 효력이 유지되는 사람을 포함하는 것으로 본다.

부 칙 (2018.10.16)

제1조【시행일】 이 법은 공포 후 1년이 경과한 날부터 시행한다. 다만, 제4조, 제8조제3항 전단 및 제10조제2항의 개정규정은 공포한 날부터 시행한다.
제2조【조정위원회의 출석요구 등에 관한 적용례】 제32조의2, 제33조의2, 제35조제2항 및 제35조의2의 개정규정은 이 법 시행 후 제16조에 따라 위원회에 신청된 조정부터 적용한다.
제3조【위원회 위원의 신분보장에 관한 경과조치】 제10조제2항제3호의 개정규정 시행 당시 위원회 위원에 대하여는 같은 개정규정에도 불구하고 해당 위원의 임기가 만료될 때까지 종전의 규정에 따른다.
제4조【조정안의 수락 등에 관한 경과조치】 이 법 시행 당시 절차가 진행 중인 조정을 위한 조정안의 수락, 해당 조정의 성립·효력 및 종결에 관하여는 종전의 제19조제3항 단서, 제22조제4항제2호, 제33조 및 제35조제2항을 적용한다.

부 칙 (2021.4.1)

제1조【시행일】 이 법은 공포한 날부터 시행한다.
제2조【환경피해에 관한 적용례】 제2조제1호 본문 및 제5조제1호다목의 개정규정은 2020년 5월 15일 이후 하천시설 또는 수자원시설로 인한 하천수위의 변화로 발생한 환경피해부터 적용한다.

환경분쟁 조정법 시행령

(1998년 2월 24일 전개대통령령 제15672호)

개정
2003. 6.23영18007호
2004. 3.17영18312호(전자적민원처리를위한가석방자관리규정등)
2006. 7.27영19628호 2008. 9.18영21012호
2010. 5.25영22170호
2011.10.28영23267호(환경기술및환경산업지원법시)
2012. 1. 6영23488호(민감정보고유식별정보)
2012. 5. 1영23758호 2016.11. 8영27576호
2019.10. 8영30113호
2022. 7.11영32790호(전자정부법시)

제1조【목적】 이 영은 「환경분쟁 조정법」에서 위임된 사항과 그 시행에 필요한 사항을 규정함을 목적으로 한다.(2012.5.1 본조개정)
제2조【환경피해의 원인】 「환경분쟁 조정법」(이하 "법"이라 한다) 제2조제1호 본문에서 "대통령령이 정하는 원인"이란 진동이 그 원인 중의 하나가 되는 지반침하(광물채굴로 인한 지반침하는 제외한다)를 말한다.
(2012.5.1 본조개정)
제3조【관할】 ① 법 제6조제1항제6호에서 "대통령령으로 정하는 분쟁"이란 법 제4조에 따른 지방환경분쟁조정위원회(이하 "지방조정위원회"라 한다)가 스스로 조정하기 곤란하다고 결정하여 이송한 환경분쟁(이하 "분쟁"이라 한다)을 말한다.(2019.10.8 본항개정)
② 법 제6조제2항 단서에 따라 지방조정위원회가 관할하는 분쟁의 재정 및 중재사무는 조정 목적의 가액(價額)(이하 "조정가액"이라 한다)이 1억원 이하인 분쟁의 재정 및 중재사무로 한다. 다만, 법 제4조에 따른 중앙환경분쟁조정위원회(이하 "중앙조정위원회"라 한다)에서 진행 중이거나 재정 또는 중재된 사건과 같은 원인으로 발생한 분쟁의 재정 또는 중재사무는 제외한다.
(2016.11.8 본조개정)
제4조【신청서 등의 이송】 중앙조정위원회 및 지방조정위원회(이하 "위원회"라 한다)는 법 제6조에 따른 관할에 속하지 아니하는 분쟁사건이 신청된 경우에는 해당 분쟁사건에 관한 모든 문서 및 물건을 관할 위원회에 지체 없이 이송하고, 그 사실을 신청인에게 통지하여야 한다.
(2016.11.8 본조개정)
제4조의2【처리실적의 제출 요청】 중앙조정위원회는 분쟁사건의 체계적인 관리를 위하여 지방조정위원회가 관할하는 분쟁 조정사무의 반기별 처리실적에 관한 자료의 제출을 지방조정위원회에 요청할 수 있다. 이 경우 요청을 받은 지방조정위원회는 특별한 사유가 없으면 해당 자료를 제출하여야 한다.(2016.11.8 본조신설)
제5조【제척·기피 등】 ① 법 제12조제2항 및 제3항에 따른 위원회의 위원에 대한 제척 또는 기피의 신청은 관할 위원회에 그 사유와 소명(疏明)방법을 분명하게 적은 서면으로 하여야 한다.
② 제척신청 또는 기피신청의 대상이 된 위원은 지체 없이 그에 대한 의견서를 위원회에 제출하여야 한다.
③ 제척신청 또는 기피신청에 관한 위원회의 결정에 대해서는 불복신청을 하지 못한다.
④ 위원은 법 제12조제4항에 따라 회피하려는 경우에는 위원회의 승인을 받아야 한다.
(2012.5.1 본조개정)
제6조【관계전문가의 위촉】 위원회의 위원장은 법 제13조제3항에 따라 사건별로 10명 이내의 관계전문가를 위촉할 수 있다.(2012.5.1 본조개정)
제7조【수당 등】 위원회에 출석한 비상임위원 및 법 제13조제3항에 따라 위촉한 관계전문가(이하 "관계전문가"라 한다)에게는 예산의 범위에서 수당·여비와 그 밖에 업무수행에 필요한 실비(實費)를 지급할 수 있다.
(2012.5.1 본조개정)
제8조【신청서의 기재 사항】 법 제16조제5항에 따른 신청서의 기재 사항은 다음 각 호의 구분에 따른다.
1. 알선·조정(調停)의 경우
가. 당사자, 선정대표자, 대표당사자 및 대리인(이하 "당사자등"이라 한다)의 주소 및 성명(법인의 경우에는 명칭을 말한다)
나. 환경피해 발생의 일시·장소
다. 분쟁의 경과
라. 알선·조정을 구하는 취지 및 이유
마. 그 밖의 참고자료
2. 재정의 경우
가. 제1호가목부터 다목까지 및 마목에 규정된 사항
나. 재정을 구하는 취지 및 이유
다. 다음의 구분에 따른 사항
1) 법 제35조의3제1호에 따른 원인재정(이하 "원인재정"이라 한다)의 경우 : 피해사실 또는 예상피해사실
2) 법 제35조의3제2호에 따른 책임재정(이하 "책임재정"이라 한다)의 경우 : 피해금액 또는 예상피해금액
(2019.10.8 본목개정)
3. 중재의 경우
가. 제1호가목부터 다목까지 및 마목에 규정된 사항
나. 중재를 구하는 취지 및 이유
다. 피해금액 또는 예상 피해금액
라. 중재를 통하여 분쟁을 해결하기로 한 당사자 간 합의 사실
마. 법 제45조의2제1항에 따른 중재위원회(이하 "중재위원회"라 한다)의 위원 중 당사자가 합의한 위원의 명단(법 제45조의2제2항에 따라 당사자가 합의하여 위원을 선정하는 경우만 해당한다)
(2016.11.8 본호신설)
(2012.5.1 본조개정)
제9조【예상 피해로 인한 분쟁의 알선·조정·재정 또는 중재 신청】 예상되는 피해로 인한 분쟁의 알선·조정·재정 또는 중재의 신청은 사업의 시행자·규모·위치·기간 등을 포함한 사업계획이 관계 법령에 의한 절차에 따라 결정된 후에 할 수 있다.(2016.11.8 본조개정)
제10조【신청의 변경】 위원회의 위원장은 신청인 또는 참가인이 서면으로 알선·조정·재정 또는 중재(신청인이 피신청인의 동의를 얻은 경우만 해당한다)를 구하는 취지나 이유의 변경을 신청한 경우에는 이를 승인하여야 한다. 다만, 해당 알선·조정·재정 또는 중재의 절차(이하 "분쟁조정절차"라 한다)를 현저히 지연시킬 우려가 있는 경우에는 그 변경을 승인하지 아니할 수 있다.
(2016.11.8 본조개정)
제11조【상대방에 대한 통지】 위원회는 제8조에 따른 신청 또는 제10조에 따른 변경신청이 있는 경우에는 신청서 부본(副本)을 첨부하여 그 상대방에게 지체 없이 서면으로 통지하여야 한다.(2012.5.1 본조개정)
제12조【조정의 처리기간】 ① 법 제16조제6항에서 "대통령령으로 정하는 기간"이란 다음 각 호의 구분에 따른 기간을 말한다.
1. 알선의 경우 : 3개월
2. 조정 또는 중재의 경우 : 9개월(2019.10.8 본호개정)
3. 재정의 경우
가. 원인재정의 경우 : 6개월
나. 책임재정의 경우 : 9개월
(2019.10.8 본호신설)
② 다음 각 호의 어느 하나에 해당하는 경우에는 위원회의 결정으로 제1항의 기간을 연장할 수 있다. 다만, 책임재정의 경우에는 한 차례만 연장할 수 있다.(2019.10.8 본문개정)
1. 당사자등의 동의가 있는 경우
2. 농작물의 피해로 인한 분쟁, 인체의 피해로 인한 분쟁 등 인과관계를 입증하거나 배상액을 산정하는 데에 장기간이 걸리는 경우
(2012.5.1 본조개정)
제13조【신청의 철회】 알선·조정·재정 또는 중재의 신청인, 신청인의 선정대표자·대리인, 대표당사자 또는 참가인은 해당 절차가 종결되기 전에 서면으로 신청을

철회할 수 있다. 다만, 중재의 경우에는 피신청인이 신청의 철회에 동의한 경우에만 철회할 수 있다.
(2016.11.8 본조개정)

제14조【신청의 각하】 위원회는 법 제17조제2항 또는 제3항에 따라 신청을 각하(却下)한 경우에는 지체 없이 결정서의 정본(正本)을 당사자등에게 송달하여야 한다.
(2012.5.1 본조개정)

제15조【참가신청】 ① 법 제20조제1항에 따라 분쟁조정절차에 참가하려는 자는 서면으로 위원회에 신청하여야 한다.
② 참가신청, 신청의 변경 및 통지에 관하여는 제8조부터 제11조까지의 규정을 준용한다.
③ 제2항에 따라 참가신청서의 부본을 송부받은 상대방은 10일 이내에 이에 대한 의견을 위원회에 서면으로 제출할 수 있다.
(2012.5.1 본조개정)

제16조【경정신청】 법 제21조제1항에 따라 피신청인의 경정(更正)을 신청하려는 자는 사건번호, 사건명, 경정 전후의 피신청인 및 경정신청의 이유를 적은 경정신청서를 위원회의 위원장에게 제출하여야 한다.(2012.5.1 본조개정)

제17조【분쟁조정절차의 분리·병합】 ① 위원회는 필요하다고 인정하는 경우에는 분쟁조정절차를 분리하거나 병합할 수 있다.
② 위원회는 제1항에 따라 분쟁조정절차를 분리하거나 병합한 경우에는 당사자등에게 지체 없이 서면으로 그 사실을 통지하여야 한다.
(2012.5.1 본조개정)

제18조【당사자의 지위승계】 ① 분쟁조정절차의 계류(繫留) 중에 당사자가 사망하거나 능력상실 또는 그 밖의 사유로 그 절차를 계속할 수 없는 경우에는 법령에 따라 그 지위를 승계한 자가 당사자의 지위를 승계할 수 있다.
② 제1항에 따라 당사자의 지위를 승계하려는 자는 서면으로 위원회에 신청하여야 한다.
③ 위원회는 제2항에 따른 신청을 받은 경우에는 지체 없이 이를 심사하여 승계 여부를 결정하고, 그 결과를 신청인에게 서면으로 통지하여야 한다.
④ 위원회는 제2항에 따른 신청이 없는 경우에 필요하다고 인정하면 제1항의 자격이 있는 자에게 분쟁조정절차를 계속 진행하도록 할 수 있다.
(2012.5.1 본조개정)

제19조【심사관의 출석】 법 제31조제1항에 따른 조정위원회, 법 제36조제1항에 따른 재정위원회(이하 "재정위원회"라 한다) 또는 중재위원회는 해당 위원회의 회의에 심사관을 출석하게 하여 그 의견을 진술하게 할 수 있다.(2016.11.8 본조개정)

제20조【환경단체의 요건】 법 제26조제1항제3호에서 "대통령령으로 정하는 요건"이란 다음 각 호와 같다.
1. 구성원이 100명 이상일 것
2. 신청일 현재 법인으로서의 자연환경 분야 활동 실적이 2년 이상일 것
(2012.5.1 본조개정)

제21조【위원의 지명 등】 ① 위원회의 위원장은 제8조에 따른 신청서가 접수된 날부터 7일 이내에 법 제27조·제31조제2항·제36조제2항 또는 제45조의2제2항에 따른 알선위원·조정위원·재정위원 또는 중재위원(이하 "알선·조정·재정 또는 중재위원"이라 한다)을 지명하고, 당사자등에게 지체 없이 그 명단과 분쟁조정절차에 관여하는 심사관의 명단을 통지하여야 한다.
② 위원장은 알선·조정·재정 또는 중재위원이나 담당 심사관이 변경된 경우에는 지체 없이 변경된 위원 또는 담당 심사관의 명단을 당사자등에게 통지하여야 한다.
(2016.11.8 본조개정)

제22조【알선 중단의 통지】 위원회는 법 제29조에 따라 알선이 중단된 경우에는 당사자등에게 지체 없이 서면으로 그 사실을 통지하여야 한다.(2012.5.1 본조개정)

제23조【직권조정의 대상 및 절차】 ① 법 제30조제1항에 따른 직권조정의 대상은 다음 각 호와 같다.
(2016.11.8 본문개정)
1. 환경피해로 인하여 사람이 사망하거나 신체에 중대한 장애가 발생한 분쟁
2. 「환경기술 및 환경산업 지원법」 제2조제2호에 따른 환경시설의 설치 또는 관리와 관련한 분쟁
3. 분쟁조정 예정가액이 10억원 이상인 분쟁
② 중앙조정위원회의 위원장은 법 제30조제1항에 따라 조정절차를 개시하는 경우에는 조정위원 및 심사관을 지명하고, 당사자에게 그 명단과 조정절차가 개시된 사실을 지체 없이 통지하여야 한다.
③ 중앙조정위원회의 위원장은 제2항에 따라 지명된 조정위원이나 담당 심사관이 변경된 경우에는 지체 없이 변경된 위원 또는 담당 심사관의 명단을 당사자에게 통지하여야 한다.
(2012.5.1 본조개정)

제24조 (2008.9.18 삭제)

제25조【조서의 작성 등】 ① 법 제33조제1항에 따른 조서는 당사자등이 조정안(調停案)을 수락한 날부터 14일 이내에 작성하여야 한다.
② 제1항에 따른 조서에는 다음 각 호의 사항을 적어야 한다.
1. 사건번호 및 사건명
2. 당사자등의 주소 및 성명(법인의 경우에는 명칭을 말한다)
3. 신청의 취지 및 이유
4. 조정 내용
5. 작성일
(2012.5.1 본조개정)

제26조【10명 이상 또는 3명으로 구성되는 재정위원회의 사건】 ① 법 제36조제1항제1호에 따른 10명 이상의 위원으로 구성되는 재정위원회에서 재정하는 사건은 다음 각 호의 어느 하나에 해당하는 사건으로 한다.
1. 환경피해로 인하여 5명 이상의 사람이 사망하거나 신체에 중대한 장애가 발생한 분쟁사건
2. 「환경기술 및 환경산업 지원법」 제2조제2호에 따른 환경시설의 설치 또는 관리와 관련한 분쟁사건
3. 환경피해 중 건강상 또는 재산상의 피해로서 조정가액이 20억원 이상인 분쟁사건
4. 그 밖에 사회적으로 파급효과가 클 것으로 우려되는 사건으로 재정위원회의 위원장이 인정하는 분쟁사건
② 법 제36조제1항제2호에 따른 3명의 위원으로 구성되는 재정위원회에서 재정하는 사건은 다음 각 호의 구분에 따른다.
1. 중앙조정위원회의 경우 : 조정가액이 2억원 이하인 분쟁사건
2. 지방조정위원회의 경우 : 조정가액이 5천만원 이하인 분쟁사건
(2016.11.8 본조개정)

제27조【조서의 작성】 ① 재정위원회는 법 제37조 또는 제38조에 따른 심문 또는 조사 등을 하는 경우에는 재정절차에 관여하는 심사관에게 조서를 작성하게 하여야 한다.
② 제1항에 따른 조서에는 다음 각 호의 사항을 적고, 그 심문 또는 조사 등에 관여한 재정위원과 심사관이 서명날인하여야 한다.
1. 사건번호 및 사건명
2. 심문 또는 조사 등의 일시 및 장소
3. 출석한 당사자등의 성명
4. 심문의 공개 여부와 비공개 시 그 이유
5. 심문 또는 조사 등의 방법 및 내용
6. 그 밖에 심문 또는 조사 등에 관한 중요한 사항
(2012.5.1 본조개정)

제28조【출석의 요구 등】 ① 재정위원회는 법 제38조제1항제1호부터 제3호까지의 규정에 따라 당사자 또는 참고인의 출석, 감정인의 출석 및 감정, 문서 또는 물건의 열람·복사·제출을 요구하는 경우에는 서면으로 하여야 한다.
② 위원회는 제1항에 따라 재정위원회에 출석한 사람(당사자는 제외한다) 또는 감정한 사람에게 예산의 범위에서 여비·일당과 그 밖에 필요한 실비를 지급할 수 있다.
③ 당사자등이 감정을 신청한 경우에는 제2항에 따른 감정인의 감정 및 출석에 관한 비용은 감정을 신청한 당사자등이 부담한다.
(2012.5.1 본조개정)

제29조【증거보전신청서의 기재 사항 등】 ① 법 제39조제1항에 따라 증거보전을 신청하려는 자는 다음 각 호의 사항을 적은 신청서를 위원회에 제출하여야 한다.
1. 상대방의 주소 및 성명(법인의 경우에는 명칭을 말한다)
2. 입증할 사실
3. 증거의 내용
4. 증거보전신청의 사유
② 위원회는 제1항에 따라 증거보전을 위해 실시하는 증거조사의 기일과 장소를 신청인 및 상대방에게 통지하여야 한다. 다만, 통지할 수 있는 시간적 여유가 없는 긴급한 경우에는 그러하지 아니하다.
(2012.5.1 본조개정)

제30조【재정의 경정】 ① 재정위원회는 재정에 오기(誤記)·계산착오 또는 그 밖에 이와 비슷한 잘못이 있는 것이 명백한 경우에는 직권으로 또는 당사자등의 신청에 의하여 경정결정을 할 수 있다.
② 재정위원회는 경정결정의 원본을 재정서의 원본에 첨부하고, 경정결정의 정본을 당사자등에게 송달하여야 한다.
(2012.5.1 본조개정)

제31조【문서 등의 이송】 재정위원회는 법 제43조에 따라 재정신청된 사건을 관할 위원회에 송부하여 조정하게 한 경우에는 해당 사건에 관한 모든 문서 및 물건을 이송하고, 그 사실을 당사자등에게 통지하여야 한다.
(2012.5.1 본조개정)

제31조의2【촉탁받은 원인재정의 자료제출 요청 등】
① 중앙조정위원회는 법 제45조제4항 전단에 따라 원인재정의 촉탁을 받은 경우에는 수소법원(受訴法院)에 해당 사건에 대한 설명 또는 자료제출 등을 요청할 수 있다.
② 중앙조정위원회는 제1항에 따른 사건의 원인재정을 했을 때에는 지체 없이 재정문서의 정본을 수소법원에 송달해야 한다.
(2019.10.8 본조신설)

제31조의3【준용규정】 중재의 조서 작성, 출석의 요구 및 증거보전 신청 등에 관하여는 제27조부터 제29조까지의 규정을 준용한다. 이 경우 "재정위원회"는 "중재위원회"로, "재정"은 "중재"로 본다.(2016.11.8 본조신설)

제32조【질서유지를 위한 조치】 위원회는 분쟁조정절차를 방해하는 행위를 한 자에 대하여 퇴장을 명하는 등 직무의 원활한 집행을 위하여 필요한 조치를 할 수 있다.

제33조【기록의 열람 및 복사】 ① 당사자등은 위원회에 사건기록의 열람 또는 복사를 신청할 수 있다.
② 제1항에 따른 열람 또는 복사의 신청은 서면(전자문서를 포함한다)으로 하여야 한다.
(2012.5.1 본조개정)

제34조【조정비용】 법 제63조제1항에 따라 당사자가 부담하지 아니하는 비용은 다음 각 호와 같다.
1. 위원회의 위원·심사관·직원 및 관계전문가의 출장에 드는 비용
2. 관계전문가의 조사 비용
3. 법 제18조에 따라 협조를 요청받은 사람의 출장에 드는 비용
4. 법 제38조에 따른 참고인 또는 감정인의 출석에 드는 비용
5. 분쟁조정절차의 진행과 관련한 우편료 및 전신료
(2012.5.1 본조개정)

제35조【수수료】 ① 법 제63조제2항에 따라 중앙조정위원회에 조정(調整) 등을 신청하는 자가 내야 할 수수료는 별표1과 같다.
② 제1항에 따른 수수료는 수입인지로 내야 한다.
③ 알선·조정·재정 또는 중재를 구하는 가액이 취지의 변경 등으로 증가한 경우에는 증가 전의 수수료와 증가 후의 수수료의 차액에 해당하는 금액을 수입인지로 내야 한다.(2016.11.8 본항개정)
④ 중앙조정위원회는 정보통신망을 이용하여 전자화폐·전자결제 등의 방법으로 제2항 및 제3항에 따른 수수료를 내게 할 수 있다.
(2012.5.1 본조개정)

제35조의2【고유식별정보의 처리】 위원회는 다음 각 호의 사무를 수행하기 위하여 불가피한 경우 「개인정보 보호법 시행령」 제19조제1호에 따른 주민등록번호가 포함된 자료를 처리할 수 있다.
1. 법 제16조에 따른 조정신청 등에 관한 사무
2. 법 제19조에 따른 대표자 선정 및 해임·변경에 관한 사무
3. 법 제21조에 따른 피신청인 경정에 관한 사무
4. 법 제22조에 따른 당사자의 대리인 선임 허가에 관한 사무
5. 법 제39조에 따른 증거보전에 관한 사무
6. 법 제46조에 따른 다수인관련분쟁의 조정신청 등에 관한 사무
(2012.5.1 본조개정)

제36조【과태료의 부과】 법 제66조제1항 및 제2항에 따른 과태료의 부과기준은 별표2와 같다.(2008.9.18 본조개정)

부　칙 (2016.11.8)

이 영은 2016년 12월 23일부터 시행한다.

부　칙 (2019.10.8)

이 영은 2019년 10월 17일부터 시행한다.

부　칙 (2022.7.11)

제1조【시행일】 이 영은 2022년 7월 12일부터 시행한다.(이하 생략)

[별표] ➡ 「法典 別冊」 참조

환경오염피해 배상책임 및 구제에 관한 법률(약칭 : 환경오염피해구제법)

(2014년 12월 31일
법 률 제12949호)

개정
2016. 1.27법13886호(잔류성오염물질관리법)
2017. 1.17법14532호(물환경보전법)
2017.12.12법15201호
2020. 3.31법17182호(화학물질관리법)
2020. 5.26법17326호(법률용어정비)
2023. 4.18법19362호
2023. 8.16법19670호→2024년 8월 17일 시행

제1장 총 칙

제1조【목적】 이 법은 환경오염피해에 대한 배상책임을 명확히 하고, 피해자의 입증부담을 경감하는 등 실효적인 피해구제 제도를 확립함으로써 환경오염피해로부터 신속하고 공정하게 피해자를 구제하는 것을 목적으로 한다.

제2조【정의】 이 법에서 사용하는 용어의 뜻은 다음과 같다.

1. "환경오염피해"란 시설의 설치·운영으로 인하여 발생되는 대기오염, 수질오염, 토양오염, 해양오염, 소음·진동, 그 밖에 대통령령으로 정하는 원인으로 인하여 다른 사람의 생명·신체(정신적 피해를 포함한다) 및 재산에 발생된 피해(동일한 원인에 의한 일련의 피해를 포함한다)를 말한다. 다만, 해당 사업자가 받은 피해와 해당 사업자의 종업원이 업무상 받은 피해는 제외한다.
2. "시설"이란 이 법에 따른 배상책임과 신고의무 등이 적용되는 제3조의 시설로서 해당 시설의 설치·운영과 밀접한 관계가 있는 사업장, 창고, 토지에 정착된 설비, 그 밖에 장소 이동을 수반하는 기계·기구, 차량, 기술설비 및 부속설비를 포함한다.
3. "사업자"란 해당 시설에 대한 사실적 지배관계에 있는 시설의 소유자, 설치자 또는 운영자를 말한다.
4. "환경책임보험"이란 사업자와 보험자가 환경오염피해가 발생한 경우 이 법에 따른 환경오염피해 배상책임을 보장하는 내용을 약정하는 보험을 말한다.
5. "보험자"란 환경책임보험의 약정에 따라 환경오염피해를 전보(塡補)하거나 배상의무의 이행을 담보하는 자로서 「보험업법」에 따른 보험회사를 말한다.
6. "보험가입자"란 환경책임보험에 가입한 자를 말한다.
7. "운영기관"이란 제17조제2항에 따른 보장계약의 체결, 제44조제2항에 따라 위탁받은 구제계정운용 등을 위하여 환경부령으로 정하는 기관을 말한다.(2023.4.18 본호개정)
8. "보장계약"이란 사업자와 운영기관이 환경오염피해 배상책임을 보장하기 위하여 체결하는 환경오염피해 배상 보장계약을 말한다.
9. "보장금"이란 제17조제2항에 따른 보장계약에 따라 운영기관이 해당 사업자에게 지급하는 금액을 말한다.

제3조【적용대상】 이 법의 적용대상이 되는 시설은 다음 각 호의 어느 하나에 해당하는 시설을 말한다.

1. 「대기환경보전법」 제2조제11호에 따른 대기오염물질 배출시설
2. 「물환경보전법」 제2조제10호·제11호에 따른 폐수배출시설 또는 폐수무방류배출시설(2017.1.17 본호개정)
3. 「폐기물관리법」 제2조제8호에 따른 폐기물처리시설로서 같은 법 제25조제3항에 따라 폐기물처리업자가 설치한 시설 및 같은 법 제29조제2항에 따른 승인 또는 신고대상 시설
4. 「건설폐기물의 재활용촉진에 관한 법률」 제2조제16호에 따른 건설폐기물 처리시설(「건설폐기물의 재활용촉진에 관한 법률」 제13조의2제2항에 따른 임시보관장소를 포함한다)
5. 「가축분뇨의 관리 및 이용에 관한 법률」 제2조제3호에 따른 배출시설로서 같은 법 제11조에 따른 허가 또는 신고 대상 시설
6. 「토양환경보전법」 제2조제3호에 따른 토양오염관리대상시설
7. 「화학물질관리법」 제2조제11호에 따른 취급시설로서 같은 법 제23조제4항에 따른 주요취급시설 및 같은 법 제27조에 따른 유해화학물질 영업을 하는 자의 취급시설(2020.3.31 본호개정)
8. 「소음·진동관리법」 제2조제3호에 따른 소음·진동배출시설
9. 「잔류성오염물질 관리법」 제2조제2호에 따른 배출시설(2016.1.27 본호개정)
10. 「해양환경관리법」 제2조제17호에 따른 해양시설 중 대통령령으로 정하는 시설
11. 그 밖에 대통령령으로 정하는 시설

제4조【국가 등의 책무】 ① 국가는 이 법의 목적에 따라 실효성 있는 환경오염피해 구제수단을 마련하고 피해경감을 위하여 필요한 시책을 강구하여야 한다.
② 지방자치단체는 제1항에 따른 국가의 시책과 지역적 특성을 고려하여 환경오염물질 및 시설의 안전관리를 통해 환경오염피해의 사전예방에 노력을 기울여야 한다.
③ 사업자는 시설의 설치·운영으로부터 발생하는 환경오염피해를 예방하기 위하여 스스로 노력하고, 환경오염사고가 발생하였을 때에는 피해경감에 필요한 조치를 하여야 하며, 제1항과 제2항에 따른 국가 또는 지방자치단체의 시책이 효과적으로 추진될 수 있도록 협력하여야 한다.

제5조【다른 법률 및 청구권과의 관계】 ① 시설의 설치·운영과 관련한 환경오염피해의 배상에 관하여 이 법에 규정된 것을 제외하고는 「민법」의 규정을 따른다.
② 이 법에 따른 청구권은 「민법」 등 다른 법률에 따른 청구권에 영향을 미치지 아니한다.

제2장 환경오염피해 배상

제6조【사업자의 환경오염피해에 대한 무과실책임】 ① 시설의 설치·운영과 관련하여 환경오염피해가 발생한 때에는 해당 시설의 사업자가 그 피해를 배상하여야 한다. 다만, 그 피해가 전쟁·내란·폭동 또는 천재지변, 그 밖의 불가항력으로 인한 경우에는 그러하지 아니하다.
② 환경오염피해가 그 시설 운영 중단 전의 상황으로 인하여 발생한 경우에는 그 시설을 운영하였던 사업자가 제1항에 따라 배상하여야 한다.

제7조【배상책임한도】 사업자의 환경오염피해에 대한 배상책임한도는 2천억원의 범위에서 시설의 규모 및 발생될 피해의 결과 등을 고려하여 대통령령으로 정한다. 다만, 다음 각 호의 어느 하나에 해당하는 경우에는 그러하지 아니하다.(2020.5.26 본문개정)

1. 환경오염피해가 사업자의 고의 또는 중대한 과실로 발생한 경우
2. 환경오염피해의 원인을 제공한 시설에 대하여 사업자가 시설의 설치·운영과 관련하여 안전관리기준을 준수하지 아니하거나 배출허용기준을 초과하여 배출하는 등 관계 법령을 준수하지 아니한 경우
3. 환경오염피해의 원인을 제공한 사업자가 피해의 확산방지 등 환경오염피해의 방제(防除)를 위한 적정한 조치를 하지 아니한 경우

제8조【사업자의 신고의무 등】 ① 시설에서 환경오염사고가 발생한 경우 해당 시설의 사업자는 즉시 지방환경관서, 특별시·광역시·특별자치시·도·특별자치도 또는 시·군·자치구 등 관계 행정기관에 신고하여야 한다.
② 사업자는 시설의 환경오염에 관한 정보를 관계 지역 안의 상시 근무자, 거주자에게 신속하게 제공(공유를 포함한다)하고, 피해방지에 필요한 응급조치를 하여야 한다.
③ 사업자는 환경부령으로 정하는 바에 따라 환경오염사고의 발생 개요와 결과 등을 기록·보존하여야 한다.
④ 환경부장관 또는 지방자치단체의 장은 환경오염 사고의 중대성·시급성이 인정되는 경우에는 해당 시설의 운영 중단을 명할 수 있다.

제9조【인과관계의 추정】 ① 시설이 환경오염피해 발생의 원인을 제공한 것으로 볼 만한 상당한 개연성이 있는 때에는 그 시설로 인하여 환경오염피해가 발생한 것으로 추정한다.
② 제1항에 따른 상당한 개연성이 있는지의 여부는 시설의 가동과정, 사용된 설비, 투입되거나 배출된 물질의 종류와 농도, 기상조건, 피해발생의 시간과 장소, 피해의 상태와 그 밖에 피해발생에 영향을 준 사정 등을 고려하여 판단한다.(2020.5.26 본항개정)
③ 환경오염피해가 다른 원인으로 인하여 발생하였거나, 사업자가 대통령령으로 정하는 환경오염피해 발생의 원인과 관련된 환경·안전 관계 법령 및 인허가조건을 모두 준수하고 환경오염피해를 예방하기 위하여 노력하는 등 제4조제3항에 따른 사업자의 책무를 다하였다는 사실을 증명하는 경우에는 제1항에 따른 추정은 배제된다.

제10조【연대책임】 환경오염피해를 발생시킨 사업자가 둘 이상인 경우에 어느 사업자에 의하여 그 피해가 발생한 것인지를 알 수 없을 때에는 해당 사업자들이 연대하여 배상하여야 한다.

제11조【구상권】 ① 다른 사업자의 시설 설치·운영에 따른 환경오염피해를 제6조에 따라 배상한 사업자는 해당 시설의 사업자에게 구상할 수 있다.
② 환경오염피해가 시설의 설치·운영 등에 사용된 자재·역무의 제공에 의하여 생긴 때에는 사업자는 해당 자재·역무의 제공을 한 자의 고의 또는 중대한 과실이 있을 때에만 구상할 수 있다.

제12조【책임의 배분】 ① 환경부령으로 정하는 사업자는 시설의 설치·운영에 관한 업무를 도급(하도급을 포함한다. 이하 이 조에서 같다)하는 경우 도급의 사유 및 도급계획, 이 법에 따른 배상책임의 배분 등에 관한 내용을 도급계약서에 명시하고 이를 시설의 인·허가 기관에 신고하여야 한다.
② 제1항에 따른 계약서의 내용이 거래관계의 전반에 비추어 현저하게 공정성을 잃거나 선량한 풍속 및 사회질서에 위배되는 경우 해당 부분은 무효로 한다.
③ 도급인이 시설의 설치·운영에 관한 업무를 도급한 경우에는 해당 수급인(하수급인을 포함한다. 이하 이 조에서 같다)을 관리·감독하여야 할 의무가 있고, 수급인에게 시설의 무리한 설치·운영을 요구하여서는 아니 된다.
④ 제1항에 따른 수급인이 도급받은 업무와 관련하여 이 법을 위반한 경우 이 법 위반에 따른 효과는 도급인에게 미친다.

제13조【배상방법】 환경오염피해는 금전으로 배상한다. 다만, 배상 금액에 비하여 과도한 비용을 들이지 아니하고 원상으로 회복할 수 있는 경우에는 피해자는 원상회복을 청구할 수 있다.

제14조【원상회복비용 청구 등】 시설로 인하여 발생된 환경오염피해가 동시에 「자연환경보전법」 제2조제1호에 따른 자연환경이나 같은 법 제2조제10호에 따른 자연경관의 침해를 발생시킨 경우 피해자는 해당 사업자에게 원상회복을 요청하거나 직접 원상회복을 할 수 있다. 피해자가 직접 원상회복을 한 때에는 그에 상당한 범위에서 해당 사업자에게 그 비용을 청구할 수 있다.

제15조【정보청구권】 ① 이 법에 따른 피해배상청구권의 성립과 그 범위를 확정하기 위하여 필요한 경우 피해자는 해당 시설의 사업자에게 제9조제2항과 관련한 정보의 제공 또는 열람을 청구할 수 있다.
② 이 법에 따른 피해배상 청구를 받은 사업자는 피해자에 대한 피해배상이나 다른 사업자에 대한 구상권의 범위를 확정하기 위하여 다른 사업자에게 제9조제2항과 관련한 정보의 제공 또는 열람을 청구할 수 있다.
③ 제1항 및 제2항에 따른 정보의 제공 또는 열람 청구를 받은 자는 해당 정보를 제공하거나 열람하게 하여야 한다.
④ 제1항 및 제2항에 따른 피해자 및 사업자는 영업상 비밀 등을 이유로 정보 제공 또는 열람이 거부된 경우에는 환경부장관에게 정보 제공 또는 열람 명령을 신청할 수 있다.
⑤ 제4항에 따른 신청이 있을 때에는 환경부장관은 제16조에 따른 환경오염피해구제정책위원회의 심의를 거쳐 정보 제공 또는 열람 명령 여부를 결정하고, 그 결정에 따라 해당 사업자에게 정보 제공을 하도록 하거나 열람하도록 명할 수 있다.
⑥ 제1항·제2항 및 제5항에 따라 정보를 제공받거나 열람한 자는 그 정보를 해당 목적과 다르게 사용하거나 다른 사람에게 제공하는 등 부당한 목적을 위하여 사용하여서는 아니 된다.
⑦ 제1항부터 제5항까지에 따른 정보 제공 또는 열람 청구의 절차와 그 밖에 필요한 사항은 환경부령으로 정한다.

제16조【환경오염피해구제정책위원회】 ① 이 법에 따른 환경책임보험과 환경오염피해 구제에 관한 다음 각 호의 사항을 심의·결정하기 위하여 환경부장관 소속으로 환경오염피해구제정책위원회(이하 "위원회"라 한다)를 둔다.

1. 환경책임보험의 약정에 관한 사항
2. 보험자의 선정에 관한 사항
3. 보험가입자의 지원에 관한 사항
4. 환경오염피해 평가의 방법과 절차에 관한 사항
5. 제9조제2항에서 규정하는 환경오염피해 발생에 영향을 준 사정과 같은 조 제3항에서 규정하는 환경오염피해의 원인과 관련 있는 환경·안전 관계 법령 및 인허가 조건의 준수 여부 등에 관한 사항
6. 제15조제4항 및 제5항에 따른 정보 제공 및 열람에 관한 사항
7. 제23조에 따른 환경오염피해 구제에 관한 사항
8. 제33조에 따른 재심사청구의 심의(2017.12.12 본호개정)
9. 제37조에 따른 환경오염피해구제계정의 관리·운용에 관한 사항(2023.4.18 본호신설)
10. 그 밖에 위원회의 위원장이 회의에 부치는 사항

② 위원회는 위원장 1명과 부위원장 1명을 포함한 20명 이내의 위원으로 구성한다.
③ 위원장은 환경부차관으로 하고, 부위원장은 위원 중에서 호선한다.
④ 위원은 다음 각 호의 사람 중에서 환경부장관이 임명하거나 위촉한다.

1. 환경 관계 업무에 10년 이상 종사한 사람
2. 판사·검사 또는 변호사로서 7년 이상 재직한 사람
3. 공인된 대학이나 연구기관에서 부교수 이상 또는 이에 상당하는 직에 재직한 사람
4. 고위공무원단에 속하는 공무원으로서 3년 이상 재직한 사람
5. 환경오염피해 및 책임보험에 관한 학식과 경험이 풍부한 사람
6. 산업안전 및 산업정보 보호 등에 관한 학식과 경험이 풍부한 사람으로서 산업통상자원부장관이 추천하는 사람
7. 해양환경에 관한 학식과 경험이 풍부한 사람으로서 해양수산부 장관이 추천하는 사람

⑤ 위원의 임기는 2년으로 한다.
⑥ 제1항제8호에 따른 재심사청구의 심의와 관련하여 재심사 위원의 제척·기피·회피에 관하여는 제31조를 준용한다.(2017.12.12 본항개정)
⑦ 그 밖에 위원회의 구성 및 운영 등에 필요한 사항은 대통령령으로 정한다.

제3장 환경오염피해 배상을 위한 보험 가입 등

제17조【환경책임보험의 가입 의무 등】 ① 다음 각 호의 시설을 설치·운영하는 사업자는 환경책임보험에 가입하여야 한다.

1. 제3조제1호에 따른 시설로서 특정대기유해물질을 배출하는 시설

2. 제3조제2호에 따른 시설로서 특정수질유해물질을 배출하는 시설
3. 제3조제3호에 따른 시설로서 지정폐기물 처리시설
4. 제3조제6호에 따른 시설로서 대통령령으로 정하는 시설
5. 제3조제7호에 따른 시설로서 대통령령으로 정하는 시설
6. 제3조제10호에 해당하는 시설
7. 그 밖에 환경오염피해를 유발할 위험성이 높은 시설로서 대통령령으로 정하는 시설

② 제1항에 따른 사업자는 다음 각 호의 어느 하나에 해당하는 경우 환경부령으로 정하는 바에 따라 운영기관과 보장계약을 체결하여야 한다.
1. 환경책임보험에 가입을 거절당하는 경우
2. 환경책임보험이 개발·운용되지 아니하는 경우
3. 해당 환경책임보험의 거래조건 등이 현저하게 공정성을 잃은 경우 등 환경부령으로 정하는 경우

③ 제1항에 따른 사업자는 환경책임보험에 가입하거나 보장계약을 체결한 후가 아니면 시설을 운영할 수 없다. 다만, 다음 각 호의 어느 하나에 해당하는 시설은 설치 전에 환경책임보험에 가입하거나 보장계약을 체결하여야 한다.(2017.12.12 본문개정)
1. 제3조제6호의 토양오염관리대상시설 중 대통령령으로 정하는 시설
2. 제3조제7호에 해당하는 취급시설 중 대통령령으로 정하는 시설
3. 제3조제10호에 해당하는 시설
(2017.12.12 1호~3호신설)

④ 제1항에 따른 사업자는 같은 항 각 호의 시설에 대하여 환경책임보험에 가입하거나 보장계약을 체결할 때 해당 시설의 종류 및 규모, 해당 시설에서 배출되는 오염물질의 종류 및 배출량 등 대통령령으로 정하는 사항을 보험자 또는 운영기관의 장에게 제출하여야 한다.
(2023.4.18 본항신설)

⑤ 제1항에 따라 환경책임보험에 가입하거나 제2항에 따라 보장계약을 체결한 사업자가 해당 시설에 대하여 변경 인·허가를 받거나 변경 등록·신고를 하려는 경우에는 기존 환경책임보험 또는 보장계약을 이에 적합하도록 변경하여야 한다.(2023.4.18 본항신설)

⑥ 환경책임보험 및 보장계약의 보장 금액, 보장 범위, 그 밖에 필요한 사항은 대통령령으로 정한다.(2017.12.12 본항개정)

제18조【보험자】 ① 보험자는 위원회의 심의를 거쳐 환경부장관과 환경책임보험 사업의 운영 등에 관한 약정을 체결하여야 한다.(2023.4.18 본항개정)

② 환경부장관은 환경책임보험의 사업을 효과적으로 운영하고 위험을 분산하기 위하여 필요한 경우 다수의 보험자가 공동으로 책임을 지는 환경책임보험사업단(이하 "보험사업단"이라 한다)을 구성할 수 있다.

③ 보험자는 제17조제1항에 따른 사업자가 환경책임보험에 가입하려는 때에는 조업중지 중인 경우 등 대통령령으로 정하는 사유가 있는 경우 외에는 계약의 체결을 거부할 수 없다.

④ 사업자가 환경오염피해를 발생시킬 개연성이 높은 경우 등 대통령령으로 정하는 사유에 해당하면 제3항에도 불구하고 다수의 보험자가 공동으로 제17조제1항에 따른 환경책임보험의 계약을 체결할 수 있다. 이 경우 보험자는 사업자에게 공동계약체결의 절차 및 보험료에 대한 안내를 하여야 한다.

⑤ 보험사업단을 구성할 경우에는 대표 보험자를 선정하여야 한다.

⑥ 제1항에 따른 환경책임보험 사업의 운영 등에 관한 약정을 체결하는 데 필요한 사항, 보험사업단의 구성 및 제5항에 따른 대표 보험자의 선정 등에 필요한 사항은 환경부령으로 정한다.(2023.4.18 본항개정)

제19조【환경책임보험의 운영·관리】 ① 환경부장관은 사업자의 환경오염피해 저감 노력을 증진하기 위하여 위원회의 심의를 거쳐 환경책임보험에 대한 사업자의 자기부담금 기준을 정할 수 있다.

② 제17조제1항에 따른 시설의 인·허가(등록·신고 및 변경을 포함한다. 이하 같다) 기관은 해당 시설에 대한 인·허가를 하는 경우 이 법에 따른 기준에 적합한 환경책임보험 가입 여부 또는 보장계약 체결 여부를 확인하여야 한다. 이 경우 인·허가 기관의 장은 보험자 또는 운영기관의 장에게 필요한 자료 또는 정보의 제공을 요청할 수 있다.(2023.4.18 후단신설)

③ 제17조제1항에 따른 시설의 사업자는 해당 시설의 인·허가 기관에 환경책임보험의 가입증명서를 제출하여야 한다.

④ 보험자는 환경책임보험의 계약을 체결하고 있는 사업자에게 그 계약 종료일의 75일 전부터 30일 전까지의 기간 및 30일 전부터 10일 전까지의 기간에 각각 그 계약이 끝난다는 사실을 알려야 한다. 다만, 다음 각 호의 어느 하나에 해당하는 경우에는 그러하지 아니하다.
1. 보험기간이 1개월 이내인 계약의 경우
2. 사업자가 종전 보험자와 다시 계약을 체결한 경우
3. 사업자가 다른 보험자와 새로운 계약을 체결한 사실을 안 경우

⑤ 보험자는 환경책임보험에 가입하여야 할 사업자가 환경책임보험 계약을 체결하거나 해지한 경우에는 환경부령으로 정하는 방법에 따라 그 사실을 인·허가 기관 또는 제44조제3항에 따라 환경부장관으로부터 환경책임보험의 가입 및 해지 등의 관리 업무를 위탁받은 관계 전문기관에 알려야 한다.(2017.12.12 본항개정)

⑥ 보험자는 환경책임보험의 회계를 다른 회계와 구분하여 회계 처리함으로써 손익관계를 명확히 하여야 한다.

제20조【보험금 일부의 선지급】 ① 피해자는 보험자에게 보험금 지급을 직접 청구할 수 있다.

② 제1항에 따른 청구일부터 대통령령으로 정하는 기한이 지난 때에는 지급할 보험금이 결정되기 이전이라도 피해자의 청구가 있는 경우 보험자는 피해자에게 보험자가 추정한 보험금 일부를 선지급하여야 한다.(2020.5.26 본항개정)

③ 제2항에 따른 선지급에 관한 기준은 환경부령으로 정한다.

제20조의2【손해의 조사 및 손해액의 평가】 ① 환경부장관은 「환경보건법」 제15조제2항에 따른 역학조사 또는 같은 법 제17조에 따른 청원에 의한 건강영향조사 결과 환경책임보험에 가입된 시설이 원인이 되어 대통령령으로 정하는 규모 이상의 환경오염피해가 발생하여 환경책임보험을 통한 보상이 필요하다고 인정되는 경우에는 보험자에게 손해의 조사 및 손해액의 평가 등(이하 "손해조사등"이라 한다)을 실시할 것을 요구할 수 있다.

② 제1항에 따른 손해조사등을 요구하였으나 보험자가 특별한 사유 없이 손해조사등에 착수하지 아니하는 경우 등 대통령령으로 정하는 때에는 환경부장관이 손해조사등을 실시할 수 있다.

③ 환경부장관은 제2항에 따라 손해조사등을 실시하는 경우에는 착수한 사실과 그 결과를 보험자, 피보험자 및 피해자에게 통보하여야 한다.

④ 제2항에 따른 손해조사등의 방법 및 절차 등에 관한 구체적인 사항은 환경부령으로 정한다.
(2023.4.18 본조신설)

제21조【피해배상청구권의 우선변제 등】 ① 피해자는 피해배상의 청구를 하는 경우 보험금에 대하여 다른 채권자에 우선하여 변제받을 권리가 있다.(2020.5.26 본항개정)

② 이 법에 따른 보험금의 지급청구권은 양도 또는 압류하거나 담보로 제공할 수 없다.

제22조【재보험사업】 ① 정부는 환경책임보험에 관한 재보험사업을 할 수 있다.

② 환경부장관은 재보험에 가입하려는 보험자와 재보험약정을 체결하여야 한다.

③ 재보험료, 재보험금, 재보험자의 선정 등 재보험사업의 운영에 필요한 사항은 대통령령으로 정한다.

④ 환경부장관은 제1항 및 제2항에 따른 재보험사업 운영 및 약정체결에 관한 사항을 운영기관에 위탁할 수 있다.

제4장 환경오염피해 구제

제23조【환경오염피해 구제】 ① 환경부장관은 피해자가 다음 각 호의 어느 하나에 해당하는 사유로 환경오염피해의 전부 또는 일부를 배상받지 못하는 경우에는 피해자 또는 그 유족(이하 "피해자등"이라 한다)에게 환경오염피해의 구제를 위한 급여(이하 "구제급여"라 한다)를 지급할 수 있다.
1. 환경오염피해의 원인을 제공한 자를 알 수 없거나 그 존재 여부가 분명하지 아니하거나 무자력인 경우
(2020.5.26 본호개정)
2. 제7조에 따른 배상책임한도를 초과한 경우

② 제1항에도 불구하고 환경부장관은 다음 각 호의 어느 하나에 해당하는 경우에는 피해자등의 신청에 따라 구제급여를 선지급할 수 있다.
1. 환경오염피해에 대하여 제17조제1항에 따른 환경책임보험 계약 또는 보장계약이 성립되지 아니하거나 실효된 경우
2. 제20조제2항에도 불구하고 보험자가 보험금 일부를 선지급하지 아니할 경우
3. 그 밖에 환경오염피해 구제의 중대성·시급성이 인정되는 경우로서 대통령령으로 정하는 경우(2023.8.16 본호개정)

③ 구제급여의 종류와 한도금액 등 구제급여에 필요한 사항은 대통령령으로 정한다.

④ 사업자가 배상할 책임이 있는 환경오염피해에 대하여 제1항제1호 또는 제2항에 따라 환경부장관이 피해자에게 구제급여를 지급한 경우 해당 사업자에게 제7조에 따른 배상책임한도와 지급한 구제급여의 범위에서 구상할 수 있다.(2017.12.12 본항개정)

제24조【환경오염피해구제심의회 등】 ① 구제급여 지급에 관한 사항을 심의·결정하기 위하여 환경부장관 소속으로 환경오염피해구제심의회(이하 "심의회"라 한다)를 둔다.(2017.12.12 본항개정)

② 환경부장관은 제1항에 따른 구제급여의 지급에 관한 사항을 심의·결정하는 데 필요한 사항을 조사·연구하기 위하여 환경오염피해조사단(이하 "조사단"이라 한다)을 설치·운영할 수 있다.(2017.12.12 본항개정)

③ 심의회 및 조사단의 구성·운영 등에 관하여 필요한 사항은 대통령령으로 정한다.

제25조【구제급여의 신청 및 지급】 ① 구제급여를 받으려는 피해자등은 환경부장관에게 구제급여의 지급을 신청하여야 한다.(2017.12.12 본항개정)

② 환경부장관은 제1항에 따른 신청을 받은 날부터 30일 이내에 피해자등이 구제급여의 지급요건(이하 "지급요건"이라 한다)에 적합한지 여부를 조사(이하 "예비조사"라 한다)하여 그 결과를 피해자등에게 통지하여야 한다. 다만, 정당한 사유가 있을 경우에는 15일을 넘지 아니하는 범위에서 그 기간을 연장할 수 있다.(2017.12.12 본문개정)

③ 환경부장관은 예비조사 결과 지급요건에 적합하다고 인정되고, 피해자등의 선지급 신청이 있는 경우 심의회의 심의·의결을 거쳐 구제급여의 일부를 선지급할 수 있다.
(2017.12.12 본항개정)

④ 환경부장관은 예비조사 결과 피해자등이 지급요건에 적합하다고 인정되는 경우에는 피해내용에 대한 본조사를 실시하고 심의회의 심의·의결을 거쳐 예비조사 결과의 통지를 한 날부터 60일 이내에 구제급여 지급 여부 및 피해등급 등을 결정하여 피해자등에게 통지하여야 한다. 다만, 의학적 사유로 판단이 어려운 경우 등 정당한 사유로 지급 여부 결정이 어려운 경우에는 30일을 넘지 아니하는 범위에서 그 기간을 연장할 수 있다.(2017.12.12 본문개정)

⑤ 환경부장관은 구제급여 지급 여부가 결정된 날부터 30일 이내에 구제급여를 지급하여야 한다. 다만, 부득이한 사유로 구제급여 지급이 어려운 경우에는 15일을 넘지 아니하는 범위에서 그 기간을 연장할 수 있다.(2017.12.12 본문개정)

⑥ 제1항에 따른 신청 방법과 제2항부터 제4항까지에 따른 예비조사·본조사의 내용과 방법, 선지급의 기준, 피해등급의 기준 등에 관하여 필요한 사항은 환경부령으로 정한다.

제26조【구제급여 지급 제한】 ① 환경부장관은 구제급여 대상자가 고의 또는 중대한 과실로 해당 질병의 상태를 악화시키거나 치유를 방해한 것으로 인정되는 때에는 구제급여의 전부 또는 일부의 지급을 중단할 수 있다.
(2017.12.12 본항개정)

② 환경부장관은 구제급여 대상자의 해당 질병이 나았다고 인정되는 때에는 구제급여의 지급을 중단할 수 있다.
(2017.12.12 본항개정)

③ 환경부장관은 제1항 및 제2항에 따라 구제급여의 지급을 중단하면 지체 없이 이를 피해자에게 알려야 한다.
(2017.12.12 본항개정)

④ 그 밖에 구제급여의 지급 제한에 관하여 필요한 사항은 대통령령으로 정한다.

제27조【유족의 범위 및 순위】 ① 구제급여를 지급받을 수 있는 유족은 배우자(사실상 혼인관계에 있는 사람을 포함한다), 자녀, 부모, 손자녀, 조부모 및 형제자매로서 피해자의 사망 당시 그와 생계를 같이 하고 있던 사람에 한정한다.(2020.5.26 본항개정)

② 구제급여를 지급받을 수 있는 유족의 순위는 제1항에 열거한 순서로 한다. 다만, 부모의 경우에는 양부모를 선순위로 하고, 친부모를 후순위로 한다.

③ 제1항에 따른 유족의 범위에서 태아는 피해자가 사망할 때 이미 출생한 것으로 본다.

④ 제1항에 따라 구제급여를 지급받을 수 있는 같은 순위의 유족이 2명 이상이면 그 유족에게 똑같이 나누어 지급한다.

⑤ 유족이 다음 각 호의 어느 하나에 해당하는 경우에는 구제급여를 지급받을 수 있는 유족으로 보지 아니한다.
1. 피해자를 고의로 사망하게 한 경우
2. 피해자가 사망하기 전에 그의 사망으로 인하여 구제급여를 지급받을 수 있는 선순위 또는 같은 순위의 유족이 될 사람을 고의로 사망하게 한 경우(2020.5.26 본호개정)
3. 피해자가 사망한 후 구제급여를 지급받을 수 있는 선순위 또는 같은 순위의 유족을 고의로 사망하게 한 경우

제28조【심사청구의 제기】 ① 다음 각 호의 어느 하나에 해당하는 결정 등(이하 "결정등"이라 한다)에 대하여 불복하는 자는 환경부장관에게 심사청구를 할 수 있다.
(2017.12.12 본문개정)
1. 제25조제2항에 따른 예비조사 결과에 관한 사항
2. 제25조제4항에 따른 구제급여의 지급결정에 관한 사항
3. 제37조제4항에 따른 환수금에 관한 사항

② 제1항에 따른 심사청구는 결정등이 있음을 안 날부터 90일 이내에 하여야 한다. 다만, 천재지변·전쟁·사변, 그 밖에 불가항력으로 인한 사유로 심사를 청구할 수 없는 기간은 심사청구 기간에서 제외한다.(2020.5.26 단서개정)

③ 심사청구의 절차·방법·결정 및 결정의 통지 등에 관하여 필요한 사항은 환경부령으로 정한다.

제29조【구제급여심사위원회】 ① 제28조에 따른 심사청구를 심의하기 위하여 환경부장관 소속으로 관계 전문가 등으로 구성되는 구제급여심사위원회(이하 "심사위원회"라 한다)를 둔다.(2017.12.12 본항개정)

② 심사위원회는 위원장 1명을 포함하여 9명 이상 15명 이하의 위원으로 구성한다.

③ 심사위원회 위원의 임기는 2년으로 하되, 연임할 수 있다.

④ 그 밖에 심사위원회의 구성과 운영에 필요한 사항은 대통령령으로 정한다.

제30조【심사청구에 대한 심리·결정】 ① 환경부장관은 제28조에 따라 심사청구를 받은 날부터 30일 이내에 심사위원회의 심의를 거쳐 심사청구에 대한 결정을 하여야 한다. 다만, 부득이한 사유로 그 기간 내에 결정을 할 수 없는 때에는 한 차례만 30일을 넘지 아니하는 범위에서 그 기간을 연장할 수 있다.(2020.5.26 단서개정)

② 환경부장관은 심사청구의 심리를 위하여 필요하면 청구인의 신청 또는 직권으로 다음 각 호의 행위를 할 수 있다.(2017.12.12 본문개정)

1. 청구인 또는 관계인을 지정장소에 출석하게 하여 질문하거나 의견을 진술하게 하는 것
2. 청구인 또는 관계인에게 증거가 될 수 있는 문서 또는 그 밖의 물건을 제출하게 하는 것
3. 전문적인 지식이나 경험을 가진 제3자로 하여금 감정 또는 진단을 하게 하는 것

제31조【심사위원회의 위원의 제척·기피·회피】 ① 심사위원회의 위원은 다음 각 호의 어느 하나에 해당하는 경우에는 그 사건의 심리·결정에서 제척된다.

1. 심사위원회의 위원 또는 그 배우자나 배우자였던 사람이 그 사건의 당사자가 되거나 그 사건에 관하여 공동권리자 또는 의무자의 관계에 있는 경우(2020.5.26 본호개정)
2. 심사위원회의 위원이 그 사건의 당사자와 「민법」 제777조에 따른 친족이거나 친족이었던 경우
3. 심사위원회의 위원이 그 사건에 관하여 증언이나 감정을 한 경우
4. 심사위원회의 위원이 그 사건에 관하여 당사자의 대리인으로 관여하거나 관여하였던 경우
5. 심사위원회의 위원이 그 사건의 대상이 된 결정등에 관여한 경우

② 당사자는 심사위원회의 위원에게 심리·결정의 공정을 기대하기 어려운 사정이 있는 경우에는 기피신청을 할 수 있다.

③ 심사위원회의 위원은 제1항이나 제2항의 사유에 해당하면 스스로 그 사건의 심리·결정을 회피할 수 있다.

제32조【재심사청구의 제기】 ① 제30조제1항에 따른 결정에 불복하는 자는 환경부장관에게 재심사청구를 할 수 있다.(2017.12.12 본항개정)

② 제1항에 따른 재심사청구는 제30조제1항에 따른 결정이 있음을 안 날부터 90일 이내에 하여야 한다. 다만, 천재지변·전쟁·사변, 그 밖에 불가항력으로 인한 사유로 재심사를 청구할 수 없는 기간은 재심사청구 기간에서 제외한다.(2020.5.26 단서개정)

제33조【재심사청구에 대한 심리·재결】 ① 재심사청구에 대한 심리·재결에 관하여는 제30조를 준용한다. 이 경우 "제28조에 따라 심사청구를 받은 날"은 "제32조에 따라 재심사청구를 받은 날"로, "심사위원회의 심의를 거쳐 심사청구"는 "위원회의 심의를 거쳐 재심사청구"로, "결정"은 "재결"로 본다.(2017.12.12 후단개정)

② 제1항에 따른 재결에 대하여는 재결서를 받은 날부터 60일 이내에 환경부를 당사자로 하여 행정소송을 제기할 수 있다.

제34조【손해배상 및 다른 구제와의 관계】 ① 피해자나 그 유족이 해당 환경오염피해를 원인으로 하여 이 법 또는 그 밖의 법령에 따른 피해배상이나 구제 등을 받을 수 있는 경우에는 구제급여를 지급하지 아니한다.

② 구제급여를 지급받을 수 있는 사람이 동일한 사유로 「민법」이나 그 밖의 법령에 따라 구제급여에 해당하는 배상이나 구제 등을 받은 경우 그 금액의 한도에서 구제급여를 지급하지 아니한다.

③ 구제급여가 신청된 사건에 대한 소송이 진행 중일 경우에는 심의회의 결정으로 해당 사건의 구제급여 심의 절차를 중지할 수 있다.

제35조【환경오염피해구제계정】 ① 환경부장관은 보장계약에 따른 보장금의 지급 및 구제급여 등에 필요한 재원에 충당하기 위하여 환경오염피해구제계정(이하 "구제계정"이라 한다)을 설정·운용할 수 있다.(2023.4.18 본항개정)

② 구제계정은 다음 각 호의 재원으로 운용한다.

1. 재보험료
2. 보장계약금(2017.12.12 본호신설)
3. 구제계정의 운용수익금과 그 밖의 수익금
4. 제3항에 따른 차입금
5. 제23조제4항에 따라 구상권을 행사하여 받은 구상금
6. 재보험금의 환수금 또는 제37조제4항에 따른 구제급여의 환수금
7. 개인, 법인 또는 단체의 기부금
8. 정부 또는 정부 외의 자로부터 받은 출연금

③ 환경부장관은 구제계정 운용에 필요하다고 인정하는 경우에는 구제계정의 부담으로 금융기관으로부터 자금을 차입할 수 있다.(2023.4.18 본항개정)

④ 환경부장관은 「기부금품의 모집 및 사용에 관한 법률」 제5조제2항에도 불구하고 자발적으로 기탁되는 금품을 환경오염피해 구제 목적에 부합하는 범위에서 접수할 수 있다.(2023.4.18 본항개정)

⑤ 환경부장관은 제4항에 따른 기부금을 구제계정에 별도 계정을 설정하여 관리하여야 한다.(2023.4.18 본항개정)

제36조【구제계정의 용도】 구제계정은 다음 각 호에 해당하는 용도에 사용한다.

1. 보장계약에 따른 보장금의 지급
2. 구제급여의 지급 또는 선지급
3. 제35조제3항에 따른 차입금의 원리금 상환
4. 구제계정의 관리·운용에 필요한 경비(위탁경비를 포함한다)의 지출
5. 재보험금의 지급
6. 환경오염피해의 평가 및 피해 경감 등을 위한 조사·연구
7. 그 밖에 환경오염피해구제제도를 유지·개선하는 데 필요하다고 인정하는 경비의 지출

제37조【구제계정의 관리·운용 등】 ① 환경부장관은 구제계정에 상당하는 자산을 그 밖의 자산과 구별하여 운용하여야 한다.

② 환경부장관은 해당 연도 구제급여 등에 사용하지 못하고 남은 구제계정을 다음 연도 구제업무 사용을 위하여 적립할 수 있다.

③ 환경부장관은 구제계정의 여유자금을 대통령령으로 정하는 방법에 따라 운용할 수 있다.

④ 환경부장관은 구제급여를 잘못 지급하거나 피해자등이 거짓 또는 부정한 방법으로 지급받은 경우에는 지급된 금액의 전부(거짓 또는 부정한 방법으로 지급받은 경우에는 그 금액의 2배를 말한다)를 환수하여 구제계정에 납입하여야 한다.

⑤ 환경부장관은 제4항에 따른 구제급여를 환수할 때에 환수금을 내야 할 자가 기한까지 내지 아니하면 국세 체납처분의 예에 따라 징수할 수 있다.
(2023.4.18 본조개정)

제5장 보 칙

제38조【전산시스템의 구축·운영】 ① 환경부장관은 인·허가 사항 및 행정처분과 관련 통계 등 업무 수행에 필요한 행정정보를 환경책임보험에 관한 정책 수립, 조사·연구 등에 활용하기 위하여 전산시스템을 구축·운영할 수 있다.

② 환경부장관은 환경책임보험에 가입하지 아니한 사업자를 효율적으로 관리하기 위하여 제1항에 따라 구축·운영하는 전산시스템과 보험자 또는 관련 단체 등이 관리·운영하는 전산시스템을 연계하여 환경책임보험전산망을 구축·운영할 수 있다.

③ 환경부장관은 제1항에 따른 전산시스템과 제2항에 따른 환경책임보험전산망의 구축·운영을 위하여 인·허가 기관, 보험자 또는 관련 단체 등에게 필요한 자료 또는 정보의 제공을 요청할 수 있다. 이 경우 관련 자료나 정보의 제공을 요청받은 자는 특별한 사유가 없으면 요청에 따라야 한다.

④ 환경부장관은 제1항에 따른 전산시스템의 구축·운영을 위하여 다음 각 호의 자료를 이용할 수 있다.

1. 「재난 및 안전관리 기본법」 제70조에 따라 작성된 재난상황의 기록
2. 「부가가치세법」 제8조에 따른 사업자등록 자료
3. 「고용보험 및 산업재해보상보험의 보험료징수 등에 관한 법률」 제5조에 따른 보험가입자의 자료 중 대통령령으로 정하는 자료

제38조의2【시설에 대한 실태조사】 ① 환경부장관은 환경오염피해를 예방하기 위하여 환경책임보험 가입 시설에 대한 환경안전관리 실태조사를 실시할 수 있다.

② 제1항에 따른 환경안전관리 실태조사의 세부 대상, 방법 등에 관하여는 환경부령으로 정한다.
(2023.4.18 본조신설)

제39조【자료제출 및 검사·보고 등】 ① 환경부장관은 환경책임보험을 건전하게 운영하고 보험가입자 및 피보험자를 보호하기 위하여 필요하다고 인정되는 경우에는 보험자에게 보험사업에 관한 업무처리 상황을 보고하게 하거나 관계 서류를 제출하도록 요구할 수 있다.

② 환경부장관은 필요하다고 인정할 때에는 사업자 또는 제44조제2항 및 제3항에 따라 권한을 위탁받은 자에 대하여 보고를 명하거나 소속 공무원으로 하여금 그 사무소·공장 등에 출입하여 관련 장부·서류, 그 밖에 필요한 물건을 검사하게 하거나 관계자에게 질문하게 할 수 있다.(2017.12.12 본항개정)

③ 제2항에 따라 검사 또는 질문을 행하는 공무원은 그 신분을 표시하는 증표를 지니고 관계자의 요구가 있을 때에는 이를 제시하여야 한다.

④ 보험자는 환경책임보험과 관련된 재무제표 및 사업보고서 등을 환경부령으로 정하는 바에 따라 환경부장관 및 운영기관에 제출하여야 한다.

제40조【학술조사·연구 등】 ① 환경부장관은 환경오염피해 예방과 환경책임보험 제도 등에 관한 학술 조사·연구 및 관련기술 개발 등의 진흥시책을 강구하여야 한다.

② 환경부장관은 환경오염피해의 평가 등 환경책임보험 운영에 필요한 전문인력의 교육과 양성 계획을 수립해야 한다.

③ 환경부장관은 환경책임보험의 가입 촉진 및 활성화를 위하여 제17조제1항 각 호에 따른 가입의무 대상 시설 이외의 시설에 대한 보험 상품을 개발하여 보급할 수 있다.

④ 환경부장관은 신규 보험 상품을 도입하려는 경우 등 필요한 경우에는 시범사업을 할 수 있다.

⑤ 환경부장관은 제1항부터 제4항까지에 따른 학술 조사·연구, 전문인력 양성, 시범사업 등에 필요한 지원을 할 수 있다.

제41조【재정지원】 ① 국가는 예산의 범위에서 「중소기업기본법」 제2조제2항에 따른 소기업 중에서 관련 법령에 따른 환경관리 의무를 성실하게 이행하는 사업자에 대하여는 환경책임보험의 가입자가 부담하는 보험료의 일부를 지원할 수 있다.

② 제1항에 따른 지원 대상 사업자의 기준 등 필요한 사항은 대통령령으로 정한다.

제42조【취약계층 소송지원】 ① 환경부장관은 저소득층, 노약자, 장애인 등 대통령령으로 정하는 취약계층의 피해자에 대하여 제6조에 따른 배상책임과 관련된 피해배상청구소송 수행에 필요한 지원을 할 수 있다.

② 환경부장관은 제1항에 따른 지원을 위하여 환경오염피해소송지원변호인단(이하 "소송지원단"이라 한다)을 운영할 수 있다.

③ 제1항 및 제2항에 따른 지원 내용, 지원신청 방법, 소송지원단의 구성·운영에 필요한 사항은 환경부령으로 정한다.

제43조【행정처분 등】 ① 환경부장관은 제17조제3항을 위반하여 시설을 설치·운영하거나 같은 조 제5항을 위반하여 환경책임보험 등을 변경하지 아니한 사업자에게 6개월 이내의 기간을 정하여 해당 시설의 영업정지를 명할 수 있다.(2023.4.18 본항개정)

② 제1항에 따른 행정처분의 효과는 해당 시설의 양수인에게 승계된다.

③ 제1항에 따른 행정처분의 기준은 대통령령으로 정한다.

제44조【권한의 위임 및 위탁】 ① 이 법에 따른 환경부장관의 권한은 그 일부를 대통령령으로 정하는 바에 따라 시·도지사, 소속기관의 장 또는 지방해양환경관서의 장에게 위임할 수 있다.(2023.4.18 본항개정)

② 환경부장관은 제23조부터 제26조까지, 제28조부터 제30조까지, 제35조 및 제37조에 따른 업무를 운영기관의 장에게 위탁할 수 있다.(2023.4.18 본항개정)

③ 제1항 및 제2항에서 규정한 사항 외에 이 법에 따른 환경부장관의 업무는 그 일부를 대통령령으로 정하는 바에 따라 관계 전문기관의 장에게 위탁할 수 있다.
(2017.12.12 본조개정)

제45조【정보 이용자의 의무】 제44조제2항 및 제3항에 따라 업무를 위탁받은 자, 보험요율 산출 및 피해평가를 위탁받은 기관, 환경책임보험 및 구제계정 관련 업무종사자는 그 직무상 알게 된 정보를 누설하거나 다른 사람에게 제공하는 등 부당한 목적을 위하여 사용하여서는 아니 된다.(2017.12.12 본조개정)

제46조【벌칙 적용에서 공무원 의제】 제44조제2항 및 제3항에 따라 위탁받은 업무에 종사하는 사람과 이 법에 따른 보험자는 「형법」 제129조부터 제132조까지의 규정을 적용할 때에는 공무원으로 본다.(2017.12.12 본조개정)

제6장 벌 칙

제47조【벌칙】 ① 거짓이나 그 밖의 부정한 방법으로 구제급여를 받은 자는 2년 이하의 징역 또는 2천만원 이하의 벌금에 처한다.

② 다음 각 호의 어느 하나에 해당하는 자는 1년 이하의 징역 또는 1천만원 이하의 벌금에 처한다.

1. 제15조제6항 또는 제45조를 위반하여 다른 사람에게 정보를 누설 또는 제공하거나 부당한 목적으로 이용한 자
2. 제17조제1항부터 제3항까지를 위반하여 환경책임보험에 가입하지 아니하거나 보장계약을 체결하지 아니한 사업자(2023.4.18 본호개정)
3. 제17조제5항을 위반하여 환경책임보험 또는 보장계약을 변경 인·허가 또는 변경 등록·신고에 적합하도록 변경하지 아니한 사업자(2023.4.18 본호신설)

제48조【양벌규정】 법인의 대표자나 법인 또는 개인의 대리인, 사용인, 그 밖의 종업원이 그 법인 또는 개인의 업무에 관하여 제47조의 위반행위를 하면 그 행위자를 처벌하는 외에 그 법인 또는 개인에게도 해당 조문의 벌금형을 과한다. 다만, 법인 또는 개인이 그 위반행위를 방지하기 위하여 해당 업무에 관하여 상당한 주의와 감독을 게을리하지 아니한 경우에는 그러하지 아니하다.

제49조【과태료】 ① 다음 각 호의 어느 하나에 해당하는 자에게는 1천만원 이하의 과태료를 부과한다.

1. 제17조제4항을 위반하여 환경책임보험에 가입하거나 보장계약을 체결할 때 대통령령으로 정하는 사항을 제출하지 아니하거나 거짓으로 작성하여 제출한 사업자
(2023.4.18 본호신설)
2. 제18조제3항을 위반하여 제17조제1항에 따른 환경책임보험에 가입하려는 사업자와의 계약 체결을 거부한 보험자
3. 제20조제2항을 위반하여 선지급을 하지 아니한 보험자

② 다음 각 호의 어느 하나에 해당하는 자에게는 5백만원 이하의 과태료를 부과한다.

1. 제15조제3항 및 제5항을 위반하여 정보를 제공하지 아니하거나 열람을 거부 또는 거짓된 정보를 제공한 사업자
2. 제18조제4항, 제19조제4항 또는 제5항을 위반하여 안내 또는 통지를 하지 아니한 보험자
3. 제39조제1항을 위반하여 보고 또는 서류제출을 하지 아니한 보험자
4. 제39조제2항에 따른 검사·보고요구·질문에 정당한 사유 없이 따르지 아니하거나 이를 방해 또는 기피한 자
5. 제39조제4항을 위반하여 재무제표 및 사업보고서 등을 제출하지 아니한 보험자

③ 제1항 및 제2항에 따른 과태료는 대통령령으로 정하는 바에 따라 환경부장관이 부과·징수한다.

부 칙

이 법은 공포 후 1년이 경과한 날부터 시행한다. 다만, 제17조는 공포 후 1년 6개월이 경과한 날부터 시행한다.

부 칙 (2016.1.27)

제1조【시행일】 이 법은 미나마타협약이 우리나라에 효력을 발생하는 날부터 시행한다.(이하 생략)
<2020.2.20 발효>

부 칙 (2017.12.12)

제1조【시행일】 이 법은 공포 후 6개월이 경과한 날부터 시행한다.

제2조【환경책임보험 가입 의무 대상 시설에 관한 적용례】 제17조제3항의 개정규정은 이 법 시행 후 최초로 해당 시설의 설치 또는 운영을 위한 인·허가를 받는 경우부터 적용한다.

제3조【환경오염피해 구제에 관한 경과조치】 이 법 시행 전에 종전의 규정에 따라 환경오염피해 구제급여와 관련하여 운영기관 등이 행한 결정 등의 행위 또는 피해자등이 운영기관 등에 대하여 행한 신청이나 청구는 환경부장관의 행위 또는 피해자등이 환경부장관에 대하여 행한 신청이나 청구로 본다.

부 칙 (2020.3.31)

제1조【시행일】 이 법은 공포 후 1년이 경과한 날부터 시행한다.(이하 생략)

부 칙 (2020.5.26)

이 법은 공포한 날부터 시행한다.(이하 생략)

부 칙 (2023.4.18)

제1조【시행일】 이 법은 공포 후 1년이 경과한 날부터 시행한다.

제2조【환경책임보험의 가입의무 등에 관한 적용례】 ① 제17조제4항의 개정규정은 이 법 시행 이후 사업자가 환경책임보험에 가입하거나 보장계약을 체결하는 경우부터 적용한다.

② 제17조제5항의 개정규정은 이 법 시행 이후 사업자가 해당 시설에 대한 변경 인·허가를 받거나 변경 등록·신고를 하는 경우부터 적용한다.

부 칙 (2023.8.16)

제1조【시행일】 이 법은 공포 후 1년이 경과한 날부터 시행한다.

제2조【환경오염피해 구제에 관한 적용례】 제23조제2항의 개정규정은 이 법 시행 이후 피해자등이 구제급여 선지급을 신청하는 경우부터 적용한다.

가습기살균제 피해구제를 위한 특별법(약칭 : 가습기살균제피해구제법)

(2017년 2월 8일
법 률 제14566호)

개정
2018. 8.14법15717호 2020. 3.24법17102호

제1장 총 칙

제1조【목적】 이 법은 독성이 판명된 화학물질을 함유한 가습기살균제의 사용으로 인하여 생명 또는 건강상 피해를 입은 피해자 및 그 유족을 신속하고 공정하게 구제하는 것을 목적으로 한다.

제2조【정의】 이 법에서 사용하는 용어의 뜻은 다음과 같다.

1. "가습기살균제"란 미생물 번식과 물때 발생을 예방할 목적으로 가습기 내의 물에 첨가하여 사용하는 제제(製劑) 또는 물질을 말한다.
2. "독성 화학물질"이란 환경부와 보건복지부, 그 밖에 대통령령으로 정한 기관에 의하여 독성이 있는 것으로 확인된 유해화학물질을 말한다.
3. "가습기살균제 건강피해"란 독성 화학물질을 함유한 가습기살균제에 노출되어 발생하거나 악화된 생명 또는 건강상의 피해(후유증을 포함한다)를 말한다.(2020.3.24 본호개정)
4. "가습기살균제 피해자"란 가습기살균제 건강피해를 입은 사람으로서 제10조제2항에 따라 환경부장관에게 구제급여 지급결정을 받은 사람을 말한다.(2020.3.24 본문개정)
   가.~나. (2020.3.24 삭제)

4의2. "가습기살균제 노출확인자"란 가습기살균제 사용환경, 사용 기간 및 사용 제품 등을 조사하는 환경노출조사를 거쳐 환경부령으로 정하는 바에 따라 가습기살균제에 노출된 사실이 확인된 사람을 말한다.(2018.8.14 본호신설)

5. "가습기살균제 사업자"란 가습기살균제를 제조·수입하여 직접 또는 제3자를 통하여 판매한 사업자(주문자상표부착 또는 제조업자 개발생산으로 제조한 사업자와 원청사업자 및 하청사업자를 포함한다)를 말한다.
6. "원료물질 사업자"란 가습기살균제에 사용된 독성 화학물질(이하 "원료물질"이라 한다)을 제조·수입하여 직접 또는 제3자를 통하여 판매한 사업자를 말한다.
7. "유족"이란 사망한 사람의 배우자(사실상 혼인 관계에 있는 사람을 포함한다)·자녀·부모·손자녀·조부모 또는 형제자매를 말한다.

제3조【국가의 책무】 국가는 가습기살균제 피해자와 유족의 경제적, 건강상 위급한 어려움을 신속하게 경감시켜 주기 위하여 필요한 구제 및 지원대책을 수립·시행하여야 한다.(2020.3.24 본조개정)

제4조【손해배상책임】 ① 가습기살균제 건강피해가 발생한 경우에는 해당 가습기살균제 사업자가 그 피해를 배상하여야 한다.

② 제1항에 따른 배상액을 산정함에 있어서는 다음 각 호의 사항을 고려하여 배상하여야 한다.

1. 고의 또는 손해 발생의 가능성을 인식한 정도
2. 해당 가습기살균제의 결함으로 인하여 발생한 손해의 정도
3. 해당 행위자가 피해구제를 위하여 노력한 정도
4. 피해자의 연령, 완치 가능성 및 장애의 정도와 지속성 등

제5조【인과관계의 추정】 다음 각 호의 사실이 모두 증명된 경우에는 독성 화학물질을 함유한 가습기살균제로 인하여 생명 또는 건강상의 피해가 발생한 것으로 추정한다. 다만, 사업자가 다른 원인으로 인하여 그 피해가 발생하였다는 사실을 증명한 경우에는 그러하지 아니하다.(2020.3.24 본문개정)

1. 가습기살균제에 노출된 사실(2020.3.24 본호신설)
2. 가습기살균제 노출 이후 질환이 발생하였거나 기존 질환이 악화되었다는 사실(2020.3.24 본호신설)
3. 대통령령으로 정하는 조사·연구에 따라 제1호의 가습기살균제 노출과 제2호의 질환 간에 역학적 상관관계가 있음이 확인된 사실(2020.3.24 본호신설)

제6조【정보청구권】 ① 가습기살균제 피해자는 가습기살균제 건강피해에 의한 손해배상청구권의 성립과 그 범위를 확정하기 위하여 가습기살균제 사업자와 원료물질 사업자에게 가습기살균제 또는 독성 화학물질의 제조과정, 사용설비, 사용물질의 종류와 농도, 독성, 생산·판매, 인허가(신고, 등록, 변경신고, 변경등록 등을 포함한다) 등에 관한 정보를 청구할 수 있다.

② 가습기살균제 피해자로부터 손해배상청구를 받은 가습기살균제 사업자는 구상권의 범위를 확정하기 위하여 다른 가습기살균제 사업자 또는 원료물질 사업자에게 제조과정, 사용설비, 사용물질의 종류와 농도, 독성, 생산·판매, 인허가(신고, 등록, 변경신고, 변경등록 등을 포함한다) 등에 관한 정보를 청구할 수 있다.

③ 제1항 및 제2항에 따른 정보 청구를 받은 가습기살균제 사업자 또는 원료물질 사업자는 해당 정보를 제공하거나 열람하게 하여야 한다.

④ 제1항 및 제2항에 따른 정보 청구의 전부 또는 일부가 영업상의 비밀 등을 이유로 거부된 경우에는 가습기살균제 피해자 및 가습기살균제 사업자는 환경부장관에게 해당 정보의 제공 또는 열람 명령을 신청할 수 있다.

⑤ 환경부장관은 제4항에 따른 신청이 있을 때에는 제7조에 따른 가습기살균제피해구제위원회의 심의를 거쳐 가습기살균제 사업자 또는 원료물질 사업자에게 해당 정보의 제공 또는 열람을 명할 수 있다.

⑥ 제1항·제2항 및 제5항에 따라 정보를 제공받거나 열람한 자는 그 정보를 청구한 목적과 다르게 사용하거나 다른 자에게 제공하는 등 부당한 목적으로 사용하여서는 아니 된다.

⑦ 제1항부터 제6항까지에서 규정한 사항 외에 정보의 청구와 정보의 제공 또는 열람 명령의 절차와 방법 등은 대통령령으로 정한다.

제6조의2【자료제출명령】 ① 법원은 가습기살균제 건강피해로 인한 손해배상의 소송에서 당사자의 신청에 의하여 상대방 당사자에게 해당 피해의 증명 또는 피해로 인한 손해액의 산정에 필요한 자료의 제출을 명할 수 있다. 다만, 그 자료의 소지자가 그 자료의 제출을 거절할 정당한 이유가 있으면 그러하지 아니하다.

② 법원은 자료의 소지자가 제1항에 따른 제출을 거부할 정당한 이유가 있다고 주장하는 경우에는 그 주장의 당부를 판단하기 위하여 자료의 제시를 명할 수 있다. 이 경우 법원은 그 자료를 다른 사람이 보게 하여서는 아니 된다.

③ 제1항에 따라 제출되어야 할 자료가 영업비밀(「부정경쟁방지 및 영업비밀보호에 관한 법률」 제2조제2호에 따른 영업비밀을 말한다) 또는 개인정보(「개인정보 보호법」 제2조제1호에 따른 개인정보를 말한다)에 해당하나 피해의 증명 또는 손해액의 산정에 반드시 필요한 때에는 제1항 단서에 따른 정당한 이유로 보지 아니한다. 이 경우 법원은 제출명령의 목적 내에서 열람할 수 있는 범위 또는 열람할 수 있는 사람을 지정하여야 한다.

④ 당사자가 정당한 이유 없이 자료제출명령에 따르지 아니한 때에는 법원은 자료의 기재에 대한 상대방의 주장을 진실한 것으로 인정할 수 있다.

⑤ 제4항에 해당하는 경우 자료의 제출을 신청한 당사자가 자료의 기재에 관하여 구체적으로 주장하기에 현저히 곤란한 사정이 있고 자료로 증명할 사실을 다른 증거로 증명하는 것을 기대하기도 어려운 때에는 법원은 그 당사자가 자료의 기재에 의하여 증명하고자 하는 사실에 관한 주장을 진실한 것으로 인정할 수 있다.

⑥ 제1항부터 제3항까지에 따라 자료를 제공받거나 열람한 자는 그 자료를 제출명령의 목적과 다르게 사용하거나 다른 자에게 제공하는 등 부당한 목적으로 사용하여서는 아니 된다.
(2020.3.24 본조신설)

제2장 가습기살균제피해구제위원회 등

제7조【가습기살균제피해구제위원회 등】 ① 가습기살균제 건강피해에 대한 구제 및 지원 등에 관한 사항을 심의·의결하기 위하여 환경부장관 소속으로 가습기살균제피해구제위원회(이하 "피해구제위원회"라 한다)를 둔다.

② 피해구제위원회는 위원장 1명을 포함하여 15명 이내의 위원으로 구성한다.

③ 피해구제위원회의 위원장은 환경부차관으로 하고, 위원은 다음 각 호의 사람 중에서 환경부장관이 위촉하거나 지명한다.

1. 대통령령으로 정하는 중앙행정기관의 장이 추천하는 소속 공무원
2. 대통령령으로 정하는 기관·법인·단체의 장이 추천하는 소속 임직원
3. 영상의학, 호흡기내과, 예방의학, 병리학, 직업환경의학 등 가습기살균제 건강피해 관련 전문과목의 전문의(2018.8.14 본호개정)
4. 환경보건, 독성학, 인문·사회학 또는 법학에 관한 학식과 경험이 풍부한 사람으로서 공인된 대학이나 연구기관에서 5년 이상 재직한 사람(2018.8.14 본호신설)
5. 판사·검사 또는 변호사로서 5년 이상 재직한 사람(2018.8.14 본호신설)

④ 제9조제1항에 따라 신고한 단체는 제3항제1호부터 제5호까지의 어느 하나에 해당하는 사람을 피해구제위원회 위원으로 추천할 수 있다.(2018.8.14 본항신설)

⑤ 피해구제위원회에는 구제급여의 지급에 관한 사항 등을 보다 전문적으로 검토하기 위하여 조사판정전문위원회와 재심사전문위원회를 두며, 필요시 전문위원회를 추가로 둘 수 있다.(2020.3.24 본항개정)

⑥ 제1항부터 제5항까지에서 규정한 사항 외에 피해구제위원회, 조사판정전문위원회 및 재심사전문위원회 등의 구성 및 운영 등은 대통령령으로 정한다.(2020.3.24 본항개정)

제8조【피해구제위원회의 기능 등】 피해구제위원회는 다음 각 호의 사항을 심의·의결한다.

1. 제6조제5항(제9조의2제4항에서 준용하는 경우를 포함한다)에 따른 정보의 제공 및 열람 명령에 관한 사항(2018.8.14 본호개정)
2. 제10조제2항에 따른 구제급여 지급 여부 및 피해등급 등의 결정에 관한 사항(2020.3.24 본호개정)

3. 제10조제5항에 따른 구제급여 지급결정 기준 및 피해등급 마련에 관한 사항(2020.3.24 본호개정)
4. 제11조제3항에 따른 구제급여 지급결정의 취소, 유효기간의 갱신, 피해등급의 변경 등에 관한 사항(2020.3.24 본호개정)
5. 제19조제1항에 따른 특별유족인정에 관한 사항
6. (2020.3.24 삭제)
7. 제29조제1항에 따른 재심사에 관한 사항
8. 제32조제8호에 따른 금액의 지원에 관한 사항(2020.3.24 본호신설)
9. 그 밖에 이 법에 따른 업무의 수행과 관련하여 위원장이 부의하는 사항

제9조【피해자단체】 ① 가습기살균제 피해자와 유족은 대통령령으로 정하는 바에 따라 단체를 구성하여 환경부장관에게 신고할 수 있다.
② 제1항에 따라 신고한 단체(이하 "피해자단체"라 한다)는 가습기살균제 피해자의 이해를 대변하는 활동, 가습기살균제 피해와 관련된 추모사업, 조사·연구사업 등을 할 수 있다.(2018.8.14 본항개정)
③ 피해자단체는 피해구제위원회의 심의·의결과 관련하여 의견을 제출할 수 있다.(2018.8.14 본항개정)
④ 환경부장관은 피해자단체 중 대통령령으로 정하는 사업을 실시하는 단체에 대하여 제31조제1항에 따른 가습기살균제 피해구제자금으로 해당 사업에 필요한 비용의 일부를 대통령령으로 정하는 바에 따라 지원할 수 있다.(2020.3.24 본항개정)

제9조의2【노출확인자단체 등】 ① 가습기살균제 노출확인자는 대통령령으로 정하는 바에 따라 단체를 구성하여 환경부장관에게 신고할 수 있다.
② 제1항에 따라 신고한 단체는 가습기살균제 노출확인자의 이해를 대변하는 활동을 할 수 있다.
③ 제1항에 따라 신고한 단체는 가습기살균제 노출확인자가 제10조제2항에 따른 구제급여 지급결정을 원활히 받도록 하기 위하여 가습기살균제 노출확인자의 신청을 받아 가습기살균제 사업자와 원료물질 사업자에게 가습기살균제 또는 독성 화학물질의 제조과정, 사용설비, 사용물질의 종류와 농도, 독성, 생산·판매, 인허가(신고, 등록, 변경신고, 변경등록 등을 포함한다) 등에 관한 정보를 청구할 수 있다.(2020.3.24 본항개정)
④ 제3항에 따른 정보를 청구받은 가습기살균제 사업자 또는 원료물질 사업자의 정보 제공·열람 의무, 정보의 제공·열람 명령의 신청, 정보의 제공·열람 명령, 정보의 목적 외 사용 및 부당한 목적으로의 사용 금지 등에 대하여는 제6조제3항부터 제7항까지를 준용한다.(2018.8.14 본조신설)

제10조【구제급여 지급신청 등】 ① 환경부장관이 가습기살균제 피해자 또는 유족에게 지급하는 급여(이하 "구제급여"라 한다)를 지급받고자 하는 사람(이하 "지급신청자"라 한다)은 대통령령으로 정하는 바에 따라 증빙서류를 첨부하여 환경부장관에게 신청하여야 한다.(2020.3.24 본항개정)
② 환경부장관은 제1항에 따른 신청을 받은 날부터 60일 이내에 피해구제위원회의 심의를 거쳐 구제급여의 지급여부 및 피해등급 등을 결정하여야 한다. 다만, 의학적 사유로 판단이 어려운 경우 등 정당한 사유가 있어 60일 이내에 구제급여의 지급 여부나 피해등급을 결정하는 것이 곤란한 경우에는 30일을 넘지 아니하는 범위에서 결정기간을 연장할 수 있다.(2020.3.24 본항개정)
③ 제2항에 따른 결정기간의 산정에 있어서 제1항에 따른 신청의 보완기간과 의학적 판단을 위한 진단·검사 등에 소요된 기간은 산입하지 아니한다.
④ 환경부장관은 제2항에 따라 환경부장관에게 구제급여 지급결정을 받은 사람 및 지급신청자 중 대통령령으로 정하는 저소득자에게 구제급여 지급결정을 위한 진찰·검사 등에 필요한 비용의 전부 또는 일부를 지원할 수 있다.(2020.3.24 본항개정)
⑤ 환경부장관은 피해구제위원회의 심의를 거쳐 구제급여의 지급결정 기준 및 피해등급을 마련하여야 한다.(2020.3.24 본항개정)
⑥ 환경부장관은 대통령령으로 정하는 방법에 따라 구제급여의 지급결정 기준의 의학적 적합성 및 타당성 등을 매년 검토하여야 한다.(2020.3.24 본항개정)
⑦ 제2항에 따라 구제급여 지급결정을 받은 사람이 그 급여를 지급받고자 하는 경우 대통령령으로 정하는 바에 따라 환경부장관에게 구제급여의 지급을 요청하여야 한다.(2020.3.24 본항신설)
⑧ 제1항부터 제7항까지의 규정에 따른 구제급여 지급결정, 구제급여의 지급과 관련된 절차, 기준과 진찰·검사 비용의 지원 등에 필요한 사항은 대통령령으로 정한다.(2020.3.24 본항개정)
(2020.3.24 본조제목개정)

제10조의2【의견진술권】 지급신청자는 제10조제2항 또는 제30조제1항에 따른 결정을 위한 피해구제위원회의 심의 절차에서 의견을 진술할 수 있다.(2020.3.24 본조신설)

제10조의3【구제급여 지급결정 과정에서의 통지 의무】
① 환경부장관은 다음 각 호의 어느 하나에 해당하는 경우에는 지체 없이 그 사실과 이유를 해당 지급신청자에게 통지하여야 한다.
1. 제10조제2항 본문 또는 제30조제1항 본문에 따라 구제급여 지급 여부 등을 결정한 경우
2. 제10조제2항 단서 또는 제30조제1항 단서에 따라 결정기간을 연장한 경우
3. 제10조제3항 또는 제30조제2항에 따른 의학적 판단을 위한 진단·검사 등에 소요된 기간이 환경부령으로 정하는 기간을 초과한 경우
② 환경부장관은 제1항제1호에 해당하는 경우 제10조의2에 따른 지급신청자의 의견 진술에 대한 판단 내용을 함께 통지하여야 한다.
(2020.3.24 본조신설)

제11조【구제급여 지급결정의 유효기간 등】 ① 구제급여 지급결정의 유효기간(이하 "유효기간"이라 한다)은 가습기살균제 건강피해의 종류 및 피해등급 등을 고려하여 대통령령으로 정한다.
② 가습기살균제 피해자가 자신의 건강상 피해가 유효기간의 만료 전에 나을 가망이 없다고 판단하는 때에는 유효기간이 끝나기 4개월 전부터 2개월 전까지 유효기간의 갱신을 환경부장관에게 신청할 수 있다.
③ 환경부장관은 제2항에 따른 신청이 있거나 가습기살균제 피해자의 가습기살균제 건강피해가 완치되었거나 개선되었다고 판단하는 때에는 피해구제위원회의 심의를 거쳐 구제급여 지급결정을 취소하거나 유효기간의 갱신, 피해등급의 변경 등을 할 수 있다.
④ 환경부장관은 구제급여 지급결정을 취소하거나, 유효기간의 갱신, 피해등급의 변경 등을 한 경우에는 지체 없이 그 결과를 해당 가습기살균제 피해자 또는 유족에게 통지하여야 한다.
⑤ 제1항부터 제4항까지에서 규정한 사항 외에 구제급여 지급결정의 취소, 유효기간의 갱신, 피해등급의 변경 등에 필요한 사항은 대통령령으로 정한다.
(2020.3.24 본조개정)

제12조【구제급여의 종류】 ① 구제급여의 종류는 다음 각 호와 같다.(2020.3.24 본문개정)
1. 요양급여
2. 요양생활수당
3. 장의비
4. 간병비
4의2. 장해급여(2020.3.24 본호신설)
5. 특별유족조위금
6. 특별장의비
7. 구제급여조정금
② 구제급여는 제31조에 따른 피해구제자금을 재원으로 한다.(2020.3.24 본항신설)

제13조【요양급여】 ① 요양급여는 가습기살균제 피해자에게 지급한다.(2020.3.24 본항개정)
② 요양급여는 제1항에 따른 가습기살균제 피해자가 의료기관으로부터 가습기살균제 건강피해에 대한 치료를 받은 경우 그 치료에 드는 비용 중 「국민건강보험법」 제44조 또는 「의료급여법」 제10조에 따라 가습기살균제 피해자가 부담하는 금액의 범위에서 피해등급에 따라 대통령령으로 정한다.(2018.8.14 본항개정)
③ 제2항에도 불구하고 「국민건강보험법」 제41조제4항에 따른 비급여대상 중 대통령령으로 정하는 사항은 요양급여에 포함할 수 있다.
④ 요양급여의 지급신청은 다음 각 호의 기간이 경과하였을 때에는 할 수 없다.
1. 제10조에 따라 구제급여 지급결정을 받기 전에 발생한 요양급여의 경우에는 구제급여 지급결정 결과를 통보받은 날부터 3년(2020.3.24 본호개정)
2. 제10조에 따라 구제급여 지급결정을 받은 후 발생한 요양급여의 경우에는 가습기살균제 건강피해에 대한 개별 치료를 받은 날부터 3년(2020.3.24 본호개정)
⑤ 요양급여의 지급결정은 가습기살균제 건강피해의 치료를 받기 시작한 진단일로 소급하여 효력을 갖는다.

제14조【요양생활수당】 ① 요양생활수당은 가습기살균제 피해자에게 지급한다.(2020.3.24 본항개정)
② 요양생활수당은 요양급여 외에 가습기살균제 건강피해의 치료 및 요양 등에 필요한 비용을 고려하여 가습기살균제 건강피해의 종류와 피해등급에 따라 대통령령으로 정하는 금액으로 한다.
③ 요양생활수당은 월 단위로 지급하되, 그 지급은 제10조에 따른 구제급여 지급을 신청한 날이 속하는 달의 다음 달에 시작하여 요양생활수당을 지급하여야 할 사유가 소멸한 날이 속하는 달에 끝난다.(2020.3.24 본항개정)
④ 요양생활수당의 지급신청은 요양생활수당 대상자로 통보받은 날로부터 3년이 경과하였을 때에는 할 수 없다.

제15조【장의비】 ① 장의비는 가습기살균제 피해자가 가습기살균제 건강피해로 사망한 경우 그 장제를 지낸 유족에게 지급한다.(2020.3.24 본항개정)
② 제1항에 따른 장의비는 대통령령으로 정하는 금액으로 한다.
③ 제1항에 따른 장의비의 지급신청은 가습기살균제 피해자가 사망한 날부터 3년이 경과하였을 때에는 할 수 없다.

제16조【간병비】 ① 간병비는 가습기살균제 피해자에게 지급한다.(2020.3.24 본항개정)
② 간병비는 제1항에 따른 가습기살균제 피해자가 일상생활에 필요한 거동을 하기 어려운 정도를 고려하여 대통령령으로 정하는 금액으로 한다.(2018.8.14 본항개정)
③ 간병비의 지급신청은 다음 각 호의 기간이 경과하였을 때에는 할 수 없다.
1. 제10조에 따라 구제급여 지급결정을 받기 전에 발생한 간병비의 경우에는 구제급여 지급결정을 통보받은 날부터 3년(2020.3.24 본호개정)
2. 제10조에 따라 구제급여 지급결정을 받은 후 발생한 간병비의 경우에는 간병을 받은 날부터 3년(2020.3.24 본호개정)
(2018.8.14 본항개정)
④ 간병비의 지급결정은 제10조에 따른 구제급여 지급을 신청한 날로 소급하여 효력을 갖는다.(2020.3.24 본항개정)

제16조의2【장해급여】 ① 장해급여는 가습기살균제 노출로 인한 질환에 걸려 치유된 후 신체 등에 장해가 있는 사람에게 지급한다.
② 장해급여는 장해등급에 따라 산정하며, 그 지급기준은 대통령령으로 정한다.
③ 장해급여의 지급신청은 장해급여 대상자로 통보받은 날부터 3년이 경과하면 할 수 없다.
(2020.3.24 본조신설)

제17조【특별유족조위금 및 특별장의비】 ① 특별유족조위금 및 특별장의비(이하 "특별유족조위금등"이라 한다)는 다음 각 호의 어느 하나에 해당하는 사람의 유족에게 지급한다.
1. 이 법 시행 전에 사망하였고, 사망 후 환경부장관에게 가습기살균제 건강피해로 사망하였음을 인정받은 사람(2018.8.14 본호개정)
2. 구제급여 지급을 신청하지 아니하고 이 법 시행 후에 사망하였고, 사망 후 환경부장관에게 가습기살균제 건강피해로 사망하였음을 인정받은 사람(2020.3.24 본호개정)
3. 이 법에 따른 구제급여 지급을 신청하였으나 구제급여 지급결정을 받기 전에 사망하였고, 사망 후 환경부장관에게 가습기살균제 건강피해로 사망하였음을 인정받은 사람(2020.3.24 본호개정)
② 제1항에 따른 특별유족조위금의 금액은 제13조에 따른 요양급여와 제14조에 따른 요양생활수당의 금액을 고려하여 대통령령으로 정한다.
③ 제1항의 특별장의비의 금액은 제15조에 따른 장의비의 금액으로 한다.
④ 제1항제1호에 해당하는 사람의 특별유족조위금등의 지급신청은 이 법 시행일부터, 제1항제2호 및 제3호에 해당하는 사람의 특별유족조위금등의 지급신청은 사망한 날부터 각각 5년이 경과하였을 때에는 할 수 없다.

제18조【특별유족조위금등의 지급대상 유족 범위 및 순위】 ① 특별유족조위금등을 지급받을 수 있는 유족은 제17조제1항 각 호의 어느 하나에 해당하는 가습기살균제 피해자의 사망 당시 그와 생계를 같이 하고 있던 유족에 한정한다.(2020.3.24 본항개정)
② 제1항에 따라 특별유족조위금등을 지급받을 수 있는 사람의 순위는 그 배우자(사실상 혼인 관계에 있는 사람을 포함한다)·자녀·부모·손자녀·조부모 또는 형제자매의 순으로 한다.
③ 제1항에 따라 특별유족조위금등을 지급받을 수 있는 같은 순위의 유족이 2명 이상이면 그 유족에게 똑같이 나누어 지급한다.

제19조【특별유족인정】 ① 제17조제1항에 따른 특별유족조위금등을 받고자 하는 사람은 가습기살균제 건강피해에 관한 의학적 소견, 그 밖에 대통령령으로 정하는 사항을 적은 서류를 첨부하여 환경부장관의 인정(이하 이 조에서 "특별유족인정"이라 한다)을 받아야 하고 그 절차는 제10조제2항 및 제3항을 준용한다. 이 경우 "구제급여 지급결정"은 "특별유족인정"으로 본다.(2020.3.24 후단개정)
② 제1항에서 규정한 사항 외에 특별유족인정의 절차, 방법 등에 필요한 사항은 대통령령으로 정한다.

제20조【구제급여조정금】 ① 가습기살균제 피해자가 가습기살균제 건강피해로 사망한 경우 지급받은 요양급여, 요양생활수당, 간병비 및 장해급여의 합계액(이하 이 항에서 "합계액"이라 한다)이 제17조제2항에 따른 특별유족조위금의 액수보다 적은 때에는 그 가습기살균제 피해자의 사망 당시 그 사람과 생계를 같이 하고 있던 유족에 대하여 특별유족조위금의 액수에서 합계액을 뺀 금액을 구제급여조정금으로 지급한다.(2020.3.24 본항개정)
② 구제급여조정금을 지급받을 수 있는 유족에 대하여는 제18조제2항 및 제3항을 준용한다. 이 경우 "특별유족조위금등"은 "구제급여조정금"으로 본다.
③ 제1항에 따른 구제급여조정금의 지급신청은 제1항에 따른 가습기살균제 피해자가 사망한 날부터 3년이 경과하였을 때에는 할 수 없다.(2018.8.14 본항개정)

제21조 (2020.3.24 삭제)

제22조【구제급여의 지급】 ① 환경부장관은 제10조제7항에 따른 구제급여의 지급 요청을 받은 날부터 30일 이내에 구제급여를 지급하여야 한다. 다만, 구제급여를 30일 이내에 지급하기 어려운 때에는 그 사유를 통지하고 14일을 연장할 수 있다.(2020.3.24 본항개정)
② 가습기살균제 피해자가 구제급여 지급대상에서 제외된 금액 및 그 사유에 대하여 이의가 있는 경우 구제급여를 지급받은 날부터 30일 이내에 환경부장관에게 구제급여조정을 신청할 수 있다.(2020.3.24 본항개정)
③ 제1항에 따른 구제급여의 지급 및 제2항에 따른 구제급여조정신청에 필요한 사항은 대통령령으로 정한다.
(2018.8.14 본조개정)

제23조【미지급 요양급여등】 ① 요양급여, 요양생활수당, 간병비 또는 장해급여(이하 "요양급여등"이라 한다)를 지급받을 권리가 있는 사람(이하 "수급권자"라 한다)

이 사망한 경우 그 수급권자에게 아직 지급되지 아니한 요양급여등이 있으면 수급권자의 사망 당시 생계를 같이 하고 있던 유족의 청구에 따라 그 요양급여등을 지급한다.(2020.3.24 본항개정)
② 요양급여등을 지급받을 수 있는 유족에 대하여는 제18조제2항 및 제3항을 준용한다. 이 경우 "특별유족조위금등"은 "요양급여등"으로 본다.
③ 제1항에 따른 미지급 요양급여등의 지급 청구는 수급권자가 사망한 날부터 3년이 경과하였을 때에는 할 수 없다.

제24조【요양급여등의 지급 제한】 ① 환경부장관은 가습기살균제 피해자가 고의 또는 중대한 과실로 해당 건강피해의 상태를 악화시키거나 치유를 방해한 것으로 인정되는 때에는 요양급여등의 전부 또는 일부의 지급중단을 결정할 수 있다.(2020.3.24 본항개정)
② 환경부장관은 제1항에 따라 요양급여등의 지급중단을 결정하면 지체 없이 이를 해당 가습기살균제 피해자 또는 유족에게 알려야 한다.
③ 요양급여등의 지급 제한에 필요한 사항은 대통령령으로 정한다.

제25조【다른 보상이나 배상과의 관계】 ① 이 법에 따른 구제급여를 지급받을 수 있는 사람이 동일한 사유로 「민법」이나 그 밖의 법령에 따라 이 법의 구제급여에 상당한 금품을 받은 경우 그 받은 금품을 대통령령으로 정하는 방법에 따라 환산한 금액의 한도에서 이 법에 따른 구제급여를 지급하지 아니한다.
② 환경부장관은 이 법에 따른 구제급여를 지급한 경우 지급한 구제급여 중 정부출연금 범위(제31조에 따른 피해구제자금의 재원별 조성 비율 등을 고려하여 대통령령으로 정하는 금액을 말한다)에서 가습기살균제 피해자 또는 유족이 가습기살균제 사업자 등에 대하여 가지는 손해배상청구권을 대위할 수 있다.(2020.3.24 본항개정)
③ 제2항에 따른 손해배상청구권을 대위함에 있어서 제17조의 특별유족조위금과 제20조의 구제급여조정금은 「민법」에 따른 위자료로 본다.
④ 이 법이나 「민법」, 그 밖의 법령에 따라 손해배상을 받을 사람이 동일한 사유로 이 법에 따른 구제급여를 지급받은 경우에는 그 지급받은 구제급여의 액수를 빼고 손해배상의 액수를 정하여야 한다.(2020.3.24 본항개정)

제26조【부당이득의 환수】 ① 환경부장관은 구제급여를 받은 사람이 다음 각 호의 어느 하나에 해당하는 경우 그 급여액(제1호의 경우에는 그 급여액의 2배를 말한다)을 환수하여 제31조에 따른 피해구제자금에 납입하여야 한다.(2020.3.24 본문개정)
1. 거짓이나 그 밖의 부정한 방법으로 구제급여를 받은 경우
2. 그 밖에 잘못 지급된 구제급여가 있는 경우
② 부당이득의 환수방법 등에 필요한 사항은 대통령령으로 정한다.

제27조【수급권의 보호】 이 법에 따른 구제급여를 받을 권리는 양도 또는 압류하거나 담보로 제공할 수 없다.

제28조【공과금의 면제】 구제급여로 지급된 금품에 대하여는 국가나 지방자치단체의 공과금을 부과하지 아니한다.

제29조【재심사 청구】 ① 다음 각 호의 어느 하나에 해당하는 결정이나 인정 등(이하 이 조에서 "결정등"이라 한다)에 대하여 불복하는 자는 환경부장관에게 재심사를 청구할 수 있다.
1. 제6조제5항(제9조의2제4항에서 준용하는 경우를 포함한다)에 따른 정보의 제공 및 열람 명령에 관한 사항(2018.8.14 본호개정)
2. 제10조제2항에 따른 구제급여 지급결정 및 피해등급에 관한 사항(2020.3.24 본호개정)
3. 제11조제3항에 따른 구제급여 지급결정의 취소, 유효기간의 갱신, 피해등급의 변경 등에 관한 사항(2020.3.24 본호개정)
4. 제19조제1항에 따른 특별유족인정에 관한 사항
5. (2020.3.24 삭제)
② 제1항에 따른 재심사 청구는 결정등이 있음을 안 날부터 90일 이내에 하여야 한다. 다만, 천재지변·전쟁·사변, 그 밖의 불가항력적인 사유로 심사를 청구할 수 없는 기간은 심사청구기간에 산입하지 아니한다.
③ 제1항 및 제2항에서 규정한 사항 외에 재심사 청구의 절차·방법 등은 대통령령으로 정한다.(2018.8.14 본항개정)
(2018.8.14 본조제목개정)

제30조【재심사 청구에 대한 심리·결정】 ① 환경부장관은 제29조에 따라 재심사 청구를 받은 날부터 30일 이내에 피해구제위원회의 심의를 거쳐 재심사 청구에 대한 결정을 하여야 한다. 다만, 부득이한 사유로 그 기간 내에 결정을 할 수 없는 때에는 1회에 한하여 30일을 넘지 아니하는 범위에서 그 기간을 연장할 수 있다.
② 제1항에 따른 결정기간을 산정하는 경우 제29조제1항에 따른 청구의 보완기간과 의학적 판단 등을 위하여 소요된 기간은 산입하지 아니한다.(2018.8.14 본항신설)
③ 제1항 및 제2항에서 규정한 사항 외에 재심사 청구의 결정 및 결정의 통지 등은 대통령령으로 정한다.
(2018.8.14 본항신설)

제3장 가습기살균제 피해구제자금
(2020.3.24 본장제목개정)

제31조【가습기살균제 피해구제자금의 설치 및 조성】 ① 환경부장관은 가습기살균제 피해자 등을 지원하기 위하여 가습기살균제 피해구제자금(이하 "피해구제자금"이라 한다)을 설치·운영한다.(2020.3.24 본항개정)
② 피해구제자금은 다음 각 호의 재원으로 조성한다.(2020.3.24 본문개정)
1. 제34조에 따른 가습기살균제피해구제분담금
1의2. 제35조의2에 따른 추가분담금(2020.3.24 본호신설)
2. 정부출연금(2018.8.14 본호신설)
3. 피해구제자금의 운영 수익금(2020.3.24 본호개정)
4. 적립금
5. 피해구제자금의 결산상 잉여금(2020.3.24 본호개정)
6. 차입금
7. 기부금
8. 제26조에 따른 환수금(2020.3.24 본호개정)
9. 그 밖의 수입금
(2020.3.24 본조제목개정)

제32조【피해구제자금의 용도】 피해구제자금은 다음 각 호의 용도에 사용한다. 다만, 제31조제2항제2호의 정부출연금은 제1호, 제6호, 제7호 및 제8호가목의 용도에 한정하여 사용한다.(2020.3.24 본문개정)
1. 가습기살균제 피해자에 대한 구제급여의 지급(2020.3.24 본호개정)
2. (2020.3.24 삭제)
3. 차입금 및 이자의 상환
4. 피해구제자금의 조성·관리·운용에 필요한 경비(2020.3.24 본호개정)
5. 제9조제4항에 따른 피해자단체에 대한 지원(2018.8.14 본호신설)
6. 제10조제4항에 따른 진찰·검사 관련 비용의 지원
7. 제38조에 따른 진찰 및 검사 등의 요구에 필요한 경비
8. 다음 각 목의 어느 하나에 해당하는 경우로서 환경부장관이 피해구제위원회의 심의를 거쳐 필요하다고 인정하는 금액의 지원(2020.3.24 본문개정)
  가. 지급신청자에 대한 긴급 의료지원이 필요한 경우(2020.3.24 본목개정)
  나. 제4조에 따른 손해배상책임을 지는 가습기살균제 사업자를 알 수 없거나 가습기살균제 사업자가 자력이 없어 실질적으로 배상을 받을 수 없는 가습기살균제 피해자가 지급받은 급여와 다른 가습기살균제 피해자가 가습기살균제 사업자로부터 배상받은 금액이 현저하게 차이가 날 경우(2020.3.24 본목개정)
  다. 그 밖에 이 법에 따른 업무의 수행을 위하여 필요한 경비로서 대통령령으로 정하는 경우
9. 가습기살균제 건강피해에 관한 조사·연구에 필요한 비용(2018.8.14 본호신설)
(2020.3.24 본조제목개정)

제33조【피해구제자금의 관리·운용 등】 ① 환경부장관은 다음 각 호의 방법에 따라 피해구제자금을 관리·운용하여야 한다.(2020.3.24 본문개정)
1. 금융기관 또는 체신관서에의 예입 및 금전신탁
2. 재정자금에의 예탁
3. 투자신탁 등의 수익증권 매입
4. 국가·지방자치단체 또는 금융기관이 직접 발행하거나 채무이행을 보증하는 유가증권의 매입
5. 그 밖에 대통령령으로 정하는 방법
② 환경부장관은 기업회계의 원칙에 따라 피해구제자금을 회계 처리하여야 한다.(2020.3.24 본항개정)
③ 환경부장관은 피해구제자금의 관리·운용에 관한 업무의 일부를 「한국환경산업기술원법」에 따른 한국환경산업기술원(이하 이 조에서 "기술원"이라 한다)에 위탁할 수 있다.(2020.3.24 본항개정)
④ 기술원의 장은 피해구제자금의 관리·운용 등을 위하여 구제자금운용위원회를 구성·운영하여야 한다.(2020.3.24 본항개정)
⑤ 제4항에 따른 구제자금운용위원회는 위원장 1명을 포함하여 관련 전문지식과 경험이 풍부한 사람 등 20명 이내의 위원으로 구성하며 위원장은 위원 중에서 호선한다.(2020.3.24 본항개정)
⑥ (2020.3.24 삭제)
⑦ 제1항부터 제5항까지에서 규정한 사항 외에 피해구제자금의 출납절차 등 피해구제자금의 관리·운용, 구제자금운용위원회의 구성·운영, 제32조에 따른 급여의 지급 및 지원 등에 관한 사항은 대통령령으로 정한다.(2020.3.24 본항개정)
(2020.3.24 본조제목개정)

제34조【가습기살균제피해구제분담금】 ① 환경부장관은 이 법에 따른 가습기살균제 피해자의 지원 등에 드는 재원을 확보하기 위하여 다음 각 호의 자에 대하여 대통령령으로 정하는 바에 따라 가습기살균제피해구제분담금(이하 "분담금"이라 한다)을 부과·징수하여야 한다. 이 경우 환경부장관은 그 부과·징수를 제42조제2항에 따라 「한국환경산업기술원법」에 따른 한국환경산업기술원(이하 이 조, 제35조 및 제35조의2에서 "부과징수기관"이라 한다)에 위탁할 수 있다.(2020.3.24 후단개정)
1. 가습기살균제 사업자
2. 원료물질 사업자
② 제1항에도 불구하고 대통령령으로 정하는 바에 따라 가습기살균제 또는 원료물질의 판매량이나 분담금 부담능력이 일정기준에 미치지 못하는 자에 대해서는 분담금 납부의무를 면제하거나 분담금을 감액할 수 있다.

제35조【분담금의 산정 및 납부 등】 ① 가습기살균제 사업자가 납부하는 분담금의 총액은 1천억원으로 하며, 개별 가습기살균제 사업자가 납부하는 분담금은 다음 계산식에 따라 산정하여야 한다.

$$\text{분담금} = \text{1천억원} \times \frac{(\text{가습기살균제 사용비율} \times 2.5 + \text{가습기살균제 판매량 비율} \times 1)}{3.5}$$

② 제1항에서 "가습기살균제 사용비율"이란 지급신청자를 대상으로 가습기살균제 사용 환경, 사용 기간 및 사용제품 등을 조사하는 환경노출조사를 통하여 확인된 총 가습기살균제 사용자 중 개별 가습기살균제 사업자의 점유율을 말하며, 가습기살균제 사용비율의 산정 시점과 구체적인 산정 방법은 대통령령으로 정한다.(2020.3.24 본항개정)
③ 제1항에서 "가습기살균제 판매량 비율"이란 1994년부터 2011년까지 판매된 가습기살균제의 총 판매량 중 개별 가습기살균제 사업자의 판매량 점유율을 말하며, 구체적인 산정 방법은 대통령령으로 정한다.
④ 같은 가습기살균제에 대하여 복수의 가습기살균제 사업자가 있는 경우에는 해당 사업자는 사업의 기간·규모 등을 고려하여 대통령령으로 정하는 바에 따라 공동으로 분담금을 납부하도록 하여야 한다.
⑤ 원료물질 사업자는 가습기살균제 사업자가 납부하는 분담금의 100분의 25에 해당하는 금액을 별도 분담금으로 납부하여야 한다.
⑥ 환경부장관 또는 부과징수기관의 장은 분담금을 납부하여야 하는 자가 납부기한까지 분담금을 내지 아니하면 30일 이상의 기간을 정하여 납부를 독촉하여야 한다. 이 경우 그 납부기한의 다음 날부터 납부일 전일까지의 기간에 대하여 체납된 분담금의 100분의 3을 초과하지 아니하는 범위에서 그 기간에 상응하는 가산금을 부과하되 가산금의 비율은 대통령령으로 정한다.
⑦ 제6항에 따라 독촉을 받은 자가 그 기간까지 분담금과 가산금을 내지 아니하면 국세 체납처분의 예에 따라 징수한다.
⑧ 분담금의 분할납부, 징수방법, 납부기한, 납부절차, 그 밖에 부과·징수에 필요한 사항은 대통령령으로 정한다.

제35조의2【분담금의 추가 징수】 ① 환경부장관은 가습기살균제 피해자의 증가, 장기구제의 필요성 등으로 구제급여 지급에 필요한 자금이 부족하여 피해구제자금의 추가 조성이 불가피한 경우에는 제34조제1항 각 호의 자에 대하여 추가로 분담금(이하 "추가분담금"이라 한다)을 부과·징수할 수 있다. 이 경우 환경부장관은 그 부과·징수를 부과징수기관에 위탁할 수 있다.
② 추가분담금의 부과·징수는 제34조 및 제35조에 따라 부과·징수한 분담금의 100분의 75 이상이 사용된 경우에만 할 수 있다.
③ 추가분담금의 징수 여부 및 추가분담금의 액수는 과거의 분담금 사용 내역 및 향후 필요한 분담금의 규모 등을 고려하여 환경부장관이 제33조제4항에 따른 구제자금운용위원회의 심의·의결을 거쳐 정한다. 이 경우 추가분담금의 총액은 제34조 및 제35조에 따라 부과·징수한 분담금의 총액을 초과할 수 없다.
④ 제3항에 따라 구제자금운용위원회가 추가분담금의 징수 여부 등을 심의·의결할 때에는 제34조제1항 각 호의 자에게 의견을 진술할 기회를 주어야 한다.
⑤ 추가분담금의 부과·징수, 산정 및 납부 등에 대해서는 제34조제2항 및 제35조를 준용한다. 이 경우 "분담금"은 "추가분담금"으로, "1천억원"은 "제35조의2제3항에 따라 환경부장관이 정한 액수"로 본다.
(2020.3.24 본조신설)

제36조【이의신청】 ① 제34조제1항 각 호의 어느 하나에 해당하는 자가 분담금 또는 추가분담금 부과에 대하여 이의가 있는 경우에는 분담금 또는 추가분담금 납부통지를 받은 날부터 30일 이내에 환경부장관에게 이의를 신청할 수 있다.(2020.3.24 본항개정)
② 환경부장관은 제1항에 따른 이의신청이 있는 때에는 그 이의신청을 받은 날부터 30일 이내에 결정하여 그 결과를 신청인에게 통보하여야 한다.

제4장 보 칙

제37조【조사, 보고 등】 ① 환경부장관은 이 법에 따른 업무의 수행에 필요한 경우에는 가습기살균제 사업자, 원료물질 사업자, 가습기살균제 피해자 및 유족, 대통령령으로 정하는 관계 행정기관의 장 및 관계 기관·법인·단체(이하 이 조에서 "사업자등"이라 한다)에 대하여 다음 각 호의 사항을 요청하거나 소속 직원으로 하여금 조사하게 할 수 있다.
1. 이 법에 따른 업무의 수행에 필요한 자료, 물건 및 의견의 제출
2. 이 법에 따른 업무의 수행에 필요한 자료, 물건, 시설 및 관계인에 대한 조사
② 제1항제2호에 따른 조사를 하는 경우에 관계 공무원은 그 권한을 표시하는 증표를 지니고 이를 관계인에게 내보여야 한다.
③ 제1항에 따른 요청을 받은 사업자등은 특별한 사유가 없으면 이에 응하여야 한다.

④ 제1항에 따라 제출 요청을 받은 사업자등은 「개인정보 보호법」 제18조제1항에도 불구하고 요청받은 개인정보를 제공하여야 한다.
⑤ 수급권자 및 수급권이 있었던 자와 가습기살균제 사업자 및 원료물질 사업자는 대통령령으로 정하는 수급권의 변동과 관련한 사항이 발생하면 1개월 이내에 환경부장관에게 신고하여야 한다.
⑥ 수급권자가 사망하면 「가족관계의 등록 등에 관한 법률」 제85조에 따른 사망신고의무자는 1개월 이내에 그 사망 사실을 환경부장관에게 신고하여야 한다.

제38조【진찰요구 등】 환경부장관은 이 법에 따른 결정 등을 위하여 필요한 경우 대통령령으로 정하는 바에 따라 가습기살균제 피해자와 지급신청자에게 환경부장관이 정하는 기관에서 진찰, 검사, 조사 등을 받을 것을 요구할 수 있다.(2020.3.24 본조개정)

제39조【구제급여의 일시 중지】 ① 환경부장관은 구제급여를 받고자 하는 사람이 다음 각 호의 어느 하나에 해당하는 경우에는 그 지급을 일시 중지할 수 있다.
1. 제37조제5항 또는 제6항에 따른 신고를 하지 아니하는 경우
2. 제38조에 따른 요구에 따르지 아니하는 경우
3. 그 밖에 대통령령으로 정하는 경우
② 제1항에 따른 일시 중지의 대상이 되는 구제급여의 종류, 일시 중지의 기간 및 절차는 대통령령으로 정한다.

제40조【가습기살균제피해종합지원센터 등의 설치 및 운영】 ① 정부는 가습기살균제 피해자에 대한 지원을 위하여 가습기살균제피해종합지원센터를 「한국환경산업기술원법」에 따른 한국환경산업기술원에 설치·운영한다.(2018.8.14 본항개정)
② 제1항에 따른 가습기살균제피해종합지원센터는 다음 각 호의 기능을 수행한다.(2018.8.14 본문개정)
1. 가습기살균제, 가습기살균제 건강피해 및 가습기살균제 피해자 관련 정보의 수집 및 관리
2. 가습기살균제 피해자의 발굴
3. 유사 피해의 재발방지를 위한 교육·홍보
4. 가습기살균제피해종합지원센터 업무 수행을 위한 정보시스템의 구축·운영(2018.8.14 본호신설)
5. 그 밖에 대통령령으로 정하는 가습기살균제 피해자 지원 업무
③ 환경부장관은 가습기살균제 건강피해의 조사·연구 등을 전문적으로 수행하기 위하여 국공립 연구기관, 「고등교육법」 제2조에 따른 학교, 병원 등 환경부령으로 정하는 기관을 가습기살균제보건센터로 지정·운영할 수 있다.(2018.8.14 본항신설)
④ 제3항에 따른 가습기살균제보건센터는 다음 각 호의 기능을 수행한다.(2018.8.14 본항신설)
1. 가습기살균제 피해자와 대통령령으로 정하는 사람에 대한 건강모니터링(2018.8.14 본호신설)
2. 가습기살균제 피해자에 대한 의료상담 및 의료지원
3. 가습기살균제와 독성 화학물질이 건강에 미치는 영향에 대한 조사·연구
4. 가습기살균제 건강피해에 대한 치료법과 간병 및 재활기술 연구
5. 그 밖에 대통령령으로 정하는 가습기살균제 건강피해 조사·연구
⑤ 제1항에 따른 가습기살균제피해종합지원센터 및 제3항에 따른 가습기살균제보건센터의 설치·운영 등에 필요한 사항은 대통령령으로 정한다.(2018.8.14 본항개정)
(2018.8.14 본조제목개정)

제41조【소멸시효에 관한 특례】 ① 가습기살균제 건강피해에 대한 손해배상청구권은 「민법」 제766조제1항에도 불구하고 가습기살균제 피해자나 유족 또는 법정대리인이 그 손해 및 제4조에 따른 손해배상책임을 지는 자를 안 날부터 10년간 행사하지 아니하면 시효의 완성으로 소멸한다.(2020.3.24 본항개정)
② 가습기살균제 건강피해에 대한 손해배상청구권은 「민법」 제766조제2항에도 불구하고 그 피해가 발생한 날부터 30년간 행사하지 아니하면 시효의 완성으로 소멸한다.(2018.8.14 본항개정)

제42조【권한의 위임·위탁】 ① 환경부장관은 대통령령으로 정하는 바에 따라 이 법에 따른 권한의 일부를 소속 기관의 장에게 위임할 수 있다.
② 환경부장관은 대통령령으로 정하는 바에 따라 이 법에 따른 권한의 일부를 「한국환경산업기술원법」에 따른 한국환경산업기술원과 「환경보건법」 제26조에 따라 지정된 환경보건센터에 위탁할 수 있다.

제43조【벌칙 적용에서 공무원 의제】 피해구제위원회, 조사판정전문위원회, 재심사전문위원회, 구제자금운용위원회, 제7조제5항에 따른 전문위원회의 위원은 「형법」 제129조부터 제132조까지의 규정을 적용할 때에는 공무원으로 본다.(2020.3.24 본조개정)

제44조【비밀유지 의무】 다음 각 호의 어느 하나에 해당하는 직에 종사하는 사람 또는 그 직에 종사하였던 사람은 그 업무상 알게 된 비밀을 누설하여서는 아니 된다.
1. 피해구제위원회, 조사판정전문위원회, 재심사전문위원회, 구제자금운용위원회, 제7조제5항에 따른 전문위원회의 위원(2020.3.24 본호개정)
2. 제42조에 따라 권한을 위탁받은 기관의 종사자

제5장 벌 칙

제45조【벌칙】 ① 다음 각 호의 어느 하나에 해당하는 사람은 2년 이하의 징역 또는 2천만원 이하의 벌금에 처한다.
1. 거짓이나 그 밖의 부정한 방법으로 구제급여를 받은 사람(2020.3.24 본호개정)
2. 거짓이나 그 밖의 부정한 방법으로 제32조제8호에 따른 지원을 받은 사람(2018.8.14 본호신설)
3. 제44조를 위반하여 업무상 알게 된 비밀을 누설한 사람
② 다음 각 호의 어느 하나에 해당하는 자는 1년 이하의 징역 또는 1천만원 이하의 벌금에 처한다.
1. 제6조제6항(제9조의2제4항에서 준용하는 경우를 포함한다) 및 제6조의2제6항을 위반하여 다른 자에게 정보 또는 자료를 누설 또는 제공하거나 부당한 목적으로 이용한 자(2020.3.24 본호개정)
2. 제37조제1항에 따른 보고 및 조사에 대하여 거짓된 자료, 물건 및 의견을 제출한 자
3. 제37조제3항을 위반하여 정당한 사유 없이 요청 및 조사에 응하지 아니하거나 거부한 자
4. 제37조제4항을 위반하여 정당한 사유 없이 개인정보를 제공하지 아니하거나 거부한 자

제46조【양벌규정】 법인의 대표자나 법인 또는 개인의 대리인, 사용인, 그 밖의 종업원이 그 법인 또는 개인의 업무에 관하여 제45조제2항의 위반행위를 하면 그 행위자를 벌하는 외에 그 법인 또는 개인에게도 해당 조문의 벌금형을 과(科)한다. 다만, 법인 또는 개인이 그 위반행위를 방지하기 위하여 해당 업무에 관하여 상당한 주의와 감독을 게을리하지 아니한 경우에는 그러하지 아니하다.

제47조【과태료 등】 ① 다음 각 호의 어느 하나에 해당하는 자에 대하여는 500만원의 범위에서 과태료를 부과할 수 있다.
1. 제37조제5항에 따른 신고를 하지 아니하거나 거짓으로 신고한 자
2. 제37조제6항에 따른 신고를 하지 아니하거나 거짓으로 신고한 자
② 제6조제5항(제9조의2제4항에서 준용하는 경우를 포함한다)에 따른 정보 제공 또는 열람 명령에 따르지 아니한 자에게는 대통령령으로 정하는 바에 따라 매년마다 1억원의 범위에서 명령에 따르지 아니한 일 수를 고려하여 이행강제금을 부과할 수 있다.(2018.8.14 본항개정)

부 칙

제1조【시행일】 이 법은 공포 후 6개월이 경과한 날부터 시행한다. 다만, 제37조제1항부터 제4항까지, 제45조제2항제2호부터 제4호까지 및 제46조(제45조제2항제1호의 위반행위에 해당하는 경우는 제외한다)는 공포한 날부터 시행한다.

제2조【경과조치】 ① 이 법 시행 전에 「환경보건법」 제20조에 따라 신청, 청구, 결정, 지급·지원 및 인정한 사항은 이 법에 따라 신청, 청구, 결정, 지급·지원 및 인정한 사항으로 본다.
② 제1항에 따른 신청, 청구, 결정, 지급·지원 및 인정에 관하여 이 법에 따른 업무의 처리기간을 적용할 때에는 이 법의 시행일을 그 기산일로 볼 수 있다.
③ 환경부장관은 이 법 시행 전까지 「환경보건법」 제20조제1항에 따라 지원을 받고 있는 가습기살균제 피해자가 제32조제1호 각 목의 어느 하나에 해당하는 경우에는 제1항에 따라 인정한 것으로 보는 유효기간의 남은 기간의 범위에서 제32조제1호에 따른 급여를 대신하여 구제급여를 지급할 수 있다.

부 칙 (2018.8.14)

이 법은 공포 후 6개월이 경과한 날부터 시행한다.

부 칙 (2020.3.24)

제1조【시행일】 이 법은 공포 후 6개월이 경과한 날부터 시행한다. 다만, 제41조제1항의 개정규정은 공포한 날부터 시행한다.

제2조【손해배상청구권의 소멸시효에 관한 적용례】 제41조제1항의 개정규정은 이 법 시행 당시 소멸시효가 완성되지 아니한 손해배상청구권에 대해서도 적용한다.

제3조【특별구제계정에 관한 경과조치】 이 법 시행 당시 종전의 특별구제계정에 속하는 자산과 채권·채무 및 그 밖의 권리·의무는 제32조의 개정규정에 따른 피해구제자금이 이를 승계한다.

제4조【가습기살균제 피해자에 관한 경과조치】 이 법 시행 당시 종전의 제2조제4호가목 및 나목에 따른 가습기살균제 피해자는 제10조제2항의 개정규정에 따른 구제급여 지급결정을 받은 것으로 본다.

제5조【특별구제계정에서 지급한 급여 및 금액에 관한 경과조치】 이 법 시행 당시 종전의 제32조에 따라 특별구제계정에서 종전의 제2조제4호에 따른 가습기살균제 피해자에게 지급한 급여 또는 금액은 이 법에 따라 지급한 구제급여로 본다.

자연환경보전법

(2004년 12월 31일 전부개정법률 제7297호)

개정
2005. 8. 4법 7678호(산림자원조성관리)
2006. 9.27법 8014호(하수도법)
2006.10. 4법 8045호(해양생태계의보전및관리에관한법)
2007. 4.11법 8355호(광업)
2007. 5.17법 8466호(수질수생태계보전)
2007. 5.17법 8468호
2008. 2.29법 8852호(정부조직)
2008. 3.28법 9037호(환경영향평가법)
2009. 1.30법 9401호(국유재산)
2009. 6. 9법 9763호(산림보호법)
2009. 6. 9법 9774호(측량·수로지적)
2010. 1.27법 9982호(광업)
2010. 2. 4법10032호(환경정책)
2011. 7.21법10892호(환경영향평가법)
2011. 7.21법10893호(환경정책)
2011. 7.28법10977호(야생생물보호및관리에관한법)
2011. 7.28법10979호
2012. 2. 1법11257호(생물다양성보전및이용에관한법)
2013. 3.22법11671호
2013. 6. 4법11862호(화학물질관리법)
2014. 6. 3법12738호(공간정보구축관리)
2015. 2. 3법13168호 2016. 1.27법13885호
2017. 1.17법14532호(물환경보전법)
2017.11.28법15100호 2018.10.16법15839호
2019.12.10법16806호(생물다양성보전및이용에관한법)
2020. 5.26법17326호(법률용어정비)
2021. 1. 5법17846호 2021. 4.13법18031호
2022. 6.10법18910호
2022.10.18법19012호(해양생태계의보전및관리에관한법)
2023. 3.21법19251호(자연유산의보존및활용에관한법)
2023. 8. 8법19590호(문화유산)
2024. 1. 9법19962호→2024년 7월 10일 시행
2024. 2. 6법20231호(화학물질관리법)→2025년 8월 7일 시행이므로 「法典 別冊」 보유편 수록
2024년 1월 25일 제412회 국회 본회의 통과(정부조직)→「法典 別冊」 보유편 수록

제1장 총 칙

제1조【목적】 이 법은 자연환경을 인위적 훼손으로부터 보호하고, 생태계와 자연경관을 보전하는 등 자연환경을 체계적으로 보전·관리함으로써 자연환경의 지속가능한 이용을 도모하고, 국민이 쾌적한 자연환경에서 여유있고 건강한 생활을 할 수 있도록 함을 목적으로 한다.

제2조【정의】 이 법에서 사용하는 용어의 정의는 다음과 같다.
1. "자연환경"이라 함은 지하·지표(해양을 제외한다) 및 지상의 모든 생물과 이들을 둘러싸고 있는 비생물적인 것을 포함한 자연의 상태(생태계 및 자연경관을 포함한다)를 말한다.(2006.10.4 본호개정)
2. "자연환경보전"이라 함은 자연환경을 체계적으로 보존·보호 또는 복원하고 생물다양성을 높이기 위하여 자연을 조성하고 관리하는 것을 말한다.
3. "자연환경의 지속가능한 이용"이라 함은 현재와 장래의 세대가 동등한 기회를 가지고 자연환경을 이용하거나 혜택을 누릴 수 있도록 하는 것을 말한다.
4. "자연생태"란 자연의 상태에서 이루어진 지리적 또는 지질적 환경과 그 조건 아래에서 생물이 생활하고 있는 모든 현상을 말한다.(2020.5.26 본호개정)
5. "생태계"란 식물·동물 및 미생물 군집(群集)들과 무생물 환경이 기능적인 단위로 상호작용하는 역동적인 복합체를 말한다.(2012.2.1 본호개정)
6. "소(小)생태계"라 함은 생물다양성을 높이고 야생동·식물의 서식지간의 이동가능성 등 생태계의 연속성을 높이거나 특정한 생물종의 서식조건을 개선하기 위하여 조성하는 생물서식공간을 말한다.
7. "생물다양성"이라 함은 육상생태계 및 수생생태계(해양생태계는 제외한다)와 이들의 복합생태계를 포함하는 모든 원천에서 발생한 생물체의 다양성을 말하며, 종내(種內)·종간(種間) 및 생태계의 다양성을 포함한다.(2020.5.26 본호개정)
8. "생태축"이라 함은 전국 또는 지역 단위에서 생물다양성을 증진시키고 생태계 기능의 연속성을 위하여 생태적으로 중요한 지역 또는 생태적 기능의 유지가 필요한 지역을 연결하는 생태적 서식공간을 말한다.
(2022.6.10 본호개정)
9. "생태통로"란 도로·댐·수중보(水中洑)·하굿둑 등으로 인하여 야생동·식물의 서식지가 단절되거나 훼손 또는 파괴되는 것을 방지하고 야생동·식물의 이동 등 생태계의 연속성 유지를 위하여 설치하는 인공 구조물·식생 등의 생태적 공간을 말한다.(2017.11.28 본호개정)
10. "자연경관"이라 함은 자연환경적 측면에서 시각적·심미적인 가치를 가지는 지역·지형 및 이에 부속된 자연요소 또는 사물이 복합적으로 어우러진 자연의 경치를 말한다.
11. "대체자연"이라 함은 기존의 자연환경과 유사한 기능을 수행하거나 보완적 기능을 수행하도록 하기 위하여 조성하는 것을 말한다.
12. "생태·경관보전지역"이라 함은 생물다양성이 풍부하여 생태적으로 중요하거나 자연경관이 수려하여 특별히 보전할 가치가 큰 지역으로서 제12조 및 제13조제3항에 따라 환경부장관이 지정·고시하는 지역을 말한다.
(2020.5.26 본호개정)
13. "자연유보지역"이라 함은 사람의 접근이 사실상 불가능하여 생태계의 훼손이 방지되고 있는 지역중 군사목

적을 위하여 이용되는 외에는 특별한 용도로 사용되지 아니하는 무인도로서 대통령령으로 정하는 지역과 관할권이 대한민국에 속하는 날부터 2년간의 비무장지대를 말한다.(2020.5.26 본호개정)
14. "생태·자연도"란 함은 산·하천·내륙습지·호소(湖沼)·농지·도시 등에 대하여 자연환경을 생태적 가치, 자연성, 경관적 가치 등에 따라 등급화하여 제34조에 따라 작성된 지도를 말한다.(2020.5.26 본호개정)
15. "자연자산"이라 함은 인간의 생활이나 경제활동에 이용될 수 있는 유형·무형의 가치를 가진 자연상태의 생물과 비생물적인 것의 총체를 말한다.
16. "생물자원"이란 「생물다양성 보전 및 이용에 관한 법률」 제2조제3호에 따른 생물자원을 말한다.(2012.2.1 본호개정)
17. "생태마을"이라 함은 생태적 기능과 수려한 자연경관을 보유하고 이를 지속가능하게 보전·이용할 수 있는 역량을 가진 마을로서 환경부장관 또는 지방자치단체의 장이 제42조에 따라 지정한 마을을 말한다.(2020.5.26 본호개정)
18. "생태관광"이란 생태계가 특히 우수하거나 자연경관이 수려한 지역에서 자연자산의 보전 및 현명한 이용을 통하여 환경의 중요성을 체험할 수 있는 자연친화적인 관광을 말한다.(2013.3.22 본호신설)
19. "자연환경복원사업"이란 훼손된 자연환경의 구조와 기능을 회복시키는 사업으로서 다음 각 호에 해당하는 사업을 말한다. 다만, 다른 관계 중앙행정기관의 장이 소관 법률에 따라 시행하는 사업은 제외한다.
가. 생태·경관보전지역에서의 자연생태·자연경관과 생물다양성 보전·관리를 위한 사업
나. 도시지역 생태계의 연속성 유지 또는 생태계 기능의 향상을 위한 사업
다. 단절된 생태계의 연결 및 야생동물의 이동을 위하여 생태통로 등을 설치하는 사업
라. 「습지보전법」 제3조제3항의 습지보호지역등(내륙습지로 한정한다)에서의 훼손된 습지를 복원하는 사업
마. 그 밖에 훼손된 자연환경 및 생태계를 복원하기 위한 사업으로서 대통령령으로 정하는 사업
(2021.1.5 본호신설)

제3조【자연환경보전의 기본원칙】 자연환경은 다음의 기본원칙에 따라 보전되어야 한다.
1. 자연환경은 모든 국민의 자산으로서 공익에 적합하게 보전되고 현재와 장래의 세대를 위하여 지속가능하게 이용되어야 한다.
2. 자연환경보전은 국토의 이용과 조화·균형을 이루어야 한다.
3. 자연생태와 자연경관은 인간활동과 자연의 기능 및 생태적 순환이 촉진되도록 보전·관리되어야 한다.
4. 모든 국민이 자연환경보전에 참여하고 자연환경을 건전하게 이용할 수 있는 기회가 증진되어야 한다.
5. 자연환경을 이용하거나 개발하는 때에는 생태적 균형이 파괴되거나 그 가치가 낮아지지 아니하도록 하여야 한다. 다만, 자연생태와 자연경관이 파괴·훼손되거나 침해되는 때에는 최대한 복원·복구되도록 노력하여야 한다.(2020.5.26 본호개정)
6. 자연환경보전에 따르는 부담은 공평하게 분담되어야 하며, 자연환경으로부터 얻어지는 혜택은 지역주민과 이해관계인이 우선하여 누릴 수 있도록 하여야 한다.
7. 자연환경보전과 자연환경의 지속가능한 이용을 위한 국제협력은 증진되어야 한다.
8. 자연환경을 복원할 때에는 환경 변화에 대한 적응 및 생태계의 연계성을 고려하고, 축적된 과학적 지식과 정보를 적극적으로 활용하여야 하며, 국가·지방자치단체·지역주민·시민단체·전문가 등 모든 이해관계자의 참여와 협력을 바탕으로 하여야 한다.(2021.1.5 본호신설)

제4조【국가·지방자치단체 및 사업자의 책무】 ① 국가 및 지방자치단체는 제1조에 따른 목적 및 제3조에 따른 자연환경보전의 기본원칙에 따라 다음의 조치를 마련하여 시행할 책무를 진다.(2017.11.28 본문개정)
1. 국토의 개발 및 이용 등으로 인한 자연환경의 훼손방지 및 자연환경의 지속가능한 이용을 위한 자연환경보전대책의 수립·시행
2. 자연생태·자연경관 등 자연환경과 조화를 이루는 토지의 이용, 개발계획 및 개발사업의 수립·시행
3. 소생태계의 조성, 생태통로의 설치 등 생태계의 연속성을 유지하기 위한 생태축의 구축 및 관리대책의 수립·시행(2017.11.28 본호개정)
4. 자연환경 훼손지에 대한 복원·복구 대책의 수립·시행
5. 생태복원기술의 개발, 생태복원전문기관의 육성 등 생태계 복원을 위하여 필요한 시책의 수립·시행
6. 민간단체·사업자·국민 등이 자연환경보전에 적극 참여하도록 하는 시책의 추진 및 여건의 조성
7. 자연환경에 관한 조사·연구·기술개발 및 전문인력 양성 등 자연환경보전을 위한 과학기술의 진흥
8. 자연환경보전에 관한 교육 및 홍보를 통한 자연환경보전의 중요성에 대한 국민인식의 증진
9. 자연환경보전 및 지구환경보전에 관한 국제협력
② 사업자는 사업활동을 할 때 다음 각 호의 사항을 준수하여야 한다.(2017.11.28 본문개정)
1. 자연생태·자연경관을 우선적으로 고려할 것
2. 사업활동으로부터 비롯되는 자연환경 훼손을 방지하고, 훼손되는 자연환경에 상응하도록 스스로 복원·복구하거나 환경부령으로 정하는 생태면적률(개발면적 중에서 생태적 기능 또는 자연순환기능이 있는 토양면적이 차지하는 비율을 말한다)을 확보하는 등의 필요한 조치를 할 것(2021.4.13 본호개정)
3. 제1항에 따른 국가 및 지방자치단체의 자연환경보전대책 등에 참여하고 협력할 것(2020.5.26 본호개정)

제5조【자연보호운동】 정부는 모든 국민이 자연보호운동에 참여하도록 지방자치단체와 민간단체 등을 지원하고 지역별로 생태적 특성을 고려하여 자연보호운동이 실시될 수 있도록 하여야 한다.

제6조【자연환경보전기본방침】 ① 환경부장관은 제1조에 따른 목적 및 제3조에 따른 자연환경보전의 기본원칙을 실현하기 위하여 관계중앙행정기관의 장 및 특별시장·광역시장·특별자치시장·도지사·특별자치도지사(이하 "시·도지사"라 한다)의 의견을 듣고 「환경정책기본법」 제58조에 따른 환경정책위원회(이하 "중앙환경정책위원회"라 한다) 및 국무회의의 심의를 거쳐 자연환경보전을 위한 기본방침(이하 "자연환경보전기본방침"이라 한다)을 수립하여야 한다.(2017.11.28 본항개정)
② 자연환경보전기본방침에는 다음의 사항이 포함되어야 한다.
1. 자연환경의 체계적 보전·관리, 자연환경의 지속가능한 이용
2. 중요하게 보전하여야 할 생태계의 선정, 멸종위기에 처하여 있거나 생태적으로 중요한 생물종 및 생물자원의 보호
3. 자연환경 훼손지의 복원·복구
4. 생태·경관보전지역의 관리 및 해당 지역주민의 삶의 질 향상
5. 산·하천·내륙습지·농지·섬 등에 있어서 생태적 건전성의 향상 및 생태통로·소생태계·대체자연의 조성 등을 통한 생물다양성의 보전(2006.10.4 본호개정)
6. 생태축의 보전 및 훼손된 생태축의 복원(2022.6.10 본호신설)
7. 자연환경에 관한 국민교육과 민간활동의 활성화
8. 자연환경보전에 관한 국제협력
9. 그 밖에 자연환경보전에 관하여 대통령령으로 정하는 사항(2020.5.26 본호개정)
③ 환경부장관은 자연환경보전기본방침을 수립한 때에는 이를 관계중앙행정기관의 장 및 시·도지사에게 통보하여야 한다.
④ 관계중앙행정기관의 장 및 시·도지사는 자연환경보전기본방침에 따른 추진방침 또는 실천계획(시·도지사의 경우 실천계획에 한정한다)을 수립하고 이를 환경부장관에게 통보하여야 한다.(2020.5.26 본항개정)

제7조【주요시책의 협의 등】 ① 중앙행정기관의 장은 자연환경보전과 직접적인 관계가 있는 주요시책 또는 계획을 수립·시행하고자 하는 때에는 미리 환경부장관과 협의하여야 한다. 다만, 다른 법률에 따라 환경부장관과 협의한 경우에는 그러하지 아니하다.(2020.5.26 단서개정)
② 환경부장관은 관계중앙행정기관의 장과 협의하여 개발계획 및 개발사업(이하 "개발사업등"이라 한다)을 수립·시행함에 있어서 자연환경보전 및 자연환경의 지속가능한 이용을 위하여 고려하여야 할 지침을 작성하여 활용하도록 할 수 있다.
③ 제1항에 따른 협의의 대상이 되는 주요시책 또는 계획의 종류 그 밖에 필요한 사항은 대통령령으로 정한다.(2020.5.26 본항개정)

제8조【자연환경보전기본계획의 수립】 ① 환경부장관은 전국의 자연환경보전을 위한 기본계획(이하 "자연환경보전기본계획"이라 한다)을 10년마다 수립하여야 한다.
② 자연환경보전기본계획은 중앙환경정책위원회의 심의를 거쳐 확정한다.(2010.2.4 본항개정)
③ 환경부장관은 자연환경보전기본계획을 수립할 때 미리 관계중앙행정기관의 장과 협의를 거쳐야 한다. 이 경우 자연환경보전기본방침과 제6조제4항에 따라 관계중앙행정기관의 장 및 시·도지사가 통보하는 추진방침 또는 실천계획을 고려하여야 한다.(2020.5.26 본항개정)
④ 환경부장관은 관계중앙행정기관의 장 및 시·도지사에게 자연환경보전기본계획에 반영하여야 할 정책 및 사업에 관한 소관별 계획안을 제출하도록 요청할 수 있다.
⑤ 제2항부터 제4항까지의 규정은 확정된 자연환경보전기본계획을 변경하고자 하는 경우에 이를 준용한다. 다만, 대통령령으로 정하는 경미한 사항을 변경하는 경우에는 중앙환경정책위원회의 심의를 생략할 수 있다.(2020.5.26 본항개정)

제9조【자연환경보전기본계획의 내용】 자연환경보전기본계획에는 다음의 내용이 포함되어야 한다.
1. 자연환경·생태계서비스(「생물다양성 보전 및 이용에 관한 법률」 제2조제10호에 따른 생태계서비스를 말한다)의 현황, 전망 및 유지·증진에 관한 사항(2021.4.13 본호개정)
2. 자연환경보전에 관한 기본방향 및 보전목표설정에 관한 사항
3. 자연환경보전을 위한 주요 추진과제 및 사업에 관한 사항(2021.4.13 본호개정)
4. 지방자치단체별로 추진할 주요 자연보전시책에 관한 사항
5. 자연경관의 보전·관리에 관한 사항
6. 생태축의 구축·추진에 관한 사항
7. 생태통로 설치, 훼손지 복원 등 생태계 복원을 위한 주요사업에 관한 사항
8. 제11조에 따른 자연환경종합지리정보시스템의 구축·운영에 관한 사항(2020.5.26 본호개정)
9. 사업시행에 소요되는 경비의 산정 및 재원조달 방안에 관한 사항
10. 그 밖에 자연환경보전에 관하여 대통령령으로 정하는 사항(2020.5.26 본호개정)

제10조【자연환경보전기본계획의 시행】 ① 환경부장관은 제8조제2항에 따라 자연환경보전기본계획을 확정한 때에는 이를 지체없이 관계중앙행정기관의 장 및 시·도지사에게 통보하여야 한다.(2020.5.26 본항개정)
② 관계중앙행정기관의 장 및 시·도지사는 자연환경보전기본계획의 내용을 소관업무와 관련된 정책 및 계획에 반영하는 등 자연환경보전기본계획의 시행을 위한 필요한 조치를 하여야 한다.
③ 환경부장관은 자연환경보전기본계획의 시행성과를 2년마다 정기적으로 분석·평가하고 그 결과를 자연환경보전정책에 반영하여야 한다.

제11조【자연환경정보망의 구축·운영 등】 ① 환경부장관은 자연환경에 관한 지식정보의 원활한 생산·보급 등을 위하여 생태·자연도, 생물종(生物種)정보 등을 전산화한 자연환경종합지리정보시스템(이하 "자연환경정보망"이라 한다)을 구축·운영할 수 있다.
② 환경부장관은 관계행정기관의 장에게 자연환경정보망의 구축·운영에 필요한 자료의 제출을 요청할 수 있다. 이 경우 관계행정기관의 장은 특별한 사유가 없으면 그 요청에 따라야 한다.(2020.5.26 후단개정)
③ 환경부장관은 자연환경정보망의 효율적인 구축·운영을 위하여 필요한 경우에는 자연환경정보망의 구축·운영을 전문기관에 위탁할 수 있다.
④ 자연환경정보망의 구축·운영 및 전문기관의 위탁에 관하여 필요한 사항은 대통령령으로 정한다.

제2장 생태·경관보전지역의 관리 등

제12조【생태·경관보전지역】 ① 환경부장관은 다음 각호의 어느 하나에 해당하는 지역으로서 자연생태·자연경관을 특별히 보전할 필요가 있는 지역을 생태·경관보전지역으로 지정할 수 있다.
1. 자연상태가 원시성을 유지하고 있거나 생물다양성이 풍부하여 보전 및 학술적 연구가치가 큰 지역
2. 지형 또는 지질이 특이하여 학술적 연구 또는 자연경관의 유지를 위하여 보전이 필요한 지역
3. 다양한 생태계를 대표할 수 있는 지역 또는 생태계의 표본지역
4. 그 밖에 하천·산간계곡 등 자연경관이 수려하여 특별히 보전할 필요가 있는 지역으로서 대통령령으로 정하는 지역(2020.5.26 본호개정)
② 환경부장관은 생태·경관보전지역의 지속가능한 보전·관리를 위하여 생태적 특성, 자연경관 및 지형여건 등을 고려하여 생태·경관보전지역을 다음과 같이 구분하여 지정·관리할 수 있다.
1. 생태·경관핵심보전구역(이하 "핵심구역"이라 한다) : 생태계의 구조와 기능의 훼손방지를 위하여 특별한 보호가 필요하거나 자연경관이 수려하여 특별히 보호하고자 하는 지역
2. 생태·경관완충보전구역(이하 "완충구역"이라 한다) : 핵심구역의 연접지역으로서 핵심구역의 보호를 위하여 필요한 지역
3. 생태·경관전이(轉移)보전구역(이하 "전이구역"이라 한다) : 핵심구역 또는 완충구역에 둘러싸인 취락지역으로서 지속가능한 보전과 이용을 위하여 필요한 지역
③ 환경부장관은 생태·경관보전지역이 군사목적 또는 천재·지변 그 밖의 사유로 인하여 제1항에 따른 생태·경관보전지역으로서의 가치를 상실하거나 보전할 필요가 없게 된 경우에는 그 지역을 해제·변경할 수 있다.(2020.5.16 본항개정)

제13조【생태·경관보전지역의 지정·변경절차】 ① 환경부장관은 생태·경관보전지역을 지정하거나 변경하고자 하는 때에는 다음의 내용을 포함한 지정계획서에 대통령령으로 정하는 지형도를 첨부하여 해당 지역주민과 이해관계인 및 지방자치단체의 장의 의견을 수렴한 후 관계중앙행정기관의 장과의 협의 및 중앙환경정책위원회의 심의를 거쳐야 한다. 다만, 대통령령으로 정하는 경미한 사항의 변경은 중앙환경정책위원회의 심의를 생략할 수 있다.(2020.5.26 본문개정)
1. 지정사유 및 목적
2. 지정면적 및 범위
3. 자연생태·자연경관의 현황 및 특징
4. 토지이용현황
5. 핵심구역·완충구역 및 전이구역의 구분개요 및 해당 구역별 관리방안
② 제1항에 따라 의견청취 또는 협의의 요청을 받은 지방자치단체의 장 또는 관계중앙행정기관의 장은 특별한 사

유가 없으면 그 요청을 받은 날부터 30일 이내에 환경부장관에게 의견을 제시하여야 한다.(2020.5.26 본항개정)
③ 환경부장관은 제1항에 따라 생태·경관보전지역을 지정하거나 변경한 때에는 지체없이 환경부령으로 정하는 지정 또는 변경 내용을 관보에 고시하여야 한다.
(2020.5.26 본항개정)

제14조【생태·경관보전지역관리기본계획】 환경부장관은 생태·경관보전지역에 대하여 관계중앙행정기관의 장 및 관할 시·도지사와 협의하여 다음의 사항이 포함된 생태·경관보전지역관리기본계획을 수립·시행하여야 한다.
1. 자연생태·자연경관과 생물다양성의 보전·관리
2. 생태·경관보전지역 주민의 삶의 질 향상과 이해관계인의 이익보호
3. 자연자산의 관리와 생태계의 보전을 통하여 지역사회의 발전에 이바지하도록 하는 사항
4. 그 밖에 생태·경관보전지역관리기본계획의 수립·시행에 필요한 사항으로서 대통령령으로 정하는 사항
(2020.5.26 본조개정)

제15조【생태·경관보전지역에서의 행위제한 등】 ① 누구든지 생태·경관보전지역안에서는 다음 각호의 어느 하나에 해당하는 자연생태 또는 자연경관의 훼손행위를 하여서는 아니된다. 다만, 생태·경관보전지역안에 「자연공원법」에 따라 지정된 공원구역, 「자연유산의 보존 및 활용에 관한 법률」에 따른 자연유산(보호구역을 포함한다) 또는 「문화유산의 보존 및 활용에 관한 법률」에 따른 문화유산(보호구역을 포함한다)이 포함된 경우에는 「자연공원법」, 「자연유산의 보존 및 활용에 관한 법률」 또는 「문화유산의 보존 및 활용에 관한 법률」에서 정하는 바에 따른다.(2023.8.8 단서개정)
1. 핵심구역안에서 야생동·식물을 포획·채취·이식(移植)·훼손하거나 고사(枯死)시키는 행위 또는 포획하거나 고사시키기 위하여 화약류·덫·올무·그물·함정 등을 설치하거나 유독물·농약 등을 살포·주입(注入)하는 행위
2. 건축물 그 밖의 공작물(이하 "건축물등"이라 한다)의 신축·증축(생태·경관보전지역 지정 당시의 건축연면적의 2배 이상 증축하는 경우에 한정한다) 및 토지의 형질변경(2020.5.26 본호개정)
3. 하천·호소 등의 구조를 변경하거나 수위 또는 수량에 증감을 가져오는 행위
4. 토석의 채취
5. 그 밖에 자연환경보전에 유해하다고 인정되는 행위로서 대통령령으로 정하는 행위(2020.5.26 본호개정)
② 다음 각 호의 어느 하나에 해당하는 경우에는 제1항의 규정을 적용하지 아니한다.(2017.11.28 본문개정)
1. 군사목적을 위하여 필요한 경우
2. 천재·지변 또는 이에 준하는 대통령령으로 정하는 재해가 발생하여 긴급한 조치가 필요한 경우
(2020.5.26 본호개정)
3. 생태·경관보전지역안에 거주하는 주민의 생활양식의 유지 또는 생활향상을 위하여 필요하거나 생태·경관보전지역 지정 당시에 실시하던 영농행위를 지속하기 위하여 필요한 행위 등 대통령령으로 정하는 행위를 하는 경우(2020.5.26 본호개정)
4. 환경부장관이 해당 지역의 보전에 지장이 없다고 인정하여 환경부령으로 정하는 바에 따라 허가하는 경우
(2020.5.26 본호개정)
5. 「농어촌정비법」 제2조에 따른 농업생산기반정비사업으로서 제14조에 따른 생태·경관보전지역관리기본계획에 포함된 사항을 시행하는 경우(2020.5.26 본호개정)
6. 「산림자원의 조성 및 관리에 관한 법률」에 따른 산림경영계획 및 산림보호와 「산림보호법」에 따른 산림유전자원보호구역의 보전을 위하여 시행하는 사업으로서 나무를 베어내거나 토지의 형질변경을 수반하지 아니하는 경우(2020.5.26 본호개정)
7. 관계 행정기관의 장이 인가·허가 또는 승인 등(이하 "인·허가등"이라 한다)을 하거나 다른 법률에 따라 관계 행정기관의 장이 직접 실시하는 경우. 이 경우 관계 행정기관의 장은 미리 환경부장관과 협의하여야 한다.
(2017.11.28 전단개정)
8. 환경부장관이 생태·경관보전지역을 보호·관리하기 위하여 대통령령으로 정하는 행위 및 필요한 시설을 설치하는 경우(2020.5.26 본호개정)
③ 제1항에도 불구하고 완충구역안에서는 다음의 행위를 할 수 있다.(2020.5.26 본문개정)
1. 「공간정보의 구축 및 관리 등에 관한 법률」에 따른 지목이 대지(생태·경관보전지역 지정 이전의 지목이 대지인 경우에 한정한다)인 토지에서 주거·생계 등을 위한 건축물등으로서 대통령령으로 정하는 건축물등의 설치(2020.5.26 본호개정)
2. 생태탐방·생태학습 등을 위하여 대통령령으로 정하는 시설의 설치(2020.5.26 본호개정)
3. 「산림자원의 조성 및 관리에 관한 법률」에 따른 산림경영계획과 산림보호 및 「산림보호법」에 따른 산림유전자원보호구역 등의 보전·관리를 위하여 시행하는 산림사업(2020.5.26 본호개정)
4. 하천유량 및 지하수 관측시설, 배수로의 설치 또는 이와 유사한 농·임·수산업에 부수되는 건축물등의 설치
5. 「장사 등에 관한 법률」 제14조제1항제1호에 따른 개인묘지의 설치(2021.1.5 본호개정)
④ 제1항에도 불구하고 전이구역안에서는 다음의 행위를 할 수 있다.(2020.5.26 본문개정)
1. 제3항 각호의 행위
2. 전이구역안에 거주하는 주민의 생활양식의 유지 또는 생활향상 등을 위한 대통령령으로 정하는 건축물등의 설치(2020.5.26 본호개정)
3. 생태·경관보전지역을 방문하는 사람을 위한 대통령령으로 정하는 음식·숙박·판매시설의 설치
(2020.5.26 본호개정)
4. 도로, 상·하수도 시설 등 지역주민 및 탐방객의 생활편의 등을 위하여 대통령령으로 정하는 공공용시설 및 생활편의시설의 설치(2020.5.26 본호개정)
⑤ 환경부장관은 취약한 자연생태·자연경관의 보전을 위하여 특히 필요한 경우에는 대통령령으로 정하는 개발사업을 제한하거나 제2항제3호에도 불구하고 영농행위를 제한할 수 있다.(2020.5.26 본항개정)

제16조【생태·경관보전지역에서의 금지행위】 누구든지 생태·경관보전지역안에서 다음 각호의 어느 하나에 해당하는 행위를 하여서는 아니된다. 다만, 군사목적을 위하여 필요한 경우, 천재·지변 또는 이에 준하는 대통령령으로 정하는 재해가 발생하여 긴급한 조치가 필요한 경우에는 그러하지 아니하다.(2020.5.26 단서개정)
1. 「물환경보전법」 제2조에 따른 특정수질유해물질, 「폐기물관리법」 제2조에 따른 폐기물 또는 「화학물질관리법」 제2조에 따른 유독물질을 버리는 행위
2. 환경부령으로 정하는 인화물질을 소지하거나 환경부장관이 지정하는 장소외에서 취사 또는 야영을 하는 행위(핵심구역 및 완충구역에 한정한다)
(2020.5.26 1호~2호개정)
3. 자연환경보전에 관한 안내판 그 밖의 표지물을 오손 또는 훼손하거나 이전하는 행위
4. 그 밖에 생태·경관보전지역의 보전을 위하여 금지하여야 할 행위로서 풀·나무의 채취 및 벌채 등 대통령령으로 정하는 행위(2020.5.26 본호개정)

제16조의2【생태·경관보전지역의 출입제한】 ① 환경부장관은 다음 각 호의 어느 하나에 해당하는 경우에는 생태·경관보전지역의 전부 또는 일부에 대한 출입을 일정 기간 제한하거나 금지할 수 있다.
1. 자연생태계와 자연경관 등 생태·경관보전지역의 보호를 위하여 특별히 필요하다고 인정되는 경우
2. 자연적 또는 인위적인 요인으로 훼손된 자연환경의 회복을 위한 경우
3. 생태·경관보전지역을 출입하는 자의 안전을 위한 경우
② 제1항에도 불구하고 다음 각 호의 어느 하나에 해당하는 사람은 생태·경관보전지역을 출입할 수 있다.
1. 일상적 농림수산업의 영위 등 생활영위를 위하여 출입하는 해당 지역주민
2. 생태·경관보전지역을 보전하기 위한 사업을 하기 위하여 출입하는 사람
3. 군사목적을 위하여 출입하는 사람(2020.5.26 본호개정)
4. 「자연재해대책법」 제2조제2호에 따른 자연재해의 예방·응급대책 및 복구 등을 위한 활동 및 구호 등에 필요한 조치를 위하여 출입하는 사람
5. 「국유림의 경영 및 관리에 관한 법률」에 따른 국유림 경영·관리 목적으로 출입하는 사람
6. 「산림자원의 조성 및 관리에 관한 법률」에 따른 산림경영계획 및 산림보호와 「산림보호법」에 따른 산림유전자원보호구역의 보전·관리를 위하여 출입하는 사람
7. 그 밖에 생태·경관보전지역의 보전 또는 관리에 지장이 없는 행위로서 대통령령으로 정하는 행위를 하기 위하여 출입하는 사람
③ 환경부장관은 제1항에 따라 출입을 제한하거나 금지하려면 미리 해당 지역의 위치·면적, 출입의 제한기간 또는 금지기간, 그 밖에 환경부령으로 정하는 사항을 고시하여야 한다.
④ 환경부장관은 출입의 제한 또는 금지 사유가 소멸되었다고 인정하는 경우에는 지체 없이 그 출입의 제한 또는 금지를 해제하고 그 사실을 고시하여야 한다.
(2013.3.22 본조신설)

제17조【중지명령 등】 환경부장관은 생태·경관보전지역안에서 제15조제1항에 위반되는 행위를 한 사람에 대하여 그 행위의 중지를 명하거나 상당한 기간을 정하여 원상회복을 명할 수 있다. 다만, 원상회복이 곤란한 경우에는 대체자연의 조성 등 이에 상응하는 조치를 하도록 명할 수 있다.(2020.5.26 본문개정)

제18조【자연생태·자연경관의 보전을 위한 토지등의 확보】 ① 환경부장관은 생태·경관보전지역, 생태적 가치가 우수하거나 자연경관이 수려하여 생태·경관보전지역으로 지정할 필요가 있다고 인정되는 지역에 소재하는 국유의 토지·건축물 그 밖에 그 토지에 정착된 물건(이하 "토지등"이라 한다)이 군사목적 또는 문화유산 및 자연유산의 보호목적 등으로 사용할 필요가 없게 되는 경우에는 국방부장관·문화재청장 등 해당 토지등의 관리권을 보유하고 있는 중앙행정기관의 장에게 「국유재산법」 제2조제5호에 따른 관리전환을 요청할 수 있다. 다만, 「징발재산 정리에 관한 특별조치법」 제20조 및 제20조의2와 「국가보위에 관한 특별조치법 제5조제4항에 의한 동원대상지역 내의 토지의 수용·사용에 관한 특별조치령」에 의하여 수용·사용된 토지의 정리에 관한 특별조치법」 제2조 및 제3조에 따른 토지는 그러하지 아니하다.
(2023.8.8 본항개정)
② 환경부장관은 제1항에 따른 관리전환의 대상이 되는 토지등을 선정하기 위하여 대통령령으로 정하는 바에 의하여 국방부장관·문화재청장 등 관계중앙행정기관의 장과 협의하여 토지등에 대한 조사를 할 수 있다.
(2020.5.26 본조개정)

제19조【생태·경관보전지역 등의 토지등의 매수】 ① 환경부장관은 생태·경관보전지역 및 자연유보지역의 생태계를 보전하기 위하여 필요한 경우에는 동 지역의 토지등을 그 소유자와 협의하여 매수할 수 있다.
② 제1항에 따라 토지등을 매수하는 경우의 매수가격은 「공익사업을 위한 토지 등의 취득 및 보상에 관한 법률」에 의하여 산정한 가액에 따른다.(2020.5.26 본항개정)

제20조【생태·경관보전지역의 주민지원】 ① 환경부장관은 생태·경관보전지역에 수질오염 등의 영향을 직접 미칠 수 있는 지역(이하 이 조에서 "인접지역"이라 한다)에서 그 지역의 주민이 주택을 증축하는 등의 경우 「하수도법」에 따른 개인하수처리시설 및 분뇨처리시설을 설치하는 경비의 전부 또는 일부를 지원할 수 있다.
② 환경부장관은 생태·경관보전지역 및 인접지역에 대하여 우선적으로 오수 및 폐수의 처리를 위한 지원방안을 수립하여야 한다. 이 경우 지원에 필요한 조치 및 환경친화적 농·임·어업의 육성을 위하여 필요한 조치를 하도록 관계중앙행정기관의 장 또는 해당 지방자치단체의 장에게 요청할 수 있다.
③ 제1항에 따른 생태·경관보전지역 및 인접지역에 대한 지원의 절차·방법 등 필요한 사항은 대통령령으로 정한다.
(2020.5.26 본조개정)

제21조【생태·경관보전지역의 우선이용 등】 ① 환경부장관은 관계중앙행정기관의 장 및 지방자치단체의 장과 협의하여 생태·경관보전지역의 주민이 해당 생태·경관보전지역을 우선하여 이용할 수 있도록 한다. 다만, 토지소유자 등 이해관계인이 있는 경우에는 그와 합의가 이루어진 때에 한정한다.
② 제1항에 따라 생태·경관보전지역을 이용하는 지역주민은 그 보전을 위하여 노력하여야 한다.
(2020.5.26 본조개정)

제21조의2【생물권보전지역의 지원】 관계 행정기관의 장은 유네스코가 선정한 생물권보전지역의 보전 및 관리를 위하여 필요한 재정적 지원을 할 수 있다.
(2013.3.22 본조신설)

제22조【자연유보지역】 ① 환경부장관은 자연유보지역에 대하여 관계중앙행정기관의 장 및 관할 시·도지사와 협의하여 생태계의 보전과 자연환경의 지속가능한 이용을 위한 종합계획 또는 방침을 수립하여야 한다.
② 자연유보지역의 행위제한 및 중지명령 등에 관하여는 제15조제1항·제2항·제5항, 제16조 및 제17조의 규정을 준용한다. 다만, 비무장지대안에서 남·북한간의 합의에 따라 실시하는 평화적 이용사업과 통일부장관이 환경부장관과 협의하여 실시하는 통일정책관련사업에 대하여는 그러하지 아니하다.(2020.5.26 단서개정)

제23조【시·도 생태·경관보전지역의 지정·보전】 ① 시·도지사는 생태·경관보전지역에 준하여 보전할 필요가 있다고 인정되는 지역을 시·도 생태·경관보전지역으로 지정하여 관리할 수 있다.
② 환경부장관은 시·도지사에게 해당 지역을 대표하는 자연생태·자연경관을 보전할 필요가 있는 지역을 시·도 생태·경관보전지역으로 지정하여 관리하도록 권고할 수 있다.(2020.5.26 본항개정)
③ 시·도 생태·경관보전지역의 지정기준·구역구분·지정해제 등에 관한 사항은 제12조의 규정을 준용한다.

제24조【시·도 생태·경관보전지역 지정절차 등】 ① 시·도지사는 시·도 생태·경관보전지역을 지정 또는 변경하고자 하는 때에는 제13조제1항에 따른 각호의 내용을 포함한 지정계획서에 대통령령으로 정하는 지형도를 첨부하여 해당 지역주민과 이해관계인 및 시장·군수·구청장(자치구의 구청장을 말한다. 이하 같다)의 의견을 수렴한 후 관할 유역환경청장 또는 지방환경청장(이하 "지방환경관서의 장"이라 한다) 및 관계행정기관의 장과의 협의를 거쳐 「환경정책기본법」 제58조에 따른 시·도환경정책위원회(이하 "지방환경정책위원회"라 한다)의 심의를 받아야 한다. 다만, 시·도 조례로 정하는 경미한 사항의 변경은 지방환경정책위원회의 심의를 생략할 수 있다.
② 제1항에 따라 의견청취 또는 협의의 요청을 받은 관할 시장·군수·구청장, 관할 지방환경관서의 장 또는 관계행정기관의 장은 특별한 사유가 없으면 그 요청을 받은 날부터 30일 이내에 의견을 제시하여야 한다.
③ 시·도지사는 제1항에 따라 시·도 생태·경관보전지역을 지정하거나 변경한 때에는 해당 지역의 위치·면적·지정년월일 그 밖에 해당 지방자치단체의 조례로 정하는 사항을 고시하여야 한다.
(2020.5.26 본조개정)

제25조【시·도 생태·경관보전지역관리계획】 시·도지사는 제14조의 규정에 준하여 해당 지방자치단체가 정하는 조례에 따라 시·도 생태·경관보전지역관리계획을 수립·시행하여야 한다.(2020.5.26 본조개정)

제26조【시·도 생태·경관보전지역의 행위제한 등】 시·도지사는 제15조부터 제17조까지의 규정에 준하여 해당 지방자치단체가 정하는 조례에 따라 시·도 생태·경관보전지역의 보전·관리를 위하여 필요한 조치를 할 수 있다.(2020.5.26 본조개정)

제27조【자연경관의 보전】 ① 관계중앙행정기관의 장 및 지방자치단체의 장은 경관적 가치가 높은 해안선 등 주요 경관요소가 훼손되거나 시계(視界)가 차단되지 아니하도록 노력하여야 한다.
② 지방자치단체의 장은 조례로 정하는 바에 따라 각종 사업을 시행하는 경우 자연경관을 보전할 수 있도록 필요한 조치를 하여야 한다.(2020.5.26 본항개정)
③ 환경부장관은 자연경관을 보전하기 위하여 필요한 지침을 작성하여 관계행정기관의 장 및 지방자치단체의 장에게 통보할 수 있다.

제28조【자연경관영향의 협의 등】 ① 관계행정기관의 장 및 지방자치단체의 장은 다음 각호의 어느 하나에 해당하는 개발사업등으로서 「환경영향평가법」 제9조에 따른 전략환경영향평가 대상계획, 같은 법 제22조에 따른 환경영향평가 대상사업 또는 같은 법 제43조에 따른 소규모 환경영향평가 대상사업에 해당하는 개발사업등에 대한 인·허가등을 하고자 하는 때에는 해당 개발사업등이 자연경관에 미치는 영향 및 보전방안 등을 전략환경영향평가 협의, 환경영향평가 협의 또는 소규모 환경영향평가 협의 내용에 포함하여 환경부장관 또는 지방환경관서의 장과 협의를 하여야 한다.(2020.5.26 본문개정)
1. 다음 각목의 어느 하나에 해당하는 지역으로부터 대통령령으로 정하는 거리 이내의 지역에서의 개발사업등(2020.5.26 본문개정)
 가. 「자연공원법」 제2조제1호에 따른 자연공원
 나. 「습지보전법」 제8조에 따라 지정된 습지보호지역(2020.5.26 가목~나목개정)
 다. 생태·경관보전지역
2. 제1호외의 개발사업등으로서 자연경관에 미치는 영향이 크다고 판단되어 대통령령으로 정하는 개발사업등(2020.5.26 본호개정)
② 환경부장관 또는 지방환경관서의 장은 제1항에 따라 협의를 요청받은 경우에는 해당 개발사업등이 자연경관에 미치는 영향 및 보전방안 등에 대하여 환경부장관은 중앙환경정책위원회의 심의를, 지방환경관서의 장은 제29조에 따른 자연경관심의위원회의 심의를 거쳐야 한다.(2020.5.26 본항개정)
③ 지방자치단체의 장은 제1항 각호의 개발사업등으로서 환경영향평가 협의 및 소규모 환경영향평가 협의 대상사업이 아닌 개발사업등과 그 밖에 자연경관에 미치는 영향이 크다고 판단되어 지방자치단체의 조례로 정하는 개발사업등에 대하여 인·허가등을 하고자 하는 때에는 환경부령으로 정하는 자연경관에 관한 검토기준을 따라야 한다. 다만, 「국토의 계획 및 이용에 관한 법률」 제59조에 따른 지방도시계획위원회의 심의를 거치는 경우 등 대통령령으로 정하는 경우에는 그러하지 아니하다.(2020.5.26 본항개정)

제29조【자연경관심의위원회의 구성 및 운영】 ① 지방환경관서의 장이 제28조에 따른 협의를 요청받는 경우 이에 관한 전문적이고 효율적인 검토·심의를 위하여 지방환경관서의 장 소속하에 자연경관심의위원회를 둔다.
② 제1항에 따른 자연경관심의위원회의 구성·운영 등에 관하여 필요한 사항은 대통령령으로 정한다.(2020.5.26 본조개정)

제3장 생물다양성의 보전

제30조【자연환경조사】 ① 환경부장관은 관계중앙행정기관의 장과 협조하여 5년마다 전국의 자연환경을 조사하여야 한다.(2013.3.22 본항개정)
② 환경부장관은 관계중앙행정기관의 장과 협조하여 생태·자연도에서 1등급 권역으로 분류된 지역과 자연상태의 변화를 특별히 파악할 필요가 있다고 인정되는 지역에 대하여 2년마다 자연환경을 조사할 수 있다.(2013.3.22 본항개정)
③ 지방자치단체의 장은 해당 지방자치단체의 조례로 정하는 바에 따라 관할구역의 자연환경을 조사할 수 있다.(2020.5.26 본항개정)
④ 지방자치단체의 장은 제3항에 따라 자연환경을 조사하는 경우에는 조사계획 및 조사결과를 환경부장관에게 보고하여야 한다.(2020.5.26 본항개정)
⑤ 제1항 및 제2항에 따른 조사의 내용·방법 그 밖에 필요한 사항은 대통령령으로 정한다.(2020.5.26 본항개정)

제31조【정밀조사와 생태계의 변화관찰 등】 ① 환경부장관은 제30조에 따른 조사결과 새롭게 파악된 생태계로서 특별히 조사하여 관리할 필요가 있다고 판단되는 경우에는 그 생태계에 대한 정밀조사계획을 수립·시행하여야 한다.(2020.5.26 본항개정)
② 환경부장관은 제30조에 따라 조사를 실시한 지역중에서 자연적 또는 인위적 요인으로 인한 생태계의 변화가 뚜렷하다고 인정되는 지역에 대하여는 보완조사를 실시할 수 있다.(2020.5.26 본항개정)
③ 환경부장관은 자연적 또는 인위적 요인으로 인한 생태계의 변화내용을 지속적으로 관찰하여야 한다.
④ 지방자치단체의 장은 해당 지방자치단체의 조례로 정하는 바에 따라 관할구역에 대한 제1항부터 제3항까지의 규정에 따른 조사 및 관찰을 실시할 수 있다.(2020.5.26 본항개정)
⑤ 제1항부터 제3항까지의 규정에 따른 조사 및 관찰에 필요한 사항은 환경부령으로 정한다.(2020.5.26 본항개정)

제32조【자연환경조사원】 ① 환경부장관 또는 지방자치단체의 장은 제30조의 자연환경조사 또는 제31조에 따른 정밀·보완조사와 그 밖의 자연환경에 대한 조사를 실시하기 위하여 필요한 경우에는 조사기간중 자연환경조사원(이하 "조사원"이라 한다)을 둘 수 있다.
② 제1항에 따른 조사원의 자격·위촉절차 그 밖에 필요한 사항은 환경부령 또는 해당 지방자치단체의 조례로 정한다.
(2020.5.26 본조개정)

제33조【타인토지에의 출입 등】 ① 환경부장관 또는 지방자치단체의 장은 제30조의 자연환경조사 또는 제31조에 따른 정밀·보완조사를 위하여 필요한 경우에는 소속공무원 또는 조사원으로 하여금 타인의 토지에 출입하여 조사하거나 그 토지의 나무·흙·돌 그 밖의 장애물을 변경 또는 제거하게 할 수 있다.
② 제1항에 따라 타인의 토지에 출입하고자 하는 사람은 출입할 날의 3일 전까지 그 토지의 소유자·점유자 또는 관리인에게 그 뜻을 통지하여야 한다.
③ 제1항에 따라 장애물을 변경 또는 제거하고자 하는 사람은 그 소유자·점유자 또는 관리인의 동의를 얻어야 한다. 다만, 장애물의 소유자·점유자 또는 관리인이 현장에 없거나 주소를 알 수 없는 경우에는 해당 지역을 관할하는 읍·면·동의 게시판에 게시하거나 일간신문에 공고하여야 한다. 이 경우 14일이 지난 때에는 동의를 얻은 것으로 본다.
④ 토지의 소유자·점유자 또는 관리인은 정당한 사유없이 제1항에 따른 조사행위를 거부·방해 또는 기피하지 못한다.
⑤ 제1항에 따라 타인의 토지에 출입하고자 하는 사람은 환경부령으로 정하는 바에 따라 그 권한을 표시하는 증표를 지니고 이를 관계인에게 내보여야 한다.
(2020.5.26 본조개정)

제34조【생태·자연도의 작성·활용】 ① 환경부장관은 토지이용 및 개발계획의 수립이나 시행에 활용할 수 있도록 하기 위하여 제30조 및 제31조에 따른 조사결과를 기초로 하여 전국의 자연환경을 다음의 구분에 따라 생태·자연도를 작성하여야 한다.(2020.5.26 본문개정)
1. 1등급 권역 : 다음에 해당하는 지역
 가. 「야생생물 보호 및 관리에 관한 법률」 제2조제2호에 따른 멸종위기 야생생물(이하 "멸종위기야생생물"이라 한다)의 주된 서식지·도래지 및 주요 생태축 또는 주요 생태통로가 되는 지역(2011.7.28 본목개정)
 나. 생태계가 특히 우수하거나 경관이 특히 수려한 지역
 다. 생물의 지리적 분포한계에 위치하는 생태계 지역 또는 주요 식생의 유형을 대표하는 지역
 라. 생물다양성이 특히 풍부하고 보전가치가 큰 생물자원이 존재·분포하고 있는 지역
 마. 그 밖에 가목부터 라목까지의 지역에 준하는 생태적 가치가 있는 지역으로서 대통령령으로 정하는 기준에 해당하는 지역(2020.5.26 본목개정)
2. 2등급 권역 : 제1호 각목에 준하는 지역으로서 장차 보전의 가치가 있는 지역 또는 1등급 권역의 외부지역으로서 1등급 권역의 보호를 위하여 필요한 지역
3. 3등급 권역 : 1등급 권역, 2등급 권역 및 별도관리지역으로 분류된 지역외의 지역으로서 개발 또는 이용의 대상이 되는 지역
4. 별도관리지역 : 다른 법률에 따라 보전되는 지역중 역사적·문화적·경관적 가치가 있는 지역이거나 도시의 녹지보전 등을 위하여 관리되고 있는 지역으로서 대통령령으로 정하는 지역(2020.5.26 본호개정)
② 환경부장관은 생태·자연도를 효율적으로 활용하기 위하여 제1항제1호부터 제3호까지의 권역을 환경부령으로 정하는 바에 따라 세부등급을 정하여 작성할 수 있다.(2020.5.26 본항개정)
③ 환경부장관은 생태·자연도를 작성할 때 관계중앙행정기관의 장 또는 지방자치단체의 장에게 필요한 자료 또는 전문인력의 협조를 요청할 수 있다. 이 경우 군사목적을 위하여 불가피한 경우를 제외하고는 관계중앙행정기관의 장 및 지방자치단체의 장은 대통령령으로 정하는 바에 따라 자료의 요청에 협조하여야 한다.(2020.5.26 본항개정)
④ 생태·자연도는 2만5천분의 1 이상의 지도에 실선으로 표시하여야 한다. 그 밖에 생태·자연도의 작성기준 및 작성방법 등 작성에 필요한 사항과 제1항에 따른 생태·자연도의 활용대상 및 활용방법에 관하여 필요한 사항은 대통령령으로 정한다.(2020.5.26 후단개정)
⑤ 환경부장관은 생태·자연도를 작성하는 때에는 14일 이상 국민의 열람을 거쳐 작성하여야 하며, 작성된 생태·자연도는 관계중앙행정기관의 장 및 해당 지방자치단체의 장에게 이를 통보하고 고시하여야 한다.
⑥ (2017.11.28 삭제)

제34조의2【도시생태현황지도의 작성·활용】 ① 특별시장·광역시장·특별자치시장·특별자치도지사 또는 시장(「지방자치법」 제2조제1항제2호에 따른 시의 장을 말한다. 이하 이 조에서 같다)은 환경부장관이 작성한 생태·자연도를 기초로 관할 도시지역의 상세한 생태·자연도(이하 "도시생태현황지도"라 한다)를 작성하고, 도시환경의 변화를 반영하여 5년마다 다시 작성하여야 한다. 이 경우 도시생태현황지도는 5천분의 1 이상의 지도에 표시하여야 한다.
② 특별시장·광역시장·특별자치시장·특별자치도지사 또는 시장(이하 "도시생태현황지도 작성 지방자치단체의 장"이라 한다)은 도시생태현황지도를 작성하기 위하여 관계 행정기관의 장에게 필요한 자료의 제공을 요청할 수 있다.
③ 제2항에 따른 요청을 받은 관계 행정기관의 장은 특별한 사유가 없으면 이에 따라야 한다.
④ 도시생태현황지도 작성 지방자치단체의 장은 도시생태현황지도를 환경부장관에게 제출하여야 한다.
⑤ 환경부장관 또는 도지사는 도시생태현황지도 작성 지방자치단체의 장에게 그 작성에 필요한 비용의 일부를 지원할 수 있다.
⑥ 제1항부터 제5항까지에서 규정한 사항 외에 도시생태현황지도의 작성·활용에 필요한 사항은 환경부령으로 정한다.
(2017.11.28 본조신설)

제35조【생태계 보전대책 및 국제협력】 ① 정부는 생물다양성의 보전 및 지속가능한 이용, 생물자원의 적절한 관리와 국가가 가입한 생물다양성에관한협약·멸종위기종국제거래협약 및 물새서식처로서국제적으로중요한습지에관한협약(이하 "생물다양성에관한협약등"이라 한다)의 이행에 필요한 시책을 수립·시행하여야 한다.
1.~6. (2012.2.1 삭제)
② 정부는 생물다양성에관한협약등과 관련된 국제기구 및 외국정부와 협조하여 자연환경보전을 위한 기술·정보 등의 교환에 노력하여야 한다.
(2012.2.1 본조개정)

제36조【생태계의 연구·기술개발 등】 ① 정부는 자연환경의 조사, 생태계의 체계·기능·복원에 대한 연구, 기후변화 등에 의한 생태계 변화와 적응 등에 관하여 연구 및 기술개발을 하여야 한다.(2012.2.1 본항개정)
② 정부는 기후변화에 따른 생태계의 변화 양상 및 적응·관리 사례, 기후변화 등에 취약한 생태계 등에 대한 조사를 실시하여야 한다.(2012.2.1 본항개정)
③ (2012.2.1 삭제)
④ 제2항에 따른 조사의 대상·방법 그 밖에 필요한 사항은 대통령령으로 정한다.(2020.5.26 본항개정)
(2012.2.1 본조제목개정)

제37조 (2012.2.1 삭제)

제4장 자연자산의 관리

제38조【자연환경보전·이용시설의 설치·운영】 ① 관계중앙행정기관의 장 및 지방자치단체의 장은 자연환경보전 및 자연환경의 건전한 이용을 위하여 다음의 시설을 설치할 수 있다.
1. 자연환경을 보전하거나 훼손을 방지하기 위한 시설
2. 훼손된 자연환경을 복원 또는 복구하기 위한 시설
3. 자연환경보전에 관한 안내시설, 생태관찰을 위한 나무다리 등 자연환경을 이용하거나 관찰하기 위한 시설
4. 자연보전관·자연학습원 등 자연환경을 보전·이용하기 위한 교육·홍보시설 또는 관리시설
5. 그 밖의 자연자산을 보호하기 위한 시설
② 관계중앙행정기관의 장 및 지방자치단체의 장은 제1항에 따라 자연환경보전·이용시설을 설치·운영하고자 하는 경우에는 환경부령으로 정하는 바에 따라 설치에 관한 계획을 수립하고 이를 고시하여야 한다.
(2020.5.26 본항개정)
③ 관계행정기관의 장 및 지방자치단체의 장은 제1항에 따라 설치한 자연환경보전·이용시설을 이용하는 사람으로부터 유지·관리비용 등을 고려하여 이용료를 징수할 수 있다. 다만, 「자연공원법」에 따라 지정된 공원구역은 「자연공원법」에서 정하는 바에 따른다.(2020.5.26 본항개정)
④ 제3항에 따른 이용료의 금액·징수절차 및 면제에 관하여 필요한 사항은 환경부령으로 정한다.(2020.5.26 본항개정)

제39조【자연휴식지의 지정·관리】 ① 지방자치단체의 장은 다른 법률에 따라 공원·관광단지·자연휴양림 등으로 지정되지 아니한 지역중에서 생태적·경관적 가치 등이 높고 자연탐방·생태교육 등을 위하여 활용하기에 적합한 장소를 대통령령으로 정하는 바에 따라 자연휴식지로 지정할 수 있다. 이 경우 사유지에 대하여는 미리 토지소유자 등의 의견을 들어야 한다.
② 지방자치단체의 장은 제1항에 따라 지정된 자연휴식지의 효율적 관리를 위하여 자연휴식지를 이용하는 사람으로부터 유지·관리비용 등을 고려하여 조례로 정하는 바에 따라 이용료를 징수할 수 있다. 다만, 자연휴식지로 지정된 후 다른 법률에 따라 공원·관광단지·자연휴양림 등으로 지정된 경우에는 그러하지 아니하다.
③ 제1항에 따른 자연휴식지의 관리 그 밖에 필요한 사항은 해당 지방자치단체의 조례로 정한다.
(2020.5.26 본조개정)

제40조【공공용으로 이용되는 자연의 훼손방지】 지방자치단체의 장은 다음 각호의 어느 하나에 해당하는 경우에 생태적·경관적 가치 등의 훼손을 방지하기 위하여 해당 지방자치단체의 조례로 정하는 바에 따라 입목의 벌채 또는 토지의 형질변경을 제한하거나 출입·취사·야영행위를 제한할 수 있다.(2020.5.26 본문개정)
1. 해수욕장 등 공공용으로 이용되고 있는 장소에 인접한 숲으로서 훼손되는 경우 공공용으로 이용되는 장소의 가치가 크게 감소되거나 상실되는 경우
2. 도로 또는 철도변에 있는 숲·거목(巨木) 등으로서 훼손되는 경우 경관적 가치가 크게 상실되는 경우
3. 그 밖에 제1호 또는 제2호에 준하는 경우로서 대통령령으로 정하는 기준에 해당하는 경우(2020.5.26 본호개정)

제41조【생태관광의 육성】 ① 환경부장관은 생태관광을 육성하기 위하여 문화체육관광부장관과 협의하여 환경적으로 보전가치가 있고 생태계 보호의 중요성을 체험·교육할 수 있는 지역을 지정할 수 있다.
(2013.3.22 본항개정)
② 환경부장관은 제1항에 따라 지정받은 지역(이하 "생태관광지역"이라 한다)을 관할하는 지방자치단체에 대하여 예산의 범위에서 생태관광지역의 관리·운영에 필요한 비용의 전부 또는 일부를 보조할 수 있다.
(2013.3.22 본항신설)
③ 환경부장관은 문화체육관광부장관 및 지방자치단체의 장과 협조하여 생태관광에 필요한 교육, 생태관광자원의 조사·발굴 및 국민의 건전한 이용을 위한 시설의 설치·관리를 위한 계획을 수립·시행하거나 지방자치단체의 장에게 권고할 수 있다.
(2008.2.29 본조개정)

제42조【생태마을의 지정 등】 ① 환경부장관 또는 지방자치단체의 장은 다음 각호의 어느 하나에 해당하는 마을을 생태마을로 지정할 수 있다.
1. 생태·경관보전지역안의 마을
2. 생태·경관보전지역밖의 지역으로서 생태적 기능과 수려한 자연경관을 보유하고 있는 마을. 다만, 「산림기본법」 제28조에 따라 지정된 산촌진흥지역의 마을을 제외한다.(2020.5.26 단서개정)
② 환경부장관 또는 지방자치단체의 장은 제1항에 따라 생태마을을 지정한 때에는 공공시설 등 해당 지역주민을 위한 편의시설의 설치 및 주민소득증대 방안을 우선적으로 강구·시행하여야 한다.(2020.5.26 본항개정)
③ 환경부장관 또는 지방자치단체의 장은 제1항에 따라 지정된 생태마을이 도시개발 등으로 인하여 생태적 기능과 수려한 자연경관 등이 크게 훼손된 경우에는 생태마을의 지정을 해제할 수 있다.(2013.3.22 본항신설)
④ 제1항부터 제3항까지의 규정에 따른 생태마을의 지정기준·지정절차 및 해제 등에 관하여 필요한 사항은 환경부령으로 정한다.(2013.3.22 본항개정)
⑤ 환경부장관 또는 지방자치단체의 장은 제3항에 따라 지정을 해제하려면 청문을 하여야 한다.(2013.3.22 본항신설)

제43조【도시의 생태적 건전성 향상 등】 ① 국가 또는 지방자치단체는 도시의 생태적 건전성을 높이기 위하여 도시지역 중 훼손·방치된 지역을 복원하거나 다음 각 호의 지역이 훼손되지 아니하도록 노력하여야 한다.
(2013.3.22 본문개정)
1. 제12조에 따른 생태·경관보전지역
2. 제34조제1항제1호에 따른 생태·자연도 1등급 권역
3. 「습지보전법」 제8조에 따른 습지보호지역
4. 「야생생물 보호 및 관리에 관한 법률」 제33조에 따른 야생생물보호구역
5. 「자연공원법」 제2조제1호에 따른 자연공원
(2013.3.22 1호~5호신설)
② 환경부장관은 도시의 자연환경보전 및 생태적 건전성 향상 등을 위하여 관계중앙행정기관의 장과 협의하여 생태축의 설정, 생물다양성의 보전, 자연경관의 보전, 바람통로의 확보, 생태복원 등 자연환경보전 및 생태적 건전성에 관한 지침과 평가지표를 작성하여 관계행정기관의 장 및 지방자치단체의 장에게 권고할 수 있다.
(2013.3.22 본항개정)
③ 환경부장관은 관계중앙행정기관 및 지방자치단체의 장에게 물·에너지를 적게 사용하거나 폐기물이 적게 발생하도록 하는 기술 또는 생물다양성을 높이기 위한 생태적 기술의 개발 및 활용과 이를 위한 제도개선 등을 권고할 수 있다.(2017.11.28 본항개정)
④ 환경부장관은 도시의 생물다양성 증진 등을 위하여 녹지와 소생태계의 조성 등을 관계중앙행정기관의 장 및 지방자치단체의 장에게 요청할 수 있다.
⑤ 관계중앙행정기관의 장 및 지방자치단체의 장은 환경부장관으로부터 제2항부터 제4항까지의 규정에 따른 권고 또는 요청을 받은 때에는 해당 사항이 수용될 수 있도록 노력하여야 한다.(2020.5.26 본항개정)

제43조의2【도시생태 복원사업】 ① 시·도지사 또는 시장·군수·구청장은 도시지역 중 다음 각 호의 어느 하나에 해당하는 지역으로서 생태계의 연속성 유지 또는 생태적 기능의 향상을 위하여 특별히 복원이 필요하다고 인정되는 지역에 대하여 도시생태 복원사업을 할 수 있다. 이 경우 도시생태 복원사업 지역이 둘 이상의 지방자치단체에 걸치는 경우에는 그 지역을 관할하는 지방자치단체의 장이 공동으로 도시생태 복원사업을 할 수 있다.
1. 도시생태축이 단절·훼손되어 연결·복원이 필요한 지역
2. 도시 내 자연환경이 훼손되어 시급히 복원이 필요한 지역
3. 건축물의 건축, 토지의 포장(鋪裝) 등 도시의 인공적인 조성으로 도시 내 생태면적(생태적 기능 또는 자연순환기능이 있는 토양면적을 말한다)의 확보가 필요한 지역
4. 그 밖에 환경부령으로 정하는 지역
② 시·도지사는 제1항에 따라 도시생태 복원사업을 하는 경우 관할 시장·군수·구청장의 의견을 들어야 한다.
③ 시·도지사 또는 시장·군수·구청장은 제1항에 따라 도시생태 복원사업을 하는 경우에는 다음 각 호의 내용을 포함한 도시생태 복원사업 계획을 수립하여야 한다.
1. 도시생태 복원사업의 명칭·위치 및 면적
2. 도시생태 복원사업의 목적
3. 도시생태 복원사업의 내용 및 기간
4. 도시생태 복원사업의 효과
5. 도시생태 복원사업의 재원조달계획
6. 도시생태 복원사업의 유지관리계획
④ 정부 또는 시·도지사는 다음 각 호의 구분에 따라 제1항에 따른 도시생태 복원사업에 대하여 예산의 범위에서 사업비의 일부를 지원할 수 있다.
1. 시·도지사가 도시생태 복원사업을 하는 경우 : 정부
2. 시장·군수·구청장이 도시생태 복원사업을 하는 경우 : 정부, 시·도지사
⑤ 제1항부터 제4항까지에서 규정한 사항 외에 도시생태 복원사업에 필요한 사항은 환경부령으로 정한다.
(2017.11.28 본조신설)

제44조 (2021.1.5 삭제)

제45조【생태통로의 설치 등】 ① 국가 또는 지방자치단체는 개발사업등을 시행하거나 인·허가등을 할 때 야생생물의 이동 및 생태적 연속성이 단절되지 아니하도록 생태통로 설치 등의 필요한 조치를 하거나 하게 하여야 한다.(2020.5.26 본항개정)
② 국가 또는 지방자치단체는 야생생물의 이동 및 생태적 연속성이 단절된 지역을 조사·연구하여 생태통로가 필요한 지역에 대하여 생태통로 설치계획을 수립·시행하여야 한다. 이 경우 생태통로가 필요한 지역에 위치한 도로 및 철도 등의 관리주체에게 생태통로 설치를 요청할 수 있으며 요청을 받은 자는 특별한 사유가 없으면 생태통로를 설치하여야 한다.(2013.3.22 본항개정)
③ 제1항 또는 제2항에 따라 생태통로를 설치하려는 자는 다음 각 호의 조사를 실시하여야 한다.
1. 야생생물 서식 종 현황
2. 개발사업 등의 시행으로 서식지가 단절될 우려가 있는 야생생물 종 현황
3. 차량사고 등 사고발생 우려가 높은 야생생물 종 현황
4. 그 밖에 「백두대간 보호에 관한 법률」 제2조제1호에 따른 백두대간 등 주요 생태축과의 연결성에 관한 조사
(2013.3.22 본항개정)
④ 제1항에 따른 생태통로의 설치대상지역, 야생생물의 특성에 따른 생태통로 등의 설치기준, 그 밖에 필요한 사항은 환경부령으로 정한다.(2020.5.26 본항개정)

제45조의2【생태통로의 조사 등】 ① 제45조제1항 및 제2항에 따라 생태통로를 설치하거나 관리하고 있는 자(이하 "생태통로 설치·관리자"라 한다)는 생태통로가 적정하게 활용될 수 있도록 환경부령으로 정하는 주기 및 방법에 따라 조사를 실시하여야 한다.
② 환경부장관은 생태통로 설치·관리자에게 다음 각 호의 사항에 관한 자료를 제출하도록 요청할 수 있다. 이 경우 생태통로 설치·관리자는 특별한 사유가 없으면 요청받은 자료를 제출하여야 한다.
1. 생태통로의 설치·관리 현황
2. 제1항에 따른 조사 결과
③ 환경부장관은 제2항에 따른 자료를 환경부령으로 정하는 기준에 따라 평가하여 생태통로가 제대로 기능하지 못한다고 판단할 때에는 해당 생태통로 설치·관리자에게 개선조치를 하도록 요청할 수 있다. 이 경우 생태통로 설치·관리자는 특별한 사유가 없으면 요청받은 개선조치를 수행하여야 한다.
(2013.3.22 본조신설)

제4장의2 자연환경복원사업
(2021.1.5 본장신설)

제45조의3【자연환경복원사업의 시행 등】 ① 환경부장관은 다음 각 호에 해당하는 조사 또는 관찰의 결과를 토대로 훼손된 지역의 생태적 가치, 복원 필요성 등의 기준에 따라 그 우선순위를 평가하여 자연환경복원이 필요한 대상지역의 후보목록(이하 "후보목록"이라 한다)을 작성하여야 한다.
1. 제30조에 따른 자연환경조사
2. 제31조에 따른 정밀·보완조사 및 관찰
3. 제36조제2항에 따른 기후변화 관련 생태계 조사
4. 「습지보전법」 제4조에 따른 습지조사
5. 그 밖에 대통령령으로 정하는 자연환경에 대한 조사
② 환경부장관은 후보목록에 포함된 지역을 대상으로 자연환경복원사업을 시행할 수 있다. 이 경우 환경부장관은 다른 사업과의 중복성 여부 등에 대하여 관계 행정기관의 장과 미리 협의하여야 한다.
③ 환경부장관은 다음 각 호의 어느 하나에 해당하는 자(이하 "자연환경복원사업 시행자"라 한다)에게 후보목록에 포함된 지역을 대상으로 자연환경복원사업의 시행에 필요한 조치를 할 것을 권고할 수 있고, 그 권고의 이행에 필요한 비용을 예산의 범위 안에서 지원할 수 있다.
1. 해당 지역을 관할하는 시·도지사 또는 시장·군수·구청장
2. 관계 법령에 따라 해당 지역에 관한 관리 권한을 가진 행정기관의 장
3. 관계 법령 또는 자치법규에 따라 해당 지역에 관한 관리 권한을 가지고 있거나 위임 또는 위탁받은 공공단체나 기관 또는 사인(私人)
④ 제1항에 따른 우선순위 평가의 기준 및 후보목록의 작성에 필요한 사항은 대통령령으로 정한다.

제45조의4【자연환경복원사업계획의 수립 등】 ① 환경부장관 및 제45조의3제3항의 권고에 따라 자연환경복원사업의 시행에 필요한 조치를 이행하려는 자연환경복원사업 시행자는 자연환경복원사업의 시행에 관한 계획(이하 "자연환경복원사업계획"이라 한다)을 수립하여야 한다.
② 자연환경복원사업계획에는 다음 각 호의 내용이 포함되어야 한다.
1. 사업의 필요성과 복원 목표
2. 사업 대상지역의 위치 및 현황 분석, 사업기간, 총사업비
3. 주요 사용공법 및 전문가 활용 계획
4. 사업에 대한 점검·평가 및 유지관리 계획
5. 그 밖에 자연환경복원사업의 시행에 필요한 사항
③ 자연환경복원사업 시행자는 자연환경복원사업계획을 수립한 경우 환경부장관의 승인을 받아야 한다. 승인받은 사항 중 환경부령으로 정하는 중요한 사항을 변경하려는 경우에도 또한 같다.
④ 환경부장관은 자연환경복원사업계획을 검토할 때에 필요하면 관계 전문가의 의견을 듣거나 자연환경복원사업 시행자에게 관련 자료의 제출을 요청할 수 있다.
⑤ 환경부장관은 제3항에 따라 자연환경복원사업계획의 승인 또는 변경승인을 한 경우에는 그 내용을 관보에 고시하여야 한다.
⑥ 환경부장관 및 자연환경복원사업 시행자는 자연환경복원사업계획에 따라 자연환경복원사업을 시행하여야 하며, 환경부장관은 자연환경복원사업 시행자가 제3항의 승인을 받은 자연환경복원사업계획에 따라 자연환경복원사업을 시행하지 아니한 경우 제45조의3제3항에 따라 지원한 비용의 전부 또는 일부를 환수할 수 있다.
⑦ 제1항에 따른 자연환경복원사업계획의 수립 및 제3항에 따른 환경부장관의 승인·변경승인, 제6항에 따른 비용의 환수 등에 필요한 사항은 환경부령으로 정한다.

제45조의5【자연환경복원사업 추진실적의 보고·평가】
① 자연환경복원사업 시행자는 자연환경복원사업계획에 따른 자연환경복원사업의 추진실적을 환경부장관에게 정기적으로 보고하여야 한다.
② 환경부장관은 제1항에 따라 보고받은 추진실적을 평가하여 그 결과에 따라 자연환경복원사업에 드는 비용을 차등하여 지원할 수 있다.
③ 환경부장관은 제2항에 따른 평가를 효율적으로 시행하는 데 필요한 조사·분석 등을 관계 전문기관에 의뢰할 수 있다.
④ 제1항에 따른 추진실적의 보고, 제2항에 따른 추진실적의 평가 기준·방법·절차 및 비용의 차등 지원에 필요한 사항은 대통령령으로 정한다.

제45조의6【자연환경복원사업의 유지·관리】 ① 환경부장관 및 자연환경복원사업 시행자는 자연환경복원사업을 완료한 후 복원 목표의 달성 정도를 지속적으로 점검하고 그 결과를 반영하여 복원된 자연환경을 유지·관리하여야 한다.
② 제1항에도 불구하고 환경부장관은 대통령령으로 정하는 자연환경복원사업에 대하여 정기적으로 점검한 결과 필요하다고 인정하는 때에는 자연환경복원사업 시행자에 대하여 그 결과를 반영하여 복원된 자연환경을 유지·관리하도록 권고할 수 있다.
③ 환경부장관은 제2항에 따른 권고에 필요한 점검 및 그 결과의 분석 등을 관계 전문기관에 의뢰할 수 있다.
④ 제1항 및 제2항에 따른 점검의 내용·방법·절차 및 권고 등 복원된 자연환경의 유지·관리에 필요한 사항은 대통령령으로 정한다.

제5장 생태계보전부담금
(2021.1.5 본장제목개정)

제46조【생태계보전부담금】 ① 환경부장관은 생태적 가치가 낮은 지역으로 개발을 유도하고 자연환경 또는 생태계의 훼손을 최소화할 수 있도록 자연환경 또는 생태계에 미치는 영향이 현저하거나 생물다양성의 감소를 초래하는 사업을 하는 사업자에 대하여 생태계보전부담금을 부과·징수한다.(2021.1.5 본항개정)
② 제1항에 따른 생태계보전부담금의 부과대상이 되는 사업은 다음 각 호와 같다. 다만, 제50조제1항 본문에 따른 자연환경보전사업 및 「해양생태계의 보전 및 관리에 관한 법률」 제49조제2항에 따른 해양생태계보전부담금의 부과대상이 되는 사업은 제외한다.(2022.10.18 단서개정)

1. 「환경영향평가법」 제9조에 따른 전략환경영향평가 대상계획 중 개발면적 3만제곱미터 이상인 개발사업으로서 대통령령으로 정하는 사업(2013.3.22 본호신설)
2. 「환경영향평가법」 제22조 및 제42조에 따른 환경영향평가대상사업(2013.3.22 본호개정)
3. 「광업법」 제3조제2호에 따른 광업중 대통령령으로 정하는 규모 이상의 노천탐사·채굴사업(2020.5.26 본호개정)
4. 「환경영향평가법」 제43조에 따른 소규모 환경영향평가 대상 개발사업으로 개발면적이 3만제곱미터 이상인 사업(2011.7.21 본호개정)
5. 그 밖에 생태계에 미치는 영향이 현저하거나 자연자산을 이용하는 사업중 대통령령으로 정하는 사업
(2020.5.26 본호개정)

③ 제1항에 따른 생태계보전부담금은 생태계의 훼손면적에 단위면적당 부과금액과 지역계수를 곱하여 산정·부과한다. 다만, 생태계의 보전·복원 목적의 사업 또는 국방 목적의 사업으로서 대통령령으로 정하는 사업에 대하여는 생태계보전부담금을 감면할 수 있다.(2021.1.5 본항개정)

④ 제1항에 따른 생태계보전부담금 및 제48조제1항에 따른 가산금은 「환경정책기본법」에 따른 환경개선특별회계의 세입으로 한다.(2021.1.5 본항개정)

⑤ 환경부장관은 제61조제1항에 따라 시·도지사에게 생태계보전부담금 또는 가산금의 징수에 관한 권한을 위임한 경우에는 징수된 생태계보전부담금 및 가산금 중 대통령령으로 정하는 금액을 해당 사업지역을 관할하는 시·도지사에게 교부할 수 있다. 이 경우 시·도지사는 대통령령으로 정하는 바에 따라 교부금의 일부를 생태계보전부담금의 부과·징수비용으로 사용할 수 있다.
(2021.1.5 본항개정)

⑥ 제1항에 따른 생태계보전부담금의 징수절차·감면기준·단위면적당 부과금액, 지역계수 및 납부방법, 그 밖에 필요한 사항은 대통령령으로 정한다. 이 경우 단위면적당 부과금액은 훼손된 생태계의 가치를 기준으로 하고, 지역계수는 제34조제1항에 따른 생태·자연도의 권역·지역 및 「국토의 계획 및 이용에 관한 법률」에 따른 토지의 용도를 기준으로 한다.(2021.1.5 본항개정)
(2021.1.5 본조제목개정)

제47조【사업 인·허가등의 통보】 ① 제46조제2항에 따른 생태계보전부담금의 부과대상이 되는 사업의 인·허가등을 한 행정기관의 장은 그 날부터 20일 이내에 사업자, 사업내용, 사업의 규모 그 밖에 대통령령으로 정하는 인·허가등의 내용을 환경부장관에게 통보하여야 한다.
(2021.1.5 본항개정)

② 환경부장관은 제1항에 따른 통보를 받은 날부터 1개월 이내에 생태계보전부담금의 부과금액·납부기한 등에 관한 사항을 사업자에게 통지하여야 한다.(2021.1.5 본항개정)

③ 제1항 및 제2항에 따른 통보의 내용·방법 그 밖에 필요한 사항은 환경부령으로 정한다.
(2020.5.26 본조개정)

제48조【생태계보전부담금의 강제징수】 ① 환경부장관은 제46조에 따라 생태계보전부담금을 납부하여야 하는 사람이 납부기한 이내에 이를 납부하지 아니한 경우에는 30일 이상의 기간을 정하여 이를 독촉하여야 한다. 이 경우 체납된 생태계보전부담금에 대하여는 100분의 3에 상당하는 가산금을 부과한다.

② 제1항에 따른 독촉을 받은 사람이 기한 이내에 생태계보전부담금과 가산금을 납부하지 아니한 경우에는 국세 체납처분의 예에 따라 이를 징수할 수 있다.
(2021.1.5 본조개정)

제48조의2【결손처분】 ① 환경부장관은 생태계보전부담금을 체납한 자에게 다음 각 호의 어느 하나에 해당하는 사유가 있는 경우에는 결손처분을 할 수 있다.
1. 체납처분이 끝나고 그 체납액에 충당된 배분금액이 체납액보다 부족한 경우
2. 생태계보전부담금을 받을 권리에 대한 소멸시효가 완성된 경우
3. 체납처분의 목적물인 총재산의 추산 가액이 체납 처분비에 충당하고 남을 여지가 없는 경우
4. 생태계보전부담금을 체납한 자의 행방을 알 수 없거나 재산이 없다는 것이 판명되어 체납액을 징수할 가능성이 없는 경우
5. 체납처분의 목적물인 총재산이 생태계보전부담금보다 우선하는 국세, 지방세, 전세권, 질권 또는 저당권에 의하여 담보된 채권 등의 변제에 충당하고 남을 여지가 없음이 확인된 경우
6. 「채무자 회생 및 파산에 관한 법률」 제251조에 따라 면책된 경우

② 환경부장관은 제1항에 따라 결손처분을 한 후 압류할 수 있는 다른 재산을 발견하면 지체 없이 그 처분을 취소하고 체납처분을 하여야 한다. 다만, 제1항제2호에 해당하는 경우에는 그러하지 아니하다.
(2021.4.13 본조신설)

제49조【생태계보전부담금의 용도 등】 ① 생태계보전부담금 및 제46조제5항에 따라 교부된 금액은 다음 각 호의 용도에 사용하여야 한다. 다만, 「광업법」 제3조제2호에 따른 광업으로서 산림 및 산지를 대상으로 하는 사업에서 조성된 생태계보전부담금은 이를 산림 및 산지 훼손지의 생태계복원사업을 위하여 사용하여야 한다.
(2021.1.5 본문개정)
1. 생태계·생물종의 보전·복원사업
1의2. 자연환경복원사업(2021.1.5 본호신설)
2.~3. (2021.1.5 삭제)
4. 제18조에 따른 생태계 보전을 위한 토지등의 확보
(2020.5.26 본호개정)
5. 제19조에 따른 생태·경관보전지역 등의 토지등의 매수(2020.5.26 본호개정)
6.~8. (2021.1.5 삭제)
9. 제38조에 따른 자연환경보전·이용시설의 설치·운영
(2020.5.26 본호개정)
9의2. 제43조의2에 따른 도시생태 복원사업
(2021.1.5 본호신설)
10. (2021.1.5 삭제)
11. 제45조에 따른 생태통로 설치사업(2020.5.26 본호개정)
12. 제50조제1항 본문에 따라 생태계보전부담금을 돌려받은 사업의 조사·유지·관리(2021.1.5 본호개정)
13. 유네스코가 선정한 생물권보전지역의 보전 및 관리
(2013.3.22 본호신설)
14. 그 밖에 자연환경보전 등을 위하여 필요한 사업으로서 대통령령으로 정하는 사업(2020.5.26 본호개정)

② 환경부장관은 제46조제5항에 따라 시·도지사에게 교부된 금액이 제1항 각 호에서 정한 용도 외에 다른 용도로 사용된 경우 그 금액만큼 환수하거나 감액하여 교부할 수 있다. 다만, 제46조제5항 후단에 따라 생태계보전부담금의 부과·징수비용으로 사용된 경우는 제외한다.
(2021.1.5 본항신설)
(2021.1.5 본조제목개정)

제50조【생태계보전부담금의 반환·지원】 ① 환경부장관은 생태계보전부담금을 납부한 자 또는 생태계보전부담금을 납부한 자로부터 자연환경보전사업의 시행 및 생태계보전부담금의 반환에 관한 동의를 받은 자(이하 "자연환경보전사업 대행자"라 한다)가 환경부장관의 승인을 받아 대체자연의 조성, 생태계의 복원 등 대통령령으로 정하는 자연환경보전사업을 시행하는 경우에는 납부한 생태계보전부담금 중 대통령령으로 정하는 금액을 돌려줄 수 있다. 다만, 산림 또는 산지에서 시행하는 제46조제2항제3호에 따른 사업으로 인하여 부과된 생태계보전부담금에 대하여는 반환금 또는 반환예정금액의 범위에서 다른 법률에 따라 시행하는 산림 또는 산지를 대상으로 하는 훼손지 복원사업에 지원할 수 있다.

② 제1항에 따른 환경부장관의 승인, 생태계보전부담금을 납부한 자의 동의, 자연환경보전사업 대행자의 자격과 범위, 생태계보전부담금의 반환·지원에 관하여 필요한 사항은 대통령령으로 정한다.
(2021.1.5 본조개정)

제6장 보 칙

제51조【관계기관의 협조】 ① 환경부장관은 이 법의 목적을 달성하기 위하여 필요하다고 인정하는 경우에는 대통령령으로 정하는 사항에 대하여 관계중앙행정기관의 장 또는 지방자치단체의 장에게 필요한 시책을 마련하거나 조치를 할 것을 요청할 수 있다. 이 경우 관계중앙행정기관의 장 또는 지방자치단체의 장은 특별한 사유가 없으면 그 요청에 따라야 한다.(2020.5.26 본항개정)

② 환경부장관은 자연환경보전과 자연의 지속가능한 이용을 위하여 생물다양성의 가치와 기능을 평가하여 이를 관계중앙행정기관의 장 및 지방자치단체의 장이 활용하도록 하여야 한다.

제52조【토지등의 수용·사용】 ① 국가 또는 지방자치단체는 제38조에 따른 자연환경보전·이용시설의 설치를 위하여 필요하다고 인정되는 때에는 자연환경보전·이용시설에 필요한 토지등을 수용 또는 사용할 수 있다.

② 제1항에 따른 수용 또는 사용에 관하여는 이 법에 특별한 규정이 있는 경우를 제외하고는 「공익사업을 위한 토지 등의 취득 및 보상에 관한 법률」을 준용한다.

③ 제2항에 따라 「공익사업을 위한 토지 등의 취득 및 보상에 관한 법률」을 준용하는 경우에는 제38조에 따른 자연환경보전·이용시설의 설치에 관한 계획의 결정·고시가 있는 때에 「공익사업을 위한 토지 등의 취득 및 보상에 관한 법률」 제20조 및 제22조에 따른 사업인정 및 사업인정고시가 있는 것으로 본다.
(2020.5.26 본조개정)

제53조【손실보상】 ① 제15조제5항에 따라 이미 실시하고 있는 개발사업·영농행위 등을 할 수 없음에 따라 초래되는 재산상의 손실 또는 제33조제1항에 따라 재산상의 손실을 입은 사람은 대통령령으로 정하는 바에 따라 환경부장관 또는 지방자치단체의 장에게 보상을 청구할 수 있다.

② 환경부장관 또는 지방자치단체의 장은 제1항에 따라 청구를 받은 때에는 3개월 이내에 청구인과 협의하여 보상할 금액 등을 결정하고 이를 청구인에게 통지하여야 한다.

③ 제2항에 따른 협의가 성립되지 아니한 때에는 환경부장관, 지방자치단체의 장 또는 청구인은 대통령령으로 정하는 바에 따라 관할 토지수용위원회에 재결을 신청할 수 있다.
(2020.5.26 본조개정)

제54조【국고보조 등】 ① 국가는 예산의 범위안에서 다음의 사업에 대하여 자연환경보전을 위한 사업을 집행하는 관계행정기관 및 지방자치단체 또는 자연보호 관련단체에 대하여 그 비용의 전부 또는 일부를 보조할 수 있다.
1. 제5조에 따른 자연보호운동 지원사업
2. 제20조 및 제42조에 따른 생태·경관보전지역, 인접지역 및 생태마을의 주민지원사업
3. 제38조에 따른 자연환경보전·이용시설의 설치사업
4. 제45조에 따른 생태통로 설치사업
(2020.5.26 1호~4호개정)
5. 제49조제1항 각 호의 사업(2021.1.5 본호개정)
6. 그 밖에 자연환경보전을 위한 사업으로서 대통령령으로 정하는 사업(2020.5.26 본호개정)

② 지방자치단체는 예산의 범위에서 자연보호운동을 실시하는 자연보호 관련단체에 대하여 그 활동 및 운영에 필요한 경비의 전부 또는 일부를 지원할 수 있다.
(2016.1.27 본항신설)
(2016.1.27 본조제목개정)

제55조【한국자연환경보전협회】 ① 자연환경보전을 위한 다음의 사업을 하기 위하여 한국자연환경보전협회(이하 "협회"라 한다)를 둔다.
1. 자연환경의 실태 및 보전방안에 관한 조사·연구
2. 훼손된 생태계나 종의 복원, 소생태계의 조성 등 생물다양성의 보전
3. 자연환경보전에 관한 영상물의 제작 및 출판 등 자연교육과 홍보

② 협회는 법인으로 한다.

③ 협회의 사업에 소요되는 경비는 회비, 사업수입금 등으로 충당하며, 국가 또는 지방자치단체는 소요경비의 일부를 예산의 범위안에서 지원할 수 있다.

④ 협회에 관하여 이 법에 규정되지 아니한 사항은 민법 중 사단법인에 관한 규정을 준용한다.

제55조의2【생태관광협회】 ① 생태관광 사업자, 생태관광 관련 단체 및 그 밖에 생태관광 관련 업무에 종사하는 자는 생태관광의 육성에 필요한 다음 각 호의 사업을 수행하기 위하여 환경부장관의 허가를 받아 생태관광협회를 설립할 수 있다.
1. 생태관광에 적합한 지역 및 탐방프로그램의 조사·연구
2. 생태관광 관련 국제협력업무
3. 그 밖에 생태관광 육성을 위하여 필요한 사업

② 생태관광협회는 법인으로 한다.

③ 국가 또는 지방자치단체는 생태관광의 육성을 위하여 필요한 경우에는 예산의 범위에서 생태관광협회에 필요한 경비의 일부를 지원할 수 있다.

④ 생태관광협회에 관하여 이 법에서 규정한 사항을 제외하고는 「민법」 중 사단법인에 관한 규정을 준용한다.
(2013.3.22 본조신설)

제56조【자연상징표지 및 지방자치단체의 상징종】 ① 국가는 생태·경관보전지역 등 자연환경보전이 필요한 지역에 그 지역의 유형별로 자연상징표지를 설치할 수 있으며, 지방자치단체는 관할구역의 특성을 고려하여 자연상징표지의 일부를 변경하여 활용할 수 있다.

② 지방자치단체는 해당 지역을 대표할 수 있는 중요 야생동·식물 또는 생태계를 해당 지방자치단체의 상징종(象徵種) 또는 상징생태계로 지정하여 이를 보전·활용할 수 있다.(2020.5.26 본항개정)

제57조【민간자연환경보전단체의 육성】 환경부장관은 자연환경보전을 위하여 다음 각호의 어느 하나에 해당하는 활동을 하는 민간자연환경보전단체를 육성할 수 있다.
1. 국제 자연환경보전단체·기구와의 협조와 교류
2. 멸종위기야생생물의 보호(2011.7.28 본호개정)
3. 그 밖의 자연환경보전 및 자연자산의 보전

제58조【자연환경보전명예지도원】 ① 환경부장관 또는 지방자치단체의 장은 자연환경보전을 위한 지도·계몽 등을 위하여 민간자연환경보전단체의 회원, 자연환경보전을 위한 활동을 성실하게 수행하고 있는 사람 또는 협회에서 추천하는 사람을 자연환경보전명예지도원으로 위촉할 수 있다.

② 자연환경보전명예지도원에 대하여는 환경부령으로 정하는 바에 따라 그 신분을 확인할 수 있는 증명서를 발급한다.(2020.5.26 본항개정)

③ 제1항에 따른 자연환경보전명예지도원의 위촉방법·활동범위 그 밖에 필요한 사항은 대통령령으로 정한다.
(2020.5.26 본항개정)

제59조【자연환경해설사】 ① 환경부장관 또는 지방자치단체의 장은 제59조의2제1항에 따른 자연환경해설사 양성기관에서 환경부령으로 정하는 교육과정을 이수한 사람을 자연환경해설사로 채용하여 활용하거나 활용하게 할 수 있다.

② 자연환경해설사는 생태·경관보전지역, 「습지보전법」에 따른 습지보호지역 및 「자연공원법」에 따른 자연공원 등을 이용하는 사람에게 자연환경보전의 인식증진 등을 위하여 자연환경해설·홍보·교육·생태탐방안내 등을 전문적으로 수행한다.

③ 제1항에 따라 채용된 자연환경해설사는 제59조의2제1항에 따른 자연환경해설사 양성기관에서 보수(補修)교육을 받아야 한다.(2017.11.28 본항신설)
④ 환경부장관 또는 지방자치단체의 장은 자연환경해설사의 활동에 필요한 비용 등을 예산의 범위에서 지원할 수 있다.
⑤ 제3항에 따른 보수교육의 주기·횟수·시간·방법·내용 등은 환경부령으로 정한다.(2017.11.28 본항신설)
(2011.7.28 본조개정)

제59조의2【자연환경해설사 양성기관의 지정】 ① 환경부장관은 자연환경해설사를 양성하기 위하여 자연환경해설사 양성기관(이하 "양성기관"이라 한다)을 지정할 수 있다.
② 양성기관으로 지정을 받고자 하는 자는 교육에 필요한 시설 및 전문인력 등 환경부령으로 정하는 지정기준을 갖추어 환경부장관에게 지정을 신청하여야 한다.
③ 양성기관 지정의 유효기간은 지정을 받은 날부터 3년으로 하고, 유효기간이 만료된 후 계속하여 양성업무를 하려는 자는 유효기간이 만료되기 전에 다시 지정을 받아야 한다.(2017.11.28 본항신설)
④ 제1항부터 제3항까지에서 규정한 사항 외에 양성기관의 지정 등에 필요한 사항은 환경부령으로 정한다.
(2017.11.28 본항개정)
(2011.7.28 본조신설)

제59조의3【지정의 취소】 ① 환경부장관은 제59조의2제1항에 따라 지정을 받은 양성기관이 다음 각 호의 어느 하나에 해당하는 경우에는 그 지정을 취소할 수 있다. 다만, 제1호에 해당하는 경우에는 그 지정을 취소하여야 한다.
1. 거짓이나 그 밖의 부정한 방법으로 지정을 받은 경우
2. 제59조의2제2항 및 제4항의 기준에 맞지 아니하게 된 경우(2017.11.28 본호개정)
3. 정당한 사유 없이 1년 이상 계속하여 양성기관 업무를 하지 아니한 경우(2017.11.28 본호신설)
4. 폐업 등으로 인하여 업무를 수행할 수 없는 경우 (2017.11.28 본호신설)
② 환경부장관은 제1항에 따라 지정을 취소하려면 청문을 하여야 한다.
(2011.7.28 본조신설)

제60조【자연환경학습원】 ① 시·도지사는 제5조에 따른 자연보호운동 활성화 및 국민들에 대한 자연환경보전 중요성의 인식증진 등을 위하여 시·도지사 소속하에 자연경교육·연수·홍보 등의 기능을 수행하는 자연환경학습원을 둘 수 있다.(2020.5.26 본항개정)
② 자연환경학습원의 설치·운영에 관하여 필요한 사항은 지방자치단체의 조례로 정한다.

제61조【권한의 위임 및 위탁】 ① 환경부장관은 이 법에 의한 권한의 일부를 대통령령으로 정하는 바에 따라 그 소속 기관의 장 또는 시·도지사에게 위임할 수 있다.
② 환경부장관은 이 법에 의한 업무의 일부를 대통령령으로 정하는 바에 따라 관계전문기관에 위탁할 수 있다.
③ 제1항에 따라 권한을 위임받은 소속 기관의 장, 시·도지사는 그 권한에 속하는 업무 중 일부를 환경부장관의 승인을 받아 대통령령으로 정하는 기관 또는 단체에 위탁할 수 있다.(2024.1.9 본항신설)
(2020.5.26 본조개정)

제62조 (2006.10.4 삭제)

제7장 벌 칙

제63조【벌칙】 다음 각호의 어느 하나에 해당하는 사람은 3년 이하의 징역 또는 3천만원 이하의 벌금에 처한다.
(2015.2.3 본문개정)
1. 핵심구역안에서 제15조제1항(제22조제2항에 따라 준용되는 경우를 포함한다)의 규정을 위반하여 자연생태·자연경관의 훼손행위를 한 사람(2020.5.26 본호개정)
2. 완충구역안에서 제15조제1항제2호부터 제5호까지의 규정을 위반하여 자연생태·자연경관의 훼손행위를 한 사람(2020.3.26 본호개정)
3. 제17조(제22조제2항에 따라 준용되는 경우를 포함한다)에 따른 중지·원상회복 또는 조치명령을 위반한 사람(2020.5.26 본호개정)

제64조【벌칙】 다음 각 호의 어느 하나에 해당하는 자는 2년 이하의 징역 또는 2천만원 이하의 벌금에 처한다.
(2015.2.3 본문개정)
1. 전이구역에서 제15조제1항을 위반하여 자연생태·자연경관을 훼손시킨 자
2. 제16조제1호(제22조제2항에 따라 준용되는 경우를 포함한다)를 위반하여 금지행위를 한 자
(2013.3.22 1호~2호신설)

제65조【양벌규정】 법인의 대표자, 법인 또는 개인의 대리인·사용인 그 밖의 종업원이 그 법인 또는 개인의 업무에 관하여 제63조 또는 제64조에 따른 위반행위를 한 때에는 행위자를 벌하는 외에 그 법인 또는 개인에 대하여도 각 해당 조의 벌금형을 과한다. 다만, 법인 또는 개인이 그 위반행위를 방지하기 위하여 해당 업무에 관하여 상당한 주의와 감독을 게을리하지 아니한 경우에는 그러하지 아니하다.(2020.5.26 본문개정)

제66조【과태료】 ① 제26조에 따른 시·도지사의 조치를 위반한 사람에게는 1천만원 이하의 과태료를 부과한다.
(2020.5.26 본항개정)
② 다음 각 호의 어느 하나에 해당하는 사람에게는 200만원 이하의 과태료를 부과한다.(2020.5.26 본문개정)
1. 제16조제2호부터 제4호까지(제22조제2항에 따라 준용되는 경우를 포함한다)의 규정을 위반하여 금지행위를 한 사람(2020.5.26 본호개정)
2. 제16조의2를 위반하여 출입이 제한 또는 금지된 생태·경관보전지역을 출입한 사람(2020.5.26 본호개정)
3. 제33조제4항의 규정을 위반하여 정당한 사유없이 조사행위를 거부·방해 또는 기피한 사람
4. 제40조에 따른 입목의 벌채, 토지의 형질변경, 출입·취사·야영행위의 제한을 위반한 사람(2020.5.26 본호개정)
③ 제1항 및 제2항에 따른 과태료는 대통령령으로 정하는 바에 따라 환경부장관 또는 지방자치단체의 장(이하 "부과권자"라 한다)이 부과·징수한다.(2020.5.26 본항개정)
④~⑥ (2017.11.28 삭제)

부 칙

제1조【시행일】 이 법은 공포후 1년이 경과한 날부터 시행한다.

제2조【생태계보전지역에 관한 경과조치】 ① 이 법 시행 당시 종전의 규정에 의하여 환경부장관이 지정·고시한 생태계보전지역은 제12조제2항 및 제13조제3항의 규정에 의하여 생태·경관핵심보전구역으로 지정·고시된 것으로 본다.
② 이 법 시행 당시 종전의 규정에 의하여 시·도지사가 지정·고시한 시·도생태계보전지역은 제23조제1항 및 제24조제3항의 규정에 의하여 시·도 생태·경관보전지역으로 지정·고시된 것으로 본다.

제3조【생태계보전지역관리기본계획에 관한 경과조치】 이 법 시행 당시 종전의 규정에 의하여 환경부장관이 수립한 생태계보전지역관리기본계획은 제14조의 규정에 의하여 수립한 생태·경관보전지역관리기본계획으로 본다.

제4조【재결신청 기간에 관한 경과조치】 이 법 시행 당시 종전의 규정에 의하여 자연환경보전·이용시설의 설치에 관한 계획이 고시된 사업의 재결신청 기간에 관하여는 종전의 규정에 의한다.

제5조【한국자연보전협회에 관한 경과조치】 이 법 시행 당시 종전의 규정에 의하여 설립된 한국자연보전협회는 제55조의 규정에 의한 한국자연환경보전협회로 본다.

제6조【행정처분 등에 관한 경과조치】 이 법 시행 당시 종전의 규정에 의하여 행한 처분 그 밖의 행정기관의 행위 또는 행정기관에 대한 행위는 그에 해당하는 이 법에 의한 행정기관의 행위 또는 행정기관에 대한 행위로 본다.

제7조【벌칙 및 과태료에 관한 경과조치】 이 법 시행전의 행위에 대한 벌칙 및 과태료의 적용에 있어서는 종전의 규정에 의한다.

제8조【다른 법률의 개정】 ①~⑥ ※(해당 법령에 가제정리 하였음)

제9조【다른 법령과의 관계】 이 법 시행 당시 다른 법령에서 자연환경보전법의 규정을 인용한 경우에 이 법중 그에 해당하는 규정이 있는 때에는 종전의 규정에 갈음하여 이 법의 해당 조항을 인용한 것으로 본다.

부 칙 (2013.3.22)

제1조【시행일】 이 법은 공포 후 6개월이 경과한 날부터 시행한다. 다만, 제16조의2, 제65조, 제66조제2항제2호의 개정규정은 공포한 날부터 시행한다.

제2조【자연환경조사에 관한 적용례】 제30조의 개정규정은 이 법 시행 후 최초로 실시하는 자연환경조사부터 적용한다.

제3조【생태계보전협력금의 부과에 관한 적용례】 ① 제46조제3항의 개정규정은 이 법 시행 후 최초로 사업의 인·허가 등을 받거나 계획을 수립·확정하는 사업(인·허가 등을 받지 아니하는 사업에 한한다)부터 적용한다.
② 제48조제1항의 개정규정은 이 법 시행 후 최초로 체납되는 생태계보전협력금부터 적용한다.

부 칙 (2017.11.28)

제1조【시행일】 이 법은 공포한 날부터 시행한다. 다만, 제4조제2항, 제34조제6항, 제34조의2, 제43조의2, 제46조제3항·제6항, 제59조제3항·제5항 및 제59조의2제3항·제4항의 개정규정은 공포 후 6개월이 경과한 날부터 시행한다.

제2조【생태계보전협력금의 부과 제외에 관한 적용례】 제46조제2항 각 호 외의 부분 단서의 개정규정은 이 법 시행 전에 제50조제1항 본문에 따른 승인을 받아 시행 중인 자연환경보전사업에 대해서도 적용한다.

제3조【생태계보전협력금의 감면에 관한 적용례】 제46조제3항 단서의 개정규정은 같은 개정규정 시행 후에 사업의 인·허가등을 받는 사업부터 적용한다.

제4조【양성기관 지정의 취소에 관한 적용례】 이 법 시행 전에 지정된 양성기관의 업무기간에 대한 제59조의3제1항제3호의 개정규정에 따른 1년 이상의 기간은 같은 개정규정 시행 후 양성기관 업무를 하지 아니한 날부터 기산한다.

제5조【도시생태현황지도 작성에 관한 경과조치 등】 ① 제34조의2의 개정규정 시행 전에 종전의 규정에 따라 작성한 도시생태현황지도는 같은 개정규정에 따라 작성한 도시생태현황지도로 본다.
② 제34조의2의 개정규정 시행 당시 도시생태현황지도를 작성하지 아니한 도시생태현황지도 작성 지방자치단체의 장은 다음 각 호의 구분에 따른 날까지 같은 개정규정에 따라 도시생태현황지도를 작성하여야 한다.
1. 특별시·광역시·특별자치시·특별자치도 : 2018년 12월 31일
2. 시
 가. 인구 30만명 이상의 시 : 2019년 12월 31일
 나. 그 밖의 시 : 2021년 12월 31일
③ 제34조의2의 개정규정 시행 전에 종전의 규정에 따라 작성한 도시생태현황지도의 재작성은 제34조의2제1항 전단의 개정규정에도 불구하고 다음 각 호의 구분에 따른다.
1. 도시생태현황지도를 작성한 후 제2항 각 호의 구분에 따른 날을 기준으로 5년이 경과되는 경우 : 제2항 각 호의 구분에 따른 날까지 다시 작성
2. 도시생태현황지도를 작성한 후 제2항 각 호의 구분에 따른 날을 기준으로 5년이 경과되지 아니하는 경우 : 작성일 기준으로 5년마다 다시 작성

부 칙 (2020.5.26)

이 법은 공포한 날부터 시행한다.(이하 생략)

부 칙 (2021.1.5)

제1조【시행일】 이 법은 공포 후 1년이 경과한 날부터 시행한다.

제2조【생태계보전부담금에 관한 적용례】 제46조제3항의 개정규정은 이 법 시행 이후 생태계보전부담금을 부과·징수하는 경우부터 적용한다.

제3조【생태계보전협력금에 관한 경과조치】 이 법 시행 전에 부과된 생태계보전협력금은 제46조의 개정규정에 따른 생태계보전부담금으로 본다.

제4조【다른 법령과의 관계】 이 법 시행 당시 다른 법령에서 "생태계보전협력금"을 인용한 경우에는 이 법에 따른 "생태계보전부담금"을 인용한 것으로 본다.

부 칙 (2021.4.13)

제1조【시행일】 이 법은 공포한 날부터 시행한다.

제2조【생태계보전부담금에 관한 경과조치】 제48조의2의 개정규정 중 "생태계보전부담금"은 2022년 1월 5일까지는 "생태계보전협력금"으로 본다.

부 칙 (2022.6.10)

이 법은 공포한 날부터 시행한다.

부 칙 (2022.10.18)

제1조【시행일】 이 법은 공포 후 6개월이 경과한 날부터 시행한다.(이하 생략)

부 칙 (2023.3.21)

제1조【시행일】 이 법은 공포 후 1년이 경과한 날부터 시행한다.(이하 생략)

부 칙 (2023.8.8)

제1조【시행일】 이 법은 2024년 5월 17일부터 시행한다.(이하 생략)

부 칙 (2024.1.9)

이 법은 공포 후 6개월이 경과한 날부터 시행한다.

소음 · 진동관리법

(2007년 4월 11일 전부개정법률 제8369호)

개정
2007. 4. 6법 8338호(하천법)
2007. 5.17법 8466호(수질수생태계보전)
2008. 2.29법 8852호(정부조직)
2008. 3.21법 8957호(환경기술개발및지원에관한법)
2008. 3.21법 8976호(도로법)
2009. 6. 9법 9770호
2010. 4.12법10252호(산업활성공장설립)
2011. 4.28법10615호(환경기술및환경산업지원법)
2013. 3.22법11669호
2013. 3.23법11690호(정부조직)
2013. 7.16법11907호(대기환경)
2013. 8.13법12075호
2014. 1.14법12248호(도로법)
2014. 3.18법12462호
2016. 1.19법13805호(주택법)
2017. 1.17법14532호(물환경보전법)
2017.12.12법15191호 2018.10.16법15834호
2020. 5.26법17326호(법률용어정비)
2020.12.22법17689호(국가자치경찰)
2021. 1. 5법17843호 2022.12.30법19150호
2023. 6.13법19468호
2024. 1.30법20172호(행정법제혁신을위한일부개정법령등)

제1장 총 칙

제1조【목적】 이 법은 공장 · 건설공사장 · 도로 · 철도 등으로부터 발생하는 소음 · 진동으로 인한 피해를 방지하고 소음 · 진동을 적정하게 관리하여 모든 국민이 조용하고 평온한 환경에서 생활할 수 있게 함을 목적으로 한다.(2009.6.9 본조개정)

제2조【정의】 이 법에서 사용하는 용어의 뜻은 다음과 같다.
1. "소음(騷音)"이란 기계 · 기구 · 시설, 그 밖의 물체의 사용 또는 공동주택(「주택법」 제2조제3호에 따른 공동주택을 말한다. 이하 같다) 등 환경부령으로 정하는 장소에서 사람의 활동으로 인하여 발생하는 강한 소리를 말한다.(2016.1.19 본호개정)
2. "진동(振動)"이란 기계 · 기구 · 시설, 그 밖의 물체의 사용으로 인하여 발생하는 강한 흔들림을 말한다.
3. "소음 · 진동배출시설"이란 소음 · 진동을 발생시키는 공장의 기계 · 기구 · 시설, 그 밖의 물체로서 환경부령으로 정하는 것을 말한다.(2013.8.13 본호개정)
4. "소음 · 진동방지시설"이란 소음 · 진동배출시설로부터 배출되는 소음 · 진동을 없애거나 줄이는 시설로서 환경부령으로 정하는 것을 말한다.
5. "방음시설(防音施設)"이란 소음 · 진동배출시설이 아닌 물체로부터 발생하는 소음을 없애거나 줄이는 시설로서 환경부령으로 정하는 것을 말한다.
6. "방진시설"이란 소음 · 진동배출시설이 아닌 물체로부터 발생하는 진동을 없애거나 줄이는 시설로서 환경부령으로 정하는 것을 말한다.
7. "공장"이란 「산업집적활성화 및 공장설립에 관한 법률」 제2조제1호의 공장을 말한다. 다만, 「도시계획법」 제12조제1항에 따라 결정된 공항시설 안의 항공기 정비공장은 제외한다.
8. "교통기관"이란 기차 · 자동차 · 전차 · 도로 및 철도 등을 말한다. 다만, 항공기와 선박은 제외한다.
9. "자동차"란 「자동차관리법」 제2조제1호에 따른 자동차와 「건설기계관리법」 제2조제1호에 따른 건설기계 중 환경부령으로 정하는 것을 말한다.
10. "소음발생건설기계"란 건설공사에 사용하는 기계 중 소음이 발생하는 기계로서 환경부령으로 정하는 것을 말한다.
11. "휴대용음향기기"란 휴대가 쉬운 소형 음향재생기기(음악재생기능이 있는 이동전화를 포함한다)로서 환경부령으로 정하는 것을 말한다.(2013.3.22 본호신설)

제2조의2【국가와 지방자치단체의 책무】 국가와 지방자치단체는 국민의 쾌적하고 건강한 생활환경을 조성하기 위하여 소음 · 진동으로 인한 피해를 예방 · 관리할 수 있는 시책을 수립 · 추진하여야 한다.(2013.3.22 본조신설)

제2조의3【종합계획의 수립 등】 ① 환경부장관은 소음 · 진동으로 인한 피해를 방지하고 소음 · 진동의 적정한 관리를 위하여 특별시장 · 광역시장 · 특별자치시장 · 도지사 또는 특별자치도지사(이하 "시 · 도지사"라 한다)의 의견을 들은 후 관계 중앙행정기관의 장과 협의를 거쳐 소음 · 진동관리종합계획(이하 "종합계획"이라 한다)을 5년마다 수립하여야 한다.
② 종합계획에는 다음 각 호의 사항이 포함되어야 한다.
1. 종합계획의 목표 및 기본방향
2. 소음 · 진동을 적정하게 관리하기 위한 방안
3. 지역별 · 연도별 소음 · 진동 저감대책 추진현황
4. 소음 · 진동 발생이 국민건강에 미치는 영향에 대한 조사 · 연구
5. 소음 · 진동 저감대책을 추진하기 위한 교육 · 홍보 계획
6. 종합계획 추진을 위한 재원의 조달 방안
7. 그 밖에 소음 · 진동을 줄이기 위하여 필요한 사항 (2020.5.26 본호개정)
③ 환경부장관은 종합계획의 변경이 필요하다고 인정하면 그 타당성을 검토하여 변경할 수 있다. 이 경우 미리 시 · 도지사의 의견을 듣고, 관계 중앙행정기관의 장과 협의하여야 한다.
④ 환경부장관은 종합계획을 수립하거나 변경한 경우에는 이를 관계 중앙행정기관의 장 및 시 · 도지사에게 통보하여야 한다.
⑤ 관계 중앙행정기관의 장은 종합계획에 따라 소관별로 연도별 시행계획(이하 "시행계획"이라 한다)을 수립 · 시행하고, 시 · 도지사는 종합계획 및 관계 중앙행정기관의 시행계획에 따라 해당 특별시 · 광역시 · 특별자치시 · 도 또는 특별자치도의 시행계획을 수립 · 시행하여야 한다.
⑥ 관계 중앙행정기관의 장 및 시 · 도지사는 제5항에 따른 다음 해의 시행계획 및 지난해의 추진 실적을 대통령령으로 정하는 바에 따라 환경부장관에게 제출하여야 한다.
⑦ 종합계획 및 시행계획의 수립 등에 필요한 사항은 대통령령으로 정한다.
(2013.3.22 본조신설)

제3조【상시 측정】 ① 환경부장관은 전국적인 소음 · 진동의 실태를 파악하기 위하여 측정망을 설치하고 상시(常時) 측정하여야 한다.
② 시 · 도지사는 해당 관할 구역의 소음 · 진동 실태를 파악하기 위하여 측정망을 설치하고 상시 측정하여 측정한 자료를 환경부령으로 정하는 바에 따라 환경부장관에게 보고하여야 한다.(2013.3.22 본항개정)
③ 제1항과 제2항에 따른 측정망을 설치하려면 관계 기관의 장과 미리 협의하여야 한다.

제4조【측정망 설치계획의 결정 · 고시】 ① 환경부장관은 제3조제1항에 따른 측정망의 위치, 범위, 구역 등을 명시한 측정망 설치계획을 결정하여 환경부령으로 정하는 바에 따라 고시하고 그 도면을 누구든지 열람할 수 있게 하여야 한다. 이를 변경한 경우에도 또한 같다.
② 제3조제2항에 따라 시 · 도지사가 측정망을 설치하는 경우에는 제1항을 준용한다.
③ 국가는 제2항에 따라 시 · 도지사가 결정 · 고시한 측정망 설치계획이 목표 기간에 달성될 수 있도록 필요한 재정적 · 기술적 지원을 할 수 있다.

제4조의2【소음지도의 작성】 ① 환경부장관 또는 시 · 도지사는 교통기관 등으로부터 발생하는 소음을 적정하게 관리하기 위하여 필요한 경우에는 환경부령으로 정하는 바에 따라 일정 지역의 소음의 분포 등을 표시한 소음지도(騷音地圖)를 작성할 수 있다.
② 환경부장관 또는 시 · 도지사는 제1항에 따라 소음지도를 작성한 경우에는 인터넷 홈페이지 등을 통하여 이를 공개할 수 있다.
③ 환경부장관은 제1항에 따라 소음지도를 작성하는 시 · 도지사에 대하여는 소음지도 작성 · 운영에 필요한 기술적 · 재정적 지원 등을 할 수 있다.
(2009.6.9 본조신설)

제5조【다른 법률에 따른 허가의 의제】 ① 환경부장관이나 시 · 도지사가 제4조에 따라 측정망 설치계획을 결정 · 고시하면 다음 각 호의 허가에 관하여 제2항에 따라 관계 행정기관의 장과 미리 협의한 사항에 대해서는 해당 허가를 받은 것으로 본다.(2024.1.30 본문개정)
1. 「하천법」 제30조에 따른 하천공사 시행의 허가, 같은 법 제33조에 따른 하천의 점용허가 및 같은 법 제50조에 따른 하천수의 사용허가(2007.4.6 본호개정)
2. 「도로법」 제61조에 따른 도로점용의 허가(2014.1.14 본호개정)
3. 「공유수면 관리 및 매립에 관한 법률」 제8조에 따른 공유수면의 점용 · 사용 허가(2017.12.12 본호개정)
② 환경부장관이나 시 · 도지사는 제4조에 따른 측정망 설치계획에 제1항의 각 호에 해당하는 허가 사항이 포함되어 있으면 그 결정 · 고시 전에 해당 관계 기관의 장과 협의하여야 한다.
③ 제1항 및 제2항에서 규정한 사항 외에 이 조에 따른 의제의 기준 및 효과 등에 관하여는 「행정기본법」 제24조부터 제26조까지를 준용한다.(2024.1.30 본항신설)
(2024.1.30 본조제목개정)

제6조 (2009.6.9 삭제)

제2장 공장 소음 · 진동의 관리
(2009.6.9 본장제목개정)

제7조【공장 소음 · 진동 배출허용기준】 ① 소음 · 진동배출시설(이하 "배출시설"이라 한다)을 설치한 공장에서 나오는 소음 · 진동의 배출허용기준은 환경부령으로 정한다.
② 환경부장관은 제1항에 따른 환경부령을 정하려면 관계 중앙행정기관의 장과 협의하여야 한다.
③ 특별시 · 광역시 · 특별자치시 · 도(그 관할구역 중 인구 50만 이상 시는 제외한다. 이하 이 조에서 같다) · 특별자치도 또는 특별시 · 광역시 및 특별자치시를 제외한 인구 50만 이상 시(이하 "대도시"라 한다)는 「환경정책기본법」 제12조제3항에 따른 지역환경기준의 유지가 곤란하다고 인정되는 경우에는 조례로 제1항의 배출허용기준보다 강화된 배출허용기준을 정할 수 있다.(2021.1.5 본항신설)
④ 시 · 도지사 또는 대도시의 장은 제3항에 따른 배출허용기준을 설정 · 변경하는 경우에는 조례로 정하는 바에 따라 미리 주민 등 이해관계자의 의견을 듣고, 이를 반영하도록 노력하여야 한다.(2021.1.5 본항신설)
⑤ 시 · 도지사 또는 대도시의 장은 제3항에 따른 배출허용기준을 설정 · 변경하였을 때에는 지체 없이 환경부장관에게 보고하고 이해관계자가 그 내용을 알 수 있도록 공보에 게재하는 등 필요한 조치를 하여야 한다.
(2021.1.5 본항신설)

제8조【배출시설의 설치 신고 및 허가 등】 ① 배출시설을 설치하려는 자는 대통령령으로 정하는 바에 따라 특별자치시장 · 특별자치도지사 또는 시장 · 군수 · 구청장(자치구의 구청장을 말한다. 이하 같다)에게 신고하여야 한다. 다만, 학교 또는 종합병원의 주변 등 대통령령으로 정하는 지역은 특별자치시장 · 특별자치도지사 또는 시장 · 군수 · 구청장의 허가를 받아야 한다.(2013.8.13 본항개정)
② 제1항에 따른 신고를 한 자나 허가를 받은 자가 그 신고한 사항이나 허가를 받은 사항 중 환경부령으로 정하는 중요한 사항을 변경하려면 특별자치시장 · 특별자치도지사 또는 시장 · 군수 · 구청장에게 변경신고를 하여야 한다.(2013.8.13 본항개정)
③ 제1항에도 불구하고 산업단지나 그 밖에 대통령령으로 정하는 지역에 위치한 공장에 배출시설을 설치하려는 자의 경우에는 신고 또는 허가 대상에서 제외한다. 이 경우 신고 또는 허가 대상에서 제외된 자는 제14조부터 제16조까지, 제17조(허가취소의 경우는 제외한다), 제47조제1항제1호를 적용할 때에 사업자로 본다.
④ 특별자치시장 · 특별자치도지사 또는 시장 · 군수 · 구청장은 제1항에 따른 신고 또는 제2항에 따른 변경신고를 받은 경우 그 내용을 검토하여 이 법에 적합하면 신고를 수리하여야 한다.(2021.1.5 본항신설)

제9조【방지시설의 설치】 배출시설의 설치 또는 변경에 대한 신고를 하거나 허가를 받은 자(이하 "사업자"라 한다)가 그 배출시설을 설치하거나 변경하려면 그 공장으로부터 나오는 소음 · 진동을 제7조의 배출허용기준 이하로 배출되게 하기 위하여 소음 · 진동방지시설(이하 "방지시설"이라 한다)을 설치하여야 한다. 다만, 다음 각 호의 어느 하나에 해당하면 그러하지 아니하다.
1. 특별자치시장 · 특별자치도지사 또는 시장 · 군수 · 구청장이 그 배출시설의 기능 · 공정(工程) 또는 공장의 부지여건상 소음 · 진동이 항상 배출허용기준 이하로 배출된다고 인정하는 경우(2013.8.13 본호개정)
2. 소음 · 진동이 배출허용기준을 초과하여 배출되더라도 생활환경에 피해를 줄 우려가 없다고 환경부령으로 정하는 경우

제10조【권리와 의무의 승계 등】 ① 사업자가 배출시설 및 방지시설을 양도하거나 사망한 경우 또는 법인의 합병이 있는 경우에는 그 양수인 · 상속인 또는 합병 후 존속하는 법인이나 합병으로 설립되는 법인은 신고 · 허가 또는 변경 신고에 따른 사업자의 권리 · 의무를 승계한다.
② 「민사집행법」에 따른 경매, 「채무자 회생 및 파산에 관한 법률」에 따른 환가나 「국세징수법」 · 「관세법」 또는 「지방세법」에 따른 압류재산의 매각, 그 밖에 이에 준하는 절차에 따라 사업자의 배출시설 및 방지시설을 인수한 자는 신고 · 허가 또는 변경 신고에 따른 종전 사업자의 권리 · 의무를 승계한다.(2009.6.9 본항신설)
③ 배출시설과 방지시설을 임대차하면 임차인은 제14조부터 제16조까지, 제17조(허가취소의 경우는 제외한다), 제19조 및 제47조제1항제1호를 적용할 때에 사업자로 본다.

제11조【방지시설의 설계와 시공】 방지시설의 설치 또는 변경은 사업자 스스로가 설계 · 시공을 하거나 「환경기술 및 환경산업 지원법」 제15조에 따른 환경전문공사업자에게 설계 · 시공(「환경기술 및 환경산업 지원법」 제15조제2항에 따른 환경전문공사업자의 경우에는 설계만 해당한다)을 하도록 하여야 한다.(2011.4.28 본조개정)

제12조【공동 방지시설의 설치 등】 ① 지식산업센터의 사업자나 공장이 밀집된 지역의 사업자는 공장에서 배출되는 소음 · 진동을 공동(共同)으로 방지하기 위하여 공동 방지시설을 설치할 수 있다. 이 경우 각 사업자는 공장별로 그 공장의 소음 · 진동에 대한 방지시설을 설치한 것으로 본다.(2010.4.12 전단개정)
② 공동 방지시설의 배출허용기준은 제7조에 따른 배출허용기준과 다른 기준을 정할 수 있으며, 그 배출허용기준과 공동 방지시설의 설치 · 운영에 필요한 사항은 환경부령으로 정한다.

제13조 (2009.6.9 삭제)

제14조【배출허용기준의 준수 의무】 사업자는 배출시설 또는 방지시설의 설치 또는 변경을 끝내고 배출시설을 가동(稼動)한 때에는 환경부령으로 정하는 기간 이내에 공장에서 배출되는 소음 · 진동이 제7조 또는 제12조제2항에 따른 소음 · 진동 배출허용기준(이하 "배출허용기준"이라 한다) 이하로 처리될 수 있도록 하여야 한다.

이 경우 환경부령으로 정하는 기간 동안에는 제15조, 제16조, 제17조제6호 및 제60조제2항제2호를 적용하지 아니한다.(2009.6.9 본조개정)

제15조【개선명령】 특별자치시장·특별자치도지사 또는 시장·군수·구청장은 조업 중인 공장에서 배출되는 소음·진동의 정도가 배출허용기준을 초과하면 환경부령으로 정하는 바에 따라 기간을 정하여 사업자에게 그 소음·진동의 정도가 배출허용기준 이하로 내려가는 데에 필요한 조치(이하 "개선명령"이라 한다)를 명할 수 있다.(2013.8.13 본조개정)

제16조【조업정지명령 등】 ① 특별자치시장·특별자치도지사 또는 시장·군수·구청장은 개선명령을 받은 자가 이를 이행하지 아니하거나 기간 내에 이행은 하였으나 배출허용기준을 계속 초과할 때에는 그 배출시설의 전부 또는 일부에 조업정지를 명할 수 있다. 이 경우 환경부령으로 정하는 시간대별 배출허용기준을 초과하는 공장에는 시간대별로 구분하여 조업정지를 명할 수 있다.

② 특별자치시장·특별자치도지사 또는 시장·군수·구청장은 소음·진동으로 건강상에 위해(危害)와 생활환경의 피해가 급박하다고 인정하면 환경부령으로 정하는 바에 따라 즉시 해당 배출시설에 대하여 조업시간의 제한·조업정지, 그 밖에 필요한 조치를 명할 수 있다.

(2013.8.13 본조개정)

제17조【허가의 취소 등】 특별자치시장·특별자치도지사 또는 시장·군수·구청장은 사업자가 다음 각 호의 어느 하나에 해당하면 배출시설의 설치허가 취소(신고 대상 시설의 경우에는 배출시설의 폐쇄명령을 말한다)를 하거나 6개월 이내의 기간을 정하여 조업정지를 명할 수 있다. 다만, 제1호에 해당하는 경우에는 배출시설의 설치허가를 취소하거나 폐쇄를 명하여야 한다.(2013.8.13 본문개정)

1. 거짓이나 그 밖의 부정한 방법으로 허가를 받았거나 신고 또는 변경신고를 한 경우
2. (2009.6.9 삭제)
3. 제8조제2항에 따른 변경신고를 하지 아니한 경우
4. 제9조에 따른 방지시설을 설치하지 아니하고 배출시설을 가동한 경우
5. (2009.6.9 삭제)
6. 제14조를 위반하여 공장에서 배출되는 소음·진동을 배출허용기준 이하로 처리하지 아니한 경우
   (2009.6.9 본호신설)
7. 제16조에 따른 조업정지명령 등을 위반한 경우
8. 제19조에 따른 환경기술인을 임명하지 아니한 경우

제18조【위법시설에 대한 폐쇄조치 등】 특별자치시장·특별자치도지사 또는 시장·군수·구청장은 제8조에 따른 신고를 하지 아니하거나 허가를 받지 아니하고 배출시설을 설치하거나 운영하는 자에게 그 배출시설의 사용중지를 명하여야 한다. 다만, 그 배출시설을 개선하거나 방지시설을 설치·개선하더라도 그 공장에서 나오는 소음·진동의 정도가 배출허용기준 이하로 내려갈 가능성이 없거나 다른 법률에 따라 그 배출시설의 설치가 금지되는 장소이면 그 배출시설의 폐쇄를 명하여야 한다.

(2013.8.13 본문개정)

제19조【환경기술인】 ① 사업자는 배출시설과 방지시설을 정상적으로 운영·관리하기 위하여 환경기술인을 임명하여야 한다. 다만, 다른 법률에 따라 환경기술인의 업무를 담당하는 자가 지정된 경우에는 그러하지 아니하다.(2009.6.9 본항개정)

② 환경기술인(제1항 단서에 따라 지정된 자를 포함한다. 이하 같다)은 그 배출시설과 방지시설에 종사하는 자가 이 법이나 이 법에 따른 명령을 위반하지 아니하도록 지도·감독하여야 하며, 배출시설과 방지시설이 정상적으로 가동되어 소음·진동의 정도가 배출허용기준에 적합하도록 관리하여야 한다.(2009.6.9 본항개정)

③ 사업자는 환경기술인이 그 관리 사항을 철저히 이행하도록 하는 등 환경기술인의 관리사항을 감독하여야 한다.

④ 사업자는 배출시설과 방지시설의 정상적인 운영·관리를 위한 환경기술인의 업무를 방해하여서는 아니 되며, 그로부터 업무수행을 위하여 필요한 요청을 받으면 정당한 사유가 없으면 그 요청을 따라야 한다.(2020.5.26 본항개정)

⑤ 제1항에 따른 환경기술인을 두어야 할 사업장의 범위, 환경기술인의 자격 기준과 임명(바꾸어 임명하는 것을 포함한다)의 시기는 환경부령으로 정한다.

제20조【명령의 이행보고 및 확인】 ① 사업자는 제15조, 제16조, 제17조 또는 제18조 본문에 따른 조치명령·개선명령·조업정지명령 또는 사용중지명령 등을 이행한 경우에는 환경부령으로 정하는 바에 따라 그 이행결과를 지체 없이 특별자치시장·특별자치도지사 또는 시장·군수·구청장에게 보고하여야 한다.

② 특별자치시장·특별자치도지사 또는 시장·군수·구청장은 제1항에 따른 보고를 받으면 지체 없이 그 명령의 이행 상태나 개선 완료 상태를 확인하여야 한다.

(2013.8.13 본조개정)

제3장 생활 소음·진동의 관리
(2009.6.9 본장제목개정)

제21조【생활소음과 진동의 규제】 ① 특별자치시장·특별자치도지사 또는 시장·군수·구청장은 주민의 조용하고 평온한 생활환경을 유지하기 위하여 사업장 및 공사장 등에서 발생하는 소음·진동(산업단지나 그 밖에 환경부령으로 정하는 지역에서 발생하는 소음과 진동은 제외하며, 이하 "생활소음·진동"이라 한다)을 규제하여야 한다.(2020.5.26 본항개정)

② 제1항에 따른 생활소음·진동의 규제대상 및 규제기준은 환경부령으로 정한다.

제21조의2【층간소음기준 등】 ① 환경부장관과 국토교통부장관은 공동으로 공동주택에서 발생되는 층간소음(인접한 세대 간 소음을 포함한다. 이하 같다)으로 인한 입주자 및 사용자의 피해를 최소화하고 발생된 피해에 관한 분쟁을 해결하기 위하여 층간소음기준을 정하여야 한다.

② 제1항에 따른 층간소음의 피해 예방 및 분쟁 해결을 위하여 필요한 경우 환경부장관은 대통령령으로 정하는 바에 따라 전문기관으로 하여금 층간소음의 측정, 피해사례의 조사·상담 및 피해조정지원을 실시하도록 할 수 있다.

③ 제1항에 따른 층간소음의 범위와 기준은 환경부와 국토교통부의 공동부령으로 정한다.

(2013.8.13 본조신설)

제22조【특정공사의 사전신고 등】 ① 생활소음·진동이 발생하는 공사로서 환경부령으로 정하는 특정공사를 시행하려는 자는 환경부령으로 정하는 바에 따라 관할 특별자치시장·특별자치도지사 또는 시장·군수·구청장에게 신고하여야 한다.(2013.8.13 본항개정)

② 제1항에 따라 신고를 한 자가 그 신고한 사항 중 환경부령으로 정하는 중요한 사항을 변경하려면 특별자치시장·특별자치도지사 또는 시장·군수·구청장에게 변경신고를 하여야 한다.(2013.8.13 본항개정)

③ 특별자치시장·특별자치도지사 또는 시장·군수·구청장은 제1항에 따른 신고 또는 제2항에 따른 변경신고를 받은 날부터 4일 이내에 신고수리 여부를 신고인에게 통지하여야 한다.(2021.1.5 본항신설)

④ 특별자치시장·특별자치도지사 또는 시장·군수·구청장이 제3항에서 정한 기간 내에 신고수리 여부 또는 민원 처리 관련 법령에 따른 처리기간의 연장을 신고인에게 통지하지 아니하면 그 기간(민원 처리 관련 법령에 따라 처리기간이 연장 또는 재연장된 경우에는 해당 처리기간을 말한다)이 끝난 날의 다음 날에 신고를 수리한 것으로 본다.(2021.1.5 본항신설)

⑤ 제1항에 따른 특정공사를 시행하려는 자는 다음 각 호의 사항을 모두 준수하여야 한다.

1. 환경부령으로 정하는 기준에 적합한 방음시설을 설치한 후 공사를 시작할 것. 다만, 공사현장의 특성 등으로 방음시설의 설치가 곤란한 경우로서 환경부령으로 정하는 경우에는 그러하지 아니하다.
2. 공사로 발생하는 소음·진동을 줄이기 위한 저감대책을 수립·시행할 것

⑥ 제5항제2호에 따른 저감대책을 수립하여야 하는 경우와 저감대책에 관한 사항은 환경부령으로 정한다.

(2021.1.5 본항개정)

(2009.6.9 본조개정)

제22조의2【공사장 소음측정기기의 설치 권고】 특별자치시장·특별자치도지사 또는 시장·군수·구청장은 공사장에서 발생하는 소음을 적정하게 관리하기 위하여 필요한 경우에는 공사를 시행하는 자에게 소음측정기기를 설치하도록 권고할 수 있다.(2013.8.13 본조개정)

제23조【생활소음·진동의 규제기준을 초과한 자에 대한 조치명령 등】 ① 특별자치시장·특별자치도지사 또는 시장·군수·구청장은 생활소음·진동이 제21조제2항에 따른 규제기준을 초과하면 소음·진동을 발생시키는 자에게 작업시간의 조정, 소음·진동 발생 행위의 분산·중지, 방음·방진시설의 설치, 환경부령으로 정하는 소음이 적게 발생하는 건설기계의 사용 등 필요한 조치를 명할 수 있다.

② 사업자는 제1항에 따른 조치명령 등을 이행한 경우에는 환경부령으로 정하는 바에 따라 그 이행결과를 지체 없이 특별자치시장·특별자치도지사 또는 시장·군수·구청장에게 보고하여야 한다.

③ 특별자치시장·특별자치도지사 또는 시장·군수·구청장은 제2항에 따른 보고를 받으면 지체 없이 그 명령의 이행 상태나 개선 완료 상태를 확인하여야 한다.

④ 특별자치시장·특별자치도지사 또는 시장·군수·구청장은 제1항에 따른 조치명령을 받은 자가 이를 이행하지 아니하거나 이행하였더라도 제21조제2항에 따른 규제기준을 초과한 경우에는 해당 규제대상의 사용금지, 해당 공사의 중지 또는 폐쇄를 명할 수 있다.

(2013.8.13 본조개정)

제24조【이동소음의 규제】 ① 특별자치시장·특별자치도지사 또는 시장·군수·구청장은 이동소음의 원인을 일으키는 기계·기구〔이하 "이동소음원(移動騷音源)"이라 한다〕로 인한 소음을 규제할 필요가 있는 지역을 이동소음 규제지역으로 지정하여 이동소음원의 사용을 금지하거나 사용 시간 등을 제한할 수 있다.(2013.8.13 본항개정)

② 제1항에 따른 이동소음원의 종류, 규제방법 및 규제에 필요한 사항은 환경부령으로 정한다.

③ 특별자치시장·특별자치도지사 또는 시장·군수·구청장은 제1항에 따른 이동소음 규제지역을 지정하면 그 지정 사실을 고시하고, 표지판 설치 등 필요한 조치를 하여야 한다. 이를 변경할 때에도 또한 같다.(2013.8.13 전단개정)

제25조【폭약의 사용으로 인한 소음·진동의 방지】 특별자치시장·특별자치도지사 또는 시장·군수·구청장은 폭약의 사용으로 인한 소음·진동피해를 방지할 필요가 있다고 인정하면 시·도경찰청장에게 「총포·도검·화약류 등 단속법」에 따라 폭약을 사용하는 자에게 그 사용의 규제에 필요한 조치를 하여 줄 것을 요청할 수 있다. 이 경우 시·도경찰청장은 특별한 사유가 없으면 그 요청에 따라야 한다.(2020.12.22 본조개정)

제4장 교통 소음·진동의 관리
(2009.6.9 본장제목개정)

제26조【교통소음·진동의 관리기준】 교통기관에서 발생하는 소음·진동의 관리기준(이하 "교통소음·진동 관리기준"이라 한다)은 환경부령으로 정한다. 이 경우 환경부장관은 미리 관계 중앙 행정기관의 장과 교통소음·진동 관리기준 및 시행시기 등 필요한 사항을 협의하여야 한다.(2009.6.9 본조개정)

제27조【교통소음·진동 관리지역의 지정】 ① 특별시장·광역시장·특별자치시장·특별자치도지사 또는 시장·군수(광역시의 군수는 제외한다. 이하 이 조에서 같다)는 교통기관에서 발생하는 소음·진동이 교통소음·진동 관리기준을 초과하거나 초과할 우려가 있는 경우에는 해당 지역을 교통소음·진동 관리지역(이하 "교통소음·진동 관리지역"이라 한다)으로 지정할 수 있다.

(2013.8.13 본항개정)

② 환경부장관은 교통소음·진동의 관리가 필요하다고 인정하는 지역을 교통소음·진동 관리지역으로 지정하여 줄 것을 특별시장·광역시장·특별자치시장·특별자치도지사 또는 시장·군수에게 요청할 수 있다. 이 경우 특별시장·광역시장·특별자치시장·특별자치도지사 또는 시장·군수는 특별한 사유가 없으면 그 요청에 따라야 한다.(2013.8.13 본항개정)

③ 교통소음·진동 관리지역의 범위는 환경부령으로 정한다.

④ 특별시장·광역시장·특별자치시장·특별자치도지사 또는 시장·군수는 교통소음·진동 관리지역을 지정한 경우에는 그 지정 사실을 고시하고 표지판 설치 등 필요한 조치를 하여야 한다. 이를 변경한 경우에도 또한 같다.

(2013.8.13 전단개정)

⑤ 특별시장·광역시장·특별자치시장·특별자치도지사 또는 시장·군수는 교통기관에서 발생하는 소음·진동이 교통소음·진동 관리기준을 초과하지 아니하거나 초과할 우려가 없다고 인정되면 교통소음·진동 관리지역의 지정을 해제할 수 있다.(2013.8.13 본항개정)

(2009.6.9 본조개정)

제28조【자동차 운행의 규제】 특별자치시장·특별자치도지사 또는 시장·군수·구청장은 교통소음·진동 관리지역을 통행하는 자동차를 운행하는 자(이하 "자동차 운행자"라 한다)에게 「도로교통법」에 따른 속도의 제한·우회 등 필요한 조치를 하여 줄 것을 시·도경찰청장에게 요청할 수 있다. 이 경우 시·도경찰청장은 특별한 사유가 없으면 지체 없이 그 요청에 따라야 한다.

(2020.12.22 본조개정)

제29조【방음·방진시설의 설치 등】 ① 특별시장·광역시장·특별자치시장·특별자치도지사 또는 시장·군수(광역시의 군수는 제외한다)는 교통소음·진동 관리지역에서 자동차 전용도로, 고속도로 및 철도로부터 발생하는 소음·진동이 교통소음·진동 관리기준을 초과하여 주민의 조용하고 평온한 생활환경이 침해된다고 인정하면 스스로 방음·방진시설을 설치하거나 해당 시설관리기관의 장에게 방음·방진시설의 설치 등 필요한 조치를 할 것을 요청할 수 있다. 이 경우 해당 시설관리기관의 장은 특별한 사유가 없으면 그 요청에 따라야 한다.

(2013.8.13 전단개정)

② 「도로법」 제2조제1호에 따른 도로(자동차 전용도로와 고속도로는 제외한다) 중 학교·공동주택, 그 밖에 환경부령으로 정하는 시설의 주변 도로로부터 발생하는 소음·진동에 대하여는 제1항을 준용한다.(2014.1.14 본항개정)

제30조【제작차 소음허용기준】 자동차를 제작(수입을 포함한다. 이하 같다)하려는 자(이하 "자동차제작자"라 한다)는 제작되는 자동차(이하 "제작차"라 한다)에서 나오는 소음이 대통령령으로 정하는 제작차 소음허용기준에 적합하도록 제작하여야 한다.

제31조【제작차에 대한 인증】 ① 자동차제작자가 자동차를 제작하려면 미리 제작차의 소음이 제30조에 따른 제작차 소음허용기준에 적합하다는 환경부장관의 인증을 받아야 한다. 다만, 환경부장관은 군용·소방용 등 공용의 목적 또는 연구·전시목적 등으로 사용하려는 자동차 또는 외국에서 반입하는 자동차로서 대통령령으로 정하는 자동차는 인증을 면제하거나 생략할 수 있다.

② 자동차제작자는 제1항에 따라 인증받은 자동차의 인증내용 중 환경부령으로 정하는 중요 사항을 변경하려면 변경인증을 받아야 한다.(2009.6.9 본항개정)

③ 제1항 또는 제2항에 따라 인증·변경인증을 받은 자동차제작자 중 이륜자동차(「자동차관리법」 제3조제1항제5호에 따른 이륜자동차를 말한다. 이하 같다)를 제작하려는 자는 환경부령으로 정하는 바에 따라 이륜자동차에 해당 인증·변경인증의 배기소음(배기가스가 배기구로 배출될 때 발생되는 소음을 말한다) 결과 값을 표시하여야 한다.(2022.12.30 본항신설)

④ 제1항 및 제2항에 따른 인증의 신청, 인증의 시험방법과 절차, 인증의 방법 및 인증의 면제와 생략에 필요한 사항은 환경부령으로 정한다.(2009.6.9 본항개정)

제31조의2【인증시험대행기관의 지정】 ① 환경부장관은 제31조에 따른 인증에 필요한 시험(이하 "인증시험"이라 한다)을 효율적으로 수행하기 위하여 필요한 경우에는 전문기관을 지정하여 인증시험에 관한 업무를 수행하게 할 수 있다.

② 제1항에 따른 전문기관(이하 "인증시험대행기관"이라 한다) 및 그 업무에 종사하는 자는 다음 각 호의 어느 하나에 해당하는 행위를 하여서는 아니 된다.

1. 다른 사람에게 자신의 명의로 인증시험을 하게 하는 행위
2. 거짓이나 그 밖의 부정한 방법으로 인증시험을 하는 행위
3. 그 밖에 인증시험과 관련하여 환경부령으로 정하는 준수사항을 위반하는 행위

③ 인증시험대행기관의 지정기준, 지정절차 등에 필요한 사항은 환경부령으로 정한다.

(2009.6.9 본조신설)

제31조의3【인증시험대행기관의 지정 취소】 환경부장관은 인증시험대행기관이 다음 각 호의 어느 하나에 해당하는 경우에는 그 지정을 취소하거나 6개월 이내의 기간을 정하여 업무의 전부나 일부의 정지를 명할 수 있다. 다만, 제1호에 해당하는 경우에는 그 지정을 취소하여야 한다.

1. 거짓이나 그 밖의 부정한 방법으로 지정을 받은 경우
2. 제31조제4항에 따른 인증의 시험방법과 절차를 위반하여 인증시험을 한 경우(2022.12.30 본호개정)
3. 제31조의2제2항 각 호의 어느 하나에 해당하는 금지행위를 한 경우
4. 제31조의2제3항에 따른 지정기준을 충족하지 못한 경우

(2009.6.9 본조신설)

제31조의4【과징금 처분】 ① 환경부장관은 제31조의3제2호부터 제4호까지의 규정에 따라 인증시험대행기관에 업무정지처분을 하는 경우로서 그 업무정지처분이 해당 업무의 이용자 등에게 심한 불편을 주거나 그 밖에 공익에 현저한 지장을 줄 우려가 있다고 인정하는 경우에는 그 업무정지처분을 갈음하여 5천만원 이하의 과징금을 부과·징수할 수 있다.

② 제1항에 따른 과징금을 부과하는 위반행위의 종류·정도 등에 따른 과징금의 금액과 그 밖에 필요한 사항은 대통령령으로 정한다.

③ 환경부장관은 제1항에 따라 과징금을 내야하는 자가 납부기한까지 과징금을 내지 아니하면 국세 체납처분의 예에 따라 징수한다.

④ 제1항에 따라 징수한 과징금은 「환경정책기본법」 제45조에 따른 환경개선특별회계의 세입으로 한다.

(2013.8.13 본조신설)

제32조【인증의 양도·양수 등】 ① 제31조제1항 또는 제2항에 따른 인증 또는 변경인증을 받은 자동차제작자가 그 사업을 양도하거나 사망한 경우 또는 법인이 합병한 경우에는 제10조제1항을 준용한다.

② 제1항에 따른 권리·의무를 승계한 자는 환경부령으로 정하는 바에 따라 환경부장관에게 신고하여야 한다.

제33조【제작차의 소음검사 등】 ① 환경부장관은 제31조에 따른 인증을 받아 제작한 자동차의 소음이 제30조에 따른 제작차 소음허용기준에 적합한지를 확인하기 위하여 대통령령으로 정하는 바에 따라 검사를 실시하여야 한다.

② 환경부장관은 자동차제작자가 환경부령으로 정하는 인력 및 장비를 갖추어 환경부장관이 정하는 검사방법 및 절차에 따라 검사를 실시하면 대통령령으로 정하는 바에 따라 제1항에 따른 검사를 생략할 수 있다.

③ 환경부장관은 제1항에 따른 검사를 할 때에 특히 필요하면 환경부령으로 정하는 바에 따라 자동차제작자의 설비를 이용하거나 따로 지정하는 장소에서 검사할 수 있다.

④ 제1항에 따른 검사에 드는 비용은 자동차제작자의 부담으로 한다.

제33조의2【자동차 소음·진동 정보관리 전산망의 구축 및 운영】 ① 환경부장관은 자동차의 소음·진동에 관한 자료의 수집·관리를 위하여 「자동차관리법」 제69조에 따른 전산정보처리조직과 연계하여 소음·진동 정보관리 전산망(이하 "소음정보전산망"이라 한다)을 환경부령으로 정하는 바에 따라 구축·운영할 수 있다.

② 환경부장관은 소음정보전산망의 구축·운영을 위하여 자동차제작자에게 필요한 인증 관련 자료 또는 정보의 제공을 요청할 수 있다. 이 경우 관련 자료나 정보의 제공을 요청받은 자동차제작자는 특별한 사유가 없으면 요청에 따라야 한다.

(2022.12.30 본조신설)

제34조【인증의 취소】 ① 환경부장관은 다음 각 호의 어느 하나에 해당하면 인증을 취소하여야 한다.

1. 속임수나 그 밖의 부정한 방법으로 인증을 받은 경우
2. 제작차에 중대한 결함이 발생되어 개선을 하여도 제작차 소음허용기준을 유지할 수 없을 경우

② 환경부장관은 제33조제1항에 따른 검사 결과 제작차 소음허용기준에 부적합하면 그 제작 자동차의 개선 또는 판매중지를 명하여야 한다. 이 경우 판매중지 명령을 위반하면 그 제작자동차의 인증을 취소하여야 한다.

제34조의2【자동차용 타이어 소음허용기준 등】 ① 자동차용 타이어를 제작 또는 수입하려는 자(이하 "타이어제작자등"이라 한다)는 제작 또는 수입하는 자동차용 타이어에서 나오는 소음(이하 "타이어 소음도"라 한다)이 환경부령으로 정하는 허용기준(이하 "타이어 소음허용기준"이라 한다)에 적합하게 제작 또는 수입하여야 한다.

② 타이어제작자등은 제작 또는 수입하는 자동차용 타이어가 타이어 소음허용기준에 적합한지 타이어 소음도를 스스로 측정하거나 환경부령으로 정하는 시험기관에 의뢰하여 측정하고 그 결과를 환경부장관에게 신고하여야 한다. 다만, 타이어제작자등이 타이어 소음도를 스스로 측정하기 위해서는 환경부령으로 정하는 장비 및 인력을 보유하여야 한다.

③ 타이어제작자등은 제2항에 따라 측정한 타이어 소음도를 해당 자동차용 타이어의 보기 쉬운 곳에 표시하여야 한다.

④ 제2항 및 제3항에서 규정한 사항 외에 자동차용 타이어의 소음 측정방법, 신고절차 및 타이어 소음도 표시의 기준·방법 등에 필요한 사항은 환경부령으로 정한다.

(2018.10.16 본조신설)

제34조의3【타이어 소음허용기준 초과에 따른 시정명령 등】 ① 환경부장관은 제34조의2제2항에 따라 신고한 자동차용 타이어가 타이어 소음허용기준을 초과하는 경우에는 해당 타이어제작자등에게 그 시정을 명할 수 있다.

② 제1항에 따른 시정명령을 받은 자는 해당 시정명령을 이행하고 그 결과를 지체 없이 환경부장관에게 보고하여야 한다.

③ 환경부장관은 제1항에 따른 시정명령을 받은 자가 그 시정명령을 이행하지 아니한 경우에는 해당 자동차용 타이어의 제작·수입·판매·사용의 금지를 명할 수 있다.

④ 환경부장관은 제34조의2제2항에 따라 신고한 자동차용 타이어가 타이어 소음허용기준에 적합한지를 확인하기 위하여 환경부령으로 정하는 기관으로 하여금 이에 대한 조사를 하게 할 수 있다.

⑤ 제1항부터 제4항까지에서 규정한 사항 외에 시정명령의 절차 및 이행결과의 보고 등에 필요한 사항은 환경부령으로 정한다.

(2018.10.16 본조신설)

제35조【운행차 소음허용기준】 ① 자동차의 소유자는 그 자동차에서 배출되는 소음이 대통령령으로 정하는 운행차 소음허용기준에 적합하게 운행하거나 운행하게 하여야 하며, 소음기(消音器)나 소음덮개를 떼어 버리거나 경음기(警音器)를 추가로 붙여서는 아니 된다.

② 이륜자동차의 소유자는 제31조제1항 및 제2항에 따라 인증·변경인증을 받은 배기소음 결과 값보다 5데시벨〔dB(A)〕을 초과하지 아니하도록 운행하거나 운행하게 하여야 한다.(2022.12.30 본항신설)

제36조【운행차의 수시점검 등】 ① 특별시장·광역시장·특별자치시장·특별자치도지사 또는 시장·군수·구청장은 다음 각 호의 사항을 확인하기 위하여 도로 또는 주차장 등에서 운행차를 수시로 점검하여야 한다. 다만, 「도로교통법」 제2조제22호에 따른 긴급자동차 등 환경부령으로 정하는 자동차는 제외한다.(2023.6.13 본문개정)

1. 운행차의 소음이 제35조에 따른 운행차 소음허용기준에 적합한지 여부
2. 소음기나 소음덮개를 떼어 버렸는지 여부
3. 경음기를 추가로 붙였는지 여부

② 제1항에 따른 점검 시 특별시장·광역시장·특별자치시장·특별자치도지사 또는 시장·군수·구청장은 경찰관서의 장, 「한국교통안전공단법」에 따른 한국교통안전공단 등 관계 기관에 합동점검을 요청할 수 있다. 이 경우 해당 기관은 특별한 사유가 없으면 이에 적극 협조하여야 한다.(2023.6.13 본항신설)

③ 자동차 운행자는 제1항에 따른 점검에 협조하여야 하며, 이에 따르지 아니하거나 지장을 주는 행위를 하여서는 아니 된다.

④ 특별시장·광역시장·특별자치시장·특별자치도지사 또는 시장·군수·구청장은 제1항에 따른 점검실적을 반기별로 환경부장관에게 보고하여야 한다.(2023.6.13 본항신설)

⑤ 제1항에 따른 점검방법 및 제4항에 따른 점검실적의 보고 등에 필요한 사항은 환경부령으로 정한다.

(2023.6.13 본항개정)

(2023.6.13 본조제목개정)

제37조【운행차의 정기검사】 ① 자동차의 소유자는 「자동차관리법」 제43조제1항제2호와 「건설기계관리법」 제13조제1항제2호에 따른 정기검사 및 「대기환경보전법」 제62조제2항에 따른 이륜자동차정기검사를 받을 때에 다음 각 호의 사항 모두에 대하여 검사를 받아야 한다.

(2013.7.16 본문개정)

1. 해당 자동차에서 나오는 소음이 운행차 소음허용기준에 적합한지 여부
2. 소음기나 소음덮개를 떼어버렸는지 여부
3. 경음기를 추가로 붙였는지 여부

② 제1항에 따른 검사의 방법·대상항목 및 검사기관의 시설·장비 등에 필요한 사항은 환경부령으로 정한다.

③ 환경부장관이 제2항에 따라 환경부령을 정하려면 국토교통부장관과 협의하여야 한다. 다만, 「대기환경보전법」 제62조제2항에 따른 이륜자동차정기검사에 관한 사항을 정하는 경우에는 그러하지 아니하다.(2013.7.16 단서신설)

④ 환경부장관은 제1항에 따른 검사의 결과에 관한 자료를 국토교통부장관에게 요청할 수 있다.(2013.3.23 본항개정)

제38조【운행차의 개선명령】 ① 특별시장·광역시장·특별자치시장·특별자치도지사 또는 시장·군수·구청장은 운행차에 대하여 제36조에 따른 점검 결과 다음 각 호의 어느 하나에 해당하는 경우에는 환경부령으로 정하는 바에 따라 자동차 소유자에게 개선을 명할 수 있다.

(2013.8.13 본문개정)

1. 운행차의 소음이 운행차 소음허용기준을 초과한 경우
2. 소음기나 소음덮개를 떼어 버린 경우
3. 경음기를 추가로 붙인 경우

② 제1항에 따른 개선명령을 하려는 경우 10일 이내의 범위에서 개선에 필요한 기간에 그 자동차의 사용정지를 함께 명할 수 있다.

③ 제1항에 따른 개선명령을 받은 자는 제41조에 따라 특별자치시장·특별자치도지사 또는 시장·군수·구청장에게 등록한 자로부터 환경부령으로 정하는 바에 따라 개선 결과를 확인받은 후 특별시장·광역시장·특별자치시장·특별자치도지사 또는 시장·군수·구청장등에게 보고하여야 한다.(2013.8.13 본항개정)

제5장 항공기 소음의 관리

(2009.6.9 본장제목개정)

제39조【항공기 소음의 관리】 ① 환경부장관은 항공기 소음이 대통령령으로 정하는 항공기 소음의 한도를 초과하여 공항 주변의 생활환경이 매우 손상된다고 인정하면 관계 기관의 장에게 방음시설의 설치나 그 밖에 항공기 소음의 방지에 필요한 조치를 요청할 수 있다.

② 제1항에 따라 필요한 조치를 요청할 수 있는 공항은 대통령령으로 정한다.

③ 제1항에 따른 조치는 항공기 소음 관리에 관한 다른 법률이 있으면 그 법률로 정하는 바에 따른다.

(2009.6.9 본항개정)

(2009.6.9 본조제목개정)

제6장 방음시설의 설치 기준 등

제40조【방음시설의 성능과 설치 기준 등】 ① 소음을 방지하기 위하여 방음벽·방음림(防音林)·방음둑 등의 방음시설을 설치하는 자는 충분한 소리의 차단 효과를 얻을 수 있도록 설계·시공하여야 한다.

② 제1항에 따른 방음시설의 성능·설치기준 및 성능평가 등 사후관리에 필요한 사항(이하 "설치기준등"이라 한다)은 환경부장관이 정하여 고시할 수 있다. 다만, 다른 법률이 방음시설의 설치기준등을 달리 정하고 있으면 그 설치기준등에 따른다.(2009.6.9 본문개정)

제7장 확인검사대행자

제41조【확인검사대행자의 등록】 ① 제38조제3항에 따른 운행차의 개선 결과 확인업무를 행하려는 자는 환경부령으로 정하는 기술능력 및 장비 등을 갖추어 특별자치시장·특별자치도지사 또는 시장·군수·구청장에게 등록하여야 한다. 등록한 사항 중 환경부령으로 정하는 중요 사항을 변경하려는 때에도 또한 같다.(2013.8.13 전단개정)

② 제1항에 따라 등록한 자(이하 "확인검사대행자"라 한다)의 준수사항·검사수수료, 그 밖에 필요한 사항은 환경부령으로 정한다.

제42조【결격 사유】 다음 각 호의 어느 하나에 해당하는 자는 확인검사대행자의 등록을 할 수 없다.

1. 피성년후견인 또는 피한정후견인(2013.8.13 본호개정)
2. 파산선고를 받고 복권(復權)되지 아니한 자
3. 제43조에 따라 확인검사대행자의 등록이 취소(이 조 제1호 또는 제2호에 해당하여 등록이 취소된 경우는 제외한다)된 후 2년이 지나지 아니한 자(2021.1.5 본호개정)
4. 이 법이나 「대기환경보전법」, 「물환경보전법」을 위반하여 징역의 실형을 선고받고 그 형의 집행이 종료되거나 집행을 받지 아니하기로 확정된 후 2년이 지나지 아니한 자(2017.1.17 본호개정)
5. 임원 중 제1호부터 제4호까지의 규정 중 어느 하나에 해당하는 자가 있는 법인

제43조【등록취소 등】 특별자치시장·특별자치도지사 또는 시장·군수·구청장은 확인검사대행자가 다음 각 호의 어느 하나에 해당하면 그 등록을 취소하거나 6개월 이내의 기간을 정하여 업무정지를 명할 수 있다. 다만, 제1호나 제2호에 해당하면 그 등록을 취소하여야 한다.

(2013.8.13 본문개정)

1. 제42조 각 호의 어느 하나에 해당하는 경우. 다만, 법인의 임원 중 제42조제5호에 해당하는 자가 있으나 6개월 이내에 그 임원을 교체 임명하면 그러하지 아니하다.(2021.1.5 단서개정)
2. 속임수나 그 밖에 부정한 방법으로 등록한 경우
3. 다른 사람에게 등록증을 빌려준 경우
4. 1년에 2회 이상 업무정지처분을 받은 경우
5. 고의 또는 중대한 과실로 확인검사 대행업무를 부실하게 한 경우

6. 등록 후 2년 이내에 업무를 시작하지 아니하거나 계속하여 2년 이상 업무실적이 없는 경우
7. 제41조제1항에 따른 등록기준에 미달하게 된 경우
8. 제41조제2항에 따른 사항을 지키지 아니한 경우

제8장 보 칙

제44조【소음도 검사 등】 ① 소음발생건설기계를 제작 또는 수입하려는 자(이하 "소음발생건설기계제작자등"이라 한다)는 해당 소음발생건설기계를 판매·사용하기 전에 환경부장관이 실시하는 소음도 검사를 받아야 한다. 다만, 환경부장관은 「환경기술 및 환경산업 지원법」 제17조에 따른 환경표지의 인증을 받은 건설기계 등 대통령령으로 정하는 소음발생건설기계에 대하여는 소음도 검사를 면제할 수 있다.(2018.10.16 본문개정)
② 소음발생건설기계에서 발생하는 소음의 관리기준(이하 "소음발생건설기계소음 관리기준"이라 한다)은 환경부령으로 정한다. 이 경우 환경부장관은 미리 관계 중앙행정기관의 장과 협의하여야 한다.(2013.8.13 본항신설)
③ 환경부장관은 제1항에 따라 소음도를 검사한 결과 소음발생건설기계소음 관리기준을 초과한 소음발생건설기계제작자등에게 소음을 줄이는 장치의 부착 등 환경부령으로 정하는 필요한 조치를 명할 수 있다.(2020.5.26 본항개정)
④ 제3항에 따른 조치명령을 받은 소음발생건설기계제작자등은 해당 조치명령을 이행한 경우에 그 이행결과를 지체 없이 환경부장관에게 보고하여야 한다.
(2013.8.13 본항신설)
⑤ 환경부장관은 제4항에 따른 보고를 받으면 지체 없이 소음도 검사의 재실시 등을 통하여 그 명령의 이행 상태나 개선 완료 상태를 확인하여야 한다.(2013.8.13 본항신설)
⑥ 환경부장관은 제3항에 따른 조치명령을 받은 소음발생건설기계제작자등이 이를 이행하지 아니하거나 이행하였더라도 소음발생건설기계소음 관리기준을 초과한 경우에는 해당 소음발생건설기계의 제작·수입 또는 판매·사용의 금지를 명할 수 있다.(2013.8.13 본항신설)
⑦ 제1항 및 제5항에 따른 소음도 검사를 받은 소음발생건설기계제작자등은 해당 소음발생건설기계에서 발생하는 소음의 정도를 표시하는 표지(이하 "소음도표지"라 한다)를 알아보기 쉬운 곳에 붙여야 한다.(2013.8.13 본항개정)
⑧ 제1항 및 제5항에 따른 소음도 검사를 받으려는 자는 검사수수료를 내야 한다.(2013.8.13 본항개정)
⑨ 제1항, 제4항, 제7항 및 제8항에 따른 소음도 검사방법, 이행결과보고의 방법, 소음도표지 및 검사수수료에 필요한 사항은 환경부령으로 정한다.(2013.8.13 본항개정)

제44조의2【가전제품 저소음표시 등】 ① 환경부장관은 소비자에게 가전제품의 저소음에 대한 정보를 제공하고 저소음 가전제품의 생산·보급을 촉진하기 위하여 환경부령으로 정하는 바에 따라 저소음표지를 붙일 수 있도록 하는 가전제품 저소음표시제를 실시할 수 있다.
(2020.5.26 본항개정)
② 가전제품을 제조하거나 수입하는 자 중 제1항에 따른 저소음표지를 붙이려는 자는 환경부장관이 실시하는 소음도 검사를 받아 저소음기준에 적합한 경우에는 저소음표지를 가전제품에 붙일 수 있다.(2020.5.26 본항개정)
③ 제2항에 따른 소음도 검사를 받으려는 자는 검사수수료를 내야 한다.
④ 제2항 및 제3항에 따른 소음도 검사방법, 저소음기준 및 검사수수료에 관하여 필요한 사항은 환경부령으로 정한다.
(2013.3.22 본조신설)

제45조【소음도 검사기관의 지정 및 취소 등】 ① 환경부장관은 제44조제1항, 제44조의2제2항 및 제45조의3제3항에 따른 소음도 검사에 필요한 시설 및 기술능력 등을 갖춘 기관을 소음도 검사기관으로 지정하여 소음도 검사를 대행(代行)하게 할 수 있다.(2013.3.22 본항개정)
② 소음도 검사기관의 시설 및 기술 능력 등 지정기준에 필요한 사항은 대통령령으로 정한다.
③ 소음도 검사기관은 소음도 검사를 하면 그 결과를 환경부장관에게 통보하여야 한다.
④ 소음도 검사기관은 검사방법 및 시설·시험장비의 관리 등 환경부령으로 정하는 사항을 지켜야 한다.
⑤ 환경부장관은 소음도 검사기관이 다음 각 호의 어느 하나에 해당하면 그 지정을 취소하거나 6개월 이내의 기간을 정하여 소음도 검사업무의 전부나 일부의 정지를 명할 수 있다. 다만, 제1호에 해당하면 그 지정을 취소하여야 한다.
1. 거짓이나 그 밖의 부정한 방법으로 지정을 받은 경우
2. 제2항에 따른 지정기준에 미달하게 된 경우
3. 제4항에 따른 사항을 지키지 아니한 경우
4. 고의 또는 중대한 과실로 소음도 검사 업무를 부실하게 한 경우

제45조의2【철도차량에 대한 소음기준 권고】 환경부장관은 철도 주변 지역 주민의 피해를 예방하기 위하여 필요한 경우에는 철도차량에 대한 소음기준을 정하여 철도차량을 제작하거나 수입하는 자에게 이에 적합한 철도차량을 제작하거나 수입할 것을 권고할 수 있다.
(2009.6.9 본조신설)

제45조의3【휴대용음향기기의 최대음량기준】 ① 환경부장관은 휴대용음향기기 사용으로 인한 사용자의 소음성난청(騷音性難聽) 등 소음피해를 방지하기 위하여 환경부령으로 휴대용음향기기에 대한 최대음량기준을 정하여야 한다.
② 휴대용음향기기를 제조·수입하려는 자는 제1항의 기준에 적합한 휴대용음향기기를 제조하거나 수입하여야 한다.
③ 휴대용음향기기를 제조하거나 수입하는 자는 해당 제품을 판매하기 전에 환경부장관이 실시하는 소음도 검사를 받아야 한다.
④ 제3항에 따른 소음도 검사를 받으려는 자는 검사수수료를 내야 한다.
⑤ 제3항 및 제4항에 따른 소음도 검사방법 및 검사수수료에 관하여 필요한 사항은 환경부령으로 정한다.
(2013.3.22 본조신설)

제46조【환경기술인 등의 교육】 ① 제19조에 따라 환경기술인을 두어야 하는 자는 환경부령으로 정하는 바에 따라 환경기술인에게 환경부장관 또는 시·도지사가 실시하는 교육을 받게 하여야 한다.(2009.6.9 본항개정)
② 환경부장관 또는 시·도지사는 환경부령으로 정하는 바에 따라 제1항의 환경기술인 교육에 드는 경비를 교육대상자를 고용한 자로부터 징수할 수 있다.

제46조의2【포상금 지급】 특별시장·광역시장·특별자치시장·특별자치도지사 또는 시장·군수·구청장은 제35조제1항을 위반하여 소음기·소음덮개를 떼어 버리거나 경음기를 추가로 붙인 자를 신고하거나 고발한 자에게 해당 지방자치단체의 조례로 정하는 바에 따라 포상금을 지급할 수 있다.(2022.12.30 본조신설)

제47조【보고와 검사 등】 ① 환경부장관, 특별자치시장·특별자치도지사 또는 시장·군수·구청장은 환경부령으로 정하는 경우에는 다음 각 호의 자에게 보고를 명하거나 자료를 제출하게 할 수 있으며, 관계 공무원이 해당 시설 또는 사업장 등에 출입해서 배출허용기준과 제21조제2항에 따른 규제기준의 준수를 확인하기 위하여 소음과 진동 검사를 하게 하거나 관계 서류·시설 또는 장비 등을 검사하게 할 수 있다.(2018.10.16 본문개정)
1. 사업자
2. 생활소음·진동의 규제대상인 자
3. 제25조에 따라 폭약을 사용하는 자
4. 자동차제작자
5. 타이어제작자등(2018.10.16 본호신설)
6. 확인검사대행자
7. 소음발생건설기계제작자등
8. 제45조제1항에 따른 소음도 검사기관
9. 제54조제2항에 따라 환경부장관의 업무를 위탁받은 자
② 환경부장관, 특별자치시장·특별자치도지사 또는 시장·군수·구청장은 제1항에 따른 소음·진동 검사를 환경부령으로 정하는 검사기관에 대행하게 할 수 있다.
(2013.8.13 본항개정)
③ 제1항에 따라 출입·검사를 행하는 공무원은 그 권한을 표시하는 증표를 지니고 이를 관계인에게 내보여야 한다.

제48조【관계 기관의 협조】 환경부장관은 이 법의 목적을 달성하기 위하여 필요하다고 인정하면 다음 각 호에 해당하는 조치를 관계 기관의 장에게 요청할 수 있다. 이 경우 관계 기관의 장은 특별한 사유가 없으면 그 요청에 따라야 한다.
1. 도시재개발사업의 변경
2. 주택단지 조성의 변경
3. 도로·철도·공항 주변의 공동주택 건축허가의 제한
4. 그 밖에 대통령령으로 정하는 사항

제49조【행정처분의 기준】 이 법이나 이 법에 따른 명령을 위반한 행위에 대한 행정처분의 기준은 환경부령으로 정한다.

제50조【행정처분 효과의 승계】 제10조(제32조에 따라 준용되는 경우를 포함한다)에 따른 사업의 승계가 있으면 종전의 사업자에 대한 행정처분의 효과는 그 처분 기간이 끝나는 날까지 새로운 사업자에게 승계되며, 행정처분의 절차가 진행 중이면 새로운 사업자에게 그 절차를 계속 진행할 수 있다. 다만, 새로운 사업자(상속에 의한 승계는 제외한다)가 그 사업을 승계 시에 그 처분 또는 위반사실을 알지 못하였음을 증명하면 그러하지 아니하다.
(2021.1.5 본문개정)

제51조【청문】 환경부장관, 특별자치시장·특별자치도지사 또는 시장·군수·구청장은 다음 각 호의 어느 하나에 해당하는 처분을 하려면 청문을 실시하여야 한다.
(2013.8.13 본문개정)
1. 제17조에 따른 배출시설의 허가취소 또는 폐쇄명령
2. 제23조제4항에 따른 해당 공사의 폐쇄명령
(2009.6.9 본호개정)
2의2. 제31조의3에 따른 인증시험대행기관의 지정 취소 및 업무의 전부 또는 일부의 정지(2013.8.13 본호개정)
3. 제34조에 따른 인증의 취소
3의2. 제34조의3제3항에 따른 제작·수입·판매·사용 금지명령(2018.10.16 본호신설)
4. 제43조에 따른 등록취소 및 업무의 전부 또는 일부의 정지(2013.8.13 본호개정)
4의2. 제44조제6항에 따른 제작·수입 또는 판매·사용 금지명령(2013.8.13 본호신설)
5. 제45조제5항에 따른 소음도 검사기관의 지정취소 및 업무의 전부 또는 일부의 정지(2013.8.13 본호개정)

제52조【연차 보고서의 제출】 ① 시·도지사는 매년 주요 소음·진동 관리시책의 추진 상황에 관한 보고서를 환경부장관에게 제출하여야 한다.
② 제1항에 따른 보고서의 작성 및 제출에 필요한 사항은 환경부령으로 정한다.

제53조【수수료】 ① 제8조제1항에 따른 배출시설의 설치 신고를 하거나 허가를 받으려는 자는 해당 특별자치시·특별자치도 또는 시·군·구의 조례로 정하는 바에 따라 수수료를 내야 한다.(2013.8.13 본항개정)
② 제31조에 따른 제작차 인증·변경인증 또는 인증생략을 신청하려는 자는 환경부령으로 정하는 수수료를 내야 한다.(2009.6.9 본항신설)

제54조【권한의 위임·위탁】 ① 이 법에 따른 환경부장관의 권한은 대통령령으로 정하는 바에 따라 그 일부를 시·도지사, 국립환경과학원장 또는 지방환경관서의 장에게 위임할 수 있다.
② 환경부장관은 이 법에 따른 업무의 일부를 대통령령으로 정하는 바에 따라 관계 전문기관에 위탁할 수 있다.

제55조【벌칙 적용에서의 공무원 의제】 제45조제1항에 따른 소음도 검사기관의 소음도 검사업무에 종사하는 자는 「형법」 제129조부터 제132조까지의 규정을 적용할 때에는 공무원으로 본다.

제9장 벌 칙

제56조【벌칙】 다음 각 호의 어느 하나에 해당하는 자는 3년 이하의 징역 또는 3천만원 이하의 벌금에 처한다.
(2014.3.18 본문개정)
1. 제17조에 따른 폐쇄명령을 위반한 자
2. 제30조를 위반하여 제작차 소음허용기준에 맞지 아니하게 자동차를 제작한 자
3. 제31조제1항에 따라 인증 받지 아니하고 자동차를 제작한 자
4. 제44조제1항에 따른 소음도 검사를 받지 아니하거나 거짓으로 소음도 검사를 받은 자

제57조【벌칙】 다음 각 호의 어느 하나에 해당하는 자는 1년 이하의 징역 또는 1천만원 이하의 벌금에 처한다.
(2009.6.9 본문개정)
1. 제8조제1항에 따른 허가를 받지 아니하고 배출시설을 설치하거나 그 배출시설을 이용해 조업한 자
2. 거짓이나 그 밖의 부정한 방법으로 제8조제1항에 따른 허가를 받은 자(2009.6.9 본호개정)
3. 제16조 또는 제17조에 따른 조업정지명령 등을 위반한 자
4. 제23조제4항에 따른 사용금지, 공사중지 또는 폐쇄명령을 위반한 자(2009.6.9 본호개정)
5. 제31조제2항에 따른 변경인증을 받지 아니하고 자동차를 제작한 자
5의2. 제31조의2제2항제1호 또는 제2호에 따른 금지행위를 한 자(2009.6.9 본호신설)
5의3. 제34조의3제3항에 따른 제작·수입·판매·사용 금지명령을 위반한 자(2018.10.16 본호신설)
5의4. 제44조제6항에 따른 제작·수입 또는 판매·사용 금지명령을 위반한 자(2013.8.13 본호신설)
6. 제44조제7항에 따른 소음도표지를 붙이지 아니하거나 거짓의 소음도표지를 붙인 자(2013.8.13 본호개정)

제58조【벌칙】 다음 각 호의 어느 하나에 해당하는 자는 6개월 이하의 징역 또는 500만원 이하의 벌금에 처한다.(2009.6.9 본문개정)
1. 제8조제1항에 따른 신고를 하지 아니하거나 거짓이나 부정한 방법으로 신고를 하고 배출시설을 설치하거나 그 배출시설을 이용해 조업한 자(2009.6.9 본호개정)
2.~3. (2009.6.9 삭제)
4. 제23조제1항에 따른 작업시간 조정 등의 명령을 위반한 자
5. 제36조제3항을 위반하여 점검에 따르지 아니하거나 지장을 주는 행위를 한 자(2023.6.13 본항개정)
6. 제38조제1항에 따른 개선명령 또는 사용정지명령을 위반한 자

제59조【양벌규정】 법인의 대표자나 법인 또는 개인의 대리인, 사용인, 그 밖의 종업원이 그 법인 또는 개인의 업무에 관하여 제56조부터 제58조까지의 어느 하나에 해당하는 위반행위를 하면 그 행위자를 벌하는 외에 그 법인 또는 개인에게도 해당 조문의 벌금형을 과(科)한다. 다만, 법인 또는 개인이 그 위반행위를 방지하기 위하여 해당 업무에 관하여 상당한 주의와 감독을 게을리하지 아니한 경우에는 그러하지 아니하다.(2009.6.9 본조개정)

제60조【과태료】 ① 다음 각 호의 어느 하나에 해당하는 자에게는 2천만원 이하의 과태료를 부과한다.
1. 제31조제3항을 위반하여 인증·변경인증을 받은 배기소음 결과 값을 표시하지 아니하거나 거짓으로 표시한 자(2022.12.30 본호신설)
2. 제34조의2제2항을 위반하여 타이어 소음도 측정 결과를 신고하지 아니하거나 거짓으로 신고한 자
3. 제34조의2제3항을 위반하여 타이어 소음도를 표시하지 아니하거나 거짓으로 표시한 자
(2018.10.16 본항신설)
② 다음 각 호의 어느 하나에 해당하는 자에게는 300만원 이하의 과태료를 부과한다.

1. 제19조제1항을 위반하여 환경기술인을 임명하지 아니한 자
2. 제19조제4항을 위반하여 환경기술인의 업무를 방해하거나 환경기술인의 요청을 정당한 사유 없이 거부한 자
3. 제44조의2제2항에 따른 기준에 적합하지 아니한 가전제품에 저소음표지를 붙인 자(2020.5.26 본호개정)
4. 제45조의3제2항에 따른 기준에 적합하지 아니한 휴대용음향기기를 제조·수입하여 판매한 자(2013.3.22 본호신설)
(2009.6.9 본항신설)
③ 다음 각 호의 어느 하나에 해당하는 자에게는 200만원 이하의 과태료를 부과한다.(2009.6.9 본문개정)
1. 제8조제2항에 따른 변경신고를 하지 아니하거나 거짓이나 그 밖의 부정한 방법으로 변경신고를 한 자 (2021.1.5 본호개정)
2. 제14조를 위반하여 공장에서 배출되는 소음·진동을 배출허용기준 이하로 처리하지 아니한 자
2의2. 제21조제2항에 따른 생활소음·진동 규제기준을 초과하여 소음·진동을 발생한 자
(2009.6.9 2호~2호의2개정)
2의3. 제22조제1항·제2항에 따른 신고 또는 변경신고를 하지 아니하거나 거짓이나 그 밖의 부정한 방법으로 신고 또는 변경신고를 한 자(2009.6.9 본호신설)
2의4. 제22조제5항제1호에 따른 방음시설을 설치하지 아니하거나 기준에 맞지 아니한 방음시설을 설치한 자 (2021.1.5 본호개정)
3. 제22조제5항제2호에 따른 저감대책을 수립·시행하지 아니한 자(2021.1.5 본호개정)
4. → 2호의2로 이동
5. 제24조제1항에 따른 이동소음원의 사용금지 또는 제한 조치를 위반한 자
6. 제35조를 위반한 자동차의 소유자
7. 제38조제3항에 따라 보고를 하지 아니한 자
8. 제46조를 위반하여 환경기술인 등의 교육을 받게 하지 아니한 자
9. 제47조제1항에 따라 보고를 하지 아니하거나 허위로 보고한 자 또는 자료를 제출하지 아니하거나 허위로 제출한 자
10. 제47조에 따른 관계 공무원의 출입·검사를 거부·방해 또는 기피한 자
④ 제1항부터 제3항까지의 규정에 따른 과태료는 대통령령으로 정하는 바에 따라 환경부장관, 시·도지사 또는 시장·군수·구청장이 부과·징수한다.(2018.10.16 본항개정)
⑤ (2009.6.9 삭제)

부 칙

제1조【시행일】 이 법은 공포한 날부터 시행한다. 다만, 부칙 제15조제20항의 개정규정은 2007년 7월 4일부터 시행하고, 제44조, 제56조제4호와 제57조제6호의 개정규정은 2008년 1월 1일부터 시행한다.
제2조【시행일에 관한 경과조치】 부칙 제1조 단서에 따라 제44조, 제56조제4호와 제57조제6호의 개정규정이 시행되기 전까지는 그에 해당하는 종전의 제49조의2, 제57조제6호와 제58조제7호를 적용한다.
제3조【유효기간】 제6조의 개정규정은 2007년 10월 4일까지 효력을 가진다.
제4조【배출시설 및 방지시설에 관한 경과조치】 ① 법률 제4259호 소음·진동규제법의 시행일인 1999년 2월 2일 당시 종전의 「환경보전법」 제15조제1항 또는 제2항에 따라 배출시설의 설치 또는 변경에 대한 허가를 받은 자는 제8조제1항 또는 제2항의 개정규정에 따라 허가를 받거나 신고를 한 것으로 본다.
② 법률 제4259호 소음·진동규제법의 시행일인 1999년 2월 2일 당시 종전의 「환경보전법」 제15조의2제1항 본문 또는 제15조의3제1항에 따라 설치된 방지시설 또는 공동방지시설은 제9조 본문 또는 제12조에 따라 설치된 것으로 보며, 종전의 「환경보전법」 제15조의2제1항 단서에 따라 방지시설의 설치를 하지 아니한 것은 제9조 단서에 따라 설치를 하지 아니한 것으로 본다.
③ 법률 제4259호 소음·진동규제법의 시행일인 1999년 2월 2일 당시 종전의 「환경보전법」 제16조에 따라 배출시설과 방지시설의 사용개시신고를 하거나 적합판정을 받은 자는 제13조에 따른 가동개시신고를 한 것으로 본다.
제5조【배출시설관리인 및 환경관리인의 명칭변경에 따른 경과조치】 법률 제4537호 소음·진동규제법중개정법률의 시행일인 1993년 6월 9일 당시 종전의 규정에 따른 배출시설관리인 및 법률 제7168호 소음·진동규제법중개정법률의 시행일인 2004년 8월 10일 당시 종전의 규정에 따른 환경관리인은 이 법에 따른 환경기술인으로 본다.
제6조【검사대행자의 지정에 관한 경과조치】 법률 제4654호 소음·진동규제법중개정법률의 시행일인 1994년 6월 28일 당시 종전의 규정에 따라 운행차의 확인업무를 하는 검사대행자로 지정 또는 변경지정을 받은 자는 제41조의 개정규정에 따라 시장·군수·구청장으로부터 동업무를 하는 검사대행자로 지정 또는 변경지정을 받은 자로 본다.
제7조【배출시설에 관한 경과조치】 법률 제5303호 소음·진동규제법중개정법률의 시행일인 1997년 9월 8일 전에 「기업활동 규제완화에 관한 특별조치법」 제53조에 따라 신고를 하거나 허가를 받은 배출시설은 제8조의 개정규정에 따라 신고를 하거나 허가를 받은 배출시설로 본다.
제8조【특정공사 신고에 관한 경과조치】 법률 제5303호 소음·진동규제법중개정법률의 시행일인 1997년 9월 8일 당시 종전의 규정에 따라 특정공사의 신고를 한 자는 제22조의 개정규정에 따른 특정공사의 신고를 한 것으로 본다.
제9조【검사대행자에 관한 경과조치】 법률 제5862호 소음·진동규제법중개정법률의 시행일인 1999년 8월 9일 당시 종전의 규정에 따라 지정된 검사대행자는 제41조의 개정규정에 따라 등록한 검사대행자로 본다.
제10조【특정공사의 방음시설 설치에 관한 적용례】 특정공사의 방음시설 설치에 관한 제22조제3항의 개정규정은 법률 제7293호 소음·진동규제법중개정법률의 시행일인 2006년 1월 1일 이후 같은 조 제1항의 개정규정에 따라 최초로 신고하는 특정공사부터 적용한다.
제11조【검사대행자에 대한 경과조치】 법률 제7293호 소음·진동규제법중개정법률의 시행일인 2006년 1월 1일 당시 종전의 규정에 따라 시·도지사에게 등록한 검사대행자는 제41조의 개정규정에 따라 시장·군수·구청장에게 등록한 확인검사대행자로 본다.
제12조【소음발생건설기계의 소음도검사에 관한 적용례】 소음발생건설기계의 소음도검사에 관한 제44조의 개정규정은 2008년 1월 1일 이후 최초로 제작 또는 수입하는 소음발생건설기계부터 적용한다.
제13조【처분 등에 관한 일반적 경과조치】 이 법 시행 당시 종전의 규정에 따른 행정기관의 행위나 행정기관에 대한 행위는 그에 해당하는 이 법에 따른 행정기관의 행위나 행정기관에 대한 행위로 본다.
제14조【벌칙이나 과태료에 관한 경과조치】 이 법 시행 전의 행위에 대하여 벌칙이나 과태료 규정을 적용할 때에는 종전의 규정에 따른다.
제15조【다른 법률의 개정】 ①~⑳ ※(해당 법령에 가제정리 하였음)
제16조【다른 법령과의 관계】 이 법 시행 당시 다른 법령에서 종전의 「소음·진동규제법」 또는 그 규정을 인용한 경우에 이 법 가운데 그에 해당하는 규정이 있으면 종전의 규정을 갈음하여 이 법 또는 이 법의 해당 규정을 인용한 것으로 본다.

부 칙 (2009.6.9)

제1조【시행일】 이 법은 2010년 7월 1일부터 시행한다. 다만, 제3조, 제6조, 제8조, 제9조, 제10조, 제15조, 제18조, 제19조, 제21조, 제22조제1항·제2항, 제25조, 제36조, 제38조, 제41조, 제43조, 제47조, 제58조제2호·제3호, 제60조제1항, 제60조제2항제1호(환경기술인의 신고에 대한 것만 해당한다), 제60조제3항부터 제5항까지 및 제59조의 개정규정은 공포한 날부터 시행하고, 제31조, 제31조의2, 제31조의3, 제51조제2호의2, 제53조제2항 및 제57조제5호의2의 개정규정은 공포 후 3개월이 경과한 날부터 시행한다.
제2조【교통소음 규제지역에 관한 경과조치】 이 법 시행 당시 교통소음·진동 규제지역으로 지정·고시된 지역은 제27조제1항의 개정규정에 따른 교통소음·진동 관리지역으로 지정·고시된 것으로 본다.
제3조【제작차 인증시험대행기관의 지정에 관한 경과조치】 부칙 제1조 단서에 따른 제31조의2의 개정규정 시행 당시 제작차 인증시험기관으로 지정받은 기관은 제31조의2의 개정규정에 따라 지정받은 인증시험대행기관으로 본다.
제4조【배출시설 설치신고 등의 수수료에 관한 경과조치】 제53조의 개정규정에 따른 배출시설 설치신고 등의 수수료에 관하여는 부칙 제1조 단서에 따른 제53조의 개정규정의 시행일까지 그에 관한 조례가 제정되지 아니하는 경우 해당 조례가 제정될 때까지는 종전의 예에 따른다.
제5조【벌칙 및 과태료에 관한 경과조치】 부칙 제1조 단서에 따른 제58조제2호·제3호, 제60조제1항 및 제2항제1호의 개정규정의 시행 전의 행위에 관하여 벌칙 및 과태료를 적용할 때에는 종전의 규정에 따른다.
제6조【다른 법률의 개정】 ①~㊳ ※(해당 법령에 가제정리 하였음)
제7조【다른 법령과의 관계】 이 법 시행 당시 다른 법령에서 종전의 「소음·진동규제법」 또는 그 규정을 인용한 경우에 이 법 가운데 그에 해당하는 규정이 있으면 종전의 규정을 갈음하여 이 법 또는 이 법의 해당 규정을 인용한 것으로 본다.

부 칙 (2013.3.22)

이 법은 공포 후 6개월이 경과한 날부터 시행한다. 다만, 제2조제11호, 제45조제1항(제45조의3에 관련된 부분만 해당한다), 제45조의3 및 제60조제1항제4호의 개정규정은 2014년 1월 1일부터 시행하고, 제45조제1항(제44조의2에 관련된 부분만 해당한다), 제44조의2 및 제60조제1항제3호의 개정규정은 2015년 1월 1일부터 시행한다.

부 칙 (2013.8.13)

제1조【시행일】 이 법은 공포 후 6개월이 경과한 날부터 시행한다. 다만, 제21조의2의 개정규정은 공포 후 9개월이 경과한 날부터 시행한다.
제2조【과징금 부과에 관한 적용례】 제31조의4의 개정규정은 이 법 시행 후 발생하는 제31조의3제2호부터 제4호까지의 규정에 따른 위반행위부터 적용한다.
제3조【금치산자 등에 대한 경과조치】 제42조제1호의 개정규정에 따른 피성년후견인 및 피한정후견인에는 법률 제10429호 민법 일부개정법률 부칙 제2조에 따라 금치산 또는 한정치산 선고의 효력이 유지되는 사람이 포함되는 것으로 본다.

부 칙 (2018.10.16)

제1조【시행일】 이 법은 2020년 1월 1일부터 시행한다.
제2조【타이어 소음허용기준 등에 관한 적용례】 제34조의2 및 제34조의3의 개정규정은 다음 각 호의 구분에 따른 자동차에 해당 호에서 정한 시기 이후 장착되는 자동차용 타이어부터 적용한다.
1. 「자동차관리법」 제3조제1항제1호에 따른 승용자동차
 가. 제작차에 장착되는 경우에는 2020년 1월 1일 이후 출고되는 승용자동차에 장착되는 자동차용 타이어. 다만, 2019년 12월 31일 이전에 출고된 승용자동차와 제원(諸元)이 동일한 제작차에 장착되는 경우에는 2024년 1월 1일 이후 출고되는 승용자동차에 장착되는 자동차용 타이어부터 적용한다.
 나. 운행차에 장착되는 경우에는 2026년 1월 1일 이후 해당 승용자동차에 장착되는 자동차용 타이어
2. 「자동차관리법」 제3조제1항제2호에 따른 승합자동차(이하 이 조에서 "승합차"라 한다) 및 같은 항 제3호에 따른 화물자동차(이하 이 조에서 "화물차"라 한다) 중 환경부령으로 정하는 승합차 및 화물차
 가. 제작차에 장착되는 경우에는 2022년 1월 1일 이후 출고되는 승합차 또는 화물차에 장착되는 자동차용 타이어. 다만, 2021년 12월 31일 이전에 출고된 승합차 또는 화물차와 제원이 동일한 제작차에 장착되는 경우에는 2026년 1월 1일 이후 출고되는 승합차 또는 화물차에 장착되는 자동차용 타이어부터 적용한다.
 나. 운행차에 장착되는 경우에는 2028년 1월 1일 이후 해당 승합차 또는 화물차에 장착되는 자동차용 타이어
3. 제2호 외의 승합차 및 화물차
 가. 제작차에 장착되는 경우에는 2027년 1월 1일 이후 출고되는 승합차 또는 화물차에 장착되는 자동차용 타이어. 다만, 2026년 12월 31일 이전에 출고된 승합차 또는 화물차와 제원이 동일한 제작차에 장착되는 경우에는 2028년 1월 1일 이후 출고되는 승합차 또는 화물차에 장착되는 자동차용 타이어부터 적용한다.
 나. 운행차에 장착되는 경우에는 2029년 1월 1일 이후 해당 승합차 또는 화물차에 장착되는 자동차용 타이어

부 칙 (2021.1.5)

제1조【시행일】 이 법은 공포 후 6개월이 경과한 날부터 시행한다. 다만, 제8조제4항, 제42조제3호, 제43조 및 제50조의 개정규정은 공포한 날부터 시행한다.
제2조【특정공사의 사전신고 등에 관한 적용례】 제22조제3항 및 제4항의 개정규정은 이 법 시행 이후 특정공사의 사전신고 또는 변경신고를 하는 경우부터 적용한다.

부 칙 (2022.12.30)

제1조【시행일】 이 법은 공포 후 6개월이 경과한 날부터 시행한다.
제2조【이륜자동차의 배기소음 결과 값 표시에 관한 적용례】 제31조제3항의 개정규정은 이 법 시행 이후 제작되는 이륜자동차부터 적용한다.
제3조【운행차 소음허용기준에 관한 적용례】 제35조제2항의 개정규정은 이 법 시행 이후 제작되는 이륜자동차부터 적용한다. 다만, 이 법 시행 전에 제작된 이륜자동차로서 다음 각 호의 어느 하나에 해당하는 경우에는 제35조제2항의 개정규정을 적용한다.
1. 이 법 시행 이후 최초로 판매되는 이륜자동차
2. 이 법 시행 이후 「자동차관리법」 제34조제1항에 따라 소음방지 장치의 튜닝을 하는 이륜자동차

부 칙 (2023.6.13)

이 법은 공포 후 1년이 경과한 날부터 시행한다.

부 칙 (2024.1.30)

제1조【시행일】 이 법은 공포한 날부터 시행한다.
제2조【이의신청에 관한 적용례】 이의신청에 관한 개정규정은 이 법 시행 이후 하는 처분부터 적용한다.
제3조~제4조 생략
제5조【「소음·진동관리법」의 개정에 관한 적용례】 다른 법률에 따른 허가 의제를 위한 행정청 간 협의기간 및 협의 간주에 관한 사항은 이 법 시행 이후 허가 의제에 관한 협의를 요청하는 경우부터 적용한다.(이하 생략)

(舊：수질 및 수생태계 보전에 관한 법률)

물환경보전법

(2005년 3월 31일
전부개정법률 제7459호)

개정
2006.10. 4법 8038호(환경분야시험·검사등에관한법)
2007. 1. 3법 8209호
2007. 1.19법 8260호(해양환경관리법)
2007. 4. 6법 8338호(하천법)
2007. 4.11법 8370호(수도법)
2007. 5.17법 8466호
2008. 2.29법 8852호(정부조직)
2008. 3.21법 8976호(도로법)
2009. 2. 6법 9433호(한국환경공단법)
2009. 5.21법 9697호
2009. 6. 9법 9770호(소음·진동관리법)
2010. 3.22법10152호
2010. 3.31법10219호(지방세기본법)
2010. 4.15법10272호(공유수면관리및매립에관한법)
2011. 4.14법10599호(국토이용)
2011. 4.28법10615호(환경기술및환경산업지원법)
2011. 4.28법10616호(환경범죄등의단속및가중처벌에관한법)
2011. 7.21법10893호(환경정책)
2011. 7.25법10911호(원자력안전법)
2011. 8. 4법11020호(산업입지및개발에관한법)
2012. 2. 1법11258호　　2013. 3.22법11670호
2013. 3.23법11690호(정부조직)
2013. 6. 4법11862호(화학물질관리법)
2013. 7.16법11915호(하수도법)
2013. 7.30법11979호
2014. 1.14법12248호(도로법)
2014. 3.24법12519호　　2015.12. 1법13530호
2016. 1.27법13879호
2016.12.27법14476호(지방세징수법)
2016.12.27법14490호　　2017. 1.17법14532호
2017.12.12법15194호　　2018.10.16법15832호
2019. 8.27법16568호(양식산업발전법)
2019.11.26법16605호
2020. 2.18법17007호(권한지방이양)
2020. 5.26법17326호(법률용어정비)
2020.12.31법17814호(정부조직)
2021. 1.12법17893호(지방자치)
2021. 4.13법18030호
2021. 9.24법18469호(기후위기대응을위한탄소중립·녹색성장기본법)
2024. 1.23법20116호→2025년 1월 24일 시행이므로「法典 別册」보유편 수록
2024. 1.30법20172호(행정법제혁신을위한일부개정법령등)
2024. 2. 6법20231호(화학물질관리법)→2025년 8월 7일 시행이므로「法典 別册」보유편 수록

제1장 총 칙
(2013.7.30 본장개정)

제1조【목적】 이 법은 수질오염으로 인한 국민건강 및 환경상의 위해(危害)를 예방하고 하천·호소(湖沼) 등 공공수역의 물환경을 적정하게 관리·보전함으로써 국민이 그 혜택을 널리 누릴 수 있도록 함과 동시에 미래의 세대에게 물려줄 수 있도록 함을 목적으로 한다.
(2021.4.13 본조개정)

제2조【정의】 이 법에서 사용하는 용어의 뜻은 다음과 같다.
1. "물환경"이란 사람의 생활과 생물의 생육에 관계되는 물의 질(이하 "수질"이라 한다) 및 공공수역의 모든 생물과 이들을 둘러싸고 있는 비생물적인 것을 포함한 수생태계(水生態系, 이하 "수생태계"라 한다)를 총칭하여 말한다.(2017.1.17 본호개정)
1의2. "점오염원"(點汚染源)이란 폐수배출시설, 하수발생시설, 축사 등으로서 관로·수로 등을 통하여 일정한 지점으로 수질오염물질을 배출하는 배출원을 말한다.
(2021.4.13 본호개정)
2. "비점오염원"(非點汚染源)이란 도시, 도로, 농지, 산지, 공사장 등으로서 불특정한 장소에서 불특정하게 수질오염물질을 배출하는 배출원을 말한다.
3. "기타수질오염원"이란 점오염원 및 비점오염원으로 관리되지 아니하는 수질오염물질을 배출하는 시설 또는 장소로서 환경부령으로 정하는 것을 말한다.
4. "폐수"란 물에 액체성 또는 고체성의 수질오염물질이 섞여 있어 그대로는 사용할 수 없는 물을 말한다.
4의2. "폐수관로"란 폐수를 사업장에서 제17호의 공공폐수처리시설로 유입시키기 위하여 제48조제1항에 따라 공공폐수처리시설을 설치·운영하는 자가 설치·관리하는 관로와 그 부속시설을 말한다.(2017.1.17 본호신설)
5. "강우유출수"(降雨流出水)란 비점오염원의 수질오염물질이 섞여 유출되는 빗물 또는 눈 녹은 물 등을 말한다.
6. "불투수면"(不透水面)이란 빗물 또는 눈 녹은 물 등이 지하로 스며들 수 없게 하는 아스팔트·콘크리트 등으로 포장된 도로, 주차장, 보도 등을 말한다.
(2018.10.16 본호개정)
7. "수질오염물질"이란 수질오염의 요인이 되는 물질로서 환경부령으로 정하는 것을 말한다.
8. "특정수질유해물질"이란 사람의 건강, 재산이나 동식물의 생육(生育)에 직접 또는 간접으로 위해를 줄 우려가 있는 수질오염물질로서 환경부령으로 정하는 것을 말한다.
9. "공공수역"이란 하천, 호소, 항만, 연안해역, 그 밖에 공공용으로 사용되는 수역과 이에 접속하여 공공용으로 사용되는 환경부령으로 정하는 수로를 말한다.
10. "폐수배출시설"이란 수질오염물질을 배출하는 시설물, 기계, 기구, 그 밖의 물체로서 환경부령으로 정하는 것을 말한다. 다만,「해양환경관리법」제2조제16호 및 제17호에 따른 선박 및 해양시설은 제외한다.
11. "폐수무방류배출시설"이란 폐수배출시설에서 발생하는 폐수를 해당 사업장에서 수질오염방지시설을 이용하여 처리하거나 동일 폐수배출시설에 재이용하는 등 공공수역으로 배출하지 아니하는 폐수배출시설을 말한다.
12. "수질오염방지시설"이란 점오염원, 비점오염원 및 기타수질오염원으로부터 배출되는 수질오염물질을 제거하거나 감소하게 하는 시설로서 환경부령으로 정하는 것을 말한다.
13. "비점오염저감시설"이란 수질오염방지시설 중 비점오염원으로부터 배출되는 수질오염물질을 제거하거나 감소하게 하는 시설로서 환경부령으로 정하는 것을 말한다.
14. "호소"란 다음 각 목의 어느 하나에 해당하는 지역으로서 만수위(滿水位)〔댐의 경우에는 계획홍수위(計劃洪水位)를 말한다〕구역 안의 물과 토지를 말한다.
가. 댐·보(洑) 또는 둑(「사방사업법」에 따른 사방시설은 제외한다) 등을 쌓아 하천 또는 계곡에 흐르는 물을 가두어 놓은 곳
나. 하천에 흐르는 물이 자연적으로 가두어진 곳
다. 화산활동 등으로 인하여 함몰된 지역에 물이 가두어진 곳
15. "수면관리자"란 다른 법령에 따라 호소를 관리하는 자를 말한다. 이 경우 동일한 호소를 관리하는 자가 둘 이상인 경우에는「하천법」에 따른 하천관리청 외의 자가 수면관리자가 된다.
15의2. "수생태계 건강성"이란 수생태계를 구성하고 있는 요소 중 환경부령으로 정하는 물리적·화학적·생물적 요소들이 훼손되지 아니하고 각각 온전한 기능을 발휘할 수 있는 상태를 말한다.(2017.1.17 본호신설)
16. "상수원호소"란「수도법」제7조에 따라 지정된 상수원보호구역(이하 "상수원보호구역"이라 한다) 및「환경정책기본법」제38조에 따라 지정된 수질보전을 위한 특별대책지역(이하 "특별대책지역"이라 한다) 밖에 있는 호소 중 호소의 내부 또는 외부에「수도법」제3조제17호에 따른 취수시설(이하 "취수시설"이라 한다)을 설치하여 그 호소의 물을 먹는 물로 사용하는 호소로서 환경부장관이 정하여 고시한 것을 말한다.
17. "공공폐수처리시설"이란 공공폐수처리구역의 폐수를 처리하여 공공수역에 배출하기 위한 처리시설과 이를 보완하는 시설을 말한다.
18. "공공폐수처리구역"이란 폐수를 공공폐수처리시설에 유입하여 처리할 수 있는 지역으로서 제49조제3항에 따라 환경부장관이 지정한 구역을 말한다.
19. "물놀이형 수경(水景)시설"이란 수돗물, 지하수 등을 인위적으로 저장 및 순환하여 이용하는 분수, 연못, 폭포, 실개천 등의 인공시설물 중 일반인에게 개방되어 이용자의 신체와 직접 접촉하여 물놀이를 하도록 설치하는 시설을 말한다. 다만, 다음 각 목의 시설은 제외한다.
가.「관광진흥법」제5조제2항 또는 제4항에 따라 유원시설업의 허가를 받거나 신고를 한 자가 설치한 물놀이형 유기시설(遊技施設) 또는 유기기구(遊技機具)
나.「체육시설의 설치·이용에 관한 법률」제3조에 따른 체육시설 중 수영장
다. 환경부령으로 정하는 바에 따라 물놀이 시설이 아니라는 것을 알리는 표지판과 울타리를 설치하거나 물놀이를 할 수 없도록 관리인을 두는 경우
(2016.1.27 17호~19호신설)

제3조【책무】 ① 국가와 지방자치단체는 물환경의 오염이나 훼손을 사전에 억제하고 오염되거나 훼손된 물환경을 적정하게 보전할 수 있는 시책을 마련하여 하천·호소 등 공공수역의 물환경을 적정하게 관리·보전함으로써 모든 국민이 건강하고 쾌적한 환경에서 생활할 수 있도록 하여야 한다.
② 모든 국민은 일상생활이나 사업활동에서 수질오염물질의 발생을 줄이고, 국가 또는 지방자치단체가 추진하는 물환경 보전을 위한 시책에 적극 참여하고 협력하여야 한다.
(2017.1.17 본조개정)

제4조【수질오염물질의 총량관리】 ① 환경부장관은 다음 각 호의 어느 하나에 해당하는 지역에 대해서는 제22조제2항에 따른 수계영향권별(水系影響圈別)로 배출되는 수질오염물질을 총량으로 관리할 수 있다. 다만,「금강수계 물관리 및 주민지원 등에 관한 법률」,「낙동강수계 물관리 및 주민지원 등에 관한 법률」,「영산강·섬진강수계 물관리 및 주민지원 등에 관한 법률」및「한강수계 상수원수질개선 및 주민지원 등에 관한 법률」(이하 "4대강수계법"이라 한다)을 적용받는 지역의 경우에는 4대강수계법의 해당 규정에서 정하는 바에 따르고,「해양환경관리법」에 따라 오염총량 규제가 실시되는 지역의 경우에는「해양환경관리법」의 해당 규정에서 정하는 바에 따른다.
1. 제10조의2제2항 및 제3항에 따라 물환경의 목표기준 달성 여부를 평가한 결과 그 기준을 달성·유지하지 못한다고 인정되는 수계의 유역에 속하는 지역
(2017.1.17 본호개정)
2. 수질오염으로 주민의 건강·재산이나 수생태계에 중대한 위해를 가져올 우려가 있다고 인정되는 수계의 유역에 속하는 지역
② 환경부장관은 제1항에 따라 수질오염물질을 총량으로 관리할 지역을 대통령령으로 정하는 바에 따라 지정하여 고시한다.

제4조의2【오염총량목표수질의 고시·공고 및 오염총량관리기본방침의 수립】 ① 환경부장관은 제4조제2항에 따라 지정·고시된 지역(이하 "오염총량관리지역"이라 한다)의 수계 이용 상황 및 수질상태 등을 고려하여 대통령령으로 정하는 바에 따라 수계구간별로 오염총량관리의 목표가 되는 수질(이하 "오염총량목표수질"이라 한다)을 정하여 고시하여야 한다. 다만, 환경부장관이 정하여 고시하는 특별시·광역시·특별자치시·도·특별자치도(이하 "시·도"라 한다) 경계지점의 오염총량목표수질을 달성하기 위하여 관할 특별시장·광역시장·특별자치시장·도지사·특별자치도지사(이하 "시·도지사"라 한다)가 대통령령으로 정하는 바에 따라 환경부장관의 승인을 받아 그 시·도 관할구역의 수계구간별 오염총량목표수질을 공고하는 지역의 경우에는 그러하지 아니하다.
② 환경부장관은 오염총량목표수질을 달성·유지하기 위하여 관계 시·도지사 및 관계 기관과의 협의를 거쳐 대통령령으로 정하는 사항을 포함하는 오염총량관리에 관한 기본방침(이하 "오염총량관리기본방침"이라 한다)을 수립하여 관계 시·도지사에게 통보하여야 한다.

제4조의3【오염총량관리기본계획의 수립 등】 ① 오염총량관리지역을 관할하는 시·도지사는 오염총량관리기본방침에 따라 다음 각 호의 사항을 포함하는 기본계획(이하 "오염총량관리기본계획"이라 한다)을 수립하여 환경부령으로 정하는 바에 따라 환경부장관의 승인을 받아야 한다. 오염총량관리기본계획 중 대통령령으로 정하는 중요한 사항을 변경하는 경우에도 또한 같다.
1. 해당 지역 개발계획의 내용
2. 지방자치단체별·수계구간별 오염부하량(汚染負荷量)의 할당
3. 관할 지역에서 배출되는 오염부하량의 총량 및 저감계획
4. 해당 지역 개발계획으로 인하여 추가로 배출되는 오염부하량 및 그 저감계획
② 오염총량관리기본계획의 승인기준은 환경부령으로 정한다.

제4조의4【오염총량관리시행계획의 수립·시행 등】 ① 오염총량관리지역 중 오염총량목표수질이 환경부령으로 정하는 바에 따라 달성·유지되지 아니하는 지역을 관할하는 특별시장·광역시장·특별자치시장·특별자치도지사·시장·군수(광역시의 군수는 제외한다. 이하 이 조에서 같다)는 오염총량관리기본계획에 따라 시행계획(이하 "오염총량관리시행계획"이라 한다)을 수립하여 대통령령으로 정하는 바에 따라 환경부장관 또는 시·도지사의 승인을 받은 후 이를 시행하여야 한다. 오염총량관리시행계획 중 대통령령으로 정하는 중요한 사항을 변경하는 경우에도 또한 같다.
② 제1항에 따라 오염총량관리시행계획을 시행하는 특별시장·광역시장·특별자치시장·특별자치도지사·시장·군수(이하 "오염총량관리시행 지방자치단체장"이라 한다)는 환경부령으로 정하는 바에 따라 오염총량관리시행계획에 대한 전년도의 이행사항을 평가하는 보고서를 작성하여 지방환경관서의 장에게 제출하여야 한다. 이 경우 시장·군수는 관할 도지사를 거쳐 제출하여야 한다.
③ 지방환경관서의 장은 제2항에 따라 받은 보고서를 검토한 후 오염총량관리시행계획의 원활한 이행을 위하여 필요하다고 인정되는 경우에는 오염총량관리시행 지방자치단체장에게 필요한 조치나 대책을 수립·시행하도록 요구할 수 있다. 이 경우 그 오염총량관리시행 지방자치단체장은 특별한 사유가 없으면 이에 따라야 한다.

제4조의5【시설별 오염부하량의 할당 등】 ① 환경부장관은 오염총량목표수질을 달성·유지하기 위하여 필요하다고 인정되는 경우에는 다음 각 호의 어느 하나의 기준을 적용받는 시설 중 대통령령으로 정하는 시설에 대하여 환경부령으로 정하는 바에 따라 최종방류구별·단위기간별로 오염부하량을 할당하거나 배출량을 지정할 수 있다. 이 경우 환경부장관은 관할 오염총량관리시행 지방자치단체장과 미리 협의하여야 한다.
1. 제12조제3항에 따른 방류수 수질기준
2. 제32조에 따른 배출허용기준
3.「하수도법」제7조에 따른 방류수수질기준
4.「가축분뇨의 관리 및 이용에 관한 법률」제13조에 따른 방류수수질기준
② 오염총량관리시행 지방자치단체장은 오염총량목표수질을 달성·유지하기 위하여 필요하다고 인정되는 경우에는 제1항 각 호의 어느 하나의 기준을 적용받는 시설로

서 제1항에 따른 대통령령으로 정하는 시설을 제외한 시설 중 환경부령으로 정하는 시설에 대하여 환경부령으로 정하는 바에 따라 최종방류구별·단위기간별로 오염부하량을 할당하거나 배출량을 지정할 수 있다.
③ 환경부장관 또는 오염총량관리시행 지방자치단체장은 제1항 또는 제2항에 따라 오염부하량을 할당하거나 배출량을 지정하는 경우에는 미리 이해관계자의 의견을 들어야 하고, 이해관계자가 그 내용을 알 수 있도록 필요한 조치를 하여야 한다.
④ 제1항 또는 제2항에 따라 오염부하량을 할당받거나 배출량을 지정받은 시설을 설치·운영하는 자(이하 "오염할당사업자등"이라 한다)는 대통령령으로 정하는 바에 따라 오염부하량 및 배출량을 측정할 수 있는 기기를 부착·가동하고 그 측정 결과를 사실대로 기록하여 보존하여야 한다. 다만, 제38조의3에 따른 측정기기부착사업자등의 경우에는 그러하지 아니하다.

제4조의6【초과배출자에 대한 조치명령 등】 ① 환경부장관 또는 오염총량관리시행 지방자치단체장은 제4조의5제1항 또는 제2항에 따라 할당된 오염부하량 또는 지정된 배출량(이하 "할당오염부하량등"이라 한다)을 초과하여 배출하는 자에게 수질오염방지시설의 개선 등 필요한 조치를 명할 수 있다.
② 제1항에 따라 조치명령을 받은 자는 환경부령으로 정하는 바에 따라 개선계획서를 환경부장관 또는 오염총량관리시행 지방자치단체장에게 제출한 후 제1항에 따른 조치명령을 이행하여야 한다.
③ 제2항에 따른 조치명령 이행의 보고 및 확인에 관하여는 제45조를 준용한다. 이 경우 "제38조의4제2항, 제39조, 제40조, 제42조 또는 제44조에 따른 개선명령·조업정지명령·사용중지명령 또는 폐쇄명령"은 "제4조의6제1항에 따른 조치명령"으로, "환경부장관"은 "환경부장관 또는 오염총량관리시행 지방자치단체장"으로 본다.
④ 환경부장관 또는 오염총량관리시행 지방자치단체장은 제1항에 따른 조치명령을 받은 자가 그 명령을 이행하지 아니하거나 이행기간 내에 이행을 하였으나 검사 결과 할당오염부하량등을 계속 초과하는 경우에는 그 시설의 전부 또는 일부에 대하여 6개월 이내의 기간을 정하여 조업정지를 명하거나 시설의 폐쇄를 명할 수 있다. 다만, 수질오염방지시설을 개선하는 등의 조치를 하더라도 할당오염부하량등 이하로 내려갈 가능성이 없다고 인정되는 경우로서 환경부령으로 정하는 경우에는 시설의 폐쇄를 명하여야 한다.
⑤ 제4항에 따른 조업정지를 갈음하는 과징금 처분에 관하여는 제43조를 준용한다. 이 경우 "환경부장관"은 "환경부장관 또는 오염총량관리시행 지방자치단체장"으로, "사업자"는 "오염할당사업자등"으로, "제42조"는 "제4조의6제4항"으로, "국세 체납처분의 예"는 "국세 체납처분의 예 또는 「지방행정제재·부과금의 징수 등에 관한 법률」"로 본다.(2021.4.13 후단개정)

제4조의7【오염총량초과과징금】 ① 환경부장관 또는 오염총량관리시행 지방자치단체장은 할당오염부하량등을 초과하여 배출한 자로부터 과징금(이하 "오염총량초과과징금"이라 한다)을 부과·징수한다.
② 오염총량초과과징금은 초과배출이익(오염물질을 초과 배출하여 지출하지 아니하게 된 오염물질의 처리비용을 말한다)에 초과율별 부과계수, 지역별 부과계수 및 위반횟수별 부과계수를 각각 곱하여 산정한다.
③ 제2항에 따른 부과계수와 오염총량초과과징금의 산정 등에 필요한 사항은 대통령령으로 정한다.(2017.1.17 본항신설)
④ 제1항에 따라 오염총량초과과징금을 부과하는 경우 제41조에 따른 배출부과금 또는 「환경범죄 등의 단속 및 가중처벌에 관한 법률」 제12조에 따른 과징금(수질 부분에 부과된 과징금만 해당한다)이 부과된 경우에는 그에 해당하는 금액을 감액한다.
⑤ 오염총량초과과징금의 납부·징수 등에 관하여는 제41조제4항부터 제8항까지의 규정을 준용한다. 이 경우 "환경부장관"은 "환경부장관 또는 오염총량관리시행 지방자치단체장"으로, "배출부과금"은 "오염총량초과과징금"으로 본다.
(2017.1.17 본조개정)

제4조의8【오염총량관리지역 지방자치단체에 대한 지원 및 불이행에 대한 제재 등】 ① 국가는 오염총량관리시행계획을 수립·시행하는 지방자치단체에 오염총량관리에 필요한 비용의 일부를 지원할 수 있다.
② 관계 행정기관의 장은 제4조의3제1항제2호에 따라 지방자치단체별·수계구간별로 할당된 오염부하량을 초과하거나 특별한 사유 없이 오염총량관리기본계획 또는 오염총량관리시행계획을 수립·시행하지 아니하는 지방자치단체의 관할구역에서는 다음 각 호의 사항에 대해서는 승인·허가 등을 하여서는 아니 된다.
1. 「도시개발법」 제2조제1항제2호에 따른 도시개발사업의 시행
2. 「산업입지 및 개발에 관한 법률」 제2조제8호에 따른 산업단지의 개발
3. 「관광진흥법」 제2조제6호 및 제7호에 따른 관광지 및 관광단지의 개발
4. 대통령령으로 정하는 규모 이상의 건축물 등 시설물의 설치
③ 환경부장관 또는 관계 중앙행정기관의 장은 관계 행정기관의 장이 제2항을 위반하거나 오염총량관리시행 지방자치단체장이 제4조의4제3항에 따른 요구를 특별한 사유 없이 이행하지 아니하는 경우에는 재정적 지원의 중단이나 삭감, 그 밖에 필요한 조치를 할 수 있다.

제4조의9【오염총량관리를 위한 기관 간 협조 및 조사·연구반의 운영 등】 ① 환경부장관은 오염총량관리의 시행에 필요한 자료를 효율적으로 활용하기 위한 정보체계를 구축하기 위하여 관계 중앙행정기관, 지방자치단체, 「공공기관의 운영에 관한 법률」 제4조에 따른 공공기관 등 관계 기관의 장에게 필요한 자료를 제출하도록 요청할 수 있다. 이 경우 관계 기관의 장은 특별한 사유가 없으면 이에 따라야 한다.
② 환경부장관은 오염총량관리 대상 오염물질 및 수계구간별 오염총량목표수질의 조정, 오염총량관리의 시행 등에 관한 검토·조사 및 연구를 위하여 환경부령으로 정하는 바에 따라 관계 전문가 등으로 조사·연구반을 구성·운영할 수 있다.

제5조【물환경종합정보망의 구축·운영 등】 ① 환경부장관은 제9조에 따른 수질의 상시측정(常時測定) 결과, 제9조의3에 따른 수생태계 현황 조사 및 수생태계 건강성 평가 결과, 제23조에 따른 오염원 조사 결과, 폐수배출시설에서 발생하는 폐수의 오염도 및 배출량, 그 밖에 환경부령으로 정하는 정보에 국민이 쉽게 접근할 수 있도록 국가 물환경종합정보망을 구축·운영하여야 한다.
(2017.1.17 본항개정)
② 환경부장관은 관계 행정기관 및 「공공기관의 운영에 관한 법률」 제4조에 따른 공공기관 등에 대하여 제1항에 따른 전산망의 구축·운영에 필요한 자료의 제공을 요청할 수 있다. 이 경우 요청을 받은 기관의 장은 특별한 사유가 없으면 그 요청에 따라야 한다.
③ 시·도지사는 관할구역의 물환경 정보에 대하여 지역물환경종합정보망을 구축·운영할 수 있다. 이 경우 시·도지사는 환경부장관과 협의하여 지역 물환경종합정보망을 국가 물환경종합정보망과 연계할 수 있다.
(2017.1.17 본항신설)
(2017.1.17 본조제목개정)

제6조【민간의 물환경 보전활동에 대한 지원】 ① 국가와 지방자치단체는 지역주민이나 민간단체의 자발적인 물환경 보전활동이나 그 오염 또는 훼손 감시활동을 지원할 수 있다.(2017.1.17 본항개정)
② 지방자치단체는 제1항에 따른 민간단체의 설립 또는 운영에 필요한 비용의 전부 또는 일부를 지원할 수 있다. 이 경우 지원 기준 및 대상 등 지원에 필요한 사항은 조례로 정한다.(2016.1.27 본항신설)
(2017.1.17 본조제목개정)

제6조의2【물환경 연구·조사 활동에 대한 지원】 국가 또는 지방자치단체는 기업, 대학, 민간단체, 정부출연연구기관 및 국공립연구기관 등에서 실시하는 물환경에 대한 연구·조사 활동을 지원할 수 있다.(2017.1.17 본조개정)

제7조【친환경상품에 대한 지원】 정부는 물을 절약하거나 세제 등의 합성화합물 사용을 줄이거나 그 밖에 수질오염물질의 발생을 줄여 하천·호소 등의 수질오염을 예방할 수 있는 제품의 생산자·판매자 또는 소비자에게 보조금 등을 지원하거나 기술개발 및 관련 산업을 진흥하기 위한 시책을 마련할 수 있다.(2020.5.26 본조개정)

제8조【다른 법률과의 관계】 ① 물환경 보전에 관하여 다른 법률로 정한 경우를 제외하고는 이 법에서 정하는 바에 따른다.
② 물환경 보전에 관하여 다른 법률을 제정하거나 개정하는 경우에는 이 법에 부합되도록 하여야 한다.
(2017.1.17 본조신설)

제2장 공공수역의 물환경 보전

(2017.1.17 본장제목개정)

제1절 총 칙

제9조【수질의 상시측정 등】 ① 환경부장관은 하천·호소, 그 밖에 환경부령으로 정하는 공공수역(이하 "하천·호소등"이라 한다)의 전국적인 수질 현황을 파악하기 위하여 측정망(測定網)을 설치하여 수질오염도(水質汚染度)를 상시측정하여야 하며, 수질오염물질의 지정 및 수질의 관리 등을 위한 조사를 전국적으로 하여야 한다.
(2016.12.27 본항개정)
② (2017.1.17 삭제)
③ 시·도지사, 「지방자치법」 제198조에 따른 인구 50만 이상 대도시(이하 "대도시"라 한다)의 장 또는 수면관리자는 관할구역의 수질 현황을 파악하기 위하여 측정망을 설치하여 수질오염도를 상시측정하거나, 수질의 관리를 위한 조사를 할 수 있다. 이 경우 그 상시측정 또는 조사 결과를 환경부장관에게 보고하여야 한다.(2021.1.12 전단개정)
④ 제1항 및 제3항에 따른 상시측정, 조사 및 보고에 필요한 사항은 환경부령으로 정한다.(2017.1.17 본항개정)
(2016.12.27 본조제목개정)

제9조의2【측정망 설치계획의 결정·고시 등】 ① 환경부장관은 제9조제1항에 따라 측정망을 설치하려는 경우에는 측정망 설치계획을 결정하여 고시하여야 한다. 이를 변경하려는 경우에도 같다.
② 시·도지사, 대도시의 장은 제9조제3항 전단에 따라 측정망을 설치하려는 경우에는 측정망 설치계획을 수립하여 환경부장관의 승인을 받아야 한다. 이를 변경하려는 경우에도 같다.
③ 시·도지사 또는 대도시의 장은 제2항에 따라 측정망 설치계획을 승인 또는 변경승인 받은 경우에는 측정망 설치계획을 결정하여 고시하여야 한다.
④ 수면관리자는 제9조제3항 전단에 따라 측정망을 설치하려는 경우에는 측정망 설치계획을 수립하여 환경부장관의 승인을 받아야 한다. 이를 변경하려는 경우에도 같다.
⑤ 환경부장관은 제4항에 따라 수면관리자가 수립한 측정망 설치계획을 승인하거나 변경승인하는 경우에는 그 측정망 설치계획을 고시하여야 한다.
⑥ 환경부장관, 시·도지사 또는 대도시의 장이 제1항 또는 제3항에 따라 측정망 설치계획을 결정·고시한 경우에는 다음 각 호의 허가를 받은 것으로 본다.
1. 「하천법」 제30조에 따른 하천공사 등의 허가, 같은 법 제33조에 따른 하천의 점용허가 및 같은 법 제50조에 따른 하천수의 사용허가
2. 「도로법」 제61조에 따른 도로의 점용 허가
3. 「공유수면 관리 및 매립에 관한 법률」 제8조에 따른 공유수면의 점용·사용허가
⑦ 환경부장관, 시·도지사 또는 대도시의 장은 측정망 설치계획에 제6항 각 호의 어느 하나에 해당하는 허가사항이 포함되어 있는 경우에는 측정망 설치계획을 결정하기 전에 해당 관계 기관의 장과 미리 협의하여야 한다.
⑧ 제1항·제2항 및 제4항에 따른 측정망 설치계획에 포함되어야 하는 내용과 측정망 설치계획의 고시에 필요한 사항은 환경부령으로 정한다.
(2017.1.17 본조신설)

제9조의3【수생태계 현황 조사 및 건강성 평가】 ① 환경부장관은 수생태계 보전을 위한 계획 수립, 개발사업으로 인한 수생태계의 변화 예측 등을 위하여 수생태계의 현황을 전국적으로 조사하여야 한다.
② 시·도지사 또는 대도시의 장은 수생태계 실태 파악 등을 위하여 필요한 경우 관할구역의 수생태계 현황을 조사할 수 있다. 이 경우 시·도지사 또는 대도시의 장은 조사 결과를 환경부장관에게 보고하여야 한다.
③ 환경부장관은 제1항 및 제2항에 따른 조사 결과를 바탕으로 수생태계 건강성을 평가하고, 그 결과를 공개하여야 한다.
④ 제1항 및 제2항에 따른 수생태계 현황 조사·보고와 제3항에 따른 수생태계 건강성 평가·공개에 관하여 필요한 사항은 환경부령으로 정한다.
(2016.12.27 본조신설)

제9조의4【수생태계 현황 조사계획의 수립·고시】 ① 환경부장관은 제9조의3제1항에 따라 수생태계의 현황을 조사하려는 경우에는 수생태계 현황 조사계획을 수립하여 고시하여야 한다. 이를 변경하려는 경우에도 같다.
② 시·도지사 또는 대도시의 장은 제9조의3제2항에 따라 수생태계의 현황을 조사하려는 경우에는 수생태계 현황 조사계획을 수립하여 환경부장관의 승인을 받아야 한다. 이를 변경하려는 경우에도 같다.
③ 환경부장관은 제2항에 따라 수생태계 현황 조사계획을 승인 또는 변경승인하는 경우에는 이를 고시하여야 한다.
④ (2020.12.31 삭제)
⑤ 제1항 및 제2항에 따른 수생태계 현황 조사계획에 포함되어야 하는 내용과 제1항 및 제3항에 따른 수생태계 현황 조사계획의 고시에 필요한 사항은 환경부령으로 정한다.
(2017.1.17 본조신설)

제10조【타인의 토지에의 출입 등】 ① 환경부장관, 시·도지사, 대도시의 장 또는 수면관리자는 제9조에 따른 수질의 상시측정 등 또는 제9조의3에 따른 수생태계 현황 조사를 위하여 필요한 경우에는 소속 공무원 또는 조사자로 하여금 타인의 토지에 출입하게 할 수 있으며, 특히 필요한 경우에는 그 토지의 나무, 흙, 돌 또는 그 밖의 장애물을 변경하거나 제거하게 할 수 있다. 이 경우 토지의 소유자 또는 점유자는 정당한 사유 없이 이를 방해하거나 거부할 수 없다.
② 제1항에 따라 타인의 토지에 출입하는 경우에는 출입하려는 날의 3일 전까지 해당 토지의 소유자 또는 점유자에게 통지하여야 하며, 장애물을 변경·제거하려는 경우에는 토지 소유자 또는 점유자의 동의를 받아야 한다.
③ 토지의 소유자 또는 점유자의 부재나 주소불명 등으로 제2항에 따른 통지를 하거나 동의를 받을 수 없는 경우에는 관할 특별자치시장·특별자치도지사·시장·군수·구청장(자치구의 구청장을 말한다. 이하 같다)에게 그 사실을 통지하여야 한다. 다만, 행정청이 아닌 수면관리자는 관할 특별자치시장·특별자치도지사·시장·군수·구청장의 허가를 받아야 한다.
④ 해뜨기 전 또는 해진 후에는 해당 토지의 소유자 또는 점유자의 승낙 없이 택지 또는 담으로 둘러싸인 타인의 토지에 출입할 수 없다.
⑤ 제1항에 따라 타인의 토지에 출입하려는 사람은 환경

부령으로 정하는 바에 따라 그 권한을 표시하는 증표를 지니고 이를 관계인에게 내보여야 한다.
(2017.1.17 본조개정)

제10조의2【물환경목표기준 결정 및 평가】 ① 환경부장관은 하천·호소등의 이용목적, 물환경 현황 및 수생태계 건강성, 오염원의 현황 및 전망 등을 고려하여 제22조에 따른 수계영향권별 및 제28조제1항에 따른 조사·측정 대상이 되는 호소별 물환경 목표기준(이하 "물환경목표기준"이라 한다)을 결정하여 고시하여야 한다.
(2017.1.17 본항개정)
② 환경부장관은 다음 각 호에 해당하는 사항을 평가하여 그 결과를 공개하여야 한다.
1. 물환경목표기준의 달성 여부(2017.1.17 본호개정)
2. 하천·호소등의 수질오염으로 사람이나 생태계에 피해가 우려되는 경우에 그 위해성에 대한 평가
③ 제1항 및 제2항에 따른 물환경목표기준의 결정·고시, 물환경목표기준 달성 여부의 평가 및 평가 결과의 공개 등에 필요한 방법과 절차 등은 환경부령으로 정한다.
(2017.1.17 본항개정)
(2017.1.17 본조제목개정)
(2013.7.30 본조개정)

제10조의3 (2016.1.27 삭제)

제11조 (2017.1.17 삭제)

제12조【공공시설의 설치·관리 등】 ① 환경부장관은 공공수역의 수질오염을 방지하기 위하여 특히 필요하다고 인정할 때에는 시·도지사, 시장·군수·구청장으로 하여금 관할구역의 하수관로, 공공폐수처리시설, 「하수도법」 제2조제9호에 따른 공공하수처리시설(이하 "공공하수처리시설"이라 한다) 또는 「폐기물관리법」 제2조제8호의 폐기물처리시설(이하 "폐기물처리시설"이라 한다) 등의 설치·정비 등을 하게 할 수 있다.(2017.1.17 본항개정)
② 환경부장관은 공공폐수처리시설에서 배출되는 물의 수질이 제3항의 방류수 수질기준을 초과하는 경우에는 해당 시설을 설치·운영하는 자에게 그 시설의 개선 등 필요한 조치를 하게 할 수 있다.
③ 공공폐수처리시설에서 배출되는 물의 수질기준(이하 "방류수 수질기준"이라 한다)은 관계 중앙행정기관의 장과의 협의를 거쳐 환경부령으로 정하고, 공공하수처리시설 또는 폐기물처리시설에서 배출되는 물의 수질기준은 「하수도법」 또는 「폐기물관리법」에 따른다.
(2016.1.27 본조개정)

제13조【국토계획에의 반영】 시·도지사, 시장 또는 군수는 「국토기본법」에 따라 도종합계획 또는 시·군종합계획을 작성할 때에는 대통령령으로 정하는 바에 따라 공공수역의 수질오염을 방지하기 위하여 제22조제1항에 따른 관리대책 및 「하수도법」 제2조제10호의 분뇨처리시설(이하 "분뇨처리시설"이라 한다) 등의 설치계획을 해당 종합계획에 반영하여야 한다.
(2013.7.30 본조개정)

제14조【도시·군기본계획에의 반영】 특별시장·광역시장·특별자치시장·특별자치도지사·시장 또는 군수는 「국토의 계획 및 이용에 관한 법률」 제18조에 따라 도시·군기본계획을 수립할 때에는 제13조에 따른 도종합계획, 「지역 개발 및 지원에 관한 법률」 제7조에 따른 지역개발계획에 포함된 공공하수처리시설·분뇨처리시설 등의 설치계획을 종합하여 해당 도시·군기본계획에 반영하여야 한다.(2019.11.26 본조개정)

제15조【배출 등의 금지】 ① 누구든지 정당한 사유 없이 다음 각 호의 어느 하나에 해당하는 행위를 하여서는 아니 된다.
1. 공공수역에 특정수질유해물질, 「폐기물관리법」에 따른 지정폐기물, 「석유 및 석유대체연료 사업법」에 따른 석유제품·가짜석유제품·석유대체연료 및 원유(석유가스는 제외한다. 이하 "유류"라 한다), 「화학물질관리법」에 따른 유독물질(이하 "유독물"이라 한다), 「농약관리법」에 따른 농약(이하 "농약"이라 한다)을 누출·유출하거나 버리는 행위(2013.6.4 본호개정)
2. 공공수역에 분뇨, 가축분뇨, 동물의 사체, 폐기물(「폐기물관리법」에 따른 지정폐기물은 제외한다) 또는 오니(汚泥)를 버리는 행위
3. 하천·호소에서 자동차를 세차하는 행위
4. 공공수역에 환경부령으로 정하는 기준 이상의 토사(土砂)를 유출하거나 버리는 행위(2014.3.24 본호개정)
② 제1항제1호·제2호 또는 제4호의 행위로 인하여 공공수역이 오염되거나 오염될 우려가 있는 경우에는 그 행위자, 행위자가 소속된 법인 및 그 행위자의 사업주(이하 "행위자등"이라 한다)는 해당 물질을 제거하는 등 환경부령으로 정하는 바에 따라 오염을 방지·제거하기 위한 조치(이하 "방제조치"라 한다)를 하여야 한다.
③ 시·도지사는 제2항에 따라 행위자등이 방제조치를 하지 아니하는 경우에는 그 행위자등에게 방제조치의 이행을 명할 수 있다.
④ 시·도지사는 다음 각 호의 어느 하나의 경우에는 해당 방제조치의 대집행(代執行)을 하거나 시장·군수·구청장으로 하여금 대집행을 하도록 할 수 있다.
1. 방제조치만으로는 수질오염의 방지 또는 제거가 곤란하다고 인정되는 경우
2. 제3항에 따른 방제조치 명령을 받은 자가 그 명령을 이행하지 아니하는 경우
3. 제3항에 따른 방제조치 명령을 받은 자가 이행한 방제조치만으로는 수질오염의 방지 또는 제거가 곤란하다고 인정되는 경우
4. 긴급한 방제조치가 필요한 경우로서 행위자등이 신속히 방제조치를 할 수 없는 경우
⑤ 시장·군수·구청장은 제4항에 따른 대집행을 하는 경우에는 「한국환경공단법」에 따른 한국환경공단(이하 "한국환경공단"이라 한다)에 지원을 요청할 수 있다.
⑥ 한국환경공단이 제5항의 요청에 따른 지원을 하려는 경우에는 그 지원 내용을 미리 시장·군수·구청장과 협의하여야 한다.
⑦ 시장·군수·구청장은 한국환경공단이 제5항의 요청에 따른 지원을 마쳤을 때에는 환경부령으로 정하는 바에 따라 그 지원에 든 비용을 지급하여야 한다.
⑧ 제4항에 따른 대집행에 관하여는 「행정대집행법」에서 정하는 바에 따른다. 이 경우 제3항에 따른 시·도지사의 명령은 시장·군수·구청장의 명령(시·도지사가 대집행하는 경우는 제외한다)으로 본다.
(2013.7.30 본조개정)

제16조【수질오염사고의 신고】 유류, 유독물, 농약 또는 특정수질유해물질을 운송 또는 보관 중인 자가 해당 물질로 인하여 수질을 오염시킨 때에는 지체 없이 지방환경관서, 시·도 또는 시·군·구(자치구를 말한다) 등 관계 행정기관에 신고하여야 한다.(2013.7.30 본조개정)

제16조의2【방사성물질 등의 유입 여부 조사】 ① 환경부장관은 하천·호소 등에 대하여 「원자력안전법」 제2조제5호 및 제18호에 따른 방사성물질 및 방사성폐기물의 유입 여부를 조사하여야 한다.
② 환경부장관은 제1항에 따른 조사에 필요하면 행정기관, 지방자치단체, 그 밖의 관계 기관의 장에게 협조를 요청할 수 있다. 이 경우 요청을 받은 자는 정당한 사유가 없으면 이에 따라야 한다.
③ 제1항에 따른 조사 절차·방법 등에 필요한 사항은 환경부령으로 정한다.
(2013.3.22 본조신설)

제16조의3【수질오염방제센터의 운영】 ① 환경부장관은 공공수역의 수질오염사고에 신속하고 효과적으로 대응하기 위하여 수질오염방제센터(이하 "방제센터"라 한다)를 운영하여야 한다. 이 경우 환경부장관은 대통령령으로 정하는 바에 따라 한국환경공단에 방제센터의 운영을 대행하게 할 수 있다.
② 방제센터는 다음 각 호의 사업을 수행한다.
1. 공공수역의 수질오염사고 감시
2. 제15조제6항에 따른 방제조치의 지원
3. 수질오염사고에 대비한 장비, 자재, 약품 등의 비치 및 보관을 위한 시설의 설치·운영
4. 수질오염 방제기술 관련 교육·훈련, 연구개발 및 홍보
5. 그 밖에 수질오염사고 발생 시 수질오염물질의 수거·처리
③ 환경부장관은 예산의 범위에서 대행에 필요한 예산을 지원할 수 있다.
(2013.7.30 본조신설)

제16조의4【수질오염방제정보시스템의 구축·운영】 방제센터는 전국 하천·호소의 수질 정보를 실시간으로 수집·분석·관리하고 수질오염사고 발생 시 신속히 관계 행정기관에 알릴 수 있는 수질오염방제정보시스템을 구축·운영할 수 있다.(2017.1.17 본조개정)

제17조【상수원의 수질보전을 위한 통행제한】 ① 전복(顚覆), 추락 등의 사고 발생 시 상수원을 오염시킬 우려가 있는 물질을 수송하는 자동차를 운행하는 자는 다음 각 호의 어느 하나에 해당하는 지역 또는 그 지역에 인접한 지역 중에서 제4항에 따라 환경부령으로 정하는 도로·구간을 통행할 수 없다.
1. 상수원보호구역
2. 특별대책지역
3. 「한강수계 상수원수질개선 및 주민지원 등에 관한 법률」 제4조, 「낙동강수계 물관리 및 주민지원 등에 관한 법률」 제4조, 「금강수계 물관리 및 주민지원 등에 관한 법률」 제4조 및 「영산강·섬진강수계 물관리 및 주민지원 등에 관한 법률」 제4조에 따라 각각 지정·고시된 수변구역
4. 상수원에 중대한 오염을 일으킬 수 있어 환경부령으로 정하는 지역
② 제1항 각 호 외의 부분에서 "상수원을 오염시킬 우려가 있는 물질"은 다음 각 호의 어느 하나에 해당하는 물질을 말한다.
1. 특정수질유해물질
2. 「폐기물관리법」 제2조제4호에 따른 지정폐기물(액체상태의 폐기물 및 환경부령으로 정하는 폐기물로 한정한다)
3. 유류
4. 유독물
5. 「농약관리법」 제2조제1호 및 제3호에 따른 농약 및 원제(原劑)
6. 「원자력안전법」 제2조제5호 및 제18호에 따른 방사성물질 및 방사성폐기물
7. 그 밖에 대통령령으로 정하는 물질
③ 경찰청장은 제1항에 따른 자동차의 통행제한을 위하여 필요하다고 인정할 때에는 다음 각 호에 해당하는 조치를 하여야 한다.
1. 자동차 통행제한 표지판의 설치
2. 통행제한 위반 자동차의 단속
④ 제1항에 따른 통행할 수 없는 도로·구간 및 자동차 등 필요한 사항은 환경부장관이 경찰청장과 협의하여 환경부령으로 정한다.
(2013.7.30 본조개정)

제18조【공공수역의 점용 및 매립 등에 따른 수질오염 방지】 ① 공공수역에 대한 점용 또는 매립을 허가하거나 인가하려는 행정기관은 공공수역의 수질오염을 방지하기 위하여 필요한 조건을 붙일 수 있다.
② 제1항에 따른 조건의 내용, 수질오염 방지방법 등에 관하여 필요한 사항은 대통령령으로 정한다.
(2013.7.30 본조개정)

제19조【특정 농작물의 경작 권고 등】 ① 시·도지사 또는 대도시의 장은 공공수역의 물환경 보전을 위하여 필요하다고 인정하는 경우에는 하천·호소 구역에서 농작물을 경작하는 사람에게 경작대상 농작물의 종류 및 경작방식의 변경과 휴경(休耕) 등을 권고할 수 있다.
② 시·도지사 또는 대도시의 장은 제1항에 따른 권고에 따라 농작물을 경작하거나 휴경함으로 인하여 경작자가 입은 손실에 대해서는 대통령령으로 정하는 바에 따라 보상할 수 있다.
(2017.1.17 본조개정)

제19조의2【물환경 보전조치 권고】 ① 환경부장관은 제9조 또는 제9조의3에 따른 측정·조사 결과 방치할 경우 하천·호소등의 물환경에 중대한 위해를 끼칠 우려가 있다고 판단될 때에는 공공수역을 관리하는 자(수면관리자, 「하천법」 제8조에 따른 하천관리청 및 특별자치시장·특별자치도지사·시장·군수·구청장을 말하며, 이하 "공공수역관리자"라 한다)에게 물환경 보전을 위하여 필요한 조치를 할 것을 권고할 수 있다.(2017.1.17 본항개정)
② 환경부장관은 제1항에 따른 권고를 이행하는 데 드는 비용의 일부를 예산의 범위에서 지원할 수 있다.
③ 환경부장관은 제1항에 따른 권고를 이행하기 위하여 필요하다고 인정하는 경우에는 조치를 권고받은 자로 하여금 환경부령으로 정하는 관계 전문기관에 자문하게 할 수 있다.
(2017.1.17 본조제목개정)
(2013.7.30 본조개정)

제19조의3【수변생태구역의 매수·조성】 ① 환경부장관은 하천·호소등의 물환경 보전을 위하여 필요하다고 인정할 때에는 대통령령으로 정하는 기준에 해당하는 수변습지 및 수변토지(이하 "수변생태구역"이라 한다)를 매수하거나 환경부령으로 정하는 바에 따라 생태적으로 조성·관리할 수 있다.(2017.1.17 본항개정)
② 시·도지사 또는 대도시의 장은 관할구역의 상수원을 보호하기 위하여 불가피한 경우로서 대통령령으로 정하는 경우에는 제1항의 기준에 따라 수변생태구역을 매수하거나 환경부령으로 정하는 바에 따라 생태적으로 조성·관리할 수 있다.(2017.1.17 본항개정)
③ 「하천법」 제2조제2호에 따른 하천구역에 해당하는 토지는 제1항 또는 제2항에 따른 매수대상 토지에서 제외한다.
④ 환경부장관은 제1항에 따른 매수 또는 조성의 대상이 되는 토지를 선정할 때에는 미리 관계 중앙행정기관의 장 및 관할 지방자치단체의 장과 협의하여야 한다.
⑤ 제1항 및 제2항에 따라 토지를 매수하는 경우 매수대상 토지의 선정기준, 매수가격의 산정 및 매수의 방법·절차 등에 관한 사항은 대통령령으로 정한다.
(2013.7.30 본조개정)

제19조의4【배출시설 등에 대한 기후변화 취약성 조사 및 권고】 ① 환경부장관은 폐수배출시설, 비점오염저감시설, 공공폐수처리시설을 대상으로 기후변화에 대한 시설의 취약성 등을 조사하고, 조사 결과 기후변화에 취약한 시설에 대해서는 시설 개선 등을 권고할 수 있다.
(2016.1.27 본항개정)
② 제1항에 따른 조사에 필요한 구체적인 조사 항목·방법 및 절차 등은 환경부령으로 정한다.
③ 환경부장관은 제1항에 따른 권고를 이행하는 폐수배출시설, 비점오염저감시설, 공공폐수처리시설에 대하여 예산의 범위에서 필요한 비용 또는 경비의 일부를 지원할 수 있다.(2016.1.27 본항개정)
(2013.7.30 본조신설)

제20조【낚시행위의 제한】 ① 특별자치시장·특별자치도지사·시장·군수·구청장은 하천(「하천법」 제7조제2항 및 제3항에 따른 국가하천 및 지방하천은 제외한다)·호소의 이용목적 및 수질상황 등을 고려하여 대통령령으로 정하는 바에 따라 낚시금지구역 또는 낚시제한구역을 지정할 수 있다. 이 경우 수면관리자와 협의하여야 한다.
② 제1항에 따른 낚시제한구역에서 낚시행위를 하려는 사람은 낚시의 방법, 시기 등 환경부령으로 정하는 사항을 준수하여야 한다. 이 경우 환경부장관이 환경부령을 정할 때에는 해양수산부장관과 협의하여야 한다.
③ 특별자치시장·특별자치도지사·시장·군수·구청장은 제1항에 따른 낚시제한구역 및 그 주변지역의 오염방지를 위한 쓰레기 수거 등의 비용에 충당하기 위하여 낚시제한구역에서 낚시행위를 하려는 사람으로부터 조례로 정하는 바에 따라 수수료를 징수할 수 있다.
(2013.7.30 본조개정)

제21조【수질오염 경보제】 ① 환경부장관 또는 시·도지사는 수질오염으로 하천·호소의 물의 이용에 중대한 피해를 가져올 우려가 있거나 주민의 건강·재산이나 동식물의 생육에 중대한 위해를 가져올 우려가 있다고 인정될 때에는 해당 하천·호소에 대하여 수질오염 경보를 발령할 수 있다.
②~③ (2007.5.17 삭제)
④ 환경부장관은 수질오염 경보에 따른 조치 등에 필요한 사업비를 예산의 범위에서 지원할 수 있다.
⑤ 수질오염 경보의 종류와 경보종류별 발령대상, 발령주체, 대상 항목, 발령기준, 경보단계, 경보단계별 조치사항 및 해제기준 등에 관하여 필요한 사항은 대통령령으로 정한다.(2017.1.17 본항개정)
(2013.7.30 본조개정)

제21조의2【오염된 공공수역에서의 행위제한】 ① 환경부장관은 하천·호소등이 오염되어 수산물의 채취·포획이나 물놀이, 그 밖에 대통령령으로 정하는 행위를 할 경우 사람의 건강이나 생활에 미치는 피해가 크다고 인정할 때에는 해당 하천·호소등에서 그 행위를 금지·제한하거나 자제하도록 안내하는 등 환경부령으로 정하는 조치를 할 것을 시·도지사에게 권고할 수 있다.
(2017.12.12 본항개정)
② 제1항에 따라 권고를 받은 시·도지사는 특별한 사유가 없으면 권고에 따른 조치를 하여야 한다.
③ 환경부장관은 제2항에 따른 시·도지사의 조치가 미흡하여 사람의 생명·신체에 위험이 발생할 수 있는 경우에는 관계 행정기관과 협의하여 필요한 조치를 할 수 있다.(2017.12.12 본항신설)
④ 제1항에 따른 권고를 할 수 있는 오염된 하천·호소등의 선정기준, 제3항에 따른 조치기준 및 그 밖에 필요한 사항은 대통령령으로 정한다.(2017.12.12 본항개정)
(2013.7.30 본조개정)

제21조의3【상수원의 수질개선을 위한 특별조치】 ① 환경부장관은 상수원의 수질오염이 다음 각 호의 어느 하나에 해당하는 경우에는 수질오염을 발생시키는 오염원에 대하여 오염물질의 배출금지 등 특별조치를 명할 수 있다.
1. 상수원의 수질오염으로 먹는 물 수질관리기준(「수도법」 제26조에 따른 수질기준을 말한다)의 충족이 어려울 것으로 예상되는 경우
2. 제1호의 수질관리기준에서 정하고 있지 아니한 오염물질로 인하여 주민의 건강에 중대한 위해를 가져올 우려가 있다고 인정되는 경우
② 제1항에 따른 특별조치의 절차, 내용 및 기준 등에 필요한 사항은 대통령령으로 정한다.
③ 환경부장관은 제1항에 따른 특별조치를 이행하는 데 드는 비용의 일부를 예산의 범위에서 지원할 수 있다.
(2010.3.22 본조신설)

제21조의4【완충저류시설의 설치·관리】 ①「국토의 계획 및 이용에 관한 법률」 제36조제1항에 따른 공업지역 중 환경부령으로 정하는 지역 또는「산업입지 및 개발에 관한 법률」 제2조제8호에 따른 산업단지 중 환경부령으로 정하는 단지의 소재지를 관할하는 특별시장·광역시장·특별자치시장·특별자치도지사·시장·군수(광역시의 군수는 제외한다)는 그 공업지역 또는 산업단지에서 배출되는 오수·폐수 등을 일시적으로 담아둘 수 있는 완충저류시설(緩衝貯留施設)을 설치·운영하여야 한다.
② 제1항에 따라 완충저류시설을 설치·운영하여야 하는 지방자치단체의 장은 추진일정 및 설치장소 등 환경부령으로 정하는 사항을 포함한 완충저류시설 설치·운영계획을 수립하여 환경부장관과 협의하여야 한다. 환경부령으로 정하는 중요 사항을 변경하려는 경우에도 또한 같다.
③ 환경부장관은 예산의 범위에서 완충저류시설의 설치·운영에 필요한 비용의 전부 또는 일부를 지원할 수 있다.
④ 완충저류시설의 용량 산정 기준 등 완충저류시설의 설치기준 및 운영에 관하여 필요한 사항은 환경부령으로 정한다.
(2014.3.24 본조신설)

제21조의5【조류에 의한 피해 예방】 ① 환경부장관은 조류(藻類)의 발생 등으로 인하여 하천·호소등의 물환경에 중대한 영향을 미친다고 인정하는 경우에는 제21조의3에 따라 수질오염을 발생시키는 오염원에 대하여 특별조치를 명할 수 있으며, 조류의 발생 등으로 인한 피해를 예방하기 위한 조치를 공공수역관리자 또는 관계 중앙행정기관의 장에게 요청하거나 하천·호소등을 수원(水源)으로 하는 취수시설 또는 정수시설의 관리자에게 명할 수 있다.(2017.1.17 본항개정)
② 제1항에 따라 요청 또는 명령을 받은 자는 특별한 사유가 없으면 이에 따라야 한다.
③ 제1항에 따른 조치의 내용 등 조치에 필요한 사항은 대통령령으로 정한다.
④ 환경부장관은 예산의 범위에서 제1항에 따른 조치에 필요한 비용의 일부를 지원할 수 있다.
(2016.1.27 본조신설)

제2절 국가 및 수계영향권별 물환경 보전
(2017.1.17 본절제목개정)

제22조【국가 및 수계영향권별 물환경 관리】 ① 환경부장관 또는 지방자치단체의 장은 제23조의2 및 제24조부터 제26조까지의 규정에 따른 국가 물환경관리기본계획 및 수계영향권별 물환경관리계획에 따라 물환경 현황 및 수생태계 건강성을 파악하고 적절한 관리대책을 마련하여야 한다.(2017.1.17 본항개정)
② 환경부장관은 면적·지형 등 하천유역의 특성을 고려하여 환경부령으로 정하는 기준에 따라 제1항에 따른 수계영향권을 대권역, 중권역, 소권역으로 구분하여 고시하여야 한다.
(2017.1.17 본조제목개정)
(2013.7.30 본조개정)

제22조의2【수생태계 연속성 조사 등】 ① 환경부장관은 공공수역의 상류와 하류 간 또는 공공수역과 수변지역 간에 물, 토양 등 물질의 순환이 원활하고 생물의 이동이 자연스러운 상태(이하 이 조에서 "수생태계 연속성"이라 한다)의 단절·훼손 여부 등을 파악하기 위하여 수생태계 연속성 조사를 실시할 수 있다.
② 환경부장관은 수생태계 연속성 조사 결과 수생태계 연속성이 단절되거나 훼손되었을 경우에는 관계 중앙행정기관의 장과 협의하여 수생태계 연속성의 확보에 필요한 조치를 하여야 한다. 이 경우 관계 기관의 장 또는 관련 시설의 관리자 등에게 수생태계 연속성의 확보를 위한 협조를 요청할 수 있다.
③ 수생태계 연속성 조사의 방법·절차, 수생태계 연속성 단절·훼손의 기준, 수생태계 연속성 확보의 우선순위 결정 절차, 수생태계 연속성의 확보에 필요한 조치 및 협조 요청 등에 관한 사항은 환경부령으로 정한다.
(2017.1.17 본조신설)

제22조의3【환경생태유량의 확보】 ① 환경부장관은 수생태계 건강성 유지를 위하여 필요한 최소한의 유량(이하 이 조에서 "환경생태유량"이라 한다)의 확보를 위하여 하천의 대표지점에 대한 환경생태유량을 고시할 수 있다.
(2020.12.31 본항개정)
② 환경부장관은「하천법」 제51조제1항에 따라 하천유지유량을 정하는 경우 환경생태유량을 고려하여야 한다.
(2020.12.31 본항개정)
③ 환경부장관은「소하천정비법」 제2조제1호의 소하천(이하 이 조에서 "소하천"이라 한다), 그 밖의 건천화(乾川化)된 지류(支流) 또는 지천(支川)의 대표 지점에 대한 환경생태유량을 정하여 고시할 수 있다.
④ 환경부장관은 하천 또는 소하천 등의 유량이 환경생태유량에 현저히 미달하는 경우에는 관계 기관의 장 등에게 환경생태유량의 확보를 위한 협조를 요청할 수 있다.
⑤ 환경생태유량의 산정에 필요한 사항은 대통령령으로 정한다.
(2017.1.17 본조신설)

제23조【오염원 조사】 환경부장관 및 시·도지사는 환경부령으로 정하는 바에 따라 수계영향권별로 오염원의 종류, 수질오염물질 발생량 등을 정기적으로 조사하여야 한다.(2020.2.18 본조개정)

제23조의2【국가 물환경관리기본계획의 수립】 ① 환경부장관은 공공수역의 물환경을 관리·보전하기 위하여 대통령령으로 정하는 바에 따라 국가 물환경관리기본계획을 10년마다 수립하여야 한다.
② 제1항에 따른 국가 물환경관리기본계획(이하 "국가 물환경관리기본계획"이라 한다)에는 다음 각 호의 사항이 포함되어야 한다.
1. 물환경의 변화 추이 및 물환경목표기준
2. 전국적인 물환경 오염원의 변화 및 장기 전망
3. 물환경 관리·보전에 관한 정책방향
4.「기후위기 대응을 위한 탄소중립·녹색성장 기본법」 제2조제1호의 기후변화에 대한 물환경 관리대책
(2021.9.24 본호개정)
5. 그 밖에 환경부령으로 정하는 사항
③ 환경부장관은 국가 물환경관리기본계획이 수립된 날부터 5년이 지나거나 국가 물환경관리기본계획의 변경이 필요하다고 인정하는 경우에는 그 타당성을 검토하여 국가 물환경관리기본계획을 변경할 수 있다.
④ 환경부장관은 국가 물환경관리기본계획을 수립하거나 변경하려는 경우에는 관계 중앙행정기관의 장과 협의하여야 한다.
⑤ 환경부장관은 국가 물환경관리기본계획이 수립되거나 변경되는 경우에는 이를 관계 중앙행정기관의 장에게 알려야 한다.
(2017.1.17 본조신설)

제24조【대권역 물환경관리계획의 수립】 ① 유역환경청장은 국가 물환경관리기본계획에 따라 제22조제2항에 따른 대권역별로 대권역 물환경관리계획(이하 "대권역계획"이라 한다)을 10년마다 수립하여야 한다.
(2017.1.17 본항개정)
② 대권역계획에는 다음 각 호의 사항이 포함되어야 한다.
1. 물환경의 변화 추이 및 물환경목표기준(2017.1.17 본호개정)
2. 상수원 및 물 이용현황
3. 점오염원, 비점오염원 및 기타수질오염원의 분포현황
4. 점오염원, 비점오염원 및 기타수질오염원에서 배출되는 수질오염물질의 양
5. 수질오염 예방 및 저감 대책
6. 물환경 보전조치의 추진방향(2017.1.17 본호개정)
7.「기후위기 대응을 위한 탄소중립·녹색성장 기본법」 제2조제1호에 따른 기후변화에 대한 적응대책
(2021.9.24 본호개정)
8. 그 밖에 환경부령으로 정하는 사항
③ 유역환경청장은 대권역계획을 수립할 때에는 관계 시·도지사 및 4대강수계법에 따른 관계 수계관리위원회와 협의하여야 한다. 대권역계획을 변경할 때에도 또한 같다.(2017.1.17 전단개정)
④ 유역환경청장은 대권역계획을 수립하였을 때에는 관계 시·도지사에게 통보하여야 한다.(2017.1.17 본항개정)
⑤ 유역환경청장은 대권역계획이 수립된 날부터 5년이 지나거나 대권역계획의 변경이 필요하다고 인정할 때에는 그 타당성을 검토하여 변경할 수 있다.(2017.1.17 본항개정)
(2017.1.17 본조제목개정)
(2013.7.30 본조개정)

제25조【중권역 물환경관리계획의 수립】 ① 지방환경관서의 장은 다음 각 호의 어느 하나에 해당하는 경우에는 대권역계획에 따라 제22조제2항에 따른 중권역별로 중권역 물환경관리계획(이하 "중권역계획"이라 한다)을 수립하여야 한다.
1. 관할 중권역이 물환경목표기준에 미달하는 경우
2. 4대강수계법에 따른 관계 수계관리위원회에서 중권역의 물환경 관리·보전을 위하여 중권역계획의 수립을 요구하는 경우
3. 그 밖에 환경부령으로 정하는 경우
② 지방환경관서의 장은 관할 중권역의 물환경목표기준 달성에 인접한 상류지역의 중권역이 영향을 미치는 경우에는 해당 중권역을 관할하는 지방환경관서의 장과 협의를 거쳐 관할 중권역 및 인접한 상류지역의 중권역을 대상으로 하는 중권역계획을 수립할 수 있다.
(2017.1.17 본항신설)
③ 지방환경관서의 장은 중권역계획을 수립하려는 경우에는 관계 시·도지사와 협의하여야 한다. 중권역계획을 변경하려는 경우에도 또한 같다.
④ 지방환경관서의 장은 중권역계획을 수립하였을 때에는 관계 시·도지사에게 통보하여야 한다.
(2017.1.17 본조개정)

제26조【소권역 물환경관리계획의 수립】 ① 특별자치시장·특별자치도지사·시장·군수·구청장은 대권역계획 및 중권역계획에 따라 제22조제2항에 따른 소권역별로 소권역 물환경관리계획(이하 "소권역계획"이라 한다)을 수립할 수 있으며, 해당 소권역이 포함된 중권역에 대한 중권역계획이 수립되지 아니한 경우에는 관할 지방환경관서의 장과 협의하여 소권역계획을 수립할 수 있다.
② 시장·군수·구청장은 제1항에 따라 소권역계획을 수립한 경우에는 시·도지사의 승인을 받아야 한다. 이 경우 시·도지사는 소권역계획의 승인에 관하여 관할 지방환경관서의 장과 협의하여야 한다.
(2017.1.17 본조개정)

제27조【환경부장관 또는 시·도지사의 소권역계획 수립】 ① 환경부장관 또는 시·도지사는 제26조에도 불구하고 다음 각 호의 구분에 따라 관계 특별자치시장·특별자치도지사·시장·군수·구청장의 의견을 들어 소권역계획을 수립할 수 있다.
1. 소권역계획 수립 대상 지역이 같은 시·도의 관할구역 내의 둘 이상의 시·군·구에 걸쳐있는 경우 : 환경부장관 또는 시·도지사가 수립
2. 소권역계획 수립 대상 지역이 둘 이상의 시·도에 걸쳐있는 경우 : 환경부장관 또는 둘 이상의 시·도지사가 공동으로 협의하여 수립
3. 그 밖에 환경부장관 또는 시·도지사가 소권역계획의 수립이 필요하다고 인정하는 경우 : 환경부장관 또는 시·도지사가 수립
② 시·도지사는 제1항에 따라 소권역계획을 수립하려는 경우에는 환경부장관과 협의하여야 한다.
③ 시·도지사 및 시장·군수·구청장은 환경부장관 또는 시·도지사가 수립한 소권역계획을 성실히 이행하여야 한다.
(2017.1.17 본조개정)

제27조의2【수생태계 복원계획의 수립 등】 ① 환경부장관, 시·도지사 또는 시장·군수·구청장은 제9조 또는 제9조의3에 따른 측정·조사 결과 수질 개선이 필요한 지역 또는 수생태계 훼손 정도가 상당하여 수생태계의 복원이 필요한 지역을 대상으로 수생태계 복원계획(이하 "복원계획"이라 한다)을 수립하여 시행할 수 있다.
(2017.1.17 본항개정)
② 환경부장관은 제1항의 지역 가운데 복원계획의 수립이 반드시 필요하다고 인정하는 경우에는 시·도지사 또는 시장·군수·구청장에게 복원계획을 수립하여 시행하도록 명할 수 있다.

③ 환경부장관은 복원계획을 수립하거나 변경하려는 경우에는 관계 중앙행정기관의 장 및 관할 지방자치단체의 장과 협의하여야 한다.
④ 시·도지사, 시장·군수·구청장은 해당 관할구역의 복원계획을 수립하려는 경우에는 대통령령으로 정하는 바에 따라 환경부장관의 승인을 받아야 한다. 대통령령으로 정하는 중요 사항을 변경하려는 경우에도 또한 같다.
⑤ 시·도지사, 시장·군수·구청장은 복원계획을 원활하게 추진하기 위하여 필요하다고 인정하는 경우에는 환경부장관과 협의하여 복원계획에 대한 시행계획을 수립·변경할 수 있다.
⑥ 복원계획의 내용 및 수립 절차 등에 필요한 사항은 대통령령으로 정한다.
(2016.1.27 본조신설)

제3절 호소의 물환경 보전
(2017.1.17 본절제목개정)

제28조【정기적 조사·측정 및 분석】 ① 환경부장관 및 시·도지사는 호소의 물환경 보전을 위하여 대통령령으로 정하는 호소와 그 호소에 유입하는 물의 이용상황, 물환경 현황 및 수생태계 건강성, 수질오염원의 분포상황 및 수질오염물질 발생량 등을 대통령령으로 정하는 바에 따라 정기적으로 조사·측정 및 분석하여야 한다.
② 환경부장관 및 시·도지사는 제1항에 따른 조사·측정 및 분석 결과에 따라 물환경 현황 및 수생태계 건강성에 대한 수계별 지도를 제작하고, 변화추이 등을 분석한 결과를 작성하여 그 지도 및 결과를 국민에게 공개하여야 한다.
(2017.1.17 본조개정)
제29조 (2016.1.27 삭제)
제30조【양식업 면허의 제한】 관계 행정기관의 장은 상수원호소에 대해서는 「양식산업발전법」 제10조제1항제7호에 따른 내수면양식업 중 가두리식 양식장을 설치하는 양식업을 설치하는 양식어업에 대한 면허를 하여서는 아니 된다.(2019.8.27 본조개정)
제31조【호소 안의 쓰레기 수거·처리】 ① 수면관리자는 호소 안의 쓰레기를 수거하고, 해당 호소를 관할하는 특별자치시장·특별자치도지사·시장·군수·구청장은 수거된 쓰레기를 운반·처리하여야 한다.
② 수면관리자 및 특별자치시장·특별자치도지사·시장·군수·구청장은 제1항에 따른 쓰레기의 운반·처리 주체 및 쓰레기의 운반·처리에 드는 비용을 분담하기 위한 협약을 체결하여야 한다.
③ 수면관리자 및 특별자치시장·특별자치도지사·시장·군수·구청장은 제2항에 따른 협약이 체결되지 아니하는 경우에는 환경부장관에게 조정을 신청할 수 있다. 이 경우 환경부장관의 조정이 있으면 제2항에 따른 협약이 체결된 것으로 본다.
④ 제3항에 따른 조정의 신청절차에 관하여 필요한 사항은 환경부령으로 정한다.
(2013.7.30 본조개정)
제31조의2【중점관리저수지의 지정 등】 ① 환경부장관은 관계 중앙행정기관의 장과 협의를 거쳐 다음 각 호의 어느 하나에 해당하는 저수지를 중점관리저수지로 지정하고, 저수지관리자와 그 저수지의 소재지를 관할하는 시·도지사로 하여금 해당 저수지가 생활용수 및 관광·레저의 기능을 갖추도록 그 수질을 관리하게 할 수 있다.
1. 총저수용량이 1천만세제곱미터 이상인 저수지
2. 오염 정도가 대통령령으로 정하는 기준을 초과하는 저수지
3. 그 밖에 환경부장관이 상수원 등 해당 수계의 수질보전을 위하여 필요하다고 인정하는 경우
② 환경부장관은 제1항에 따른 중점관리저수지의 지정사유가 없어진 경우에는 그 지정을 해제할 수 있다.
③ 제1항 및 제2항에 따른 중점관리저수지의 지정 및 지정해제에 필요한 사항은 환경부령으로 정한다.
(2012.2.1 본조신설)
제31조의3【중점관리저수지의 수질 개선 등】 ① 환경부장관은 중점관리저수지의 관리자와 그 저수지의 소재지를 관할하는 시·도지사로 하여금 중점관리저수지의 수질 오염 방지 및 수질 개선에 관한 대책을 세우고 이를 추진하게 하여야 한다.
② 중점관리저수지의 소재지를 관할하는 시·도지사는 중점관리저수지에 대한 수질 오염 방지활동 실적과 수질 개선 계획의 추진결과에 대한 보고서를 작성하여 매년 환경부장관에게 제출하여야 한다.
③ 환경부장관은 예산의 범위에서 중점관리저수지의 관리와 수질 개선에 드는 비용의 전부 또는 일부를 지원할 수 있다.
(2012.2.1 본조신설)

제3장 점오염원의 관리

제1절 산업폐수의 배출규제

제32조【배출허용기준】 ① 폐수배출시설(이하 "배출시설"이라 한다)에서 배출되는 수질오염물질의 배출허용기준은 환경부령으로 정한다.
② 환경부장관은 제1항에 따른 환경부령을 정할 때에는 관계 중앙행정기관의 장과 협의하여야 한다.
③ 시·도(해당 관할구역 중 대도시는 제외한다. 이하 이 조에서 같다) 또는 대도시는 「환경정책기본법」 제12조제3항에 따른 지역환경기준을 유지하기가 곤란하다고 인정할 때에는 조례로 제1항의 배출허용기준보다 엄격한 배출허용기준을 정할 수 있다. 다만, 제74조제1항에 따라 제33조·제37조·제39조 및 제41조부터 제43조까지의 규정에 따른 환경부장관의 권한이 시·도지사 또는 대도시의 장에게 위임된 경우로 한정한다.(2017.1.17 본항개정)
④ 시·도지사 또는 대도시의 장은 제3항에 따른 배출허용기준을 설정·변경하는 경우에는 조례로 정하는 바에 따라 미리 주민 등 이해관계자의 의견을 듣고, 이를 반영하도록 노력하여야 한다.(2021.4.13 본항신설)
⑤ 시·도지사 또는 대도시의 장은 제3항에 따른 배출허용기준이 설정·변경된 경우에는 지체 없이 환경부장관에게 보고하고 이해관계자가 알 수 있도록 필요한 조치를 하여야 한다.(2017.1.17 본항개정)
⑥ 환경부장관은 특별대책지역의 수질오염을 방지하기 위하여 필요하다고 인정할 때에는 해당 지역에 설치된 배출시설에 대하여 제1항의 기준보다 엄격한 배출허용기준을 정할 수 있고, 해당 지역에 새로 설치되는 배출시설에 대하여 특별배출허용기준을 정할 수 있다.
⑦ 제3항에 따른 배출허용기준이 적용되는 시·도 또는 대도시 안에 해당 기준이 적용되지 아니하는 지역이 있는 경우에는 그 지역에 설치되었거나 설치되는 배출시설에 대해서도 제3항에 따른 배출허용기준을 적용한다.
⑧ 다음 각 호의 어느 하나에 해당하는 배출시설에 대해서는 제1항부터 제7항까지의 규정을 적용하지 아니한다.
(2021.4.13 본문개정)
1. 제33조제1항 단서 및 같은 조 제2항에 따라 설치되는 폐수무방류배출시설
2. 환경부령으로 정하는 배출시설 중 폐수를 전량(全量) 재이용하거나 전량 위탁처리하여 공공수역으로 폐수를 방류하지 아니하는 배출시설
⑨ 환경부장관은 공공폐수처리시설 또는 공공하수처리시설에 배수설비를 통하여 폐수를 전량 유입하는 배출시설에 대해서는 그 공공폐수처리시설 또는 공공하수처리시설에서 적정하게 처리할 수 있는 항목에 한정하여 제1항에도 불구하고 따로 배출허용기준을 정하여 고시할 수 있다.
(2016.1.27 본항개정)
(2013.7.30 본조개정)
제33조【배출시설의 설치 허가 및 신고】 ① 배출시설을 설치하려는 자는 대통령령으로 정하는 바에 따라 환경부장관의 허가를 받거나 환경부장관에게 신고하여야 한다. 다만, 제9항에 따라 폐수무방류배출시설을 설치하려는 자는 환경부장관의 허가를 받아야 한다.(2018.10.16 단서개정)
② 제1항에 따라 허가를 받은 자가 허가받은 사항 중 대통령령으로 정하는 중요한 사항을 변경하려는 경우에는 변경허가를 받아야 한다. 다만, 그 밖의 사항 중 환경부령으로 정하는 사항을 변경하려는 경우 또는 환경부령으로 정하는 사항을 변경한 경우에는 변경신고를 하여야 한다.
③ 제1항에 따라 신고를 한 자가 신고한 사항 중 환경부령으로 정하는 사항을 변경하려는 경우 또는 환경부령으로 정하는 사항을 변경한 경우에는 환경부령으로 정하는 바에 따라 변경신고를 하여야 한다.
④ 환경부장관은 제1항부터 제3항까지의 규정에 따른 신고 또는 변경신고를 받은 날부터 환경부령으로 정하는 기간 내에 신고수리 여부를 신고인에게 통지하여야 한다.
(2018.10.16 본항신설)
⑤ 환경부장관이 제4항에서 정한 기간 내에 신고수리 여부 또는 민원 처리 관련 법령에 따른 처리기간의 연장을 신고인에게 통지하지 아니하면 그 기간(민원 처리 관련 법령에 따라 처리기간이 연장 또는 재연장된 경우에는 해당 처리기간을 말한다)이 끝난 날의 다음 날에 신고를 수리한 것으로 본다.(2018.10.16 본항신설)
⑥ 제1항부터 제3항까지의 규정에 따라 허가·변경허가를 받으려 하거나 신고·변경신고를 하려는 자가 제35조제1항 단서에 해당하는 경우와 같은 조 제4항에 따른 공동방지시설을 설치 또는 변경하려는 경우에는 환경부령으로 정하는 서류를 제출하여야 한다.
⑦ 환경부장관은 상수원보호구역의 상류지역, 특별대책지역 및 그 상류지역, 취수시설이 있는 지역 및 그 상류지역의 배출시설로부터 배출되는 수질오염물질로 인하여 환경기준을 유지하기 곤란하거나 주민의 건강·재산이나 동식물의 생육에 중대한 위해를 가져올 우려가 있다고 인정되는 경우에는 관할 시·도지사의 의견을 듣고 관계 중앙행정기관의 장과 협의하여 배출시설의 설치(변경을 포함한다)를 제한할 수 있다.
⑧ 제7항에 따라 배출시설의 설치를 제한할 수 있는 지역의 범위는 대통령령으로 정하고, 환경부장관은 지역별 제한대상 시설을 고시하여야 한다.(2018.10.16 본항개정)
⑨ 제7항 및 제8항에도 불구하고 환경부령으로 정하는 특정수질유해물질을 배출하는 배출시설의 경우 배출시설의 설치제한지역에서 폐수무방류배출시설로 하여 이를 설치할 수 있다.(2018.10.16 본항개정)
⑩ 제9항에 따라 배출시설의 설치제한지역에서 폐수무방류배출시설을 설치할 수 있는 지역 및 시설은 환경부장관이 정하여 고시한다.(2018.10.16 본항개정)
⑪ 제1항 및 제2항에 따른 허가 또는 변경허가의 기준은 다음 각 호와 같다.
1. 배출시설에서 배출되는 오염물질을 제32조에 따른 배출허용기준 이하로 처리할 수 있을 것
2. 다른 법령에 따른 배출시설의 설치제한에 관한 규정에 위반되지 아니할 것
3. 폐수무방류배출시설을 설치하는 경우에는 폐수가 공공수역으로 유출·누출되지 아니하도록 대통령령으로 정하는 시설 전부를 대통령령으로 정하는 기준에 따라 설치할 것
(2013.7.30 본조개정)
제33조의2【다른 법률에 따른 변경신고의 의제】 ① 제33조제2항 단서 및 같은 조 제3항에 따라 변경신고를 한 경우에는 그 배출시설에 관련된 다음 각 호의 변경신고를 한 것으로 본다. 다만, 변경신고의 사항이 사업장의 명칭 또는 대표자가 변경되는 경우로 한정한다.
1. 「토양환경보전법」 제12조제1항 후단에 따른 특정토양오염관리대상시설의 변경신고
2. 「대기환경보전법」 제44조제2항에 따른 배출시설의 변경신고
② 제1항에 따라 변경신고를 접수하는 행정기관의 장은 변경신고를 처리한 때에는 지체 없이 제1항 각 호의 변경신고 소관 행정기관의 장에게 그 내용을 통보하여야 한다.
③ 제1항에 따라 변경신고를 한 것으로 보는 경우에는 관계 법률에 따라 부과되는 수수료를 면제한다.
④ 제1항부터 제3항까지에서 규정한 사항 외에 변경신고 의제의 기준 및 효과 등에 관하여는 「행정기본법」 제24조부터 제26조까지를 준용한다.(2024.1.30 본항신설)
(2015.12.1 본조신설)
제34조【폐수무방류배출시설의 설치허가】 ① 제33조제1항 단서 및 같은 조 제2항에 따라 폐수무방류배출시설의 설치허가 또는 변경허가를 받으려는 자는 폐수무방류배출시설 설치계획서 등 환경부령으로 정하는 서류를 환경부장관에게 제출하여야 한다.
② 환경부장관은 제1항에 따른 허가신청을 받았을 때에는 폐수무방류배출시설 및 폐수를 배출하지 아니하고 처리할 수 있는 수질오염방지시설 등의 적정 여부에 대하여 환경부령으로 정하는 관계 전문기관의 의견을 들어야 한다.
(2013.7.30 본조개정)
제35조【방지시설의 설치·설치면제 및 면제자 준수사항 등】 ① 제33조제1항부터 제3항까지의 규정에 따라 허가·변경허가를 받은 자 또는 신고·변경신고를 한 자(이하 "사업자"라 한다)가 해당 배출시설을 설치하거나 변경할 때에는 그 배출시설로부터 배출되는 수질오염물질이 제32조에 따른 배출허용기준 이하로 배출되게 하기 위한 수질오염방지시설(폐수무방류배출시설의 경우에는 폐수를 배출하지 아니하고 처리할 수 있는 수질오염방지시설을 말한다. 이하 같다)을 설치하여야 한다. 다만, 대통령령으로 정하는 기준에 해당하는 배출시설(폐수무방류배출시설은 제외한다)의 경우에는 그러하지 아니하다.
② 제1항 단서에 따라 수질오염방지시설(이하 "방지시설"이라 한다)을 설치하지 아니하고 배출시설을 사용하는 자는 폐수의 처리, 보관방법 등 배출시설의 관리에 관하여 환경부령으로 정하는 사항(이하 이 조에서 "준수사항"이라 한다)을 지켜야 한다.
③ 환경부장관은 제1항 단서에 따라 방지시설을 설치하지 아니하고 배출시설을 설치·운영하는 자가 준수사항을 위반하였을 때에는 제33조제1항부터 제3항까지의 규정에 따른 허가·변경허가를 취소하거나 배출시설의 폐쇄, 배출시설의 전부·일부에 대한 개선 또는 6개월 이내의 조업정지를 명할 수 있다.
④ 사업자는 배출시설(폐수무방류배출시설은 제외한다)로부터 배출되는 수질오염물질의 공동처리를 위한 공동방지시설(이하 "공동방지시설"이라 한다)을 설치할 수 있다. 이 경우 각 사업자는 사업장별로 해당 수질오염물질에 대한 방지시설을 설치한 것으로 본다.
⑤ 사업자는 공동방지시설을 설치·운영할 때에는 해당 시설의 운영기구를 설치하고 대표자를 두어야 한다.
⑥ 그 밖에 공동방지시설의 설치·운영에 필요한 사항은 환경부령으로 정한다.
(2013.7.30 본조개정)
제36조【권리·의무의 승계】 ① 다음 각 호의 어느 하나에 해당하는 자는 종전 사업자의 허가·변경허가·신고 또는 변경신고에 따른 종전 사업자의 권리·의무를 승계한다.
1. 사업자가 사망한 경우 그 상속인
2. 사업자가 그 배출시설 및 방지시설을 양도한 경우 그 양수인
3. 법인인 사업자가 다른 법인과 합병한 경우 합병 후 존속하는 법인이나 합병으로 설립되는 법인
② 다음 각 호의 어느 하나에 해당하는 절차에 따라 사업자의 배출시설 및 방지시설을 인수한 자는 허가·변경허가 또는 신고·변경신고에 따른 종전 사업자의 권리·의무를 승계한다.
1. 「민사집행법」에 따른 경매

2. 「채무자 회생 및 파산에 관한 법률」에 따른 환가(換價)
3. 「국세징수법」, 「관세법」 또는 「지방세징수법」에 따른 압류재산의 매각(2016.12.27 본호개정)
4. 그 밖에 제1호부터 제3호까지의 규정 중 어느 하나에 준하는 절차
③ 배출시설 및 방지시설을 임대차하는 경우 임차인은 제38조, 제38조의2부터 제38조의5까지, 제39조부터 제41조까지, 제42조(허가취소의 경우는 제외한다), 제43조, 제46조, 제47조 및 제68조제1항제1호를 적용할 때에는 사업자로 본다.
(2013.7.30 본조개정)

제37조【배출시설 등의 가동시작 신고】 ① 사업자는 배출시설 또는 방지시설의 설치를 완료하거나 배출시설의 변경(변경신고를 하고 변경을 하는 경우에는 대통령령으로 정하는 변경의 경우로 한정한다)을 완료하여 그 배출시설 및 방지시설을 가동하려면 환경부령으로 정하는 바에 따라 미리 환경부장관에게 가동시작 신고를 하여야 한다. 신고한 가동시작일을 변경할 때에는 환경부령으로 정하는 바에 따라 변경신고를 하여야 한다.
② 제1항에 따른 가동시작 신고를 한 사업자는 환경부령으로 정하는 기간 이내에 배출시설(폐수무방류배출시설은 제외한다)에서 배출되는 수질오염물질이 제32조에 따른 배출허용기준 이하로 처리될 수 있도록 방지시설을 운영하여야 한다. 이 경우 환경부령으로 정하는 기간에는 제39조부터 제41조까지의 규정을 적용하지 아니한다.
③ 환경부장관은 제2항에 따른 기간이 지난 날부터 환경부령으로 정하는 기간 이내에 배출시설 및 방지시설의 가동상태를 점검하고 수질오염물질을 채취한 후 환경부령으로 정하는 검사기관으로 하여금 오염도검사를 하게 하여야 한다.
④ 환경부장관은 제1항에 따라 가동시작 신고를 한 폐수무방류배출시설에 대하여 신고일부터 10일 이내에 제33조제11항에 따른 허가 또는 변경허가의 기준에 맞는지를 조사하여야 한다.(2018.10.16 본항개정)
(2013.7.30 본조개정)

제38조【배출시설 및 방지시설의 운영】 ① 사업자(제33조제1항 단서 또는 같은 조 제2항에 따라 폐수무방류배출시설의 설치허가 또는 변경허가를 받은 사업자는 제외한다) 또는 방지시설을 운영하는 자(제35조제5항에 따른 공동방지시설 운영기구의 대표자를 포함한다. 이하 같다)는 다음 각 호의 어느 하나에 해당하는 행위를 하여서는 아니 된다.
1. 배출시설에서 배출되는 수질오염물질을 방지시설에 유입하지 아니하고 배출하거나 방지시설에 유입하지 아니하고 배출할 수 있는 시설을 설치하는 행위
2. 방지시설에 유입되는 수질오염물질을 최종 방류구를 거치지 아니하고 배출하거나 최종 방류구를 거치지 아니하고 배출할 수 있는 시설을 설치하는 행위
3. 배출시설에서 배출되는 수질오염물질에 공정(工程) 중 배출되지 아니하는 물 또는 공정 중 배출되는 오염되지 아니한 물을 섞어 처리하거나 제32조에 따른 배출허용기준을 초과하는 수질오염물질이 방지시설의 최종 방류구를 통과하기 전에 오염도를 낮추기 위하여 물을 섞어 배출하는 행위. 다만, 환경부장관이 환경부령으로 정하는 바에 따라 희석하여야만 수질오염물질을 처리할 수 있다고 인정하는 경우와 그 밖에 환경부령으로 정하는 경우는 제외한다.
4. 그 밖에 배출시설 및 방지시설을 정당한 사유 없이 정상적으로 가동하지 아니하여 제32조에 따른 배출허용기준을 초과한 수질오염물질을 배출하는 행위
② 제33조제1항 단서 또는 같은 조 제2항에 따라 폐수무방류배출시설의 설치허가 또는 변경허가를 받은 사업자는 다음 각 호의 어느 하나에 해당하는 행위를 하여서는 아니 된다.
1. 폐수무방류배출시설에서 배출되는 폐수를 사업장 밖으로 반출하거나 공공수역으로 배출하거나 배출할 수 있는 시설을 설치하는 행위
2. 폐수무방류배출시설에서 배출되는 폐수를 오수 또는 다른 배출시설에서 배출되는 폐수와 혼합하여 처리하거나 처리할 수 있는 시설을 설치하는 행위
3. 폐수무방류배출시설에서 배출되는 폐수를 재이용하는 경우 동일한 폐수무방류배출시설에서 재이용하지 아니하고 다른 배출시설에서 재이용하거나 화장실 용수, 조경용수 또는 소방용수 등으로 사용하는 행위
③ 사업자 또는 방지시설을 운영하는 자는 조업을 할 때에는 환경부령으로 정하는 바에 따라 그 배출시설 및 방지시설의 운영에 관한 상황을 사실대로 기록하여 보존하여야 한다.
(2013.7.30 본조개정)

제38조의2【측정기기의 부착 등】 ① 다음 각 호의 어느 하나에 해당하는 자는 배출되는 수질오염물질이 제32조에 따른 배출허용기준, 제12조제3항 또는 「하수도법」 제7조에 따른 방류수 수질기준에 맞는지를 확인하기 위하여 적산전력계, 적산유량계, 수질자동측정기기 등 대통령령으로 정하는 기기(이하 "측정기기"라 한다)를 부착하여야 한다.
1. 대통령령으로 정하는 폐수배출량 이상의 사업장을 운영하는 사업자. 다만, 제33조제1항 단서 또는 같은 조 제2항에 따른 폐수무방류배출시설의 설치허가 또는 변경허가를 받은 사업자는 제외한다.
2. 대통령령으로 정하는 처리용량 이상의 방지시설(공동방지시설을 포함한다)을 운영하는 자
3. 대통령령으로 정하는 처리용량 이상의 공공폐수처리시설 또는 공공하수처리시설을 운영하는 자
(2016.1.27 본호개정)
4. 제62조제3항에 따른 폐수처리업자 중 폐수의 처리용량 또는 처리수의 배출형태가 대통령령으로 정하는 기준에 해당하는 폐수처리시설을 운영하는 자. 다만, 제62조제2항제2호에 따른 폐수 재이용업만 영위하는 자는 제외한다.(2019.11.26 본호신설)
② 환경부장관 또는 시·도지사는 제1항에 따라 측정기기를 부착하여야 하는 자가 「중소기업기본법」 제2조에 따른 중소기업인 경우에는 사업자의 측정기기 부착 및 운영에 필요한 비용의 일부를 지원할 수 있다.
(2019.11.26 본항신설)
③ 제1항에 따라 부착하여야 하는 측정기기의 부착방법 및 부착시기와 그 밖에 측정기기의 부착에 필요한 사항은 대통령령으로 정한다.
④ 제1항에 따라 측정기기를 부착한 자(이하 "측정기기부착사업자등"이라 한다)는 제38조의6에 따라 등록을 한 자(이하 "측정기기 관리대행업자"라 한다)에게 측정기기의 관리업무를 대행하게 할 수 있다. 다만, 측정기기 관리대행업자가 수질오염방지시설(공동방지시설을 포함한다), 공공폐수처리시설 또는 공공하수처리시설을 수탁받아 운영하고 있는 경우에는 해당 시설의 측정기기의 관리업무를 대행하게 할 수 없다.(2019.11.26 단서신설)
(2013.7.30 본조개정)

제38조의3【측정기기 관련 금지행위 및 운영·관리기준】 ① 누구든지 다음 각 호의 어느 하나에 해당하는 행위를 하여서는 아니 된다.(2019.11.26 본문개정)
1. 고의로 측정기기를 작동하지 아니하게 하거나 정상적인 측정이 이루어지지 아니하도록 하는 행위
2. 부식, 마모, 고장 또는 훼손으로 정상적인 작동을 하지 아니하는 측정기기를 정당한 사유 없이 방치하는 행위
3. 측정 결과를 누락시키거나 거짓으로 측정 결과를 작성하는 행위
4. 측정기기 관리대행업자에게 측정값을 조작하게 하는 등 측정·분석 결과에 영향을 미칠 수 있는 행위
(2019.11.26 본호신설)
② 측정기기부착사업자등 및 측정기기 관리대행업자는 해당 측정기기로 측정한 결과의 신뢰도와 정확도를 지속적으로 유지할 수 있도록 환경부령으로 정하는 측정기기의 운영·관리기준을 지켜야 한다.(2016.1.27 본항개정)
(2019.11.26 본조제목개정)
(2013.7.30 본조개정)

제38조의4【측정기기부착사업자등과 측정기기 관리대행업자에 대한 조치명령 등】 ① 환경부장관은 제38조의3제2항에 따른 운영·관리기준을 준수하지 아니하는 자에게 대통령령으로 정하는 바에 따라 기간을 정하여 측정기기가 기준에 맞게 운영·관리되도록 필요한 조치를 할 것을 명할 수 있다.(2019.11.26 본항개정)
② 환경부장관은 제1항에 따른 조치명령을 이행하지 아니하는 자에게 6개월 이내의 기간을 정하여 해당 배출시설 등의 전부 또는 일부에 대한 조업정지를 명할 수 있다.
(2019.11.26 본조제목개정)
(2013.7.30 본조개정)

제38조의5【측정기기부착사업자등에 대한 지원 및 보고·검사의 면제 등】 ① 환경부장관은 측정 자료를 관리·분석하기 위하여 측정기기부착사업자등이 부착한 측정기기와 연결하여 그 측정 결과를 전산처리할 수 있는 전산망을 운영할 수 있다. 이 경우 환경부장관은 전산처리된 결과를 대통령령으로 정하는 바에 따라 인터넷 홈페이지 등을 통하여 공개할 수 있다.(2019.11.26 후단신설)
② 환경부장관은 측정기기부착사업자등이 측정기기를 정상적으로 설치·유지·관리할 수 있도록 기술지원 등을 할 수 있다. 이 경우 환경부장관은 제74조제3항에 따라 권한을 위탁받은 관계 전문기관의 직원으로 하여금 측정기기부착사업자등의 해당 시설 또는 사업장 등에 출입하여 측정기기를 적정하게 관리하기 위하여 필요한 수질오염물질을 채취하거나 관계 서류·시설·장비 등을 검사하게 할 수 있다.(2021.4.13 후단개정)
③ 제2항 후단에 따라 출입·검사를 하려는 관계 전문기관의 직원은 그 권한을 나타내는 증표를 지니고 이를 관계인에게 보여주어야 한다.
④ 환경부장관은 측정기기부착사업자등에 대해서는 측정기기에서 측정되는 항목에 관하여 대통령령으로 정하는 바에 따라 제68조에 따른 보고 또는 검사를 면제할 수 있다.
(2017.1.17 본조제목개정)
(2013.7.30 본조개정)

제38조의6【측정기기 관리대행업의 등록 등】 ① 측정기기의 관리업무를 대행하려는 자는 대통령령으로 정하는 시설·장비 및 기술인력 등의 요건을 갖추어 환경부장관에게 등록하여야 한다. 등록한 사항 중 대통령령으로 정하는 중요 사항을 변경하려는 경우에도 또한 같다.
② 환경부장관은 측정기기 관리대행업을 등록하였을 때에는 환경부령으로 정하는 바에 따라 등록증을 발급하여야 한다.
③ 제1항에 따른 등록의 절차 등 등록에 필요한 사항은 환경부령으로 정한다.
(2016.1.27 본조신설)

제38조의7【결격사유】 다음 각 호의 어느 하나에 해당하는 자는 측정기기 관리대행업의 등록을 할 수 없다.
1. 피성년후견인 또는 피한정후견인
2. 파산선고를 받고 복권되지 아니한 자
3. 이 법을 위반하여 징역 이상의 실형을 선고받고 그 집행이 끝나거나(집행이 끝난 것으로 보는 경우를 포함한다) 집행을 받지 아니하기로 확정된 날부터 2년이 지나지 아니한 자
4. 제38조의9에 따라 등록이 취소(이 조 제1호 또는 제2호에 해당하여 등록이 취소된 경우는 제외한다)된 후 2년이 지나지 아니한 자
5. 임원 중 제1호부터 제4호까지의 어느 하나에 해당하는 사람이 있는 법인
(2016.1.27 본조신설)

제38조의8【측정기기 관리대행업자의 준수사항 등】 ① 측정기기 관리대행업자는 다음 각 호의 어느 하나에 해당하는 행위를 하여서는 아니 된다.
1. 등록증을 다른 자에게 대여하거나 대행받은 측정기기의 관리업무를 다른 자에게 대행하도록 하는 행위
2. 등록된 기술인력이 아닌 사람에게 측정기기의 관리업무를 하게 하는 행위
3. 그 밖에 측정기기의 관리대행업무에 관하여 환경부령으로 정하는 준수사항을 위반하는 행위
② 측정기기 관리대행업자는 기술인력으로 종사하는 사람이 환경부령으로 정하는 교육기관에서 실시하는 교육을 받도록 하여야 한다.
③ 제2항에 따른 교육의 내용 등 교육에 필요한 사항은 환경부령으로 정한다.
(2016.1.27 본조신설)

제38조의9【등록의 취소 등】 ① 환경부장관은 측정기기 관리대행업자가 다음 각 호의 어느 하나에 해당하는 경우에는 등록을 취소하거나 6개월 이내의 기간을 정하여 업무의 전부 또는 일부의 정지를 명할 수 있다. 다만, 제1호부터 제3호까지에 해당하는 경우에는 등록을 취소하여야 한다.
1. 거짓이나 그 밖의 부정한 방법으로 등록을 한 경우
2. 업무정지 기간 중에 측정기기 관리대행업무를 한 경우
3. 제38조의7에 따른 결격사유에 해당하는 경우. 다만, 제38조의7제5호에 따른 결격사유에 해당하는 경우로서 그 사유가 발생한 날부터 2개월 이내에 그 사유가 없어진 경우에는 그러하지 아니하다.(2020.5.26 단서개정)
4. 고의 또는 중대한 과실로 측정기기의 관리대행업무를 부실하게 한 경우
5. 제38조의6제1항 전단에 따른 등록요건을 충족하지 못하게 된 경우
6. 제38조의6제1항 후단에 따른 변경등록을 하지 아니한 경우
7. 제38조의8제1항에 따른 준수사항을 위반한 경우
② 제1항에 따른 행정처분의 세부 기준 및 그 밖에 필요한 사항은 환경부령으로 정한다.
(2016.1.27 본조신설)

제38조의10【관리대행능력의 평가 및 공시】 ① 환경부장관은 측정기기부착사업자등이 측정기기 관리대행업자를 적정하게 선정할 수 있도록 하기 위하여 측정기기 관리대행업자의 신청이 있는 경우 측정기기 관리대행업자의 관리대행 실적 및 행정처분 현황 등에 따라 관리대행능력을 평가하여 공시하여야 한다.
② 제1항에 따른 평가를 받으려는 측정기기 관리대행업자는 환경부령으로 정하는 바에 따라 전년도 측정기기 관리대행 실적, 기술인력·장비 보유현황, 기술인력의 교육 이수현황 및 그 밖에 환경부령으로 정하는 사항을 환경부장관에게 제출하여야 한다.
③ 제1항 및 제2항에 따른 측정기기 관리대행능력의 평가방법, 제출 자료, 공시 절차 등 평가 및 공시에 필요한 사항은 환경부령으로 정한다.
(2016.1.27 본조신설)

제39조【배출허용기준을 초과한 사업자에 대한 개선명령】 환경부장관은 제37조제1항에 따른 신고를 한 후 조업 중인 배출시설(폐수무방류배출시설은 제외한다)에서 배출되는 수질오염물질의 정도가 제32조에 따른 배출허용기준을 초과한다고 인정할 때에는 대통령령으로 정하는 바에 따라 기간을 정하여 사업자(제35조제5항에 따른 공동방지시설 운영기구의 대표자를 포함한다)에게 그 수질오염물질의 정도가 배출허용기준 이하로 내려가도록 필요한 조치를 할 것(이하 "개선명령"이라 한다)을 명할 수 있다.(2013.7.30 본조개정)

제40조【조업정지명령】 환경부장관은 제39조에 따라 개선명령을 받은 자가 개선명령을 이행하지 아니하거나 기간 이내에 이행은 하였으나 검사 결과가 제32조에 따른 배출허용기준을 계속 초과할 때에는 해당 배출시설의 전부 또는 일부에 대한 조업정지를 명할 수 있다.
(2013.7.30 본조개정)

제41조【배출부과금】 ① 환경부장관은 수질오염물질로 인한 수질오염 및 수생태계 훼손을 방지하거나 감소시키기 위하여 수질오염물질을 배출하는 사업자(공공폐수처리시설, 공공하수처리시설 중 환경부령으로 정하는 시설을 운영하는 자를 포함한다) 또는 제33조제1항부터 제3항까지의 규정에 따른 허가·변경허가를 받지 아니하거나 신고·변경신고를 하지 아니하고 배출시설을 설치하거나 변경한 자에게 배출부과금을 부과·징수한다. 이 경우 배출부과금은 다음 각 호와 같이 구분하여 부과하되, 그 산정방법과 산정기준 등에 관하여 필요한 사항은 대통령령으로 정한다.(2016.1.27 전단개정)

1. 기본배출부과금
  가. 배출시설(폐수무방류배출시설은 제외한다)에서 배출되는 폐수 중 수질오염물질이 제32조에 따른 배출허용기준 이하로 배출되나 방류수 수질기준을 초과하는 경우
  나. 공공폐수처리시설 또는 공공하수처리시설에서 배출되는 폐수 중 수질오염물질이 방류수 수질기준을 초과하는 경우(2016.1.27 본목개정)
2. 초과배출부과금
  가. 수질오염물질이 제32조에 따른 배출허용기준을 초과하여 배출되는 경우
  나. 수질오염물질이 공공수역에 배출되는 경우(폐수무방류배출시설로 한정한다)

② 제1항에 따라 배출부과금을 부과할 때에는 다음 각 호의 사항을 고려하여야 한다.
1. 제32조에 따른 배출허용기준 초과 여부
2. 배출되는 수질오염물질의 종류
3. 수질오염물질의 배출기간
4. 수질오염물질의 배출량
5. 제46조에 따른 자가측정 여부
6. 그 밖에 수질환경의 오염 또는 개선과 관련되는 사항으로서 환경부령으로 정하는 사항

③ 제1항의 배출부과금은 방류수 수질기준 이하로 배출하는 사업자(폐수무방류배출시설을 운영하는 사업자는 제외한다. 이하 이 항에서 같다)에 대해서는 부과하지 아니하며, 대통령령으로 정하는 양 이하의 수질오염물질을 배출하는 사업자 및 다른 법률에 따라 수질오염물질의 처리비용을 부담한 사업자에 대해서는 배출부과금을 감면할 수 있다. 이 경우 다른 법률에 따라 처리비용을 부담한 사업자에 대한 배출부과금의 감면은 그 부담한 처리비용의 금액 이내로 한정한다.
④ 환경부장관은 제1항에 따라 배출부과금을 내야 할 자가 정하여진 기한까지 내지 아니하면 가산금을 징수한다.
⑤ 제4항에 따른 가산금에 대해서는 「국세기본법」 제47조의4를 준용한다.(2019.11.26 본항개정)
⑥ 제1항에 따른 배출부과금과 제4항에 따른 가산금은 「환경정책기본법」에 따른 환경개선특별회계의 세입으로 한다.
⑦ 환경부장관은 제74조에 따라 시·도지사에게 그 관할구역의 배출부과금 또는 가산금의 징수에 관한 권한을 위임한 경우에는 징수된 배출부과금과 가산금 중 일부를 대통령령으로 정하는 바에 따라 징수비용으로 지급할 수 있다.
⑧ 환경부장관 또는 제7항에 따른 시·도지사는 배출부과금이나 가산금을 내야 할 자가 정하여진 기한까지 내지 아니하면 국세 체납처분의 예 또는 「지방행정제재·부과금의 징수 등에 관한 법률」에 따라 징수한다.
(2021.4.13 본항개정)
(2013.7.30 본조개정)

제42조【허가의 취소 등】 ① 환경부장관은 사업자 또는 방지시설을 운영하는 자가 다음 각 호의 어느 하나에 해당하는 경우에는 배출시설의 설치허가 또는 변경허가를 취소하거나 배출시설의 폐쇄 또는 6개월 이내의 조업정지를 명할 수 있다. 다만, 제2호에 해당하는 경우에는 배출시설의 설치허가 또는 변경허가를 취소하거나 그 폐쇄를 명하여야 한다.
1. 제32조제1항에 따른 배출허용기준을 초과한 경우
2. 거짓이나 그 밖의 부정한 방법으로 제33조제1항부터 제3항까지의 규정에 따른 허가·변경허가를 받았거나 신고·변경신고를 한 경우
3. 제33조제1항에 따른 허가를 받거나 신고를 한 후 특별한 사유 없이 5년 이내에 배출시설 또는 방지시설을 설치하지 아니하거나 배출시설의 멸실 또는 폐업이 확인된 경우
4. 제33조제1항 단서에 따라 폐수무방류배출시설을 설치한 자가 방지시설을 설치하지 아니하고 배출시설을 가동한 경우
5. 제33조제2항에 따른 변경허가를 받지 아니한 경우
6. 제33조제8항에 따른 배출시설 설치제한지역에 제33조제1항부터 제3항까지의 규정에 따른 배출시설 설치허가(변경허가를 포함한다)를 받지 아니하거나 신고를 하지 아니하고 배출시설을 설치 또는 가동한 경우
(2018.10.16 본호개정)
7. 제35조제1항 본문에 따른 방지시설을 설치하지 아니하고 배출시설을 설치·가동하거나 변경한 경우
8. 제35조제1항 단서에 따라 방지시설의 설치가 면제되는 자가 제32조에 따른 배출허용기준을 초과하여 오염물질을 배출한 경우
9. 제37조제1항에 따른 가동시작 신고 또는 변경신고를 하지 아니하고 조업한 경우
10. 제38조제1항 각 호의 어느 하나 또는 같은 조 제2항 각 호의 어느 하나에 해당하는 행위를 한 경우
11. 제38조의2제1항에 따른 측정기기를 부착하지 아니한 경우
12. 제38조의3제1항 각 호의 어느 하나에 해당하는 행위를 한 경우
13. 제38조의4제2항·제40조 또는 이 조에 따른 조업정지명령을 이행하지 아니한 경우
14. 제39조에 따른 개선명령을 이행하지 아니한 경우
15. 배출시설을 설치·운영하던 사업자가 폐업하기 위하여 해당 시설을 철거한 경우

② 환경부장관은 사업자 또는 방지시설을 운영하는 자가 다음 각 호의 어느 하나에 해당하는 경우에는 6개월 이내의 조업정지를 명할 수 있다.
1. 제33조제2항 또는 제3항에 따른 변경신고를 하지 아니한 경우
2. 제38조제3항에 따른 배출시설 및 방지시설의 운영에 관한 관리기록을 거짓으로 기록하거나 보존하지 아니한 경우
3. 제47조에 따른 환경기술인을 임명하지 아니하거나 자격기준에 못 미치는 환경기술인을 임명하거나 환경기술인이 상근하지 아니하는 경우

③ 환경부장관은 제1항제3호에 따른 배출시설의 폐업 여부를 확인하기 위하여 필요한 경우 관할 세무서장에게 정보 제공을 요청할 수 있다. 이 경우 요청을 받은 관할 세무서장은 「전자정부법」 제36조제1항에 따라 배출시설의 폐업 여부에 대한 정보를 제공하여야 한다.
(2019.11.26 본항신설)
(2013.7.30 본조개정)

제43조【과징금 처분】 ① 환경부장관은 다음 각 호의 어느 하나에 해당하는 배출시설(폐수무방류배출시설은 제외한다)을 설치·운영하는 사업자에 대하여 제42조에 따라 조업정지를 명하여야 하는 경우로서 그 조업정지가 주민의 생활, 대외적인 신용, 고용, 물가 등 국민경제 또는 그 밖의 공익에 현저한 지장을 줄 우려가 있다고 인정되는 경우에는 조업정지처분을 갈음하여 매출액에 100분의 5를 곱한 금액을 초과하지 아니하는 범위에서 과징금을 부과할 수 있다.(2019.11.26 본문개정)
1. 「의료법」에 따른 의료기관의 배출시설
2. 발전소의 발전설비
3. 「초·중등교육법」 및 「고등교육법」에 따른 학교의 배출시설
4. 제조업의 배출시설
5. 그 밖에 대통령령으로 정하는 배출시설

② 환경부장관은 다음 각 호의 어느 하나에 해당하는 위반행위에 대해서는 제1항에도 불구하고 조업정지를 명하여야 한다.
1. 제35조에 따라 방지시설(공동방지시설을 포함한다)을 설치하여야 하는 자가 방지시설을 설치하지 아니하고 배출시설을 가동한 경우
2. 제38조제1항 각 호의 어느 하나에 해당하는 행위를 한 경우로서 30일 이상의 조업정지처분 대상이 되는 경우
3. 제38조의3제1항 각 호의 어느 하나에 해당하는 행위를 한 경우로서 5일 이상의 조업정지처분 대상이 되는 경우(2016.1.27 본호신설)
4. 제39조에 따른 개선명령을 이행하지 아니한 경우
5. 과징금 처분을 받은 날부터 2년이 지나기 전에 제42조에 따른 조업정지 처분 대상이 되는 경우
(2021.4.13 본호개정)

③ 환경부장관은 사업자가 제1항에 따른 과징금을 납부기한까지 내지 아니하면 국세 체납처분의 예에 따라 징수한다.
④ 제1항에 따라 징수한 과징금은 「환경정책기본법」에 따른 환경개선특별회계의 세입으로 한다.
⑤ 제74조에 따라 과징금의 부과·징수에 관한 환경부장관의 권한을 시·도지사에게 위임한 경우에 그 징수비용의 지급에 관하여는 제41조제7항 및 제8항을 준용한다.
⑥ 제1항에 따른 과징금을 부과하는 위반행위의 종류와 위반 정도 등에 따른 과징금의 금액과 그 밖에 필요한 사항은 대통령령으로 정하되, 그 금액의 2분의 1의 범위에서 가중(加重)하거나 감경(減輕)할 수 있다.
(2019.11.26 본항개정)
(2013.7.30 본조개정)

제44조【위법시설에 대한 폐쇄명령 등】 환경부장관은 제33조제1항부터 제3항까지의 규정에 따른 허가를 받지 아니하거나 신고를 하지 아니하고 배출시설을 설치하거나 사용하는 자에 대하여 해당 배출시설의 사용중지를 명하여야 한다. 다만, 해당 배출시설을 개선하거나 방지시설을 설치·개선하더라도 그 배출시설에서 배출되는 수질오염물질의 정도가 제32조에 따른 배출허용기준 이하로 내려갈 가능성이 없다고 인정되는 경우(폐수무방류배출시설의 경우에는 그 배출시설에서 나오는 폐수가 공공수역으로 배출될 가능성이 있다고 인정되는 경우를 말한다) 또는 그 설치장소가 다른 법률에 따라 해당 배출시설의 설치가 금지된 장소인 경우에는 그 배출시설의 폐쇄를 명하여야 한다.(2013.7.30 본조개정)

제45조【명령의 이행보고 및 확인】 ① 제38조의4제2항, 제39조, 제40조, 제42조 또는 제44조에 따른 개선명령·조업정지명령·사용중지명령 또는 폐쇄명령을 받은 자가 그 명령을 이행하였을 때에는 지체 없이 이를 환경부장관에게 보고하여야 한다.
② 환경부장관은 제1항에 따른 보고를 받았을 때에는 관계 공무원으로 하여금 지체 없이 그 명령의 이행상태 또는 개선완료상태를 확인하게 하고, 폐수 오염도검사가 필요하다고 인정되는 경우에는 시료(試料)를 채취하여 환경부령으로 정하는 검사기관에 오염도검사를 지시하거나 의뢰하여야 한다.
(2013.7.30 본조개정)

제46조【수질오염물질의 측정】 사업자는 그가 운영하는 배출시설 및 방지시설을 적정하게 운영하기 위하여 배출되는 수질오염물질을 스스로 측정하거나 「환경분야 시험·검사 등에 관한 법률」 제16조에 따른 측정대행업자로 하여금 측정하게 할 수 있다.(2011.4.28 본조개정)

제46조의2【특정수질유해물질 배출량조사 및 조사결과의 검증】 ① 제33조제1항에 따라 배출시설의 설치허가(변경허가를 포함한다)를 받은 자 중 환경부령으로 정하는 자는 매년 사업장에서 배출되는 특정수질유해물질의 종류, 취급량·배출량 등을 조사(이하 "특정수질유해물질 배출량조사"라 한다)하여 그 결과를 환경부장관에게 제출하여야 한다. 다만, 「화학물질관리법」 제11조제2항에 따라 화학물질 배출량조사에 필요한 자료를 제출한 경우는 제외한다.
② 환경부장관은 특정수질유해물질 배출량조사 결과의 신뢰성을 확보하기 위하여 환경부령으로 정하는 바에 따라 그 결과를 검증하여야 한다. 이 경우 환경부장관은 그 결과의 검증에 필요한 자료의 제출을 명할 수 있다.
③ 특정수질유해물질 배출량조사의 내용, 방법, 조사 시기 및 결과 제출시기 등은 환경부령으로 정한다.
(2017.1.17 본조신설)

제46조의3【특정수질유해물질 배출량조사 결과의 공개】 ① 환경부장관은 특정수질유해물질 배출량조사 결과에 대한 검증을 마친 경우에는 특정수질유해물질 배출량조사 결과를 사업장별로 공개하여야 한다. 다만, 다음 각 호의 어느 하나에 해당하는 경우는 제외한다.
1. 공개할 경우 국가안전보장·질서유지 또는 공공복리에 현저한 지장을 초래할 것으로 인정되는 경우
2. 검증 결과 신뢰성이 낮아 그 이용에 혼란이 초래될 것으로 인정되는 경우
3. 「부정경쟁방지 및 영업비밀보호에 관한 법률」 제2조제2호의 영업비밀에 해당하는 경우. 다만, 다음 각 목에 열거한 정보는 제외한다.
  가. 사업활동에 의하여 발생하는 위해(危害)로부터 사람의 생명·신체 또는 건강을 보호하기 위하여 공개할 필요가 있는 정보
  나. 위법·부당한 사업활동으로부터 국민의 재산 또는 생활을 보호하기 위하여 공개할 필요가 있는 정보

② 환경부장관은 특정수질유해물질 배출량조사와 그 검증과 관련된 정보 및 통계를 관리하고 공개하기 위하여 전산망을 구축·운영할 수 있다.
③ 특정수질유해물질 배출량조사 결과의 공개 및 전산망의 구축·운영에 필요한 사항은 환경부령으로 정한다.
(2017.1.17 본조신설)

제46조의4【자발적 협약의 체결】 ① 환경부장관 또는 지방자치단체의 장은 특정수질유해물질의 배출 저감 노력을 촉진하기 위하여 배출시설을 설치·운영하는 자 또는 이들로 구성된 단체와 협약을 체결할 수 있다.
② 환경부장관 또는 지방자치단체의 장은 제1항에 따라 협약을 체결한 자에게 그 협약의 자발적 이행에 필요한 지원을 할 수 있다.
(2017.1.17 본조신설)

제47조【환경기술인】 ① 사업자는 배출시설과 방지시설의 정상적인 운영·관리를 위하여 대통령령으로 정하는 바에 따라 환경기술인을 임명하여야 한다.
② 환경기술인은 배출시설과 방지시설에 종사하는 사람이 이 법 또는 이 법에 따른 명령을 위반하지 아니하도록 지도·감독하고, 배출시설 및 방지시설이 정상적으로 운영되도록 관리하여야 한다.
③ 사업자는 제2항에 따른 환경기술인의 관리사항을 감독하여야 한다.
④ 사업자 및 배출시설과 방지시설에 종사하는 사람은 배출시설과 방지시설의 정상적인 운영·관리를 위한 환경기술인의 업무를 방해하여서는 아니 되며, 그로부터 업무 수행에 필요한 요청을 받았을 때에는 정당한 사유가 없으면 이에 따라야 한다.
⑤ 제1항에 따라 환경기술인을 두어야 할 사업장의 범위와 환경기술인의 자격기준은 대통령령으로 정한다.
(2013.7.30 본조개정)

제2절 공공폐수처리시설
(2016.1.27 본절제목개정)

제48조【공공폐수처리시설의 설치】 ① 국가·지방자치단체 및 한국환경공단은 수질오염이 악화되어 환경기준을 유지하기 곤란하거나 물환경 보전에 필요하다고 인정

되는 지역의 각 사업장에서 배출되는 수질오염물질을 공동으로 처리하여 배출하기 위하여 공공폐수처리시설을 설치·운영할 수 있으며, 국가와 지방자치단체는 다음 각 호의 어느 하나에 해당하는 자에게 공공폐수처리시설을 설치하거나 운영하게 할 수 있다. 이 경우 사업자 또는 그 밖에 수질오염의 원인을 직접 일으킨 자(이하 "원인자"라 한다)는 공공폐수처리시설의 설치·운영에 필요한 비용의 전부 또는 일부를 부담하여야 한다.
(2020.5.26 후단개정)
1. 한국환경공단
2. 「산업입지 및 개발에 관한 법률」 제16조제1항(제5호와 제6호는 제외한다)에 따른 산업단지개발사업의 시행자
3. 「사회기반시설에 대한 민간투자법」 제2조제7호에 따른 사업시행자
4. 제1호부터 제3호까지의 자에 준하는 공공폐수처리시설의 설치·운영 능력을 가진 자로서 대통령령으로 정하는 자(2016.1.27 본호개정)
② 제1항에 따른 공공폐수처리시설의 종류는 대통령령으로 정한다.(2016.1.27 본항개정)
(2016.1.27 본조제목개정)

제48조의2【공공폐수처리시설 설치 부담금의 부과·징수】 ① 제48조에 따라 공공폐수처리시설을 설치·운영하는 자(이하 "시행자"라 한다)는 그 시설의 설치에 드는 비용의 전부 또는 일부에 충당하기 위하여 원인자로부터 공공폐수처리시설의 설치 부담금(이하 "공공폐수처리시설 설치 부담금"이라 한다)을 부과·징수할 수 있다.
(2016.1.27 본항개정)
② 공공폐수처리시설 설치 부담금의 총액은 시행자가 해당 시설의 설치와 관련하여 지출하는 금액을 초과하여서는 아니 된다.(2016.1.27 본항개정)
③ 원인자에게 부과되는 공공폐수처리시설 설치 부담금은 각 원인자의 사업의 종류·규모 및 오염물질의 배출 정도 등을 기준으로 하여 정한다.(2016.1.27 본항개정)
④ 국가와 지방자치단체는 이 법에 따른 중소기업자의 비용부담으로 인하여 중소기업자의 생산활동과 투자의 욕이 위축되지 아니하도록 세제상 또는 금융상 필요한 지원 조치를 할 수 있다.
⑤ 제1항부터 제3항까지의 규정에 따른 공공폐수처리시설 설치 부담금의 산정방법, 부과·징수의 방법 및 절차, 그 밖에 필요한 사항은 대통령령으로 정한다.
(2016.1.27 본항개정)
(2016.1.27 본조제목개정)

제48조의3【공공폐수처리시설의 사용료의 부과·징수】
① 시행자는 공공폐수처리시설의 운영에 드는 비용의 전부 또는 일부를 충당하기 위하여 원인자로부터 공공폐수처리시설의 사용료(이하 "공공폐수처리시설 사용료"라 한다)를 부과·징수할 수 있다.
② 원인자에게 부과되는 공공폐수처리시설 사용료는 각 원인자의 사업의 종류·규모 및 오염물질의 배출 정도 등을 기준으로 하여 정한다.
③ 제1항에 따라 징수한 공공폐수처리시설 사용료는 공공폐수처리시설에 관한 용도 외에는 사용할 수 없다.
④ 제1항 및 제2항에 따른 공공폐수처리시설 사용료의 산정 방법, 부과·징수의 방법과 절차 및 그 밖에 필요한 사항은 대통령령으로 정한다.
(2016.1.27 본조신설)

제49조【공공폐수처리시설 기본계획】 ① 환경부장관은 제48조제1항에 따라 공공폐수처리시설을 설치(변경을 포함한다)할 때에는 기본계획을 수립하여야 한다.
② 시행자(환경부장관은 제외한다)가 제48조제1항에 따라 공공폐수처리시설을 설치(변경을 포함한다)하려는 경우에는 대통령령으로 정하는 바에 따라 공공폐수처리시설 기본계획을 수립하여 환경부장관의 승인을 받아야 한다.
③ 환경부장관은 제1항 및 제2항에 따라 공공폐수처리시설 기본계획을 수립하거나 승인(변경승인을 포함한다. 이하 이 조에서 같다)하였을 때에는 공공폐수처리구역을 지정하고 그 지정 내용을 포함한 공공폐수처리시설 기본계획의 수립 또는 승인 내용을 고시하여야 하며, 그 사업예정지역을 관할하는 특별자치시장·특별자치도지사·시장·군수·구청장에게 공공폐수처리시설 기본계획서 사본을 송부하여야 한다.
④ 제3항에 따라 공공폐수처리시설 기본계획서 사본을 송부받은 특별자치시장·특별자치도지사·시장·군수·구청장은 지체 없이 이를 이해관계인이 열람할 수 있게 하여야 한다.
⑤ 제2항에 따라 기본계획의 승인을 받은 후 공공폐수처리시설을 설치하려는 자는 환경부령으로 정하는 바에 따라 그 기본설계 및 실시설계에 승인 내용을 반영하여야 한다.
(2016.1.27 본조개정)

제49조의2【비용부담계획】 ① 환경부장관이 제49조제1항에 따라 기본계획을 수립하였을 때에는 대통령령으로 정하는 바에 따라 해당 사업에 드는 비용부담에 관한 계획(이하 "비용부담계획"이라 한다)을 수립하고 원인자에게 통지하여야 한다.
② 시행자(환경부장관은 제외한다)가 제49조제2항에 따라 공공폐수처리시설 기본계획의 승인을 받았을 때에는 대통령령으로 정하는 바에 따라 비용부담계획을 수립하여 환경부장관의 승인을 받아야 한다. 이를 변경하려는 경우에도 또한 같다.(2016.1.27 전단개정)
③ 환경부장관은 제2항에 따라 비용부담계획을 승인하거나 변경승인할 때에는 해당 사업의 시행기간을 정하여야 한다.
④ 시행자(환경부장관은 제외한다)는 제2항에 따라 비용부담계획의 승인 또는 변경승인을 받았을 때에는 이를 원인자에게 통지하여야 한다.

제49조의3【권리·의무의 승계】 공공폐수처리시설 설치 부담금의 징수대상이 되는 공장 또는 사업장 등을 양수한 자는 당사자 간에 특별한 약정이 없으면 양수 전에 이 법에 따라 양도자에게 발생한 공공폐수처리시설 설치 부담금에 관한 권리·의무를 승계한다.(2016.1.27 본조개정)

제49조의4【수용 및 사용】 ① 시행자는 공공폐수처리시설 설치에 필요한 토지·건물 또는 그 토지에 정착된 물건이나 토지·건물 또는 물건에 관한 소유권 외의 권리를 수용하거나 사용할 수 있다.(2016.1.27 본항개정)
② 제1항에 따른 수용 또는 사용에 관하여는 이 법에 특별한 규정이 있는 경우를 제외하고는 「공익사업을 위한 토지 등의 취득 및 보상에 관한 법률」을 적용한다.
③ 제2항에 따라 「공익사업을 위한 토지 등의 취득 및 보상에 관한 법률」을 적용하는 경우 이 법 제49조에 따른 공공폐수처리시설 기본계획의 승인 또는 변경승인은 「공익사업을 위한 토지 등의 취득 및 보상에 관한 법률」 제20조제1항에 따른 사업인정으로 보며, 재결신청(裁決申請)은 같은 법 제23조제1항 및 제28조제1항에도 불구하고 이 법 제49조의2에 따른 비용부담계획의 승인 또는 변경승인 시에 정한 사업의 시행기간 이내에 하여야 한다.
(2016.1.27 본항개정)

제49조의5【공공폐수처리시설 설치 부담금 및 사용료의 납입】 공공폐수처리시설 설치 부담금(시행자가 국가인 경우만 해당한다) 또는 공공폐수처리시설 사용료(시행자가 국가인 경우만 해당한다)는 「환경정책기본법」에 따른 환경개선특별회계의 세입으로 한다. 다만, 국가가 공공폐수처리시설 운영사업을 제48조제1항에 따라 위탁하여 실시하는 경우에는 그러하지 아니하며, 징수한 공공폐수처리시설 사용료를 수탁자에게 지급하여야 한다.
(2016.1.27 본조개정)

제49조의6【강제징수】 ① 시행자는 공공폐수처리시설 설치 부담금 또는 공공폐수처리시설 사용료를 내야 할 자가 납부기한까지 내지 아니하는 경우에는 10일 이상의 기간을 정하여 독촉하여야 한다. 이 경우 체납된 공공폐수처리시설 설치 부담금 또는 공공폐수처리시설 사용료에 대해서는 100분의 3에 해당하는 가산금을 부과하여야 한다.
② 제1항에 따라 독촉을 받은 자가 그 기한까지 공공폐수처리시설 설치 부담금 또는 공공폐수처리시설 사용료를 내지 아니하면 국세 체납처분의 예 또는 「지방행정제재·부과금의 징수 등에 관한 법률」에 따라 징수할 수 있다. 이 경우 제48조제1항 각 호의 자(이하 "한국환경공단등"이라 한다)가 시행자인 경우에는 미리 환경부장관의 승인을 받아야 한다.(2021.4.13 전단개정)
③ 한국환경공단등은 대통령령으로 정하는 바에 따라 특별자치시장·특별자치도지사·시장·군수·구청장에게 공공폐수처리시설 설치 부담금 또는 공공폐수처리시설 사용료의 징수업무를 위탁할 수 있으며, 이를 위탁받은 특별자치시장·특별자치도지사·시장·군수·구청장은 「지방행정제재·부과금의 징수 등에 관한 법률」에 따라 징수하여야 한다. 이 경우 한국환경공단등은 징수된 금액 중 일부를 대통령령으로 정하는 바에 따라 징수비용으로 지급하여야 한다.(2021.4.13 전단개정)
(2016.1.27 본조개정)

제49조의7【보고 등】 시행자는 제49조 및 제49조의2에 따른 기본계획 및 비용부담계획을 수립하기 위하여 필요하다고 인정될 때에는 공공폐수처리구역의 원인자에게 대하여 필요한 보고 또는 자료 제출을 요구할 수 있다. 이 경우 원인자는 특별한 사유가 없으면 이에 따라야 한다.
(2016.1.27 전단개정)

제50조【공공폐수처리시설의 운영·관리 등】 ① 공공폐수처리시설을 운영하는 자는 강우·사고 또는 처리공법상 필요한 경우 등 환경부령으로 정하는 정당한 사유 없이 다음 각 호의 어느 하나에 해당하는 행위를 하여서는 아니 된다.
1. 제51조제2항에 따른 폐수관로로 유입된 수질오염물질을 공공폐수처리시설에 유입하지 아니하고 배출하거나 공공폐수처리시설에 유입시키지 아니하고 배출할 수 있는 시설을 설치하는 행위(2017.1.17 본호개정)
2. 공공폐수처리시설에 유입된 수질오염물질을 최종 방류구를 거치지 아니하고 배출하거나 최종 방류구를 거치지 아니하고 배출할 수 있는 시설을 설치하는 행위
3. 공공폐수처리시설에 유입된 수질오염물질에 오염되지 아니한 물을 섞어 처리하거나 방류수 수질기준을 초과하는 수질오염물질이 공공폐수처리시설의 최종 방류구를 통과하기 전에 오염도를 낮추기 위하여 물을 섞어 배출하는 행위
② 공공폐수처리시설을 운영하는 자는 환경부령으로 정하는 유지·관리기준에 따라 그 시설을 적정하게 운영하여야 한다.
③ 환경부장관은 공공폐수처리시설의 운영·관리에 관한 평가를 정기적으로 실시할 수 있으며, 평가 지표·방법 등 평가에 필요한 사항은 환경부장관이 정하여 고시한다.(2016.1.27 본항신설)
④ 환경부장관은 공공폐수처리시설이 제2항에 따른 기준에 맞지 아니하게 운영·관리되고 있다고 인정할 때에는 대통령령으로 정하는 바에 따라 기간을 정하여 해당 시설을 운영하는 자에게 그 시설의 개선 등 필요한 조치를 할 것을 명할 수 있다.
⑤ 환경부장관은 제3항에 따른 공공폐수처리시설의 운영·관리에 관한 평가 결과 우수한 시행자에게 예산의 범위에서 포상금을 지급할 수 있으며, 포상금의 지급 기준·절차 등 포상금의 지급에 필요한 사항은 환경부령으로 정한다.(2016.1.27 본항신설)
(2016.1.27 본조개정)

제50조의2【기술진단 등】 ① 시행자는 공공폐수처리시설의 관리상태를 점검하기 위하여 5년마다 해당 공공폐수처리시설에 대하여 기술진단을 하고, 그 결과를 환경부장관에게 통보하여야 한다.
② 시행자는 한국환경공단 또는 「하수도법」 제20조의2에 따른 기술진단전문기관(이하 "기술진단전문기관"이라 한다)으로 하여금 제1항에 따른 기술진단을 대행하게 할 수 있다. 다만, 해당 공공폐수처리시설을 위탁하여 운영하고 있는 경우에는 기술진단을 대행하게 할 수 없다.
③ 시행자는 제1항에 따른 기술진단의 결과 관리상태가 적정하지 아니한 때에는 개선계획 수립 및 시행 등 필요한 조치를 하여야 한다.
④ 기술진단전문기관이 공공폐수처리시설에 대하여 기술진단을 실시하는 경우 「하수도법」 제20조의2 및 제20조의4를 준용한다.
⑤ 제1항에 따른 기술진단의 대상 및 내용 등에 필요한 사항은 환경부령으로 정한다.
(2016.1.27 본조신설)

제51조【배수설비 등의 설치 및 관리 등】 ① 시행자는 사업장의 폐수를 공공폐수처리시설로 유입시키기 위하여 폐수관로를 설치·관리하여야 한다.
② 공공폐수처리구역에서 배출시설을 설치하려는 자 및 폐수를 배출하려는 자 중 대통령령으로 정하는 자는 해당 사업장에서 배출되는 폐수를 폐수관로로 유입시켜야 하며, 이에 필요한 배수관 등 배수설비를 설치·관리하여야 한다.(2021.4.13 본항개정)
③ 제1항 및 제2항에 따라 설치하여야 하는 폐수관로 및 배수설비의 설치방법, 구조기준 등은 환경부령으로 정한다. 다만, 다른 법령에서 이에 관하여 규정한 경우에는 그 규정에 따른다.
④ 한국환경공단등은 유입되는 폐수의 관리 등을 위하여 필요한 경우 환경부장관 또는 시·도지사에게 공공폐수처리시설에 폐수를 유입하는 자에 대하여 제68조제1항에 따른 검사를 실시할 것을 요청할 수 있다.
(2017.1.17 본조개정)

제3절 생활하수 및 가축분뇨의 관리
(2013.7.30 본절개정)

제52조【생활하수 및 가축분뇨의 관리】 생활하수 및 가축분뇨의 관리는 「하수도법」 및 「가축분뇨의 관리 및 이용에 관한 법률」에 따른다.

제4장 비점오염원의 관리

제53조【비점오염원의 설치신고·준수사항·개선명령 등】 ① 다음 각 호의 어느 하나에 해당하는 자는 환경부령으로 정하는 바에 따라 환경부장관에게 신고하여야 한다. 신고한 사항 중 대통령령으로 정하는 사항을 변경하려는 경우에도 또한 같다.
1. 대통령령으로 정하는 규모 이상의 도시의 개발, 산업단지의 조성, 그 밖에 비점오염원에 의한 오염을 유발하는 사업으로서 대통령령으로 정하는 사업을 하려는 자
2. 대통령령으로 정하는 규모 이상의 사업장에 제철시설, 섬유염색시설, 그 밖에 대통령령으로 정하는 폐수배출시설을 설치하는 자
3. 사업이 재개(再開)되거나 사업장이 증설되는 등 대통령령으로 정하는 경우가 발생하여 제1호 또는 제2호에 해당되는 자
② 제1항에 따른 신고 또는 변경신고를 할 때에는 비점오염저감시설 설치계획을 포함하는 비점오염저감계획서 등 환경부령으로 정하는 서류를 제출하여야 한다.
③ 환경부장관은 제1항에 따른 신고 또는 변경신고를 받은 날부터 20일 이내에 신고수리 여부를 신고인에게 통지하여야 한다.(2018.10.16 본항신설)
④ 환경부장관이 제3항에서 정한 기간 내에 신고수리 여부 또는 민원 처리 관련 법령에 따른 처리기간의 연장을 신고인에게 통지하지 아니하면 그 기간(민원 처리 관련 법령에 따라 처리기간이 연장 또는 재연장된 경우에는 해당 처리기간을 말한다)이 끝난 날의 다음 날에 신고를 수리한 것으로 본다.(2018.10.16 본항신설)
⑤ 제1항에 따라 신고 또는 변경신고를 한 자(이하 "비점오염원설치신고사업자"라 한다)는 환경부령으로 정하는 시점까지 환경부령으로 정하는 기준에 따라 비점오염저감시설을 설치하여야 한다. 다만, 다음 각 호의 어느 하나

에 해당하는 경우 비점오염저감시설을 설치하지 아니할 수 있다.
1. 제1항제2호 또는 제3호에 따른 사업장의 강우유출수의 오염도가 항상 제32조에 따른 배출허용기준 이하인 경우로서 대통령령으로 정하는 바에 따라 환경부장관이 인정하는 경우
2. 제21조의4에 따른 완충저류시설에 유입하여 강우유출수를 처리하는 경우(2014.3.24 본호개정)
3. 하나의 부지에 제1항 각 호에 해당하는 자가 둘 이상인 경우로서 환경부령으로 정하는 바에 따라 비점오염원을 적정하게 관리할 수 있다고 환경부장관이 인정하는 경우
⑥ 비점오염원설치신고사업자가 사업을 하거나 시설을 설치·운영할 때에는 다음 각 호의 사항을 지켜야 한다.
1. 비점오염저감계획서의 내용을 이행할 것
2. 비점오염저감시설을 제5항에 따른 설치기준에 맞게 유지하는 등 환경부령으로 정하는 바에 따라 관리·운영할 것(2018.10.16 본호개정)
3. 그 밖에 비점오염원을 적정하게 관리하기 위하여 환경부령으로 정하는 사항
⑦ 환경부장관은 제6항에 따른 준수사항을 지키지 아니한 자에 대해서는 대통령령으로 정하는 바에 따라 기간을 정하여 비점오염저감계획의 이행 또는 비점오염저감시설의 설치·개선을 명할 수 있다.(2018.10.16 본항개정)
⑧ 환경부장관은 제2항에 따른 비점오염저감계획을 검토하거나 제5항제1호 또는 제3호에 따라 비점오염저감시설을 설치하지 아니하여도 되는 사업장을 인정하려는 경우에는 그 적정성에 관하여 환경부령으로 정하는 관계 전문기관의 의견을 들을 수 있다.(2018.10.16 본항개정)
⑨ 비점오염원설치신고사업자의 권리·의무의 승계에 관하여는 제36조를 준용한다. 이 경우 "사업자"는 "비점오염원설치신고사업자"로, "배출시설 및 방지시설"은 "비점오염원 또는 비점오염저감시설"로, "허가·변경허가·신고 또는 변경신고"는 "신고 또는 변경신고"로, "임대차"는 "임대차 또는 운영관리주체를 변경"으로, "임차인"은 "임차인 또는 변경된 운영관리주체"로, "제38조, 제38조의2부터 제38조의5까지, 제39조부터 제41조까지, 제42조(허가취소의 경우는 제외한다), 제43조, 제46조, 제47조 및 제68조제1항제1호"는 "제6항·제7항 및 제68조제1항제3호"로 본다.(2018.10.16 후단개정)
⑩ 제2항에 따른 비점오염저감계획서의 작성방법 등에 관하여 필요한 사항은 환경부령으로 정한다.
(2013.7.30 본조개정)

제53조의2【상수원의 수질보전을 위한 비점오염저감시설 설치】 ① 국가 또는 지방자치단체는 비점오염저감시설을 설치하지 아니한 「도로법」 제2조제1호에 따른 도로 중 대통령령으로 정하는 도로가 다음 각 호의 어느 하나에 해당하는 지역인 경우에는 비점오염저감시설을 설치하여야 한다.
1. 상수원보호구역
2. 상수원보호구역으로 고시되지 아니한 지역의 경우에는 취수시설의 상류·하류 일정 지역으로서 환경부령으로 정하는 거리 내의 지역
3. 특별대책지역
4. 「한강수계 상수원수질개선 및 주민지원 등에 관한 법률」 제4조, 「낙동강수계 물관리 및 주민지원 등에 관한 법률」 제4조, 「금강수계 물관리 및 주민지원 등에 관한 법률」 제4조 및 「영산강·섬진강수계 물관리 및 주민지원 등에 관한 법률」 제4조에 따라 각각 지정·고시된 수변구역
5. 상수원에 중대한 오염을 일으킬 수 있어 환경부령으로 정하는 지역
② 국가는 제1항에 따라 비점오염저감시설을 설치하는 지방자치단체에 그 비용의 일부를 지원할 수 있다.
(2013.3.22 본조신설)

제53조의3【비점오염저감시설의 성능검사】 ① 비점오염저감시설을 제조하거나 수입하는 자는 제53조제5항 본문에 따라 비점오염저감시설을 설치하려는 자에게 그 제조 또는 수입한 비점오염저감시설을 공급하기 전에 환경부장관으로부터 성능검사를 받아야 한다. 성능검사를 받은 비점오염저감시설의 성능에 관하여 환경부령으로 정하는 사항을 변경하려면 다시 성능검사를 받아야 한다.
② 제1항에 따른 성능검사 판정의 유효기간은 판정을 받은 날부터 5년으로 한다.
③ 환경부장관은 제1항에 따라 성능검사를 한 경우에는 환경부령으로 정하는 바에 따라 성능검사 판정서를 발급하여야 한다.
④ 비점오염저감시설을 제조하거나 수입하는 자는 비점오염저감시설을 공급하는 경우 제3항에 따른 성능검사 판정서를 함께 제공하는 등 비점오염저감시설을 설치하려는 자가 성능검사 판정 결과를 확인할 수 있게 하여야 한다.
⑤ 제1항에 따른 성능검사의 항목, 기준, 방법 및 절차 등에 필요한 사항은 환경부령으로 정한다.
(2018.10.16 본조신설)

제53조의4【성능검사 판정의 취소】 환경부장관은 제53조의3제1항에 따라 성능검사를 받은 비점오염저감시설이 다음 각 호의 어느 하나에 해당하면 성능검사 판정을 취소하여야 한다.
1. 거짓이나 그 밖의 부정한 방법으로 성능검사를 받은 경우
2. 성능검사를 받은 비점오염저감시설과 제조·수입되는 비점오염저감시설이 다른 경우
(2018.10.16 본조신설)

제53조의5【비점오염원 관리 종합대책의 수립】 ① 환경부장관은 비점오염원의 종합적인 관리를 위하여 비점오염원 관리 종합대책(이하 "종합대책"이라 한다)을 관계 중앙행정기관의 장 및 시·도지사와 협의하여 대통령령으로 정하는 바에 따라 5년마다 수립하여야 한다.
② 종합대책에는 다음 각 호의 사항이 포함되어야 한다.
1. 비점오염원의 현황과 전망
2. 비점오염물질의 발생 현황과 전망
3. 비점오염원 관리의 기본 목표와 정책 방향
4. 다음 각 목의 사항에 대한 중장기 물순환 목표
가. 시·도별, 소권역별 불투수면적률(전체 면적 대비 불투수면의 비율을 말한다)
나. 시·도별, 소권역별 물순환율(전체 강우량 대비 빗물이 침투, 저류 및 증발산되는 비율을 말한다)
(2018.10.16 본호신설)
5. 비점오염물질 저감을 위한 세부 추진대책
6. 그 밖에 비점오염원의 관리를 위하여 대통령령으로 정하는 사항
③ 환경부장관은 종합대책을 수립한 경우에는 이를 관계 중앙행정기관의 장 및 시·도지사에게 통보하여야 한다.
④ 환경부장관은 관계 중앙행정기관의 장 또는 시·도지사에게 종합대책 중 소관별 이행사항의 점검에 필요한 자료의 제출을 요청할 수 있다. 이 경우 자료제출을 요청받은 관계 중앙행정기관의 장 및 시·도지사는 특별한 사유가 없으면 이에 따라야 한다.
⑤ 환경부장관은 제4항에 따라 점검한 결과를 종합하여 대통령령으로 정하는 바에 따라 매년 평가하고, 그 결과를 비점오염원 관리 정책의 수립 및 집행에 반영하여야 한다.
⑥ 환경부장관은 제5항에 따른 평가를 효율적으로 하기 위하여 필요한 조사·분석 등을 전문기관에 의뢰할 수 있다.
⑦ 제2항제4호에 따른 불투수면적률 및 물순환율의 구체적인 산정방법은 환경부령으로 정한다.(2018.10.16 본항신설)
(2016.1.27 본조신설)

제54조【관리지역의 지정 등】 ① 환경부장관은 비점오염원에서 유출되는 강우유출수로 인하여 하천·호소등의 이용목적, 주민의 건강·재산이나 자연생태계에 중대한 위해가 발생하거나 발생할 우려가 있는 지역에 대해서는 관할 시·도지사와 협의하여 비점오염원관리지역(이하 "관리지역"이라 한다)으로 지정할 수 있다.
② 시·도지사는 관할구역 중 비점오염원의 관리가 필요하다고 인정되는 지역에 대해서는 환경부장관에게 관리지역으로의 지정을 요청할 수 있다.
③ 환경부장관은 관리지역의 지정 사유가 없어졌거나 목적을 달성할 수 없는 등 지정의 해제가 필요하다고 인정되는 경우에는 관리지역의 전부 또는 일부에 대하여 그 지정을 해제할 수 있다.
④ 관리지역의 지정기준·지정절차와 그 밖에 필요한 사항은 대통령령으로 정한다.
⑤ 환경부장관은 관리지역을 지정하거나 해제할 때에는 그 지역의 위치, 면적, 지정 연월일, 지정목적, 해제 연월일, 해제 사유, 그 밖에 환경부령으로 정하는 사항을 고시하여야 한다.
(2013.7.30 본조개정)

제55조【관리대책의 수립】 ① 환경부장관은 관리지역을 지정·고시하였을 때에는 다음 각 호의 사항을 포함하는 비점오염원관리대책(이하 "관리대책"이라 한다)을 관계 중앙행정기관의 장 및 시·도지사와 협의하여 수립하여야 한다.
1. 관리목표
2. 관리대상 수질오염물질의 종류 및 발생량
3. 관리대상 수질오염물질의 발생 예방 및 저감 방안
4. 그 밖에 관리지역을 적정하게 관리하기 위하여 환경부령으로 정하는 사항
② 환경부장관은 관리대책을 수립하였을 때에는 시·도지사에게 이를 통보하여야 한다.
③ 환경부장관은 관리대책을 수립하기 위하여 관계 중앙행정기관의 장, 시·도지사 및 관계 기관·단체의 장에게 관리대책의 수립에 필요한 자료의 제출을 요청할 수 있다.
(2013.7.30 본조개정)

제56조【시행계획의 수립】 ① 시·도지사는 환경부장관으로부터 제55조제2항에 따라 관리대책을 통보받았을 때에는 다음 각 호의 사항이 포함된 관리대책의 시행을 위한 계획(이하 "시행계획"이라 한다)을 수립하여 환경부령으로 정하는 바에 따라 환경부장관의 승인을 받아 시행하여야 한다. 시행계획 중 환경부령으로 정하는 사항을 변경하려는 경우에도 또한 같다.
1. 관리지역의 개발현황 및 개발계획
2. 관리지역의 대상 수질오염물질의 발생현황 및 지역개발계획으로 예상되는 발생량 변화
3. 환경친화적 개발 등의 대상 수질오염물질 발생 예방
4. 방지시설의 설치·운영 및 불투수면의 축소 등 대상 수질오염물질 저감계획(2018.10.16 본호개정)
5. 그 밖에 관리대책을 시행하기 위하여 환경부령으로 정하는 사항
② 시·도지사는 환경부령으로 정하는 바에 따라 전년도 시행계획의 이행사항을 평가한 보고서를 작성하여 매년 3월 31일까지 환경부장관에게 제출하여야 한다.
③ 환경부장관은 제2항에 따라 제출된 평가보고서를 검토한 후 관리대책 및 시행계획의 원활한 이행을 위하여 필요하다고 인정되는 경우에는 관계 시·도지사에게 시행계획의 보완 또는 변경을 요구할 수 있다. 이 경우 관계 시·도지사는 특별한 사유가 없으면 이에 따라야 한다.
④ 환경부장관은 시·도지사가 제3항에 따른 요구를 이행하지 아니하는 경우에는 재정적 지원의 중단 또는 삭감 등의 조치를 할 수 있다.
(2013.7.30 본조개정)

제57조【예산 등의 지원】 환경부장관은 시행계획의 수립·시행에 필요한 경비의 전부 또는 일부를 예산의 범위에서 지원할 수 있다.(2013.7.30 본조개정)

제57조의2【기술개발·연구】 환경부장관은 비점오염원의 관리 및 저감에 필요한 기술을 개발·보급하기 위하여 환경부령으로 정하는 전문연구기관에 연구·개발을 추진하게 하고, 재정적 지원을 할 수 있다.(2013.7.30 본조신설)

제58조【농약잔류허용기준】 ① 환경부장관은 수질 또는 토양의 오염을 방지하기 위하여 필요하다고 인정할 때에는 수질 또는 토양의 농약잔류허용기준을 정할 수 있다.
② 환경부장관은 수질 또는 토양 중에 농약잔류량이 제1항에 따른 기준을 초과하거나 초과할 우려가 있다고 인정할 때에는 농약의 제조 금지·변경 또는 그 제품의 수거·폐기 등 필요한 조치를 관계 행정기관의 장에게 요청할 수 있다. 이 경우 관계 행정기관의 장은 특별한 사유가 없으면 이에 따라야 한다.
(2013.7.30 본조개정)

제59조【고랭지 경작지에 대한 경작방법 권고】 ① 특별자치도지사·시장·군수·구청장은 공공수역의 물환경 보전을 위하여 환경부령으로 정하는 해발고도 이상에 위치한 농경지 중 환경부령으로 정하는 경사도 이상의 농경지를 경작하는 사람에게 경작방식의 변경, 농약·비료의 사용량 저감, 휴경 등을 권고할 수 있다.
(2017.1.17 본항개정)
② 특별자치도지사·시장·군수·구청장은 제1항에 따른 권고에 따라 농작물을 경작하거나 휴경함으로 인하여 경작자가 입은 손실에 대해서는 대통령령으로 정하는 바에 따라 보상할 수 있다.
(2013.7.30 본조개정)

제5장 기타수질오염원의 관리
(2013.7.30 본장개정)

제60조【기타수질오염원의 설치신고 등】 ① 기타수질오염원을 설치하거나 관리하려는 자는 환경부령으로 정하는 바에 따라 환경부장관에게 신고하여야 한다. 신고한 사항을 변경하는 경우에도 또한 같다.
② 환경부장관은 제1항에 따라 신고를 한 자가 「부가가치세법」 제8조에 따라 관할 세무서장에게 폐업신고를 하거나 관할 세무서장이 사업자등록을 말소한 경우에는 해당 시설의 폐쇄를 확인한 후 신고 사항을 직권으로 말소할 수 있다.(2021.4.13 본항신설)
③ 환경부장관은 제2항에 따른 직권말소를 위하여 필요한 경우 관할 세무서장에게 영업자의 폐업 여부에 대한 정보 제공을 요청할 수 있다. 이 경우 요청을 받은 관할 세무서장은 「전자정부법」 제36조제1항에 따라 영업자의 폐업 여부에 대한 정보를 제공하여야 한다.
(2021.4.13 본항신설)
④ 환경부장관은 제1항 전단에 따른 신고를 받은 날부터 5일 이내, 같은 항 후단에 따른 변경신고를 받은 날부터 4일 이내에 신고수리 여부를 신고인에게 통지하여야 한다.
(2018.10.16 본항신설)
⑤ 환경부장관이 제4항에서 정한 기간 내에 신고수리 여부 또는 민원 처리 관련 법령에 따른 처리기간의 연장을 신고인에게 통지하지 아니하면 그 기간(민원 처리 관련 법령에 따라 처리기간이 연장 또는 재연장된 경우에는 해당 처리기간을 말한다)이 끝난 날의 다음 날에 신고를 수리한 것으로 본다.(2021.4.13 본항개정)
⑥ 기타수질오염원을 설치·관리하는 자는 환경부령으로 정하는 바에 따라 수질오염물질의 배출을 방지·억제하기 위한 시설을 설치하는 등 필요한 조치를 하여야 한다.
⑦ 환경부장관은 제6항에 따른 수질오염물질의 배출을 억제하기 위한 시설이나 조치가 적합하지 아니하다고 인정할 때에는 환경부령으로 정하는 바에 따라 기간을 정하여 개선명령을 할 수 있다.(2021.4.13 본항개정)
⑧ 환경부장관은 제1항에 따라 신고를 한 자가 제7항에 따른 개선명령을 위반한 때에는 조업을 정지시키거나 해당 기타수질오염원의 폐쇄를 명할 수 있다.
(2021.4.13 본항개정)
⑨ 기타수질오염원에 관하여는 제36조 및 제44조를 준용한다.

제61조【골프장의 농약 사용 제한】 ① 골프장을 설치·관리하는 자는 골프장의 잔디 및 수목 등에 「농약관리법」 제2조제1호에 따른 농약 중 맹독성 또는 고독성(高毒性)이 있는 것으로서 대통령령으로 정하는 농약(이하 "맹·고독성 농약"이라 한다)을 사용하여서는 아니 된다. 다만, 수목의 해충·전염병 등의 방제를 위하여 관할 행정기관의 장이 불가피하다고 인정하는 경우에는 그러하지 아니하다.
② 환경부장관은 환경부령으로 정하는 바에 따라 골프장에 대하여 맹·고독성 농약의 사용 여부를 확인하여야 한다.

제61조의2【물놀이형 수경시설의 신고 및 관리】 ① 물놀이형 수경시설로서 다음 각 호의 시설을 설치·운영하려는 자는 환경부령으로 정하는 바에 따라 환경부장관 또는 시·도지사에게 신고하여야 한다. 환경부령으로 정하는 중요 사항을 변경하려는 경우에도 또한 같다.
1. 국가·지방자치단체, 그 밖에 대통령령으로 정하는 공공기관(이하 "공공기관"이라 한다)이 설치·운영하는 물놀이형 수경시설(민간사업자 등에게 위탁하여 운영하는 시설도 포함한다)
2. 공공기관 이외의 자가 설치·운영하는 것으로서 다음 각 목의 어느 하나에 해당하는 시설에 설치하는 물놀이형 수경시설
   가. 「공공보건의료에 관한 법률」 제2조제4호에 따른 공공보건의료 수행기관
   나. 「관광진흥법」 제2조제6호 및 제7호에 따른 관광지 및 관광단지
   다. 「도시공원 및 녹지 등에 관한 법률」 제2조제3호에 따른 도시공원
   라. 「체육시설의 설치·이용에 관한 법률」 제2조제1호에 따른 체육시설
   마. 「어린이놀이시설 안전관리법」 제2조제2호에 따른 어린이놀이시설
   바. 「주택법」 제2조제3호에 따른 공동주택
   사. 「유통산업발전법」 제2조제3호에 따른 대규모점포
   아. 그 밖에 환경부령으로 정하는 시설
(2018.10.16 바목~아목신설)
② 환경부장관 또는 시·도지사는 제1항 각 호 외의 부분 전단에 따른 신고를 받은 날부터 10일 이내, 같은 항 각 호 외의 부분 후단에 따른 변경신고를 받은 날부터 5일 이내에 신고수리 여부를 신고인에게 통지하여야 한다.
(2018.10.16 본항신설)
③ 환경부장관 또는 시·도지사가 제2항에서 정한 기간 내에 신고수리 여부 또는 민원 처리 관련 법령에 따른 처리기간의 연장을 신고인에게 통지하지 아니하면 그 기간(민원 처리 관련 법령에 따라 처리기간이 연장 또는 재연장된 경우에는 해당 처리기간을 말한다)이 끝난 날의 다음 날에 신고를 수리한 것으로 본다.(2018.10.16 본항신설)
④ 제1항에 따라 물놀이형 수경시설을 운영하는 자는 환경부령으로 정하는 수질 기준 및 관리 기준을 지켜야 하며, 환경부령으로 정하는 바에 따라 정기적으로 수질 검사를 받아야 한다.
(2016.1.27 본조신설)

제6장 폐수처리업
(2013.7.30 본장개정)

제62조【폐수처리업의 허가】 ① 폐수의 수탁처리를 위한 영업(이하 "폐수처리업"이라 한다)을 하려는 자는 기술능력·시설 및 장비 등 환경부령으로 정하는 요건을 갖추어 환경부장관의 허가를 받아야 한다. 허가받은 사항을 변경하려는 경우에는 환경부령으로 정하는 기준에 따라 변경허가를 받거나 변경신고를 하여야 한다.
(2019.11.26 본항개정)
② 폐수처리업의 업종 구분과 영업 내용은 다음 각 호와 같다.
1. 폐수 수탁처리업 : 폐수처리시설을 갖추고 수탁받은 폐수를 재생·이용 외의 방법으로 처리하는 영업
2. 폐수 재이용업 : 수탁받은 폐수를 제품의 원료·재료 등으로 재생·이용하는 영업
(2017.1.17 본항신설)
③ 제1항에 따라 폐수처리업의 허가를 받은 자(이하 "폐수처리업자"라 한다)는 다음 각 호의 사항을 준수하여야 한다.(2019.11.26 본문개정)
1. 자신의 폐수처리시설에서 처리가 어렵거나 처리능력을 초과하는 경우에는 폐수를 수탁받지 아니할 것
(2019.11.26 본호개정)
2. 제1항에 따른 기술능력·시설 및 장비 등을 항상 유지·점검하여 폐수처리업의 적정 운영에 지장이 없도록 할 것
3. 환경부령으로 정하는 처리능력이나 용량 미만의 시설을 설치하거나 운영하지 아니할 것
4. 수탁받은 폐수를 다른 폐수처리업자에게 위탁하여 처리하지 아니할 것. 다만, 사고 등으로 정상처리가 불가능하여 환경부령으로 정하는 기간 동안 폐수가 방치되는 경우는 제외한다.
5. 수탁받은 폐수를 다른 폐수와 혼합하여 처리하려는 경우 환경부령으로 정하는 바에 따라 폐수 간 반응여부 등을 확인할 것(2019.11.26 본호신설)
6. 그 밖에 수탁폐수의 적정한 처리를 위하여 환경부령으로 정하는 사항
(2019.11.26 본조제목개정)

제62조의2【폐수처리업의 시설검사 등】 ① 폐수처리업자는 폐수처리시설이 환경부령으로 정하는 검사기준에 적합한지에 관한 검사(이하 "정기검사"라 한다)를 환경부령으로 정하는 검사기관으로부터 받아야 한다.
② 검사기관은 제1항에 따른 검사 결과를 환경부령으로 정하는 바에 따라 환경부장관에게 보고하여야 한다.
③ 환경부장관은 제1항에 따른 검사 결과 적합 판정을 받지 아니한 시설의 폐수처리업자에게 환경부령으로 정하는 바에 따라 기간을 정하여 해당 시설의 개선, 사용중지 등 필요한 조치를 명할 수 있다.
④ 제1항에 따른 검사의 주기, 절차 및 검사기관의 관리기준, 그 밖에 필요한 사항은 환경부령으로 정한다.
(2019.11.26 본조신설)

제63조【결격사유】 다음 각 호의 어느 하나에 해당하는 자는 폐수처리업의 허가를 받을 수 없다.(2019.11.26 본문개정)
1. 피성년후견인 또는 피한정후견인
2. 파산선고를 받고 복권되지 아니한 자
3. 제64조에 따라 폐수처리업의 허가가 취소(제63조제1호·제2호 또는 제64조제1항제3호에 해당하여 허가가 취소된 경우는 제외한다)된 후 2년이 지나지 아니한 자
(2019.11.26 본호개정)
4. 이 법 또는 「대기환경보전법」, 「소음·진동관리법」을 위반하여 징역의 실형을 선고받고 그 형의 집행이 끝나거나 집행을 받지 아니하기로 확정된 후 2년이 지나지 아니한 사람
5. 임원 중에 제1호부터 제4호까지의 어느 하나에 해당하는 사람이 있는 법인

제64조【허가의 취소 등】 ① 환경부장관은 폐수처리업자가 다음 각 호의 어느 하나에 해당하는 경우에는 그 허가를 취소하여야 한다.(2019.11.26 본문개정)
1. 제63조 각 호의 어느 하나에 해당하는 경우. 다만, 법인의 임원 중 제63조제5호에 해당하는 사람이 있는 경우 6개월 이내에 그 임원을 바꾸어 임명한 경우는 제외한다.
2. 거짓이나 그 밖의 부정한 방법으로 허가 또는 변경허가를 받은 경우(2019.11.26 본호개정)
3. 허가를 받은 후 2년 이내에 영업을 시작하지 아니하거나 계속하여 2년 이상 영업 실적이 없는 경우
(2019.11.26 본호개정)
4. 「해양환경관리법」에 따른 배출해역 지정기간이 끝나거나 폐기물해양배출업의 등록이 취소되어 제62조제1항 전단에 따른 기술능력·시설 및 장비 기준을 유지할 수 없는 경우
② 환경부장관은 폐수처리업자가 다음 각 호의 어느 하나에 해당하는 경우에는 그 허가를 취소하거나 6개월 이내의 기간을 정하여 영업정지를 명할 수 있다.
(2019.11.26 본문개정)
1. 다른 사람에게 허가증을 대여한 경우(2019.11.26 본호개정)
2. 1년에 2회 이상 영업정지처분을 받은 경우
3. 고의 또는 중대한 과실로 폐수처리영업을 부실하게 한 경우
4. 영업정지처분 기간에 영업행위를 한 경우
③ 환경부장관은 폐수처리업자가 다음 각 호의 어느 하나에 해당하는 경우에는 6개월 이내의 기간을 정하여 영업정지를 명할 수 있다.
1. 제62조제1항 후단에 따라 변경허가를 받지 아니하거나 변경신고를 하지 아니한 경우(2019.11.26 본호개정)
2. 제62조제3항에 따른 준수사항을 이행하지 아니한 경우
(2017.1.17 본호개정)
3. 제62조의2제1항을 위반하여 정기검사를 받지 아니한 경우(2019.11.26 본호신설)
4. 제62조의2제3항에 따른 명령을 이행하지 아니한 경우
(2019.11.26 본호신설)
5. 제66조의2제2항을 위반하여 수탁처리폐수의 인계·인수에 관한 내용을 전자인계·인수관리시스템에 입력하지 아니하거나 거짓으로 입력한 경우(2018.10.16 본호신설)
(2019.11.26 본조제목개정)

제65조【권리·의무의 승계】 ① 다음 각 호의 어느 하나에 해당하는 자는 이 법에 따른 종전 폐수처리업자의 권리·의무를 승계한다. 이 경우 제63조제1호부터 제4호까지의 어느 하나에 해당하는 양수인·상속인 또는 법인은 3개월 이내에 그 사업을 다른 사람 또는 법인에게 양도할 수 있다.
1. 사업자가 사망한 경우 그 상속인
2. 사업자가 그 사업을 양도한 경우 그 양수인
3. 법인인 사업자가 다른 법인과 합병한 경우 합병 후 존속하는 법인이나 합병으로 설립되는 법인
② 다음 각 호의 어느 하나에 해당하는 절차에 따라 폐수처리업의 영업시설을 인수한 자는 이 법에 따른 종전 폐수처리업자의 권리·의무를 승계한다. 다만, 인수한 자가 제63조 각 호의 어느 하나에 해당하는 경우에는 그러하지 아니하다.
1. 「민사집행법」에 따른 경매
2. 「채무자 회생 및 파산에 관한 법률」에 따른 환가
3. 「국세징수법」, 「관세법」 또는 「지방세징수법」에 따른 압류재산의 매각(2016.12.27 본호개정)
4. 그 밖에 제1호부터 제3호까지의 규정 중 어느 하나에 준하는 절차

제66조【과징금 처분】 ① 환경부장관은 제62조제1항에 따라 폐수처리업의 허가를 받은 자에 대하여 제64조에 따라 영업정지를 명하여야 하는 경우로서 그 영업정지가 주민의 생활이나 그 밖의 공익에 현저한 지장을 줄 우려가 있다고 인정되는 경우에는 영업정지처분을 갈음하여 매출액에 100분의 5를 곱한 금액을 초과하지 아니하는 범위에서 과징금을 부과할 수 있다. 다만, 제64조제2항제1호부터 제3호까지, 같은 조 제3항제1호 또는 제2호(제62조제3항제4호의 준수사항을 이행하지 아니한 경우만 해당한다)에 해당하거나 과징금 처분을 받은 날부터 2년이 지나기 전에 제64조에 따른 영업정지 처분 대상이 되는 경우에는 그러하지 아니하다.(2021.4.13 단서개정)
② 제1항에 따른 과징금의 부과·징수 등에 관하여는 제43조제3항부터 제6항까지의 규정을 준용한다.
③ 제1항에 따른 과징금을 부과하는 위반행위의 종류와 위반 정도 등에 따른 과징금의 금액과 그 밖에 필요한 사항은 대통령령으로 정하되, 그 금액의 2분의 1의 범위에서 가중하거나 감경할 수 있다.(2019.11.26 본항개정)

제7장 보 칙
(2013.7.30 본장개정)

제66조의2【수탁처리폐수의 전산 처리】 ① 환경부장관은 폐수처리업자가 위탁을 받아 처리하는 폐수(이하 "수탁처리폐수"라 한다)의 인계·인수에 관한 내용 등을 전자적으로 관리하기 위한 시스템(이하 "전자인계·인수관리시스템"이라 한다)을 구축·운영하여야 한다.
② 수탁처리폐수를 위탁하는 사업자(이하 이 조에서 "폐수위탁사업자"라 한다)와 폐수처리업자는 해당 폐수의 인계·인수에 관한 내용 등 대통령령으로 정하는 사항을 환경부령으로 정하는 바에 따라 전자인계·인수관리시스템에 입력하여야 한다.
③ 환경부장관은 전자인계·인수관리시스템에 입력된 수탁처리폐수의 인계·인수에 관한 내용을 입력된 날부터 3년간 보존하여야 한다.
④ 환경부장관은 폐수위탁사업자, 폐수처리업자, 관계 시·도지사 또는 시장·군수·구청장이 전자인계·인수관리시스템에 입력된 자료를 검색·확인하거나 출력할 수 있도록 하여야 한다.
⑤ 환경부장관은 전자인계·인수관리시스템을 이용하는 자로부터 그 이용에 따른 비용의 전부 또는 일부를 징수할 수 있다. 이 경우 구체적인 비용의 징수기준은 환경부장관이 정하여 고시한다.
⑥ 제1항부터 제5항까지에서 규정한 사항 외에 전자인계·인수관리시스템의 구축·운영 및 이용 등에 관한 세부사항은 환경부장관이 정하여 고시한다.
(2018.10.16 본조신설)

제67조【환경기술인 등의 교육】 ① 폐수처리업에 종사하는 기술요원 또는 환경기술인을 고용한 자는 환경부령으로 정하는 바에 따라 그 해당자에게 환경부장관, 시·도지사 또는 대도시의 장이 실시하는 교육을 받게 하여야 한다.
② 환경부장관, 시·도지사 또는 대도시의 장은 환경부령으로 정하는 바에 따라 제1항에 따른 교육에 드는 경비를 교육대상자를 고용한 자로부터 징수할 수 있다.
(2017.1.17 본조개정)

제68조【보고 및 검사 등】 ① 환경부장관 또는 시·도지사는 환경부령으로 정하는 경우에는 다음 각 호의 자에게 필요한 보고를 명하거나 자료를 제출하게 할 수 있으며, 관계 공무원으로 하여금 해당 시설 또는 사업장 등에 출입하여 방류수 수질기준, 제32조에 따른 배출허용기준, 제33조에 따른 허가 또는 변경허가 기준의 준수 여부, 측정기기의 정상운영, 특정수질유해물질 배출량조사의 검증, 제53조제6항에 따른 준수사항, 제61조의2제4항에 따른 수질 기준 및 관리 기준의 준수 여부 또는 제66조의2제2항에 따른 전자인계·인수관리시스템의 입력 여부를 확인하기 위하여 수질오염물질을 채취하거나 관계 서류·시설·장비 등을 검사하게 할 수 있다.
(2018.10.16 본문개정)
1. 사업자
2. 공공폐수처리시설(공공하수처리시설 중 환경부령으로 정하는 시설을 포함한다)을 설치·운영하는 자
(2016.1.27 본호개정)
2의2. 측정기기 관리대행업자(2016.1.27 본호신설)
3. 제53조제1항에 해당하는 자
4. 제60조에 따른 기타수질오염원의 설치·관리 신고를 한 자
4의2. 제61조의2제1항에 따라 물놀이형 수경시설을 설치·운영하는 자(2016.1.27 본호신설)
5. 제62조제1항에 따른 폐수처리업자

6. 제74조제3항에 따라 환경부장관 또는 시·도지사의 업무를 위탁받은 자(2021.4.13 본호개정)

② 환경부장관은 제1항에 따라 배출허용기준, 방류수 수질기준의 준수 여부, 폐수무방류배출시설에서의 수질오염물질의 배출 여부 또는 물놀이형 수경시설의 수질 기준 준수 여부를 확인하기 위하여 수질오염물질을 채취한 경우에는 환경부령으로 정하는 검사기관에 오염도검사를 의뢰하여야 한다. 다만, 현장에서 배출허용기준, 방류수 수질기준 또는 물놀이형 수경시설의 수질 기준 초과 여부를 판정할 수 있는 수질오염물질로서 환경부령으로 정하는 경우에는 그러하지 아니하다.(2016.1.27 본항개정)

③ 제1항에 따라 출입·검사를 하는 공무원은 그 권한을 표시하는 증표를 지니고 이를 관계인에게 보여주어야 한다.

제68조의2【신고포상금】 ① 환경부장관은 제38조의3제1항을 위반하여 금지행위를 하거나 같은 조 제2항을 위반하여 운영·관리기준을 지키지 아니한 자를 관계 행정기관 또는 수사기관에 신고한 자에게 예산의 범위에서 신고포상금을 지급할 수 있다.

② 제1항에 따른 신고포상금 지급의 기준·방법과 절차, 구체적인 지급액 등에 관한 사항은 대통령령으로 정한다.(2016.1.27 본조신설)

제69조【국고 보조】 국가는 지방자치단체의 물환경 보전을 위한 사업에 드는 경비를 예산의 범위에서 보조할 수 있다.(2017.1.17 본조개정)

제70조【관계 기관의 협조】 환경부장관은 이 법의 목적을 달성하기 위하여 필요하다고 인정할 때에는 다음 각 호에 해당하는 조치를 관계 기관의 장에게 요청할 수 있다. 이 경우 관계 기관의 장은 특별한 사유가 없으면 이에 따라야 한다.

1. 해충제거방법의 개선(2021.4.13 본호개정)
2. 농약·비료의 사용규제
3. 농업용수의 사용규제
4. 녹지지역 및 경관지구의 지정(2021.4.13 본호개정)
5. 공공폐수처리시설 또는 공공하수처리시설의 설치(2016.1.27 본호개정)
6. 공공수역의 준설(浚渫)
7. 하천점용허가의 취소, 하천공사의 시행중지·변경 또는 그 인공구조물 등의 이전이나 제거
8. 공유수면의 점용 및 사용 허가의 취소, 공유수면 사용의 정지·제한 또는 시설 등의 개축·철거
9. 송유관, 유류저장시설, 농약보관시설 등 수질오염사고를 일으킬 우려가 있는 시설에 대한 수질오염 방지조치 및 시설현황에 관한 자료의 제출
10. 그 밖에 대통령령으로 정하는 사항

제71조【행정처분의 기준】 이 법 또는 이 법에 따른 명령을 위반한 행위에 대한 행정처분의 기준은 환경부령으로 정한다.

제72조【청문】 환경부장관은 다음 각 호의 어느 하나에 해당하는 처분을 하려면 청문을 하여야 한다.

1. 제35조제3항·제42조 또는 제44조에 따른 허가의 취소 또는 배출시설의 폐쇄명령

1의2. 제38조의9에 따른 등록의 취소(2016.1.27 본호신설)

1의3. 제53조의4에 따른 성능검사 판정의 취소(2018.10.16 본호신설)

2. 제60조제8항에 따른 기타수질오염원의 폐쇄명령(2021.4.13 본호개정)
3. 제64조에 따른 허가의 취소(2019.11.26 본호개정)

제73조【수수료】 다음 각 호의 어느 하나에 해당하는 허가, 검사 등을 받거나 신고 등을 하려는 자는 환경부령으로 정하는 바에 따라 수수료를 내야 한다.
(2018.10.16 본문개정)

1. 제33조제1항부터 제3항까지의 규정에 따른 배출시설의 허가·변경허가 및 신고·변경신고

1의2. 제38조의6제1항에 따른 측정기기 관리대행업의 등록 또는 변경등록(2021.4.13 본호신설)

2. 제53조에 따른 신고·변경신고

2의2. 제53조의3제1항에 따른 성능검사(2018.10.16 본호신설)

3. 제60조제1항에 따른 기타수질오염원의 설치신고 또는 변경신고
4. 제62조제1항에 따른 폐수처리업의 허가 또는 변경허가(2019.11.26 본호개정)
5. 제62조의2제1항에 따른 정기검사(2019.11.26 본호신설)

제74조【위임 및 위탁】 ① 이 법에 따른 환경부장관의 권한은 대통령령으로 정하는 바에 따라 그 일부를 시·도지사, 대도시의 장, 시장·군수·구청장, 환경부 소속 환경연구기관의 장 또는 지방환경관서의 장에게 위임할 수 있다.(2017.1.17 본항개정)

② 제1항에 따라 권한을 위임받은 시·도지사는 그 권한의 일부를 환경부장관의 승인을 받아 시장·군수·구청장에게 재위임할 수 있다.(2017.1.17 본항신설)

③ 환경부장관 또는 시·도지사는 이 법에 따른 업무의 일부를 대통령령으로 정하는 바에 따라 관계 전문기관에 위탁할 수 있다.

제74조의2【벌칙 적용에서 공무원 의제】 제74조제3항에 따라 위탁받은 업무에 종사하는 사람은 「형법」 제129조부터 제132조까지의 규정을 적용할 때에는 공무원으로 본다.(2021.4.13 본조개정)

제8장 벌 칙
(2013.7.30 본장개정)

제75조【벌칙】 다음 각 호의 어느 하나에 해당하는 자는 7년 이하의 징역 또는 7천만원 이하의 벌금에 처한다.
(2014.3.24 본문개정)

1. 제33조제1항 또는 제2항에 따른 허가 또는 변경허가를 받지 아니하거나 거짓으로 허가 또는 변경허가를 받아 배출시설을 설치 또는 변경하거나 그 배출시설을 이용하여 조업한 자
2. 제33조제7항 및 제8항에 따라 배출시설의 설치를 제한하는 지역에서 제한되는 배출시설을 설치하거나 그 시설을 이용하여 조업한 자(2018.10.16 본호개정)
3. 제38조제2항 각 호의 어느 하나에 해당하는 행위를 한 자

제76조【벌칙】 다음 각 호의 어느 하나에 해당하는 자는 5년 이하의 징역 또는 5천만원 이하의 벌금에 처한다.
(2014.3.24 본문개정)

1. 제4조의6제4항에 따른 조업정지·폐쇄 명령을 이행하지 아니한 자
2. 제33조제1항에 따른 신고를 하지 아니하거나 거짓으로 신고를 하고 배출시설을 설치하거나 그 배출시설을 이용하여 조업한 자
3. 제38조제1항 각 호의 어느 하나에 해당하는 행위를 한 자
4. 제38조의2제1항에 따라 측정기기의 부착 조치를 하지 아니한 자(적산전력계 또는 적산유량계를 부착하지 아니한 자는 제외한다)
5. 제38조의3제1항제1호·제3호 또는 제4호에 해당하는 행위를 한 자(2019.11.26 본호개정)
6. 제40조에 따른 조업정지명령을 위반한 자
7. 제42조에 따른 조업정지 또는 폐쇄 명령을 위반한 자
8. 제44조에 따른 사용중지명령 또는 폐쇄명령을 위반한 자
9. 제50조제1항 각 호의 어느 하나에 해당하는 행위를 한 자

제77조【벌칙】 다음 각 호의 어느 하나에 해당하는 자는 3년 이하의 징역 또는 3천만원 이하의 벌금에 처한다.
(2019.11.26 본문개정)

1. 제15조제1항제1호를 위반하여 특정수질유해물질 등을 누출·유출하거나 버린 자
2. 제62조제1항에 따른 허가 또는 변경허가를 받지 아니하거나 거짓이나 그 밖의 부정한 방법으로 허가 또는 변경허가를 받아 폐수처리업을 한 자

(2019.11.26 1호~2호신설)

제78조【벌칙】 다음 각 호의 어느 하나에 해당하는 자는 1년 이하의 징역 또는 1천만원 이하의 벌금에 처한다.

1. 제12조제2항에 따른 시설의 개선 등의 조치명령을 위반한 자
2. 업무상 과실 또는 중대한 과실로 제15조제1항제1호를 위반하여 특정수질유해물질 등을 누출·유출한 자
3. 제15조제1항제2호를 위반하여 분뇨·가축분뇨 등을 버린 자
4. (2016.1.27 삭제)
5. 제15조제3항에 따른 방제조치의 이행명령을 위반한 자
6. 제17조제1항에 따른 통행제한을 위반한 자
7. 제21조의3제1항에 따른 특별조치명령을 위반한 자
8. 제37조제1항에 따른 가동시작 신고를 하지 아니하고 조업한 자
9. 제37조제4항에 따른 조사를 거부·방해 또는 기피한 자

9의2. 제38조의2제4항 단서를 위반하여 수질오염방지시설(공동방지시설을 포함한다), 공공폐수처리시설 또는 공공하수처리시설의 운영을 수탁받은 자에게 측정기기의 관리업무를 대행하게 한 자(2019.11.26 본호신설)

10. 제38조의4제2항에 따른 조업정지명령을 이행하지 아니한 자

10의2. 제38조의6제1항을 위반하여 측정기기 관리대행업의 등록 또는 변경등록을 하지 아니하고 측정기기 관리업무를 대행한 자(2016.1.27 본호신설)

11. 제50조제4항에 따른 시설의 개선 등의 조치명령을 위반한 자(2016.1.27 본호개정)
12. 제53조제5항 각 호 외의 부분 본문에 따른 비점오염저감시설을 설치하지 아니한 자(2018.10.16 본호개정)
13. 제53조제7항에 따른 비점오염저감계획의 이행명령 또는 비점오염저감시설의 설치·개선 명령을 위반한 자(2018.10.16 본호개정)

13의2. 제53조의3제1항에 따른 성능검사를 받지 아니한 비점오염저감시설을 공급한 자(2018.10.16 본호신설)

13의3. 제53조의4에 따라 성능검사 판정의 취소처분을 받은 자 또는 성능검사 판정이 취소된 비점오염저감시설을 공급한 자(2018.10.16 본호신설)

14. 제60조제1항에 따른 신고를 하지 아니하고 기타수질오염원을 설치 또는 관리한 자
15. 제60조제8항 또는 제9항에 따른 조업정지·폐쇄 명령을 위반한 자(2021.4.13 본호개정)
16. (2019.11.26 삭제)
17. 제68조제1항에 따른 관계 공무원의 출입·검사를 거부·방해 또는 기피한 폐수무방류배출시설을 설치·운영하는 사업자

제79조【벌칙】 다음 각 호의 어느 하나에 해당하는 자는 500만원 이하의 벌금에 처한다.

1. 제38조의4제1항에 따른 조치명령을 이행하지 아니한 자
2. 제62조제3항제1호 또는 제2호에 따른 준수사항을 지키지 아니한 폐수처리업자(2017.1.17 본호개정)
3. 제68조제1항에 따른 관계 공무원의 출입·검사를 거부·방해 또는 기피한 자(폐수무방류배출시설을 설치·운영하는 사업자는 제외한다)

제80조【벌칙】 다음 각 호의 어느 하나에 해당하는 자는 100만원 이하의 벌금에 처한다.

1. 제38조의2제1항에 따라 적산전력계 또는 적산유량계를 부착하지 아니한 자
2. 제47조제4항을 위반하여 환경기술인의 업무를 방해하거나 환경기술인의 요청을 정당한 사유 없이 거부한 자

제81조【양벌규정】 법인의 대표자나 법인 또는 개인의 대리인, 사용인, 그 밖의 종업원이 그 법인 또는 개인의 업무에 관하여 제75조부터 제80조까지의 어느 하나에 해당하는 위반행위를 하면 그 행위자를 벌하는 외에 그 법인 또는 개인에게도 해당 조문의 벌금형을 과(科)한다. 다만, 법인 또는 개인이 그 위반행위를 방지하기 위하여 해당 업무에 관하여 상당한 주의와 감독을 게을리하지 아니한 경우에는 그러하지 아니하다.

제82조【과태료】 ① 다음 각 호의 어느 하나에 해당하는 자에게는 1천만원 이하의 과태료를 부과한다.

1. 제4조의5제4항에 따른 측정기기를 부착하지 아니하거나 측정기기를 가동하지 아니한 자
2. 제4조의5제4항에 따른 측정 결과를 기록·보존하지 아니하거나 거짓으로 기록·보존한 자

2의2. 제15조제1항제4호를 위반하여 환경부령으로 정하는 기준 이상의 토사를 유출하거나 버리는 행위를 한 자(2016.1.27 본호신설)

3. 제35조제2항에 따른 준수사항을 지키지 아니한 자

3의2. 제38조의3제1항제2호에 해당하는 행위를 한 자

3의3. 제38조의3제2항을 위반하여 운영·관리기준을 준수하지 아니한 자

3의4. 제46조의2제1항에 따른 조사결과를 제출하지 아니하거나 거짓으로 제출한 자

3의5. 제46조의2제2항에 따른 자료 제출 명령을 이행하지 아니한 자

(2017.1.17 3호의2~3호의5신설)

4. 제47조제1항을 위반하여 환경기술인을 임명하지 아니한 자
5. 제53조제1항에 따른 신고를 하지 아니한 자
6. 제61조를 위반하여 골프장의 잔디 및 수목 등에 맹·고독성 농약을 사용한 자
7. 제62조제3항제4호부터 제6호까지의 어느 하나에 해당하는 준수사항을 지키지 아니한 폐수처리업자(2019.11.26 본호개정)

② 다음 각 호의 어느 하나에 해당하는 자에게는 300만원 이하의 과태료를 부과한다.

1. 제10조제1항 후단을 위반한 자(2017.1.17 본호신설)

1의2. 제20조제1항에 따른 낚시금지구역에서 낚시행위를 한 사람

2. 제38조제3항을 위반하여 배출시설 등의 운영상황에 관한 기록을 보존하지 아니하거나 거짓으로 기록한 자

3.~4. (2017.1.17 삭제)

4의2. 제50조의2제1항을 위반하여 기술진단을 실시하지 아니한 자(2016.1.27 본호신설)

5. 제53조제1항 후단에 따른 변경신고를 하지 아니한 자
6. 제60조제6항을 위반하여 시설의 설치, 그 밖에 필요한 조치를 하지 아니한 자(2021.4.13 본호개정)
7. 제61조의2제1항을 위반하여 물놀이형 수경시설의 설치신고 또는 변경신고를 하지 아니하고 시설을 운영한 자(2016.1.27 본호신설)
8. 제61조의2제4항에 따른 물놀이형 수경시설의 수질 기준 또는 관리 기준을 위반하거나 수질 검사를 받지 아니한 자(2018.10.16 본호개정)

③ 다음 각 호의 어느 하나에 해당하는 자에게는 100만원 이하의 과태료를 부과한다.

1. 제15조제1항제3호를 위반한 자
2. 제20조제2항에 따른 제한사항을 위반하여 낚시제한구역에서 낚시행위를 한 사람
3. 제33조제2항 단서 또는 같은 조 제3항에 따른 변경신고를 하지 아니한 자
4. 제60조제1항 후단에 따른 변경신고를 하지 아니한 자

4의2. 제66조의2제2항에 따른 입력을 하지 아니하거나 거짓으로 입력한 자(2018.10.16 본호신설)

5. 제67조를 위반하여 환경기술인 등의 교육을 받게 하지 아니한 자
6. 제68조제1항에 따른 보고를 하지 아니하거나 거짓으로 보고한 자 또는 자료를 제출하지 아니하거나 거짓으로 제출한 자

④ 제1항부터 제3항까지의 규정에 따른 과태료는 대통령령으로 정하는 바에 따라 환경부장관, 시·도지사 또는 시장·군수·구청장이 부과·징수한다.

부 칙 (2013.7.30)

제1조【시행일】 이 법은 공포 후 6개월이 경과한 날부터 시행한다. 다만, 제43조제6항, 제66조제3항의 개정규정은 공포 후 1년이 경과한 날부터 시행한다.
제2조【일반적 경과조치】 이 법 시행 당시 종전의 규정에 따른 행정기관의 행위나 행정기관에 대한 행위는 그에 해당하는 이 법에 따른 행정기관의 행위나 행정기관에 대한 행위로 본다.
제3조【측정기기 부착에 관한 경과조치】 이 법 시행 당시 종전의 제38조의2에 따라 부착된 수질오염물질 배출농도 측정기기는 제38조의2의 개정규정에 따라 부착된 수질자동측정기기로 본다.
제4조【금치산자 등에 대한 경과조치】 제63조제1호의 개정규정에 따른 피성년후견인 또는 피한정후견인에는 법률 제10429호 민법 일부개정법률 부칙 제2조에 따라 금치산 또는 한정치산 선고의 효력이 유지되는 사람이 포함되는 것으로 본다.
제5조【과징금 처분에 관한 경과조치】 이 법 시행 전의 위반행위에 대하여 영업정지처분을 갈음하여 과징금을 부과할 때에는 제66조제1항 단서의 개정규정에도 불구하고 종전의 규정에 따른다.
제6조【벌칙에 관한 경과조치】 이 법 시행 전에 한 위반행위에 대하여 벌칙을 적용할 때에는 제78조의 개정규정에도 불구하고 종전의 규정에 따른다.
제7조【다른 법률의 개정】 ①~⑤ ※(해당 법령에 가제정리 하였음)

부 칙 (2014.3.24)

제1조【시행일】 이 법은 공포 후 1년이 경과한 날부터 시행한다. 다만, 제75조·제76조·제77조의 개정규정은 공포한 날부터 시행하고, 제15조제1항제4호·제78조제4호의 개정규정은 공포 후 6개월이 경과한 날부터 시행한다.
제2조【기존 공업지역 및 산업단지의 완충저류시설 설치·운영의 협의 및 설치기한에 관한 특례】 제21조의4제1항의 개정규정에 따른 공업지역·산업단지(완충저류시설이 설치되어 있거나 설치하고 있는 공업지역·산업단지는 제외한다)의 소재지를 관할하는 특별시장·광역시장·특별자치시장·특별자치도지사·시장·군수(광역시의 군수는 제외한다)는 같은 조 제1항 및 제2항의 개정규정에도 불구하고 부지 여건, 폐수의 성상(性狀) 및 수질오염사고 발생 가능성 등을 조사하여 이 법 시행 후 1년 이내에 환경부장관과 완충저류시설의 설치장소 및 추진일정 등을 협의하고, 협의 시 정한 기한까지 완충저류시설을 설치하여야 한다.
제3조【완충저류시설 설치·운영에 관한 경과조치】 이 법 시행 전에 법률 제6606호 낙동강수계물관리및주민지원등에관한법률 부칙 제5조 및 법률 제9310호 낙동강수계 물관리 및 주민지원 등에 관한 법률 일부개정법률 부칙 제2항에 따라 환경부장관이 설치하였거나 이 법 시행 당시 환경부장관이 설치하고 있는 완충저류시설에 대해서는 제21조의4의 개정규정에도 불구하고 환경부장관이 설치·운영한다.
제4조【다른 법률의 개정】 ①~② ※(해당 법령에 가제정리 하였음)

부 칙 (2016.1.27)

제1조【시행일】 이 법은 공포 후 1년이 경과한 날부터 시행한다. 다만, 제6조제2항의 개정규정은 공포한 날부터 시행한다.
제2조【측정기기 관리대행업의 등록에 관한 경과조치】 제38조의6제1항의 개정규정에도 불구하고 이 법 시행 당시 측정기기 관리대행업을 하고 있는 자는 이 법 시행일부터 6개월까지는 같은 개정규정에 따른 등록을 하지 아니하고 측정기기 관리대행업을 할 수 있다.
제3조【금치산자 등에 대한 경과조치】 제38조의7제1호의 개정규정에 따른 피성년후견인 또는 피한정후견인에는 법률 제10429호 민법 일부개정법률 부칙 제2조에 따라 금치산 또는 한정치산 선고의 효력이 유지되는 사람을 포함하는 것으로 본다.
제4조【과징금 처분에 관한 경과조치】 이 법 시행 전의 위반행위에 대하여 조업정지처분 대상이 되는 경우에는 제43조제2항의 개정규정에도 불구하고 종전의 규정에 따른다.
제5조【폐수종말처리시설의 설치·운영에 관한 경과조치】 이 법 시행 당시 종전의 규정에 따라 설치·운영하는 폐수종말처리시설은 제48조의 개정규정에 따라 설치·운영하는 공공폐수처리시설로 본다.
제6조【폐수종말처리시설 부담금 및 가산금에 관한 경과조치】 이 법 시행 전에 종전의 제48조의2에 따라 납부가 고지된 폐수종말처리시설 부담금 및 종전의 제49조의6제1항에 따라 독촉을 한 가산금에 대해서는 제48조의2, 제49조의3, 제49조의5 및 제49조의6의 개정규정에도 불구하고 종전의 규정에 따른다.
제7조【폐수종말처리시설 기본계획에 관한 경과조치】 이 법 시행 당시 종전의 규정에 따라 승인을 받거나 변경승인을 받은 폐수종말처리시설 기본계획은 제49조제2항의 개정규정에 따라 승인을 받은 공공폐수처리시설 기본계획으로 본다.
제8조【공동처리구역의 지정에 관한 경과조치】 이 법 시행 당시 종전의 규정에 따라 지정된 공동처리구역은 제49조제3항의 개정규정에 따라 지정된 공공폐수처리구역으로 본다.
제9조【기술진단 대행자에 대한 경과조치】 제50조의2제2항의 개정규정에도 불구하고 이 법 시행 당시 기술진단을 실시하고 있는 자는 이 법 시행일부터 6개월까지는 같은 개정규정에 따른 기술진단을 실시할 수 있다.
제10조【물놀이형 수경시설의 신고에 관한 경과조치】 이 법 시행 당시 물놀이형 수경시설을 설치·운영하고 있는 자는 이 법 시행일부터 6개월까지는 제61조의2의 개정규정에도 불구하고 신고를 하지 아니하고 물놀이형 수경시설을 설치·운영할 수 있다.
제11조【벌칙에 관한 경과조치】 이 법 시행 전의 행위에 대하여 벌칙을 적용할 때에는 종전의 규정에 따른다.
제12조【다른 법률의 개정】 ①~⑳ ※(해당 법령에 가제정리 하였음)

부 칙 (2017.1.17)

제1조【시행일】 이 법은 공포 후 1년이 경과한 날부터 시행한다. 다만, 부칙 제6조에 따라 개정되는 법률 중 이 법 시행 전에 공포되었으나 시행일이 도래하지 아니한 법률을 개정한 부분은 각각 해당 법률의 시행일부터 시행한다.
제2조【오염총량초과과징금에 관한 경과조치】 이 법 시행 전에 종전의 규정에 따라 부과된 오염총량초과부과금은 제4조의7의 개정규정에 따라 부과된 오염총량초과과징금으로 본다.
제3조【측정망 설치계획의 승인에 관한 경과조치】 이 법 시행 당시 종전의 규정에 따라 시·도지사가 고시 또는 변경고시한 측정망 설치계획은 제9조의2의 개정규정에 따라 환경부장관의 승인 또는 변경승인을 받아 고시한 측정망 설치계획으로 본다.
제4조【물환경목표기준에 관한 경과조치】 이 법 시행 당시 종전의 규정에 따라 결정·고시된 수질 및 수생태계 목표기준은 제10조의2제1항의 개정규정에 따른 물환경목표기준으로 본다.
제5조【대권역·중권역·소권역 물환경관리계획의 수립에 관한 경과조치】 ① 이 법 시행 당시 종전의 규정에 따라 환경부장관이 수립한 대권역의 수질 및 수생태계 보전을 위한 기본계획은 제24조의 개정규정에 따라 유역환경청장이 수립한 대권역 물환경관리계획으로 본다.
② 이 법 시행 당시 종전의 규정에 따라 수립된 중권역의 수질 및 수생태계 보전을 위한 기본계획은 제25조의 개정규정에 따라 수립된 중권역 물환경관리계획으로 본다.
③ 이 법 시행 당시 종전의 규정에 따라 수립된 소권역의 수질 및 수생태계 보전을 위한 기본계획은 제26조 및 제27조의 개정규정에 따라 수립된 소권역 물환경관리계획으로 본다.
제6조【다른 법률의 개정】 ①~⑲ ※(해당 법령에 가제정리 하였음)
제7조【다른 법령과의 관계】 이 법 시행 당시 다른 법령(이 법 시행 전에 공포되었으나 시행일이 도래하지 아니한 법령을 포함한다)에서 종전의 「수질 및 수생태계 보전에 관한 법률」 또는 그 규정을 인용한 경우 이 법 중 그에 해당하는 규정이 있으면 종전의 「수질 및 수생태계 보전에 관한 법률」 또는 그 규정을 갈음하여 이 법 또는 이 법의 해당 규정을 인용한 것으로 본다.

부 칙 (2018.10.16)

제1조【시행일】 이 법은 공포 후 1년이 경과한 날부터 시행한다. 다만 제53조의3, 제53조의4, 제72조제1호의3, 제73조, 제78조제13호의2·제13호의3의 개정규정은 공포 후 2년이 경과한 날부터 시행한다.
제2조【배출시설의 설치신고 등에 관한 적용례】 제33조제4항 및 제5항의 개정규정은 이 법 시행 후 배출시설의 설치신고 또는 변경신고를 하는 경우부터 적용한다.
제3조【비점오염원의 설치신고 등에 관한 적용례】 제53조제3항 및 제4항의 개정규정은 이 법 시행 후 비점오염원의 설치신고 또는 변경신고를 하는 경우부터 적용한다.
제4조【비점오염저감시설의 성능검사에 관한 적용례】 제53조의3의 개정규정은 같은 개정규정 시행 후 비점오염저감시설을 제조 또는 수입하는 경우부터 적용한다.
제5조【비점오염원 관리 종합대책에 관한 적용례】 제53조의5제2항제4호의 개정규정은 이 법 시행 후 비점오염원 관리 종합대책을 수립하는 경우부터 적용한다.
제6조【기타수질오염원의 설치신고 등에 관한 적용례】 제60조제2항 및 제3항의 개정규정은 이 법 시행 후 기타수질오염원의 설치신고, 관리신고 또는 변경신고를 하는 경우부터 적용한다.
제7조【물놀이형 수경시설의 설치신고 등에 관한 적용례】 제61조의2제2항 및 제3항의 개정규정은 이 법 시행 후 물놀이형 수경시설의 설치신고 또는 변경신고를 하는 경우부터 적용한다.
제8조【수탁처리폐수의 전산처리에 관한 적용례】 제66조의2의 개정규정은 이 법 시행 후 수탁처리폐수를 인계·인수하는 경우부터 적용한다.
제9조【물놀이형 수경시설의 신고에 관한 경과조치】 이 법 시행 당시 물놀이형 수경시설을 설치·운영하고 있는 자는 이 법 시행일부터 6개월까지는 제61조의2의 개정규정에도 불구하고 신고를 하지 아니하고 물놀이형 수경시설을 설치·운영할 수 있다.
제10조【다른 법률의 개정】 ①~② ※(해당 법령에 가제정리 하였음)

부 칙 (2019.11.26)

제1조【시행일】 이 법은 공포 후 1년이 경과한 날부터 시행한다. 다만, 제14조의 개정규정은 공포한 날부터 시행하고, 제41조제5항의 개정규정은 2020년 1월 1일부터 시행한다.
제2조【수처리시설 및 측정기기 위탁운영에 관한 경과조치】 이 법 시행 당시 측정기기 관리대행업자와 수질오염방지시설(공동방지시설을 포함한다), 공공폐수처리시설 또는 공공하수처리시설의 위탁·운영자가 동일한 경우 이 법 시행일부터 1년까지는 제38조의2제4항의 개정규정을 적용하지 아니한다.
제3조【과징금에 관한 경과조치】 이 법 시행 전의 위반행위에 대하여 조업정지·영업정지처분을 갈음하여 과징금을 부과할 때에는 제43조 및 제66조의 개정규정에도 불구하고 종전의 규정에 따른다.
제4조【폐수처리업의 허가에 관한 경과조치】 이 법 시행 당시 종전의 규정에 따라 폐수처리업의 등록을 한 자는 제62조의 개정규정에 따라 폐수처리업의 허가를 받은 것으로 본다. 다만, 이 법 시행 후 1년 이내에 같은 개정규정에 따른 폐수처리업 허가의 요건 중 환경부령으로 정하는 요건을 갖추어야 한다.

부 칙 (2020.2.8)

제1조【시행일】 이 법은 2021년 1월 1일부터 시행한다. (이하 생략)

부 칙 (2020.5.26)

이 법은 공포한 날부터 시행한다.(이하 생략)

부 칙 (2020.12.31)
(2021.1.12)

제1조【시행일】 이 법은 공포 후 1년이 경과한 날부터 시행한다.(이하 생략)

부 칙 (2021.4.13)

이 법은 공포한 날부터 시행한다. 다만, 제32조의 개정규정은 공포 후 6개월이 경과한 날부터 시행한다.

부 칙 (2021.9.24)

제1조【시행일】 이 법은 공포 후 6개월이 경과한 날부터 시행한다.(이하 생략)

부 칙 (2024.1.30)

제1조【시행일】 이 법은 공포한 날부터 시행한다.
제2조【이의신청에 관한 적용례】 이의신청에 관한 개정규정은 이 법 시행 이후 하는 처분부터 적용한다.(이하 생략)

먹는물관리법

(2007년 4월 11일 전부개정법률 제8368호)

개정
2007. 8. 3법 8629호(해양심층수의개발및관리에관한법)
2008. 3.21법 8952호 2010. 3.22법10154호
2010. 3.31법10219호(지방세기본법)
2011. 7.21법10893호(환경정책)
2012. 6. 1법11463호 2013. 3.22법11663호
2013. 8. 6법11998호(지방세외수입금의징수등에관한법)
2014. 1.21법12318호 2015. 2. 3법13164호
2015.12.22법13601호(실내공기질관리법)
2016.12.27법14474호(지방세기본법)
2016.12.27법14476호(지방세징수법)
2017. 1.17법14532호(물환경보전법)
2018. 6.12법15652호 2018.12.24법16079호
2020. 3.24법17091호(지방행정제재 · 부과금의징수등에관한법)
2020. 5.26법17326호(법률용어정비)
2021. 1. 5법17840호
2024. 1.30법20172호(행정법제혁신을위한일부개정법령등)

제1장 총 칙

제1조【목적】 이 법은 먹는물의 수질과 위생을 합리적으로 관리하여 국민건강을 증진하는 데 이바지하는 것을 목적으로 한다.(2010.3.22 본조개정)

제2조【책무】 ① 국가와 지방자치단체는 모든 국민이 질 좋은 먹는물을 공급받을 수 있도록 합리적인 시책을 마련하고, 먹는물관련영업자에 대하여 알맞은 지도와 관리를 하여야 한다.
② 먹는물관련영업자는 관계 법령으로 정하는 바에 따라 질 좋은 먹는물을 안전하고 알맞게 공급하도록 하여야 한다.

제3조【정의】 이 법에서 사용하는 용어의 뜻은 다음과 같다.
1. "먹는물"이란 먹는 데에 일반적으로 사용하는 자연 상태의 물, 자연 상태의 물을 먹기에 적합하도록 처리한 수돗물, 먹는샘물, 먹는염지하수(鹽地下水), 먹는해양심층수(海洋深層水)등을 말한다.(2020.5.26 본호개정)
2. "샘물"이란 암반대수층(岩盤帶水層) 안의 지하수 또는 용천수 등 수질의 안전성을 계속 유지할 수 있는 자연 상태의 깨끗한 물을 먹는 용도로 사용할 원수(原水)를 말한다.
3. "먹는샘물"이란 샘물을 먹기에 적합하도록 물리적으로 처리하는 등의 방법으로 제조한 물을 말한다.
3의2. "염지하수"란 물속에 녹아있는 염분(鹽分) 등의 함량(含量)이 환경부령으로 정하는 기준 이상인 암반대수층 안의 지하수로서 수질의 안전성을 계속 유지할 수 있는 자연 상태의 물을 먹는 용도로 사용할 원수를 말한다.(2010.3.22 본호신설)
3의3. "먹는염지하수"란 염지하수를 먹기에 적합하도록 물리적으로 처리하는 등의 방법으로 제조한 물을 말한다.(2010.3.22 본호신설)
4. "먹는해양심층수"란 「해양심층수의 개발 및 관리에 관한 법률」 제2조제1호에 따른 해양심층수를 먹는 데 적합하도록 물리적으로 처리하는 등의 방법으로 제조한 물을 말한다.(2007.8.3 본호개정)
5. "수처리제(水處理劑)"란 자연 상태의 물을 정수(淨水) 또는 소독하거나 먹는물 공급시설의 산화방지 등을 위하여 첨가하는 제제를 말한다.
6. "먹는물공동시설"이란 여러 사람에게 먹는물을 공급할 목적으로 개발했거나 저절로 형성된 약수터, 샘터, 우물 등을 말한다.
6의2. "냉 · 온수기"란 용기(容器)에 담긴 먹는샘물 또는 먹는염지하수를 냉수 · 온수로 변환시켜 취수(取水)꼭지를 통하여 공급하는 기능을 가진 것을 말한다.(2010.3.22 본호신설)
6의3. "냉 · 온수기 설치 · 관리자"란 「실내공기질 관리법」 제3조제1항에 따른 다중이용시설에서 다수인에게 먹는샘물 또는 먹는염지하수를 공급하기 위하여 냉 · 온수기를 설치 · 관리하는 자를 말한다.(2015.12.22 본호개정)
7. "정수기"란 물리적 · 화학적 또는 생물학적 과정을 거치거나 이들을 결합한 과정을 거쳐 먹는물을 제5조제3항에 따른 먹는물의 수질기준에 맞게 취수 꼭지를 통하여 공급하도록 제조된 기구[해당 기구에 냉수 · 온수 장치, 제빙(製氷) 장치 등 환경부장관이 정하여 고시하는 장치가 결합되어 냉수 · 온수, 얼음 등을 함께 공급할 수 있도록 제조된 기구를 포함한다]로서, 유입수(流入水) 중에 들어있는 오염물질을 감소시키는 기능을 가진 것을 말한다.(2020.5.26 본호개정)
7의2. "정수기 설치 · 관리자"란 「실내공기질 관리법」 제3조제1항에 따른 다중이용시설에서 다수인에게 먹는물을 공급하기 위하여 정수기를 설치 및 관리하는 자를 말한다.(2015.12.22 본호개정)
8. "정수기품질검사"란 정수기에 대한 구조, 재질, 정수 성능 등을 종합적으로 검사하는 것을 말한다.
9. "먹는물관련영업"이란 먹는샘물 · 먹는염지하수의 제조업 · 수입판매업 · 유통전문판매업, 수처리제 제조업 및 정수기의 제조업 · 수입판매업을 말한다.(2010.3.22 본호개정)
9의2. "유통전문판매업"이란 제품을 스스로 제조하지 아니하고 타인에게 제조를 의뢰하여 자신의 상표로 유통 · 판매하는 영업을 말한다.(2010.3.22 본호신설)

제4조【적용범위】 먹는물과 관련된 사항 중 수돗물에 관하여는 「수도법」을 적용하고, 먹는해양심층수에 관하여는 「해양심층수의 개발 및 관리에 관한 법률」을 적용한다. 다만, 제5조제3항에 따른 먹는물의 수질기준에 관하여는 이 법을 적용한다.(2008.3.21 본조개정)

제2장 먹는물의 수질 관리

제5조【먹는물 등의 수질 관리】 ① 환경부장관은 먹는물, 샘물 및 염지하수의 수질 기준을 정하여 보급하는 등 먹는물, 샘물 및 염지하수의 수질 관리를 위하여 필요한 시책을 마련하여야 한다.(2013.3.22 본항개정)
② 환경부장관 또는 특별시장 · 광역시장 · 특별자치시장 · 도지사 · 특별자치도지사(이하 "시 · 도지사"라 한다)는 먹는물, 샘물 및 염지하수의 수질검사를 실시하여야 한다.(2013.3.22 본항개정)
③ 먹는물, 샘물 및 염지하수의 수질 기준 및 검사 횟수는 환경부령으로 정한다.(2013.3.22 본항개정)
④ 환경부장관은 제3항의 수질 기준 설정 등을 위하여 먹는물, 샘물 및 염지하수 중 위해 우려가 있는 물질 등 감시가 필요한 항목을 먹는물, 샘물 및 염지하수 수질감시항목으로 지정할 수 있다. 이 경우 먹는물, 샘물 및 염지하수 수질감시항목의 지정대상 · 지정절차, 감시항목별 감시기준 및 검사주기 등에 관한 세부사항은 환경부장관이 정하여 고시한다.(2018.12.24 본항신설)
⑤ 특별시 · 광역시 · 특별자치시 · 도 · 특별자치도(이하 "시 · 도"라 한다)는 먹는물, 샘물 및 염지하수의 수질 개선을 위하여 필요하다고 인정하는 경우에는 조례로 제3항에 따른 수질 기준 및 검사 횟수를 강화하여 정할 수 있다.(2013.3.22 본항개정)
⑥ 시 · 도지사는 제5항에 따라 수질 기준 및 검사 횟수가 설정 · 변경된 경우에는 지체 없이 환경부장관에게 보고하고, 환경부령으로 정하는 바에 따라 이해관계자가 알 수 있도록 필요한 조치를 하여야 한다.(2018.12.24 본항개정)
(2013.3.22 본조제목개정)

제6조【먹는물 수질에 대한 공정시험 방법】 환경부장관은 먹는물 검사를 정확하고 통일성 있게 하기 위하여 먹는물 수질공정시험(水質公定試驗) 방법을 정하여 고시하여야 한다.<2007.10.4까지 유효>

제7조【먹는물 수질 감시원】 ① 이 법에 따른 관계 공무원의 직무나 그 밖에 먹는물 수질에 관한 지도 등을 행하게 하기 위하여 환경부, 시 · 도, 시 · 군 · 구(자치구를 말한다. 이하 같다)에 먹는물 수질 감시원을 둔다.(2010.3.22 본항개정)
② 제1항에 따른 먹는물 수질 감시원의 자격, 임명, 직무 범위, 그 밖에 필요한 사항은 대통령령으로 정한다.

제8조【먹는물공동시설의 관리】 ① 먹는물공동시설 소재지의 특별자치시장 · 특별자치도지사 · 시장 · 군수 · 구청장(구청장은 자치구의 구청장을 말하며, 이하 "시장 · 군수 · 구청장"이라 한다)은 국민들에게 양질의 먹는물을 공급하기 위하여 먹는물 공동시설을 개선하고, 먹는물공동시설의 수질을 정기적으로 검사하며, 수질검사 결과 먹는물공동시설로 이용하기에 부적합한 경우에는 사용금지 또는 폐쇄조치를 하는 등 먹는물공동시설의 알맞은 관리를 위하여 환경부령으로 정하는 바에 따라 필요한 조치를 하여야 한다.(2014.1.21 본항개정)
② 누구든지 먹는물공동시설의 수질을 오염시키거나 시설을 훼손하는 행위를 하여서는 아니 된다.
③ 먹는물공동시설의 관리대상, 관리방법, 그 밖에 필요한 사항은 환경부령으로 정한다.
④ 특별자치시 · 특별자치도 · 시 · 군 · 구는 먹는물공동시설의 수질 개선을 위하여 필요하다고 인정하는 경우에는 조례로 제3항에 따른 관리대상, 관리방법 등을 강화하여 정할 수 있다.(2012.6.1 본항개정)
⑤ 시장 · 군수 · 구청장은 제4항에 따라 관리대상, 관리방법 등이 설정 · 변경된 경우에는 지체 없이 환경부장관에게 보고하고, 환경부령으로 정하는 바에 따라 이해관계자가 알 수 있도록 필요한 조치를 하여야 한다.(2010.3.22 본항신설)
⑥ 시장 · 군수 · 구청장은 제1항에 따른 먹는물공동시설의 수질검사 결과를 환경부령으로 정하는 바에 따라 환경부장관에게 보고하여야 한다.(2014.1.21 본항신설)
⑦ 환경부장관은 시장 · 군수 · 구청장에게 제1항에 따른 먹는물공동시설의 정기검사, 사용금지, 폐쇄조치 및 먹는물공동시설의 개선에 필요한 조치를 명할 수 있다.(2014.1.21 본항신설)

제8조의2【냉 · 온수기 또는 정수기의 설치 · 관리】 ① 냉 · 온수기 설치 · 관리자 또는 정수기 설치 · 관리자는 환경부령으로 정하는 바에 따라 냉 · 온수기 또는 정수기의 설치 장소, 설치 대수 등을 시장 · 군수 · 구청장에게 신고하여야 한다. 신고한 사항 중 환경부령으로 정하는 중요한 사항을 변경하려는 때에도 또한 같다.
② 시장 · 군수 · 구청장은 제1항에 따른 신고 또는 변경신고를 받은 날부터 7일 이내에 신고 또는 변경신고 수리 여부를 신고인에게 통지하여야 한다.(2021.1.5 본항신설)
③ 시장 · 군수 · 구청장이 제2항에서 정한 기간 내에 신고수리 여부 또는 민원 처리 관련 법령에 따른 처리기간의 연장을 신고인에게 통지하지 아니하면 그 기간(민원 처리 관련 법령에 따라 처리기간이 연장 또는 재연장된 경우에는 해당 처리기간을 말한다)이 끝난 날의 다음 날에 신고를 수리한 것으로 본다.(2021.1.5 본항신설)
④ 냉 · 온수기 설치 · 관리자 또는 정수기 설치 · 관리자는 먹는물이 오염되기 쉬운 장소에 냉 · 온수기 또는 정수기를 설치하여서는 아니 된다.
⑤ 냉 · 온수기 설치 · 관리자 또는 정수기 설치 · 관리자는 냉 · 온수기 또는 정수기를 주기적으로 청소 · 소독하는 등 위생적으로 관리하여야 한다.
⑥ 제4항에 따른 냉 · 온수기 또는 정수기의 설치 금지장소 및 제5항에 따른 냉 · 온수기 또는 정수기의 관리방법에 관한 구체적인 기준은 환경부령으로 정한다.(2021.1.5 본항개정)
(2013.3.22 본조개정)

제3장 샘물등의 개발 및 보전
(2012.6.1 본장제목개정)

제8조의3【샘물보전구역의 지정】 ① 시 · 도지사는 샘물의 수질보전을 위하여 다음 각 호의 어느 하나에 해당하는 지역 및 그 주변지역을 샘물보전구역(이하 "샘물보전구역"이라 한다)으로 지정할 수 있다.
1. 인체에 이로운 무기물질이 많이 들어있어 먹는샘물의 원수(原水)로 이용가치가 높은 샘물이 부존(賦存)되어 있는 지역(2020.5.26 본호개정)
2. 샘물의 수량이 풍부하게 부존되어 있는 지역
3. 그 밖에 샘물의 수질보전을 위하여 필요한 지역으로서 대통령령으로 정하는 지역
② 시 · 도지사는 제1항에 따라 샘물보전구역을 지정하거나 그 지정을 변경하려면 관계 행정기관의 장과 협의하여야 한다. 다만, 대통령령으로 정하는 경미한 사항을 변경하려는 경우에는 그러하지 아니하다.
③ 둘 이상의 시 · 도의 행정구역에 걸쳐 샘물보전구역을 지정할 필요가 있는 경우에는 관계 시 · 도지사는 협의하여 이를 공동으로 지정하거나 지정할 자를 정한다.
④ 시 · 도지사는 제1항에 따라 샘물보전구역을 지정하거나 변경하면 지체 없이 이를 고시하고 환경부장관에게 보고하여야 하며, 시장 · 군수 · 구청장에게 이를 알려 일반인이 열람할 수 있도록 하여야 한다.
⑤ 샘물보전구역의 지정범위, 지정절차 등에 관한 사항은 대통령령으로 정한다.
(2012.6.1 본조신설)

제8조의4【주민등의 의견청취】 ① 시 · 도지사는 제8조의3제1항에 따라 샘물보전구역을 지정하거나 그 지정을 변경하려면 지정 또는 변경 대상 지역의 시장 · 군수 · 구청장 및 주민(이하 "주민등"이라 한다)의 의견을 들어야 하며, 그 의견이 타당하다고 인정할 때에는 이를 반영하여야 한다. 다만, 대통령령으로 정하는 경미한 사항인 경우에는 그러하지 아니하다.
② 제1항에 따른 주민등의 의견청취에 필요한 사항은 환경부령으로 정한다.
(2012.6.1 본조신설)

제8조의5【샘물보전구역에서의 금지행위】 누구든지 샘물보전구역에서는 다음 각 호의 어느 하나에 해당하는 행위를 하여서는 아니 된다. 다만, 먹는샘물 제조시설 및 그 부속시설에 수반되는 시설로서 환경부령으로 정하는 시설을 환경부령으로 정하는 바에 따라 시 · 도지사의 허가를 받아 설치하는 경우에는 그러하지 아니하다.
1. 「가축전염병예방법」 제22조제2항 본문에 따른 가축의 사체 매몰
2. 「폐기물관리법」 제2조제8호에 따른 폐기물처리시설의 설치
3. 「토양환경보전법」 제2조제4호에 따른 특정토양오염관리대상시설의 설치
4. 「물환경보전법」 제2조제10호에 따른 폐수배출시설의 설치(2017.1.17 본호개정)
5. 「하수도법」 제2조제9호에 따른 공공하수처리시설 또는 같은 조 제10호에 따른 분뇨처리시설의 설치
6. 「가축분뇨의 관리 및 이용에 관한 법률」 제2조제3호에 따른 배출시설 또는 같은 조 제8호에 따른 처리시설의 설치
7. 그 밖에 대통령령으로 정하는 오염유발시설의 설치
(2012.6.1 본조신설)

제9조【샘물 또는 염지하수의 개발허가 등】 ① 대통령령으로 정하는 규모 이상의 샘물 또는 염지하수(이하 "샘물등"이라 한다)를 개발하려는 자는 환경부령으로 정하는 바에 따라 시 · 도지사의 허가를 받아야 한다.

② 제1항에 따라 허가를 받은 자가 허가받은 사항 중 대통령령으로 정하는 중요한 사항을 변경하려면 변경허가를 받아야 하고, 그 밖의 사항을 변경하려면 변경신고를 하여야 한다.(2010.3.22 본항신설)
③ 시·도지사는 제2항에 따른 변경신고를 받은 날부터 7일 이내에 변경신고 수리 여부를 신고인에게 통지하여야 한다.(2021.1.5 본항신설)
④ 시·도지사가 제3항에서 정한 기간 내에 신고수리 여부 또는 민원 처리 관련 법령에 따른 처리기간의 연장을 신고인에게 통지하지 아니하면 그 기간(민원 처리 관련 법령에 따라 처리기간이 연장 또는 재연장된 경우에는 해당 처리기간을 말한다)이 끝난 날의 다음 날에 변경신고를 수리한 것으로 본다.(2021.1.5 본항신설)
(2010.3.22 본조개정)
제10조【샘물등의 개발의 임시 허가】 ① 시·도지사는 제9조에 따라 샘물등의 개발을 허가하기 전에 제13조제1항에 따른 환경영향조사의 대상이 되는 샘물등을 개발하려는 자에게는 환경영향조사를 실시하고, 그에 관한 서류(이하 "조사서"라 한다)를 환경부령으로 정하는 기간에 제출할 것을 조건으로 샘물등의 개발을 임시 허가할 수 있다.
② 시·도지사는 제1항에 따라 임시 허가를 받은 자가 정당한 사유 없이 그 기간에 조사서를 제출하지 아니하면 임시 허가를 취소하여야 한다.
③ 제1항에 따라 샘물등의 개발의 임시 허가를 받은 자가 임시 허가를 받은 사항 중 대통령령으로 정하는 사항을 변경하는 경우에는 그 사유가 발생한 날부터 1개월 이내에 환경부령으로 정하는 바에 따라 시·도지사에게 신고하여야 한다.
④ 시·도지사는 제3항에 따른 변경신고를 받은 날부터 7일 이내에 변경신고 수리 여부를 신고인에게 통지하여야 한다.(2021.1.5 본항신설)
⑤ 시·도지사가 제4항에서 정한 기간 내에 신고수리 여부 또는 민원 처리 관련 법령에 따른 처리기간의 연장을 신고인에게 통지하지 아니하면 그 기간(민원 처리 관련 법령에 따라 처리기간이 연장 또는 재연장된 경우에는 해당 처리기간을 말한다)이 끝난 날의 다음 날에 변경신고를 수리한 것으로 본다.(2021.1.5 본항신설)
(2021.1.5 본조개정)
제11조【샘물등의 개발허가의 제한 등】 ① 시·도지사는 제18조에 따른 환경영향심사 결과 다른 공공의 지하수자원 개발 또는 지표수의 수질 등에 영향을 미칠 우려가 있다고 인정하면 제9조의 샘물등의 개발허가를 하지 아니할 수 있다.
② 시·도지사는 제9조에 따라 샘물등의 개발을 허가할 때에는 제18조에 따른 조사서의 심사결과에 따라 1일 취수량(取水量)을 제한하는 등의 필요한 조건을 붙일 수 있다.
③ 제9조에 따른 염지하수 개발허가는 대통령령으로 정하는 바에 따라 환경적으로 안전하게 염지하수를 개발할 수 있다고 인정되어 관리구역으로 지정·고시한 지역에서만 할 수 있다.(2010.3.22 본항신설)
(2010.3.22 본조개정)
제12조【샘물등의 개발허가의 유효기간】 ① 제9조의 샘물등의 개발허가의 유효기간은 5년으로 한다.
(2010.3.22 본항개정)
② 시·도지사는 샘물등의 개발허가를 받은 자가 유효기간의 연장을 신청하면 허가할 수 있다. 이 경우 매 회의 연장기간은 5년으로 한다.(2010.3.22 전단개정)
③ 제2항에 따른 유효기간의 연장신청 절차나 그 밖에 필요한 사항은 환경부령으로 정한다.
(2010.3.22 본조제목개정)
제12조의2【샘물등의 개발허가의 취소】 ① 시·도지사는 제9조에 따라 샘물등의 개발허가를 받은 자가 거짓이나 그 밖의 부정한 방법으로 샘물등의 개발허가를 받거나 샘물 개발허가 유효기간의 연장을 받은 경우에는 허가를 취소하여야 한다.
② 시·도지사는 제9조에 따라 샘물등의 개발허가를 받은 자가 다음 각 호의 어느 하나에 해당하는 경우에는 허가를 취소할 수 있다.
1. 허가를 받은 후 2년 이내에 정당한 사유 없이 샘물등을 개발하지 아니하거나 먹는샘물 또는 먹는염지하수(이하 "먹는샘물등"이라 한다)의 제조업의 허가를 받지 아니한 경우. 다만, 제53조에 따른 지하수의 용도변경, 취수능력의 증가 등으로 제9조에 따른 샘물등의 개발허가를 받은 경우는 제외한다.(2020.5.26 단서개정)
2. 먹는샘물등의 제조업 허가가 취소된 경우로서 2년 이내에 먹는샘물등의 제조업 허가를 다시 받지 아니한 경우
(2010.3.22 본조개정)
제13조【환경영향조사】 ① 제9조에 따라 샘물등의 개발허가를 받으려는 자 중 먹는샘물등의 제조업을 하려는 자와 그 밖에 1일 취수능력이 대통령령으로 정하는 기준에 해당하는 규모의 샘물등을 개발하려는 자는 샘물등의 개발로 주변 환경에 미치는 영향과 주변 환경으로부터 발생하는 해로운 영향을 예측·분석하여 이를 줄일 수 있는 방안에 관한 환경영향조사를 실시하여야 하며, 조사서를 작성하여 제9조에 따른 허가를 신청할 때에 시·도지사에게 제출하여야 한다.(2013.3.22 본항개정)
② 제1항에 따른 환경영향조사의 항목, 조사 방법, 평가기준, 조사서의 작성, 그 밖에 필요한 사항은 환경부령으로 정한다.
제14조【환경영향조사의 대행】 제9조에 따라 샘물등의 개발허가를 받으려는 자 중 제13조제1항에 따라 환경영향조사의 대상이 되는 샘물등을 개발하려는 자는 조사서를 작성할 때에 제15조에 따라 등록한 환경영향조사대행자(이하 "조사대행자"라 한다)에게 환경영향조사의 실시를 대행하게 하여야 한다.(2014.1.21 본조개정)
제14조의2【환경영향조사 준수사항】 ① 조사대행자는 조사서와 환경부장관이 정하는 조사서 작성의 기초가 되는 자료를 환경부령으로 정하는 기간(이하 이 조에서 "보존기간"이라 한다) 동안 보존하여야 한다. 다만, 조사서를 전자문서의 양식으로 작성하여 환경부장관이 정하여 고시하는 방법에 따라 정보통신망 등을 통하여 보존기간 동안 공개한 경우에는 그러하지 아니한다.
② 조사대행자는 다음 각 호의 사항을 지켜야 한다.
1. 다른 조사서의 내용을 복제하여 조사서를 작성하지 아니할 것
2. 조사서와 그 작성의 기초가 되는 자료를 거짓으로 또는 부실하게 작성하지 아니할 것
3. 등록증이나 명의를 다른 사람에게 대여하거나 도급받은 환경영향조사업무를 일괄하여 하도급하지 아니할 것
4. 측정장비를 갖추어 측정하여 그 결과를 조사서의 작성 등에 활용하는 경우에는 그 측정장비에 대하여 「환경분야 시험·검사 등에 관한 법률」 제11조에 따른 정도검사(精度檢査)를 받을 것
③ 제2항제2호에 따른 거짓이나 부실 작성의 구체적인 기준에 관하여는 환경부령으로 정한다.
(2014.1.21 본조신설)
제15조【환경영향조사 대행자의 등록】 환경영향조사의 실시를 대행하려는 자는 환경부령으로 정하는 바에 따라 기술능력, 시설, 장비를 갖추어 시·도지사에게 등록하여야 한다. 등록한 사항 중 환경부령으로 정하는 중요한 사항을 변경하려는 때에도 또한 같다.(2010.3.22 전단개정)
제16조【결격 사유】 다음 각 호의 어느 하나에 해당하는 자는 제15조에 따른 등록을 할 수 없다.
1. 피성년후견인 또는 피한정후견인(2015.2.3 본호개정)
2. 파산선고를 받고 복권되지 아니한 자
3. 이 법을 위반하여 징역의 실형을 선고받고 그 집행이 종료(집행이 종료된 것으로 보는 경우를 포함한다)되거나 집행이 면제된 날부터 2년이 지나지 아니한 자
4. 이 법을 위반하여 징역형의 집행유예를 선고받고 유예기간 중에 있는 자
5. 제17조에 따라 등록이 취소(이 조 제1호 또는 제2호에 해당하여 등록이 취소된 경우는 제외한다)된 후 2년이 지나지 아니한 자(2021.1.5 본호개정)
6. 임원 중 제1호부터 제5호까지의 규정 중 어느 하나에 해당하는 자가 있는 법인
제17조【조사대행자의 등록취소 등】 ① 시·도지사는 조사대행자가 다음 각 호의 어느 하나에 해당하면 그 등록을 취소하거나 6개월 이내의 기간을 정하여 업무정지를 할 수 있다. 다만, 제1호, 제2호 또는 제9호에 해당하면 그 등록을 취소하여야 한다.(2014.1.21 본문개정)
1. 제16조 각 호의 어느 하나에 해당하는 경우. 다만, 법인의 임원 중 제16조제6호에 해당하는 자가 있는 경우 3개월 이내에 그 임원을 바꾸어 임명하면 등록을 취소하지 아니한다.(2008.3.21 단서개정)
2. 거짓이나 그 밖의 부정한 방법으로 등록한 경우
3. 제14조의2제1항을 위반하여 조사서나 그 작성의 기초가 되는 자료를 보존하지 아니한 경우(2014.1.21 본호개정)
3의2. 제14조의2제2항제1호를 위반하여 다른 조사서의 내용을 복제하여 조사서를 작성한 경우
3의3. 제14조의2제2항제2호를 위반하여 조사서와 그 작성의 기초가 되는 자료를 거짓으로 작성하거나 조사서를 부실하게 작성한 경우
3의4. 제14조의2제2항제3호를 위반하여 다른 사람에게 등록증이나 명의를 대여하거나 도급받은 환경영향조사업무를 일괄하여 하도급한 경우
3의5. 제14조의2제2항제4호를 위반하여 정도검사를 받지 아니한 경우
(2014.1.21 3호의2~3호의5신설)
4. 제15조에 따른 등록 요건에 미달하게 된 경우
5. 1년에 2회 이상 업무정지처분을 받은 경우
6. 고의나 중대한 과실로 필요한 현장조사를 하지 아니하는 등 환경영향조사 대행업무를 부실하게 한 경우
7. 등록한 후 5년 이내에 환경영향조사 대행업무를 시작하지 아니하거나 계속해서 5년 이상 환경영향조사 대행업무의 실적이 없는 경우
8. 제15조 후단에 따른 변경등록을 하지 아니하고 영업행위를 한 경우
9. 업무정지처분 기간 중에 환경영향조사 대행업무를 한 경우
② 제1항에 따른 행정처분의 기준이나 그 밖에 필요한 사항은 환경부령으로 정한다.
제18조【환경영향심사】 ① 시·도지사는 제13조제1항에 따라 제출된 조사서를 환경부장관에게 보내 기술적 심사를 받아야 한다.
② 환경부장관은 제1항에 따른 조사서에 대한 기술적 심사를 할 때 대통령령으로 정하는 바에 따라 전문가의 의견을 들을 수 있다.

제4장 영 업

제19조【판매 등의 금지】 누구든지 먹는 데 제공할 목적으로 다음 각 호의 어느 하나에 해당하는 것을 판매하거나 판매할 목적으로 채취, 제조, 수입, 저장, 운반 또는 진열하지 못한다.
1. 먹는샘물등 외의 물이나 그 물을 용기에 넣은 것
2. 제21조제1항에 따른 허가를 받지 아니한 먹는샘물등이나 그 물을 용기에 넣은 것
3. 제26조제1항에 따른 수입신고를 하지 아니한 먹는샘물등이나 그 물을 용기에 넣은 것
(2010.3.22 1호~3호개정)
4. (2014.1.21 삭제)
제20조【시설 기준】 먹는물관련영업을 하려는 자는 환경부령으로 정하는 기준에 적합한 시설을 갖추어야 한다.
제21조【영업의 허가 등】 ① 먹는샘물등의 제조업을 하려는 자는 환경부령으로 정하는 바에 따라 시·도지사의 허가를 받아야 한다. 환경부령으로 정하는 중요한 사항을 변경하려는 때에도 또한 같다.(2010.3.22 전단개정)
② 수처리제 제조업을 하려는 자는 환경부령으로 정하는 바에 따라 시·도지사에게 등록하여야 한다. 환경부령으로 정하는 중요한 사항을 변경하려는 때에도 또한 같다.
③ 먹는샘물등의 수입판매업을 하려는 자는 환경부령으로 정하는 바에 따라 시·도지사에게 등록하여야 한다. 환경부령으로 정하는 중요한 사항을 변경하려는 때에도 또한 같다.(2010.3.22 전단개정)
④ 시·도지사는 제3항에 따른 등록 또는 변경등록의 신청을 받은 날부터 7일 이내에 등록 또는 변경등록 여부를 신청인에게 통지하여야 한다.(2021.1.5 본항신설)
⑤ 시·도지사가 제4항에서 정한 기간 내에 등록 여부 또는 민원 처리 관련 법령에 따른 처리기간의 연장을 신청인에게 통지하지 아니하면 그 기간(민원 처리 관련 법령에 따라 처리기간이 연장 또는 재연장된 경우에는 해당 처리기간을 말한다)이 끝난 날의 다음 날에 등록 또는 변경등록을 한 것으로 본다.(2021.1.5 본항신설)
⑥ 먹는샘물등의 유통전문판매업을 하려는 자는 환경부령으로 정하는 바에 따라 시·도지사에게 신고하여야 한다. 환경부령으로 정하는 중요한 사항을 변경하려는 때에도 또한 같다.(2010.3.22 본항개정)
⑦ 정수기의 제조업 또는 수입판매업을 하려는 자는 제43조제1항에 따라 환경부장관이 지정한 기관의 검사를 받고 환경부령으로 정하는 바에 따라 시·도지사에게 신고하여야 한다. 환경부령으로 정하는 중요한 사항을 변경하려는 때에도 또한 같다.
⑧ 시·도지사는 제6항 또는 제7항에 따른 신고 또는 변경신고를 받은 날부터 7일 이내에 신고 또는 변경신고 수리 여부를 신고인에게 통지하여야 한다.(2021.1.5 본항신설)
⑨ 시·도지사가 제8항에서 정한 기간 내에 신고수리 여부 또는 민원 처리 관련 법령에 따른 처리기간의 연장을 신고인에게 통지하지 아니하면 그 기간(민원 처리 관련 법령에 따라 처리기간이 연장 또는 재연장된 경우에는 해당 처리기간을 말한다)이 끝난 날의 다음 날에 신고 또는 변경신고를 수리한 것으로 본다.(2021.1.5 본항신설)
⑩ 시·도지사는 제1항에 따라 허가를 할 때에는 제18조에 따른 조사서의 심사결과에 따라 1일 취수량(取水量)을 제한하는 등의 필요한 조건을 붙일 수 있다.
⑪ 제1항부터 제9항까지의 규정에 따라 영업허가를 받거나 등록 또는 신고를 한 자가 그 영업을 휴업·재개업 또는 폐업하거나, 허가받은 사항이나 등록 또는 신고한 사항 중 가벼운 사항을 변경하려면 환경부령으로 정하는 바에 따라 시·도지사에게 신고하여야 한다.(2021.1.5 본항개정)
제22조【샘물등의 수위·수량·수질 관리】 ① 제21조제1항에 따라 먹는샘물등의 제조업 허가를 받은 자(이하 "먹는샘물등의 제조업자"라 한다)는 환경부령으로 정하는 바에 따라 샘물등의 수위, 수량, 수질을 자동으로 연속하여 측정·기록할 수 있는 자동계측기(이하 "자동계측기"라 한다)를 적정하게 설치 및 운영·관리하여야 한다.
(2013.3.22 본항신설)
② 시·도지사는 먹는샘물등의 제조업자에게 환경부령으로 정하는 바에 따라 자동계측기의 측정결과(이하 "측정결과"라 한다)를 제출하게 할 수 있다.
③ 시·도지사는 환경부장관이 지정하는 지하수 관련 전문기관에 제2항에 따라 받은 측정결과를 분석하게 할 수 있다.
④ 시·도지사는 측정결과를 분석한 결과 샘물등이 제5조제3항 또는 제5항에 따른 수질 기준에 부적합하다고 확인되거나 제11조제2항에 따른 1일 취수량을 초과하여 취수되고 있다고 인정하면 먹는샘물등의 제조업자의 취수를 제한하거나 중단하게 할 수 있다.(2018.12.24 본항개정)
⑤ 시·도지사는 제3항에 따른 측정결과의 분석에 소요되는 비용을 같은 항에 따른 지하수 관련 전문기관에 지원할 수 있다.(2013.3.22 본항신설)
(2013.3.22 본조개정)

제23조【조건부 영업허가】 ① 시·도지사는 제21조제1항에 따라 허가를 할 때 환경부령으로 정하는 기간에 제20조에 따른 시설을 갖출 것을 조건으로 허가할 수 있다.
② 시·도지사는 제1항에 따라 허가를 받은 자가 정당한 사유 없이 정해진 기간에 그 시설을 갖추지 아니하면 허가를 취소하여야 한다.

제24조【영업허가 등의 제한】 다음 각 호의 어느 하나에 해당하면 제21조제1항부터 제3항까지 및 제6항에 따른 허가를 받거나 등록 또는 신고를 할 수 없다.
(2021.1.5 본문개정)
1. 영업을 하려는 자(법인인 경우에는 임원을 포함한다. 이하 이 조에서 같다)가 피성년후견인이거나 파한정후견인일 때(2015.2.3 본호개정)
2. 영업을 하려는 자가 파산선고를 받고 복권되지 아니한 자일 때
3. 영업을 하려는 자가 이 법을 위반하여 징역의 실형을 선고받고 그 집행이 종료(집행이 종료된 것으로 보는 경우를 포함한다)되거나 집행이 면제되지 아니한 자일 때
4. 제48조제1항부터 제3항까지의 규정에 따라 영업의 허가나 등록이 취소된 후 1년이 지나지 아니한 자(법인인 경우에는 그 대표자를 포함한다)가 다시 같은 업종의 영업을 하려 할 때
5. 제48조제1항부터 제3항까지의 규정에 따라 영업의 허가나 등록이 취소된 후 1년이 지나지 아니하였는데도 같은 장소에서 먹는샘물등의 제조업이나 수처리제 제조업을 하려 할 때(2010.3.22 본호개정)
6. 지반침하, 수자원의 고갈 등 환경에 심각한 피해나 위해를 끼치거나 끼칠 우려가 있어 환경부령으로 정하는 기준에 해당될 때(먹는샘물등의 제조업의 경우만 해당한다)(2010.3.22 본호개정)

제25조【영업의 승계】 ① 먹는물관련영업자가 그 영업을 양도하거나 사망한 때 또는 법인인 먹는물관련영업자가 합병한 경우에는 그 양수인·상속인 또는 합병 후 존속하는 법인이나 합병으로 설립되는 법인이 그 영업자의 지위를 승계한다.
② 다음 각 호의 어느 하나에 해당하는 사유로 영업 시설·설비의 전부를 인수한 자는 종전의 영업자의 지위를 승계한다. 이 경우 종전의 영업자에 대한 영업허가와 등록은 그 효력을 잃는다.
1. 「민사집행법」에 따른 경매
2. 「채무자 회생 및 파산에 관한 법률」에 따른 환가
3. 「국세징수법」·「관세법」 또는 「지방세징수법」에 따른 압류재산의 매각(2016.12.27 본호개정)
4. 그 밖에 제1호부터 제3호까지의 규정에 준하는 절차
③ 제1항이나 제2항에 따라 영업자의 지위를 승계한 자는 환경부령으로 정하는 바에 따라 1개월 이내에 시·도지사에게 신고하여야 한다.

제26조【수입신고 등】 ① 먹는샘물등, 수처리제 또는 그 용기를 수입하려는 자는 환경부령으로 정하는 바에 따라 시·도지사에게 신고하여야 한다.
② 시·도지사는 제1항에 따른 신고를 받은 날부터 25일 이내에 신고수리 여부를 신고인에게 통지하여야 한다.
(2021.1.5 본항신설)
③ 시·도지사가 제2항에서 정한 기간 내에 신고수리 여부 또는 민원 처리 관련 법령에 따른 처리기간의 연장을 신고인에게 통지하지 아니하면 그 기간(민원 처리 관련 법령에 따라 처리기간이 연장 또는 재연장된 경우에는 해당 처리기간을 말한다)이 끝난 날의 다음 날에 신고를 수리한 것으로 본다.(2021.1.5 본항신설)
④ 시·도지사는 필요하다고 인정하면 제1항에 따라 신고한 먹는샘물등, 수처리제 또는 그 용기를 통관 절차 완료 전에 관계 공무원이나 관계 검사기관으로 하여금 필요한 검사를 하게 할 수 있다. 이 경우 수입항(수입물품이 「관세법」에 따른 보세구역에서 반출되는 경우에는 그 물품의 보관장소를 말한다. 이하 이 항에서 같다)이 다른 시·도지사의 관할구역에 위치한 경우에는 그 수입항이 위치한 시·도의 관계 검사기관에 검사를 요청할 수 있다.
⑤ 시·도지사는 제31조에 따른 수질개선부담금을 2회 이상 내지 아니한 먹는샘물등의 수입판매업자에게는 제4항에 따라 실시하는 검사를 거부할 수 있다.(2021.1.5 본항개정)
(2010.3.22 본조개정)

제27조【품질관리인】 ① 먹는샘물등의 제조업자, 수처리제 제조업자, 정수기 제조업자는 품질관리인을 두어야 한다. 다만, 개인인 먹는샘물등의 제조업자, 수처리제 제조업자 또는 정수기 제조업자가 제4항에 따른 품질관리인의 자격을 갖추고 제2항에 따른 업무를 직접 수행하는 경우에는 품질관리인을 따로 두지 아니할 수 있다.
(2010.3.22 본항개정)
② 품질관리인은 먹는샘물등, 수처리제 또는 정수기를 제조하는 과정에서 품질을 관리하고, 제조 시설을 위생적으로 관리하여야 한다.(2010.3.22 본항개정)
③ 먹는샘물등의 제조업자, 수처리제 제조업자, 정수기 제조업자는 제2항에 따른 품질관리인의 업무를 방해하여서는 아니 되며, 그로부터 업무수행에 필요한 요청을 받으면 정당한 사유가 없으면 요청에 따라야 한다.
(2010.3.22 본항개정)
④ 품질관리인의 자격 기준은 대통령령으로 정한다.

제28조【품질관리교육】 ① 제27조제1항 단서에 따라 품질관리인을 두지 아니한 개인인 먹는샘물등의 제조업자, 수처리제 제조업자 또는 정수기 제조업자는 환경부장관이 실시하는 품질관리교육(이하 "품질관리교육"이라 한다)을 정기적으로 받아야 하고, 같은 항 본문에 따른 먹는샘물등의 제조업자, 수처리제 제조업자 또는 정수기 제조업자는 품질관리인으로 하여금 정기적으로 품질관리교육을 받도록 하여야 한다.(2018.6.12 본항개정)
② 제27조에 따른 품질관리인이 되려는 자는 미리 제1항에 따른 교육을 받아야 한다. 다만, 품질관리인이 특별한 사정 등 부득이한 사유로 미리 교육을 받을 수 없으면 품질관리인이 된 후에 교육을 받을 수 있다.
③ 제1항과 제2항에 따른 품질관리에 관한 교육의 실시기관 및 내용 등에 관하여는 환경부령으로 정한다.
④ 환경부장관은 제1항과 제2항에 따른 교육에 드는 경비를 교육 대상자나 교육 대상자를 고용한 자로부터 징수할 수 있다.
(2008.3.21 본조제목개정)

제29조【건강진단】 ① 먹는샘물등의 제조에 종사하는 종업원(제조업자가 직접 제조에 종사하는 경우에는 제조업자를 포함한다)은 건강진단을 받아야 한다. 다만, 다른 법령에 따라 같은 내용의 건강진단을 받은 경우에는 이 법에 따른 건강진단으로 갈음할 수 있다.(2010.3.22 본문개정)
② 먹는샘물등의 제조업자는 제1항에 따른 건강진단을 받지 아니한 사람과 건강진단을 받은 결과 다른 사람에게 위해를 끼칠 우려가 있는 질병이 있다고 인정되는 사람을 그 업무에 종사하게 하여서는 아니 된다.
(2020.5.26 본항개정)
③ 제1항에 따른 건강진단의 실시 방법 등과 제2항에 따라 영업에 종사하지 못하는 질병의 종류는 환경부령으로 정한다.

제30조【준수 사항】 먹는물관련영업자는 원료관리, 제조공정, 그 밖의 품질관리를 할 때에 환경부령으로 정하는 사항을 지켜야 한다.

제31조【수질개선부담금의 부과·징수 등】 ① 환경부장관은 공공의 지하수자원을 보호하고 먹는물의 수질개선에 이바지하도록 제9조에 따라 샘물등의 개발허가를 받은 자, 먹는샘물등의 제조업자 및 수입판매업자에게 수질개선부담금(이하 "부담금"이라 한다)을 부과·징수할 수 있다.(2010.3.22 본항개정)
② 부담금은 제9조에 따라 샘물등의 개발허가를 받은 자와 먹는샘물등의 제조업자에게는 샘물등의 취수량을 기준으로, 먹는샘물등의 수입판매업자에게는 먹는샘물등의 수입량을 기준으로 다음 각 호의 금액을 더한 금액의 3배의 범위에서 대통령령으로 정하는 바에 따라 부과·징수한다.(2010.3.22 본문개정)
1. 「지방공기업법」 제21조에 따른 상수도 원가 및 하수도 원가
2. 「수도법」 제71조에 따른 원인자부담금
3. 「하수도법」 제61조에 따른 원인자부담금
4. 다음 각 목의 물이용부담금을 평균한 금액
가. 「한강수계 상수원수질개선 및 주민지원 등에 관한 법률」 제19조제1항에 따른 물이용부담금
나. 「낙동강수계 물관리 및 주민지원 등에 관한 법률」 제32조제1항에 따른 물이용부담금
다. 「금강수계 물관리 및 주민지원 등에 관한 법률」 제30조제1항에 따른 물이용부담금
라. 「영산강·섬진강수계 물관리 및 주민지원 등에 관한 법률」 제30조제1항에 따른 물이용부담금
5. 「환경정책기본법」 제47조제1항제1호에 따른 국가환경개선사업 중 상수도 및 수질보전 부문의 세출
(2011.7.21 본호개정)
③ 제9조에 따라 샘물등의 개발허가를 받은 자는 취수량을 측정할 수 있는 계측기(計測器)를 설치·관리하고, 환경부령으로 정하는 바에 따라 측정 결과를 환경부장관에게 제출하여야 한다.(2010.3.22 본항개정)
④ 제1항과 제2항에 따른 부담금의 부과대상, 부과금액, 부과·징수의 방법과 절차, 그 밖에 필요한 사항은 대통령령으로 정한다.
⑤ 환경부장관은 제1항에 따라 부담금을 내야 할 자가 정하여진 기한까지 부담금을 내지 아니하면 가산금을 징수한다. 이 경우 가산금에 관하여는 「국세징수법」 제21조 및 제22조를 준용한다.
⑥ 제1항·제2항 및 제5항에 따라 징수한 부담금과 가산금은 「환경정책기본법」에 따른 환경개선특별회계의 세입으로 한다.(2011.7.21 본항개정)
⑦ 환경부장관은 제6항에 따른 환경개선특별회계의 세입 중 샘물등의 개발허가를 받은 자와 먹는샘물등의 제조업자 중 대통령령으로 정하는 자로부터 징수한 부담금 및 가산금의 100분의 40에 상당하는 금액을 해당 취수정(取水井)이 위치한 특별자치시, 특별자치도, 시, 군 또는 구에 지급하여야 한다.(2012.6.1 본항개정)
⑧ 환경부장관은 제55조에 따라 시·도지사에게 부담금 및 가산금의 징수에 관한 권한을 위임하면 징수된 부담금 및 가산금의 일부를 대통령령으로 정하는 바에 따라 징수비용으로 지급할 수 있다.
⑨ 환경부장관은 제8조의3제1항에 따라 샘물보전구역을 지정한 시·도지사에게 해당 샘물의 개발로 인하여 징수한 수질개선부담금의 일부를 대통령령으로 정하는 바에 따라 지원할 수 있다.(2012.6.1 본항신설)
⑩ 환경부장관이나 제8항에 따른 시·도지사는 부담금이나 가산금을 내야 할 자가 정하여진 기한까지 내지 아니하면 국세 체납처분의 예 또는 「지방행정제재·부과금의 징수 등에 관한 법률」에 따라 징수한다.(2021.1.5 본항개정)
⑪ 환경부장관은 체납된 부담금을 징수하기 위하여 「지방세기본법」 제86조에 따라 지방자치단체의 장에게 지방세 과세정보를 요구할 수 있다. 이 경우 지방자치단체의 장은 특별한 사유가 없으면 이에 따라야 한다.
(2016.12.27 전단개정)
(2013.3.22 본조제목개정)
(2008.3.21 본조개정)

제31조의2【부담금에 대한 이의신청 특례】 ① 제31조제1항 및 제2항에 따른 부담금을 부과받은 자는 부과된 부담금에 대하여 이의가 있는 경우에는 부과받은 날부터 30일 이내에 이의를 신청할 수 있다.
② 환경부장관은 제1항에 따른 이의신청을 받았을 때에는 그 신청을 받은 날부터 15일 이내에 이를 심의하여 그 결과를 신청인에게 서면으로 알려야 한다.
③ 제1항 및 제2항에 따른 이의신청의 방법, 심의 및 그 결과 통지 등에 필요한 사항은 환경부령으로 정한다.
(2024.1.30 본항개정)
④ 제1항부터 제3항까지에서 규정한 사항 외에 이의신청에 관한 사항은 「행정기본법」 제36조(같은 조 제2항 단서는 제외한다)에 따른다.(2024.1.30 본항신설)
(2024.1.30 본조제목개정)
(2013.3.22 본조신설)

제32조【부담금의 징수유예와 분할납부 등】 ① 환경부장관은 부담금의 납부기한 전에 부담금 납부의무자가 다음 각 호의 어느 하나에 해당하는 사유로 부담금을 낼 수 없다고 인정되면 징수를 유예하거나 그 금액을 분할하여 내게 할 수 있다.
1. 천재지변이나 그 밖의 재해를 입어 재산에 상당한 손실이 있는 경우(2010.3.22 본호개정)
2. 사업에 손실을 입어 경영상으로 심각한 위기에 처하게 된 경우
3. 그 밖에 제1호와 제2호에 준하는 사유 등으로 징수유예나 분할납부가 불가피하다고 인정되는 경우
② 환경부장관은 제1항에 따라 징수를 유예한 경우에는 그 유예 금액에 상당하는 담보의 제공을 요구할 수 있다.
③ 환경부장관은 해당 납부의무자가 다음 각 호의 어느 하나에 해당하면 제1항에 따른 징수유예를 취소하고 체납액을 한꺼번에 징수할 수 있다. 이 경우 환경부장관은 미리 그 사실을 납부의무자에게 알려야 한다.
1. 체납액을 지정한 기한까지 내지 아니한 경우
2. 담보변경 등 담보의 보전에 필요한 환경부장관의 정당한 요구에 따르지 아니한 경우
3. 재산상황이 좋아지거나 다른 사정의 변화로 그 유예가 필요 없다고 인정되는 경우
④ 제1항에 따른 징수유예의 기간, 분할 납부의 횟수, 신청 방법 등에 필요한 사항은 대통령령으로 정한다.

제33조【수질개선부담금의 용도】 제31조에 따라 징수된 수질개선부담금은 다음 각 호의 어느 하나에 해당하는 용도에만 사용한다. 다만, 제31조제8항에 따라 징수비용으로 교부한 금액은 해당 수질개선부담금을 부과·징수하는 데에 드는 경비 등으로 사용하여야 한다.
(2010.3.22 단서개정)
1. 제5조제1항에 따른 먹는물의 수질관리시책 사업비의 지원
2. 제5조제2항에 따른 먹는물의 수질검사 실시 비용의 지원
2의2. 제8조제1항에 따른 먹는물공동시설의 관리를 위한 비용의 지원(2010.3.22 본호신설)
3. 그 밖에 공공의 지하수 자원을 보호하기 위하여 대통령령으로 정하는 용도

제34조~제35조 (2014.1.21 삭제)

제5장 기준과 표시 등

제36조【기준과 규격】 ① 환경부장관은 먹는샘물등, 수처리제, 정수기 또는 그 용기의 종류, 성능, 제조방법, 보존방법, 유통기한(그 기한의 연장에 관한 사항을 포함한다), 사후관리 등에 관한 기준과 성분에 관한 규격을 정하여 고시할 수 있다.(2013.3.22 본항개정)
② 환경부장관은 제1항에 따른 기준과 규격이 정하여지지 아니한 먹는샘물등, 수처리제, 정수기 또는 그 용기는 그 제조업자에게 자가기준(自家基準)과 자가규격을 제출하게 하여, 제43조에 따라 지정된 검사 기관의 검사를 거쳐 이를 그 제품의 기준과 규격으로 인정할 수 있다.
③ 제1항 및 제2항에 따른 기준과 규격에 맞지 아니한 먹는샘물등, 수처리제, 정수기 또는 그 용기를 판매하거나 판매할 목적으로 제조, 수입, 저장, 운반, 진열하거나 그 밖의 영업상으로 사용하지 못한다.
(2010.3.22 본조개정)

제37조【표시기준】 ① 환경부장관은 먹는샘물등, 수처리제(水處理劑), 정수기의 용기나 포장의 표시, 제품명(製品名)의 사용에 필요한 기준을 정하여 고시하여야 한다.
② 먹는물관련영업자는 제1항에 따른 표시기준에 맞게 표시하지 아니한 먹는샘물등, 수처리제 또는 정수기를 판매하거나 판매할 목적으로 제조·수입·진열 또는 운반하거나 영업상 사용하여서는 아니 된다.
(2010.3.22 본조개정)

제38조【수출용 제품의 기준, 규격, 표시 기준】 ① 수출용으로 제조하는 먹는샘물등, 수처리제, 정수기 또는 그 용기의 기준, 규격, 표시 기준은 제36조제1항·제2항 및 제37조에도 불구하고 수입하는 자가 요구하는 기준, 규격, 표시 기준을 따를 수 있다.
② 먹는물관련영업자가 제1항에 따라 수입하는 자가 요구하는 기준, 규격, 표시 기준을 따라 먹는샘물등, 수처리제, 정수기 또는 그 용기를 제조하려 할 때에는 환경부령으로 정하는 바에 따라 이를 증명하는 서류 등을 시·도지사에게 제출하여야 한다.
(2010.3.22 본조개정)

제39조【광고의 제한】 ① 환경부장관은 공익을 위하여 필요하다고 인정하면 대통령령으로 정하는 바에 따라 먹는샘물등에 관한 광고를 금지하거나 제한할 수 있다.
(2020.5.26 본항개정)
② 시·도지사는 먹는샘물등의 제조업자와 수입판매업자가 제1항에 따른 금지 또는 제한을 위반하면 그 먹는샘물등의 수입 또는 판매를 제한하거나 광고물의 제거 등 시정에 필요한 명령이나 조치를 할 수 있다.
(2010.3.22 본조개정)

제40조【거짓 또는 과대 표시·광고의 금지 등】 ① 먹는샘물등, 수처리제, 정수기와 그 용기·포장의 명칭, 제조 방법·품질 등에 관하여 거짓 또는 과대의 표시·광고를 하거나 의약품과 혼동할 우려가 있는 표시·광고를 하여서는 아니 된다.(2010.3.22 본항개정)
② 제1항에 따른 거짓 또는 과대의 표시·광고의 범위, 그 밖에 필요한 사항은 환경부령으로 정한다.

제40조의2【유사 표시의 사용금지】 이 법에 따른 정수기, 먹는샘물등이 아닌 경우에는 정수기, 먹는샘물등으로 오인될 우려가 있는 "정수기", "샘물", "생수" 등의 제품명을 사용하거나 그 밖의 표시를 하여 제공 또는 판매를 하여서는 아니 된다.(2018.12.24 본조개정)

제6장 검 사

제41조【자가 품질 검사의 의무】 ① 먹는샘물등, 수처리제, 정수기 또는 그 용기의 제조업자는 환경부령으로 정하는 바에 따라 그가 제조하는 제품이 제36조제1항 또는 제2항에 따른 기준과 규격에 적합한지를 자가 검사(檢查)하고 그 기록을 보존하여야 한다.
② 제1항의 경우에 시·도지사는 먹는샘물등, 수처리제, 정수기 또는 그 용기의 제조업자가 직접 검사하는 것이 적합하지 아니하면 제43조에 따라 지정된 검사기관에 위탁하여 검사하게 할 수 있다.
(2010.3.22 본조개정)

제41조의2【유통 중인 먹는샘물등의 품질검사】 ① 환경부장관 또는 시·도지사는 먹는샘물등이 제5조에 따른 수질 기준에 적합한지 여부, 제36조에 따른 기준과 규격의 적정 준수 여부를 확인하기 위하여 소속 공무원으로 하여금 유통 중인 먹는샘물등을 수거하여 조사하게 할 수 있다.
② 제1항에 따라 수거를 하는 소속 공무원에 관하여는 제42조제2항을 준용한다.
(2014.1.21 본조신설)

제42조【출입·검사·수거 등】 ① 환경부장관, 시·도지사 또는 시장·군수·구청장은 샘물등의 개발에 따른 환경영향 조사를 하거나 먹는물관련영업 또는 냉·온수기나 정수기의 설치·관리로 인한 국민건강상의 위해를 방지하고 검사기관의 적정 운영 여부를 확인하기 위하여 필요하다고 인정되면 다음 각 호의 조치를 할 수 있다.
(2013.3.22 본문개정)
1. 샘물등의 개발허가를 받은 자, 먹는물관련영업자, 냉·온수기 설치·관리자, 정수기 설치·관리자 및 제43조에 따라 지정된 검사기관이나 그 밖의 관계인에게 필요한 보고를 명하는 것(2013.3.22 본호개정)
2. 관계 공무원에게 영업장소·사무소·창고·제조소·저장소·판매소(이하 "사업장"이라 한다) 또는 이와 유사한 장소에 출입하여 판매를 목적으로 하거나 영업상 사용하는 원재료·제품·용기·포장 또는 제조·영업시설 등이나 냉·온수기 또는 정수기를 검사하도록 하는 것(2013.3.22 본호개정)
3. 제2호의 검사에 필요한 최소량의 원재료, 제품, 용기·포장 등을 무상으로 수거(收去)하는 것
4. 관계 공무원이 영업 관계의 장부, 서류, 검사와 관련된 자료를 열람하게 하는 것(2008.3.21 본호개정)
② 제1항에 따라 출입, 검사, 수거 또는 열람을 하려는 공무원은 그 권한을 표시하는 증표를 지니고 이를 관계인에게 내보여야 한다.

제43조【검사기관의 지정】 ① 환경부장관은 제42조제1항제3호에 따라 거두어들인 원재료, 제품, 용기 등의 검사와 제5조제2항에 따른 먹는물의 수질검사를 위한 기관을 지정할 수 있다. 지정받은 기관(이하 "검사기관"이라 한다)이 지정받은 사항 중 환경부령으로 정하는 중요 사항을 변경하려는 경우에는 환경부장관에게 신고하여야 한다.
② 환경부장관은 제1항 후단에 따른 변경신고를 받은 날부터 20일 이내에 변경신고 수리 여부를 신고인에게 통지하여야 한다.(2021.1.5 본항신설)
③ 환경부장관이 제2항에서 정한 기간 내에 신고수리 여부 또는 민원 처리 관련 법령에 따른 처리기간의 연장을 신고인에게 통지하지 아니하면 그 기간(민원 처리 관련 법령에 따라 처리기간이 연장 또는 재연장된 경우에는 해당 처리기간을 말한다)이 끝난 날의 다음 날에 변경신고를 수리한 것으로 본다.(2021.1.5 본항신설)
④ 검사기관은 먹는물 수질검사기관, 수처리제 검사기관, 정수기 품질검사기관, 정수기 성능검사기관으로 구분한다.
⑤ 다음 각 호의 어느 하나에 해당하는 자는 제1항에 따른 검사기관으로 지정받을 수 없다.
1. 피성년후견인 또는 피한정후견인(2015.2.3 본호개정)
2. 이 법을 위반하여 징역의 실형을 선고받고 그 집행이 끝나거나(집행이 끝난 것으로 보는 경우를 포함한다) 집행이 면제된 날부터 2년이 지나지 아니한 자
3. 이 법을 위반하여 징역형의 집행유예를 선고받고 그 집행유예기간 중에 있는 자
4. 제8항에 따라 지정이 취소된 후 4년이 지나지 아니한 자(2021.1.5 본호개정)
5. 임원 또는 기관의 대표자 중에 제1호부터 제4호까지의 규정 중 어느 하나에 해당하는 자가 있는 법인이나 기관
(2008.3.21 본항신설)
⑥ 환경부장관은 제1항에 따라 검사기관의 지정을 신청받거나 검사기관으로 지정하면 수질의 측정·분석에 관한 능력을 평가할 수 있다.(2021.1.5 본항개정)
⑦ 제1항에 따라 지정받은 정수기 품질검사기관은 정수기품질검사를 공정하게 처리하기 위하여 정수기품질심의위원회를 둘 수 있다.(2021.1.5 본항개정)
⑧ 환경부장관은 검사기관이 다음 각 호의 어느 하나에 해당하면 그 지정을 취소하거나 6개월 이내의 기간을 정하여 업무정지처분을 할 수 있다. 다만, 제1호, 제1호의2, 제2호 및 제3호에 해당하면 그 지정을 취소하여야 한다.
(2008.3.21 단서개정)
1. 거짓이나 그 밖의 부정한 방법으로 지정을 받은 경우
1의2. 제5항 각 호의 어느 하나에 해당하는 경우. 다만, 법인 또는 기관의 임원이나 대표자 중에 제5항제1호부터 제4호까지의 규정 중 어느 하나에 해당하는 자가 있는 경우 그 임원이나 대표자를 3개월 이내에 바꾸어 임명하면 그 지정을 취소하지 아니한다.(2021.1.5 본호개정)
2. 이 법 또는 다른 법률(제43조에 따른 검사기관의 검사를 받도록 규정한 법률만 해당한다)에 따른 검사를 하면서 고의나 중대한 과실로 거짓의 검사성적서를 발급한 경우(2014.1.21 본호개정)
3. 업무정지처분 기간 중 검사업무를 대행한 경우
4. 지정받은 후 1년 이내에 검사대행 업무를 시작하지 아니하거나 계속해서 1년 이상 그 실적이 없는 경우
5. 제1항에 따른 변경신고를 하지 아니한 경우
6. 제6항에 따른 평가 결과 제9항에서 정하는 평가 기준에 미달된 경우
7. 제9항에 따른 기술 인력 및 시설 기준에 미달된 경우
8. 제12항에 따른 준수사항을 지키지 아니한 경우
(2021.1.5 6호~8호개정)
⑨ 제1항부터 제6항까지의 규정에 따라 검사기관으로 지정받기 위하여 갖추어야 할 기술인력과 시설기준, 검사기관의 지정신청과 지정, 평가 기준 등에 관한 사항은 환경부령으로 정한다.(2021.1.5 본항개정)
⑩ 제7항에 따른 정수기 품질검사기관의 기능과 정수기품질심의위원회의 구성, 임기, 기능 등에 관하여 필요한 사항은 환경부령으로 정한다.(2021.1.5 본항개정)
⑪ 제8항에 따른 행정처분의 세부적인 기준은 환경부령으로 정한다.(2021.1.5 본항개정)
⑫ 검사기관은 수질검사 방법, 검사결과의 기록·보존 등 환경부령으로 정하는 준수사항을 지켜야 한다.
(2010.3.22 본항신설)
⑬ 검사업무를 담당하는 기술 인력은 환경부령으로 정하는 바에 따라 환경부장관이 시행하는 교육을 받아야 한다. 이 경우 환경부장관은 교육 경비를 교육대상자를 고용한 자로부터 징수할 수 있다.(2010.3.22 본항신설)

제44조【소비자보호】 정수기 제조업자와 정수기 수입판매업자(이하 이 조에서 "제조업자등"이라 한다)는 소비자보호를 위하여 환경부령으로 정하는 소비자보호센터를 설치·운영하여야 한다. 다만, 제조업자등을 조합원으로 하여 「중소기업협동조합법」 제32조에 따라 설립인가를 받은 협동조합(이하 이 조에서 "협동조합"이라 한다)이 소비자보호센터를 설치·운영하는 경우에는 그 협동조합에 가입한 제조업자등이 각각 소비자보호센터를 설치·운영하는 것으로 본다.

제7장 영업자에 대한 지도·감독

제45조【지도와 개선명령】 ① 환경부장관, 시·도지사 또는 시장·군수·구청장은 환경보전이나 국민보건에 중대한 위해를 끼치거나 끼칠 우려가 있다고 인정하면 먹는물관련영업자, 냉·온수기 설치·관리자 또는 정수기 설치·관리자에게 필요한 지도와 명령을 할 수 있다.
② 환경부장관, 시·도지사 또는 시장·군수·구청장은 제조시설이 제20조에 따른 시설 기준에 적합하지 아니하거나 먹는물관련영업자, 냉·온수기 설치·관리자 또는 정수기 설치·관리자가 이 법 또는 이 법에 따른 명령을 위반하면, 기간을 정하여 그 시설을 고치도록 명하거나 그 밖에 필요한 조치를 명할 수 있다.(2014.1.21 본항개정)
(2013.3.22 본조개정)

제46조【폐쇄조치 등】 ① 시·도지사는 제21조제1항부터 제3항까지, 제6항 또는 제7항을 위반하여 허가를 받지 아니하거나, 등록 또는 신고를 하지 아니하고 영업을 하거나, 제48조제1항부터 제3항까지의 규정에 따라 허가 또는 등록이 취소되거나 영업정지처분을 받은 후에도 계속해서 영업을 하면, 그 사업장을 폐쇄하기 위하여 관계 공무원에게 다음 각 호의 조치를 하게 할 수 있다.
(2021.1.5 본문개정)
1. 그 사업장의 간판이나 그 밖의 영업표지물의 제거 또는 삭제
2. 그 사업장이 적법한 사업장이 아님을 알리는 게시문의 부착
3. 그 사업장의 시설물이나 그 밖의 영업에 사용하는 기구 등을 사용할 수 없게 하는 봉인(封印)
② 시·도지사는 제1항제2호·제3호에 따른 게시물의 부착이나 봉인을 한 후 다음 각 호의 어느 하나에 해당하는 경우에는 게시물을 떼어내거나 봉인을 해제할 수 있다.
1. 게시물의 부착이나 봉인을 계속할 필요가 없다고 인정되는 경우
2. 해당 영업을 하는 자 또는 그 대리인이 그 사업장을 폐쇄할 것을 약속한 경우
3. 그 밖에 정당한 사유를 들어 게시물을 떼어내거나 봉인의 해제를 요청하는 경우
③ 시·도지사가 제1항에 따른 조치를 하려면 그 영업을 하는 자 또는 대리인에게 미리 서면으로 알려 주어야 한다. 다만, 급박한 사유가 있으면 알리지 아니할 수 있다.
④ 제1항에 따른 조치는 그 영업을 할 수 없게 하는 데에 필요한 최소한의 범위에 그쳐야 한다.
⑤ 제1항에 따른 조치를 하는 관계 공무원은 그 권한을 표시하는 증표를 지니고 이를 관계인에게 내보여야 한다.

제47조【폐기처분 등】 ① 시·도지사는 관계 공무원에게 제36조제3항이나 제40조제1항에 위반되는 먹는샘물등, 수처리제, 정수기 또는 그 용기와 포장 등을 압류 또는 폐기하게 하거나 영업자 등에게 처리방법 등을 정하여 필요한 조치를 하도록 명할 수 있다.(2010.3.22 본항개정)
② 시·도지사는 다음 각 호의 어느 하나에 해당하면 관계 공무원에게 해당 물건을 압류하거나 폐기하게 할 수 있다.
1. 제21조제1항부터 제3항까지, 제6항, 제7항 또는 제26조에 따른 허가를 받지 아니하거나 등록·신고를 하지 아니하고 제조·수입·유통판매하는 먹는샘물등, 수처리제, 정수기 또는 그 용기와 포장 등(2021.1.5 본호개정)
2. (2014.1.21 삭제)
③ 제1항이나 제2항에 따라 관계 공무원이 압류나 폐기할 때에는 그 권한을 표시하는 증표를 지니고 이를 관계인에게 내보여야 한다.
④ 환경부장관은 먹는샘물등, 수처리제, 정수기 또는 그 용기와 포장 등이 제36조제3항이나 제40조제1항을 위반한 사실을 알게 된 경우에는 시·도지사에게 압류 또는 폐기 등 필요한 조치를 하도록 명할 수 있다.
(2014.1.21 본항신설)
⑤ 환경부장관 또는 시·도지사는 유통 중인 먹는샘물등, 수처리제, 정수기 또는 그 용기와 포장 등이 대통령령으로 정하는 기준에 미달하여 국민건강상의 위해가 발생하거나 발생할 우려가 있는 경우에는 먹는물관련영업자에게 회수·폐기 등을 명하여야 한다.(2010.3.22 본항신설)
⑥ 제5항에 따른 회수·폐기 절차와 그 밖에 필요한 사항은 환경부령으로 정한다.(2014.1.21 본항개정)

제47조의2【공표명령】 ① 환경부장관 또는 시·도지사는 제5조제3항 또는 제5항에 따른 먹는물(먹는샘물등으로 한정한다) 수질 기준이나 제36조제3항을 위반하여 국민건강에 위해가 발생하였다고 인정되는 때에는 해당 먹는물관련영업자에 대하여 제47조제1항 또는 제5항에 따른 압류나 폐기 등의 명령을 받은 사실의 공표를 명하여야 한다.(2018.12.24 본항개정)
② 제1항에 따른 공표방법 등 공표에 관하여 필요한 사항은 대통령령으로 정한다.
(2010.3.22 본조신설)

제47조의3【먹는샘물등의 회수】 ① 먹는물관련영업자는 먹는샘물등이 제5조에 따른 먹는물의 수질 기준을 위반하거나 제36조에 따른 기준과 규격을 위반한 사실을 알게 된 경우에는 지체 없이 유통 중인 해당 먹는샘물등을 회수하거나 회수하는 데에 필요한 조치를 하여야 한다. 이 경우 먹는물관련영업자는 회수계획을 시·도지사에게 미리 보고하여야 한다.
② 제1항에 따른 회수계획 및 회수절차 등에 관하여 필요한 사항은 환경부령으로 정한다.
(2014.1.21 본조신설)

제48조【허가의 취소 등】 ① 시·도지사는 먹는물관련영업자가 다음 각 호의 어느 하나에 해당하면 영업허가 또는 등록을 취소하거나 영업장 폐쇄 또는 6개월 이내의

기간을 정하여 그 영업의 전부 또는 일부의 정지를 명할 수 있다. 다만, 제4호와 제8호에 해당하면 영업허가 또는 등록을 취소하거나 영업장 폐쇄를 명하여야 한다.
(2013.3.22 본문개정)
1. 제19조제1호부터 제3호까지의 규정을 위반한 경우
2. (2014.1.21 삭제)
3. 제20조에 따른 시설기준을 위반한 경우
4. 거짓이나 그 밖의 부정한 방법으로 제21조제1항에 따른 허가 또는 변경허가를 받거나 같은 조 제2항·제3항·제6항·제7항에 따른 등록 또는 변경등록과 신고 또는 변경신고를 한 경우
5. 제21조제1항 후단, 같은 조 제2항 후단, 같은 조 제3항 후단, 같은 조 제6항 후단, 같은 조 제7항 후단, 제27조제1항 또는 제3항, 제29조제2항, 제30조, 제31조제3항, 제40조제1항 또는 제41조제1항을 위반한 경우
6. 제21조제10항에 따른 조건을 위반한 경우
(2021.1.5 4호~6호개정)
6의2. 제22조제1항을 위반하여 자동계측기의 설치 및 운영·관리를 적정하게 하지 아니한 경우(2013.3.22 본호신설)
7. 제22조제2항에 따른 측정결과를 제출하지 아니하거나 거짓으로 제출한 경우(2013.3.22 본호개정)
8. 제24조제1호부터 제3호까지의 규정 중 어느 하나에 해당하는 경우. 다만, 다음 각 목의 어느 하나에 해당하면 그러하지 아니하다.
가. 법인의 임원 중 제24조제1호부터 제3호까지의 규정 중 어느 하나에 해당하는 자가 있는 경우에 2개월 이내에 그 임원을 바꾸어 임명한 경우
나. 제25조제1항에 따라 영업자의 지위를 승계한 상속인이 상속이 시작된 날부터 3개월 이내에 그 영업을 양도한 경우
8의2. (2014.1.21 삭제)
9. 제39조제1항에 따른 금지 또는 제한을 위반하거나 제35조제2항에 따른 명령이나 조치를 위반한 경우
10. 제42조에 따른 보고, 출입, 검사, 수거 또는 열람을 방해·거부 또는 기피한 경우
11. 제42조제1항에 따른 검사 결과 제5조제3항에 따른 수질기준이나 제36조제3항 또는 제37조제2항을 위반한 경우(2008.3.21 본호개정)
12. 제45조, 제47조제1항·제5항 또는 제47조의2제1항에 따른 명령을 위반한 경우(2014.1.21 본호개정)
② 시·도지사는 먹는물관련영업자가 제1항에 따른 영업정지명령을 위반하여 계속 영업행위를 하면 그 영업의 허가 또는 등록을 취소하거나 영업장의 폐쇄를 명할 수 있다.(2013.3.22 본항개정)
③ 시·도지사는 먹는물관련영업자가 정당한 사유 없이 계속해서 6개월 이상 휴업할 경우에는 그 영업의 허가 또는 등록을 취소하거나 영업장의 폐쇄를 명할 수 있다.
④ 제1항과 제2항에 따른 행정처분의 세부적인 기준은 그 위반행위의 유형과 정도 등을 고려하여 환경부령으로 정한다.
제48조의2【영업정지처분 등 조치 명령】 ① 환경부장관은 먹는물관련영업자가 제48조제1항 각 호의 어느 하나에 해당하는 사실을 알게 된 경우에는 시·도지사에게 영업정지처분 등 필요한 조치를 하도록 명할 수 있다.
② 제1항에 따른 요청을 받은 시·도지사는 특별한 사유가 없으면 이에 따라야 한다.
(2014.1.21 본조신설)
제49조【행정처분 효과의 승계】 먹는물관련영업자가 그 영업을 양도하거나 법인을 합병할 경우에는 제48조제1항 각 호 및 제2항을 위반한 사유로 종전의 먹는물관련영업자에게 행한 행정처분의 효과는 그 처분 기간이 끝난 날부터 1년간 양수인이나 합병 후 존속하는 법인에 승계되며, 행정처분의 절차가 진행 중일 때에는 양수인이나 합병 후 존속하는 법인에 대하여 그 절차를 계속할 수 있다. 다만, 양수인이나 합병 후 존속하는 법인이 양수 또는 합병할 때 그 처분이나 위반사실을 알지 못했음을 증명하면 그러하지 아니하다.
제50조【청문】 환경부장관이나 시·도지사는 다음 각 호의 어느 하나에 해당하는 처분을 하려면 청문을 하여야 한다.
1. 제12조의2에 따른 샘물등의 개발허가의 취소
(2010.3.22 본호개정)
2. 제17조제1항에 따른 등록의 취소 또는 제43조제8항에 따른 지정취소(2021.1.5 본호개정)
3. (2014.1.21 삭제)
3의2. 제43조제8항에 따른 검사기관의 지정취소
(2021.1.5 본호개정)
4. 제48조제1항부터 제3항까지의 규정에 따른 영업허가나 등록의 취소 또는 영업장의 폐쇄
제51조【과징금처분】 ① 환경부장관 또는 시·도지사는 검사기관이 제43조제8항에 해당하거나 먹는물관련영업자가 제48조제1항에 해당하면 대통령령으로 정하는 바에 따라 업무정지 또는 영업정지를 갈음하여 2억원 이하의 과징금을 부과할 수 있다.(2021.1.5 본항개정)
② 제1항에 따라 과징금을 부과하는 위반행위의 종류·정도 등에 따른 과징금의 금액이나 그 밖에 필요한 사항은 대통령령으로 정한다.
③ 제1항에 따른 과징금을 내야 하는 자가 납부기한까지 내지 아니하면 국세 체납처분의 예 또는 「지방행정제재·부과금의 징수 등에 관한 법률」에 따라 징수한다.
(2020.3.24 본항개정)
제51조의2【위반사실 등의 공표】 환경부장관 또는 시·도지사는 제46조, 제47조, 제48조 또는 제51조에 따른 행정처분 등을 한 경우에는 먹는물관련영업자에 대한 처분내용, 해당 업체명과 제품명 등 처분과 관련된 정보를 대통령령으로 정하는 바에 따라 공표하여야 한다.
(2010.3.22 본조신설)

제8장 보 칙

제52조【국고보조】 환경부장관은 예산의 범위에서 다음 각 호의 어느 하나에 해당하는 경비의 전부 또는 일부를 보조할 수 있다.
1. 제7조제1항에 따른 먹는물 수질 감시원의 운영에 드는 경비
1의2. 제8조제1항에 따른 먹는물공동시설의 개선에 드는 경비(2014.1.21 본호신설)
2. 제26조제4항에 따른 관계 검사기관 또는 제43조에 따라 지정된 검사기관에서의 검사 등에 드는 경비
(2021.1.5 본호개정)
3. 제42조제1항에 따른 수거에 드는 경비
4. 제47조에 따른 폐기에 드는 경비
제53조【다른 법률과의 관계】 「지하수법」 제7조와 제8조에 따라 지하수 개발·이용허가를 받거나 신고를 한 자가 지하수의 용도변경, 취수능력의 증가 등으로 제9조에 따른 샘물 개발허가를 받아야 하는 경우에는 대통령령으로 정하는 바에 따라 제10조에 따른 샘물 개발 임시허가를 시·도지사에게 신청하는 때에 샘물개발 임시 허가를 받은 것으로 본다.(2021.1.5 본조개정)
제54조【자료의 요청】 ① 환경부장관은 먹는물 관리제도의 효율적인 운영을 위하여 필요하면 관계 중앙행정기관, 지방자치단체, 그 밖의 공공단체 등에 필요한 자료의 제출을 요청할 수 있다.
② 제1항에 따라 자료의 제출을 요청받은 자는 정당한 사유가 없으면 요청에 따라야 하며, 전산망이 갖추어진 경우에는 전산망을 통하여 자료를 제출할 수 있다.
(2013.3.22 본항개정)
제55조【위임과 위탁 등】 ① 이 법에 따른 환경부장관의 권한은 대통령령으로 정하는 바에 따라 그 일부를 지방환경관서의 장, 국립환경과학원장, 시·도지사 또는 시장·군수·구청장에게 위임할 수 있다.
② 이 법에 따른 환경부장관의 업무와 제26조제4항의 업무는 대통령령으로 정하는 바에 따라 그 일부를 협회나 관계 전문기관에 위탁할 수 있다.(2021.1.5 본항개정)
③ 제2항에 따라 위탁받은 업무를 수행하는 협회나 관계 전문기관의 임직원은 「형법」 제129조부터 제132조까지의 규정을 적용할 때에는 공무원으로 본다.(2014.1.21 본항개정)
제56조【수수료】 다음 각 호의 어느 하나에 해당하는 허가 등을 받으려는 자는 환경부령으로 정하는 수수료를 내야 한다.
1. 제9조에 따른 샘물등의 개발의 허가·변경허가 또는 제12조제2항에 따른 연장의 허가(2010.3.22 본호개정)
2. 제15조에 따른 환경영향조사 대행자의 등록 또는 변경등록
3. 제21조제1항에 따른 먹는샘물등의 제조업의 허가 또는 변경허가(2010.3.22 본호개정)
4. 제21조제2항에 따른 수처리제 제조업의 등록 또는 변경등록
5. 제21조제3항에 따른 먹는샘물등의 수입판매업의 등록 또는 변경등록(2010.3.22 본호개정)
5의2. 제21조제6항에 따른 먹는샘물등의 유통전문판매업의 신고 또는 변경신고
6. 제21조제7항에 따른 정수기의 제조업이나 수입판매업의 신고 또는 변경신고
7. 제21조제7항·제36조제2항 및 제41조제2항에 따른 검사
(2021.1.5 5호의2~7호개정)

제9장 벌 칙

제57조【벌칙】 다음 각 호의 어느 하나에 해당하는 자는 5년 이하의 징역이나 5천만원 이하의 벌금에 처한다. 이 경우 징역과 벌금을 병과(併科)할 수 있다.(2014.1.21 전단개정)
1. 제19조제1호 또는 제2호를 위반한 자
2. 제21조제1항에 따른 허가 또는 변경허가를 받지 아니하고 먹는샘물등의 제조업을 하거나 거짓이나 그 밖의 부정한 방법으로 허가 또는 변경허가를 받은 자
(2010.3.22 본호개정)
3.~4. (2014.1.21 삭제)
제58조【벌칙】 다음 각 호의 어느 하나에 해당하는 자는 3년 이하의 징역이나 3천만원 이하의 벌금에 처한다. 이 경우 징역과 벌금을 병과할 수 있다.(2014.1.21 전단개정)
1. 제8조제2항을 위반한 자
1의2. 제8조의5를 위반한 자(2012.6.1 본호신설)
2. 제19조제3호를 위반한 자(2014.1.21 본호개정)
3. 제21조제2항에 따라 등록을 하지 아니하고 수처리제 제조업을 하거나 거짓이나 그 밖의 부정한 방법으로 등록한 자
4. 제21조제3항에 따라 등록을 하지 아니하고 먹는샘물등의 수입판매업을 하거나 거짓이나 그 밖의 부정한 방법으로 등록한 자(2010.3.22 본호개정)
4의2. 제21조제6항에 따른 신고를 하지 아니하고 먹는샘물등의 유통전문판매업을 하거나 거짓이나 그 밖의 부정한 방법으로 신고한 자(2021.1.5 본호개정)
5. 제21조제7항에 따른 신고를 하지 아니하고 정수기의 제조업이나 수입판매업을 하거나 거짓이나 그 밖의 부정한 방법으로 신고한 자(2021.1.5 본호개정)
6. 제26조제1항에 따른 신고를 하지 아니하거나 거짓된 신고를 하고 먹는샘물등 또는 그 용기를 수입한 자
7. 제36조제3항을 위반하여 먹는샘물등 또는 그 용기를 판매하거나 판매할 목적으로 제조, 수입, 저장, 운반, 진열하거나 그 밖의 영업상으로 사용한 자
(2010.3.22 6호~7호개정)
7의2. 거짓이나 그 밖의 부정한 방법으로 제43조제1항에 따른 검사기관으로 지정을 받은 자(2008.3.21 본호신설)
7의3. 제43조제1항에 따라 지정받은 검사기관에서 이 법 또는 다른 법률에 따른 검사를 하면서 고의로 거짓의 검사성적서를 발급한 자(2014.1.21 본호개정)
7의4. 제43조제8항에 따른 업무정지처분 기간 중 검사업무를 한 자(2021.1.5 본호개정)
8. 제45조제1항, 제47조제1항·제4항 또는 제47조의2제1항에 따른 명령을 이행하지 아니한 자(2010.3.22 본호개정)
9. 제48조제1항에 따른 영업정지명령을 위반하여 먹는샘물등의 제조업이나 수입판매업을 한 자
(2013.3.22 본호개정)
제59조【벌칙】 다음 각 호의 어느 하나에 해당하는 자는 1년 이하의 징역이나 1천만원 이하의 벌금에 처한다.
(2014.1.21 본문개정)
1. 제9조에 따른 허가 또는 변경허가를 받지 아니하고 샘물등을 개발하거나 거짓이나 그 밖의 부정한 방법으로 허가나 변경허가를 받아 샘물등을 개발한 자(2010.3.22 본호개정)
2. 제11조제2항이나 제21조제10항에 따른 조건을 위반한 자
(2021.1.5 본호개정)
3. 제13조제1항에 따른 조사서를 거짓으로 작성한 자
(2008.3.21 본호개정)
3의2. 제14조의2제2항제1호를 위반하여 다른 조사서를 무단으로 복제하여 조사서를 작성한 자
3의3. 제14조의2제2항제2호를 위반하여 조사서를 거짓으로 작성한 자
3의4. 제14조의2제2항제3호를 위반하여 등록증이나 명의를 다른 사람에게 대여하거나 일괄하여 하도급한 자
(2014.1.21 3호의2~3호의4신설)
4. 제15조에 따른 조사 대행자의 등록을 하지 아니하고 환경영향조사 대행 업무를 한 자
5. 제21조제2항에 따라 변경등록을 하지 아니하고 수처리제 제조업을 한 자
6. 제21조제3항에 따라 변경등록을 하지 아니하고 먹는샘물등의 수입판매업을 한 자(2010.3.22 본호개정)
6의2. 제21조제6항에 따른 변경신고를 하지 아니하고 먹는샘물등의 유통전문판매업을 한 자(2021.1.5 본호개정)
7. 제21조제7항에 따른 정수기의 제조업이나 수입판매업의 변경신고를 하지 아니하고 정수기의 제조업이나 수입판매업을 한 자(2021.1.5 본호개정)
8. 제26조제1항에 따른 신고를 하지 아니하거나 거짓된 신고를 하고 수처리제나 그 용기를 수입한 자
9. 제27조제1항 또는 제3항이나 제40조제1항을 위반한 자
10. 제27조제2항을 위반한 자
10의2. 제31조제3항에 따른 계측기를 설치하지 아니한 자 또는 측정 결과를 제출하지 아니하거나 거짓으로 제출한 자(2008.3.21 본호신설)
11. 제36조제3항을 위반하여 수처리제 또는 그 용기를 판매하거나 판매할 목적으로 제조, 수입, 저장, 운반, 진열하거나 그 밖의 영업상으로 사용한 자
12. 제36조제3항을 위반하여 정수기를 판매하거나 판매할 목적으로 제조, 수입, 저장, 운반, 진열하거나 그 밖의 영업상으로 사용한 자
13. 제39조제1항에 따른 광고의 금지 또는 제한을 위반한 자
14. 제39조제2항에 따른 명령을 이행하지 아니한 자
14의2. 제40조의2를 위반하여 정수기, 먹는샘물등으로 오인될 우려가 있는 "정수기", "샘물", "생수" 등의 제품명을 사용하거나 그 밖의 표시를 하여 제공 또는 판매를 한 자(2018.12.24 본호개정)
15. 제41조제1항에 따른 자가 검사를 실시하지 아니한 자
16. 제42조에 따른 출입·검사 또는 수거를 거부·방해 또는 기피한 자
16의2. 제43조제1항에 따라 지정받은 검사기관에서 이 법 또는 다른 법률에 따른 검사를 하면서 중대한 과실로 사실과 다른 검사성적서를 발급한 자(2014.1.21 본호개정)
17. 제46조나 제47조제2항에 따른 폐쇄, 압류·폐기를 거부, 방해 또는 기피한 자
18. 제48조제1항에 따른 영업정지명령을 위반하여 수처리제 제조업을 한 자
18의2. 제48조제1항에 따른 영업정지명령을 위반하여 먹는샘물등의 유통전문판매업을 한 자

19. 제48조제1항에 따른 영업정지명령을 위반하여 정수기의 제조업이나 수입판매업을 한 자
(2013.3.22 18호~19호개정)

제60조【양벌규정】 법인의 대표자나 법인 또는 개인의 대리인, 사용인, 그 밖의 종업원이 그 법인 또는 개인의 업무에 관하여 제57조부터 제59조까지의 어느 하나에 해당하는 위반행위를 하면 그 행위자를 벌하는 외에 그 법인 또는 개인에게도 해당 조문의 벌금형을 과(科)한다. 다만, 법인 또는 개인이 그 위반행위를 방지하기 위하여 해당 업무에 관하여 상당한 주의와 감독을 게을리하지 아니한 경우에는 그러하지 아니하다.(2012.6.1 본조개정)

제61조【과태료】 ① 다음 각 호의 어느 하나에 해당하는 자에게는 300만원 이하의 과태료를 부과한다.
(2014.1.21 본문개정)
1. 제14조의2제2항제2호를 위반하여 조사서를 부실하게 작성한 자(2014.1.21 본호신설)
2. 제44조에 따라 소비자보호센터를 설치 또는 운영하지 아니한 자(2014.1.21 본호신설)

② 다음 각 호의 어느 하나에 해당하는 자에게는 100만원 이하의 과태료를 부과한다.
1. 제8조의2제1항 및 제10조제3항에 따른 신고 또는 변경신고를 하지 아니하거나 거짓이나 그 밖의 부정한 방법으로 신고 또는 변경신고를 한 자(2010.3.22 본호신설)
2. 제8조의2제4항 또는 제5항을 위반하여 냉·온수기 또는 정수기를 설치·관리한 자(2021.1.5 본호개정)
2의2. 제14조의2제1항을 위반하여 조사서와 그 작성의 기초가 되는 자료를 보존하지 아니한 자(2014.1.21 본호신설)
3. 제21조제11항에 따른 신고를 하지 아니하거나 거짓으로 신고하여 허가받은 사항이나 등록 또는 신고한 사항을 변경한 자(2021.1.5 본호개정)
4. 제25조제3항을 위반하여 신고를 하지 아니하거나 거짓으로 신고한 자
5. 제28조제1항이나 제29조제1항을 위반한 자
6. 제41조제1항에 따른 기록을 보존하지 아니하거나 거짓으로 기록한 자
7. 제42조제1항에 따른 보고를 하지 아니하거나 거짓으로 보고한 자
8. 제43조제12항에 따른 준수사항을 지키지 아니한 자
9. 제43조제13항에 따른 교육을 정당한 사유 없이 받지 아니한 자
(2021.1.5 8호~9호개정)
10. 제45조제2항에 따른 명령을 이행하지 아니한 자

③ 제1항과 제2항에 따른 과태료는 대통령령으로 정하는 바에 따라 환경부장관, 시·도지사 또는 시장·군수·구청장이 부과·징수한다.(2013.3.22 본항개정)
④~⑥ (2010.3.22 삭제)

부　칙

제1조【시행일】 이 법은 공포한 날부터 시행한다.

제2조【유효기간】 제6조의 개정규정은 2007년 10월 4일까지 효력을 가진다.

제3조【수처리제 제조업의 등록·신고 등에 관한 경과조치】 법률 제4908호 먹는물관리법의 시행일인 1995년 5월 1일 당시 「공중위생법」 제14조의2에 따라 수처리제 제조업의 등록·신고 또는 변경등록·변경신고를 한 자는 제21조제2항 또는 제6항의 개정규정에 따른 등록·신고 또는 변경등록·변경신고를 한 것으로 본다.

제4조【환경영향조사 대행자에 관한 경과조치】 법률 제5873호 먹는물관리법중개정법률의 시행일인 1999년 2월 8일 당시 종전의 규정에 따라 환경영향조사 대행자로 지정 또는 지정취소를 받은 자는 제15조의 개정규정에 따라 등록하거나 제17조의 개정규정에 따라 등록취소된 환경영향조사대행자로 본다.

제5조【부담금증명표지에 관한 적용례】 제19조 및 제34조의 개정규정은 법률 제6103호 먹는물관리법중개정법률의 시행일인 2000년 7월 8일 후 최초로 제조하는 먹는샘물부터 적용한다.

제6조【수질개선부담금의 부과에 관한 적용례】 제31조제1항의 개정규정은 먹는샘물 제조업자 및 먹는샘물 수입판매업자와 그 밖에 제9조의 개정규정에 따른 샘물 개발허가를 받은 자가 법률 제7780호 먹는물관리법중개정법률의 시행일인 2006년 6월 30일 후 최초로 판매하는 분부터 적용한다.

제7조【검사기관의 지정에 관한 경과조치】 법률 제7780호 먹는물관리법중개정법률의 시행일인 2006년 6월 30일 당시 종전의 제35조에 따라 먹는물 및 수처리제의 검사기관으로 지정을 받은 자와 정수기 품질검사기관으로 지정을 받은 자는 각각 제43조의 개정규정에 따라 먹는물 수질검사기관 및 수처리제 검사기관과 정수기 품질검사기관으로 지정받은 것으로 본다.

제8조【처분 등에 관한 일반적 경과조치】 이 법 시행 당시 종전의 규정에 따른 행정기관의 행위나 행정기관에 대한 행위는 그에 해당하는 이 법에 따른 행정기관의 행위나 행정기관에 대한 행위로 본다.

제9조【벌칙이나 과태료에 관한 경과조치】 이 법 시행 전의 행위에 대하여 벌칙이나 과태료 규정을 적용할 때에는 종전의 규정에 따른다.

제10조【다른 법률의 개정】 ①~⑤ ※(해당 법령에 가제정리 하였음)

제11조【다른 법령과의 관계】 이 법 시행 당시 다른 법령에서 종전의 「먹는물관리법」 또는 그 규정을 인용한 경우에 이 법 가운데 그에 해당하는 규정이 있으면 종전의 규정을 갈음하여 이 법 또는 이 법의 해당 규정을 인용한 것으로 본다.

부　칙 (2013.3.22)

제1조【시행일】 이 법은 공포 후 6개월이 경과한 날부터 시행한다. 다만, 제3조제7호, 제47조제2항제1호, 제47조의2제1항 및 제61조제3항의 개정규정은 공포한 날부터 시행한다.

제2조【정수기 설치·관리의 신고에 관한 경과조치】 이 법 시행 당시 정수기를 설치·관리하고 있는 자는 이 법 시행 후 6개월 내에 제8조의2제1항의 개정규정에 따라 정수기의 설치 장소, 설치 대수 등을 시장·군수·구청장에게 신고하여야 한다.

제3조【허가 취소 등 행정처분에 관한 경과조치】 이 법 시행 전의 위반행위에 대한 허가의 취소 등의 행정처분은 종전의 규정에 따른다.

제4조【과징금에 관한 경과조치】 이 법 시행 전의 위반행위에 대한 과징금은 종전의 규정에 따른다.

부　칙 (2014.1.21)

제1조【시행일】 이 법은 공포 후 6개월이 경과한 날부터 시행한다. 다만, 제47조의2제1항의 개정규정은 공포한 날부터 시행한다.

제2조【허가 취소 등 행정처분에 관한 경과조치】 이 법 시행 전의 위반행위에 대한 허가 취소 등의 행정처분은 종전의 규정에 따른다.

부　칙 (2015.2.3)

제1조【시행일】 이 법은 공포한 날부터 시행한다.

제2조【금치산자 등의 결격사유에 관한 경과조치】 제16조제1호, 제24조제1호 및 제43조제3항제1호의 개정규정에 따른 피성년후견인 및 피한정후견인에는 법률 제10429호 민법 일부개정법률 부칙 제2조에 따라 금치산 또는 한정치산 선고의 효력이 유지되는 사람을 포함하는 것으로 본다.

부　칙 (2018.12.24)

제1조【시행일】 이 법은 공포 후 6개월이 경과한 날부터 시행한다.

제2조【검사기관 지정에 관한 적용례】 제43조제3항제4호의 개정규정은 이 법 시행 후 최초로 지정이 취소된 경우부터 적용한다.

부　칙 (2020.3.24)

제1조【시행일】 이 법은 공포한 날부터 시행한다.(이하 생략)

부　칙 (2020.5.26)

이 법은 공포한 날부터 시행한다.(이하 생략)

부　칙 (2021.1.5)

제1조【시행일】 이 법은 공포 후 6개월이 경과한 날부터 시행한다. 다만, 제16조제5호의 개정규정은 공포한 날부터 시행하고, 제31조제10항의 개정규정은 공포 후 1년이 경과한 날부터 시행한다.

제2조【냉·온수기 또는 정수기의 설치신고 등에 관한 적용례】 제8조의2제2항·제3항, 제9조제3항·제4항, 제10조제4항·제5항, 제21조제8항·제9항, 제26조제2항·제3항 및 제43조제2항·제3항의 개정규정은 이 법 시행 이후 냉·온수기 또는 정수기의 설치신고·변경신고, 샘물등 개발의 변경신고, 샘물등 개발의 임시 허가 변경신고, 먹는샘물등의 유통전문판매업의 신고·변경신고, 정수기의 제조업 또는 수입판매업의 신고·변경신고, 먹는샘물등·수처리제 등의 수입신고 또는 검사기관의 변경신고를 하는 경우부터 적용한다.

제3조【먹는샘물등 수입판매업의 등록 등에 관한 적용례】 제21조제4항 및 제5항의 개정규정은 이 법 시행 이후 먹는샘물등의 수입판매업의 등록 또는 변경등록을 신청하는 경우부터 적용한다.

부　칙 (2024.1.30)

제1조【시행일】 이 법은 공포한 날부터 시행한다.

제2조【이의신청에 관한 적용례】 이의신청에 관한 개정규정은 이 법 시행 이후 하는 처분부터 적용한다.(이하 생략)

수도법

(2007년 4월 11일
전부개정법률 제8370호)

개정
2007. 4. 6법 8338호(하천법)　　<중략>
2009. 6. 9법 9774호(측량·수로지적)
2010. 4.15법10272호(공유수면관리및매립에관한법)
2010. 5.25법10317호
2010. 5.31법10331호(산지관리법)
2010. 6. 8법10359호(물의재이용촉진및지원에관한법)
2011. 4.14법10599호(국토이용)
2011. 7.28법10976호
2011. 8. 4법11020호(산업입지및개발에관한법)
2011.11.14법11085호
2013. 3.23법11690호(정부조직)
2013. 6. 4법11862호(화학물질관리법)
2013.12.30법12141호
2014. 1.14법12248호(도로법)
2014. 3.24법12518호
2014. 6. 3법12738호(공간정보구축관리)
2014.11.19법12844호(정부조직)
2015. 2. 3법13166호　　2015.12. 1법13529호
2016. 1.27법13878호
2017. 1.17법14532호(물환경보전법)
2017. 7.26법14839호(정부조직)
2017.12.12법15193호
2018. 6. 8법15624호(정부조직)
2018.12.24법16082호　　2019.11.26법16607호
2020. 3.31법17178호
2020. 5.26법17326호(법률용어정비)
2021. 6.15법18284호(댐건설·관리및주변지역지원등에관한법)
2021. 7.20법18310호(공간정보구축관리)
2021. 8.17법18419호　　2022. 1.11법18750호
2022.11.15법19045호(건축법)
2022.12.27법19117호(산림자원조성관리)
2023. 8.16법19662호→2024년 8월 17일 및 2025년 8월 17일 시행
2024. 1.16법20036호→2024년 7월 17일 시행
2024. 1.23법20118호→2025년 1월 24일 시행이므로 「法典 別册」 보유편 수록
2024. 1.30법20172호(행정법제혁신을위한일부개정법령등)
2024. 2. 6법20231호(화학물질관리법)→2025년 8월 7일 시행이므로 「法典 別册」 보유편 수록

제1장 총　칙

제1조【목적】 이 법은 수도(水道)에 관한 종합적인 계획을 수립하고 수도를 적정하고 합리적으로 설치·관리하여 공중위생을 향상시키고 생활환경을 개선하게 하는 것을 목적으로 한다.

제2조【책무】 ① 국가는 모든 국민이 질 좋은 물을 공급받을 수 있도록 수도에 관한 종합적인 계획을 수립하고 합리적인 시책을 강구하며 수도사업자에 대한 기술 지원 및 재정 지원을 위하여 노력하여야 한다.
② 특별시장·광역시장·특별자치시장·도지사·특별자치도지사(이하 "시·도지사"라 한다)와 시장·군수·구청장(자치구의 구청장을 말한다. 이하 같다)은 관할 구역의 주민이 질 좋은 물을 공급받을 수 있도록 상수원의 관리 등에 노력하여야 한다.(2011.11.14 본항개정)
③ 특별시장·광역시장·특별자치시장·특별자치도지사·시장·군수(광역시의 군수는 제외한다)는 관할 구역의 주민에게 수돗물이 안정적으로 공급되도록 수도시설의 관리 등에 노력하여야 하며, 도지사는 관할 구역의 수도사업자에게 기술적·재정적 지원을 하여야 한다.
(2011.11.14 본항개정)
④ 수도사업자는 수도를 계획적으로 정비하고 수도사업을 합리적으로 경영하여야 하며 수돗물을 안전하고 적정하게 공급하도록 노력하여야 한다.
⑤ 모든 국민은 국가가 추진하는 수도에 관한 시책에 협력하고 수돗물을 합리적으로 사용하도록 노력하여야 한다.
⑥ 국가, 지방자치단체 및 수도사업자는 빈곤층 등 모든 국민에 대한 수돗물의 보편적 공급에 기여하고, 수돗물에 대한 인식과 음용률을 높이기 위하여 노력하여야 한다.
(2019.11.26 본항개정)

제3조【정의】 이 법에서 사용하는 용어의 뜻은 다음과 같다.
1. "원수(原水)"란 음용(飮用)·공업용 등으로 제공되는 자연 상태의 물을 말한다. 다만, 「농어촌정비법」 제2조제3호에 따른 농어촌용수는 제외하되 가뭄 등의 비상시 대통령령으로 정하는 바에 따라 환경부장관이 농림축산식품부장관 또는 해양수산부장관과 협의하여 원수로 사용하기로 한 경우에는 원수로 본다.(2013.3.23 단서개정)
2. "상수원"이란 음용·공업용 등으로 제공하기 위하여 취수시설(取水施設)을 설치한 지역의 하천·호소(湖沼)·지하수·해수(海水) 등을 말한다.(2010.5.25 본호개정)

3. "광역상수원"이란 둘 이상의 지방자치단체에 공급되는 상수원을 말한다.
4. "정수(淨水)"란 원수를 음용·공업용 등의 용도에 맞게 처리한 물을 말한다.
5. "수도"란 관로(管路), 그 밖의 공작물을 사용하여 원수나 정수를 공급하는 시설의 전부를 말하며, 일반수도·공업용수도 및 전용수도로 구분한다. 다만, 일시적인 목적으로 설치된 시설과 「농어촌정비법」 제2조제6호에 따른 농업생산기반시설은 제외한다.
6. "일반수도"란 광역상수도·지방상수도 및 마을상수도를 말한다.
7. "광역상수도"란 국가·지방자치단체·한국수자원공사 또는 환경부장관이 인정하는 자가 둘 이상의 지방자치단체에 원수나 정수를 공급(제43조제4항에 따라 일반 수요자에게 공급하는 경우를 포함한다)하는 일반수도를 말한다. 이 경우 국가나 지방자치단체가 설치할 수 있는 광역상수도의 범위는 대통령령으로 정한다. (2018.6.8 전단개정)
8. "지방상수도"란 지방자치단체가 관할 지역주민, 인근 지방자치단체 또는 그 주민에게 원수나 정수를 공급하는 일반수도로서 광역상수도 및 마을상수도 외의 수도를 말한다.
9. "마을상수도"란 지방자치단체가 대통령령으로 정하는 수도시설에 따라 100명 이상 2천500명 이내의 급수인구에게 정수를 공급하는 일반수도로서 1일 공급량이 20세제곱미터 이상 500세제곱미터 미만인 수도 또는 이와 비슷한 규모의 수도로서 특별시장·광역시장·특별자치시장·특별자치도지사·시장·군수(광역시의 군수는 제외한다)가 지정하는 수도를 말한다.(2011.11.14 본호개정)
10. "공업용수도"란 공업용수도사업자가 원수 또는 정수를 공업용에 맞게 처리하여 공급하는 수도를 말한다.
11. "전용수도"란 전용상수도와 전용공업용수도를 말한다.
12. "전용상수도"란 100명 이상을 수용하는 기숙사, 임직원용 주택, 요양소 및 그 밖의 시설에서 사용되는 자가용의 수도와 수도사업에 제공되는 수도 외의 수도로서 100명 이상 5천명 이내의 급수인구(학교·교회 등의 유동인구를 포함한다)에 대하여 원수나 정수를 공급하는 수도를 말한다. 다만, 다른 수도에서 공급되는 물만을 상수원으로 하는 것 중 일일 급수량과 시설의 규모가 대통령령으로 정하는 기준에 못 미치는 것은 제외한다. (2020.5.26 본문개정)
13. "전용공업용수도"란 수도사업에 제공되는 수도 외의 수도로서 원수 또는 정수를 공업용에 맞게 처리하여 사용하는 수도를 말한다. 다만, 다른 수도에서 공급되는 물만을 상수원으로 하는 것 중 일일 급수량과 시설의 규모가 대통령령으로 정하는 기준에 못 미치는 것은 제외한다.(2013.12.30 단서개정)
14. "소규모급수시설"이란 주민이 공동으로 설치·관리하는 급수인구 100명 미만 또는 1일 공급량 20세제곱미터 미만인 급수시설 중 특별시장·광역시장·특별자치시장·특별자치도지사·시장·군수(광역시의 군수는 제외한다)가 지정하는 급수시설을 말한다.(2011.11.14 본호개정)
15. (2010.5.25 삭제)
16. (2010.6.8 삭제)
17. "수도시설"이란 원수나 정수를 공급하기 위한 취수(取水)·저수(貯水)·도수(導水)·정수(淨水)·송수(送水)·배수시설(配水施設), 급수설비, 그 밖에 수도에 관련된 시설을 말한다.
18. "수도사업"이란 일반 수요자 또는 다른 수도사업자에게 수도를 이용하여 원수나 정수를 공급하는 사업을 말하며, 일반수도사업과 공업용수도사업으로 구분한다.
19. "일반수도사업"이란 일반 수요자 또는 다른 수도사업자에게 일반수도를 사용하여 원수나 정수를 공급하는 사업을 말한다.
20. "공업용수도사업"이란 일반 수요자 또는 다른 수도사업자에게 공업용수도를 사용하여 원수나 정수를 공급하는 사업을 말한다.
21. "수도사업자"란 일반수도사업자와 공업용수도사업자를 말한다.
22. "일반수도사업자"란 제17조제1항에 따른 일반수도사업의 인가를 받아 경영하는 자를 말한다.
23. "공업용수도사업자"란 제49조제1항에 따른 공업용수도사업의 인가를 받아 경영하는 자를 말한다.(2011.7.28 본호개정)
24. "급수설비"란 수도사업자가 일반 수요자에게 원수나 정수를 공급하기 위하여 설치한 배수관으로부터 분기(分岐)하여 설치된 급수관(옥내급수관을 포함한다)·계량기·저수조(貯水槽)·수도꼭지, 그 밖에 급수를 위하여 필요한 기구(器具)를 말한다.
25. "수도공사"란 수도시설을 신설·증설 또는 개조하는 공사를 말한다.
26. "수도시설관리권"이란 수도시설을 유지·관리하고 그로부터 생산된 원수 또는 정수를 공급받는 자에게서 요금을 징수하는 권리를 말한다.
27. "갱생(更生)"이란 관(管) 내부의 녹과 이물질을 제거한 후 코팅 등의 방법으로 통수(通水)기능을 회복하는 것을 말한다.
28. "정수시설운영관리사"란 정수시설의 운영과 관리 업무를 수행하는 사람으로서 제24조에 따른 자격을 취득한 사람을 말한다.(2020.5.26 본호개정)
29. "상수도관망시설운영관리사"란 상수도관망 및 그 부속시설(이하 "상수도관망시설"이라 한다)의 운영과 관리 업무를 수행하는 사람으로서 제25조의2에 따른 자격을 취득한 사람을 말한다.(2020.3.31 본호신설)
30. "물 사용기기"란 급수설비를 통하여 공급받는 물을 이용하는 기기로서 전기세탁기와 식기세척기를 말한다. (2011.7.28 본호신설)
31. "절수설비"(節水設備)란 물을 적게 사용하도록 환경부령으로 정하는 구조·규격 등의 기준에 맞게 제작된 수도꼭지 및 변기 등 환경부령으로 정하는 설비를 말한다.(2019.11.26 본호개정)
32. "절수기기"란 물을 적게 사용하기 위하여 수도꼭지 및 변기 등 환경부령으로 정하는 설비에 환경부령으로 정하는 기준에 맞게 추가로 장착하는 기기를 말한다.
33. "해수담수화시설"이란 정수를 공급하기 위하여 해수 또는 해수가 침투하여 염분을 포함한 지하수를 취수하여 담수화하는 수도시설을 말한다.
(2011.7.28 32호~33호신설)

제4조【국가수도기본계획의 수립】 ① 환경부장관은 국가 수도정책의 체계적 발전, 용수의 효율적 이용 및 수돗물의 안정적 공급을 위하여 국가수도기본계획(이하 이 조에서 "기본계획"이라 한다)을 10년마다 수립하여야 한다.(2022.1.11 본항개정)
② 기본계획에는 다음 각 호의 사항이 포함되어야 한다. (2022.1.11 본문개정)
1. 인구·산업·토지 등 수도 공급의 여건에 관한 사항
2. 수돗물의 수요 전망
3. 수도정책의 목표 및 기본방향
4. 광역상수도의 수요 전망 및 관리계획
5. 지방상수도의 수요 전망 및 관리계획
6. 마을상수도의 수요 전망 및 관리계획
7. 농어촌생활용수의 수요 전망 및 관리계획
8. 공업용수도의 수요 전망 및 관리계획
9. 상수원의 확보 및 관리, 대체수원(代替水源)의 확보계획
(2022.1.11 3호~9호개정)
10. 기존 수도시설의 개량·교체 계획(2020.3.31 본호개정)
11. (2010.6.8 삭제)
12. 수도사업의 경영체계 개선계획
13. 수도기술의 개발계획
14. 수도인력의 확보 및 교육훈련계획
15. 수도사업의 투자 및 재원조달계획
16. 수돗물의 수질 및 서비스 개선에 관한 사항 (2022.1.11 본호개정)
17. 수도시설의 정보화에 관한 사항
18. 수도사업의 연계 운영에 관한 사항(2011.11.14 본호신설)
19. 수돗물 수질오염 사고 발생 시 대응체계 구축에 관한 사항(2020.3.31 본호신설)
20. 제1호부터 제19호까지의 내용을 바탕으로 하는 제43조와 제48조에 따른 일반수도 및 공업용수도의 설치·관리에 관한 계획(2022.1.11 본호신설)
③ 환경부장관은 기본계획을 수립하기 위하여 관계 중앙행정기관의 장, 시·도지사 및 관계되는 기관·단체의 장에게 기본계획의 수립에 필요한 자료의 제출을 요청할 수 있다.(2022.1.11 본항개정)
④ 환경부장관은 기본계획을 수립하거나 변경(제2항제20호에 관한 사항의 변경은 제외한다)하려면 관계 중앙행정기관의 장 및 시·도지사와 미리 협의하여야 한다. (2022.1.11 본항개정)
⑤ 환경부장관은 수도 공급정책의 변경 등으로 기본계획의 중요한 사항이 변경되는 때에는 특별시장·광역시장·특별자치시장·특별자치도지사·시장·군수(광역시의 군수는 제외한다)에게 제5조제1항에 따른 수도정비계획의 변경을 요청할 수 있다.(2022.1.11 본항개정)
⑥ 환경부장관은 기본계획이 수립된 날부터 5년이 지나면 그 타당성을 재검토하여 이를 변경하여야 한다. (2022.1.11 본항개정)
⑦ 환경부장관은 제1항에 따라 기본계획을 수립하였거나 제6항에 따라 기본계획을 변경하였을 때에는 이를 지체 없이 고시하여야 한다.(2022.1.11 본항개정)
(2022.1.11 본조제목개정)

제5조【수도정비계획의 수립】 ① 특별시장·광역시장·특별자치시장·특별자치도지사·시장·군수(광역시의 군수는 제외한다. 이하 이 조에서 같다)는 그 특별시·광역시·특별자치시·특별자치도·시·군이 설치·관리하는 일반수도 및 공업용수도를 적정하고 합리적으로 설치·관리하기 위하여 국가수도기본계획을 바탕으로 수도의 정비에 관한 계획(이하 "수도정비계획"이라 한다)을 10년마다 수립하여야 한다.(2022.1.11 본문개정)
1.~2. (2022.1.11 삭제)
② (2022.1.11 삭제)
③ 특별시장·광역시장·특별자치시장·특별자치도지사·시장·군수는 수도정비계획을 수립하려면 미리 환경부장관의 승인을 받아야 한다. 대통령령으로 정하는 중요한 사항을 변경하려는 때에도 각각 승인을 받아야 한다. (2022.1.11 전단개정)
④ 특별시장·광역시장·특별자치시장·특별자치도지사·시장·군수가 제1항 또는 제3항에 따라 수도정비계획을 수립하거나 변경하려면 「국토의 계획 및 이용에 관한 법률」 제18조에 따른 도시·군기본계획을 기본으로 하여야 한다.(2022.1.11 본항개정)
⑤ 특별시장·광역시장·특별자치시장·특별자치도지사·시장·군수가 제1항 또는 제3항에 따라 수도정비계획을 수립하거나 변경하면 지체 없이 고시하고 그 내용을 환경부장관에게 통보하여야 한다.(2022.1.11 본항개정)
⑥ 수도가 둘 이상의 특별시·광역시·특별자치시·특별자치도·시·군(광역시의 군은 제외한다)의 관할 구역에 걸치거나 그 밖에 특별한 이유가 있으면 대통령령으로 정하는 도지사 또는 특별시장·광역시장·특별자치시장·특별자치도지사·시장·군수가 수도정비계획을 수립한다.(2022.1.11 본항개정)
⑦ 수도정비계획에는 다음 각 호의 사항이 포함되어야 한다.(2022.1.11 본문개정)
1. 수도(전용수도는 제외한다)의 정비에 관한 기본방침
2. 수돗물의 중장기수급에 관한 사항
3. 대체수원의 확보에 관한 사항(2022.1.11 본호개정)
4. 수도공급구역에 관한 사항
5. 상수원의 확보 및 상수원보호구역의 지정·관리
6. 수도(전용수도는 제외한다) 시설의 배치·구조 및 공급 능력
7. 수도사업의 재원 조달 및 실시 순위
8. 수도관의 현황 조사 및 세척·갱생·교체에 관한 사항 (2020.3.31 본호개정)
9. 수도사업의 경영 및 재정체계 개선에 관한 사항 (2022.1.11 본호신설)
10. 광역상수도와 지방상수도를 연계하여 운영할 필요가 있는 지역의 통합 급수구역에 관한 사항
11. 수돗물의 수질 및 서비스 개선에 관한 사항 (2022.1.11 본호개정)
12. 수도시설의 정보화에 관한 사항
13. 제74조제1항에 따른 기술진단 결과에 따라 수도시설을 개선하기 위한 사항
14. 인접 지방자치단체와의 지방상수도 사업의 연계 운영에 관한 사항(2011.11.14 본호신설)
15. 그 밖에 수도시설의 운용 및 수도사업의 효율화에 관한 사항으로서 대통령령으로 정하는 사항 (2019.11.26 본호신설)
⑧ (2018.6.8 삭제)
⑨ 특별시장·광역시장·특별자치시장·특별자치도지사·시장·군수는 제5항에 따라 수도정비계획을 고시한 후 5년이 지나면 수도정비계획의 타당성을 재검토하여 이를 반영하여야 한다.(2022.1.11 본항개정)
(2022.1.11 본조제목개정)

제6조【물 수요 관리 목표제의 실시】 ① 시·도지사는 수도사업의 효율성을 높이고 수돗물의 수요 관리를 강화하기 위하여 1인당 적정 물 사용량 등을 고려하여 관할 시·군·구(자치구를 말한다. 이하 같다)별 물 수요 관리 목표를 정하고 이를 달성하기 위한 종합적인 계획(이하 이 조에서 "종합계획"이라 한다)을 5년마다 수립하여 환경부장관의 승인을 받아야 한다. 수립된 종합계획을 변경하려는 때에도 또한 같다.(2018.6.8 전단개정)
② 시장·군수·구청장은 종합계획을 시행하기 위하여 다음 각 호의 사항이 포함된 계획(이하 이 조에서 "시행계획"이라 한다)을 수립하여 시·도지사의 승인을 받아야 하고, 수립된 시행계획을 변경하려는 때에도 승인을 받아야 한다. 다만, 특별시·광역시·특별자치시의 경우 제1호 및 제2호에 관한 사항은 특별시장, 광역시장 및 특별자치시장이 시행계획을 수립·시행한다.
(2011.11.14 단서개정)
1. 연차별 누수량(漏水量) 줄이기 목표 및 사업계획
2. 연차별 유수수량(有收水量, 수도사업자가 수도시설을 통하여 공급한 총급수량 중 요금을 징수할 수 있는 수량을 말한다) 늘리기 목표 및 사업계획(2019.11.26 본호개정)
3. 절수 설비 등 물 절약 시설의 연차별 보급목표 및 추진계획(2010.6.8 본호개정)
4. 그 밖에 물 절약과 물 이용의 효율성을 높이기 위하여 대통령령으로 정하는 사항
③ 환경부장관 및 관계 행정기관의 장은 제1항에 따른 물 수요 관리 목표를 달성하지 못한 시·군·구에 대하여는 그 시·군·구가 시행하려는 다음 각 호의 사업 또는 행위에 대한 승인·허가 등을 하지 아니할 수 있다. 특별한 이유 없이 종합계획 및 시행계획의 승인을 받지 아니한 특별시·광역시·특별자치시·도·특별자치도(이하 "시·도"라 한다)와 시·군·구에 대하여도 또한 같다.(2011.11.14 후단개정)
1. 일반수도사업
2. 도시개발사업, 산업단지 및 관광지 등의 개발
④ 환경부장관 및 관계 중앙행정기관의 장은 제1항에 따른 물 수요 관리 목표의 추진 성과에 따라 시·도 및 시·군·구에 대한 지원을 달리 할 수 있다.

제7조【상수원보호구역 지정 등】 ① 환경부장관은 상수원의 확보와 수질 보전을 위하여 필요하다고 인정되는 지역을 상수원 보호를 위한 구역(이하 "상수원보호구역"이라 한다)으로 지정하거나 변경할 수 있다.

② 환경부장관은 제1항에 따라 상수원보호구역을 지정하거나 변경하면 지체 없이 공고하여야 한다.
③ 제1항과 제2항에 따라 지정·공고된 상수원보호구역에서는 다음 각 호의 행위를 할 수 없다.
1. 「물환경보전법」 제2조제7호 및 제8호에 따른 수질오염물질·특정수질유해물질, 「화학물질관리법」 제2조제7호에 따른 유해화학물질, 「농약관리법」 제2조제1호에 따른 농약, 「폐기물관리법」 제2조제1호에 따른 폐기물, 「하수도법」 제2조제1호·제2호에 따른 오수·분뇨 또는 「가축분뇨의 관리 및 이용에 관한 법률」 제2조제2호에 따른 가축분뇨를 사용하거나 버리는 행위. 다만, 다음 각 목의 어느 하나에 해당하는 행위는 제외한다.
(2022.1.11 단서신설)
가. 취수시설, 정수시설, 「물환경보전법」 제2조제17호에 따른 공공폐수처리시설, 「하수도법」 제2조제9호에 따른 공공하수처리시설 또는 국가·지방자치단체에 소속된 시험·분석·연구기관에서 「화학물질관리법」 제2조제7호에 따른 유해화학물질을 수처리제(「먹는물관리법」 제3조제5호에 따른 수처리제를 말한다), 중화제, 소독제 또는 시약으로 사용하는 행위
나. 법률 제10976호 수도법 일부개정법률의 시행일(2012년 1월 29일을 말한다), 「화학물질관리법」 제2조제7호에 따른 유해화학물질 고시일 또는 상수원보호구역 공고일 이전부터 「화학물질관리법」 제2조제7호에 따른 유해화학물질을 사용하고 있는 사업장에서 그 유해화학물질이나 대체 유해화학물질을 사용하는 행위
(2022.1.11 가목~나목신설)
2. 그 밖에 상수원을 오염시킬 명백한 위험이 있는 행위로서 대통령령으로 정하는 금지행위
④ 제1항과 제2항에 따라 지정·공고된 상수원보호구역에서 다음 각 호의 어느 하나에 해당하는 행위를 하려는 자는 관할 특별자치시장·특별자치도지사·시장·군수·구청장의 허가를 받아야 한다. 다만, 대통령령으로 정하는 경미한 행위인 경우에는 신고하여야 한다.
(2011.11.14 본문개정)
1. 건축물, 그 밖의 공작물의 신축·증축·개축·재축(再築)·이전·용도변경 또는 제거(2011.7.28 본호개정)
2. 입목(立木) 및 대나무의 재배 또는 벌채
3. 토지의 굴착·성토(盛土), 그 밖에 토지의 형질변경
⑤ 특별자치시장·특별자치도지사·시장·군수·구청장은 제4항 각 호 외의 부분 단서에 따른 신고를 받은 경우 그 내용을 검토하여 이 법에 적합하면 신고를 수리하여야 한다.(2019.11.26 본항신설)
⑥ 제1항부터 제4항까지의 규정에 따른 상수원보호구역의 지정절차, 허가의 기준에 필요한 사항은 대통령령으로 정한다.(2007.12.27 본항개정)

제7조의2【상수원보호구역 외의 지역에서의 공장설립의 제한】 ① 상수원보호구역의 상류지역이나 취수시설(광역상수도 및 지방상수도의 취수시설만을 말한다)의 상류·하류 일정지역으로서 대통령령으로 정하는 지역에서는 「산업집적활성화 및 공장설립에 관한 법률」 제2조제1호에 따른 공장을 설립할 수 없다.
② 특별자치시장·특별자치도지사·시장·군수·구청장은 관할구역에서 제1항의 취수시설이 설치되거나 변경되는 경우에는 환경부령으로 정하는 바에 따라 지체 없이 공고하여야 한다.(2013.12.30 본항신설)
③ 시장·군수·구청장은 제1항에도 불구하고 공장설립이 제한되는 지역 중 상수원에 미치는 영향 등을 고려하여 대통령령으로 정하는 지역에는 환경부령으로 정하는 공장의 설립을 승인할 수 있다. 이 경우 상수원보호구역이 다른 시장·군수·구청장의 관할에 속하는 경우에는 해당 시장·군수·구청장과 미리 협의하여야 한다.
④ 제3항에 따른 승인을 받아 공장을 설립한 자는 상수원보호를 위하여 환경부령으로 정하는 준수사항을 지켜야 한다.(2013.12.30 본항개정)
(2010.5.25 본조신설)

제7조의3【상수원 정보관리체계 구축 및 운영】 ① 환경부장관은 상수원보호구역 및 제7조의2에 따라 공장설립이 제한되는 지역의 수질관리를 위하여 다음 각 호에 관한 정보관리체계(이하 "상수원 정보관리체계"라 한다)를 구축·운영하여야 한다.
1. 취수·정수 등 수도시설 및 급수현황 등에 관한 정보
2. 상수원보호구역의 지정 현황, 토지이용 실태, 수질 및 오염물질 발생 현황 등에 관한 정보
3. 제7조의2에 따른 공장설립의 제한지역 및 공장입지 현황 등에 관한 정보
4. 그 밖에 상수원 수질관리를 위하여 필요한 정보
② 환경부장관은 상수원 정보관리체계의 구축 및 운영을 위하여 중앙행정기관, 지방자치단체, 「공공기관의 운영에 관한 법률」 제4조에 따른 공공기관 등 관계 기관의 장에게 필요한 자료 또는 정보의 제공을 요청할 수 있다. 이 경우 요청을 받은 기관의 장은 특별한 사유가 없으면 이에 따라야 한다.
③ 상수원 정보관리체계의 구축 및 운영에 필요한 사항은 환경부령으로 정한다.
(2014.3.24 본조신설)

제8조【상수원보호구역의 관리】 ① 상수원보호구역은 해당 구역을 관할하는 특별자치시장·특별자치도지사·시장·군수·구청장이 관리한다.(2011.11.14 본항개정)
② 상수원보호구역이 둘 이상의 시·군·구의 관할 구역에 걸치거나 그 밖에 특별한 이유가 있으면 대통령령으로 정하는 시·도지사 또는 시장·군수·구청장이 관리한다.
③ 환경부장관은 상수원보호구역의 관리상태를 환경부령으로 정하는 바에 따라 평가하고 관계 행정기관의 장에게 그 구역의 적정한 관리를 위하여 필요한 조치를 요청할 수 있다.

제8조의2【상수원보호구역에 대한 수질관리계획】 ① 특별자치시장·특별자치도지사·시장·군수·구청장은 5년마다 관할 상수원보호구역에 대한 수질관리계획을 수립·시행하여야 한다.
② 환경부장관은 제1항에 따라 수립된 수질관리계획의 타당성 등을 검토하여 필요한 경우 보완을 요구할 수 있다.
③ 환경부장관은 제1항에 따라 수립된 수질관리계획의 추진실적을 매년 평가하고 특별자치시장·특별자치도지사·시장·군수·구청장에게 필요한 조치를 요청할 수 있다.
(2013.12.30 본조신설)

제9조【주민지원사업】 ① 제8조제1항 또는 제2항에 따라 상수원보호구역을 관리하는 시·도지사 또는 시장·군수·구청장(이하 이 조부터 제11조까지의 규정에서 "관리청"이라 한다)은 대통령령으로 정하는 바에 따라 상수원보호구역에 거주하는 주민 또는 상수원보호구역에서 농림·수산업 등에 종사하는 자에 대한 지원사업(이하 "주민지원사업"이라 한다) 계획을 수립·시행할 수 있다. 이 경우 시장·군수·구청장은 시·도지사의 승인을 받아야 한다.
② 주민지원사업의 종류는 다음 각 호와 같다.
1. 소득증대사업
2. 복지증진사업
3. 육영사업
4. 그 밖에 대통령령으로 정하는 사업
③ 주민지원사업에 관한 계획의 수립·시행절차, 그 밖에 필요한 사항은 대통령령으로 정한다.

제10조【재원 등】 ① 주민지원사업에 필요한 재원은 관리청이 다음 각 호의 재원으로 조성한다.
1. 상수원보호구역의 지정으로 이익을 받는 수도사업자의 출연금
2. 차입금
3. 제1호와 제2호에 따른 자금의 운용으로 생기는 수익금
4. 지방자치단체의 일반회계 및 다른 특별회계로부터의 전입금
② 제1항제1호에 따른 수도사업자는 수도사업의 판매 수입금 중 일부를 대통령령으로 정하는 바에 따라 출연금(出捐金)으로 내야 한다.
③ 국가는 제1항에 따라 조성된 재원의 규모와 소요재원 등을 고려하여 대통령령으로 정하는 바에 따라 환경개선특별회계에서 필요한 비용의 일부를 보조할 수 있다.
④ 관리청은 제1항에 따른 재원을 별도의 회계로 구분·관리하여야 한다.

제11조【상수원보호구역의 비용부담】 ① 수도사업자가 상수원보호구역의 지정·관리로 이익을 얻는 경우에는 그 상수원보호구역의 관리와 대통령령으로 정하는 수질오염 방지시설의 운영 등에 드는 비용을 그 상수원보호구역을 관리하는 관리청과 협의하여 그 이익을 얻는 범위에서 대통령령으로 정하는 비용부담 기준에 따라 부담하여야 한다.(2011.7.28 본항개정)
② 제1항에 따른 협의가 성립되지 아니하면 다음 각 호에 따라 그 비용부담을 결정한다.
1. 관계되는 시·군·구가 각각 같은 시·도의 관할 구역에 속하면 관할 시·도지사가 결정한다.
2. 관계되는 시·군·구가 각각 다른 시·도의 관할 구역에 속하면 관할 시·도지사 간에 협의하여 결정한다.
3. 수도사업자가 지방자치단체가 아닌 경우에는 그 수도사업자와 해당 상수원보호구역을 관할하는 시·도지사가 협의하여 결정한다.
③ 행정안전부장관은 제2항제2호 및 제3호에 따른 협의가 성립되지 아니하면 시·도지사의 의견을 들어 관계 중앙행정기관의 장과 협의하여 결정한다.(2017.7.26 본항개정)

제12조【수도사업의 경영 원칙】 ① 수도사업은 국가·지방자치단체 또는 한국수자원공사가 경영하는 것을 원칙으로 한다. 다만, 지방자치단체 등을 대신하여 민간 사업자에 의하여 수돗물을 공급하는 것이 필요하다고 인정되는 경우에는 그러하지 아니하다.
② 수도사업자는 수도사업을 경영하는 경우 합리적인 원가산정에 따른 수도 요금 체계를 확립하고, 수도시설의 정비·확충 및 수도에 관한 기술 향상을 위하여 노력하여야 한다.
③ 수도사업자는 제2항에 따른 수도요금 체계를 확립하는 경우에 수요자의 물 절약을 유도하고 수요자가 물을 공급받는 데에 드는 비용과 사업의 계속성을 유지하기 위하여 필요한 재원을 요금수입으로 확보하도록 노력하여야 한다.
④ 지방자치단체인 수도사업자는 다른 수도사업자와의 연계운영 등을 통하여 경영 효율성을 높이고, 관할구역 내 취수원 확보 및 보전을 통하여 물 자급률을 향상하기 위하여 노력하여야 한다.(2019.11.26 본항신설)

제13조【영리행위 금지 등】 ① 누구든지 수돗물을 용기에 넣거나 기구 등으로 다시 처리하여 판매할 수 없다.
② 환경부장관 또는 특별시장·광역시장·특별자치시장·시장·군수(광역시의 군수는 제외한다)는 제1항을 위반한 자에게 기구 등의 철거, 수돗물의 공급중지 등 필요한 조치를 할 수 있다.(2011.11.14 본항개정)

제14조【수도용 자재와 제품의 인증 등】 ① 수도시설(취수·저수·도수 시설은 제외한다) 중 물에 접촉하는 수도용 자재나 제품을 제조 또는 수입하려는 자는 미리 환경부장관으로부터 그 수도용 자재와 제품이 대통령령으로 정하는 위생안전기준에 맞는지에 대하여 인증을 받아야 한다.
② 누구든지 다음 각 호의 어느 하나에 해당하는 수도용 자재나 제품을 제조·수입·공급·판매하여서는 아니 된다. 다만, 학교나 연구기관 등 환경부령으로 정하는 자가 시험·연구 목적으로 수도용 자재나 제품을 제조·수입하는 경우에는 그러하지 아니하다.(2017.12.12 본문개정)
1. 제1항에 따른 인증을 받지 아니한 경우
2. 제6항 또는 제7항에 따른 정기검사 또는 수시검사 결과 제8항에 따른 기준에 적합하지 않은 경우
(2017.12.12 1호~2호신설)
③ 일반수도 또는 전용상수도를 설치하려는 자는 대통령령으로 정하는 기준에 맞는 수도용 자재와 제품을 사용하여야 하며, 물에 접촉하는 수도용 자재와 제품은 제1항에 따라 인증을 받은 수도용 자재와 제품을 사용하여야 한다.
④ 제1항에 따라 인증을 받은 자는 환경부장관으로부터 인증을 받은 사실을 수도용 자재나 제품 및 그 포장에 표시하여야 한다.
⑤ 누구든지 제1항에 따른 인증을 받지 아니한 수도용 자재나 제품 및 그 포장에 인증표시를 하여서는 아니 된다.
⑥ 제1항에 따라 인증을 받은 자는 그 수도용 자재 및 제품에 대하여 환경부장관에게 정기검사를 받아야 한다.
(2019.11.26 본항개정)
⑦ 제1항에 따라 인증을 받은 자는 수도용 자재나 제품의 품질저하로 소비자에게 피해가 발생하였거나 발생할 우려가 있다고 판단되는 등 환경부령으로 정하는 사유가 있는 경우 환경부장관에게 검사(이하 "수시검사"를 받아야 한다.(2019.11.26 본항개정)
⑧ 다음 각 호의 사항은 환경부령으로 정한다.
1. 제1항에 따라 인증을 받아야 하는 수도용 자재와 제품의 범위, 인증의 방법·절차 및 수수료(2019.11.26 본호개정)
2. 제4항에 따른 표시방법
3. 제6항에 따른 정기검사의 주기
4. 제6항에 따른 정기검사와 수시검사의 기준, 방법, 절차 및 수수료 등
(2017.12.12 본항신설)
(2010.5.25 본조개정)

제14조의2【인증의 취소 등】 ① 환경부장관은 제14조에 따라 인증을 받은 자가 다음 각 호의 어느 하나에 해당하는 경우에는 환경부령으로 정하는 바에 따라 인증을 취소하거나 6개월 이내의 범위에서 제조·수입·공급·판매의 정지 또는 개선명령을 할 수 있다. 다만, 제1호, 제3호 또는 제4호 중 어느 하나에 해당하면 그 인증을 취소하여야 한다.(2017.12.12 본문개정)
1. 거짓이나 그 밖의 부정한 방법으로 인증을 받은 경우
2. 제14조제6항에 따른 정기검사를 받지 아니한 경우
(2017.12.12 본호개정)
3. 제14조제8항에 따른 정기검사 또는 수시검사 기준에 적합하지 아니하거나 그 검사를 거부, 방해 또는 기피한 경우(2017.12.12 본호신설)
4. 폐업 등의 사유로 영업활동이 불가능한 경우
(2013.12.30 본호신설)
5. 인증받은 내용과 다르게 수도용 자재나 제품을 제조하거나 수입한 경우
② 제1항에 따라 인증이 취소된 자는 다음 각 호의 구분에 따른 기간이 지나기 전까지는 다시 인증을 신청할 수 없다.
1. 제1항제1호, 제2호, 제3호 또는 제5호에 따라 취소된 경우 : 취소된 날부터 6개월(2017.12.12 본호개정)
2. 제1항제4호에 따라 취소된 경우 : 취소된 날부터 1개월
(2017.12.12 본호개정)
(2013.12.30 본항개정)
(2010.5.25 본조신설)

제14조의3【검사기관의 지정 등】 ① 환경부장관은 제14조제1항에 따른 인증 업무를 전문적으로 수행하기 위하여 검사기관을 지정하고 수도용 자재와 제품의 위생안전기준 적합 여부에 대한 시험검사 업무를 대행하게 할 수 있다.
② 제1항에 따라 검사기관으로 지정받으려는 자는 다음 각 호의 기준을 모두 갖추어 환경부령으로 정하는 바에 따라 환경부장관에게 신청하여야 한다.
1. 제14조제1항에 따른 위생안전기준과 관련된 분야에서 「국가표준기본법」 제23조에 따라 시험·검사기관으로 인정을 받은 기관일 것
2. 시험검사에 필요한 기술인력, 시설 및 장비 등 대통령령으로 정하는 기준을 갖출 것
③ 제1항에 따라 지정을 받은 검사기관(이하 "검사기관"이라 한다)은 지정받은 사항 중 소재지, 상호 등 대통령령으로 정하는 중요한 사항을 변경하려면 환경부장관에게 변경승인을 받아야 한다.

④ 환경부장관은 검사기관이 제2항에 따른 기준을 갖추고 있는지 여부 등을 정기적으로 확인하여야 한다.
⑤ 검사기관은 검사의 방법, 검사 결과의 기록·보존, 검사기간 등 대통령령으로 정하는 사항을 지켜야 한다.
⑥ 제1항에 따른 검사기관 지정의 절차와 방법, 제3항에 따른 변경승인의 절차와 방법, 제4항에 따른 확인의 절차 및 주기 등에 필요한 사항은 환경부령으로 정한다.
(2019.11.26 본조신설)

제14조의4【검사기관의 지정 취소】 ① 환경부장관은 검사기관이 다음 각 호의 어느 하나에 해당하면 지정을 취소하거나 6개월 이내의 기간을 정하여 업무의 정지를 명할 수 있다. 다만, 제1호 또는 제2호에 해당하는 경우 그 지정을 취소하여야 한다.
1. 거짓이나 그 밖의 부정한 방법으로 지정을 받은 경우
2. 제14조의3제4항에 따라 확인한 결과 같은 조 제2항에 따른 기준에 맞지 아니하게 된 경우
3. 제14조의3제5항에 따른 사항을 준수하지 아니한 경우
4. 정당한 사유 없이 지정받은 업무를 1개월 이상 하지 아니한 경우
② 환경부장관은 제1항에 따라 지정이 취소된 자를 그 지정이 취소된 날부터 1년 이내에는 검사기관으로 다시 지정할 수 없다.
③ 제1항에 따른 지정 취소 등 행정처분의 기준 및 세부절차는 환경부령으로 정한다.
(2019.11.26 본조신설)

제14조의5【제품등의 수거등의 권고】 ① 환경부장관은 다음 각 호의 어느 하나에 해당하는 경우에는 해당 수도용 자재나 제품(이하 "제품등"이라 한다)을 제조·수입·공급·판매한 사업자에 대하여 해당 제품등을 수거·파기·교환·환급·개선조치 또는 그 밖에 필요한 조치(이하 "수거등"이라 한다)를 권고할 수 있다.
(2017.12.12 본문개정)
1. 제14조제4항에 따른 표시를 하지 아니하거나 인증받은 내용과 다르게 표시한 경우
2. 제14조제8항에 따른 정기검사 또는 수시검사 기준에 부적합한 경우
(2017.12.12 1호~2호신설)
② 사업자는 제1항에 따른 권고에 따라 조치를 한 경우 조치의 결과 등 대통령령으로 정하는 사항을 환경부장관에게 보고하여야 한다.
③ 환경부장관은 제1항에 따른 권고를 받은 사업자가 정당한 사유 없이 그 권고를 따르지 아니하는 경우에는 그 사실을 공표할 수 있다.
④ 제1항에 따른 수거등의 권고, 제2항에 따른 보고 및 제3항에 따른 공표에 필요한 사항은 대통령령으로 정한다.
(2016.1.27 본조신설)

제14조의6【제품등의 수거등의 명령】 ① 환경부장관은 다음 각 호의 어느 하나에 해당하는 경우에는 대통령령으로 정하는 절차에 따라 수거등을 명하고, 그 사실을 공표할 수 있다.(2017.12.12 본문개정)
1. 제14조제2항을 위반하여 인증을 받지 아니한 제품등을 제조·수입·공급·판매한 경우(2017.12.12 본호신설)
2. 제14조의5제1항에 따른 권고를 받은 사업자가 정당한 사유 없이 그 권고를 따르지 아니하는 경우(2019.11.26 본호개정)
② 사업자는 제1항에 따른 명령에 따라 조치를 한 경우 그 조치의 결과 등 대통령령으로 정하는 사항을 환경부장관에게 보고하여야 한다.
③ 환경부장관은 사업자가 제1항에 따른 명령에 따르지 아니하는 경우에는 직접 해당 제품등의 수거등을 할 수 있다. 이 경우 수거등에 사용되는 비용은 해당 사업자에게 징수할 수 있다.
④ 제1항에 따른 수거등의 명령과 공표, 제2항에 따른 보고 및 제3항에 따른 조치와 비용징수에 필요한 사항은 대통령령으로 정한다.
(2016.1.27 본조신설)

제14조의7【현장조사 등】 ① 환경부장관은 수거등의 권고 또는 명령을 위하여 관계 공무원으로 하여금 현장조사를 하게 하거나 필요한 자료의 제출을 요구할 수 있다.
② 제1항에 따라 조사를 하는 관계 공무원은 그 권한을 나타내는 증표를 지니고 이를 관계인에게 제시하여야 한다.
(2017.12.12 본조신설)

제14조의8【권고 등의 해제 신청 등】 ① 수거등의 권고나 명령을 받은 사업자 또는 해당 권고나 명령에 이해관계를 가진 사업자는 불복하는 경우 그 권고나 명령이 있음을 안 날부터 30일 이내에 환경부장관에게 권고나 명령의 전부 또는 일부의 해제를 신청할 수 있다.(2020.5.26 본항개정)
② 환경부장관은 제1항에 따른 신청에 대하여 30일 이내에 권고 또는 명령의 전부 또는 일부의 해제 여부를 결정하여야 한다. 다만, 부득이한 사정으로 그 기간 내에 결정을 할 수 없을 경우에는 30일의 범위에서 기간을 연장할 수 있다.
③ 제14조의6제1항에 따른 명령을 받은 자는 제1항에 따른 신청 여부와 관계없이 「행정심판법」에 따른 행정심판을 청구할 수 있다.(2019.11.26 본항개정)
④ 제1항에 따른 신청의 절차 및 방법 등은 대통령령으로 정한다.
(2017.12.12 본조신설)

제15조【절수설비 등의 설치】 ① 건축주는 「건축법」 제2조제1항제2호에 따른 건축물이나 지방자치단체의 조례로 정하는 시설을 건축하려는 경우에 수돗물의 절약과 효율적 이용을 위하여 절수설비를 설치하여야 한다.
(2019.11.26 본항개정)
② 「공중위생관리법」 제2조제1항제2호 및 제3호에 따른 숙박업(객실이 10실 이하인 경우는 제외한다) 및 목욕장업 또는 「체육시설의 설치·이용에 관한 법률」 제10조제1항에 따른 체육시설업을 영위하는 자 또는 「공중화장실 등에 관한 법률」 제2조제1호에 따른 공중화장실을 설치하는 자는 절수설비 및 절수기기를 설치하여야 한다.
(2011.11.14 본항개정)
③ 특별자치시장·특별자치도지사·시장·군수 또는 구청장은 제2항에 따른 숙박업 및 목욕장업 또는 체육시설업을 영위하는 자나 공중화장실을 설치하는 자가 절수설비 및 절수기기를 설치하지 아니하면 그 이행을 명할 수 있다.(2011.11.14 본항개정)
④ 제1항부터 제3항까지의 절수설비를 국내에 판매하기 위하여 제조하거나 수입하려는 자는 해당 절수설비에 절수등급을 표시하여야 한다.(2021.8.17 본항개정)
⑤ 제4항에 따른 절수설비 등급표시에 관하여 필요한 사항은 환경부령으로 정한다.(2018.12.24 본항신설)

제15조의2【물절약전문업의 등록】 ① 다음 각 호의 어느 하나에 해당하는 사업(이하 "물절약전문업"이라 한다)을 하려는 자는 대통령령으로 정하는 기준에 따른 시설·장비 및 기술능력을 갖추어 환경부장관에게 등록하여야 한다.
1. 수돗물을 공급받는 시설 또는 지역의 누수량을 줄이기 위한 배수시설 및 급수설비의 관리·용역 사업(시설개선 투자를 포함한다)
2. 제15조에 따른 절수설비 및 절수기기의 설치 사업
3. 그 밖에 환경부령으로 정하는 물 절약을 위한 사업
② 환경부장관은 제1항에 따라 등록한 자(이하 "물절약전문업자"라 한다)에 대하여 기술지원 등 필요한 지원을 할 수 있다.
(2013.12.30 본조신설)

제15조의3【물절약전문업의 등록취소 등】 환경부장관은 물절약전문업자가 다음 각 호의 어느 하나에 해당하면 환경부령으로 정하는 바에 따라 그 등록을 취소하거나 제15조의2제2항에 따른 지원을 중단할 수 있다. 다만, 제1호에 해당하는 경우에는 그 등록을 취소하여야 한다.
1. 거짓이나 그 밖의 부정한 방법으로 제15조의2제1항에 따른 등록을 한 경우
2. 물절약전문업자가 타인에게 그 등록증을 대여하여 제15조의2제1항 각 호의 어느 하나에 해당하는 사업을 수행하게 한 경우
3. 제15조의2제1항에 따른 등록기준에 못 미치게 된 경우
4. 정당한 사유 없이 등록한 후 3년 이내에 사업을 시작하지 아니하거나 3년 이상 계속하여 사업수행 실적이 없는 경우
(2013.12.30 본조신설)

제15조의4【물절약전문업의 등록 제한】 제15조의3에 따라 등록이 취소된 자는 등록이 취소된 날부터 1년이 지나지 아니하면 제15조의2제1항에 따른 등록을 할 수 없다.(2013.12.30 본조신설)

제16조【물 사용기기의 물 사용량 표시 등】 물 사용기기를 국내에 판매하기 위하여 제조하거나 수입하려는 자는 대통령령으로 정하는 바에 따라 「에너지이용 합리화법」 제15조제2항에 따른 에너지소비효율등급 표시에 포함하여 물 사용량을 표시하여야 한다.(2011.7.28 본조신설)

제2장 일반수도사업

제17조【일반수도사업의 인가】 ① 일반수도사업을 경영하려는 자는 대통령령으로 정하는 바에 따라 다음 각 호의 구분에 따른 환경부장관, 시·도지사, 또는 시장·군수(군수는 광역시의 군수를 제외하며, 이하 "인가관청"이라 한다)의 인가를 받아야 한다. 인가된 사항을 변경(대통령령으로 정하는 가벼운 사항을 변경하는 경우는 제외한다)하려는 경우에도 또한 같다.(2018.6.8 전단개정)
1. 지방자치단체가 설치하는 광역상수도 및 지방상수도(제3호 및 제4호에 해당하는 광역상수도와 지방상수도는 제외한다)와 지방자치단체가 설치하는 광역상수도 외의 광역상수도 : 환경부장관(2018.6.8 본호개정)
2. (2018.6.8 삭제)
3. 도 또는 특별자치도의 관할구역에서 지방자치단체가 설치하는 시설용량 1일 1만톤 이하인 광역상수도 및 지방상수도 : 도지사 또는 특별자치도지사
(2011.7.28 본호신설)
4. 특별시, 광역시 또는 특별자치시의 관할구역에서 지방자치단체가 설치하는 시설용량 1일 10만톤 이하인 광역상수도 및 지방상수도 : 특별시장, 광역시장 또는 특별자치시장
5. 마을상수도 : 특별시장·광역시장·특별자치시장·특별자치도지사·시장·군수(광역시의 군수는 제외한다)
(2011.11.14 4호~5호개정)
② 시·도지사가 제1항제3호 또는 제4호에 따른 인가를 하려면 환경부장관과 미리 협의하여야 한다.(2018.6.8 본항개정)
③ 인가관청은 제1항에 따라 일반수도사업을 인가하면 지체 없이 고시하여야 한다.(2011.7.28 본항개정)
④ (2018.6.8 삭제)
⑤ 시·도지사는 일반수도사업(마을상수도는 제외한다)을 인가하면 인가한 내용을 환경부장관에게 지체 없이 통보하여야 한다.(2011.7.28 본항신설)

제18조【시설 기준 등】 ① 일반수도사업자는 수도시설을 설치할 때에 지진에 대한 안전성을 고려하여야 하고, 원수(原水)의 질과 양, 지리적 조건, 수도의 종류 및 시설의 규모에 따라 대통령령으로 정하는 기준에 맞는 일반수도의 수도시설을 갖추어야 한다.
② (2010.5.25 삭제)
③ 제3조제24호에 따른 저수조를 설치할 때에는 환경부령으로 정하는 기준에 따라야 한다. 다만, 제33조제2항에 따른 대통령령으로 정하는 규모 이상의 건축물 또는 시설을 제외한 건축물 또는 시설에 저수조를 설치하는 경우에 따라야 하는 시설 기준은 해당 지방자치단체의 조례로 정할 수 있다.

제19조【완공 시 수질검사】 ① 일반수도사업자가 수도공사를 완공하면 대통령령으로 정하는 바에 따라 수질검사를 받아야 한다.
② 일반수도사업자는 제1항에 따른 수질검사를 받지 아니하고는 수돗물을 공급할 수 없다.

제20조【수도시설의 보호】 누구든지 일반수도사업자의 사전 동의를 받지 아니하고는 일반수도의 기존 수도관으로부터 분기(分岐)하여 수도시설을 설치하거나, 일반수도의 수도시설을 변조하거나 손괴하여서는 아니 된다.

제21조【수도시설의 관리】 ① 일반수도의 수도시설관리권은 일반수도사업자가 가진다. 다만, 급수설비의 수도시설관리권은 대통령령으로 정하는 자가 가진다.
② 제1항 단서에도 불구하고 일반수도사업자는 해당 급수설비의 소유자 또는 관리자의 동의를 받아 급수설비의 상태와 수돗물의 수질을 검사할 수 있다. 다만, 수돗물을 신규로 공급할 때에는 해당 급수설비의 소유자 또는 관리자의 동의를 받아 해당 시설에 급수설비가 적정하게 설치되었는지를 검사하여야 한다.(2013.12.30 단서신설)
③ 일반수도사업에 의하여 수돗물을 공급받는 자는 그 수도사업자에게 급수설비의 상태와 공급받는 수돗물의 수질에 대한 검사를 요구할 수 있다.
④ 제2항 및 제3항에 따른 급수설비의 검사 기준 및 절차 등 필요한 사항은 환경부령으로 정한다.(2013.12.30 본항신설)
⑤ 일반수도사업자는 제2항과 제3항에 따른 검사 결과 급수설비가 제4항에 따른 검사 기준에 못 미치거나 수돗물이 제26조제2항에 따른 수질기준에 위반된 경우에는 해당 지방자치단체의 조례로 정하는 바에 따라 그 급수설비의 소유자 또는 관리자에게 급수설비의 세척·갱생 또는 교체 등 필요한 조치를 하도록 권고할 수 있다. 이 경우 일반수도사업자는 해당 지방자치단체의 조례에 따라 세척·갱생 또는 교체에 필요한 비용의 일부를 보조하거나 융자할 수 있다.(2013.12.30 전단개정)
⑥ 일반수도사업자는 수도에 관한 기술적인 관리 등 대통령령으로 정하는 업무를 수행하기 위하여 대통령령으로 정하는 기준에 맞는 자를 수도시설관리자로 임명하여야 한다.
⑦ 일반수도사업자는 정수시설의 효율적인 운영·관리를 위하여 정수시설의 규모 등을 고려하여 대통령령으로 정하는 기준에 따라 정수시설운영관리사를 배치하여 관리하도록 하여야 한다.
⑧ 일반수도사업자는 상수도관망시설의 효율적인 운영·관리를 위하여 상수도관망시설의 규모 등을 고려하여 대통령령으로 정하는 기준에 따라 상수도관망시설운영관리사를 배치하여 관리하도록 하여야 한다.
(2020.3.31 본항신설)
⑨ 일반수도사업자는 수도시설의 운영·관리에 소요되는 에너지를 절감하고 수도시설을 효율적으로 운영·관리하기 위하여 다음 각 호의 방안을 이행하도록 노력하여야 한다.
1. 「신에너지 및 재생에너지 개발·이용·보급 촉진법」 제2조제2호에 따른 재생에너지의 사용
2. 에너지 절약형 정수처리공법 활용
3. 에너지 절약형 자재 및 제품의 사용
(2019.11.26 본항신설)

제21조의2【상수도관망의 관리】 지방자치단체인 일반수도사업자는 수돗물 공급과정에서 수질오염을 방지하고, 누수량을 줄여 유수율(有收率, 총급수량 중 유수수량의 비율을 말한다)을 높이기 위하여 대통령령으로 정하는 바에 따라 상수도관망을 효율적이고 체계적으로 유지·관리하여야 한다.(2020.3.31 본조개정)

제21조의3【상수도관망 중점관리지역 지정 등】 ① 환경부장관은 상수도관망의 노후 등으로 수질오염이 발생하거나 발생할 우려가 있는 지역을 관할 일반수도사업자(지방자치단체인 일반수도사업자를 말한다. 이하 이 조에서 같다)와 협의하여 상수도관망 중점관리지역(이하 "중점관리지역"이라 한다)으로 지정할 수 있다.
② 일반수도사업자는 관할 지역에 중점관리지역 지정 사유가 발생하거나 중점관리지역의 지정 해제가 필요하다고 판단되는 경우에는 환경부장관에게 중점관리지역의 지정 또는 지정 해제를 요청할 수 있다.

③ 일반수도사업자는 관할 중점관리지역에 대하여 정기적인 수질측정 등을 실시하고 관망개선계획을 수립하여 환경부장관에게 제출하여야 한다.
④ 환경부장관은 중점관리지역의 상수도관망 정비에 필요한 경비를 예산의 범위에서 지원할 수 있다.
⑤ 환경부장관은 중점관리지역의 지정 사유가 해소되거나, 지정 유지의 필요성이 현저히 감소하는 등 지정의 해제가 필요하다고 인정될 때에는 그 지정을 해제할 수 있다.
⑥ 제1항에 따른 중점관리지역의 지정 기준·절차, 제3항에 따른 수질측정, 관망개선계획의 수립 및 제5항에 따른 지정 해제 절차 등에 관하여 필요한 사항은 환경부령으로 정한다.
(2020.3.31 본조신설)

제21조의4【상수도관망관리대행업의 등록 등】 ① 다음 각 호의 어느 하나에 해당하는 업무(이하 "상수도관망관리대행업"이라 한다)를 하려는 자는 대통령령으로 정하는 기준에 따라 인력·장비 등의 요건을 갖추어 환경부장관에게 등록하여야 한다.
1. 상수도관망의 세척
2. 상수도관망의 누수탐사·복구 등 누수 관리
3. 상수도관망시설의 점검·정비
4. 그 밖에 환경부령으로 정하는 상수도관망의 운영·관리에 해당하는 업무
② 제1항에 따라 등록한 사항 중 기술인력의 변경 등 환경부령으로 정하는 중요한 사항을 변경하는 경우에는 변경등록을 하여야 한다.
③ 제1항에 따라 상수도관망관리대행업을 등록한 자(이하 "상수도관망관리대행업자"라 한다)는 상수도관망 관리에 관한 사항을 기록·보존하는 등 대통령령으로 정하는 준수사항을 지켜야 한다.
④ 제1항 및 제2항에 따른 상수도관망관리대행업의 등록 및 변경등록 절차 등에 관하여 필요한 사항은 환경부령으로 정한다.
(2020.3.31 본조신설)

제21조의5【상수도관망관리대행업의 등록취소 등】 ① 환경부장관은 상수도관망관리대행업자가 다음 각 호의 어느 하나에 해당하는 경우 그 등록을 취소하거나 6개월 이내의 기간을 정하여 업무의 전부 또는 일부의 정지를 명할 수 있다. 다만, 제1호에 해당하는 경우에는 그 등록을 취소하여야 한다.
1. 거짓이나 그 밖의 부정한 방법으로 제21조의4제1항에 따른 등록을 한 경우
2. 제21조의4제1항에 따른 등록을 한 후 1년 이내에 업무를 개시하지 아니하거나 정당한 사유 없이 계속하여 1년 이상 휴업을 한 경우
3. 제21조의4제1항에 따른 등록요건에 미달하게 된 경우
4. 제21조의4제2항에 따른 변경등록을 하지 아니하거나 거짓이나 그 밖의 부정한 방법으로 변경등록을 한 경우
5. 제21조의4제3항에 따른 준수사항을 지키지 아니한 경우
6. 업무정지명령을 위반하여 상수도관망관리대행업을 수행한 경우
② 제1항에 따라 등록이 취소된 자는 등록이 취소된 날부터 1년이 지나지 아니하면 제21조의4제1항에 따른 등록을 할 수 없다.
③ 제1항에 따른 행정처분의 세부기준은 그 위반행위의 종류와 위반의 정도 등을 고려하여 환경부령으로 정한다.
(2020.3.31 본조신설)

제22조【수도사업의 민간자본 유치】 국가 또는 지방자치단체는 「사회기반시설에 대한 민간투자법」으로 정하는 바에 따라 수도사업에 드는 비용의 전부 또는 일부에 대하여 민간자본을 유치할 수 있다.

제23조【수도시설 운영·관리 업무의 위탁】 ① 일반수도사업자(지방자치단체인 일반수도사업자를 말한다. 이하 이 조에서 같다)는 수도사업을 효율적으로 운영·관리하기 위하여 대통령령으로 정하는 바에 따라 수도시설의 운영·관리에 관한 업무(이하 "수도관리업무"라 한다)의 전부 또는 일부를 대통령령으로 정하는 전문기관 또는 지방자치단체인 수도사업자에게 위탁할 수 있다. 이 경우 일반수도사업자는 다른 일반수도사업자와 공동으로 수도관리업무를 위탁할 수 있다.(2011.11.14 후단신설)
② 일반수도사업자는 제1항에 따라 수도관리업무를 위탁하려면 대통령령으로 정하는 바에 따라 수도관리업무를 위탁받는 자(이하 "수탁자"라 한다)와 위탁계약을 체결하여야 하고, 환경부령으로 정하는 바에 따라 환경부장관에게 다음 각 호의 사항을 지체 없이 신고하여야 한다.
1. 위탁계약을 체결한 경우 그 체결사실 또는 위탁계약 내용 변경 시 그 변경사실(2011.11.14 본호개정)
2. 위탁계약을 해지한 경우에는 그 해지 사실
③ 수탁자는 그 수탁을 받은 수도관리업무의 범위에서 제28조·제28조의2·제29조·제32조·제33조제1항·제36조·제37조 및 제61조를 적용하는 경우 일반수도사업자로 본다.(2011.11.14 본항개정)
④ 일반수도사업자가 수도관리업무를 위탁하면 그 위탁업무의 처리에 대하여 수탁자를 지도·감독하여야 한다. 이 경우 수돗물의 안전하고 적정한 공급을 위하여 필요하다고 인정하면 보고나 자료의 제출을 요구할 수 있다.
⑤ 일반수도사업자는 수도관리업무의 위탁에 관한 사항을 심의하기 위하여 수도관리위탁심의위원회를 설치·운영하여야 한다.(2010.5.25 본항신설)
⑥ 수도관리위탁심의위원회의 위원장은 상수도 관련 업무를 담당하고 있는 3급부터 5급까지의 공무원 중에서 일반수도사업자가 임명하는 자가 되고, 위원은 대통령령으로 정하는 바에 따라 15인 이내의 위원으로 구성한다.(2010.5.25 본항신설)
⑦ 그 밖에 수도관리위탁심의위원회의 기능 및 운영 등에 관하여 필요한 사항은 대통령령으로 정한다.(2010.5.25 본항신설)

제23조의2【수도시설 운영·관리 실태점검】 ① 환경부장관은 수도 서비스의 품질 향상을 위하여 수도시설의 운영·관리 등에 대한 실태를 점검(이하 이 조에서 "실태점검"이라 한다)할 수 있다.
② 환경부장관은 효율적인 실태점검 및 관련 정보의 공유를 위하여 전산망을 구축·운영할 수 있다.
③ 실태점검을 위한 지표, 방법 등에 관한 사항은 환경부장관이 정하여 고시한다.
(2011.11.14 본조신설)

제24조【정수시설운영관리사】 ① 정수시설운영관리사가 되려는 사람은 환경부장관이 실시하는 정수시설운영관리사 자격시험에 합격하거나 양성과정의 이수 등 대통령령으로 정하는 자격요건을 갖추어 환경부장관에게 자격증 발급을 신청하여야 한다.
② 제1항에 따른 정수시설운영관리사의 등급은 1급·2급 및 3급으로 한다.
③ 정수시설운영관리사 1급·2급 자격은 국가시험에 합격한 사람에게 부여하고, 3급 자격은 양성과정의 이수 등 대통령령으로 정하는 자격요건을 갖춘 사람에게 부여한다.
④ 다음 각 호의 어느 하나에 해당하는 사람은 정수시설운영관리사가 될 수 없다.
1. 미성년자 또는 피성년후견인
2. 파산선고를 받고 복권되지 아니한 사람
3. 이 법, 「하수도법」, 「먹는물관리법」 또는 「물의 재이용 촉진 및 지원에 관한 법률」을 위반하여 금고 이상의 실형을 선고받고 그 집행이 종료(집행이 종료된 것으로 보는 경우를 포함한다)되거나 집행이 면제된 날부터 2년이 지나지 아니한 사람
4. 이 법, 「하수도법」, 「먹는물관리법」 또는 「물의 재이용 촉진 및 지원에 관한 법률」을 위반하여 금고 이상의 형의 집행유예를 선고받고 그 유예기간 중에 있는 사람
5. 제25조에 따라 자격이 취소(제24조제4항제1호 또는 제2호에 해당하여 자격이 취소된 경우는 제외한다)된 날부터 3년이 지나지 아니한 사람
⑤ 환경부장관은 제1항에 따른 자격시험에 합격하거나 같은 항에 따른 자격요건을 갖추어 자격증 발급을 신청한 사람에게 자격증을 교부하여야 한다.
⑥ 제5항에 따라 정수시설운영관리사 자격증을 교부받은 사람은 그 자격증을 다른 사람에게 대여하여서는 아니 된다.
⑦ 누구든지 정수시설운영관리사 자격증을 대여받아서는 아니 되며, 이를 알선하여서도 아니 된다.
⑧ 제1항에 따른 정수시설운영관리사 자격시험의 응시자격, 시험과목, 시험방법, 시험의 일부 면제, 자격증 교부절차, 그 밖에 시험에 필요한 사항은 대통령령으로 정한다.
⑨ 환경부장관은 제1항에 따른 정수시설운영관리사 양성과정을 효율적으로 운영하기 위하여 양성과정 운영 업무를 대통령령으로 정하는 기관 또는 단체에 위탁할 수 있다.
(2023.8.16 본조개정)

제24조의2【시험부정행위자에 대한 제재】 환경부장관은 정수시설운영관리사 자격시험에서 부정한 행위를 한 응시자에 대하여는 그 시험을 정지 또는 무효로 하거나 합격결정을 취소하고, 그 시험을 정지하거나 무효로 한 날 또는 합격결정을 취소한 날부터 3년간 시험응시 자격을 정지한다.(2020.5.26 본조개정)

제25조【정수시설운영관리사의 자격 취소 등】 ① 환경부장관은 정수시설운영관리사가 다음 각 호의 어느 하나에 해당하면 그 자격을 취소하거나 3년 이내의 범위에서 자격을 정지시킬 수 있다. 다만, 제1호나 제2호에 해당하면 그 자격을 취소하여야 한다.
1. 거짓이나 그 밖의 부정한 방법으로 자격을 취득한 경우
2. 제24조제4항제1호부터 제5호까지의 규정 중 어느 하나에 해당하게 된 경우(2023.8.16 본호개정)
3. 고의나 중대한 과실에 의한 정수시설 운영·관리의 잘못으로 수돗물을 공급받은 주민들의 건강에 해로운 영향을 미친 경우
4. 제24조제6항을 위반하여 자격증을 다른 사람에게 대여한 경우(2023.8.16 본호개정)
② 제1항에 따른 정수시설운영관리사 자격의 취소 또는 정지에 관한 기준은 그 처분의 사유와 위반의 정도 등을 고려하여 환경부령으로 정한다.

제25조의2【상수도관망시설운영관리사】 ① 상수도관망시설운영관리사가 되려는 사람은 대통령령으로 정하는 자격요건을 갖추어 환경부장관에게 자격증 발급을 신청하여야 한다.
② 다음 각 호의 어느 하나에 해당하는 사람은 상수도관망시설운영관리사가 될 수 없다.
1. 미성년자 또는 피성년후견인
2. 파산선고를 받고 복권되지 아니한 사람
3. 이 법, 「하수도법」, 「먹는물관리법」 또는 「물의 재이용 촉진 및 지원에 관한 법률」을 위반하여 금고 이상의 실형을 선고받고 그 집행이 종료(집행이 종료된 것으로 보는 경우를 포함한다)되거나 집행이 면제된 날부터 2년이 지나지 아니한 사람
4. 이 법, 「하수도법」, 「먹는물관리법」 또는 「물의 재이용 촉진 및 지원에 관한 법률」을 위반하여 금고 이상의 형의 집행유예를 선고받고 그 유예기간 중에 있는 사람
5. 제25조의3에 따라 자격이 취소(제25조의2제2항제1호 또는 제2호에 해당하여 자격이 취소된 경우는 제외한다)된 날부터 3년이 지나지 아니한 사람
③ 환경부장관은 제1항에 따른 자격요건을 갖추어 자격증 발급을 신청한 사람에게 자격증을 교부하여야 한다.
④ 제3항에 따라 상수도관망시설운영관리사 자격증을 교부받은 사람은 그 자격증을 다른 사람에게 대여하여서는 아니 된다.
⑤ 누구든지 상수도관망시설운영관리사 자격증을 대여받아서는 아니 되며, 이를 알선하여서도 아니 된다.
(2022.1.11 본항신설)
⑥ 환경부장관은 제3항에 따라 상수도관망시설운영관리사 자격증을 교부(재교부를 포함한다)받으려는 사람에게 환경부령으로 정하는 바에 따라 수수료를 받을 수 있다.
⑦ 상수도관망시설운영관리사의 등급 및 직무범위, 제3항에 따른 자격증의 교부절차 등에 관하여 필요한 사항은 대통령령으로 정한다.
(2020.3.31 본조신설)

제25조의3【상수도관망시설운영관리사의 자격 취소 등】 ① 환경부장관은 상수도관망시설운영관리사가 다음 각 호의 어느 하나에 해당하는 경우 그 자격을 취소하거나 3년 이내의 범위에서 자격을 정지시킬 수 있다. 다만, 제1호나 제2호에 해당하는 경우에는 그 자격을 취소하여야 한다.
1. 거짓이나 그 밖의 부정한 방법으로 자격을 취득한 경우
2. 제25조의2제2항 각 호의 어느 하나에 해당하게 된 경우
3. 상수도관망시설을 운영·관리함에 있어 고의나 중대한 과실로 수돗물을 공급받은 주민들의 건강에 해로운 영향을 미친 경우
4. 제25조의2제4항을 위반하여 자격증을 다른 사람에게 대여한 경우
② 제1항에 따른 상수도관망시설운영관리사 자격의 취소 또는 정지에 관한 기준은 그 처분의 사유와 위반의 정도 등을 고려하여 환경부령으로 정한다.
(2020.3.31 본조신설)

제26조【수질기준】 ① 수도를 통하여 음용을 목적으로 공급되는 물에는 다음 각 호의 어느 하나에 해당하는 물질이 포함되어서는 아니 된다.(2020.5.26 본문개정)
1. 병원성 미생물에 오염되었거나 오염될 우려가 있는 물질
2. 건강에 해로운 영향을 미칠 수 있는 무기물질 또는 유기물질
3. 심미적(審美的) 영향을 미칠 수 있는 물질
4. 그 밖에 건강에 해로운 영향을 미칠 수 있는 물질
② 제1항에 따른 수질기준에 관하여 필요한 사항은 환경부령으로 정한다.
③ 환경부장관은 제2항의 수질기준의 설정 등을 위하여 원수·정수 중의 미량(微量)유해물질 등 감시가 필요한 항목을 먹는물 감시항목으로 지정할 수 있다. 이 경우 먹는물 감시항목의 지정대상·지정절차, 먹는물 감시항목별 감시기준 및 검사 주기 등에 관한 세부 사항은 환경부장관이 정하여 고시한다.(2013.12.30 본항신설)
④ 시·도지사는 주민의 건강보호 등을 위하여 필요한 경우 해당 시·도의 조례로 다음 각 호의 어느 하나에 해당하는 사항을 정할 수 있다. 다만, 둘 이상의 시·도에 원수 또는 정수를 공급하는 광역상수도에 대해서는 그러하지 아니하다.
1. 제2항에 따른 수질기준 및 제3항에 따른 먹는물 감시항목별 감시기준의 강화
2. 제2항에 따른 수질기준 항목 외의 항목에 대한 수질기준 및 검사방법과 제3항에 따른 먹는물 감시항목 외의 항목에 대한 감시기준 및 검사방법
(2013.12.30 본항개정)

제26조의2【수돗물 수질기준 위반 보고 등】 ① 일반수도사업자는 수돗물이 제26조제2항에 따른 수질기준에 위반되면 즉시 수질기준 위반 항목 및 조치계획 등을 관할 유역환경청 또는 지방환경청의 장(이하 "지방환경관서의 장"이라 한다)에게 보고하여야 한다.
② 제1항에 따라 보고를 받은 지방환경관서의 장은 즉시 환경부령으로 정하는 바에 따라 조치계획의 적정성을 검토하여 환경부장관에게 보고하여야 한다.
③ 환경부장관은 수돗물이 제26조제2항에 따른 수질기준에 위반되는 등 수돗물을 안전하고 적정하게 공급하기 어려운 경우에는 신속한 대응 및 상황 관리, 사고정보의 수집과 통보를 위하여 해당 사고 발생현장에 환경부령으로 정하는 요건을 갖춘 현장수습조정관을 파견할 수 있다.
④ 제3항에 따라 현장수습조정관을 파견할 수 있는 경우와 파견 절차·방법 및 현장수습조정관의 역할은 대통령령으로 정한다.
⑤ 제3항에 따라 현장수습조정관이 파견된 지역의 일반수도사업자는 현장수습조정관이 사고 현장에서 원활히

업무를 수행할 수 있도록 적극 협조하여야 하고, 주요한 사안을 결정·집행하는 경우에는 현장수습조정관과 협의하여야 한다.
(2019.11.26 본조신설)
제27조【수질기준 위반내용 등의 공지】 ① 일반수도사업자는 수돗물이 제26조제2항에 따른 수질기준에 위반된 경우나 그 밖에 대통령령으로 정하는 사유에 해당하는 경우에는 그 위반내용 등을 관할 구역의 주민에게 알리고 수질개선을 위하여 필요한 조치를 하여야 한다.
② 제1항에 따른 공지의 시기, 내용, 방법 등에 관한 사항은 환경부령으로 정한다.
(2011.11.14 본조개정)
제28조【정수처리기준】 ① 일반수도사업자는 수도를 통하여 음용을 목적으로 공급되는 물이 병원성 미생물로부터 안전성이 확보되도록 환경부령으로 정하는 정수처리기준을 지켜야 한다. 다만, 지표수(地表水)의 영향을 받지 아니하는 지하수를 상수원으로 사용하는 등의 경우로서 환경부령으로 정하는 인증을 받은 경우에는 그러하지 아니하다.(2013.12.30 단서개정)
② 환경부장관은 제1항 단서에 따라 인증을 받은 일반수도사업자가 다음 각 호의 어느 하나에 해당하면 인증을 취소하여야 한다.
1. 거짓, 그 밖의 부정한 방법으로 인증을 받은 경우
2. 인증을 받은 해당 상수원이 제3항에 따른 인증기준을 충족하지 못하게 된 경우
③ 제1항 본문에 따른 정수처리기준을 지켜야 하는 시설의 범위 및 같은 항 단서에 따른 인증기준, 인증주기 및 인증절차 등에 관한 사항은 환경부령으로 정한다.
(2011.11.14 본항신설)
④ 일반수도사업자는 제1항 본문에 따른 정수처리기준을 지키기 위하여 정수처리된 물의 탁도(濁度) 등이 환경부령으로 정하는 기준에 적합하도록 정수시설을 설치·운영하여야 한다.(2011.11.14 본항신설)
⑤ 일반수도사업자는 정수처리된 물이 제4항에 따른 기준에 적합한지를 확인하기 위하여 주기적으로 검사를 실시하여야 한다. 이 경우 검사의 항목, 주기, 방법 등에 관한 사항은 환경부령으로 정한다.(2011.11.14 본항신설)
⑥ 일반수도사업자는 제5항에 따라 실시한 검사 결과를 환경부령으로 정하는 바에 따라 기록·보존하고, 환경부장관에게 보고하여야 한다.(2011.11.14 본항신설)
⑦ 일반수도사업자는 제5항에 따른 검사 결과가 제4항에 따른 기준에 위반된 경우에는 환경부령으로 정하는 바에 따라 수도시설의 개선 등 필요한 조치를 하여야 한다.
(2011.11.14 본항신설)
⑧ 환경부장관은 일반수도사업자가 제1항 본문에 따른 정수처리기준을 지키지 아니하면 수도시설의 개선 등 필요한 조치를 명할 수 있다.(2011.11.14 본항신설)
(2011.11.14 본조개정)
제28조의2【병원성 미생물의 분포 실태조사】 ① 일반수도사업자는 정수시설의 효율적인 운영을 위하여 정수처리된 물에 대하여 바이러스 등 병원성 미생물의 분포실태를 조사하고, 그 결과를 환경부장관에게 보고하여야 한다.
② 제1항에 따른 조사의 대상 시설, 조사 시기·항목·방법, 결과 보고의 내용·절차 등에 관한 사항은 환경부령으로 정한다.
(2011.11.14 본조신설)
제29조【수질검사와 수량분석】 ① 일반수도사업자는 원수 및 정수가 환경부령으로 정하는 기준에 맞는지를 파악하기 위하여 환경부령으로 정하는 바에 따라 수질검사를 실시하여야 하고, 취수량·정수량 및 공급량 등에 대한 수량분석을 실시하여야 한다.
② 일반수도사업자는 수질검사를 하기 위하여 대통령령으로 정하는 기준에 맞는 검사시설을 설치하여야 한다.
③ 일반수도사업자가 제1항에 따른 수질검사 및 수량분석을 실시하면 환경부령으로 정하는 바에 따라 이에 관한 기록을 작성·보존하여야 하며, 즉시 인터넷 홈페이지 등에 수질검사 및 수량분석 결과를 공개하여야 한다.
(2013.12.30 본항개정)
④ 환경부장관은 제1항 및 제3항에 따라 작성된 수질검사 및 수량분석에 관한 기록을 전산처리할 수 있는 전산망을 설치·운영하여야 한다.(2013.12.30 본항신설)
⑤ 환경부장관은 일반수도사업자가 제1항에 따른 수질검사 및 수량분석 결과를 거짓으로 발표하거나 환경부장관에게 거짓으로 보고하면 그 수도사업자에게 그 업무를 담당한 자의 징계를 요구할 수 있다. 이 경우 그 수도사업자는 특별한 사유가 없으면 이에 따라야 한다.
제29조의2【수돗물 먹는 실태조사】 ① 환경부장관은 국민에게 안전하고 질 좋은 수돗물을 공급하기 위하여 3년마다 수돗물 먹는 실태조사를 실시하여야 한다.
② 환경부장관은 제1항에 따른 실태조사를 위하여 필요한 경우에는 관계 중앙행정기관의 장, 지방자치단체의 장, 관련 기관·단체의 장 등에게 필요한 자료 또는 정보의 제공을 요청할 수 있다. 이 경우 요청을 받은 관계 중앙행정기관의 장 등은 특별한 사유가 없으면 그 요청에 따라야 한다.(2022.1.11 본항신설)
③ 제1항에 따른 실태조사의 범위, 절차 및 방법 등은 대통령령으로 정한다.
(2020.3.31 본조신설)
제30조【수돗물평가위원회】 ① 다음 각 호의 업무를 수행하기 위하여 특별시·광역시·특별자치시·특별자치도·시·군(광역시의 군은 제외한다)에 수돗물평가위원회를 둔다.(2011.11.14 본문개정)
1. 수돗물의 정기적 검사 실시 및 공표
2. 수도사업자에 대한 수질 관리 및 수도시설의 운영에 관한 자문
3. 제1호에 따른 검사 대상과 검사 지점의 선정
② 특별시장·광역시장·특별자치시장·특별자치도지사·시장·군수는 수돗물평가위원회의 운영계획을 매년 수립하여야 한다.(2011.11.14 본항개정)
③ 특별시장·광역시장·특별자치시장·특별자치도지사·시장·군수는 수돗물평가위원회의 운영계획을 수립하거나 변경한 때에는 환경부령으로 정하는 방법 및 절차에 따라 환경부장관에게 보고하여야 한다.(2011.11.14 본항개정)
④ 제1항에 따른 수돗물평가위원회의 조직과 운영 등에 관하여 필요한 사항은 대통령령으로 정한다.
(2010.5.25 본항개정)
제31조【수돗물품질보고서】 ① 일반수도사업자는 매년 1회 이상 수돗물품질보고서를 발간하여 관할 급수구역에서 수돗물을 공급받는 자에게 제공하여야 한다.
② 제1항에 따른 수돗물품질보고서의 내용, 발간 및 제공방법 등에 관하여 필요한 사항은 환경부령으로 정한다.
제32조【건강진단】 ① 일반수도사업자는 취수·정수 또는 배수시설에서 업무에 종사하는 사람 및 그 시설 안에 거주하는 사람에 대하여 환경부령으로 정하는 바에 따라 건강진단을 실시하여야 한다.(2020.5.26 본항개정)
② 일반수도사업자는 제1항에 따른 건강진단 결과 다른 사람에게 위해(危害)를 끼칠 우려가 있는 질병이 있다고 인정되는 사람을 그 업무에 종사하게 하거나 그 시설 안에 거주하게 하여서는 아니 된다.(2020.5.26 본항개정)
③ 제1항에 따른 건강진단에 관한 기록의 작성·보존에 관하여는 제29조제3항을 준용한다.
제33조【위생상의 조치 등】 ① 일반수도사업자는 수도에 관하여 소독 및 수질검사, 그 밖의 위생에 필요한 조치(이하 "소독등위생조치"라 한다)를 하여야 한다.
② 수돗물을 다량으로 사용하는 건축물 또는 시설로서 대통령령으로 정하는 규모 이상의 건축물 또는 시설의 소유자나 관리자(「공동주택관리법」 제2조제1항제1호에 따른 공동주택에 대해서는 같은 법 제64조에 따른 관리사무소장을 건축물이나 시설의 관리자로 본다. 이하 제3항부터 제5항까지와 제36조제1항에서 같다)가 저수조를 설치한 경우 일반수도사업자에게 대통령령으로 정하는 바에 따라 신고하여야 한다. 다만, 일반수도사업자가 수도시설관리권을 가지는 경우에는 그러하지 아니하다.
(2024.1.16 본항개정)
③ 제2항에 따른 건축물 또는 시설의 소유자나 관리자는 급수설비(일반수도사업자가 수도시설관리권을 가지는 부분은 제외한다)에 대한 소독등위생조치를 하여야 한다. 이 경우 일반수도사업자는 해당 지방자치단체의 조례로 정하는 바에 따라 수질검사에 필요한 비용의 일부를 지원할 수 있다.(2024.1.16 전단개정)
④ 다음 각 호의 어느 하나에 해당하는 건축물 또는 시설로서 대통령령으로 정하는 규모 이상의 건축물 또는 시설의 소유자나 관리자는 환경부령으로 정하는 바에 따라 급수관(일반수도사업자가 수도시설관리권을 가지는 부분은 제외한다)을 주기적으로 검사하고, 그 결과에 따라 세척·갱생·교체 등 필요한 조치(이하 "세척등조치"라 한다)를 하여야 한다.
1. 「유통산업발전법」 제2조제3호에 따른 대규모점포
2. 「주택법」 제2조제3호에 따른 공동주택 중 대통령령으로 정하는 건축물
3. 「건축법」 제2조제2항제8호에 따른 운수시설
4. 「건축법」 제2조제2항제9호에 따른 의료시설
5. 「건축법」 제2조제2항제10호에 따른 교육연구시설 중 대통령령으로 정하는 시설
6. 국가나 지방자치단체가 설치하는 「건축법」 제2조제2항제11호부터 제13호까지의 규정에 따른 시설 중 대통령령으로 정하는 시설
7. 「건축법」 제2조제2항제14호에 따른 업무시설
8. 국가나 지방자치단체가 설치하는 「건축법」 제2조제2항제23호에 따른 교정(矯正)시설 중 대통령령으로 정하는 시설(2022.11.15 본호개정)
9. 국가나 지방자치단체가 설치하는 「건축법」 제2조제2항제24호에 따른 국방·군사시설 중 대통령령으로 정하는 시설(2022.11.15 본호신설)
10. 그 밖에 안전한 수돗물의 공급을 위하여 특히 필요하다고 인정하여 조례로 정하는 시설
(2016.1.27 본항개정)
⑤ 일반수도사업자는 제2항 또는 제4항에 따른 건축물 또는 시설의 소유자나 관리자가 소독등위생조치 또는 세척등조치를 하는지에 대하여 지도·감독하여야 한다.
(2024.1.16 본항개정)
⑥ 제1항 및 제3항부터 제5항까지의 규정에 따른 소독등위생조치, 세척등조치, 수질검사의 주기·항목 및 지도·감독에 관하여 필요한 사항은 환경부령으로 정한다. 다만, 제3항에 따른 규모 이상의 건축물 또는 시설을 제외한 건축물 또는 시설에 대한 소독등위생조치는 해당 지방자치단체의 조례로 정할 수 있다.(2024.1.16 본항개정)
(2024.1.16 본조제목개정)
제34조【저수조청소업의 신고】 ① 저수조의 위생적 관리를 위한 청소업(이하 "저수조청소업"이라 한다)을 경영하려는 자는 환경부령으로 정하는 인력·시설 및 장비 등의 기준을 갖추고 특별자치시장·특별자치도지사·시장·군수·구청장에게 신고하여야 한다. 신고한 사항 중 환경부령으로 정하는 중요 사항을 변경하려는 때에도 또한 같다.(2011.11.14 전단개정)
② 특별자치시장·특별자치도지사·시장·군수·구청장은 제1항 전단에 따른 신고 또는 같은 항 후단에 따른 변경신고를 받은 경우 그 내용을 검토하여 이 법에 적합하면 신고를 수리하여야 한다.(2019.11.26 본항신설)
③ 제2항에 따라 저수조청소업 신고가 수리된 자(이하 "저수조청소업자"라 한다)는 폐업하거나 휴업하려면 특별자치시장·특별자치도지사·시장·군수·구청장에게 신고하여야 한다.(2019.11.26 본항개정)
④ 제35조제1항에 따라 사업장의 폐쇄명령을 받은 자는 그 명령을 받은 날부터 1년 이내에는 저수조청소업의 신고를 할 수 없다.
제35조【저수조청소업의 영업정지 등】 ① 특별자치시장·특별자치도지사·시장·군수·구청장은 저수조청소업자가 다음 각 호의 어느 하나에 해당하면 3개월 이내의 기간을 정하여 영업의 정지를 명하거나 사업장의 폐쇄를 명할 수 있다.(2011.11.14 본문개정)
1. 거짓이나 그 밖의 부정한 방법으로 제34조에 따른 신고를 하거나 신고를 하지 아니하고 저수조청소업을 한 경우
2. 제34조제1항에 따른 신고 기준을 충족하지 못한 경우
3. 이 법 또는 이 법에 따른 명령 또는 처분을 위반한 경우
② 제1항에 따른 처분의 기준은 환경부령으로 정한다.
제36조【교육】 ① 다음 각 호의 어느 하나에 해당하는 자는 대통령령으로 정하는 바에 따라 환경부장관이 행하는 수도시설의 관리에 관한 교육을 받아야 한다.
1. 제33조제2항에 따른 건축물 또는 시설의 소유자나 관리자
2. 저수조청소업자
3. 일반수도사업자
4. 상수도관망관리대행업자(2020.3.31 본호신설)
② 일반수도사업자, 저수조청소업자 및 상수도관망관리대행업자는 수도시설의 운영요원과 저수조청소업·상수도관망관리대행업에 직접 종사하는 종업원에게 대통령령으로 정하는 바에 따라 제1항에 따른 교육을 받게 하여야 한다.(2020.3.31 본항개정)
③ 환경부장관은 제1항 및 제2항에 따른 교육업무를 대통령령으로 정하는 기관 또는 단체에 위탁할 수 있다.
제37조【급수의 긴급정지 등】 ① 일반수도사업자는 수돗물이 건강을 해칠 우려가 있으면 지체 없이 수돗물의 공급을 정지하여야 한다.
② 일반수도사업자가 제1항에 따라 수돗물의 공급을 정지하면 지체 없이 시·도지사, 해당 지역의 주민 및 관계 기관의 장에게 상황을 알리고 수질검사·비상급수 등의 필요한 조치를 강구하여야 한다.
③ 일반수도사업자가 공급하는 물이 건강을 해칠 우려가 있음을 발견한 자는 그 일반수도사업자에게 그 사실을 지체 없이 알려야 한다.
제38조【공급규정】 ① 일반수도사업자는 대통령령으로 정하는 바에 따라 수돗물의 요금, 급수설비에 관한 공사의 비용부담, 그 밖에 수돗물의 공급 조건에 관한 규정을 정하여 수돗물의 공급을 시작하기 전까지 인가관청의 승인을 받아야 하고, 승인을 받은 사항을 변경하려는 경우에도 또한 같다. 다만, 수도사업자가 지방자치단체이면 그 지방자치단체의 조례로 정한다.(2011.7.28 본문개정)
② 제1항 본문에 따른 일반수도사업자 및 인가관청은 수돗물의 공급 조건에 관한 규정을 정하거나 승인할 때에 그 수도의 설치에 든 비용을 전액 수돗물의 요금으로 회수할 수 있도록 하여야 한다.
③ 일반수도사업자는 수돗물의 요금이 정하여지면 3개월 이내에 수도요금 생산원가, 요금부과 단가, 재원부족액, 부족 예산 충당 계획 등을 환경부령으로 정하는 바에 따라 공고하여야 한다. 다만, 「공공기관의 운영에 관한 법률」 제4조에 따른 공공기관인 일반수도사업자는 같은 법 제11조·제12조에 따른다.(2013.12.30 본항신설)
④ 일반수도사업자는 다음 각 호의 어느 하나에 해당하는 자 및 교육시설·사회복지시설 등 대통령령으로 정하는 공익시설에 대하여는 대통령령으로 정하는 바에 따라 수돗물의 요금을 할인하여 줄 수 있다.
1. 65세 이상인 자
2. 「장애인복지법」의 적용을 받는 장애인
3. 「국민기초생활 보장법」에 따른 수급권자 및 차상위계층
4. 그 밖에 지방자치단체가 요금의 할인이 필요하다고 인정하여 조례로 정하는 자(2019.11.26 본호신설)
(2010.5.25 본항신설)
제39조【급수 의무】 ① 일반수도사업자는 수돗물의 공급을 원하는 자에게 대통령령으로 정하는 정당한 이유 없이 그 공급을 거절하여서는 아니 된다.(2013.12.30 본항개정)
② 일반수도사업자가 부득이한 이유로 일시 수돗물을 공급할 수 없는 경우에는 미리 그 구역과 기간을 정하여 공고하여야 한다.
③ 일반수도사업자는 수돗물의 공급을 거절하려는 경우에는 2개월 이상의 유예기간을 두고 공급 거절의 사유와 이를 시정하지 아니하면 수돗물의 공급을 거절한다는 사실을 서면으로 통지하여야 한다.(2010.5.25 본항신설)

제40조【관할 구역 외의 급수】 환경부장관은 일반 수요자의 편익 증진, 그 밖에 공익을 위하여 필요하다고 인정하면 수도사업자인 지방자치단체에게 그 지방자치단체로 하여금 관할 구역 외의 지역에 물을 공급하게 할 수 있다.(2020.5.26 본조개정)

제41조【긴급 급수 지원】 ① 시·도지사는 천재지변이나 그 밖의 비상시에 긴급히 수돗물을 공급할 필요가 있다고 인정하면 수도사업자에게 기간·수량 및 방법을 정하여 수돗물을 다른 수도사업자에게 공급하게 할 수 있다. 다만, 수도사업자가 시·도지사이면 환경부장관이 명한다.
② 제1항에 따라 공급하는 수돗물의 요금은 관계 수도사업자 간에 협의하여 정한다.
③ 관계 수도사업자는 제2항에 따른 협의가 성립되지 아니하면 대통령령으로 정하는 바에 따라 「환경분쟁조정법」에 따른 관할 환경분쟁조정위원회의 조정(調整)을 신청할 수 있다.(2011.7.28 본항개정)
④ (2011.7.28 삭제)

제42조【사업의 폐업 또는 휴업】 일반수도사업자는 수돗물의 공급을 시작한 후에는 그 일반수도사업의 전부 또는 일부를 폐업하거나 휴업하여서는 아니 된다. 다만, 대통령령으로 정하는 폐업 또는 휴업의 허가 기준에 따라 인가관청의 허가를 받은 경우에는 그러하지 아니하다.

제43조【국가가 설치하는 수도의 특례】 ① 환경부장관은 일반수도사업자인 지방자치단체가 재정적·기술적 또는 지리적 조건 등으로 인하여 일반수도의 수도시설을 설치할 수 없거나 그 설치가 곤란하다고 인정하면 직접 일반수도의 수도시설을 설치할 수 있다.
② 환경부장관은 제1항에 따라 설치한 일반수도의 수도시설을 해당 지방자치단체에 위임하거나 한국수자원공사에 위탁하여 관리하게 할 수 있다.
③ 환경부장관은 제1항에 따라 수도시설을 설치하거나 제2항에 따라 수도시설을 위임 또는 위탁하여 관리하게 하려면 미리 행정안전부장관과 협의하여야 한다. 다만, 환경부장관이 설치하여 한국수자원공사에 위탁하는 시설의 경우에는 그러하지 아니하다.
④ 환경부장관은 대통령령으로 정하는 바에 따라 한국수자원공사로 하여금 광역상수도의 수돗물을 일반 수요자에게 공급하게 할 수 있다. 이 경우 미리 관계 특별시장·광역시장·특별자치시장·특별자치도지사·시장·군수(광역시의 군수는 제외한다)의 동의를 받아야 한다.
(2018.6.8 본조개정)

제44조【수도시설등의 매수】 ① 지방자치단체는 지방자치단체 외의 자(국가는 제외한다)가 그 관할 구역에서 일반수도사업을 경영하고 있으면서 다음 각 호의 어느 하나에 해당하면 시·도지사의 승인을 받아 해당 일반수도사업자로부터 그 수도시설과 이에 딸린 토지, 건물, 그 밖의 물건(이하 "수도시설등"이라 한다)을 매수할 수 있다.
1. 제65조에 따른 공급 조건의 변경 명령을 받고 개선하지 아니한 경우
2. 급수 구역의 확장이 필요한 경우
3. 공급되는 수돗물이 제26조에 따른 수질 기준을 충족하지 못하여 건강을 해할 우려가 있는 경우
② 지방자치단체가 제1항에 따라 일반수도의 수도시설등을 매수하려면 그 가격이나 그 밖의 매수 조건에 관하여 그 일반수도사업자와 협의하여야 한다.
③ 지방자치단체와 일반수도사업자는 제2항에 따른 협의가 성립되지 아니하면 관할 토지수용위원회에 재결을 신청할 수 있다.
④ 제3항에 따른 관할 토지수용위원회의 재결, 이의에 대한 재결 및 그 효과 등에 관하여는 「공익사업을 위한 토지 등의 취득 및 보상에 관한 법률」을 준용한다.

제45조【소화전】 일반수도사업자는 해당 수도에 공공의 소방을 위하여 필요한 소화전을 설치·관리하여야 한다.

제46조【다른 법률에 따른 인·허가 등의 의제】 ① 일반수도사업을 경영하려는 자가 제17조제1항에 따라 일반수도사업의 인가를 받으면 다음 각 호의 인가·허가·동의·면허·승인·지정 또는 해제(이하 "인·허가등"이라 한다)에 관하여 인가관청이 관계 행정기관의 장과 미리 협의한 사항에 대해서는 해당 인·허가등을 받은 것으로 보고, 일반수도사업의 인가 고시가 있으면 다음 각 호의 관계 법률에 따른 고시 또는 공고가 있는 것으로 본다.
(2024.1.30 본문개정)
1. 「국토의 계획 및 이용에 관한 법률」 제30조에 따른 도시관리계획의 결정(「국토의 계획 및 이용에 관한 법률」 제2조제6호의 기반시설에 한정한다), 같은 법 제56조제1항에 따른 개발행위허가, 같은 법 제86조에 따른 도시계획시설사업의 시행자 지정, 같은 법 제88조에 따른 실시계획 인가(2011.7.28 본호개정)
2. 「공유수면 관리 및 매립에 관한 법률」 제8조에 따른 공유수면의 점용·사용허가, 같은 법 제17조에 따른 점용·사용 실시계획의 승인 또는 신고, 같은 법 제28조에 따른 공유수면의 매립면허, 같은 법 제35조에 따른 국가 등이 시행하는 매립의 협의 또는 승인 및 같은 법 제38조에 따른 공유수면매립실시계획의 승인(2010.4.15 본호개정)
3. (2010.4.15 삭제)
4. 「하천법」 제30조에 따른 하천공사 시행의 허가 및 같은 법 제33조제1항제1호 내지 제4호에 따른 하천의 점용등의 허가(2007.4.6 본호개정)
5. 「도로법」 제36조에 따른 도로공사시행의 허가 및 같은 법 제61조에 따른 도로의 점용허가(2014.1.14 본호개정)
6. 「농지법」 제34조에 따른 농지의 전용허가
7. 「산지관리법」 제14조·제15조에 따른 산지전용허가 및 산지전용신고, 같은 법 제15조의2에 따른 산지일시사용허가·신고, 「산림자원의 조성 및 관리에 관한 법률」 제36조제1항·제5항 및 제45조제1항·제2항에 따른 입목벌채등의 허가·신고. 다만, 「산림자원의 조성 및 관리에 관한 법률」에 따른 산림유전자원보호림, 채종림 및 시험림의 경우는 제외한다.(2022.12.27 본문개정)
8. 「초지법」 제21조의2에 따른 토지형질변경 등의 허가와 같은 법 제23조에 따른 초지전용의 허가 또는 신고
9. 「사방사업법」 제14조에 따른 벌채등의 허가 및 같은 법 제20조에 따른 사방지지정의 해제
10. 「공간정보의 구축 및 관리 등에 관한 법률」 제15조제4항에 따른 지도등의 간행 심사(2021.7.20 본호개정)
11. 「산업입지 및 개발에 관한 법률」 제16조제1항에 따른 사업시행자의 지정과 같은 법 제17조제1항, 같은 법 제18조제1항, 같은 법 제19조제1항에 따른 실시계획의 승인
12. 「사도법」 제4조에 따른 사도의 개설허가
13. 「장사 등에 관한 법률」 제27조제1항에 따른 무연분묘(無緣墳墓)의 개장(改葬)허가(2011.11.14 본호개정)
② 인가관청이 제17조제1항에 따라 일반수도사업의 인가를 하려는 경우 그 사업계획에 제1항 각 호의 사항이 포함되어 있으면 미리 관계 행정기관의 장과 협의하여야 한다.
③ 일반수도사업자가 국가나 지방자치단체일 경우 제1항에 따라 다른 법률에 따른 인·허가등을 받은 것으로 보는 경우에는 관계 법률에 따라 부과되는 수수료 또는 사용료 등을 면제한다. 다만, 「농지법」 제38조에 따른 농지보전부담금과 「초지법」 제23조제6항에 따른 대체초지조성비는 제외한다.
④ 제1항부터 제3항까지에서 규정한 사항 외에 인·허가등 의제의 기준 및 효과 등에 관하여는 「행정기본법」 제24조부터 제26조까지에 따른다.(2024.1.30 본항신설)
(2024.1.30 본조제목개정)

제47조【마을상수도】 ① 국가와 지방자치단체는 마을상수도의 위생 관리를 위하여 필요한 기술 및 재정 지원을 하여야 한다.
② 특별시장·광역시장·특별자치시장·특별자치도지사·시장·군수(광역시의 군수는 제외한다)는 그 지방자치단체의 조례로 정하는 바에 따라 관할 구역의 마을상수도를 적정하게 운영·관리하여야 한다.(2011.11.14 본항개정)
③ 특별시장·광역시장·특별자치시장·특별자치도지사·시장·군수·구청장은 「가축전염병예방법」 제22조제2항에 따른 가축 사체의 매몰 등으로 인한 마을상수도 오염 방지 대책을 수립·시행하고, 마을상수도 관리 실태를 환경부령으로 정하는 바에 따라 매년 환경부장관에게 보고하여야 한다.(2011.11.14 본항신설)

제3장 공업용수도사업

제48조【국가 등이 설치하는 공업용수도】 ① 국가는 「산업입지 및 개발에 관한 법률」 제2조제8호에 따른 산업단지에 대하여 공업용수도시설을 설치하여 공업용수를 공급하거나 다른 수도사업자에게 공업용수도시설을 설치하여 공업용수를 공급하게 하여야 한다.(2011.8.4 본항개정)
② 국가는 「산업집적활성화 및 공장설립에 관한 법률」 제2조제1호에 따른 공장(제4조제1항에 따른 국가수도기본계획의 수도공급구역에 설립된 부지면적이 30만제곱미터 이상인 공장으로 한정한다)에 대하여 공업용수도시설을 설치하여 공업용수를 공급하거나 다른 수도사업자에게 공업용수도시설을 설치하여 공업용수를 공급하게 할 수 있다.(2022.1.11 본항개정)

제49조【공업용수도사업의 인가】 ① 공업용수도사업을 하려는 자는 대통령령으로 정하는 바에 따라 다음 각 호의 구분에 따른 환경부장관 또는 시·도지사의 인가를 받아야 한다. 인가된 사항을 변경(대통령령으로 정하는 가벼운 사항을 변경하는 경우는 제외한다)하려는 경우에도 또한 같다.(2018.6.8 전단개정)
1. 시설용량이 1일 1만톤을 초과하는 공업용수도 : 환경부장관(2018.6.8 본호개정)
2. 시설용량이 1일 1만톤 이하인 공업용수도 : 시·도지사
② 시·도지사가 제1항제2호에 따른 인가를 하려면 환경부장관과 미리 협의하여야 한다.(2018.6.8 본항개정)
(2011.7.28 본조개정)

제49조의2【공업용수도사업자의 하수처리수 공급에 관한 특례】 공업용수도사업자는 한정된 수자원의 합리적인 이용을 위하여 필요한 경우 공업용수도를 통해 원수나 정수 외에 「물의 재이용 촉진 및 지원에 관한 법률」 제2조제5호의 하수처리수를 공업용에 맞게 처리하여 공급할 수 있다.(2022.1.11 본조신설)

제50조【준용 규정】 공업용수도 및 공업용수도사업에 관하여는 제17조제3항·제5항, 제18조, 제20조, 제21조제1항·제6항, 제23조 및 제38조부터 제46조까지의 규정을 준용한다.(2013.12.30 본조개정)

제4장 전용수도

제51조【국가가 설치하는 전용수도】 국가가 설치하는 전용수도에 관하여는 이 법에 특별한 규정이 있는 것 외에는 대통령령으로 정하는 바에 따른다.

제52조【전용상수도 인가】 ① 전용상수도를 설치하려는 자는 대통령령으로 정하는 바에 따라 특별시장·광역시장·특별자치시장·특별자치도지사·시장·군수(광역시의 군수는 제외한다)의 인가를 받아야 하며, 그 인가의 요건은 대통령령으로 정한다.(2011.11.14 본항개정)
② 제1항에 따라 인가받은 사항 중 대통령령으로 정하는 중요한 사항을 변경하려면 변경인가를 받아야 하고, 그 밖의 사항을 변경하려면 변경신고를 하여야 한다.
③ 전용상수도의 설치자는 전용상수도를 폐지하거나 일정기간 그만두려면 특별시장·광역시장·특별자치시장·특별자치도지사·시장·군수(광역시의 군수는 제외한다)에게 신고하여야 한다.(2011.11.14 본항개정)

제53조【전용상수도에 관한 준용 규정】 전용상수도에 관하여는 제14조, 제14조의2, 제18조, 제19조, 제21조제6항, 제26조, 제29조제1항·제3항(인터넷 홈페이지 등 공개에 관한 내용은 제외한다), 제32조, 제33조, 제37조 및 제61조를 준용한다.(2013.12.30 본조개정)

제54조【전용공업용수도에 관한 준용 규정】 전용공업용수도에 관하여는 제21조제6항, 제52조 및 제61조를 준용한다.(2013.12.30 본조개정)

제55조【소규모급수시설】 ① 특별시장·광역시장·특별자치시장·특별자치도지사·시장·군수(광역시의 군수는 제외한다)는 소규모급수시설에 대하여 환경부령으로 정하는 바에 따라 수질검사를 하여야 한다.
(2011.11.14 본항개정)
② 특별시장·광역시장·특별자치시장·특별자치도지사·시장·군수(광역시의 군수는 제외한다)는 주민의 건강 보호나 소규모급수시설의 위생 관리를 위하여 필요하다고 인정하는 경우 또는 지역적 특성을 고려하여 수질을 유지할 필요가 있다고 인정하는 경우에는 해당 지방자치단체의 조례로 정하는 바에 따라 환경부령으로 정하는 수질기준 및 수질검사 주기보다 강화된 수질기준 및 수질검사 주기를 마련하여 적용할 수 있다.(2019.11.26 본항신설)
③ 특별시장·광역시장·특별자치시장·특별자치도지사·시장·군수(광역시의 군수는 제외한다)는 그 지방자치단체의 조례로 정하는 바에 따라 소규모급수시설의 개량·관리를 위하여 노력하여야 한다.(2011.11.14 본항개정)
④ 국가와 지방자치단체는 소규모급수시설의 설치 및 위생관리를 위하여 필요한 기술적·재정적 지원을 할 수 있다.
⑤ 특별시장·광역시장·특별자치시장·특별자치도지사·시장·군수·구청장은 「가축전염병예방법」 제22조제2항에 따른 가축 사체의 매몰 등으로 인한 소규모급수시설 오염 방지 대책을 수립·시행하고, 소규모급수시설 관리 실태를 환경부령으로 정하는 바에 따라 매년 환경부장관에게 보고하여야 한다.(2011.11.14 본항신설)
⑥ 특별시장·광역시장·특별자치시장·특별자치도지사·시장·군수(광역시의 군수는 제외한다)는 수도시설에 관한 전문성을 갖춘 자로서 환경부령으로 정하는 요건을 갖춘 자를 소규모급수시설의 관리자로 지정하는 등 소규모급수시설의 관리를 지원하기 위한 시책을 추진하여야 한다.(2019.11.26 본항신설)

제55조의2【군부대 지역의 급수시설 설치 등에 관한 특례】 국가와 지방자치단체는 지리적 조건 등으로 일반수도의 수도시설을 설치하기 어려운 군부대 지역의 급수시설 설치 및 위생관리를 위하여 필요한 기술적·재정적 지원을 할 수 있다.(2015.12.1 본조신설)

제5장 한국상하수도협회

제56조【한국상하수도협회의 설립】 ① 수도사업자, 「하수도법」 제18조에 따른 공공하수도관리청, 수도(하수도를 포함한다. 이하 이 장에서 같다)와 관련된 사업을 경영하는 자, 수도와 관련된 학술·연구 분야에 종사하는 자, 그 밖에 대통령령으로 정하는 자는 수도에 관한 조사 연구, 기술 개발, 그 밖에 수도의 건전한 발전을 꾀하기 위하여 한국상하수도협회(이하 "협회"라 한다)를 설립할 수 있다.
② 협회는 법인으로 한다.
③ 협회는 그 주된 사업소의 소재지에서 설립등기를 함으로써 성립한다.
④ 협회의 사업에 드는 경비는 수도사업자 등 회원이 내는 회비와 사업수입금 등으로 충당하며, 국가·지방자치단체 및 한국수자원공사는 경비의 일부를 예산의 범위에서 지원할 수 있다.
⑤ 제1항에 따라 협회가 설립되면 수도사업자(민간 수도사업자는 제외한다)와 공공하수도관리청은 당연히 회원이 된다.

제57조【임원과 선출 방법 등】 ① 협회에는 회장을 포함한 이사와 감사를 임원으로 둔다.
② 협회의 업무는 대통령령으로 정한다.
③ 협회 임원의 정원·임기 및 선출 방법 등에 관하여 필요한 사항은 정관으로 정한다.

제58조【감독】 환경부장관은 협회에 수도에 관한 조사·연구를 하게 하거나 업무에 필요한 보고를 하게 할 수 있다.(2020.5.26 본조개정)

제59조【「민법」 규정의 준용】 협회에 관하여는 이 법에 규정이 있는 것 외에는 「민법」 중 사단법인에 관한 규정을 준용한다.

제6장 토지등의 수용과 사용

제60조【토지등의 수용 및 사용】 ① 수도사업자는 수도사업의 시행을 위하여 필요하면 「공익사업을 위한 토지 등의 취득 및 보상에 관한 법률」 제3조에서 정하는 토지·물건 또는 권리(이하 "토지등"이라 한다)를 수용하거나 사용할 수 있다.

② 제17조제1항 및 제3항(제50조에 따라 준용되는 경우를 포함한다)에 따른 수도사업 인가 및 인가 고시가 있으면 「공익사업을 위한 토지 등의 취득 및 보상에 관한 법률」 제20조제1항 및 같은 법 제22조에 따른 사업인정 및 사업인정 고시가 있는 것으로 보며, 재결의 신청은 「공익사업을 위한 토지 등의 취득 및 보상에 관한 법률」 제23조제1항 및 같은 법 제28조제1항에도 불구하고 수도공사를 완공할 때까지 하여야 한다.

③ 토지등의 수용 또는 사용에 관하여 이 법에서 규정한 것 외에는 「공익사업을 위한 토지 등의 취득 및 보상에 관한 법률」을 준용한다.(2020.5.26 본항개정)

제60조의2【토지의 지하부분 사용에 대한 보상 등】 ① 수도사업자가 수도사업의 시행을 위하여 타인 토지의 지하부분을 사용하려는 경우에는 그 토지의 이용 가치, 지하의 깊이 및 토지 이용을 방해하는 정도 등을 고려하여 보상한다.

② 제1항에 따른 지하부분 사용에 대한 구체적인 보상의 기준 및 방법은 대통령령으로 정한다.

(2017.12.12 본조신설)

제60조의3【구분지상권의 설정등기 등】 ① 수도사업자는 「공익사업을 위한 토지 등의 취득 및 보상에 관한 법률」에 따라 토지등의 소유자 또는 그 권리자와 토지의 지하부분 사용에 관한 협의가 성립된 경우에는 구분지상권을 설정하거나 이전하여야 한다.

② 수도사업자는 「공익사업을 위한 토지 등의 취득 및 보상에 관한 법률」에 따라 구분지상권을 설정하거나 이전하는 내용으로 수용 또는 사용의 재결을 받은 경우에는 「부동산등기법」 제99조를 준용하여 단독으로 그 구분지상권의 설정등기 또는 이전등기를 신청할 수 있다.

③ 토지의 지하부분 사용에 관한 구분지상권의 등기절차는 대법원규칙으로 정한다.

④ 제1항 및 제2항에 따른 구분지상권의 존속기간은 「민법」 제280조 및 제281조에도 불구하고 수도시설이 존속하는 날까지로 한다.

(2017.12.12 본조신설)

제61조【타인 토지에의 출입 등】 ① 수도사업자는 수도사업의 시행 또는 급수설비의 검사를 위하여 필요하면 타인의 토지에 출입하거나 타인의 토지를 일시 사용할 수 있으며 특히 필요한 경우에는 입목 및 대나무, 토석, 그 밖의 장애물을 변경하거나 제거할 수 있다.

② 제1항의 경우에는 「국토의 계획 및 이용에 관한 법률」 제130조제2항부터 제8항까지 및 같은 법 제131조를 준용한다. 이 경우 "도시·군계획시설사업의 시행자"는 이 법에 따른 "수도사업자"로 본다.(2011.4.14 후단개정)

제7장 감 독

제62조【지휘·감독】 환경부장관은 수도시설의 설치계획, 수도사업의 운영 등과 관련하여 수돗물의 수질보전 및 개선과 수도시설의 효율적인 운영·관리를 위하여 필요하다고 인정하면 그 수도사업자에게 사업계획의 변경요구, 사업운영의 개선 지시, 그 밖에 필요한 조치를 명할 수 있다.

제63조【법령 위반자 등에 대한 조치】 ① 인가관청은 수도사업자 또는 전용수도의 설치자가 다음 각 호의 어느 하나에 해당하면 이 법에 따른 인가를 취소하여야 한다.(2011.7.28 본문개정)

1. 인가를 받은 수도사업 또는 전용수도의 공사 시작 예정일 또는 공사 완공 예정일부터 1년이 지나도 공사를 시작하지 아니하거나 공사를 완공하지 아니한 경우 (2020.5.26 본호개정)
2. 인가를 받은 수도사업의 급수 개시 예정일부터 6개월이 지나도 수돗물을 공급하지 아니한 경우
3. 거짓이나 그 밖의 부정한 방법으로 이 법에 따른 인가·허가 또는 승인을 받은 경우

② 인가관청은 수도사업자(수탁자를 포함한다) 또는 전용수도의 설치자가 다음 각 호의 어느 하나에 해당하면 이 법에 따른 인가를 취소하거나, 그 효력의 정지, 공사의 중지, 공작물의 개축·이전·변경 및 제거를 명하거나 그 밖에 필요한 조치를 할 수 있다.(2011.7.28 본문개정)

1. 제13조제1항을 위반하여 수돗물을 용기에 넣거나 기구 등으로 다시 처리하여 판매한 경우
2. 제17조제1항 각 호 외의 부분 후단 또는 제49조제1항 각 호 외의 부분 후단에 따라 인가를 받지 아니하고 인가된 사항을 변경한 경우(2011.7.28 본호개정)
3. 제18조(제50조 및 제53조에 따라 준용하는 경우를 포함한다)를 위반하여 수도시설이 이 법에 따른 시설 기준에 맞지 아니한 경우
4. 제19조(제53조에 따라 준용하는 경우를 포함한다)를 위반하여 수질검사를 받지 아니하거나 받지 아니하고 수돗물을 공급한 경우
5. 제21조제6항(제50조·제53조 및 제54조에 따라 준용하는 경우를 포함한다)에 따른 수도시설관리자를 임명하지 아니하거나 같은 조 제7항에 따른 정수시설운영관리사 또는 같은 조 제8항에 따른 상수도관망시설운영관리사를 배치하지 아니한 경우(2020.3.31 본호개정)
6. 제23조제2항(제50조에 따라 준용하는 경우를 포함한다)에 따른 위탁계약 체결의 신고를 하지 아니한 경우
7. 제27조제1항을 위반하여 수질기준 위반내용 등을 주민에게 알리지 아니하거나 필요한 조치를 하지 아니한 경우
8. 제28조제1항 본문(제23조제3항에 따라 준용하는 경우를 포함한다)에 따른 정수처리기준을 지키지 아니하거나 같은 조 제8항(제23조제3항에 따라 준용하는 경우를 포함한다)에 따른 조치명령을 이행하지 아니한 경우 (2011.11.14 7호~8호개정)
9. 제29조제1항 및 제3항(제23조제3항 및 제53조에 따라 준용하는 경우를 포함한다)을 위반하여 수질검사 및 수량분석을 실시하지 아니하거나 그 기록을 작성·보존하지 아니한 경우
10. 제31조제1항을 위반하여 수돗물품질보고서를 제공하지 아니한 경우
11. 제32조(제23조제3항 및 제53조에 따라 준용하는 경우를 포함한다)에 따른 건강진단에 관한 규정을 위반한 경우
12. 제33조제1항(제23조제3항 및 제53조에 따라 준용하는 경우를 포함한다)에 따른 소독등위생조치를 하지 아니하거나 같은 조 제5항에 따른 지도·감독을 하지 아니한 경우(2024.1.16 본호개정)
13. 제36조(제23조제3항에 따라 준용하는 경우를 포함한다)를 위반하여 수도시설의 운영요원에게 교육을 받게 하지 아니한 경우
14. 제37조(제23조제3항 및 제53조에 따라 준용하는 경우를 포함한다)에 따른 급수의 긴급정지 등에 관한 규정을 위반한 경우
15. 제38조제1항(제50조에 따라 준용하는 경우를 포함한다)을 위반하여 인가관청의 승인을 받지 아니하거나 변경승인을 받지 아니한 경우
16. 제39조(제50조에 따라 준용하는 경우를 포함한다)를 위반하여 정당한 이유 없이 수돗물 공급을 거절하거나 부득이하게 수돗물을 공급할 수 없을 때에 미리 공고를 하지 아니한 경우
17. 제41조제1항(제50조에 따라 준용하는 경우를 포함한다)에 따른 긴급 급수 지원명령을 이행하지 아니한 경우
18. 제42조(제50조에 따라 준용하는 경우를 포함한다)를 위반하여 인가관청의 허가를 받지 아니하고 일반수도사업을 폐업 또는 휴업한 경우
19. 제45조(제50조에 따라 준용하는 경우를 포함한다)를 위반하여 수도에 소화전을 설치·관리하지 아니한 경우
20. 제61조제2항(제23조제3항, 제53조 및 제54조에 따라 준용하는 경우를 포함한다)에 따라 준용되는 「국토의 계획 및 이용에 관한 법률」 제130조제2항부터 제4항까지의 규정에 따른 허가 또는 동의를 받지 아니하고 제61조제1항에 따른 행위를 한 경우
21. 제62조에 따른 조치명령을 이행하지 아니한 경우
22. 제64조제1항부터 제4항까지의 규정에 따른 개선명령을 이행하지 아니한 경우(2013.12.30 본호개정)
23. 제65조에 따른 변경명령을 이행하지 아니한 경우
24. 제66조제1항에 따른 검사를 거부·방해 또는 기피하거나 보고를 하지 아니한 경우

(2007.12.27 본조개정)

제64조【개선 명령 등】 ① 인가관청은 수도시설이 이 법에 따른 시설 기준을 충족하지 못하면 해당 수도사업자나 전용수도 설치자에게 기간을 정하여 그 시설의 개선을 명할 수 있다.

② 인가관청은 수도시설의 관리상태가 심각하게 불량하다고 인정하면 수도사업자 또는 전용수도의 설치자에게 필요한 명령을 할 수 있다.

③ 인가관청은 천재지변이나 그 밖의 수질오염 사고 등으로 수돗물 공급에 큰 지장을 주거나 줄 우려가 있으면 수도사업자 또는 전용수도의 설치자에게 필요한 명령을 할 수 있다.

④ 환경부장관은 일반수도사업자가 운영하는 정수시설에서 발생되는 수돗물 수질오염 사고에 대하여 직권으로 조사하고 조사결과 필요한 경우 시설의 운영·관리에 대한 개선을 명할 수 있다.(2013.12.30 본항신설)

⑤ 제1항부터 제4항까지의 규정에 따라 개선 명령을 받은 자는 특별한 사정이 없으면 1개월 이내에 개선 명령을 이행하거나 이행계획을 수립·제출하여야 한다.

(2013.12.30 본항신설)

⑥ 제1항부터 제4항까지의 규정에 따른 인가관청의 명령으로 인하여 손실이 발생한 경우에 관하여는 「국토의 계획 및 이용에 관한 법률」 제131조를 준용한다.

(2013.12.30 본항개정)

제65조【공급 조건의 변경】 인가관청은 제38조제1항 본문에 따라 지방자치단체 외의 수도사업자가 공급규정에서 정한 수돗물의 요금, 급수설비에 관한 공사의 비용부담, 그 밖에 물의 공급에 관한 조건 등이 매우 부당하다고 인정하면 그 수도사업자에게 그 변경을 명할 수 있다.

제66조【보고의 요구 등】 ① 인가관청은 수도의 시설기준(제14조제3항에 따른 수도용 자재와 제품의 사용기준을 포함한다), 수질기준을 지키는지 확인하기 위하여 관계 공무원으로 하여금 수도시설에 출입하여 관계 서류·시설·기자재 및 수질을 검사하게 하거나 수도사업자 또는 전용수도의 설치자에게 필요한 보고를 하게 할 수 있다.(2010.5.25 본항개정)

② 제1항에 따른 검사를 하는 자는 그 권한을 표시하는 증표를 지니고 이를 관계인에게 내보여야 한다.

제8장 보 칙

제67조【수도시설의 관할권】 수도시설이 둘 이상의 시·도의 관할 구역에 걸치는 수도사업이나 전용수도에 관한 시·도지사의 권한은 관계 시·도지사가 협의하여 행사한다.

제68조【요금 등의 강제징수】 ① 지방자치단체인 수도사업자는 수돗물의 공급을 받은 자가 수돗물의 요금, 급수설비에 관한 공사의 비용 또는 제71조에 따른 원인자부담금(이하 이 조에서 "요금등"이라 한다)을 내지 아니하면 내야 할 금액의 100분의 3의 범위에서 지방자치단체의 조례로 정하는 바에 따라 가산금을 징수할 수 있다. 이 경우 요금등 및 가산금의 징수는 지방세 체납처분의 예에 따른다.(2022.1.11 본항개정)

② 제40조에 따라 관할 구역 외의 지역에 수돗물을 공급한 지방자치단체는 대통령령으로 정하는 바에 따라 그 지역을 관할하는 지방자치단체에 제1항에 따른 강제징수를 위임하거나 위탁할 수 있다.

③ 수도사업자인 지방자치단체는 제2항에 따라 강제징수를 위임받거나 위탁받은 지방자치단체에 그 징수한 금액의 100분의 4에 해당하는 금액을 내주어야 한다.

제69조【수입금의 사용 제한】 한국수자원공사 외의 수도사업자는 수도사업의 수입금을 수도사업에 관한 비용 또는 대통령령으로 정하는 사항 외의 용도에 사용할 수 없다.

제70조【수도 설치비용의 부담】 수도(급수설비는 제외한다)의 설치비용은 수도사업자가 부담한다.

제71조【원인자부담금】 ① 수도사업자는 수도공사를 하는 데에 비용 발생의 원인을 제공한 자(주택단지·산업시설 등 수돗물을 많이 쓰는 시설을 설치하여 수도시설의 신설이나 증설 등의 원인을 제공한 자를 포함한다) 또는 수도시설을 손괴하는 사업이나 행위를 한 자에게 그 수도공사·수도시설의 유지나 손괴 예방을 위하여 필요한 비용의 전부 또는 일부를 부담하게 할 수 있다.

② 제1항에 따른 부담금의 산정 기준과 징수방법, 그 밖에 필요한 사항은 대통령령으로 정한다.

③ 제1항에 따른 부담금은 수도의 신설, 증설, 이설, 개축 및 개수 등 공사에 드는 비용으로만 사용할 수 있다.

(2011.7.28 본항신설)

제72조【수도요금 등의 납부】 지방자치단체인 수도사업자로부터 수돗물을 공급받은 자 또는 지방자치단체인 수도사업자에게 제71조제1항에 따른 부담금을 납부하여야 하는 자는 수돗물의 요금 또는 그 부담금을 해당 지방자치단체의 조례로 정하는 바에 따라 「여신전문금융업법」에 따른 신용카드·직불카드 또는 정보통신망을 이용한 전자화폐·전자결제 등의 방법으로 납부할 수 있다.

(2011.7.28 본조신설)

제73조【기술 연구·개발 등】 ① 환경부장관은 수도에 관한 기술의 연구·개발을 촉진하기 위하여 수도에 관한 연구·개발계획을 수립하여 「환경기술 및 환경산업 지원법」 제5조제1항 각 호의 어느 하나에 해당하는 기관이나 단체 또는 사업자에게 연구·개발을 추진하게 하고 지원할 수 있다.(2013.12.30 본항개정)

② 환경부장관은 수도 분야의 종사자에 대한 교육·훈련을 효율적으로 추진하기 위하여 수도에 관한 교육·훈련계획을 수립하여 수도에 관한 전문연구기관에 교육·훈련을 위탁하여 실시하게 하고 지원할 수 있다.

③ 환경부장관 및 지방자치단체의 장은 수도시설의 기기·자재의 전문제조업체와 전문기능인을 육성하기 위하여 기술 지도, 기능 훈련 등의 시책을 시행할 수 있다.

제74조【수도시설에 대한 기술진단 등】 ① 수도사업자는 수도시설의 관리상태를 점검하기 위하여 5년마다 환경부령으로 정하는 바에 따라 정수장·상수도관망 등 그 수도시설에 대한 기술진단을 실시하고, 그 결과를 반영한 시설개선계획을 수립하여 시행하여야 한다.

② 수도사업자는 제1항에 따른 기술진단에 관한 업무를 환경부령으로 정하는 자에게 대행하게 할 수 있다.

③ 수도사업자는 제1항에 따른 기술진단 결과 및 시설개선계획의 수립·시행 결과를 환경부령으로 정하는 기한 내에 인가관청에 알려야 한다.(2013.12.30 본항개정)

④ 제1항에 따른 기술진단의 실시를 위한 장비기준 및 방법 등의 준수사항은 대통령령으로 정한다.

(2019.11.26 본항신설)

제74조의2【기술진단 결과의 평가】 ① 환경부장관은 제74조에 따른 기술진단의 전문성과 정확성을 높이기 위하여 기술진단 결과에 대한 평가를 할 수 있다.
② 환경부장관은 수도사업자에게 제1항에 따른 평가에 필요한 자료의 제출을 요구할 수 있다. 이 경우 자료의 제출을 요구받은 수도사업자는 정당한 사유가 없으면 이에 따라야 한다.
③ 환경부장관은 제1항에 따른 평가 결과에 따라 수도사업자에게 기술진단 결과의 수정 또는 보완을 요구할 수 있다.
④ 제1항에 따른 평가의 항목·방법·절차 등에 필요한 사항은 환경부령으로 정한다.
(2019.11.26 본조신설)
제74조의3【국가수도정보센터의 구축·운영】 ① 환경부장관은 수질검사 및 수량분석 결과, 생산 및 공급시설 현황, 수도사업 평가자료, 수도에 관한 통계자료 등의 효율적인 관리 및 활용을 위하여 국가수도정보센터(이하 이 조에서 "센터"라 한다)를 구축·운영할 수 있다.
(2019.11.26 본항개정)
② 환경부장관은 센터의 운영에 필요하다고 인정하는 경우에는 수도사업자에게 관련 자료의 제출을 요구할 수 있다.
③ 제1항 및 제2항에서 규정한 사항 외에 센터의 구축 및 운영 등에 필요한 사항은 환경부장관이 정하여 고시한다.
(2013.12.30 본조신설)
제74조의4【유역수도지원센터의 설립·운영】 ① 환경부장관은 지방자치단체인 수도사업자의 수도관리업무 및 관련 기술·정책 등을 지원하기 위하여 유역수도지원센터(이하 이 조에서 "지원센터"라 한다)를 설립·운영할 수 있다.
② 환경부장관은 지원센터의 운영에 필요하다고 인정하는 경우에는 지방자치단체인 수도사업자에 관련 자료의 제출을 요구할 수 있다.
③ 제1항 및 제2항에 따른 지원센터의 설립·운영 및 자료제출 요구 등에 필요한 사항은 환경부장관이 정하여 고시한다.
(2020.3.31 본조신설)
제75조【국고 보조 등】 국가는 수도사업자에게 수도사업에 필요한 비용을 보조하거나 융자할 수 있다. 다만, 지방자치단체인 수도사업자가 수도시설을 설치하거나 낡은 수도시설을 개량하는 경우 또는 해수담수화시설을 운영하는 경우에는 그 지방자치단체의 재정자립도 등을 고려하여 대통령령으로 정하는 바에 따라 그 비용의 전부 또는 일부를 보조할 수 있다.(2011.7.28 단서개정)
제76조【수도사업용 댐의 수몰민에 대한 지원】 수도사업용 댐의 건설로 발생하는 수몰민(水沒民)에 대한 지원에 관하여는 「댐건설·관리 및 주변지역지원 등에 관한 법률」 제39조 및 제40조를 준용한다. 이 경우 「댐건설·관리 및 주변지역지원 등에 관한 법률」의 "댐수탁관리자"나 "댐수탁관리예정자"는 이 법의 "수도사업자"로 본다.
(2021.6.15 본조개정)
제77조【국유지의 매각·임대】 국유의 일반재산으로서 수도사업에 직접 필요한 토지는 「국유재산법」 제43조에도 불구하고 수의계약으로 수도사업자에게 매각하거나 임대할 수 있다.(2009.1.30 본조개정)
제77조의2【국유재산의 무상사용】 국가는 국유재산인 광역상수도 및 공업용수도 부지에 지방자치단체가 직접 공용·공공용 또는 비영리 공익사업용으로 사용하기 위하여 다음 각 호의 어느 하나에 해당하는 시설을 설치하려는 경우 「국유재산법」 제34조에도 불구하고 지방자치단체가 그 국유재산을 무상으로 사용하게 할 수 있다.
1. 수도관로
2. 「하수도법」 제2조제6호에 따른 하수관로
3. 「국토의 계획 및 이용에 관한 법률」 제2조제6호가목에 따른 도로·주차장
4. 「국토의 계획 및 이용에 관한 법률」 제2조제6호나목에 따른 공원
(2022.1.11 본조신설)
제78조【권한의 위임과 위탁】 ① 이 법에 따른 환경부장관의 권한은 대통령령으로 정하는 바에 따라 그 일부를 시·도지사 또는 지방환경관서의 장에게 위임할 수 있다.
② 이 법에 따른 환경부장관의 업무는 대통령령으로 정하는 바에 따라 그 일부를 다음 각 호의 기관에 위탁할 수 있다.(2019.11.26 본문개정)
1. 한국환경공단
2. 한국수자원공사
3. 협회
4. 「물관리기술 발전 및 물산업 진흥에 관한 법률」에 따른 한국물기술인증원
5. 「한국산업인력공단법」에 따른 한국산업인력공단
(2019.11.26 1호～5호신설)
(2018.6.8 본조개정)
제79조【청문】 환경부장관, 시·도지사 또는 시장·군수·구청장은 다음 각 호의 어느 하나에 해당하는 처분을 하려면 청문을 하여야 한다.(2018.6.8 본문개정)
1. 제14조의2제1항에 따른 인증의 취소(2010.5.25 본호신설)
1의2. 제14조의4에 따른 검사기관의 지정 취소
(2019.11.26 본호신설)
2. 제15조의3에 따른 물절약전문업의 등록취소
(2013.12.30 본호신설)
2의2. 제21조의5에 따른 상수도관망관리대행업의 등록취소(2020.3.31 본호신설)
3. 제25조에 따른 정수시설운영관리사의 자격취소
3의2. 제25조의3에 따른 상수도관망시설운영관리사의 자격 취소(2020.3.31 본호신설)
4. 제35조에 따른 저수조청소사업장의 폐쇄명령
5. 제63조에 따른 수도사업 인가의 취소
제80조【벌칙 적용에서의 공무원 의제】 공무원이 아니더라도 제14조의3, 제23조(제50조에 따라 준용하는 경우를 포함한다) 및 제78조제2항에 따라 대행하거나 위탁받은 업무에 종사하는 자 또는 그 임직원은 「형법」 제129조부터 제132조까지의 규정을 적용할 때 공무원으로 본다.
(2019.11.26 본조개정)

제9장 벌 칙

제81조【벌칙】 다음 각 호의 어느 하나에 해당하는 자는 5년 이하의 징역 또는 5천만원 이하의 벌금에 처한다.
(2014.3.24 본문개정)
1. 제17조제1항 각 호 외의 부분 전단 또는 제49조제1항 각 호 외의 부분 전단에 따른 수도사업의 인가를 받지 아니하고 이를 경영한 자(2011.7.28 본호개정)
2. 제37조제1항(제23조제3항 및 제53조에 따라 준용하는 경우를 포함한다)을 위반하여 지체 없이 수돗물의 공급을 정지하지 아니한 일반수도사업자(수탁자를 포함한다) 또는 전용상수도의 설치자
제82조【벌칙】 다음 각 호의 어느 하나에 해당하는 자는 3년 이하의 징역 또는 3천만원 이하의 벌금에 처한다.
(2016.1.27 본문개정)
1. 제13조제1항을 위반하여 수돗물을 용기에 넣거나 기구 등으로 다시 처리하여 판매한 자(2016.1.27 본호신설)
2. 제14조의6제1항에 따른 수거등의 명령을 따르지 아니한 자(2019.11.26 본호개정)
제83조【벌칙】 다음 각 호의 어느 하나에 해당하는 자는 2년 이하의 징역 또는 2천만원 이하의 벌금에 처한다.
(2014.3.24 본문개정)
1. 제7조제3항 또는 제4항에 따른 금지 또는 제한을 위반한 자
1의2. 거짓이나 그 밖의 부정한 방법으로 제14조제1항에 따른 인증을 취득한자(2017.12.12 본호신설)
1의3. 제14조제2항을 위반하여 인증을 받지 아니하였거나 같은 조 제8항에 따른 정기검사·수시검사 기준에 적합하지 아니한 제품등을 제조·수입·공급하거나 판매한 자(2017.12.12 본호개정)
1의4. 제14조제3항을 위반하여 기준에 맞지 아니하거나 인증을 받지 아니한 수도용 자재나 제품을 사용한 자
(2010.5.25 본호신설)
1의5. 제14조제5항을 위반하여 인증을 받지 아니한 수도용 자재나 제품 또는 그 포장에 인증표시를 한 자
(2010.5.25 본호신설)
2. 제17조제1항 각 호 외의 부분 후단 또는 제49조제1항 각 호 외의 부분 후단에 따른 인가를 받지 아니하고 인가된 사항을 변경한 수도사업자(2011.7.28 본호개정)
3. 제18조제3항을 위반하여 저수조를 기준에 맞지 아니하게 설치한 자(2010.5.25 본호개정)
4. 제20조(제50조에 따라 준용하는 경우를 포함한다)를 위반하여 기존 수도관으로부터 분기하여 수도시설을 설치하거나, 수도시설을 변조하거나 손괴한 자
5. 제24조제6항 또는 제25조의2제4항을 위반하여 자격증을 다른 사람에게 대여한 사람(2023.8.16 본호개정)
5의2. 제24조제7항 또는 제25조의2제5항을 위반하여 자격증을 대여받은 사람 또는 자격증의 대여를 알선한 사람(2023.8.16 본호개정)
6. 제33조제1항·제3항·제4항(제23조제3항 및 제53조에 따라 준용하는 경우를 포함한다)의 규정을 위반하여 소독등위생조치 또는 세척등조치를 하지 아니한 일반수도사업자(수탁자를 포함한다), 전용상수도시설의 설치자 또는 건축물·시설의 소유자 또는 관리자
(2024.1.16 본호개정)
7. 제37조제2항(제23조제3항 및 제53조에 따라 준용되는 경우를 포함한다)을 위반하여 해당 지역의 주민에게 상황을 알리지 아니하거나 수질검사·비상급수 등의 필요한 조치를 강구하지 아니한 일반수도사업자(수탁자를 포함한다) 또는 전용상수도 설치자
8. 제38조(제50조에 따라 준용하는 경우를 포함한다)를 위반하여 인가관청의 승인을 받지 아니하거나 인가관청의 승인을 받은 사항을 변경한 수도사업자
9. 제41조제1항(제50조에 따라 준용하는 경우를 포함한다)에 따른 긴급 급수 지원 명령을 위반한 수도사업자
10. 제42조(제50조에 따라 준용하는 경우를 포함한다)에 따른 허가를 받지 아니하고 수도사업의 전부 또는 일부를 폐업하거나 휴업한 수도사업자
11. 제74조제1항에 따른 수도시설에 대한 기술진단을 실시하지 아니한 수도사업자(2013.12.30 본호신설)
제84조【벌칙】 다음 각 호의 어느 하나에 해당하는 자는 300만원 이하의 벌금에 처한다.
1. 제21조의4제1항을 위반하여 등록을 하지 아니하고 상수도관망관리대행업을 하거나 거짓이나 그 밖의 부정한 방법으로 등록한 자(2020.3.31 본호신설)
1의2. 제34조제1항을 위반하여 신고를 하지 아니하고 저수조청소업을 경영하거나 거짓이나 그 밖의 부정한 방법으로 신고한 자
2. 제35조에 따라 저수조청소업의 사업장 폐쇄 명령을 받고도 저수조청소업을 계속한 자
3. (2011.7.28 삭제)
4. 제61조제2항(제23조제3항, 제53조 및 제54조에 따라 준용하는 경우를 포함한다)에 따라 준용되는 「국토의 계획 및 이용에 관한 법률」 제130조제2항부터 제4항까지의 규정에 따른 허가 또는 동의를 받지 아니하고 제61조제1항에 따른 행위를 한 자(수탁자를 포함한다)
제85조【벌칙】 다음 각 호의 어느 하나에 해당하는 자는 200만원 이하의 벌금에 처한다.
1. 제19조제2항(제53조에 따라 준용하는 경우를 포함한다)을 위반하여 수질검사를 받지 아니하고 수돗물을 공급한 수도사업자 또는 전용수도 설치자
1의2. 제26조의2제1항을 위반하여 지방환경관서의 장에게 보고하지 아니한 일반수도사업자(2019.11.26 본호신설)
2. (2011.7.28 삭제)
3. 제27조제1항을 위반하여 주민에게 공지를 하지 아니한 일반수도사업자
4. 제28조제8항(제23조제3항에 따라 준용하는 경우를 포함한다)에 따른 조치명령을 위반한 일반수도사업자(수탁자를 포함한다)(2011.11.14 본호개정)
5. 제29조제1항(제23조제3항 및 제53조에 따라 준용하는 경우를 포함한다)에 따른 수질검사 및 수량분석을 실시하지 아니한 일반수도사업자(수탁자를 포함한다) 또는 전용상수도 설치자(2013.12.30 본호개정)
6. (2010.5.25 삭제)
7. 제32조제1항(제23조제3항 및 제53조에 따라 준용하는 경우를 포함한다)에 따른 건강진단을 실시하지 아니한 일반수도사업자(수탁자를 포함한다) 또는 전용상수도 설치자
8. 제32조제2항(제23조제3항과 제53조에 따라 준용하는 경우를 포함한다)을 위반하여 다른 사람에게 위해를 끼칠 우려가 있는 질병이 있다고 인정되는 자를 그 업무에 종사하게 하거나 그 시설의 구내에 거주하게 한 일반수도사업자(수탁자를 포함한다) 또는 전용상수도의 설치자
9. 제39조제1항(제50조에 따라 준용하는 경우를 포함한다)을 위반하여 정당한 이유 없이 수돗물의 공급을 거절한 수도사업자
10. (2010.5.25 삭제)
11. 제52조(제54조에 따라 준용하는 경우를 포함한다)에 따른 인가를 받지 아니하고 전용수도를 설치한 자
12. 제62조에 따른 사업계획의 변경 요구, 사업운영의 개선 지시, 그 밖에 필요한 조치 명령을 위반한 수도사업자
13. 제64조제1항부터 제4항까지의 규정에 따른 시설의 개선 명령 등을 위반한 수도사업자 또는 전용수도 설치자
(2013.12.30 본호개정)
제86조【양벌규정】 법인의 대표자나 법인 또는 개인의 대리인, 사용인, 그 밖의 종업원이 그 법인 또는 개인의 업무에 관하여 제81조부터 제85조까지의 어느 하나에 해당하는 위반행위를 하면 그 행위자를 벌하는 외에 그 법인 또는 개인에게도 해당 조문의 벌금형을 과(科)한다. 다만, 법인 또는 개인이 그 위반행위를 방지하기 위하여 해당 업무에 관하여 상당한 주의와 감독을 게을리하지 아니한 경우에는 그러하지 아니하다.(2010.5.25 본조개정)
제87조【과태료】 ① 다음 각 호의 어느 하나에 해당하는 자에게는 1천만원 이하의 과태료를 부과한다.
1. 제7조의2제4항에 따른 준수사항을 위반한 자
2. 제14조제6항에 따른 정기검사 또는 수시검사를 거부, 방해 또는 기피한 자
3. 제15조제1항 또는 제2항을 위반하여 절수설비 또는 절수기기를 설치하지 아니한 자(2021.8.17 본호신설)
(2017.12.12 본항개정)
② 다음 각 호의 어느 하나에 해당하는 자에게는 500만원 이하의 과태료를 부과한다.
1. 제14조제1항에 따라 인증받은 내용과 다른 제품등을 제조·수입·공급 또는 판매한 자
2. 제14조의5제2항 또는 제14조의6제2항에 따라 수거등의 권고 또는 명령에 따른 조치의 결과 등을 보고하지 아니한 자(2019.11.26 본호개정)
3. 제14조의7에 따른 현장조사를 거부, 방해 또는 기피하거나 자료의 제출을 하지 아니한 자(거짓으로 제출한 자를 포함한다)(2019.11.26 본호개정)
4. 제15조제4항을 위반하여 절수설비에 절수등급을 표시하지 아니하거나 거짓으로 표시한 자(2021.8.17 본호개정)
(2017.12.12 본항개정)
③ 다음 각 호의 어느 하나에 해당하는 자에게는 300만원 이하의 과태료를 부과한다.
1. (2016.1.27 삭제)
2. 제14조제4항을 위반하여 인증표시를 하지 아니하거나 인증받은 내용과 다르게 인증표시를 한 자(2010.5.25 본호신설)
3. (2021.8.17 삭제)

3의2. 제16조를 위반하여 물 사용기기에 물 사용량을 표시하지 아니하거나 거짓으로 표시한 자(2011.7.28 본호신설)
3의3. 제21조제6항(제50조·제53조 및 제54조에 따라 준용하는 경우를 포함한다)을 위반하여 수도시설관리자를 임명하지 아니한 수도사업자 또는 전용수도 설치자(2013.12.30 본호개정)
3의4. 제21조제7항을 위반하여 정수시설운영관리사를 배치하지 아니한 일반수도사업자(2023.8.16 본호신설 : 2025.8.17 시행)
4. 제23조제2항(제50조에 따라 준용하는 경우를 포함한다)을 위반하여 위탁계약 체결의 신고를 하지 아니한 수도사업자
4의2. 제28조제4항·제5항·제6항 또는 제7항(제23조제3항에 따라 준용하는 경우를 포함한다)을 위반한 일반수도사업자(수탁자를 포함한다)
4의3. 제28조의2제1항(제23조제3항에 따라 준용하는 경우를 포함한다)을 위반하여 병원성 미생물의 분포실태를 조사하지 아니한 일반수도사업자(수탁자를 포함한다)
(2011.11.14 4호의2~4호의3신설)
5. 제31조제1항을 위반하여 수돗물품질보고서를 제공하지 아니한 일반수도사업자
6. 제45조(제50조에 따라 준용하는 경우를 포함한다)를 위반하여 수도에 소화전을 설치하지 아니한 수도사업자
(2010.5.25 5호~6호신설)
7. 제61조제1항에 따른 수도사업의 시행 또는 급수설비의 검사에 필요한 토지 출입 등의 행위를 정당한 이유 없이 방해하거나 거부한 자(2011.7.28 본호신설)
8. 제74조제4항에 따른 준수사항을 지키지 아니한 자
9. 제74조의2제2항을 위반하여 평가에 필요한 자료를 정당한 사유 없이 제출하지 아니한 자
(2019.11.26 8호~9호신설)
④ 다음 각 호의 어느 하나에 해당하는 자에게는 100만원 이하의 과태료를 부과한다.
1. 제7조제4항 단서를 위반하여 신고를 하지 아니한 자
2. 제15조제3항에 따른 특별자치시장·특별자치도지사·시장·군수 또는 구청장의 이행명령을 따르지 아니한 자(2011.11.14 본호개정)
3. (2010.6.8 삭제)
3의2.~3의4. (2011.7.28 삭제)
4. 제29조제3항(제23조제3항 및 제53조에 따라 준용하는 경우를 포함한다)을 위반하여 수질검사 및 수량분석에 관한 기록을 작성·보존하지 아니하거나 인터넷 홈페이지 등에 공개하지 아니한 일반수도사업자(수탁자를 포함한다) 또는 수질검사 및 수량분석에 관한 기록을 작성·보존하지 아니한 전용상수도 설치자
(2013.12.30 본호개정)
5. 제32조제3항(제23조제3항 및 제53조에 따라 준용하는 경우를 포함한다)을 위반하여 건강진단에 관한 기록을 작성·보존하지 아니한 일반수도사업자(수탁자를 포함한다) 또는 전용상수도 설치자
5의2. 제33조제2항을 위반하여 일반수도사업자에게 저수조 설치현황을 신고하지 아니하거나 거짓으로 신고한 자
(2024.1.16 본호신설)
6. 제34조제3항을 위반하여 신고를 하지 아니하고 사업을 폐업하거나 휴업한 자(2019.11.26 본호개정)
7. 제36조(제23조제3항에 따라 준용하는 경우를 포함한다)를 위반하여 수도시설의 관리에 관한 교육을 받지 아니하거나 받지 아니하게 한 다음 각 목의 어느 하나에 해당하는 자
가. 건축물 또는 시설의 소유자나 관리자
나. 저수조청소업자
다. 일반수도사업자(수탁자를 포함한다)
라. 상수도관망관리대행업자(2020.3.31 본목신설)
8. 제39조제2항(제50조에 따라 준용하는 경우를 포함한다)을 위반하여 미리 수돗물을 공급할 수 없는 구역 및 기간을 공고하지 아니한 수도사업자
9. 제66조제1항에 따른 검사를 거부·방해 또는 기피하거나 보고를 하지 아니한 수도사업자 또는 전용수도의 설치자
⑤ 제1항부터 제4항까지의 규정에 따른 과태료는 대통령령으로 정하는 바에 따라 환경부장관, 시·도지사 또는 시장·군수·구청장이 부과·징수한다.(2018.6.8 본항개정)
⑥~⑦ (2010.5.25 삭제)

부 칙

제1조【시행일】 이 법은 공포한 날부터 시행한다. 다만, 부칙 제19조제55항의 개정규정은 2007년 7월 4일부터 시행하고, 제7조제3항제1호 및 제56조제1항의 개정규정은 2007년 9월 28일부터 시행하며, 제68조 및 제71조의 개정규정은 2008년 1월 4일부터 시행한다.
제2조【시행일에 관한 경과조치】 부칙 제1조 단서에 따라 제7조제3항제1호와 제56조제1항의 개정규정이 시행되기 전까지는 그에 해당하는 종전의 제5조제3항제1호와 제39조제1항을 적용한다.
제3조【유효기간】 제3조제15호, 제14조, 제87조제1항제1호 및 제2항제1호의 개정규정은 2007년 9월 27일까지 효력을 가지고, 제72조의 개정규정은 2008년 1월 3일까지 효력을 가진다.
제4조【원인자부담금 징수에 관한 적용례】 법률 제8208호 수도법 일부개정법률 제51조제1항의 개정규정 중 수도공사를 할 때 비용이 발생하게 된 원인을 제공한 자에게 부과되는 원인자부담금 징수에 관한 부분은 같은 법의 시행일인 2008년 1월 4일 이후 최초로 부과되는 원인자부담금부터 적용한다.
제5조【상수원보호구역 지정에 관한 경과조치】 법률 제4429호 수도법개정법률의 시행일인 1992년 12월 15일 당시 종전의 규정에 따라 지정된 상수원보호구역은 이 법에 따라 지정된 상수원보호구역으로 본다.
제6조【일반수도사업의 인가에 관한 경과조치】 법률 제4781호 수도법중개정법률의 시행일인 1994년 8월 3일 당시 종전의 규정에 따라 일반수도사업의 인가를 받은 자는 이 법에 따라 인가를 받은 것으로 본다.
제7조【전용수도의 인가에 관한 경과조치】 법률 제5395호 수도법중개정법률의 시행일인 1998년 3월 1일 당시 종전의 규정에 따라 전용수도의 인가를 받은 자는 이 법에 따라 인가를 받은 것으로 본다.
제8조【간이상수도에 관한 경과조치】 법률 제5395호 수도법중개정법률의 시행일인 1998년 3월 1일 당시 종전의 규정에 따른 간이상수도 중 급수인구 100인 미만 또는 1일 공급량 20세제곱미터 미만인 수도는 제3조제14호에 따른 소규모급수시설로 지정된 것으로 본다.
제9조【중수도 및 빗물이용시설의 설치에 관한 적용례】 제14조제1항·제4항 및 제16조의 개정규정은 법률 제6449호 수도법중개정법률의 시행 후 최초로 건축허가를 받는 것부터 적용한다.
제10조【권한의 변경에 따른 경과조치】 법률 제6449호 수도법중개정법률의 시행일인 2001년 9월 29일 당시 종전의 제5조제4항, 제21조제1항·제2항 및 제21조의3제1항에 따라 특별시장·광역시장이 한 행정처분 등의 행위와 특별시장·광역시장에게 행한 신고 등의 행위는 이 법에 따라 구청장·군수의 행위 또는 구청장·군수에게 한 행위로 본다.
제11조【한국수도협회에 관한 경과조치】 ① 법률 제6449호 수도법중개정법률 제39조에 따라 설립된 한국상하수도협회는 종전의 규정에 따른 한국수도협회의 권리·의무를 포괄승계한다.
② 법률 제6449호 수도법중개정법률의 시행일인 2001년 9월 29일 당시의 한국수도협회는 법률 제6449호 수도법중개정법률 제39조에 따라 한국상하수도협회가 설립된 때에 민법 제77조에 따라 해산된 것으로 본다.
제12조【수도설치비용의 부담에 관한 적용례】 제70조의 개정규정은 법률 제6828호 수도법중개정법률 시행 후 최초로 설치하는 광역상수도의 정수시설부터 적용한다.
제13조【수도사업자의 지위승계에 관한 경과조치】 법률 제6828호 수도법중개정법률의 시행일인 2002년 12월 26일 당시 설치되었거나 설치 중이었던 광역상수도의 수도사업자는 종전의 제52조의2제1항 단서에 따라 해당 광역상수도의 물을 공급받는 수도사업자가 정수시설의 설치비용으로 이미 부담하였거나 부담할 금액을 환부 또는 대신 납부하고 그에 따른 해당 수도사업자의 지위를 승계할 수 있다. 이 경우 미리 해당 수도사업자와 협의하여야 한다.
제14조【수도설치 비용부담의 환부】 부칙 제12조에 따른 정수시설의 설치비용을 부담한 금액의 환부금액은 법률 제6828호 수도법중개정법률 시행 당시 종전의 제52조의2제3항에 따른 출자금액과 같은 금액으로 한다.
제15조【수돗물수질평가위원회에 대한 경과조치】 법률 제7777호 수도법중개정법률의 시행일인 2006년 6월 30일 전에 종전의 제19조의2에 따라 수돗물수질평가위원회가 행한 검사대상의 선정 등은 법률 제7777호 수도법중개정법률 제19조의2에 따른 수돗물평가위원회가 행한 것으로 본다.
제16조【원인자부담금의 징수에 관한 경과조치】 법률 제8208호 수도법 일부개정법률의 시행일인 2008년 1월 4일 전에 종전의 규정에 따라 부과된 손괴자부담금은 같은 법에 따라 부과된 원인자부담금으로 본다.
제17조【처분 등에 관한 일반적 경과조치】 이 법 시행 당시 종전의 규정에 따른 행정기관의 행위나 행정기관에 대한 행위는 그에 해당하는 이 법에 따른 행정기관의 행위나 행정기관에 대한 행위로 본다.
제18조【벌칙이나 과태료에 관한 경과조치】 이 법 시행 전의 행위에 대하여 벌칙이나 과태료 규정을 적용할 때에는 종전의 규정에 따른다.
제19조【다른 법률의 개정】 ①~㊻ ※(해당 법령에 가제정리 하였음)
제20조【다른 법령과의 관계】 이 법 시행 당시 다른 법령에서 종전의 「수도법」 또는 그 규정을 인용한 경우에 이 법 가운데 그에 해당하는 규정이 있으면 종전의 규정을 갈음하여 이 법 또는 이 법의 해당 규정을 인용한 것으로 본다.

부 칙 (2013.12.30)

제1조【시행일】 이 법은 공포 후 6개월이 경과한 날부터 시행한다.
제2조【상수원보호구역 수질관리계획 수립에 관한 적용례】 특별자치시장·특별자치도지사·시장·군수·구청장은 이 법 시행 후 1년 이내에 제8조의2의 개정규정에 따른 최초의 수질관리계획을 수립하여야 한다.
제3조【인증의 제한기간에 관한 적용례】 제14조의2제2항제2호의 개정규정은 이 법 시행 후 인증이 취소된 경우부터 적용한다.
제4조【수도시설 기술진단에 관한 적용례】 제74조제3항의 개정규정은 이 법 시행 후 기술진단을 실시하는 경우부터 적용한다.

부 칙 (2015.2.3)

제1조【시행일】 이 법은 공포한 날부터 시행한다.
제2조【금치산자의 결격사유에 관한 경과조치】 제24조제2항제1호의 개정규정에 따른 피성년후견인에는 법률 제10429호 민법 일부개정법률 부칙 제2조에 따라 금치산 선고의 효력이 유지되는 사람을 포함하는 것으로 본다.

부 칙 (2016.1.27)

제1조【시행일】 이 법은 공포 후 6개월이 경과한 날부터 시행한다. 다만, 제24조의2의 개정규정은 공포한 날부터 시행한다.
제2조【시험부정행위자에 대한 조치에 관한 적용례】 제24조의2의 개정규정은 같은 개정규정 시행 후 최초로 정수시설운영관리사 시험을 실시하는 경우부터 적용한다.
제3조【법률 제13805호 주택법 전부개정법률 시행에 따른 경과조치】 제33조제2항 및 같은 조 제3항제2호의 개정규정 중 "제2조제3호"는 2016년 8월 11일까지는 "제2조제2호"로 본다.

부 칙 (2017.12.12)

제1조【시행일】 이 법은 공포 후 6개월이 경과한 날부터 시행한다. 다만, 제60조의2 및 제60조의3 개정규정은 공포 후 1년이 경과한 날부터 시행한다.
제2조【토지의 지하부분 사용의 보상에 관한 적용례】 제60조의2의 개정규정은 같은 개정규정 시행 후 최초로 수도시설 설치를 위하여 다른 자의 토지의 지하부분을 사용하는 경우부터 적용한다.
제3조【구분지상권의 존속기간에 관한 적용례】 제60조의3제4항의 개정규정은 같은 개정규정 시행 후 최초로 수도시설을 설치하기 위하여 다른 자의 토지의 지하부분 사용에 관한 구분지상권을 설정하거나 이전하는 경우부터 적용한다.

부 칙 (2019.11.26)

제1조【시행일】 이 법은 공포 후 1년이 경과한 날부터 시행한다. 다만, 제7조제5항·제6항, 제21조제8항, 제24조제2항제3호부터 제5호까지, 제34조제2항부터 제4항까지, 제78조제2항 및 제87조제4항제6호의 개정규정은 공포한 날부터 시행하고, 제3조제30호의 개정규정은 공포 후 6개월이 경과한 날부터 시행한다.
제2조【수도정비기본계획의 수립에 관한 적용례】 제4조제7항제15호의 개정규정은 이 법 시행 이후 수도정비기본계획을 수립하는 경우부터 적용한다.
제3조【기술진단에 관한 적용례】 제74조제4항의 개정규정은 이 법 시행 이후 기술진단을 실시하는 경우부터 적용한다.
제4조【기술진단 결과의 평가에 관한 적용례】 제74조의2의 개정규정은 이 법 시행 이후 실시한 기술진단을 대상으로 평가하는 경우부터 적용한다.
제5조【검사기관 지정에 관한 경과조치】 이 법 시행 전에 종전의 규정에 따라 검사기관으로 지정된 자는 제14조의3의 개정규정에 따라 검사기관으로 지정된 것으로 본다. 다만, 이 법 시행 이후 1년이 경과한 날까지 제14조의3의 개정규정에 따른 기준을 갖추어 검사기관으로 다시 지정받아야 한다.
제6조【다른 법률의 개정】 ①~② ※(해당 법령에 가제정리 하였음)

부 칙 (2020.3.31)

제1조【시행일】 이 법은 공포 후 1년이 경과한 날부터 시행한다. 다만, 제4조제7항, 제5조제2항, 제29조의2 및 제74조의4의 개정규정은 공포 후 6개월이 경과한 날부터 시행한다.
제2조【제74조의4의 개정규정에 관한 경과조치】 제74조의4의 개정규정은 2020년 11월 26일까지는 제74조의3으로 본다.
제3조【다른 법률의 개정】 ※(해당 법령에 가제정리 하였음)

부 칙 (2020.5.26)

이 법은 공포한 날부터 시행한다. 다만, 법률 제16607호 수도법 일부개정법률 제14조의8제1항의 개정 부분은 2020년 11월 27일부터 시행한다.

부 칙 (2021.6.15)
(2021.7.20)

제1조【시행일】 이 법은 공포 후 1년이 경과한 날부터 시행한다.(이하 생략)

부 칙 (2021.8.17)

제1조【시행일】 이 법은 공포 후 6개월이 경과한 날부터 시행한다.
제2조【절수설비의 절수등급 표시에 관한 적용례】 제15조제4항의 개정규정은 이 법 시행 이후 절수설비를 제조하거나 수입하는 경우부터 적용한다.

부 칙 (2022.1.11)

제1조【시행일】 이 법은 공포한 날부터 시행한다. 다만, 제4조, 제5조, 제48조 및 제77조의2의 개정규정은 공포 후 6개월이 경과한 날부터 시행한다.
제2조【가산금에 관한 적용례】 제68조제1항의 개정규정은 이 법 시행 이후 수돗물의 요금, 급수설비에 관한 공사의 비용 또는 제71조에 따른 원인자부담금을 부과하는 경우부터 적용한다.
제3조【국유재산의 무상사용에 관한 적용례】 제77조의2의 개정규정은 같은 개정규정 시행 이후 무상사용을 허가하거나 갱신하는 경우부터 적용한다.
제4조【전국수도종합계획 및 광역상수도 · 공업용수도 수도정비기본계획에 관한 경과조치】 이 법 시행 당시 종전의 규정에 따라 환경부장관이 수립하여 시행 중인 전국수도종합계획 및 광역상수도 · 공업용수도 수도정비기본계획은 제4조의 개정규정에 따른 국가수도기본계획으로 본다.
제5조【일반수도 · 공업용수도 수도정비기본계획에 관한 경과조치】 이 법 시행 당시 종전의 규정에 따라 지방자치단체의 장이 수립하여 시행 중인 수도정비기본계획은 제5조의 개정규정에 따른 수도정비계획으로 본다.
제6조【다른 법률의 개정】 ①~⑭ ※(해당 법령에 가제정리 하였음)

부 칙 (2022.11.15)
(2022.12.27)

제1조【시행일】 이 법은 공포 후 6개월이 경과한 날부터 시행한다.(이하 생략)

부 칙 (2023.8.16)

제1조【시행일】 이 법은 공포 후 1년이 경과한 날부터 시행한다. 다만, 제87조제3항제3호의4의 개정규정은 공포 후 2년이 경과한 날부터 시행한다.
제2조【정수시설운영관리사 자격시험에 관한 특례】 제24조의 개정규정에도 불구하고 종전의 규정에 의한 정수시설운영관리사 3급 자격시험은 공포 후 3년간 실시한다.

부 칙 (2024.1.16)

제1조【시행일】 이 법은 공포 후 6개월이 경과한 날부터 시행한다.
제2조【저수조의 설치 신고에 관한 경과조치】 이 법 시행 당시 저수조를 운영하고 있는 자는 이 법 시행 이후 1년 이내에 제33조제2항 본문의 개정규정에 따라 신고하여야 한다.

부 칙 (2024.1.30)

제1조【시행일】 이 법은 공포한 날부터 시행한다.
제2조【이의신청에 관한 적용례】 이의신청에 관한 개정규정은 이 법 시행 이후 하는 처분부터 적용한다.
제3조~제5조 (생략)
제6조【「수도법」의 개정에 관한 적용례】 다른 법률에 따른 인 · 허가등의 의제를 위한 행정청 간 협의기간 및 협의 간주에 관한 부분은 이 법 시행 이후 인 · 허가등의 의제에 관한 협의를 요청하는 경우부터 적용한다.(이하 생략)

한강수계 상수원수질개선 및 주민지원 등에 관한 법률

(약칭 : 한강수계법)

(1999년 2월 8일 법 률 제5932호)

개정
2001. 1.16법 6362호 <중략>
2006. 9.27법 8010호(가축분뇨의관리및이용에관한법)
2006. 9.27법 8014호(하수도법)
2007. 1.26법 8283호(산지관리법)
2007. 4.11법 8343호(관광진흥법)
2007. 4.11법 8351호(농어촌정비)
2007. 4.11법 8352호(농지)
2007. 4.11법 8370호(수도법)
2007. 4.11법 8371호(폐기물관리법)
2007. 5.17법 8466호(수질수생태계보전)
2007. 8. 3법 8614호
2007.12.21법 8733호(군사기지및군사시설보호법)
2007.12.27법 8820호(공유수면매립법)
2008. 2.29법 8852호(정부조직)
2008. 3.21법 8976호(도로법)
2008.12.31법 9314호
2009. 2. 6법 9432호(식품위생)
2009. 6. 9법 9758호(농어촌정비)
2009. 6. 9법 9763호(산림보호법)
2010. 4.15법10272호(공유수면관리및매립에관한법)
2010. 5.31법10331호(산지관리법)
2010. 5.31법10335호
2011. 4.14법10599호(국토이용)
2011. 4.28법10616호(환경범죄등의단속및가중처벌에관한법)
2011. 7.21법10893호(환경정책)
2013. 3.23법11690호(정부조직)
2013. 7.16법11915호(하수도법)
2013. 7.30법11979호(수질수생태계보전)
2013. 8. 6법11998호(지방세외수입금의징수등에관한법)
2014. 1.14법12248호(도로법)
2014. 1.28법12369호 2015. 2. 3법13172호
2015.12.22법13603호(환경오염시설의통합관리에관한법)
2016. 1.19법13796호(부동산가격공시에관한법)
2016. 1.19법13805호(주택법)
2016. 1.27법13879호(수질수생태계보전)
2016. 1.27법13889호
2016.12.27법14480호(농어촌정비)
2017. 1.17법14532호(물환경보전법)
2017.11.28법15104호
2019.11.26법16607호(수도법)
2019.11.26법16615호
2020. 3.24법17091호(지방행정제재 · 부과금의징수등에관한법)
2020. 5.26법17326호(법률용어정비)
2020.12.31법17814호(정부조직)
2021. 5.18법18173호
2021. 6.15법18284호(댐건설 · 관리및주변지역지원등에관한법)
2022.12.27법19117호(산림자원조성관리)
2023. 6. 7법19427호(강원특별자치도설치및미래산업글로벌도시조성을위한특별법)
2023. 7.18법19557호
2024. 1.30법20172호(행정법제혁신을위한일부개정법령등)

제1장 총 칙
(2007.8.3 본장개정)

제1조【목적】 이 법은 한강수계(漢江水系) 상수원(上水源)을 적절하게 관리하고 상수원 상류지역의 수질개선(水質改善) 및 주민지원사업을 효율적으로 추진하여 상수원의 수질을 개선함을 목적으로 한다.
제2조【정의】 이 법에서 사용하는 용어의 뜻은 다음과 같다.
1. "상수원"이란 「수도법」 제3조제2호에 따른 상수원을 말한다.
2. "수도사업자"란 「수도법」 제3조제21호에 따른 수도사업자를 말한다.
3. "오염부하량(汚染負荷量)"이란 「물환경보전법」 제2조제7호 및 제8호에 따른 수질오염물질 및 특정수질유해물질의 양을 무게로 환산(換算)한 것을 말한다.
(2017.1.17 본호개정)
4. "환경기초시설"이란 다음 각 목의 시설을 말한다.
가. 「하수도법」 제2조제6호에 따른 하수관로
(2013.7.16 본목개정)
나. 「하수도법」 제2조제9호에 따른 공공하수처리시설
다. 「하수도법」 제2조제11호에 따른 분뇨처리시설
(2021.5.18 본목개정)
라. 「가축분뇨의 관리 및 이용에 관한 법률」 제2조제9호에 따른 공공처리시설
마. 「물환경보전법」 제2조제17호에 따른 공공폐수처리시설(이하 "공공폐수처리시설"이라 한다)
(2017.1.17 본목개정)
바. 그 밖에 수질오염을 방지하기 위한 시설로서 대통령령으로 정하는 시설
5. "상수원관리지역"이란 한강수계 중 다음 각 목의 구역 또는 지역을 말한다.
가. 「수도법」 제7조에 따라 지정 · 공고된 상수원보호구역(이하 "상수원보호구역"이라 한다)
나. 제4조에 따라 지정 · 고시된 수변구역〔이하 "수변구역(水邊區域)"이라 한다〕
다. 「환경정책기본법」 제38조에 따라 지정 · 고시된 상수원 수질 보전을 위한 특별대책지역(이하 "특별대책지역"이라 한다)(2011.7.21 본목개정)
6. "관리청"이란 상수원관리지역을 관리하는 특별시장 · 광역시장 · 도지사(이하 "시 · 도지사"라 한다), 시장 · 군수 · 구청장(자치구의 구청장을 말한다. 이하 같다)을 말한다.
제3조【적용 범위】 ① 이 법은 한강수계와 한강수계에서 취수(取水)한 수돗물을 사용하는 한강수계 밖의 모든 지역(이하 이 조에서 "수계바깥지역"이라 한다)에 대하여 적용한다. 다만, 수계바깥지역에 대하여는 제2장 · 제3장 및 제5장을 적용하지 아니한다.
② 제1항에 따른 구체적인 지역의 범위는 환경부령으로 정한다.

제2장 수변구역의 지정 · 관리
(2007.8.3 본장개정)

제4조【수변구역의 지정 · 해제 등】 ① 환경부장관은 한강수계의 수질 보전을 위하여 팔당호, 한강(팔당댐부터 충주 조정지댐까지의 구간으로 한정한다), 북한강(팔당댐부터 의암댐까지의 구간으로 한정한다) 및 경안천(「하천법」에 따라 지정된 구간으로 한정한다)의 양안(兩岸) 중 다음 각 호에 해당되는 지역으로서 필요하다고 인정하는 지역을 수변구역으로 지정 · 고시한다.
1. 특별대책지역은 그 하천(「하천법」 제2조제1호에 따른 하천을 말한다. 이하 같다) · 호소(「물환경보전법」 제2조제14호에 따른 호소를 말한다. 이하 같다)의 경계로부터 1킬로미터 이내의 지역(2017.1.17 본호개정)
2. 특별대책지역 외의 지역은 그 하천 · 호소(湖沼)의 경계로부터 500미터 이내의 지역
② 환경부장관은 제1항에 따른 수변구역(이하 "수변구역"이라 한다)을 지정 · 고시하려면 다음 각 호의 어느 하나에 해당하는 지역은 수변구역에서 제외하여야 한다.
1. 상수원보호구역
2. 「개발제한구역의 지정 및 관리에 관한 특별조치법」 제3조에 따른 개발제한구역
3. 「군사기지 및 군사시설 보호법」 제2조제6호에 따른 군사기지 및 군사시설 보호구역(2007.12.21 본호개정)
4. 「하수도법」 제2조제15호에 따른 하수처리구역
5. 「국토의 계획 및 이용에 관한 법률」 제6조제1호에 따른 도시지역과 같은 법 제51조제3항에 따른 지구단위계획구역(주거형으로 한정한다)(2011.4.14 본호개정)
6. 法律 第5932號 漢江水系上水源水質改善및住民支援등에관한法律 시행 당시 자연마을이 형성되어 있는 지역으로서 제4항에 따른 현지 실태 조사 결과에 따라 제외되는 지역(2016.1.27 본호개정)
③ 환경부장관은 수변구역이 제2항제1호부터 제4호까지의 어느 하나에 해당하는 경우에는 대통령령으로 정하는 절차에 따라 수변구역 지정을 해제하여야 한다. 다만, 제1항에 따라 수변구역으로 지정된 지역이 다음 각 호의 어느 하나에 해당되는 사유로 「하수도법」 제2조제15호에 따른 하수처리구역으로 편입되는 경우에는 제2항에도 불구하고 수변구역 지정을 해제하지 아니한다.
(2014.1.28 본문개정)
1. 제11조제2항에 따른 주민지원사업으로 공공하수처리시설의 전부 또는 일부가 설치된 경우
2. 관할 지방자치단체의 장이 수질개선 등을 위하여 수변구역 지정을 해제하지 아니할 것을 조건으로 수변구역의 일부에 공공하수처리시설을 설치한 경우
(2014.1.28 1호~2호신설)
④ 환경부장관은 수변구역을 지정하려면 관계 중앙행정기관, 해당 지방자치단체와 주민대표, 전문가 등으로 조사반을 구성하여 현지 실태 조사 후 관할 도지사와 협의를 거쳐야 한다.
⑤ 환경부장관은 환경부령으로 정하는 바에 따라 수변구역을 적절하게 관리하여야 한다.
(2014.1.28 본조제목개정)
제4조의2【수변구역 관리기본계획의 수립 · 시행】 ① 환경부장관은 제4조제1항에 따라 지정된 수변구역에 관하여 다음 각 호의 사항이 포함된 관리기본계획(이하 "수변구역 관리기본계획"이라 한다)을 5년마다 제24조에 따른 한강수계관리위원회의 심의를 거쳐 수립 · 시행하여야 한다.
1. 중 · 장기 수변구역 관리계획
2. 수변녹지 등 수변생태벨트 조성계획
3. 수변구역의 토지매수 현황 및 계획, 그 밖에 환경부령으로 정하는 사항
② 수변구역 관리기본계획의 수립 절차, 수립 시기 등에 관하여 필요한 사항은 대통령령으로 정한다.
(2007.8.3 본조신설)
제4조의3【수변생태벨트 시행계획의 수립 · 시행 등】 ① 환경부장관은 제4조의2제1항제2호의 수변생태벨트 조성계획에 따라 수변생태벨트 조성사업을 시행하려는 경우에는 다음 각 호의 사항이 포함된 시행계획(이하 "수변생태벨트 시행계획"이라 한다)을 수립하여야 한다.
1. 대상지역의 위치 · 면적
2. 조성 기간 및 일정
3. 설치 시설의 종류 및 조성 방법
4. 그 밖에 수변생태벨트 조성사업의 시행과 관련된 사항으로서 대통령령으로 정하는 사항

② 환경부장관은 수변생태벨트 시행계획을 수립하려는 경우에는 관계 중앙행정기관의 장 및 그 대상지역을 관할하는 시·도지사 또는 시장·군수·구청장의 의견을 들어야 한다.
③ 환경부장관은 수변생태벨트 시행계획을 수립하거나 변경한 경우에는 그 내용을 고시하여야 한다. 다만, 대통령령으로 정하는 경미한 사항을 변경하는 경우에는 그러하지 아니하다.
④ 제1항부터 제3항까지에서 규정한 사항 외에 수변생태벨트 시행계획의 수립절차, 수립시기 등 수변생태벨트 시행계획의 수립에 필요한 사항은 대통령령으로 정한다.
(2014.1.28 본조신설)
제5조【수변구역에서의 행위제한 등】 ① 누구든지 수변구역에서는 다음 각 호의 어느 하나에 해당하는 시설을 새로 설치(용도변경을 포함한다. 이하 이 조에서 같다)하여서는 아니 된다.
1. 「물환경보전법」 제2조제10호에 따른 폐수배출시설 (2017.1.17 본호개정)
2. 「가축분뇨의 관리 및 이용에 관한 법률」 제2조제3호에 따른 배출시설
3. 다음 각 목의 어느 하나에 해당하는 업(業)을 영위하는 시설
가. 「식품위생법」 제36조제1항제3호에 따른 식품접객업(2009.2.6 본목개정)
나. 「공중위생관리법」 제2조제1항제2호 및 제3호에 따른 숙박업·목욕장업
다. 「관광진흥법」 제3조제1항제2호에 따른 관광숙박업
4. 「건축법」 제2조제2항제1호에 따른 단독주택(다가구주택에 한정한다) 및 같은 항 제2호에 따른 공동주택 (2014.1.28 본호개정)
5. 「건축법」 제2조제2항제6호에 따른 종교시설
6. 다음 각 목의 어느 하나에 해당하는 시설 (2021.5.18 본문개정)
가. 「노인복지법」 제32조제1항제1호에 따른 양로시설로서 환경부령으로 정하는 입소정원 이상인 시설
나. 「노인복지법」 제32조제1항제3호에 따른 노인복지주택
다. 「노인복지법」 제34조제1항제1호에 따른 노인요양시설 중 환경부령으로 정하는 입소정원 이상인 시설
7. 「청소년활동 진흥법」 제10조제1호에 따른 청소년수련시설
(2014.1.28 5호~7호신설)
8. 「산업집적활성화 및 공장설립에 관한 법률」 제2조제1호에 따른 공장(농산물 가공업 등 대통령령으로 정하는 제조업을 하는 공장 중 「물환경보전법」 제2조제8호의 특정수질유해물질을 사용하지 아니하거나 발생시키지 아니하는 시설로서 환경부령으로 정하는 일정 규모 이하의 시설은 제외한다)(2017.1.17 본호개정)
② 환경부장관은 제1항에도 불구하고 수변구역에서 다음 각 호의 어느 하나에 해당하는 시설로서 상수원의 수질 보전에 지장이 없다고 인정되는 경우에는 대통령령으로 정하는 바에 따라 설치허가를 할 수 있다. 다만, 제2호 및 제3호의 시설은 수변구역 중 제4조제1항제2호의 지역에만 설치허가를 할 수 있다.(2014.1.28 본문개정)
1. 도로·철도·전기설비의 건설을 위한 터널공사의 시행에 따라 임시로 설치하는 폐수배출시설(2023.7.18 본호개정)
2. 가축분뇨를 「가축분뇨의 관리 및 이용에 관한 법률」 제2조제9호에 따른 공공처리시설에서 처리할 목적으로 수변구역에 설치하는 배출시설
3. 오수(汚水)를 생물화학적 산소요구량과 부유물질량(浮游物質量)이 각각 1리터당 10밀리그램 이하가 되도록 처리하는 제1항제3호 각 목 또는 같은 항 제4호부터 제7호까지의 어느 하나에 해당하는 시설
(2014.1.28 2호~3호개정)
4. 「수도법」 제3조제6호에 따른 일반수도(2014.1.28 본호신설)
③ 관계 행정기관의 장은 개발행위를 유발하거나 수질을 더 나쁘게 할 우려가 있는 용도지역·지구 등을 수변구역에 새로 지정하거나 변경하여서는 아니 된다. 다만, 군사목적을 위하여 필요한 경우 또는 수질개선을 위하여 대통령령으로 정하는 특별한 사유가 있는 경우로서 환경부장관의 동의를 받은 경우에는 그러하지 아니하다.
(2020.5.26 단서개정)
④ 수변구역을 지정·고시할 당시 이미 설치되어 있는 제1항제3호부터 제8호까지의 시설 등의 관리자는 수변구역으로 지정·고시된 후 3년이 지난 날부터는 발생하는 오수를 생물화학적 산소요구량과 부유물질량이 각각 1리터당 10밀리그램 이하가 되도록 처리하여 방류하여야 한다.(2014.1.28 본항신설)
제6조【팔당댐 하류구간에서의 오염행위 제한 등】 팔당댐과 잠실수중보(蠶室水中洑) 사이의 한강 본류(本流) 하천구간에서의 행위제한 및 관리에 관하여는 「수도법」 제7조제3항부터 제6항까지 및 같은 법 제8조를 준용한다. (2019.11.26 본조개정)
제6조의2【하천구역 등에서의 수질오염원 관리】 ① 누구든지 「하천법」 제2조제2호에 따른 하천구역에서 「농약관리법」에 따른 농약 및 「비료관리법」에 따른 비료를 사용하는 경우에는 환경부령으로 정하는 기준에 따라야 한다.
② 특별시장·광역시장·도지사·시장·군수(광역시의 군수를 포함한다)·구청장은 제1항에 따른 기준의 준수, 하천구역 및 상수원관리지역에서의 수질오염 예방을 위하여 농약 및 비료 사용에 관한 조사, 단속 등 환경부령으로 정하는 활동을 할 수 있다.
(2014.1.28 본조신설)
제7조【토지등의 매수 등】 ① 국가는 한강수계 중 상수원보호구역, 수변구역 및 상수원의 수질을 보전하기 위하여 필요한 지역으로서 환경부령으로 정하는 지역의 토지 또는 그 토지에 부착된 시설(이하 "토지등"이라 한다)에 대하여 소유자가 국가에 토지등을 매도하려는 경우에는 제20조에 따른 한강수계관리기금으로 이를 매수(買收)하여 수변생태벨트를 조성하는 등 한강수계의 수질개선을 위하여 활용할 수 있다.(2014.1.28 본항개정)
② 국가가 제1항에 따라 토지등을 매수할 때 매수 가격은 「부동산 가격공시에 관한 법률」에 따른 공시지가를 기준으로 그 토지의 위치·형상·환경 및 이용 상황 등을 고려하여 평가한 금액으로 한다. 다만, 다음 각 호의 어느 하나에 해당하는 경우에는 「공익사업을 위한 토지 등의 취득 및 보상에 관한 법률」에 따른 토지 및 영업의 손실 등에 대한 보상액을 기준으로 매수가격을 정할 수 있다.
(2016.1.19 본문개정)
1. 제4조의2제1항제2호에 따라 수변생태벨트 조성계획을 수립한 지역의 토지등을 매수하는 경우
2. 하천·호소의 경계로부터 200미터 이내의 지역에서 대통령령으로 정하는 바에 따라 다수인이 공동으로 매도하는 연접 지역의 토지등을 매수하는 경우
(2014.1.28 1호~2호신설)
③ 국가는 제1항에 따라 매수한 토지등을 매도하거나 임야와 녹지 외의 용도로 변경하여서는 아니 된다. 다만, 미리 제24조에 따른 한강수계관리위원회의 합의를 거친 경우에는 그러하지 아니하다.
④ 국가는 제1항에 따라 매수한 토지등으로부터 발생하는 수익(受益)을 제20조에 따른 한강수계관리기금에 납입하여야 한다.
⑤ 제1항과 제2항에 따른 토지등의 매수 절차, 매수 우선순위 선정, 매수 가격의 산정 방법 및 시기, 그 밖에 필요한 사항은 대통령령으로 정한다.

제3장 오염총량관리제의 실시

제8조【오염총량관리기본방침의 수립 등】 ① 환경부장관은 한강수계의 이용상황과 수질상태 등을 고려하여 대통령령으로 정하는 바에 따라 특별시·광역시·도(이하 "시·도"라 한다)의 경계지점 등 수계구간별(水系區間別) 목표수질을 시·도지사와 협의하여 정하고 이를 고시하여야 한다. 다만, 시·도지사가 관할 시장·군수와 협의하여 대통령령으로 정하는 바에 따라 환경부장관의 승인을 받아 해당 시·도 관할 구역의 수계구간별 목표수질을 고시하는 지역은 그러하지 아니하다.
② 환경부장관은 환경친화적 토지 이용과 제1항에 따른 목표수질을 달성·유지하기 위하여 제24조에 따른 한강수계관리위원회와 협의를 거쳐 오염총량관리(汚染總量管理)에 관한 기본방침(이하 "오염총량관리기본방침"이라 한다)을 수립하여 관계 시·도지사에게 통보하여야 한다.
③ 오염총량관리기본방침에는 다음 각 호의 사항이 포함되어야 한다.
1. 오염총량관리목표
2. 오염총량관리대상 오염물질의 종류
3. 제8조의2에 따른 오염총량관리기본계획의 기간 및 제8조의3에 따른 오염총량관리시행계획의 기간 (2016.1.27 본호개정)
3의2. 다음 각 목의 사항
가. 제8조의2에 따른 오염총량관리기본계획의 수립·운영에 필요한 지역개발계획의 종류와 검토 절차
나. 제8조의3에 따른 오염총량관리시행계획의 수립·운영에 필요한 지역개발계획의 종류와 검토 절차
(2016.1.27 본호신설)
4. 오염부하량의 산정방법
④ 환경부장관은 오염총량관리의 시행에 필요한 자료를 효율적으로 활용하기 위한 정보체계를 구축할 수 있다. 이 경우 환경부장관은 관계 중앙행정기관, 지방자치단체, 공공기관, 정부출연기관 등 관계 기관의 장에게 필요한 자료를 제출하도록 요청할 수 있으며, 요청을 받은 관계 기관의 장은 특별한 사유가 없으면 이에 따라야 한다.
⑤ 환경부장관 및 시·도지사는 오염총량관리대상 오염물질 및 수계구간별 목표수질의 조정, 오염총량관리의 시행 등에 관한 검토·조사 및 연구를 위하여 관계 전문가 등으로 조사·연구반을 구성하여 운영할 수 있다.
⑥ 제5항에 따른 조사·연구반의 구성 및 운영에 관한 사항은 환경부령으로 정한다.
(2010.5.31 본조개정)
제8조의2【오염총량관리기본계획의 수립 등】 ① 시·도지사는 오염총량관리기본방침에 따라 다음 각 호의 사항이 포함된 오염총량관리기본계획(이하 "기본계획"이라 한다)을 수립하여 환경부령으로 정하는 바에 따라 환경부장관의 승인을 받아야 한다. 기본계획을 변경(환경부령으로 정하는 경미한 사항의 변경은 제외한다)하는 경우에도 또한 같다.
1. 지역개발계획의 내용
2. 지방자치단체별·수계구간별 오염부하량의 할당
3. 관할 지역에서 배출되는 오염부하량의 총량 및 그 삭감계획
4. 지역개발계획으로 인하여 추가로 배출되는 오염부하량 및 그 삭감계획
② 제1항에 따라 기본계획을 수립하거나 변경하는 경우 시·도지사는 그 초안을 마련한 후 공청회 등을 열어 지역주민, 이해관계자, 관계 전문가 등의 의견을 들을 수 있다.
③ 기본계획의 승인기준은 환경부령으로 정한다.
(2010.5.31 본조신설)
제8조의3【오염총량관리시행계획의 수립·시행 등】 ① 특별시장·광역시장·시장·군수(광역시의 군수는 제외한다. 이하 같다)는 기본계획에 따라 다음 각 호의 사항이 포함된 오염총량관리시행계획(이하 "시행계획"이라 한다)을 환경부령으로 정하는 바에 따라 수립·시행하여야 한다. 다만, 대통령령으로 정하는 지역이 아닌 지역으로서 제8조제1항에 따른 목표수질이 환경부령으로 정하는 바에 따라 달성·유지되고 있다고 환경부장관이 인정하는 지역에 대하여는 그러하지 아니하다.(2016.1.27 본문개정)
1. 연도별 지역개발계획
2. 연도별 지방자치단체별·수계구간별 오염부하량의 할당
3. 연도별 오염부하량의 삭감이행계획
4. 그 밖에 오염총량관리제의 시행에 필요한 사항
(2014.1.28 1호~4호신설)
② 특별시장·광역시장·시장·군수는 시행계획을 수립하는 데 필요하면 관계 전문가 및 지역주민의 의견을 들을 수 있으며, 수립된 시행계획은 인터넷 홈페이지 등을 통하여 공개하여야 한다.
③ 시행계획을 수립하거나 변경할 때에는 특별시장·광역시장은 환경부령으로 정하는 바에 따라 지방환경관서의 장의 승인을 받아야 하며, 시장·군수는 환경부령으로 정하는 바에 따라 다음 각 호의 구분에 따라 승인을 받아야 한다. 다만, 환경부령으로 정하는 경미한 사항을 변경하는 경우에는 그러하지 아니하다.
1. 제8조제1항 본문에 따라 수계구간별 목표수질이 고시된 지역 : 관할 도지사를 거쳐 지방환경관서의 장이 승인
2. 제8조제1항 단서에 따라 수계구간별 목표수질이 고시된 지역 : 지방환경관서의 장과 협의를 거쳐 도지사가 승인
④ 특별시장·광역시장·시장·군수는 환경부령으로 정하는 바에 따라 시행계획에 대한 전년도의 이행사항을 평가한 보고서(이하 "평가보고서"라 한다)를 작성하여 지방환경관서의 장 및 제24조에 따른 한강수계관리위원회에 제출하여야 한다. 이 경우 시장·군수는 관할 도지사를 거쳐 평가보고서를 제출하여야 한다.
⑤ 제4항에도 불구하고 연도별로 할당된 오염부하량을 초과한 시·군의 경우에는 도지사가 평가보고서를 작성하여 제출할 수 있다.(2014.1.28 본항신설)
⑥ 지방환경관서의 장은 제4항 및 제5항에 따라 제출된 평가보고서를 검토한 후 해당 평가보고서를 작성한 지방자치단체의 장에게 시행계획을 원활하게 이행하기 위하여 필요한 조치나 대책을 수립·시행하도록 요청할 수 있다. 이 경우 요청을 받은 지방자치단체의 장은 특별한 사유가 없으면 요청에 따라야 한다.(2014.1.28 본항개정)
(2010.5.31 본조신설)
제8조의4【사업장별 오염부하량의 할당 등】 ① 환경부장관 또는 특별시장·광역시장·시장·군수는 대통령령으로 정하는 바에 따라 다음 각 호에 따른 방류수 수질기준 또는 허가배출기준이나 배출허용기준을 적용받는 자 중 환경부령으로 정하는 자에 대하여 환경부령으로 정하는 바에 따라 최종방류구별·단위기간별로 오염부하량을 할당하거나 배출량을 지정할 수 있다. 이 경우 환경부장관 또는 특별시장·광역시장·시장·군수는 이해관계자가 지정 내용을 미리 알 수 있도록 필요한 조치를 하여야 한다.(2015.12.22 전단개정)
1. 「물환경보전법」 제12조제3항 및 제32조(2017.1.17 본호개정)
2. 「하수도법」 제7조
3. 「가축분뇨의 관리 및 이용에 관한 법률」 제13조
4. 「환경오염시설의 통합관리에 관한 법률」 제8조제1항 (2015.12.22 본호신설)
② 제1항에 따라 환경부장관이 오염부하량을 할당하거나 배출량을 지정하려면 특별시장·광역시장·시장·군수 및 이해관계자와 미리 협의하여야 한다.
③ 특별시장·광역시장·시장·군수는 제1항에 따라 오염부하량을 할당하거나 배출량을 지정하려면 이해관계자와 미리 협의하여야 한다.
④ 제1항에 따라 오염부하량을 할당받거나 배출량을 지정받은 자(「물환경보전법」 제38조의2에 따라 측정기기를 부착하여야 하는 자는 제외한다)는 환경부령으로 정

하는 바에 따라 오염부하량과 배출량을 측정할 수 있는 기기(器機)를 해당 사업장의 오염방지시설에 부착·가동하여야 하며, 측정 결과를 사실대로 기록하여 보존하여야 한다.(2017.1.17 본항개정)
⑤ 환경부장관 또는 특별시장·광역시장·시장·군수는 제1항에 따라 할당된 오염부하량 또는 지정된 배출량 준수 여부를 확인하기 위하여 오염부하량을 할당받거나 배출량을 지정받은 자에 대하여 필요한 보고를 하게 하거나 자료를 제출하게 할 수 있으며, 관계 공무원에게 해당 시설 또는 사업장 등에 출입하여 오염물질을 채취하거나 관계 서류·시설·장비 등을 검사하게 할 수 있다. 이 경우 출입·검사를 하는 공무원은 그 권한을 표시하는 증표를 지니고 이를 관계인에게 내보여야 한다.
⑥ 환경부장관 또는 특별시장·광역시장·시장·군수는 제1항에 따라 할당된 오염부하량 또는 지정된 배출량을 초과하여 배출하는 사업자에게 오염방지시설의 개선 등 필요한 조치를 명할 수 있다.
⑦ 제6항에 따라 조치명령을 받은 자는 환경부령으로 정하는 바에 따라 개선계획서를 환경부장관 또는 특별시장·광역시장·시장·군수에게 제출하여야 하며, 그 명령을 이행하면 지체 없이 환경부장관 또는 특별시장·광역시장·시장·군수에게 보고하여야 한다.
⑧ 환경부장관 또는 특별시장·광역시장·시장·군수는 제6항에 따라 조치명령을 받은 자가 그 명령을 이행하지 아니하거나 기간 내에 이행하였더라도 검사 결과 제1항에 따라 할당된 오염부하량 또는 지정된 배출량을 계속 초과하면 그 시설의 전부 또는 일부에 대하여 6개월 이내의 기간을 정하여 조업정지를 명하거나 시설의 폐쇄를 명할 수 있다. 이 경우 시설을 개선하거나 보완하더라도 할당된 오염부하량 또는 지정된 배출량 이내로 내려갈 가능성이 없다고 인정되는 경우에만 시설의 폐쇄를 명하여야 한다.
⑨ 제8항에 따른 조업정지 또는 폐쇄명령의 처분기준은 환경부령으로 정한다.
(2010.5.31 본조신설)

제8조의5【오염총량초과과징금】 ① 환경부장관 또는 특별시장·광역시장·시장·군수는 제8조의4제1항에 따라 할당된 오염부하량 또는 지정된 배출량을 초과하여 배출한 자에 대하여는 과징금(이하 "오염총량초과과징금"이라 한다)을 부과·징수한다.(2016.1.27 본항개정)
② 제1항에 따라 오염총량초과과징금을 부과할 때 해당 오염물질에 대하여 「환경오염시설의 통합관리에 관한 법률」 제15조제1항 또는 「물환경보전법」 제41조에 따른 배출부과금이나 「환경범죄 등의 단속 및 가중처벌에 관한 법률」 제12조에 따른 과징금(수질 부분에 부과된 과징금만 해당한다)이 부과된 경우에는 그에 해당하는 금액을 감액한다.(2017.1.17 본항개정)
③ 오염총량초과과징금은 초과배출이익(오염물질을 초과배출함으로써 지출하지 아니하게 된 그 오염물질의 처리비용을 말한다)에 초과율별(超過率別) 부과계수(賦課係數), 지역별 부과계수 및 위반횟수별 부과계수를 곱하여 산정하되, 각 부과계수, 오염총량초과과징금의 구체적인 산정방법 및 그 밖에 필요한 사항은 대통령령으로 정한다.(2016.1.27 본항개정)
④ 제1항에 따라 오염총량초과과징금을 내야 하는 자가 납부기한까지 내지 아니하면 가산금을 징수한다.
(2016.1.27 본항개정)
⑤ 제4항에 따른 가산금에 관하여는 「국세기본법」 제47조의4를 준용한다.(2019.11.26 본항개정)
⑥ 오염총량초과과징금과 제4항에 따른 가산금은 「환경정책기본법」에 따른 환경개선특별회계의 세입(歲入)으로 한다.(2021.5.18 본항개정)
⑦ 환경부장관은 특별시장·광역시장·시장·군수가 부과·징수한 오염총량초과과징금과 가산금의 일부를 대통령령으로 정하는 바에 따라 징수비용으로 지급할 수 있다.(2016.1.27 본항개정)
⑧ 환경부장관 또는 특별시장·광역시장·시장·군수는 오염총량초과과징금과 가산금을 내야 하는 자가 납부기한까지 내지 아니하면 국세 체납처분의 예 또는 「지방행정제재·부과금의 징수 등에 관한 법률」에 따라 징수한다.
(2020.3.24 본항개정)
(2016.1.27 본조제목개정)

제8조의6【과징금】 ① 환경부장관 또는 특별시장·광역시장·시장·군수는 제8조의4제8항에 따라 조업정지를 명하려는 경우로서 그 조업을 정지하면 다음 각 호의 어느 하나에 해당하는 경우에는 조업정지를 갈음하여 3억원 이하의 과징금을 부과할 수 있다. 다만, 환경부령으로 정하는 경우에는 조업정지를 갈음하여 과징금을 부과할 수 없다.
1. 해당 지역주민의 생활에 뚜렷한 지장을 가져올 우려가 있는 경우
2. 고용·물가 등 국민경제에 미치는 영향이 매우 크다고 환경부장관이 인정하는 경우(2020.5.26 본호개정)
3. 그 밖에 공익을 위하여 환경부장관이 필요하다고 인정하는 경우
② 제1항에 따라 과징금을 부과하는 위반행위의 정도 등에 따른 과징금의 금액 등에 관하여 필요한 사항은 환경부령으로 정한다.
③ 환경부장관 또는 특별시장·광역시장·시장·군수는 사업장의 규모, 사업내용의 특수성, 위반행위의 정도 및 횟수 등을 고려하여 제2항에 따른 과징금 금액의 2분의 1의 범위에서 가중하거나 감경할 수 있다. 다만, 가중하는 경우에도 과징금의 총액은 3억원을 초과할 수 없다.
④ 과징금의 징수 등에 관하여는 제8조의5제6항부터 제8항까지의 규정을 준용한다.
(2010.5.31 본조신설)

제8조의7【허가의 제한】 ① 환경부장관, 시·도지사 또는 시장(광역시의 군수를 포함한다. 이하 이 조에서 같다)·구청장은 제8조의3제4항 및 제5항에 따른 평가보고 결과 연도별 할당 오염부하량을 초과한 경우에는 「건축법」 제11조, 「환경오염시설의 통합관리에 관한 법률」 제6조, 「물환경보전법」 제33조 및 「가축분뇨의 관리 및 이용에 관한 법률」 제11조에도 불구하고 건축물의 신축, 폐수배출시설 및 배출시설의 설치를 허가하지 아니할 수 있다.(2017.1.17 본항개정)
② 환경부장관, 시·도지사 또는 시장·군수·구청장은 제1항에 따라 건축허가 등을 하지 아니하는 경우에는 환경부령으로 정하는 바에 따라 허가를 제한하려는 지역, 기간 및 대상을 미리 고시하여야 한다. 이 경우 고시에 관하여는 「토지이용규제 기본법」 제8조를 준용한다.
(2014.1.28 전단개정)

제8조의8【오염총량관리의 불이행에 대한 제재 등】 ① 관계 행정기관의 장은 제8조의2제1항제2호에 따른 오염부하량을 초과하거나 특별한 사유 없이 기본계획 또는 시행계획을 수립·시행하지 아니하는 시·도 및 시·군(광역시의 군은 제외한다. 이하 같다)에 대하여는 다음 각 호의 사항에 대한 승인·허가 등을 하여서는 아니 된다.
1. 「도시개발법」 제2조제1항제2호에 따른 도시개발사업의 시행
2. 「산업입지 및 개발에 관한 법률」 제2조제5호에 따른 산업단지의 개발
3. 「관광진흥법」 제2조제6호에 따른 관광지 및 같은 조 제7호에 따른 관광단지의 개발
4. 대통령령으로 정하는 규모 이상의 건축물 등 시설물의 설치
② 환경부장관 또는 관계 행정기관의 장은 관계 행정기관의 장이 제1항을 위반하거나 지방자치단체의 장이 제8조의3제6항에 따른 요청을 이행하지 아니하면 다음 각 호의 어느 하나에 따른 조치를 할 수 있다.
(2014.1.28 본문개정)
1. 재정적 지원의 중단·삭감 등 재정상 필요한 조치
2. 「물환경보전법」 제2조제10호에 따른 폐수배출시설의 설치 또는 변경의 제한(2017.1.17 본호개정)
③ 환경부장관은 제2항제2호에 따라 제한을 하는 경우에는 그 제한대상 지역 및 시설을 고시하여야 한다. 이 경우 고시에 관하여는 「토지이용규제 기본법」 제8조를 준용한다.
(2010.5.31 본조신설)

제9조【행위제한의 적용 배제】 제8조의3에 따라 시행계획을 수립·시행하는 시·군에 대하여는 대통령령으로 정하는 바에 따라 「환경정책기본법」 제38조제2항에 따른 행위제한의 일부를 적용하지 아니할 수 있다.
(2011.7.21 본조개정)

제10조【오염총량관리비용 등의 우선지원】 제24조에 따른 한강수계관리위원회는 기본계획 및 시행계획을 수립·시행하는 시·도 및 시·군에 대하여는 대통령령으로 정하는 바에 따라 오염총량관리에 필요한 비용의 일부를 지원할 수 있다.(2010.5.31 본조개정)

제4장 주민지원사업 등의 실시
(2007.8.3 본장개정)

제11조【주민지원사업】 ① 관리청은 다음 각 호의 어느 하나에 해당하는 주민 또는 지역에 대한 지원사업(이하 "주민지원사업"이라 한다)에 관한 계획을 수립·시행하여야 한다. 이 경우 제24조에 따른 한강수계관리위원회의 심의를 거쳐야 한다.
1. 상수원관리지역 또는 그 지역의 주민
1의2. 상수원관리지역에 토지·건축물 등을 소유하고 해당 상수원관리지역을 관할하는 시·군·자치구(이하 "시·군·구"라 한다)에 거주하는 주민 및 그 주민이 거주하는 마을
2. 한강수계 안에서 주민의 자율적인 노력에 의하여 연평균 수질을 대통령령으로 정하는 기준 이내로 환경부령으로 정하는 일정 기간 이상 유지하고 있는 지역으로서 환경부장관이 인정하는 지역
3. 상수원관리지역을 관할하는 시·군·구 지역 중 상수원관리지역 면적, 거주인구 등을 고려하여 환경부령으로 정하는 기준에 적합한 지역(2014.1.28 본호신설)
(2014.1.28 본항개정)
② 주민지원사업의 종류는 다음 각 호와 같다.
1. 농림축산업 관련 시설의 설치, 유기영농(有機營農)의 지원 등 소득증대사업
2. 주민편익시설의 설치 지원 등 복지증진사업
3. 교육기자재(教育機資材) 공급 등 육영사업
4. 대통령령으로 정하는 오염물질 정화를 위한 시설과 하수도의 설치 및 정비를 위한 지원사업
5. 상수원보호구역의 지정으로 「수도법」 제7조제3항제2호에 따라 행위가 제한되어 생업을 유지하는 것이 곤란하다고 인정되는 사람의 이주(移住)나 전업(轉業)에 대한 지원(2008.12.31 본호개정)
6. 주택개량에 사용되는 자금지원 등 그 밖에 대통령령으로 정하는 직·간접 지원사업
③ 주민지원사업에 관한 계획의 수립, 시행 절차, 세부내용 및 재원(財源) 배분의 기준과 주민지원사업의 지원대상이 되는 주민 또는 지역의 범위 등에 관하여 필요한 사항은 대통령령으로 정한다.(2014.1.28 본항개정)
④ 주민지원사업에 대하여는 「수도법」 제9조와 제10조를 적용하지 아니한다.(2008.12.31 본항개정)

제11조의2【주민지원사업으로 취득한 부동산에 대한 관리】 ① 대통령령으로 정하는 마을회 등 주민공동체는 주민지원사업으로 취득한 토지 등 부동산에 대하여 관리청의 동의 없이는 해당 부동산을 양도하거나 제한물권을 설정해서는 아니 된다.
② 제1항에 따른 주민공동체는 주민지원사업으로 취득한 토지 등 부동산에 관한 소유권등기에 관리청의 동의 없이는 양도하거나 제한물권을 설정하거나 압류·가압류·가처분 등의 목적물이 될 수 없는 재산임을 대통령령으로 정하는 바에 따라 부기등기(附記登記)하여야 한다.
③ 제2항에 따른 부기등기는 소유권보존등기 또는 이전등기와 동시에 신청하여야 한다.
④ 부기등기 이후에 부기등기의 내용을 위반하여 한 계약, 처분, 그 밖의 행위는 무효로 한다.
(2014.1.28 본조신설)

제11조의3【자료 등의 요청 및 처리】 ① 제24조에 따른 한강수계관리위원회 및 관리청은 주민지원사업의 지원 여부를 확인하기 위하여 다음 각 호의 자료 또는 정보의 제공을 관계 기관의 장에게 요청할 수 있다. 이 경우 자료 또는 정보 제공을 요청받은 관계 기관의 장은 특별한 사유가 없으면 그 요청에 따라야 한다.
1. 「주민등록법」에 따른 주민등록 자료 또는 정보
2. 「가족관계의 등록 등에 관한 법률」에 따른 가족관계등록 자료 또는 정보
3. 「부동산등기법」에 따른 등기 자료 또는 정보
4. 「건축법」에 따른 건축물대장 자료 또는 정보
5. 「공간정보의 구축 및 관리 등에 관한 법률」에 따른 지적공부 자료 또는 정보
6. 「지방세기본법」에 따른 과세 자료 또는 정보
② 제24조에 따른 한강수계관리위원회 및 관리청은 주민지원사업 업무의 원활한 수행을 위하여 제1항에 따라 제공받은 자료 또는 정보를 처리할 수 있다.
(2021.5.18 본조신설)

제11조의4【친환경 청정사업의 지원】 ① 잠실수중보 상류지역을 관할하는 시·도지사 또는 시장·군수·구청장은 수질오염을 최소화하면서 지속가능한 지역발전을 유도하는 사업(이하 "친환경 청정사업"이라 한다)에 관한 계획을 수립·시행할 수 있다. 이 경우 제24조에 따른 한강수계관리위원회의 심의를 거쳐야 한다.
(2019.11.26 전단개정)
② 한강수계관리위원회는 「산림자원의 조성 및 관리에 관한 법률」 제2조에 따른 산림면적, 한강수계 유역면적 등 상수원의 수질보전에 기여한다고 인정되는 배분요소를 고려하여 친환경 청정사업 지원에 대한 배분원칙을 정한다.
③ 친환경 청정사업에 관한 계획의 수립, 시행 절차 등 사업 시행에 필요한 사항은 환경부령으로 정한다.
(2015.2.3 본조신설)

제12조【기술 및 재정 지원 등】 환경부장관과 관계 중앙행정기관의 장은 대통령령으로 정하는 바에 따라 제11조제1항제1호 및 제2호에 해당하는 지역의 사업장에 대하여 오염방지시설의 설치와 운영·관리에 필요한 기술적·재정적 지원을 할 수 있다.(2008.12.31 본조개정)

제12조의2【수질오염방지시설의 운영에 대한 지원】 제24조에 따른 한강수계관리위원회는 환경부령으로 정하는 폐수배출시설이나 공공폐수처리시설을 설치·운영하는 자가 환경부령으로 정하는 기준 이내로 폐수를 배출하는 경우에는 대통령령으로 정하는 바에 따라 수질오염방지시설의 운영비용 일부를 지원할 수 있다.
(2016.1.27 본조개정)

제5장 환경기초시설 설치 촉진 등을 위한 조치
(2007.8.3 본장개정)

제13조【수질개선사업】 ① 특별시장·광역시장·시장·군수는 매년 다음 각 호의 사항이 포함된 수질개선사업에 관한 계획(이하 "수질개선사업계획"이라 한다)을 수립·시행하여야 한다. 이 경우 특별시장·광역시장은 환경부장관의 승인을 받아야 하며, 시장·군수는 미리 관할 도지사와 협의한 후 환경부장관의 승인을 받아야 한다.(2010.5.31 본문개정)
1. 제24조제1항제1호에 따른 종합계획의 세부 추진계획
2. 환경기초시설의 설치 및 운영·관리 계획
3. 지방비 등 재원의 확보계획
4. 그 밖에 상수원의 수질개선을 위하여 환경부령으로 정하는 사항
② 제8조의3에 따라 시행계획을 수립·시행하는 특별시·광역시·시·군은 수질개선사업계획을 수립·시행하는 것으로 본다.(2010.5.31 본항개정)

③ 제1항 및 제2항에서 규정한 사항 외에 수질개선사업계획의 수립·시행에 필요한 사항은 환경부령으로 정한다.(2010.5.31 본항신설)

제14조【토지·물건 또는 권리의 수용 등】 ① 제4조의3에 따른 수변생태벨트 조성사업을 시행하는 자 또는 제13조에 따른 수질개선사업을 시행하는 자(이하 "사업시행자"라 한다)는 「공익사업을 위한 토지 등의 취득 및 보상에 관한 법률」에 따른 토지·물건 또는 권리를 수용하거나 사용할 수 있다.(2014.1.28 본항개정)

② 제4조의3에 따라 수립된 수변생태벨트 시행계획을 환경부장관이 고시하거나 제13조에 따라 수질개선사업계획에 대한 환경부장관의 승인이 있으면 「공익사업을 위한 토지 등의 취득 및 보상에 관한 법률」 제20조제1항과 제22조에 따른 사업인정 및 사업인정의 고시가 있는 것으로 보며, 재결신청(裁決申請)은 같은 법 제23조제1항과 제28조제1항에도 불구하고 사업계획에서 정하는 사업의 시행 기간 내에 이를 할 수 있다.(2014.1.28 본항개정)

③ 환경부장관, 특별시장·광역시장·시장·군수는 다음 각 호의 어느 하나에 해당하는 경우에는 대통령령으로 정하는 바에 따라 지체 없이 다음 각 호의 구분에 따른 내용을 당사자에게 통보하여야 한다.

1. 환경부장관 : 제4조의3에 따라 수변생태벨트 시행계획을 고시한 경우 그 내용
2. 특별시장·광역시장·시장·군수 : 제13조에 따라 수질개선사업계획을 환경부장관이 승인한 경우 그 내용

(2014.1.28 본항개정)

④ 제1항에 따른 토지·물건 또는 권리의 수용에 관한 재결의 관할 토지수용위원회는 중앙토지수용위원회로 한다.(2014.1.28 본항개정)

⑤ 제1항에 따른 수용이나 사용에 관하여 이 법에 특별한 규정이 있는 경우 외에는 「공익사업을 위한 토지 등의 취득 및 보상에 관한 법률」을 준용한다.

(2014.1.28 본조제목개정)

제15조【인·허가등의 의제】 ① 수변생태벨트 시행계획에 대한 환경부장관의 고시나 수질개선사업계획에 대한 환경부장관의 승인이 있으면 그 사업시행자는 다음 각 호의 허가·지정·승인·인가 또는 해제 등(이하 "인·허가등"이라 한다)에 관하여 환경부장관이 관계 행정기관의 장과 미리 협의한 사항에 대해서는 해당 인·허가등을 받은 것으로 본다.(2024.1.30 본문개정)

1. 「국토의 계획 및 이용에 관한 법률」 제56조제1항에 따른 개발행위의 허가
2. 「하천법」 제30조에 따른 하천공사 시행의 허가와 같은 법 제33조에 따른 하천의 점용허가
3. 「도로법」 제36조에 따른 도로공사 시행의 허가와 같은 법 제61조에 따른 도로점용의 허가(2014.1.14 본호개정)
4. 「사도법」 제4조에 따른 사도(私道) 개설의 허가
5. 「폐기물관리법」 제29조제2항에 따른 폐기물처리시설의 설치승인
6. 「수도법」 제17조·제49조에 따른 수도사업의 인가와 같은 법 제52조·제54조에 따른 전용수도 설치의 인가
7. 「하수도법」 제6조제1항에 따른 하수도정비기본계획의 승인과 같은 법 제16조에 따른 공공하수도공사의 시행허가
8. 「하수도법」 제11조에 따른 공공하수도(분뇨처리시설만을 말한다)의 설치인가
9. 「자연공원법」 제23조에 따른 공원의 점용 및 사용의 허가
10. 「농지법」 제34조에 따른 농지전용의 허가
11. 「산지관리법」 제14조·제15조에 따른 산지전용허가(山地轉用許可) 및 산지전용신고, 같은 법 제15조의2에 따른 산지일시사용허가·신고, 같은 법 제25조에 따른 토석채취허가(석재만을 말한다), 「산림자원의 조성 및 관리에 관한 법률」 제36조제1항·제5항에 따른 입목벌채등의 허가·신고 및 「산림보호법」 제9조제1항 및 제2항제1호·제2호에 따른 산림보호구역(산림유전자원보호구역은 제외한다)에서의 행위의 허가·신고와 같은 법 제11조제1항제1호에 따른 산림보호구역의 지정해제(2022.12.27 본호개정)
12. 「사방사업법」 제14조에 따른 벌채 등의 허가와 같은 법 제20조에 따른 사방지(砂防地)의 지정해제
13. 「초지법」 제5조에 따른 초지조성의 허가와 같은 법 제23조에 따른 초지전용의 허가
14. 「농어촌정비법」 제23조에 따른 농업생산기반시설이나 용수(用水)의 사용허가(2016.12.27 본호개정)
15. 「장사 등에 관한 법률」 제27조제1항에 따른 무연분묘(無緣墳墓)의 개장허가
16. 「공유수면 관리 및 매립에 관한 법률」 제8조에 따른 공유수면의 점용·사용허가, 같은 법 제28조에 따른 공유수면의 매립면허 및 같은 법 제38조에 따른 공유수면 매립실시계획의 승인(2010.4.15 본호개정)
17. (2010.4.15 삭제)

② 환경부장관은 제4조의3에 따라 수변생태벨트 시행계획을 고시하거나 제13조에 따라 수질개선사업계획을 승인할 때 그 계획에 제1항 각 호의 사항이 포함된 경우에는 관계 행정기관의 장과 미리 협의하여야 한다.

(2014.1.28 본항개정)

③ 제1항 및 제2항에서 규정한 사항 외에 인·허가등 의제의 기준·효과 및 처리기준·절차의 통합 고시 등에 관하여는 「행정기본법」 제24조부터 제26조까지 및 「행정절차법」 제20조제2항을 준용한다. 이 경우 「행정절차법」 제20조제2항 중 "처분기준"은 "처리기준·절차"로, "공표"는 "고시"로 본다.(2024.1.30 본항개정)

④~⑤ (2024.1.30 삭제)

제15조의2 (2017.11.28 삭제)

제15조의3【관거의 관리 등】 ① 「물환경보전법」 제51조에 따른 배수관거(排水管渠)를 설치·운영하는 자(이하 이 조에서 "사업자"라 한다)는 환경부령으로 정하는 바에 따라 그 관거를 정기적으로 검사하여야 한다. 이 경우 이상(異常)이 있으면 관거가 정상 기능을 유지하도록 보수하거나 바꾸는 등 필요한 조치를 하여야 하며, 그 내용을 기록하고 최종 기록한 날부터 10년간 이를 보존하여야 한다.(2017.1.17 전단개정)

② 환경부장관은 사업자에게 제1항에 따른 검사와 조치의 결과를 제출하도록 요구할 수 있다. 이 경우 사업자는 이를 지체 없이 제출하여야 한다.

③ 환경부장관은 제1항에 따라 필요한 조치를 하지 아니한 사업자에게 그 시설의 개선이나 그 밖에 필요한 조치를 명령할 수 있다.

(2007.8.3 본조신설)

제15조의4【폐기물매립시설 설치제한지역】 관계 행정기관의 장은 한강 본류와 이에 직접 유입되는 지류(支流)의 경계로부터 대통령령으로 정하는 거리 이내의 지역에 대하여는 「폐기물관리법」 제2조제8호에 따른 폐기물처리시설 중 매립시설의 설치를 허가하거나 승인하여서는 아니 된다.(2007.8.3 본조신설)

제6장 재원의 확보 및 관리

(2007.8.3 본장개정)

제16조【수질개선특별회계의 설치 등】 ① 수질개선사업과 주민지원사업 등에 드는 사업비를 확보하기 위하여 시·도 및 시·군·구에 수질개선특별회계(이하 "특별회계"라 한다)를 설치할 수 있다.(2014.1.28 본항개정)

② 특별회계는 시·도지사 및 시장·군수·구청장이 관리·운영한다.

제17조【특별회계의 세입·세출】 ① 특별회계의 세입(歲入)은 다음 각 호와 같다.

1. 국가 또는 시·도의 보조금
2. 일반회계 및 다른 특별회계로부터의 전입금
3. 제20조에 따른 한강수계관리기금으로부터의 전입금
4. 차입금
5. 제1호부터 제4호까지의 규정에 따른 자금의 운용으로 생기는 수익금

② 특별회계의 세출(歲出)은 다음 각 호와 같다.

1. 제22조 각 호(같은 조 제1호·제6호 및 제8호는 제외한다)의 사업에 드는 비용(2014.1.28 본호개정)
2. 그 밖에 상수원의 수질개선을 위하여 대통령령으로 정하는 사업에 드는 비용

③ 특별회계의 예산 편성·결산 및 운용 등에 필요한 사항은 해당 지방자치단체의 조례로 정한다.

제18조【재정상의 특별조치】 ① 국가는 수질개선사업을 원활하게 시행하기 위하여 필요하면 수질개선사업을 시행하는 지방자치단체에 대한 재정적 지원을 확대할 수 있다.

② 국가는 상수원관리지역을 관할하는 지방자치단체에 대하여 수질개선사업에 드는 비용을 다른 지역에 우선하여 보조·융자 또는 지원할 수 있다.

제19조【물이용부담금의 부과·징수】 ① 수도사업자는 주민지원사업과 수질개선사업 등의 재원을 조성하기 위하여 대통령령으로 정하는 공공수역으로부터 취수된 원수(原水)를 직접 또는 정수(淨水)하여 공급받는 최종 수요자에게 물사용량에 비례한 부담금(이하 "물이용부담금"이라 한다)을 대통령령으로 정하는 바에 따라 부과·징수하여, 제20조에 따른 한강수계관리기금에 납입하여야 한다. 다만, 다음 각 호의 어느 하나에 해당하는 경우에는 그러하지 아니하다.

1. 최종 수요자가 상수원관리지역에 거주하는 경우
2. 하천유지용수로 사용하는 경우

② 다음 각 호의 어느 하나에 해당하는 자가 대통령령으로 정하는 공공수역으로부터 취수하는 경우에는 대통령령으로 정하는 바에 따라 자기가 취수하는 원수의 양에 따른 물이용부담금을 제20조에 따른 한강수계관리기금에 납입하여야 한다.

1. 「수도법」 제3조제11호에 따른 전용수도의 설치자
2. 「하천법」 제50조제1항에 따른 하천수의 사용자

③ 제2항제2호에도 불구하고 다음 각 호의 어느 하나에 해당하는 자는 물이용부담금의 부과 대상에서 제외한다.

1. 「전원개발촉진법」 제3조에 따른 전원개발사업자로서 발전용 댐을 운영하는 자
2. 하천수를 농업용수로 사용하는 자

④ 수도사업자는 대통령령으로 정하는 바에 따라 취수량·공급량 및 손실률 등 물이용부담금의 산정과 예측에 필요한 자료를 제24조에 따른 한강수계관리위원회에 제출하여야 한다.

⑤ 물이용부담금의 산정 방법, 부과·징수 방법, 납입 절차 등에 관하여 필요한 사항은 대통령령으로 정한다.

⑥ 제2항제2호에 따른 하천수의 사용자에 대하여 대통령령으로 정하는 바에 따라 물이용부담금을 감면할 수 있다.

⑦ 수도사업자는 물이용부담금의 납부의무자가 물이용부담금을 내지 아니하면 지방세 체납처분의 예에 따라 징수할 수 있다. 이 경우 수도사업자가 지방자치단체가 아니면 대통령령으로 정하는 바에 따라 해당 지역을 관할하는 지방자치단체의 장에게 징수를 위탁할 수 있다.

⑧ 환경부장관은 제2항 각 호의 어느 하나에 해당하는 자가 물이용부담금을 제20조에 따른 한강수계관리기금에 납입하지 아니하면 국세 체납처분의 예에 따라 징수할 수 있다.

⑨ 환경부장관은 제8항에 따라 징수한 물이용부담금을 제20조에 따른 한강수계관리기금에 납입하여야 한다.

⑩ 제7항에 따른 물이용부담금의 강제징수에 관하여는 「수도법」 제68조제2항과 제3항을 준용한다.

⑪ 물이용부담금을 부과·징수하는 지역에 대하여는 「수도법」 제9조, 제10조 및 제11조를 적용하지 아니한다.

제20조【한강수계관리기금의 설치】 제19조에 따라 부과·징수된 물이용부담금을 효율적으로 관리하기 위하여 제24조에 따른 한강수계관리위원회에 한강수계관리기금(이하 "기금"이라 한다)을 설치한다.

제21조【기금의 재원】 기금은 다음 각 호의 재원으로 조성한다.

1. 물이용부담금
2. 매수한 토지등으로부터 발생하는 수익과 토지등의 매도금액
3. 국가 외의 자가 출연(出捐)하는 현금·물품, 그 밖의 재산
4. 일시차입금(해당 연도 물이용부담금의 수입계획 한도 내로 한정한다)
5. 기금운용수익금

제22조【기금의 용도】 기금은 다음 각 호의 어느 하나에 해당하는 용도로 운용한다.

1. 제6조의2제1항에 따른 제한에 따라 경작자가 입은 손실 보상(2014.1.28 본호신설)

1의2. 제7조에 따른 토지등의 매수

1의3. 제8조제1항에 따른 목표수질이 달성·유지되는 지역 중 대통령령으로 정하는 수질 이상을 유지하는 지역의 수질관리에 필요한 비용의 지원

1의4. 제8조제5항에 따른 조사·연구반의 운영 지원

1의5. 제10조에 따른 오염총량관리에 필요한 비용의 지원

(2010.5.31 1호의2~1호의5신설)

2. 주민지원사업
3. 제12조의2에 따른 수질오염방지시설의 운영 지원
4. 제13조제1항제2호에 따른 환경기초시설의 설치·운영 지원
5. 특별회계로의 전출금(2016.1.27 본호개정)
6. 물이용부담금의 부과·징수에 필요한 비용의 지원
7. 제24조에 따른 한강수계관리위원회의 운영
8. 제28조제1항에 따른 개선 요청의 이행에 필요한 비용의 지원
9. 친환경 청정사업의 지원(2015.2.3 본호개정)
10. 그 밖에 상수원의 수질개선을 위하여 대통령령으로 정하는 사업

제23조【기금의 운용·관리】 ① 기금은 제24조에 따른 한강수계관리위원회가 운용·관리한다.

② 한강수계관리위원회는 기금의 효율적인 운용·관리를 위하여 다음 각 호의 사항이 포함된 기금 운용계획을 5년마다 수립·시행하여야 한다.

1. 수질개선계획을 반영한 기금의 수입·지출 및 운용의 전망에 관한 사항
2. 물이용부담금의 부과·징수 및 제21조 각 호의 기금 재원별 조성계획에 관한 사항
3. 그 밖에 효율적인 기금 운용·관리를 위하여 한강수계관리위원회가 정하는 사항

(2014.1.28 본항신설)

③ 한강수계관리위원회는 기금 운용의 성과를 평가하여 그 결과를 기금 운용에 반영하여야 한다.(2014.1.28 본항신설)

④ 제1항부터 제3항까지에서 규정한 사항 외에 기금의 운용과 관리 등에 필요한 사항은 대통령령으로 정한다.(2014.1.28 본항개정)

제24조【한강수계관리위원회의 설치】 ① 한강수계 상수원의 수질관리를 위한 다음 각 호의 사항을 협의·조정하기 위하여 한강수계관리위원회(이하 "위원회"라 한다)를 설치한다.

1. 한강수계의 수질개선을 위한 오염물질삭감 종합계획
2. 수변구역 관리기본계획의 수립에 관한 사항
3. 물이용부담금의 부과·징수에 관한 사항
4. 기금의 운용·관리에 관한 사항
5. 그 밖에 대통령령으로 정하는 사항

② 위원회는 법인으로 한다.

③ 위원회는 환경부차관을 위원장으로 하며, 다음 각 호의 자를 위원으로 한다.

1. 환경부의 고위공무원단에 속하는 일반직공무원중 하천관리를 담당하는 자로서 환경부장관이 지명하는 자(2020.12.31 본호개정)
2. 서울특별시·인천광역시·경기도·강원특별자치도·충청북도의 부시장 또는 부지사(해당 지방자치단체에 부시장 또는 부지사가 2인인 경우에는 해당 시·도지사가 지명하는 자를 말한다)(2023.6.7 본호개정)

3.「한국수자원공사법」에 따른 한국수자원공사 사장
4.「전원개발촉진법」 제3조에 따른 전원개발사업자로서 발전용 댐을 운영하는 자
④ 위원장은 위원회를 대표하며 위원회의 사무를 총괄한다.
⑤ 한강수계의 관계 지방자치단체는 위원회가 결정한 사항에 따라야 한다.
⑥ 위원회의 업무를 지원하기 위하여 대통령령으로 정하는 바에 따라 사무국을 둘 수 있다.
⑦ 위원회에 관하여 이 법에 규정한 것 외에는「민법」중 사단법인에 관한 규정을 준용한다.
⑧ 위원회의 운영, 그 밖에 필요한 사항은 대통령령으로 정한다.
제24조의2【특별대책지역수질보전정책협의회의 설치】 ① 위원회는「환경정책기본법」제22조에 따라 고시된 특별대책지역의 수질보전 및 지역주민의 삶의 질 향상을 위하여 필요한 경우에는 다음 각 호에 해당하는 사람으로 구성되는 특별대책지역수질보전정책협의회(이하 "협의회"라 한다)를 둘 수 있다.
1. 환경부 소속 공무원
2. 특별대책지역과 관계되는 지방자치단체의 소속 공무원
3. 특별대책지역과 관계되는 지방자치단체의 장이 추천하는 주민대표
② 위원회 및 제1항에 따른 특별대책지역과 관계되는 지방자치단체는 협의회의 운영 및 활동에 필요한 비용을 지원할 수 있다.(2016.1.27 본항개정)
③ 협의회의 구성·기능 및 운영 등에 필요한 사항은 대통령령으로 정한다.
(2010.5.31 본조신설)
제25조【기금의 회계기관】 ① 기금의 수입과 지출에 관한 업무를 하기 위하여 사무국에 기금출납명령관과 기금출납관을 둔다.
② 기금출납명령관과 기금출납관에 대하여는「회계관계직원 등의 책임에 관한 법률」을 준용한다.

제7장 보 칙

(2007.8.3 본장개정)

제26조【전담기구의 설치】 ① 국가는 한강수계 상수원 수질개선 업무를 효율적으로 수행하기 위하여 전담기구를 설치한다.
② (2011.4.28 삭제)
제27조【민간 수질감시활동 지원】 국가와 지방자치단체는 한강수계 상수원 수질 보전을 위한 민간단체의 수질감시와 보전활동을 지원할 수 있다.
제28조【개선 요청 등】 ① 환경부장관은 강수량의 부족, 조류(藻類) 발생 등으로 인하여 상수원의 수질이 악화되었거나 악화될 우려가 있다고 인정되면 다음 각 호의 어느 하나에 해당하는 자에게 댐 방류량 증대, 상수원 준설(浚渫), 조류 제거, 상수원 주변 및 수면(水面) 청소 등을 요청할 수 있다.
1. 시·도지사
2. 시장·군수·구청장
3. 수도사업자
4.「댐건설·관리 및 주변지역지원 등에 관한 법률」제5조제1항에 따른 댐관리청과 같은 조 제2항에 따른 댐수탁관리자(2021.6.15 본호개정)
5.「전원개발촉진법」제3조에 따른 전원개발사업자로서 발전용 댐을 운영하는 자
6. 수면을 소유·점유 등의 방법에 따라 실질적으로 지배하는 자
② 환경부장관이나 관계 지방자치단체의 장은 이 법 또는 이 법에 따른 명령이나 처분을 위반한 자에 대하여 인·허가등의 취소, 공사의 중지, 시설의 개선·이전 또는 제거, 그 밖에 필요한 조치를 하도록 관계 행정기관의 장에게 요청할 수 있다.
③ 제1항과 제2항에 따라 요청을 받은 제1항 각 호의 자나 관계 행정기관의 장은 댐 방류량을 늘릴 경우 용수의 공급에 지장을 주게 되는 등의 특별한 사정이 없으면 그 요청에 따라야 한다.
제28조의2【청문】 환경부장관, 시·도지사 및 시장·군수·구청장은 제8조의4제8항에 따른 폐쇄명령을 하려는 경우에는 청문을 실시하여야 한다.(2010.5.31 본조신설)
제29조【권한의 위임·위탁】 ① 이 법에 따른 환경부장관의 권한은 그 일부를 대통령령으로 정하는 바에 따라 소속 기관의 장, 시·도지사 또는 시장·군수·구청장에게 위임할 수 있다.
② 이 법에 따른 환경부장관의 업무는 그 일부를 대통령령으로 정하는 바에 따라 관계 전문기관에 위탁할 수 있다.
(2016.1.27 본조개정)
제29조의2【벌칙 적용에서 공무원 의제】 다음 각 호의 어느 하나에 해당하는 사람은「형법」제129조부터 제132조까지의 규정을 적용할 때에는 공무원으로 본다.
1. 제24조제3항에 따른 위원 중 공무원이 아닌 위원
2. 제24조제6항에 따른 사무국의 임직원 중 공무원이 아닌 임직원
3. 제29조제2항에 따른 위탁업무에 종사하는 관계 전문기관의 임직원
(2016.1.27 본조개정)

제8장 벌 칙

(2007.8.3 본장개정)

제30조【벌칙】 ① 다음 각 호의 어느 하나에 해당하는 자는 5년 이하의 징역 또는 5천만원 이하의 벌금에 처한다.(2015.2.3 본문개정)
1. 제5조제1항에 따른 행위제한을 위반한 자
2. 제5조제2항에 따른 허가를 받지 아니하고 시설을 설치한 자
3. 제8조의4제8항에 따른 조업정지명령 또는 폐쇄명령을 위반한 자(2010.5.31 본호신설)
② 제6조에 따른 행위제한을 위반한 자는 2년 이하의 징역 또는 2천만원 이하의 벌금에 처한다.(2015.2.3 본항개정)
③ 제15조의3제3항에 따른 시설의 개선명령 등을 이행하지 아니한 자는 1년 이하의 징역 또는 1천만원 이하의 벌금에 처한다.
제31조【양벌규정】 법인의 대표자나 법인 또는 개인의 대리인, 사용인, 그 밖의 종업원이 그 법인 또는 개인의 업무에 관하여 제30조의 위반행위를 하면 그 행위자를 벌하는 외에 그 법인 또는 개인에게도 해당 조문의 벌금형을 과(科)한다. 다만, 법인 또는 개인이 그 위반행위를 방지하기 위하여 해당 업무에 관하여 상당한 주의와 감독을 게을리하지 아니한 경우에는 그러하지 아니하다.
(2008.12.31 본조개정)
제32조【과태료】 ① 다음 각 호의 어느 하나에 해당하는 자에게는 1천만원 이하의 과태료를 부과한다.
1. 제6조의2제1항을 위반하여 농약이나 비료를 사용한 자(2014.1.28 본호신설)
1의2. 제8조의4제4항에 따른 기기를 부착하지 아니하거나 가동하지 아니한 자
2. 제8조의4제4항에 따른 측정 결과를 기록·보존하지 아니하거나 거짓으로 기록·보존한 자
3. 제8조의4제5항에 따른 관계 공무원의 출입·검사를 거부·방해 또는 기피한 자
(2010.5.31 본항신설)
② 다음 각 호의 어느 하나에 해당하는 자에게는 500만원 이하의 과태료를 부과한다.
1. 제8조의4제5항에 따른 보고를 하지 아니하거나 거짓으로 보고한 자 또는 자료를 제출하지 아니하거나 거짓으로 제출한 자(2010.5.31 본호신설)
2. 제8조의4제7항에 따른 개선계획서를 제출하지 아니하거나 거짓으로 제출한 자 또는 명령이행 보고를 하지 아니하거나 거짓으로 한 자(2010.5.31 본호신설)
3. 제11조의2제2항에 따른 부기등기를 하지 아니하거나 거짓 또는 부정한 방법으로 부기등기를 한 자
(2014.1.28 본호신설)
4.~6. (2017.11.28 삭제)
7. 제15조의3제1항에 따른 검사·조치를 하지 아니한 자 또는 기록을 보존하지 아니하거나 거짓으로 기록한 자
8. 제15조의3제2항에 따른 자료를 제출하지 아니하거나 거짓 자료를 제출한 자
③ 제1항 및 제2항에 따른 과태료는 대통령령으로 정하는 바에 따라 환경부장관 또는 특별시장·광역시장·시장·군수가 부과·징수한다.(2010.5.31 본항개정)
④~⑤ (2008.12.31 삭제)
(2007.8.3 본조신설)

부 칙 (2007.8.3)

제1조【시행일】 이 법은 공포 후 1년이 경과한 날부터 시행한다. 다만, 제19조제1항의 개정규정은 공포한 날부터 시행하고, 제19조제2항제2호의 개정규정은 2009년 1월 1일부터 시행한다.
제2조【매수토지에 대한 적용례】 제7조의 개정규정은 이 법 시행 후 최초로 매수신청하는 분부터 적용한다.
제3조【수변구역 지정에 관한 경과조치】 이 법 시행 당시「국토의 계획 및 이용에 관한 법률」제36조제1항제2호에 따라 지정된 관리지역 중 같은 호 각 목의 보전관리지역·생산관리지역 또는 계획관리지역으로 지정되지 아니한 지역으로서 종전의 규정에 따라 수변구역으로 지정된 지역은 이 법에 따른 수변구역으로 지정된 것으로 본다.
제4조【특정수질유해물질의 관리에 관한 경과조치】 이 법 시행 당시 특정수질유해물질의 배출시설을 운영하는 자는 이 법 시행 후 1년 이내에 제15조의2의 개정규정에 따른 특정수질유해물질 배출량줄이기계획을 환경부장관에게 제출하여야 한다.
제5조【폐기물처리시설 설치제한지역에 관한 경과조치】 ① 이 법 시행 전에「폐기물관리법」제25조제2항에 따라 적합통보를 받거나 같은 법 제29조제2항에 따라 폐기물처리시설의 설치승인을 받거나「폐기물 처리시설 설치촉진 및 주변지역지원 등에 관한 법률」제10조에 따라 폐기물처리시설의 입지가 결정·고시된 시설에 대하여는 제15조의4의 개정규정을 적용하지 아니한다.
② 환경부장관은 폐기물매립시설 설치제한지역과 관련하여 이 법 시행일부터 2년 이내에「토지이용규제 기본법」제8조제3항의 지형도면등을 작성하여 관보에 고시하여야 한다. 이 경우 같은 법 제8조제7항부터 제9항까지를 준용한다.
제6조【벌칙에 관한 경과조치】 이 법 시행 전에 행한 위반행위에 대한 벌칙의 적용에 있어서는 종전의 규정에 따른다.
제7조【다른 법률의 개정】 ※(해당 법령에 가제정리 하였음)

부 칙 (2010.5.31 법10335호)

제1조【시행일】 이 법은 공포 후 1년이 경과한 날부터 시행한다. 다만, 제8조의3부터 제8조의8까지, 제9조, 제10조, 제13조, 제28조의2, 제30조제1항제3호, 제32조제1항, 제32조제2항제1호·제2호, 같은 조 제3항의 개정규정 및 부칙 제4조(제8조의3 및 제8조의5부터 제8조의8까지에 관한 부분에 한한다)는 다음 각 호의 구분에 따른 날부터 시행한다.
1. 서울특별시·인천광역시·경기도 : 공포 후 3년이 경과한 날
2. 강원도·충청북도 : 공포 후 10년을 넘지 아니하는 범위에서 제1호에 규정된 지역의 5년간 시행 성과를 평가하여 대통령령으로 정하는 날
제2조【기본계획 및 시행계획의 시행에 관한 경과조치】 ① 시·도지사는 이 법 시행 후 18개월 이내에 제8조의2의 개정규정에 따라 기본계획을 수립하여 환경부장관에게 승인을 신청하여야 한다. 다만, 강원도 및 충청북도의 경우에는 부칙 제1조제2호에 따른 시행일부터 12개월 이내에 환경부장관에게 승인을 신청하여야 한다.
② 특별시장·광역시장·시장·군수는 부칙 제1조 단서에 따른 시행일부터 6개월 이내에 제8조의3의 개정규정에 따라 시행계획을 수립하여 지방환경관서의 장 또는 도지사에게 승인을 신청하여야 한다. 다만, 강원도 및 충청북도의 시·군의 경우에는 부칙 제1조제2호에 따른 시행일부터 24개월 이내에 지방환경관서의 장 또는 도지사에게 승인을 신청하여야 한다.
제3조【오염총량관리계획에 관한 경과조치】 이 법 시행 당시 종전의 제8조에 따라 오염총량관리계획을 수립하여 시행 중인 지역에 대한 행위제한의 적용 배제, 오염총량관리비용 등의 우선지원에 관하여는 제9조 및 제10조의 개정규정에도 불구하고 부칙 제1조 각 호에 따른 시행일까지는 종전의 규정에 따른다.
제4조【다른 법률의 개정】 ①~⑤ ※(해당 법령에 가제정리 하였음)

부 칙 (2014.1.28)

제1조【시행일】 이 법은 공포 후 6개월이 경과한 날부터 시행한다. 다만, 제5조제1항제4호부터 제8호까지의 개정규정은 2016년 1월 1일부터 시행한다.
제2조【인·허가등의 의제 관련 의견 제출에 관한 적용례】 제15조제3항의 개정규정은 이 법 시행 후 환경부장관이 협의를 요청하는 계획부터 적용한다.
제3조【수변구역의 행위제한에 관한 특례】 부칙 제6조에 따라 종전의 규정이 적용되는 시설 중 제5조제1항제4호(「건축법」제2조제2항제1호에 따른 단독주택 중 다가구주택으로 한정한다)부터 제8호까지의 개정규정에 해당하는 시설 등의 관리자는 제5조제4항의 개정규정에도 불구하고 이 법 시행 후 3년이 지난 날부터는 오수를 생물화학적 산소요구량과 부유물질량이 각각 1리터당 10밀리그램 이하가 되도록 처리하여 방류하여야 한다.
제4조【기금 운용계획 수립에 관한 특례】 한강수계관리위원회는 이 법 시행 후 6개월 이내에 제23조제2항의 개정규정에 따른 최초의 기금 운용계획을 수립하여야 한다.
제5조【주민지원사업으로 취득한 부동산에 관한 경과조치】 이 법 시행 전에 주민지원사업으로 토지 등 부동산의 소유권을 취득한 마을회 등 주민공동체는 이 법 시행 후 6개월 내에 제11조의2제2항의 개정규정에 따른 부기등기를 하여야 한다.
제6조【수변구역의 행위제한에 관한 경과조치】 이 법 시행 당시 이미 수변구역에 설치(용도변경을 포함한다. 이하 이 조에서 같다)되어 있거나 시설 등의 설치를 위하여 관계 법령에 따라 허가 등의 신청 또는 신고가 이루어진 시설 등에 대한 행위제한에 관하여는 제5조제1항제4호부터 제8호까지의 개정규정에도 불구하고 종전의 규정을 적용한다.

부 칙 (2015.2.3)

이 법은 공포 후 6개월이 경과한 날부터 시행한다. 다만, 제30조제1항 및 제2항의 개정규정은 공포한 날부터 시행한다.

부　칙 (2016.1.27 법13889호)

제1조【시행일】 이 법은 공포한 날부터 시행한다. 다만, 제8조의5, 제29조 및 제29조의2의 개정규정은 공포 후 6개월이 경과한 날부터 시행한다.
제2조【총량초과부과금에 관한 경과조치】 제8조의5의 개정규정 시행 전에 종전의 제8조의5에 따라 부과된 총량초과부과금은 같은 개정규정에 따라 부과된 오염총량초과과징금으로 본다.
제3조【벌칙 및 과태료에 관한 경과조치】 이 법 시행 전의 행위에 대하여 벌칙 및 과태료를 적용할 때에는 종전의 규정에 따른다.
제4조【다른 법률의 개정】 ①~② ※(해당 법령에 가제정리 하였음)

부　칙 (2019.11.26 법16615호)

이 법은 공포 후 3개월이 경과한 날부터 시행한다. 다만, 제8조의5제5항의 개정규정은 2020년 1월 1일부터 시행한다.

부　칙 (2020.3.24)

제1조【시행일】 이 법은 공포한 날부터 시행한다.(이하 생략)

부　칙 (2020.5.26)

이 법은 공포한 날부터 시행한다.(이하 생략)

부　칙 (2020.12.31)

제1조【시행일】 이 법은 공포 후 1년이 경과한 날부터 시행한다.(이하 생략)

부　칙 (2021.5.18)

이 법은 공포한 날부터 시행한다.

부　칙 (2021.6.15)

제1조【시행일】 이 법은 공포 후 1년이 경과한 날부터 시행한다.(이하 생략)

부　칙 (2022.12.27)

제1조【시행일】 이 법은 공포 후 6개월이 경과한 날부터 시행한다.(이하 생략)

부　칙 (2023.6.7)

제1조【시행일】 이 법은 2023년 6월 11일부터 시행한다.(이하 생략)

부　칙 (2023.7.18)

이 법은 공포 후 6개월이 경과한 날부터 시행한다.

부　칙 (2024.1.30)

제1조【시행일】 이 법은 공포한 날부터 시행한다.
제2조【이의신청에 관한 적용례】 이의신청에 관한 개정규정은 이 법 시행 이후 하는 처분부터 적용한다.(이하 생략)

하수도법

(2006년 9월 27일 전부개정법률 제8014호)

개정
2007. 4. 6법 8338호(하천법)　<중략>
2010. 4.15법10272호(공유수면관리및매립에관한법)
2010. 5.31법10335호(한강수계상수원수질개선및주민지원등에관한법)
2010. 6. 8법10359호(물의재이용촉진및지원에관한법)
2011. 4. 5법10552호
2011. 4.14법10599호(국토이용)
2011. 4.28법10615호(환경기술및환경산업지원법)
2011. 7.21법10893호(환경정책)
2011.11.14법11084호　2012. 2. 1법11264호
2013. 3.23법11690호(정부조직)
2013. 7.16법11915호
2013. 8. 6법11998호(지방세외수입금의징수등에관한법)
2014. 1.14법12248호(도로법)
2014. 3.18법12466호
2014. 6. 3법12738호(공간정보구축관리)
2014.11.19법12844호(정부조직)
2015. 2. 3법13171호
2016. 1.27법13879호(수질수생태계보전)
2016. 1.27법13888호
2017. 1.17법14532호(물환경보전법)
2017. 7.26법14839호(정부조직)
2018.10.16법15843호
2020. 3.24법17091호(지방행정제재・부과금의징수등에관한법)
2020. 5.26법17326호(법률용어정비)
2021. 1. 5법17852호
2021. 6.15법18284호(댐건설・관리및주변지역지원등에관한법)
2021. 7.20법18310호(공간정보구축관리)
2022. 6.10법18914호　2022.12.27법19127호
2023. 3.21법19251호(자연유산의보존및활용에관한법)
2023. 8. 8법19590호(문화유산)
2024. 1.30법20172호(행정법제혁신을위한일부개정법령등)

제1장 총　칙

제1조【목적】 이 법은 하수도의 계획, 설치, 운영 및 관리 등에 관한 사항을 정함으로써 하수와 분뇨를 적정하게 처리하여, 하수의 범람으로 인한 침수 피해를 예방하고 지역사회의 지속가능한 발전과 공중위생의 향상에 기여하며 공공수역의 물환경을 보전함을 목적으로 한다.(2021.1.5 본조개정)
제2조【정의】 이 법에서 사용하는 용어의 뜻은 다음과 같다.(2013.7.16 본문개정)
1. "하수"란 사람의 생활이나 경제활동으로 인하여 액체성 또는 고체성의 물질이 섞이어 오염된 물(이하 "오수"라 한다)과 건물・도로 그 밖의 시설물의 부지로부터 하수도로 유입되는 빗물・지하수를 말한다. 다만, 농작물의 경작으로 인한 것은 제외한다.(2020.5.26 단서개정)
2. "분뇨"라 함은 수거식 화장실에서 수거되는 액체성 또는 고체성의 오염물질(개인하수처리시설의 청소과정에서 발생하는 찌꺼기를 포함한다)을 말한다.
3. "하수도"란 하수와 분뇨를 유출 또는 처리하기 위하여 설치되는 하수관로・공공하수처리시설・간이공공하수처리시설・하수저류시설・분뇨처리시설・배수설비・개인하수처리시설 그 밖의 공작물・시설의 총체를 말한다.(2013.7.16 본호개정)
4. "공공하수도"라 함은 지방자치단체가 설치 또는 관리하는 하수도를 말한다. 다만, 개인하수도는 제외한다.(2020.5.26 단서개정)
5. "개인하수도"라 함은 건물・시설 등의 설치자 또는 소유자가 해당 건물・시설 등에서 발생하는 하수를 유출 또는 처리하기 위하여 설치하는 배수설비・개인하수처리시설과 그 부대시설을 말한다.(2020.5.26 본호개정)
6. "하수관로"란 하수를 공공하수처리시설・간이공공하수처리시설・하수저류시설로 이송하거나 하천・바다 그 밖의 공유수면으로 유출시키기 위하여 지방자치단체가 설치 또는 관리하는 관로와 그 부속시설을 말한다.
7. "합류식하수관로"란 오수와 하수도로 유입되는 빗물・지하수가 함께 흐르도록 하기 위한 하수관로를 말한다.
8. "분류식하수관로"란 오수와 하수도로 유입되는 빗물・지하수가 각각 구분되어 흐르도록 하기 위한 하수관로를 말한다.
(2013.7.16 6호~8호개정)
9. "공공하수처리시설"이라 함은 하수를 처리하여 하천・바다 그 밖의 공유수면에 방류하기 위하여 지방자치단체가 설치 또는 관리하는 처리시설과 이를 보완하는 시설을 말한다.
9의2. "간이공공하수처리시설"이란 강우(降雨)로 인하여 공공하수처리시설에 유입되는 하수가 일시적으로 늘어날 경우 하수를 신속히 처리하여 하천・바다, 그 밖의 공유수면에 방류하기 위하여 지방자치단체가 설치 또는 관리하는 처리시설과 이를 보완하는 시설을 말한다.(2013.7.16 본호신설)
10. "하수저류시설"이란 하수관로로 유입된 하수에 포함된 오염물질이 하천・바다, 그 밖의 공유수면으로 방류되는 것을 줄이고 하수가 원활하게 유출될 수 있도록 하수를 일시적으로 저장하거나 오염물질을 제거 또는 감소하게 하는 시설(「하천법」 제2조제3호나목에 따른 시설과 「자연재해대책법」 제2조제6호에 따른 우수유출저감시설은 제외한다)을 말한다.(2013.7.16 본호개정)
11. "분뇨처리시설"이라 함은 분뇨를 침전・분해 등의 방법으로 처리하는 시설을 말한다.
12. "배수설비"라 함은 건물・시설 등에서 발생하는 하수를 공공하수도에 유입시키기 위하여 설치하는 배수관과 그 밖의 배수시설을 말한다.
13. "개인하수처리시설"이라 함은 건물・시설 등에서 발생하는 오수를 침전・분해 등의 방법으로 처리하는 시설을 말한다.
14. "배수구역"이라 함은 공공하수도에 의하여 하수를 유출시킬 수 있는 지역으로서 제15조의 규정에 따라 공고된 구역을 말한다.
15. "하수처리구역"이라 함은 하수를 공공하수처리시설에 유입하여 처리할 수 있는 지역으로서 제15조의 규정에 따라 공고된 구역을 말한다.
제3조【국가 및 지방자치단체의 책무】 ① 국가는 하수도의 설치・관리 및 관련 기술개발 등에 관한 기본정책을 수립하고, 지방자치단체가 제2항의 규정에 따른 책무를 성실하게 수행할 수 있도록 필요한 기술적・재정적 지원을 할 책무를 진다.
② 지방자치단체의 장은 공공하수도의 설치・관리를 통하여 관할 구역 안에서 발생하는 하수 및 분뇨를 적정하게 처리하고 하수의 범람으로 인한 침수 피해를 예방할 책무를 진다.(2022.12.27 본항개정)
제4조【국가하수도종합계획의 수립】 ① 환경부장관은 국가 하수도정책의 체계적 발전을 위하여 10년 단위의 국가하수도종합계획(이하 "종합계획"이라 한다)을 수립하여야 한다.
② 종합계획에는 다음 각 호의 사항이 포함되어야 한다.
1. 하수처리의 여건에 관한 사항
2. 하수처리의 목표에 관한 사항
3. 하수처리의 추진전략・세부시행계획 등 정책방향에 관한 사항
4. 광역적인 하수도사업의 추진에 관한 사항
5. 공공하수도의 확충 및 정비에 관한 사항
6. 개인하수도의 정비 및 보급에 관한 사항
7. 하수도의 연구 및 기술개발에 관한 사항
8. 하수도 경영체계의 개선에 관한 사항
9. 하수도 관련 인력의 확보 및 교육훈련에 관한 사항
10. 하수도 관련 사업의 시행에 소요되는 비용의 산정 및 재원 조달에 관한 사항
③ 환경부장관은 종합계획을 수립 또는 변경하려는 경우에는 미리 관계 중앙행정기관의 장 및 특별시장・광역시장・특별자치시장・도지사・특별자치도지사(이하 "시・도지사"라 한다)와 협의하여야 하며, 종합계획이 수립 또는 변경된 경우에는 관계 기관의 장 및 시・도지사에게 이를 통보하여야 한다.(2013.7.16 본항개정)
④ 환경부장관은 종합계획을 수립 또는 변경하고자 할 때에는 관계 기관의 장 및 시・도지사에게 관련 자료의 제출을 요구할 수 있다. 이 경우 자료제출의 요구를 받은 관계기관의 장 및 시・도지사는 특별한 사유가 없으면 그 요구에 따라야 한다.(2020.5.26 후단개정)
⑤ 환경부장관은 종합계획이 수립된 날부터 5년이 지난 때에는 그 타당성을 검토하여 필요한 경우에는 이를 변경하여야 한다.(2020.5.26 본항개정)
제4조의2【유역하수도정비계획의 수립】 ① 유역환경청장 또는 지방환경청장(이하 "지방환경관서의 장"이라 한다)은 공공하수도의 중복 설치 방지와 효율적인 운영・관리를 위하여 종합계획을 바탕으로 환경부령으로 정하는 권역별로 하수도의 설치 및 통합 운영・관리에 관한 20년 단위의 계획(이하 "유역하수도정비계획"이라 한다)을 수립하여야 한다.
② 제1항에 따라 환경부령으로 정하는 권역이 둘 이상의 지방환경관서의 장의 관할구역에 걸치거나 그 밖의 특별한 사유가 있을 때에는 환경부령으로 정하는 지방환경관서의 장이 해당 유역하수도정비계획을 수립한다.
③ 유역하수도정비계획에는 다음 각 호의 사항이 포함되어야 한다.
1. 「물관리기본법」 제28조제1항에 따른 유역물관리종합계획의 이행을 위한 해당 유역 하수도의 관리 목표 및 전략에 관한 사항(2021.1.5 본항개정)
2. 제7조제1항 단서에 따른 방류수수질기준의 설정에 관한 사항
3. 유역 내 하수도의 설치, 운영 및 관리의 통합에 관한 사항(2021.1.5 본호개정)
4. 유역의 하수 발생, 처리 및 하수처리수(공공하수처리시설에서 처리된 물을 말한다. 이하 같다)의 재이용 계획에 관한 사항(2021.1.5 본호개정)
5. 유역의 물순환, 도시 침수 가능성 등을 고려한 하수도 설치 및 운영에 관한 사항(2021.1.5 본항개정)
6. 하수도 관련 사업 시행에 드는 비용의 산정 및 재원 조달에 관한 사항

④ 지방환경관서의 장은 유역하수도정비계획을 수립 또는 변경하려면 미리 환경부장관, 관계 중앙행정기관의 장, 시·도지사 및 관계 시장·군수와 협의하여야 하고, 유역하수도정비계획이 수립 또는 변경된 경우에는 관계 중앙행정기관의 장, 시·도지사 및 관계 시장·군수에게 통보하여야 한다.
⑤ 지방환경관서의 장은 유역하수도정비계획을 수립 또는 변경하려면 관계 시·도지사 및 시장·군수에게 필요한 자료의 제출을 요구할 수 있다. 이 경우 자료 제출의 요구를 받은 관계 시·도지사 및 시장·군수는 특별한 사유가 없으면 요구에 따라야 한다.
⑥ 지방환경관서의 장은 유역하수도정비계획이 수립된 날부터 5년마다 그 타당성을 검토하여 필요한 경우에는 이를 변경하여야 한다.
(2012.2.1 본조신설)

제4조의3【하수도정비중점관리지역의 지정 등】 ① 환경부장관은 하수의 범람으로 인하여 침수 피해가 발생하거나 발생할 우려가 있는 지역, 공공수역의 수질을 악화시킬 우려가 있는 지역에 대하여는 관할 시·도지사와 협의하여 하수도정비중점관리지역(이하 "중점관리지역"이라 한다)으로 지정할 수 있다.
② 특별시장·광역시장·시장 또는 군수(광역시의 군수는 제외한다)는 하수도정비가 시급하다고 인정하는 지역에 대하여는 관할 시·도지사와의 협의를 거쳐 중점관리지역으로 지정하여 줄 것을 환경부장관에게 요청할 수 있다. 지정된 중점관리지역을 변경하는 경우에도 또한 같다.
③ 특별시장·광역시장·시장 또는 군수(광역시의 군수는 제외한다)는 환경부장관에게 중점관리지역의 지정 또는 변경을 요청할 때에는 환경부령으로 정하는 하수도정비대책을 수립하여 제출하여야 한다. 다만, 제1항에 따라 환경부장관이 지정한 때에는 중점관리지역 지정 후 하수도정비대책을 수립할 수 있다.(2016.1.27 본항개정)
④ 환경부장관은 제3항에 따른 하수도정비대책 시행에 필요한 경비를 예산의 범위에서 지원할 수 있다.
⑤ 환경부장관은 중점관리지역의 지정사유가 없어지거나, 지정 유지의 필요성이 현저히 감소하는 등 지정의 해제가 필요하다고 인정될 때에는 그 지정을 해제할 수 있다.(2020.5.26 본항개정)
⑥ 중점관리지역의 지정기준·지정 및 지정해제 절차 및 그 밖에 필요한 사항은 환경부령으로 정한다.
(2012.2.1 본조신설)

제4조의4【하수관로 유지관리계획 수립 등】 ① 제18조에 따른 공공하수도관리청(이하 "공공하수도관리청"이라 한다)은 침수 등 재해 예방 또는 하수의 원활한 흐름을 위하여 매년 말까지 다음 각 호의 지역에 대한 다음 연도 하수관로 유지관리계획을 수립하여야 한다.
1. 중점관리지역
2. 「자연재해대책법」 제12조에 따른 자연재해위험개선지구 중 하수에 의한 침수위험이 있다고 인정된 지역
② 제1항에 따른 하수관로 유지관리계획에는 관로, 우수토실, 맨홀, 빗물받이 등 공공하수도관리청이 설치 또는 관리하는 시설을 포함하여야 한다. 이 경우 공공하수도관리청은 하수관로 유지관리계획에 따라 연 1회 이상 유지관리를 실시하고 환경부령으로 정하는 바에 따라 필요한 조치를 하여야 한다.
③ 제1항 및 제2항에 따른 하수관로 유지관리계획의 수립 방법, 구체적인 범위 및 점검 주기 등 필요한 사항은 환경부장관이 정하여 고시한다.
(2022.12.27 본조신설)

제5조【하수도정비기본계획의 수립권자 등】 ① 특별시장·광역시장·특별자치시장·특별자치도지사·시장 또는 군수(광역시의 군수는 제외한다)는 사람의 건강을 보호하는 데 필요한 공중위생 및 생활환경의 개선과 「환경정책기본법」에서 정한 수질환경기준을 유지하고, 관할 구역의 침수를 예방하기 위하여 종합계획 및 유역하수도정비계획을 바탕으로 관할 구역 안의 유역별로 하수도의 정비에 관한 20년 단위의 기본계획(이하 "하수도정비기본계획"이라 한다)을 수립하여야 한다. 이 경우 「국토의 계획 및 이용에 관한 법률」 제18조에 따른 도시·군기본계획이 수립된 지역의 경우에는 이를 기본으로 하여야 한다.(2013.7.16 전단개정)
② 하수도가 둘 이상의 특별시·광역시·시 또는 군(광역시의 군은 제외한다)의 관할 구역에 걸치거나 그 밖의 특별한 사유가 있을 때에는 대통령령으로 정하는 시·도지사, 시장 또는 군수(광역시의 군수는 제외한다)가 해당 하수도정비기본계획을 수립한다.(2020.5.26 본항개정)
③ 하수도정비기본계획에는 다음 각 호의 사항이 포함되어야 한다.
1. 하수도의 정비에 관한 기본방침
2. 유역하수도정비계획에 따른 세부시행방안에 관한 사항(2012.2.1 본호신설)
3. 하수도에 따라 하수를 유출 또는 처리하는 구역에 관한 사항
4. 하수도의 기본적 시설의 배치·구조 및 능력에 관한 사항
5. 합류식하수관로와 분류식하수관로의 배치에 관한 사항(2013.7.16 본호개정)
5의2. 하수의 원활한 유출을 통한 관할 구역의 침수 피해 위험도 예측분석 및 예방에 관한 사항(2022.12.27 본호개정)
5의3. 강우 시 하수 측정 및 처리에 관한 사항
(2021.1.5 본호신설)
6. 하수도정비사업의 실시순위에 관한 사항
7. 배수구역에서 방류되는 오염물질의 저감계획 및 하수저류시설의 설치에 관한 사항(2011.11.14 본호신설)
8. 하수를 공공하수처리시설에서 처리하는 과정에서 발생한 찌꺼기의 처리계획 및 처리시설의 설치에 관한 사항
8의2. 하수처리수의 재이용에 관한 사항(2021.1.5 본호신설)
9. 분뇨의 처리계획 및 분뇨처리시설의 설치에 관한 사항
10. 하수와 분뇨의 연계처리에 관한 사항
11. 하수도 관련 사업의 시행에 소요되는 비용의 산정 및 재원조달에 관한 사항
12. 개인하수처리시설의 설치 및 관리에 관한 사항
13. 제4조의3제3항에 따른 하수도정비대책의 수립에 관한 사항
(2012.2.1 12호~13호신설)
14. 그 밖에 환경부장관이 하수도의 정비에 관하여 필요하다고 인정하여 고시하는 사항

제6조【하수도정비기본계획의 수립 등】 ① 제5조제1항 및 제2항의 규정에 따른 하수도정비기본계획 수립권자(이하 "하수도정비기본계획 수립권자"라 한다)는 하수도정비기본계획을 수립하고자 할 때에는 대통령령으로 정하는 바에 따라 환경부장관의 승인을 얻어야 한다. 승인을 얻은 사항 중 환경부령으로 정하는 중요사항을 변경하고자 할 때에도 또한 같다.(2020.5.26 본항개정)
② 환경부장관은 제1항의 규정에 따른 승인 또는 변경승인을 하고자 할 때에는 국토교통부장관과 미리 협의하여야 한다.(2013.3.23 본항개정)
③ 하수도정비기본계획 수립권자는 제1항의 규정에 따른 승인을 얻은 후에는 5년마다 하수도정비기본계획의 타당성을 검토하여 필요한 경우에는 이를 변경하여야 한다.
(2020.5.26 본항개정)
④ 하수도정비기본계획 수립권자는 「국토의 계획 및 이용에 관한 법률」 제18조의 규정에 따른 도시·군기본계획, 「댐건설·관리 및 주변지역지원 등에 관한 법률」 제11조의 규정에 따른 댐건설기본계획 그 밖의 공공계획이 수립·변경되는 등 하수도정비기본계획의 변경사유가 발생한 때에는 이를 반영하여 하수도정비기본계획을 변경하여야 한다.(2021.6.15 본항개정)
⑤ 환경부장관 또는 지방환경관서의 장은 정책방향의 변경 등으로 인하여 종합계획 또는 유역하수도정비계획의 중요한 사항이 변경된 경우에는 하수도정비기본계획 수립권자에게 하수도정비기본계획의 변경을 요청할 수 있다.(2012.2.1 본항개정)
⑥ 환경부장관은 하수도정비기본계획 수립권자가 하수도정비기본계획의 변경사유가 발생하였음에도 불구하고 정당한 사유 없이 이를 변경하지 아니할 때에는 해당 하수도정비기본계획 수립권자에게 하수도정비기본계획의 변경을 요청할 수 있다.(2020.5.26 본항개정)

제7조【방류수수질기준】 ① 공공하수처리시설·간이공공하수처리시설·분뇨처리시설 및 개인하수처리시설의 방류수수질기준은 환경부령으로 정한다. 다만, 다음 각 호에 해당하는 지역에 대하여는 그 기준을 달리 정할 수 있다.(2013.7.16 본문개정)
1. 「환경정책기본법」 제38조에 따른 특별대책지역이나 상수원의 수질보전 또는 생활환경보전을 위하여 엄격한 기준이 필요한 지역으로서 대통령령으로 정하는 지역(2012.2.1 본호신설)
2. 제4조의2제1항에 따라 유역하수도정비계획을 수립하는 권역 중 같은 조 제3항제1호에 따른 권역별 수질관리목표를 효율적으로 달성하기 위하여 엄격한 기준이 필요한 지역(2012.2.1 본호신설)
② 특별시·광역시·특별자치시·도·특별자치도(이하 "시·도"라 한다)는 「환경정책기본법」 제12조제3항에 따른 환경기준의 유지가 곤란하다고 인정하는 경우에는 해당 시·도의 조례로 제1항에 따른 기준보다 엄격한 방류수수질기준을 정할 수 있다.(2013.7.16 본항개정)

제8조【타인토지의 출입 등】 ① 지방자치단체의 장 또는 그 명령에 의하거나 위임을 받은 자는 공공하수도에 관한 조사·측량·공사 또는 유지를 위하여 필요한 경우에는 타인의 토지에 출입하거나 특별한 용도가 없는 타인의 토지를 재료적치장·통로 또는 임시도로의 용도로 일시 사용할 수 있으며, 특히 필요한 경우에는 수목 그 밖의 장애물(이하 "장애물등"이라 한다)을 제거하거나 변경할 수 있다.
② 제1항의 규정에 따라 타인의 토지에 출입하고자 하는 자는 미리 해당 토지의 점유자에게 통지하여야 하며, 타인의 토지를 사용하거나 장애물등을 제거 또는 변경하고자 하는 자는 미리 소유자 및 점유자에게 통지하고 그 의견을 들어야 한다. 다만, 미리 통지하기 곤란한 때에는 대통령령으로 정하는 통지방법에 의할 수 있다.
(2020.5.26 본항개정)
③ 일출 전이나 일몰 후에는 해당 토지의 점유자의 승인 없이 택지 또는 담장이나 울타리로 둘러싸인 타인의 토지에 출입할 수 없다.(2020.5.26 본항개정)
④ 토지의 점유자는 정당한 사유 없이 제1항의 규정에 따른 출입 또는 사용을 거부 또는 방해하여서는 아니 된다.
⑤ 제1항의 규정에 따라 타인의 토지에 출입하고자 하는 자는 그 권한을 표시하는 증표를 지니고 관계인의 요구가 있을 때에는 이를 내보여야 한다.
⑥ 제5항의 규정에 따른 증표에 관하여 필요한 사항은 환경부령으로 정한다.

제9조【손실보상】 ① 지방자치단체의 장은 제8조제1항의 규정에 따른 출입·사용이나 장애물등의 제거 또는 변경으로 인하여 손실을 받은 자가 있을 때에는 그 손실을 보상하여야 한다.
② 지방자치단체의 장은 제1항의 규정에 따른 손실보상에 관하여 손실을 받은 자와 협의하여야 한다.
③ 지방자치단체의 장 또는 손실을 받은 자는 제2항의 규정에 따른 협의가 성립되지 아니하거나 협의를 할 수 없는 때에는 대통령령으로 정하는 바에 따라 관할 토지수용위원회에 재결을 신청할 수 있다.(2020.5.26 본항개정)

제10조【토지등의 수용 및 사용】 ① 공공하수도를 설치하고자 하는 자는 공공하수도 설치에 필요한 때에는 「공익사업을 위한 토지 등의 취득 및 손실보상에 관한 법률」 제3조의 규정에 따른 토지등을 수용 또는 사용할 수 있다.
② 제11조제2항에 따른 고시, 같은 조 제3항·제4항 및 제7항에 따른 인가 및 고시와 제16조에 따른 허가 및 고시가 있은 때에는 「공익사업을 위한 토지 등의 취득 및 보상에 관한 법률」 제20조제1항 및 같은 법 제22조에 따른 사업인정 및 사업인정의 고시가 있은 것으로 보며, 재결의 신청은 같은 법 제23조제1항 및 제28조제1항에도 불구하고 제11조 또는 제16조에 따라 고시한 사업시행기간 이내에 이를 할 수 있다.(2013.7.16 본항개정)
③ 제1항의 규정에 따른 토지등의 수용 또는 사용에 관하여는 이 법에 규정된 것을 제외하고는 「공익사업을 위한 토지 등의 취득 및 보상에 관한 법률」을 준용한다.

제10조의2【토지의 지하부분 사용에 대한 보상 등】 ① 공공하수도를 설치하려는 자가 공공하수도의 설치를 위하여 타인 토지의 지하부분을 사용하려는 경우에는 그 토지의 이용 가치, 지하의 깊이 및 토지 이용을 방해하는 정도 등을 고려하여 보상한다.
② 제1항에 따른 지하부분 사용에 대한 구체적인 보상의 기준 및 방법은 대통령령으로 정한다.
(2021.1.5 본조신설)

제10조의3【구분지상권의 설정등기 등】 ① 공공하수도를 설치하려는 자는 「공익사업을 위한 토지 등의 취득 및 보상에 관한 법률」에 따라 토지 등의 소유자 또는 그 권리자와 토지의 지하부분 사용에 관한 협의가 성립된 경우에는 구분지상권을 설정하거나 이전하여야 한다.
② 공공하수도를 설치하려는 자는 「공익사업을 위한 토지 등의 취득 및 보상에 관한 법률」에 따라 구분지상권을 설정하거나 이전하는 내용으로 수용 또는 사용의 재결을 받은 경우에는 「부동산등기법」 제99조를 준용하여 단독으로 그 구분지상권의 설정등기 또는 이전등기를 신청할 수 있다.
③ 토지의 지하부분 사용에 관한 구분지상권의 등기절차는 대법원규칙으로 정한다.
④ 제1항 및 제2항에 따른 구분지상권의 존속기간은 「민법」 제280조 및 제281조에도 불구하고 해당 공공하수도가 존속하는 날까지로 한다.
(2021.1.5 본조신설)

제2장 공공하수도의 설치 및 관리

제11조【공공하수도의 설치 등】 ① 지방자치단체의 장은 하수도정비기본계획에 따라 공공하수도를 설치하여야 한다.
② 시·도지사는 공공하수도를 설치하고자 하는 때에는 대통령령으로 정하는 바에 따라 사업시행지의 위치 및 면적, 설치하고자 하는 시설의 종류, 사업시행기간 등을 고시하여야 한다. 고시한 사항을 변경 또는 폐지하고자 하는 때에도 또한 같다.(2020.5.26 전단개정)
③ 시장·군수·구청장(자치구의 구청장을 말한다. 이하 같다)은 공공하수도를 설치하려면 대통령령으로 정하는 바에 따라 시·도지사의 인가를 받아야 한다.
(2009.1.7 본항개정)
④ 시장·군수·구청장은 제3항에 따라 인가받은 사항을 변경하거나 폐지하려면 시·도지사의 인가를 받아야 한다. 다만, 환경부령으로 정하는 경미한 사항을 변경하려는 경우에는 그러하지 아니하다.(2009.1.7 본항신설)
⑤ (2013.7.16 삭제)
⑥ 시·도지사는 국가의 보조를 받아 설치하고자 하는 공공하수도에 대하여 제2항에 따른 고시 또는 제3항 및 제4항에 따른 인가를 하고자 할 때에는 대통령령으로 정하는 바에 따라 그 설치에 필요한 재원의 조달 및 사용에 관하여 환경부장관과 미리 협의하여야 한다.
(2020.5.26 본항개정)
⑦ 시·도지사는 제3항 및 제4항에 따라 인가를 한 경우에는 대통령령으로 정하는 바에 따라 그 인가내용을 고시하여야 한다.(2013.7.16 본항개정)
⑧ 환경부장관은 지방자치단체의 장이 하수도정비기본계획에 따라 공공하수도를 설치하지 아니할 때에는 해당 지방자치단체의 장에게 하수도정비기본계획에 따라 공공하수도를 설치할 것을 요청할 수 있다.(2020.5.26 본항개정)

제12조【설치기준 등】 ① 공공하수도관리청은 공공하수도를 설치하려면 다음 각 호의 사항을 준수하여야 한다.(2022.12.27 본문개정)

1. 지진에 대한 안전성을 고려할 것
2. 공공하수도의 시설규모 및 배치, 방류 지점 등에 대하여 대통령령으로 정하는 기준
(2009.1.7 본항개정)
② 공공하수도의 구조에 관한 기술적인 기준은 환경부령으로 정한다.
③ 하수도의 설치에 사용되는 하수도용 자재는 대통령령으로 정하는 기준에 적합하여야 한다.(2020.5.26 본항개정)

제13조【겸용공작물에 관한 공사 등의 시행】 ① 공공하수도관리청은 공공하수도의 시설이 도로·제방 그 밖의 공공시설 또는 공작물의 효용을 겸할 때에는 해당 공작물 등(이하 "겸용공작물"이라 한다)을 관리하는 자(이하 "겸용공작물관리자"라 한다)와 협의하여 겸용공작물에 관한 공사 또는 유지를 하거나 겸용공작물관리자로 하여금 공공하수도에 관한 공사 또는 유지를 하게 할 수 있다.
(2021.1.5 본항개정)
② 제1항의 규정에 따라 공공하수도관리청이 시행하는 겸용공작물에 관한 공사 또는 유지는 이를 공공하수도에 관한 공사 또는 유지로 본다.

제14조【타공사의 시행】 공공하수도관리청은 공공하수도 공사로 인하여 필요하게 되거나 공공하수도의 공사를 시행하기 위하여 필요하게 된 공공하수도 외의 공사(이하 "타공사"라 한다)를 공공하수도에 관한 공사와 함께 시행할 수 있다. 이 경우 타공사는 이 법을 적용할 때 공공하수도에 관한 공사로 본다.(2020.5.26 후단개정)

제15조【사용의 공고 등】 ① 공공하수도관리청은 공공하수도의 사용을 개시하려는 경우에는 그 사용개시 시기, 배수구역(공공하수처리시설의 경우에는 그 하수처리구역을 말한다. 이하 같다), 합류식하수관로 및 분류식하수관로의 현황 그 밖의 대통령령으로 정하는 사항을 공고하고, 관계 도면을 일반에게 공람하여야 한다.(2020.5.26 본항개정)
② 공공하수도관리청은 제1항에 따른 하수처리구역을 하수관로로부터 직선거리 300미터의 범위에서 정하되, 하수처리구역의 지정범위에 관한 세부 기준은 지방자치단체의 조례로 정할 수 있다.
(2013.7.16 본조개정)

제16조【공공하수도관리청이 아닌 자의 공사시행 등】
① 지방자치단체의 장이 아닌 자는 공공하수도관리청의 허가를 받아 공공하수도에 관한 공사 또는 유지를 할 수 있다. 다만, 대통령령으로 정하는 경미한 유지는 허가 없이 이를 할 수 있다.
② 공공하수도관리청은 제1항 본문의 규정에 따라 허가를 한 때에는 대통령령으로 정하는 바에 따라 그 내용을 고시하여야 한다.
(2020.5.26 본조개정)

제17조【인가·허가 등의 의제】 ① 지방자치단체의 장이 제11조제2항에 따른 고시, 같은 조 제3항 및 제4항에 따른 인가 또는 제16조제1항에 따른 허가를 할 때 제2항에 따라 관계 행정기관의 장과 협의한 사항에 대하여는 해당 공공하수도의 설치에 대한 다음 각 호의 허가·인가·면허·협의·승인 또는 해제(이하 "인·허가등"이라 한다)를 받은 것으로 보며, 제11조제2항·제7항 및 제16조제2항에 따른 고시가 있은 때에는 다음 각 호의 법률에 따른 인·허가등의 고시가 있은 것으로 본다.
(2013.7.16 본문개정)
1. 「공유수면 관리 및 매립에 관한 법률」 제8조에 따른 공유수면의 점용·사용허가, 같은 법 제17조에 따른 점용·사용 실시계획의 승인 또는 신고, 같은 법 제28조에 따른 공유수면의 매립면허, 같은 법 제35조에 따른 국가 등이 시행하는 매립의 협의 또는 승인 및 같은 법 제38조에 따른 공유수면매립실시계획의 승인(2010.4.15 본호개정)
2. (2010.4.15 삭제)
3. 「국토의 계획 및 이용에 관한 법률」 제56조제1항에 따른 개발행위의 허가 및 같은 법 제88조에 따른 실시계획의 인가(2009.1.7 본호개정)
4. 「농지법」 제34조의 규정에 따른 농지의 전용허가 또는 협의(2007.4.11 본호개정)
5. 「도로법」 제36조의 규정에 따른 도로공사시행의 허가 및 같은 법 제61조의 규정에 따른 도로의 점용허가
(2014.1.14 본호개정)
6. 「문화유산의 보존 및 활용에 관한 법률」 제35조제1항 제1호·제2호에 따른 허가 및 같은 법 제66조 단서(「자연유산의 보존 및 활용에 관한 법률」 제63조에 따라 준용하는 경우를 포함한다)에 따른 국유문화유산 및 국유자연유산의 사용허가, 「자연유산의 보존 및 활용에 관한 법률」 제17조제1항제1호·제2호·제4호·제5호에 따른 허가(2023.8.8 본호개정)
7. 「사도법」 제4조의 규정에 따른 사도의 개설허가
8. 「사방사업법」 제14조의 규정에 따른 사방지 안에서의 행위제한의 허가 및 같은 법 제20조의 규정에 따른 사방지의 지정해제(2020.5.26 본호개정)
9. 「산지관리법」 제14조의 규정에 따른 산지전용허가
10. 「산림자원의 조성 및 관리에 관한 법률」 제36조의 규정에 따른 입목벌채등의 허가 또는 신고. 다만, 채종림(採種林) 및 시험림, 「산림보호법」 제7조에 따른 산림보호구역의 경우는 제외한다.(2020.5.26 단서개정)
11. 「산업입지 및 개발에 관한 법률」 제16조제1항의 규정에 따른 사업시행자의 지정 및 같은 법 제17조제1항·제18조제1항 및 제19조제1항의 규정에 따른 실시계획의 승인(2020.5.26 본호개정)
12. 「장사 등에 관한 법률」 제27조제1항에 따른 타인의 토지 등에 설치된 분묘의 처리허가(2011.11.14 본호개정)
13. 「초지법」 제23조의 규정에 따른 초지의 전용허가
14. 「공간정보의 구축 및 관리 등에 관한 법률」 제15조제4항에 따른 지도등의 간행 심사(2021.7.20 본호개정)
15. 「하천법」 제30조에 따른 하천공사 시행의 허가 및 같은 법 제33조제1항제1호부터 제4호까지의 규정에 따른 하천의 점용 등의 허가(2020.5.26 본호개정)
② 지방자치단체의 장은 제11조제2항에 따른 고시, 같은 조 제3항 및 제4항에 따른 인가 또는 제16조제1항에 따른 허가를 할 때 그 사업계획에 제1항 각 호의 사항이 포함되어 있을 때에는 미리 관계 행정기관의 장과 협의하여야 한다. 이 경우 관계 행정기관의 장은 협의요청을 받은 날부터 30일 이내에 의견을 제출하여야 한다.(2024.1.30 후단개정)
③ 제1항 및 제2항에서 규정한 사항 외에 인·허가등 의제의 기준 및 효과 등에 관하여는 「행정기본법」 제24조부터 제26조까지를 준용한다.(2024.1.30 본항개정)
(2013.7.16 본조제목개정)

제18조【공공하수도관리청】 ① 공공하수도관리청은 관할 지방자치단체의 장이 된다. 이 경우 공공하수도에 대한 공공하수도관리청별 관리범위에 관하여는 환경부령으로 정한다.
② 공공하수도가 둘 이상의 지방자치단체의 장의 관할구역에 걸치거나 그 밖의 특별한 사유가 있을 때에는 대통령령으로 정하는 기준에 따른 지방자치단체의 장이 공공하수도관리청이 된다.(2020.5.26 본항개정)
③ 제2항의 규정에 따른 공공하수도관리청은 관리하여야 할 공공하수도의 시설 또는 지역 등 대통령령으로 정하는 사항을 공고하여야 한다.(2020.5.26 본항개정)

제19조【공공하수도의 운영·관리 및 손괴·방해행위 금지 등】 ① 공공하수도를 운영·관리하는 자는 대통령령으로 정하는 기준에 따라 공공하수도를 운영·관리하기 위한 기준을 마련하여야 한다.(2012.2.1 본항개정)
② 공공하수처리시설, 간이공공하수처리시설 또는 분뇨처리시설을 운영·관리하는 자는 강우·사고 또는 처리공법상 필요한 경우 등 환경부령으로 정하는 정당한 사유 없이 다음 각 호의 어느 하나에 해당하는 행위를 하여서는 아니 된다.(2013.7.16 본문개정)
1. 제7조에 따른 방류수수질기준(이하 "방류수수질기준"이라 한다)을 초과하여 배출하는 행위(2009.1.7 본호신설)
2. 제15조에 따라 공고된 하수처리구역 안의 하수를 공공하수처리시설(강우로 인하여 일시적으로 하수가 늘어난 경우에는 간이공공하수처리시설을 포함한다. 이하 이 호에서 같다)에 유입시키지 아니하고 배출하거나 공공하수처리시설에 유입시키지 아니하고 배출할 수 있는 시설을 설치하는 행위(2013.7.16 본호개정)
3. 공공하수처리시설, 간이공공하수처리시설 또는 분뇨처리시설에 유입된 하수 또는 분뇨를 최종방류구를 거치지 아니하고 배출하거나 최종방류구를 거치지 아니하고 배출할 수 있는 시설을 설치하는 행위
(2013.7.16 본호개정)
4. 분뇨에 물을 섞어 처리하거나 물을 섞어 배출하는 행위
③ 공공하수도를 운영·관리하는 자는 강우로 인하여 하수처리구역 안의 하수가 공공하수처리시설(간이공공하수처리시설을 포함한다)에 유입되지 아니하고 배출되는 경우, 배출되는 하수의 수량과 수질을 환경부령으로 정하는 바에 따라 측정·기록하여 5년간 보존하여야 한다.
(2021.1.5 본항신설)
④ 공공하수처리시설, 간이공공하수처리시설 또는 분뇨처리시설을 운영·관리하는 자는 대통령령으로 정하는 바에 따라 방류수의 수질검사, 찌꺼기의 성분검사를 실시하고 그 검사에 관한 기록을 5년간 보존하여야 한다.
(2013.7.16 본항개정)
⑤ 분뇨처리시설의 설치자 또는 관리자는 분뇨처리시설의 처리용량에 여유가 있을 때에는 「가축분뇨의 관리 및 이용에 관한 법률」에 따른 가축분뇨를 해당 분뇨처리시설로 유입시켜 처리할 수 있다.(2020.5.26 본항개정)
⑥ 누구든지 공공하수도를 손괴하거나 그 기능에 장해를 주어 하수의 흐름을 방해하여서는 아니 된다.
⑦ 누구든지 정당한 사유 없이 공공하수도를 조작하여 하수의 흐름을 방해하여서는 아니 된다.
(2012.2.1 본조제목개정)

제19조의2【공공하수도 관리대행업 등】 ① 공공하수도관리청은 다음 각 호의 어느 하나에 해당하는 자(이하 "관리대행업자"라 한다)에게 공공하수도의 운영·관리 업무를 대행하게 할 수 있다.
1. 대통령령으로 정하는 시설·장비 및 기술인력 등의 요건을 갖추어 환경부장관에게 등록한 자
2. 「지방공기업법」 제2조제1항제6호의 사업을 수행하는 지방공사 또는 지방공단으로서 환경부령으로 정하는 바에 따라 환경부장관에게 신고한 자
② 제1항제1호에 따라 등록한 사항 중 환경부령으로 정하는 중요한 사항을 변경하는 경우에는 변경등록을 하여야 한다.
③ 관리대행업자는 공공하수도 관리에 관한 사항을 기록·보존하는 등 대통령령으로 정하는 준수사항을 지켜야 한다.
④ 제1항에 따른 공공하수도 운영·관리 업무를 대행하는 사업(이하 "공공하수도 관리대행업"이라 한다)의 등록절차와 그 밖에 필요한 사항은 환경부령으로 정한다.
(2012.2.1 본조신설)

제19조의3【결격사유】 다음 각 호의 어느 하나에 해당하는 자는 공공하수도 관리대행업의 등록을 할 수 없다.
1. 피성년후견인 또는 피한정후견인(2015.2.3 본호개정)
2. 파산선고를 받고 복권되지 아니한 자
3. 이 법, 「물환경보전법」 또는 「폐기물관리법」을 위반하여 징역 이상의 실형을 선고받고 그 집행이 끝나거나(집행이 끝난 것으로 보는 경우를 포함한다) 집행이 면제된 날부터 2년이 지나지 아니한 사람(2017.1.17 본호개정)
4. 제19조의4제1항(제2호와 제7호는 제외한다)에 따라 등록이 취소된 후 2년이 지나지 아니한 자(2016.1.27 본호개정)
5. 임원 중에 제1호부터 제4호까지의 어느 하나에 해당하는 사람이 있는 법인 또는 단체
(2012.2.1 본조신설)

제19조의4【등록취소 등】 ① 환경부장관은 제19조의2 제1항제1호에 따라 등록한 관리대행업자가 다음 각 호의 어느 하나에 해당하면 그 등록을 취소하거나 6개월 이내의 기간을 정하여 업무의 전부 또는 일부의 정지를 명할 수 있다. 다만, 제1호 또는 제7호에 해당하는 경우에는 그 등록을 취소하여야 한다.
1. 거짓이나 그 밖의 부정한 방법으로 등록을 한 경우
2. 제19조의2제1항제1호에 따른 등록을 한 후 1년 이내에 업무를 개시하지 아니하거나 정당한 사유 없이 계속하여 1년 이상 휴업을 한 경우
3. 제19조의2제1항제1호에 따른 등록요건에 미달하게 된 경우
4. 제19조의2제1항제1호에 따른 기술인력이 해당 공공하수처리시설 등에 상근(常勤)하지 아니한 경우
5. 제19조의2제2항에 따른 변경등록을 하지 아니하거나 부정한 방법으로 변경등록을 한 경우
6. 제19조의2제3항에 따른 준수사항을 지키지 아니한 경우
7. 제19조의3제1호부터 제3호까지 또는 제5호에 해당하게 된 경우. 다만, 제19조의3제5호에 해당하는 법인 또는 단체가 6개월 이내에 그 임원을 바꾸어 임용하는 경우는 제외한다.
8. 업무정지명령을 위반하여 공공하수도 운영·관리 업무를 한 경우
② 환경부장관은 제19조의2제1항제2호에 따라 신고한 관리대행업자가 다음 각 호의 어느 하나에 해당하면 6개월 이내의 기간을 정하여 업무의 전부 또는 일부의 정지를 명할 수 있다.
1. 제19조의2제3항에 따른 준수사항을 지키지 아니한 경우
2. 업무정지명령을 위반하여 공공하수도 운영·관리 업무를 한 경우
3. 환경부령으로 정하는 기술인력이 해당 공공하수처리시설 등에 상근하지 아니한 경우
③ 제1항 및 제2항에 따른 행정처분의 세부기준은 그 위반행위의 종류와 위반의 정도 등을 고려하여 환경부령으로 정한다.
(2012.2.1 본조신설)

제19조의5【관리대행 계약체결 및 계약해지】 ① 제19조의2제1항에 따라 공공하수도관리청이 공공하수도 운영·관리 업무를 관리대행업자에게 대행하게 할 때에는 대행계약을 체결하여야 한다.(2021.1.5 본항개정)
② 공공하수도관리청은 대행계약을 체결한 관리대행업자가 등록취소처분을 받은 경우에는 6개월 이내에 그 계약을 해지하고 다른 관리대행업자가 대행하게 하여야 한다.
③ 공공하수도관리청은 유역하수도정비계획에 따라 지방자치단체 간 공공하수도의 운영·관리를 통합하게 된 경우에는 제1항에 따라 체결한 대행계약을 해지할 수 있다. 이 경우 계약해지일 6개월 전까지 그 사실을 관리대행업자에게 알려야 한다.(2021.1.5 본항신설)
④ 공공하수도관리청은 제1항에 따라 대행계약을 체결한 날부터 대통령령으로 정하는 기간마다 대행계약의 성과를 평가하여야 한다.(2021.1.5 본항신설)
⑤ 공공하수도관리청은 제4항에 따라 평가한 결과 미흡한 사항에 대해서는 해당 관리대행업자에게 시정을 요구할 수 있다.(2021.1.5 본항신설)
⑥ 제1항부터 제5항까지에서 규정한 사항 외에 대행계약의 종류, 계약기간, 갱신기간 및 성과평가의 방법 등 대행계약에 관하여 필요한 사항은 대통령령으로 정한다.
(2021.1.5 본항신설)
(2012.2.1 본조신설)

제19조의6【관리대행업자의 지위승계】 ① 다음 각 호의 어느 하나에 해당하는 자는 관리대행업자의 지위를 승계한다. 다만, 제2호 또는 제3호에 해당하는 자가 제19조의3제1호부터 제4호까지의 규정 중 어느 하나에 해당하는 경우에는 그러하지 아니하다.
1. 관리대행업자가 사망한 경우 그 상속인
2. 관리대행업자가 영업을 양도한 경우 그 양수인
3. 법인인 관리대행업자가 다른 법인과 합병한 경우 합병 후 존속하는 법인이나 합병으로 설립되는 법인
② 제1항제1호에 따라 지위를 승계한 상속인이 제19조의3 제1호부터 제4호까지의 규정 중 어느 하나에 해당하는 경우나 제1항에 따라 지위를 승계한 법인 또는 단체가 제19조의3제5호에 해당하는 경우에는 상속개시일·양수

일 또는 합병일부터 6개월 이내에 다른 사람에게 이를 양도하거나 그 임원을 교체 임명하여야 한다.
③ 제1항에 따라 지위를 승계한 자는 환경부령으로 정하는 바에 따라 환경부장관에게 신고하여야 한다.
(2021.1.5 본조신설)
제20조【기술진단 등】 ① 공공하수도관리청은 5년마다 소관 공공하수도에 대한 기술진단을 실시하여 공공하수도의 관리상태를 점검하여야 한다.
② 공공하수도관리청은 제1항의 규정에 따른 기술진단의 결과 관리상태가 불량한 공공하수도에 대하여는 개선계획을 수립하여 시행하여야 한다.
③ 제1항의 규정에 따른 기술진단의 대상 및 내용 등에 관하여 필요한 사항은 환경부령으로 정한다.
제20조의2【기술진단의 대행 등】 ① 공공하수도관리청은 「한국환경공단법」에 따른 한국환경공단(이하 "공단"이라 한다) 또는 제2항에 따라 등록한 자(이하 "기술진단전문기관"이라 한다)로 하여금 제20조제1항에 따른 기술진단을 대행하게 할 수 있다. 다만, 공단 또는 기술진단전문기관이 다음 각 호의 어느 하나에 해당하는 경우에는 해당 공공하수도에 대한 기술진단을 대행할 수 없다.
(2022.6.10 단서신설)
1. 제19조의2제1항에 따라 해당 공공하수도의 운영·관리 업무를 대행하는 관리대행업자 또는 그 계열회사(「독점규제 및 공정거래에 관한 법률」 제2조제12호의 계열회사를 말한다. 이하 이 항에서 같다)인 경우
2. 해당 공공하수도에 관한 계획, 설계, 시공 및 감리를 수행한 자 또는 그 계열회사인 경우
(2022.6.10 1호~2호신설)
② 기술진단전문기관으로 등록하려는 자는 대통령령으로 정하는 시설, 장비 및 기술인력 등의 등록요건을 갖추어 환경부장관에게 등록하여야 한다.
③ 기술진단전문기관이 등록한 사항 중 환경부령으로 정하는 중요한 사항을 변경하는 경우에는 환경부장관에게 변경신고를 하여야 한다.
④ 공단 및 기술진단전문기관은 기술진단을 한 경우에는 기술진단 결과를 기록·보존하는 등 대통령령으로 정하는 준수사항을 지켜야 한다.
⑤ 기술진단전문기관의 등록 및 변경신고의 절차, 기한 등 필요한 사항은 환경부령으로 정한다.
(2011.11.14 본조신설)
제20조의3【기술진단전문기관 등록의 결격사유】 다음 각 호의 어느 하나에 해당하는 자는 기술진단전문기관으로 등록할 수 없다.
1. 피성년후견인 또는 피한정후견인(2015.2.3 본호개정)
2. 파산선고를 받고 복권되지 아니한 자
3. 이 법을 위반하여 징역 이상의 실형을 선고받고 그 집행이 끝나거나(집행이 끝난 것으로 보는 경우를 포함한다) 집행이 면제된 날부터 2년이 지나지 아니한 사람
4. 제20조의4에 따라 등록이 취소(이 조 제1호 또는 제2호에 해당하여 등록이 취소된 경우는 제외한다)된 후 2년이 지나지 아니한 자(2021.1.5 본호개정)
5. 임원 중에 제1호부터 제4호까지의 어느 하나에 해당하는 사람이 있는 법인 또는 단체
(2011.11.14 본조신설)
제20조의4【기술진단전문기관의 등록취소 등】 ① 환경부장관은 기술진단전문기관이 다음 각 호의 어느 하나에 해당하는 경우에는 그 등록을 취소하거나 6개월 이내의 기간을 정하여 그 업무의 전부 또는 일부의 정지를 명할 수 있다. 다만, 제1호 또는 제6호에 해당하는 경우에는 그 등록을 취소하여야 한다.
1. 거짓이나 그 밖의 부정한 방법으로 등록한 경우
2. 제20조의2제2항에 따라 등록한 후 1년 이내에 업무를 개시하지 아니하거나 정당한 사유 없이 계속하여 1년 이상 휴업한 경우
3. 제20조의2제2항에 따른 등록요건에 미달하게 된 경우
4. 제20조의2제3항에 따른 변경신고를 하지 아니하거나 부정한 방법으로 변경신고를 한 경우
5. 제20조의2제4항에 따른 준수사항을 지키지 아니한 경우
6. 제20조의3제1호부터 제3호까지 또는 제5호에 해당하게 된 경우. 다만, 법인 또는 단체의 임원 중에 제20조의3제5호에 해당하는 사람이 있는 경우 6개월 이내에 그 임원을 바꾸어 임명하는 경우에는 취소하지 아니한다.
7. 업무정지기간 중에 신규계약을 체결하거나 그에 따른 기술진단을 한 경우
② 제1항에 따른 행정처분의 세부 기준은 그 위반행위의 종류와 위반의 정도 등을 고려하여 환경부령으로 정한다.
(2011.11.14 본조신설)
제21조【기술진단전문기관의 지위승계】 ① 다음 각 호의 어느 하나에 해당하는 자는 기술진단전문기관의 지위를 승계한다. 다만, 제2호 또는 제3호에 해당하는 자가 제20조의3제1호부터 제4호까지의 규정 중 어느 하나에 해당하는 경우에는 그러하지 아니하다.
1. 기술진단전문기관으로 등록한 자가 사망한 경우 그 상속인
2. 기술진단전문기관으로 등록한 자가 영업을 양도한 경우 그 양수인
3. 법인인 기술진단전문기관이 다른 법인과 합병한 경우 합병 후 존속하는 법인이나 합병으로 설립되는 법인
② 제1항제1호에 따라 지위를 승계한 상속인이 제20조의3제1호부터 제4호까지의 규정 중 어느 하나에 해당하는 경우나 제1항에 따라 지위를 승계한 법인 또는 단체가 제20조의3제5호에 해당하는 경우에는 상속개시일·양수일 또는 합병일부터 6개월 이내에 다른 사람에게 이를 양도하거나 그 임원을 교체 임명하여야 한다.
③ 제1항에 따라 지위를 승계한 자는 환경부령으로 정하는 바에 따라 환경부장관에게 신고하여야 한다.
(2021.1.5 본조신설)
제22조【사용의 제한 등】 공공하수도관리청은 공공하수도에 관한 공사의 시행이나 그 밖의 부득이한 사유가 있는 때에는 배수구역의 전부 또는 일부의 구역을 지정하여 해당 공공하수도의 사용을 일시 제한하거나 금지할 수 있다. 이 경우 그 구역 및 기간을 미리 공고하거나 관계인에게 통지하여야 한다.(2020.5.26 전단개정)
제23조【제해시설의 설치 등】 ① 공공하수도관리청은 다음 각 호의 어느 하나에 해당하는 하수를 공공하수도에 계속 유입시키는 자에 대하여는 대통령령으로 정하는 바에 따라 그 하수로 인한 장해를 제거하는데 필요한 시설(이하 "제해시설"이라 한다)을 설치하게 하거나 제해시설의 대체·철거 또는 수리나 그 밖에 필요한 조치를 명할 수 있다.(2020.5.26 본문개정)
1. 공공하수도 시설의 기능을 현저히 방해하거나 그 시설을 손괴시킬 우려가 있는 수질의 하수
2. 방류수수질기준을 유지하기 곤란하게 할 우려가 있는 하수
② 공공하수도관리청은 제해시설에 다른 시설을 설치하는 등의 행위로 제해시설에 장해를 발생시킨 자에 대하여는 해당 시설의 이전이나 그 밖에 장해 제거에 필요한 조치를 명할 수 있다.(2009.1.7 본항신설)
제24조【점용허가】 공공하수도에 영향을 미치는 시설 또는 공작물을 설치하거나 물건을 쌓아두는 등 대통령령으로 정하는 점용행위를 하고자 하는 자는 대통령령으로 정하는 바에 따라 미리 공공하수도관리청의 허가를 받아야 한다.(2020.5.26 본조개정)
제25조【공사의 중지명령 등】 ① 공공하수도의 설치공사를 시행하는 자가 다음 각 호의 어느 하나에 해당하는 경우에는 해당 공공하수도 설치에 관한 제11조에 따른 인가권자는 그 공사의 중지·변경이나 그 밖의 필요한 조치를 명할 수 있다.(2013.7.16 본문개정)
1. 인가를 받지 아니하고 공공하수도의 설치공사를 시행한 때(2013.7.16 본호개정)
2. 인가받은 내용과 다르게 공공하수도의 설치공사를 시행한 때(2013.7.16 본호개정)
3. 그 밖에 환경부령으로 정하는 사유에 해당하는 때(2020.5.26 본호개정)
② 환경부장관 또는 시·도지사는 다음 각 호의 구분에 따른 공공하수도에 대하여 제12조 또는 제19조에 따른 기준 등에 적합하지 아니하게 공공하수도를 설치하거나 유지·관리하는 자에게 상당한 기간을 정하여 그 시설의 개선이나 그 밖의 필요한 조치를 명할 수 있다.
1. 환경부장관의 경우 : 공공하수처리시설·간이공공하수처리시설·분뇨처리시설(2013.7.16 본호개정)
2. 시·도지사의 경우 : 하수관로, 하수저류시설 등 그 밖의 시설(2013.7.16 본호개정)
(2011.11.14 본항개정)
제26조【조치명령 및 허가의 취소 등】 ① 공공하수도관리청은 겸용공작물관리자가 제13조에 따른 협의 내용을 위반한 경우에는 공사의 중지·변경·시행 등 필요한 조치를 명할 수 있다.
② 공공하수도관리청은 제16조에 따라 공공하수도에 관한 공사 또는 유지를 하는 자, 제24조에 따라 점용허가를 받은 자가 다음 각 호의 어느 하나에 해당하면 그 허가의 취소 또는 공사의 중지·변경·시행 등 필요한 조치를 명할 수 있다. 다만, 제1호에 해당하면 허가를 취소하여야 한다.
1. 거짓이나 그 밖의 부정한 방법으로 이 법에 따른 허가를 받은 경우
2. 제16조에 따른 허가 내용을 위반하여 공공하수도의 공사 또는 유지를 한 경우
3. 제24조에 따른 허가 내용을 위반하여 공공하수도를 점용한 경우
③ 공공하수도관리청은 다음 각 호의 어느 하나에 해당하는 자에게 공공하수도의 원상회복을 명할 수 있다. 이 경우 명령을 받은 자가 그 의무를 이행하지 아니하는 경우에는 「행정대집행법」에 따라 이를 대집행할 수 있다.
1. 제24조에 따른 점용허가를 받지 아니하고 공공하수도를 점용한 자
2. 제24조에 따른 점용허가의 기간이 만료된 자
3. 제2항에 따라 점용허가가 취소된 자
(2021.1.5 본조신설)

제3장 개인하수도의 설치 및 관리

제1절 배수설비 등
(2010.6.8 본절제목개정)

제27조【배수설비의 설치 등】 ① 공공하수도의 사용이 개시된 때에는 배수구역 안의 토지의 소유자·관리자(그 토지 위에 시설물이 있는 경우에는 그 시설물의 소유자 또는 관리자를 말한다) 또는 국·공유시설물의 관리자는 그 배수구역의 하수를 공공하수도에 유입시켜야 하며, 이에 필요한 배수설비를 설치하여야 한다.
② 공공하수도관리청은 배수설비의 부실시공을 방지하기 위하여 필요한 경우에는 제1항의 규정에 따라 배수설비를 설치하여야 하는 자에게 그 배수설비의 시공을 대통령령으로 정하는 요건을 갖춘 자로 하여금 대행하게 하도록 명할 수 있다. 다만, 다음 각 호의 어느 하나에 해당하는 공사의 경우에는 그러하지 아니하다.
(2020.5.26 본문개정)
1. 옥내의 배수설비 공사
2. 배수설비의 준설·보수 등 공공하수도의 기능에 장애를 주지 아니하는 배수설비의 유지·관리 공사
③ 제1항의 규정에 따라 배수설비를 설치하고자 하는 자는 배수설비의 종류·규모 등 대통령령으로 정하는 사항을 공공하수도관리청에 신고하여야 한다.(2020.5.26 본항개정)
④ 제1항에 따라 배수설비를 설치하여야 하는 자로서 대통령령으로 정하는 수질 또는 수량 이상의 하수를 공공하수도에 유입시키려는 자는 해당 하수의 수질 또는 수량, 배수설비의 사용개시 예정일자 등에 관한 사항을 제3항에 따라 배수설비의 설치 신고를 하는 때에 함께 신고를 하여야 한다. 신고한 하수의 수질 또는 수량을 환경부령으로 정하는 기준 이상으로 변경하려는 경우에도 또한 같다.(2021.1.5 본항개정)
⑤ 제1항의 규정에 따른 배수설비의 설치의무자가 그 설치공사를 완료한 때에는 지방자치단체의 조례로 정하는 바에 따라 공공하수도관리청의 준공검사를 받아야 한다.
(2020.5.26 본항개정)
⑥ 제5항에 따라 배수설비의 준공검사를 받은 자는 다음 각 호의 어느 하나에 해당하는 경우에는 지방자치단체의 조례로 정하는 바에 따라 공공하수도관리청에 신고하여야 한다.
1. 해당 배수설비의 사용을 중지하거나 폐쇄하려는 경우
2. 사용 중지 중인 배수설비를 다시 사용하려는 경우
3. 준공검사를 받은 배수설비의 구조를 변경하려는 경우
4. 그 밖에 공공하수도 관리를 위하여 필요한 경우로서 해당 지방자치단체의 조례로 정하는 경우
(2021.1.5 본항신설)
⑦ 공공하수도관리청은 제3항에 따른 설치신고, 제4항 전단에 따른 신고, 같은 항 후단에 따른 변경신고 또는 제6항에 따른 신고를 받은 날부터 5일 이내에 신고수리 여부를 신고인에게 통지하여야 한다.(2021.1.5 본항신설)
⑧ 공공하수도관리청이 제7항에서 정한 기간 내에 신고수리 여부 또는 민원 처리 관련 법령에 따른 처리기간의 연장을 신고인에게 통지하지 아니하면 그 기간(민원 처리 관련 법령에 따라 처리기간이 연장 또는 재연장된 경우에는 해당 처리기간을 말한다)이 끝난 날의 다음 날에 신고를 수리한 것으로 본다.(2021.1.5 본항신설)
⑨ 제1항의 규정에 따라 설치된 배수설비의 유지·관리는 해당 지방자치단체의 조례로 정하는 바에 따라 그 설치자가 하여야 한다. 다만, 그 토지의 경계로부터 공공하수도까지의 배수설비는 해당 지방자치단체의 조례로 정하는 바에 따라 공공하수도관리청이 유지·관리할 수 있다.
(2020.5.26 본항개정)
⑩ 배수설비의 설치 및 구조에 관하여는 「건축법」 그 밖의 다른 법령의 규정에 따르는 것을 제외하고는 환경부령으로 정하는 기준에 따라야 한다.(2020.5.26 본항개정)
제28조【공공하수도 유입제외】 제27조제1항에도 불구하고 다음 각 호의 어느 하나에 해당하는 하수를 배출하는 자는 하수를 공공하수도에 유입시키지 아니할 수 있다. 이 경우 환경부령으로 정하는 바에 따라 미리 공공하수도관리청의 허가를 받아야 한다.(2020.5.26 본문개정)
1. 공공하수처리시설의 방류수수질기준을 초과하지 아니하는 하수
2. 「물환경보전법」 제2조제17호에 따른 공공폐수처리시설의 방류수(2017.1.17 본호개정)
3. 그 밖에 환경부령으로 정하는 하수(2020.5.26 본호개정)
제29조【타인의 토지 또는 배수설비의 사용】 ① 제27조의 규정에 따라 배수설비를 설치하거나 이를 관리하는 자가 타인의 토지 또는 배수설비를 사용하지 아니하고는 하수를 공공하수도에 유입시키기 곤란하거나 이를 관리할 수 없는 때에는 타인의 토지에 배수설비를 설치하거나 타인이 설치한 배수설비를 사용할 수 있다.
② 제1항의 규정에 따라 타인의 배수설비를 사용하는 자는 그 이익을 받는 비율에 따라 그 설치 또는 관리에 소요되는 비용을 분담하여야 한다.
③ 제1항의 규정에 따라 타인의 토지를 사용하고자 하는 자는 해당 토지의 소유자나 이해관계인과 미리 협의하여야 하며, 그 사용으로 인하여 발생하는 손실에 대하여는 상당한 보상을 하여야 한다.(2020.5.26 본항개정)
제30조【배수설비 등에 대한 조치명령】 ① 공공하수도관리청은 제27조에 따라 배수설비를 설치하여야 하는 자가 다음 각 호의 어느 하나에 해당하면 배수설비의 설치·대체·철거 또는 수리나 그 밖에 필요한 조치를 명할 수 있다.
1. 제27조제1항에 따른 배수설비를 설치하지 아니한 경우
2. 제27조제9항에 따른 유지·관리를 하지 아니한 경우(2021.1.5 본호개정)
3. 제27조제10항에 따른 배수설비의 설치·구조에 관한 기준에 적합하지 아니한 경우(2021.1.5 본호개정)
② 공공하수도관리청은 배수설비를 사용하는 자가 배수설비에 다른 시설을 설치하는 등의 행위로 배수설비에

장해를 발생시키면 해당 시설의 이전이나 그 밖에 장해제거에 필요한 조치를 명할 수 있다.
(2021.1.5 본조제목개정)
(2009.1.7 본조개정)

제31조【배수설비 등의 검사】 공공하수도관리청이나 그 명령 또는 위임을 받은 자는 배수설비나 제해시설을 검사할 수 있으며, 검사를 하기 위하여 필요한 때에는 배수구역 안의 타인의 토지 또는 건축물에 출입할 수 있다. 이 경우 그 출입에 관하여는 제8조의 규정을 준용한다.

제32조【개인하수도 설치의 지원 등】 ① 국가는 개인하수도의 보급확대 등을 위하여 제34조의 규정에 따른 개인하수처리시설의 설치에 필요한 기술적·재정적 지원을 할 수 있다.
② 지방자치단체의 장은 관할 구역 안의 하수를 효율적으로 처리하기 위하여 필요한 경우에는 개인하수도를 설치·변경 또는 폐지하는 자에게 소요비용의 전부 또는 일부를 지원하거나 직접 개인하수도에 관한 공사를 할 수 있다.
③ 토지의 소유자는 정당한 사유 없이 제2항의 규정에 따른 배수설비에 관한 공사를 거부 또는 방해하여서는 아니 된다.

제33조【특정공산품의 사용제한 등】 ① 환경부장관은 하수의 수질 악화를 방지하기 위하여 대통령령으로 정하는 특정공산품을 사용함으로 인하여 하수의 수질을 현저히 악화시키는 것으로 판단되는 때에는 관계 중앙행정기관의 장과 협의하여 해당 특정공산품의 제조·수입·판매나 사용의 금지 또는 제한을 명할 수 있다. 다만, 환경부장관의 승인을 받아 연구 또는 시험을 위하여 환경부령으로 정하는 용도로 제조·수입·판매하거나 사용하는 경우에는 그러하지 아니하다.(2020.5.26 본문개정)
② 환경부장관은 제1항에 따라 특정공산품의 제조·수입·판매 또는 사용을 금지하거나 제한하려면 금지 또는 제한하는 대상과 내용 등을 고시하여야 한다.(2009.1.7 본항신설)
③ 제1항 단서에 따른 연구 또는 시험의 구체적인 범위, 승인절차 등 필요한 사항은 환경부령으로 정한다.
(2011.11.14 본항신설)

제2절 개인하수처리시설

제34조【개인하수처리시설의 설치】 ① 오수를 배출하는 건물·시설 등(이하 "건물등"이라 한다)을 설치하는 자는 단독 또는 공동으로 개인하수처리시설을 설치하여야 한다. 다만, 다음 각 호의 어느 하나에 해당하는 경우에는 그러하지 아니하다.
1. 「물환경보전법」 제2조제17호에 따른 공공폐수처리시설로 오수를 유입시켜 처리하는 경우(2017.1.17 본호개정)
2. 오수를 흐르도록 하기 위한 분류식하수관로로 배수설비를 연결하여 오수를 공공하수처리시설에 유입시켜 처리하는 경우(2013.7.16 본호개정)
3. 공공하수도관리청이 환경부령으로 정하는 기준·절차에 따라 하수관로정비구역으로 공고한 지역에서 합류식하수관로로 배수설비를 연결하여 공공하수처리시설에 오수를 유입시켜 처리하는 경우(2013.7.16 본호개정)
4. 그 밖에 환경부령으로 정하는 요건에 해당하는 경우
(2020.5.26 본호개정)
② 제1항에 따라 개인하수처리시설을 설치하거나 그 시설의 규모·처리방법 등 대통령령으로 정하는 중요한 사항을 변경하려는 자는 환경부령으로 정하는 바에 따라 미리 특별자치시장·특별자치도지사·시장·군수·구청장에게 신고하여야 한다. 개인하수처리시설을 폐쇄하려는 경우에도 또한 같다.(2013.7.16 본항개정)
③ 특별자치시장·특별자치도지사·시장·군수·구청장은 제2항 전단에 따른 설치신고·변경신고 또는 같은 항 후단에 따른 폐쇄신고를 받은 경우 그 내용을 검토하여 이 법에 적합하면 신고를 수리하여야 한다.(2021.1.5 본항신설)
④ 제1항에 따라 개인하수처리시설을 설치하려는 자는 대통령령으로 정하는 기준에 적합하게 설치하여야 한다.
(2021.1.5 본항개정)
⑤ 제2항에 따른 개인하수처리시설의 폐쇄에 관한 기준은 환경부령으로 정한다.(2021.1.5 본항개정)

제34조의2【개인하수도관리지역 지정 등】 ① 시·도지사는 공중위생의 향상과 공공수역의 수질보전을 위하여 개인하수도를 공동으로 관리할 필요가 있다고 인정하는 지역을 관할 시장·군수·구청장과 협의하여 개인하수도관리지역(이하 이 조에서 "관리지역"이라 한다)으로 지정할 수 있다.
② 시·도지사는 제1항에 따라 관리지역을 지정한 경우에는 대통령령으로 정하는 바에 따라 그 지정 내용을 공고하여야 한다.
③ 관리지역의 지정절차 및 관리기준 등 관리지역의 지정·운영에 필요한 사항은 환경부령으로 정한다.
④ 특별자치시장·특별자치도지사·시장·군수·구청장은 관할 관리지역 안의 개인하수도를 소유자의 동의를 받아 공동으로 관리할 수 있다. 이 경우 특별자치시장·특별자치도지사·시장·군수·구청장은 개인하수도의 효율적 관리를 위하여 필요한 경우 제53조제3항에 따른 처리시설관리업자에게 그 업무를 대행하게 할 수 있다.
⑤ 제4항에 따른 개인하수도의 공동관리에 드는 비용은 개인하수도의 소유자로부터 징수할 수 있다. 이 경우 비용 등의 징수에 관하여는 제7조제1항에 따른 방류수수질기준 등을 고려하여 대통령령으로 정하는 기준에 따라 해당 지방자치단체의 조례로 정한다.
⑥ 제4항 후단에 따라 관리업무를 대행하는 처리시설관리업자는 이 법을 적용할 때 개인하수처리시설의 소유자 또는 관리자로 본다. 다만, 개인하수도의 소유자에게 명백한 잘못이 있다고 인정되는 경우 등 대통령령으로 정하는 사유가 있는 경우에는 그러하지 아니하다.
(2013.7.16 본조신설)

제35조【건물등의 증축 등에 대한 특례】 ① 건물등을 대통령령으로 정하는 규모 이상으로 증축하거나 그 용도를 대통령령으로 정하는 용도로 변경하고자 하는 경우로서 해당 건물등에서 발생하는 오수의 양이 증가되는 때에는 해당 건물등의 소유자는 제34조의 규정에 따라 개인하수처리시설을 설치하거나 개인하수처리시설의 처리용량을 증대시켜야 한다. 다만, 이미 설치·운영되고 있는 개인하수처리시설의 처리용량을 증대시켜야 하는 경우로서 처리효율을 개선하여야 하는 경우 등 대통령령으로 정하는 요건에 해당하는 경우에는 그러하지 아니하다.
(2020.5.26 본항개정)
② 제1항의 규정에 따른 건물등의 증축 또는 용도변경에 따른 오수의 양의 산정방법 등에 관한 사항은 환경부장관이 정하여 고시한다.

제36조【오수·폐수 등의 병합처리에 관한 특례】 ① 동일한 사업장에서 배출되는 오수와 「물환경보전법」 제33조에 따라 허가를 받거나 신고를 한 배출시설에서 발생되는 폐수 또는 「폐기물관리법」 제29조에 따라 설치된 폐기물매립시설에서 발생되는 침출수를 환경부령으로 정하는 바에 따라 병합처리하는 사업장에 대하여는 이 법에 따른 개인하수처리시설을 설치한 것으로 본다.
(2020.5.26 본항개정)
② 제1항의 규정에 따라 병합처리되는 오수는 「물환경보전법」 제2조제4호에 따른 폐수 또는 폐기물매립시설에서 발생되는 침출수로 본다.
(2017.1.17 본조개정)

제37조【개인하수처리시설의 준공검사 등】 ① 제34조 또는 제35조의 규정에 따라 개인하수처리시설을 설치 또는 변경하는 자가 그 설치 또는 변경공사를 완료한 때에는 특별자치시장·특별자치도지사·시장·군수·구청장의 준공검사를 받아야 한다.(2013.7.16 본항개정)
② 특별자치시장·특별자치도지사·시장·군수·구청장은 개인하수처리시설에 대하여 방류수수질기준의 준수 여부를 확인하기 위하여 제1항의 규정에 따른 준공검사 후 방류수수질검사를 실시하여야 한다.(2013.7.16 본항개정)
③ 제1항의 규정에 따른 준공검사의 신청 및 검사방법과 제2항의 규정에 따른 방류수수질검사의 대상·시기·방법 등에 관하여 필요한 사항은 환경부령으로 정한다.

제38조【개인하수처리시설의 설계·시공】 ① 개인하수처리시설을 설치 또는 변경하려는 자는 다음 각 호의 어느 하나에 해당하는 자에게 개인하수처리시설을 설계·시공하도록 하여야 한다.
1. 제51조제1항에 따라 개인하수처리시설을 설계·시공하는 영업의 등록을 한 자
2. 「가축분뇨의 관리 및 이용에 관한 법률」 제34조에 따라 처리시설 설계·시공업의 등록을 한 자
3. 「건설산업기본법」 제9조제1항 본문에 따라 건설업의 등록을 한 자 중 대통령령으로 정하는 업종의 등록을 한 자
4. 「환경기술 및 환경산업 지원법」 제15조에 따른 환경전문공사업 중 대통령령으로 정하는 분야의 등록을 한 자
5. (2021.1.5 삭제)
② 제1항에도 불구하고 다음 각 호의 어느 하나에 해당하는 경우에는 제1항 각 호에 해당하지 아니하는 자가 개인하수처리시설을 설치하거나 변경할 수 있다.
1. 하수처리에 관한 연구를 목적으로 개인하수처리시설을 설치 또는 변경하는 경우
2. 국내에서 처리기술상 일반화되어 있지 아니한 하수처리방법을 이용하는 경우로서 시험용 시설(국공립 시험기관 또는 대학부설 연구소, 그 밖에 환경부장관이 인정하는 연구·시험기관의 시험을 거친 경우로 한정한다)을 설치하는 경우
3. 제52조제1항에 따라 개인하수처리시설제조업의 등록을 한 자가 자신이 제조한 개인하수처리시설을 직접 설치 또는 변경하는 경우
(2021.1.5 본항신설)
(2021.1.5 본조개정)

제39조【개인하수처리시설의 운영·관리】 ① 개인하수처리시설의 소유자 또는 관리자는 개인하수처리시설을 운영·관리할 때에는 다음 각 호의 어느 하나에 해당하는 행위를 하여서는 아니 된다.(2020.5.26 본문개정)
1. 건물등에서 발생하는 오수를 개인하수처리시설에 유입시키지 아니하고 배출하거나 개인하수처리시설에 유입시키지 아니하고 배출할 수 있는 시설을 설치하는 행위
2. 개인하수처리시설에 유입되는 오수를 최종방류구를 거치지 아니하고 중간배출하거나 중간배출할 수 있는 시설을 설치하는 행위
3. 건물등에서 발생하는 오수에 물을 섞어 처리하거나 물을 섞어 배출하는 행위
4. 정당한 사유 없이 개인하수처리시설을 정상적으로 가동하지 아니하여 방류수수질기준을 초과하여 배출하는 행위
② 개인하수처리시설의 소유자 또는 관리자는 방류수의 수질자가측정 및 내부청소 등에 관하여 환경부령으로 정하는 기준에 따라 그 시설을 유지·관리하여야 한다.
(2020.5.26 본항개정)
③ 개인하수처리시설의 소유자 또는 관리자는 대통령령으로 정하는 부득이한 사유로 방류수수질기준을 초과하여 방류하게 되는 때에는 특별자치시장·특별자치도지사·시장·군수·구청장에게 미리 신고하여야 한다.
(2020.5.26 본항개정)
④ 제3항의 규정에 따라 개인하수처리시설의 소유자 또는 관리자가 신고하여야 할 사항 및 신고절차 등에 관하여 필요한 사항은 환경부령으로 정한다.
⑤ 특별자치시장·특별자치도지사·시장·군수·구청장은 제3항에 따른 신고를 받은 경우 그 내용을 검토하여 이 법에 적합하면 신고를 수리하여야 한다.(2021.1.5 본항신설)
⑥ 특별자치시장·특별자치도지사·시장·군수·구청장은 개인하수처리시설의 소유자 또는 관리자가 해당 시설에 대하여 제2항에 따른 기준에 따라 내부청소를 하지 아니하여 제80조제4항제12호에 따라 과태료 처분을 받고도 계속하여 내부청소를 하지 아니한 때에는 「행정대집행법」에서 정하는 바에 따라 대집행을 하고 그 비용을 소유자 또는 관리자로부터 징수할 수 있다.(2021.1.5 본항개정)
⑦ 공동으로 이용하기 위하여 설치한 개인하수처리시설에 오수를 유입시키는 건물등으로서 대통령령으로 정하는 건물등의 소유자는 환경부령으로 정하는 바에 따라 해당 시설의 공동 관리·유지에 필요한 운영기구를 설치하고 그 대표자를 지정하여 특별자치시장·특별자치도지사·시장·군수·구청장에게 그 사실을 신고하여야 한다. 대통령령으로 정하는 중요한 사항을 변경하려는 경우에도 또한 같다.(2021.1.5 후단개정)
⑧ 특별자치시장·특별자치도지사·시장·군수·구청장은 제7항 전단에 따른 신고 또는 같은 항 후단에 따른 변경신고를 받은 날부터 3일 이내에 신고수리 여부를 신고인에게 통지하여야 한다.(2021.1.5 본항신설)
⑨ 특별자치시장·특별자치도지사·시장·군수·구청장이 제8항에서 정한 기간 내에 신고수리 여부 또는 민원 처리 관련 법령에 따른 처리기간의 연장을 신고인에게 통지하지 아니하면 그 기간(민원 처리 관련 법령에 따라 처리기간이 연장 또는 재연장된 경우에는 해당 처리기간을 말한다)이 끝난 날의 다음 날에 신고를 수리한 것으로 본다.(2021.1.5 본항신설)
⑩ 제1항부터 제6항까지 및 제40조를 적용하는 경우 제7항에 따른 운영기구의 대표자는 해당 개인하수처리시설의 소유자 또는 관리자로 본다.(2021.1.5 본항개정)
⑪ 개인하수처리시설의 소유자 또는 관리자는 해당 시설의 관리를 제53조제1항에 따른 처리시설관리업자에게 위탁할 수 있다.(2021.1.5 본항개정)
⑫ 제11항에 따라 개인하수처리시설의 관리를 위탁받은 자는 이 법을 적용하는 경우 개인하수처리시설의 소유자 또는 관리자로 본다. 다만, 개인하수처리시설의 소유자에게 명백한 잘못이 있다고 인정되는 경우 등 대통령령으로 정하는 사유가 있는 경우에는 그러하지 아니하다.
(2021.1.5 본문개정)

제40조【개인하수처리시설에 대한 개선명령】 ① 특별자치시장·특별자치도지사·시장·군수·구청장은 제37조제2항의 규정에 따른 방류수수질검사 결과 방류수수질기준을 초과하는 경우에는 해당 시설의 소유자에게 대통령령으로 정하는 바에 따라 기간을 정하여 해당 시설의 개선·대체·폐쇄 또는 시설의 가동상태를 확인할 수 있는 기기의 설치 등 필요한 조치(이하 "개선명령"이라 한다)를 명할 수 있다.(2020.5.26 본항개정)
② 특별자치시장·특별자치도지사·시장·군수·구청장은 개인하수처리시설이 방류수수질기준 또는 제34조제4항 및 제39조제2항에 따른 기준에 적합하지 아니하게 설치 또는 운영·관리된다고 인정되는 경우에는 그 소유자 또는 관리자에 대하여 대통령령으로 정하는 바에 따라 기간을 정하여 해당 시설에 대한 개선명령을 할 수 있다.
(2021.1.5 본항개정)
③ 제1항 또는 제2항의 규정에 따라 개선명령을 받은 자는 개선명령을 이행한 때에는 지체 없이 그 사실을 특별자치시장·특별자치도지사·시장·군수·구청장에게 보고하여야 한다. 이 경우 특별자치시장·특별자치도지사·시장·군수·구청장은 이행상태를 확인하고, 그 결과를 개선명령을 받은 자에게 통보하여야 한다.
(2013.7.16 본항개정)
④ 제3항의 규정에 따른 이행상태의 확인방법 등에 관하여 필요한 사항은 환경부령으로 정한다.

제4장 분뇨의 처리

제41조【분뇨처리 의무】 ① 특별자치시장·특별자치도지사·시장·군수·구청장은 관할 구역 안에서 발생하는 분뇨(개인하수처리시설의 소유자 또는 관리자가 개인하수처리시설의 청소과정에서 발생하는 찌꺼기를 환경부령으로 정하는 바에 따라 직접 처리하는 경우는 제외한다)를 수집·운반 및 처리하여야 한다. 이 경우 특별자

치시장·특별자치도지사·시장·군수·구청장은 해당 지방자치단체의 조례로 정하는 바에 따라 제45조의 규정에 따른 분뇨수집·운반업자로 하여금 그 수집·운반을 대행하게 할 수 있다.(2020.5.26 후단개정)
② 특별자치시·특별자치도·시·군·구(자치구를 말한다. 이하 같다)는 오지·벽지 등 분뇨의 수집·운반 및 처리가 어려운 지역에 대하여 환경부령으로 정하는 기준에 따라 제1항을 적용하지 아니할 수 있는 지역을 해당 지방자치단체의 조례로 정할 수 있다.(2013.7.16 본항개정)
③ 화장실이 설치되어 있는 차량·선박 또는 항공기를 운행하는 자 및 이동식 화장실을 설치·관리하는 자는 그 화장실에서 배출되는 분뇨(수세식 화장실에서 발생하는 오수를 포함한다)를 스스로 수집·운반 및 처리하여야 하며, 스스로 수집·운반할 수 없는 경우에는 제45조의 규정에 따른 분뇨수집·운반업자로 하여금 그 수집·운반을 대행하게 할 수 있다.
④ 특별자치시장·특별자치도지사·시장·군수·구청장은 분뇨를 수집·운반 및 처리하는 경우 해당 지방자치단체의 조례로 정하는 바에 따라 수수료를 징수할 수 있다. 다만, 시·도지사가 분뇨처리시설을 설치·운영하는 경우에는 시·도의 조례로 정하는 바에 따라 해당 시·도지사가 그 분뇨처리에 따른 수수료를 징수할 수 있으며, 제1항 및 제3항에 따라 제45조에 따른 분뇨수집·운반업자가 수집·운반을 대행하는 경우에는 대행자가 그 수집·운반에 따른 수수료를 징수할 수 있다.(2020.5.26 본항개정)
⑤ 분뇨처리시설을 설치하여 운영하는 공공하수도관리청은 제1항 및 제3항의 규정에 따라 수집·운반된 분뇨에 대하여 분뇨처리시설의 운영중단 등 환경부령으로 정하는 사유가 발생한 경우를 제외하고는 그 처리를 거부하여서는 아니 된다.(2020.5.26 본항개정)

제42조【분뇨의 광역관리 등】 ① 지방자치단체의 장은 둘 이상의 지방자치단체에서 발생하는 분뇨를 광역적으로 처리할 필요가 있다고 인정되는 경우에는 분뇨처리시설을 공동으로 설치·운영할 수 있다.
② 환경부장관(시·도지사가 분뇨처리시설을 설치·운영하는 경우로 한정한다) 또는 시·도지사(특별자치시장·특별자치도지사·시장·군수·구청장이 분뇨처리시설을 설치·운영하는 경우로 한정한다)는 지방자치단체 간의 분뇨처리시설 설치·운영에 대하여 필요한 조정을 할 수 있다.
③ 환경부장관 또는 시·도지사는 제2항의 규정에 따라 지방자치단체 간의 분뇨처리시설 설치·운영에 대한 조정을 할 때 분뇨처리시설을 공동으로 사용할 필요가 있는 경우에는 이를 공동으로 사용하도록 권고하고, 해당 시설이 설치된 지역의 생활환경 보전 및 개선을 위하여 필요한 지원이 이루어지도록 관련 지방자치단체의 장에게 권고할 수 있다. 이 경우 관련 지방자치단체의 장은 특별한 사유가 없으면 그 권고에 따라야 한다.
(2020.5.26 본조개정)

제43조【분뇨의 처리】 ① 제41조제1항 및 제3항의 규정에 따른 분뇨의 수집·운반 및 처리의 기준은 환경부령으로 정한다.
② 분뇨를 수집 또는 운반하는 자는 분뇨를 적정하게 처리할 수 있는 장소 외의 장소에 분뇨를 함부로 버리거나 제1항의 규정에 따른 기준을 위반하여 수집 또는 운반하여서는 아니 된다.
③ 제1항 및 제2항에도 불구하고 제41조제2항의 규정에 따라 지방자치단체의 조례로 정하는 지역에서는 생활환경에 피해를 주지 아니하는 방법으로 분뇨를 처리하여 사용할 수 있다.(2020.5.26 본항개정)

제44조【분뇨의 재활용】 ① 환경부령으로 정하는 양 이상의 분뇨를 재활용하려는 자는 특별자치시장·특별자치도지사·시장·군수·구청장에게 신고하여야 한다. 다만, 제43조제3항에 따라 분뇨를 사용하는 경우에는 그러하지 아니하다.
② 제1항에 따라 신고를 한 자는 환경부령으로 정하는 중요사항을 변경하려는 경우에는 특별자치시장·특별자치도지사·시장·군수·구청장에게 신고하여야 한다.
③ 특별자치시장·특별자치도지사·시장·군수·구청장은 제1항 본문에 따른 신고 또는 제2항에 따른 변경신고를 받은 경우 그 내용을 검토하여 이 법에 적합하면 신고를 수리하여야 한다.(2021.1.5 본항신설)
④ 제1항에 따라 신고를 한 자가 분뇨를 재활용하는 경우에는 환경부령으로 정하는 기준에 따라 재활용시설을 설치·관리하여야 한다.
⑤ 특별자치시장·특별자치도지사·시장·군수·구청장은 재활용시설이 제4항에 따른 기준에 적합하지 아니하게 설치·관리된다고 인정하는 때에는 그 재활용시설의 설치·관리자에 대하여 대통령령으로 정하는 바에 따라 기간을 정하여 해당 시설에 대한 개선명령을 할 수 있다.
(2021.1.5 본조개정)

제5장 하수·분뇨 관련 영업

제45조【분뇨수집·운반업】 ① 분뇨를 수집(개인하수처리시설 및 분류식하수관로 중 오수가 흐르는 하수관로의 내부청소를 포함한다)·운반하는 영업(이하 "분뇨수집·운반업"이라 한다)을 하려는 자는 대통령령으로 정하는 기준에 따른 시설·장비 및 기술인력 등의 요건을 갖추어 특별자치시장·특별자치도지사·시장·군수·구청장의 허가를 받아야 하며, 허가받은 사항 중 환경부령으로 정하는 중요한 사항을 변경하려는 경우 특별자치시장·특별자치도지사·시장·군수·구청장에게 변경신고를 하여야 한다.(2013.7.16 본항개정)
② 분뇨수집·운반업의 허가를 받으려는 자는 제1항에 따른 허가의 신청을 하기 전에 환경부령으로 정하는 바에 따라 사업계획서를 특별자치시장·특별자치도지사·시장·군수·구청장에게 제출하여 허가의 적합 여부를 미리 검토하여 줄 것을 요청할 수 있다.(2013.7.16 본항개정)
③ 특별자치시장·특별자치도지사·시장·군수·구청장은 제2항에 따라 제출받은 사업계획서를 검토하여 요청받은 날부터 1개월 이내에 그 허가의 적합여부를 통보하여야 한다.(2013.7.16 본항개정)
④ 특별자치시장·특별자치도지사·시장·군수·구청장은 제3항에 따라 적합통보를 받은 자가 그 통보를 받은 날부터 6개월 이내에 그 적합통보를 받은 사업계획에 따라 시설·장비 및 기술인력 등의 요건을 갖추어 허가신청을 한 경우에는 지체 없이 허가하여야 한다.
(2013.7.16 본항개정)
⑤ 특별자치시장·특별자치도지사·시장·군수·구청장은 관할 구역 안에서 발생하는 분뇨를 효율적으로 수집·운반하기 위하여 필요한 경우에는 제1항에 따른 허가를 할 때 대통령령으로 정하는 바에 따라 영업구역을 정하거나 필요한 조건을 붙일 수 있다.(2013.7.16 본항개정)
⑥ 특별자치시장·특별자치도지사·시장·군수·구청장은 제1항에 따른 변경신고를 받은 경우 그 내용을 검토하여 이 법에 적합하면 신고를 수리하여야 한다.
(2021.1.5 본항신설)
⑦ 제1항에 따른 허가 및 변경신고의 절차 등에 관하여 필요한 사항은 환경부령으로 정한다.(2021.1.5 본항개정)
⑧ 제1항에 따라 분뇨수집·운반업의 허가를 받은 자(이하 "분뇨수집·운반업자"라 한다)는 다른 사람에게 자기의 상호 또는 성명을 사용하여 분뇨수집·운반업을 하게 하거나 허가증을 빌려주어서는 아니 된다.(2021.1.5 본항개정)

제46조【분뇨수집·운반업자의 지위 승계】 ① 분뇨수집·운반업자가 영업을 양도하거나 사망한 경우 또는 법인의 합병이 있는 경우에는 그 양수인·상속인 또는 합병 후 존속하는 법인이나 합병에 의하여 설립되는 법인이 종전 영업자의 지위를 승계한다. 다만, 그 영업을 양수한 자 또는 합병 후 존속하는 법인이나 합병에 의하여 설립되는 법인이 제48조제1호부터 제4호까지의 어느 하나에 해당하는 경우에는 그러하지 아니하다.
② 제1항의 규정에 따라 영업자의 지위를 승계한 상속인이 제48조제1호부터 제4호까지의 어느 하나에 해당하는 경우나 그 지위를 승계한 법인이 제48조제5호에 해당하는 경우에는 상속개시일 또는 합병일부터 6개월 이내에 다른 사람에게 이를 양도하거나 그 임원을 교체 임명하여야 한다.(2021.1.5 본항개정)
(2020.5.26 본조개정)

제47조【분뇨수집·운반업자의 준수사항】 ① 분뇨수집·운반업자는 해당 지방자치단체의 조례로 정하는 기준을 초과하여 수수료를 받아서는 아니 된다.(2020.5.26 본항개정)
② 분뇨수집·운반업자(소속종사자를 포함한다)의 영업행위 및 그와 관련한 서류의 작성·보관 등 필요한 준수사항은 환경부령으로 정한다.

제48조【결격사유】 다음 각 호의 어느 하나에 해당하는 자는 분뇨수집·운반업의 허가를 받을 수 없다.
1. 피성년후견인 또는 피한정후견인(2015.2.3 본호개정)
2. 파산선고를 받고 복권되지 아니한 자
3. 이 법, 「물환경보전법」 또는 「폐기물관리법」을 위반하여 징역 이상의 실형을 선고받고 그 집행이 종료(종료된 것으로 보는 경우를 포함한다)되거나 집행을 받지 아니하기로 확정된 날부터 2년이 지나지 아니한 자
(2020.5.26 본호개정)
4. 이 법에 따라 분뇨수집·운반업의 허가가 취소(이 조 제1호 또는 제2호에 해당하여 허가가 취소된 경우는 제외한다)된 자로서 그 허가가 취소된 날부터 2년이 지나지 아니한 자(2021.1.5 본호개정)
5. 임원 중에 제1호부터 제4호까지의 어느 하나에 해당하는 사람이 있는 법인(2020.5.26 본호개정)

제49조【허가의 취소 등】 ① 특별자치시장·특별자치도지사·시장·군수·구청장은 분뇨수집·운반업자가 다음 각 호의 어느 하나에 해당하는 때에는 그 허가를 취소하거나 6개월 이내의 기간을 정하여 그 영업의 전부 또는 일부의 정지를 명할 수 있다. 다만, 제1호·제9호 또는 제12호에 해당하는 때에는 허가를 취소하여야 한다.
(2013.7.16 본문개정)
1. 거짓이나 그 밖의 부정한 방법으로 허가를 받은 경우
(2020.5.26 본호개정)
2. 변경신고를 하지 아니하고 영업을 하거나 부정한 방법으로 변경신고를 한 경우
3. 허가를 받은 후 1년 이내에 영업을 개시하지 아니하거나 정당한 사유 없이 계속하여 1년 이상 휴업한 경우
4. 제43조제2항의 규정을 위반하여 분뇨를 수집·운반한 경우
5. 제45조제1항의 규정에 따른 허가기준에 미달하게 된 경우
6. 제45조제8항을 위반하여 다른 사람에게 자기의 상호 또는 성명을 사용하여 분뇨수집·운반업을 하게 하거나 허가증을 대여한 경우(2021.1.5 본호개정)
7. 제47조제1항의 규정을 위반하여 수수료를 받은 경우
8. 제47조제2항의 규정에 따른 분뇨수집·운반업자의 준수사항을 위반한 경우
9. 제48조제1호부터 제3호까지 또는 제5호에 해당하게 된 경우. 다만, 법인의 임원 중에 제48조제5호에 해당하는 사람이 있는 경우 6개월 이내에 그 임원을 교체 임명한 때에는 그러하지 아니하다.(2021.1.5 단서개정)
10.~11. (2011.11.14 삭제)
12. 제69조제1항에 따른 관계 서류·시설 또는 장비 등의 검사를 거부·방해 또는 기피한 경우(2011.11.14 본호개정)
13. 영업정지기간 중에 영업을 한 경우
② 제1항의 규정에 따른 위반행위별 처분기준은 그 사유와 위반정도를 고려하여 환경부령으로 정한다.(2020.5.26 본항개정)

제50조【과징금】 ① 환경부장관은 관리대행업자가 제19조의4제1항 또는 제2항에 해당하여 영업정지처분을 하여야 할 경우로서 그 영업정지가 주민 생활에 심각한 불편을 주거나 그 밖에 공익을 해할 우려가 있는 때에는 그 영업정지처분을 갈음하여 2억원 이하의 과징금을 부과할 수 있다.(2012.2.1 본항신설)
② 환경부장관은 기술진단전문기관이 제20조의4제1항에 해당하여 영업정지처분을 하여야 할 경우로서 그 영업정지가 주민 생활에 심각한 불편을 주거나 그 밖에 공익을 해할 우려가 있는 때에는 그 영업정지처분을 갈음하여 5천만원 이하의 과징금을 부과할 수 있다.(2022.12.27 본항신설)
③ 특별자치시장·특별자치도지사·시장·군수·구청장은 분뇨수집·운반업자가 제49조제1항에 해당하여 영업정지처분을 하여야 할 경우로서 그 영업정지가 해당 사업의 이용자 등에게 심한 불편을 주거나 그 밖에 공익을 해할 우려가 있는 때에는 그 영업정지를 갈음하여 3천만원 이하의 과징금을 부과할 수 있다.(2020.5.26 본항개정)
④ 제1항부터 제3항까지에 따라 과징금을 부과하는 위반행위의 종별과 과징금의 금액, 징수절차 그 밖의 필요한 사항은 대통령령으로 정한다.(2022.12.27 본항개정)
⑤ 환경부장관 또는 특별자치시장·특별자치도지사·시장·군수·구청장은 제1항부터 제3항까지에 따라 과징금을 납부하여야 할 자가 납부기한까지 이를 납부하지 아니한 때에는 국세 체납처분의 예 또는 「지방행정제재·부과금의 징수 등에 관한 법률」에 따라 징수한다.
(2022.12.27 본항개정)
⑥ 제1항 및 제2항에 따라 징수한 과징금은 환경보전사업 외의 용도로 이를 사용하여서는 아니 된다.(2022.12.27 본항개정)

제51조【개인하수처리시설설계·시공업】 ① 개인하수처리시설을 설계·시공하는 영업(이하 "개인하수처리시설설계·시공업"이라 한다)을 하려는 자(제38조제1항제2호부터 제4호까지의 규정에 해당하는 자는 제외한다)는 대통령령으로 정하는 기준에 따른 시설·장비 및 기술인력 등의 요건을 갖추어 특별자치시장·특별자치도지사·시장·군수·구청장에게 등록하여야 하며, 등록한 사항을 변경하려는 경우에는 환경부령으로 정하는 바에 따라 변경신고를 하여야 한다.(2021.1.5 본항개정)
② 제1항에 따른 등록 또는 변경신고의 절차 등에 관하여 필요한 사항은 환경부령으로 정한다.(2011.11.14 본항개정)
③ 제1항의 규정에 따라 개인하수처리시설설계·시공업의 등록을 한 자(이하 "처리시설설계·시공업자"라 한다)는 다른 사람에게 자기의 상호 또는 성명을 사용하여 개인하수처리시설의 설계·시공을 하게 하거나 등록증을 빌려주어서는 아니 된다.
④ 제46조 및 제48조의 규정은 개인하수처리시설설계·시공업의 등록에 관하여 이를 준용한다. 이 경우 "분뇨수집·운반업자"는 "처리시설설계·시공업자"로, "분뇨수집·운반업"은 "개인하수처리시설설계·시공업"으로, "허가"는 "등록"으로 본다.
⑤ 처리시설설계·시공업자는 도급받은 공사의 직접 설계의 범위 및 하도급의 범위 등 환경부령으로 정하는 준수사항을 지켜야 한다.(2020.5.26 본항개정)
⑥ 처리시설설계·시공업자가 제38조의 규정에 따라 개인하수처리시설을 시공할 때 그 시공이 「건설산업기본법」 제2조제4호의 규정에 따른 건설공사에 해당하는 경우에는 같은 법 제8조제1항 및 제9조제1항에도 불구하고 이를 설계·시공할 수 있다.(2020.5.26 본항개정)
⑦ 처리시설설계·시공업자는 대통령령으로 정하는 규모 및 공사종류의 특성 등을 가지는 공공하수처리시설을 설계·시공할 수 있다.(2020.5.26 본항개정)

제52조【개인하수처리시설제조업】 ① 개인하수처리시설을 제조하는 영업(이하 "개인하수처리시설제조업"이라 한다)을 하고자 하는 자는 대통령령으로 정하는 기준에 따른 시설·장비 및 기술인력 등의 요건을 갖추어 특별자치시장·특별자치도지사·시장·군수·구청장에게 등록하여야 하며, 등록한 사항을 변경하고자 하는 때에는 환경부령으로 정하는 바에 따라 변경등록 또는 변경신고를 하여야 한다.(2020.5.26 본항개정)
② 제1항의 규정에 따른 등록·변경등록 또는 변경신고의 절차 등에 관하여 필요한 사항은 환경부령으로 정한다.

③ 제1항의 규정에 따라 등록을 한 자(이하 "처리시설제조업자"라 한다)가 제조할 수 있는 개인하수처리시설의 구조·규격·재질 및 성능에 관한 기준 등에 관하여 필요한 사항은 환경부령으로 정한다.
④ 처리시설제조업자는 제조하고자 하는 개인하수처리시설의 재질 및 성능이 제3항의 규정에 따른 기준에 적합한지 여부에 대하여 대통령령으로 정하는 바에 따라 검사를 받아야 한다. 이 경우 검사기관, 검사의 방법 및 절차 등에 관하여 필요한 사항은 환경부령으로 정한다.
(2020.5.26 전단개정)
⑤ 처리시설제조업자는 다른 사람에게 자기의 상호 또는 성명을 사용하여 개인하수처리시설을 제조하게 하거나 등록증을 빌려주어서는 아니 된다.
⑥ 제46조 및 제48조의 규정은 제1항의 규정에 따른 개인하수처리시설제조업의 등록에 관하여 이를 준용한다. 이 경우 "분뇨수집·운반업자"는 "처리시설제조업자"로, "분뇨수집·운반업"은 "개인하수처리시설제조업"으로, "허가"는 "등록"으로 본다.
⑦ 처리시설제조업자는 개인하수처리시설의 품질시험 방법 등 환경부령으로 정하는 준수사항을 지켜야 한다.
(2020.5.26 본항개정)

제53조【개인하수처리시설관리업】 ① 개인하수처리시설을 관리하는 영업(이하 "개인하수처리시설관리업"이라 한다)을 하고자 하는 자는 대통령령으로 정하는 기준에 따른 시설·장비 및 기술인력 등의 요건을 갖추어 특별자치시장·특별자치도지사·시장·군수·구청장에게 등록하여야 하며, 등록한 사항을 변경하고자 하는 때에는 환경부령으로 정하는 바에 따라 변경신고를 하여야 한다.(2020.5.26 본항개정)
② 제1항에 따른 등록 또는 변경신고의 절차 등에 관하여 필요한 사항은 환경부령으로 정한다.(2011.11.14 본항개정)
③ 제1항의 규정에 따라 개인하수처리시설관리업의 등록을 한 자(이하 "처리시설관리업자"라 한다)는 다른 사람에게 자기의 상호 또는 성명을 사용하여 개인하수처리시설을 관리하게 하거나 등록증을 빌려주어서는 아니 된다.
④ 제46조 및 제48조의 규정은 제1항의 규정에 따른 개인하수처리시설관리업의 등록에 관하여 이를 준용한다. 이 경우 "분뇨수집·운반업자"는 "처리시설관리업자"로, "분뇨수집·운반업"은 "개인하수처리시설관리업"으로, "허가"는 "등록"으로 본다.
⑤ 처리시설관리업자는 방류수수질기준의 준수, 처리시설의 가동상태 점검 등 환경부령으로 정하는 준수사항을 지켜야 한다.(2020.5.26 본항개정)

제54조【등록의 취소 등】 ① 특별자치시장·특별자치도지사·시장·군수·구청장은 처리시설설계·시공업자, 처리시설제조업자 또는 처리시설관리업자가 다음 각 호의 어느 하나에 해당하는 경우에는 그 등록을 취소하거나 6개월 이내의 기간을 정하여 그 영업의 전부 또는 일부의 정지를 명할 수 있다. 다만, 제1호 또는 제8호부터 제11호까지의 규정에 해당하는 때에는 등록을 취소하여야 한다.(2020.5.26 본문개정)
1. 거짓이나 그 밖의 부정한 방법으로 등록을 한 경우(2020.5.26 본호개정)
2. 변경등록(처리시설제조업자만 해당한다) 또는 변경신고를 하지 아니하고 영업을 하거나 부정한 방법으로 변경등록(처리시설제조업자만 해당한다) 또는 변경신고를 한 경우(2011.11.14 본호개정)
3. 등록을 한 후 1년 이내에 영업을 개시하지 아니하거나 정당한 사유 없이 계속하여 1년 이상 휴업을 한 경우
4. 다른 사람에게 자기의 상호 또는 성명을 사용하여 영업하게 하거나 등록증을 대여한 경우
5. 처리시설설계·시공업자가 고의 또는 중대한 과실로 개인하수처리시설을 부실하게 설계·시공하거나 도급받은 공사를 일괄하여 하도급을 한 경우
6. 처리시설설계·시공업자, 처리시설제조업자 또는 처리시설관리업자의 준수사항을 이행하지 아니한 경우
7. 처리시설제조업자가 개인하수처리시설을 자기가 등록한 시설·장비 및 공장을 벗어난 장소에서 제조한 경우
8. 처리시설설계·시공업자가 영업정지기간 중에 신규계약을 체결하거나 그에 따른 영업을 한 경우
9. 처리시설제조업자 또는 처리시설관리업자가 영업정지기간 중에 영업을 한 경우
10. 제51조제4항·제52조제6항 또는 제53조제4항의 규정에 따라 준용되는 제48조제1호부터 제3호까지 또는 제5호에 해당하게 된 경우. 다만, 법인의 임원 중 제48조제5호에 해당하는 사람이 있는 경우 6개월 이내에 그 임원을 교체 임명한 때에는 그러하지 아니하다.(2021.1.5 단서개정)
11. 제52조제1항의 규정에 따라 등록한 제품 외의 제품을 제조한 경우
12. 제51조제1항·제52조제1항 또는 제53조제1항의 규정에 따른 등록요건에 미달하게 된 경우
13. 처리시설제조업자가 제52조제3항의 규정에 따른 구조·규격·재질·성능 기준에 적합하지 아니하게 개인하수처리시설을 제조하거나 제52조제4항의 규정에 따른 검사를 받지 아니한 경우
14. (2011.11.14 삭제)
15. 제69조제1항에 따른 관계 서류·시설 또는 장비 등의 검사를 거부·방해 또는 기피한 경우(2011.11.14 본호개정)
② 제1항의 규정에 따른 위반행위별 처분기준은 그 사유와 위반정도를 고려하여 환경부령으로 정한다.
(2020.5.26 본항개정)

제55조【등록취소 또는 영업정지 처분을 받은 처리시설설계·시공업자의 계속공사】 ① 제54조의 규정에 따라 등록취소 또는 영업정지의 처분을 받은 처리시설설계·시공업자는 그 처분 전에 체결한 계약분에 한정하여 해당 공사의 설계·시공을 계속할 수 있다. 이 경우 특별자치시장·특별자치도지사·시장·군수·구청장은 환경부령으로 정하는 자격이 있는 자를 시공감리자로 지정하여 공사를 감리·감독하게 할 수 있다.
② 처리시설설계·시공업자가 등록취소 처분을 받은 후 제1항의 규정에 따라 설계·시공을 계속하는 경우에는 해당 공사의 설계·시공을 완성할 때까지는 이를 처리시설설계·시공업자로 본다.
(2020.5.26 본조개정)

제56조【휴업·폐업 등의 신고】 분뇨수집·운반업자, 처리시설설계·시공업자, 처리시설제조업자 또는 처리시설관리업자는 그 영업을 휴업·폐업 또는 재개업하는 때에는 환경부령으로 정하는 바에 따라 허가 또는 등록관청에 신고하여야 한다.(2020.5.26 본조개정)

제56조의2【분뇨수집·운반업자에 대한 폐업지원】 ① 특별자치시장·특별자치도지사·시장·군수·구청장은 분뇨수집·운반업자가 경영악화 등 대통령령으로 정하는 사유로 제56조에 따른 폐업신고를 하는 경우에는 대체사업의 주선 또는 폐업지원금의 지급·융자알선 등을 할 수 있다.(2013.7.16 본항개정)
② 제1항에 따른 폐업지원금의 지급 및 융자알선 등에 관한 절차와 방법 등에 관하여 필요한 사항은 해당 지방자치단체의 조례로 정한다.
(2011.4.5 본조신설)

제6장 비용부담 등

제57조【비용부담의 원칙】 공공하수도에 관한 비용은 이 법 또는 다른 법률에 특별한 규정이 있는 경우를 제외하고는 해당 공공하수도관리청이 속하는 지방자치단체의 부담으로 한다.(2020.5.26 본조개정)

제58조【비용분담】 ① 제18조제2항의 규정에 따른 공공하수도관리청은 해당 공공하수도로 인하여 이익을 받는 다른 지방자치단체에 대하여 그 이익의 범위 안에서 공공하수도의 설치·개축·수선·유지에 필요한 비용의 전부 또는 일부를 분담시킬 수 있다.(2020.5.26 본항개정)
② 제1항의 규정에 따른 비용의 분담에 관하여는 관계 지방자치단체가 상호 협의하여야 한다.
③ 제2항의 규정에 따른 협의가 성립되지 아니한 때에는 관계 지방자치단체는 시·도지사(관계 지방자치단체의 일방 또는 쌍방이 시·도인 경우에는 환경부장관을 말한다)에게 재정(裁定)을 신청할 수 있다.
④ 환경부장관은 제3항의 규정에 따라 재정을 하는 때에는 행정안전부장관과 미리 협의하여야 한다.
(2017.7.26 본항개정)
⑤ 제3항 및 제4항의 규정에 따른 재정이 있은 때에는 제2항의 규정에 따른 협의가 성립된 것으로 본다.

제59조【시·군에 대한 부담명령】 도지사는 제18조제2항 및 제57조의 규정에 따라 도가 공공하수도에 관한 비용을 부담하는 경우에는 대통령령으로 정하는 바에 따라 해당 공공하수도로 인하여 이익을 받는 시 또는 군에게 그 비용의 전부 또는 일부를 부담시킬 수 있다.
(2020.5.26 본조개정)

제60조【겸용공작물에 관한 공사 등의 비용부담】 제13조제1항의 규정에 따라 시행하는 공공하수도에 관한 공사 또는 유지나 겸용공작물에 관한 공사 또는 유지에 소요되는 비용은 해당 공사 또는 유지로 인하여 받는 이익의 범위 안에서 해당 공공하수도관리청과 겸용공작물관리자가 협의하여 이를 분담하여야 한다.(2020.5.26 본조개정)

제61조【원인자부담금 등】 ① 공공하수도관리청은 건축물 등을 신축·증축하거나 용도변경하여 오수가 대통령령으로 정하는 양 이상 증가되는 경우 해당 건축물 등의 소유자(건축 또는 건설 중인 경우에는 건축주 또는 건설주체를 말한다)에게 공공하수도 개축비용의 전부 또는 일부를 부담시킬 수 있다.(2013.7.16 본항개정)
② 공공하수도관리청은 대통령령으로 정하는 타공사 또는 공공하수도의 신설·증설 등을 수반하는 개발행위(이하 "타행위"라 한다)로 인하여 필요하게 된 공공하수도에 관한 공사에 소요되는 비용의 전부 또는 일부를 타공사 또는 타행위의 비용을 부담하여야 할 자에게 부담시키거나 필요한 공사를 시행하게 할 수 있다.(2020.5.26 본항개정)
③ 제1항 및 제2항에 따른 원인자부담금의 산정기준·징수방법 그 밖의 필요한 사항은 해당 지방자치단체의 조례로 정한다.(2021.1.5 본항개정)
④ 제1항 및 제2항에 따른 원인자부담금은 해당 지방자치단체의 조례로 정하는 바에 따라 신용카드 또는 직불카드 등의 방법으로 낼 수 있다.(2021.1.5 본항신설)
⑤ 제1항 및 제2항에 따라 징수한 원인자부담금은 공공하수도의 신설, 증설, 이설, 개축 및 개수 등 공사에 드는 비용으로만 사용할 수 있다.(2011.11.14 본항신설)

제62조【타공사의 비용부담】 ① 제14조에 따라 시행하는 타공사에 소요되는 비용은 제24조에 따른 허가에 특별한 조건이 있는 경우를 제외하고는 타공사의 원인을 발생하게 한 한도 안에서 공공하수도에 관한 비용을 부담하여야 할 자가 그 전부 또는 일부를 부담하여야 한다.
(2021.1.5 본항개정)
② 제61조제2항의 규정은 제1항의 규정에 따른 타공사의 원인이 되는 공공하수도의 공사가 타공사 또는 타행위로 인하여 필요하게 된 경우에 관하여 이를 준용한다.

제63조【국고보조】 국가는 공공하수도의 설치·개축 또는 재해복구에 관한 공사비용의 전부 또는 일부를 예산의 범위 안에서 지방자치단체에 보조할 수 있다.

제64조【국유지의 무상대여·양여】 국가는 국유의 일반재산으로서 공공하수도에 관한 사업에 필요한 토지를 해당 지방자치단체에 무상으로 대여하거나 양여할 수 있다.(2020.5.26 본조개정)

제65조【사용료 등】 ① 공공하수도관리청은 공공하수도를 점용 또는 사용하는 자로부터 점용료 또는 사용료를 징수할 수 있다. 이 경우 점용료 또는 사용료의 징수에 관하여는 대통령령으로 정하는 기준에 따라 해당 지방자치단체의 조례로 정한다.(2020.5.26 후단개정)
② 제1항의 규정에 따른 수입금은 공공하수도에 관한 용도 외에는 이를 사용할 수 없다. 다만, 개인하수도의 악취로 인하여 공공하수도의 효율적인 관리 및 생활환경에 미치는 영향이 크다고 인정되는 경우로서 조례로 그 사용용도를 구체적으로 정하는 경우에는 개인하수도에 관한 용도에 사용할 수 있다.(2016.1.27 단서신설)
③ 제1항의 규정에 따른 사용료는 제15조의 규정에 따른 사용개시의 공고를 한 후가 아니면 이를 징수할 수 없다.
④ 공공하수도관리청은 제1항에 따른 사용료가 정하여지면 1개월 이내에 공공하수도 처리원가, 부과단가, 재원부족액, 충당계획 및 전년도 집행실적을 공고하여야 한다.
(2011.11.14 본항신설)

제7장 보 칙

제66조【기술관리인】 ① 대통령령으로 정하는 규모 이상의 개인하수처리시설을 설치·운영하는 자는 해당 시설의 유지·관리에 관한 기술업무를 담당하게 하기 위하여 기술관리인을 두어야 한다. 다만, 다음 각 호의 어느 하나에 해당하는 경우에는 그러하지 아니하다.(2020.5.26 본문개정)
1. 처리시설관리업자에게 개인하수처리시설의 관리를 위탁한 경우
2.「물환경보전법」제47조에 따른 환경기술인이 선임된 사업장의 경우(2017.1.17 본호개정)
② 제1항의 규정에 따른 기술관리인의 자격기준 및 준수사항 등에 관하여 필요한 사항은 환경부령으로 정한다.

제67조【교육】 ① 공공하수처리시설 및 분뇨처리시설을 운영·관리하는 자는 공공하수처리시설 또는 분뇨처리시설의 효율적인 운영·관리를 위하여 그 시설의 운영요원에 대하여 환경부장관 또는 시·도지사가 실시하는 교육을 받게 하여야 한다.
② 분뇨수집·운반업자, 처리시설설계·시공업자, 처리시설제조업자, 처리시설관리업자, 관리대행업자 및 제66조에 따른 기술관리인 선임의무자는 고용하고 있는 기술인력 및 기술관리인에 대하여 환경부장관 또는 시·도지사가 실시하는 교육을 받게 하여야 한다.
③ 환경부장관 또는 시·도지사는 제1항 또는 제2항에 따른 교육에 소요되는 경비를 교육대상자를 고용한 자로부터 징수할 수 있다.
④ 제1항 또는 제2항에 따른 교육의 대상자, 교육내용 그 밖의 필요한 사항은 대통령령으로 정한다.
(2012.2.1 본조개정)

제68조【장부의 기록·보존】 ① 공공하수도관리청은 환경부령으로 정하는 바에 따라 공공하수도 관리대장을 작성하여 보관하여야 한다.
② 제44조의 규정에 따라 분뇨를 재활용하는 자 또는 분뇨수집·운반업자는 환경부령으로 정하는 바에 따라 장부를 비치하고, 분뇨의 수집장소·수집량 및 처리상황을 기록하여야 하며, 장부의 보존기간은 최종 기재를 한 날부터 3년으로 한다.
(2020.5.26 본조개정)

제68조의2【하수도 정보시스템 구축 등】 ① 환경부장관은 하수도 정책의 수립·시행 및 통계 등에 관한 정보를 수집·가공·분석하기 위하여 하수도 정보시스템을 구축·운영할 수 있다.
② 환경부장관은 공공하수도관리청 등에 대하여 제1항에 따른 하수도 정보시스템 구축·운영에 필요한 자료의 제공을 요청할 수 있다. 이 경우 요청을 받은 기관의 장은 특별한 사유가 없으면 요청에 따라야 한다.
(2021.1.5 본조개정)

제68조의3【유역하수도지원센터의 설립·운영】 ① 환경부장관은 공공하수도관리청의 하수도관리업무 및 관련 기술·정책 등을 지원하기 위하여 유역하수도지원센터(이하 "지원센터"라 한다)를 설립·운영할 수 있다.
② 환경부장관은 지원센터의 운영에 필요하다고 인정하는 경우에는 공공하수도관리청에 관련 자료의 제출을 요구할 수 있다.
③ 제1항 및 제2항에 따른 지원센터의 설립·운영 및 자료제출 요구 등에 필요한 사항은 환경부장관이 정하여 고시한다.
(2022.6.10 본조신설)

제69조【보고·검사】 ① 환경부장관 또는 지방자치단체의 장은 오수·분뇨의 유출로 인하여 오염피해가 발생하거나 발생할 우려가 있는 경우 등 대통령령으로 정하는 사유가 있는 경우에는 다음 각 호의 자에 대하여 필요한 보고를 하게 하거나 자료를 제출하게 할 수 있으며, 관계 공무원으로 하여금 해당 시설 또는 사업장 등에 출입하여 관계 서류·시설·장비 등을 검사하게 할 수 있다.(2020.5.26 본문개정)
1. 관리대행업자(2021.1.5 본호신설)
2. 기술진단전문기관(2021.1.5 본호신설)
3. 제33조제1항에 따라 대통령령으로 정하는 특정공산품을 제조·수입 또는 판매하는 자(2020.5.26 본호개정)
4. 제44조에 따라 분뇨를 재활용하는 자(2021.1.5 본호개정)
5. 분뇨수집·운반업자
6. 처리시설설계·시공업자
7. 처리시설제조업자
8. 처리시설관리업자

② 환경부장관 또는 지방자치단체의 장은 관계 공무원으로 하여금 개인하수처리시설이 설치된 건물등에 출입하여 그 유지·관리상태를 검사하게 할 수 있다.
③ 제1항 및 제2항에 따라 출입·검사를 행하는 공무원은 그 권한을 표시하는 증표를 지니고 관계인의 요구가 있을 때에는 이를 내보여야 한다.(2021.1.5 본항개정)
④ 제3항에 따른 증표에 관하여 필요한 사항은 환경부령으로 정한다.(2021.1.5 본항개정)

제69조의2【공공하수도 운영·관리실태점검】 ① 환경부장관은 공공하수도의 효율적인 운영·관리를 위하여 공공하수도의 운영·관리실태를 점검(이하 이 조에서 "실태점검"이라 한다)할 수 있다.
② 환경부장관은 효율적인 실태점검 및 관련 정보의 공유를 위하여 전산망을 구축·운영할 수 있다.
③ 실태점검을 위한 점검 지표, 방법 등에 관한 사항은 환경부장관이 정하여 고시한다.
(2011.4.5 본조신설)

제70조【수수료】 다음 각 호의 어느 하나에 해당하는 허가·등록 또는 검사를 받고자 하는 자는 환경부령으로 정하는 바에 따라 수수료를 납부하여야 한다.(2020.5.26 본문개정)
1. 제45조제1항의 규정에 따른 분뇨수집·운반업의 허가
2. 제51조제1항의 규정에 따른 개인하수처리시설설계·시공업의 등록(2011.11.14 본호개정)
3. 제52조제1항의 규정에 따른 개인하수처리시설제조업의 등록 및 변경등록
4. 제52조제4항의 규정에 따른 개인하수처리시설의 성능 및 재질 검사
5. 제53조제1항의 규정에 따른 개인하수처리시설관리업의 등록(2011.11.14 본호개정)

제71조【영업허가의 취소 요청 등】 ① 특별자치시장·특별자치도지사·시장·군수·구청장은 「식품위생법」 제37조에 따른 식품접객업의 허가를 받은 자 또는 「공중위생관리법」 제3조의 규정에 따른 숙박업의 신고를 한 자가 다음 각 호의 어느 하나에 해당하는 경우에는 해당 영업의 허가 또는 신고에 관한 사무를 관장하는 행정기관의 장에게 영업허가의 취소 또는 영업장의 폐쇄명령을 하거나 6개월 이내의 기간을 정하여 영업정지처분을 하여 줄 것을 요청할 수 있다.(2020.5.26 본문개정)
1. 개인하수처리시설의 방류수수질기준을 최근 1년간 2회 이상 위반한 경우
2. 제34조 또는 제35조의 규정에 따른 개인하수처리시설을 설치하지 아니하거나 그 처리용량을 증대시키지 아니한 경우
3. 제40조의 규정에 따른 개인하수처리시설에 대한 개선명령을 이행하지 아니한 경우

② 특별자치시장·특별자치도지사·시장·군수·구청장은 「관광진흥법」 제4조제2항에 따라 관광객이용시설업(외국인전용관광기념품판매업은 제외한다)의 등록을 한 자가 제1항 각 호의 어느 하나에 해당하는 경우에는 해당 영업의 등록에 관한 사무를 관장하는 행정기관의 장에게 등록의 취소 또는 6개월 이내의 기간을 정하여 영업정지 처분을 하여 줄 것을 요청할 수 있다.(2020.5.26 본항개정)
③ 제1항 및 제2항의 규정에 따른 요청을 받은 행정기관의 장은 특별한 사유가 없으면 그 요청에 따라야 한다.(2020.5.26 본항개정)

제72조【청문】 환경부장관 또는 특별자치시장·특별자치도지사·시장·군수·구청장은 다음 각 호의 어느 하나에 해당하는 처분을 하려는 경우에는 청문을 하여야 한다.(2013.7.16 본문개정)
1. 제19조의4제1항에 따른 관리대행업 등록의 취소(2021.1.5 본호신설)
2. 제20조의4제1항에 따른 기술진단전문기관 등록의 취소(2011.11.14 본호신설)
3. 제49조에 따른 분뇨수집·운반업 허가의 취소(2021.1.5 본호개정)
4. 제54조에 따른 개인하수처리시설설계·시공업, 개인하수처리시설제조업 또는 개인하수처리시설관리업 등록의 취소(2021.1.5 본호개정)

제73조【강제징수 등】 ① 공공하수도관리청은 이 법 또는 이 법에 따른 명령이나 처분 또는 조례의 규정에 따른 사용료·점용료 그 밖의 부담금(이하 "사용료등"이라 한다)을 내야 하는 자가 사용료등을 납부기한까지 내지 아니하면 기간을 정하여 납부를 독촉하여야 한다. 이 경우 사용료등을 내야 하는 자가 납부기한까지 사용료등을 내지 아니하면 그 납부기한의 다음 날부터 납부일의 전날까지의 기간에 대하여 체납된 사용료등의 100분의 3을 초과하지 아니하는 범위에서 그 기간에 상응하는 가산금을 부과할 수 있다.
② 제1항에 따라 독촉을 받은 자가 그 기간까지 사용료등과 가산금을 내지 아니하면 「지방행정제재·부과금의 징수 등에 관한 법률」에 따라 징수한다.
(2021.1.5 본조개정)

제74조【권한 또는 업무의 위임·위탁 등】 ① 이 법에 따른 환경부장관의 권한은 대통령령으로 정하는 바에 따라 그 일부를 시·도지사 또는 지방환경관서의 장에게 위임할 수 있다.(2020.5.26 본항개정)
② 환경부장관은 제67조에 따른 공공하수처리시설 또는 분뇨처리시설 운영요원 등에 대한 교육의 실시에 관한 업무를 대통령령으로 정하는 관계 전문기관에 위탁할 수 있다.(2021.1.5 본항개정)
③ 지방자치단체의 장은 공공하수도에 관한 공사 업무를 대통령령으로 정하는 관계 전문기관에 위탁할 수 있다.(2020.5.26 본항개정)
④ 환경부장관은 제68조의2제1항에 따른 하수도 정보시스템의 구축·운영 업무를 대통령령으로 정하는 전문기관에 위탁할 수 있다.(2021.1.5 본항개정)
⑤ 환경부장관은 제68조의3제1항에 따른 지원센터의 설립·운영 업무를 대통령령으로 정하는 전문기관에 위탁할 수 있다.(2022.6.10 본항신설)
⑥~⑦ (2012.2.1 삭제)

제74조의2【벌칙 적용 시의 공무원 의제】 제19조의2제1항에 따라 공공하수도 운영·관리 업무를 대행하는 기관의 임원 및 직원은 「형법」 제129조부터 제132조까지의 규정에 따른 벌칙을 적용할 때에는 공무원으로 본다.
(2012.2.1 본조신설)

제8장 벌 칙

제75조【벌칙】 다음 각 호의 어느 하나에 해당하는 자는 5년 이하의 징역 또는 5천만원 이하의 벌금에 처한다.(2014.3.18 본문개정)
1. 제19조제2항제2호 또는 제3호에 해당하는 행위를 한 자(2009.1.7 본호개정)
2. 제19조제6항을 위반하여 공공하수도를 손괴하거나 그 기능에 장해를 주어 하수의 흐름을 방해한 자(2021.1.5 본호개정)

제76조【벌칙】 다음 각 호의 어느 하나에 해당하는 자는 2년 이하의 징역 또는 2천만원 이하의 벌금에 처한다.
1. 제19조제2항제4호에 해당하는 행위를 한 자(2009.1.7 본호개정)

1의2. 제19조의2제1항제1호에 따른 공공하수도 관리대행업 등록을 하지 아니하고 공공하수도 관리업무를 한 자(2012.2.1 본호신설)
2. 제33조제1항에 따른 명령을 위반하여 특정공산품을 제조·수입 또는 판매한 자(2009.1.7 본호개정)
3. 제34조 또는 제35조의 규정을 위반하여 개인하수처리시설을 설치하지 아니하거나 그 처리용량을 증대시키지 아니한 자. 다만, 설치 또는 증대하여야 하는 개인하수처리시설의 처리용량이 1일 2세제곱미터를 초과하는 경우로 한정한다.(2020.5.26 단서개정)
4. 제45조제1항의 규정에 따른 허가를 받지 아니하고 분뇨수집·운반업을 한 자
5. 제45조제8항·제51조제3항·제52조제5항 또는 제53조제3항을 위반하여 상호 또는 성명을 사용하게 하거나 허가증 또는 등록증을 빌려준 자(2021.1.5 본호개정)
6. 제51조제1항의 규정에 따른 등록을 하지 아니하고 개인하수처리시설설계·시공업을 한 자
7. 제52조제1항의 규정에 따른 등록을 하지 아니하거나 제52조제4항의 규정에 따른 검사를 받지 아니하고 개인하수처리시설제조업을 한 자
8. 제53조제1항의 규정에 따른 등록을 하지 아니하고 개인하수처리시설관리업을 한 자

제77조【벌칙】 다음 각 호의 어느 하나에 해당하는 자는 1년 이하의 징역 또는 1천만원 이하의 벌금에 처한다.
1. 제12조제3항의 규정을 위반하여 기준에 맞지 아니한 하수도용 자재를 사용하여 하수도에 관한 공사를 한 자
2. 제19조제7항을 위반하여 정당한 사유 없이 공공하수도를 조작하여 하수의 흐름을 방해한 자(2021.1.5 본호개정)

2의2. 거짓이나 그 밖의 부정한 방법으로 제19조의2제1항제1호에 따른 공공하수도 관리대행업 등록을 한 자(2012.2.1 본호신설)

2의3. 거짓이나 그 밖의 부정한 방법으로 제20조의2제2항에 따른 기술진단전문기관의 등록을 한 자(2011.11.14 본호신설)
3. 제23조제1항에 따른 조치명령을 이행하지 아니한 자(2009.1.7 본호개정)
4. 제25조제1항의 규정에 따른 공사의 중지·변경 등의 조치명령을 위반한 자
5. 제25조제2항의 규정에 따른 시설의 개선 등의 조치명령을 위반한 자
6. 제34조 또는 제35조의 규정을 위반하여 개인하수처리시설을 설치하지 아니하거나 그 처리용량을 증대시키지 아니한 자. 다만, 설치 또는 증대하여야 하는 개인하수처리시설의 처리용량이 1일 2세제곱미터 이하인 경우로 한정한다.(2020.5.26 단서개정)
7. 제39조제1항 각 호의 어느 하나에 해당하는 행위를 한 개인하수처리시설의 소유자 또는 관리자
8. 제40조제1항 또는 제2항의 규정에 따른 개인하수처리시설에 대한 개선명령을 이행하지 아니한 자
9. 제43조제2항의 규정을 위반하여 분뇨를 함부로 버린 자
10. 제44조제1항의 규정에 따른 신고를 하지 아니하고 분뇨를 재활용한 자
11. 제44조제5항에 따른 개선명령을 위반한 자(2021.1.5 본호개정)
12. 거짓이나 그 밖의 부정한 방법으로 제45조제1항의 규정에 따른 분뇨수집·운반업의 허가를 받은 자(2020.5.26 본호개정)
13. 제49조제1항 또는 제54조의 규정에 따른 영업정지기간 중에 영업을 한 자
14. 거짓이나 그 밖의 부정한 방법으로 제51조제1항에 따른 개인하수처리시설설계·시공업의 등록을 한 자(2020.5.26 본호개정)
15. (2011.11.14 삭제)
16. 거짓이나 그 밖의 부정한 방법으로 제52조제1항의 규정에 따른 개인하수처리시설제조업의 등록 또는 변경등록을 한 자(2020.5.26 본호개정)
17. 제52조제1항의 규정에 따른 변경등록을 하지 아니하고 등록사항을 변경한 자
18. 제52조제3항의 규정에 따른 개인하수처리시설의 구조·규격·재질 및 성능에 관한 기준을 위반한 제품을 제조하여 판매한 자
19. 거짓이나 그 밖의 부정한 방법으로 제53조제1항에 따른 개인하수처리시설관리업의 등록을 한 자(2020.5.26 본호개정)
20. (2011.11.14 삭제)

제78조【벌칙】 제43조제1항에 따른 기준을 위반하여 분뇨를 수집·운반한 자는 200만원 이하의 벌금에 처한다.
(2011.11.14 본조개정)

제79조【양벌규정】 법인의 대표자나 법인 또는 개인의 대리인, 사용인, 그 밖의 종업원이 그 법인 또는 개인의 업무에 관하여 제75조부터 제78조까지의 어느 하나에 해당하는 위반행위를 하면 그 행위자를 벌하는 외에 그 법인 또는 개인에게도 해당 조문의 벌금형을 과(科)한다. 다만, 법인 또는 개인이 그 위반행위를 방지하기 위하여 해당 업무에 관하여 상당한 주의와 감독을 게을리하지 아니한 경우에는 그러하지 아니하다.(2009.1.7 본조개정)

제80조【과태료】 ① (2010.6.8 삭제)
② 다음 각 호의 어느 하나에 해당하는 자에게는 500만원 이하의 과태료를 부과한다.(2011.11.14 본문개정)
1. 방류수수질기준을 위반하여 방류한 자(제39조제1항제4호에 해당하는 자는 제외한다)(2021.1.5 본호개정)
2. 제4조의4제2항 후단에 따른 조치를 하지 아니한 자(2022.12.27 본호신설)
3. 제20조제1항에 따른 기술진단을 하지 아니한 자(2011.11.14 본호신설)
4. 제20조의2제1항 단서를 위반하여 기술진단을 대행한 자(2022.6.10 본호신설)

③ 다음 각 호의 어느 하나에 해당하는 자에게는 300만원 이하의 과태료를 부과한다.
1. 제44조제4항에 따라 환경부령으로 정하는 재활용시설 설치·관리기준을 위반한 자(2021.1.5 본호개정)
2. 제66조제1항을 위반하여 기술관리인을 두지 아니한 자
(2011.11.14 본항신설)
④ 다음 각 호의 어느 하나에 해당하는 자에게는 100만원 이하의 과태료를 부과한다.(2011.11.14 본문개정)
1. 제8조제4항의 규정을 위반하여 토지의 출입 또는 사용을 거부하거나 방해한 자
2. 제16조제1항의 규정에 따른 공공하수도관리청의 허가를 받지 아니하고 공사를 시행한 자

2의2. 제19조제3항을 위반하여 측정·기록 또는 보존을 하지 아니한 자(2021.1.5 본호신설)
3. 공공하수처리시설, 간이공공하수처리시설 또는 분뇨처리시설을 운영·관리하는 자로서 제19조제4항을 위반하여 방류수의 수질검사, 찌꺼기의 성분검사를 실시하지 아니하거나 검사에 관한 기록을 보존하지 아니한 자(2021.1.5 본호개정)

3의2. 제19조의2제3항에 따른 준수사항을 지키지 아니한 자(2012.2.1 본호신설)
4. 제24조의 규정에 따른 공공하수도관리청의 허가를 받지 아니하고 공공하수도 점용행위를 한 자

4의2. 제26조제1항·제2항 또는 제30조제1항에 따른 공공하수도관리청의 조치명령을 위반한 자(2021.1.5 본호신설)
5. 제27조제1항의 규정을 위반하여 배수설비를 설치하지 아니하고 하수를 유출시킨 자
6. (2021.1.5 삭제)
7. 제33조제1항에 따른 명령을 위반하여 특정공산품을 사용한 자(2009.1.7 본호개정)
8. 제34조제2항의 규정을 위반하여 신고를 하지 아니한 자
9. 제34조제5항에 따른 폐쇄기준을 준수하지 아니한 자(2021.1.5 본호개정)
10. 제37조의 규정에 따른 준공검사를 받지 아니하고 개인하수처리시설을 사용한 자

11. 제38조의 규정을 위반하여 개인하수처리시설의 설치 또는 변경을 맡긴 자
12. 제39조제2항의 규정을 위반하여 개인하수처리시설을 그 기준에 적합하지 아니하게 유지·관리한 자
13. 제39조제7항을 위반하여 운영기구를 설치하지 아니하거나 그 사실을 신고하지 아니한 자(2021.1.5 본호개정)
14. 제41조제3항의 규정을 위반하여 분뇨를 수집·운반 또는 처리하지 아니한 자
15. 제44조제2항의 규정을 위반하여 신고를 하지 아니한 자
16. 제45조제1항·제51조제1항·제52조제1항 또는 제53조제1항의 규정에 따른 변경신고를 하지 아니하거나 거짓으로 변경신고를 한 자
17. 제45조제5항의 규정에 따른 영업구역 그 밖의 허가조건을 위반한 자(2011.4.5 본호개정)
18. 제47조제1항의 규정을 위반하여 수수료를 받은 자
19. 제47조제2항의 규정에 따른 분뇨수집·운반업자의 준수사항을 이행하지 아니한 자
20. 제51조제5항의 규정에 따른 처리시설설계·시공업자의 준수사항을 이행하지 아니한 자
21. 제52조제7항의 규정에 따른 처리시설제조업자의 준수사항을 이행하지 아니한 자
22. 제53조제5항의 규정에 따른 처리시설관리업자의 준수사항을 이행하지 아니한 자
23. 제56조의 규정을 위반하여 신고를 하지 아니한 자
24. 제66조제2항의 규정에 따른 기술관리인의 준수사항을 이행하지 아니한 자
25. 제67조제1항 또는 제2항의 규정을 위반하여 정당한 사유 없이 운영요원·기술인력 또는 기술인에 대하여 교육을 받게 하지 아니한 자
26. 제68조제2항의 규정을 위반하여 기록·보존을 하지 아니하거나 거짓으로 기재한 자
27. 제69조제1항의 규정에 따른 보고 또는 자료의 제출을 하지 아니하거나 거짓 보고를 한 자
28. 제69조제1항제3호·제4호 또는 제2항에 따른 출입 또는 검사 등을 거부·방해 또는 기피한 자(2021.1.5 본호개정)

⑤ 다음 각 호의 어느 하나에 해당하는 자에게는 50만원 이하의 과태료를 부과한다.(2020.5.26 본문개정)
1. 제23조제2항에 따른 조치명령을 이행하지 아니한 자(2009.1.7 본호신설)
2. 제27조제2항의 규정에 따른 대행명령을 위반하여 배수설비의 공사를 한 자
3. 제27조제3항의 규정에 따른 배수설비설치 등의 신고를 하지 아니한 자
4. 제30조제2항에 따른 조치명령을 이행하지 아니한 자(2021.1.5 본호개정)
5. 제31조의 규정에 따른 배수설비 등의 검사를 거부·방해 또는 기피한 자
6. 제32조제3항의 규정에 따른 배수설비에 관한 공사를 거부 또는 방해한 자

⑥ 제2항부터 제5항까지의 규정에 따른 과태료는 대통령령으로 정하는 바에 따라 환경부장관 또는 지방자치단체의 장이 부과·징수한다.(2013.7.16 본항개정)
⑦~⑧ (2009.1.7 삭제)

부　칙

제1조【시행일】 이 법은 공포 후 1년이 경과한 날부터 시행한다.
제2조【다른 법률의 폐지】 汚水·糞尿및畜産廢水의처리에관한法律은 이를 폐지한다.
제3조【공공하수처리시설 처리수의 재이용에 관한 적용례 등】 ① 제21조제1항의 개정규정은 이 법 시행일부터 1년이 경과한 후 최초로 제11조 또는 제16조의 개정규정에 따라 공공하수처리시설의 설치를 위한 고시(제11조제2항의 개정규정에 따른 고시를 말한다)·인가 또는 허가(이하 이 조에서 "인·허가"라 한다)를 하는 분부터 적용한다.
② 공공하수도관리청은 이 법 시행 전에 설치되거나 설치 중인 공공하수처리시설과 인·허가를 받은 공공하수처리시설의 처리수를 재이용하도록 이용하거나 이를 필요로 하는 자에게 공급할 수 있다. 이 경우 제21조제3항의 규정에 따른 요금을 받을 수 있다.
제4조【일반적 경과조치】 이 법 시행 전에 종전의 「오수·분뇨 및 축산폐수의 처리에 관한 법률」의 규정에 따라 행하여진 처분·절차 그 밖의 행위는 그에 해당하는 이 법의 규정에 따라 행하여진 것으로 본다.
제5조【중수도의 설치·운영에 관한 경과조치】 ① 이 법 시행 당시 종전의 「수도법」 제11조의 규정에 따라 설치·운영하는 중수도는 제26조의 개정규정에 따라 설치·운영하는 중수도로 본다.
② 이 법 시행 전에 종전의 「수도법」 제11조의 규정에 따라 시장·군수·구청장이 행한 이행명령 그 밖의 행위나 시장·군수·구청장에 대한 행위는 제26조의 개정규정에 따라 행한 것으로 본다.
제6조【분뇨 등 관련 영업에 관한 경과조치】 ① 이 법 시행 당시 종전의 「오수·분뇨 및 축산폐수의 처리에 관한 법률」 제35조의 규정에 따라 분뇨등수집·운반업 또는 정화조청소업의 허가를 받은 자는 제45조의 개정규정에 따른 분뇨수집·운반업의 허가를 받은 자로 본다.
② 이 법 시행 당시 종전의 「오수·분뇨 및 축산폐수의 처리에 관한 법률」에 따라 오수처리시설등관리업, 오수처리시설등설계·시공업 또는 오수처리시설등제조업의 허가를 받거나 등록을 한 자는 각각 이 법의 해당 규정에 따라 개인하수처리시설관리업, 개인하수처리시설설계·시공업 또는 개인하수처리시설제조업의 등록을 한 자로 본다.
③ 시장·군수·구청장이 종전의 「오수·분뇨 및 축산폐수의 처리에 관한 법률」에 따라 분뇨 등 관련 영업의 허가함에 있어서 그 영업구역 또는 영업대상을 정하거나 그 밖의 조건을 붙인 경우에는 제45조제5항의 개정규정에 따라 그 영업구역 또는 영업대상을 정하거나 그 밖의 조건을 붙인 것으로 본다.
제7조【공공하수도의 설치에 관한 경과조치】 이 법 시행 당시 「농어촌정비법」 또는 「농어촌주택개량 촉진법」에 따라 설치된 마을하수도로서 1일 하수처리용량이 50세제곱미터 미만인 마을하수도는 2010년 1월 1일부터 이 법에 의한 공공하수도로 보아 이 법을 적용한다.
제8조【원인자부담금에 관한 경과조치】 종전의 제32조제3항 및 제4항의 규정에 따라 원인자부담금을 부과한 경우로서 그 납부기한이 이 법의 시행일 전인 부담금에 대하여는 종전의 규정에 따른다.
제9조【과징금의 부과 및 벌칙·과태료의 적용에 관한 경과조치】 이 법 시행 전의 행위에 대한 과징금의 부과 및 벌칙·과태료의 적용에 있어서는 종전의 규정에 의한다.
제10조【다른 법률의 개정】 ①~㊼ ※(해당 법령에 가제정리 하였음)
제11조【다른 법령과의 관계】 이 법 시행 당시 다른 법령에서 종전의 「하수도법」이나 「오수·분뇨 및 축산폐수의 처리에 관한 법률」 또는 그 규정을 인용하는 경우 이 법 중 그에 해당하는 규정이 있는 때에는 이 법 또는 이 법의 해당 조항을 각각 인용한 것으로 본다.

부　칙 (2010.5.31)

제1조【시행일】 이 법은 다음 각 호의 구분에 따른 날부터 시행한다.
1. 서울특별시·인천광역시·경기도 : 공포 후 3년이 경과한 날
2. 강원도·충청북도 : 공포 후 10년을 넘지 아니하는 범위에서 제1호에 규정된 지역의 5년간 시행 성과를 평가하여 대통령령으로 정하는 날<2020.6.1 시행>

부　칙 (2012.2.1)

제1조【시행일】 이 법은 공포 후 1년이 경과한 날부터 시행한다.
제2조【공공하수처리시설 관리업무를 위탁받은 자에 대한 경과조치】 이 법 시행 전에 종전의 규정에 따라 공공하수처리시설 관리업무를 위탁받은 자는 제19조의2제1항의 개정규정에 따른 공공하수도 관리대행업자로 보되, 이 법 시행 후 1년 이내에 제19조의2제1항제1호의 개정규정에 따른 등록을 하거나 이 법 시행 후 1개월 이내에 같은 항 제2호의 개정규정에 따른 신고를 하여야 한다.

부　칙 (2013.7.16)

제1조【시행일】 이 법은 공포한 날부터 시행한다. 다만, 제2조제3호·제6호 중 간이공공하수처리시설에 관한 부분, 같은 조 제9호의2, 제7조제1항 각 호 외의 부분 본문, 제19조, 제25조제2항제1호, 제34조의2 및 제80조제4항제3호의 개정규정은 공포 후 1년이 경과한 날부터 시행한다.
제2조【공공하수도 설치인가에 관한 경과조치】 이 법 시행 당시 시장·군수·구청장이 종전의 규정에 따라 환경부장관으로부터 받은 공공하수도 설치인가는 제11조의 개정규정에 따른 설치인가로 본다.
제3조【다른 법률의 개정】 ①~⑥ ※(해당 법령에 가제정리 하였음)

부　칙 (2015.2.3)

제1조【시행일】 이 법은 공포한 날부터 시행한다.
제2조【금치산자 등의 결격사유에 관한 경과조치】 제19조의3제1호, 제20조의3제1호 및 제48조제1호의 개정규정에 따른 피성년후견인 및 피한정후견인에는 법률 제10429호 민법 일부개정법률 부칙 제2조에 따라 금치산 또는 한정치산 선고의 효력이 유지되는 사람을 포함하는 것으로 본다.

부　칙 (2020.3.24)

제1조【시행일】 이 법은 공포한 날부터 시행한다.(이하 생략)

부　칙 (2020.5.26)

이 법은 공포한 날부터 시행한다.(이하 생략)

부　칙 (2021.1.5)

제1조【시행일】 이 법은 공포 후 1년이 경과한 날부터 시행한다. 다만, 제13조, 제20조의3제4호, 제46조, 제48조제4호, 제54조, 제61조, 제62조, 제68조의2, 제69조, 제72조부터 제74조까지 및 제80조제4항제28호의 개정규정은 공포한 날부터 시행하고, 제34조, 제39조, 제40조, 제44조, 제45조, 제49조, 제76조, 제77조제11호, 제80조제3항제1호 및 같은 조 제4항제9호·제13호의 개정규정은 공포 후 6개월이 경과한 날부터 시행한다.
제2조【유역하수도정비계획 및 하수도정비기본계획의 수립 등에 관한 적용례】 ① 제4조의2제3항의 개정규정은 이 법 시행 이후 유역하수도정비계획을 수립하거나 변경하는 경우부터 적용한다.
② 제5조제3항의 개정규정은 이 법 시행 이후 하수도정비기본계획을 수립하거나 변경하는 경우부터 적용한다.
제3조【토지의 지하부분 사용의 보상에 관한 적용례】 제10조의2의 개정규정은 이 법 시행 이후 공공하수도 설치를 위하여 타인 토지의 지하부분을 사용하는 경우부터 적용한다.
제4조【구분지상권의 존속기간에 관한 적용례】 제10조의3제4항의 개정규정은 이 법 시행 이후 공공하수도를 설치하기 위하여 타인 토지의 지하부분 사용에 관한 구분지상권을 설정하거나 이전하는 경우부터 적용한다.
제5조【관리대행업자 및 기술진단전문기관의 지위승계에 관한 적용례】 제19조의6 및 제21조의 개정규정은 이 법 시행 이후 지위승계 사유가 발생하는 경우부터 적용한다.
제6조【배수설비의 설치신고 등에 관한 적용례】 제27조제7항 및 제8항의 개정규정은 이 법 시행 이후 같은 조 제3항에 따른 배수설비의 설치신고, 같은 조 제4항 전단에 따른 하수의 유입신고, 같은 항 후단의 개정규정에 따른 변경신고 또는 같은 조 제6항의 개정규정에 따른 신고를 하는 경우부터 적용한다.
제7조【개인하수처리시설 운영기구의 설치신고 등에 관한 적용례】 제39조제8항 및 제9항의 개정규정은 부칙 제1조 단서에 따른 시행일 이후 개인하수처리시설 운영기구의 설치신고 또는 변경신고를 하는 경우부터 적용한다.
제8조【사용료등의 가산금에 관한 적용례】 제73조의 개정규정은 부칙 제1조 단서에 따른 시행일 이후 사용료등을 부과하는 경우부터 적용한다.
제9조【다른 법률의 개정】 ※(해당 법령에 가제정리 하였음)

부　칙 (2021.6.15)
(2021.7.20)

제1조【시행일】 이 법은 공포 후 1년이 경과한 날부터 시행한다.(이하 생략)

부　칙 (2022.6.10)

제1조【시행일】 이 법은 공포 후 6개월이 경과한 날부터 시행한다.
제2조【기술진단의 대행에 관한 적용례】 제20조의2제1항 단서의 개정규정은 이 법 시행 이후 공단 또는 기술진단전문기관이 기술진단을 실시하는 경우부터 적용한다.

부　칙 (2022.12.27)

제1조【시행일】 이 법은 공포 후 6개월이 경과한 날부터 시행한다. 다만, 제4조의4제1항, 제2항 전단, 제3항 및 제12조의 개정규정은 공포한 날부터 시행한다.
제2조【하수도정비기본계획에 관한 적용례】 제5조제3항 제5호의2의 개정규정은 이 법 시행 이후 하수도정비기본계획 수립권자가 환경부장관에게 하수도정비기본계획의 승인을 요청하는 경우부터 적용한다.
제3조【과징금 부과에 관한 적용례】 제50조제2항의 개정규정은 이 법 시행 이후 영업정지처분의 사유가 발생한 경우부터 적용한다.

부　칙 (2023.3.21)

제1조【시행일】 이 법은 공포 후 1년이 경과한 날부터 시행한다.(이하 생략)

부　칙 (2023.8.8)

제1조【시행일】 이 법은 2024년 5월 17일부터 시행한다.(이하 생략)

부　칙 (2024.1.30)

제1조【시행일】 이 법은 공포한 날부터 시행한다.
제2조【이의신청에 관한 적용례】 이의신청에 관한 개정규정은 이 법 시행 이후 하는 처분부터 적용한다.(이하 생략)

토양환경보전법

(1995년 1월 5일 법 률 제4906호)

개정
1997.12.13법 5454호(정부부처명)
1999. 2. 8법 5878호 2001. 3.28법 6452호
2002. 1.26법 6627호(민사집행법)
2002. 2. 4법 6656호(공토법)
2002.12.30법 6846호(환경정책)
2003. 5.29법 6893호(소방기본법)
2004.12.31법 7291호
2005. 3.31법 7428호(채무자회생파산)
2005. 3.31법 7459호(수질환경)
2006. 9.27법 8010호(가축분뇨의관리및이용에관한법)
2006. 9.27법 8014호(하수도법)
2006.10. 4법 8038호(환경분야시험 · 검사등에관한법)
2007. 4.11법 8352호(농지)
2007. 5.17법 8466호(수질수생태계보전)
2007. 5.17법 8469호
2010. 3.31법10219호(지방세기본법)
2010. 5.25법10314호 2011. 4. 5법10551호
2012. 6. 1법11461호(전자문서및전자거래기본법)
2012. 6. 1법11464호
2013. 6. 4법11862호(화학물질관리법)
2014. 3.24법12522호 2015. 2. 3법13169호
2015.12. 1법13533호
2015.12. 1법13534호(한국환경산업기술원법)
2016.12.27법14476호(지방세징수법)
2017. 1.17법14532호(물환경보전법)
2017.11.28법15102호 2018. 6.12법15658호
2019.11.26법16613호 2022.12.13법19090호
2024. 2. 6법20231호(화학물질관리법)→2025년 8월 7일 시행이므로「法典 別冊」보유편 수록

제1장 총 칙
(2011.4.5 본장개정)

제1조【목적】 이 법은 토양오염으로 인한 국민건강 및 환경상의 위해(危害)를 예방하고, 오염된 토양을 정화하는 등 토양을 적정하게 관리·보전함으로써 토양생태계를 보전하고, 자원으로서의 토양가치를 높이며, 모든 국민이 건강하고 쾌적한 삶을 누릴 수 있게 함을 목적으로 한다.

제2조【정의】 이 법에서 사용하는 용어의 뜻은 다음 각 호와 같다.
1. "토양오염"이란 사업활동이나 그 밖의 사람의 활동에 의하여 토양이 오염되는 것으로서 사람의 건강·재산이나 환경에 피해를 주는 상태를 말한다.
2. "토양오염물질"이란 토양오염의 원인이 되는 물질로서 환경부령으로 정하는 것을 말한다.
3. "토양오염관리대상시설"이란 토양오염물질의 생산·운반·저장·취급·가공 또는 처리 등으로 토양을 오염시킬 우려가 있는 시설·장치·건물·구축물(構築物) 및 그 밖에 환경부령으로 정하는 것을 말한다.
(2014.3.24 본호개정)
4. "특정토양오염관리대상시설"이란 토양을 현저하게 오염시킬 우려가 있는 토양오염관리대상시설로서 환경부령으로 정하는 것을 말한다.
5. "토양정화"란 생물학적 또는 물리적·화학적 처리 등의 방법으로 토양 중의 오염물질을 감소·제거하거나 토양 중의 오염물질에 의한 위해를 완화하는 것을 말한다.
6. "토양정밀조사"란 제4조의2에 따른 우려기준을 넘거나 넘을 가능성이 크다고 판단되는 지역에 대하여 오염물질의 종류, 오염의 정도 및 범위 등을 환경부령으로 정하는 바에 따라 조사하는 것을 말한다.
7. "토양정화업"이란 토양정화를 수행하는 업(業)을 말한다.

제3조【적용 제외】 ① 이 법은 방사성물질에 의한 토양오염 및 그 방지에 관하여는 적용하지 아니한다.
② 오염된 농지를「농지법」제21조에 따른 토양의 개량사업으로 정화하는 경우에는 제15조의3 및 제15조의6을 적용하지 아니한다.

제4조【토양보전기본계획의 수립 등】 ① 환경부장관은 토양보전을 위하여 10년마다 토양보전에 관한 기본계획(이하 "기본계획"이라 한다)을 수립·시행하여야 한다.
② 환경부장관은 기본계획을 수립할 때에는 관계 중앙행정기관의 장과 협의하여야 한다.
③ 기본계획에는 다음 각 호의 사항이 포함되어야 한다.
1. 토양보전에 관한 시책방향
2. 토양오염의 현황, 진행상황 및 장래예측
3. 토양오염의 방지에 관한 사항
4. 토양정화 및 정화된 토양의 이용에 관한 사항
5. 토양정화와 관련된 기술의 개발 및 관련 산업의 육성에 관한 사항
6. 토양정화를 위한 기술인력의 교육 및 양성에 관한 사항
7. 그 밖에 토양보전에 필요한 사항
④ 특별시장·광역시장·특별자치시장·도지사·특별자치도지사(이하 "시·도지사"라 한다)는 기본계획에 따라 관할구역의 지역 토양보전계획(이하 "지역계획"이라 한다)을 수립하여 환경부장관의 승인을 받아 시행하여야 한다. 지역계획을 변경할 때에도 또한 같다.
(2017.11.28 전단개정)
⑤ 기본계획 및 지역계획의 수립방법, 수립절차와 그 밖에 필요한 사항은 대통령령으로 정한다.

제4조의2【토양오염의 우려기준】 사람의 건강·재산이나 동물·식물의 생육에 지장을 줄 우려가 있는 토양오염의 기준(이하 "우려기준"이라 한다)은 환경부령으로 정한다.

제4조의3【정보시스템 구축·운영】 ① 환경부장관은 다음 각 호의 정보에 국민이 쉽게 접근할 수 있도록 정보시스템을 구축·운영하여야 한다.
1. 제4조의4에 따른 토양오염관리대상시설 등 조사 결과
1의2. 제4조의5에 따른 토양오염 이력정보(2017.11.28 본호신설)
2. 제5조에 따른 상시측정, 토양오염실태조사, 토양정밀조사 결과
3. 제23조의2에 따른 토양관련전문기관 지정현황
4. 제23조의7에 따른 토양정화업 등록현황
5. 제26조의3에 따른 특정토양오염관리대상시설 설치현황 등
6. 그 밖에 환경부령으로 정하는 정보
② 제1항에 따른 정보시스템의 구축·운영 등에 필요한 사항은 환경부장관이 정한다.
(2015.12.1 본조신설)

제4조의4【토양오염관리대상시설 등 조사】 ① 환경부장관은 제4조에 따른 기본계획과 지역계획, 제6조의2에 따른 표토 침식 방지 및 복원대책, 제18조에 따른 토양보전대책지역에 관한 계획을 합리적으로 수립 또는 승인하거나 제5조에 따른 토양오염도 측정을 효율적으로 수행하기 위하여 토양오염관리대상시설의 분포현황 및 제5조제4항에 따른 토양정밀조사, 제10조의4제1항에 따른 토양정밀조사, 오염토양의 정화 또는 오염토양 개선사업의 실시현황 등을 정기적으로 조사(이하 이 조에서 "토양오염관리대상시설 등 조사"라 한다)하여야 한다.
② 환경부장관은 제1항에 따른 토양오염관리대상시설 등 조사를 위하여 관계 기관의 장에게 필요한 자료의 제출을 요청할 수 있다. 이 경우 요청을 받은 관계 기관의 장은 특별한 사유가 없으면 그 요청에 따라야 한다.
③ 제1항에 따른 토양오염관리대상시설 등 조사의 방법, 대상, 절차 등에 필요한 사항은 환경부령으로 정한다.
(2015.12.1 본조신설)

제4조의5【토양오염 이력정보의 작성·관리】 환경부장관은 토양오염이 발생하였거나 제5조에 따른 상시측정, 토양오염실태조사, 토양정밀조사를 실시한 토지에 대하여 토지의 용도, 토양오염관리대상시설의 설치현황, 오염정도, 정화 조치 여부 등 토양오염 이력정보를 작성하여 관리하여야 한다.(2017.11.28 본조신설)

제5조【토양오염도 측정 등】 ① 환경부장관은 전국적인 토양오염 실태를 파악하기 위하여 측정망(測定網)을 설치하고, 토양오염도(土壤汚染度)를 상시측정(常時測定)하여야 한다.
② 시·도지사 또는 시장·군수·구청장(자치구의 구청장을 말한다. 이하 같다)은 관할구역 중 토양오염이 우려되는 해당 지역에 대하여 토양오염실태를 조사(이하 "토양오염실태조사"라 한다)하여야 한다. 이 경우 시장·군수·구청장은 환경부령으로 정하는 바에 따라 토양오염실태조사의 결과를 시·도지사에게 보고하여야 하며, 시·도지사는 환경부령으로 정하는 바에 따라 그가 실시한 토양오염실태조사의 결과와 시장·군수·구청장이 보고한 토양오염실태조사의 결과를 환경부장관에게 보고하여야 한다.
③ 제1항에 따른 측정망의 설치기준과 토양오염실태조사의 대상 지역 선정기준, 조사 방법 및 절차와 그 밖에 필요한 사항은 환경부령으로 정한다.
④ 환경부장관, 시·도지사 또는 시장·군수·구청장은 토양보전을 위하여 필요하다고 인정하면 다음 각 호의 어느 하나에 해당하는 지역에 대하여 토양정밀조사를 할 수 있다.
1. 제1항에 따른 상시측정(이하 "상시측정"이라 한다)의 결과 우려기준을 넘는 지역
2. 토양오염실태조사의 결과 우려기준을 넘는 지역
3. 다음 각 목의 어느 하나에 해당하는 지역으로서 환경부장관, 시·도지사 또는 시장·군수·구청장이 우려기준을 넘을 가능성이 크다고 인정하는 지역
가. 토양오염사고가 발생한 지역
나.「산업입지 및 개발에 관한 법률」제2조제5호에 따른 산업단지(농공단지는 제외한다)
다.「광산피해의 방지 및 복구에 관한 법률」제2조제4호에 따른 폐광산(廢鑛山)의 주변지역
라.「폐기물관리법」제2조제8호에 따른 폐기물처리시설 중 매립시설과 그 주변지역
마. 그 밖에 환경부령으로 정하는 지역
⑤ 상시측정, 토양오염실태조사 및 제4항에 따른 토양정밀조사의 결과는 공개하여야 한다.

제6조【측정망설치계획의 결정·고시】 환경부장관은 제5조제1항에 따른 측정망의 위치·구역 등을 구체적으로 밝힌 측정망설치계획을 결정하여 고시하고, 누구든지 그 도면을 열람할 수 있게 하여야 한다. 측정망설치계획을 변경하였을 때에도 또한 같다.

제6조의2【표토의 침식 현황 조사】 ① 환경부장관은 표토(表土)의 침식(浸蝕)으로 인한 토양환경의 실태를 파악하기 위하여 다음 각 호의 어느 하나에 해당하는 지역에 대하여 표토의 침식 현황 및 정도에 대한 조사를 할 수 있다.
1.「수도법」제7조에 따라 지정·공고된 상수원보호구역
2.「한강수계 상수원수질개선 및 주민지원 등에 관한 법률」제4조,「낙동강수계 물관리 및 주민지원 등에 관한 법률」제4조,「금강수계 물관리 및 주민지원 등에 관한 법률」제4조 및「영산강·섬진강수계 물관리 및 주민지원 등에 관한 법률」제4조에 따라 각각 지정·고시된 수변구역
② 환경부장관은 제1항에 따른 조사 결과 표토의 침식 정도가 환경부령으로 정하는 기준을 초과하는 경우에는 이에 대한 대책을 수립하여 시행하여야 한다.
③ 제1항에 따른 조사의 절차와 방법 등에 관하여 필요한 사항은 환경부령으로 정한다.
(2011.4.5 본조신설)

제6조의3【국유재산 등에 대한 토양정화】 ① 환경부장관은 다음 각 호의 어느 하나에 해당하는 경우에는 토양오염의 확산을 방지하기 위하여 토양정밀조사를 한 후 토양정화를 할 수 있다. 이 경우 이미 토양정밀조사가 실시되었을 경우에는 토양정밀조사를 생략할 수 있다.
1.「국유재산법」제2조제1호에 따른 국유재산으로 인하여 우려기준을 넘는 토양오염이 발생하여 토양정화가 필요한 경우로서 국가가 제10조의4제1항에 따른 정화책임자(淨化責任者. 이하 "정화책임자"라 한다)인 경우
(2014.3.24 본호개정)
2. 제15조제3항 단서에 따라 토양정화를 하는 경우로서 긴급한 토양정화가 필요하다고 시·도지사 또는 시장·군수·구청장이 요청하는 경우
3. 제19조제3항에 따라 오염토양 개선사업을 하는 경우로서 긴급한 토양정화가 필요하다고 특별자치시장·특별자치도지사·시장·군수·구청장이 요청하는 경우
(2017.11.28 본호개정)
② 환경부장관은 제1항에 따라 토양정화를 하려는 경우 같은 항 제1호의 경우에는 그 중앙관서의 장과, 같은 항 제2호 및 제3호의 경우에는 시·도지사 또는 시장·군수·구청장 및 정화책임자와 토양정화의 시기, 면적 및 비용 등에 관하여 미리 협의하여야 한다. 이 경우 제1항 제2호 및 제3호에 따른 정화 등에 소요되는 비용은 환경부령으로 정하는 범위에서 토양정화를 요청한 지방자치단체에게 부담하게 할 수 있다.(2014.3.24 전단개정)
③ 환경부장관은 제1항에 따라 토양정화를 하려는 경우에는 환경부령으로 정하는 바에 따라 다음 각 호의 사항이 포함된 토양정화계획을 수립하고 이를 고시하여야 한다.
1. 토양정화의 시기 및 기간
2. 토양정화 대상 토지의 소재지
3. 토양정화 대상 토지 소유자의 성명 및 주소
4. 그 밖에 환경부령으로 정하는 사항
④ 제1항제2호 및 제3호에 해당하는 경우 토양정밀조사 또는 토양정화에 소요된 비용은 해당 정화책임자에게 구상(求償)할 수 있다.(2014.3.24 본항개정)
(2011.4.5 본조신설)

제7조【토지 등의 수용 및 사용】 ① 환경부장관, 시·도지사 또는 시장·군수·구청장은 다음 각 호의 어느 하나에 해당하는 측정, 조사, 설치 및 토양정화를 위하여 필요한 경우에는 해당 지역 또는 구역의 토지·건축물이나 그 토지에 정착된 물건을 수용(제2호 및 제4호에만 적용한다) 또는 사용할 수 있다.
1. 상시측정, 토양오염실태조사, 토양정밀조사
2. 제5조제1항에 따른 측정망 설치
3. 제6조의2에 따른 표토의 침식 현황 및 정도에 대한 조사
4. 제6조의3에 따른 국유재산 등에 대한 토양정화
② 제6조의3제3항에 따라 환경부장관이 토양정화계획을 고시한 때에는「공익사업을 위한 토지 등의 취득 및 보상에 관한 법률」제20조제1항 및 제22조에 따른 사업인정 및 사업인정의 고시가 있은 것으로 보며, 재결신청은 같은 법 제23조제1항 및 제28조제1항에도 불구하고 토양정화계획에서 정하는 토양정화 기간 내에 할 수 있다.
③ 제1항에 따른 수용 또는 사용의 절차와 손실보상 등에 관하여는 이 법에 특별한 규정이 있는 경우를 제외하고는「공익사업을 위한 토지 등의 취득 및 보상에 관한 법률」에서 정하는 바에 따른다.

제8조【타인 토지에의 출입 등】 ① 환경부장관, 시·도지사, 시장·군수·구청장 또는 제23조의2에 따른 토양관련전문기관(이하 "토양관련전문기관"이라 한다)은 상시측정, 토양오염실태조사, 토양정밀조사, 제6조의2제1항에 따른 표토의 침식 현황 및 정도에 대한 조사와 제15조의5제1항에 따른 위해성평가를 위하여 필요하면 소속 공무원 또는 직원으로 하여금 타인의 토지에 출입하여 그 토지에 있는 나무·돌·흙이나 그 밖의 장애물을 변경 또는 제거하게 할 수 있다. 이 경우 토양관련전문기관의 장은 특별자치시장·특별자치도지사·시장·군수·구청장의 허가를 받아야 한다.(2017.11.28 본항개정)
② 제1항에 따라 장애물을 변경 또는 제거하려는 경우에는 장애물의 소유자·점유자 또는 관리인의 동의를 받아야 한다. 다만, 장애물의 소유자·점유자 또는 관리인이 현장에 없거나 주소 또는 거소(居所)를 알 수 없어 그 동의를 받을 수 없는 경우에는 관할 특별자치시장·특별자치도지사·시장·군수·구청장의 동의를 받아 장애물을 변경하거나 제거할 수 있다.(2017.11.28 단서개정)
③ 제1항에 따라 타인의 토지에 출입하거나 그 토지 위의 장애물을 변경 또는 제거하려는 경우에는 출입할 날 또

는 장애물을 변경 · 제거할 날의 3일 전까지 그 토지 또는 장애물의 소유자 · 점유자 또는 관리인에게 이를 알려야 한다. 다만, 그 토지 또는 장애물의 소유자 · 점유자 또는 관리인의 주소 및 거소를 알 수 없는 경우에는 통지를 아니할 수 있다.
④ 해 뜨기 전이나 해가 진 후에는 해당 토지 점유자의 승낙 없이는 택지 또는 담장이나 울로 둘러싸인 타인의 토지에 출입할 수 없다.
⑤ 토지의 점유자는 정당한 사유 없이 제1항에 따른 관계 공무원 및 토양관련전문기관 직원의 행위를 방해하거나 거절하지 못한다.
⑥ 제1항에 따라 타인의 토지에 출입하려는 공무원 및 토양관련전문기관의 직원은 그 권한을 나타내는 증표를 지니고 이를 관계인에게 보여주어야 한다.
제9조【손실보상】 ① 국가 · 지방자치단체 또는 토양관련전문기관은 제8조에 따른 행위로 인하여 타인에게 손실을 입혔을 때에는 대통령령으로 정하는 바에 따라 그 손실을 보상하여야 한다.
② 제1항에 따라 보상을 받으려는 자는 환경부장관, 시 · 도지사, 시장 · 군수 · 구청장 또는 토양관련전문기관의 장에게 청구하여야 한다.
③ 환경부장관, 시 · 도지사, 시장 · 군수 · 구청장 또는 토양관련전문기관의 장은 제2항에 따라 청구를 받았을 때에는 그 손실을 입은 자와 협의하여 보상할 금액 등을 결정하고 청구인에게 이를 알려야 한다.
④ 제3항에 따른 협의가 성립되지 아니하거나 협의할 수 없는 경우 환경부장관, 시 · 도지사, 시장 · 군수 · 구청장, 토양관련전문기관의 장 또는 손실을 입은 자는 대통령령으로 정하는 바에 따라 관할 토지수용위원회에 재결(裁決)을 신청할 수 있다.
⑤ 제4항에 따른 재결을 받아들이지 아니하는 자는 재결서의 정본(正本)을 송달받은 날부터 1개월 이내에 중앙토지수용위원회에 이의(異議)를 신청할 수 있다.
제10조 (2006.10.4 삭제)
제10조의2【토양환경평가】 ① 다음 각 호의 어느 하나에 해당하는 시설이 설치되어 있거나 설치되어 있었던 부지, 그 밖에 토양오염의 우려가 있는 토지를 양도 · 양수(「민사집행법」에 따른 경매, 「채무자 회생 및 파산에 관한 법률」에 따른 환가(換價), 「국세징수법」 · 「관세법」 또는 「지방세징수법」에 따른 압류재산의 매각, 그 밖에 이에 준하는 절차에 따라 인수하는 경우를 포함한다. 이하 換價) 또는 임대 · 임차하는 경우에 양도인 · 양수인 · 임대인 또는 임차인은 해당 부지와 그 주변지역, 그 밖에 토양오염의 우려가 있는 토지에 대하여 토양환경평가기관으로부터 토양오염에 관한 평가(이하 "토양환경평가"라 한다)를 받을 수 있다.(2016.12.27 본문개정)
1. 토양오염관리대상시설
2. 「산업집적활성화 및 공장설립에 관한 법률」 제2조제1호에 따른 공장
3. 「국방 · 군사시설 사업에 관한 법률」 제2조제1항에 따른 국방 · 군사시설
② 제1항 각 호의 어느 하나에 해당하는 시설이 설치되어 있거나 설치되어 있었던 부지, 그 밖에 토양오염의 우려가 있는 토지를 양수한 자가 양수 당시 같은 항에 따라 토양환경평가를 받고 그 부지 또는 토지의 오염 정도가 우려기준 이하인 것을 확인한 경우에는 토양오염 사실에 대하여 선의이며 과실이 없는 것으로 추정한다.
(2014.3.24 본항개정)
③ 토양환경평가는 다음 각 호에 따라 실시하여야 하며, 토양환경평가의 실시에 따른 구체적인 사항과 그 밖에 필요한 사항은 대통령령으로 정한다.
1. 토양환경평가 항목 : 제2조제2호에 따른 토양오염물질과 토양환경평가를 위하여 필요하여 대통령령으로 정하는 오염물질
2. 토양환경평가 절차 : 기초조사와 개황조사, 정밀조사로 구분하여 실시
3. 토양환경평가 방법 : 제1호에 따른 오염물질의 오염도 등의 조사 · 분석 및 평가, 해당 부지의 이용현황, 토양오염관리대상시설에 해당하는지 여부
제10조의3【토양오염의 피해에 대한 무과실책임 등】
① 토양오염으로 인하여 피해가 발생한 경우 그 오염을 발생시킨 자는 그 피해를 배상하고 오염된 토양을 정화하는 등의 조치를 하여야 한다. 다만, 토양오염이 천재지변이나 전쟁, 그 밖의 불가항력으로 인하여 발생하였을 때에는 그러하지 아니하다.
② 토양오염을 발생시킨 자가 둘 이상인 경우에 어느 자에 의하여 제1항의 피해가 발생한 것인지를 알 수 없을 때에는 각자가 연대하여 배상하고 오염된 토양을 정화하는 등의 조치를 하여야 한다.
(2014.3.24 본조개정)
제10조의4【오염토양의 정화책임 등】 ① 다음 각 호의 어느 하나에 해당하는 자는 정화책임자로서 제11조제3항, 제14조제1항, 제15조제1항 · 제3항 또는 제19조제1항에 따라 토양정밀조사, 오염토양의 정화 또는 오염토양 개선사업의 실시(이하 "토양정화등"이라 한다)를 하여야 한다.(2017.11.28 본문개정)
1. 토양오염물질의 누출 · 유출 · 투기(投棄) · 방치 또는 그 밖의 행위로 토양오염을 발생시킨 자
2. 토양오염의 발생 당시 토양오염의 원인이 된 토양오염관리대상시설의 소유자 · 점유자 또는 운영자
3. 합병 · 상속이나 그 밖의 사유로 제1호 및 제2호에 해당되는 자의 권리 · 의무를 포괄적으로 승계한 자
4. 토양오염이 발생한 토지를 소유하고 있었거나 현재 소유 또는 점유하고 있는 자
② 제1항에도 불구하고 다음 각 호의 어느 하나에 해당하는 경우에는 같은 항 제4호에 따른 정화책임자로 보지 아니한다. 다만, 1996년 1월 6일 이후에 제1항제1호 또는 제2호에 해당하는 자에게 자신이 소유 또는 점유 중인 토지의 사용을 허용한 경우에는 그러하지 아니하다.
1. 1996년 1월 5일 이전에 양도 또는 그 밖의 사유로 해당 토지를 소유하지 아니하게 된 경우
2. 해당 토지를 1996년 1월 5일 이전에 양수한 경우
3. 토양오염이 발생한 토지를 양수할 당시 토양오염 사실에 대하여 선의이며 과실이 없는 경우
4. 해당 토지를 소유 또는 점유하고 있는 중에 토양오염이 발생한 경우로서 자신이 해당 토양오염 발생에 대하여 귀책 사유가 없는 경우
③ 시 · 도지사 또는 시장 · 군수 · 구청장은 제11조제3항, 제14조제1항, 제15조제1항 · 제3항 또는 제19조제1항에 따라 토양정화등을 명할 수 있는 정화책임자가 둘 이상인 경우에는 대통령령으로 정하는 바에 따라 해당 토양오염에 대한 각 정화책임자의 귀책정도, 신속하고 원활한 토양정화의 가능성 등을 고려하여 토양정화등을 명하여야 하며, 필요한 경우에는 제10조의9에 따른 토양정화자문위원회에 자문할 수 있다.
④ 제11조제3항, 제14조제1항, 제15조제1항 · 제3항 또는 제19조제1항에 따라 토양정화등의 명령을 받은 정화책임자가 자신의 비용으로 토양정화등을 한 경우에는 다른 정화책임자의 부담부분에 관하여 구상권을 행사할 수 있다.
⑤ 국가 및 지방자치단체는 다음 각 호의 어느 하나에 해당하는 경우에는 제11조제3항, 제14조제1항, 제15조제1항 · 제3항 또는 제19조제1항에 따라 토양정화등을 하는 데 드는 비용(제4항에 따른 구상권 행사를 통하여 상환받을 수 있는 비용 및 토양정화등으로 인한 해당 토지 가액의 상승분에 상당하는 금액은 제외한다. 이하 같다)의 전부 또는 일부를 대통령령으로 정하는 바에 따라 지원할 수 있다.(2017.11.28 본문개정)
1. 제1항제1호 · 제2호 또는 제3호의 정화책임자가 토양정화등을 하는 데 드는 비용이 자신의 부담부분을 현저히 초과하거나 해당 토양오염관리대상시설의 소유 · 점유 또는 운영을 통하여 얻었거나 향후 얻을 수 있을 것으로 기대되는 이익을 현저히 초과하는 경우
2. 2001년 12월 31일 이전에 해당 토지를 양수하였거나 양도 또는 그 밖의 사유로 소유하지 아니하게 된 자가 제1항제4호의 정화책임자로서 토양정화등을 하는 데 드는 비용이 해당 토지의 가액을 초과하는 경우
3. 2002년 1월 1일 이후에 해당 토지를 양수한 자가 제1항제4호의 정화책임자로서 토양정화등을 하는 데 드는 비용이 해당 토지의 가액 및 토지의 소유 또는 점유를 통하여 얻었거나 향후 얻을 수 있을 것으로 기대되는 이익을 현저히 초과하는 경우
4. 그 밖에 토양정화등의 비용 지원이 필요한 경우로서 대통령령으로 정하는 경우
⑥ 토양오염이 발생한 토지를 소유 또는 점유하고 있는 자로서 정화책임자가 아닌 자는 해당 토양오염에 대한 정화책임자가 제11조제3항, 제14조제1항, 제15조제1항 · 제3항 또는 제19조제1항에 따라 토양정화등의 명령을 받아 토양정화등을 하려는 경우에는 정당한 사유가 없으면 이에 협조하여야 한다.(2017.11.28 본항신설)
⑦ 정화책임자는 제6항에 따른 협조로 인하여 토지를 소유 또는 점유하고 있는 자에게 발생한 손실을 보상하여야 한다.(2017.11.28 본항신설)
(2014.3.24 본조개정)
제10조의5【토양정화 공제조합의 설립】 ① 특정토양오염관리대상시설의 설치자 · 운영자 및 제23조의7제1항에 따라 토양정화업의 등록을 한 자(이하 "토양정화업자"라 한다)는 제11조제3항에 따른 오염토양의 정화를 보증하고 토양정화에 드는 재원을 확보하기 위하여 환경부장관의 허가를 받아 토양정화 공제조합(이하 "조합"이라 한다)을 설립할 수 있다.
② 조합은 법인으로 한다.
③ 조합은 주된 사무소의 소재지에서 설립등기를 함으로써 성립한다.
(2011.4.5 본조신설)
제10조의6【조합의 사업】 조합은 다음 각 호의 사업을 수행한다.
1. 조합원의 토양정화를 위한 공제사업
2. 토양오염의 방지 및 토양정화를 위하여 필요한 기술의 조사 · 개발 및 보급에 관한 사업
(2011.4.5 본조신설)
제10조의7【분담금】 ① 조합의 조합원은 제10조의6에 따른 사업을 하는 데에 필요한 분담금을 조합에 내야 한다.
② 제1항에 따른 분담금의 산정기준 및 납부절차와 그 밖에 필요한 사항은 조합의 정관으로 정하는 바에 따른다.
(2011.4.5 본조신설)
제10조의8【「민법」의 준용】 조합에 관하여 이 법에서 규정한 것 외에는 「민법」 중 사단법인에 관한 규정을 준용한다.(2011.4.5 본조신설)
제10조의9【토양정화자문위원회】 ① 제10조의4제3항에 따른 시 · 도지사 또는 시장 · 군수 · 구청장의 자문에 응하기 위하여 환경부에 토양정화자문위원회(이하 "위원회"라 한다)를 둔다.
② 위원회는 위원장을 포함하여 5명 이상 9명 내외의 위원으로 구성한다.
③ 위원회의 구성 · 운영 등에 필요한 사항은 대통령령으로 정한다.
(2014.3.24 본조신설)
제10조의10【토양환경센터의 설치 · 운영 등】 ① 환경부장관은 토양보전과 관련된 다음 각 호의 업무를 효율적으로 추진하기 위하여 토양환경센터를 설치 · 운영할 수 있다.
1. 토양환경산업과 관련된 연구 및 기술의 개발 · 활용에 관한 사항
2. 토양보전과 관련된 기술의 보급, 실용화 촉진 및 해외시장 진출 지원
3. 토양환경산업과 관련된 정보의 수집 · 활용 · 교육 · 홍보 및 국제협력에 관한 사항
4. 토양환경산업 활성화에 관한 사항(2017.11.28 본호개정)
5. 제1호부터 제4호까지의 업무와 관련하여 국가, 지방자치단체, 「공공기관의 운영에 관한 법률」 제4조에 따른 공공기관으로부터 위탁받은 업무
② 환경부장관은 제1항에 따른 업무의 수행에 필요한 비용의 전부 또는 일부를 지원할 수 있다.
③ 환경부장관은 토양환경센터의 운영 업무를 「한국환경산업기술원법」에 따른 한국환경산업기술원에 위탁할 수 있다.(2015.12.1 본항개정)
④ 토양환경센터의 운영 및 감독 등에 관하여 필요한 사항은 대통령령으로 정한다.
(2014.3.24 본조신설)

제2장 토양오염의 규제
(2011.4.5 본장개정)

제11조【토양오염의 신고 등】 ① 다음 각 호의 어느 하나에 해당하는 경우에는 지체 없이 관할 특별자치시장 · 특별자치도지사 · 시장 · 군수 · 구청장에게 신고하여야 한다.
1. 토양오염물질을 생산 · 운반 · 저장 · 취급 · 가공 또는 처리하는 자가 그 과정에서 토양오염물질을 누출 · 유출한 경우
2. 토양오염관리대상시설을 소유 · 점유 또는 운영하는 자가 그 소유 · 점유 또는 운영 중인 토양오염관리대상시설이 설치되어 있는 부지 또는 그 주변지역의 토양이 오염된 사실을 발견한 경우
3. 토지의 소유자 또는 점유자가 그 소유 또는 점유 중인 토지가 오염된 사실을 발견한 경우
(2017.11.28 본항개정)
② 특별자치시장 · 특별자치도지사 · 시장 · 군수 · 구청장은 제1항에 따른 신고를 받거나, 토양오염물질이 누출 · 유출된 사실을 발견하거나 그 밖에 토양오염이 발생한 사실을 알게 된 경우에는 소속 공무원으로 하여금 해당 토지에 출입하여 오염 원인과 오염도에 관한 조사를 하게 할 수 있다.(2017.11.28 본항개정)
③ 제2항의 조사를 한 결과 오염도가 우려기준을 넘는 토양(이하 "오염토양"이라 한다)에 대하여는 대통령령으로 정하는 바에 따라 기간을 정하여 정화책임자에게 토양관련전문기관에 의한 토양정밀조사의 실시, 오염토양의 정화 조치를 할 것을 명할 수 있다.(2014.3.24 본항개정)
④ 토양관련전문기관은 제3항에 따라 토양정밀조사를 하였을 때에는 조사 결과를 관할 특별자치시장 · 특별자치도지사 · 시장 · 군수 · 구청장에게 지체 없이 통보하여야 한다.(2017.11.28 본항개정)
⑤ 제2항에 따라 타인의 토지에 출입하려는 공무원은 그 권한을 나타내는 증표를 지니고 이를 관계인에게 보여주어야 한다.
⑥ 특별자치시장 · 특별자치도지사 · 시장 · 군수 · 구청장은 제2항에 따라 소속 공무원으로 하여금 해당 토지에 출입하여 오염 원인과 오염도에 관한 조사를 하게 한 경우에는 그 사실을 지방환경관서의 장에게 지체 없이 알려야 한다.(2017.11.28 본항개정)
제12조【특정토양오염관리대상시설의 신고 등】 ① 특정토양오염관리대상시설을 설치하려는 자는 대통령령으로 정하는 바에 따라 그 시설의 내용과 제5항에 따른 토양오염방지시설의 설치계획을 관할 특별자치시장 · 특별자치도지사 · 시장 · 군수 · 구청장에게 신고하여야 한다. 신고한 사항 중 환경부령으로 정하는 내용을 변경(특정토양오염관리대상시설의 폐쇄를 포함한다)할 때에도 또한 같다.(2022.12.13 전단개정)
② 특별자치시장 · 특별자치도지사 · 시장 · 군수 · 구청장은 제1항 전단에 따른 신고를 받은 날부터 10일 이내에, 같은 항 후단에 따른 변경신고를 받은 날부터 7일 이내에 신고수리 여부를 신고인에게 통지하여야 한다.
(2022.12.13 본항신설)

③ 특별자치시장·특별자치도지사·시장·군수·구청장이 제2항에서 정한 기간 내에 신고수리 여부 또는 민원 처리 관련 법령에 따른 처리기간의 연장을 신고인에게 통지하지 아니하면 그 기간(민원 처리 관련 법령에 따라 처리기간이 연장 또는 재연장된 경우에는 해당 처리기간을 말한다)이 끝난 날의 다음 날에 신고를 수리한 것으로 본다.(2022.12.13 본항신설)
④ 「위험물안전관리법」 및 「화학물질관리법」과 그 밖에 환경부령으로 정하는 법령에 따라 특정토양오염관리대상시설의 설치에 관한 허가를 받거나 등록을 한 경우에는 제1항에 따른 신고를 한 것으로 본다. 이 경우 허가 또는 등록기관의 장은 환경부령으로 정하는 토양오염방지시설에 관한 서류를 첨부하여 그 사실을 그 특정토양오염관리대상시설이 설치된 지역을 관할하는 특별자치시장·특별자치도지사·시장·군수·구청장에게 통보하여야 한다.(2017.11.28 후단개정)
⑤ 특정토양오염관리대상시설의 설치자(그 시설을 운영하는 자를 포함한다. 이하 같다)는 대통령령으로 정하는 바에 따라 토양오염을 방지하기 위한 시설(이하 "토양오염방지시설"이라 한다)을 설치하고 적정하게 유지·관리하여야 한다.

제12조의2【다른 법률에 따른 변경신고의 의제】 ① 제12조제1항 후단에 따라 변경신고를 한 경우에는 그 특정토양오염관리대상시설에 관련된 다음 각 호의 변경신고를 한 것으로 본다. 다만, 변경신고의 사항이 사업장의 명칭 또는 대표자가 변경되는 경우로 한정한다.
1. 「물환경보전법」 제33조제2항 단서 및 같은 조 제3항에 따른 배출시설의 변경신고(2017.1.17 본호개정)
2. 「대기환경보전법」 제44조제2항에 따른 배출시설의 변경신고
② 제1항에 따른 변경신고의 의제를 받고자 하는 자는 변경신고의 신청을 하는 때에 해당 법률이 정하는 관련 서류를 함께 제출하여야 한다.
③ 제1항에 따라 변경신고를 접수하는 행정기관의 장은 변경신고를 처리한 때에는 지체 없이 제1항 각 호의 변경신고 소관 행정기관의 장에게 그 내용을 통보하여야 한다.
④ 제1항에 따라 변경신고를 한 것으로 보는 경우에는 관계 법률에 따라 부과되는 수수료를 면제한다.
(2015.12.1 본조신설)

제13조【토양오염검사】 ① 특정토양오염관리대상시설의 설치자는 대통령령으로 정하는 바에 따라 토양관련전문기관으로부터 그 시설의 부지와 그 주변지역에 대하여 토양오염검사(이하 "토양오염검사"라 한다)를 받아야 한다. 다만, 토양시료(土壤試料)의 채취가 불가능하거나 토양오염검사가 필요하지 아니한 경우로서 대통령령으로 정하는 요건에 해당하여 특별자치시장·특별자치도지사·시장·군수·구청장의 승인을 받은 경우에는 토양오염검사를 받지 아니한다.(2017.11.28 단서개정)
② 제1항 단서에 따른 승인의 절차는 환경부령으로 정하며, 승인을 신청하는 자는 토양관련전문기관의 의견을 첨부하여야 한다. 다만, 여러 개의 같은 종류의 저장시설 중 일부 시설을 폐쇄하는 경우 등 대통령령으로 정하는 경우에는 토양관련전문기관의 의견을 첨부하지 아니할 수 있다.
③ 토양오염검사는 토양오염도검사와 누출검사로 구분하여 한다. 다만, 누출검사는 저장시설 또는 배관이 땅속에 묻혀 있거나 땅에 붙어 있어 누출 여부를 눈으로 확인할 수 없는 시설로서 환경부령으로 정하는 바에 따라 특별자치시장·특별자치도지사·시장·군수·구청장이 인정하는 경우에만 실시한다.(2017.11.28 단서개정)
④ 토양관련전문기관은 토양오염검사를 하였을 때에는 특정토양오염관리대상시설의 설치자, 관할 특별자치시장·특별자치도지사·시장·군수·구청장 및 관할 소방서장에게 검사 결과를 통보(소방서장에 대한 통보는 「위험물안전관리법」에 따라 허가를 받은 시설 중 누출검사 결과 오염물질의 누출이 확인된 시설인 경우로 한정한다)하여야 하며, 특정토양오염관리대상시설의 설치자는 환경부령으로 정하는 바에 따라 통보받은 검사 결과를 보존하여야 한다. 이 경우 특정토양오염관리대상시설의 설치자는 통보받은 검사 결과를 「전자문서 및 전자거래 기본법」 제2조제1호에 따른 전자문서로 보존할 수 있다.
(2017.11.28 전단개정)
⑤ 토양오염검사를 위한 시료채취의 방법과 그 밖에 필요한 사항은 환경부령으로 정한다.
⑥ 관할 특별자치시장·특별자치도지사·시장·군수·구청장은 제4항에 따라 토양관련전문기관으로부터 통보받은 토양오염검사 결과를 토대로 정밀한 검사가 필요하다고 인정되는 경우에는 환경부령으로 정하는 토양관련전문기관에 토양오염검사를 의뢰할 수 있다.(2017.11.28 본항개정)

제14조【특정토양오염관리대상시설의 설치자에 대한 명령】 ① 특별자치시장·특별자치도지사·시장·군수·구청장은 특정토양오염관리대상시설의 설치자가 다음 각 호의 어느 하나에 해당하면 대통령령으로 정하는 바에 따라 기간을 정하여 토양오염방지시설의 설치 또는 개선이나 그 시설의 부지 및 주변지역에 대하여 토양관련전문기관에 의한 토양정밀조사 또는 오염토양의 정화 조치를 할 것을 명할 수 있다.(2017.11.28 본문개정)
1. 토양오염방지시설을 설치하지 아니하거나 그 기준에 맞지 아니한 경우
2. 제13조제3항에 따른 토양오염도검사 결과 우려기준을 넘는 경우
3. 제13조제3항에 따른 누출검사 결과 오염물질이 누출된 경우
② 토양관련전문기관은 제1항에 따라 토양정밀조사를 하였을 때에는 조사 결과를 지체 없이 특정토양오염관리대상시설의 설치자 및 관할 특별자치시장·특별자치도지사·시장·군수·구청장에게 통보하여야 한다.
(2017.11.28 본항개정)
③ 특별자치시장·특별자치도지사·시장·군수·구청장은 특정토양오염관리대상시설의 설치자가 제1항에 따른 명령을 이행하지 아니하거나 그 명령을 이행하였더라도 그 시설의 부지 및 그 주변지역의 토양오염의 정도가 제15조의3제1항에 따른 정화기준 이내로 내려가지 아니한 경우에는 그 특정토양오염관리대상시설의 사용중지를 명할 수 있다.(2017.11.28 본항개정)

제15조【토양오염방지 조치명령 등】 ① 시·도지사 또는 시장·군수·구청장은 제5조제4항제1호 또는 제2호에 해당하는 지역의 정화책임자에 대하여 대통령령으로 정하는 바에 따라 기간을 정하여 토양관련전문기관으로부터 토양정밀조사를 받도록 명할 수 있다.
(2014.3.24 본항개정)
② 토양관련전문기관은 제1항에 따라 토양정밀조사를 하였을 때에는 정화책임자 및 관할 시·도지사 또는 시장·군수·구청장에게 조사 결과를 지체 없이 통보하여야 한다.(2014.3.24 본항개정)
③ 시·도지사 또는 시장·군수·구청장은 상시측정, 토양오염실태조사 또는 토양정밀조사의 결과 우려기준을 넘는 경우에는 대통령령으로 정하는 바에 따라 기간을 정하여 다음 각 호의 어느 하나에 해당하는 조치를 하도록 정화책임자에게 명할 수 있다. 다만, 정화책임자를 알 수 없거나 정화책임자에 의한 토양정화가 곤란하다고 인정하는 경우에는 시·도지사 또는 시장·군수·구청장이 오염토양의 정화를 실시할 수 있다.(2014.3.24 본문개정)
1. 토양오염관리대상시설의 개선 또는 이전
2. 해당 토양오염물질의 사용제한 또는 사용중지
3. 오염토양의 정화
④~⑤ (2004.12.31 삭제)
⑥ 환경부장관은 제5조에 따른 토양오염도 측정 결과 우려기준을 넘는 경우에는 관할 시·도지사 또는 시장·군수·구청장에게 제3항에 따른 조치명령을 할 것을 요청할 수 있다.
⑦ 시·도지사 또는 시장·군수·구청장은 제6항에 따른 환경부장관의 요청을 받았을 때에는 제3항에 따른 조치명령을 하여야 하며, 그 조치명령의 내용 및 결과를 환경부령으로 정하는 바에 따라 환경부장관에게 보고하여야 한다.

제15조의2【명령의 이행완료 보고】 ① 제11조제3항, 제14조제1항·제3항 또는 제15조제3항에 따라 조치명령 또는 중지명령을 받은 자가 그 명령을 이행하였을 때에는 환경부령으로 정하는 바에 따라 지체 없이 이를 시·도지사 또는 시장·군수·구청장에게 보고하여야 한다. 이 경우 시·도지사 또는 시장·군수·구청장은 환경부령으로 정하는 바에 따라 명령 이행 상태를 확인하여야 한다.
② 특별자치시장·특별자치도지사·시장·군수·구청장은 제11조제3항에 따라 조치명령을 받은 자가 제1항에 따라 이행완료 보고를 하였을 때는 해당 이행완료보고서를 지방환경관서의 장에게 환경부령으로 정하는 바에 따라 통보하여야 한다.(2017.11.28 본항개정)

제15조의3【오염토양의 정화】 ① 오염토양은 대통령령으로 정하는 정화기준 및 정화방법에 따라 정화하여야 한다.
② 오염토양은 토양정화업자(제3항 단서에 따라 오염토양을 반출하여 정화하는 경우에는 제23조의7제1항에 따라 반입하여 정화하는 시설을 등록한 토양정화업자를 말한다)에게 위탁하여 정화하여야 한다. 다만, 유기용제류(有機溶劑類)에 의한 오염토양 등 대통령령으로 정하는 종류와 규모에 해당하는 오염토양은 정화책임자가 직접 정화할 수 있다.(2014.3.24 단서개정)
③ 오염토양을 정화할 때에는 오염이 발생한 해당 부지에서 정화하여야 한다. 다만, 부지의 협소 등 환경부령으로 정하는 불가피한 사유로 그 부지에서 오염토양의 정화가 곤란한 경우에는 토양정화업자가 보유한 시설(제23조의7제1항에 따라 오염토양을 반입하여 정화하기 위하여 등록한 시설을 말한다)로 환경부령으로 정하는 바에 따라 오염토양을 반출하여 정화할 수 있다.
④ 제3항 단서에 따라 오염토양을 반출하여 정화하려는 자는 환경부령으로 정하는 바에 따라 오염토양반출정화계획서를 관할 특별자치시장·특별자치도지사·시장·군수·구청장에게 제출하여 적정통보를 받아야 한다. 제5항에 따라 적정통보를 받은 오염토양반출정화계획 중 환경부령으로 정하는 중요 사항을 변경하려는 때에도 또한 같다.(2017.11.28 전단개정)
⑤ 특별자치시장·특별자치도지사·시장·군수·구청장은 제4항에 따라 제출된 오염토양반출정화계획서를 다음 각 호의 사항에 관하여 검토한 후 그 적정 여부를 오염토양반출정화계획서를 제출한 자에게 통보하여야 한다.
(2017.11.28 본문개정)
1. 제3항 단서에 따라 반출하여 정화할 수 있는 오염토양에 해당하는지 여부
2. 오염토양의 반출·정화 계획이 적정한지 여부
(2012.6.1 본항개정)
⑥ 제5항에 따라 적정통보를 받은 자는 오염토양을 반출·운반·정화 또는 사용(정화된 토양을 최초로 사용하는 것을 말한다. 이하 같다)할 때마다 토양 인수인계서를 제9항에 따른 오염토양 정보시스템에 입력하여야 한다.
(2017.11.28 본항개정)
⑦ 오염토양을 정화하는 자는 다음 각 호의 행위를 하여서는 아니 된다.
1. 오염토양에 다른 토양을 섞어서 오염농도를 낮추는 행위
2. 제3항 단서에 따라 오염토양을 반출하여 정화하는 경우 제23조의7제1항에 따라 등록한 시설의 용량을 초과하여 오염토양을 보관하는 행위
(2012.6.1 본항신설)
⑧ 제6항에 따른 토양 인수인계서의 작성방법, 작성시기 및 토양인계시기 등 필요한 사항은 환경부령으로 정한다.
(2017.11.28 본항개정)
⑨ 환경부장관은 오염토양의 반출·운반·정화 또는 사용 과정을 전산처리할 수 있는 오염토양 정보시스템을 설치·운영하여야 한다.(2017.11.28 본항개정)

제15조의4【오염토양의 투기 금지 등】 누구든지 다음 각 호의 어느 하나에 해당하는 행위를 하여서는 아니 된다.
1. 오염토양을 버리거나 매립하는 행위
2. 보관, 운반 및 정화 등의 과정에서 오염토양을 누출·유출하는 행위
3. 정화가 완료된 토양을 그 토양에 적용된 것보다 엄격한 우려기준이 적용되는 지역의 토양에 사용하는 행위

제15조의5【위해성평가】 ① 환경부장관, 시·도지사, 시장·군수·구청장 또는 정화책임자는 제23조의2제2항제1호에 따라 지정을 받은 위해성평가기관으로 하여금 오염물질의 종류 및 오염도, 주변 환경, 장래의 토지이용계획과 그 밖에 필요한 사항을 고려하여 해당 부지의 토양오염물질이 인체와 환경에 미치는 위해의 정도를 평가(이하 "위해성평가"라 한다)하게 한 후 그 결과를 토양정화의 범위, 시기 및 수준 등에 반영할 수 있다.
(2014.3.24 본항개정)
② 위해성평가는 다음 각 호의 어느 하나(정화책임자의 경우에는 제4호 및 제5호만 해당한다)에 해당하는 경우에 실시할 수 있다.(2014.3.24 본문개정)
1. 제6조의3에 따라 토양정화를 하려는 경우
2. 제15조제3항 각 호 외의 부분 단서에 따라 오염토양을 정화하려는 경우
3. 제19조제3항에 따라 오염토양 개선사업을 하려는 경우
4. 자연적인 원인으로 인한 토양오염이라고 대통령령으로 정하는 방법에 따라 입증된 부지의 오염토양을 정화하려는 경우(제15조의3제3항 단서에 따라 오염토양을 반출하여 정화하는 경우는 제외한다)
5. 그 밖에 위해성평가를 할 필요가 있는 경우로서 대통령령으로 정하는 경우
③ 시·도지사, 시장·군수·구청장 및 정화책임자가 위해성평가의 결과를 토양정화의 시기, 범위 및 수준 등에 반영하려는 경우에는 환경부장관에게 미리 검증을 받아야 한다.(2014.3.24 본항개정)
④ 위해성평가의 항목·방법 및 그 밖에 필요한 사항과 위해성평가 결과의 검증 절차와 방법 등은 환경부령으로 정한다.

제15조의6【토양정화의 검증】 ① 정화책임자는 오염토양을 정화하기 위하여 토양정화업자에게 토양정화를 위탁하는 경우에는 제23조의2제2항제2호에 따라 지정을 받은 토양오염조사기관으로 하여금 정화과정 및 정화완료에 대한 검증을 하게 하여야 한다. 다만, 토양정밀조사를 한 결과 오염토양의 규모가 작거나 오염의 농도가 낮은 경우 등 오염토양이 대통령령으로 정하는 규모 및 종류에 해당하는 경우에는 정화과정에 대한 검증을 생략할 수 있다.(2014.3.24 본문개정)
② 정화책임자는 제1항 본문에 따라 토양오염조사기관으로 하여금 오염토양의 정화과정 및 정화완료에 대한 검증을 하게 할 때에는 환경부령으로 정하는 내용 및 절차에 따라 오염토양정화계획을 작성하여 관할 특별자치시장·특별자치도지사·시장·군수·구청장에게 제출하여야 한다. 제출한 계획 중 환경부령으로 정하는 사항을 변경할 때에도 또한 같다.(2017.11.28 전단개정)
③ 토양관련전문기관은 제1항에 따른 검증을 할 때 정화책임자로부터 검증수수료를 받을 수 있다. 이 경우 검증수수료의 산정기준에 관하여는 환경부령으로 정한다.
(2014.3.24 전단개정)
④ 제1항에 따른 검증의 절차·내용 및 방법과 그 밖에 검증에 필요한 사항은 환경부령으로 정한다.
⑤ 토양정화업자가 제1항에 따라 정화과정 및 정화완료에 대한 검증을 받는 경우 토양관련전문기관에 의한 검증이 완료되지 아니한 상태에서 오염토양을 반출하여서는 아니 된다.

제15조의7【토양관리단지의 지정 등】 ① 환경부장관은 제15조의3제3항 단서에 따라 오염토양을 반출하여 정화하거나 정화된 토양을 재활용하기 위하여, 토양정화에

필요한 시설을 일정 지역에 집중시켜 효율적으로 토양정화를 할 필요가 있다고 인정하는 경우에는 「국유재산법」에 따른 국유재산 중 환경부장관이 중앙관서의 장인 토지를 토양관리단지로 지정할 수 있다.
② 환경부장관은 제1항에 따라 토양관리단지를 지정하려는 경우에는 대통령령으로 정하는 바에 따라 토양관리단지 조성계획을 수립하여 관할 시·도지사의 의견을 듣고, 관계 중앙행정기관의 장과 협의하여야 한다. 토양관리단지 조성계획 중 대통령령으로 정하는 중요한 사항을 변경하려는 경우에도 또한 같다.
③ 환경부장관은 제1항에 따른 토양관리단지에서 토양정화업을 하려는 자에게 「국유재산법」에도 불구하고 토양관리단지의 토지 일부를 수의계약으로 사용·수익하게 하거나 대부 또는 매각할 수 있다.
④ 환경부장관은 제1항에 따른 토양관리단지를 원활하게 운영하기 위하여 도로 등 기반시설의 설치 등에 필요한 지원을 할 수 있다.
(2011.4.5 본조신설)

제15조의8【잔류성오염물질 등에 의한 토양오염】 ① 토양오염이 발생한 해당 부지 또는 그 주변지역(국가가 정화책임이 있는 부지 또는 그 주변지역으로 한정한다. 이하 이 조에서 같다)이 우려기준을 넘는 토양오염물질 외에 「잔류성유기오염물질 관리법」 제2조제1호에 따른 잔류성유기오염물질(토양오염물질로서 이 법 제15조의3 제1항에 따른 정화기준이 정하여진 물질은 제외하며, 이하 "잔류성오염물질"이라 한다)로도 함께 오염된 경우에는 이 법 또는 다른 법령에 따른 정화책임이 있는 중앙행정기관의 장(이하 이 조에서 "토양오염정화자"라 한다)은 다음 각 호의 사항이 포함된 정화계획안을 작성하여 해당 지역주민의 의견을 들어야 한다.
1. 잔류성오염물질을 포함한 오염토양의 정화시기 및 정화기간
2. 잔류성오염물질을 포함한 오염토양의 정화목표치 및 정화방법
3. 그 밖에 잔류성오염물질을 포함한 오염토양의 정화에 관한 사항
② 토양오염정화자는 제1항에 따른 지역주민의 의견을 반영한 정화계획안에 대하여 환경부장관과의 협의를 거쳐 정화계획을 수립하여야 한다. 이 경우 협의 요청을 받은 환경부장관은 제15조의3제1항 및 제3항에도 불구하고 정화방법 등을 달리 정하도록 할 수 있다.
③ 토양오염정화자는 제2항에 따라 수립된 정화계획에 따라 오염된 토양을 정화하는 경우에는 토양정화업자(오염된 토양을 반출하여 정화하는 경우에는 제23조의7제1항에 따라 반입하여 정화하는 시설을 등록한 토양정화업자를 말한다)에게 위탁하여 정화하여야 하며, 제23조의2 제2항제2호에 따라 지정을 받은 토양오염조사기관으로 하여금 정화과정 및 정화완료에 대한 검증을 하게 하여야 한다.
④ 제3항에 따른 검증에 관한 구체적인 절차, 내용 및 방법 등은 제15조의6제2항부터 제5항까지의 규정을 준용한다. 이 경우 "정화책임자"는 "토양오염정화자"로 본다.
(2018.6.12 본조신설)

제3장 토양보전대책지역의 지정 및 관리
(2011.4.5 본장제목개정)

제16조【토양오염대책기준】 우려기준을 초과하여 사람의 건강 및 재산과 동물·식물의 생육에 지장을 주어서 토양오염에 대한 대책이 필요한 토양오염의 기준(이하 "대책기준"이라 한다)은 환경부령으로 정한다.
(2011.4.5 본조개정)

제17조【토양보전대책지역의 지정】 ① 환경부장관은 대책기준을 넘는 지역이나 제2항에 따라 특별자치시장·특별자치도지사·시장·군수·구청장이 요청하는 지역에 대해서는 관계 중앙행정기관의 장 및 관할 시·도지사와 협의하여 토양보전대책지역(이하 "대책지역"이라 한다)으로 지정할 수 있다. 다만, 대통령령으로 정하는 경우에 해당하는 지역에 대해서는 대책지역으로 지정하여야 한다.(2017.11.28 본항개정)
② 특별자치시장·특별자치도지사·시장·군수·구청장은 관할구역 중 특히 토양보전이 필요하다고 인정하는 지역에 대하여는 그 지역의 토양오염의 정도가 대책기준을 초과하지 아니하더라도 관할 시·도지사와 협의하여 그 지역을 대책지역으로 지정하여 줄 것을 환경부장관에게 요청할 수 있다.(2017.11.28 본항개정)
③ 제1항에 따른 대책지역의 지정기준, 지정절차와 그 밖에 필요한 사항은 대통령령으로 정한다.
④ 환경부장관은 제1항에 따라 대책지역을 지정할 때에는 그 지역의 위치, 면적, 지정 연월일, 지정 목적과 그 밖에 환경부령으로 정하는 사항을 고시하여야 한다. 고시된 사항을 변경하였을 때에도 또한 같다.
(2011.4.5 본조개정)

제18조【대책계획의 수립·시행】 ① 특별자치시장·특별자치도지사·시장·군수·구청장[해당 대책지역이 둘 이상의 특별자치시·시·군·구(자치구를 말한다. 이하 같다)에 걸쳐 있는 경우에는 대통령령으로 정하는 특별자치시장·시장·군수·구청장을 말한다]은 대책지역에 대하여는 토양보전대책에 관한 계획(이하 "대책계획"이라 한다)을 수립하여 관할 시·도지사와의 협의를 거친 후 환경부장관의 승인을 받아 시행하여야 한다.
(2017.11.28 본항개정)
② 대책계획에는 다음 각 호의 사항이 포함되어야 한다.
1. 오염토양 개선사업
2. 토지 등의 이용 방안
3. 주민건강 피해조사 및 대책
4. 피해주민에 대한 지원 대책
5. 그 밖에 해당 대책계획을 수립·시행하기 위하여 필요하다고 인정하여 환경부령으로 정하는 사항
③ 특별자치시장·특별자치도지사·시장·군수·구청장은 제2항제4호에 따른 피해주민에 대한 지원 대책에 소요되는 비용의 일부를 그 정화책임자에게 부담하게 할 수 있다.(2017.11.28 본항개정)
④ 제2항제1호에 따른 오염토양 개선사업의 종류·기준과 그 밖에 필요한 사항은 대통령령으로 정한다.
⑤ 제2항제3호에 따른 주민건강 피해조사와 같은 항 제4호에 따른 지원 대책 등에 관한 구체적인 사항은 대통령령으로 정한다.
⑥ 환경부장관은 제1항에 따른 대책계획을 승인할 때에는 관계 중앙행정기관의 장과 협의하여야 하며, 대책계획을 승인하였을 때에는 이를 관계 중앙행정기관의 장에게 통보하고 필요한 조치를 하여 줄 것을 요청할 수 있다. 이 경우 관계 중앙행정기관의 장은 특별한 사유가 없으면 이에 따라야 한다.
(2011.4.5 본조개정)

제18조의2【대책계획 시행 결과의 보고】 특별자치시장·특별자치도지사·시장·군수·구청장은 대책계획의 시행 결과를 환경부장관에게 보고하여야 한다.
(2017.11.28 본조개정)

제19조【오염토양 개선사업】 ① 특별자치시장·특별자치도지사·시장·군수·구청장은 제18조제2항제1호에 따른 오염토양 개선사업의 전부 또는 일부의 실시를 그 정화책임자에게 명할 수 있다. 이 경우 특별자치시장·특별자치도지사·시장·군수·구청장은 토양보전을 위하여 필요하다고 인정하면 환경부령으로 정하는 토양관련전문기관으로 하여금 오염토양 개선사업을 지도·감독하게 할 수 있다.
② 제1항에 따라 정화책임자가 오염토양 개선사업을 하려는 경우에는 환경부령으로 정하는 바에 따라 오염토양 개선사업계획을 작성하여 특별자치시장·특별자치도지사·시장·군수·구청장의 승인을 받아야 한다. 승인받은 사항 중 환경부령으로 정하는 중요사항을 변경하려는 경우에도 또한 같다.
③ 제1항의 경우에 그 정화책임자가 존재하지 아니하거나 정화책임자에 의한 오염토양 개선사업의 실시가 곤란하다고 인정할 때에는 특별자치시장·특별자치도지사·시장·군수·구청장이 그 오염토양 개선사업을 할 수 있다.
④ 제3항의 경우에 해당 대책지역이 둘 이상의 특별자치시·시·군·구에 걸쳐 있을 경우에는 대통령령으로 정하는 특별자치시장·시장·군수·구청장이 해당 오염토양 개선사업을 하여야 한다.
⑤ 제3항 또는 제4항에 따라 특별자치시장·특별자치도지사·시장·군수·구청장이 오염토양 개선사업을 하는 경우로서 기술 부족, 사업비 과다 등의 사유로 그 실시가 곤란한 경우에는 특별자치시장·특별자치도지사·시장·군수·구청장의 요청에 따라 환경부장관 또는 시·도지사는 그 사업에 대하여 기술적·재정적 지원을 할 수 있다.
(2017.11.28 본조개정)

제20조【토지이용 등의 제한】 특별자치시장·특별자치도지사·시장·군수·구청장은 대책지역에서는 그 지정목적을 해칠 우려가 있다고 인정되는 토지의 이용 또는 시설의 설치를 대통령령으로 정하는 바에 따라 제한할 수 있다.(2017.11.28 본조개정)

제21조【행위제한】 ① 누구든지 대책지역에서는 「물환경보전법」 제2조제8호에 따른 특정수질유해물질, 「폐기물관리법」 제2조제1호에 따른 폐기물, 「화학물질관리법」 제2조제7호에 따른 유해화학물질, 「하수도법」 제2조제1호·제2호에 따른 오수·분뇨 또는 「가축분뇨의 관리 및 이용에 관한 법률」 제2조제2호에 따른 가축분뇨를 토양에 버려서는 아니 된다. 다만, 환경부령으로 정하는 행위는 제외한다.(2017.1.17 본문개정)
② 누구든지 대책지역에서는 그 지정 목적을 해칠 우려가 있다고 인정되는 대통령령으로 정하는 시설을 설치하여서는 아니 된다.(2011.4.5 본항개정)
③ 특별자치시장·특별자치도지사·시장·군수·구청장은 제1항 및 제2항에 따른 행위 또는 시설의 설치로 인하여 토양이 오염되었거나 오염될 우려가 있다고 인정하는 경우에는 해당 행위자 또는 시설의 설치자에게 토양오염물질의 제거나 시설의 철거 등을 명할 수 있다.
(2017.11.28 본항개정)
(2011.4.5 본조제목개정)

제22조【대책지역의 지정해제 등】 ① 환경부장관은 제17조제1항에 따라 지정된 대책지역이 다음 각 호의 어느 하나에 해당하는 경우에는 그 지정을 해제하거나 변경할 수 있다.
1. 대책계획의 수립·시행으로 토양오염의 정도가 제15조의3제1항에 따른 정화기준 이내로 개선된 경우
2. 공익상 불가피한 경우
3. 천재지변이나 그 밖의 사유로 대책지역으로서의 지정 목적을 상실한 경우
② 제1항에 따른 대책지역 지정의 해제 또는 변경에 관하여는 제17조제2항 및 제4항을 준용한다.
(2011.4.5 본조개정)

제23조 → 제10조의3으로 이동

제3장의2 토양관련전문기관 및 토양정화업
(2011.4.5 본장개정)

제23조의2【토양관련전문기관의 종류 및 지정 등】 ① 토양관련전문기관은 다음 각 호와 같이 구분한다.
1. 토양환경평가기관 : 토양환경평가를 하는 기관
2. 위해성평가기관 : 위해성평가를 하는 기관
3. 토양오염조사기관 : 다음 각 목의 업무를 수행하는 기관
가. 토양정밀조사
나. 제13조제3항에 따른 토양오염도검사
다. 제15조의6제1항에 따른 토양정화의 검증
라. 제19조제1항에 따른 오염토양 개선사업의 지도·감독
마. 그 밖에 이 법 또는 다른 법령에 따라 토양오염의 현황 등을 파악하기 위하여 실시하는 조사(2017.11.28 본목신설)
4. 누출검사기관 : 제13조제3항에 따른 누출검사를 하는 기관
(2012.6.1 본항개정)
② 제1항 각 호의 구분에 따라 토양관련전문기관이 되려는 자는 대통령령으로 정하는 바에 따라 검사시설, 장비 및 기술능력을 갖추어 다음 각 호의 구분에 따른 환경부장관 또는 시·도지사의 지정을 받아야 한다. 지정받은 사항 중 대통령령으로 정하는 사항을 변경할 때에도 또한 같다.
1. 제1항제1호에 따른 토양환경평가기관 및 같은 항 제2호에 따른 위해성평가기관 : 환경부장관
2. 제1항제3호에 따른 토양오염조사기관 및 같은 항 제4호에 따른 누출검사기관 : 시·도지사
(2012.6.1 본항신설)
③ 제1항제3호에 따른 토양오염조사기관은 다음 각 호의 어느 하나에 해당하는 기관 중에서 지정한다. 다만, 대통령령으로 정하는 기관은 제1항에 따른 토양오염조사기관으로 지정된 것으로 본다.(2012.6.1 본문개정)
1. 지방환경관서
2. 국공립연구기관
3. 「고등교육법」 제2조제1호부터 제6호까지의 대학
4. 특별법에 따라 설립된 특수법인
5. 환경부장관의 설립허가를 받은 비영리법인
④ 환경부장관 또는 시·도지사는 토양관련전문기관을 지정하였을 때에는 지정서를 발급하고, 지정 사실을 공고하여야 한다.(2012.6.1 본항개정)
⑤ 토양관련전문기관의 준수사항 및 검사수수료와 그 밖에 필요한 사항은 환경부령으로 정한다.
⑥ 제2항제1호에 따라 지정을 받은 토양환경평가기관 및 위해성평가기관은 토양환경평가 또는 위해성평가를 위한 토양 시료채취 및 분석을 같은 항 제2호에 따라 지정을 받은 토양오염조사기관으로 하여금 대행하게 할 수 있다.(2012.6.1 본항개정)
(2012.6.1 본조제목개정)

제23조의3【토양관련전문기관의 결격사유】 다음 각 호의 어느 하나에 해당하는 자는 토양관련전문기관으로 지정될 수 없다.
1. 피성년후견인 또는 피한정후견인(2015.2.3 본호개정)
2. 파산선고를 받고 복권되지 아니한 사람
3. 제23조의6에 따라 지정이 취소(이 조 제1호 또는 제2호에 해당하여 지정이 취소된 경우는 제외한다)된 후 2년이 지나지 아니한 자(2019.11.26 본호개정)
4. 이 법을 위반하여 징역 이상의 실형을 선고받고 그 집행이 끝나거나(집행이 끝난 것으로 보는 경우를 포함한다) 면제된 날부터 2년이 지나지 아니한 사람
5. 임원 중에 제1호부터 제4호까지의 어느 하나에 해당하는 사람이 있는 법인

제23조의4【토양관련전문기관 지정서 등의 대여 금지】 토양관련전문기관의 지정을 받은 자는 다른 자에게 자기의 명의를 사용하여 토양관련전문기관의 업무를 하게 하거나 그 지정서를 다른 자에게 빌려 주어서는 아니 된다.

제23조의5【겸업 금지】 토양관련전문기관 중 제23조의2제2항제1호에 따라 위해성평가기관으로 지정된 자 및 같은 항 제2호에 따라 토양오염조사기관으로 지정된 자는 토양정화업을 겸업(兼業)할 수 없다.(2012.6.1 본조개정)

제23조의6【토양관련전문기관의 지정취소 등】 ① 환경부장관 또는 시·도지사는 토양관련전문기관이 다음 각 호의 어느 하나에 해당하는 경우에는 토양관련전문기관의 지정을 취소하여야 한다.(2012.6.1 본문개정)
1. 속임수나 그 밖의 부정한 방법으로 지정을 받은 경우
2. 제23조의3 각 호의 어느 하나에 해당하게 된 경우. 다만, 법인의 임원 중 제23조의3제5호에 해당하는 사람이 있는 경우에 3개월 이내에 그 임원을 바꾼 경우는 제외한다.
3. 제23조의5를 위반하여 토양정화업을 겸업한 경우

② 환경부장관 또는 시·도지사는 토양관련전문기관이 다음 각 호의 어느 하나에 해당하는 경우에는 토양관련전문기관의 지정을 취소하거나 6개월 이내의 기간을 정하여 그 업무의 정지를 명할 수 있다.(2012.6.1 본문개정)
1. 제23조의2제2항에 따른 지정기준에 미달하게 된 경우(2012.6.1 본호개정)
2. 제23조의4를 위반하여 다른 자에게 자기의 명의를 사용하여 토양관련전문기관의 업무를 하게 하거나 지정서를 다른 자에게 빌려준 경우
3. 고의 또는 중대한 과실로 검사 또는 평가 결과를 거짓으로 작성하거나 부실하게 작성한 경우(2012.6.1 본호개정)
4. 고의 또는 중대한 과실로 제11조제3항, 제14조제1항 또는 제15조제1항에 따른 토양정밀조사를 부실하게 하여 제15조의6제1항 단서에 따른 정화과정에 대한 검증 대상 규모 미만으로 오염토양의 규모가 축소되게 한 경우
5. 업무정지처분 기간에 토양오염도검사, 누출검사, 토양환경평가 또는 위해성평가와 관련된 업무를 한 경우
6. 제23조의2제2항의 기술능력 지정요건에 해당하는 기술인력이 아닌 사람이 검사 또는 평가하여 그 결과를 통보한 경우(2012.6.1 본호개정)
③ 환경부장관 또는 시·도지사는 토양관련전문기관이 다음 각 호의 어느 하나에 해당하는 경우에는 6개월 이내의 기간을 정하여 그 업무의 정지를 명할 수 있다.
(2012.6.1 본문개정)
1. 제15조의6에 따른 토양정화의 검증을 부실하게 하여 오염토양을 제15조의3제1항에 따른 정화기준 이내로 처리되지 아니하게 한 경우
2. 토양관련전문기관으로 지정(제23조의2제3항 단서에 따라 토양오염조사기관으로 지정받은 것으로 보는 경우는 제외한다)받은 후 2년 이내에 업무를 시작하지 아니하거나 정당한 사유 없이 계속하여 2년 이상 업무 실적이 없는 경우(2012.6.1 본호개정)
3. 제11조제4항, 제14조제2항 및 제15조제2항에 따라 정밀조사 결과를 관할 시·도지사 또는 시장·군수·구청장에게 지체 없이 통보하지 아니한 경우
4. 제13조제2항에 따른 토양오염검사 면제 승인과 관련하여 사실과 다른 의견을 제시한 경우
5. 제13조제4항에 따라 토양오염검사 결과를 관할 특별자치시장·특별자치도지사·시장·군수·구청장 및 관할 소방서장에게 통보하지 아니한 경우(2017.11.28 본호개정)
6. 제23조의2제5항에 따른 토양관련전문기관의 준수사항을 위반한 경우(2012.6.1 본호개정)
7. 제26조의2제2항을 위반하여 보고나 자료 제출을 하지 아니하거나, 보고나 자료 제출을 거짓으로 한 경우

제23조의7【토양정화업의 등록 등】 ① 토양정화업을 하려는 자는 대통령령으로 정하는 바에 따라 시설(제15조의3제3항 단서에 따라 오염토양을 반출하여 정화하는 경우에는 이를 반입하여 정화하는 시설을 포함한다), 장비 및 기술인력 등을 갖추어 시·도지사에게 등록하여야 한다. 등록한 사항 중 대통령령으로 정하는 사항을 변경할 때에도 또한 같다.
② 시·도지사는 토양정화업을 등록하였을 때에는 환경부령으로 정하는 바에 따라 등록증을 발급하여야 한다.(2012.6.1 본조개정)

제23조의8【토양정화업 등록의 결격사유】 제23조의7제1항에 따라 토양정화업을 등록하려는 자에게는 제23조의3을 준용한다. 이 경우 "토양관련전문기관"은 "토양정화업"으로, "지정"은 "등록"으로 각각 본다.

제23조의9【토양정화업자의 준수사항】 ① 토양정화업자는 다른 자에게 자기의 성명 또는 상호를 사용하여 토양정화업을 하게 하거나 등록증을 다른 자에게 빌려 주어서는 아니 된다.
② 토양정화업자는 토양정화를 위하여 도급받은 공사(이하 "토양정화공사"라 한다)를 일괄하여 하도급하거나 토양정화공사 중 토양정화와 직접 관련되는 공사로서 대통령령으로 정하는 공사를 하도급하여서는 아니 된다. 다만, 천재지변 등 대통령령으로 정하는 불가피한 사유가 발생하였을 경우에는 그러하지 아니하다.
③ 제1항 및 제2항에서 규정한 사항 외에 토양정화업자가 토양정화 업무를 수행할 때 준수하여야 할 사항은 환경부령으로 정한다.

제23조의10【토양정화업의 등록취소 등】 ① 시·도지사는 토양정화업자가 다음 각 호의 어느 하나에 해당하는 경우에는 등록을 취소하여야 한다.(2012.6.1 본문개정)
1. 속임수나 그 밖의 부정한 방법으로 등록을 한 경우
2. 제23조의8에 따라 준용되는 제23조의3 각 호의 어느 하나에 해당하게 된 경우. 다만, 법인의 임원 중 제23조의3제5호에 해당하는 사람이 있는 경우에 3개월 이내에 그 임원을 바꾼 경우는 제외한다.
3. 영업정지처분 기간 중에 영업행위를 한 경우
② 시·도지사는 토양정화업자가 다음 각 호의 어느 하나에 해당하는 경우에는 토양정화업자의 등록을 취소하거나 6개월 이내의 기간을 정하여 그 영업의 정지를 명할 수 있다.(2012.6.1 본문개정)
1. 제15조의3제1항에 따른 정화기준 및 정화방법에 따라 정화하지 아니한 경우
2. 제15조의3제3항을 위반하여 오염이 발생한 해당 부지 및 토양정화업자가 보유한 시설이 아닌 장소로 오염토양을 반출하여 정화한 경우
3. 제15조의3제7항제1호를 위반하여 오염토양을 다른 토양과 섞어서 오염농도를 낮추는 행위를 한 경우(2012.6.1 본호개정)
4. 제15조의3제7항제2호를 위반하여 토양정화업자가 등록한 시설의 용량을 초과하여 오염토양을 보관한 경우(2012.6.1 본호개정)
5. 제15조의4를 위반하여 수탁받은 오염토양을 버리거나 매립 또는 누출·유출하는 행위를 한 경우
6. 제15조의6제5항을 위반하여 토양관련전문기관에 의한 검증이 완료되지 아니한 상태에서 오염토양을 반출한 경우
7. 제23조의7제1항에 따른 등록기준에 미달하게 된 경우
8. 제23조의9제1항을 위반하여 다른 자에게 자기의 성명 또는 상호를 사용하여 토양정화업을 하게 하거나 등록증을 빌려준 경우
9. 제23조의9제2항을 위반하여 도급받은 토양정화공사를 하도급한 경우
③ 시·도지사는 토양정화업자가 등록을 한 후 2년 이내에 영업을 시작하지 아니하거나 정당한 사유 없이 계속하여 2년 이상 영업 실적이 없는 경우에는 6개월 이내의 기간을 정하여 그 영업의 정지를 명할 수 있다.
(2012.6.1 본항개정)

제23조의11【등록취소 또는 영업정지된 토양정화업자의 계속공사 등】 ① 제23조의10에 따라 등록취소 또는 영업정지처분을 받은 자는 그 처분을 받기 전에 착공한 토양정화공사만 시공할 수 있다. 이 경우 토양정화공사를 계속하는 자는 그 공사를 끝낼 때까지 이 법에 따른 토양정화업자로 본다.
② 제23조의10에 따라 등록취소 또는 영업정지처분을 받은 자는 그 처분의 내용을 지체 없이 해당 토양정화공사의 발주자 및 수급인에게 알려야 한다.
③ 토양정화공사를 토양정화업자에게 발주한 자 또는 토양정화업자로부터 토양정화공사를 도급받은 자는 특별한 사유가 있는 경우를 제외하고는 그 토양정화업자로부터 제2항에 따른 통지를 받거나 그 사실을 안 날부터 30일 이내에만 도급계약을 해지할 수 있다.

제23조의12【권리·의무의 승계】 ① 다음 각 호의 어느 하나에 해당하는 자는 제23조의2에 따른 토양관련전문기관의 지정을 받은 자 또는 제23조의7에 따른 토양정화업의 등록을 한 자의 지정 또는 등록에 따른 권리·의무를 승계한다. 이 경우 상속인이 제23조의3 또는 제23조의8에 따른 결격사유에 해당하는 경우에는 3개월 이내에 토양관련전문기관 또는 토양정화업을 다른 사람에게 양도하여야 한다.
1. 토양관련전문기관의 지정을 받은 자 또는 토양정화업의 등록을 한 자가 사망한 경우 그 상속인
2. 토양관련전문기관의 지정을 받은 자가 토양관련전문기관을 양도하거나 토양정화업의 등록을 한 자가 토양정화업을 양도한 경우 그 양수인
3. 법인인 토양관련전문기관의 지정을 받은 자 또는 토양정화업자의 등록을 한 자가 합병한 경우 합병 후 존속하는 법인 또는 합병으로 설립되는 법인
② 다음 각 호의 어느 하나에 해당하는 절차에 따라 토양관련전문기관 또는 토양정화업을 인수한 자는 이 법에 따른 종전의 지정 또는 등록에 따른 권리·의무를 승계한다.
1. 「민사집행법」에 따른 경매
2. 「채무자 회생 및 파산에 관한 법률」에 따른 환가
3. 「국세징수법」, 「관세법」 또는 「지방세징수법」에 따른 압류재산의 매각(2016.12.27 본호개정)
4. 제1호부터 제3호까지의 규정 중 어느 하나에 준하는 절차
③ 제1항 또는 제2항에 따라 토양관련전문기관 또는 토양정화업자의 지위를 승계한 자는 승계한 날부터 1개월 이내에 환경부령으로 정하는 바에 따라 환경부장관 또는 시·도지사에게 신고하여야 한다.(2012.6.1 본항개정)

제23조의13【행정처분효과의 승계】 제23조의2에 따른 토양관련전문기관의 지정을 받은 자 또는 제23조의7에 따른 토양정화업의 등록을 한 자가 사망한 경우나 토양관련전문기관 또는 토양정화업을 양도한 경우 또는 법인이 합병한 경우에는 종전의 토양관련전문기관 또는 토양정화업자에 대하여 제23조의6 또는 제23조의10 각 호의 사항을 위반한 사유로 한 행정처분의 효과는 그 처분기간이 끝난 날부터 1년간 양수인, 상속인 또는 합병 후 신설되거나 존속하는 법인에 승계되며, 행정처분의 절차가 진행 중일 때에는 양수인, 상속인 또는 합병 후 신설되거나 존속하는 법인에 대하여 그 절차를 계속 진행할 수 있다. 다만, 양수인 또는 합병 후 신설되거나 존속하는 법인이 양수 또는 합병을 할 때 그 처분이나 위반사실을 알지 못하였다는 것을 증명하면 그러하지 아니하다.

제23조의14【토양관련전문기관 등의 기술인력 교육】 ① 토양관련전문기관 및 토양정화업에 종사하는 기술인력은 환경부령으로 정하는 바에 따라 교육을 받아야 한다.
② 제1항에 따라 교육을 받아야 할 사람을 고용한 자는 해당자에게 그 교육을 받게 하여야 한다. 이 경우 교육에 드는 경비는 고용한 자가 부담하여야 한다.

제4장 보 칙
(2011.4.5 본장개정)

제24조【대집행】 특별자치시장·특별자치도지사·시장·군수·구청장은 제13조제1항에 따라 토양오염검사를 받아야 하는 자나 다음 각 호의 어느 하나에 해당하는 명령을 받은 자가 토양오염검사를 받지 아니하거나 그 명령을 이행하지 아니하는 경우에는 「행정대집행법」에서 정하는 바에 따라 대집행(代執行)을 하고 그 비용을 명령위반자로부터 징수할 수 있다.(2017.11.28 본문개정)
1. 제11조제3항 및 제14조제1항에 따른 명령
2. 제15조제1항에 따른 토양정밀조사명령
3. 제15조제3항에 따른 명령
4. 제19조제1항에 따른 오염토양 개선사업 실시명령
5. 제21조제3항에 따른 토양오염물질의 제거 또는 시설 철거 등의 명령

제25조【관계 기관의 협조】 환경부장관은 이 법의 목적을 달성하기 위하여 필요하다고 인정하면 다음 각 호의 조치를 관계 중앙행정기관의 장 또는 시·도지사에게 요청할 수 있다.
1. 토양오염방지를 위한 객토(客土) 등 농토배양사업
2. 폐광지역의 광물 찌꺼기 등으로 인한 주변 농경지 등의 광산공해방지대책
3. 산업시설 등의 설치로 인하여 훼손된 토양의 복구
4. 그 밖에 토양보전을 위하여 필요한 사항으로서 환경부령으로 정하는 사항

제26조【국고보조 등】 국가는 예산의 범위에서 지방자치단체가 추진하는 토양보전을 위한 사업에 필요한 비용을 보조하거나 융자할 수 있다.

제26조의2【보고 및 검사 등】 ① 특별자치시장·특별자치도지사·시장·군수·구청장은 다음 각 호의 어느 하나에 해당하는 경우 특정토양오염관리대상시설의 설치자에게 감독상 필요한 자료의 제출을 명할 수 있으며, 소속 공무원으로 하여금 특정토양오염관리대상시설에 출입하여 토양오염방지시설의 설치, 토양오염검사 및 그 결과의 보존 여부 등을 검사하게 할 수 있다.(2019.11.26 본문개정)
1. 제12조에 따른 특정토양오염관리대상시설의 설치신고 및 토양오염방지시설의 설치·유지·관리 상태를 확인하기 위하여 필요한 경우
2. 제13조에 따른 토양오염검사의 실시 및 적정 여부를 확인하기 위하여 필요한 경우
3. 제14조제1항 각 호의 어느 하나에 해당하거나 그에 해당하는지 여부를 확인하기 위하여 필요한 경우
4. 제14조제1항 또는 제3항에 따른 명령의 이행 여부를 확인하기 위하여 필요한 경우
5. 그 밖에 이 법에 따른 특정토양오염관리대상시설의 설치자의 의무 이행 여부를 확인하기 위하여 필요한 경우
(2019.11.26 1호~5호신설)
② 환경부장관 또는 시·도지사는 다음 각 호의 어느 하나에 해당하는 경우 토양관련전문기관 또는 토양정화업자에게 감독상 필요한 보고나 자료 제출을 하게 할 수 있으며, 소속 공무원으로 하여금 토양관련전문기관 또는 토양정화업자의 사무실·사업장이나 그 밖에 필요한 장소에 출입하여 서류, 시설, 장비 등을 검사하게 할 수 있다.(2019.11.26 본문개정)
1. 제23조의6제1항 각 호, 같은 조 제2항 각 호 또는 같은 조 제3항 각 호의 어느 하나에 해당하는지 여부를 확인하기 위하여 필요한 경우
2. 제23조의10제1항 각 호 또는 같은 조 제2항 각 호의 어느 하나에 해당하는지 여부를 확인하기 위하여 필요한 경우
3. 그 밖에 이 법에 따른 토양관련전문기관 또는 토양정화업자의 의무 이행 여부를 확인하기 위하여 필요한 경우
(2019.11.26 1호~3호신설)
③ 시·도지사 또는 시장·군수·구청장은 다음 각 호의 어느 하나에 해당하는 경우 토양오염이 발생한 토지 또는 토양오염관리대상시설의 소유자·점유자 또는 운영자에게 필요한 자료의 제출을 명하거나 소속 공무원으로 하여금 해당 토지 또는 해당 토양오염관리대상시설에 출입하여 서류·시설·장비 등을 검사하게 할 수 있다.
(2019.11.26 본문개정)
1. 제11조제3항에 따른 조치를 명하기 위하여 필요한 경우
2. 제15조제1항에 따른 토양정밀조사 또는 같은 조 제3항 각 호의 어느 하나에 해당하는 조치를 명하기 위하여 필요한 경우
3. 제19조제1항에 따른 오염토양 개선사업의 전부 또는 일부의 실시를 그 정화책임자에게 명하기 위하여 필요한 경우
4. 그 밖에 이 법에 따른 토양오염이 발생한 토지 또는 토양오염관리대상시설의 소유자·점유자 또는 운영자의 의무 이행 여부를 확인하기 위하여 필요한 경우
(2019.11.26 1호~4호신설)
④ 제1항부터 제3항까지에 따른 검사를 하는 공무원은 그 권한을 나타내는 증표를 지니고 이를 관계인에게 보여주어야 한다.(2014.3.24 본항개정)

⑤ 그 밖에 제1항부터 제3항까지의 규정에 따른 보고 및 검사 등에 필요한 사항은 환경부령으로 정한다.
(2019.11.26 본항신설)

제26조의3【특정토양오염관리대상시설 설치현황 등의 보고】 ① 시장·군수·구청장은 환경부령으로 정하는 바에 따라 다음 각 호의 전년도 자료를 매년 1월 말까지 시·도지사에게 제출하여야 한다.
1. 특정토양오염관리대상시설 설치 현황
2. 제13조제4항에 따라 통보받은 토양오염검사 결과
3. 제14조에 따른 조치명령 및 조사 결과의 내용
② 시·도지사는 제1항에 따라 받은 자료를 종합하여 매년 2월 말까지 환경부장관에게 보고하여야 한다.

제26조의4【행정처분의 기준】 제23조의6 및 제23조의10에 따른 행정처분의 세부적인 기준은 그 위반행위의 종류와 위반 정도 등을 고려하여 환경부령으로 정한다.

제26조의5【청문】 환경부장관, 시·도지사 또는 시장·군수·구청장은 다음 각 호의 어느 하나에 해당하는 처분을 하려면 청문을 하여야 한다.(2012.6.1 본문개정)
1. 제21조제3항에 따른 시설의 철거명령
2. 제23조의6에 따른 토양관련전문기관의 지정취소
3. 제23조의10에 따른 토양정화업의 등록취소

제27조【권한의 위임·위탁】 ① 이 법에 따른 환경부장관의 권한은 대통령령으로 정하는 바에 따라 그 일부를 소속 기관의 장에게 위임할 수 있다.
② 환경부장관은 이 법에 따른 업무의 일부를 대통령령으로 정하는 바에 따라 「한국환경공단법」에 따른 한국환경공단과 한국환경산업기술원에 위탁할 수 있다.
(2014.3.24 본항개정)
(2012.6.1 본조제목개정)

제5장 벌 칙
(2011.4.5 본장제목개정)

제28조【벌칙】 제19조제1항에 따른 실시명령을 이행하지 아니한 자나 실시명령을 받고 같은 조 제2항에 따른 승인을 받지 아니하고 오염토양 개선사업을 한 자는 5년 이하의 징역 또는 5천만원 이하의 벌금에 처한다.
(2014.3.24 본조개정)

제29조【벌칙】 다음 각 호의 어느 하나에 해당하는 자는 2년 이하의 징역 또는 2천만원 이하의 벌금에 처한다.
(2014.3.24 본문개정)
1. 제11조제3항 또는 제14조제1항에 따른 정화 조치명령을 이행하지 아니한 자
2. 제14조제3항에 따른 특정토양오염관리대상시설의 사용 중지명령을 이행하지 아니한 자
3. 제15조제3항에 따른 명령을 이행하지 아니한 자
4. 제15조의3제2항을 위반하여 오염토양의 정화를 위탁한 자
5. 제15조의4제1호를 위반하여 오염토양을 버리거나 매립한 자
6. 제21조제3항에 따른 토양오염물질의 제거 또는 시설의 철거 등의 명령을 이행하지 아니한 자
7. 제23조의2제2항에 따른 지정을 받지 아니하고 토양관련전문기관의 업무를 한 자(2012.6.1 본호개정)
8. 제23조의7제1항에 따른 등록을 하지 아니하고 토양정화업을 한 자
(2011.4.5 본조개정)

제30조【벌칙】 다음 각 호의 어느 하나에 해당하는 자는 1년 이하의 징역 또는 1천만원 이하의 벌금에 처한다.
(2014.3.24 본문개정)
1. 고의 또는 중대한 과실로 제10조의2제3항에 따른 항목·방법 및 절차를 위반하여 토양환경평가를 사실과 다르게 한 자
1의2. 제11조제1항을 위반하여 생산·운반·저장·취급·가공 또는 처리하는 과정에서 토양오염물질을 누출·유출한 사실을 신고하지 아니한 자
(2011.4.5 1호~1호의2신설)
1의3. 고의 또는 중대한 과실로 제11조제3항, 제14조제1항 또는 제15조제1항에 따른 토양정밀조사를 부실하게 하여 제15조의6제1항 단서에 따른 정화과정에 대한 검증 대상의 규모 미만으로 오염 규모가 축소되도록 한 자
2. 제12조제1항 전단에 따른 신고를 하지 아니하고 특정토양오염관리대상시설을 설치하거나 거짓으로 신고한 자
(2011.4.5 1호의3~2호개정)
3. 제12조제5항을 위반하여 토양오염방지시설을 설치하지 아니한 자(2022.12.13 본호개정)
4. 제14조제1항에 따른 토양오염방지시설의 설치 또는 개선에 관한 명령을 이행하지 아니한 자
5. 제15조의3제1항을 위반하여 오염토양을 정화한 자
6. 제15조의3제3항을 위반하여 오염이 발생한 해당 부지가 아닌 곳이나 토양정화업자가 보유한 시설이 있는 장소가 아닌 장소로 오염토양을 반출하여 정화한 자
(2011.4.5 4호~6호개정)
7. 제15조의3제7항제1호를 위반하여 오염토양에 다른 토양을 섞어서 오염농도를 낮춘 자(2012.6.1 본호개정)
8. 제15조의4제2호를 위반하여 오염토양을 누출 또는 유출시킨 자(2011.4.5 본호개정)
8의2. 제15조의4제3호를 위반하여 정화가 완료된 토양을 그 토양에 적용된 것보다 엄격한 우려기준이 적용되는 지역의 토양에 사용한 자(2012.6.1 본호신설)
9. 제15조의6제1항을 위반하여 토양관련전문기관에 의한 검증을 하게 하지 아니한 자(2011.4.5 본호개정)
10. 고의 또는 중대한 과실로 제15조의6제4항에 따른 검증의 절차·내용 및 방법을 지키지 아니하여 오염토양을 제15조의3제1항에 따른 정화기준 이내로 처리되지 아니하게 한 자(2011.4.5 본호개정)
11. 제15조의6제5항을 위반하여 토양관련전문기관에 의한 검증이 완료되지 아니한 상태에서 오염토양을 반출한 자(2012.6.1 본호신설)
12. 제21조제2항을 위반하여 대책지역에 시설을 설치한 자
13. 속임수나 그 밖의 부정한 방법으로 토양관련전문기관의 지정을 받거나 토양정화업의 등록을 한 자
14. 제23조의4를 위반하여 다른 자에게 자기의 명의를 사용하여 토양관련전문기관의 업무를 하게 하거나 지정서를 다른 자에게 빌려준 자
15. 제23조의9제1항을 위반하여 다른 자에게 자기의 성명 또는 상호를 사용하여 토양정화업을 하게 하거나 등록증을 다른 자에게 빌려준 자
16. 제23조의9제2항을 위반하여 도급받은 토양정화공사를 하도급한 자
(2011.4.5 12호~16호개정)
17. 제26조의2제2항에 따른 공무원의 출입·검사를 거부·방해 또는 기피한 자(2010.5.25 본호개정)

제31조【양벌규정】 법인의 대표자나 법인 또는 개인의 대리인, 사용인, 그 밖의 종업원이 그 법인 또는 개인의 업무에 관하여 제28조부터 제30조까지의 어느 하나에 해당하는 위반행위를 하면 그 행위자를 벌하는 외에 그 법인 또는 개인에게도 해당 조문의 벌금형을 과(科)한다. 다만, 법인 또는 개인이 그 위반행위를 방지하기 위하여 해당 업무에 관하여 상당한 주의와 감독을 게을리하지 아니한 경우에는 그러하지 아니하다.(2010.5.25 본조개정)

제32조【과태료】 ① 다음 각 호의 어느 하나에 해당하는 자에게는 300만원 이하의 과태료를 부과한다.
1. 제11조제1항을 위반하여 토양이 오염된 사실을 발견하고도 그 사실을 신고하지 아니한 자
2. 제15조의3제6항을 위반하여 토양 인수인계서를 오염토양 정보시스템에 입력하지 아니한 자(2017.11.28 본호개정)
3. 제26조의2제1항 또는 제3항에 따른 공무원의 출입·검사를 거부·방해 또는 기피한 자(2014.3.24 본호개정)
(2012.6.1 본항개정)
② 다음 각 호의 어느 하나에 해당하는 자에게는 200만원 이하의 과태료를 부과한다.
1. 정당한 사유 없이 제8조제5항에 따른 관계 공무원 또는 토양관련전문기관 직원의 행위를 방해 또는 거절한 자
1의2. 제10조의4제6항을 위반하여 정화책임자의 토양정화등에 협조하지 아니한 자(2017.11.28 본호신설)
2. 제11조제3항·제14조제1항 또는 제15조제1항에 따른 토양정밀조사명령을 이행하지 아니한 자
3. 제11조제4항·제14조제2항 또는 제15조제2항을 위반하여 토양정밀조사결과를 지체 없이 시·도지사 또는 시장·군수·구청장에게 통보하지 아니한 자
4. 제12조제1항 후단을 위반하여 변경(시설의 폐쇄를 포함한다)신고를 하지 아니한 자
5. 제13조제1항 또는 제4항에 따른 검사를 받지 아니하거나 검사결과를 보존하지 아니한 자
5의2. 제13조제4항을 위반하여 토양오염검사 결과를 특별자치시장·특별자치도지사·시장·군수·구청장 및 관할 소방서장에게 통보하지 아니한 자(2017.11.28 본호개정)
5의3. 제15조의3제4항을 위반하여 오염토양반출정화계획에 관한 적정통보를 받지 아니하고 오염토양을 반출하여 정화한 자(2012.6.1 본호신설)
5의4. 제15조의3제6항에 따른 토양 인수인계서를 거짓으로 입력한 자 또는 입력내용의 일부를 누락하는 등 부실하게 입력한 자(2017.11.28 본호개정)
6. 제15조의6제2항에 따른 오염토양정화계획 또는 오염토양정화변경계획을 제출하지 아니한 자
7. 제19조제1항에 따른 지도·감독을 거부·방해 또는 기피한 자
8. 제21조제1항을 위반하여 대책지역에서 특정수질유해물질, 폐기물, 유해화학물질, 오수·분뇨 또는 가축분뇨를 버린 자
9. 제23조의2제2항 각 호 외의 부분 후단에 따른 변경지정을 받지 아니한 자(2012.6.1 본호개정)
10. 제23조의2제5항 또는 제23조의9제3항에 따른 준수사항을 지키지 아니한 자(2012.6.1 본호개정)
11. 제23조의7제1항 후단에 따른 변경등록을 하지 아니한 자
11의2. 제23조의12제3항을 위반하여 신고를 하지 아니한 자(2012.6.1 본호신설)
12. 제23조의14제1항 또는 제2항을 위반하여 교육을 받지 아니한 자 또는 교육을 받게 하지 아니한 자
13. 제26조의2제1항 또는 제2항을 위반하여 보고 또는 자료 제출을 하지 아니하거나 거짓으로 보고 또는 자료 제출을 한 자
③ 제1항 및 제2항에 따른 과태료는 대통령령으로 정하는 바에 따라 환경부장관, 시·도지사 또는 시장·군수·구청장이 부과·징수한다.
(2010.5.25 본조개정)

부 칙 (2012.6.1 법11464호)

제1조【시행일】 이 법은 공포 후 1년이 경과한 날부터 시행한다.

제2조【오염토양의 반출 정화에 관한 적용례】 제15조의3의 개정규정은 이 법 시행 이후 최초로 오염토양을 반출하여 정화하는 자부터 적용한다.

제3조【처분 등에 관한 일반적 경과조치】 이 법 시행 당시 종전의 규정에 따른 행정기관의 행위나 행정기관에 대한 행위는 그에 해당하는 이 법에 따른 행정기관의 행위나 행정기관에 대한 행위로 본다.

제4조【토양오염조사기관 및 누출검사기관 지정권자 변경에 관한 경과조치】 이 법 시행 당시 종전의 규정에 따라 토양오염조사기관 또는 누출검사기관으로 지정을 받은 자는 제23조의2제2항의 개정규정에 따라 시·도지사의 지정을 받은 것으로 본다.

제5조【토양정화업의 등록 권한 변경에 관한 경과조치】 이 법 시행 당시 종전의 규정에 따라 토양정화업의 등록을 한 자는 제23조의7의 개정규정에 따라 시·도지사에게 토양정화업의 등록을 한 것으로 본다.

부 칙 (2015.2.3)

제1조【시행일】 이 법은 공포한 날부터 시행한다.

제2조【금치산자 등의 결격사유에 관한 경과조치】 제23조의3제1호의 개정규정에 따른 피성년후견인 및 피한정후견인에는 법률 제10429호 민법 일부개정법률 부칙 제2조에 따라 금치산 또는 한정치산 선고의 효력이 유지되는 사람을 포함하는 것으로 본다.

부 칙 (2017.11.28)

제1조【시행일】 이 법은 공포한 날부터 시행한다. 다만, 제4조의3제1항제1호의2, 제4조의5, 제10조의4제5항부터 제7항까지, 제15조의3제6항·제8항·제9항, 제32조제1항제2호 및 같은 조 제2항제1호의2·제5호의4의 개정규정은 공포 후 1년이 경과한 날부터 시행한다.

제2조【토양정화등에 대한 협조의무에 관한 적용례】 제10조의4제6항의 개정규정은 같은 개정규정 시행 후 정화책임자가 제11조제3항, 제14조제1항, 제15조제1항·제3항 또는 제19조제1항에 따라 토양정화등의 명령을 받아 토양정화등을 하는 경우부터 적용한다.

제3조【과태료에 관한 경과조치】 제15조의3제6항의 개정규정 시행 전의 위반행위에 대하여는 제32조제1항제2호 및 같은 조 제2항제5호의4의 개정규정에도 불구하고 종전의 규정에 따라 과태료를 부과한다.

부 칙 (2018.6.12)

제1조【시행일】 이 법은 공포한 날부터 시행한다.

제2조【잔류성오염물질 등에 의한 토양오염의 정화에 관한 적용례】 제15조의8의 개정규정은 이 법 시행 후 최초로 잔류성오염물질 등에 의하여 오염된 토양을 정화하려는 경우부터 적용한다.

제3조【잔류성오염물질에 대한 경과조치】 미나마타협약이 우리나라에서 효력을 발생함에 따라 법률 제13886호 잔류성유기오염물질 관리법 일부개정법률이 시행되는 날부터는 제15조의8제1항 각 호 외의 부분의 개정규정 중 "「잔류성유기오염물질 관리법」"은 "「잔류성오염물질 관리법」"으로, "잔류성유기오염물질"은 "잔류성오염물질"로 본다.

부 칙 (2019.11.26)

이 법은 공포 후 6개월이 경과한 날부터 시행한다. 다만, 제23조의3제3호의 개정규정은 공포한 날부터 시행한다.

부 칙 (2022.12.13)

제1조【시행일】 이 법은 공포 후 1개월이 경과한 날부터 시행한다.

제2조【특정토양오염관리대상시설의 신고 등에 관한 적용례】 제12조제2항 및 제3항의 개정규정은 이 법 시행 이후 특정토양오염관리대상시설의 신고 또는 변경신고를 하는 경우부터 적용한다.

제3조【다른 법령의 개정】 ※(해당 법령에 가제정리 하였음)

(舊 : 잔류성유기오염물질 관리법)

잔류성오염물질 관리법

(약칭 : 잔류성물질법)

(2007년 1월 26일
법 률 제8292호)

개정
2007. 4.11법 8371호(폐기물관리법)
2007. 4.27법 8404호(대기환경)
2009. 2. 6법 9433호(한국환경공단법)
2010. 2. 4법10032호(환경정책)
2010. 2. 4법10034호
2011. 7.21법10893호(환경정책)
2012. 2. 1법11263호
2013. 6. 4법11862호(화학물질관리법)
2014. 3.18법12464호
2016. 1.27법13886호
2017. 1.17법14532호(물환경보전법)
2018. 6.12법15656호 2018.10.16법15841호
2020. 5.26법17326호(법률용어정비)
2022. 6.10법18911호

제1장 총 칙

제1조【목적】 이 법은 「잔류성유기오염물질에 관한 스톡홀름협약」 및 「수은에 관한 미나마타협약」의 시행을 위하여 두 협약에서 규정하는 다이옥신, 수은 및 수은화합물 등 잔류성오염물질의 관리에 필요한 사항을 규정함으로써 잔류성오염물질의 위해(危害)로부터 국민의 건강과 환경을 보호하고 국제협력을 증진함을 목적으로 한다.(2016.1.27 본조개정)

제2조【정의】 이 법에서 사용하는 용어의 정의는 다음과 같다.

1. "잔류성오염물질"이란 독성·잔류성·생물농축성 및 장거리이동성 등의 특성을 지니고 있어 사람과 생태계를 위태롭게 하는 물질로서 「잔류성유기오염물질에 관한 스톡홀름협약」(이하 "스톡홀름협약"이라 한다) 및 「수은에 관한 미나마타협약」(이하 "미나마타협약"이라 한다)에서 정하는 것을 말하며, 그 구체적인 물질은 환경부장관이 정하여 고시한다.(2022.6.10 본호개정)
2. "배출시설"이란 잔류성오염물질을 배출하는 시설물·기계·기구 그 밖의 물체로서 환경부령으로 정하는 것을 말한다.(2016.1.27 본호개정)
3. "잔류성오염물질함유폐기물"이란 「폐기물관리법」 제2조제3호의 사업장폐기물 중 환경부령으로 정하는 잔류성오염물질 함유량 기준을 초과하는 잔류성오염물질에 오염된 쓰레기·연소재·오니(汚泥)·폐유·폐산·폐알칼리 등으로서 사람의 생활이나 사업활동에 필요하지 아니하게 된 물질 중 대통령령으로 정하는 폐기물을 말한다.(2020.5.26 본호개정)

제3조【적용범위】 해양(「해양수산발전 기본법」 제3조에 따른 해양을 말한다)에서의 잔류성오염물질의 관리에 관하여는 이 법을 적용하지 아니한다.(2016.1.27 본조개정)

제4조【다른 법률과의 관계】 ① 잔류성오염물질의 관리에 관하여는 「화학물질관리법」, 「농약관리법」 그 밖의 다른 법률에 특별한 규정이 있는 경우를 제외하고는 이 법에서 정하는 바에 따른다.

② 잔류성오염물질함유폐기물의 관리에 관하여 이 법에 규정되지 아니한 사항에 대하여는 「폐기물관리법」에서 정하는 바에 따른다.

(2020.5.26 본조개정)

제5조【잔류성오염물질관리기본계획】 ① 환경부장관은 5년마다 잔류성오염물질관리기본계획(이하 "기본계획"이라 한다)을 관계 중앙행정기관의 장 및 특별시장·광역시장·특별자치시장·도지사 또는 특별자치도지사(이하 "시·도지사"라 한다)와 협의를 거친 후 「환경정책기본법」 제58조제1항에 따른 중앙환경정책위원회의 심의를 거쳐 수립하여야 한다. 기본계획 중 대통령령으로 정하는 사항을 변경하는 경우에도 또한 같다.(2018.10.16 본항개정)

② 기본계획에는 다음 각 호의 사항이 포함되어야 한다.

1. 잔류성오염물질 관리의 기본목표와 추진방향
2. 잔류성오염물질의 관리에 관한 주요 추진계획
3. 잔류성오염물질의 관리현황과 향후 전망
4. 잔류성오염물질의 관리에 관한 각종 사업의 재원 조달 방안
5. 잔류성오염물질의 관리에 관한 국제기구 및 국내외 기관과의 협력계획
6. 그 밖에 잔류성오염물질의 관리를 위하여 필요한 사항

(2016.1.27 1호~6호개정)

③ 그 밖에 기본계획의 수립에 관하여 필요한 사항은 대통령령으로 정한다.

(2016.1.27 본조제목개정)

제6조【잔류성오염물질시행계획】 ① 환경부장관 및 관계 중앙행정기관의 장은 매년 기본계획을 시행하기 위한 세부계획(이하 "시행계획"이라 한다)을 수립·시행하여야 한다. 이 경우 관계 중앙행정기관의 장은 그 시행계획과 추진실적을 환경부장관에게 제출하여야 한다.

② 시행계획의 수립·시행 및 시행계획과 추진실적의 제출 등에 관하여 필요한 사항은 대통령령으로 정한다.

(2016.1.27 본조제목개정)

제7조~제8조 (2010.2.4 삭제)

제9조【인체노출안전기준의 설정】 ① 정부는 인간이 호흡·피부접촉 또는 섭취 등을 통하여 잔류성오염물질에 노출되어도 건강에 영향을 미치지 아니할 것으로 판단되는 기준으로서의 인체노출안전기준을 설정할 수 있다.

② 제1항에 따른 잔류성오염물질의 종류별 인체노출안전기준은 대통령령으로 정한다.

(2022.6.10 본조개정)

제10조【환경기준의 설정】 ① 정부는 국민의 건강을 보호하고 쾌적한 환경을 조성하기 위하여 잔류성오염물질에 대한 환경기준을 설정하여야 하며 환경여건의 변화에 따라 그 적정성이 유지되도록 하여야 한다.(2016.1.27 본항개정)

② 제1항의 규정에 따른 환경기준은 대통령령으로 정한다.

제11조【측정망의 설치·운영】 ① 환경부장관은 전국의 대기·물·토양·하천퇴적물·생물의 잔류성오염물질 오염실태를 파악하기 위하여 잔류성오염물질 측정망(이하 "측정망"이라 한다)을 설치하고 오염도를 측정하여야 한다.(2016.1.27 본항개정)

② 시·도지사 및 시장·군수·구청장(자치구의 구청장을 말한다. 이하 같다)은 관할 구역 안의 잔류성오염물질 오염실태를 파악하기 위하여 측정망을 설치하고 오염도를 측정할 수 있다.(2016.1.27 본항개정)

③ 환경부장관은 제1항의 규정에 따른 측정망의 위치·구역·측정항목·측정시기 및 측정횟수 등을 구체적으로 밝힌 측정망 설치계획을 수립하여 고시하여야 한다.

④ 제3항의 규정은 제2항의 규정에 따라 시·도지사 또는 시장·군수·구청장이 측정망을 설치하는 경우에 관하여 이를 준용한다.

⑤ 환경부장관은 제2항의 규정에 따라 시·도지사 또는 시장·군수·구청장이 측정망을 설치·운영하는 경우에는 예산의 범위 안에서 재정적·기술적 지원을 할 수 있다.

제12조【토지 등의 사용】 ① 환경부장관, 시·도지사 또는 시장·군수·구청장은 측정망 설치 또는 오염실태조사를 위하여 필요한 구역의 토지·건축물 또는 그 토지에 붙어 있는 물건을 사용할 수 있다.

② 제1항의 규정에 따른 사용의 절차 또는 손실보상 등에 관하여는 「공익사업을 위한 토지 등의 취득 및 보상에 관한 법률」을 준용한다.

제2장 잔류성오염물질의 제조·수출입·사용 금지 또는 제한

(2016.1.27 본장제목개정)

제13조【잔류성오염물질의 제조·수출입·사용의 금지와 제한】 ① 누구든지 취급금지 잔류성오염물질〔스톡홀름협약 부속서 에이(A)에 규정된 잔류성유기오염물질을 말하며, 「화학물질관리법」 제2조제4호 및 제5호에 따른 제한물질·금지물질과 「농약관리법」에 따른 농약은 제외한다. 이하 "취급금지 잔류성오염물질"이라 한다〕을 제조·수출입 또는 사용하여서는 아니 된다. 다만, 다음 각 호의 어느 하나에 해당하는 경우는 그러하지 아니하다.

1. 스톡홀름협약 부속서 에이(A)에서 특정한 용도로 제조 또는 사용이 허용된 물질을 그 용도로 제조, 수출입 또는 사용하는 경우
2. 시험용·연구용·검사용 시약용도로 제조, 수출입 또는 사용하는 경우

(2016.1.27 1호~2호신설)

② 제1항 단서에 따라 취급금지 잔류성오염물질을 제조, 수출입 또는 사용하려는 자는 용기나 포장에 안전관리를 위한 표시를 하는 등 대통령령으로 정하는 관리기준을 지켜야 한다.

③ 취급제한 잔류성오염물질〔스톡홀름협약 부속서 비(B)에 규정된 잔류성유기오염물질과 미나마타협약에 규정된 수은 및 수은화합물을 말하며, 「화학물질관리법」 제2조제4호 및 제5호에 따른 제한물질·금지물질과 「농약관리법」에 따른 농약은 제외한다. 이하 "취급제한 잔류성오염물질"이라 한다〕은 다음 각 호의 어느 하나에 해당하는 경우에만 제조·수출입 또는 사용할 수 있다. 다만, 염소 알칼리 생산시설로부터 발생된 수은은 제조·수출입 또는 사용해서는 아니 된다.

1. 스톡홀름협약 부속서 비(B)에서 정하는 용도로 제조·수출입 또는 사용하는 경우
2. 미나마타협약 제6조와 미나마타협약 부속서 에이(A) 제1부의 단계적 철폐일에 따라 제조·수출입이 금지된 용도가 아닌 용도로 제조·수출입하는 경우
3. 미나마타협약 부속서 비(B)의 단계적 철폐일에 따라 사용이 금지된 용도가 아닌 용도로 사용하는 경우
4. 그 밖에 시험용·연구용·검사용 시약 등 대통령령으로 정하는 용도로 제조·수출입 또는 사용하는 경우

(2016.1.27 본항신설)

④ 취급제한 잔류성오염물질을 제조·수출입 또는 사용하려는 자는 취급제한 잔류성오염물질의 용기나 포장에 안전관리를 위한 표시를 하는 등 대통령령으로 정하는 관리기준을 지켜야 한다.

⑤ 다음 각 호의 어느 하나에 해당하는 자는 수출을 하려는 때마다 주요 용도, 수입국 및 수출량 등의 사항이 포함된 승인신청서를 제출하여 환경부령으로 정하는 바에 따라 환경부장관의 승인을 받아야 한다. 승인받은 내용 중 환경부령으로 정하는 중요한 사항을 변경하는 경우에도 또한 같다.

1. 취급금지 잔류성오염물질을 수출하려는 자로서 제1항제1호에 해당하는 자
2. 취급제한 잔류성오염물질을 수출하려는 자로서 제3항제1호에 해당하는 자
3. 취급제한 잔류성오염물질 중 수은을 수출하려는 자로서 제3항제2호 또는 같은 항 제3호에 해당하는 자

(2018.10.16 본항개정)

⑥ 제1항제1호 및 제3항제1호부터 제3호까지의 규정에 해당하는 세부적인 물질과 용도는 환경부장관이 정하여 고시한다.(2022.6.10 본항신설)

(2016.1.27 본조개정)

제3장 잔류성오염물질 배출규제

(2016.1.27 본장제목개정)

제14조【배출허용기준】 ① 배출시설에서 배기가스 및 폐수 등으로 배출되는 잔류성오염물질의 배출허용기준은 환경부령으로 정한다.(2016.1.27 본항개정)

② 환경부장관은 제1항의 규정에 따른 환경부령을 제·개정하려는 때에는 관계 중앙행정기관의 장과 미리 협의하여야 한다.

③ 배출시설을 운영하는 자(이하 "배출사업자"라 한다)는 제1항에 따른 배출허용기준(제15조제2호에 따라 설치되는 배출시설 중 「물환경보전법」 제33조제1항 단서 및 같은 조 제2항에 따라 설치되는 폐수무방류배출시설을 운영하는 자의 경우 폐수로 배출되는 배출허용기준은 제외한다)을 지켜야 한다.(2017.1.17 본항개정)

④ 환경부장관은 제1항의 배출허용기준을 정할 때에는 제10조의 규정에 따른 환경기준을 유지하거나 달성할 수 있는지, 잔류성오염물질을 줄이는 저감기술이 경제성과 적용 가능성이 있는지 등을 고려하여야 한다.(2016.1.27 본항개정)

제15조【배출시설의 설치기준】 다음 각 호의 어느 하나에 해당하는 허가나 승인을 받거나 신고를 하려는 자는 해당 법률에서 정하는 시설기준 외에 제14조에 따른 배출허용기준(이하 "배출허용기준"이라 한다)을 충족할 수 있도록 시설을 갖추어야 한다.(2020.5.26 본문개정)

1. 「대기환경보전법」 제23조제1항부터 제3항까지의 규정에 따른 허가·신고 또는 변경허가·변경신고(2007.4.27 본호개정)
2. 「물환경보전법」 제33조제1항부터 제3항까지의 규정에 따른 허가·신고 또는 변경허가·변경신고(2017.1.17 본호개정)
3. 「폐기물관리법」 제25조제3항 또는 제11항에 따른 폐기물처리업의 허가 또는 변경허가·변경신고(2012.2.1 본호신설)
4. 「폐기물관리법」 제29조제2항 또는 제3항의 규정에 따른 승인·신고 또는 변경승인·변경신고(2007.4.11 본호개정)

제16조【개선명령·사용중지명령 및 폐쇄명령】 ① 환경부장관은 배출시설에서 배출되는 잔류성오염물질의 정도가 배출허용기준을 초과하는 경우에는 6개월의 범위에서 해당 배출시설의 전부나 일부의 사용중지를 명할 수 있다. 다만, 배출허용기준의 위반 정도가 경미한 배출시설 등 환경부령으로 정하는 배출시설에 대해서는 개선에 필요한 조치 및 시설 설치기간 등을 고려하여 배출사업자에게 그 잔류성오염물질의 배출농도가 배출허용기준 이하로 내려가는 데 필요한 조치를 취할 것을 명(이하 "개선명령"이라 한다)할 수 있다.(2022.6.10 본문개정)

② 환경부장관은 제1항의 규정에 따른 사용중지명령을 받은 자가 이를 이행하지 아니하거나 배출시설 구조나 방지시설의 노후화 등으로 인하여 배출허용기준의 준수가 불가능하다고 판단하는 경우에는 그 배출시설의 폐쇄를 명령할 수 있다.(2018.6.12 본항개정)

③ 환경부장관은 제1항 단서에 따라 개선명령을 받은 배출사업자가 이를 이행하지 아니하면 같은 항 본문에 따른 사용중지명령을 할 수 있다.(2022.6.10 본항신설)

④ 환경부장관은 배출사업자에게 제1항·제3항에 따른 사용중지 또는 제2항에 따른 폐쇄를 명하여 행정처분이 확정된 경우에는 대상 배출시설의 명칭, 위반행위 및 처분 내용을 공표할 수 있다.(2022.6.10 본항개정)

⑤ 제1항·제3항에 따른 사용중지명령·개선명령과 제4항에 따른 공표의 기준·방법 및 절차 등에 필요한 사항은 환경부령으로 정한다.(2022.6.10 본항신설)

제17조【과징금처분】 ① 환경부장관은 배출사업자에게 제16조제1항 및 제3항의 규정에 따라 사용중지명령을 하여야 하는 경우로서 그 시설의 사용을 중지시키면 주민의 생활, 대외적 신용, 고용, 물가 등 국민경제와 그 밖의 공익에 현저한 지장을 줄 우려가 있다고 인정되는 경우에는 사용중지명령을 갈음하여 3억원 이하의 과징금을 부과할 수 있다. 다만, 과징금 처분을 받은 날부터 2년이 경과되기 전에 사용중지명령의 대상이 되는 경우에는 사용중지명령을 갈음하여 과징금을 부과하지 아니한다.(2022.6.10 본항개정)

② 배출시설의 종류·규모 등에 따른 과징금 액수의 기준 그 밖에 필요한 사항은 대통령령으로 정한다.
③ 환경부장관은 배출사업자가 제1항의 규정에 따른 과징금을 납부기한까지 납부하지 아니한 경우에는 국세체납처분의 예에 따라 징수한다. 다만, 과징금의 부과·징수에 관한 환경부장관의 권한을 시·도지사에게 위임한 경우에는 지방세체납처분의 예에 따라 징수한다.
④ 제1항의 규정에 따라 징수한 과징금은 「환경정책기본법」에 따른 환경개선특별회계의 세입으로 한다.
(2011.7.21 본항개정)
⑤ 환경부장관은 과징금의 부과·징수에 관한 환경부장관의 권한을 시·도지사에게 위임한 경우 그 징수된 과징금 중 일부를 대통령령으로 정하는 바에 따라 징수비용으로 교부할 수 있다.(2020.5.26 본항개정)

제18조【배출원과 배출량 조사】 ① 환경부장관은 기본계획을 합리적으로 수립·시행하기 위하여 전국의 잔류성오염물질 배출원과 배출량을 조사할 수 있다.
② 환경부장관은 제1항에 따른 잔류성오염물질의 배출원과 배출량 조사를 위하여 관계 기관의 장에게 필요한 자료의 제출이나 지원을 요청할 수 있다. 이 경우 요청을 받은 관계 기관의 장은 특별한 사유가 없으면 그 요청에 따라야 한다.(2020.5.26 후단개정)
③ 제1항에 따른 잔류성오염물질의 배출원과 배출량 조사의 방법, 절차, 배출량 산정방법 등에 관한 사항은 환경부령으로 정한다.
(2016.1.27 본조개정)

제19조【잔류성오염물질의 측정과 주변지역 영향조사 등】 ① 배출사업자는 해당 배출시설에서 배출되는 잔류성오염물질을 「환경분야 시험·검사 등에 관한 법률」 제6조제1항제10호에 따른 환경오염공정시험기준에 따라 스스로 측정하거나 다음 각 호의 어느 하나에 해당하는 측정기관으로 하여금 측정하게 하고, 측정결과를 기록하여 환경부령으로 정하는 기간 동안 보존하여야 한다. 이 경우 측정대상이 되는 잔류성오염물질의 범위, 측정방법, 측정주기 등에 관한 사항은 환경부령으로 정한다.
(2022.6.10 전단개정)
1. 「한국환경공단법」에 따른 한국환경공단
2. 제19조의2제1항에 따른 잔류성오염물질 측정분석 전문기관
(2022.6.10 1호~2호신설)
② 주변지역에 현저한 환경오염의 영향을 미치는 배출시설로서 대통령령으로 정하는 규모 이상의 배출시설을 운영하는 배출사업자는 그 배출시설의 운영으로 주변지역에 미치는 영향을 3년마다 단독으로 또는 공동으로 조사하거나 제1항 각 호의 어느 하나에 해당하는 측정기관으로 하여금 조사하게 하고 그 결과를 환경부장관에게 제출하여야 한다. 이 경우 조사의 방법·범위·결과보고 등에 관하여 필요한 사항은 환경부령으로 정한다.
(2022.6.10 전단개정)
③ 환경부장관은 배출사업자가 제1항의 규정에 따른 측정의무를 이행하지 아니하거나 제2항의 규정에 따른 영향조사를 하지 아니하는 경우에는 환경부령으로 정하는 바에 따라 기간을 정하여 잔류성오염물질의 측정 또는 영향조사를 명령할 수 있다.(2020.5.26 본항개정)
④ 환경부장관은 제3항의 규정에 따른 명령을 이행하지 아니하는 배출사업자에 대하여 배출시설의 사용중지나 폐쇄를 명령할 수 있다.
⑤ 제1항에 따른 측정결과는 「전자문서 및 전자거래 기본법」 제2조제1호에 따른 전자문서로 기록·보존할 수 있다.(2018.10.16 본항개정)
(2016.1.27 본조제목개정)

제19조의2【잔류성오염물질 측정분석 전문기관 지정 등】
① 환경부장관은 잔류성오염물질의 측정 및 분석의 정확성을 확보하기 위하여 잔류성오염물질 측정분석 전문기관(이하 "측정분석 전문기관"이라 한다)을 지정·운영할 수 있다.
② 제1항에 따라 측정분석 전문기관으로 지정받으려는 자는 대통령령으로 정하는 시설, 장비 및 기술인력의 기준을 갖추어 환경부장관에게 측정분석 전문기관의 지정을 신청하여야 한다.
③ 제1항에 따라 지정을 받은 측정분석 전문기관이 대통령령으로 정하는 중요한 사항을 변경하려는 경우에는 환경부장관으로부터 변경지정을 받아야 한다.
④ 환경부장관은 측정분석 전문기관이 다음 각 호의 어느 하나에 해당하는 경우에는 지정을 취소하거나 1년 이내의 기간을 정하여 업무의 정지를 명할 수 있다. 다만, 제1호 또는 제2호에 해당하는 경우에는 그 지정을 취소하여야 한다.
1. 거짓이나 그 밖의 부정한 방법으로 지정을 받은 경우
2. 업무 정지기간 중 측정·분석 업무를 한 경우
3. 지정요건을 갖추지 못하게 된 경우
4. 고의나 중대한 과실로 측정·분석 결과를 사실과 다르게 작성한 경우
⑤ 환경부장관은 제1항·제3항에 따라 측정분석 전문기관을 지정·변경지정한 경우 또는 제4항에 따라 지정을 취소하거나 업무정지를 명한 경우에는 그 내용을 관보나 인터넷 홈페이지에 게시하는 방법으로 공고하여야 한다.
⑥ 제1항부터 제5항까지에서 규정한 사항 외에 측정분석 전문기관의 지정·변경지정·지정취소·업무정지명령 및 공고 등에 필요한 사항은 대통령령으로 정한다.
(2022.6.10 본조신설)

제20조【사고발생에 따른 응급조치·신고 및 재발방지조치 등】 ① 배출사업자는 배출시설의 고장, 파손, 그 밖의 사고가 발생하여 잔류성오염물질이 대기 중으로, 또는 「물환경보전법」 제2조제9호에 따른 공공수역으로 배출된 경우에는 환경부령으로 정하는 사고처리기준에 따라 지체 없이 필요한 응급조치를 취하고 배출된 잔류성오염물질을 신속하고 안전하게 수거하거나 처리하여야 한다.
(2017.1.17 본항개정)
② 배출사업자는 제1항의 규정에 따른 사고가 발생한 경우에는 지체 없이 사고 상황을 환경부장관에게 신고하여야 한다.
③ 환경부장관은 사고가 발생한 배출시설의 배출사업자에게 사고의 확대나 재발을 방지하기 위하여 필요한 조치를 취하도록 명령할 수 있다.

제4장 잔류성오염물질함유폐기물의 처리
(2016.1.27 본장제목개정)

제21조【잔류성오염물질함유폐기물의 분류·관리 등】 잔류성오염물질함유폐기물은 「폐기물관리법」 제2조제4호의 규정에 따른 지정폐기물로 본다.(2016.1.27 본조개정)

제22조【잔류성오염물질함유폐기물의 처리기준 등】 잔류성오염물질함유폐기물을 수집·운반·보관 또는 처리하려는 자는 환경부령으로 정하는 기준과 방법에 따라야 한다.(2016.1.27 본조개정)

제23조【재활용의 제한】 ① 잔류성오염물질함유폐기물을 재활용하려는 자는 친환경적으로 재활용하기 위하여 환경부령으로 정하는 종류와 용도로만 잔류성오염물질함유폐기물을 재활용하여야 한다.
② (2016.1.27 삭제)
③ 환경부장관은 제1항의 규정에 따른 종류와 용도 외로 잔류성오염물질함유폐기물을 재활용하는 자에게 해당 시설의 사용중지나 폐쇄를 명령할 수 있다.
(2016.1.27 본조개정)

제5장 잔류성오염물질 함유기기 등의 관리
(2016.1.27 본장제목개정)

제24조【오염기기등의 목록 작성】 환경부장관은 인체에 대한 위해를 예방하기 위하여 대통령령으로 정하는 기준 이상의 잔류성오염물질이 들어있는 기기·설비·제품(이하 "오염기기등"이라 한다)의 목록을 작성할 수 있다.(2020.5.26 본조개정)

제24조의2【관리대상기기등의 신고 등】 ① 변압기 등 대통령령으로 정하는 기기·설비·제품(이하 "관리대상기기등"이라 한다)의 소유자는 제조사, 제조 연월일, 절연유 교체 여부 등 환경부령으로 정하는 사항을 시·도지사에게 신고하여야 한다. 신고한 사항 중 절연유 교체 등 환경부령으로 정하는 중요한 사항을 변경한 경우에도 또한 같다.
② 시·도지사는 제1항 전단에 따른 신고 또는 같은 항 후단에 따른 변경신고를 받은 경우 그 내용을 검토하여 이 법에 적합하면 신고를 수리하여야 한다.(2022.6.10 본항신설)
(2012.2.1 본조신설)

제24조의3【관리대상기기등의 수출입 제한】 누구든지 잔류성오염물질의 농도가 대통령령으로 정하는 기준 이상인 절연유가 들어있는 관리대상기기등을 수출하거나 수입하여서는 아니 된다.(2020.5.26 본조개정)

제25조【오염기기등의 안전관리】 ① 오염기기등의 소유자는 다음 각 호의 안전관리상의 조치를 취하여야 한다.
1. 안전관리상 주의사항의 표시
2. 오염 여부에 대한 식별장치의 부착
② 제1항의 규정에 따른 안전관리상의 조치에 관하여 필요한 세부사항은 환경부령으로 정한다.
③ 시·도지사는 오염기기등의 소유자가 제1항 및 제2항의 규정에 따른 안전관리상 조치를 취하지 아니하는 경우에는 환경부령으로 정하는 바에 따라 기간을 정하여 그 소유자에게 안전관리를 위하여 필요한 조치를 취할 것을 명령할 수 있다.(2020.5.26 본항개정)

제26조【오염기기등의 처리기한】 사용을 마친 오염기기등의 소유자는 그 기기를 환경부령으로 정하는 기한 내에 제22조의 규정에 따른 기준과 방법에 따라 적정하게 처리하여야 한다.(2020.5.26 본조개정)

제6장 보 칙

제27조【시설 설치 등의 지원】 환경부장관은 잔류성오염물질의 적정한 관리를 위하여 다음 각 호의 어느 하나에 해당하는 시설을 설치·운영하거나, 잔류성오염물질로 인한 환경오염을 줄이기 위한 기술의 개발·보급 등에 필요한 지원을 할 수 있다.
1. 배출시설로부터 배출되는 잔류성오염물질을 없애거나 줄이는 시설
2. 잔류성오염물질함유폐기물을 수집·운반·보관 또는 처리하는 시설
(2016.1.27 본조개정)

제28조【국제협력】 정부는 스톡홀름협약 및 미나마타협약 관련 국제기구 및 관련 국가와의 국제적인 협력을 통하여 잔류성오염물질 관련 정보와 기술을 교환하고 인력교류·공동조사·연구개발 등에 상호 협력하며, 잔류성오염물질이 건강이나 환경에 미치는 위해를 예방하고 줄이기 위한 국제적 노력에 적극적으로 참여하여야 한다.
(2016.1.27 본조개정)

제29조【보고와 검사 등】 ① 환경부장관 또는 시·도지사는 다음 각 호의 자에게 환경부령으로 정하는 사항에 관한 보고나 자료제출을 명령할 수 있으며 관계 공무원으로 하여금 그 시설이나 사업장에 출입하여 제18조에 따라 잔류성오염물질의 배출원과 배출량을 조사하거나 제13조에 따른 잔류성오염물질의 제조·수출입·사용금지 또는 제한, 배출허용기준, 제22조에 따른 잔류성오염물질함유폐기물의 처리기준 또는 제26조에 따른 오염기기등의 처리기한 준수 여부 등을 확인하기 위하여 시료를 채취하거나 관계 서류, 시설 또는 장비 등을 검사하게 할 수 있다.(2016.1.27 본문개정)
1. 제13조에 따라 잔류성오염물질을 제조·수출입 또는 사용하는 자(2016.1.27 본호신설)
2. 배출사업자(2012.2.1 본호개정)
3. 제22조에 따라 잔류성오염물질함유폐기물을 수집·운반·보관 또는 처리하는 자(2016.1.27 본호신설)
4. 제23조에 따라 잔류성오염물질함유폐기물을 재활용하는 자(2016.1.27 본호개정)
5. 제24조에 따른 오염기기등의 소유자(2012.2.1 본호개정)
6. 제24조의2제1항에 따른 관리대상기기등의 소유자
(2022.6.10 본호개정)
② 제1항의 규정에 따라 보고 또는 자료제출을 명령하거나 시료채취 또는 검사(이하 "검사등"이라 한다)를 하는 경우에는 검사등 개시 7일 전까지 검사등의 일시·이유 및 내용 등에 대한 계획을 대상자에게 미리 알려야 한다. 다만, 긴급히 하여야 할 필요가 있거나 사전에 알리면 증거인멸 등으로 인하여 검사등의 목적을 달성할 수 없다고 인정되는 경우에는 그러하지 아니하다.
③ 제1항의 규정에 따라 출입·검사를 하는 공무원은 그 권한을 표시하는 증표를 지니고 이를 관계인에게 내보여야 한다.

제29조의2【연차보고서의 제출】 ① 시·도지사는 매년 잔류성오염물질 관리현황에 관한 보고서를 환경부장관에게 제출하여야 한다.(2016.1.27 본항개정)
② 제1항에 따른 보고서의 작성방법 및 제출시기 등에 관하여 필요한 사항은 환경부령으로 정한다.
(2012.2.1 본조신설)

제30조【청문】 환경부장관 또는 시·도지사는 제16조제2항·제19조제4항 또는 제23조제3항의 규정에 따른 폐쇄명령을 하려는 때에는 청문을 실시하여야 한다.
(2018.6.12 본조개정)

제31조【권한의 위임·위탁】 ① 이 법에 따른 환경부장관의 권한은 대통령령으로 정하는 바에 따라 그 일부를 시·도지사, 국립환경과학원의 장 또는 지방환경관서의 장에게 위임할 수 있다.(2020.5.26 본항개정)
② 환경부장관은 다음 각 호의 업무를 대통령령으로 정하는 바에 따라 「한국환경공단법」에 따른 한국환경공단 등 관계 전문기관에 위탁할 수 있다.
1. 제11조에 따른 측정망 설치·운영에 관한 업무
2. 제18조제1항에 따른 잔류성오염물질 배출원·배출량 조사에 관한 업무
3. 제27조제2호에 따른 잔류성오염물질함유폐기물의 수집·운반·보관·처리 시설의 설치 및 운영에 관한 업무
4. 제29조제1항에 따른 출입, 시료 채취 및 검사에 관한 업무(제14조제3항에 따라 배출허용기준 준수 여부를 확인하거나 제18조제1항에 따른 잔류성오염물질 배출원·배출량 조사를 하는 데 필요한 경우만 해당한다)
(2016.1.27 2호~4호개정)
(2012.2.1 본항개정)

제31조의2【벌칙 적용에서의 공무원 의제】 제31조제2항에 따라 위탁받은 업무를 하는 관계 전문기관의 임직원은 「형법」 제129조부터 제132조까지의 규정에 따른 벌칙을 적용할 때에는 공무원으로 본다.(2012.2.1 본조신설)

제7장 벌 칙

제32조【벌칙】 제13조제1항을 위반하여 취급금지 잔류성오염물질을 허용된 용도 외로 제조·수출입 또는 사용한 자는 5년 이하의 징역 또는 1억원 이하의 벌금에 처한다.(2016.1.27 본조신설)

제32조의2【벌칙】 제16조제2항·제19조제4항 또는 제23조제3항의 규정에 따른 폐쇄명령을 이행하지 아니한 자는 5년 이하의 징역 또는 5천만원 이하의 벌금에 처한다.(2018.6.12 본조개정)

제33조【벌칙】 제13조제3항을 위반하여 취급제한 잔류성오염물질을 허용된 용도 외로 제조·수출입 또는 사용한 자는 3년 이하의 징역 또는 5천만원 이하의 벌금에 처한다.(2016.1.27 본조신설)

제33조의2【벌칙】 다음 각 호의 어느 하나에 해당하는 자는 3년 이하의 징역 또는 3천만원 이하의 벌금에 처한다.(2014.3.18 본문개정)

1. (2016.1.27 삭제)
2. 제16조제1항 및 제3항의 규정에 따른 사용중지명령을 이행하지 아니한 자(2022.6.10 본호개정)
3. 제19조제4항의 규정에 따른 사용중지명령을 이행하지 아니한 자
4. 제23조제1항을 위반하여 환경부령으로 정하는 종류 및 용도 외로 잔류성오염물질함유폐기물을 재활용한 자(2020.5.26 본호개정)
5. 제23조제3항의 규정에 따른 사용중지명령을 이행하지 아니한 자
5의2. 제24조의3을 위반하여 관리대상기기등을 수출하거나 수입한 자(2012.2.1 본호신설)
6. 제26조의 규정을 위반하여 오염기기등을 기한 내에 적정하게 처리하지 아니한 자

제34조【벌칙】 다음 각 호의 어느 하나에 해당하는 자는 2년 이하의 징역 또는 2천만원 이하의 벌금에 처한다.(2014.3.18 본문개정)
1. 제13조제2항을 위반하여 취급금지 잔류성오염물질의 제조, 수출입 또는 사용에 관한 관리기준을 지키지 아니한 자(2016.1.27 본호개정)
1의2. 제13조제4항을 위반하여 취급제한 잔류성오염물질의 제조·수출입 또는 사용에 관한 관리기준을 지키지 아니한 자(2016.1.27 본호개정)
2. 제13조제5항을 위반하여 승인 또는 변경승인을 받지 아니하거나 거짓으로 승인 또는 변경승인을 받아 수출한 자(2016.1.27 본호개정)
3. 제14조제3항의 규정을 위반하여 배출허용기준을 지키지 아니한 자
4. 제19조제3항에 따른 잔류성오염물질의 측정명령이나 주변지역의 영향조사명령을 이행하지 아니한 자(2016.1.27 본호개정)
5. 제20조제3항의 규정에 따른 조치명령을 이행하지 아니한 자
6. 제22조를 위반하여 잔류성오염물질함유폐기물을 수집·운반·보관 또는 처리하여 주변환경을 오염시킨 자(2016.1.27 본호개정)

제35조【벌칙】 제25조제3항의 규정에 따른 조치명령을 이행하지 아니한 자는 100만원 이하의 벌금에 처한다.

제36조【양벌규정】 법인의 대표자나 법인 또는 개인의 대리인, 사용인, 그 밖의 종업원이 그 법인 또는 개인의 업무에 관하여 제32조부터 제35조까지의 어느 하나에 해당하는 위반행위를 하면 그 행위자를 벌하는 외에 그 법인 또는 개인에게도 해당 조문의 벌금형을 과(科)한다. 다만, 법인 또는 개인이 그 위반행위를 방지하기 위하여 해당 업무에 관하여 상당한 주의와 감독을 게을리하지 아니한 경우에는 그러하지 아니하다.(2012.2.1 본조개정)

제37조【과태료】 ① 다음 각 호의 어느 하나에 해당하는 자에게는 1천만원 이하의 과태료를 부과한다.(2012.2.1 본문개정)
1. 제19조제1항 또는 제2항을 위반하여 잔류성오염물질을 측정하지 아니하거나 그 기록을 보존하지 아니하거나 거짓으로 기록·보존한 자 또는 주변지역에 미치는 영향을 조사하지 아니하거나 그 결과를 제출하지 아니한 자
2. 제20조제1항 또는 제2항을 위반하여 응급조치를 강구하지 아니하거나 배출된 잔류성오염물질을 신속하고 안전하게 수거 또는 처리하지 아니하거나 사고신고를 하지 아니한 자
3. 제22조를 위반하여 잔류성오염물질함유폐기물을 수집·운반·보관하거나 처리한 자(제34조제6호에 해당하는 자는 제외한다)
(2016.1.27 1호~3호개정)
② 다음 각 호의 어느 하나에 해당하는 자에게는 3백만원 이하의 과태료를 부과한다.(2012.2.1 본문개정)
1. (2016.1.27 삭제)
2. 제24조의2제1항을 위반하여 관리대상기기등의 신고나 변경신고를 하지 아니한 자 또는 거짓으로 신고나 변경신고를 한 자(2022.6.10 본호개정)
③ 제29조의 규정에 따른 보고·자료제출을 하지 아니하거나 거짓으로 보고·자료제출을 한 자 또는 관계 공무원의 출입·시료채취·검사를 거부·방해하거나 기피한 자에게는 1백만원 이하의 과태료를 부과한다.(2020.5.26 본항개정)
④ 제1항부터 제3항까지의 규정에 따른 과태료는 대통령령으로 정하는 바에 따라 환경부장관 또는 시·도지사가 부과·징수한다.(2012.2.1 본항개정)
⑤~⑦ (2012.2.1 삭제)

부 칙

제1조【시행일】 이 법은 공포 후 1년이 경과한 날부터 시행한다.

제2조【배출시설의 설치기준에 관한 경과조치】 이 법 시행 당시 배출시설을 설치하여 운영 중인 배출사업자는 이 법 시행일부터 1년 이내에 제15조제1항 및 제2항의 규정에 따른 배출시설의 설치기준을 충족하여야 한다.

제3조【측정 등에 관한 경과조치】 ① 이 법 시행 전에 「폐기물관리법」 제31조제2항의 규정에 따라 측정을 한 경우에는 제19조제1항의 규정에 따른 측정을 한 것으로 본다.
② 이 법 시행 전에 「폐기물관리법」 제31조제3항의 규정에 따라 조사를 한 경우에는 제19조제2항의 규정에 따른 조사를 한 것으로 본다.
(2007.4.11 본조개정)

제4조【다른 법률의 개정】 ※(해당 법령에 가제정리 하였음)

부 칙 (2012.2.1)

제1조【시행일】 이 법은 공포 후 1년이 경과한 날부터 시행한다. 다만, 제13조제1항 단서, 제14조, 제19조제2항의 개정규정 중 측정기관으로 하여금 조사하게 하는 부분, 제19조제5항, 제33조제1호, 제36조 및 제37조제1항제3호의 개정규정은 공포한 날부터 시행하고, 제13조(제1항 단서는 제외한다) 및 제34조의 개정규정은 공포 후 6개월이 경과한 날부터 시행한다.

제2조【과태료에 관한 경과조치】 이 법 시행 전의 행위에 대하여 과태료(제37조제1항제3호로 한정한다)를 적용할 때에는 종전의 규정에 따른다.

부 칙 (2016.1.27)

제1조【시행일】 이 법은 미나마타협약이 우리나라에 효력을 발생하는 날부터 시행한다.<2020.2.20 발효>

제2조【기본계획 등에 관한 경과조치】 ① 이 법 시행 전에 종전의 제5조제1항에 따라 수립된 잔류성유기오염물질관리기본계획은 제5조제1항의 개정규정에 따라 수립된 잔류성오염물질관리기본계획으로 본다.
② 이 법 시행 전에 종전의 제6조제1항에 따라 수립된 잔류성유기오염물질시행계획은 제6조제1항의 개정규정에 따라 수립된 잔류성오염물질시행계획으로 본다.

제3조【과태료에 관한 경과조치】 이 법 시행 전의 행위에 대하여 과태료를 적용할 때에는 종전의 규정에 따른다.

제4조【다른 법률의 개정】 ①~④ ※(해당 법령에 가제정리 하였음)

제5조【다른 법령과의 관계】 이 법 시행 당시 다른 법령에서 종전의 「잔류성유기오염물질 관리법」 또는 그 규정을 인용한 경우 이 법 중 그에 해당하는 규정이 있으면 종전의 「잔류성유기오염물질 관리법」 또는 그 규정을 갈음하여 이 법 또는 이 법의 해당 규정을 인용한 것으로 본다.

부 칙 (2018.6.12)

제1조【시행일】 이 법은 공포 후 6개월이 경과한 날부터 시행한다. 다만, 법률 제13886호 잔류성유기오염물질 관리법 일부개정법률 제32조의2·제33조의2제2호의 개정규정은 미나마타협약이 우리나라에 효력을 발생하는 날부터 시행한다.

제2조【적용례】 제16조의 개정규정은 이 법 시행 후 최초로 발생하는 배출허용기준 위반행위부터 적용한다.

부 칙 (2018.10.16)

제1조【시행일】 이 법은 공포한 날부터 시행한다. 다만, 법률 제13886호 잔류성유기오염물질 관리법 일부개정법률 제13조제5항의 개정규정은 미나마타협약이 우리나라에 효력을 발생하는 날부터 시행하고, 법률 제15656호 잔류성유기오염물질 관리법 일부개정법률 제16조제3항의 개정규정은 공포 후 6개월이 경과한 날부터 시행한다.

제2조【행정처분의 공표에 관한 적용례】 법률 제15656호 잔류성유기오염물질 관리법 일부개정법률 제16조제3항의 개정규정은 부칙 제1조 단서에 따른 시행일 이후 배출시설에서 배출되는 잔류성유기오염물질의 정도가 배출허용기준을 초과하여 법률 제15656호 잔류성유기오염물질 관리법 일부개정법률 제16조제1항에 따른 사용중지명령 또는 같은 조 제2항에 따른 폐쇄명령을 하는 경우부터 적용한다.

부 칙 (2020.5.26)

이 법은 공포한 날부터 시행한다.(이하 생략)

부 칙 (2022.6.10)

제1조【시행일】 이 법은 공포 후 1년이 경과한 날부터 시행한다. 다만, 제24조의2, 제29조제1항제6호 및 제37조제2항제2호의 개정규정은 공포한 날부터 시행한다.

제2조【개선명령 미이행에 대한 사용중지명령에 관한 적용례】 제16조제3항의 개정규정은 이 법 시행 이후 제16조제1항 단서에 따라 개선명령을 받은 경우부터 적용한다.

제3조【과징금에 관한 경과조치】 이 법 시행 전의 위반행위에 대하여 사용중지명령을 갈음하여 과징금을 부과할 때에는 제17조제1항 단서의 개정규정에도 불구하고 종전의 규정에 따른다.

제4조【벌칙에 관한 경과조치】 이 법 시행 전의 위반행위에 대하여 벌칙을 적용할 때에는 제33조의2제2호의 개정규정에도 불구하고 종전의 규정에 따른다.

대기환경보전법

(2007년 4월 27일
전부개정법률 제8404호)

개정
2007. 5.17법 8466호(수질수생태계보전)
2008. 2.29법 8852호(정부조직)
2008. 3.21법 8956호
2008. 3.21법 8957호(환경기술개발및지원에관한법)
2008. 3.21법 8976호(도로법)
2008.12.31법 9311호　2009. 5.21법 9695호
2009. 6. 9법 9770호(소음·진동관리법)
2010. 1.13법 9931호(저탄소녹색성장기본법)
2011. 4.28법10615호(환경기술및환경산업지원법)
2011. 7.21법10893호(환경정책)
2012. 2. 1법11256호　2012. 5.23법11445호
2013. 3.23법11690호(정부조직)
2013. 4. 5법11750호　2013. 7.16법11907호
2013. 8. 6법11998호(지방세외수입금의징수등에관한법)
2014. 1.14법12248호(도로법)
2015. 1.20법13034호
2015. 1.20법13039호(환경개선비용부담법)
2015.12. 1법13528호　2016. 1.27법13874호
2016.12.27법14476호(지방세징수법)
2016.12.27법14487호
2017. 1.17법14532호(물환경보전법)
2017.11.28법15096호　2019. 1.15법16266호
2019. 4. 2법16305호(대기관리권역의대기환경개선에관한법)
2019. 4. 2법16306호　2019.11.26법16604호
2020. 3.24법17091호(지방행정제재·부과금의징수등에관한법)
2020. 5.26법17326호(법률용어정비)
2020.12.29법17797호
2021. 1. 5법17857호(환경정책)
2021. 4.13법18028호
2021. 9.24법18469호(기후위기대응을위한탄소중립·녹색성장기본법)
2022. 6.10법18905호　2022.12.27법19125호
2023. 8.16법19660호
2024. 1. 9법19960호→2027년 1월 10일 시행
2024. 1.23법20114호→2024년 7월 24일 시행
2024. 1.30법20172호(행정법제혁신을위한일부개정법령등)

제1장 총 칙

제1조【목적】 이 법은 대기오염으로 인한 국민건강이나 환경에 관한 위해(危害)를 예방하고 대기환경을 적정하고 지속가능하게 관리·보전하여 모든 국민이 건강하고 쾌적한 환경에서 생활할 수 있게 하는 것을 목적으로 한다.

제2조【정의】 이 법에서 사용하는 용어의 뜻은 다음과 같다.
1. "대기오염물질"이란 대기 중에 존재하는 물질 중 제7조에 따른 심사·평가 결과 대기오염의 원인으로 인정된 가스·입자상물질로서 환경부령으로 정하는 것을 말한다.(2012.5.23 본호개정)
1의2. "유해성대기감시물질"이란 대기오염물질 중 제7조에 따른 심사·평가 결과 사람의 건강이나 동식물의 생육(生育)에 위해를 끼칠 수 있어 지속적인 측정이나 감시·관찰 등이 필요하다고 인정된 물질로서 환경부령으로 정하는 것을 말한다.(2012.5.23 본호신설)
2. "기후·생태계 변화유발물질"이란 지구 온난화 등으로 생태계의 변화를 가져올 수 있는 기체상물질(氣體狀物質)로서 온실가스와 환경부령으로 정하는 것을 말한다.
3. "온실가스"란 적외선 복사열을 흡수하거나 다시 방출하여 온실효과를 유발하는 대기 중의 가스상태 물질로서 이산화탄소, 메탄, 아산화질소, 수소불화탄소, 과불화탄소, 육불화황을 말한다.
4. "가스"란 물질이 연소·합성·분해될 때에 발생하거나 물리적 성질로 인하여 발생하는 기체상물질을 말한다.
5. "입자상물질(粒子狀物質)"이란 물질이 파쇄·선별·퇴적·이적(移積)될 때, 그 밖에 기계적으로 처리되거나 연소·합성·분해될 때에 발생하는 고체상(固體狀) 또는 액체상(液體狀)의 미세한 물질을 말한다.
6. "먼지"란 대기 중에 떠다니거나 흩날려 내려오는 입자상물질을 말한다.
7. "매연"이란 연소할 때에 생기는 유리(遊離) 탄소가 주가 되는 미세한 입자상물질을 말한다.
8. "검댕"이란 연소할 때에 생기는 유리(遊離) 탄소가 응결하여 입자의 지름이 1미크론 이상이 되는 입자상물질을 말한다.
9. "특정대기유해물질"이란 유해성대기감시물질 중 제7조에 따른 심사·평가 결과 저농도에서도 장기적인 섭취나 노출에 의하여 사람의 건강이나 동식물의 생육에 직접 또는 간접으로 위해를 끼칠 수 있어 대기 배출에 대한 관리가 필요하다고 인정된 물질로서 환경부령으로 정하는 것을 말한다.(2012.5.23 본호개정)
10. "휘발성유기화합물"이란 탄화수소류 중 석유화학제품, 유기용제, 그 밖의 물질로서 환경부장관이 관계 중앙행정기관의 장과 협의하여 고시하는 것을 말한다.

11. "대기오염물질배출시설"이란 대기오염물질을 대기에 배출하는 시설물, 기계, 기구, 그 밖의 물체로서 환경부령으로 정하는 것을 말한다.
12. "대기오염방지시설"이란 대기오염물질배출시설로부터 나오는 대기오염물질을 연소조절에 의한 방법 등으로 없애거나 줄이는 시설로서 환경부령으로 정하는 것을 말한다.(2012.5.23 본호개정)
13. "자동차"란 다음 각 목의 어느 하나에 해당하는 것을 말한다.
가.「자동차관리법」제2조제1호에 규정된 자동차 중 환경부령으로 정하는 것
나.「건설기계관리법」제2조제1항제1호에 따른 건설기계 중 주행특성이 가목에 따른 것과 유사한 것으로서 환경부령으로 정하는 것(2012.2.1 본목개정)
13의2. "원동기"란 다음 각 목의 어느 하나에 해당하는 것을 말한다.
가.「건설기계관리법」제2조제1항제1호에 따른 건설기계 중 제13호나목 외의 건설기계로서 환경부령으로 정하는 건설기계(이하 "건설기계"라 한다)에 사용되는 동력을 발생시키는 장치(2022.12.27 본목개정)
나. 농림용 또는 해상용으로 사용되는 기계로서 환경부령으로 정하는 기계에 사용되는 동력을 발생시키는 장치
다.「철도산업발전기본법」제3조제4호에 따른 철도차량 중 동력차에 사용되는 동력을 발생시키는 장치
(2019.1.15 본목신설)
(2012.2.1 본호신설)
14. "선박"이란「해양환경관리법」제2조제16호에 따른 선박을 말한다.
15. "첨가제"란 자동차의 성능을 향상시키거나 배출가스를 줄이기 위하여 자동차의 연료에 첨가하는 탄소와 수소만으로 구성된 물질을 제외한 화학물질로서 다음 각 목의 요건을 모두 충족하는 것을 말한다.
가. 자동차의 연료에 부피 기준(액체첨가제의 경우만 해당한다) 또는 무게 기준(고체첨가제의 경우만 해당한다)으로 1퍼센트 미만의 비율로 첨가하는 물질. 다만,「석유 및 석유대체연료 사업법」제2조제7호 및 제8호에 따른 석유정제업자 및 석유수출입업자가 자동차연료인 석유제품을 제조하거나 품질을 보정(補正)하는 과정에 첨가하는 물질의 경우에는 그 첨가비율의 제한을 받지 아니한다.(2012.2.1 본문개정)
나.「석유 및 석유대체연료 사업법」제2조제10호에 따른 가짜석유제품 또는 같은 조 제11호에 따른 석유대체연료에 해당하지 아니하는 물질(2012.5.23 본목개정)
15의2. "촉매제"란 배출가스를 줄이는 효과를 높이기 위하여 배출가스저감장치에 사용되는 화학물질로서 환경부령으로 정하는 것을 말한다.(2008.12.31 본호신설)
16. "저공해자동차"란 다음 각 목의 자동차로서 대통령령으로 정하는 것을 말한다.
가. 대기오염물질의 배출이 없는 자동차
나. 제46조제1항에 따른 제작차의 배출허용기준보다 오염물질을 적게 배출하는 자동차
(2019.4.2 본호개정)
16의2. "저공해건설기계"란 다음 각 목의 건설기계로서 대통령령으로 정하는 것을 말한다.
가. 대기오염물질의 배출이 없는 건설기계
나. 제46조제1항에 따른 제작차의 배출허용기준보다 오염물질을 적게 배출하는 건설기계
(2022.12.27 본호신설)
17. "배출가스저감장치"란 자동차 또는 건설기계에서 배출되는 대기오염물질을 줄이기 위하여 자동차 또는 건설기계에 부착 또는 교체하는 장치로서 환경부령으로 정하는 저감효율에 적합한 장치를 말한다.
(2022.12.27 본호개정)
18. "저공해엔진"이란 자동차 또는 건설기계에서 배출되는 대기오염물질을 줄이기 위한 엔진(엔진 개조에 사용하는 부품을 포함한다)으로서 환경부령으로 정하는 배출허용기준에 맞는 엔진을 말한다.(2022.12.27 본호개정)
19. "공회전제한장치"란 자동차에서 배출되는 대기오염물질을 줄이고 연료를 절약하기 위하여 자동차에 부착하는 장치로서 환경부령으로 정하는 기준에 적합한 장치를 말한다.(2012.5.23 본호신설)
20. "온실가스 배출량"이란 자동차에서 단위 주행거리당 배출되는 이산화탄소(CO_2) 배출량(g/㎞)을 말한다.
21. "온실가스 평균배출량"이란 자동차제작자가 판매한 자동차 중 환경부령으로 정하는 자동차의 온실가스 배출량의 합계를 해당 자동차 총 대수로 나누어 산출한 평균값(g/㎞)을 말한다.
(2013.4.5 20호～21호신설)
21의2. "온실가스 전과정 평가"란 자동차의 제조 전(원료의 채취·가공 및 소재·부품의 제조·가공 등의 과정을 말한다), 제조, 사용, 폐기에 이르는 전 과정(자동차에 사용되는 연료의 생산부터 사용까지의 전 과정을 포함한다. 이하 "자동차 전과정"이라 한다)에서 발생하는 이산화탄소 배출량의 합계를 산출하는 것을 말한다.(2024.1.9 본호신설 : 2027.1.10 시행)
22. "장거리이동대기오염물질"이란 황사, 먼지 등 발생 후 장거리 이동을 통하여 국가 간에 영향을 미치는 대기오염물질로서 환경부령으로 정하는 것을 말한다.
(2015.12.1 본호신설)
23. "냉매(冷媒)"란 기후·생태계 변화유발물질 중 열전달을 통한 냉난방, 냉동·냉장 등의 효과를 목적으로 사용되는 물질로서 환경부령으로 정하는 것을 말한다.
(2017.11.28 본호신설)

제3조【상시 측정 등】 ① 환경부장관은 전국적인 대기오염 및 기후·생태계 변화유발물질의 실태를 파악하기 위하여 환경부령으로 정하는 바에 따라 측정망을 설치하고 대기오염도 등을 상시 측정하여야 한다.
② 특별시장·광역시장·특별자치시장·도지사 또는 특별자치도지사(이하 "시·도지사"라 한다)는 해당 관할 구역 안의 대기오염 실태를 파악하기 위하여 환경부령으로 정하는 바에 따라 측정망을 설치하여 대기오염도를 상시 측정하고, 그 측정 결과를 환경부장관에게 보고하여야 한다.(2012.5.23 본항개정)
③ 환경부장관은 대기오염도에 관한 정보에 국민이 쉽게 접근할 수 있도록 제1항 및 제2항에 따른 측정결과를 전산처리할 수 있는 전산망을 구축·운영할 수 있다.
(2016.1.27 본항신설)
(2016.1.27 본조제목개정)

제3조의2【환경위성 관측망의 구축·운영 등】 ① 환경부장관은 대기환경 및 기후·생태계 변화유발물질의 감시와 기후변화에 따른 환경영향을 파악하기 위하여 환경위성 관측망을 구축·운영하고, 관측된 정보를 수집·활용할 수 있다.
② 제1항에 따른 환경위성 관측망의 구축·운영 및 정보의 수집·활용에 필요한 사항은 대통령령으로 정한다.
(2016.1.27 본조신설)

제4조【측정망설치계획의 결정 등】 ① 환경부장관은 제3조제1항에 따른 측정망의 위치와 구역 등을 구체적으로 밝힌 측정망설치계획을 결정하여 환경부령으로 정하는 바에 따라 고시하고 그 도면을 누구든지 열람할 수 있게 하여야 한다. 이를 변경한 경우에도 또한 같다.
② 제3조제2항에 따라 시·도지사가 측정망을 설치하는 경우에는 제1항을 준용한다.
③ 국가는 제2항에 따라 시·도지사가 결정·고시한 측정망설치계획이 목표기간에 달성될 수 있도록 필요한 재정적·기술적 지원을 할 수 있다.

제5조【토지 등의 수용 및 사용】 ① 환경부장관 또는 시·도지사는 제4조에 따라 고시된 측정망설치계획에 따라 측정망 설치에 필요한 토지·건축물 또는 그 토지에 정착된 물건을 수용하거나 사용할 수 있다.
② 제1항에 따른 수용 또는 사용의 절차·손실보상 등에 관하여는「공익사업을 위한 토지 등의 취득 및 보상에 관한 법률」에서 정하는 바에 따른다.

제6조【다른 법률과의 관계】 ① 환경부장관 또는 시·도지사가 제4조에 따라 측정망설치계획을 결정·고시한 경우에는「도로법」제61조에 따른 도로점용의 허가를 받은 것으로 본다.(2014.1.14 본항개정)
② 환경부장관 또는 시·도지사는 제4조에 따른 측정망설치계획에 제1항의 도로점용 허가사항이 포함되어 있으면 그 결정·고시 전에 해당 도로 관리기관의 장과 협의하여야 한다.

제7조【대기오염물질에 대한 심사·평가】 ① 환경부장관은 대기 중에 존재하는 물질의 위해성을 다음 각 호의 기준에 따라 심사·평가할 수 있다.
1. 독성
2. 생태계에 미치는 영향
3. 배출량
4.「환경정책기본법」제12조에 따른 환경기준에 대비한 오염도
② 제1항에 따른 심사·평가의 구체적인 방법과 절차는 환경부령으로 정한다.
(2012.5.23 본조신설)

제7조의2【대기오염도 예측·발표】 ① 환경부장관은 대기오염이 국민의 건강·재산이나 동식물의 생육 및 산업 활동에 미치는 영향을 최소화하기 위하여 대기예측 모형 등을 활용하여 대기오염도를 예측하고 그 결과를 발표하여야 한다.
② 제1항에 따라 환경부장관이 대기오염도 예측결과를 발표할 때에는 방송사, 신문사, 통신사 등 보도 관련 기관을 이용하거나 그 밖에 일반인에게 알릴 수 있는 적정한 방법으로 하여야 한다.
③ 제1항에 따른 대기오염도 예측·발표의 대상 지역, 대상 오염물질, 예측·발표의 기준 및 내용 등 대기오염도의 예측·발표에 필요한 사항은 대통령령으로 정한다.
(2013.7.16 본조신설)

제7조의3【국가 대기질통합관리센터의 지정·위임 등】
① 환경부장관은 제7조의2에 따라 대기오염도를 과학적으로 예측·발표하고 대기질 통합관리 및 대기환경개선 정책을 체계적으로 추진하기 위하여 국가 대기질통합관리센터(이하 이 조에서 "통합관리센터"라 한다)를 운영할 수 있으며, 국공립 연구기관 등 대통령령으로 정하는 전문기관을 통합관리센터로 지정·위임할 수 있다.
② 통합관리센터는 다음 각 호의 업무를 수행한다.
1. 대기오염예보 및 대기 중 유해물질 정보의 제공
2. 대기오염 관련 자료의 수집 및 분석·평가
3. 대기환경개선을 위한 정책 수립의 지원
4. 그 밖에 대기질 통합관리를 위하여 대통령령으로 정하는 업무
③ 환경부장관은 제1항에 따라 지정된 통합관리센터에 대하여 예산의 범위에서 사업을 수행하는 데에 필요한 비용을 지원하여야 한다.
④ 환경부장관은 통합관리센터가 다음 각 호의 어느 하나에 해당하는 경우에는 지정을 취소하거나 6개월 이내의 범위에서 기간을 정하여 업무의 전부 또는 일부를 정지할 수 있다. 다만, 제1호에 해당하는 경우에는 지정을 취소하여야 한다.
1. 거짓이나 그 밖의 부정한 방법으로 지정을 받은 경우
2. 지정받은 사항을 위반하여 업무를 행한 경우
3. 제5항에 따른 지정기준에 적합하지 아니하게 된 경우
4. 그 밖에 제1항부터 제3항까지에 준하는 경우로서 환경부령으로 정하는 경우
⑤ 통합관리센터의 지정 및 지정 취소의 기준, 기간, 절차 등에 필요한 사항은 대통령령으로 정한다.
(2013.7.16 본조신설)

제8조【대기오염에 대한 경보】 ① 시·도지사는 대기오염도가「환경정책기본법」제12조에 따른 대기에 대한 환경기준(이하 "환경기준"이라 한다)을 초과하여 주민의 건강·재산이나 동식물의 생육에 심각한 위해를 끼칠 우려가 있다고 인정되면 그 지역에 대기오염경보를 발령할 수 있다. 대기오염경보의 발령 사유가 없어진 경우 시·도지사는 대기오염경보를 즉시 해제하여야 한다.
(2011.7.21 전단개정)
② 시·도지사는 대기오염경보가 발령된 지역의 대기오염을 긴급하게 줄일 필요가 있다고 인정하면 기간을 정하여 그 지역에서 자동차의 운행을 제한하거나 사업장의 조업 단축을 명하거나, 그 밖에 필요한 조치를 할 수 있다.
③ 제2항에 따라 자동차의 운행 제한이나 사업장의 조업 단축 등을 명령받은 자는 정당한 사유가 없으면 따라야 한다.
④ 대기오염경보의 대상 지역, 대상 오염물질, 발령 기준, 경보 단계 및 경보 단계별 조치 등에 필요한 사항은 대통령령으로 정한다.

제9조【기후·생태계 변화유발물질 배출 억제】 ① 정부는 기후·생태계 변화유발물질의 배출을 줄이기 위하여 국가 간에 환경정보와 기술을 교류하는 등 국제적인 노력에 적극 참여하여야 한다.
② 환경부장관은 기후·생태계 변화유발물질의 배출을 줄이기 위하여 다음 각 호의 사업을 추진하여야 한다.
1. 기후·생태계 변화유발물질 배출저감을 위한 연구 및 변화유발물질의 회수·재사용·대체물질 개발에 관한 사업
2. 기후·생태계 변화유발물질 배출에 관한 조사 및 관련 통계의 구축에 관한 사업
3. 기후·생태계 변화유발물질 배출저감 및 탄소시장 활용에 관한 사업
4. 기후변화 관련 대국민 인식확산 및 실천지원에 관한 사업
5. 기후변화 관련 전문인력 육성 및 지원에 관한 사업
6. 그 밖에 대통령령으로 정하는 사업
③ 환경부장관은 기후·생태계 변화유발물질의 배출을 줄이기 위하여 환경부령으로 정하는 바에 따라 제2항 각 호의 사업의 일부를 전문기관에 위탁하여 추진할 수 있으며, 필요한 재정적·기술적 지원을 할 수 있다.
(2012.5.23 본조개정)

제9조의2 (2021.9.24 삭제)

제9조의3～제9조의4 (2017.11.28 삭제)

제10조【대기순환 장애의 방지】 관계 중앙행정기관의 장, 지방자치단체의 장 및 사업자는 각종 개발계획을 수립·이행할 때에는 계획지역 및 주변 지역의 지형, 풍향·풍속, 건축물의 배치·간격 및 바람의 통로 등을 고려하여 대기오염물질의 순환에 장애가 발생하지 아니하도록 하여야 한다.

제11조【대기환경개선 종합계획의 수립 등】 ① 환경부장관은 대기오염물질과 온실가스를 줄여 대기환경을 개선하기 위하여 대기환경개선 종합계획(이하 "종합계획"이라 한다)을 10년마다 수립하여 시행하여야 한다.
② 종합계획에는 다음 각 호의 사항이 포함되어야 한다.
1. 대기오염물질의 배출현황 및 전망
2. 대기 중 온실가스의 농도 변화 현황 및 전망
3. 대기오염물질을 줄이기 위한 목표 설정과 이의 달성을 위한 분야별·단계별 대책
3의2. 대기오염이 국민 건강에 미치는 위해정도와 이를 개선하기 위한 위해수준의 설정에 관한 사항
3의3. 유해성대기감시물질의 측정 및 감시·관찰에 관한 사항
3의4. 특정대기유해물질을 줄이기 위한 목표 설정 및 달성을 위한 분야별·단계별 대책
(2012.5.23 3호의2～3호의4신설)
3의5. 장거리이동대기오염물질의 발생 현황 및 전망
3의6. 장거리이동대기오염물질의 피해방지를 위한 국내 대책과 발생 감소를 위한 국제협력
3의7. 장거리이동대기오염물질 발생저감을 위한 민관 협력방안
(2022.12.27 3호의5～3호의7신설)

4. 환경분야 온실가스 배출을 줄이기 위한 목표 설정과 이의 달성을 위한 분야별·단계별 대책
5. 기후변화로 인한 영향평가와 적응대책에 관한 사항
6. 대기오염물질과 온실가스를 연계한 통합대기환경 관리체계의 구축
7. 기후변화 관련 국제적 조화와 협력에 관한 사항
8. 그 밖에 대기환경을 개선하기 위하여 필요한 사항
③ 환경부장관은 종합계획을 수립하는 경우에는 미리 관계 중앙행정기관의 장과 협의하고 공청회 등을 통하여 의견을 수렴하여야 한다.(2012.2.1 본항개정)
④ 환경부장관은 종합계획이 수립된 날부터 5년이 지나거나 종합계획의 변경이 필요하다고 인정되면 그 타당성을 검토하여 변경할 수 있다. 이 경우 미리 관계 중앙행정기관의 장과 협의하여야 한다.

제12조 (2010.1.13 삭제)

제13조~제14조 (2022.12.27 삭제)

제15조【장거리이동대기오염물질피해 방지 등을 위한 국제협력】 정부는 장거리이동대기오염물질로 인한 피해방지를 위하여 다음 각 호의 사항을 관련 국가와 협력하여 추진하도록 노력하여야 한다.
1. 국제회의·학술회의 등 각종 행사의 개최·지원 및 참가
2. 관련 국가 간 또는 국제기구와의 기술·인력 교류 및 협력
3. 장거리이동대기오염물질 연구의 지원 및 연구결과의 보급
4. 국제사회에서의 장거리이동대기오염물질에 대한 교육·홍보활동
5. 장거리이동대기오염물질로 인한 피해 방지를 위한 재원의 조성
6. 동북아 대기오염감시체계 구축 및 환경협력보전사업
7. 그 밖에 국제협력을 위하여 필요한 사항
(2015.12.1 1호~7호신설)
(2015.12.1 본조개정)

제2장 사업장 등의 대기오염물질 배출 규제

제16조【배출허용기준】 ① 대기오염물질배출시설(이하 "배출시설"이라 한다)에서 나오는 대기오염물질(이하 "오염물질"이라 한다)의 배출허용기준은 환경부령으로 정한다.
② 환경부장관이 제1항에 따른 배출허용기준을 정하는 경우에는 관계 중앙행정기관의 장과 협의하여야 한다.(2012.2.1 본항개정)
③ 특별시·광역시·특별자치시·도(그 관할구역 중 인구 50만 이상 시는 제외한다. 이하 이 조, 제44조, 제45조 및 제77조에서 같다)·특별자치도(이하 "시·도"라 한다) 또는 특별시·광역시 및 특별자치시를 제외한 인구 50만 이상 시(이하 "대도시"라 한다)는 「환경정책기본법」 제12조제3항에 따른 지역 환경기준의 유지가 곤란하다고 인정되거나 「대기관리권역의 대기환경개선에 관한 특별법」 제2조제1호에 따른 대기관리권역(이하 "대기관리권역"이라 한다)의 대기질에 대한 개선을 위하여 필요하다고 인정되면 그 시·도 또는 대도시의 조례로 제1항에 따른 배출허용기준보다 강화된 배출허용기준(기준 항목의 추가 및 기준의 적용 시기를 포함한다)을 정할 수 있다.(2020.12.29 본항개정)
④ 시·도지사 또는 대도시 시장은 제3항에 따른 배출허용기준을 설정·변경하는 경우에는 조례로 정하는 바에 따라 미리 주민 등 이해관계자의 의견을 듣고, 이를 반영하도록 노력하여야 한다.(2020.12.29 본항신설)
⑤ 시·도지사 또는 대도시 시장은 제3항에 따른 배출허용기준이 설정·변경된 경우에는 지체 없이 환경부장관에게 보고하고 이해 관계자가 알 수 있도록 필요한 조치를 하여야 한다.(2012.5.23 본항개정)
⑥ 환경부장관은 「환경정책기본법」 제38조에 따른 특별대책지역(이하 "특별대책지역"이라 한다)의 대기오염 방지를 위하여 필요하다고 인정하면 그 지역에 설치된 배출시설에 대하여 제1항의 기준보다 엄격한 배출허용기준을 정할 수 있으며, 그 지역에 새로 설치되는 배출시설에 대하여 특별배출허용기준을 정할 수 있다.(2011.7.21 본항개정)
⑦ 제3항에 따라 조례에 따른 배출허용기준이 적용되는 시·도 또는 대도시에 그 기준이 적용되지 아니하는 지역이 있으면 그 지역에 설치되었거나 설치되는 배출시설에도 조례에 따른 배출허용기준을 적용한다.
(2012.5.23 본항개정)

제17조【대기오염물질의 배출원 및 배출량 조사】 ① 환경부장관은 종합계획, 「환경정책기본법」 제14조에 따른 국가환경종합계획(같은 법 제16조의2제1항에 따라 정비한 국가환경종합계획을 포함한다)과 「대기관리권역의 대기환경개선에 관한 특별법」 제9조에 따른 권역별 대기환경관리 기본계획을 합리적으로 수립·시행하기 위하여 전국의 대기오염물질 배출원(排出源) 및 배출량을 조사하여야 한다.(2021.1.5 본항개정)
② 시·도지사 및 지방 환경관서의 장은 환경부령으로 정하는 바에 따라 관할 구역의 배출시설 등 대기오염물질의 배출원 및 배출량을 조사하여야 한다.
③ 환경부장관 또는 시·도지사는 제1항이나 제2항에 따른 대기오염물질의 배출원 및 배출량 조사를 위하여 관계 기관의 장에게 필요한 자료의 제출이나 지원을 요청할 수 있다. 이 경우 요청을 받은 관계 기관의 장은 특별한 사유가 없으면 따라야 한다.
④ 환경부장관은 대기오염물질의 배출원과 배출량 및 이의 산정에 사용된 계수 등 각종 정보 및 통계를 검증할 수 있는 체계를 구축하여야 한다.(2019.11.26 본항신설)
⑤ 제1항, 제2항 및 제4항에 따른 대기오염물질의 배출원과 배출량의 조사방법, 조사절차, 배출량의 산정방법, 검증체계 구축 등에 필요한 사항은 환경부령으로 정한다.
(2019.11.26 본항개정)

제18조~제21조 (2019.4.2 삭제)

제22조【총량규제】 ① 환경부장관은 대기오염 상태가 환경기준을 초과하여 주민의 건강·재산이나 동식물의 생육에 심각한 위해를 끼칠 우려가 있다고 인정하는 구역 또는 특별대책지역 중 사업장이 밀집되어 있는 구역의 경우에는 그 구역의 사업장에서 배출되는 오염물질을 총량으로 규제할 수 있다.
② 제1항에 따른 총량규제의 항목과 방법, 그 밖에 필요한 사항은 환경부령으로 정한다.

제23조【배출시설의 설치 허가 및 신고】 ① 배출시설을 설치하려는 자는 대통령령으로 정하는 바에 따라 시·도지사의 허가를 받거나 시·도지사에게 신고하여야 한다. 다만, 시·도가 설치하는 배출시설, 관할 시·도가 다른 둘 이상의 시·군·구가 공동으로 설치하는 배출시설에 대해서는 환경부장관의 허가를 받거나 환경부장관에게 신고하여야 한다.(2019.1.15 단서신설)
② 제1항에 따라 허가를 받은 자가 허가받은 사항 중 대통령령으로 정하는 중요한 사항을 변경하려면 변경허가를 받아야 하고, 그 밖의 사항을 변경하려면 변경신고를 하여야 한다.
③ 제1항에 따라 신고를 한 자가 신고한 사항을 변경하려면 환경부령으로 정하는 바에 따라 변경신고를 하여야 한다.
④ 제1항부터 제3항까지의 규정에 따라 허가·변경허가를 받거나 신고·변경신고를 하려는 자가 제26조제1항 단서, 제28조 단서, 제41조제3항 단서, 제42조 단서에 해당하는 경우와 제29조에 따른 공동 방지시설을 설치하거나 변경하려는 경우에는 환경부령으로 정하는 서류를 제출하여야 한다.
⑤ 환경부장관 또는 시·도지사는 제1항부터 제3항까지의 규정에 따른 신고 또는 변경신고를 받은 날부터 환경부령으로 정하는 기간 내에 신고 또는 변경신고 수리 여부를 신고인에게 통지하여야 한다.(2019.1.15 본항신설)
⑥ 환경부장관 또는 시·도지사가 제5항에서 정한 기간 내에 신고수리 여부 또는 민원 처리 관련 법령에 따른 처리기간의 연장 여부를 신고인에게 통지하지 아니하면 그 기간(민원 처리 관련 법령에 따라 처리기간이 연장 또는 재연장된 경우에는 해당 처리기간을 말한다)이 끝난 날의 다음 날에 신고를 수리한 것으로 본다.(2019.1.15 본항신설)
⑦ 제1항과 제2항에 따른 허가 또는 변경허가의 기준은 다음 각 호와 같다.
1. 배출시설에서 배출되는 오염물질을 제16조나 제29조제3항에 따른 배출허용기준 이하로 처리할 수 있을 것
2. 다른 법률에 따른 배출시설 설치제한에 관한 규정을 위반하지 아니할 것
⑧ 환경부장관 또는 시·도지사는 배출시설로부터 나오는 특정대기유해물질이나 특별대책지역의 배출시설로부터 나오는 대기오염물질로 인하여 환경기준의 유지가 곤란하거나 주민의 건강·재산, 동식물의 생육에 심각한 위해를 끼칠 우려가 있다고 인정되면 대통령령으로 정하는 바에 따라 특정대기유해물질을 배출하는 배출시설의 설치 또는 특별대책지역에서의 배출시설 설치를 제한할 수 있다.(2019.1.15 본항개정)
⑨ 환경부장관 또는 시·도지사는 제1항 및 제2항에 따른 허가 또는 변경허가를 하는 경우에는 대통령령으로 정하는 바에 따라 주민 건강이나 주변환경의 보호 및 배출시설의 적정관리 등을 위하여 필요한 조건(이하 "허가조건"이라 한다)을 붙일 수 있다. 이 경우 허가조건은 허가 또는 변경허가의 시행에 필요한 최소한도의 것이어야 하며, 허가 또는 변경허가를 받는 자에게 부당한 의무를 부과하는 것이어서는 아니 된다.(2021.4.13 본항신설)

제24조【다른 법령에 따른 허가 등의 의제】 ① 배출시설을 설치하려는 자가 제23조제1항부터 제3항까지의 규정에 따라 배출시설 설치의 허가 또는 변경허가를 받거나 신고 또는 변경신고를 한 경우에는 그 배출시설에 관련된 다음 각 호의 허가 등에 관하여 환경부장관 또는 시·도지사가 관계 행정기관의 장과 협의한 사항에 대해서는 해당 허가·변경허가를 받거나 신고·변경신고를 한 것으로 본다.(2024.1.30 본문개정)
1. 「물환경보전법」 제33조제1항부터 제3항까지의 규정에 따라 배출시설의 설치허가·변경허가 또는 신고·변경신고(2017.1.17 본호개정)
2. 「소음·진동관리법」 제8조제1항이나 제2항에 따른 배출시설의 설치허가나 신고·변경신고(2009.6.9 본호개정)
② 환경부장관 또는 시·도지사는 제1항 각 호의 어느 하나에 해당하는 사항이 포함되어 있는 배출시설의 설치허가 또는 변경허가를 하려면 같은 항 각 호의 어느 하나에 해당하는 허가 또는 신고의 권한이 있는 관계 행정기관의 장과 협의하여야 한다.(2019.1.15 본항개정)
③ 「소음·진동관리법」 제22조제1항에 따른 특정공사에 해당되는 비산(飛散)먼지를 발생시키는 사업을 하려는 자가 이 법 제43조제1항에 따른 비산먼지 발생사업의 신고 또는 변경신고를 한 경우에는 「소음·진동관리법」 제22조제1항 또는 같은 조 제2항에 따른 특정공사의 신고 또는 변경신고를 한 것으로 본다.(2009.6.9 본항개정)
④ 제1항부터 제3항까지에서 규정한 사항 외에 이 조에 따른 의제의 기준 및 효과 등에 관하여는 「행정기본법」 제24조부터 제26조까지를 준용한다.(2024.1.30 본항개정)

제25조【사업장의 분류】 ① 환경부장관은 배출시설의 효율적인 설치 및 관리를 위하여 그 배출시설에서 나오는 오염물질 발생량에 따라 사업장을 1종부터 5종까지로 분류하여야 한다.
② 제1항에 따른 사업장 분류기준은 대통령령으로 정한다.

제26조【방지시설의 설치 등】 ① 제23조제1항부터 제3항까지의 규정에 따라 허가·변경허가를 받은 자 또는 신고·변경신고를 한 자(이하 "사업자"라 한다)가 해당 배출시설을 설치하거나 변경할 때에는 그 배출시설로부터 나오는 오염물질이 제16조의 배출허용기준 이하로 나오게 하기 위하여 대기오염방지시설(이하 "방지시설"이라 한다)을 설치하여야 한다. 다만, 대통령령으로 정하는 기준에 해당하는 경우에는 설치하지 아니할 수 있다.
② 제1항 단서에 따라 방지시설을 설치하지 아니하고 배출시설을 설치·운영하는 자는 다음 각 호의 어느 하나에 해당하는 경우에는 방지시설을 설치하여야 한다.
1. 배출시설의 공정을 변경하거나 사용하는 원료나 연료 등을 변경하여 배출허용기준을 초과할 우려가 있는 경우
2. 그 밖에 배출허용기준의 준수 가능성을 고려하여 환경부령으로 정하는 경우
③ 환경부장관은 연소조절에 의한 시설 설치를 지원할 수 있으며, 업무의 효율적 추진을 위하여 연소조절에 의한 시설의 설치 지원 업무를 관계 전문기관에 위탁할 수 있다.(2012.5.23 본항신설)

제27조【권리와 의무의 승계 등】 ① 사업자(제38조의2제1항 또는 제2항에 따른 비산배출시설 설치 신고 또는 변경신고를 한 자를 포함한다. 이하 이 조에서 같다)가 배출시설(제38조의2제1항에 따른 비산배출시설을 포함한다. 이하 이 조에서 같다)이나 방지시설을 양도하거나 사망한 경우 또는 사업자인 법인이 합병한 경우에는 그 양수인이나 상속인 또는 합병 후 존속하는 법인이나 합병에 따라 설립되는 법인은 허가·변경허가·신고 또는 변경신고에 따른 사업자의 권리·의무를 승계한다.
(2016.1.27 본항개정)
② 배출시설이나 방지시설을 임대차하는 경우 임차인은 제31조부터 제35조까지, 제35조의2부터 제35조의4까지, 제36조제1항(허가취소의 경우는 제외한다), 제38조의2, 제39조, 제40조 및 제82조제1항제1호·제1호의3을 적용할 때에는 사업자로 본다.(2020.12.29 본항개정)
③ 다음 각 호의 어느 하나에 해당하는 절차에 따라 사업자의 배출시설 및 방지시설을 인수한 자는 허가·변경허가 또는 신고·변경신고 등에 따른 종전 사업자의 권리·의무를 승계한다. 이 경우 종전 사업자에 대한 허가 등은 그 효력을 잃는다.
1. 「민사집행법」에 따른 경매
2. 「채무자 회생 및 파산에 관한 법률」에 따른 환가(換價)
3. 「국세징수법」·「관세법」 또는 「지방세징수법」에 따른 압류재산의 매각(2016.12.27 본호개정)
4. 그 밖에 제1호부터 제3호까지의 어느 하나에 준하는 절차
(2012.2.1 본항신설)

제28조【방지시설의 설계와 시공】 방지시설의 설치나 변경은 「환경기술 및 환경산업 지원법」 제15조에 따른 환경전문공사업자가 설계·시공하여야 한다. 다만, 환경부령으로 정하는 방지시설을 설치하는 경우 및 환경부령으로 정하는 바에 따라 사업자 스스로 방지시설을 설계·시공하는 경우에는 그러하지 아니하다.(2011.4.28 본문개정)

제29조【공동 방지시설의 설치 등】 ① 산업단지나 그 밖에 사업장이 밀집된 지역의 사업자는 배출시설로부터 나오는 오염물질의 공동처리를 위하여 공동 방지시설을 설치할 수 있다. 이 경우 각 사업자는 사업장별로 그 오염물질에 대한 방지시설을 설치한 것으로 본다.
② 사업자는 공동 방지시설을 설치·운영할 때에는 그 시설의 운영기구를 설치하고 대표자를 두어야 한다.
③ 공동 방지시설의 배출허용기준은 제16조에 따른 배출허용기준과 다른 기준을 정할 수 있으며, 그 배출허용기준 및 공동 방지시설의 설치·운영에 필요한 사항은 환경부령으로 정한다.

제30조【배출시설 등의 가동개시 신고】 ① 사업자는 배출시설이나 방지시설의 설치를 완료하거나 배출시설의 변경(변경신고를 하고 변경을 하는 경우에는 대통령령으로 정하는 규모 이상의 변경만 해당한다)을 완료하여 그 배출시설이나 방지시설을 가동하려면 환경부령으로 정하는 바에 따라 미리 환경부장관 또는 시·도지사에게 가동개시 신고를 하여야 한다.(2019.1.15 본항개정)

② 제1항에 따라 신고한 배출시설이나 방지시설 중에서 발전소의 질소산화물 감소 시설 등 대통령령으로 정하는 시설인 경우에는 환경부령으로 정하는 기간에는 제33조부터 제35조까지의 규정을 적용하지 아니한다.

제31조【배출시설과 방지시설의 운영】 ① 사업자(제29조제2항에 따른 공동 방지시설의 대표자를 포함한다)는 배출시설과 방지시설을 운영할 때에는 다음 각 호의 행위를 하여서는 아니 된다.

1. 배출시설을 가동할 때에 방지시설을 가동하지 아니하거나 오염도를 낮추기 위하여 배출시설에서 나오는 오염물질에 공기를 섞어 배출하는 행위. 다만, 화재나 폭발 등의 사고를 예방할 필요가 있어 환경부장관 또는 시·도지사가 인정하는 경우에는 그러하지 아니하다. (2019.1.15 단서개정)
2. 방지시설을 거치지 아니하고 오염물질을 배출할 수 있는 공기 조절장치나 가지 배출관 등을 설치하는 행위. 다만, 화재나 폭발 등의 사고를 예방할 필요가 있어 환경부장관 또는 시·도지사가 인정하는 경우에는 그러하지 아니하다.(2019.1.15 단서개정)
3. 부식(腐蝕)이나 마모(磨耗)로 인하여 오염물질이 새나가는 배출시설이나 방지시설을 정당한 사유 없이 방치하는 행위
4. 방지시설에 딸린 기계와 기구류의 고장이나 훼손을 정당한 사유 없이 방치하는 행위
5. 그 밖에 배출시설이나 방지시설을 정당한 사유 없이 정상적으로 가동하지 아니하여 배출허용기준을 초과한 오염물질을 배출하는 행위

② 사업자는 조업을 할 때에는 환경부령으로 정하는 바에 따라 그 배출시설과 방지시설의 운영에 관한 상황을 사실대로 기록하여 보존하여야 한다.

제32조【측정기기의 부착 등】 ① 사업자는 배출시설에서 나오는 오염물질이 제16조와 제29조제3항에 따른 배출허용기준에 맞는지를 확인하기 위하여 측정기기를 부착하는 등의 조치를 하여 배출시설과 방지시설이 적정하게 운영되도록 하여야 한다. 다만, 사업자가 「중소기업기본법」 제2조에 따른 중소기업인 경우에는 환경부장관 또는 시·도지사가 사업자의 동의를 받아 측정기기를 부착·운영하는 등의 조치를 할 수 있다.(2012.5.23 단서신설)

② 제1항에 따른 조치의 유형과 기준 등에 관하여 필요한 사항은 대통령령으로 정한다.

③ 사업자는 제1항에 따라 부착된 측정기기에 대하여 다음 각 호의 행위를 하여서는 아니 된다.(2012.5.23 본문개정)

1. 배출시설이 가동될 때에 측정기기를 고의로 작동하지 아니하거나 정상적인 측정이 이루어지지 아니하도록 하는 행위
2. 부식, 마모, 고장 또는 훼손되어 정상적으로 작동하지 아니하는 측정기기를 정당한 사유 없이 방치하는 행위(제1항 본문에 따라 설치한 측정기기로 한정한다)

(2012.5.23 1호~2호개정)

3. 측정기기를 고의로 훼손하는 행위(2012.5.23 본호신설)
4. 측정기기를 조작하여 측정결과를 빠뜨리거나 거짓으로 측정결과를 작성하는 행위

④ 제1항에 따라 측정기기를 부착한 환경부장관, 시·도지사 및 사업자는 그 측정기기로 측정한 결과의 신뢰도와 정확도를 지속적으로 유지할 수 있도록 환경부령으로 정하는 측정기기의 운영·관리기준을 지켜야 한다.

(2012.5.23 본항개정)

⑤ 환경부장관 또는 시·도지사는 제4항에 따른 측정기기의 운영·관리기준을 지키지 아니하는 사업자에게 대통령령으로 정하는 바에 따라 기간을 정하여 측정기기가 기준에 맞게 운영·관리되도록 필요한 조치를 취할 것을 명할 수 있다.(2019.1.15 본항개정)

⑥ 환경부장관 또는 시·도지사는 제5항에 따라 조치명령을 받은 자가 이를 이행하지 아니하면 해당 배출시설의 전부 또는 일부에 대하여 조업정지를 명할 수 있다.

(2019.1.15 본항개정)

⑦ 환경부장관은 제1항에 따라 사업장에 부착된 측정기기와 연결하여 그 측정결과를 전산처리할 수 있는 전산망을 운영할 수 있으며, 시·도지사 또는 사업자가 측정기기를 정상적으로 유지·관리할 수 있도록 기술지원을 할 수 있다.(2012.5.23 본항개정)

⑧ 환경부장관은 제7항에 따라 측정결과를 전산처리할 수 있는 전산망을 운영하는 경우 대통령령으로 정하는 방법에 따라 인터넷 홈페이지 등을 통하여 측정결과를 실시간으로 공개하고, 그 전산처리한 결과를 주기적으로 공개하여야 한다. 다만, 제33조 및 제34조에 따라 배출허용기준을 초과한 사업자에게 행정처분을 하거나 제35조에 따라 배출부과금을 부과하는 경우에는 전산처리한 결과를 사용하여야 한다.(2019.4.2 본항개정)

⑨ 제1항 단서에 따른 측정기기를 부착·운영하는 등의 조치에 필요한 비용 및 제4항에 따른 측정기기(환경부장관 또는 시·도지사가 부착·운영하는 측정기기로 한정한다)의 운영·관리에 필요한 비용은 환경부장관이 설치하는 경우에는 국가가, 시·도지사가 설치하는 경우에는 해당 시·도가 부담한다.(2012.5.23 본항신설)

⑩ 제1항에 따라 측정기기를 부착한 자는 제32조의2제1항에 따라 측정기기 관리대행업의 등록을 한 자(이하 "측정기기 관리대행업자"라 한다)에게 측정기기의 관리 업무를 대행하게 할 수 있다.(2016.1.27 본항신설)

제32조의2【측정기기 관리대행업의 등록】 ① 제32조제4항에 따라 측정기기로 측정한 결과의 신뢰도와 정확도를 지속적으로 유지할 수 있도록 측정기기를 관리하는 업무를 대행하는 영업(이하 "측정기기 관리대행업"이라 한다)을 하려는 자는 대통령령으로 정하는 시설·장비 및 기술인력 등의 기준을 갖추어 환경부장관에게 등록하여야 한다. 등록한 사항 중 대통령령으로 정하는 중요 사항을 변경하려는 경우에도 또한 같다.

② 다음 각 호의 어느 하나에 해당하는 자는 측정기기 관리대행업의 등록을 할 수 없다.

1. 피성년후견인 또는 피한정후견인
2. 파산자로서 복권되지 아니한 자
3. 이 법을 위반하여 징역 이상의 실형을 선고받고 그 집행이 끝나거나(집행이 끝난 것으로 보는 경우를 포함한다) 집행을 받지 아니하기로 확정된 날부터 2년이 지나지 아니한 사람
4. 제32조의3에 따라 등록이 취소(제32조의2제2항제1호 또는 제2호에 해당하여 등록이 취소된 경우는 제외한다)된 날부터 2년이 지나지 아니한 자
5. 임원 중 제1호부터 제4호까지의 어느 하나에 해당하는 사람이 있는 법인

③ 환경부장관은 측정기기 관리대행업자에 대하여 환경부령으로 정하는 등록증을 발급하여야 한다.

④ 측정기기 관리대행업자는 다른 자에게 자기의 명의를 사용하여 측정기기 관리 업무를 하게 하거나 등록증을 다른 자에게 대여해서는 아니 된다.

⑤ 측정기기 관리대행업자는 측정기기로 측정한 결과의 신뢰도와 정확도를 지속적으로 유지할 수 있도록 환경부령으로 정하는 관리기준을 지켜야 한다.

(2016.1.27 본조신설)

제32조의3【측정기기 관리대행업의 등록취소 등】 ① 환경부장관은 측정기기 관리대행업자가 다음 각 호의 어느 하나에 해당하는 경우에는 등록을 취소하거나 6개월 이내의 기간을 정하여 영업의 전부 또는 일부의 정지를 명할 수 있다. 다만, 제1호, 제4호, 제5호 또는 제7호에 해당하는 경우에는 그 등록을 취소하여야 한다.

1. 거짓이나 그 밖의 부정한 방법으로 등록을 한 경우
2. 등록 후 2년 이내에 영업을 개시하지 아니하거나 계속하여 2년 이상 영업실적이 없는 경우
3. 제32조의2제1항에 따른 등록 기준에 미달하게 된 경우
4. 제32조의2제2항에 따른 결격사유에 해당하는 경우. 다만, 제32조의2제2항제5호에 따른 결격사유에 해당하는 경우로서 그 사유가 발생한 날부터 2개월 이내에 그 사유를 해소한 경우에는 그러하지 아니하다.
5. 제32조의2제4항을 위반하여 다른 자에게 자기의 명의를 사용하여 측정기기 관리 업무를 하게 하거나 등록증을 다른 자에게 대여한 경우
6. 제32조의2제5항에 따른 관리기준을 위반한 경우
7. 영업정지 기간 중 측정기기 관리 업무를 대행한 경우

② 제1항에 따른 행정처분의 세부기준은 환경부령으로 정한다.

(2016.1.27 본조신설)

제33조【개선명령】 환경부장관 또는 시·도지사는 제30조에 따른 신고를 한 후 조업 중인 배출시설에서 나오는 오염물질의 정도가 제16조나 제29조제3항에 따른 배출허용기준을 초과한다고 인정하면 대통령령으로 정하는 바에 따라 기간을 정하여 사업자(제29조제2항에 따른 공동 방지시설의 대표자를 포함한다)에게 그 오염물질의 정도가 배출허용기준 이하로 내려가도록 필요한 조치를 취할 것(이하 "개선명령"이라 한다)을 명할 수 있다.

(2019.1.15 본조개정)

제34조【조업정지명령 등】 ① 환경부장관 또는 시·도지사는 제33조에 따라 개선명령을 받은 자가 개선명령을 이행하지 아니하거나 기간 내에 이행은 하였으나 검사결과 제16조 또는 제29조제3항에 따른 배출허용기준을 계속 초과하면 해당 배출시설의 전부 또는 일부에 대하여 조업정지를 명할 수 있다.

② 환경부장관 또는 시·도지사는 대기오염으로 주민의 건강상·환경상의 피해가 급박하다고 인정하면 환경부령으로 정하는 바에 따라 즉시 그 배출시설에 대하여 조업시간의 제한이나 조업정지, 그 밖에 필요한 조치를 명할 수 있다.

(2019.1.15 본조개정)

제35조【배출부과금의 부과·징수】 ① 환경부장관 또는 시·도지사는 대기오염물질로 인한 대기환경상의 피해를 방지하거나 줄이기 위하여 다음 각 호의 어느 하나에 해당하는 자에 대하여 배출부과금을 부과·징수한다.

(2019.1.15 본문개정)

1. 대기오염물질을 배출하는 사업자(제29조에 따른 공동 방지시설을 설치·운영하는 자를 포함한다)
2. 제23조제1항부터 제3항까지의 규정에 따른 허가·변경허가를 받지 아니하거나 신고·변경신고를 하지 아니하고 배출시설을 설치 또는 변경한 자

(2012.2.1 본항개정)

② 제1항에 따른 배출부과금은 다음 각 호와 같이 구분하여 부과한다.

1. 기본부과금 : 대기오염물질을 배출하는 사업자가 배출허용기준 이하로 배출하는 대기오염물질의 배출량 및 배출농도 등에 따라 부과하는 금액(2015.1.20 본호개정)
2. 초과부과금 : 배출허용기준을 초과하여 배출하는 경우 대기오염물질의 배출량과 배출농도 등에 따라 부과하는 금액

(2012.2.1 본항개정)

③ 환경부장관 또는 시·도지사는 제1항에 따라 배출부과금을 부과할 때에는 다음 각 호의 사항을 고려하여야 한다.(2019.1.15 본문개정)

1. 배출허용기준 초과 여부
2. 배출되는 대기오염물질의 종류
3. 대기오염물질의 배출 기간
4. 대기오염물질의 배출량
5. 제39조에 따른 자가측정(自家測定)을 하였는지 여부
6. 그 밖에 대기환경의 오염 또는 개선과 관련되는 사항으로서 환경부령으로 정하는 사항

(2012.2.1 본항개정)

④ 제1항 및 제2항에 따른 배출부과금의 산정방법과 산정기준 등 필요한 사항은 대통령령으로 정한다. 다만, 초과부과금은 대통령령으로 정하는 바에 따라 본문의 산정기준을 적용한 금액의 10배의 범위에서 위반횟수에 따라 가중하며, 이 경우 위반횟수는 사업장의 배출구별로 위반행위 시점 이전의 최근 2년을 기준으로 산정한다.

(2019.11.26 단서신설)

⑤ 환경부장관 또는 시·도지사는 제1항에 따른 배출부과금을 내야 할 자가 납부기한까지 내지 아니하면 가산금을 징수한다.(2019.1.15 본항개정)

⑥ 제5항에 따른 가산금에 관하여는 「지방세징수법」 제30조 및 제31조를 준용한다.(2016.12.27 본항개정)

⑦ 제1항에 따른 배출부과금과 제5항에 따른 가산금은 「환경정책기본법」에 따른 환경개선특별회계(이하 "환경개선특별회계"라 한다)의 세입으로 한다.(2011.7.21 본항개정)

⑧ 환경부장관은 시·도지사가 그 관할 구역의 배출부과금 및 가산금을 징수한 경우에는 징수한 배출부과금과 가산금 중 일부를 대통령령으로 정하는 바에 따라 징수비용으로 내줄 수 있다.(2012.5.23 본항개정)

⑨ 환경부장관 또는 시·도지사는 배출부과금이나 가산금을 내야 할 자가 납부기한까지 내지 아니하면 국세 체납처분의 예 또는 「지방행정제재·부과금의 징수 등에 관한 법률」에 따라 징수한다.(2020.3.24 본항개정)

(2012.2.1 본조제목개정)

제35조의2【배출부과금의 감면 등】 ① 제35조제1항에도 불구하고 다음 각 호의 어느 하나에 해당하는 자에게는 대통령령으로 정하는 바에 따라 같은 조에 따른 배출부과금(기본부과금에 한정한다. 이하 이 조에서 같다)을 부과하지 아니한다.(2020.12.29 본문개정)

1. 대통령령으로 정하는 연료를 사용하는 배출시설을 운영하는 사업자
2. 대통령령으로 정하는 최적(最適)의 방지시설을 설치한 사업자
3. 대통령령으로 정하는 바에 따라 환경부장관이 국방부장관과 협의하여 정하는 군사시설을 운영하는 자

② 다음 각 호의 어느 하나에 해당하는 자에게는 대통령령으로 정하는 바에 따라 제35조에 따른 배출부과금을 감면할 수 있다. 다만, 제2호에 따른 사업자에 대한 배출부과금의 감면은 해당 법률에 따라 부담한 처리비용의 금액 이내로 한다.

1. 대통령령으로 정하는 배출시설을 운영하는 사업자
2. 다른 법률에 따라 대기오염물질의 처리비용을 부담하는 사업자

(2012.2.1 본조신설)

제35조의3【배출부과금의 조정 등】 ① 환경부장관 또는 시·도지사는 배출부과금 부과 후 오염물질 등의 배출상태가 처음에 측정할 때와 달라졌다고 인정하여 다시 측정한 결과 오염물질 등의 배출량이 처음에 측정한 배출량과 다른 경우 등 대통령령으로 정하는 사유가 발생한 경우에는 이를 다시 산정·조정하여 그 차액을 부과하거나 환급하여야 한다.(2019.1.15 본항개정)

② 제1항에 따른 산정·조정 방법 및 환급 절차 등 필요한 사항은 대통령령으로 정한다.

(2012.2.1 본조신설)

제35조의4【배출부과금의 징수유예·분할납부 및 징수절차】 ① 환경부장관 또는 시·도지사는 배출부과금의 납부의무자가 다음 각 호의 어느 하나에 해당하는 사유로 납부기한 전에 배출부과금을 납부할 수 없다고 인정하면 징수를 유예하거나 그 금액을 분할하여 납부하게 할 수 있다.(2019.1.15 본문개정)

1. 천재지변이나 그 밖의 재해로 사업자의 재산에 중대한 손실이 발생한 경우
2. 사업에 손실을 입어 경영상으로 심각한 위기에 처하게 된 경우
3. 그 밖에 제1호 또는 제2호에 준하는 사유로 징수유예나 분할납부가 불가피하다고 인정되는 경우

② 배출부과금이 납부의무자의 자본금 또는 출자총액(개인사업자인 경우에는 자산총액을 말한다)을 2배 이상 초과하는 경우로서 제1항 각 호에 따른 사유로 징수유예기간 내에도 징수할 수 없다고 인정되면 징수유예기간을 연장하거나 분할납부의 횟수를 늘려 배출부과금을 내도록 할 수 있다.

③ 환경부장관 또는 시·도지사가 제1항 또는 제2항에 따른 징수유예를 하는 경우에는 유예금액에 상당하는 담보를 제공하도록 요구할 수 있다.(2019.1.15 본항개정)
④ 환경부장관 또는 시·도지사는 징수를 유예받은 납부의무자가 다음 각 호의 어느 하나에 해당하면 징수유예를 취소하고 징수유예된 배출부과금을 징수할 수 있다.
(2019.1.15 본문개정)
1. 징수유예된 부과금을 납부기한까지 내지 아니한 경우
2. 담보의 변경이나 그 밖에 담보의 보전(保全)에 필요한 시·도지사의 명령에 따르지 아니한 경우(2012.5.23 본호개정)
3. 재산상황이나 그 밖의 사정의 변화로 징수유예가 필요 없다고 인정되는 경우
⑤ 제1항에 따른 배출부과금의 징수유예기간 또는 분할납부 방법, 제2항에 따른 징수유예기간 연장 등 필요한 사항은 대통령령으로 정한다.
(2012.2.1 본조신설)

제36조【허가의 취소 등】 ① 환경부장관 또는 시·도지사는 사업자가 다음 각 호의 어느 하나에 해당하는 경우에는 배출시설의 설치허가 또는 변경허가를 취소하거나 배출시설의 폐쇄를 명하거나 6개월 이내의 기간을 정하여 배출시설 조업정지를 명할 수 있다. 다만, 제1호·제2호·제10호·제11호 또는 제18호부터 제20호까지의 어느 하나에 해당하면 배출시설의 설치허가 또는 변경허가를 취소하거나 폐쇄를 명하여야 한다.(2019.1.15 본문개정)
1. 거짓이나 그 밖의 부정한 방법으로 허가·변경허가를 받은 경우
2. 거짓이나 그 밖의 부정한 방법으로 신고·변경신고를 한 경우
3. 제23조제2항 또는 제3항에 따른 변경허가를 받지 아니하거나 변경신고를 하지 아니한 경우
3의2. 제23조제9항에 따른 허가조건을 위반한 경우
(2021.4.13 본호신설)
4. 제26조제1항 본문이나 제2항에 따른 방지시설을 설치하지 아니하고 배출시설을 설치·운영한 경우
5. 제30조제1항에 따른 가동개시 신고를 하지 아니하고 조업을 한 경우
6. 제31조제1항 각 호의 어느 하나에 해당하는 행위를 한 경우
7. 제31조제2항에 따른 배출시설 및 방지시설의 운영에 관한 상황을 거짓으로 기록하거나 기록을 보존하지 아니한 경우
8. 제32조제1항을 위반하여 측정기기를 부착하는 등 배출시설 및 방지시설의 적합한 운영에 필요한 조치를 하지 아니한 경우
9. 제32조제3항 각 호의 어느 하나에 해당하는 행위를 한 경우
10. 제32조제6항에 따른 조업정지명령을 이행하지 아니한 경우
11. 제34조에 따른 조업정지명령을 이행하지 아니한 경우
12. 제39조제1항을 위반하여 자가측정을 하지 아니하거나 측정방법을 위반하여 측정한 경우
13. 제39조제1항을 위반하여 자가측정결과를 거짓으로 기록하거나 기록을 보존하지 아니한 경우
13의2. 제39조제2항 각 호의 어느 하나에 해당하는 행위를 한 경우(2019.11.26 본호신설)
14. 제40조제1항에 따라 환경기술인을 임명하지 아니하거나 자격기준에 못 미치는 환경기술인을 임명한 경우
15. 제40조제3항에 따른 감독을 하지 아니한 경우
16. 제41조제4항에 따른 연료의 공급·판매 또는 사용금지·제한이나 조치명령을 이행하지 아니한 경우
17. 제42조에 따른 연료의 제조·공급·판매 또는 사용금지·제한이나 조치명령을 이행하지 아니한 경우
18. 조업정지 기간 중에 조업을 한 경우
19. 제23조제1항에 따른 허가를 받거나 신고를 한 후 특별한 사유 없이 5년 이내에 배출시설 또는 방지시설을 설치하지 아니하거나 배출시설의 멸실 또는 폐업이 확인된 경우
20. 배출시설을 설치·운영하던 사업자가 사업을 하지 아니하기 위하여 해당 시설을 철거한 경우
(2012.2.1 19호~20호신설)
② 환경부장관 또는 시·도지사는 사업자가 제1항제19호 또는 같은 항 제20호에 따른 배출시설의 설치허가 또는 변경허가의 취소나 폐쇄 명령의 요건에 해당하는지를 확인하기 위하여 필요한 경우 관할 세무서장에게 「부가가치세법」 제8조에 따른 사업자의 폐업신고 여부 또는 사업자등록 말소에 관한 정보의 제공을 요청할 수 있다. 이 경우 요청을 받은 관할 세무서장은 「전자정부법」 제36조제1항에 따라 해당 정보를 제공하여야 한다.
(2020.12.29 본항신설)

제37조【과징금 처분】 ① 환경부장관 또는 시·도지사는 다음 각 호의 어느 하나에 해당하는 배출시설을 설치·운영하는 사업자에 대하여 제36조제1항에 따라 조업정지를 명하여야 하는 경우로서 그 조업정지가 주민의 생활, 대외적인 신용·고용·물가 등 국민경제, 그 밖에 공익에 현저한 지장을 줄 우려가 있다고 인정되는 경우 등 그 밖에 대통령령으로 정하는 경우에는 조업정지처분을 갈음하여 매출액에 100분의 5를 곱한 금액을 초과하지 아니하는 범위에서 과징금을 부과할 수 있다. 다만, 매출액이 없거나 매출액의 산정이 곤란한 경우로서 대통령령으로 정하는 경우에는 2억원을 초과하지 아니하는 범위에서 과징금을 부과할 수 있다.(2020.12.29 본문개정)
1. 「의료법」에 따른 의료기관의 배출시설
2. 사회복지시설 및 공동주택의 냉난방시설
3. 발전소의 발전 설비
4. 「집단에너지사업법」에 따른 집단에너지시설
5. 「초·중등교육법」 및 「고등교육법」에 따른 학교의 배출시설
6. 제조업의 배출시설
7. 그 밖에 대통령령으로 정하는 배출시설
② 제1항에도 불구하고 다음 각 호의 어느 하나에 해당하는 경우에는 조업정지처분을 갈음하여 과징금을 부과할 수 없다.
1. 제26조에 따라 방지시설(제29조에 따른 공동 방지시설을 포함한다)을 설치하여야 하는 자가 방지시설을 설치하지 아니하고 배출시설을 가동한 경우
2. 제31조제1항 각 호의 금지행위를 한 경우로서 30일 이상의 조업정지처분을 받아야 하는 경우
3. 제33조에 따른 개선명령을 이행하지 아니한 경우
4. 과징금 처분을 받은 날부터 2년이 경과되기 전에 제36조에 따른 조업정지처분 대상이 되는 경우
(2020.12.29 본호신설)
(2012.2.1 본항신설)
③ 제1항에 따른 과징금을 부과하는 위반행위의 종류·정도 등에 따른 과징금의 금액과 그 밖에 필요한 사항은 대통령령으로 정하되, 그 금액의 2분의 1의 범위에서 가중(加重)하거나 감경(減輕)할 수 있다.(2020.12.29 본항개정)
④ 환경부장관 또는 시·도지사는 제1항에 따른 과징금을 내야 할 자가 납부기한까지 내지 아니하면 국세 체납처분의 예 또는 「지방행정제재·부과금의 징수 등에 관한 법률」에 따라 징수한다.(2020.3.24 본항개정)
⑤ 제1항에 따라 징수한 과징금은 환경개선특별회계의 세입으로 한다.
⑥ 제1항에 따라 시·도지사가 과징금을 징수한 경우 그 징수비용의 교부에 관하여는 제35조제8항을 준용한다.
(2012.5.23 본항개정)

제38조【위법시설에 대한 폐쇄조치 등】 환경부장관 또는 시·도지사는 제23조제1항부터 제3항까지의 규정에 따른 허가를 받지 아니하거나 신고를 하지 아니하고 배출시설을 설치하거나 사용하는 자에게는 그 배출시설의 사용중지를 명하여야 한다. 다만, 그 배출시설을 개선하거나 방지시설을 설치·개선하더라도 그 배출시설에서 배출되는 오염물질의 정도가 제16조에 따른 배출허용기준 이하로 내려갈 가능성이 없다고 인정되는 경우 또는 그 설치장소가 다른 법률에 따라 그 배출시설의 설치가 금지된 경우에는 그 배출시설의 폐쇄를 명하여야 한다.
(2019.1.15 본문개정)

제38조의2【비산배출시설의 설치신고 등】 ① 대통령령으로 정하는 업종에서 굴뚝 등 환경부령으로 정하는 배출구 없이 대기 중에 대기오염물질을 직접 배출(이하 "비산배출"이라 한다)하는 공정 및 설비 등의 시설(이하 "비산배출시설"이라 한다)을 설치·운영하려는 자는 환경부령으로 정하는 바에 따라 환경부장관에게 신고하여야 한다.(2016.1.27 본항개정)
② 제1항에 따른 신고를 한 자는 신고한 사항 중 환경부령으로 정하는 사항을 변경하는 경우 변경신고를 하여야 한다.
③ 환경부장관은 제1항에 따른 신고 또는 제2항에 따른 변경신고를 받은 날부터 10일 이내에 신고 또는 변경신고 수리 여부를 신고인에게 통지하여야 한다.(2019.1.15 본항신설)
④ 환경부장관이 제3항에서 정한 기간 내에 신고수리 여부 또는 민원 처리 관련 법령에 따른 처리기간의 연장 여부를 신고인에게 통지하지 아니하면 그 기간(민원 처리 관련 법령에 따라 처리기간이 연장 또는 재연장된 경우에는 해당 처리기간을 말한다)이 끝난 날의 다음 날에 신고를 수리한 것으로 본다.(2019.1.15 본항신설)
⑤ 제1항에 따른 신고 또는 제2항에 따른 변경신고를 한 자는 환경부령으로 정하는 시설관리기준을 지켜야 한다.
(2016.1.27 본항개정)
⑥ 제1항에 따른 신고 또는 제2항에 따른 변경신고를 한 자는 제5항에 따른 시설관리기준의 준수 여부 확인을 위하여 국립환경과학원, 유역환경청, 지방환경청, 수도권대기환경청 또는 「한국환경공단법」에 따른 한국환경공단 등으로부터 정기점검을 받아야 한다.(2019.1.15 본항개정)
⑦ 제6항에 따른 정기점검의 내용·주기·방법 및 실시기관 등은 환경부령으로 정한다.(2019.1.15 본항개정)
⑧ 환경부장관은 제5항에 따른 시설관리기준을 위반하는 자에게 비산배출되는 대기오염물질을 줄이기 위한 시설의 개선 등 필요한 조치를 명할 수 있다.(2019.1.15 본항개정)
⑨ 환경부장관은 비산배출시설을 설치·운영하는 자가 다음 각 호의 어느 하나에 해당하는 경우에는 6개월 이내의 기간을 정하여 해당 비산배출시설의 조업정지를 명할 수 있다.
1. 제1항 및 제2항에 따른 신고 또는 변경신고를 하지 아니한 경우
2. 제5항에 따른 시설관리기준을 지키지 아니한 경우
3. 제6항에 따른 비산배출시설의 정기점검을 받지 아니한 경우
4. 제8항에 따른 조치명령을 이행하지 아니한 경우
(2021.4.13 본항신설)
⑩ 환경부장관은 비산배출시설을 설치·운영하는 자에 대하여 제9항에 따라 조업정지를 명하여야 하는 경우로서 그 조업정지가 주민의 생활, 대외적인 신용·고용·물가 등 국민경제, 그 밖의 공익에 현저한 지장을 줄 우려가 있다고 인정되는 경우에는 조업정지처분을 갈음하여 과징금을 부과할 수 있다. 이 경우 과징금 처분의 부과기준 및 절차 등에 관하여는 제37조제1항 및 제3항부터 제5항까지를 준용한다.(2021.4.13 본항신설)
⑪ 제10항에도 불구하고 과징금 처분을 받은 날부터 2년이 경과되기 전에 제9항에 따른 조업정지처분 대상이 되는 경우에는 조업정지처분을 갈음하여 과징금을 부과할 수 없다.(2021.4.13 본항신설)
⑫ 환경부장관은 제1항에 따른 신고 또는 제2항에 따른 변경신고를 한 자 중 「중소기업기본법」 제2조제1항에 따른 중소기업에 해당하는 자에 대하여 예산의 범위에서 제6항에 따른 정기점검에 필요한 비용의 전부 또는 일부를 지원할 수 있다.(2019.1.15 본항개정)
(2016.1.27 본조제목개정)
(2015.1.20 본조개정)

제39조【자가측정】 ① 사업자가 그 배출시설을 운영할 때에는 나오는 오염물질을 자가측정하거나 「환경분야 시험·검사 등에 관한 법률」 제16조에 따른 측정대행업자에게 측정하게 하여 그 결과를 사실대로 기록하고, 환경부령으로 정하는 바에 따라 보존하여야 한다.
② 사업자는 제1항에 따라 측정대행업자에게 측정을 하게 하려는 경우 다음 각 호의 행위를 하여서는 아니 된다.
1. 측정결과를 누락하게 하는 행위
2. 거짓으로 측정결과를 작성하게 하는 행위
3. 정상적인 측정을 방해하는 행위
(2019.11.26 본항신설)
③ 사업자는 제1항에 따라 측정한 결과를 환경부령으로 정하는 바에 따라 환경부장관 또는 시·도지사에게 제출하여야 한다.(2019.11.26 본항신설)
④ 측정의 대상, 항목, 방법, 그 밖의 측정에 필요한 사항은 환경부령으로 정한다.

제40조【환경기술인】 ① 사업자는 배출시설과 방지시설의 정상적인 운영·관리를 위하여 환경기술인을 임명하여야 한다.(2012.2.1 본항개정)
② 환경기술인은 그 배출시설과 방지시설에 종사하는 자가 이 법 또는 이 법에 따른 명령을 위반하지 아니하도록 지도·감독하고, 배출시설 및 방지시설의 운영결과를 기록·보관하여야 하며, 사업장에 상근하는 등 환경부령으로 정하는 준수사항을 지켜야 한다.
③ 사업자는 환경기술인이 제2항에 따른 준수사항을 철저히 지키도록 감독하여야 한다.
④ 사업자 및 배출시설과 방지시설에 종사하는 자는 배출시설과 방지시설의 정상적인 운영·관리를 위한 환경기술인의 업무를 방해하여서는 아니 되며, 그로부터 업무수행을 위하여 필요한 요청을 받은 경우에 정당한 사유가 없으면 그 요청에 따라야 한다.(2020.5.26 본항개정)
⑤ 제1항에 따라 환경기술인을 두어야 할 사업장의 범위, 환경기술인의 자격기준, 임명(바꾸어 임명하는 것을 포함한다) 기간은 대통령령으로 정한다.

제3장 생활환경상의 대기오염물질 배출 규제

제41조【연료용 유류 및 그 밖의 연료의 황함유기준】
① 환경부장관은 연료용 유류 및 그 밖의 연료에 대하여 관계 중앙행정기관의 장과 협의하여 그 종류별로 황의 함유 허용기준(이하 "황함유기준"이라 한다)을 정할 수 있다.
② 환경부장관은 제1항에 따라 황함유기준이 정하여진 연료는 대통령령으로 정하는 바에 따라 그 공급지역과 사용시설의 범위를 정하고 관계 중앙행정기관의 장에게 지역별 또는 사용시설별로 필요한 연료의 공급을 요청할 수 있다.
③ 제2항에 따른 공급지역 또는 사용시설에 연료를 공급·판매하거나 같은 지역 또는 시설에서 연료를 사용하려는 자는 황함유기준을 초과하는 연료를 공급·판매하거나 사용하여서는 아니 된다. 다만, 황함유기준을 초과하는 연료를 사용하는 배출시설로서 환경부령으로 정하는 바에 따라 제23조에 따른 배출시설 설치의 허가 또는 변경허가를 받거나 신고 또는 변경신고를 한 경우에는 황함유기준을 초과하는 연료를 공급·판매하거나 사용할 수 있다.
④ 시·도지사는 제2항에 따른 공급지역이나 사용시설에 황함유기준을 초과하는 연료를 공급·판매하거나 사용하는 자(제3항 단서에 해당하는 경우는 제외한다)에 대하여 대통령령으로 정하는 바에 따라 그 연료의 공급·판매 또는 사용을 금지 또는 제한하거나 필요한 조치를 명할 수 있다.(2012.5.23 본항개정)

제42조【연료의 제조와 사용 등의 규제】 환경부장관 또는 시·도지사는 연료의 사용으로 인한 대기오염을 방지하기 위하여 특히 필요하다고 인정하면 관계 중앙행정기

관의 장과 협의하여 대통령령으로 정하는 바에 따라 그 연료를 제조·판매하거나 사용하는 것을 금지 또는 제한하거나 필요한 조치를 명할 수 있다. 다만, 대통령령으로 정하는 바에 따라 환경부장관 또는 시·도지사의 승인을 받아 그 연료를 사용하는 자에 대하여는 그러하지 아니하다.

제43조【비산먼지의 규제】 ① 비산배출되는 먼지(이하 "비산먼지"라 한다)를 발생시키는 사업으로서 대통령령으로 정하는 사업을 하려는 자는 환경부령으로 정하는 바에 따라 특별자치시장·특별자치도지사·시장·군수·구청장(자치구의 구청장을 말한다. 이하 같다)에게 신고하고 비산먼지의 발생을 억제하기 위한 시설을 설치하거나 필요한 조치를 하여야 한다. 이를 변경하려는 경우에도 또한 같다.(2019.1.15 본항개정)

② 제1항에 따른 사업의 구역이 둘 이상의 특별자치시·특별자치도·시·군·구(자치구를 말한다)에 걸쳐 있는 경우에는 그 사업 구역의 면적이 가장 큰 구역(제1항에 따른 신고 또는 변경신고를 할 때 사업의 규모를 길이로 신고하는 경우에는 그 길이가 가장 긴 구역을 말한다)을 관할하는 특별자치시장·특별자치도지사·시장·군수·구청장에게 신고하여야 한다.(2020.12.29 본항신설)

③ 특별자치시장·특별자치도지사·시장·군수·구청장은 제1항에 따른 신고 또는 변경신고를 받은 경우 그 내용을 검토하여 이 법에 적합하면 신고 또는 변경신고를 수리하여야 한다.(2019.1.15 본항신설)

④ 제3항에 따라 신고 또는 변경신고를 수리한 특별자치시장·특별자치도지사·시장·군수·구청장은 제1항에 따른 비산먼지의 발생을 억제하기 위한 시설의 설치 또는 필요한 조치를 하지 아니하거나 그 시설이나 조치가 적합하지 아니하다고 인정하는 경우에는 그 사업을 하는 자에게 필요한 시설의 설치나 조치의 이행 또는 개선을 명할 수 있다.(2020.12.29 본항개정)

⑤ 제3항에 따라 신고 또는 변경신고를 수리한 특별자치시장·특별자치도지사·시장·군수·구청장은 제4항에 따른 명령을 이행하지 아니하는 자에게는 그 사업을 중지시키거나 시설 등의 사용 중지 또는 제한하도록 명할 수 있다.(2020.12.29 본항개정)

⑥ 제2항 및 제3항에 따라 신고 또는 변경신고를 수리한 특별자치시장·특별자치도지사·시장·군수·구청장은 해당 사업이 걸쳐 있는 다른 구역을 관할하는 특별자치시장·특별자치도지사·시장·군수·구청장이 그 사업을 하는 자에 대하여 제4항 또는 제5항에 따른 조치를 요구하는 경우 그에 해당하는 조치를 명할 수 있다.
(2020.12.29 본항신설)

⑦ 환경부장관 또는 시·도지사는 제6항에 따른 요구를 받은 특별자치시장·특별자치도지사·시장·군수·구청장이 정당한 사유 없이 해당 조치를 명하지 않으면 해당 조치를 이행하도록 권고할 수 있다. 이 경우 권고를 받은 특별자치시장·특별자치도지사·시장·군수·구청장은 특별한 사유가 없으면 이에 따라야 한다.
(2020.12.29 본항신설)

제44조【휘발성유기화합물의 규제】 ① 다음 각 호의 어느 하나에 해당하는 지역에서 휘발성유기화합물을 배출하는 시설로서 대통령령으로 정하는 시설을 설치하려는 자는 환경부령으로 정하는 바에 따라 시·도지사 또는 대도시 시장에게 신고하여야 한다.(2015.1.20 본문개정)

1. 특별대책지역(2015.1.20 본호신설)
2. 대기관리권역(2019.4.2 본호개정)
3. 제1호 및 제2호의 지역 외에 휘발성유기화합물 배출로 인한 대기오염을 개선할 필요가 있다고 인정되는 지역으로 환경부장관이 관계 중앙행정기관의 장과 협의하여 지정·고시하는 지역(이하 "휘발성유기화합물 배출규제 추가지역"이라 한다)(2015.1.20 본호신설)

② 제1항에 따라 신고를 한 자가 신고한 사항 중 환경부령으로 정하는 사항을 변경하려면 변경신고를 하여야 한다.

③ 시·도지사 또는 대도시 시장은 제1항에 따른 신고 또는 제2항에 따른 변경신고를 받은 날부터 7일 이내에 신고 또는 변경신고 수리 여부를 신고인에게 통지하여야 한다.(2019.1.15 본항신설)

④ 시·도지사 또는 대도시 시장이 제3항에서 정한 기간 내에 신고수리 여부 또는 민원 처리 관련 법령에 따른 처리기간의 연장 여부를 신고인에게 통지하지 아니하면 그 기간(민원 처리 관련 법령에 따라 처리기간이 연장 또는 재연장된 경우에는 해당 처리기간을 말한다)이 끝난 날의 다음 날에 신고를 수리한 것으로 본다.(2019.1.15 본항신설)

⑤ 제1항에 따른 시설을 설치하려는 자는 휘발성유기화합물의 배출을 억제하거나 방지하는 시설을 설치하는 등 휘발성유기화합물의 배출로 인한 대기환경상의 피해가 없도록 조치하여야 한다.

⑥ 제5항에 따른 휘발성유기화합물의 배출을 억제·방지하기 위한 시설의 설치 기준 등에 필요한 사항은 환경부령으로 정한다.(2019.1.15 본항개정)

⑦ 시·도 또는 대도시는 그 시·도 또는 대도시의 조례로 제6항에 따른 기준보다 강화된 기준을 정할 수 있다.
(2019.1.15 본항개정)

⑧ 제7항에 따라 강화된 기준이 적용되는 시·도 또는 대도시에 제1항에 따라 시·도지사 또는 대도시 시장에게 설치신고를 했거나 설치신고를 하려는 시설이 있으면 그 시설의 휘발성유기화합물 억제·방지시설에 대하여도 제7항에 따라 강화된 기준을 적용한다.(2019.1.15 본항개정)

⑨ 시·도지사 또는 대도시 시장은 제5항에 따른 조치를 하지 아니하거나 제6항 또는 제7항에 따른 기준을 지키지 아니한 자에게 휘발성유기화합물을 배출하는 시설 또는 그 배출의 억제·방지를 위한 시설의 개선 등 필요한 조치를 명할 수 있다.(2021.4.13 본항개정)

⑩ 시·도지사 또는 대도시 시장은 휘발성유기화합물을 배출하는 시설을 설치·운영하는 자가 다음 각 호의 어느 하나에 해당하는 경우에는 6개월 이내의 기간을 정하여 해당 시설의 조업정지를 명할 수 있다.

1. 제1항 및 제2항에 따른 신고 또는 변경신고를 하지 아니한 경우
2. 제5항에 따른 조치를 하지 아니하거나, 조치를 하였으나 제6항 또는 제7항에 따른 기준에 미치지 못하는 경우
3. 제9항에 따른 조치명령을 이행하지 아니한 경우

(2021.4.13 본항신설)

⑪ 시·도지사 또는 대도시 시장은 휘발성유기화합물을 배출하는 시설을 설치·운영하는 자에 대하여 제10항에 따라 조업정지를 명하여야 하는 경우로서 그 조업정지가 주민의 생활, 대외적인 신용·고용·물가 등 국민경제, 그 밖의 공익에 현저한 지장을 줄 우려가 있다고 인정되는 경우에는 조업정지처분을 갈음하여 과징금을 부과할 수 있다. 이 경우 과징금 처분의 부과기준 및 절차 등에 관하여는 제37조제1항 및 제3항부터 제6항까지를 준용한다.
(2021.4.13 본항신설)

⑫ 제11항에도 불구하고 과징금 처분을 받은 날부터 2년이 경과되기 전에 제10항에 따른 조업정지처분 대상이 되는 경우에는 조업정지처분을 갈음하여 과징금을 부과할 수 없다.(2021.4.13 본항신설)

⑬ 제1항에 따라 신고를 한 자는 휘발성유기화합물의 배출을 억제하기 위하여 환경부령으로 정하는 바에 따라 휘발성유기화합물을 배출하는 시설에 대하여 휘발성유기화합물의 배출 여부 및 농도 등을 검사·측정하고, 그 결과를 기록·보존하여야 한다.(2012.5.23 본항신설)

⑭ 제1항제3호에 따른 휘발성유기화합물 배출규제 추가지역의 지정에 필요한 세부적인 기준 및 절차 등에 관한 사항은 환경부령으로 정한다.(2015.1.20 본항신설)

제44조의2【도료의 휘발성유기화합물함유기준 등】 ① 도료(塗料)에 대한 휘발성유기화합물의 함유기준(이하 "휘발성유기화합물함유기준"이라 한다)은 환경부령으로 정한다. 이 경우 환경부장관은 관계 중앙행정기관의 장과 협의하여야 한다.

② 다음 각 호의 어느 하나에 해당하는 휘발성유기화합물함유기준을 초과하는 도료를 공급하거나 판매하여서는 아니 된다.(2015.1.20 본문개정)

1. 도료를 제조하거나 수입하여 공급하거나 판매하는 자
2. 제1호 외에 도료를 공급하거나 판매하는 자

(2015.1.20 1호~2호신설)

③ 환경부장관은 제2항제1호에 해당하는 자가 휘발성유기화합물함유기준을 초과하는 도료를 공급하거나 판매하는 경우에는 대통령령으로 정하는 바에 따라 그 도료의 공급·판매 중지 또는 회수 등 필요한 조치를 명할 수 있다.(2015.1.20 본항신설)

④ 환경부장관은 제2항제2호에 해당하는 자가 휘발성유기화합물함유기준을 초과하는 도료를 공급하거나 판매하는 경우에는 대통령령으로 정하는 바에 따라 그 도료의 공급·판매 중지를 명할 수 있다.(2015.1.20 본항신설)
(2015.1.20 본조제목개정)
(2012.5.23 본조신설)

제44조의3【다른 법률에 따른 변경신고의 의제】 ① 제44조제2항에 따른 변경신고를 한 경우에는 그 배출시설에 관련된 다음 각 호의 변경신고를 한 것으로 본다. 다만, 변경신고의 사항이 사업장의 명칭 또는 대표자가 변경되는 경우로 한정한다.

1. 「토양환경보전법」 제12조제1항 후단에 따른 특정토양오염관리대상시설의 변경신고
2. 「물환경보전법」 제33조제2항 단서 및 같은 조 제3항에 따른 배출시설의 변경신고(2017.1.17 본호개정)

② 제1항에 따라 변경신고를 접수하는 행정기관의 장은 변경신고를 처리한 때에는 지체 없이 제1항 각 호의 변경신고 소관 행정기관의 장에게 그 내용을 통보하여야 한다.

③ 제1항에 따라 변경신고를 한 것으로 보는 경우에는 관계 법률에 따라 부과되는 수수료를 면제한다.

④ 제1항부터 제3항까지에서 규정한 사항 외에 변경신고 의제의 기준 및 효과 등에 관하여는 「행정기본법」 제24조부터 제26조까지를 준용한다.(2024.1.30 본항신설)
(2015.12.1 본조신설)

제45조【기존 휘발성유기화합물 배출시설에 대한 규제】 ① 특별대책지역, 대기관리권역 또는 휘발성유기화합물 배출규제 추가지역으로 지정·고시될 당시 그 지역에서 휘발성유기화합물을 배출하는 시설을 운영하고 있는 자는 특별대책지역, 대기관리권역 또는 휘발성유기화합물 배출규제 추가지역으로 지정·고시된 날부터 3개월 이내에 제44조제1항에 따른 신고를 하여야 하며, 특별대책지역, 대기관리권역 또는 휘발성유기화합물 배출규제 추가지역으로 지정·고시된 날부터 2년 이내에 제44조제5항에 따른 조치를 하여야 한다.(2019.4.2 본항개정)

② 휘발성유기화합물이 추가로 고시된 경우 특별대책지역, 대기관리권역 또는 휘발성유기화합물 배출규제 추가지역에서 그 추가된 휘발성유기화합물을 배출하는 시설을 운영하고 있는 자는 그 물질이 추가로 고시된 날부터 3개월 이내에 제44조제1항에 따른 신고를 하여야 하며, 그 물질이 추가로 고시된 날부터 2년 이내에 제44조제5항에 따른 조치를 하여야 한다.(2019.4.2 본항개정)

③ 제1항이나 제2항에 따라 신고를 한 자가 신고한 사항을 변경하려면 제44조제2항에 따른 변경신고를 하여야 한다.

④ 제1항과 제2항에도 불구하고 제44조제5항에 따른 조치에 특수한 기술이 필요한 경우 등 대통령령으로 정하는 사유에 해당하는 경우에는 시·도지사 또는 대도시 시장의 승인을 받아 1년의 범위에서 그 조치기간을 연장할 수 있다.(2019.1.15 본항개정)

⑤ 제1항, 제2항 또는 제4항에 따른 기간에 이들 각 항에 규정된 조치를 하지 아니한 경우에는 제44조제9항부터 제12항까지를 준용한다.(2021.4.13 본항개정)

제45조의2【권리와 의무의 승계 등】 ① 제44조제1항 및 제2항에 따라 신고 또는 변경신고를 한 자(이하 이 조에서 "설치자"라 한다)가 제44조제1항 및 제5항에 따른 휘발성유기화합물을 배출하는 시설 및 휘발성유기화합물의 배출을 억제하거나 방지하는 시설을 양도하는 경우 또는 설치자가 사망하거나 설치자인 법인이 합병한 경우에는 그 양수인이나 상속인 또는 합병 후 존속하는 법인이나 합병에 따라 설립되는 법인이 신고 또는 변경신고에 따른 설치자의 권리·의무를 승계한다.

② 제44조제1항 및 제5항에 따른 휘발성유기화합물을 배출하는 시설 및 휘발성유기화합물의 배출을 억제하거나 방지하는 시설을 임대차하는 경우 임차인은 제44조, 제45조 및 제82조제1항제5호를 적용할 때에는 설치자로 본다.
(2019.1.15 본조개정)

제45조의3【휘발성유기화합물 배출 억제·방지시설 검사】 ① 제44조제5항 및 제45조제1항에 따른 휘발성유기화합물의 배출을 억제하거나 방지하는 시설의 제작자(수입판매자를 포함한다)와 설치자는 환경부령으로 정하는 검사기관으로부터 검사를 받아야 한다. 제44조제2항 및 제45조제3항에 따른 변경신고를 한 경우로서 환경부령으로 정하는 경우에도 또한 같다.(2019.1.15 전단개정)

② 환경부장관은 휘발성유기화합물의 배출을 억제·방지하기 위하여 제1항에 따른 검사기관의 검사업무에 필요한 지원을 할 수 있다.

③ 제1항에 따른 검사대상시설, 검사방법 및 검사기준, 그 밖에 검사업무에 필요한 사항은 환경부령으로 정한다.
(2013.7.16 본조신설)

제4장 자동차·선박 등의 배출가스 규제

제46조【제작차의 배출허용기준 등】 ① 자동차(원동기 및 저공해자동차를 포함한다. 이하 이 조, 제47조부터 제50조까지, 제50조의2, 제50조의3, 제51조부터 제56조까지, 제82조제1항제6호, 제89조제6호·제7호 및 제91조제4호에서 같다)를 제작(수입을 포함한다. 이하 같다)하려는 자(이하 "자동차제작자"라 한다)는 그 자동차(이하 "제작차"라 한다)에서 나오는 오염물질(대통령령으로 정하는 오염물질만 해당한다. 이하 "배출가스"라 한다)이 환경부령으로 정하는 허용기준(이하 "제작차배출허용기준"이라 한다)에 맞도록 제작하여야 한다. 다만, 저공해자동차 또는 저공해건설기계에 사용될 원동기를 제작하려는 자동차제작자는 환경부령으로 정하는 별도의 허용기준(이하 "저공해자동차등의배출허용기준"이라 한다)에 맞도록 제작하여야 한다.(2022.12.27 단서개정)

② 환경부장관이 제1항의 환경부령을 정하는 경우 관계 중앙행정기관의 장과 협의하여야 한다.

③ 자동차제작자는 제작차에서 나오는 배출가스가 환경부령으로 정하는 기간(이하 "배출가스보증기간"이라 한다)동안 제작차배출허용기준에 맞게 성능을 유지하도록 제작하여야 한다.(2012.2.1 본항개정)

④ 자동차제작자는 제48조제1항에 따라 인증받은 내용과 다르게 배출가스 관련 부품의 설계를 고의로 바꾸거나 조작하는 행위를 하여서는 아니 된다.(2016.1.27 본항신설)

제46조의2【제작차배출허용기준 관련 연구·개발 등에 대한 지원】 ① 환경부장관은 제작차배출허용기준 및 제작차배출허용기준의 검사방법에 대한 연구·개발이 필요한 경우에는 다음 각 호의 어느 하나에 해당하는 자에게 연구·개발을 하게 할 수 있다. 이 경우 예산의 범위에서 연구·개발에 필요한 비용을 지원할 수 있다.

1. 제48조제1항에 따른 인증업무를 제87조에 따라 위임·위탁받은 자
2. 제48조의2제1항에 따라 인증시험대행기관으로 지정된 자

② 환경부장관은 제작차배출허용기준이 국제기준에 맞도록 하기 위하여 국제기준을 조사·분석하고, 제작차배출허용기준과 관련하여 환경부령으로 정하는 기관·단체의 국제협력 활동을 지원할 수 있다.
(2013.7.16 본조신설)

제47조【기술개발 등에 대한 지원】 ① 국가는 자동차 및 건설기계로 인한 대기오염을 줄이기 위하여 다음 각

호의 어느 하나에 해당하는 시설 등의 기술개발 또는 제작에 필요한 재정적·기술적 지원을 할 수 있다.
(2022.12.27 본문개정)
1. 저공해자동차 및 그 자동차에 연료를 공급하기 위한 시설 중 환경부장관이 정하는 시설
1의2. 저공해건설기계 및 그 건설기계에 연료를 공급하기 위한 시설 중 환경부장관이 정하는 시설(2022.12.27 본호신설)
2. 배출가스저감장치
3. 저공해엔진
② 환경부장관은 환경개선특별회계에서 제1항에 따른 기술개발이나 제작에 필요한 비용의 일부를 지원할 수 있다.

제48조【제작차에 대한 인증】 ① 자동차제작자가 자동차를 제작하려면 미리 환경부장관으로부터 그 자동차의 배출가스가 배출가스보증기간에 제작차배출허용기준(저공해자동차등의배출허용기준을 포함한다. 이하 같다)에 맞게 유지될 수 있다는 인증을 받아야 한다. 다만, 환경부장관은 대통령령으로 정하는 자동차에는 인증을 면제하거나 생략할 수 있다.(2022.12.27 본문개정)
② 자동차제작자가 제1항에 따라 인증을 받은 자동차의 인증내용 중 환경부령으로 정하는 중요한 사항(이하 "중요사항"이라 한다)을 변경하려면 변경인증을 받아야 한다. 다만, 중요사항을 변경하여도 배출가스의 양이 증가하지 아니하는 경우로서 환경부령으로 정하는 바에 따라 관계 서류를 제출한 경우 변경인증을 받은 것으로 본다.
(2024.1.23 본항개정)
③ 자동차제작자는 중요사항 외의 사항을 변경하려는 경우 환경부령으로 정하는 바에 따라 해당 변경내용을 환경부장관에게 보고(이하 "변경보고"라 한다)하여야 한다.
(2024.1.23 본항신설)
④ 환경부장관은 제2항 단서에 따라 제출받은 서류를 수정·보완할 필요가 있는 경우에는 환경부령으로 정하는 바에 따라 그 자동차제작자에게 해당 서류의 수정·보완을 요청할 수 있다.(2024.1.23 본항신설)
⑤ 제1항부터 제3항까지에 따라 인증·변경인증을 받거나 변경보고를 한 자동차제작자는 환경부령으로 정하는 바에 따라 인증·변경인증을 받거나 변경보고를 한 자동차에 인증·변경인증·변경보고의 표시를 하여야 한다.
(2024.1.23 본항개정)
⑥ 제1항부터 제5항까지의 규정에 따른 인증신청, 인증에 필요한 시험의 방법·절차, 시험수수료, 인증방법, 변경보고, 인증의 면제·생략 및 인증 표시방법에 관하여 필요한 사항은 환경부령으로 정한다.(2024.1.23 본항개정)

제48조의2【인증시험업무의 대행】 ① 환경부장관은 제48조에 따른 인증에 필요한 시험(이하 "인증시험"이라 한다)업무를 효율적으로 수행하기 위하여 필요한 경우에는 전문기관을 지정하여 인증시험업무를 대행하게 할 수 있다.
② 제1항에 따라 지정을 받은 전문기관(이하 "인증시험대행기관"이라 한다)은 지정받은 사항 중 인력·시설 등 환경부령으로 정하는 중요한 사항을 변경한 경우에는 환경부장관에게 신고하여야 한다.(2020.12.29 본항신설)
③ 인증시험대행기관 및 인증시험업무에 종사하는 자는 다음 각 호의 행위를 하여서는 아니 된다.
(2020.12.29 본문개정)
1. 다른 사람에게 자신의 명의로 인증시험업무를 하게 하는 행위
2. 거짓이나 그 밖의 부정한 방법으로 인증시험을 하는 행위
3. 인증시험과 관련하여 환경부령으로 정하는 준수사항을 위반하는 행위
4. 제48조제6항에 따른 인증시험의 방법과 절차를 위반하여 인증시험을 하는 행위(2024.1.23 본호개정)
④ 인증시험대행기관의 지정기준, 지정절차, 그 밖에 인증업무에 필요한 사항은 환경부령으로 정한다.
(2008.12.31 본조신설)

제48조의3【인증시험대행기관의 지정 취소 등】 환경부장관은 인증시험대행기관이 다음 각 호의 어느 하나에 해당하는 경우에는 그 지정을 취소하거나 6개월 이내의 기간을 정하여 업무의 전부 또는 일부의 정지를 명할 수 있다. 다만, 제1호에 해당하는 경우에는 그 지정을 취소하여야 한다.
1. 거짓이나 그 밖의 부정한 방법으로 지정을 받은 경우
2. 제48조의2제3항 각 호의 금지행위를 한 경우
(2020.12.29 본호개정)
3. 제48조의2제4항에 따른 지정기준을 충족하지 못하게 된 경우(2020.12.29 본호개정)
(2008.12.31 본조신설)

제48조의4【과징금 처분】 ① 환경부장관은 제48조의3에 따라 업무의 정지를 명하려는 경우로서 그 업무의 정지로 인하여 이용자 등에게 심한 불편을 주거나 그 밖에 공익에 현저한 지장을 줄 우려가 있다고 인정하는 경우에는 그 업무의 정지를 갈음하여 5천만원 이하의 과징금을 부과할 수 있다.
② 제1항에 따른 과징금을 부과하는 위반행위의 종류·정도 등에 따른 과징금의 금액과 그 밖에 필요한 사항은 대통령령으로 정한다.
③ 제1항에 따라 부과되는 과징금의 징수 및 용도에 대하여는 제37조제4항 및 제5항을 준용한다.
(2012.5.23 본조신설)

제49조【인증의 양도·양수 등】 자동차제작자가 그 사업을 양도하거나 사망한 경우 또는 법인인 자동차제작자가 합병한 경우에는 그 양수인이나 상속인 또는 합병 후 존속하는 법인이나 합병에 따라 설립되는 법인은 제48조에 따른 인증이나 변경인증에 따른 자동차제작자의 권리·의무를 승계한다.

제50조【제작차배출허용기준 검사 등】 ① 환경부장관은 제48조에 따른 인증을 받아 제작한 자동차의 배출가스가 제작차배출허용기준에 맞는지를 확인하기 위하여 대통령령으로 정하는 바에 따라 검사를 하여야 한다.
② 환경부장관은 자동차제작자가 환경부령으로 정하는 인력과 장비를 갖추고 환경부장관이 정하는 검사의 방법 및 절차에 따라 검사를 실시한 경우에는 대통령령으로 정하는 바에 따라 제1항에 따른 검사를 생략할 수 있다.
③ 환경부장관은 자동차제작자가 제2항에 따른 검사를 하기 위한 인력과 장비를 적정하게 관리하는지를 환경부령으로 정하는 기간마다 확인하여야 한다.(2012.2.1 본항신설)
④ 환경부장관은 제1항에 따른 검사를 할 때에 특히 필요한 경우에는 환경부령으로 정하는 바에 따라 자동차제작자의 설비를 이용하거나 따로 지정하는 장소에서 검사할 수 있다.
⑤ 제1항 및 제4항과 제51조에 따른 검사에 드는 비용은 자동차제작자의 부담으로 한다.(2012.2.1 본항개정)
⑥ 제1항에 따른 검사의 방법·절차 등 검사에 필요한 자세한 사항은 환경부장관이 정하여 고시한다.
⑦ 환경부장관은 제1항에 따른 검사 결과 불합격된 자동차의 제작자에게 그 자동차와 동일한 조건으로 환경부장관이 정하는 기간에 생산된 것으로 인정되는 같은 종류의 자동차에 대하여는 판매정지 또는 출고정지를 명할 수 있고, 이미 판매된 자동차에 대하여는 배출가스 관련 부품의 교체를 명할 수 있다.(2016.12.27 본항개정)
⑧ 제7항에도 불구하고 자동차제작자가 배출가스 관련 부품의 교체 명령을 이행하지 아니하거나 제1항에 따른 검사 결과 불합격된 원인을 부품 교체로 시정할 수 없는 경우에는 환경부장관은 자동차제작자에게 대통령령으로 정하는 바에 따라 자동차의 교체, 환불 또는 재매입을 명할 수 있다.(2016.12.27 본항신설)

제50조의2【자동차의 평균 배출량 등】 ① 자동차제작자는 제작하는 자동차에서 나오는 배출가스를 차종별로 평균한 값(이하 "평균 배출량"이라 한다)이 환경부령으로 정하는 기준(이하 "평균 배출허용기준"이라 한다)에 적합하도록 자동차를 제작하여야 한다.
② 제1항에 따라 평균 배출허용기준을 적용받는 자동차를 제작하는 자는 매년 2월 말일까지 환경부령으로 정하는 바에 따라 전년도의 평균 배출량 달성 실적을 작성하여 환경부장관에게 제출하여야 한다.
③ 제1항에 따른 평균 배출허용기준을 적용받는 자동차 및 자동차제작자의 범위, 평균 배출량의 산정방법 등 필요한 사항은 환경부령으로 정한다.
(2012.2.1 본조신설)

제50조의3【평균 배출허용기준을 초과한 자동차제작자에 대한 상환명령 등】 ① 자동차제작자는 해당 연도의 평균 배출량이 평균 배출허용기준 이내인 경우 그 차이분 중 환경부령으로 정하는 연도별 차이분에 대한 인정범위만큼을 다음 연도부터 환경부령으로 정하는 기간 동안 이월하여 사용할 수 있다.
② 환경부장관은 해당 연도의 평균 배출량이 평균 배출허용기준을 초과한 자동차제작자에 대하여 그 초과분이 발생한 연도부터 환경부령으로 정하는 기간 내에 초과분을 상환할 것을 명할 수 있다.
③ 제2항에 따른 명령(이하 "상환명령"이라 한다)을 받은 자동차제작자는 같은 항에 따른 초과분을 상환하기 위한 계획서(이하 "상환계획서"라 한다)를 작성하여 상환명령을 받은 날부터 2개월 이내에 환경부장관에게 제출하여야 한다.
④ 제1항부터 제3항까지에 따른 차이분 및 초과분의 산정방법, 연도별 인정범위, 상환계획서에 포함되어야 할 사항 등 필요한 사항은 환경부령으로 정한다.
(2012.2.1 본조신설)

제51조【결함확인검사 및 결함의 시정】 ① 자동차제작자는 배출가스보증기간 내에 운행 중인 자동차에서 나오는 배출가스가 배출허용기준에 맞는지에 대하여 환경부장관의 검사(이하 "결함확인검사"라 한다)를 받아야 한다.
② 결함확인검사 대상 자동차의 선정기준, 검사방법, 검사절차, 검사기준, 판정방법, 검사수수료 등에 필요한 사항은 환경부령으로 정한다.
③ 환경부장관이 제2항의 환경부령을 정하는 경우에는 관계 중앙행정기관의 장과 협의하여야 하며, 매년 같은 항의 선정기준에 따라 결함확인검사를 받아야 할 대상 차종을 결정·고시하여야 한다.
④ 환경부장관은 결함확인검사에서 검사 대상차가 제작차배출허용기준에 맞지 아니하다고 판정되고, 그 사유가 자동차제작자에게 있다고 인정되면 그 차종에 대하여 결함을 시정하도록 명하여야 한다. 다만, 자동차제작자가 검사 판정 전에 결함사실을 인정하고 스스로 그 결함을 시정하려는 경우에는 결함시정명령을 생략할 수 있다.
(2020.12.29 본항개정)
⑤ 제4항에 따른 결함시정명령을 받거나 스스로 자동차의 결함을 시정하려는 자동차제작자는 환경부령으로 정하는 바에 따라 그 자동차의 결함시정에 관한 계획을 수립하여 환경부장관의 승인을 받아 시행하고, 그 결과를 환경부장관에게 보고하여야 한다.
⑥ 환경부장관은 제5항에 따른 결함시정결과를 보고받아 검토한 결과 결함시정계획이 이행되지 아니한 경우, 그 사유가 결함시정명령을 받은 자 또는 스스로 결함을 시정하고자 한 자에게 있다고 인정하는 경우에는 기간을 정하여 다시 결함을 시정하도록 명하여야 한다.
⑦ 제5항에 따른 결함시정계획을 수립·제출하지 아니하거나 환경부장관의 승인을 받지 못한 경우에는 결함을 시정할 수 없는 것으로 본다.(2020.12.29 본항신설)
⑧ 환경부장관은 자동차제작자가 제4항 본문 또는 제6항에 따른 결함시정명령을 이행하지 아니하거나 제7항에 따라 결함을 시정할 수 없는 것으로 보는 경우에는 자동차제작자에게 대통령령으로 정하는 바에 따라 자동차의 교체, 환불 또는 재매입을 명할 수 있다.(2020.12.29 본항신설)

제52조【부품의 결함시정】 ① 배출가스보증기간 내에 있는 자동차의 소유자 또는 운행자는 환경부장관이 산업통상자원부장관 및 국토교통부장관과 협의하여 환경부령으로 정하는 배출가스관련부품(이하 "부품"이라 한다)이 정상적인 성능을 유지하지 아니하는 경우에는 자동차제작자에게 그 결함을 시정할 것을 요구할 수 있다.
(2013.3.23 본항개정)
② 제1항에 따라 결함의 시정을 요구받은 자동차제작자는 지체 없이 그 요구사항을 검토하여 결함을 시정하여야 한다. 다만, 자동차제작자가 자신의 고의나 과실이 없음을 입증한 경우에는 그러하지 아니하다.
③ 환경부장관은 제2항 본문에 따라 부품의 결함을 시정하여야 하는 자동차제작자가 정당한 사유 없이 그 부품의 결함을 시정하지 아니한 경우에는 환경부령으로 정하는 기간 내에 결함의 시정을 명할 수 있다.(2015.12.1 본항신설)

제53조【부품의 결함 보고 및 시정】 ① 자동차제작자는 제52조제1항에 따른 부품의 결함시정 요구 건수나 비율이 대통령령으로 정하는 요건에 해당하는 경우에는 대통령령으로 정하는 바에 따라 배출가스보증기간 이내에 이루어진 부품의 결함시정 현황 및 결함원인 분석 현황을 환경부장관에게 보고하여야 한다. 다만, 제52조제1항에 따른 결함시정 요구가 있었던 부품과 동일한 조건하에 생산된 같은 종류의 부품에 대하여 스스로 결함을 시정할 것을 환경부장관에게 서면으로 통지한 경우에는 그러하지 아니하다.(2020.5.26 단서개정)
② 자동차제작자는 제52조제1항에 따른 부품의 결함시정 요구 건수나 비율이 대통령령으로 정하는 요건에 해당하지 아니한 경우에는 매년 1월 31일까지 환경부령으로 정하는 바에 따라 배출가스보증기간 이내에 이루어진 부품의 결함시정 현황을 환경부장관에게 보고하여야 한다.
③ 환경부장관은 부품의 결함 건수 또는 결함 비율이 대통령령으로 정하는 요건에 해당하는 경우에는 해당 자동차제작자에게 환경부령으로 정하는 기간 이내에 그 부품의 결함을 시정하도록 명하여야 한다. 다만, 자동차제작자가 그 부품의 결함에도 불구하고 배출가스보증기간 동안 자동차가 제작차배출허용기준에 맞게 유지된다는 것을 입증한 경우에는 그러하지 아니하다.
④ 제1항 단서 및 제3항 본문에 따라 결함을 시정하려는 자동차제작자는 환경부령으로 정하는 바에 따라 그 자동차의 결함시정계획을 수립하여 환경부장관의 승인을 받아 시행하고, 그 결과를 환경부장관에게 보고하여야 한다.
(2020.12.29 본항개정)
⑤ 환경부장관은 제4항에 따라 보고받은 결함시정결과를 검토한 후, 결함시정계획이 이행되지 아니하였고 그 사유가 결함시정명령을 받은 자 또는 스스로 결함을 시정하려고 한 자에게 있다고 인정되는 경우에는 기간을 정하여 다시 결함을 시정하도록 명하여야 한다.
(2020.12.29 본항신설)
⑥ 제4항에 따른 결함시정계획을 수립·제출하지 아니하거나 환경부장관의 승인을 받지 못한 경우에는 결함을 시정할 수 없는 것으로 본다.(2020.12.29 본항신설)
⑦ 환경부장관은 자동차제작자가 제3항 본문 또는 제5항에 따른 결함시정명령을 이행하지 아니하거나 제6항에 따라 결함을 시정할 수 없는 것으로 보는 경우에는 자동차제작자에게 대통령령으로 정하는 바에 따라 자동차의 교체, 환불 또는 재매입을 명할 수 있다.(2020.12.29 본항신설)
(2017.11.28 본조개정)

제53조의2【자체 시정한 자동차 소유자에 대한 보상】
① 자동차제작자는 제50조제7항, 제51조제4항, 제53조제1항 단서 및 같은 조 제3항에 따라 부품을 교체하거나 결함을 시정하기 전 배출가스보증기간 내에 그 부품을 교체하거나 결함을 시정한 자동차 소유자(자동차 소유자였던 자로서 소유 기간 중에 그 부품을 교체하거나 결함을 시정한 자를 포함한다)가 있는 경우 교체 및 시정 비용을 보상하여야 한다.
② 제1항에 따른 보상 금액의 산정기준, 보상금의 지급기한, 보상금의 지급 청구 절차, 그 밖에 보상금의 지급에 필요한 사항은 환경부령으로 정한다.
(2024.1.23 본조신설)

제54조【자동차 배출가스 정보관리 전산망 설치 및 운영】 환경부장관은 자동차의 배출가스에 관한 자료의 수집·관리를 위하여 「자동차관리법」 제69조에 따른 전산정보처리조직과 연계한 전산망(이하 "자동차 배출가스 종합전산체계"라 한다)을 환경부령으로 정하는 바에 따라 설치·운영할 수 있다.(2015.1.20 본조개정)

제55조【인증의 취소】 환경부장관은 다음 각 호의 어느 하나에 해당하는 경우에는 인증을 취소할 수 있다. 다만, 제1호나 제2호에 해당하는 경우에는 그 인증을 취소하여야 한다.
1. 거짓이나 그 밖의 부정한 방법으로 인증을 받은 경우
2. 제작차에 중대한 결함이 발생되어 개선을 하여도 제작차배출허용기준을 유지할 수 없는 경우
3. 제50조제7항에 따른 자동차의 판매 또는 출고 정지명령을 위반한 경우(2012.2.1 본호개정)
4. 제51조제4항이나 제6항에 따른 결함시정명령을 이행하지 아니한 경우

제56조【과징금 처분】 ① 환경부장관은 자동차제작자가 다음 각 호의 어느 하나에 해당하는 경우에는 그 자동차제작자에 대하여 매출액에 100분의 5를 곱한 금액을 초과하지 아니하는 범위에서 과징금을 부과할 수 있다. 이 경우 과징금의 금액은 500억원을 초과할 수 없다.(2016.12.27 본문개정)
1. 제48조제1항을 위반하여 인증을 받지 아니하고 자동차를 제작하여 판매한 경우
2. 거짓이나 그 밖의 부정한 방법으로 제48조제1항에 따른 인증 또는 같은 조 제2항에 따른 변경인증을 받아 자동차를 제작하여 판매한 경우(2024.1.23 본호개정)
3. 제48조제1항에 따른 인증 또는 같은 조 제2항에 따른 변경인증 받은 내용과 다르게 자동차를 제작하여 판매한 경우. 다만, 중요사항 외의 사항의 변경으로 인하여 인증 또는 변경인증받은 내용과 다르게 자동차를 제작하여 판매한 경우는 제외한다.(2024.1.23 본호개정)

② 제1항에 따른 과징금은 위반행위의 종류, 배출가스의 증감 정도 등을 고려하여 대통령령으로 정하는 기준에 따라 부과한다.(2016.12.27 본항개정)
③ 제1항에 따라 부과되는 과징금의 징수 및 용도에 관하여는 제37조제4항 및 제5항을 준용한다.(2012.2.1 본항개정)

제57조【운행차배출허용기준】 자동차(제2조제13호가목에 따른 자동차 중 이륜자동차를 포함한다. 다만, 전기이륜자동차 등 환경부령으로 정하는 이륜자동차는 그러하지 아니하다)의 소유자는 그 자동차에서 배출되는 배출가스가 환경부령으로 정하는 운행차 배출가스허용기준(이하 "운행차배출허용기준"이라 한다)에 맞게 운행하거나 운행하게 하여야 한다.(2012.5.23 본조개정)

제57조의2【배출가스 관련 부품의 탈거 등 금지】 누구든지 환경부령으로 정하는 자동차의 배출가스 관련 부품을 탈거·훼손·해체·변경·임의설정 하거나 촉매제(요소수 등을 말한다. 이하 같다)를 사용하지 아니하거나 적게 사용하여 그 기능이나 성능이 저하되는 행위를 하거나 그 행위를 요구하여서는 아니 된다. 다만, 다음 각 호의 어느 하나에 해당하는 경우에는 그러하지 아니하다.
1. 자동차의 점검·정비 또는 튜닝(「자동차관리법」 제34조에 따른 튜닝을 말한다)을 하려는 경우
2. 폐차하는 경우
3. 교육·연구의 목적으로 사용하는 등 환경부령으로 정하는 사유에 해당하는 경우

(2019.4.2 본조신설)

제58조【저공해자동차의 운행 등】 ① 시·도지사 또는 시장·군수는 관할 지역의 대기질 개선 또는 기후·생태계 변화유발물질 배출감소를 위하여 필요하다고 인정하면 그 지역에서 운행하는 자동차 및 건설기계 중 차령과 대기오염물질 또는 기후·생태계 변화유발물질 배출정도 등에 관하여 환경부령으로 정하는 요건을 충족하는 자동차 및 건설기계의 소유자에게 그 시·도 또는 시·군의 조례에 따라 그 자동차 및 건설기계에 대하여 다음 각 호의 어느 하나에 해당하는 조치를 하도록 명령하거나 조기에 폐차할 것을 권고할 수 있다.(2022.12.27 본문개정)
1. 저공해자동차 또는 저공해건설기계로의 전환 또는 개조(2022.12.27 본호개정)
2. 배출가스저감장치의 부착 또는 교체 및 배출가스 관련 부품의 교체
3. 저공해엔진(혼소엔진을 포함한다)으로의 개조 또는 교체

(2012.5.23 본항개정)

② 배출가스보증기간이 지난 자동차의 소유자는 해당 자동차에서 배출되는 배출가스가 제57조에 따른 운행차배출허용기준에 적합하게 유지되도록 환경부령으로 정하는 바에 따라 배출가스저감장치를 부착 또는 교체하거나 저공해엔진으로 개조 또는 교체할 수 있다.(2020.5.26 본항개정)
③ 국가나 지방자치단체는 저공해자동차 및 저공해건설기계의 보급, 배출가스저감장치의 부착 또는 교체와 저공해엔진으로의 개조 또는 교체를 촉진하기 위하여 다음 각 호의 어느 하나에 해당하는 자에 대하여 예산의 범위에서 필요한 자금을 보조하거나 융자할 수 있다.(2022.12.27 본문개정)
1. 저공해자동차 또는 저공해건설기계를 구입하는 자. 이 경우 제58조의2제1항에 따른 자동차판매자로부터의 구매 여부, 저공해자동차 또는 저공해건설기계 판매가격 등 환경부령으로 정하는 기준에 따라 자금의 보조 및 융자를 차등적으로 할 수 있다.(2022.12.27 본호개정)

1의2. 저공해자동차 또는 저공해건설기계로 개조하는 자(2022.12.27 본호개정)
2. 저공해자동차 또는 저공해건설기계에 연료를 공급하기 위한 시설 중 다음 각 목의 시설을 설치하는 자
   가. 천연가스를 연료로 사용하는 자동차 또는 건설기계에 천연가스를 공급하기 위한 시설로서 환경부장관이 정하는 시설
   나. 전기를 연료로 사용하는 자동차 또는 건설기계(이하 "전기자동차등"이라 한다)에 전기를 충전하기 위한 시설로서 환경부장관이 정하는 시설
   다. 수소가스를 연료로 사용하는 자동차(이하 "수소전기자동차"라 한다) 또는 건설기계에 수소가스를 충전하기 위한 시설로서 환경부장관이 정하는 시설(이하 "수소연료공급시설"이라 한다)
   라. 그 밖에 태양광 등 환경부장관이 정하는 저공해자동차 및 저공해건설기계 연료공급시설

   (2022.12.27 본호개정)
3. 제1항 또는 제2항에 따라 자동차 및 건설기계에 배출가스저감장치를 부착 또는 교체하거나 자동차 및 건설기계의 엔진을 저공해엔진으로 개조 또는 교체하는 자
4. 제1항에 따라 자동차 및 건설기계의 배출가스 관련 부품을 교체하는 자

(2019.4.2 3호~4호개정)
5. 제1항에 따른 권고에 따라 자동차 또는 건설기계를 조기에 폐차하는 자(2022.12.27 본호개정)
6. 그 밖에 배출가스가 매우 적게 배출되는 것으로서 환경부장관이 정하여 고시하는 자동차 또는 건설기계를 구입하는 자(2022.12.27 본호개정)

④ 환경부장관은 제3항제1호·제1호의2·제3호·제4호 및 제6호에 따라 경비를 지원받은 자동차 또는 건설기계의 소유자(해당 소유자로부터 소유권을 이전받은 자를 포함한다. 이하 이 조에서 "소유자"라 한다)에게 환경부령으로 정하는 기간의 범위에서 해당 자동차 및 건설기계의 의무운행 기간을 설정할 수 있다.(2022.12.27 본항개정)
⑤ 소유자는 해당 자동차 및 건설기계의 폐차 또는 수출 등을 위하여 자동차 및 건설기계의 등록을 말소하고자 하는 경우(건설기계 엔진을 전기모터로 교체하는 경우는 제외한다) 환경부령으로 정하는 바에 따라 다음 각 호의 장치 및 부품 등을 해당 지방자치단체의 장에게 반납하여야 한다. 이 경우 국가나 지방자치단체는 장치 및 부품등의 반납에 드는 비용의 일부를 예산의 범위에서 지원할 수 있다.(2020.12.29 전단개정)
1. 부착 또는 교체된 배출가스저감장치
2. 개조 또는 교체된 저공해엔진

(2013.4.5 1호~2호신설)
3. (2020.12.29 삭제)

⑥ 제5항에도 불구하고 소유자는 같은 항 제1호 및 제2호의 장치 및 부품 등의 경우에는 환경부령으로 정하는 바에 따라 해당 장치 또는 부품의 잔존가치에 해당하는 금액을 금전으로 납부할 수 있다.(2016.12.27 본항신설)
⑦ 환경부장관 또는 지방자치단체의 장은 제5항에 따라 반납받은 배출가스저감장치 등을 재사용 또는 재활용하여야 한다.(2013.4.5 본항신설)
⑧ 환경부장관 또는 지방자치단체의 장은 제5항에 따라 반납받은 배출가스저감장치 등이 재사용·재활용이 불가능하다고 환경부령으로 정한 사유에 해당하는 경우에는 매각하여야 한다.(2016.12.27 본항개정)
⑨ 제6항에 따라 징수한 금액과 제8항에 따른 매각대금은 「환경정책기본법」에 따른 환경개선특별회계의 세입으로 하고, 제3항에 따른 지원 및 저공해자동차의 개발·연구사업에 필요한 경비 등 환경부령으로 정하는 경비에 충당할 수 있다.(2016.12.27 본항신설)
⑩ 환경부장관 및 지방자치단체의 장은 소유자가 제4항에 따른 의무운행 기간을 충족하지 못한 경우 환경부령으로 정하는 바에 따라 제3항에 따라 지원된 경비의 일부를 회수할 수 있다.(2012.2.1 본항신설)
⑪ 저공해자동차, 저공해건설기계 또는 제1항에 따라 배출가스저감장치를 부착하거나 저공해엔진으로 개조 또는 교체한 자동차 및 건설기계(이하 이 조에서 "저공해자동차등"이라 한다)의 소유자는 특별시장·광역시장·특별자치시장·특별자치도지사·시장·군수에게 저공해자동차등에 해당함을 인증하는 표지의 발급을 신청할 수 있다.(2022.12.27 본항개정)
⑫ 특별시장·광역시장·특별자치시장·특별자치도지사·시장·군수는 제11항에 따른 인증 신청이 있는 경우 해당 자동차 및 건설기계가 저공해자동차등에 해당하는지 여부를 검토하여 표지를 발급할 수 있고, 저공해자동차등의 소유자는 발급받은 표지를 저공해자동차등에 붙일 수 있다.(2020.5.26 본항개정)
⑬ 환경부장관이나 특별시장·광역시장·특별자치시장·특별자치도지사·시장·군수는 제12항에 따라 발급받은 표지를 붙인 자동차 및 건설기계에 대하여 주차료 감면 등 지원에 관한 시책을 마련하여야 한다.(2022.12.27 본항개정)
⑭ 지방자치단체는 제3항제5호에 따른 경비지원에 필요한 절차를 제78조에 따라 설립된 한국자동차환경협회로 하여금 대행하도록 할 수 있다.(2012.5.23 본항신설)
⑮ 제14항에 따라 경비지원에 필요한 절차를 대행하는 한국자동차환경협회는 「전기·전자제품 및 자동차의 자원순환에 관한 법률」 제25조제1항에 따라 폐자동차 재활용비율을 높이 달성하는 자동차폐차업자에게 환경부장관이 정하는 바에 따라 제3항에 따른 경비를 지원받는 자의 자동차 폐차가 우선하여 배정되도록 하여야 한다.(2019.4.2 본항개정)
⑯ 환경부장관은 저공해자동차 중 제2조제16호가목에 따른 자동차 및 저공해건설기계 중 제2조제16호의2가목에 따른 건설기계에 연료를 공급하기 위한 시설에 관한 정보를 관리하기 위하여 전산망을 환경부령으로 정하는 바에 따라 설치·운영할 수 있다.(2022.12.27 본항개정)
⑰ 환경부장관은 관계 행정기관 및 「공공기관의 운영에 관한 법률」 제4조에 따른 공공기관 등에 대하여 제16항에 따른 전산망의 설치·운영에 필요한 자료의 제공을 요청할 수 있다. 이 경우 요청을 받은 기관의 장은 특별한 사유가 없으면 그 요청에 따라야 한다.(2020.12.29 본항신설)
⑱ 환경부장관은 저공해자동차 및 저공해건설기계 중 전기자동차등의 보급을 활성화하기 위하여 제3항제2호나목에 따른 전기자동차등의 충전시설을 환경부령으로 정하는 바에 따라 설치·운영할 수 있다.(2022.12.27 본항개정)
⑲ 환경부장관은 제3항에 따라 자금을 보조하거나 융자할 수 있는 지원 대상을 정하기 위하여 환경부령으로 정하는 바에 따라 전기자동차등의 성능 평가를 실시할 수 있다.(2022.12.27 본항개정)

제58조의2【저공해자동차의 보급】 ① 환경부장관은 자동차를 제작하거나 수입하여 대통령령으로 정하는 수량 이상을 판매(위탁 등을 하여 판매하는 경우를 포함한다)하는 자(이하 "자동차판매자"라 한다)가 연간 보급하여야 할 저공해자동차에 관한 목표(이하 "연간 저공해자동차 보급목표"라 한다)를 매년 산업통상자원부 등 관계 중앙행정기관의 장과 협의하여 정하고 이를 고시하여야 한다.(2020.12.29 본항개정)
② 환경부장관은 저공해자동차 중에서 대기오염물질의 배출이 없는 자동차로서 대통령령으로 정하는 자동차(이하 "무공해자동차"라 한다)의 보급 촉진을 위하여 제1항에 따라 연간 저공해자동차 보급목표를 정할 때 자동차판매자가 연간 보급하여야 할 무공해자동차에 관한 목표를 별도로 정할 수 있다.
③ 환경부장관은 제1항 및 제2항에 따라 연간 저공해자동차 보급목표를 정할 때에는 저공해자동차의 개발현황, 자동차판매량 등을 고려하여야 한다.
④ 자동차판매자는 연간 저공해자동차 보급목표에 따라 매년 저공해자동차 보급계획서를 작성하여 환경부장관의 승인을 받아야 한다.
⑤ 자동차판매자는 제4항에 따라 승인을 받은 저공해자동차 보급계획서에 따라 저공해자동차를 보급하고 그 실적을 환경부장관에게 제출하여야 한다.
⑥ 제4항과 제5항에 따른 저공해자동차 보급계획서의 작성방법·승인절차 및 보급실적의 제출에 필요한 사항은 환경부령으로 정한다.

(2019.4.2 본조신설)

제58조의3【저공해자동차 보급실적의 이월·거래 등】
① 자동차판매자는 해당 연도의 저공해자동차·무공해자동차 보급실적이 제58조의2제1항 및 제2항에 따른 보급목표를 초과한 경우에는 그 초과분을 다음 연도부터 환경부령으로 정하는 기간 동안 이월하여 사용하거나 자동차판매자 간에 거래할 수 있다.
② 자동차판매자는 무공해자동차 충전시설을 설치·운영하거나 무공해자동차 생산·수입 후 판매되지 아니한 재고가 있는 경우 등 저공해자동차 보급에 기여한 실적이 있는 경우에는 이를 저공해자동차 보급실적으로 전환하여 줄 것을 환경부장관에게 신청할 수 있다.
③ 제1항 및 제2항에 따른 초과실적의 이월·거래에 관한 사항, 저공해자동차 보급 기여실적 인정방법 등은 환경부장관이 정하여 고시한다.

(2020.12.29 본조신설)

제58조의4【저공해자동차 보급 기여금】 ① 환경부장관은 연간 저공해자동차 보급목표를 달성하지 못한 자동차판매자(이하 "기여금 납부의무자"라 한다)에게 대통령령으로 정하는 매출액에 100분의 1을 곱한 금액을 초과하지 아니하는 범위에서 저공해자동차 보급 기여금(이하 "기여금"이라 한다)을 부과·징수할 수 있다. 이 경우 기여금 납부의무자는 「민법」 제32조에 따른 비영리법인 중 환경부장관이 지정하는 기관에 기여금을 납부하여야 한다.
② 기여금은 무공해자동차 충전시설의 설치·운영 등 저공해자동차 보급 활성화를 위한 사업에 사용되어야 한다.
③ 환경부장관은 기여금 납부의무자가 납부기한까지 기여금을 내지 아니하면 그 납부기한의 다음 날부터 납부한 날까지의 기간에 대하여 대통령령으로 정하는 가산금을 징수한다. 이 경우 가산금은 체납된 기여금의 100분의 3을 초과하여서는 아니 된다.
④ 환경부장관은 기여금 납부의무자가 납부기한까지 기여금을 내지 아니하면 30일 이상의 기간을 정하여 독촉하고, 그 지정한 기간 내에 기여금 및 제3항에 따른 가산금

을 내지 아니하면 국세 체납처분의 예에 따라 징수할 수 있다.
⑤ 환경부장관은 기여금 납부의무자가 제76조의6에 따른 과징금을 동시에 납부하는 경우 대통령령으로 정하는 바에 따라 기여금을 감액할 수 있다.
⑥ 기여금의 부과기준, 부과절차 등에 관하여 필요한 사항은 대통령령으로 정한다.
(2020.12.29 본조신설)

제58조의5【저공해자동차의 구매·임차 등】① 대통령령으로 정하는 수량 이상의 자동차를 가지고 있는 다음 각 호의 기관은 자동차를 새로 구매하거나 임차하는 경우 환경부령으로 정하는 비율 이상의 저공해자동차를 구매하거나 임차하여야 한다.
1. 국가기관
2. 지방자치단체
3. 대통령령으로 정하는 공공기관
② 환경부장관은 제1항에 따른 국가기관, 지방자치단체 및 공공기관(이하 "국가기관등"이라 한다) 외의 자로서 환경부령으로 정하는 수량 이상의 자동차를 가진 자가 자동차를 새로 구매하거나 임차하는 경우에는 저공해자동차를 우선 구매하거나 임차하도록 권고할 수 있다.
③ 국가나 지방자치단체는 저공해자동차를 구매 또는 임차하는 자에게 저공해자동차의 구매 또는 임차에 필요한 재정적 지원을 할 수 있다.
(2019.4.2 본조신설)

제58조의6【저공해자동차의 구매·임차 계획】① 국가기관등의 장은 자동차를 새로 구매하거나 임차하려는 경우 회계연도의 시작 전까지 해당 회계연도의 저공해자동차 구매·임차 계획(이하 "구매·임차계획"이라 한다)을 환경부장관에게 제출하여야 한다.
② 환경부장관은 국가기관등의 장이 구매·임차계획을 제출하면 지체 없이 이를 공표하여야 한다.
(2019.4.2 본조신설)

제58조의7【저공해자동차의 구매·임차 실적】① 국가기관등의 장은 구매·임차계획에 따른 저공해자동차의 구매·임차 실적을 회계연도가 끝난 후 2개월 이내에 환경부장관에게 제출하여야 한다.
② 환경부장관은 국가기관등의 장이 제1항에 따른 구매·임차 실적을 제출하면 지체 없이 이를 공표하여야 한다.
(2019.4.2 본조신설)

제58조의8【저공해자동차의 구매·임차 촉진을 위한 협조요청】환경부장관은 저공해자동차의 구매·임차 촉진을 위하여 필요하다고 인정하는 때에는 국가기관등의 장에게 업무를 평가하는 항목에 저공해자동차 구매·임차 실적의 반영 등 필요한 조치를 취할 것을 요청할 수 있다. 이 경우 요청을 받은 국가기관등의 장은 특별한 사유가 없으면 이에 협조하여야 한다.(2019.4.2 본조신설)

제58조의9【저공해자동차 관련 정보의 제공 등】환경부장관은 국가기관등의 장에게 저공해자동차의 출시와 관련한 정보를 제공하거나 저공해자동차의 구매·임차를 촉진하기 위하여 홍보를 실시할 수 있다.(2019.4.2 본조신설)

제58조의10【수소연료공급시설 배치계획의 수립】① 환경부장관은 수소연료공급시설의 효율적 설치를 위하여 다음 각 호의 사항을 고려하여 수소연료공급시설 배치계획(이하 "배치계획"이라 한다)을 수립하여야 한다.
1. 수소연료공급시설의 지역적 배분
2. 수소전기자동차의 보급 실적 및 계획
3. 수소전기자동차 이용자의 접근성
4. 교통량
5. 그 밖에 배치계획 수립을 위하여 필요한 사항으로서 환경부령으로 정하는 사항
② 환경부장관은 배치계획을 수립할 때에는 미리 관계 중앙행정기관의 장, 시·도지사 및 시장·군수·구청장과 협의한 후 「수소경제 육성 및 수소 안전관리에 관한 법률」 제6조에 따른 수소경제위원회의 심의를 거쳐야 한다.
③ 환경부장관은 배치계획을 수립하기 위하여 필요한 경우에는 관계 중앙행정기관의 장, 시·도지사 또는 시장·군수·구청장에게 관련 자료의 제출을 요청할 수 있다. 이 경우 자료의 제출을 요청받은 기관의 장은 특별한 사유가 없으면 이에 따라야 한다.
④ 환경부장관은 수립된 배치계획을 환경부 인터넷 홈페이지 등을 통하여 공개하고, 관계 중앙행정기관의 장, 시·도지사 및 시장·군수·구청장에게 통보하여야 한다.
⑤ 제1항부터 제4항까지에서 규정한 사항 외에 배치계획의 수립, 심의, 공개 등에 필요한 사항은 환경부령으로 정한다.
(2021.4.13 본조신설)

제58조의11【수소연료공급시설 설치계획의 승인】① 수소연료공급시설을 설치하려는 자는 대통령령으로 정하는 바에 따라 수소연료공급시설 설치계획(이하 "설치계획"이라 한다)을 작성하여 환경부장관의 승인을 받아야 한다.
② 설치계획에는 다음 각 호의 사항이 포함되어야 한다.
1. 수소연료공급시설을 설치하려는 자의 성명 또는 명칭
2. 수소연료공급시설의 위치, 면적 등 설치 부지에 관한 사항
3. 수소연료공급시설의 용량, 공급방식 등 설비에 관한 사항
4. 그 밖에 제1항에 따른 승인을 위하여 필요한 사항으로서 대통령령으로 정하는 사항
③ 수소연료공급시설을 설치하려는 자가 제1항에 따라 승인을 받은 설치계획 중 대통령령으로 정하는 중요한 사항을 변경하려는 경우에는 변경승인을 받아야 한다.
④ 환경부장관은 제1항 및 제3항에 따른 승인 또는 변경승인을 하려는 때에는 배치계획과 설치계획의 정합성(整合性)을 고려하여야 하며, 미리 관계 행정기관의 장과 협의를 거쳐야 한다.
⑤ 제1항부터 제4항까지에서 규정한 사항 외에 설치계획의 승인, 변경승인, 관계 행정기관의 장과의 협의 등에 필요한 사항은 대통령령으로 정한다.
(2021.4.13 본조신설 : 2025.12.31까지 유효)

제58조의12【인·허가 등의 의제】① 환경부장관이 제58조의11제1항 및 같은 조 제3항에 따라 설치계획의 승인 또는 변경승인을 한 경우에는 다음 각 호의 허가·신고·지정·인가·협의 등(이하 "인·허가 등"이라 한다)에 관하여 관계 행정기관의 장과 미리 협의한 사항에 대해서는 해당 인·허가 등을 받은 것으로 본다.(2024.1.30 본문개정)
1. 「건축법」 제11조·제16조에 따른 건축허가 또는 변경허가, 같은 법 제20조제1항·제3항에 따른 가설건축물의 건축허가 또는 축조신고 및 같은 법 제83조에 따른 공작물의 축조신고
2. 「고압가스 안전관리법」 제4조에 따른 고압가스 제조허가 또는 변경허가
3. 「국토의 계획 및 이용에 관한 법률」 제56조에 따른 개발행위의 허가, 같은 법 제86조에 따른 도시·군계획시설사업 시행자의 지정 및 같은 법 제88조에 따른 실시계획의 인가
4. 「산지관리법」 제14조·제15조에 따른 산지전용허가와 산지전용신고 및 같은 법 제15조의2에 따른 산지일시사용허가·신고. 다만, 보전산지인 경우에는 「국토의 계획 및 이용에 관한 법률」에 따른 도시지역만 해당한다.
5. 「농지법」 제34조, 제35조 및 제43조에 따른 농지전용허가·신고 및 협의
6. 「도로법」 제36조에 따른 도로관리청이 아닌 자에 대한 도로공사 시행의 허가, 같은 법 제52조제1항에 따른 도로와 다른 시설의 연결 허가 및 같은 법 제61조에 따른 도로의 점용 허가
7. 「하천법」 제33조에 따른 하천점용 등의 허가
8. 「하수도법」 제27조에 따른 배수설비(配水設備)의 설치신고 및 같은 법 제34조제2항에 따른 개인하수처리시설의 설치신고
9. 「수도법」 제38조에 따라 수도사업자가 지방자치단체인 경우 그 지방자치단체가 정한 조례에 따른 상수도 공급신청
10. 「전기안전관리법」 제8조에 따른 자가용전기설비 공사계획의 인가 또는 신고
11. 「물환경보전법」 제33조에 따른 수질오염물질 배출시설 설치의 허가나 신고
12. 제23조에 따른 대기오염물질 배출시설 설치의 허가나 신고
13. 「소음·진동관리법」 제8조에 따른 소음·진동 배출시설 설치의 허가나 신고
14. 「도시공원 및 녹지 등에 관한 법률」 제24조에 따른 도시공원의 점용허가
② 환경부장관은 제58조의11제1항 및 같은 조 제3항에 따른 승인 또는 변경승인을 할 경우에는 미리 관계 행정기관의 장과 협의하여야 한다.(2024.1.30 본항개정)
③ 제1항에 따라 다른 법률에 따른 허가 또는 변경허가를 받은 것으로 보는 경우에는 관계 법률 또는 조례에 따라 부과되는 수수료·사용료 등을 면제한다.
④ 제1항부터 제3항까지에서 규정한 사항 외에 인·허가 등 의제의 기준 및 효과 등에 관하여는 「행정기본법」 제24조부터 제26조까지를 준용한다.(2024.1.30 본항개정)
(2021.4.13 본조신설 : 2025.12.31까지 유효)

제59조【공회전의 제한】① 시·도지사는 자동차의 배출가스로 인한 대기오염 및 연료 손실을 줄이기 위하여 필요하다고 인정하면 그 시·도의 조례로 정하는 바에 따라 터미널, 차고지, 주차장 등의 장소에서 자동차의 원동기를 가동한 상태로 주차하거나 정차하는 행위를 제한할 수 있다.(2020.5.26 본항개정)
② 시·도지사는 대중교통용 자동차 등 환경부령으로 정하는 자동차에 대하여 시·도 조례에 따라 공회전제한장치의 부착을 명령할 수 있다.(2012.5.23 본항개정)
③ 국가나 지방자치단체는 제2항에 따른 부착 명령을 받은 자동차 소유자에 대하여는 예산의 범위에서 필요한 자금을 보조하거나 융자할 수 있다.(2009.5.21 본항신설)

제60조【배출가스저감장치 및 공회전제한장치의 인증 등】① 배출가스저감장치, 저공해엔진 또는 공회전제한장치를 제조 또는 수입하려는 자는 환경부장관으로부터 그 장치나 엔진이 보증기간 동안 환경부령으로 정하는 저감효율 또는 기준에 맞게 유지될 수 있다는 인증을 받아야 한다. 다만, 제작단계에서 배출가스저감장치, 저공해엔진 또는 공회전제한장치를 부착하여 제작차 인증을 받은 경우에는 인증을 받지 아니할 수 있다.
(2023.8.16 본문개정)
② 제1항에 따라 인증을 받은 자가 인증받은 내용을 변경하려면 변경인증을 받아야 한다.
③ (2019.4.2 삭제)
④ 환경부장관은 제1호에 해당하면 인증을 취소하여야 한다. 다만, 제2호와 제3호에 해당하는 경우에는 인증을 취소할 수 있다.(2019.4.2 단서개정)
1. 거짓이나 그 밖의 부정한 방법으로 인증을 받은 경우
2. 배출가스저감장치, 저공해엔진 또는 공회전제한장치에 결함이 생겨 이를 개선하여도 제1항에 따른 저감효율 또는 기준을 유지할 수 없는 경우(2012.5.23 본호개정)
3. 제60조의4에 따른 검사 결과 인증의 기준을 유지하지 못하는 경우(2019.4.2 본호신설)
⑤ 제1항과 제2항에 따른 인증 또는 변경인증을 받으려는 자는 환경부령으로 정하는 바에 따라 수수료를 내야 한다.
⑥ 누구든지 제1항에 따른 인증을 받지 아니한 배출가스저감장치, 저공해엔진 또는 공회전제한장치를 공급·판매하거나 공급·판매의 목적으로 진열·보관 또는 저장하여서는 아니 된다.(2023.8.16 본항신설)
⑦ 환경부장관은 제1항에 따른 인증을 받지 아니한 배출가스저감장치, 저공해엔진 또는 공회전제한장치를 제조, 수입, 공급 또는 판매하려는 자에게 환경부령으로 정하는 바에 따라 일정한 기간을 정하여 제품의 회수, 폐기 등의 필요한 조치를 명할 수 있다.(2023.8.16 본항신설)
⑧ 배출가스저감장치, 저공해엔진 또는 공회전제한장치의 판매를 중개하거나 구매를 대행하는 자는 제1항에 따른 인증을 받지 아니한 제품의 판매를 중개(「전자상거래 등에서의 소비자보호에 관한 법률」에 따른 통신판매중개자가 자신이 운영하는 사이버몰에서 해당 제품을 발견하는 즉시 삭제하고, 소비자가 이러한 정보를 확인할 수 있도록 기술적 조치를 한 경우는 제외한다. 이하 같다)하거나 구매를 대행하여서는 아니 된다.(2023.8.16 본항신설)
⑨ 누구든지 제1항에 따른 인증을 받지 아니한 배출가스저감장치, 저공해엔진 또는 공회전제한장치를 사용하여서는 아니 된다.(2023.8.16 본항신설)
⑩ 제1항에 따른 인증의 신청·시험·기준 및 방법 등에 필요한 사항은 환경부령으로 정한다.
(2012.5.23 본조제목개정)

제60조의2【배출가스저감장치 등의 관리】① 제58조제1항 또는 제2항에 따른 조치를 한 자동차의 소유자는 그 조치를 한 날부터 2개월이 되는 날 전후 각각 15일 이내에 환경부령으로 정하는 바에 따라 자동차에 부착 또는 교체한 배출가스저감장치나 개조 또는 교체한 저공해엔진이 제60조제1항에 따른 저감효율에 맞게 유지되는지 성능유지 확인을 받아야 한다. 다만, 자동차 배출가스 종합전산체계를 통하여 배출가스저감장치 또는 저공해엔진의 성능이 유지되는지를 확인할 수 있는 경우에는 성능유지 확인을 받은 것으로 본다.(2015.1.20 단서개정)
② 제1항에 따른 성능유지 확인 방법, 확인기관 등 필요한 사항은 환경부령으로 정한다.
③ 제1항에 따라 성능을 유지할 수 있다는 확인을 받은 자동차는 제58조제1항 또는 제2항에 따른 조치를 한 날부터 3년간 제62조제1항에 따른 배출가스 정기검사 및 제63조제1항에 따른 배출가스 정밀검사를 받지 아니하여도 된다.
④ 제58조제1항 또는 제2항에 따른 조치를 한 자동차의 소유자는 배출가스저감장치 또는 저공해엔진의 성능을 유지하기 위하여 배출가스저감장치의 점검 등 환경부령으로 정하는 사항을 지켜야 한다.
⑤ 시·도지사는 자동차의 소유자가 제4항에 따른 준수사항을 지키지 아니한 경우에는 배출가스저감장치의 점검 등 제4항에 따른 준수사항의 이행에 필요한 조치를 명할 수 있다.
⑥ 배출가스저감장치나 저공해엔진을 제조·공급 또는 판매하려는 자는 환경부령으로 정하는 바에 따라 자동차에 부착한 배출가스저감장치 또는 저공해엔진으로 개조한 자동차의 성능을 점검하고, 그 결과를 환경부장관과 시·도지사에게 제출하여야 한다. 다만, 자동차 배출가스 종합전산체계를 통하여 배출가스저감장치의 성능이 유지되는지를 확인할 수 있는 경우에는 점검결과를 제출하지 아니할 수 있다.(2019.4.2 본항신설)
(2012.2.1 본조신설)

제60조의3【배출가스저감장치 등의 저감효율 확인검사】① 환경부장관은 자동차에 부착 또는 교체한 배출가스저감장치나 개조 또는 교체한 저공해엔진이 제60조제1항 본문에 따른 보증기간 동안 저감효율을 유지하는지 검사할 수 있다.
② 제1항에 따른 검사의 대상 장치 또는 엔진의 선정기준, 검사의 방법·절차·기준, 판정방법 및 검사수수료 등에 관하여 필요한 사항은 환경부령으로 정한다.
(2012.2.1 본조신설)

제60조의4【배출가스저감장치 등의 수시검사】① 환경부장관은 제60조제1항에 따라 인증을 받은 배출가스저감장치나 저공해엔진에 대하여 자동차에 부착하거나 저공해엔진으로 개조하기 전에 인증의 기준을 유지할 수 있는지를 수시로 검사할 수 있다.
② 제1항에 따른 검사의 대상·방법·절차 등에 필요한 사항은 환경부령으로 정한다.
(2019.4.2 본조신설)

제61조【운행차의 수시 점검】 ① 환경부장관, 특별시장·광역시장·특별자치시장·특별자치도지사·시장·군수·구청장은 자동차에서 배출되는 배출가스가 제57조에 따른 운행차배출허용기준에 맞는지 확인하기 위하여 도로나 주차장 등에서 자동차의 배출가스 배출상태를 수시로 점검하여야 한다.(2013.7.16 본항개정)
② 자동차 운행자는 제1항에 따른 점검에 협조하여야 하며 이에 따르지 아니하거나 기피 또는 방해하여서는 아니 된다.(2020.5.26 본항개정)
③ 제1항에 따른 점검 방법 등에 필요한 사항은 환경부령으로 정한다.

제62조【운행차의 배출가스 정기검사】 ① 자동차(「자동차관리법」 제3조제1항제5호에 따른 이륜자동차(이하 "이륜자동차"라 한다)는 제외한다. 이하 이 항에서 같다)의 소유자는 「자동차관리법」 제43조제1항제2호와 「건설기계관리법」 제13조제1항제2호에 따라 일정 기간마다 그 자동차에서 나오는 배출가스가 운행차배출허용기준에 맞는지를 검사하는 운행차 배출가스 정기검사를 받아야 한다. 다만, 저공해자동차 중 환경부령으로 정하는 자동차와 제63조에 따른 정밀검사 대상 자동차의 경우에는 해당 연도의 배출가스 정기검사 대상에서 제외한다.
② 이륜자동차의 소유자는 이륜자동차에 대하여 환경부령으로 정하는 바에 따라 환경부장관이 일정 기간마다 그 이륜자동차에서 나오는 배출가스가 운행차배출허용기준에 맞는지를 검사하는 배출가스 정기검사(이하 "이륜자동차정기검사"라 한다)를 받아야 한다. 다만, 전기이륜자동차 등 환경부령으로 정하는 이륜자동차의 경우에는 이륜자동차정기검사 대상에서 제외한다.
(2013.7.16 본항신설)
③ 환경부장관은 이륜자동차의 소유자가 천재지변이나 그 밖의 부득이한 사유로 이륜자동차정기검사를 받을 수 없다고 인정하는 경우에는 환경부령으로 정하는 바에 따라 그 검사 기간을 연장하거나 이륜자동차정기검사를 유예(猶豫)할 수 있다.(2013.7.16 본항신설)
④ 환경부장관은 이륜자동차정기검사를 받지 아니한 이륜자동차 소유자에게 환경부령으로 정하는 바에 따라 이륜자동차정기검사를 받도록 명할 수 있다.
(2013.7.16 본항신설)
⑤ 제2항에 따라 이륜자동차정기검사를 받으려는 자는 제62조의2제1항에 따른 이륜자동차정기검사 업무 대행기관 및 제62조의3에 따른 지정정비사업자가 정하는 수수료를 내야 한다.(2013.7.16 본항신설)
⑥ 제1항에 따른 배출가스 정기검사 및 이륜자동차정기검사(이하 "정기검사"라 한다)의 방법, 검사항목, 검사기관의 검사능력, 검사의 대상 및 검사 주기 등에 관하여 필요한 사항은 자동차의 종류에 따라 각각 환경부령으로 정한다.
⑦ 환경부장관이 제6항에 따라 환경부령을 정하는 경우에는 국토교통부장관과 협의하여야 한다. 다만, 이륜자동차정기검사에 관한 사항을 정하는 경우에는 그러하지 아니하다.
⑧ 환경부장관은 제1항에 따른 배출가스 정기검사의 결과에 관한 자료를 국토교통부장관에게 요청할 수 있다. 이 경우 국토교통부장관은 특별한 사유가 없으면 그 요청에 따라야 한다.(2020.5.26 후단개정)
(2013.7.16 본조개정)

제62조의2【이륜자동차정기검사 업무의 대행】 ① 환경부장관은 이륜자동차정기검사 업무를 효율적으로 수행하기 위하여 필요한 경우에는 대통령령으로 정하는 전문기관에 이륜자동차정기검사 업무를 대행하게 할 수 있다.
② 제1항에 따른 이륜자동차정기검사 업무 대행기관이 갖추어야 할 시설·장비 및 기술인력 등에 관하여 필요한 사항은 환경부령으로 정한다.
(2013.7.16 본조신설)

제62조의3【지정정비사업자의 지정 등】 ① 환경부장관은 이륜자동차정기검사를 효율적으로 하기 위하여 필요하다고 인정하면 자동차정비업자 중 일정한 시설과 기술인력을 확보한 자를 지정정비사업자로 지정하여 정기검사업무(그 결과의 통지를 포함한다)를 수행하게 할 수 있다.
② 제1항에 따른 지정정비사업자(이하 "지정정비사업자"라 한다)로 지정받으려는 자동차정비업자는 환경부령으로 정하는 시설 및 기술인력기준을 갖추어 환경부장관에게 지정을 신청하여야 한다.
③ 지정정비사업자의 시설, 기술인력기준, 지정 절차 및 검사업무의 범위 등에 관하여 필요한 사항은 환경부령으로 정한다.
(2013.7.16 본조신설)

제62조의4【지정의 취소 등】 ① 환경부장관은 이륜자동차정기검사대행자 또는 지정정비사업자가 다음 각 호의 어느 하나에 해당하는 경우에는 그 지정을 취소하거나 6개월 이내의 기간을 정하여 그 업무의 전부 또는 일부의 정지를 명할 수 있다. 다만, 제1호에 해당하는 경우에는 그 지정을 취소하여야 한다.
1. 거짓이나 그 밖의 부정한 방법으로 지정을 받은 경우
2. 업무와 관련하여 부정한 금품을 수수(授受)하거나 그 밖의 부정한 행위를 한 경우(2020.5.26 본호개정)
3. 자산상태의 불량 등의 사유로 그 업무를 계속하는 것이 적합하지 아니하다고 인정될 경우
4. 검사를 실시하지 아니하고 거짓으로 자동차검사표를 작성하거나 검사 결과와 다르게 자동차검사표를 작성한 경우
5. 그 밖에 이륜자동차정기검사와 관련된 제62조의3에 따른 기준 및 절차를 위반하는 사항으로서 환경부령으로 정하는 경우
② 제1항에 따른 처분의 세부 기준과 절차, 그 밖에 필요한 사항은 환경부령으로 정한다.
(2013.7.16 본조신설)

제63조【운행차의 배출가스 정밀검사】 ① 다음 각 호의 지역 중 어느 하나에 해당하는 지역에 등록(「자동차관리법」 제5조와 「건설기계관리법」 제3조에 따른 등록을 말한다)된 자동차의 소유자는 관할 시·도지사가 그 시·도의 조례로 정하는 바에 따라 실시하는 운행차 배출가스 정밀검사(이하 "정밀검사"라 한다)를 받아야 한다.
1. 대기관리권역(2019.4.2 본호개정)
2. 인구 50만명 이상의 도시지역 중 대통령령으로 정하는 지역
② 제1항에도 불구하고 다음 각 호의 어느 하나에 해당하는 자동차는 정밀검사를 면제한다.
1. 저공해자동차 중 환경부령으로 정하는 자동차
2. 「대기관리권역의 대기환경개선에 관한 특별법」 제26조제2항에 따라 검사를 받은 특정경유자동차
3. 「대기관리권역의 대기환경개선에 관한 특별법」 제26조제3항에 따른 조치를 한 날부터 3년 이내인 특정경유자동차
(2019.4.2 2호~3호개정)
③ 정밀검사에 관하여는 「자동차관리법」 제43조의2에 따른다.
④ 정밀검사 결과(관능 및 기능검사는 제외한다) 2회 이상 부적합 판정을 받은 자동차의 소유자는 제68조제1항에 따라 등록한 전문정비사업자에게 정비·점검을 받은 후 전문정비사업자가 발급한 정비·점검 결과표를 「자동차관리법」 제44조의2 또는 제45조의2에 따라 지정을 받은 종합검사대행자 또는 종합검사지정정비사업자에게 제출하고 재검사를 받아야 한다.(2015.1.20 본항개정)
⑤ 정밀검사의 기준 및 방법, 검사항목 등 필요한 사항은 환경부령으로 정한다.
⑥ 제1항 각 호에 따른 지역을 관할하는 시·도지사는 자동차 소유자가 「자동차관리법」 제8조·제11조·제12조에 따라 신규·변경·이전 등록을 신청하는 경우에는 정밀검사 대상임을 알 수 있도록 자동차등록증에 검사주기 등을 기재하여야 한다.
(2012.2.1 본조개정)

제64조~제67조 (2012.2.1 삭제)

제68조【배출가스 전문정비사업의 등록 등】 ① 자동차의 배출가스 관련 부품 등의 정비·점검 및 확인검사 업무를 하려는 자는 「자동차관리법」 제53조에 따라 자동차관리사업의 등록을 한 후 대통령령으로 정하는 기준에 맞는 시설·장비 및 기술인력을 갖추어 특별자치시장·특별자치도지사·시장·군수·구청장에게 배출가스 전문정비사업의 등록을 하여야 한다. 등록한 사항 중 대통령령으로 정하는 중요한 사항을 변경하려는 경우에도 또한 같다.(2013.7.16 전단개정)
② 제1항에 따라 배출가스 전문정비사업의 등록을 한 자(이하 "전문정비사업자"라 한다)가 이 법에 따른 정비·점검 및 확인검사를 한 경우에는 자동차 소유자에게 정비·점검 및 확인검사 결과표를 발급하고 그 내용을 제54조에 따른 자동차 배출가스 종합전산체계에 입력하여야 한다.(2015.1.20 본항개정)
③ 전문정비사업자는 등록된 기술인력에게 환경부령으로 정하는 바에 따라 환경부장관이 실시하는 교육을 받도록 하여야 한다. 이 경우 환경부장관은 관련 전문기관에 교육의 실시를 위탁할 수 있다.
④ 전문정비사업자와 정비업무에 종사하는 기술인력은 다음 각 호의 어느 하나에 해당하는 행위를 하여서는 아니 된다.
1. 거짓이나 그 밖의 부정한 방법으로 정비·점검 및 확인검사 결과표를 발급하거나 전산 입력을 하는 행위
2. 다른 자에게 등록증을 대여하거나 다른 자에게 자신의 명의로 정비·점검 및 확인검사 업무를 하게 하는 행위
3. 등록된 기술인력 외의 사람에게 정비·점검 및 확인검사를 하게 하는 행위
4. 그 밖에 정비·점검 및 확인검사 업무에 관하여 환경부령으로 정하는 준수사항을 위반하는 행위
⑤ 제1항에 따른 전문정비사업자의 등록 기준 및 절차 등 필요한 사항은 환경부령으로 정한다.
(2012.2.1 본조개정)

제69조【등록의 취소 등】 ① 특별자치시장·특별자치도지사·시장·군수·구청장은 전문정비사업자가 다음 각 호의 어느 하나에 해당하면 6개월 이내의 기간을 정하여 업무의 전부 또는 일부의 정지를 명하거나 그 등록을 취소할 수 있다. 다만, 제1호·제2호·제4호 및 제5호에 해당하는 경우에는 등록을 취소하여야 한다.
(2013.7.16 본문개정)
1. 거짓이나 그 밖의 부정한 방법으로 등록을 한 경우
2. 제69조의2에 따른 결격 사유에 해당하게 된 경우. 다만, 제69조의2제5호에 따른 결격 사유에 해당하는 경우로서 그 사유가 발생한 날부터 2개월 이내에 그 사유를 해소한 경우에는 그러하지 아니하다.
3. 고의 또는 중대한 과실로 정비·점검 및 확인검사 업무를 부실하게 한 경우
4. 「자동차관리법」 제66조에 따라 자동차관리사업의 등록이 취소된 경우
5. 업무정지기간에 정비·점검 및 확인검사 업무를 한 경우
6. 제68조제1항에 따른 등록기준을 충족하지 못하게 된 경우
7. 제68조제1항 후단에 따른 변경등록을 하지 아니한 경우
8. 제68조제4항에 따른 금지행위를 한 경우
② 제1항에 따른 행정처분의 세부기준은 환경부령으로 정한다.
(2012.2.1 본조개정)

제69조의2【결격 사유】 다음 각 호의 어느 하나에 해당하는 자는 전문정비사업의 등록을 할 수 없다.
1. 피성년후견인 또는 피한정후견인(2015.1.20 본호개정)
2. 파산선고를 받고 복권되지 아니한 자
3. 이 법을 위반하여 징역 이상의 실형을 선고받고 그 집행이 끝나거나(집행이 끝난 것으로 보는 경우를 포함한다) 집행을 받지 아니하기로 확정된 날부터 2년이 지나지 아니한 자
4. 제69조에 따라 등록이 취소(이 조 제1호 또는 제2호에 해당하여 등록이 취소된 경우는 제외한다)된 후 2년이 지나지 아니한 자(2020.12.29 본호개정)
5. 임원 중 제1호부터 제4호까지의 어느 하나에 해당하는 사람이 있는 법인
(2012.2.1 본조신설)

제70조【운행차의 개선명령】 ① 환경부장관, 특별시장·광역시장·특별자치시장·특별자치도지사·시장·군수·구청장은 제61조에 따른 운행차에 대한 점검 결과 그 배출가스가 운행차배출허용기준을 초과하는 경우에는 환경부령으로 정하는 바에 따라 자동차 소유자에게 개선을 명할 수 있다.(2013.7.16 본항개정)
② 제1항에 따라 개선명령을 받은 자는 환경부령으로 정하는 기간 이내에 전문정비사업자에게 정비·점검 및 확인검사를 받아야 한다.
③ 제2항에도 불구하고 배출가스 보증기간 이내인 자동차로서 자동차 소유자의 고의 또는 과실이 없는 경우(고의 또는 과실 여부는 자동차제작자가 입증하여야 한다)에는 자동차제작자가 비용을 부담하여 정비·점검 및 확인검사를 하여야 한다. 다만, 자동차제작자가 직접 확인검사를 할 수 없는 경우에는 전문정비사업자, 「자동차관리법」 제44조의2에 따른 종합검사대행자 또는 같은 법 제45조의2에 따른 종합검사 지정정비사업자(이하 이 조에서 "전문정비사업자등"이라 한다)에게 확인검사를 위탁할 수 있다.
④ 제2항 및 제3항에 따라 정비·점검 및 확인검사를 받은 자동차는 환경부령으로 정하는 기간 동안 정기검사와 정밀검사를 받지 아니하여도 된다.(2012.2.1 본항신설)
⑤ 전문정비사업자등이나 자동차제작자가 제2항 및 제3항에 따라 정비·점검 및 확인검사를 한 경우에는 자동차 소유자에게 정비·점검 및 확인검사 결과표를 발급하고 환경부령으로 정하는 바에 따라 특별시장·광역시장·특별자치시장·특별자치도지사·시장·군수·구청장에게 정비·점검 및 확인검사 결과를 보고하여야 한다.(2013.7.16 본항개정)
(2012.2.1 본조개정)

제70조의2【자동차의 운행정지】 ① 환경부장관, 특별시장·광역시장·특별자치시장·특별자치도지사·시장·군수·구청장은 제70조제1항에 따른 개선명령을 받은 자동차 소유자가 같은 조 제2항에 따른 확인검사를 환경부령으로 정하는 기간 이내에 받지 아니하는 경우에는 10일 이내의 기간을 정하여 해당 자동차의 운행정지를 명할 수 있다.(2013.7.16 본항개정)
② 제1항에 따른 운행정지처분의 세부기준은 환경부령으로 정한다.
(2012.2.1 본조신설)

제71조~제73조 (2012.2.1 삭제)

제74조【자동차연료·첨가제 또는 촉매제의 검사 등】 ① 자동차연료·첨가제 또는 촉매제를 제조(수입을 포함한다. 이하 이 조, 제75조, 제82조제1항제11호, 제89조제9호·제13호, 제91조제10호 및 제94조제4항제14호에서 같다)하려는 자는 환경부령으로 정하는 제조기준(이하 "제조기준"이라 한다)에 맞도록 제조하여야 한다.
(2013.7.16 본항개정)
② 자동차연료·첨가제 또는 촉매제를 제조하려는 자는 제조기준에 맞는지에 대하여 미리 환경부장관으로부터 검사를 받아야 한다.(2008.12.31 본항신설)
③ 제2항에 따른 첨가제 또는 촉매제에 대한 검사의 유효기간은 제조기준에 맞는지를 확인받은 날부터 3년으로 한다.
(2020.12.29 본항신설)
④ 제3항에 따른 유효기간이 종료된 후에도 계속하여 첨가제 또는 촉매제를 제조하려는 자는 제2항에 따른 검사를 다시 받아야 한다.(2020.12.29 본항신설)
⑤ 환경부장관은 자동차연료·첨가제 또는 촉매제의 품질을 유지하기 위하여 필요한 경우에는 시중에 유통·판매되는 자동차연료·첨가제 또는 촉매제가 제조기준에 적합한지 여부를 검사할 수 있다.(2012.5.23 본항신설)

⑥ 누구든지 다음 각 호의 어느 하나에 해당하는 것을 자동차연료·첨가제 또는 촉매제로 공급·판매하거나 사용하여서는 아니 된다. 다만, 학교나 연구기관 등 환경부령으로 정하는 자가 시험·연구 목적으로 제조·공급하거나 사용하는 경우에는 그러하지 아니하다.
(2013.7.16 본문개정)
1. 제2항에 따른 검사 결과 제1항을 위반하여 제조기준에 맞지 아니한 것으로 판정된 자동차연료·첨가제 또는 촉매제
2. 제2항을 위반하여 검사를 받지 아니하거나 검사받은 내용과 다르게 제조된 자동차연료·첨가제 또는 촉매제
(2013.7.16 1호~2호신설)
⑦ 환경부장관은 자동차연료·첨가제 또는 촉매제로 환경상의 위해가 발생하거나 인체에 매우 유해한 물질이 배출된다고 인정하면 환경부령으로 정하는 바에 따라 그 제조·판매 또는 사용을 규제할 수 있다.
⑧ 첨가제 또는 촉매제를 제조하려는 자는 환경부령으로 정하는 바에 따라 첨가제 또는 촉매제가 제2항에 따른 검사를 받고 제조기준에 맞는 제품임을 표시하여야 한다.
⑨ 제2항에 따른 검사를 받으려는 자는 환경부령으로 정하는 수수료를 내야 한다.
⑩ 제2항 및 제5항에 따른 검사의 방법 및 절차는 환경부령으로 정한다.(2020.12.29 본항개정)
⑪ 제2항에 따른 검사를 받고 첨가제 또는 촉매제를 제조하는 자가 업체명, 주소 등 환경부령으로 정하는 사항을 변경하려는 경우에는 환경부령으로 정하는 바에 따라 변경신고를 하여야 한다.(2020.12.29 본항신설)
(2008.12.31 본조개정)

제74조의2【검사업무의 대행】 ① 환경부장관은 제74조에 따른 검사업무를 효율적으로 수행하기 위하여 필요한 경우에는 전문기관을 지정하여 검사업무를 대행하게 할 수 있다.
② 제1항에 따라 지정을 받은 전문기관(이하 "검사대행기관"이라 한다)은 지정받은 사항 중 시설·장비 등 환경부령으로 정하는 중요한 사항을 변경한 경우에는 환경부장관에게 신고하여야 한다.(2020.12.29 본항신설)
③ 검사대행기관 및 검사업무에 종사하는 자는 다음 각 호의 행위를 하여서는 아니 된다.(2020.12.29 본문개정)
1. 다른 사람에게 자신의 명의로 검사업무를 하게 하는 행위
2. 거짓이나 그 밖의 부정한 방법으로 검사업무를 하는 행위
3. 검사업무와 관련하여 환경부령으로 정하는 준수사항을 위반하는 행위
4. 제74조제10항에 따른 검사의 방법 및 절차를 위반하여 검사업무를 하는 행위(2020.12.29 본호개정)
④ 검사대행기관의 지정기준, 지정절차, 그 밖에 검사업무에 필요한 사항은 환경부령으로 정한다.
(2008.12.31 본조신설)

제74조의3【검사대행기관의 지정 취소 등】 환경부장관은 검사대행기관이 다음 각 호의 어느 하나에 해당하는 경우에는 그 지정을 취소하거나 6개월 이내의 기간을 정하여 업무의 전부 또는 일부의 정지를 명할 수 있다. 다만, 제1호에 해당하는 경우에는 그 지정을 취소하여야 한다.
1. 거짓이나 그 밖의 부정한 방법으로 지정을 받은 경우
2. 제74조의2제3항 각 호의 금지행위를 한 경우
(2020.12.29 본호개정)
3. 제74조의2제4항에 따른 지정기준을 충족하지 못하게 된 경우(2020.12.29 본호개정)
(2008.12.31 본조신설)

제75조【자동차연료·첨가제 또는 촉매제의 제조·공급·판매 중지 및 회수】 ① 환경부장관은 제74조제6항에 따라 공급·판매 또는 사용이 금지되는 자동차연료·첨가제 또는 촉매제를 제조한 자에 대해서는 제조의 중지 및 유통·판매 중인 제품의 회수를 명할 수 있다.
② 환경부장관은 제74조제6항에 따라 공급·판매 또는 사용이 금지되는 자동차연료·첨가제 또는 촉매제를 공급하거나 판매한 자에 대하여는 공급이나 판매의 중지를 명할 수 있다.
(2020.12.29 본조개정)

제75조의2【친환경연료의 사용 권고】 ① 환경부장관 또는 시·도지사는 대기환경을 개선하기 위하여 필요하다고 인정하는 경우에는 친환경연료를 자동차연료로 사용할 것을 권고할 수 있다.
② 제1항에 따른 친환경연료의 종류, 품질기준, 사용차량 및 사용지역 등 필요한 사항은 산업통상자원부장관과 협의하여 환경부령으로 정한다.(2013.3.23 본항개정)
(2012.2.1 본조신설)

제76조【선박의 배출허용기준 등】 ① 선박 소유자는 「해양환경관리법」 제43조제1항에 따른 선박의 디젤기관에서 배출되는 대기오염물질 중 대통령령으로 정하는 대기오염물질을 배출할 때 환경부령으로 정하는 허용기준에 맞게 하여야 한다.(2007.1.19 본항개정)
② 환경부장관은 제1항에 따른 허용기준을 정할 때에는 미리 관계 중앙행정기관의 장과 협의하여야 한다.
③ 환경부장관은 필요하다고 인정하면 제1항에 따른 허용기준의 준수에 관하여 해양수산부장관에게 「해양환경관리법」 제49조부터 제52조까지의 규정에 따른 검사를 요청할 수 있다.(2020.5.26 본항개정)

제5장 자동차 온실가스 배출 관리
(2013.4.5 본장신설)

제76조의2【자동차 온실가스 배출허용기준】 자동차제작자는 「기후위기 대응을 위한 탄소중립·녹색성장 기본법」 제32조제2항에 따라 자동차 온실가스 배출허용기준을 택하여 준수하기로 한 경우 환경부령으로 정하는 자동차에 대한 온실가스 평균배출량이 환경부장관이 정하는 허용기준(이하 "온실가스 배출허용기준"이라 한다)에 적합하도록 자동차를 제작·판매하여야 한다.
(2021.9.24 본조개정)

제76조의3【자동차 온실가스 배출량의 보고】 ① 자동차제작자는 제76조의2에 따른 환경부령으로 정하는 자동차를 판매하고자 하는 경우 환경부장관이 지정하는 시험기관에서 해당 자동차의 온실가스 배출량을 측정하고 그 측정결과를 환경부장관에게 보고하여야 한다. 다만, 환경부령으로 정하는 장비 및 인력을 보유한 자동차제작자의 경우에는 자체적으로 온실가스 배출량을 측정하여 그 측정결과를 보고할 수 있다.
② 환경부장관은 제1항에 따라 자동차제작자가 보고한 측정결과에 보완이 필요한 경우 30일 이내에 자동차제작자에게 측정결과의 수정 또는 보완을 요청할 수 있다. 이 경우 자동차제작자는 정당한 사유가 없으면 이에 따라야 한다.
③ 환경부장관은 자동차제작자가 제1항에 따라 보고한 측정결과에 적합하게 자동차를 제작하였는지를 확인하기 위하여 같은 항에 따라 측정결과를 보고한 자동차에 대하여 환경부령으로 정하는 바에 따라 1년 이내에 사후검사를 실시할 수 있다. 이 경우 측정결과에 대한 사후검사 결과의 허용 오차범위는 환경부령으로 정한다.

제76조의4【자동차 온실가스 배출량의 표시】 ① 자동차제작자는 온실가스를 적게 배출하는 자동차의 사용·소비가 촉진될 수 있도록 제76조의3에 따라 환경부장관에게 보고한 자동차 온실가스 배출량을 해당 자동차에 표시하여야 한다.
② 제1항에 따른 온실가스 배출량의 표시방법과 그 밖에 필요한 사항은 환경부령으로 정한다.

제76조의5【자동차 온실가스 배출허용기준 및 평균에너지소비효율기준의 적용·관리 등】 ① 자동차제작자는 자동차 온실가스 배출허용기준 또는 평균에너지소비효율기준(「기후위기 대응을 위한 탄소중립·녹색성장 기본법」 제32조제2항에 따라 산업통상자원부장관이 정하는 평균에너지소비효율기준을 말한다. 이하 같다) 준수 여부 확인에 필요한 판매실적 등 환경부장관이 정하는 자료를 환경부장관에게 제출하여야 한다.(2021.9.24 본항개정)
② 자동차제작자는 해당 연도의 온실가스 평균배출량 또는 평균에너지소비효율이 온실가스 배출허용기준 또는 평균에너지소비효율기준 이내인 경우 그 차이분을 다음 연도부터 환경부령으로 정하는 기간 동안 이월하여 사용하거나 자동차제작자 간에 거래할 수 있으며, 해당 연도별 온실가스 평균배출량 또는 평균에너지소비효율이 온실가스 배출허용기준 또는 평균에너지소비효율기준을 초과한 경우에는 그 초과분을 다음 연도부터 환경부령으로 정하는 기간 내에 상환할 수 있다.
③ 제1항 및 제2항에 따른 자료의 작성방법·제출시기, 차이분·초과분의 산정방법, 상환·거래 방법, 그 밖에 필요한 사항은 환경부장관이 정하여 고시한다.

제76조의6【과징금 처분】 ① 환경부장관은 온실가스 배출허용기준을 준수하지 못한 자동차제작자에게 초과분에 따라 대통령령으로 정하는 매출액에 100분의 1을 곱한 금액을 초과하지 아니하는 범위에서 과징금을 부과·징수할 수 있다. 다만, 제76조의5제2항에 따라 자동차제작자가 초과분을 상환하는 경우에는 그러하지 아니하다.
② 제1항에 따른 과징금의 산정방법·금액, 징수시기, 그 밖에 필요한 사항은 대통령령으로 정한다. 이 경우 과징금의 금액은 평균에너지소비효율기준을 준수하지 못하여 부과하는 과징금 금액과 동일한 수준이 될 수 있도록 정한다.
③ 환경부장관은 제1항에 따른 과징금을 내야 할 자가 납부기한까지 내지 아니하면 국세 체납처분의 예에 따라 징수한다.
④ 제1항에 따라 징수한 과징금은 「환경정책기본법」에 따른 환경개선특별회계의 세입으로 한다.

제76조의7【온실가스 전과정 평가 방법의 고시 등】 ① 환경부장관과 국토교통부장관은 자동차 전과정에서 발생하는 이산화탄소 배출량을 파악하고 이를 효율적으로 관리할 수 있도록 온실가스 전과정 평가 대상이 되는 자동차의 종류와 그 실시 방법 등을 마련하여 고시하여야 한다. 이 경우 환경부장관과 국토교통부장관은 미리 산업통상자원부장관과 협의하여야 한다.
② 국가는 온실가스 전과정 평가를 실시하는 자동차제작자에게 필요한 행정적·기술적 지원을 할 수 있다.
(2024.1.9 본조신설 : 2027.1.10 시행)

제76조의8 (2020.12.29 삭제)

제5장의2 냉매의 관리
(2017.11.28 본장신설)

제76조의9【냉매의 관리기준 등】 ① 환경부장관은 건축물의 냉난방용, 식품의 냉동·냉장용, 그 밖의 산업용으로 냉매를 사용하는 기기(이하 "냉매사용기기"라 한다)로부터 배출되는 냉매를 줄이기 위하여 다음 각 호의 사항에 관한 관리기준(이하 "냉매관리기준"이라 한다)을 마련하여야 한다. 이 경우 환경부장관은 관계 중앙행정기관의 장과 협의하여야 한다.
1. 냉매사용기기의 유지 및 보수
2. 냉매의 회수 및 처리
② 환경부장관은 냉매의 관리를 위하여 필요한 경우 관계 중앙행정기관의 장에게 관련 자료를 요청할 수 있다. 이 경우 요청을 받은 기관의 장은 특별한 사유가 없으면 이에 협조하여야 한다.
③ 냉매사용기기의 범위와 냉매관리기준은 환경부령으로 정한다.

제76조의10【냉매사용기기의 관리 등】 ① 냉매사용기기의 소유자·점유자 또는 관리자(이하 "소유자등"이라 한다)는 냉매관리기준을 준수하여 냉매사용기기를 유지·보수하거나 냉매를 회수·처리하여야 한다.
② 냉매사용기기의 소유자등은 냉매사용기기의 유지·보수 및 냉매의 회수·처리 내용을 환경부령으로 정하는 바에 따라 기록·보존하고, 그 내용을 환경부장관에게 제출하여야 한다.
③ 냉매사용기기의 소유자등은 제76조의11제1항에 따라 냉매회수업의 등록을 한 자(이하 "냉매회수업자"라 한다)에게 냉매의 회수를 대행하게 할 수 있다.

제76조의11【냉매회수업의 등록】 ① 냉매사용기기의 냉매를 회수(회수한 냉매의 보관, 운반 및 환경부령으로 정하는 재사용을 포함한다. 이하 이 장에서 같다)하는 영업(이하 "냉매회수업"이라 한다)을 하려는 자는 대통령령으로 정하는 시설·장비 및 기술인력의 기준을 갖추어 환경부장관에게 등록하여야 한다.
② 냉매회수업자는 등록사항 중 대통령령으로 정하는 중요한 사항을 변경하려는 경우에는 변경등록을 하여야 한다.
③ 환경부장관은 냉매회수업의 등록을 한 경우에는 환경부령으로 정하는 바에 따라 등록대장에 그 내용을 기록하고, 등록증을 발급하여야 한다.
④ 제1항 및 제2항에 따른 등록 및 변경등록의 절차와 제3항에 따른 등록증의 발급 등에 필요한 사항은 환경부령으로 정한다.
⑤ 다음 각 호의 어느 하나에 해당하는 자는 냉매회수업의 등록을 할 수 없다.
1. 피성년후견인 또는 피한정후견인
2. 파산선고를 받고 복권되지 아니한 사람
3. 이 법을 위반하여 징역 이상의 실형을 선고받고 그 집행이 끝나거나(집행이 끝난 것으로 보는 경우를 포함한다) 집행을 받지 아니하기로 확정된 날부터 2년이 지나지 아니한 사람
4. 제76조의13에 따라 등록이 취소(제1호 또는 제2호에 해당하여 등록이 취소된 경우는 제외한다)된 후 2년이 지나지 아니한 자
5. 임원 중 제1호부터 제4호까지의 어느 하나에 해당하는 사람이 있는 법인

제76조의12【냉매회수업자의 준수사항 등】 ① 냉매회수업자는 다른 자에게 자기의 명의를 사용하여 냉매회수업을 하게 하거나 등록증을 다른 자에게 대여하여서는 아니 된다.
② 냉매회수업자는 냉매관리기준을 준수하여 냉매를 회수하여야 하며, 그 내용을 환경부령으로 정하는 바에 따라 기록·보존하고 환경부장관에게 제출하여야 한다.
③ 냉매회수업자는 등록된 기술인력으로 하여금 환경부령으로 정하는 바에 따라 환경부장관이 실시하는 냉매회수에 관한 교육을 받게 하여야 한다.
④ 환경부장관은 환경부령으로 정하는 바에 따라 제3항에 따른 교육에 드는 경비를 교육대상자를 고용한 자로부터 징수할 수 있다.
⑤ 환경부장관은 제3항에 따른 교육을 환경부령으로 정하는 전문기관에 위탁할 수 있다.

제76조의13【냉매회수업 등록의 취소 등】 ① 환경부장관은 냉매회수업자가 다음 각 호의 어느 하나에 해당하는 경우에는 등록을 취소하거나 6개월 이내의 기간을 정하여 영업의 전부 또는 일부의 정지를 명할 수 있다. 다만, 제1호부터 제3호까지 또는 제5호에 해당하는 경우에는 등록을 취소하여야 한다.
1. 거짓이나 그 밖의 부정한 방법으로 등록을 한 경우
2. 등록을 한 날부터 2년 이내에 영업을 개시하지 아니하거나 정당한 사유 없이 계속하여 2년 이상 휴업을 한 경우
3. 영업정지 기간 중에 냉매회수업을 한 경우
4. 제76조의11제1항에 따른 등록기준을 충족하지 못하게 된 경우
5. 제76조의11제5항에 따른 결격사유에 해당하는 경우. 다만, 법인의 경우 2개월 이내에 결격사유가 있는 임원을 교체 임명한 경우는 제외한다.
6. 제76조의12제1항을 위반하여 다른 자에게 자기의 명의

를 사용하여 냉매회수업을 하게 하거나 등록증을 다른 자에게 대여한 경우
7. 고의 또는 중대한 과실로 회수한 냉매를 대기로 방출한 경우
② 제1항에 따른 행정처분의 세부 기준 및 그 밖에 필요한 사항은 환경부령으로 정한다.
제76조의14【냉매 판매량 신고】 냉매를 제조 또는 수입하는 자는 환경부령으로 정하는 바에 따라 냉매의 종류, 양, 판매처 등을 환경부장관에게 신고하여야 한다. 다만, 다른 법령에 따라 판매 현황 등이 파악되는 경우로서 환경부령으로 정하는 경우에는 그러하지 아니하다.
제76조의15【냉매정보관리전산망 설치 및 운영】 환경부장관은 냉매의 판매·회수 및 처리 과정의 효율적인 관리를 위하여 환경부령으로 정하는 바에 따라 냉매정보관리전산망을 설치·운영할 수 있다.

제6장 보 칙

제77조【환경기술인 등의 교육】 ① 환경기술인을 고용한 자는 환경부령으로 정하는 바에 따라 해당하는 자에게 환경부장관, 시·도지사 또는 대도시 시장이 실시하는 교육을 받게 하여야 한다.
② 환경부장관, 시·도지사 또는 대도시 시장은 환경부령으로 정하는 바에 따라 제1항에 따른 교육에 드는 경비를 교육대상자를 고용한 자로부터 징수할 수 있다.
③ 환경부장관, 시·도지사 또는 대도시 시장은 제1항에 따른 교육을 관계 전문기관에 위탁할 수 있다.
(2020.12.29 본조개정)
제77조의2【친환경운전문화 확산 등】 ① 환경부장관은 오염물질(온실가스를 포함한다)의 배출을 줄이고 에너지를 절약할 수 있는 운전방법(이하 "친환경운전"이라 한다)이 널리 확산·정착될 수 있도록 다음 각 호의 시책을 추진하여야 한다.
1. 친환경운전 관련 교육·홍보 프로그램 개발 및 보급
2. 친환경운전 관련 교육 과정 개설 및 운영
3. 친환경운전 관련 전문인력의 육성 및 지원
4. 친환경운전을 체험할 수 있는 체험시설 설치·운영
5. 그 밖에 친환경운전문화 확산을 위하여 환경부령으로 정하는 시책
② 환경부장관은 제1항의 시책 추진을 위하여 민간 환경단체 등이 교육·홍보 등 각종 활동을 할 경우 이를 지원할 수 있다.
(2009.5.21 본조신설)
제77조의3【자전거 이용 우수 기관 지원 등】 ① 환경부장관은 온실가스 등 오염물질의 배출을 줄이고 쾌적한 대기환경을 유지하기 위하여 자전거 이용을 적극적으로 추진하는 기관을 자전거 이용 우수 기관으로 지정할 수 있다.
② 제1항에 따른 자전거 이용 우수 기관의 지정 기준 및 절차 등에 관한 사항은 환경부장관이 정한다.
③ 환경부장관은 제1항에 따른 자전거 이용 우수 기관이 다음 각 호의 어느 하나에 해당하는 경우에는 지정을 취소할 수 있다. 다만, 제1호에 해당하는 경우에는 지정을 취소하여야 한다.
1. 거짓이나 그 밖의 부정한 방법으로 지정을 받은 경우
2. 제2항에 따른 지정 기준에 적합하지 아니하게 된 경우
(2012.5.23 본조신설)
제78조【한국자동차환경협회의 설립 등】 ① 자동차와 건설기계의 배출가스로 인하여 인체 및 환경에 발생하는 위해를 줄이기 위하여 제80조의 업무를 수행하기 위한 한국자동차환경협회를 설립할 수 있다.(2022.12.27 본항개정)
② 한국자동차환경협회는 법인으로 한다.
③ 한국자동차환경협회를 설립하기 위하여는 환경부장관에게 허가를 받아야 한다.
④ 한국자동차환경협회에 대하여 이 법에 특별한 규정이 있는 것 외에는 「민법」 중 사단법인에 관한 규정을 준용한다.
(2012.2.1 본조개정)
제79조【회원】 다음 각 호의 어느 하나에 해당하는 자는 한국자동차환경협회의 회원이 될 수 있다.
1. 배출가스저감장치 제작자
2. 저공해엔진 제조·교체 등 배출가스저감사업 관련 사업자
3. 전문정비사업자
4. 배출가스저감장치 및 저공해엔진 등과 관련된 분야의 전문가
5. 「자동차관리법」 제44조의2에 따른 종합검사대행자 및 「건설기계관리법」 제14조에 따른 검사대행자
(2022.12.27 본호개정)
6. 「자동차관리법」 제45조의2에 따른 종합검사 지정정비사업자
7. 자동차 또는 건설기계 조기 폐차 관련 사업자
(2022.12.27 본호개정)
(2012.2.1 본조개정)
제80조【업무】 한국자동차환경협회는 정관으로 정하는 바에 따라 다음 각 호의 업무를 행한다.(2012.2.1 본문개정)
1. 자동차와 건설기계 저공해화 기술개발 및 배출가스저감장치와 저공해엔진의 보급(2022.12.27 본호개정)
2. 자동차와 건설기계 배출가스 저감사업의 지원과 사후관리에 관한 사항(2022.12.27 본호개정)
3. 자동차와 건설기계의 배출가스 검사와 정비기술의 연구·개발사업(2022.12.27 본호개정)
4. 제1호부터 제3호까지 및 제5호와 관련된 업무로서 환경부장관 또는 시·도지사로부터 위탁받은 업무
(2022.6.10 본호개정)
5. 그 밖에 자동차와 건설기계의 배출가스를 줄이기 위하여 필요한 사항(2022.12.27 본호개정)
제80조의2【굴뚝자동측정기기협회】 ① 굴뚝에서 배출되는 대기오염물질을 측정하는 측정기기(이하 이 조에서 "굴뚝자동측정기기"라 한다)에 관한 기술개발 및 관련 산업의 육성 등을 위한 다음 각 호의 사업을 수행하기 위하여 굴뚝자동측정기기협회를 설립할 수 있다.
1. 굴뚝자동측정기기 관련 기술개발 및 보급
2. 굴뚝자동측정기기 관련 교육 및 교육교재 개발·보급
3. 굴뚝자동측정기기를 운영·관리하는 자에 대한 교육 및 기술 지원(2015.1.20 본호개정)
4. 환경부장관 또는 지방자치단체의 장이 위탁하는 사업
(2015.1.20 본호신설)
② 굴뚝자동측정기기협회는 법인으로 한다.
③ 굴뚝자동측정기기협회를 설립하기 위하여는 환경부장관에게 허가를 받아야 한다.
④ 굴뚝자동측정기기 및 그 부속품을 수입·제조·판매하는 자 등은 굴뚝자동측정기기협회의 정관으로 정하는 바에 따라 굴뚝자동측정기기협회의 회원이 될 수 있다.
⑤ 굴뚝자동측정기기협회에 대하여 이 법에 특별한 규정이 있는 것을 제외하고는 「민법」 중 사단법인에 관한 규정을 준용한다.
(2012.2.1 본조신설)
제81조【재정적·기술적 지원】 ① 국가 또는 지방자치단체는 대기환경개선을 위하여 다음 각 호의 사업을 추진하는 지방자치단체나 사업자 등에게 필요한 재정적·기술적 지원을 할 수 있다.(2016.1.27 본문개정)
1. 제11조에 따른 종합계획의 수립 및 시행을 위하여 필요한 사업
2. 제32조제1항 및 제4항에 따른 측정기기 부착 및 운영·관리(2012.5.23 본호신설)
3. 제16조제6항에 따른 특별대책지역에서의 엄격한 배출허용기준과 특별배출허용기준의 준수 확보에 필요한 사업(2020.12.29 본호개정)
3의2. 제38조의2에 따라 대기오염물질의 비산배출을 줄이기 위한 사업(2012.5.23 본호신설)
3의3. 휘발성유기화합물함유기준에 적합한 도료에 관한 연구와 기술개발(2012.5.23 본호신설)
4. 제32조에 따른 측정기기의 부착 및 측정결과를 전산망에 전송하는 사업(2012.2.1 본호신설)
5. 제63조에 따른 정밀검사 기술개발과 연구
6. 제75조의2에 따른 친환경연료의 보급 확대와 기반구축 등에 필요한 사업(2012.2.1 본호신설)
7. 그 밖에 대기환경을 개선하기 위하여 환경부장관이 필요하다고 인정하는 사업
② 국가는 황사피해 및 대기오염을 방지하기 위한 보호 및 감시활동, 피해방지사업, 그 밖에 황사피해, 대기오염 방지 및 대기환경개선과 관련된 법인 또는 단체의 활동에 대하여 필요한 재정지원을 할 수 있다.(2012.2.1 본항개정)
③ 제2항에 따른 재정지원의 대상·절차 및 방법 등의 구체적인 내용은 대통령령으로 정한다.
제82조【보고와 검사 등】 ① 환경부장관, 시·도지사 및 시장·군수·구청장은 환경부령으로 정하는 경우에는 다음 각 호의 자에게 필요한 보고를 명하거나 자료를 제출하게 할 수 있으며, 관계 공무원(제87조제2항에 따라 환경부장관의 업무를 위탁받은 관계 전문기관의 직원을 포함한다)으로 하여금 해당 시설이나 사업장 등에 출입하여 제16조나 제46조제3항에 따른 배출허용기준 준수 여부, 제32조에 따른 측정기기의 정상운영 여부(제87조제2항에 따라 환경부장관의 업무를 위탁받은 관계 전문기관 직원의 경우에는 제32조제7항에 따른 사항만 해당한다), 제32조의2에 따른 측정기기 관리대행 업무의 적정 이행 여부, 제38조의2제5항에 따른 시설관리기준 준수 여부, 황함유기준 준수 여부, 제42조 본문에 따른 연료의 제조·판매·사용 금지 또는 제한 등의 조치 이행 여부, 제44조의2에 따른 휘발성유기화합물함유기준의 준수 여부, 제48조에 따른 인증시험, 제48조의2에 따른 인증시험 업무의 대행, 제60조에 따른 인증 여부, 제62조에 따른 검사업무, 제62조의2에 따른 이륜자동차정기검사 업무의 대행, 제62조의3에 따른 이륜자동차정기검사 업무, 제74조에 따른 검사, 제74조의2에 따른 검사업무의 대행의 적정이행 여부, 제76조의5에 따른 온실가스 배출허용기준 또는 평균에너지소비효율기준의 준수 여부, 제76조의10 제1항 또는 제76조의12제2항에 따른 냉매 회수 등에서 냉매관리기준 준수 여부를 확인하기 위하여 오염물질을 채취하거나 관계 서류, 시설, 장비 등을 검사하게 할 수 있다.(2023.8.16 본문개정)
1. 사업자
1의2. (2017.11.28 삭제)
1의3. 측정기기 관리대행업자(2016.1.27 본호신설)
1의4. 제38조의2제1항에 따른 비산배출시설을 운영하는 자(2016.1.27 본호개정)
2. 제41조제1항에 따라 황함유기준이 정하여진 유류를 공급·판매하거나 사용하는 자
3. 제42조에 따라 연료를 제조·판매하거나 사용하는 것을 금지 또는 제한당한 자(2017.11.28 본호개정)
4. 제43조제1항에 따른 비산먼지 발생사업의 신고를 한 자
5. 제44조에 따라 휘발성유기화합물을 배출하는 시설을 설치하는 자
5의2. 제44조의2제2항에 따라 도료를 공급하거나 판매하는 자(2012.5.23 본호신설)
6. 제46조에 따른 자동차제작자
7. 제48조의2제1항에 따라 인증시험대행기관으로 지정된 자
8. 제60조제1항에 따라 배출가스저감장치, 저공해엔진 또는 공회전제한장치를 제조 또는 수입하는 자(2023.8.16 본호개정)
8의2. 제62조의2에 따라 이륜자동차정기검사 업무를 대행하는 자(2013.7.16 본호신설)
8의3. 제62조의3에 따른 이륜자동차정기검사 지정정비사업자(2013.7.16 본호신설)
8의4. 제60조제6항에 따라 배출가스저감장치, 저공해엔진 또는 공회전제한장치를 공급·판매하거나 공급·판매의 목적으로 진열·보관 또는 저장하는 자
(2023.8.16 본호신설)
8의5. 제60조제8항에 따라 배출가스저감장치, 저공해엔진 또는 공회전제한장치의 판매를 중개하거나 구매를 대행하는 자(2023.8.16 본호신설)
9. 전문정비사업자
10. 제70조제3항에 따라 자동차제작자로부터 확인검사를 위탁받은 자
11. 제74조에 따라 자동차연료·첨가제 또는 촉매제를 제조·공급 또는 판매하는 자
12. 제74조의2에 따라 검사대행기관으로 지정된 자
12의2. 냉매사용기기의 소유자등(2017.11.28 본호신설)
12의3. 냉매회수업자(2017.11.28 본호신설)
13. 제87조제2항에 따라 환경부장관의 업무를 위탁받은 자
(2012.2.1 본항개정)
② 환경부장관, 시·도지사 또는 시장·군수·구청장은 제1항에 따라 배출허용기준 준수 여부를 확인하기 위하여 오염물질을 채취한 경우에는 환경부령으로 정하는 검사기관에 오염도검사를 의뢰하여야 한다. 다만, 현장에서 배출허용기준 초과 여부를 판정할 수 있는 경우로서 환경부령으로 정하는 경우에는 그러하지 아니하다.
(2012.5.23 본문개정)
③ 제1항에 따라 출입과 검사를 행하는 공무원은 그 권한을 표시하는 증표를 지니고 관계인에게 내보여야 한다.
④ 시·도지사는 매년 배출시설 관리현황을 작성하여 환경부장관에게 제출하여야 한다.(2015.1.20 본항신설)
⑤ 제4항에 따른 배출시설 관리현황의 작성·제출에 필요한 사항은 환경부령으로 정한다.(2015.1.20 본항신설)
제83조【관계 기관의 협조】 환경부장관은 이 법의 목적을 달성하기 위하여 필요하다고 인정하면 다음 각 호에 해당하는 조치를 관계 중앙행정기관의 장, 시·도지사 또는 시장·군수·구청장에게 요청할 수 있다. 이 경우 요청받은 관계 중앙행정기관의 장, 시·도지사 또는 시장·군수·구청장은 특별한 사유가 없으면 그 요청에 따라야 한다.(2020.5.26 후단개정)
1. 난방기기의 개선
2. 자동차 엔진의 변경이나 대체
3. 자동차의 차령 제한
4. 자동차의 통행 제한
5. 황사피해 방지를 위한 조치
6. 정밀검사 업무와 이륜자동차정기검사 업무의 전산처리에 필요한 자동차의 등록, 검사, 규격, 성능 등에 관한 전산자료(2013.7.16 본호개정)
7. 친환경운전문화를 확산하기 위한 시책(2009.5.21 본호신설)
8. 제61조에 따른 운행차 수시 점검에 필요한 자동차 제원 등 등록정보에 관한 전산자료(2012.2.1 본호신설)
9. 「자동차관리법」 제43조의2에 따른 종합검사 대상 자동차의 등록현황, 검사내역 등 종합검사업무 관련 전산자료(2012.2.1 본호신설)
10. 제58조제1항 및 「대기관리권역의 대기환경개선에 관한 특별법」 제26조제3항에 따른 배출가스저감장치의 부착·저공해엔진으로의 개조 등 구조변경검사에 관한 전산자료(2019.4.2 본호개정)
11. 제68조제2항에 따른 전문정비사업자의 정비·점검 및 확인검사결과에 관한 전산자료(2012.2.1 본호신설)
12. 그 밖에 대통령령으로 정하는 사항
제84조【행정처분의 기준】 이 법 또는 이 법에 따른 명령을 위반한 행위에 대한 행정처분의 기준은 환경부령으로 정한다.
제85조【청문】 환경부장관, 시·도지사 또는 시장·군수·구청장은 다음 각 호의 어느 하나에 해당하는 처분을 하려면 청문을 하여야 한다.
1. 제7조의3제4항에 따른 지정의 취소(2013.7.16 본호신설)
1의2. 제32조의3제1항에 따른 등록의 취소(2016.1.27 본호신설)
2. 제36조제1항 또는 제38조에 따른 허가의 취소나 배출시설의 폐쇄명령(2020.12.29 본호개정)

3. 제41조제4항에 따른 연료의 공급, 판매 또는 사용을 금지하는 명령
4. 제42조에 따른 연료의 제조, 판매 또는 사용을 금지하는 명령
4의2. 제48조의3에 따른 인증시험대행기관의 지정 취소 및 업무정지명령(2012.5.23 본호개정)
5. 제51조제4항이나 제6항에 따른 결함시정명령
6. 제55조에 따른 인증의 취소
6의2. 제60조제4항에 따른 인증의 취소(2019.4.2 본호신설)
6의3. 제62조의4에 따른 지정의 취소(2013.7.16 본호신설)
7. 제69조에 따른 전문정비사업자에 대한 등록의 취소(2012.2.1 본호개정)
8. 제74조의3에 따른 검사대행기관의 지정 취소 및 업무정지명령(2012.5.23 본호개정)
8의2. 제76조의13제1항에 따른 냉매회수업 등록의 취소(2017.11.28 본호신설)
9. 제77조의3제3항에 따른 자전거 이용 우수 기관의 지정 취소(2012.5.23 본호신설)

제86조【수수료】 다음 각 호의 어느 하나에 해당하는 자는 환경부령으로 정하는 수수료를 내야 한다.
1. 제23조에 따른 배출시설의 설치나 변경에 관한 허가·변경허가를 받거나 신고·변경신고를 하려는 자
2. 제48조에 따른 제작차 인증·변경인증·인증생략을 신청하는 자
(2012.2.1 본조개정)

제87조【권한의 위임과 위탁】 ① 이 법에 따른 환경부장관의 권한은 대통령령으로 정하는 바에 따라 그 일부를 시·도지사, 시장·군수·구청장, 환경부 소속 환경연구원의 장이나 지방 환경관서의 장에게 위임할 수 있다.(2013.7.16 본항개정)
② 환경부장관, 시·도지사 또는 시장·군수·구청장은 대통령령으로 정하는 바에 따라 이 법에 따른 업무의 일부를 관계 전문기관에 위탁할 수 있다.(2019.1.15 본항개정)

제88조【벌칙 적용 시 공무원 의제】 제87조제2항에 따라 위탁받은 업무에 종사하는 법인이나 단체의 임직원은 「형법」 제129조부터 제132조까지의 규정을 적용할 때에는 공무원으로 본다.(2012.2.1 본조개정)

제7장 벌 칙

제89조【벌칙】 다음 각 호의 어느 하나에 해당하는 자는 7년 이하의 징역이나 1억원 이하의 벌금에 처한다.
1. 제23조제1항이나 제2항에 따른 허가나 변경허가를 받지 아니하거나 거짓으로 허가나 변경허가를 받아 배출시설을 설치 또는 변경하거나 그 배출시설을 이용하여 조업한 자
2. 제26조제1항 본문이나 제2항에 따른 방지시설을 설치하지 아니하고 배출시설을 설치·운영한 자
3. 제31조제1항제1호나 제5호에 해당하는 행위를 한 자
4. 제34조제1항에 따른 조업정지명령을 위반하거나 같은 조 제2항에 따른 조치명령을 이행하지 아니한 자
5. 제36조제1항에 따른 배출시설의 폐쇄나 조업정지에 관한 명령을 위반한 자(2020.12.29 본호개정)
5의2. 제38조에 따른 사용중지명령 또는 폐쇄명령을 이행하지 아니한 자(2015.1.20 본호신설)
6. 제46조를 위반하여 제작차배출허용기준에 맞지 아니하게 자동차를 제작한 자
6의2. 제46조제4항을 위반하여 자동차를 제작한 자(2016.1.27 본호신설)
7. 제48조제1항을 위반하여 인증을 받지 아니하고 자동차를 제작한 자
7의2. 제50조의3에 따른 상환명령을 이행하지 아니하고 자동차를 제작한 자(2012.2.1 본호신설)
7의3. 제55조제1호에 해당하는 행위를 한 자(2016.1.27 본호신설)
8. 제60조제1항 또는 제2항을 위반하여 인증이나 변경인증을 받지 아니하고 배출가스저감장치, 저공해엔진 또는 공회전제한장치를 제조 또는 수입한 자(2023.8.16 본호개정)
8의2. 제60조제6항을 위반하여 인증을 받지 아니한 배출가스저감장치, 저공해엔진 또는 공회전제한장치를 공급·판매하거나 공급·판매의 목적으로 진열·보관 또는 저장한 자(2023.8.16 본호신설)
8의3. 제60조제7항에 따른 회수, 폐기 등의 조치 명령을 따르지 아니한 자(2023.8.16 본호신설)
9. 제74조제1항을 위반하여 자동차연료·첨가제 또는 촉매제를 제조기준에 맞지 아니하게 제조한 자(2008.12.31 본호개정)
10. 제74조제2항을 위반하여 자동차연료·첨가제 또는 촉매제의 검사를 받지 아니한 자(2008.12.31 본호신설)
11. 제74조제5항에 따른 자동차연료·첨가제 또는 촉매제의 검사를 거부·방해 또는 기피한 자(2020.12.29 본호개정)
12. 제74조제6항 본문을 위반하여 자동차연료를 공급하거나 판매한 자(2020.12.29 본호개정)
13. 제75조에 따른 제조의 중지, 제품의 회수 또는 공급·판매의 중지명령을 위반한 자(2013.7.16 본호개정)

제90조【벌칙】 다음 각 호의 어느 하나에 해당하는 자는 5년 이하의 징역이나 5천만원 이하의 벌금에 처한다.(2016.12.27 본문개정)
1. 제23조제1항에 따른 신고를 하지 아니하거나 거짓으로 신고를 하고 배출시설을 설치 또는 변경하거나 그 배출시설을 이용하여 조업한 자
2. 제31조제1항제2호에 해당하는 행위를 한 자
3. 제32조제1항 본문에 따른 측정기기의 부착 등의 조치를 하지 아니한 자(2012.5.23 본호개정)
4. 제32조제3항제1호·제3호 또는 제4호에 해당하는 행위를 한 자(2012.5.23 본호개정)
4의2. 제38조의2제8항에 따른 시설개선 등의 조치명령을 이행하지 아니한 자(2019.1.15 본호개정)
4의3. 제39조제1항을 위반하여 오염물질을 측정하지 아니한 자 또는 측정결과를 거짓으로 기록하거나 기록·보존하지 아니한 자(2019.11.26 본호신설)
4의4. 제39조제2항 각 호의 어느 하나에 해당하는 행위를 한 자(2019.11.26 본호신설)
5. 제41조제4항에 따른 연료사용 제한조치 등의 명령을 위반한 자
6. 제44조제9항(제45조제5항에 따라 준용되는 경우를 포함한다)에 따른 시설개선 등의 조치명령을 이행하지 아니한 자(2019.1.15 본호개정)
6의2. 제50조제7항 및 제8항에 따른 부품 교체 또는 자동차의 교체·환불·재매입 명령을 이행하지 아니한 자(2016.12.27 본호신설)
7. 제51조제4항 본문·제6항 또는 제53조제3항 본문·제5항에 따른 결함시정명령을 위반한 자(2020.12.29 본호개정)
8. 제51조제8항 또는 제53조제7항에 따른 자동차의 교체·환불·재매입 명령을 이행하지 아니한 자(2020.12.29 본호신설)
9. (2012.2.1 삭제)
10. 제68조제1항을 위반하여 전문정비사업자로 등록하지 아니하고 정비·점검 또는 확인검사 업무를 한 자(2012.2.1 본호개정)
11. 제74조제6항 본문을 위반하여 첨가제 또는 촉매제를 공급하거나 판매한 자(2020.12.29 본호개정)

제90조의2【벌칙】 제41조제3항 본문을 위반하여 황함유기준을 초과하는 연료를 공급·판매한 자는 3년 이하의 징역이나 3천만원 이하의 벌금에 처한다.(2017.11.28 본조신설)

제91조【벌칙】 다음 각 호의 어느 하나에 해당하는 자는 1년 이하의 징역이나 1천만원 이하의 벌금에 처한다.(2015.1.20 본문개정)
1. 제30조를 위반하여 신고를 하지 아니하고 조업한 자
2. 제32조제6항에 따른 조업정지명령을 위반한 자
2의2. 제32조의2제1항을 위반하여 측정기기 관리대행업의 등록 또는 변경등록을 하지 아니하고 측정기기 관리업무를 대행한 자
2의3. 거짓이나 그 밖의 부정한 방법으로 제32조의2제1항에 따른 측정기기 관리대행업의 등록을 한 자
2의4. 제32조의2제4항을 위반하여 다른 자에게 자기의 명의를 사용하여 측정기기 관리 업무를 하게 하거나 등록증을 다른 자에게 대여한 자
(2016.1.27 2호의2~2호의4신설)
2의5. 제41조제3항 본문을 위반하여 황함유기준을 초과하는 연료를 사용한 자(2017.11.28 본호개정)
3. 제43조제5항에 따른 사용제한 등의 명령을 위반한 자(2020.12.29 본호개정)
3의2. 제44조의2제2항제1호에 해당하는 자로서 같은 항을 위반하여 도료를 공급하거나 판매한 자
3의3. 제44조의2제2항제2호에 해당하는 자로서 같은 항을 위반하여 도료를 공급하거나 판매한 자
3의4. 제44조의2제3항에 따른 휘발성유기화합물 함유기준을 초과하는 도료에 대한 공급·판매 중지 또는 회수 등의 조치명령을 위반한 자
3의5. 제44조의2제4항에 따른 휘발성유기화합물 함유기준을 초과하는 도료에 대한 공급·판매 중지명령을 위반한 자
(2015.1.20 3호의2~3호의5신설)
4. 제48조제1항에 따른 인증 또는 같은 조 제2항에 따른 변경인증 받은 내용과 다르게 자동차를 제작한 자. 다만, 중요사항 외의 사항의 변경으로 인하여 인증 또는 변경인증받은 내용과 다르게 제작한 경우는 제외한다.(2024.1.23 본호신설)
4의2. 제48조제2항에 따른 변경인증을 받지 아니하거나 거짓 또는 그 밖의 부정한 방법으로 변경인증을 받고 자동차를 제작한 자(2024.1.23 본호개정)
4의3. 제48조의2제3항제1호 또는 제2호에 따른 금지행위를 한 자(2020.12.29 본호개정)
5. 제57조의2를 위반하여 배출가스 관련 부품을 탈거·훼손·해체·변경·임의설정 하거나 촉매제를 사용하지 아니하거나 적게 사용하여 그 기능이나 성능이 저하되는 행위를 한 자 및 그 행위를 요구한 자(2019.4.2 본호신설)
6. 제68조제1항에 따른 변경등록을 하지 아니하고 등록사항을 변경한 자(2012.2.1 본호개정)
7. 제68조제4항제1호 또는 제2호에 따른 금지행위를 한 자(2012.2.1 본호개정)
8. 제69조에 따른 업무정지명령을 위반한 자
9. 제74조제6항 본문을 위반하여 자동차연료를 사용한 자
10. 제74조제7항에 따른 규제를 위반하여 자동차연료·첨가제 또는 촉매제를 제조하거나 판매한 자
11. 제74조제8항을 위반하여 검사를 받은 제품임을 표시하지 아니하거나 거짓으로 표시한 자
12. 제74조의2제3항제1호 또는 제2호에 따른 금지행위를 한 자
(2020.12.29 9호~12호개정)
12의2. 제76조의3제1항을 위반하여 자동차 온실가스 배출량을 보고하지 아니하거나 거짓으로 보고한 자(2013.4.5 본호신설)
12의3. 제76조의11제1항을 위반하여 냉매회수업의 등록을 하지 아니하고 냉매회수업을 한 자
12의4. 거짓이나 그 밖의 부정한 방법으로 제76조의11제1항에 따른 냉매회수업의 등록을 한 자
12의5. 제76조의12제1항을 위반하여 다른 자에게 자기의 명의를 사용하여 냉매회수업을 하게 하거나 등록증을 다른 자에게 대여한 자
(2017.11.28 12호의3~12호의5신설)
13. 제82조에 따른 관계 공무원의 출입·검사를 거부·방해 또는 기피한 자(2012.2.1 본호신설)

제91조의2【벌칙】 다음 각 호의 어느 하나에 해당하는 자는 500만원 이하의 벌금에 처한다.
1. 제58조제12항에 따른 표지를 거짓으로 제작하거나 붙인 자(2020.5.26 본호개정)
2. 제58조의2제4항을 위반하여 저공해자동차 보급계획서의 승인을 받지 아니한 자
(2019.4.2 본조신설)

제92조【벌칙】 다음 각 호의 어느 하나에 해당하는 자는 300만원 이하의 벌금에 처한다.
1. 제8조제3항에 따른 명령을 정당한 사유 없이 위반한 자
2. 제32조제5항에 따른 조치명령을 이행하지 아니한 자
3. 제38조의2제1항에 따른 신고를 하지 아니하고 시설을 설치·운영한 자(2015.1.20 본호신설)
3의2. 제38조의2제6항에 따른 정기점검을 받지 아니한 자(2019.1.15 본호개정)
4. 제42조에 따른 연료사용 제한조치 등의 명령을 위반한 자
4의2. 제43조제1항 전단에 따른 신고를 하지 아니한 자(2015.1.20 본호신설)
5. 제43조제1항 전단 또는 후단을 위반하여 비산먼지의 발생을 억제하기 위한 시설을 설치하지 아니하거나 필요한 조치를 하지 아니한 자. 다만, 시멘트·석탄·토사·사료·곡물 및 고철의 분체상(粉體狀) 물질을 운송한 자는 제외한다.(2015.1.20 본문개정)
6. 제43조제4항을 위반하여 비산먼지의 발생을 억제하기 위한 시설의 설치나 조치의 이행 또는 개선명령을 이행하지 아니한 자(2020.12.29 본호개정)
7. 제44조제1항, 제45조제1항 또는 제2항에 따른 신고를 하지 아니하고 시설을 설치하거나 운영한 자
8. 제44조제5항에 따른 조치를 하지 아니한 자(2019.1.15 본호개정)
9. 제50조의2제2항 및 제50조의3제3항에 따른 평균 배출량 달성실적 및 상환계획서를 거짓으로 작성한 자(2012.2.1 본호신설)
10. 제60조제1항에 따라 인증받은 내용과 다르게 결함이 있는 배출가스저감장치 또는 저공해엔진을 제조 또는 수입하는 자(2023.8.16 본호개정)
11. 제62조제4항에 따른 이륜자동차정기검사 명령을 이행하지 아니한 자(2013.7.16 본호신설)
12. 제70조의2에 따른 운행정지명령을 받고 이에 따르지 아니한 자(2020.5.26 본호개정)
13. 「자동차관리법」 제66조에 따라 자동차관리사업의 등록이 취소되었음에도 정비·점검 및 확인검사 업무를 한 전문정비사업자(2012.2.1 본호신설)
14. 제76조의5제1항을 위반하여 자료를 제출하지 아니하거나 거짓으로 자료를 제출한 자(2013.4.5 본호신설)

제93조【벌칙】 제40조제4항에 따른 환경기술인의 업무를 방해하거나 환경기술인의 요청을 정당한 사유 없이 거부한 자는 200만원 이하의 벌금에 처한다.

제94조【과태료】 ① 다음 각 호의 어느 하나에 해당하는 자에게는 500만원 이하의 과태료를 부과한다.
1. 제48조제3항에 따른 변경보고를 하지 아니하거나 거짓 또는 그 밖의 부정한 방법으로 변경보고를 한 자(2024.1.23 본호신설)
1의2. 제48조제5항을 위반하여 인증·변경인증·변경보고의 표시를 하지 아니한 자(2024.1.23 본호개정)
1의3. 제51조제5항 또는 제53조제4항에 따른 결함시정계획을 수립·제출하지 아니하거나 결함시정계획을 부실하게 수립·제출하여 환경부장관의 승인을 받지 못한 경우(2020.12.29 본호신설)
1의4. 제58조의2제5항을 위반하여 보급실적을 제출하지 아니한 자(2019.4.2 본호신설)
1의5. 제60조의2제6항에 따른 성능점검결과를 제출하지 아니한 자(2019.4.2 본호신설)

2. 제76조의4제1항을 위반하여 자동차에 온실가스 배출량을 표시하지 아니하거나 거짓으로 표시한 자
3. 제60조제8항을 위반하여 인증을 받지 아니한 배출가스저감장치, 저공해엔진 또는 공회전제한장치의 판매를 중개하거나 구매를 대행한 자(2023.8.16 본호신설)
(2015.1.20 본항개정)
② 다음 각 호의 어느 하나에 해당하는 자에게는 300만원 이하의 과태료를 부과한다.
1. 제31조제2항을 위반하여 배출시설 등의 운영상황을 기록·보존하지 아니하거나 거짓으로 기록한 자(2015.1.20 본호신설)
1의2. 제39조제3항을 위반하여 측정한 결과를 제출하지 아니한 자(2019.11.26 본호신설)
2. 제40조제1항을 위반하여 환경기술인을 임명하지 아니한 자
3. 제52조제3항에 따른 결함시정명령을 위반한 자(2015.12.1 본호신설)
4. 제58조제1항에 따른 저공해자동차 또는 저공해건설기계로의 전환 또는 개조 명령, 배출가스저감장치의 부착·교체 명령 또는 배출가스 관련 부품의 교체 명령, 저공해엔진(혼소엔진을 포함한다)으로의 개조 또는 교체 명령을 이행하지 아니한 자(2022.12.27 본호개정)
5. 제58조의5제1항에 따른 저공해자동차의 구매·임차 비율을 준수하지 아니한 같은 항 제2호·제3호에 해당하는 자(2020.12.29 본호개정)
(2013.7.16 본항개정)
③ 다음 각 호의 어느 하나에 해당하는 자에게는 200만원 이하의 과태료를 부과한다.
1. 제31조제1항제3호 또는 제4호에 따른 행위를 한 자
2. (2015.1.20 삭제)
3. 제32조제3항제2호에 따른 행위를 한 자
4. 제32조제4항을 위반하여 운영·관리기준을 지키지 아니한 자
4의2. 제32조의2제5항을 위반하여 관리기준을 지키지 아니한 자(2016.1.27 본호신설)
5. 제38조의2제2항에 따른 변경신고를 하지 아니한 자(2015.1.20 본호개정)
6. 제43조제1항에 따른 비산먼지의 발생 억제 시설의 설치 및 필요한 조치를 하지 아니하고 시멘트·석탄·토사 등 분체상 물질을 운송한 자
7. 제44조제2항 또는 제45조제3항에 따른 휘발성유기화합물 배출시설의 변경신고를 하지 아니한 자
8. 제44조제13항을 위반하여 검사·측정을 하지 아니한 자 또는 검사·측정 결과를 기록·보존하지 아니하거나 거짓으로 기록·보존한 자(2021.4.13 본호개정)
8의2. 제48조의2제2항에 따른 신고를 하지 아니하거나 거짓으로 신고를 하고 인증시험업무를 대행한 자(2020.12.29 본호신설)
9. 제51조제5항 또는 제53조제4항에 따른 결함시정 결과 보고를 하지 아니한 자(2020.12.29 본호개정)
10. 제53조제1항 본문에 따른 부품의 결함시정 현황 및 결함원인 분석 현황 또는 제53조제2항에 따른 결함시정 현황을 보고하지 아니한 자(2017.11.28 본호개정)
10의2. 제60조제9항을 위반하여 인증을 받지 아니한 배출가스저감장치, 저공해엔진 또는 공회전제한장치임을 알면서 사용한 자(2023.8.16 본호신설)
11. 제61조제2항을 위반하여 점검에 따르지 아니하거나 기피 또는 방해한 자(2020.5.26 본호개정)
12. 제68조제4항제3호 또는 제4호에 따른 행위를 한 자
13. 제74조제6항제1호에 따른 제조기준에 맞지 아니하는 첨가제 또는 촉매제임을 알면서 사용한 자(2020.12.29 본호개정)
14. 제74조제6항제2호에 따른 검사를 받지 아니하거나 검사받은 내용과 다르게 제조된 첨가제 또는 촉매제임을 알면서 사용한 자(2020.12.29 본호개정)
14의2. 제74조제11항에 따른 변경신고를 하지 아니한 자(2020.12.29 본호신설)
14의3. 제74조의2제2항에 따른 신고를 하지 아니하거나 거짓으로 신고를 하고 자동차연료·첨가제 또는 촉매제의 검사업무를 대행한 자(2020.12.29 본호신설)
15. 제76조의11제2항에 따른 냉매회수업의 변경등록을 하지 아니하고 등록사항을 변경한 자(2017.11.28 본호신설)
16. 제76조의12제2항을 위반하여 냉매관리기준을 준수하지 아니하거나 냉매의 회수 내용을 기록·보존 또는 제출하지 아니한 자(2017.11.28 본호신설)
(2013.7.16 본항개정)
④ 다음 각 호의 어느 하나에 해당하는 자에게는 100만원 이하의 과태료를 부과한다.
1. (2017.11.28 삭제)
1의2. 제23조제2항이나 제3항에 따른 변경신고를 하지 아니한 자
2. 제40조제2항에 따른 환경기술인의 준수사항을 지키지 아니한 자
3. 제43조제1항 후단에 따른 변경신고를 하지 아니한 자(2015.1.20 본호개정)
3의2. 제50조의2제2항에 따른 평균 배출량 달성 실적을 제출하지 아니한 자(2012.2.1 본호신설)
3의3. 제50조의3제3항에 따른 상환계획서를 제출하지 아니한 자(2012.2.1 본호신설)
4. 제53조의2제1항을 위반하여 보상을 하지 아니한 자(2024.1.23 본호신설)
5. 제59조에 따른 자동차의 원동기 가동제한을 위반한 자동차의 운전자
6. 제63조제4항을 위반하여 정비·점검 및 확인검사를 받지 아니한 자(2012.2.1 본호개정)
6의2. 제68조제3항을 위반하여 등록된 기술인력이 교육을 받게 하지 아니한 전문정비사업자(2012.2.1 본호신설)
7. 제70조제5항을 위반하여 정비·점검 및 확인검사 결과표를 발급하지 아니하거나 정비·점검 및 확인검사 결과를 보고하지 아니한 자(2012.2.1 본호개정)
7의2. 제76조의10제1항을 위반하여 냉매관리기준을 준수하지 아니하거나 같은 조 제2항을 위반하여 냉매사용기기의 유지·보수 및 냉매의 회수·처리 내용을 기록·보존 또는 제출하지 아니한 자(2017.11.28 본호신설)
7의3. 제76조의12제3항을 위반하여 등록된 기술인력에게 교육을 받게 하지 아니한 자(2017.11.28 본호신설)
8. 제77조를 위반하여 환경기술인 등의 교육을 받게 하지 아니한 자
9. 제82조제1항에 따른 보고를 하지 아니하거나 거짓으로 보고한 자 또는 자료를 제출하지 아니하거나 거짓으로 제출한 자
⑤ 제62조제2항을 위반하여 이륜자동차정기검사를 받지 아니한 자에게는 50만원 이하의 과태료를 부과한다.(2013.7.16 본항신설)
⑥ 제1항부터 제5항까지의 규정에 따른 과태료는 대통령령으로 정하는 바에 따라 환경부장관, 시·도지사 또는 시장·군수·구청장이 부과·징수한다.(2017.11.28 본항개정)

제95조【양벌규정】 법인의 대표자나 법인 또는 개인의 대리인, 사용인, 그 밖의 종업원이 그 법인 또는 개인의 업무에 관하여 제89조, 제90조, 제90조의2, 제91조부터 제93조까지의 어느 하나에 해당하는 위반행위를 하면 그 행위자를 벌하는 외에 그 법인 또는 개인에게도 해당 조문의 벌금형을 과(科)한다. 다만, 법인 또는 개인이 그 위반행위를 방지하기 위하여 해당 업무에 관하여 상당한 주의와 감독을 게을리하지 아니한 경우에는 그러하지 아니하다.(2012.5.23 본조개정)

부 칙

제1조【시행일】 이 법은 공포한 날부터 시행한다. 다만, 부칙 제13조제11항의 개정규정은 2007년 7월 27일부터 시행하고, 제39조제1항의 개정규정은 2007년 10월 5일부터 시행하며, 제13조부터 제15조까지, 제24조제3항·제4항, 제81조제2항·제3항 및 제83조제5호의 개정규정은 공포 후 6개월이 지난 날부터 시행하고, 제18조부터 제21조까지, 제44조 및 제45조의 개정규정은 2008년 1월 4일부터 시행하며, 부칙 제13조제25항의 개정규정은 2008년 1월 20일부터 시행하고, 부칙 제13조제19항의 개정규정은 2008년 1월 27일부터 시행하며, 제76조제1항의 개정규정은 법률 제7787호 해양오염방지법 일부개정법률 부칙 제1조 단서 중 소형의 디젤기관(130킬로와트 이상 294킬로와트 미만에 해당되는 디젤기관만을 말한다)에 관한 부분의 시행일부터 시행한다.

제2조【시행일에 관한 경과조치】 부칙 제1조 단서에 따라 제18조, 제39조제1항, 제44조 및 제45조의 개정규정이 시행되기 전까지는 그에 해당하는 종전의 제8조의3, 제22조제1항, 제28조의2 및 제28조의3을 적용한다.

제3조【유효기간】 제7조의 개정규정은 2007년 10월 4일까지 효력을 가진다.

제4조【배출가스저감장치 등에 관한 적용례】 제60조의 개정규정은 법률 제7779호 대기환경보전법 일부개정법률의 시행 후 최초로 제조되는 배출가스저감장치 또는 저공해엔진부터 적용한다.

제5조【자동차연료 또는 첨가제 검사 등에 관한 적용례】 제74조의 개정규정은 법률 제7779호 대기환경보전법 일부개정법률의 시행 후 최초로 제조되는 자동차연료 또는 첨가제부터 적용한다.

제6조【검사대행자의 지정에 관한 경과조치】 ① 법률 제4262호 대기환경보전법의 시행일인 1991년 2월 2일 당시 종전의 「환경보전법」 제60조의3제2항에 따른 확인검사 및 정도검사를 위하여 검사업무를 대행하고 있는 자는 법률 제4262호 대기환경보전법 제40조제1항에 따라 검사대행자로 지정된 것으로 본다.
② 법률 제4652호 대기환경보전법중개정법률의 시행일인 1994년 6월 27일 당시 종전의 규정에 따라 운행차의 확인업무를 행하는 검사대행자로 지정 또는 변경지정을 받은 자는 제71조의 개정규정에 따라 시·도지사로부터 그 업무를 행하는 검사대행자로 지정 또는 변경지정을 받은 자로 본다.

제7조【방지시설업에 대한 경과조치】 법률 제4262호 대기환경보전법의 시행일인 1991년 2월 2일 당시 종전의 「환경보전법」 제47조 또는 제49조에 따라 방지시설업의 등록 또는 변경등록을 한 자 또는 등록이 취소된 자는 「환경기술개발 및 지원에 관한 법률」 제44조에 따른 방지시설업의 등록 또는 변경등록을 하거나 또는 등록이 취소된 것으로 본다.

제8조【배출시설관리인의 교육에 관한 경과조치】 법률 제4262호 대기환경보전법의 시행일인 1991년 2월 2일 당시 종전의 「환경보전법」 제61조의2에 따라 행한 배출시설관리인 등 기술요원에 대한 교육은 제77조에 따라 행한 교육으로 본다.

제9조【휘발성 유기화합물질배출시설 신고에 관한 경과조치】 법률 제5961호 대기환경보전법중개정법률의 시행일인 1999년 10월 16일 당시 종전의 규정에 따라 시·도지사에게 신고한 휘발성 유기화합물질배출시설에 해당하는 배출시설은 이 법에 따라 신고한 배출시설로 본다.

제10조【자동차연료 또는 첨가제 검사에 관한 경과조치】 법률 제7779호 대기환경보전법 일부개정법률의 시행일인 2006년 12월 30일 당시 종전의 규정에 따라 환경부장관으로부터 제조기준에 맞게 제조된 것으로 인정받은 자동차연료 또는 첨가제는 제74조의 개정규정에 따른 검사를 받은 것으로 본다.

제11조【처분 등에 관한 일반적 경과조치】 이 법 시행 당시 종전의 규정에 따른 행정기관의 행위나 행정기관에 대한 행위는 그에 해당하는 이 법에 따른 행정기관의 행위나 행정기관에 대한 행위로 본다.

제12조【벌칙이나 과태료에 관한 경과조치】 이 법 시행 전의 행위에 대하여 벌칙이나 과태료 규정을 적용할 때에는 종전의 규정에 따른다.

제13조【다른 법률의 개정】 ①~㉚ ※(해당 법령에 가제정리 하였음)

제14조【다른 법령과의 관계】 이 법 시행 당시 다른 법령에서 종전의 「대기환경보전법」 또는 그 규정을 인용한 경우에 이 법 가운데 그에 해당하는 규정이 있으면 종전의 규정을 갈음하여 이 법 또는 이 법의 해당 규정을 인용한 것으로 본다.

부 칙 (2012.2.1)

제1조【시행일】 이 법은 공포 후 1년이 경과한 날부터 시행한다. 다만, 제24조제5항, 제27조제3항, 제31조제1항제1호·제2호, 제36조, 제37조제2항부터 제6항까지, 제40조제1항, 제50조의2, 제50조의3, 제56조제3항, 제89조제7호의2, 제92조제8호의2, 제94조제1항·제3항제3호의2·제3호의3·제4항의 개정규정은 공포한 날부터 시행한다.

제2조【배출가스 전문정비업자에 대한 경과조치】 ① 이 법 시행 당시 종전의 제68조에 따라 지정된 전문정비업자는 이 법 시행 후 6개월이 지나기 전까지 제68조제1항의 개정규정에 따라 적합한 시설·장비 및 기술인력을 갖추어 시장·군수·구청장에게 등록을 하여야 한다.
② 제1항에 따른 기한까지 등록을 하지 아니한 전문정비업자는 그 후에는 제68조의 개정규정에 따른 정비·점검 및 확인검사 업무를 할 수 없다.

제3조【확인검사대행자에 대한 경과조치】 ① 이 법 시행 당시 종전의 제71조에 따라 등록한 확인검사대행자는 이 법 시행 후 6개월이 지나기 전까지 제68조제1항의 개정규정에 따라 적합한 시설·장비 및 기술인력을 갖추어 시장·군수·구청장에게 등록을 하여야 한다.
② 제1항에 따른 기한까지 등록을 하지 아니한 확인검사대행자는 그 후에는 제68조의 개정규정에 따른 정비·점검 및 확인검사 업무를 할 수 없다.

제4조【자동차환경협회에 대한 경과조치】 이 법 시행 당시 종전의 제78조에 따라 설립된 자동차환경협회는 제78조의 개정규정에 따라 설립된 한국자동차환경협회로 본다.

제5조【벌칙이나 과태료에 관한 경과조치】 이 법 시행 전의 위반행위에 관하여 벌칙이나 과태료를 적용할 때에는 종전의 규정에 따른다.

제6조【다른 법률의 개정】 ①~③ ※(해당 법령에 가제정리 하였음)

부 칙 (2016.1.27)

제1조【시행일】 이 법은 공포 후 1년이 경과한 날부터 시행한다. 다만, 제9조의4, 제46조제4항, 제56조제1항, 제58조제14항·제15항 및 제89조제6호의2·제7호의3의 개정규정은 공포 후 6개월이 경과한 날부터 시행하고, 제32조제3항, 제58조제3항·제5항 및 제82조제1항 각 호 외의 부분·같은 항 제1호의2의 개정규정은 공포한 날부터 시행한다.

제2조【측정기기 관리대행업의 등록에 관한 경과조치】 제32조의2제1항의 개정규정에도 불구하고 이 법 시행 당시 측정기기 관리대행업을 하고 있는 자는 이 법 시행일부터 6개월까지는 같은 개정규정에 따른 등록을 하지 아니하고 측정기기 관리대행업을 할 수 있다.

제3조【금치산자 등에 대한 경과조치】 제32조의2제2항제1호의 개정규정에 따른 피성년후견인 또는 피한정후견인에는 법률 제10429호 민법 일부개정법률 부칙 제2조에 따라 금치산 또는 한정치산 선고의 효력이 유지되는 사람을 포함하는 것으로 본다.

부　칙 (2017.11.28)

제1조【시행일】 이 법은 공포 후 1년이 경과한 날부터 시행한다.
제2조【제작차의 인증 표시에 관한 적용례】 제48조제3항의 개정규정은 이 법 시행 후 최초로 출고되는 자동차부터 적용한다.
제3조【냉매회수업의 등록에 관한 경과조치】 이 법 시행 당시 냉매회수업을 하고 있는 자는 제76조의11제1항의 개정규정에도 불구하고 이 법 시행일부터 6개월까지는 같은 개정규정에 따른 등록을 하지 아니하고 냉매회수업을 할 수 있다.
제4조【금치산자 등에 관한 경과조치】 제76조의11제5항제1호의 개정규정에 따른 피성년후견인 또는 피한정후견인에는 법률 제10429호 민법 일부개정법률 부칙 제2조에 따라 금치산 또는 한정치산 선고의 효력이 유지되는 사람이 포함되는 것으로 본다.

부　칙 (2019.1.15)

제1조【시행일】 이 법은 공포 후 6개월이 경과한 날부터 시행한다. 다만, 제2조제13호의2다목의 개정규정은 공포한 날부터 시행한다.
제2조【배출시설의 설치신고 등에 관한 적용례】 제23조제5항·제6항, 제38조의2제3항·제4항 및 제44조제3항·제4항의 개정규정은 이 법 시행 이후 배출시설, 비산배출시설 또는 휘발성유기화합물 배출시설의 설치신고 또는 변경신고를 하는 경우부터 적용한다.
제3조【허가 등의 의제를 위한 협의에 관한 적용례】 제24조제3항 및 제4항의 개정규정은 이 법 시행 이후 협의를 요청하는 경우부터 적용한다.
제4조【기존 배출시설에 대한 경과조치】 이 법에 따라 환경부장관에게 허가를 받거나 신고를 하여야 하는 대기오염물질 배출시설로서, 이 법 시행 전에 시·도지사로부터 설치의 허가 또는 변경허가를 받거나 신고 또는 변경신고를 한 경우에는 그 배출시설에 대하여 환경부장관에게 허가 또는 변경허가를 받거나 신고 또는 변경신고를 한 것으로 본다.
제5조【원동기에 관한 경과조치】 제2조제13호의2다목의 개정규정 시행일 전에 제작되거나 수입된 「철도산업발전기본법」 제3조제4호에 따른 철도차량 중 동력차에 사용되는 동력을 발생시키는 장치에 대해서는 같은 개정규정에도 불구하고 제46조, 제47조, 제48조, 제49조, 제50조, 제50조의2, 제50조의3, 제51조부터 제56조까지, 제82조제1항제6호, 제89조제6호·제7호 및 제91조제4호를 적용하지 아니한다.

부　칙 (2019.4.2 법16306호)

제1조【시행일】 이 법은 공포 후 1년이 경과한 날부터 시행한다. 다만, 제58조의2부터 제58조의7까지의 개정규정은 2020년 1월 1일부터 시행한다.
제2조【저공해자동차등의 표지 발급에 관한 적용례】 제58조제11항 및 제12항의 개정규정은 2005년 1월 1일부터 판매·등록된 저공해자동차등(저공해자동차 중 경유자동차는 제외한다)에 대하여 적용한다.
제3조【휘발성유기화합물 배출시설 신고에 관한 경과조치】 이 법 시행 당시 종전의 제44조제1항제2호에 따라 휘발성유기화합물 배출시설 신고를 한 경우, 개정규정에 따라 신고를 한 것으로 본다.
제4조【일반적 경과조치】 이 법 시행 당시 종전의 규정에 따라 대기환경규제지역에서 휘발성유기화합물 배출시설에 대하여 행한 처분·절차, 그 밖의 행위는 그에 해당하는 이 법의 규정에 따라 행한 것으로 본다.
제5조【배출가스저감장치의 인증 등에 관한 경과조치】 이 법 시행 당시 종전의 「수도권 대기환경개선에 관한 특별법」 제26조제1항에 따라 배출가스저감장치 또는 저공해엔진 인증을 받은 경우에는 이 법 제60조제1항의 개정규정에 따라 인증을 받은 것으로 본다.
제6조【저공해자동차에 관한 경과조치】 이 법 시행 당시 종전의 「수도권 대기환경개선에 관한 특별법」 제2조제6호에 따른 저공해자동차는 이 법 제2조제16호의 개정규정에 따른 저공해자동차로 본다.
제7조【저공해자동차등의 표지 발급에 관한 경과조치】 이 법 시행 당시 종전의 규정에 따라 저공해자동차등의 표지를 발급받은 경우(저공해자동차 중 경유자동차는 제외한다)에는 제58조의 개정규정에 따라 저공해자동차등의 표지를 발급받은 것으로 본다.
제8조【다른 법률의 개정】 ※(해당 법령에 가제정리 하였음)

부　칙 (2019.11.26)

제1조【시행일】 이 법은 공포 후 6개월이 경과한 날부터 시행한다.
제2조【배출부과금의 부과·징수에 관한 적용례】 제35조제4항의 개정규정은 이 법 시행 이후 부과되는 초과부과금부터 적용한다. 이 경우 위반횟수를 산정할 때에는 이 법 시행 전의 위반행위도 포함하여 산정한다.
제3조【벌칙 및 과태료에 관한 경과조치】 이 법 시행 전의 행위에 대하여 벌칙 및 과태료를 적용할 때에는 종전의 규정에 따른다.

부　칙 (2020.3.24)

제1조【시행일】 이 법은 공포한 날부터 시행한다.(이하 생략)

부　칙 (2020.5.26)

이 법은 공포한 날부터 시행한다.(이하 생략)

부　칙 (2020.12.29)

제1조【시행일】 이 법은 공포 후 6개월이 경과한 날부터 시행한다. 다만, 제35조의2 및 제69조의2제4호의 개정규정은 공포한 날부터 시행하고, 제58조, 제58조의2부터 제58조의9까지, 제76조의7 및 제76조의8, 제94조제2항제5호의 개정규정은 2021년 1월 1일부터 시행하며, 제51조제4항·제7항·제8항, 제53조제4항부터 제7항까지, 제74조, 제74조의2제3항제4호, 제75조, 제89조제11호·제12호, 제90조, 제91조제9호부터 제11호까지, 제94조제1항제1호의3부터 제1호의5까지 및 같은 조 제3항제9호·제13호·제14호·제14호의2의 개정규정은 공포 후 1년이 경과한 날부터 시행한다.
제2조【자동차 배출가스 결함시정에 관한 적용례】 제51조제7항·제8항, 제53조제4항부터 제7항까지, 제90조제7호·제8호, 제94조제1항제1호의3 및 같은 조 제3항제9호의 개정규정은 부칙 제1조 단서에 따른 시행일 이후 제51조제4항 및 제53조제5항의 개정규정, 제51조제6항, 제53조제1항 단서 및 같은 조 제3항 본문에 따라 결함시정명령을 하거나 스스로 결함을 시정하려는 경우부터 적용한다.
제3조【전기자동차 배터리 반납에 관한 적용례】 제58조제5항의 개정규정은 2021년 1월 1일 이후에 등록된 자동차부터 적용한다.
제4조【저공해자동차 보급실적의 이월·거래, 저공해자동차 보급기여금에 관한 적용례】 제58조의3 및 제58조의4의 개정규정은 2022년 1월 1일 이후 보급실적부터 적용한다.
제5조【전기자동차 배터리 재사용·재활용에 관한 특례】 종전의 제58조제5항에 따라 반납되는 배터리는 제58조제8항에도 불구하고 2022년 1월 1일부터 매각할 수 있다.
제6조【과징금에 관한 경과조치】 이 법 시행 전의 위반행위에 대하여 조업정지처분을 갈음하여 과징금을 부과할 때에는 제37조의 개정규정에도 불구하고 종전의 규정에 따른다.
제7조【비산먼지 발생사업의 규제 등의 관할 관청에 관한 경과조치】 이 법 시행 전에 제43조제1항에 따라 비산먼지를 발생시키는 사업의 구역이 둘 이상의 특별자치시·특별자치도·시·군·구(자치구를 말한다)에 걸쳐 있는 경우로서 해당 구역을 관할하는 특별자치시장·특별자치도지사·시장·군수·구청장에게 각각 신고한 경우의 규제, 행정처분 등의 관할 관청에 대해서는 같은 조의 개정규정에도 불구하고 그 사업이 종료할 때까지 종전의 규정에 따른다.
제8조【전기자동차 배터리 반납에 관한 경과조치】 이 법 시행 전에 등록된 전기자동차의 소유자는 해당 자동차의 등록을 말소하고자 하는 경우 종전의 제58조제5항에 따라 해당 자동차의 배터리를 경비를 지원한 지방자치단체의 장에게 반납하여야 한다.
제9조【첨가제 또는 촉매제 검사에 관한 경과조치】 이 법 시행 당시 종전의 규정에 따라 첨가제 또는 촉매제에 대한 검사를 받고 제조기준에 적합한 것으로 확인받은 자는 제74조제3항 및 제4항의 개정규정에도 불구하고 이 법 시행일부터 2년까지는 제74조제2항 또는 제4항의 개정규정에 따른 검사를 받지 아니하고 첨가제 또는 촉매제를 제조할 수 있다.
제10조【첨가제 또는 촉매제의 변경신고에 관한 경과조치】 이 법 시행 당시 종전의 규정에 따라 첨가제 또는 촉매제에 대한 검사를 받고 제조기준에 적합한 것으로 확인받은 자 중 제74조제11항의 개정규정에 따른 변경신고 사항이 있는 자는 이 법 시행일로부터 6개월 이내에 제74조제11항의 개정규정에 따른 변경신고를 하여야 한다.
제11조【다른 법률의 개정】 ①~② ※(해당 법령에 가제정리 하였음)

부　칙 (2021.1.5)

제1조【시행일】 이 법은 공포 후 6개월이 경과한 날부터 시행한다.(이하 생략)

부　칙 (2021.4.13)

제1조【시행일】 이 법은 공포 후 6개월이 경과한 날부터 시행한다. 다만, 제58조 및 제58조의10부터 제58조의12까지의 개정규정은 공포 후 3개월이 경과한 날부터 시행한다.
제2조【유효기간】 제58조의11 및 제58조의12의 개정규정은 2025년 12월 31일까지 효력을 가진다.
제3조【허가조건에 관한 적용례】 제23조제9항의 개정규정은 이 법 시행 이후 배출시설의 설치 허가 또는 변경허가를 신청하는 경우부터 적용한다.
제4조【조업정지에 관한 적용례】 제38조의2제9항, 제44조제10항 및 제45조의 개정규정은 이 법 시행 후 발생하는 위반행위부터 적용한다.
제5조【과징금에 관한 적용례】 제38조의2제10항·제11항, 제44조제11항·제12항 및 제45조의 개정규정은 이 법 시행 후 조업정지를 명하여야 하는 경우부터 적용한다.
제6조【인·허가 등의 의제 효력에 관한 경과조치】 수소연료공급시설을 설치하려는 자가 제58조의11의 개정규정에 따라 설치계획의 승인을 받은 경우에는 부칙 제2조에 따른 유효기간이 지난 후에도 제58조의11 및 제58조의12의 개정규정을 적용한다.
제7조【인·허가 등의 의제 등에 관한 경과조치】 수소연료공급시설을 설치하려는 자가 이 법 시행 전에 「건축법」 제11조에 따른 건축허가 또는 「고압가스 안전관리법」 제4조에 따른 고압가스 제조허가를 받은 경우에는 제58조의11 및 제58조의12의 개정규정에도 불구하고 종전의 규정에 따른다.

부　칙 (2021.9.24)

제1조【시행일】 이 법은 공포 후 6개월이 경과한 날부터 시행한다.(이하 생략)

부　칙 (2022.6.10)

이 법은 공포 후 2년이 경과한 날부터 시행한다.

부　칙 (2022.12.27)

제1조【시행일】 이 법은 공포 후 6개월이 경과한 날부터 시행한다. 다만, 제11조제2항제3호의5부터 제3호의7까지, 제13조 및 제14조의 개정규정은 공포한 날부터 시행한다.
제2조【저공해건설기계 표지 발급에 관한 적용례】 제58조제11항의 개정규정은 이 법 시행 전에 제작된 건설기계(제46조의 개정규정에 따른 저공해자동차등의배출허용기준에 맞도록 제작한 원동기를 사용한 건설기계에 한정한다)에 대하여도 적용한다.

부　칙 (2023.8.16)

제1조【시행일】 이 법은 공포 후 6개월이 경과한 날부터 시행한다.
제2조【일반적 적용례】 이 법은 이 법 시행 이후 제조, 수입, 공급·판매 또는 공급·판매의 목적으로 진열·보관되는 배출가스저감장치, 저공해엔진 또는 공회전제한장치부터 적용한다.

부　칙 (2024.1.9)

이 법은 공포 후 3년이 경과한 날부터 시행한다.

부　칙 (2024.1.23)

제1조【시행일】 이 법은 공포 후 6개월이 경과한 날부터 시행한다.
제2조【제작차에 대한 인증에 관한 적용례】 제48조의 개정규정은 이 법 시행 이후 자동차제작자가 자동차의 인증내용을 변경하는 경우부터 적용한다.
제3조【자체시정비용의 보상에 관한 적용례】 제53조의2의 개정규정은 이 법 시행 후에 자동차제작자가 제50조제7항에 따른 부품 교체를 명받거나, 제51조제5항 또는 제53조제4항에 따라 환경부장관으로부터 결함시정계획을 승인받은 경우부터 적용한다.

부　칙 (2024.1.30)

제1조【시행일】 이 법은 공포한 날부터 시행한다.
제2조【이의신청에 관한 적용례】 이의신청에 관한 개정규정은 이 법 시행 이후 하는 처분부터 적용한다.(이하 생략)

대기환경보전법 시행령

(2007년 11월 15일 전부개정대통령령 제20383호)

개정
2008. 1.15영20547호
2008. 2.29영20680호(직제)
2008. 5.21영20789호(산업표준화법시)
2008. 9.22영21025호(군사기지및군사시설보호법시)
2008.12.31영21229호
2008.12.31영21241호(직제)
2009. 2.13영21325호 2009. 6.30영21586호
2009. 6.30영21590호(한시적행정규제유예)
2009. 7. 7영21626호(규제일몰제적용)
2010. 3.15영22075호(직제)
2010. 3.26영22100호
2010. 6.28영22224호(소음·진동관리법시)
2010.12.31영22601호
2012. 1. 6영23488호(민감정보고유식별정보)
2012. 5.22영23792호
2012. 7.20영23967호(환경정책시)
2013. 1.31영24344호
2013. 3.23영24451호(직제)
2013.12.30영25050호(행정규제재검토에따른일부개정령)
2014. 2. 5영25144호
2014. 8. 6영25532호(민감정보고유식별처리)
2014.11.19영25751호(직제)
2014.12.31영25950호 2015. 5. 6영26229호
2015. 7.20영26419호 2015.12.10영26705호
2016. 3.29영27062호 2016. 5.31영27200호
2016. 6.30영27299호(행정규제정비일부개정령)
2016. 7.26영27392호 2017. 1.24영27802호
2017. 3.27영27960호(주민등록번호처리제한일부개정령)
2017. 7.26영28211호(직제)
2017. 8.16영28243호(자격요건에서의불합리한학력차별을시정하기위한일부개정령)
2017.12.26영28500호
2018. 1.16영28583호(물환경보전법시)
2018.11.27영29313호 2018.12.31영29452호
2019. 2. 8영29514호(미세먼지저감및관리에관한특별법시)
2019. 2. 8영29518호(한국교통안전공단법시)
2019. 7. 2영29950호(법령용어정비)
2019. 7.16영29988호 2020. 3.31영30589호
2020. 5.26영30707호 2021. 6.29영31847호
2021.10.14영32059호
2022. 3.25영32557호(기후위기대응을위한탄소중립·녹색성장기본법시)
2022. 5. 3영32621호 2022.12.27영33130호
2022.12.30영33192호(소상공인경제회복지원을위한일부개정령)
2023. 3. 7영33321호(규제기한정비)
2023. 5.23영33479호(환경정책시)
2023. 6.20영33554호
2023.11.21영33886호(학력에따른취업등차별완화를위한일부개정령)
2023.12.26영34045호

제1장 총 칙

제1조【목적】 이 영은 「대기환경보전법」에서 위임된 사항과 그 시행에 필요한 사항을 규정하는 것을 목적으로 한다.

제1조의2【저공해자동차 등의 종류】 ① 「대기환경보전법」(이하 "법"이라 한다) 제2조제16호 각 목 외의 부분에서 "대통령령으로 정하는 것"이란 다음 각 호의 구분에 따른 자동차를 말한다.
1. 제1종 저공해자동차 : 자동차에서 배출되는 대기오염물질이 환경부령으로 정하는 배출허용기준에 맞는 자동차로서 「환경친화적 자동차의 개발 및 보급 촉진에 관한 법률」 제2조제3호, 제4호 및 제6호에 따른 전기자동차, 태양광자동차 및 수소전기자동차
2. 제2종 저공해자동차 : 자동차에서 배출되는 대기오염물질이 환경부령으로 정하는 배출허용기준에 맞는 자동차로서 「환경친화적 자동차의 개발 및 보급 촉진에 관한 법률」 제2조제5호에 따른 하이브리드자동차
3. 제3종 저공해자동차 : 자동차에서 배출되는 대기오염물질이 환경부령으로 정하는 배출허용기준에 맞는 자동차로서 법 제74조제1항에 따른 제조기준에 맞는 자동차연료를 사용하는 자동차

② 법 제2조제16호의2 각 목 외의 부분에서 "대통령령으로 정하는 것"이란 같은 조 제13호의2가목에 따른 건설기계(이하 "건설기계"라 한다) 중 다음 각 호의 구분에 따른 건설기계를 말한다.
1. 전기건설기계 : 건설기계에서 배출되는 대기오염물질이 환경부령으로 정하는 배출허용기준에 맞는 건설기계로서 전기 공급원으로부터 충전받은 전기에너지를 동력원으로 사용하는 건설기계
2. 수소전기건설기계 : 건설기계에서 배출되는 대기오염물질이 환경부령으로 정하는 배출허용기준에 맞는 건설기계로서 수소를 사용하여 발생시킨 전기에너지를 동력원으로 사용하는 건설기계

(2023.6.20 본항신설)
(2023.6.20 본조제목개정)
(2020.3.31 본조신설)

제1조의3【환경위성 관측망의 구축·운영 등】 ① 환경부장관은 법 제3조의2에 따른 환경위성 관측망(이하 "환경위성 관측망"이라 한다)의 효율적인 구축·운영 및 정보의 수집·활용을 위하여 다음 각 호의 업무를 수행할 수 있다.(2020.3.31 본문개정)
1. 대기환경 및 기후·생태계 변화유발물질의 감시와 기후변화에 따른 환경영향을 파악하기 위한 환경위성의 개발
2. 환경위성 지상국의 구축·운영
3. 환경위성 관측 자료의 수집·생산, 분석 및 배포
4. 환경위성 관측 자료의 정확도 향상을 위한 자료 검증 및 개선사업
5. 환경위성 관측망의 구축·운영 및 정보의 수집·활용을 위한 연구개발
6. 환경위성 관측망의 구축·운영 및 정보의 수집·활용을 위한 관련 기관 또는 단체와의 협력
7. 그 밖에 환경위성 관측망의 효율적인 구축·운영 및 정보의 수집·활용을 위하여 필요한 사항

② 환경부장관은 제1항에 따른 업무를 수행하기 위하여 필요한 경우에는 관계 기관의 장에게 관련 자료의 제공을 요청할 수 있다.
(2016.7.26 본조신설)

제1조의4【대기오염도 예측·발표 대상 등】 ① 법 제7조의2제3항에 따른 대기오염도 예측·발표의 대상 지역은 다음 각 호의 사항을 고려하여 환경부장관이 정하여 고시한다.(2016.7.26 본문개정)
1. 대기오염의 정도
2. 인구
3. 지형 및 기상 특성

② 법 제7조의2제3항에 따른 대기오염도 예측·발표의 대상 오염물질은 「환경정책기본법」 제12조에 따라 환경기준이 설정된 오염물질 중 다음 각 호의 오염물질로 한다.
1. 미세먼지(PM-10)
2. 초미세먼지(PM-2.5)(2019.2.8 본호개정)
3. 오존(O_3)

③ 법 제7조의2제3항에 따른 대기오염도 예측·발표의 기준과 내용은 오염의 정도 및 오염물질의 인체 위해정도 등을 고려하여 환경부장관이 정하여 고시한다.

④ 환경부장관은 대기오염도 예측·발표를 위하여 관계 기관의 장에게 필요한 자료의 제출을 요청할 수 있다. 이 경우 관계 기관의 장은 특별한 사유가 없으면 이에 따라야 한다.
(2014.2.5 본조신설)

제1조의5【국가 대기질통합관리센터의 지정 대상기관】 법 제7조의3제1항에서 "국공립 연구기관 등 대통령령으로 정하는 전문기관"이란 다음 각 호의 기관으로서 대기환경 분야에 전문성 있는 기관을 말한다.
1. 국공립 연구기관
2. 「정부출연연구기관 등의 설립·운영 및 육성에 관한 법률」에 따라 설립된 정부출연연구기관

(2014.2.5 본조신설)

제1조의6【통합관리센터의 지정기준】 법 제7조의3제1항에 따른 국가 대기질통합관리센터(이하 "통합관리센터"라 한다)의 지정기준은 별표1과 같다.(2016.3.29 본조신설)

제1조의7【통합관리센터의 지정 절차】 ① 환경부장관은 법 제7조의3제1항에 따라 통합관리센터를 지정하려는 경우에는 미리 지정계획, 일정 및 지정기준 등을 10일 이상 관보 또는 환경부의 인터넷 홈페이지에 공고하여야 한다.

② 법 제7조의3제1항에 따라 통합관리센터로 지정받으려는 전문기관은 환경부령으로 정하는 지정신청서(전자문서로 된 신청서를 포함한다)에 다음 각 호의 서류(전자문서로 된 서류를 포함한다)를 첨부하여 환경부장관에게 제출하여야 한다.
1. 대기오염예보 절차 등이 포함된 예보업무 추진계획서
2. 대기오염 관련 자료를 활용한 조사연구 실적을 증명하는 서류
3. 시설·장비 및 기술인력을 증명하는 서류

③ 환경부장관은 법 제7조의3제1항에 따라 통합관리센터를 지정한 경우에는 해당 기관에 환경부령으로 정하는 지정서를 발급하고, 그 사실을 환경부의 인터넷 홈페이지에 게시하여야 한다.
(2016.3.29 본조신설)

제1조의8【통합관리센터의 지정 취소 기준 등】 통합관리센터의 지정 취소 및 업무정지의 세부기준은 별표1의2와 같다.(2016.3.29 본조신설)

제2조【대기오염경보의 대상 지역 등】 ① 법 제8조제4항에 따른 대기오염경보의 대상 지역은 특별시장·광역시장·특별자치시장·도지사 또는 특별자치도지사(이하 "시·도지사"라 한다)가 필요하다고 인정하여 지정하는 지역으로 한다.(2016.7.26 본항개정)

② 법 제8조제4항에 따른 대기오염경보의 대상 오염물질은 「환경정책기본법」 제12조에 따라 환경기준이 설정된 오염물질 중 다음 각 호의 오염물질로 한다.(2014.2.5 본문개정)
1. 미세먼지(PM-10)(2014.2.5 본호신설)
2. 초미세먼지(PM-2.5)(2019.2.8 본호개정)
3. 오존(O_3)(2014.2.5 본호신설)

③ 법 제8조제4항에 따른 대기오염경보 단계는 대기오염경보 대상 오염물질의 농도에 따라 다음 각 호와 같이 구분하되, 대기오염경보 단계별 오염물질의 농도기준은 환경부령으로 정한다.(2014.2.5 본문개정)
1. 미세먼지(PM-10) : 주의보, 경보(2014.2.5 본호신설)
2. 초미세먼지(PM-2.5) : 주의보, 경보(2019.2.8 본호개정)
3. 오존(O_3) : 주의보, 경보, 중대경보(2014.2.5 본호신설)

④ 법 제8조제4항에 따른 경보 단계별 조치에는 다음 각 호의 구분에 따른 사항이 포함되도록 하여야 한다. 다만, 지역의 대기오염 발생 특성 등을 고려하여 특별시·광역시·특별자치시·도·특별자치도의 조례로 경보 단계별 조치사항을 일부 조정할 수 있다.(2014.2.5 단서개정)
1. 주의보 발령 : 주민의 실외활동 및 자동차 사용의 자제 요청 등
2. 경보 발령 : 주민의 실외활동 제한 요청, 자동차 사용의 제한 및 사업장의 연료사용량 감축 권고 등(2014.2.5 본호개정)
3. 중대경보 발령 : 주민의 실외활동 금지 요청, 자동차의 통행금지 및 사업장의 조업시간 단축명령 등

제2조의2~제2조의3 (2022.3.25 삭제)

제3조~제10조 (2023.6.20 삭제)

제2장 사업장 등의 대기오염물질 배출 규제

제11조【배출시설의 설치허가 및 신고 등】 ① 법 제23조제1항에 따라 설치허가를 받아야 하는 대기오염물질배출시설(이하 "배출시설"이라 한다)은 다음 각 호와 같다.(2021.10.14 본문개정)
1. 특정대기유해물질이 환경부령으로 정하는 기준 이상으로 발생되는 배출시설(2015.12.10 본호개정)
2. 「환경정책기본법」 제38조에 따라 지정·고시된 특별대책지역(이하 "특별대책지역"이라 한다)에 설치하는 배출시설. 다만, 특정대기유해물질이 제1호에 따른 기준 이상으로 배출되지 아니하는 배출시설로서 별표1의3에 따른 5종사업장에 설치하는 배출시설은 제외한다.(2016.3.29 단서개정)

② 법 제23조제1항에 따라 제1항 각 호 외의 배출시설을 설치하려는 자는 배출시설 설치신고를 하여야 한다.

③ 법 제23조제1항에 따라 배출시설 설치허가를 받거나 설치신고를 하려는 자는 배출시설 설치허가신청서 또는 배출시설 설치신고서에 다음 각 호의 서류를 첨부하여 환경부장관 또는 시·도지사에게 제출해야 한다.(2019.7.16 본문개정)
1. 원료(연료를 포함한다)의 사용량 및 제품 생산량과 오염물질 등의 배출량을 예측한 명세서(2014.2.5 본호개정)
2. 배출시설 및 대기오염방지시설(이하 "방지시설"이라 한다)의 설치명세서(2021.10.14 본호개정)
3. 방지시설의 일반도(一般圖)
4. 방지시설의 연간 유지관리 계획서
5. 사용 연료의 성분 분석과 황산화물 배출농도 및 배출량 등을 예측한 명세서(법 제41조제3항 단서에 해당하는 배출시설의 경우에만 해당한다)
6. 배출시설 설치허가증(변경허가를 신청하는 경우에만 해당한다)(2019.7.16 본호개정)

④ 법 제23조제2항에서 "대통령령으로 정하는 중요한 사항"이란 다음 각 호와 같다.
1. 법 제23조제1항 또는 제2항에 따라 설치허가 또는 변경허가를 받거나 변경신고를 한 배출시설 규모의 합계나 누계의 100분의 50 이상(제1항제1호에 따른 특정대기유해물질 배출시설의 경우에는 100분의 30 이상으로 한다) 증설. 이 경우 배출시설 규모의 합계나 누계는 배출구별로 산정한다.
2. 법 제23조제1항 또는 제2항에 따른 설치허가 또는 변경허가를 받은 배출시설의 용도 추가

(2015.12.10 1호~2호개정)

⑤ 법 제23조제2항에 따른 변경신고를 하여야 하는 경우와 변경신고의 절차 등에 관한 사항은 환경부령으로 정한다.

⑥ 환경부장관 또는 시·도지사는 법 제23조제1항에 따라 배출시설 설치허가를 하거나 배출시설 설치신고를 수리한 경우(법 제23조제6항에 따라 신고를 수리한 것으로 보는 경우를 포함한다)에는 배출시설 설치허가증 또는 배출시설 설치신고증명서를 신청인에게 내주어야 한다. 다만, 법 제23조제2항에 따라 배출시설의 설치변경을 허가한 경우에는 배출시설 설치허가증의 변경사항란에 변경허가사항을 적는다.(2019.7.16 본항개정)

⑦ 환경부장관 또는 시·도지사는 법 제23조제9항에 따라 다음 각 호의 사항을 같은 조 제1항 및 제2항에 따른 허가 또는 변경허가의 조건으로 붙일 수 있다.
1. 배출구 없이 대기 중에 직접 배출되는 대기오염물질이나 악취, 소음 등을 줄이기 위하여 필요한 조치 사항
2. 배출시설의 법 제16조나 제29조제3항에 따른 배출허용기준 준수 여부 및 방지시설의 적정한 가동 여부를 확인하기 위하여 필요한 조치 사항

(2021.10.14 본항신설)

제12조【배출시설 설치의 제한】 법 제23조제8항에 따라 환경부장관 또는 시·도지사가 배출시설의 설치를 제한할 수 있는 경우는 다음 각 호와 같다.(2019.7.16 본문개정)
1. 배출시설 설치 지점으로부터 반경 1킬로미터 안의 상주 인구가 2만명 이상인 지역으로서 특정대기유해물질 중 한 가지 종류의 물질을 연간 10톤 이상 배출하거나 두 가지 이상의 물질을 연간 25톤 이상 배출하는 시설을 설치하는 경우
2. 대기오염물질(먼지·황산화물 및 질소산화물만 해당한다)의 발생량 합계가 연간 10톤 이상인 배출시설을 특별대책지역(법 제22조에 따라 총량규제구역으로 지정된 특별대책지역은 제외한다)에 설치하는 경우(2010.12.31 본호개정)

(2013.1.31 본조제목개정)

제13조【사업장의 분류기준】 법 제25조제2항에 따른 사업장 분류 기준은 별표1의3과 같다.(2016.3.29 본조개정)

제14조【방지시설의 설치면제기준】 법 제26조제1항 단서에서 "대통령령으로 정하는 기준에 해당하는 경우"란 다음 각 호의 어느 하나에 해당하는 경우를 말한다.
1. 배출시설의 기능이나 공정에서 오염물질이 항상 법 제16조에 따른 배출허용기준 이하로 배출되는 경우
2. 그 밖에 방지시설의 설치 외의 방법으로 오염물질의 적정처리가 가능한 경우

제15조【변경신고에 따른 가동개시신고의 대상규모 등】 법 제30조제1항에서 "대통령령으로 정하는 규모 이상의 변경"이란 법 제23조제1항부터 제3항까지의 규정에 따라 설치허가 또는 변경허가를 받거나 설치신고 또는 변경신고를 한 배출구별 배출시설 규모의 합계보다 100분의 20 이상 증설(대기배출시설 증설에 따른 변경신고의 경우에는 증설의 누계를 말한다)하는 배출시설의 변경을 말한다.(2015.12.10 본조개정)

제16조【시운전을 할 수 있는 시설】 법 제30조제2항에서 "대통령령으로 정하는 시설"이란 다음 각 호의 배출시설을 말한다.
1. 황산화물제거시설을 설치한 배출시설
2. 질소산화물제거시설을 설치한 배출시설
(2019.7.2 1호~2호개정)
3. 그 밖에 방지시설을 설치하거나 보수한 후 상당한 기간 시운전이 필요하다고 환경부장관이 인정하여 고시하는 배출시설

제17조【측정기기의 부착대상 사업장 및 종류 등】 ① 배출시설을 운영하는 사업자는 법 제32조제1항 및 제2항에 따라 오염물질배출량과 배출허용기준의 준수 여부 및 방지시설의 적정 가동 여부를 확인할 수 있는 다음 각 호의 측정기기를 제4항부터 제6항까지에서 정하는 바에 따라 부착해야 한다.(2022.5.3 본문개정)
1. 적산전력계(積算電力計)
2. 굴뚝 자동측정기기〔유량ㆍ유속계(流量ㆍ流速計), 온도측정기 및 자료수집기를 포함한다. 이하 같다〕
3. 사물인터넷 측정기기〔인터넷을 기반으로 모든 사물의 연결을 통해 사람과 사물 또는 사물과 사물 간 정보를 상호 공유ㆍ소통하는 지능형 기술을 적용하여 배출시설 및 방지시설의 전류, 압력, 수소이온농도(pH) 및 온도 등의 정보를 실시간으로 확인ㆍ관리할 수 있는 측정기기를 말한다. 이하 같다〕(2022.5.3 본호신설)
② 환경부장관 또는 시ㆍ도지사는 법 제32조제1항 단서에 따라 사업자가 「중소기업기본법」 제2조에 따른 중소기업인 경우에는 사업자의 동의(환경부령으로 정하는 바에 따라 사업자의 신청을 받은 경우를 포함한다)를 받아 측정기기를 부착ㆍ운영하는 등의 조치를 할 수 있다.
(2013.1.31 본항신설)
③ 시ㆍ도지사 또는 사업자는 법 제32조제1항에 따라 측정기기를 부착하는 경우에 부착방법 등에 대하여 한국환경공단에 지원을 요청할 수 있다.(2013.1.31 본항신설)
④ 제1항제1호에 따른 적산전력계의 부착대상 시설 및 부착방법은 별표2와 같다.
⑤ 제1항제2호에 따라 굴뚝 자동측정기기를 부착하여야 하는 사업장은 별표1의3에 따른 1종부터 3종까지의 사업장으로 하며, 굴뚝 자동측정기기의 부착대상 배출시설, 측정 항목, 부착 면제, 부착 시기 및 부착 유예(猶豫)는 별표3과 같다.(2016.3.29 본항개정)
⑥ 제1항제3호에 따른 사물인터넷 측정기기의 부착대상 시설은 별표1의3에 따른 4종 및 5종 사업장의 배출시설 및 방지시설 중 환경부령으로 정하는 시설로 하며, 사물인터넷 측정기기의 부착 면제, 부착 시기 및 부착 유예는 별표3의2에서 정하는 바에 따른다.(2022.5.3 본항신설)
⑦ 환경부장관 또는 시ㆍ도지사는 굴뚝 자동측정기기로 측정되어 법 제32조제7항에 따라 전산망으로 전송된 자료(이하 "자동측정자료"라 한다)를 배출허용기준의 준수 여부 확인이나 법 제35조에 따른 배출부과금의 산정에 필요한 자료로 활용할 수 있다. 다만, 굴뚝 자동측정기기나 전산망의 이상 등으로 비정상적인 자료가 전송된 경우에는 그러하지 아니하다.(2013.1.31 본문개정)

제18조【측정기기의 개선기간】 ① 환경부장관 또는 시ㆍ도지사는 법 제32조제5항에 따라 조치명령을 하는 경우에는 6개월 이내의 개선기간을 정해야 한다.
② 환경부장관 또는 시ㆍ도지사는 법 제32조제5항에 따른 조치명령을 받은 자가 천재지변이나 그 밖의 부득이한 사유로 제1항에 따른 개선기간 내에 조치를 마칠 수 없는 경우에는 조치명령을 받은 자의 신청을 받아 6개월의 범위에서 개선기간을 연장할 수 있다.
(2019.7.16 본조개정)

제19조【굴뚝 원격감시체계 관제센터 및 사물인터넷 측정기기 관제센터의 설치ㆍ운영】 ① 환경부장관은 법 제32조제7항에 따라 사업장에 부착된 다음 각 호의 구분에 따른 측정기기의 측정결과를 전산처리하기 위한 전산망을 효율적으로 관리하기 위하여 해당 호에서 정한 관제센터를 각각 설치ㆍ운영할 수 있다.
1. 굴뚝 자동측정기기 : 굴뚝 원격감시체계 관제센터
2. 사물인터넷 측정기기 : 사물인터넷 측정기기 관제센터
② 제1항 각 호에 따른 관제센터의 관할사업장, 기능ㆍ운영 및 자동측정자료의 관리 등에 필요한 사항은 환경부장관이 정하여 고시한다.
(2022.5.3 본조개정)

제19조의2【측정결과 등의 공개】 ① 환경부장관은 법 제32조제8항 본문에 따라 사업장 명칭, 사업장 소재지 및 대기오염물질별 배출농도의 30분 평균치(매시 정각부터 30분까지 또는 매시 30분부터 다음 시 정각까지 5분마다 측정한 값을 산술평균한 값을 말한다. 이하 같다) 등의 측정결과를 인터넷 홈페이지 등을 통해 실시간으로 공개해야 한다.
② 환경부장관은 법 제32조제8항 본문에 따라 사업장 명칭, 사업장 소재지 및 대기오염물질별 연간 배출량 등 전산처리한 결과를 매년 6월 30일까지 연 1회 인터넷 홈페이지 등을 통해 공개해야 한다.
③ 제1항에 따른 측정결과의 실시간 공개 방법에 관한 세부사항은 환경부장관이 정하여 고시한다.
(2020.3.31 본조개정)

제19조의3【측정기기 관리대행업의 등록기준 등】 ① 법 제32조의2제1항 전단에 따라 측정기기를 관리하는 업무를 대행하는 영업의 등록을 하려는 자가 갖추어야 하는 시설ㆍ장비 및 기술인력의 기준은 별표3의3과 같다.
(2022.5.3 본항개정)
② 법 제32조의2제1항 후단에서 "대통령령으로 정하는 중요 사항"이란 다음 각 호의 어느 하나에 해당하는 사항을 말한다.
1. 상호ㆍ명칭 또는 대표자의 성명
2. 사무실 또는 실험실 소재지
3. 별표3의3의 기준에 따라 등록된 기술인력의 현황
(2022.5.3 본호개정)
(2017.1.24 본조신설)

제20조【배출시설 및 방지시설의 개선기간】 ① 환경부장관 또는 시ㆍ도지사는 법 제33조에 따라 개선명령을 하는 경우에는 개선에 필요한 조치 및 시설 설치기간 등을 고려하여 1년 이내의 개선기간을 정해야 한다.
② 환경부장관 또는 시ㆍ도지사는 법 제33조에 따른 개선명령을 받은 자가 천재지변이나 그 밖의 부득이한 사유로 제1항에 따른 개선기간 내에 조치를 마칠 수 없는 경우에는 개선명령을 받은 자의 신청을 받아 1년의 범위에서 개선기간을 연장할 수 있다.
(2019.7.16 본조개정)

제21조【개선계획서의 제출】 ① 법 제32조제5항에 따른 조치명령(적산전력계의 운영ㆍ관리기준 위반으로 인한 조치명령은 제외한다. 이하 이 조에서 같다) 또는 법 제33조에 따른 개선명령을 받은 사업자는 그 명령을 받은 날부터 15일 이내에 다음 각 호의 사항을 명시한 개선계획서(굴뚝 자동측정기기를 부착한 경우에는 전자문서로 된 계획서를 포함한다. 이하 같다)를 환경부령으로 정하는 바에 따라 환경부장관 또는 시ㆍ도지사에게 제출해야 한다. 다만, 환경부장관 또는 시ㆍ도지사는 배출시설의 종류 및 규모 등을 고려하여 제출기간의 연장이 필요하다고 인정하는 경우 사업자의 신청을 받아 그 기간을 연장할 수 있다.(2019.7.16 본문개정)
1. 법 제32조제5항에 따른 조치명령을 받은 경우에는 다음 각 목의 사항
가. 굴뚝 자동측정기기의 부적정한 운영ㆍ관리의 내용
나. 굴뚝 자동측정기기의 부적정한 운영ㆍ관리에 대한 원인 및 개선계획
다. 굴뚝 자동측정기기의 개선기간에 배출되는 오염물질에 대한 자가측정계획
2. 법 제33조에 따른 개선명령을 받은 경우에는 다음 각 목의 사항
가. 법 제33조에 따른 개선기간이 끝나기 전에 개선하려면 그 개선하려는 기간
나. 개선기간 중에 배출시설의 가동을 중단하거나 제한하려면 그 기간과 제한의 내용
다. 공법(工法) 등의 개선으로 오염물질의 배출을 감소시키려면 그 내용
② 사업자가 제1항에 따른 개선계획서를 제출하지 아니하거나 제출하였더라도 제1항 각 호의 사항을 명시하지 아니한 경우에는 개선기간 중에 다음 각 호의 어느 하나의 상태로 오염물질을 배출하면서 배출시설을 계속 가동한 것으로 추정한다.
1. 법 제32조제5항에 해당하는 경우에는 굴뚝 자동측정기기가 정상가동된 최근 3개월 동안의 배출농도 중 최고농도. 이 경우 배출농도는 30분 평균치로 한다.
(2020.3.31 후단개정)
2. 법 제33조에 해당하는 경우에는 개선명령에서 명시된 오염상태
③ 법 제32조제5항에 따른 조치명령을 받지 않은 사업자는 다음 각 호의 어느 하나에 해당하면 환경부령으로 정하는 바에 따라 환경부장관 또는 시ㆍ도지사에게 개선계획서를 제출하고 개선할 수 있다.(2019.7.16 본문개정)
1. 굴뚝 자동측정기기를 개선ㆍ변경ㆍ점검 또는 보수하기 위하여 반드시 필요한 경우
2. 굴뚝 자동측정기기 주요 장치 등의 돌발적 사고로 굴뚝 자동측정기기를 적정하게 운영할 수 없는 경우
3. 천재지변이나 화재, 그 밖의 불가항력적인 사유로 굴뚝 자동측정기기를 적정하게 운영할 수 없는 경우
④ 법 제33조에 따른 개선명령을 받지 않은 사업자는 다음 각 호의 어느 하나에 해당하는 경우로서 배출허용기준을 초과하여 오염물질을 배출했거나 배출할 우려가 있는 경우에는 환경부령으로 정하는 바에 따라 환경부장관 또는 시ㆍ도지사에게 개선계획서를 제출하고 개선할 수 있다.(2019.7.16 본문개정)
1. 배출시설 또는 방지시설을 개선ㆍ변경ㆍ점검 또는 보수하기 위하여 반드시 필요한 경우
2. 배출시설 또는 방지시설의 주요 기계장치 등의 돌발적 사고로 배출시설이나 방지시설을 적정하게 운영할 수 없는 경우
3. 단전ㆍ단수로 배출시설이나 방지시설을 적정하게 운영할 수 없는 경우
4. 천재지변이나 화재, 그 밖의 불가항력적인 사유로 배출시설이나 방지시설을 적정하게 운영할 수 없는 경우

제22조【개선명령 등의 이행 보고 및 확인】 ① 법 제32조제5항에 따른 조치명령이나 법 제33조에 따른 개선명령을 받은 사업자는 그 명령을 이행한 경우에는 지체 없이 환경부장관 또는 시ㆍ도지사에게 보고해야 한다.
② 환경부장관 또는 시ㆍ도지사는 제1항에 따른 보고를 받은 경우에는 관계 공무원에게 지체 없이 명령의 이행상태를 확인하게 해야 한다. 이 경우 대기오염도 검사가 필요하면 시료(試料)를 채취하여 환경부령으로 정하는 검사기관에 검사를 지시하거나 의뢰해야 한다.
(2019.7.16 본조개정)

제23조【배출부과금 부과대상 오염물질】 ① 법 제35조제2항제1호에 따른 기본부과금의 부과대상이 되는 오염물질은 다음 각 호와 같다.(2013.1.31 본문개정)
1. 황산화물
2. 먼지
3. 질소산화물(2018.12.31 본호신설)
② 법 제35조제2항제2호에 따른 초과부과금(이하 "초과부과금"이라 한다)의 부과대상이 되는 오염물질은 다음 각 호와 같다.(2013.1.31 본문개정)
1. 황산화물
2. 암모니아
3. 황화수소
4. 이황화탄소
5. 먼지
6. 불소화물(2018.12.31 본호개정)
7. 염화수소
8. 질소산화물(2018.12.31 본호개정)
9. 시안화수소

제24조【초과부과금 산정의 방법 및 기준】 ① 제23조제2항 각 호에 해당하는 오염물질에 대한 초과부과금은 다음 각 호의 구분에 따른 산정방법으로 산출한 금액으로 한다.(2016.3.29 본문개정)
1. 제21조제4항에 따른 개선계획서를 제출하고 개선하는 경우 : 오염물질 1킬로그램당 부과금액 × 배출허용기준초과 오염물질배출량 × 지역별 부과계수 × 연도별 부과금산정지수
2. 제1호 외의 경우 : 오염물질 1킬로그램당 부과금액 × 배출허용기준초과 오염물질배출량 × 배출허용기준 초과율별 부과계수 × 지역별 부과계수 × 연도별 부과금 산정지수 × 위반횟수별 부과계수
② 제1항에 따른 초과부과금의 산정에 필요한 오염물질 1킬로그램당 부과금액, 배출허용기준 초과율별 부과계수 및 지역별 부과계수는 별표4와 같다.

제25조【초과부과금의 오염물질배출량 산정 등】 ① 제24조제1항에 따른 초과부과금의 산정에 필요한 배출허용기준초과 오염물질배출량(이하 "기준초과배출량"이라 한다)은 다음 각 호의 구분에 따른 배출기간 중에 배출허용기준을 초과하여 조업함으로써 배출되는 오염물질의 양으로 하되, 일일 기준초과배출량에 배출기간의 일수(日數)를 곱하여 산정한다. 다만, 제17조제1항제2호에 따른 굴뚝 자동측정기기를 설치하여 제19조제1항제1호의 굴뚝 원격감시체계 관제센터로 측정결과를 자동 전송하는 사업장(이하 "자동측정사업장"이라 한다)의 자동측정자료의 30분 평균치가 배출허용기준을 초과한 경우에는 그 초과한 30분마다 배출허용기준초과농도(배출허용기준을 초과한 30분 평균치에서 배출허용기준농도를 뺀 값을 말한다)에 해당 30분 동안의 배출유량을 곱하여 초과배출량을 산정하고, 반기별(半期別)로 이를 합산하여 기준초과배출량을 산정한다.(2022.5.3 단서개정)
1. 제21조제4항에 따른 개선계획서를 제출하고 개선하는 경우 : 명시된 부적정 운영 개시일부터 개선기간 만료일까지의 기간
2. 법 제33조, 제34조, 제36조 또는 제38조에 따른 개선명령, 조업정지명령, 허가취소, 사용중지명령 또는 폐쇄명령을 받은 경우 : 오염물질이 초과 배출되기 시작한 날(초과 배출되기 시작한 날을 알 수 없는 경우에는 배출허용기준 초과 여부 확인을 위한 오염물질 채취일)부터 법 제33조, 제34조 또는 제38조에 따른 개선명령, 조업정지명령, 사용중지명령 또는 폐쇄명령의 이행완료 예정일이나 법 제36조제1항에 따른 허가취소일까지의 기간
(2021.6.29 본호개정)
3. 제1호 및 제2호 외의 경우 : 배출허용기준 초과 여부 확인을 위한 오염물질 채취일부터 배출허용기준 이내로 확인된 오염물질 채취일까지의 기간(2020.3.31 본호신설)
② 제1항에 따른 일일 기준초과배출량은 다음 각 호의 구분에 따른 날의 오염물질 배출허용기준초과농도에, 배출농도 측정 시의 배출유량(이하 "측정유량"이라 한다)을 기준으로 계산한 배출 총량(이하 "일일유량"이라 한

다)을 곱하여 산정한 양을 킬로그램 단위로 표시한 양으로 한다.
1. 제21조제4항에 따라 개선계획서를 제출하고 개선하는 경우 : 환경부령으로 정하는 오염물질 채취일
2. 법 제33조, 제34조, 제36조 또는 제38조에 따른 개선명령, 조업정지명령, 허가취소, 사용중지명령 또는 폐쇄명령을 받은 경우 : 법 제33조, 제34조, 제36조 또는 제38조에 따른 개선명령, 조업정지명령, 허가취소, 사용중지명령 또는 폐쇄명령의 원인이 되는 오염물질 채취일
3. 제1호 및 제2호 외의 경우 : 배출허용기준 초과 여부 확인을 위한 오염물질 채취일
(2020.3.31 본항개정)
③ 제2항에 따른 일일 기준초과배출량과 일일유량은 별표5에 따라 산정하고, 측정유량은 「환경분야 시험·검사 등에 관한 법률」 제6조제1항제1호에 해당하는 분야에 대한 환경오염공정시험기준에 따라 산정한다.
(2008.12.31 본항개정)
④ 제24조제1항 각 호에 따른 오염물질 배출량은 배출기간 중에 배출된 가스의 양을 1천 세제곱미터 단위로 표시한 것으로 하며, 일일유량에 배출기간의 일수를 곱하여 산정한다. 이 경우 배출기간의 계산과 측정유량의 산정에 관하여는 제1항부터 제3항까지의 규정을 준용한다.
⑤ 제1항 단서에 따라 제23조제1항에 따른 기본부과금 부과대상 오염물질에 대한 초과배출량을 산정하는 경우로서 배출허용기준을 초과한 날 이전 3개월간 평균배출농도가 배출허용기준의 30퍼센트 미만인 경우에는 초과배출량에서 별표5의2에 따른 초과배출량공제분을 공제한다.(2016.3.29 본항개정)
⑥ 제1항에 따른 배출기간은 일수로 표시하며, 그 기간의 계산은 「민법」에 따르되, 초일(初日)을 산입한다.

제26조【연도별 부과금산정지수 및 위반횟수별 부과계수】 ① 제24조제1항에 따른 연도별 부과금산정지수는 매년 전년도 부과금산정지수에 전년도 물가상승률 등을 고려하여 환경부장관이 고시하는 가격변동지수를 곱한 것으로 한다.
② 제24조제1항에 따른 위반횟수별 부과계수는 다음 각 호의 구분에 따른 비율을 곱한 것으로 한다.
1. 위반이 없는 경우 : 100분의 100
2. 처음 위반한 경우 : 100분의 105
3. 2차 이상 위반한 경우 : 위반 직전의 부과계수에 100분의 105를 곱한 것
③ 제2항에 따른 위반횟수는 배출허용기준을 초과하여 제23조에 따른 부과금 부과대상 오염물질 등을 배출하여 법 제33조, 법 제34조, 법 제36조제1항 또는 법 제38조에 따른 개선명령, 조업정지명령, 허가취소, 사용중지명령 또는 폐쇄명령을 받은 횟수로 한다. 이 경우 위반횟수는 사업장의 배출구별로 위반행위가 있었던 날 이전의 최근 2년을 단위로 산정한다.(2021.6.29 전단개정)
④ 자동측정사업장의 경우에는 제3항에도 불구하고 30분 평균치가 배출허용기준을 초과하는 횟수를 위반횟수로 하되, 30분 평균치가 24시간 이내에 2회 이상 배출허용기준을 초과하는 경우에는 위반횟수를 1회로 보고, 제21조제3항에 따라 개선계획서를 제출하고 배출허용기준을 초과하는 경우에는 개선기간 중의 위반횟수를 1회로 본다. 이 경우 위반횟수는 각 배출구마다 제23조제2항 각 호에 따른 오염물질별로 3개월을 단위로 산정한다.
(2016.3.29 후단개정)

제27조【기본부과금 및 자동측정사업장에 대한 초과부과금의 부과기준일 및 부과기간】 법 제35조제2항제1호에 따른 기본부과금과 제25조제1항 각 호 외의 부분 단서에 따른 자동측정사업장에 대한 초과부과금은 매 반기별로 부과하되 부과기준일과 부과기간은 별표6과 같다.
(2013.1.31 본조개정)

제28조【기본부과금 산정의 방법과 기준】 ① 법 제35조제2항제1호에 따른 기본부과금은 배출허용기준 이하로 배출하는 오염물질배출량(이하 "기준이내배출량"이라 한다)에 오염물질 1킬로그램당 부과금액, 연도별 부과금산정지수, 지역별 부과계수 및 농도별 부과계수를 곱한 금액으로 한다.(2013.1.31 본항개정)
② 제1항에 따른 기본부과금의 산정에 필요한 오염물질 1킬로그램당 부과금액에 관하여는 제24조제2항을 준용하며, 기본부과금의 지역별 부과계수는 별표7과 같고, 기본부과금의 농도별 부과계수는 별표8과 같다.
③ 제1항에 따른 연도별 부과금산정지수는 최초의 부과연도를 1로 하고, 그 다음 해부터는 매년 전년도 지수에 전년도 물가상승률 등을 고려하여 환경부장관이 정하여 고시하는 가격변동계수를 곱한 것으로 한다.

제29조【기본부과금의 오염물질배출량 산정 등】 ① 환경부장관 또는 시·도지사는 제28조제1항에 따른 기본부과금의 산정에 필요한 기준이내배출량을 파악하기 위하여 필요한 경우에는 법 제82조제1항에 따라 해당 사업자에게 기본부과금의 부과기간 동안 실제 배출한 기준이내배출량(이하 "확정배출량"이라 한다)에 관한 자료를 제출하게 할 수 있다. 이 경우 해당 사업자는 확정배출량에 관한 자료를 부과기간 완료일부터 30일 이내에 제출해야 한다.(2019.7.16 본항개정)
② 확정배출량은 별표9에서 정하는 방법에 따라 산정한다. 다만, 굴뚝 자동측정기기의 측정 결과에 따라 산정하는 경우에는 그러하지 아니하다.
③ 제21조제3항에 따라 개선계획서를 제출한 사업자가 제2항 단서에 따라 확정배출량을 산정하는 경우 개선기간 중의 확정배출량은 개선기간 전에 굴뚝 자동측정기기가 정상 가동된 3개월 동안의 30분 평균치를 산술평균한 값을 적용하여 산정한다.
④ 제1항에 따라 제출된 자료를 증명할 수 있는 자료에 관한 사항은 환경부령으로 정한다.

제30조【기준이내배출량의 조정 등】 환경부장관 또는 시·도지사는 해당 사업자가 제29조에 따른 자료를 제출하지 않거나 제출한 내용이 실제와 다른 경우 또는 거짓으로 작성되었다고 인정하는 경우에는 다음 각 호의 구분에 따른 방법으로 기준이내배출량을 조정할 수 있다.
(2019.7.16 본문개정)
1. 사업자가 제29조제1항에 따른 확정배출량에 관한 자료를 제출하지 않은 경우 : 해당 사업자가 다음 각 목의 조건에 모두 해당하는 상태에서 오염물질을 배출한 것으로 추정한 기준이내배출량(2018.12.31 본문개정)
가. 부과기간에 배출시설별 오염물질의 배출허용기준 농도로 배출했을 것
나. 배출시설 또는 방지시설의 최대시설용량으로 가동했을 것
다. 1일 24시간 조업했을 것
(2018.12.31 가목~다목신설)
2. 자료심사 및 현지조사 결과, 사업자가 제출한 확정배출량의 내용(사용연료 등에 관한 내용을 포함한다)이 실제와 다른 경우 : 자료심사와 현지조사 결과를 근거로 산정한 기준이내배출량
3. 사업자가 제29조제1항에 따라 제출한 확정배출량에 관한 자료가 명백히 거짓으로 판명된 경우 : 제1호에 따라 추정한 배출량의 100분의 120에 해당하는 기준이내배출량(2018.12.31 본호개정)

제31조【자료의 제출 및 검사 등】 환경부장관 또는 시·도지사는 사업자가 제출한 확정배출량의 내용이 비슷한 규모의 다른 사업자와 현저한 차이가 나거나 사실과 다르다고 인정하여 제30조에 따른 기준이내배출량의 조정 등이 필요한 경우에는 법 제82조제1항에 따라 사업자에게 관련 자료를 제출하게 할 수 있다.(2019.7.16 본조개정)

제31조의2【징수비용의 교부】 ① 환경부장관은 법 제35조제8항에 따라 다음 각 호의 구분에 따른 금액을 해당 시·도지사에게 징수비용으로 내주어야 한다.
1. 시·도지사가 법 제35조에 따라 부과하였거나 법 제35조의3에 따라 조정하여 부과한 부과금 및 가산금 중 실제로 징수한 금액의 비율(이하 "징수비율"이라 한다)이 60퍼센트 미만인 경우 : 징수한 부과금 및 가산금의 100분의 7
2. 징수비율이 60퍼센트 이상 80퍼센트 미만인 경우 : 징수한 부과금 및 가산금의 100분의 10
3. 징수비율이 80퍼센트 이상인 경우 : 징수한 부과금 및 가산금의 100분의 13
② 환경부장관은 「환경정책기본법」에 따른 환경개선특별회계에 납입된 부과금 및 가산금 중 제1항에 따른 징수비용을 매월 정산하여 그 다음 달까지 해당 시·도지사에게 지급하여야 한다.
(2014.2.5 본조개정)

제32조【부과금의 부과면제 등】 ① 법 제35조의2제1항제1호에 따라 다음 각 호의 연료를 사용하여 배출시설을 운영하는 사업자에 대하여는 황산화물에 대한 기본부과금을 부과하지 아니한다. 다만, 제1호 또는 제2호의 연료와 제1호 또는 제2호 외의 연료를 섞어서 연소시키는 배출시설로서 배출허용기준을 준수할 수 있는 시설에 대하여는 제1호 또는 제2호의 연료사용량에 해당하는 황산화물에 대한 기본부과금을 부과하지 아니한다.
(2020.5.26 본문개정)
1. 발전시설의 경우에는 황함유량이 0.3퍼센트 이하인 액체연료 및 고체연료, 발전시설 외의 배출시설(설비용량이 100메가와트 미만인 열병합발전시설을 포함한다)의 경우에는 황함유량이 0.5퍼센트 이하인 액체연료 또는 황함유량이 0.45퍼센트 미만인 고체연료를 사용하는 배출시설로서 배출허용기준을 준수할 수 있는 시설. 이 경우 고체연료의 황함유량은 연소기기에 투입되는 여러 고체연료의 황함유량을 평균한 것으로 한다.
2. 공정상 발생되는 부생(附生)가스로서 황함유량이 0.05퍼센트 이하인 부생가스를 사용하는 배출시설로서 배출허용기준을 준수할 수 있는 시설
3. 제1호 및 제2호의 연료를 섞어서 연소시키는 배출시설로서 배출허용기준을 준수할 수 있는 시설
② 법 제35조의2제1항제1호에 따라 액화천연가스나 액화석유가스를 연료로 사용하는 배출시설을 운영하는 사업자에 대하여는 먼지와 황산화물에 대한 기본부과금을 부과하지 아니한다.(2020.5.26 본항개정)
③ 법 제35조의2제1항제2호에서 "대통령령으로 정하는 최적의 방지시설"이란 배출허용기준을 준수할 수 있고 설계된 대기오염물질의 제거 효율을 유지할 수 있는 방지시설로서 환경부장관이 관계 중앙행정기관의 장과 협의하여 고시하는 시설을 말한다.(2013.1.31 본항개정)
④ 국방부장관은 법 제35조의2제1항제3호에 따른 협의를 하려는 경우에는 부과금을 면제받으려는 군사시설의 용도와 면제 사유 등을 환경부장관에게 제출하여야 한다. 다만, 「군사기지 및 군사시설 보호법」 제2조제2호에 따른 군사시설은 그러하지 아니하다.(2013.1.31 본문개정)
⑤ 법 제35조의2제2항제1호에서 "대통령령으로 정하는 배출시설"이란 다음 각 호의 어느 하나에 해당하는 시설을 말한다.
1. 법 제32조제1항에 따른 측정기기 부착사업장 중 「중소기업기본법」 제2조에 따른 중소기업의 배출시설 및 별표1의3의 구분에 따른 4종사업장과 5종사업장의 배출시설로서 배출허용기준을 준수하는 시설
2. 대기오염물질의 배출을 줄이기 위한 계획과 그 이행 등에 대하여 환경부장관 또는 시·도지사(해당 사업장과의 협약에 대하여 환경부장관과 사전 협의를 거친 시·도지사만 해당한다)와 협약을 체결한 사업장의 배출시설로서 배출허용기준을 준수하는 시설
(2020.3.31 본항개정)
⑥ 법 제35조의2에 따른 부과금의 면제 또는 감면의 절차 등에 필요한 사항은 환경부령으로 정한다.(2013.1.31 본항개정)

제33조【부과금의 납부통지】 ① 초과부과금은 초과부과금 부과 사유가 발생한 때(자동측정자료의 30분 평균치가 배출허용기준을 초과한 경우에는 매 반기 종료일부터 60일 이내)에, 기본부과금은 해당 부과기간의 확정배출량 자료제출기간 종료일부터 60일 이내에 부과금의 납부통지를 하여야 한다. 다만, 배출시설이 폐쇄되거나 소유권이 이전되는 경우에는 즉시 납부통지를 할 수 있다.
② 환경부장관 또는 시·도지사는 부과금을 부과(법 제35조의3에 따른 조정 부과를 포함한다)할 때에는 부과대상 오염물질량, 부과금액, 납부기간 및 납부장소, 그 밖에 필요한 사항을 적은 서면으로 알려야 한다. 이 경우 부과금의 납부기간은 납부통지서를 발급한 날부터 30일로 한다.(2019.7.16 전단개정)

제34조【부과금의 조정】 ① 법 제35조의3제1항에서 "대통령령으로 정하는 사유"란 다음 각 호의 어느 하나에 해당하는 경우를 말한다.(2013.1.31 본문개정)
1. 제25조제1항에 따른 개선기간 만료일 또는 명령이행 완료예정일까지 개선명령, 조업정지명령, 사용중지명령 또는 폐쇄명령을 이행하였거나 이행하지 아니하여 초과부과금 산정의 기초가 되는 오염물질 또는 배출물질의 배출기간이 달라진 경우
2. 초과부과금의 부과 후 오염물질 등의 배출상태가 처음에 측정할 때와 달라졌다고 인정하여 다시 측정한 결과, 오염물질 또는 배출물질의 배출량이 처음에 측정한 배출량과 다른 경우
3. 사업자가 고의 또는 과실로 확정배출량을 잘못 산정하여 제출했거나 환경부장관 또는 시·도지사가 제30조에 따라 조정한 기준이내배출량이 잘못 조정된 경우
(2020.3.31 본호개정)
② 제1항제1호에 따라 초과부과금을 조정하는 경우에는 환경부령으로 정하는 개선완료일이나 제22조제1항에 따른 명령 이행의 보고일을 오염물질 또는 배출물질의 배출기간으로 하여 초과부과금을 산정한다.
③ 제1항제2호에 따라 초과부과금을 조정하는 경우에는 재점검일 이후의 기간에 다시 측정한 배출량만을 기초로 초과부과금을 산정한다.
④ 제1항제1호의 사유에 따른 초과부과금의 조정 부과나 환급은 해당 배출시설 또는 방지시설에 대한 개선완료명령, 조업정지명령, 사용중지명령 또는 폐쇄완료명령의 이행 여부를 확인한 날부터 30일 이내에 하여야 한다.
(2013.1.31 본항개정)
⑤ 제1항제3호에 따라 기본부과금을 조정하는 경우에는 법 제23조제1항부터 제3항까지의 규정에 따라 배출시설의 설치허가, 변경허가, 설치신고 또는 변경신고를 할 때에 제출한 자료, 법 제31조제2항에 따른 배출시설 및 방지시설의 운영기록부, 법 제39조제1항에 따른 자가측정기록부 및 법 제82조에 따른 검사의 결과 등을 기초로 하여 기본부과금을 산정한다.(2015.12.10 본항개정)
⑥ 환경부장관 또는 시·도지사는 법 제35조의3제1항에 따라 차액을 부과 또는 환급할 때에는 금액, 일시, 장소, 그 밖에 필요한 사항을 적은 서면으로 알려야 한다.
(2019.7.16 본항개정)

제35조【부과금에 대한 조정신청】 ① 부과금 납부명령을 받은 사업자(이하 "부과금납부자"라 한다)는 제34조제1항 각 호에 해당하는 경우에는 부과금의 조정을 신청할 수 있다.
② 제1항에 따른 조정신청은 부과금납부통지서를 받은 날부터 60일 이내에 하여야 한다.(2010.12.31 본항개정)
③ 환경부장관 또는 시·도지사는 조정신청을 받으면 30일 이내에 그 처리결과를 신청인에게 알려야 한다.
(2019.7.16 본항개정)
④ 제1항에 따른 조정신청은 부과금의 납부기간에 영향을 미치지 아니한다.

제36조【부과금의 징수유예·분할납부 및 징수절차】
① 법 제35조의4제1항 또는 제2항에 따라 부과금의 징수유예를 받거나 분할납부를 하려는 자는 부과금 징수유예신청서와 부과금 분할납부신청서를 환경부장관 또는 시·도지사에게 제출해야 한다.(2019.7.16 본항개정)
② 법 제35조의4제1항에 따른 징수유예는 다음 각 호의 구분에 따른 징수유예기간과 그 기간 중의 분할납부의 횟수에 따른다.
1. 기본부과금 : 유예한 날의 다음 날부터 다음 부과기간의 개시일 전일까지, 4회 이내
2. 초과부과금 : 유예한 날의 다음 날부터 2년 이내, 12회 이내

③ 법 제35조의4제2항에 따른 징수유예기간의 연장은 유예한 날의 다음 날부터 3년 이내로 하며, 분할납부의 횟수는 18회 이내로 한다.
④ 부과금의 분할납부 기한 및 금액과 그 밖에 부과금의 부과·징수에 필요한 사항은 환경부장관 또는 시·도지사가 정한다.(2019.7.16 본항개정)
(2013.1.31 본조개정)
제37조【신용카드 등에 의한 배출부과금의 납부】 ① 부과금납부자는 신용카드, 직불카드 등(이하 "신용카드등"이라 한다)으로 배출부과금납부대행기관을 통하여 배출부과금을 납부할 수 있다.
② 신용카드등으로 배출부과금을 납부하는 경우에는 배출부과금납부대행기관의 승인일을 납부일로 본다.
③ 제1항에 따른 배출부과금납부대행기관은 다음 각 호의 어느 하나에 해당하는 자로 한다.
1. 「민법」 제32조에 따라 금융위원회의 허가를 받아 설립된 금융결제원
2. 시설, 업무수행능력 및 자본금 규모 등을 고려하여 환경부장관이 배출부과금납부대행기관으로 지정·고시하는 자
④ 배출부과금납부대행기관은 부과금납부자로부터 신용카드등에 의한 배출부과금 납부대행 용역의 대가로 해당 납부 배출부과금의 1천분의 10 이내에서 환경부장관이 정하는 바에 따라 납부대행수수료를 받을 수 있다.
(2018.12.31 본조신설)
제38조【과징금 처분】 ① 법 제37조제1항 각 호 외의 부분 본문에서 "대통령령으로 정하는 경우"란 다음 각 호의 어느 하나에 해당하는 경우를 말한다.
1. 외국에 수출할 목적으로 신용장을 개설하고 제품을 생산하는 경우
2. 조업의 중지에 따라 배출시설에 투입된 원료·부원료 또는 제품 등이 화학반응을 일으키는 등의 사유로 폭발이나 화재사고가 발생될 우려가 있는 경우
3. 원료를 용융(鎔融)하거나 용해하여 제품을 생산하는 경우
② 법 제37조제1항 각 호 외의 부분 단서에서 "대통령령으로 정하는 경우"란 다음 각 호의 어느 하나에 해당하는 경우를 말한다.
1. 조업을 시작하지 않거나 조업을 중단하는 등의 사유로 매출액이 없는 경우
2. 재해 등으로 매출액 산정자료가 소멸되거나 훼손되어 객관적인 매출액의 산정이 곤란한 경우
③ 법 제37조제1항, 제38조의2제10항 또는 제44조제11항에 따른 과징금은 법 제84조에 따른 위반행위별 행정처분기준에 따른 조업 정지일수에 1일당 300만원과 다음 각 호의 구분에 따른 부과계수를 곱하여 산정한다.
1. 별표1의3에 따른 사업장에 해당하는 경우 : 다음 각 목의 부과계수
가. 1종사업장 : 2.0
나. 2종사업장 : 1.5
다. 3종사업장 : 1.0
라. 4종사업장 : 0.7
마. 5종사업장 : 0.4
2. 별표1의3에 따른 사업장에 해당하지 않는 경우 : 제1호 마목의 부과계수
(2021.10.14 본항개정)
④ 제3항에 따라 산정한 과징금의 금액은 법 제37조제3항에 따라 그 금액의 2분의 1 범위에서 늘리거나 줄일 수 있다. 이 경우 그 금액을 늘리는 경우에도 과징금의 총액은 법 제37조제1항 본문에 따른 매출액에 100분의 5를 곱한 금액(제2항에 해당하는 경우에는 2억원을 말한다)을 초과할 수 없다.
(2021.6.29 본조개정)
제38조의2【비산배출의 저감대상 업종】 법 제38조의2 제1항에서 "대통령령으로 정하는 업종"이란 별표9의2에 따른 업종을 말한다.(2015.7.20 본조개정)
제39조【환경기술인의 자격기준 및 임명기간】 ① 법 제40조제1항에 따라 사업자가 환경기술인을 임명하려는 경우에는 다음 각 호의 구분에 따른 기간에 임명하여야 한다.(2013.1.31 본문개정)
1. 최초로 배출시설을 설치한 경우에는 가동개시 신고를 할 때
2. 환경기술인을 바꾸어 임명하는 경우에는 그 사유가 발생한 날부터 5일 이내. 다만, 환경기사 또는 환경산업기사 이상의 자격이 있는 자를 임명하여야 하는 사업장으로서 5일 이내에 채용할 수 없는 부득이한 사정이 있는 경우에는 30일의 범위에서 별표10에 따른 4종·5종사업장의 기준에 준하여 환경기술인을 임명할 수 있다.
(2022.5.3 단서개정)
② 법 제40조제1항에 따라 사업장별로 두어야 하는 환경기술인의 자격기준은 별표10과 같다.

제3장 생활환경상의 대기오염물질 배출 규제

제40조【저황유의 사용】 ① 법 제41조제1항에 따른 황함유기준(이하 "황함유기준"이라 한다)이 정하여진 연료용 유류(이하 "저황유"라 한다)의 공급지역과 사용시설의 범위 등에 관한 기준은 별표10의2와 같다.
(2008.12.31 본항개정)
② 법 제41조제4항에 따라 시·도지사는 별표10의2에 따른 기준에 부적합한 유류를 공급하거나 판매하는 자에게는 유류의 공급금지 또는 판매금지와 그 유류의 회수처리를 명하여야 하며, 유류를 사용하는 자에게는 사용금지를 명하여야 한다.(2013.1.31 본항개정)
③ 제2항에 따라 해당 유류의 회수처리명령 또는 사용금지명령을 받은 자는 명령을 받은 날부터 5일 이내에 다음 각 호의 사항을 구체적으로 밝힌 이행완료보고서를 시·도지사에게 제출하여야 한다.(2013.1.31 본문개정)
1. 해당 유류의 공급기간 또는 사용기간과 공급량 또는 사용량
2. 해당 유류의 회수처리량, 회수처리방법 및 회수처리기간
3. 저황유의 공급 또는 사용을 증명할 수 있는 자료 등에 관한 사항
④ (2013.1.31 삭제)
제41조【저황유 외의 연료사용】 환경부장관 또는 시·도지사는 제40조제1항에 따른 저황유 공급지역의 사용시설 중 다음 각 호의 시설에서는 저황유 외의 연료를 사용하게 할 수 있다.
1. 제32조제1항제2호에 따른 부생가스 또는 환경부장관이 인정하는 폐열을 사용하는 시설
2. 제32조제3항에 따른 최적의 방지시설을 설치하여 부과금을 면제받은 시설
3. 그 밖에 저황유 외의 연료를 사용하여 배출되는 황산화물이 해당 시설에서 저황유를 사용할 때 적용되는 배출허용기준 이하로 배출되는 시설로서 법 제23조에 따른 배출시설의 설치허가 또는 변경허가를 받거나 설치신고 또는 변경신고를 한 시설(2015.12.10 본호개정)
제42조【고체연료의 사용금지 등】 ① 환경부장관 또는 시·도지사는 법 제42조에 따라 연료의 사용으로 인한 대기오염을 방지하기 위하여 별표11의2에 해당하는 지역에 대하여 다음 각 호의 고체연료의 사용을 제한할 수 있다. 다만, 제3호의 경우에는 해당 지역 중 그 사용을 특히 금지할 필요가 있는 경우에만 제한할 수 있다.
(2008.12.31 본문개정)
1. 석탄류
2. 코크스(다공질 고체 탄소 연료)(2019.7.2 본호개정)
3. 땔나무와 숯
4. 그 밖에 환경부장관이 정하는 폐합성수지 등 가연성 폐기물 또는 이를 가공처리한 연료
② 환경부장관 또는 시·도지사는 제1항에 따른 지역에 있는 사업자에게 고체연료의 사용금지를 명하여야 한다. 다만, 다음 각 호의 어느 하나에 해당하는 시설을 갖춘 사업자의 경우에는 그러하지 아니하다.
1. 제조공정의 연료 용해과정에서 광물성 고체연료가 사용되어야 하는 주물공장·제철공장 등의 용해로 등의 시설
2. 연소과정에서 발생하는 오염물질이 제품 제조공정 중에 흡수·흡착 등의 방법으로 제거되어 오염물질이 현저하게 감소되는 시멘트·석회석 등의 소성로(燒成爐) 등의 시설
3. 「폐기물관리법」 제2조에 따른 폐기물처리시설(폐기물에너지를 이용하는 시설을 포함한다)
4. 제1항에 따른 고체연료를 사용하여도 해당 시설에서 배출되는 오염물질이 배출허용기준 이하로 배출되는 시설로서 환경부장관 또는 시·도지사에게 고체연료의 사용을 승인받은 시설
③ 제2항제4호에 따른 시설의 소유자 또는 점유자가 고체연료를 사용하려면 환경부령으로 정하는 바에 따라 고체연료 사용승인신청서를 환경부장관 또는 시·도지사에게 제출하여야 한다.
제43조【청정연료의 사용】 ① 법 제42조에 따라 환경부장관 또는 시·도지사는 제40조 및 제42조에 따른 연료사용에 관한 제한조치에도 불구하고 별표11의3에 따른 지역 또는 시설에 대하여는 오염물질이 거의 배출되지 아니하는 액화천연가스 및 액화석유가스 등 기체연료(이하 "청정연료"라 한다) 외의 연료에 대한 사용금지를 명할 수 있다.(2008.12.31 본항개정)
② 환경부장관 또는 시·도지사는 「석유 및 석유대체연료 사업법」에 따른 석유정제업자 또는 석유판매업자에게 청정연료의 사용대상 시설에 대한 연료용 유류의 공급 또는 판매의 금지를 명하여야 한다.
③ 환경부장관은 연료사용량이 지나치게 많아 청정연료의 수요 및 공급에 미치는 영향이 크거나 에너지 절감으로 인한 대기오염 저감효과가 크다고 인정되는 발전소, 집단에너지 공급시설 및 일정 규모 이하의 열 공급시설 등에 대하여는 별표11의3에 따라 청정연료 외의 연료를 사용하게 할 수 있다.(2008.12.31 본항개정)
제44조【비산먼지 발생사업】 법 제43조제1항 전단에서 "대통령령으로 정하는 사업"이란 다음 각 호의 사업 중 환경부령으로 정하는 사업을 말한다.(2015.7.20 본문개정)
1. 시멘트·석회·플라스터 및 시멘트 관련 제품의 제조업 및 가공업
2. 비금속물질의 채취업, 제조업 및 가공업
3. 제1차 금속 제조업
4. 비료 및 사료제품의 제조업
5. 건설업(지반 조성공사, 건축물 축조공사, 토목공사, 조경공사 및 도장공사로 한정한다)(2019.7.16 본호개정)
6. 시멘트, 석탄, 토사, 사료, 곡물 및 고철의 운송업
7. 운송장비 제조업
8. 저탄시설(貯炭施設)의 설치가 필요한 사업
9. 고철, 곡물, 사료, 목재 및 광석의 하역업 또는 보관업
10. 금속제품의 제조업 및 가공업
11. 폐기물 매립시설 설치·운영 사업(2015.7.20 본호신설)
제45조【휘발성유기화합물의 규제 등】 ① 법 제44조제1항 각 호 외의 부분에서 "대통령령으로 정하는 시설"이란 다음 각 호의 시설(법 제44조제1항제3호에 따른 휘발성유기화합물 배출규제 추가지역의 경우에는 제2호에 따른 저유소의 출하시설 및 제3호의 시설만 해당한다)을 말한다. 다만, 제38조의2에서 정하는 업종에서 사용하는 시설의 경우는 제외한다.(2015.7.20 본문개정)
1. 석유정제를 위한 제조시설, 저장시설 및 출하시설(出荷施設)과 석유화학제품 제조업의 제조시설, 저장시설 및 출하시설
2. 저유소의 저장시설 및 출하시설
3. 주유소의 저장시설 및 주유시설
4. 세탁시설
5. 그 밖에 휘발성유기화합물을 배출하는 시설로서 환경부장관이 관계 중앙행정기관의 장과 협의하여 고시하는 시설
② 제1항 각 호에 따른 시설의 규모는 환경부장관이 관계 중앙행정기관의 장과 협의하여 고시한다.
③ 법 제45조제4항에서 "대통령령으로 정하는 사유"란 다음 각 호의 어느 하나에 해당하는 사유를 말한다.
1. 국내에서 확보할 수 없는 특수한 기술이 필요한 경우
2. 천재지변이나 그 밖에 특별시장·광역시장·특별자치시장·도지사(그 관할구역 중 인구 50만 이상의 시는 제외한다)·특별자치도지사 또는 특별시·광역시 및 특별자치시를 제외한 인구 50만 이상의 시장이 부득이하다고 인정하는 경우(2013.1.31 본호개정)
제45조의2【도료의 휘발성유기화합물함유기준 초과 시 조치명령 등】 ① 환경부장관은 법 제44조의2제3항 또는 제4항에 따라 조치명령을 하는 경우에는 조치명령의 내용 및 10일 이내의 이행기간 등을 적은 서면으로 하여야 한다.
② 법 제44조의2제3항에 따른 조치명령을 받은 자는 그 이행기간 이내에 다음 각 호의 사항을 구체적으로 밝힌 이행완료보고서를 환경부령으로 정하는 바에 따라 환경부장관에게 제출하여야 한다.
1. 해당 도료의 공급·판매 기간과 공급량 또는 판매량
2. 해당 도료의 회수처리량, 회수처리 방법 및 기간
3. 그 밖에 공급·판매 중지 또는 회수 사실을 증명할 수 있는 자료에 관한 사항
③ 법 제44조의2제4항에 따른 조치명령을 받은 자는 그 이행기간 이내에 다음 각 호의 사항을 구체적으로 밝힌 이행완료보고서를 환경부령으로 정하는 바에 따라 환경부장관에게 제출하여야 한다.
1. 해당 도료의 공급·판매 기간과 공급량 또는 판매량
2. 해당 도료의 보유량 및 공급·판매 중지 사실을 증명할 수 있는 자료에 관한 사항
(2015.7.20 본조신설)

제4장 자동차·선박 등의 배출가스 규제

제46조【배출가스의 종류】 법 제46조제1항 본문에서 "대통령령으로 정하는 오염물질"이란 다음 각 호의 구분에 따른 물질을 말한다.(2020.3.31 본문개정)
1. 휘발유, 알코올 또는 가스를 사용하는 자동차
가. 일산화탄소
나. 탄화수소
다. 질소산화물
라. 알데히드
마. 입자상물질(粒子狀物質)(2020.5.26 본목신설)
바. 암모니아(2020.5.26 본목신설)
2. 경유를 사용하는 자동차
가. 일산화탄소
나. 탄화수소
다. 질소산화물
라. 매연
마. 입자상물질(2020.5.26 본목개정)
바. 암모니아(2020.5.26 본목신설)
제47조【인증의 면제·생략 자동차】 ① 법 제48조제1항 단서에 따라 인증을 면제할 수 있는 자동차는 다음 각 호와 같다.
1. 군용 및 경호업무용 등 국가의 특수한 공용 목적으로 사용하기 위한 자동차와 소방용 자동차
2. 주한 외국공관 또는 외교관이나 그 밖에 이에 준하는 대우를 받는 자가 공용 목적으로 사용하기 위한 자동차로서 외교부장관의 확인을 받은 자동차
(2013.3.23 본호개정)
3. 주한 외국군대의 구성원이 공용 목적으로 사용하기 위한 자동차
4. 수출용 자동차와, 박람회나 그 밖에 이에 준하는 행사에 참가하는 자가 전시의 목적으로 일시 반입하는 자동차
5. 여행자 등이 다시 반출할 것을 조건으로 일시 반입하는 자동차
6. 자동차제작자 및 자동차 관련 연구기관 등이 자동차의 개발 또는 전시 등 주행 외의 목적으로 사용하기 위하여 수입하는 자동차

7. (2008.12.31 삭제)
8. 외국인 또는 외국에서 1년 이상 거주한 내국인이 주거(住居)를 옮기기 위하여 이주물품으로 반입하는 1대의 자동차(2010.3.26 본호개정)
② 법 제48조제1항 단서에 따라 인증을 생략할 수 있는 자동차는 다음 각 호와 같다.
1. 국가대표 선수용 자동차 또는 훈련용 자동차로서 문화체육관광부장관의 확인을 받은 자동차(2008.2.29 본호개정)
2. 외국에서 국내의 공공기관 또는 비영리단체에 무상으로 기증한 자동차
3. 외교관 또는 주한 외국군인의 가족이 사용하기 위하여 반입하는 자동차
4. 항공기 지상 조업용 자동차
5. 법 제48조제1항에 따른 인증을 받지 아니한 자가 그 인증을 받은 자동차의 원동기를 구입하여 제작하는 자동차
6. 국제협약 등에 따라 인증을 생략할 수 있는 자동차
7. 그 밖에 환경부장관이 인증을 생략할 필요가 있다고 인정하는 자동차

제47조의2【과징금 부과기준】 ① 법 제48조의4제2항에 따른 과징금의 부과기준은 다음 각 호와 같다.
1. 과징금은 법 제84조의 행정처분기준에 따라 업무정지 일수에 1일당 부과금액을 곱하여 산정할 것
2. 제1호에 따른 1일당 부과금액은 20만원으로 한다.
② 법 제48조의2제3항 각 호의 위반행위 중 6개월 이상의 업무정지처분을 받아야 하는 위반행위는 과징금 부과처분 대상에서 제외한다.(2021.6.29 본항개정)
(2013.1.31 본조신설)

제48조【제작차배출허용기준 검사의 종류 등】 ① 법 제50조제1항에 따라 환경부장관은 제작차에 대하여 다음 각 호의 구분에 따른 검사를 실시하여야 한다.
1. 수시검사 : 제작 중인 자동차가 제작차배출허용기준에 맞는지를 수시로 확인하기 위하여 필요한 경우에 실시하는 검사
2. 정기검사 : 제작 중인 자동차가 제작차배출허용기준에 맞는지를 확인하기 위하여 자동차 종류별로 제작 대수(臺數)를 고려하여 일정 기간마다 실시하는 검사
② 제1항에 따른 검사 결과에 불복하는 자는 환경부령으로 정하는 바에 따라 재검사를 신청할 수 있다.

제49조【제작차배출허용기준 검사의 생략】 법 제50조제2항에 따라 생략할 수 있는 검사는 제48조제1항제2호에 따른 정기검사로 한다.

제49조의2【자동차의 교체·환불·재매입 명령】 ① 법 제50조제8항, 제51조제8항 또는 제53조제7항에 따른 자동차의 교체, 환불 또는 재매입(이하 이 조에서 "교체등"이라 한다) 명령은 다음 각 호의 기준에 따른다.
(2021.6.29 본문개정)
1. 교체 : 자동차제작자가 교체등 대상 자동차와 「자동차관리법」 제3조제3항에 따른 규모별 세부분류 및 유형별 세부분류가 동일하게 분류되는 자동차를 제작하고 있는 경우
2. 환불 : 자동차제작자가 제1호에 해당하지 아니하거나 자동차 소유자가 교체를 원하지 아니하는 경우. 다만, 「자동차관리법」 제5조에 따른 자동차등록원부(이하 이 조에서 "자동차등록원부"라 한다)에 기재된 교체등 대상 자동차의 최초등록일부터 1년이 지나지 아니한 경우에만 할 수 있다.
3. 재매입 : 제1호 및 제2호에 해당하지 아니하는 경우
② 제1항제2호에 따라 환불을 명하는 경우 그 환불금액은 교체등 대상 자동차의 공급가액에 부가가치세 및 취득세를 합하여 산정한 금액(이하 이 조에서 "기준금액"이라 한다)으로 한다.
③ 제1항제3호에 따라 재매입을 명하는 경우 그 재매입금액은 다음의 계산식에 따른다. 이 경우 운행 개월수는 자동차등록원부에 기재된 교체등 대상 자동차의 최초등록일부터 산정한다.
재매입금액 = 기준금액 − 〔(교체등 대상 자동차의 운행 개월수/12) × (기준금액 × 0.1)〕
④ 제3항에 따라 산정된 금액이 기준금액의 100분의 30에 미달하는 경우에는 기준금액의 100분의 30에 해당하는 금액을 재매입금액으로 한다.
⑤ 환경부장관은 제1항에 따라 자동차의 교체등을 명할 때 자동차제작자가 기준금액의 100분의 10 이하의 범위에서 교체등에 드는 비용을 자동차의 소유자에게 추가로 지급하도록 명할 수 있다.
⑥ 제1항에 따른 교체등 명령을 받은 자동차제작자는 명령을 받은 날부터 60일 이내에 교체등 대상 자동차의 범위, 비용 예측, 자동차 소유자에 대한 통지계획 등이 포함된 이행계획을 수립하여 환경부장관의 승인을 받아 시행하고, 그 결과를 환경부장관에게 보고하여야 한다.
(2017.12.26 본조신설)

제50조【부품의 결함시정 현황 및 결함원인 분석 현황의 보고】 ① 자동차제작자는 법 제53조제1항 본문에 따라 다음 각 호의 모두에 해당하는 경우에는 그 분기부터 매 분기가 끝난 후 30일 이내에 시정내용 등을 파악하여 환경부장관에게 해당 부품의 결함시정 현황을 보고하여야 한다.
1. 같은 연도에 판매된 같은 차종의 같은 부품에 대한 결함시정 요구 건수가 40건 이상인 경우
2. 같은 연도에 판매된 같은 차종의 같은 부품에 대한 결함시정 요구 건수의 판매 대수에 대한 비율(이하 "결함시정요구율"이라 한다)이 2퍼센트 이상인 경우
(2012.5.22 1호~2호개정)
② 자동차제작자는 법 제53조제1항 본문에 따라 다음 각 호의 모두에 해당하는 경우에는 그 분기부터 매 분기가 끝난 후 90일 이내에 환경부장관에게 결함원인 분석 현황을 보고하여야 한다.(2018.11.27 본문개정)
1. 같은 연도에 판매된 같은 차종의 같은 부품에 대한 결함시정 요구 건수가 50건 이상인 경우
2. 결함시정요구율이 4퍼센트 이상인 경우
(2012.5.22 1호~2호개정)
③ 제1항 또는 제2항에 따른 보고기간은 배출가스 관련 부품 보증기간이 끝나는 날이 속하는 분기까지로 한다.
④ 제1항 및 제2항에 따른 보고의 구체적 내용 등은 환경부령으로 정한다.
(2018.11.27 본조제목개정)

제50조의2【결함시정 현황 보고의 요건】 법 제53조제2항에 따라 자동차제작자가 매년 1월 말일까지 결함시정 현황을 환경부장관에게 보고하여야 하는 경우는 다음 각 호의 어느 하나에 해당하는 경우로 한다.
1. 같은 연도에 판매된 같은 차종의 같은 부품에 대한 결함시정 요구 건수가 40건 미만인 경우
2. 결함시정요구율이 2퍼센트 미만인 경우
(2016.5.31 본조신설)

제51조【부품의 결함시정 명령의 요건】 ① 환경부장관은 다음 각 호의 모두에 해당하는 경우에는 법 제53조제3항 본문에 따라 그 부품의 결함을 시정하도록 명하여야 한다.(2018.11.27 본문개정)
1. 같은 연도에 판매된 같은 차종의 같은 부품에 대한 부품결함 건수(제작결함으로 부품을 조정하거나 교환한 건수를 말한다. 이하 이 항에서 같다)가 50건 이상인 경우
2. 같은 연도에 판매된 같은 차종의 같은 부품에 대한 부품결함 건수가 판매 대수의 4퍼센트 이상인 경우
(2012.5.22 본호개정)
② (2018.11.27 삭제)
(2018.11.27 본조제목개정)

제52조【과징금 산정 등】 법 제56조제2항에 따른 위반행위의 종류, 배출가스의 증감 정도 등에 따른 과징금의 부과기준은 별표12와 같다.(2017.12.26 본조개정)

제52조의2【저공해자동차를 보급해야 하는 자동차판매자의 범위】 법 제58조의2제1항에서 "대통령령으로 정하는 수량"이란 별표12의2에 따른 수량을 말한다.
(2020.3.31 본조신설)

제52조의3【무공해자동차】 법 제58조의2제2항에서 "대통령령으로 정하는 자동차"란 자동차에서 배출되는 대기오염물질이 환경부령으로 정하는 배출허용기준에 맞는 자동차로서 「환경친화적 자동차의 개발 및 보급 촉진에 관한 법률」 제2조제3호, 제4호 및 제6호에 따른 전기자동차, 태양광자동차 및 수소전기자동차를 말한다.
(2020.3.31 본조신설)

제52조의4【저공해자동차 보급 기여금】 ① 법 제58조의4제1항 전단에서 "대통령령으로 정하는 매출액"이란 같은 항 전단에 따른 기여금 납부의무자(이하 "기여금납부의무자"라 한다)가 법 제58조의2제1항에 따른 연간 저공해자동차 보급목표(이하 "저공해자동차보급목표"라 한다)를 달성하지 못한 연도 중 15인승 이하 승용자동차 및 승합자동차의 판매로 발생한 매출액을 말한다.
② 법 제58조의4제1항 전단에 따른 저공해자동차 보급기여금(이하 "저공해자동차보급기여금"이라 한다)의 부과기준은 별표12의3과 같다.
③ 환경부장관은 법 제58조의4제1항 전단에 따라 저공해자동차보급기여금을 부과할 때에는 저공해자동차보급목표를 달성하지 못한 연도의 다음 연도 1월 1일부터 기산하여 3년의 기간이 끝나는 연도의 다음 연도에 저공해자동차보급기여금의 부과사유와 부과금액을 명시하여 이를 납부할 것을 서면으로 통지해야 한다.
④ 제3항에 따라 통지를 받은 자는 그 통지를 받은 연도의 12월 31일까지 저공해자동차보급기여금을 법 제58조의4제1항 후단에 따른 기관에 납부해야 한다. 다만, 환경부장관은 기여금납부의무자가 다음 각 호의 어느 하나에 해당하는 경우에는 1회에 한정하여 납부기한을 1년 연기할 수 있다.
1. 납부기한 직전 연도에 영업손실이 발생한 경우
2. 납부기한 직전 3개 연도 영업이익의 합이 순손실인 경우
3. 그 밖의 부득이한 사유로 환경부장관이 납부기한의 연기가 필요하다고 인정하는 경우
⑤ 제4항에 따라 저공해자동차보급기여금을 받은 기관은 납부자에게 영수증을 발급하고 저공해자동차보급기여금이 납부된 사실을 환경부장관에게 알려야 한다.
⑥ 법 제58조의4제3항 전단에서 "대통령령으로 정하는 가산금"이란 체납된 저공해자동차보급기여금의 1만분의 75에 해당하는 금액에 그 납부기한의 다음 날부터 납부일 전날까지의 기간에 해당하는 일수를 곱한 금액을 말한다.
⑦ 환경부장관은 법 제58조의4제5항에 따라 저공해자동차보급기여금과 법 제76조의6제1항 본문에 따른 과징금 또는 「에너지이용 합리화법」 제17조의2제1항 전단에 따른 과징금을 합한 금액이 법 제58조의4제1항 전단에 따른 매출액, 법 제76조의6제1항 본문에 따른 매출액 또는 「에너지이용 합리화법」 제17조의2제1항 본문에 따른 매출액 중 가장 큰 값에 100분의 1을 곱한 금액을 초과하지 않는 범위에서 저공해자동차보급기여금을 감액하되, 감액비율은 저공해자동차보급목표 달성도 등을 고려하여 환경부장관이 정하여 고시한다.
⑧ 제1항부터 제7항까지에서 규정한 사항 외에 저공해자동차보급기여금의 부과 및 납부에 필요한 세부사항은 환경부장관이 정하여 고시한다.
(2022.12.27 본조신설)

제52조의5【저공해자동차의 구매·임차 대상 기관 등】 ① 법 제58조의5제1항 각 호 외의 부분에서 "대통령령으로 정하는 수량"이란 6대(법 제58조의5제1항에 따른 저공해자동차 구매·임차 계획의 제출 대상 회계연도의 전전년도 12월 31일을 기준으로 가지고 있는 수량을 말한다)를 말한다.(2021.6.29 본항개정)
② 법 제58조의5제1항제3호에서 "대통령령으로 정하는 공공기관"이란 다음 각 호의 공공기관을 말한다.
(2021.6.29 본문개정)
1. 「공공기관의 운영에 관한 법률」 제4조에 따른 공공기관
2. 「정부출연연구기관 등의 설립·운영 및 육성에 관한 법률」 제8조에 따라 설립된 연구기관
3. 「과학기술분야 정부출연연구기관 등의 설립·운영 및 육성에 관한 법률」 제8조에 따라 설립된 연구기관
4. 「지방공기업법」 제49조에 따라 설립된 지방공사 및 같은 법 제76조에 따라 설립된 지방공단
5. 「지방자치단체 출자·출연 기관의 운영에 관한 법률」 제2조제1항에 따른 출자기관 또는 출연기관
6. 「공기업의 경영구조 개선 및 민영화에 관한 법률」 제2조에 따른 법인
(2020.3.31 본조신설)

제52조의6【수소연료공급시설 설치계획의 승인 등】 ① 법 제58조의11제1항 또는 제3항에 따라 수소연료공급시설 설치계획의 승인 또는 변경승인을 받으려는 자는 환경부령으로 정하는 신청서에 법 제58조의11제1항에 따른 수소연료공급시설 설치계획(이하 이 조에서 "수소시설설치계획"이라 한다)을 작성한 서류를 첨부하여 환경부장관에게 제출해야 한다.
② 환경부장관은 제1항에 따른 승인 또는 변경승인 신청을 받은 경우 수소시설설치계획의 기술적 사항에 대한 검토에 관하여 한국환경공단에 지원을 요청할 수 있다.
③ 법 제58조의11제2항제4호에서 "대통령령으로 정하는 사항"이란 다음 각 호의 사항을 말한다.
1. 법 제58조제3항제2호다목에 따른 수소연료공급시설(이하 "수소연료공급시설"이라 한다)의 공사 설계도서 및 공정일정표
2. 설치비용 및 소요기간
3. 설치비용 조달계획
④ 법 제58조의11제3항에서 "대통령령으로 정하는 중요한 사항"이란 다음 각 호의 사항을 말한다.
1. 수소연료공급시설의 위치 및 면적
2. 수소연료공급시설의 용량 및 공급방식
(2021.6.29 본조신설)

제53조【이륜자동차정기검사 전문기관】 법 제62조의2제1항에서 "대통령령으로 정하는 전문기관"이란 「한국교통안전공단법」에 따른 한국교통안전공단을 말한다.
(2019.2.8 본조개정)

제54조【운행차 배출가스 정밀검사의 시행지역】 법 제63조제1항제2호에서 "대통령령으로 정하는 지역"이란 다음 각 호의 지역을 말한다.
1. 광주광역시, 대전광역시, 울산광역시(2013.1.31 본호개정)
2. 김해시, 용인시, 전주시, 창원시, 천안시, 청주시, 포항시 및 화성시(2019.7.16 본호개정)

제55조 (2013.1.31 삭제)

제56조【전문정비사업의 등록기준】 법 제68조제1항에 따른 배출가스 전문정비사업(이하 "전문정비사업"이라 한다)을 등록하려는 자가 갖추어야 하는 시설·장비 및 기술인력은 별표13과 같다.(2013.1.31 본조신설)

제57조【전문정비사업의 등록사항 변경】 법 제68조제1항 후단에서 "대통령령으로 정하는 중요한 사항"이란 다음 각 호의 사항을 말한다.
1. 대표자명
2. 기술인력
3. 상호
4. 사업장 소재지
5. 정비·점검 및 확인검사 항목
(2013.1.31 본조신설)

제58조~제59조 (2009.6.30 삭제)

제60조【선박 대기오염물질의 종류】 법 제76조제1항에서 "대통령령으로 정하는 대기오염물질"이란 질소산화물을 말한다.

제4장의2 자동차 온실가스 배출 관리
(2014.2.5 본장신설)

제60조의2【매출액 범위】 법 제76조의6제1항 본문에서 "대통령령으로 정하는 매출액"이란 법 제2조제21호에 따른 자동차의 온실가스 배출허용기준을 준수하지 못한 연도의 매출액을 말한다.

제60조의3【과징금 산정방법 등】 ① 법 제76조의6제1항에 따른 과징금의 산정방법 등은 별표14와 같다.
② 환경부장관은 법 제76조의6제1항에 따른 과징금을 부과할 때에는 법 제76조의5제2항에 따라 환경부령으로 정하는 기간이 끝나는 연도의 다음 연도에 과징금의 부과사유와 그 과징금의 금액을 분명하게 적은 서면으로 알려야 한다.
③ 제2항에 따라 통지를 받은 자동차제작자는 그 통지를 받은 해 9월 30일까지 환경부장관이 정하는 수납기관에 해당 과징금을 내야 한다. 다만, 천재지변이나 그 밖의 부득이한 사유로 그 기간까지 과징금을 낼 수 없는 경우에는 그 사유가 없어진 날부터 30일 이내에 내야 한다.
④ 제3항에 따라 과징금을 받은 수납기관은 과징금을 낸 자에게 영수증을 발급하여야 한다.
⑤ 제1항부터 제4항까지에서 규정한 사항 외에 과징금의 부과에 필요한 세부사항은 환경부장관이 정하여 고시한다.

제4장의3 냉매 관리

(2018.11.27 본장신설)

제60조의4【냉매회수업의 등록기준】 ① 법 제76조의11제1항에 따라 냉매회수업을 등록하려는 자가 갖추어야 하는 시설·장비 및 기술인력 기준은 별표14의2와 같다.
② 법 제76조의11제2항에서 "대통령령으로 정하는 중요한 사항"이란 다음 각 호의 사항을 말한다.
1. 상호
2. 대표자명(개인사업자인 경우에는 성명)
3. 사업장 소재지
4. 기술인력

제5장 보 칙

제61조【재정지원의 대상·절차 및 방법】 ① 법 제81조제3항에 따른 재정지원의 대상은 다음 각 호와 같다.
1. 장거리이동대기오염물질 관련 연구사업
2. 장거리이동대기오염물질피해를 방지하기 위한 국내외 사업
(2016.5.31 1호~2호개정)
② 재정지원을 받으려는 법인이나 단체는 매년 12월 31일까지 소관 부처에 재정지원을 신청하여야 한다.
③ 제2항에 따라 신청을 받은 소관 부처는 관계 부처와 협의를 거쳐 재정지원 여부를 결정해야 한다.(2023.6.20 본항개정)
제62조【관계 기관의 협조】 법 제83조제12호에서 "대통령령으로 정하는 사항"이란 다음 각 호의 사항을 말한다.(2014.2.5 본문개정)
1. 관광시설 또는 산업시설 등의 설치로 훼손된 토지의 원상 복구
2. 차종별 연료사용 규제
3. 차종별 엔진출력 규제
4. 일정 구역에서 일정 용도로 사용하는 자동차의 동력원을 전기·태양광·수소 또는 천연가스 등으로 제한하는 사항
제62조의2【전산정보처리시스템의 설치·운영】 환경부장관은 다음 각 호의 업무를 효율적으로 처리하기 위하여 필요한 전산정보처리시스템을 설치·운영할 수 있다.
1. 법 제58조제3항제1호 또는 제2호에 해당하는 자에 대한 자금 보조 및 융자(2020.5.26 본호개정)
2. 법 제58조제11항에 따른 저공해자동차 등에 대한 표지 부착(2017.12.26 본호개정)
3. 법 제58조의2제5항에 따른 저공해자동차 보급실적의 관리 및 법 제58조의7제1항에 따른 저공해자동차 구매·임차 실적의 관리(2021.6.29 본호개정)
(2014.12.31 본조신설)
제63조【권한의 위임】 ① 환경부장관은 법 제87조제1항에 따라 다음 각 호의 권한을 시·도지사에게 위임한다.
1. 법 제62조제3항에 따른 이륜자동차정기검사 기간 연장 및 유예
2. 법 제62조제4항에 따른 이륜자동차정기검사 수검명령
3. 법 제62조의3제1항에 따른 이륜자동차정기검사 업무 수행을 위한 지정정비사업자의 지정
4. 법 제62조의4제1항에 따른 이륜자동차정기검사 지정정비사업자에 대한 업무 정지명령 및 지정 취소
5. 법 제70조에 따른 개선명령
6. 법 제70조의2에 따른 운행정지명령
(2014.2.5 1호~6호개정)
② 환경부장관은 법 제87조제1항에 따라 다음 각 호의 권한을 유역환경청장(제4호의16부터 제4호의19까지의 권한을 위임하는 경우 한강유역환경청장은 제외한다), 지방환경청장 또는 수도권대기환경청장에게 각각 그 관할에 따라 위임한다. 다만, 제1호 및 제3호의 권한은 수도권대기환경청장에게 위임한다.(2021.6.29 본문개정)
1. 법 제3조제1항에 따른 측정망 설치 및 대기오염도의 상시 측정(수도권대기환경청의 관할구역에 대한 것만 해당한다)(2009.2.13 본호개정)
2. 법 제4조제1항에 따른 측정망설치계획의 결정·변경·고시 및 열람
3. 법 제5조제1항에 따른 토지 등의 수용 또는 사용(제1호에 따라 위임된 업무와 관련된 것만 해당한다)
(2009.2.13 본호개정)
4. 법 제19조제3항부터 제5항까지의 규정에 따른 추진실적서의 접수·평가 및 전문기관에의 의뢰에 관한 권한
4의2. 법 제23조제1항 단서, 같은 조 제2항 및 제3항에 따른 배출시설의 설치허가·변경허가 및 설치신고·변경신고의 수리
4의3. 법 제23조제8항에 따른 배출시설 설치의 제한
4의4. 법 제24조제2항에 따른 관계 행정기관의 장과의 협의
4의5. 법 제30조제1항에 따른 배출시설이나 방지시설의 가동개시 신고의 수리
4의6. 법 제31조제1항제1호 단서 및 같은 항 제2호 단서에 따른 금지행위에 대한 예외의 인정
4의7. 법 제32조제5항 및 제6항에 따른 조치명령 및 조업정지명령
(2019.7.16 4호의2~4호의7신설)
4의8. 법 제32조의2, 제32조의3 및 제85조제1호의2에 따른 측정기기 관리대행업의 등록, 변경등록, 등록취소, 영업정지명령 및 청문(2017.1.24 본호신설)
4의9. 법 제33조에 따른 개선명령
4의10. 법 제34조제1항 및 제2항에 따른 조업정지명령 및 조치명령
4의11. 법 제35조 및 제35조의3에 따른 배출부과금의 부과·징수 및 조정 등
4의12. 법 제35조의4에 따른 배출부과금의 징수유예·분할납부 결정, 담보제공 요구 및 징수유예의 취소
(2019.7.16 4호의9~4호의12신설)
4의13. 법 제36조제1항 및 제85조제2호에 따른 배출시설 설치허가·변경허가의 취소, 폐쇄명령, 조업정지명령 및 청문(2021.6.29 본호개정)
4의14. 법 제37조제1항 및 제4항에 따른 과징금의 부과 및 징수(2019.7.16 본호신설)
4의15. 법 제38조 및 제85조제2호에 따른 사용중지명령, 폐쇄명령 및 청문(2019.7.16 본호신설)
4의16. 법 제38조의2제1항부터 제3항까지의 규정에 따른 비산배출시설 설치·운영 신고 및 변경신고의 수리
(2020.3.31 본호개정)
4의17. 법 제38조의2제8항에 따른 조치명령(2019.7.16 본호개정)
4의18. 법 제44조의2제3항에 따른 조치명령 또는 회수명령(2017.1.24 본호신설)
4의19. 법 제44조의2제4항에 따른 공급·판매의 중지명령(2017.1.24 본호신설)
4의20. 법 제58조의11제1항 및 제3항에 따른 설치계획의 승인 및 변경승인(2021.6.29 본호신설)
4의21. 법 제60조의2제6항 본문에 따른 성능점검결과의 접수(2020.5.26 본호신설)
4의22. 법 제74조제5항에 따른 자동차연료·첨가제 또는 촉매제에 대한 검사(2021.6.29 본호개정)
5. 법 제74조제7항에 따른 자동차연료·첨가제 또는 촉매제의 제조·판매 또는 사용에 대한 규제(2021.6.29 본호개정)
6. 법 제75조제1항에 따른 제조의 중지 및 제품의 회수명령(2017.1.24 본호개정)
6의2. 법 제75조제2항에 따른 공급·판매의 중지명령
(2017.1.24 본호신설)
6의3. 법 제82조제1항에 따른 보고명령, 자료 제출 요구 및 출입·채취·검사에 관한 권한(유역환경청장, 지방환경청장 또는 수도권대기환경청장에게 위임된 권한을 행사하기 위하여 필요한 경우로 한정한다)(2019.7.16 본호개정)
7. 법 제94조에 따른 과태료의 부과·징수(유역환경청장, 지방환경청장 또는 수도권대기환경청장에게 위임된 권한을 행사하기 위하여 필요한 경우로 한정한다)
8. 제18조에 따른 측정기기의 개선기간 결정 및 그 기간의 연장
9. 제20조에 따른 배출시설 및 방지시설의 개선기간 결정 및 그 기간의 연장
10. 제21조에 따른 개선계획서의 접수 및 제출기간 연장
11. 제22조에 따른 개선명령 등의 이행 보고의 접수 및 확인
12. 제29조에 따른 기본부과금 산정을 위한 자료 제출 요구 및 제출자료의 접수
13. 제30조 및 제31조에 따른 기준이내배출량의 조정, 자료 제출 요구 및 제출자료의 접수
(2019.7.16 7호~13호신설)
③ 환경부장관은 법 제87조제1항에 따라 다음 각 호의 권한을 국립환경과학원장에게 위임한다.
1. 법 제3조제1항에 따른 측정망 설치 및 대기오염도의 상시 측정(수도권대기환경청의 관할구역 외의 지역에서의 장거리이동대기오염물질에 대한 것만 해당한다)
(2016.5.31 본호개정)
2. 법 제5조제1항에 따른 토지 등의 수용 또는 사용(제1호에 따라 위임된 업무와 관련된 것만 해당한다)
(2009.2.13 본호신설)
3. 법 제3조제2항에 따른 보고 서류의 접수
3의2. 법 제3조의2에 따른 환경위성 관측망의 구축·운영 및 정보의 수집·활용(2018.12.31 본호신설)
3의3. 법 제7조의2에 따른 대기오염도 예측·발표
(2014.2.5 본호신설)
4. 법 제48조제1항·제2항, 제55조 및 제85조에 따른 인증, 변경인증, 인증의 취소 및 그 청문. 다만, 국내에서 제작되는 자동차에 대한 인증, 인증의 취소 및 그 청문은 제외한다.(2010.3.26 본호개정)
5. 법 제50조제1항 및 제2항에 따른 검사 및 검사 생략
6. 법 제51조에 따른 결함확인검사 및 그 검사에 필요한 자동차의 선정
(2013.1.31 5호~6호신설)
7. 법 제53조제1항 및 제2항에 따른 보고 서류의 접수
(2016.5.31 본호개정)
7의2. 법 제60조에 따른 배출가스저감장치, 저공해엔진 또는 공회전제한장치에 대한 인증, 변경인증 및 인증취소(2020.3.31 본호신설)
7의3. 법 제60조의3제1항에 따른 부착 또는 교체한 배출가스저감장치나 개조 또는 교체한 저공해엔진에 대한 저감효율 확인 검사(2013.1.31 본호신설)
7의4. 법 제60조의4에 따른 배출가스저감장치 또는 저공해엔진에 대한 수시검사(2020.3.31 본호신설)
8. 법 제74조제2항에 따른 검사(2009.6.30 본호개정)
8의2. 법 제74조제11항에 따른 변경신고의 수리
(2021.6.29 본호신설)
9. 법 제74조의2 및 제74조의3에 따른 검사대행기관의 지정 및 지정 취소 등에 관한 권한(2009.6.30 본호개정)
제64조【대기오염 관리를 위한 점검·확인 등】 ① 환경부장관은 넓은 범위의 대기오염을 관리하기 위하여 특히 필요하다고 인정되면 사업장에 대하여 배출허용기준의 준수 여부 등 법령 위반사항을 점검·확인하거나 유역환경청장, 지방환경청장 또는 수도권대기환경청장이 점검·확인하게 할 수 있다.
② 환경부장관, 유역환경청장, 지방환경청장 또는 수도권대기환경청장은 제1항에 따른 점검·확인 결과 사업장의 법령 위반사실을 적발한 경우에는 그 내용 및 조치의견을 관할 시·도지사에게 통보해야 한다.
③ 제2항에 따라 통보를 받은 시·도지사는 그에 따른 조치를 하고, 그 결과를 환경부장관, 유역환경청장, 지방환경청장 또는 수도권대기환경청장에게 보고하거나 통보해야 한다.
(2018.12.31 본조개정)
제65조【보고】 시·도지사, 유역환경청장, 지방환경청장, 수도권대기환경청장 또는 국립환경과학원장은 법 제87조제1항에 따라 위임받은 사무를 처리하였을 때에는 환경부령으로 정하는 바에 따라 그 내용을 환경부장관에게 보고하여야 한다.(2013.1.31 본조개정)
제66조【업무의 위탁】 ① 환경부장관은 법 제87조제2항에 따라 다음 각 호의 업무를 한국환경공단에 위탁한다.(2013.1.31 본문개정)
1. 법 제3조제1항에 따른 측정망 설치 및 대기오염도의 상시 측정(수도권대기환경청의 관할구역 외의 지역에서의 장거리이동대기오염물질 외의 오염물질에 대한 것만 해당한다)(2016.5.31 본호개정)
1의2. 법 제3조제3항에 따른 전산망의 구축·운영
(2017.1.24 본호신설)
2. 법 제5조제1항에 따른 토지 등의 수용 또는 사용(제1호에 따라 위탁된 업무와 관련된 것만 해당한다)
(2009.2.13 본호신설)
2의2. 법 제9조제2항에 따른 기후·생태계 변화유발물질 배출 억제를 위한 사업(2013.1.31 본호신설)
2의3. (2018.11.27 삭제)
2의4. 법 제26조제3항에 따라 설치를 지원하려는 연소조절에 의한 시설 및 설치된 시설에 대한 성능확인 등의 업무(2013.1.31 본호신설)
2의5. 법 제32조제1항 단서에 따른 측정기기의 부착·운영(2013.1.31 본호신설)
3. 법 제32조제7항에 따른 전산망 운영 및 시·도지사 또는 사업자에 대한 기술지원(2013.1.31 본호개정)
4. 법 제48조제1항 단서에 따른 인증 생략(2010.3.26 본호신설)
5.~7. (2013.1.31 삭제)
8. 법 제54조에 따른 전산망의 운영 및 관리(2012.5.22 본호신설)
8의2. 법 제58조제3항제1호에 따른 저공해자동차 구매자(제1조의2제1항제1호에 따른 전기자동차, 수소전기자동차 및 같은 항 제2호에 따른 하이브리드자동차에 한정한다) 또는 저공해건설기계 구매자에 대한 자금 보조를 위한 지원(2023.6.20 본호개정)
8의3. 법 제58조제3항제2호나목에 따른 전기를 연료로 사용하는 자동차 또는 건설기계(이하 "전기자동차등"이라 한다)에 전기를 충전하기 위한 시설(이하 "전기자동차등 충전시설"이라 한다)을 설치하는 자에 대한 자금 보조를 위한 지원(2023.6.20 본호개정)
8의4. 법 제58조제11항에 따른 저공해자동차 등에 대한 표지 부착 현황관리(2017.12.26 본호개정)
8의5. 법 제58조제16항에 따른 전산망의 설치·운영
(2021.6.29 본호개정)
8의6. 법 제58조제18항에 따른 전기자동차등 충전시설의 설치·운영(2023.6.20 본호개정)
8의7. 법 제58조제19항에 따른 전기자동차등의 성능 평가(2023.6.20 본호개정)
8의8. 법 제58조의6제1항에 따른 저공해자동차의 구매·임차 계획 및 법 제58조의7제1항에 따른 구매·임차 실적 제출 자료의 접수(2021.6.29 본호개정)
9. 법 제61조제1항에 따른 자동차의 배출가스 배출상태 수시 점검(2013.1.31 본호신설)
9의2. 법 제76조의10제1항 및 법 제76조의12제2항에 따른 냉매관리기준 준수 여부 확인
9의3. 법 제76조의11제1항부터 제3항까지의 규정에 따른 냉매회수업의 등록, 변경등록 및 등록증 발급

9의4. 법 제76조의11제1항에 따른 냉매회수업을 하는 사업자가 법 제81조제1항제7호에 따라 환경부장관이 인정하는 사업을 하는 경우에 해당 사업에 대한 기술적 지원
9의5. 법 제76조의14에 따른 냉매판매량 신고의 접수
9의6. 법 제76조의15에 따른 냉매정보관리전산망의 설치 및 운영
(2018.11.27 9호의2~9호의6신설)
10. 법 제81조제1항제3호의2에 따른 사업을 추진하는 사업자에 대한 기술적 지원(2015.7.20 본호신설)
② 환경부장관은 법 제87조제2항에 따라 법 제77조에 따른 환경기술인의 교육에 관한 권한을 「환경정책기본법」 제59조에 따른 한국환경보전원에 위탁한다.(2023.5.23 본항개정)
③ 환경부장관은 법 제87조제2항에 따라 다음 각 호의 업무를 법 제78조에 따른 한국자동차환경협회에 위탁한다.
1. 법 제58조제3항제2호나목에 따른 전기자동차등 충전시설 및 같은 호 다목에 따른 수소연료공급시설을 설치하는 자에 대한 자금 보조를 위한 지원(2023.6.20 본호개정)
1의2. 법 제58조제16항에 따른 전산망의 운영(제2호에 따른 전기자동차등 충전시설의 운영에 필요한 경우로 한정한다)(2023.6.20 본호개정)
2. 법 제58조제18항에 따른 전기자동차등 충전시설의 설치·운영(2023.6.20 본호개정)
3. 법 제77조의2제1항제1호에 따른 친환경운전 관련 교육·홍보 프로그램 개발 및 보급
(2016.7.26 본항개정)
④ 한국환경공단, 한국환경보전원 및 한국자동차환경협회의 장은 제1항부터 제3항의 규정에 따라 위탁받은 업무를 처리하면 환경부령으로 정하는 바에 따라 그 내용을 환경부장관에게 보고해야 한다.(2023.5.23 본항개정)
⑤ 특별시장·광역시장·특별자치시장·특별자치도지사·시장·군수는 법 제87조제2항에 따라 법 제58조제12항에 따른 저공해자동차등에 대한 표지 발급 업무를 한국환경공단에 위탁한다.(2020.5.26 본항신설)
⑥ 특별시장·광역시장·특별자치시장·특별자치도지사·시장·군수는 법 제87조제2항에 따라 다음 각 호의 업무를 한국자동차환경협회에 위탁한다.
1. 법 제58조제5항에 따른 장치 및 부품 등의 반납 접수
2. 법 제58조제6항에 따른 납부금액의 수납
3. 법 제58조제7항에 따른 반납받은 배출가스저감장치 등의 재사용 또는 재활용
4. 법 제58조제8항에 따른 반납받은 배출가스저감장치 등의 매각
(2023.6.20 본항신설)
(2018.11.27 본조제목개정)

제66조의2【규제의 재검토】 환경부장관은 다음 각 호의 사항에 대하여 다음 각 호의 기준일을 기준으로 3년마다(매 3년이 되는 해의 기준일과 같은 날 전까지를 말한다) 그 타당성을 검토하여 개선 등의 조치를 하여야 한다.
1. 제11조에 따른 배출시설의 설치허가 및 신고 등 : 2014년 1월 1일
2. 제17조, 별표1의3, 별표2 및 별표3에 따른 측정기기의 부착대상 사업장 및 종류 등 : 2014년 1월 1일
(2016.3.29 본호개정)
3. 제28조, 별표7 및 별표8에 따른 기본부과금 산정의 방법과 기준 : 2014년 1월 1일
4. 제39조 및 별표10에 따른 환경기술인의 자격기준 및 임명기간 : 2014년 1월 1일
5. 제40조 및 별표10의2에 따른 저황유의 사용 : 2014년 1월 1일
6. 제43조 및 별표11의3에 따른 청정연료의 사용 : 2014년 1월 1일
6의2. 제52조의4제2항 및 별표12의3에 따른 저공해자동차보급기여금의 부과기준 : 2023년 1월 1일
(2022.12.27 본호신설)
6의3. 제52조의6에 따른 수소연료공급시설 설치계획의 승인 등 : 2021년 7월 14일(2022.12.27 본호개정)
7. (2023.3.7 삭제)
8. 제56조 및 별표13에 따른 전문정비사업의 등록기준 : 2014년 1월 1일
(2013.12.30 본조개정)

제66조의3【고유식별정보의 처리】 환경부장관(제63조 및 제66조에 따라 환경부장관의 권한을 위임·위탁받은 자를 포함한다), 시·도지사 또는 시장·군수·자치구의 구청장(해당 권한이 위임·위탁된 경우에는 그 권한을 위임·위탁받은 자를 포함한다)은 다음 각 호의 사무를 수행하기 위하여 불가피한 경우 「개인정보 보호법 시행령」 제19조제1호, 제2호 또는 제4호에 따른 주민등록번호, 여권번호 또는 외국인등록번호가 포함된 자료를 처리할 수 있다.(2020.3.31 본문개정)
1. 법 제9조제2항제4호에 따른 기후변화 관련 대국민 인식확산 및 실천지원에 관한 사무(2014.8.6 본호신설)
2.~4. (2016.3.29 삭제)
5. 법 제51조에 따른 결함확인검사 및 결함시정에 관한 사무(2016.3.29 본호개정)
5의2. 법 제54조에 따른 자동차 배출가스 정보관리 전산망 설치 및 운영에 관한 사무(2020.3.31 본호신설)
6. 법 제58조에 따른 조기 폐차에 관한 사무(2014.2.5 본호신설)
6의2. 법 제58조제3항에 따른 자금 보조에 관한 사무(2014.12.31 본호신설)
6의3. 법 제58조제11항에 따른 저공해자동차 등에 대한 표지 부착에 관한 사무(2017.12.26 본호개정)
7. 법 제68조에 따른 배출가스 전문정비사업의 등록 등에 관한 사무(2013.1.31 본호개정)
8. 법 제74조제2항에 따른 자동차연료·첨가제 또는 촉매제의 검사에 관한 사무(2017.3.27 본호신설)
9. 법 제76조의11에 따른 냉매회수업의 등록 및 변경등록에 관한 사무(2018.11.27 본호신설)

제67조【과태료】 법 제94조제1항부터 제6항까지의 규정에 따른 과태료의 부과기준은 별표15와 같다.
(2014.2.5 본조개정)

부 칙

제1조【시행일】 이 영은 공포한 날부터 시행한다. 다만, 제54조제2호의 개정규정은 2008년 1월 1일부터 시행하고, 제60조의 개정규정(법률 제7779호 대기환경보전법 일부개정법률 부칙 제1조 단서에 따라 소형의 디젤기관 중 130킬로와트 이상 294킬로와트 미만에 해당되는 디젤기관에만 해당한다)은 2009년 6월 29일부터 시행하며, 제45조제1항제3호의 개정규정은 환경부령으로 정하는 날부터 시행한다.

제2조【배출시설 설치의 제한에 관한 적용례】 ① 제12조제1호의 개정규정은 대통령령 제15143호 대기환경보전법시행령중개정령 제5조제1호의 시행일인 1996년 8월 31일 이후 최초로 설치되는 배출시설부터 적용한다.
② 제12조제2호의 개정규정은 대통령령 제18042호 대기환경보전법시행령중개정령 제5조제2호의 시행일인 2004년 1월 1일 이후 최초로 설치되는 배출시설부터 적용한다.

제3조【결함시정·부품결함 현황의 보고 및 의무적 결함시정의 요건에 관한 적용례】 제50조와 제51조의 개정규정은 2007년 1월 1일 이후 출고되는 자동차부터 적용한다.

제4조【연료사용 승인에 관한 경과조치】 대통령령 제15583호 대기환경보전법시행령중개정령의 시행일인 1998년 1월 1일 당시 종전의 규정에 따라 저황유외연료 또는 고체연료의 사용이 허용된 경우는 제41조제3호에 따른 허가나 신고 또는 제42조제2항제4호에 따른 승인을 받은 것으로 본다.

제5조【사업장의 종별에 관한 경과조치】 대통령령 제18042호 대기환경보전법시행령중개정령의 시행일인 2003년 6월 30일 당시 다른 법령에 따라 적법하게 설치되거나 그 설치를 위하여 인·허가 등을 받은 사업장은 별표10의 개정규정에도 불구하고 해당 법령에 맞는 종별의 사업장으로 본다.

제6조【적산전력계 부착에 관한 경과조치】 대통령령 제18788호 대기환경보전법시행령 일부개정령의 시행일인 2005년 4월 15일 이전에 설치허가를 받거나 설치신고를 하고 설치·운영 중인 배출시설로서 제17조제2항의 개정규정에 따른 적산전력계 부착대상 방지시설이 설치된 배출시설 중 부칙 제7조제1항 단서에 따라 2007년 12월 31일까지 굴뚝 자동측정기기를 설치하여야 하는 배출시설은 2007년 12월 31일까지 적산전력계를 부착하여야 한다.

제7조【굴뚝 자동측정기기 부착에 대한 경과조치】 ① 대통령령 제18788호 대기환경보전법시행령 일부개정령의 시행일인 2005년 4월 15일 이전에 설치허가를 받거나 설치신고를 하고 설치·운영 중인 배출시설로서 제17조제3항의 개정규정에 따른 굴뚝 자동측정기기 부착대상인 배출시설은 2005년 12월 31일까지 굴뚝 자동측정기기를 부착하고, 관제센터에 측정결과가 정상적으로 전송되도록 하여야 한다. 다만, 별표3 제1호가목2)부터 4)까지, 나목, 다목2)가)(중질유 분해시설만 해당한다), 다목3)나)(측정항목 중 먼지만 해당한다), 다목3)다)(염산회수시설만 해당한다), 다목3)라)(질산회수재생시설만 해당한다), 다목4)가), 다목4)나)(측정항목 중 먼지만 해당한다), 다목5)(측정항목 중 먼지만 해당한다), 다목6)과 7), 라목, 마목, 바목2)부터 5)까지, 자목(연속식 생활폐기물 소각시설은 제외한다), 차목 및 카목의 개정규정에 따른 배출시설은 2007년 6월 31일까지, 같은 호 바목1)의 개정규정에 따른 배출시설 중 시멘트제조시설의 냉각시설은 2007년 12월 31일까지 굴뚝 자동측정기기를 부착하고, 관제센터에 측정결과가 정상적으로 전송되도록 하여야 한다.
② 제1항에도 불구하고 별표8 제2호에 따른 배출시설로서 제1항에 따른 부착기한 만료일 이전 1년 동안 매월 1회 이상 배출량을 측정한 결과 오염물질이 배출허용기준의 30퍼센트 미만으로 항상 배출되는 경우에는 오염물질이 배출허용기준의 30퍼센트 이상으로 배출될 때까지 굴뚝 자동측정기기의 부착을 유예한다. 다만, 배출량이 배출허용기준의 30퍼센트 이상으로 배출되는 경우에는 그날부터 6개월 이내에 굴뚝 자동측정기기를 부착하고, 관제센터에 측정 결과가 정상적으로 전송되도록 하여야 한다.

제8조【자동차 연료 또는 첨가제 검사기관의 지정에 관한 경과조치】 대통령령 제19770호 대기환경보전법 시행령 일부개정령의 시행일인 2006년 12월 30일 이전에 환경부장관이 정하는 바에 따라 자동차 연료 검사기관 또는 첨가제 검사기관으로 지정받은 기관은 제58조의 개정규정에 따라 지정받은 기관으로 본다.

제9조【처분 등에 관한 경과 조치】 이 영 시행 당시 종전의 규정에 따라 행정기관이 행한 허가나 그 밖의 행정기관의 행위 또는 각종 신고나 그 밖의 행정기관에 대한 행위는 그에 해당하는 이 영에 따른 행정기관의 행위 또는 행정기관에 대한 행위로 본다.

제10조【다른 법령의 개정】 ①~⑫ ※(해당 법령에 가제정리 하였음)

제11조【다른 법령과의 관계】 이 영 시행 당시 다른 법령에서 종전의 「대기환경보전법 시행령」의 규정을 인용한 경우에 이 영 가운데 그에 해당하는 규정이 있으면 종전의 규정을 갈음하여 이 영의 해당 조항을 인용한 것으로 본다.

부 칙 (2013.1.31)

제1조【시행일】 이 영은 2013년 5월 24일부터 시행한다. 다만, 제23조, 제27조, 제28조, 제32조, 제33조, 제34조제1항 각 호 외의 부분, 제36조, 제39조, 제53조부터 제57조까지, 제63조제1항제11호, 같은 항 제17호 및 제18호, 같은 조 제2항제7호 및 같은 조 제3항, 제66조제1항제5호부터 제7호까지, 같은 항 제9호, 제66조의3, 제67조, 별표10의2, 별표13 및 별표15(제2호가목 및 너목은 제외한다)의 개정규정은 2013년 2월 2일부터 시행한다.

제2조【법령의 개정에 따른 경과조치】 제33조제2항의 개정규정 중 "시·도지사는"을 2013년 5월 23일까지는 "환경부장관은"으로 보고, 제36조제1항의 개정규정 중 "시·도지사"를 2013년 5월 23일까지는 "환경부장관"으로 보며, 같은 조 제4항의 개정규정 중 "시·도지사가"를 2013년 5월 23일까지는 "환경부장관이"로 보고, 별표15 제2호나목의 개정규정 중 "법 제94조제3항제1호의2"를 2013년 5월 23일까지는 "법 제94조제3항제1호"로 보며, 같은 호 퍼목의 개정규정 중 "법 제74조제4항"을 2013년 5월 23일까지는 "법 제74조제3항"으로 본다.

부 칙 (2014.2.5)

제1조【시행일】 이 영은 2014년 2월 6일부터 시행한다. 다만, 제1조의2제2항제2호·제3호, 제2조제2항제1호·제2호 및 같은 조 제3항제1호·제2호의 개정규정은 2015년 1월 1일부터 시행하고, 제63조제1항제3호 및 제4호의 개정규정은 2016년 7월 17일부터 시행한다.

제2조【징수비용의 교부에 관한 경과조치】 이 영 시행 전에 법 제35조에 따라 시·도지사가 부과한 부과금 및 가산금에 대한 징수비용의 교부에 대해서는 제31조의2제1항의 개정규정에도 불구하고 종전의 규정에 따른다.

제3조【배출시설의 설치허가 및 신고 서류에 관한 경과조치】 이 영 시행 전에 종전의 제11조제3항에 따라 시·도지사에게 배출시설 설치신고서를 제출한 자에 대해서는 제11조제3항제1호의 개정규정에도 불구하고 종전의 규정에 따른다.

부 칙 (2015.7.20)

이 영은 2015년 7월 21일부터 시행한다. 다만, 제38조의2, 제44조제11호 및 별표9의2의 개정규정은 2016년 1월 1일부터 시행하고, 제45조제1항 각 호 외의 부분 본문의 개정규정은 2017년 1월 21일부터 시행한다.

부 칙 (2015.12.10)

제1조【시행일】 이 영은 공포한 날부터 시행한다.

제2조【특정대기유해물질 배출시설의 설치허가 등에 관한 경과조치 등】 ① 종전의 규정에 따라 특정대기유해물질 배출시설의 설치허가를 받은 자 중 제11조제1항의 개정규정 및 같은 조 제2항에 따라 설치신고 대상이 된 경우에는 법 제23조제1항에 따라 신고한 것으로 본다.
② 종전의 제11조제1항 및 제4항에 따른 설치허가 대상인 시설 중 제11조제1항의 개정규정 및 같은 조 제2항에 따라 설치신고 대상이 된 시설에 대한 이 영 시행 전의 법 제23조제1항 및 제2항에 따른 허가, 변경허가 또는 변경신고 관련 위반행위에 대하여 법 제36조 또는 제38조에 따른 행정처분을 하려는 경우에는 같은 조 중 신고 또는 변경신고에 관한 부분을 적용한다.

제3조【다른 법령의 개정】 ※(해당 법령에 가제정리 하였음)

부 칙 (2016.7.26)

이 영은 2016년 7월 28일부터 시행한다. 다만, 제1조의2부터 제1조의7까지, 별표1 및 별표1의2의 개정규정은 2017년 1월 28일부터 시행하고, 별표14 제3호의 개정규정은 공포한 날부터 시행한다.

부 칙 (2017.1.24)

제1조【시행일】 이 영은 2017년 1월 28일부터 시행한다. 다만, 별표9의2 제3호 및 제9호부터 제13호까지의 개정규정은 2018년 1월 1일부터 시행하고, 제66조제1항제1호의2, 별표10의2 제1호나목, 별표11의3 제2호가목 및 별표15 제1호의 개정규정은 공포한 날부터 시행한다.

제2조【비산배출시설의 신고에 관한 경과조치】 2018년 1월 1일 당시 비산배출시설을 설치·운영 중인 별표9의2 제3호다목부터 마목까지 및 같은 표 제9호부터 제13호까지의 개정규정에 따른 업종의 사업자는 2018년 6월 30일까지는 법 제38조의2제1항에 따른 비산배출시설의 신고를 하지 아니하고 해당 업종의 비산배출시설을 설치·운영할 수 있다.

부 칙 (2018.12.31)

제1조【시행일】 이 영은 2019년 1월 1일부터 시행한다. 다만, 제23조제1항제3호, 같은 조 제2항제8호 및 별표4·별표5·별표8의 개정규정 중 질소산화물 관련 부분은 2020년 1월 1일부터 시행한다.
제2조【질소산화물을 배출하는 사업자에 대한 배출부과금 산정기준에 관한 특례】 부칙 제1조 단서에 따른 시행일 이후 질소산화물을 배출하는 사업자에 대한 배출부과금(질소산화물의 배출에 따른 배출부과금으로 한정한다. 이하 같다)을 부과하는 경우에 질소산화물의 오염물질 1킬로그램당 부과금액은 별표4의 개정규정에도 불구하고 2020년 12월 31일까지는 1,490원, 2021년 1월 1일부터 2021년 12월 31일까지는 1,810원을 적용한다.
제3조【방지시설을 개선 중인 사업장에 대한 배출부과금 부과의 특례】 ① 시·도지사는 질소산화물을 배출하는 사업자가 이 영 시행 당시 방지시설을 개선 중인 경우로서 2020년 12월 31일까지 제21조제4항에 따라 방지시설의 개선계획을 제출하고, 방지시설 개선을 완료한 경우에는 부칙 제1조 단서에 따른 시행일부터 방지시설 개선 완료 시점까지의 기간(이하 "개선기간"이라 한다) 동안 배출부과금 중 기본부과금을 부과하지 않을 수 있다.
② 시·도지사는 제1항에 따라 기본부과금을 부과하지 않은 경우로서 사업자가 방지시설 개선 외에 추가적인 저감 조치계획을 제출하고 이행하는 등 개선기간 동안 질소산화물의 배출을 최대한 억제한 것으로 인정되는 경우에는 개선기간 동안 배출부과금 중 초과부과금을 부과하지 않을 수 있다.
③ 제1항 및 제2항에 따라 배출부과금을 부과받지 않은 사업자가 방지시설 개선이 완료된 후 최초로 배출부과금이 부과되는 부과기간 동안의 일일평균배출농도가 배출허용기준의 30퍼센트를 초과하는 경우에는 개선기간 동안 부과되지 않은 배출부과금을 소급하여 부과해야 한다.
제4조【방지시설을 개선 중인 사업장에 대한 배출부과금 부과기간 등에 관한 특례】 ① 시·도지사가 부칙 제3조에 따라 질소산화물을 배출하는 사업자에 대하여 배출부과금을 개선기간 동안 부과하지 않은 경우로서 개선기간 종료 후 배출부과금을 최초로 부과하는 경우에 적용할 자동측정사업장의 기준초과배출량은 개선이 완료된 날부터 6개월 이후 최초로 도래하는 반기의 말일까지의 기간 동안 배출허용기준을 초과하여 배출한 배출량을 합산한 값으로 한다.
② 시·도지사가 부칙 제3조에 따라 질소산화물을 배출하는 사업자에 대하여 배출부과금을 개선기간 동안 부과하지 않은 경우로서 개선기간 종료 후 배출부과금을 최초로 부과하는 경우에 적용할 기본부과금 및 자동측정사업장에 대한 초과부과금의 부과기준일은 개선이 완료된 날부터 6개월 이후 최초로 도래하는 반기의 말일로 하고, 부과기간은 개선이 완료된 날부터 6개월 이후 최초로 도래하는 반기의 말일까지로 한다.
③ 시·도지사가 부칙 제3조에 따라 질소산화물에 대한 배출부과금을 개선기간 동안 부과하지 않은 경우 개선기간 이후에 부과되는 기본부과금(부칙 제3조제3항에 따라 소급하여 부과하는 경우는 제외한다)에 대해서는 부칙 제2조 및 별표8 제2호가목1)·2)에도 불구하고 별표4 및 별표8 제1호나목·제2호가목3)을 적용한다.

부 칙 (2019.7.16)

제1조【시행일】 이 영은 2019년 7월 16일부터 시행한다. 다만, 제54조제2호의 개정규정은 2020년 1월 1일부터 시행하고, 제44조제5호의 개정규정은 2021년 1월 1일부터 시행한다.
제2조【비산먼지 발생사업의 범위에 관한 적용례】 제44조제5호의 개정규정은 2021년 1월 1일 이후에 시작하는 도장공사부터 적용한다.
제3조【배출가스 정밀검사에 관한 적용례】 제54조제2호의 개정규정은 2020년 1월 1일 당시 김해시 또는 화성시에 등록된 자동차의 소유자로서 2020년 1월 1일 이후에 「자동차관리법」 제43조제1항제2호에 따른 정기검사의 유효기간이 만료되는 자부터 적용한다.

부 칙 (2020.3.31)

제1조【시행일】 이 영은 2020년 4월 3일부터 시행한다. 다만, 제25조, 제32조, 제34조, 제52조의2부터 제52조의4까지, 제62조의2, 제63조제2항(제4호의20 및 제4호의21은 제외한다), 제66조제1항제8호의8, 제66조의3, 별표8 및 별표12의2의 개정규정은 공포한 날부터 시행한다.
제2조【초과부과금의 오염물질배출량 산정에 관한 적용례】 제25조제1항제3호 및 같은 조 제2항제3호의 개정규정은 이 영 시행 전에 사업자가 배출허용기준을 초과한 오염물질을 배출하여 이 영 시행 이후에 초과부과금을 부과하는 경우에 대해서도 적용한다.
제3조【과태료의 부과기준에 관한 경과조치】 ① 종전의 「수도권 대기환경개선에 관한 특별법 시행령」 별표6 제2호다목에 따른 위반행위로 받은 과태료의 부과처분은 별표15 제2호저목의 개정규정에 따른 위반행위의 횟수 산정에 포함한다.
② 종전의 「수도권 대기환경개선에 관한 특별법 시행령」 별표6 제2호사목에 따른 위반행위로 받은 과태료의 부과처분은 별표15 제2호커목의 개정규정에 따른 위반행위의 횟수 산정에 포함한다.

부 칙 (2021.6.29)

이 영은 2021년 6월 30일부터 시행한다. 다만, 제52조의5, 제63조제2항제4호의20·제4호의21 및 제66조의2제6호의2의 개정규정은 2021년 7월 14일부터 시행하고, 제49조의2제1항, 제63조제2항제4호의22·제5호, 같은 조 제3항제8호의2 및 별표15 제2호머목·버목·처목·퍼목·보목·소목·오목의 개정규정은 2021년 12월 30일부터 시행한다.

부 칙 (2022.3.25)

제1조【시행일】 이 영은 2022년 3월 25일부터 시행한다.(이하 생략)

부 칙 (2022.5.3)

제1조【시행일】 이 영은 공포한 날부터 시행한다.
제2조【사물인터넷 측정기기 부착 기한에 관한 특례】 ① 이 영 시행 전에 법 제30조제1항에 따른 가동개시 신고를 한 사업자로서 제17조제6항 및 별표3의2의 개정규정에 따라 사물인터넷 측정기기를 부착해야 하는 자는 2025년 6월 30일까지 사물인터넷 측정기기를 부착하여 제19조제1항제2호의 사물인터넷 측정기기 관제센터에 측정결과가 정상적으로 전송되도록 해야 한다.
② 별표1의3에 따른 4종사업장의 사업자로서 이 영 시행일부터 2023년 6월 30일까지의 기간 중에 법 제30조제1항에 따른 가동개시 신고를 하는 자는 제17조제6항 및 별표3의2의 개정규정에도 불구하고 2023년 6월 30일까지 사물인터넷 측정기기를 부착하여 제19조제1항제2호의 사물인터넷 측정기기 관제센터에 측정결과가 정상적으로 전송되도록 해야 한다.
③ 별표1의3에 따른 5종사업장의 사업자로서 이 영 시행일부터 2024년 6월 30일까지의 기간 중에 법 제30조제1항에 따른 가동개시 신고를 하는 자는 제17조제6항 및 별표3의2의 개정규정에도 불구하고 2024년 6월 30일까지 사물인터넷 측정기기를 부착하여 제19조제1항제2호의 사물인터넷 측정기기 관제센터에 측정결과가 정상적으로 전송되도록 해야 한다.
제3조【다른 법령의 개정】 ①~② ※(해당 법령에 가제정리 하였음)

부 칙 (2022.12.27)

이 영은 공포한 날부터 시행한다.

부 칙 (2022.12.30)

제1조【시행일】 이 영은 공포한 날부터 시행한다.
제2조【행정처분·과징금 또는 과태료에 관한 적용례】 제1조부터 제18조까지의 개정규정은 이 영 시행 전의 위반행위에 대하여 이 영 시행 이후 행정처분을 하거나 과징금 또는 과태료 부과처분을 하는 경우에도 적용한다.

부 칙 (2023.3.7)

이 영은 공포한 날부터 시행한다.

부 칙 (2023.5.23)

제1조【시행일】 이 영은 2023년 6월 11일부터 시행한다.(이하 생략)

부 칙 (2023.6.20)

이 영은 2023년 6월 28일부터 시행한다.

부 칙 (2023.11.21)

이 영은 공포한 날부터 시행한다.(이하 생략)

부 칙 (2023.12.26)

이 영은 2024년 1월 1일부터 시행한다. 다만, 별표10의2 제1호나목1)·2)의 개정규정(전북란 및 특별자치도란의 전북특별자치도 관련 부분으로 한정한다)은 2024년 1월 18일부터 시행한다.

〔별표〕➡「法典 別册」參照

대기관리권역의 대기환경개선에 관한 특별법(약칭 : 대기관리권역법)

(2019년 4월 2일
법 률 제16305호)

개정
2020. 3.24법17091호(지방행정제재·부과금의징수등에관한법)
2020. 5.26법17326호(법률용어정비)
2021. 4. 1법17983호 2023. 3.28법19309호
2023. 8.16법19659호→2024년 8월 17일 및 2025년 1월 1일 시행

제1장 총 칙

제1조【목적】 이 법은 대기오염이 심각한 지역 등의 대기환경을 개선하기 위하여 종합적인 시책을 추진하고, 대기오염원을 체계적이고 광역적으로 관리함으로써 지역주민의 건강을 보호하고 쾌적한 생활환경을 조성함을 목적으로 한다.
제2조【정의】 이 법에서 사용하는 용어의 뜻은 다음과 같다.
1. "대기관리권역"이란 다음 각 목의 지역을 포함하여 대통령령으로 정하는 지역을 말한다.
가. 대기오염이 심각하다고 인정되는 지역
나. 해당 지역에서 배출되는 대기오염물질이 가목 지역의 대기오염에 크게 영향을 미친다고 인정되는 지역
2. "배출시설"이란 오염물질을 대기에 배출하는 시설물·기계·기구 및 그 밖의 물체로서 「대기환경보전법」 제2조제11호에 따른 대기오염물질배출시설과 환경부장관이 산업통상자원부장관과 협의하여 환경부령으로 정하는 것을 말한다.
3. "배출량"이란 배출시설 및 자동차(「대기환경보전법」 제2조제13호에 따른 자동차를 말한다) 등 대기오염물질 배출원에서 배출되는 대기오염물질의 양을 무게로 환산한 것을 말한다.
4. "최적방지시설"이란 「대기환경보전법」 제2조제12호에 따른 대기오염방지시설 중 현재 사용되고 있거나 향후 기술발전 가능성을 고려하여 적용 가능한 대기오염물질 저감기술 중 저감효율이 우수하다고 인정되는 시설로서 환경부장관이 산업통상자원부장관과 협의하여 환경부령으로 정하는 시설을 말한다.
5. "특정경유자동차"란 「대기환경보전법」 제2조제13호에 따른 자동차 중 같은 법 제46조제3항에 따른 배출가스보증기간이 지난 자동차로서 대기관리권역에 등록된 경유자동차를 말한다. 다만, 엔진배기량 등이 환경부령으로 정하는 기준에 해당하는 경유자동차는 제외한다.
6. "특정건설기계"란 「대기환경보전법」 제2조제13호의2 가목에 따른 건설기계 중 같은 법 제46조제3항에 따른 배출가스보증기간이 지나거나 2004년 1월 1일 이전에 제작된 건설기계로서 대기관리권역에 등록된 것을 말한다.
제3조【「대기환경보전법」과의 관계】 이 법은 「대기환경보전법」에 우선하여 적용하며, 이 법에서 규정하지 아니한 사항은 「대기환경보전법」으로 정하는 바에 따른다.
제4조【국가 및 지방자치단체의 책무】 ① 국가는 대기관리권역의 대기환경개선을 위한 종합적인 시책을 수립·시행하여야 한다.
② 대기관리권역을 관할 구역으로 하는 지방자치단체(이하 "지방자치단체"라 한다)는 관할 구역의 사회적·환경적 특성을 고려하여 대기환경개선을 위한 세부 시책을 수립·시행하여야 한다.
제5조【사업자의 책무】 대기관리권역에서 사업활동(해당 사업활동을 위하여 소유하고 있는 자동차의 운행을 포함한다. 이하 같다)을 하는 자는 그 사업활동으로 인한 대기오염을 막기 위하여 필요한 조치를 적극 마련하여야 하며, 국가나 지방자치단체가 시행하는 대기환경보전시책에 적극 협조하여야 한다.
제6조【주민의 책무】 대기관리권역에 거주하는 주민은 자동차 운행 등 일상생활에서 대기오염을 줄이기 위하여 노력하여야 하며, 국가와 지방자치단체가 시행하는 대기환경보전시책에 협조하여야 한다.
제7조【기초조사의 실시 등】 ① 환경부장관은 이 법을 시행하기 위하여 필요하면 대기관리권역에 대하여 인구·주택·산업·자동차·교통·에너지이용 등에 관한 기초조사를 실시하거나 관계 행정기관의 장에게 필요한 자료의 제출 또는 지원을 요청할 수 있다.
② 제1항에 따라 요청을 받은 관계 행정기관의 장은 특별한 사유가 없으면 그 요청에 따라야 한다.
③ 환경부장관은 대기관리권역의 대기오염으로 인한 위해(危害)를 줄이기 위하여 위해 정도 및 위해 발생원인 등 필요한 조사를 하여야 한다.
제8조【대기오염도의 측정 등】 ① 환경부장관은 측정장비를 탑재한 차량 등을 이용하여 대기관리권역의 미세먼지 등 대기오염도를 측정하고, 그 결과를 환경부령으로 정하는 바에 따라 공개하여야 한다.
② 환경부장관은 제1항에 따른 측정결과가 대통령령으로 정하는 기준을 초과하는 경우에는 관계 행정기관의 장에게 필요한 조치를 할 것을 요청할 수 있다.
③ 제2항에 따라 요청을 받은 관계 행정기관의 장은 특별한 사유가 없으면 그 요청에 따라야 한다.

제2장 대기환경관리 기본계획의 수립 등

제9조【기본계획의 수립 등】 ① 환경부장관은 대기관리권역의 대기환경개선을 위하여 관계 중앙행정기관의 장과 대기관리권역을 관할하는 특별시장·광역시장·특별자치시장·도지사 또는 특별자치도지사(이하 "시·도지사"라 한다)의 의견을 들어 5년마다 다음 각 호의 대기오염물질을 줄이기 위한 대기환경관리 기본계획(이하 "기본계획"이라 한다)을 대기관리권역별로 수립하여야 한다.
1. 질소산화물
2. 황산화물
3. 휘발성유기화합물
4. 먼지
5. 미세먼지(PM-10)
6. 초미세먼지(PM-2.5)
7. 오존(O3)

② 기본계획에는 다음 각 호의 사항이 포함되어야 한다.
1. 대기환경개선의 목표 및 기본방향에 관한 사항
2. 배출원별 대기오염물질 배출량의 현황과 그 전망
3. 대기오염도의 현황과 그 전망
4. 대기관리권역의 배출원별 대기오염물질 배출허용총량
5. 대기관리권역의 배출원별 대기오염물질 배출량의 저감계획
6. 대기관리권역에 포함된 특별시·광역시·특별자치시·도 및 특별자치도(이하 "시·도"라 한다)별 대기오염물질 배출허용총량(이하 "지역배출허용총량"이라 한다)
7. 「대기환경보전법」 제2조제16호에 따른 저공해자동차의 보급에 관한 사항
8. 대기관리권역에 있는 사업장에 대한 총량관리대상 오염물질(질소산화물·황산화물·먼지를 말한다. 이하 같다) 배출허용총량의 할당기준
9. 총량관리대상 오염물질의 배출허용총량을 할당받은 사업장에 대한 지원
10. 대기관리권역의 대기환경개선사업을 위한 지방자치단체 또는 사업자에 대한 지원
11. 기본계획의 시행에 필요한 재원의 규모와 재원조달계획에 관한 사항
12. 직전 기본계획에 대한 평가
13. 그 밖에 대기관리권역의 대기환경개선을 위하여 필요하다고 인정하여 대통령령으로 정하는 사항

③ 환경부장관은 관계 중앙행정기관의 장이 변경을 요청하는 등 기본계획을 변경할 필요가 있다고 인정되면 그 타당성을 검토하여 변경할 수 있다.(2020.5.26 본항개정)
④ 환경부장관은 기본계획을 수립하거나 변경하려면 관계 중앙행정기관의 장 및 시·도지사와 협의하고 공청회 등을 거쳐 의견을 수렴한 후 제12조에 따른 해당 대기관리권역의 대기환경관리위원회의 심의를 거쳐 이를 확정하고, 그 주요 내용을 관보에 고시하여야 한다.
⑤ 환경부장관은 기본계획을 수립할 때에는 대기관리권역의 대기오염수준, 환경기술의 발전추세, 공장의 신·증설의 필요성 및 배출원별 대기오염물질의 배출비중 등을 종합적으로 고려하여야 한다.
⑥ 환경부장관은 기본계획 및 제10조제1항에 따른 시행계획의 수립에 필요한 조사·연구 등을 위하여 관계 중앙행정기관의 장과 협의하여 환경부령으로 정하는 바에 따라 대기관리권역 대기환경연구지원단을 구성·운영할 수 있다.
⑦ 환경부장관은 제1항에 따라 수립한 기본계획과 제10조제3항에 따라 보고받은 시행계획의 추진실적을 종합하여 대통령령으로 정하는 바에 따라 기본계획의 추진실적 보고서를 작성하여 국회에 제출하여야 한다.

제10조【시행계획의 수립 등】 ① 시·도지사는 해당 관할 구역에서 기본계획을 시행하기 위한 세부 계획(이하 "시행계획"이라 한다)을 수립하여 환경부장관의 승인을 받아야 하며, 이를 변경하는 경우에도 또한 같다.
② 환경부장관은 제1항에 따라 시행계획의 승인을 요청받으면 제12조에 따른 해당 대기관리권역의 대기환경관리위원회의 심의를 거쳐 승인하여야 하며, 시·도지사는 환경부장관으로부터 승인을 받은 시행계획 중 주요 내용을 해당 시·도의 공보에 고시하여야 한다.
③ 시·도지사는 매년 시행계획의 추진실적을 환경부장관에게 보고하여야 한다.
④ 환경부장관은 제3항에 따른 시행계획의 추진실적이 시행계획 목표를 달성하지 못한 경우 시·도지사에게 개선계획을 제출할 것을 요구할 수 있다.
⑤ 제4항에 따른 요구를 받은 시·도지사는 개선계획을 환경부장관에게 제출하여 승인을 받아야 한다.
⑥ 시행계획의 수립·시행과 그 추진실적의 보고 등에 필요한 사항은 환경부령으로 정한다.

제11조【환경친화적인 개발계획의 수립·시행】 관계 중앙행정기관의 장 또는 시·도지사는 다음 각 호의 계획을 수립할 때에는 그 계획의 시행으로 대기관리권역에 유발되는 대기오염이 최소화될 수 있도록 환경친화적으로 수립·시행하여야 한다.
1. 「국토의 계획 및 이용에 관한 법률」 제11조에 따른 광역도시계획
2. 「저탄소 녹색성장 기본법」 제41조에 따른 에너지기본계획
3. 「국가통합교통체계효율화법」 제4조에 따른 국가기간교통망계획
4. 「대도시권 광역교통 관리에 관한 특별법」 제3조 및 제3조의2에 따른 대도시권 광역교통기본계획 및 대도시권 광역교통시행계획
5. 그 밖에 대통령령으로 정하는 계획

제12조【권역별 대기환경관리위원회】 ① 정부는 대기관리권역의 대기환경개선을 위한 다음 각 호의 사항을 심의·조정하기 위하여 각 대기관리권역별로 대기환경관리위원회(이하 "위원회"라 한다)를 둔다.
1. 기본계획 및 시행계획의 수립·변경에 관한 사항
2. 사업장 오염물질 총량관리에 관한 사항
3. 그 밖에 대기관리권역의 대기환경개선을 위하여 필요한 사항으로서 대통령령으로 정하는 사항

② 위원회는 환경부장관을 위원장으로 하고, 대통령령으로 정하는 관계 중앙행정기관의 차관과 각 권역별 대기관리권역에 포함된 시·도의 부시장 또는 부지사, 전문성과 식견이 높은 전문가를 위원으로 한다.
③ 위원장은 위원회를 대표하며, 위원회의 사무를 총괄한다.
④ 권역별로 위원회의 사무를 처리하기 위하여 대통령령으로 정하는 바에 따라 환경부에 사무기구를 둘 수 있다.

제13조【권역별 대기환경관리실무위원회】 ① 위원회에 관계 중앙행정기관 및 시·도의 공무원과 대기환경 분야에 학식과 경험이 풍부한 사람으로 구성되는 권역별 대기환경관리실무위원회(이하 "실무위원회"라 한다)를 둔다.
② 실무위원회는 다음 각 호의 사항을 처리한다.
1. 위원회에서 심의할 안건에 대한 조정·검토
2. 대통령령으로 정하는 바에 따라 위원회로부터 위임받은 사항

제14조【위원회의 구성 및 운영 등】 위원회와 실무위원회의 구성과 운영 등에 필요한 사항은 대통령령으로 정한다.

제3장 사업장 오염물질 총량관리

제15조【사업장설치의 허가】 ① 대기관리권역에서 총량관리대상 오염물질을 대통령령으로 정하는 배출량을 초과하여 배출하는 사업장을 설치하거나 이에 해당하는 사업장으로 변경하려는 자는 환경부령으로 정하는 바에 따라 환경부장관으로부터 사업장설치의 허가를 받아야 한다. 허가받은 사항을 변경하는 경우에도 또한 같다.
② 제1항 후단에도 불구하고 허가를 받은 자가 환경부령으로 정하는 경미한 사항을 변경하는 경우에는 환경부령으로 정하는 바에 따라 변경신고를 하여야 한다.
③ 환경부장관은 제1항에 따른 허가 또는 변경허가를 하는 경우에는 최적방지시설을 설치할 것을 조건으로 붙여야 한다.
④ 환경부장관은 제2항에 따른 변경신고를 받은 날부터 20일 이내에 신고수리 여부를 신고인에게 통지하여야 한다.
(2021.4.1 본항신설)
⑤ 환경부장관이 제4항에서 정한 기간 내에 신고수리 여부 또는 민원 처리 관련 법령에 따른 처리기간의 연장을 신고인에게 통지하지 아니하면 그 기간(민원 처리 관련 법령에 따라 처리기간이 연장 또는 재연장된 경우에는 해당 처리기간을 말한다)이 끝난 날의 다음 날에 신고를 수리한 것으로 본다.(2021.4.1 본항신설)
⑥ 대기관리권역을 정할 당시 해당 대기관리권역에서 「대기환경보전법」 제23조에 따른 설치허가 또는 변경허가를 받거나 설치신고 또는 변경신고를 하고 제1항에 따른 사업장을 설치하였거나 설치 중인 자는 제1항 본문에 따른 사업장설치허가를 받은 것으로 본다. 이 경우 그 사업장을 설치하였거나 설치 중인 자는 대기관리권역이 정하여진 날부터 환경부령으로 정하는 기간 내에 환경부령으로 정하는 사항을 환경부장관에게 신고하여야 한다.
⑦ 환경부장관은 제6항 후단에 따른 신고를 받은 경우 그 내용을 검토하여 이 법에 적합하면 신고를 수리하여야 한다.(2021.4.1 본항신설)
⑧ 제1항에 따른 사업장설치의 허가 또는 변경허가를 받거나 제2항에 따른 변경신고를 한 자(제5항에 따라 변경신고가 수리된 것으로 보는 자를 포함한다)는 그 사업장의 배출시설에 관하여 「대기환경보전법」 제23조에 따른 설치허가 또는 변경허가를 받거나 설치신고 또는 변경신고(같은 법 제24조에 따라 의제되는 경우를 포함한다)를 한 것으로 본다.(2021.4.1 본항개정)

제16조【허가의 제한】 환경부장관은 제15조제1항에 따른 사업장의 설치 또는 변경의 허가신청을 받은 경우 그 사업장의 설치 또는 변경으로 인하여 지역배출허용총량의 범위를 초과하게 되면 이를 허가하여서는 아니 된다. 다만, 산업통상자원부장관이 환경부장관에게 설치 또는 변경의 허가를 요청하는 사업장으로서 위원회의 심의 결과 그 불가피성이 인정되는 경우에는 허가할 수 있다.

제17조【배출허용총량의 할당 등】 ① 환경부장관은 제15조제1항에 따른 사업장설치의 허가 또는 변경허가를 받은 자와 같은 조 제6항에 따라 사업장설치허가를 받은 것으로 보는 자(이하 "사업자"라 한다)에게 제9조제2항제8호에 따른 배출허용총량의 할당기준에 따라 5년마다 연도별로 구분하여 총량관리대상 오염물질의 배출허용총량을 할당한다.(2021.4.1 본항개정)
② 환경부장관은 제1항에 따라 사업자에게 배출허용총량을 할당할 때에는 다음 각 호의 사항을 고려하여야 한다.
1. 제9조제2항제5호에 따른 배출량의 저감계획
2. 지역배출허용총량
3. 해당 사업장의 과거 5년간의 총량관리대상 오염물질 배출량 및 에너지 사용량
4. 최적방지기술의 수준과 앞으로 총량관리대상 오염물질의 추가적인 저감 가능 정도
5. 해당 사업자의 연도별 총량관리대상 오염물질 저감계획
6. 그 밖에 환경부령으로 정하는 사항

③ 환경부장관이 제44조에 따라 시·도지사에게 그 관할 구역의 업체별 배출허용총량 할당 권한을 위임하면 시·도지사는 업체별 배출허용총량을 할당할 때 환경부장관과 협의하여 업체별 할당량을 결정하여야 한다.
④ 제1항에 따라 배출허용총량을 할당받은 사업자(이하 "총량관리사업자"라 한다)는 해당 연도의 배출허용총량을 초과하여 총량관리대상 오염물질을 배출하여서는 아니 된다.
⑤ 총량관리사업자는 대통령령으로 정하는 바에 따라 총량관리대상 오염물질의 배출량을 자동으로 측정할 수 있는 기기를 부착·가동하여 배출량을 산정하고, 그 산정결과를 기록·보존하여야 한다. 다만, 배출시설의 특성으로 인하여 측정기기를 부착·가동하기가 어려운 경우에는 환경부령으로 정하는 바에 따라 그 배출량을 산정한다.
⑥ 총량관리사업자는 환경부령으로 정하는 바에 따라 제5항에 따른 배출량의 산정 결과를 환경부장관에게 제출하여야 한다.
⑦ 환경부장관은 제1항에 따라 배출허용총량을 할당할 때에는 필요한 자료를 사업자에게 요청할 수 있다.
⑧ 배출허용총량의 할당시기·절차·방법 등에 관하여 필요한 사항은 환경부장관이 산업통상자원부장관과 협의하여 환경부령으로 정한다.
⑨ 환경부장관은 제5항에 따라 총량관리사업자가 배출량을 측정하기 위하여 부착한 측정기기와 연결하여 그 측정결과를 전산 처리할 수 있는 전산망을 운영할 수 있으며, 총량관리사업자가 측정기기를 정상적으로 부착·가동할 수 있도록 재정적·기술적 지원을 할 수 있다.

제17조의2【배출허용총량의 추가 할당】 ① 환경부장관은 다음 각 호의 어느 하나에 해당하는 경우에는 직권으로 또는 신청에 따라 총량관리사업자에게 배출허용총량을 추가로 할당할 수 있다.
1. 기본계획 변경으로 지역배출허용총량(총량관리사업자에 대한 지역배출허용총량을 말한다. 이하 같다)이 증가된 경우
2. 제17조제1항에 따라 배출허용총량을 할당받은 기간(이하 "할당기간"이라 한다) 동안 사업장 내 시설의 신설이나 증설로 총량관리대상 오염물질 배출량이 증가하는 등 대통령령으로 정하는 경우

② 제1항에 따른 배출허용총량의 추가 할당의 방법, 기준, 절차 등에 관하여 필요한 사항은 대통령령으로 정한다.
(2023.8.16 본조신설)

제17조의3【배출허용총량의 할당 취소】 ① 환경부장관은 다음 각 호의 어느 하나에 해당하는 경우에는 제17조 및 제17조의2에 따라 할당 또는 추가 할당한 배출허용총량의 전부 또는 일부를 취소할 수 있다.
1. 기본계획 변경으로 지역배출허용총량이 감소된 경우
2. 총량관리사업자가 사업장을 폐쇄한 경우
3. 제15조에 따라 설치 허가를 받아야 하는 사업장의 기준에 미달하게 되는 경우
4. 거짓 또는 그 밖의 부정한 방법으로 배출허용총량 할당을 받은 경우
5. 제24조제1항에 따라 사업장설치의 허가가 취소된 경우

② 제1항제2호 및 제3호에 따른 할당의 취소사유가 발생한 총량관리사업자는 그 사유 발생일부터 1개월 이내에 환경부장관에게 그 사실을 보고하여야 한다.
③ 환경부장관은 총량관리사업자의 배출허용총량 할당을 취소한 경우에는 그 사실을 총량관리사업자에게 통보하여야 한다.
④ 제1항에 따라 할당이 취소된 배출허용총량은 제17조의4제1항에 따른 예비분으로 이전한다.
⑤ 제1항부터 제4항까지에 따른 할당 취소의 기준 및 절차, 제2항 및 제3항에 따른 보고 또는 통보의 절차 등에 관하여 필요한 사항은 대통령령으로 정한다.
(2023.8.16 본조신설)

제17조의4【배출허용총량 예비분】 ① 환경부장관 또는 시·도지사는 다음 각 호의 목적을 수행하기 위하여 예비분을 보유하여야 한다.
1. 제17조의2에 따른 추가 할당
2. 제18조에 따른 이의신청 결과의 처리
3. 그 밖에 예비분 보유가 필요한 경우로서 대통령령으로 정하는 사항

② 예비분의 보유기준, 사용절차 등에 관하여 필요한 사항은 대통령령으로 정한다.
(2023.8.16 본조신설)

제18조【이의신청】 ① 총량관리사업자는 다음 각 호에 규정된 날부터 30일 이내에 환경부장관에게 문서로 이의신청을 할 수 있다.(2023.8.16 본문개정)
1. 제17조제1항 및 제17조의2제1항에 따라 할당 또는 추가 할당 받은 배출허용총량 : 배출허용총량을 할당 또는 추가 할당 받은 날(2023.8.16 본호신설)

2. 제17조제6항에 따라 제출된 배출량 산정 결과 : 배출량 산정 결과를 제출한 날(2023.8.16 본호신설)
3. 제17조의3제3항에 따른 할당 취소 결과 : 할당 취소 결과를 통보받은 날(2023.8.16 본호신설)
② 환경부장관은 이의신청을 받은 날부터 7일 이내에 그 이의신청에 대하여 결정하고 결과를 청구인에게 지체 없이 문서로 알려야 한다. 다만, 부득이한 사유로 7일 이내에 결정할 수 없을 때에는 7일 이내의 범위에서 연장할 수 있으며, 연장 사유를 청구인에게 문서로 알려야 한다.
③ 제1항과 제2항에 따른 신청 절차와 결정 통지 등에 필요한 사항은 환경부령으로 정한다.

제19조【배출부과금 등에 대한 특례】 ① 환경부장관은 총량관리사업자에 대하여는 대통령령으로 정하는 바에 따라 「대기환경보전법」 제35조에 따른 배출부과금을 감면하거나 같은 법 제41조에 따른 연료의 황함유기준을 적용하지 아니할 수 있다.
② 환경부장관은 총량관리사업자가 설치·운영하는 사업장 중 「대기환경보전법」 제25조에 따른 1∼3종사업장의 배출시설에 대하여 배출허용총량이 할당된 총량관리대상 오염물질의 배출허용기준을 환경부령으로 정하는 바에 따라 「대기환경보전법」 제16조제1항에 따른 배출허용기준과 달리 정할 수 있다.

제20조【배출허용총량의 이전】 ① 총량관리사업자는 다음 각 호의 조건을 모두 충족하는 경우 할당받은 연도별 배출허용총량의 전부 또는 일부를 다른 총량관리사업자에게 매매 등을 통하여 이전할 수 있다.
1. 총량관리대상 오염물질별로 이전할 것
2. 같은 연도의 연도별 배출허용총량 간에 이전할 것
② 제1항에 따라 배출허용총량의 전부 또는 일부를 다른 총량관리사업자에게 이전하려는 자는 양쪽 당사자가 서명한 이전계약서 등 이전에 관한 증명서류를 환경부장관에게 제출하여 확인을 받아야 한다.
③ 제1항에 따라 배출허용총량을 이전한 자는 이전한 만큼 해당 연도의 배출허용총량이 줄어든 것으로 보며, 이를 이전받은 자는 이전받은 만큼 그 연도의 배출허용총량이 늘어난 것으로 본다.
④ (2023.8.16 삭제)
⑤ 제1항에 따라 배출허용총량을 이전할 수 있는 양 및 지역의 범위와 그 이전절차 등에 필요한 사항은 환경부령으로 정한다.

제20조의2【배출허용총량의 이월 및 차입】 ① 총량관리사업자는 보유한 연도별 배출허용총량(제20조에 따라 이전한 배출허용총량을 포함한다. 이하 이 조에서 같다) 중 해당 연도에 사용하지 아니한 배출허용총량의 전부 또는 일부를 대통령령으로 정하는 범위에서 환경부장관의 승인을 받아 다음 연도로 이월할 수 있다.
② 총량관리사업자는 할당기간 내의 다른 연도에 할당받은 연도별 배출허용총량의 일부를 대통령령으로 정하는 범위에서 환경부장관의 승인을 받아 해당 연도에 차입할 수 있다.
③ 제1항 및 제2항에 따라 이월하거나 차입한 배출허용총량은 각각 그 연도에 제17조에 따라 할당된 것으로 본다.
④ 이월 및 차입의 절차에 관한 세부적인 사항은 대통령령으로 정한다.
(2023.8.16 본조신설)

제20조의3【외부 감축활동의 인정】 ① 총량관리사업자는 사업장 외부(사업장이 속한 대기관리권역 내로 한정한다)에서 연료전환 등 대통령령으로 정하는 감축활동(이하 "외부 감축활동"이라 한다)으로 총량관리대상 오염물질을 저감한 경우에는 그 전부 또는 일부를 해당 사업장의 배출량 산정 시 감축량으로 인정하여 줄 것을 환경부장관에게 신청할 수 있다.
② 환경부장관은 제1항에 따라 총량관리사업자가 외부 감축활동에 대한 감축량의 인정을 신청한 경우에는 그 감축량(이하 "외부감축량"이라 한다)을 대통령령으로 정하는 방법에 따라 산정하고 그 결과를 총량관리사업자에게 통보하여야 한다. 이 경우 환경부장관은 지역배출허용총량에 미치는 영향 등을 고려하여 총량관리사업자의 외부감축량을 제한할 수 있다.
③ 환경부장관은 제2항에 따라 산정한 외부감축량만큼 총량관리사업자가 해당 연도의 배출량을 감소시킨 것으로 본다.
④ 외부감축량의 인정신청, 통보, 제한 등 세부적인 사항은 대통령령으로 정한다.
(2023.8.16 본조신설 : 2025.1.1 시행)

제21조【배출허용총량의 조정】 ① 환경부장관은 산업통상자원부장관이 에너지나 전력수급 등 대통령령으로 정하는 사유로 총량관리사업자의 배출허용총량의 조정을 요청하면 위원회의 심의를 거쳐 해당 연도의 배출허용총량을 조정할 수 있다.
② 환경부장관은 총량관리사업자가 총량관리대상 오염물질을 연간 배출허용총량을 초과하여 배출하면 대통령령으로 정하는 바에 따라 그 초과배출량의 2배의 범위에서 다음 연도의 배출허용총량을 줄일 수 있다.

제22조【총량초과과징금】 ① 환경부장관은 총량관리사업자가 제17조제1항에 따라 할당받은 배출허용총량을 초과하여 총량관리대상 오염물질을 배출하면 총량초과과징금(이하 "과징금"이라 한다)을 부과·징수할 수 있다.
② 과징금을 부과할 때 「대기환경보전법」 제35조에 따른 배출부과금이 부과된 경우에는 그에 해당하는 금액을 감액하여야 한다.
③ 제1항에 따라 과징금을 내야 하는 자가 납부기한까지 내지 아니하면 가산금을 징수한다.
④ 제3항에 따른 가산금에 관하여는 「국세기본법」 제47조의4를 준용한다. 이 경우 "국세"는 "과징금"으로 본다.
⑤ 과징금 및 제3항에 따른 가산금은 「환경정책기본법」에 따른 환경개선특별회계의 세입으로 한다.
⑥ 환경부장관은 제44조에 따라 시·도지사에게 그 관할 구역의 과징금과 가산금의 징수에 관한 권한을 위임하면 징수된 과징금과 가산금의 일부를 대통령령으로 정하는 바에 따라 징수비용으로 지급할 수 있다. 다만, 시·도지사가 제37조에 따라 특별회계를 설치한 경우 과징금과 가산금을 100분의 50 이내의 범위에서 징수비용과 관할 구역의 대기오염 개선을 위한 사업비로 지급할 수 있다.
⑦ 환경부장관 또는 제6항에 따른 시·도지사는 과징금과 가산금을 내야 하는 자가 납부기한까지 내지 아니하면 국세 체납처분의 예 또는 「지방행정제재·부과금의 징수 등에 관한 법률」에 따라 징수한다.(2020.3.24 본항개정)

제23조【과징금의 산정기준 및 방법】 ① 과징금은 배출허용총량 초과배출량에 오염물질 1킬로그램당 부과금액, 지역별 부과계수, 연도별 과징금 산정지수, 배출허용총량 초과율별 부과계수 및 위반횟수별 부과계수를 곱하여 산정한다.
② 제1항에 따른 오염물질 1킬로그램당 부과금액, 지역별 부과계수, 배출허용총량 초과율별 부과계수 및 위반횟수별 부과계수는 대통령령으로 정한다.
③ 제1항에 따른 연도별 과징금 산정지수는 매년 전년도 과징금 산정지수에 전년도 물가상승률 등을 고려하여 환경부장관이 정하여 고시하는 가격변동지수를 곱한 것으로 한다.

제24조【허가의 취소 등】 ① 환경부장관은 사업자가 다음 각 호의 어느 하나에 해당하면 제15조제1항에 따른 사업장설치의 허가 또는 변경허가를 취소할 수 있다.
1. 거짓이나 그 밖의 부정한 방법으로 허가 또는 변경허가를 받은 경우
2. 제15조제3항에 따른 조건을 위반한 경우
② 환경부장관은 다음 각 호의 자에 대하여 해당 사업장의 폐쇄를 명할 수 있다.
1. 거짓이나 그 밖의 부정한 방법으로 제15조제1항에 따른 허가 또는 변경허가를 받은 자
2. 제15조제1항에 따른 사업장설치의 허가 또는 변경허가를 받지 아니하고 사업장을 설치·운영하는 자
3. 제15조제1항에 따른 허가 또는 변경허가가 취소된 사업장을 계속하여 운영하는 자
4. 거짓이나 그 밖의 부정한 방법으로 제15조제2항에 따른 변경신고를 한 자
③ 제1항에 따라 사업장설치의 허가 또는 변경허가가 취소되면 해당 사업장의 배출시설에 관하여 「대기환경보전법」 제23조에 따른 배출시설의 설치허가 또는 변경허가가 취소된 것으로 보거나 같은 법 제36조에 따른 배출시설의 폐쇄명령을 받은 것으로 본다.

제25조【자발적 협약체결기업에 대한 특례 등】 ① 환경부장관은 총량관리사업자가 총량관리대상 오염물질의 배출을 그 배출허용총량보다 더 줄이기 위한 계획을 수립하여 환경부장관과 협약(이하 "자발적 협약"이라 한다)을 체결하면 다음 각 호의 혜택을 줄 수 있다.
1. 자발적 협약을 이행하기 위하여 필요한 재원의 지원
2. 과징금을 부과하는 경우 전년도에 할당된 배출허용총량보다 더 줄인 양에 해당하는 금액의 감액
② 환경부장관은 자발적 협약의 체결, 이행결과 보고 및 그 확인 등에 필요한 사항을 산업통상자원부장관과 협의하여 환경부령으로 정한다.

제4장 자동차배출가스의 억제 등

제26조【특정경유자동차의 관리】 ① 환경부장관은 제9조제2항제1호에 따른 대기환경개선목표를 달성하기 위하여 필요하다고 인정하면 특정경유자동차에 대하여 「대기환경보전법」 제57조에 따른 운행차배출허용기준보다 강화된 배출허용기준을 환경부령으로 정할 수 있다. 이 경우 환경부장관은 관계 중앙행정기관의 장과 협의하여야 한다.
② 특정경유자동차의 소유자는 그 자동차에서 배출되는 배출가스가 제1항에 따른 특정경유자동차의 배출허용기준에 맞는지에 대하여 「자동차관리법」 제43조의2에 따라 검사를 받아야 한다.
③ 특정경유자동차의 소유자는 해당 자동차에서 배출되는 배출가스가 제1항에 따른 특정경유자동차의 배출허용기준에 맞게 유지되도록 「대기환경보전법」 제58조제1항에 따른 배출가스저감장치를 부착하거나 저공해엔진으로 개조 또는 교체하여야 한다. 다만, 「대기환경보전법」 제58조제1항에 따라 시·도 또는 시·군의 조례로 배출가스저감장치를 부착하거나 저공해엔진으로 개조 또는 교체 등의 명령을 받은 특정경유자동차의 소유자는 배출허용기준 적합 여부와 관계없이 이를 이행하여야 한다.
(2020.5.26 단서개정)
④ 제3항에 따라 배출가스저감장치를 부착하거나 저공해엔진으로 개조 또는 교체한 특정경유자동차에 대하여는 「대기환경보전법」 제58조에 따른 배출가스저감장치 또는 저공해엔진에 대하여 환경부령으로 정하는 기간(이하 "보증기간"이라 한다) 동안 환경부령으로 정하는 바에 따라 제2항에 따른 검사를 면제할 수 있다. 다만, 배출가스저감장치에 부착한 측정기기 및 「대기환경보전법」 제54조에 따른 자동차 배출가스 종합전산체계를 통하여 배출가스 저감장치의 성능이 유지되는지를 확인할 수 있는 경우에는 제2항의 검사를 면제한다.
⑤ 환경부장관이나 시·도지사 및 시장·군수는 다음 각 호의 어느 하나에 해당하는 자가 제3항에 따른 배출가스저감장치를 부착하거나 저공해엔진으로 개조 또는 교체하면 그 경비를 지원할 수 있다.
1. 특정경유자동차의 소유자
2. 대기관리권역 외의 지역을 관할하는 지방자치단체에 등록된 사업용 경유자동차 중 특정경유자동차의 종류에 해당하는 자동차로서 대기관리권역에서 대통령령으로 정하는 기간 이상 운행하는 자동차의 소유자
⑥ 제2항에 따른 검사방법·절차 등에 관하여 필요한 사항은 환경부령으로 정한다.
⑦ 제3항에 따라 배출가스저감장치를 부착하거나 저공해엔진으로 개조 또는 교체한 특정경유자동차의 소유자는 그 장치 또는 엔진이 「대기환경보전법」 제60조에 따른 저감효율에 맞게 유지되도록 배출가스저감장치 등의 성능유지를 위하여 환경부령으로 정하는 사항을 지켜야 한다.
⑧ 시·도지사 및 시장·군수는 배출가스저감장치를 부착하거나 저공해엔진으로 개조 또는 교체한 특정경유자동차의 소유자가 제7항을 지키지 아니할 경우에는 배출가스저감장치나 저공해엔진의 성능을 유지하도록 시정을 명할 수 있다.

제27조【경유자동차의 교체 지원】 환경부장관 및 시·도지사는 「대기환경보전법」 제46조제3항에 따른 배출가스보증기간이 지난 경유자동차를 저공해자동차로 교체하면 그 경비를 지원할 수 있다.(2020.5.26 본조개정)

제28조【특정 용도 자동차로 경유자동차의 사용 제한】 대기오염물질로 인한 어린이의 건강상 위해를 예방하고 일상생활에서 주민의 건강을 보호하기 위하여 다음 각 호의 목적으로 사용하는 자동차에 대하여는 경유자동차를 사용하여서는 아니 된다.
1. 「도로교통법」 제2조제23호에 따른 어린이통학버스
2. 「화물자동차 운수사업법」 제2조제3호에 따른 화물자동차 운송사업 중 화물을 집화·분류·배송하는 형태의 운송사업에 사용되는 자동차
3. 「여객자동차 운수사업법」 제49조의2에 따른 여객자동차운송플랫폼사업에 사용되는 자동차
(2021.4.1 본조개정)

제28조의2【특정 용도 자동차로 경유자동차의 사용 제한에 관한 특례】 제28조제3호에도 불구하고 다음 각 호의 어느 하나에 해당하는 경우에는 경유자동차를 사용할 수 있다.
1. 2021년 4월 8일 전에 「여객자동차 운수사업법」 제4조제1항 및 「택시운송사업의 발전에 관한 법률」 제2조에 따른 택시운송사업면허를 받은 자가 택시운송사업에 사용 중인 경유자동차를 「여객자동차 운수사업법」 제49조의2에 따른 여객자동차운송플랫폼사업에 사용하려는 경우
2. 2021년 4월 8일 전에 「정보통신 진흥 및 융합 활성화 등에 관한 특별법」 제38조의2제3항에 따라 실증을 위한 규제특례를 지정받은 자가 해당 기술·서비스의 판매·이용 또는 제공에 사용 중인 경유자동차를 「여객자동차 운수사업법」 제49조의2에 따른 여객자동차운송플랫폼사업에 사용하려는 경우
(2021.4.1 본조신설)

제28조의3【특정 용도 자동차로 경유자동차의 사용 제한을 위한 협조 요청】 환경부장관은 특정 용도 경유자동차의 사용 제한을 위하여 필요한 경우 자동차를 제작(수입을 포함한다. 이하 같다)하려는 자(이하 "자동차제작자"라 한다)에게 제28조 각 호의 목적으로 사용하는 경유자동차의 제작을 중단하거나 대체 자동차를 우선 출고하도록 협조를 요청할 수 있다. 이 경우 협조요청을 받은 자동차제작자는 특별한 사유가 없으면 이에 협조하여야 한다.(2023.3.28 본조신설)

제29조【경유자동차의 운행 제한】 시·도지사 또는 시장·군수는 대기환경개선을 위하여 필요하다고 인정하는 지역에 대하여 다음 각 호의 어느 하나에 해당하는 경유자동차의 운행을 제한할 수 있다. 이 경우 운행이 제한되는 자동차의 범위, 지역 및 운행 제한 미이행에 따른 과태료 부과는 시·도 또는 시·군의 조례로 정한다.
1. 제26조제1항에 따른 운행차배출허용기준을 초과한 특정경유자동차
2. 제26조제3항에 따른 배출가스저감장치를 부착하지 아니하였거나 저공해엔진으로 개조 또는 교체하지 아니한 특정경유자동차
3. 제26조제5항제2호에 따른 사업용 경유자동차 중 「대기환경보전법」 제46조제3항에 따른 배출가스보증기간이 지난 자동차로서 배출가스저감장치를 부착하지 아니하였거나 저공해엔진으로 개조 또는 교체하지 아니한 자동차

제30조【자동차 및 자동차 연료의 정보공개】 환경부장관은 대기관리권역을 관할 구역으로 하는 지방자치단체에서 판매되는 자동차와 자동차 연료에 관한 다음 각 호의 사항을 대통령령으로 정하는 바에 따라 고시하여야 한다.
1. 자동차의 대기오염물질 배출등급
2. 자동차 연료의 성분 및 대기오염에 미치는 영향 등에 따른 연료품질등급

제5장 건설기계, 선박 등의 배출가스의 억제 등

제31조【특정건설기계 등의 관리】 ① 시·도지사 및 시장·군수는 특정건설기계 및 「대기환경보전법」 제2조제13호나목에 해당하는 자동차 중 특정경유자동차의 저공해화계획을 수립·시행하여야 한다.
② 행정기관 및 대통령령으로 정하는 공공기관이 대기관리권역에서 환경부령으로 정하는 규모 이상의 토목사업 또는 건축사업을 발주하거나 시행하는 경우 다음 각 호의 어느 하나에 해당하는 건설기계 또는 자동차를 사용하거나 사용하도록 하여야 한다.
1. 특정건설기계가 아닌 건설기계
2. 배출가스저감장치를 부착하거나 저공해엔진으로 개조 또는 교체한 특정건설기계
3. 특정경유자동차가 아닌 자동차
4. 배출가스저감장치를 부착하거나 저공해엔진으로 개조 또는 교체한 특정경유자동차

제32조【항만·선박 대기오염원 관리】 환경부장관은 해양수산부장관에게 대기관리권역 내에 위치한 「항만법」 제2조제1호에 따른 항만과 「해양환경관리법」 제2조제16호에 따른 선박에서 배출되는 대기오염물질의 저감을 위한 대책 수립 및 조치를 요청할 수 있다. 이 경우 해양수산부장관은 특별한 사유가 없으면 이에 따라야 한다.

제33조【공항의 대기개선계획의 수립】 ① 대기관리권역 내 위치한 공항의 「항공사업법」 제2조제34호에 따른 공항운영자는 같은 법 제44조제2항제2호에 따른 장비, 「건설기계관리법」 제2조제1항제1호에 따른 건설기계, 「자동차관리법」 제2조제1호에 따른 자동차의 내연기관에서 배출되는 배기가스를 억제하기 위하여 환경부장관이 정하는 바에 따라 대기개선계획을 수립하고 시·도지사의 승인을 받아야 한다. 계획 변경이 필요한 경우에도 시·도지사의 승인을 받아야 한다.
② 제1항에 따른 공항운영자는 제1항에 따른 대기개선계획의 이행실적을 환경부장관이 정하는 바에 따라 보고하여야 한다.
③ 시·도지사는 제10조에 따른 시행계획 수립 시 제1항 및 제2항에 따른 공항의 대기개선계획 및 이행실적을 반영하여야 한다.
④ 환경부장관, 국토교통부장관, 시·도지사는 제1항에 따른 대기개선계획의 시행에 필요한 재원을 지원할 수 있다.

제34조【소규모 배출원의 규제 등】 시·도지사는 생활주변 소규모 배출원에서 배출되는 오염물질로 인한 대기오염을 줄이기 위하여 필요하다고 인정하면 그 시·도의 조례로 정하는 바에 따라 대통령령으로 정하는 행위의 제한 및 방지시설 설치를 명령할 수 있다.

제35조【가정용 보일러의 인증기준 등】 ① 대기관리권역에서 가정용 보일러를 제조·공급 또는 판매하려는 자는 환경부장관으로부터 보일러에서 배출되는 오염물질이 환경부령으로 정하는 기준에 적합하다는 인증을 받아야 한다.
② 제1항에 따른 인증의 신청, 인증의 기준 및 방법 등에 관한 사항은 환경부령으로 정한다.
③ 시·도지사는 대기오염을 방지하기 위하여 환경부령으로 정하는 가정용 보일러를 제조·판매, 사용하는 것을 금지 또는 제한하거나 그 밖에 필요한 조치를 명할 수 있다.
④ 환경부장관은 다음 각 호의 어느 하나에 해당하는 경우에는 인증을 취소할 수 있다.
1. 거짓이나 그 밖의 부정한 방법으로 인증을 받은 경우
2. 제36조에 따른 검사 결과가 인증의 기준을 만족하지 못하는 경우

제36조【가정용 보일러의 검사】 ① 환경부장관은 제35조제1항에 따라 인증을 받은 보일러에 대하여 설치 전에 인증 기준을 만족하는지 검사할 수 있다.
② 제1항에 따른 검사의 대상·방법 등은 환경부장관이 정하여 고시한다.

제6장 재원의 확보 및 관리 등

제37조【대기관리권역 대기환경개선특별회계의 설치】 대기관리권역의 대기환경개선사업 등에 필요한 사업비를 확보하기 위하여 대기관리권역을 관할 구역으로 하는 시·도에 대기환경개선특별회계(이하 "특별회계"라 한다)를 설치할 수 있다.

제38조【특별회계의 세입·세출】 ① 특별회계의 세입은 다음 각 호와 같다.
1. 국가의 보조금
2. 일반회계 및 다른 특별회계로부터의 전입금
3. 차입금
4. 제1호부터 제3호까지의 자금을 운영하여 생기는 수익금
② 특별회계의 세출은 다음 각 호와 같다.
1. 「대기환경보전법」 제26조에 따른 방지시설의 설치 및 운영의 지원
2. 제15조제3항에 따른 최적방지시설의 설치에 필요한 비용의 지원
3. 제17조제5항에 따른 총량관리대상 오염물질의 배출량 자동측정을 위한 기기를 부착·가동하기 위하여 필요한 비용의 지원
4. 「대기환경보전법」 제2조제16호에 따른 저공해자동차를 보급하기 위하여 필요한 비용의 지원
5. 제26조제3항에 따른 배출가스저감장치의 부착 및 저공해엔진으로의 개조 등에 드는 비용의 지원
6. 「대기환경보전법」 제58조에 따른 노후차량의 조기폐차에 드는 비용의 지원
7. 「대기환경보전법」 제62조에 따른 정기검사 및 같은 법 제63조에 따른 정밀검사에 필요한 시설비의 지원
8. 「한국교통안전공단법」 제6조제11호에 따른 사업의 지원
9. 그 밖에 대기환경개선을 위하여 환경부령으로 정하는 사업의 지원

제39조【대기오염저감을 위한 재정적 지원 등】 ① 국가는 대기관리권역의 대기오염을 줄이기 위하여 다음 각 호의 사업을 추진하는 지방자치단체·사업자 등에게 그 사업을 추진하기 위하여 필요한 재정적·기술적 지원을 할 수 있다.
1. 시행계획의 추진
2. 「대기환경보전법」 제26조에 따른 방지시설의 설치 및 운영
3. 제15조제3항에 따른 최적방지시설의 설치
4. 제17조제5항에 따른 총량관리대상 오염물질의 배출량 자동측정을 위한 기기의 부착·가동
5. 「대기환경보전법」 제2조제16호에 따른 저공해자동차의 보급
6. 제26조제3항에 따른 배출가스저감장치 또는 저공해엔진의 보급
7. 「대기환경보전법」 제58조에 따른 노후차량의 조기폐차
8. 지방자치단체의 대기환경개선사업
9. 대기오염저감기술의 개발 및 연구
10. 「대기환경보전법」 제62조에 따른 정기검사 및 같은 법 제63조에 따른 정밀검사에 필요한 시설비의 지원
11. 「한국교통안전공단법」 제6조제11호에 따른 사업
12. 제35조제1항의 기준에 부적합한 가정용 보일러의 교체사업
13. 그 밖에 환경부장관이 대기환경개선을 위하여 필요하다고 인정하는 사업
② 국가는 시·도지사가 시행계획을 수립·시행하지 아니하면 제1항제1호에 따른 재정적 지원의 중단 또는 삭감, 그 밖에 대통령령으로 정하는 필요한 조치를 취할 수 있다.

제7장 보 칙

제40조【대기환경보전에 관한 교육 등】 국가와 지방자치단체는 대기관리권역 주민이 대기오염에 대하여 깊이 이해하고 스스로 대기환경개선에 참여하며 일상생활에서 이를 실천할 수 있도록 꾸준히 대기환경개선에 관한 교육과 홍보를 하여야 한다.

제41조【보고 및 검사 등】 ① 환경부장관은 환경부령으로 정하는 경우에는 다음 각 호에 해당하는 자에게 필요한 보고를 명하거나 자료를 제출하게 할 수 있으며, 관계 공무원에게 해당 시설이나 사업장 등에 출입하여 이 법으로 정한 의무사항을 준수하는지를 확인하기 위하여 대기오염물질을 채취하거나 관계 서류·시설·장비 및 자동차 등을 검사하게 할 수 있다.
1. 사업자
2. 제44조제2항에 따라 환경부장관의 업무를 위탁받은 자
② 제1항에 따라 출입하거나 검사하는 공무원은 그 권한을 표시하는 증표를 지니고 이를 관계인에게 내보여야 한다.

제42조【청문】 환경부장관은 다음 각 호의 어느 하나에 해당하는 처분을 하려면 청문을 하여야 한다.
1. 제24조제1항에 따른 허가의 취소
2. 제24조제2항에 따른 폐쇄명령
3. 제35조제4항에 따른 인증의 취소

제43조【수수료】 제15조에 따라 허가 또는 변경허가를 받으려는 자는 환경부령으로 정하는 바에 따라 수수료를 내야 한다.

제44조【권한의 위임·위탁】 ① 이 법에 따른 환경부장관의 권한은 대통령령으로 정하는 바에 따라 그 일부를 시·도지사 또는 지방환경관서의 장에게 위임할 수 있다.
② 이 법에 따른 환경부장관의 업무는 대통령령으로 정하는 바에 따라 그 일부를 관계 전문기관에 위탁할 수 있다.

제8장 벌 칙

제45조【벌칙】 다음 각 호의 어느 하나에 해당하는 자는 7년 이하의 징역 또는 2억원 이하의 벌금에 처한다.
1. 제15조제1항에 따른 허가 또는 변경허가를 받지 아니하고 사업장을 설치하거나 변경한 자
2. 제24조제2항에 따른 사업장폐쇄명령을 위반한 자

제46조【벌칙】 다음 각 호의 어느 하나에 해당하는 자는 3년 이하의 징역 또는 5천만원 이하의 벌금에 처한다.
1. 제17조제5항에 따른 기기를 부착하지 아니하거나 같은 조 제6항에 따른 배출량 산정 결과를 제출하지 아니한 자
2. 제17조제5항에 따른 기기를 조작하거나 산정 결과기록을 거짓으로 작성·제출한 자
3. 제20조의3제2항에 따른 외부감축량을 거짓 또는 그 밖의 부정한 방법으로 인정받은 자(2023.8.16 본호신설)

제47조【벌칙】 다음 각 호의 어느 하나에 해당하는 자는 1년 이하의 징역 또는 1천만원 이하의 벌금에 처한다.
1. 제15조제6항 후단에 따른 신고를 하지 아니한 자(2021.4.1 본호개정)
2. 제35조제1항에 따른 인증을 받지 아니하고 제조·공급 또는 판매한 자

제48조【양벌규정】 ① 법인의 대표자, 대리인, 사용인, 그 밖의 종업원이 그 법인의 업무에 관하여 제45조부터 제47조까지의 위반행위를 하면 그 행위자를 벌할 뿐만 아니라 그 법인에도 해당 조문의 벌금형을 과(科)한다. 다만, 법인이 그 위반행위를 방지하기 위하여 해당 업무에 관하여 상당한 주의와 감독을 게을리하지 아니한 때에는 그러하지 아니하다.
② 개인의 대리인, 사용인, 그 밖의 종업원이 그 개인의 업무에 관하여 제45조부터 제47조까지의 위반행위를 하면 그 행위자를 벌할 뿐만 아니라 그 개인에게도 해당 조문의 벌금형을 과한다. 다만, 개인이 그 위반행위를 방지하기 위하여 해당 업무에 관하여 상당한 주의와 감독을 게을리하지 아니한 때에는 그러하지 아니하다.

제49조【과태료】 ① 제17조의3제2항에 따라 할당 취소 사유를 보고하지 아니하거나 사실과 다르게 보고한 자에게는 1천만원 이하의 과태료를 부과한다.(2023.8.16 본항신설)
② 다음 각 호의 어느 하나에 해당하는 자에게는 300만원 이하의 과태료를 부과한다.
1. 제26조제3항에 따른 배출가스저감장치의 부착 의무나 저공해엔진으로의 개조 또는 교체 의무를 이행하지 아니한 자
2. 제35조제3항에 따른 조치 명령을 이행하지 아니한 자
③ 제41조제1항에 따른 보고 또는 자료의 제출을 하지 아니하거나 보고 또는 자료의 제출을 거짓으로 한 자와 관계 공무원의 출입·채취 또는 검사를 기피·방해 또는 거부한 자에게는 200만원 이하의 과태료를 부과한다.
④ 다음 각 호의 어느 하나에 해당하는 자에게는 100만원 이하의 과태료를 부과한다.
1. 제15조제2항에 따른 변경신고를 하지 아니한 자
2. 제26조제8항에 따른 시·도지사 및 시장·군수의 시정명령을 위반한 자
⑤ 제1항부터 제4항까지의 규정에 따른 과태료는 대통령령으로 정하는 바에 따라 환경부장관 또는 시·도지사가 부과·징수한다.(2023.8.16 본항개정)

부 칙

제1조【시행일】 이 법은 공포 후 1년이 경과한 날부터 시행한다. 다만, 제28조는 공포 후 4년이 경과한 날부터 시행한다.

제2조【다른 법률의 폐지】 「수도권 대기환경개선에 관한 특별법」은 폐지한다.

제3조【특정 용도 자동차로 경유자동차 사용 제한 등에 관한 적용례】 제28조는 같은 규정 시행 이후 최초로 다음 각 호의 어느 하나에 해당하는 경우부터 적용한다.
1. 「도로교통법」 제52조에 따라 어린이통학버스 운영 신고를 하려는 경우
2. 「여객자동차 운수사업법」 제4조제3항에 따라 어린이 여객대상 운수사업의 면허를 받으려는 경우 또는 종전의 규정에 따라 어린이 여객대상 운수사업의 면허를 받은 자가 증차 또는 대폐차(代廢車 : 차령이 만료되거나 운행거리를 초과한 차량 등을 다른 차량으로 대체하는 것을 말한다. 이하 같다)를 하려는 경우
3. 「화물자동차 운수사업법」 제3조제1항에 따라 화물을 집화·분류·배송하는 형태의 화물자동차 운송사업 허가를 받으려는 경우 또는 종전의 규정에 따라 화물자동차 운송사업의 허가를 받은 자가 증차 또는 대폐차를 하려는 경우
4. 화물을 집화·분류·배송하는 형태의 화물자동차 운송사업을 영위하기 위하여 「화물자동차 운수사업법」 제29조제1항에 따라 화물자동차 운송가맹사업 허가를 받으려는 경우 또는 종전의 규정에 따라 화물자동차 운송가맹사업 허가를 받은 자가 화물을 집화·분류·배송하는 형태의 화물자동차 운송사업을 위하여 증차 또는 대폐차를 하려는 경우

제4조【특정건설기계 등 사용에 관한 적용례】 제31조제2항은 이 법 시행 이후 최초로 발주하는 토목공사 및 건축공사부터 적용한다.

제5조【일반적 경과조치】 이 법 시행 당시 종전 「수도권 대기환경개선에 관한 특별법」의 규정에 따라 행한 처분·절차 및 그 밖의 행위는 그에 해당하는 이 법의 규정에 따라 행한 것으로 본다.

제6조【기본계획 및 시행계획에 관한 경과조치】 이 법 시행 당시 종전의 「수도권 대기환경개선에 관한 특별법」 제8조에 따라 수립된 수도권 대기환경관리 기본계획과 같은 법 제9조에 따라 수립된 시행계획은 각각 이 법에 따라 수립된 기본계획 및 시행계획으로 본다.

제7조【사업장설치 허가 및 배출허용총량 할당에 관한 경과조치】 ① 이 법 시행 당시 종전의 「수도권 대기환경개선에 관한 특별법」 제14조에 따라 사업장설치 허가를 받은 사업장은 이 법 제15조에 따라 허가를 받은 사업장으로 본다.
② 이 법 시행 당시 종전의 「수도권 대기환경개선에 관한 특별법」 제16조에 따라 배출허용총량 할당을 받은 사업

장은 이 법 제17조에 따라 배출허용총량 할당을 받은 사업장으로 본다.

제8조【과징금 및 벌칙 등의 적용에 관한 경과조치】 이 법 시행 전의 위반행위에 대한 과징금의 부과 및 징수와 벌칙·과태료를 적용할 때에는 종전의 「수도권 대기환경개선에 관한 특별법」에 따른다.

제9조【저공해자동차 등의 표지의 부착에 관한 경과조치】 이 법 시행 전에 「수도권 대기환경개선에 관한 특별법」 제28조제1항에 따라 저공해자동차(경유자동차는 제외한다) 또는 배출가스저감장치를 부착하거나 저공해엔진으로 개조 또는 교체한 자동차에 대하여 자동차 외부에서 식별이 가능하도록 표지를 부착한 경우에는 「대기환경보전법」 제58조제11항에 따른 표지를 부착한 것으로 본다.

제10조【다른 법률의 개정】 ①~⑤ ※(해당 법령에 가제정리 하였음)

부 칙 (2020.3.24)

제1조【시행일】 이 법은 공포한 날부터 시행한다.(이하 생략)

부 칙 (2020.5.26)

이 법은 공포한 날부터 시행한다.(이하 생략)

부 칙 (2021.4.1)

제1조【시행일】 이 법은 공포 후 6개월이 경과한 날부터 시행한다. 다만, 법률 제16305호 대기관리권역의 대기환경개선에 관한 특별법 제28조제3호, 제28조의2의 개정규정은 2021년 4월 8일부터 시행하고, 법률 제16305호 대기관리권역의 대기환경개선에 관한 특별법 제28조제1호 및 제2호의 개정규정은 2024년 1월 1일부터 시행한다.
(2023.3.28 단서개정)

제2조【사업장설치의 변경신고에 관한 적용례】 제15조제4항 및 제5항의 개정규정은 이 법 시행 이후 사업장설치의 변경신고를 하는 경우부터 적용한다.

제3조【특정 용도 자동차로 경유자동차 사용 제한에 관한 적용례】 ① 법률 제16305호 대기관리권역의 대기환경개선에 관한 특별법 제28조제1호 및 제2호의 개정규정은 같은 개정규정 시행 이후 다음 각 호의 어느 하나에 해당하는 경우부터 적용한다.
1. 「도로교통법」 제52조에 따라 어린이통학버스 운영 신고를 하려는 경우. 다만, 이 법 시행 전 「도로교통법」 제52조제1항에 따라 신고된 어린이통학버스를 소유한 자가 해당 어린이통학버스를 계속 사용하는 경우는 제외한다.(2023.3.28 단서신설)
2. 「여객자동차 운수사업법」 제4조제3항에 따라 어린이 여객대상 운수사업의 면허를 받으려는 경우 또는 종전의 규정에 따라 어린이 여객대상 운수사업의 면허를 받은 자가 증차 또는 대폐차(代廢車 : 차령이 만료되거나 운행거리를 초과한 차량 등을 다른 차량으로 대체하는 것을 말한다. 이하 같다)를 하려는 경우
3. 「화물자동차 운수사업법」 제3조제1항에 따라 화물을 집화·분류·배송하는 형태의 화물자동차 운송사업 허가를 받으려는 경우 또는 종전의 규정에 따라 화물자동차 운송사업의 허가를 받은 자가 증차 또는 대폐차를 하려는 경우
4. 화물을 집화·분류·배송하는 형태의 화물자동차 운송사업을 영위하기 위하여 「화물자동차 운수사업법」 제29조제1항에 따라 화물자동차 운송가맹사업 허가를 받으려는 경우 또는 종전의 규정에 따라 화물자동차 운송가맹사업 허가를 받은 자가 화물을 집화·분류·배송하는 형태의 화물자동차 운송사업을 위하여 증차 또는 대폐차를 하려는 경우

② 법률 제16305호 대기관리권역의 대기환경개선에 관한 특별법 제28조제3호의 개정규정은 같은 개정규정 시행 이후 다음 각 호의 어느 하나에 해당하는 경우부터 적용한다.
1. 「여객자동차 운수사업법」 제49조의3에 따라 여객자동차플랫폼운송사업의 허가를 받으려는 경우
2. 「여객자동차 운수사업법」 제49조의10에 따라 여객자동차플랫폼운송가맹사업의 면허를 받으려는 경우
3. 「여객자동차 운수사업법」 제49조의18에 따라 여객자동차플랫폼운송중개사업의 등록을 하려는 경우

부 칙 (2023.3.28)

이 법은 공포한 날부터 시행한다.

부 칙 (2023.8.16)

제1조【시행일】 이 법은 공포 후 1년이 경과한 날부터 시행한다. 다만, 제20조의3의 개정규정은 2025년 1월 1일부터 시행한다.

제2조【이월 및 차입에 관한 적용례】 제20조의2의 개정규정은 이 법 시행일이 속하는 연도의 배출허용총량의 일부를 다음 연도로 이월하거나 이 법 시행일이 속하는 연도의 배출허용총량에 할당기간 내의 다른 연도의 배출허용총량을 차입하는 경우부터 적용한다.

(舊 : 다중이용시설 등의 실내공기질관리법)

실내공기질 관리법(약칭 : 실내공기질법)

(2003년 5월 29일 전개법률 제6911호)

개정
2005. 5.31법 7562호 2006. 9.27법 8011호
2006.10. 4법 8038호(환경분야시험·검사등에관한법)
2006.12.30법 8155호
2007.10.17법 8654호(영유아보육법)
2010. 5.25법10312호
2011. 6. 7법10789호(영유아보육법)
2013. 3.22법11665호 2013. 6.12법11881호
2014. 1. 7법12216호(도시철도법)
2015.12.22법13601호
2016. 3.29법14113호(공항시설법)
2016.12.27법14486호 2017.12.12법15195호
2018. 4.17법15583호 2019. 4. 2법16307호
2020. 5.26법17326호(법률용어정비)
2021.12. 7법18547호(도서관법)
2023. 8.16법19663호 2023. 9.14법19720호

제1조【목적】 이 법은 다중이용시설, 신축되는 공동주택 및 대중교통차량의 실내공기질을 알맞게 유지하고 관리함으로써 그 시설을 이용하는 국민의 건강을 보호하고 환경상의 위해를 예방함을 목적으로 한다.(2013.3.22 본조개정)

제2조【정의】 이 법에서 사용하는 용어의 정의는 다음과 같다.
1. "다중이용시설"이라 함은 불특정다수인이 이용하는 시설을 말한다.
2. "공동주택"이라 함은 「건축법」 제2조제2항제2호에 따른 공동주택을 말한다.(2020.5.26 본호개정)
2의2. "대중교통차량"이란 불특정인을 운송하는 데 이용되는 차량을 말한다.(2013.3.22 본호신설)
3. "오염물질"이라 함은 실내공간의 공기오염의 원인이 되는 가스와 떠다니는 입자상물질 등으로서 환경부령으로 정하는 것을 말한다.(2020.5.26 본호개정)
4. "환기설비"라 함은 오염된 실내공기를 밖으로 내보내고 신선한 바깥공기를 실내로 끌어들여 실내공간의 공기를 쾌적한 상태로 유지시키는 설비를 말한다.
5. "공기정화설비"라 함은 실내공간의 오염물질을 없애거나 줄이는 설비로서 환기설비의 안에 설치되거나, 환기설비와는 따로 설치된 것을 말한다.

제3조【적용대상】 ① 이 법의 적용대상이 되는 다중이용시설은 다음 각 호의 시설 중 대통령령으로 정하는 규모의 것으로 한다.
1. 지하역사(출입통로·대합실·승강장 및 환승통로와 이에 딸린 시설을 포함한다)
2. 지하도상가(지상건물에 딸린 지하층의 시설을 포함한다)
3. 철도역사의 대합실
4. 「여객자동차 운수사업법」 제2조제5호에 따른 여객자동차터미널의 대합실
5. 「항만법」 제2조제5호에 따른 항만시설 중 대합실
6. 「공항시설법」 제2조제7호에 따른 공항시설 중 여객터미널(2016.3.29 본호개정)
7. 「도서관법」 제3조제1호에 따른 도서관(2021.12.7 본호개정)
8. 「박물관 및 미술관 진흥법」 제2조제1호 및 제2호에 따른 박물관 및 미술관
9. 「의료법」 제3조제2항에 따른 의료기관
10. 「모자보건법」 제2조제11호에 따른 산후조리원
11. 「노인복지법」 제34조제1항제1호에 따른 노인요양시설
12. 「영유아보육법」 제2조제3호에 따른 어린이집(2019.4.2 본호개정)
12의2. 「어린이놀이시설 안전관리법」 제2조제2호에 따른 어린이놀이시설 중 실내 어린이놀이시설(2019.4.2 본호신설)
13. 「유통산업발전법」 제2조제3호에 따른 대규모점포
14. 「장사 등에 관한 법률」 제29조에 따른 장례식장(지하에 위치한 시설로 한정한다)
15. 「영화 및 비디오물의 진흥에 관한 법률」 제2조제10호에 따른 영화상영관(실내 영화상영관으로 한정한다)
16. 「학원의 설립·운영 및 과외교습에 관한 법률」 제2조제1호에 따른 학원
17. 「전시산업발전법」 제2조제4호에 따른 전시시설(옥내시설로 한정한다)
18. 「게임산업진흥에 관한 법률」 제2조제7호에 따른 인터넷컴퓨터게임시설제공업의 영업시설
19. 실내주차장
20. 「건축법」 제2조제2항제14호에 따른 업무시설
21. 「건축법」 제2조제2항에 따라 구분된 용도 중 둘 이상의 용도에 사용되는 건축물
22. 「공연법」에 따른 공연장 중 실내 공연장
23. 「체육시설의 설치·이용에 관한 법률」에 따른 체육시설 중 실내 체육시설
24. 「공중위생관리법」 제2조제1항제3호나목에 따른 목욕장업의 영업시설
25. 그 밖에 대통령령으로 정하는 시설
(2015.12.22 본항개정)

② 이 법의 적용대상이 되는 공동주택은 다음 각호의 공동주택으로서 대통령령으로 정하는 규모 이상으로 신축되는 것으로 한다.(2020.5.26 본문개정)
1. 아파트
2. 연립주택
3. 기숙사(2005.5.31 본호신설)

③ 이 법의 적용대상이 되는 대중교통차량은 다음 각 호의 차량으로 한다.
1. 「도시철도법」 제2조제2호에 따른 도시철도의 운행에 사용되는 도시철도차량(2014.1.7 본호개정)
2. 「철도산업발전기본법」 제3조제4호에 따른 철도차량 중 여객을 운송하기 위한 철도차량
3. 「여객자동차 운수사업법」 제2조제3호에 따른 여객자동차운송사업에 사용되는 자동차 중 대통령령으로 정하는 자동차
(2013.3.22 본항신설)

제4조【국가 등의 책무】 ① 국가와 지방자치단체는 다중이용시설, 공동주택 및 대중교통차량(이하 "다중이용시설등"이라 한다)의 실내공기질을 관리하는 데에 필요한 시책을 수립·시행하여야 한다.(2013.6.12 본항신설)
② 국민은 국가 또는 지방자치단체가 실시하는 다중이용시설등의 실내공기질 관리 시책에 적극 협력하여야 한다.
(2015.12.22 본항신설)
(2015.12.22 본조제목개정)

제4조의2【다른 법률과의 관계】 ① 다중이용시설등의 실내공기질 관리에 관하여 다른 법률에 특별한 규정이 있는 경우를 제외하고는 이 법에서 정하는 바에 따른다.
② 다중이용시설등의 실내공기질 관리에 관하여 다른 법률을 제정 또는 개정하는 경우에는 이 법에 부합하도록 하여야 한다.
(2015.12.22 본조신설)

제4조의3【실내공기질 관리 기본계획】 ① 환경부장관은 관계 중앙행정기관의 장과 협의하여 실내공기질 관리에 필요한 기본계획(이하 "기본계획"이라 한다)을 5년마다 수립하여야 한다.
② 환경부장관은 기본계획의 수립을 위하여 필요한 경우 특별시장·광역시장·특별자치시장·도지사 또는 특별자치도지사(이하 "시·도지사"라 한다)의 의견을 들어야 한다.
③ 기본계획에는 다음 각 호의 사항이 포함되어야 한다.
1. 다중이용시설등의 실내공기질 관리의 기본목표와 추진 방향
2. 다중이용시설등의 실내공기질 관리 현황과 전망
3. 다중이용시설과 대중교통차량의 실내공기질 측정망 설치 및 운영
4. 다중이용시설등의 실내공기질 관리 기준 설정 및 변경
5. 그 밖에 실내공기질 관리에 필요한 사항
④ 환경부장관은 기본계획의 변경이 필요하다고 인정하면 그 타당성을 검토하여 변경할 수 있다. 이 경우 미리 시·도지사의 의견을 듣고, 관계 중앙행정기관의 장과 협의하여야 한다.
⑤ 환경부장관은 기본계획을 수립 또는 변경한 경우에는 이를 관계 중앙행정기관의 장과 시·도지사에게 알려야 한다.
(2013.6.12 본조신설)

제4조의4【실내공기질 관리 시행계획】 ① 관계 중앙행정기관의 장은 기본계획에 따라 소관별로 기본계획 시행에 필요한 세부계획(이하 "시행계획"이라 한다)을 수립·시행하고, 시·도지사는 기본계획 및 관계 중앙행정기관의 시행계획에 따라 해당 특별시·광역시·특별자치시·도 또는 특별자치도(이하 "시·도"라 한다)의 시행계획을 수립·시행하여야 한다.
② 관계 중앙행정기관의 장 및 시·도지사는 다음 연도의 시행계획 및 전년도의 추진실적을 대통령령으로 정하는 바에 따라 환경부장관에게 제출하여야 한다.
③ 시행계획의 수립 등에 필요한 사항은 대통령령으로 정한다.
(2013.6.12 본조신설)

제4조의5【실내공기질 실태조사】 ① 환경부장관, 관계 중앙행정기관의 장 및 시·도지사는 기본계획과 시행계획을 효율적으로 수립·시행하기 위하여 실내공기질 관리에 관한 실태조사를 실시하여야 한다. 이 경우 조사의 객관성 및 효율성을 높이기 위하여 필요하면 관계 행정기관 및 민간단체 등과 합동으로 실태조사를 실시할 수 있다.(2019.4.2 전단개정)
② 환경부장관, 관계 중앙행정기관의 장 및 시·도지사는 제1항에 따른 실태조사 결과를 공표하여야 한다.
(2019.4.2 본항개정)
③ 환경부장관, 관계 중앙행정기관의 장 및 시·도지사는 제1항에 따른 실태조사에 필요하면 관계 행정기관의 장, 「공공기관의 운영에 관한 법률」 제4조에 따른 공공기관의 장, 그 밖에 대통령령으로 정하는 단체 또는 기관의 장에게 자료 제출이나 의견 제시 등을 요청할 수 있다. 이 경우 요청을 받은 자는 특별한 사유가 없으면 그 요청에 따라야 한다.
(2015.12.22 본조신설)

제4조의6【측정망 설치】 ① 환경부장관은 다중이용시설과 대중교통차량의 실내공기질 실태를 파악하기 위하여 측정망을 설치하여 상시 측정할 수 있다.
② 시·도지사는 관할 구역에서 다중이용시설과 대중교통차량의 실내공기질 실태를 파악하기 위하여 측정망을 설치하여 상시 측정할 수 있다. 이 경우 그 측정 결과를 환경부장관에게 알려야 한다.

③ 환경부장관은 시·도지사에게 제2항에 따른 측정망 설치에 필요한 기술적·행정적·재정적 지원을 할 수 있다.(2015.12.22 본항신설)
(2013.6.12 본조신설)
제4조의7【측정기기의 부착 및 운영·관리 등】 ① 환경부장관은 다중이용시설의 실내공기질 실태를 파악하기 위하여 다중이용시설의 소유자·점유자 또는 관리자 등 관리책임이 있는 자(이하 "소유자등"이라 한다)에게 환경부령으로 정하는 측정기기를 부착하고, 환경부령으로 정하는 기준에 따라 운영·관리할 것을 권고할 수 있다.
② 제1항에도 불구하고 지하역사의 소유자등은 환경부령으로 정하는 측정기기를 부착하여야 한다.(2019.4.2 본항신설)
③ 제2항에 따라 측정기기를 부착한 지하역사의 소유자등은 그 측정기기로 측정한 결과를 공개하고, 제1항의 기준에 따라 측정기기를 운영·관리하여야 한다.(2019.4.2 본항신설)
④ 환경부장관은 제2항 및 제3항에 따른 측정기기의 부착 및 운영·관리에 필요한 기술적·행정적·재정적 지원을 할 수 있다.(2019.4.2 본항신설)
(2019.4.2 본조제목개정)
(2015.12.22 본조신설)
제4조의8【위해성평가의 실시】 ① 환경부장관은 사람의 건강에 위해가 클 것으로 우려되는 미세먼지 등 대통령령으로 정하는 물질에 대하여 위해성평가를 실시할 수 있다.
② 환경부장관은 제2조제3호에 따른 오염물질, 제5조제1항에 따른 공기질 유지기준 및 그 밖에 이 법에 따른 기준·지침 등을 정할 때에는 제1항에 따른 위해성평가 결과를 고려하여야 한다.
③ 제1항에 따른 위해성평가의 절차 및 방법 등에 관하여 필요한 사항은 환경부령으로 정한다.
(2015.12.22 본조신설)
제4조의9【실내공기질 관리 조정협의체의 설치 및 운영】 ① 환경부장관은 중앙행정기관 간의 실내공기질 관리 기준 및 정책에 관한 사항을 협의·조정하기 위하여 대통령령으로 정하는 관계 중앙행정기관과 실내공기질 관리 조정협의체를 설치하여 운영할 수 있다.
② 제1항에 따른 실내공기질 관리 조정협의체의 구성 및 운영 등에 필요한 사항은 대통령령으로 정한다.
(2016.12.27 본조신설)
제5조【실내공기질 유지기준 등】 ① 다중이용시설의 소유자등은 다중이용시설 내부의 쾌적한 공기질을 유지하기 위한 기준에 맞게 시설을 관리하여야 한다.
(2015.12.22 본항개정)
② 제1항에 따른 공기질 유지기준은 환경부령으로 정한다. 이 경우 어린이, 노인, 임산부 등 오염물질에 노출될 경우 건강피해 우려가 큰 취약계층이 주로 이용하는 다중이용시설로서 대통령령으로 정하는 시설과 미세먼지 등 대통령령으로 정하는 오염물질에 대하여는 더욱 엄격한 공기질 유지기준을 정하여야 한다.(2020.5.26 전단개정)
③ 시·도는 지역환경의 특수성을 고려하여 필요하다고 인정하는 때에는 그 시·도의 조례로 제1항에 따른 공기질 유지기준보다 엄격하게 해당 시·도에 적용할 공기질 유지기준을 정할 수 있다.(2020.5.26 본항개정)
④ 시·도지사는 제3항에 따른 공기질 유지기준이 설정되거나 변경된 때에는 이를 지체없이 환경부장관에게 보고하여야 한다.(2020.5.26 본항개정)
제6조【실내공기질 권고기준】 특별자치시장·특별자치도지사·시장·군수·구청장(자치구의 구청장을 말한다. 이하 같다)은 다중이용시설의 특성에 따라 제5조제1항에 따른 공기질 유지기준과는 별도로 쾌적한 공기질을 유지하기 위하여 환경부령으로 정하는 권고기준에 맞게 시설을 관리하도록 다중이용시설의 소유자등에게 권고할 수 있다. 이 경우 제12조의2에 따른 취약계층 이용시설이 그 권고기준을 초과하면 해당 시설 소유자등에게 공기정화설비 또는 환기설비 등의 개선·대체·설치 등 필요한 조치를 요청할 수 있다.(2017.12.12 후단신설)
제7조【다중이용시설의 소유자등의 교육 등】 ① 다중이용시설의 소유자등은 환경부령으로 정하는 바에 따라 특별자치시장·특별자치도지사·시장·군수·구청장이 실시하는 실내공기질 관리에 관한 교육을 받아야 한다. 다만, 다음 각 호의 어느 하나에 해당하는 자는 그러하지 아니하다.
1. 제4조의6에 따른 측정망이 설치되어 실내공기질을 상시 측정할 수 있는 다중이용시설의 소유자등
2. 제4조의7에 따라 측정기기를 부착하고 이를 운영·관리하고 있는 다중이용시설의 소유자등
3. 그 밖에 대통령령으로 정하는 자
(2015.12.22 1호~3호신설)
② 특별자치시장·특별자치도지사·시장·군수·구청장은 환경부령으로 정하는 바에 따라 제1항에 따른 교육에 소요되는 경비를 교육대상자로부터 징수할 수 있다.
③ (2015.12.22 삭제)
(2015.12.22 본조개정)
제8조 (2006.12.30 삭제)
제9조【신축 공동주택의 실내공기질 관리】 ① 신축되는 공동주택의 시공자는 환경부령으로 정하는 바에 따라 선정된 입주예정자의 입회하에 시공이 완료된 공동주택의 실내공기질을 스스로 측정하거나 환경부령으로 정하는 자로 하여금 측정하도록 하여 그 측정결과를 특별자치시장·특별자치도지사·시장·군수·구청장에게 제출하고, 입주 개시전에 입주민들이 잘 볼 수 있는 장소에 공고하여야 한다.(2023.8.16 본항개정)
② 특별자치시장·특별자치도지사·시장·군수·구청장은 제1항에 따라 제출된 측정결과를 환경부장관에게 보고하여야 하며 공보 또는 인터넷 홈페이지 등을 통하여 공개할 수 있다.(2016.12.27 본항신설)
③ 제1항에 따른 실내공기질의 측정항목·방법, 측정결과의 제출·공고시기·장소 등에 관하여 필요한 사항은 환경부령으로 정한다.(2020.5.26 본항개정)
④ 신축 공동주택의 쾌적한 공기질 유지를 위한 실내공기질 권고기준은 환경부령으로 정한다.(2005.5.31 본항신설)
⑤ 환경부장관은 신축 공동주택의 소유자등이 실내공기질을 알맞게 유지·관리함으로써 쾌적한 실내환경에서 생활할 수 있도록 하기 위하여 공동주택의 실내공기질 관리지침을 개발하여 보급할 수 있다.(2015.12.22 본항신설)
제9조의2【대중교통차량의 실내공기질 측정】 ① 대중교통차량의 운송사업자는 대중교통차량의 실내공기질을 스스로 측정하거나 환경부령으로 정하는 자로 하여금 측정하도록 하고, 그 결과를 기록·보존하여야 한다. 다만, 대중교통차량 내부에 실내공기질을 측정할 수 있는 측정기기를 설치한 경우에는 그러하지 아니하다.
② 대중교통차량의 운송사업자는 제1항에 따라 측정한 결과를 특별자치시장·특별자치도지사·시장·군수·구청장에게 제출하여야 한다.
③ 제1항 및 제2항에 따른 실내공기질의 측정대상오염물질, 측정대상차량, 측정횟수, 측정결과의 보존기간 및 제출 등에 필요한 사항은 환경부령으로 정한다.
(2019.4.2 본조개정)
제9조의3【대중교통차량의 실내공기질 관리】 ① 환경부장관은 대중교통차량의 실내공기질을 쾌적하게 유지하고 관리하기 위하여 대중교통차량의 제작에 관한 관리지침(이하 "관리지침"이라 한다)을 정하여 고시할 수 있다.
② 환경부장관은 대중교통차량의 제작자에게 관리지침에 맞게 대중교통차량을 제작하도록 권고할 수 있다.
③ 환경부장관 및 시·도지사는 대중교통차량의 실내공기질을 쾌적하게 유지하고 관리하기 위하여 대중교통차량의 운송사업자에게 환경부령으로 정하는 기준에 따라 대중교통차량을 관리·운행하도록 권고할 수 있다.
④ 국가와 지방자치단체는 대중교통차량의 제작자 또는 운송사업자에게 관리지침에 따른 대중교통차량의 실내공기질 유지·관리에 필요한 기술적·재정적 지원을 할 수 있다.
⑤ 제1항부터 제3항까지의 대중교통차량의 제작자 및 운송사업자에 대한 권고에 필요한 사항은 환경부령으로 정한다.
(2019.4.2 본조신설)
제9조의4【대중교통시설의 실내공기질 관리】 ① 환경부장관은 제3조제1항제1호 및 제3호의 다중이용시설(이하 이 조에서 "대중교통시설"이라 한다)의 실내공기질을 쾌적하게 유지하고 관리하기 위하여 대중교통시설의 소유자등에게 환경부령으로 정하는 공기정화설비를 설치하도록 하거나 그 밖에 실내공기질 관리를 위한 조치를 하도록 할 수 있다.
② 환경부장관은 제1항에 따른 공기정화설비의 설치 등에 필요한 비용을 지원할 수 있다.
(2019.4.2 본조신설)
제9조의5【지하역사의 실내공기질 관리】 ① 환경부장관은 지하역사의 실내공기질을 쾌적하게 유지하고 관리하기 위하여 관계 중앙행정기관의 장 및 시·도지사와 협의하여 미세먼지 저감방안 등을 포함한 지하역사 공기질 개선대책을 5년마다 수립·시행하여야 한다.
② 환경부장관은 지하역사의 소유자등에게 지하역사 공기질 개선대책의 시행을 위해 필요한 기술적·행정적·재정적 지원을 할 수 있다.
(2019.4.2 본조신설)
제10조【개선명령】 특별자치시장·특별자치도지사·시장·군수·구청장은 다중이용시설이 제5조제1항에 따른 공기질 유지기준에 맞지 아니하게 관리되는 경우에는 환경부령으로 정하는 바에 따라 기간을 정하여 그 다중이용시설의 소유자등에게 공기정화설비 또는 환기설비 등의 개선이나 대체 그 밖의 필요한 조치(이하 "개선명령"이라 한다)를 할 것을 명령할 수 있다.(2015.12.22 본조개정)
제11조【오염물질 방출 건축자재의 사용제한 등】 ① 다중이용시설 또는 공동주택(「주택법」 제2조제22호에 따른 건강친화형 주택은 제외한다. 이하 이 조에서 같다)을 설치(기존 시설 또는 주택의 개수 및 보수를 포함한다. 이하 이 조에서 같다)하는 자는 다음 각 호의 어느 하나에 해당하는 건축자재를 사용하려는 경우 환경부장관이 관계 중앙행정기관의 장과 협의하여 환경부령으로 정하는 기준을 초과하지 아니하는 것으로 제2항에 따른 확인을 받고 제11조의6제1항에 따른 표지를 붙인 건축자재만을 사용하여야 한다.(2023.9.14 본문개정)
1. 접착제
2. 페인트
3. 실란트(sealant)
4. 퍼티(putty)
5. 벽지
6. 바닥재
7. 그 밖에 건축물 내부에 사용되는 건축자재로서 표면가공 목질판상(木質板狀) 제품 등 환경부령으로 정하는 것(2023.9.14 본호개정)
② 제1항 각 호의 건축자재를 제조하거나 수입하는 자는 그 건축자재가 제1항에 따른 기준을 초과하여 오염물질을 방출하는지 여부를 제11조의2에 따른 시험기관에서 확인받은 후 다중이용시설 또는 공동주택을 설치하는 자에게 공급하여야 한다. 다만, 다른 법령에 따라 이 법에 준하는 확인을 받은 경우 등 대통령령으로 정하는 경우에는 본문에 따른 확인을 받지 아니하고 건축자재를 공급할 수 있다.(2018.4.17 본문개정)
③ 환경부장관은 제13조제4항에 따라 오염물질을 채취·검사한 결과 제1항에 따른 기준을 초과하는 건축자재의 경우 제2항에 따른 시험기관에 확인의 취소를 명할 수 있으며, 시험기관의 장은 특별한 사유가 없으면 확인을 취소하여야 한다.(2018.4.17 본항신설)
④ 환경부장관은 제3항에 따라 확인이 취소된 건축자재 및 제11조의6제1항을 위반하여 표지를 붙인 건축자재의 제조자 또는 수입자에게 회수 등의 조치를 명하거나 해당 건축자재와 관련된 내용을 대통령령으로 정하는 바에 따라 공표할 수 있다.(2020.5.26 본항개정)
⑤ 제3항에 따른 확인의 취소, 제4항에 따른 회수 등의 조치명령 및 공표에 필요한 사항은 대통령령으로 정한다.
(2018.4.17 본항개정)
⑥ 제2항에 따른 확인의 절차·방법 및 유효기간 등에 관하여 필요한 사항은 대통령령으로 정한다.
⑦ 제2항에 따라 시험기관이 확인을 한 경우에는 환경부령으로 정하는 바에 따라 그 기록을 보관하여야 한다.
(2018.4.17 본조제목개정)
(2015.12.22 본조개정)
제11조의2【건축자재 오염물질 방출 확인 시험기관의 지정 등】 ① 환경부장관은 제11조제2항에 따라 건축자재의 오염물질 방출 여부를 확인할 수 있는 시험기관(이하 "시험기관"이라 한다)을 지정할 수 있다.
② 시험기관으로 지정을 받으려는 자는 환경부령으로 정하는 시설·장비 및 기술인력 등의 요건을 갖추어야 한다.
③ 제1항에 따라 지정을 받은 자가 환경부령으로 정하는 중요한 사항을 변경하려는 경우 변경신청을 하여야 한다.
④ 시험기관의 지정요건, 지정절차 등에 필요한 사항은 환경부령으로 정한다.
(2018.4.17 본조신설)
제11조의3【시험기관 지정의 결격사유】 다음 각 호의 어느 하나에 해당하는 자는 제11조의2제2항에 따른 시험기관으로 지정받을 수 없다.
1. 피성년후견인 또는 피한정후견인
2. 파산선고를 받고 복권되지 아니한 자
3. 이 법을 위반하여 징역의 실형을 선고받고 그 집행이 끝나거나(집행이 끝난 것으로 보는 경우를 포함한다) 집행을 받지 아니하기로 확정된 날부터 2년이 지나지 아니한 자
4. 제11조의4에 따라 지정이 취소(이 조 제1호 및 제2호에 해당하여 지정이 취소된 경우는 제외한다)된 후 2년이 지나지 아니한 자
5. 임원 또는 기관의 대표자 중에 제1호부터 제4호까지의 규정 중 어느 하나에 해당하는 자가 있는 법인
(2018.4.17 본조신설)
제11조의4【시험기관의 지정 취소 등】 ① 환경부장관은 시험기관이 다음 각 호의 어느 하나에 해당하는 경우 지정을 취소하거나 1년 이내의 기간을 정하여 시험기관 업무의 정지를 명할 수 있다. 다만, 제1호부터 제3호까지에 해당하는 경우에는 지정을 취소하여야 한다.
1. 거짓이나 그 밖의 부정한 방법으로 제11조의2에 따른 시험기관으로 지정을 받은 경우
2. 거짓이나 그 밖의 부정한 방법으로 시험기관 업무를 수행한 경우
3. 제11조의3제1호부터 제5호까지에 해당하게 된 경우. 다만, 제11조의3제5호에 해당하는 법인의 경우 해당 임원이나 대표자를 6개월 이내에 바꾸어 임명하는 경우는 제외한다.
4. 업무정지 기간에 시험기관 업무를 수행한 경우
5. 제11조제6항에 따른 확인의 절차·방법이나 제11조의5제1항에 따른 준수사항을 지키지 아니한 경우
6. 제11조의2제1항에 따라 지정을 받은 후 1년 이내에 업무를 개시하지 아니하거나 정당한 사유 없이 1년 이상 휴업한 경우
7. 제11조의2제2항에 따른 시설, 장비 및 기술인력 기준에 미달된 경우
8. 제11조의2제3항에 따른 변경신청을 하지 아니하거나 거짓이나 그 밖의 부정한 방법으로 변경신청을 한 경우
9. 제11조의5제2항에 따른 평가 기준에 미달된 경우
② 제1항에 따른 행정처분의 세부기준은 환경부령으로 정한다.
(2018.4.17 본조신설)
제11조의5【시험기관의 준수사항 등】 ① 시험기관은 확인시험 방법, 검사결과의 기록·보존 등 환경부령으로 정하는 준수사항을 지켜야 한다.

② 환경부장관은 시험기관에 대하여 확인의 시험에 관한 능력을 평가할 수 있다.
③ 제2항에 따른 평가에 필요한 사항은 환경부령으로 정한다.
(2018.4.17 본조신설)
제11조의6【건축자재의 표지】 ① 건축자재를 제조하거나 수입하는 자는 제11조제2항에 따라 해당 건축자재가 방출기준을 초과하지 아니한다고 확인받은 경우 및 다른 법령에 따라 이 법에 준하는 확인을 받은 경우에는 환경부령으로 정하는 바에 따라 이를 증명하는 표지를 붙여야 한다.(2020.5.26 본항개정)
② 제11조제2항 본문에 따라 확인을 받지 아니하거나 같은 조 제3항에 따라 확인이 취소된 건축자재 등 제1항에 해당되지 아니하는 건축자재는 동 표지를 사용하여서는 아니 된다.
(2018.4.17 본조신설)
제11조의7【실내라돈조사의 실시】 ① 환경부장관은 라돈(radon)의 실내 유입으로 인한 건강피해를 줄이기 위하여 실내공기 중 라돈의 농도 등에 관한 조사(이하 "실내라돈조사"라 한다)를 실시할 수 있다.
② 환경부장관은 실내라돈조사를 실시하려는 경우에는 그 조사의 목적·대상·방법 및 기간 등 조사에 필요한 사항을 환경부령으로 정하는 바에 따라 공고하여야 한다.
③ 환경부장관은 특정 지역에 대하여 실내라돈조사가 필요한 경우에는 해당 지역을 관할하는 시·도지사에게 그 조사를 실시하게 할 수 있다.
④ 시·도지사는 제3항에 따라 실내라돈조사를 실시한 경우에는 그 결과를 환경부장관에게 보고하여야 한다.
⑤ 환경부장관은 시·도지사에게 제3항에 따른 실내라돈조사에 필요한 기술적·행정적·재정적 지원을 할 수 있다.
(2015.12.22 본조신설)
제11조의8【라돈지도의 작성】 ① 환경부장관은 실내라돈조사의 실시 결과를 기초로 실내공기 중 라돈의 농도 등을 나타내는 지도(이하 "라돈지도"라 한다)를 작성할 수 있다.
② 라돈지도의 작성기준, 작성방법 및 제공 등에 필요한 사항은 환경부령으로 정한다.
(2015.12.22 본조신설)
제11조의9【라돈관리계획의 수립·시행 등】 ① 환경부장관은 실내라돈조사의 실시 및 라돈지도의 작성 결과를 기초로 라돈으로 인한 건강피해가 우려되는 시·도가 있는 경우 「환경보건법」 제9조에 따른 환경보건위원회의 심의를 거쳐 해당 시·도지사에게 5년마다 라돈관리계획(이하 "관리계획"이라 한다)을 수립하여 시행하도록 요청할 수 있다. 이 경우 시·도지사는 특별한 사유가 없으면 지역주민들의 의견을 들어 관리계획을 수립하여야 한다.
② 관리계획에는 다음 각 호의 사항이 포함되어야 한다.
1. 다중이용시설 및 공동주택 등의 현황
2. 라돈으로 인한 실내공기오염 및 건강피해의 방지 대책
3. 라돈의 실내 유입 차단을 위한 시설 개량에 관한 사항
4. 그 밖에 라돈관리를 위하여 시·도지사가 필요하다고 인정하는 사항
③ 시·도지사는 관리계획을 수립한 경우 그 내용 및 연차별 추진실적을 대통령령으로 정하는 바에 따라 환경부장관에게 보고하여야 한다.
④ 환경부장관은 시·도지사에게 관리계획의 시행에 필요한 기술적·행정적·재정적 지원을 할 수 있다.
(2015.12.22 본조신설)
제11조의10【라돈저감공법의 사용 등 권고】 ① 시·도지사는 해당 시·도 내에서 라돈으로 인하여 건강상 위해가 우려되는 지역이 있는 경우에는 그 지역에서 다중이용시설 또는 공동주택 등을 설치(기존 시설 또는 주택등의 개수 및 보수를 포함한다)하는 자에게 라돈의 실내 유입을 줄이기 위한 공법을 사용하는 등의 필요한 조치를 하도록 권고할 수 있다.
② 시·도지사는 해당 시·도 내 라돈 농도가 높은 다중이용시설 또는 공동주택 등의 소유자등에게 실내 라돈 농도를 환경부령으로 정하는 기준에 맞게 관리하도록 권고할 수 있다.
(2015.12.22 본조신설)
제12조【실내공기질의 측정】 ① 다중이용시설의 소유자등은 실내공기질을 스스로 측정하거나 환경부령으로 정하는 자로 하여금 측정하도록 하고 그 결과를 10년 동안 기록·보존하여야 한다. 다만, 다음 각 호의 어느 하나에 해당하는 자는 그러하지 아니하다.(2019.4.2 본문개정)
1. 제4조의6에 따른 측정망이 설치되어 실내공기질을 상시 측정할 수 있는 다중이용시설의 소유자등
2. 제4조의7에 따라 측정기기를 부착하고 이를 운영·관리하고 있는 다중이용시설의 소유자등
3. 그 밖에 대통령령으로 정하는 자
(2015.12.22 1호~3호신설)
② 제1항에 따라 측정을 의뢰하려는 자는 측정대행업자에게 측정값을 조작하게 하는 등 측정·분석 결과에 영향을 미칠 수 있는 지시를 하여서는 아니 된다.(2018.4.17 본항신설)
③ 제1항에 따른 실내공기질의 측정대상오염물질, 측정횟수, 측정시기, 그 밖에 실내공기질의 측정에 관하여 필요한 사항은 환경부령으로 정한다.(2020.5.26 본항개정)
제12조의2【취약계층 이용시설 등에 대한 지원】 ① 환경부장관 또는 시·도지사는 어린이, 노인, 임산부 등 오염물질에 노출될 경우 건강피해 우려가 큰 취약계층이 주로 이용하는 다중이용시설의 실내공기질이 적절하게 유지·관리 및 개선될 수 있도록 하기 위하여 그 다중이용시설의 소유자등에게 다음 각 호의 지원을 할 수 있다.
1. 해당 다중이용시설의 규모 및 특성에 맞는 실내공기질 유지·관리 방법에 관한 컨설팅
2. 해당 다중이용시설의 실내공기질 개선을 위한 기술 및 자금 지원
3. 그 밖에 해당 다중이용시설의 실내공기질 유지·관리 및 개선을 위하여 필요하다고 인정하는 기술적·행정적·재정적 지원
② 환경부장관 또는 시·도지사는 제1항에 따른 취약계층이 오염물질에 적절히 대응할 수 있도록 행동지침 등을 개발하여 교육·홍보 등의 지원을 할 수 있다.
(2016.12.27 본항신설)
(2015.12.22 본조신설)
제12조의3【실내환경관리센터의 지정 등】 ① 환경부장관은 실내 오염물질로 인한 건강피해의 예방·관리 등을 위한 조사·연구 및 기술개발 등의 업무를 수행하기 위하여 다음 각 호의 어느 하나에 해당하는 기관 또는 법인·단체 중에서 대통령령으로 정하는 요건을 갖춘 자를 실내환경관리센터(이하 "센터"라 한다)로 지정할 수 있다.
1. 국공립연구기관 또는 「정부출연연구기관 등의 설립·운영 및 육성에 관한 법률」에 따른 정부출연연구기관
2. 「고등교육법」 제2조에 따른 학교
3. 「민법」 또는 그 밖의 법률에 따라 설립된 환경 관련 비영리 법인 또는 단체
② 환경부장관은 센터에 대하여 예산의 범위에서 그 업무 수행에 필요한 비용의 전부 또는 일부를 지원할 수 있다.
③ 환경부장관은 센터가 다음 각 호의 어느 하나에 해당하는 경우에는 환경부령으로 정하는 바에 따라 그 지정을 취소하거나 6개월의 범위에서 그 업무의 정지를 명할 수 있다. 다만, 제1호에 해당하는 경우에는 그 지정을 취소하여야 한다.
1. 거짓이나 그 밖의 부정한 방법으로 지정을 받은 경우
2. 제1항에 따른 지정 요건에 적합하지 아니하게 된 경우
3. 제2항에 따라 지원받은 비용을 그 목적 외의 용도로 사용한 경우
4. 그 밖에 대통령령으로 정하는 사유에 해당하는 경우
④ (2018.4.17 삭제)
⑤ 제1항부터 제3항까지에서 규정한 사항 외에 센터의 지정 및 운영 등에 필요한 사항은 대통령령으로 정한다.
(2018.4.17 본항개정)
제12조의4【실내공기질 관리 종합정보망의 구축·운영】 ① 환경부장관은 실내공기질의 종합적·체계적 관리를 위하여 실내공기질 관리 종합정보망을 구축·운영할 수 있다.
② 환경부장관은 제1항의 종합정보망을 구축·운영하는 데에 필요한 자료를 관계 행정기관이나 관련 단체의 장에게 요청할 수 있다. 이 경우 요청을 받은 자는 특별한 사유가 없으면 그 요청에 따라야 한다.
(2015.12.22 본조신설)
제13조【보고 및 검사 등】 ① 시·도지사 또는 특별자치시장·특별자치도지사·시장·군수·구청장은 실내공기질 관리를 위하여 필요하다고 인정하는 때에는 다중이용시설의 소유자등 또는 신축되는 공동주택의 시공자에게 필요한 보고를 하도록 하거나 자료를 제출하게 할 수 있으며, 관계공무원으로 하여금 해당 다중이용시설 또는 신축되는 공동주책에 출입하여 오염물질을 채취하거나 관계서류 및 시설·장비 등을 검사하게 할 수 있다.
(2018.4.17 본항개정)
② 환경부장관은 실내공기질 관리를 위하여 필요하다고 인정하는 때에는 제9조의3제2항에 따른 대중교통차량의 제작자 및 제9조의3제3항에 따른 운송사업자에게 필요한 보고 또는 자료제출을 요구할 수 있으며, 관계 공무원으로 하여금 해당 대중교통차량 또는 대중교통차량 제작시설에 출입하여 오염물질을 채취하거나 관계 서류 및 시설·장비 등을 검사하게 할 수 있다.(2019.4.2 본항개정)
③ 시·도지사는 실내공기질 관리를 위하여 필요하다고 인정하는 때에는 제9조의3제3항에 따른 대중교통차량의 운송사업자에게 필요한 보고 또는 자료제출을 요구할 수 있으며, 관계 공무원으로 하여금 해당 대중교통차량에 출입하여 오염물질을 채취하거나 관계 서류 및 시설·장비 등을 검사하게 할 수 있다.(2019.4.2 본항개정)
④ 환경부장관은 실내공기질 관리를 위하여 필요하다고 인정하는 때에는 건축자재의 제조자 또는 수입자, 시험기관에 필요한 보고를 하도록 하거나 자료를 제출하게 할 수 있으며, 관계 공무원으로 하여금 해당 시설에 출입하여 오염물질을 채취하거나 관계 서류 및 시설·장비 등을 검사하게 할 수 있다.(2018.4.17 본항신설)
⑤ 시·도지사 또는 특별자치시장·특별자치도지사·시장·군수·구청장은 실내공기질 관리를 위하여 필요하다고 인정하는 때에는 건축자재를 사용하여 다중이용시설 또는 공동주택을 설치(기존 시설 또는 주택의 개수 및 보수를 포함한다)하는 자에게 필요한 보고를 하도록 하거나 자료를 제출하게 할 수 있으며, 관계 공무원으로 하여금 해당 시설에 출입하여 오염물질을 채취하거나 관계 서류 및 시설·장비 등을 검사하게 할 수 있다.
(2023.9.14 본항신설)
⑥ 시장·군수·구청장은 제1항 또는 제5항에 따른 다중이용시설 및 신축 공동주택 오염도검사 결과를 환경부령으로 정하는 바에 따라 시·도지사에게 보고하여야 하며, 시·도지사는 제3항에 따른 대중교통차량 오염도검사 결과 및 시장·군수·구청장이 보고한 다중이용시설 및 공동주택 오염도검사 결과를 환경부령으로 정하는 바에 따라 환경부장관에게 보고하여야 한다.(2023.9.14 본항개정)
⑦ 환경부장관, 시·도지사 또는 시장·군수·구청장은 제1항부터 제5항까지의 규정에 따라 오염물질을 채취한 때에는 환경부령으로 정하는 검사기관에 오염도검사를 의뢰하여야 한다. 다만, 현장에서 검사결과를 판정할 수 있는 경우에는 그러하지 아니하다.(2023.9.14 본문개정)
⑧ 환경부장관, 시·도지사 또는 시장·군수·구청장은 제7항에 따른 오염도검사를 한 경우 환경부령으로 정하는 바에 따라 오염물질을 채취한 시설, 오염물질의 명칭, 오염도검사 결과를 공개할 수 있다. 다만, 오염도검사 결과가 제5조에 따른 공기질 유지기준을 초과한 경우 시·도지사는 이를 공개하여야 한다.(2023.9.14 본문개정)
⑨ 제1항부터 제5항까지의 규정에 따라 출입·검사를 하는 공무원은 그 권한을 표시하는 증표를 지니고 이를 관계인에게 내보여야 한다.(2023.9.14 본항개정)
제13조의2【청문】 환경부장관은 다음 각 호의 어느 하나에 해당하는 처분을 하려면 청문을 하여야 한다.
1. 제11조의4에 따른 시험기관의 지정 취소
2. 제12조의3제3항에 따른 센터의 지정 취소
(2018.4.17 본조신설)
제13조의3【권한의 위임과 위탁】 ① 이 법에 따른 환경부장관의 권한은 대통령령으로 정하는 바에 따라 그 일부를 소속 기관의 장이나 시·도지사에게 위임할 수 있다.
② 이 법에 따른 환경부장관, 시·도지사 또는 시장·군수·구청장의 업무는 대통령령으로 정하는 바에 따라 그 일부를 관계 전문기관에 위탁할 수 있다.
(2015.12.22 본조신설)
제13조의4【벌칙 적용에서 공무원 의제】 제13조의3제2항에 따라 환경부장관 또는 시·도지사로부터 위탁받은 업무에 종사하는 관계 전문기관의 임직원은 「형법」 제129조부터 제132조까지의 규정을 적용할 때에는 공무원으로 본다.(2018.4.17 본조개정)
제13조의5【규제의 재검토】 환경부장관은 제4조의7에 따른 측정기기의 부착 및 운영·관리에 대하여 2017년 1월 1일을 기준으로 5년마다(매 5년이 되는 해의 1월 1일 전까지를 말한다) 그 타당성을 검토하여 개선 등의 조치를 하여야 한다.(2015.12.22 본조신설)
제14조【벌칙】 ① 다음 각 호의 어느 하나에 해당하는 자는 1년 이하의 징역 또는 1천만원 이하의 벌금에 처한다.(2016.12.27 본문개정)
1. 제10조에 따른 개선명령을 이행하지 아니한 자
(2016.12.27 본호신설)
2. 제11조제1항을 위반하여 표지를 붙이지 아니한 건축자재를 사용한 자(2023.9.14 본호개정)
3. 제11조제3항에 따른 확인의 취소 및 같은 조 제4항에 따른 회수 등의 조치명령을 위반한 자
4. 거짓이나 그 밖의 부정한 방법으로 시험기관으로 지정을 받은 자
5. 시험기관에 종사하는 자로서 고의 또는 중대한 과실로 시험성적서를 사실과 다르게 발급한 자
6. 제11조의4에 따른 업무정지 기간 중 확인업무를 한 자
(2018.4.17 3호~6호신설)
② (2010.5.25 삭제)
제15조【양벌규정】 법인의 대표자나 법인 또는 개인의 대리인, 사용인, 그 밖의 종업원이 그 법인 또는 개인의 업무에 관하여 제14조의 위반행위를 하면 그 행위자를 벌하는 외에 그 법인 또는 개인에게도 해당 조문의 벌금형을 과(科)한다. 다만, 법인 또는 개인이 그 위반행위를 방지하기 위하여 해당 업무에 관하여 상당한 주의와 감독을 게을리하지 아니한 경우에는 그러하지 아니하다.
(2010.5.25 본조개정)
제16조【과태료】 ① 다음 각 호의 어느 하나에 해당하는 자에게는 2천만원 이하의 과태료를 부과한다.
1. (2016.12.27 삭제)
2. 제11조제2항을 위반하여 건축자재의 오염물질 방출 여부를 확인받지 아니하거나 거짓으로 확인받고 건축자재를 공급한 자
3. 거짓 또는 그 밖의 부정한 방법으로 제11조제2항 단서에 따라 이 법에 준하는 확인을 받지 아니하고 건축자재를 공급한 자(2023.9.14 본호개정)
4. 제11조의6제2항을 위반하여 표지를 사용한 자
(2023.9.14 본호신설)
② 제5조제1항을 위반하여 공기질 유지기준에 맞게 시설을 관리하지 아니한 자(제4조의6·제4조의7 또는 제12조에 따라 환경부장관, 시·도지사 또는 다중이용시설의 소유자등이 실내공기질을 측정한 결과가 공기질 유지기준에 맞지 아니한 경우는 제외한다)에게는 1천만원 이하의 과태료를 부과한다.

③ 다음 각 호의 어느 하나에 해당하는 자에게는 500만원 이하의 과태료를 부과한다.
1. 제4조의7제2항을 위반하여 측정기기를 부착하지 아니한 자(2019.4.2 본호신설)
2. 제4조의7제3항을 위반하여 실내공기질 측정 결과를 공개하지 아니하거나 측정기기의 운영·관리기준을 지키지 아니한 자(2019.4.2 본호신설)
3. 제9조의2를 위반하여 대중교통차량의 실내공기질을 측정 또는 그 결과를 제출·기록·보존하지 아니하거나 거짓으로 측정 또는 제출·기록·보존한 자(2019.4.2 본호신설)
4. 제7조를 위반하여 실내공기질 관리에 관한 교육을 받지 아니한 자
5. 제9조를 위반하여 신축되는 공동주택의 실내공기질 측정결과를 제출·공고하지 아니하거나 거짓으로 제출·공고한 자
6. 제11조제7항을 위반하여 기록을 보관하지 아니하거나 거짓으로 기록을 보관한 자(2018.4.17 본호개정)
7. (2018.4.17 삭제)
7의2. 제11조의5제1항에 따른 준수사항을 지키지 아니한 자(2018.4.17 본호신설)
7의3. 제11조의6제1항을 위반하여 표지를 붙이지 아니한 자(2023.9.14 본호신설)
8. 제12조제1항을 위반하여 실내공기질 측정을 하지 아니한 자 또는 측정결과를 기록·보존하지 아니하거나 거짓으로 기록하여 보존한 자
8의2. 제12조제2항을 위반하여 측정·분석 결과에 영향을 미칠 수 있는 지시를 한 자(2018.4.17 본호신설)
9. 제13조제1항부터 제5항까지의 규정에 따른 보고 또는 자료제출을 이행하지 아니하거나 거짓으로 보고 또는 자료제출을 한 자(2023.9.14 본호개정)
10. 제13조제1항부터 제5항까지의 규정에 따른 관계 공무원의 출입·검사 또는 오염물질 채취를 거부·방해하거나 기피한 자(2023.9.14 본호개정)
④ 제1항부터 제3항까지의 규정에 따른 과태료는 대통령령으로 정하는 바에 따라 환경부장관, 시·도지사 또는 시장·군수·구청장이 부과·징수한다.
(2015.12.22 본조개정)

부 칙 (2015.12.22)

제1조【시행일】 이 법은 공포 후 1년이 경과한 날부터 시행한다.
제2조【종전의 법률에 따른 고시·처분 및 계속 중인 행위에 관한 경과조치】 이 법 시행 전에 종전의 「공중위생관리법」에 따라 행정기관이 행한 실내공기질과 관련된 고시·행정처분 및 그 밖의 행위와 행정기관에 대하여 행한 보고·자료제출 및 그 밖의 행위는 그에 해당하는 이 법에 따라 행한 행정기관의 행위 또는 행정기관에 대한 행위로 본다.
제3조【다중이용시설의 소유자등에 대한 교육관청 변경에 관한 경과조치】 이 법 시행 전에 종전의 제7조제1항에 따라 환경부장관이 실시하는 실내공기질 관리에 관한 교육을 받은 자는 제7조제1항의 개정규정에 따라 특별자치시장·특별자치도지사·시장·군수·구청장이 실시하는 실내공기질 관리에 관한 교육을 받은 것으로 본다.
제4조【개선명령 발령권자 변경에 관한 경과조치】 이 법 시행 전에 종전의 제10조에 따라 시·도지사로부터 개선명령을 받은 자는 제10조의 개정규정에 따라 특별자치시장·특별자치도지사·시장·군수·구청장으로부터 개선명령을 받은 것으로 본다.
제5조【오염물질 방출 건축자재의 사용제한에 관한 경과조치】 이 법 시행 전에 「건축법」 제11조에 따른 건축허가 신청서 또는 같은 법 제14조에 따른 건축신고서가 접수된 경우 등 다중이용시설 또는 공동주택의 설치(기존시설 또는 주택의 개수 및 보수를 포함한다)에 이미 착수한 자에 대해서는 제11조제1항의 개정규정에도 불구하고 종전의 규정에 따른다.
제6조【벌칙에 관한 경과조치】 이 법 시행 전의 행위에 대한 벌칙의 적용에 있어서는 종전의 규정에 따른다.
제7조【과태료에 관한 경과조치】 이 법 시행 전의 행위에 대하여 과태료를 적용할 때에는 종전의 규정에 따른다.
제8조【다른 법률의 개정】 ①~⑤ ※(해당 법령에 가제정리 하였음)
제9조【다른 법령과의 관계】 이 법 시행 당시 다른 법령에서 종전의 「다중이용시설 등의 실내공기질관리법」 또는 그 규정을 인용한 경우에는 이 법 중 그에 해당하는 규정이 있는 때에는 종전의 「다중이용시설 등의 실내공기질관리법」 또는 그 규정을 갈음하여 이 법 또는 이 법의 해당 조항을 인용한 것으로 본다.

부 칙 (2016.12.27)

제1조【시행일】 이 법은 공포 후 1년이 경과한 날부터 시행한다. 다만, 제4조의9, 제12조의2제2항의 개정규정은 공포 후 6개월이 경과한 날부터 시행한다.
제2조【과태료의 벌칙 전환에 관한 경과조치】 이 법 시행 전의 위반행위에 대해서는 제14조제1항제2호 및 제16조제1항제1호의 개정규정에도 불구하고 종전의 규정에 따른다.

부 칙 (2018.4.17)

제1조【시행일】 이 법은 공포 후 6개월이 경과한 날부터 시행한다.
제2조【건축자재의 표지에 관한 적용례】 제11조의6제1항의 개정규정은 이 법 시행 후 최초로 제조 또는 수입되는 건축자재부터 적용한다.
제3조【행정처분기준에 관한 경과조치】 이 법 시행 전의 행위에 대하여 행정처분을 할 때에는 종전의 규정에 따른다.
제4조【벌칙에 관한 경과조치】 이 법 시행 전의 행위에 대한 벌칙을 적용할 때에는 종전의 규정에 따른다.
제5조【과태료에 관한 경과조치】 이 법 시행 전의 행위에 대하여 과태료를 적용할 때에는 종전의 규정에 따른다.
제6조【다른 법률의 개정】 ※(해당 법령에 가제정리 하였음)

부 칙 (2019.4.2)

제1조【시행일】 이 법은 공포 후 1년이 경과한 날부터 시행한다. 다만, 제4조의7제3항, 제16조제3항제1호·제2호의 개정규정은 2021년 4월 1일부터 시행한다.
제2조【지하역사의 측정기기 부착에 관한 특례】 제4조의7제2항에 따른 지하역사의 소유자등은 2021년 3월 31일까지 환경부령으로 정하는 측정기기를 부착하여야 한다.

부 칙 (2020.5.26)

이 법은 공포한 날부터 시행한다.(이하 생략)

부 칙 (2021.12.7)

제1조【시행일】 이 법은 공포 후 1년이 경과한 날부터 시행한다.(이하 생략)

부 칙 (2023.8.16)

이 법은 공포 후 6개월이 경과한 날부터 시행한다.

부 칙 (2023.9.14)

제1조【시행일】 이 법은 공포 후 6개월이 경과한 날부터 시행한다.
제2조【벌칙과 과태료에 관한 경과조치】 이 법 시행 전의 행위로 인한 벌칙과 과태료의 적용에 관하여는 종전의 규정에 따른다.

폐기물관리법

(2007년 4월 11일
전부개정법률 제8371호)

개정
2007. 5.17법 8466호(수질수생태계보전)
2007. 5.25법 8486호(산업표준화법)
2007. 8. 3법 8613호
2007.12.21법 8789호(수산동물질병관리법)
2009. 6. 9법 9770호(소음·진동관리법)
2010. 1.13법 9931호(저탄소녹색성장기본법)
2010. 3.31법10219호(지방세기본법)
2010. 7.23법10389호
2011. 4.28법10615호(환경기술및환경산업지원법)
2011. 7.21법10888호(수산생물질병관리법)
2011. 7.25법10911호(원자력안전법)
2012. 6. 1법11465호
2013. 6. 4법11862호(화학물질관리법)
2013. 7.16법11914호
2013. 7.30법11965호(신에너지및재생에너지개발·이용·보급촉진법)
2013. 7.30법11980호(폐기물의국가간이동및그처리에관한법)
2013. 8. 6법11998호(지방세외수입금의징수등에관한법)
2014. 1.21법12321호 2015. 1.20법13038호
2015. 7.20법13411호
2016.12.27법14476호(지방세징수법)
2017. 1.17법14532호(물환경보전법)
2017. 4.18법14783호 2017.11.28법15103호
2019. 4.16법16318호 2019.11.26법16614호
2019.12. 3법16699호(해양폐기물및해양오염퇴적물관리법)
2020. 3.24법17091호(지방행정제재·부과금의징수등에관한법)
2020. 5.26법17326호(법률용어정비)
2021. 1. 5법17851호
2021. 7.20법18318호(수산부산물재활용촉진에관한법)
2022. 4.26법18853호(동물보호법)
2022.12.27법19126호→시행일 부칙 참조
2023. 8.16법19666호→2024년 8월 17일 시행
2024. 1.30법20172호(행정법제혁신을위한일부개정법령등)
2024. 2. 6법20231호(화학물질관리법)→2025년 8월 7일 시행이므로 「法典 別冊」 보유편 수록

제1장 총 칙

제1조【목적】 이 법은 폐기물의 발생을 최대한 억제하고 발생한 폐기물을 친환경적으로 처리함으로써 환경보전과 국민생활의 질적 향상에 이바지하는 것을 목적으로 한다.(2010.7.23 본조개정)
제2조【정의】 이 법에서 사용하는 용어의 뜻은 다음과 같다.
1. "폐기물"이란 쓰레기, 연소재(燃燒滓), 오니(汚泥), 폐유(廢油), 폐산(廢酸), 폐알칼리 및 동물의 사체(死體) 등으로서 사람의 생활이나 사업활동에 필요하지 아니하게 된 물질을 말한다.
2. "생활폐기물"이란 사업장폐기물 외의 폐기물을 말한다.
3. "사업장폐기물"이란 「대기환경보전법」, 「물환경보전법」 또는 「소음·진동관리법」에 따라 배출시설을 설치·운영하는 사업장이나 그 밖에 대통령령으로 정하는 사업장에서 발생하는 폐기물을 말한다.(2017.1.17 본호개정)
4. "지정폐기물"이란 사업장폐기물 중 폐유·폐산 등 주변 환경을 오염시킬 수 있거나 의료폐기물(醫療廢棄物) 등 인체에 위해(危害)를 줄 수 있는 해로운 물질로서 대통령령으로 정하는 폐기물을 말한다.
5. "의료폐기물"이란 보건·의료기관, 동물병원, 시험·검사기관 등에서 배출되는 폐기물 중 인체에 감염 등 위해를 줄 우려가 있는 폐기물과 인체 조직 등 적출물(摘出物), 실험 동물의 사체 등 보건·환경보호상 특별한 관리가 필요하다고 인정되는 폐기물로서 대통령령으로 정하는 폐기물을 말한다.
5의2. "의료폐기물 전용용기"란 의료폐기물로 인한 감염 등의 위해 방지를 위하여 의료폐기물을 넣어 수집·운반 또는 보관에 사용하는 용기를 말한다.(2015.1.20 본호신설)
5의3. "처리"란 폐기물의 수집, 운반, 보관, 재활용, 처분을 말한다.(2010.7.23 본호신설)
6. "처분"이란 폐기물의 소각(燒却)·중화(中和)·파쇄(破碎)·고형화(固形化) 등의 중간처분과 매립하거나 해역(海域)으로 배출하는 등의 최종처분을 말한다.
7. "재활용"이란 다음 각 목의 어느 하나에 해당하는 활동을 말한다.
가. 폐기물을 재사용·재생이용하거나 재사용·재생이용할 수 있는 상태로 만드는 활동
나. 폐기물로부터 「에너지법」 제2조제1호에 따른 에너지를 회수하거나 회수할 수 있는 상태로 만들거나 폐기물을 연료로 사용하는 활동으로서 환경부령으로 정하는 활동
8. "폐기물처리시설"이란 폐기물의 중간처분시설, 최종처분시설 및 재활용시설로서 대통령령으로 정하는 시설을 말한다.
(2010.7.23 6호~8호개정)

9. "폐기물감량화시설"이란 생산 공정에서 발생하는 폐기물의 양을 줄이고, 사업장 내 재활용을 통하여 폐기물 배출을 최소화하는 시설로서 대통령령으로 정하는 시설을 말한다.

제2조의2【폐기물의 세부분류】 폐기물의 종류 및 재활용 유형에 관한 세부분류는 폐기물의 발생원, 구성성분 및 유해성 등을 고려하여 환경부령으로 정한다.
(2015.7.20 본조신설)

제3조【적용 범위】 ① 이 법은 다음 각 호의 어느 하나에 해당하는 물질에 대하여는 적용하지 아니한다.
1. 「원자력안전법」에 따른 방사성 물질과 이로 인하여 오염된 물질(2011.7.25 본호개정)
2. 용기에 들어 있지 아니한 기체상태의 물질
3. 「물환경보전법」에 따른 수질 오염 방지시설에 유입되거나 공공 수역(水域)으로 배출되는 폐수(2017.1.17 본호개정)
4. 「가축분뇨의 관리 및 이용에 관한 법률」에 따른 가축분뇨(2010.7.23 본호개정)
5. 「하수도법」에 따른 하수·분뇨(2010.7.23 본호개정)
6. 「가축전염병예방법」 제22조제2항, 제23조, 제33조 및 제44조가 적용되는 가축의 사체, 오염 물건, 수입 금지 물건 및 검역 불합격품
7. 「수산생물질병 관리법」 제17조제2항, 제18조, 제25조제1항 각 호 및 제34조제1항이 적용되는 수산동물의 사체, 오염된 시설 또는 물건, 수입금지물건 및 검역 불합격품(2011.7.21 본호개정)
8. 「군수품관리법」 제13조의2에 따라 폐기되는 탄약(2010.7.23 본호신설)
9. 「동물보호법」 제69조제1항에 따른 동물장묘업의 허가를 받은 자가 설치·운영하는 동물장묘시설에서 처리되는 동물의 사체(2022.4.26 본호개정)

② 이 법에 따른 폐기물의 해역 배출은 「해양폐기물 및 해양오염퇴적물 관리법」으로 정하는 바에 따른다.
(2019.12.3 본항개정)

③ 「수산부산물 재활용 촉진에 관한 법률」에 따른 수산부산물이 다른 폐기물과 혼합된 경우에는 이 법을 적용하고, 다른 폐기물과 혼합되지 않아 수산부산물만 배출·수집·운반·재활용하는 경우에는 이 법을 적용하지 아니한다.(2021.7.20 본항신설)

제3조의2【폐기물 관리의 기본원칙】 ① 사업자는 제품의 생산방식 등을 개선하여 폐기물의 발생을 최대한 억제하고, 발생한 폐기물을 스스로 재활용함으로써 폐기물의 배출을 최소화하여야 한다.
② 누구든지 폐기물을 배출하는 경우에는 주변 환경이나 주민의 건강에 위해를 끼치지 아니하도록 사전에 적절한 조치를 하여야 한다.
③ 폐기물은 그 처리과정에서 양과 유해성(有害性)을 줄이도록 하는 등 환경보전과 국민건강보호에 적합하게 처리되어야 한다.
④ 폐기물로 인하여 환경오염을 일으킨 자는 오염된 환경을 복원할 책임을 지며, 오염으로 인한 피해의 구제에 드는 비용을 부담하여야 한다.
⑤ 국내에서 발생한 폐기물은 가능하면 국내에서 처리되어야 하고, 폐기물의 수입은 되도록 억제되어야 한다.
⑥ 폐기물은 소각, 매립 등의 처분을 하기보다는 우선적으로 재활용함으로써 자원생산성의 향상에 이바지하도록 하여야 한다.
(2010.7.23 본조신설)

제4조【국가와 지방자치단체의 책무】 ① 특별자치시장, 특별자치도지사, 시장·군수·구청장(자치구의 구청장을 말한다. 이하 같다)은 관할 구역의 폐기물의 배출 및 처리상황을 파악하여 폐기물이 적정하게 처리될 수 있도록 폐기물처리시설을 설치·운영하여야 하며, 폐기물의 처리방법의 개선 및 관계인의 자질 향상으로 폐기물 처리사업을 능률적으로 수행하는 한편, 주민과 사업자의 청소 의식 함양과 폐기물 발생 억제를 위하여 노력하여야 한다.(2013.7.16 본항개정)
② 특별시장·광역시장·도지사는 시장·군수·구청장이 제1항에 따른 책무를 충실하게 하도록 기술적·재정적 지원을 하고, 그 관할 구역의 폐기물 처리사업에 대한 조정을 하여야 한다.(2007.8.3 본항개정)
③ 국가는 지정폐기물의 배출 및 처리 상황을 파악하고 지정폐기물이 적정하게 처리되도록 필요한 조치를 마련하여야 한다.
④ 국가는 폐기물 처리에 대한 기술을 연구·개발·지원하고, 특별시장·광역시장·특별자치시장·도지사·특별자치도지사(이하 "시·도지사"라 한다) 및 시장·군수·구청장이 제1항과 제2항에 따른 책무를 충실하게 하도록 필요한 기술적·재정적 지원을 하며, 특별시·광역시·특별자치시·도·특별자치도(이하 "시·도"라 한다) 간의 폐기물 처리사업에 대한 조정을 하여야 한다.
(2013.7.16 본항개정)

제5조【폐기물의 광역 관리】 ① 환경부장관, 시·도지사 또는 시장·군수·구청장은 둘 이상의 시·도 또는 시·군·구에서 발생하는 폐기물을 광역적으로 처리할 필요가 있다고 인정되면 광역 폐기물처리시설(지정폐기물 공공 처리시설을 포함한다)을 단독 또는 공동으로 설치·운영할 수 있다.
② 환경부장관, 시·도지사 또는 시장·군수·구청장은 제1항에 따른 광역 폐기물처리시설의 설치 또는 운영을 환경부령으로 정하는 자에게 위탁할 수 있다.

제5조의2【생활폐기물의 발생지 처리】 ① 특별자치시장, 특별자치도지사, 시장·군수·구청장은 관할 구역에서 발생한 생활폐기물을 관할 구역 내 폐기물처리시설 또는 관할 구역을 대상 지역으로 하는 제5조의 광역 폐기물처리시설에서 처리하도록 필요한 조치를 하여야 한다.
② 특별자치시장, 특별자치도지사, 시장·군수·구청장은 제1항의 조치에도 불구하고 관할 구역에서 발생한 생활폐기물을 모두 처리할 수 없을 때에는 관할 구역 외의 특별자치시장, 특별자치도지사, 시장·군수·구청장과 협의하여 해당 지방자치단체의 관할 구역으로 생활폐기물을 반출하여 처리할 수 있다.
(2022.12.27 본조신설 : 2024.12.28 시행)

제5조의3【반입협력금의 징수】 ① 환경부령으로 정하는 생활폐기물을 제5조의2제2항에 따라 반입하여 처리한 특별자치시장, 특별자치도지사, 시장·군수·구청장은 해당 생활폐기물을 반출한 특별자치시장, 특별자치도지사, 시장·군수·구청장으로부터 해당 생활폐기물의 반입량을 고려하여 산정한 금액(이하 "반입협력금"이라 한다)을 징수할 수 있다. 이 경우 「폐기물처리시설 설치촉진 및 주변지역지원 등에 관한 법률」 제8조에 따른 가산금은 징수한 것으로 본다.
② 반입협력금은 환경부령으로 정하는 범위에서 제1항에 따라 생활폐기물을 반입하여 처리하는 지방자치단체의 조례로 정한다.
③ 반입협력금은 다음 각 호의 용도로 사용하여야 한다.
1. 폐기물처리시설 주변 지역의 환경개선과 주민 지원
2. 폐기물처리시설의 설치·운영 및 개선
3. 폐기물의 발생 억제 및 적정 처리 방법에 관한 연구·개발
4. 그 밖에 폐기물의 발생 억제 및 적정 처리를 위하여 환경부령으로 정하는 사업
(2022.12.27 본조신설 : 2024.12.28 시행)

제6조【폐기물처리시설 반입수수료】 ① 제4조제1항 또는 제5조제1항에 따라 폐기물처리시설을 설치·운영하는 기관은 그 폐기물처리시설에 반입되는 폐기물의 처리를 위하여 필요한 비용(이하 "반입수수료"라 한다)을 폐기물을 반입하는 자로부터 징수할 수 있다.
② 제1항의 경우에 둘 이상의 지방자치단체가 공동으로 설치·운영하는 폐기물처리시설의 경우 해당 지방자치단체 간에 협의하여 수수료를 결정하여야 한다.
③ 반입수수료의 금액은 징수기관이 국가이면 환경부령으로, 지방자치단체이면 조례로 정한다.

제7조【국민의 책무】 ① 모든 국민은 자연환경과 생활환경을 청결히 유지하고, 폐기물의 감량화(減量化)와 자원화를 위하여 노력하여야 한다.
② 토지나 건물의 소유자·점유자 또는 관리자는 그가 소유·점유 또는 관리하고 있는 토지나 건물의 청결을 유지하도록 노력하여야 하며, 특별자치시장, 특별자치도지사, 시장·군수·구청장이 정하는 계획에 따라 대청소를 하여야 한다.(2013.7.16 본항개정)

제8조【폐기물의 투기 금지 등】 ① 누구든지 특별자치시장, 특별자치도지사, 시장·군수·구청장이나 공원·도로 등 시설의 관리자가 폐기물의 수집을 위하여 마련한 장소나 설비 외의 장소에 폐기물을 버리거나, 특별자치시, 특별자치도, 시·군·구의 조례로 정하는 방법 또는 공원·도로 등 시설의 관리자가 지정한 방법을 따르지 아니하고 생활폐기물을 버려서는 아니 된다.(2021.1.5 본항개정)
② 누구든지 이 법에 따라 허가 또는 승인을 받거나 신고한 폐기물처리시설이 아닌 곳에서 폐기물을 매립하거나 소각하여서는 아니 된다. 다만, 제14조제1항 단서에 따른 지역에서 해당 특별자치시, 특별자치도, 시·군·구의 조례로 정하는 바에 따라 소각하는 경우에는 그러하지 아니하다.
③ 특별자치시장, 특별자치도지사, 시장·군수·구청장은 토지나 건물의 소유자·점유자 또는 관리자가 제7조제2항에 따라 청결을 유지하지 아니하면 해당 지방자치단체의 조례에 따라 필요한 조치를 명할 수 있다.
(2013.7.16 본조개정)

제9조~제11조 (2017.11.28 삭제)

제12조 (2015.1.20 삭제)

제2장 폐기물의 배출과 처리

제13조【폐기물의 처리 기준 등】 ① 누구든지 폐기물을 처리하려는 자는 대통령령으로 정하는 기준과 방법을 따라야 한다. 다만, 제13조의2에 따른 폐기물의 재활용 원칙 및 준수사항에 따라 재활용을 하기 쉬운 상태로 만든 폐기물(이하 "중간가공 폐기물"이라 한다)에 대하여는 완화된 처리기준과 방법을 대통령령으로 따로 정할 수 있다.(2015.7.20 단서개정)
② 의료폐기물은 제25조의2제6항에 따라 검사를 받아 합격한 의료폐기물 전용용기(이하 "전용용기"라 한다)만을 사용하여 처리하여야 한다.(2017.4.18 본항개정)

제13조의2【폐기물의 재활용 원칙 및 준수사항】 ① 누구든지 다음 각 호를 위반하지 아니하는 경우에는 폐기물을 재활용할 수 있다.
1. 비산먼지, 악취가 발생하거나 휘발성유기화합물, 대기오염물질 등이 배출되어 생활환경에 위해를 미치지 아니할 것
2. 침출수(浸出水)나 중금속 등 유해물질이 유출되어 토양, 수생태계 또는 지하수를 오염시키지 아니할 것
3. 소음 또는 진동이 발생하여 사람에게 피해를 주지 아니할 것
4. 중금속 등 유해물질을 제거하거나 안정화하여 재활용제품이나 원료로 사용하는 과정에서 사람이나 환경에 위해를 미치지 아니하도록 하는 등 대통령령으로 정하는 사항을 준수할 것
5. 그 밖에 환경부령으로 정하는 재활용의 기준을 준수할 것

② 제1항에도 불구하고 다음 각 호의 어느 하나에 해당하는 폐기물은 재활용을 금지하거나 제한한다.
1. 폐석면
2. 폴리클로리네이티드비페닐(PCBs)이 환경부령으로 정하는 농도 이상 들어있는 폐기물(2020.5.26 본호개정)
3. 의료폐기물(태반은 제외한다)
4. 폐유독물 등 인체나 환경에 미치는 위해가 매우 높을 것으로 우려되는 폐기물 중 대통령령으로 정하는 폐기물

③ 제1항 및 제2항 각 호의 원칙을 지키기 위하여 필요한 오염 예방 및 저감방법의 종류와 정도, 폐기물의 취급 기준과 방법 등의 준수사항은 환경부령으로 정한다.
(2015.7.20 본조개정)

제13조의3【폐기물의 재활용 시 환경성평가】 ① 제13조의2제1항에도 불구하고 다음 각 호에 해당하는 자는 제13조의4제1항에 따른 재활용환경성평가기관으로부터 해당 폐기물의 재활용이 사람의 건강이나 환경에 미치는 영향을 조사·예측하여 해로운 영향을 피하거나 제거하는 방안 및 재활용기술의 적합성에 대한 평가(이하 "재활용환경성평가"라 한다)를 받아야 한다. 폐기물의 종류, 재활용 유형 등 환경부령으로 정하는 중요사항을 변경하는 경우에도 또한 같다.
1. 환경부령으로 정하는 규모 이상의 폐기물 또는 폐기물을 토양 등과 혼합하여 만든 물질을 토양·지하수·지표수 등에 접촉시켜 복토재·성토재·도로기층재 등 환경부령으로 정하는 용도 또는 방법으로 재활용하려는 자(둘 이상이 공동으로 재활용하려는 경우를 포함한다)
2. 제13조의2에 따른 폐기물 재활용의 원칙 및 준수사항을 정하지 아니한 폐기물을 재활용하려는 자

② 제1항에도 불구하고 「비료관리법」 제4조에 따라 공정규격이 설정된 비료를 제조하거나 환경부령으로 정하는 방법으로 폐기물을 재활용하려는 자는 재활용환경성평가를 받지 아니하고 해당 폐기물을 재활용할 수 있다.
③ 제1항에 따라 재활용환경성평가를 받은 자는 그 결과를 환경부장관에게 제출하고, 그 폐기물을 재활용할 수 있는지에 대한 승인을 받아야 한다.
④ 환경부장관은 제3항에 따라 제출받은 재활용환경성평가 결과를 고려하여 대통령령으로 정하는 승인 요건을 갖추었는지를 검토한 후 제3항에 따른 승인을 할 수 있다.
⑤ 환경부장관은 제4항에 따라 승인을 하는 경우 국민건강 또는 환경에 미치는 위해 등을 줄이기 위하여 승인의 유효기간, 폐기물의 양 등 환경부령으로 정하는 조건을 붙일 수 있다.
⑥ 환경부장관은 제3항에 따른 승인을 받은 자가 다음 각 호의 어느 하나에 해당하는 경우에는 그 승인을 취소하여야 한다. 이 경우 승인이 취소되면 지체 없이 해당 폐기물의 재활용을 중단하여야 한다.
1. 제3항에 따라 승인받은 사항과 다르게 폐기물을 재활용한 경우
2. 제3항에 따라 제출하는 재활용환경성평가 결과를 거짓이나 그 밖의 부정한 방법으로 제출한 경우
3. 제5항에 따른 승인 조건을 위반한 경우

⑦ 제1항부터 제6항까지에서 규정한 사항 외에 재활용환경성평가의 절차·방법 및 승인 절차 등에 관하여 필요한 사항은 환경부령으로 정한다.
(2015.7.20 본조신설)

제13조의4【재활용환경성평가기관의 지정 등】 ① 환경부장관은 전문적·기술적인 재활용환경성평가를 위하여 다음 각 호의 어느 하나에 해당하는 기관 또는 단체 중에서 재활용환경성평가기관을 지정하고, 그 기관에 지정서를 발급하여야 한다.
1. 국공립 연구기관
2. 「한국환경공단법」에 따른 한국환경공단
3. 그 밖에 대통령령으로 정하는 기관 또는 단체

② 재활용환경성평가기관으로 지정받으려는 자는 환경부령으로 정하는 기술인력 및 시설·장비 등의 요건을 갖추어 환경부장관에게 신청하여야 한다. 환경부령으로 정하는 중요사항을 변경하려는 경우에도 또한 같다.
③ 재활용환경성평가기관은 재활용환경성평가를 의뢰받은 경우 다음 각 호의 사항을 포함하여 환경부령으로 정하는 기준과 방법에 따라 재활용환경성평가서를 작성하여야 한다.
1. 대상지역 현황

2. 폐기물 또는 폐기물을 첨가하여 만든 물질의 침출 시 토양·지하수·지표수 등에 미치는 영향 등 폐기물 재활용에 따른 환경성의 예측·평가
3. 환경위해성의 예방·제거 방안
4. 환경변화 모니터링 계획
5. 제13조의2에 따른 폐기물 재활용의 원칙 및 준수사항이 마련되지 아니한 폐기물의 재활용환경성평가를 위하여 환경부령으로 정하는 사항

④ 재활용환경성평가기관은 다른 자에게 자기의 명의나 상호를 사용하여 재활용환경성평가를 하게 하거나 재활용환경성평가기관 지정서를 빌려주어서는 아니 된다.
⑤ 환경부장관은 재활용환경성평가기관의 운영이 적절한지에 대하여 정기적으로 점검하여야 한다.
⑥ 환경부장관은 재활용환경성평가기관이 다음 각 호의 어느 하나에 해당하면 그 지정을 취소하거나 6개월 이내의 기간을 정하여 업무의 정지를 명할 수 있다. 다만, 제1호 및 제2호에 해당하는 경우에는 그 지정을 취소하여야 한다.
1. 거짓이나 그 밖의 부정한 방법으로 지정 또는 변경지정을 받은 경우
2. 업무정지기간 중 재활용환경성평가 업무를 실시한 경우
3. 제2항 전단에 따른 지정요건을 갖추지 못하게 된 경우
4. 제2항 후단을 위반하여 변경지정을 받지 아니하고 중요사항을 변경한 경우
5. 거짓이나 그 밖의 부정한 방법으로 제3항에 따른 재활용환경성평가서를 작성한 경우
6. 제4항을 위반하여 다른 자에게 자기의 명의나 상호를 사용하여 재활용환경성평가를 하게 하거나 재활용환경성평가기관 지정서를 빌려준 경우

⑦ 제1항부터 제6항까지에서 규정한 사항 외에 재활용환경성평가기관의 지정 기준·절차 및 정기점검 등에 관하여 필요한 사항은 환경부령으로 정한다.
⑧ 제1항에 따른 재활용환경성평가기관의 결격사유에 관하여는 제26조제1호부터 제4호까지 및 제6호를 준용한다. 이 경우 "폐기물처리업"은 "재활용환경성평가기관"으로, "허가"는 "지정"으로 본다.
(2015.7.20 본조신설)

제13조의5【재활용 제품 또는 물질에 관한 유해성기준】 ① 환경부장관은 폐기물을 재활용하여 만든 제품 또는 물질이 사람의 건강이나 환경에 위해를 줄 수 있다고 판단되는 경우에는 관계 중앙행정기관의 장과 협의하여 그 재활용 제품 또는 물질에 대한 유해성기준(이하 "유해성기준"이라 한다)을 정하여 고시하여야 한다.
② 누구든지 유해성기준에 적합하지 아니하게 폐기물을 재활용한 제품 또는 물질을 제조하거나 유통하여서는 아니 된다.
③ 환경부장관은 폐기물을 재활용한 제품 또는 물질이 유해성기준을 준수하는지를 확인하기 위하여 시험·분석을 하거나 그 제품 또는 물질의 제조 또는 유통 실태를 조사할 수 있다.
④ 제3항에 따른 시험·분석 및 실태 조사에 필요한 사항은 환경부령으로 정한다.
⑤ 환경부장관은 제3항에 따른 시험·분석 또는 실태 조사 결과 유해성기준을 위반한 제품 또는 물질을 제조 또는 유통한 자에 대하여 해당 제품 또는 물질의 회수, 파기 등 필요한 조치를 명할 수 있다.
⑥ 환경부장관은 제1항에 따라 유해성 기준이 고시된 제품 또는 물질 중에서 재활용하는 폐기물의 관리가 필요하다고 인정되는 제품 또는 물질에 대하여는 관할 지방자치단체의 장 및 해당 제품 또는 물질을 제조하는 자등과 협약을 체결하여 폐기물의 종류별 사용 용도 및 사용량, 폐기물 중의 중금속 함유량 등의 정보를 공개하게 할 수 있다.
(2010.7.23 본조신설)

제14조【생활폐기물의 처리 등】 ① 특별자치시장, 특별자치도지사, 시장·군수·구청장은 관할 구역에서 배출되는 생활폐기물을 처리하여야 한다. 다만, 환경부령으로 정하는 바에 따라 특별자치시장, 특별자치도지사, 시장·군수·구청장이 지정하는 지역은 제외한다.
(2013.7.16 본항개정)
② 특별자치시장, 특별자치도지사, 시장·군수·구청장은 해당 지방자치단체의 조례로 정하는 바에 따라 대통령령으로 정하는 자에게 제1항에 따른 처리를 대행하게 할 수 있다.(2013.7.16 본항개정)
③ 제1항 본문 및 제2항에도 불구하고 제46조제1항에 따라 폐기물처리 신고를 한 자(이하 "폐기물처리 신고자"라 한다)는 생활폐기물 중 폐지, 고철, 폐식용유(생활폐기물에 해당하는 폐식용유를 유출 우려가 없는 전용 탱크·용기로 수집·운반하는 경우만 해당한다) 등 환경부령으로 정하는 폐기물을 수집·운반 또는 재활용할 수 있다.(2013.7.16 본항개정)
④ 제3항에 따라 생활폐기물을 수집·운반하는 자는 수집한 생활폐기물 중 환경부령으로 정하는 폐기물을 다음 각 호의 자에게 운반할 수 있다.
1. 「자원의 절약과 재활용촉진에 관한 법률」 제16조제1항에 따른 제품·포장재의 제조업자 또는 수입업자 중 제조·수입하거나 판매한 제품·포장재로 인하여 발생한 폐기물을 직접 회수하여 재활용하는 자(재활용을 위탁받은 자 중 환경부령으로 정하는 자를 포함한다)
2. 제25조제5항제5호 또는 제7호에 해당하는 폐기물 재활용업의 허가를 받은 자
3. 폐기물처리 신고자
4. 그 밖에 환경부령으로 정하는 자
(2013.7.16 본항신설)

⑤ 특별자치시장, 특별자치도지사, 시장·군수·구청장은 제1항에 따라 생활폐기물을 처리할 때에는 배출되는 생활폐기물의 종류, 양 등에 따라 수수료를 징수할 수 있다. 이 경우 수수료는 해당 지방자치단체의 조례로 정하는 바에 따라 폐기물 종량제(從量制) 봉투 또는 폐기물임을 표시하는 표지 등(이하 "종량제 봉투등"으로 한다)을 판매하는 방법으로 징수하되, 음식물류 폐기물의 경우에는 배출량에 따라 산출한 금액을 부과하는 방법으로 징수할 수 있다.(2013.7.16 전단개정)
⑥ 특별자치시장, 특별자치도지사, 시장·군수·구청장이 제5항에 따라 음식물류 폐기물에 대하여 수수료를 부과·징수하려는 경우에는 제45조제2항에 따른 전자정보처리프로그램을 이용할 수 있다. 이 경우 수수료 산정에 필요한 내용을 환경부령으로 정하는 바에 따라 제45조제2항에 따른 전자정보처리프로그램에 입력하여야 한다.
(2013.7.16 본항신설)
⑦ 특별자치시장, 특별자치도지사, 시장·군수·구청장은 조례로 정하는 바에 따라 종량제 봉투등의 제작·유통·판매를 대행하게 할 수 있다.(2013.7.16 본항개정)
⑧ 특별자치시장, 특별자치도지사, 시장·군수·구청장은 제2항에 따라 생활폐기물 수집·운반을 대행하게 할 경우에는 다음 각 호의 사항을 준수하여야 한다.
(2013.7.16 본문개정)
1. 환경부령으로 정하는 기준에 따라 원가를 계산하여야 하며, 최초의 원가계산은 「지방자치단체를 당사자로 하는 계약에 관한 법률 시행규칙」 제9조에서 규정하는 원가계산용역기관에 원가계산을 의뢰하여야 한다.
2. 생활폐기물 수집·운반 대행자에 대한 대행실적 평가기준(주민만족도와 환경미화원의 근로조건을 포함한다)을 해당 지방자치단체의 조례로 정하고, 평가기준에 따라 매년 1회 이상 평가를 실시하여야 한다. 이 경우 대행실적 평가는 해당 지방자치단체가 민간전문가 등으로 평가단을 구성하여 실시하여야 한다.
(2014.1.21 후단개정)
3. 제2호에 따라 대행실적을 평가한 경우 그 결과를 해당 지방자치단체 인터넷 홈페이지에 평가일부터 6개월 이상 공개하여야 하며, 평가결과 해당 지방자치단체의 조례로 정하는 기준에 미달되는 경우에는 환경부령으로 정하는 바에 따라 영업정지, 대행계약 해지 등의 조치를 하여야 한다.
4. 생활폐기물 수집·운반 대행계약을 체결한 경우 그 계약내용을 계약일부터 6개월 이상 해당 지방자치단체 인터넷 홈페이지에 공개하여야 한다.
5. 제4호에 따른 대행계약이 만료된 경우에는 계약만료 후 6개월 이내에 대행비용 지출내역을 6개월 이상 해당 지방자치단체 인터넷 홈페이지에 공개하여야 한다.
6. 생활폐기물 수집·운반 대행자(법인의 대표자를 포함한다)가 생활폐기물 수집·운반 대행계약과 관련하여 다음 각 목에 해당하는 형을 선고받은 경우에는 지체 없이 대행계약을 해지하여야 한다.(2015.1.20 본문개정)
가. 「형법」 제133조에 해당하는 죄를 저질러 벌금 이상의 형을 선고받은 경우(2020.5.26 본목개정)
나. 「형법」 제347조, 제347조의2, 제356조 또는 제357조(제347조 및 제356조의 경우 「특정경제범죄 가중처벌 등에 관한 법률」 제3조에 따라 가중처벌되는 경우를 포함한다)에 해당하는 죄를 저질러 벌금 이상의 형을 선고받은 경우(벌금형의 경우에는 300만원 이상에 한정한다)(2020.5.26 본목개정)
7. 생활폐기물 수집·운반 대행계약 시 생활폐기물 수집·운반 대행계약과 관련하여 제6호 각 목에 해당하는 형을 선고받은 후 3년이 지나지 아니한 자는 계약대상에서 제외하여야 한다.(2015.1.20 본호개정)
(2010.7.23 본항신설)

⑨ 환경부장관은 생활폐기물의 처리와 관련하여 필요하다고 인정하는 경우에는 해당 특별자치시장, 특별자치도지사, 시장·군수·구청장에게 대하여 필요한 자료 제출을 요구하거나 시정조치를 요구할 수 있으며, 생활폐기물 처리에 관한 기준의 준수 여부 등을 점검·확인할 수 있다. 이 경우 환경부장관의 자료 제출 및 시정조치 요구를 받은 해당 특별자치시장, 특별자치도지사, 시장·군수·구청장은 특별한 사정이 없으면 이에 따라야 한다.
(2019.11.26 전단개정)
⑩ 환경부장관은 특별자치시장, 특별자치도지사, 시장·군수·구청장이 제9항에 따른 요구를 이행하지 아니하는 경우에는 재정적 지원의 중단 또는 삭감 등의 조치를 할 수 있다.(2019.11.26 본항신설)

제14조의2【생활폐기물 수집·운반 대행자에 대한 과징금 처분】 ① 특별자치시장, 특별자치도지사, 시장·군수·구청장은 제14조제8항제3호에 따라 생활폐기물 수집·운반 대행자에게 영업의 정지를 명하려는 경우에 그 영업의 정지로 인하여 생활폐기물이 처리되지 아니하고 쌓여 지역주민의 건강에 위해가 발생하거나 발생할 우려가 있으면 대통령령으로 정하는 바에 따라 그 영업의 정지를 갈음하여 1억원 이하의 과징금을 부과할 수 있다.
② 특별자치시장, 특별자치도지사, 시장·군수·구청장은 제1항에 따른 과징금을 내야 할 자가 납부기한까지 내지 아니하면 과징금 부과처분을 취소하고 제14조제8항제3호에 따른 영업정지 처분을 하거나 「지방세외수입금의 징수 등에 관한 법률」에 따라 과징금을 징수한다. 다만, 제37조에 따른 폐업 등으로 제14조제8항제3호에 따른 영업정지 처분을 할 수 없는 경우에는 「지방세외수입금의 징수 등에 관한 법률」에 따라 과징금을 징수한다.
(2019.11.26 본항개정)
③ 제1항 및 제2항에 따라 과징금으로 징수한 금액은 특별자치시·특별자치도·시·군·구의 수입으로 하되, 광역 폐기물처리시설의 확충 등 대통령령으로 정하는 용도로 사용하여야 한다.
(2013.7.16 본조신설)

제14조의3【음식물류 폐기물 발생 억제 계획의 수립 등】 ① 특별자치시장, 특별자치도지사, 시장·군수·구청장은 관할 구역의 음식물류 폐기물(농산물류·수산물류·축산물류 폐기물을 포함한다. 이하 같다)의 발생을 최대한 줄이고 발생한 음식물류 폐기물을 적정하게 처리하기 위하여 다음 각 호의 사항을 포함하는 음식물류 폐기물 발생 억제 계획을 수립·시행하고, 매년 그 추진성과를 평가하여야 한다.
1. 음식물류 폐기물의 발생 및 처리 현황
2. 음식물류 폐기물의 향후 발생 예상량 및 적정 처리 계획
3. 음식물류 폐기물의 발생 억제 목표 및 목표 달성 방안
4. 음식물류 폐기물 처리시설의 설치 현황 및 향후 설치 계획
5. 음식물류 폐기물의 발생 억제 및 적정 처리를 위한 기술적·재정적 지원 방안(재원의 확보계획을 포함한다)

② 제1항에 따른 계획의 수립주기, 평가방법 등 필요한 사항은 환경부령으로 정한다.
(2013.7.16 본조신설)

제14조의4【생활계 유해폐기물 처리계획의 수립 등】 ① 특별자치시장, 특별자치도지사, 시장·군수·구청장은 관할구역의 생활폐기물 중 질병 유발 및 신체 손상 등 인간의 건강과 주변환경에 피해를 유발할 수 있는 폐기물(이하 "생활계 유해폐기물"이라 한다)을 안전하고 적정하게 처리하기 위하여 다음 각 호의 사항을 포함하는 생활계 유해폐기물 처리계획을 수립·시행하고, 매년 그 추진성과를 평가하여야 한다.
1. 생활계 유해폐기물의 발생 및 처리 현황
2. 생활계 유해폐기물 수거시설의 설치 현황 및 향후 설치 계획
3. 생활계 유해폐기물의 적정 처리를 위한 기술적·재정적 지원 방안(재원의 확보계획을 포함한다)

② 생활계 유해폐기물의 종류, 제1항에 따른 처리계획 수립의 주기·절차 및 추진성과의 평가방법 등은 환경부령으로 정한다.
(2017.11.28 본조신설)

제14조의5【생활폐기물 수집·운반 관련 안전기준 등】 ① 환경부장관은 안전사고 예방을 위하여 수집·운반차량과 안전장비의 기준 및 작업안전수칙 등 생활폐기물을 수집·운반하는 자가 준수하여야 할 안전기준(이하 이 조에서 "안전기준"이라 한다)을 마련하고 매년 안전점검 및 실태조사를 실시하여야 한다.
② 생활폐기물을 수집·운반하는 자는 안전기준을 준수하여야 한다.
③ 안전기준, 적용 대상 등 필요한 사항은 환경부령으로 정한다.
(2019.4.16 본조신설)

제14조의6【생활폐기물 중 특정 품목의 대행】 ① 특별자치시장, 특별자치도지사, 시장·군수·구청장은 제14조제2항에 따라 생활폐기물의 처리를 대행하게 하는 경우 폐지, 고철, 폐합성수지 등 지방자치단체의 조례로 정하는 폐기물(이하 이 조에서 "특정 품목"이라 한다)의 수집·운반 또는 재활용을 별도로 대행하게 하는 계약(이하 "대행계약"이라 한다)을 체결할 수 있다.
② 특별자치시장, 특별자치도지사, 시장·군수·구청장은 대행계약을 체결한 대행자가 다음 각 호의 어느 하나에 해당하는 경우에는 대행계약을 해지할 수 있다.
1. 대행계약이 체결된 특정 품목 중 일부 품목의 수집·운반 또는 재활용을 회피하거나 거부한 경우
2. 분리배출된 품목을 혼합하여 수집·운반하거나 보관한 경우
3. 처리 능력의 초과 등 정당한 사유 없이 대행계약을 이행하지 아니한 경우
4. 그 밖에 환경부령으로 정하는 경우

③ 특별자치시장, 특별자치도지사, 시장·군수·구청장은 대행계약을 체결한 경우 재활용 시장의 변동 등으로 계약금액을 조정할 필요가 있을 때에는 환경부령으로 정하는 바에 따라 계약금액을 조정할 수 있다.
④ 특별자치시장, 특별자치도지사, 시장·군수·구청장은 대행계약으로부터 얻은 수익금을 환경부령으로 정하는 바에 따라 특정 품목의 배출자에게 지원하여야 한다.
⑤ 특별자치시장, 특별자치도지사, 시장·군수·구청장은 대행계약을 체결(대행계약의 변경을 포함한다)하거나 제3항에 따라 계약금액을 조정한 경우 환경부령으로 정하는 바에 따라 그 내용을 해당 지방자치단체 인터넷 홈페이지에 공개하여야 한다.
(2022.12.27 본조신설)

제14조의7【벌금형의 분리 선고】「형법」 제38조에도 불구하고 제14조제8항제6호나목에 규정된 죄와 다른 죄의 경합범(競合犯)에 대하여 벌금형을 선고하는 경우에는 이를 분리 선고하여야 한다.(2022.12.27 본조신설)

제15조【생활폐기물배출자의 처리 협조 등】 ① 생활폐기물이 배출되는 토지나 건물의 소유자·점유자 또는 관리자(이하 "생활폐기물배출자"라 한다)는 관할 특별자치시, 특별자치도, 시·군·구의 조례로 정하는 바에 따라 생활환경 보전상 지장이 없는 방법으로 그 폐기물을 스스로 처리하거나 양을 줄여서 배출하여야 한다.

② 생활폐기물배출자는 제1항에 따라 스스로 처리할 수 없는 생활폐기물의 분리·보관에 필요한 보관시설을 설치하고, 그 생활폐기물을 종류별, 성질·상태별로 분리하여 보관하여야 하며, 특별자치시, 특별자치도, 시·군·구에서는 분리·보관에 관한 구체적인 사항을 조례로 정하여야 한다.(2019.11.26 본항개정)

③ 생활폐기물배출자는 제1항에 따라 생활폐기물을 스스로 처리하는 경우 매년 2월 말까지 환경부령으로 정하는 바에 따라 폐기물의 위탁 처리실적과 처리방법, 계약에 관한 사항 등을 특별자치시장, 특별자치도지사, 시장·군수·구청장에게 신고하여야 한다.(2019.11.26 본항신설)

④ 특별자치시장, 특별자치도지사, 시장·군수·구청장은 제3항에 따라 생활폐기물을 스스로 처리한 자의 처리실적을 관할구역 내 생활폐기물 발생 및 처리실적에 포함하는 등 관리하여야 한다.(2019.11.26 본항신설)

⑤ 특별자치시장, 특별자치도지사, 시장·군수·구청장은 제1항에 따라 음식물류 폐기물의 양을 줄여서 배출하기 위한 시설을 설치하거나 제2항에 따라 생활폐기물의 분리·보관에 필요한 보관시설을 설치하려는 생활폐기물배출자에게 시설의 설치에 필요한 비용의 전부 또는 일부를 지원할 수 있으며, 지원 시설의 종류 및 설치·관리 기준, 지원의 범위 등에 관한 구체적인 사항은 조례로 정할 수 있다.(2019.11.26 본항개정)

(2013.7.16 본조개정)

제15조의2【음식물류 폐기물 배출자의 의무 등】 ① 음식물류 폐기물을 다량으로 배출하는 자로서 대통령령으로 정하는 자는 음식물류 폐기물의 발생 억제 및 적정 처리를 위하여 관할 특별자치시, 특별자치도, 시·군·구의 조례로 정하는 사항을 준수하여야 한다.

② 제1항에 따른 음식물류 폐기물 배출자는 음식물류 폐기물의 발생 억제 및 처리 계획을 환경부령으로 정하는 바에 따라 특별자치시장, 특별자치도지사, 시장·군수·구청장에게 신고하여야 한다. 신고한 사항 중 환경부령으로 정하는 사항을 변경할 때에도 또한 같다.

③ 제1항에 따른 음식물류 폐기물 배출자는 제14조제1항 또는 제18조제1항에도 불구하고 발생하는 음식물류 폐기물을 스스로 수집·운반 또는 재활용하거나 다음 각 호의 어느 하나에 해당하는 자에게 환경부령으로 정하는 위탁·수탁의 기준 및 절차에 따라 위탁하여 수집·운반 또는 재활용하여야 한다.(2019.11.26 본문개정)

1. 제4조나 제5조에 따른 폐기물처리시설을 설치·운영하는 자
2. 제25조제5항제1호에 따른 폐기물 수집·운반업의 허가를 받은 자
3. 제25조제5항제5호부터 제7호까지의 규정 중 어느 하나에 해당하는 폐기물 재활용업의 허가를 받은 자
4. 폐기물처리 신고자(음식물류 폐기물을 재활용하기 위하여 신고한 자로 한정한다)

④ 제1항에 따른 음식물류 폐기물 배출자는 각각의 사업장에서 발생하는 음식물류 폐기물을 환경부령으로 정하는 바에 따라 공동으로 수집·운반 또는 재활용할 수 있고, 폐기물처리시설을 공동으로 설치·운영할 수 있다. 이 경우 공동 운영기구를 설치하고 그 대표자 1명을 선정하여야 한다.

⑤ 제1항에 따른 음식물류 폐기물 배출자 중 업종·규모와 폐기물 배출량 등을 고려하여 환경부령으로 정하는 자가 제3항에 따라 음식물류 폐기물의 처리를 위탁한 경우 해당 폐기물의 처리과정이 제13조에 따른 폐기물의 처리 기준과 방법 또는 제13조의2에 따른 폐기물의 재활용 원칙 및 준수사항에 맞게 이루어지고 있는지를 환경부령으로 정하는 바에 따라 확인하는 등 필요한 조치를 취하여야 한다. 다만, 제4조나 제5조에 따라 폐기물처리시설을 설치·운영하는 자에게 위탁하는 경우에는 그러하지 아니하다.(2023.8.16 본문개정)

(2013.7.16 본조신설)

제16조【협약의 체결】 ① 시·도지사나 시장·군수·구청장은 폐기물의 발생 억제 및 처리를 위하여 관할 구역에서 폐기물을 배출하는 자 또는 이들로 구성된 단체와 협약을 체결할 수 있다.

② 제1항에 따른 협약의 목표, 이행 방법 및 절차 등에 필요한 사항은 해당 지방자치단체의 조례로 정한다.

③ 시·도지사 또는 시장·군수·구청장은 제1항에 따라 해당 지방자치단체와 협약을 체결한 자에게 그 협약의 이행에 필요한 지원을 할 수 있다.

제17조【사업장폐기물배출자의 의무 등】 ① 사업장폐기물을 배출하는 사업자(이하 "사업장폐기물배출자"라 한다)는 다음 각 호의 사항을 지켜야 한다.(2015.1.20 본문개정)

1. 사업장에서 발생하는 폐기물 중 환경부령으로 정하는 유해물질의 함유량에 따라 지정폐기물로 분류될 수 있는 폐기물에 대해서는 환경부령으로 정하는 바에 따라 제17조의2제1항에 따른 폐기물분석전문기관에 의뢰하여 지정폐기물에 해당되는지를 미리 확인하여야 한다.(2015.1.20 본호개정)

1의2. 사업장에서 발생하는 모든 폐기물을 제13조에 따른 폐기물의 처리 기준과 방법 및 제13조의2에 따른 폐기물의 재활용 원칙 및 준수사항에 적합하게 처리하여야 한다.(2015.7.20 본호개정)

2. 생산 공정(工程)에서는 폐기물감량화시설의 설치, 기술개발 및 재활용 등의 방법으로 사업장폐기물의 발생을 최대한으로 억제하여야 한다.
3. 제18조제1항에 따라 폐기물의 처리를 위탁하는 경우에는 환경부령으로 정하는 위탁·수탁의 기준 및 절차를 따라야 하며, 사업장폐기물배출자 중 업종·규모와 폐기물 배출량 등을 고려하여 환경부령으로 정하는 자는 해당 폐기물의 처리과정이 제13조에 따른 폐기물의 처리 기준과 방법 또는 제13조의2에 따른 폐기물의 재활용 원칙 및 준수사항에 맞게 이루어지고 있는지를 환경부령으로 정하는 바에 따라 확인하는 등 필요한 조치를 취하여야 한다. 다만, 제4조나 제5조에 따라 폐기물처리시설을 설치·운영하는 자에게 위탁하는 경우에는 그러하지 아니하다.(2023.8.16 본문개정)

② 환경부령으로 정하는 사업장폐기물배출자는 사업장폐기물의 종류와 발생량 등을 환경부령으로 정하는 바에 따라 특별자치시장, 특별자치도지사, 시장·군수·구청장에게 신고하여야 한다. 신고한 사항 중 환경부령으로 정하는 사항을 변경할 때에도 또한 같다.(2013.7.16 전단개정)

③ 특별자치시장, 특별자치도지사, 시장·군수·구청장은 제2항에 따른 신고 또는 변경신고를 받은 날부터 20일 이내에 신고수리 여부를 신고인에게 통지하여야 한다.(2017.4.18 본항신설)

④ 특별자치시장, 특별자치도지사, 시장·군수·구청장이 제3항에서 정한 기간 내에 신고수리 여부나 민원 처리 관련 법령에 따른 처리기간의 연장을 신고인에게 통지하지 아니하면 그 기간이 끝난 날의 다음 날에 신고를 수리한 것으로 본다.(2017.4.18 본항신설)

⑤ 환경부령으로 정하는 지정폐기물을 배출하는 사업자는 그 지정폐기물을 제18조제1항에 따라 처리하기 전에 다음 각 호의 서류를 환경부장관에게 제출하여 확인을 받아야 한다. 다만, 「자동차관리법」 제2조제8호에 따른 자동차정비업을 하는 자 등 환경부령으로 정하는 자가 지정폐기물을 공동으로 수집·운반하는 경우에는 그 대표자가 환경부장관에게 제출하여 확인을 받아야 한다.

1. 다음 각 목의 사항을 적은 폐기물처리계획서
   가. 상호, 사업장 소재지 및 업종
   나. 폐기물의 종류, 배출량 및 배출주기
   다. 폐기물의 운반 및 처리 계획
   라. 폐기물의 공동 처리에 관한 계획(공동 처리하는 경우만 해당한다)
   마. 그 밖에 환경부령으로 정하는 사항
   (2015.1.20 본호개정)
2. 제17조의2제1항에 따른 폐기물분석전문기관이 작성한 폐기물분석결과서(2015.1.20 본호개정)
3. 지정폐기물의 처리를 위탁하는 경우에는 수탁처리자의 수탁확인서

(2007.8.3 본항신설)

⑥ 제5항에 따른 확인을 받은 자는 다음 각 호의 어느 하나에 해당하는 경우에는 그와 관련된 서류를 환경부장관에게 제출하여 변경확인을 받아야 한다.(2017.4.18 본문개정)

1. 상호를 변경하려는 경우
2. 사업장 소재지를 변경하려는 경우
3. 지정폐기물의 월평균 배출량(확인 또는 변경확인을 받은 후 1년간의 배출량을 기준으로 산정한다)이 100분의 10 이상으로서 환경부령으로 정하는 비율 이상 증가하는 경우
4. 새로 배출되거나 추가로 배출되는 지정폐기물의 양(추가로 배출되는 경우는 종전에 배출되던 양을 더하여 산정한다)이 제3항에 따른 지정폐기물 처리계획 확인을 받아야 하는 경우에 해당하는 경우
5. 지정폐기물의 종류별 처리방법이나 처리자를 변경하려는 경우
6. 공동 처리하는 사업장의 수 또는 공동 처리하는 폐기물의 종류를 변경하려는 경우(공동 처리하는 경우만 해당한다)

(2015.1.20 1호~6호신설)

⑦ (2023.8.16 삭제)

⑧ 사업장폐기물배출자가 그 사업을 양도하거나 사망한 경우 또는 법인이 합병·분할한 경우에는 그 양수인·상속인 또는 합병·분할 후 존속하는 법인이나 합병·분할에 의하여 설립되는 법인은 그 사업장폐기물과 관련한 권리와 의무를 승계한다.(2019.11.26 본항개정)

⑨ 「민사집행법」에 따른 경매, 「채무자 회생 및 파산에 관한 법률」에 따른 환가(換價)나 「국세징수법」·「관세법」 또는 「지방세징수법」에 따른 압류재산의 매각, 그 밖에 이에 준하는 절차에 따라 사업장폐기물배출자의 사업장 전부 또는 일부를 인수한 자는 그 사업장폐기물과 관련한 권리와 의무를 승계한다.(2016.12.27 본항개정)

⑩ 종전 사업장폐기물배출자의 이 법에 따른 의무 위반으로 인한 법적 책임은 제8항 또는 제9항에 따른 권리·의무 승계에도 불구하고 소멸하지 아니한다.(2019.11.26 본항신설)

제17조의2【폐기물분석전문기관의 지정】 ① 환경부장관은 폐기물에 관한 시험·분석 업무를 전문적으로 수행하기 위하여 다음 각 호의 기관을 폐기물 시험·분석 전문기관(이하 "폐기물분석전문기관"이라 한다)으로 지정할 수 있다.

1. 「한국환경공단법」에 따른 한국환경공단(이하 "한국환경공단"이라 한다)
2. 「수도권매립지관리공사의 설립 및 운영 등에 관한 법률」에 따른 수도권매립지관리공사
3. 「보건환경연구원법」에 따른 보건환경연구원
4. 그 밖에 환경부장관이 폐기물의 시험·분석 능력이 있다고 인정하는 기관

② 제1항제4호에 따른 기관이 폐기물분석전문기관으로 지정을 받으려는 경우에는 대통령령으로 정하는 시설, 장비 및 기술능력을 갖추어 환경부장관에게 지정을 신청하여야 한다.

③ 제1항제4호에 따라 폐기물분석전문기관으로 지정받은 기관은 지정받은 사항 중 환경부령으로 정하는 중요한 사항을 변경하려는 경우에는 환경부장관으로부터 변경지정을 받아야 한다.

④ 환경부장관은 제1항 각 호의 기관을 폐기물분석전문기관으로 지정하거나 변경지정하였을 때에는 해당 기관에 지정서를 발급하고, 그 내용을 관보나 인터넷 홈페이지 등에 게시하는 방법으로 공고하여야 한다.

⑤ 제1항제4호에 따른 폐기물분석전문기관의 결격사유에 관하여는 제26조를 준용한다. 이 경우 "폐기물처리업"은 "폐기물분석전문기관"으로, "허가"는 "지정"으로, "제27조(제1항제2호 및 제2항제20호는 제외한다)"는 "제17조의5(제1항제2호 및 제2항제6호는 제외한다)"로 본다.

(2015.1.20 본조신설)

제17조의3【폐기물분석전문기관의 준수사항】 ① 폐기물분석전문기관은 다른 자에게 자기의 성명이나 상호를 사용하여 폐기물의 시험·분석 업무를 하게 하거나 그 지정서를 다른 자에게 빌려 주어서는 아니 된다.

② 폐기물분석전문기관은 「환경분야 시험·검사 등에 관한 법률」 제6조에 따른 폐기물 분야에 대한 환경오염공정시험기준을 준수하여야 한다.

③ 폐기물분석전문기관은 제1항 및 제2항의 준수사항 외에 시험·분석 결과의 기록·보존 등 환경부령으로 정하는 준수사항을 지켜야 한다.

(2015.1.20 본조신설)

제17조의4【폐기물분석전문기관에 대한 평가】 ① 환경부장관은 폐기물분석전문기관의 폐기물 시험·분석 능력을 평가할 수 있다.

② 제1항에 따른 평가의 항목, 기준 및 방법 등은 환경부령으로 정한다.

(2015.1.20 본조신설)

제17조의5【폐기물분석전문기관 지정의 취소 등】 ① 환경부장관은 폐기물분석전문기관이 다음 각 호의 어느 하나에 해당하면 그 지정을 취소하여야 한다.

1. 거짓이나 그 밖의 부정한 방법으로 지정을 받은 경우
2. 제17조의2제5항에 따라 준용되는 제26조 각 호의 결격사유 중 어느 하나에 해당되는 경우. 다만, 법인의 임원 중에 제26조제6호에 해당되는 자가 있는 경우 결격사유가 발생한 날부터 2개월 이내에 그 임원을 바꾸어 임명하면 그러하지 아니하다.
3. 업무정지기간 중 시험·분석 업무를 한 경우

② 환경부장관은 폐기물분석전문기관이 다음 각 호의 어느 하나에 해당하면 그 지정을 취소하거나 6개월 이내의 기간을 정하여 업무의 전부 또는 일부의 정지를 명령할 수 있다.

1. 제17조의2제2항에 따른 시설, 장비 및 기술능력 기준에 미달된 경우
2. 제17조의2제3항에 따른 변경지정을 받지 아니하고 지정사항을 변경한 경우
3. 제17조의3에 따른 준수사항을 위반한 경우
4. 제17조의4에 따른 평가 결과가 환경부령으로 정하는 기준에 미달된 경우
5. 고의나 중대한 과실로 사실과 다른 내용의 폐기물분석결과서를 발급한 경우
6. 지정을 받은 후 1년 이내에 업무를 시작하지 아니하거나 정당한 사유 없이 계속하여 1년 이상 휴업한 경우

③ 환경부장관은 제1항 및 제2항에 따라 지정을 취소하거나 업무정지를 명령한 경우에는 그 내용을 관보나 인터넷 홈페이지 등에 게시하는 방법으로 공고하여야 한다.

(2015.1.20 본조신설)

제18조【사업장폐기물의 처리】 ① 사업장폐기물배출자는 그의 사업장에서 발생하는 폐기물을 스스로 처리하거나 제25조제3항에 따른 폐기물처리업의 허가를 받은 자, 폐기물처리 신고자, 제4조나 제5조에 따른 폐기물처리시설을 설치·운영하는 자, 「건설폐기물의 재활용촉진에 관한 법률」 제21조에 따라 건설폐기물 처리업의 허가를 받은 자 또는 「해양폐기물 및 해양오염퇴적물 관리법」 제19조제1항제1호에 따라 폐기물 해양 배출업의 등록을 한 자에게 위탁하여 처리하여야 한다.(2019.12.3 본항개정)

② (2015.7.20 삭제)
③ 환경부령으로 정하는 사업장폐기물을 배출, 수집·운반, 재활용 또는 처분하는 자는 그 폐기물을 배출, 수집·운반, 재활용 또는 처분할 때마다 폐기물의 인계·인수에 관한 사항과 계량값, 위치정보, 영상정보 등 환경부령으로 정하는 폐기물 처리 현장정보(이하 "폐기물처리현장정보"라 한다)를 환경부령으로 정하는 바에 따라 제45조제2항에 따른 전자정보처리프로그램에 입력하여야 한다. 다만, 의료폐기물은 환경부령으로 정하는 바에 따라 무선주파수인식방법을 이용하여 그 내용을 제45조제2항에 따른 전자정보처리프로그램에 입력하여야 한다.
(2019.11.26 본문개정)
④ 환경부장관은 제3항에 따라 입력된 폐기물 인계·인수 내용을 해당 폐기물을 배출하는 자, 수집·운반하는 자, 재활용하는 자 또는 처분하는 자가 확인·출력할 수 있도록 하여야 하며, 그 폐기물을 배출하는 자, 수집·운반하는 자, 재활용하는 자 또는 처분하는 자를 관할하는 시장·군수·구청장 또는 시·도지사가 그 폐기물의 배출, 수집·운반, 재활용 및 처분 과정을 검색·확인할 수 있도록 하여야 한다.(2010.7.23 본항개정)
⑤ 환경부령으로 정하는 둘 이상의 사업장폐기물배출자는 각각의 사업장에서 발생하는 폐기물을 환경부령으로 정하는 바에 따라 공동으로 수집, 운반, 재활용 또는 처분할 수 있다. 이 경우 사업장폐기물배출자는 공동 운영기구를 설치하고 그 중 1명을 공동 운영기구의 대표자로 선정하여야 하며, 폐기물처리시설을 공동으로 설치·운영할 수 있다.(2010.7.23 전단개정)
⑥ (2007.8.3 삭제)

제18조의2【유해성 정보자료의 작성·제공 의무】 ① 사업장폐기물배출자는 환경부령으로 정하는 사업장폐기물을 배출하는 경우에는 환경부령으로 정하는 바에 따라 스스로 또는 환경부령으로 정하는 전문기관에 의뢰하여 다음 각 호의 사항을 포함한 유해성 정보자료(이하 "유해성 정보자료"라 한다)를 작성하여야 한다.
1. 사업장폐기물의 종류
2. 사업장폐기물의 물리·화학적 성질 및 취급 시 주의사항
3. 사업장폐기물로 인하여 화재 등의 사고 발생 시 방제 등 조치방법
4. 그 밖에 환경부령으로 정하는 사항
② 사업장폐기물배출자는 제1항에 따라 유해성 정보자료를 작성한 후 생산공정이나 사용 원료의 변경 등 환경부령으로 정하는 중요사항이 변경된 경우에는 환경부령으로 정하는 바에 따라 그 변경내용을 반영하여 스스로 또는 환경부령으로 정하는 기관에 의뢰하여 유해성 정보자료를 다시 작성하여야 한다.
③ 사업장폐기물배출자는 해당 사업장폐기물을 제18조제1항에 따라 위탁하여 처리하는 경우에는 수탁자에게 제1항 및 제2항에 따라 작성한 유해성 정보자료를 제공하여야 한다.
④ 사업장폐기물배출자와 수탁자는 제1항, 제2항 및 제3항에 따라 작성하거나 제공받은 유해성 정보자료를 사업장폐기물의 수집·운반차량, 보관장소 및 처리시설에 각각 게시하거나 비치하여야 한다.
(2017.4.18 본조신설)

제3장 (2007.8.3 본장제목삭제)

제19조【사업장폐기물처리자의 의무】 ① 제18조제3항에 따른 사업장폐기물을 운반하는 자는 그 폐기물을 운반하는 중에 제45조제2항에 따른 전자정보처리프로그램에 입력된 폐기물 인계·인수 내용을 확인할 수 있도록 인계번호를 숙지하여야 하며, 관계 행정기관이나 그 소속 공무원이 요구하는 때에는 이를 알려주어야 한다.
(2010.7.23 본항개정)
② 폐기물을 수탁하여 처리하는 자는 영업정지·휴업·폐업 또는 폐기물처리시설의 사용정지 등의 사유로 환경부령으로 정하는 사업장폐기물을 처리할 수 없는 경우에는 환경부령으로 정하는 바에 따라 지체 없이 그 사실을 사업장폐기물의 처리를 위탁한 배출자에게 통보하여야 한다.
(2007.8.3 본조개정)
제20조~제23조 (2007.8.3 삭제)
제24조 (2015.7.20 삭제)
제24조의2~제24조의3 (2017.4.18 삭제)

제4장 폐기물처리업 등

제25조【폐기물처리업】 ① 폐기물의 수집·운반, 재활용 또는 처분을 업(이하 "폐기물처리업"이라 한다)으로 하려는 자(음식물류 폐기물을 제외한 생활폐기물을 재활용하려는 자와 폐기물처리 신고자는 제외한다)는 환경부령으로 정하는 바에 따라 지정폐기물을 대상으로 하는 경우에는 폐기물 처리 사업계획서를 환경부장관에게 제출하고, 그 밖의 폐기물을 대상으로 하는 경우에는 시·도지사에게 제출하여야 한다. 환경부령으로 정하는 중요 사항을 변경하려는 때에도 또한 같다.(2010.7.23 본항개정)
② 환경부장관이나 시·도지사는 제1항에 따라 제출된 폐기물 처리사업계획서를 다음 각 호의 사항에 관하여 검토한 후 그 적합 여부를 폐기물처리사업계획서를 제출한 자에게 통보하여야 한다.
1. 폐기물처리업 허가를 받으려는 자(법인의 경우에는 임원을 포함한다)가 제26조에 따른 결격사유에 해당하는지 여부
2. 폐기물처리시설의 입지 등이 다른 법률에 저촉되는지 여부
3. 폐기물처리사업계획서상의 시설·장비와 기술능력이 제3항에 따른 허가기준에 맞는지 여부
4. 폐기물처리시설의 설치·운영으로 「수도법」 제7조에 따른 상수원보호구역의 수질이 악화되거나 「환경정책기본법」 제12조에 따른 환경기준의 유지가 곤란하게 되는 등 사람의 건강이나 주변 환경에 영향을 미치는지 여부(2015.1.20 본호개정)
(2007.8.3 본항개정)
③ 제2항에 따라 적합통보를 받은 자는 그 통보를 받은 날부터 2년(제5항제1호에 따른 폐기물 수집·운반업의 경우에는 6개월, 폐기물처리업 중 소각시설과 매립시설의 설치가 필요한 경우에는 3년) 이내에 환경부령으로 정하는 기준에 따른 시설·장비 및 기술능력을 갖추어 업종, 영업대상 폐기물 및 처리분야별로 지정폐기물을 대상으로 하는 경우에는 환경부장관의, 그 밖의 폐기물을 대상으로 하는 경우에는 시·도지사의 허가를 받아야 한다. 이 경우 환경부장관 또는 시·도지사는 제2항에 따라 적합통보를 받은 자가 그 적합통보를 받은 사업계획에 따라 시설·장비 및 기술인력 등의 요건을 갖추어 허가신청을 한 때에는 지체 없이 허가하여야 한다.(2010.7.23 본항개정)
④ 환경부장관 또는 시·도지사는 천재지변이나 그 밖의 부득이한 사유로 제3항의 기간 내에 허가신청을 하지 못한 자에 대하여는 신청에 따라 총 연장기간 1년(제5항제1호에 따른 폐기물 수집·운반업의 경우에는 총 연장기간 6개월, 같은 항 제3호에 따른 폐기물 최종처분업과 같은 항 제4호에 따른 폐기물 종합처분업의 경우에는 총 연장기간 2년)의 범위에서 허가신청기간을 연장할 수 있다.(2010.7.23 본항개정)
⑤ 폐기물처리업의 업종 구분과 영업 내용은 다음과 같다.
1. 폐기물 수집·운반업 : 폐기물을 수집하여 재활용 또는 처분 장소로 운반하거나 폐기물을 수출하기 위하여 수집·운반하는 영업
2. 폐기물 중간처분업 : 폐기물 중간처분시설을 갖추고 폐기물을 소각 처분, 기계적 처분, 화학적 처분, 생물학적 처분, 그 밖에 환경부장관이 폐기물을 안전하게 중간처분할 수 있다고 인정하여 고시하는 방법으로 중간처분하는 영업
3. 폐기물 최종처분업 : 폐기물 최종처분시설을 갖추고 폐기물을 매립 등(해역 배출은 제외한다)의 방법으로 최종처분하는 영업
4. 폐기물 종합처분업 : 폐기물 중간처분시설 및 최종처분시설을 갖추고 폐기물의 중간처분과 최종처분을 함께 하는 영업
5. 폐기물 중간재활용업 : 폐기물 재활용시설을 갖추고 중간가공 폐기물을 만드는 영업
6. 폐기물 최종재활용업 : 폐기물 재활용시설을 갖추고 중간가공 폐기물을 제13조의2에 따른 폐기물의 재활용 원칙 및 준수사항에 따라 재활용하는 영업(2015.7.20 본호개정)
7. 폐기물 종합재활용업 : 폐기물 재활용시설을 갖추고 중간재활용업과 최종재활용업을 함께 하는 영업
(2010.7.23 본항개정)
⑥ 제5항제2호부터 제7호까지의 규정에 해당하는 폐기물처리업 허가를 받은 자는 같은 항 제1호에 따른 폐기물 수집·운반업의 허가를 받지 아니하고 그 처리 대상 폐기물을 스스로 수집·운반할 수 있다.(2010.7.23 본항개정)
⑦ 환경부장관 또는 시·도지사는 제3항에 따른 허가 또는 제11항에 따른 변경허가를 할 때에는 주민생활의 편익, 주변 환경보호 및 폐기물처리업의 효율적 관리 등을 위하여 필요한 조건을 붙일 수 있다. 다만, 영업 구역을 제한하는 조건은 생활폐기물의 수집·운반업에 대하여 붙일 수 있으며, 이 경우 시·도지사는 시·군·구 단위 미만으로 제한하여서는 아니 된다.(2022.12.27 본문개정)
⑧ 제3항에 따른 폐기물처리업의 허가를 받은 자(이하 "폐기물처리업자"라 한다)는 다른 사람에게 자기의 성명이나 상호를 사용하여 폐기물을 처리하게 하거나 그 허가증을 다른 사람에게 빌려주어서는 아니 된다.
(2010.7.23 본항개정)
⑨ 폐기물처리업자는 다음 각 호의 준수사항을 지켜야 한다.
1. 환경부령으로 정하는 바에 따라 폐기물을 허가받은 사업장 내 보관시설이나 승인받은 임시보관시설 등 적정한 장소에 보관할 것
2. 환경부령으로 정하는 양 또는 기간을 초과하여 폐기물을 보관하지 말 것
3. 자신의 처리시설에서 처리가 어렵거나 처리능력을 초과하는 경우에는 폐기물의 처리를 위탁받지 말 것
4. 보관·매립 중인 폐기물에 대하여 영상정보처리기기의 설치·관리 및 영상정보의 수집·보관 등 환경부령으로 정하는 화재예방조치를 할 것(폐기물 수집·운반업을 하는 자는 제외한다)(2021.1.5 본호신설)
5. 제39조의2, 제39조의3, 제40조제2항·제3항, 제47조의2 또는 제48조에 따른 처리명령, 반입정지명령 또는 조치명령 등 처분이 내려진 장소로 폐기물을 운반하지 아니할 것(2019.11.26 본호신설)
6. 그 밖에 폐기물 처리 계약 시 계약서 작성·보관 등 환경부령으로 정하는 준수사항을 지킬 것
(2015.1.20 본항개정)
⑩ 의료폐기물의 수집·운반 또는 처분을 업(業)으로 하려는 자는 다른 폐기물과 분리하여 별도로 수집·운반 또는 처분하는 시설·장비 및 사업장을 설치·운영하여야 한다.(2010.7.23 본항개정)
⑪ 제3항에 따라 허가를 받은 자가 환경부령으로 정하는 중요사항을 변경하려면 변경허가를 받아야 하고, 그 밖의 사항 중 환경부령으로 정하는 사항을 변경하려면 변경신고를 하여야 한다.(2015.7.20 본항개정)
⑫ 환경부장관 또는 시·도지사는 제11항에 따른 변경신고를 받은 날부터 20일 이내에 변경신고수리 여부를 신고인에게 통지하여야 한다.(2017.4.18 본항신설)
⑬ 환경부장관 또는 시·도지사가 제12항에서 정한 기간 내에 변경신고수리 여부나 민원 처리 관련 법령에 따른 처리 기간의 연장을 신고인에게 통지하지 아니하면 그 기간이 끝난 날의 다음 날에 변경신고를 수리한 것으로 본다.(2017.4.18 본항신설)
⑭ 지정폐기물과 지정폐기물 외의 폐기물을 동일한 폐기물처리시설에서 처리하려는 자가 지정폐기물과 관련하여 다음 각 호의 어느 하나에 해당하면 지정폐기물 외의 폐기물과 관련하여 각각 그에 해당하는 시·도지사의 적합 통보·허가 또는 변경허가를 받거나 시·도지사에게 변경 신고를 한 것으로 본다.
1. 제2항에 따라 환경부장관으로부터 폐기물 처리 사업계획서의 적합 통보를 받은 경우
2. 제3항에 따라 환경부장관으로부터 폐기물처리업의 허가를 받은 경우
3. 제11항에 따라 환경부장관으로부터 폐기물처리업의 변경허가를 받거나 환경부장관에게 변경신고를 한 경우(2007.8.3 본호개정)
⑮ 지정폐기물 외의 폐기물과 관련하여 제14항에 따른 시·도지사의 적합 통보·허가·변경허가·변경신고의 의제(擬制)를 받으려는 자는 환경부장관에게 폐기물 처리 사업계획서의 제출, 폐기물처리업의 허가신청, 변경허가 신청 또는 변경신고를 할 때에 환경부령으로 정하는 관련 서류를 함께 제출하여야 한다.(2017.4.18 본항개정)
⑯ 환경부장관은 제15항에 따라 관련 서류를 제출받으면 관할 시·도지사의 의견을 들어야 하며, 적합 통보·허가·변경허가를 하거나 변경신고를 받으면 관할 시·도지사에게 그 내용을 알려야 한다.(2017.4.18 본항개정)
⑰ 폐기물처리업을 하려는 자 중 다음 각 호의 어느 하나에 해당하는 자는 제1항 및 제2항에 따른 절차를 거치지 아니하고 제3항에 따른 허가를 신청할 수 있다.
1. 「산업입지 및 개발에 관한 법률」 제2조제8호에 따른 산업단지에서 폐기물처리업을 하려는 자
(2013.7.16 본호개정)
2. 「자원의 절약과 재활용촉진에 관한 법률」 제34조에 따른 재활용단지에서 폐기물처리업을 하려는 자
3. 제5항제5호부터 제7호까지의 규정에 따른 폐기물 재활용업을 하려는 자
(2010.7.23 본항신설)

제25조의2【전용용기 제조업】 ① 전용용기 제조를 업(이하 "전용용기 제조업"이라 한다)으로 하려는 자는 환경부령으로 정하는 기준에 따른 시설·장비 등의 요건을 갖추어 환경부장관에게 등록하여야 하며, 등록한 사항 중 환경부령으로 정하는 중요한 사항을 변경하려는 경우에는 변경등록을 하여야 하고, 그 밖의 사항 중 환경부령으로 정하는 사항을 변경하려면 변경신고를 하여야 한다.
② 환경부장관은 제1항에 따른 변경신고를 받은 날부터 20일 이내에 변경신고수리 여부를 신고인에게 통지하여야 한다.(2017.4.18 본항신설)
③ 환경부장관이 제2항에서 정한 기간 내에 변경신고수리 여부나 민원 처리 관련 법령에 따른 처리기간의 연장을 신고인에게 통지하지 아니하면 그 기간이 끝난 날의 다음 날에 변경신고를 수리한 것으로 본다.
(2017.4.18 본항신설)
④ 제1항에 따른 등록·변경등록 또는 변경신고의 절차 등에 관하여 필요한 사항은 환경부령으로 정한다.
⑤ 제1항에 따라 등록을 한 자(이하 "전용용기 제조업자"라 한다)가 제조할 수 있는 전용용기의 구조·규격·품질 및 표시에 관한 기준 등에 관하여 필요한 사항은 환경부령으로 정한다.
⑥ 전용용기 제조업자는 제조한 전용용기의 구조·규격·품질 및 표시가 제5항에 따른 기준에 적합한지 여부에 대하여 환경부령으로 정하는 바에 따라 검사를 받아야 한다. 이 경우 검사기관, 검사방법 및 절차 등에 관하여 필요한 사항은 환경부령으로 정한다.(2017.4.18 전단개정)
⑦ 전용용기 제조업자는 다른 사람에게 자기의 성명이나 상호를 사용하여 전용용기를 제조하게 하거나 그 등록증을 빌려주어서는 아니 된다.
⑧ 전용용기 제조업자는 제5항에 따른 기준에 적합한 전용용기를 제조하는 등 환경부령으로 정하는 준수사항을 지켜야 한다.(2017.4.18 본항개정)
(2015.1.20 본조신설)

제25조의3【폐기물처리업의 적합성확인】 ① 폐기물처리업자는 대통령령으로 정하는 업종별 적합성확인의 유효기간이 경과할 때마다 환경부장관 또는 시·도지사로부터 다음 각 호의 사항을 모두 충족하여 폐기물처리업을 계속 수행할 수 있는 적합성을 갖추었음을 확인 받아야 한다.
1. 제13조에 따른 폐기물의 처리 기준과 방법 또는 제13조의2에 따른 폐기물의 재활용 원칙 및 준수사항을 충족하는 등 환경부령으로 정하는 조건을 갖추고 있을 것
2. 제26조에 따른 결격사유에 해당하지 아니할 것
3. 이 법을 위반하여 발생한 법적 책임을 모두 이행하였을 것
② 제1항에 따라 적합성확인을 받으려는 자(이하 이 조에서 "적합성확인신청인"이라 한다)는 업종별 적합성확인 유효기간이 만료되기 3개월 전까지 환경부령으로 정하는 바에 따라 제1항 각 호의 사항을 확인하는 데 필요한 자료를 첨부하여 환경부장관 또는 시·도지사에게 신청하여야 한다. 이 경우 적합성확인신청을 받은 환경부장관 또는 시·도지사는 특별한 사정이 없으면 유효기간 만료일 이전에 적합성 여부를 확인하여 적합성확인신청인에게 통보하여야 한다.
③ 제2항 후단에도 불구하고 환경부장관 또는 시·도지사가 적합성확인기간 만료일까지 적합성 여부를 확인하여 적합성확인신청인에게 통보하지 아니한 경우에는 적합성확인신청인은 적합성확인 유효기간이 만료된 이후에도 폐기물처리업을 계속 영위할 수 있다.
④ 환경부장관 또는 시·도지사가 적합성확인신청인에게 적합성확인을 한 때에는 그 적합성확인 유효기간은 종전의 유효기간이 만료된 날의 다음날부터 기산하는 것으로 한다.
⑤ 환경부장관 또는 시·도지사는 적합성확인을 위하여 필요한 경우 적합성확인신청인에게 추가 자료를 제출하거나 필요한 조치를 취할 것을 요구할 수 있다.
⑥ 환경부장관 또는 시·도지사는 다음 각 호의 어느 하나에 해당하는 경우에는 해당 적합성확인신청인에 대하여 적합성확인을 하지 아니할 수 있다.
1. 적합성확인 유효기간이 만료될 때까지 적합성확인신청인으로부터 적합성확인신청서 또는 적합성확인을 위하여 필요한 자료를 제출받지 못한 경우
2. 적합성확인신청인이 제1항 각 호의 요건을 갖추지 못한 경우
⑦ 그 밖에 적합성확인신청 절차 등에 필요한 사항은 환경부령으로 정한다.
(2019.11.26 본조신설)

제25조의4【의료폐기물 처리에 관한 특례】 환경부장관은 의료폐기물 중간처분 또는 종합처분을 업으로 하는 자의 시설·장비 또는 사업장의 부족으로 의료폐기물의 원활한 처분이 어려워 국민건강 및 환경에 위해를 끼칠 우려가 있는 경우 환경 오염이나 인체 위해도가 낮은 의료폐기물로서 대통령령으로 정하는 의료폐기물에 한정하여 이를 환경부령으로 정하는 바에 따라 지정폐기물 중간처분 또는 종합처분을 업으로 하는 자에게 처분하게 할 수 있다.(2019.11.26 본조신설)

제26조【결격 사유】 다음 각 호의 어느 하나에 해당하는 자는 폐기물처리업의 허가를 받거나 전용용기 제조업의 등록을 할 수 없다.(2015.1.20 본문개정)
1. 미성년자, 피성년후견인 또는 피한정후견인
(2015.1.20 본호개정)
2. 파산선고를 받고 복권되지 아니한 자
3. 이 법을 위반하여 금고 이상의 실형을 선고받고 그 형의 집행이 끝나거나 집행을 받지 아니하기로 확정된 후 10년이 지나지 아니한 자(2019.11.26 본호개정)
3의2. 이 법을 위반하여 금고 이상의 형의 집행유예를 선고받고 그 집행유예 기간이 끝난 날부터 5년이 지나지 아니한 자(2019.11.26 본호신설)
4. 이 법을 위반하여 대통령령으로 정하는 벌금형 이상을 선고받고 그 형이 확정된 날부터 5년이 지나지 아니한 자(2019.11.26 본호개정)
5. 제27조(제1항제2호 및 제2항제20호는 제외한다)에 따라 폐기물처리업의 허가가 취소되거나 제27조의2(제1항제2호 및 제2항제2호는 제외한다)에 따라 전용용기 제조업의 등록이 취소된 자(이하 "허가취소자등"이라 한다)로서 그 허가 또는 등록이 취소된 날부터 10년이 지나지 아니한 자(2019.11.26 본호개정)
5의2. 제5호에 해당하는 허가취소자등과의 관계에서 자신의 영향력을 이용하여 허가취소자등에게 업무집행을 지시하거나 허가취소자등의 명의로 직접 업무를 집행하는 등의 사유로 허가취소자등에게 영향을 미쳐 이익을 얻는 자 등으로서 환경부령으로 정하는 자
(2019.11.26 본호신설)
6. 임원 또는 사용인 중에 제1호부터 제5호까지 및 제5호의2의 어느 하나에 해당하는 자가 있는 법인 또는 개인사업자(2019.11.26 본호개정)

제26조의2【벌금형의 분리 선고】「형법」 제38조에도 불구하고 제63조부터 제66조까지에 규정된 죄와 다른 죄의 경합범에 대하여 벌금형을 선고하는 경우에는 이를 분리 선고하여야 한다.(2022.12.27 본조신설)

제27조【허가의 취소 등】 ① 환경부장관이나 시·도지사는 폐기물처리업자가 다음 각 호의 어느 하나에 해당하면 그 허가(변경허가 및 변경신고를 포함한다. 이하 이 조에서 같다)를 취소하여야 한다.(2019.11.26 본문개정)
1. 속임수나 그 밖의 부정한 방법으로 허가를 받은 경우
1의2. 제25조의3제1항에 따른 적합성확인을 받지 아니한 경우(2019.11.26 본호신설)
1의3. 속임수나 그 밖의 부정한 방법으로 제25조의3제1항에 따른 적합성 확인을 받은 경우(2019.11.26 본호신설)
2. 제26조 각 호의 결격사유 중 어느 하나에 해당하는 경우. 다만, 다음 각 목의 어느 하나에 해당하는 경우 그 구분에 따른 조치를 한 경우는 제외한다.(2020.5.26 단서개정)
가. 임원 또는 사용인 중 제26조제6호에 해당하는 자가 있는 경우 : 결격사유가 발생한 날부터 2개월 이내에 그 임원 또는 사용인을 바꾸어 임명(2019.11.26 본목개정)
나. 제33조제3항에 따라 권리·의무를 승계한 상속인이 제26조 각 호의 어느 하나에 해당하는 경우 : 상속이 시작된 날부터 6개월 이내에 그 권리·의무를 다른 자에게 양도(2019.11.26 본목개정)
3. 제40조제1항 본문에 따른 조치를 하지 아니한 경우
(2013.7.16 본호개정)
4. 제40조제8항에 따른 계약 갱신 명령을 이행하지 아니한 경우
5. 영업정지기간 중 영업 행위를 한 경우
② 환경부장관이나 시·도지사는 폐기물처리업자가 다음 각 호의 어느 하나에 해당하면 그 허가를 취소하거나 6개월 이내의 기간을 정하여 영업의 전부 또는 일부의 정지를 명령할 수 있다.
1. 제8조제1항 또는 제2항을 위반하여 사업장폐기물을 버리거나 매립 또는 소각한 경우
2. 제13조 또는 제13조의2를 위반하여 폐기물을 처리한 경우(2010.7.23 본호개정)
2의2. 제13조의5제5항에 따른 조치명령을 이행하지 아니한 경우(2015.7.20 본호개정)
2의3. 제14조의5제2항을 위반하여 안전기준을 준수하지 아니한 경우(2019.4.16 본호신설)
3. 제18조제3항을 위반하여 폐기물의 인계·인수에 관한 사항과 폐기물처리현장정보를 전자정보처리프로그램에 입력하지 아니한 경우(2019.11.26 본호개정)
3의2. 제18조의2제4항을 위반하여 유해성 정보자료를 게시하지 아니하거나 비치하지 아니한 경우(2017.4.18 본호신설)
4. 제19조제1항을 위반하여 관계 행정기관이나 그 소속 공무원이 요구하여도 인계번호를 알려주지 아니한 경우(2010.7.23 본호개정)
5. 제25조제5항에 따른 업종 구분과 영업 내용의 범위를 벗어나는 영업을 한 경우
6. 제25조제7항에 따른 조건을 위반한 경우
7. 제25조제8항을 위반하여 다른 사람에게 자기의 성명이나 상호를 사용하여 폐기물을 처리하게 하거나 그 허가증을 다른 사람에게 빌려 준 경우(2010.7.23 본호개정)
8. 제25조제9항을 위반하여 폐기물을 보관하거나 준수사항을 위반한 경우. 다만, 같은 항 제5호에 해당하는 경우에는 고의 또는 중과실인 경우에 한정한다.
(2021.1.5 단서개정)
9. 제25조제10항을 위반하여 별도로 수집·운반·처분하는 시설·장비 및 사업장을 설치·운영하지 아니한 경우(2010.7.23 본호개정)
10. 제25조제11항에 따른 변경허가를 받거나 변경신고를 하지 아니하고 허가사항이나 신고사항을 변경한 경우
11. 제30조제1항·제2항을 위반하여 검사를 받지 아니하거나 같은 조 제3항을 위반하여 적합판정을 받지 아니한 폐기물처리시설을 사용한 경우
12. 제31조제1항에 따른 관리기준에 맞지 아니하게 폐기물처리시설을 운영한 경우
13. 제31조제4항에 따른 개선명령이나 사용중지명령을 이행하지 아니한 경우
14. 제31조제5항에 따른 폐쇄명령을 이행하지 아니한 경우
15. 제31조제7항에 따른 측정명령이나 조사명령을 이행하지 아니한 경우(2015.1.20 본호개정)
15의2. 제33조제1항 또는 제2항에 따른 권리·의무의 승계를 위한 허가신청을 하지 아니하거나 허가를 받지 못한 경우(2019.11.26 본호신설)
16. 제33조제3항에 따른 권리·의무의 승계신고를 하지 아니하거나 승계신고가 수리되지 아니한 경우
(2019.11.26 본호개정)
17. 제36조제1항을 위반하여 장부를 기록·보존하지 아니한 경우
17의2. 제36조제3항을 위반하여 장부에 기록하고 보존하여야 하는 폐기물의 발생·배출·처리상황 등을 전자정보처리프로그램에 입력하지 아니하거나 거짓으로 입력한 경우(2019.11.26 본호신설)
18. 제39조의3, 제40조제2항·제3항, 제47조의2 또는 제48조에 따른 명령을 이행하지 아니한 경우
(2019.11.26 본호개정)
19. 제52조제1항에 따라 사후관리이행보증금을 사전에 적립하지 아니한 경우
20. 허가를 받은 후 1년 이내에 영업을 시작하지 아니하거나 정당한 사유 없이 계속하여 1년 이상 휴업한 경우
(2007.8.3 본조개정)

제27조의2【전용용기 제조업 등록의 취소 등】 ① 환경부장관은 전용용기 제조업자가 다음 각 호의 어느 하나에 해당하면 그 등록(변경등록 및 변경신고를 포함한다. 이하 이 조에서 같다)을 취소하여야 한다.(2019.11.26 본문개정)
1. 거짓이나 그 밖의 부정한 방법으로 등록을 한 경우
2. 제26조 각 호의 결격사유 중 어느 하나에 해당되는 경우. 다만, 법인의 임원 중에 제26조제6호에 해당되는 자가 있는 경우 2개월 이내에 그 임원을 바꾸어 임명하면 그러하지 아니하다.
3. 제2항에 따른 영업정지 기간 중에 영업을 한 경우
② 환경부장관은 전용용기 제조업자가 다음 각 호의 어느 하나에 해당하는 경우에는 그 등록을 취소하거나 6개월 이내의 기간을 정하여 그 영업의 전부 또는 일부의 정지를 명할 수 있다.
1. 제25조의2제1항을 위반하여 변경등록 또는 변경신고를 하지 아니하고 등록사항을 변경하거나 부정한 방법으로 변경등록 또는 변경신고를 한 경우
2. 등록을 한 후 1년 이내에 영업을 개시하지 아니하거나 그 실적이 없는 경우(휴업 신고를 한 경우는 제외한다)
3. 제25조의2제1항에 따라 등록한 시설·장비가 아닌 다른 자의 시설·장비로 전용용기를 제조한 경우
4. 제25조의2제1항에 따라 등록한 전용용기 외의 전용용기를 제조한 경우
5. 제25조의2제1항에 따른 등록기준에 미달하게 된 경우
6. 제25조의2제5항에 따른 구조·규격·품질 및 표시 기준에 적합하지 아니하게 전용용기를 제조하여 유통시키거나 제25조의2제6항에 따른 검사를 받지 아니한 경우(2017.4.18 본호개정)
7. 제25조의2제7항을 위반하여 다른 사람에게 자기의 성명이나 상호를 사용하여 영업하게 하거나 등록증을 빌려 준 경우(2017.4.18 본호개정)
8. 제25조의2제8항을 위반하여 준수사항을 이행하지 아니한 경우(2017.4.18 본호개정)
9. 제39조에 따른 관계 서류·시설 및 장비 등의 검사를 거부·방해 또는 기피한 경우
(2015.1.20 본조신설)

제28조【폐기물처리업자에 대한 과징금 처분】 ① 환경부장관이나 시·도지사는 제27조에 따라 폐기물처리업자에게 영업의 정지를 명령하려는 때 그 영업의 정지가 다음 각 호의 어느 하나에 해당한다고 인정되면 그 영업의 정지를 갈음하여 대통령령으로 정하는 매출액에 100분의 5를 곱한 금액을 초과하지 아니하는 범위에서 과징금을 부과할 수 있다. 다만, 그 폐기물처리업자가 매출액이 없거나 매출액을 산정하기 곤란한 경우로서 대통령령으로 정하는 경우에는 1억원을 초과하지 아니하는 범위에서 과징금을 부과할 수 있다.(2019.11.26 본문개정)
1. 해당 영업의 정지로 인하여 그 영업의 이용자가 폐기물을 위탁처리하지 못하여 폐기물이 사업장 안에 적체(積滯)됨으로써 이용자의 사업활동에 막대한 지장을 줄 우려가 있는 경우
2. 해당 폐기물처리업자가 보관 중인 폐기물이나 그 영업의 이용자가 보관 중인 폐기물의 적체에 따른 환경오염으로 인하여 인근지역 주민의 건강에 위해가 발생되거나 발생될 우려가 있는 경우(2010.7.23 본호개정)
3. 천재지변이나 그 밖의 부득이한 사유로 해당 영업을 계속하도록 할 필요가 있다고 인정되는 경우
(2007.8.3 본항개정)
② 제1항에 따라 과징금을 부과하는 위반행위의 종류와 정도에 따른 과징금의 금액, 그 밖에 필요한 사항은 대통령령으로 정하되, 그 금액의 2분의 1의 범위에서 가중(加重)하거나 감경(減輕)할 수 있다.(2019.11.26 본항개정)
③ 제1항에 따른 과징금을 내야 할 자가 납부기한까지 내지 아니하면 환경부장관이나 시·도지사는 과징금 부과처분을 취소하고 제27조제2항에 따른 영업정지 처분을 하거나 환경부장관은 국세 체납처분의 예에 따라, 시·도지사는 「지방행정제재·부과금의 징수 등에 관한 법률」에 따라 각각 과징금을 징수한다. 다만, 제37조에 따른 폐업 등으로 제27조제2항에 따른 영업정지 처분을 할 수 없는 경우에는 국세 체납처분의 예 또는 「지방행정제재·부과금의 징수 등에 관한 법률」에 따라 과징금을 징수한다.(2020.3.24 본항개정)
④ 제1항 및 제3항에 따라 과징금으로 징수한 금액은 징수 주체가 사용하되, 광역 폐기물처리시설의 확충 등 대통령령으로 정하는 용도로 사용하여야 한다.
⑤ 제1항에도 불구하고 제27조제2항제1호·제14호 또는 제18호에 해당하여 과징금 처분을 받은 날부터 2년이 경과되기 전에 제27조제2항에 따른 영업정지 처분 대상이 되는 경우에는 영업정지를 갈음하여 과징금을 부과하지 아니한다.(2019.11.26 본항신설)
(2010.7.23 본조제목개정)

제29조【폐기물처리시설의 설치】 ① 폐기물처리시설은 환경부령으로 정하는 기준에 맞게 설치하되, 환경부령으로 정하는 규모 미만의 폐기물 소각 시설을 설치·운영하여서는 아니 된다.

② 제25조제3항에 따른 폐기물처리업의 허가를 받았거나 받으려는 자 외의 자가 폐기물처리시설을 설치하려면 환경부장관의 승인을 받아야 한다. 다만, 제1호의 폐기물처리시설을 설치하는 경우는 제외하며, 제2호의 폐기물처리시설을 설치하려면 환경부장관에게 신고하여야 한다.
1. 학교·연구기관 등 환경부령으로 정하는 자가 환경부령으로 정하는 바에 따라 시험·연구목적으로 설치·운영하는 폐기물처리시설
2. 환경부령으로 정하는 규모의 폐기물처리시설
③ 제2항의 경우에 승인을 받았거나 신고한 사항 중 환경부령으로 정하는 중요사항을 변경하려면 각각 변경승인을 받거나 변경신고를 하여야 한다.
④ 폐기물처리시설을 설치하는 자는 그 설치공사를 끝낸 후 그 시설의 사용을 시작하려면 다음 각 호의 구분에 따라 해당 행정기관의 장에게 신고하여야 한다.
1. 폐기물처리업자가 설치한 폐기물처리시설의 경우 : 제25조제3항에 따른 허가관청
2. 제1호 외의 폐기물처리시설의 경우 : 제29조제2항에 따른 승인관청 또는 신고관청
⑤ 환경부장관 또는 해당 행정기관의 장은 제2항, 제3항 또는 제4항에 따른 신고·변경신고를 받은 날부터 20일 이내에 신고·변경신고수리 여부를 신고인에게 통지하여야 한다.(2017.4.18 본항신설)
⑥ 환경부장관 또는 해당 행정기관의 장이 제5항에서 정한 기간 내에 신고·변경신고수리 여부나 민원 처리 관련 법령에 따른 처리기간의 연장을 신고인에게 통지하지 아니하면 그 기간이 끝난 날의 다음 날에 신고·변경신고를 수리한 것으로 본다.(2017.4.18 본항신설)

제30조【폐기물처리시설의 검사】 ① 환경부령으로 정하는 폐기물처리시설의 설치를 마친 자는 제30조의2제3항에 따른 폐기물처리시설 검사기관으로부터 검사를 받아야 한다. 제29조제3항에 따른 변경승인을 받거나 변경신고를 한 경우로서 환경부령으로 정하는 경우에도 또한 같다.(2019.11.26 전단개정)
② 제1항에 따른 폐기물처리시설을 설치·운영하는 자는 환경부령으로 정하는 기간마다 제1항에 따른 검사기관으로부터 정기검사를 받아야 한다. 이 경우 검사기간 내에 「환경기술 및 환경산업 지원법」 제13조에 따라 같은 시설에 대한 기술진단을 받으면 정기 검사를 받은 것으로 본다(「환경기술 및 환경산업 지원법」 제13조제3항에 따른 요청을 이행하지 아니한 경우는 제외한다).(2012.6.1 후단개정)
③ 제1항 또는 제2항에 따른 검사에서 적합 판정을 받지 아니한 폐기물처리시설은 사용할 수 없다. 다만, 검사를 위하여 그 시설을 사용하는 경우에는 그러하지 아니하다.
④ (2019.11.26 삭제)

제30조의2【폐기물처리시설 검사기관의 지정 등】 ① 환경부장관은 전문적·기술적인 폐기물처리시설 검사를 위하여 다음 각 호의 어느 하나에 해당하는 기관 또는 단체 중에서 폐기물처리시설 검사기관을 지정하고, 그 기관에 지정서(이하 "폐기물처리시설 검사기관 지정서"라 한다)를 발급하여야 한다.
1. 한국환경공단
2. 국·공립연구기관
3. 그 밖에 환경부령으로 정하는 기관 또는 단체
② 폐기물처리시설 검사기관으로 지정받으려는 자는 검사업무를 수행하고자 하는 폐기물처리시설별로 환경부령으로 정하는 기술인력 및 시설·장비 등의 요건을 갖추어 환경부장관에게 신청하여야 한다. 환경부령으로 정하는 중요사항을 변경하려는 경우에도 또한 같다.
③ 제1항에 따라 지정을 받은 폐기물처리시설 검사기관(이하 "폐기물처리시설 검사기관"이라 한다)은 폐기물처리시설 검사를 의뢰받은 경우 환경부장관이 정하여 고시하는 기준과 방법에 따라 검사를 실시하고 폐기물처리시설 검사결과서를 환경부령으로 정하는 바에 따라 신청한 자에게 발급하여야 한다.
④ 폐기물처리시설 검사기관은 다른 자에게 자기의 명의나 상호를 사용하여 폐기물처리시설 검사를 하게 하거나 폐기물처리시설 검사기관 지정서를 빌려주어서는 아니 된다.
⑤ 폐기물처리시설 검사기관은 다음 각 호의 준수사항을 지켜야 한다.
1. 폐기물처리시설 검사기관 지정서에 기재된 폐기물처리시설 이외의 시설에 대하여는 검사를 의뢰받지 말 것
2. 의뢰받은 폐기물처리시설 검사업무를 다른 폐기물처리시설 검사기관이나 그 밖의 자에게 다시 의뢰하지 말 것
3. 폐기물처리시설 검사는 폐기물처리시설 검사기관에 등록된 기술인력이 직접 실시하는 등 환경부령으로 정하는 준수사항을 지킬 것
⑥ 환경부장관은 폐기물처리시설 검사기관의 운영이 적절한지에 대하여 정기적으로 점검하여야 한다.
⑦ 환경부장관은 폐기물처리시설 검사기관이 다음 각 호의 어느 하나에 해당하면 그 지정을 취소하거나 6개월 이내의 기간을 정하여 업무의 정지를 명할 수 있다. 다만, 제1호부터 제3호까지의 어느 하나에 해당하는 경우에는 그 지정을 취소하여야 한다.
1. 거짓이나 그 밖의 부정한 방법으로 지정 또는 변경지정을 받은 경우
2. 제9항의 결격사유 중 어느 하나에 해당하는 경우. 다만, 법인의 임원 중 제9항에 해당하는 자에 대해 결격사유가 발생한 날부터 2개월 이내에 그 임원을 바꾸어 임명하면 그러하지 아니하다.
3. 업무정지기간 중 폐기물처리시설 검사업무를 실시한 경우
4. 제2항 전단에 따른 지정요건을 갖추지 못하게 된 경우
5. 제2항 후단을 위반하여 변경지정을 받지 아니하고 중요사항을 변경한 경우
6. 거짓이나 그 밖의 부정한 방법으로 제3항에 따른 폐기물처리시설 검사결과서를 발급한 경우
7. 제4항을 위반하여 다른 자에게 자기의 명의나 상호를 사용하여 폐기물처리시설 검사를 하게 하거나 폐기물처리시설 검사기관 지정서를 빌려준 경우
8. 제5항에 따른 준수사항을 위반한 경우
⑧ 제1항부터 제6항까지에 따른 폐기물처리시설 검사기관의 지정 기준·절차 등에 필요한 사항은 환경부령으로 정한다.
⑨ 폐기물처리시설 검사기관의 결격사유에 관하여는 제26조를 준용한다. 이 경우 "폐기물처리업"은 "폐기물처리시설 검사기관"으로, "허가"는 "지정"으로 본다.
(2019.11.26 본조신설)

제31조【폐기물처리시설의 관리】 ① 폐기물처리시설을 설치·운영하는 자는 환경부령으로 정하는 관리기준에 따라 그 시설을 유지·관리하여야 한다.
② 대통령령으로 정하는 폐기물처리시설을 설치·운영하는 자는 그 처리시설에서 배출되는 오염물질을 측정하거나 환경부령으로 정하는 측정기관으로 하여금 측정하게 하고, 그 결과를 환경부장관에게 제출하여야 한다.
③ 대통령령으로 정하는 폐기물처리시설을 설치·운영하는 자는 그 폐기물처리시설의 설치·운영이 주변 지역에 미치는 영향을 3년마다 조사하고, 그 결과를 환경부장관에게 제출하여야 한다.
④ 환경부장관은 폐기물처리시설의 설치 또는 유지·관리가 제29조제1항에 따른 설치기준 또는 이 조 제1항에 따른 관리기준에 맞지 아니하거나 제30조제1항 또는 제2항에 따른 검사 결과 부적합 판정을 받은 경우에는 그 시설을 설치·운영하는 자에게 환경부령으로 정하는 바에 따라 기간을 정하여 그 시설의 개선을 명하거나 그 시설의 사용중지(제30조제1항 또는 제2항에 따른 검사 결과 부적합 판정을 받은 경우는 제외한다)를 명할 수 있다.(2010.7.23 본항개정)
⑤ 환경부장관은 제4항에 따른 개선명령과 사용중지 명령을 받은 자가 이를 이행하지 아니하거나 그 이행이 불가능하다고 판단되면 해당 시설의 폐쇄를 명할 수 있다.(2007.8.3 본항개정)
⑥ 환경부장관은 폐기물을 매립하는 시설을 설치한 자가 제5항에 따른 폐쇄명령을 받고도 그 기간에 그 시설의 폐쇄를 하지 아니하면 대통령령으로 정하는 자에게 최종복토(最終覆土) 등 폐쇄절차를 대행하게 하고 제52조제1항에 따라 폐기물을 매립하는 시설을 설치한 자가 예치한 사후관리이행보증금 사전적립금을 그 비용으로 사용할 수 있다. 이 경우 그 비용이 사후관리이행보증금 사전적립금을 초과하면 그 초과 금액을 그 명령을 받은 자로부터 징수할 수 있다.(2015.1.20 본항신설)
⑦ 환경부장관은 폐기물처리시설을 설치·운영하는 자가 제2항에 따른 오염물질의 측정의무를 이행하지 아니하거나 제3항에 따라 주변 지역에 미치는 영향을 조사하지 아니하면 환경부령으로 정하는 바에 따라 기간을 정하여 오염물질의 측정 또는 주변지역에 미치는 영향의 조사를 명령할 수 있다.(2007.8.3 본항개정)
⑧ 제2항에 따라 측정하여야 하는 오염물질, 측정주기, 측정결과의 보고, 그 밖에 필요한 사항은 환경부령으로 정한다.
⑨ 제3항에 따른 조사의 방법·범위, 결과 보고, 그 밖에 필요한 사항은 환경부령으로 정한다.
⑩ 환경부장관은 「공공기관의 정보 공개에 관한 법률」로 정하는 바에 따라 제2항에 따른 측정 결과와 제3항에 따른 조사 결과를 공개하여야 한다.

제32조【다른 법령에 따른 허가·신고 등의 의제】 ① 폐기물처리시설을 설치하려는 자가 제29조제2항에 따른 승인을 받거나 신고를 한 경우, 같은 항 제1호에 따른 폐기물처리시설을 설치하는 경우 및 제25조제3항에 따른 폐기물처리업의 허가를 받은 경우 그 폐기물처리시설과 관련한 다음 각 호의 허가·신고에 관하여 환경부장관 또는 시·도지사가 관계 행정기관의 장과 미리 협의한 사항에 대해서는 해당 허가를 받거나 신고를 한 것으로 본다.(2024.1.30 본문개정)
1. 「대기환경보전법」 제23조제1항 및 제2항에 따른 배출시설의 설치허가 또는 신고(2010.7.23 본호개정)
2. 「물환경보전법」 제33조제1항 및 제2항에 따른 배출시설의 설치허가 또는 신고(2017.1.17 본호개정)
3. 「소음·진동관리법」 제8조제1항 및 제2항에 따른 배출시설의 설치허가 또는 신고(2009.6.9 본호개정)
② 음식물류 폐기물과 가축분뇨를 함께 처리하기 위한 환경부령으로 정하는 폐기물처리시설을 설치하려는 자가 제25조제3항에 따른 폐기물처리업의 허가를 받은 경우 및 제29조제2항에 따른 승인을 받거나 신고를 한 경우, 같은 항 제1호에 따른 폐기물처리시설을 설치하는 경우 그 폐기물처리시설과 관련한 다음 각 호의 승인 또는 허가에 관하여 환경부장관 또는 시·도지사가 관계 행정기관의 장과 미리 협의한 사항에 대해서는 해당 승인 또는 허가를 받은 것으로 본다.(2024.1.30 본문개정)
1. 「가축분뇨의 관리 및 이용에 관한 법률」 제24조제3항에 따른 공공처리시설 설치승인
2. 「가축분뇨의 관리 및 이용에 관한 법률」 제28조에 따른 가축분뇨처리업 허가
(2012.6.1 본항신설)
③ 폐기물처리시설을 설치하는 자가 제29조제4항에 따른 신고를 하면 다음 각 호의 신고에 관하여 환경부장관 또는 시·도지사가 관계 행정기관의 장과 미리 협의한 사항에 대해서는 해당 신고를 한 것으로 본다.(2024.1.30 본문개정)
1. 「대기환경보전법」 제30조에 따른 배출시설의 가동 개시 신고(2010.7.23 본호개정)
2. 「물환경보전법」 제37조에 따른 배출시설의 가동 개시 신고(2017.1.17 본호개정)
3. (2009.6.9 삭제)
④ 환경부장관이나 시·도지사는 제1항부터 제3항까지의 규정 각 호의 어느 하나에 해당하는 사항이 포함되어 있는 폐기물처리시설의 설치승인을 하거나 신고를 받거나 폐기물처리업의 허가를 하려면 관계 행정기관의 장과 협의하여야 한다.(2012.6.1 본항개정)
⑤ 제1항부터 제4항까지에서 규정한 사항 외에 이 조에 따른 의제의 기준·효과 및 처리기준·절차의 통합 고시 등에 관하여는 「행정기본법」 제24조부터 제26조까지 및 「행정절차법」 제20조제2항을 준용한다. 이 경우 「행정절차법」 제20조제2항 중 "처분기준"은 "처리기준·절차"로, "공표"는 "고시"로 본다.(2024.1.30 본항개정)
(2010.7.23 본조제목개정)

제33조【권리·의무의 승계 등】 ① 폐기물처리업자, 제29조에 따른 폐기물처리시설의 설치승인을 받거나 신고를 한 자, 폐기물처리 신고자 또는 전용용기 제조업자(이하 이 조에서 "폐기물처리업자등"이라 한다)로부터 폐기물처리업, 폐기물처리시설, 제46조제1항에 따른 시설 또는 전용용기 제조업(이하 이 조에서 "폐기물처리업등"이라 한다)을 양수하거나 「민사집행법」에 따른 경매, 「채무자 회생 및 파산에 관한 법률」에 따른 환가(換價)나 「국세징수법」·「관세법」 또는 「지방세징수법」에 따른 압류재산의 매각, 그 밖에 이에 준하는 절차에 따라 인수하는 경우에 해당 양수인 또는 인수인은 환경부령으로 정하는 바에 따라 환경부장관 또는 시·도지사의 허가를 받아야 한다. 이 경우 허가를 받은 양수인 또는 인수인은 폐기물처리업등의 허가·승인·등록 또는 신고에 따른 권리·의무를 승계한다.
② 법인인 폐기물처리업자등이 다른 법인에 흡수합병되거나 다른 법인과 합병하여 새로운 법인을 설립하거나 폐기물처리업등을 분할하여 새로운 법인을 설립하거나 다른 법인에 합병하는 경우, 합병 후 존속하는 법인이나 합병 또는 분할로 설립되는 법인은 환경부령으로 정하는 바에 따라 환경부장관 또는 시·도지사의 허가를 받아야 한다. 이 경우 허가를 받은 합병 후 존속하는 법인이나 합병 또는 분할로 설립되는 법인은 폐기물처리업등의 허가·승인·등록 또는 신고에 따른 권리·의무를 승계한다.
③ 폐기물처리업자등이 사망한 경우, 그 상속인은 폐기물처리업등의 허가·승인·등록 또는 신고에 따른 권리·의무를 승계한다. 이 경우 상속인은 환경부령으로 정하는 바에 따라 환경부장관 또는 시·도지사에게 권리·의무 승계신고를 하여야 한다.
④ 환경부장관 또는 시·도지사는 제1항 또는 제2항에 따른 허가신청이나 제3항에 따른 신고가 있는 경우 다음 각 호의 사항에 관하여 검토한 후 허가 또는 신고수리 여부를 결정하고 허가신청인 또는 신고인에게 통보하여야 한다.
1. 종전의 폐기물처리업자등이 이 법을 위반하여 발생하였으나 이행하지 아니한 법적 책임이 있는지 여부 및 그 법적 책임 이행계획이 명확하고 합리적인지 여부
2. 허가신청인 또는 신고인이 제26조에 따른 결격사유에 해당하는지 여부
3. 허가신청인 또는 신고인이 허가 또는 신고의 대상이 된 영업 또는 시설을 계속하여 영위하거나 설치·운영하기 위한 환경부령으로 정하는 능력과 기준을 갖추고 있는지 여부
⑤ 환경부장관 또는 시·도지사는 제1항 또는 제2항에 따른 허가신청이나 제3항에 따른 신고를 받은 날부터 30일 이내에 허가 또는 신고수리 여부와 법적 책임의 범위 등 환경부령으로 정하는 사항을 허가신청인 또는 신고인에게 통지하여야 한다.
⑥ 환경부장관 또는 시·도지사가 제5항에서 정한 기간 내에 허가 또는 신고수리 여부나 민원 처리 관련 법령에 따른 처리기간의 연장을 허가신청인 또는 신고인에게 통지하지 아니하면 그 기간이 끝난 날의 다음 날에 허가하거나 신고를 수리한 것으로 본다.
⑦ 환경부장관 또는 시·도지사는 제4항 각 호의 사항에 해당하는지 여부를 확인하기 위하여 범죄경력·가족관계 증명 관련 전산망 또는 자료를 이용하려는 경우에는 관계 기관의 장에게 협조를 요청할 수 있으며, 관계 기관의 장은 정당한 사유가 없으면 그 요청에 따라야 한다.
(2020.5.26 본항개정)

⑧ 제1항 또는 제2항에 따라 권리·의무 승계가 이루어질 경우 종전의 폐기물처리업자등에 대한 허가·승인·등록 또는 신고는 그 효력을 잃는다. 다만, 종전 폐기물처리업자등의 이 법에 따른 의무 위반으로 인한 법적 책임은 권리·의무 승계에도 불구하고 소멸하지 아니한다.
(2019.11.26 본항신설)
(2019.11.26 본조개정)

제5장 폐기물처리업자 등에 대한 지도와 감독 등

제34조【기술관리인】 ① 대통령령으로 정하는 폐기물 처리시설을 설치·운영하는 자는 그 시설의 유지·관리에 관한 기술업무를 담당하게 하기 위하여 기술관리인을 임명(기술관리인의 자격을 갖추어 스스로 기술관리하는 경우를 포함한다)하거나 기술관리 능력이 있다고 대통령령으로 정하는 자와 기술관리 대행계약을 체결하여야 한다.
② 제1항에 따른 기술관리인의 자격·기술관리 대행계약 등에 필요한 사항은 환경부령으로 정한다.
제35조【폐기물 처리 담당자 등에 대한 교육】 ① 다음 각 호의 어느 하나에 해당하는 사람은 환경부령으로 정하는 교육기관이 실시하는 교육을 받아야 한다.
(2015.1.20 본문개정)
1. 다음 각 목의 어느 하나에 해당하는 폐기물 처리 담당자
 가. 폐기물처리업에 종사하는 기술요원
 나. 폐기물처리시설의 기술관리인
 다. 그 밖에 대통령령으로 정하는 사람
2. 폐기물분석전문기관의 기술요원
(2015.1.20 1호~2호신설)
3. 제13조의4에 따라 지정된 재활용환경성평가기관의 기술인력(2015.7.20 본호신설)
② 제1항에 따라 교육을 받아야 할 사람을 고용한 자는 그 해당자에게 그 교육을 받게 하여야 한다.(2020.5.26 본항개정)
③ 제1항에 따라 교육을 받는 사람을 고용한 자는 같은 항의 규정에 따른 교육에 드는 경비를 부담하여야 한다.
(2020.5.26 본항개정)
제36조【장부 등의 기록과 보존】 ① 다음 각 호의 어느 하나에 해당하는 자는 환경부령으로 정하는 바에 따라 장부를 갖추어 두고 폐기물의 발생·배출·처리상황 등(제1호의2에 해당하는 자의 경우에는 폐기물의 발생량·재활용상황·처리실적 등을, 제4호의2에 해당하는 자의 경우에는 전용용기의 생산·판매량·품질검사 실적 등을, 제7호에 해당하는 자의 경우에는 제품과 용기 등의 생산·수입·판매량과 회수·처리량 등을 말한다)을 기록하고, 마지막으로 기록한 날부터 3년(제1호의 경우에는 2년)간 보존하여야 한다. 다만, 제45조제2항에 따른 전자정보처리프로그램을 이용하는 경우에는 그러하지 아니하다.(2017.4.18 본문개정)
1. 제15조의2제2항에 따라 음식물류 폐기물의 발생 억제 및 처리 계획을 신고하여야 하는 자(2013.7.16 본호신설)
1의2. 제17조제2항에 따른 신고를 하여야 하는 자
1의3. 제17조제5항에 따라 확인을 받아야 하는 자
(2017.4.18 본호개정)
2. 제18조제5항에 따라 사업장폐기물을 공동으로 수집, 운반, 재활용 또는 처분하는 공동 운영기구의 대표자
(2010.7.23 본호개정)
3. (2017.4.18 삭제)
4. 폐기물처리업자
4의2. 전용용기 제조업자(2015.1.20 본호신설)
5. 폐기물처리시설을 설치·운영하는 자
6. 폐기물처리 신고자(2010.7.23 본호개정)
7. 제47조제2항에 따른 제조업자나 수입업자
② (2007.8.3 삭제)
③ 제1항에도 불구하고 제25조제5항제2호부터 제7호까지에 따른 영업을 하는 자 또는 제46조제1항제1호에 해당하는 자는 제1항에 따라 장부에 기록하고 보존하여야 하는 폐기물의 발생·배출·처리상황 등(이하 "장부기록사항"이라 한다)을 환경부령으로 정하는 바에 따라 제45조제2항에 따른 전자정보처리프로그램에 입력하여야 한다.(2019.11.26 본항개정)
제37조【휴업과 폐업 등의 신고】 ① 폐기물처리업자, 폐기물처리 신고자, 폐기물분석전문기관 또는 전용용기 제조업자는 그 영업을 휴업·폐업 또는 재개업한 경우에는 환경부령으로 정하는 바에 따라 그 사실을 허가, 신고, 지정 또는 등록관청에 신고하여야 한다. 재활용환경성평가기관도 또한 같다.(2015.7.20 후단신설)
② 환경부장관 또는 시·도지사는 제1항에 따른 신고를 받은 날부터 20일 이내에 신고수리 여부를 신고인에게 통지하여야 한다.(2017.4.18 본항신설)
③ 환경부장관 또는 시·도지사가 제2항에서 정한 기간 내에 신고수리 여부나 민원 처리 관련 법령에 따른 처리기간의 연장을 신고인에게 통지하지 아니하면 그 기간이 끝난 날의 다음 날에 신고를 수리한 것으로 본다.
(2017.4.18 본항신설)
④ 제1항에 따라 휴업 또는 폐업의 신고를 하려는 자(폐기물처리업자와 폐기물처리 신고자로 한정한다)는 환경부령으로 정하는 바에 따라 보관하는 폐기물을 전부 처리하여야 한다.
(2015.1.20 본조개정)

제38조【보고서 제출】 ① 다음 각 호의 어느 하나에 해당하는 자는 환경부령으로 정하는 바에 따라 매년 폐기물의 발생·처리에 관한 보고서를 다음 연도 2월 말일까지 해당 허가·승인·신고기관 또는 확인기관의 장에게 제출하여야 한다.(2010.7.23 본문개정)
1. 제4조나 제5조에 따른 폐기물처리시설을 설치·운영하는 자
1의2. 제15조의2제2항에 따라 음식물류 폐기물의 발생 억제 및 처리 계획을 신고한 자(2013.7.16 본호신설)
2. 제17조제2항에 따라 사업장폐기물배출자 신고를 한 자
3. 제17조제5항에 따라 확인을 받은 자(2017.4.18 본호개정)
3의2. (2017.4.18 삭제)
4. 폐기물처리업자
5. 폐기물처리 신고자(2010.7.23 본호개정)
② 제25조의2제1항에 따라 전용용기 제조업 등록을 한 자는 환경부령으로 정하는 바에 따라 전용용기 생산 및 출고, 품질검사에 관한 보고서를 다음 연도 2월 말일까지 등록기관의 장에게 제출하여야 한다.(2015.1.20 본항신설)
③ 환경부장관, 시·도지사 또는 시장·군수·구청장은 제1항 또는 제2항에 따라 보고서를 제출하여야 하는 자가 기한 내에 제출하지 아니하면 기간을 정하여 제출을 명할 수 있다.(2015.1.20 본항개정)
④ 제1항 또는 제2항에 따라 보고서를 제출하여야 하는 자는 사업장폐기물의 처리를 위탁한 자에게 제1항에 따른 보고서 작성에 필요한 자료를 매년 1월 15일까지 서면으로 요구할 수 있으며, 그 요구를 받은 자는 그 자료를 1월 31일까지 서면으로 제출하여야 한다.(2015.1.20 본항개정)
⑤ 폐기물분석전문기관은 환경부령으로 정하는 바에 따라 매년 폐기물의 시험·분석에 관한 보고서를 다음 연도 2월 말일까지 환경부장관에게 제출하여야 한다.
(2015.1.20 본항신설)
제39조【보고·검사 등】 ① 환경부장관, 시·도지사 또는 시장·군수·구청장은 폐기물의 안전한 처리와 적정 관리를 위해 필요한 범위에서 환경부령으로 정하는 바에 따라 다음 각 호의 자나 기관 또는 단체에 보고하게 하거나 자료를 제출하게 할 수 있으며, 관계 공무원에게 사무소나 사업장, 「관세법」 제154조에 따른 보세구역 등에 출입하여 관계 서류나 시설 또는 장비 등을 검사하게 할 수 있다.(2019.11.26 본문개정)
1. 사업자
2. 제15조제1항에 따른 생활폐기물배출자
3. 제15조의2제1항에 따른 음식물류 폐기물 배출자
4. 제17조제1항에 따른 사업장폐기물배출자
5. 제17조의2제1항에 따른 폐기물분석전문기관
6. 제18조의2제1항에 따른 유해성 정보자료의 작성 전문기관
7. 제25조에 따른 폐기물처리업자
8. 제25조의2제5항에 따른 전용용기 제조업자
9. 제29조제2항에 따른 폐기물처리시설 설치·운영자
10. 제30조의2제3항에 따른 폐기물처리시설 검사기관
11. 제35조제1항에 따른 교육기관
12. 제41조제1항에 따른 폐기물 처리 공제조합
13. 제46조제1항에 따른 폐기물처리 신고자
14. 제50조에 따른 사용종료·폐쇄 또는 사후관리 폐기물 매립시설 설치·운영자 또는 관리대행자
15. 제58조의2제1항에 따른 한국폐기물협회
16. 제62조제2항에 따라 환경부장관 또는 지방자치단체의 장의 업무를 위탁받은 자
(2019.11.26 1호~16호신설)
② 제1항에 따라 출입·검사를 하는 공무원은 그 권한을 표시하는 증표를 지니고 관계인에게 내보여야 한다.
③ 제1항에 따른 검사를 하려는 경우에는 검사 7일 전까지 검사일시, 검사목적 및 검사내용 등을 포함한 검사계획을 검사대상 사업자에게 통지하여야 한다. 다만, 긴급히 검사할 필요가 있거나 사전에 알리면 검사목적을 달성할 수 없다고 인정하는 경우에는 그러하지 아니하다.
(2010.7.23 본항신설)
제39조의2【배출자에 대한 폐기물 처리명령】 ① 환경부장관 또는 시·도지사는 사업장폐기물배출자가 제13조에 따른 폐기물의 처리 기준과 방법으로 정한 보관기간을 초과하여 폐기물을 보관하는 경우에는 사업장폐기물배출자에게 기간을 정하여 폐기물의 처리를 명할 수 있다.
② 환경부장관 또는 시·도지사는 제1항에 따라 사업장폐기물배출자에게 처리명령을 하였음에도 불구하고 처리되지 아니한 폐기물이 있으면 제17조제8항 또는 제9항에 따라 권리와 의무를 승계한 자에게 기간을 정하여 폐기물의 처리를 명할 수 있다.(2017.4.18 본항개정)
(2010.7.23 본조신설)
제39조의3【폐기물처리업자 등에 대한 폐기물 처리명령】 환경부장관 또는 시·도지사는 폐기물처리업자에 대하여 제27조에 따른 허가취소 또는 영업정지를 명하거나, 폐기물처리 신고자에 대하여 제46조제7항에 따른 폐쇄명령 또는 처리금지명령을 하려는 경우에는 폐기물처리업자 또는 폐기물처리 신고자에게 기간을 정하여 보관하는 폐기물의 처리를 명하여야 한다.(2010.7.23 본조신설)
제40조【폐기물처리업자 등의 방치폐기물 처리】 ① 사업장폐기물을 대상으로 하는 폐기물처리업자와 폐기물처리 신고자는 폐기물의 방치를 방지하기 위하여 제25조제3항에 따른 허가를 받거나 제46조제1항에 따른 신고를 한 후 영업 시작 전까지 다음 각 호의 어느 하나에 해당하는 조치를 취하여야 한다. 다만, 폐기물처리 신고자 중 폐기물 방치 가능성 등을 고려하여 환경부령으로 정하는 자는 그러하지 아니하다.(2013.7.16 단서신설)
1. 제43조에 따른 폐기물 처리 공제조합에 분담금 납부
2. 폐기물의 처리를 보증하는 보험 가입
3. (2007.8.3 삭제)
② 환경부장관 또는 시·도지사는 제1항에 따른 폐기물처리업자나 폐기물처리 신고자가 대통령령으로 정하는 기간을 초과하여 휴업을 하거나 폐업 등으로 조업을 중단(제27조에 따른 허가취소·영업정지 또는 제46조제7항에 따른 폐쇄명령·처리금지명령에 따른 조업 중단은 제외한다)하면 기간을 정하여 그 폐기물처리업자나 폐기물처리 신고자에게 그가 보관하고 있는 폐기물의 처리를 명할 수 있다.(2010.7.23 본항개정)
③ 환경부장관 또는 시·도지사는 제2항 또는 제39조의3에 따라 폐기물처리업자나 폐기물처리 신고자에게 처리명령을 하였음에도 불구하고 처리되지 아니한 폐기물이 있으면 제33조제1항부터 제3항까지에 따라 권리·의무를 승계한 자에게 기간을 정하여 폐기물의 처리를 명할 수 있다.(2019.11.26 본항개정)
④ 환경부장관 또는 시·도지사는 제2항 또는 제3항에 따른 명령을 받은 자가 그 명령을 이행하지 아니하면 그가 보관하고 있는 폐기물(이하 "방치폐기물"이라 한다)의 처리에 관하여 다음 각 호의 조치를 할 수 있다. 다만, 제1항 단서에 해당하는 자가 명령을 이행하지 아니한 경우에는 그러하지 아니하다.(2013.7.16 단서신설)
1. 제1항제1호에 따른 분담금을 낸 경우 : 제41조에 따른 폐기물 처리 공제조합에 대한 방치폐기물(放置廢棄物)의 처리 명령
2. 제1항제2호에 따른 보험에 가입한 경우 : 방치폐기물의 처리와 보험사업자에게서 보험금 수령
3. (2007.8.3 삭제)
⑤ 제1항제2호에 따른 보험의 가입 기간, 가입시기, 보험금액의 산출기준, 그 밖에 필요한 사항은 대통령령으로 정한다.(2007.8.3 본항개정)
⑥ (2007.8.3 삭제)
⑦ 제1항제2호에 따른 조치를 한 자가 다음 각 호의 어느 하나에 해당하면 대통령령으로 정하는 바에 따라 같은 항 제2호에 따른 보험(이하 "처리이행보증보험"이라 한다)의 계약을 갱신하여야 한다.(2007.8.3 본문개정)
1. 처리이행보증보험의 가입 기간이 끝나는 경우
2. 제25조제3항에 따라 허가를 받은 처리 대상 폐기물의 종류, 허용보관량 또는 처리 단가가 변경되거나 같은 조 제9항에 따른 양을 초과하여 폐기물을 보관하는 등의 사유로 처리이행보증보험의 보험금액이 변동되어야 하는 경우(2010.7.23 본호개정)
⑧ 환경부장관이나 시·도지사는 제7항에 따라 처리이행보증보험의 계약갱신을 하여야 하는 자가 이를 이행하지 아니하면 처리이행보증보험의 계약갱신을 명령할 수 있다.(2007.8.3 본항개정)
⑨ 처리이행보증보험에 가입하거나 제7항 또는 제8항에 따라 처리이행보증보험의 계약을 갱신한 자는 대통령령으로 정하는 바에 따라 그 사실을 증명하는 보험증서 원본을 환경부장관 또는 시·도지사에게 제출하여야 한다.
⑩ 제1항 각 호의 어느 하나에 해당하는 조치를 같은 항 각 호의 어느 하나에 해당하는 다른 조치로 변경하려는 자는 그 조치를 취한 후 지체 없이 환경부장관 또는 시·도지사에게 그 사실을 알려야 한다.
⑪ 환경부장관 또는 시·도지사가 제4항제1호에 따라 폐기물 처리 공제조합에 방치폐기물의 처리를 명할 때에는 처리량과 처리기간에 대하여 대통령령으로 정하는 범위 안에서 할 수 있도록 명하여야 한다.(2010.7.23 본항개정)
⑫ 제41조에 따른 폐기물 처리 공제조합은 제1항제1호에 따라 폐기물처리업자 또는 폐기물처리 신고자로부터 납부받은 분담금을 초과하여 폐기물을 처리한 경우에는 초과비용에 대하여 해당 폐기물처리업자, 폐기물처리 신고자 또는 제33조제1항부터 제3항까지에 따른 권리·의무를 승계한 자에게 구상권을 행사할 수 있다.(2019.11.26 본항개정)
제41조【폐기물 처리 공제조합의 설립】 ① 폐기물 처리사업에 필요한 각종 보증과 방치폐기물의 처리이행을 보증하기 위하여 폐기물처리업자와 폐기물처리 신고자는 폐기물 처리 공제조합(이하 "조합"이라 한다)을 설립할 수 있다.(2017.11.28 본항개정)
② 조합은 법인으로 한다.
③ 조합은 주된 사무소의 소재지에서 설립등기를 함으로써 성립한다.
제42조【조합의 사업】 조합은 다음 각 호의 업무를 수행할 수 있다. 다만, 생활폐기물을 처리 대상으로 하는 폐기물처리업자와 폐기물처리 신고자가 설립하는 조합은 제2호의 업무만 수행할 수 있다.(2017.11.28 단서신설)
1. 조합원의 방치폐기물을 처리하기 위한 공제사업
2. 조합원의 폐기물 처리사업에 필요한 입찰보증·계약이행보증·선급금보증 업무
(2013.7.16 본조개정)
제43조【분담금】 ① 조합의 조합원은 제42조에 따른 공제사업을 하는 데에 필요한 분담금을 조합에 내야 한다.

② 제1항에 따른 분담금의 산정기준·납부절차, 그 밖에 필요한 사항은 조합의 정관으로 정하는 바에 따른다.
③ 조합원은 제40조제2항에 따른 명령을 이행하지 아니하여 방치폐기물이 발생한 경우에는 제40조제1항제1호에 따라 납부한 분담금은 반환받을 수 없다. 다만, 환경부장관 또는 시·도지사가 제40조제4항제1호에 따른 처리명령을 하기 이전에 방치폐기물을 처리한 경우에는 그러하지 아니하다.(2012.6.1 단서개정)
제44조【「민법」의 준용】 조합에 관하여 이 법에서 규정한 것 외에는 「민법」 중 사단법인에 관한 규정을 준용한다.

제6장 보칙

제45조【폐기물 인계·인수 내용 등의 전산 처리】 ① 환경부장관은 다음 각 호의 내용과 기록(이하 "전산기록"이라 한다)을 관리할 수 있는 전산처리기구(이하 "전산처리기구"라 한다)를 설치·운영하여야 한다.
(2013.7.16 본문개정)
1. 제14조제6항에 따라 입력된 음식물류 폐기물 수수료 산정에 필요한 내용(2013.7.16 본호신설)
2. 제18조제3항에 따라 입력된 폐기물 인계·인수 내용 (2017.4.18 본호개정)
2의2. 제2호에 따른 내용과 폐기물처리현장정보 간의 상호 확인 및 현장 점검(2019.11.26 본호신설)
3. 제3항에 따라 입력된 기록(2013.7.16 본호신설)
② 환경부장관은 전자정보를 효율적으로 처리하기 위하여 전자정보처리프로그램(이하 "전자정보처리프로그램"이라 한다)을 구축·운영하여야 한다. 이 경우 그 전산처리에 필요한 비용의 일부 또는 전부를 전자정보처리프로그램을 이용하는 자로부터 징수할 수 있다.(2010.7.23 전단개정)
③ 사업장폐기물배출자 등이 전자정보처리프로그램을 이용하여 보고 등 대통령령으로 정하는 업무에 관한 내용을 환경부령으로 정하는 바에 따라 입력한 경우에는 해당 업무를 이행한 것으로 본다.
④ 환경부장관은 전산기록이 입력된 날부터 3년간 전산기록을 보존하여야 한다.(2010.7.23 본항개정)
⑤ 환경부장관, 시·도지사 또는 제3항에 따른 업무에 관한 전산기록을 전송한 자는 전산처리기구의 장에게 그 전산기록과 관련된 자료를 제공할 것을 서면으로 요구할 수 있으며, 전산처리기구의 장은 요구받은 자료를 환경부령으로 정하는 기간 이내에 제공하여야 한다.
(2007.8.3 본조개정)
제46조【폐기물처리 신고】 ① 다음 각 호의 어느 하나에 해당하는 자는 환경부령으로 정하는 기준에 따른 시설·장비를 갖추어 시·도지사에게 신고하여야 한다.
1. 동·식물성 잔재물 등의 폐기물을 자신의 농경지에 퇴비로 사용하는 등의 방법으로 재활용하는 자로서 환경부령으로 정하는 자
2. 폐지, 고철 등 환경부령으로 정하는 폐기물을 수집·운반하거나 환경부령으로 정하는 방법으로 재활용하는 자로서 사업장 규모 등이 환경부령으로 정하는 기준에 해당하는 자
3. 폐타이어, 폐가전제품 등 환경부령으로 정하는 폐기물을 수집·운반하는 자
(2010.7.23 본항개정)
② 폐기물처리 신고자가 환경부령으로 정하는 사항을 변경하려면 시·도지사에게 신고하여야 한다.(2017.4.18 본항개정)
③ 시·도지사는 제1항 또는 제2항에 따른 신고·변경신고를 받은 날부터 20일 이내에 신고·변경신고수리 여부를 신고인에게 통지하여야 한다.(2017.4.18 본항개정)
④ 시·도지사가 제3항에서 정한 기간 내에 신고·변경신고수리 여부나 민원 처리 관련 법령에 따른 처리기간의 연장을 신고인에게 통지하지 아니하면 그 기간이 끝난 날의 다음 날에 신고·변경신고를 수리한 것으로 본다.(2017.4.18 본항개정)
⑤ 제1항제1호 또는 제2호에 따른 폐기물처리 신고자는 제25조제3항에 따른 폐기물 수집·운반업의 허가를 받지 아니하거나 제1항제2호에 따른 신고를 하지 아니하고 그 재활용 대상 폐기물을 스스로 수집·운반할 수 있다.
(2013.7.16 본항개정)
⑥ 폐기물처리 신고자는 신고한 폐기물처리 방법에 따라 폐기물을 처리하는 등 환경부령으로 정하는 준수사항을 지켜야 한다.(2010.7.23 본항개정)
⑦ 시·도지사는 폐기물처리 신고자가 다음 각 호의 어느 하나에 해당하면 그 시설의 폐쇄를 명령하거나 6개월 이내의 기간을 정하여 폐기물의 반입금지 등 폐기물처리의 금지(이하 "처리금지"라 한다)를 명령할 수 있다.
(2010.7.23 본문개정)
1. 제6항에 따른 준수사항을 지키지 아니한 경우
2. 제13조에 따른 폐기물의 처리 기준과 방법 또는 제13조의2에 따른 폐기물의 재활용 원칙 및 준수사항을 지키지 아니한 경우(2015.7.20 본호개정)
3. 제40조제1항 본문에 따른 조치를 하지 아니한 경우 (2013.7.16 본호개정)
(2007.8.3 본항신설)
⑧ 제7항에 따라 시설의 폐쇄처분을 받은 자는 그 처분을 받은 날부터 1년간 다시 제1항에 따른 폐기물처리 신고를 할 수 없다.(2010.7.23 본항개정)
(2010.7.23 본조제목개정)

제46조의2【폐기물처리 신고자에 대한 과징금 처분】 ① 시·도지사는 폐기물처리 신고자가 제46조제7항 각 호의 어느 하나에 해당하여 처리금지를 명령하여야 하는 경우 그 처리금지가 다음 각 호의 어느 하나에 해당한다고 인정되면 대통령령으로 정하는 바에 따라 그 처리금지를 갈음하여 2천만원 이하의 과징금을 부과할 수 있다.
1. 해당 처리금지로 인하여 그 폐기물처리의 이용자가 폐기물을 위탁처리하지 못하여 폐기물이 사업장 안에 적체됨으로써 이용자의 사업활동에 막대한 지장을 줄 우려가 있는 경우
2. 해당 폐기물처리 신고자가 보관 중인 폐기물 또는 그 폐기물처리의 이용자가 보관 중인 폐기물의 적체에 따른 환경오염으로 인하여 인근지역 주민의 건강에 위해가 발생되거나 발생될 우려가 있는 경우
3. 천재지변이나 그 밖의 부득이한 사유로 해당 폐기물처리를 계속하도록 할 필요가 있다고 인정되는 경우
(2010.7.23 본항개정)
② 제1항에 따라 과징금을 부과하는 위반행위의 종류와 정도에 따른 과징금의 금액, 그 밖에 필요한 사항은 대통령령으로 정한다.
③ 제1항에 따른 과징금을 내야할 자가 납부기한까지 과징금을 내지 아니하면 시·도지사는 과징금 부과처분을 취소하고 제46조제7항에 따른 처리금지 처분을 하거나 「지방행정제재·부과금의 징수 등에 관한 법률」에 따라 과징금을 징수한다. 다만, 제37조에 따른 폐업 등으로 처리금지 처분을 할 수 없는 경우에는 「지방행정제재·부과금의 징수 등에 관한 법률」에 따라 과징금을 징수한다.
(2020.3.24 본항개정)
④ 제1항과 제3항에 따라 과징금으로 징수한 금액은 시·도의 수입으로 하되, 광역폐기물처리시설의 확충 등 대통령령으로 정하는 용도로 사용하여야 한다.
(2010.7.23 본조제목개정)
(2007.8.3 본조신설)
제47조【폐기물의 회수 조치】 ① 사업자는 제품의 제조·가공·수입 또는 판매 등을 할 때에 그 제조·가공·수입 또는 판매 등에 사용되는 재료·용기·제품 등이 폐기물이 되는 경우 그 회수와 처리가 쉽도록 하여야 한다.
② 사업자는 제1항에 따른 재료·용기·제품 등이 「대기환경보전법」 제2조, 「물환경보전법」 제2조 및 「화학물질관리법」 제2조에 따른 대기오염물질, 수질오염물질, 유독물질 중 환경부령으로 정하는 물질을 포함하고 있거나 다량으로 제조·가공·수입 또는 판매되어 폐기물이 되는 경우 환경부장관이 고시하는 폐기물의 회수 및 처리방법에 따라 회수·처리하여야 한다. 이 경우 환경부장관이 이를 고시하려면 미리 관계 중앙행정기관의 장과 협의하여야 한다.(2020.5.26 전단개정)
③ 환경부장관은 사업자가 제2항에 따라 고시된 회수·처리방법에 따라 회수·처리하지 아니하면 기간을 정하여 그 회수와 처리에 필요한 조치를 할 것을 권고할 수 있다.
④ 환경부장관은 제3항에 따라 권고를 받은 자가 권고사항을 이행하지 아니하면 해당 폐기물의 회수와 적정한 처리 등에 필요한 조치를 명할 수 있다.
제47조의2【폐기물의 반입정지명령】 ① 환경부장관 또는 시·도지사는 폐기물처리업자의 보관용량, 처리실적, 처리능력 등 환경부령으로 정하는 기준을 초과하여 폐기물을 보관하는 경우에는 폐기물처리업자에게 폐기물의 반입정지를 명할 수 있다. 다만, 재난폐기물(「재난 및 안전관리 기본법」 제3조제1호가목 및 나목에 따른 재난으로 인하여 발생한 폐기물을 말한다)의 처리 등 환경부령으로 정하는 사유에 해당하는 경우에는 그러하지 아니하다.
② 제1항에 따라 반입정지명령을 받은 자가 환경부령으로 정하는 기준 이하로 폐기물의 보관량을 감소시킨 경우에는 환경부장관 또는 시·도지사에게 폐기물의 반입재개 신청을 할 수 있다.
③ 환경부장관 또는 시·도지사는 제2항에 따른 반입재개 신청을 받은 날부터 10일 이내에 반입재개 여부를 신청인에게 통보하여야 한다.
(2019.11.26 본조신설)
제48조【폐기물 처리에 대한 조치명령 등】 ① 환경부장관, 시·도지사 또는 시장·군수·구청장은 부적정처리폐기물(제13조에 따른 폐기물의 처리 기준과 방법 또는 제13조의2에 따른 폐기물의 재활용 원칙 및 준수사항에 맞지 아니하게 처리되거나 제8조제1항 또는 제2항을 위반하여 버려지거나 매립되는 폐기물을 말한다. 이하 같다)이 발생하면 다음 각 호의 어느 하나에 해당하는 자(이하 "조치명령대상자"라 한다)에게 기간을 정하여 폐기물의 처리방법 변경, 폐기물의 처리 또는 반입 정지 등 필요한 조치를 명할 수 있다.
1. 부적정처리폐기물을 발생시킨 자
2. 부적정처리폐기물이 처리된 폐기물처리시설의 설치 또는 운영을 제5조제2항에 따른 수탁자에게 위탁한 자
3. 부적정처리폐기물의 처리를 제15조의2제3항 또는 제18조제1항에 따라 위탁한 음식물류 폐기물 배출자 또는 사업장폐기물배출자. 다만, 폐기물의 처리를 위탁한 자가 제15조의2제3항·제5항, 제17조제1항제3호 또는 제18조의2제3항에 따른 의무를 위반하거나 그 밖의 귀책사유가 있다고 인정되는 경우로 한정한다.

4. 부적정처리폐기물의 발생부터 최종처분에 이르기까지 배출, 수집·운반, 보관, 재활용 및 처분과정에 관여한 자
5. 부적정처리폐기물과 관련하여 제18조제3항을 위반하여 폐기물 인계·인수에 관한 사항과 폐기물처리현장정보를 전자정보처리프로그램에 입력하지 아니하거나 거짓으로 입력한 자
6. 제1호부터 제5호까지의 규정 중 어느 하나에 해당하는 자에 대하여 부적정처리폐기물의 발생 원인이 된 행위를 할 것을 요구·의뢰·교사한 자 또는 그 행위에 협력한 자
7. 제1호부터 제6호까지의 사업장폐기물배출자에 대하여 제17조제8항 또는 제9항에 따라 권리·의무를 승계한 자
8. 제1호부터 제6호까지의 폐기물처리업자, 폐기물처리시설의 설치자 또는 폐기물처리 신고자에 대하여 제33조제1항부터 제3항까지에 따라 권리·의무를 승계한 자
(2019.11.26 3호~8호신설)
9. 부적정처리폐기물을 직접 처리하거나 다른 사람에게 자기 소유의 토지 사용을 허용한 경우 부적정처리폐기물이 버려지거나 매립된 토지의 소유자
② 환경부장관, 시·도지사 또는 시장·군수·구청장이 제1항에 따른 조치명령대상자 또는 조치명령의 범위를 결정하기 위하여 필요한 경우에는 제48조의3에 따른 폐기물처리자문위원회에 자문할 수 있다.(2019.11.26 본항신설)
③ 제1항에 따라 조치명령을 받은 자가 자기의 비용으로 조치명령을 이행한 경우에는 동일한 사유로 조치명령을 받은 자의 부담부분에 관하여 구상권을 행사할 수 있다.
(2019.11.26 본항신설)
④ 제1항부터 제3항까지의 규정 외에 조치명령의 기준, 절차 및 방법 등에 필요한 사항은 환경부령으로 정한다.
(2019.11.26 본항신설)
(2019.11.26 본조개정)
제48조의2【의견제출】 환경부장관, 시·도지사 또는 시장·군수·구청장은 제39조의2, 제39조의3, 제40조제2항·제3항, 제47조의2 또는 제48조에 따른 명령을 하려면 미리 그 명령을 받을 자에게 그 이유를 알려 의견을 제출할 기회를 주어야 한다. 다만, 상수원 보호 등 환경 보전상 긴급히 하여야 하는 경우에는 그러하지 아니하다.
(2019.11.26 본문개정)
제48조의3【폐기물처리자문위원회】 ① 제48조제2항에 따라 환경부장관, 시·도지사 또는 시장·군수·구청장의 자문에 응하기 위하여 환경부에 폐기물처리자문위원회(이하 이 조에서 "위원회"라 한다)를 둔다.
② 위원회는 위원장을 포함하여 5명 이상 9명 이하의 위원으로 구성한다.
③ 위원회의 구성·운영 등에 필요한 사항은 대통령령으로 정한다.
(2019.11.26 본조신설)
제48조의4【폐기물적정처리추진센터】 ① 환경부장관은 다음 각 호의 업무를 기술적으로 지원하기 위하여 한국환경공단 등 대통령령으로 정하는 전문기관을 폐기물적정처리추진센터로 지정할 수 있다.
1. 사업장폐기물의 적정 처리 점검 및 적정 처리를 위한 지도
2. 폐기물처리업자, 폐기물처리시설 설치자, 폐기물처리 신고자에 관한 정보의 수집 및 제공
3. 사업장폐기물의 적정한 처리를 위한 계발활동 및 홍보활동
4. 제49조에 따른 대집행 업무 지원
5. 그 밖에 폐기물의 적정 처리에 관하여 환경부령으로 정하는 업무
② 환경부장관, 시·도지사 또는 시장·군수·구청장은 다음 각 호의 어느 하나에 해당하는 정보를 취득한 경우 환경부령으로 정하는 바에 따라 지체 없이 폐기물적정처리추진센터에 통보하여야 한다.
1. 제27조제1항·제2항, 제40조제2항·제3항, 제46조제7항, 제47조의2제1항 또는 제48조제1항에 따른 행정처분을 한 사실과 행정처분의 구체적인 내용
2. 제27조제1항·제2항, 제40조제2항·제3항, 제46조제7항, 제47조의2제1항 또는 제48조제1항에 따른 행정처분을 받은 자의 신청에 의하여 법원 또는 행정심판위원회가 그 행정처분에 대하여 결정 또는 판결을 내린 사실 및 그 내용
③ 환경부장관은 폐기물적정처리추진센터의 운영 등에 필요한 경비를 예산의 범위에서 지원할 수 있다.
(2019.11.26 본조신설)
제48조의5【과징금】 ① 환경부장관, 시·도지사 또는 시장·군수·구청장은 제48조제1항제1호부터 제8호까지의 규정 중 어느 하나에 해당하는 자가 폐기물을 부적정 처리함으로써 얻은 부적정처리이익(부적정 처리함으로써 지출하지 아니하게 된 해당 폐기물의 적정 처리비용 상당액을 말한다. 이하 이 조에서 같다)의 3배 이하에 해당하는 금액과 폐기물의 제거 및 원상회복에 드는 비용을 과징금으로 부과할 수 있다.
② 환경부장관, 시·도지사 또는 시장·군수·구청장은 제1항에 따른 과징금을 내야 할 자가 납부기한까지 내지 아니하면 국세 체납처분의 예 또는 「지방세외수입금의 징수 등에 관한 법률」에 따라 징수한다.

③ 제1항에 따라 과징금을 부과할 때 「환경범죄 등의 단속 및 가중처벌에 관한 법률」 제12조에 따라 과징금이 부과된 경우에는 그에 해당하는 금액을 감액한다.
④ 제1항에 따른 과징금의 구체적인 계산방법과 그 밖에 필요한 사항은 대통령령으로 정한다.
(2019.11.26 본조신설)

제49조【대집행】 ① 환경부장관, 시·도지사 또는 시장·군수·구청장(이하 "대집행기관"이라 한다)은 제39조의2, 제39조의3, 제40조제2항·제3항 또는 제48조에 따른 명령을 받은 자가 그 명령을 이행하지 아니하면 「행정대집행법」에 따라 대집행(代執行)을 하고 그 비용을 징수할 수 있다.(2019.11.26 본항개정)
② 제1항에도 불구하고 대집행기관은 다음 각 호의 어느 하나에 해당하는 경우에 제39조의2, 제39조의3, 제40조제2항·제3항 또는 제48조에 따른 명령을 내리지 아니하고 대집행을 할 수 있다. 이 경우 대집행기관은 제39조의2, 제39조의3, 제40조제2항·제3항 또는 제48조에 따른 명령대상자(제1호의 경우에는 대집행절차 도중 또는 완료 이후에 확인된 명령대상자를 말한다)로부터 「행정대집행법」에 따라 비용을 징수할 수 있다.
1. 제39조의2, 제39조의3, 제40조제2항·제3항 또는 제48조에 따른 명령대상자를 대집행기관이 확인할 수 없는 경우
2. 제39조의2, 제39조의3, 제40조제2항·제3항 또는 제48조에 따른 명령대상자를 대집행기관이 확인하였으나 명령을 이행할 능력이 없다고 인정되는 경우
3. 대집행기관이 침출수 누출, 화재 발생 등으로 주민의 건강 또는 주변 환경에 심각한 위해를 끼칠 우려가 있는 등 명령의 내용이 되는 조치의 전부 또는 일부를 긴급하게 실시하여야 할 필요가 있는 경우
(2019.11.26 본항신설)
③ 대집행기관은 제39조의2, 제39조의3, 제40조제2항·제3항 또는 제48조에 따른 명령을 내린 경우 또는 제1항 및 제2항의 대집행절차가 개시된 경우 징수권을 보전하기 위하여 법원에 재산조회, 가압류 신청을 하는 등 필요한 조치를 취할 수 있다.(2019.11.26 본항신설)
④ 제1항 또는 제2항에 따라 대집행을 실시한 대집행기관은 제48조제1항제1호에 해당하는 자가 폐기물처리업자 또는 폐기물처리 신고자로 확인된 경우 그 폐기물처리업자 또는 폐기물처리 신고자를 관할하는 행정기관에 대집행에 소요된 비용을 청구할 수 있다. 이 경우 비용을 청구받은 행정기관은 조치명령대상자에게 비용을 징수할 수 있다.(2019.11.26 본항신설)
⑤ 제1항부터 제4항까지에서 규정한 사항 외에 대집행에 필요한 사항은 「행정대집행법」에서 정하는 바에 따른다.
(2019.11.26 본항신설)

제50조【폐기물처리시설의 사후관리 등】 ① 제29조제2항에 따른 설치승인을 받거나 설치신고를 한 후 폐기물처리시설을 설치한 자(제25조에 따라 폐기물처리업의 허가를 받은 자를 포함한다)는 그가 설치한 폐기물처리시설의 사용을 끝내거나 폐쇄하려면 환경부령으로 정하는 바에 따라 환경부장관에게 신고하여야 한다. 이 경우 폐기물을 매립하는 시설의 사용을 끝내거나 시설을 폐쇄하려면 제30조제1항에 따른 검사기관으로부터 환경부령으로 정하는 검사에서 적합 판정을 받아야 한다.
(2013.7.16 전단개정)
② 환경부장관은 제1항 전단에 따른 신고를 받은 경우 환경부령으로 정하는 기간 내에 신고수리 여부를 신고인에게 통지하여야 한다.(2017.4.18 본항신설)
③ 환경부장관이 제2항에서 정한 기간 내에 신고수리 여부나 민원 처리 관련 법령에 따른 처리기간의 연장을 신고인에게 통지하지 아니하면 그 기간이 끝난 날의 다음 날에 신고를 수리한 것으로 본다.(2017.4.18 본항신설)
④ 환경부장관은 제1항에 따른 검사 결과 부적합 판정을 받은 경우에는 그 시설을 설치·운영하는 자에게 환경부령으로 정하는 바에 따라 기간을 정하여 그 시설의 개선을 명할 수 있다.(2015.1.20 본항신설)
⑤ 다음 각 호의 어느 하나에 해당하는 자는 그 시설로 인한 주민의 건강·재산 또는 주변환경의 피해를 방지하기 위하여 환경부령으로 정하는 바에 따라 침출수 처리시설을 설치·가동하는 등의 사후관리를 하여야 한다.
(2015.7.20 본문개정)
1. 제1항에 따라 신고를 한 자 중 대통령령으로 정하는 폐기물을 매립하는 시설을 사용종료하거나 폐쇄한 자
2. 대통령령으로 정하는 폐기물을 매립하는 시설을 사용하면서 제31조제5항에 따라 폐쇄명령을 받은 자
(2015.1.20 1호～2호신설)
⑥ 제5항에 따라 사후관리를 하여야 하는 자는 적절한 사후관리가 이루어지고 있는지에 관하여 제30조제1항에 따른 검사기관으로부터 환경부령으로 정하는 정기검사를 받아야 한다. 이 경우 「환경기술 및 환경산업 지원법」 제13조에 따른 기술진단을 받으면 정기검사를 받은 것으로 본다(「환경기술 및 환경산업 지원법」 제13조제3항에 따른 요청을 이행하지 아니한 경우는 제외한다).
(2017.4.18 전단개정)
⑦ 환경부장관은 제5항에 따라 사후관리를 하여야 하는 자가 이를 제대로 하지 아니하거나 제6항에 따른 정기검사 결과 부적합 판정을 받은 경우에는 환경부령으로 정하는 바에 따라 기간을 정하여 시정을 명할 수 있다.
(2017.4.18 본항개정)
⑧ 환경부장관은 제7항에 따른 명령을 받고도 그 기간에 시정하지 아니하면 대통령령으로 정하는 자에게 대행하게 하고 제51조 및 제52조에 따라 낸 사후관리이행보증금·이행보증보험금 또는 사후관리이행보증금의 사전적립금(이하 "사후관리이행보증금등"이라 한다)을 그 비용으로 사용할 수 있다. 이 경우 그 비용이 사후관리이행보증금등을 초과하면 그 초과 금액을 그 명령을 받은 자로부터 징수할 수 있다.(2017.4.18 전단개정)

제50조의2【폐기물처리시설의 사후관리 의무 승계】 ① 다음 각 호의 어느 하나에 해당하는 자는 제50조제5항에 따라 사후관리를 하여야 하는 자로부터 사후관리 의무를 승계한다.
1. 제50조제5항에 따라 사후관리를 하여야 하는 자로부터 사후관리 대상인 폐기물처리시설 또는 해당 부지를 양수하거나 「민사집행법」에 따른 경매, 「채무자 회생 및 파산에 관한 법률」에 따른 환가(換價)나 「국세징수법」·「관세법」 또는 「지방세징수법」에 따른 압류재산의 매각, 그 밖에 이에 준하는 절차에 따라 인수한 자
2. 제50조제5항에 따라 사후관리를 하여야 하는 자가 다른 법인에 흡수합병되거나 다른 법인과 합병하여 새로운 법인을 설립하거나 법인을 분할하여 새로운 법인을 설립하거나 다른 법인에 합병하는 경우 합병 후 존속하는 법인이나 합병 또는 분할로 설립되는 법인
3. 제50조제5항에 따라 사후관리를 하여야 하는 자가 사망한 경우 그 상속인
② 제1항에 따라 사후관리 의무를 승계한 자는 환경부령으로 정하는 바에 따라 1개월 이내에 그 사실을 환경부장관에게 신고하여야 한다.
(2023.8.16 본조신설)

제51조【폐기물처리시설의 사후관리이행보증금】 ① 환경부장관은 제50조제5항에 따라 사후관리 대상인 폐기물을 매립하는 시설이 그 사용종료 또는 폐쇄 후 침출수의 누출 등으로 주민의 건강 또는 재산이나 주변환경에 심각한 위해(危害)를 가져올 우려가 있다고 인정하면 대통령령으로 정하는 바에 따라 그 시설을 설치한 자에게 그 사용종료(폐쇄를 포함한다) 및 사후관리(이하 "사후관리등"이라 한다)의 이행을 보증하게 하기 위하여 사후관리등에 드는 비용의 전부를 「환경정책기본법」에 따른 환경개선특별회계에 예치하게 할 수 있다. 다만, 다음 각 호의 어느 하나에 해당하면 대통령령으로 정하는 바에 따라 사후관리에 드는 비용의 예치를 면제하거나 사후관리에 드는 비용의 전부나 일부의 예치를 갈음하게 할 수 있다.
(2020.5.26 단서개정)
1. 사후관리의 이행을 보증하는 보험에 가입한 경우
2. 제52조에 따라 사후관리에 드는 비용을 사전에 적립한 경우
3. 그 밖에 대통령령으로 정하는 경우
② 제1항에 따라 폐기물을 매립하는 시설을 설치한 자가 예치하여야 할 비용(이하 "사후관리이행보증금"이라 한다)은 대통령령으로 정하는 기준에 따라 산출하되, 그 납부 시기·절차, 그 밖에 필요한 사항은 대통령령으로 정한다.
③ 제2항에 따른 사후관리이행보증금을 납부기한까지 내지 아니하면 국세 체납처분의 예에 따라 징수한다.
④ 환경부장관은 폐기물을 매립하는 시설을 설치한 자가 매년 이행하여야 할 사후관리 업무의 전부 또는 일부를 이행하면 납부된 사후관리이행보증금 중에서 그 이행의 정도에 따라 대통령령으로 정하는 기준에 의하여 산출된 금액에 해당하는 사후관리이행보증금을 반환하여야 한다.(2010.7.23 본항개정)

제52조【사후관리이행보증금의 사전 적립】 ① 환경부장관은 대통령령으로 정하는 폐기물을 매립하는 시설을 설치하는 자에게 대통령령으로 정하는 바에 따라 그 시설의 사후관리등에 드는 비용의 전부를 매립하는 폐기물의 양이 제25조제3항·제11항에 따라 허가·변경허가 또는 제29조제2항·제3항에 따라 승인·변경승인을 받은 처분용량의 100분의 50을 초과하기 전에 「환경정책기본법」에 따른 환경개선특별회계에 사전 적립하게 할 수 있다. 다만, 다음 각 호의 어느 하나에 해당하면 사후관리이행보증금 사전적립금의 예치를 갈음하게 할 수 있다.
1. 사후관리등의 이행을 보증하는 보험에 가입한 경우
2. 사후관리등에 드는 비용의 전부 또는 일부에 상당하는 담보물(폐기물매립시설은 제외한다)을 제공한 경우
(2015.1.20 본항개정)
② 환경부장관은 제1항에 따른 시설을 설치한 자가 사전에 적립한 금액이 제51조제1항에 따른 사후관리이행보증금보다 많으면 대통령령으로 정하는 바에 따라 그 차액을 반환하여야 한다.
(2010.7.23 본조개정)

제53조【사후관리이행보증금의 용도 등】 제51조와 제52조에 따른 사후관리이행보증금과 사전적립금은 다음 각 호의 용도에 사용한다.
1. 사후관리이행보증금과 매립 시설의 사후관리를 위한 사전적립금의 환불
2. 매립 시설의 사후관리 대행
3. 제31조제6항에 따른 최종복토 등 폐쇄절차 대행
(2015.1.20 본호신설)
4. 그 밖에 대통령령으로 정하는 용도

제54조【사용종료 또는 폐쇄 후의 토지 이용 제한 등】 환경부장관은 제50조제5항에 따라 사후관리 대상인 폐기물을 매립하는 시설의 사용이 끝나거나 시설이 폐쇄된 후 침출수의 누출, 제방의 유실 등으로 주민의 건강 또는 재산이나 주변환경에 심각한 위해를 가져올 우려가 있다고 인정되면 대통령령으로 정하는 바에 따라 그 시설이 있는 토지의 소유권 또는 소유권 외의 권리를 가지고 있는 자에게 대통령령으로 정하는 기간에 그 토지 이용을 수목(樹木)의 식재(植栽), 초지(草地)의 조성 또는 「도시공원 및 녹지 등에 관한 법률」 제2조제4호에 따른 공원시설, 「체육시설의 설치·이용에 관한 법률」 제2조제1호에 따른 체육시설, 「문화예술진흥법」 제2조제1항제3호에 따른 문화시설, 「신에너지 및 재생에너지 개발·이용·보급 촉진법」 제2조제3호에 따른 신·재생에너지 설비의 설치에 한정하도록 그 용도를 제한할 수 있다.
(2017.4.18 본조개정)

제55조【폐기물 처리사업의 조정】 ① 환경부장관 또는 시·도지사는 제4조제2항 또는 제4항에 따라 지방자치단체 간의 폐기물 처리사업을 조정할 때에 폐기물매립시설 등 폐기물처리시설을 공동으로 사용할 필요가 있으면 공동으로 사용하게 하고, 그 시설이 설치된 지역의 생활환경 보전과 개선을 위하여 필요한 지원대책을 마련하도록 관련 지방자치단체에 요구할 수 있다. 이 경우 관련 지방자치단체는 특별한 사유가 없으면 그 요구에 따라야 한다.
② 환경부장관은 제1항에 따라 지방자치단체 간의 폐기물 처리사업을 효율적으로 조정하기 위하여 폐기물 처리사업 및 폐기물처리시설의 설치·운영 실태 등을 조사·평가할 수 있다.(2013.7.16 본항신설)
③ 제2항에 따른 평가에 대한 방법 및 절차 등의 세부사항은 환경부령으로 정한다.(2013.7.16 본항신설)

제56조【국고 보조 등】 ① 국가는 예산의 범위에서 지방자치단체에 폐기물처리시설의 설치에 필요한 비용의 전부 또는 일부를 지원할 수 있다.
② 환경부장관은 제1항에 따라 비용을 지원하려는 경우에는 제55조제2항에 따른 평가결과를 고려할 수 있다.
(2013.7.16 본항신설)

제57조【폐기물처리시설 설치비용의 지원】 국가나 지방자치단체의 장은 필요하다고 인정하면 폐기물처리시설을 설치하려는 자에게 설치에 대한 재정적인 지원을 할 수 있다.

제58조【폐기물 처리실적의 보고】 ① 시·도지사는 환경부령으로 정하는 바에 따라 관할 구역의 전년도 폐기물 처리실적을 3월 31일까지 환경부장관에게 보고하여야 한다.
② 환경부장관은 이 법의 시행에 필요한 범위에서 시·도지사 또는 시장·군수·구청장에게 폐기물 업무에 관련된 지도·단속 등의 실적을 보고하게 할 수 있다.

제58조의2【한국폐기물협회】 ① 폐기물처리시설 설치·운영자, 폐기물처리업자, 폐기물과 관련된 단체 등 대통령령으로 정하는 자는 폐기물에 관한 조사·연구·기술개발·정보보급 등 폐기물분야의 발전을 도모하기 위하여 환경부장관의 허가를 받아 한국폐기물협회(이하 "협회"라 한다)를 설립할 수 있다.(2013.7.16 본항개정)
② 협회는 법인으로 한다.
③ 협회는 다음 각 호의 업무를 수행한다.
1. 폐기물산업의 발전을 위한 지도 및 조사·연구
2. 폐기물 관련 홍보 및 교육·연수
3. 그 밖에 대통령령으로 정하는 업무
(2013.7.16 본항신설)
④ 협회의 조직·운영, 그 밖에 필요한 사항은 그 설립목적을 달성하기 위하여 필요한 범위에서 대통령령으로 정한다.(2013.7.16 본항개정)
⑤ 협회에 관하여 이 법에 규정되지 아니한 사항은 「민법」 중 사단법인에 관한 규정을 준용한다.
(2007.8.3 본조신설)

제59조【수수료】 ① 다음 각 호의 어느 하나에 해당하는 자는 환경부령으로 정하는 바에 따라 수수료를 내야 한다.
1. 제13조의3제1항에 따른 재활용환경성평가를 받으려는 자
1의2. 제18조의2제1항 및 제2항에 따라 유해성 정보자료 작성을 의뢰하려는 자(2017.4.18 본호신설)
2. 제25조제3항에 따른 허가를 받으려는 자
3. 제25조의2제1항에 따른 전용용기 제조업의 등록을 하려는 자
4. 제30조제1항 및 제2항에 따른 검사를 받으려는 자
5. 제50조제1항 후단 및 같은 조 제6항 전단에 따른 검사를 받으려는 자(2022.12.27 본호신설)
(2015.7.20 본항개정)
② 다음 각 호의 기관은 해당 호에서 정하는 자로부터 환경부장관이 정하여 고시하는 바에 따라 수수료를 받을 수 있다.
1. 제25조의2제6항에 따른 검사기관 : 전용용기에 대한 검사를 받으려는 자(2017.4.18 본호개정)
2. 폐기물분석전문기관 : 폐기물의 시험·분석을 의뢰하려는 자(2015.1.20 본호신설)
(2015.7.20 본조제목개정)
(2015.1.20 본조개정)

제60조【행정처분의 기준】 이 법 또는 이 법에 따른 명령을 위반한 행위에 대한 행정처분의 기준은 환경부령으로 정한다.

제61조【청문】 환경부장관 또는 시·도지사는 다음 각 호의 어느 하나에 해당하는 처분을 하려면 청문을 실시하여야 한다.

1. 제13조의3제6항에 따른 승인 취소
2. 제13조의4제6항에 따른 재활용환경성평가기관의 지정 취소
(2015.7.20 1호~2호신설)
3. 제17조의5에 따른 폐기물분석전문기관 지정의 취소 (2015.1.20 본호신설)
4. 제27조에 따른 허가의 취소
5. 제27조의2에 따른 등록의 취소(2015.1.20 본호신설)
5의2. 제30조의2제7항에 따른 폐기물처리시설 검사기관의 지정 취소(2019.11.26 본호신설)
6. 제31조제5항에 따른 폐기물처리시설의 폐쇄명령
7. 제46조제7항에 따른 폐기물처리시설의 폐쇄명령 (2015.1.20 본호신설)

제62조【권한이나 업무의 위임과 위탁】 ① 이 법에 따른 환경부장관의 권한은 대통령령으로 정하는 바에 따라 그 일부를 시·도지사 또는 소속 기관의 장에게 위임할 수 있다.(2012.6.1 본항개정)
② 이 법에 따른 환경부장관 또는 지방자치단체의 장의 업무는 대통령령으로 정하는 바에 따라 그 일부를 한국환경공단, 협회 등 관련 전문기관에 위탁할 수 있다.
(2015.1.20 본항개정)
③ 환경부장관이나 지방자치단체의 장은 이 법에 따라 설치한 폐기물처리시설 등의 효율적인 관리·운영을 위하여 필요하다고 인정하면 환경부령(지방자치단체의 장의 경우에는 해당 지방자치단체의 조례)으로 정하는 바에 따라 그 관리·운영을 맡을 능력이 있는 자에게 위탁할 수 있다.(2010.7.23 본항개정)

제62조의2【벌칙 적용에서의 공무원 의제】 제62조제2항 또는 제3항에 따라 위탁받은 업무를 하는 사람 중 공무원이 아닌 사람은 「형법」 제129조부터 제132조까지의 규정에 따른 벌칙을 적용하는 경우 공무원으로 본다.
(2020.5.26 본조개정)

제62조의3【규제의 재검토】 환경부장관은 다음 각 호의 사항에 대하여 다음 각 호의 기준일을 기준으로 3년마다(매 3년이 되는 해의 기준일과 같은 날 전까지를 말한다) 그 타당성을 검토하여 개선 등의 조치를 하여야 한다.
1. 제13조의3제3항에 따른 재활용 대상 폐기물의 승인에 관한 사항 : 2016년 7월 1일
2. 제13조의3제6항에 따른 재활용 대상 폐기물의 승인 취소에 관한 사항 : 2016년 7월 1일
(2015.7.20 본조신설)

제7장 벌 칙

제63조【벌칙】 다음 각 호의 어느 하나에 해당하는 자는 7년 이하의 징역이나 7천만원 이하의 벌금에 처한다. 이 경우 징역형과 벌금형은 병과(倂科)할 수 있다.
(2014.1.21 전단개정)
1. 제8조제1항을 위반하여 사업장폐기물을 버린 자
2. 제8조제2항을 위반하여 사업장폐기물을 매립하거나 소각한 자
(2013.7.16 1호~2호신설)
3. 제13조의3제3항을 위반하여 폐기물의 재활용에 대한 승인을 받지 아니하고 폐기물을 재활용한 자
(2015.7.20 본호신설)

제64조【벌칙】 다음 각 호의 어느 하나에 해당하는 자는 5년 이하의 징역이나 5천만원 이하의 벌금에 처한다.
(2014.1.21 본문개정)
1. 제13조의3제6항에 따라 승인이 취소되었음에도 불구하고 폐기물을 계속 재활용한 자(2015.7.20 본호신설)
2. 거짓이나 그 밖의 부정한 방법으로 제13조의4제1항에 따른 재활용환경성평가기관으로 지정 또는 변경지정을 받은 자(2015.7.20 본호신설)
3. 제13조의4제1항에 따른 지정을 받지 아니하고 재활용환경성평가를 한 자(2015.7.20 본호신설)
4. 제14조제7항에 따라 대행계약을 체결하지 아니하고 종량제 봉투등을 제작·유통한 자(2013.7.16 본호개정)
5. 제25조제3항에 따른 허가를 받지 아니하고 폐기물처리업을 한 자
6. 거짓이나 그 밖의 부정한 방법으로 제25조제3항에 따른 폐기물처리업 허가를 받은 자
7. 제25조의2제1항에 따른 등록을 하지 아니하고 전용용기를 제조한 자(2015.1.20 본호신설)
8. 거짓이나 그 밖의 부정한 방법으로 제25조의2제1항에 따른 전용용기 제조업 등록을 한 자(2015.1.20 본호신설)
8의2. 제25조의3제1항에 따른 적합성확인을 받지 아니하고 폐기물처리업을 계속한 자
8의3. 거짓이나 그 밖의 부정한 방법으로 제25조의3제1항에 따른 적합성확인을 받은 자
(2019.11.26 8호의2~8호의3신설)
9. 제31조제5항에 따른 폐쇄명령을 이행하지 아니한 자

제65조【벌칙】 다음 각 호의 어느 하나에 해당하는 자는 3년 이하의 징역이나 3천만원 이하의 벌금에 처한다. 다만, 제1호, 제6호 및 제11호의 경우 징역형과 벌금형은 병과할 수 있다.
1. 제13조를 위반하여 폐기물을 매립한 자(2017.4.18 본호개정)
2. 제13조의3제3항을 위반하여 거짓이나 그 밖의 부정한 방법으로 재활용환경성평가서를 작성하여 환경부장관에게 제출한 자
3. 제13조의4제2항을 위반하여 변경지정을 받지 아니하고 중요사항을 변경한 자
4. 제13조의4제4항을 위반하여 다른 자에게 자기의 명의나 상호를 사용하여 재활용환경성평가를 하게 하거나 재활용환경성평가기관 지정서를 다른 자에게 빌려준 자
5. 다른 자의 명의나 상호를 사용하여 재활용환경성평가를 하거나 재활용환경성평가기관 지정서를 빌린 자
6. 제15조의2제3항을 위반하여 사업장폐기물 중 음식물류 폐기물을 수집·운반 또는 재활용한 자
7. 거짓이나 그 밖의 부정한 방법으로 폐기물분석전문기관으로 지정을 받거나 변경지정을 받은 자
8. 제17조의2제1항 또는 제3항에 따른 지정 또는 변경지정을 받지 아니하고 폐기물분석전문기관의 업무를 한 자
9. 제17조의5제2항에 따른 업무정지기간 중 폐기물 시험·분석 업무를 한 폐기물분석전문기관
10. 고의로 사실과 다른 내용의 폐기물분석결과서를 발급한 폐기물분석전문기관
11. 제18조제1항을 위반하여 사업장폐기물을 처리한 자 (2017.4.18 본호개정)
12.~13. (2017.4.18 삭제)
14. 제25조제11항에 따른 변경허가를 받지 아니하고 폐기물처리업의 허가사항을 변경한 자
15. 제25조의2제6항을 위반하여 검사를 받지 아니한 자 (2017.4.18 본호개정)
16. 제27조에 따른 영업정지 기간에 영업을 한 자
17. 제27조의2제2항에 따른 영업정지 기간에 영업을 한 자
18. 제29조제2항을 위반하여 승인을 받지 아니하고 폐기물처리시설을 설치한 자
19. 제30조제1항부터 제3항까지의 규정을 위반하여 검사를 받지 아니하거나 적합 판정을 받지 아니하고 폐기물처리시설을 사용한 자
19의2. 거짓이나 그 밖의 부정한 방법으로 제30조의2제1항에 따른 폐기물처리시설 검사기관으로 지정 또는 변경지정을 받은 자(2019.11.26 본항신설)
19의3. 제30조의2제1항에 따른 폐기물처리시설 검사기관으로 지정을 받지 아니하고 폐기물처리시설을 검사한 자 (2019.11.26 본항신설)
20. 제31조제4항에 따른 개선명령을 이행하지 아니하거나 사용중지 명령을 위반한 자
21. 제39조의2, 제39조의3 또는 제40조제2항·제3항·제4항제1호에 따른 명령을 이행하지 아니한 자
22. 제47조제4항에 따른 조치명령을 이행하지 아니한 자
22의2. 제47조의2제1항에 따른 반입정지명령을 이행하지 아니한 자(2019.11.26 본호신설)
23. 제48조에 따른 조치명령을 이행하지 아니한 자
24. 제50조제1항 후단을 위반하여 검사를 받지 아니하거나 적합 판정을 받지 아니하고 폐기물을 매립하는 시설의 사용을 끝내거나 시설을 폐쇄한 자
25. 제50조제4항에 따른 개선명령을 이행하지 아니한 자
26. 제50조제6항을 위반하여 정기검사를 받지 아니한 자
27. 제50조제7항에 따른 시정명령을 이행하지 아니한 자
(2017.4.18 25호~27호개정)
(2015.7.20 본조개정)

제66조【벌칙】 다음 각 호의 어느 하나에 해당하는 자는 2년 이하의 징역이나 2천만원 이하의 벌금에 처한다.
(2014.1.21 본문개정)
1. 제13조 또는 제13조의2를 위반하여 폐기물을 처리한 자(제65조제1호의 경우는 제외한다)(2019.11.26 본호개정)
1의2. 제13조의3제5항에 따른 승인 조건을 위반하여 폐기물을 재활용한 자(2015.7.20 본호신설)
1의3. 제13조의5제5항에 따른 조치명령을 이행하지 아니한 자(2015.7.20 본호개정)
2. 제46조제1항을 위반하여 신고를 하지 아니하거나 허위로 신고를 한 자(2017.4.18 본호개정)
3. (2007.8.3 삭제)
3의2. 제14조의5제2항을 위반하여 안전기준을 준수하지 아니한 자(2019.4.16 본호신설)
3의3. 제15조의2제3항, 제5항 또는 제17조제1항제3호에 따른 기준 및 절차를 준수하지 아니하고 위탁 또는 확인하는 등 필요한 조치를 취하지 아니한 자(2019.11.26 본호신설)
4. 제17조제5항에 따른 확인 또는 같은 조 제6항(제1호에 따른 상호의 변경은 제외한다)에 따른 변경확인을 받지 아니하거나 확인·변경확인을 받은 내용과 다르게 지정폐기물을 배출·운반 또는 처리한 자(2017.4.18 본호개정)
4의2. 제17조의3제1항을 위반하여 다른 자에게 자기의 성명이나 상호를 사용하여 폐기물의 시험·분석 업무를 하게 하거나 지정서를 다른 자에게 빌려 준 폐기물분석전문기관
4의3. 중대한 과실로 사실과 다른 내용의 폐기물분석결과서를 발급한 폐기물분석전문기관
(2015.1.20 4호의2~4호의3신설)
4의4. 제18조제3항을 위반하여 폐기물의 인계·인수에 관한 사항과 폐기물처리현장정보를 입력하지 아니하거나 거짓으로 입력한 자(2019.11.26 본호신설)
5. (2015.1.20 삭제)
6. 제25조제5항에 따른 업종 구분과 영업 내용의 범위를 벗어나는 영업을 한 자
7. 제25조제7항의 조건을 위반한 자
(2007.8.3 6호~7호개정)
8. 제25조제8항을 위반하여 다른 사람에게 자기의 성명이나 상호를 사용하여 폐기물을 처리하게 하거나 그 허가증을 다른 사람에게 빌려준 자(2010.7.23 본호개정)
9. 제25조제9항에 따른 준수사항을 지키지 아니한 자. 다만, 제25조제9항제5호에 해당하는 경우에는 고의 또는 중과실인 경우에 한정한다.(2021.1.5 단서개정)
9의2. 제25조의2제1항에 따른 변경등록을 하지 아니하거나 거짓으로 변경등록하고 등록한 사항을 변경한 자 (2015.1.20 본호신설)
9의3. 제25조의2제7항을 위반하여 다른 사람에게 자기의 성명이나 상호를 사용하여 전용용기를 제조하게 하거나 등록증을 다른 사람에게 빌려준 자
9의4. 제25조의2제8항을 위반하여 제25조의2제5항에 따른 기준에 적합하지 아니한 전용용기를 유통시킨 자
(2017.4.18 9호의3~9호의4개정)
10. 제29조제1항을 위반하여 설치가 금지되는 폐기물 소각시설을 설치·운영한 자
11. 제29조제2항을 위반하여 신고를 하지 아니하고 폐기물처리시설을 설치한 자
12. 제29조제3항에 따른 변경승인을 받지 아니하고 승인받은 사항을 변경한 자
12의2. 제30조의2제2항을 위반하여 변경지정을 받지 아니하고 중요사항을 변경한 자
12의3. 제30조의2제3항을 위반하여 거짓이나 그 밖의 부정한 방법으로 폐기물처리시설 검사결과서를 발급한 자
12의4. 제30조의2제4항을 위반하여 다른 자에게 자기의 명의나 상호를 사용하여 폐기물처리시설 검사를 하게 하거나 폐기물처리시설 검사기관 지정서를 빌려준 자
12의5. 다른 자의 명의나 상호를 사용하여 폐기물처리시설 검사를 하거나 폐기물처리시설 검사기관 지정서를 빌린 자
(2019.11.26 12호의2~12호의5신설)
13. 제31조제1항에 따른 관리기준에 적합하지 아니하게 폐기물처리시설을 유지·관리하여 주변환경을 오염시킨 자
14. 제31조제7항에 따른 측정이나 조사명령을 이행하지 아니한 자(2015.1.20 본호개정)
15.~16. (2010.7.23 삭제)
17. 제36조제3항을 위반하여 장부기록사항을 전자정보프로그램에 입력하지 아니하거나 거짓으로 입력한 자
18. 제39조제1항에 따른 보고를 하지 아니하거나 거짓 보고를 한 자
19. 제39조제1항에 따른 출입·검사를 거부·방해 또는 기피한 자
(2019.11.26 17호~19호신설)

제67조【양벌규정】 법인의 대표자나 법인 또는 개인의 대리인, 사용인, 그 밖의 종업원이 그 법인 또는 개인의 업무에 관하여 제63조부터 제66조까지의 어느 하나에 해당하는 위반행위를 하면 그 행위자를 벌하는 외에 그 법인 또는 개인에게도 해당 조문의 벌금형을 과(科)한다. 다만, 법인 또는 개인이 그 위반행위를 방지하기 위하여 해당 업무에 관하여 상당한 주의와 감독을 게을리하지 아니한 경우에는 그러하지 아니하다.(2010.7.23 본조개정)

제68조【과태료】 ① 다음 각 호의 어느 하나에 해당하는 자에게는 1천만원 이하의 과태료를 부과한다.
1. (2019.11.26 삭제)
1의2. 제15조제3항을 위반하여 신고를 하지 아니하거나 거짓으로 신고를 한 자(2019.11.26 본호신설)
1의3. 제15조의2제3항을 위반하여 생활폐기물 중 음식물류 폐기물을 수집·운반 또는 재활용한 자
(2013.7.16 본호신설)
1의4. 제17조제2항을 위반하여 신고를 하지 아니하거나 거짓으로 신고를 한 자(2010.7.23 본호신설)
1의5. 제17조의3제2항 및 제3항에 따른 준수사항을 지키지 아니한 자(2015.1.20 본호신설)
1의6. 제18조의2제1항을 위반하여 유해성 정보자료를 작성하지 아니하거나 거짓 또는 부정한 방법으로 작성한 자(유해성 정보자료의 작성을 의뢰받은 전문기관을 포함한다)(2017.4.18 본호신설)
1의7. 제18조의2제3항을 위반하여 같은 조 제1항에 따라 작성한 유해성 정보자료를 수탁자에게 제공하지 아니한 자(2017.4.18 본호신설)
2. (2015.1.20 삭제)
3. (2019.11.26 삭제)
3의2. 제25조의2제1항에 따른 변경신고를 하지 아니하거나 거짓으로 변경신고하고 등록한 사항을 변경한 자 (2015.1.20 본호신설)
3의3. 제25조의2제8항에 따른 준수사항을 지키지 아니한 자(제66조제9호의4의 경우는 제외한다)(2017.4.18 본호개정)
3의4. 제30조의2제5항에 따른 폐기물처리시설 검사기관의 준수사항을 지키지 아니한 자(2019.11.26 본호신설)
4. 제31조제1항부터 제3항까지의 규정을 위반하여 관리기준에 맞지 아니하게 폐기물처리시설을 유지·관리하

거나 오염물질 및 주변지역에 미치는 영향을 측정 또는 조사하지 아니한 자(제66조제14호의 경우는 제외한다)
5. 제34조제1항을 위반하여 기술관리인을 임명하지 아니하고 기술관리 대행 계약을 체결하지 아니한 자
6. 제38조제3항에 따른 제출명령을 이행하지 아니한 자(제38조제1항제3호 및 제4호의 자만 해당한다) (2015.1.20 본호개정)
6의2. 제40조제1항 각 호의 조치를 하지 아니한 자 (2010.7.23 본호개정)
7. (2010.7.23 삭제)
8. 제40조제8항에 따른 계약갱신명령을 이행하지 아니한 자(2007.8.3 본호개정)
9. 제13조의5제2항을 위반하여 유해성기준에 적합하지 아니하게 폐기물을 재활용한 제품 또는 물질을 제조하거나 유통한 자(2015.7.20 본호개정)
10. 제46조제7항에 따른 처리금지 기간 중 폐기물의 처리를 계속한 자(2010.7.23 본호신설)
11. 제50조의2제2항을 위반하여 신고를 하지 아니한 자 (2023.8.16 본호신설)
② 다음 각 호의 어느 하나에 해당하는 자에게는 300만원 이하의 과태료를 부과한다.
1. 제17조제1항제1호에 따른 확인을 하지 아니한 자 (2015.1.20 본호신설)
1의2. (2019.11.26 삭제)
1의3. 제17조제6항제1호에 따른 상호의 변경확인을 받지 아니한 자(2017.4.18 본호개정)
2. (2023.8.16 삭제)
3. (2015.7.20 삭제)
4. (2010.7.23 삭제)
5. 제17조제2항, 제25조제11항, 제29조제3항 또는 제46조제2항에 따른 변경신고를 하지 아니하고 신고사항을 변경한 자(2017.4.18 본호개정)
6. 제19조제1항을 위반하여 관계 행정기관이나 그 소속 공무원이 요구하여도 인계번호를 알려주지 아니한 자 (2017.4.18 본호개정)
7. 제19조제2항을 위반하여 통보하지 아니한 자 (2007.8.3 본호개정)
8. (2007.8.3 삭제)
9. 제37조제1항을 위반하여 신고를 하지 아니하거나 같은 조 제4항을 위반하여 폐기물을 전부 처리하지 아니한 자(2017.4.18 본호개정)
9의2. 제38조제1항에 따른 보고서를 기한까지 제출하지 아니하거나 거짓으로 작성하여 제출한 자(제38조제1항제3호에 따른 자만 해당한다)(2010.7.23 본호신설)
9의3. 제38조제3항에 따른 제출명령을 이행하지 아니한 자(제1항제6호의 경우는 제외한다)(2015.1.20 본호개정)
9의4. 제38조제5항에 따른 보고서를 기한까지 제출하지 아니하거나 거짓으로 작성하여 제출한 자(2015.1.20 본호신설)
10. 제40조제7항에 따른 처리이행보증보험의 계약을 갱신하지 아니한 자
11. 제46조제6항에 따른 준수사항을 지키지 아니한 자 (2007.8.3 10호~11호개정)
12. 제14조제7항에 따라 대행계약을 체결하지 아니하고 종량제 봉투등을 판매한 자(2013.7.16 본호개정)
12의2. 제18조의2제2항을 위반하여 중요사항이 변경된 후에도 유해성 정보자료를 다시 작성하지 아니하거나 거짓 또는 부정한 방법으로 작성한 자(유해성 정보자료의 작성을 의뢰받은 전문기관을 포함한다)
12의3. 제18조의2제3항을 위반하여 같은 조 제2항에 따라 다시 작성한 유해성 정보자료를 수탁자에게 제공하지 아니한 자
12의4. 제18조의2제4항을 위반하여 유해성 정보자료를 게시하지 아니하거나 비치하지 아니한 자 (2017.4.18 12호의2~12호의4신설)
③ 다음 각 호의 어느 하나에 해당하는 자에게는 100만원 이하의 과태료를 부과한다.
1. 제8조제1항 또는 제2항을 위반하여 생활폐기물을 버리거나 매립 또는 소각한 자(2007.8.3 본호개정)
2. 제8조제3항에 따른 조치명령을 이행하지 아니한 자
3. 제15조제1항 또는 제2항을 위반한 자
4. 제15조의2제1항을 위반하여 조례로 정하는 준수사항을 지키지 아니한 자(2013.7.16 본호개정)
4의2. 제15조의2제2항을 위반하여 음식물류 폐기물의 발생 억제 및 처리 계획을 신고하지 아니한 자 (2013.7.16 본호신설)
4의3. 제18조제3항을 위반하여 폐기물의 인계·인수에 관한 내용을 기간 내에 전자정보처리프로그램에 입력하지 아니하거나 부실하게 입력한 자(2017.4.18 본호개정)
5. 제29조제4항에 따른 신고를 하지 아니하고 해당 시설의 사용을 시작한 자
6. 제35조제1항 또는 제2항을 위반하여 교육을 받지 아니한 자 또는 교육을 받게 하지 아니한 자
7. 제36조제1항에 따른 장부를 기록 또는 보존하지 아니하거나 거짓으로 기록한 자
7의2. 제36조제3항을 위반하여 장부기록사항을 기간 내에 전자정보처리프로그램에 입력하지 아니하거나 부실하게 입력한 자(2019.11.26 본호개정)
8. 제38조제1항 또는 제2항에 따른 보고서를 기한까지 제출하지 아니하거나 거짓으로 작성하여 제출한 자(제2항제9호의2의 경우는 제외한다)(2015.1.20 본호개정)
9. 제38조제4항에 따른 보고서 작성에 필요한 자료를 기한까지 제출하지 아니하거나 거짓으로 작성하여 제출한 자(2015.1.20 본호개정)
10.~11. (2019.11.26 삭제)
12. 제40조제9항에 따른 보험증서 원본을 제출하지 아니한 자
13. 제40조제10항에 따른 변경사실을 알리지 아니한 자 (2007.8.3 본호개정)
14. 제50조제1항에 따른 신고를 하지 아니한 자
④ 제1항부터 제3항까지의 규정에 따른 과태료는 대통령령으로 정하는 바에 따라 소관별로 환경부장관, 시·도지사 또는 시장·군수·구청장이 부과·징수한다. (2013.7.16 본항개정)
⑤~⑦ (2010.7.23 삭제)

부 칙

제1조【시행일】 이 법은 공포한 날부터 시행한다. 다만, 제3조제1항제4호 및 부칙 제9조제40항의 개정규정은 2007년 9월 28일부터 시행하고, 제2조제4호·제5호 및 제25조제9항의 개정규정은 2008년 1월 4일부터 시행하며, 제3조제2항, 제18조제1항 및 부칙 제9조제42항의 개정규정은 2008년 1월 20일부터 시행하며, 부칙 제9조제29항의 개정규정은 2008년 1월 27일부터 시행한다.
제2조【시행일에 관한 경과조치】 부칙 제1조 단서에 따라 제2조제4호·제5호, 제3조제1항제4호, 같은 조 제2항, 제18조제1항 및 제25조제9항의 개정규정이 시행되기 전까지는 그에 해당하는 종전의 제2조제4호·제5호, 제3조제1항제4호, 같은 조 제2항, 제25조제1항 및 제26조제9항을 적용한다.
제3조【유효기간】 제12조의 개정규정은 2007년 10월 4일까지 효력을 가진다.
제4조【산업폐기물재생이용신고에 관한 경과조치】 법률 제4363호 폐기물관리법중개정법률의 시행일인 1991년 9월 9일 당시 종전의 규정에 따라 산업폐기물의 재생이용신고를 한 자는 이 법에 따른 재활용신고를 한 자로 본다.
제5조【일반폐기물다량배출자 또는 특정폐기물배출자의 신고에 관한 경과조치】 법률 제4970호 폐기물관리법중개정법률의 시행일인 1996년 2월 5일 당시 종전의 규정에 따른 일반폐기물다량배출자 또는 특정폐기물배출자의 신고를 한 자는 이 법에 따른 사업장폐기물배출자의 신고를 한 것으로 본다.
제6조【폐기물처리업허가 등에 관한 경과조치】 ① 법률 제5865호 폐기물관리법중개정법률의 시행일인 1999년 8월 9일 당시 종전의 규정에 따라 폐기물재생처리업 허가를 받은 자는 제25조제3항의 개정규정에 따른 폐기물 중간처리업의 허가를 받은 것으로 본다.
② 법률 제5865호 폐기물관리법중개정법률의 시행일인 1999년 8월 9일 당시 종전의 규정에 따라 폐기물재생처리 신고를 한 자는 제46조의 개정규정에 따른 재활용신고를 한 것으로 본다.
제7조【처분 등에 관한 일반적 경과조치】 이 법 시행 당시 종전의 규정에 따른 행정기관의 행위나 행정기관에 대한 행위는 그에 해당하는 이 법에 따른 행정기관의 행위나 행정기관에 대한 행위로 본다.
제8조【벌칙이나 과태료에 관한 경과조치】 이 법 시행 전의 행위에 대하여 벌칙이나 과태료 규정을 적용할 때에는 종전의 규정에 따른다.
제9조【다른 법률의 개정】 ①~㊻ ※(해당 법령에 가제정리 하였음)
제10조【다른 법령과의 관계】 이 법 시행 당시 다른 법령에서 종전의 「폐기물관리법」 또는 그 규정을 인용한 경우에 이 법 가운데 그에 해당하는 규정이 있으면 종전의 규정을 갈음하여 이 법 또는 이 법의 해당 규정을 인용한 것으로 본다.

부 칙 (2010.7.23)

제1조【시행일】 이 법은 공포 후 1년이 경과한 날부터 시행한다. 다만, 제66조제2호 및 제15호, 제67조, 제68조제1항제1호의2 및 제6호, 제68조제2항제9호의2, 제68조제3항제8호 및 제9호, 제68조제5항부터 제7항까지의 개정규정은 공포한 날부터 시행한다.
제2조【폐기물처리업 허가에 관한 경과조치】 ① 이 법 시행 당시 종전의 규정에 따라 다음 표의 왼쪽란에 해당하는 폐기물처리업의 허가를 받은 자는 같은 표의 오른쪽란에 해당하는 폐기물처리업의 허가를 받은 것으로 본다.

폐기물 수집·운반업	폐기물 수집·운반업
폐기물 중간처리업(환경부령으로 정하는 재활용을 위한 폐기물 중간처리업은 제외한다)	폐기물 중간처분업
폐기물 최종처리업	폐기물 최종처분업
폐기물 종합처리업(환경부령으로 정하는 재활용을 위한 폐기물 종합처리업은 제외한다)	폐기물 종합처분업

② 이 법 시행 당시 종전의 규정에 따라 환경부령으로 정하는 재활용을 위한 폐기물 중간처리업 또는 폐기물 종합처리업의 허가를 받은 자는 제25조제5항제5호부터 제7호까지의 어느 하나의 개정규정에 해당하는 폐기물 재활용업의 허가를 받은 것으로 본다.
③ 이 법 시행 당시 종전의 제46조제1항제1호부터 제6호까지 및 제8호의 어느 하나에 따라 폐기물 재활용 신고를 한 자는 제25조제5항제5호부터 제7호까지의 어느 하나의 개정규정에 해당하는 폐기물 재활용업의 허가를 받은 것으로 본다. 다만, 이 법 시행 후 2년 이내에 제25조제3항에 따른 시설·장비 및 기술능력을 갖추어 제25조제11항에 따른 변경허가를 받아야 한다.
제3조【행정처분에 관한 경과조치】 이 법 시행 전의 위반행위에 대한 행정처분(과징금 부과처분을 포함한다)은 종전의 규정에 따른다.
제4조【폐기물처리 신고에 관한 경과조치】 ① 이 법 시행 당시 종전의 제46조제1항제6호 또는 제7호에 따라 폐기물 재활용 신고를 한 자는 제46조제1항제1호 또는 제3호의 개정규정에 따른 폐기물처리 신고를 한 것으로 본다.
② 이 법 시행 당시 종전의 제46조제4항에 따라 신고를 한 것으로 보는 자는 제46조제1항제2호의 개정규정에 따른 폐기물처리 신고를 한 것으로 본다. 다만, 이 법 시행 후 2년 이내에 제46조제1항의 개정규정에 따른 시설·장비 등을 갖추어 신고를 하여야 한다.
제5조【대집행에 관한 경과조치】 이 법 시행 전에 종전의 제13조를 위반한 행위에 대한 대집행에 관하여는 종전의 규정에 따른다.
제6조【벌칙 및 과태료에 관한 경과조치】 이 법 시행 전의 위반행위에 대한 벌칙 및 과태료의 적용은 종전의 규정에 따른다.
제7조【다른 법률의 개정】 ①~④ ※(해당 법령에 가제정리 하였음)

부 칙 (2012.6.1)

제1조【시행일】 이 법은 공포 후 1년이 경과한 날부터 시행한다.
제2조【사후관리 중인 폐기물매립시설의 정기검사에 관한 적용례】 제50조제3항의 개정규정은 이 법 시행 당시 사후관리 중인 폐기물매립시설에 대하여도 적용하되, 정기검사의 기산일은 이 법 시행일로 한다.

부 칙 (2013.7.16)

제1조【시행일】 이 법은 공포 후 6개월이 경과한 날부터 시행한다. 다만, 제4조, 제7조, 제8조, 제15조제1항 및 제2항, 제17조, 제25조, 제50조, 제63조 및 제68조제4항의 개정규정은 공포한 날부터 시행한다.
제2조【음식물류 폐기물 발생 억제 계획에 관한 적용례】 제14조의3의 개정규정에 따른 음식물류 폐기물의 발생 억제에 관한 최초 계획은 이 법 시행 후 1년 내에 수립하여야 한다.
제3조【음식물류 폐기물 발생 억제 및 처리 계획에 관한 경과조치】 이 법 시행 당시 종전의 규정에 따라 음식물류 폐기물의 배출 감량 계획을 제출한 자는 제15조의2제2항의 개정규정에 따라 음식물류 폐기물 발생 억제 및 처리 계획을 신고한 것으로 본다.
제4조【과태료에 관한 경과조치】 이 법 시행 전에 한 위반행위에 대하여 과태료를 부과할 때에는 제68조제1항제6호 및 같은 조 제2항제9호의3의 개정규정에도 불구하고 종전의 규정에 따른다.

부 칙 (2015.1.20)

제1조【시행일】 이 법은 공포 후 1년이 경과한 날부터 시행한다. 다만, 제50조제3항의 개정규정은 공포한 날부터 시행한다.
제2조【폐기물처리업 허가의 결격사유에 관한 적용례】 제26조제5호의 개정규정은 이 법 시행 전에 폐기물처리업의 허가를 신청한 자에 대해서도 적용한다.
제3조【폐기물처리시설의 사후관리에 관한 적용례】 제50조제3항의 개정규정은 이 법 공포 전에 제31조제5항에 따라 폐기물처리시설의 폐쇄명령을 받은 자에게도 적용한다.
제4조【사후관리이행보증금의 사전 적립에 관한 적용례】 제52조제1항의 개정규정은 이 법 시행 당시 사후관리이행보증금을 사전 적립하고 있는 자에게도 적용한다.
제5조【폐기물처리업 허가에 따른 권리·의무를 승계한 상속인에 대한 허가취소에 관한 특례】 제27조제1항제2호나목의 개정규정에도 불구하고 이 법 시행 전에 제33조제1항에 따라 폐기물처리업 허가에 따른 권리·의무를 승계한 상속인에 대해서는 그 상속인이 이 법 시행일부터 6개월 이내에 해당 권리·의무를 다른 자에게 양도하면 폐기물처리업 허가를 취소하지 아니한다.
제6조【폐기물분석전문기관 지정에 관한 경과조치】 이 법 시행 당시 종전의 제17조제3항제2호에 따른 폐기물분석전문기관은 제17조의2제1항의 개정규정에 따른 폐기물분석전문기관의 지정을 받은 것으로 본다. 다만, 제17조의2제1항제1호부터 제3호까지의 개정규정에 따른 기관 외의 기관은 이 법 시행 후 6개월 이내에 제17조의2제2

항에 따른 시설·장비 및 기술능력을 갖추어 변경지정을 받아야 한다.

제7조【전용용기 제조업자의 등록에 관한 경과조치】 이 법 시행 당시 전용용기 제조업을 하고 있는 자는 이 법 시행일부터 6개월 이내에 제25조의2의 개정규정에 따라 전용용기 제조업자로 등록을 하여야 한다.

제8조【금치산자 등에 대한 경과조치】 제26조제1호의 개정규정에 따른 피성년후견인 또는 피한정후견인에는 법률 제10429호 민법 일부개정법률 부칙 제2조에 따라 금치산 또는 한정치산 선고의 효력이 유지되는 사람을 포함하는 것으로 본다.

제9조【행정처분에 관한 경과조치】 제27조제1항제2호 각 목 외의 부분 본문의 개정규정에도 불구하고 이 법 시행 당시 제26조제5호의 결격사유에 해당하는 자에 대해서는 종전의 규정에 따른다.

제10조【벌칙에 관한 경과조치】 이 법 시행 전의 위반행위에 대하여 벌칙을 적용할 때에는 종전의 규정에 따른다.

제11조【다른 법률의 개정】 ※(해당 법령에 가제정리 하였음)

부 칙 (2015.7.20)

제1조【시행일】 이 법은 공포 후 1년이 경과한 날부터 시행한다.

제2조【과태료에 관한 경과조치】 이 법 시행 전의 행위에 대한 과태료의 적용은 종전의 규정에 따른다.

부 칙 (2017.4.18)

제1조【시행일】 이 법은 공포 후 6개월이 경과한 날부터 시행한다. 다만, 제18조의2, 제27조제2항제3호의2, 제59조제1항제1호의2, 제68조제1항제1호의6·제1호의7 및 같은 조 제2항제12호의2부터 제12호의4까지의 개정규정은 공포 후 1년이 경과한 날부터 시행한다.

제2조【사업장폐기물배출자의 신고 등에 관한 적용례】 제17조제3항·제4항, 제25조제12항·제13항, 제25조의2제2항·제3항, 제29조제5항·제6항, 제33조제5항·제6항, 제37조제2항·제3항, 제46조제3항·제4항 및 제50조제2항·제3항의 개정규정은 이 법 시행 이후 사업장폐기물배출자의 신고 또는 변경신고, 폐기물처리업의 변경신고, 전용용기 제조업의 변경신고, 폐기물처리시설 설치의 신고·변경신고, 권리·의무의 승계 신고, 휴업·폐업·재개업의 신고, 폐기물처리의 신고·변경신고 및 폐기물처리시설의 사용종료 또는 폐쇄 신고를 하는 경우부터 적용한다.

제3조【유해성 정보자료의 작성의무에 관한 경과조치】 제18조의2제1항의 개정규정 시행 당시 사업장폐기물을 배출하고 있는 사업자는 같은 개정규정 시행 후 6개월 이내에 같은 개정규정에 따라 유해성 정보자료를 작성하여야 한다.

제4조【다른 법률의 개정】 ※(해당 법령에 가제정리 하였음)

부 칙 (2017.11.28)

제1조【시행일】 이 법은 공포 후 6개월이 경과한 날부터 시행한다. 다만, 제9조부터 제11조까지의 개정규정은 2018년 1월 1일부터 시행한다.

제2조【생활계 유해폐기물 처리계획의 수립에 관한 적용례】 제14조의4제1항의 개정규정에 따른 생활계 유해폐기물 처리계획은 2018년 12월 31일까지 수립하여야 한다.

제3조【전자정보처리프로그램 입력에 관한 적용례】 제36조제3항 및 제68조제3항제7호의2의 개정규정은 이 법 시행 후 최초로 재활용을 통하여 생산된 제품 또는 물질부터 적용한다.

제4조【폐기물 처리에 관한 기본계획에 관한 경과조치】 제9조의 개정규정에도 불구하고 같은 개정규정 시행 당시 종전의 규정에 따른 폐기물 처리에 관한 기본계획으로서 시·도지사가 세워 승인받았던 계획은 「자원순환기본법」 제12조제2항에 따른 기본계획의 연차별 시행계획이 시행되기 전까지, 시장·군수·구청장이 세워 제출하였던 계획은 같은 조 제3항에 따른 시행계획의 연차별 집행계획이 시행되기 전까지 각각 효력을 가진다.

제5조【국가 폐기물 관리 종합계획에 관한 경과조치】 제10조의 개정규정에도 불구하고 같은 개정규정 시행 당시 종전의 규정에 따른 국가 폐기물 관리 종합계획은 「자원순환기본법」 제11조제1항에 따른 자원순환기본계획이 시행되기 전까지 효력을 가진다.

제6조【폐기물 통계 조사에 관한 경과조치】 2017년도의 폐기물 종류별 발생·처리현황, 폐기물처리업 등 관련 산업 현황, 폐기물 재활용률 등 자원생산성 향상에 관한 사항 등을 조사하는 경우에는 제11조의 개정규정에도 불구하고 종전의 규정에 따른다.

제7조【다른 법령의 개정】 ※(해당 법령에 가제정리 하였음)

부 칙 (2019.11.26)

제1조【시행일】 이 법은 공포 후 6개월이 경과한 날부터 시행한다. 다만, 제15조제3항 및 제4항, 제30조, 제30조의2, 제39조제1항제10호, 제61조제5호의2, 제65조제19호의2·제19호의3, 제66조제12호의2부터 제12호의5까지 및 제68조제1항제1호의2·제3호의4의 개정규정은 공포 후 1년이 경과한 날부터 시행한다.

제2조【권리·의무의 승계에 관한 적용례】 제33조제1항부터 제3항까지의 개정규정은 이 법 시행 후 최초로 폐기물처리업등의 양수인 또는 인수인, 합병 또는 분할로 존속하거나 설립되는 법인의 경우부터 적용한다.

제3조【행정처분기준에 관한 경과조치】 이 법 시행 전의 위반행위에 대한 행정처분(과징금 부과처분을 포함한다)에 관하여는 종전의 규정에 따른다.

제4조【벌칙 및 과태료에 관한 경과조치】 이 법 시행 전의 행위에 대하여 벌칙 및 과태료를 적용할 때에는 종전의 규정에 따른다.

부 칙 (2020.3.24)

제1조【시행일】 이 법은 공포한 날부터 시행한다.(이하 생략)

부 칙 (2020.5.26)

이 법은 공포한 날부터 시행한다.(이하 생략)

부 칙 (2021.1.5)

제1조【시행일】 이 법은 공포 후 6개월이 경과한 날부터 시행한다.

제2조【영상정보처리기기의 설치의무에 관한 경과조치】 이 법 시행 당시 제25조제9항제4호의 개정규정에 따라 영상정보처리기기를 설치하여야 하는 폐기물처리업자는 이 법 시행 이후 2년의 범위에서 환경부장관이 보관시설의 허용보관량, 화재발생 위험성 등을 기준으로 구분하여 고시하는 날까지 영상정보처리기기를 설치하여야 한다.

부 칙 (2021.7.20)
(2022.4.26)

제1조【시행일】 이 법은 공포 후 1년이 경과한 날부터 시행한다.(이하 생략)

부 칙 (2022.12.27)

제1조【시행일】 이 법은 공포한 날부터 시행한다. 다만, 제14조의6의 개정규정은 공포 후 1년이 경과한 날부터, 제5조의2 및 제5조의3의 개정규정은 공포 후 2년이 경과한 날부터 시행한다.

제2조【반입협력금의 징수에 관한 적용례】 제5조의3의 개정규정은 같은 개정규정 시행 이후 관할 구역 외에서 반입된 생활폐기물부터 적용한다.

제3조【벌금형의 분리 선고에 관한 적용례】 제14조의7 및 제26조의2의 개정규정은 이 법 시행 이후 발생한 범죄행위로 형벌을 받는 사람부터 적용한다.

부 칙 (2023.8.16)

제1조【시행일】 이 법은 공포 후 1년이 경과한 날부터 시행한다.

제2조【폐기물처리시설의 사후관리 의무 승계에 관한 적용례】 제50조의2의 개정규정은 이 법 시행 이후 제50조제5항에 따른 사후관리 대상인 폐기물처리시설 또는 해당 부지를 양수 또는 인수한 자, 제50조제5항에 따라 사후관리를 하여야 하는 자가 합병하여 존속하는 법인 또는 합병하거나 분할하여 설립되는 법인, 제50조제5항에 따라 사후관리를 하여야 하는 자의 상속인이 된 경우부터 적용한다.

부 칙 (2024.1.30)

제1조【시행일】 이 법은 공포한 날부터 시행한다.

제2조【이의신청에 관한 적용례】 이의신청에 관한 개정규정은 이 법 시행 이후 하는 처분부터 적용한다.

제3조~제9조 (생략)

제10조【「폐기물관리법」의 개정에 관한 적용례】 다른 법령에 따른 허가·승인 또는 신고 등의 의제를 위한 행정청 간 협의기간 및 협의 간주에 관한 부분은 이 법 시행 이후 허가·승인 또는 신고 등의 의제에 관한 협의를 요청하는 경우부터 적용한다.(이하 생략)

폐기물처리시설 설치촉진 및 주변지역지원 등에 관한 법률

(약칭 : 폐기물시설촉진법)

(1995년 1월 5일
법 률 제4907호)

개정
1997. 8.28법 5396호
1997.12.13법 5454호(정부부처명)
1999. 2. 8법 5867호
1999. 2. 8법 5893호(하천법)
1999. 2. 8법 5911호(공유수면매립법)
1999. 2. 8법 5914호(공유수면관리법)
2002. 2. 4법 6654호(국토기본법)
2002. 2. 4법 6656호(공토법)
2002.12.30법 6841호(산지관리법)
2004. 2. 9법 7169호
2005. 1.27법 7386호(사회기반시설민간투자)
2005. 3.31법 7428호(채무자회생파산)
2005. 8. 4법 7678호(산림자원조성관리)
2006. 9.27법 8014호(하수도법)
2007. 1. 3법 8214호
2007. 4. 6법 8338호(하천법)
2007. 4.11법 8343호(관광진흥법)
2007. 4.11법 8351호(농어촌정비)
2007. 4.11법 8352호(농지)
2007. 4.11법 8370호(수도법)
2007. 4.11법 8371호(폐기물관리법)
2007. 5.11법 8423호(지방자치)
2007.12.27법 8810호
2007.12.27법 8819호(공유수면관리법)
2007.12.27법 8820호(공유수면매립법)
2008. 3.21법 8976호(도로법)
2009. 6. 9법 9758호(농어촌정비)
2009. 6. 9법 9763호(산림보호법)
2010. 4.15법 10272호(공유수면관리및매립에관한법)
2010. 5.31법 10331호(산지관리법)
2012. 2. 1법 11267호(환경분쟁조정법)
2013. 8.13법 12077호
2014. 1.14법 12248호(도로법)
2014. 1.21법 12322호
2014. 5.20법 12622호
2015. 2. 3법 13170호
2016.12.27법 14480호(농어촌정비)
2020. 1.29법 16902호(항만법)
2020. 6. 9법 17427호
2021. 1.12법 17893호(지방자치)
2021. 4.13법 18032호
2022.12.27법 19117호(산림자원조성관리)
2023. 9.14법 19722호
2024. 1.30법 20172호(행정법제혁신을위한일부개정법령등)

제1장 총 칙
(2007.12.27 본장개정)

제1조【목적】 이 법은 폐기물처리시설의 부지(敷地) 확보 촉진과 그 주변지역 주민에 대한 지원을 통하여 폐기물처리시설의 설치를 원활히 하고 주변지역 주민의 복지를 증진함으로써 환경보전과 국민 생활의 질적 향상에 이바지함을 목적으로 한다.

제2조【정의】 이 법에서 사용하는 용어의 뜻은 다음과 같다.
1. "폐기물처리시설"이란 「폐기물관리법」 제2조에 따른 폐기물처리시설을 말한다.
2. "폐기물처리시설 설치기관"이란 다음 각 목의 자를 말한다.
  가. 다음의 폐기물처리시설을 설치·운영하려는 환경부장관 또는 지방자치단체(「지방자치법」 제176조에 따라 설립된 지방자치단체조합을 포함한다. 이하 같다)의 장(2021.1.12 본문개정)
    (1) 하루 매립량 300톤 이상으로서 조성면적 15만제곱미터 이상인 폐기물매립시설
    (2) 하루 처리능력 50톤 이상인 폐기물소각시설
    (3) 그 밖의 폐기물처리시설로서 주변지역의 환경에 미칠 영향을 고려하여 환경부장관이 정하여 고시하는 시설(환경부장관이 설치하는 시설만을 말한다)이나 지방자치단체의 조례로 정하는 시설(지방자치단체가 설치하는 시설만을 말한다)
  나. 가목의 (1) 또는 (2)의 폐기물처리시설을 설치·운영하려는 「수도권매립지관리공사의 설립 및 운영 등에 관한 법률」에 따른 수도권매립지관리공사의 장(이하 "수도권매립지관리공사의 장"이라 한다)

제3조【국토계획에의 반영】 특별시장·광역시장·특별자치시장·도지사·특별자치도지사·시장 또는 군수는 「국토기본법」에 따라 도종합계획 또는 시·군종합계획을 작성하는 경우에는 대통령령으로 정하는 바에 따라 해당 지방자치단체에서 발생되는 폐기물을 처리하기 위한 폐기물처리시설의 설치계획을 그 종합계획에 반영하여야 한다.(2013.8.13 본조개정)

제4조【도시·군기본계획에의 반영】 특별시장·광역시장·특별자치시장·특별자치도지사·시장 또는 군수는 「국토의 계획 및 이용에 관한 법률」 제18조에 따라 도시·군기본계획을 수립하는 경우에는 제3조에 따른 도종합계획, 「지역균형개발 및 지방중소기업 육성에 관한 법률」 제5조에 따른 광역개발계획 및 「폐기물관리법」 제9조에 따른 폐기물 처리 기본계획에 포함된 폐기물처리시설의 설치계획을 종합하여 그 도시·군기본계획에 반영하여야 한다.(2013.8.13 본조개정)

제5조【산업단지조성 등에 따른 폐기물처리시설의 설치·운영】 ① 다음 각 호의 어느 하나에 해당하는 산업단지 또는 공장을 개발·설치·증설하려는 자는 그 산업단

지 또는 공장에서 발생하는 폐기물을 처리하기 위하여 대통령령으로 정하는 폐기물처리시설에 필요한 부지를 확보하고 폐기물처리시설을 직접 설치·운영하거나 타인으로 하여금 설치·운영하도록 하여야 한다. 이 경우 해당 산업단지의 준공인가일 또는 공장의 사용승인일부터 3년 이내에 폐기물처리시설을 직접 설치·운영하거나 이를 설치·운영하려는 자에게 해당 부지의 분양 또는 매각을 완료하여야 한다.(2023.9.14 본문개정)
1. 대통령령으로 정하는 양 이상의 폐기물을 배출하는 경우
2. 대통령령으로 정하는 규모 이상인 경우
3. (2015.2.3 삭제)
(2015.2.3 본항개정)
② 제1항 후단에 따라 폐기물처리시설 부지를 분양받거나 매수한 자(「산업집적활성화 및 공장설립에 관한 법률」 제39조에 따라 부지를 양수한 자를 포함한다)는 그 날부터 3년 이내에 폐기물처리시설을 설치·운영하여야 한다. 다만, 다음 각 호의 어느 하나에 해당하는 경우에는 그러하지 아니하다.
1. 「산업집적활성화 및 공장설립에 관한 법률」 제39조제1항에 따라 관리기관(「산업집적활성화 및 공장설립에 관한 법률」 제30조제2항 각 호에 따른 산업단지의 관리업무를 수행하는 자를 말한다. 이하 같다)이 해당 부지를 양도받은 경우
2. 「산업집적활성화 및 공장설립에 관한 법률」 제39조제2항에 따라 해당 부지의 처분을 위하여 관리기관이 매수신청을 받는 경우(매수신청한 자에게 해당 부지를 양도한 경우는 제외한다)
(2023.9.14 본항신설)
③ 다음 각 호의 요건을 모두 충족하는 관광지 또는 관광단지(「관광진흥법」에 따른 관광지 또는 관광단지를 말한다. 이하 같다)를 개발·설치·증설하려는 자는 그 관광지 또는 관광단지에서 발생하는 폐기물을 처리하기 위하여 대통령령으로 정하는 폐기물처리시설을 직접 설치·운영하거나 타인으로 하여금 설치·운영하도록 하여야 한다. 다만, 관광지 또는 관광단지의 폐기물 배출량이 대통령령으로 정하는 양 이하인 경우에는 폐기물처리시설 설치 비용에 해당하는 금액을 해당 지역을 관할하는 특별자치시장·특별자치도지사·시장·군수·구청장(자치구의 구청장을 말한다. 이하 같다)에게 내야 한다.
1. 대통령령으로 정하는 양 이상의 폐기물을 배출하는 경우
2. 대통령령으로 정하는 규모 이상인 경우
(2015.2.3 본항신설)
④ 제1항 및 제3항의 경우에 부득이한 사유로 해당 산업단지·공장·관광지 또는 관광단지 외의 장소에 폐기물처리시설을 설치하려는 자는 대통령령으로 정하는 바에 따라 설치계획을 수립하여 다음 각 호의 구분에 따라 환경부장관 또는 특별시장·광역시장·특별자치시장·도지사·특별자치도지사의 승인을 받아야 한다. 승인받은 사항을 변경할 때에도 또한 같다.(2023.9.14 본문개정)
1. 서로 다른 특별시·광역시·특별자치시·도에 걸쳐서 설치하는 폐기물처리시설 : 환경부장관
2. 그 밖의 폐기물처리시설 : 폐기물처리시설을 설치하려는 지역을 관할하는 특별시장·광역시장·특별자치시장·도지사 또는 특별자치도지사
(2013.8.13 1호~2호신설)
⑤ 제3항 단서에 따른 납부금액의 산정방법, 납부절차 등에 관하여 필요한 사항은 대통령령으로 정한다.
(2023.9.14 본항개정)

제5조의2 【지방자치단체 등의 산업단지조성 등에 따른 폐기물처리시설의 설치】 ① 제5조제1항 전단에 따라 폐기물처리시설을 설치하여야 하는 자(이하 "산업단지폐기물처리시설설치의무자"라 한다)가 대통령령으로 정하는 사유로 같은 항 후단에 따른 기한 내에 폐기물처리시설을 직접 설치·운영하지 못하거나 폐기물처리시설 부지의 분양 또는 매각을 완료하지 못한 경우 산업단지폐기물처리시설설치의무자는 해당 지역을 관할하는 특별자치시장·특별자치도지사·시장·군수·구청장에게 산업단지폐기물처리시설설치의무자를 대신하여 해당 부지를 분양 또는 매각하여 줄 것을 요청할 수 있다.
② 제1항에 따라 폐기물처리시설 부지의 분양 또는 매각 요청을 받은 특별자치시장·특별자치도지사·시장·군수·구청장은 그 분양 또는 매각 요청을 받은 날부터 3년 이내에 산업단지폐기물처리시설설치의무자를 대신하여 폐기물처리시설 부지를 분양 또는 매각하여야 하며, 부지를 분양받거나 매수한 자는 그 날부터 3년 이내에 폐기물처리시설을 설치·운영하여야 한다. 다만, 특별자치시장·특별자치도지사·시장·군수·구청장이 제1항에 따른 산업단지폐기물처리시설설치의무자의 분양 또는 매각 요청을 거부하는 경우에는 그러하지 아니한다.
③ 제2항에 따라 특별자치시장·특별자치도지사·시장·군수·구청장이 산업단지폐기물처리시설설치의무자를 대신하여 폐기물처리시설 부지를 분양 또는 매각하는 경우 산업단지폐기물처리시설설치의무자에게 관련 비용을 청구할 수 있다.
④ 제1항부터 제3항까지에 따른 폐기물처리시설 부지의 분양 또는 매각 요청 등에 필요한 절차·방법 등은 환경부령으로 정한다.
(2023.9.14 본조신설)

제6조 【택지개발사업에 따른 폐기물처리시설의 설치 등】 ① 대통령령으로 정하는 규모 이상의 공동주택단지나 택지(宅地)를 개발하려는 자는 그 공동주택단지나 택지에서 발생하는 폐기물을 처리하기 위하여 대통령령으로 정하는 폐기물처리시설을 설치하여야 한다. 이 경우 주거지역과 인접하여 생활환경에 심각한 영향이 우려되는 등 대통령령으로 정하는 기준에 해당하는 때에는 폐기물처리시설을 지하에 설치하여야 한다.
② 제1항에도 불구하고 해당 지역을 관할하는 특별자치시장·특별자치도지사·시장·군수·구청장이 해당 공동주택단지나 택지의 특성상 신규 폐기물처리시설이 필요하지 아니하다고 인정하는 등 대통령령으로 정하는 경우에는 그 공동주택단지나 택지를 개발하려는 자는 같은 항 전단 또는 후단에 따른 폐기물처리시설의 설치를 갈음하여 설치비용에 해당하는 금액을 해당 지역을 관할하는 특별자치시장·특별자치도지사·시장·군수·구청장에게 내야 한다.(2020.6.9 본항신설)
③ 특별자치시장·특별자치도지사·시장·군수·구청장은 제2항에 따라 받은 금액을 해당 공동주택단지나 택지에서 발생하는 폐기물을 처리하기 위한 폐기물처리시설을 설치하는 데에 사용하여야 한다.
④ 특별자치시장·특별자치도지사·시장·군수·구청장은 제2항에 따라 설치 비용에 해당하는 금액을 내야 할 자가 납부기한까지 내지 아니하면 지방세 체납처분의 예에 따라 그 금액을 징수한다.
⑤ 제2항에 따른 납부금액의 산정방법, 납부절차 등에 관하여 필요한 사항은 대통령령으로 정한다.
(2020.6.9 본조개정)

제7조 【폐기물처리시설 부지 확보】 제5조 또는 제6조제1항에 따라 폐기물처리시설을 설치하여야 하는 자는 미리 그 시설의 부지 확보계획을 다음 각 호의 계획에 포함시키는 등의 조치를 하여야 한다.(2023.9.14 본문개정)
1. 「산업입지 및 개발에 관한 법률」 제17조, 제18조, 제18조의2 또는 제19조에 따른 산업단지개발실시계획
2. 「관광진흥법」 제54조에 따른 관광지등의 조성계획
3. 「택지개발촉진법」 제9조에 따른 택지개발사업 실시계획
4. 그 밖에 환경부령으로 정하는 산업단지 등의 개발·설치·증설 계획
(2023.9.14 1호~4호신설)

제8조 【폐기물수수료의 차등 적용】 폐기물처리시설을 운영하는 지방자치단체의 장은 그 폐기물처리시설에서 처리하는 폐기물에 대한 수수료를 징수할 때 그 폐기물처리시설이 설치되어 있는 시·군·구(자치구를 말한다. 이하 같다) 외의 지역에서 반입하는 폐기물에 대하여는 그 수수료 외에 대통령령으로 정하는 범위에서 해당 지방자치단체의 조례(「지방자치법」 제176조에 따라 설립된 지방자치단체조합의 경우에는 조합규약을 말한다. 이하 같다)로 정하는 바에 따라 따로 가산금(加算金)을 징수할 수 있다.(2021.1.12 본조개정)

제2장 폐기물처리시설 설치사업의 촉진 (2007.12.27 본장개정)

제9조 【폐기물처리시설의 입지 선정】 ① 폐기물처리시설 설치기관은 폐기물처리시설을 설치·운영하려는 경우에는 그 입지선정계획을 결정·공고하여야 한다. 다만, 다음 각 호의 어느 하나에 해당하는 경우에는 그러하지 아니하다.
1. 제5조 및 제5조의2에 따라 폐기물처리시설을 설치하는 경우(2023.9.14 본호개정)
2. 제6조제1항에 따라 폐기물처리시설을 설치하는 경우로서 해당 공동주택단지 또는 택지 외의 지역에서 발생하는 폐기물을 반입하여 처리하려는 양이 그 폐기물처리시설 처리능력의 100분의 50을 초과하지 아니하는 경우
② 제1항 각 호 외의 부분 본문에 따른 입지선정계획에는 다음 각 호의 사항이 포함되어야 한다.
1. 처리대상 폐기물의 종류 및 발생량
2. 폐기물처리 대상지역
3. 폐기물처리시설의 종류와 규모
4. 입지선정 기준과 방법
③ 폐기물처리시설 설치기관은 제1항에 따른 입지선정계획을 공고한 경우에는 지체 없이 대통령령으로 정하는 바에 따라 주민대표가 참여하는 입지선정위원회(이하 "입지선정위원회"라 한다)를 설치하여 해당 폐기물처리시설의 입지를 선정하도록 하여야 한다.
④ 입지선정위원회가 제3항에 따라 입지를 선정할 때에는 미리 대통령령으로 정하는 전문연구기관 중 입지선정위원회가 선정한 기관으로 하여금 입지 후보지에 대한 타당성을 조사하도록 하여 그 결과를 고려하여야 한다. 다만, 입지선정위원회는 전문연구기관에 의한 입지후보지 타당성 조사가 필요하지 아니하다고 인정하면 조사를 생략하거나 대통령령으로 정하는 관계 전문가의 검토의견서로 대체할 수 있다.
⑤ 입지선정위원회는 대통령령으로 정하는 지역에 거주하는 세대주의 과반수가 제1항의 입지선정계획에 따라 그 지역에 폐기물처리시설의 설치를 원하는 경우에는 그 지역에 대하여만 제4항에 따른 입지 후보지 타당성 조사를 실시할 수 있다.
⑥ 입지선정위원회는 제4항과 제5항에 따른 입지 후보지에 대한 타당성 조사의 과정과 그 결과(제4항 단서에 따라 타당성 조사를 생략하거나 관계 전문가의 검토의견서로 대체한 경우에는 그 생략 이유 또는 검토의견서를 말한다)를 해당 지역의 주민에게 공개하여야 한다. 이 경우 폐기물처리시설 설치기관은 공개에 필요한 지원을 하여야 한다.
⑦ 입지선정위원회는 제3항에 따라 입지를 선정할 때 다른 지방자치단체(「지방자치법」 제176조에 따라 설립된 지방자치단체조합은 제외한다. 이하 이 항에서 같다)의 경계로부터 해당 시설 부지의 경계까지의 거리가 다음 각 호의 어느 하나에 해당하는 곳을 입지로 선정하려는 경우에는 입지를 선정하기 전에 폐기물처리시설 설치기관으로 하여금 입지 후보지에 대한 타당성 조사 결과와 그 부지를 입지로 선정하려는 사유 등에 관한 자료를 첨부하여 해당 인접 지방자치단체의 장과 협의하도록 요청하여야 한다. 다만, 해당 시설 부지의 경계로부터 다음 각 호의 어느 하나에 해당하는 인접 지방자치단체의 관할 구역에 「주택법」 제2조에 따른 주택 또는 준주택이 없는 경우에는 그러하지 아니하다.(2021.4.13 본문개정)
1. 폐기물매립시설의 경우 : 2킬로미터 이내
2. 그 밖의 폐기물처리시설의 경우 : 300미터 이내
(2021.4.13 1호~2호신설)
⑧ 폐기물처리시설 설치기관이 제3항에 따라 선정된 입지의 부지면적 등 대통령령으로 정하는 중요한 사항을 변경하려면 입지선정위원회의 동의를 받아야 한다. 이 경우 입지선정위원회가 설치되어 있지 아니하면 제3항을 준용하여 입지선정위원회를 설치하여야 한다.
⑨ 제8항에 따른 입지선정위원회는 입지 부지면적에 대하여 변경 동의를 할 때 변경 후 부지의 경계로부터 다른 지방자치단체의 경계까지의 거리가 제7항 각 호의 어느 하나에 해당하는 경우에는 그 변경 동의를 하기 전에 폐기물처리시설 설치기관으로 하여금 해당 인접 지방자치단체의 장과 협의하도록 요청하여야 한다. 다만, 해당 시설 부지의 경계로부터 제7항 각 호의 어느 하나에 해당하는 인접 지방자치단체의 관할 구역에 「주택법」 제2조에 따른 주택 또는 준주택이 없는 경우에는 그러하지 아니하다.(2021.4.13 본항개정)
⑩ 폐기물처리시설 설치기관은 인접 지방자치단체의 장과 제7항 또는 제9항에 따른 협의가 이루어지지 아니하면 「환경분쟁 조정법」 제4조에 따른 중앙환경분쟁조정위원회에 조정을 신청하여야 한다.(2021.4.13 본항신설)
⑪ 제3항 및 제8항 후단에 따른 입지선정위원회의 운영에 필요한 사항은 대통령령으로 정한다.

제10조 【폐기물처리시설 입지의 결정·고시 등】 ① 폐기물처리시설 설치기관은 제9조에 따라 폐기물처리시설의 입지를 선정한 경우에는 이를 결정·고시하고, 1개월 이상 누구든지 그 도면을 열람할 수 있도록 하여야 한다. 고시된 사항 중 대통령령으로 정하는 중요한 사항을 변경하는 경우에도 또한 같다.
②~③ (1999.2.8 삭제)
④ 폐기물처리시설 설치기관이 제1항에 따라 폐기물처리시설의 입지를 결정·고시하려는 경우에는 해당 부지를 관할하는 특별자치시장·특별자치도지사·시장·군수·구청장과 협의하여야 한다.(2013.8.13 본항개정)
⑤ 제1항에 따른 폐기물처리시설 입지의 고시 내용이나 그 밖에 필요한 사항은 대통령령으로 정한다.

제11조 【도시지역 밖의 입지에 대한 용도지역 의제】 제10조에 따라 입지가 고시된 폐기물처리시설 설치지역이 「국토의 계획 및 이용에 관한 법률」 제6조제1호에 따른 도시지역 밖에 있는 경우 그 지역은 같은 법 제36조제1항에 따라 계획관리지역으로 지정된 것으로 보고, 그 시설은 같은 법 제43조제1항에 따라 도시·군계획시설로 결정된 것으로 본다.(2013.8.13 본조개정)

제11조의2 【폐기물처리시설 입지 안에서의 행위제한 등】 ① 제10조제1항에 따라 고시된 폐기물처리시설의 입지 안에서 다음 각 호의 어느 하나에 해당하는 행위를 하려는 자는 특별자치시장·특별자치도지사·시장·군수·구청장의 허가를 받아야 한다. 허가받은 사항 중 대통령령으로 정하는 사항을 변경하려는 경우에도 또한 같다.(2013.8.13 전단개정)
1. 토지의 형질 변경
2. 건축물의 건축
3. 공작물의 설치
4. 흙·돌·모래 또는 자갈의 채취
5. 대통령령으로 정하는 토지의 분할
6. 대통령령으로 정하는 물건의 야적(野積)
② 특별자치시장·특별자치도지사·시장·군수·구청장은 제1항에 따른 허가를 하려면 미리 폐기물처리시설 설치기관과 협의하여야 한다.(2013.8.13 본항개정)
③ 특별자치시장·특별자치도지사·시장·군수·구청장은 제1항을 위반한 자에게 원상회복을 명할 수 있다.
(2013.8.13 본항개정)

제11조의3 【폐기물처리시설 설치계획의 승인 등】 ① 폐기물처리시설 설치기관은 제10조제1항에 따라 폐기물처리시설의 입지를 고시한 경우에는 폐기물처리시설 설치계획을 수립하여야 한다.
② 지방자치단체의 장이나 수도권매립지관리공사의 장이 제1항에 따라 폐기물처리시설 설치계획을 수립한 경우에는 환경부장관의 승인을 받아야 한다. 승인받은 사항

중 대통령령으로 정하는 사항을 변경하는 경우에도 또한 같다.
③ 환경부장관은 제1항에 따라 폐기물처리시설 설치계획을 수립하거나 제2항에 따라 폐기물처리시설 설치계획을 승인한 경우에는 그 계획을 관보, 홈페이지 등 인터넷매체 및 한 개 이상의 중앙일간신문에 각각 공고하여야 한다.
④ 제1항에 따른 폐기물처리시설 설치계획에 포함되어야 할 사항은 대통령령으로 정한다.

제12조【다른 법령에 따른 인가·허가 등의 의제 등】 ① 제11조의3제3항에 따라 폐기물처리시설 설치계획이 공고된 경우 다음 각 호의 허가·지정·인가·승인·인정·결정·면허 및 고시·공고에 관하여 환경부장관이 관계 행정기관의 장과 미리 협의한 사항에 대해서는 해당 허가 등이 있는 것으로 본다.(2024.1.30 본문개정)
1. 제11조의2제1항에 따른 허가
2. 「폐기물관리법」 제29조제2항에 따른 폐기물처리시설의 설치승인
3. 「국토의 계획 및 이용에 관한 법률」 제56조제1항에 따른 개발행위의 허가, 같은 법 제86조에 따른 도시·군계획시설사업의 시행자의 지정 및 고시, 같은 법 제88조와 제91조에 따른 실시계획의 작성·인가 및 고시(2013.8.13 본호개정)
4. 「수도법」 제17조와 제49조에 따른 수도사업의 인가, 같은 법 제52조와 제54조에 따른 전용수도설치의 인가
5. 「하수도법」 제16조에 따른 공공하수도공사의 시행허가
6. 「공유수면 관리 및 매립에 관한 법률」 제8조에 따른 공유수면의 점용·사용허가, 같은 법 제17조에 따른 점용·사용 실시계획의 승인 또는 신고, 같은 법 제28조에 따른 공유수면의 매립면허 및 같은 법 제38조에 따른 공유수면매립실시계획의 승인(2010.4.15 본호개정)
7. 「항만법」 제9조제2항에 따른 항만개발사업 시행의 허가 및 같은 법 제10조제2항에 따른 항만개발사업실시계획의 승인(2020.1.29 본호개정)
8. 「하천법」 제30조에 따른 하천공사 시행의 허가, 같은 법 제33조에 따른 하천의 점용허가 및 같은 법 제50조에 따른 하천수의 사용허가
9. 「도로법」 제14조부터 제18조, 제20조에 따른 도로 노선의 지정, 같은 법 제25조에 따른 도로구역의 결정, 같은 법 제36조에 따른 도로관리청이 아닌 자에 대한 도로공사 시행의 허가 및 같은 법 제61조에 따른 도로의 점용허가(2014.1.14 본호개정)
10. 「농지법」 제34조에 따른 농지전용허가
11. 「산지관리법」 제14조 및 제15조에 따른 산지전용허가 및 산지전용신고, 같은 법 제15조의2에 따른 산지일시사용허가·신고와 「산림자원의 조성 및 관리에 관한 법률」 제36조제1항·제5항에 따른 입목벌채등의 허가·신고 및 「산림보호법」 제9조제1항 및 제2항제1호·제2호에 따른 산림보호구역(산림유전자원보호구역은 제외한다)에서의 행위의 허가·신고(2022.12.27 본호개정)
12. 「사방사업법」 제14조에 따른 벌채 등의 허가 및 같은 법 제20조에 따른 사방지 지정의 해제
13. 「초지법」 제23조에 따른 초지전용허가
14. 「사도법」 제4조에 따른 사도개설의 허가
15. 「장사 등에 관한 법률」 제27조에 따른 타인의 토지 등에 설치된 분묘의 개장허가
16. 「농어촌정비법」 제23조에 따른 농업생산기반시설의 사용허가(2016.12.27 본호개정)
17. (2010.4.15 삭제)
② 환경부장관이 제1항 각 호의 사항이 포함된 폐기물처리시설 설치계획을 결정 또는 승인하려는 경우에는 관계 행정기관의 장과 협의하여야 한다.(2024.1.30 후단삭제)
③ 제1항 및 제2항에서 규정한 사항 외에 이 조에 따른 의제의 기준 및 효과 등에 관하여는 「행정기본법」 제24조부터 제26조까지를 준용한다.(2024.1.30 본항신설)

제13조【예상 피해에 관한 분쟁의 조정 등】 ① 폐기물처리시설 설치기관은 제11조의3에 따른 폐기물처리시설 설치계획에 따른 폐기물처리시설의 설치·운영으로 인하여 그 폐기물처리시설의 주변지역 주민에게 피해가 발생할 것으로 예상되는 경우에는 이에 대한 대책을 마련하여야 한다.
② 제11조의3에 따른 폐기물처리시설 설치계획에 따른 폐기물처리시설의 설치로 발생할 것으로 예상되는 피해에 관하여 분쟁이 발생한 경우 당사자의 일방 또는 쌍방은 「환경분쟁 조정법」에 따른 환경분쟁조정위원회에 분쟁의 조정을 신청할 수 있다.(2012.2.1 본항개정)
③ 제2항에 따른 조정에 관하여는 「환경분쟁 조정법」을 적용하며, 이 경우 제2항에 따른 조정은 같은 법에 따른 조정으로 본다.(2012.2.1 본항개정)

제14조【토지 등의 수용·사용】 ① 폐기물처리시설 설치기관은 제10조에 따라 폐기물처리시설의 입지를 고시한 경우에는 그 고시에 포함된 지역에서 폐기물처리시설의 설치 및 이주대책의 시행에 필요한 다음 각 호의 토지 등을 수용(收用)하거나 사용할 수 있다.
1. 토지·건물, 그 밖에 그 토지에 정착된 물건
2. 토지·건물, 그 밖에 그 토지에 정착된 물건에 관한 소유권 외의 권리
② 제1항을 적용할 때 폐기물처리시설 입지가 결정·고시된 경우에는 「공익사업을 위한 토지 등의 취득 및 보상에 관한 법률」 제20조제1항 및 같은 법 제22조에 따른 사업인정 및 사업인정 고시가 있었던 것으로 보며, 재결(裁決) 신청은 「공익사업을 위한 토지 등의 취득 및 보상에 관한 법률」 제23조제1항 및 같은 법 제28조제1항에도 불구하고 폐기물처리시설 입지가 고시된 날부터 3년 이내에 하여야 한다.
③ 제1항에 따른 수용 또는 사용에 관하여 이 법에 특별히 규정된 사항 외에는 「공익사업을 위한 토지 등의 취득 및 보상에 관한 법률」을 적용한다.

제15조【시설 부지 주민에 대한 지원】 폐기물처리시설 설치기관은 해당 폐기물처리시설의 부지에 거주하는 주민에게 폐기물처리시설 설치로 인한 생활기반상실 등을 고려하여 대통령령으로 정하는 바에 따라 지원을 할 수 있다. 다만, 제18조에 따른 이주대책에 의하여 이주하게 되는 자에게는 그러하지 아니하다.

제16조 (1999.2.8 삭제)

제3장 폐기물처리시설 주변영향지역의 지원 등 (2007.12.27 본장개정)

제17조【주변영향지역의 결정·고시】 ① 폐기물처리시설 설치기관은 제11조의3에 따른 폐기물처리시설 설치계획이 공고된 날부터 대통령령으로 정하는 기간에 그 폐기물처리시설의 설치·운영으로 인하여 환경상 영향을 받게 되는 주변지역(이하 "주변영향지역"이라 한다)을 결정·고시하여야 한다.
② 폐기물처리시설 설치기관은 제1항에 따라 주변영향지역을 결정·고시하려면 제17조의2에 따라 구성된 주민지원협의체(이하 "지원협의체"라 한다)가 선정한 전문연구기관으로 하여금 환경상 영향을 조사하게 하고, 그 결과를 수렴하여야 한다. 다만, 지원협의체가 주변지역의 환경상 영향조사가 필요하지 아니하다고 인정하는 경우에는 해당 조사를 생략하거나 관계 전문가의 검토의견서로 대체할 수 있다.
③ 주변영향지역은 다음과 같이 구분한다.
1. 직접 영향권 : 제2항에 따라 환경상 영향을 조사한 결과 인체·동물의 활동, 농·축산물, 임산물 또는 수산물에 직접적으로 환경상 영향을 미칠 것으로 예상되어 지역주민을 이주시킬 필요가 있다고 인정되는 지역
2. 간접 영향권 : 대통령령으로 정하는 범위의 지역으로서 제2항에 따라 환경상 영향을 조사한 결과 환경상 영향이 미칠 것으로 예상되는 직접 영향권 외의 지역. 다만, 특히 필요하다고 인정되는 경우에는 대통령령으로 정하는 범위 밖의 지역도 포함시킬 수 있다.
④ 제3항에 따른 직접 영향권으로 결정된 지역의 토지 등을 소유한 자는 대통령령으로 정하는 바에 따라 해당 폐기물처리시설 설치기관에 그 토지 등의 매수(買收)를 청구할 수 있다. 이 경우 매수에 관하여는 「공익사업을 위한 토지 등의 취득 및 보상에 관한 법률」을 적용한다.
⑤ 폐기물처리시설 설치기관은 제4항에 따라 매수한 토지를 제20조제1항과 제23조에 따른 주민편익시설, 녹지(綠地), 그 밖에 대통령령으로 정하는 용도에 사용하여야 한다.(2020.6.9 본항개정)

제17조의2【지원협의체의 구성기준 및 기능 등】 ① 지원협의체는 해당 폐기물처리시설 소재지의 특별자치시·특별자치도·시·군·구의회 의원, 주민대표 및 주민대표가 추천한 전문가 가운데 폐기물처리시설 설치기관이 관할 특별자치시·특별자치도지사·시장·군수·구청장 및 특별자치시·특별자치도·시·군·구의회와 협의하여 구성하되, 다음 각 호의 어느 하나에 해당하는 자는 지원협의체의 구성원이 될 수 없다.(2013.8.13 본문개정)
1. 피성년후견인 또는 파산선고를 받고 복권(復權)되지 아니한 자(2014.5.20 본호개정)
2. 금고(禁錮) 이상의 실형(實刑)을 선고받고 그 집행이 끝나거나(집행이 끝난 것으로 보는 경우를 포함한다) 집행이 면제된 날부터 2년이 지나지 아니한 자
3. 금고 이상의 형의 집행유예를 선고받고 그 유예기간 중에 있는 자
4. 법률 또는 법원의 판결에 따라 자격이 정지되거나 상실된 자
5. 지원협의체의 구성원으로 활동하는 기간 중 직무와 관련하여 「형법」 제355조 및 제356조를 위반하여 100만원 이상의 벌금형을 선고받고 그 형이 확정된 후 2년이 지나지 아니한 자(2014.1.21 본호신설)
② 지원협의체의 기능은 다음과 같다.
1. 제17조제2항의 환경상 영향조사를 위한 전문연구기관의 선정
2. 제20조제1항에 따른 지역주민을 위한 편익시설의 설치에 대한 협의(2020.6.9 본호개정)
3. 제22조제5항에 따른 주변영향지역의 주민지원사업에 대한 협의(2015.2.3 본호개정)
4. 제25조제1항의 주민감시요원의 추천
5. 그 밖에 대통령령으로 정하는 사항
③ 지원협의체의 세부적인 구성방법은 대통령령으로 정한다.

제17조의3【벌금형의 분리 선고】 「형법」 제38조에도 불구하고 제17조의2제1항제5호에서 정한 죄와 다른 죄의 경합범(競合犯)에 대하여 벌금형을 선고하는 경우에는 분리하여 선고하여야 한다.(2020.6.9 본조신설)

제18조【이주대책】 ① 폐기물처리시설 설치기관은 대통령령으로 정하는 규모 이상의 폐기물처리시설을 설치하는 경우에는 해당 시설의 부지 및 그 직접 영향권 안에 있는 주민에 대하여 이주대책을 수립·시행할 수 있다.
② 제1항에 따른 이주대책에 관하여는 「공익사업을 위한 토지 등의 취득 및 보상에 관한 법률」을 적용한다.

제19조【지역개발계획에의 반영】 ① 지방자치단체(「지방자치법」 제176조에 따라 설립된 지방자치단체조합은 제외한다. 이하 이 항에서 같다)의 장은 대통령령으로 정하는 규모 이상의 폐기물처리시설에 대한 제11조의3에 따른 폐기물처리시설 설치계획이 공고된 경우에는 그 시설의 주변영향지역에 대한 산업 유치, 기간시설(基幹施設) 확충 등 지역개발촉진을 위한 사항을 해당 지역의 지역개발계획에 반영하여야 한다.(2021.1.12 본항개정)
② 환경부장관이나 수도권매립지관리공사의 장은 제1항에 따른 주변영향지역을 관할하는 특별시장·광역시장·특별자치시장·도지사·특별자치도지사나 시장·군수에게 제1항에 따라 지역개발촉진을 위한 사항을 해당 지역개발계획에 반영할 것을 요청할 수 있다.(2013.8.13 본항개정)

제20조【주민편익시설의 설치】 ① 폐기물처리시설 설치기관은 대통령령으로 정하는 바에 따라 해당 폐기물처리시설의 부지나 그 인근에 지원협의체와 협의하여 체육시설 등 지역주민을 위한 편익시설을 설치하여야 한다. 다만, 지원협의체가 그 편익시설의 전부나 일부의 설치를 원하지 아니하는 경우에는 시설의 설치 비용에 해당하는 금액을 제21조에 따른 주민지원기금에 출연(出捐)할 수 있다.
② 제6조에 따라 공동주택단지나 택지를 개발하려는 자는 해당 지역을 관할하는 특별자치시장·특별자치도지사·시장·군수·구청장과 협의하여 주민편익시설을 설치할 수 있다.(2020.6.9 본항신설)

제21조【주민지원기금의 조성】 ① 폐기물처리시설 설치기관은 주변영향지역의 주민을 지원하기 위하여 주민지원기금을 조성하여야 한다.
② 주민지원기금은 다음 각 호의 재원으로 조성한다.
1. 폐기물처리시설 설치기관의 출연금(出捐金)
2. 해당 폐기물처리시설에 반입되는 폐기물에 대하여 징수한 수수료 중 대통령령으로 정하는 바에 따라 산정한 금액
3. 제8조에 따른 가산금
4. 기금의 운용으로 생긴 수익금
5. 해당 폐기물처리시설에 폐기물을 반입·처리하려는 다른 지방자치단체의 출연금
③ 환경부장관은 제1항에 따라 조성한 주민지원기금의 운용·관리에 관한 업무를 특별시장·광역시장·특별자치시장·도지사 또는 특별자치도지사에게 위임할 수 있다.(2013.8.13 본항개정)
④ 주민지원기금의 운용·관리와 그 밖에 필요한 사항은 대통령령으로 정한다.

제22조【주민지원기금에 의한 주변영향지역의 지원】 ① 제21조에 따른 주민지원기금은 주변영향지역 주민의 소득 향상 및 복리 증진을 지원하기 위한 사업에 사용하여야 한다.
② 제1항에 따른 지원사업의 종류와 금액은 직접 영향권과 간접 영향권별로 달리할 수 있다.
③ 제1항에 따른 지원은 주변영향지역의 주민이나 가구별로 할 수 있다.
④ 폐기물처리시설 설치기관은 제1항에 따른 지원사업의 구체적인 계획과 전년도 실적을 공개하여야 한다.(2015.2.3 본항신설)
⑤ 제1항부터 제4항까지의 규정에 따른 지원사업의 종류, 지원기준·방법, 공개내용·방법 등 필요한 사항은 대통령령으로 정한다.(2015.2.3 본항개정)

제23조【부대시설 등의 시설설치기준】 ① 폐기물처리시설 설치기관은 주변영향지역의 환경오염을 방지하기 위하여 조경(造景)이나 진입도로 주변의 방진(防塵)·방음시설 등의 부대시설(附帶施設)을 설치하여야 한다.
② 제1항에 따른 부대시설의 종류와 설치기준 등 필요한 사항은 대통령령으로 정한다.

제24조 (1997.8.28 삭제)

제25조【지역주민의 감시】 ① 폐기물처리시설 설치기관은 지원협의체가 요구하는 경우에는 지원협의체에서 추천하는 지역주민(이하 "주민감시요원"이라 한다)에게 폐기물의 반입·처리과정 등을 감시하도록 할 수 있다.
② 폐기물처리시설 설치기관은 제1항에 따른 주민감시요원의 활동을 감독하고 이들에게 다음 각 호의 기준에 따라 수당을 지급하여야 한다.
1. 폐기물처리시설 설치기관이 환경부장관인 경우 : 환경부장관이 정하여 고시하는 기준
2. 폐기물처리시설 설치기관이 지방자치단체의 장인 경우 : 해당 지방자치단체의 조례로 정하는 기준
3. 폐기물처리시설 설치기관이 수도권매립지관리공사의 장인 경우 : 수도권매립지관리공사의 장이 정하여 고시하는 기준
③ 제1항에 따른 주민감시요원의 수(數)와 활동범위는 대통령령으로 정한다.

제25조의2【주민감시요원의 자격】 주민감시요원은 임명 당시 해당 주변영향지역에 2년 이상 계속하여 거주하고 있는 주민 및 환경분야의 학식과 경험이 풍부한 전문가(해당 폐기물처리시설에 폐기물을 반입하고 있는 지역에 거주하고 있는 사람에 한정한다)로서 지원협의체에서 추천한 자로 한다. 다만, 다음 각 호의 어느 하나에 해당하는 자는 주민감시요원이 될 수 없다.(2014.5.20 본문개정)
1. 피성년후견인 또는 파산선고를 받고 복권되지 아니한 자(2014.5.20 본호개정)
2. 금고 이상의 실형을 선고받고 그 집행이 끝나거나(집행이 끝난 것으로 보는 경우를 포함한다) 집행이 면제된 날부터 2년이 지나지 아니한 자
3. 금고 이상의 형의 집행유예선고를 선고받고 그 유예기간 중에 있는 자
4. 법률 또는 법원의 관결에 따라 자격이 정지된 자

제26조【환경상 영향의 조사·공개】 대통령령으로 정하는 규모 이상의 폐기물처리시설을 설치·운영하는 폐기물처리시설 설치기관은 그 설치·운영으로 인하여 주변영향지역에 미치는 환경상 영향을 대통령령으로 정하는 바에 따라 정기적으로 조사하여 공개하여야 한다.

제4장 보 칙
(2007.12.27 본장개정)

제27조【민자유치사업자에 대한 지원 등】 환경부장관 또는 지방자치단체의 장은 「지역균형개발 및 지방중소기업 육성에 관한 법률」 및 「사회기반시설에 대한 민간투자법」에 따라 폐기물처리시설을 설치하려는 자를 재정적·행정적으로 지원할 수 있다.

제28조【폐기물종합처리시설의 설치 지원】 환경부장관과 지방자치단체의 장은 폐기물을 효율적으로 처리하기 위하여 다음 각 호의 사항을 종합적으로 처리하는 폐기물처리시설을 설치하거나 설치하려는 자에게 재정적 지원을 할 수 있다.
1. 압축·파쇄(破碎)·선별 등으로 폐기물의 양을 줄이는 것
2. 폐기물을 재활용하거나 퇴비(堆肥)로 만드는 것
3. 폐기물의 유해성분을 줄이거나 없애는 것
4. 폐기물을 소각하거나 매립하는 것

제29조【연구·개발 등】 환경부장관과 지방자치단체의 장은 폐기물처리시설의 설치·운영 기술을 개발·보급하기 위하여 대통령령으로 정하는 전문연구기관으로 하여금 연구·개발을 추진하게 하고, 재정적 지원을 할 수 있다.

제29조의2【시정명령】 환경부장관 또는 특별시장·광역시장·특별자치시장·도지사·특별자치도지사는 다음 각 호의 구분에 따라 제5조제1항을 위반하여 폐기물처리시설을 직접 설치·운영하지 아니하거나 폐기물처리시설 부지의 분양 또는 매각을 완료하지 아니한 자, 제5조제2항 또는 제5조의2제2항에 따라 부지를 분양받거나 매수한 후 폐기물처리시설을 설치·운영하지 아니한 자(이하 "설치의무미이행자"라 한다)에 대하여 대통령령으로 정하는 바에 따라 3년 이내의 기간을 정하여 폐기물처리시설을 설치·운영할 것을 명할 수 있다. 다만, 제5조의2제1항에 따라 관할 특별자치도지사·시장·군수·구청장에게 분양 또는 매각을 요청한 자(제5조의2제2항 단서에 따라 거부한 경우는 제외한다)에 대하여는 그러하지 아니하다.
1. 설치의무미이행자가 특별시장·광역시장·특별자치시장·도지사·특별자치도지사인 경우 : 환경부장관
2. 그 밖의 설치의무미이행자 : 해당 폐기물처리시설을 설치하려는 지역을 관할하는 특별시장·광역시장·특별자치시장·도지사 또는 특별자치도지사
(2023.9.14 본조신설)

제29조의3【이행강제금】 ① 환경부장관 또는 특별시장·광역시장·특별자치시장·도지사·특별자치도지사는 제29조의2에 따라 시정명령을 받은 후 시정기간 이내에 이행하지 아니한 자에게는 폐기물처리시설의 설치 비용 등을 고려하여 대통령령으로 정하는 기준에 따라 3천만원 이하의 이행강제금을 부과할 수 있다.
② 환경부장관 또는 특별시장·광역시장·특별자치시장·도지사·특별자치도지사는 최초의 시정명령을 한 날을 기준으로 하여 매년 1회 그 시정명령이 이행될 때까지 반복하여 제1항에 따른 이행강제금을 부과·징수할 수 있다.
③ 제1항 및 제2항에 따른 이행강제금의 부과·징수 절차 및 그 밖에 필요한 사항은 대통령령으로 정한다.
(2023.9.14 본조신설)

제30조【권한·업무의 위임·위탁】 ① 이 법에 따른 환경부장관의 권한은 대통령령으로 정하는 바에 따라 그 일부를 특별시장·광역시장·특별자치시장·도지사·특별자치도지사나 지방환경관서의 장에게 위임할 수 있다.
(2013.8.13 본항개정)
② 환경부장관이나 지방자치단체의 장은 이 법에 따라 설치하는 폐기물처리시설을 효율적으로 관리·운영하기 위하여 필요하다고 인정하면 대통령령으로 정하는 기관에 그 관리·운영을 위탁할 수 있다.
③ 제2항에 따라 환경부장관이나 특별시장·광역시장·특별자치시장·도지사·특별자치도지사로부터 업무를 위탁받은 기관의 임직원은 「형법」 제129조부터 제132조까지의 규정을 적용할 때에는 공무원으로 본다.
(2013.8.13 본항개정)

제5장 벌 칙
(2007.12.27 본장개정)

제31조【벌칙】 제11조의2제1항에 따른 허가를 받지 아니하고 같은 항 각 호의 어느 하나에 해당하는 행위를 한 자 또는 같은 조 제3항에 따른 원상회복명령을 위반한 자는 300만원 이하의 벌금에 처한다.

제32조【양벌규정】 법인의 대표자나 법인 또는 개인의 대리인, 사용인, 그 밖의 종업원이 그 법인 또는 개인의 업무에 관하여 제31조의 위반행위를 하면 그 행위자를 벌하는 외에 그 법인 또는 개인에게도 해당 조문의 벌금형을 과(科)한다. 다만, 법인 또는 개인이 그 위반행위를 방지하기 위하여 해당 업무에 관하여 상당한 주의와 감독을 게을리하지 아니한 경우에는 그러하지 아니하다.
(2020.6.9 본조개정)

부 칙 (2013.8.13)

제1조【시행일】 이 법은 공포 후 6개월이 경과한 날부터 시행한다.

제2조【산업단지조성 등에 따른 폐기물처리시설의 설치계획 승인 권한의 변경에 따른 경과조치】 이 법 시행 당시 종전의 규정에 따라 환경부장관으로부터 산업단지·공장·관광지 또는 관광단지 외의 장소에 대한 폐기물처리시설(서로 다른 특별시·광역시·특별자치시·도에 걸쳐서 설치하는 폐기물처리시설은 제외한다)의 설치계획 승인을 받은 자는 제5조제2항제2호의 개정규정에 따라 특별시장·광역시장·특별자치시장·도지사 또는 특별자치도지사의 승인을 받은 것으로 본다.

제3조【폐기물처리시설 설치계획의 협의에 관한 경과조치】 이 법 시행 당시 환경부장관이 폐기물처리시설 설치계획의 결정 또는 승인을 위하여 관계 행정기관의 장과 협의 중인 경우 해당 폐기물처리시설 설치계획에 관해서는 제12조제2항 후단의 개정규정에도 불구하고 종전의 규정에 따른다.

부 칙 (2014.1.21)

제1조【시행일】 이 법은 공포 후 6개월이 경과한 날부터 시행한다.

제2조【지원협의체 구성원의 자격에 관한 경과조치】 이 법 시행일 당시 지원협의체의 구성원인 자에 대하여는 제17조의2제1항제5호의 개정규정에도 불구하고 해당 지원협의체 구성원의 임기가 만료될 때까지는 종전의 규정에 따른다.

부 칙 (2014.5.20)

제1조【시행일】 이 법은 공포 후 3개월이 경과한 날부터 시행한다. 다만, 제17조의2제1항제1호 및 제25조의2제1호의 개정규정은 공포한 날부터 시행한다.

제2조【주민감시요원에 관한 적용례】 제25조의2의 개정규정은 이 법 시행일 이후 최초로 임명 또는 재임명하는 주민감시요원의 경우부터 적용한다.

제3조【금치산자 등의 결격사유에 관한 경과조치】 제17조의2제1항제1호 및 제25조의2제1호의 개정규정에 따른 피성년후견인에는 법률 제10429호 민법 일부개정법률 부칙 제2조에 따라 금치산 또는 한정치산 선고의 효력이 유지되는 사람을 포함하는 것으로 본다.

부 칙 (2020.1.29)

제1조【시행일】 이 법은 공포 후 6개월이 경과한 날부터 시행한다.(이하 생략)

부 칙 (2020.6.9)

제1조【시행일】 이 법은 공포한 날부터 시행한다. 다만, 제6조의 개정규정은 공포 후 6개월이 경과한 날부터 시행한다.

제2조【택지개발사업에 따른 폐기물처리시설 설치의무에 관한 경과조치】 이 법 시행 당시 「공공주택 특별법」 제12조제1항에 따른 주택지구 지정의 고시, 「택지개발촉진법」 제3조제6항에 따른 택지개발지구 지정의 고시 또는 「도시개발법」 제9조제1항에 따른 도시개발구역지정의 고시를 한 공동주택단지나 택지에 대해서는 제6조의 개정규정에도 불구하고 종전의 규정에 따른다.

부 칙 (2021.1.12)

제1조【시행일】 이 법은 공포 후 1년이 경과한 날부터 시행한다.(이하 생략)

부 칙 (2021.4.13)

제1조【시행일】 이 법은 공포 후 3개월이 경과한 날부터 시행한다.

제2조【폐기물처리시설 입지 선정 절차에 관한 적용례】 제9조제7항 및 제9항의 개정규정은 이 법 시행 이후 입지선정위원회가 폐기물처리시설 설치기관에 해당 인접 지방자치단체의 장과 협의를 요청하는 경우부터 적용한다.

부 칙 (2022.12.27)

제1조【시행일】 이 법은 공포 후 6개월이 경과한 날부터 시행한다.(이하 생략)

부 칙 (2023.9.14)

제1조【시행일】 이 법은 공포 후 6개월이 경과한 날부터 시행한다.

제2조【시정명령 및 이행강제금에 관한 적용례】 제29조의2 및 제29조의3의 개정규정은 부칙 제3조제1항 전단에 해당하는 자로서 같은 항 전단에 따라 폐기물처리시설을 직접 설치·운영하지 아니하거나 폐기물처리시설 부지의 분양 또는 매각을 완료하지 아니한 자와 같은 항 후단에 따라 부지를 분양받거나 매수한 후 폐기물처리시설을 설치·운영하지 아니한 자에 대해서도 적용한다.

제3조【산업단지조성 등에 따른 폐기물처리시설 설치·운영에 관한 경과조치】 ① 이 법 시행 당시 종전의 제5조제1항에 따라 폐기물처리시설 설치 의무가 있는 산업단지 또는 공장의 준공인가·사용승인이 있었음에도 불구하고 폐기물처리시설을 설치·운영하지 아니한 경우에는 제5조제1항의 개정규정에도 불구하고 이 법 시행일부터 3년 이내에 폐기물처리시설을 직접 설치·운영하거나 폐기물처리시설 부지의 분양 또는 매각을 완료하여야 한다. 이 경우 부지를 분양받거나 매수한 자는 그 날부터 3년 이내에 폐기물처리시설을 설치·운영하여야 한다.
② 제1항에 따른 폐기물처리시설 설치의무자가 같은 항에 따른 기한 내에 폐기물처리시설을 직접 설치·운영하지 못하거나 폐기물처리시설 부지의 분양 또는 매각을 완료하지 못한 경우에는 제5조의2의 개정규정에 따라 부지의 분양 또는 매각을 요청하여야 한다.

부 칙 (2024.1.30)

제1조【시행일】 이 법은 공포한 날부터 시행한다.

제2조【이의신청에 관한 적용례】 이의신청에 관한 개정규정은 이 법 시행 이후 하는 처분부터 적용한다.(이하 생략)

건설폐기물의 재활용촉진에 관한 법률(약칭 : 건설폐기물법)

(2003년 12월 31일 법률 제7043호)

개정
2005. 3.31법 7428호(채무자회생파산)
2005. 3.31법 7459호(수질환경)
2005.12.29법 7782호 2006.12.28법 8115호
2007. 4.11법 8369호(소음)
2007. 4.11법 8371호(폐기물관리법)
2007. 4.27법 8404호(대기환경)
2007. 5.17법 8466호(수질수생태계보전)
2008. 2.29법 8852호(정부조직)
2009. 6. 9법 9769호
2009. 6. 9법 9770호(소음·진동관리법)
2010. 3.31법10219호(지방세기본법)
2013. 3.23법11690호(정부조직)
2013. 5.22법11794호(건설기술진흥법)
2013. 6.12법11879호
2013. 8. 6법11998호(지방세외수입금의징수등에관한법)
2014. 3.18법12452호 2015.12. 1법13527호
2016.12.27법14476호(지방세징수법)
2017. 1.17법14532호(물환경보전법)
2017. 4.18법14781호 2019. 4.16법16317호
2020. 3.24법17091호(지방행정제재·부과금의징수등에관한법)
2020. 5.26법17326호(법률용어정비)
2021. 3.16법17939호(건설기술진흥법)
2023. 3.28법19307호 2023. 9.14법19718호

제1장 총 칙
(2009.6.9 본장개정)

제1조【목적】 이 법은 건설공사 등에서 나온 건설폐기물을 친환경적으로 적절하게 처리하고 그 재활용을 촉진하여 국가 자원을 효율적으로 이용하며, 국민경제 발전과 공공복리 증진에 이바지함을 목적으로 한다.
제2조【정의】 이 법에서 사용하는 용어의 뜻은 다음과 같다.
1. "건설폐기물"이란 「건설산업기본법」 제2조제4호에 해당하는 건설공사(이하 "건설공사"라 한다)로 인하여 건설현장에서 발생하는 5톤 이상의 폐기물(공사를 시작할 때부터 완료할 때까지 발생하는 것만 해당한다)로서 대통령령으로 정하는 것을 말한다.
2. "건설폐기물 처리업"이란 건설폐기물의 수집·운반업 또는 중간처리업을 말한다.
3. "수집·운반업"이란 건설폐기물을 수집하여 처리장소로 운반하는 영업을 말한다.
4. "중간처리업"이란 건설폐기물을 분리, 선별, 파쇄하는 영업을 말한다.
5. "허용보관량"이란 수집·운반업을 하기 위하여 제21조제3항에 따라 허가를 받은 자(이하 "수집·운반업자"라 한다) 또는 중간처리업을 하기 위하여 같은 항에 따라 허가를 받은 자(이하 "중간처리업자"라 한다)가 해당 사업장에 보관할 수 있도록 같은 항에 따라 허가받은 건설폐기물의 양으로서 환경부령으로 정하는 바에 따라 산출된 보관량을 말한다.
6. "방치폐기물"이란 수집·운반업자 또는 중간처리업자가 부도 또는 허가취소 등으로 인하여 건설폐기물을 적절하게 처리하지 아니하고, 해당 사업장에 방치하여 놓은 폐기물로서 대통령령으로 정하는 것을 말한다.
7. "순환골재"란 물리적 또는 화학적 처리과정 등을 거쳐 건설폐기물을 제35조에 따른 순환골재 품질기준에 맞게 만든 것을 말한다.
8. "순환골재 재활용제품"이란 순환골재를 원료로 사용하여 만든 제품으로서 대통령령으로 정하는 것을 말한다.
9. "배출자"란 발주자 또는 발주자로부터 최초로 건설공사 전부를 도급받은 자를 말한다. 다만, 제15조에 따라 건설공사와 건설폐기물 처리용역을 분리 발주한 경우에는 발주자를 말한다.
10. "발주자"란 건설공사 전부를 최초로 위탁하는 자(자기가 그 건설공사를 직접 하는 자를 포함한다)를 말한다.
11. "건설업자"란 건설공사를 하는 자를 말한다.
12. "설계등 용역업자"란 「건축사법」 제2조제3호에 따른 설계 또는 「건설기술 진흥법」 제2조제3호에 따른 건설엔지니어링을 수행하는 자를 말한다.(2021.3.16 본호개정)
12의2. "분별해체"란 구조물을 철거하기 전에 해당 구조물의 철거과정에서 발생하는 건설폐기물 중 재활용이 가능한 건설폐기물과 재활용이 어려운 건설폐기물이 서로 섞이지 아니하도록 대통령령으로 정하는 건설폐기물을 우선 제거하는 것을 말한다.(2019.4.16 본호신설)
13. "분리배출"이란 건설폐기물을 종류별, 처리방법별로 분리하여 배출하는 행위를 말한다.
14. "재활용"이란 건설폐기물을 처리하는 과정에서 생산된 순환골재 또는 순환골재 재활용제품 등을 대통령령으로 정하는 용도로 다시 사용하는 것을 말한다.
15. "순환골재등 의무사용 건설공사"란 순환골재 및 순환골재 재활용제품을 의무적으로 사용하여야 하는 건설공사로서 국가, 지방자치단체 또는 다음 각 목의 기관이 발주하는 건설공사 중 대통령령으로 정하는 일정 구조·규모·용도에 해당하는 건설공사를 말한다.
가. 「공공기관의 운영에 관한 법률」 제4조에 따른 공공기관
나. 「정부출연연구기관 등의 설립·운영 및 육성에 관한 법률」에 따른 정부출연연구기관
다. 「과학기술분야 정부출연연구기관 등의 설립·운영 및 육성에 관한 법률」에 따른 과학기술분야 정부출연연구기관
라. 특별법에 따른 공기업
마. 「지방공기업법」에 따른 지방공기업
바. 「사회기반시설에 대한 민간투자법」 제2조제7호에 따른 사업시행자
사. 「산업입지 및 개발에 관한 법률」 제16조제1항제4호에 따른 법인 중 같은 항 제1호 또는 제2호에 해당하는 자의 출자비율의 합이 전체 출자의 100분의 20 이상인 법인. 다만, 국가, 지방자치단체, 가목, 라목 및 마목에 해당하는 자의 출자비율의 합을 초과하여 출자한 다른 출자자가 있는 법인은 제외한다.(2015.12.1 본목신설)
16. "건설폐기물 처리시설"이란 건설폐기물을 중간처리하기 위한 시설로서 대통령령으로 정하는 시설을 말한다.
제3조【다른 법률과의 관계】 ① 이 법 중 건설폐기물의 친환경적인 처리와 재활용 촉진에 관한 사항은 이 법을 다른 법률에 우선하여 적용하고, 이 법에 규정되지 아니한 사항은 관계 법률의 규정을 적용한다.
② 관계 중앙행정기관의 장은 이 법의 규정과 관련되는 법령을 제정하거나 개정할 때에는 미리 환경부장관 및 국토교통부장관과 협의하여야 한다.(2013.3.23 본항개정)
제4조【국가 및 지방자치단체 등의 의무】 ① 국가 및 지방자치단체는 건설폐기물을 친환경적으로 적절하게 처리하고 재활용을 촉진할 수 있도록 필요한 시책을 마련하여야 한다.
② 국가, 지방자치단체 및 공공기관(제2조제15호가목부터 마목까지의 기관을 말한다. 이하 같다)은 제1항에 따른 시책을 이행하여야 한다.
③ 국가, 지방자치단체 및 공공기관은 대통령령으로 정하는 일정한 구조, 규모 및 용도에 해당하는 구조물의 철거공사를 발주하는 경우에는 건설폐기물을 분별해체를 통하여 분리배출하게 하여야 한다.(2019.4.16 본항신설)
제5조【발주자의 의무】 ① 발주자는 제4조에 따른 재활용 촉진에 관한 시책을 적극적으로 이행하기 위하여 건설폐기물의 처리대책을 마련하여 시행하여야 한다.
② 발주자는 해당 건설공사에서 발생하는 건설폐기물의 분별해체 분리배출, 보관, 처리 및 재활용 등에 필요한 비용을 공사금액에 계상(計上)하여야 하며, 분별해체 기간 및 그 밖에 재활용에 필요한 사항을 공사시방서 등 계약서류에 구체적으로 적어야 한다.(2019.4.16 본항개정)
제6조【배출자 등의 의무】 ① 건설업자는 건설폐기물을 친환경적으로 적절하게 처리하고 재활용을 촉진하기 위하여 발주자가 요구하는 계약조건을 성실히 이행하여야 한다.
② 배출자는 건설공사를 하는 과정에서 발생한 건설폐기물을 제12조 및 제13조에 따라 분리하여 배출하고 재활용을 촉진하기 위하여 노력하여야 한다.
(2019.4.16 본항개정)
제7조【건설폐기물 처리업자 등의 의무】 ① 수집·운반업자와 중간처리업자(이하 "건설폐기물 처리업자"라 한다)는 건설폐기물을 친환경적으로 수집·운반하고 적절하게 처리하여야 한다.
② 중간처리업자는 순환골재의 생산을 위한 연구개발 및 시설개선 등의 노력을 하여야 한다.

제2장 건설폐기물의 재활용 시책 마련
(2009.6.9 본장개정)

제8조 (2019.4.16 삭제)
제9조【연구개발 등의 지원】 ① 환경부장관과 국토교통부장관은 건설폐기물의 친환경적인 처리와 재활용을 촉진하기 위하여 다음 각 호의 업무를 수행하는 기술연구개발단을 구성·운영할 수 있다.(2013.3.23 본문개정)
1. 다음 각 목의 기술의 연구개발
가. 건설폐기물의 친환경적인 처리기술
나. 순환골재 및 순환골재 재활용제품의 생산기술
2. 제1호에 따른 연구개발에 필요한 기술인력, 자금, 시험시설 및 기술정보의 효율적 활용
3. 건설폐기물 재활용기술의 해외 수출 등의 촉진
② 제1항제1호에 따른 연구개발에 필요한 비용은 정부 또는 정부 외의 자의 출연금(出捐金)이나 기업의 기술개발비로 충당할 수 있다.
제10조【건설폐기물 정보관리체계 구축 및 이용】 ① 환경부장관은 건설폐기물의 친환경적인 처리 및 재활용을 촉진하기 위하여 다음 각 호의 조치를 마련하여야 한다.
1. 다음 각 목에 관한 정보관리체계(이하 "건설폐기물 정보관리체계"라 한다)의 구축
가. 건설폐기물의 처리기술에 관한 정보
나. 순환골재 및 순환골재 재활용제품의 생산·수요에 관한 정보
다. 건설폐기물 처리업자의 자본금, 경영상태, 기술능력 및 용역 이행 상황 등에 관한 정보
2. 그 밖에 건설폐기물의 재활용 촉진을 위하여 필요한 조치
② 환경부장관은 건설폐기물을 친환경적으로 적절하게 처리할 수 있도록 하기 위하여 제1항제1호 각 목의 정보를 해당 정보가 필요한 자에게 제공할 수 있다. 이 경우 해당 정보를 이용하는 자에게 수수료를 징수할 수 있다.(2020.5.26 전단개정)
③ 환경부장관은 건설폐기물 정보관리체계를 구축할 때 중앙행정기관, 지방자치단체, 공공기관 등 관련기관의 장에게 필요한 자료 또는 정보의 제공을 요청할 수 있다. 이 경우 요청을 받은 기관의 장은 특별한 사유가 없으면 이에 따라야 한다.
④ 환경부장관은 제1항부터 제3항까지의 규정에 따른 건설폐기물 정보관리체계를 구축할 경우에는 국토교통부장관과 협의하여야 한다.(2013.3.23 본항개정)
제11조【재활용 통계조사】 ① 특별자치시장·특별자치도지사 또는 시장·군수·구청장(자치구의 구청장을 말한다. 이하 같다)은 다음 각 호의 사항을 조사하고 시장·군수·구청장은 그 조사결과를 특별시장·광역시장·도지사에게 제출하여야 한다.(2019.4.16 본문개정)
1. 연간 건설폐기물의 발생 예상량 및 총 발생량
2. 연간 건설폐기물의 처리실적
3. 연간 순환골재 및 순환골재 재활용제품의 사용실적
4. 그 밖에 환경부장관이 정하는 사항
② 특별자치시장·특별자치도지사와 제1항에 따른 조사결과를 제출받은 특별시장·광역시장·도지사는 이를 종합하여 환경부장관에게 제출하여야 한다. 이 경우 환경부장관은 제출받은 자료를 국토교통부장관에게 통보하여야 한다.(2019.4.16 전단개정)
③ 제1항 및 제2항에 따른 자료의 작성방법, 제출시기 등에 관하여 필요한 사항은 환경부령으로 정한다.

제3장 건설폐기물의 친환경적인 처리
(2009.6.9 본장개정)

제12조【건설폐기물의 분류 등】 환경부장관은 건설폐기물을 태울 수 있는 폐기물과 태울 수 없는 폐기물로 분류하고 분류체계에 따라 건설폐기물을 종류별로 세분화하여야 한다.
제13조【건설폐기물의 처리기준 등】 ① 누구든지 건설폐기물을 배출, 수집·운반, 보관 또는 중간처리를 하려는 자는 대통령령으로 정하는 기준과 방법에 따라야 하며, 건설폐기물을 수집·운반하는 경우 건설폐기물이 흩날리거나 누출되지 아니하도록 상부 전체가 금속 또는 이에 준하는 재질로서 환경부령으로 정하는 재질로 덮여 있는 차량을 이용하여야 한다.(2013.6.12 본항개정)
② 건설폐기물의 처리를 위탁받은 건설폐기물 처리업자는 허용보관량을 초과하여 건설폐기물을 보관하여서는 아니 된다.
③ 특별시장·광역시장·특별자치시장·도지사·특별자치도지사(이하 "시·도지사"라 한다) 또는 시장·군수·구청장은 건설폐기물이 제1항 또는 제2항의 기준에 맞지 아니하게 배출, 수집·운반, 보관 또는 중간처리되면 다음 각 호의 어느 하나에 해당하는 자에게 기간을 정하여 건설폐기물의 배출, 수집·운반, 보관 또는 처리 방법의 변경, 그 밖에 필요한 조치를 명할 수 있다.(2019.4.16 본문개정)
1. 건설폐기물의 배출, 수집·운반, 보관 또는 중간처리를 한 자
2. 제16조제1항 각 호 외의 부분 단서에 따른 확인을 하지 아니하고 위탁한 자
3. 제31조제1항 또는 제2항에 따라 권리·의무를 승계한 자(2015.12.1 본호개정)
제13조의2【건설폐기물 임시보관장소의 승인】 ① 수집·운반업자는 제13조제1항에 따라 건설폐기물을 적정하게 처리 또는 보관할 수 있는 장소(수출을 위한 경우에는 수출자가 지정한 선적장소를 말한다) 외의 장소로 운반하여서는 아니 된다.
② 제1항에도 불구하고 다음 각 호의 어느 하나에 해당하는 경우로서 같은 항에 따른 장소 외의 장소(이하 "임시보관장소"라 한다)로 건설폐기물을 수집·운반하려면 시·도지사의 승인을 받아야 한다. 승인받은 사항을 변경하려고 할 때에도 또한 같다.
1. 적재능력이 작은 차량으로 건설폐기물을 수집하여 적재능력이 큰 차량으로 옮겨 싣기 위한 경우
2. (2017.4.18 삭제)
③ 임시보관장소 승인기준은 다음 각 호와 같으며, 시·도지사는 환경부령으로 정하는 바에 따라 필요한 조건을 붙일 수 있다.
1. 수집·운반업자당 특별시·광역시·특별자치시·도·특별자치도별로 1개소에 한정할 것(2020.5.26 본호개정)
2. 건설폐기물의 보관용적은 700세제곱미터 이하로 할 것
④ 「국토의 계획 및 이용에 관한 법률」 제36조제1항제1호가목에 해당하는 지역으로부터 환경부령으로 정하는 일정거리 이내에 위치한 임시보관장소를 설치·운영하는 자는 환경부령으로 정하는 바에 따라 비산먼지·침출수·악취를 방지하는 시설을 갖추어야 한다.
⑤ 임시보관장소를 설치하는 경우에는 도시 미관을 고려하여야 한다.
⑥ 제2항 및 제4항에 따른 임시보관장소의 승인·변경승인의 절차, 비산먼지·침출수·악취를 방지하는 시설의 설치, 임시보관장소의 건설폐기물 보관기준 등에 필요한 사항은 환경부령으로 정한다.
(2013.6.12 본조신설)

제14조【중간처리업자의 용역이행능력 평가 및 공시 등】 ① 환경부장관은 배출자가 적격업체를 선정할 수 있도록 하기 위하여 중간처리업자의 용역이행능력(비산먼지·침출수·악취 등 주변환경의 오염 방지에 관한 사항을 포함한다. 이하 이 조에서 같다)을 평가하여 공시하여야 한다.(2015.12.1 본항개정)

② 환경부장관은 제1항에 따른 중간처리업자의 용역이행능력을 평가할 때에 중간처리업자의 자본금, 경영상태, 기술능력, 용역이행실적 및 주변환경의 오염 방지를 위한 시설·기술인력의 보유현황 등을 고려하여야 한다.(2015.12.1 본항개정)

③ 중간처리업자는 자본금, 경영상태, 기술능력, 전년도 용역이행실적 및 주변환경의 오염 방지를 위한 시설·기술인력의 보유현황 등을 환경부령으로 정하는 바에 따라 신고하여야 한다.(2015.12.1 본항개정)

④ 제1항에 따른 용역이행능력의 공시시기, 공시방법 및 공시절차 등에 관하여 필요한 사항은 환경부령으로 정하고, 제2항에 따른 평가방법 등에 관하여 필요한 사항은 대통령령으로 정한다.

제15조【건설폐기물 처리용역의 발주】 ① 국가, 지방자치단체 및 제2조제15호 각 목의 어느 하나에 해당하는 자는 대통령령으로 정하는 규모 이상의 건설공사를 발주하려는 경우에는 건설공사와 건설폐기물 처리용역을 분리하여 발주하여야 한다.(2015.12.1 본항개정)

② 발주자는 제1항에 따라 건설폐기물의 처리용역을 분리하여 발주한 때에는 환경부령으로 정하는 바에 따라 적정한 건설폐기물의 처리비용을 반영하여 적격업체를 선정하여야 한다.

③ 환경부장관은 발주자가 제1항에 따라 발주하는 건설폐기물 처리용역의 적격업체를 선정할 수 있도록 이행능력, 경영상태, 기술능력 등의 평가기준을 고시하여야 한다.

④ 환경부장관은 제2항에 따른 적정한 처리비용을 건설폐기물의 종류 또는 처리방법에 따라 고시할 수 있다.

제16조【건설폐기물 처리용역의 위탁·수탁 계약 등】

① 배출자는 해당 건설공사 현장에서 발생하는 건설폐기물을 스스로 처리하거나 다음 각 호의 어느 하나에 해당하는 자에게 위탁하여 처리하여야 한다. 다만, 제1호 및 제3호에 해당하는 자에게 위탁하려는 경우에는 수탁자가 제13조제1항에 따른 기준에 맞게 건설폐기물을 수집·운반 및 처리할 능력이 있는지를 환경부령으로 정하는 바에 따라 확인한 후 위탁하여야 한다.(2015.12.1 단서개정)

1. 건설폐기물 처리업자
2. 「폐기물관리법」 제4조 또는 제5조에 따른 폐기물처리시설을 설치·운영하는 자
3. 「폐기물관리법」 제25조제3항에 따른 폐기물처리업의 허가를 받은 자
4. 「폐기물관리법」 제46조에 따른 폐기물처리 신고를 한 자(2013.6.12 본호개정)

② 배출자와 제1항 각 호의 어느 하나에 해당하는 자가 제1항에 따라 건설폐기물 처리용역의 위탁·수탁 계약을 체결할 때에는 업종구분과 영업내용의 범위에 따라 계약을 체결하고, 폐기물의 종류, 위탁·수탁 물량, 용역금액, 용역기간, 그 밖에 대통령령으로 정하는 사항을 계약서에 분명히 적어야 하며, 서명 또는 날인한 계약서를 서로 주고받고 3년간 보관하여야 한다.

③ 배출자가 수집·운반업자와 중간처리업자를 포함하여 위탁·수탁 계약을 체결할 경우에는 하나의 계약서로 그 계약을 체결하여야 한다.

제17조【배출자의 신고 등】 ① 배출자는 해당 건설공사에서 발생할 건설폐기물의 종류별 발생예상량을 조사하여 그 결과를 토대로 폐기물 처리계획서를 작성하여 특별자치시장·특별자치도지사 또는 시장·군수·구청장에게 신고하여야 한다. 신고한 사항을 변경할 때에도 또한 같다.(2013.6.12 전단개정)

② 제1항에 따른 폐기물 처리계획서에는 다음 각 호의 사항이 포함되어야 한다.

1. 해당 건설공사에서 발생할 건설폐기물의 종류별 발생예상량
2. 해당 건설폐기물의 분리배출 계획
3. 해당 건설현장에서의 재활용 계획
4. 그 밖에 환경부령으로 정하는 사항

③ 특별자치시장·특별자치도지사 또는 시장·군수·구청장은 제1항에 따른 신고 또는 변경신고를 받은 날부터 10일 이내에 신고수리 여부를 신고인에게 통지하여야 한다.(2023.3.28 본항신설)

④ 특별자치시장·특별자치도지사 또는 시장·군수·구청장이 제3항에서 정한 기간 내에 신고수리 여부 또는 민원 처리 관련 법령에 따른 처리기간의 연장을 신고인에게 통지하지 아니하면 그 기간(민원 처리 관련 법령에 따라 처리기간이 연장 또는 재연장된 경우에는 해당 처리기간을 말한다)이 끝난 날의 다음 날에 신고를 수리한 것으로 본다.(2023.3.28 본항신설)

제18조【건설폐기물의 인계·인수 등】 ① 건설폐기물을 배출, 수집·운반 또는 처리를 하는 자는 건설폐기물을 배출, 수집·운반 또는 처리를 할 때마다 건설폐기물의 인계·인수에 관한 내용을 제19조제1항에 따른 전자정보처리프로그램에 입력하여야 한다. 다만, 소량의 건설폐기물을 배출하는 등 환경부령으로 정하는 경우에는 건설폐기물 간이인계서의 작성으로 갈음할 수 있다.

② 제1항 본문에 따라 전자정보처리프로그램에 입력하여야 하는 자 중 배출자는 「건설기술 진흥법」 제2조제3호에 따른 건설엔지니어링을 수행하는 자에게 해당 건설공사에서 발생하는 건설폐기물의 인계·인수에 관한 내용을 전자정보처리프로그램에 입력하는 업무를 대행하게 할 수 있다.(2021.3.16 본항개정)

③ 제1항 단서에 따라 건설폐기물 간이인계서를 작성한 자는 건설폐기물 간이인계서를 작성한 날부터 3년간 이를 보관하여야 한다.

④ 제1항에 따른 전자정보처리프로그램 입력내용·방법·시기 및 건설폐기물 간이인계서의 작성방법·시기 등에 관하여 필요한 사항은 환경부령으로 정한다.

제19조【건설폐기물 인계·인수 내용 등의 전산처리】

① 환경부장관은 건설폐기물의 인계·인수에 관한 정보(이하 "전산정보"라 한다)를 처리할 수 있는 전자정보처리프로그램(이하 "전자정보처리프로그램"이라 한다)을 구축·운영하여야 한다.

② 환경부장관은 전자정보처리프로그램을 이용하는 자로부터 전산정보의 처리에 필요한 비용의 전부 또는 일부를 징수할 수 있다.

③ 환경부장관은 전산정보가 입력된 날부터 3년간 전산정보를 보존하여야 한다.

④ 환경부장관은 전산정보를 해당 건설폐기물의 배출자, 수집·운반자 또는 처리자가 확인·출력할 수 있도록 하여야 하며, 그 배출자, 수집·운반자 또는 처리자를 관할하는 시장·군수·구청장 또는 시·도지사가 이를 검색·확인할 수 있도록 하여야 한다.

⑤ 시·도지사, 시장·군수·구청장 또는 환경부령으로 정하는 자는 환경부장관에게 전산정보의 열람을 요청할 수 있다. 이 경우 환경부장관은 요청받은 날부터 15일 이내에 요청받은 정보를 제공하여야 한다.

제4장 건설폐기물 처리업 등

(2009.6.9 본장개정)

제20조 (2009.6.9 삭제)

제21조【건설폐기물 처리업의 허가 등】 ① 건설폐기물 처리업을 하려는 자는 환경부령으로 정하는 바에 따라 건설폐기물 처리 사업계획서를 시·도지사에게 제출하여야 한다.

② 시·도지사는 제1항에 따라 건설폐기물 처리 사업계획서를 제출받은 경우 다음 각 호의 사항을 검토한 후 그 적합 여부를 건설폐기물 처리 사업계획서를 제출한 자에게 통보하여야 한다.(2013.6.12 본문개정)

1. 건설폐기물 처리업 허가를 받으려는 자(법인인 경우에는 임원을 포함한다)가 제24조에 따른 결격사유에 해당하는지 여부
2. 건설폐기물 처리시설의 입지 등이 다른 법률에 위반되는지 여부
3. 건설폐기물 처리 사업계획서상의 시설, 장비, 기술능력 등이 제3항에 따른 허가기준에 맞는지 여부
4. 건설폐기물 처리시설을 설치·운영하는 경우 「환경정책기본법」 제12조에 따른 환경기준의 유지를 곤란하게 하는지 여부

(2013.6.12 1호~4호신설)

③ 제2항에 따라 사업계획이 적합하다는 통보를 받은 자는 환경부령으로 정하는 바에 따라 다음 각 호의 기준을 갖추어 시·도지사의 허가를 받아야 한다. 이 경우 시·도지사는 제2항에 따라 사업계획의 적합 통보를 받은 자가 해당 사업계획에 따라 시설, 장비, 기술능력 등의 요건을 갖추어 허가신청을 한 경우에는 지체 없이 허가하여야 한다.(2015.12.1 전단개정)

1. 「국토의 계획 및 이용에 관한 법률」 제36조제1항제1호가목에 해당하는 지역으로부터 환경부령으로 정하는 일정거리 이내에 위치한 처리시설을 설치·운영하는 경우 환경부령으로 정하는 바에 따른 비산먼지·침출수·악취를 방지하는 건물 또는 시설(2013.6.12 본호신설)
2. 환경부령으로 정하는 시설, 장비, 기술능력, 자본금(개인인 경우에는 자산평가액을 말한다. 이하 같다) 및 사업장 부지와 그 밖에 필요한 사항 (2013.6.12 본호신설)

④ 제3항에 따른 허가를 받기 위한 신청은 제2항에 따라 사업계획의 적합 통보를 받은 날부터 2년(수집·운반업의 경우에는 6개월) 이내에 하여야 한다. 다만, 시·도지사는 천재·지변이나 그 밖에 부득이한 사유로 제2항에 따른 사업계획의 적합 통보를 받은 자가 해당 기간에 허가를 신청하지 못하는 경우에는 신청에 따라 그 기간을 연장할 수 있다.(2015.12.1 본항신설)

⑤ 시·도지사는 제3항에 따라 허가를 하는 경우 대통령령으로 정하는 바에 따라 주변 환경보호 및 건설폐기물 처리업의 효율적 관리 등을 위하여 필요한 조건을 붙일 수 있다.(2013.6.12 본항신설)

⑥ 제3항에 따라 중간처리업의 허가를 받은 자는 수집·운반업의 허가를 받지 아니하고 그 처리 대상 폐기물을 스스로 수집·운반할 수 있다.

⑦ 건설폐기물 처리업자는 다음 각 호의 사항을 지켜야 한다.

1. 다른 자에게 자기의 성명이나 상호를 사용하여 건설폐기물을 수집·운반 또는 중간처리하게 하지 아니할 것
2. 허가증을 다른 자에게 빌려주지 아니할 것

2의2. 「폐기물관리법」 제8조제1항 및 제2항을 위반하여 폐기물을 버리거나 매립 또는 소각하지 아니할 것 (2019.4.16 본호신설)

3. 그 밖에 수집·운반능력 또는 중간처리능력을 초과한 건설폐기물의 수탁금지 등 대통령령으로 정하는 사항을 지킬 것

제22조【건설폐기물 처리업의 변경허가 등】 ① 제21조제3항에 따른 허가를 받은 자는 허가받은 사항 중 환경부령으로 정하는 중요 사항을 변경하려면 변경허가를 받아야 한다.

② 제21조제3항에 따른 허가를 받은 자가 허가받은 사항 중 환경부령으로 정하는 경미한 사항을 변경하는 경우에는 변경신고를 하여야 한다.

③ 시·도지사는 제2항에 따른 변경신고를 받은 날부터 20일 이내에 신고수리 여부를 신고인에게 통지하여야 한다.(2023.3.28 본항신설)

④ 시·도지사가 제3항에서 정한 기간 내에 신고수리 여부 또는 민원 처리 관련 법령에 따른 처리기간의 연장을 신고인에게 통지하지 아니하면 그 기간(민원 처리 관련 법령에 따라 처리기간이 연장 또는 재연장된 경우에는 해당 처리기간을 말한다)이 끝난 날의 다음 날에 신고를 수리한 것으로 본다.(2023.3.28 본항신설)

제23조【건설폐기물 수집·운반 또는 처리의 재위탁 금지】 ① 수집·운반업자는 위탁받은 건설폐기물의 운반을 재위탁하거나 재위탁을 받아서는 아니 된다.

② 중간처리업자는 위탁받은 건설폐기물을 위탁받은 성질·상태 그대로 재위탁하거나 재위탁을 받아서는 아니 된다.

③ 건설폐기물 처리업자는 허가취소, 천재지변 등으로 건설폐기물을 처리할 수 없는 사유가 발생한 경우에는 제1항 및 제2항에도 불구하고 시·도지사의 승인을 받아 건설폐기물의 수집·운반 또는 중간처리를 재위탁할 수 있다.

제24조【결격사유】 다음 각 호의 어느 하나에 해당하는 자는 건설폐기물 처리업의 허가를 받을 수 없다.

1. 피성년후견인 또는 피한정후견인(2013.6.12 본호개정)
2. 파산선고를 받고 복권되지 아니한 자
3. 이 법을 위반하여 징역의 실형을 선고받고 그 형의 집행이 끝나거나(집행이 끝난 것으로 보는 경우를 포함한다) 집행을 받지 아니하기로 확정된 후 2년이 지나지 아니한 사람
4. 이 법을 위반하여 징역형의 집행유예를 선고받고 그 집행유예기간이 지나지 아니한 사람
5. 건설폐기물 처리업의 허가가 취소된 자(제1호 또는 제2호에 해당하여 건설폐기물 처리업의 허가가 취소된 자는 제외한다)로서 그 허가가 취소된 날부터 2년이 지나지 아니한 자(2015.12.1 본호개정)
6. 임원 중에 제1호부터 제4호까지의 어느 하나에 해당하는 사람이 있는 법인

제25조【허가취소 등】 ① 시·도지사는 건설폐기물 처리업자가 다음 각 호의 어느 하나에 해당하면 그 허가를 취소하여야 한다.

1. 거짓이나 그 밖의 부정한 방법으로 허가를 받은 경우
2. 영업정지기간 중 영업을 한 경우
3. 제24조제1호부터 제4호까지 또는 제6호의 어느 하나에 해당되는 경우. 다만, 같은 조 제6호에 해당되는 법인으로서 2개월 이내에 그 임원을 바꾸어 임명한 경우 또는 건설폐기물 처리업자의 상속인이 제24조제1호부터 제4호까지의 어느 하나에 해당하는 경우로서 그 상속개시일부터 6개월 이내에 상속받은 건설폐기물 처리업을 양도한 경우에는 그러하지 아니하다.(2015.12.1 단서개정)
4. 제42조제1항에 따른 조치를 하지 아니한 경우 (2013.6.12 본호개정)

4의2. 제42조제3항에 따른 명령을 이행하지 아니한 경우 (2013.6.12 본호신설)

5. 제43조에 따른 처리명령을 이행하지 아니한 경우
6. 2년에 3회 이상 제2항에 따른 영업정지 처분을 받은 경우(2015.12.1 본호신설)

② 시·도지사는 건설폐기물 처리업자가 다음 각 호의 어느 하나에 해당하면 그 허가를 취소하거나 6개월 이내의 기간을 정하여 영업의 전부 또는 일부의 정지를 명할 수 있다.

1. 허가를 받은 후 1년 이내에 영업을 시작하지 아니하거나 정당한 사유 없이 계속하여 1년 이상 휴업한 경우
2. 제13조제1항에 따른 건설폐기물의 수집·운반, 보관, 처리 기준 또는 방법을 위반한 경우
3. 제13조제2항을 위반하여 허용보관량을 초과하여 건설폐기물을 보관한 경우
4. 제14조제3항을 위반하여 용역이행실적 등을 신고하지 아니하거나 거짓으로 신고한 경우
5. 제18조제1항 본문을 위반하여 전산정보를 전자정보처리프로그램에 입력하지 아니하거나 거짓으로 입력한 경우
6. 제18조제1항 단서를 위반하여 건설폐기물 간이인계서를 작성하지 아니하거나 거짓으로 작성한 경우

6의2. 제18조제2항에 따른 업무 대행자가 아닌 건설폐기물 처리업자가 배출자의 건설폐기물 인계·인수에 관한 내용을 전자정보처리프로그램에 입력하는 업무를 대행하는 경우(2019.4.16 본호신설)

7. 제18조제3항을 위반하여 건설폐기물 간이인계서를 보관하지 아니한 경우(2019.4.16 본호개정)
8. 제21조제3항에 따른 기준에 미달하게 된 경우 (2013.6.12 본호개정)

9. 제21조제5항에 따른 조건을 위반한 경우
10. 제21조제7항 각 호에 따른 준수사항을 위반한 경우 (2015.12.1 9호~10호개정)
11. 제22조를 위반하여 변경허가를 받지 아니하거나 변경신고를 하지 아니하고 허가받은 사항을 변경한 경우
12. 제23조를 위반하여 건설폐기물의 수집·운반 또는 중간처리를 재위탁하거나 재위탁을 받은 경우
13. 제28조제1항을 위반하여 신고를 하지 아니하고 해당 시설을 사용한 경우(2023.3.28 본호개정)
14. 제29조제1항에 따른 설치 및 관리 기준에 맞지 아니하게 건설폐기물 처리시설을 설치 또는 유지·관리한 경우
15. 제29조제2항에 따른 개선명령을 이행하지 아니하거나 사용중지명령을 위반한 경우
16. 제29조제3항에 따른 폐쇄명령을 이행하지 아니한 경우
17. 제31조제3항을 위반하여 권리·의무승계의 신고를 하지 아니한 경우(2015.12.1 본호개정)
18. 제32조를 위반하여 장부를 비치·기록 또는 보존하지 아니한 경우
19. 제33조제1항에 따른 휴업신고 또는 재개업신고를 하지 아니하고 휴업 또는 재개업을 한 경우

③ 시·도지사는 수집·운반업자가 다음 각 호의 어느 하나에 해당하면 임시보관장소 승인을 취소할 수 있다. 다만, 제1호에 해당하는 경우에는 임시보관장소 승인을 취소하여야 한다.
1. 거짓이나 그 밖의 부정한 방법으로 임시보관장소의 승인을 받은 경우
2. 반입정지기간 중에 반입한 경우
3. 승인을 받은 후 1년 이내에 건설폐기물이 반입되지 아니하거나 계속하여 1년 이상 건설폐기물이 반입되지 아니한 경우(2017.4.18 본호개정)
4. 2년 동안 3회 이상 제4항에 따른 반입 정지명령을 받은 경우(2017.4.18 본호신설)
(2013.6.12 본항개정)

④ 시·도지사는 수집·운반업자가 다음 각 호의 어느 하나에 해당하면 6개월 이내의 기간을 정하여 임시보관장소로 건설폐기물 반입의 정지를 명할 수 있다.
1. 제13조의2제2항을 위반하여 변경승인을 받지 아니하고 승인받은 사항을 변경한 경우
2. 제13조의2제2항에서 정하고 있는 경우 외의 행위를 하는 경우(2017.4.18 본호신설)
3. 제13조의2제3항에 따른 조건을 위반한 경우
4. 제13조의2제6항에 따른 보관기준을 위반한 경우
(2013.6.12 본항신설)

⑤ 시·도지사는 허가 또는 승인을 취소하거나 영업정지 또는 반입정지를 명하려면 환경부령으로 정하는 바에 따라 방치폐기물의 적절한 처리 등 필요한 조치를 하여야 한다.(2013.6.12 본항신설)

⑥ 제1항부터 제4항까지에 따른 행정처분기준은 환경부령으로 정한다.(2013.6.12 본항신설)

⑦ 환경부장관은 임시보관장소 및 제21조제3항에 따른 처리시설이 주변 환경에 중대한 영향을 미치거나 지역주민의 건강에 위해(危害)를 미친다고 인정하는 경우 관할 시·도지사에게 임시보관장소의 승인 또는 건설폐기물 처리업허가의 취소 등 필요한 조치를 취할 것을 권고하고, 시·도지사는 특별한 사유가 없으면 권고에 따라야 한다.(2020.5.26 본항개정)

제26조【과징금의 부과·징수 등】 ① 시·도지사는 건설폐기물 처리업자가 제25조제2항 각 호(제12호 및 제16호는 제외한다)의 어느 하나에 해당하여 영업정지처분을 하여야 할 경우로서 그 영업정지가 다음 각 호의 어느 하나에 해당한다고 인정하면 그 영업정지를 갈음하여 대통령령으로 정하는 매출액에 100분의 5를 곱한 금액을 초과하지 아니하는 범위에서 부과할 수 있으며, 이 경우 과징금의 금액은 2억원을 초과할 수 없다. 다만, 그 건설폐기물처리업자가 매출액이 없거나 매출액을 산정하기 곤란한 경우로서 대통령령으로 정하는 경우에는 1억원을 초과하지 아니하는 범위에서 과징금을 부과할 수 있다.(2023.3.28 본문개정)
1. 해당 영업정지로 인하여 그 영업의 이용자가 건설폐기물을 위탁처리하지 못하여 건설폐기물이 사업장 안에 적체(積滯)됨으로써 이용자의 사업활동에 막대한 지장을 줄 우려가 있는 경우(2023.3.28 본호개정)
2. 해당 건설폐기물 처리업자가 보관하고 있는 건설폐기물이나 그 영업의 이용자가 보관 중인 건설폐기물의 적체에 따른 환경오염으로 인하여 인근지역 주민의 생활환경에 심각한 위해가 발생되거나 발생될 우려가 있는 경우(2023.3.28 본호개정)
3. 천재지변이나 그 밖에 부득이한 사유로 해당 영업을 계속하도록 할 필요가 있다고 인정되는 경우

② 제1항에 따른 위반행위별 과징금의 금액 등에 관하여 필요한 사항은 대통령령으로 정한다.

③ 시·도지사는 제1항에 따른 과징금을 납부하여야 할 자가 납부기한 내에 납부하지 아니하면 과징금 부과처분을 취소하고 제25조제2항에 따른 영업정지 처분을 하거나 「지방행정제재·부과금의 징수 등에 관한 법률」에 따라 과징금을 징수한다.(2023.3.28 본항개정)

④ 과징금으로 징수한 금액은 시·도지사가 사용하되, 그 용도는 다음 각 호와 같다.
1. 제13조제1항에 따른 처리기준에 맞지 아니하게 처리한 건설폐기물로서 제13조제3항 각 호에 해당하는 자를 확인할 수 없는 경우 이를 처리하기 위한 비용
2. 건설폐기물 처리시설의 지도·점검에 필요한 시설·장비의 구입 및 운영에 사용되는 비용
3. 그 밖에 건설폐기물의 적절한 처리와 재활용을 촉진하기 위한 사업에 필요한 비용

⑤ 제1항에도 불구하고 과징금 처분을 받은 날부터 2년이 경과되기 전에 다시 제25조제2항에 따른 영업정지 처분 대상이 되는 경우에는 영업정지를 갈음하여 과징금을 부과하지 아니한다.(2023.3.28 본항신설)

제27조【건설폐기물 처리시설의 설치승인 및 신고】 ① 배출자가 건설공사 현장에서 건설폐기물 처리시설을 직접 설치·운영하여 건설폐기물을 재활용하려는 경우에는 환경부령으로 정하는 바에 따라 시·도지사의 승인을 받아야 한다. 다만, 환경부령으로 정하는 규모의 건설폐기물 처리시설을 설치·운영하려는 경우에는 시·도지사에게 신고하여야 한다.(2013.6.12 단서신설)

② 제1항에 따라 승인을 받거나 신고한 배출자는 해당 건설공사현장에서만 건설폐기물을 재활용할 수 있다. (2013.6.12 본항개정)

③ 배출자는 제1항에 따라 승인을 받거나 신고한 사항 중 환경부령으로 정하는 사항을 변경하려면 시·도지사에게 변경승인을 받거나 변경신고를 하여야 한다. (2013.6.12 본항신설)

④ 건설폐기물을 재활용하기 위한 시험·연구 등의 목적으로 건설폐기물 처리시설을 설치·운영하려는 자는 환경부령으로 정하는 바에 따라 시·도지사에게 신고하여야 한다. 환경부령으로 정하는 사항을 변경하려는 경우에도 또한 같다.

⑤ 시·도지사는 제1항 단서, 제3항 또는 제4항에 따른 신고 또는 변경신고를 받은 날부터 20일 이내에 신고수리 여부를 신고인에게 통지하여야 한다.(2023.3.28 본항신설)

⑥ 시·도지사가 제5항에서 정한 기간 내에 신고수리 여부 또는 민원 처리 관련 법령에 따른 처리기간의 연장을 신고인에게 통지하지 아니하면 그 기간(민원 처리 관련 법령에 따라 처리기간이 연장 또는 재연장된 경우에는 해당 처리기간을 말한다)이 끝난 날의 다음 날에 신고를 수리한 것으로 본다.(2023.3.28 본항신설)

제28조【건설폐기물 처리시설의 설치완료 및 사용신고】 ① 건설폐기물 처리업자 또는 제27조에 따른 승인을 받거나 신고를 한 자가 그 시설의 설치를 마친 후 그 시설을 사용하려면 시·도지사에게 신고하여야 한다.

② 시·도지사는 제1항에 따른 신고를 받은 날부터 20일 이내에 신고수리 여부를 신고인에게 통지하여야 한다. (2023.3.28 본항신설)

③ 시·도지사가 제2항에서 정한 기간 내에 신고수리 여부 또는 민원 처리 관련 법령에 따른 처리기간의 연장을 신고인에게 통지하지 아니하면 그 기간(민원 처리 관련 법령에 따라 처리기간이 연장 또는 재연장된 경우에는 해당 처리기간을 말한다)이 끝난 날의 다음 날에 신고를 수리한 것으로 본다.(2023.3.28 본항신설)

제29조【건설폐기물 처리시설의 설치 및 관리 기준】 ① 건설폐기물 처리시설을 설치·운영하는 자는 환경부령으로 정하는 설치 및 관리 기준에 맞게 해당 시설을 설치 및 유지·관리하여야 한다.

② 시·도지사는 건설폐기물 처리시설의 설치 또는 유지·관리가 제1항에 따른 설치 및 관리 기준에 맞지 아니하다고 인정되면 그 시설을 설치·운영하는 자에게 환경부령으로 정하는 바에 따라 기간을 정하여 그 시설의 개선을 명하거나 그 시설의 사용중지를 명할 수 있다.

③ 시·도지사는 다음 각 호의 어느 하나에 해당하면 해당 시설의 폐쇄를 명할 수 있다.
1. 제2항에 따른 개선명령 또는 사용중지명령을 받은 자가 이를 이행하지 아니한 경우
2. 제2항에 따른 개선명령 또는 사용중지명령을 이행하는 것이 불가능하다고 판단되는 경우

제30조【다른 법령에 따른 허가·신고 등】 ① 건설폐기물 처리시설을 설치하려는 자가 제21조나 제22조에 따른 허가를 받거나 신고를 한 경우 또는 제27조에 따른 승인을 받거나 신고를 한 경우에는 그 건설폐기물 처리시설과 관련한 다음 각 호의 허가를 받거나 신고를 한 것으로 본다.
1. 「대기환경보전법」 제23조제1항 또는 제2항에 따른 배출시설의 설치허가, 설치신고, 변경허가 또는 변경신고
2. 「물환경보전법」 제33조제1항 또는 제2항에 따른 배출시설의 설치허가, 설치신고, 변경허가 또는 변경신고 (2017.1.17 본호개정)
3. 「소음·진동관리법」 제8조제1항 또는 제2항에 따른 배출시설의 설치허가, 설치신고, 변경허가 또는 변경신고 (2009.6.9 본호개정)

② 건설폐기물 처리시설을 설치하려는 자가 제28조제1항에 따른 신고를 한 경우에는 다음 각 호의 신고를 한 것으로 본다.(2023.3.28 본문개정)
1. 「대기환경보전법」 제30조에 따른 배출시설의 가동개시 신고
2. 「물환경보전법」 제37조에 따른 배출시설의 가동개시 신고(2017.1.17 본호개정)
3. (2009.6.9 삭제)

③ 시·도지사는 제1항 각 호의 어느 하나에 해당하는 사항이 포함되어 있는 건설폐기물 처리시설의 설치승인 또는 건설폐기물 처리업의 허가를 하려는 경우에는 관계 행정기관의 장과 협의하여야 한다.

제31조【권리·의무의 승계 등】 ① 건설폐기물 처리업자 또는 제27조에 따른 건설폐기물 처리시설의 설치승인을 받거나 신고를 한 자가 건설폐기물 처리업 또는 건설폐기물 처리시설을 양도하거나 사망한 경우 또는 법인의 합병이 있는 경우에는 그 양수인·상속인 또는 합병 후 존속하는 법인이나 합병에 의하여 설립되는 법인은 허가·승인 또는 신고에 따른 권리·의무를 승계한다.

② 「민사집행법」에 따른 경매, 「채무자 회생 및 파산에 관한 법률」에 따른 환가(換價), 「국세징수법」·「관세법」 또는 「지방세징수법」에 따른 압류재산의 매각, 그 밖에 이에 준하는 절차에 따라 건설폐기물 처리업자 또는 제27조에 따른 건설폐기물 처리시설의 설치승인을 받거나 신고를 한 자로부터 건설폐기물 처리시설을 인수한 자는 각각 건설폐기물 처리업자, 건설폐기물 처리시설의 설치승인을 받은 자나 신고를 한 자의 권리·의무를 승계한다. 이 경우 종전의 건설폐기물 처리업자에 대한 허가, 건설폐기물 처리시설의 설치승인을 받은 자에 대한 승인이나 건설폐기물 처리시설 설치신고를 한 자의 신고는 그 효력을 잃는다.(2016.12.27 전단개정)

③ 제1항 또는 제2항에 따라 권리·의무를 승계한 자는 환경부령으로 정하는 바에 따라 시·도지사에게 신고하여야 한다.(2015.12.1 본항개정)

④ 시·도지사는 제3항에 따른 신고가 있는 경우 신고 사항의 적정 여부를 확인하여야 한다.(2015.12.1 본항신설)

제32조【장부의 비치, 기록 및 보존】 다음 각 호의 어느 하나에 해당하는 자는 환경부령으로 정하는 바에 따라 장부를 갖추고, 폐기물의 수집·운반·처리상황 등(제1호에 해당하는 자의 경우에는 폐기물의 발생량, 재활용상황 및 처리실적 등을 말한다)을 기록하고, 최종 기록한 날부터 2년간 보존하여야 한다. 다만, 전자정보처리프로그램에 해당 사항을 입력한 경우에는 그러하지 아니하다. (2013.6.12 본문개정)
1. 제17조제1항에 따른 신고를 하여야 하는 자
2. 건설폐기물 처리업자
3. 건설폐기물 처리시설을 설치·운영하는 자

제33조【휴업, 폐업 등의 신고】 ① 건설폐기물 처리업자가 휴업, 폐업 또는 재개업을 하려면 환경부령으로 정하는 바에 따라 그 사실을 시·도지사에게 신고하여야 한다.

② 시·도지사는 제1항에 따른 휴업, 폐업 또는 재개업 신고를 받은 날부터 20일 이내에 신고수리 여부를 신고인에게 통지하여야 한다.(2023.3.28 본항신설)

③ 시·도지사가 제2항에서 정한 기간 내에 신고수리 여부 또는 민원 처리 관련 법령에 따른 처리기간의 연장을 신고인에게 통지하지 아니하면 그 기간(민원 처리 관련 법령에 따라 처리기간이 연장 또는 재연장된 경우에는 해당 처리기간을 말한다)이 끝난 날의 다음 날에 신고를 수리한 것으로 본다.(2023.3.28 본항신설)

④ 건설폐기물 처리업자는 제1항에 따라 휴업 또는 폐업의 신고를 하려면 환경부령으로 정하는 바에 따라 방치폐기물의 적절한 처리 등 필요한 조치를 하여야 한다.

제34조【보고, 검사 등】 ① 환경부장관, 시·도지사 또는 시장·군수·구청장은 이 법의 시행에 필요한 범위에서 환경부령으로 정하는 바에 따라 관계인에게 보고를 하게 하거나 자료를 제출하게 할 수 있으며, 관계 공무원에게 사무소 또는 사업장 등을 출입하여 관계 서류나 시설, 장비 등을 검사하게 할 수 있다.

② 제1항에 따른 검사를 하려는 공무원은 검사 3일 전까지 검사일시·검사목적 및 검사내용 등을 포함한 검사계획을 검사대상 사업자에게 통지하여야 한다. 다만, 긴급히 검사하여야 하거나 사전에 알리면 증거인멸 등으로 검사목적을 달성할 수 없다고 인정하는 경우에는 그러하지 아니하다.

③ 제1항에 따라 출입·검사를 하는 공무원은 그 권한을 표시하는 증표를 지니고 이를 관계인에게 내보여야 한다.

제5장 순환골재의 품질기준 및 사용촉진

제35조【순환골재의 품질기준 등】 국토교통부장관은 환경부장관과 협의하여 건설폐기물의 재활용을 촉진하기 위하여 순환골재의 용도별 품질기준 및 설계·시공 등에 관하여 필요한 기준을 정하여야 한다. (2013.6.12 본조개정)

제35조의2【순환골재 및 순환골재 재활용제품 사용자의 준수사항】 순환골재 및 순환골재 재활용제품을 사용하려는 자(건설공사에서 사용하려는 경우에는 발주자를 말한다)는 다음 각 호의 사항을 준수하여야 한다.
1. 제2조제14호에 따른 재활용 용도에 맞게 사용할 것
2. 제35조에 따른 순환골재의 용도별 품질기준에 맞는 순환골재를 사용할 것
(2013.6.12 본조신설)

제36조【순환골재의 품질인증 등】 ① 국토교통부장관은 순환골재의 품질을 확보하기 위하여 인증(이하 "품질인증"이라 한다)을 할 수 있다.

② 품질인증의 기준, 인증관리방법 및 인증절차 등에 관하여 필요한 사항은 국토교통부령으로 정한다.

③ 국토교통부장관은 품질인증된 사항에 대하여 운영실태조사 등 사후관리를 하여야 하며, 조사 결과 품질인증기준에 맞지 아니하다고 인정할 때에는 시정을 명하는 등 필요한 조치를 할 수 있다.
(2013.3.23 본조개정)

제36조의2【품질인증의 결격사유】 국토교통부장관은 품질인증을 받으려는 자가 다음 각 호의 어느 하나에 해당하는 경우에는 품질인증을 하여서는 아니 된다.
(2013.3.23 본문개정)
1. 제37조에 따라 품질인증이 취소(제24조제1호 또는 제2호에 해당하여 제25조제1항에 따라 허가취소가 되고 품질인증이 취소된 경우는 제외한다)된 날부터 3년이 지나지 아니한 경우(2023.3.28 본호개정)
2. 제63조제9호 또는 제10호에 해당하여 징역의 실형을 선고받고 그 집행이 끝나거나(집행이 끝난 것으로 보는 경우를 포함한다) 집행이 면제된 때부터 2년이 지나지 아니한 경우
3. 법인의 대표자를 포함한 임원 중 제2호에 해당하는 사람이 있는 경우
(2009.6.9 본조개정)

제37조【품질인증의 취소 등】 ① 국토교통부장관은 다음 각 호의 어느 하나에 해당하는 경우에는 품질인증을 취소하거나 6개월 이내의 기간을 정하여 품질인증을 사용하지 못하도록 명할 수 있다. 다만, 제1호부터 제3호까지 또는 제4호가목의 어느 하나에 해당할 때에는 인증을 취소하여야 한다.(2013.3.23 본문개정)
1. 거짓 또는 그 밖의 부정한 방법으로 품질인증을 받은 경우
2. 품질인증을 사용하지 못하는 기간에 품질인증을 사용한 경우
3. 제25조에 따라 건설폐기물 처리업의 허가가 취소된 경우
4. 제35조에 따른 품질기준에 미달하거나 부적합한 제품을 생산한 경우로서 다음 각 목의 어느 하나에 해당하게 된 경우
가. 사람들에게 중대한 위해를 끼치거나 시설물의 주요구조부가 붕괴되거나 재시공이 필요하게 된 경우
(2019.4.16 본목개정)
나. 건설공사의 품질 또는 안전에 지장을 준 경우
5. 제36조제3항에 따른 시정명령 등에 따르지 아니한 경우
② 제1항에 따른 행정처분의 세부기준 등에 관하여 필요한 사항은 국토교통부령으로 정한다.(2013.3.23 본항개정)
(2009.6.9 본조개정)

제38조【순환골재 및 순환골재 재활용제품의 사용 의무】 ① 발주자는 순환골재등 의무사용 건설공사를 발주할 때에는 건설업자에게 제35조에 따른 품질기준에 맞는 순환골재 및 대통령령으로 정하는 기준에 적합한 순환골재 재활용제품을 사용하게 하여야 한다. 다만, 다음 각 호의 어느 하나에 해당되는 경우에는 그러하지 아니하다.
1. 순환골재 및 순환골재 재활용제품의 사용으로 인하여 건설공사의 품질확보가 곤란한 경우
2. 도서지역 등 지역의 특성으로 인하여 순환골재 및 순환골재 재활용제품의 수급이 곤란한 경우
3. 순환골재 및 순환골재 재활용제품의 가격이 같은 용도의 다른 골재 및 제품의 가격보다 비싼 경우
② 발주자는 제1항 각 호 외의 부분 단서에 따라 순환골재등 의무사용 건설공사에 순환골재 및 순환골재 재활용제품을 사용하지 아니하려면 설계 등 용역업자, 건설업자 및 감리자의 검토의견서를 제출받아 「건설기술 진흥법」 제5조에 따른 건설기술심의위원회의 심의를 받거나 같은 법 제6조에 따른 기술자문위원회에 자문하여 그 의견을 받아야 한다.(2013.5.22 본항개정)
③ 제1항에 따른 순환골재 및 순환골재 재활용제품의 사용용량 등에 관한 사항은 환경부장관과 국토교통부장관이 정하여 고시한다.(2013.3.23 본항개정)
④ 발주자는 제1항 각 호 외의 부분 본문에 따라 순환골재등 의무사용 건설공사를 발주한 경우에는 환경부령으로 정하는 바에 따라 순환골재 및 순환골재 재활용제품의 사용용도 및 예상사용량 등이 포함된 사용계획서를 작성하여 공사에 착공한 날부터 3개월 이내에 환경부장관에게 제출하여야 한다. 이 경우 환경부장관은 국토교통부장관이 요청하면 제출받은 내용을 통보하여야 한다.
(2013.3.23 후단개정)
(2009.6.9 본조개정)

제39조【순환골재 등의 사용에 관한 권고 및 시정조치】 환경부장관 또는 국토교통부장관은 순환골재등 의무사용 건설공사의 발주자가 제38조에 따른 순환골재 및 순환골재 재활용제품의 사용의무를 준수하지 아니하는 경우에는 순환골재 및 순환골재 재활용제품의 사용을 권고하거나 시정조치를 명할 수 있다.(2013.3.23 본조개정)

제40조 (2009.6.9 삭제)

제6장 방치폐기물 처리이행보증 등
(2009.6.9 본장개정)

제41조【방치폐기물의 예방조치 등】 ① 환경부장관 또는 시·도지사는 건설폐기물 처리업자가 방치폐기물을 발생시키지 아니하도록 대통령령으로 정하는 바에 따라 필요한 조치를 하여야 한다.
② 환경부장관 또는 시·도지사는 방치폐기물의 발생을 예방하기 위하여 제47조에 따라 설립된 공제조합(이하 "공제조합"이라 한다) 또는 제55조에 따라 설립된 협회(이하 "협회"라 한다)에 건설폐기물 처리업자를 대상으로 확인, 점검 및 해당 허가권자가 조치한 사항에 대한 이행상황 점검을 요구할 수 있다.
③ 공제조합 또는 협회는 제2항에 따라 환경부장관 또는 시·도지사가 요구한 사항을 성실히 이행하여야 하며, 이행과정에서 이 법에 위반된 사항이 확인될 때에는 그 내용을 즉시 환경부장관 또는 시·도지사에게 통보하여야 한다.
④ 환경부장관 또는 시·도지사는 제3항에 따라 통보받은 내용에 대하여 이 법에서 정하는 바에 따라 필요한 조치를 하여야 한다.

제42조【방치폐기물의 처리이행보증】 ① 건설폐기물 처리업자는 제13조의2제2항에 따른 승인을 받은 후 건설폐기물을 반입하기 전까지, 제21조제3항에 따른 허가를 받은 후 제28조제1항에 따라 그 사용을 시작하기 위한 신고를 하기 전까지 대통령령으로 정하는 바에 따라 다음 각 호의 어느 하나에 해당하는 방치폐기물 처리이행보증 조치를 하여야 한다.(2023.3.28 본문개정)
1. 공제조합에 분담금 납부
2. 방치폐기물의 처리를 보증하는 보증보험(이하 "처리이행보증보험"이라 한다) 가입(2013.6.12 본호개정)
② 제1항제2호에 따라 처리이행보증보험에 가입한 자는 다음 각 호의 어느 하나에 해당하는 경우 대통령령으로 정하는 바에 따라 처리이행보증보험의 계약을 갱신하거나 공제조합에 분담금을 납부하여야 한다.
1. 처리이행보증보험의 가입기간이 끝나는 경우
2. 제21조제3항에 따라 허가를 받은 처리대상 건설폐기물의 종류 또는 처리단가가 변경되거나 허용보관량을 초과하여 건설폐기물을 보관하는 등의 사유로 처리이행보증보험의 금액이 변경되어야 하는 경우
(2013.6.12 본항신설)
③ 시·도지사는 제2항을 위반하여 처리이행보증보험 계약의 갱신이나 분담금 납부를 하지 아니한 자에 대하여 처리이행보증보험 계약의 갱신 또는 분담금 납부를 명할 수 있다.(2013.6.12 본항신설)
④ 처리이행보증보험의 가입기간, 가입시기 및 보험금액의 산출기준 등에 관하여 필요한 사항은 대통령령으로 정한다.(2013.6.12 본항개정)

제43조【방치폐기물의 처리】 ① 시·도지사는 제42조제1항에 따른 처리이행보증 조치를 한 자가 다음 각 호의 어느 하나에 해당하는 경우에는 기간을 정하여 해당 건설폐기물 처리업자에게 그가 방치하여 놓은 방치폐기물의 처리를 명하여야 한다.(2013.6.12 본문개정)
1. 부도 또는 허가취소로 영업활동이 중단되거나 임시보관장소의 승인이 취소된 경우(2013.6.12 본호개정)
2. 그 밖에 불가피한 사유로 90일 이상 조업을 중단한 경우
② 제1항에 따라 시·도지사로부터 방치폐기물의 처리명령을 받은 자는 그 기간까지 방치폐기물을 처리하여야 한다.

제44조 (2009.6.9 삭제)

제45조【방치폐기물의 처리명령】 ① 시·도지사는 건설폐기물 처리업자가 제43조제1항에 따른 방치폐기물의 처리명령을 이행하지 아니한 경우에는 다음 각 호의 어느 하나에 해당하는 자에게 그 방치폐기물의 처리를 명하여야 한다.
1. 제16조제1항 각 호 외의 부분 단서에 따라 건설폐기물을 적절하게 처리할 수 있는 능력이 있는지에 대한 확인을 하지 아니하고 건설폐기물의 처리를 위탁한 자
2. 제21조제3항에 따른 건설폐기물 처리업의 허가를 받은 자에게 허가받은 사업장 부지를 임대하여 준 자
3. 제31조제1항 또는 제2항에 따라 권리·의무를 승계한 자(2015.12.1 본호개정)
4. 「민사집행법」에 따른 경매, 「채무자 회생 및 파산에 관한 법률」에 따른 환가나 「국세징수법」, 「관세법」 또는 「지방세징수법」에 따른 압류재산의 매각, 그 밖에 이에 준하는 절차에 따라 허가 부지를 인수한 자
(2016.12.27 본호개정)
② 시·도지사는 제1항에 따라 방치폐기물의 처리명령을 받은 자가 그 명령을 이행하지 아니할 때에는 「행정대집행법」에 따라 방치폐기물을 처리하고 그 비용을 징수할 수 있다.

제46조【방치폐기물의 처리이행보증 주체에 대한 조치 등】 ① 시·도지사는 제43조제1항 또는 제45조제1항에 따른 방치폐기물의 처리명령을 받은 자가 처리명령을 이행하지 아니하는 경우에는 처리명령을 받은 자가 보관하고 있는 방치폐기물의 처리에 관하여 다음 각 호의 어느 하나에 해당하는 조치를 할 수 있다.
1. 제42조제1항제1호에 따른 분담금을 낸 경우 : 공제조합에 대한 방치폐기물의 처리명령
2. 처리이행보증보험에 가입한 경우 : 시·도지사가 방치폐기물을 처리하고, 보증보험업자로부터 보험금을 수령(2013.6.12 본호개정)
② 시·도지사가 제1항제1호에 따라 공제조합에 방치폐기물의 처리를 명하려면 처리방법, 처리기간 등에 관한 사항을 공제조합과 협의하여야 한다.

제7장 공제조합 등의 설립
(2009.6.9 본장개정)

제47조【공제조합의 설립】 ① 건설폐기물 처리업자는 방치폐기물의 처리를 보증하고, 조합원 상호 간의 협력증진을 통하여 자율적인 경제활동을 도모하며 건설폐기물 처리업에 필요한 각종 보증과 자금 융자 등을 하기 위하여 공제조합을 설립할 수 있다.
② 공제조합은 법인으로 한다.
③ 공제조합은 주된 사무소의 소재지에서 설립등기를 함으로써 성립한다.
④ 공제조합의 조합원 자격, 임원, 분담금 납부, 책임준비금 및 융자에 관한 사항과 공제조합의 운영에 필요한 사항은 정관으로 정한다.
⑤ 공제조합 정관의 기재사항, 조합원이 내야 할 분담금의 금액, 납부받은 분담금의 적립방법, 책임준비금의 운영방법, 보증대상, 보증한도 및 감독, 그 밖에 공제조합의 운영에 필요한 사항은 대통령령으로 정한다.

제48조【공제조합의 사업】 ① 공제조합은 다음 각 호의 사업을 한다.
1. 조합원의 방치폐기물 처리를 보증하기 위한 분담금 및 책임준비금의 운용
2. 조합원이 건설폐기물 처리업을 경영하는 데에 필요한 입찰보증, 계약이행보증, 선급금보증, 처리비용환불보증, 그 밖에 대통령령으로 정하는 보증
3. 조합원의 건설폐기물 처리업 경영에 필요한 자금의 융자와 어음의 할인(건설폐기물 처리비용으로 받은 어음만 해당한다)
4. 조합원에 고용된 자의 복지향상과 업무상 재해로 인한 손실을 보상하는 공제사업
5. 건설폐기물 처리시설의 설치에 필요한 융자의 알선
6. 건설폐기물 처리의 정보화 관련 서비스 제공 및 물가정보의 제공 등 조합원의 편익증진을 위한 사업
7. 공제조합의 목적을 달성하기 위하여 필요한 관련 사업에 대한 투자
8. 조합원에게 제공할 공동이용시설의 설치·운영
9. 국가, 지방자치단체 또는 정관으로 정하는 공공단체가 위탁하는 사업
10. 제1호부터 제9호까지의 사업에 관련된 사업으로서 정관으로 정하는 사업
② 공제조합은 다른 법률에 따른 공제조합과의 상호협력과 이해증진을 위하여 정보의 교환 등 공동사업을 할 수 있다.

제49조【공제규정】 ① 공제조합은 제48조제1항제4호에 따른 공제사업을 하려면 공제규정을 정하여야 한다.
(2015.12.1 본항개정)
② 제1항의 공제규정에는 공제사업의 범위, 공제계약의 내용, 공제료, 공제금, 공제금에 충당하기 위한 책임준비금 등 공제조합의 운영에 필요한 사항을 정하여야 한다.

제50조【「보험업법」의 적용배제】 공제조합의 사업 중 제48조제1항제4호에 따른 공제사업에 관하여는 「보험업법」을 적용하지 아니한다.

제51조【신용에 의한 보증 등】 공제조합은 정관으로 정하는 바에 따라 조합원의 재산상태 등을 평가하고 해당 용역의 이행능력을 평가한 후 보증이나 융자를 할 수 있다.

제52조【용역이행 상황 조사 등】 ① 공제조합은 대통령령으로 정하는 바에 따라 조합이 보증한 건설폐기물 처리용역과 관련하여 건설공사현장 및 조합원의 사업장에 출입하여 용역이행 상황을 조사할 수 있으며, 그 용역을 수행하는 조합원에게 의견을 진술할 수 있다.
② 공제조합은 제1항에 따른 용역이행 상황 조사에 관한 업무를 협회나 관계 전문기관이 대행하게 할 수 있다.

제53조【보고서의 제출 등】 ① 환경부장관은 필요하다고 인정하면 공제조합에 대하여 업무에 관한 보고서의 제출이나 그 밖에 필요한 조치를 명하거나 소속 공무원에게 공제조합의 업무를 검사하게 할 수 있다.
② 제1항에 따라 조사 또는 검사를 하는 공무원은 그 권한을 표시하는 증표를 지니고 이를 관계인에게 내보여야 한다.

제54조【다른 법률의 적용】 공제조합에 관하여 이 법에서 규정한 것을 제외하고는 「민법」 중 사단법인에 관한 규정과 「상법」 중 주식회사의 계산에 관한 규정을 각각 준용한다.

제55조【협회의 설립】 ① 건설폐기물 처리업자는 순환골재의 품질을 확보하고 건설폐기물 처리업자의 건전한 육성 및 발전을 도모하기 위하여 협회를 설립할 수 있다.
② 제1항에 따른 협회는 법인으로 한다.
③ 협회는 주된 사무소의 소재지에서 설립등기를 함으로써 성립한다.
④ 정관의 기재사항과 협회의 감독에 필요한 사항은 대통령령으로 정한다.

제56조【「민법」 규정의 준용】 협회에 관하여 이 법에 규정된 사항을 제외하고는 「민법」 중 사단법인에 관한 규정을 준용한다.

제8장 보 칙
(2009.6.9 본장개정)

제56조의2【교육】 ① 중간처리업자는 중간처리업에 종사하는 기술인력이 환경부령으로 정하는 교육기관이 실시하는 교육을 받도록 하여야 한다. 이 경우 교육에 드는 비용은 교육대상자를 고용한 자의 부담으로 한다.
② 제1항에 따른 교육의 내용 등에 관하여 필요한 사항은 환경부령으로 정한다.
(2009.6.9 본조신설)

제56조의3【위반사실 공표】 ① 환경부장관은 배출자 또는 건설폐기물 처리업자가 다음 각 호의 어느 하나에 해당하여 처분을 받거나 형이 확정된 경우에는 그 위반

행위, 처벌 또는 처분 내용, 해당 사업자의 명칭·주소 및 대표자의 성명 등 대통령령으로 정하는 사항을 공표할 수 있다. 이 경우 공표 여부를 결정할 때에는 그 위반행위의 동기·정도·횟수 및 결과 등을 고려하여야 한다.
1. 제25조제1항부터 제4항까지 및 제26조제1항에 따른 행정처분
2. 제62조부터 제64조까지에 따른 징역형 또는 벌금형
3. 제66조제1항에 따른 과태료 처분
② 제1항에 따른 공표의 절차 및 방법 등에 필요한 사항은 대통령령으로 정한다.
(2023.9.14 본조신설)
제57조【청문】 ① 국토교통부장관은 제37조에 따라 품질인증을 취소하려면 청문을 하여야 한다.
(2013.3.23 본항개정)
② 시·도지사는 다음 각 호의 어느 하나에 해당하는 처분을 하려면 청문을 하여야 한다.
1. 제25조제1항 또는 제2항에 따른 건설폐기물 처리업의 허가취소
1의2. 제25조제3항에 따른 임시보관장소 승인취소
(2013.6.12 본호신설)
2. 제29조제3항에 따른 건설폐기물 처리시설의 폐쇄명령
제58조【권한 또는 업무의 위임·위탁】 ① 이 법에 따른 환경부장관 또는 국토교통부장관의 권한은 그 일부를 대통령령으로 정하는 바에 따라 시·도지사에게 위임할 수 있다.
② 이 법에 따른 환경부장관 또는 국토교통부장관의 업무는 그 일부를 대통령령으로 정하는 바에 따라 공공기관, 공제조합 또는 관련 협회에 위탁할 수 있다.
(2013.3.23 본조개정)
제59조【건설폐기물 처리업의 재정지원】 ① 환경부장관 또는 국토교통부장관은 건설폐기물을 친환경적으로 적절하게 처리하고 재활용을 촉진하기 위하여 필요하다고 인정되면 건설폐기물 처리시설을 설치하려는 자에게 비용의 일부를 지원할 수 있다.(2013.3.23 본항개정)
② 제1항에 따른 재정지원에 필요한 사항은 대통령령으로 정한다.
제60조【수수료】 제21조제3항에 따른 허가 및 제22조제1항에 따른 변경허가를 받으려는 자는 환경부령으로 정하는 수수료를 내야 한다.
제61조【벌칙 적용 시 공무원 의제】 제58조제2항에 따라 위탁받은 업무에 종사하는 자는 「형법」 제129조부터 제132조까지의 규정을 적용할 때에는 공무원으로 본다.

제9장 벌 칙
(2009.6.9 본장개정)

제62조【벌칙】 다음 각 호의 어느 하나에 해당하는 자는 5년 이하의 징역 또는 5천만원 이하의 벌금에 처한다.
(2014.3.18 본문개정)
1. 제21조제3항을 위반하여 허가를 받지 아니하고 건설폐기물 처리업의 영업행위를 한 자
2. 거짓이나 그 밖의 부정한 방법으로 건설폐기물 처리업 허가를 받은 자
제63조【벌칙】 다음 각 호의 어느 하나에 해당하는 자는 3년 이하의 징역 또는 3천만원 이하의 벌금에 처한다.
(2014.3.18 본문개정)
1. 제13조제1항에 따른 처리기준을 위반하여 주변환경을 오염시킨 자
2. 제13조제3항에 따른 조치명령을 이행하지 아니한 자
2의2. 제13조의2를 위반하여 건설폐기물을 운반하여 주변환경을 오염시킨 자(2013.6.12 본호신설)
3. 제16조제1항을 위반하여 건설폐기물을 처리한 자
4. 제22조제1항에 따른 변경허가를 받지 아니하고 중요사항을 변경한 자
5. 제23조를 위반하여 자신이 위탁받은 건설폐기물을 다른 건설폐기물 처리업자에게 수집·운반 또는 중간처리를 재위탁하거나 재위탁을 받은 자
6. 제25조제2항에 따른 영업정지기간에 영업을 한 자
7. 제27조제1항을 위반하여 승인을 받지 아니하고 건설폐기물 처리시설을 설치한 자
8. 제29조제2항에 따른 개선명령을 이행하지 아니하거나 사용중지명령을 위반한 자
9. 제36조제1항에 따른 품질인증을 받지 아니하고 품질인증을 사용한 자
10. 거짓이나 그 밖의 부정한 방법으로 제36조제1항에 따른 품질인증을 받은 자
11. 제43조제1항에 따른 처리명령을 이행하지 아니한 자
제64조【벌칙】 다음 각 호의 어느 하나에 해당하는 자는 2년 이하의 징역 또는 2천만원 이하의 벌금에 처한다.
(2014.3.18 본문개정)
1. (2013.6.12 삭제)
2. 제21조제7항제1호 또는 제2호를 위반하여 다른 자에게 자기의 성명이나 상호를 사용하여 폐기물을 수집·운반 또는 중간처리하게 하거나 허가증을 다른 자에게 빌려준 자(2015.12.1 본호개정)
3. 제25조제4항에 따른 반입정지 기간에 건설폐기물을 반입한 자(2013.6.12 본호신설)
4. 제27조제1항 단서를 위반하여 신고를 하지 아니하고 건설폐기물 처리시설을 설치한 자(2013.6.12 본호신설)
제65조【양벌규정】 법인의 대표자나 법인 또는 개인의 대리인, 사용인, 그 밖의 종업원이 그 법인 또는 개인의 업무에 관하여 제62조부터 제64조까지의 어느 하나에 해당하는 위반행위를 하면 그 행위자를 벌하는 외에 그 법인 또는 개인에게도 해당 조문의 벌금형을 과(科)한다. 다만, 법인 또는 개인이 그 위반행위를 방지하기 위하여 해당 업무에 관하여 상당한 주의와 감독을 게을리하지 아니한 경우에는 그러하지 아니하다.
제66조【과태료】 ① 다음 각 호의 어느 하나에 해당하는 자에게는 1천만원 이하의 과태료를 부과한다.
1. 제13조제1항의 처리기준을 위반한 자(제63조제1호에 해당하는 경우는 제외한다)
2. 제13조제2항에 따른 허용보관량을 초과하여 건설폐기물을 보관한 자
2의2. 제13조의2를 위반하여 건설폐기물을 운반한 자(제63조제2호의2에 해당하는 경우는 제외한다)
(2013.6.12 본호신설)
3. 제14조제3항에 따라 용역이행실적 등을 신고하지 아니하거나 거짓 또는 그 밖의 부정한 방법으로 신고한 자
4. 제15조제1항에 따라 분리 발주하지 아니한 자
5. 제16조제2항에 따라 위탁·수탁 계약을 체결하지 아니하고 건설폐기물을 배출, 수집·운반 또는 처리한 자
6. 제16조제3항을 위반하여 하나의 계약서로 위탁·수탁계약을 체결하지 아니한 자
6의2. 건설폐기물을 처리할 때까지 제17조제1항 전단에 따른 배출자 신고를 하지 아니하거나 거짓으로 신고한 자(2013.6.12 본호신설)
7. 제21조제7항제3호에 따른 준수사항을 지키지 아니한 자(2015.12.1 본호개정)
8. 제27조제2항을 위반하여 해당 건설공사현장 외의 장소에서 재활용한 자(2013.6.12 본호개정)
9. 제27조제3항에 따른 변경승인을 받지 아니하고 승인받은 사항을 변경한 자(2013.6.12 본호개정)
10. 제27조제4항 전단을 위반하여 신고를 하지 아니하고 건설폐기물 처리시설을 설치한 자(2013.6.12 본호개정)
11. 제29조에 따른 관리기준에 맞지 아니하게 건설폐기물 처리시설을 유지·관리하여 주변 환경을 오염시킨 자
12. 제33조제1항에 따른 신고를 하지 아니하고 휴업 또는 폐업을 한 자
13. 제33조제4항에 따른 조치를 이행하지 아니한 자
(2023.3.28 본호개정)
14. 제38조제1항에 따라 순환골재 및 순환골재 재활용제품을 사용하지 아니한 순환골재등 의무사용 건설공사의 발주자
15. 제39조에 따른 시정조치명령을 이행하지 아니한 자
16. 제42조제1항을 위반하여 분담금을 내지 아니하거나 처리이행보증보험에 가입하지 아니한 자(2013.6.12 본호개정)
17. 제42조제3항을 위반하여 계약의 갱신 또는 분담금 납부 명령을 이행하지 아니한 자(2013.6.12 본호신설)
② 다음 각 호의 어느 하나에 해당하는 자에게는 300만원 이하의 과태료를 부과한다.
1. 제16조제1항 각 호 외의 부분 단서에 따른 확인을 하지 아니하고 위탁한 자
2. 제17조제1항 후단에 따른 변경신고를 하지 아니하고 신고한 사항을 변경하거나 거짓으로 변경신고를 한 자
3.~5. (2013.6.12 삭제)
6. 제22조제2항에 따른 변경신고를 하지 아니하고 신고사항을 변경한 자
7. 제27조제3항에 따른 변경신고를 하지 아니하고 신고사항을 변경한 자(2013.6.12 본호개정)
8. 제27조제4항 후단에 따른 변경신고를 하지 아니하고 신고사항을 변경한 자(2013.6.12 본호개정)
9. 제31조제3항을 위반하여 권리·의무승계의 신고를 하지 아니한 자(2015.12.1 본호개정)
10. (2013.6.12 삭제)
11. 제33조제1항에 따른 신고를 하지 아니하고 재개업한 자
12. 제35조의2를 위반하여 순환골재 등을 재활용 용도 및 용도별 품질기준에 맞지 아니하게 사용한 자
(2013.6.12 본호개정)
13. (2013.6.12 삭제)
14. 제38조제4항에 따른 순환골재 및 순환골재 재활용제품 사용계획서를 제출하지 아니한 자
15. 제42조제2항을 위반하여 처리이행보증보험 계약의 갱신이나 분담금 납부를 하지 아니한 자(2013.6.12 본호개정)
③ 다음 각 호의 어느 하나에 해당하는 자에게는 100만원 이하의 과태료를 부과한다.
1. 제18조제1항 본문, 같은 조 제2항 및 제4항을 위반하여 인계·인수에 관한 내용을 전자정보처리프로그램에 기간 내에 입력하지 아니하거나 거짓으로 입력한 자 또는 입력 내용의 일부를 누락하거나 입력 방법에 맞지 아니하게 입력한 자(2019.4.16 본호개정)
1의2. 제18조제2항을 위반하여 「건설기술 진흥법」 제2조제3호에 따른 건설엔지니어링을 수행하지 아니하는 건설폐기물 처리업자에게 자신의 건설폐기물 인계·인수에 관한 내용을 전자정보처리프로그램에 입력하는 업무를 대행하게 한 배출자(2021.3.16 본호개정)
1의3. 「건설기술 진흥법」 제2조제3호에 따른 건설엔지니어링을 수행하지 아니함에도 불구하고 배출자의 건설폐기물 인계·인수에 관한 내용을 전자정보처리프로그램에 입력하는 업무를 대행한 건설폐기물 처리업자
(2021.3.16 본호개정)
2. 제18조제1항 단서를 위반하여 건설폐기물 간이인계서를 작성하지 아니하거나 거짓으로 작성한 자
3. 제18조제3항을 위반하여 건설폐기물 간이인계서를 보관하지 아니한 자(2019.4.16 본호개정)
4. 제28조제1항에 따른 신고를 하지 아니하고 건설폐기물 처리시설을 사용한 자(2023.3.28 본호개정)
5. 제32조에 따른 장부를 기록 또는 보존하지 아니하거나 거짓으로 기록한 자
6. 제34조제1항에 따른 보고를 하지 아니하거나 거짓으로 보고를 한 자
7. 제34조제1항에 따른 출입·검사를 거부·방해 또는 기피한 자
8. 제56조의2제1항을 위반하여 교육을 받게 하지 아니한 자
(2013.6.12 본항신설)
④ 제1항부터 제3항까지의 규정에 따른 과태료는 대통령령으로 정하는 바에 따라 소관별로 시·도지사 또는 시장·군수·구청장이 부과·징수한다.(2013.6.12 본항개정)

부 칙

제1조【시행일】 이 법은 2005년 1월 1일부터 시행한다.
제2조【건설폐기물처리업자에 관한 경과조치】 ① 이 법 시행 당시 폐기물관리법 제26조제3항의 규정에 의하여 폐기물의 처리에 관한 수집·운반업 또는 중간처리업 허가를 받은 자는 제21조제4항의 규정에 의한 수집·운반업 또는 중간처리업 허가를 받은 것으로 본다.
② 제1항의 규정에 의한 건설폐기물처리업자는 이 법 시행후 1년 6월 이내에 제21조제1항의 규정에 의한 허가기준에 적합한 시설 및 장비를 갖추어 제22조의 규정에 의한 변경허가를 받아야 한다.
제3조【방치폐기물처리이행보증에 관한 경과조치】 ① 이 법 시행 당시 폐기물관리법 제43조의2제1항의 규정에 의하여 방치폐기물처리이행을 보증하기 위하여 동법 제43조의3제1항의 규정에 의하여 설립된 폐기물처리공제조합(이하 "대한건설폐기물공제조합"이라 한다)에 가입한 자는 제42조제1호의 규정에 의한 공제조합에 분담금을 납부한 것으로 본다.
② 이 법 시행 당시 폐기물관리법 제43조의2제1항제2호의 규정에 의하여 보증보험에 가입한 자는 제42조제2호의 규정에 의하여 보증보험에 가입한 것으로 본다.
③ 이 법 시행 당시 폐기물관리법 제43조의2제1항제3호의 규정에 의하여 폐기물처리이행보증금을 예치한 자는 이 법 시행후 1년 6월 이내에 제42조제1호 또는 제2호의 규정에 의한 공제조합 또는 보증보험에 가입하여야 한다.
제4조【공제조합에 관한 경과조치】 ① 이 법 시행 당시 폐기물관리법 제43조의3의 규정에 의하여 설립된 대한건설폐기물공제조합은 제47조의 규정에 의하여 설립된 공제조합으로 본다.
② 제1항의 규정에 의한 대한건설폐기물공제조합은 이 법에 의하여 변경되는 사항에 관하여 이 법 시행후 1년 이내에 환경부장관으로부터 수정인가를 받아야 한다.

부 칙 (2013.6.12)

제1조【시행일】 이 법은 공포 후 1년이 경과한 날부터 시행한다. 다만, 제24조의 개정규정은 2013년 7월 1일부터 시행하고, 제13조의2, 제21조제3항부터 제6항까지, 제25조, 제27조, 제42조, 제43조, 제63조, 제64조 및 제66조의 개정규정은 공포 후 6개월이 경과한 날부터 시행하며, 제13조제1항의 개정규정은 2016년 7월 1일부터 시행한다.
제2조【순환골재 등 사용자의 준수사항에 관한 적용례】 건설공사에서 발주자가 순환골재 및 순환골재 재활용제품을 사용하는 경우에 관하여는 제35조의2의 개정규정은 이 법 시행 후 최초로 발주하는 건설공사부터 적용한다.
제3조【건설폐기물 임시보관장소 승인에 관한 경과조치】 이 법 시행 당시 종전의 규정에 따라 승인된 임시보관장소(「건설폐기물의 재활용촉진에 관한 법률」 제13조제1항 및 같은 법 시행규칙 제4조에 따라 승인받은 임시보관장소를 말한다)는 제13조의2 개정규정에 따라 승인받은 것으로 본다. 다만, 제13조의2의 개정규정에 따른 요건을 갖추지 아니한 건설폐기물 처리업자는 2015년 7월 1일까지 같은 개정규정에 따른 요건을 갖추어 승인을 받아야 한다.
제4조【건설폐기물 처리업 허가에 관한 경과조치】 이 법 시행 당시 종전의 규정에 따라 허가된 건설폐기물 처리업은 제21조제3항의 개정규정에 따라 허가를 받은 것으로 본다. 다만, 제21조제3항의 개정규정에 따른 요건을 갖추지 아니한 건설폐기물 처리업자는 2016년 1월 1일까지 같은 개정규정에 따른 요건을 갖추어 변경허가를 받아야 한다.
제5조【금치산자 등에 대한 경과조치】 제24조제1호의 개정규정에 따른 피성년후견인 및 피한정후견인에는 법률 제10429호 민법 일부개정법률 부칙 제2조에 따라 금치산 또는 한정치산 선고의 효력이 유지되는 사람이 포함되는 것으로 본다.

제6조【건설폐기물 처리시설 신고에 관한 경과조치】 이 법 시행 당시 종전의 규정에 따라 설치승인을 받은 건설폐기물 처리시설 중 제27조제1항 단서의 개정규정에 따른 규모에 해당하는 건설폐기물 처리시설은 같은 개정규정에 따라 설치신고를 한 것으로 본다.
제7조【벌칙 등에 관한 경과조치】 이 법 시행 전의 행위에 대하여 벌칙 및 과태료를 적용할 때에는 제64조 및 제66조의 개정규정에도 불구하고 종전의 규정에 따른다.

부 칙 (2015.12.1)

제1조【시행일】 이 법은 공포한 날부터 시행한다. 다만, 제2조제15호사목, 제14조, 제15조제1항, 제21조제4항부터 제7항까지, 제25조제1항제6호, 같은 조 제2항제9호·제10호, 제64조제2호 및 제66조제1항제7호의 개정규정은 공포 후 6개월이 경과한 날부터 시행한다.
제2조【순환골재등 의무사용 건설공사의 범위에 관한 적용례】 제2조제15호사목의 개정규정은 같은 개정규정 시행일 이후 발주하는 건설공사부터 적용한다.
제3조【권리·의무의 승계신고에 관한 적용례】 제31조제2항의 개정규정은 이 법 시행 이후 「민사집행법」에 따른 경매, 「채무자 회생 및 파산에 관한 법률」에 따른 환가(換價), 「국세징수법」·「관세법」 또는 「지방세기본법」에 따른 압류재산의 매각, 그 밖에 이에 준하는 절차에 따라 건설폐기물 처리시설을 인수하는 경우부터 적용한다.
제4조【건설폐기물 처리업의 상속인에 대한 특례】 이 법 시행 당시 상속개시일부터 6개월이 지나지 아니한 건설폐기물 처리업의 상속인이 이 법 시행일부터 6개월 이내에 건설폐기물 처리업을 양도하면 제25조제1항제3호의 개정규정에도 불구하고 건설폐기물 처리업의 허가를 취소하지 아니한다.
제5조【건설폐기물 처리업 허가 취소에 관한 경과조치】 제25조제1항제6호의 개정규정을 적용할 때 이 법 시행 전에 받은 영업정지의 횟수는 산입하지 아니한다.

부 칙 (2019.4.16)

제1조【시행일】 이 법은 공포 후 1년이 경과한 날부터 시행한다. 다만, 제2조제12호의2, 제4조제3항 및 제5조제2항의 개정규정은 공포 후 2년이 경과한 날부터 시행하고, 제8조, 제11조제1항·제2항 및 제13조제3항의 개정규정은 공포한 날부터 시행한다.
제2조【분별해체의무에 관한 적용례】 제4조제3항 및 제5조제2항의 개정규정은 같은 개정규정 시행 이후 발주하는 건설공사부터 적용한다.

부 칙 (2020.3.24)

제1조【시행일】 이 법은 2020년 5월 1일부터 시행한다. (이하 생략)

부 칙 (2020.5.26)

이 법은 공포한 날부터 시행한다.(이하 생략)

부 칙 (2021.3.16)

제1조【시행일】 이 법은 공포 후 3개월이 경과한 날부터 시행한다.(이하 생략)

부 칙 (2023.3.28)

제1조【시행일】 이 법은 공포한 날부터 시행한다. 다만, 제26조의 개정규정은 공포 후 6개월이 경과한 날부터 시행한다.
제2조【배출자의 신고 등에 관한 적용례】 제17조제3항·제4항, 제22조제3항·제4항, 제27조제5항·제6항, 제28조제2항·제3항 및 제33조제2항·제3항의 개정규정은 같은 개정규정 시행 이후 배출자의 신고·변경신고, 건설폐기물 처리업의 변경신고, 건설폐기물 처리시설의 설치신고·변경신고 또는 사용신고 및 건설폐기물 처리업의 휴업, 폐업 또는 재개업 신고를 하는 경우부터 각각 적용한다.
제3조【행정처분에 관한 경과조치】 제26조의 개정규정 시행 전의 위반행위에 대한 행정처분(과징금 부과처분을 포함한다)에 관하여는 같은 개정규정에도 불구하고 종전의 규정에 따른다.

부 칙 (2023.9.14)

제1조【시행일】 이 법은 공포 후 6개월이 경과한 날부터 시행한다.
제2조【위반사실 공표에 관한 적용례】 제56조의3의 개정규정은 이 법 시행 이후 발생하는 위반행위부터 적용한다.

자원의 절약과 재활용촉진에 관한 법률(약칭 : 자원재활용법)

(2002년 2월 4일 전개법률 제6653호)

개정
2003.12.30법 7021호 <중략>
2009. 2. 6법 9433호(한국환경공단법)
2009. 4. 1법 9584호(산업발전법)
2009. 5.21법 9685호(중소기업판로지원)
2010. 7.23법10389호(폐기물관리법)
2011. 4.28법10615호(환경기술및환경산업지원법)
2011. 7.21법10893호(환경정책)
2012. 2. 1법11262호
2013. 3.23법11690호(정부조직)
2013. 5.22법11788호 2013. 8.13법12076호
2014. 1.21법12319호 2015. 1.20법13036호
2016. 5.29법14230호
2017. 1.17법14532호(물환경보전법)
2017.11.28법15101호 2018.12.24법16083호
2019.11.26법16611호
2020. 5.26법17326호(법률용어정비)
2020. 6. 9법17426호 2021. 1. 5법17847호
2022.12.31법19208호(순환경제사회전환촉진법)
2023. 3.28법19311호→시행일 부칙 참조
2024. 1. 9법19963호→2024년 7월 10일 시행
2024. 2. 6법20231호(화학물질관리법)→2025년 8월 7일 시행이므로 「法典 別冊」 보유편 수록

제1장 총 칙
(2008.3.21 본장개정)

제1조【목적】 이 법은 폐기물의 발생을 억제하고 재활용(再活用)을 촉진하는 등 자원(資源)을 순환적으로 이용하도록 함으로써 환경의 보전과 국민경제의 건전한 발전에 이바지함을 목적으로 한다.
제2조【정의】 이 법에서 사용하는 용어의 뜻은 다음과 같다.
1. (2017.11.28 삭제)
2. "재활용가능자원"이란 사용되었거나 사용되지 아니하고 버려진 후 수거(收去)된 물건과 부산물(副産物) 중 재사용·재생이용할 수 있는 것〔회수할 수 있는 에너지와 폐열(廢熱)을 포함하되, 방사성물질과 방사성물질로 오염된 물질은 제외한다〕을 말한다.
3. "부산물"이란 제품의 제조·가공·수리·판매나 에너지의 공급 또는 토목·건축공사에서 부수적으로 생겨난 물건을 말한다.
4. "지정부산물"이란 부산물 중 그 전부 또는 일부를 재활용하는 것이 그 자원을 효율적으로 이용하는데 특히 필요한 것으로서 대통령령으로 정하는 부산물을 말한다.
5. "재활용"이란 「폐기물관리법」 제2조제7호에 따른 재활용을 말한다.
6. "재사용"이란 재활용가능자원을 그대로 또는 고쳐서 다시 쓰거나 생산활동에 다시 사용할 수 있도록 하는 것을 말한다.
7. "재생이용"이란 재활용가능자원의 전부 또는 일부를 원료(原料)로 다시 사용하거나 다시 사용할 수 있도록 하는 것을 말한다.(2023.3.28 본호개정)
7의2. "재생원료"란 재활용가능자원의 전부 또는 일부를 재생이용한 원료로서 환경부령으로 정하는 것을 말한다. (2023.3.28 본호신설)
8. "에너지회수"란 재활용가능자원으로부터 「폐기물관리법」 제2조제7호나목에 따른 기준(이하 "에너지회수기준"이라 한다)에 따라 에너지를 회수(回收)하거나 에너지를 회수할 수 있는 물질로 전환시키는 것을 말한다. (2010.7.23 본호개정)
8의2. "폐자원에너지"란 고형연료제품, 폐기물합성가스 등 폐기물로부터 회수된 에너지 또는 에너지를 회수할 수 있도록 전환된 물질로서 환경부령으로 정하는 것을 말한다.(2014.1.21 본호신설)
9. "재활용제품"이란 재활용가능자원을 이용하여 만든 제품으로서 환경부령으로 정하는 제품을 말한다.
10. "재활용시설"이란 재활용가능자원이나 재활용제품을 제조, 가공, 조립, 정비, 수집, 운반, 보관하는 데에 사용되는 장치·장비·설비 등으로서 환경부령으로 정하는 것을 말한다.
11. "재활용산업"이란 재활용가능자원이나 재활용제품을 제조, 가공, 조립, 정비, 수집, 운반, 보관하거나 재활용기술을 연구·개발하는 산업으로서 대통령령으로 정하는 업종(業種)을 말한다.
12. "폐기물"이란 「폐기물관리법」 제2조제1호에 따른 폐기물을 말한다.
13. "대형폐기물"이란 가정이나 사업장 등에서 배출되는 가구·가전제품 등 개별적으로 계량(計量)을 할 수 있고 품명(品名)을 알아볼 수 있는 물질로서 대통령령으로 정하는 폐기물을 말한다.
14. "포장재"란 제품의 수송, 보관, 취급, 사용 등의 과정에서 제품의 가치·상태를 보호하거나 품질을 보전하기 위한 목적으로 제품의 포장에 사용된 재료나 용기 등을 말한다.
15. "1회용품"이란 같은 용도에 한 번 사용하도록 만들어진 제품으로서 대통령령으로 정하는 것을 말한다.
16. "생분해성수지제품"이란 「환경기술 및 환경산업 지원법」 제17조에 따라 환경표지(環境標識) 인증을 받았거나 대상제품별 인증기준에 맞는 제품으로서 환경부령으로 정하는 제품을 말한다.(2011.4.28 본호개정)
17. "재질·구조개선 대상제품"이란 사용되었거나 사용되지 아니하고 버려진 후 수거되어 그 전부 또는 일부를 재활용하는 것이 그 자원을 효율적으로 이용하는 데에 특히 필요하고, 쉽게 재활용할 수 있도록 제품의 구조나 재질을 개선할 필요가 있는 제품으로서 대통령령으로 정하는 제품을 말한다.
제2조의2 (2017.11.28 삭제)
제3조【다른 법률과의 관계】 자원의 절약, 폐기물의 발생억제 및 재활용에 관하여 이 법에 규정되지 아니한 사항은 「순환경제사회 전환 촉진법」 및 「폐기물관리법」을 적용한다.(2022.12.31 본조개정)
제4조~제7조 (2017.11.28 삭제)

제2장 자원의 절약과 재활용촉진 등
(2017.11.28 본장제목개정)

제1절 자원의 절약과 폐기물의 발생억제 등
(2008.3.21 본절제목삽입)

제8조【자원의 절약 등】 ① 정부는 생산자나 소비자에게 자원을 절약하고 폐기물의 발생을 억제하며 폐기물의 재활용을 위하여 필요한 사항을 권고하거나 지도할 수 있다.
② 주무부장관(主務部長官)은 자원의 절약과 폐기물의 발생억제를 위한 장치·기술의 보급을 확대하기 위하여 관계 행정기관의 장에게 협조를 요청할 수 있다.
(2008.3.21 본조개정)
제8조의2 (2017.11.28 삭제)
제9조【포장폐기물의 발생억제】 ① 제품을 제조·수입 또는 판매하는 자(이하 "제조자등"이라 한다)는 대통령령으로 정하는 제품의 포장폐기물의 발생을 억제하고 재활용을 촉진하기 위하여 다음 각 호의 어느 하나에 해당하는 사항을 지켜야 한다.(2017.11.28 본문개정)
1. 포장재질·포장방법(포장공간비율과 포장횟수를 말한다. 이하 같다)에 관한 기준
2. 합성수지재질(생분해성수지제품은 제외한다. 이하 이 조에서 같다)로 된 포장재의 연차별 줄이기에 관한 기준
② 제1항에 따른 제품의 포장재질·포장방법에 관한 기준 및 합성수지재질로 된 포장재의 연차별 줄이기 목표 등 구체적인 기준은 환경부장관이 주무부장관과 협의하여 환경부령으로 정한다.
③ 특별자치시장·특별자치도지사·시장·군수 또는 구청장(자치구의 구청장을 말한다. 이하 같다)은 환경부장관이 고시(告示)한 간이측정방법에 따라 측정하여 제1항 및 제2항에 따른 기준을 위반한 것으로 인정되는 제조자등에게 환경부령으로 정하는 바에 따라 기간을 정하여 환경부령으로 정하는 전문기관으로부터 제품의 포장방법과 포장재의 재질에 관한 검사를 받도록 명할 수 있다. (2017.11.28 본항개정)
④ 환경부장관은 제조자등에게 환경부령으로 정하는 바에 따라 포장방법과 포장재의 재질을 포장의 겉면에 표시하도록 권장하여야 한다.
(2008.3.21 본조개정)
제9조의2【포장재의 재질·구조 기준 등】 ① 제16조제1항에 따른 포장재의 재활용의무생산자는 환경부장관이 정하여 고시하는 포장재의 재질·색상·무게, 재활용의 용이성 등 포장재의 재질·구조에 관한 기준을 준수하여야 한다.
② 환경부장관은 제1항을 위반하여 포장재를 제조·수입하거나 이를 이용한 제품을 판매하는 재활용의무생산자에게 환경부령으로 정하는 바에 따라 1년 이내의 범위에서 기간을 정하여 제1항에 따른 기준을 충족하도록 하는 데 필요한 조치를 할 것을 명할 수 있다.
③ 환경부장관은 제2항에 따른 명령을 할 때 제조공정의 변경이 필요하여 제16조제1항에 따른 포장재의 재활용의무생산자나 관계 행정기관의 장이 개선기간의 연장을 요청하는 등 1년 이내에 개선이 어렵다고 인정되는 사유가 있을 때에는 그 개선기간을 별도로 정할 수 있다.
④ 환경부장관은 제2항에 따른 명령을 받은 자가 이를 이행하지 아니하는 경우에는 환경부령으로 정하는 바에 따라 해당 포장재의 제조·수입 및 판매의 중단을 명할 수 있다.
(2023.3.28 본조개정)
제9조의3【중단명령을 갈음한 과징금】 ① 환경부장관은 제9조의2제4항에 따라 제조·수입 및 판매를 중단하도록 명하여야 하는 경우로서 해당 포장재·제품의 제조·수입 및 판매가 불가피하다고 인정하는 경우 대통령령으로 정하는 바에 따라 제조·수입 및 판매의 중단에 갈음하여 10억원 이하의 과징금을 부과할 수 있다.
(2023.3.28 본항개정)
② 환경부장관은 제1항에 따라 과징금을 부과받은 자가 과징금을 내지 아니하면 국세체납처분의 예에 따라 징수한다.
③ 제1항과 제2항에 따라 징수한 과징금은 환경개선특별회계의 세입으로 한다.
(2018.12.24 본조신설)
제9조의4【포장재의 재질·구조 평가 등】 ① 환경부장관은 포장재의 재질·색상·무게 및 재활용의 용이성에

대한 평가(이하 "포장재 재질 · 구조 평가"라 한다) 기준을 마련하여야 한다.(2023.3.28 본항개정)
② 제16조제1항에 따른 포장재의 재활용의무생산자는 제조 · 수입하는 포장재 및 이를 이용하여 판매하는 제품에 대하여 환경부령으로 정하는 바에 따라 포장재 재질 · 구조 평가를 받아야 한다.
③ 제16조제1항에 따른 포장재의 재활용의무생산자는 제2항에 따른 포장재 재질 · 구조 평가 결과를 환경부령으로 정하는 바에 따라 포장재 겉면에 표시하여야 한다.
(2018.12.24 본조신설)

제10조【1회용품의 사용 억제 등】 ① 다음 각 호의 어느 하나에 해당하는 시설 또는 업종을 경영하는 사업자는 1회용품의 사용을 억제하고 무상으로 제공하지 아니하여야 한다.(2013.8.13 본문개정)
1. 「식품위생법」 제2조제12호에 따른 집단급식소 또는 같은 법 제36조제1항제3호에 따른 식품접객업
2. 「식품위생법」 제36조제1항제1호에 따른 식품 제조업 · 가공업 중 대통령령으로 정하는 업종
(2013.8.13 1호~2호신설)
3. 「공중위생관리법」 제2조제1항제2호의 숙박업(객실이 50실 이상인 경우로 한정한다) 또는 같은 항 제3호의 목욕장업(2023.3.28 본호개정)
4. 「유통산업발전법」 제2조제3호에 따른 대규모점포
5. 「체육시설의 설치 · 이용에 관한 법률」 제2조제1호에 따른 체육시설
6. 그 밖에 1회용품의 사용을 억제할 필요가 있어 대통령령으로 정하는 시설 또는 업종
(2013.8.13 4호~6호신설)
② 제1항 본문에도 불구하고 다음 각 호의 어느 하나에 해당하는 경우에는 1회용품을 사용하거나 무상으로 제공할 수 있다.
1. 집단급식소나 식품접객업소 외의 장소에서 소비할 목적으로 고객에게 음식물을 제공 · 판매 · 배달하는 경우. 이 경우 「전자문서 및 전자거래 기본법」에 따른 전자상거래 또는 환경부령으로 정하는 무인정보단말기를 통하여 음식물을 제공 · 판매 · 배달하는 때에는 고객이 1회용품 사용 여부를 선택할 수 있도록 하여야 한다.
(2023.3.28 후단신설)
2. 자동판매기를 통하여 음식물을 판매하는 경우
3. 상례에 참석한 조문객에게 음식물을 제공하는 경우(대통령령으로 정하는 바에 따라 조리시설 및 세척시설이 갖추어져 있는 곳에서 음식물을 제공하는 경우는 제외한다)
4. 그 밖에 대통령령으로 정하는 경우
(2013.8.13 본항신설)
③ 제1항에 따른 시설 또는 업종을 경영하는 사업자가 사용을 억제하고 무상으로 제공하지 아니하여야 하는 1회용품과 그 세부 준수사항은 환경부령으로 정한다.
(2013.8.13 본항신설)

제10조의2【1회용 봉투 · 쇼핑백 판매대금의 용도】 제10조에 따라 1회용 봉투 · 쇼핑백을 판매한 사업자는 판매대금을 다음 각 호의 어느 하나에 해당하는 용도로 사용하도록 노력하여야 한다.(2013.8.13 본문개정)
1. 고객이 사용한 1회용 봉투 · 쇼핑백을 되가져올 경우의 현금환불
2. 고객이 장바구니를 이용할 경우의 현금할인
3. 장바구니의 제작 · 보급
4. 1회용품의 사용억제를 위한 홍보
5. 전년도의 1회용 봉투 · 쇼핑백 판매금액보다 고객에게 환불 또는 현금할인한 금액이 많은 경우 그에 대한 보전
6. 그 밖에 환경부령으로 정하는 환경보전을 위한 활동
(2021.1.5 본호개정)
(2007.5.11 본조신설)

제10조의3【재정적 지원 등】 국가와 지방자치단체는 포장폐기물의 발생과 1회용품의 사용을 억제하기 위하여 다음 각 호의 어느 하나에 해당하는 사업을 하는 사업자 또는 사업자단체 등에 대하여 필요한 재정적 지원이나 금융 관련 법률에 따른 자금 융자 등의 지원을 할 수 있다.
1. 포장재 없이 제품을 판매하는 사업
2. 다회용기(같은 용도에 두 번 이상 계속하여 사용하도록 만들어진 제품으로서 대통령령으로 정하는 것을 말한다)를 회수 · 세척하여 재공급하는 사업
(2023.3.28 본조신설)

제11조【개발사업의 자원순환성 고려 등】 ① 정부는 개발사업(「도시개발법」 제2조제1항제2호에 따른 도시개발사업 등 대통령령으로 정하는 사업을 말한다. 이하 같다)의 시행자가 그 사업의 시행에 앞서 다음 각 호의 사항을 고려하여 「순환경제사회 전환 촉진법」 제2조제6호의 자원순환(이하 이 항에서 "자원순환"이라 한다)을 촉진할 수 있도록 필요한 대책을 강구하여야 한다.
(2022.12.31 본문개정)
1. 개발사업의 계획수립과 설계 시 자원순환이 쉬운 구조와 자재(資材)의 선택
2. 개발사업 시행 시 순환골재의 사용
3. 개발사업으로 발생하는 폐기물의 재활용 및 적절한 처리
② 특별자치시장 · 특별자치도지사 · 시장 · 군수 또는 구청장은 폐기물의 발생을 억제하기 위하여 「건축법」 제2조제2항제2호 또는 제15호에 따른 공동주택이나 숙박시설을 건설하는 사업자에게 붙박이장 등 수납공간이나 붙박이식의 집기(什器) 또는 비품 등을 설치하도록 권장할 수 있다.(2014.1.21 본항개정)
(2008.3.21 본조개정)

제12조【폐기물부담금】 ① 환경부장관은 폐기물의 발생을 억제하고 자원의 낭비를 막기 위하여 다음 각 호의 어느 하나에 해당하는 물질이 들어있거나 재활용이 어렵고 폐기물 관리상의 문제를 초래할 가능성이 있는 제품 · 재료 · 용기 중 대통령령으로 정하는 제품 · 재료 · 용기의 제조업자(주문자의 상표를 붙이는 방식에 따라 제조한 제품 · 재료 · 용기의 경우에는 그 주문자를 말한다)나 수입업자에게 그 폐기물의 처리에 드는 비용을 매년 부과 · 징수한다.(2020.5.26 본문개정)
1. 「대기환경보전법」 제2조제9호에 따른 특정대기유해물질
2. 「물환경보전법」 제2조제8호에 따른 특정수질유해물질
(2017.1.17 본호개정)
3. 「유해화학물질 관리법」 제2조제3호에 따른 유독물
② 제1항에도 불구하고 다음 각 호의 어느 하나에 해당하는 경우에는 그 폐기물의 처리에 드는 비용을 부과하지 아니한다. 이 경우 제조업자 또는 수입업자가 다음 각 호의 사항을 환경부령으로 정하는 바에 따라 입증하여야 한다.(2019.11.26 후단신설)
1. 제16조에 따른 제품 · 포장재와 생분해성수지제품
2. 플라스틱을 재료로 사용한 제품 · 재료 · 용기 중 대통령령으로 정하는 일정 비율 이상 회수 · 재활용이 가능한 경우와 환경부장관과 회수 · 재활용에 관한 자발적 협약(협약의 기간은 최대 5년으로 한다)을 체결하고 이를 이행한 제조업자 또는 수입업자가 제조 또는 수입한 제품 · 재료 · 용기(2019.11.26 본호개정)
3. 그 밖에 대통령령으로 정하는 제품 · 재료 · 용기
(2012.2.1 본항신설)
③ 제1항에 따라 제조업자나 수입업자가 내야 하는 비용(이하 "폐기물부담금"이라 한다)은 폐기물의 품목별로 그 종류와 규격을 고려하여 대통령령으로 정하는 기준에 따라 산출하며, 폐기물부담금의 납부시기, 납부절차, 그 밖에 필요한 사항은 대통령령으로 정한다.(2013.8.13 본항개정)
④ 환경부장관은 폐기물부담금을 내야 하는 자가 납부기한까지 내지 아니하면 30일 이상의 기간을 정하여 납부를 독촉하여야 한다. 이 경우 체납된 다음 각 호의 구분에 따라 가산금(加算金)을 부과한다.(2013.8.13 후단개정)
1. 납부기한이 지난 날부터 1주일 이내에 납부하는 경우 : 체납된 폐기물부담금의 100분의 1에 해당하는 금액(2020.5.26 본호개정)
2. 납부기한이 지난 날부터 1주일이 지난 다음 납부하는 경우 : 체납된 폐기물부담금의 100분의 3에 해당하는 금액(2020.5.26 본호개정)
⑤ 제3항에 따라 독촉을 받은 자가 그 기간까지 폐기물부담금이나 가산금을 내지 아니하면 국세 체납처분의 예에 따라 징수한다.
⑥ 폐기물부담금과 제3항에 따른 가산금은 「환경정책기본법」에 따른 환경개선특별회계의 세입(稅入)으로 한다.
(2011.7.21 본항개정)
⑦ 환경부장관은 제38조제2항에 따라 「한국환경공단법」에 따른 한국환경공단(이하 "공단"이라 한다) 등 관계 전문기관에 폐기물부담금이나 가산금의 징수업무를 위탁한 경우에는 징수된 폐기물부담금과 가산금 중 일부를 대통령령으로 정하는 바에 따라 징수비용으로 교부할 수 있다.(2009.2.6 본항개정)
⑧ 폐기물부담금을 내야 하는 자는 환경부령으로 정하는 바에 따라 제품 · 재료 · 용기의 출고 또는 수입 실적에 관한 자료를 환경부장관에게 제출하여야 한다.
(2019.11.26 본항신설)
(2008.3.21 본조개정)

제12조의2【폐기물부담금의 징수유예 · 분할납부 등】
① 환경부장관은 폐기물부담금을 내야 하는 자가 다음 각 호의 어느 하나에 해당하는 사유로 납부기한 전에 폐기물부담금을 낼 수 없다고 인정하면 대통령령으로 정하는 바에 따라 징수를 유예하거나 그 금액을 분할하여 납부하게 할 수 있다.
1. 천재지변이나 그 밖의 재해로 제조업자나 수입업자의 재산에 중대한 손실이 발생한 경우
2. 사업에 손실을 입어 경영상 심각한 위기에 처한 경우
3. 그 밖에 제1호 또는 제2호에 준하는 사유로 징수유예나 분할납부가 불가피하다고 인정되는 경우
② 환경부장관은 제12조제3항에 따라 산출된 폐기물부담금이 대통령령으로 정하는 금액 미만인 경우에는 이를 징수하지 아니할 수 있다.
③ 환경부장관은 폐기물부담금을 내야 하는 자가 다음 각 호의 어느 하나에 해당하면 납부기한 전이라도 이미 부과된 폐기물부담금을 징수할 수 있다.
1. 국세, 지방세, 그 밖의 공과금에 대하여 체납처분을 받은 경우
2. 강제집행을 받은 경우
3. 파산선고를 받은 경우
4. 경매가 개시된 경우
5. 법인이 해산한 경우
6. 폐기물부담금을 포탈하려는 행위가 있다고 인정되는 경우
④ 환경부장관은 제3항에 따라 납부기한 전에 폐기물부담금을 징수하려면 대통령령으로 정하는 바에 따라 새로운 납부기한을 정하여 제조업자나 수입업자에게 그 뜻과 납부기한 변경 등을 고지하여야 한다.
⑤ 폐기물부담금 납부의무의 승계에 관하여는 「국세기본법」 제23조 및 제24조를 준용한다.
(2013.8.13 본조신설)

제2절 폐기물의 분리 · 수거 및 자원의 순환 촉진 등
(2020.6.9 본절제목개정)

제12조의3【폐기물배출자의 분리 보관 등】 ① 폐기물을 배출하는 토지나 건물의 소유자 · 점유자 또는 관리자 중 대통령령으로 정하는 자(이하 "폐기물배출자"라 한다)는 그 토지나 건물에서 배출되는 폐기물 중 재활용할 수 있는 폐기물을 환경부령으로 정하는 기준에 따라 재활용하거나 종류 · 성질 · 상태별로 분리 보관하여 재활용될 수 있도록 하여야 한다.
② 특별자치시장 · 특별자치도지사 · 시장 · 군수 · 구청장은 제1항에 따른 기준을 지키지 아니하는 폐기물배출자에게 환경부령으로 정하는 바에 따라 필요한 조치를 명할 수 있다.(2014.1.21 본항개정)
(2008.3.21 본조신설)

제13조【재활용가능자원의 분리수거】 ① 환경부장관은 재활용가능자원을 효율적으로 활용하기 위하여 폐기물의 발생량과 재활용 여건을 고려하여 재활용가능자원의 분리수거를 위한 분류 · 보관 · 수거 등에 관한 지침을 정할 수 있다.
② 특별시장 · 광역시장 · 특별자치시장 · 도지사는 관할 지방자치단체의 분리수거가 효율적으로 이루어질 수 있도록 지원하고, 특별시장 · 광역시장 · 특별자치시장 · 도지사 · 특별자치도지사는 환경부장관이 정하는 지침에 따라 매년 재활용가능자원의 발생량과 분리수거량 등을 조사하여 공표(公表)하여야 한다.(2014.1.21 본항개정)
③ 특별자치시장 · 특별자치도지사 · 시장 · 군수 · 구청장은 제1항에 따른 지침에 따라 재활용가능자원의 보관 시설이나 용기를 설치하는 등 지역 실정을 고려하여 분리수거에 필요한 조치를 취하여야 한다.(2014.1.21 본항개정)
(2008.3.21 본조개정)

제13조의2【재활용센터의 설치 · 운영 등】 ① 특별자치시장 · 특별자치도지사 · 시장 · 군수 · 구청장은 중고물품의 교환과 재사용가능한 대형폐기물의 재활용을 촉진하기 위하여 필요한 시설(이하 이 조에서 "재활용센터"라 한다)을 설치 · 운영하여야 한다.(2014.1.21 본항개정)
② 특별자치시장 · 특별자치도지사 · 시장 · 군수 · 구청장은 재활용센터를 특별자치시 · 특별자치도 · 시 · 군 · 구(자치구를 말한다. 이하 같다)별로 한 군데 이상을 설치하여야 하며, 인구가 20만명을 초과하면 그 때마다 한 군데의 재활용센터를 추가로 설치 · 운영하여야 한다.
(2014.1.21 본항개정)
③ 특별자치시장 · 특별자치도지사 · 시장 · 군수 · 구청장은 대형폐기물을 수거 · 선별 · 처리할 때에는 재활용센터를 우선하여 활용하여야 한다.(2014.1.21 본항개정)
④ 특별자치시장 · 특별자치도지사 · 시장 · 군수 · 구청장 외의 자가 재활용센터를 설치 · 운영하는 경우에는 그 사실을 특별자치도지사 또는 해당 시장 · 군수 · 구청장에게 통지하여야 한다.(2014.1.21 본항개정)
⑤ 환경부장관은 제1항부터 제4항까지의 규정에 따라 재활용센터를 설치 · 운영하는 자에게 재정적 · 기술적 지원을 할 수 있다.
⑥ 그 밖의 재활용센터의 설치와 시설기준 등에 관하여 필요한 사항은 대통령령으로 정한다.
(2008.3.21 본조개정)

제13조의3【재활용가능자원관리특별회계의 설치】 ① 특별자치시장 · 특별자치도지사 · 시장 · 군수 · 구청장은 재활용가능자원 회수에 필요한 재원을 확보하고, 효율적으로 운용 · 관리하기 위하여 재활용가능자원관리특별회계(이하 "특별회계"라 한다)를 설치할 수 있다.
(2014.1.21 본항개정)
② 특별회계의 세입은 다음 각 호와 같다.
1. 지방자치단체가 수거한 재활용가능자원을 제28조의2에 따른 재활용가능자원 유통지원센터에 판매한 수익금
2. 제13조의2에 따른 재활용센터가 판매한 수익금
3. 제41조제3항에 따른 과태료(2019.11.26 본호개정)
4. 일반회계 및 다른 특별회계로부터의 전입금
5. 제1호부터 제4호까지에 따른 자금의 운용으로 생기는 수익금 및 그 밖에 재활용가능자원과 관련한 수익금
③ 특별회계의 세출은 다음 각 호와 같다.
1. 재활용가능자원을 회수하는 사회적기업(「사회적기업 육성법」 제2조제1호에 따른 사회적기업을 말한다)의 창업 지원 등 재정적 지원
2. 「폐기물관리법」 제46조제1항제2호에 해당하는 자 중 영세한 수집 · 운반자 등에 대한 지원
3. 제13조제3항에 따른 재활용가능자원의 보관 시설이나 용기의 설치에 필요한 비용의 지원
4. 그 밖에 재활용가능자원 회수체계 개선 사업의 지원
(2013.5.22 본조신설)

제14조【분리배출 표시】 폐기물의 재활용을 촉진하기 위하여 분리수거 표시를 하는 것이 필요한 제품 · 포장재

로서 대통령령으로 정하는 제품·포장재의 제조자등은 환경부장관이 정하여 고시하는 지침에 따라 그 제품·포장재에 분리배출 표시를 하여야 한다.(2008.3.21 본조개정)

제15조【부품 등의 재사용 촉진】 ① 제품의 제조자등은 유통된 제품이 폐기물이 되는 경우 그 제품이나 부품을 회수하여 새로운 제품의 제조에 사용하거나 재사용할 수 있도록 하는 등의 노력을 하여야 한다.

② 정부는 제품의 제조자등이 제1항의 목적을 달성할 수 있도록 하기 위한 기술지원 등 필요한 조치를 하여야 한다.

(2008.3.21 본조개정)

제15조의2【빈용기·1회용 컵의 자원순환 촉진】 ① 용기·1회용 컵(이하 "용기등"이라 한다)의 회수, 재사용이나 재활용 등을 촉진하기 위하여 다음 각 호의 경우에는 출고, 수입 또는 판매가격과는 별도의 금액(이하 "자원순환보증금"이라 한다)을 제품 가격에 포함시켜야 한다. 다만, 제1호의 경우에는 해당 제조업자나 수입업자가 자원순환보증금 포함 여부를 결정할 수 있다.

1. 대통령령으로 정하는 반복 사용이 가능한 용기를 사용하여 제조업자나 수입업자가 대통령령으로 정하는 제품을 제조 또는 수입하는 경우
2. 1회용 컵을 다량으로 배출하는 사업자로서 대통령령으로 정하는 업종·규모에 해당하는 사업자가 1회용 컵을 사용하여 대통령령으로 정하는 제품을 판매하는 경우

② 환경부장관은 용기등의 재사용 또는 재활용을 활성화하기 위하여 제1항에 따른 제품에 사용된 용기등 중에서 규격이 통일되어 공동으로 사용할 수 있는 용기등(이하 "표준용기"라 한다)을 지정할 수 있으며, 표준용기를 제품에 사용하려는 제조업자나 수입업자는 환경부령으로 정하는 바에 따라 등록하여야 한다.

③ 제1항제1호에 따라 자원순환보증금이 가격에 포함된 제품을 제조·수입하는 자와 제1항제2호의 판매자(이하 "보증금대상사업자"라 한다)는 용기등을 반환하는 자에게 자원순환보증금을 돌려주어야 한다. 이 경우 자원순환보증금액은 용기등의 제조원가, 자원의 순환이용 등을 고려하여 환경부령으로 정한다.

④ 보증금대상사업자는 자원순환보증금이 가격에 포함된 제품 용기등의 회수, 선별, 보관, 재활용 등에 소요되는 다음 각 호의 비용을 지급하여야 한다. 이 경우 해당 비용을 산정할 때에는 물가변동 등 경제적인 여건을 고려하여야 한다.

1. 제1항제1호에 해당하는 제조업자나 수입업자의 경우 도매업자나 소매업자(한국표준산업분류에 따른 종합 소매업·음식료품 및 담배소매업을 하는 사업자로 한정한다)에게 환경부령으로 정하는 빈용기의 보관과 운반에 드는 비용(이하 "취급수수료"라 한다)
2. 제1항제2호에 해당하는 판매자의 경우 1회용 컵 등의 재활용을 위하여 이를 운반 및 처리하는 자에게 환경부령으로 정하는 비용(이하 "처리지원금"이라 한다)

⑤ 제3항 및 제4항에 따른 자원순환보증금의 반환, 취급수수료와 처리지원금의 지급, 관리 등이 원활하게 이루어질 수 있도록 하기 위하여 보증금대상사업자는 제15조의6에 따른 자원순환보증금관리센터에 자원순환보증금이 가격에 포함된 제품의 출고 및 판매, 회수, 재사용 또는 재활용 등에 관한 정보를 제공하여야 하며, 자원순환보증금관리센터로 하여금 반환된 용기등을 확인한 후 이에 해당되는 자원순환보증금과 취급수수료 또는 처리지원금 등을 반환 또는 지급하도록 하여야 한다.

⑥ 보증금대상사업자는 환경부장관이 정하여 고시하는 바에 따라 자원순환보증금이 포함된 제품의 용기등에 자원순환보증금의 환불문구 및 재사용 또는 재활용 표시 등을 하여야 한다.

⑦ 자원순환보증금의 반환, 취급수수료와 처리지원금의 지급 등 용기등의 원활한 회수·재사용 또는 재활용을 위하여 보증금대상사업자 등이 지켜야 할 사항은 환경부령으로 정한다.

(2020.6.9 본조개정)

제15조의3【자원순환보증금 잔액의 용도】 ① 제15조의2에 따라 자원순환보증금을 돌려주고 남은 금액(이하 "미반환보증금"이라 한다)은 다음 각 호의 어느 하나에 해당하는 용도로 사용하여야 한다.(2020.6.9 본문개정)

1. 용기등의 회수율 향상을 위한 홍보
2. 용기등의 보관, 수집소의 설치 및 회수용 박스 제작
3. 자원순환촉진을 위한 용기등의 회수, 재사용과 재활용 방안의 연구·개발
4. 전년도에 받은 자원순환보증금액보다 자원순환보증금으로 지급한 금액이 많은 경우 그에 대한 보전(補塡)

4의2. 용기등의 회수·재활용에 드는 비용

(2020.6.9 1호~4호의2개정)

4의3. 자원순환보증금과 취급수수료 및 처리지원금의 집행 관리 등을 위하여 필요한 비용(2020.6.9 본호신설)

5. 그 밖에 환경보전을 위한 활동

② 미반환보증금의 산출, 사용계획 및 결과의 보고, 용기등의 회수·재활용 등에 드는 비용 산정 등에 관한 세부 사항은 환경부령으로 정한다.(2020.6.9 본항개정)

(2020.6.9 본조제목개정)

(2008.3.21 본조신설)

제15조의4【자원순환보증금 미지급 소매업자 등 신고보상】 환경부장관은 자원순환보증금이 가격에 포함된 제품을 소비자에게 직접 판매하는 자가 제15조의2제3항을 위반하여 자원순환보증금을 돌려주지 아니한 경우 이를 신고한 자에게 환경부령으로 정하는 바에 따라 보상할 수 있다.(2020.6.9 본조개정)

제15조의5【자원순환보증금관리위원회】 ① 자원순환보증금 및 취급수수료·처리지원금의 부과·지급, 미반환보증금의 운용 등 자원순환보증금관리에 관한 사항을 협의·조정하기 위하여 환경부에 자원순환보증금관리위원회(이하 이 조에서 "위원회"라 한다)를 둔다.

② 위원회는 위원장을 포함하여 7명 이내의 위원으로 구성한다.

③ 위원회의 구성·운영 등에 필요한 사항은 환경부령으로 정한다.

(2020.6.9 본조신설)

제15조의6【자원순환보증금관리센터 설립】 ① 보증금대상사업자는 대통령령으로 정하는 바에 따라 환경부의 허가를 받아 자원순환보증금관리센터를 공동으로 설립하여야 한다.

② 자원순환보증금관리센터는 법인으로 한다.

③ 자원순환보증금관리센터는 다음 각 호의 사업을 하여야 한다.

1. 제15조의2제5항에 따른 자원순환보증금 반환 및 취급수수료, 처리지원금 지급 및 관리 등에 관한 업무
2. 제15조의3제1항에 따른 미반환보증금의 집행 및 관리
3. 자원순환보증금 반환과 취급수수료 또는 처리지원금 지급 등에 관한 실태조사
4. 제15조의4에 따른 신고를 처리하기 위한 자원순환보증금반환 신고센터의 설치·운영
5. 그 밖에 용기등의 회수, 재사용 또는 재활용 촉진 등을 위하여 환경부령으로 정하는 사업

④ 환경부장관은 센터의 운영이 법령이나 정관 등을 위반한 경우에는 그 시정을 명하거나 그 밖에 필요한 조치를 요청할 수 있다.

⑤ 환경부장관은 자원순환보증금관리센터의 임직원이 제4항에 따른 시정명령이나 조치를 이행하지 아니한 경우에는 관련 임직원에 대한 징계·해임을 요구할 수 있다.

⑥ 자원순환보증금관리센터의 운영 및 그 밖에 필요한 사항은 환경부령으로 정한다.

⑦ 자원순환보증금관리센터에 관하여 이 법에서 규정한 것 외에는 「민법」 중 사단법인에 관한 규정을 준용한다.

(2020.6.9 본조신설)

제3절 폐기물의 재활용 촉진 등

(2008.3.21 본절제목삽입)

제16조【제조업자 등의 재활용의무】 ① 생산단계·유통단계에서 재질·구조 또는 회수체계의 개선 등을 통하여 회수·재활용을 촉진할 수 있거나 사용 후 발생되는 폐기물의 양이 많은 제품·포장재 중 대통령령으로 정하는 제품·포장재의 제조업자나 수입업자(포장재는 포장재를 이용한 제품의 판매업자를 포함한다. 이하 "재활용의무생산자"라 한다)는 제조·수입하거나 판매한 제품·포장재로 인하여 발생한 폐기물을 회수하여 재활용하여야 한다.(2019.11.26 본항개정)

② 제1항에도 불구하고 재활용의무생산자가 대통령령으로 정하는 업종 및 규모의 사업장을 운영하는 경우에는 재활용의무를 면제받을 수 있다. 이 경우 재활용의무생산자가 환경부령으로 정하는 바에 따라 재활용의무 면제대상임을 입증하여야 한다.(2019.11.26 본항신설)

③ 재활용의무생산자(보증금대상사업자는 제외한다)는 제1항에 따른 재활용의무를 공동으로 이행하기 위한 분담금(이하 "분담금"이라 한다)을 제27조에 따른 재활용사업공제조합에 내야 한다. 다만, 다음 각 호의 어느 하나에 해당하는 경우에는 환경부장관이 정하여 고시하는 조사방식에 따라 산정한 회수·재활용량에 비례한 금액을 그 분담금에서 공제한다.(2020.6.9 본문개정)

1. 제조·수입하거나 판매한 제품·포장재로 인하여 발생한 폐기물을 직접 회수하여 재활용하는 경우
2. 제1호에 따른 폐기물을 다음 각 목의 어느 하나에 해당하는 자에게 위탁하여 회수·재활용하는 경우
   가. 「폐기물관리법」 제25조제5항제5호부터 제7호까지의 규정에 따른 폐기물 재활용업의 허가를 받은 자
   나. 「폐기물관리법」 제46조에 따른 폐기물처리 신고자
   다. 그 밖에 재활용사업을 효율적으로 수행할 수 있다고 인정되는 자로서 대통령령으로 정하는 자

(2013.5.22 본항신설)

④ 재활용의무생산자나 재활용사업공제조합이 위탁하여 회수·재활용하는 경우에는 「대·중소기업 상생협력 촉진에 관한 법률」에 따라 보호되는 중소기업의 사업영역을 침해하지 아니하도록 하는 등 대통령령으로 정하는 바에 따라 회수·재활용을 위탁받는 자의 권익이 최대한 보호되도록 계약을 체결하고, 계약당사자는 계약을 성실하게 이행하여야 한다.(2015.1.20 본항개정)

⑤ 재활용의무생산자, 재활용사업공제조합 및 그로부터 재활용을 위탁받은 자는 환경부령으로 정하는 제품·포장재별 재활용의 방법과 기준에 따라 재활용하여야 한다.(2015.1.20 본항개정)

⑥ 재활용의무생산자는 환경부령으로 정하는 바에 따라 제품·포장재 출고량에 관한 자료를 환경부장관에게 제출하여야 한다.(2019.11.26 본항신설)

제17조【재활용의무율】 ① 환경부장관은 재활용의무생산자의 제품·포장재의 출고량, 재활용가능자원의 분리수거량(제13조제2항에 따라 특별시장·광역시장·특별자치시장·도지사·특별자치도지사가 공표하는 재활용가능자원의 분리수거량을 포함한다), 회수·재활용 실적 및 재활용 여건 등을 고려하여 제16조에 따른 제품·포장재별로 연간 출고량 중 재활용하여야 하는 양의 비율(이하 "재활용의무율"이라 한다)을 주무부장관과 협의하여 고시하여야 한다.(2014.1.21 본항개정)

② 재활용의무생산자가 재활용의무율에 따라 재활용하여야 하는 양(이하 "재활용의무량"이라 한다)의 산출기준은 출고량, 제품·포장재별 재활용의무율 등을 고려하여 대통령령으로 정한다.

(2008.3.21 본조개정)

제17조의2【재활용의무이행 인증】 ① 환경부장관은 제16조에 따라 재활용의무생산자가 자신이 제조·수입하거나 판매한 제품·포장재의 폐기물 전부를 회수하여 재활용하거나 이에 대한 분담금을 제27조에 따른 재활용사업공제조합에 내는 경우 재활용의무를 충실히 이행하였다는 인증(이하 "재활용의무이행 인증"이라 한다)을 할 수 있다.

② 재활용의무이행 인증을 받은 재활용의무생산자는 자신이 제조·수입하거나 판매하려는 제품·포장재에 인증의 표시를 할 수 있다.

③ 재활용의무이행 인증을 받지 아니한 재활용의무생산자는 인증표시 또는 이와 유사한 표시를 하여서는 아니 된다.

④ 제1항 및 제2항에 따른 인증절차 및 인증표시 등에 필요한 사항은 환경부장관이 정하여 고시한다.

⑤ 재활용의무이행 인증의 유효기간은 인증을 받은 날부터 2년으로 하되, 필요한 경우에는 2년 단위로 연장할 수 있다.(2023.3.28 본항신설)

⑥ 환경부장관은 다음 각 호의 어느 하나에 해당하는 경우 재활용의무이행 인증을 취소할 수 있다.

1. 거짓 또는 부정한 방법으로 인증을 받은 것이 확인된 경우
2. 분담금 전부를 납부하지 아니한 경우

(2023.3.28 본항신설)

(2013.5.22 본조신설)

제18조【회수 및 재활용 의무이행계획서의 제출 등】 ① 다음 각 호의 자는 대통령령으로 정하는 바에 따라 회수 및 재활용 의무이행계획서를 환경부장관에게 제출하고 승인을 받아야 한다.(2015.1.20 본문개정)

1. 제16조제3항 단서에 따라 분담금을 공제받으려는 재활용의무생산자(2019.11.26 본호개정)
2. 재활용사업공제조합(2015.1.20 본호신설)
3. 보증금대상사업자(2020.6.9 본호개정)

② 제1항에 따라 회수 및 재활용 의무이행계획서의 승인을 받은 자는 회수 및 재활용 의무이행결과보고서를 증빙자료와 함께 대통령령으로 정하는 바에 따라 환경부장관에게 제출하여야 한다.

(2013.5.22 본조개정)

제19조【재활용부과금의 징수 등】 ① 환경부장관은 재활용의무생산자가 제16조에 따른 의무를 이행하지 아니하거나 제27조에 따른 재활용사업공제조합이 조합원의 재활용의무를 대행하지 아니하는 경우에는 재활용의무량 중 재활용되지 아니한 폐기물의 재활용에 드는 비용에 그 100분의 30 이하의 금액을 더한 금액(이하 "재활용부과금"이라 한다)을 재활용의무생산자나 재활용사업공제조합에 부과하여 징수한다.

② 재활용부과금의 산출기준이 되는 폐기물의 재활용에 드는 비용, 그 납부시기·절차, 그 밖에 필요한 사항은 대통령령으로 정한다.

③ 환경부장관은 재활용부과금을 내야 하는 자가 다음 각 호의 어느 하나에 해당하면 납부기한 전이라도 이미 부과된 재활용부과금을 징수할 수 있다.

1. 국세, 지방세, 그 밖의 공과금에 대하여 강제징수 또는 체납처분을 받은 경우
2. 강제집행을 받은 경우
3. 파산선고를 받은 경우
4. 「어음법」 및 「수표법」에 의한 어음교환소에서 거래정지처분을 받은 경우
5. 경매가 개시된 경우
6. 법인이 해산한 경우
7. 재활용부과금을 포탈하고 도피할 우려가 있다고 판단되는 경우

(2023.3.28 본항신설)

④ 환경부장관은 제3항에 따라 납부기한 전에 재활용부과금을 징수하려면 대통령령으로 정하는 바에 따라 새로운 납부기한을 정하여 재활용부과금을 내야 하는 자에게 그 뜻과 납부기한의 변경 등을 고지하여야 한다.(2023.3.28 본항신설)

⑤ 환경부장관은 재활용부과금을 내야 하는 자가 다음 각 호의 어느 하나에 해당하는 사유로 납부기한 전에 재활용부과금을 낼 수 없다고 인정하면 대통령령으로 정하는 바에 따라 징수를 유예하거나 그 금액을 분할하여 납부하게 할 수 있다.

1. 천재지변이나 그 밖의 재해로 제조업자나 수입업자의 재산에 중대한 손실이 발생한 경우

2. 사업에 손실을 입어 경영상 심각한 위기에 처한 경우
3. 그 밖에 제1호 또는 제2호에 준하는 사유로 징수유예나 분할납부가 불가피하다고 인정되는 경우
(2023.3.28 본항신설)
⑥ 환경부장관은 제1항 또는 제3항에 따라 재활용부과금을 내야 하는 자가 납부기한까지 내지 아니하면 30일 이상의 기간을 정하여 납부를 독촉하여야 한다. 이 경우 다음 각 호의 구분에 따라 가산금(加算金)을 부과한다.
(2023.3.28 전단개정)
1. 납부기한이 지난 날부터 1주일 이내에 납부하는 경우 : 체납된 재활용부과금의 100분의 1에 해당하는 금액
(2020.5.26 본호개정)
2. 납부기한이 지난 날부터 1주일이 지난 다음 납부하는 경우 : 체납된 재활용부과금의 100분의 3에 해당하는 금액(2020.5.26 본호개정)
⑦ 제6항에 따라 독촉을 받은 자가 그 기한까지 재활용부과금이나 가산금을 내지 아니하면 국세 강제징수의 예에 따라 징수한다.(2023.3.28 본항개정)
⑧ 재활용부과금과 제6항에 따른 가산금은 「환경정책기본법」에 따른 환경개선특별회계의 세입으로 한다.
(2023.3.28 본항개정)
⑨ 환경부장관은 제38조제2항에 따라 공단 등 관계 전문기관에 재활용부과금이나 가산금의 징수업무를 위탁한 경우에는 징수된 재활용부과금이나 가산금 중 일부를 대통령령으로 정하는 바에 따라 징수비용으로 교부할 수 있다.(2009.2.6 본항개정)
⑩ 제1항에 따라 재활용부과금을 부과받은 재활용사업공제조합이 해산 또는 파산 등의 사유로 재활용부과금을 납부하지 못할 경우에는 해당 재활용사업공제조합의 조합원인 재활용의무생산자가 재활용부과금을 분담하여 납부하여야 한다.(2019.11.26 본항신설)
⑪ 재활용부과금 납부의무의 승계에 관하여는 「국세기본법」 제23조 및 제24조를 준용한다.(2023.3.28 본항신설)
(2008.3.21 본조개정)

제19조의2【신용카드등에 의한 부담금등의 납부】 ① 폐기물부담금, 재활용부과금 및 제12조제4항·제19조제6항에 따른 가산금(이하 이 조에서 "부담금등"이라 한다)의 납부의무자는 부담금등의 납부를 대행할 수 있도록 대통령령으로 정하는 기관(이하 이 조에서 "부담금등 납부대행기관"이라 한다)을 통하여 신용카드, 직불카드 등(이하 이 조에서 "신용카드등"이라 한다)으로 부담금등을 납부할 수 있다.(2023.3.28 본항개정)
② 제1항에 따라 신용카드등으로 부담금등을 납부하는 경우에는 부담금등 납부대행기관의 승인일을 납부일로 본다.
③ 부담금등 납부대행기관은 부담금등의 납부의무자로부터 부담금등의 납부를 대행하는 대가로 수수료를 받을 수 있다.
④ 부담금등 납부대행기관의 지정 및 운영과 수수료 등에 필요한 사항은 대통령령으로 정한다.
(2021.1.5 본조신설)

제20조【폐기물부담금과 재활용부과금의 용도】 폐기물부담금과 재활용부과금은 다음 각 호의 용도에 사용한다.
1. 폐기물의 재활용을 위한 사업 및 폐기물처리시설의 설치 지원
2. 폐기물의 효율적 재활용과 폐기물 줄이기를 위한 연구 및 기술개발
3. 지방자치단체에 대한 폐기물의 회수·재활용 및 처리 지원
4. 재활용가능자원의 구입 및 비축
5. 재활용을 촉진하기 위한 사업의 지원
6. 폐기물부담금(가산금을 포함한다) 또는 재활용부과금(가산금을 포함한다)의 징수비용 교부
7. 그 밖에 자원의 절약 및 재활용촉진을 위하여 필요한 사업의 지원(2017.11.28 본호개정)
(2008.3.21 본조개정)

제21조 (2007.4.27 삭제)

제22조~제22조의2 (2008.3.21 삭제)

제23조【재활용지정사업자의 준수 사항】 ① 재활용가능자원을 효율적으로 이용하기 위하여 특히 필요한 업종으로서 대통령령으로 정하는 업종에 종사하는 사업자(이하 "재활용지정사업자"라 한다)는 환경부장관과 주무부장관이 대통령령으로 정하는 기본방침과 절차에 따라 통합하여 고시하는 지침을 지켜야 한다.
② 제1항에 따른 지침에는 다음 각 호의 사항이 포함되어야 한다.
1. 재활용제품의 종류별 재활용가능자원(부산물은 제외한다. 이하 이 조에서 같다)의 이용 목표와 재활용의 촉진에 관한 사항
2. 재활용가능자원의 이용 계획 작성과 재활용방안에 관한 사항
3. 재활용가능자원의 이용에 관한 기록·관리에 관한 사항
4. 에너지회수와 폐열의 이용 촉진에 관한 사항
(2008.3.21 본조개정)

제24조 (2007.4.27 삭제)

제24조의2 (2014.1.21 삭제)

제25조【지정부산물배출사업자의 준수 사항】 ① 지정부산물을 배출하는 사업자(이하 "지정부산물배출사업자"라 한다)는 환경부장관과 주무부장관이 대통령령으로 정하는 기본방침과 절차에 따라 통합하여 고시하는 지침을 지켜야 한다.
② 제1항에 따른 지침에는 다음 각 호의 사항이 포함되어야 한다.
1. 지정부산물의 용도에 따른 재활용 방법에 관한 사항
2. 지정부산물의 이용 촉진에 관한 계획의 작성과 실시에 관한 사항
3. 지정부산물의 분리·파쇄 등에 관한 사항
4. 지정부산물의 친환경적 관리에 관한 사항(2015.1.20 본호신설)
(2008.3.21 본조개정)

제25조의2【재활용의 권고 및 조치명령】 ① 환경부장관이나 주무부장관은 재활용지정사업자 및 지정부산물배출사업자가 제23조 및 제25조에 따른 지침을 지키지 아니한 경우에는 그 사업자에게 지침을 지킬 것을 권고할 수 있다.
② 환경부장관이나 주무부장관은 제1항에 따라 권고를 받은 사업자가 정당한 사유 없이 권고를 따르지 아니하면 그 명단과 지침을 위반한 내용을 공개하거나 필요한 조치를 명할 수 있다. 이 경우 환경부장관이 그 명단과 지침을 위반한 내용을 공개하거나 필요한 조치를 명하려면 주무부장관과 협의하여야 한다.
(2014.1.21 본조개정)

제25조의3【에너지회수시설의 설치·운영 등】 에너지회수를 위한 시설(이하 "에너지회수시설"이라 한다)은 환경부장관이 산업통상자원부장관과 협의하여 고시하는 검사 방법 및 절차에 따라 해당 에너지회수시설을 검사하였을 때 그 결과가 에너지회수기준을 충족할 수 있도록 설치·운영되어야 한다.(2014.1.21 본조개정)

제25조의4【고형연료제품의 수입·제조 신고 등】 ① 재활용제품 중 폐기물을 이용하여 만드는 고형(固形)연료제품(이하 "고형연료제품"이라 한다)을 수입하려는 자는 환경부령으로 정하는 바에 따라 환경부장관에게 신고하여야 한다.
② 고형연료제품을 제조하려는 자는 다음 각 호의 어느 하나에 해당하는 자이어야 하며, 환경부령으로 정하는 바에 따라 특별자치시장·특별자치도지사·시장·군수·구청장에게 신고하여야 한다.
1. 「폐기물관리법」 제25조제5항제6호에 따른 폐기물 최종재활용업 허가를 받은 자
2. 「폐기물관리법」 제25조제5항제7호에 따른 폐기물 종합재활용업 허가를 받은 자
③ 환경부장관 또는 특별자치시장·특별자치도지사·시장·군수·구청장은 제1항 또는 제2항에 따른 신고를 한 자에게 수입 또는 제조 신고확인증을 발급하여야 한다.
④ 고형연료제품 수입자 또는 제조자는 신고사항 중 환경부령으로 정하는 사항을 변경하려면 환경부령으로 정하는 바에 따라 환경부장관 또는 특별자치시장·특별자치도지사·시장·군수·구청장에게 변경신고를 하여야 한다.
⑤ 환경부장관 또는 특별자치시장·특별자치도지사·시장·군수·구청장은 제1항·제2항에 따른 신고 또는 제4항에 따른 변경신고를 받은 날부터 7일 이내에 신고·변경신고 수리 여부를 신고인에게 통지하여야 한다.
(2021.1.5 본항신설)
⑥ 환경부장관 또는 특별자치시장·특별자치도지사·시장·군수·구청장이 제5항에서 정한 기간 내에 신고수리 여부 또는 민원 처리 관련 법령에 따른 처리기간의 연장을 신고인에게 통지하지 아니하면 그 기간(민원 처리 관련 법령에 따라 처리기간이 연장 또는 재연장된 경우에는 해당 처리기간을 말한다)이 끝난 날의 다음 날에 신고를 수리한 것으로 본다.(2021.1.5 본항신설)
⑦ 고형연료제품 수입자 또는 제조자는 다른 사람에게 자기의 상호나 성명을 사용하여 수입 또는 제조를 하게 하거나 제3항에 따라 발급받은 신고확인증을 빌려 주어서는 아니 된다.
(2014.1.21 본조개정)

제25조의5【고형연료제품의 품질검사】 ① 제25조의4제1항 또는 제2항에 따라 고형연료제품 수입 또는 제조 신고를 하려는 자는 수입 또는 제조하려는 고형연료제품에 대하여 다음 각 호의 사항에 관하여 환경부령으로 정하는 품질기준에 적합한지에 관한 검사(이하 "품질검사"라 한다)를 제25조의15에 따른 폐자원에너지센터(이하 "폐자원에너지센터"라 한다)로부터 받아야 한다.
1. 모양 및 크기
2. 발열량
3. 수분 함유량
4. 금속성분 함유량
5. 회분, 염소, 황분 함유량
6. 그 밖에 환경부령으로 정하는 사항
② 품질검사를 받으려는 자는 환경부령으로 정하는 바에 따라 폐자원에너지센터에 수수료를 내야 한다.
③ 폐자원에너지센터는 고형연료제품 수입자·제조자 또는 사용자가 보관 중인 제품에 대하여 환경부령으로 정하는 검사절차 및 검사주기에 따라 품질기준에 적합한지 확인하여야 한다.(2019.11.26 본항개정)
④ 폐자원에너지센터는 제3항에 따른 확인 결과를 환경부장관 또는 특별자치시장·특별자치도지사·시장·군수·구청장에게 통보하여야 한다.
⑤ 환경부장관은 폐자원에너지센터에 제3항에 따른 확인에 필요한 비용을 지원하여야 한다.
⑥ 제1항부터 제5항까지에서 규정한 사항 외에 품질검사 및 확인의 방법 등에 관하여 필요한 사항은 환경부령으로 정한다.
⑦ 환경부장관은 고형연료제품 수입자 또는 제조자가 수입 또는 제조하려는 제품에 대하여 환경부령으로 정하는 품질기준 항목을 환경부령으로 정하는 기준에 따라 등급으로 구분할 수 있다.(2019.11.26 본항신설)
⑧ 환경부장관은 제7항에 따라 구분한 등급(이하 "품질등급"이라 한다)을 환경부령으로 정하는 바에 따라 표시 또는 공개할 수 있다.(2019.11.26 본항신설)
(2014.1.21 본조개정)

제25조의6【고형연료제품의 품질표시】 ① 고형연료제품 수입자 또는 제조자는 환경부령으로 정하는 바에 따라 고형연료제품에 품질을 표시(이하 "품질표시"라 한다)하여야 한다.
② 품질표시를 하려는 수입자 또는 제조자는 환경부령으로 정하는 기관에 시험을 의뢰하여야 한다.
③ 환경부장관은 폐자원에너지센터로 하여금 품질표시의 적정성 여부를 검사하게 할 수 있다.
④ 품질표시의 항목, 시험주기 및 시험방법 등 품질표시에 필요한 사항은 환경부령으로 정한다.
(2014.1.21 본조신설)

제25조의7【고형연료제품의 사용허가 등】 ① 고형연료제품을 사용하려는 자는 다음 각 호의 요건을 갖추어 특별자치시장·특별자치도지사·시장·군수·구청장의 허가를 받아야 한다.
1. 고형연료제품 사용시설(이하 "사용시설"이라 한다)이 환경부령으로 정하는 기준에 적합할 것
2. 사용하려는 고형연료제품이 제25조의5제1항에 따른 품질기준에 적합할 것
3. 고형연료제품의 사용·보관·처리 계획이 적절할 것
4. 그 밖에 환경보호를 위하여 환경부령으로 정하는 기준을 갖출 것
② 제1항에 따라 고형연료제품 사용허가를 받은 자가 환경부령으로 정하는 중요한 사항을 변경하려는 때에는 변경허가를 받아야 하고, 그 밖의 사항을 변경하려는 때에는 변경신고를 하여야 한다.
③ 특별자치시장·특별자치도지사·시장·군수·구청장은 제1항 또는 제2항에 따라 허가 또는 변경허가를 할 때에는 주민생활의 편익, 주변 환경보호 등을 위하여 필요한 조건을 붙일 수 있다.(2017.11.28 본항신설)
④ 특별자치시장·특별자치도지사·시장·군수·구청장은 제1항에 따라 고형연료제품 사용허가를 받은 자가 다음 각 호의 어느 하나에 해당하는 경우에는 그 허가를 취소할 수 있다. 다만, 제1호에 해당하는 경우에는 그 허가를 취소하여야 한다.
1. 거짓이나 그 밖의 부정한 방법으로 허가를 받은 경우
2. 허가사항 또는 허가조건을 위반한 경우
3. 제1항 각 호에 따른 허가요건을 충족시키지 못하게 된 경우
(2017.11.28 본항신설)
⑤ 제1항부터 제4항까지에 따른 허가 및 변경허가의 절차·방법·사항·조건, 변경신고의 절차·방법과 허가취소의 기준·절차 등에 필요한 사항은 환경부령으로 정한다.(2017.11.28 본항신설)
(2017.11.28 본조개정)

제25조의8【고형연료제품 제조시설 및 사용시설의 정기검사】 ① 고형연료제품 제조시설(이하 "제조시설"이라 한다) 및 사용시설을 설치·운영하는 자는 해당 시설이 환경부령으로 정하는 검사기준에 적합한지에 관한 검사(이하 "정기검사"라 한다)를 폐자원에너지센터 또는 환경부령으로 정하는 기관으로부터 받아야 한다.
② 정기검사를 받는 자는 환경부령으로 정하는 바에 따라 제1항에 따른 폐자원에너지센터 또는 기관에 수수료를 내야 한다.(2023.3.28 본항신설)
③ 특별자치시장·특별자치도지사·시장·군수·구청장은 정기검사 결과 적합 판정을 받지 아니한 시설의 설치·운영자에 대하여 대통령령으로 정하는 바에 따라 기간을 정하여 제1항에 따른 검사기준에 적합하게 개선하도록 명할 수 있다.
④ 제3항에 따른 명령을 받은 자는 그 명령을 이행할 때까지 해당 시설을 이용하여 고형연료제품을 제조하거나 사용해서는 아니 된다.(2023.3.28 본항개정)
⑤ 제1항부터 제4항까지에서 규정한 사항 외에 정기검사의 주기, 항목, 절차, 방법 등에 관하여 필요한 사항은 환경부령으로 정한다.(2023..3.28 본항개정)
(2014.1.21 본조신설)

제25조의9【고형연료제품 수입자·제조자 및 사용자의 준수사항】 ① 고형연료제품 수입자·제조자 및 사용자는 고형연료제품 보관과정이나 제조시설·사용시설 운영과정에서의 먼지 날림 방지 등 환경관리를 위하여 환경부령으로 정하는 사항을 준수하여야 한다.
(2021.1.5 본항개정)
② 고형연료제품 사용자는 환경부령으로 정하는 다이옥신 배출허용기준을 준수하여야 한다.
(2014.1.21 본조신설)

제25조의10【고형연료제품의 수입·제조 금지명령 등】 ① 환경부장관 또는 특별자치시장·특별자치도지사·시장·군수·구청장은 고형연료제품 수입자 또는 제조자가 거짓이나 그 밖의 부정한 방법으로 제25조의4제1항 또는 제2항에 따른 신고를 하거나 품질검사를 받은 경우에는 3년간 고형연료제품의 수입 또는 제조 금지를 명하여야 한다.
② 환경부장관 또는 특별자치시장·특별자치도지사·시장·군수·구청장은 수입자·제조자 또는 사용자가 보관 중인 고형연료제품에 대하여 제25조의5제3항에 따른 확인을 한 결과 같은 조 제1항에 따른 품질기준에 적합하지 아니한 경우에는 환경부령으로 정하는 기준에 따라 고형연료제품의 수입·제조 또는 사용 금지나 개선을 명할 수 있다. 다만, 개선명령은 제25조의5제1항제3호에 따른 수분 함유량에 관한 품질기준(이하 "수분기준"이라 한다)에 적합하지 아니한 경우로 한정한다.
(2014.1.21 본조신설)

제25조의11【금지명령을 갈음한 과징금】 ① 환경부장관 또는 특별자치시장·특별자치도지사·시장·군수·구청장은 제25조의10제2항 본문에 따라 고형연료제품의 수입·제조 또는 사용 금지를 명하려는 경우 그 수입·제조 또는 사용 금지로 인하여 다음 각 호의 어느 하나에 해당하게 된다고 인정되면 대통령령으로 정하는 바에 따라 그 수입·제조 또는 사용 금지를 갈음하여 10억원 이하의 과징금을 부과할 수 있다.
1. 국내 전기 수급에 영향을 미치는 경우
2. 연료 수급 불균형으로 사용시설의 수명에 영향을 미치는 경우
② 환경부장관 또는 특별자치시장·특별자치도지사·시장·군수·구청장은 고형연료제품 수입자·제조자 또는 사용자가 제1항에 따른 과징금을 내지 아니하면 국세 강제징수의 예 또는 「지방행정제재·부과금의 징수 등에 관한 법률」에 따라 징수한다.(2023.3.28 본항개정)
③ 제1항과 제2항에 따라 수입자로부터 징수한 과징금은 환경개선특별회계의 세입으로 하고, 제조자 및 사용자로부터 징수한 과징금은 특별자치시·특별자치도·시·군·구의 수입으로 한다.
(2014.1.21 본조신설)

제25조의12【고형연료제품의 처리 등】 ① 고형연료제품 수입자·제조자 및 사용자는 제25조의5제1항에 따른 품질기준에 적합하지 아니한 고형연료제품은 「폐기물관리법」 제13조에 따라 처리하여야 한다. 다만, 수분기준에만 적합하지 아니한 경우에는 수분기준에 적합하게 될 때까지 「폐기물관리법」 제13조에 따라 보관할 수 있다.
② 고형연료제품 수입자·제조자 및 사용자는 제1항 단서에 따른 고형연료제품이 수분기준에 적합하게 되면 지체 없이 품질검사를 다시 받아야 한다.
(2014.1.21 본조신설)

제25조의13【권리·의무의 승계 등】 ① 고형연료제품 제조자 또는 사용자가 제조시설이나 사용시설의 전부를 양도하거나 사망한 경우 또는 법인이 합병한 경우에는 그 양수인이나 상속인 또는 합병 후 존속하는 법인이나 합병으로 설립되는 법인은 이 법에 따른 고형연료제품 제조자 또는 사용자의 권리·의무를 승계한다.
② 제1항에 따라 권리·의무를 승계한 자는 환경부령으로 정하는 바에 따라 특별자치시장·특별자치도지사·시장·군수·구청장에게 신고하여야 한다.
(2014.1.21 본조신설)

제25조의14【폐자원에너지 종합정보관리시스템의 구축·운영 등】 ① 환경부장관은 폐자원에너지와 관련된 다음 각 호의 정보를 체계적으로 유지·관리하기 위하여 폐자원에너지 종합정보관리시스템(이하 "정보관리시스템"이라 한다)을 구축·운영하여야 한다.
1. 폐자원에너지 생산량 및 사용량
2. 고형연료제품 수입량 및 사용량
3. 폐자원에너지 생산·사용 시설
4. 품질검사 결과 및 품질표시 내용
5. 폐자원에너지 관련 기술개발 및 신기술
6. 폐자원에너지 관련 기술인력 현황 및 교육
7. 그 밖에 환경부장관이 폐자원에너지 관리에 필요하다고 인정하는 정보
② 다음 각 호의 어느 하나에 해당하는 자는 제1항제1호부터 제4호까지의 정보를 환경부령으로 정하는 바에 따라 정보관리시스템에 입력하여야 한다.
1. 고형연료제품 수입자·제조자 또는 사용자
2. 「폐기물관리법」 제29조에 따른 폐기물처리시설을 설치·운영하는 자 중 다음 각 목의 어느 하나에 해당하는 자
가. 매립가스나 바이오가스를 생산·이용 또는 판매하는 자
나. 소각여열(燒却餘熱)을 회수·이용 또는 판매하는 자
다. 폐기물가스화를 통하여 전기를 생산·이용 또는 판매하는 자
3. 그 밖에 「폐기물관리법」 제2조제7호나목에 따른 재활용을 하는 자 중 폐기물로부터 에너지를 회수하거나 회수할 수 있는 상태로 만드는 자로서 환경부장관이 산업통상부장관과 협의하여 고시하는 자
③ 환경부장관은 제2항에 따라 입력된 정보를 입력된 날부터 5년간 보존하여야 한다.
(2014.1.21 본조신설)

제25조의15【폐자원에너지센터】 ① 환경부장관은 폐자원에너지 이용 활성화 및 고형연료제품 품질관리 등을 위한 다음 각 호의 업무를 수행하기 위하여 폐자원에너지센터를 설치·운영할 수 있다.
1. 품질검사 및 품질등급 관리(2019.11.26 본호개정)
2. 품질표시의 적정성 검사
3. 제조시설·사용시설의 정기검사 및 운영실태 조사
4. 고형연료제품의 이용실태 조사
5. 고형연료제품 수입의 현황 및 동향 조사
6. 폐자원에너지 관련 기술지원 및 제도 연구
7. 폐자원에너지 관련 기술의 연구 및 개발
8. 폐자원에너지 관련 선진사례의 조사 및 폐자원에너지 활성화에 관한 홍보
9. 정보관리시스템 구축·운영
10. 그 밖에 폐자원에너지 활성화에 필요한 업무
② 환경부장관은 폐자원에너지센터의 운영 업무를 공단에 위탁할 수 있다.
③ 제1항 및 제2항에서 규정한 사항 외에 폐자원에너지센터의 운영에 필요한 사항은 환경부령으로 정한다.
(2014.1.21 본조신설)

제26조【한국폐자원에너지협회】 ① 제25조의14제2항에 해당하는 자는 대통령령으로 정하는 바에 따라 환경부장관의 허가를 받아 폐자원의 에너지화 확대 및 관련 기술 향상을 위한 한국폐자원에너지협회(이하 "폐자원에너지협회"라 한다)를 설립할 수 있다.
② 폐자원에너지협회는 법인으로 한다.
③ 폐자원에너지협회는 그 주된 사무소 소재지에 설립등기를 함으로써 성립한다.
④ 폐자원에너지협회의 정관 기재사항 및 감독에 필요한 사항은 대통령령으로 정한다.
⑤ 폐자원에너지협회에 관하여 이 법에서 정한 것을 제외하고는 「민법」 중 사단법인에 관한 규정을 준용한다.
(2014.1.21 본조개정)

제3장 재활용사업공제조합 및 재활용가능자원 유통지원센터

(2013.5.22 본장제목개정)

제27조【재활용사업공제조합의 설립】 ① 재활용의무생산자는 제16조에 따른 의무를 이행하기 위하여 제품별 및 포장재로 재활용사업공제조합(이하 "조합"이라 한다)을 설립할 수 있다.(2013.5.22 본항개정)
② 조합은 법인으로 한다.
③ 조합은 주된 사무소의 소재지에서 설립등기를 함으로써 성립한다.
④ (2016.5.29 삭제)
(2008.3.21 본조개정)

제28조【조합설립의 인가절차 등】 ① 조합을 설립하려는 자는 다음 각 호의 사항이 포함된 설립인가신청서를 환경부장관에게 제출하고 인가를 받아야 한다.
1. 목적·사업범위·조합원 및 분담금과 그 밖에 조합의 운영에 관한 사항이 포함된 법인의 정관
2. 조합에 가입한 재활용의무생산자의 참여 약정서
3. 임원의 이력서 및 취임승낙서(2013.8.13 본호개정)
4. 자체 재활용시설의 명세(자체 재활용시설을 가지고 있는 조합으로 한정한다)
5. 재활용의무의 대행을 위한 사업계획서
② 환경부장관은 제1항에 따라 인가를 한 경우에는 이를 공고하여야 한다.(2016.5.29 본항개정)
③ 조합이 임원을 교체하여 선임한 때에는 지체 없이 제1항제3호의 서류와 임원 교체선임을 결의한 총회 또는 이사회의 회의록을 첨부하여 환경부장관에게 보고하고 승인을 받아야 한다.(2013.8.13 본항신설)
(2008.3.21 본조개정)

제28조의2【재활용가능자원 유통지원센터의 설립 등】 ① 조합은 제16조제1항에 따른 제품·포장재의 폐기물을 회수·재활용하기 위하여 재활용가능자원 유통지원센터(이하 "유통지원센터"라 한다)를 공동으로 설립할 수 있다.(2020.6.9 본항개정)
② 유통지원센터는 법인으로 한다.
③ 특별자치시장·특별자치도지사·시장·군수·구청장은 제16조제1항에 따른 제품·포장재의 폐기물을 수거한 경우에는 제1항에 따라 설립된 유통지원센터에 인계하여야 하고, 유통지원센터는 그 수거비용 등을 보전하여야 한다.(2014.1.21 본항개정)
④ (2020.6.9 삭제)
(2013.5.22 본조신설)

제28조의3【유통지원센터 설립의 인가절차 등】 ① 유통지원센터를 설립하려는 자는 다음 각 호의 사항이 포함된 설립인가신청서를 환경부장관에게 제출하고 인가를 받아야 한다.
1. 목적·사업범위·구성원 및 운영비와 그 밖에 유통지원센터의 운영 및 조직에 관한 사항이 포함된 법인의 정관
2. 재활용가능자원 유통시스템 구축계획서
3. 조합별 회수의무의 대행을 위한 약정서 및 사업계획서
4. 자체 재활용가능자원 하역 및 선별 시설의 명세(자체 시설을 가지고 있는 경우로 한정한다)(2020.5.26 본호개정)
② 환경부장관은 제1항에 따라 인가를 한 경우에는 이를 공고하여야 한다.
(2013.5.22 본조신설)

제28조의4【시정명령 등】 ① 환경부장관은 제36조제1항 및 제2항에 따른 보고 및 검사 등의 결과 조합 및 유통지원센터의 회계 또는 업무 집행 등이 법령이나 정관 등을 위반하거나 조합이나 유통지원센터가 설립목적 외의 사업 또는 공익을 저해하는 행위를 하는 경우에는 그 시정을 명하거나 그 밖에 필요한 조치를 요청할 수 있다.
(2024.1.9 본항개정)
② 환경부장관은 조합 및 유통지원센터의 임직원이 제1항에 따른 시정명령이나 조치를 이행하지 아니한 경우에는 관련 임직원에 대한 징계·해임을 요구할 수 있다.
(2013.8.13 본조신설)

제28조의5【인가의 취소】 환경부장관은 조합 및 유통지원센터가 다음 각 호의 어느 하나에 해당하는 경우에는 인가를 취소할 수 있다. 다만, 제1호의 경우에는 그 인가를 취소하여야 한다.
1. 거짓이나 그 밖의 부정한 방법으로 설립 인가를 받은 경우
2. 법령의 개정 등 사정이 변경되어 조합 및 유통지원센터의 설립목적 달성이 불가능하게 된 경우
3. 제28조의4제1항에 따른 시정명령을 받고도 이를 시정하지 아니한 경우로서 환경부령으로 정하는 경우
(2013.8.13 본조신설)

제28조의6【조합 및 유통지원센터의 경영공시】 ① 조합 및 유통지원센터는 인터넷 홈페이지에 경영에 관한 다음 각 호의 사항에 대한 공시(이하 이 조에서 "경영공시"라 한다)를 하여야 한다.
1. 정관과 규약 또는 규정
2. 사업결산보고서
3. 총회 및 이사회의 활동상황
4. 사업결과 보고서
② 제1항에서 규정한 사항 외에 조합 및 유통지원센터의 경영공시에 관하여 필요한 사항은 환경부령으로 정한다.
(2024.1.9 본조신설)

제28조의7【조합 및 유통지원센터의 사업】 조합 및 유통지원센터는 설립목적을 달성하기 위하여 다음 각 호의 사업을 할 수 있다.
1. 재활용의무생산자의 회수·재활용의무 대행
2. 재활용의무생산자의 회수·재활용의무 대행에 따른 분담금 징수(조합에 한정한다)
3. 재활용의무 대행에 필요한 비용 지원
4. 재활용 촉진 및 재활용 기술의 개선을 위한 연구 및 기술개발
5. 제품·포장재의 제조·수입 및 회수·재활용에 관한 정보 수집
6. 재활용가능자원의 회수·재활용 촉진을 위한 홍보 및 교육
7. 회수·재활용의무 이행 관련 전산시스템 운영·관리 사업
8. 정부 또는 지방자치단체로부터 위탁받은 사업
9. 재활용가능자원의 국내외 시장환경의 악화 또는 국제 가격의 급격한 변동 시 안정적인 수요 및 공급을 위한 공익사업
10. 그 밖에 재활용가능자원의 회수·재활용을 촉진하기 위하여 정관에서 정하는 사업
(2024.1.9 본조신설)

제28조의8【조합 및 유통지원센터의 정관 기재사항】 조합 및 유통지원센터의 정관에는 다음 각 호의 사항이 포함되어야 한다.
1. 목적
2. 명칭
3. 사업에 관한 사항
4. 사원에 관한 사항
5. 임원 및 직원에 관한 사항
6. 총회에 관한 사항
7. 이사회에 관한 사항
8. 재산 및 회계에 관한 사항
9. 규약·규정의 제정, 개정 및 폐지에 관한 사항
10. 사업계획, 예산, 사업실적 및 결산에 관한 사항
11. 해산에 관한 사항
(2024.1.9 본조신설)

제28조의9【조합 및 유통지원센터의 사업예산 및 결산 등】 ① 조합 및 유통지원센터는 사업연도마다 사업계획서와 예산서를 작성하여 총회의 승인을 받아야 한다.
② 조합 및 유통지원센터는 사업연도마다 「공인회계사법」 제23조에 따른 회계법인의 회계감사를 받아야 한다.
③ 조합 및 유통지원센터는 매 사업연도 경과 후 해당 사업연도의 결산보고서와 회계법인의 회계감사보고서를 총회에 제출하여 승인을 받아야 한다.
④ 조합 및 유통지원센터는 총회의 승인을 받은 결산보고서와 회계법인의 감사보고서를 매 사업연도 종료 후 2개월 이내에 환경부장관에게 제출하여야 한다.
(2024.1.9 본조신설)

제29조【분담금 등】 조합 및 유통지원센터는 제16조에 따른 분담금의 산정기준, 납부절차, 그 밖에 필요한 사항을 심의·결정하기 위하여 환경부령으로 정하는 바에 따

라 공동운영위원회를 구성·운영하여야 한다. 이 경우 분담금 산정기준은 재활용 용이성, 재활용 비용 등을 고려하여 정한다.(2018.12.24 후단신설)

제30조【「민법」의 준용】 조합 및 유통지원센터에 관하여 이 법에서 규정한 것 외에는 「민법」 중 사단법인에 관한 규정을 준용한다.(2021.1.5 본조개정)

제4장 자원의 절약과 재활용촉진을 위한 기반 조성

(2017.11.28 본장제목개정)

제31조【재활용산업 육성을 위한 자금 등의 지원】 ① 국가나 지방자치단체는 재활용산업을 육성하기 위하여 다음 각 호의 사업을 하는 자(이하 "재활용사업자"라 한다)에게 자원의 재활용촉진에 필요한 자금을 보조하거나 융자할 수 있으며, 필요한 경우에는 차관(借款)을 알선할 수 있다.(2017.11.28 본문개정)

1. 재활용시설의 설치 사업
2. 재활용지정사업자, 지정부산물배출사업자의 자원재활용사업
3. 제25조의3에 따른 에너지회수시설의 설치·운영 (2014.1.21 본호개정)
4. 제34조에 따른 재활용단지 조성 사업
5. 「폐기물관리법」 제25조제5항제5호부터 제7호까지의 규정에 따른 폐기물 재활용업의 허가를 받은 자 또는 같은 법 제46조에 따른 폐기물처리 신고자의 폐기물 처리(2010.7.23 본호개정)
6. 자원의 재활용촉진을 위한 연구 및 기술개발 사업 (2017.11.28 본호개정)
7. 유통지원센터의 설립·운영(2013.5.22 본호신설)
8. 제1호부터 제7호까지의 사업 외에 재활용산업의 육성을 위하여 필요한 사업으로서 대통령령으로 정하는 사업(2013.5.22 본호개정)

② 정부는 재활용사업자에게 필요한 설비자금, 연구·기술개발자금 등을 다음 각 호의 자금이나 기금에서 우선적으로 지원할 수 있다.

1. 「산업기술혁신 촉진법」에 따른 산업기반기술개발사업을 위한 자금(2009.4.1 본호개정)
2. 「중소기업진흥에 관한 법률」에 따른 중소기업진흥 및 산업기반기금(2009.5.21 본호개정)

③ 환경부장관은 제2항 각 호의 자금이나 기금을 관장하는 관계 중앙행정기관의 장에게 재활용사업자 지원에 필요한 협조를 요청할 수 있다.

제32조 (2004.12.31 삭제)

제33조【재활용제품의 규격·품질기준】 산업통상자원부장관은 환경부장관과 협의하여 재활용제품의 품목별 규격·품질기준을 정할 수 있다.(2013.3.23 본조개정)

제33조의2【재생원료 사용비율의 표시】 재생원료를 환경부령으로 정하는 비율 이상으로 사용한 제품·용기의 제조자등은 환경부령으로 정하는 바에 따라 그 사용비율을 제품·용기에 표시할 수 있다.(2023.3.28 본조신설)

제33조의3【재생원료 사용 제품·용기의 구매촉진】
① 지방자치단체의 장은 재생원료 사용 제품·용기의 우선 구매를 검토하도록 노력하여야 한다.
② 환경부장관은 지방자치단체의 재생원료 사용 제품·용기의 구매를 촉진하기 위하여 다음 각 호의 사항을 포함한 지침을 수립하여 지방자치단체의 장에게 통보할 수 있다.

1. 재생원료 사용 제품·용기에 관한 정보
2. 재생원료 사용 제품·용기 구매 목표의 설정 및 실적 점검에 관한 사항
3. 그 밖에 재생원료 사용 제품·용기의 구매 촉진을 위하여 필요한 사항

③ 환경부장관은 지방자치단체의 장에게 재생원료 사용 제품·용기 구매에 필요한 행정적 지원을 할 수 있다.
(2023.3.28 본조신설 : 2025.3.29 시행)

제34조【재활용단지의 조성 등】 ① 국가·지방자치단체 또는 대통령령으로 정하는 자는 재활용산업의 육성과 경쟁력 향상을 위하여 재활용단지를 조성할 수 있다.
② 제1항에 따른 재활용단지의 조성은 「산업입지 및 개발에 관한 법률」에 따른 국가산업단지 또는 지방산업단지의 지정·개발절차에 따른다.
③ 재활용단지의 조성·관리 및 운영에 필요한 사항은 대통령령으로 정한다.
④ 국가나 지방자치단체는 국가나 지방자치단체가 공급하는 공장용지에 재활용사업자가 우선적으로 입주할 수 있도록 필요한 조치를 마련할 수 있다.

제34조의2【재활용단지의 조성 지원】 국가는 제34조제1항에 따라 지방자치단체나 대통령령으로 정하는 자가 재활용단지를 조성하는 경우에는 재활용단지 설치에 필요한 비용을 지원할 수 있다.

제34조의3【국·공유재산의 대부·사용 등】 ① 국가나 지방자치단체는 재활용시설의 확충, 재활용단지의 조성 및 운영을 위하여 필요하다고 인정하면 「국유재산법」이나 「공유재산 및 물품 관리법」에도 불구하고 국유재산이나 공유재산을 수의계약으로 대부·사용·수익하게 하거나 매각할 수 있다.
② 제1항에 따른 국·공유재산의 대부·사용·수익·매각 등의 내용과 조건에 관하여는 「국유재산법」이나 「공유재산 및 물품 관리법」으로 정하는 바에 따른다.

제34조의4【공공 재활용기반시설의 설치】 ① 특별자치시장·특별자치도지사·시장·군수·구청장은 대형폐기물과 대통령령으로 정하는 재활용가능자원을 수집·보관·선별 및 처리할 수 있는 시설을 설치하여야 한다. (2014.1.21 본항개정)
② 특별시장·광역시장·도지사는 제1항에 따른 시설을 설치하는 시장·군수·구청장에게 재정적·기술적 지원을 할 수 있으며, 그 시설의 설치와 운영의 효율성을 높이기 위하여 필요한 권고를 할 수 있다.
③ 특별시장·광역시장·특별자치시장·도지사·특별자치도지사 또는 시장·군수·구청장은 둘 이상의 특별자치시·특별자치도·시·군·구에서 발생하는 대형폐기물과 재활용가능자원을 광역적으로 수집·보관·선별 및 처리할 필요가 있는 경우에는 제1항에 따른 시설을 공동으로 설치·운영할 수 있다.(2014.1.21 본항개정)

제34조의5【재활용 촉진을 위한 시설의 설치 등】 ① 국가나 지방자치단체는 폐기물을 소각 처리 또는 매립 처리하기에 앞서 파쇄·분쇄·선별 등의 기계적 처리과정 또는 호기성(好氣性)·혐기성(嫌氣性) 분해 등의 생물학적 처리과정을 통하여 재활용가능자원을 최대한으로 회수하기 위한 전처리시설(前處理施設)을 설치·운영할 수 있다.
② 국가나 지방자치단체는 둘 이상의 특별시·광역시·특별자치시·도·특별자치도 또는 시·군·구에서 발생되는 폐기물의 최종 처리에 앞서 재활용을 촉진하기 위한 조치가 필요하다고 인정되면 제1항에 따른 시설 등을 단독 또는 공동으로 설치·운영할 수 있다.
(2014.1.21 본항개정)
③ 환경부장관이나 지방자치단체의 장은 재활용가능자원의 수급조절과 가격안정을 위하여 필요하다고 인정할 때에는 재활용가능자원, 재생이용을 거친 원료, 그 밖에 환경부령으로 정하는 품목(이하 "재활용가능자원등"이라 한다)에 대하여 비축 시설을 설치·운영할 수 있다.
(2023.3.28 본항개정)
④ 제3항에 따라 비축하는 재활용가능자원등의 보관, 운반 등에 드는 비용은 비축을 의뢰하는 자가 부담한다. 다만, 환경부장관은 재활용가능자원등의 적체가 발생하거나 수급이 불안정한 경우 등 시급성이 인정되는 경우에는 환경부령으로 정하는 「폐기물관리법」 제25조제5항제5호부터 제7호까지의 규정에 따른 폐기물 재활용업의 허가를 받은 자 또는 같은 법 제46조에 따른 폐기물처리 신고자 등에 대해서 보관, 운반 등에 드는 비용의 전부 또는 일부를 지원할 수 있다.(2021.1.5 본항신설)
⑤ 제3항 및 제4항에 따른 재활용가능자원등의 비축·보관·관리 및 비용 지원 등에 필요한 사항은 환경부장관이 정하여 고시한다.(2021.1.5 본항신설)
(2008.3.21 본조신설)

제34조의6【자원의 절약과 재활용촉진에 관한 평가기준과 지표 등】 ① 환경부장관은 폐기물의 발생·재활용 및 처리 등의 흐름을 분석하고 이를 관리하기 위한 기준과 지표(指標)를 설정·운영할 수 있다.
② 환경부장관은 제1항에 따른 기준과 지표에 따라 자원의 절약과 재활용촉진의 성과를 평가하고 그 결과를 자원의 절약과 재활용촉진 시책에 반영하도록 노력하여야 한다.(2017.11.28 본항개정)
(2017.11.28 본조제목개정)
(2008.3.21 본조신설)

제34조의7【자원의 절약과 재활용촉진 정보의 제공 등】
① 환경부장관은 국민에게 자원의 절약과 재활용촉진에 관한 지식·정보의 보급을 위하여 노력하여야 한다.
② 환경부장관은 자원의 절약과 재활용촉진에 관한 지식·정보 등을 생산·보급하고 이를 촉진하기 위한 자원절약 및 재활용촉진 정보시스템을 구축·운영할 수 있다.
③ 환경부장관은 관계 중앙행정기관의 장에게 자원 절약 및 재활용촉진 정보시스템의 구축·운영에 필요한 자료를 제출하도록 요청할 수 있다. 이 경우 요청받은 관계 중앙행정기관의 장은 특별한 사유가 없으면 이에 따라야 한다.
(2017.11.28 본조개정)

제34조의8【자발적 협약의 체결】 ① 환경부장관이나 지방자치단체의 장은 폐기물의 발생을 억제하고 재활용을 촉진하기 위하여 폐기물배출자·재활용사업자·제조자등 또는 이들로 구성된 단체와 협약(이하 "자발적 협약"이라 한다)을 체결할 수 있다.
② 자발적 협약의 목표·이행방법 및 절차 등에 관하여 필요한 사항은 환경부령이나 해당 지방자치단체의 조례로 정한다.
③ 환경부장관이나 지방자치단체의 장은 제1항에 따라 자발적 협약을 체결한 자에게는 그 자발적 협약의 이행에 필요한 지원을 할 수 있다.
(2008.3.21 본조신설)

제34조의9 (2017.11.28 삭제)

제34조의10【재활용시장관리센터의 설치·운영】 ① 환경부장관은 재활용시장의 안정을 도모하고 재활용을 촉진하기 위하여 재활용가능자원등의 시장정보를 수집·분석하고, 적정한 안정화 조치를 수행하는 재활용시장관리센터를 설치·운영할 수 있다.
② 환경부장관은 제1항에 따른 재활용시장관리센터 업무의 전부 또는 일부를 대통령령으로 정하는 바에 따라 관계 전문기관에 위탁할 수 있다.
③ 제1항에 따른 재활용시장관리센터의 운영에 필요한 사항은 환경부령으로 정한다.
(2021.1.5 본조신설)

제5장 보 칙

제35조【자원재활용협회】 ① 재활용의무생산자, 조합, 재활용제품의 생산자, 재활용가능자원의 수집자 등 대통령령으로 정하는 자는 대통령령으로 정하는 바에 따라 환경부장관의 허가를 받아 재활용 촉진을 위한 협회(이하 "자원재활용협회"라 한다)를 설립할 수 있다.
② 환경부장관은 자원재활용협회의 운영에 드는 비용을 예산의 범위에서 지원할 수 있다.
(2008.3.21 본조개정)

제35조의2~제35조의3 (2017.11.28 삭제)

제36조【보고 및 검사 등】 ① 환경부장관, 주무부장관 또는 특별자치시장·특별자치도지사·시장·군수·구청장은 제9조제1항 각 호에 따른 기준 및 제9조의2제1항에 따른 기준의 준수 여부를 확인하기 위하여 필요한 경우 등 환경부령으로 정하는 경우에는 다음 각 호의 어느 하나에 해당하는 자에게 필요한 보고를 하게 하거나 자료를 제출하게 할 수 있으며, 관계 공무원으로 하여금 그 시설·사업소 또는 사업장 등에 출입하여 관계 서류나 시설·장비 등을 검사하게 할 수 있다.(2023.3.28 본문개정)

1. 제9조제1항에 따른 제조자등
2. 제10조에 따른 사업자
3. 제12조에 따른 폐기물부담금의 부과대상 제조업자 또는 수입업자
4. 제12조의3에 따른 폐기물배출자(2013.8.13 본호개정)
5. 제15조의2에 따른 보증금대상사업자와 대통령령으로 정하는 자(2020.6.9 본호개정)

5의2. 제15조의6에 따른 자원순환보증금관리센터 (2020.6.9 본호신설)

6. 제16조에 따른 재활용의무생산자
7. 제16조제3항제2호에 따라 재활용의무생산자로부터 제품·포장재의 재활용을 위탁받은 자(2019.11.26 본호개정)
8. 제23조에 따른 재활용지정사업자
9. 제25조에 따른 지정부산물배출사업자
10. 제25조의3에 따른 에너지회수시설을 설치·운영하는 자 (2014.1.21 9호~10호개정)
11. 제25조의4에 따른 고형연료제품 수입자 또는 제조자
12. 제25조의7에 따른 고형연료제품 사용자 (2014.1.21 11호~12호신설)
13. 제27조에 따른 조합
14. 제28조의2에 따른 유통지원센터(2013.8.13 본호신설)

② 환경부장관은 제27조·제28조·제28조의2·제28조의3에 따른 절차의 준수 여부 및 제28조의4제1항에 따른 사항을 확인하기 위하여 필요한 경우 등 환경부령으로 정하는 경우에는 조합이나 유통지원센터에 대하여 그 업무·회계 및 재산에 관한 사항을 보고하게 하거나 소속 공무원으로 하여금 조합이나 유통지원센터의 장부·서류, 그 밖에 필요한 사항을 검사하게 할 수 있다.(2024.1.9 본항신설)
③ 환경부장관은 제2항에 따른 보고와 검사 등을 위하여 전문성이 필요하다고 인정하는 경우에는 「공인회계사법」 제23조에 따른 회계법인에 회계감사를 요청하거나 외부 전문기관을 참여시켜 관련 사항을 조사·확인·분석하게 할 수 있다.(2024.1.9 본항신설)
④ 제1항 및 제2항에 따라 출입·검사를 하는 공무원은 그 권한을 나타내는 증표를 지니고 이를 관계인에게 내보여야 한다.(2024.1.9 본항개정)
⑤ 제1항제3호 및 제5호부터 제10호까지, 제13호 및 제14호에 해당하는 자는 환경부령으로 정하는 바에 따라 장부를 갖추어 두고 기록·보존하여야 한다.(2014.1.21 본항개정)
⑥ 환경부장관, 주무부장관 또는 특별자치시장·특별자치도지사·시장·군수·구청장은 제1항 및 제2항에 따른 출입검사를 하려면 그 7일 전까지 출입검사의 일시·이유 및 내용 등에 관한 검사계획을 검사 대상자에게 알려야 한다. 다만, 긴급히 알려야 하거나 사전에 알릴 경우 증거의 인멸 등으로 검사의 목적을 달성할 수 없다고 인정하는 경우에는 그러하지 아니하다.(2024.1.9 본문개정)
(2008.3.21 본조개정)

제36조의2【운영관리정보체계의 구축·운영】 ① 환경부장관은 재활용의무생산자, 조합 및 유통지원센터 등의 의무이행과 용기등이나 재활용가능자원의 인계·인수에 관한 정보의 관리 등 환경부령으로 정하는 사항의 처리를 위하여 필요한 운영관리정보체계(이하 "운영관리정보체계"라 한다)를 구축·운영할 수 있다.(2020.6.9 본항개정)
② 환경부장관은 필요하다고 인정하는 경우에는 운영관리정보체계의 구축·운영에 관한 업무를 공단 등 관계 전문기관에 대행하게 할 수 있다.
③ 환경부장관은 제2항에 따라 업무를 대행하게 하는 경우에는 그 소요경비를 지원할 수 있다.
(2015.1.20 본조신설)

제36조의3【재활용의무생산자 등의 관리표 작성·제출의무】 ① 재활용의무생산자, 조합, 유통지원센터 및 그

로부터 용기등이나 재활용가능자원의 회수 또는 재사용·재활용을 위탁받은 자는 환경부장관이 고시하는 지침에 따라 그 인계·인수 등에 관한 정보를 기재한 관리표(이하 "관리표"라 한다)를 작성·제출하여야 한다. 다만, 운영관리정보체계에 그 인계·인수 등에 관한 정보를 전송한 경우에는 관리표를 작성·제출한 것으로 본다.
(2020.6.9 본문개정)

② 운영관리정보체계의 구축·운영에 따라 수집된 정보로서 개인 또는 법인·단체의 경영·영업상 비밀에 속하는 사항은 보호되어야 하며, 재활용가능자원의 회수·재활용 촉진 등의 목적 외의 용도에 사용되어서는 아니 된다.
(2015.1.20 본조신설)

제37조【관계 기관의 협조】 ① 환경부장관은 이 법의 목적을 달성하기 위하여 필요하다고 인정하면 다음 각 호의 사항을 관계 행정기관의 장에게 요청할 수 있다. 이 경우 관계 행정기관의 장은 특별한 사유가 없으면 이에 따라야 한다.
1. 자원의 절약 및 재활용촉진을 위한 정책의 수립에 필요한 자료의 제출(2017.11.28 본호개정)
2. 그 밖에 대통령령으로 정하는 사항

② 환경부장관은 체납된 폐기물부담금 및 재활용부과금의 징수를 위하여 필요한 경우에는 국토교통부장관 및 관할 지방자치단체의 장에게 다음 각 호의 어느 하나에 해당하는 자료의 제공을 요청할 수 있다. 이 경우 요청을 받은 자는 특별한 사유가 없으면 이에 따라야 한다.
1. 「건축법」 제38조에 따른 건축물대장 등본
2. 「공간정보의 구축 및 관리 등에 관한 법률」 제71조에 따른 토지대장 등본
(2019.11.26 본항신설)

③ 환경부장관은 폐기물부담금 및 제16조에 따른 재활용의무 대상 여부를 확인하기 위하여 다음 각 호의 사항을 명시하여 필요한 과세정보를 국세청장에게 요청할 수 있다.
1. 납세자 인적사항
2. 과세정보의 사용목적
3. 폐기물부담금 및 재활용의무의 산출 또는 면제의 판단기준이 되는 매출금액에 관한 사항
(2023.3.28 본항신설)
(2008.3.21 본조개정)

제38조【권한의 위임·위탁】 ① 이 법에 따른 환경부장관 또는 주무부장관의 권한은 그 일부를 대통령령으로 정하는 바에 따라 특별시장·광역시장·특별자치시장·도지사·특별자치도지사 또는 지방환경관서의 장에게 위임할 수 있다.(2014.1.21 본항개정)

② 환경부장관이나 주무부장관은 이 법에 따른 업무의 일부를 대통령령으로 정하는 바에 따라 공단 등 관계 전문기관에 위탁할 수 있다.(2009.2.6 본항개정)

제38조의2【청문】 환경부장관은 다음 각 호의 어느 하나에 해당하는 경우 청문을 하여야 한다.
1. 제25조의10제1항 또는 같은 조 제2항 본문에 따른 고형연료제품의 수입·제조 또는 사용 금지명령을 하고자 하는 경우(2014.1.21 본호개정)
1의2. 제25조의7제4항에 따른 고형연료제품의 사용허가를 취소하고자 하는 경우(2017.11.28 본호신설)
2. 제28조의5에 따라 인가를 취소하고자 하는 경우
(2013.8.13 본조개정)

제6장 벌 칙
(2008.3.21 본장개정)

제39조【벌칙】 다음 각 호의 어느 하나에 해당하는 자는 3년 이하의 징역 또는 3천만원 이하의 벌금에 처한다.
1. 제9조의4제2항에 따른 중단명령을 받은 포장재·제품을 제조·수입 및 판매한 자(2019.4.16 본호신설)
1의2. 제25조의4제1항 또는 제2항을 위반하여 거짓이나 그 밖의 부정한 방법으로 신고를 하고 고형연료제품을 수입 또는 제조한 자
2. 제25조의5제1항을 위반하여 거짓이나 그 밖의 부정한 방법으로 품질검사를 받고 고형연료제품을 수입 또는 제조한 자
3. 제25조의7제1항을 위반하여 허가받지 아니하고 고형연료제품을 사용한 자(2017.11.28 본호개정)
3의2. 거짓이나 그 밖의 부정한 방법으로 제25조의7제1항에 따른 고형연료제품 사용허가를 받은 자
(2017.11.28 본호신설)
4. 제25조의10제1항 또는 같은 조 제2항 본문에 따른 고형연료제품의 수입·제조 또는 사용 금지명령을 위반하여 금지기간 중에 고형연료제품을 수입·제조 또는 사용한 자
(2014.1.21 본조개정)

제39조의2【벌칙】 다음 각 호의 어느 하나에 해당하는 자는 1년 이하의 징역 또는 1천만원 이하의 벌금에 처한다.
1. 제9조의2제4항에 따른 중단명령을 받은 포장재·제품을 제조·수입 및 판매한 자(2023.3.28 본호개정)
1의2. 제25조의4제7항을 위반하여 다른 사람에게 자기의 상호나 성명을 사용하여 수입 또는 제조를 하게 하거나 신고확인증을 빌려 준 자(2021.1.5 본호개정)
2. 제25조의5제1항에 따른 품질기준(수분기준은 제외한다)에 적합하지 아니한 고형연료제품을 수입 또는 제조한 자
3. 제25조의6제2항을 위반하여 품질표시에 필요한 시험을 의뢰하지 아니한 자 또는 같은 항에 따른 시험 결과와 다른 내용을 표시한 자
3의2. 제25조의7제2항을 위반하여 변경허가를 받지 아니하고 고형연료제품 사용의 허가사항을 변경한 자
3의3. 제25조의7제3항의 조건을 위반한 자
(2017.11.28 3호의2~3호의3신설)
4. 제25조의8제1항을 위반하여 제조시설 및 사용시설 정기검사를 받지 아니한 자
5. 제25조의8제4항을 위반하여 개선명령을 이행하지 아니하고 해당 시설을 이용하여 고형연료제품을 제조 또는 사용한 자(2023.3.28 본호개정)
6. 제25조의9제2항을 위반하여 다이옥신 배출허용기준을 준수하지 아니한 자
(2014.1.21 본조신설)

제40조【양벌규정】 법인의 대표자나 법인 또는 개인의 대리인, 사용인, 그 밖의 종업원이 그 법인 또는 개인의 업무에 관하여 제39조 또는 제39조의2의 위반행위를 하면 그 행위자를 벌하는 외에 그 법인 또는 개인에게도 해당 조문의 벌금형을 과(科)한다. 다만, 법인 또는 개인이 그 위반행위를 방지하기 위하여 해당 업무에 관하여 상당한 주의와 감독을 게을리하지 아니한 경우에는 그러하지 아니하다.(2014.1.21 본조개정)

제41조【과태료】 ① 다음 각 호의 어느 하나에 해당하는 자에게는 1천만원 이하의 과태료를 부과한다.
1. 제12조제8항에 따른 자료를 제출하지 아니하거나 거짓 자료를 제출한 자
2. 제16조제6항에 따른 자료를 제출하지 아니하거나 거짓 자료를 제출한 자
(2019.11.26 본항신설)

② 다음 각 호의 어느 하나에 해당하는 자에게는 300만원 이하의 과태료를 부과한다.
1. 제9조제1항에 따른 제품의 포장재질, 포장방법 및 합성수지재질로 된 포장재의 연차별 줄이기 목표에 관한 기준을 지키지 아니한 자
2. 제9조제3항에 따른 검사명령을 이행하지 아니한 자
2의2. 제9조의4제2항을 위반하여 포장재의 재질·구조 평가를 받지 아니하거나 거짓이나 그 밖의 부정한 방법으로 평가를 받은 자(2023.3.28 본호개정)
2의3. 제9조의4제3항을 위반하여 포장재 겉면에 재질·구조 평가 결과를 표시하지 아니하거나 거짓으로 표시한 자(2023.3.28 본호개정)
3. 제10조를 위반하여 1회용품을 사용하거나 무상으로 제공한 자
4. 제14조를 위반하여 분리배출표시를 하지 아니하거나 거짓으로 표시한 자
5. 제15조의2제3항을 위반하여 자원순환보증금을 돌려주지 아니한 자(2020.6.9 본호개정)
6. 제15조의2제4항을 위반하여 취급수수료 또는 처리지원금을 지급하지 아니한 자(2020.6.9 본호개정)
6의2. 제15조의2제6항을 위반하여 자원순환보증금의 환불문구 및 재사용 또는 재활용 표시 등을 하지 아니한 자
(2020.6.9 본호개정)
6의3. 제15조의2제7항을 위반하여 용기등의 원활한 회수·재사용 또는 재활용을 위한 보증금대상사업자 등의 준수사항을 지키지 아니한 자(2020.6.9 본호신설)
7. 제15조의3제1항을 위반하여 미반환보증금을 사용한 자
7의2. 제17조의2제3항을 위반하여 재활용의무이행 인증을 받지 아니하고 인증표시를 한 자(2013.5.22 본호신설)
8. 제25조의2제2항에 따른 조치명령을 위반하여 필요한 조치를 이행하지 아니한 자
9. 제25조의4제1항 또는 제2항을 위반하여 신고를 하지 아니하고 고형연료제품을 수입 또는 제조한 자
10. 제25조의4제4항을 위반하여 변경신고를 하지 아니한 자
(2014.1.21 8호~10호개정)
11. 제25조의6제1항을 위반하여 품질표시를 하지 아니한 자(2014.1.21 본호신설)
12. 제25조의7제2항을 위반하여 변경신고를 하지 아니하고 고형연료제품 사용의 허가사항을 변경한 자
(2017.11.28 본호개정)
13. 제25조의9제1항을 위반하여 환경관리를 위한 사항을 준수하지 아니한 자
14. 제25조의13제2항을 위반하여 권리·의무 승계신고를 하지 아니한 자
15. 제25조의14제2항을 위반하여 정보관리시스템에 정보를 입력하지 아니한 자
(2014.1.21 13호~15호신설)
16. 제36조제1항 및 제2항에 따른 보고나 자료의 제출을 하지 아니하거나 거짓 보고나 거짓 자료를 제출한 자, 출입·검사를 거부·방해 또는 기피한 자(2024.1.9 본호개정)

③ 다음 각 호의 어느 하나에 해당하는 자에게는 100만원 이하의 과태료를 부과한다.
1. 제12조의3제2항에 따른 조치명령을 이행하지 아니한 자(2013.8.13 본호개정)
2. 제18조에 따른 회수 및 재활용 의무이행계획서 또는 회수 및 재활용 의무이행결과보고서를 제출하지 아니한 자
3. 제36조제5항에 따른 장부를 기록 또는 보존하지 아니하거나 거짓으로 기록한 자(2024.1.9 본호개정)

④ 제1항부터 제3항까지에 따른 과태료는 대통령령으로 정하는 바에 따라 환경부장관·주무부장관 또는 특별자치시장·특별자치도지사·시장·군수·구청장이 부과·징수한다.(2019.11.26 본항개정)

제42조 (2014.1.21 삭제)

부 칙 (2013.8.13)

제1조【시행일】 이 법은 공포 후 6개월이 경과한 날부터 시행한다.

제2조【폐기물부담금에 관한 적용례】 제12조제4항 및 제12조의2의 개정규정은 이 법 시행 전에 폐기물부담금 부과 사유가 발생한 경우에도 적용한다.

부 칙 (2014.1.21)

제1조【시행일】 이 법은 공포 후 6개월이 경과한 날부터 시행한다.

제2조【품질표시에 관한 적용례】 제25조의6제1항 및 제2항의 개정규정은 이 법 시행 후 수입 또는 제조하는 고형연료제품부터 적용한다.

제3조【고형연료제품의 제조신고 및 사용개시신고에 관한 경과조치】 ① 이 법 시행 당시 종전의 제25조의3제1항에 따라 고형연료제품의 품질·등급 인증을 받은 자는 제25조의4제2항의 개정규정에 따른 고형연료제품의 제조신고를 한 것으로 본다.

② 이 법 시행 당시 종전의 제25조의3제2항에 따라 고형연료제품을 사용하고 있는 자는 제25조의7제1항제1호의 개정규정에 따른 사용개시신고를 한 것으로 본다.

제4조【벌칙이나 과태료에 관한 경과조치】 이 법 시행 전의 행위에 대하여 벌칙이나 과태료 규정을 적용할 때에는 종전의 규정에 따른다.

부 칙 (2015.1.20)

제1조【시행일】 이 법은 공포 후 1년이 경과한 날부터 시행한다.

제2조【출입검사 사전통지에 관한 적용례】 제36조제4항의 개정규정은 이 법 시행 후 최초로 출입검사를 하는 경우부터 적용한다.

부 칙 (2017.11.28)

제1조【시행일】 이 법은 2018년 1월 1일부터 시행한다. 다만, 제25조의7, 제38조의2제1호의2, 제39조제3호·제3호의2, 제39조의2제3호의2·제3호의3 및 제41조제1항제12호의 개정규정은 공포 후 1년이 경과한 날부터 시행한다.

제2조【고형연료제품 사용허가에 관한 경과조치】 제25조의7제1항의 개정규정 시행 당시 종전의 규정에 따라 고형연료제품 사용 신고를 한 자는 같은 개정규정에 따른 허가를 받은 것으로 본다.

제3조【다른 법령의 개정】 ※(해당 법령에 가제정리 하였음)

부 칙 (2018.12.24)

제1조【시행일】 이 법은 공포 후 1년이 경과한 날부터 시행한다.

제2조【재질·구조 기준에 관한 경과조치】 이 법 시행 당시 종전의 규정에 따라 제조·수입된 제품 또는 이를 이용하여 판매한 제품에 대하여는 제9조의2부터 제9조의5까지, 제39조의2제1호 및 제41조제1항제2호의2·제2호의3의 개정규정을 적용하지 아니한다.

부 칙 (2019.11.26)

제1조【시행일】 이 법은 공포 후 6개월이 경과한 날부터 시행한다. 다만, 제12조제2항제2호, 제19조제7항 및 제37조제2항의 개정규정은 공포한 날부터 시행한다.

제2조【적용례】 제12조제4항제1호·제2호 및 제19조제3항제1호·제2호의 개정규정은 이 법 시행 후 최초로 부담금의 납부기한이 종료되어 체납되는 것부터 적용한다.

제3조【자발적 협약 기간에 관한 경과조치】 이 법 시행 전에 종전의 제12조제2항제2호에 따라 자발적 협약을 체결한 적이 있거나 이 법 시행 당시 자발적 협약을 체결중인 품목(일정한 기간을 정하여 협약을 갱신하는 경우를 포함한다)은 제12조제2항제2호의 개정규정에도 불구하고 다음 각 호의 기간까지 협약에 참여할 수 있다.
1. 2022년 12월 31일을 기준으로 협약 참여의 총 기간이 5년 이상인 품목 : 2022년 12월 31일까지
2. 2022년 12월 31일을 기준으로 협약 참여의 총 기간이 5년 미만인 품목 : 최초로 협약을 체결한 날부터 최대 5년까지

제4조【가산금에 관한 경과조치】 이 법 시행 전에 종전의 제12조제4항 및 제19조제3항에 따라 납부가 고지된 폐기물부담금 및 재활용부과금의 가산금에 대하여는 제12조제4항제1호·제2호 및 제19조제3항제1호·제2호의 개정규정에도 불구하고 종전의 규정에 따른다.

부 칙 (2020.5.26)

이 법은 공포한 날부터 시행한다.(이하 생략)

부 칙 (2020.6.9)

제1조【시행일】 이 법은 공포 후 1년이 경과한 날부터 시행한다. 다만, 제15조의2부터 제15조의4까지, 제16조, 제18조, 제36조제1항제5호, 제36조의2, 제36조의3 및 제41조의 개정규정은 공포 후 2년이 경과한 날부터 시행한다.
제2조【자원순환보증금관리센터의 설립에 따른 경과조치】 ① 이 법 시행 당시 종전의 규정에 따라 유통지원센터가 관리하던 미반환보증금은 이 법에 따라 설립되는 자원순환보증금관리센터가 승계한다.
② 이 법 시행 당시 종전의 규정에 따라 유통지원센터가 확인한 빈용기에 대해서는 이 법에 따라 자원순환보증금관리센터가 그 보증금·취급수수료를 반환·지급한다.

부 칙 (2021.1.5)

제1조【시행일】 이 법은 공포한 날부터 시행한다. 다만, 제25조의4 및 제39조의2제1호의2의 개정규정은 공포 후 1개월이 경과한 날부터 시행하고, 제34조의5제3항부터 제5항까지 및 제34조의10의 개정규정은 공포 후 6개월이 경과한 날부터 시행하며, 제19조의2의 개정규정은 공포 후 1년이 경과한 날부터 시행한다.
제2조【고형연료제품 수입·제조 신고 등에 관한 적용례】 제25조의4제5항 및 제6항의 개정규정은 부칙 제1조 단서에 따른 시행일 이후 고형연료제품 수입·제조 신고 또는 변경신고를 하는 경우부터 적용한다.

부 칙 (2022.12.31)

제1조【시행일】 이 법은 공포 후 1년이 경과한 날부터 시행한다.(이하 생략)

부 칙 (2023.3.28)

제1조【시행일】 이 법은 공포 후 1년이 경과한 날부터 시행한다. 다만, 제17조의2, 제19조, 제19조의2, 제25조의8, 제25조의11, 제37조 및 제39조의2제5호의 개정규정은 공포한 날부터 시행하고, 제33조의3의 개정규정은 공포 후 2년이 경과한 날부터 시행한다.
제2조【포장재의 재질·구조 기준과 평가 기준 변경에 따른 경과조치】 부칙 제1조 본문에 따른 시행일 전에 종전의 규정에 따라 출고되거나 수입신고필증이 발급된 포장재에 대한 포장재의 재질·구조 기준과 평가 기준에 관하여는 제9조의2제1항 및 제9조의4제1항의 개정규정에도 불구하고 종전의 제9조의2 및 제9조의3제1항에 따른다.

부 칙 (2024.1.9)

이 법은 공포 후 6개월이 경과한 날부터 시행한다.

폐기물의 국가 간 이동 및 그 처리에 관한 법률

(약칭 : 폐기물국가간이동법)

(1992년 12월 8일 법 률 제4534호)

개정
1994. 1. 5법 4714호(환경개선특별회계법)
1997. 8.28법 5391호
1997.12.13법 5453호(행정절차)
1998. 2.28법 5529호(정부조직)
1999. 2. 8법 5872호
2001. 1.16법 6361호
2007. 1.19법 8260호(해양환경관리법)
2007. 5.17법 8470호
2008. 2.29법 8852호(정부조직)
2010. 3.22법 10153호
2011. 7.21법 10893호(환경정책)
2011. 7.25법 10911호(원자력안전법)
2013. 3.23법 11690호(정부조직)
2013. 7.30법 11980호
2014. 3.18법 12465호
2016. 1.27법 13887호
2017. 4.18법 14784호
2019.12. 3법 16699호(해양폐기물및해양오염퇴적물관리법)
2020. 3.31법 17179호
2020. 5.26법 17326호(법률용어정비)
2021. 4. 1법 17984호

제1장 총 칙

(2013.7.30 본장개정)

제1조【목적】 이 법은 「유해폐기물의 국가 간 이동 및 그 처리의 통제에 관한 바젤협약」 및 같은 협약에 따른 양자간·다자간 또는 지역적 협정을 시행하고, 폐기물의 수출·수입 및 국내 경유를 규제함으로써 폐기물의 국가 간 이동으로 인한 환경오염을 방지하여 국제협력을 증진하며, 환경보전과 국민생활의 질적향상에 이바지함을 목적으로 한다.(2017.4.18 본조개정)
제2조【정의】 이 법에서 사용하는 용어의 뜻은 다음과 같다.
1. "폐기물"이란 다음 각 목의 어느 하나에 해당하는 물질을 말한다.
  가. 수출입규제폐기물 : 「유해폐기물의 국가 간 이동 및 그 처리의 통제에 관한 바젤협약」(이하 "협약"이라 한다) 부속서 등에 규정된 폐기물 및 협약 제11조에 따른 양자간·다자간 또는 지역적 협정에서 수출·수입 및 국내 경유(이하 "수출입등"이라 한다)의 규제가 필요한 것으로 정하는 물질로서 대통령령으로 정하는 물질
  나. 수출입관리폐기물 : 「폐기물관리법」 제2조제1호의 폐기물 중 수출입규제폐기물 외의 폐기물로서 수출·수입의 관리가 필요하여 대통령령으로 정하는 물질
(2017.4.18 본호개정)
2. "협약당사국"이란 협약에 가입한 국가 또는 국제기구를 말한다.
3. "이동서류"란 협약 부속서에 규정된 통지에 포함되어야 하는 정보를 적은 서류를 말한다.
4. "처리"란 폐기물의 운반, 보관, 재활용 및 처분을 말한다.(2017.4.18 본호신설)
5. "폐기물취급자"란 다음 각 목의 어느 하나에 해당하는 자를 말한다.
  가. 「폐기물관리법」 제4조 또는 제5조에 따라 폐기물처리시설을 설치·운영하는 자
  나. 「폐기물관리법」 제25조제3항에 따라 폐기물 중간처분업, 폐기물 최종처분업, 폐기물 종합처분업 또는 폐기물 재활용업의 허가를 받은 자
  다. 「폐기물관리법」 제46조에 따라 폐기물처리 신고를 한 자
  라. 「건설폐기물의 재활용촉진에 관한 법률」 제21조에 따라 건설폐기물 중간처리업의 허가를 받은 자
(2020.3.31 본호신설)
제3조【적용 범위】 ① 이 법은 「원자력안전법」 제2조제5호에 따른 방사성물질 및 이에 의하여 오염된 물질에 대해서는 적용하지 아니한다.
② 이 법은 「해양폐기물 및 해양오염퇴적물 관리법」 및 「해양환경관리법」에 따른 해역(海域) 배출 폐기물과 선박의 항행(航行)에 따라 배출되는 폐기물에 대해서는 적용하지 아니한다.(2019.12.3 본항개정)
제4조【국가의 책무】 ① 국가는 폐기물의 국가 간 이동으로 인하여 발생하는 사람의 건강과 환경에 대한 피해의 위험성을 인식하고, 국민의 건강 보호와 환경오염 예방을 위하여 폐기물의 수출입등을 통제·관리하기 위한 적절한 시책을 마련하여야 한다.(2017.4.18 본항개정)
② 국가는 폐기물을 적정하게 관리하기 위한 기술의 개발, 정보의 수집·이용 및 전파, 관리체계의 구축 등을 위하여 협약당사국 등과 서로 협력하여야 한다.
③ 국가는 폐기물과 관련된 기술의 개발 및 이전(移轉) 등에 대한 지원을 하여야 한다.
제5조【폐기물 수출입자 등의 책무】 ① 폐기물을 수출·수입 또는 처리하는 자는 폐기물의 수출입등으로 인하여 사람의 건강과 환경에 위해(危害)가 발생하지 아니하도록 하여야 하며, 위해 방지를 위한 기술의 개발 및 정보의 교환 등에 적극 노력하여야 한다.
② 폐기물을 수출·수입 또는 처리하는 자는 폐기물의 수출입등으로 인하여 사람의 건강과 환경에 위해가 발생하였을 때에는 이를 제거하는 데에 필요한 모든 조치를 하여야 한다.
(2017.4.18 본조개정)
제5조의2【폐기물 수출입자의 자격】 ① 다음 각 호의 어느 하나에 해당하는 자를 제외하고는 폐기물을 수출하여서는 아니 된다.
1. 폐기물취급자
2. 「폐기물관리법」 제18조제1항에 따른 사업장폐기물배출자
② 폐기물취급자를 제외하고는 폐기물을 수입하여서는 아니 된다.
③ 제1항 및 제2항에도 불구하고 위해성이 크지 않고, 수출입으로 인한 환경오염 우려가 적다고 환경부장관이 인정하는 폐기물에 대해서는 환경부장관이 수출입자의 자격에 관한 사항을 따로 정하여 고시할 수 있다.
(2021.4.1 본항신설)
(2020.3.31 본조신설)

제2장 폐기물 수출입등의 통제 및 관리

(2013.7.30 본장개정)

제6조【수출입규제폐기물의 수출허가】 ① 수출입규제폐기물을 수출하려는 자는 대통령령으로 정하는 바에 따라 환경부장관의 허가를 받아야 한다. 허가받은 사항을 변경하려는 경우에도 또한 같다.(2017.4.18 전단개정)
② 환경부장관은 수출입규제폐기물의 수출허가 신청 또는 변경허가 신청을 받은 경우에는 다음 각 호의 어느 하나에 해당하는 경우에만 이를 허가할 수 있다.
(2017.4.18 본문개정)
1. 국내에서 해당 폐기물을 환경적으로 건전하고 적정하게 처리하기 위하여 필요한 기술과 시설을 가지고 있지 아니한 경우
2. 해당 폐기물이 수입국의 재활용을 위한 산업의 원료로 필요한 경우
③ 환경부장관은 제2항에 따른 수출허가를 하려는 경우에는 수출하려는 수출입규제폐기물의 수입국 및 경유국의 동의를 받아야 한다. 다만, 대통령령으로 정하는 경우에는 동의 없이 허가할 수 있다.(2017.4.18 본문개정)
④ 환경부장관은 제2항에 따라 허가를 하는 경우에는 필요한 조건을 붙일 수 있다.
⑤ 환경부장관은 제2항에 따른 허가를 할 때 물리적·화학적 특성이 같은 수출입규제폐기물을 국내의 같은 세관 및 수입국의 같은 세관을 통하여 같은 자에게 두 번 이상 수출하는 경우에는 12개월의 범위에서 기간을 정하여 한꺼번에 허가할 수 있다.(2017.4.18 본항개정)
⑥ 제5항에 따라 한꺼번에 허가를 받은 자는 수출입규제폐기물을 수출할 때마다 「관세법」 제241조에 따른 신고일의 10일 전까지 대통령령으로 정하는 자료를 환경부장관에게 제출하여야 한다.(2020.3.31 본항신설)
⑦ 제1항에 따라 수출허가 또는 변경허가를 받은 자는 다른 자에게 자기의 명의나 상호를 사용하여 수출입규제폐기물을 수출하게 하거나 수출입규제폐기물 수출허가서 또는 변경허가서를 빌려주어서는 아니 된다.
(2020.3.31 본항신설)
⑧ 제1항에 따라 수출입규제폐기물을 수출하려는 자는 「폐기물관리법」 제13조에 따른 폐기물의 처리 기준·방법에 따라 수출입규제폐기물을 처리하여야 한다.
(2020.3.31 본항신설)
(2017.4.18 본조제목개정)
제7조【수출이동서류의 작성 등】 ① 제6조제1항에 따라 수출입규제폐기물의 수출허가(변경허가를 포함한다. 이하 같다)를 받은 자는 대통령령으로 정하는 바에 따라 해당 수출입규제폐기물에 관한 이동서류(이하 "수출이동서류"라 한다)를 작성하여야 한다. 수출이동서류의 내용을 변경할 때에도 또한 같다.
② 수출입규제폐기물의 수출허가를 받은 자가 해당 수출입규제폐기물을 수출하지 아니하게 되었을 때에는 대통령령으로 정하는 바에 따라 해당 수출이동서류를 첨부하여 환경부장관에게 신고하여야 한다.
(2017.4.18 본조개정)
제8조【수출입규제폐기물의 운반】 ① 수출허가를 받은 수출입규제폐기물을 운반하는 자는 해당 수출입규제폐기물에 관한 수출이동서류를 지녀야 하며, 수출입규제폐기물을 인도(引渡)하는 경우에는 수출이동서류에 인도일과 그 밖에 대통령령으로 정하는 사항을 적고 서명하여야 한다.
② 수출허가를 받은 수출입규제폐기물을 운반하는 자는 수출이동서류에 적힌 내용을 준수하여야 한다. 다만, 제20조제1항에 따른 반입명령에 따라 반입하는 경우에는 그러하지 아니하다.
(2017.4.18 본조개정)
제9조 (1999.2.8 삭제)
제10조【수출입규제폐기물의 수입허가】 ① 수출입규제폐기물을 수입하려는 자는 대통령령으로 정하는 바에 따라 환경부장관의 허가를 받아야 한다. 허가받은 사항을 변경하려는 경우에도 또한 같다.(2017.4.18 전단개정)
② 환경부장관은 제1항에 따른 수출입규제폐기물의 수입허가 신청 또는 변경허가 신청을 받은 경우에는 다음 각 호의 어느 하나에 해당하는 경우에만 이를 허가할 수 있다.(2017.4.18 본문개정)
1. 해당 폐기물을 환경적으로 건전하고 적정하게 처리하기 위하여 필요한 기술과 시설을 가지고 있는 경우
2. 해당 폐기물이 재활용을 위한 산업의 원료로 사용되는 경우

③ 환경부장관은 제2항에 따른 수입허가를 할 때 수출국의 주무관청이 해당 폐기물의 수입 동의 요청이 없는 경우에는 수입을 허가하여서는 아니 된다. 다만, 수출국의 법령에 따라 국가 간 이동 통제 대상 폐기물로 규정되지 아니한 경우에는 그러하지 아니하다.
④ 환경부장관은 수출국의 주무관청이 수출입규제폐기물의 수입 동의 요청을 하였을 때에는 그 수출입규제폐기물의 수입에 관한 동의 여부를 결정하여 수출국에 통지하여야 한다.(2017.4.18 본항개정)
⑤ 환경부장관은 제2항에 따라 허가를 하는 경우에는 필요한 조건을 붙일 수 있다.
⑥ 환경부장관은 제2항에 따른 허가를 할 때 물리적·화학적 특성이 같은 수출입규제폐기물을 수출국의 같은 세관 및 국내의 같은 세관을 통하여 같은 자가 두 번 이상 수입하는 경우에는 12개월의 범위에서 기간을 정하여 한꺼번에 허가할 수 있다. 이 경우 한꺼번에 허가를 받은 자에 대해서는 제6조제6항을 준용한다.(2020.3.31 후단시설)
⑦ 제1항에 따라 수입허가 또는 변경허가를 받은 자는 다른 자에게 자기의 명의나 상호를 사용하여 수출입규제폐기물을 수입하게 하거나 수출입규제폐기물 수입허가서 또는 변경허가서를 빌려주어서는 아니 된다.
(2020.3.31 본항신설)
⑧ 제1항에 따라 수출입규제폐기물을 수입하려는 자는 「폐기물관리법」 제13조에 따른 폐기물의 처리 기준·방법에 따라 수출입규제폐기물을 처리하여야 한다.
(2020.3.31 본항신설)
(2017.4.18 본조제목개정)

제11조【수입이동서류의 작성】 제10조제1항에 따라 수출입규제폐기물의 수입허가(변경허가를 포함한다. 이하 같다)를 받은 자는 해당 수출입규제폐기물을 수입하였을 때에는 대통령령으로 정하는 바에 따라 수입허가를 받은 수출입규제폐기물에 관한 이동서류(이하 "수입이동서류"라 한다)를 작성하여야 한다. 수입이동서류의 내용을 변경할 때에도 또한 같다.(2017.4.18 본조개정)

제11조의2 (2017.4.18 삭제)

제12조【수입이동서류의 소지의무 등】 ① 수입허가를 받은 수출입규제폐기물을 처리하는 자는 해당 수입이동서류 및 수출국의 법령에 따라 발행된 이동서류(수출국의 법령에 따라 국가 간 이동 통제 대상 폐기물로 규정된 경우만 해당한다. 이하 "수출국발행이동서류"라 한다)와 제18조의5에 따른 인계·인수에 관한 내용을 출력한 서류를 지녀야 하며, 해당 수출입규제폐기물을 인도하는 경우에는 수입이동서류에 인도일과 그 밖에 대통령령으로 정하는 사항을 적고 서명하여야 한다.(2020.3.31 본항개정)
② 수입허가를 받은 수출입규제폐기물을 처리하는 자는 수입이동서류에 적힌 내용을 준수하여야 한다. 다만, 제20조제1항에 따른 반출명령에 따라 반출하는 경우에는 그러하지 아니하다.
(2017.4.18 본조개정)

제13조 (2013.7.30 삭제)

제14조【수출입규제폐기물 처리 결과 등의 통보】 수입허가를 받은 수출입규제폐기물의 처리를 완료한 자는 지체 없이 대통령령으로 정하는 바에 따라 해당 수출입규제폐기물의 수령 및 처리 결과를 적은 서류를 수출국의 주무관청과 그 수출입규제폐기물을 수출한 자에게 보내고, 그 사본을 환경부장관에게 제출하여야 한다.
(2017.4.18 본조개정)

제15조【수출입규제폐기물의 수출입허가 취소】 환경부장관은 수출입규제폐기물의 수출허가 또는 수입허가를 받은 자가 다음 각 호의 어느 하나에 해당할 때에는 그 허가를 취소할 수 있다.(2017.4.18 본문개정)
1. 거짓이나 그 밖의 부정한 방법으로 허가를 받았을 때
2. 제6조제4항 또는 제10조제5항에 따른 조건을 이행하지 아니하였을 때
2의2. 제6조제6항(제10조제6항 후단에서 준용하는 경우를 포함한다)을 위반하여 자료를 제출하지 아니하였을 때(2020.3.31 본호신설)
2의3. 제6조제7항 또는 제10조제7항을 위반하여 다른 자에게 자기의 명의나 상호를 사용하여 수출입규제폐기물을 수출 또는 수입하게 하거나 수출입규제폐기물 수출허가서·수입허가서 또는 그 변경허가서를 빌려주었을 때(2020.3.31 본호신설)
2의4. 제6조제8항 또는 제10조제8항을 위반하여 수출입규제폐기물을 처리하였을 때(2020.3.31 본호신설)
3. 수출허가 또는 수입허가를 받은 수출입규제폐기물이 허가 당시 예상하지 못한 환경오염을 유발한다는 새로운 정보가 발견되었을 때(2017.4.18 본호개정)
4. 제7조제1항을 위반하여 수출이동서류를 작성(변경작성을 포함한다)하지 아니하거나 거짓으로 작성하였을 때
5. 제8조제2항을 위반하여 수출이동서류에 적힌 내용을 준수하지 아니하였을 때
6. 제11조를 위반하여 수입이동서류를 작성(변경작성을 포함한다)하지 아니하거나 거짓으로 작성하였을 때
7. 제12조제2항을 위반하여 수입이동서류에 적힌 내용을 준수하지 아니하였을 때
8. 제18조제1항 또는 제2항에 따른 제한을 위반하였을 때
9. 제20조제1항에 따른 반입명령 등을 위반하였을 때
10. 제22조제1항에 따른 출입·검사를 거부·방해 또는 기피하였을 때
(2017.4.18 본조제목개정)

제16조【수출입규제폐기물의 경유 동의 등】 ① 환경부장관은 수출국의 주무관청이 수출하려는 수출입규제폐기물의 국내 경유의 동의를 요청하였을 때에는 그 경유에 관한 동의 여부를 결정하여 수출국에 통지하여야 한다.
② 국내를 경유하여 수출입규제폐기물을 다른 국가로 수출하려는 자는 제1항에 따른 동의를 받지 아니하고는 국내를 경유할 수 없다.
(2017.4.18 본조개정)

제17조【수출입규제폐기물의 포장 등】 수출입규제폐기물을 수출하거나 수입하려는 자는 대통령령으로 정하는 바에 따라 포장 및 표지 부착 등을 하여야 한다.
(2017.4.18 본조개정)

제18조【수출입등 항구의 지정】 ① 환경부장관은 수출입규제폐기물의 수출허가 또는 수입허가를 할 때에는 해양수산부장관과 협의하여 선적(船積) 또는 하역(荷役) 항구를 지정하거나 선적 또는 하역 구역을 제한할 수 있다.
② 환경부장관은 수출입규제폐기물의 국내 경유에 동의할 때에는 해양수산부장관과 협의하여 경유항구 또는 경유지역을 제한할 수 있다.
(2017.4.18 본조개정)

제18조의2【수출입관리폐기물의 수출입 신고 등】 ① 수출입관리폐기물을 수출하거나 수입하려는 자는 대통령령으로 정하는 바에 따라 그 폐기물의 종류·양 및 처리계획 등이 포함된 서류를 첨부하여 환경부장관에게 신고하여야 한다.
② 제1항에 따라 신고한 사항 중 대통령령으로 정하는 중요한 사항을 변경하려면 변경신고를 하여야 한다.
③ 제1항에 따라 신고를 하려는 자는 물리적 성질·상태 및 화학적 성분이 같은 수출입관리폐기물을 수출국의 같은 세관 및 국내의 같은 세관을 통하여 같은 자에게 두 번 이상 수출하거나 수입하려는 경우에는 환경부장관에게 12개월의 범위에서 기간을 정하여 한꺼번에 신고할 수 있다. 이 경우 한꺼번에 신고를 한 자에 대해서는 제6조제6항을 준용한다.(2020.5.26 본항개정)
④ 환경부장관은 제1항 또는 제2항에 따라 수출신고·수입신고 또는 그 변경신고를 받은 날부터 10일 이내에 신고의 수리 여부를 신고한 자에게 통지하여야 한다.
(2020.3.31 본항신설)
⑤ 제1항 또는 제2항에 따라 수출신고·수입신고 또는 그 변경신고를 한 자는 다른 자에게 자기의 명의나 상호를 사용하여 수출입관리폐기물을 수출 또는 수입하게 하거나 수출입관리폐기물 수출신고증명서 또는 수입신고증명서를 빌려주어서는 아니 된다.(2020.3.31 본항신설)
⑥ 제1항에 따라 수출입관리폐기물을 수출하거나 수입하려는 자는 「폐기물관리법」 제13조에 따른 폐기물의 처리 기준·방법에 따라 수출입관리폐기물을 처리하여야 한다.(2020.3.31 본항신설)
(2017.4.18 본조신설)

제18조의3【수입폐기물의 처리 등】 ① 제10조제1항에 따라 수입허가를 받은 자와 제18조의2제1항에 따라 수입신고를 한 자는 그 수입한 폐기물(이하 "수입폐기물"이라 한다)을 스스로 처리하거나 다음 각 호의 어느 하나에 해당하는 자에게 위탁하여 처리하여야 한다.
1. 폐기물취급자
2. 「폐기물관리법」 제25조제3항에 따라 폐기물 수집·운반업의 허가를 받은 자(수입폐기물의 처리 중 운반을 위탁하는 경우에 한정한다)
3. 「건설폐기물의 재활용촉진에 관한 법률」 제21조에 따라 건설폐기물 수집·운반업의 허가를 받은 자(수입폐기물의 처리 중 운반을 위탁하는 경우에 한정한다)
(2020.3.31 1호~3호개정)
② (2020.3.31 삭제)
③ 수입폐기물을 운반하는 자는 그 폐기물을 운반하는 중에 제18조의4제1항에 따른 전자정보처리프로그램에 입력된 폐기물 인계·인수 내용을 확인할 수 있도록 인계번호를 숙지하여야 하며, 관계 행정기관이나 그 소속 공무원이 요구할 때에는 인계번호를 알려주어야 한다.
④ 제1항에 따라 수입폐기물을 처리하는 자는 「폐기물관리법」 제13조에 따른 폐기물의 처리 기준·방법과 같은 법 제13조의2에 따른 폐기물의 재활용 원칙 및 준수사항에 따라 수입폐기물을 처리하여야 한다.
⑤ 누구든지 수입폐기물을 수입할 당시의 성질과 상태 그대로 수출하여서는 아니 된다.
⑥ 제1항 및 제3항부터 제5항까지에서 규정된 사항 외에 수출 또는 수입되는 폐기물의 처리에 관하여 이 법에 특별한 규정이 있는 경우를 제외하고는 「폐기물관리법」 또는 「자원의 절약과 재활용촉진에 관한 법률」을 적용한다.
(2020.3.31 본항개정)
(2017.4.18 본조신설)

제18조의4【수출입폐기물 인계·인수 내용 등의 전산처리】 ① 환경부장관은 수입폐기물 및 제6조제1항에 따라 수출허가를 받은 자 또는 제18조의2제1항에 따라 수출신고를 한 자가 수출하는 폐기물(이하 "수출입폐기물"이라 한다)의 인계·인수에 관한 내용 등을 전산처리할 수 있는 전자정보처리프로그램(이하 "전자정보처리프로그램"이라 한다)을 구축·운영하여야 한다.(2020.3.31 본항개정)
② 환경부장관은 전자정보처리프로그램을 이용하는 자로부터 그 이용에 따른 비용의 전부 또는 일부를 징수할 수 있다.
③ 폐기물을 수출하거나 수입하려는 자 등이 전자정보처리프로그램을 이용하여 보고 등 대통령령으로 정하는 업무에 관한 내용을 입력한 경우에는 해당 업무를 이행한 것으로 본다.(2020.3.31 본항개정)
④ 환경부장관은 전자정보처리프로그램에 입력된 수출입폐기물의 인계·인수에 관한 내용을 3년간 보존하여야 한다.(2020.3.31 본항개정)
(2020.3.31 본조제목개정)

제18조의5【수출입폐기물 인계·인수 내용 등의 입력】 ① 다음 각 호의 어느 하나에 해당하는 자는 수출입폐기물을 수출, 수입 또는 처리할 때마다 그 폐기물의 인계·인수에 관한 사항과 계량값, 위치정보, 영상정보 등 대통령령으로 정하는 폐기물 처리 현장정보(이하 "폐기물처리현장정보"라 한다)를 대통령령으로 정하는 바에 따라 전자정보처리프로그램에 입력하여야 한다. 다만, 폐기물이 국외로 수출되어 수입국에서 통관이 완료된 이후의 처리정보는 입력대상에서 제외한다.
1. 제6조제1항에 따라 수출허가를 받은 자
2. 제10조제1항에 따라 수입허가를 받은 자
3. 제18조의2제1항에 따라 수출신고 또는 수입신고를 한 자
4. 수출입폐기물을 처리하는 자
② 제1항 각 호의 어느 하나에 해당하는 자가 「폐기물관리법」 제18조제3항에 따라 폐기물의 인계·인수에 관한 사항과 폐기물처리현장정보를 입력한 경우 그 폐기물에 관하여는 제1항에 따른 입력의무를 이행한 것으로 본다.
(2020.3.31 본조신설)

제18조의6【폐기물 수출입자의 의무】 ① 폐기물을 수출하거나 수입하려는 자는 폐기물의 적정한 수출 또는 수입을 보증하기 위하여 제6조제1항에 따른 수출허가, 제10조제1항에 따른 수입허가 또는 제18조의2제1항에 따른 수출신고·수입신고 이전에 다음 각 호의 어느 하나에 해당하는 조치를 취하여야 한다.
1. 환경부장관이 지정하는 기관에 대한 보증금 예탁
2. 폐기물의 수출 또는 수입을 보증하는 보험 가입
② 제1항에 따른 보증금 예탁기관의 지정, 보증금 또는 보험금액의 산출기준, 보증기간 등에 관하여 필요한 사항은 대통령령으로 정한다.
(2020.3.31 본조신설)

제18조의7【수출입관리폐기물의 수출입 신고 수리 취소】 ① 환경부장관은 제18조의2제1항에 따라 수출입관리폐기물의 수출신고·수입신고를 한 자, 같은 조 제2항에 따른 변경신고를 한 자 또는 같은 조 제3항에 따라 한꺼번에 신고를 한 자가 다음 각 호의 어느 하나에 해당할 때에는 신고 수리를 취소할 수 있다. 다만, 제1호, 제3호 또는 제6호에 해당할 때에는 신고 수리를 취소하여야 한다.
1. 거짓이나 그 밖의 부정한 방법으로 신고하였을 때
2. 제18조의2제3항 후단을 위반하여 자료를 제출하지 아니하였을 때
3. 제18조의2제5항을 위반하여 다른 자에게 자기의 명의나 상호를 사용하여 수출입관리폐기물을 수출 또는 수입하게 하거나 수출입관리폐기물 수출신고증명서 또는 수입신고증명서를 빌려주었을 때
4. 제18조의2제6항을 위반하여 수출입관리폐기물을 처리하였을 때
5. 수출신고·수입신고가 수리된 수출입관리폐기물이 신고 당시 예상하지 못한 환경오염을 유발한다는 새로운 정보가 발견되었을 때
6. 제20조제1항에 따른 명령을 위반하였을 때
7. 제22조제1항에 따른 출입·검사를 거부·방해 또는 기피하였을 때
② 제1항에 따른 취소의 절차 및 방법 등에 관하여 필요한 사항은 대통령령으로 정한다.
(2020.3.31 본조신설)

제19조【수출입 금지】 ① 환경부장관은 사람의 건강 보호와 환경보전을 위하여 다음 각 호의 어느 하나에 해당하는 긴급한 조치가 필요한 사유가 발생하였을 때에는 대통령령으로 정하는 바에 따라 기간을 정하여 폐기물의 수출 또는 수입을 금지하거나 제한할 수 있다.
(2016.1.27 본문개정)
1. 원자력사고가 발생한 지역 등 환경부장관이 수입을 금지 또는 제한하는 지역에서 폐기물을 수입하려는 경우
2. 대통령령으로 정하는 유해물질이 환경부장관이 고시하는 기준 이상으로 포함된 경우
(2016.1.27 1호~2호신설)
② 사람의 건강과 환경에 위해를 줄 우려가 있는 폐기물은 수출하거나 수입할 수 없다.
③ 폐기물을 적정하게 처리할 능력이 없는 국가에는 폐기물을 수출할 수 없다.
④ 제2항에 따른 수출입 금지 대상 폐기물 및 제3항에 따른 수출 금지 대상 국가는 대통령령으로 정한다.

제20조【반입명령 등】 ① 환경부장관은 폐기물을 수출하거나 수입한 자가 다음 각 호의 어느 하나에 해당할 때에는 기간을 정하여 해당 폐기물의 반입 또는 반출을 명하거나 적정한 방법으로 관리할 것을 명할 수 있다.
1. 제6조제1항 또는 제10조제1항에 따른 허가를 받지 아니하고 수출 또는 수입을 하였을 때
2. 제6조제4항 또는 제10조제5항에 따른 조건을 이행하지 아니하고 수출 또는 수입을 하였을 때
3. 제10조제4항에 따른 수출국의 수입 동의 요청의 내용과 수출국발행이동서류의 내용이 일치하지 아니할 때

3의2. 제15조에 따른 수출허가·수입허가 취소 또는 제18조의7에 따른 수출신고·수입신고 수리 취소에도 불구하고 폐기물을 수출하거나 수입하였을 때(2020.3.31 본호신설)
3의3. 제18조의2제1항에 따른 신고나 같은 조 제2항에 따른 변경신고를 하지 아니하고 수출 또는 수입을 하거나 신고 또는 변경신고한 내용과 다른 폐기물을 수출 또는 수입하였을 때(2017.4.18 본호신설)
4. 수출 또는 수입된 폐기물이 허가 또는 신고 당시 예상하지 못한 국민건강상 위해 또는 환경오염을 유발하거나 유발할 우려가 있는 경우(2017.4.18 본호개정)
5. 제22조제1항의 검사결과 제19조제1항제2호의 유해물질이 기준 이상 검출된 경우(2016.1.27 본호신설)
② 관계 행정기관의 장은 폐기물을 수출하거나 수입한 자가 제1항 각 호의 어느 하나에 해당한다는 사실을 알게 되었을 때에는 환경부장관에게 폐기물의 반출 또는 반입 명령 등 필요한 조치를 할 것을 요청할 수 있다.
③ 환경부장관은 제2항에 따른 요청을 받았을 때에는 그에 따른 적절한 조치를 한 후 그 결과를 해당 행정기관의 장에게 통보하여야 한다.
제21조【대집행】 환경부장관은 제20조제1항에 따른 명령을 받은 자가 기간 내에 그 명령을 이행하지 아니할 때에는 「행정대집행법」에서 정하는 바에 따라 대집행(代執行)을 하고, 그 비용을 해당 폐기물을 수출하거나 수입한 자로부터 징수할 수 있다.
제21조의2【장부의 기록과 보존】 다음 각 호의 어느 하나에 해당하는 자는 대통령령으로 정하는 바에 따라 장부를 갖추고, 폐기물의 수출입·처리 상황 등을 기록하고, 3년간 보존하여야 한다. 다만, 전자정보처리프로그램에 해당 사항을 입력한 경우에는 그러하지 아니하다.
(2017.4.18 본문개정)
1. 제6조제1항에 따라 수출허가를 받은 자
2. 제10조제1항에 따라 수입허가를 받은 자
3. 제18조의2제1항에 따라 수출신고 또는 수입신고를 한 자(2017.4.18 본호개정)
4. 제18조의3제1항에 따라 수입폐기물을 처리하는 자
(2017.4.18 본호신설)
제21조의3【보고서의 제출】 ① 제21조의2 각 호의 어느 하나에 해당하는 자는 대통령령으로 정하는 바에 따라 매년 폐기물의 수출입 및 처리에 관한 보고서를 다음 연도 2월 말일까지 해당 허가 또는 신고기관의 장(이하 이 조에서 "허가·신고기관의 장"이라 한다)에게 제출하여야 한다.
② 허가·신고기관의 장은 제1항에 따라 보고서를 제출하여야 하는 자가 기한까지 제출하지 아니하면 기간을 정하여 제출을 명할 수 있다.
③ 제1항에 따라 보고서를 제출하여야 하는 자는 폐기물의 처리를 위탁한 자에게 제1항에 따른 보고서 작성에 필요한 자료를 매년 1월 15일까지 서면으로 요구할 수 있으며, 그 요구를 받은 자는 그 자료를 1월 31일까지 서면으로 제출하여야 한다.
(2017.4.18 본조신설)
제22조【보고·검사 등】 ① 환경부장관은 폐기물의 수출 또는 수입의 적정 관리를 위하여 대통령령으로 정하는 바에 따라 다음 각 호의 어느 하나에 해당하는 자로 하여금 보고하게 하거나 자료를 제출하게 할 수 있으며, 관계 공무원으로 하여금 사무소·사업장 또는 「관세법」 제154조에 따른 보세구역 등에 출입하여 관계 서류 또는 시설·장비 등을 검사하게 할 수 있다.(2020.3.31 본문개정)
1. 제6조제1항에 따라 수출허가를 받은 자 또는 수출허가 신청서를 제출한 자(2020.3.31 본호개정)
2. 제8조제1항에 따라 수출폐기물을 운반하는 자
3. 제10조제1항에 따라 수입허가를 받은 자 또는 수입허가 신청서를 제출한 자(2020.3.31 본호개정)
4. 제18조의2제1항에 따라 수출신고서 또는 수입신고서를 제출한 자 또는 같은 조 제4항에 따라 수출신고 또는 수입신고가 수리된 자(2020.3.31 본호개정)
5. 제18조의3제1항에 따라 수입폐기물을 처리하는 자
(2017.4.18 본호신설)
6. 제6조제1항 및 제10조제1항에 따른 수출허가·수입허가를 받지 아니하거나 제18조의2제4항에 따라 수출신고·수입신고가 수리되지 아니한 상태에서 폐기물을 수출·수입한 자 또는 수출·수입한 것으로 의심되는 자(2020.3.31 본호신설)
② 제1항에 따른 검사를 하려는 공무원은 검사 7일 전까지 검사의 일시, 검사 목적 및 내용 등을 포함한 검사계획을 검사대상 사업자에게 알려야 한다. 다만, 미리 알리면 검사 목적을 달성할 수 없다고 인정하는 경우에는 그러하지 아니하다.
③ 제1항에 따라 출입·검사를 하는 공무원은 그 권한을 표시하는 증표를 지니고 이를 관계인에게 보여주어야 한다.
④ 제1항에 따른 검사 시 보세구역 등에서 검사대상 폐기물의 채취·운반 등에 필요한 비용은 검사대상 사업자가 부담한다. 다만, 국가는 「중소기업기본법」 제2조에 따른 중소기업자의 폐기물에 대한 검사 결과 이 법 또는 「대외무역법」 등 폐기물의 수출입과 관련된 법령을 위반하지 아니하는 경우에 대해서는 예산의 범위에서 환경부장관이 정하는 바에 따라 해당 검사비용을 지원할 수 있다.
(2021.4.1 본항신설)
제22조의2【위반사실 공표】 환경부장관은 제15조, 제20조제1항 또는 제22조의3제1항에 따라 행정처분이 확정된 자에 대한 처분 내용, 성명 또는 상호 등 처분과 관련된 정보를 대통령령으로 정하는 바에 따라 공표할 수 있다.
(2020.3.31 본조신설)
제22조의3【과징금의 부과】 ① 환경부장관은 다음 각 호의 어느 하나에 해당하는 자가 폐기물을 부적정 처리함으로써 얻은 부적정처리이익(부적정 처리함으로써 지출하지 아니하게 된 해당 폐기물의 적정 처리비용 상당액을 말한다)의 3배 이하에 해당하는 금액과 폐기물의 제거 및 원상회복에 드는 비용을 과징금으로 부과할 수 있다. 다만, 취득한 이익이 없거나 취득한 이익을 산정하기가 곤란한 경우로서 대통령령으로 정하는 경우에는 10억원 이하의 과징금과 폐기물의 제거 및 원상회복에 드는 비용을 부과할 수 있다.
1. 제6조제1항 또는 제10조제1항에 따른 허가를 받지 아니하거나 거짓으로 허가를 받고 폐기물을 수출하거나 수입한 자
2. 제15조에 따른 수출허가·수입허가 취소 이후에도 폐기물을 수출하거나 수입한 자
3. 제18조의2제1항에 따른 신고를 하지 아니하거나 거짓으로 신고를 하고 폐기물을 수출하거나 수입한 자
② 환경부장관은 제1항 각 호의 어느 하나에 해당하는 사업자인 법인이 합병을 하는 경우 그 법인이 한 위반행위를 합병 후 존속하는 법인이나 합병으로 설립된 법인이 한 행위로 보아 과징금을 부과할 수 있다.
③ 제1항 및 제2항에 따른 과징금의 부과 등에 필요한 사항은 대통령령으로 정한다.
(2020.3.31 본조신설)
제22조의4【과징금의 징수 및 체납처분 등】 ① 환경부장관은 제22조의3제1항에 따른 과징금 납부의무자(이하 이 조에서 "과징금납부의무자"라 한다)가 납부기한까지 과징금을 납부하지 아니한 경우에는 납부기한의 다음 날부터 납부한 날까지의 기간에 대하여 「은행법」 제2조제1항제2호에 따른 은행의 연체 이자율을 고려하여 대통령령으로 정하는 가산금을 징수할 수 있다. 이 경우 가산금 징수기간은 60개월을 초과하지 못한다.
② 환경부장관은 과징금납부의무자가 납부기한까지 과징금을 납부하지 아니한 경우에는 기간을 정하여 독촉을 하고, 그 기간 내에 과징금 및 제1항에 따른 가산금을 납부하지 아니한 경우에는 국세 체납처분의 예에 따라 징수할 수 있다.
③ 환경부장관은 법원의 판결 등의 사유로 과징금을 환급하는 경우에는 과징금을 납부한 날부터 환급하는 날까지의 기간에 대하여 대통령령으로 정하는 바에 따라 환급가산금을 지급하여야 한다.
④ 제1항부터 제3항까지에서 규정한 사항 외에 과징금의 징수 및 체납처분 등에 필요한 사항은 대통령령으로 정한다.
(2020.3.31 본조신설)
제22조의5【폐기물수출입안전관리센터의 지정·운영】 ① 환경부장관은 다음 각 호의 업무를 지원하기 위하여 대통령령으로 정하는 전문기관을 폐기물수출입안전관리센터로 지정할 수 있다.
1. 「관세법」 제154조에 따른 보세구역 등에 출입하여 실시하는 관계 서류 또는 시설·장비 등에 대한 검사
2. 「관세법」 제226조제2항에 따른 허가·승인 등의 확인
3. 「관세법」 제246조의3제1항에 따른 안전성 검사
4. 전자정보처리프로그램의 구축·운영
5. 그 밖에 폐기물의 수출입 안전관리를 위하여 필요한 업무
② 환경부장관은 제1항에 따른 폐기물수출입안전관리센터의 운영 등에 필요한 경비를 예산의 범위에서 지원할 수 있다.
(2020.3.31 본조신설)

제3장 보칙
(2013.7.30 본장개정)

제23조【수수료】 ① 제6조제1항에 따른 수출허가 또는 제10조제1항에 따른 수입허가를 받으려는 자는 수수료를 내야 한다.
② 제1항에 따른 수수료의 산출방법, 납부방법 및 납부절차와 그 밖에 필요한 사항은 대통령령으로 정한다.
③ 제1항에 따라 징수하는 수수료는 「환경정책기본법」에 따른 환경개선특별회계의 세입(歲入)으로 한다.
제24조【관계 기관의 협조】 환경부장관은 이 법의 목적을 달성하기 위하여 필요하다고 인정할 때에는 관계 행정기관의 장에게 필요한 자료의 협조를 요청할 수 있다. 이 경우 관계 행정기관의 장은 특별한 사유가 없으면 요청에 따라야 한다.
제25조【주무관청 등의 지정】 정부는 협약의 내용을 이행하기 위하여 주무관청과 연락관을 지정하고, 이를 협약 사무국에 통보하여야 한다.
제26조 (1997.12.13 삭제)
제27조【권한의 위임·위탁】 ① 이 법에 따른 환경부장관의 권한은 그 일부를 대통령령으로 정하는 바에 따라 소속 기관의 장 및 관계 행정기관의 장에게 위임하거나 대통령령으로 정하는 법인 또는 단체에 위탁할 수 있다.
② 환경부장관은 제1항에 따라 위임하거나 위탁한 사무에 관하여는 그 위임 또는 위탁을 받은 자에게 필요한 보고를 명할 수 있다.
제27조의2【벌칙 적용에서 공무원 의제】 제22조의5제1항 각 호의 업무를 수행하는 폐기물수출입안전관리센터의 임직원은 「형법」 제129조부터 제132조까지의 규정을 적용할 때에는 공무원으로 본다.(2020.3.31 본조신설)

제4장 벌칙
(2013.7.30 본장제목개정)

제28조【벌칙】 다음 각 호의 어느 하나에 해당하는 자는 5년 이하의 징역 또는 5천만원 이하의 벌금에 처한다.
(2014.3.18 본문개정)
1. 제6조제1항 또는 제10조제1항에 따른 허가를 받지 아니하거나 거짓으로 허가를 받고 폐기물을 수출하거나 수입한 자(2020.3.31 본호개정)
1의2. 제15조에 따른 수출허가·수입허가 취소 이후에도 폐기물을 수출하거나 수입한 자(2020.3.3.1 본호신설)
2. 제20조제1항에 따른 명령을 위반한 자(수출입규제폐기물을 수출하거나 수입한 자만 해당한다)
(2017.4.18 본호개정)
제29조【벌칙】 다음 각 호의 어느 하나에 해당하는 자는 3년 이하의 징역 또는 3천만원 이하의 벌금에 처한다. 다만, 제5호 및 제6호의 경우에는 징역형과 벌금형을 병과(倂科)할 수 있다.(2017.4.18 단서신설)
1. 제6조제7항 또는 제10조제7항을 위반하여 다른 자에게 자기의 명의나 상호를 사용하여 수출입규제폐기물을 수출 또는 수입하게 하거나 수출입규제폐기물 수출허가서·수입허가서 또는 그 변경허가서를 빌려준 자
(2020.3.31 본호신설)
1의2. 제7조제1항을 위반하여 수출이동서류를 작성(변경작성을 포함한다)하지 아니하거나 거짓으로 작성한 자
2. 제8조제2항을 위반하여 수출이동서류에 적힌 내용을 준수하지 아니한 자
3. 제11조를 위반하여 수입이동서류를 작성(변경작성을 포함한다)하지 아니하거나 거짓으로 작성한 자
4. 제12조제2항을 위반하여 수입이동서류에 적힌 내용을 준수하지 아니한 자
5. 제18조의3제1항을 위반하여 수입폐기물을 처리한 자
6. 제18조의3제4항을 위반하여 수입폐기물을 매립한 자
7. 제18조의3제5항을 위반하여 수입폐기물을 수입할 당시의 성질과 상태 그대로 수출한 자
8. 제20조제1항에 따른 명령을 위반한 자(수출입관리폐기물을 수출하거나 수입한 자만 해당한다)
(2017.4.18 5호~8호신설)
(2013.7.30 본조개정)
제29조의2【벌칙】 다음 각 호의 어느 하나에 해당하는 자는 2년 이하의 징역 또는 2천만원 이하의 벌금에 처한다.
1. 제18조의2제1항을 위반하여 신고를 하지 아니하거나 거짓으로 신고를 한 자
2. 제18조의3제4항을 위반하여 수입폐기물을 처리(제29조제6호에 해당하는 경우는 제외한다)하여 주변 환경을 오염시킨 자
3. 제18조의5를 위반하여 수출입폐기물의 인계·인수에 관한 사항과 폐기물처리현장정보를 전자정보처리프로그램에 입력하지 아니하거나 거짓 또는 그 밖의 부정한 방법으로 입력한 자(2020.3.31 본호신설)
(2017.4.18 본조신설)
제30조【벌칙】 다음 각 호의 어느 하나에 해당하는 자는 1년 이하의 징역 또는 1천만원 이하의 벌금에 처한다.
(2014.3.18 본문개정)
1. 제18조제1항 또는 제2항에 따른 제한을 위반한 자
1의2. (2020.3.31 삭제)
1의3. 제18조의2제5항을 위반하여 다른 자에게 자기의 명의나 상호를 사용하여 수출입관리폐기물을 수출 또는 수입하게 하거나 수출입관리폐기물 수출신고증명서 또는 수입신고증명서를 빌려준 자(2020.3.31 본호신설)
2. 제22조제1항에 따른 출입·검사를 거부·방해 또는 기피한 자
(2013.7.30 본조개정)
제31조【양벌규정】 법인의 대표자나 법인 또는 개인의 대리인, 사용인, 그 밖의 종업원이 그 법인 또는 개인의 업무에 관하여 제28조부터 제30조까지의 어느 하나에 해당하는 위반행위를 하면 그 행위자를 벌하는 외에 그 법인 또는 개인에게도 해당 조문의 벌금형을 과(科)한다. 다만, 법인 또는 개인이 그 위반행위를 방지하기 위하여 해당 업무에 관하여 상당한 주의와 감독을 게을리하지 아니한 경우에는 그러하지 아니하다.(2010.3.22 본조개정)
제32조【과태료】 ① 다음 각 호의 어느 하나에 해당하는 자에게는 1천만원 이하의 과태료를 부과한다.
1. (2020.3.31 삭제)
2. 제18조의3제4항을 위반하여 수입폐기물을 처리한 자(제29조제6호 및 제29조의2제2호에 해당하는 경우는 제외한다)
(2017.4.18 본항개정)
② 다음 각 호의 어느 하나에 해당하는 자에게는 300만원 이하의 과태료를 부과한다.
1. 제18조의2제2항에 따른 변경신고를 하지 아니하고 중요한 사항을 변경한 자
2. 제18조의3제3항을 위반하여 관계 행정기관이나 그 소속 공무원의 요구에도 불구하고 인계번호를 알려주지 아니한 자
3. 제21조의3제2항에 따른 제출명령을 이행하지 아니한 자
(2017.4.18 본항신설)

③ 다음 각 호의 어느 하나에 해당하는 자에게는 200만원 이하의 과태료를 부과한다.(2021.4.1 본문개정)
1. 제7조제2항을 위반하여 신고를 하지 아니한 자
2. 제8조제1항을 위반하여 수출이동서류를 지니지 아니하거나 그 서류에 해당 사항을 기재 또는 서명하지 아니한 자
3. 제12조제1항을 위반하여 수입이동서류 또는 수출국발행이동서류를 지니지 아니하거나 그 서류에 해당 사항을 기재 또는 서명하지 아니한 자
4. 제14조를 위반하여 수입폐기물의 수령 및 처리 결과를 적은 서류를 수출국의 주무관청과 그 폐기물을 수출한 자에게 보내지 아니하거나 그 사본을 환경부장관에게 제출하지 아니한 자
5. 제17조를 위반하여 포장 및 표지 부착 등을 하지 아니한 자(2017.4.18 본호개정)
6. 제21조의2에 따른 장부를 기록 또는 보존하지 아니하거나 거짓으로 기록한 자
6의2. 제21조의3제1항에 따른 보고서를 기한까지 제출하지 아니하거나 거짓으로 작성하여 제출한 자(2017.4.18 본호신설)
7. 제22조제1항에 따른 보고 또는 자료 제출을 하지 아니하거나 거짓으로 보고 또는 자료 제출을 한 자
④ 제1항부터 제3항까지의 규정에 따른 과태료는 대통령령으로 정하는 바에 따라 환경부장관이 부과·징수한다.(2017.4.18 본항개정)
(2013.7.30 본조개정)

부 칙 (2013.7.30)

제1조【시행일】 이 법은 공포한 날부터 시행한다. 다만, 제21조의2제3호의 개정규정은 공포 후 6개월이 경과한 날부터 시행한다.
제2조【다른 법률의 개정】 ①~③ ※(해당 법령에 가제정리 하였음)
제3조【다른 법령과의 관계】 이 법 시행 당시 다른 법령에서 종전의 「폐기물의 국가간 이동 및 그 처리에 관한 법률」 또는 그 규정을 인용한 경우에 이 법 가운데 그에 해당하는 규정이 있으면 종전의 규정을 갈음하여 이 법 또는 이 법의 해당 규정을 인용한 것으로 본다.

부 칙 (2017.4.18)

제1조【시행일】 이 법은 공포 후 6개월이 경과한 날부터 시행한다.
제2조【일반적 경과조치】 이 법 시행 전에 종전의 「폐기물관리법」(법률 제14784호 폐기물관리법 일부개정법률에 따라 개정되기 전의 것을 말한다)에 따른 처분·절차와 그 밖의 행위로서 이 법에 그에 해당하는 규정이 있는 경우에는 이 법에 따라 한 것으로 본다.

부 칙 (2020.3.31)

제1조【시행일】 이 법은 공포 후 6개월이 경과한 날부터 시행한다. 다만, 제5조의2, 제12조제1항, 제18조의3제2항·제6항, 제18조의4부터 제18조의6까지, 제22조의5, 제27조의2, 제29조의2, 제30조제1호의2 및 제32조제1항제1호의 개정규정은 공포 후 1년이 경과한 날부터 시행한다.
제2조【자료 제출에 관한 경과조치】 이 법 시행 당시 종전의 규정에 따라 한꺼번에 폐기물의 수출허가 또는 수입허가를 받거나 수출신고 또는 수입신고를 한 경우에는 제6조제6항, 제10조제6항 및 제18조의2제3항의 개정규정에도 불구하고 종전의 규정에 따른다.
제3조【행정처분기준에 관한 경과조치】 이 법 시행 전의 위반행위에 대한 행정처분에 관하여는 종전의 규정에 따른다.
제4조【벌칙 및 과태료에 관한 경과조치】 이 법 시행 전의 행위에 대하여 벌칙 및 과태료를 적용할 때에는 제29조, 제29조의2, 제30조 및 제32조의 개정규정에도 불구하고 종전의 규정에 따른다.

부 칙 (2020.5.26)

이 법은 공포한 날부터 시행한다.(이하 생략)

부 칙 (2021.4.1)

제1조【시행일】 이 법은 공포한 날부터 시행한다. 다만, 법률 제17179호 폐기물의 국가 간 이동 및 그 처리에 관한 법률 일부개정법률 제5조의2제3항의 개정규정은 2021년 4월 1일부터 시행하고, 제32조제3항의 개정규정은 공포 후 6개월이 경과한 날부터 시행한다.
제2조【검사비용 부담에 관한 경과조치】 이 법 시행 당시 제6조 또는 제10조에 따라 수출입 허가를 받았거나 제18조의2에 따라 수출입 신고를 한 경우로서 「관세법」 제154조에 따른 보세구역에 반입된 수출입 폐기물에 대해서는 제22조제4항의 개정규정에도 불구하고 종전의 규정에 따른다.

가축분뇨의 관리 및 이용에 관한 법률(약칭 : 가축분뇨법)

(2006년 9월 27일)
(법 률 제8010호)

개정
2007. 4.11법 8354호(축산법)
2007. 5.17법 8466호(수질수생태계보전)
2008. 2.29법 8852호(정부조직)
2008. 3.21법 8957호(환경기술개발및지원에관한법)
2009. 2. 6법 9433호(한국환경공단법)
2010. 2. 4법10035호
2011. 4.28법10615호(환경기술및환경산업지원법)
2011. 7.21법10893호(환경정책)
2011. 7.28법10973호
2013. 3.23법11690호(정부조직)
2013. 7.30법11965호(신에너지및재생에너지개발·이용·보급촉진법)
2013. 8. 6법11998호(지방세외수입금의징수등에관한법)
2014. 3.24법12516호 2015.12. 1법13526호
2016.12.27법14476호(지방세징수법)
2016.12.27법14481호(농협)
2017. 1.17법14532호(물환경보전법)
2017.11.28법15103호(폐기물관리법)
2018. 3.20법15510호 2018.10.16법15829호
2020. 3.24법17091호(지방행정제재·부과금의징수등에관한법)
2020. 5.26법17326호(법률용어정비)
2021. 4.13법18027호
2022.12.31법19208호(순환경제사회전환촉진법)
2023. 8.16법19656호

제1장 총 칙
(2014.3.24 본장개정)

제1조【목적】 이 법은 가축분뇨를 자원화하거나 적정하게 처리하여 환경오염을 방지함으로써 환경과 조화되는 지속가능한 축산업의 발전 및 국민건강의 향상에 이바지함을 목적으로 한다.
제2조【정의】 이 법에서 사용하는 용어의 뜻은 다음과 같다.
1. "가축"이란 소·돼지·말·닭, 그 밖에 대통령령으로 정하는 사육동물을 말한다.
2. "가축분뇨"란 가축이 배설하는 분(糞)·요(尿) 및 가축사육 과정에서 사용된 물 등이 분·요에 섞인 것을 말한다.
3. "배출시설"이란 가축의 사육으로 인하여 가축분뇨가 발생하는 시설 및 장소 등으로서 축사·운동장, 그 밖에 환경부령으로 정하는 것을 말한다.
4. "자원화시설"이란 가축분뇨를 퇴비·액비 또는 「신에너지 및 재생에너지 개발·이용·보급 촉진법」 제2조제2호바목에 따른 바이오에너지로 만드는(이하 "자원화"라 한다) 시설을 말한다.
4의2. "가축분뇨 고체연료"란 가축분뇨를 분리·건조·성형 등을 거쳐 고체상의 연료로 제조한 것을 말한다.(2015.12.1 본호신설)
5. "퇴비"(堆肥)란 가축분뇨를 발효시켜 만든 비료성분이 있는 물질 중 액비를 제외한 물질로서 농림축산식품부령으로 정하는 기준에 적합한 것을 말한다.
6. "액비"(液肥)란 가축분뇨를 액체 상태로 발효시켜 만든 비료성분이 있는 물질로서 농림축산식품부령으로 정하는 기준에 적합한 것을 말한다.
7. "정화시설"(淨化施設)이란 가축분뇨를 침전·분해 등 환경부령으로 정하는 방법에 따라 정화(이하 "정화"라 한다)하는 시설을 말한다.
8. "처리시설"이란 가축분뇨를 자원화 또는 정화(이하 "처리"라 한다)하는 자원화시설 또는 정화시설을 말한다.
9. "공공처리시설"이란 다음 각 목의 시설을 말한다.
가. 지방자치단체의 장이 설치하는 처리시설
나. 「농업협동조합법」 제2조에 따른 조합 및 중앙회(농협경제지주회사를 포함한다. 이하 "농협조합"이라 한다)가 제24조제3항에 따라 특별시장·광역시장·도지사(이하 "시·도지사"라 한다), 특별자치시장 또는 특별자치도지사의 승인을 받아 설치하는 자원화시설(2016.12.27 본목개정)
10. "생산자단체"란 다음 각 목의 어느 하나에 해당하는 단체를 말한다.
가. 농협조합
나. 축산업자를 조합원으로 하는 「협동조합 기본법」 제2조에 따른 협동조합·협동조합연합회·사회적협동조합 및 사회적협동조합연합회
다. 축산업자를 조합원으로 하는 「중소기업협동조합법」 제3조에 따른 중소기업협동조합 중 협동조합·사업협동조합·협동조합연합회
라. 축산업자를 구성원으로 하는 비영리법인
제3조【국가·지방자치단체·축산업자의 책무】 ① 특별자치시장·특별자치도지사·시장·군수·구청장(구청장은 자치구의 구청장을 말하며, 이하 "시장·군수·구청장"이라 한다)은 이 법에서 정하는 바에 따라 관할구역의 가축분뇨 발생 현황을 파악하고 공공처리시설을 설치하는 등 가축분뇨로 인한 환경오염을 방지하고 가축분뇨를 자원화하도록 노력하여야 한다.
② 시·도지사는 시장·군수·구청장이 제1항에 따른 책무를 충실하게 이행할 수 있도록 기술적·재정적 지원을 하여야 한다.
③ 국가는 가축분뇨의 처리에 관한 기술을 연구·개발·지원하고, 시·도지사 및 시장·군수·구청장에 대하여 제1항 및 제2항에 따른 책무가 충실하게 이루어지도록 필요한 기술적·재정적 지원을 하여야 한다.
④ 축산업자는 친환경적인 가축사육 환경을 조성하고 가축분뇨를 적정하게 처리함으로써 환경을 보전하고 환경오염을 방지하도록 노력하여야 한다.
제4조【가축분뇨의 광역처리】 둘 이상의 특별시·광역시·도(이하 "시·도"라 한다) 또는 특별자치시·특별자치도·시·군·구(구는 자치구를 말하며, 이하 "시·군·구"라 한다)에서 발생하는 가축분뇨를 광역적으로 처리할 필요가 있다고 인정되는 경우에는 그 구역을 관할하는 지방자치단체가 공동으로 공공처리시설을 설치·운영할 수 있다.
제5조【가축분뇨관리기본계획 등】 ① 시·도지사, 특별자치시장 또는 특별자치도지사는 관할구역의 가축분뇨의 관리에 관한 기본계획(이하 "가축분뇨관리기본계획"이라 한다)을 10년마다 수립하여 환경부장관의 승인을 받아야 한다. 가축분뇨관리기본계획 중 환경부령으로 정하는 중요사항을 변경하려는 때에도 또한 같다.
② 환경부장관은 제1항에 따라 가축분뇨관리기본계획의 수립 또는 변경에 관한 승인을 하려는 때에는 농림축산식품부장관 및 관계 중앙행정기관의 장과 협의하여야 한다.
③ 시·도지사, 특별자치시장 또는 특별자치도지사는 다음 각 호의 어느 하나에 해당하는 기본계획의 수립·변경 등의 사유가 발생하였을 때에는 이를 반영하여 가축분뇨관리기본계획을 변경하여야 한다.
1. 「하수도법」 제6조에 따른 하수도정비기본계획
2. 「순환경제사회 전환 촉진법」 제10조제1항에 따른 순환경제기본계획(2022.12.31 본호개정)
3. 그 밖에 가축분뇨의 관리를 위하여 필요한 공공계획
④ 시장·군수·구청장은 가축분뇨관리기본계획을 바탕으로 관할구역의 가축분뇨의 관리에 관한 세부계획(이하 "가축분뇨관리세부계획"이라 한다)을 수립하여 시·도지사에게 제출하여야 한다. 다만, 특별자치시·특별자치도의 가축분뇨관리세부계획 수립절차에 관하여는 해당 지방자치단체의 조례로 정한다.
⑤ 가축분뇨관리기본계획 및 가축분뇨관리세부계획에 포함되어야 할 사항과 그 밖에 필요한 사항은 대통령령으로 정한다.
제6조 (2010.2.4 삭제)

제2장 가축분뇨의 관리
(2014.3.24 본장개정)

제7조【가축분뇨실태조사 등】 ① 농림축산식품부장관, 환경부장관, 시·도지사, 특별자치시장 또는 특별자치도지사는 가축분뇨의 관리 및 이용과 관련된 정책을 효율적으로 수립·추진하기 위하여 농경지에 포함된 비료의 함량, 비료의 공급량 및 가축분뇨 등으로 인한 환경오염의 실태 등을 조사(이하 "가축분뇨실태조사"라 한다)하여야 한다. 이 경우 시·도지사, 특별자치시장 또는 특별자치도지사는 가축분뇨실태조사 결과를 가축분뇨관리기본계획에 반영하여야 한다.(2023.8.16 본항개정)
② 가축분뇨실태조사의 조사목적별 조사항목, 조사대상 지역의 선정, 조사의 방법, 그 밖에 필요한 사항은 대통령령으로 정한다.
③ 농림축산식품부장관 또는 환경부장관이 가축분뇨실태조사를 하는 때에는 해당 지방자치단체의 장은 가축분뇨실태조사가 원활히 수행될 수 있도록 협조하여야 한다.
④ 시·도지사, 특별자치시장 또는 특별자치도지사가 가축분뇨실태조사를 하는 때에는 환경부령으로 정하는 바에 따라 가축분뇨실태조사의 계획 및 결과를 농림축산식품부장관 또는 환경부장관에게 보고하여야 한다.
⑤ 농림축산식품부장관은 가축분뇨실태조사 결과 농경지에 포함된 비료의 함량이 과다하거나 비료의 공급량이 비료의 수요량을 초과하는 지역의 축산농가가 축사를 이전하거나 철거하는 경우에는 농림축산식품부령으로 정하는 바에 따라 그 축사의 이전비 또는 철거비 등을 지원할 수 있다.
제7조의2【타인 토지에의 출입 등】 ① 농림축산식품부장관, 환경부장관, 시·도지사, 특별자치시장 또는 특별자치도지사는 가축분뇨실태조사를 위하여 필요하면 관계 공무원에게 해당 지역 또는 그 지역에 인접한 타인의 토지에 출입하게 하거나 조사에 필요한 최소량의 시료(試料)를 채취하게 할 수 있으며, 특히 필요한 경우에는 수목, 그 밖의 장애물(이하 "장애물등"이라 한다)을 제거하거나 변경할 수 있다.
② 제1항에 따라 타인의 토지에 출입하려는 사람은 미리 해당 토지의 점유자에게 통지하여야 하며, 타인의 토지를 사용하거나 장애물등을 제거 또는 변경하려는 경우에는 미리 소유자 및 점유자에게 통지하고 그 의견을 들어야 한다. 다만, 미리 통지하기 곤란한 때에는 대통령령으로 정하는 방법에 따라 통지할 수 있다.
③ 해뜨기 전 또는 해진 후에는 해당 토지의 점유자의 승인 없이 택지 또는 담장이나 울타리로 둘러싸인 타인의 토지에 출입할 수 없다.
④ 토지의 점유자는 정당한 사유 없이 제1항에 따른 출입 또는 사용을 거부 또는 방해하여서는 아니 된다.

⑤ 제1항에 따라 타인의 토지에 출입하려는 사람은 그 권한을 표시하는 증표를 지니고 관계인의 요구가 있을 때에는 이를 보여주어야 한다.
⑥ 제5항에 따른 증표에 관하여 필요한 사항은 환경부령으로 정한다.
(2014.3.24 본조신설)
제8조【가축사육의 제한 등】 ① 시장·군수·구청장은 지역주민의 생활환경보전 또는 상수원의 수질보전을 위하여 다음 각 호의 어느 하나에 해당하는 지역 중 가축사육의 제한이 필요하다고 인정되는 지역에 대하여는 해당 지방자치단체의 조례로 정하는 바에 따라 일정한 구역을 지정·고시하여 가축의 사육을 제한할 수 있다. 다만, 지방자치단체 간 경계지역에서 인접 지방자치단체의 요청이 있으면 환경부령으로 정하는 바에 따라 해당 지방자치단체와 협의를 거쳐 일정한 구역을 지정·고시하여 가축의 사육을 제한할 수 있다.(2015.12.1 단서신설)
1. 주거 밀집지역으로 생활환경의 보호가 필요한 지역
2. 「수도법」 제7조에 따른 상수원보호구역, 「환경정책기본법」 제38조에 따른 특별대책지역, 그 밖에 이에 준하는 수질환경보전이 필요한 지역
3. 「한강수계 상수원수질개선 및 주민지원 등에 관한 법률」 제4조제1항, 「낙동강수계 물관리 및 주민지원 등에 관한 법률」 제4조제1항, 「금강수계 물관리 및 주민지원 등에 관한 법률」 제4조제1항, 「영산강·섬진강수계 물관리 및 주민지원 등에 관한 법률」 제4조제1항에 따라 지정·고시된 수변구역
4. 「환경정책기본법」 제12조에 따른 환경기준을 초과한 지역
5. 제2항에 따라 환경부장관 또는 시·도지사가 가축의 사육을 제한할 수 있는 구역으로 지정·고시하도록 요청한 지역
② 환경부장관 또는 시·도지사는 제7조제1항에 따라 가축분뇨실태조사를 한 지역과 제1항제2호부터 제4호까지의 지역 중 가축분뇨 등으로 인하여 수질 및 수생태계의 보전에 위해(危害)가 발생되거나 발생될 우려가 있는 지역의 경우 해당 시장·군수·구청장에게 해당 지역을 가축의 사육을 제한할 수 있는 구역으로 지정·고시하도록 요청할 수 있다.
③ 시장·군수·구청장은 제1항에 따라 지정·고시한 구역(이하 "가축사육제한구역"이라 한다)에서 가축을 사육하는 자에게 축사의 이전, 그 밖에 위해 제거 등 필요한 조치를 명할 수 있다.
④ 시장·군수·구청장은 제3항에 따라 축사의 이전을 명할 때에는 1년 이상의 유예기간을 주어야 하며, 대통령령으로 정하는 기준 및 절차에 따라 이전에 따른 재정적 지원, 부지 알선 등 정당한 보상을 하여야 한다.
⑤ 시장·군수·구청장은 가축사육제한구역의 변경 또는 해제가 필요하다고 인정되는 경우에는 해당 지방자치단체의 조례로 정하는 바에 따라 가축사육제한구역을 변경하거나 해제하고 이를 고시하여야 한다. 다만, 제1항제5호에 따른 가축사육제한구역의 경우에는 그 지정·고시를 요청한 환경부장관 또는 시·도지사와 협의하여야 한다.
제9조【환경친화축산농장의 지정】 ① 농림축산식품부장관은 축사를 친환경적으로 관리하고 가축분뇨의 적정한 관리 및 이용에 기여하는 축산농가를 환경친화축산농장으로 지정할 수 있다.
② 농림축산식품부장관은 환경친화축산농장을 지정하려는 때에는 다음 각 호의 조건을 붙일 수 있다.
1. 가축사육의 밀도를 「축산법」 제26조의 준수사항에 따라 유지하고 생활환경을 개선할 것
2. 가축분뇨를 자원화하여 전량 농지에 환원할 것
3. 조경수를 심는 등 자연친화형 축사를 조성할 것
4. 악취저감시설을 설치·가동하여 주변의 생활환경을 저해하지 아니할 것
5. 그 밖에 농림축산식품부령으로 정하는 기준을 지킬 것
③ 농림축산식품부장관 또는 환경부장관은 환경친화축산농장으로 지정된 축산농가에 대하여 다음 각 호의 지원을 할 수 있다.
1. 축사 및 가축분뇨의 관리에 필요한 재정적 지원
2. 제41조에 따른 보고·검사의 면제
3. 그 밖에 농림축산식품부령으로 정하는 사항
④ 농림축산식품부장관은 환경친화축산농장의 지정을 받은 자가 다음 각 호의 어느 하나에 해당하는 경우에는 지정을 취소할 수 있다. 다만, 제1호에 해당하는 경우에는 지정을 취소하여야 한다.
1. 거짓, 그 밖의 부정한 방법으로 지정을 받은 경우
2. 제2항에 따라 붙인 조건을 이행하지 아니한 경우
3. 제6항에 따른 지정기준에 적합하지 아니하게 된 경우
4. 이 법 또는 「축산법」을 위반하여 행정처분을 받거나 형벌 또는 과태료의 처분을 받은 경우로서 환경친화축산농장으로 부적합하다고 판단되는 경우
⑤ 농림축산식품부장관, 환경부장관, 시·도지사, 시장·군수·구청장 및 생산자단체는 환경친화축산농장의 운영사례를 교육 또는 홍보에 적극 활용하여야 한다.
⑥ 환경친화축산농장의 지정기준 및 신청절차 등에 필요한 사항은 농림축산식품부령으로 정한다.
제10조【가축분뇨 및 퇴비·액비의 처리의무】 ① 가축분뇨 또는 퇴비·액비를 배출·수집·운반·처리·살포하는 자는 이를 유출·방치하거나 제17조제1항제5호에 따른 액비의 살포기준을 지키지 아니하고 살포함으로써 「물환경보전법」 제2조제9호에 따른 공공수역(이하 "공공수역"이라 한다)에 유입시키거나 유입시킬 우려가 있는 행위를 하여서는 아니 된다.(2017.1.17 본항개정)
② 시장·군수·구청장은 유출·방치된 가축분뇨 또는 퇴비·액비로 인하여 생활환경이나 공공수역이 오염되거나 오염될 우려가 있는 경우에는 가축분뇨 또는 퇴비·액비를 배출·수집·운반·처리·살포하는 자, 그 밖에 가축분뇨 또는 퇴비·액비의 소유자·관리자에게 가축분뇨 또는 퇴비·액비의 보관방법 변경이나 수거 등 환경오염 방지에 필요한 조치를 명할 수 있다.

제3장 배출시설·처리시설의 관리 및 퇴비·액비의 살포 등
(2014.3.24 본장개정)

제11조【배출시설의 설치】 ① 대통령령으로 정하는 규모 이상의 배출시설을 설치하려고 하거나 설치·운영 중인 자는 대통령령으로 정하는 바에 따라 배출시설의 설치계획(가축분뇨처리 및 악취저감에 관한 사항을 포함한다)을 갖추어 시장·군수·구청장의 허가를 받아야 한다.(2021.4.13 본항개정)
② 제1항에 따라 허가를 받은 자가 환경부령으로 정하는 중요 사항을 변경하려는 때에는 변경허가를 받아야 하고, 그 밖의 사항을 변경하려는 때에는 변경신고를 하여야 한다.
③ 제1항에 따른 허가대상에 해당하지 아니하는 배출시설 중 대통령령으로 정하는 규모 이상의 배출시설을 설치하려고 하거나 설치·운영 중인 자는 환경부령으로 정하는 바에 따라 시장·군수·구청장에게 신고하여야 한다. 신고한 사항 중 환경부령으로 정하는 사항을 변경하려는 때에도 또한 같다.(2015.12.1 전단개정)
④ 누구든지 제1항부터 제3항까지의 규정에 따른 허가·변경허가 또는 신고·변경신고 없이 설치되거나 변경된 배출시설을 사용해서는 아니 되며, 그 시설을 사용하여 가축을 사육하는 자에게 가축 또는 사료 등을 제공하여 사육을 위탁(이하 "위탁사육"이라 한다) 할 수 없다.
⑤ 시장·군수·구청장은 제2항에 따른 변경신고, 제3항 전단에 따른 신고 또는 같은 항 후단에 따른 변경신고를 받은 경우 그 내용을 검토하여 이 법에 적합하면 신고를 수리하여야 한다.(2021.4.13 본항신설)
제12조【처리시설의 설치의무 등】 ① 제11조제1항 또는 제2항에 따라 허가 또는 변경허가를 받거나 변경신고를 한 자와 같은 조 제3항에 따라 신고 또는 변경신고를 한 자(이하 "배출시설설치자"라 한다)는 처리시설을 설치하거나 변경하여야 한다. 다만, 대통령령으로 정하는 바에 따라 처리시설 설치나 변경 외의 방법으로 가축분뇨를 적정하게 처리할 수 있는 경우에는 처리시설을 설치 또는 변경하지 아니할 수 있다.
② 배출시설설치자는 다음 각 호의 어느 하나에 해당하는 경우에는 가축분뇨를 공동으로 처리하기 위한 시설(이하 "공동처리시설"이라 한다)을 설치할 수 있다. 이 경우 각 배출시설별로 해당 처리시설을 설치한 것으로 본다.
1. 같은 시·군·구에 위치한 배출시설로부터 배출되는 가축분뇨를 처리하기 위한 자원화시설을 그 시·군·구에 설치하려는 경우
2. 배출시설이 연접하여 위치한 경우(같은 시·군·구에 위치하지 아니한 경우도 포함한다)로서 공동으로 자원화시설 또는 정화시설을 설치하려는 경우
③ 국가 또는 지방자치단체는 제1항 또는 제2항에 따라 처리시설 또는 공동처리시설을 설치하거나 변경하는 자에게 필요한 기술적·재정적 지원을 할 수 있다.
제12조의2【처리시설의 설치기준 등】 ① 배출시설설치자, 공동처리시설의 설치자, 공공처리시설의 설치자, 제27조에 따른 재활용신고자 또는 제28조제1항제2호의 가축분뇨처리업의 허가를 받은 자로서 처리시설을 설치하는 자(이하 "처리시설설치자"라 한다)는 환경부령으로 정하는 처리시설 설치에 관한 기준을 지켜야 한다.
② 액비를 만드는 자원화시설을 설치하는 자는 환경부장관이 농림축산식품부장관과 협의하여 환경부령으로 정하는 기준에 따라 액비를 살포하는 데 필요한 초지, 농경지, 「산림자원의 조성 및 관리에 관한 법률」 제47조에 따른 시험림의 지정지역 또는 「체육시설의 설치·이용에 관한 법률」 제3조에 따른 체육시설 중 골프장(이하 "액비살포지"라 한다)을 확보하여야 한다.
③ 정화시설을 설치하는 자는 환경부령으로 정하는 바에 따라 가축분뇨를 분과 요로 분리·저장할 수 있는 시설을 설치하여야 한다. 다만, 분과 요를 분리·저장하지 아니하여도 제13조에 따른 방류수수질기준(이하 "방류수수질기준"이라 한다)을 준수할 수 있는 경우 등 대통령령으로 정하는 일정한 요건을 충족하는 경우에는 그러하지 아니하다.
④ 시장·군수·구청장은 제3항에 따라 가축분뇨를 분과 요로 분리·저장할 수 있는 시설을 설치하여야 하는 자가 그 시설을 설치하지 아니한 경우에는 대통령령으로 정하는 바에 따라 기간을 정하여 해당 시설의 설치를 명할 수 있다.
(2014.3.24 본조신설)
제13조【방류수수질기준】 ① 정화시설의 방류수수질기준은 환경부령으로 정한다. 이 경우 「환경정책기본법」 제38조에 따른 특별대책지역이나 상수원수질보전·생활환경보전 또는 자연환경보전을 위하여 필요한 지역으로서 대통령령으로 정하는 지역에 대해서는 방류수수질기준을 달리 정할 수 있다.
② 시·도지사, 특별자치시장 또는 특별자치도지사는 「환경정책기본법」 제12조제1항 또는 제3항에 따른 환경기준의 유지가 곤란하다고 인정될 때에는 해당 지방자치단체의 조례로 제1항에 따른 방류수수질기준보다 엄격한 기준을 정할 수 있다.
제13조의2【퇴비액비화기준 등】 ① 자원화시설의 퇴비화 또는 액비화의 기준(이하 "퇴비액비화기준"이라 한다)은 대통령령으로 정한다. 다만, 「비료관리법」에 따른 퇴비 또는 액비는 같은 법 제2조제4호에 따라 고시한 비료공정규격 중 퇴비 또는 액비의 공정규격(이하 "공정규격"이라 한다)에 적합하여야 한다.(2014.3.24 본항신설)
② 자원화시설의 가축분뇨 고체연료의 성분 등에 관한 기준(이하 "고체연료기준"이라 한다)은 환경부령으로 정한다.(2015.12.1 본항신설)
(2015.12.1 본조제목개정)
제14조【배출시설설치자 등의 지위승계 등】 ① 배출시설설치자 또는 처리시설설치자가 배출시설·처리시설을 양도하거나 사망한 경우 또는 법인인 배출시설설치자 또는 처리시설설치자가 합병된 경우에는 그 양수인·상속인 또는 합병 후 존속하는 법인이나 합병에 따라 설립되는 법인은 종전의 배출시설설치자 또는 처리시설설치자의 지위를 승계한다.
② 다음 각 호의 어느 하나에 해당하는 절차에 따라 배출시설 또는 처리시설의 전부를 인수한 자는 종전의 배출시설설치자 또는 처리시설설치자의 지위를 승계한다.
1. 「민사집행법」에 따른 경매
2. 「채무자 회생 및 파산에 관한 법률」에 따른 환가(換價)
3. 「국세징수법」, 「관세법」 또는 「지방세징수법」에 따른 압류재산의 매각(2016.12.27 본호개정)
4. 그 밖에 제1호부터 제3호까지의 규정에 준하는 절차
③ 제1항 및 제2항에 따라 종전의 배출시설설치자 또는 처리시설설치자의 지위를 승계한 자는 환경부령으로 정하는 바에 따라 시장·군수·구청장에게 신고하여야 한다.
제15조【배출시설 등의 준공검사 등】 ① 배출시설설치자 또는 처리시설설치자는 배출시설·처리시설의 설치 또는 변경을 완료하였을 때에는 환경부령으로 정하는 바에 따라 시장·군수·구청장에게 신청하여 준공검사(이하 "준공검사"라 한다)를 받아야 한다. 다만, 「비료관리법」 제11조에 따른 비료생산업을 등록한 자는 그러하지 아니하다. 이 경우 환경부령으로 정하는 서류의 제출로 준공검사를 갈음할 수 있다.
② 시장·군수·구청장은 준공검사의 신청을 받은 때에는 검사대상 시설이 다음 각 호에 적합하게 설치되었는지를 확인하여 신청일부터 15일 이내에 준공검사의 합격 여부를 결정·통보하여야 한다.
1. 제11조에 따른 허가 또는 변경허가를 받거나 신고 또는 변경신고한 내용
2. 제12조의2제1항부터 제3항까지에 따른 설치기준 등
3. 제27조에 따른 재활용의 신고 또는 변경신고를 한 내용
4. 제28조제1항제2호에 따른 가축분뇨처리업의 허가·변경허가를 받거나 변경신고를 한 내용
③ 제1항에 따른 준공검사를 신청한 자는 부득이한 사유로 준공검사시기의 변경이 필요한 경우 제2항에 따른 준공검사를 받기 전에 환경부령으로 정하는 바에 따라 준공검사시기의 변경을 신청하여야 한다.
④ 제2항에 따른 준공검사 합격통보를 받은 처리시설설치자는 환경부령으로 정하는 기간 이내에 다음 각 호에 해당하는 기준에 맞게 가축분뇨를 처리할 수 있도록 그 시설을 운영하여야 한다. 이 경우 해당 기간 동안에는 제17조제5항, 제53조제1항제1호부터 제3호까지 및 같은 조 제2항제2호를 적용하지 아니한다.(2021.4.13 후단개정)
1. 제13조에 따른 방류수수질기준
2. 제13조의2제1항에 따른 퇴비액비화기준 또는 「비료관리법」을 적용받는 퇴비 또는 액비는 비료공정규격
3. 제13조의2제2항에 따른 고체연료기준
(2015.12.1 1호~3호신설)
⑤ 시장·군수·구청장은 제2항에 따라 준공검사의 합격을 통보한 시설에 대해서는 제4항에 따른 기간이 지난 후 지체 없이 가동 상태를 점검하고, 제4항 각 호의 기준에 맞는지를 확인하기 위하여 시료를 채취한 후 대통령령으로 정하는 검사기관에 검사를 의뢰하여야 한다.
(2015.12.1 본항개정)
⑥ 제5항에 따라 검사를 의뢰받은 기관은 해당 시료가 제4항 각 호의 기준에 맞는지를 검사하고 검사를 의뢰받은 날부터 1개월 내에 그 결과를 시장·군수·구청장에게 통보하여야 한다.(2015.12.1 본항개정)
⑦ 제5항 및 제6항에 따른 시료 채취기준, 방류수의 수질, 퇴비·액비 또는 가축분뇨 고체연료의 검사방법, 그 밖에 필요한 사항은 대통령령으로 정한다.(2015.12.1 본항개정)
제15조의2【가축분뇨 고체연료의 사용신고 등】 ① 가축분뇨 고체연료를 사용하려는 자는 다음 각 호의 어느 하나에 해당하는 경우 환경부령으로 정하는 바에 따라 시장·군수·구청장에게 신고하여야 한다.

1. 가축분뇨 고체연료를 최초로 사용하려는 경우
2. 가축분뇨 고체연료의 사용을 1년 이상 중지하였다가 다시 사용하려는 경우
3. 다음 각 목의 사항이 변경된 가축분뇨 고체연료를 사용하려는 경우
가. 가축분뇨 고체연료의 공급자
나. 가축분뇨 고체연료의 종류
② 시장·군수·구청장은 제1항에 따른 신고를 받은 경우 그 내용을 검토하여 이 법에 적합하면 신고를 수리하여야 한다.(2021.4.13 본항신설)
③ 가축분뇨 고체연료의 사용자는 환경부령으로 정하는 시설에서 사용하여야 한다.
(2015.12.1 본조신설)

제16조【처리시설의 설계·시공】 ① 처리시설을 설치하거나 변경하려는 자는 다음 각 호의 어느 하나에 해당하는 자로 하여금 설계·시공하도록 하여야 한다. 다만, 환경부장관이 농림축산식품부장관과 협의하여 정하는 표준설계도에 따라 배출시설설치자가 처리시설(퇴비·액비를 만드는 시설에 한정한다)을 설치하거나 변경하려는 경우에는 그러하지 아니하다.
1. 제34조제1항에 따라 설계·시공업의 등록을 한 자
2. 「환경기술 및 환경산업 지원법」 제15조에 따른 환경전문공사업의 등록을 한 자(수질분야만 해당한다)
3. 「하수도법」 제51조에 따른 개인하수처리시설설계·시공업의 등록을 한 자
4. 「건설산업기본법」 제9조제1항에 따라 건설업의 등록을 한 자 중 대통령령으로 정하는 업종의 건설업을 등록한 자
② 제1항에도 불구하고 대통령령으로 정하는 규모 및 공사종류의 특성을 가지는 처리시설을 설치하거나 변경하려는 자는 제1항 각 호의 자 중 대통령령으로 정하는 기준에 적합한 시설·장비 및 기술능력을 갖춘 자에게 설계·시공하도록 하여야 한다.(2020.5.26 본항개정)

제17조【배출시설 및 처리시설의 관리 등】 ① 배출시설설치자와 그가 설치한 배출시설을 운영하는 자(이하 "배출시설설치·운영자"라 한다), 처리시설설치자와 그가 설치한 처리시설을 운영하는 자(이하 "처리시설설치·운영자"라 한다) 또는 퇴비·액비를 살포하는 자는 가축분뇨 또는 퇴비·액비를 처리·살포할 때 다음 각 호의 어느 하나에 해당하는 행위를 하여서는 아니 된다.
1. 가축분뇨를 처리시설에 유입하지 아니하고 배출하거나 처리시설에 유입시키지 아니하고 배출할 수 있는 시설을 설치하는 행위
2. 처리시설에 유입되는 가축분뇨를 자원화하지 아니한 상태 또는 최종 방류구를 거치지 아니한 상태로 배출(이하 "중간배출"이라 한다)하거나 중간배출을 할 수 있는 시설을 설치하는 행위. 다만, 처리시설의 처리 과정에서 액비를 생산하기 위하여 관할 시장·군수·구청장에게 미리 중간배출이 필요하다고 인정을 받은 경우에는 그러하지 아니하다.
3. 정화시설에 유입되는 가축분뇨에 물을 섞어 정화하는 행위 또는 물을 섞어 배출하는 행위. 다만, 관할 시장·군수·구청장이 「한국환경공단법」에 따른 한국환경공단 등 관련 전문기관의 자문을 거쳐 가축분뇨의 정화공법상 물을 섞어야만 가축분뇨의 정화가 가능하다고 인정한 경우에는 그러하지 아니하다.
4. 자원화시설에서 가축분뇨를 처리하는 경우 퇴비액비화기준에 적합하지 아니한 상태의 퇴비·액비를 생산하여 사용하거나 다른 사람에게 주는 행위. 다만, 환경부령으로 정하는 바에 따라 퇴비액비화기준에 적합하지 아니한 상태의 퇴비·액비를 다시 발효시켜 사용하려는 자에게 주는 경우에는 그러하지 아니하다.
5. 액비를 만드는 자원화시설에서 생산된 액비를 해당 자원화시설을 설치한 자가 확보한 액비살포지 외의 장소에 뿌리거나 환경부령으로 정하는 살포기준을 지키지 아니하는 행위
6. 퇴비 또는 액비를 비료로 사용하지 아니하고 버리거나 가축분뇨 고체연료를 연료로 사용하지 아니하고 버리는 행위(2015.12.1 본호개정)
7. 정당한 사유 없이 정화시설을 정상적으로 가동하지 아니하여 방류수수질기준에 맞지 아니하게 가축분뇨를 배출하는 행위
② 처리시설설치·운영자는 대통령령으로 정하는 부득이한 사유로 정화시설을 정상적으로 운영하기 어려워 방류수수질기준을 초과할 우려가 있을 때에는 환경부령으로 정하는 바에 따라 시장·군수·구청장에게 미리 신고하여야 하며, 그 가축분뇨가 유출되지 아니하도록 필요한 조치를 하여야 한다.
③ 시장·군수·구청장은 제2항에 따른 신고를 받은 경우 그 내용을 검토하여 이 법에 적합하면 신고를 수리하여야 한다.(2021.4.13 본항신설)
④ 배출시설설치·운영자 또는 처리시설설치·운영자는 환경부령으로 정하는 관리기준에 따라 배출시설 및 처리시설을 운영하여야 한다.
⑤ 시장·군수·구청장은 배출시설 또는 처리시설이 제1항 또는 제4항에 적합하지 아니하게 운영된다고 인정할 때에는 해당 배출시설설치·운영자, 처리시설설치·운영자 또는 퇴비·액비를 살포하는 자에게 대통령령으로 정하는 바에 따라 기간을 정하여 해당 시설이나 퇴비·액비 살포행위 등의 개선을 명할 수 있다.(2021.4.13 본항개정)

제18조【허가취소 등】 ① 시장·군수·구청장은 배출시설설치·운영자 또는 배출시설설치자가 설치한 처리시설의 운영자가 다음 각 호의 어느 하나에 해당하는 경우에는 그 배출시설의 설치허가 또는 변경허가를 취소하거나 배출시설의 폐쇄 또는 6개월 이내의 사용중지를 명할 수 있다. 다만, 제1호부터 제4호까지, 제12호 및 제13호에 해당하는 경우에는 배출시설의 설치허가 또는 변경허가를 취소하거나 그 폐쇄를 명하여야 한다.
1. 거짓, 그 밖의 부정한 방법으로 허가 또는 변경허가를 받거나 신고 또는 변경신고를 한 경우
2. 정당한 사유 없이 3년 이상 가축사육을 하지 아니한 경우
3. 가축사육을 하지 아니하기 위하여 해당 배출시설을 철거하거나 배출시설의 멸실이 확인된 경우
4. 이 법 또는 다른 법률에 따라 배출시설의 설치가 금지된 장소에 배출시설을 설치한 경우
5. 제10조제2항에 따른 조치명령을 이행하지 아니한 경우
6. 이 법 또는 다른 법률에 따라 배출시설의 설치가 금지된 장소가 아닌 곳에서 제11조제1항 또는 제3항에 따른 배출시설의 설치허가 또는 신고 없이 배출시설을 설치한 경우
7. 제11조제2항 및 제3항에 따른 변경허가를 받지 아니하거나 변경신고를 하지 아니하고 그 배출시설을 변경한 경우
8. 제12조제1항에 따른 처리시설을 설치·변경하지 아니한 경우
9. 제15조에 따른 배출시설 및 처리시설의 준공검사를 받지 아니하고 배출시설 및 처리시설을 사용한 경우
10. 제17조제1항제1호 또는 제2호에 해당하는 행위를 한 경우
11. 제17조제5항에 따른 개선명령을 이행하지 아니한 경우 (2021.4.13 본호개정)
12. 제18조의3제2항에 따라 확인·검사한 결과 방류수수질기준 및 퇴비액비화기준에 적합하지 아니한 경우로서 해당 배출시설을 개선하거나 처리시설을 설치·개선하더라도 방류수수질기준 및 퇴비액비화기준에 적합하게 될 가능성이 없다고 인정되는 경우
13. 제5호부터 제11호까지의 규정에 해당하여 사용중지명령을 받고 해당 명령을 이행하지 아니한 경우
② 제1항에 따른 행정처분의 세부기준 등에 필요한 사항은 환경부령으로 정한다.

제18조의2【과징금 처분】 ① 시장·군수·구청장은 제18조제1항제5호부터 제11호까지에 따라 사용중지를 명하여야 하는 경우로서 그 사용중지가 가축처분의 곤란, 그 밖에 공익에 현저한 지장을 줄 우려가 있다고 인정되는 경우에는 사용중지처분을 갈음하여 1억원 이하의 과징금을 부과할 수 있다.
② 시장·군수·구청장은 제1항에 따른 과징금을 부과받은 자가 납부기한까지 과징금을 내지 아니하면 「지방행정제재·부과금의 징수 등에 관한 법률」에 따라 징수한다.(2020.3.24 본항개정)
③ 제1항에 따라 징수한 과징금은 환경보전사업의 용도로만 사용하여야 한다.
④ 제1항에 따른 과징금을 부과하는 위반행위의 종류, 배출시설의 규모, 위반횟수 등에 따른 과징금의 금액, 그 밖에 필요한 사항은 대통령령으로 정한다.
(2014.3.24 본조신설)

제18조의3【명령의 이행 보고 및 확인】 ① 다음 각 호의 자가 그 명령을 이행하였을 때에는 지체 없이 이를 시장·군수·구청장에게 보고하여야 한다.
1. 제10조제2항에 따른 조치명령을 받은 자
2. 제17조제5항에 따른 개선명령을 받은 자 (2021.4.13 본호개정)
3. 제18조에 따른 사용중지명령 또는 폐쇄명령을 받은 자
② 시장·군수·구청장은 제1항에 따른 보고를 받았을 때에는 관계 공무원으로 하여금 지체 없이 그 명령의 이행 상태를 확인하게 하고, 방류수의 수질, 퇴비·액비의 성분 또는 가축분뇨 고체연료의 성분 검사가 필요하다고 인정되는 경우에는 시료를 채취하여 대통령령으로 정하는 검사기관에 방류수의 수질, 퇴비·액비의 성분 또는 가축분뇨 고체연료의 성분 검사를 의뢰하여야 한다.
(2015.12.1 본항개정)
③ 제2항에 따라 검사를 의뢰받은 기관은 해당 시료가 방류수수질기준, 퇴비액비화기준, 공정규격 또는 고체연료기준에 맞는지를 검사하고 검사를 의뢰받은 날부터 1개월 내에 그 결과를 시장·군수·구청장에게 통보하여야 한다.(2015.12.1 본항개정)
④ 제2항 및 제3항에 따른 시료 채취기준, 방류수의 수질, 퇴비·액비 또는 가축분뇨 고체연료의 검사방법, 그 밖에 필요한 사항은 대통령령으로 정한다.(2015.12.1 본항개정)
(2014.3.24 본조신설)

제4장 가축분뇨의 이용촉진
(2014.3.24 본장개정)

제19조【퇴비·액비의 이용촉진계획 수립 등】 ① 시장·군수·구청장은 생산된 퇴비·액비의 사용을 촉진하기 위하여 농림축산식품부령으로 정하는 바에 따라 퇴비·액비의 생산자와 경작농가의 연계체계를 구성하기 위한 퇴비·액비 이용촉진계획을 2년마다 수립하여야 한다.
② 농림축산식품부장관 또는 시·도지사는 제1항에 따른 퇴비·액비 이용촉진계획의 시행을 위하여 필요한 기술적·재정적 지원을 할 수 있다.
③ 생산자단체는 제1항에 따른 퇴비·액비 이용촉진계획에 적극 참여하여야 한다.

제20조【퇴비·액비의 품질관리】 ① 시장·군수·구청장 또는 생산자단체는 관할구역에서 사용되는 퇴비·액비의 성분 분석을 하고 그 결과를 공고할 수 있다.
② 퇴비·액비를 생산하거나 사용하려는 자는 시료를 채취하여 생산자단체에 성분 분석을 의뢰할 수 있다.

제21조【퇴비·액비의 적정한 살포를 위한 행정지도 등】 ① 배출시설설치자, 처리시설설치자 또는 경작농가는 농림축산식품부령으로 정하는 바에 따라 시장·군수·구청장에게 작목별 적정시비량 및 살포방법 등에 대한 지도를 요청할 수 있다. 이 경우 시장·군수·구청장은 관할 지도기관을 통하여 적극 협조하여야 한다.
② 시장·군수·구청장은 관할구역의 가축분뇨의 자원화를 촉진하고 그 이용을 확대하기 위하여 배출시설설치자, 처리시설설치자 또는 경작농가에 대하여 작목별 적정 시비량·살포방법 및 살포시기 등에 관한 교육을 실시할 수 있다.
③ 시장·군수·구청장은 액비를 살포하는 경우 지역주민 등의 협조를 얻기 위하여 관할구역에서 액비가 집중적으로 살포되는 시기에 필요한 기간을 액비 살포기간으로 설정하여 운영할 수 있다.

제22조【퇴비·액비의 유통 활성화】 ① 시장·군수·구청장은 관할구역에서 생산되는 퇴비·액비의 이용 및 유통을 촉진하기 위하여 축산업자·경작농가·생산자단체 등으로 구성되는 유통협의체(이하 "퇴비·액비유통협의체"라 한다)를 구성·운영할 수 있다.
② 퇴비·액비유통협의체의 구성 및 운영 등에 관하여 필요한 사항은 농림축산식품부령으로 정한다.
③ 시장·군수·구청장은 제1항에 따라 구성한 퇴비·액비유통협의체의 운영 활성화를 위하여 재정적·기술적 지원을 할 수 있다.

제23조【가축분뇨의 통합관리】 ① 시장·군수·구청장은 관할구역에서 발생하는 가축분뇨를 적정하게 관리하기 위하여 공공처리시설과 판매망을 연계하여 가축분뇨의 수거·자원화, 퇴비·액비의 유통관리 등을 포함하는 통합관리를 실시할 수 있다.
② 국가 또는 지방자치단체는 예산의 범위에서 제1항에 따른 통합관리에 필요한 기술적·재정적 지원을 할 수 있다.

제5장 가축분뇨의 공공처리
(2014.3.24 본장개정)

제24조【공공처리시설의 설치 등】 ① 지방자치단체의 장 또는 농협조합은 축산농가에서 발생하는 가축분뇨를 처리하기 위하여 필요하면 공공처리시설(농협조합의 경우에는 자원화시설로 한정한다. 이하 같다)을 설치할 수 있다. 다만, 농협조합이 공공처리시설을 설치하려는 경우에는 환경부령으로 정하는 공공의 목적에 해당하는 경우로 한정한다.
② 지방자치단체의 장 또는 농협조합은 환경부령으로 정하는 설치기준에 적합하게 공공처리시설을 설치하여야 한다.
③ 시장·군수·구청장 또는 농협조합은 제1항에 따른 공공처리시설을 설치하거나 변경하려면 환경부령으로 정하는 바에 따라 시·도지사, 특별자치시장 또는 특별자치도지사(시·도지사, 특별자치시장 및 특별자치도지사가 공공처리시설을 설치하는 경우에는 환경부장관을 말한다. 이하 이 조에서 같다)의 승인을 받아야 한다. 승인을 받은 사항 중 환경부령으로 정하는 중요사항을 변경하려는 때에도 또한 같다.
④ 지방자치단체의 장 또는 농협조합은 국가의 재정적 지원을 받아 공공처리시설을 설치하려면 환경부령으로 정하는 바에 따라 그 설치에 필요한 사업비의 조달 및 사용내역에 관하여 환경부장관과 미리 협의하여야 한다.
⑤ 지방자치단체의 장이 공공처리시설에서 중간 처리(방류수수질기준에 적합하게 되지 못한 상태의 처리를 말한다. 이하 같다)한 가축분뇨를 「하수도법」 제2조제9호의 공공하수처리시설(이하 "공공하수처리시설"이라 한다) 또는 같은 조 제11호의 분뇨처리시설로 유입시켜 최종 처리하는 경우로서 해당 공공처리시설의 설치와 관련된 사항을 포함하여 같은 법 제11조에 따라 공공하수도 설치 사업계획을 결정·고시 또는 변경고시를 하거나 인가 또는 변경인가를 받은 경우에는 제3항에 따른 승인 또는 변경승인을 받은 것으로 본다.
⑥ 시·도지사, 특별자치시장 또는 특별자치도지사는 제3항에 따른 승인을 하는 경우 가축분뇨에 음식물 등의 폐기물을 혼합하여 처리하는 공공처리시설을 설치하거나 기존의 공공처리시설을 음식물 등의 폐기물을 혼합하여 처리하는 공공처리시설로 변경하기 위하여 다음 각 호의 어느 하나에 해당하는 사항이 필요한 때는 미리 관계 행정기관의 장과 협의하여야 한다.
1. 「폐기물관리법」 제25조제3항 및 제11항에 따른 폐기물 처리업의 허가·변경허가 및 변경신고
2. 「폐기물관리법」 제29조제2항 및 제3항에 따른 폐기물 처리시설의 설치 관련 승인·변경승인 및 신고·변경신고

⑦ 시·도지사, 특별자치시장 또는 특별자치도지사가 제3항에 따른 승인을 하면서 제6항에 따라 관계 행정기관의 장과 협의한 사항에 대해서는 그 공공처리시설과 관련한 제6항 각 호의 허가·변경허가 또는 승인·변경승인을 받거나 신고·변경신고를 한 것으로 본다.

제25조【공공처리시설의 운영 등】 ① 공공처리시설을 설치한 지방자치단체의 장 또는 농협조합(이하 "공공처리시설설치자"라 한다)은 공공처리시설의 사용을 시작하거나 변경할 때에는 처리대상 배출시설의 범위 및 지역을 공고하여야 한다. 다만, 농협조합은 관할 시장·군수·구청장에게 그 공고를 의뢰하여야 한다.

② 공공처리시설설치자는 제1항에 따른 공고를 한 때에는 공고에 포함된 해당 공공처리시설의 처리대상 배출시설을 설치·운영 중인 자에 대하여 환경부령으로 정하는 바에 따라 다음 각 호의 조치를 명할 수 있다. 다만, 농협조합은 다음 각 호의 조치명령을 관할 시장·군수·구청장에게 의뢰하여야 한다.

1. 가축분뇨를 저장할 수 있는 시설의 설치
2. 가축분뇨를 분과 요로 분리하여 배출할 수 있는 시설의 설치

③ 공공처리시설설치자 또는 공공처리시설의 관리를 대행하는 제28조제1항제3호의 가축분뇨시설관리업의 허가를 받은 자(이하 "공공처리시설설치자등"이라 한다)는 공공처리시설에서 가축분뇨를 처리할 때에는 규모가 작은 배출시설에서 발생되는 가축분뇨를 우선적으로 반입하여 처리하여야 한다.

④ 공공처리시설설치자등은 공공처리시설의 처리용량에 여유가 있을 때에는 관할구역의 분뇨를 공공처리시설로 유입시켜 처리할 수 있다.

⑤ 지방자치단체의 장은 공공처리시설에서 중간 처리한 가축분뇨를 공공하수처리시설에 유입하여 처리하려면 환경부령으로 정하는 기준에 부합하여야 한다.

⑥ 공공처리시설설치자등은 환경부령으로 정하는 바에 따라 공공처리시설의 방류수수질을 자가측정하거나 생산한 퇴비·액비의 성분검사를 실시하여야 하며, 그에 관한 기록을 3년간 보존하여야 한다.

⑦ 공공처리시설설치자는 공공처리시설의 관리상태를 점검하기 위하여 5년마다 「환경기술 및 환경산업 지원법」 제13조제1항에 따라 해당 공공처리시설에 대한 기술진단을 받아야 한다.

⑧ 공공처리시설설치자는 제7항에 따른 기술진단의 결과 해당 공공처리시설의 관리 상태를 개선할 필요가 있다고 인정하는 경우에는 환경부령으로 정하는 바에 따라 개선계획을 수립하여 시행하여야 한다.

⑨ 공공처리시설설치자등은 다음 각 호의 어느 하나에 해당하는 행위를 하여서는 아니 된다.

1. 방류수수질기준을 초과하여 배출하는 행위
2. 퇴비액비화기준에 맞지 아니하게 퇴비 또는 액비를 생산하는 행위
3. 고체연료기준에 맞지 아니하게 가축분뇨 고체연료를 생산하는 행위(2015.12.1 본호신설)
4. 공공처리시설로 유입되는 가축분뇨를 중간배출하거나 중간배출을 할 수 있는 시설을 설치하는 행위. 다만, 처리시설의 처리 과정에서 액비를 생산하기 위하여 제24조제3항에 따라 시·도지사, 특별자치시장 또는 특별자치도지사에게 공공처리시설의 설치승인 또는 변경승인을 받을 때에 미리 중간배출이 필요하다고 인정받은 경우에는 그러하지 아니하다.
5. 공공처리시설로 유입되는 가축분뇨에 물을 섞어 처리하는 행위 또는 물을 섞어 배출하는 행위. 다만, 시·도지사, 특별자치시장 또는 특별자치도지사가 「한국환경공단법」에 따른 한국환경공단 등 관련 전문기관의 자문을 거쳐 가축분뇨 처리의 공법상(工法上) 물을 섞어야만 오염물질 처리가 가능하다고 인정한 경우에는 그러하지 아니하다.
6. 공공처리시설에서 생산된 액비를 해당 공공처리시설설치자등이 확보한 액비살포지 외의 장소에 뿌리거나 환경부령으로 정하는 살포기준을 지키지 아니하는 행위
7. 퇴비 또는 액비를 비료로 사용하지 아니하고 버리는 행위

⑩ 시·도지사, 특별자치시장 또는 특별자치도지사는 공공처리시설설치자등이 다음 각 호의 어느 하나에 해당하는 경우에는 대통령령으로 정하는 바에 따라 기간을 정하여 해당 시설의 개선 등 필요한 조치를 명할 수 있다.

1. 제6항에 따라 방류수수질의 자가측정 또는 퇴비·액비의 성분검사를 하지 아니한 경우
2. 제9항 각 호의 어느 하나에 해당하는 금지행위를 한 경우
3. 제24조제2항에 따른 설치기준에 적합하지 아니하게 설치한 경우

⑪ 공공처리시설의 운영기준은 환경부령으로 정한다.

⑫ 농협조합이 공공처리시설을 설치·운영하는 때에는 관할 시·도지사, 특별자치시장 또는 특별자치도지사는 환경부령으로 정하는 바에 따라 설치예산의 집행 및 시설의 설치·운영 등에 관한 사항에 대하여 관리·감독할 수 있다.

제26조【가축분뇨의 수집·운반·처리 및 비용 부담 등】 ① 공공처리시설설치자는 가축분뇨를 직접 수집·운반하거나 해당 지방자치단체의 조례로 정하는 바에 따라 제28조제1항제1호의 가축분뇨수집·운반업의 허가를 받은 자(이하 "수집·운반업자"라 한다)로 하여금 그 수집·운반을 대행하게 하거나 축산업자로 하여금 스스로 운반하게 할 수 있다. 다만, 농협조합은 관할 시장·군수·구청장과 협의하여 농협조합의 정관으로 정하는 바에 따라 수집·운반을 대행하게 할 수 있다.

② 가축분뇨의 수집·운반 또는 처리에 관한 기준은 환경부령으로 정한다.

③ 제1항에 따라 가축분뇨의 수집·운반을 대행하는 수집·운반업자는 제25조제2항에 따른 조치명령을 위반한 자의 배출시설에서 발생하는 가축분뇨를 수집·운반하여서는 아니 된다.

④ 공공처리시설설치자등은 제25조제2항에 따른 조치명령을 위반한 자의 배출시설에서 발생하는 가축분뇨의 처리를 거부할 수 있다.

⑤ 공공처리시설설치자는 가축분뇨를 수집·운반 또는 처리할 때에는 해당 지방자치단체의 조례로 정하는 바에 따라 공공처리시설에서 처리되는 가축분뇨를 배출하는 자로부터 해당 시설의 운영에 드는 비용을 징수할 수 있다. 이 경우 배출시설의 규모, 가축분뇨의 분리저장 여부 등에 따라 그 비용을 차등하여 징수할 수 있다.

⑥ 제5항에도 불구하고 농협조합이 징수하는 비용에 관하여는 관할 시장·군수·구청장과 협의하여 농협조합의 정관으로 정한다.

⑦ 제5항 및 제6항에 따라 지방자치단체의 장 및 농협조합이 징수하는 비용은 공공처리시설 운영의 용도로만 사용하여야 한다.

제6장 가축분뇨 관련 영업

(2014.3.24 본장개정)

제27조【가축분뇨의 재활용신고 등】 ① 환경부령으로 정하는 양 이상의 가축분뇨를 재활용(퇴비 또는 액비로 만드는 것에 한정한다. 이하 같다)하거나 재활용을 목적으로 가축분뇨를 수집·운반하려는 자는 환경부령으로 정하는 바에 따라 시장·군수·구청장에게 신고하여야 한다. 다만, 제11조제1항 또는 제3항에 따라 설치허가를 받거나 설치신고를 한 자 또는 제28조제1항제2호의 가축분뇨처리업의 허가를 받은 자(이하 "가축분뇨처리업자"라 한다)가 가축분뇨를 재활용하는 경우에는 그러하지 아니하다.

② 제1항 본문에 따른 신고를 한 자(이하 "재활용신고자"라 한다)가 환경부령으로 정하는 중요 사항을 변경하려는 경우에는 시장·군수·구청장에게 변경신고를 하여야 한다.

③ 시장·군수·구청장은 제1항 본문에 따른 신고 또는 제2항에 따른 변경신고를 받은 경우 그 내용을 검토하여 이 법에 적합하면 신고를 수리하여야 한다.
(2021.4.13 본항신설)

④ 재활용신고자는 환경부령으로 정하는 설치 및 운영기준에 따라 재활용시설을 설치·운영하여야 한다.

⑤ 시장·군수·구청장은 재활용시설이 제4항에 따른 기준에 적합하지 아니하게 설치·운영된다고 인정될 때에는 그 재활용시설의 설치·운영자에게 대통령령으로 정하는 바에 따라 기간을 정하여 해당 시설의 개선을 명할 수 있다.(2021.4.13 본항개정)

⑥ 시장·군수·구청장은 재활용신고자가 다음 각 호의 어느 하나에 해당하면 그 재활용시설의 폐쇄를 명령하거나 6개월 이내의 기간을 정하여 가축분뇨 반입 금지 등 가축분뇨 처리의 금지(이하 "처리금지"라 한다)를 명할 수 있다.

1. 제10조제2항에 따른 조치명령을 이행하지 아니한 경우
2. 제15조에 따른 처리시설의 준공검사를 받지 아니하고 그 시설을 운영한 경우
3. 제17조제5항에 따른 개선명령을 이행하지 아니한 경우
4. 제5항에 따른 개선명령을 이행하지 아니한 경우

(2021.4.13 3호~4호개정)

⑦ 제6항에 따른 재활용시설의 폐쇄명령을 받거나 처리금지명령을 받은 재활용신고자에 대한 명령의 이행 보고 및 확인에 관하여는 제18조의3을 준용한다.
(2021.4.13 본항개정)

제28조【가축분뇨관련영업】 ① 가축분뇨의 수집·운반·처리 또는 처리시설의 관리를 대행하는 업(이하 "가축분뇨관련영업"이라 한다)을 영위하려는 자는 대통령령으로 정하는 기준에 따른 시설·장비 및 기술능력을 갖추어 다음 각 호의 구분에 따른 업종별로 시장·군수·구청장의 허가를 받아야 한다. 허가받은 사항을 변경하려는 때에는 대통령령으로 정하는 기준에 따라 변경허가를 받거나 변경신고를 하여야 한다.

1. 가축분뇨수집·운반업 : 가축분뇨를 수집하여 운반하는 영업
2. 가축분뇨처리업 : 자원화시설(퇴비·액비를 만드는 시설은 제외한다) 또는 정화시설을 갖추어 가축분뇨를 최종적으로 안전하게 처리하는 영업
3. 가축분뇨시설관리업 : 처리시설의 관리·운영을 대행하는 영업

② 가축분뇨관련영업의 허가를 받으려는 자는 제1항에 따른 허가를 신청하기 전에 환경부령으로 정하는 바에 따라 사업계획서를 시장·군수·구청장에게 제출하여 사업계획서의 적합 여부를 미리 검토하여 줄 것을 요청할 수 있다.

③ 시장·군수·구청장은 제2항에 따라 제출받은 사업계획서를 검토하여 요청받은 날부터 1개월 이내에 그 사업계획서의 적합 여부를 통보하여야 한다.

④ 시장·군수·구청장은 제3항에 따라 적합통보를 받은 자가 그 통보를 받은 날부터 6개월 이내에 그 적합통보를 받은 사업계획서에 따라 시설·장비 및 기술능력 등을 갖추어 제1항에 따른 허가신청을 한 때에는 지체 없이 허가하여야 한다.

⑤ 시장·군수·구청장은 관할구역에서 발생되는 가축분뇨를 효율적으로 수집·운반 또는 처리하기 위하여 필요한 때에는 제1항에 따른 허가 또는 변경허가를 하면서 대통령령으로 정하는 바에 따라 영업구역을 정하거나 필요한 조건을 붙일 수 있다.

⑥ 제1항에 따라 가축분뇨관련영업의 허가를 받은 자(이하 "가축분뇨관련영업자"라 한다)는 다른 사람에게 자기의 상호 또는 성명을 사용하여 가축분뇨관련영업을 하게 하거나 허가증을 빌려 주어서는 아니 된다.

⑦ 제1항에 따른 허가·변경허가 및 변경신고의 방법·절차 등에 필요한 사항은 환경부령으로 정한다.

⑧ 시장·군수·구청장은 제1항제2호의 가축분뇨처리업의 허가를 하는 경우 가축분뇨에 음식물 등의 폐기물을 혼합하여 처리하는 처리시설의 설치를 위하여 다음 각 호의 어느 하나에 해당하는 사항이 필요한 때는 미리 관계 행정기관의 장과 협의하여야 한다.

1. 「폐기물관리법」 제25조제3항 및 제11항에 따른 폐기물 처리업의 허가·변경허가 및 변경신고
2. 「폐기물관리법」 제29조제2항 및 제3항에 따른 폐기물 처리시설의 설치 관련 승인·변경승인 및 신고·변경신고

⑨ 시장·군수·구청장이 제8항에 따라 관계 행정기관의 장과 협의한 사항에 대해서는 그 처리시설과 관련한 같은 항 각 호의 허가·변경허가 또는 승인·변경승인을 받거나 신고·변경신고를 한 것으로 본다.

제29조【허가·신고에 따른 지위의 승계】 ① 재활용신고자 또는 가축분뇨관련영업자가 그 영업 또는 시설의 전부를 양도하거나 사망한 때 또는 법인인 경우로서 합병된 때에는 그 양수인·상속인 또는 합병 후 존속하는 법인이나 합병에 따라 설립되는 법인은 종전의 재활용신고자 또는 가축분뇨관련영업자의 지위를 승계한다. 다만, 가축분뇨관련영업을 양수한 자 또는 가축분뇨관련영업자인 법인과 합병 후 존속하는 법인이나 합병에 의하여 설립되는 법인이 제31조제1호부터 제4호까지의 어느 하나에 해당하는 경우에는 그러하지 아니하다.

② 다음 각 호의 어느 하나에 해당하는 절차에 따라 재활용신고자 또는 가축분뇨관련영업자의 시설의 전부를 인수한 자는 종전의 재활용신고자 또는 가축분뇨관련영업자 지위를 승계한다.

1. 「민사집행법」에 따른 경매
2. 「채무자 회생 및 파산에 관한 법률」에 따른 환가
3. 「국세징수법」, 「관세법」 또는 「지방세법」에 따른 압류재산의 매각
4. 그 밖에 제1호부터 제3호까지의 규정에 준하는 절차

③ 제1항에 따라 가축분뇨관련영업자의 지위를 승계한 상속인이 제31조제1호부터 제4호까지의 어느 하나에 해당하거나 제1항 또는 제2항에 따라 그 지위를 승계한 법인이 제31조제5호에 해당하는 경우에는 상속개시일 또는 합병일부터 6개월 이내에 다른 사람에게 이를 양도하거나 그 임원을 개임하여야 한다.

④ 제1항 또는 제2항에 따라 지위를 승계한 자는 환경부령으로 정하는 바에 따라 시장·군수·구청장에게 신고하여야 한다.

제30조【가축분뇨관련영업자의 준수사항】 ① 가축분뇨관련영업자(종사자를 포함한다. 이하 이 조에서 같다)는 해당 지방자치단체의 조례로 정하는 기준을 위반하여 요금을 받아서는 아니 된다.

② 가축분뇨관련영업자는 환경부령으로 정하는 가축분뇨의 수집·운반·처리 및 시설관리의 기준과 준수사항을 지켜야 한다.

제31조【결격사유】 다음 각 호의 어느 하나에 해당하는 자는 제28조에 따른 가축분뇨관련영업의 허가를 받을 수 없다.

1. 피성년후견인
2. 파산선고를 받고 복권되지 아니한 자
3. 이 법, 「물환경보전법」 또는 「폐기물관리법」을 위반하여 징역 이상의 실형을 선고받고 그 집행이 종료(종료된 것으로 보는 경우를 포함한다)되거나 집행을 받지 아니하기로 확정된 날부터 2년이 지나지 아니한 자
(2020.5.26 본호개정)
4. 제32조(같은 조 제2호 및 제15호는 제외한다)에 따라 그 허가가 취소된 자로서 취소된 날부터 2년이 지나지 아니한 자(2020.5.26 본호개정)
5. 임원 중에 제1호부터 제4호까지의 어느 하나에 해당하는 자가 있는 법인

제32조【허가의 취소 등】 ① 시장·군수·구청장은 가축분뇨관련영업자가 다음 각 호의 어느 하나에 해당하는 경우에는 그 허가를 취소하거나 6개월 이내의 기간을 정하여 그 영업의 전부 또는 일부의 정지를 명할 수 있다. 다만, 제1호·제3호 또는 제15호에 해당하는 경우에는 그 허가를 취소하여야 한다.

1. 거짓, 그 밖의 부정한 방법으로 허가·변경허가를 받거나 변경신고를 한 경우
2. 허가를 받은 후 1년 이내에 영업을 시작하지 아니하거나 정당한 사유 없이 1년 이상 계속하여 휴업을 한 경우
3. 영업정지기간 중에 영업을 한 경우
4. 제12조의2제1항부터 제3항까지에 따른 처리시설의 설치기준 등을 위반한 경우
5. 제15조에 따른 배출시설·처리시설의 준공검사를 받지 아니하고 배출시설·처리시설을 사용한 경우
6. 제17조제1항을 위반하여 같은 항 각 호의 어느 하나에 해당하는 행위를 한 경우
7. 제17조제4항에 따른 배출시설·처리시설의 관리기준을 위반한 경우(2021.4.13 본호개정)
8. 제26조제2항에 따른 기준을 위반하여 가축분뇨를 수집·운반 또는 처리한 경우
9. 제28조제1항에 따라 허가를 받은 업종 외의 영업을 한 경우
10. 제28조제1항에 따른 변경허가를 받지 아니하고 영업을 한 경우
11. 제28조제1항에 따른 허가기준에 미달하게 된 경우
12. 제28조제6항을 위반하여 다른 사람에게 자기의 상호 또는 성명을 사용하여 가축분뇨관련영업을 하게 하거나 허가증을 빌려준 경우
13. 제30조제1항에 따른 기준을 위반하여 요금을 받은 경우
14. 제30조제2항에 따른 가축분뇨의 수집·운반·처리 및 시설관리의 기준과 준수사항을 지키지 아니한 경우
15. 제31조제1호부터 제3호까지 또는 제5호에 해당하는 경우. 다만, 임원 중에 제31조제1호부터 제4호까지에 해당하는 자가 있는 법인의 경우 6개월 이내에 해당 임원을 개임한 때에는 그러하지 아니하다.
16. 제37조의3제1항에 따른 전자인계관리시스템의 운용 방법, 절차 등 운영 관리에 관한 사항을 준수하지 아니한 경우
17. 제37조의3제2항을 위반하여 관계 행정기관이나 그 소속 공무원의 요구에도 불구하고 인계·인수 또는 처리 등에 관한 내용을 확인할 수 있도록 협조하지 아니한 경우
18. 제39조를 위반하여 장부를 기록·보존하지 아니하거나 거짓으로 기재한 경우
19. 제41조제1항 및 제2항에 따른 보고·자료제출을 거부하거나 거짓으로 한 경우 또는 출입·검사 등을 거부·방해하거나 기피한 경우

② 제1항에 따른 행정처분의 세부기준, 그 밖에 필요한 사항은 환경부령으로 정한다.

제33조【과징금 처분】 ① 시장·군수·구청장은 가축분뇨관련영업자가 제32조제1항제4호부터 제14호까지 및 제16호부터 제19호까지의 어느 하나에 해당하여 영업정지처분을 하여야 하는 경우로서 그 영업정지처분이 해당 영업의 이용자에게 심한 불편을 주거나 환경오염 등을 초래할 우려가 있는 때에는 그 영업정지처분을 갈음하여 1억원 이하의 과징금을 부과·징수할 수 있다.
② 제1항에 따라 과징금을 부과하는 위반행위의 종류, 시설규모, 위반 횟수 등에 따른 과징금의 금액, 그 밖에 필요한 사항은 대통령령으로 정한다.
③ 시장·군수·구청장은 제1항에 따라 과징금의 부과처분을 받은 자가 납부기한까지 과징금을 내지 아니하면 「지방행정제재·부과금의 징수 등에 관한 법률」에 따라 징수한다.(2020.3.24 본항개정)
④ 제1항에 따라 징수한 과징금은 환경보전사업의 용도로만 사용하여야 한다.

제34조【처리시설 설계·시공업의 등록 등】 ① 처리시설의 설계·시공업(이하 "설계·시공업"이라 한다)을 하려는 자로서 제16조제1항제2호부터 제4호까지 외의 자는 대통령령으로 정하는 기준에 따른 시설·장비 및 기술능력을 갖추어 시장·군수·구청장에게 등록하여야 한다.
② 제1항에 따라 등록한 사항을 변경하려는 때에는 환경부령으로 정하는 기준에 따라 변경등록 또는 변경신고를 하여야 한다.
③ 시장·군수·구청장은 제2항에 따른 변경신고를 받은 날부터 10일 이내에 신고수리 여부를 신고인에게 통지하여야 한다.(2021.4.13 본항신설)
④ 시장·군수·구청장이 제3항에서 정한 기간 내에 신고수리 여부 또는 민원 처리 관련 법령에 따른 처리기간의 연장을 신고인에게 통지하지 아니하면 그 기간(민원 처리 관련 법령에 따라 처리기간이 연장 또는 재연장된 경우에는 해당 처리기간을 말한다)이 끝난 날의 다음 날에 신고를 수리한 것으로 본다.(2021.4.13 본항신설)
⑤ 제1항 및 제2항에 따른 등록·변경등록 또는 변경신고의 방법 및 절차 등에 필요한 사항은 환경부령으로 정한다.
⑥ 제1항에 따라 설계·시공업의 등록을 한 자(이하 "설계·시공업자"라 한다)는 다른 사람에게 자기의 상호 또는 성명을 사용하여 설계·시공업을 하게 하거나 등록증을 빌려주어서는 아니 된다.
⑦ 설계·시공업자의 지위의 승계 및 결격사유에 관하여는 제29조 및 제31조를 각각 준용한다.
⑧ 도급받은 공사에 대한 하도급의 범위 등 설계·시공업자의 준수사항, 그 밖의 필요한 사항은 환경부령으로 정한다.
⑨ 설계·시공업자는 그 설계·시공행위가 「건설산업기본법」 제2조제4호에 따른 건설공사에 해당되는 경우에는 같은 법 제8조제1항 및 제9조제1항에도 불구하고 이를 설계·시공할 수 있다.

제35조【등록의 취소 등】 ① 시장·군수·구청장은 설계·시공업자가 다음 각 호의 어느 하나에 해당하는 경우에는 그 등록을 취소하거나 6개월 이내의 기간을 정하여 그 영업의 전부 또는 일부의 정지를 명할 수 있다. 다만, 제1호·제2호 또는 제8호에 해당하는 경우에는 등록을 취소하여야 한다.
1. 거짓, 그 밖의 부정한 방법으로 등록을 한 경우
2. 영업정지기간 중에 신규계약을 체결하여 영업을 한 경우
3. 처리시설의 설계 또는 시공을 부실하게 하거나 제34조제8항에 따른 준수사항을 지키지 아니한 경우(2021.4.13 본호개정)
4. 제34조제1항에 따른 등록기준에 미달하게 된 경우
5. 제34조제1항에 따라 등록을 한 후 1년 이내에 영업을 시작하지 아니하거나 정당한 사유 없이 계속하여 1년 이상 휴업한 경우
6. 제34조제2항에 따른 변경등록 또는 변경신고를 하지 아니하고 영업을 하거나 부정한 방법으로 변경등록 또는 변경신고를 한 경우
7. 제34조제6항을 위반하여 다른 사람에게 자기의 상호 또는 성명을 사용하여 영업을 하게 하거나 등록증을 빌려 준 경우(2021.4.13 본호개정)
8. 제34조제7항에 따라 준용되는 제31조제1호부터 제3호까지 또는 제5호에 해당하는 경우. 다만, 임원 중 제31조제1호부터 제4호까지에 해당되는 자가 있는 경우 6개월 이내에 해당 임원을 개임한 때에는 그러하지 아니하다.(2021.4.13 본문개정)
9. 제41조제1항 및 제2항에 따른 보고·자료제출을 거부하거나 거짓으로 한 경우 또는 출입·검사 등을 거부·방해하거나 기피한 경우

② 제1항에 따른 행정처분의 세부기준, 그 밖에 필요한 사항은 환경부령으로 정한다.

제36조【설계·시공업자의 계속공사】 ① 제35조에 따라 등록취소 또는 영업정지의 처분을 받은 설계·시공업자는 그 처분 전에 체결한 계약분에 한정하여 그 공사의 설계·시공을 계속할 수 있다.
② 제1항에 따라 설계·시공업자가 계속하는 공사의 감리 등을 위하여 시장·군수·구청장은 환경부령으로 정하는 자격이 있는 자를 시공감리자로 지정하여 공사를 감리·감독하게 할 수 있다.
③ 설계·시공업자가 등록취소처분을 받은 후 제1항에 따라 설계·시공을 계속하는 경우에는 해당 공사의 설계·시공을 완성할 때까지는 그를 설계·시공업자로 본다.

제37조【처리시설의 기술관리인】 ① 대통령령으로 정하는 일정한 규모 이상의 처리시설을 설치·운영하는 자는 기술업무를 담당하게 하기 위하여 기술관리인을 두어야 한다. 다만, 다음 각 호의 어느 하나에 해당하는 경우에는 그러하지 아니하다.
1. 제28조제1항제3호에 따른 가축분뇨시설관리업의 허가를 받은 자에게 해당 처리시설의 관리를 위탁한 경우
2. 「물환경보전법」 제47조에 따른 환경기술인이 선임된 사업장의 경우(2017.1.17 본호개정)

② 제1항에 따른 기술관리인의 자격기준 및 준수사항 등에 필요한 사항은 환경부령으로 정한다.

제7장 보 칙
(2014.3.24 본장개정)

제37조의2【가축분뇨 등에 관한 전자인계관리시스템의 구축·운영】 ① 환경부장관은 제37조의3에 따른 가축분뇨 또는 액비의 관리업무를 효율적으로 처리하기 위한 전자인계관리시스템을 구축·운영하여야 한다.
② 환경부장관은 배출시설설치·운영자, 처리시설설치·운영자, 재활용신고자, 가축분뇨관련영업자 및 공공처리시설설치자등이 제11조제2항 및 제3항에 따른 변경허가 신청·변경신고 또는 제39조에 따른 장부기록 등 대통령령으로 정하는 업무에 관한 내용도 전자인계관리시스템으로 처리할 수 있도록 하여야 한다.
③ 환경부장관은 제37조의3제1항에 따라 입력된 가축분뇨 또는 액비의 인계·인수, 처리 또는 살포에 관한 내용과 제2항에 따라 입력된 기록(이하 "전산기록"이라 한다)을 입력된 날부터 3년간 보존하여야 한다.
④ 환경부장관은 해당 가축분뇨 및 액비의 배출자, 수집·운반자, 처리자 또는 살포자와 관계 시·도지사 또는 시장·군수·구청장이 전산기록을 검색·확인하거나 출력할 수 있도록 하여야 한다.
⑤ 농림축산식품부장관, 시·도지사, 시장·군수·구청장과 환경부령으로 정하는 자는 환경부장관에게 전자인계관리시스템으로 관리하는 자료의 제공을 요청할 수 있다. 이 경우 환경부장관은 해당 자료를 환경부령으로 정하는 기간 이내에 제공하여야 한다.
⑥ 환경부장관은 제2항·제4항·제5항 및 제37조의3에 따라 전자인계관리시스템을 이용하는 자로부터 해당 정보의 처리에 필요한 비용의 전부 또는 일부를 징수할 수 있다.
(2014.3.24 본조신설)

제37조의3【가축분뇨 등의 전자인계 관리 등】 ① 대통령령으로 정하는 가축분뇨 또는 액비를 배출, 수집·운반, 처리 또는 살포하는 자는 그 가축분뇨 또는 액비를 배출, 수집·운반, 처리 또는 살포하는 경우 환경부령으로 정하는 바에 따라 전자인계관리시스템의 운용 방법, 절차 등 운영 관리에 관한 사항을 준수하여야 한다.
② 제1항에 따른 가축분뇨 또는 액비를 수집·운반·살포하는 자는 가축분뇨 또는 액비를 수집·운반하는 중에 관계 행정기관이나 그 소속 공무원이 요구하는 때에는 전자인계관리시스템에 입력된 가축분뇨 또는 액비의 인계·인수, 처리 또는 살포에 관한 내용을 확인할 수 있도록 협조하여야 한다.
(2014.3.24 본조신설)

제38조【가축분뇨업무담당자의 교육】 ① 다음 각 호의 어느 하나에 해당하는 자는 그가 고용하고 있는 자 중 기술업무를 담당하는 자(이하 "가축분뇨업무담당자"라 한다)에 대하여 환경부령으로 정하는 바에 따라 시·도지사, 특별자치시장 또는 특별자치도지사가 실시하는 교육을 받게 하여야 한다.
1. 제37조제1항에 따라 기술관리인을 두어야 하는 처리시설 설치·운영자(2018.10.16 본호개정)
2. 가축분뇨관련영업자
3. 설계·시공업자

② 시·도지사, 특별자치시장 또는 특별자치도지사는 환경부령으로 정하는 바에 따라 가축분뇨업무담당자를 고용한 자로부터 제1항에 따른 교육에 드는 경비를 징수할 수 있다.
③ 가축분뇨업무담당자의 구체적인 범위 등은 환경부령으로 정한다.

제38조의2【축산환경관리원의 설립·운영】 ① 농림축산식품부장관은 축산업자의 친환경적인 가축사육환경 조성 및 가축분뇨의 자원화를 통한 이용촉진을 효율적으로 수행하기 위하여 축산환경관리원(이하 "관리원"이라 한다)을 둔다. 다만, 제4항에 따른 관리원의 사업에 대하여는 환경부장관과 협의하여야 한다.
② 관리원은 법인으로 한다.
③ 관리원은 그 주된 사무소의 소재지에 설립 등기를 함으로써 성립한다.
④ 관리원은 다음 각 호에 해당하는 사업을 한다.
1. 배출시설설치자 또는 처리시설설치자가 설치한 시설에 대한 설치·운영 관련 컨설팅 업무
2. 배출시설설치자 또는 처리시설설치자에 대한 지도 및 교육 업무
3. 제9조에 따른 환경친화축산농장 지원 업무
4. 제20조에 따른 퇴비·액비의 품질관리에 관한 업무
5. 제23조에 따른 가축분뇨의 수거·자원화, 퇴비·액비 유통 등 통합관리 업무
6. 제43조에 따른 처리시설 및 처리기술의 평가
7. 국가, 지방자치단체 또는 그 밖의 단체로부터 위탁 받은 사업
8. 제1호부터 제7호까지의 사업에 딸린 업무로서 정관으로 정하는 사업
9. 그 밖에 관리원의 목적 달성을 위하여 필요하다고 농림축산식품부장관 또는 환경부장관이 인정하는 사업

⑤ 농림축산식품부장관 또는 환경부장관은 제4항의 사업 수행에 필요한 비용의 전부 또는 일부를 지원할 수 있다.
⑥ 관리원에 관하여 이 법에서 규정한 것 외에는 「민법」 중 재단법인에 관한 규정을 준용한다.
⑦ 농림축산식품부장관 또는 환경부장관은 대통령령으로 정하는 바에 따라 관리원에 대하여 관리 및 감독을 할 수 있다.
(2014.3.24 본조신설)

제39조【장부의 기록·보존】 배출시설설치·운영자, 처리시설설치·운영자, 재활용신고자, 가축분뇨관련영업자 및 공공처리시설설치자등은 환경부령으로 정하는 바에 따라 장부를 갖추어 두고 다음 각 호의 사항을 기록·보존하여야 한다. 이 경우 그 보존기간은 기록을 한 날부터 3년으로 한다.
1. 가축분뇨의 배출량 및 처리량
2. 가축분뇨의 수집장소·수집량 및 처리 상황
3. 처리시설의 운영 상황 등

제40조【휴업·폐업 등의 신고 등】 가축분뇨관련영업자 또는 설계·시공업자는 그 영업을 휴업·폐업하거나 재개업할 때에는 환경부령으로 정하는 바에 따라 허가받거나 신고하여야 한다.

제41조【보고·검사】 ① 환경부장관, 농림축산식품부장관(제1호의 경우에 한정한다. 이하 이 조에서 같다), 시·도지사 또는 시장·군수·구청장은 다음 각 호의 어느 하나에 해당하는 자로 하여금 필요한 보고를 하게 하거나 자료를 제출하게 할 수 있다.
1. 배출시설설치·운영자 또는 처리시설설치·운영자
2. 공공처리시설설치자등
3. 제27조에 따른 재활용시설의 설치·운영자
4. 가축분뇨관련영업자
5. 설계·시공업자

② 환경부장관, 농림축산식품부장관, 시·도지사 또는 시장·군수·구청장은 제1항 각 호의 어느 하나에 해당하는 자에 대하여 가축분뇨의 처리 실태 등을 확인하기 위하여 관계 공무원으로 하여금 그 시설 또는 사업장 등에

출입하여 관계 서류나 시설·장비 등을 검사하게 하거나 방류수수질기준, 퇴비액비화기준, 공정규격 또는 고체연료기준의 준수 여부를 확인하기 위하여 방류수의 수질, 퇴비·액비 또는 가축분뇨 고체연료의 검사 등을 실시하게 할 수 있다.(2015.12.1 본항개정)

③ 배출시설설치·운영자, 처리시설설치·운영자, 재활용신고자, 가축분뇨관련영업자, 공공처리시설설치자등, 그 밖의 관계인은 정당한 사유 없이 제1항 및 제2항에 따른 보고, 출입, 검사를 거부·방해 또는 기피하여서는 아니 된다.

④ 제2항에 따라 출입·검사하는 공무원은 그 권한을 표시하는 증표를 지니고 이를 관계인에게 보여주어야 한다.

제42조【국고보조】 ① 국가는 예산의 범위에서 지방자치단체 또는 농협조합에 공공처리시설 설치에 필요한 비용의 전부 또는 일부를 보조할 수 있다.

② 국가는 예산의 범위에서 가축분뇨의 자원화 확대 및 친환경 축산 기반의 조성을 위하여 축산업자·경작농가 등에 필요한 비용의 전부 또는 일부를 보조할 수 있다.

제43조【처리시설 및 처리기술의 평가】 ① 농림축산식품부장관은 가축분뇨의 처리에 필요한 관련 정보를 제공하기 위하여 처리시설 및 관련 기술 등을 평가하여 축산업자 등에게 제공할 수 있다.

② 농림축산식품부장관은 제1항에 따른 평가 방법 및 절차 등에 관한 세부지침을 정하여 운영하여야 한다.

③ 시장·군수·구청장 또는 생산자단체는 제1항에 따라 평가를 실시하는 경우에는 관련 인력 및 장비지원 등에 적극 협조하여야 한다.

제44조【가축분뇨관리 및 처리 실적의 보고】 ① 시·도지사 또는 시장·군수·구청장은 대통령령으로 정하는 바에 따라 매년 관할구역에서의 가축분뇨의 관리 및 처리 실적을 다음 해 2월 말까지 환경부장관에게 보고하여야 한다. 이 경우 보고를 받은 환경부장관은 농림축산식품부장관에게 그 내용을 통보하여야 한다.

② 환경부장관 또는 농림축산식품부장관은 이 법 시행에 필요한 범위에서 시·도지사 또는 시장·군수·구청장으로 하여금 가축분뇨 업무와 관련된 지도·단속 실적을 보고하게 할 수 있다.

제45조【수수료】 다음 각 호의 어느 하나에 해당하는 허가 또는 변경허가를 받거나 등록·변경등록 또는 신고를 하려는 자는 환경부령으로 정하는 바에 따라 수수료를 내야 한다.

1. 제11조제1항 또는 제2항에 따른 배출시설의 허가 또는 변경허가
2. 제11조제3항에 따른 배출시설의 신고
3. 제27조제1항에 따른 재활용의 신고
4. 제28조제1항에 따른 가축분뇨관련영업의 허가 또는 변경허가
5. 제34조에 따른 설계·시공업의 등록 또는 변경등록

제46조【청문】 농림축산식품부장관, 환경부장관, 시·도지사 또는 시장·군수·구청장은 그 권한의 구분에 따라 다음 각 호의 어느 하나에 해당하는 처분을 하려면 청문을 하여야 한다.

1. 제9조제4항에 따른 환경친화축산농장 지정의 취소
2. 제18조에 따른 배출시설의 설치허가·변경허가의 취소 또는 폐쇄명령
3. 제27조제6항에 따른 재활용시설의 폐쇄명령 (2021.4.13 본호개정)
4. 제32조에 따른 가축분뇨관련영업 허가의 취소
5. 제35조에 따른 설계·시공업 등록의 취소

제47조【권한 또는 업무의 위임·위탁】 ① 농림축산식품부장관 또는 환경부장관은 이 법에 따른 권한의 일부를 대통령령으로 정하는 바에 따라 지방환경관서의 장, 국립환경과학원장, 시·도지사, 시장·군수·구청장 또는 농촌진흥청장에게 위임하거나 관리원의 장에게 위탁할 수 있다.

② 환경부장관은 제37조의2에 따른 가축분뇨 등에 관한 전자인계관리시스템의 구축·운영 업무의 일부를 대통령령으로 정하는 관계 전문기관에 위탁할 수 있다.

제8장 벌　칙

(2014.3.24 본장개정)

제48조【벌칙】 다음 각 호의 어느 하나에 해당하는 자는 5년 이하의 징역 또는 5천만원 이하의 벌금에 처한다.

1. 제11조제1항에 따른 허가를 받지 아니한 자 또는 거짓, 그 밖의 부정한 방법으로 허가를 받은 자로서 제10조제1항을 위반하여 가축분뇨 또는 퇴비·액비를 공공수역에 유입시키거나 제17조제1항 각 호의 어느 하나에 해당하는 행위를 한 자
2. 제18조에 따른 폐쇄명령을 이행하지 아니한 자
3. 제24조에 따라 설치한 공공처리시설을 파손하거나 그 기능에 장해를 주어 가축분뇨를 처리할 수 없게 방해한 자
4. 공공처리시설설치자등으로서 제25조제9항제4호부터 제7호까지에 해당하는 행위를 한 자(2015.12.1 본호개정)
5. 재활용신고자로서 제27조제6항에 따른 폐쇄명령을 이행하지 아니한 자(2021.4.13 본호개정)
6. 제28조제1항에 따라 가축분뇨관련영업의 허가를 받지 아니한 자로서 제10조제1항을 위반하여 가축분뇨 또는 퇴비·액비를 공공수역에 유입시키거나 제17조제1항 각 호의 어느 하나에 해당하는 행위를 한 자

제49조【벌칙】 다음 각 호의 어느 하나에 해당하는 자는 2년 이하의 징역 또는 2천만원 이하의 벌금에 처한다.

1. 제11조제1항 또는 제2항에 따른 허가 또는 변경허가를 받지 아니하거나 거짓, 그 밖의 부정한 방법으로 허가 또는 변경허가를 받아 배출시설을 설치·변경하거나 그 배출시설을 이용하여 가축을 사육한 자 또는 위탁사육한 자
2. 제11조제1항에 따른 허가를 받은 자로서 제10조제1항을 위반하여 가축분뇨 또는 퇴비·액비를 공공수역에 유입시키거나 제17조제1항 각 호의 어느 하나에 해당하는 행위를 한 자
3. 제11조제1항 또는 제2항에 따른 허가 또는 변경허가를 받은 자로서 제12조를 위반하여 처리시설을 설치 또는 변경하지 아니하고 배출시설을 사용한 자
4. 제11조제3항을 위반하여 신고를 하지 아니한 자로서 제10조제1항을 위반하여 가축분뇨 또는 퇴비·액비를 공공수역에 유입시키거나 제17조제1항 각 호의 어느 하나에 해당하는 행위를 한 자
5. 제15조에 따른 준공검사를 받지 아니하고 제10조제1항을 위반하여 가축분뇨 또는 퇴비·액비를 공공수역에 유입시키거나 제17조제1항 각 호의 어느 하나에 해당하는 행위를 한 자
6. 제18조에 따른 사용중지명령을 이행하지 아니한 자
7. 제27조제1항을 위반하여 신고를 하지 아니하거나 거짓으로 신고를 하고 재활용을 한 자, 신고하지 아니한 재활용시설을 운영한 자 또는 신고하지 아니한 재활용시설을 사용할 목적으로 가축분뇨를 수집한 자
8. 제27조제6항에 따른 처리금지명령을 이행하지 아니한 자(2021.4.13 본호개정)
9. 제28조제1항에 따른 가축분뇨관련영업의 허가를 받지 아니하거나 거짓, 그 밖의 부정한 방법으로 허가를 받아 가축분뇨관련영업을 한 자
10. 가축분뇨관련영업자로서 제10조제1항을 위반하여 가축분뇨 또는 퇴비·액비를 공공수역에 유입시키거나 제17조제1항 각 호의 어느 하나에 해당하는 행위를 한 자
11. 가축분뇨관련영업자 또는 설계·시공업자로서 제32조 또는 제35조에 따른 영업정지기간 중에 영업을 한 자
12. 제34조에 따른 등록을 하지 아니하거나 거짓, 그 밖의 부정한 방법으로 등록을 하여 설계·시공업을 한 자

제50조【벌칙】 다음 각 호의 어느 하나에 해당하는 자는 1년 이하의 징역 또는 1천만원 이하의 벌금에 처한다.

1. 제8조제3항에 따른 축사의 이전 등 조치명령을 이행하지 아니한 자
2. 제10조제2항에 따른 조치명령을 이행하지 아니한 자
3. 제11조제1항에 따른 허가를 받지 아니하거나 거짓, 그 밖의 부정한 방법으로 허가를 받은 자로서 업무상 과실로 제10조제1항을 위반하여 가축분뇨 또는 퇴비·액비를 공공수역에 유입시킨 자
4. 제11조제3항을 위반하여 신고를 하지 아니하거나 거짓, 그 밖의 부정한 방법으로 신고를 하고 그 배출시설을 설치하거나 그 배출시설을 이용하여 가축을 사육한 자 또는 위탁사육한 자
5. 제11조제3항에 따른 신고를 한 자 또는 퇴비·액비를 살포한 자로서 제10조제1항을 위반하여 가축분뇨 또는 퇴비·액비를 공공수역에 유입시키거나 제17조제1항 각 호의 어느 하나에 해당하는 행위를 한 자 (2015.12.1 본호개정)
6. 제11조제1항에 따른 허가를 받은 자, 제15조를 위반하여 준공검사를 받지 아니한 자 또는 가축분뇨관련영업자로서 업무상 과실로 제10조제1항을 위반하여 가축분뇨 또는 퇴비·액비를 공공수역에 유입시킨 자 또는 가축분뇨관련영업자로서 업무상 과실로 제17조제1항 각 호의 어느 하나에 해당하는 행위를 한 자
7. 배출시설설치·운영자, 처리시설설치·운영자 및 퇴비·액비를 살포하는 자로서 제17조제5항에 따른 개선명령을 이행하지 아니한 자(제51조제3호의 자는 제외한다)(2021.4.13 본호개정)
8. 제11조제2항 또는 제3항에 따른 신고 또는 변경신고를 한 자로서 제12조에 따른 처리시설을 설치 또는 변경하지 아니하고 배출시설을 사용한 자
9. 제11조제3항에 따른 신고를 하지 아니하거나 거짓으로 신고를 한 자로서 업무상 과실로 인하여 제10조제1항을 위반하여 가축분뇨 또는 퇴비·액비를 공공수역에 유입시킨 자
10. 제25조제10항에 따른 시설의 개선 등 조치명령을 이행하지 아니한 자
11. 재활용신고자로서 제10조제1항을 위반하여 가축분뇨 또는 퇴비·액비를 공공수역에 유입시키거나 제17조제1항 각 호의 어느 하나에 해당하는 행위를 한 자
12. 제27조제5항에 따른 개선명령을 이행하지 아니한 자 (2021.4.13 본호개정)
13. 제28조제1항을 위반하여 가축분뇨관련영업의 변경허가를 받지 아니하거나 거짓으로 변경허가를 받아 가축분뇨관련영업을 한 자
14. 제28조제6항을 위반하여 다른 사람에게 자기의 상호 또는 성명을 사용하여 가축분뇨관련영업을 하게 하거나 허가증을 빌려 준 자
15. 제34조제2항을 위반하여 변경등록을 하지 아니하거나 거짓으로 변경등록을 하여 설계·시공업을 한 자
16. 제34조제6항을 위반하여 다른 사람에게 자기의 상호 또는 성명을 사용하여 설계·시공업을 하게 하거나 등록증을 빌려준 자(2021.4.13 본호개정)

제51조【벌칙】 다음 각 호의 어느 하나에 해당하는 자는 300만원 이하의 벌금에 처한다.

1. 제7조의2제4항을 위반하여 토지에의 출입 또는 사용을 거부·방해한 자
2. 제11조제3항에 따른 신고를 한 자, 재활용신고자 또는 퇴비·액비를 살포한 자로서 업무상 과실로 제10조제1항을 위반하여 가축분뇨 또는 퇴비·액비를 공공수역에 유입시키거나 제17조제1항 각 호의 어느 하나에 해당하는 행위를 한 자(2015.12.1 본호개정)
3. 제11조제3항에 따른 신고를 한 자 또는 그의 배출시설·처리시설을 운영하는 자로서 제17조제5항에 따른 개선명령을 이행하지 아니한 자(2021.4.13 본호개정)
4. 제15조에 따른 준공검사를 받지 아니하고 그 배출시설·처리시설을 사용한 자
5. 다음 각 목의 어느 하나에 해당하지 아니하는 자로서 제10조제1항을 위반하여 가축분뇨 또는 퇴비·액비를 공공수역에 유입시킨 자
   가. 제11조제1항 또는 제3항에 따라 배출시설의 설치허가를 받거나 신고를 하여야 하는 자
   나. 퇴비·액비를 살포하는 자(2015.12.1 본목신설)
   다. 제27조제1항에 따른 신고를 하여야 하는 자
   라. 제28조제1항에 따른 가축분뇨관련영업의 허가를 받아야 하는 자
6. 제27조제4항에 따른 설치 및 운영 기준을 위반하여 재활용시설을 설치·운영한 자(2021.4.13 본호개정)
7. 제30조제2항을 위반하여 가축분뇨관련영업자의 가축분뇨의 수집·운반·처리 및 시설관리의 기준과 준수사항을 지키지 아니한 자
8. 제37조제1항을 위반하여 기술관리인을 두지 아니한 자
9. 제37조의3제2항을 위반하여 관계 행정기관이나 그 소속 공무원이 요구하여도 인계·인수, 처리 또는 살포에 관한 내용을 확인할 수 있도록 협조하지 아니한 자
10. 제41조제3항을 위반하여 관계 공무원의 출입·검사를 거부·방해 또는 기피한 자

제52조【양벌규정】 법인의 대표자나 법인 또는 개인의 대리인, 사용인, 그 밖의 종업원이 그 법인 또는 개인의 업무에 관하여 제48조부터 제51조까지의 어느 하나에 해당하는 위반행위를 하면 그 행위자를 벌하는 외에 그 법인 또는 개인에게도 해당 조문의 벌금형을 과(科)한다. 다만, 법인 또는 개인이 그 위반행위를 방지하기 위하여 해당 업무에 관하여 상당한 주의와 감독을 게을리하지 아니한 경우에는 그러하지 아니하다.

제53조【과태료】 ① 다음 각 호의 어느 하나에 해당하는 자에게는 1천만원 이하의 과태료를 부과한다.

1. 제11조제1항에 따른 허가를 받아 처리시설을 설치한 자로서 방류수수질기준을 위반하여 방류하거나 퇴비액비화기준에 맞지 아니하게 퇴비 또는 액비를 생산한 자
2. 공공처리시설설치자등으로서 방류수수질기준을 위반하여 방류하거나 퇴비액비화기준에 맞지 아니하게 퇴비 또는 액비를 생산한 자
3. 가축분뇨처리업자로서 방류수수질기준을 위반하여 방류하거나 퇴비액비화기준에 맞지 아니하게 퇴비 또는 액비를 생산한 자

② 다음 각 호의 어느 하나에 해당하는 자에게는 500만원 이하의 과태료를 부과한다.

1. 제11조제3항에 따른 신고를 하고 처리시설을 설치한 자로서 방류수수질기준을 위반하여 방류하거나 퇴비액비화기준에 맞지 아니하게 퇴비 또는 액비를 생산한 자
2. 제11조에 따른 허가를 받거나 신고를 하고 처리시설을 설치한 자, 제24조에 따른 공공처리시설설치자등 또는 제28조에 따른 가축분뇨처리업자로서 제13조의2제2항에 따른 고체연료기준에 맞지 아니하게 가축분뇨 고체연료를 생산한 자(2015.12.1 본호신설)
3. 제15조의2를 위반하여 가축분뇨 고체연료의 사용 등 신고를 하지 아니한 자(2015.12.1 본호신설)
4. 제16조를 위반하여 처리시설의 설계 또는 시공을 하게 한 자

③ 다음 각 호의 어느 하나에 해당하는 자에게는 100만원 이하의 과태료를 부과한다.

1. 제11조제2항 또는 제3항에 따른 변경신고를 하지 아니하거나 거짓, 그 밖의 부정한 방법으로 변경신고를 하고 배출시설을 변경하거나 그 배출시설을 사용한 자
2. 제12조의2제1항부터 제3항까지에 따른 처리시설의 설치기준 등에 적합하지 아니하게 처리시설을 설치하거나 그 처리시설을 사용한 자
3. 제12조의2제4항에 따른 설치명령을 이행하지 아니한 자
4. 제14조제3항·제29조제4항(제34조제7항에서 준용하는 경우를 포함한다)에 따른 승계신고를 하지 아니한 자
5. 제17조제4항에 따른 관리기준에 적합하지 아니하게 배출시설·처리시설을 설치·운영한 자

(2021.4.13 4호~5호개정)

6. 제25조제2항에 따른 조치명령을 이행하지 아니한 자
7. 공공처리시설설치자등으로서 제25조제6항을 위반하여 방류수수질의 자가측정, 퇴비·액비 또는 가축분뇨

고체연료의 성분검사를 실시하지 아니하거나 검사에 관한 기록을 보존하지 아니한 자(2015.12.1 본호개정)
8. 공공처리시설을 설치·운영하는 자 또는 축산농가로서 제26조제2항에 따른 기준을 위반하여 가축분뇨를 수집·운반 또는 처리한 자
9. 제27조제2항에 따른 변경신고를 하지 아니하거나 거짓으로 변경신고를 하고 재활용을 한 자 또는 그 재활용시설을 운영하거나 재활용의 목적으로 가축분뇨를 수집한 자
10. 제28조제1항 또는 제34조제2항에 따른 변경신고를 하지 아니하거나 거짓으로 변경신고를 한 자
11. 제28조제5항에 따른 영업구역을 벗어나 가축분뇨수집·운반업을 하거나 그 밖에 필요한 조건을 위반한 자
12. 제34조제8항에 따른 설계·시공업자의 준수사항을 위반한 자(2021.4.13 본호개정)
13. 제37조제2항에 따른 준수사항을 위반한 자
14. 제37조의3제1항에 따른 전자인계관리시스템에 운용 방법, 절차 등 운영관리에 관한 사항을 준수하지 아니한 자
15. 정당한 사유 없이 제38조제1항을 위반하여 가축분뇨업무담당자에게 교육을 받게 하지 아니한 자
16. 제39조를 위반하여 같은 조 각 호의 사항을 기록·보존하지 아니하거나 거짓으로 기록한 자
17. 제40조를 위반하여 휴업·폐업 또는 재개업의 허가를 받지 아니하거나 신고를 하지 아니한 자
18. 제41조제1항에 따른 보고·자료제출을 하지 아니하거나 거짓으로 한 자

④ 제1항부터 제3항까지의 규정에 따른 과태료는 대통령령으로 정하는 바에 따라 시·도지사 또는 시장·군수·구청장이 부과·징수한다.

부 칙 (2014.3.24)

제1조【시행일】 이 법은 공포 후 1년이 경과한 날부터 시행한다. 다만, 제8조, 제10조, 제17조제1항제5호 및 제31조제1호의 개정규정과 제48조제1호·제6호, 제49조제2호·제4호·제5호·제10호, 제50조제2호·제3호·제5호·제6호·제9호·제11호, 제51조제2호·제5호 및 제52조의 개정규정 중 제10조 및 제17조제1항제5호의 개정규정과 관련된 부분은 공포한 날부터 시행하고, 제32조제16호·제17호, 제37조의2, 제37조의3, 제51조제9호 및 제53조제3항제14호의 개정규정은 2017년 1월 1일부터 시행한다.

제2조【종전의 공동처리시설에 관한 적용례 및 경과조치】 ① 제12조제2항의 개정규정은 이 법 시행 후에 허가를 받거나 신고하는 배출시설의 설치에 따른 공동처리시설을 새로 설치하는 경우부터 적용한다.

② 이 법 시행 당시 허가를 받거나 신고한 배출시설의 설치에 따라 설치하였거나 설치 중인 공동처리시설에 대해서는 제12조제2항의 개정규정에도 불구하고 종전의 규정에 따른다.

제3조【지위승계에 따른 신고에 관한 적용례】 제14조제3항 및 제29조제4항의 개정규정(제34조제5항의 개정규정에 따라 준용되는 경우를 포함한다)은 이 법 시행 후 그 지위를 승계하는 자부터 적용한다.

제4조【처리시설의 준공검사에 관한 적용례 및 경과조치】 ① 제15조의 개정규정은 이 법 시행 후 설치가 완료되는 처리시설부터 적용한다.

② 이 법 시행 당시 재활용신고자 또는 가축분뇨처리업자가 설치하여 운영 중인 처리시설은 제15조의 개정규정에 따라 준공검사를 받은 것으로 본다.

제5조【처리시설의 설계·시공에 관한 적용례】 제16조의 개정규정은 이 법 시행 후 설계·시공하는 처리시설부터 적용한다.

제6조【명령의 이행 보고 및 확인에 관한 적용례】 제18조의3의 개정규정(제27조제6항의 개정규정에 따라 준용되는 경우를 포함한다)은 이 법 시행 후 조치명령·개선명령·사용중지명령 또는 폐쇄명령을 받은 경우부터 적용한다.

제7조【전자인계관리시스템에 관한 적용례 및 특례】 ① 제37조의2 및 제37조의3의 개정규정은 같은 개정규정 시행 후 배출·수집·운반 또는 처리되는 가축분뇨 또는 액비부터 적용한다.

② 제37조의3의 개정규정에도 불구하고 제11조제3항의 개정규정에 따른 배출시설 신고자는 제37조의3의 개정규정 시행일부터 2년간 가축분뇨 또는 액비의 인계·인수 또는 처리에 관한 내용을 전자인계관리시스템에 입력하지 아니할 수 있다.

제8조【가축사육제한구역의 배출시설에 관한 특례】 시장·군수·구청장은 다음 각 호의 요건에 모두 해당하는 배출시설에 대하여 이 법 시행일부터 3년 이내에 제11조의 개정규정에 따라 허가신청을 하거나 신고하면 제8조 및 제18조의 개정규정에 따라 가축사육이 제한되고 있는 경우에도 설치 허가를 하거나 신고를 수리할 수 있다. 다만, 해당 지방자치단체가 다음 각 호의 요건에 모두 해당하는 배출시설에 대하여 이와 다른 특례를 조례로 정하는 경우에는 그에 따른다.
1. 제8조제1항제1호의 개정규정의 지역에 존재할 것
2. 이 법 시행 당시 가축사육제한구역의 지정·고시 이전부터 존재하는 배출시설로서 환경부장관이 정하여 고시하는 증거서류를 제출하여 그 사실을 증명할 수 있을 것
3. 배출시설이 이 법(제8조의 개정규정에 따른 가축사육의 제한을 제외한다. 이하 이 호에서 같다) 및 다른 법령을 위반하지 아니하였거나 허가신청 또는 신고 당시 이 법 및 다른 법령에 적합한 배출시설일 것

제9조【허가 또는 신고 위반 배출시설에 대한 폐쇄명령 등에 관한 특례】 ① 배출시설이 이 법 또는 다른 법률에 따라 설치가 금지된 장소에 위치하지 아니한 경우로서 2013년 2월 20일 이전에 허가나 신고 없이 설치한 배출시설 또는 변경허가나 변경신고 없이 변경한 배출시설의 설치자는 다음 각 호의 기간 내에 제11조의 개정규정에 따라 허가 또는 변경허가를 받거나 신고 또는 변경신고를 하여야 한다.
1. 환경부령으로 정하는 소규모 배출시설과 한센인 정착촌 내의 배출시설 : 4년
2. 제1호 외의 배출시설 : 3년

② 제1항의 배출시설에 대해서는 제18조의 개정규정 중 허가 또는 신고 없이 설치한 것을 이유로 하는 폐쇄명령에 관한 규정과 변경허가 또는 변경신고 없이 변경한 것을 이유로 하는 사용중지명령에 관한 규정을 이 법 시행일부터 제1항 각 호의 구분에 따른 기간 동안 각각 적용하지 아니한다.

③ 제1항에도 불구하고 제11조제2항·제3항의 개정규정에 따른 변경신고 대상시설 중 환경부령으로 정하는 규모 미만의 시설과 기한 동안 사용중지명령을 적용하지 아니할 수 있다.

제10조【위탁사육자에 대한 벌칙 적용에 관한 특례】 ① 배출시설이 이 법 또는 다른 법률에 따라 설치가 금지된 장소에 위치하지 아니한 경우로서 2013년 2월 20일 이전에 허가나 신고 없이 설치한 배출시설 또는 변경허가나 변경신고 없이 변경한 배출시설을 사용하여 위탁사육하는 자는 제49조제1호 및 제50조제4호를 다음 각 호의 구분에 따른 기간까지 적용하지 아니한다.
1. 환경부령으로 정하는 소규모 배출시설과 한센인 정착촌 내의 배출시설 : 2019년 3월 24일
2. 제1호 외의 배출시설 : 2018년 3월 24일

② 제1항에도 불구하고 제11조제2항 및 제3항의 규정에 따른 변경신고 대상시설 중 환경부령으로 정하는 규모 미만의 시설에 관하여는 환경부령으로 정하는 기간 동안 제49조제1호 및 제50조제4호를 적용하지 아니할 수 있다.
(2018.3.20 본항신설)
(2015.12.1 본조신설)

제10조의2【허가 또는 신고 위반 배출시설에 관한 경과조치 및 특례】 ① 시장·군수·구청장은 제11조, 부칙 제8조 및 부칙 제9조제1항에도 불구하고 해당 배출시설(개사육시설은 제외한다)의 설치자가 2018년 3월 24일(부칙 제9조제1항제1호에 해당하는 배출시설의 설치자는 환경부장관이 별도로 정하는 기한에 따른다)까지 환경부장관이 정하는 바에 따라 허가신청을 하거나 신고하면 환경부장관이 농림축산식품부장관과 협의하여 정하는 기간 이내에 설치허가를 하거나 신고를 수리할 수 있고, 그 기간 중에는 제18조의 규정 중 허가 또는 신고 없이 설치한 것을 이유로 하는 폐쇄명령에 관한 규정과 변경허가 또는 변경신고 없이 변경한 것을 이유로 하는 사용중지명령에 관한 규정을 각각 적용하지 아니한다.

② 부칙 제10조제1항에 해당하는 위탁사육자에 대하여 제1항에 따른 기간 동안 제49조제1호 및 제50조제4호를 각각 적용하지 아니한다.
(2018.3.20 본조신설)

제11조【가축사육구역의 지정·고시에 관한 경과조치】 이 법 시행 당시 시장·군수·구청장이 종전의 규정에 따라 지정한 가축사육제한구역은 제8조제1항의 개정규정에 따라 지정·고시한 가축사육제한구역으로 본다.

제12조【농협조합이 설치한 자원화시설에 관한 경과조치】 이 법 시행 당시 농협조합이 특별자치도지사 또는 시·도지사의 승인을 받아 시범적으로 설치하였거나 설치하는 자원화시설은 제24조제3항의 개정규정에 따라 설치승인을 받은 것으로 본다.

제13조【재활용신고자에 대한 경과조치】 이 법 시행 당시 종전의 규정에 따라 신고(바이오에너지시설의 신고는 제외한다)한 재활용신고자는 제27조의 개정규정에 따라 신고한 재활용신고자로 본다.

제14조【바이오에너지시설의 처리업 허가에 관한 경과조치】 이 법 시행 당시 종전의 제27조에 따라 재활용 신고를 하고 설치·운영하고 있는 바이오에너지시설은 제28조제1항제2호의 개정규정에 따라 가축분뇨처리업의 허가를 받은 것으로 본다. 다만, 이 법 시행 후 2년이 경과하는 날까지 제28조제1항의 개정규정에 따른 허가기준을 갖추어야 한다.

제15조【금치산자 등에 대한 경과조치】 제31조제1호의 개정규정에 따른 피성년후견인에는 법률 제10429호 민법 일부개정법률 부칙 제2조에 따라 금치산 또는 한정치산 선고의 효력이 유지되는 사람을 포함하는 것으로 본다.

제16조【가축분뇨업무담당자의 교육에 관한 경과조치】 종전의 규정에 따라 환경부장관이 실시하는 교육을 받은 자는 제38조의 개정규정에 따라 시·도지사, 특별자치시장 또는 특별자치도지사가 실시하는 교육을 받은 것으로 본다.

제17조【행정처분에 관한 경과조치】 이 법 시행 전의 위반행위에 대한 행정처분에 관하여는 종전의 규정에 따른다.

제18조【벌칙이나 과태료에 관한 경과조치】 이 법 시행 전의 위반행위에 대하여 벌칙이나 과태료를 적용할 때에는 종전의 규정에 따른다.

제19조【다른 법률의 개정】 ①~② ※(해당 법령에 가제정리 하였음)

제20조【다른 법령과의 관계】 이 법 시행 당시 다른 법령에서 종전의 「가축분뇨의 관리 및 이용에 관한 법률」의 규정을 인용한 경우에 이 법 가운데 그에 해당하는 규정이 있는 때에는 종전의 규정을 갈음하여 이 법의 해당 조항을 인용한 것으로 본다.

부 칙 (2015.12.1)

제1조【시행일】 이 법은 공포한 날부터 시행한다. 다만, 제2조제4호의2, 제8조제1항, 제13조의2제2항, 제15조제4항부터 제7항까지, 제15조의2, 제17조제1항제6호, 제18조의3제2항부터 제4항까지, 제25조제9항제3호, 제41조제2항, 제53조제2항제2호·제3호 및 같은 조 제3항제7호의 개정규정은 공포 후 6개월이 경과한 날부터 시행한다.

제2조【허가 및 신고 대상 배출시설에 관한 적용례 및 경과조치】 ① 제11조제1항 및 제3항의 개정규정은 이 법 시행 전에 종전의 규정에 따라 허가를 받거나 신고를 한 배출시설을 설치·운영하는 자에게는 적용하지 아니한다.

② 이 법 시행 당시 제11조제1항 및 제3항의 개정규정에 따라 새로이 허가를 받거나 신고를 하여야 하는 자는 이 법 시행 후 2016년 3월 24일까지 시장·군수·구청장에게 배출시설 설치허가를 받거나 신고를 하여야 하고, 이 법 시행 후 2017년 3월 24일까지 제12조의2의 기준에 맞게 처리시설을 설치하여야 한다.

③ 제2항에도 불구하고, 법률 제12516호 가축분뇨의 관리 및 이용에 관한 법률 일부개정법률 부칙 제8조 및 제9조를 적용받는 경우에는 환경부령으로 정하는 기간까지 배출시설 설치허가를 받거나 신고를 하여야 하고, 그 처리시설을 설치하여야 한다.

제3조【행정처분에 관한 경과조치】 이 법 시행 전의 위반행위에 대한 행정처분에 관하여는 종전의 규정에 따른다.

제4조【벌칙이나 과태료에 관한 경과조치】 이 법 시행 전의 위반행위에 대하여 벌칙이나 과태료를 적용할 때에는 종전의 규정에 따른다.

제5조【다른 법령과의 관계】 이 법 시행 당시 다른 법령에서 종전의 「가축분뇨의 관리 및 이용에 관한 법률」의 규정을 인용한 경우에 이 법 가운데 그에 해당하는 규정이 있는 때에는 종전의 규정을 갈음하여 이 법의 해당 조항을 인용한 것으로 본다.

부 칙 (2020.3.24)

제1조【시행일】 이 법은 공포한 날부터 시행한다.(이하 생략)

부 칙 (2020.5.26)

이 법은 공포한 날부터 시행한다.(이하 생략)

부 칙 (2021.4.13)

제1조【시행일】 이 법은 공포 후 6개월이 경과한 날부터 시행한다. 다만, 제11조제1항의 개정규정은 공포 후 1년이 경과한 날부터 시행하고, 제11조제5항의 개정규정은 공포한 날부터 시행한다.

제2조【배출시설 설치허가에 관한 적용례】 제11조제1항의 개정규정은 같은 개정규정 시행 이후 배출시설 설치허가를 신청하는 경우부터 적용한다.

제3조【처리시설 설계·시공업의 변경신고에 관한 적용례】 제34조제3항 및 제4항의 개정규정은 이 법 시행 이후 처리시설 설계·시공업의 변경신고를 하는 경우부터 적용한다.

제4조【다른 법률의 개정】 ①~② ※(해당 법령에 가제정리 하였음)

부 칙 (2022.12.31)

제1조【시행일】 이 법은 공포 후 1년이 경과한 날부터 시행한다.(이하 생략)

부 칙 (2023.8.16)

이 법은 2024년 1월 1일부터 시행한다.

福祉·勞動編

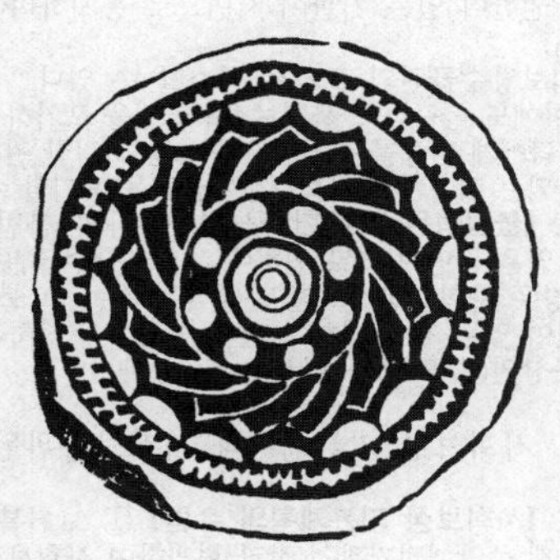

高句麗 平壤出土 숫막새(紋樣)

사회보장기본법

(2012년 1월 26일 전부개정법률 제11238호)

개정
2013. 3.23법11690호(정부조직)
2014.11.19법12844호(정부조직)
2015. 7.24법13426호(제주자치법)
2015.12.29법13650호
2017. 7.26법14839호(정부조직)
2018.12.11법15885호
2019.12. 3법16737호(사회보장급여의이용·제공및수급권자발굴에관한법)
2020. 4. 7법17202호 2021. 6. 8법18215호

제1장 총 칙

제1조【목적】 이 법은 사회보장에 관한 국민의 권리와 국가 및 지방자치단체의 책임을 정하고 사회보장정책의 수립·추진과 관련 제도에 관한 기본적인 사항을 규정함으로써 국민의 복지증진에 이바지하는 것을 목적으로 한다.
제2조【기본 이념】 사회보장은 모든 국민이 다양한 사회적 위험으로부터 벗어나 행복하고 인간다운 생활을 향유할 수 있도록 자립을 지원하며, 사회참여·자아실현에 필요한 제도와 여건을 조성하여 사회통합과 행복한 복지사회를 실현하는 것을 기본 이념으로 한다.
제3조【정의】 이 법에서 사용하는 용어의 뜻은 다음과 같다.
1. "사회보장"이란 출산, 양육, 실업, 노령, 장애, 질병, 빈곤 및 사망 등의 사회적 위험으로부터 모든 국민을 보호하고 국민 삶의 질을 향상시키는 데 필요한 소득·서비스를 보장하는 사회보험, 공공부조, 사회서비스를 말한다.
2. "사회보험"이란 국민에게 발생하는 사회적 위험을 보험의 방식으로 대처함으로써 국민의 건강과 소득을 보장하는 제도를 말한다.
3. "공공부조(公共扶助)"란 국가와 지방자치단체의 책임 하에 생활 유지 능력이 없거나 생활이 어려운 국민의 최저생활을 보장하고 자립을 지원하는 제도를 말한다.
4. "사회서비스"란 국가·지방자치단체 및 민간부문의 도움이 필요한 모든 국민에게 복지, 보건의료, 교육, 고용, 주거, 문화, 환경 등의 분야에서 인간다운 생활을 보장하고 상담, 재활, 돌봄, 정보의 제공, 관련 시설의 이용, 역량 개발, 사회참여 지원 등을 통하여 국민의 삶의 질이 향상되도록 지원하는 제도를 말한다.
5. "평생사회안전망"이란 생애주기에 걸쳐 보편적으로 충족되어야 하는 기본욕구와 특정한 사회위험에 의하여 발생하는 특수욕구를 동시에 고려하여 소득·서비스를 보장하는 맞춤형 사회보장제도를 말한다.
6. "사회보장 행정데이터"란 국가, 지방자치단체, 공공기관 및 법인이 법령에 따라 생성 또는 취득하여 관리하고 있는 자료 또는 정보로서 사회보장 정책 수행에 필요한 자료 또는 정보를 말한다.(2021.6.8 본호신설)

제4조【다른 법률과의 관계】 사회보장에 관한 다른 법률을 제정하거나 개정하는 경우에는 이 법에 부합되도록 하여야 한다.
제5조【국가와 지방자치단체의 책임】 ① 국가와 지방자치단체는 모든 국민의 인간다운 생활을 유지·증진하는 책임을 가진다.
② 국가와 지방자치단체는 사회보장에 관한 책임과 역할을 합리적으로 분담하여야 한다.
③ 국가와 지방자치단체는 국가 발전수준에 부응하고 사회환경의 변화에 선제적으로 대응하며 지속가능한 사회보장제도를 확립하고 매년 이에 필요한 재원을 조달하여야 한다.
④ 국가는 사회보장제도의 안정적인 운영을 위하여 중장기 사회보장 재정추계를 격년으로 실시하고 이를 공표하여야 한다.
제6조【국가 등과 가정】 ① 국가와 지방자치단체는 가정이 건전하게 유지되고 그 기능이 향상되도록 노력하여야 한다.
② 국가와 지방자치단체는 사회보장제도를 시행할 때에 가정과 지역공동체의 자발적인 복지활동을 촉진하여야 한다.
제7조【국민의 책임】 ① 모든 국민은 자신의 능력을 최대한 발휘하여 자립·자활(自活)할 수 있도록 노력하여야 한다.
② 모든 국민은 경제적·사회적·문화적·정신적·신체적으로 보호가 필요하다고 인정되는 사람에게 지속적인 관심을 가지고 이들이 보다 나은 삶을 누릴 수 있는 사회환경 조성에 서로 협력하고 노력하여야 한다.
③ 모든 국민은 관계 법령에서 정하는 바에 따라 사회보장급여에 필요한 비용의 부담, 정보의 제공 등 국가의 사회보장정책에 협력하여야 한다.
제8조【외국인에 대한 적용】 국내에 거주하는 외국인에게 사회보장제도를 적용할 때에는 상호주의의 원칙에 따르되, 관계 법령에서 정하는 바에 따른다.

제2장 사회보장에 관한 국민의 권리

제9조【사회보장을 받을 권리】 모든 국민은 사회보장 관계 법령에서 정하는 바에 따라 사회보장급여를 받을 권리(이하 "사회보장수급권"이라 한다)를 가진다.
제10조【사회보장급여의 수준】 ① 국가와 지방자치단체는 모든 국민이 건강하고 문화적인 생활을 유지할 수 있도록 사회보장급여의 수준 향상을 위하여 노력하여야 한다.
② 국가는 관계 법령에서 정하는 바에 따라 최저보장수준과 최저임금을 매년 공표하여야 한다.(2015.12.29 본항개정)
③ 국가와 지방자치단체는 제2항에 따른 최저보장수준과 최저임금 등을 고려하여 사회보장급여의 수준을 결정하여야 한다.(2015.12.29 본항개정)
제11조【사회보장급여의 신청】 ① 사회보장급여를 받으려는 사람은 관계 법령에서 정하는 바에 따라 국가나 지방자치단체에 신청하여야 한다. 다만, 관계 법령에서 따로 정하는 경우에는 국가나 지방자치단체가 신청을 대신할 수 있다.
② 사회보장급여를 신청하는 사람이 다른 기관에 신청한 경우에는 그 기관은 지체 없이 이를 정당한 권한이 있는 기관에 이송하여야 한다. 이 경우 정당한 권한이 있는 기관에 이송된 날을 사회보장급여의 신청일로 본다.
제12조【사회보장수급권의 보호】 사회보장수급권은 관계 법령에서 정하는 바에 따라 다른 사람에게 양도하거나 담보로 제공할 수 없으며, 이를 압류할 수 없다.
제13조【사회보장수급권의 제한 등】 ① 사회보장수급권은 제한되거나 정지될 수 없다. 다만, 관계 법령에서 따로 정하고 있는 경우에는 그러하지 아니하다.
② 제1항 단서에 따라 사회보장수급권이 제한되거나 정지되는 경우에는 제한 또는 정지하는 목적에 필요한 최소한의 범위에 그쳐야 한다.
제14조【사회보장수급권의 포기】 ① 사회보장수급권은 정당한 권한이 있는 기관에 서면으로 통지하여 포기할 수 있다.
② 사회보장수급권의 포기는 취소할 수 있다.
③ 제1항에도 불구하고 사회보장수급권을 포기하는 것이 다른 사람에게 피해를 주거나 사회보장에 관한 관계 법령에 위반되는 경우에는 사회보장수급권을 포기할 수 없다.
제15조【불법행위에 대한 구상】 제3자의 불법행위로 피해를 입은 국민이 그로 인하여 사회보장수급권을 가지게 된 경우 사회보장제도를 운영하는 자는 그 불법행위의 책임이 있는 자에 대하여 관계 법령에서 정하는 바에 따라 구상권(求償權)을 행사할 수 있다.

제3장 사회보장 기본계획과 사회보장위원회

제16조【사회보장 기본계획의 수립】 ① 보건복지부장관은 관계 중앙행정기관의 장과 협의하여 사회보장 증진을 위하여 사회보장에 관한 기본계획(이하 "기본계획"이라 한다)을 5년마다 수립하여야 한다.
② 기본계획에는 다음 각 호의 사항이 포함되어야 한다.
1. 국내외 사회보장환경의 변화와 전망
2. 사회보장의 기본목표 및 중장기 추진방향
3. 주요 추진과제 및 추진방법
4. 필요한 재원의 규모와 조달방안
5. 사회보장 관련 기금 운용방안
6. 사회보장 전달체계
7. 그 밖에 사회보장정책의 추진에 필요한 사항

③ 기본계획은 제20조에 따른 사회보장위원회와 국무회의의 심의를 거쳐 확정한다. 기본계획 중 대통령령으로 정하는 중요한 사항을 변경하려는 경우에도 같다.
제17조【다른 계획과의 관계】 기본계획은 다른 법령에 따라 수립되는 사회보장에 관한 계획에 우선하며 그 계획의 기본이 된다.
제18조【연도별 시행계획의 수립·시행 등】 ① 보건복지부장관 및 관계 중앙행정기관의 장은 기본계획에 따라 사회보장과 관련된 소관 주요 시책의 시행계획(이하 "시행계획"이라 한다)을 매년 수립·시행하여야 한다.
② 관계 중앙행정기관의 장은 제1항에 따라 수립한 소관 시행계획 및 전년도의 시행계획에 따른 추진실적을 대통령령으로 정하는 바에 따라 매년 보건복지부장관에게 제출하여야 한다.
③ 보건복지부장관은 제2항에 따라 받은 관계 중앙행정기관 및 보건복지부 소관의 추진실적을 종합하여 성과를 평가하고, 그 결과를 제20조에 따른 사회보장위원회에 보고하여야 한다.
④ 보건복지부장관은 제3항에 따른 평가를 효율적으로 하기 위하여 이에 필요한 조사·분석 등을 전문기관에 의뢰할 수 있다.
⑤ 시행계획의 수립·시행 및 추진실적의 평가 등에 필요한 사항은 대통령령으로 정한다.
제19조【사회보장에 관한 지역계획의 수립·시행 등】 ① 특별시장·광역시장·특별자치시장·도지사 또는 특별자치도지사·시장(「제주특별자치도 설치 및 국제자유도시 조성을 위한 특별법」 제11조제1항에 따른 행정시장을 포함한다)·군수·구청장(자치구의 구청장을 말한다. 이하 같다)은 관계 법령으로 정하는 바에 따라 사회보장에 관한 지역계획(이하 "지역계획"이라 한다)을 수립·시행하여야 한다.(2015.7.24 본항개정)
② 지역계획은 기본계획과 연계되어야 한다.
③ 지역계획의 수립·시행 및 추진실적의 평가 등에 필요한 사항은 대통령령으로 정한다.
제20조【사회보장위원회】 ① 사회보장에 관한 주요 시책을 심의·조정하기 위하여 국무총리 소속으로 사회보장위원회(이하 "위원회"라 한다)를 둔다.
② 위원회는 다음 각 호의 사항을 심의·조정한다.
1. 사회보장 증진을 위한 기본계획
2. 사회보장 관련 주요 계획
3. 사회보장제도의 평가 및 개선
4. 사회보장제도의 신설 또는 변경에 따른 우선순위
5. 둘 이상의 중앙행정기관이 관련된 주요 사회보장정책
6. 사회보장급여 및 비용 부담
7. 국가와 지방자치단체의 역할 및 비용 분담
8. 사회보장의 재정추계 및 재원조달 방안
9. 사회보장 전달체계 운영 및 개선
10. 제32조제1항에 따른 사회보장통계
11. 사회보장정보의 보호 및 관리
12. 제26조제4항에 따른 조정(2020.4.7 본호신설)
13. 그 밖에 위원장이 심의에 부치는 사항

③ 위원장은 다음 각 호의 사항을 관계 중앙행정기관의 장과 지방자치단체의 장에게 통지하여야 한다.
1. 제16조제3항에 따라 확정된 기본계획
2. 제2항의 사항에 관하여 심의·조정한 결과

④ 관계 중앙행정기관의 장과 지방자치단체의 장은 위원회의 심의·조정 사항을 반영하여 사회보장제도를 운영 또는 개선하여야 한다.
제21조【위원회의 구성 등】 ① 위원회는 위원장 1명, 부위원장 3명과 행정안전부장관, 고용노동부장관, 여성가족부장관, 국토교통부장관을 포함한 30명 이내의 위원으로 구성한다.(2017.7.26 본항개정)
② 위원장은 국무총리가 되고 부위원장은 기획재정부장관, 교육부장관 및 보건복지부장관이 된다.(2014.11.19 본항개정)
③ 위원회의 위원은 다음 각 호의 어느 하나에 해당하는 사람으로 한다.
1. 대통령령으로 정하는 관계 중앙행정기관의 장
2. 다음 각 목의 사람 중에서 대통령이 위촉하는 사람
   가. 근로자를 대표하는 사람
   나. 사용자를 대표하는 사람
   다. 사회보장에 관한 학식과 경험이 풍부한 사람
   라. 변호사 자격이 있는 사람

④ 위원의 임기는 2년으로 한다. 다만, 공무원인 위원의 임기는 그 재임 기간으로 하고, 제3항제2호 각 목의 위원이 기관·단체의 대표자 자격으로 위촉된 경우에는 그 임기는 대표의 지위를 유지하는 기간으로 한다.
⑤ 보궐위원의 임기는 전임자 임기의 남은 기간으로 한다.
⑥ 위원회를 효율적으로 운영하고 위원회의 심의·조정 사항을 전문적으로 검토하기 위하여 위원회에 실무위원회를 두며, 실무위원회에 분야별 전문위원회를 둘 수 있다.(2020.4.7 본항개정)
⑦ 실무위원회에서 의결한 사항은 위원장에게 보고하고 위원회의 심의를 거쳐야 한다. 다만, 대통령령으로 정하는 경미한 사항에 대하여는 실무위원회의 의결로써 위원회의 의결을 갈음할 수 있다.
⑧ 위원회의 사무를 효율적으로 처리하기 위하여 보건복지부에 사무국을 둔다.
⑨ 이 법에서 규정한 사항 외에 위원회, 실무위원회, 분야별 전문위원회, 사무국의 구성·조직 및 운영 등에 필요한 사항은 대통령령으로 정한다.

제4장 사회보장정책의 기본방향

제22조【평생사회안전망의 구축·운영】 ① 국가와 지방자치단체는 모든 국민이 생애 동안 삶의 질을 유지·증진할 수 있도록 평생사회안전망을 구축하여야 한다.
② 국가와 지방자치단체는 평생사회안전망을 구축·운영함에 있어 사회적 취약계층을 위한 공공부조를 마련하여 최저생활을 보장하여야 한다.
제23조【사회서비스 보장】 ① 국가와 지방자치단체는 모든 국민의 인간다운 생활과 자립, 사회참여, 자아실현 등을 지원하여 삶의 질이 향상될 수 있도록 사회서비스에 관한 시책을 마련하여야 한다.
② 국가와 지방자치단체는 사회서비스 보장과 제24조에 따른 소득보장이 효과적이고 균형적으로 연계되도록 하여야 한다.
제24조【소득 보장】 ① 국가와 지방자치단체는 다양한 사회적 위험 하에서도 모든 국민들이 인간다운 생활을 할 수 있도록 소득을 보장하는 제도를 마련하여야 한다.
② 국가와 지방자치단체는 공공부문과 민간부문의 소득보장제도가 효과적으로 연계되도록 하여야 한다.

제5장 사회보장제도의 운영

제25조【운영원칙】 ① 국가와 지방자치단체가 사회보장제도를 운영할 때에는 이 제도를 필요로 하는 모든 국민에게 적용하여야 한다.
② 국가와 지방자치단체는 사회보장제도의 급여 수준과 비용 부담 등에서 형평성을 유지하여야 한다.
③ 국가와 지방자치단체는 사회보장제도의 정책 결정 및 시행 과정에 공익의 대표자 및 이해관계인 등을 참여시켜 이를 민주적으로 결정하고 시행하여야 한다.

④ 국가와 지방자치단체가 사회보장제도를 운영할 때에는 국민의 다양한 복지 욕구를 효율적으로 충족시키기 위하여 연계성과 전문성을 높여야 한다.
⑤ 사회보험은 국가의 책임으로 시행하고, 공공부조와 사회서비스는 국가와 지방자치단체의 책임으로 시행하는 것을 원칙으로 한다. 다만, 국가와 지방자치단체의 재정 형편 등을 고려하여 이를 협의·조정할 수 있다.
제26조【협의 및 조정】 ① 국가와 지방자치단체는 사회보장제도를 신설하거나 변경할 경우 기존 제도와의 관계, 사회보장 전달체계에 미치는 영향, 재원의 규모·조달방안을 포함한 재정에 미치는 영향 및 지역별 특성 등을 사전에 충분히 검토하고 상호협력하여 사회보장급여가 중복 또는 누락되지 아니하도록 하여야 한다.(2020.4.7 본항개정)
② 중앙행정기관의 장과 지방자치단체의 장은 사회보장제도를 신설하거나 변경할 경우 신설 또는 변경의 타당성, 기존 제도와의 관계, 사회보장 전달체계에 미치는 영향, 지역복지 활성화에 미치는 영향 및 운영방안 등에 대하여 대통령령으로 정하는 바에 따라 보건복지부장관과 협의하여야 한다.(2020.4.7 본항개정)
③ 중앙행정기관의 장과 지방자치단체의 장은 제2항에 따른 업무를 효율적으로 수행하기 위하여 필요하다고 인정하는 경우에는 관련 자료의 수집·조사 및 분석에 관한 업무를 다음 각 호의 기관 또는 단체에 위탁할 수 있다.
1. 「정부출연연구기관 등의 설립·운영 및 육성에 관한 법률」에 따라 설립된 정부출연연구기관
2. 「사회보장급여의 이용·제공 및 수급권자 발굴에 관한 법률」 제29조에 따른 한국사회보장정보원(2019.12.3 본호개정)
3. 그 밖에 대통령령으로 정하는 전문기관 또는 단체
(2018.12.11 본항신설)
④ 중앙행정기관의 장과 지방자치단체의 장은 제2항에 따른 협의가 이루어지지 아니할 경우 위원회에 조정을 신청할 수 있으며, 위원회는 대통령령으로 정하는 바에 따라 이를 조정한다.(2020.4.7 본항개정)
⑤ 보건복지부장관은 사회보장급여 관련 업무에 공통적으로 적용되는 기준을 마련할 수 있다.
제27조【민간의 참여】 ① 국가와 지방자치단체는 사회보장에 대한 민간부문의 참여를 유도할 수 있도록 정책을 개발·시행하고 그 여건을 조성하여야 한다.
② 국가와 지방자치단체는 사회보장에 대한 민간부문의 참여를 유도하기 위하여 다음 각 호의 사업이 포함된 시책을 수립·시행할 수 있다.
1. 자원봉사, 기부 등 나눔의 활성화를 위한 각종 지원 사업
2. 사회보장정책의 시행에 있어 민간 부문과의 상호협력 체계 구축을 위한 지원사업
3. 그 밖에 사회보장에 관련된 민간의 참여를 유도하는 데에 필요한 사업
③ 국가와 지방자치단체는 개인·법인 또는 단체가 사회보장에 참여하는 데에 드는 경비의 전부 또는 일부를 지원하거나 그 업무를 수행하기 위하여 필요한 지원을 할 수 있다.
제28조【비용의 부담】 ① 사회보장 비용의 부담은 각각의 사회보장제도의 목적에 따라 국가, 지방자치단체 및 민간부문 간에 합리적으로 조정되어야 한다.
② 사회보험에 드는 비용은 사용자, 피용자(被傭者) 및 자영업자가 부담하는 것을 원칙으로 하되, 관계 법령에서 정하는 바에 따라 국가가 그 비용의 일부를 부담할 수 있다.
③ 공공부조 및 관계 법령에서 정하는 일정 소득 수준 이하의 국민에 대한 사회서비스에 드는 비용의 전부 또는 일부는 국가와 지방자치단체가 부담한다.
④ 부담 능력이 있는 국민에 대한 사회서비스에 드는 비용은 그 수익자가 부담함을 원칙으로 하되, 관계 법령에서 정하는 바에 따라 국가와 지방자치단체가 그 비용의 일부를 부담할 수 있다.
제29조【사회보장 전달체계】 ① 국가와 지방자치단체는 모든 국민이 쉽게 이용할 수 있고 사회보장급여가 적시에 제공되도록 지역적·기능적으로 균형잡힌 사회보장 전달체계를 구축하여야 한다.
② 국가와 지방자치단체는 사회보장 전달체계의 효율적 운영에 필요한 조직, 인력, 예산 등을 갖추어야 한다.
③ 국가와 지방자치단체는 공공부문과 민간부문의 사회보장 전달체계가 효율적으로 연계되도록 노력하여야 한다.
제30조【사회보장급여의 관리】 ① 국가와 지방자치단체는 국민의 사회보장수급권의 보장 및 재정의 효율적 운용을 위하여 다음 각 호에 관한 사회보장급여의 관리체계를 구축·운영하여야 한다.
1. 사회보장수급권자 권리구제
2. 사회보장급여의 사각지대 발굴
3. 사회보장급여의 부정·오류 관리
4. 사회보장급여의 과오지급액의 환수 등 관리
② 보건복지부장관은 사회서비스의 품질기준 마련, 평가 및 개선 등의 업무를 수행하기 위하여 필요한 전담기구를 설치할 수 있다.
③ 제2항의 전담기구 설치·운영 등에 필요한 사항은 대통령령으로 정한다.
제31조【전문인력의 양성 등】 국가와 지방자치단체는 사회보장제도의 발전을 위하여 전문인력의 양성, 학술 조사 및 연구, 국제 교류의 증진 등에 노력하여야 한다.
제32조【사회보장통계】 ① 국가와 지방자치단체는 효과적인 사회보장정책의 수립·시행을 위하여 사회보장에 관한 통계(이하 "사회보장통계"라 한다)를 작성·관리하여야 한다.
② 관계 중앙행정기관의 장과 지방자치단체의 장은 소관 사회보장통계를 대통령령으로 정하는 바에 따라 보건복지부장관에게 제출하여야 한다.
③ 보건복지부장관은 제2항에 따라 제출된 사회보장통계를 종합하여 위원회에 제출하여야 한다.
④ 사회보장통계의 작성·관리에 필요한 사항은 대통령령으로 정한다.
제32조의2【사회보장 재정추계 및 사회보장통계 등에 대한 민간위탁】 보건복지부장관은 제5조제4항에 따른 사회보장 재정추계 및 제32조에 따른 사회보장통계 업무를 효율적으로 수행하기 위하여 필요하다고 인정하는 경우에는 관련 자료의 수집·조사 및 분석에 관한 업무 등을 다음 각 호의 기관 또는 단체에 위탁할 수 있다.
1. 「정부출연연구기관 등의 설립·운영 및 육성에 관한 법률」에 따라 설립된 정부출연연구기관
2. 그 밖에 대통령령으로 정하는 전문기관 또는 단체
(2020.4.7 본조신설)
제33조【정보의 공개】 국가와 지방자치단체는 사회보장제도에 관하여 국민이 필요한 정보를 관계 법령에서 정하는 바에 따라 공개하고, 이를 홍보하여야 한다.
제34조【사회보장에 관한 설명】 국가와 지방자치단체는 사회보장 관계 법령에서 규정한 권리나 의무를 해당 국민에게 설명하도록 노력하여야 한다.
제35조【사회보장에 관한 상담】 국가와 지방자치단체는 사회보장 관계 법령에서 정하는 바에 따라 사회보장에 관한 상담에 응하여야 한다.
제36조【사회보장에 관한 통지】 국가와 지방자치단체는 사회보장 관계 법령에서 정하는 바에 따라 사회보장에 관한 사항을 해당 국민에게 알려야 한다.

제6장 사회보장정보의 관리

제37조【사회보장정보시스템의 구축·운영 등】 ① 국가와 지방자치단체는 국민편익의 증진과 사회보장업무의 효율성 향상을 위하여 사회보장업무를 전자적으로 관리하도록 노력하여야 한다.
② 국가는 관계 중앙행정기관과 지방자치단체에서 시행하는 사회보장수급권자 선정 및 급여 관리 등에 관한 정보를 통합·연계하여 처리·기록 및 관리하는 시스템(이하 "사회보장정보시스템"이라 한다)을 구축·운영할 수 있다.
③ 보건복지부장관은 사회보장정보시스템의 구축·운영을 총괄한다.
④ 보건복지부장관은 사회보장정보시스템 구축·운영의 전 과정에서 개인정보 보호를 위하여 필요한 시책을 마련하여야 한다.
⑤ 보건복지부장관은 관계 중앙행정기관, 지방자치단체 및 관련 기관·단체에 사회보장정보시스템의 운영에 필요한 정보의 제공을 요청하고 제공받은 목적의 범위에서 보유·이용할 수 있다. 이 경우 자료의 제공을 요청받은 자는 정당한 사유가 없으면 이에 따라야 한다.
⑥ 관계 중앙행정기관 및 지방자치단체의 장은 제2항의 사회보장정보와 관련하여 사회보장정보시스템의 활용이 필요한 경우 사전에 보건복지부장관과 협의하여야 한다. 이 경우 보건복지부장관은 관련 업무에 필요한 범위에서 정보를 제공할 수 있고 정보를 제공받은 관계 중앙행정기관 및 지방자치단체의 장은 제공받은 목적의 범위에서 보유·이용할 수 있다.
⑦ 보건복지부장관은 사회보장정보시스템의 운영·지원을 위하여 전담기구를 설치할 수 있다.
제38조【개인정보 등의 보호】 ① 사회보장 업무에 종사하거나 종사하였던 자는 사회보장업무 수행과 관련하여 알게 된 개인·법인 또는 단체의 정보를 관계 법령에서 정하는 바에 따라 보호하여야 한다.
② 국가와 지방자치단체, 공공기관, 법인·단체, 개인이 조사하거나 제공받은 개인·법인 또는 단체의 정보는 이 법과 관련 법률에 근거하지 아니하고 보유, 이용, 제공되어서는 아니 된다.

제7장 보 칙

제39조【권리구제】 위법 또는 부당한 처분을 받거나 필요한 처분을 받지 못함으로써 권리 또는 이익을 침해받은 국민은 「행정심판법」에 따른 행정심판을 청구하거나 「행정소송법」에 따른 행정소송을 제기하여 그 처분의 취소 또는 변경 등을 청구할 수 있다.
제40조【국민 등의 의견수렴】 국가와 지방자치단체는 국민생활에 중대한 영향을 미치는 사회보장 계획 및 정책을 수립하려는 경우 공청회 및 정보통신망 등을 통하여 국민과 관계 전문가의 의견을 충분히 수렴하여야 한다.
제41조【관계 행정기관 등의 협조】 ① 국가와 지방자치단체는 사회보장 관련 계획 및 정책의 수립·시행, 사회보장통계의 작성 등을 위하여 관련 공공기관, 법인, 단체 및 개인에게 자료제출 등 필요한 협조를 요청할 수 있다.
② 위원회는 사회보장에 관한 자료 제출 등 위원회 업무에 필요한 경우 관계 행정기관의 장에게 협조를 요청할 수 있다.
③ 제1항 및 제2항에 따라 협조요청을 받은 자는 정당한 사유가 없으면 이에 따라야 한다.
제42조【사회보장 행정데이터의 제공 요청】 ① 위원회는 사회보장 정책의 심의·조정 및 연구를 위하여 관계 기관의 장에게 사회보장 행정데이터가 모집단의 대표성을 확보할 수 있는 범위에서 다음 각 호에 해당하는 사회보장 행정데이터의 제공을 요청할 수 있다. 이 경우 사회보장 행정데이터의 제공을 요청받은 관계 기관의 장은 특별한 사유가 없으면 이에 따라야 한다.
1. 사회보험, 공공부조 및 사회서비스에 관한 다음 각 목의 자료 또는 정보
  가. 국민연금·건강보험·고용보험·산업재해보상보험 등 사회보험에 관한 자료 또는 정보
  나. 국민기초생활보장·기초연금 등 공공부조에 관한 자료 또는 정보
  다. 아이돌봄서비스·장애인활동지원서비스 등 사회서비스에 관한 자료 또는 정보
2. 「고용정책 기본법」 제15조제1항에 따른 고용·직업에 관한 정보
3. 「국세기본법」 제81조의13 및 「지방세기본법」 제86조에 따른 과세정보로서 다음 각 목의 정보
  가. 「소득세법」 제4조제1항에 따른 소득 및 같은 법 제127조에 따른 원천징수
  나. 「조세특례제한법」 제100조의2에 따른 근로장려금 및 같은 법 제100조의27에 따른 자녀장려금의 결정·환급 내역
  다. 「지방세법」에 따른 재산세
4. 「주민등록법」 제30조제1항에 따른 주민등록전산정보자료
5. 그 밖에 위원회의 업무 수행을 위하여 필요하다고 대통령령으로 정하는 자료 또는 정보
② 제1항에 따라 요청할 수 있는 사회보장 행정데이터의 구체적인 내용 및 모집단의 대표성을 확보할 수 있는 범위 등에 관한 사항은 대통령령으로 정한다.
③ 제1항에 따라 사회보장 행정데이터를 제공하는 경우 「개인정보 보호법」 제2조제1호다목에 따른 가명정보로 제공하여야 한다.
④ 위원회가 제1항에 따라 제공받은 사회보장 행정데이터의 처리 및 보호에 관하여는 이 법에서 정하는 사항을 제외하고는 「개인정보 보호법」에 따른다.
(2021.6.8 본조신설)
제43조【사회보장 행정데이터 분석센터】 ① 보건복지부장관은 제42조에 따라 제공받은 사회보장 행정데이터의 원활한 분석, 활용 등을 위하여 사회보장 행정데이터 분석센터를 설치·운영할 수 있다.
② 사회보장 행정데이터 분석센터의 설치·운영 등에 필요한 사항은 보건복지부령으로 정한다.
(2021.6.8 본조신설)

부 칙

제1조【시행일】 이 법은 공포 후 1년이 경과한 날부터 시행한다.
제2조【다른 법령과의 관계】 이 법 시행 당시 다른 법령에서 종전의 「사회보장기본법」 또는 그 규정을 인용한 경우 이 법 가운데 그에 해당하는 규정이 있으면 종전의 규정을 갈음하여 이 법의 해당 조항을 인용한 것으로 본다.

부 칙 (2019.12.3)

제1조【시행일】 이 법은 공포 후 6개월이 경과한 날부터 시행한다.(이하 생략)

부 칙 (2020.4.7)

이 법은 공포 후 3개월이 경과한 날부터 시행한다.

부 칙 (2021.6.8)

이 법은 공포 후 6개월이 경과한 날부터 시행한다.

사회복지사업법

(1997년 8월 22일
전개법률 제5358호)

개정
1999. 4.30법 5979호　2000. 1.12법 6160호
2002.12.11법 6771호(일제하일본군위안부피해자에대한생활안정지원및기념사업등에관한법)
2002.12.18법 6801호(모·부자복지법)
2003. 7.30법 6960호
2004. 1.29법 7151호(농어촌주민의보건복지증진을위한특별법)
2004. 3.22법 7212호(성매매방지및피해자보호등에관한법)
2005. 3.31법 7428호(채무자회생파산)
2005. 7.13법 7587호
2006. 3.24법 7918호(식품기부활성화에관한법)
2007.10.17법 8655호(한부모가족지원법)
2007.12.14법 8691호
2008. 2.29법 8852호(정부조직)
2009. 6. 9법 9766호
2010. 1.18법 9932호(정부조직)
2010. 4.12법10255호(장애인연금법)
2010. 4.15법10261호(성폭력방지및피해자보호등에관한법)
2011. 1. 4법10426호(장애인활동지원에관한법)
2011. 6. 7법10784호(노숙인등의복지및자립지원에관한법)
2011. 8. 4법10997호
2011. 8. 4법10998호(사회서비스이용및이용권관리에관한법)
2011. 8. 4법11002호(아동)
2011. 8. 4법11007호(입양특례법)
2011. 8. 4법11009호(장애아동복지지원법)
2012. 1.26법11239호
2012. 5.23법11442호(사회복지사등의처우및지위향상을위한법)
2013. 6. 4법11856호
2014. 5.20법12617호(기초연금법)
2014. 5.20법12618호(발달장애인권리보장및지원에관한법)
2014.12.30법12935호(사회보장급여의이용·제공및수급권자발굴에관한법)
2015. 7.24법13426호(제주자치법)
2016. 2. 3법13996호
2016. 2. 3법13999호(식품등기부활성화에관한법)
2016. 5.29법14224호(정신건강증진및정신질환자복지서비스지원에관한법)
2016.12. 2법14325호　2017. 9.19법14884호
2017.10.24법14923호
2017.10.31법15022호(주식회사등의외부감사에관한법)
2018.12.11법15887호　2019. 1.15법16247호
2019.12. 3법16738호　2020. 3.31법17174호
2020.12.29법17782호　2021.12.21법18618호
2023. 6.13법19453호
2023. 7.18법19555호(국내입양에관한특별법)→2025년 7월 19일 시행이므로 「法典 別冊」 보유편 수록
2023. 8.16법19651호
2024. 1. 2법19893호→2025년 1월 3일 시행이므로 「法典 別冊」 보유편 수록
2024. 1.23법20098호

제1장 총 칙
(2011.8.4 본장개정)

제1조【목적】 이 법은 사회복지사업에 관한 기본적 사항을 규정하여 사회복지를 필요로 하는 사람에 대하여 인간의 존엄성과 인간다운 생활을 할 권리를 보장하고 사회복지의 전문성을 높이며, 사회복지사업의 공정·투명·적정을 도모하고, 지역사회복지의 체계를 구축하고 사회복지서비스의 질을 높여 사회복지의 증진에 이바지함을 목적으로 한다.(2017.10.24 본조개정)

제1조의2【기본이념】 ① 사회복지를 필요로 하는 사람은 누구든지 자신의 의사에 따라 서비스를 신청하고 제공받을 수 있다.
② 사회복지법인 및 사회복지시설은 공공성을 가지며 사회복지사업을 시행하는 데 있어서 공공성을 확보하여야 한다.
③ 사회복지사업을 시행하는 데 있어서 사회복지를 제공하는 자는 사회복지를 필요로 하는 사람의 인권을 보장하여야 한다.
④ 사회복지서비스를 제공하는 자는 필요한 정보를 제공하는 등 사회복지서비스를 이용하는 사람의 선택권을 보장하여야 한다.(2017.10.24 본항신설)
(2012.1.26 본조신설)

제2조【정의】 이 법에서 사용하는 용어의 뜻은 다음과 같다.
1. "사회복지사업"이란 다음 각 목의 법률에 따른 보호·선도(善導) 또는 복지에 관한 사업과 사회복지상담, 직업지원, 무료 숙박, 지역사회복지, 의료복지, 재가복지(在家福祉), 사회복지관 운영, 정신질환자 및 한센병력자의 사회복귀에 관한 사업 등 각종 복지사업과 이와 관련된 자원봉사활동 및 복지시설의 운영 또는 지원을 목적으로 하는 사업을 말한다.(2012.1.26 본문개정)
   가. 「국민기초생활 보장법」
   나. 「아동복지법」
   다. 「노인복지법」
   라. 「장애인복지법」
   마. 「한부모가족지원법」
   바. 「영유아보육법」
   사. 「성매매방지 및 피해자보호 등에 관한 법률」
   아. 「정신건강증진 및 정신질환자 복지서비스 지원에 관한 법률」(2016.5.29 본목개정)
   자. 「성폭력방지 및 피해자보호 등에 관한 법률」
   차. 「입양특례법」(2011.8.4 본목개정)
   카. 「일제하 일본군위안부 피해자에 대한 생활안정지원 및 기념사업 등에 관한 법률」
   타. 「사회복지공동모금회법」
   파. 「장애인·노인·임산부 등의 편의증진 보장에 관한 법률」
   하. 「가정폭력방지 및 피해자보호 등에 관한 법률」
   거. 「농어촌주민의 보건복지증진을 위한 특별법」
   너. 「식품등 기부 활성화에 관한 법률」(2016.2.3 본목개정)
   더. 「의료급여법」
   러. 「기초연금법」(2014.5.20 본목개정)
   머. 「긴급복지지원법」
   버. 「다문화가족지원법」
   서. 「장애인연금법」
   어. 「장애인활동 지원에 관한 법률」
   저. 「노숙인 등의 복지 및 자립지원에 관한 법률」
   처. 「보호관찰 등에 관한 법률」
   커. 「장애아동 복지지원법」(2011.8.4 본목신설)
   터. 「발달장애인 권리보장 및 지원에 관한 법률」(2014.5.20 본목신설)
   퍼. 「청소년복지 지원법」(2016.2.3 본목신설)
   허. 그 밖에 대통령령으로 정하는 법률(2017.10.24 본목신설)
2. "지역사회복지"란 주민의 복지증진과 삶의 질 향상을 위하여 지역사회 차원에서 전개하는 사회복지를 말한다.
3. "사회복지법인"이란 사회복지사업을 할 목적으로 설립된 법인을 말한다.
4. "사회복지시설"이란 사회복지사업을 할 목적으로 설치된 시설을 말한다.
5. "사회복지관"이란 지역사회를 기반으로 일정한 시설과 전문인력을 갖추고 지역주민의 참여와 협력을 통하여 지역사회의 복지문제를 예방하고 해결하기 위하여 종합적인 복지서비스를 제공하는 시설을 말한다.
6. "사회복지서비스"란 국가·지방자치단체 및 민간부문의 도움을 필요로 하는 모든 국민에게 「사회보장기본법」 제3조제4호에 따른 사회서비스 중 사회복지사업을 통한 서비스를 제공하여 삶의 질이 향상되도록 제도적으로 지원하는 것을 말한다.(2017.10.24 본호개정)
7. "보건의료서비스"란 국민의 건강을 보호·증진하기 위하여 보건의료인이 하는 모든 활동을 말한다.

제3조【다른 법률과의 관계】 ① 사회복지사업의 내용 및 절차 등에 관하여 제2조제1호 각 목의 법률에 특별한 규정이 있는 경우를 제외하고는 이 법에서 정하는 바에 따른다.
② 제2조제1호 각 목의 법률을 개정하는 경우에는 이 법에 부합하도록 하여야 한다.

제4조【복지와 인권증진의 책임】 ① 국가와 지방자치단체는 사회복지서비스를 증진하고, 서비스를 이용하는 사람에 대하여 인권침해를 예방하고 차별을 금지하며 인권을 옹호할 책임을 진다.(2012.1.26 본항개정)
② 국가와 지방자치단체는 사회복지서비스와 보건의료서비스를 함께 필요로 하는 사람에게 이들 서비스가 연계되어 제공되도록 노력하여야 한다.
③ 국가와 지방자치단체, 그 밖에 사회복지사업을 하는 자는 사회복지를 필요로 하는 사람에 대하여 그 사업과 관련한 상담, 작업치료(作業治療), 직업훈련 등을 실시하고 필요한 경우에는 주민의 복지 욕구를 조사할 수 있다.
④ 국가와 지방자치단체는 도움을 필요로 하는 국민이 본인의 선호와 필요에 따라 적절한 사회복지서비스를 제공받을 수 있도록 사회복지서비스 수요자 등을 고려하여 사회복지시설이 균형 있게 설치되도록 노력하여야 한다.
⑤ 국가와 지방자치단체는 민간부문의 사회복지 증진활동이 활성화되고 국가 및 지방자치단체의 사회복지사업과 민간부문의 사회복지 증진활동이 원활하게 연계될 수 있도록 노력하여야 한다.
⑥ 국가와 지방자치단체는 사회복지를 필요로 하는 사람의 인권이 충분히 존중되는 방식으로 사회복지서비스를 제공하고 사회복지와 관련된 인권교육을 강화하여야 한다.(2012.1.26 본항신설)
⑦ 국가와 지방자치단체는 사회복지서비스를 이용하는 사람이 긴급한 인권침해 상황에 놓인 경우 신속히 대응할 체계를 갖추어야 한다.(2012.1.26 본항신설)
⑧ 국가와 지방자치단체는 시설 거주자의 희망을 반영하여 지역사회보호체계에서 서비스가 제공될 수 있도록 노력하여야 한다.(2019.1.15 본항개정)
⑨ 국가와 지방자치단체는 사회복지서비스를 필요로 하는 사람들에게 사회복지서비스의 실시에 대한 정보를 제공하여야 한다.(2012.1.26 본항신설)
⑩ 국가와 지방자치단체는 사회복지서비스를 제공하는 자로부터 위법 또는 부당한 처분을 받아 권리나 이익을 침해당한 사람을 위하여 간이하고 신속한 구제조치를 마련하여야 한다.(2017.10.24 본항신설)
(2012.1.26 본조제목개정)

제5조【인권존중 및 최대 봉사의 원칙】 ① 이 법에 따라 복지업무에 종사하는 사람은 그 업무를 수행할 때에 사회복지를 필요로 하는 사람을 위하여 인권을 존중하고 차별 없이 최대로 봉사하여야 한다.
② 국가와 지방자치단체는 복지업무에 종사하는 사람이 그 업무를 수행할 때에 사회복지를 필요로 하는 사람의 인권을 침해하는 행위를 한 경우에는 제2조제1호 각 목의 법률이 정하는 바에 따라 처분하고 그 사실을 공표하는 등의 조치를 하여야 한다.(2017.10.24 본항신설)
(2012.1.26 본조개정)

제5조의2【사회복지서비스 제공의 원칙】 ① 사회복지서비스를 필요로 하는 사람(이하 "보호대상자"라 한다)에 대한 사회복지서비스 제공(이하 "서비스 제공"이라 한다)은 현물(現物)로 제공하는 것을 원칙으로 한다.
② 시장(「제주특별자치도 설치 및 국제자유도시 조성을 위한 특별법」 제11조제2항에 따른 행정시장을 포함한다. 이하 같다)·군수·구청장(자치구의 구청장을 말한다. 이하 같다)은 국가 또는 지방자치단체 외의 자로 하여금 제1항의 서비스 제공을 실시하게 하는 경우에는 보호대상자에게 사회복지서비스 이용권(이하 "이용권"이라 한다)을 지급하여 국가 또는 지방자치단체 외의 자로부터 그 이용권으로 서비스 제공을 받게 할 수 있다.
③ 국가와 지방자치단체는 사회복지서비스의 품질향상과 원활한 제공을 위하여 필요한 시책을 마련하여야 한다.
④ 국가와 지방자치단체는 사회복지서비스의 품질을 관리하기 위하여 사회복지서비스를 제공하는 기관·법인·시설·단체의 서비스 환경, 서비스 제공 인력의 전문성 등을 평가할 수 있다.
⑤ 보건복지부장관은 제4항에 따른 평가를 위하여 평가기관을 설치·운영하거나, 평가의 전부 또는 일부를 관계 기관 또는 단체에 위탁할 수 있다.
⑥ 보건복지부장관은 제5항에 따라 평가를 위탁한 기관 또는 단체에 대하여 그 운영에 필요한 비용을 지원할 수 있다.
(2017.10.24 본조개정)

제6조【시설 설치의 방해 금지】 ① 누구든지 정당한 이유 없이 사회복지시설의 설치를 방해하여서는 아니 된다.
② 시장·군수·구청장은 정당한 이유 없이 사회복지시설의 설치를 지연시키거나 제한하는 조치를 하여서는 아니 된다.(2017.10.24 본항개정)

제6조의2【사회복지시설 업무의 전자화】 ① 보건복지부장관은 사회복지법인 및 사회복지시설의 종사자, 거주자 및 이용자에 관한 자료 등 운영에 필요한 정보의 효율적 처리와 기록·관리 업무의 전자화를 위하여 정보시스템을 구축·운영할 수 있다.
② 보건복지부장관은 제1항에 따른 정보시스템을 구축·운영하는 데 필요한 자료를 수집·관리·보유할 수 있으며 관련 기관 및 단체에 필요한 자료의 제공을 요청할 수 있다. 이 경우 요청을 받은 기관 및 단체는 정당한 사유가 없으면 그 요청에 따라야 한다.
③ 지방자치단체의 장은 사회복지사업을 수행할 때 관할 복지행정시스템과 제1항에 따른 정보시스템을 전자적으로 연계하여 활용하여야 한다.
④ 사회복지법인의 대표이사와 사회복지시설의 장은 국가와 지방자치단체가 실시하는 사회복지업무의 전자화 시책에 협력하여야 한다.
⑤ 보건복지부장관은 제1항에 따른 정보시스템을 효율적으로 운영하기 위하여 「사회보장기본법」 제37조제7항에 따른 전담기구에 그 운영에 관한 업무를 위탁할 수 있다.
(2017.10.24 본조개정)

제6조의3∼제8조 (2017.10.24 삭제)

제9조【사회복지 자원봉사활동의 지원·육성】 ① 국가와 지방자치단체는 사회복지 자원봉사활동을 지원·육성하기 위하여 다음 각 호의 사항을 실시하여야 한다.
1. 자원봉사활동의 홍보 및 교육
2. 자원봉사활동 프로그램의 개발·보급
3. 자원봉사활동 중의 재해에 대비한 시책의 개발
4. 그 밖에 자원봉사활동의 지원에 필요한 사항
② 국가와 지방자치단체는 제1항 각 호의 사항을 효율적으로 수행하기 위하여 사회복지법인이나 그 밖의 비영리법인·단체에 이를 위탁할 수 있다.

제10조【지도·훈련】 ① 보건복지부장관은 이 법이나 그 밖의 사회복지 관련 법률의 시행에 관한 사무에 종사하는 공무원과 사회복지사업에 종사하는 사람의 자질 향상을 위하여 인권교육 등 필요한 지도와 훈련을 할 수 있다.(2012.1.26 본항개정)
② 제1항의 훈련에 필요한 사항은 보건복지부령으로 정한다.

제11조【사회복지사 자격증의 발급 등】 ① 보건복지부장관은 사회복지에 관한 전문지식과 기술을 가진 사람에게 사회복지사 자격증을 발급할 수 있다. 다만, 자격증 발급 신청일 기준으로 제11조의2에 따른 결격사유에 해당하는 사람에게 자격증을 발급해서는 아니 된다.
(2019.12.3 단서신설)
② 제1항에 따른 사회복지사의 등급은 1급·2급으로 하되, 정신건강·의료·학교 영역에 대해서는 영역별로 정신건강사회복지사·의료사회복지사·학교사회복지사의 자격을 부여할 수 있다.(2018.12.11 본항개정)
③ 사회복지사 1급 자격은 국가시험에 합격한 사람에게 부여하고, 정신건강사회복지사·의료사회복지사·학교사회복지사의 자격은 1급 사회복지사의 자격이 있는 사람 중에서 보건복지부령으로 정하는 수련기관에서 수련을 받은 사람에게 부여한다.(2018.12.11 본항개정)
④ 제2항에 따른 사회복지사의 등급별·영역별 자격기준 및 자격증의 발급절차 등은 대통령령으로 정한다.
(2018.12.11 본항신설)

⑤ 보건복지부장관은 제4항에 따른 사회복지사 자격증을 발급받거나 재발급받으려는 사람에게 보건복지부령으로 정하는 바에 따라 수수료를 내게 할 수 있다.(2018.12.11 본항개정)
⑥ 제1항에 따라 사회복지사 자격증을 발급받은 사람은 다른 사람에게 그 자격증을 빌려주어서는 아니 되고, 누구든지 그 자격증을 빌려서는 아니 된다.(2020.3.31 본항신설)
⑦ 누구든지 제6항에 따라 금지된 행위를 알선하여서는 아니 된다.(2020.3.31 본항신설)

제11조의2【사회복지사의 결격사유】 다음 각 호의 어느 하나에 해당하는 사람은 사회복지사가 될 수 없다.
1. 피성년후견인(2024.1.23 본호개정)
2. 금고 이상의 형을 선고받고 그 집행이 끝나지 아니하였거나 그 집행을 받지 아니하기로 확정되지 아니한 사람
3. 법원의 판결에 따라 자격이 상실되거나 정지된 사람
4. 마약·대마 또는 향정신성의약품의 중독자
5. 「정신건강증진 및 정신질환자 복지서비스 지원에 관한 법률」 제3조제1호에 따른 정신질환자. 다만, 전문의가 사회복지사로서 적합하다고 인정하는 사람은 그러하지 아니하다.(2017.10.24 본호신설)

제11조의3【사회복지사의 자격취소 등】 ① 보건복지부장관은 사회복지사가 다음 각 호의 어느 하나에 해당하는 경우 그 자격을 취소하거나 1년의 범위에서 정지시킬 수 있다. 다만, 제1호부터 제3호까지에 해당하면 그 자격을 취소하여야 한다.
1. 거짓이나 그 밖의 부정한 방법으로 자격을 취득한 경우
2. 제11조의2 각 호의 어느 하나에 해당하게 된 경우
3. 자격증을 대여·양도 또는 위조·변조한 경우
4. 사회복지사의 업무수행 중 그 자격과 관련하여 고의나 중대한 과실로 다른 사람에게 손해를 입힌 경우
5. 자격정지 처분을 3회 이상 받았거나, 정지 기간 종료 후 3년 이내에 다시 자격정지 처분에 해당하는 행위를 한 경우
6. 자격정지 처분 기간에 자격증을 사용하여 자격 관련 업무를 수행한 경우

② 보건복지부장관은 제1항제4호에 해당하여 사회복지사의 자격을 취소하거나 정지시키려는 경우에는 제46조에 따른 한국사회복지사협회의 장 등 관계 전문가의 의견을 들을 수 있다.(2020.3.31 본항신설)
③ 제1항에 따라 자격이 취소된 사람은 취소된 날부터 15일 내에 자격증을 보건복지부장관에게 반납하여야 한다.
④ 보건복지부장관은 제1항에 따라 자격이 취소된 사람에게는 그 취소된 날부터 2년 이내에 자격증을 재교부하지 못한다.(2017.10.24 본항신설)
(2016.2.3 본조신설)

제11조의4【유사명칭의 사용금지】 이 법에 따른 사회복지사가 아니면 사회복지사 또는 이와 유사한 명칭을 사용하지 못한다.(2016.2.3 본조신설)

제12조【국가시험】 ① 제11조제3항에 따른 국가시험은 보건복지부장관이 시행하되, 시험의 관리는 대통령령으로 정하는 바에 따라 시험관리능력이 있다고 인정되는 관계 전문기관에 위탁할 수 있다.
② 보건복지부장관은 제1항에 따라 국가시험의 관리를 위탁하였을 때에는 그에 드는 비용을 예산의 범위에서 보조할 수 있다.
③ 제1항에 따라 시험의 관리를 위탁받은 기관은 보건복지부장관의 승인을 받아 정한 금액을 응시수수료로 받을 수 있다.
④ 시험 과목, 응시자격 등 시험의 실시에 필요한 사항은 대통령령으로 정한다.

제13조【사회복지사의 채용 및 교육 등】 ① 사회복지법인 및 사회복지시설을 설치·운영하는 자는 대통령령으로 정하는 바에 따라 사회복지사를 그 종사자로 채용하고, 보고방법·보고주기 등 보건복지부령으로 정하는 바에 따라 특별시장·광역시장·특별자치시장·도지사·특별자치도지사(이하 "시·도지사"라 한다) 또는 시장·군수·구청장에게 사회복지사의 임면에 관한 사항을 보고하여야 한다. 다만, 대통령령으로 정하는 사회복지시설은 그러하지 아니하다.(2017.10.24 본문개정)
② 보건복지부장관은 사회복지사의 자질 향상을 위하여 필요하다고 인정하면 사회복지사에게 교육을 받도록 명할 수 있다. 다만, 사회복지법인 또는 사회복지시설에 종사하는 사회복지사는 정기적으로 인권에 관한 내용이 포함된 보수교육(補修敎育)을 받아야 한다.(2012.1.26 단서개정)
③ 사회복지법인 또는 사회복지시설을 운영하는 자는 그 법인 또는 시설에 종사하는 사회복지사에 대하여 제2항 단서에 따른 교육을 이유로 불리한 처분을 하여서는 아니 된다.
④ 보건복지부장관은 제2항에 따른 교육을 보건복지부령으로 정하는 기관 또는 단체에 위탁할 수 있다.
⑤ 제2항에 따른 교육의 기간·방법 및 내용과 제4항에 따른 위탁 등에 관하여 필요한 사항은 보건복지부령으로 정한다.

제14조~제15조 (2017.10.24 삭제)

제15조의2【사회복지의 날】 ① 국가는 국민의 사회복지에 대한 이해를 증진하고 사회복지사업 종사자의 활동을 장려하기 위하여 매년 9월 7일을 사회복지의 날로 하고, 사회복지의 날부터 1주간을 사회복지주간으로 한다.
② 국가와 지방자치단체는 사회복지의 날의 취지에 적합한 행사 등 사업을 하도록 노력하여야 한다.

제1장의2 지역사회복지계획의 수립·시행

제15조의3~제15조의6 (2014.12.30 삭제)

제2장 사회복지법인
(2011.8.4 본장제목개정)

제16조【법인의 설립허가】 ① 사회복지법인(이하 이 장에서 "법인"이라 한다)을 설립하려는 자는 대통령령으로 정하는 바에 따라 시·도지사의 허가를 받아야 한다.
② 제1항에 따라 허가를 받은 자는 법인의 주된 사무소의 소재지에서 설립등기를 하여야 한다.(2012.1.26 본항개정)
(2011.8.4 본조개정)

제17조【정관】 ① 법인의 정관에는 다음 각 호의 사항이 포함되어야 한다.
1. 목적
2. 명칭
3. 주된 사무소의 소재지
4. 사업의 종류
5. 자산 및 회계에 관한 사항
6. 임원의 임면(任免) 등에 관한 사항
7. 회의에 관한 사항
8. 수익(收益)을 목적으로 하는 사업이 있는 경우 그에 관한 사항
9. 정관의 변경에 관한 사항
10. 존립시기와 해산 사유를 정한 경우에는 그 시기와 사유 및 남은 재산의 처리방법
11. 공고 및 공고방법에 관한 사항

② 법인이 정관을 변경하려는 경우에는 시·도지사의 인가를 받아야 한다. 다만, 보건복지부령으로 정하는 경미한 사항의 경우에는 그러하지 아니하다.
(2011.8.4 본조개정)

제18조【임원】 ① 법인은 대표이사를 포함한 이사 7명 이상과 감사 2명 이상을 두어야 한다.
② 법인은 제1항에 따른 이사 정수의 3분의 1(소수점 이하는 버린다) 이상을 다음 각 호의 어느 하나에 해당하는 기관이 3배수로 추천한 사람 중에서 선임하여야 한다.
1. 「사회보장급여의 이용·제공 및 수급권자 발굴에 관한 법률」 제40조제1항에 따른 시·도사회보장위원회
2. 「사회보장급여의 이용·제공 및 수급권자 발굴에 관한 법률」 제41조제1항에 따른 지역사회보장협의체
(2017.10.24 본항개정)

③ 이사회의 구성에 있어서 대통령령으로 정하는 특별한 관계에 있는 사람이 이사 현원(現員)의 5분의 1을 초과할 수 없다.
④ 이사의 임기는 3년으로 하고 감사의 임기는 2년으로 하며, 각각 연임할 수 있다.
⑤ 외국인인 이사는 이사 현원의 2분의 1 미만이어야 한다.
⑥ 법인은 임원을 임면하는 경우에는 보건복지부령으로 정하는 바에 따라 지체 없이 시·도지사에게 보고하여야 한다.
⑦ 감사는 이사와 제3항에 따른 특별한 관계에 있는 사람이 아니어야 하며, 감사 중 1명은 법률 또는 회계에 관한 지식이 있는 사람 중에서 선임하여야 한다. 다만, 대통령령으로 정하는 일정 규모 이상의 법인은 시·도지사의 추천을 받아 「주식회사 등의 외부감사에 관한 법률」 제2조제7호에 따른 감사인에 속한 사람을 감사로 선임하여야 한다.(2017.10.31 단서개정)
⑧ 제2항 각 호의 기관은 제2항에 따라 이사를 추천하기 위하여 매년 다음 각 호의 어느 하나에 해당하는 사람으로 이사 후보군을 구성하여 공고하여야 한다. 다만, 사회복지법인의 대표자, 사회복지사업을 하는 비영리법인 또는 단체의 대표자, 「사회보장급여의 이용·제공 및 수급권자 발굴에 관한 법률」 제41조에 따른 지역사회보장협의체의 대표자는 제외한다.
1. 사회복지 또는 보건의료에 관한 학식과 경험이 풍부한 사람
2. 사회복지를 필요로 하는 사람의 이익 등을 대표하는 사람
3. 「비영리민간단체 지원법」 제2조에 따른 비영리민간단체에서 추천한 사람
4. 「사회복지공동모금회법」 제14조에 따른 사회복지공동모금지회에서 추천한 사람
(2017.10.24 본항신설)
(2012.1.26 본조개정)

제18조의2【임원선임 관련 금품 등 수수 금지】 누구든지 임원의 선임과 관련하여 금품, 향응 또는 그 밖의 재산상 이익을 주고받거나 주고받을 것을 약속하여서는 아니 된다.(2017.10.24 본조신설)

제19조【임원의 결격사유】 ① 다음 각 호의 어느 하나에 해당하는 사람은 임원이 될 수 없다.
1. 미성년자(2017.10.24 본호개정)
1의2. 피성년후견인 또는 피한정후견인
1의3. 파산선고를 받고 복권되지 아니한 사람
1의4. 법원의 판결에 따라 자격이 상실되거나 정지된 사람
1의5. 금고 이상의 실형을 선고받고 그 집행이 끝나거나(집행이 끝난 것으로 보는 경우를 포함한다) 집행이 면제된 날부터 3년이 지나지 아니한 사람
1의6. 금고 이상의 형의 집행유예를 선고받고 그 유예기간 중에 있는 사람
1의7. 제1호의5 및 제1호의6에도 불구하고 사회복지사업 또는 그 직무와 관련하여 「아동복지법」 제71조, 「보조금 관리에 관한 법률」 제40조부터 제42조까지, 「지방재정법」 제97조, 「영유아보육법」 제54조제2항제1호, 「장애아동 복지지원법」 제39조제1항제1호 또는 「형법」 제28장·제40장(제360조는 제외한다)의 죄를 범하거나 이 법을 위반하여 다음 각 목의 어느 하나에 해당하는 사람(2020.12.29 본문개정)
가. 100만원 이상의 벌금형을 선고받고 그 형이 확정된 후 5년이 지나지 아니한 사람
나. 형의 집행유예를 선고받고 그 형이 확정된 후 7년이 지나지 아니한 사람
다. 징역형을 선고받고 그 집행이 끝나거나(집행이 끝난 것으로 보는 경우를 포함한다) 집행이 면제된 날부터 7년이 지나지 아니한 사람
(2017.10.24 1호의2~1호의7신설)
1의8. 제1호의5부터 제1호의7까지의 규정에도 불구하고 「성폭력범죄의 처벌 등에 관한 특례법」 제2조의 성폭력범죄 또는 「아동·청소년의 성보호에 관한 법률」 제2조제2호의 아동·청소년대상 성범죄를 저지른 사람으로서 형 또는 치료감호를 선고받고 확정된 후 그 형 또는 치료감호의 전부 또는 일부의 집행이 끝나거나(집행이 끝난 것으로 보는 경우를 포함한다) 집행이 유예·면제된 날부터 10년이 지나지 아니한 사람(2018.12.11 본호개정)
1의9. 제1호의5부터 제1호의8까지의 규정에도 불구하고 「아동복지법」 제3조제7호의2에 따른 아동학대관련범죄를 저지른 사람으로서 다음 각 목의 어느 하나에 해당하는 사람
가. 금고 이상의 실형을 선고받고 그 집행이 끝나거나(집행이 끝난 것으로 보는 경우를 포함한다) 집행이 면제된 날부터 10년이 지나지 아니한 사람
나. 금고 이상의 형의 집행유예를 선고받고 그 집행유예가 확정된 날부터 10년이 지나지 아니한 사람
다. 벌금형을 선고받고 그 형이 확정된 날부터 5년이 지나지 아니한 사람
(2021.12.21 본호신설)
2. 제22조에 따른 해임명령에 따라 해임된 날부터 5년이 지나지 아니한 사람
2의2. 제26조에 따라 설립허가가 취소된 사회복지법인의 임원이었던 사람(그 허가의 취소사유 발생에 관하여 직접적인 또는 이에 상응하는 책임이 있는 자로서 대통령령으로 정하는 사람으로 한정한다)으로서 그 설립허가가 취소된 날부터 5년이 지나지 아니한 사람
2의3. 제40조에 따라 시설의 장에서 해임된 사람으로서 해임된 날부터 5년이 지나지 아니한 사람
2의4. 제40조에 따라 폐쇄명령을 받고 3년이 지나지 아니한 사람
(2017.10.24 2호의2~2호의4신설)
3. 사회복지분야의 6급 이상 공무원으로 재직하다 퇴직한 지 3년이 경과하지 아니한 사람 중에서 퇴직 전 5년 동안 소속하였던 기초자치단체가 관할하는 법인의 임원이 되고자 하는 사람(2017.9.19 본호개정)

② 임원이 제1항 각 호의 어느 하나에 해당하게 되었을 때에는 그 자격을 상실한다.
(2011.8.4 본조개정)

제19조의2【벌금형의 분리 선고】 「형법」 제38조에도 불구하고 제19조제1항제1호의7에 규정된 죄와 다른 죄의 경합범(競合犯)에 대하여 벌금형을 선고하는 경우에는 이를 분리 선고하여야 한다.(2021.12.21 본조신설)

제20조【임원의 보충】 이사 또는 감사 중에 결원이 생겼을 때에는 2개월 이내에 보충하여야 한다.
(2012.1.26 본조개정)

제21조【임원의 겸직 금지】 ① 이사는 법인이 설치한 사회복지시설의 장을 제외한 그 시설의 직원을 겸할 수 없다.
② 감사는 법인의 이사, 법인이 설치한 사회복지시설의 장 또는 그 직원을 겸할 수 없다.
(2011.8.4 본조개정)

제22조【임원의 해임명령】 ① 시·도지사는 임원이 다음 각 호의 어느 하나에 해당할 때에는 법인에 그 임원의 해임을 명할 수 있다.
1. 시·도지사의 명령을 정당한 이유 없이 이행하지 아니하였을 때
2. 회계부정이나 인권침해 등 현저한 불법행위 또는 그 밖의 부당행위 등이 발견되었을 때(2012.1.26 본호개정)

福祉 勞動

3. 법인의 업무에 관하여 시·도지사에게 보고할 사항에 대하여 고의로 보고를 지연하거나 거짓으로 보고를 하였을 때
4. 제18조제2항·제3항 또는 제7항을 위반하여 선임된 사람(2012.1.26 본호신설)
5. 제21조를 위반한 사람(2012.1.26 본호신설)
6. 제22조의2에 따른 직무집행 정지명령을 이행하지 아니한 사람(2012.1.26 본호신설)
7. 그 밖에 이 법 또는 이 법에 따른 명령을 위반하였을 때

② 제1항에 따른 해임명령은 시·도지사가 해당 법인에게 그 사유를 들어 시정을 요구한 날로부터 15일이 경과하여도 이에 응하지 아니한 경우에 한한다. 다만, 시정을 요구하여도 시정할 수 없는 것이 명백하거나 회계부정, 횡령, 뇌물수수 등 비리의 정도가 중대한 경우에는 시정요구 없이 임원의 해임을 명할 수 있으며, 그 세부적 기준은 대통령령으로 정한다.(2012.1.26 본항신설)

③ 제1항에 따라 해임명령을 받은 법인은 2개월 이내에 임원의 해임에 관한 사항을 의결하기 위한 이사회를 소집하여야 한다.(2019.1.15 본항신설)

(2011.8.4 본조개정)

제22조의2【임원의 직무집행 정지】 ① 시·도지사는 제22조에 따른 해임명령을 하기 위하여 같은 조 제1항 각 호의 사실 여부에 대한 조사나 감사가 진행 중인 경우 및 해임명령 기간 중인 경우에는 해당 임원의 직무집행을 정지시킬 수 있다. 다만, 제22조제1항제4호에 해당하여 해임명령을 받은 경우에는 해당임원의 직무집행을 정지시켜야 한다.(2019.1.15 단서신설)

② 시·도지사는 제1항에 따른 임원의 직무집행 정지사유가 소멸되면 즉시 직무집행 정지명령을 해제하여야 한다.

(2012.1.26 본조신설)

제22조의3【임시이사의 선임】 ① 법인이 다음 각 호의 어느 하나에 해당하여 법인의 정상적인 운영이 어렵다고 판단되는 경우 시·도지사는 지체 없이 이해관계인의 청구 또는 직권으로 임시이사를 선임하여야 한다.

(2019.1.15 본문개정)

1. 제20조에 따른 기간 내에 결원된 이사를 보충하지 아니하거나 보충할 수 없는 것이 명백한 경우(2019.1.15 본호신설)
2. 제22조제3항에 따른 기간 내에 임원의 해임에 관한 사항을 의결하기 위한 이사회를 소집하지 아니하거나 소집할 수 없는 것이 명백한 경우(2019.1.15 본호신설)

② 임시이사는 제1항에 따른 사유가 해소될 때까지 재임한다.

③ 시·도지사는 임시이사가 선임되었음에도 불구하고 해당 법인이 정당한 사유 없이 이사회 소집을 기피할 경우 이사회 소집을 권고할 수 있다.

④ 제1항에 따른 임시이사의 선임 등에 필요한 사항은 보건복지부령으로 정한다.

⑤ 제1항제2호에 따라 임시이사를 선임하는 경우 제22조의2제1항 단서에 따라 직무집행이 정지된 이사는 자신의 해임명령 이행을 위한 이사회와 관련해서는 이사로 보지 않으며, 이 경우 해당 임시이사가 직무집행이 정지된 이사의 지위를 대신한다.(2019.1.15 본항신설)

(2012.1.26 본조신설)

판례 임시이사를 신청할 수 있는 이해관계인에는, 임시이사가 선임되는 것에 관하여 법률상의 이해관계가 있는 자로서 그 법인의 이사, 사원, 채권자 등이 이에 속하고, 위 법인의 이사에는 법인의 정당한 최후의 이사였다가 퇴임한 자이거나 비록 그 선임결의의 효력이 다투어지더라도 신청 당시에 법인의 등기부상 이사로서 법인의 업무처리를 담당해온 자 등은 포함한다.(대판 2007.5.10, 2006다85747)

제22조의4【임시이사의 해임】 ① 시·도지사는 다음 각 호의 어느 하나에 해당하는 경우 이해관계인의 청구 또는 직권으로 임시이사를 해임할 수 있다. 이 경우 제2호부터 제4호까지의 규정에 따라 임시이사를 해임하는 때에는 지체 없이 그 후임자를 선임하여야 한다.

1. 임시이사 선임사유가 해소된 경우
2. 임시이사가 제19조제1항제1호 및 제1호의2부터 제1호의8까지의 어느 하나에 해당하는 경우(2017.10.24 본호개정)
3. 임시이사가 직무를 태만히 하여 법인의 정상화가 어려운 경우
4. 임시이사가 제22조제1항 각 호의 어느 하나에 해당하는 경우

② 법인은 제1항에 따라 해임된 임시이사를 이사로 선임할 수 없다.

(2012.1.26 본조신설)

제23조【재산 등】 ① 법인은 사회복지사업의 운영에 필요한 재산을 소유하여야 한다.

② 법인의 재산은 보건복지부령으로 정하는 바에 따라 기본재산과 보통재산으로 구분하며, 기본재산은 그 목록과 가액(價額)을 정관에 적어야 한다.

③ 법인은 기본재산에 관하여 다음 각 호의 어느 하나에 해당하는 경우에는 시·도지사의 허가를 받아야 한다. 다만, 보건복지부령으로 정하는 사항에 대하여는 그러하지 아니하다.

1. 매도·증여·교환·임대·담보제공 또는 용도변경을 하려는 경우
2. 보건복지부령으로 정하는 금액 이상을 1년 이상 장기차입(長期借入)하려는 경우

④ 제1항에 따른 재산과 그 회계에 관하여 필요한 사항은 보건복지부령으로 정한다.

(2011.8.4 본조개정)

제24조【재산 취득 보고】 법인이 매수·기부채납(寄附採納), 후원 등의 방법으로 재산을 취득하였을 때에는 지체 없이 이를 법인의 재산으로 편입조치하여야 한다. 이 경우 법인은 그 취득 사유, 취득재산의 종류·수량 및 가액을 매년 시·도지사에게 보고하여야 한다.

(2011.8.4 본조개정)

제25조【회의록의 작성 및 공개 등】 ① 이사회는 다음 각 호의 사항을 기재한 회의록을 작성하여야 한다. 다만, 이사회 개최 당일에 회의록 작성이 어려운 사정이 있는 경우에는 안건별로 심의·의결 결과를 기록한 회의조서를 작성한 후 회의록을 작성할 수 있다.

1. 개의, 회의 중지 및 산회 일시
2. 안건
3. 의사
4. 출석한 임원의 성명
5. 표결수
6. 그 밖에 대표이사가 작성할 필요가 있다고 인정하는 사항

② 회의록 및 회의조서에는 출석임원 전원이 날인하되 그 회의록 또는 회의조서가 2매 이상인 경우에는 간인(間印)하여야 한다.

③ 제1항 단서에 따라 회의조서를 작성한 경우에는 조속한 시일 내에 회의록을 작성하여야 한다.

④ 법인은 회의록을 공개하여야 한다. 다만, 대통령령으로 정하는 사항에 대하여는 이사회의 의결로 공개하지 아니할 수 있다.

⑤ 회의록의 공개에 관한 기간·절차, 그 밖에 필요한 사항은 대통령령으로 정한다.

(2012.1.26 본조신설)

제26조【설립허가 취소 등】 ① 시·도지사는 법인이 다음 각 호의 어느 하나에 해당할 때에는 기간을 정하여 시정명령을 하거나 설립허가를 취소할 수 있다. 다만, 제1호 또는 제7호에 해당할 때에는 설립허가를 취소하여야 한다.(2012.1.26 본문개정)

1. 거짓이나 그 밖의 부정한 방법으로 설립허가를 받았을 때
2. 설립허가 조건을 위반하였을 때
3. 목적 달성이 불가능하게 되었을 때
4. 목적사업 외의 사업을 하였을 때
5. 정당한 사유 없이 설립허가를 받은 날부터 6개월 이내에 목적사업을 시작하지 아니하거나 1년 이상 사업실적이 없을 때
6. 법인이 운영하는 시설에서 반복적 또는 집단적 성폭력범죄 및 학대관련범죄가 발생한 때(2019.1.15 본호개정)

6의2. 법인이 운영하는 시설에서 중대하고 반복적인 회계부정이나 불법행위가 발생한 때(2023.8.16 본호신설)

7. 법인 설립 후 기본재산을 출연하지 아니한 때
8. 제18조제1항의 임원정수를 위반한 때
9. 제18조제2항을 위반하여 이사를 선임한 때
10. 제22조에 따른 임원의 해임명령을 이행하지 아니한 때

(2012.1.26 7호~10호신설)

11. 그 밖에 이 법 또는 이 법에 따른 명령이나 정관을 위반하였을 때

② 법인이 제1항 각 호(제1호 및 제7호는 제외한다)의 어느 하나에 해당하여 설립허가를 취소하는 경우는 다른 방법으로 감독 목적을 달성할 수 없거나 시정을 명한 후 6개월 이내에 법인이 이를 이행하지 아니한 경우로 한정한다.(2012.1.26 본항개정)

(2011.8.4 본조개정)

제27조【남은 재산의 처리】 ① 해산한 법인의 남은 재산은 정관으로 정하는 바에 따라 국가 또는 지방자치단체에 귀속된다.

② 제1항에 따라 국가 또는 지방자치단체에 귀속된 재산은 사회복지사업에 사용하거나 유사한 목적을 가진 법인에 무상으로 대여하거나 무상으로 사용·수익하게 할 수 있다. 다만, 해산한 법인의 이사 본인 및 그와 대통령령으로 정하는 특별한 관계에 있는 사람이 이사로 있는 법인에 대하여는 그러하지 아니하다.

(2011.8.4 본조개정)

제28조【수익사업】 ① 법인은 목적사업의 경비에 충당하기 위하여 필요할 때에는 법인의 설립 목적 수행에 지장이 없는 범위에서 수익사업을 할 수 있다.

② 법인은 제1항에 따른 수익사업에서 생긴 수익을 법인 또는 법인이 설치한 사회복지시설의 운영 외의 목적에 사용할 수 없다.

③ 제1항에 따른 수익사업에 관한 회계는 법인의 다른 회계와 구분하여 회계처리하여야 한다.

(2011.8.4 본조개정)

제29조 (1999.4.30 삭제)

제30조【합병】 ① 법인은 시·도지사의 허가를 받아 이 법에 따른 다른 법인과 합병할 수 있다. 다만, 주된 사무소가 서로 다른 특별시·광역시·특별자치시·도·특별자치도(이하 "시·도"라 한다)에 소재한 법인 간의 합병의 경우에는 보건복지부장관의 허가를 받아야 한다.

(2017.10.24 단서개정)

② 제1항에 따라 법인이 합병하는 경우 합병 후 존속하는 법인이나 합병으로 설립된 법인은 합병으로 소멸된 법인의 지위를 승계한다.

(2011.8.4 본조개정)

제31조【동일명칭 사용 금지】 이 법에 따른 사회복지법인이 아닌 자는 사회복지법인이라는 명칭을 사용하지 못한다.(2011.8.4 본조개정)

제32조【다른 법률의 준용】 법인에 관하여 이 법에서 규정한 사항을 제외하고는 「민법」과 「공익법인의 설립·운영에 관한 법률」을 준용한다.(2011.8.4 본조개정)

제33조【사회복지협의회】 ① 사회복지에 관한 다음 각 호의 업무를 수행하기 위하여 전국 단위의 한국사회복지협의회(이하 "중앙협의회"라 한다)와 시·도 단위의 시·도 사회복지협의회(이하 "시·도협의회"라 한다)를 두며, 필요한 경우에는 시(「제주특별자치도 설치 및 국제자유도시 조성을 위한 특별법」 제10조제2항에 따른 행정시를 포함한다. 이하 같다)·군·구(자치구를 말한다. 이하 같다) 단위의 시·군·구 사회복지협의회(이하 "시·군·구협의회"라 한다)를 둘 수 있다.(2017.10.24 본문개정)

1. 사회복지에 관한 조사·연구 및 정책 건의
2. 사회복지 관련 기관·단체 간의 연계·협력·조정
3. 사회복지 소외계층 발굴 및 민간사회복지자원과의 연계·협력
4. 대통령령으로 정하는 사회복지사업의 조성 등

(2012.1.26 1호~4호신설)

② 중앙협의회, 시·도협의회 및 시·군·구협의회는 이 법에 따른 사회복지법인으로 하되, 제23조제1항은 적용하지 아니한다.

③ 중앙협의회의 설립 및 운영 등에 관한 허가, 인가, 보고 등에 관하여 제16조제1항, 제17조제2항, 제18조제6항·제7항, 제22조, 제23조제3항, 제24조, 제26조제1항 및 제30조제1항을 적용할 때에는 "시·도지사"는 "보건복지부장관"으로 본다.(2012.1.26 본항개정)

④ 중앙협의회, 시·도협의회 및 시·군·구협의회의 조직과 운영 등에 필요한 사항은 대통령령으로 정한다.

(2011.8.4 본조개정)

제2장의2 사회복지서비스의 실시

제33조의2~제33조의8 (2017.10.24 삭제)

제3장 사회복지시설

(2011.8.4 본장개정)

제34조【사회복지시설의 설치】 ① 국가나 지방자치단체는 사회복지시설(이하 "시설"이라 한다)을 설치·운영할 수 있다.

② 국가 또는 지방자치단체 외의 자가 시설을 설치·운영하려는 경우에는 보건복지부령으로 정하는 바에 따라 시장·군수·구청장에게 신고하여야 한다. 다만, 다음 각 호의 어느 하나에 해당하는 자는 시설의 설치·운영 신고를 할 수 없다.(2016.2.3 단서개정)

1. 제40조에 따라 폐쇄명령을 받고 3년이 지나지 아니한 자(2016.2.3 본호신설)
2. 제19조제1항제1호 및 제1호의2부터 제1호의8까지의 어느 하나에 해당하는 개인 또는 그 개인이 임원인 법인 (2017.10.24 본호개정)

③ 시장·군수·구청장은 제2항에 따른 신고를 받은 경우 그 내용을 검토하여 이 법에 적합하면 신고를 수리하여야 한다.(2019.1.15 본항신설)

④ 시설을 설치·운영하는 자는 보건복지부령으로 정하는 재무·회계에 관한 기준에 따라 시설을 투명하게 운영하여야 한다.(2011.8.4 본항신설)

⑤ 제1항에 따라 국가나 지방자치단체가 설치한 시설은 필요한 경우 사회복지법인이나 비영리법인에 위탁하여 운영하게 할 수 있다.

⑥ 제5항에 따른 위탁운영의 기준·기간 및 방법 등에 관하여 필요한 사항은 보건복지부령으로 정한다.

(2019.1.15 본항개정)

제34조의2【시설의 통합 설치·운영 등에 관한 특례】

① 이 법 또는 제2조제1호 각 목의 법률에 따른 시설을 설치·운영하려는 경우에는 지역특성과 시설분포의 실태를 고려하여 이 법 또는 제2조제1호 각 목의 법률에 따른 시설을 통합하여 하나의 시설로 설치·운영하거나 하나의 시설에서 둘 이상의 사회복지사업을 통합하여 수행할 수 있다. 이 경우 국가 또는 지방자치단체 외의 자는 통합하여 설치·운영하려는 각각의 시설이나 사회복지사업에 관하여 해당 관계 법령에 따라 신고하거나 허가 등을 받아야 한다.

② 제1항에 따라 둘 이상의 시설을 통합하여 하나의 시설로 설치·운영하거나 하나의 시설에서 둘 이상의 사회복지사업을 통합하여 수행하는 경우 해당 시설에서 공동으로 이용하거나 배치할 수 있는 시설 및 인력 기준 등은 보건복지부령으로 정한다.

제34조의3【보험가입 의무】 ① 시설의 운영자는 다음 각 호의 손해배상책임을 이행하기 위하여 손해보험회사의 책임보험에 가입하거나 「사회복지사 등의 처우 및 지위 향상을 위한 법률」 제4조에 따른 한국사회복지공제회의 책임공제에 가입하여야 한다.(2013.6.4 본문개정)
1. 화재로 인한 손해배상책임
2. 화재 외의 안전사고로 인하여 생명·신체에 피해를 입은 보호대상자에 대한 손해배상책임
(2013.6.4 1호~2호신설)
② 국가나 지방자치단체는 예산의 범위에서 제1항에 따른 책임보험 또는 책임공제의 가입에 드는 비용의 전부 또는 일부를 보조할 수 있다.
③ 제1항에 따라 책임보험이나 책임공제에 가입하여야 할 시설의 범위는 대통령령으로 정한다.
(2012.1.26 본조개정)

제34조의4【시설의 안전점검 등】 ① 시설의 장은 시설에 대하여 정기 및 수시 안전점검을 실시하여야 한다.
② 시설의 장은 제1항에 따라 정기 또는 수시 안전점검을 한 후 그 결과를 시장·군수·구청장에게 제출하여야 한다.
③ 시장·군수·구청장은 제2항에 따른 결과를 받은 후 필요한 경우에는 시설의 운영자에게 시설의 보완 또는 개수(改修)·보수를 요구할 수 있으며, 이 경우 시설의 운영자는 요구에 따라야 한다.
④ 국가나 지방자치단체는 예산의 범위에서 제1항부터 제3항까지의 규정에 따른 안전점검, 시설의 보완 및 개수·보수에 드는 비용의 전부 또는 일부를 보조할 수 있다.
⑤ 제1항부터 제4항까지의 규정에 따른 정기 또는 수시 안전점검을 받아야 하는 시설의 범위, 안전점검 시기, 안전점검기관 및 그 절차는 대통령령으로 정한다.

제34조의5【사회복지관의 설치 등】 ① 제34조제1항과 제2항에 따른 시설 중 사회복지관은 지역복지증진을 위하여 다음 각 호의 사업을 실시할 수 있다.(2021.12.21 본문개정)
1. 지역사회의 특성과 지역주민의 복지욕구를 고려한 서비스 제공 사업
2. 국가·지방자치단체 및 민간 부문의 사회복지서비스를 연계·제공하는 사례관리 사업
3. 지역사회 복지공동체 활성화를 위한 복지자원 관리, 주민교육 및 조직화 사업
4. 그 밖에 복지증진을 위한 사업으로서 지역사회에서 요청하는 사업
(2021.12.21 1호~4호신설)
② 사회복지관은 모든 지역주민을 대상으로 사회복지서비스를 실시하되, 다음 각 호의 지역주민에게 우선 제공하여야 한다.
1. 「국민기초생활 보장법」에 따른 수급자 및 차상위계층
2. 장애인, 노인, 한부모가족 및 다문화가족
3. 직업 및 취업 알선이 필요한 사람
4. 보호와 교육이 필요한 유아·아동 및 청소년
5. 그 밖에 사회복지관의 사회복지서비스를 우선 제공할 필요가 있다고 인정되는 사람
③ 그 밖에 사회복지관의 설치·운영·사업·인력 기준 등에 필요한 사항은 보건복지부령으로 정한다.
(2021.12.21 본항개정)
(2012.1.26 본조신설)

제35조【시설의 장】 ① 시설의 장은 상근(常勤)하여야 한다.
② 다음 각 호의 어느 하나에 해당하는 사람은 시설의 장이 될 수 없다.
1. 제19조제1항제1호, 제1호의2부터 제1호의9까지 및 제2호의2부터 제2호의4까지의 어느 하나에 해당하는 사람(2021.12.21 본호개정)
2. 제22조에 따른 해임명령에 따라 해임된 날부터 5년이 지나지 아니한 사람
3. 사회복지분야의 6급 이상 공무원으로 재직하다 퇴직한 지 3년이 경과하지 아니한 사람 중에서 퇴직 전 5년 동안 소속하였던 기초자치단체가 관할하는 시설의 장이 되고자 하는 사람(2017.9.19 본호개정)
(2012.1.26 본항개정)
③ 시설의 장이 제2항 각 호의 어느 하나에 해당하게 되었을 때에는 그 자격을 상실한다.(2021.12.21 본항신설)

제35조의2【종사자】 ① 사회복지법인과 사회복지시설을 설치·운영하는 자는 시설에 근무할 종사자를 채용할 수 있다.
② 다음 각 호의 어느 하나에 해당하는 사람은 사회복지법인 또는 사회복지시설의 종사자가 될 수 없다.
1. 제19조제1항제1호의7부터 제1호의9까지의 어느 하나에 해당하는 사람(2021.12.21 본호개정)
2. 제1호에도 불구하고 종사자로 재직하는 동안 시설이용자를 대상으로 「성폭력범죄의 처벌 등에 관한 특례법」 제2조에 따른 성폭력범죄 및 「아동·청소년의 성보호에 관한 법률」 제2조제2호에 따른 아동·청소년 대상 성범죄를 저질러 금고 이상의 형 또는 치료감호를 선고받고 그 형이 확정된 사람
③ 종사자가 제2항 각 호의 어느 하나에 해당하게 되었을 때에는 그 자격을 상실한다.(2021.12.21 본항신설)
(2012.1.26 본조신설)

제35조의3【종사자 채용 시 준수사항】 ① 사회복지법인과 사회복지시설을 설치·운영하는 자는 해당 법인 또는 시설의 종사자를 채용할 때 정당한 사유 없이 채용광고의 내용을 종사자가 되려는 사람에게 불리하게 변경하여 채용하여서는 아니 된다.
② 사회복지법인과 사회복지시설을 설치·운영하는 자는 종사자를 채용한 후에 정당한 사유 없이 채용광고에서 제시한 근로조건을 종사자에게 불리하게 변경하여 적용하여서는 아니 된다.
(2018.12.11 본조신설)

제36조【운영위원회】 ① 시설의 장은 시설의 운영에 관한 다음 각 호의 사항을 심의하기 위하여 시설에 운영위원회를 두어야 한다. 다만, 보건복지부령으로 정하는 경우에는 복수의 시설에 공동으로 운영위원회를 둘 수 있다.
(2012.1.26 본문개정)
1. 시설운영계획의 수립·평가에 관한 사항
2. 사회복지 프로그램의 개발·평가에 관한 사항
3. 시설 종사자의 근무환경 개선에 관한 사항
4. 시설 거주자의 생활환경 개선 및 고충 처리 등에 관한 사항
5. 시설 종사자와 거주자의 인권보호 및 권익증진에 관한 사항(2012.1.26 본호신설)
6. 시설과 지역사회의 협력에 관한 사항
7. 그 밖에 시설의 장이 운영위원회의 회의에 부치는 사항
② 운영위원회의 위원은 다음 각 호의 어느 하나에 해당하는 사람 중에서 관할 시장·군수·구청장이 임명하거나 위촉한다.
1. 시설의 장
2. 시설 거주자 대표
3. 시설 거주자의 보호자 대표
4. 시설종사자의 대표
5. 해당 시·군·구 소속의 사회복지업무를 담당하는 공무원
6. 후원자 대표 또는 지역주민
7. 공익단체에서 추천한 사람
8. 그 밖에 시설의 운영 또는 사회복지에 관하여 전문적인 지식과 경험이 풍부한 사람
(2012.1.26 본항신설)
③ 시설의 장은 다음 각 호의 사항을 제1항에 따른 운영위원회에 보고하여야 한다.
1. 시설의 회계 및 예산·결산에 관한 사항
2. 후원금 조성 및 집행에 관한 사항
3. 그 밖에 시설운영과 관련된 사건·사고에 관한 사항
(2012.1.26 본항신설)
④ 그 밖에 운영위원회의 조직 및 운영에 관한 사항은 보건복지부령으로 정한다.(2012.1.26 본항개정)

제37조【시설의 서류 비치】 시설의 장은 후원금품대장 등 보건복지부령으로 정하는 서류를 시설에 갖추어 두어야 한다.

제38조【시설의 휴지·재개·폐지 신고 등】 ① 제34조제2항에 따른 신고를 한 자는 지체 없이 시설의 운영을 시작하여야 한다.
② 시설의 운영자는 그 운영을 일정 기간 중단하거나 다시 시작하거나 시설을 폐지하려는 경우에는 보건복지부령으로 정하는 바에 따라 시장·군수·구청장에게 신고하여야 한다.
③ 시장·군수·구청장은 제2항에 따라 시설 운영이 중단되거나 시설이 폐지되는 경우에는 보건복지부령이 정하는 바에 따라 시설 거주자의 권익을 보호하기 위하여 다음 각 호의 조치를 하고 신고를 수리하여야 한다.
(2019.1.15 본문개정)
1. 시설 거주자가 자립을 원하는 경우 자립을 할 수 있도록 지원하고 그 이행을 확인하는 조치(2019.1.15 본호개정)
2. 시설 거주자가 다른 시설을 선택할 수 있도록 하고 그 이행을 확인하는 조치(2019.1.15 본호신설)
3. 시설 거주자가 이용료·사용료 등의 비용을 부담하는 경우 납부한 비용 중 사용하지 아니한 금액을 반환하게 하고 그 이행을 확인하는 조치
4. 보조금·후원금 등의 사용 실태 확인과 이를 재원으로 조성한 재산 중 남은 재산의 회수조치
5. 그 밖에 시설 거주자의 권익 보호를 위하여 필요하다고 인정되는 조치
(2012.1.26 본항개정)
④ 시설 운영자가 제2항에 따라 시설운영을 재개하려고 할 때에는 보건복지부령으로 정하는 바에 따라 시설 거주자의 권익을 보호하기 위하여 다음 각 호의 조치를 하여야 한다. 이 경우 시장·군수·구청장은 그 조치 내용을 확인하고 제2항에 따른 신고를 수리하여야 한다.
(2019.1.15 후단신설)
1. 운영 중단 사유의 해소
2. 향후 안정적 운영계획의 수립
3. 그 밖에 시설 거주자의 권익 보호를 위하여 보건복지부장관이 필요하다고 인정하는 조치
(2012.1.26 본항신설)
⑤ 제1항과 제2항에 따른 시설 운영의 개시·중단·재개 및 시설 폐지의 신고 등에 관하여 필요한 사항은 보건복지부령으로 정한다.(2012.1.26 본항신설)

제39조 (1999.4.30 삭제)

제40조【시설의 개선, 사업의 정지, 시설의 폐쇄 등】 ① 보건복지부장관, 시·도지사 또는 시장·군수·구청장은 시설이 다음 각 호의 어느 하나에 해당할 때에는 그 시설의 개선, 사업의 정지, 시설의 장의 교체를 명하거나 시설의 폐쇄를 명할 수 있다.
1. 시설이 설치기준에 미달하게 되었을 때
2. 사회복지법인 또는 비영리법인이 설치·운영하는 시설의 경우 그 사회복지법인 또는 비영리법인의 설립허가가 취소되었을 때
3. 설치 목적이 달성되었거나 그 밖의 사유로 계속하여 운영될 필요가 없다고 인정할 때
4. 회계부정이나 불법행위 또는 그 밖의 부당행위 등이 발견되었을 때
5. 제34조제2항에 따른 신고를 하지 아니하고 시설을 설치·운영하였을 때
6. 제36조제1항에 따른 운영위원회를 설치하지 아니하거나 운영하지 아니하였을 때
7. 정당한 이유 없이 제51조제1항에 따른 보고 또는 자료 제출을 하지 아니하거나 거짓으로 하였을 때
8. 정당한 이유 없이 제51조제1항 및 제2항에 따른 검사·질문·회계감사를 거부·방해하거나 기피하였을 때
(2018.12.11 본호개정)
9. 시설에서 다음 각 목의 성폭력범죄 또는 학대관련범죄가 발생한 때(2019.1.15 본문개정)
가. 「성폭력범죄의 처벌 등에 관한 특례법」 제2조제1항 제3호부터 제5호까지의 성폭력범죄
나. 「아동·청소년의 성보호에 관한 법률」 제2조제3호의 아동·청소년대상 성폭력범죄
다. 「아동복지법」 제3조제7호의2의 아동학대관련범죄
라. 「노인복지법」 제1조의2제5호의 노인학대관련범죄
(2019.1.15 가목~라목신설)
마. 「장애인복지법」 제2조제4항의 장애인학대관련범죄
(2023.6.13 본목신설)
바. 그 밖에 대통령령으로 정하는 성폭력범죄 또는 학대관련범죄(2019.1.15 본목신설)
10. 1년 이상 시설이 휴지상태에 있어 시장·군수·구청장이 재개를 권고하였음에도 불구하고 재개하지 아니한 때(2012.1.26 본호신설)
② 제1항에 따른 사업의 정지 및 시설의 폐쇄 명령을 받은 경우에는 제38조제3항을 준용한다.
③ 제1항에 따른 행정처분의 세부적인 기준은 그 위반행위의 유형과 위반 정도 등을 고려하여 보건복지부령으로 정한다.

제41조【시설 수용인원의 제한】 각 시설의 수용인원은 300명을 초과할 수 없다. 다만, 대통령령으로 정하는 경우에는 그러하지 아니하다.

제3장의2 재가복지
(2011.8.4 본장개정)

제41조의2【재가복지서비스】 ① 국가나 지방자치단체는 보호대상자가 다음 각 호의 어느 하나에 해당하는 재가복지서비스를 제공받도록 할 수 있다.
1. 가정봉사서비스 : 가사 및 개인활동을 지원하거나 정서활동을 지원하는 서비스
2. 주간·단기 보호서비스 : 주간·단기 보호시설에서 급식 및 치료 등 일상생활의 편의를 낮 동안 또는 단기간 동안 제공하거나 가족에 대한 교육 및 상담을 지원하는 서비스
② 시장·군수·구청장은 「사회보장급여의 이용·제공 및 수급권자 발굴에 관한 법률」 제15조에 따른 보호대상자별 서비스 제공 계획에 따라 보호대상자에게 사회복지서비스를 제공하는 경우 시설 입소에 우선하여 제1항 각 호의 재가복지서비스를 제공하도록 하여야 한다.
(2017.10.24 본항개정)

제41조의3 (2017.10.24 삭제)

제41조의4【가정봉사원의 양성】 국가나 지방자치단체는 재가복지서비스를 필요로 하는 가정 또는 시설에서 보호대상자가 일상생활을 하기 위하여 필요한 각종 편의를 제공하는 가정봉사원을 양성하도록 노력하여야 한다.

제4장 보 칙
(2011.8.4 본장제목개정)

제42조【보조금 등】 ① 국가나 지방자치단체는 사회복지사업을 하는 자 중 대통령령으로 정하는 자에게 운영비 등 필요한 비용의 전부 또는 일부를 보조할 수 있다.
(2016.2.3 본항개정)
② 제1항에 따른 보조금은 그 목적 외의 용도에 사용할 수 없다.
③ 국가나 지방자치단체는 제1항에 따라 보조금을 받은 자가 다음 각 호의 어느 하나에 해당할 때에는 이미 지급한 보조금의 전부 또는 일부의 반환을 명할 수 있다. 다만, 제1호 및 제2호의 경우에는 반환을 명하여야 한다.
(2016.2.3 단서신설)

1. 거짓이나 그 밖의 부정한 방법으로 보조금을 받았을 때
2. 사업 목적 외의 용도에 보조금을 사용하였을 때
3. 이 법 또는 이 법에 따른 명령을 위반하였을 때
④ 제1항에 따른 보조금과 관련하여 이 법에서 규정한 사항 외에는 「보조금 관리에 관한 법률」 및 「지방재정법」을 따른다.(2016.2.3 본항신설)
(2011.8.4 본조개정)
제42조의2【국유·공유 재산의 우선매각】 국가나 지방자치단체는 사회복지사업과 관련한 시설을 설치하거나 사업을 육성하기 위하여 필요하다고 인정하면 「국유재산법」과 「공유재산 및 물품 관리법」에도 불구하고 사회복지법인 또는 사회복지시설에 국유·공유 재산을 우선매각하거나 임대할 수 있다.(2011.8.4 본조개정)
제42조의3【지방자치단체에 대한 지원금】 ① 보건복지부장관은 시·도지사 및 시장·군수·구청장에게 사회복지사업의 수행에 필요한 비용을 지원할 수 있다.
② 보건복지부장관은 「사회보장급여의 이용·제공 및 수급권자 발굴에 관한 법률」 제39조에 따른 평가결과를 반영하여 제1항에 따른 지원을 할 수 있다.(2014.12.30 본항개정)
③ 제1항에 따른 지원금의 지급기준·지급방법 등에 관하여 필요한 사항은 보건복지부령으로 정한다.
(2010.1.18 본조개정)
제43조【시설의 서비스 최저기준】 ① 보건복지부장관은 시설에서 제공하는 서비스의 최저기준을 마련하여야 한다.
② 시설 운영자는 제1항의 서비스 최저기준 이상으로 서비스 수준을 유지하여야 한다.
③ 제1항의 서비스 기준 대상시설과 서비스 내용 등에 관하여 필요한 사항은 보건복지부령으로 정한다.
(2012.1.26 본조신설)
제43조의2【시설의 평가】 ① 보건복지부장관과 시·도지사는 보건복지부령으로 정하는 바에 따라 시설을 정기적으로 평가하고, 그 결과를 공표하거나 시설의 감독·지원 등에 반영할 수 있으며 시설 거주자를 다른 시설로 보내는 등의 조치를 할 수 있다.
② 보건복지부장관이나 시·도지사는 제1항의 평가 결과에 따라 시설 거주자를 다른 시설로 보내는 경우에는 제38조제3항의 조치를 하여야 한다.
(2012.1.26 본조개정)
제44조【비용의 징수】 이 법에 따른 복지조치에 필요한 비용을 부담한 지방자치단체의 장이나 그 밖에 시설을 운영하는 자는 그 혜택을 받은 본인 또는 그 부양의무자로부터 대통령령으로 정하는 바에 따라 그가 부담한 비용의 전부 또는 일부를 징수할 수 있다.(2011.8.4 본조개정)
제45조【후원금의 관리】 ① 사회복지법인의 대표이사와 시설의 장은 아무런 대가 없이 무상으로 받은 금품이나 그 밖의 자산(이하 "후원금"이라 한다)의 수입·지출 내용을 공개하여야 하며 그 관리에 명확성이 확보되도록 하여야 한다.
② 후원금에 관한 영수증 발급, 수입 및 사용결과 보고, 그 밖에 후원금 관리 및 공개 절차 등 구체적인 사항은 보건복지부령으로 정한다.
(2012.1.26 본조개정)
제45조의2【상속인 없는 재산의 처리】 ① 시설을 설치·운영하는 자는 시설에 입소 중인 사람이 사망하고 그 상속인의 존부가 분명하지 아니한 때에는 「민법」 제1053조부터 제1059조까지의 규정에 따라 사망한 사람의 재산을 처리한다. 다만, 사망한 사람의 잔여재산이 500만원 이하인 경우에는 관할 시장·군수·구청장에게 잔여재산 목록을 작성하여 보고하는 것으로 그 재산의 처리를 갈음할 수 있다.
② 제1항 단서에 따른 보고를 받은 시장·군수·구청장은 제2조제1호 각 목의 법률에서 정하는 절차에 따라 사망한 사람의 재산을 처리할 수 있다.
(2020.12.29 본조신설)
제46조【한국사회복지사협회】 ① 사회복지사는 사회복지에 관한 전문지식과 기술을 개발·보급하고, 사회복지사의 자질 향상을 위한 교육훈련을 실시하며, 사회복지사의 복지증진을 도모하기 위하여 한국사회복지사협회(이하 "협회"라 한다)를 설립한다.
② 제1항에 따른 협회는 법인으로 하되, 협회의 조직과 운영 등에 필요한 사항은 대통령령으로 정한다.
③ 협회에 관하여 이 법에서 규정한 사항을 제외하고는 「민법」 중 사단법인에 관한 규정을 준용한다.
(2011.8.4 본조개정)
제47조【비밀누설의 금지】 사회복지사업 또는 사회복지업무에 종사하였거나 종사하고 있는 사람은 그 업무수행 과정에서 알게 된 다른 사람의 비밀을 누설하여서는 아니 된다.(2011.8.4 본조개정)
제48조【압류 금지】 이 법 및 제2조제1호 각 목의 법률에 따라 지급된 금품과 이를 받을 권리는 압류하지 못한다.(2011.8.4 본조개정)
제49조【청문】 보건복지부장관, 시·도지사 또는 시장·군수·구청장은 다음 각 호의 어느 하나에 해당하는 처분을 하려면 청문을 실시하여야 한다.(2016.2.3 본문개정)
1. 제11조의3에 따른 사회복지사의 자격취소
2. 제26조에 따른 설립허가 취소
3. 제40조에 따른 시설의 폐쇄
(2016.2.3 1호~3호신설)
제50조【포상】 정부는 사회복지사업에 관하여 공로가 현저하거나 모범이 되는 자에게 포상(褒賞)을 할 수 있다.
(2011.8.4 본조개정)
제51조【지도·감독 등】 ① 보건복지부장관, 시·도지사 또는 시장·군수·구청장은 사회복지사업을 운영하는 자의 소관 업무에 관하여 지도·감독을 하며, 필요한 경우 그 업무에 관하여 보고 또는 관계 서류의 제출을 명하거나, 소속 공무원으로 하여금 사회복지법인의 사무소 또는 시설에 출입하여 검사 또는 질문을 하게 할 수 있다.
② 시·도지사 또는 시장·군수·구청장은 사회복지법인과 사회복지시설에 대하여 지방의회의 추천을 받아 「공인회계사법」 제7조에 따라 등록한 공인회계사 또는 「주식회사 등의 외부감사에 관한 법률」 제2조제7호에 따른 감사인을 선임하여 회계감사를 실시할 수 있다. 이 경우 공인회계사 또는 감사인의 추천, 회계감사의 대상 및 그 밖에 필요한 사항은 보건복지부령으로 정하는 기준에 따라 지방자치단체의 조례로 정한다.(2018.12.11 본항신설)
③ 사회복지법인의 주된 사무소의 소재지와 시설의 소재지가 같은 시·도 또는 시·군·구에 있지 아니한 경우 그 시설의 업무에 관하여는 시설 소재지의 시·도지사 또는 시장·군수·구청장이 지도·감독·회계감사 등을 한다. 이 경우 지도·감독·회계감사 등을 위하여 필요할 때에는 사회복지법인의 업무에 대하여 사회복지법인의 주된 사무소 소재지의 시·도지사 또는 시장·군수·구청장에게 협조를 요청할 수 있다.(2018.12.11 본항개정)
④ 제3항에 따른 지도·감독·회계감사 등에 관하여 따로 지방자치단체 간에 협약을 체결한 경우에는 제2항에도 불구하고 협약에서 정한 시·도지사 또는 시장·군수·구청장이 지도·감독·회계감사 등의 업무를 수행한다.(2018.12.11 본항개정)
⑤ 제1항 및 제2항에 따라 검사·질문 또는 회계감사를 하는 관계 공무원 등은 그 권한을 표시하는 증표를 지니고 이를 관계인에게 보여주어야 한다.(2018.12.11 본항개정)
⑥ 보건복지부장관, 시·도지사 또는 시장·군수·구청장은 지도·감독·회계감사를 실시한 후 제26조 및 제40조에 따른 행정처분 등을 한 경우에는 처분 대상인 법인 또는 시설의 명칭, 처분사유, 처분내용 등 처분과 관련된 정보를 대통령령으로 정하는 바에 따라 공표할 수 있다.
(2018.12.11 본항개정)
⑦ 지도·감독 기관은 사회복지 사업을 운영하는 자의 소관 업무에 대한 지도·감독에 있어 필요한 경우 촉탁할 수 있으며 촉탁받은 자의 업무범위와 권한은 대통령령으로 정한다.(2012.1.26 본항신설)
(2011.8.4 본조개정)
제52조【권한의 위임 또는 위탁】 ① 이 법에 따른 보건복지부장관 또는 시·도지사의 권한은 대통령령으로 정하는 바에 따라 그 일부를 시·도지사 또는 시장·군수·구청장에게 위임할 수 있다.
② 보건복지부장관은 이 법에 따른 업무의 일부를 대통령령으로 정하는 바에 따라 제6조의2제5항에 따른 전담기구, 사회복지 관련 기관 또는 단체에 위탁할 수 있다.
(2017.10.24 본항개정)
(2011.8.4 본조개정)

제5장 벌 칙
(2011.8.4 본장제목개정)

제53조【벌칙】 다음 각 호의 어느 하나에 해당하는 자는 5년 이하의 징역 또는 5천만원 이하의 벌금에 처한다.
(2016.12.2 본문개정)
1. 제23조제3항을 위반한 자
2. 제42조제2항을 위반한 자
(2011.8.4 본조개정)
제53조의2~제53조의3 (2014.12.30 삭제)
제54조【벌칙】 다음 각 호의 어느 하나에 해당하는 자는 1년 이하의 징역 또는 1천만원 이하의 벌금에 처한다.
1. 제6조제1항을 위반한 자
1의2. 제11조제6항을 위반하여 사회복지사 자격증을 다른 사람에게 빌려주거나 빌린 사람(2020.3.31 본호신설)
1의3. 제11조제7항을 위반하여 사회복지사 자격증을 빌려주거나 빌리는 것을 알선한 사람(2020.3.31 본호신설)
1의4. 제18조의2를 위반하여 금품, 향응 또는 재산상의 이익을 주고받거나 주고받을 것을 약속한 사람
(2017.10.24 본호신설)
2. 제28조제2항을 위반한 자
3. 제34조제2항에 따른 신고를 하지 아니하고 시설을 설치·운영한 자
4. 정당한 이유 없이 제38조제3항(제40조제2항에서 준용하는 경우를 포함한다)에 따른 시설 거주자 권익 보호조치를 기피하거나 거부한 자
5. 정당한 이유 없이 제40조제1항에 따른 명령을 이행하지 아니한 자
6. 제47조를 위반한 자
7. 정당한 이유 없이 제51조제1항 및 제2항에 따른 보고를 하지 아니하거나 거짓으로 보고한 자, 자료를 제출하지 아니하거나 거짓 자료를 제출한 자, 검사·질문·회계감사를 거부·방해 또는 기피한 자(2018.12.11 본호개정)
(2011.8.4 본조개정)
제55조【벌칙】 제13조를 위반한 자는 300만원 이하의 벌금에 처한다.(2011.8.4 본조개정)
제56조【양벌규정】 법인의 대표자나 법인 또는 개인의 대리인·사용인, 그 밖의 종업원이 그 법인 또는 개인의 업무에 관하여 제53조, 제54조 및 제55조의 위반행위를 하면 그 행위자를 벌하는 외에 그 법인 또는 개인에게도 해당 조문의 벌금형을 과(科)한다. 다만, 법인 또는 개인이 그 위반행위를 방지하기 위하여 해당 업무에 관하여 상당한 주의와 감독을 게을리하지 아니한 경우에는 그러하지 아니하다.(2014.12.30 본조개정)
제57조【벌칙 적용 시의 공무원 의제】 제12조제1항 또는 제52조제2항에 따라 위탁받은 업무를 수행하는 제6조의2제5항에 따른 전담기구, 사회복지 관련 기관 또는 단체 임직원은 「형법」 제129조부터 제132조까지의 규정을 적용할 때에는 공무원으로 본다.(2017.10.24 본조개정)
제58조【과태료】 ① 다음 각 호의 어느 하나에 해당하는 자에게는 500만원 이하의 과태료를 부과한다.
1. 제35조의3제1항을 위반하여 채용한 자
2. 제35조의3제2항을 위반하여 근로조건을 변경·적용한 자
(2018.12.11 본항신설)
② 제13조제2항 단서 및 제3항, 제11조의4, 제18조제6항, 제24조, 제31조, 제34조의3, 제34조의4, 제37조, 제38조제1항·제2항 또는 제45조를 위반한 자에게는 300만원 이하의 과태료를 부과한다.(2016.2.3 본항개정)
③ (2017.10.24 삭제)
④ 제1항 또는 제2항에 따른 과태료는 대통령령으로 정하는 바에 따라 보건복지부장관, 시·도지사 또는 시장·군수·구청장이 부과·징수한다.(2018.12.11 본항개정)

부 칙 (2017.10.24)

제1조【시행일】 이 법은 공포 후 6개월이 경과한 날부터 시행한다. 다만, 제19조제1항제2호의2부터 제2호의4까지 및 제35조제2항제1호(제19조제1항제2호의2부터 제2호의4까지의 개정규정에 해당하는 부분으로 한정한다)의 개정규정은 공포 후 1년이 경과한 날부터 시행하고, 제11조제2항의 개정규정은 2019년 1월 1일부터 시행한다.
제2조【결격사유에 관한 적용례】 제19조제1항 및 제35조제2항의 개정규정은 같은 개정규정 시행 후 최초로 선임되거나 취임하는 임원 또는 시설의 장부터 적용한다.
제3조【금치산자 등의 결격사유에 관한 경과조치】 이 법 시행 당시 이미 금치산 또는 한정치산의 선고를 받고 법률 제10429호 민법 일부개정법률 부칙 제2조에 따라 금치산 또는 한정치산 선고의 효력이 유지되는 사람에 대해서는 제11조의2제1호, 제19조제1항제1호의2의 개정규정에도 불구하고 종전의 규정에 따른다.
제4조【사회복지위원회 폐지에 관한 경과조치】 이 법 시행 이전에 시·도에 두었던 사회복지위원회는 「사회보장급여의 이용·제공 및 수급권자 발굴에 관한 법률」에 따른 시·도사회보장위원회로 본다.
제5조【지역사회복지협의체 폐지에 관한 경과조치】 이 법 시행 이전에 시·군·구에 두었던 지역사회복지협의체는 「사회보장급여의 이용·제공 및 수급권자 발굴에 관한 법률」에 따른 지역사회보장협의체로 본다.
제6조【복지위원에 관한 경과조치】 이 법 시행 이전에 위촉되었던 복지위원은 그 임기가 종료되는 시점까지 종전의 규정에 따른 복지위원으로 본다.
제7조【사회복지사 3급 자격 폐지에 관한 경과조치】 ① 제11조제2항의 개정규정 시행 당시 종전의 규정에 따라 사회복지사 3급 자격증을 발급받은 자는 같은 개정규정에도 불구하고 종전의 규정에 따라 사회복지사 3급 자격증을 유효하게 취득한 것으로 본다.
② 제11조제2항의 개정규정 시행 당시 종전의 규정에 따라 사회복지사 3급 자격증을 발급받은 자는 같은 개정규정에도 불구하고 종전의 규정에 따라 2급 자격증을 발급받을 수 있는 경력을 인정받아 이 법에 따른 사회복지사 2급 자격증을 발급받을 수 있다.
제8조【과태료에 관한 경과조치】 이 법 시행 당시 종전의 규정에 따라 부과된 과태료에 관하여는 종전의 규정에 따른다.
제9조【다른 법령과의 관계】 이 법 시행 당시 다른 법령에서 종전의 「사회복지사업법」 제33조의7의 규정을 인용한 경우에는 종전의 규정을 갈음하여 이 법 제5조의2제1항 및 제2항의 규정을 인용한 것으로 보며, 제6조의3, 제7조, 제7조의2, 제8조, 제14조, 제15조, 제33조의2, 제33조의3, 제33조의4, 제33조의5, 제33조의6, 제33조의8, 제41조의3의 규정을 인용한 경우에는 종전의 규정을 갈음하여 「사회보장급여의 이용·제공 및 수급권자 발굴에 관한 법률」의 해당 규정을 인용한 것으로 본다.

부 칙 (2018.12.11)

제1조【시행일】 이 법은 공포 후 6개월이 경과한 날부터 시행한다. 다만, 제11조의 개정규정은 공포 후 2년이 경과한 날부터 시행한다.

제2조【임원의 결격사유에 관한 적용례】제19조제1항제1호의8의 개정규정은 이 법 시행 후 최초로 「성폭력범죄의 처벌 등에 관한 특례법」 제2조제1항제1호의 성폭력범죄를 저지른 경우부터 적용한다.
제3조【종사자 채용에 관한 적용례】제35조의3의 개정규정은 이 법 시행 후 최초로 종사자를 채용하는 경우부터 적용한다.
제4조【정신건강사회복지사 자격에 관한 특례】「정신건강증진 및 정신질환자 복지서비스 지원에 관한 법률」 제17조제6항에 따라 정신건강사회복지사 자격을 받은 사람은 이 법에 따른 정신건강사회복지사 자격을 받은 것으로 본다.

부　칙 (2019.1.15)

제1조【시행일】이 법은 공포 후 6개월이 경과한 날부터 시행한다. 다만, 제34조제3항 및 제38조의 개정규정은 공포한 날부터 시행한다.
제2조【설립허가 취소 등에 관한 적용례】제26조제1항제6호의 개정규정은 이 법 시행 후 최초로 사회복지법인이 운영하는 시설에서 반복적 또는 집단적인 학대관련범죄가 발생한 경우부터 적용한다.
제3조【시설의 개선 등에 관한 적용례】제40조제1항제9호의 개정규정은 이 법 시행 후 최초로 시설에서 「아동복지법」 제3조제7호의2의 아동학대관련범죄, 「노인복지법」 제1조의2제5호의 노인학대관련범죄, 그 밖에 대통령령으로 정하는 학대관련범죄가 발생한 경우부터 적용한다.

부　칙 (2019.12.3)

제1조【시행일】이 법은 공포한 날부터 시행한다.
제2조【국가시험에 관한 적용례】제11조제1항 단서의 개정규정은 이 법 시행 후 국가시험을 실시하는 경우부터 적용한다.

부　칙 (2020.3.31)

제1조【시행일】이 법은 공포 후 3개월이 경과한 날부터 시행한다.
제2조【제11조 및 제54조의 개정규정에 관한 경과조치】① 제11조제6항 및 제7항의 개정규정은 2020년 12월 11일까지는 각각 제11조제5항 및 제6항으로 본다.
② 제54조제1호의2 및 제1호의3의 개정규정 중 "제11조제6항" 및 "제11조제7항"은 2020년 12월 11일까지는 각각 "제11조제5항" 및 "제11조제6항"으로 본다.

부　칙 (2020.12.29)

제1조【시행일】이 법은 공포한 날부터 시행한다. 다만, 제45조의2의 개정규정은 공포 후 6개월이 경과한 날부터 시행한다.
제2조【임원의 결격사유에 관한 적용례】제19조제1항제1호의7의 개정규정은 이 법 시행 후 취임하는 임원부터 적용한다.
제3조【상속인 없는 재산의 처리에 관한 적용례】제45조의2의 개정규정은 부칙 제1조 단서에 따른 시행일 이후 사회복지시설에 입소 중인 사람이 사망한 경우부터 적용한다.

부　칙 (2021.12.21)

제1조【시행일】이 법은 공포 후 6개월이 경과한 날부터 시행한다. 다만, 제19조의2의 개정규정은 공포한 날부터 시행한다.
제2조【결격사유에 관한 경과조치】이 법 시행 전에 발생한 사유로 인하여 제19조제1항제1호의9, 제35조제2항제1호 및 제35조의2제2항제1호의 개정규정에 따른 결격사유에 해당하게 된 경우에는 같은 개정규정에도 불구하고 종전의 규정에 따른다.

부　칙 (2023.6.13)

제1조【시행일】이 법은 공포 후 1개월이 경과한 날부터 시행한다.
제2조【시설의 개선 등에 관한 적용례】제40조제1항제9호의 개정규정은 이 법 시행 이후 시설에서 「장애인복지법」 제2조제4항의 장애인학대관련범죄가 발생한 경우부터 적용한다.

부　칙 (2023.8.16)

이 법은 공포 후 6개월이 경과한 날부터 시행한다.

부　칙 (2024.1.23)

이 법은 공포 후 3개월이 경과한 날부터 시행한다.

(舊：여성발전기본법)

양성평등기본법

(2014년 5월 28일
전부개정법률 제12698호)

개정
2014.11.19법12844호(정부조직)
2015. 6.22법13369호　2016.12.20법14444호
2017. 7.26법14839호(정부조직)
2017.12.12법15206호　2018. 3. 2법15420호
2018. 3.27법15545호(성별영향평가법)
2018.12.18법15985호　2019.11.26법16623호
2020. 5.19법17284호　2021. 1.12법17896호
2021. 4.20법18099호

제1장 총　칙

제1조【목적】이 법은 「대한민국헌법」의 양성평등 이념을 실현하기 위한 국가와 지방자치단체의 책무 등에 관한 기본적인 사항을 규정함으로써 정치·경제·사회·문화의 모든 영역에서 양성평등을 실현하는 것을 목적으로 한다.
제2조【기본이념】이 법은 개인의 존엄과 인권의 존중을 바탕으로 성차별적 의식과 관행을 없애고, 여성과 남성이 동등한 참여와 대우를 받고 모든 영역에서 평등한 책임과 권리를 공유함으로써 실질적 양성평등 사회를 이루는 것을 기본이념으로 한다.(2021.4.20 본조개정)
제3조【정의】이 법에서 사용하는 용어의 뜻은 다음과 같다.
1. "양성평등"이란 성별에 따른 차별, 편견, 비하 및 폭력 없이 인권을 동등하게 보장받고 모든 영역에 동등하게 참여하고 대우받는 것을 말한다.
2. "성희롱"이란 업무, 고용, 그 밖의 관계에서 국가기관·지방자치단체 또는 대통령령으로 정하는 공공단체(이하 "국가기관등"이라 한다)의 종사자, 사용자 또는 근로자가 다음 각 목의 어느 하나에 해당하는 행위를 하는 경우를 말한다.
가. 지위를 이용하거나 업무 등과 관련하여 성적 언동 또는 성적 요구 등으로 상대방에게 성적 굴욕감이나 혐오감을 느끼게 하는 행위
나. 상대방이 성적 언동 또는 성적 요구에 따르지 아니한다는 이유로 불이익을 주거나 그에 따르는 것을 조건으로 이익 공여의 의사표시를 하는 행위(2021.4.20 본목개정)
3. "사용자"란 사업주 또는 사업경영담당자, 그 밖에 사업주를 위하여 근로자에 관한 사항에 대한 업무를 수행하는 자를 말한다.

판례 성폭력 사건의 심리에 있어 성인지 감수성에 근거한 판단을 적용한 사례：제자인 여학생들을 성희롱하였다는 이유로 대학교수가 징계해임된 사건에서, 피해자가 성희롱 사실을 알리고 문제를 삼는 과정에서 이른바 '2차 피해'를 입을 수 있다는 사실을 유념하고 판단해야 한다. 따라서 피해자가 피해를 당한 후에도 가해자와 종전의 관계를 계속 유지하거나, 피해사실을 즉시 신고하지 못하고 있다가 제3자의 문제제기 등을 계기로 신고를 하거나, 피해사실 신고 후에도 수사기관이나 법원에서 그에 관한 진술에 소극적인 태도를 보인다는 이유만으로 피해자의 진술을 배척해서는 안 된다.
(대판 2018.4.12, 2017두74702)

제4조【국민의 권리와 의무】① 모든 국민은 가족과 사회 등 모든 영역에서 양성평등한 대우를 받고 양성평등한 생활을 영위할 권리를 가진다.
② 모든 국민은 양성평등의 중요성을 인식하고 이를 실현하기 위하여 노력하여야 한다.
제5조【국가 등의 책무】① 국가기관등은 양성평등 실현을 위하여 노력하여야 한다.
② 국가와 지방자치단체는 양성평등 실현을 위하여 법적·제도적 장치를 마련하고 이에 필요한 재원을 마련할 책무를 진다.
제6조【다른 법률과의 관계】양성평등에 관한 다른 법률을 제정하거나 개정할 때에는 이 법의 목적과 기본이념에 맞도록 하여야 한다.

제2장 양성평등정책 기본계획 및 추진체계

제1절 양성평등정책 기본계획의 수립 등

제7조【양성평등정책 기본계획의 수립】① 여성가족부장관은 양성평등정책 기본계획(이하 "기본계획"이라 한다)을 5년마다 수립하여야 한다.
② 기본계획에는 다음 각 호의 사항이 포함되어야 한다.
1. 양성평등정책의 기본 목표와 추진방향
2. 양성평등정책의 추진과제와 추진방법
3. 양성평등정책 추진과 관련한 재원의 조달 및 운용 방안
4. 그 밖에 양성평등정책을 위하여 필요하다고 대통령령으로 정하는 사항
③ 여성가족부장관은 기본계획을 수립할 때에는 미리 관계 중앙행정기관의 장과 협의하여야 한다.
④ 여성가족부장관은 기본계획을 수립할 때에는 제19조에 따른 국가성평등지표를 활용하여야 한다.(2015.6.22 본항신설)
⑤ 기본계획은 제11조에 따른 양성평등위원회의 심의를 거쳐 확정된다. 이 경우 여성가족부장관은 확정된 기본계획을 관계 중앙행정기관의 장과 특별시장·광역시장·특별자치시장·도지사·특별자치도지사(이하 "시·도지사"라 한다)에게 알려야 한다.
⑥ 그 밖에 기본계획의 수립 및 변경 등에 필요한 사항은 대통령령으로 정한다.
제8조【연도별 시행계획의 수립】① 중앙행정기관의 장과 시·도지사는 기본계획에 따라 연도별 시행계획(이하 "시행계획"이라 한다)을 각각 수립·시행하여야 한다.
② 중앙행정기관의 장과 시·도지사는 해당 연도의 시행계획 및 전년도의 추진실적을 대통령령으로 정하는 바에 따라 매년 여성가족부장관에게 제출하여야 하며, 여성가족부장관은 제출된 시행계획을 점검하여 중앙행정기관의 장과 시·도지사에게 시행계획의 조정을 요청할 수 있다.
③ 여성가족부장관은 제2항에 따라 제출받은 추진실적을 종합하여 평가하여야 한다. 이 경우 여성가족부장관은 평가에 필요한 조사·분석 등을 전문기관에 의뢰할 수 있다.
④ 그 밖에 시행계획의 수립·시행 및 추진실적의 평가 등에 필요한 사항은 대통령령으로 정한다.
제9조【계획 수립 및 시행의 협조】① 여성가족부장관은 기본계획 및 시행계획을 수립·시행하기 위하여 필요하면 관계 중앙행정기관, 지방자치단체 또는 공공기관(「공공기관의 운영에 관한 법률」 제4조제1항에 따른 공공기관을 말한다. 이하 같다)의 장에게 협조를 요청할 수 있다.(2021.1.12 본항개정)
② 중앙행정기관의 장과 시·도지사는 시행계획을 수립·시행하기 위하여 필요하면 관계 중앙행정기관·지방자치단체·공공기관의 장, 비영리법인 및 비영리민간단체, 관계 전문가 등에게 협조를 요청할 수 있다.
③ 제1항에 따른 협조 요청을 받은 자는 특별한 사유가 없으면 이에 따라야 한다.
제10조【양성평등 실태조사 등】① 여성가족부장관은 기본계획 수립 등을 위하여 5년마다 양성평등 관련 실태조사를 실시하여야 하며 그 결과를 공표할 수 있다.
② 제1항에 따른 양성평등 관련 실태조사의 내용·방법 등에 필요한 사항은 대통령령으로 정한다.
③ 여성가족부장관은 국민이 양성평등 관련 정보에 보다 쉽게 접근하여 일상적으로 활용할 수 있도록 필요한 조치를 취하여야 한다.

제2절 양성평등정책 추진체계

제11조【양성평등위원회】① 양성평등정책에 관한 중요사항을 심의·조정하기 위하여 국무총리 소속으로 양성평등위원회(이하 이 조에서 "위원회"라 한다)를 둔다.
② 위원회는 다음 각 호의 사항을 심의·조정한다.
1. 기본계획 및 시행계획에 관한 사항
2. 시행계획 등 양성평등정책 추진실적 점검에 관한 사항
3. 양성평등정책 관련 사업의 조정 및 협력에 관한 사항
4. 양성평등정책의 평가 및 제도 개선 등 성 주류화(性主流化)에 관한 사항
5. 제19조에 따른 국가성평등지수에 관한 사항
6. 유엔여성차별철폐협약 등 대한민국이 체결한 여성 관련 국제조약 이행 점검에 관한 사항
7. 여성, 평화와 안보에 관한 유엔 안전보장이사회 결의 1325호에 따라 수립한 국가행동계획의 이행 평가 및 개선방안에 관한 사항(2017.12.12 본호신설)
8. 그 밖에 양성평등정책을 위하여 필요하다고 대통령령으로 정하는 사항
③ 위원회는 위원장 1명과 부위원장 1명을 포함한 30명 이내의 위원으로 구성한다.
④ 위원회의 위원장은 국무총리가 되고, 부위원장은 여성가족부장관이 되며, 위원은 다음 각 호의 사람이 된다.
1. 대통령령으로 정하는 관계 중앙행정기관의 장 및 이에 준하는 기관의 장
2. 양성평등에 관한 전문지식과 경험이 풍부한 사람으로서 국무총리가 위촉하는 사람
⑤ 그 밖에 위원회의 구성과 운영 등에 필요한 사항은 대통령령으로 정한다.
제11조의2【시·도 양성평등위원회】특별시·광역시·특별자치시·도·특별자치도(이하 "시·도"라 한다)는 조례로 정하는 바에 따라 시·도의 양성평등정책에 관한 중요사항을 심의·조정하기 위하여 양성평등위원회(이하 "시·도위원회"라 한다)를 둘 수 있다. 다만, 시·도위원회의 기능을 담당하기에 적합한 다른 위원회가 있는 경우에는 해당 지방자치단체의 조례로 정하는 바에 따라 그 위원회가 시·도위원회의 기능을 대신하거나 시·도위원회의 기능을 포함하여 운영할 수 있다.
(2020.5.19 본조신설)
제12조【양성평등실무위원회 등】① 제11조제2항 각 호의 사항을 미리 검토하고 양성평등위원회가 위임한 사항을 처리하기 위하여 양성평등위원회에 여성가족부차관을 위원장으로 하는 양성평등실무위원회(이하 "실무위원회"라 한다)를 둔다.
② 양성평등위원회의 소관 사항을 전문적으로 검토하기 위하여 분과위원회를 둘 수 있다.

福祉勞動

③ 실무위원회 및 분과위원회의 구성과 운영 등에 필요한 사항은 대통령령으로 정한다.

제13조【양성평등정책책임관의 지정 등】 ① 중앙행정기관의 장과 시·도지사는 해당 기관의 양성평등정책을 효율적으로 수립·시행하기 위하여 소속 공무원 중에서 양성평등정책책임관을 지정하고, 필요한 전담전문인력을 두어야 한다.
② 제1항에 따른 양성평등정책책임관과 전담전문인력의 지정 및 업무 등에 필요한 사항은 대통령령으로 정한다.

제3장 양성평등정책의 기본시책

제1절 양성평등정책 촉진

제14조【성 주류화 조치】 ① 국가와 지방자치단체는 법령의 제정·개정 및 적용·해석, 정책의 기획, 예산 편성 및 집행, 그 밖에 법령에 따라 직무를 수행하는 과정에서 성평등 관점을 통합하는 성 주류화 조치를 취하여야 한다.
② 국가와 지방자치단체는 성 주류화 조치의 실효성을 높이기 위하여 다양한 방법과 도구를 적극 개발하여야 한다.

제15조【성별영향평가】 ① 국가와 지방자치단체는 제정·개정을 추진하는 법령(법률·대통령령·총리령·부령 및 조례·규칙을 말한다)과 성평등에 중대한 영향을 미칠 수 있는 계획 및 사업 등이 성평등에 미치는 영향을 평가(이하 이 조에서 "성별영향평가"라 한다)하여야 한다.
② 성별영향평가의 대상·방법·시기 등에 필요한 사항은 따로 법률에서 정한다.
(2018.3.27 본조개정)

제16조【성인지 예산】 ① 국가와 지방자치단체는 관계 법률에서 정하는 바에 따라 예산이 여성과 남성에게 미치는 영향을 분석하고 이를 국가와 지방자치단체의 재정운용에 반영하는 성인지(性認知) 예산을 실시하여야 한다.
② 여성가족부장관은 기획재정부장관 및 행정안전부장관과 협의하여 제1항에 따른 성인지 예산에 필요한 기준제시, 자문 및 교육훈련 등 지원을 할 수 있다. 이 경우 국가성평등지표 및 지역성평등지표 등을 활용하여야 한다.
(2017.7.26 전단개정)

제17조【성인지 통계】 ① 국가, 지방자치단체 및 공공기관은 인적(人的) 통계를 작성하는 경우 성별 상황과 특성을 알 수 있도록 성별로 구분한 통계(이하 이 조에서 "성인지 통계"라 한다)를 산출하고, 이를 관련 기관에 보급하여야 한다.(2021.1.12 본항개정)
② 여성가족부장관은 통계청장 등 관계 기관의 장과 협의하여 성인지 통계의 개발, 산출, 자문 및 교육훈련 등 필요한 사항을 지원할 수 있다.

제18조【성인지 교육】 ① 국가와 지방자치단체는 사회 모든 영역에서 법령, 정책, 관습 및 각종 제도 등이 여성과 남성에게 미치는 영향을 인식하는 능력을 증진시키는 교육(이하 "성인지 교육"이라 한다)을 전체 소속 공무원 등에게 실시하여야 한다.(2018.12.18 본항개정)
② 국가와 지방자치단체는 성인지 교육을 한국양성평등교육진흥원 또는 대통령령으로 정하는 관련 전문기관에 위탁할 수 있다.
③ 성인지 교육의 내용·방법 등에 필요한 사항은 대통령령으로 정한다.(2018.12.18 본항개정)

제19조【국가성평등지수 등】 ① 여성가족부장관은 국가의 성평등수준을 계량적으로 측정할 수 있도록 성평등한 사회참여의 정도, 성평등 의식·문화 및 여성의 인권·복지 등의 사항이 포함된 국가성평등지표를 개발·보급하여야 한다.
② 여성가족부장관은 제1항에 따른 국가성평등지표를 이용하여 국가의 성평등 정도를 지수화한 국가성평등지수를 매년 조사·공표하여야 한다.
③ 여성가족부장관은 제1항에 따른 국가성평등지표를 기초로 지역의 특성을 반영한 지역성평등지표를 개발·보급하고, 지역성평등지표를 이용하여 지역의 성평등 정도를 지수화한 지역성평등지수를 매년 조사·공표하여야 한다.
④ 여성가족부장관은 국가성평등지수 및 지역성평등지수 조사 결과, 성평등 수준이 낮은 지표에 관해서는 관계 기관의 장에게 제8조제2항에 따른 시행계획 수립 시 개선 방안을 마련하도록 요청할 수 있다.(2015.6.22 본항신설)
⑤ 여성가족부장관은 제2항 및 제3항에 따른 국가성평등지표 및 지역성평등지표에 관한 각 지표별 통계와 지표의 특성 등에 관한 정보를 국민들이 편리하게 사용할 수 있도록 필요한 조치를 하여야 한다.(2015.6.22 본항신설)
⑥ 제2항에 따른 국가성평등지수, 제3항에 따른 지역성평등지수의 내용 및 조사·공표의 방법 및 제5항에 따른 정보 제공 등에 필요한 사항은 대통령령으로 정한다.
(2015.6.22 본항개정)

제2절 양성평등 참여

제20조【적극적 조치 등】 ① 국가와 지방자치단체는 차별로 인하여 특정 성별의 참여가 현저히 부진한 분야에 대하여 합리적인 범위에서 해당 성별의 참여를 촉진하기 위하여 관계 법령에서 정하는 바에 따라 적극적 조치를 취하도록 노력하여야 한다.
② 여성가족부장관은 국가기관 및 지방자치단체의 장에게 제1항에 따른 적극적 조치를 취하도록 권고하고, 그 이행 결과를 점검하여야 한다.
③ 여성가족부장관은 공공기관 및 「자본시장과 금융투자업에 관한 법률」 제159조제1항에 따른 사업보고서 제출대상법인의 성별 임원 수 및 임금 현황 등에 관하여 조사하고 그 결과를 매년 공표할 수 있다.(2021.1.12 본항개정)
④ 여성가족부장관은 제3항에 따른 성별 임원 수 및 임금 현황 등을 조사하기 위하여 관계 중앙행정기관의 장이나 그 밖의 관련 기관의 장에게 필요한 자료의 제공을 요청할 수 있다.(2018.3.2 본항신설)
⑤ 제4항에 따라 자료 제공을 요청받은 기관의 장은 특별한 사유가 없으면 그 요청에 따라야 한다.(2018.3.2 본항신설)
(2018.3.2 본조제목개정)

제21조【정책결정과정 참여】 ① 국가와 지방자치단체는 정책결정과정에 여성과 남성이 평등하게 참여하기 위한 시책을 마련하여야 한다.
② 국가와 지방자치단체는 위원회(위원회, 심의회, 협의회 등 명칭을 불문하고 행정기관의 소관 사무에 관하여 자문에 응하거나 조정, 협의, 심의 또는 의결 등을 하기 위한 복수의 구성원으로 이루어진 합의제 기관을 말한다. 이하 같다)를 구성할 때 위촉직 위원의 경우에는 특정 성별이 위촉직 위원 수의 10분의 6을 초과하지 아니하도록 하여야 한다. 다만, 해당 분야 특정 성별의 전문인력 부족 등 부득이한 사유가 있다고 인정되어 다음 각 호의 구분에 따른 위원회의 의결을 거친 경우에는 그러하지 아니하다.(2020.5.19 단서개정)
1. 국가 및 시·도가 구성하는 위원회 : 실무위원회
2. 시·군·구가 구성하는 위원회 : 시·도위원회
(2020.5.19 1호~2호신설)
③ 국가와 지방자치단체는 매년 위원회의 성별 참여현황을 여성가족부장관에게 제출하여야 하고, 여성가족부장관은 위원회의 성별 참여현황을 공표하고 이에 대한 개선을 권고할 수 있다.
④ 국가와 지방자치단체는 관리직위에 여성과 남성이 균형있게 임용될 수 있도록 다음 각 호의 사항을 고려하여 해당 기관의 연도별 임용목표비율을 포함한 중장기 계획(이하 이 조에서 "관리직 목표제"라 한다) 등을 시행하여야 한다.(2018.3.2 본문개정)
1. 직종·직급·고용형태별 남녀 직원 현황
2. 관리직 남녀 비율 현황
3. 남녀 직원 근속연수 현황
4. 승진 대상자 중 남녀의 승진 비율
5. 남녀 관리직에 대한 연도별 임용 목표 및 달성 시기
(2018.3.2 1호~5호신설)
⑤ 공공기관의 장은 관리직 목표제 등을 시행하여야 하고, 해당 기관의 임원 임명 시 여성과 남성이 균형있게 임명될 수 있도록 노력하여야 한다.

제22조【공직 참여】 ① 국가와 지방자치단체는 공직에 여성과 남성이 평등하게 참여하기 위한 시책을 마련하여야 한다.
② 국가와 지방자치단체는 공무원의 채용·보직관리·승진·포상·교육훈련 등에서 여성과 남성에게 평등한 기회를 보장하여야 한다.

제23조【정치 참여】 국가와 지방자치단체는 여성과 남성의 동등한 정치 참여를 지원하기 위한 시책을 마련하도록 노력하여야 한다.

제24조【경제활동 참여】 ① 국가와 지방자치단체는 관계 법률에서 정하는 바에 따라 근로자의 모집·채용·임금·교육훈련·승진·퇴직 등 고용 전반에 걸쳐 양성평등이 이루어지도록 하여야 한다.(2016.12.20 본항개정)
② 국가기관등과 사용자는 직장 내의 양성평등한 근무환경 조성을 위하여 필요한 조치를 취하여야 한다.
③ 국가기관등과 사용자는 여성이 승진·전보 등 인사상 처우에서 성별에 따른 차별 없이 그 자질과 능력을 정당하게 평가받을 수 있도록 노력하여야 한다.(2018.3.2 본항신설)
④ 국가기관등과 사용자는 여성이 임신·출산·육아 등을 이유로 경력이 단절되지 아니하도록 노력하여야 한다.
⑤ 국가와 지방자치단체는 관계 법률에서 정하는 바에 따라 경력단절여성 등의 경제활동 참여를 위하여 행정적·재정적 지원 등 필요한 시책을 마련하여야 한다.
⑥ 여성가족부장관은 정기적으로 국가기관등과 사용자를 대상으로 근로자의 모집·채용·임금 등에서 성별을 이유로 한 차별적 내용을 조사·연구하여 법령, 제도 또는 정책 등의 개선이 필요하다고 인정되는 경우 고용노동부 등 관계 기관에 개선을 요청할 수 있다.(2021.4.20 본항개정)

제25조【모성·부성의 권리 보장】 ① 국가기관등과 사용자는 임신·출산·수유·육아에 관한 모성권·부성권을 보장하고, 이를 이유로 가정과 직장 및 지역사회에서 불이익을 받지 아니하도록 하여야 한다.
② 국가와 지방자치단체는 제1항에 따른 모성권·부성권의 보장 등에 관련된 비용에 대하여 「사회보장기본법」에 따른 국가재정이나 사회보험 등을 통한 사회적 부담을 높여 나가야 한다.
(2021.4.20 본조개정)

제26조【일·가정 양립지원】 ① 국가기관등과 사용자는 일과 가정생활의 조화로운 양립을 위한 여건을 마련하기 위하여 노력하여야 한다.
② 국가와 지방자치단체는 일과 가정생활의 양립을 지원하기 위하여 영유아 보육, 유아교육, 방과 후 아동 돌봄, 아이돌봄 등 양질의 양육서비스 확충, 출산전후휴가와 육아휴직제 확대 및 대체인력 채용·운영의 활성화, 가족친화적인 사회환경 조성 등에 관한 시책을 마련하여야 한다.

제27조【여성 인적자원의 개발】 ① 국가와 지방자치단체는 양성평등 사회 실현을 위하여 여성 인적자원 개발에 필요한 시책을 마련하여야 한다.
② 제1항에 따른 시책의 구체적인 내용은 대통령령으로 정한다.

제28조【여성인재의 관리·육성】 ① 여성가족부장관은 양성평등 사회 실현을 목적으로 여성인재의 육성 및 사회참여 확대를 지원하기 위하여 공공 및 민간 분야에서 일정한 자격을 갖춘 여성인재(이하 이 조에서 "여성인재"라 한다)에 관한 정보를 수집하여 관리할 수 있다.
② 여성인재에 관한 정보의 수집·관리 등에 관한 사항은 「국가공무원법」 제19조의3제2항부터 제5항까지의 규정을 준용한다. 이 경우 "인사혁신처장"은 "여성가족부장관"으로 본다.(2017.7.26 후단개정)
③ 제1항 및 제2항에 따른 정보의 수집 범위·절차 및 수집된 정보의 활용·보호 등에 필요한 사항은 대통령령으로 정한다.
④ 여성가족부장관은 여성인재를 육성하기 위하여 노력하여야 하며, 여성 관리자 역량을 강화하기 위한 프로그램을 운영할 수 있다.

제3절 인권 보호 및 복지 증진 등

제29조【성차별의 금지】 국가와 지방자치단체는 관계 법률에서 정하는 바에 따라 성차별 금지를 위한 시책 마련에 노력하여야 한다.

제30조【성폭력·가정폭력·성매매 범죄의 예방 및 성희롱 방지】 ① 국가와 지방자치단체는 관계 법률에서 정하는 바에 따라 성폭력·가정폭력·성매매 범죄 및 성희롱을 예방·방지하고 피해자를 보호하여야 하며, 이를 위하여 필요한 시책을 마련하여야 한다.
② 국가와 지방자치단체는 관계 법률에서 정하는 바에 따라 성폭력·가정폭력·성매매 범죄의 예방을 위하여 교육을 실시하여야 하고, 각 교육과 제31조에 따른 성희롱 예방교육을 성평등 관점에서 통합하여 실시할 수 있다.
③ 국가와 지방자치단체는 관계 법률에서 정하는 바에 따라 성폭력·가정폭력·성매매·성희롱 피해자와 상담하고 가해자를 교정(矯正)하기 위하여 필요한 시책을 강구하여야 한다.

제31조【성희롱 예방교육 등 방지조치】 ① 국가기관등의 장과 사용자는 성희롱을 방지하기 위하여 대통령령으로 정하는 바에 따라 해당 국가기관등과 사업장 등에 소속된 사람(해당 국가기관등의 장과 사용자를 포함한다)을 대상으로 성희롱 예방교육의 실시, 자체 예방지침의 마련, 성희롱 사건이 발생한 경우 재발방지대책의 수립·시행 등 필요한 조치를 하여야 하고, 국가기관등의 장은 그 조치 결과를 여성가족부장관 및 주무부처의 장에게 제출하여야 한다.(2021.4.20 본항개정)
② 여성가족부장관은 제1항에 따른 국가기관등의 성희롱 방지조치에 대한 점검을 대통령령으로 정하는 바에 따라 매년 실시하여야 한다.
③ 여성가족부장관은 제2항에 따른 점검결과 성희롱 방지조치가 부실하다고 인정되는 국가기관등에 대하여 대통령령으로 정하는 바에 따라 관리자에 대한 특별교육 등 필요한 조치를 취하여야 하며, 성희롱 방지조치가 부실하다고 인정되는 국가기관등의 장은 제2항에 따른 점검결과를 반영한 성희롱 방지조치 개선계획을 대통령령으로 정하는 바에 따라 여성가족부장관에게 제출하여야 한다.(2018.12.18 본항개정)
④ 여성가족부장관은 제2항에 따른 국가기관등의 성희롱 방지조치 점검결과에 대하여 다음 각 호의 사항을 대통령령으로 정하는 바에 따라 언론 등에 공표하여야 한다. 다만, 다른 법률에서 공표를 제한하고 있는 경우에는 그러하지 아니하다.(2021.4.20 본문개정)
1. 연간 성희롱 예방교육 실시 계획 수립 여부
2. 해당 국가기관등에 소속된 사람의 교육참여율 및 기관장의 참여여부(국가기관 및 지방자치단체의 장이 미참여한 경우 그 명단을 포함한다)
3. 성희롱 예방교육 실시방법
4. 성희롱 예방지침 및 성희롱 사건 발생 시 재발방지대책의 수립 여부
5. 그 밖에 대통령령으로 정하는 사항
(2021.4.20 1호~5호신설)
⑤ 여성가족부장관은 국가인권위원회 또는 대통령령으로 정하는 기관을 통하여 다음 각 호의 어느 하나에 해당

하는 사실이 확인된 경우에는 관련자의 징계 등을 그 관련자가 소속된 국가기관등의 장에게 요청할 수 있다.
1. 국가기관등에서 성희롱 사건을 은폐한 사실
2. 성희롱에 관한 국가기관등의 고충처리 또는 구제과정 등에서 피해자의 학습권·근로권 등에 대한 추가적인 피해가 발생한 사실
⑥ 여성가족부장관은 제2항에 따른 국가기관등의 성희롱 방지조치 점검결과 및 제5항에 따라 확인된 사실을 다음 각 호의 평가에 반영하도록 해당 기관·단체의 장에게 요구할 수 있다.
1. 「정부업무평가 기본법」 제14조제1항 및 제18조제1항에 따른 중앙행정기관 및 지방자치단체의 자체평가
2. 「공공기관의 운영에 관한 법률」 제48조제1항에 따른 공기업·준정부기관의 경영실적 평가
3. 「지방공기업법」 제78조제1항에 따른 지방공기업의 경영평가
4. 「초·중등교육법」 제9조제2항에 따른 학교 평가
5. 「고등교육법」 제11조의2제1항에 따른 학교 평가
(2015.6.22 본호신설)
⑦ 제1항에 따른 성희롱 예방교육의 내용·방법 등 성희롱 방지조치, 제3항에 따른 성희롱 방지조치가 부실하다고 인정되는 국가기관등의 기준 및 제5항에 따른 징계 등의 요청 방법·절차 등에 필요한 사항은 대통령령으로 정한다.(2018.12.18 본항개정)
제31조의2【성희롱 사건 발생 시 조치】 ① 국가기관등의 장은 해당 기관에서 성희롱 사건이 발생한 사실을 알게 된 경우(국가기관등의 장이 해당 성희롱 사건의 행위자인 경우를 포함한다) 피해자의 명시적인 반대의견이 없으면 지체 없이 그 사실을 여성가족부장관에게 통보하고, 해당 사실을 안 날부터 3개월 이내에 제31조제1항에 따른 재발방지대책을 여성가족부장관에게 제출하여야 한다.
② 여성가족부장관은 제1항에 따라 통보받은 사건이 중대하다고 판단되거나 재발방지대책의 점검 등을 위하여 필요한 경우 해당 기관에 대한 현장점검을 실시할 수 있으며, 점검 결과 시정이나 보완이 필요하다고 인정하는 경우에는 국가기관등의 장에게 시정이나 보완을 요구할 수 있다.
③ 제1항에 따른 재발방지대책의 제출 및 제2항에 따른 현장점검 등에 필요한 사항은 대통령령으로 정한다.
(2021.4.20 본조신설)
제31조의3【성희롱 방지 조직문화 진단 및 개선 권고】
① 여성가족부장관은 성희롱을 방지하기 위하여 필요한 경우 국가기관등의 조직문화를 진단하고 개선권고를 할 수 있다.
② 제1항에 따른 조직문화 진단 대상, 내용, 방법 및 개선권고 등에 필요한 사항은 대통령령으로 정한다.
(2021.4.20 본조신설)
제32조【성희롱 실태조사】 ① 여성가족부장관은 3년마다 성희롱에 대한 실태조사를 실시하여 그 결과를 발표하고, 이를 성희롱을 방지하기 위한 정책수립의 기초자료로 활용하여야 한다.
② 제1항에 따른 성희롱 실태조사의 내용과 방법 등에 필요한 사항은 대통령령으로 정한다.
제33조【복지증진】 ① 국가와 지방자치단체는 지역·나이 등에 따른 여성 복지 수요를 충족시키기 위한 시책을 강구하여야 한다.
② 국가와 지방자치단체는 관계 법률에서 정하는 바에 따라 장애인, 한부모, 북한이탈주민, 결혼이민자 등 취약계층 여성과 그 밖에 보호가 필요한 여성의 복지 증진을 위하여 필요한 조치를 하여야 한다.
제34조【건강증진】 ① 국가와 지방자치단체는 보건의료에 대한 양성평등한 접근권을 보장하기 위하여 노력하여야 한다.
② 국가와 지방자치단체는 모성건강 등 여성의 생애주기에 따른 건강증진에 관한 시책을 마련하여야 한다.

제4절 양성평등 문화 확산 등

제35조【양성평등한 가족】 ① 국가와 지방자치단체는 민주적이고 양성평등한 가족관계를 확립시키기 위하여 노력하여야 한다.
② 국가와 지방자치단체는 가사노동에 대한 경제적 가치를 정당하게 평가하여 이를 법령·제도 또는 시책에 반영하도록 노력하여야 한다.
제36조【양성평등 교육】 ① 국가와 지방자치단체는 가정에서부터 양성평등에 관한 교육이 이루어지도록 노력하여야 한다.
② 국가와 지방자치단체는 「교육기본법」에 따른 학교교육에서 양성평등 의식을 높이는 교육이 실시되도록 노력하여야 한다.
③ 국가와 지방자치단체는 국공립 연수기관, 「평생교육법」에 따른 평생교육시설의 연수교육 과정과 그 밖의 연수교육 과정에서 양성평등 의식을 높이는 교육이 실시되도록 노력하여야 한다.
제37조【양성평등 문화조성】 ① 국가와 지방자치단체는 양성평등한 문화조성을 위한 효과적인 사업을 발굴하고 추진하여야 한다.
② 국가와 지방자치단체는 신문, 방송, 잡지, 인터넷 등 대중매체에서 성별을 이유로 한 차별, 편견, 비하 또는 폭력적 내용이 개선되도록 지원하고, 대중매체를 통하여 양성평등 의식이 확산되도록 노력하여야 한다.
③ 여성가족부장관은 정기적으로 대중매체에서의 성별을 이유로 한 차별, 편견, 비하 또는 폭력적 내용을 점검하여 법령, 제도 또는 정책 등의 개선이 필요하다고 인정되는 경우 방송통신위원회 등 관계 기관에 개선을 요청할 수 있다.
제38조【여성의 날 등과 양성평등주간】 ① 범국민적으로 양성평등 실현을 촉진하기 위하여 매년 3월 8일을 여성의 날로 하고, 대통령령으로 정하는 바에 따라 1년 중 1주간을 양성평등주간으로 한다.
② 우리나라 최초의 여성인권선언문이 발표된 날을 기념하기 위하여 매년 9월 1일을 여권통문(女權通文)의 날로 한다.(2019.11.26 본항신설)
③ 제1항에 따른 양성평등주간 중 하루를 양성평등 임금의 날로 하고, 같은 날에 성별 임금 통계 등을 공표한다.
(2020.5.19 본항신설)
(2020.5.19 본조제목개정)
(2018.3.2 본조개정)
제39조【여성친화도시】 ① 국가와 지방자치단체는 지역정책과 발전과정에 여성과 남성이 평등하게 참여하고 여성의 역량강화, 돌봄 및 안전이 구현되도록 정책을 운영하는 지역(이하 이 조에서 "여성친화도시"라 한다)을 조성하도록 노력하여야 한다.
② 여성가족부장관은 특별자치시·특별자치도 또는 시·군·자치구를 여성친화도시로 지정하고 이를 지원할 수 있다.
③ 여성친화도시의 지정 기준·절차, 지원 내용 등에 필요한 사항은 대통령령으로 정한다.
제40조【국제협력】 ① 국가와 지방자치단체는 양성평등 실현을 위한 국제조약을 체결하거나 이행하기 위하여 노력하여야 한다.
② 국가와 지방자치단체는 국제기구나 국제회의에서 여성과 남성의 평등한 참여를 지원하여야 한다.
③ 국가와 지방자치단체는 국제개발협력을 실시하는 경우 양성평등 실현을 위한 시책을 마련하여야 하고, 여성가족부장관은 특히 양성평등 실현을 위한 국제개발협력사업을 추진하여야 한다.(2021.4.20 본항개정)
④ 국가와 지방자치단체는 국내외에 거주하는 한인 여성간의 교류와 연대(連帶) 강화를 위하여 노력하여야 한다.
⑤ 정부는 유엔여성차별철폐협약 이행보고서 등 대한민국이 체결한 여성 관련 국제조약의 이행보고서를 제출하려는 때에는 이를 사전에 국회에 제출하여야 한다.
제41조【평화·통일 과정 참여】 ① 국가와 지방자치단체는 국내외 평화 문화 확산과 통일 추진과정에서 여성과 남성이 평등하게 참여할 수 있도록 노력하여야 한다.
② 국가와 지방자치단체는 국내외 여성평화증진 및 통일을 위한 활동을 지원할 수 있다.
③ 정부는 여성, 평화와 안보에 관한 유엔 안전보장이사회 결의 1325호에 따라 국가행동계획을 수립하고 이행하여야 한다.(2017.12.12 본항신설)

제4장 양성평등기금

제42조【기금의 설치 등】 ① 국가는 이 법의 목적을 실현하기 위한 사업 등을 지원하는 데 필요한 재원을 확보하기 위하여 양성평등기금(이하 "기금"이라 한다)을 설치한다.
② 기금은 다음 각 호의 재원으로 조성한다.
1. 국가의 출연금
2. 국가 외의 자의 출연금 또는 기부금
3. 기금의 운용수익금
4. 그 밖에 대통령령으로 정하는 수입금
③ 기금은 여성가족부장관이 운용·관리한다.
④ 여성가족부장관은 대통령령으로 정하는 바에 따라 기금의 운용·관리에 관한 사무의 전부 또는 일부를 「은행법」 제2조제1항제2호의 은행에 위탁할 수 있다.
⑤ 지방자치단체는 양성평등 실현을 촉진하기 위하여 지방양성평등기금을 설치할 수 있으며, 이에 필요한 사항은 조례로 정한다.
제43조【기금의 용도】 기금은 다음 각 호의 용도로 사용한다.
1. 양성평등 실현을 위한 사업의 지원
2. 제51조에 따른 비영리법인 및 비영리민간단체의 지원
3. 제40조에 따른 국제협력 관련 사업의 지원
4. 그 밖에 대통령령으로 정하는 사업의 지원
제44조【기금의 회계기관】 ① 여성가족부장관은 기금의 수입과 지출에 관한 업무를 수행하기 위하여 소속 공무원 중에서 기금수입징수관, 기금재무관, 기금지출관 및 기금출납공무원을 임명하여야 한다.
② 여성가족부장관은 제42조제4항에 따라 기금의 운용·관리에 관한 사무의 전부 또는 일부를 위탁한 경우에는 다음 각 호에 해당하는 사람을 임명하여야 하며 그 임명된 사람이 각각 수행하여야 할 직무는 다음과 같다.
(2021.4.20 본문개정)
1. 위탁받은 금융기관의 이사(理事) 중에서 임명하여야 하는 사람(2021.4.20 본문개정)
가. 기금수입담당이사 : 기금수입징수관의 직무
나. 기금지출원인행위담당이사 : 기금재무관의 직무
2. 위탁받은 금융기관의 직원 중에서 임명하여야 하는 사람(2021.4.20 본문개정)
가. 기금지출직원 : 기금지출관의 직무
나. 기금출납직원 : 기금출납공무원의 직무

제5장 양성평등정책 관련 기관 및 시설과 단체 등의 지원

제45조【양성평등정책 관련 기관 등】 ① 국가와 지방자치단체는 양성평등정책을 연구하거나 교육하기 위한 기관을 설치·운영할 수 있다.
② 국가와 지방자치단체는 양성평등한 사회참여를 촉진하기 위하여 능력개발 및 교육훈련을 위한 양성평등정책 관련 시설을 설치·운영할 수 있다.
③ 국가와 지방자치단체는 제1항 및 제2항에 따른 양성평등정책 관련 기관 및 시설에 대하여 예산의 범위에서 그 경비의 전부 또는 일부를 보조할 수 있다.
제46조【한국양성평등교육진흥원의 설립 등】 ① 국가는 양성평등교육 등을 효율적이고 체계적으로 추진하고 진흥시키기 위하여 한국양성평등교육진흥원(이하 이 조에서 "진흥원"이라 한다)을 설립한다.
② 진흥원은 법인으로 한다.
③ 진흥원은 주된 사무소의 소재지에 설립등기를 함으로써 성립한다.
④ 진흥원에는 정관으로 정하는 바에 따라 임원과 필요한 직원을 둔다.
⑤ 진흥원은 다음 각 호의 사업을 한다.
1. 양성평등을 위한 교육 및 진흥 사업
2. 공무원에 대한 성인지 교육
3. 여성과 남성의 지도력 함양 교육
4. 성희롱 예방교육 강사 등 전문인력 양성 사업
5. 공무원 교육훈련기관의 양성평등 교육과정을 강화하기 위한 교류 협력 지원 사업
6. 양성평등 교육 프로그램 개발과 교육 연구 사업
7. 양성평등 교육 관련 자료 출간 사업
8. 제1호부터 제7호까지의 사업에 부수되는 사업 또는 이와 관련하여 국가기관등으로부터 위탁받은 사업
9. 그 밖에 진흥원의 목적 달성을 위하여 대통령령으로 정하는 사업
⑥ 국가는 예산의 범위에서 진흥원의 운영에 필요한 경비를 출연할 수 있다.
⑦ 진흥원에 관하여 이 법에서 규정된 것을 제외하고는 「민법」 중 재단법인에 관한 규정을 준용한다.
제46조의2【한국여성인권진흥원의 설립 등】 ① 국가는 성폭력·가정폭력·성매매 등을 예방·방지하고 그 피해자를 보호·지원하기 위하여 한국여성인권진흥원을 설립한다.
② 한국여성인권진흥원은 법인으로 한다.
③ 한국여성인권진흥원은 주된 사무소의 소재지에 설립등기를 함으로써 성립한다.
④ 한국여성인권진흥원에는 정관으로 정하는 바에 따라 임원과 필요한 직원을 둔다.
⑤ 한국여성인권진흥원은 다음 각 호의 사업을 한다.
1. 성폭력·가정폭력·성매매 등 피해자 보호·지원시설 종사자의 양성 및 보수교육
2. 성폭력·가정폭력·성매매 등 피해자 보호·지원시설 간 연계망 구축 및 운영
3. 성폭력·가정폭력·성매매 등 피해자 보호·지원을 위한 관련 기관 간 협력 사업 개발 및 지원
4. 성폭력·가정폭력·성매매 등 피해자 보호·지원시설에 대한 평가지원 및 컨설팅
5. 성폭력·가정폭력·성매매 등 피해자 보호·지원에 관한 종합관리시스템 구축·운영
6. 성폭력·가정폭력·성매매 등 예방·방지 및 피해자 보호·지원 프로그램 개발과 관련 연구사업
7. 「성폭력방지 및 피해자보호 등에 관한 법률」 제7조의3에 따른 불법촬영물등으로 인한 피해자 지원 사업
(2021.4.20 본호신설)
8. 제1호부터 제7호까지의 사업에 부수되는 사업 또는 이와 관련하여 국가기관등으로부터 위탁받은 사업
(2021.4.20 본호개정)
9. 그 밖에 한국여성인권진흥원의 목적달성을 위하여 대통령령으로 정하는 사업
⑥ 국가는 예산의 범위에서 한국여성인권진흥원의 운영에 필요한 경비를 출연할 수 있다.
⑦ 한국여성인권진흥원에 관하여 이 법에서 규정된 것을 제외하고는 「민법」 중 재단법인에 관한 규정을 준용한다.
⑧ 이 법에 따른 한국여성인권진흥원이 아닌 자는 한국여성인권진흥원 또는 이와 유사한 명칭을 사용하지 못한다.
(2018.12.18 본조신설)

제47조【여성인력개발센터의 설치·운영 등】① 국가와 지방자치단체는 여성인력 개발을 위한 시설(이하 "여성인력개발센터"라 한다)을 설치·운영할 수 있다.
② 국가 또는 지방자치단체 외의 자가 여성인력개발센터를 설치·운영하려면 시·도지사의 지정을 받아야 한다.
③ 지방자치단체는 제2항에 따른 여성인력개발센터에 대하여 예산의 범위에서 운영에 필요한 경비의 전부 또는 일부를 보조할 수 있다.
④ 여성인력개발센터의 지정 기준·절차 등에 필요한 사항은 대통령령으로 정한다.
제48조【여성인력개발센터의 지정취소 등】① 시·도지사는 제47조제2항에 따라 지정받은 여성인력개발센터가 다음 각 호의 어느 하나에 해당하는 경우에는 그 지정을 취소하거나 그 시정을 명할 수 있다. 다만, 제1호에 해당하는 경우에는 그 지정을 취소하여야 한다.
1. 거짓이나 그 밖의 부정한 방법으로 지정받은 경우
2. 제47조제4항에 따른 지정기준에 적합하지 아니한 경우
3. 사업실적 부진 등 대통령령으로 정하는 사유에 해당하는 경우
② 제1항에 따른 지정취소 또는 시정명령의 기준은 그 처분의 사유와 위반의 정도 등을 고려하여 대통령령으로 정한다.
제49조【청문】시·도지사는 제48조에 따라 여성인력개발센터의 지정을 취소하려면 청문을 하여야 한다.
제50조【여성사박물관의 설립·운영】① 여성가족부장관은 역사 속 여성의 역할과 역사발전에 기여한 인물을 조명하고, 여성을 위한 교육과 국민의 양성평등의식 고양을 위한 장으로 활용하기 위하여 여성사박물관을 설립·운영할 수 있다.
② 여성사박물관은 다음 각 호의 사업을 한다.
1. 여성 관련 문화유산의 수집·보존·연구·전시·교육
2. 여성사의 발굴 및 역사 속 여성의 역할과 경험·가치에 대한 연구
3. 역사발전·사회변화를 일구어 낸 여성인물과 업적 발굴
4. 여성문화·지역여성·여성운동·여성단체·여성정책의 역사에 대한 자료 발굴·보존·연구·교육
5. 미술·음악·문학 등 여성문화 활동
6. 그 밖에 여성사박물관의 설립 목적을 달성하기 위하여 필요한 사업
③ 제1항 및 제2항에 따른 여성사박물관의 설립과 운영에 필요한 사항은 대통령령으로 정한다.
④ 여성사박물관에 관하여 이 법에서 규정한 것을 제외하고는 「박물관 및 미술관 진흥법」 중 국립중앙박물관에 관한 규정을 준용한다.
제51조【비영리법인·비영리민간단체의 지원】국가와 지방자치단체는 양성평등 참여 확대, 양성평등 문화 확산, 양성평등 촉진과 여성 인권보호 및 복지 증진 등을 위하여 활동하는 비영리법인 및 비영리민간단체에 대하여 그 활동에 필요한 행정적 지원 및 필요한 경비의 일부를 보조할 수 있다.

제6장 보 칙

제52조【권한의 위임·위탁】① 이 법에 따른 여성가족부장관의 권한은 대통령령으로 정하는 바에 따라 그 일부를 시·도지사에게 위임할 수 있다.
② 여성가족부장관은 이 법에 따른 업무의 일부를 대통령령으로 정하는 바에 따라 양성평등정책 관련 전문기관이나 법인 또는 단체에 위탁할 수 있다.
제53조【국회 보고】① 여성가족부장관은 기본계획, 해당 연도 시행계획, 전년도 추진실적을 확정한 후 국회에 제출하여야 한다.
② 정부는 매년 주요 양성평등정책에 관한 연차보고서를 작성하여 정기국회 개회 전까지 국회에 제출하여야 한다.

부 칙

제1조【시행일】이 법은 2015년 7월 1일부터 시행한다.
제2조【위원회 위촉직 위원 성별 할당에 관한 특례】국가와 지방자치단체는 제21조제2항 본문의 개정규정에도 불구하고 2017년 12월 31일까지는 위촉직 위원의 특정 성별이 위촉직 위원수의 10분의 6을 초과하지 아니하도록 단계적으로 시행한다.
제3조【양성평등정책 기본계획에 관한 경과조치】이 법 시행 당시 종전의 「여성발전기본법」 제7조에 따른 여성정책 기본계획은 제7조의 개정규정에 따른 양성평등정책 기본계획으로 본다.
제4조【양성평등정책책임관에 관한 경과조치】이 법 시행 당시 종전의 「여성발전기본법」 제12조에 따라 지정된 여성정책책임관은 제13조의 개정규정에 따라 지정된 양성평등정책책임관으로 본다.
제5조【여성발전기금에 관한 경과조치】이 법 시행 당시 종전의 「여성발전기본법」 제29조에 따라 설치된 여성발전기금은 제42조의 개정규정에 따른 양성평등기금으로 본다.
제6조【한국양성평등교육진흥원에 관한 경과조치】이 법 시행 당시 종전의 「여성발전기본법」 제21조의4에 따른 한국양성평등교육진흥원은 제46조의 개정규정에 따른 한국양성평등교육진흥원으로 본다.
제7조【여성인력개발센터에 관한 경과조치】이 법 시행 당시 종전의 「여성발전기본법」 제33조제3항에 따라 지정을 받은 여성인력개발센터는 제47조제2항의 개정규정에 따라 지정을 받은 여성인력개발센터로 본다.
제8조【일반적 경과조치】이 법 시행 당시 종전의 「여성발전기본법」에 따른 처분·절차와 그 밖의 행위로서 이 법에 그에 해당하는 규정이 있는 경우에는 이 법에 따라 한 것으로 본다.
제9조【다른 법률의 개정】①~⑤ ※(해당 법령에 가제정리 하였음)
제10조【다른 법령과의 관계】이 법 시행 당시 다른 법령에서 종전의 「여성발전기본법」 또는 그 규정을 인용한 경우에 이 법 중 그에 해당하는 규정이 있을 때에는 종전의 「여성발전기본법」 또는 그 규정을 갈음하여 이 법 또는 이 법의 해당 규정을 인용한 것으로 본다.

부 칙 (2018.12.18)

제1조【시행일】이 법은 공포 후 6개월이 경과한 날부터 시행한다. 다만, 제46조의2의 개정규정은 공포 후 1년이 경과한 날부터 시행한다.
제2조【재단법인 한국여성인권진흥원에 관한 경과조치】
① 이 법 시행 당시 「민법」 제32조에 따라 여성가족부장관의 허가를 받아 설립된 재단법인 한국여성인권진흥원(이하 "법인"이라 한다)은 이사회의 의결에 따라 그 모든 권리와 의무를 제46조의2의 개정규정에 따라 설립되는 한국여성인권진흥원이 승계할 수 있도록 여성가족부장관에게 승인을 신청할 수 있다.
② 제1항의 신청에 따라 여성가족부장관의 승인을 받은 법인은 이 법에 따른 한국여성인권진흥원의 설립과 동시에 「민법」 중 법인의 해산 및 청산에 관한 규정에도 불구하고 해산된 것으로 보며, 법인에 속하였던 모든 재산·권리와 의무는 이 법에 따른 한국여성인권진흥원이 승계한다. 이 경우 재산·권리와 의무에 대한 등기부 및 그 밖에 공부상의 법인의 명의는 이 법에 따른 한국여성인권진흥원의 명의로 본다.
③ 이 법 시행 당시 법인의 임원 및 직원은 이 법에 따른 한국여성인권진흥원의 임원 및 직원으로 본다.

부 칙 (2019.11.26)

이 법은 공포한 날부터 시행한다.

부 칙 (2020.5.19)

이 법은 공포 후 6개월이 경과한 날부터 시행한다.

부 칙 (2021.1.12)

이 법은 공포 후 3개월이 경과한 날부터 시행한다.

부 칙 (2021.4.20)

이 법은 공포 후 6개월이 경과한 날부터 시행한다. 다만, 제46조의2의 개정규정은 공포한 날부터 시행한다.

한부모가족지원법(약칭 : 한부모가족법)

(1989년 4월 1일 법 률 제4121호)

개정
1997. 8.22법 5358호(사회복지사업법)
1997.12.13법 5453호(행정절차)
1997.12.13법 5454호(정부부처명)
1998.12.30법 5612호
1999. 9. 7법 6024호(국민기초생활)
2002.12.18법 6801호
2005. 3.24법 7413호(정부조직)
2006.12.28법 8119호 2007.10.17법 8655호
2008. 2.29법 8852호(정부조직)
2009.10. 9법 9795호(직업안정법)
2010. 1.18법 9932호(정부조직)
2010. 5.17법10302호
2010. 6. 4법10339호(정부조직)
2011. 4.12법10582호 2012. 2. 1법11291호
2013. 3.22법11674호
2013. 3.23법11690호(정부조직)
2014. 1.21법12330호
2015. 3.11법13216호(신용정보의이용및보호에관한법)
2016. 3. 2법14069호 2016.12.20법14448호
2017.12.12법15212호 2018. 1.16법15355호
2018.12.18법15989호 2020.10.20법17540호
2023. 4.11법19340호
2023. 7.18법19555호(국내입양에관한특별법)→2025년 7월 19일 시행이므로 「法典 別冊」 보유편 수록

제1장 총 칙

제1조【목적】이 법은 한부모가족이 안정적인 가족 기능을 유지하고 자립할 수 있도록 지원함으로써 한부모가족의 생활 안정과 복지 증진에 이바지함을 목적으로 한다.
(2018.1.16 본조개정)
제2조【국가 등의 책임】① 국가와 지방자치단체는 한부모가족의 복지를 증진할 책임을 진다.
② 국가와 지방자치단체는 한부모가족의 권익과 자립을 지원하기 위한 여건을 조성하고 이를 위한 시책을 수립·시행하여야 한다.(2018.1.16 본항개정)
③ 국가와 지방자치단체는 한부모가족에 대한 사회적 편견과 차별을 예방하고, 사회구성원이 한부모가족을 이해하고 존중할 수 있도록 교육 및 홍보 등 필요한 조치를 하여야 한다.(2016.12.20 본항개정)
④ 교육부장관과 특별시·광역시·특별자치시·도·특별자치도의 교육감은 「유아교육법」 제2조제2호의 유치원, 「초·중등교육법」 제2조 및 「고등교육법」 제2조의 학교에서 한부모가족에 대한 이해를 돕는 교육을 실시하기 위한 시책을 수립·시행하여야 한다.(2016.12.20 본항신설)
⑤ 국가와 지방자치단체는 청소년 한부모가족의 자립을 위하여 노력하여야 한다.(2014.1.21 본항신설)
⑥ 모든 국민은 한부모가족의 복지 증진에 협력하여야 한다.
(2007.10.17 본조개정)
제3조【한부모가족의 권리와 책임】① 한부모가족의 모(母) 또는 부(父)는 임신과 출산 및 양육을 사유로 합리적인 이유 없이 교육·고용 등에서 차별을 받지 아니한다.
(2011.4.12 본항신설)
② 한부모가족의 모 또는 부와 아동은 한부모가족 관련 정책결정과정에 참여할 권리가 있다.(2018.1.16 본항신설)
③ 한부모가족의 모 또는 부와 아동은 그가 가지고 있는 자산과 노동능력 등을 최대한으로 활용하여 자립과 생활 향상을 위하여 노력하여야 한다.
(2011.4.12 본조개정)
제4조【정의】이 법에서 사용하는 용어의 뜻은 다음과 같다.
1. "모" 또는 "부"란 다음 각 목의 어느 하나에 해당하는 자로서 아동인 자녀를 양육하는 자를 말한다.
가. 배우자와 사별 또는 이혼하거나 배우자로부터 유기(遺棄)된 자
나. 정신이나 신체의 장애로 장기간 노동능력을 상실한 배우자를 가진 자
다. 교정시설·치료감호시설에 입소한 배우자 또는 병역복무 중인 배우자를 가진 사람(2012.2.1 본목신설)
라. 미혼자〔사실혼(事實婚) 관계에 있는 자는 제외한다〕
마. 가목부터 라목까지에 규정된 자에 준하는 자로서 여성가족부령으로 정하는 자(2012.2.1 본목개정)
1의2. "청소년 한부모"란 24세 이하의 모 또는 부를 말한다.
(2011.4.12 본호신설)
2. "한부모가족"이란 모자가족 또는 부자가족을 말한다.
3. "모자가족"이란 모가 세대주〔세대주가 아니더라도 세대원(世代員)을 사실상 부양하는 자를 포함한다〕인 가족을 말한다.
4. "부자가족"이란 부가 세대주〔세대주가 아니더라도 세대원을 사실상 부양하는 자를 포함한다〕인 가족을 말한다.
5. "아동"이란 18세 미만(취학 중인 경우에는 22세 미만을 말하되, 「병역법」에 따른 병역의무를 이행하고 취학 중인 경우에는 병역의무를 이행한 기간을 가산한 연령 미만을 말한다)의 자를 말한다.(2014.1.21 본호개정)
6. "지원기관"이란 이 법에 따른 지원을 행하는 국가나 지방자치단체를 말한다.(2014.1.21 본호개정)

7. "한부모가족복지단체"란 한부모가족의 복지 증진을 목적으로 설립된 기관이나 단체를 말한다.
(2007.10.17 본조개정)

제5조【지원대상자의 범위】 ① 이 법에 따른 지원대상자는 제4조제1호ㆍ제1호의2 및 제2호부터 제5호까지의 규정에 해당하는 자로서 여성가족부령으로 정하는 자로 한다.
② 제1항에 따른 지원대상자 중 아동의 연령을 초과하는 자녀가 있는 한부모가족의 경우 그 자녀를 제외한 나머지 가족구성원을 지원대상자로 한다.
(2014.1.21 본조개정)

제5조의2【지원대상자의 범위에 대한 특례】 ① 혼인 관계에 있지 아니한 자로서 출산 전 임신부와 출산 후 해당 아동을 양육하지 아니하는 모는 제5조에도 불구하고 제19조제1항제1호의 출산지원시설을 이용할 때에는 이 법에 따른 지원대상자가 된다.(2023.4.11 본항개정)
② 다음 각 호의 어느 하나에 해당하는 아동과 그 아동을 양육하는 조부 또는 조모로서 여성가족부령으로 정하는 자는 제5조에도 불구하고 이 법에 따른 지원대상자가 된다.(2014.1.21 본문개정)
1. 부모가 사망하거나 생사가 분명하지 아니한 아동
2. 부모가 정신 또는 신체의 장애ㆍ질병으로 장기간 노동능력을 상실한 아동
3. 부모의 장기복역 등으로 부양을 받을 수 없는 아동
4. 부모가 이혼하거나 유기하여 부양을 받을 수 없는 아동(2011.4.12 본호신설)
5. 제1호부터 제4호까지에 규정된 자에 준하는 자로서 여성가족부령으로 정하는 아동(2011.4.12 본호개정)
③ 국내에 체류하고 있는 외국인 중 대한민국 국적의 아동을 양육하고 있는 모 또는 부로서 대통령령으로 정하는 사람이 제5조에 해당하면 이 법에 따른 지원대상자가 된다.(2020.10.20 본항개정)
(2014.1.21 본조제목개정)
(2007.10.17 본조개정)

제5조의3【자료 또는 정보의 제공과 홍보】 국가와 지방자치단체는 이 법에 따른 지원대상자를 발굴하기 위하여 필요한 자료 또는 정보의 제공과 홍보에 노력하여야 한다.
(2018.1.16 본조신설)

제5조의4【한부모가족의 날】 ① 한부모가족에 대한 국민의 이해와 관심을 제고하기 위하여 매년 5월 10일을 한부모가족의 날로 한다.
② 국가와 지방자치단체는 한부모가족의 날의 취지에 맞는 행사 등 사업을 실시할 수 있다.
(2018.1.16 본조신설)

제5조의5【한부모가족 정책에 관한 기본계획의 수립】
① 여성가족부장관은 한부모가족 지원을 위하여 한부모가족 정책에 관한 기본계획(이하 "기본계획"이라 한다)을 5년마다 수립하여야 한다.
② 기본계획에는 다음 각 호의 사항이 포함되어야 한다.
1. 한부모가족 지원 정책의 기본방향
2. 한부모가족 지원을 위한 분야별 발전시책과 평가에 관한 사항
3. 한부모가족 지원을 위한 제도 개선에 관한 사항
4. 한부모가족 구성원의 경제ㆍ사회ㆍ문화 등 각 분야에서의 활동 증진에 관한 사항
5. 한부모가족 지원을 위한 재원 확보 및 배분에 관한 사항
6. 그 밖에 한부모가족 지원을 위하여 필요한 사항
③ 여성가족부장관은 기본계획을 수립하려는 경우에는 특별시장ㆍ광역시장ㆍ특별자치시장ㆍ도지사ㆍ특별자치도지사(이하 "시ㆍ도지사"라 한다)의 의견을 들은 후 관계 중앙행정기관의 장과 협의하여야 한다.
④ 여성가족부장관은 제1항에 따라 기본계획을 수립한 때에는 지체없이 국회 소관 상임위원회에 보고하고, 관계 중앙행정기관의 장과 시ㆍ도지사에게 알려야 한다.
⑤ 여성가족부장관은 기본계획을 수립하기 위하여 필요하다고 인정하는 경우 관계 기관의 장에게 기본계획의 수립에 필요한 자료의 제출을 요구할 수 있다. 이 경우 자료의 제출을 요구받은 관계 기관의 장은 정당한 사유가 없으면 이에 따라야 한다.
(2020.10.20 본조신설)

제5조의6【연도별 시행계획의 수립ㆍ시행 등】 ① 여성가족부장관, 관계 중앙행정기관의 장과 시ㆍ도지사는 매년 기본계획에 따라 한부모가족정책에 관한 시행계획(이하 "시행계획"이라 한다)을 수립ㆍ시행하여야 한다.
② 관계 중앙행정기관의 장과 시ㆍ도지사는 전년도의 시행계획에 따른 추진실적 및 다음 연도의 시행계획을 대통령령으로 정하는 바에 따라 매년 여성가족부장관에게 제출하여야 한다.
③ 시행계획의 수립ㆍ시행 및 추진실적의 평가 등에 필요한 사항은 대통령령으로 정한다.
(2020.10.20 본조신설)

제6조【실태조사 등】 ① 여성가족부장관은 한부모가족 지원을 위한 정책수립에 활용하기 위하여 3년마다 한부모가족에 대한 실태조사를 실시하고 그 결과를 공표하여야 한다. 또한, 여성가족부장관은 필요한 경우 여성가족부령으로 정하는 바에 따라 청소년 한부모 등에 대한 실태를 조사ㆍ연구할 수 있다.(2017.12.12 후단신설)
② 여성가족부장관은 제1항에 따른 실태조사를 위하여 관계 공공기관 또는 관련 법인ㆍ단체에 대하여 필요한 자료의 제출 등 협조를 요청할 수 있으며, 요청받은 관계 공공기관 또는 관련 법인ㆍ단체는 특별한 사유가 없으면 이에 협조하여야 한다.
③ 제1항에 따른 실태조사의 대상 및 방법, 그 밖에 필요한 사항은 여성가족부령으로 정한다.
(2011.4.12 본조신설)

제6조의2【한부모가족 지원업무 관련 공무원의 교육】 국가와 지방자치단체는 한부모가족 지원 관련 업무에 종사하는 공무원의 한부모가족에 대한 이해 증진과 전문성 향상을 위하여 교육을 실시할 수 있다.(2016.12.20 본조신설)

제7조~제8조 (2011.4.12 삭제)

제9조【한부모가족복지단체에 대한 지원 등】 ① 국가와 지방자치단체는 한부모가족복지단체에 대하여 필요한 비용의 전부 또는 일부를 보조하거나 그 업무수행에 필요한 행정적 지원을 할 수 있다.
② 국가와 지방자치단체는 한부모가족 간의 정보 공유와 상부상조 등을 위한 자조모임 단체의 사업 등을 지원할 수 있다.
(2018.1.16 본조개정)

제2장 복지의 내용과 실시
(2007.10.17 본장개정)

제10조【지원대상자의 조사 등】 ① 특별자치시장ㆍ특별자치도지사ㆍ시장ㆍ군수ㆍ구청장(자치구의 구청장을 말한다. 이하 같다)은 매년 1회 이상 관할구역 지원대상자의 가족상황, 생활실태 등을 조사하여야 한다.
(2014.1.21 본항개정)
② 특별자치시장ㆍ특별자치도지사ㆍ시장ㆍ군수ㆍ구청장은 제1항에 따른 조사 결과를 대장(臺帳)으로 작성ㆍ비치하여야 한다. 다만, 「사회복지사업법」 제6조의2제2항에 따른 정보시스템을 활용할 때에는 전자적으로 작성하여 관리할 수 있다.(2014.1.21 본문개정)
③ 제1항 및 제2항에 따른 조사 및 대장의 작성ㆍ관리에 필요한 사항은 여성가족부령으로 정한다.
④~⑤ (2011.4.12 삭제)
(2014.1.21 본조제목개정)
(2011.4.12 본조개정)

제11조【복지 급여의 신청】 ① 지원대상자 또는 그 친족이나 그 밖의 이해관계인은 제12조에 따른 복지 급여를 관할 특별자치시장ㆍ특별자치도지사ㆍ시장ㆍ군수ㆍ구청장에게 신청할 수 있다.(2014.1.21 본항개정)
② 제1항에 따라 복지 급여 신청을 할 때에는 다음 각 호에 따른 자료 또는 정보의 제공에 대한 지원대상자의 동의 서면을 제출하여야 한다.(2014.1.21 본문개정)
1. 「금융실명거래 및 비밀보장에 관한 법률」 제2조제2호 및 제3호에 따른 금융자산 및 금융거래의 내용에 대한 자료 또는 정보 중 예금의 평균잔액과 그 밖에 대통령령으로 정하는 자료 또는 정보(이하 "금융정보"라 한다)
2. 「신용정보의 이용 및 보호에 관한 법률」 제2조제1호에 따른 신용정보 중 채무액과 그 밖에 대통령령으로 정하는 자료 또는 정보(이하 "신용정보"라 한다)
3. 「보험업법」 제4조제1항 각 호에 따른 보험에 가입하여 납부한 보험료와 그 밖에 대통령령으로 정하는 자료 또는 정보(이하 "보험정보"라 한다)
(2012.2.1 본항개정)
③ 제1항에 따른 급여의 신청 방법ㆍ절차와 제2항에 따른 동의의 방법ㆍ절차 등 필요한 사항은 대통령령으로 정한다.(2012.2.1 본항신설)

제12조【복지 급여의 내용】 ① 국가나 지방자치단체는 제11조에 따른 복지 급여의 신청이 있으면 다음 각 호의 복지 급여를 실시하여야 한다.(2020.10.20 단서삭제)
1. 생계비
2. 아동교육지원비
3. (2011.4.12 삭제)
4. 아동양육비
5. 그 밖에 대통령령으로 정하는 비용
② 이 법에 따른 지원대상자가 「국민기초생활 보장법」 등 다른 법령에 따라 지원을 받고 있는 경우에는 그 범위에서 이 법에 따른 급여를 하지 아니한다. 다만, 제1항제4호의 아동양육비는 지급할 수 있다.(2020.10.20 본항개정)
③ 제1항제4호의 아동양육비를 지급할 때에 다음 각 호의 어느 하나에 해당하는 경우에는 예산의 범위에서 추가적인 복지 급여를 실시하여야 한다. 이 경우 모 또는 부의 직계존속이 5세 이하의 아동을 양육하는 경우에도 또한 같다.(2020.10.20 전단개정)
1. 미혼모나 미혼부가 5세 이하의 아동을 양육하는 경우
2. 34세 이하의 모 또는 부가 아동을 양육하는 경우
(2020.10.20 1호~2호신설)
④ 국가나 지방자치단체는 이 법에 따른 지원대상자의 신청이 있는 경우에는 예산의 범위에서 직업훈련비와 훈련기간 중 생계비를 추가적으로 지급할 수 있다.
(2014.1.21 본항개정)
⑤ 제1항부터 제4항까지의 규정에 따른 복지 급여의 기준 및 절차, 그 밖에 필요한 사항은 여성가족부령으로 정한다.
(2020.10.20 본항개정)

제12조의2【복지 급여 사유의 확인 등】 ① 여성가족부장관 또는 특별자치시장ㆍ특별자치도지사ㆍ시장ㆍ군수ㆍ구청장은 제11조에 따라 복지 급여를 신청한 지원대상자 또는 제12조에 따른 복지 급여를 받고 있는 지원대상자에 대하여 급여 사유의 발생ㆍ변경 또는 상실을 확인하기 위하여 필요한 소득ㆍ재산 등에 관한 자료의 제출을 요구할 수 있으며, 소속 공무원으로 하여금 지원대상자의 주거 등에 출입하여 생활환경 및 소득자료 등을 조사하게 하거나 지원대상자의 고용주 등 관계인에게 필요한 질문을 하게 할 수 있다.(2014.1.21 본항개정)
② 여성가족부장관 또는 특별자치시장ㆍ특별자치도지사ㆍ시장ㆍ군수ㆍ구청장은 제1항에 따른 확인을 위하여 필요한 국세ㆍ지방세, 토지ㆍ건물, 건강보험ㆍ고용보험ㆍ국민연금, 출국ㆍ입국, 교정시설ㆍ치료감호시설의 입소ㆍ출소, 병무, 주민등록ㆍ가족관계등록 등에 관한 자료의 제공을 관계 기관의 장에게 요청할 수 있다. 이 경우 자료의 제공을 요청받은 관계 기관의 장은 정당한 사유가 없으면 이에 응하여야 한다.(2014.1.21 전단개정)
③ 제1항에 따라 출입ㆍ조사ㆍ질문을 하는 공무원은 그 권한을 표시하는 증표를 지니고 이를 관계인에게 보여주어야 한다.
④ 제1항 또는 제2항에 따른 업무에 종사하거나 종사하였던 사람은 업무를 수행하면서 받은 자료와 그 밖에 알게 된 사실을 이 법에서 정한 목적과 다르게 사용하거나 누설하여서는 아니 된다.
(2012.2.1 본조신설)

제12조의3【금융정보등의 제공】 ① 여성가족부장관은 제11조에 따라 복지 급여를 신청한 지원대상자의 급여 사유의 발생을 확인하기 위하여 필요하다고 인정하는 경우 「금융실명거래 및 비밀보장에 관한 법률」 제4조제1항과 「신용정보의 이용 및 보호에 관한 법률」 제32조제2항에도 불구하고 지원대상자가 제11조제2항에 따라 제출한 동의 서면을 전자적 형태로 바꾼 문서에 의하여 금융기관등(「금융실명거래 및 비밀보장에 관한 법률」 제2조제1호에 따른 금융회사등 및 「신용정보의 이용 및 보호에 관한 법률」 제2조제6호에 따른 신용정보집중기관을 말한다. 이하 같다)의 장에게 금융정보, 신용정보 또는 보험정보(이하 "금융정보등"이라 한다)의 제공을 요청할 수 있다.
(2014.1.21 본항개정)
② 여성가족부장관은 제12조에 따라 복지 급여를 받고 있는 지원대상자의 급여 사유의 변경ㆍ상실을 확인하기 위하여 필요하다고 인정하는 경우 「금융실명거래 및 비밀보장에 관한 법률」 제4조제1항과 「신용정보의 이용 및 보호에 관한 법률」 제32조제2항에도 불구하고 대통령령으로 정하는 기준에 따라 인적사항을 적은 문서 또는 정보통신망으로 금융회사등의 장에게 금융정보등을 제공하도록 요청할 수 있다.(2014.1.21 본항개정)
③ 제1항 및 제2항에 따라 금융정보등의 제공을 요청받은 금융기관등의 장은 「금융실명거래 및 비밀보장에 관한 법률」 제4조제1항과 「신용정보의 이용 및 보호에 관한 법률」 제32조에도 불구하고 명의인의 금융정보등을 제공하여야 한다.
④ 제3항에 따라 금융정보등을 제공한 금융기관등의 장은 금융정보등의 제공사실을 명의인에게 통보하여야 한다. 다만, 명의인의 동의가 있는 경우에는 「금융실명거래 및 비밀보장에 관한 법률」 제4조의2제1항과 「신용정보의 이용 및 보호에 관한 법률」 제32조제7항에도 불구하고 통보하지 아니할 수 있다.(2015.3.11 단서개정)
⑤ 제1항부터 제3항까지의 규정에 따른 금융정보등의 제공 요청과 제공은 「정보통신망 이용촉진 및 정보보호 등에 관한 법률」 제2조제1항제1호에 따른 정보통신망을 이용하여야 한다. 다만, 정보통신망의 손상 등 불가피한 경우에는 그러하지 아니하다.
⑥ 제1항부터 제3항까지의 규정에 따른 업무에 종사하거나 종사하였던 사람은 업무를 수행하면서 취득한 금융정보등을 이 법에서 정한 목적 외의 다른 용도로 사용하거나 다른 사람 또는 기관에 제공하거나 누설하여서는 아니 된다.
⑦ 제1항부터 제3항까지의 규정 및 제5항에 따른 금융정보등의 제공 요청과 제공 등 필요한 사항은 대통령령으로 정한다.
(2012.2.1 본조신설)

제12조의4【복지 급여의 거절ㆍ변경 등】 ① 여성가족부장관 또는 특별자치시장ㆍ특별자치도지사ㆍ시장ㆍ군수ㆍ구청장은 제11조에 따라 복지 급여를 신청한 지원대상자가 제12조의2제1항에 따른 자료의 제출을 거부하거나 조사ㆍ질문을 거부ㆍ방해 또는 기피하는 경우에는 복지 급여의 지급을 거절할 수 있다.
② 여성가족부장관 또는 특별자치시장ㆍ특별자치도지사ㆍ시장ㆍ군수ㆍ구청장은 제12조에 따른 복지 급여를 받고 있는 지원대상자에 대하여 다음 각 호의 구분에 따른 조치를 할 수 있다.
1. 지원대상자가 제12조의2제1항에 따른 자료의 제출을 거부하거나 조사ㆍ질문을 거부ㆍ방해 또는 기피하는 경우 : 복지 급여 지급의 정지
2. 지원대상자의 복지 급여 사유가 변경되거나 상실된 경우 : 복지 급여의 변경 또는 지급 중지
(2014.1.21 본조개정)

제12조의5【복지급여수급계좌】 ① 국가나 지방자치단체는 제12조에 따른 복지 급여를 받는 지원대상자의 신청이 있는 경우에는 복지 급여를 지원대상자 명의의 지정된 계좌(이하 "복지급여수급계좌"라 한다)로 입금하여야 한다. 다만, 정보통신장애나 그 밖에 대통령령으로 정하는 불가피한 사유로 복지급여수급계좌로 이체할 수 없을 때에는 현금 지급 등 대통령령으로 정하는 바에 따라 복지 급여를 지급할 수 있다.
② 복지급여수급계좌의 해당 금융기관은 이 법에 따른 복지 급여만이 복지급여수급계좌에 입금되도록 관리하여야 한다.
③ 제1항에 따른 신청 방법·절차와 제2항에 따른 복지급여수급계좌의 관리에 필요한 사항은 대통령령으로 정한다.
(2014.1.21 본조신설)

제13조【복지 자금의 대여】 ① 국가나 지방자치단체는 한부모가족의 생활안정과 자립을 촉진하기 위하여 다음 각 호의 어느 하나의 자금을 대여할 수 있다.
1. 사업에 필요한 자금
2. 아동교육비
3. 의료비
4. 주택자금
5. 그 밖에 대통령령으로 정하는 한부모가족의 복지를 위하여 필요한 자금
② 제1항에 따른 대여 자금의 한도, 대여 방법 및 절차, 그 밖에 필요한 사항은 대통령령으로 정한다.

제14조【고용의 촉진】 ① 국가 또는 지방자치단체는 한부모가족의 모 또는 부와 아동의 직업능력을 개발하기 위하여 능력 및 적성 등을 고려한 직업능력개발훈련을 실시하여야 한다.
② 국가 또는 지방자치단체는 한부모가족의 모 또는 부와 아동의 고용을 촉진하기 위하여 적합한 직업을 알선하고 각종 사업장에 모 또는 부와 아동이 우선 고용되도록 노력하여야 한다.

제14조의2【고용지원 연계】 ① 국가 및 지방자치단체는 한부모가족의 모 또는 부와 아동의 취업기회를 확대하기 위하여 한부모가족 관련 시설 및 기관과 「직업안정법」 제2조의2제1호에 따른 직업안정기관간 효율적인 연계를 도모하여야 한다.(2009.10.9 본항개정)
② 고용노동부장관은 한부모가족의 모 또는 부와 아동을 위한 취업지원사업 등이 효율적으로 추진될 수 있도록 여성가족부장관과 긴밀히 협조하여야 한다.(2010.6.4 본항개정)

제15조【공공시설에 매점 및 시설 설치】 국가나 지방자치단체가 운영하는 공공시설의 장은 그 공공시설에 각종 매점 및 시설의 설치를 허가하는 경우 이를 한부모가족 또는 한부모가족복지단체에 우선적으로 허가할 수 있다.

제16조【시설 우선이용】 국가나 지방자치단체는 한부모가족의 아동이 공공의 아동 편의시설과 그 밖의 공공시설을 우선적으로 이용할 수 있도록 노력하여야 한다.

제17조【가족지원서비스】 국가나 지방자치단체는 한부모가족에게 다음 각 호의 가족지원서비스를 제공하도록 노력하여야 한다.
1. 아동의 양육 및 교육 서비스
2. 장애인, 노인, 만성질환자 등의 부양 서비스
3. 취사, 청소, 세탁 등 가사 서비스
4. 교육·상담 등 가족 관계 증진 서비스
5. 인지청구 및 자녀양육비 청구 등을 위한 법률상담, 소송대리 등 법률구조서비스(2011.4.12 본호신설)
6. 그 밖에 대통령령으로 정하는 한부모가족에 대한 가족지원서비스

제17조의2【청소년 한부모에 대한 교육 지원】 ① 국가나 지방자치단체는 청소년 한부모가 학업을 할 수 있도록 청소년 한부모의 선택에 따라 다음 각 호의 어느 하나에 해당하는 지원을 할 수 있다.
1. 「초·중등교육법」 제2조에 따른 학교에서의 학적 유지를 위한 지원 및 교육비 지원 또는 검정고시 지원
2. 「평생교육법」 제31조제2항에 따른 학력인정 평생교육시설에 대한 교육비 지원
3. 「초·중등교육법」 제28조에 따른 교육 지원
4. 그 밖에 청소년 한부모의 교육 지원을 위하여 여성가족부령으로 정하는 사항
② 제1항제3호에 따른 교육 지원을 위하여 특별시·광역시·특별자치시·도·특별자치도의 교육감은 제19조에 따른 한부모가족복지시설에 순회교육 실시를 위한 지원을 할 수 있다.(2014.1.21 본항개정)
③ 국가와 지방자치단체는 청소년 한부모의 학업과 양육의 병행을 위하여 그 자녀가 청소년 한부모가 속한 「고등교육법」 제2조에 따른 학교에 설치된 직장어린이집을 이용할 수 있도록 지원할 수 있다.(2018.1.16 본항신설)
④ 여성가족부장관은 청소년 한부모가 학업을 계속할 수 있도록 교육부장관에게 협조를 요청하여야 한다.
(2013.3.23 본항개정)
(2011.4.12 본조신설)

제17조의3【자녀양육비 이행지원】 여성가족부장관은 자녀양육비 산정을 위한 자녀양육비 가이드라인을 마련하여 법원이 이혼 판결 시 적극 활용할 수 있도록 노력하여야 한다.(2012.2.1 본조신설)

제17조의4【청소년 한부모의 자립지원】 ① 국가나 지방자치단체는 청소년 한부모가 주거마련 등 자립에 필요한 자산을 형성할 수 있도록 재정적인 지원을 할 수 있다.
② 제1항에 따른 지원으로 형성된 자산은 청소년 한부모가 이 법에 따른 지원대상자에 해당하는지 여부를 조사·확인할 때 이를 포함하지 아니한다.
③ 제1항에 따른 자립 지원의 대상과 기준은 대통령령으로 정하고, 자립 지원의 신청, 방법 및 지원금의 반환절차 등에 필요한 사항은 여성가족부령으로 정한다.
(2014.1.21 본조신설)

제17조의5【청소년 한부모의 건강진단】 ① 국가와 지방자치단체는 청소년 한부모의 건강증진을 위하여 건강진단을 실시할 수 있다.
② 국가와 지방자치단체는 제1항에 따른 건강진단의 결과를 청소년 한부모 본인에게 알려주어야 한다.
③ 국가와 지방자치단체는 제1항과 제2항에 따른 건강진단의 실시와 그 결과 통보를 전문기관 또는 단체에 위탁할 수 있다.
④ 제1항에 따른 건강진단의 대상과 기준은 대통령령으로 정하고, 건강진단의 신청, 방법 및 제2항에 따른 결과의 통보 등에 필요한 사항은 여성가족부령으로 정한다.
(2017.12.12 본조신설)

제17조의6【미혼모 등의 건강관리 등 지원】 ① 국가와 지방자치단체는 미혼모 또는 미혼부와 그 자녀가 건강하게 생활할 수 있도록 산전(産前)·분만·산후(産後)관리, 질병의 예방·상담·치료, 영양·건강에 관한 교육 등 건강관리를 위한 지원을 할 수 있다.
② 국가와 지방자치단체는 제19조제1항제1호의 출산지원시설에 입소한 미혼모 등의 신청이 있는 경우에는 미혼모 등 본인 및 함께 생활하는 자녀에 대한 의료비를 추가적으로 지원할 수 있다.(2023.4.11 본항개정)
③ 제1항에 따른 건강관리와 제2항에 따른 의료비 지원의 기준 및 절차, 그 밖에 필요한 사항은 대통령령 또는 조례로 정한다.
(2018.12.18 본조신설)

제17조의7【아동·청소년 보육·교육】 국가와 지방자치단체는 아동·청소년 보육·교육을 실시함에 있어서 한부모가족 구성원인 아동·청소년을 차별하여서는 아니 된다.(2016.12.20 본조신설)

제18조【국민주택의 분양 및 임대】 국가나 지방자치단체는 「주택법」에서 정하는 바에 따라 국민주택을 분양하거나 임대할 때에는 한부모가족에게 일정 비율이 우선 분양될 수 있도록 노력하여야 한다.

제18조의2【한부모가족 상담전화의 설치】 ① 여성가족부장관은 한부모가족 지원에 관한 종합정보의 제공과 지원기관 및 시설의 연계 등에 관한 전문적이고 체계적인 상담서비스를 제공하기 위하여 한부모가족 상담전화를 설치·운영할 수 있다.
② 제1항에 따른 한부모가족 상담전화의 설치·운영에 필요한 사항은 여성가족부령으로 정한다.
(2018.1.16 본조신설)

제3장 한부모가족복지시설
(2007.10.17 본장개정)

제19조【한부모가족복지시설】 ① 한부모가족복지시설은 다음 각 호의 시설로 한다.
1. 출산지원시설 : 다음 각 목의 어느 하나에 해당하는 자의 임신·출산 및 그 출산 아동(3세 미만에 한정한다)의 양육을 위하여 주거 등을 지원하는 시설
가. 제4조제1호의 모
나. 혼인 관계에 있지 아니한 자로서 출산 전 임신부
다. 혼인 관계에 있지 아니한 자로서 출산 후 해당 아동을 양육하지 아니하는 모
2. 양육지원시설 : 6세 미만 자녀를 동반한 한부모가족에게 자녀를 양육할 수 있도록 주거 등을 지원하는 시설
3. 생활지원시설 : 18세 미만(취학 중인 경우에는 22세 미만을 말하되, 「병역법」에 따른 병역의무를 이행하고 취학 중인 경우에는 병역의무를 이행한 기간을 가산한 연령 미만을 말한다) 자녀를 동반한 한부모가족에게 자립을 준비할 수 있도록 주거 등을 지원하는 시설
4. 일시지원시설 : 배우자(사실혼 관계에 있는 사람을 포함한다)가 있으나 배우자의 물리적·정신적 학대로 아동의 건전한 양육이나 모 또는 부의 건강에 지장을 초래할 우려가 있을 경우 일시적 또는 일정 기간 동안 모와 아동, 부와 아동, 모 또는 부에게 주거 등을 지원하는 시설
(2023.4.11 1호~4호개정)
5. 한부모가족복지상담소 : 한부모가족에 대한 위기·자립 상담 또는 문제해결 지원 등을 목적으로 하는 시설
② 제1항제1호부터 제4호까지의 규정에 따른 시설의 입소기간 및 그 기간의 연장 등에 필요한 사항은 여성가족부령으로 정한다.(2023.4.11 본항개정)
(2011.4.12 본조개정)

제20조【한부모가족복지시설의 설치】 ① 국가나 지방자치단체는 한부모가족복지시설을 설치할 수 있다.
② 제19조에 따른 한부모가족복지시설의 장은 청소년 한부모가 입소를 요청하는 경우에는 우선 입소를 위한 조치를 취하여야 한다.(2011.4.12 본항신설)
③ 국가나 지방자치단체 외의 자가 한부모가족복지시설을 설치·운영하려면 특별자치시장·특별자치도지사·시장·군수·구청장에게 신고하여야 한다. 신고한 사항 중 여성가족부령으로 정하는 중요 사항을 변경하려는 경우에도 또한 같다.(2014.1.21 전단개정)
④ 특별자치시장·특별자치도지사·시장·군수·구청장은 제3항에 따른 설치·운영 신고 또는 변경 신고를 받은 날부터 여성가족부령으로 정하는 기간 내에 신고수리 여부를 신고인에게 통지하여야 한다.(2020.10.20 본항신설)
⑤ 「입양특례법」 제20조에 따른 입양기관을 운영하는 자는 제19조제1항제1호에 해당하는 출산지원시설을 설치·운영할 수 없다.(2023.4.11 본항개정)
⑥ 한부모가족복지시설의 시설 설치·운영 기준, 시설 종사자의 직종(職種)과 수(數) 및 자격기준, 그 밖에 설치신고에 필요한 사항은 여성가족부령으로 정한다.(2011.4.12 본항개정)

제21조【폐지 또는 휴지】 ① 제20조제3항에 따라 한부모가족복지시설의 설치 신고를 한 자가 그 시설의 폐지, 일시적 운영중단 또는 운영재개를 하려면 여성가족부령으로 정하는 바에 따라 미리 특별자치시장·특별자치도지사·시장·군수·구청장에게 신고하여야 한다.
(2020.10.20 본항개정)
② 한부모가족복지시설의 장은 한부모가족복지시설을 폐지하거나 그 시설의 운영을 일시적으로 중단하는 경우에는 여성가족부령으로 정하는 바에 따라 그 시설에 입소하고 있는 사람이 다른 한부모가족복지시설로 옮길 수 있도록 하는 등 입소자의 권익을 보호하기 위한 조치를 하여야 한다.(2016.3.2 본항신설)
③ 특별자치시장·특별자치도지사·시장·군수·구청장은 제1항에 따른 신고를 받은 경우 그 신고받은 내용을 검토하여 이 법에 적합하면 신고를 수리하여야 한다. 이 경우 시설의 폐지 또는 일시적 운영중단 신고를 받은 경우에는 한부모가족복지시설의 장이 제2항에 따른 입소자의 권익을 보호하기 위한 조치를 하였는지 여부를 확인하는 등 여성가족부령으로 정하는 조치를 한 후 수리하여야 한다.(2020.10.20 본항개정)

제22조【수탁 의무】 한부모가족복지시설을 설치·운영하는 자는 시·도지사 또는 시장·군수·구청장으로부터 한부모가족복지시설에 한부모가족을 입소하도록 위탁받으면 정당한 사유 없이 이를 거부하지 못한다.
(2020.10.20 본조개정)

제23조【감독】 ① 여성가족부장관, 시·도지사 또는 시장·군수·구청장은 한부모가족복지시설을 설치·운영하는 자에게 그 시설에 관하여 필요한 보고를 하게 하거나, 관계 공무원에게 시설의 운영 상황을 조사하게 하거나 장부 등 그 밖의 서류를 검사하게 할 수 있다.
(2010.1.18 본항개정)
② 제1항에 따라 그 직무를 수행하는 관계 공무원은 그 권한을 표시하는 증표를 지니고 이를 관계인에게 내보여야 한다.

제24조【시설 폐쇄 등】 ① 특별자치시장·특별자치도지사·시장·군수·구청장은 한부모가족복지시설이 다음 각 호의 어느 하나에 해당하면 그 사업의 정지나 폐지를 명하거나 시설을 폐쇄할 수 있다.(2014.1.21 본문개정)
1. 제20조제6항의 시설 기준에 미달하게 된 경우
(2020.10.20 본호개정)
2. 제22조를 위반한 경우
3. 정당한 이유 없이 제23조제1항에 따른 보고를 하지 아니하거나 거짓으로 한 경우 또는 조사·검사를 거부하거나 기피한 경우
② 특별자치시장·특별자치도지사·시장·군수·구청장은 한부모가족복지시설이 제1항에 따라 그 사업이 정지 또는 폐지되거나 시설이 폐쇄되는 경우에는 해당 시설에 입소하고 있는 사람이 다른 한부모가족복지시설로 옮길 수 있도록 하는 등 여성가족부령으로 정하는 바에 따라 입소자의 권익을 보호하기 위하여 필요한 조치를 하여야 한다.(2016.3.2 본항신설)

제24조의2【청문】 특별자치시장·특별자치도지사·시장·군수·구청장은 제24조제1항에 따라 사업의 폐지를 명하거나 시설을 폐쇄하려면 청문을 하여야 한다.
(2016.3.2 본조개정)

제4장 비 용
(2007.10.17 본장개정)

제25조【비용의 보조】 국가나 지방자치단체는 대통령령으로 정하는 바에 따라 한부모가족복지사업에 드는 비용을 보조할 수 있다.

제25조의2【부정수급자에 대한 비용의 징수】 ① 거짓이나 그 밖의 부정한 방법으로 복지 급여를 받거나 타인

으로 하여금 복지 급여를 받게 한 경우 복지 급여를 지급한 지원기관은 그 비용의 전부 또는 일부를 그 복지 급여를 받은 자 또는 복지 급여를 받게 한 자(이하 "부정수급자"라 한다)로부터 징수할 수 있다.(2014.1.21 본항개정)
② 제1항에 따라 징수할 금액은 부정수급자에게 통지하여 징수하고, 부정수급자가 이에 응하지 아니하는 경우 국세 또는 지방세 체납처분의 예에 따라 징수한다.
(2007.10.17 본조신설)

제26조【보조금 등의 반환명령】 ① 국가나 지방자치단체는 한부모가족복지시설의 장이나 한부모가족복지단체의 장이 다음 각 호의 어느 하나에 해당하면 이미 내준 보조금의 전부 또는 일부의 반환을 명할 수 있다.
1. 보조금의 교부 조건을 위반한 경우
2. 거짓이나 그 밖의 부정한 방법으로 보조금을 받은 경우
3. 한부모가족복지시설을 경영하면서 개인의 영리를 도모하는 행위를 한 경우
4. 이 법 또는 이 법에 따른 명령을 위반한 경우

② 지원기관은 복지 급여의 변경 또는 복지 급여의 정지·중지에 따라 지원대상자에게 이미 지급한 복지 급여 중 과잉지급분이 발생한 경우에는 즉시 지원대상자에 대하여 그 전부 또는 일부의 반환을 명하여야 한다. 다만, 이를 소비하였거나 그 밖에 지원대상자에게 부득이한 사유가 있는 경우에는 그 반환을 면제할 수 있다.(2014.1.21 본항개정)

제5장 보 칙

(2007.10.17 본장개정)

제27조【양도·담보 및 압류 금지】 ① 이 법에 따라 지급된 복지급여와 이를 받을 권리는 다른 사람에게 양도하거나 담보로 제공할 수 없으며, 다른 사람은 이를 압류할 수 없다.
② 제12조의5제1항에 따라 지정된 복지급여수급계좌의 예금에 관한 채권은 압류할 수 없다.(2014.1.21 본항신설)
(2011.4.12 본조개정)

제28조【심사 청구】 ① 지원대상자 또는 그 친족이나 그 밖의 이해관계인은 이 법에 따른 복지 급여 등에 대하여 이의가 있으면 그 결정을 통지받은 날부터 90일 이내에 서면으로 해당 복지실시기관에 심사를 청구할 수 있다.
(2014.1.21 본항개정)
② 복지실시기관은 제1항의 심사 청구를 받으면 30일 이내에 이를 심사·결정하여 청구인에게 통보하여야 한다.

제29조【벌칙】 ① 제12조의3제6항을 위반하여 금융정보등을 사용 또는 누설한 사람은 5년 이하의 징역 또는 5천만원 이하의 벌금에 처한다.(2014.1.21 본항개정)
② 제12조의2제4항을 위반하여 자료 등을 사용 또는 누설한 사람은 3년 이하의 징역 또는 3천만원 이하의 벌금에 처한다.(2014.1.21 본항개정)
③ 다음 각 호의 어느 하나에 해당하는 자는 1년 이하의 징역 또는 1천만원 이하의 벌금에 처한다.(2014.1.21 본문개정)
1. 제20조제3항에 따른 신고를 하지 아니하고 한부모가족복지시설을 설치한 자(2011.4.12 본호개정)
2. 제24조제1항에 따라 시설의 폐쇄, 사업의 정지 또는 폐지의 명령을 받고 사업을 계속한 자(2016.3.2 본호개정)

④ 거짓이나 그 밖의 부정한 방법으로 복지 급여를 받거나 타인으로 하여금 복지 급여를 받게 한 자는 1년 이하의 징역, 1천만원 이하의 벌금, 구류 또는 과료에 처한다.
(2014.1.21 본항개정)

제30조【양벌규정】 법인의 대표자나 법인 또는 개인의 대리인, 사용인, 그 밖의 종업원이 그 법인 또는 개인의 업무에 관하여 제29조의 위반행위를 하면 그 행위자를 벌하는 외에 그 법인 또는 개인에게도 해당 조문의 벌금 또는 과료의 형을 과(科)한다. 다만, 법인 또는 개인이 그 위반행위를 방지하기 위하여 해당 업무에 관하여 상당한 주의와 감독을 게을리하지 아니한 경우에는 그러하지 아니하다.(2010.5.17 본조개정)

제30조의2【과태료】 ① 다음 각 호의 어느 하나에 해당하는 자에게는 300만원 이하의 과태료를 부과할 수 있다.
1. 제22조를 위반하여 정당한 사유 없이 수탁을 거부한 자
2. 정당한 이유 없이 제23조제1항에 따른 보고를 하지 아니하거나 거짓으로 한 자 또는 조사·검사를 거부하거나 기피한 자

(2011.4.12 본항개정)
② 제1항에 따른 과태료는 대통령령으로 정하는 바에 따라 여성가족부장관이 부과·징수한다.
(2010.5.17 본조신설)

제31조【권한의 위임】 여성가족부장관이나 시·도지사는 대통령령으로 정하는 바에 따라 이 법에 따른 권한의 일부를 시장·군수·구청장에게 위임할 수 있다.
(2010.1.18 본조개정)

부 칙 (2011.4.12)

제1조【시행일】 이 법은 2012년 1월 1일부터 시행한다. 다만, 제5조의2 및 제19조의 개정규정은 2012년 7월 1일부터 시행하고, 제20조제4항의 개정규정은 2015년 7월 1일부터 시행한다.

제2조【한부모가족복지시설에 관한 경과조치】 ① 제19조의 개정규정 시행 당시 다음 표의 왼쪽 란에 기재된 종전의 규정에 따른 한부모가족복지시설은 같은 표의 오른쪽 란에 기재된 한부모가족복지시설로 본다.

모자보호시설	모자가족복지시설
모자자립시설	
모자 공동생활가정	
부자보호시설	부자가족복지시설
부자자립시설	
부자 공동생활가정	
미혼모자시설	미혼모자가족복지시설
미혼모자 공동생활가정	
미혼모 공동생활가정	
일시보호시설	일시지원복지시설

② 제19조제2항의 개정규정을 적용할 때에는 제1항 표의 왼쪽 란에 기재된 종전의 규정에 따른 한부모가족복지시설에 입소하고 있는 한부모가족은 제1항 표의 오른쪽 란에 기재된 한부모가족복지시설에 입소한 한부모가족으로 본다.
③ 제19조의 개정규정 시행 당시 「입양촉진 및 절차에 관한 특례법」 제10조에 따른 입양기관을 운영하는 자로서 제19조제1항제3호가목의 개정규정에 해당하는 편의제공시설을 운영하는 자는 2015년 6월 30일까지 해당 시설을 제19조제1항제1호, 제2호, 제3호나목, 제4호 및 제5호의 개정규정에 따른 시설 가운데 어느 하나에 해당하는 한부모가족복지시설로 변경하거나 폐지하여야 한다.

제3조【다른 법령의 개정】 ①~④ ※(해당 법령에 가제정리 하였음)

부 칙 (2014.1.21)

제1조【시행일】 이 법은 공포한 날부터 시행한다. 다만, 제12조의5, 제17조의4 및 제27조제2항의 개정규정은 공포 후 6개월이 경과한 날부터 시행한다.

제2조【병역의무 이행기간의 가산에 관한 적용례】 제4조제5호의 개정규정은 이 법 시행 당시 제4조제5호의 개정규정에 따른 연령 미만의 자로서 취학 중인 자에게도 적용한다.

부 칙 (2020.10.20)

제1조【시행일】 이 법은 공포 후 6개월이 경과한 날부터 시행한다. 다만, 제21조제1항 및 제3항의 개정규정은 공포한 날부터 시행한다.

제2조【급여 지급에 관한 적용례】 제12조제2항 단서의 개정규정에 따른 아동양육비의 병급은 이 법 시행 이후 도래하는 급여 지급일에 지급하는 경우부터 적용한다.

제3조【한부모가족복지시설의 설치 신고 등에 관한 적용례】 제20조제4항의 개정규정은 이 법 시행 이후 한부모가족복지시설의 설치 신고 또는 변경 신고를 하는 경우부터 적용한다.

부 칙 (2023.4.11)

제1조【시행일】 이 법은 공포 후 6개월이 경과한 날부터 시행한다.

제2조【한부모가족복지시설에 관한 경과조치】 이 법 시행 당시 종전의 제19조제1항제1호부터 제3호까지에 따른 한부모가족복지시설은 제19조제1항제1호부터 제3호까지의 개정규정에 따른 한부모가족복지시설로 본다. 다만, 이 법 시행일부터 2년 이내에 제19조의 개정규정에 따른 설치·운영 기준 등을 갖추어야 한다.

제3조【다른 법률의 개정】 ※(해당 법령에 가제정리 하였음)

제4조【다른 법령과의 관계】 이 법 시행 당시 다른 법령에서 종전의 제19조의 규정을 인용한 경우에 이 법 가운데 그에 해당하는 규정이 있는 때에는 종전의 규정을 갈음하여 이 법의 해당 규정을 인용한 것으로 본다.

양육비 이행확보 및 지원에 관한 법률(약칭 : 양육비이행법)

(2014년 3월 24일)
(법 률 제12532호)

개정
2015. 3.11법13216호(신용정보의이용및보호에관한법)
2018. 3.27법15546호　2018.12.24법16085호
2020. 2. 4법16957호(신용정보의이용및보호에관한법)
2020. 6. 9법17439호　2021. 1.12법17897호

제1장 총 칙

제1조【목적】 이 법은 미성년 자녀를 직접 양육하는 부 또는 모가 미성년 자녀를 양육하지 아니하는 부 또는 모로부터 양육비를 원활히 받을 수 있도록 양육비 이행확보 등을 지원하여 미성년 자녀의 안전한 양육환경을 조성함을 목적으로 한다.

제2조【정의】 이 법에서 사용하는 용어의 뜻은 다음과 같다.
1. "양육비"란 「민법」 제4조에 따른 성년이 아닌 자녀(이하 "미성년 자녀"라 한다)를 보호·양육하는 데 필요한 비용을 말한다.
2. "양육비 채무"란 「민법」 제836조의2 및 「가사소송법」 상의 집행권원이 있는 양육비용 부담에 관한 채무를 말한다.
3. "양육부·모"란 미성년 자녀를 직접 양육하고 있는 부 또는 모를 말한다.
4. "비양육부·모"란 미성년 자녀를 직접 양육하지 아니하는 부 또는 모를 말한다.
5. "양육비 채권자"란 양육자로 지정된 부 또는 모이거나 법정대리인 등 실질적으로 미성년 자녀를 양육하고 있는 사람으로서 양육비 채무의 이행을 청구할 수 있는 사람을 말한다.
6. "양육비 채무자"란 미성년 자녀를 직접 양육하지 아니하는 부 또는 모로서 양육비 채무를 이행하여야 하는 사람(비양육부·모의 부모가 부양료를 지급하여야 하는 경우에는 비양육부·모의 부모를 포함한다)을 말한다.

제3조【미성년 자녀에 대한 양육 책임】 ① 부 또는 모는 혼인상태 및 양육여부와 관계없이 미성년 자녀가 건강하게 성장할 수 있도록 의식주, 교육 및 건강 등 모든 생활영역에서 최적의 성장환경을 조성하여야 한다.(2018.3.27 본항개정)
② 비양육부·모는 양육부·모와의 합의 또는 법원의 판결 등에 따라 정하여진 양육비를 양육비 채권자에게 성실히 지급하여야 한다. 다만, 비양육부·모가 부양능력이 없는 미성년자인 경우에는 그 비양육부·모의 부모가 지급하여야 한다.

제4조【국가 등의 책무】 ① 국가는 부모가 미성년의 자녀를 최적의 환경에서 양육할 수 있도록 지원하여야 한다.
② 국가 또는 지방자치단체는 양육부·모의 양육비 이행확보를 지원하기 위하여 전담기구를 설치·운영하고, 이에 필요한 행정적·재정적 지원방안을 마련하여야 한다.
③ 국가와 지방자치단체는 미성년 자녀의 양육환경 조성을 위하여 양육부·모와 비양육부·모 등에게 자녀양육비 이행과 관련한 교육과 홍보를 실시하여야 한다.
④ 공공기관 등 관련 법인·기관 및 단체는 국가 또는 지방자치단체가 양육비 이행확보를 위하여 수행하는 업무에 적극 협력하여야 한다.

제5조【양육비 가이드라인의 마련】 여성가족부장관은 자녀양육비 산정을 위한 양육비 가이드라인을 마련하여 법원의 판결, 심판 등에 적극 활용될 수 있도록 노력하여야 한다.

제2장 양육비이행관리원의 설치 등

제6조【양육비이행심의위원회】 ① 다음 각 호의 사항을 심의·의결하기 위하여 여성가족부에 양육비이행심의위원회(이하 "위원회"라 한다)를 둔다.
1. 양육비 이행확보를 위한 제도의 신설 및 개선에 관한 사항
2. 양육비 채무 불이행자에 대한 제재조치에 관한 사항
3. 관계 행정기관 및 공공기관과의 협조에 관한 사항
4. 양육비 가이드라인의 마련에 관한 사항
5. 여성가족부장관 또는 위원회의 위원장이 양육비 이행확보와 관련하여 위원회에서 심의할 필요가 있다고 인정하는 사항

② 위원회는 위원장 1명을 포함한 14명 이내의 비상임위원으로 구성하고, 위원장은 여성가족부차관이 된다.
③ 위원회의 위원은 다음 각 호의 사람으로 하되, 제3호의 위원의 경우 특정 성이 100분의 60을 초과하지 아니하도록 하여야 한다.
1. 대통령령으로 정하는 중앙행정기관의 고위공무원단에

속하는 일반직공무원 또는 고위공무원단에 속하지 아니한 1급부터 3급까지의 공무원 중에서 소속 중앙행정기관의 장이 지명한 사람
2. 법원행정처장이 지명한 판사
3. 한부모가족 관련 정책 또는 양육비 이행지원과 관련한 학식과 경험이 풍부한 사람 중에서 위원장이 위촉하는 사람
④ 위원회에서 심의·의결할 사항을 미리 검토하고 전문적인 의견을 제출하기 위하여 위원회에 전문위원을 둔다.
⑤ 그 밖에 위원회 및 전문위원의 구성과 운영 등에 관하여 필요한 사항은 대통령령으로 정한다.
제7조【양육비이행관리원】 ① 미성년 자녀의 양육비 청구와 이행확보 지원 등에 관한 업무를 수행하기 위하여 「건강가정기본법」에 따라 설립된 한국건강가정진흥원(이하 "한국건강가정진흥원"이라 한다)에 양육비이행관리원(이하 "이행관리원"이라 한다)을 둔다.
② 이행관리원은 다음 각 호의 업무를 수행한다.
1. 비양육부·모와 양육부·모의 양육비와 관련한 상담
1의2. 양육비 이행 촉진을 위한 비양육부·모와 미성년 자녀의 면접교섭 지원(2018.12.24 본호신설)
2. 양육비 청구 및 이행확보 등을 위한 법률지원
3. 한시적 양육비 긴급지원
4. 합의 또는 법원의 판결에 의하여 확정된 양육비 채권 추심지원 및 양육부·모에게 양육비 이전
5. 양육비 채무 불이행자에 대한 제재조치
6. 양육비 이행의 실효성 확보를 위한 제도 등 연구
7. 자녀양육비 이행과 관련한 교육 및 홍보
8. 그 밖에 양육비 채무 이행확보를 위하여 필요한 업무
③ 이행관리원의 조직과 운영에 필요한 사항은 대통령령으로 정한다.
제8조【직원 등의 파견요청】 ① 한국건강가정진흥원의 장은 양육비 이행 관련 업무의 실효성 확보를 위하여 필요한 경우 여성가족부장관을 거쳐 관계 기관에 공무원 또는 직원의 파견을 요청할 수 있다. 다만, 공무원의 파견을 요청할 경우에는 미리 주무부장관과 협의하여야 한다.
② 제1항에 따른 공무원 또는 직원의 파견을 요청받은 기관의 장은 특별한 사정이 있는 경우를 제외하고는 파견요청에 응하여야 한다.
③ 제1항에 따른 파견직원의 업무 범위, 대상 및 요건 등에 관하여 필요한 사항은 이행관리원의 장이 정한다.
제9조【공익법무관의 파견요청】 ① 한국건강가정진흥원의 장은 여성가족부장관을 거쳐 법무부장관에게 공익법무관의 파견을 요청할 수 있다.
② 제1항에 따른 공익법무관은 「변호사법」에 따른 변호사 자격등록을 하지 아니하고 변호사로서 법률구조업무를 수행할 수 있다.

제3장 양육비 이행확보 지원

제10조【양육비에 관한 상담 및 협의 성립의 지원】 ① 비양육부·모 또는 양육부·모는 당사자 간 양육비 부담 등 협의가 이루어지지 아니할 경우 이행관리원의 장에게 양육비에 관한 상담 또는 협의 성립의 지원을 신청할 수 있다.
② 제1항의 상담 결과 비양육부·모와 양육부·모 간에 양육비 부담 등 협의가 이루어질 경우 이행관리원의 장은 협의한 사항이 이행될 수 있도록 하기 위한 지원을 할 수 있다.
③ 제1항에 따른 상담 또는 협의 성립의 지원 방법 및 절차 등 필요한 사항은 여성가족부령으로 정한다.
제10조의2【면접교섭 지원】 ① 이행관리원의 장은 비양육부·모와 미성년 자녀의 관계를 개선하기 위하여 비양육부·모 및 양육부·모의 신청이 있는 경우 비양육부·모와 미성년 자녀의 면접교섭을 위한 지원을 할 수 있다. 다만, 「민법」 제837조의2제3항에 따라 면접교섭이 제한·배제되었거나, 면접교섭으로 인하여 양육부·모 및 자녀의 안전을 해할 우려가 있는 경우 지원을 배제·제한 또는 중단할 수 있다.
② 제1항에 따른 면접교섭의 지원 방법 및 절차 등에 필요한 사항은 여성가족부령으로 정한다.
(2018.12.24 본조신설)
제11조【양육비 청구 및 이행확보를 위한 법률지원 등의 신청】 ① 양육부·모는 이행관리원의 장에게 자녀의 인지청구 및 양육비 청구를 위한 소송 대리 등 양육비 집행권원 확보를 위한 법률지원을 신청할 수 있다.
② 양육비 채권자는 합의 또는 법원의 판결에 의하여 확정된 양육비를 양육비 채무자로부터 지급받지 못할 경우 이행관리원의 장에게 양육비 직접지급명령, 이행명령 신청의 대리 등 양육비 이행확보에 필요한 법률지원이나 양육비 채권 추심지원을 신청할 수 있다.
③ 국가는 제1항 및 제2항에 따른 법률지원 등에 드는 비용의 전부 또는 일부를 예산의 범위에서 지원할 수 있다.
④ 제1항 및 제2항에 따른 법률지원 등의 신청대상, 방법 및 절차 등에 필요한 사항은 여성가족부령으로 정한다.
제12조【양육비 채무자의 진술기회 부여】 이행관리원의 장은 양육부·모 또는 양육비 채권자의 신청으로 양육비 이행을 지원하는 경우 양육비 채무자의 신청이 있으면 양육비 채무자에게 의견 진술의 기회를 주어야 한다.
제13조【비양육부·모 또는 양육비 채무자의 주소 등의 자료 요청 등】 ① 여성가족부장관은 양육비 집행권원 확보 또는 양육비의 이행확보를 위하여 필요하다고 인정하는 경우에는 특별자치시장·특별자치도지사, 시장·군수·구청장(자치구의 구청장을 말한다. 이하 같다)에게 비양육부·모 또는 양육비 채무자의 주민등록표의 열람 및 등본·초본의 교부를 요청하거나 국민건강보험공단의 장에게 대통령령으로 정하는 바에 따라 비양육부·모 또는 양육비 채무자의 근무지에 관한 정보자료를 요청할 수 있다.(2018.12.24 본항개정)
② 제1항에 따른 요청을 받은 관계 기관의 장은 정당한 이유가 없으면 이에 따라야 한다.
(2018.12.24 본조제목개정)
제14조【한시적 양육비 긴급지원】 ① 제11조에 따른 양육비 청구 및 이행확보를 위한 법률지원 등을 신청한 양육비 채권자는 양육비 채무자가 양육비 채무를 이행하지 아니하여 자녀의 복리가 위태롭게 되었거나 위태롭게 될 우려가 있는 경우에는 이행관리원의 장에게 한시적 양육비 긴급지원(이하 "긴급지원"이라 한다)을 신청할 수 있다.
② 제1항에 따라 긴급지원 신청을 받은 이행관리원의 장은 대통령령으로 정하는 긴급지원 기준에 해당하는 경우 긴급지원을 결정할 수 있다. 다만, 이 법에 따른 지원대상자가 「국민기초생활 보장법」 및 「긴급복지지원법」에 따라 동일한 내용의 보호를 받고 있는 경우에는 그 범위에서 이 법에 따른 긴급지원을 하지 아니한다.
③ 제2항에 따라 결정된 긴급지원의 지급기간은 9개월을 넘지 아니하여야 하고, 자녀의 복리를 위하여 추가 지원이 필요한 경우에는 3개월의 범위에서 이를 연장할 수 있다.(2018.3.27 본항개정)
④ 긴급지원의 대상, 금액, 지급시기 등 지원기준은 대통령령으로 정한다. 이 경우 긴급지원 금액은 제5조에 따른 양육비 가이드라인을 고려하여 책정한다.(2018.3.27 후단신설)
⑤ 이행관리원의 장은 긴급지원을 한 경우에는 그 지급액의 전부 또는 일부를 양육비 채무자에게 통지하여 징수하고, 양육비 채무자가 이에 따르지 아니하는 경우 여성가족부장관의 승인을 받아 국세 체납처분의 예에 따라 징수한다.(2020.6.9 본항개정)
제14조의2【긴급지원 종료 등】 ① 이행관리원의 장은 양육비 채무자가 양육비를 지급하면 그 즉시 긴급지원을 종료하여야 한다.
② 양육비 채권자는 양육비 채무자가 양육비를 지급한 사실을 알게 되는 등 긴급지원의 지급 요건과 관련한 사항에 변화가 있는 경우 이를 지체 없이 이행관리원의 장에게 알려야 한다.
③ 제2항에 따라 알려야 하는 내용과 방법 등은 여성가족부령으로 정한다.
(2018.3.27 본조신설)
제14조의3【긴급지원 결정에 대한 이의신청】 ① 제14조에 따른 긴급지원에 관한 이행관리원의 장의 결정에 이의가 있는 양육비 채권자는 결정을 통보받은 날부터 30일 이내에 여성가족부령으로 정하는 바에 따라 이행관리원의 장에게 서면으로 이의신청을 할 수 있다.
② 이행관리원의 장은 제1항에 따른 이의신청에 대하여 30일 이내에 결정을 하여야 한다. 다만, 부득이한 사정으로 그 기간 내에 결정을 할 수 없을 때에는 30일의 범위에서 그 기간을 연장할 수 있다.
③ 제1항에 따라 이의신청을 한 양육비 채권자는 그 이의신청과 관계없이 「행정심판법」에 따른 행정심판을 청구할 수 있다.
(2018.3.27 본조신설)
제14조의4【비용환수】 ① 이행관리원의 장은 양육비 채권자가 거짓이나 그 밖의 부정한 방법으로 양육비를 긴급지원 받은 경우에는 지원한 비용의 전부 또는 일부를 반환하게 하여야 한다. 다만, 양육비의 반환이 미성년 자녀의 복리를 위태롭게 할 경우에는 감경할 수 있다.
② 제1항에 따른 긴급지원 양육비의 반환 기간, 절차 및 그 밖에 필요한 사항은 대통령령으로 정한다.
(2018.3.27 본조신설)
제15조【양육비 이행 청구 및 조사】 ① 이행관리원의 장은 제11조제2항에 따른 양육비 채권추심 지원에 관한 신청이 있을 경우에는 다음 각 호에 해당하는 사항을 양육비 채무자에게 서면(「전자문서 및 전자거래 기본법」 제2조제1호의 전자문서를 포함한다)으로 통지하여야 한다.
(2018.3.27 본문개정)
1. 양육비 채권자로부터 채권 추심을 위임받은 사실
2. 양육비 채무 이행 최고
3. 채권자, 채무금액 등 채무에 관한 사항
4. 채무의 변제 방법
5. 채무 불이행 시 조치사항
6. 양육비 채무자의 의견 진술 기회 부여에 관한 사항
(2018.3.27 1호~6호신설)
② 이행관리원의 장은 제1항의 통지 후 1개월 이내에 양육비가 지급되지 아니한 경우에는 양육비 채무자의 소득, 재산 등 양육비 지급능력을 확인하기 위한 조사를 진행하여야 하며, 이를 위하여 필요한 경우 「가사소송법」에 따라 이해관계를 소명하여 재판장의 허가를 받아 관련 사건기록의 열람 등을 신청할 수 있다.(2018.3.27 본항개정)
③ 이행관리원의 장은 양육비 채무자가 양육비 채무를 이행하는 경우에는 제2항에 따른 조사를 즉시 중지하여야 한다.
④ 제1항에 따른 통지의 방법 및 절차 등에 필요한 사항은 여성가족부령으로 정한다.(2018.3.27 본항개정)
제16조【양육비 채무자의 재산 등에 관한 조사】 ① 여성가족부장관은 양육비 지급능력을 확인·조사하기 위하여 양육비 채무자에게 필요한 서류나 소득·재산 등에 관한 자료의 제출을 요구할 수 있고, 소속 직원으로 하여금 양육비 채무자의 소득·재산 등에 관한 자료를 조사하게 하거나 관계인에게 필요한 질문을 하게 할 수 있다.
② 여성가족부장관은 제1항에 따른 조사를 위하여 필요한 국세·지방세, 토지·건물, 건강보험·국민연금, 출입국 등에 관한 자료의 제공을 본인의 동의를 받아 관계 기관의 장에게 요청할 수 있으며, 이 경우 요청을 받은 관계 기관의 장은 정당한 사유가 없으면 이에 따라야 한다. 다만, 제14조에 따라 한시적 양육비가 지급된 경우에는 본인 동의 없이도 이를 요청할 수 있다.(2018.3.27 본항개정)
③ 제2항 단서에 따라 자료를 제공받은 여성가족부장관은 양육비 채무자에게 그 제공사실을 알려야 한다.
(2018.3.27 본항신설)
④ 제1항에 따라 조사를 하는 직원은 그 권한을 표시하는 증표를 지니고 이를 관계인에게 보여주어야 한다.
⑤ 제1항에 따른 조사·질문의 범위·시기 및 내용과 제3항에 따른 통지 등에 필요한 사항은 대통령령으로 정한다.
(2018.3.27 본항개정)
제17조【금융정보등의 제공】 ① 여성가족부장관은 양육비 채무자의 재산을 조사하기 위하여 「금융실명거래 및 비밀보장에 관한 법률」 제4조제1항과 「신용정보의 이용 및 보호에 관한 법률」 제32조제2항에도 불구하고 양육비 채무자가 제출한 동의서면을 전자적 형태로 바꾼 문서에 의하여 대통령령으로 정하는 기준에 따라 인적사항을 기재한 문서 또는 정보통신망으로 금융기관등(「금융실명거래 및 비밀보장에 관한 법률」 제2조제1호에 따른 금융회사등 및 「신용정보의 이용 및 보호에 관한 법률」 제2조제6호에 따른 신용정보집중기관을 말한다. 이하 같다)의 장에게 금융정보·신용정보 또는 보험정보(이하 "금융정보등"이라 한다)를 제공하도록 요청할 수 있다. 다만, 제14조에 따라 한시적 양육비가 지급된 경우에는 본인 동의 없이 신용정보·보험정보를 요청할 수 있다.
(2020.6.9 단서신설)
② 제1항에 따라 금융정보등의 제공을 요청받은 금융기관등의 장은 「금융실명거래 및 비밀보장에 관한 법률」 제4조제1항과 「신용정보의 이용 및 보호에 관한 법률」 제32조에도 불구하고 이를 여성가족부장관에게 제공하여야 한다.
③ 제2항에 따라 금융정보등을 제공하는 금융기관등의 장은 금융정보등의 제공 사실을 명의인에게 통보하여야 한다. 다만, 명의인의 동의가 있는 경우에는 「금융실명거래 및 비밀보장에 관한 법률」 제4조의2제1항과 「신용정보의 이용 및 보호에 관한 법률」 제32조제7항에도 불구하고 통보하지 아니할 수 있다.(2015.3.11. 단서개정)
④ 제1항 및 제2항에 따른 금융정보등의 제공 요청 및 제공은 「정보통신망 이용촉진 및 정보보호 등에 관한 법률」 제2조제1항제1호에 따른 정보통신망(이하 "정보통신망"이라 한다)을 이용하여야 한다. 다만, 정보통신망의 손상 등 불가피한 경우에는 그러하지 아니하다.
(2021.1.12 본문개정)
⑤ 제1항 및 제2항에 따른 업무에 종사하고 있거나 종사하였던 사람은 업무를 수행하면서 취득한 금융정보등을 이 법에서 정한 목적 외의 다른 용도로 사용하거나 다른 사람 또는 기관에 제공하거나 누설하여서는 아니 된다.
⑥ 제1항, 제2항 및 제4항에 따른 금융정보등의 제공 요청 및 제공 등에 필요한 사항은 대통령령으로 정한다.
제17조의2【양육비 채무자의 소득·재산 등에 관한 자료의 파기】 여성가족부장관은 제16조에 따라 관계 기관으로부터 제공받은 소득·재산 등에 관한 자료 및 제17조에 따라 금융기관등의 장으로부터 제공받은 금융정보등을 양육비 채권 추심이 완료되거나 제15조제3항에 따라 조사를 중지하는 등 양육비 채무 이행 목적을 달성한 이후에는 「개인정보 보호법」 제21조에 따라 파기하여야 한다.
(2018.3.27 본조신설)
제18조【양육비 이행확보를 위한 조치】 ① 이행관리원의 장은 양육비 이행 지원을 위하여 필요한 경우 양육비 채권자가 「가사소송법」 및 「민사집행법」에 따른 다음 각 호의 신청을 할 때 필요한 법률지원을 하여야 한다.

1. 재산명시 또는 재산조회 신청
2. 양육비 직접지급명령 신청
3. 양육비 담보제공명령 신청
4. 양육비 이행명령 신청
5. 압류명령 신청
6. 추심 또는 전부명령 신청
7. 감치명령 신청 등
② 이행관리원의 장은 제1항에 따른 지원을 하는 경우 해당 법원에 관련 자료나 의견을 양육비 채권자 또는 그 대리인을 통하여 제출할 수 있다.
제18조의2【현장지원반 구성·운영 등】 ① 이행관리원의 장은 「가사소송법」에 따라 양육비 채무자에 대한 감치명령 결정이 있는 때에는 감치집행을 지원하기 위하여 현장지원반을 구성·운영할 수 있다.
② 현장지원반의 구성·운영 등에 필요한 사항은 여성가족부령으로 정한다.
(2020.6.9 본조신설)
제19조【양육비 채무자의 재산에 대한 추심】 ① 이행관리원의 장은 제18조에 따른 조치결과 지급받을 금전, 그 밖에 채무자의 재산에 대한 양육부·모의 추심을 지원할 수 있다.
② 이행관리원의 장은 제1항에 따라 추심한 금전, 그 밖의 재산이 있는 경우 이를 7일 이내에 양육비 채권자에게 이전하여야 한다.
③ 이행관리원의 장은 양육비 수령 여부를 확인하기 위하여 양육비 전용 계좌 개설 등 필요한 조치를 할 수 있으며, 양육비 채권자는 이에 협조하여야 한다. 이 경우 양육비 전용 계좌 개설 등에 필요한 사항은 여성가족부령으로 정한다.(2020.6.9 본항신설)
④ 제1항 및 제2항에 따른 추심지원과 이전에 필요한 사항은 대통령령으로 정한다.
제20조【세금환급예정금액의 압류 및 차감】 ① 여성가족부장관은 제18조 및 제19조에 따른 조치로 양육비 지급 이행이 완전하지 못할 경우에는 국세청장 및 지방자치단체의 장에 대하여 양육비 채무자의 국세 및 지방세 환급예정금액(이하 "세금환급예정금액"이라 한다)의 압류를 요청할 수 있다.
② 여성가족부장관은 압류된 세금환급예정금액에 대하여 양육비 미지급분만큼 차감하여 양육비 채권자의 계좌로 이체하여 지급하여야 한다.
③ 제1항 및 제2항에 따른 세금환급예정금액의 압류, 차감 및 이체방법 등에 필요한 사항은 대통령령으로 정한다.
제21조【체납자료의 제공】 ① 여성가족부장관은 양육비 지급 이행확보를 위하여 필요한 경우로서 「신용정보의 이용 및 보호에 관한 법률」 제2조제6호의 신용정보집중기관, 그 밖에 대통령령으로 정하는 자(이하 "신용정보회사등"이라 한다)가 양육비 채무자의 양육비 체납에 관한 자료(이하 "체납자료"라 한다)를 요구한 경우에는 이를 제공할 수 있다.(2020.2.4 본항개정)
② 여성가족부장관은 양육비 채무자가 양육비를 지급하지 아니할 경우에는 체납자료를 신용정보회사등에 제공할 수 있음을 양육비 채무자에게 미리 알려야 한다.
③ 여성가족부장관은 제1항에 따라 체납자료를 제공한 경우에는 대통령령으로 정하는 바에 따라 해당 체납자에게 그 제공사실을 알려야 한다.
④ 제1항에 따른 체납자료의 제공 절차 등에 필요한 사항은 대통령령으로 정한다.
제21조의2【가정폭력피해자 정보보호】 이행관리원의 장은 이 법에 따라 법률지원 등을 신청한 양육부·모 또는 양육비 채권자가 「가정폭력방지 및 피해자보호 등에 관한 법률」 제2조제3호의 피해자임을 알게 된 경우 가정폭력의 재발 방지 등을 위하여 양육부·모 또는 양육비 채권자의 주거·직장·연락처 등 신변 관련 정보가 같은 법 제2조제2호의 가정폭력행위자인 비양육부·모 또는 양육비 채무자에게 노출되지 아니하도록 적절한 정보보호 조치를 강구하여야 한다.(2018.12.24 본조신설)
제21조의3【운전면허 정지처분 요청】 ① 여성가족부장관은 양육비 채무자가 양육비 채무 불이행으로 인하여 「가사소송법」 제68조제1항제1호·제3호에 따른 감치명령 결정을 받았음에도 불구하고 양육비 채무를 이행하지 않는 경우에는 위원회의 심의·의결을 거쳐 지방경찰청장(지방경찰청장으로부터 운전면허 정지처분에 관한 권한을 위임받은 자를 포함한다. 이하 이 조에서 같다)에게 해당 양육비 채무자의 운전면허(양육비 채무자가 지방경찰청장으로부터 받은 모든 범위의 운전면허를 포함한다. 이하 이 조에서 같다)의 효력을 정지시킬 것(이하 이 조에서 "운전면허 정지처분"이라 한다)을 요청할 수 있다. 다만, 양육비 채무자가 해당 운전면허를 직접적인 생계유지 목적으로 사용하고 있어 운전면허의 효력을 정지하게 되면 양육비 채무자의 생계유지가 곤란할 것으로 인정되는 경우에는 그러하지 아니하다.
② 제1항에 따른 여성가족부장관의 요청을 받은 지방경찰청장은 정당한 사유가 없으면 이에 협조하여야 한다.
③ 여성가족부장관은 제1항 본문에 따라 운전면허 정지처분 요청을 한 후 해당 양육비 채무자가 양육비를 전부 이행한 때에는 지체 없이 운전면허 정지처분 요청을 철회하여야 한다.
④ 제1항부터 제3항까지에서 규정한 사항 외에 운전면허 정지처분 요청 등에 필요한 사항은 대통령령으로 정한다.
(2020.6.9 본조신설)
제21조의4【출국금지 요청 등】 ① 여성가족부장관은 양육비 채무 불이행으로 인하여 「가사소송법」 제68조제1항제1호 또는 제3호에 따른 감치명령 결정을 받았음에도 불구하고 양육비 채무를 이행하지 아니하는 양육비 채무자 중 대통령령으로 정하는 사람에 대하여 위원회의 심의·의결을 거쳐 법무부장관에게 「출입국관리법」 제4조제3항에 따라 출국금지를 요청할 수 있다.
② 법무부장관은 제1항에 따른 출국금지 요청에 따라 출국금지를 한 경우에는 여성가족부장관에게 그 결과를 정보통신망 등을 통하여 통보하여야 한다.
③ 여성가족부장관은 양육비 채무의 이행, 양육비 채무자의 재산에 대한 강제집행 등으로 출국금지 사유가 해소된 경우에는 즉시 법무부장관에게 출국금지의 해제를 요청하여야 한다.
④ 제1항부터 제3항까지에서 규정한 사항 외에 출국금지 요청 등에 필요한 사항은 대통령령으로 정한다.
(2021.1.12 본조신설)
제21조의5【명단 공개】 ① 여성가족부장관은 양육비 채무자가 양육비 채무 불이행으로 인하여 「가사소송법」 제68조제1항제1호 또는 제3호에 따른 감치명령 결정을 받았음에도 불구하고 양육비 채무를 이행하지 아니하는 경우에는 양육비 채권자의 신청에 의하여 위원회의 심의·의결을 거쳐 다음 각 호의 정보를 공개할 수 있다. 다만, 양육비 채무자의 사망 등 대통령령으로 정하는 사유가 있는 경우에는 그러하지 아니하다.
1. 양육비 채무자의 성명, 나이 및 직업
2. 양육비 채무자의 주소 또는 근무지(「도로명주소법」 제2조제5호의 도로명 및 같은 조 제7호의 건물번호까지로 한다)
3. 양육비 채무 불이행기간 및 양육비 채무액
② 여성가족부장관은 제1항에 따라 명단 공개를 할 경우 양육비 채무자에게 3개월 이상의 기간을 정하여 소명 기회를 주어야 한다.
③ 제1항에 따른 공개는 여성가족부 또는 양육비이행관리원의 인터넷 홈페이지에 게시하는 방법이나 「언론중재 및 피해구제 등에 관한 법률」 제2조제1호에 따른 언론이 요청하는 경우 제1항 각 호의 정보를 제공하는 방법으로 한다.
④ 제1항부터 제3항까지의 규정에 따른 명단 공개 등에 필요한 사항은 대통령령으로 정한다.
(2021.1.12 본조신설)

제4장 보 칙

제22조【양육비 이행확보 지원의 우선 제공】 이행관리원의 장은 다음 각 호의 어느 하나에 해당하는 사람에게 우선적으로 양육비 이행확보 지원을 하여야 한다. 다만, 신청자의 과다, 이행지원 절차의 지연 등 정당한 사유가 있는 경우에는 그러하지 아니하다.
1. 「국민기초생활 보장법」 제2조제2호에 따른 수급자
2. 「국민기초생활 보장법」 제2조제11호에 따른 차상위계층
3. 「한부모가족지원법」 제5조 및 제5조의2에 따른 지원대상자
4. 그 밖에 소득수준 등을 고려하여 여성가족부령으로 정하는 사람
제23조【수수료】 ① 이행관리원의 장은 양육비 이행지원을 하는 경우 양육비 채무자에게 양육비 징수·이전에 소요되는 수수료를 납부하게 할 수 있다.
② 제1항에 따른 수수료 납부 대상과 방법 등에 관하여 필요한 사항은 여성가족부령으로 정한다.
제24조【업무의 위탁】 ① 여성가족부장관은 대통령령으로 정하는 바에 따라 다음 각 호에 해당하는 업무를 이행관리원에 위탁할 수 있다.
1. 제13조에 따른 비양육부·모 또는 양육비 채무자의 주소 등 자료 요청에 관한 사항(2018.12.24 본호개정)
2. 제16조에 따른 양육비 채무자의 재산 등에 관한 조사에 관한 사항
3. 제17조에 따른 금융정보등의 제공에 관한 사항
4. 제20조에 따른 세금환급예정금액의 압류에 관한 사항
5. 제21조에 따른 체납자료의 제공에 관한 사항
② 이행관리원의 장은 대통령령으로 정하는 바에 따라 이 법에 따른 업무의 일부를 관련 기관·법인 또는 단체에 위탁할 수 있다.
제25조【비밀유지의 의무】 이행관리원의 장과 직원 또는 그 직에 있었던 사람 및 제24조에 따라 업무의 위탁을 받아 그 업무를 수행하거나 수행하였던 자는 그 업무를 수행하면서 알게 된 비밀을 누설하여서는 아니 된다.
제26조【유사명칭의 사용금지】 이 법에 따른 양육비이행관리원이 아니면 양육비이행관리원 또는 이와 유사한 명칭을 사용하여서는 아니 된다.

제5장 벌 칙

제27조【벌칙】 ① 제17조제5항을 위반하여 금융정보등을 사용·제공 또는 누설한 사람은 5년 이하의 징역 또는 5천만원 이하의 벌금에 처한다.
② 다음 각 호의 어느 하나에 해당하는 사람은 1년 이하의 징역 또는 1천만원 이하의 벌금에 처한다.(2021.1.12 본문개정)
1. 제25조를 위반하여 업무를 수행하면서 알게 된 비밀을 누설한 사람(2021.1.12 본호신설)
2. 「가사소송법」 제68조제1항제1호 또는 제3호에 따른 감치명령 결정을 받았음에도 불구하고 정당한 사유 없이 감치명령 결정을 받은 날부터 1년 이내에 양육비 채무를 이행하지 아니한 사람. 다만, 피해자의 명시한 의사에 반하여 공소를 제기할 수 없다.(2021.1.12 본호신설)
제28조【과태료】 ① 제26조에 따른 유사명칭 사용금지를 위반한 자에게는 300만원 이하의 과태료를 부과한다.
② 제1항에 따른 과태료는 대통령령으로 정하는 바에 따라 여성가족부장관 또는 특별자치시장·특별자치도지사, 시장·군수·구청장이 부과·징수한다.

부 칙 (2020.2.4)

제1조【시행일】 이 법은 공포 후 6개월이 경과한 날부터 시행한다.(이하 생략)

부 칙 (2020.6.9)

제1조【시행일】 이 법은 공포 후 1년이 경과한 날부터 시행한다.
제2조【한시적 양육비 긴급지원에 관한 적용례】 제14조제5항의 개정규정은 이 법 시행 이후 제14조제2항에 따라 긴급지원이 이루어진 경우의 양육비 채무자부터 적용한다.
제3조【운전면허 정지 처분 요청에 관한 적용례】 제21조의3의 개정규정은 이 법 시행 이후 양육비 채무 불이행으로 인하여 「가사소송법」 제68조제1항제1호·제3호에 따른 감치명령 결정을 받았음에도 불구하고 양육비 채무를 이행하지 아니한 양육비 채무자부터 적용한다.

부 칙 (2021.1.12)

제1조【시행일】 이 법은 공포 후 6개월이 경과한 날부터 시행한다.
제2조【출국금지 요청에 관한 적용례】 제21조의4의 개정규정은 이 법 시행 이후 양육비 채무 불이행으로 인하여 「가사소송법」 제68조제1항제1호 또는 제3호에 따른 감치명령 결정을 받았음에도 불구하고 양육비 채무를 이행하지 아니한 양육비 채무자부터 적용한다.
제3조【명단 공개에 관한 적용례】 제21조의5의 개정규정은 이 법 시행 이후 양육비 채무 불이행으로 인하여 「가사소송법」 제68조제1항제1호 또는 제3호에 따른 감치명령 결정을 받았음에도 불구하고 양육비 채무를 이행하지 아니한 양육비 채무자부터 적용한다.

영유아보육법

(2004년 1월 29일
전개법률 제7153호)

개정
2004.12.31법 7302호
2005. 3.24법 7413호(정부조직)
2005.12.29법 7785호 2007. 7.27법 8563호
2007.10.17법 8654호
2007.10.17법 8655호(한부모가족지원법)
2008. 1.17법 8851호
2008. 2.29법 8852호(정부조직)
2008.12.19법 9165호
2009. 3.20법 9511호(보금자리주택건설등에관한특별법)
2009.10. 9법 9792호(고용정책기본법)
2010. 1.18법 9932호(정부조직)
2010. 2. 4법10012호(전자정부법)
2010. 6. 4법10339호(정부조직)
2011. 6. 7법10789호
2011. 7.14법10854호(금융실명)
2011. 8. 4법10983호(사회기반시설민간투자)
2011. 8. 4법11002호(아동)
2011. 8. 4법11003호 2011.12.31법11144호
2012. 3.21법11382호(유아교육법)
2013. 1.23법11627호
2013. 3.23법11690호(정부조직)
2013. 6. 4법11858호
2013. 8. 6법11998호(지방세외수입금의징수등에관한법)
2013. 8.13법12068호
2014. 1.14법12251호(공공주택건설등에관한특별법)
2014. 5.20법12619호 2014. 5.28법12697호
2015. 5.18법13321호
2015. 5.18법13323호(지역보건법)
2015. 8.28법13498호(공공주택특별법)
2015.12.29법13656호 2016. 2. 3법14001호
2017. 3.14법14597호
2017.12.19법15270호(장애인)
2018.12.11법15892호 2018.12.24법16078호
2019. 1.15법16248호(아동)
2019. 1.15법16251호 2019. 4.30법16404호
2020. 3.24법17091호(지방행정제재·부과금의징수등에관한법)
2020. 4. 7법17209호 2020.12.29법17785호
2021. 6. 8법18217호 2021. 8.17법18415호
2021.11.30법18523호(화재의예방및안전관리에관한법)
2021.12.21법18620호 2022. 6.10법18899호
2023. 6.13법19456호 2023. 8. 8법19606호
2023. 8.16법19653호
2023.12.26법19840호(정부조직)
2024. 1. 2법19898호→2024년 7월 3일 시행
2024. 1. 9법19958호(행정기관정비일부개정법령등)→2024년 7월 10일 시행
2024. 1.23법20103호→2024년 7월 24일 시행
2024. 2. 6법20219호→2024년 8월 7일 시행
2024년 1월 25일 제412회 국회 본회의 통과→「法典 別册」 보유편 수록

제1장 총 칙
(2007.10.17 본장개정)

제1조【목적】 이 법은 영유아(嬰幼兒)의 심신을 보호하고 건전하게 교육하여 건강한 사회 구성원으로 육성함과 아울러 보호자의 경제적·사회적 활동이 원활하게 이루어지도록 함으로써 영유아 및 가정의 복지 증진에 이바지함을 목적으로 한다.(2011.8.4 본조개정)

제2조【정의】 이 법에서 사용하는 용어의 뜻은 다음과 같다.
1. "영유아"란 7세 이하의 취학 전 아동을 말한다.
(2023.8.8 본호개정)
2. "보육"이란 영유아를 건강하고 안전하게 보호·양육하고 영유아의 발달 특성에 맞는 교육을 제공하는 어린이집 및 가정양육지원에 관한 사회복지서비스를 말한다.(2011.6.7 본호개정)
3. "어린이집"이란 영유아의 보육을 위하여 이 법에 따라 설치·운영되는 기관을 말한다.(2024.2.6 본호개정)
4. "보호자"란 친권자·후견인, 그 밖의 자로서 영유아를 사실상 보호하고 있는 자를 말한다.
5. "보육교직원"이란 어린이집 영유아의 보육, 건강관리 및 보호자와의 상담, 그 밖에 어린이집의 관리·운영 등의 업무를 담당하는 자로서 어린이집의 원장 및 보육교사와 그 밖의 직원을 말한다.(2011.6.7 본호개정)

제3조【보육 이념】 ① 보육은 영유아의 이익을 최우선적으로 고려하여 제공되어야 한다.
② 보육은 영유아가 안전하고 쾌적한 환경에서 건강하게 성장할 수 있도록 하여야 한다.
③ 영유아는 자신이나 보호자의 성, 연령, 종교, 사회적 신분, 재산, 장애, 인종 및 출생지역 등에 따른 어떠한 종류의 차별도 받지 아니하고 보육되어야 한다.(2011.8.4 본항개정)

제4조【책임】 ① 모든 국민은 영유아를 건전하게 보육할 책임을 진다.
② 국가와 지방자치단체는 보호자와 더불어 영유아를 건전하게 보육할 책임을 지며, 이에 필요한 재원을 안정적으로 확보하도록 노력하여야 한다.(2013.1.23 본항개정)
③ 특별자치시장·특별자치도지사·시장·군수·구청장(자치구의 구청장을 말한다. 이하 같다)은 영유아의 보육을 위한 적절한 어린이집을 확보하여야 한다.(2020.12.29 본항개정)
④ 국가와 지방자치단체는 보육교직원의 양성, 근로여건 개선 및 권익 보호를 위하여 노력하여야 한다.(2020.12.29 본항개정)
⑤ 국가와 지방자치단체는 지방의 보육 여건을 개선하기 위한 종합적인 시책을 수립·추진하고 지원 방안을 강구하여야 한다.(2024.2.6 본항신설)

제5조 (2020.12.29 삭제)

제6조【보육정책위원회】 ① 보육에 관한 각종 정책·사업·보육지도 및 어린이집 평가에 관한 사항 등을 심의하기 위하여 교육부에 중앙보육정책위원회를, 특별시·광역시·특별자치시·도·특별자치도(이하 "시·도"라 한다) 및 시·군·구(자치구를 말한다. 이하 같다)에 지방보육정책위원회를 둔다. 다만, 지방보육정책위원회는 그 기능을 담당하기에 적합한 다른 위원회가 있고 그 위원회의 위원이 제2항에 따른 자격을 갖춘 경우에는 시·도 또는 시·군·구의 조례로 정하는 바에 따라 그 위원회가 지방보육정책위원회의 기능을 대신할 수 있다.
(2023.12.26 본문개정)
② 제1항에 따른 중앙보육정책위원회와 지방보육정책위원회(이하 "보육정책위원회"라 한다)의 위원은 보육전문가, 어린이집의 원장 및 보육교사 대표, 보호자 대표 또는 공익을 대표하는 자, 관계 공무원 등으로 구성한다.
(2011.6.7 본항개정)
③ 교육장관은 중앙보육정책위원회의 업무를 효율적으로 수행하기 위하여 분야별 전문위원회를 둘 수 있다.
(2024.1.9 본항신설)
④ 보육정책위원회의 구성·기능 및 운영 등에 필요한 사항은 대통령령으로 정한다.

제7조【육아종합지원센터】 ① 다음 각 호의 업무를 수행하기 위하여 교육부장관은 중앙육아종합지원센터를, 특별시장·광역시장·특별자치시장·도지사·특별자치도지사(이하 "시·도지사"라 한다) 및 시장·군수·구청장은 지방육아종합지원센터를 설치·운영하여야 한다. 이 경우 필요하다고 인정하는 경우에는 영아·장애아 보육 등에 관한 육아종합지원센터를 별도로 설치·운영할 수 있다.(2024.2.6 전단개정)
1. 어린이집 운영 전반에 관한 전문 컨설팅
2. 보육에 관한 정보의 수집·제공
3. 보호자 및 보육교직원에 대한 상담 제공
4. 영유아 발달 지연 예방·상담·치료연계 지원
5. 제9조의2에 따른 보호자 교육 지원
6. 다음 각 목의 어느 하나에 해당하는 보육교직원 교육 제공
  가. 보육교직원의 역량 강화를 위한 교육
  나. 제23조의3에 따른 아동학대 방지를 위한 교육
  다. 「아동복지법」 제26조에 따른 아동학대 신고의무자에 대한 교육
7. 제26조의2에 따른 시간제보육 서비스의 제공
(2024.1.23 1호~7호신설)
8. 보육교직원 대체인력의 지원 및 관리(2024.2.6 본호신설)
9. 그 밖에 교육부장관이 필요하다고 인정하는 업무
(2024.1.23 본호신설)
② 제1항에 따른 중앙육아종합지원센터와 지방육아종합지원센터(이하 "육아종합지원센터"라 한다)에는 육아종합지원센터의 장과 보육에 관한 정보를 제공하는 보육전문요원, 보육교직원의 정서적·심리적 상담 등의 업무를 하는 상담전문요원 및 영유아 발달 지연 예방·상담·치료연계 지원 업무를 하는 영유아발달지원전문요원 등을 둔다.(2024.1.23 본항개정)
③ (2011.8.4 삭제)
④ 교육부장관은 업무의 효율적인 수행을 위하여 대통령령으로 정하는 공공기관 또는 민간기관·단체 등을 제1항에 따른 중앙육아종합지원센터로 지정한다.
(2023.12.26 본항개정)
⑤ 육아종합지원센터의 설치·운영 및 기능, 육아종합지원센터의 장과 보육전문요원, 상담전문요원 및 영유아발달지원전문요원의 자격 및 직무 등에 필요한 사항은 대통령령으로 정한다.(2024.1.23 본항개정)
⑥ 육아종합지원센터의 안전사고 예방 및 사고에 따른 영유아 생명·신체 등의 피해보상에 관하여는 제31조의2를 준용한다. 이 경우 "어린이집"은 "육아종합지원센터"로, "어린이집의 원장"은 "육아종합지원센터의 장"으로 본다.(2020.12.29 본항신설)

제8조【한국보육진흥원의 설립 및 운영】 ① 보육서비스의 질 향상을 도모하고 보육정책을 체계적으로 지원하기 위하여 한국보육진흥원(이하 "진흥원"이라 한다)을 설립한다.
② 진흥원은 다음 각 호의 업무를 수행한다.
1. 어린이집 평가 지원(2024.1.2 본호개정)
2. 보육사업에 관한 교육·훈련 및 홍보
3. 영유아 보육프로그램 및 교재·교구 개발
4. 보육교직원 연수프로그램 개발 및 교재 개발
5. 이 법에 따라 교육부장관으로부터 위탁받은 업무
(2023.12.26 본호개정)
6. 그 밖에 보육정책과 관련하여 교육부장관이 필요하다고 인정하는 업무(2023.12.26 본호개정)
③ 진흥원은 법인으로 하고, 주된 사무소의 소재지에 설립등기를 함으로써 성립한다.
④ 진흥원은 보조금, 기부금, 그 밖의 수입금으로 운영한다.
⑤ 교육부장관은 진흥원의 운영에 필요한 경비를 예산의 범위에서 지원할 수 있다.(2023.12.26 본항개정)
⑥ 진흥원은 제2항제3호 및 제4호의 업무를 관련 전문기관 등에 위탁할 수 있다.
⑦ 진흥원에 관하여 이 법과 「공공기관의 운영에 관한 법률」에서 정한 사항 외에는 「민법」 중 재단법인에 관한 규정을 준용한다.
(2018.12.11 본조개정)

제9조【보육 실태 조사】 ① 교육부장관은 이 법의 적절한 시행을 위하여 보육 실태 조사를 3년마다 실시하고 그 결과를 공표하여야 한다.
② 교육부장관은 제1항에 따른 보육 실태 조사를 위하여 어린이집 설치·운영자와 관계 기관·법인·단체의 장에게 필요한 자료의 제출 또는 의견의 진술을 요청할 수 있다. 이 경우 요청을 받은 자는 정당한 사유가 없으면 이에 협조하여야 한다.
③ 제1항에 따른 보육 실태 조사의 방법·내용 및 결과 공표 등에 필요한 사항은 교육부령으로 정한다.
(2023.12.26 본조개정)

제9조의2【보호자 교육】 ① 국가와 지방자치단체는 영유아의 보호자에게 영유아의 성장·양육방법, 보호자의 역할, 영유아의 인권 및 아동학대 예방 등에 대한 교육을 실시하여야 한다.(2021.8.17 본항개정)
② 교육부장관 또는 지방자치단체의 장은 예산의 범위에서 제1항에 따른 교육에 필요한 비용을 보조할 수 있다.
(2023.12.26 본항개정)
③ 제1항에 따른 교육의 내용, 실시 방법 등에 필요한 사항은 교육부령으로 정한다.(2023.12.26 본항개정)
(2017.3.14 본조신설)

제9조의3【보육통합정보시스템 구축·운영】 ① 교육부장관은 이 법에 따른 보육업무에 필요한 각종 자료 또는 정보의 효율적 처리와 기록·관리 업무의 전자화를 위하여 보육통합정보시스템을 구축·운영할 수 있다.
(2023.12.26 본항개정)
② 교육부장관은 제1항에 따른 보육통합정보시스템(이하 "보육정보시스템"이라고 한다)을 구축·운영하는 데 필요한 자료로서 다음 각 호의 어느 하나에 해당하는 자료를 수집·관리·보유할 수 있으며, 관계 기관 및 단체의 장에게 필요한 자료의 제공을 요청할 수 있다. 이 경우 요청을 받은 관계 기관 및 단체의 장은 정당한 사유가 없으면 요청에 따라야 한다.(2023.12.26 전단개정)
1. 제19조 및 제20조에 따른 보육교직원의 임면 및 결격사유 등에 관한 자료
2. 제21조 및 제22조에 따른 어린이집의 원장 또는 보육교사의 자격검정 및 자격증 교부 등에 관한 자료
3. 제26조에 따른 취약보육에 관한 자료
4. 제27조에 따른 어린이집 이용대상에 관한 자료
5. 제28조에 따른 보육의 우선 제공에 관한 자료
6. 제30조에 따른 어린이집 평가에 관한 자료
7. 제31조 및 제31조의3에 따른 건강관리 및 예방접종 등에 관한 자료
8. 제31조의2에 따른 어린이집 안전공제사업 등에 관한 자료
9. 제34조의3에 따른 보육서비스 이용권의 지급 및 이용에 관한 자료
10. 제36조에 따른 보육사업에 드는 비용의 보조에 관한 자료
11. 제46조부터 제48조까지의 규정에 따른 어린이집 원장 및 보육교사의 자격정지 및 자격취소에 관한 자료
12. 그 밖에 보육 사업 실시에 필요한 자료로서 대통령령으로 정하는 자료
③ 교육부장관은 보육정보시스템의 구축·운영에 관한 사무를 수행하기 위하여 불가피한 경우 「개인정보 보호법」 제23조에 따른 건강에 관한 정보(건강관리, 건강검진 관련 정보로 한정한다)나 같은 법 제24조에 따른 고유식별정보가 포함된 자료를 처리할 수 있다. 이 경우 교육부장관은 「개인정보 보호법」에 따라 해당 정보를 보호하여야 한다.(2023.12.26 본항개정)
④ 보육정보시스템은 「사회보장기본법」 제37조제2항에 따른 사회보장정보시스템과 연계하여 활용할 수 있다.
⑤ 보육정보시스템의 구축·운영에 필요한 사항은 대통령령으로 정한다.
(2020.12.29 본조신설)

제2장 어린이집의 설치
(2011.6.7 본장제목개정)

제10조【어린이집의 종류】 어린이집의 종류는 다음 각 호와 같다.
1. 국공립어린이집 : 국가나 지방자치단체가 설치·운영하는 어린이집
2. 사회복지법인어린이집 : 「사회복지사업법」에 따른 사회복지법인(이하 "사회복지법인"이라 한다)이 설치·운영하는 어린이집(2011.8.4 본호개정)

3. 법인·단체등어린이집 : 각종 법인(사회복지법인을 제외한 비영리법인)이나 단체 등이 설치·운영하는 어린이집으로서 대통령령으로 정하는 어린이집(2011.8.4 본호신설)
4. 직장어린이집 : 사업주가 사업장의 근로자를 위하여 설치·운영하는 어린이집(국가나 지방자치단체의 장이 소속 공무원 및 국가나 지방자치단체의 장과 근로계약을 체결한 자로서 공무원이 아닌 자를 위하여 설치·운영하는 어린이집을 포함한다)(2017.3.14 본호개정)
5. 가정어린이집 : 개인이 가정이나 그에 준하는 곳에 설치·운영하는 어린이집
6. 협동어린이집 : 보호자 또는 보호자와 보육교직원이 조합(영리를 목적으로 하지 않는 조합에 한정한다)을 결성하여 설치·운영하는 어린이집(2016.2.3 본호개정)
7. 민간어린이집 : 제1호부터 제6호까지의 규정에 해당하지 아니하는 어린이집(2011.8.4 본호개정)
(2011.6.7 본조개정)

제11조【보육계획의 수립 및 시행】 ① 교육부장관, 시·도지사 및 시장·군수·구청장은 보육사업을 원활하게 추진하기 위하여 교육부장관의 경우에는 중앙보육정책위원회, 그 밖의 경우에는 각 지방보육정책위원회의 심의를 거쳐 어린이집 수급계획 등을 포함한 보육계획을 수립·시행하여야 한다. 이 경우 보육계획에는 국공립어린이집의 공급에 관한 계획 및 목표가 포함되어야 한다.
(2023.12.26 전단개정)
② 교육부장관, 시·도지사 및 시장·군수·구청장은 제1항에 따른 보육계획의 수립·시행을 위하여 필요하면 어린이집, 보육 관련 법인·단체 등에 대하여 자료 제공 등의 협조를 요청할 수 있으며, 그 요청을 받은 어린이집과 보육 관련 법인·단체 등은 정당한 사유가 없으면 요청에 따라야 한다.(2023.12.26 본항개정)
③ 제1항에 따른 보육계획의 내용, 수립 시기 및 절차 등에 필요한 사항은 대통령령으로 정한다.
(2007.10.17 본조개정)

제11조의2【어린이집 또는 어린이집용지 확보】 시·도지사, 시장·군수·구청장은 「도시개발법」, 「도시 및 주거환경정비법」, 「택지개발촉진법」, 「산업입지 및 개발에 관한 법률」 및 「공공주택 특별법」 등에 따라 시행하는 개발·정비·조성사업에 어린이집 또는 어린이집용지가 확보될 수 있도록 노력하여야 한다.(2015.8.28 본조개정)

제12조【국공립어린이집의 설치 등】 ① 국가나 지방자치단체는 국공립어린이집을 설치(국공립어린이집 외의 어린이집을 기부채납 받거나 무상임차 등 사용계약을 통하여 전환하는 경우를 포함한다)·운영하여야 한다. 이 경우 국공립어린이집은 제11조의 보육계획에 따라 다음 각 호의 지역에 우선적으로 설치하여야 한다.(2023.8.16 전단개정)
1. 도시 저소득주민 밀집 주거지역 및 농어촌지역 등 취약지역(2017.3.14 본호신설)
2. (2018.12.24 삭제)
3. 「산업입지 및 개발에 관한 법률」 제2조제8호에 따른 산업단지 지역(2017.3.14 본호신설)
② 국가나 지방자치단체가 제1항에 따라 국공립어린이집을 설치할 경우 제6조제1항에 따른 지방보육정책위원회의 심의를 거쳐야 한다.(2018.12.24 본항신설)
③ 국가나 지방자치단체는 「주택법」 제2조제3호에 따른 공동주택에 같은 법 제35조에 따라 설치되어야 하는 어린이집을 국공립어린이집으로 운영하여야 한다. 다만, 「공동주택관리법」 제2조제1항제7호에 따른 입주자등의 과반수가 국공립어린이집으로의 운영에 찬성하지 아니하는 경우 등 대통령령으로 정하는 경우에는 그러하지 아니하다.
(2020.12.29 단서개정)
④ 제3항에 따라 국공립어린이집을 설치·운영하여야 하는 공동주택의 규모와 국공립어린이집의 설치·운영에 필요한 사항은 대통령령으로 정한다.(2018.12.24 본항신설)

제13조【국공립어린이집 외의 어린이집의 설치】 ① 국공립어린이집 외의 어린이집을 설치·운영하려는 자는 특별자치시장·특별자치도지사·시장·군수·구청장의 인가를 받아야 한다. 인가받은 사항 중 중요 사항을 변경하려는 경우에도 또한 같다.(2020.12.29 전단개정)
② 특별자치시장·특별자치도지사·시장·군수·구청장은 제1항에 따른 인가를 할 경우 해당 지역의 보육 수요를 고려하여야 한다.(2020.12.29 본항개정)
③ 제1항에 따라 어린이집의 설치인가를 받은 자는 어린이집 방문자 등이 볼 수 있는 곳에 어린이집 인가증을 게시하여야 한다.(2011.8.4 본항신설)
④ 제1항에 따른 인가에 필요한 사항은 교육부령으로 정한다.(2023.12.26 본항개정)
(2011.6.7 본조제목개정)

제14조【직장어린이집의 설치 등】 ① 대통령령으로 정하는 일정 규모 이상의 사업장의 사업주는 직장어린이집을 설치하여야 한다. 다만, 사업장의 사업주가 직장어린이집을 단독으로 설치할 수 없을 때에는 사업주 공동으로 직장어린이집을 설치·운영하거나, 지역의 어린이집과 위탁계약을 맺어 근로자 자녀의 보육을 지원(이하 이 조에서 "위탁보육"이라 한다)하여야 한다.
② 제1항 단서에 따라 사업장의 사업주가 위탁보육을 하는 경우에는 사업장 내 보육대상이 되는 근로자 자녀 중에서 위탁보육을 받는 근로자 자녀가 교육부령으로 정하는 일정 비율 이상이 되도록 하여야 한다.(2023.12.26 본항개정)
③ 제1항에 따른 어린이집의 설치 및 위탁보육에 필요한 사항은 교육부령으로 정한다.(2023.12.26 본항개정)
(2014.5.20 본조개정)

제14조의2【직장어린이집 설치의무 미이행 사업장 명단 공표 등】 ① 교육부장관 및 대통령령으로 정하는 기관("조사기관"이라 한다. 이하 이 조에서 같다)의 장은 제14조에 따른 직장어린이집 설치 등 의무 이행에 관한 실태 조사를 매년 실시하여야 하고, 실태 조사 대상 사업장의 사업주는 특별한 사정이 없으면 이에 따라야 한다. 이 경우, 조사기관의 장은 실태 조사를 완료한 후 그 결과를 교육부장관에게 통보하여야 한다.(2023.12.26 본항개정)
② 교육부장관은 제1항에 따른 실태조사 결과 직장어린이집 설치 등의 의무를 이행하지 아니한 사업장 및 실태조사에 불응한 사업장("미이행 사업장"이라 한다. 이하 이 조에서 같다)의 명단을 공표할 수 있다. 다만, 대통령령으로 정하는 사유가 있는 경우에는 그러하지 아니하다.
(2023.12.26 본문개정)
③ 교육부장관은 제2항 본문에 따른 명단 공표를 하기 전에 그 공표 여부에 관하여 제6조에 따른 중앙보육정책위원회의 심의를 거쳐야 한다.(2024.1.9 본항개정)
④ 교육부장관은 제3항의 심의를 거친 명단 공표 대상 사업장의 사업주에게 대통령령으로 정하는 바에 따라 명단 공표 대상자임을 통지하여 소명기회를 주어야 한다.
(2024.1.9 본항개정)
⑤ 제2항에 따른 공표는 교육부·고용노동부의 홈페이지에 1년간 게시하고, 2개 이상 일간지에 게재하는 방법으로 한다.(2023.12.26 본항개정)
⑥ 제1항부터 제3항까지의 규정에 따른 직장어린이집 설치 등 의무 이행에 관한 실태 조사의 내용과 방법, 미이행 사업장 명단 공표와 관련하여 필요한 사항은 대통령령으로 정한다.(2024.1.9 본항개정)

제15조【어린이집 설치기준】 어린이집을 설치·운영하려는 자는 교육부령으로 정하는 설치기준을 갖추어야 한다. 다만, 놀이터, 비상재해대비시설 및 폐쇄회로 텔레비전의 설치와 관련된 사항은 각각 제15조의2부터 제15조의4까지에 따른다.(2023.12.26 본문개정)

제15조의2【놀이터 설치】 ① 어린이집을 설치·운영하는 자는 놀이터를 설치하여야 하며 설치에 관한 기준은 교육부령으로 정한다. 다만, 다음 각 호의 어느 하나에 해당하는 어린이집은 그러하지 아니한다.(2023.12.26 본문개정)
1. 보육 정원 50명 미만인 어린이집
2. 100미터 이내에 교육부령으로 정하는 기준을 충족하는 놀이터가 설치되어 있는 어린이집(2023.12.26 본호개정)
② 제1항에도 불구하고 특별자치시장·특별자치도지사·시장·군수·구청장은 제6조제1항에 따른 지방보육정책위원회의 심의를 거쳐 2005년 1월 29일 이전에 인가받은 어린이집이 도심지 및 도서·벽지 등 지역의 여건상 놀이터를 설치하기 곤란한 경우로서 보육상 지장이 없다고 인정하는 경우에는 놀이터를 설치하지 아니하거나 놀이터 설치 기준을 완화하여 변경인가할 수 있다.(2020.12.29 본항개정)
(2011.6.7 본조신설)

제15조의3【비상재해대비시설】 ① 어린이집을 설치·운영하는 자는 반드시 1층과 2층 이상 등 종류별 비상재해대비시설을 설치하여야 하며 설치에 관한 기준은 교육부령으로 정한다.(2023.12.26 본항개정)
② 제1항에도 불구하고 특별자치시장·특별자치도지사·시장·군수·구청장은 2009년 7월 3일 이전에 이미 인가받은 어린이집("기인가 어린이집"이라 한다. 이하 이 조에서 같다)이 비상재해 대비에 지장이 없다고 판단할 경우 종전 인가당시 기준을 적용할 수 있다. 이 경우, 특별자치시장·특별자치도지사·시장·군수·구청장은 기인가 어린이집이 비상재해 대비에 지장이 없는지 여부를 판단하기 위해 비상재해대비시설기준 심의위원회를 구성·운영하여야 하며 해당 위원회의 심의를 반드시 거쳐야 한다.(2020.12.29 본항개정)
③ 제2항에 따른 비상재해대비시설기준 심의위원회의 위원은 5명 이상으로 하며 다음 각 호의 어느 하나에 해당하는 사람 중에서 특별자치시장·특별자치도지사·시장·군수·구청장이 임명하거나 위촉한다. 이 경우 전체 위원의 2분의 1 이상은 제1호부터 제4호까지에 해당하는 사람으로 구성하여야 하며 위원장은 위원 중에서 호선한다.
(2020.12.29 전단개정)
1. 소방공무원
2. 소방기술사
3. 소방시설관리사
4. 「화재의 예방 및 안전관리에 관한 법률」 제11조에 따른 소방·방재 분야에 관한 전문지식을 갖춘 사람
(2021.11.30 본호개정)
5. 보육 관련 업무를 담당하는 공무원
6. 「고등교육법」 제2조에 따른 학교에 재직하고 있는 보육 관련 분야 교수
④ 위원의 임기, 운영 및 회의 등에 필요한 사항은 제6조에 따른 지방보육정책위원회 관련 규정을 준용한다.
(2011.12.31 본조신설)

제15조의4【폐쇄회로 텔레비전의 설치 등】 ① 어린이집을 설치·운영하는 자는 아동학대 방지 등 영유아의 안전과 어린이집의 보안을 위하여 「개인정보 보호법」 및 관련 법령에 따른 폐쇄회로 텔레비전(이하 "폐쇄회로 텔레비전"이라 한다)을 설치·관리하여야 한다. 다만, 다음 각 호의 어느 하나에 해당하는 경우에는 그러하지 아니하다.
1. 어린이집을 설치·운영하는 자가 보호자 전원의 동의를 받아 특별자치시장·특별자치도지사·시장·군수·구청장에게 신고한 경우(2020.12.29 본호개정)
2. 어린이집을 설치·운영하는 자가 보호자 및 보육교직원 전원의 동의를 받아 「개인정보 보호법」 및 관련 법령에 따른 네트워크 카메라를 설치한 경우
② 제1항에 따라 폐쇄회로 텔레비전을 설치·관리하는 자는 영유아 및 보육교직원 등 정보주체의 권리가 침해되지 아니하도록 다음 각 호의 사항을 준수하여야 한다.
1. 아동학대 방지 등 영유아의 안전과 어린이집의 보안을 위하여 최소한의 영상정보만을 적법하고 정당하게 수집하고, 목적 외의 용도로 활용하지 아니하도록 할 것
2. 영유아 및 보육교직원 등 정보주체의 권리가 침해받을 가능성과 그 위험 정도를 고려하여 영상정보를 안전하게 관리할 것
3. 영유아 및 보육교직원 등 정보주체의 사생활 침해를 최소화하는 방법으로 영상정보를 처리할 것
③ 어린이집을 설치·운영하는 자는 폐쇄회로 텔레비전에 기록된 영상정보를 60일 이상 보관하여야 한다.
④ 제1항에 따른 폐쇄회로 텔레비전의 설치·관리기준 및 동의 또는 신고의 방법·절차·요건, 제3항에 따른 영상정보의 보관기준 및 보관기간 등에 필요한 사항은 교육부령으로 정한다.(2023.12.26 본항개정)
(2015.5.18 본조신설)

제15조의5【영상정보의 열람금지 등】 ① 폐쇄회로 텔레비전을 설치·관리하는 자는 다음 각 호의 어느 하나에 해당하는 경우를 제외하고는 제15조의4제1항의 영상정보를 열람하게 하여서는 아니 된다.
1. 보호자가 자녀 또는 보호아동의 안전을 확인할 목적으로 열람시기·절차 및 방법 등 교육부령으로 정하는 바에 따라 영상정보의 원본 또는 사본 등을 요청하는 경우
(2023.12.26 본호개정)
2. 「개인정보 보호법」 제2조제6호가목에 따른 공공기관이 제42조 또는 「아동복지법」 제66조 등 법령에서 정하는 영유아의 안전업무 수행을 위하여 요청하는 경우
3. 범죄의 수사와 공소의 제기 및 유지, 법원의 재판업무 수행을 위하여 필요한 경우
4. 그 밖에 보육관련 안전업무를 수행하는 기관으로서 교육부령으로 정하는 자가 업무의 수행을 위하여 열람시기·절차 및 방법 등 교육부령으로 정하는 바에 따라 요청하는 경우(2023.12.26 본호개정)
② 어린이집을 설치·운영하는 자는 다음 각 호의 어느 하나에 해당하는 행위를 하여서는 아니 된다.
1. 제15조의4제1항의 설치 목적과 다른 목적으로 폐쇄회로 텔레비전을 임의로 조작하거나 다른 곳을 비추는 행위
2. 녹음기능을 사용하거나 교육부령으로 정하는 저장장치 이외의 장치 또는 기기에 영상정보를 저장하는 행위
(2023.12.26 본호개정)
③ 어린이집을 설치·운영하는 자는 제15조의4제1항의 영상정보가 분실·도난·유출·변조 또는 훼손되지 아니하도록 내부 관리계획의 수립, 접속기록 보관 등 대통령령으로 정하는 바에 따라 안전성 확보에 필요한 기술적·관리적 및 물리적 조치를 하여야 한다.
④ 국가 및 지방자치단체는 어린이집에 설치한 폐쇄회로 텔레비전의 설치·관리와 그 영상정보의 열람으로 영유아 및 보육교직원 등 정보주체의 권리가 침해되지 아니하도록 설치·관리 및 열람 실태를 교육부령으로 정하는 바에 따라 매년 1회 이상 조사·점검하여야 한다.
(2023.12.26 본항개정)
⑤ 누구든지 이 법의 규정에 따르지 아니하고는 제15조의4제1항의 영상정보를 유출·변조·훼손 또는 멸실하는 행위를 하여서는 아니 된다.(2023.8.8 본항신설)
⑥ 폐쇄회로 텔레비전의 설치·관리와 그 영상정보의 열람에 관하여 이 법에서 규정된 것을 제외하고는 「개인정보 보호법」(제25조는 제외한다)을 적용한다.
(2015.5.18 본조신설)

제16조【결격사유】 다음 각 호의 어느 하나에 해당하는 자는 어린이집을 설치·운영할 수 없다.(2011.6.7 본문개정)
1. 미성년자·피성년후견인 또는 피한정후견인
(2014.5.28 본호개정)
2. 「정신건강증진 및 정신질환자 복지서비스 지원에 관한 법률」 제3조제1호의 정신질환자(2018.12.11 본호개정)
3. 「마약류 관리에 관한 법률」 제2조제1호의 마약류에 중독된 자(2014.5.28 본호개정)
4. 파산선고를 받고 복권되지 아니한 자
5. 금고 이상의 실형을 선고받고 그 집행이 종료(집행이 종료된 것으로 보는 경우를 포함한다)되거나 집행이 면제된 날부터 5년(「아동복지법」 제3조제7호의2에 따른 아동학대관련범죄를 저지른 경우에는 20년)이 경과되지 아니한 자(2015.5.18 본호개정)
6. 금고 이상의 형의 집행유예를 선고받고 그 유예기간 중에 있는 사람. 다만, 「아동복지법」 제3조제7호의2에

따른 아동학대관련범죄로 금고 이상의 형의 집행유예를 선고받은 경우에는 그 집행유예가 확정된 날부터 20년이 지나지 아니한 사람(2015.5.18 단서개정)
7. 제45조에 따라 어린이집의 폐쇄명령을 받고 5년이 경과되지 아니한 자 또는 「유아교육법」 제32조에 따라 폐쇄명령을 받고 5년이 경과되지 아니한 자(2020.12.29 본호개정)
8. 제54조제2항부터 제4항까지의 규정에 따라 300만원 이상의 벌금형이 확정된 날부터 2년이 지나지 아니한 사람 또는 「아동복지법」 제3조제7호의2에 따른 아동학대관련범죄로 벌금형이 확정된 날부터 10년이 지나지 아니한 사람(2020.12.29 본호개정)
9. 제23조의3에 따른 교육명령을 이행하지 아니한 자(2013.8.13 본호신설)
(2007.10.17 본조개정)
<2022.9.29 헌법재판소 단순위헌결정으로 이 조 제8호 후단 중 「아동복지법」 제17조제5호를 위반하여 「아동복지법」 제71조제1항제2호로 처벌받은 경우에 관한 부분은 헌법에 위반>

제16조의2 【벌금형의 분리 선고】 「형법」 제38조에도 불구하고 제54조제2항부터 제4항까지의 규정에서 정한 죄와 다른 죄의 경합범(競合犯)에 대하여 벌금형을 선고하는 경우에는 분리하여 선고하여야 한다.(2020.12.29 본조신설)

제3장 보육교직원
(2011.6.7 본장제목개정)

제17조 【보육교직원의 배치】 ① 어린이집에는 보육교직원을 두어야 한다.
② 제24조의2제1항에 따라 보육시간을 구분하여 운영하는 어린이집은 같은 항 각 호에 따른 보육시간별로 보육교사를 배치할 수 있다.(2019.4.30 본항신설)
③ 어린이집에는 보육교사의 업무 부담을 경감할 수 있도록 보조교사 등을 둔다.(2015.5.18 본항신설)
④ 휴가 또는 보수교육 등으로 보육교사를 비롯한 보육교직원의 업무에 공백이 생기는 경우에는 이를 대체할 수 있는 대체교사 등 보육교직원 대체인력을 배치한다.
(2024.2.6 본항개정)
⑤ 보육교직원 및 그 밖의 인력의 배치기준 등에 필요한 사항은 교육부령으로 정한다.(2023.12.26 본항개정)
(2011.6.7 본조개정)

제18조 【보육교직원의 직무】 ① 어린이집의 원장은 어린이집을 총괄하고 민원 처리를 책임지며, 보육교사와 그 밖의 직원을 지도·감독하고 영유아를 보육한다.
(2024.2.6 본항개정)
② 보육교사는 영유아를 보육하고 어린이집의 원장이 불가피한 사유로 직무를 수행할 수 없을 때에는 그 직무를 대행한다.
(2011.6.7 본조개정)

제18조의2 【보육교직원의 책무】 ① 보육교직원은 영유아를 보육함에 있어 영유아에게 신체적 고통이나 고성·폭언 등의 정신적 고통을 가하여서는 아니 된다.
② 보육교직원은 업무를 수행함에 있어 영유아의 생명·안전보호 및 위험방지를 위하여 주의의무를 다하여야 한다.
(2017.3.14 본항신설)
(2015.5.18 본조신설)

제18조의3 【보육교직원의 보육 활동 보호】 ① 국가, 지방자치단체, 그 밖의 공공기관은 보육교직원이 보육 활동을 원활하게 수행할 수 있도록 적극 협조하여야 한다.
② 국가와 지방자치단체는 보육교직원의 보육 활동을 보호하기 위하여 다음 각 호의 사항에 관한 시책을 수립·시행하여야 한다.
1. 보육 활동 침해행위에 관한 기준 마련 및 예방
2. 보육 활동 침해행위에 대한 조사·관리 및 보육교직원의 보호조치
3. 보육 활동과 관련된 분쟁의 조정
4. 보육교직원에 대한 보육 활동 보호 관련 법률, 노무 및 심리·정서 관련 상담
5. 그 밖의 보육교직원의 보육 활동 보호를 위하여 필요하다고 인정되는 사항
③ 제2항에 따른 시책의 수립·시행에 필요한 사항은 대통령령으로 정한다.
(2024.2.6 본조신설)

제18조의4 【보육활동보호위원회의 설치·운영】 ① 보육교직원의 보육 활동 보호에 관한 다음 각 호의 사항을 심의하기 위하여 제6조제1항에 따른 중앙보육정책위원회의 전문위원회로 보육활동보호위원회를 둔다.
1. 보육교직원의 보육 활동 보호를 위한 시책의 수립
2. 제2항에 따른 시·도보육활동보호위원회에서 조정되지 아니한 분쟁의 조정
3. 그 밖에 보건복지부장관이 보육교직원의 보육 활동 보호를 위하여 보육활동보호위원회의 심의가 필요하다고 인정하는 사항
② 보육교직원의 보육 활동 보호에 관한 다음 각 호의 사항을 심의하기 위하여 시·도에 시·도보육활동보호위원회를 둔다. 다만, 시·도보육활동보호위원회는 그 기능을 담당하기에 적합한 다른 위원회가 있고 그 위원회의 위원이 제3항에 따른 자격을 갖춘 경우에는 시·도의 조례로 정하는 바에 따라 그 위원회가 시·도보육활동보호위원회의 기능을 대신할 수 있다.
1. 보육교직원 보육 활동 침해에 대한 보호조치
2. 보육교직원의 보육 활동과 관련된 분쟁의 조정
③ 제1항 및 제2항에서 규정한 사항 외에 보육활동보호위원회와 시·도보육활동보호위원회의 구성, 설치·운영 등에 필요한 사항은 대통령령으로 정한다.
(2024.2.6 본조신설)

제18조의5 【보육교직원의 영유아 생활지도】 ① 어린이집의 원장 또는 보육교사는 영유아의 인권을 보호하고 보육 활동을 위하여 필요한 경우에는 법령과 보건복지부장관이 고시하는 바에 따라 영유아를 지도할 수 있다.
② 제1항에 따른 정당한 생활지도는 「아동복지법」 제17조제3호, 제5호 및 제6호의 금지행위 위반으로 보지 아니한다.
(2024.2.6 본조신설)

제18조의6 【보호자의 의무 등】 ① 보호자는 보육교직원 또는 다른 영유아의 인권을 침해하는 행위를 하여서는 아니 된다.
② 보호자는 제18조의5에 따른 어린이집의 원장 또는 보육교사의 영유아 생활지도를 존중하고 지원하여야 한다.
③ 보호자는 보육 활동에 관한 어린이집의 원장과 보육교사의 전문적인 판단을 존중하고 보육 활동이 원활히 이루어질 수 있도록 적극 협력하여야 한다.
(2024.2.6 본조신설)

제18조의7 【보육교직원 개인정보의 보호】 어린이집을 설치·운영하는 자는 보육교직원의 전화번호, 주민등록번호 등 개인정보가 「개인정보 보호법」 등 관련 법령에 따라 보호될 수 있도록 필요한 조치를 하여야 한다.
(2024.2.6 본조신설)

제19조 【보육교직원의 임면 등】 ① 특별자치시장·특별자치도지사·시장·군수·구청장은 보육교직원의 권익 보장과 근로여건 개선을 위하여 보육교직원의 임면(任免)과 경력 등에 관한 사항을 관리하여야 한다.
② 어린이집의 원장은 교육부령으로 정하는 바에 따라 보육교직원의 임면에 관한 사항을 특별자치시장·특별자치도지사·시장·군수·구청장에게 보고하여야 한다.
(2023.12.26 본항개정)
(2020.12.29 본조개정)

제20조 【결격사유】 다음 각 호의 어느 하나에 해당하는 자는 어린이집에 근무할 수 없다.(2011.6.7 본문개정)
1. 제16조 각 호의 어느 하나에 해당하는 자
2. 제46조나 제47조에 따라 자격정지 중인 자
3. 제48조제1항에 따라 자격이 취소된 후 같은 조 제2항에 따른 자격 재교부 기한이 경과되지 아니한 자(2013.8.13 본호개정)
(2007.10.17 본조개정)
<2022.9.29 헌법재판소 단순위헌결정으로 이 조 제1호 중 제16조제8호 후단 가운데 「아동복지법」 제17조제5호를 위반하여 「아동복지법」 제71조제1항제2호로 처벌받은 경우에 관한 부분은 헌법에 위반>

제21조 【어린이집의 원장 또는 보육교사의 자격】 ① 어린이집의 원장은 대통령령으로 정하는 자격을 가진 자로서 교육부장관이 검정·수여하는 자격증을 받은 자이어야 한다.(2023.12.26 본항개정)
② 보육교사는 다음 각 호의 어느 하나에 해당하는 자로서 교육부장관이 검정·수여하는 자격증을 받은 자이어야 한다.(2023.12.26 본문개정)
1. 「고등교육법」 제2조에 따른 학교에서 교육부령으로 정하는 보육 관련 교과목과 학점을 이수하고 전문학사학위 이상을 취득한 사람(2023.12.26 본호개정)
1의2. 법령에 따라 「고등교육법」 제2조에 따른 학교를 졸업한 사람과 같은 수준 이상의 학력이 있다고 인정된 사람으로서 교육부령으로 정하는 보육 관련 교과목과 학점을 이수하고 전문학사학위 이상을 취득한 사람
(2023.12.26 본호개정)
2. 고등학교 또는 이와 같은 수준 이상의 학교를 졸업한 자로서 시·도지사가 지정한 교육훈련시설에서 소정의 교육과정을 이수한 사람(2011.8.4 본호개정)
③ 제2항에 따른 보육교사의 등급은 1·2·3급으로 하고, 등급별 자격기준은 대통령령으로 정한다.
④ 제2항제2호에 따른 교육훈련시설의 지정 및 지정 취소, 교육과정 등에 필요한 사항은 교육부령으로 정한다.
(2023.12.26 본항개정)
(2011.6.7 본조제목개정)
(2007.10.17 본조개정)

제22조 【어린이집의 원장 또는 보육교사 자격증의 교부 등】 ① 교육부장관은 제21조제1항 및 제2항에 따라 어린이집의 원장 또는 보육교사의 자격을 검정하고 자격증을 교부하여야 한다.
② 교육부장관은 제1항에 따른 어린이집의 원장 또는 보육교사의 자격증을 교부받거나 재교부(이하 "보육자격증 교부등"이라 한다)를 받으려는 사람에게 교육부령으로 정하는 바에 따라 수수료를 받을 수 있다.
③~④ (2011.8.4 삭제)
⑤ 제51조의2제1항제2호에 따라 보육자격증 교부등에 관한 업무를 위탁받은 공공 또는 민간 기관·단체는 제2항에 따라 납부받은 수수료를 교육부장관의 승인을 받아 보육자격증 교부등에 필요한 경비에 직접 충당할 수 있다.
⑥ 보육자격증 교부등에 필요한 사항은 교육부령으로 정한다.
(2023.12.26 본조개정)

제22조의2 【명의대여 등의 금지】 ① 어린이집의 원장 또는 보육교사는 다른 사람에게 자기의 성명이나 어린이집의 명칭을 사용하여 어린이집의 원장 또는 보육교사의 업무를 수행하게 하여서는 아니 된다.
② 제22조제1항에 따라 자격증을 교부받은 사람은 다른 사람에게 그 자격증을 빌려주어서는 아니 되고, 누구든지 그 자격증을 빌려서는 아니 된다.(2020.4.7 본항신설)
③ 누구든지 제2항에 따라 금지된 행위를 알선하여서는 아니 된다.(2020.4.7 본항신설)
(2020.4.7 본조개정)

제23조 【어린이집 원장의 보수교육】 ① 교육부장관은 어린이집 원장의 자질 향상을 위한 보수교육(補修敎育)을 실시하여야 한다. 이 경우 보수교육은 집합교육을 원칙으로 한다.(2023.12.26 전단개정)
② 제1항에 따른 보수교육은 사전직무교육과 직무교육으로 구분한다.(2011.12.31 본항개정)
③ (2011.8.4 삭제)
④ 제1항에 따른 보수교육에는 다음 각 호의 사항에 관한 내용을 포함하여야 한다.
1. 성폭력 및 아동학대 예방
2. 실종·유괴의 예방과 방지
3. 감염병 및 약물의 오남용 예방 등 보건위생 관리
(2015.12.29 본호개정)
4. 재난대비 안전
5. 교통안전
6. 어린이집 원장의 인성함양(영유아의 인권보호 교육을 포함한다)
7. 그 밖에 교육부령으로 정하는 사항(2023.12.26 본호개정)
(2015.5.18 본항신설)
⑤ 그 밖에 보수교육의 기간·방법 등에 필요한 사항은 교육부령으로 정한다.(2023.12.26 본항개정)
(2011.12.31 본조제목개정)

제23조의2 【보육교사의 보수교육】 ① 교육부장관은 보육교사의 자질 향상을 위한 보수교육(補修敎育)을 실시하여야 한다. 이 경우 보수교육은 집합교육을 원칙으로 한다.(2023.12.26 전단개정)
② 제1항에 따른 보수교육은 직무교육과 승급교육으로 구분한다.
③ 제1항에 따른 보수교육에는 다음 각 호의 사항에 관한 내용을 포함하여야 한다.
1. 성폭력 및 아동학대 예방
2. 실종·유괴의 예방과 방지
3. 감염병 및 약물의 오남용 예방 등 보건위생 관리
(2015.12.29 본호개정)
4. 재난대비 안전
5. 교통안전
6. 보육교사의 인성함양(영유아의 인권보호 교육을 포함한다)
7. 그 밖에 교육부령으로 정하는 사항(2023.12.26 본호개정)
(2015.5.18 본항신설)
④ 그 밖에 보수교육의 기간·방법 등에 필요한 사항은 교육부령으로 정한다.(2023.12.26 본항개정)
(2011.12.31 본조신설)

제23조의3 【교육명령】 ① 교육부장관은 「아동복지법」 제3조제7호의2에 따른 아동학대관련범죄를 저지른 사람이 제16조제5호부터 제8호까지의 결격사유 및 제20조제1호의 결격사유(제16조제5호부터 제8호까지의 결격사유에 해당하는 경우에 한정한다)에 해당하지 아니하게 되어 어린이집을 설치·운영하거나 어린이집에 근무하려는 경우에는 그 사람에 대하여 사전에 아동학대 방지를 위한 교육을 받도록 명하여야 한다. 이 경우 교육 실시에 드는 비용은 교육을 받는 사람이 부담한다.
② 제1항에 따른 교육명령의 조치와 관련한 절차, 교육기관, 교육 방법·내용 등에 필요한 사항은 교육부령으로 정한다.
(2023.12.26 본조개정)

제4장 어린이집의 운영
(2011.6.7 본장제목개정)

제24조 【어린이집의 운영기준 등】 ① 어린이집을 설치·운영하는 자는 교육부령으로 정하는 운영기준에 따라 어린이집을 운영하여야 한다.(2023.12.26 본항개정)
② 국가나 지방자치단체는 제12조에 따라 설치된 국공립어린이집을 법인·단체 또는 개인에게 위탁하여 운영할 수 있다. 이 경우 교육부령으로 정하는 국공립어린이집 위탁체 선정관리 기준에 따라 심의하며, 최초 위탁은 다음 각 호의 어느 하나에 해당하는 자에게 위탁하는 경우를 제외하고는 공개경쟁의 방법에 따른다.(2023.12.26 후단개정)
1. 민간어린이집을 국가 또는 지방자치단체에 기부채납하여 국공립어린이집으로 전환하는 경우 기부채납 전에 그 어린이집을 설치·운영한 자
2. 국공립어린이집 설치 시 해당 부지 또는 건물을 국가 또는 지방자치단체에 기부채납하거나 무상으로 사용하게 한 자

3.「주택법」에 따라 설치된 민간어린이집을 국공립어린이집으로 전환하는 경우 전환하기 전에 그 어린이집을 설치·운영한 자
(2011.6.7 1호~3호개정)
③ 제14조에 따라 직장어린이집을 설치한 사업주는 이를 법인·단체 또는 개인에게 위탁하여 운영할 수 있다.
(2011.6.7 본항개정)
④ 제2항과 제3항에 따른 어린이집 위탁 및 위탁 취소 등에 필요한 사항은 교육부령으로 정한다.(2023.12.26 본항개정)
(2011.6.7 본조제목개정)

제24조의2【보육시간의 구분】 ① 어린이집은 다음 각 호와 같이 보육시간을 구분하여 운영할 수 있다.
1. 기본보육 : 어린이집을 이용하는 모든 영유아에게 필수적으로 제공되는 과정으로, 교육부령으로 정하는 시간 이하의 보육(2023.12.26 본호개정)
2. 연장보육 : 기본보육을 초과하여 보호자의 욕구 등에 따라 제공되는 보육
② 제1항에 따른 보육시간 운영기준과 내용에 관한 사항은 교육부령으로 정한다.(2023.12.26 본항개정)
(2019.4.30 본조신설)

제25조【어린이집운영위원회】 ① 어린이집의 원장은 어린이집 운영의 자율성과 투명성을 높이고 지역사회와의 연계를 강화하여 지역 실정과 특성에 맞는 보육을 실시하기 위하여 어린이집에 어린이집운영위원회를 설치·운영할 수 있다. 다만, 제26조에 따른 취약보육(脆弱保育)을 우선적으로 실시하여야 하는 어린이집과 대통령령으로 정하는 어린이집은 어린이집운영위원회를 설치·운영하여야 한다.
② 어린이집운영위원회는 그 어린이집의 원장, 보육교사 대표, 학부모 대표 및 지역사회 인사(직장어린이집의 경우에는 그 직장의 어린이집 업무 담당자로 한다)로 구성한다. 이 경우 학부모 대표가 2분의 1 이상이 되도록 구성하여야 한다.(2015.5.18 후단신설)
③ 어린이집의 원장은 어린이집운영위원회의 위원 정수를 5명 이상 15명 이내의 범위에서 어린이집의 규모 등을 고려하여 대통령령으로 정한다. 이 경우 학부모 대표는 영유아 연령 등을 최대한 대표할 수 있도록 구성하여야 한다.(2020.12.29 본항개정)
④ 어린이집운영위원회는 다음 각 호의 사항을 심의한다.
1. 어린이집 운영 규정의 제정이나 개정에 관한 사항
2. 어린이집 예산 및 결산의 보고에 관한 사항
3. 영유아의 건강·영양 및 안전에 관한 사항
3의2. 아동학대 예방에 관한 사항(2015.5.18 본호신설)
4. 보육 시간, 보육과정의 운영 방법 등 어린이집의 운영에 관한 사항
5. 보육교직원의 근무환경 개선에 관한 사항(2011.8.4 본호신설)
5의2. 보육교직원의 권익 보호에 관한 사항(2020.12.29 본호신설)
6. 영유아의 보육환경 개선에 관한 사항(2011.8.4 본호신설)
7. 어린이집과 지역사회의 협력에 관한 사항(2011.8.4 본호신설)
8. 보육료 외의 필요경비를 받는 경우 제38조제1항에 따른 범위에서 그 수납액 결정에 관한 사항(2020.12.29 본호개정)
9. 그 밖에 어린이집 운영에 대한 제안 및 건의사항
⑤ 어린이집운영위원회는 연간 4회 이상 개최하여야 한다.
(2015.5.18 본항신설)
⑥ 그 밖에 어린이집운영위원회의 설치·운영에 필요한 사항은 교육부령으로 정한다.(2023.12.26 본항개정)
(2011.6.7 본조개정)

제25조의2【부모모니터링단】 ① 시·도지사 또는 시장·군수·구청장은 어린이집 보육환경을 모니터링하고 개선을 위한 컨설팅을 하기 위하여 부모, 보육·보건 전문가로 점검단(이하 이 조에서 "부모모니터링단"이라 한다)을 구성·운영할 수 있다.
② 부모모니터링단은 다음 각 호의 직무를 수행한다.
1. 어린이집 급식, 위생, 건강 및 안전관리 등 운영상황 모니터링
2. 어린이집 보육환경 개선을 위한 컨설팅
3. 그 밖에 보육 관련 사항으로서 교육부령으로 정하는 사항(2023.12.26 본호개정)
③ 부모모니터링단은 10명 이내로 구성하며 시·도지사 또는 시장·군수·구청장이 위촉한다.
④ 시·도지사 및 시장·군수·구청장은 부모모니터링단으로 위촉된 사람에게 직무 수행에 필요한 교육을 실시할 수 있다.
⑤ 국가와 지방자치단체는 부모모니터링단의 구성·운영 및 교육 등에 필요한 비용의 전부 또는 일부를 예산의 범위에서 지원할 수 있다.
⑥ 부모모니터링단은 제2항 각 호의 직무를 수행하기 위하여 어린이집에 출입할 수 있으며, 이 경우 미리 시·도지사 또는 시장·군수·구청장의 승인을 받아야 한다.
⑦ 부모모니터링단이 제6항에 따른 승인을 받아 어린이집에 출입하는 경우에는 승인서와 신분을 표시하는 증표를 어린이집의 원장 등 관계자에게 내보여야 한다.
⑧ 부모모니터링단은 공무원이 제42조에 따라 어린이집 운영 상황을 조사하기 위하여 어린이집에 출입하는 경우에는 공무원과 함께 어린이집에 출입할 수 있다. 이 경우 시·도지사 또는 시장·군수·구청장의 승인을 생략할 수 있다.
⑨ 제1항부터 제8항까지에 따른 부모모니터링단의 구성·운영, 교육, 비용 지원 및 직무 수행 등에 필요한 세부사항은 교육부령으로 정한다.(2023.12.26 본항개정)
(2013.6.4 본조신설)

제25조의3【보호자의 어린이집 참관】 ① 보호자는 영유아의 보육환경·보육내용 등 어린이집의 운영실태를 확인하기 위하여 어린이집 원장에게 어린이집 참관을 요구할 수 있다. 이 경우 어린이집 원장은 특별한 사유가 없으면 이에 따라야 한다.
② 제1항에 따른 참관 기준 및 방법 등에 필요한 사항은 교육부령으로 정한다.(2023.12.26 본항개정)
(2015.5.18 본조신설)

제26조【취약보육의 우선 실시 등】 ① 국가나 지방자치단체, 사회복지법인, 그 밖의 비영리법인이 설치한 어린이집과 대통령령으로 정하는 어린이집의 원장은 영아·장애아·「다문화가족지원법」 제2조제1호에 따른 다문화가족의 아동 등에 대한 보육(이하 "취약보육"이라 한다)을 우선적으로 실시하여야 한다.(2011.6.7 본항개정)
② 교육부장관, 시·도지사 및 시장·군수·구청장은 취약보육을 활성화하는 데에 필요한 각종 시책을 수립·시행하여야 한다.(2023.12.26 본항개정)
③ 취약보육의 종류와 실시 등에 필요한 사항은 교육부령으로 정한다.(2023.12.26 본항개정)

제26조의2【시간제보육 서비스】 ① 국가 또는 지방자치단체는 제34조에 따른 무상보육 및 「유아교육법」 제24조에 따른 무상교육 지원을 받지 아니하는 영유아에 대하여 필요한 경우 시간제보육 서비스를 지원할 수 있다. 이 경우 시간제보육 서비스의 종류, 지원대상, 지원방법, 그 밖에 시간제보육 서비스의 제공에 필요한 사항은 교육부령으로 정한다.(2023.12.26 후단개정)
② 특별자치시장·특별자치도지사·시장·군수·구청장은 다음 각 호의 어느 하나에 해당하는 시설을 시간제보육 서비스를 제공하는 기관(이하 이 조에서 "시간제보육서비스지정기관"이라 한다)으로 지정할 수 있다.
(2018.12.24 본문개정)
1. 육아종합지원센터
2. 어린이집
3. 그 밖에 시간제보육 서비스의 제공이 가능한 시설로서 교육부령으로 정하는 시설(2023.12.26 본호개정)
③ 교육부장관, 시·도지사 또는 시장·군수·구청장은 시간제보육서비스지정기관에 예산의 범위에서 시간제보육 서비스의 제공에 필요한 비용을 보조할 수 있다.
(2023.12.26 본항개정)
④ 특별자치시장·특별자치도지사·시장·군수·구청장은 시간제보육서비스지정기관이 다음 각 호의 어느 하나에 해당하는 경우에는 제2항에 따른 지정을 취소할 수 있다.(2020.12.29 본문개정)
1. 시간제보육서비스지정기관이 지급받은 보조금 및 비용을 목적 외의 용도에 사용하였을 경우
2. 시간제보육서비스지정기관이 거짓이나 그 밖의 부정한 방법으로 보조금 및 비용을 지급받았을 경우
(2018.12.24 1호~2호개정)
3. 그 밖에 대통령령으로 정하는 사유가 있는 경우
⑤ 시간제보육서비스지정기관의 안전사고 예방 및 사고에 따른 영유아 생명·신체 등의 피해 보상에 관하여는 제31조의2를 준용한다. 이 경우 "어린이집"은 "시간제보육서비스지정기관"으로, "어린이집의 원장"은 "시간제보육서비스지정기관의 장"으로 본다.(2018.12.24 본항개정)
(2018.12.24 본조제목개정)
(2013.6.4 본조신설)

제27조【어린이집 이용대상】 어린이집의 이용대상은 보육이 필요한 영유아를 원칙으로 한다. 다만, 필요한 경우 어린이집의 원장은 만 12세까지 연장하여 보육할 수 있다.
(2011.6.7 본조개정)

제28조【보육의 우선 제공】 ① 국가나 지방자치단체, 사회복지법인, 그 밖의 비영리법인이 설치한 어린이집과 대통령령으로 정하는 어린이집의 원장은 다음 각 호의 어느 하나에 해당하는 자가 우선적으로 어린이집을 이용할 수 있도록 하여야 한다. 다만,「고용정책 기본법」 제40조제2항에 따라 고용촉진시설의 설치·운영을 위탁받은 공공단체 또는 비영리법인이 설치·운영하는 어린이집의 원장은 근로자의 자녀가 우선적으로 어린이집을 이용하게 할 수 있다.(2011.6.7 본문개정)
1.「국민기초생활 보장법」에 따른 수급자
2.「한부모가족지원법」 제5조에 따른 지원대상자의 자녀
(2023.8.8 본호개정)
2의2.「한부모가족지원법」 제5조의2제2항에 따른 지원대상자의 손자녀(2023.8.8 본호신설)
3.「국민기초생활 보장법」 제24조에 따른 차상위계층의 자녀
4.「장애인복지법」 제2조에 따른 장애인 중 교육부령으로 정하는 장애 정도에 해당하는 자의 자녀(2023.12.26 본호개정)
4의2.「장애인복지법」 제2조에 따른 장애인 중 교육부령으로 정하는 장애 정도에 해당하는 자가 형제자매인 영유아(2023.12.26 본호개정)
5.「다문화가족지원법」 제2조제1호에 따른 다문화가족의 자녀(2011.6.7 본호신설)
6.「국가유공자 등 예우 및 지원에 관한 법률」 제4조제1항에 따른 국가유공자 중 제3호의 전몰군경, 제4호·제6호·제12호·제15호·제17호의 상이자로서 교육부령으로 정하는 자, 제5호·제14호·제16호의 순직자의 자녀
(2023.12.26 본호개정)
7. 제1형 당뇨를 가진 경우로서 의학적 조치가 용이하고 일상생활이 가능하여 보육에 지장이 없는 영유아
(2016.2.3 본호신설)
8. 그 밖에 소득수준 및 보육수요 등을 고려하여 교육부령으로 정하는 자의 자녀(2023.12.26 본호개정)
② 사업주는 사업장 근로자의 자녀가 우선적으로 직장어린이집을 이용할 수 있도록 하여야 한다.(2011.6.7 본항개정)
③ 제1항에 따른 보육의 우선제공 대상에 대한 적용 방법·기준 등에 필요한 사항은 교육부령으로 정한다.
(2023.12.26 본항개정)
(2007.10.17 본조개정)

제29조【보육과정】 ① 보육과정은 영유아의 신체·정서·언어·사회성 및 인지적 발달을 도모할 수 있는 내용을 포함하여야 한다.
② 교육부장관은 표준보육과정을 개발·보급하여야 하며 필요하면 그 내용을 검토하여 수정·보완하여야 한다.
(2023.12.26 본항개정)
③ 어린이집의 원장은 제2항의 표준보육과정에 따라 영유아를 보육하도록 노력하여야 한다.(2011.6.7 본항개정)
④ 어린이집의 원장은 보호자의 동의를 받아 일정 연령 이상의 영유아에게 교육부령으로 정하는 특정한 시간대에 한정하여 보육과정 외에 어린이집 내외에서 이루어지는 특별활동프로그램(이하 "특별활동"이라 한다)을 실시할 수 있다. 이 경우 어린이집의 원장은 특별활동에 참여하지 아니하는 영유아를 위하여 특별활동을 대체할 수 있는 프로그램을 함께 마련하여야 한다.(2023.12.26 전단개정)
⑤ 제1항에 따른 보육과정, 제4항에 따른 특별활동 대상 영유아의 연령 및 특별활동의 내용 등에 필요한 사항은 교육부령으로 정한다.(2023.12.26 본항개정)
(2007.10.17 본조개정)

제29조의2【어린이집 생활기록】 어린이집의 원장은 영유아 생활지도 및 초등학교 교육과의 연계 지도에 활용할 수 있도록 영유아의 발달상황 등을 종합적으로 관찰·평가하여 교육부장관이 정하는 기준에 따라 생활기록부를 작성·관리하여야 한다.(2023.12.26 본조개정)

제30조【어린이집 평가】 ① 교육부장관은 영유아의 안전과 보육서비스의 질 향상을 위하여 어린이집의 보육환경, 보육과정 운영, 보육인력의 전문성 및 이용자 만족도 등에 대하여 정기적으로 평가를 실시하여야 한다.
(2023.12.26 본항개정)
② 교육부장관은 제1항에 따른 평가 결과에 따라 어린이집 보육서비스의 관리, 어린이집 운영 지원 등 필요한 지원을 할 수 있다.(2024.1.2 본항개정)
③ 교육부장관은 제1항에 따른 어린이집 평가 결과를 영역별로 공표하여야 한다.(2024.1.2 본항개정)
④ 교육부장관은 제1항에 따라 평가를 받은 어린이집에 다음 각 호의 어느 하나에 해당하는 사유가 발생한 경우에는 그 평가 결과의 효력을 중단하고 재평가를 실시하여야 한다.(2024.1.2 본문개정)
1. 거짓이나 그 밖의 부정한 방법으로 평가를 받은 경우
2. 어린이집의 설치·운영자가 이 법을 위반하여 금고 이상의 형을 선고받고 그 형이 확정된 경우
3. 제40조제2호 또는 제3호에 따라 보조금의 반환명령을 받았거나 제45조, 제45조의2 또는 제46조부터 제48조까지의 규정에 따른 행정처분을 받은 경우로서 교육부령으로 정하는 경우(2023.12.26 본호개정)
4. 어린이집의 대표자 또는 보육교직원이 「아동복지법」 제17조를 위반하거나 「아동·청소년의 성보호에 관한 법률」 제2조제2호의 아동·청소년대상 성범죄를 저지른 경우
⑤ 교육부장관은 제1항에 따라 평가를 받은 어린이집의 보육서비스의 질 관리를 위하여 평가 후 필요한 지원을 제공할 수 있다.(2024.1.2 본항개정)
⑥ 제1항, 제3항 및 제4항에 따른 평가시기 및 방법, 평가결과의 효력 중단 및 재평가, 평가결과 공표의 내용 및 방법 등 필요한 사항은 교육부령으로 정한다.(2024.1.2 본항개정)
(2018.12.11 본조개정)

제30조의2【공공형어린이집의 지정】 ① 교육부장관은 어린이집 운영의 공공성 및 관리체계를 강화하기 위하여 어린이집의 종류 등 교육부령으로 정하는 요건을 갖춘 어린이집을 공공형어린이집으로 지정할 수 있다.
(2024.1.2 본항개정)
② 제1항에 따라 지정된 공공형어린이집의 설치·운영자는 교육부령으로 정하는 공공형어린이집 운영기준을 준수하여야 한다.(2023.12.26 본항개정)
③ 제1항에 따른 공공형어린이집 지정의 유효기간은 지정을 받은 달의 다음 달 1일부터 3년으로 하고, 3년 단위로 재지정할 수 있다.
④ 제1항에 따른 지정의 절차 및 제3항에 따른 재지정의 기준·절차 등에 관하여 필요한 사항은 교육부령으로 정한다.(2023.12.26 본항개정)
(2021.6.8 본조신설)

제30조의3【공공형어린이집의 지정 취소】 ① 교육부장관은 제30조의2제1항에 따라 지정된 공공형어린이집이 다음 각 호의 어느 하나에 해당하는 경우에는 그 지정을 취소할 수 있다. 다만, 제1호에 해당하는 경우에는 그 지정을 취소하여야 한다.(2023.12.26 본문개정)
1. 거짓이나 그 밖의 부정한 방법으로 지정을 받은 경우
2. 제30조의2제1항에 따른 지정 요건 또는 같은 조 제4항에 따른 재지정 기준을 충족하지 못하게 된 경우
3. 제30조의2제2항에 따른 공공형어린이집 운영기준을 위반한 경우
② 제1항에 따른 지정 취소에 필요한 사항은 교육부령으로 정한다.(2023.12.26 본항개정)
(2021.6.8 본조신설)

제5장 건강 · 영양 및 안전

제31조【건강관리 및 응급조치】 ① 어린이집의 원장은 영유아와 보육교직원에 대하여 정기적으로 건강진단을 실시하되, 「국민건강보험법」 제52조 및 「의료급여법」 제14조에 따른 건강검진으로 갈음할 수 있다. 다만, 영유아의 경우 보호자로 하여금 그 검진결과 통보서를 제출하도록 하고 제29조의2에 따른 어린이집 생활기록부에 기록하여 관리하는 등 건강관리를 하여야 한다.(2020.12.29 본항개정)
② 어린이집의 원장은 영유아에게 질병 · 사고 또는 재해 등으로 인하여 위급 상태가 발생한 경우 즉시 응급의료기관에 이송하여야 한다.(2011.6.7 본항개정)
③ 제1항에 따른 건강진단의 구체적인 기준과 내용 등 필요한 사항은 교육부령으로 정한다.(2023.12.26 본항개정)
제31조의2【어린이집 안전공제사업 등】 ① 어린이집 상호 간의 협동조직을 통하여 어린이집의 안전사고를 예방하고 어린이집 안전사고로 인하여 생명 · 신체 또는 재산상의 피해를 입은 영유아 및 보육교직원 등에 대한 보상을 하기 위하여 교육부장관의 허가를 받아 어린이집 안전공제사업(이하 "공제사업"이라 한다)을 할 수 있다.
(2023.12.26 본항개정)
② 공제사업을 위하여 설립되는 어린이집 안전공제회(이하 "공제회"라 한다)는 법인으로 하며, 주된 사무소의 소재지에 설립등기를 함으로써 성립한다.(2011.6.7 본항개정)
③ 어린이집의 원장은 공제회의 가입자가 된다.
(2011.8.4 본항개정)
④ 공제회에 가입한 어린이집의 원장은 공제사업의 수행에 필요한 출자금과 다음 각 호의 공제료 등을 공제회에 납부하여야 한다. 다만, 제2호와 제3호의 공제료는 어린이집의 원장이 선택하여 납부할 수 있다.
1. 영유아의 생명 · 신체에 대한 피해를 보상하기 위한 공제료
2. 보육교직원 등의 생명 · 신체에 대한 피해를 보상하기 위한 공제료
3. 어린이집의 재산상의 피해를 보상하기 위한 공제료
(2011.8.4 본항신설)
⑤ 공제회의 기본재산은 회원의 출자금 등으로 조성한다. 다만, 교육부장관은 공제회의 주된 사무소의 설치 및 운영에 필요한 비용의 일부를 지원할 수 있다.(2023.12.26 단서개정)
⑥ 공제회의 회원자격, 임원에 관한 사항 및 출자금의 부담기준에 관한 사항은 정관으로 정한다.
⑦ 공제회의 설립허가 기준 및 절차, 정관기재사항, 운영 및 감독 등에 관하여 필요한 사항은 대통령령으로 정한다.
⑧ 공제회는 공제사업의 범위, 공제료, 공제사업에 충당하기 위한 책임준비금 등 공제사업의 운영에 관하여 필요한 사항을 포함한 공제규정을 정하여 교육부장관의 허가를 받아야 한다. 공제규정을 변경하고자 하는 때에도 또한 같다.(2023.12.26 전단개정)
⑨ 공제회에 관하여 이 법에 규정된 것을 제외하고는 「민법」 중 재단법인에 관한 규정을 준용한다.
⑩ 이 법에 따른 공제회의 사업에 대하여는 「보험업법」을 적용하지 아니한다.
⑪ 어린이집의 원장이 제4항제3호의 공제료를 납부하는 경우 「사회복지사업법」 제34조의3에 따른 보험가입의무를 이행한 것으로 본다.(2018.12.24 본항개정)
⑫ 제7조제6항에 따라 공제회에 가입한 육아종합지원센터의 장은 제4항 각 호의 공제료를 선택하여 납부할 수 있다. 다만, 시간제보육 서비스나 영유아의 체험 및 놀이공간을 제공하는 육아종합지원센터의 장은 제4항제1호의 공제료를 의무적으로 납부하여야 한다.(2021.12.21 본항개정)
(2011.6.7 본조제목개정)
(2008.12.19 본조신설)
제31조의3【예방접종 여부의 확인】 ① 어린이집의 원장은 영유아에 대하여 매년 정기적으로 「감염병의 예방 및 관리에 관한 법률」 제33조의4에 따른 예방접종통합관리시스템을 활용하여 영유아의 예방접종에 관한 사실을 확인하여야 한다. 다만, 영유아에 대하여 최초로 보육을 실시하는 경우에는 보육을 실시한 날부터 30일 이내에 확인하여야 한다.(2020.12.29 본문개정)
② 어린이집의 원장은 제1항에 따른 확인 결과 예방접종을 받지 아니한 영유아에게는 필요한 예방접종을 받도록 보호자를 지도할 수 있으며, 필요한 경우 관할 보건소장에게 예방접종 지원 등의 협조를 요청할 수 있다.
③ 어린이집의 원장은 영유아의 예방접종 여부 확인 및 관리를 위하여 제29조의2에 따른 어린이집 생활기록에 예방접종 여부 및 내역에 관한 사항을 기록하여 관리하여야 한다.
(2011.8.4 본조신설)
제32조【치료 및 예방조치】 ① 어린이집의 원장은 제31조에 따른 건강진단 결과 질병에 감염되었거나 감염될 우려가 있는 영유아에 대하여 그 보호자와 협의하여 질병의 치료와 예방에 필요한 조치를 하여야 한다.
(2011.6.7 본항개정)
② 어린이집의 원장은 다음 각 호의 어느 하나에 해당하는 영유아, 어린이집 거주자 및 보육교직원을 교육부령으로 정하는 바에 따라 어린이집으로부터 격리시키는 등 필요한 조치를 할 수 있다.(2023.12.26 본문개정)
1. 제31조에 따른 건강진단의 결과나 그 밖에 의사의 진단 결과 감염병에 감염 또는 감염된 것으로 의심되거나 감염될 우려가 있는 자
2. 「감염병의 예방 및 관리에 관한 법률」 제2조제15호의2에 따른 감염병의심자
(2020.12.29 1호~2호신설)
③ 어린이집의 원장은 제1항의 조치를 위하여 필요하면 「지역보건법」 제10조와 제13조에 따른 보건소 및 보건지소, 「의료법」 제3조에 따른 의료기관에 협조를 구할 수 있다.(2015.5.18 본항개정)
④ 제2항에 따라 협조를 요청받은 보건소 · 보건지소 및 의료기관의 장은 적절한 조치를 취하여야 한다.
⑤ 어린이집의 원장은 간호사(간호조무사를 포함한다)로 하여금 영유아가 의사의 처방, 지시에 따라 투약행위를 할 때 이를 보조하게 할 수 있다. 이 경우 어린이집의 원장은 보호자의 동의를 받아야 한다.(2016.2.3 본항신설)
(2007.10.17 본조개정)
제33조【급식 관리】 어린이집의 원장은 영유아에게 교육부령으로 정하는 바에 따라 균형 있고 위생적이며 안전한 급식을 하여야 한다.(2023.12.26 본조개정)
제33조의2【어린이집 차량안전관리】 어린이집의 원장은 영유아의 통학을 위하여 차량을 운영하는 경우 「도로교통법」 제52조에 따라 미리 어린이통학버스로 관할 경찰서장에게 신고하여야 한다.(2013.8.13 본조신설)
제33조의3【등 · 하원 시 영유아 안전관리】 ① 어린이집의 원장은 보육교직원을 대상으로 등 · 하원 시 영유아 안전에 관한 교육을 실시하여야 한다.
② 어린이집의 원장은 등 · 하원 시 영유아가 담당 보육교사나 부모 등 보호자에게 안전하게 인계될 수 있도록 조치하여야 하고, 모든 영유아가 안전하게 인계되었는지 여부를 확인하여야 한다.
③ 제1항에 따른 교육 및 제2항에 따른 인계조치 등의 방법 · 절차 등에 관하여 필요한 사항은 교육부령으로 정한다.(2023.12.26 본항개정)
(2020.12.29 본조신설)
제33조의4【어린이집 위생관리】 어린이집의 원장은 감염병 예방 등을 위하여 교육부령으로 정하는 어린이집의 위생관리기준을 준수하여야 한다.(2023.12.26 본조개정)

제6장 비 용

제34조【무상보육】 ① 국가와 지방자치단체는 영유아에 대한 보육을 무상으로 하되, 그 내용 및 범위는 대통령령으로 정한다.
② 국가와 지방자치단체는 장애아 및 「다문화가족지원법」 제2조제1호에 따른 다문화가족의 자녀의 무상보육에 대하여는 대통령령으로 정하는 바에 따라 그 대상의 여건과 특성을 고려하여 지원할 수 있다.
③ 제1항에 따른 무상보육 실시에 드는 비용은 대통령령으로 정하는 바에 따라 국가나 지방자치단체가 부담하거나 보조하여야 한다.
④ 교육부장관은 어린이집 표준보육비용 등을 조사하고 그 결과를 바탕으로 예산의 범위에서 관계 행정기관의 장과 협의하여 제3항에 따른 국가 및 지방자치단체가 부담하는 비용을 정할 수 있다.(2023.12.26 본항개정)
⑤ 국가와 지방자치단체는 자녀가 2명 이상인 경우에 대하여 추가적으로 지원할 수 있다.
⑥ 제12조제1항 후단에도 불구하고 국가와 지방자치단체는 제1항 및 제2항에 따른 무상보육을 받으려는 영유아와 장애아 및 다문화가족의 자녀를 보육하기 위하여 필요한 어린이집을 설치 · 운영하여야 한다.(2018.12.24 본항개정)
⑦ 교육부장관은 제4항에 따른 표준보육비용을 결정하기 위하여 필요한 조사를 3년마다 실시하며, 조사 결과를 바탕으로 물가상승률, 최저임금 상승률 등 교육부장관이 정하는 사항을 반영하여 제6조에 따른 중앙보육정책위원회의 심의를 거쳐 매년 표준보육비용을 결정하여야 한다.(2023.12.26 본항개정)
⑧ 제7항에 따른 조사의 방법과 내용 등에 필요한 사항은 교육부령으로 정한다.(2023.12.26 본항개정)
(2013.1.23 본조개정)
제34조의2【양육수당】 ① 국가와 지방자치단체는 어린이집이나 「유아교육법」 제2조에 따른 유치원을 이용하지 아니하는 영유아에 대하여 영유아의 연령을 고려하여 양육에 필요한 비용을 지원할 수 있다.(2018.12.24 본항개정)
② 제1항에 따른 영유아가 제26조의2에 따른 시간제보육서비스를 이용하는 경우에도 그 영유아에 대하여는 제1항에 따른 양육에 필요한 비용을 지원할 수 있다.
(2018.12.24 본항개정)
③ 국가와 지방자치단체는 제1항에 따라 양육에 필요한 비용을 지원받는 영유아가 90일 이상 지속하여 해외에 체류하는 경우에는 그 기간 동안 양육에 필요한 비용의 지원을 정지한다.(2015.5.18 본항신설)
④ 교육부장관 및 지방자치단체의 장은 제3항에 따라 양육수당의 지급을 정지하는 경우 서면으로 그 이유를 분명하게 밝혀 영유아의 보호자에게 통지하여야 한다.
(2023.12.26 본항개정)
⑤ 제1항에 따른 비용지원의 대상 · 기준 등에 대하여 필요한 사항은 대통령령으로 정한다.
(2008.12.29 본조신설)
제34조의3【보육서비스 이용권】 ① 국가와 지방자치단체는 제34조 및 제34조의2에 따른 비용 지원을 위하여 보육서비스 이용권(이하 "이용권"이라 한다)을 영유아의 보호자에게 지급할 수 있다.(2013.1.23 본항개정)
② (2011.8.4 삭제)
③ 이용권의 지급 및 이용 절차 등에 관하여 필요한 사항은 교육부령으로 정한다.(2023.12.26 본항개정)
제34조의4【비용 지원의 신청】 ① 영유아의 보호자는 제34조 및 제34조의2에 따른 비용의 지원을 신청할 수 있다.(2013.1.23 본항개정)
② (2018.12.24 삭제)
③ 제1항에 따른 비용 지원의 신청 방법 및 절차는 교육부령으로 정한다.(2023.12.26 본항개정)
제34조의5【조사 · 질문】 ① 교육부장관 또는 지방자치단체의 장은 제34조의4제1항에 따른 신청자 및 지원이 확정된 자에 대하여 비용 지원대상 자격확인을 위하여 필요한 서류나 그 밖의 소득활동, 가족관계 등에 관한 자료의 제출을 요구할 수 있으며, 소속 공무원으로 하여금 비용 지원 신청자 및 지원이 확정된 자의 주거, 그 밖의 필요한 장소에 방문하여 서류 등을 조사하게 하거나 관계인에게 필요한 질문을 하게 할 수 있다.(2023.12.26 본항개정)
② 교육부장관 또는 지방자치단체의 장은 제1항에 따른 조사 또는 비용 지원사업을 수행하기 위하여 필요한 국세 · 지방세 · 건강보험 · 국민연금 · 고용보험 · 산재보험 등에 관한 자료의 제공을 관계 기관의 장에게 요청할 수 있다. 이 경우 자료의 제공을 요청받은 관계 기관의 장은 특별한 사유가 없는 한 이에 응하여야 한다.(2023.12.26 전단개정)
③ 제1항에 따라 방문 · 조사 · 질문을 하는 자는 그 권한을 표시하는 증표 및 조사기간, 조사범위, 조사담당자, 관계 법령 등이 기재된 서류를 지니고 이를 관계인에게 내보여야 한다.(2016.2.3 본항개정)
④ 교육부장관 또는 지방자치단체의 장은 비용 지원 신청자 또는 지원이 확정된 자가 제1항에 따른 서류 또는 자료의 제출을 거부하거나 조사 · 질문을 거부 · 방해 또는 기피하는 경우에는 비용 지원의 신청을 각하하거나 지원결정을 취소 · 중지 또는 변경할 수 있다.(2023.12.26 본항개정)
⑤ 제1항에 따른 조사 · 질문의 범위 · 시기 및 내용에 관하여 필요한 사항은 교육부령으로 정한다.(2023.12.26 본항개정)
⑥ 보육비용 지원대상에 대한 주민등록 주소지 등을 파악하기 위하여 「전자정부법」 제36조제1항에 따라 행정정보를 공동이용할 수 있다.(2010.2.4 본항개정)
⑦ 제1항에 따른 조사 또는 질문의 내용 · 절차 · 방법 등에 관하여는 이 법에서 정하는 사항을 제외하고는 「행정조사기본법」에서 정하는 바에 따른다.(2016.2.3 본항신설)
제34조의6 (2018.12.24 삭제)
제34조의7【비용 지원 신청 관련 정보의 고지】 ① 교육부장관 또는 지방자치단체의 장은 영유아의 보호자에게 제34조의4에 따른 비용 지원의 신청과 관련한 정보를 서면 등의 방식으로 고지하여야 한다.
② 제1항에 따른 고지의 방식 · 시기 · 내용 및 절차 등에 필요한 사항은 교육부령으로 정한다.
(2023.12.26 본조개정)
제35조 (2013.1.23 삭제)
제36조【비용의 보조 등】 국가나 지방자치단체는 대통령령으로 정하는 바에 따라 제10조에 따른 어린이집의 설치, 보육교사(대체교사를 포함한다)의 인건비, 초과보육(超過保育)에 드는 비용 등 운영 경비 또는 지방육아종합지원센터의 설치 · 운영, 보육교직원의 복지 증진, 취약보육의 실시 등 보육사업에 드는 비용, 제15조의4에 따른 폐쇄회로 텔레비전 설치비의 전부 또는 일부를 보조한다.
(2015.5.18 본조개정)
제37조【사업주의 비용 부담】 제14조에 따라 어린이집을 설치한 사업주는 대통령령으로 정하는 바에 따라 그 어린이집의 운영과 보육에 필요한 비용의 전부 또는 일부를 부담하여야 한다.(2011.6.7 본조개정)
제38조【보육료의 수납 등】 ① 제12조부터 제14조까지의 규정에 따라 어린이집을 설치 · 운영하는 자는 그 어린이집의 소재지를 관할하는 시 · 도지사가 정하는 범위에서 그 어린이집을 이용하는 자로부터 보육료와 그 밖의 필요경비 등을 받을 수 있다. 다만, 시 · 도지사는 필요시 어린이집 유형과 지역적 여건을 고려하여 그 기준을

다르게 정할 수 있다.
② 어린이집을 설치·운영하는 자는 제1항에 따른 보육료와 그 밖의 필요경비 등을 최초로 받을 때 영유아의 보호자에게 해당 어린이집이 제공하는 보육서비스의 내용, 보육료와 그 밖의 필요경비 등의 수납목적 및 사용계획, 어린이집 이용에 관한 주의사항, 그 밖에 교육부령으로 정하는 사항을 설명하여야 한다. 이 경우 설명의 방법 및 절차 등에 관하여 필요한 사항은 교육부령으로 정한다.(2023.12.26 본항개정)
(2020.12.29 본조제목개정)
(2011.6.7 본조개정)

제38조의2【목적 외 사용 금지】 어린이집을 설치·운영하는 자 및 어린이집의 원장은 어린이집의 회계에 속하는 재산이나 수입을 보육 목적 외로 부정하게 사용해서는 아니 된다.(2020.12.29 본조신설)

제39조【세제 지원】 ① 제14조와 제37조에 따라 사업주가 직장어린이집을 설치·운영하는 데에 드는 비용과 보호자가 영유아의 보육을 위하여 지출한 보육료와 그 밖에 보육에 드는 비용에 관하여는 「조세특례제한법」에서 정하는 바에 따라 조세를 감면한다.(2014.5.20 본항개정)
② 제10조제4호의 직장어린이집을 제외한 어린이집의 운영비에 대하여도 「조세특례제한법」에서 정하는 바에 따라 조세를 감면한다.(2011.8.4 본항개정)

제39조의2【국·공유재산의 대부 등】 국가 또는 지방자치단체는 다음 각 호의 어린이집의 설치·운영을 위하여 필요하다고 인정하는 경우 「국유재산특례제한법」에 따라 국유재산을, 「공유재산 및 물품 관리법」에도 불구하고 공유재산을 무상으로 대부하거나 사용하게 할 수 있다.
1. 제12조에 따른 국공립어린이집
2. 제14조에 따른 직장어린이집 중 「중소기업기본법」 제2조제1항에 따른 중소기업이 공동으로 설치·운영하는 어린이집
(2018.12.24 본조신설)

제40조【비용 및 보조금의 반환명령】 국가나 지방자치단체는 어린이집의 설치·운영자, 육아종합지원센터의 장, 보수교육 위탁실시자 등이 다음 각 호의 어느 하나에 해당하는 경우에는 이미 교부한 비용과 보조금의 전부 또는 일부의 반환을 명할 수 있다.(2013.6.4 본문개정)
1. 어린이집 운영이 정지·폐쇄 또는 취소된 경우(2011.6.7 본호개정)
2. 사업 목적 외의 용도에 보조금을 사용한 경우
3. 거짓이나 그 밖의 부정한 방법으로 보조금을 교부받은 경우
3의2. 거짓이나 그 밖의 부정한 방법으로 제34조에 따른 비용을 지원받은 경우(2019.1.15 본호신설)
4. 제38조의2를 위반하여 제34조에 따른 비용을 보육 목적 외로 부정하게 사용한 경우(2020.12.29 본호신설)
5. 착오 또는 경미한 과실로 보조금을 교부받은 경우로서 교육부령이 정하는 사유에 해당하는 경우(2023.12.26 본호개정)
(2007.10.17 본조개정)

제40조의2【보육비용 지원액 등의 환수】 ① 국가 또는 지방자치단체는 보호자가 거짓이나 그 밖의 부정한 방법으로 제34조 및 제34조의2에 따른 비용을 지원받은 경우에는 그 비용의 전부 또는 일부를 환수할 수 있다.(2013.1.23 본항개정)
② 국가 또는 지방자치단체는 어린이집을 설치·운영하는 자 또는 어린이집의 원장이 다음 각 호의 어느 하나에 해당하는 경우 영유아의 보호자를 대신하여 그 비용의 전부 또는 일부를 환수할 수 있다. 이 경우 환수한 비용은 보호자에게 돌려주어야 한다.
1. 거짓이나 그 밖의 부정한 방법으로 제38조제1항에 따른 보육료와 그 밖의 필요경비 등을 받은 경우
2. 제38조의2를 위반하여 제38조제1항에 따른 보육료와 그 밖의 필요경비 등을 보육 목적 외로 부정하게 사용한 경우
(2020.12.29 본항신설)
③ 제1항 또는 제2항에 따라 환수하는 경우에 비용을 반환할 자가 기한까지 반환하지 아니한 때에는 국세 또는 지방세 체납처분의 예에 따라 징수한다.(2020.12.29 본항개정)
(2020.12.29 본조제목개정)

제7장 지도 및 감독

제41조【지도와 명령】 교육부장관, 시·도지사 및 시장·군수·구청장은 보육사업의 원활한 수행을 위하여 어린이집 설치·운영자 및 보육교직원에 대하여 필요한 지도와 명령을 할 수 있다.(2023.12.26 본조개정)

제42조【보고와 검사】 ① 교육부장관, 시·도지사 또는 시장·군수·구청장은 어린이집을 설치·운영하는 자로 하여금 그 어린이집에 관하여 필요한 보고를 하게 하거나 관계 공무원으로 하여금 그 어린이집의 운영 상황을 조사하게 하거나 장부와 그 밖의 서류를 검사하게 할 수 있다.(2023.12.26 본항개정)
② 제1항에 따라 관계 공무원이 그 직무를 수행할 때에는 그 권한을 표시하는 증표를 지니고 이를 관계인에게 내보여야 한다.
(2007.10.17 본조개정)

제42조의2【위법행위의 신고 및 신고자 보호】 ① 누구든지 다음 각 호의 어느 하나에 해당하는 자를 관계 행정기관이나 수사기관에 신고 또는 고발할 수 있다.
1. 거짓이나 그 밖의 부정한 방법으로 보조금을 교부받거나 유용(流用)한 자(2020.12.29 본호개정)
2. 제24조제1항에 따른 어린이집 운영기준을 지키지 아니한 자
3. 제33조에 따른 급식관리기준을 지키지 아니한 자
4. 제33조의2에 따른 어린이집 차량안전관리 기준을 지키지 아니한 자
4의2. 제33조의4에 따른 어린이집의 위생관리기준을 지키지 아니한 자(2021.6.8 본호신설)
5. 거짓이나 그 밖의 부정한 방법으로 제34조에 따른 비용을 지원받은 자
6. 거짓이나 그 밖의 부정한 방법으로 제38조제1항에 따른 보육료와 그 밖의 필요경비 등을 받은 자
7. 제38조의2를 위반하여 어린이집의 회계에 속하는 재산이나 수입을 보육 목적 외로 부정하게 사용한 자
(2020.12.29 5호~7호신설)
8. 「아동복지법」 제3조제7호에 따른 아동학대 행위를 한 자
9. 그 밖에 교육부령으로 정하는 자(2023.12.26 본호개정)
② 어린이집을 설치·운영하는 자는 보육교직원이 제1항에 따른 신고 또는 고발을 하였다는 이유로 「공익신고자 보호법」 제2조제6호에 따른 불이익조치를 하여서는 아니 된다.
③ 교육부장관, 시·도지사 및 시장·군수·구청장은 제1항제1호 및 제3호부터 제8호까지에 해당하는 사항에 대하여 신고 또는 고발한 사람에게 예산의 범위에서 포상금을 지급할 수 있다.(2023.12.26 본항개정)
④ 제1항에 따른 신고 절차·방법 및 제3항에 따른 포상금 지급의 기준·방법 및 절차 등에 필요한 사항은 대통령령으로 정한다.(2018.12.11 본항개정)
(2015.5.18 본조신설)

제43조【어린이집의 폐지·휴지 및 재개 등의 신고】 ① 제13조제1항에 따라 인가된 어린이집을 폐지하거나 일정기간 운영을 중단하거나 운영을 재개하려는 자는 교육부령으로 정하는 바에 따라 미리 특별자치시장·특별자치도지사·시장·군수·구청장에게 신고하여야 한다.
② 어린이집의 원장은 어린이집이 폐지되거나 일정기간 운영이 중단되는 경우에는 교육부령으로 정하는 바에 따라 그 어린이집에서 보육 중인 영유아가 다른 어린이집으로 옮길 수 있도록 하는 등 영유아의 권익을 보호하기 위한 조치를 취하여야 한다.
(2023.12.26 본조개정)

제43조의2【어린이집에 대한 휴원명령】 ① 교육부장관, 시·도지사 또는 시장·군수·구청장은 천재지변이나 감염병 발생 등 긴급한 사유로 정상적인 보육이 어렵다고 인정하는 경우 어린이집의 원장에게 휴원을 명할 수 있다.(2023.12.26 본항개정)
② 제1항에 따라 명령을 받은 어린이집의 원장은 지체 없이 어린이집을 휴원하여야 하며, 휴원 시 보호자가 영유아를 가정에서 양육할 수 없는 경우 등 긴급보육수요에 대비하여 긴급보육 계획을 가정통신문 등을 통하여 보호자에게 미리 안내하는 등 어린이집 운영에 필요한 조치를 하여야 한다.
③ 제1항에 따른 휴원명령의 기준 및 제2항에 따른 조치 등에 관하여 필요한 사항은 교육부령으로 정한다.(2023.12.26 본항개정)
(2015.12.29 본조신설)

제44조【시정 또는 변경 명령】 교육부장관, 시·도지사 또는 시장·군수·구청장은 어린이집이 다음 각 호의 어느 하나에 해당하면 어린이집의 원장 또는 그 설치·운영자에게 기간을 정하여 그 시정 또는 변경을 명할 수 있다.(2023.12.26 본문개정)
1. 제13조제1항에 따른 변경인가를 받지 아니하고 어린이집을 운영하는 경우(2011.6.7 본호개정)
2. 제15조, 제15조의2 및 제15조의3에 따른 어린이집의 설치기준을 위반한 경우(2015.5.18 본호개정)
2의2. 제15조의4에 따른 폐쇄회로 텔레비전의 설치·관리 및 영상정보의 보관기준을 위반한 경우(2015.5.18 본호신설)
3. 제17조제5항에 따른 보육교직원의 배치기준을 위반한 경우(2019.4.30 본호개정)
3의2. 제19조제2항에 따른 보육교직원의 임면에 관한 사항을 보고하지 아니하거나 거짓으로 보고한 경우(2011.8.4 본호신설)
4. 제24조제1항에 따른 어린이집의 운영기준을 위반한 경우(2011.6.7 본호개정)
4의2. 제25조제1항 단서를 위반하여 어린이집운영위원회를 설치·운영하지 아니한 경우(2011.8.4 본호신설)
4의3. 제29조제4항 전단을 위반하여 영유아에게 특별활동을 제공한 경우(2013.8.13 본호신설)
4의4. 제29조제4항 후단을 위반하여 특별활동에 참여하지 아니하는 영유아에게 특별활동을 대체할 수 있는 프로그램을 제공하지 아니한 경우(2013.8.13 본호신설)
4의5. 제29조의2에 따른 생활기록부를 작성·관리하지 아니한 경우(2011.8.4 본호신설)
4의6. 정당한 이유 없이 제30조제1항에 따른 평가를 거부·방해 또는 기피하거나 거짓이나 그 밖의 부정한 방법으로 평가를 받은 경우(2024.1.2 본호개정)
4의7. 제32조제1항에 따른 질병의 치료와 예방조치를 하지 아니한 경우(2011.8.4 본호신설)
4의8. 제33조에 따른 균형 있고 위생적이며 안전한 급식을 하지 아니한 경우(2011.8.4 본호신설)
4의9. 제33조의4에 따른 어린이집의 위생관리기준을 위반한 경우(2021.6.8 본호신설)
5. 제38조제1항에 따른 범위를 초과하여 보육료와 그 밖의 필요경비 등을 받은 경우(2020.12.29 본호개정)
6. 제42조에 따른 보고를 하지 아니하거나 거짓으로 보고한 경우 또는 조사·검사를 거부하거나 기피한 경우
7. 제43조제1항에 따른 신고를 하지 아니하고 어린이집을 폐지하거나 일정기간 운영을 중단하거나 운영을 재개한 경우(2011.6.7 본호개정)
7의2. 제43조의2제2항을 위반하여 휴원하지 아니하거나 긴급보육수요에 대비한 조치를 하지 아니한 경우(2015.12.29 본호신설)
8. 제49조의2에 따른 정보의 공시에 관한 사항을 위반한 경우(2013.6.4 본호신설)
(2007.10.17 본조개정)

제44조의2【직장어린이집 설치의무 미이행 사업장에 대한 이행명령】 시·도지사, 시장·군수·구청장은 제14조에 따른 사업장의 사업주가 직장어린이집의 설치 등 의무를 이행하지 아니하는 경우에는 상당한 기간을 정하여 그 의무를 이행할 것을 명할 수 있다.(2014.5.20 본조신설)

제44조의3【이행강제금】 ① 시·도지사, 시장·군수·구청장은 제44조의2에 따른 명령을 이행하지 아니한 자에 대하여 그 명령의 이행에 필요한 상당한 기간을 정하여 그 기간 내에 이행할 것을 다시 명할 수 있으며, 이를 이행하지 아니한 경우에는 같은 조에 따른 명령이 있었던 날을 기준으로 하여 1년에 2회, 매회 1억원의 범위에서 이행강제금을 부과·징수할 수 있다.
② 시·도지사, 시장·군수·구청장은 직장어린이집 미설치 기간·사유 등을 고려하여 제1항에 따른 금액을 100분의 50의 범위에서 가중할 수 있다.(2019.4.30 본항신설)
③ 시·도지사, 시장·군수·구청장은 제1항 및 제2항에 따른 이행강제금을 부과하기 전에 상당한 기간을 정하여 그 기간 내에 이행하지 아니할 때에는 이행강제금을 부과·징수한다는 뜻을 미리 문서로 계고(戒告)하여야 한다.(2019.4.30 본항개정)
④ 시·도지사, 시장·군수·구청장은 제1항 및 제2항에 따른 이행강제금을 부과하는 때에는 이행강제금의 금액, 부과사유, 납부기한, 수납기관, 불복방법 등을 적은 문서로 통지하여야 한다.(2019.4.30 본항개정)
⑤ 시·도지사, 시장·군수·구청장은 제44조의2에 따른 명령을 받은 자가 그 명령을 이행하는 경우에는 새로운 이행강제금의 부과를 중지하되, 이미 부과된 이행강제금은 징수하여야 한다.
⑥ 시·도지사, 시장·군수·구청장은 제1항 및 제2항에 따라 이행강제금 부과처분을 받은 자가 납부기한까지 이행강제금을 납부하지 아니하는 경우에는 「지방행정제재·부과금의 징수 등에 관한 법률」에 따라 징수한다.(2020.3.24 본항개정)
⑦ 제1항 및 제2항에 따른 이행강제금의 부과기준, 부과·징수된 이행강제금의 반환절차 등 필요한 사항은 대통령령으로 정한다.(2019.4.30 본항개정)
(2014.5.20 본조신설)

제45조【어린이집의 폐쇄 등】 ① 교육부장관, 시·도지사 및 시장·군수·구청장은 어린이집을 설치·운영하는 자(이하 이 조에서 "설치·운영자"라 한다)가 다음 각 호의 어느 하나에 해당하면 1년 이내의 어린이집 운영정지를 명하거나 어린이집의 폐쇄를 명할 수 있다. 이 경우 보육교직원 등 설치·운영자의 관리·감독 하에 있는 자가 제4호 또는 제5호나목에 해당하는 행위를 한 경우에는 설치·운영자가 한 행위로 본다(설치·운영자가 그 행위를 방지하기 위하여 상당한 주의와 감독을 게을리하지 아니한 경우에는 그러하지 아니하다).(2023.12.26 전단개정)
1. 거짓이나 그 밖의 부정한 방법으로 보조금을 교부받거나 보조금을 유용한 경우(2020.12.29 본호개정)
1의2. 거짓이나 그 밖의 부정한 방법으로 제34조에 따른 비용을 지원받은 경우
1의3. 거짓이나 그 밖의 부정한 방법으로 제38조제1항에 따른 보육료와 그 밖의 필요경비 등을 받은 경우
1의4. 제38조의2를 위반하여 어린이집의 회계에 속하는 재산이나 수입을 보육 목적 외로 부정하게 사용한 경우
(2020.12.29 1호의2~1호의4신설)
2. 제40조에 따른 비용 또는 보조금의 반환명령을 받고 반환하지 아니한 경우
3. 제44조에 따른 시정 또는 변경 명령을 위반한 경우
4. 「아동복지법」 제3조제7호에 따른 아동학대 행위를 한 경우(2015.5.18 본호개정)
5. 다음 각 목의 어느 하나에 해당하여 영유아가 사망하거나 신체에 교육부령으로 정하는 중상해를 입은 경우(2023.12.26 본문개정)
가. 「도로교통법」 제53조제3항을 위반하여 어린이통학버스(제33조의2 및 「도로교통법」 제52조에 따른 신고를 하지 아니한 경우를 포함한다)에 「도로교통법」 제

53조제3항에 따른 보호자를 함께 태우지 아니한 채 운행하던 중 교통사고가 발생한 경우
나. 「도로교통법」 제53조제3항부터 제5항까지의 규정에 따른 영유아의 하차 여부 확인에 관한 의무를 준수하지 아니한 경우
(2020.12.29 본호개정)
② (2011.6.7 삭제)
③ 특별자치시장·특별자치도지사·시장·군수·구청장은 설치·운영자 또는 보육교직원이 제1항제4호에 따른 아동학대 행위를 한 것으로 의심되는 경우 즉시 제42조에 따른 보고를 받거나 조사·검사를 실시하여야 한다.(2015.5.18 본항신설)
④ 특별자치시장·특별자치도지사·시장·군수·구청장은 제3항에 따른 보고나 조사·검사를 실시한 후 지체 없이 「아동복지법」 제10조의2에 따른 아동권리보장원 또는 같은 법 제45조에 따른 아동보호전문기관 등 관계 기관과 협의하여 제1항에 따른 행정처분 여부를 결정하여야 한다.(2019.1.15 본항개정)
⑤ 특별자치시장·특별자치도지사·시장·군수·구청장은 어린이집이 제1항에 따라 운영정지 또는 폐쇄되는 경우에는 어린이집에 보육 중인 영유아를 다른 어린이집으로 옮기도록 하는 등 영유아의 권익을 보호하기 위하여 필요한 조치를 하여야 한다.(2020.12.29 본항개정)
⑥ 제1항에 따른 행정처분의 세부기준은 교육부령으로 정한다.(2023.12.26 본항개정)
(2011.6.7 본조제목개정)
(2007.10.17 본조개정)

제45조의2 【과징금 처분】 ① 교육부장관, 시·도지사 또는 시장·군수·구청장은 어린이집의 설치·운영자가 제45조제1항 각 호의 어느 하나에 해당하여 어린이집 운영정지를 명하여야 하는 경우로서 그 운영정지가 영유아 및 보호자에게 심한 불편을 주거나 그 밖에 공익을 해칠 우려가 있으면 어린이집 운영정지 처분을 갈음하여 3천만원 이하의 과징금을 부과할 수 있다.(2023.12.26 본항개정)
② 제1항에 따른 과징금을 부과하는 위반행위의 종류와 위반 정도 등에 따른 과징금의 금액 등에 필요한 사항은 대통령령으로 정한다.
③ 교육부장관, 시·도지사 또는 시장·군수·구청장은 제1항에 따른 과징금을 내야 할 자가 납부기한까지 내지 아니한 경우에는 국세 체납처분의 예 또는 「지방행정제재·부과금의 징수 등에 관한 법률」에 따라 징수한다.
(2023.12.26 본항개정)
(2011.6.7 본조신설)

제45조의3 【행정제재처분효과의 승계】 ① 어린이집을 설치·운영하는 자가 그 어린이집을 양도하거나 사망한 때 또는 법인의 합병이 있는 때에는 종전의 어린이집을 설치·운영한 자에게 제45조제1항 각 호의 사유로 행한 행정제재처분의 효과는 그 행정처분일부터 1년간 그 양수인·상속인 또는 합병 후 신설되거나 존속하는 법인에 승계되며, 행정제재처분의 절차가 진행 중인 경우에는 양수인·상속인 또는 합병 후 신설되거나 존속하는 법인에 대하여 행정제재처분의 절차를 속행할 수 있다. 다만, 양수인·상속인 또는 합병 후 신설되거나 존속하는 법인이 양수 또는 합병할 때 그 처분 또는 위반사실을 알지 못하였음을 증명하는 경우에는 그러하지 아니하다.(2011.6.7 본문개정)
② 제1항의 양수인·상속인 또는 합병 후 신설되거나 존속하는 법인이 어린이집을 양수·상속 또는 합병할 때에는 종전의 어린이집을 설치·운영한 자가 제45조제1항 각 호의 사유로 행정처분의 절차가 진행 중인지 및 행정제재처분을 받은 이력이 있는지 여부를 확인하여야 하며, 교육부장관, 시·도지사 및 시장·군수·구청장은 양수인·상속인 또는 합병 후 신설되거나 존속하는 법인이 그 확인을 요청하는 경우 이를 교육부령으로 정하는 바에 따라 확인하는 서류를 발부할 수 있다.(2023.12.26 본항개정)

제46조 【어린이집의 원장의 자격정지】 ① 교육부장관은 어린이집의 원장이 다음 각 호의 어느 하나에 해당하면 1년(「아동복지법」 제3조제7호에 따른 아동학대 행위로 제1호가목에 해당하게 된 경우에는 5년) 이내의 범위에서 교육부령으로 정하는 바에 따라 그 자격을 정지시킬 수 있다.(2023.12.26 본문개정)
1. 어린이집의 원장이 업무 수행 중 고의나 중대한 과실로 영유아에게 손해를 입힌 경우로서 다음 각 목의 어느 하나에 해당하는 경우
가. 영유아의 생명을 해치거나 신체 또는 정신에 중대한 손해를 입힌 경우
나. 제24조에 따른 운영기준을 위반하여 손해를 입힌 경우
다. 제33조에 따라 교육부령으로 정한 급식기준을 위반하여 손해를 입힌 경우(2023.12.26 본목개정)
라. 제33조의4에 따라 교육부령으로 정한 위생관리기준을 위반하여 손해를 입힌 경우(2023.12.26 본목개정)
마. 그 밖에 손해를 입힌 경우
(2013.6.4 본호개정)
2. 해당 업무 수행에 필요한 자격이 없는 자를 채용하여 보육교사·간호사 또는 영양사 등의 업무를 수행하게 한 경우
3. 제23조에 따른 보수교육을 연속하여 3회 이상 받지 아니한 경우
4. 거짓이나 그 밖의 부정한 방법으로 보조금을 교부받거나 보조금을 유용한 경우
5. 거짓이나 그 밖의 부정한 방법으로 제34조에 따른 비용을 지원받은 경우
6. 거짓이나 그 밖의 부정한 방법으로 제38조제1항에 따른 보육료와 그 밖의 필요경비 등을 받은 경우
7. 제38조의2를 위반하여 어린이집의 회계에 속하는 재산이나 수입을 보육 목적 외로 부정하게 사용한 경우
(2020.12.29 5호~7호신설)
8. 「공익신고자 보호법」 제2조제2호에 따른 공익신고를 한 보육교직원에게 같은 조 제6호에 따른 불이익조치를 한 경우(2015.5.18 본호신설)
② 교육부장관은 어린이집의 원장이 「도로교통법」 제53조제3항부터 제5항까지에 따른 영유아의 하차 여부 확인에 관한 의무를 준수하지 아니하여 영유아가 사망하거나 신체에 교육부령으로 정하는 중상해를 입은 경우 2년 이내의 범위에서 교육부령으로 정하는 바에 따라 그 자격을 정지시킬 수 있다.(2023.12.26 본항개정)
③ 어린이집의 원장의 지도·감독 하에 있는 자가 다음 각 호의 어느 하나에 해당하는 행위를 한 경우에는 어린이집의 원장이 한 행위로 본다(어린이집 원장의 자격정지에 관한 사항에 한한다). 다만, 어린이집의 원장이 그 행위를 방지하기 위하여 상당한 주의와 감독을 게을리하지 아니한 경우에는 그러하지 아니하다.
1. 「도로교통법」 제53조제3항부터 제5항까지에 따른 영유아의 하차 여부 확인에 관한 의무를 준수하지 아니하여 영유아가 사망하거나 신체에 교육부령으로 정하는 중상해를 입은 경우(2023.12.26 본호개정)
2. 「아동복지법」 제3조제7호에 따른 아동학대 행위를 하여 제1항제1호가목에 해당하게 된 경우
(2020.12.29 본항신설)
(2011.6.7 본조제목개정)
(2007.10.17 본조개정)

제47조 【보육교사의 자격정지】 ① 교육부장관은 보육교사가 다음 각 호의 어느 하나에 해당하면 1년(「아동복지법」 제3조제7호에 따른 아동학대 행위로 제1호에 해당하게 된 경우에는 5년) 이내의 범위에서 교육부령으로 정하는 바에 따라 그 자격을 정지시킬 수 있다.(2023.12.26 본문개정)
1. 보육교사가 업무 수행 중 그 자격과 관련하여 고의나 중대한 과실로 손해를 입힌 경우
2. 제23조의2에 따른 보수교육을 연속하여 3회 이상 받지 아니한 경우(2011.12.31 본호개정)
② 교육부장관은 보육교사가 「도로교통법」 제53조제3항부터 제5항까지에 따른 영유아의 하차 여부 확인에 관한 의무를 준수하지 아니하여 영유아가 사망하거나 신체에 교육부령으로 정하는 중상해를 입은 경우 2년 이내의 범위에서 교육부령으로 정하는 바에 따라 그 자격을 정지시킬 수 있다.(2023.12.26 본항개정)
(2007.10.17 본조개정)

제48조 【어린이집의 원장 또는 보육교사의 자격취소】 ① 교육부장관은 어린이집의 원장 또는 보육교사가 다음 각 호의 어느 하나에 해당하면 그 자격을 취소할 수 있다.(2023.12.26 본문개정)
1. 거짓이나 그 밖의 부정한 방법으로 자격증을 취득한 경우
2. 자격 취득자가 업무 수행 중 그 자격과 관련하여 고의나 중대한 과실로 손해를 입히고 금고 이상의 형을 선고받은 경우
3. 「아동복지법」 제3조제7호의2에 따른 아동학대관련범죄로 처벌을 받은 경우(2015.5.18 본호개정)
4. 제22조의2에 따른 명의대여 금지 등의 의무를 위반한 경우
5. 자격정지처분기간 종료 후 3년 이내에 자격정지처분에 해당하는 행위를 한 경우
6. 자격정지처분을 받고도 자격정지처분기간 이내에 자격증을 사용하여 자격 관련 업무를 수행한 경우
7. 자격정지처분을 3회 이상 받은 경우
8. 제46조제1항제4호에 해당하여 금고 이상의 형을 선고받은 경우(2020.12.29 본호개정)
② 교육부장관은 제1항에 따라 자격이 취소된 사람에게는 그 취소된 날부터 다음 각 호의 구분에 따라 자격을 재교부하지 못한다.(2023.12.26 본문개정)
1. 제1항 각 호의 사항 중 제3호 이외의 어느 하나에 해당하는 경우 : 2년
2. 제1항제3호에 해당하는 경우 : 10년(다만, 「아동복지법」 제3조제7호의2에 따른 아동학대관련범죄로 금고 이상의 실형을 선고받고 그 집행이 종료되거나 집행이 면제된 날부터 20년이 지나지 아니한 사람 또는 「아동복지법」 제3조제7호의2에 따른 아동학대관련범죄로 금고 이상의 형의 집행유예가 확정된 날부터 20년이 지나지 아니한 사람에게는 자격을 재교부할 수 없다)
(2015.5.18 1호~2호신설)
(2011.6.7 본조제목개정)
(2007.10.17 본조개정)
<2022.9.29 헌법재판소 단순위헌결정으로 이 조 제2항제2호 본문 중 「아동복지법」 제17조제5호를 위반하여 「아동복지법」 제71조제1항제2호에 따라 처벌받은 경우에 관한 부분은 헌법에 위반>

제49조 【청문】 교육부장관, 시·도지사 및 시장·군수·구청장은 제30조의3에 따른 공공형어린이집 지정 취소 및 제45조부터 제48조까지의 행정처분을 하려면 청문을 하여야 한다.(2023.12.26 본조개정)

제49조의2 【어린이집 정보의 공시 등】 ① 어린이집의 원장은 어린이집이 보유·관리하는 다음 각 호의 정보를 매년 1회 이상 공시하여야 한다. 이 경우 어린이집의 원장은 공시한 정보(이하 이 조에서 "공시정보"라 한다)를 특별자치시장·특별자치도지사·시장·군수·구청장에게 제출하여야 하고 교육부장관은 공시정보와 관련된 자료의 제출을 요구할 수 있다.(2023.12.26 후단개정)
1. 어린이집의 시설, 설치·운영자, 보육교직원 등 기본현황
2. 제29조에 따른 어린이집 보육과정에 관한 사항
3. 제38조제1항에 따라 수납하는 보육료와 그 밖의 필요경비에 관한 사항(2020.12.29 본호개정)
4. 어린이집 예산·결산 등 회계에 관한 사항
5. 영유아의 건강·영양 및 안전관리에 관한 사항
6. 그 밖에 보육여건 및 어린이집 운영에 관한 사항으로서 대통령령으로 정하는 사항
② 공시정보의 구체적인 범위와 공시의 횟수·시기 및 방법 등에 필요한 사항은 대통령령으로 정한다.
③ 교육부장관은 제1항에 따른 공시에 필요한 양식을 마련·보급하고 공시정보를 수집 및 관리할 수 있다. 이 경우 교육부장관은 보육정책 수립, 학술연구 진흥, 통계 작성 등에 활용하기 위하여 공시정보를 연계·가공할 수 있다.(2023.12.26 본항개정)
④ 교육부장관, 시·도지사 또는 시장·군수·구청장은 어린이집의 원장이 해당 정보를 공시하지 아니하거나 게을리할 경우 이에 대한 시정을 권고하여야 한다.
(2023.12.26 본항개정)
⑤ 어린이집의 원장은 어린이집을 홍보하거나 「표시·광고의 공정화에 관한 법률」에 따른 표시 또는 광고를 할 때에는 제1항에 따라 공시된 정보와 다르게 알려서는 아니 된다.
⑥ 교육부장관, 시·도지사 또는 시장·군수·구청장은 제5항의 위반 여부를 확인할 필요가 있는 경우에는 해당 어린이집의 원장에게 관련 자료의 제출을 요청할 수 있다. 이 경우 요청을 받은 어린이집의 원장은 정당한 사유가 없는 한 관련 자료를 교육부장관, 시·도지사 또는 시장·군수·구청장에게 제출하여야 한다.(2023.12.26 본항개정)
(2013.6.4 본조신설)

제49조의3 【위반사실의 공표】 ① 교육부장관, 시·도지사 또는 시장·군수·구청장은 제45조 또는 제45조의2에 따른 행정처분을 받은 어린이집으로서 다음 각 호의 어느 하나의 경우에 해당하는 어린이집에 대하여 그 위반행위, 처분내용, 해당 어린이집의 명칭, 대표자의 성명, 어린이집 원장의 성명(대표자와 동일인이 아닌 경우만 해당한다) 및 그 밖에 다른 어린이집과의 구별에 필요한 사항으로서 대통령령으로 정하는 사항을 공표하여야 한다. 다만, 제1호 및 제3호부터 제5호까지의 경우에는 교육부령으로 정하는 금액 이상인 경우에만 공표하여야 한다.
(2023.12.26 본문개정)
1. 거짓이나 그 밖의 부정한 방법으로 보조금을 교부받거나 보조금을 유용한 경우
2. 제24조에 따른 운영기준, 제33조 및 제33조의4에 따라 교육부령으로 정한 급식기준과 위생관리기준을 위반하여 영유아의 생명을 해치거나 신체 또는 정신에 중대한 피해가 발생한 경우(2023.12.26 본호개정)
3. 거짓이나 그 밖의 부정한 방법으로 제34조에 따른 비용을 지원받은 경우
4. 거짓이나 그 밖의 부정한 방법으로 제38조제1항에 따른 보육료와 그 밖의 필요경비 등을 받은 경우
5. 제38조의2를 위반하여 어린이집의 회계에 속하는 재산이나 수입을 보육 목적 외로 부정하게 사용한 경우
(2020.12.29 3호~5호신설)
② 교육부장관, 시·도지사 또는 시장·군수·구청장은 제46조부터 제48조까지의 행정처분을 받은 사람으로서 「아동복지법」 제3조제7호에 따른 아동학대 행위를 하여 영유아의 생명을 해치거나 신체 또는 정신에 중대한 피해를 입힌 어린이집의 원장 및 보육교사에 대하여 법 위반 이력과 명단, 그 밖에 대통령령으로 정하는 사항을 공표하여야 한다.(2023.12.26 본항개정)
③ 교육부장관, 시·도지사 또는 시장·군수·구청장은 제1항 및 제2항에 따른 공표를 실시하기 전에 공표대상자에게 그 사실을 통지하여 소명자료를 제출하거나 출석하여 의견진술을 할 수 있는 기회를 부여하여야 한다.
(2023.12.26 본항개정)
④ 제1항 및 제2항에 따른 공표의 절차·방법, 그 밖에 필요한 사항은 대통령령으로 정한다.
(2013.6.4 본조신설)

제8장 보　칙

제50조 【경력의 인정】 ① 어린이집에 근무하는 자 중 「유아교육법」에 따른 유치원교원의 자격을 가진 자에 대하여는 어린이집에서의 근무경력을 「유아교육법」에 따른 교육경력으로 인정한다.(2011.6.7 본항개정)

② 유치원(「유아교육법」 제2조제6호에 따른 방과후 과정 수업과정을 운영하고 있는 유치원을 말한다)에 근무하는 자 중 이 법에 따른 보육교사의 자격을 가진 자에 대하여는 유치원에서의 근무경력을 이 법에 따른 보육경력으로 인정한다.(2012.3.21 본항개정)

제51조【권한의 위임】 이 법에 따른 교육부장관 또는 시·도지사의 권한은 대통령령으로 정하는 바에 따라 그 일부를 시·도지사 또는 시장·군수·구청장에게 위임할 수 있다.(2023.12.26 본조개정)

제51조의2【업무의 위탁】 ① 교육부장관, 시·도지사 또는 시장·군수·구청장은 대통령령으로 정하는 바에 따라 다음 각 호에 해당하는 업무를 공공기관 또는 민간기관·단체 등에 위탁할 수 있다. 이 경우 제2호 및 제4호의 업무는 진흥원에 위탁할 수 있다.(2023.12.26 전단개정)

1. 제7조제1항에 따른 지방육아종합지원센터의 운영업무(2021.12.21 본호개정)
1의2. 제9조의3에 따른 보육정보시스템의 구축·운영에 관한 업무(2020.12.29 본호신설)
2. 제22조제1항에 따른 어린이집의 원장 또는 보육교사의 자격 검정 및 보육자격증 교부등에 관한 업무
3. 제23조제1항 및 제23조의2제1항에 따른 보수교육의 실시 업무(2011.12.31 본호개정)
4. 제30조제1항에 따른 평가(2024.1.2 본호개정)
5. 제34조의3제1항에 따른 이용권에 관한 업무

② 교육부장관, 시·도지사 또는 시장·군수·구청장은 제1항에 따라 업무를 위탁한 경우에는 예산의 범위에서 그에 필요한 비용을 보조할 수 있다.(2023.12.26 본항개정)
③ 교육부장관, 시·도지사 또는 시장·군수·구청장은 다음 각 호의 어느 하나에 해당하는 경우에는 제1항에 따른 위탁을 취소할 수 있다.(2023.12.26 본문개정)

1. 수탁기관이 제2항에 따라 지급받은 보조금을 목적 외의 용도에 사용하였을 경우
2. 수탁기관이 거짓이나 그 밖의 부정한 방법으로 제2항에 따른 보조금을 지급받았을 경우
3. 그 밖에 대통령령으로 정하는 사유가 있는 경우

(2011.8.4 본조신설)

제51조의3【관계 기관 간 업무협조】 ① 특별자치시장·특별자치도지사·시장·군수·구청장은 제16조 또는 제20조에 따른 결격사유의 확인을 위하여 관계 기관의 장에게 범죄경력자료 등에 대한 조회요청을 할 수 있다.
② 교육부장관(교육부장관의 권한을 위탁받은 자를 포함한다)은 제22조제1항 및 제30조제1항에 따른 업무를 수행하기 위하여 국가기관, 지방자치단체, 「공공기관의 운영에 관한 법률」 제4조에 따른 공공기관 등 관계 기관의 장에게 필요한 정보 및 자료를 요청할 수 있다.
(2023.12.26 본항개정)
③ 제1항 또는 제2항에 따른 요청을 받은 관계 기관의 장은 정당한 사유 없이 이를 거부하여서는 아니 된다.
(2018.12.11 본항개정)
(2014.5.28 본조신설)

제52조【도서·벽지·농어촌지역 등의 어린이집】 ① 특별자치시장·특별자치도지사·시장·군수·구청장은 도서·벽지·농어촌지역 등에 있는 어린이집으로서 제15조에 따른 어린이집의 설치기준, 제17조제5항에 따른 보육교직원의 배치기준 및 제24조에 따른 어린이집의 운영기준을 적용하기 어렵다고 인정하는 경우에는 제6조에 따른 지방보육정책위원회의 심의를 거쳐 관할 시·도지사의 승인을 받아 이를 달리 적용할 수 있다.
② 제1항에 따른 도서·벽지·농어촌지역 등의 구체적인 범위, 어린이집의 설치·운영 기준 및 보육교직원의 배치기준은 교육부령으로 정한다.(2023.12.26 본항개정)
(2023.8.16 본조개정)

제53조【어린이집연합회】 ① 보육사업의 원활한 추진과 어린이집의 균형적인 발전, 어린이집 간의 정보 교류 및 상호 협조 증진을 위하여 어린이집연합회를 설립할 수 있다.
② 어린이집연합회의 조직과 운영, 기능 등에 필요한 사항은 교육부령으로 정한다.(2023.12.26 본항개정)
(2011.6.7 본조개정)

제9장 벌 칙

제54조【벌칙】 ① 제15조의5제5항을 위반하여 영상정보를 유출·변조·훼손 또는 멸실한 자는 5년 이하의 징역 또는 5천만원 이하의 벌금에 처한다.(2023.8.8 본항신설)
② 다음 각 호의 어느 하나에 해당하는 자는 3년 이하의 징역 또는 3천만원 이하의 벌금에 처한다.

1. 거짓이나 그 밖의 부정한 방법으로 보조금을 교부받거나 보조금을 유용한 자
2. 제15조의5제2항제1호를 위반하여 폐쇄회로 텔레비전의 설치 목적과 다른 목적으로 폐쇄회로 텔레비전을 임의로 조작하거나 다른 곳을 비추는 행위를 한 자
3. 제15조의5제2항제2호를 위반하여 녹음기능을 사용하거나 교육부령으로 정하는 저장장치 이외의 장치 또는 기기에 영상정보를 저장한 자(2023.12.26 본호개정)

(2015.5.18 본항개정)
③ 제15조의5제3항에 따른 안전성 확보에 필요한 조치를 하지 아니하여 영상정보를 분실·도난·유출·변조 또는 훼손당한 자는 2년 이하의 징역 또는 2천만원 이하의 벌금에 처한다.(2015.5.18 본항신설)
④ 다음 각 호의 어느 하나에 해당하는 자는 1년 이하의 징역 또는 1천만원 이하의 벌금에 처한다.(2014.5.28 본문개정)

1. 제13조제1항에 따른 설치인가를 받지 아니하고 어린이집의 명칭을 사용하거나 사실상 어린이집의 형태로 운영한 자(2011.6.7 본호개정)
2. 거짓이나 그 밖의 부정한 방법으로 제13조제1항에 따른 어린이집의 설치인가 또는 변경인가를 받은 자(2011.6.7 본호개정)
3. 제22조의2제1항을 위반하여 자기의 성명이나 어린이집의 명칭을 사용하여 어린이집의 원장 또는 보육교사의 업무를 수행하게 한 자 및 그 상대방(2020.4.7 본호개정)
3의2. 제22조의2제2항을 위반하여 다른 사람에게 자격증을 빌려주거나 빌린 자(2020.4.7 본호신설)
3의3. 제22조의2제3항을 위반하여 자격증을 빌려주거나 빌리는 것을 알선한 자(2020.4.7 본호신설)
4. 거짓이나 그 밖의 부정한 방법으로 제34조 및 제34조의2에 따른 비용을 지원받거나 타인으로 하여금 지원을 받게 한 자(2013.1.23 본호개정)
5. 제34조의3에 따른 보육서비스 이용권을 부정사용한 자(2008.12.19 본호신설)
6. 거짓이나 그 밖의 부정한 방법으로 제38조제1항에 따른 보육료와 그 밖의 필요경비 등을 받은 어린이집의 설치·운영자(2020.12.29 본호개정)
7. 제38조의2를 위반하여 어린이집의 회계에 속하는 재산이나 수입을 보육 목적 외로 부정하게 사용한 자(2020.12.29 본호신설)
8. 제45조제1항에 따른 어린이집 운영정지명령 또는 어린이집의 폐쇄명령을 위반하여 사업을 계속한 자(2011.6.7 본호개정)

제54조의2 (2015.5.18 삭제)

제55조【양벌규정】 법인의 대표자나 법인 또는 개인의 대리인, 사용인, 그 밖의 종업원이 그 법인 또는 개인의 업무에 관하여 제54조의 위반행위를 하면 그 행위자를 벌하는 외에 그 법인 또는 개인에게도 해당 조문의 벌금형을 과(科)한다. 다만, 법인 또는 개인이 그 위반행위를 방지하기 위하여 해당 업무에 관하여 상당한 주의와 감독을 게을리하지 아니한 경우에는 그러하지 아니하다.
(2011.6.7 본조개정)

제56조【과태료】 ① 제14조의2제1항을 위반하여 실태조사에 따르지 아니한 자에게는 1억원 이하의 과태료를 부과한다.(2022.6.10 본항신설)
② 제43조제1항에 따른 신고를 하지 아니하고 어린이집을 폐지하거나 일정기간 운영을 중단하거나 운영을 재개한 자에게는 500만원 이하의 과태료를 부과한다.
(2011.6.7 본항개정)
③ 다음 각 호의 어느 하나에 해당하는 자에게는 300만원 이하의 과태료를 부과한다.

1. 제26조제1항에 따른 취약보육을 우선적으로 실시하지 아니한 자
2. 제28조제1항 각 호에 해당하는 자를 우선적으로 보육하지 아니한 자
3. 제31조에 따른 건강진단 또는 응급조치 등을 이행하지 아니한 자. 다만, 영유아 건강진단의 경우 영유아의 보호자에게 3회 이상 영유아 건강검진을 안내하고 건강검진 결과 통보서 제출을 요구한 경우는 제외한다.(2020.12.29 단서신설)
4. 제15조의4에 따른 폐쇄회로 텔레비전을 설치하지 아니하거나 설치·관리의무를 위반한 자(2015.5.18 본호신설)
5. 제15조의5제1항에 따른 열람요청에 응하지 아니한 자(2015.5.18 본호신설)

④ 제1항부터 제3항까지의 규정에 따른 과태료는 대통령령으로 정하는 바에 따라 교육부장관, 시·도지사 또는 시장·군수·구청장이 부과·징수한다.(2023.12.26 본항개정)
⑤~⑥ (2011.6.7 삭제)
(2007.10.17 본조개정)

부 칙 (2018.12.24)

제1조【시행일】 이 법은 공포한 날부터 시행한다. 다만, 제31조의3의 개정규정은 공포 후 3개월이 경과한 날부터 시행하고, 제12조, 제34조제6항 및 제39조의2의 개정규정은 공포 후 6개월이 경과한 날부터 시행한다.

제2조【공동주택 내 국공립어린이집 설치에 관한 적용례】 제12조의 개정규정은 같은 개정규정 시행일부터 3개월이 경과한 후 최초로 「주택법」 제49조에 따른 사용검사를 신청하는 공동주택부터 적용한다.

제3조【일시보육서비스지정기관에 관한 경과조치】 이 법 시행 당시 종전의 규정에 따라 지정된 일시보육서비스지정기관은 제26조의2제2항의 개정규정에 따라 지정된 시간제보육서비스지정기관으로 본다.

부 칙 (2019.1.15 법16248호)

제1조【시행일】 이 법은 공포 후 6개월이 경과한 날부터 시행한다.(이하 생략)

부 칙 (2019.1.15 법16251호)

제1조【시행일】 이 법은 공포 후 1년이 경과한 날부터 시행한다. 다만, 제13조제2항의 개정규정은 공포 후 6개월이 경과한 날부터 시행한다.

제2조【표준보육비용 조사에 관한 적용례】 제34조제7항의 개정규정에 따른 최초의 표준보육비용 조사는 2022년도에 실시한다.

제3조【비용의 반환명령에 관한 적용례】 제40조의 개정규정은 이 법 시행 후 최초로 거짓이나 그 밖의 부정한 방법으로 제34조에 따른 비용을 지원받은 경우부터 적용한다.

부 칙 (2019.4.30)

제1조【시행일】 이 법은 2020년 3월 1일부터 시행한다. 다만, 제44조의3의 개정규정은 공포 후 6개월이 경과한 날부터 시행한다.

제2조【이행강제금 부과에 관한 적용례】 제44조의3제2항의 개정규정은 같은 개정규정 시행 후 최초로 이행강제금을 부과하는 경우부터 적용한다.

제3조【다른 법률의 개정】 ※(해당 법령에 가제정리 하였음)

부 칙 (2020.3.24)

제1조【시행일】 이 법은 공포한 날부터 시행한다.(이하 생략)

부 칙 (2020.4.7)

이 법은 공포 후 3개월이 경과한 날부터 시행한다.

부 칙 (2020.12.29)

제1조【시행일】 이 법은 공포한 날부터 시행한다. 다만, 제33조의3의 개정규정은 공포 후 3개월이 경과한 날부터 시행하고, 제9조, 제9조의3, 제16조제7호, 제16조의2, 제25조제4항제5호의2·제8호, 제38조, 제38조의2, 제40조, 제40조의2, 제42조의2, 제44조, 제45조, 제46부터 제48조까지, 제49조의2, 제49조의3, 제51조의2, 제54조의 개정규정은 공포 후 6개월이 경과한 날부터 시행한다.

제2조【결격사유에 관한 적용례】 제16조제7호의 개정규정은 이 법 시행 이후의 위반행위로 「유아교육법」 제32조에 따라 폐쇄명령을 받는 경우부터 적용한다.

제3조【벌금형의 분리 선고에 관한 적용례】 제16조의2의 개정규정은 이 법 시행 이후 제54조제2항부터 제4항까지의 규정에서 정한 죄를 저지른 사람부터 적용한다.

제4조【어린이집운영위원회 구성에 관한 적용례】 제25조제3항의 개정규정은 이 법 시행 후 어린이집운영위원회가 새로 구성되는 경우부터 적용한다.

제5조【비용의 반환명령에 관한 적용례】 제40조의 개정규정은 이 법 시행 이후 제38조의2의 개정규정을 위반하여 제34조에 따른 비용을 보육 목적 외로 부정하게 사용하는 경우부터 적용한다.

제6조【보육비용 지원액 등의 환수에 관한 적용례】 제40조의2의 개정규정은 어린이집을 설치·운영하는 자 또는 어린이집의 원장이 이 법 시행 이후 같은 조 제2항제1호 또는 제2호의 개정규정에 해당하게 되는 경우부터 적용한다.

제7조【위법행위의 신고 및 신고자 보호에 관한 적용례】 제42조의2의 개정규정은 이 법 시행 전에 같은 조 제1항제5호 또는 제6호의 개정규정에 해당한 자를 신고 또는 고발하는 경우에도 적용한다.

제8조【어린이집의 폐쇄 등에 관한 적용례】 제45조제1항의 개정규정은 어린이집을 설치·운영하는 자가 이 법 시행 이후 같은 항 제1호의2부터 제1호의4까지 또는 제5호의 개정규정에 해당하게 되는 경우부터 적용한다.

제9조【어린이집의 원장의 자격정지에 관한 적용례】 ① 제46조제1항의 개정규정은 어린이집의 원장이 이 법 시행 이후 같은 항 제5호부터 제7호까지의 개정규정의 어느 하나에 해당하게 되는 경우부터 적용한다.
② 제46조제2항의 개정규정은 어린이집의 원장이 이 법 시행 이후 「도로교통법」 제53조제3항부터 제5항까지에 따른 영유아의 하차 여부 확인에 관한 의무를 준수하지 아니하여 그에 따라 영유아가 사망하거나 신체에 보건복지부령으로 정하는 중상해를 입은 경우부터 적용한다.
③ 제46조제3항의 개정규정은 어린이집의 원장의 지도·감독 하에 있는 자가 이 법 시행 이후 같은 항 제1호 또는 제2호에 해당하는 행위를 하는 경우부터 적용한다.

제10조【보육교사의 자격정지에 관한 적용례】 제47조제2항의 개정규정은 보육교사가 이 법 시행 이후 「도로교통법」 제53조제3항부터 제5항까지에 따른 영유아의 하차 여부 확인에 관한 의무를 준수하지 아니하여 그에 따라 영유아가 사망하거나 신체에 보건복지부령으로 정하는 중상해를 입은 경우부터 적용한다.

제11조【위반사실의 공표에 관한 적용례】 제49조의3제1항의 개정규정은 이 법 시행 이후의 위반행위부터 적용한다.

제12조【어린이집의 원장 및 보육교사의 자격정지 기간에 관한 경과조치】 이 법 시행 전의 위반행위에 대한 자격정지 기간에 관하여는 제46조제1항 각 호 외의 부분 및 제47조제1항 각 호 외의 부분의 개정규정에도 불구하고 종전의 규정에 따른다.

부 칙 (2021.6.8)

제1조【시행일】 이 법은 공포 후 6개월이 경과한 날부터 시행한다.
제2조【공공형어린이집에 관한 경과조치】 이 법 시행 당시 시·도별로 선정된 공공형어린이집은 제30조의2의 개정규정에 따라 지정된 공공형어린이집으로 본다. 다만, 이 법 시행 후 1년 이내에 이 법에 따른 요건을 갖추어야 한다.

부 칙 (2021.8.17)

이 법은 공포한 날부터 시행한다.

부 칙 (2021.11.30)

제1조【시행일】 이 법은 공포 후 1년이 경과한 날부터 시행한다.(이하 생략)

부 칙 (2021.12.21)
(2022.6.10)
(2023.6.13)

이 법은 공포 후 6개월이 경과한 날부터 시행한다.

부 칙 (2023.8.8)

이 법은 공포한 날부터 시행한다. 다만, 제2조제1호 및 제28조제1항제2호·제2호의2의 개정규정은 공포 후 6개월이 경과한 날부터 시행한다.

부 칙 (2023.8.16)

이 법은 공포 후 6개월이 경과한 날부터 시행한다.

부 칙 (2023.12.26)

제1조【시행일】 이 법은 공포 후 6개월이 경과한 날부터 시행한다.(이하 생략)

부 칙 (2024.1.2)

제1조【시행일】 이 법은 공포 후 6개월이 경과한 날부터 시행한다.
제2조【평가 변경 등에 관한 적용례】 제30조의 개정규정은 이 법 시행 이후 평가대상이 되는 어린이집부터 적용한다.
제3조【평가인증 또는 평가를 받은 어린이집에 관한 경과조치】 이 법 시행 당시 종전의 규정에 따라 평가인증 또는 평가를 받아 그 평가 결과가 유효한 어린이집에 대해서는 종전의 규정에 따라 정한 기간 동안 평가가 완료된 어린이집으로 본다.

부 칙 (2024.1.9)

제1조【시행일】 이 법은 공포 후 6개월이 경과한 날부터 시행한다.
제2조 (생략)
제3조【「영유아보육법」의 개정에 관한 경과조치】 이 법 시행 당시 종전의 「영유아보육법」 제14조의2제3항에 따라 직장어린이집명단공표심의위원회에 심의 요청된 사항은 같은 법 제14조의2제3항의 개정규정에 따라 중앙보육정책위원회에 심의 요청된 것으로 본다.(이하 생략)

부 칙 (2024.1.23)
(2024.2.6)

이 법은 공포 후 6개월이 경과한 날부터 시행한다.

장애인복지법

(2007년 4월 11일
전부개정법률 제8367호)

개정
2007.10.17법 8652호
2008. 2.29법 8852호(정부조직)
2010. 1.18법 9932호(정부조직)
2010. 3.31법10220호(지방세특례제한법)
2010. 4.12법10255호(장애인연금법)
2010. 5.27법10323호
2011. 1. 4법10426호(장애인활동지원에관한법)
2011. 3.30법10517호 2011. 8. 4법11010호
2012. 1.26법11240호 2012.10.22법11521호
2013. 3.23법11690호(정부조직)
2013. 7.30법11977호
2015. 3.11법13216호(신용정보의이용및보호에관한법)
2015. 6.22법13366호
2015. 6.22법13367호(한국보건의료인국가시험원법)
2015.12.29법13661호(장애인건강권및의료접근성보장에관한법)
2015.12.29법13662호(장애인·노인등을위한보조기기지원및활용촉진에관한법)
2015.12.29법13663호
2016. 2. 3법13978호(한국수화언어법)
2016. 5.29법14222호
2016. 5.29법14224호(정신건강증진및정신질환자복지서비스지원에관한법)
2017. 2. 8법14562호 2017. 9.19법14892호
2017.12.19법15270호 2018. 6.12법15646호
2018.12.11법15904호
2019. 1.15법16248호(아동)
2019. 1.15법16258호 2019.12. 3법16733호
2020.12.29법17791호 2021. 6. 8법18220호
2021. 7.27법18333호 2021. 8.17법18417호
2021.12.21법18625호 2023. 3.28법19303호
2023. 5. 2법19400호 2023. 8. 8법19609호
2024. 1. 2법19901호→2025년 7월 3일 시행이므로 「法典 別冊」 보유편 수록
2024. 1. 9법19958호(행정기관정비일부개정법령등)→2024년 7월 10일 시행
2024. 1.23법20111호→2025년 1월 24일 시행이므로 「法典 別冊」 보유편 수록
2024년 1월 25일 제412회 국회 본회의 통과→「法典 別冊」 보유편 수록

제1장 총 칙

제1조【목적】 이 법은 장애인의 인간다운 삶과 권리보장을 위한 국가와 지방자치단체 등의 책임을 명백히 하고, 장애발생 예방과 장애인의 의료·교육·직업재활·생활환경개선 등에 관한 사업을 정하여 장애인복지대책을 종합적으로 추진하며, 장애인의 자립생활·보호 및 수당지급 등에 관하여 필요한 사항을 정하여 장애인의 생활안정에 기여하는 등 장애인의 복지와 사회활동 참여증진을 통하여 사회통합에 이바지함을 목적으로 한다.
제2조【장애인의 정의 등】 ① "장애인"이란 신체적·정신적 장애로 오랫동안 일상생활이나 사회생활에서 상당한 제약을 받는 자를 말한다.
② 이 법을 적용받는 장애인은 제1항에 따른 장애인 중 다음 각 호의 어느 하나에 해당하는 장애가 있는 자로서 대통령령으로 정하는 장애의 종류 및 기준에 해당하는 자를 말한다.
1. "신체적 장애"란 주요 외부 신체 기능의 장애, 내부기관의 장애 등을 말한다.
2. "정신적 장애"란 발달장애 또는 정신 질환으로 발생하는 장애를 말한다.
③ "장애인학대"란 장애인에 대하여 신체적·정신적·정서적·언어적·성적 폭력이나 가혹행위, 경제적 착취, 유기 또는 방임을 하는 것을 말한다.(2015.6.22 본항개정)
④ "장애인학대관련범죄"란 장애인학대로서 다음 각 호의 어느 하나에 해당하는 죄를 말한다.
1. 「형법」 제2편제24장 살인의 죄 중 제250조(살인, 존속살해), 제252조(촉탁, 승낙에 의한 살인 등), 제253조(위계 등에 의한 촉탁살인 등) 및 제254조(미수범)의 죄
2. 「형법」 제2편제25장 상해와 폭행의 죄 중 제257조(상해, 존속상해), 제258조(중상해, 존속중상해), 제258조의2(특수상해), 제259조(상해치사), 제260조(폭행, 존속폭행)제1항·제2항, 제261조(특수폭행) 및 262조(폭행치사상)의 죄
3. 「형법」 제2편제28장 유기와 학대의 죄 중 제271조(유기, 존속유기)제1항·제2항, 제272조(영아유기), 제273조(학대, 존속학대), 제274조(아동혹사) 및 제275조(유기등 치사상)의 죄
4. 「형법」 제2편제29장 체포와 감금의 죄 중 제276조(체포, 감금, 존속체포, 존속감금), 제277조(중체포, 중감금, 존속중체포, 존속중감금), 제278조(특수체포, 특수감금), 제280조(미수범) 및 제281조(체포·감금등의 치사상)의 죄
5. 「형법」 제2편제30장 협박의 죄 중 제283조(협박, 존속협박)제1항·제2항, 제284조(특수협박) 및 제286조(미수범)의 죄
6. 「형법」 제2편제31장 약취, 유인 및 인신매매의 죄 중 제287조(미성년자의 약취, 유인), 제288조(추행 등 목적 약취, 유인 등), 제289조(인신매매) 및 제290조(약취, 유인, 매매, 이송 등 상해·치상), 제291조(약취, 유인, 매매, 이송 등 살인·치사) 및 제292조(약취, 유인, 매매, 이송된 사람의 수수·은닉 등) 및 제294조(미수범)의 죄
7. 「형법」 제2편제32장 강간과 추행의 죄 중 제297조(강간), 제297조의2(유사강간), 제298조(강제추행), 제299조(준강간, 준강제추행), 제300조(미수범), 제301조(강간등 상해·치상), 제301조의2(강간등 살인·치사), 제302조(미성년자 등에 대한 간음), 제303조(업무상위력 등에 의한 간음) 및 제305조(미성년자에 대한 간음, 추행)의 죄
8. 「형법」 제2편제33장 명예에 관한 죄 중 제307조(명예훼손), 제309조(출판물 등에 의한 명예훼손) 및 제311조(모욕)의 죄
9. 「형법」 제2편제36장 주거침입의 죄 중 제321조(주거·신체 수색)의 죄
10. 「형법」 제2편제37장 권리행사를 방해하는 죄 중 제324조(강요) 및 제324조의5(미수범)(제324조의 죄에만 해당한다)의 죄
11. 「형법」 제2편제39장 사기와 공갈의 죄 중 제347조(사기), 제347조의2(컴퓨터등 사용사기), 제348조(준사기), 제350조(공갈), 제350조의2(특수공갈) 및 제352조(미수범)
12. 「형법」 제2편제40장 횡령과 배임의 죄 중 제355조(횡령, 배임), 제356조(업무상의 횡령과 배임) 및 제357조(배임수증재)의 죄
13. 「형법」 제2편제42장 손괴의 죄 중 제366조(재물손괴등)의 죄
14. 제86조제1항·제2항, 같은 조 제3항제3호, 같은 조 제4항제2호 및 같은 조 제5항의 죄
15. 「성매매알선 등 행위의 처벌에 관한 법률」 제18조 및 제23조(제18조의 죄에만 해당한다)의 죄
16. 「장애인차별금지 및 권리구제 등에 관한 법률」 제49조제1항의 죄
17. 「정보통신망 이용촉진 및 정보보호 등에 관한 법률」 제70조제1항 및 제2항의 죄
18. 「정신건강증진 및 정신질환자 복지서비스 지원에 관한 법률」 제84조제1호 및 제11호의 죄
19. 제1호부터 제18호까지의 죄로서 다른 법률에 따라 가중처벌되는 죄

(2020.12.29 본항신설)

판례 어느 특정한 장애가 이 사건 시행령 조항에 명시적으로 규정되어 있지 않다고 하더라도, 그 장애를 가진 사람이 제2조에서 정한 장애인에 해당함이 분명할 뿐 아니라, 법과 시행령 조항의 내용과 체계에 비추어 볼 때 시행령이 해당 장애를 법 적용대상에서 배제하려는 전제에 서 있다고 볼 수 없고 단순한 행정입법의 미비가 있을 뿐이라고 보이는 경우에는 행정청은 그 장애가 시행령에 규정되어 있지 않다는 이유만으로 장애인등록신청을 거부할 수 없다.
(대판 2019.10.31, 2016두50907)

제3조【기본이념】 장애인복지의 기본이념은 장애인의 완전한 사회 참여와 평등을 통하여 사회통합을 이루는 데에 있다.
제4조【장애인의 권리】 ① 장애인은 인간으로서 존엄과 가치를 존중받으며, 그에 걸맞은 대우를 받는다.
② 장애인은 국가·사회의 구성원으로서 정치·경제·사회·문화, 그 밖의 모든 분야의 활동에 참여할 권리를 가진다.
③ 장애인은 장애인 관련 정책결정과정에 우선적으로 참여할 권리가 있다.
제5조【장애인 및 보호자 등에 대한 의견수렴과 참여】 국가 및 지방자치단체는 장애인 정책의 결정과 그 실시에 있어서 장애인 및 장애인의 부모, 배우자, 그 밖에 장애인을 보호하는 자의 의견을 수렴하여야 한다. 이 경우 당사자의 의견수렴을 위한 참여를 보장하여야 한다.
제6조【중증장애인의 보호】 국가와 지방자치단체는 장애 정도가 심하여 자립하기가 매우 곤란한 장애인(이하 "중증장애인"이라 한다)이 필요한 보호 등을 평생 받을 수 있도록 알맞은 정책을 강구하여야 한다.
제7조【여성장애인의 권익보호 등】 국가와 지방자치단체는 여성장애인의 권익을 보호하고 사회참여를 확대하기 위하여 기초학습과 직업교육 등 필요한 시책을 강구하여야 한다.
제8조【차별금지 등】 ① 누구든지 장애를 이유로 정치·경제·사회·문화 생활의 모든 영역에서 차별을 받지 아니하고, 누구든지 장애를 이유로 정치·경제·사회·문화 생활의 모든 영역에서 장애인을 차별하여서는 아니 된다.
② 누구든지 장애인을 비하·모욕하거나 장애인을 이용하여 부당한 영리행위를 하여서는 아니 되며, 장애인의 장애를 이해하기 위하여 노력하여야 한다.
제9조【국가와 지방자치단체의 책임】 ① 국가와 지방자치단체는 장애 발생을 예방하고, 장애의 조기 발견에 대한 국민의 관심을 높이며, 장애인의 자립을 지원하고, 보호가 필요한 장애인을 보호하여 장애인의 복지를 향상시킬 책임을 진다.
② 국가와 지방자치단체는 여성 장애인의 권익을 보호하기 위하여 정책을 강구하여야 한다.
③ 국가와 지방자치단체는 장애인복지정책을 장애인과 그 보호자에게 적극적으로 홍보하여야 하며, 국민이 장애인을 올바르게 이해하도록 하는 데에 필요한 정책을 강구하여야 한다.
제10조【국민의 책임】 모든 국민은 장애 발생의 예방과 장애의 조기 발견을 위하여 노력하여야 하며, 장애인의

인격을 존중하고 사회통합의 이념에 기초하여 장애인의 복지향상에 협력하여야 한다.

제10조의2【장애인정책종합계획】 ① 보건복지부장관은 장애인의 권익과 복지증진을 위하여 관계 중앙행정기관의 장과 협의하여 5년마다 장애인정책종합계획(이하 "종합계획"이라 한다)을 수립·시행하여야 한다.

② 종합계획에는 다음 각 호의 사항이 포함되어야 한다.

1. 장애인의 복지에 관한 사항
2. 장애인의 교육문화에 관한 사항
3. 장애인의 경제활동에 관한 사항
4. 장애인의 사회참여에 관한 사항
5. 장애인의 안전관리에 관한 사항(2021.6.8 본호신설)
6. 그 밖에 장애인의 권익과 복지증진을 위하여 필요한 사항

③ 관계 중앙행정기관의 장은 장애인의 권익과 복지증진을 위하여 관련 업무에 대한 사업계획을 매년 수립·시행하여야 하고, 그 사업계획과 전년도의 사업계획 추진실적을 매년 보건복지부장관에게 제출하여야 한다.

④ 보건복지부장관은 제3항에 따라 제출된 사업계획과 추진실적을 종합하여 종합계획을 수립하되, 제11조에 따른 장애인정책조정위원회의 심의를 미리 거쳐야 한다. 종합계획을 변경하는 경우에도 또한 같다.

⑤ 보건복지부장관은 종합계획의 추진성과를 매년 평가하고, 그 결과를 종합계획에 반영할 필요가 있는 경우에는 제4항 후단에 따라 종합계획을 변경하거나 다음 종합계획을 수립할 때에 반영하여야 한다.

⑥ 제1항부터 제5항까지에서 규정한 사항 외에 종합계획의 수립 시기, 절차 및 방법 등에 관하여 필요한 사항은 대통령령으로 정한다.

(2012.1.26 본조신설)

제10조의3【국회에 대한 보고】 보건복지부장관은 종합계획을 수립하거나 해당 연도의 사업계획, 전년도 사업계획의 추진실적, 추진성과의 평가를 확정한 때에는 이를 지체 없이 국회 소관 상임위원회에 보고하여야 한다.

(2015.6.22 본조신설)

제11조【장애인정책조정위원회】 ① 장애인 종합정책을 수립하고 관계 부처 간의 의견을 조정하며 그 정책의 이행을 감독·평가하기 위하여 국무총리 소속하에 장애인정책조정위원회(이하 "위원회"라 한다)를 둔다.

② 위원회는 다음 각 호의 사항을 심의·조정한다.

1. 장애인복지정책의 기본방향에 관한 사항
2. 장애인복지 향상을 위한 제도개선과 예산지원에 관한 사항
3. 중요한 특수교육정책의 조정에 관한 사항
4. 장애인 고용촉진정책의 중요한 조정에 관한 사항
5. 장애인 이동보장 정책조정에 관한 사항
6. 장애인정책 추진과 관련한 재원조달에 관한 사항
7. 장애인복지에 관한 관련 부처의 협조에 관한 사항

7의2. 다른 법령에서 위원회의 심의를 거치도록 한 사항 (2024.1.9 본호신설)

8. 그 밖에 장애인복지와 관련하여 대통령령으로 정하는 사항

③ 위원회는 필요하다고 인정되면 관계 행정기관에 그 직원의 출석·설명과 자료 제출을 요구할 수 있다.

④ 위원회는 제2항의 사항을 미리 검토하고 관계 기관 사이의 협조 사항을 정리하기 위하여 위원회에 장애인정책조정실무위원회(이하 "실무위원회"라 한다)를 둔다.

⑤ 위원회와 실무위원회의 구성·운영에 관하여 필요한 사항은 대통령령으로 정한다.

제12조【장애인정책책임관의 지정 등】 ① 중앙행정기관의 장은 해당 기관의 장애인정책을 효율적으로 수립·시행하기 위하여 소속공무원 중에서 장애인정책책임관을 지정할 수 있다.

② 제1항에 따른 장애인정책책임관의 지정 및 임무 등에 관하여 필요한 사항은 대통령령으로 정한다.

제13조【지방장애인복지위원회】 ① 장애인복지 관련 사업의 기획·조사·실시 등을 하는 데에 필요한 사항을 심의하기 위하여 지방자치단체에 지방장애인복지위원회를 둔다.

② 제1항의 지방장애인복지위원회를 조직·운영하는 데에 필요한 사항은 대통령령으로 정하는 기준에 따라 지방자치단체의 조례로 정한다.

제14조【장애인의 날】 ① 장애인에 대한 국민의 이해를 깊게 하고 장애인의 재활의욕을 높이기 위하여 매년 4월 20일을 장애인의 날로 하며, 장애인의 날부터 1주간을 장애인 주간으로 한다.

② 국가와 지방자치단체는 장애인의 날의 취지에 맞는 행사 등 사업을 하도록 노력하여야 한다.

제15조【다른 법률과의 관계】 제2조에 따른 장애인 중 「국가유공자 등 예우 및 지원에 관한 법률」 등 대통령령으로 정하는 다른 법률을 적용 받는 장애인에 대하여는 대통령령으로 정하는 바에 따라 이 법의 적용을 제한할 수 있다.(2021.12.21 본조개정)

제16조【법제와 관련된 조치 등】 국가와 지방자치단체는 이 법의 목적을 달성하기 위하여 필요한 법제(法制)·재정과 관련된 조치를 강구하여야 한다.

제2장 기본정책의 강구

제17조【장애발생 예방】 ① 국가와 지방자치단체는 장애의 발생 원인과 예방에 관한 조사 연구를 촉진하여야 하며, 모자보건사업의 강화, 장애의 원인이 되는 질병의 조기 발견과 조기 치료, 그 밖에 필요한 정책을 강구하여야 한다.

② 국가와 지방자치단체는 교통사고·산업재해·약물중독 및 환경오염 등에 의한 장애발생을 예방하기 위하여 필요한 조치를 강구하여야 한다.

제18조【의료와 재활치료】 국가와 지방자치단체는 장애인이 생활기능을 익히거나 되찾을 수 있도록 필요한 기능치료와 심리치료 등 재활의료를 제공하고 장애인의 장애를 보완할 수 있는 장애인보조기구를 제공하는 등 필요한 정책을 강구하여야 한다.

제19조【사회적응 훈련】 국가와 지방자치단체는 장애인이 재활치료를 마치고 일상생활이나 사회생활을 원활히 할 수 있도록 사회적응 훈련을 실시하여야 한다.

제20조【교육】 ① 국가와 지방자치단체는 사회통합의 이념에 따라 장애인이 연령·능력·장애의 종류 및 정도에 따라 충분히 교육받을 수 있도록 교육 내용과 방법을 개선하는 등 필요한 정책을 강구하여야 한다.

② 국가와 지방자치단체는 장애인의 교육에 관한 조사·연구를 촉진하여야 한다.

③ 국가와 지방자치단체는 장애인에게 전문 진로교육을 실시하는 제도를 강구하여야 한다.

④ 각급 학교의 장은 교육을 필요로 하는 장애인이 그 학교에 입학하려는 경우 장애를 이유로 입학 지원을 거부하거나 입학시험 합격자의 입학을 거부하는 등의 불리한 조치를 하여서는 아니 된다.

⑤ 모든 교육기관은 교육 대상인 장애인의 입학과 수학(修學) 등에 편리하도록 장애의 종류와 정도에 맞추어 시설을 정비하거나 그 밖에 필요한 조치를 강구하여야 한다.

제21조【직업】 ① 국가와 지방자치단체는 장애인이 적성과 능력에 맞는 직업에 종사할 수 있도록 직업 지도, 직업능력 평가, 직업 적응훈련, 직업훈련, 취업 알선, 고용 및 취업 후 지도 등 필요한 정책을 강구하여야 한다.

② 국가와 지방자치단체는 장애인 직업재활훈련이 원활히 이루어질 수 있도록 장애인에게 적합한 직종과 재활사업에 관한 조사·연구를 촉진하여야 한다.

제22조【정보에의 접근】 ① 국가와 지방자치단체는 장애인이 정보에 원활하게 접근하고 자신의 의사를 표시할 수 있도록 전기통신·방송시설 등을 개선하기 위하여 노력하여야 한다.

② 국가와 지방자치단체는 방송국의 장 등 민간 사업자에게 뉴스와 국가적 주요 사항의 중계 등 대통령령으로 정하는 방송 프로그램에 청각장애인을 위한 한국수어 또는 폐쇄자막과 시각장애인을 위한 화면해설 또는 자막해설 등을 방영하도록 요청하여야 한다.(2016.2.3 본항개정)

③ 국가와 지방자치단체는 국가적인 행사, 그 밖의 교육·집회 등 대통령령으로 정하는 행사를 개최하는 경우에는 청각장애인을 위한 한국수어 통역 및 시각장애인을 위한 점자 및 인쇄물 접근성바코드(음성변환용 코드 등 대통령령으로 정하는 전자적 표시를 말한다. 이하 이 조에서 같다)가 삽입된 자료 등을 제공하여야 하며 민간이 주최하는 행사의 경우에는 한국수어 통역과 점자 및 인쇄물 접근성바코드가 삽입된 자료 등을 제공하도록 요청할 수 있다.(2017.12.19 본항개정)

④ 제2항과 제3항의 요청을 받은 방송국의 장 등 민간 사업자와 민간 행사 주최자는 정당한 사유가 없으면 그 요청에 따라야 한다.

⑤ 국가와 지방자치단체는 시각장애인과 시청각장애인(시각 및 청각 기능이 손상된 장애인을 말한다. 이하 같다)이 정보에 쉽게 접근하고 의사소통을 원활하게 할 수 있도록 점자도서, 음성도서, 점자정보단말기 및 무지점자단말기 등 의사소통 보조기구를 개발·보급하고, 시청각장애인을 위한 의사소통 지원 전문인력을 양성·파견하기 위하여 노력하여야 한다.(2019.12.3 본항개정)

⑥ 국가와 지방자치단체는 장애인의 특성을 고려하여 정보통신망 및 정보통신기기의 접근·이용에 필요한 지원 및 도구의 개발·보급 등 필요한 시책을 강구하여야 한다.

제23조【편의시설】 ① 국가와 지방자치단체는 장애인이 공공시설과 교통수단 등을 안전하고 편리하게 이용할 수 있도록 편의시설의 설치와 운영에 필요한 정책을 강구하여야 한다.

② 국가와 지방자치단체는 공공시설 등 이용편의를 위하여 한국수어 통역·안내보조 등 인적서비스 제공에 관하여 필요한 시책을 강구하여야 한다.(2016.2.3 본항개정)

제24조【안전대책 강구】 국가와 지방자치단체는 추락사고 등 장애로 인하여 일어날 수 있는 안전사고와 비상재해 등에 대비하여 시각·청각 장애인과 이동이 불편한 장애인을 위하여 피난용 통로를 확보하고, 점자·음성·문자 안내판을 설치하며, 긴급 통보체계를 마련하는 등 장애인의 특성을 배려한 안전대책 등 필요한 조치를 강구하여야 한다.

제25조【사회적 인식개선 등】 ① 국가와 지방자치단체는 학생, 공무원, 근로자, 그 밖의 일반국민 등을 대상으로 장애인에 대한 인식개선을 위한 교육 및 공익광고 등 홍보사업을 실시하여야 한다.

② 국가기관 및 지방자치단체의 장, 「영유아보육법」에 따른 어린이집, 「유아교육법」·「초·중등교육법」·「고등교육법」에 따른 각급 학교의 장, 그 밖에 대통령령으로 정하는 교육기관 및 공공단체(이하 "국가기관등"이라 한다)의 장은 매년 소속 직원·학생을 대상으로 장애인에 대한 인식개선을 위한 교육(이하 "인식개선교육"이라 한다)을 실시하고, 그 결과를 보건복지부장관에게 제출하여야 한다.(2019.12.3 본항개정)

③ 보건복지부장관은 인식개선교육의 실시 결과에 대한 점검을 대통령령으로 정하는 바에 따라 매년 실시하여야 한다.(2019.12.3 본항신설)

④ 보건복지부장관은 제3항에 따른 점검 결과 인식개선교육 이수율 등이 보건복지부장관이 정한 기준에 미치지 못하는 국가기관등에 대하여 대통령령으로 정하는 바에 따라 관리자(인식개선교육에 관한 업무를 총괄하여 책임지는 사람을 말한다. 이하 같다) 특별교육 등 필요한 조치를 하여야 한다.(2019.12.3 본항신설)

⑤ 보건복지부장관은 제3항에 따른 점검 결과를 대통령령으로 정하는 바에 따라 언론 등에 공표하여야 한다. 다만, 다른 법률에서 공표를 제한하고 있는 경우에는 그러하지 아니하다.(2019.12.3 본항신설)

⑥ 보건복지부장관은 제3항에 따른 점검 결과를 다음 각 호의 평가에 반영하도록 해당 평가를 실시하는 기관·단체의 장에게 요구할 수 있다.

1. 「정부업무평가 기본법」 제14조제1항 및 제18조제1항에 따른 중앙행정기관 및 지방자치단체의 자체평가
2. 「공공기관의 운영에 관한 법률」 제48조제1항에 따른 공기업·준정부기관의 경영실적 평가
3. 「지방공기업법」 제78조제1항에 따른 지방공기업의 경영평가
4. 「초·중등교육법」 제9조제2항에 따른 학교 평가

(2019.12.3 본항신설)

⑦ 보건복지부장관은 인식개선교육을 효과적으로 실시하기 위하여 전문강사를 양성하고 교육프로그램을 개발·보급하여야 한다.(2019.12.3 본항신설)

⑧ 보건복지부장관은 인식개선교육의 효율적 지원 및 실시 결과의 관리 등을 위하여 인식개선교육 정보시스템을 구축·운영할 수 있다.(2019.12.3 본항신설)

⑨ 국가는 「초·중등교육법」에 따른 학교에서 사용하는 교과용도서에 장애인에 대한 인식개선을 위한 내용이 포함되도록 하여야 한다.

⑩ 보건복지부장관은 대통령령으로 정하는 바에 따라 다음 각 호의 업무를 「공공기관의 운영에 관한 법률」 제4조에 따른 공공기관 중 장애인 복지향상을 설립목적으로 하는 공공기관에 위탁할 수 있다. 이 경우 보건복지부장관은 예산의 범위에서 업무 수행에 필요한 비용의 전부 또는 일부를 지원할 수 있다.

1. 제3항 및 제4항에 따른 인식개선교육 실시 결과에 대한 점검과 관리자 특별교육
2. 제7항에 따른 전문강사 양성 및 교육프로그램 개발·보급
3. 제8항에 따른 인식개선교육 정보시스템 구축·운영

(2019.12.3 본항신설)

⑪ 제1항 및 제9항의 사업, 인식개선교육의 내용과 방법, 결과 제출 및 제8항에 따른 인식개선교육 정보시스템의 구축·운영 등에 필요한 사항은 대통령령으로 정한다.

(2019.12.3 본항개정)

(2019.12.3 본조제목개정)

제25조의2【인식개선교육의 위탁 등】 ① 국가기관등의 장은 인식개선교육을 보건복지부장관이 지정하는 기관(이하 "인식개선교육기관"이라 한다)에 위탁할 수 있다.

② 인식개선교육기관의 장은 보건복지부령으로 정하는 바에 따라 인식개선교육을 실시하여야 하며, 국가기관등의 장 및 인식개선교육기관의 장은 교육 실시 관련 자료를 3년간 보관하고 국가기관등의 장이나 피교육자가 원하는 경우 그 자료를 내주어야 한다.

③ 인식개선교육기관은 보건복지부령으로 정하는 자격을 가진 전문강사를 1명 이상 두어야 한다.

④ 보건복지부장관은 인식개선교육기관이 다음 각 호의 어느 하나에 해당하면 그 지정을 취소할 수 있다. 다만, 제1호에 해당하는 경우에는 그 지정을 취소하여야 한다.

1. 거짓이나 그 밖의 부정한 방법으로 지정을 받은 경우
2. 정당한 사유 없이 제3항에 따른 전문강사를 6개월 이상 계속하여 두지 아니한 경우

⑤ 보건복지부장관은 제4항에 따라 인식개선교육기관의 지정을 취소하려면 청문을 하여야 한다.

⑥ 인식개선교육기관의 지정 기준 및 절차는 보건복지부령으로 정한다.

(2019.12.3 본조신설)

제25조의3【홍보영상의 제작·배포·송출】 ① 보건복지부장관은 장애인에 대한 차별·편견 및 학대의 예방과 방지 등에 관한 홍보영상을 제작하여 「방송법」 제2조제23호의 방송편성책임자에게 배포하여야 한다.

② 보건복지부장관은 「방송법」 제2조제3호에 따른 방송사업자에게 같은 법 제73조제4항에 따라 대통령령으로 정하는 비상업적 공익광고 편성비율의 범위에서 제1항의 홍보영상을 채널별로 송출하도록 요청할 수 있다.
③ 보건복지부장관은 「방송법」 제2조제12호의 전광판방송사업자에게 같은 법 제73조제4항에 따라 대통령령으로 정하는 비상업적 공익광고 편성비율의 범위에서 제1항의 홍보영상을 전광판으로 송출하도록 요청할 수 있다.
④ 제2항에 따른 방송사업자와 제3항에 따른 전광판방송사업자는 제1항의 홍보영상 외에 독자적인 홍보영상을 제작하여 송출할 수 있다. 이 경우 보건복지부장관에게 필요한 협조 및 지원을 요청할 수 있다.
(2021.12.21 본조신설)

제26조【선거권 행사를 위한 편의 제공】 국가와 지방자치단체는 장애인이 선거권을 행사하는 데에 불편함이 없도록 편의시설·설비를 설치하고, 선거권 행사에 관하여 홍보하며, 선거용 보조기구를 개발·보급하는 등 필요한 조치를 강구하여야 한다.

제27조【주택 보급】 ① 국가와 지방자치단체는 공공주택등 주택을 건설할 경우에는 장애인에게 장애 정도를 고려하여 우선 분양 또는 임대할 수 있도록 노력하여야 한다.
② 국가와 지방자치단체는 주택의 구입자금·임차자금 또는 개·보수비용의 지원 등 장애인의 일상생활에 적합한 주택의 보급·개선에 필요한 시책을 강구하여야 한다.

제28조【문화환경 정비 등】 국가와 지방자치단체는 장애인의 문화생활, 체육활동 및 관광활동에 대한 장애인의 접근을 보장하기 위하여 관련 시설 및 설비, 그 밖의 환경을 정비하고 문화생활, 체육활동 및 관광활동 등을 지원하도록 노력하여야 한다.(2017.9.19 본조개정)

제29조【복지 연구 등의 진흥】 ① 국가와 지방자치단체는 장애인복지의 종합적이고 체계적인 조사·연구·평가 및 장애인 체육활동 등 장애인정책개발 등을 위하여 필요한 정책을 강구하여야 한다.
②~④ (2018.6.12 삭제)

제29조의2【한국장애인개발원의 설립 등】 ① 제29조제1항에 따른 장애인 관련 조사·연구 및 정책개발·복지진흥 등을 위하여 한국장애인개발원(이하 "개발원"이라 한다)을 설립한다.
② 개발원은 법인으로 한다.
③ 개발원은 다음 각 호의 사업을 수행한다.
1. 장애인복지에 관한 정보의 수집·분석·관리, 조사·연구·정책개발 및 국제개발 등의 국제협력 사업
2. 장애인에 대한 사회적 인식개선 등 장애인복지 관련 교육, 홍보, 컨설팅
3. 중증장애인 직업재활지원 및 재정지원 장애인일자리 개발·지원
4. 중증장애인생산품에 대한 공공기관의 우선구매 촉진 지원
5. 편의시설 설치 기술지원, 장애물 없는 생활환경 조성 등 장애인 편의증진 사업 지원
6. 장애인 재난안전 대응 지침 개발·보급 등 장애인 안전대책 강화를 위한 사업
7. 그 밖에 장애인복지와 관련하여 국가 또는 지방자치단체로부터 위탁받은 사업
④ 국가와 지방자치단체는 개발원의 운영 및 사업에 필요한 비용을 보조할 수 있다.
⑤ 개발원에 대하여 이 법과 「공공기관의 운영에 관한 법률」에서 규정한 사항을 제외하고는 「민법」 중 재단법인에 관한 규정을 준용한다.
(2018.6.12 본조신설)

제30조【경제적 부담의 경감】 ① 국가와 지방자치단체, 「공공기관의 운영에 관한 법률」 제4조에 따른 공공기관, 「지방공기업법」에 따른 지방공사 또는 지방공단은 장애인과 장애인을 부양하는 자의 경제적 부담을 줄이고 장애인의 자립을 촉진하기 위하여 세제상의 조치, 공공시설 이용료 감면, 그 밖에 필요한 정책을 강구하여야 한다.
② 국가와 지방자치단체, 「공공기관의 운영에 관한 법률」 제4조에 따른 공공기관, 「지방공기업법」에 따른 지방공사 또는 지방공단이 아닌 운송사업자는 장애인과 장애인을 부양하는 자의 경제적 부담을 줄이고 장애인의 자립을 돕기 위하여 장애인과 장애인을 보호하기 위하여 동행하는 자의 운임 등을 감면하는 정책을 강구하여야 한다.

제30조의2【장애인 가족 지원】 ① 국가와 지방자치단체는 장애인 가족의 삶의 질 향상 및 안정적인 가정생활 영위를 위하여 다음 각 호의 필요한 시책을 수립·시행하여야 한다.
1. 장애인 가족에 대한 인식개선 사업
2. 장애인 가족 돌봄 지원
3. 장애인 가족 휴식 지원
4. 장애인 가족 사례관리 지원
5. 장애인 가족 역량강화 지원
6. 장애인 가족 상담 지원
7. 그 밖에 보건복지부장관이 장애인 가족을 위하여 필요하다고 인정하는 지원
② 국가와 지방자치단체는 장애인 가족 지원 사업을 효율적으로 추진하기 위하여 장애인 관련 사업을 수행하는 기관·단체 등을 장애인 가족 지원 사업 수행기관(이하 "수행기관"이라 한다)으로 지정할 수 있다.
③ 국가와 지방자치단체는 수행기관이 다음 각 호의 어느 하나에 해당하는 경우에는 지정을 취소할 수 있다. 다만, 제1호에 해당하는 경우에는 지정을 취소하여야 한다.
1. 거짓이나 그 밖의 부정한 방법으로 지정을 받은 경우
2. 제4항에 따른 지정 기준에 적합하지 아니하게 된 경우
3. 정당한 사유 없이 장애인 가족 지원 사업을 수행하지 아니한 경우
④ 수행기관의 지정 기준·절차 등에 필요한 사항은 보건복지부령으로 정한다.
(2017.2.8 본조신설)

제3장 복지 조치

제31조【실태조사】 ① 보건복지부장관은 장애인 복지정책의 수립에 필요한 기초 자료로 활용하기 위하여 3년마다 장애실태조사를 실시하여야 한다.
② 제1항에 따른 장애실태조사의 방법, 대상 및 내용 등에 관하여 필요한 사항은 대통령령으로 정한다.
(2012.1.26 본조개정)

제32조【장애인 등록】 ① 장애인, 그 법정대리인 또는 대통령령으로 정하는 보호자(이하 "법정대리인등"이라 한다)는 장애 상태와 그 밖에 보건복지부령이 정하는 사항을 특별자치시장·특별자치도지사·시장·군수 또는 구청장(자치구의 구청장을 말한다. 이하 같다)에게 등록하여야 하며, 특별자치시장·특별자치도지사·시장·군수·구청장은 등록을 신청한 장애인이 제2조에 따른 기준에 맞으면 장애인등록증(이하 "등록증"이라 한다)을 내주어야 한다.(2017.2.8 본항개정)
② (2017.2.8 삭제)
③ 특별자치시장·특별자치도지사·시장·군수·구청장은 제1항에 따라 등록증을 받은 장애인의 장애 상태의 변화에 따른 장애 정도 조정을 위하여 장애 진단을 받게 하는 등 장애인이나 법정대리인등에게 필요한 조치를 할 수 있다.(2017.12.19 본항개정)
④ (2024.1.9 삭제)
⑤ 등록증은 양도하거나 대여하지 못하며, 등록증과 비슷한 명칭이나 표시를 사용하여서는 아니 된다.
⑥ 특별자치시장·특별자치도지사·시장·군수·구청장은 제1항에 따른 장애인 등록 및 제3항에 따른 장애 상태의 변화에 따른 장애 정도를 조정함에 있어 장애인의 장애 인정과 장애 정도 사정이 적정한지를 확인하기 위하여 필요한 경우 대통령령으로 정하는 「공공기관의 운영에 관한 법률」 제4조에 따른 공공기관에 장애 정도에 관한 정밀심사를 의뢰할 수 있다.(2017.12.19 본항개정)
⑦ (2021.7.27 삭제)
⑧ 제1항, 제3항, 제5항 및 제6항에서 규정한 사항 외에 장애인의 등록, 등록증의 발급, 장애 진단 및 장애 정도에 관한 정밀심사 등에 필요한 사항은 보건복지부령으로 정한다.(2024.1.9 본항개정)

제32조의2【재외동포 및 외국인의 장애인 등록】 ① 재외동포 및 외국인 중 다음 각 호의 어느 하나에 해당하는 사람은 제32조에 따라 장애인 등록을 할 수 있다.
1. 「재외동포의 출입국과 법적 지위에 관한 법률」 제6조에 따라 국내거소신고를 한 사람
2. 「주민등록법」 제6조에 따라 재외국민으로 주민등록을 한 사람(2015.12.29 본호신설)
3. 「출입국관리법」 제31조에 따라 외국인등록을 한 사람으로서 같은 법 제10조제1항에 따른 체류자격 중 대한민국에 영주할 수 있는 체류자격을 가진 사람
4. 「재한외국인 처우 기본법」 제2조제3호에 따른 결혼이민자
5. 「난민법」 제2조제2호에 따른 난민인정자(2017.12.19 본호신설)
② 국가와 지방자치단체는 제1항에 따라 등록한 장애인에 대하여는 예산 등을 고려하여 장애인복지사업의 지원을 제한할 수 있다.
(2012.1.26 본조신설)

제32조의3【장애인 등록 취소 등】 ① 특별자치시장·특별자치도지사·시장·군수·구청장은 제32조제1항에 따라 등록증을 받은 사람(제3호의 경우에는 법정대리인등을 포함한다)이 다음 각 호의 어느 하나에 해당하는 경우에는 장애인 등록을 취소하여야 한다.
1. 사망한 경우
2. 제2조에 따른 기준에 맞지 아니하게 된 경우
3. 정당한 사유 없이 보건복지부령으로 정하는 기간 동안 제32조제3항에 따른 장애 진단 명령 등 필요한 조치를 따르지 아니한 경우
4. 장애인 등록 취소를 신청하는 경우
② 특별자치시장·특별자치도지사·시장·군수·구청장은 다음 각 호의 어느 하나에 해당하는 경우에는 제32조제1항에 따라 등록증을 받은 사람과 법정대리인등 및 부정한 방법으로 등록증을 취득한 사람 등에게 등록증의 반환을 명하여야 한다.
1. 제1항에 따라 장애인 등록이 취소된 경우
2. 중복발급 및 양도·대여 등 부정한 방법으로 등록증을 취득한 경우
③ 제2항에 따라 등록증 반환 명령을 받은 사람은 정당한 사유가 없으면 이에 따라야 한다.
④ 제1항 및 제2항에서 규정한 사항 외에 장애인 등록의 취소, 등록증의 반환 등에 필요한 사항은 보건복지부령으로 정한다.
(2017.2.8 본조신설)

제32조의4【서비스 지원 종합조사】 ① 보건복지부장관 또는 특별자치시장·특별자치도지사·시장·군수·구청장은 다음 각 호의 서비스 신청에 대하여 서비스의 수급자격, 양 및 내용 등의 결정에 필요한 서비스 지원 종합조사를 실시할 수 있다.
1. 「장애인활동 지원에 관한 법률」 제6조에 따른 활동지원급여 신청
2. 「장애인·노인 등을 위한 보조기기 지원 및 활용촉진에 관한 법률」 제8조에 따른 장애인 보조기기 교부 신청
3. 제60조의2에 따른 장애인 거주시설 이용 신청
4. 그 밖에 대통령령으로 정하는 서비스의 신청
② 보건복지부장관 또는 특별자치시장·특별자치도지사·시장·군수·구청장은 제1항에 따른 서비스 지원 종합조사를 실시하는 경우 보건복지부령으로 정하는 바에 따라 다음 각 호의 사항을 조사하고, 조사결과서를 작성하여야 한다. 다만, 제5호의 사항은 수급자격 결정 및 본인부담금 산정 등을 위하여 필요한 경우에만 조사하여야 한다.
1. 신청인의 서비스 이용현황 및 욕구
2. 신청인의 일상생활 수행능력 및 인지·행동 등 장애특성
3. 신청인의 가구특성, 거주환경, 사회활동 등 사회적 환경
4. 신청인에게 필요한 서비스의 종류 및 내용
5. 신청인과 그 부양의무자의 소득 및 재산 등 생활수준에 관한 사항
6. 그 밖에 신청인에게 서비스를 지원하기 위하여 필요한 사항으로서 보건복지부령으로 정하는 사항
③ 보건복지부장관 또는 특별자치시장·특별자치도지사·시장·군수·구청장은 제2항 각 호의 사항을 조사하기 위하여 필요한 자료를 확보하기 곤란한 경우에는 보건복지부령으로 정하는 바에 따라 신청인, 그 부양의무자 또는 그 밖의 관계인에게 소득·재산, 건강상태 및 장애정도 등의 확인에 필요한 자료의 제출을 요구할 수 있다.
④ 보건복지부장관 또는 특별자치시장·특별자치도지사·시장·군수·구청장은 제1항 및 제2항에 따라 서비스 지원 종합조사를 실시하기 위하여 필요하다고 인정하는 경우에 국세·지방세, 토지·주택·건축물·자동차·선박·항공기, 국민건강보험·국민연금·고용보험·산업재해보상보험·보훈급여·군인연금·사립학교교직원연금·공무원연금·별정우체국연금·기초연금·장애인연금, 출국 또는 입국, 교정시설·치료감호시설의 입소 또는 출소, 병무, 매장·화장·장례, 주민등록·가족관계등록 등에 관한 자료의 제공을 관계 기관의 장에게 요청할 수 있다. 이 경우 자료 제공을 요청받은 관계 기관의 장은 정당한 사유가 없으면 요청에 따라야 한다.
⑤ 제1항 및 제2항에 따라 서비스 지원 종합조사를 하는 사람은 그 권한을 표시하는 증표 및 조사기간, 조사범위, 조사담당자, 관계 법령 등 보건복지부령으로 정하는 사항이 기재된 서류를 지니고 이를 관계인에게 보여주어야 한다.
⑥ 보건복지부장관 또는 특별자치시장·특별자치도지사·시장·군수·구청장은 제1항 각 호의 서비스 신청과 관련하여 신청인과 그 밖의 관계인이 제2항에 따른 조사에 필요한 서류·자료의 제출 및 조사·질문 또는 제3항에 따른 자료 제출 요구를 두 번 이상 거부·방해 또는 기피하는 경우에는 제1항 각 호의 서비스 신청을 각하할 수 있다. 이 경우 서면으로 그 이유를 분명하게 밝혀 신청인과 그 밖의 관계인에게 통지하여야 한다.
⑦ 제2항에 따른 조사의 절차 등에 관하여 필요한 사항은 대통령령으로 정한다.
(2017.12.19 본조신설)

제32조의5【업무의 위탁】 ① 보건복지부장관 또는 특별자치시장·특별자치도지사·시장·군수·구청장은 제32조의4에 따른 서비스 지원 종합조사 업무 중 일부를 대통령령으로 정하는 바에 따라 「공공기관의 운영에 관한 법률」 제4조에 따른 공공기관에 위탁할 수 있다.
② 국가와 지방자치단체는 제1항에 따라 업무를 위탁받은 공공기관에 대하여 예산의 범위에서 사업 수행에 필요한 비용의 전부 또는 일부를 지원할 수 있다.
(2017.12.19 본조신설)

제32조의6【복지서비스에 관한 장애인 지원 사업】 ① 국가와 지방자치단체는 제32조제1항에 따라 등록한 장애인에게 필요한 복지서비스가 적시에 제공될 수 있도록 다음 각 호의 장애인 지원 사업을 실시한다.
1. 복지서비스에 관한 상담 및 정보 제공
2. 장애인학대 등 안전문제 또는 생계곤란 등 위기상황에 놓여있을 가능성이 높은 장애인에 대한 방문 상담(2017.12.19 본호신설)
3.. 복지서비스 신청의 대행
4. 장애인 개인별로 필요한 욕구의 조사 및 복지서비스 제공 계획의 수립 지원
5. 장애인과 복지서비스 제공 기관·법인·단체·시설과의 연계
6. 복지서비스 등 복지자원의 발굴 및 데이터베이스 구축
7. 그 밖에 복지서비스의 제공에 필요한 사업

② 국가와 지방자치단체는 제1항 각 호의 장애인 지원 사업을 수행하기 위하여 제58조의 장애인복지시설, 「발달장애인 권리보장 및 지원에 관한 법률」 제33조에 따른 발달장애인지원센터 등 관계 기관에 협력을 요청할 수 있다. 이 경우 국가와 지방자치단체는 예산의 범위에서 필요한 비용을 지원할 수 있다.(2017.12.19 본항신설)
③ 국가와 지방자치단체는 제1항에 따른 장애인 지원 사업을 대통령령으로 정하는 바에 따라 「공공기관의 운영에 관한 법률」 제4조에 따른 공공기관에 위탁할 수 있다. 이 경우 국가와 지방자치단체는 예산의 범위에서 사업 수행에 필요한 비용의 전부 또는 일부를 지원할 수 있다.
④ 제1항부터 제3항까지에 규정된 사항 외에 장애인 지원 사업과 그 사업에 필요한 사항은 보건복지부령으로 정한다.(2017.12.19 본항개정)
(2015.6.22 본조신설)
제32조의7【민관협력을 통한 사례관리】 ① 특별자치시장·특별자치도지사·시장·군수·구청장은 복지서비스가 필요한 장애인을 발굴하고 공공 및 민간의 복지서비스를 연계·제공하기 위하여 민관협력을 통한 사례관리를 실시할 수 있다.
② 제1항의 사례관리를 실시하기 위하여 민관협의체를 둘 수 있으며, 해당 지방자치단체에 「사회보장급여의 이용·제공 및 수급권자 발굴에 관한 법률」 제42조의2제1항의 통합사례관리를 수행하기 위한 민관협의체가 이미 설치되어 있는 경우 그 소속의 전문분과로 운영할 수 있다.
③ 민관협의체는 지역사회 내 관계 기관·법인·단체·시설이나 개인 등 민간부문과의 협력을 강화하기 위하여 노력하여야 하며, 특별자치시장·특별자치도지사·시장·군수·구청장은 민관협의체의 효율적 운영을 위하여 필요한 지원을 할 수 있다.
(2017.12.19 본조신설)
제32조의8【장애 정도가 변동된 장애인 등에 대한 정보제공】 ① 특별자치시장·특별자치도지사·시장·군수·구청장은 제32조에 따른 장애인 등록 과정에서 장애 정도가 변동된 장애인, 제2조제2항에 따른 장애의 기준에 맞지 아니하게 된 장애인과 장애인으로 등록되지 못한 신청인에게 장애 정도의 변동, 장애인 자격의 상실 등에 따른 지원의 변화에 대한 정보와 재활 및 자립에 필요한 각종 정보를 제공하여야 한다.(2017.12.19 본항개정)
② 제1항에 따른 정보 제공의 대상·기준 및 내용과 방법 등에 필요한 사항은 보건복지부령으로 정한다.
(2017.12.19 본조제목개정)
(2015.12.29 본조신설)
제32조의9【자료의 요청】 ① 제32조제6항에 따라 장애 정도에 관한 정밀심사를 의뢰받은 공공기관(이하 이 조에서 "정밀심사기관"이라 한다)은 국가기관, 지방자치단체, 그 밖에 대통령령으로 정하는 기관·법인·단체의 장에게 장애 인정과 장애 정도에 관한 정밀심사에 필요한 자료로서 건강보험 요양급여 실시내역 등 대통령령으로 정하는 자료의 열람 또는 사본의 교부를 요청할 수 있다. 이 경우 국가기관, 지방자치단체, 기관·법인·단체의 장은 특별한 사정이 없으면 그 요청에 따라야 하며, 정밀심사기관에 제공되는 자료에 대한 사용료, 수수료 등은 면제한다.
② 정밀심사기관은 필요한 경우 심사를 받으려는 본인이나 법정대리인등으로부터 동의를 받아 「의료법」에 따른 의료기관에 정밀심사에 필요한 자료로서 진료에 관한 사항의 열람 또는 사본 교부를 요청할 수 있다. 이 경우 요청을 받은 의료기관은 특별한 사유가 없으면 그 요청에 따라야 하며, 국가 및 지방자치단체는 예산의 범위에서 정밀심사기관에 제공되는 자료에 대한 사용료, 수수료 등을 지원할 수 있다.
③ 제1항 및 제2항에서 규정한 사항 외에 정밀심사기관의 자료 열람 또는 사본 교부 요청에 관하여 필요한 사항은 보건복지부령으로 정한다.
(2021.7.27 본조신설)
제33조【장애인복지상담원】 ① 장애인 복지 향상을 위한 상담 및 지원 업무를 맡기기 위하여 시·군·구(자치구를 말한다. 이하 같다)에 장애인복지상담원을 둔다.
② 장애인복지상담원은 그 업무를 할 때 개인의 인격을 존중하여야 한다.(2017.12.19 본항개정)
③ 장애인복지상담원의 임용·직무·보수와 그 밖에 필요한 사항은 대통령령으로 정한다.
제34조【재활상담 등의 조치】 ① 보건복지부장관, 특별시장·광역시장·특별자치시장·도지사·특별자치도지사 또는 시장·군수·구청장(이하 "장애인복지실시기관"이라 한다)은 장애인에 대한 검진 및 재활상담을 하고, 필요하다고 인정되면 다음 각 호의 조치를 하여야 한다.
(2015.6.22 본문개정)
1. 국·공립병원, 보건소, 보건지소, 그 밖의 의료기관(이하 "의료기관"이라 한다)에 의뢰하여 의료와 보건지도를 받게 하는 것
2. 국가 또는 지방자치단체가 설치한 장애인복지시설에서 주거편의·상담·치료·훈련 등의 필요한 서비스를 받도록 하는 것
3. 제59조에 따라 설치된 장애인복지시설에 위탁하여 그 시설에서 주거편의·상담·치료·훈련 등의 필요한 서비스를 받도록 하는 것
4. 공공직업능력개발훈련시설이나 사업장 내 직업훈련시설에서 하는 직업훈련 또는 취업알선을 필요로 하는 자를 관련 시설이나 직업안정업무기관에 소개하는 것
② 장애인복지실시기관은 제1항의 재활 상담을 하는 데에 필요하다고 인정되면 제33조에 따른 장애인복지상담원을 해당 장애인의 가정 또는 장애인이 주거편의·상담·치료·훈련 등의 서비스를 받는 시설이나 의료기관을 방문하여 상담하게 하거나 필요한 지도를 하게 할 수 있다.
③ 장애인복지실시기관은 제58조제1항제1호에 따른 장애인 거주시설 이용자가 사망한 경우 그 자에 대한 장례를 행할 자가 없을 때에는 그 장례를 행하거나 해당 시설의 장으로 하여금 그 장례를 행하게 할 수 있다. 이 경우 장애인복지실시기관 또는 장애인 거주시설의 장은 사망자가 유류한 금전 또는 유가증권을 그 장례에 필요한 비용에 충당할 수 있으며, 부족이 있을 때에는 유류물품을 처분하여 그 대금을 이에 충당할 수 있다.(2020.12.29 본항신설)
④ 제3항 후단에 따른 장례비용 충당의 세부절차는 보건복지부령으로 정한다.(2020.12.29 본항신설)
(2011.3.30 본조제목개정)
제35조【장애 유형·장애 정도별 재활 및 자립지원 서비스 제공 등】 ① 국가와 지방자치단체는 장애인의 일상생활을 편리하게 하고 사회활동 참여를 높이기 위하여 장애 유형·장애 정도별로 재활 및 자립지원 서비스를 제공하는 등 필요한 정책을 강구하여야 하며, 예산의 범위 안에서 지원할 수 있다.
② 국가와 지방자치단체는 시청각장애인을 대상으로 직업재활·의사소통·보행·이동 훈련, 심리상담, 문화·여가 활동 참여 및 가족·자조 모임 등을 지원하기 위하여 전담기관을 설치·운영하는 등 필요한 시책을 강구하여야 한다.(2019.12.3 본항신설)
제36조 (2015.12.29 삭제)
제37조【산후조리도우미 지원 등】 ① 국가 및 지방자치단체는 임산부인 여성장애인과 신생아의 건강관리를 위하여 경제적 부담능력 등을 고려하여 여성장애인의 가정을 방문하여 산전·산후 조리를 돕는 도우미(이하 "산후조리도우미"라 한다)를 지원할 수 있다.(2021.12.21 본항개정)
② 국가 및 지방자치단체는 제1항의 규정에 따른 산후조리도우미 지원사업에 대하여 보건복지부령이 정하는 바에 따라 정기적으로 모니터링(산후조리도우미 지원사업의 실효성 등을 확보하기 위한 정기적인 점검활동을 말한다)을 실시하여야 한다.(2010.1.18 본항개정)
③ 산후조리도우미 지원의 기준 및 방법 등에 관하여 필요한 사항은 대통령령으로 정한다.
제38조【자녀교육비 지급】 ① 장애인복지실시기관은 경제적 부담능력 등을 고려하여 장애인이 부양하는 자녀 또는 장애인인 자녀의 교육비를 지급할 수 있다.
② 제1항에 따른 교육비 지급 대상·기준 및 방법 등에 관하여 필요한 사항은 보건복지부령으로 정한다.
(2010.1.18 본항개정)
제39조【장애인이 사용하는 자동차 등에 대한 지원 등】
① 국가와 지방자치단체, 그 밖의 공공단체는 장애인이 이동수단인 자동차 등을 편리하게 사용할 수 있도록 하고 경제적 부담을 줄여 주기 위하여 조세감면 등 필요한 지원정책을 강구하여야 한다.
② 시장·군수·구청장은 장애인이 이용하는 자동차 등을 지원하는 데에 편리하도록 장애인이 사용하는 자동차 등임을 알아 볼 수 있는 표지(이하 "장애인사용자동차등표지"라 한다)를 발급하여야 한다.
③ 장애인사용자동차등표지를 대여하거나 보건복지부령이 정하는 자 외의 자에게 양도하는 등 부당한 방법으로 사용하여서는 아니 되며, 이와 비슷한 표지·명칭 등을 사용하여서는 아니 된다.(2010.1.18 본항개정)
④ 장애인사용자동차등표지의 발급 대상과 발급 절차 등에 관하여 필요한 사항은 보건복지부령으로 정한다.
(2010.1.18 본항개정)
제40조【장애인 보조견의 훈련·보급 지원 등】 ① 국가와 지방자치단체는 장애인의 복지 향상을 위하여 장애인을 보조할 장애인 보조견(補助犬)의 훈련·보급을 지원하는 방안을 강구하여야 한다.
② 보건복지부장관은 장애인 보조견에 대하여 장애인 보조견표지(이하 "보조견표지"라 한다)를 발급할 수 있다.
(2010.1.18 본항개정)
③ 누구든지 보조견표지를 붙인 장애인 보조견을 동반한 장애인이 대중교통수단을 이용하거나 공공장소, 숙박시설 및 식품접객업소 등 여러 사람이 다니거나 모이는 곳에 출입하려는 때에는 정당한 사유 없이 거부하여서는 아니 된다. 제4항에 따라 지정된 전문훈련기관에 종사하는 장애인 보조견 훈련자 또는 장애인 보조견 훈련 관련 자원봉사자가 보조견표지를 붙인 장애인 보조견을 동반한 경우에도 또한 같다.(2012.1.26 후단신설)
④ 보건복지부장관은 장애인보조견의 훈련·보급을 위하여 전문훈련기관을 지정할 수 있다.(2010.1.18 본항개정)
⑤ 보조견표지의 발급대상, 발급절차 및 전문훈련기관의 지정에 관하여 필요한 사항은 보건복지부령으로 정한다.
(2010.1.18 본항개정)
제41조【자금 대여 등】 국가와 지방자치단체는 장애인이 사업을 시작하거나 필요한 지식과 기능을 익히는 것 등을 지원하기 위하여 대통령령으로 정하는 바에 따라 자금을 대여할 수 있다.
제42조【생업 지원】 ① 국가와 지방자치단체, 그 밖의 공공단체는 소관 공공시설 안에 식료품·사무용품·신문 등 일상생활용품을 판매하는 매점이나 자동판매기의 설치를 허가하거나 위탁할 때에는 장애인이 신청하면 우선적으로 반영하도록 노력하여야 한다.
② 시장·군수 또는 구청장은 장애인이 「담배사업법」에 따라 담배소매인으로 지정받기 위하여 신청하면 그 장애인을 우선적으로 지정하도록 노력하여야 한다.
③ 장애인이 우편법령에 따라 국내 우표류 판매업 계약 신청을 하면 우편관서는 그 장애인이 우선적으로 계약할 수 있도록 노력하여야 한다.
④ 제1항부터 제3항까지의 규정에 따른 허가·위탁 또는 지정 등을 받은 자는 특별한 사유가 없으면 직접 그 사업을 하여야 한다.
⑤ 제1항에 따른 설치 허가권자는 매점·자동판매기 설치를 허가하기 위하여 설치 장소와 판매할 물건의 종류 등을 조사하고 그 결과를 장애인에게 알리는 조치를 강구하여야 한다.
제43조【자립훈련비 지급】 ① 장애인복지실시기관은 제34조제1항제2호 또는 제3호에 따라 장애인복지시설에서 주거편의·상담·치료·훈련 등을 받도록 하거나 위탁한 장애인에 대하여 그 시설에서 훈련을 효과적으로 받는 데 필요하다고 인정되면 자립훈련비를 지급할 수 있으며, 특별한 사정이 있으면 훈련비 지급을 대신하여 물건을 지급할 수 있다.
② 제1항에 따른 자립훈련비의 지급과 물건의 지급 등에 관하여 필요한 사항은 보건복지부령으로 정한다.
(2010.1.18 본항개정)
제44조【생산품 구매】 국가, 지방자치단체 및 그 밖의 공공단체는 장애인복지시설과 장애인복지단체에서 생산한 물품의 우선 구매에 필요한 조치를 마련하여야 한다.
(2012.1.26 본조개정)
제45조~제45조의2 (2017.12.19 삭제)
제46조【고용 촉진】 국가와 지방자치단체는 직접 경영하는 사업에 능력과 적성이 맞는 장애인을 고용하도록 노력하여야 하며, 장애인에게 적합한 사업을 경영하는 자에게 장애인의 능력과 적성에 따라 장애인을 고용하도록 권유할 수 있다.
제46조의2【장애인 응시자에 대한 편의제공】 ① 국가, 지방자치단체 및 대통령령으로 정하는 기관·단체의 장은 해당 기관·단체가 실시하는 자격시험 및 채용시험 등에 있어서 장애인 응시자가 비장애인 응시자와 동등한 조건에서 시험을 치를 수 있도록 편의를 제공하여야 한다.
② 제1항에 따른 편의제공 대상 시험의 범위는 대통령령으로 정하고, 편의제공의 내용·기준·방법 등에 필요한 사항은 보건복지부령으로 정한다.
(2015.12.29 본조신설)
제47조【공공시설의 우선 이용】 국가와 지방자치단체, 그 밖의 공공단체는 장애인의 자립을 지원하는 데에 필요하다고 인정되면 그 공공시설의 일부를 장애인이 우선 이용하게 할 수 있다.
제48조【국유·공유 재산의 우선매각이나 유상·무상 대여】 ① 국가와 지방자치단체는 이 법에 따른 장애인복지시설을 설치하거나 장애인복지단체가 장애인복지사업과 관련한 시설을 설치하는 데에 필요할 경우 「국유재산법」 또는 「공유재산 및 물품 관리법」에도 불구하고 국유재산 또는 공유재산을 우선 매각할 수 있고 유상 또는 무상으로 대부하거나 사용·수익하게 할 수 있다.
(2013.7.30 본항개정)
② 국가와 지방자치단체는 제1항에 따라 국가나 지방자치단체로부터 토지와 시설을 매수·임차하거나 대부받은 자가 그 매수·임차 또는 대부한 날부터 2년 이내에 장애인복지시설을 설치하지 아니하거나 장애인복지단체의 장애인복지사업 관련 시설을 설치하지 아니할 때에는 토지와 시설을 환수하거나 임차계약을 취소할 수 있다.
제49조【장애수당】 ① 국가와 지방자치단체는 장애인의 장애 정도와 경제적 수준을 고려하여 장애로 인한 추가적 비용을 보전(補塡)하게 하기 위하여 장애수당을 지급할 수 있다. 다만, 「국민기초생활 보장법」 제7조제1항 제1호에 따른 생계급여 또는 같은 항 제3호에 따른 의료급여를 받는 장애인에게는 장애수당을 반드시 지급하여야 한다.(2015.12.29 단서개정)
② 제1항에도 불구하고 「장애인연금법」 제2조제1호에 따른 중증장애인에게는 제1항에 따른 장애수당을 지급하지 아니한다.(2010.4.12 본항신설)
③ 국가와 지방자치단체는 제1항에 따라 장애수당을 지급하려는 경우에는 장애수당을 받으려는 사람의 장애 정도에 대하여 심사할 수 있다.(2017.2.8 본항신설)
④ 국가와 지방자치단체는 장애수당을 지급받으려는 사람이 제3항에 따른 장애 정도의 심사를 거부·방해 또는 기피하는 경우에는 제1항에도 불구하고 장애수당을 지급하지 아니할 수 있다.(2017.2.8 본항신설)
⑤ 제1항에 따른 장애수당의 지급 대상·기준·방법 및 제3항에 따른 심사 대상·절차·방법 등에 관하여 필요한 사항은 대통령령으로 정한다.(2017.2.8 본항개정)

제50조【장애아동수당과 보호수당】 ① 국가와 지방자치단체는 장애아동에게 보호자의 경제적 생활수준 및 장애아동의 장애 정도를 고려하여 장애로 인한 추가적 비용을 보전(補塡)하게 하기 위하여 장애아동수당을 지급할 수 있다.
② 국가와 지방자치단체는 장애인을 보호하는 보호자에게 그의 경제적 수준과 장애인의 장애 정도를 고려하여 장애로 인한 추가적 비용을 보전하게 하기 위하여 보호수당을 지급할 수 있다.
③ 제1항과 제2항에 따른 장애아동수당과 보호수당의 지급 대상·기준 및 방법 등에 관하여 필요한 사항은 대통령령으로 정한다.

제50조의2【자녀교육비 및 장애수당 등의 지급 신청】 ① 제38조에 따른 자녀교육비(이하 "자녀교육비"라 한다), 제49조 및 제50조에 따른 장애수당, 장애아동수당 및 보호수당(이하 "장애수당등"이라 한다)을 지급받으려는 사람은 보건복지부령으로 정하는 바에 따라 특별자치시장·특별자치도지사·시장·군수·구청장에게 자녀교육비 및 장애수당등의 지급을 신청할 수 있다.(2015.6.22 본항개정)
② 제1항에 따라 신청을 할 때에 신청인과 그 가구원(「국민기초생활 보장법」 제2조제8호에 따른 개별가구의 가구원을 말한다. 이하 같다)은 대통령령으로 정하는 바에 따라 다음 각 호의 자료 또는 정보의 제공에 동의한다는 서면을 제출하여야 한다.(2017.2.8 본문개정)
1. 「금융실명거래 및 비밀보장에 관한 법률」 제2조제2호 및 제3호에 따른 금융자산 및 금융거래의 내용에 대한 자료 또는 정보 중 예금의 평균잔액과 그 밖에 대통령령으로 정하는 자료 또는 정보(이하 "금융정보"라 한다)
2. 「신용정보의 이용 및 보호에 관한 법률」 제2조제1호에 따른 신용정보 중 채무액과 그 밖에 대통령령으로 정하는 자료 또는 정보(이하 "신용정보"라 한다)
3. 「보험업법」 제4조제1항 각 호에 따른 보험에 가입하여 납부한 보험료와 그 밖에 대통령령으로 정하는 자료 또는 정보(이하 "보험정보"라 한다)
(2012.1.26 본조신설)

제50조의3【금융정보 등의 제공】 ① 보건복지부장관은 「금융실명거래 및 비밀보장에 관한 법률」 제4조와 「신용정보의 이용 및 보호에 관한 법률」 제32조에도 불구하고 제50조의2제2항에 따라 신청인과 그 가구원이 제출한 동의 서면을 전자적 형태로 바꾼 문서로 「금융실명거래 및 비밀보장에 관한 법률」 제2조제1호에 따른 금융회사등이나 「신용정보의 이용 및 보호에 관한 법률」 제2조제6호에 따른 신용정보집중기관(이하 "금융기관등"이라 한다)의 장에게 금융정보·신용정보 또는 보험정보(이하 "금융정보등"이라 한다)의 제공을 요청할 수 있다.
② 보건복지부장관은 자녀교육비 및 장애수당등을 받고 있는 사람(이하 "수급자"라 한다)에 대한 그 지급의 적정성을 확인하기 위하여 필요하다고 인정하는 경우 「금융실명거래 및 비밀보장에 관한 법률」 제4조와 「신용정보의 이용 및 보호에 관한 법률」 제32조에도 불구하고 대통령령으로 정하는 기준에 따라 인적 사항을 기재한 문서(전자문서를 포함한다)로 금융기관등의 장에게 수급자와 그 가구원의 금융정보등의 제공을 요청할 수 있다.
③ 제1항 및 제2항에 따라 금융정보등의 제공을 요청받은 금융기관등의 장은 「금융실명거래 및 비밀보장에 관한 법률」 제4조와 「신용정보의 이용 및 보호에 관한 법률」 제32조에도 불구하고 명의인의 금융정보등을 제공하여야 한다.
④ 제3항에 따라 금융정보등을 제공한 금융기관등의 장은 금융정보등의 제공 사실을 명의인에게 통보하여야 한다. 다만, 명의인이 동의하는 경우에는 「금융실명거래 및 비밀보장에 관한 법률」 제4조의2제1항과 「신용정보의 이용 및 보호에 관한 법률」 제32조제7항에도 불구하고 통보하지 아니할 수 있다.(2015.3.11 단서개정)
⑤ 제1항부터 제3항까지의 규정에 따른 금융정보등의 제공 요청 및 제공은 「정보통신망 이용촉진 및 정보보호 등에 관한 법률」 제2조제1항제1호에 따른 정보통신망을 이용하여야 한다. 다만, 정보통신망이 손상되는 등 불가피한 경우에는 그러하지 아니하다.
⑥ 제1항부터 제3항까지의 규정에 따른 업무에 종사하거나 종사하였던 사람은 업무를 수행하면서 취득한 금융정보등을 이 법에서 정한 목적 외의 다른 용도로 사용하거나 다른 사람 또는 기관에 제공하거나 누설하여서는 아니 된다.
⑦ 제1항부터 제3항까지 및 제5항에 따른 금융정보등의 제공 요청 및 제공 등에 필요한 사항은 대통령령으로 정한다.
(2012.1.26 본조신설)

제50조의4【장애인복지급여수급계좌】 ① 특별자치시장·특별자치도지사·시장·군수·구청장은 수급자의 신청이 있는 경우에는 자녀교육비 및 장애수당등을 수급자 명의의 지정된 계좌(이하 "장애인복지급여수급계좌"라 한다)로 입금하여야 한다. 다만, 정보통신장애나 그 밖에 대통령령으로 정하는 불가피한 사유로 장애인복지급여수급계좌로 이체할 수 없을 때에는 현금 지급 등 대통령령으로 정하는 바에 따라 자녀교육비 및 장애수당등을 지급할 수 있다.
② 장애인복지급여수급계좌가 개설된 금융기관은 이 법에 따른 자녀교육비 및 장애수당등만이 장애인복지급여수급계좌에 입금되도록 관리하여야 한다.
③ 제1항에 따른 신청 방법·절차와 제2항에 따른 장애인복지급여수급계좌의 관리에 필요한 사항은 대통령령으로 정한다.
(2016.5.29 본조신설)

제51조【자녀교육비 및 장애수당등의 환수】 ① 특별자치시장·특별자치도지사·시장·군수·구청장은 자녀교육비 및 장애수당등을 받은 사람이 다음 각 호의 어느 하나에 해당하면 그가 받은 자녀교육비 및 장애수당등의 전부 또는 일부를 환수하여야 한다.(2015.6.22 본문개정)
1. 거짓이나 그 밖의 부정한 방법으로 자녀교육비 및 장애수당등을 받은 경우
2. 자녀교육비 및 장애수당등을 받은 후 그 자녀교육비 및 장애수당등을 받게 된 사유가 소급하여 소멸된 경우
3. 잘못 지급된 경우
② 특별자치시장·특별자치도지사·시장·군수·구청장은 자녀교육비 및 장애수당등을 받은 사람이 제1항 각 호의 사유에 해당하여 일정한 기간을 정하여 반환요청을 하였으나 그 기간 내에 반환하지 아니하면 국세 또는 지방세 체납처분의 예에 따라 징수할 수 있다.(2015.6.22 본항개정)
③ 특별자치시장·특별자치도지사·시장·군수·구청장은 제2항에 따라 자녀교육비 및 장애수당등을 징수할 때 반환하여야 할 사람이 행방불명되거나 재산이 없거나 그 밖에 대통령령으로 정하는 사유가 있어 환수가 불가능하다고 인정할 때에는 결손처분할 수 있다.(2015.6.22 본항개정)
④ 제3항에 따른 결손처분의 대상, 방법, 그 밖의 필요한 사항은 대통령령으로 정한다.
(2012.1.26 본조개정)

제52조【장애인의 재활 및 자립생활의 연구】 ① 국가와 지방자치단체는 장애인 재활 및 자립생활에 대하여 종합적이고 체계적으로 조사·연구·평가하기 위하여 전문 연구기관에 장애예방·의료·교육·직업재활 및 자립생활 등에 관한 연구 과제를 선정하여 의뢰할 수 있다.
② 국가와 지방자치단체는 제1항에 따른 연구과제를 수행하는 데에 들어가는 비용을 예산의 범위 안에서 보조할 수 있다.

제4장 자립생활의 지원

제53조【자립생활지원】 국가와 지방자치단체는 장애인의 자기결정에 의한 자립생활을 위하여 활동지원사의 파견 등 활동보조서비스 또는 장애인보조기구의 제공, 그 밖의 각종 편의 및 정보제공 등 필요한 시책을 강구하여야 한다.(2018.12.11 본조개정)

제54조【장애인자립생활지원센터】 ① 국가와 지방자치단체는 장애인의 자립생활을 실현하기 위하여 장애인자립생활지원센터를 통하여 필요한 각종 지원서비스를 제공한다.
② 제1항의 규정에 따른 장애인자립생활지원센터에 관하여 필요한 사항은 보건복지부령으로 정한다.
③ 국가와 지방자치단체는 장애인자립생활지원센터에 예산의 범위에서 운영비 또는 사업비의 일부를 지원할 수 있다.
(2017.12.19 본조개정)

제55조【활동지원급여의 지원】 ① 국가와 지방자치단체는 장애인이 일상생활 또는 사회생활을 원활히 할 수 있도록 활동지원급여를 지원할 수 있다.(2017.12.19 본항개정)
② 국가 및 지방자치단체는 임신 등으로 인하여 이동이 불편한 여성장애인에게 임신 및 출산과 관련한 진료 등을 위하여 경제적 부담능력 등을 고려하여 활동지원사의 파견 등 활동보조서비스를 지원할 수 있다.(2021.12.21 본항개정)
③ (2011.1.4 삭제)
(2011.1.4 본조제목개정)

제56조【장애동료간 상담】 ① 국가와 지방자치단체는 장애인이 장애를 극복하는 데 도움이 되도록 장애동료 간 상호대화나 상담의 기회를 제공하도록 노력하여야 한다.
② 제1항에 따른 장애동료 간의 대화나 상담의 기회를 제공하기 위한 구체적인 사업 등에 관하여 필요한 사항은 보건복지부령으로 정한다.(2010.1.18 본항개정)

제56조의2【성 관련 상담 지원】 ① 국가와 지방자치단체는 장애인에게 성 관련 상담 서비스를 제공할 수 있다. 이 경우 국가와 지방자치단체는 성 관련 상담 서비스를 그 업무에 관한 전문성이 있는 기관·단체에 위탁할 수 있다.
② 국가와 지방자치단체는 예산의 범위에서 제1항에 따른 성 관련 상담 서비스에 필요한 경비의 전부 또는 일부를 지원할 수 있다.
③ 제1항에 따라 제공하는 성 관련 상담 서비스의 내용과 방법 등에 필요한 사항은 보건복지부령으로 정한다.
(2023.8.8 본조신설)

제5장 복지시설과 단체

제57조【장애인복지시설의 이용 등】 ① 국가와 지방자치단체는 장애인이 제58조에 따른 장애인복지시설의 이용을 통하여 기능회복과 사회적 향상을 도모할 수 있도록 필요한 정책을 강구하여야 한다.
② 국가와 지방자치단체는 제58조에 따른 장애인복지시설을 이용하는 장애인의 인권을 보호하기 위하여 필요한 정책을 마련하고 관련 프로그램을 실시할 수 있는 기반을 조성하여야 한다.
③ 장애인복지실시기관은 제58조에 따른 장애인복지시설에 대한 장애인의 선택권을 최대한 보장하여야 한다.
④ 장애인복지실시기관은 장애인의 선택권을 보장하기 위하여 제58조에 따른 장애인복지시설을 이용하려는 장애인에게 시설의 선택에 필요한 정보를 충분히 제공하여야 한다.
⑤ 제58조에 따른 장애인복지시설의 선택에 필요한 정보제공과 서비스 제공 시에는 장애인의 성별·연령 및 장애의 유형과 정도를 고려하여야 한다.
(2011.3.30 본조개정)

제58조【장애인복지시설】 ① 장애인복지시설의 종류는 다음 각 호와 같다.
1. 장애인 거주시설 : 거주공간을 활용하여 일반가정에서 생활하기 어려운 장애인에게 일정 기간 동안 거주·요양·지원 등의 서비스를 제공하는 동시에 지역사회생활을 지원하는 시설(2011.3.30 본호개정)
2. 장애인 지역사회재활시설 : 장애인을 전문적으로 상담·치료·훈련하거나 장애인의 일상생활, 여가활동 및 사회참여활동 등을 지원하는 시설(2011.3.30 본호개정)
3. 장애인 직업재활시설 : 일반 작업환경에서는 일하기 어려운 장애인이 특별히 준비된 작업환경에서 직업훈련을 받거나 직업 생활을 할 수 있도록 하는 시설(직업훈련 및 직업생활을 위하여 필요한 제조·가공 시설, 공장 및 영업장 등 부속용도의 시설로서 보건복지부령으로 정하는 시설을 포함한다)(2020.12.29 본호개정)
4. 장애인 의료재활시설 : 장애인을 입원 또는 통원하게 하여 상담, 진단·판정, 치료 등 의료재활서비스를 제공하는 시설(2011.3.30 본호개정)
5. 그 밖에 대통령령으로 정하는 시설
② 제1항 각 호에 따른 장애인복지시설의 구체적인 종류와 사업 등에 관한 사항은 보건복지부령으로 정한다.
(2010.1.18 본항개정)

제59조【장애인복지시설 설치】 ① 국가와 지방자치단체는 장애인복지시설을 설치할 수 있다.
② 제1항에 규정된 자 외의 자가 장애인복지시설을 설치·운영하려면 해당 시설 소재지 관할 시장·군수·구청장에게 신고하여야 하며, 신고한 사항 중 보건복지부령으로 정하는 중요한 사항을 변경할 때에도 신고하여야 한다. 다만, 제62조에 따른 폐쇄 명령을 받고 1년이 지나지 아니한 자는 시설의 설치·운영 신고를 할 수 없다.
(2010.1.18 본항개정)
③ 시장·군수·구청장은 제2항에 따른 신고 또는 변경신고를 받은 경우 그 내용을 검토하여 이 법에 적합하면 신고 또는 변경신고를 수리하여야 한다.(2019.1.15 본항신설)
④ 제58조제1항제1호에 따른 장애인 거주시설의 정원은 30명을 초과할 수 없다. 다만, 특수한 서비스를 위하여 일정 규모 이상이 필요한 시설 등 대통령령으로 정하는 경우에는 그러하지 아니하다.(2011.3.30 본항신설)
⑤ 제58조제1항제4호에 따른 의료재활시설의 설치는 「의료법」에 따른다.(2011.3.30 본항개정)
⑥ 제2항에 따른 장애인복지시설의 시설기준·신고·변경신고 및 이용 등에 관하여 필요한 사항은 보건복지부령으로 정한다.(2011.3.30 본항개정)

제59조의2 (2015.12.29 삭제)

제59조의3【장애인관련기관에의 취업제한 등】 ① 법원은 장애인학대관련범죄나 성범죄(「성폭력범죄의 처벌 등에 관한 특례법」 제2조에 따른 성폭력범죄 또는 「아동·청소년의 성보호에 관한 법률」 제2조제2호에 따른 아동·청소년대상 성범죄를 말한다. 이하 같다)로 형 또는 치료감호를 선고하는 경우에는 판결(약식명령을 포함한다. 이하 같다)로 그 형 또는 치료감호의 전부 또는 일부의 집행을 종료하거나 집행이 유예·면제된 날(벌금형을 선고받은 경우에는 그 형이 확정된 날을 말한다)부터 일정기간(이하 "취업제한기간"이라 한다) 동안 다음 각 호에 따른 시설 또는 기관(이하 "장애인관련기관"이라 한다)을 운영하거나 장애인관련기관에 취업 또는 사실상 노무를 제공할 수 없도록 하는 명령(이하 "취업제한명령"이라 한다)을 장애인학대관련범죄나 성범죄(이하 "장애인학대관련범죄등"이라 한다) 사건의 판결과 동시에 선고(약식명령의 경우에는 고지를 말한다)하여야 한다. 다만, 재범의 위험성이 현저히 낮은 경우, 그 밖에 취업을 제한하여서는 아니 되는 특별한 사정이 있다고 판단하는 경우에는 그러하지 아니한다.(2021.7.27 본문개정)
1. 제54조의 장애인자립생활지원센터, 제58조의 장애인복지시설 및 제59조의11의 장애인권익옹호기관
2. 「노인복지법」 제31조의 노인복지시설
3. 「노인장기요양보험법」 제31조에 따른 장기요양기관
4. 「발달장애인 권리보장 및 지원에 관한 법률」 제33조의 발달장애인지원센터
5. 「아동복지법」 제37조에 따른 취약계층 아동 통합서비스 수행기관 및 같은 법 제52조의 아동복지시설
6. 「의료법」 제3조의 의료기관(같은 법 제2조의 의료인, 같은 법 제80조의 간호조무사 및 「의료기사 등에 관한 법률」 제2조의 의료기사로 한정한다)

7. 「장애아동 복지지원법」 제21조제3항의 발달재활서비스 제공기관 및 같은 법 제32조의 장애영유아를 위한 어린이집
8. 「장애인활동 지원에 관한 법률」 제2조제6호의 활동지원기관
9. 「정신건강증진 및 정신질환자 복지서비스 지원에 관한 법률」 제3조제3호의 정신건강복지센터 및 같은 조 제4호의 정신건강증진시설
10. 「장애인 등에 대한 특수교육법」 제2조제10호의 특수교육기관 및 같은 법 제11조의 특수교육지원센터
(2020.12.29 1호~10호신설)
② 취업제한기간은 10년을 초과하지 못한다.(2018.12.11 본항신설)
③ 법원은 제1항에 따라 취업제한명령을 선고하려는 경우에는 정신건강의학과 의사, 심리학자, 사회복지학자, 장애인학대 관련 전문가, 성범죄 관련 전문가, 장애인단체가 추천하는 장애인 전문가, 그 밖의 관련 전문가로부터 취업제한명령 대상자의 재범 위험성 등에 관한 의견을 들을 수 있다.(2020.12.29 본항개정)
④ 장애인관련기관의 설치 신고·허가 등을 관할하는 행정기관의 장(이하 "관할행정기관장"이라 한다)은 장애인관련기관을 운영하려는 자에 대하여 본인의 동의를 받아 관계 기관의 장에게 장애인학대관련범죄등의 경력 조회를 요청하여야 한다. 다만, 장애인관련기관을 운영하려는 자가 장애인학대관련범죄등 경력 조회 회신서를 관할행정기관장에게 직접 제출한 경우에는 장애인학대관련범죄등의 경력 조회를 한 것으로 본다.(2020.12.29 본항개정)
⑤ 장애인관련기관 운영자는 그 시설에 취업 중이거나 사실상 노무를 제공 중인 사람 또는 취업하려 하거나 사실상 노무를 제공하려는 사람(이하 "취업자등"이라 한다)에 대하여 장애인학대관련범죄등의 경력을 확인하여야 하며, 이 경우 본인의 동의를 받아 관계 기관의 장에게 장애인학대관련범죄등의 경력 조회를 요청하여야 한다. 다만, 취업자등이 장애인학대관련범죄등 경력 조회 회신서를 장애인관련기관 운영자에게 직접 제출한 경우에는 장애인학대관련범죄등의 경력 조회를 한 것으로 본다.
(2020.12.29 본항개정)
⑥ 관할행정기관장은 장애인학대관련범죄등으로 취업제한명령을 선고받은 사람이 장애인관련기관을 운영하거나 장애인관련기관에 취업 또는 사실상 노무를 제공하고 있는지를 직접 또는 관계 기관 조회 등의 방법으로 연 1회 이상 확인·점검하여야 한다.(2020.12.29 본항개정)
⑦ 관할행정기관장은 제6항에 따른 확인·점검을 위하여 필요한 경우에는 장애인관련기관 운영자에게 관련 자료의 제출을 요구할 수 있다.(2020.12.29 본항개정)
⑧ 보건복지부장관은 관할행정기관장에게 제6항에 따른 확인·점검 결과를 제출하도록 요구할 수 있다.
(2020.12.29 본항개정)
⑨ 관할행정기관장은 취업제한명령을 위반하여 장애인관련기관을 운영 중인 장애인관련기관 운영자에게 운영 중인 장애인관련기관의 폐쇄를 요구하여야 한다.
(2020.12.29 본항개정)
⑩ 관할행정기관장은 취업제한명령을 위반하여 취업하거나 사실상 노무를 제공하는 사람이 있으면 해당 장애인관련기관 운영자에게 그의 해임을 요구하여야 한다.
(2020.12.29 본항개정)
⑪ 관할행정기관장은 장애인관련기관 운영자가 정당한 사유 없이 제9항에 따른 폐쇄요구를 거부하거나 3개월 이내에 요구사항을 이행하지 아니하는 경우에는 대통령령으로 정하는 바에 따라 해당 장애인관련기관을 폐쇄하거나 관계 행정기관의 장에게 이를 요구할 수 있다.
(2020.12.29 본항개정)
⑫ 제4항부터 제6항까지의 규정에 따라 장애인학대관련범죄등의 경력 조회를 요청받은 관계 기관의 장은 장애인학대관련범죄등 경력 조회 회신서를 발급하여야 한다.
(2020.12.29 본항개정)
⑬ 제4항부터 제6항까지에 따른 장애인학대관련범죄등 경력 조회의 요청 절차·범위 등에 관하여 필요한 사항은 대통령령으로 정한다.(2020.12.29 본항개정)
(2020.12.29 본조제목개정)

제59조의4【장애인학대 및 장애인 대상 성범죄 신고의무와 절차】 ① 누구든지 장애인학대 및 장애인 대상 성범죄를 알게 된 때에는 제59조의11에 따른 중앙장애인권익옹호기관 또는 지역장애인권익옹호기관(이하 "장애인권익옹호기관"이라 한다)이나 수사기관에 신고할 수 있다.
(2017.12.19 본항개정)
② 다음 각 호의 어느 하나에 해당하는 사람은 그 직무상 장애인학대 및 장애인 대상 성범죄를 알게 된 경우에는 지체 없이 장애인권익옹호기관 또는 수사기관에 신고하여야 한다.(2015.12.29 본문개정)
1. 「사회보장급여의 이용·제공 및 수급권자 발굴에 관한 법률」 제43조에 따른 사회복지전담공무원 및 「사회복지사업법」 제34조에 따른 사회복지시설의 장과 그 종사자(사회복지시설에서 복무하는 「병역법」 제2조제1항 제10호에 따른 사회복무요원을 포함한다)(2021.7.27 본호개정)
2. 제32조의4에 따라 서비스 지원 종합조사를 하는 자와 「장애인활동 지원에 관한 법률」 제16조에 따른 활동지원인력 및 같은 법 제20조에 따른 활동지원기관의 장과 그 종사자(2021.7.27 본호개정)
3. 「의료법」 제2조제1항의 의료인 및 같은 법 제3조제1항의 의료기관의 장
4. 「의료기사 등에 관한 법률」 제1조의2의 의료기사
5. 「응급의료에 관한 법률」 제36조의 응급구조사
6. 「119구조·구급에 관한 법률」 제2조제4호에 따른 119구급대의 대원(2021.7.27 본호개정)
7. 「정신건강증진 및 정신질환자 복지서비스 지원에 관한 법률」 제3조제3호에 따른 정신건강복지센터, 같은 조 제5호에 따른 정신의료기관, 같은 조 제6호에 따른 정신요양시설 및 같은 조 제7호에 따른 정신재활시설의 장과 그 종사자(2021.7.27 본호개정)
8. 「영유아보육법」 제10조에 따른 어린이집의 원장 등 보육교직원
9. 「유아교육법」 제20조에 따른 교직원 및 같은 법 제23조에 따른 강사 등
10. 「초·중등교육법」 제2조에 따른 학교의 장과 그 종사자
(2021.7.27 본호개정)
11. 「학원의 설립·운영 및 과외교습에 관한 법률」 제6조에 따른 학원의 운영자·강사·직원 및 같은 법 제14조에 따른 교습소의 교습자·직원
12. 「성폭력방지 및 피해자보호 등에 관한 법률」 제10조에 따른 성폭력피해상담소, 같은 법 제12조에 따른 성폭력피해자보호시설 및 같은 법 제18조에 따른 성폭력피해자통합지원센터의 장과 그 종사자(2021.7.27 본호개정)
13. 「성매매방지 및 피해자보호 등에 관한 법률」 제9조에 따른 지원시설의 장과 그 종사자 및 같은 법 제17조에 따른 성매매피해상담소의 장과 그 종사자
14. 「가정폭력방지 및 피해자보호 등에 관한 법률」 제5조에 따른 가정폭력 관련 상담소의 장과 그 종사자 및 같은 법 제7조의2에 따른 가정폭력피해자 보호시설의 장과 그 종사자
15. 「건강가정기본법」 제35조에 따른 건강가정지원센터의 장과 그 종사자
16. 「다문화가족지원법」 제12조에 따른 다문화가족지원센터의 장과 그 종사자
17. 「아동복지법」 제10조의2에 따른 아동권리보장원 및 「아동복지법」 제48조에 따른 가정위탁지원센터의 장과 그 종사자(2019.1.15 본호개정)
18. 「한부모가족지원법」 제19조의 한부모가족복지시설의 장과 그 종사자
19. 「청소년 기본법」 제3조제6호의 청소년시설의 장과 그 종사자 및 같은 조 제8호의 청소년단체의 장과 그 종사자
20. 「청소년 보호법」 제35조에 따른 청소년 보호·재활센터의 장과 그 종사자
21. 「노인장기요양보험법」 제2조제5호의 장기요양요원 및 같은 법 제14조에 따라 장기요양인정 신청의 조사를 하는 자(2021.7.27 본호개정)
22. 「평생교육법」 제20조의2에 따른 장애인평생교육시설의 장과 그 종사자(2021.7.27 본호신설)
(2015.6.22 본항개정)
③ (2017.12.19 삭제)
④ 보건복지부장관은 제2항에 따른 신고의무자에게 장애인학대 및 장애인 대상 성범죄의 신고 절차와 방법 등을 안내하여야 한다.(2015.12.29 본항개정)
⑤ 국가와 지방자치단체는 장애인학대 및 장애인 대상 성범죄를 예방하고 수시로 신고를 받을 수 있도록 필요한 조치를 하여야 한다.(2015.12.29 본항개정)
⑥ 제2항 각 호에 따른 소관 중앙행정기관의 장은 제2항 각 호의 어느 하나에 해당하는 사람의 자격 취득 과정이나 보수교육 과정에 장애인학대 및 장애인 대상 성범죄 예방 및 신고의무에 관한 교육 내용을 포함하도록 하여야 하며, 그 결과를 보건복지부장관에게 제출하여야 한다.
(2020.12.29 본항개정)
⑦ 제2항에 따른 신고의무자가 소속된 기관·시설 등의 장은 소속 장애인학대 신고의무자에게 신고의무에 관한 교육을 실시하고, 그 결과를 관계 중앙행정기관의 장에게 제출하여야 한다.(2020.12.29 본항신설)
⑧ 제4항에 따른 신고 절차·방법 등의 안내, 제5항에 따른 조치, 제6항 및 제7항에 따른 교육 내용·시간·방법 등은 대통령령으로 정한다.(2020.12.29 본항개정)
(2015.12.29 본조제목개정)

제59조의5【불이익조치의 금지】 누구든지 장애인학대 및 장애인 대상 성범죄 신고인에게 장애인학대범죄 신고 등을 이유로 다음 각 호의 불이익조치를 하여서는 아니 된다.
1. 파면, 해임, 해고, 그 밖에 이에 준하는 신분상실의 조치
2. 징계, 정직, 감봉, 강등, 승진 제한, 그 밖에 이에 준하는 부당한 인사조치
3. 전보, 전근, 직무 미부여, 직무 재배치, 그 밖에 이에 준하는 인사조치
4. 성과평가 또는 동료평가 등을 통한 임금, 상여금 등의 차별적 지급
5. 교육·훈련 등 자기계발 기회의 박탈 및 예산·인력 등에 대한 업무상 제한, 그 밖에 이에 준하는 근무 조건의 차별적 조치
6. 요주의 대상자 명단의 작성·공개, 집단 따돌림 및 폭행·폭언, 그 밖에 이에 준하는 정신적·신체적 위해 행위
7. 직무에 대한 부당한 감사, 조사 및 그 결과의 공표
(2017.12.19 본조신설)

제59조의6【장애인학대범죄신고인에 대한 보호조치】 장애인학대 및 장애인 대상 성범죄 신고인에 대하여는 「특정범죄신고자 등 보호법」 제7조부터 제13조까지의 규정을 준용한다.(2017.12.19 본조신설)

제59조의7【응급조치의무 등】 ① 제59조의4에 따라 장애인학대 신고를 접수한 장애인권익옹호기관의 직원이나 사법경찰관리는 지체 없이 장애인학대현장에 출동하여야 한다. 이 경우 장애인권익옹호기관의 장이나 수사기관의 장은 서로 동행하여 줄 것을 요청할 수 있으며, 그 요청을 받은 장애인권익옹호기관의 장이나 수사기관의 장은 정당한 사유가 없으면 소속 직원이나 사법경찰관리가 현장에 동행하도록 하여야 한다.(2017.12.19 후단신설)
② 제1항에 따라 장애인학대현장에 출동한 자는 학대받은 장애인을 학대행위자로부터 분리하거나 치료가 필요하다고 인정할 때에는 즉시 피해장애인을 다음 각 호의 어느 하나에 해당하는 기관 또는 시설에 인도하여야 한다. 이 경우 해당 기관 또는 시설의 장은 정당한 사유 없이 이를 거부하여서는 아니 된다.(2020.12.29 본문개정)
1. 장애인권익옹호기관(2020.12.29 본호신설)
2. 제59조의13에 따른 피해장애인 쉼터 및 피해장애아동쉼터(2021.7.27 본호개정)
3. 의료기관(2020.12.29 본호신설)
4. 「발달장애인 권리보장 및 지원에 관한 법률」 제17조에 따른 위기발달장애인쉼터(2020.12.29 본호신설)
5. 「가정폭력방지 및 피해자보호 등에 관한 법률」 제7조에 따른 가정폭력피해자 보호시설
6. 「노숙인 등의 복지 및 자립지원에 관한 법률」 제16조제1항제1호에 따른 노숙인일시보호시설
7. 「노인복지법」 제39조의19에 따른 학대피해노인 전용쉼터
8. 「성매매방지 및 피해자보호 등에 관한 법률」 제9조에 따른 성매매피해자등을 위한 지원시설
9. 「성폭력방지 및 피해자보호 등에 관한 법률」 제12조에 따른 성폭력피해자보호시설
10. 「아동복지법」 제53조의2에 따른 학대피해아동쉼터
(2023.3.28 5호~10호신설)
11. 그 밖에 학대받은 장애인을 보호할 수 있는 시설로서 대통령령으로 정하는 시설(2020.12.29 본호신설)
(2020.12.29 본호신설)
③ 제1항에 따라 장애인 학대 현장에 출동한 자는 학대받은 장애인을 보호하기 위하여 신고된 현장에 출입하여 관계인에 대하여 조사를 하거나 질문을 할 수 있다. 이 경우 장애인권익옹호기관의 직원은 학대받은 장애인의 보호를 위한 범위에서만 조사 또는 질문을 할 수 있다.
(2017.12.19 본항개정)
④ 제3항에 따라 출입, 조사 또는 질문을 하는 자는 그 권한을 표시하는 증표를 지니고 이를 관계인에게 보여주어야 한다.(2017.12.19 본항신설)
⑤ 제3항에 따라 조사 또는 질문을 하는 자는 학대받은 장애인·신고자·목격자 등이 자유롭게 진술할 수 있도록 장애인학대행위자로부터 분리된 곳에서 조사하는 등 필요한 조치를 하여야 한다.(2017.12.19 본항신설)
⑥ 누구든지 장애인학대현장에 출동한 자에 대하여 현장조사를 거부하거나 업무를 방해하여서는 아니 된다.
(2017.12.19 본항개정)
⑦ 국가와 지방자치단체는 장애인권익옹호기관의 장이 학대받은 장애인의 보호, 치료 등의 업무를 수행할 때에 피해장애인, 그 가족 등 보호자 또는 장애인학대행위자에 대한 신분조회 등 필요한 조치의 협조를 요청할 경우 정당한 사유가 없으면 이에 적극 협조하여야 한다.
(2023.8.8 본항신설)
⑧ 제7항의 신분조회 등 필요한 조치의 요청 절차·범위 등에 관한 사항은 대통령령으로 정한다.(2023.8.8 본항신설)

제59조의8【보조인의 선임 등】 ① 학대받은 장애인의 법정대리인, 직계친족, 형제자매, 장애인권익옹호기관의 상담원 또는 변호사는 장애인학대사건의 심리에 있어서 보조인이 될 수 있다. 다만, 변호사가 아닌 경우에는 법원의 허가를 받아야 한다.(2017.12.19 본문개정)
② 법원은 학대받은 장애인을 증인으로 신문하는 경우 본인 또는 검사의 신청이 있는 때에는 본인과 신뢰관계에 있는 사람의 동석을 허가할 수 있다.
③ 수사기관이 학대받은 장애인을 조사하는 경우에도 제1항 및 제2항의 절차를 준용한다.
(2012.10.22 본조신설)

제59조의9【금지행위】 누구든지 다음 각 호의 어느 하나에 해당하는 행위를 하여서는 아니 된다.
1. 장애인에게 성적 수치심을 주는 성희롱·성폭력 등의 행위

2. 장애인의 신체에 폭행을 가하거나 상해를 입히는 행위
2의2. 장애인을 폭행, 협박, 감금, 그 밖에 정신상 또는 신체상의 자유를 부당하게 구속하는 수단으로써 장애인의 자유의사에 어긋나는 노동을 강요하는 행위
(2017.2.8 본호신설)
3. 자신의 보호·감독을 받는 장애인을 유기하거나 의식주를 포함한 기본적 보호 및 치료를 소홀히 하는 방임행위
4. 장애인에게 구걸을 하게 하거나 장애인을 이용하여 구걸하는 행위
5. 장애인을 체포 또는 감금하는 행위
6. 장애인의 정신건강 및 발달에 해를 끼치는 정서적 학대행위
7. 장애인을 위하여 증여 또는 급여된 금품을 그 목적 외의 용도에 사용하는 행위
8. 공중의 오락 또는 흥행을 목적으로 장애인의 건강 또는 안전에 유해한 곡예를 시키는 행위
(2015.6.22 본조개정)

제59조의10【장애인학대의 예방과 방지 의무】 국가와 지방자치단체는 장애인학대의 예방과 방지를 위하여 다음 각 호의 조치를 취하여야 한다.
1. 장애인학대의 예방과 방지를 위한 각종 정책의 수립 및 시행
2. 장애인학대의 예방과 방지를 위한 연구·교육·홍보와 장애인학대 현황 조사
3. 장애인학대에 관한 신고체계의 구축·운영
4. 장애인학대로 인하여 피해를 입은 장애인(이하 "피해장애인"이라 한다)의 보호 및 치료와 피해장애인의 가정에 대한 지원
5. 장애인학대 예방 관계 기관·법인·단체·시설 등에 대한 지원
6. 그 밖에 대통령령으로 정하는 장애인학대의 예방과 방지를 위한 사항
(2015.6.22 본조신설)

제59조의11【장애인권익옹호기관의 설치 등】 ① 국가는 지역 간의 연계체계를 구축하고 장애인학대를 예방하기 위하여 다음 각 호의 업무를 담당하는 중앙장애인권익옹호기관을 설치·운영하여야 한다.
1. 제2항에 따른 지역장애인권익옹호기관에 대한 지원
2. 장애인학대 예방 관련 연구 및 실태조사
3. 장애인학대 예방 관련 프로그램의 개발·보급
4. 장애인학대 예방 관련 교육 및 홍보
5. 장애인학대 예방 관련 전문인력의 양성 및 능력개발
6. 관계 기관·법인·단체·시설 간 협력체계의 구축 및 교류
7. 장애인학대 신고접수와 그 밖에 보건복지부령으로 정하는 장애인학대 예방과 관련된 업무
② 학대받은 장애인을 신속히 발견·보호·치료하고 장애인학대를 예방하기 위하여 다음 각 호의 업무를 담당하는 지역장애인권익옹호기관을 특별시·광역시·특별자치시·도·특별자치도에 둔다.
1. 장애인학대의 신고접수, 현장조사 및 응급보호
2. 피해장애인과 그 가족, 장애인학대행위자에 대한 상담 및 사후관리
3. 장애인학대 예방 관련 교육 및 홍보
4. 장애인학대사례판정위원회 설치·운영
5. 관계 기관·법인·단체·시설 간 협력체계의 구축 및 교류(2021.7.27 본호신설)
6. 그 밖에 보건복지부령으로 정하는 장애인학대 예방과 관련된 업무
③ 장애인권익옹호기관의 장은 제1항 및 제2항에 따른 업무를 수행하기 위하여 필요한 경우 관계 기관의 장에게 사실 확인이나 관련 자료의 제공을 요청할 수 있다. 이 경우 자료 제공을 요청받은 관계 기관의 장은 정당한 사유가 없으면 요청에 따라야 한다.(2017.12.19 본항신설)
④ 보건복지부장관, 특별시장·광역시장·특별자치시장·도지사·특별자치도지사는 「공공기관의 운영에 관한 법률」 제4조에 따른 공공기관 또는 장애인 학대의 예방 및 방지를 목적으로 하는 비영리법인을 지정하여 장애인권익옹호기관의 운영을 위탁할 수 있다. 이 경우 보건복지부장관, 특별시장·광역시장·특별자치시장·특별자치도지사는 그 운영에 드는 비용을 지원할 수 있다.
⑤ 장애인권익옹호기관의 설치기준·운영, 상담원의 자격·배치기준, 운영 수탁기관 등의 지정, 위탁 및 비용지원 등에 필요한 사항은 대통령령으로 정한다.
(2015.6.22 본조신설)

제59조의12【사후관리 등】 ① 장애인권익옹호기관의 장은 장애인학대가 종료된 후에도 가정방문, 시설방문, 전화상담 등을 통하여 장애인학대의 재발 여부를 확인하여야 한다.
② 장애인권익옹호기관의 장은 장애인학대가 종료된 후에도 피해장애인의 안전 확보, 장애인학대의 재발 방지, 건전한 가정기능의 유지 등을 위하여 피해장애인, 피해장애인의 보호자(친권자, 「민법」에 따른 후견인, 장애인을 보호·양육·교육하거나 그러한 의무가 있는 사람 또는 업무·고용 등의 관계로 사실상 장애인을 보호·감독하는 사람을 말한다. 이하 이 조에서 같다)·가족 및 장애인학대행위자에게 상담, 교육 및 의료적·심리적 치료 등의 지원을 하여야 한다.(2021.8.17 본항개정)
③ 장애인권익옹호기관의 장은 제2항에 따른 지원을 하기 위하여 관계 기관·법인·단체·시설에 협조를 요청할 수 있다.
④ 장애인권익옹호기관의 장은 제2항에 따른 지원을 할 때에는 피해장애인의 이익을 최우선으로 고려하여야 한다.
⑤ 피해장애인의 보호자·가족 및 장애인학대행위자는 제2항에 따른 장애인권익옹호기관의 지원에 참여하여야 하고, 제1항 및 제2항에 따른 장애인권익옹호기관의 업무 수행을 정당한 사유 없이 거부하거나 방해하여서는 아니 된다.(2021.8.17 본항개정)
(2015.6.22 본조신설)

제59조의13【피해장애인 쉼터 등】 ① 특별시장·광역시장·특별자치시장·도지사·특별자치도지사는 피해장애인의 임시 보호 및 사회복귀 지원을 위하여 장애인 쉼터를 설치·운영할 수 있다.
② 특별시장·광역시장·특별자치시장·도지사·특별자치도지사는 장애인학대로 인하여 피해를 입은 장애아동(이하 "피해장애아동"이라 한다)의 임시 보호를 위하여 피해장애아동 쉼터를 설치·운영할 수 있다.
(2021.7.27 본항신설)
③ 제1항에 따른 장애인 쉼터 및 제2항에 따른 피해장애아동 쉼터의 설치·운영 등에 필요한 사항은 보건복지부령으로 정한다.(2021.7.27 본항개정)
(2021.7.27 본조제목개정)
(2017.2.8 본조신설)

제59조의14【장애인학대 등의 통보】 ① 사법경찰관리는 장애인 사망 및 상해 사건, 가정폭력 사건 등에 관한 직무를 수행하는 경우 장애인학대가 있었다고 의심할 만한 사유가 있는 때에는 장애인권익옹호기관에 그 사실을 통보하여야 한다.
② 제1항의 통보를 받은 장애인권익옹호기관은 피해장애인 보호조치 등 필요한 조치를 하여야 한다.
(2019.12.3 본조신설)

제59조의15【피해장애인에 대한 변호사 선임의 특례】
① 장애인학대사건의 피해장애인 및 그 법정대리인은 형사 절차상 입을 수 있는 피해를 방어하고 법률적 조력을 보장하기 위하여 변호사를 선임할 수 있다.
② 제1항에 따른 변호사에 관하여는 「성폭력범죄의 처벌 등에 관한 특례법」 제27조제2항부터 제6항까지를 준용한다.
(2020.12.29 본조신설)

제59조의16【진술조력인의 참여 등】 ① 검사, 사법경찰관 또는 법원은 범죄사건의 피해자인 장애인(이하 이 조에서 "피해자"라 한다)이 의사소통이나 의사표현에 어려움이 있는 경우 피해자에 대한 형사사법절차에서의 조력과 원활한 조사·검증 또는 증인 신문을 위하여 직권이나 피해자 또는 제59조의8제1항에 따른 보조인(이하 이 조에서 "보조인"이라 한다)의 신청에 따라 「성폭력범죄의 처벌 등에 관한 특례법」 제35조제1항에 따른 진술조력인으로 하여금 조사과정, 검증 또는 증인 신문에 참여하여 의사소통을 중개하거나 보조하게 할 수 있다.
② 검사, 사법경찰관 또는 법원은 피해자에 대한 조사·검증 또는 증인 신문 전에 피해자 및 보조인에게 진술조력인에 의한 의사소통 중개나 보조를 신청할 수 있음을 고지하여야 한다.
③ 그 밖에 진술조력인의 수사·재판과정의 참여와 의무 등에 관하여는 「성폭력범죄의 처벌 등에 관한 특례법」 제36조부터 제39조까지의 규정을 준용한다.
(2021.7.27 본조신설)

제59조의17【장애인권익옹호기관의 성과평가 등】 ① 보건복지부장관은 장애인권익옹호기관의 업무 실적에 대하여 3년마다 성과평가를 실시하여야 한다.
② 성과평가 및 평가결과의 활용 등에 필요한 사항은 대통령령으로 정한다.
(2021.8.17 본조신설)

제59조의18【장애인학대보도 권고기준 수립 및 준수 협조요청】 ① 보건복지부장관은 장애인의 인권보호 및 장애인학대 예방에 관한 정확한 정보의 제공 등을 위하여 대통령령으로 정하는 관계 중앙행정기관의 장과 협의하여 언론의 장애인학대보도에 대한 권고기준을 수립하고 그 이행확보 방안을 마련하여야 한다.
② 보건복지부장관은 방송·신문·잡지 및 인터넷신문 등 언론에 대하여 제1항에 따른 장애인학대보도에 대한 권고기준을 준수하도록 협조를 요청할 수 있다. 이 경우 언론은 협조요청을 적극 이행하도록 노력하여야 한다.
(2023.5.2 본조신설)

제59조의19【장애인학대정보시스템】 ① 보건복지부장관은 장애인학대를 예방하고 장애인학대 관련 정보를 수집·관리하기 위하여 대통령령으로 정하는 바에 따라 장애인학대정보시스템(이하 "학대정보시스템"이라 한다)을 구축·운영하여야 한다.
② 장애인권익옹호기관의 장은 제59조의7제7항에 따른 신분조회 등 조치, 제59조의11제3항에 따른 사실 확인이나 관련 자료의 제공을 학대정보시스템을 통하여 요청할 수 있다.
③ 보건복지부장관은 제59조의11제1항에 따른 중앙장애인권익옹호기관에 학대정보시스템의 운영을 위탁할 수 있다.
(2023.8.8 본조신설)

제60조【장애인복지시설 운영의 개시 등】 ① 제59조제2항에 따라 신고한 자는 지체 없이 시설 운영을 시작하여야 한다.
② 시설 운영자가 시설 운영을 중단 또는 재개하거나 시설을 폐지하려는 때에는 보건복지부령이 정하는 바에 따라 미리 시장·군수·구청장에게 신고하여야 한다.
(2011.3.30 본항개정)
③ 시설 운영자가 제2항에 따라 시설 운영을 중단하거나 시설을 폐지할 때에는 보건복지부령이 정하는 바에 따라 시설 이용자의 권익을 보호하기 위하여 다음 각 호의 조치를 하여야 한다. 이 경우 시장·군수·구청장은 그 조치 내용을 확인하고 제2항에 따른 신고를 수리하여야 한다.
(2019.1.15 후단신설)
1. 시장·군수·구청장의 협조를 받아 시설 이용자가 다른 시설을 선택할 수 있도록 하고 그 이행을 확인하는 조치(2011.3.30 본호개정)
2. 시설 이용자가 이용료·사용료 등의 비용을 부담하는 경우 납부한 비용 중 사용하지 아니한 금액을 반환하게 하고 그 이행을 확인하는 조치(2011.3.30 본호개정)
3. 보조금·후원금 등의 사용 실태 확인과 이를 재원으로 조성한 재산 중 남은 재산의 회수조치
4. 그 밖에 시설 이용자의 권익 보호를 위하여 필요하다고 인정되는 조치(2011.3.30 본호개정)
④ 시설 운영자가 제2항에 따라 시설운영을 재개하려고 할 때에는 보건복지부령으로 정하는 바에 따라 시설 이용자의 권익을 보호하기 위하여 다음 각 호의 조치를 하여야 한다. 이 경우 시장·군수·구청장은 그 조치 내용을 확인하고 제2항에 따른 신고를 수리하여야 한다.
(2019.1.15 후단신설)
1. 운영 중단 사유의 해소
2. 향후 안정적 운영계획의 수립
3. 그 밖에 시설 이용자의 권익 보호를 위하여 보건복지부장관이 필요하다고 인정하는 조치
(2011.3.30 본항신설)
⑤ 제1항과 제2항에 따른 시설 운영의 개시·중단·재개 및 시설 폐지의 신고 등에 관하여 필요한 사항은 보건복지부령으로 정한다.(2010.1.18 본항개정)
(2011.3.30 본조제목개정)

제60조의2【장애인 거주시설 이용절차】 ① 장애인 거주시설을 이용하려는 자와 그 친족, 그 밖의 관계인은 보건복지부령으로 정하는 서류를 갖추어 시장·군수·구청장에게 장애인의 시설 이용을 신청하여야 한다.
② 제1항에 따라 시설 이용을 신청받은 시장·군수·구청장은 제32조의4에 따른 서비스 지원 종합조사 결과 등을 활용하여 이용 신청자의 시설 이용 적격성 여부를 심사하고 그 결과에 따라 시설 이용 여부를 결정하여야 한다.
(2017.12.19 본항개정)
③ 시장·군수·구청장은 제2항에 따른 이용 신청자의 시설 이용 적격성 및 제79조제2항에 따른 본인부담금을 결정하여 이용 신청자와 시설 운영자에게 통보한다.
④ 시설 이용자가 제1항부터 제3항까지의 절차를 거치지 아니하고 시설을 이용하는 경우, 시설 운영자는 보건복지부령으로 정하는 바에 따라 해당 사례를 시장·군수·구청장에게 보고하여야 하며, 시장·군수·구청장은 이용 적격성 여부의 확인 등 필요한 조치를 취하여야 한다.
⑤ 시설 운영자는 이용 신청자와 서비스 이용조건, 본인부담금 등의 사항을 포함하여 계약을 체결하고, 그 결과를 시장·군수·구청장에게 보고하여야 한다.
(2017.12.19 본항개정)
⑥ 제5항에 따른 계약은 시설을 이용할 장애인 본인이 체결하는 것을 원칙으로 하되, 지적 능력 등의 이유로 장애인 본인이 계약을 체결하기 어려운 경우에 한하여, 대통령령으로 정하는 자가 계약절차의 전부 또는 일부를 대행할 수 있다.
⑦ 시설 이용자가 시설 이용을 중단하려는 경우에는 보건복지부령으로 정하는 기간 전에 시설 이용을 중단할 의사를 시설 운영자에게 밝혀야 한다. 이 경우 시설 운영자는 이용 중단과 관련하여 필요한 조치를 하여야 하고, 이용 중단 희망자에 대하여 이용 중단에 따른 어떠한 불이익한 처분이나 차별도 하여서는 아니 된다.
⑧ 제2항에 따른 서비스 지원 종합조사 결과의 활용방법 등에 필요한 구체적인 사항과 제5항에 따른 계약에 관한 세부적인 사항은 보건복지부령으로 정한다.(2017.12.19 본항신설)
(2011.3.30 본조신설)

제60조의3【장애인 거주시설의 서비스 최저기준】 ① 보건복지부장관은 장애인 거주시설에서 제공하여야 하는 서비스의 최저기준을 마련하여야 하며, 장애인복지실시기관은 그 기준이 충족될 수 있도록 필요한 조치를 취하여야 한다.
② 시설 운영자는 제1항에 따른 서비스의 최저기준 이상으로 서비스의 수준을 유지하여야 한다.
③ 제1항에 따른 서비스 최저기준의 구체적인 내용과 시행에 관하여 필요한 사항은 보건복지부령으로 정한다.
(2011.3.30 본조신설)

제60조의4【장애인 거주시설 운영자의 의무】 ① 시설 운영자는 시설 이용자의 인권을 보호하고, 인권이 침해된 경우에는 즉각적인 회복조치를 취하여야 한다.

② 시설 운영자는 시설 이용자의 거주, 요양, 생활지원, 지역사회생활 지원 등을 위하여 필요한 서비스를 제공하여야 한다.
③ 시설 운영자는 시설 이용자의 사생활 및 자기결정권의 보장을 위하여 노력하여야 한다.(2017.2.8 본항개정)
④ 시설 운영자는 시설 이용자의 인권을 보호하기 위하여 장애인 거주시설에 시설 이용 장애인 인권지킴이단을 두어야 한다.(2017.2.8 본항신설)
⑤ 제4항에 따른 시설 이용 장애인 인권지킴이단의 구성·운영에 관한 구체적인 사항은 보건복지부령으로 정한다.(2017.2.8 본항신설)
(2011.3.30 본조신설)

제60조의5【상속인 없는 재산의 처리】 ① 장애인 거주시설 운영자는 그 시설에 입소 중인 사람이 사망하고 그 상속인의 존부가 분명하지 아니한 때에는 「민법」 제1053조부터 제1059조까지의 규정에 따라 사망한 사람의 재산을 처리한다. 다만, 사망한 사람의 잔여재산이 「사회복지사업법」 제45조의2제1항 단서에 따른 금액 이하인 경우에는 관할 시장·군수·구청장에게 잔여재산 목록을 작성하여 보고하는 것으로 그 재산의 처리를 갈음할 수 있다.
② 제1항 단서에 따른 보고를 받은 시장·군수·구청장은 상속인, 일반상속채권자, 유증받은 자, 기타 상속재산에 대하여 권리를 주장하려는 자가 있으면 6개월 내에 그 권리를 주장할 것을 3개월 이상 공고하여야 한다.
③ 제2항에 따른 기간 내에 상속재산에 대하여 권리를 주장하는 자가 있는 때에는 시장·군수·구청장이 「민법」 제1034조에 따라 그 기간 내에 신고한 채권자들 간에 배당하여 변제하여야 한다.
④ 제2항에 따른 기간이 경과하여도 상속재산에 대하여 권리를 주장하는 자가 없는 때에는 상속재산은 지방자치단체에 귀속한다.
⑤ 제1항부터 제4항까지에서 규정한 사항 외에 상속인 없는 재산의 처리에 관한 세부절차는 보건복지부령으로 정한다.
(2020.12.29 본조신설)

제60조의6【장애인 거주시설 이용자에 대한 성교육 등】
① 시설 운영자는 장애인의 건전한 성가치관 형성과 성범죄 예방을 위하여 시설 이용자를 대상으로 성교육을 실시할 수 있다. 이 경우 성교육에는 성적 자기결정권에 관한 내용을 포함할 수 있다.
② 보건복지부장관은 시설 운영자가 제1항에 따른 성교육을 효과적으로 실시할 수 있도록 성교육프로그램을 개발·보급하여야 한다.
③ 제1항에 따라 실시하는 성교육의 내용과 방법 등에 필요한 사항은 보건복지부령으로 정한다.
(2023.8.8 본조신설)

제61조【감독】 ① 장애인복지실시기관은 장애인복지시설을 설치·운영하는 자의 소관업무 및 시설이용자의 인권실태 등을 지도·감독하며, 필요한 경우 그 시설에 관한 보고 또는 관련 서류 제출을 명하거나 소속 공무원에게 그 시설의 운영상황·장부, 그 밖의 서류를 조사·검사하거나 질문하게 할 수 있다.
② 제1항에 따라 관계 공무원이 그 직무를 할 때에는 권한을 표시하는 증표 및 조사기간, 조사범위, 조사담당자, 관계 법령 등 보건복지부령으로 정하는 사항이 기재된 서류를 관계인에게 내보여야 한다.(2015.12.29 본항개정)

제62조【시설의 개선, 사업의 정지, 폐쇄 등】 ① 장애인복지실시기관은 장애인복지시설이 다음 각 호의 어느 하나에 해당하는 때에는 그 시설의 개선, 사업의 정지, 시설의 장의 교체를 명하거나 해당 시설의 폐쇄를 명할 수 있다.
1. 제59조제6항에 따른 시설기준에 미치지 못한 때 (2019.1.15 본호개정)
2. 정당한 사유 없이 제61조에 따른 보고를 하지 아니하거나 거짓으로 보고한 때 또는 조사·검사 및 질문을 거부·방해하거나 기피한 때
3. 사회복지법인이나 비영리법인이 설치·운영하는 시설인 경우 그 사회복지법인이나 비영리법인의 설립 허가가 취소된 때
4. 시설의 회계 부정이나 시설이용자에 대한 인권침해 등 불법행위, 그 밖의 부당행위 등이 발견된 때
5. 설치 목적을 이루었거나 그 밖의 사유로 계속하여 운영할 필요가 없다고 인정되는 때
6. 이 법 또는 이 법에 따른 명령이나 처분을 위반한 경우
② 장애인복지시설기관은 제58조제1항제1호에 따른 장애인 거주시설이 제60조의3에 따른 서비스 최저기준을 유지하지 못할 때에는 그 시설의 개선, 사업의 정지, 시설의 장의 교체를 명하거나 해당 시설의 폐쇄를 명할 수 있다.(2011.3.30 본항신설)
③ 제1항 및 제2항에 따른 처분 기준은 위반행위의 유형 및 그 사유와 위반의 정도 등을 고려하여 보건복지부령으로 정한다.(2017.2.8 본항신설)

제62조의2【중앙수어통역센터】 ① 보건복지부장관은 수어통역에 관한 정책·제도의 조사, 관련 시설의 운영지침 수립 및 관련 전문인력 양성 등의 업무를 수행하기 위하여 문화체육관광부장관과 협의를 거쳐 중앙수어통역센터를 설치·운영할 수 있다.
② 보건복지부장관은 제1항에 따른 중앙수어통역센터의 설치·운영을 그 업무에 필요한 전문인력과 시설을 갖춘 법인·단체에 위탁할 수 있다.
③ 제1항 및 제2항에 따른 중앙수어통역센터의 설치·운영 및 위탁 등에 필요한 사항은 보건복지부령으로 정한다.
(2023.8.8 본조신설)

제63조【단체의 보호·육성】 ① 국가와 지방자치단체는 장애인의 복지를 향상하고 자립을 돕기 위하여 장애인복지단체를 보호·육성하도록 노력하여야 한다.
② 국가와 지방자치단체는 예산의 범위 안에서 제1항에 따른 단체의 사업·활동 또는 운영이나 그 시설에 필요한 경비의 전부 또는 일부를 보조할 수 있다.
(2015.12.29 본항개정)

제64조【장애인복지단체협의회】 ① 장애인복지단체의 활동을 지원하고 장애인의 복지를 향상하기 위하여 장애인복지단체협의회(이하 "협의회"라 한다)를 설립할 수 있다.
② 협의회는 「사회복지사업법」에 따른 사회복지법인으로 하되, 「사회복지사업법」 제23조제1항은 적용하지 아니한다.
③ 협의회의 조직과 운영 등에 관하여 필요한 사항은 정관으로 정한다.

제6장 장애인보조기구

제65조【장애인보조기구】 ① "장애인보조기구"란 장애인이 장애의 예방·보완과 기능 향상을 위하여 사용하는 의지(義肢)·보조기 및 그 밖에 보건복지부장관이 정하는 보장구와 일상생활의 편의 증진을 위하여 사용하는 생활용품을 말한다.
② 보건복지부장관은 장애인의 일상생활의 편의증진 등을 위하여 다른 법률이 정하는 바에 따라 제1항에 따른 장애인보조기구의 지원 및 활용촉진 등에 관한 사업을 실시할 수 있다.(2015.12.29 본항개정)
(2010.1.18 본조개정)

제66조~제68조 (2015.12.29 삭제)

제69조【의지·보조기제조업의 개설사실의 통보 등】
① 의지·보조기를 제조·개조·수리하거나 신체에 장착하는 사업(이하 "의지·보조기제조업"이라 한다)을 하는 자는 그 제조업소를 개설한 후 7일 이내에 보건복지부령이 정하는 바에 따라 시장·군수·구청장에게 제조업소의 개설사실을 알려야 한다. 제조업소의 소재지 변경 등 보건복지부령이 정하는 중요 사항을 변경한 때에도 또한 같다.(2010.1.18 본항개정)
② 의지·보조기 제조업자는 제72조에 따른 의지·보조기 기사(補助器 技士)를 1명 이상 두어야 한다. 다만, 의지·보조기 제조업자 자신이 의지·보조기 기사인 경우에는 따로 기사를 두지 아니하여도 된다.
③ 의지·보조기 제조업자가 제70조에 따른 폐쇄 명령을 받은 후 6개월이 지나지 아니하면 같은 장소에서 같은 제조업을 하여서는 아니 된다.
④ 의지·보조기 제조업자는 의사의 처방에 따라 의지·보조기를 제조하거나 개조하여야 한다.

제70조【의지·보조기 제조업소의 폐쇄 등】 ① 시장·군수·구청장은 의지·보조기 제조업자가 다음 각 호의 어느 하나에 해당하는 경우에는 그 제조업소의 폐쇄를 명할 수 있다.
1. 제69조제2항을 위반하여 의지·보조기 기사를 두지 아니하고 의지·보조기제조업을 한 경우
2. 영업정지처분 기간에 영업을 하거나 3회 이상 영업정지처분을 받은 경우
② 시장·군수·구청장은 의지·보조기제조업자가 의지·보조기 제조업을 하면서 고의나 중대한 과실로 의지·보조기를 착용하는 사람의 신체에 손상을 입힌 사실이 있는 때에는 6개월의 범위 안에서 보건복지부령으로 정하는 바에 따라 영업정지를 명할 수 있다.(2010.1.18 본항개정)

제7장 장애인복지 전문인력

제71조【장애인복지 전문인력 양성 등】 ① 국가와 지방자치단체 그 밖의 공공단체는 의지·보조기 기사, 언어재활사, 장애인재활상담사, 한국수어 통역사, 점역(點譯)·교정사 등 장애인복지 전문인력, 그 밖에 장애인복지에 관한 업무에 종사하는 자를 양성·훈련하는 데에 노력해야 한다.(2016.2.3 본항개정)
② 제1항에 따른 장애인복지전문인력의 범위 등에 관한 사항은 보건복지부령으로 정한다.(2010.1.18 본항개정)
③ 국가와 지방자치단체는 제1항에 따른 장애인복지전문인력의 양성업무를 관계 전문기관 등에 위탁할 수 있다.
④ 국가와 지방자치단체는 제1항에 따른 장애인복지전문인력의 양성에 소요되는 비용을 예산의 범위 안에서 보조할 수 있다.

제72조【의지·보조기 기사자격증 교부 등】 ① 보건복지부장관은 다음 각 호의 어느 하나에 해당하는 자로서 제73조에 따른 국가시험에 합격한 자(이하 "의지·보조기 기사"라 한다)에게 의지·보조기 기사자격증을 내주어야 한다.
1. 「고등교육법」에 따른 전문대학이나 교육부장관이 이와 같은 수준 이상의 학력이 있다고 인정하는 학교에서 보건복지부령으로 정하는 의지·보조기 관련 교과목을 이수하고 졸업한 자(2013.3.23 본호개정)
2. 보건복지부장관이 인정하는 외국에서 제1호에 해당하는 학교(보건복지부장관이 정하여 고시하는 인정기준에 해당하는 학교를 말한다)와 같은 수준 이상의 교육과정을 마치고 외국의 해당 의지·보조기 기사자격증을 받은 자(2018.12.11 본호개정)
(2010.1.18 본항개정)
② 의지·보조기 기사자격증을 분실하거나 훼손한 자에게는 신청에 따라 자격증을 재교부한다.
③ 의지·보조기 기사자격증은 다른 자에게 대여하지 못한다.
④ 제1항과 제2항에 따른 자격증의 교부·재교부 절차와 그 밖에 그 관리에 관하여 필요한 사항은 보건복지부령으로 정한다.(2010.1.18 본항개정)

제72조의2【언어재활사 자격증 교부 등】 ① 보건복지부장관은 제2항에 따른 자격요건을 갖춘 사람으로서 제73조에 따른 국가시험에 합격한 사람(이하 "언어재활사"라 한다)에게 언어재활사 자격증을 내주어야 한다.
② 언어재활사의 종류 및 국가시험 응시자격 요건은 다음 각 호의 구분과 같다. 이 경우 외국의 대학원·대학·전문대학(보건복지부장관이 정하여 고시하는 인정기준에 해당하는 학교를 말한다)에서 언어재활 분야의 학위를 취득한 사람으로서 등급별 자격기준과 동등한 학력이 있다고 보건복지부장관이 인정하는 경우에는 해당 등급의 응시자격을 갖춘 것으로 본다.(2018.12.11 후단개정)
1. 1급 언어재활사 : 2급 언어재활사 자격증을 가진 사람으로서 다음 각 목의 어느 하나에 해당하는 사람
  가. 「고등교육법」에 따른 대학원에서 언어재활 분야의 박사학위 또는 석사학위를 취득한 사람으로서 언어재활기관에 1년 이상 재직한 사람
  나. 「고등교육법」에 따른 대학에서 언어재활 관련 학과의 학사학위를 취득한 사람으로서 언어재활기관에 3년 이상 재직한 사람
2. 2급 언어재활사 : 「고등교육법」에 따른 대학원·대학·전문대학의 언어재활 관련 교과목을 이수하고 관련 학과의 석사학위·학사학위·전문학사학위를 취득한 사람
③ 언어재활사 자격증을 분실하거나 훼손한 사람에게는 신청에 따라 자격증을 재교부한다.
④ 언어재활사 자격증은 다른 사람에게 대여하지 못한다.
⑤ 제1항과 제3항에 따른 자격증의 교부·재교부 절차와 관리 및 제2항에 따른 언어재활기관의 범위, 대학원·대학·전문대학의 언어재활 관련 학과와 언어재활사로서 이수하여야 하는 관련 교과목의 범위 등에 필요한 사항은 보건복지부령으로 정한다.
(2011.8.4 본조신설)

제72조의3【장애인재활상담사 자격증 교부 등】 ① 보건복지부장관은 장애인의 직업재활 등을 지원하기 위하여 제2항에 따른 자격요건을 갖춘 사람으로서 제73조에 따른 국가시험에 합격한 사람(이하 "장애인재활상담사"라 한다)에게 장애인재활상담사 자격증을 내주어야 한다.
② 장애인재활상담사의 종류 및 국가시험 응시자격 요건은 다음 각 호의 구분과 같다. 이 경우 외국의 대학원·대학·전문대학(보건복지부장관이 정하여 고시하는 인정기준에 해당하는 학교를 말한다)에서 장애인재활 분야의 학위를 취득한 사람으로서 등급별 자격기준과 동등한 학력이 있다고 보건복지부장관이 인정하는 경우에는 해당 등급의 응시자격을 갖춘 것으로 본다.(2018.12.11 후단개정)
1. 1급 장애인재활상담사 : 다음 각 목의 어느 하나에 해당하는 사람
  가. 「고등교육법」에 따른 대학원에서 장애인재활 분야의 박사학위를 취득한 사람
  나. 「고등교육법」에 따른 대학원·대학·원격대학에서 보건복지부령으로 정하는 장애인재활 관련 교과목을 이수하고 관련 학과의 석사학위 또는 학사학위를 취득한 사람(2019.12.3 본목개정)
  다. 2급 장애인재활상담사 자격증을 가진 사람으로서 장애인재활 관련 기관에서 3년 이상 재직한 사람
  라. 사회복지사 자격증을 가진 사람으로서 장애인재활 관련 기관에서 5년 이상 재직한 사람(2019.12.3 본목개정)
2. 2급 장애인재활상담사 : 다음 각 목의 어느 하나에 해당하는 사람
  가. 「고등교육법」에 따른 전문대학·원격대학에서 보건복지부령으로 정하는 장애인재활 관련 교과목을 이수하고 관련 학과의 전문학사학위를 취득한 사람 (2019.12.3 본목개정)
  나. (2019.12.3 삭제)
  다. 사회복지사 자격증을 가진 사람으로서 장애인재활 관련 기관에서 3년 이상 재직한 사람(2019.12.3 본목개정)
3. (2019.12.3 삭제)
③ 장애인재활상담사 자격증을 분실하거나 훼손한 사람에게는 신청에 따라 자격증을 재교부한다.
④ 장애인재활상담사 자격증은 다른 사람에게 대여하지 못한다.
⑤ 제1항과 제3항에 따른 자격증의 교부·재교부 절차와 관리, 제2항에 따른 장애인재활 분야·관련 기관·관련

학과·관련 교과목의 범위 등에 필요한 사항은 보건복지부령으로 정한다.(2019.12.3 본항개정)
(2015.12.29 본조신설)

제73조【국가시험의 실시 등】 ① 의지·보조기 기사, 언어재활사 및 장애인재활상담사(이하 "의지·보조기 기사등"이라 한다)의 국가시험은 보건복지부장관이 실시하되, 실시시기·실시방법·시험과목, 그 밖에 시험 실시에 관하여 필요한 사항은 대통령령으로 정한다.
(2015.12.29 본항개정)
② 보건복지부장관은 제1항에 따른 국가시험의 실시에 관한 업무를 대통령령으로 정하는 바에 따라 「한국보건의료인국가시험원법」에 따른 한국보건의료인국가시험원에 위탁할 수 있다.(2015.6.22 본항개정)
(2011.8.4 본조제목개정)

제74조【응시자격 제한 등】 ① 다음 각 호의 어느 하나에 해당하는 자는 제73조에 따른 국가시험에 응시할 수 없다.
1. 「정신건강증진 및 정신질환자 복지서비스 지원에 관한 법률」 제3조제1호에 따른 정신질환자. 다만, 전문의가 의지·보조기 기사등으로서 적합하다고 인정하는 사람은 그러하지 아니하다.(2017.12.19 본문개정)
2. 마약·대마 또는 향정신성의약품 중독자
3. 피성년후견인(2017.2.8 본호개정)
4. 이 법이나 「형법」 제234조·제317조제1항, 「의료법」, 「국민건강보험법」, 「의료급여법」, 「보건범죄단속에 관한 특별조치법」, 「마약류 관리에 관한 법률」 또는 「후천성면역결핍증 예방법」을 위반하여 금고 이상의 형을 선고받고 그 형의 집행이 끝나지 아니하였거나 집행을 받지 아니하기로 확정되지 아니한 자(2017.9.19 본호개정)

② 부정한 방법으로 제73조에 따른 국가시험에 응시한 자나 국가시험에 관하여 부정행위를 한 자는 그 수험을 정지시키거나 합격을 무효로 한다.
③ 제2항에 따라 수험이 정지되거나 합격이 무효가 된 자는 그 후 2회에 한하여 제73조에 따른 국가시험에 응시할 수 없다.

제75조【보수교육】 ① 보건복지부장관은 의지·보조기 기사등에 대하여 자질 향상을 위하여 필요한 보수(補修)교육을 받도록 명할 수 있다.(2011.8.4 본항개정)
② 제1항에 따른 보수교육의 실시 시기와 방법 등 필요한 사항은 보건복지부령으로 정한다.
(2010.1.18 본조개정)

제76조【자격취소】 보건복지부장관은 의지·보조기 기사등이 다음 각 호의 어느 하나에 해당한 때에는 그 자격을 취소해야 한다.(2011.8.4 본문개정)
1. 제72조제3항을 위반해서 타인에게 의지·보조기 기사 자격증을 대여한 때
1의2. 제72조의2제4항을 위반하여 타인에게 언어재활사 자격증을 대여하였을 때(2011.8.4 본호신설)
1의3. 제72조의3제4항을 위반하여 타인에게 장애인재활상담사 자격증을 대여하였을 때(2015.12.29 본호신설)
2. 제74조제1항 각 호의 어느 하나에 해당하게 된 때
3. 제77조에 따른 자격정지처분 기간에 그 업무를 하거나 자격정지 처분을 3회 받은 때

제77조【자격정지】 보건복지부장관은 의지·보조기 기사등이 다음 각 호의 어느 하나에 해당하면 6개월 이내의 범위 안에서 보건복지부령으로 정하는 바에 따라 자격을 정지시킬 수 있다.(2011.8.4 본문개정)
1. 의지·보조기 기사의 업무를 하면서 고의 또는 중대한 과실로 의지·보조기 착용자의 신체에 손상을 입힌 사실이 있는 때
1의2. 언어재활사의 업무를 하면서 고의 또는 중대한 과실로 언어재활 대상자의 기능에 손상을 입힌 사실이 있을 때(2011.8.4 본호신설)
1의3. 장애인재활상담사의 업무를 하면서 고의 또는 중대한 과실로 재활 대상자에게 손해를 입힌 사실이 있을 때(2015.12.29 본호신설)
2. 제75조에 따른 보수교육을 연속하여 2회 이상 받지 아니한 때

제78조【수수료】 의지·보조기 기사등의 국가시험에 응시하려고 하거나 의지·보조기 기사등의 자격증을 교부 또는 재교부받으려 하는 자는 보건복지부령으로 정하는 바에 따라 수수료를 내야 한다.(2011.8.4 본조개정)

제8장 보 칙

제79조【비용 부담】 ① 제38조제1항, 제43조제1항, 제49조제1항, 제50조제1항·제2항 및 제55조제1항에 따른 조치와 제59조제1항에 따른 장애인복지시설의 설치·운영에 드는 비용은 예산의 범위 안에서 대통령령으로 정하는 바에 따라 장애인복지실시기관이 부담하게 할 수 있다.
(2015.12.29 본항개정)
② 국가와 지방자치단체는 장애인이 제58조의 장애인복지시설을 이용하는 데 드는 비용의 전부 또는 일부를 부담할 수 있으며, 시설 이용자의 자산과 소득을 고려하여 본인부담금을 부과할 수 있다. 이 경우 본인부담금에 관한 사항은 대통령령으로 정한다.(2011.3.30 본항신설)

제80조【비용 수납】 ① 제34조제1항제1호에 따른 조치에 필요한 비용을 부담한 장애인복지실시기관은 해당 장애인 또는 그 부양의무자로부터 대통령령으로 정하는 바에 따라 장애인복지실시기관이 부담한 비용의 전부 또는 일부를 받을 수 있다.
② (2011.3.30 삭제)

제80조의2【한국언어재활사협회】 ① 언어재활사는 언어재활에 관한 전문지식과 기술을 개발·보급하고 언어재활사의 자질향상을 위한 교육훈련 및 언어재활사의 복지증진을 도모하기 위하여 한국언어재활사협회를 설립할 수 있다.
② 제1항에 따른 한국언어재활사협회는 법인으로 한다.
③ 제1항에 따른 한국언어재활사협회에 관하여 이 법에서 규정한 것을 제외하고는 「민법」 중 사단법인에 관한 규정을 준용한다.
(2019.12.3 본조신설)

제80조의3【한국장애인재활상담사협회】 ① 장애인재활상담사는 장애인재활에 관한 전문지식과 기술을 개발·보급하고 장애인재활상담사의 자질향상을 위한 교육훈련 및 장애인재활상담사의 복지증진을 도모하기 위하여 한국장애인재활상담사협회를 설립할 수 있다.
② 제1항에 따른 한국장애인재활상담사협회는 법인으로 한다.
③ 제1항에 따른 한국장애인재활상담사협회에 관하여 이 법에서 규정한 것을 제외하고는 「민법」 중 사단법인에 관한 규정을 준용한다.
(2019.12.3 본조신설)

제81조【비용 보조】 국가와 지방자치단체는 대통령령으로 정하는 바에 따라 장애인복지시설의 설치·운영에 필요한 비용의 전부 또는 일부를 보조할 수 있다.

제82조【압류 금지】 ① 이 법에 따라 장애인에게 지급되는 금품은 압류하지 못한다.
② 제50조의4제1항에 따른 장애인복지급여수급계좌의 예금에 관한 채권은 압류할 수 없다.(2016.5.29 본항신설)

제83조【조세감면】 ① 이 법에 따라 지급되는 금품, 제58조에 따른 장애인복지시설 및 제63조에 따른 장애인복지단체에서 장애인이 제작한 물품에는 「조세특례제한법」과 「지방세특례제한법」, 그 밖의 조세 관계법령이 정하는 바에 따라 조세를 감면한다.(2010.3.31 본항개정)
② (2012.1.26 삭제)

제83조의2【청문】 장애인복지실시기관은 다음 각 호의 어느 하나에 해당하는 조치를 하려면 청문을 하여야 한다.
1. 제30조의2제3항에 따른 수행기관의 지정 취소(2017.2.8 본호신설)
2. 제32조의3제1항제2호 및 제3호에 따른 장애인 등록의 취소(2017.2.8 본호신설)
3. 제62조에 따른 장애인복지시설의 폐쇄 명령
4. 제70조제1항에 따른 의지·보조기 제조업소의 폐쇄 명령
5. 제76조에 따른 의지·보조기 기사등의 자격취소(2015.12.29 본호개정)
(2012.1.26 본조신설)

제84조【이의신청】 ① 장애인이나 법정대리인등은 이 법에 따른 복지조치에 이의가 있으면 해당 장애인복지실시기관에 이의신청을 할 수 있다.
② 제1항에 따른 이의신청은 복지조치가 있음을 안 날부터 90일 이내에 문서로 하여야 한다. 다만, 정당한 사유로 인하여 그 기간 이내에 이의신청을 할 수 없었음을 증명한 때에는 그 사유가 소멸한 날부터 60일 이내에 이의신청을 할 수 있다.(2017.12.19 본항신설)
③ 장애인복지실시기관은 제1항에 따른 이의신청을 받은 때에는 30일 이내에 심사·결정하여 신청인에게 통보하여야 한다.
④ 제3항에 따른 심사·결정에 이의가 있는 자는 「행정심판법」에 따라 행정심판을 제기할 수 있다.
(2017.12.19 본조개정)

제85조【권한위임 등】 ① 이 법에 따른 보건복지부장관 및 특별시장·광역시장·특별자치시장·도지사·특별자치도지사(이하 이 조에서 "시·도지사"라 한다)의 권한은 대통령령으로 정하는 바에 따라 국립재활원장, 시·도지사 또는 시장·군수·구청장에게 그 일부를 위임할 수 있다.(2015.6.22 본항개정)
② 이 법에 따른 보건복지부장관 및 시·도지사의 업무는 대통령령으로 정하는 바에 따라 장애인 관련 단체 또는 법인에 그 일부를 위탁할 수 있다.
(2012.1.26 본조개정)

제85조의2【비밀 누설 등의 금지】 보건복지부 및 특별자치시·특별자치도·시·군·구 소속 공무원과 소속 공무원이었던 사람, 제32조제6항에 따른 정밀심사 의뢰기관의 종사자와 종사자였던 사람, 제32조의5제1항·제32조의6제3항·제59조의11제4항에 따른 수탁기관의 종사자와 종사자였던 사람은 업무 수행 중 알게 된 정보 또는 비밀 등을 이 법에서 정한 목적 외에 다른 용도로 사용하거나 다른 사람 또는 기관에 제공·누설하여서는 아니 된다.(2017.12.19 본조신설)

제9장 벌 칙

제86조【벌칙】 ① 제59조의9제1호의 행위를 한 사람은 10년 이하의 징역 또는 1억원 이하의 벌금에 처한다.
(2017.12.19 본항개정)
② 다음 각 호의 어느 하나에 해당하는 사람은 7년 이하의 징역 또는 7천만원 이하의 벌금에 처한다.
1. 제59조의9제2호(상해에 한정한다)의 행위를 한 사람
2. 제59조의9제2호의2의 행위를 한 사람
(2017.12.19 1호~2호개정)
③ 다음 각 호의 어느 하나에 해당하는 사람은 5년 이하의 징역 또는 5천만원 이하의 벌금에 처한다.(2017.2.8 본문개정)
1. 제50조의3제6항을 위반하여 금융정보등을 이 법에서 정한 목적 외의 용도로 사용하거나 다른 사람 또는 기관에 제공 또는 누설한 사람(2017.2.8 본호개정)
2. 제59조의7제2항 각 호 외의 부분 전단, 같은 조 제3항 또는 제5항에 따른 업무를 수행 중인 장애인권익옹호기관의 직원에 대하여 폭행 또는 협박하거나 위계 또는 위력으로써 그 업무를 방해한 사람(2021.7.27 본호개정)
3. 제59조의9제2호(폭행에 한정한다)부터 제6호까지에 해당하는 행위를 한 사람(2017.12.19 본호개정)
④ 다음 각 호의 어느 하나에 해당하는 사람은 3년 이하의 징역 또는 3천만원 이하의 벌금에 처한다.(2017.12.19 본문개정)
1. 제59조의6에 따라 준용되는 「특정범죄신고자 등 보호법」 제8조를 위반하여 신고자의 인적사항 또는 신고자임을 미루어 알 수 있는 사실을 다른 사람에게 알려주거나 공개 또는 보도한 사람
2. 제59조의9제7호에 해당하는 행위를 한 사람
3. 제85조의2를 위반하여 업무 수행 중 알게 된 정보 또는 비밀 등을 이 법에서 정한 목적 외에 다른 용도로 사용하거나 다른 사람 또는 기관에 제공 또는 누설한 사람
(2017.12.19 1호~3호신설)
⑤ 제59조의9제8호의 행위를 한 사람은 1년 이하의 징역 또는 1천만원 이하의 벌금에 처한다.(2017.12.19 본항개정)

제86조의2【벌칙】 ① 제59조의5제1호에 해당하는 불이익조치를 한 자는 2년 이하의 징역 또는 2천만원 이하의 벌금에 처한다.
② 제59조의5제2호부터 제7호까지의 어느 하나에 해당하는 불이익조치를 한 자는 1년 이하의 징역 또는 1천만원 이하의 벌금에 처한다.
(2017.12.19 본조신설)

제87조【벌칙】 다음 각 호의 어느 하나에 해당하는 자는 1년 이하의 징역 또는 1천만원 이하의 벌금에 처한다.
(2017.2.8 본문개정)
1. 제8조제2항을 위반하여 장애인을 이용하여 부당한 영리행위를 한 자
2. 제32조제5항을 위반하여 등록증을 양도 또는 대여하거나 양도 또는 대여를 받은 자 및 유사한 명칭 또는 표시를 사용한 자
3.~5. (2017.12.19 삭제)
6. 제59조제2항에 따른 신고 또는 변경신고를 하지 아니하고 장애인복지시설을 설치·운영한 자
7. 제60조제3항에 따른 시설 이용자의 권익 보호조치를 위반한 시설 운영자(2011.3.30 본호개정)
8. 정당한 사유 없이 제61조제1항에 따른 보고를 하지 아니하거나 거짓의 보고를 한 자, 자료를 제출하지 아니하거나 거짓 자료를 제출한 자, 조사·검사·질문을 거부·방해 또는 기피한 자
9. 제62조에 따른 명령 등을 받고 이행하지 아니한 자
10. 제69조제2항을 위반하여 의지·보조기 기사를 두지 아니하고 의지·보조기제조업을 한 자
11. 제69조제3항을 위반하여 폐쇄 명령을 받은 후 6개월이 지나지 아니하였음에도 불구하고 같은 장소에서 같은 제조업을 한 자
12. 제70조제1항에 따른 제조업소 폐쇄 명령을 받고도 영업을 한 자

제88조【벌칙】 다음 각 호의 어느 하나에 해당하는 자는 500만원 이하의 벌금에 처한다.(2017.2.8 본문개정)
1. 제20조제4항을 위반하여 장애인의 입학 지원을 거부하거나 입학시험 합격자의 입학을 거부하는 등 불리한 조치를 한 자
2. 제72조제3항을 위반하여 타인에게 의지·보조기 기사 자격증을 대여한 자
3. (2012.1.26 삭제)

제88조의2【가중처벌】 ① 상습적으로 장애인학대관련범죄를 범한 자는 그 죄에서 정한 형의 2분의 1까지 가중한다.
② 제59조의4제2항에 따른 신고의무자가 자기의 보호·감독 또는 진료를 받는 장애인을 대상으로 장애인학대관련범죄를 범한 때에는 그 죄에서 정한 형의 2분의 1까지 가중한다.
(2020.12.29 본조신설)

제88조의3【「형법」 적용의 일부 배제】 제2조제4항제11호 및 제12호에 따른 장애인학대관련범죄에 대해서는 「형법」 제354조 및 제361조에 따라 준용되는 같은 법 제328조를 적용하지 아니한다.(2021.7.27 본조신설)

제89조【양벌규정】 법인의 대표자나 법인 또는 개인의 대리인, 사용인, 그 밖의 종업원이 그 법인 또는 개인의 업무에 관하여 제86조부터 제88조까지의 어느 하나에 해당하는 위반행위를 하면 그 행위자를 벌하는 외에 그 법인 또는 개인에게도 해당 조문의 벌금형을 과(科)한다. 다만, 법인 또는 개인이 그 위반행위를 방지하기 위하여 해당

업무에 관하여 상당한 주의와 감독을 게을리하지 아니한 경우에는 그러하지 아니하다.(2012.1.26 본조개정)
제90조【과태료】 ① 다음 각 호의 어느 하나에 해당하는 자에게는 1천만원 이하의 과태료를 부과한다.
(2020.12.29 본문개정)
1. 제59조의3제10항에 따른 해임요구를 정당한 사유 없이 거부하거나 1개월 이내에 이행하지 아니한 자
2. 제59조의7제2항 후단을 위반하여 정당한 사유 없이 학대받은 장애인의 인수를 거부한 자
(2020.12.29 1호~2호신설)
② 장애인관련기관의 운영자가 제59조의3제5항을 위반하여 취업자등에 대하여 장애인학대관련범죄등 경력을 확인하지 아니한 경우에는 500만원 이하의 과태료를 부과한다.(2020.12.29 본항개정)
③ 다음 각 호의 어느 하나에 해당하는 자에게는 300만원 이하의 과태료를 부과한다.
1. 제32조의3제3항을 위반하여 정당한 사유 없이 등록증 반환 명령을 따르지 아니한 사람(2017.2.8 본호개정)
2. 제39조제3항을 위반하여 장애인사용자동차등표지를 대여하거나 보건복지부령으로 정하는 자 외의 자에게 양도한 자 또는 부당하게 사용하거나 이와 비슷한 표지·명칭 등을 사용한 자(2010.1.18 본호개정)
3. 제40조제3항을 위반하여 보조견표지를 붙인 장애인 보조견을 동반한 장애인, 장애인 보조견 훈련자 또는 장애인 보조견 훈련 관련 자원봉사자의 출입을 정당한 사유 없이 거부한 자(2012.1.26 본호개정)
3의2.~3의3. (2015.12.29 삭제)
3의4. 제59조의4제2항을 위반하여 직무상 장애인학대 및 장애인 대상 성범죄의 발생사실을 알고도 장애인권익옹호기관 또는 수사기관에 신고하지 아니한 사람. 다만, 제59조의4제2항제1호 중 「병역법」 제2조제1항제10호에 따른 사회복무요원은 제외한다.(2021.7.27 단서신설)
3의5. 제59조의7제6항을 위반하여 현장조사를 거부·기피하거나 업무를 방해한 자(2017.12.19 본호개정)
3의6. 제59조의12제5항을 위반하여 장애인권익옹호기관의 업무 수행을 정당한 사유 없이 거부하거나 방해한 자
(2020.12.29 본호신설)
4. 제60조제1항에 따른 시설 운영 개시 의무를 위반한 자
5. 제60조제2항에 따른 시설의 운영 중단·재운영·시설 폐지 등의 신고의무를 위반한 자
6. 제69조제1항을 위반하여 의지·보조기 제조업소의 개설 또는 변경 사실을 통보하지 아니한 자
7. 제69조제4항을 위반하여 의사의 처방에 의하지 아니하고 의지·보조기를 제조하거나 개조한 의지·보조기 제조업자
④ 제1항부터 제3항까지의 과태료는 대통령령으로 정하는 바에 따라 특별자치시장·특별자치도지사 또는 시장·군수·구청장이 부과·징수한다.(2015.6.22 본항개정)
⑤ (2012.1.26 삭제)

부　칙 (2017.12.19)

제1조【시행일】 이 법은 2019년 7월 1일부터 시행한다. 다만, 제22조, 제45조, 제45조의2, 제59조의4부터 제59조의13까지, 제86조(제86조제4항제3호는 제외한다), 제86조의2, 제87조제4호·제5호, 제90조의 개정규정은 공포 후 6개월이 경과한 날부터, 제32조의2 및 제84조의 개정규정은 공포 후 3개월이 경과한 날부터, 제74조의 개정규정은 공포한 날부터 각각 시행한다.
제2조【장애인생산품 인증에 관한 경과조치】 제45조의 개정규정 시행 당시 종전의 규정에 따라 인증 받은 장애인생산품은 같은 개정규정에도 불구하고 같은 개정규정 시행 후 3년 동안 장애인생산품 인증 표시를 할 수 있다.
제3조【다른 법률의 개정】 ①~⑤ ※(해당 법령에 가제정리 하였음)

부　칙 (2018.6.12)

제1조【시행일】 이 법은 공포 후 6개월이 경과한 날부터 시행한다.
제2조【한국장애인개발원에 관한 경과조치】 이 법 시행 당시 종전의 규정에 따라 설립된 재단법인 한국장애인개발원은 제29조의2제1항의 개정규정에 따라 설립된 한국장애인개발원으로 본다.

부　칙 (2018.12.11)

제1조【시행일】 이 법은 공포 후 6개월이 경과한 날부터 시행한다. 다만, 제53조, 제55조제2항의 개정규정은 2019년 7월 1일부터 시행하고, 제72조제1항제2호, 제72조의2제2항 및 제72조의3제2항의 개정규정은 공포 후 1년이 경과한 날부터 시행하며, 제86조제3항제2호의 개정규정은 공포한 날부터 시행한다.
제2조【성범죄자의 취업제한 등에 관한 적용례】 제59조의3의 개정규정은 이 법 시행 전에 성범죄를 범하고 확정판결을 받지 아니한 사람에 대해서도 적용한다.
제3조【종전의 규정에 따라 성범죄를 범하고 확정판결을 받은 사람의 취업제한기간 등에 관한 특례】 ① 종전의 규정에 따라 취업제한을 받는 사람(이하 이 조에서 "취업제한대상자"라 한다)의 취업제한기간은 종전의 규정에도 불구하고 다음 각 호의 구분에 따른 기간으로 한다. 다만, 종전의 규정을 적용하는 것이 성범죄를 범하고 확정판결을 받은 사람에게 유리한 경우에는 종전의 규정에 따른다.
1. 3년 초과의 징역 또는 금고형이나 치료감호를 선고받아 확정된 사람 : 그 형 또는 치료감호의 전부 또는 일부의 집행이 종료되거나 집행이 유예·면제된 날부터 5년
2. 3년 이하의 징역 또는 금고형이나 치료감호를 선고받아 확정된 사람 : 그 형 또는 치료감호의 전부 또는 일부의 집행이 종료되거나 집행이 유예·면제된 날부터 3년
3. 벌금형을 선고받아 확정된 사람 : 그 형이 확정된 날부터 1년
② 이 법 시행 후 취업제한대상자 또는 그 법정대리인은 제1심판결을 한 법원에 제1항에 따른 취업제한기간이 현저히 부당하거나 취업제한을 하여서는 아니 되는 특별한 사정이 있음을 이유로 제1항에 따른 취업제한기간의 변경 또는 취업제한의 면제를 신청할 수 있다.
③ 취업제한대상자 또는 그 법정대리인은 제2항에 따른 신청을 할 때에는 취업제한대상자의 인적사항(성명, 생년월일 및 주소를 말한다), 신청의 원인이 되는 사실 등을 기재하여야 한다.
④ 법원은 제2항의 신청에 대하여 결정을 하기 전에 검사의 의견을 물을 수 있다.
⑤ 법원은 제2항의 신청이 이유 없다고 인정하는 때에는 신청을 기각하는 결정을 고지하여야 한다.
⑥ 법원은 제2항의 신청이 이유 있다고 인정하는 때에는 제1항 각 호의 기간을 초과하지 아니하는 범위에서 취업제한기간을 새로이 정하거나 취업제한을 면제하는 결정을 고지하고, 검사에게 결정문 등본을 송부하여야 한다.
⑦ 검사, 취업제한대상자 또는 그 법정대리인은 제5항 또는 제6항의 결정이 법령을 위반하거나 현저히 부당한 경우 결정을 고지받은 날부터 7일 이내에 항고할 수 있다.
⑧ 항고할 때에는 항고장을 원심법원에 제출하여야 하며, 항고장을 제출받은 법원은 3일 이내에 의견서를 첨부하여 기록을 항고법원에 송부하여야 한다.
⑨ 항고법원은 항고 절차가 법률에 위반되거나 항고가 이유 없다고 인정한 경우에는 결정으로써 항고를 기각하여야 한다.
⑩ 항고법원은 항고가 이유 있다고 인정한 경우에는 원결정을 파기하고 스스로 결정을 하거나 다른 관할 법원에 이송하여야 한다.
⑪ 항고법원의 결정에 대하여는 그 결정이 법령에 위반된 때에만 대법원에 재항고를 할 수 있다.
⑫ 재항고의 제기기간은 항고기각 결정을 고지받은 날부터 7일로 한다.
⑬ 항고와 재항고는 결정의 집행을 정지하는 효력이 없다.
⑭ 법원은 제6항의 결정이 확정된 날부터 14일 이내에 결정의 확정일자를 결정문 등본에 첨부하여 보건복지부장관에게 송달하여야 한다.
제4조【헌법재판소 위헌결정 후 이 법 시행일 전까지 성범죄로 형을 선고받아 그 형이 확정된 사람의 취업제한기간 등에 관한 특례】 2016년 7월 28일부터 이 법 시행일 전까지 성범죄로 형을 선고받아 확정된 사람은 부칙 제3조제1항 각 호의 구분에 따른 기간 동안 장애인복지시설을 운영하거나 장애인복지시설에 취업 또는 사실상 노무를 제공할 수 없다.
제5조【성범죄의 경력자 점검·확인에 관한 특례】 제59조의3제6항의 개정규정은 이 법 시행 전에 성범죄를 범하고 유죄판결이 확정된 사람으로서 부칙 제3조 및 부칙 제4조에 따라 취업제한 등을 받는 사람에 대해서도 적용한다.
제6조【의지·보조기 기사등의 국가시험의 응시자격에 관한 경과조치】 제72조제1항제2호, 제72조의2제2항 및 제72조의3제2항의 개정규정 시행 당시 종전의 규정에 따라 의지·보조기 기사등의 국가시험의 응시자격을 인정받은 사람은 같은 개정규정에 따른 응시자격이 있는 것으로 본다.

부　칙 (2019.1.15 법16248호)

제1조【시행일】 이 법은 공포 후 6개월이 경과한 날부터 시행한다.(이하 생략)

부　칙 (2019.1.15 법16258호)

제1조【시행일】 이 법은 공포한 날부터 시행한다.
제2조【다른 법률의 개정】 ※(해당 법령에 가제정리 하였음)

부　칙 (2019.12.3)

제1조【시행일】 이 법은 공포 후 3개월이 경과한 날부터 시행한다. 다만, 제22조제5항, 제35조, 제80조의2 및 제80조의3의 개정규정은 공포 후 6개월이 경과한 날부터, 제25조 및 제25조의2의 개정규정은 공포 후 1년 6개월이 경과한 날부터, 제72조의3의 개정규정은 공포 후 2년이 경과한 날부터 시행한다.
제2조【3급 장애인재활상담사 자격 폐지에 관한 경과조치】 ① 제72조의3의 개정규정 시행 당시 종전의 규정에 따라 3급 장애인재활상담사 자격증을 발급받은 자는 같은 개정규정에도 불구하고 종전의 규정에 따라 3급 장애인재활상담사 자격증을 유효하게 취득한 것으로 본다.
② 제72조의3의 개정규정 시행 당시 종전의 규정에 따라 3급 장애인재활상담사 자격증을 발급받은 자는 같은 개정규정에도 불구하고 종전의 규정에 따라 2급 장애인재활상담사 국가시험에 응시할 수 있는 경력을 인정받은 경우에는 이 법에 따른 2급 장애인재활상담사 국가시험에 응시할 수 있다.

부　칙 (2020.12.29)

제1조【시행일】 이 법은 공포 후 6개월이 경과한 날부터 시행한다.
제2조【장애인학대관련범죄자의 취업제한 등에 관한 적용례】 제59조의3의 개정규정은 이 법 시행 전에 장애인학대관련범죄를 범하고 확정판결을 받지 아니한 사람에 대해서도 적용한다.
제3조【상속인 없는 재산의 처리에 관한 적용례】 제60조의5의 개정규정은 이 법 시행 이후 장애인 거주시설에 입소 중인 사람이 사망한 경우부터 적용한다.

부　칙 (2021.6.8)

제1조【시행일】 이 법은 공포한 날부터 시행한다.
제2조【장애인정책종합계획에 관한 적용례】 제10조의2제2항제5호의 개정규정은 이 법 시행 이후 장애인정책종합계획을 수립하는 경우부터 적용한다.

부　칙 (2021.7.27)

제1조【시행일】 이 법은 공포 후 6개월이 경과한 날부터 시행한다. 다만, 제59조의4제2항제1호의 개정규정 중 사회복무요원에 관한 부분 및 제90조제3항제3호의4의 개정규정은 공포 후 3개월이 경과한 날부터 시행한다.
제2조【성범죄자의 취업제한 등에 관한 적용례】 제59조의3의 개정규정은 이 법 시행 전에 「성폭력범죄의 처벌 등에 관한 특례법」 제2조제2항에 따른 성폭력범죄를 범하고 확정판결을 받지 아니한 사람에 대하여도 적용한다.

부　칙 (2021.8.17)

이 법은 공포 후 6개월이 경과한 날부터 시행한다.

부　칙 (2021.12.21)

이 법은 공포한 날부터 시행한다. 다만, 제25조의3의 개정규정은 공포 후 6개월이 경과한 날부터 시행하고, 제15조의 개정규정은 공포 후 1년이 경과한 날부터 시행한다.

부　칙 (2023.3.28)
(2023.5.2)
(2023.8.8)

이 법은 공포 후 6개월이 경과한 날부터 시행한다.

부　칙 (2024.1.9)

제1조【시행일】 이 법은 공포 후 6개월이 경과한 날부터 시행한다.(이하 생략)

장애인고용촉진 및 직업재활법(약칭 : 장애인고용법)

(2007년 5월 25일 전부개정법률 제8491호)

개정
2007. 7.13법 8507호 2007.12.27법 8817호
2008. 2.29법 8852호(정부조직)
2009.10. 9법 9791호
2009.10. 9법 9795호(직업안정법)
2010. 1.18법 9932호(정부조직)
2010. 5.17법10303호(은행법)
2010. 6. 4법10339호(정부조직)
2011. 3. 9법10460호
2011. 5.19법10682호(금융부실)
2011. 7.25법10969호
2012. 1.26법11240호(장애인)
2012.12.18법11570호
2013. 3.23법11690호(정부조직)
2014.11.19법12844호(정부조직)
2015. 5.18법13288호(국가공무원)
2016. 1.27법13910호
2016. 2. 3법13978호(한국수화언어법)
2016.12.27법14500호 2017. 4.18법14789호
2017. 7.26법14839호(정부조직)
2017.11.28법15110호 2018.10.16법15851호
2019.11.26법16652호(자산관리)
2020. 5.26법17326호(법률용어정비)
2020. 6. 9법17435호
2020.12.29법17799호(독점)
2021. 7.20법18308호
2021. 8.17법18425호(국민평생직업능력개발법)
2022. 1.11법18754호

제1장 총 칙

제1조【목적】 이 법은 장애인이 그 능력에 맞는 직업생활을 통하여 인간다운 생활을 할 수 있도록 장애인의 고용촉진 및 직업재활을 꾀하는 것을 목적으로 한다.

제2조【정의】 이 법에서 사용하는 용어의 뜻은 다음과 같다.
1. "장애인"이란 신체 또는 정신상의 장애로 장기간에 걸쳐 직업생활에 상당한 제약을 받는 사람으로서 대통령령으로 정하는 기준에 해당하는 사람을 말한다. (2020.5.26 본호개정)
2. "중증장애인"이란 장애인 중 근로 능력이 현저하게 상실된 사람으로서 대통령령으로 정하는 기준에 해당하는 사람을 말한다.(2020.5.26 본호개정)
3. "고용촉진 및 직업재활"이란 장애인의 직업지도, 직업적응훈련, 직업능력개발훈련, 취업알선, 취업, 취업 후 적응지도 등에 대하여 이 법에서 정하는 조치를 강구하여 장애인이 직업생활을 통하여 자립할 수 있도록 하는 것을 말한다.
4. "사업주"란 근로자를 사용하여 사업을 행하거나 하려는 자를 말한다.
5. "근로자"란 「근로기준법」 제2조제1항제1호에 따른 근로자를 말한다. 다만, 소정근로시간이 대통령령으로 정하는 시간 미만인 사람(중증장애인은 제외한다)은 제외한다. (2020.5.26 단서개정)
6. "직업능력개발훈련"이란 「국민 평생 직업능력 개발법」 제2조제1호에 따른 훈련을 말한다.(2021.8.17 본호개정)
7. "직업능력개발훈련시설"이란 「국민 평생 직업능력 개발법」 제2조제3호에 따른 직업능력개발훈련시설을 말한다.(2021.8.17 본호개정)
8. "장애인 표준사업장"이란 장애인 고용 인원·고용비율 및 시설·임금에 관하여 고용노동부령으로 정하는 기준에 해당하는 사업장(「장애인복지법」 제58조제1항제3호에 따른 장애인 직업재활시설은 제외한다)을 말한다.(2010.6.4 본호개정)

제3조【국가와 지방자치단체의 책임】 ① 국가와 지방자치단체는 장애인의 고용촉진 및 직업재활에 관하여 사업주 및 국민 일반의 이해를 높이기 위하여 교육·홍보 및 장애인 고용촉진 운동을 지속적으로 추진하여야 한다.
② 국가와 지방자치단체는 사업주·장애인, 그 밖의 관계자에 대한 지원과 장애인의 특성을 고려한 직업재활 조치를 강구하여야 하고, 장애인의 고용촉진을 꾀하기 위하여 필요한 시책을 종합적이고 효과적으로 추진하여야 한다. 이 경우 중증장애인과 여성장애인에 대한 고용촉진 및 직업재활을 중요시하여야 한다.

제4조【국고의 부담】 ① 국가는 매년 장애인 고용촉진 및 직업재활 사업에 드는 비용의 일부를 일반회계에서 부담할 수 있다.
② 국가는 매년 예산의 범위에서 장애인 고용촉진 및 직업재활 사업의 사무 집행에 드는 비용을 적극 지원한다.

제5조【사업주의 책임】 ① 사업주는 장애인의 고용에 관한 정부의 시책에 협조하여야 하고, 장애인이 가진 능력을 정당하게 평가하여 고용의 기회를 제공함과 동시에 적정한 고용관리를 할 의무를 가진다.
② 사업주는 근로자가 장애인이라는 이유로 채용·승진·전보 및 교육훈련 등 인사관리상의 차별대우를 하여서는 아니 된다.
③~④ (2017.11.28 삭제)

제5조의2【직장 내 장애인 인식개선 교육】 ① 사업주는 장애인에 대한 직장 내 편견을 제거함으로써 장애인 근로자의 안정적인 근무여건을 조성하고 장애인 근로자 채용이 확대될 수 있도록 장애인 인식개선 교육(이하 "장애인 인식개선 교육"이라 한다)을 실시하여야 한다.
② 사업주 및 근로자는 장애인 인식개선 교육을 받아야 한다.
③ 사업주는 직장 내 장애인 인식개선 교육 실시 관련 자료를 3년간 보관하여야 한다. 이 경우 교육 실시 관련 자료는 「전자문서 및 전자거래 기본법」 제2조제1호에 따른 전자문서로 작성·보존할 수 있다.(2021.7.20 본항신설)
④ 사업의 규모나 특성을 고려하여 대통령령으로 정하는 사업주가 자체적으로 장애인 인식개선 교육을 실시하는 경우에는 고용노동부령으로 정하는 강사의 자격기준을 갖춘 사람이 실시하여야 한다.
⑤ 고용노동부장관은 장애인 인식개선 교육 실시 결과에 대한 점검을 할 수 있다.
⑥ 고용노동부장관은 제5항에 따른 점검을 위하여 상시 50명 이상의 근로자를 고용하는 사업주에게 고용노동부령으로 정하는 바에 따라 장애인 인식개선 교육 실시 결과를 제출하도록 명할 수 있다.(2021.7.20 본항신설)
⑦ 고용노동부장관은 장애인 인식개선 교육이 원활하게 이루어지도록 교육교재 등을 개발하여 보급하여야 한다.
⑧ 장애인 인식개선 교육의 내용·방법 및 횟수 등은 대통령령으로 정한다.
(2021.7.20 본조개정)

제5조의3【장애인 인식개선 교육의 위탁 등】 ① 사업주는 장애인 인식개선 교육을 고용노동부장관이 지정하는 기관(이하 "장애인 인식개선 교육기관"이라 한다)에 위탁할 수 있다.
② 장애인 인식개선 교육기관의 장은 고용노동부령으로 정하는 바에 따라 교육을 실시하여야 하며, 사업주 및 장애인 인식개선 교육기관의 장은 교육 실시 관련 자료를 3년간 보관하고 사업주나 교육 대상자가 원하는 경우 그 자료를 내주어야 한다.(2020.5.26 본항개정)
③ 장애인 인식개선 교육기관은 고용노동부령으로 정하는 강사를 1명 이상 두어야 한다.
④ 고용노동부장관은 장애인 인식개선 교육기관이 다음 각 호의 어느 하나에 해당하면 그 지정을 취소할 수 있다. 다만, 제1호에 해당하는 경우에는 그 지정을 취소하여야 한다.
1. 거짓이나 그 밖의 부정한 방법으로 지정을 받은 경우
2. 정당한 사유 없이 제3항에 따른 강사를 6개월 이상 계속하여 두지 아니한 경우
⑤ 고용노동부장관은 제4항에 따라 장애인 인식개선 교육기관의 지정을 취소하려면 청문을 하여야 한다.
(2017.11.28 본조신설)

제6조【장애인의 자립 노력 등】 ① 장애인은 직업인으로서의 자각을 가지고 스스로 능력 개발·향상을 도모하여 유능한 직업인으로 자립하도록 노력하여야 한다.
② 장애인의 가족 또는 장애인을 보호하고 있는 자는 장애인에 관한 정부의 시책에 협조하여야 하고, 장애인의 자립을 촉진하기 위하여 적극적으로 노력하여야 한다.

제7조【장애인 고용촉진 및 직업재활 기본계획 등】 ① 고용노동부장관은 관계 중앙행정기관의 장과 협의하여 장애인의 고용촉진 및 직업재활을 위한 기본계획(이하 "기본계획"이라 한다)을 5년마다 수립하여야 한다. (2016.1.27 본항개정)
② 제1항의 기본계획에는 다음 각 호의 사항이 포함되어야 한다.
1. 직전 기본계획에 대한 평가(2016.1.27 본호신설)
2. 장애인의 고용촉진 및 직업재활에 관한 사항
3. 제68조에 따른 장애인 고용촉진 및 직업재활 기금에 관한 사항
4. 장애인을 위한 시설의 설치·운영 및 지원에 관한 사항
5. 그 밖에 장애인의 고용촉진 및 직업재활을 위하여 고용노동부장관이 필요하다고 인정하는 사항(2010.6.4 본호개정)
③ 제1항의 기본계획, 장애인의 고용촉진 및 직업재활에 관한 중요 사항은 「고용정책 기본법」 제10조에 따른 고용정책심의회(이하 "고용정책심의회"라 한다)의 심의를 거쳐야 한다.(2009.10.9 본항개정)
④~⑥ (2009.10.9 삭제)

제8조【교육부 및 보건복지부와의 연계】 ① 교육부장관은 「장애인 등에 대한 특수교육법」에 따른 특수교육 대상자의 취업을 촉진하기 위하여 필요하다고 인정하면 직업교육 내용 등에 대하여 고용노동부장관과 협의하여야 한다. (2013.3.23 본항개정)
② 보건복지부장관은 직업재활 사업 등이 효율적으로 추진될 수 있도록 고용노동부장관과 긴밀히 협조하여야 한다. (2013.3.23 본조제목개정)
(2010.6.4 본조개정)

제2장 장애인 고용촉진 및 직업재활

제9조【장애인 직업재활 실시 기관】 ① 장애인 직업재활 실시 기관(이하 "재활실시기관"이라 한다)은 장애인에 대한 직업재활 사업을 다양하게 개발하여 장애인에게 직접 제공하여야 하고, 특히 중증장애인의 자립능력을 높이기 위한 직업재활 실시에 적극 노력하여야 한다.
② 재활실시기관은 다음 각 호의 어느 하나와 같다.
1. 「장애인 등에 대한 특수교육법」 제2조제10호에 따른 특수교육기관(2009.10.9 본호개정)
2. 「장애인복지법」 제58조제1항제2호에 따른 장애인 지역사회재활시설(2012.1.26 본호개정)
3. 「장애인복지법」 제58조제1항제3호에 따른 장애인 직업재활시설
4. 「장애인복지법」 제63조에 따른 장애인복지단체
5. 「국민 평생 직업능력 개발법」 제2조제3호에 따른 직업능력개발훈련시설(2021.8.17 본호개정)
6. 그 밖에 고용노동부령으로 정하는 기관으로서 고용노동부장관이 장애인에 대한 직업재활 사업을 수행할 능력이 있다고 인정하는 기관(2010.6.4 본호개정)

제10조【직업지도】 ① 고용노동부장관과 보건복지부장관은 장애인이 그 능력에 맞는 직업에 취업할 수 있도록 하기 위하여 장애인에 대한 직업상담, 직업적성 검사 및 직업능력 평가 등을 실시하고, 고용정보를 제공하는 등 직업지도를 하여야 한다.(2010.6.4 본항개정)
② 고용노동부장관과 보건복지부장관은 장애인이 그 능력에 맞는 직업생활을 할 수 있도록 하기 위하여 장애인에게 적합한 직종 개발에 노력하여야 한다.(2010.6.4 본항개정)
③ 고용노동부장관과 보건복지부장관이 제1항에 따른 직업지도를 할 때에 특별히 전문적 지식과 기술이 필요하다고 인정하면 이를 재활실시기관 등 관계 전문기관에 의뢰하고 그 비용을 지급할 수 있다.(2010.6.4 본항개정)
④ 고용노동부장관과 보건복지부장관은 직업지도를 실시하거나 하려는 자에게 필요한 비용을 융자·지원할 수 있다.(2010.6.4 본항개정)
⑤ 제3항과 제4항에 따른 비용 지급 및 융자·지원의 기준 등에 필요한 사항은 대통령령으로 정한다.

제11조【직업적응훈련】 ① 고용노동부장관과 보건복지부장관은 장애인이 그 희망·적성·능력 등에 맞는 직업생활을 할 수 있도록 하기 위하여 필요하다고 인정하면 직업 환경에 적응시키기 위한 직업적응훈련을 실시할 수 있다.(2010.6.4 본항개정)
② 고용노동부장관과 보건복지부장관은 제1항에 따른 직업적응훈련의 효율적 실시를 위하여 필요하다고 인정하면 그 훈련 기준 등을 따로 정할 수 있다.(2010.6.4 본항개정)
③ 고용노동부장관과 보건복지부장관은 장애인의 직업능력 개발·향상을 위하여 직업적응훈련 시설 또는 훈련과정을 설치·운영하거나 하려는 자에게 필요한 비용(훈련비를 포함한다)을 융자·지원할 수 있다.(2010.6.4 본항개정)
④ 고용노동부장관과 보건복지부장관은 직업적응훈련 시설에서 직업적응훈련을 받는 장애인에게 훈련수당을 지원할 수 있다.(2010.6.4 본항개정)
⑤ 제3항과 제4항에 따른 융자·지원의 기준 및 훈련수당의 지급 기준 등에 필요한 사항은 대통령령으로 정한다.

제12조【직업능력개발훈련】 ① 고용노동부장관은 장애인이 그 희망·적성·능력 등에 맞는 직업생활을 할 수 있도록 하기 위하여 장애인에게 직업능력개발훈련을 실시하여야 한다.(2010.6.4 본항개정)
② 고용노동부장관은 장애인의 직업능력 개발·향상을 위하여 직업능력개발훈련시설 또는 훈련 과정을 설치·운영하거나 하려는 자에게 필요한 비용(훈련비를 포함한다)을 융자·지원할 수 있다.(2010.6.4 본항개정)
③ 고용노동부장관은 직업능력개발훈련시설에서 직업능력개발훈련을 받는 장애인에게 훈련수당을 지원할 수 있다.(2010.6.4 본항개정)
④ 제2항과 제3항에 따른 융자·지원 기준 및 훈련수당의 지급 기준 등에 필요한 사항은 대통령령으로 정한다.

제13조【지원고용】 ① 고용노동부장관과 보건복지부장관은 중증장애인 중 사업주가 운영하는 사업장에서는 직무 수행이 어려운 장애인이 직무를 수행할 수 있도록 지원고용을 실시하고 필요한 지원을 하여야 한다. (2010.6.4 본항개정)
② 제1항에 따른 지원의 내용 및 기준 등에 필요한 사항은 대통령령으로 정한다.

제14조【보호고용】 국가와 지방자치단체는 장애인 중 정상적인 작업 조건에서 일하기 어려운 장애인을 위하여 특정한 근로 환경을 제공하고 그 근로 환경에서 일할 수 있도록 보호고용을 실시하여야 한다.

제15조【취업알선 등】 ① 고용노동부장관은 고용정보를 바탕으로 장애인의 희망·적성·능력과 직종 등을 고려하여 장애인에게 적합한 직업을 알선하여야 한다. (2010.6.4 본항개정)
② 고용노동부장관은 장애인이 직업생활을 통하여 자립할 수 있도록 장애인의 고용촉진을 위한 시책을 강구하여야 한다.(2010.6.4 본항개정)
③ 고용노동부장관은 제1항과 제2항에 따른 취업알선 및 고용촉진을 할 때에 필요한 경우에는 그 업무의 일부를 재활실시기관 등 관계 전문기관에 의뢰하고 그 비용을 지급할 수 있다.(2010.6.4 본항개정)
④ 고용노동부장관은 취업알선 시설을 설치·운영하거나 하려는 자에게 필요한 비용(취업알선을 위한 지원금을 포함한다)을 융자·지원할 수 있다.(2010.6.4 본항개정)
⑤ 제3항과 제4항에 따른 비용 지급 및 융자·지원 기준 등에 필요한 사항은 대통령령으로 정한다.

제16조【취업알선기관 간의 연계 등】 ① 고용노동부장관은 장애인의 취업 기회를 확대하기 위하여 취업알선 업무를 수행하는 재활실시기관 간에 구인·구직 정보의 교류와 장애인 근로자 관리 등의 효율적인 연계를 꾀하고, 제43조에 따른 한국장애인고용공단에서 이를 종합적으로 집중 관리할 수 있도록 취업알선전산망 구축 등의 조치를 강구하여야 한다.
② 고용노동부장관이 제1항에 따른 취업알선전산망 구축 등의 조치를 강구할 때에는 「직업안정법」 제2조의2제1호에 따른 직업안정기관과 연계되도록 하여야 한다.
(2010.6.4 본조개정)

제17조【자영업 장애인 지원】 ① 고용노동부장관은 자영업을 영위하려는 장애인에게 창업에 필요한 자금 등을 융자하거나 영업장소를 임대할 수 있다.
② 제1항에 따른 영업장소의 연간 임대료는 「국유재산법」에도 불구하고 그 재산 가액(價額)에 1천분의 10 이상을 곱한 금액으로 고용노동부장관이 정하되, 월할(月割)이나 일할(日割)로 계산할 수 있다.
③ 제1항과 제2항에 따른 융자·임대의 기준 등에 필요한 사항은 고용노동부령으로 정한다.
(2010.6.4 본조개정)

제18조【장애인 근로자 지원】 ① 고용노동부장관은 장애인 근로자의 안정적인 직업생활을 위하여 필요한 자금을 융자하거나 다음 각 호의 비용 또는 기기·장비를 지원할 수 있다.
1. 중증장애인의 출퇴근에 소요되는 교통비
2. 장애인의 직업생활에 필요한 작업 보조 공학기기·장비 또는 그 공학기기·장비의 구입·대여에 드는 비용
(2022.1.11 1호~2호신설)
② 제1항에 따른 융자 또는 지원의 대상, 기준, 절차 및 그 밖에 필요한 사항은 대통령령으로 정한다.
(2022.1.11 본조개정)

제19조【취업 후 적응지도】 ① 고용노동부장관과 보건복지부장관은 장애인의 직업안정을 위하여 필요하다고 인정하면 사업장에 고용되어 있는 장애인에게 작업환경 적응에 필요한 지도를 실시하여야 한다.(2010.6.4 본항개정)
② 제1항에 따른 지도의 내용 등에 필요한 사항은 대통령령으로 정한다.

제19조의2【근로지원인 서비스의 제공】 ① 고용노동부장관은 중증장애인의 직업생활을 지원하는 사람(이하 이 조에서 "근로지원인"이라 한다)을 보내 중증장애인이 안정적·지속적으로 직업생활을 할 수 있도록 하는 등 필요한 서비스를 제공할 수 있다.
② 제1항에 따른 근로지원인 서비스 제공대상자의 선정 및 취소, 서비스의 제공방법 등 필요한 사항은 대통령령으로 정한다.
(2011.3.9 본조신설)

제20조【사업주에 대한 고용 지도】 고용노동부장관은 장애인을 고용하거나 고용하려는 사업주에게 필요하다고 인정하면 채용, 배치, 작업 보조구, 작업 설비 또는 작업 환경, 그 밖에 장애인의 고용관리에 관하여 기술적 사항에 대한 지도를 실시하여야 한다.(2010.6.4 본조개정)

제21조【장애인 고용 사업주에 대한 지원】 ① 고용노동부장관은 장애인을 고용하거나 고용하려는 사업주에게 장애인 고용에 드는 다음 각 호의 비용 또는 기기 등을 융자하거나 지원할 수 있다. 이 경우 중증장애인 및 여성장애인을 고용하거나 고용하려는 사업주를 우대하여야 한다.(2010.6.4 전단개정)
1. 장애인을 고용하는 데에 필요한 시설과 장비의 구입·설치·수리 등에 드는 비용
2. 장애인의 직업생활에 필요한 작업 보조 공학기기·장비 또는 그 공학기기·장비의 구입·대여에 드는 비용
(2022.1.11 본호개정)
3. 장애인의 적정한 고용관리를 위하여 장애인 직업생활 상담원, 작업 지도원, 한국수어 통역사 또는 낭독자 등을 배치하는 데에 필요한 비용(2016.2.3 본호개정)
4. 그 밖에 제1호부터 제3호까지의 규정에 준하는 것으로서 장애인의 고용에 필요한 비용 또는 기기
② 고용노동부장관은 장애인인 사업주가 장애인을 고용하거나 고용하려는 경우에는 해당 사업주 자신의 직업생활에 필요한 작업 보조 공학기기·장비를 지원하거나 그 공학기기·장비의 구입·대여에 드는 비용을 지원할 수 있다.(2022.1.11 본항개정)
③ 제1항 및 제2항에 따른 융자 또는 지원의 대상 및 기준 등에 필요한 사항은 대통령령으로 정한다.(2011.7.25 본항개정)

제21조의2【장애인 공무원에 대한 지원】 고용노동부장관은 장애인 공무원의 원활한 직무수행을 위하여 다음 각 호의 구분에 따른 지원을 할 수 있다.
1. 중증장애인 공무원 : 제19조의2에 따른 근로지원인 서비스의 제공
2. 장애인 공무원 : 제21조제1항제2호에 따른 작업 보조 공학기기·장비 또는 그 공학기기·장비의 구입·대여에 드는 비용의 제공(2022.1.11 본호개정)
(2021.7.20 본조신설)

제22조【장애인 표준사업장에 대한 지원】 ① 고용노동부장관은 장애인 표준사업장을 설립·운영하거나 설립하려는 사업주에게 그 설립·운영에 필요한 비용을 융자하거나 지원할 수 있다.(2010.6.4 본항개정)
② 고용노동부장관은 제1항에 따른 융자 또는 지원을 할 때에 다음 각 호의 사업주를 우대하여야 한다.(2010.6.4 본문개정)
1. 중증장애인과 여성장애인을 고용하거나 고용하려는 사업주
2. 지방자치단체로부터 지원을 받거나 비영리 법인 또는 다른 민간 기업으로부터 출자를 받는 등 지역 사회의 적극적 참여를 통하여 장애인 표준사업장을 설립·운영하거나 설립하려는 사업주
③ 제28조제1항에 따른 장애인 고용의무가 있는 사업주가 장애인표준사업장을 발행주식 총수 또는 출자총액 등 대통령령으로 정하는 기준에 따라 실질적으로 지배하고 있는 경우에는 제28조·제29조 및 제33조를 적용할 때에는 그 장애인 표준사업장에 고용된 근로자를 해당 사업주가 고용하는 근로자 수(다만, 여성·중증장애인을 제외한 장애인은 그 총수의 2분의 1에 해당하는 수를 말하며, 그 수에서 소수점 이하는 올린다)에 포함하고, 해당 장애인 표준사업장을 해당 사업주의 사업장으로 본다. 다만, 해당 장애인 표준사업장이 제2조제8호에 따른 기준에 미치지 못하는 경우 해당 기간이 속하는 월에는 이를 적용하지 아니한다.(2022.1.11 단서신설)
④ 제3항에도 불구하고 장애인 고용의무가 있는 둘 이상의 사업주가 장애인 표준사업장의 주식을 소유하거나 출자한 경우에는 그 비율에 해당하는 근로자 수(그 수에 소수점이 있는 경우에는 버린다)를 해당 사업주가 고용하고 있는 근로자 수에 포함한다. 다만, 장애인 고용의무가 있는 둘 이상의 사업주 중 제3항에 따른 실질적 지배사업주가 있는 경우에는 장애인 고용의무가 있는 다른 사업주가 주식을 소유하거나 출자한 비율에 해당하는 근로자 수를 제외한 나머지 근로자 수를 실질적 지배사업주가 고용하는 근로자 수에 포함한다.(2011.3.9 본항신설)
⑤ 제1항과 제2항에 따른 융자 또는 지원의 기준 등에 필요한 사항은 대통령령으로 정한다.

제22조의2【불공정거래행위 금지에 대한 특례】 제22조제3항에 따라 장애인 표준사업장을 실질적으로 지배하고 있는 사업주가 대통령령으로 정하는 바에 따라 사전에 공개한 합리적인 기준에 의하여 해당 장애인 표준사업장을 지원하는 경우에는 「독점규제 및 공정거래에 관한 법률」 제45조제1항제9호에 따른 불공정거래행위에 해당하지 아니하는 것으로 본다.(2020.12.29 본조개정)

제22조의3【장애인 표준사업장 생산품의 우선구매 등】 ① 「중소기업제품 구매촉진 및 판로지원에 관한 법률」 제2조제2호에 따른 공공기관(이하 이 조에서 "공공기관"이라 한다)의 장은 물품·용역에 관한 계약을 체결하는 경우에는 장애인 표준사업장에서 생산한 물품과 제공하는 용역(이하 "장애인 표준사업장 생산품"이라 한다)을 우선구매하여야 한다.
② 공공기관의 장은 장애인 표준사업장 생산품의 구매계획과 전년도 구매실적을 대통령령으로 정하는 바에 따라 고용노동부장관에게 제출하여야 한다. 이 경우 구매계획에는 공공기관별 총구매액(물품과 용역에 대한 총구매액을 말하되, 공사비용은 제외한다)의 100분의 1의 범위에서 고용노동부장관이 정하는 비율 이상에 해당하는 장애인 표준사업장 생산품의 구매목표를 제시하여야 한다.
③ 공공기관의 장은 장애인 표준사업장 생산품을 수의계약으로 구매할 수 있다. 이 경우 수의계약의 절차 및 방법 등에 관하여는 「국가를 당사자로 하는 계약에 관한 법률」 등 관계 법령에 따른다.
④ 공공기관의 장은 소속 기관 등에 대한 평가를 실시하는 경우에는 장애인 표준사업장 생산품의 구매실적을 포함하여야 한다.
⑤ 고용노동부장관은 구매계획의 이행 점검 등을 위하여 공공기관의 장에게 장애인 표준사업장 생산품의 구매실적의 제출을 요구할 수 있다. 이 경우 공공기관의 장은 특별한 사유가 없으면 이에 따라야 한다.(2020.5.26 후단개정)
⑥ 고용노동부장관은 제2항에 따라 공공기관의 장이 제출한 전년도 구매실적과 해당 연도의 구매계획을 대통령령으로 정하는 바에 따라 고용노동부 인터넷 홈페이지에 게시하여야 한다.(2016.12.27 본항신설)
(2012.12.18 본조신설)

제22조의4【장애인 표준사업장의 인증 및 인증취소】 ① 장애인 표준사업장을 운영하려는 자는 제2조제8호의 기준을 갖추어 고용노동부장관의 인증을 받아야 한다.
② 고용노동부장관은 장애인 표준사업장이 다음 각 호의 어느 하나에 해당하는 경우에는 제1항에 따른 인증을 취소할 수 있다. 다만, 제1호에 해당하는 경우에는 인증을 취소하여야 한다.
1. 거짓이나 그 밖의 부정한 방법으로 인증을 받은 경우
2. 제2조제8호의 기준을 갖추지 못하게 된 경우
3. 불가피한 경영상의 사유 등으로 고용노동부장관에게 인증의 취소를 요청한 경우
③ 고용노동부장관은 제1항에 따라 장애인 표준사업장을 인증하거나 제2항에 따라 인증을 취소한 경우에는 이를 공고하여야 한다.
④ 제1항과 제2항에 따른 장애인 표준사업장 인증, 인증취소의 방법 및 절차 등 필요한 사항은 고용노동부령으로 정한다.
⑤ 제1항에 따라 인증을 받지 아니한 자는 장애인 표준사업장 또는 이와 유사한 명칭을 사용하여서는 아니 된다.
⑥ 제1항에 따라 인증을 받은 자는 다른 사람에게 자기의 성명 또는 상호를 사용하여 장애인 표준사업장을 운영하게 하거나 인증서를 대여하여서는 아니 된다.
(2012.12.18 본조신설)

제23조【부당 융자 또는 지원금 등의 징수 및 지급제한 등】 ① 고용노동부장관은 제18조, 제21조 또는 제22조에 따라 융자 또는 지원을 받은 자가 다음 각 호의 어느 하나에 해당하는 경우에는 해당 융자 또는 지원을 취소하고, 그 금액 또는 지원에 상응하는 금액을 징수하여야 한다. 이 경우 제1호에 해당하여 지원금을 징수하는 경우에는 고용노동부령으로 정하는 기준에 따라 그 금액의 5배 이하의 금액을 추가로 징수할 수 있다.(2022.1.11 본문개정)
1. 거짓 또는 그 밖의 부정한 방법으로 융자 또는 지원을 받은 경우
2. 동일한 사유로 국가 또는 지방자치단체(위탁받은 기관도 포함한다)로부터 중복하여 융자 또는 지원을 받은 경우
3. 동일한 사유로 제2항에 따른 시정요구를 2회 이상 받고도 시정하지 아니한 경우
4. 융자 또는 지원의 취소를 요청하는 경우
② 고용노동부장관은 제18조, 제21조 또는 제22조에 따라 융자 또는 지원을 받은 자가 다음 각 호의 어느 하나에 해당하는 경우에는 기간을 정하여 시정을 요구할 수 있다.
(2022.1.11 본문개정)
1. 융자 또는 지원을 위한 조건을 이행하지 아니한 경우
2. 융자 또는 지원금을 제18조제1항 각 호, 제21조제1항 각 호, 같은 조 제2항 및 제22조제1항의 목적에 맞게 집행하지 아니한 경우(2022.1.11 본호개정)
3. 그 밖에 고용노동부장관이 정하여 고시하는 경우
③ 고용노동부장관은 제1항의 각 호의 어느 하나에 해당하는 경우에는 그 사실이 있는 날부터 3년간 융자 또는 지원을 제한할 수 있다.
④ 제1항부터 제3항까지의 규정에 따른 취소, 징수, 시정요구 및 지급제한 등에 필요한 사항은 고용노동부령으로 정한다.
(2012.12.18 본조개정)

제24조【장애인 고용 우수사업주에 대한 우대】 ① 고용노동부장관은 장애인의 고용에 모범이 되는 사업주를 장애인 고용 우수사업주로 선정하여 사업을 지원하는 등의 조치(이하 "우대조치"라 한다)를 할 수 있다.(2010.6.4 본항개정)
② 국가, 지방자치단체 또는 「공공기관의 운영에 관한 법률」 제4조에 따른 공공기관의 장은 공사·물품·용역 등의 계약을 체결하는 경우에는 장애인 고용 우수사업주를 우대할 수 있다.(2017.11.28 본항신설)
③ 제1항 및 제2항에 따른 장애인 고용 우수사업주의 선정·우대조치 등에 필요한 사항은 대통령령으로 정한다.
(2017.11.28 본항개정)

제25조【사업주에 대한 자료 제공】 고용노동부장관은 장애인을 고용하거나 고용하려는 사업주에게 장애인의 신체적·정신적 조건, 직업능력 등에 관한 정보, 그 밖의 자료를 제공하여야 한다.(2010.6.4 본조개정)

제26조【장애인 실태 조사】 ① 고용노동부장관은 장애인의 고용촉진 및 직업재활을 위하여 매년 1회 이상 장애인의 취업직종·근로형태·근속기간·임금수준 등 고용현황 및 장애인근로자의 산업재해 현황에 대하여 전국적인 실태조사를 실시하여야 한다.(2017.11.28 본항개정)
② 제1항에 따른 실태조사에 포함되어야 할 사항과 실태조사의 방법 및 절차 등은 고용노동부령으로 정한다.
(2017.11.28 본항신설)

제2장의2 장애인 기능경기 대회 개최 등
(2017.4.18 본장신설)

제26조의2【장애인 기능경기 대회 개최】 ① 고용노동부장관 및 특별시장·광역시장·특별자치시장·도지사 또는 특별자치도지사는 사회와 기업의 장애인고용에 대한 관심을 촉구하고 장애인의 기능을 향상시키기 위하여 장애인 기능경기 대회를 개최할 수 있다.
② 고용노동부장관은 제1항에 따른 장애인 기능경기 대회의 개최에 필요한 비용의 일부를 지원할 수 있다.
③ 제1항에 따른 장애인 기능경기 대회의 참가자격 등 참가와 개최에 필요한 사항은 대통령령으로 정한다.

제26조의3【국제장애인기능올림픽대회 개최 등】 ① 고용노동부장관은 장애인의 국제교류를 통하여 기능 수준을 향상시키고 사회참여를 증진시키기 위하여 국제장애인기능올림픽대회에 선수단을 파견하거나 국내에서 대회를 개최할 수 있다.

② 제1항에 따른 국제장애인기능올림픽대회에 참가할 선수의 선발기준 등 참가와 개최에 필요한 사항은 대통령령으로 정한다.
③ 고용노동부장관은 국내에서 개최되는 제1항에 따른 국제장애인기능올림픽대회의 준비 및 운영을 위하여 필요한 경우 관계 중앙행정기관 및 지방자치단체와 그 밖의 「공공기관의 운영에 관한 법률」에 따른 공공기관 등 법인·기관·단체에 행정적·재정적 지원을 요청할 수 있다.

제3장 장애인 고용 의무 및 부담금

제27조【국가와 지방자치단체의 장애인 고용 의무】 ① 국가와 지방자치단체의 장은 장애인을 소속 공무원 정원에 대하여 다음 각 호의 구분에 해당하는 비율 이상 고용하여야 한다.
1. 2021년 1월 1일부터 2021년 12월 31일까지 : 1천분의 34
2. 2022년 1월 1일부터 2023년 12월 31일까지 : 1천분의 36
3. 2024년 이후 : 1천분의 38
(2021.7.20 1호~3호개정)
(2016.12.27 본항개정)
② 국가와 지방자치단체의 각 시험 실시 기관(이하 "각급기관"이라 한다)의 장은 신규채용시험을 실시할 때 신규채용 인원에 대하여 장애인이 제1항 각 호의 구분에 따른 해당 연도 비율(장애인 공무원의 수가 제1항 각 호의 구분에 따른 해당 연도 비율 미만이면 그 비율의 2배) 이상 채용하도록 하여야 한다.(2016.12.27 본항개정)
③ 임용권을 위임받은 기관의 장이 공개채용을 하지 아니하고 공무원을 모집하는 경우에도 제2항을 준용한다.
④ 제1항과 제2항은 공안직군 공무원, 검사, 경찰·소방·경호 공무원 및 군인 등에 대하여는 적용하지 아니한다. 다만, 국가와 지방자치단체의 장은 본문에 규정된 공안직군 공무원 등에 대하여도 장애인이 고용될 수 있도록 노력하여야 한다.
⑤ 제2항과 제3항에 따른 채용시험 및 모집에 응시하는 장애인의 응시 상한 연령은 중증장애인인 경우에는 3세, 그 밖의 장애인인 경우에는 2세를 각각 연장한다.
⑥ 다음 각 호의 어느 하나에 해당하는 기관의 장은 소속 각급기관의 공무원 채용계획을 포함한 장애인 공무원 채용계획과 그 실시 상황을 대통령령으로 정하는 바에 따라 고용노동부장관에게 제출하여야 한다.(2012.12.18 본문개정)
1. 국회사무총장, 법원행정처장, 헌법재판소사무처장, 중앙선거관리위원회사무총장, 중앙행정기관의 장 등 대통령령으로 정하는 국가기관의 장
2. 「지방자치법」에 따른 지방자치단체의 장
3. 「지방교육자치에 관한 법률」에 따른 교육감
(2012.12.18 1호~3호신설)
⑦ 고용노동부장관은 제6항에 따른 장애인 공무원 채용계획이 적절하지 아니하다고 인정되면 장애인 공무원 채용계획을 제출한 자에게 그 계획의 변경을 요구할 수 있고, 제1항에 따른 고용 의무의 이행 실적이 현저히 부진한 때에는 그 내용을 공표할 수 있다.(2010.6.4 본항개정)
제28조【사업주의 장애인 고용 의무】 ① 상시 50명 이상의 근로자를 고용하는 사업주(건설업에서 근로자 수를 확인하기 곤란한 경우에는 공사 실적액이 고용노동부장관이 정하여 고시하는 금액 이상인 사업주)는 그 근로자의 총수(건설업에서 근로자 수를 확인하기 곤란한 경우에는 대통령령으로 정하는 바에 따라 공사 실적액을 근로자의 총수로 환산한다)의 100분의 5의 범위에서 대통령령으로 정하는 비율(이하 "의무고용률"이라 한다) 이상에 해당(그 수에서 소수점 이하는 버린다)하는 장애인을 고용하여야 한다.(2010.6.4 본항개정)
② 제1항에도 불구하고 특정한 장애인의 능력에 적합하다고 인정되는 직종에 대하여는 장애인을 고용하여야 할 비율을 대통령령으로 따로 정할 수 있다. 이 경우 그 비율은 의무고용률로 보지 아니한다.
③ 의무고용률은 전체 인구 중 장애인의 비율, 전체 근로자 총수에 대한 장애인 근로자의 비율, 장애인 실업자 수 등을 고려하여 5년마다 정한다.
④ 제1항에 따른 상시 고용하는 근로자 수 및 건설업에서의 공사 실적액 산정에 필요한 사항은 대통령령으로 정한다.
제28조의2【공공기관 장애인 의무고용률의 특례】 제28조에도 불구하고 「공공기관의 운영에 관한 법률」에 따른 공공기관, 「지방공기업법」에 따른 지방공사·지방공단과 「지방자치단체 출자·출연 기관의 운영에 관한 법률」에 따른 출자기관·출연기관은 상시 고용하고 있는 근로자 수에 대하여 장애인을 다음 각 호의 구분에 해당하는 비율 이상 고용하여야 한다. 이 경우 의무고용률에 해당하는 장애인 수를 계산할 때에 소수점 이하는 버린다.
1. 2021년 1월 1일부터 2021년 12월 31일까지 : 1천분의 34
2. 2022년 1월 1일부터 2023년 12월 31일까지 : 1천분의 36
3. 2024년 이후 : 1천분의 38
(2021.7.20 1호~3호개정)
(2016.12.27 본조개정)
제28조의3【장애인 고용인원 산정의 특례】 제27조·제28조·제28조의2·제29조·제33조 및 제79조에 따라 장애인 고용인원을 산정하는 경우 중증장애인의 고용은 그 인원의 2배에 해당하는 장애인의 고용으로 본다. 다만, 소정근로시간이 대통령령으로 정하는 시간 미만인 중증장애인은 제외한다.(2016.12.27 본문개정)
제29조【사업주의 장애인 고용 계획 수립 등】 ① 고용노동부장관은 사업주에게 대통령령으로 정하는 바에 따라 장애인의 고용에 관한 계획과 그 실시 상황 기록을 작성하여 제출하도록 명할 수 있다.
② 고용노동부장관은 제1항에 따른 계획이 적절하지 아니하다고 인정하는 때에는 사업주에게 그 계획의 변경을 명할 수 있다.
③ 고용노동부장관은 제28조제1항에 따른 사업주가 정당한 사유 없이 장애인 고용계획의 수립 의무 또는 장애인 고용 의무를 현저히 불이행하면 그 내용을 공표할 수 있다.
(2010.6.4 본조개정)
제30조【장애인 고용장려금의 지급】 ① 고용노동부장관은 장애인의 고용촉진과 직업 안정을 위하여 장애인을 고용한 사업주(제28조제1항을 적용받지 아니하는 사업주를 포함한다)에게 고용장려금을 지급할 수 있다.
(2010.6.4 본항개정)
② 고용장려금은 매월 상시 고용하고 있는 장애인 수에서 의무고용률(제28조제1항을 적용받지 아니하는 사업주에게 고용장려금을 지급할 때에도 같은 비율을 적용한다)에 따라 고용하여야 할 장애인 총수(그 수에서 소수점 이하는 올린다)를 뺀 수에 제3항에 따른 지급단가를 곱한 금액으로 한다. 다만, 제33조에 따라 낼 부담금이 있는 경우에는 그 금액을 뺀 금액으로 한다.
③ 고용장려금의 지급단가 및 지급기간은 고용노동부장관이 「최저임금법」에 따라 월 단위로 환산한 최저임금액의 범위에서 제33조제3항에 따른 부담기초액, 장애인 고용부담금 납부 의무의 적용 여부, 그 장애인 근로자에게 지급하는 임금, 고용기간 및 장애정도 등을 고려하여 다르게 정할 수 있다. 이 경우 중증장애인과 여성장애인에 대하여는 우대하여 정하여야 한다.(2010.6.4 전단개정)
④ 「고용보험법」과 「산업재해보상보험법」에 따른 지원금 및 장려금 지급 대상인 장애인 근로자 및 그 밖에 장애인 고용촉진과 직업안정을 위하여 국가나 지방자치단체로부터 지원을 받는 등 대통령령으로 정하는 장애인 근로자에 대하여는 대통령령으로 정하는 바에 따라 고용장려금의 지급을 제한할 수 있다.(2009.10.9 본항개정)
⑤ 제1항에 따른 고용장려금의 지급 및 청구에 필요한 사항은 대통령령으로 정하고, 그 지급 시기·절차 등에 필요한 사항은 고용노동부장관이 정한다.(2010.6.4 본항개정)
제31조【부당이득금의 징수 및 지급 제한】 ① 고용노동부장관은 제30조에 따른 고용장려금을 받은 자가 다음 각 호의 어느 하나에 해당하는 경우에는 각 호에 따라 지급한 금액을 징수하여야 한다. 다만, 제1호의 경우에는 지급한 금액의 5배의 범위에서 고용노동부령으로 정하는 금액을 추가로 징수하여야 한다.(2011.3.9 본문개정)
1. 거짓이나 그 밖의 부정한 방법으로 고용장려금을 받은 경우
2. 그 밖에 잘못 지급된 고용장려금이 있는 경우
② 제1항 각 호 외의 부분 단서에 따라 추가 징수를 하는 경우 거짓이나 그 밖의 부정한 방법으로 고용장려금의 지급신청을 한 날부터 3개월 이내에 자진하여 그 부정행위를 신고한 자에 대하여는 추가징수를 면제할 수 있다.
(2020.5.26 본항개정)
③ 고용노동부장관은 고용장려금을 거짓이나 그 밖의 부정한 방법으로 지급받았거나 받으려 한 자에 대하여는 1년간의 고용장려금을 지급하지 아니한다. 다만, 고용장려금을 받은 날부터 3년이 지난 경우에는 그러하지 아니하다.(2011.3.9 본항개정)
④ 제3항을 적용할 때 고용장려금의 지급제한기간은 고용노동부장관이 지급제한을 한 날부터 기산한다.
(2020.5.26 본항개정)
제32조【포상금】 거짓이나 그 밖의 부정한 방법으로 제30조에 따른 고용장려금을 지급받은 자를 지방고용노동관서, 제43조에 따른 한국장애인고용공단 또는 수사기관에 신고하거나 고발한 자에게는 대통령령으로 정하는 바에 따라 포상금을 지급할 수 있다.(2010.6.4 본조개정)
제32조의2【국가와 지방자치단체 등의 장애인 고용부담금의 납부 등】 ① 제27조제6항 각 호에 따른 기관 중 같은 조 제1항에 따른 의무고용률에 못 미치는 장애인 공무원을 고용한 기관의 장은 매년 고용노동부장관에게 장애인 고용부담금(이하 "부담금"이라 한다)을 납부하여야 한다.
② 부담금 납부에 관하여는 제33조제2항부터 제11항까지, 제33조의2, 제34조부터 제36조까지, 제38조부터 제40조까지, 제41조(같은 조 제1항제6호 및 제2항제5호는 제외한다) 및 제42조(같은 조 제1호는 제외한다)를 준용한다. 이 경우 "사업주"는 "제27조제6항 각 호에 따른 기관의 장"으로, "의무고용률"은 "제27조제1항에 따른 의무고용률"로, "근로자"는 "공무원"으로 본다.
(2016.12.27 본조신설)
제33조【사업주의 부담금 납부 등】 ① 의무고용률에 못 미치는 장애인을 고용하는 사업주(상시 100명 미만의 근로자를 고용하는 사업주는 제외한다)는 대통령령으로 정하는 바에 따라 매년 고용노동부장관에게 부담금을 납부하여야 한다.(2021.7.20 본항개정)
② 부담금은 사업주가 의무고용률에 따라 고용하여야 할 장애인 총수에서 매월 상시 고용하고 있는 장애인 수를 뺀 수에 제3항에 따른 부담기초액을 곱한 금액의 연간 합계액으로 한다.(2009.10.9 후단삭제)
③ 부담기초액은 장애인을 고용하는 경우에 매월 드는 다음 각 호의 비용의 평균액을 기초로 하여 고용정책심의회의 심의를 거쳐 「최저임금법」에 따라 월 단위로 환산한 최저임금액의 100분의 60 이상의 범위에서 고용노동부장관이 정하여 고시하되, 장애인 고용률(매월 상시 고용하고 있는 근로자의 총수에 대한 고용하고 있는 장애인 총수의 비율)에 따라 부담기초액의 2분의 1 이내의 범위에서 가산할 수 있다. 다만, 장애인을 상시 1명 이상 고용하지 아니한 달이 있는 경우에는 그 달에 대한 사업주의 부담기초액은 「최저임금법」에 따라 월 단위로 환산한 최저임금액으로 한다.(2011.3.9 본문개정)
1. 장애인을 고용하는 경우 필요한 시설·장비의 설치, 수리에 드는 비용
2. 장애인의 적정한 고용관리를 위한 조치에 필요한 비용
3. 그 밖에 장애인을 고용하기 위하여 특별히 드는 비용 등
④ 고용노동부장관은 제22조의4제1항에 따라 인증을 받은 장애인 표준사업장 또는 「장애인복지법」 제58조제1항제3호의 장애인 직업재활시설에 도급을 주어 그 생산품을 납품받는 사업주에 대하여 부담금을 감면할 수 있다.
(2016.12.27 본항개정)
⑤ 사업주는 다음 연도 1월 31일(연도 중에 사업을 그만두거나 끝낸 경우에는 그 사업을 그만두거나 끝낸 날부터 60일)까지 고용노동부장관에게 부담금 산출에 필요한 사항으로서 대통령령으로 정하는 사항을 적어 신고하고 해당 연도의 부담금을 납부하여야 한다.(2011.7.25 본항개정)
⑥ 고용노동부장관은 사업주가 제5항에서 정한 기간에 신고를 하지 아니하였을 때에는 이를 조사하여 부담금을 징수할 수 있다.(2016.12.27 본항개정)
⑦ 고용노동부장관은 제5항에 따라 부담금을 신고(제8항에 따른 수정신고를 포함한다. 이하 이 조에서 같다) 또는 납부한 사업주가 다음 각 호의 어느 하나에 해당하는 경우에는 이를 조사하여 해당 사업주가 납부하여야 할 부담금을 징수할 수 있다.
1. 사업주가 신고한 부담금이 실제로 납부하여야 할 금액에 미치지 못하는 경우
2. 사업주가 납부한 부담금이 신고한 부담금에 미치지 못하는 경우
3. 사업주가 신고한 부담금을 납부하지 아니한 경우
(2016.12.27 본항개정)
⑧ 사업주는 제5항에 따라 신고한 부담금이 실제 납부하여야 하는 부담금에 미치지 못할 때에는 해당 연도 2월 말일까지 대통령령으로 정하는 바에 따라 수정신고하고 그 부담금의 차액을 추가로 납부할 수 있다.(2016.12.27 본항신설)
⑨ 고용노동부장관은 사업주가 납부한 부담금이 실제 납부하여야 할 부담금을 초과한 경우에는 대통령령으로 정하는 바에 따라 그 초과한 금액에 대통령령으로 정하는 이자율에 따라 산정한 금액을 가산하여 환급하여야 한다.
(2016.12.27 본항신설)
⑩ 부담금은 대통령령으로 정하는 대로 분할 납부를 하게 할 수 있다. 이 경우 분할 납부를 할 수 있는 부담금을 제5항에 따른 납부 기한에 모두 납부하는 경우에는 그 부담금액의 100분의 5 이내의 범위에서 대통령령으로 정하는 금액을 공제할 수 있다.
⑪ 제4항에 따른 도급의 기준, 그 밖에 부담금 감면의 요건·기준 등에 필요한 사항은 고용노동부장관이 정한다.
(2010.6.4 본항개정)
(2016.12.27 본조제목개정)
제33조의2【신용카드등으로 하는 부담금등의 납부】 ① 부담금과 이 법에 따른 그 밖의 징수금(이하 이 조에서 "부담금등"이라 한다)의 납부 의무자는 부담금등의 납부를 대행할 수 있도록 대통령령으로 정하는 신용카드회사 등(이하 이 조에서 "부담금등납부대행기관"이라 한다)을 통하여 신용카드, 직불카드 등(이하 이 조에서 "신용카드등"이라 한다)으로 부담금등을 납부할 수 있다.
② 신용카드등으로 부담금등을 납부하는 경우에는 부담금등납부대행기관의 승인일을 부담금등의 납부일로 본다.
③ 부담금등납부대행기관은 납부 의무자로부터 신용카드등에 의한 부담금등의 납부대행 용역의 대가로 수수료를 받을 수 있다.
④ 부담금등납부대행기관의 운영과 수수료 등에 필요한 사항은 대통령령으로 정한다.
(2016.12.27 본조신설)
제33조의3【부담금의 우선 적용】 이 법은 국가와 지방자치단체의 장 및 사업주의 부담금에 관하여 다른 법률에 우선하여 적용한다.(2018.10.16 본조신설)
제34조【부담금 등 과오납금의 충당과 환급】 고용노동부장관은 사업주가 부담금, 그 밖에 이 법에 따른 징수금과 체납처분비로 납부한 금액 중 잘못 납부한 금액을 환

급하려는 때 또는 제30조에 따라 사업주에게 고용장려금을 지급하여야 하는 때에는 대통령령으로 정하는 순위에 따라 납부하여야 하는 부담금, 그 밖에 이 법에 따른 징수금에 우선 충당하고, 그 잔액을 해당 사업주에게 환급하거나 지급할 수 있다.(2010.6.4 본조개정)

제35조【가산금과 연체금의 징수】 ① 고용노동부장관은 제33조제6항 및 제7항제1호에 따라 부담금을 징수하는 때에는 사업주가 납부하여야 할 부담금의 100분의 10에 상당하는 금액을 가산금으로 징수한다.

② 고용노동부장관은 제1항에도 불구하고 제33조제8항의 수정신고에 따라 사업주가 추가로 납부할 부담금의 차액에 대해서는 제1항에 따른 가산금의 100분의 50을 감면할 수 있다.(2016.12.27 본항신설)

③ 고용노동부장관은 부담금의 납부 의무자가 제33조제5항에 따른 납부 기한(같은 조 제8항에 따라 수정신고를 한 사업주의 경우는 2월 말일)까지 부담금을 납부하지 아니하였을 때에는 그 연체 기간에 대하여 36개월을 초과하지 아니하는 범위에서 「은행법」 제2조에 따른 은행의 연체이자율 등을 고려하여 대통령령으로 정하는 대로 월 단위로 연체금을 징수한다.

④ 제1항부터 제3항까지의 규정에 따른 가산금 또는 연체금은 그 금액이 소액이거나 징수가 적절하지 아니하다고 인정되는 등 대통령령으로 정하는 경우에는 징수하지 아니한다.

(2016.12.27 본조개정)

제36조【통지】 고용노동부장관은 제33조제6항 및 제7항에 따른 징수를 하려 할 때에는 고용노동부령으로 정하는 바에 따라 납부 의무자에게 그 금액과 납부 기한을 서면으로 알려야 한다.(2010.6.4 본조개정)

제37조【독촉 및 체납처분】 ① 고용노동부장관은 부담금, 그 밖에 이 법에 따른 징수금을 납부 의무자가 납부하지 아니하였을 때에는 기한을 정하여 독촉하여야 한다.(2010.6.4 본항개정)

② 고용노동부장관은 제1항에 따라 독촉을 하는 경우에는 독촉장을 발부하여야 한다. 이 경우에는 10일 이상의 납부 기간을 주어야 한다.(2010.6.4 본항개정)

③ 제1항에 따라 독촉을 받은 자가 그 납부 기한까지 부담금이나 그 밖에 이 법에 따른 징수금을 납부하지 아니하였을 때에 고용노동부장관은 국세 체납처분의 예에 따라 징수할 수 있다.(2010.6.4 본항개정)

④ 고용노동부장관은 제3항에 따른 체납처분의 예에 따라 압류한 재산의 공매(公賣)에 전문 지식이 필요하거나 그 밖에 특수한 사정이 있어 직접 공매하기에 적당하지 아니하다고 인정하는 때에는 대통령령으로 정하는 대로 「한국자산관리공사 설립 등에 관한 법률」에 따라 설립된 한국자산관리공사(이하 "공사"라 한다)에 이를 대행하게 할 수 있고, 이 경우 공매는 고용노동부장관이 한 것으로 본다.(2019.11.26 본항개정)

⑤ 고용노동부장관은 제4항에 따라 공사가 공매를 대행하면 고용노동부령으로 정하는 바에 따라 수수료를 지급할 수 있다.(2010.6.4 본항개정)

⑥ 제4항에 따라 공사가 공매를 대행하는 경우에 공사의 임원·직원은 「형법」 제129조부터 제132조까지의 규정을 적용하는 경우 공무원으로 본다.

제38조【징수 우선순위】 부담금과 이 법에 따른 그 밖의 징수금(이하 이 조에서 "부담금등"이라 한다)은 국세 및 지방세를 제외한 다른 채권보다 우선하여 징수한다. 다만, 부담금등의 납부기한 전에 전세권·질권·저당권 또는 「동산·채권 등의 담보에 관한 법률」에 따른 담보권의 설정을 등기하거나 등록한 사실이 증명되는 재산을 매각하여 그 매각대금 중에서 부담금등을 징수하는 경우에 그 전세권·질권·저당권 또는 「동산·채권 등의 담보에 관한 법률」에 따른 담보권에 의하여 담보된 채권에 대하여는 그러하지 아니하다.(2012.12.18 본조개정)

제39조【서류의 송달】 부담금이나 그 밖에 이 법에 따른 징수금에 관한 서류의 송달에 관하여는 「국세기본법」 제8조부터 제12조까지의 규정을 준용한다.

제40조【소멸시효】 부담금이나 그 밖에 이 법에 따른 징수금을 징수하거나 그 환급을 받을 권리와 고용장려금을 받을 권리는 3년간 행사하지 아니하면 소멸시효가 완성된다.

제41조【시효의 중단】 ① 제40조에 따른 소멸시효는 다음 각 호의 어느 하나에 해당하는 사유로 중단된다.
1. 제30조에 따른 고용장려금의 청구
2. 제31조제1항에 따른 고용장려금 환수금의 반환 명령
3. 제33조제9항에 따른 부담금 환급금의 청구(2016.12.27 본호개정)
4. 제36조에 따른 납부 통지
5. 제37조에 따른 독촉
6. 제37조에 따른 체납처분 절차에 따라 행하는 교부 청구
7. 그 밖의 「민법」에서 규정하고 있는 시효중단 사유

② 제1항에 따라 중단된 소멸시효는 다음 각 호의 어느 하나에 해당하는 기간이 지난 때부터 새로 진행한다. 다만, 제1항제7호에 따라 중단된 소멸시효의 진행은 「민법」에 따른다.
1. 반환 명령에 따른 납부 기한
2. 부담금 환급금의 청구 중의 기간
3. 제36조에 따라 통지한 납부 기한
4. 독촉에 따른 납부 기한
5. 교부청구 중의 기간

제42조【결손처분】 고용노동부장관은 체납자에게 다음 각 호의 어느 하나에 해당하는 사유가 있을 때에는 부담금이나 그 밖에 이 법에 따른 징수금을 결손처분(缺損處分)할 수 있다.(2010.6.4 본문개정)
1. 체납처분이 종결되고 체납액에 충당될 배분 금액이 체납액보다 적을 때
2. 제40조에 따라 소멸시효가 완성될 때
3. 그 밖에 대통령령으로 정하는 바에 따라 징수 가능성이 없을 때

제4장 한국장애인고용공단
(2009.10.9 본장제목개정)

제43조【한국장애인고용공단의 설립】 ① 장애인이 직업생활을 통하여 자립할 수 있도록 지원하고, 사업주의 장애인 고용을 전문적으로 지원하기 위하여 한국장애인고용공단(이하 "공단"이라 한다)을 설립한다.(2009.10.9 본항개정)

② 공단은 다음 각 호의 사업을 수행한다.
1. 장애인의 고용촉진 및 직업재활에 관한 정보의 수집·분석·제공 및 조사·연구
2. 장애인에 대한 직업상담, 직업적성 검사, 직업능력 평가 등 직업지도
3. 장애인에 대한 직업적응훈련, 직업능력개발훈련, 취업알선, 취업 후 적응지도
4. 장애인 직업생활 상담원 등 전문요원의 양성·연수
5. 사업주의 장애인 고용환경 개선 및 고용 의무 이행 지원
6. 사업주와 관계 기관에 대한 직업재활 및 고용관리에 관한 기술적 사항의 지도·지원
7. 장애인의 직업적응훈련 시설, 직업능력개발훈련시설 및 장애인 표준사업장 운영
8. 장애인의 고용촉진을 위한 취업알선 기관 사이의 취업알선전산망 구축·관리, 홍보·교육 및 장애인 기능경기 대회 등 관련 사업
9. 장애인 고용촉진 및 직업재활과 관련된 공공기관 및 민간 기관 사이의 업무 연계 및 지원
10. 장애인 고용에 관한 국제 협력
11. 그 밖에 장애인의 고용촉진 및 직업재활을 위하여 필요한 사업 및 고용노동부장관 또는 중앙행정기관의 장이 위탁하는 사업(2010.6.4 본호개정)
12. 제1호부터 제11호까지의 사업에 딸린 사업

③ 공단은 제2항에 따른 사업을 효율적으로 수행하기 위하여 고용노동부장관의 승인을 받아 법인 또는 단체에 그 업무의 일부를 위탁할 수 있다.(2010.6.4 본항개정)

(2009.10.9 본조제목개정)

제44조【법인격】 공단은 법인으로 한다.

제45조【사무소】 ① 공단의 주된 사무소의 소재지는 정관으로 정한다.

② 공단은 필요하다고 인정하면 고용노동부장관의 승인을 받아 분사무소를 둘 수 있다.(2010.6.4 본항개정)

제46조【설립등기】 ① 공단은 주된 사무소의 소재지에서 설립등기를 함으로써 성립된다.

② 제1항에 따른 설립등기와 분사무소의 설치·이전, 그 밖의 등기에 필요한 사항은 대통령령으로 정한다.

제47조【정관】 ① 공단의 정관에는 다음 각 호의 사항을 적어야 한다.
1. 목적
2. 명칭
3. 주된 사무소·분사무소 및 제55조에 따른 산하기관의 설치·운영
4. 업무와 그 집행
5. 재산과 회계
6. 임직원
7. 이사회의 운영
8. 정관의 변경
9. 공고의 방법
10. 내부규정의 제정·개정 및 폐지
11. 해산

(2009.10.9 3호~11호개정)

② 공단의 정관은 고용노동부장관의 인가를 받아야 한다. 이를 변경하려고 할 때에도 같다.(2010.6.4 전단개정)

제48조【임원의 임면】 ① 공단에 이사장 1명을 포함한 10명 이상 15명 이하의 이사 및 감사 1명을 둔다.

② 이사장을 포함한 이사 3명은 상임으로 한다.(2009.10.9 본항개정)

③ 임원의 임면(任免)에 관하여는 「공공기관의 운영에 관한 법률」 제26조에 따르되, 상임이사와 비상임이사 중 각각 3분의 1 이상은 장애인 중에서 임명하여야 한다.(2009.10.9 본항개정)

④~⑤ (2009.10.9 삭제)

제49조【임원의 임기】 이사장의 임기는 3년으로 하고, 이사와 감사의 임기는 2년으로 하되, 1년을 단위로 연임할 수 있다.(2009.10.9 본조개정)

제50조【임원의 직무】 ① 이사장은 공단을 대표하고 공단의 업무를 총괄한다.

② 이사장이 부득이한 사유로 그 직무를 수행할 수 없을 때에는 정관으로 정하는 바에 따라 상임이사 중 1명이 그 직무를 대행하고, 상임이사가 없거나 그 직무를 대행할 수 없을 때에는 정관으로 정하는 임원이 그 직무를 대행한다.(2009.10.9 본항개정)

③ 이사는 이사회에 부쳐진 안건을 심의하고 의결에 참여하며, 상임이사는 정관으로 정하는 바에 따라 공단의 사무를 집행한다.(2009.10.9 본항신설)

④ 감사는 「공공기관의 운영에 관한 법률」 제32조제5항의 감사기준에 따라 공단의 업무와 회계를 감사하고, 그 의견을 이사회에 제출한다.(2009.10.9 본항개정)

제51조【임원의 결격사유】 다음 각 호의 어느 하나에 해당하는 사람은 임원이 될 수 없다.
1. 「국가공무원법」 제33조 각 호의 결격사유에 해당하는 사람
2. 「공공기관의 운영에 관한 법률」 제34조제1항제2호에 해당하는 사람

(2009.10.9 본조개정)

제52조【임직원의 겸직 제한】 ① 공단의 상임임원과 직원은 그 직무 외에 영리를 목적으로 하는 업무에 종사하지 못한다.

② 상임임원이 그 임명권자나 제청권자의 허가를 받은 경우와 직원이 이사장의 허가를 받은 경우에는 비영리 목적의 업무를 겸할 수 있다.

(2009.10.9 본조개정)

제53조【이사회】 ① 공단에 「공공기관의 운영에 관한 법률」 제17조제1항 각 호의 사항을 심의·의결하기 위하여 이사회를 둔다.

② 이사회는 이사장을 포함한 이사로 구성한다.

③ 이사장은 이사회의 의장이 된다.

④ 이사회의 회의는 의장이나 재적이사 3분의 1 이상의 요구로 소집하고, 재적이사 과반수의 찬성으로 의결한다.

⑤ 감사는 이사회에 출석하여 의견을 진술할 수 있다.

(2009.10.9 본조개정)

제54조【직원의 임면】 공단의 직원은 정관으로 정하는 바에 따라 이사장이 임면한다. 이 경우 장애인 채용을 고려하여야 한다.

제55조【산하기관】 ① 공단은 제43조제2항에 따른 사업을 효율적으로 수행하기 위하여 고용노동부장관의 승인을 받아 필요한 산하기관을 둘 수 있다.(2010.6.4 본항개정)

② 공단의 이사장은 산하기관을 지휘·감독한다.

③ 산하기관의 설치, 운영 등에 필요한 사항은 공단의 정관으로 정한다.

제56조【국유재산 등의 무상대부】 국가는 공단의 설립 및 운영을 위하여 필요하면 「국유재산법」 및 「물품관리법」에 따라 국유재산과 물품을 공단에 무상으로 대부할 수 있다.

제57조【자금의 차입】 공단은 제43조제2항에 따른 사업을 위하여 필요하면 고용노동부장관의 승인을 받아 자금을 차입(국제기구, 외국 정부 또는 외국인으로부터의 차입을 포함한다)할 수 있다.(2010.6.4 본조개정)

제58조【공단의 회계】 ① 공단의 사업연도는 정부의 회계연도에 따른다.

② 공단은 회계규정을 정하여 고용노동부장관의 승인을 받아야 한다.(2010.6.4 본항개정)

제58조의2【공단의 수입】 공단의 수입은 다음 각 호와 같다.
1. 정부 또는 정부 외의 자로부터 받은 출연금 또는 기부금
2. 제68조에 따른 장애인 고용촉진 및 직업재활 기금으로부터 받은 출연금
3. 제57조에 따른 차입금
4. 그 밖의 공단의 수입금

(2011.7.25 본조신설)

제59조 (2009.10.9 삭제)

제60조【예산의 편성 등】 ① 이사장은 회계연도마다 「공공기관의 운영에 관한 법률」 제46조에 따라 수립한 경영목표와 같은 법 제50조에 따라 통보된 경영지침에 따라 다음 회계연도의 예산안을 편성하고, 다음 회계연도가 시작되기 전까지 이사회의 의결을 거쳐 고용노동부장관의 승인을 받아 예산을 확정하여야 한다. 예산을 변경하는 경우에도 또한 같다.

② 공단은 제1항에 따라 예산이 확정되면 지체 없이 이사회의 의결을 거쳐 그 회계연도의 예산에 따른 운영계획을 수립하고 그 운영계획을 예산이 확정된 후 2개월 이내에 고용노동부장관에게 제출하여야 한다. 예산이 변경되어 운영계획을 변경하는 경우에도 또한 같다.

(2010.6.4 본조개정)

제61조【결산서의 제출】 공단은 사업연도마다 세입·세출결산서를 작성하고, 감사원규칙으로 정하는 바에 따

라 공인회계사나 「공인회계사법」 제23조에 따라 설립된 회계법인을 선정하여 회계감사를 받아 매 회계연도 종료 후 2개월 이내에 고용노동부장관에게 제출하여야 한다. (2010.6.4 본조개정)

제62조【잉여금의 처리】 공단은 사업연도마다 사업연도말의 결산 결과 잉여금이 생긴 때에는 이월손실을 보전(補塡)하고 나머지는 다음 연도에 이월하여 사용할 수 있다.

제63조【수수료의 징수】 공단은 제43조제2항에 따른 사업에 관하여 수수료나 그 밖의 실비를 받을 수 있다.

제64조【출자 등】 ① 공단은 사업을 효율적으로 수행하기 위하여 필요하면 제43조제2항제7호 및 제11호의 사업에 출자하거나 출연(出捐)할 수 있다.

② 공단은 제17조에 따른 영업장소 임대를 목적으로 하는 시설을 관리·운영하기 위하여 고용노동부장관의 허가를 받아 관리기구를 설립할 수 있다. 이 경우 관리기구는 법인으로 하여야 한다.(2010.6.4 전단개정)

③ 공단은 제2항에 따라 설립된 관리기구의 업무에 관하여 지도·감독한다.

④ 제1항과 제2항에 따른 출자·출연 및 관리기구의 설립에 필요한 사항은 대통령령으로 정한다.

제65조【업무의 지도·감독】 ① 고용노동부장관은 공단의 업무를 지도·감독한다.

② 고용노동부장관은 공단에 대하여 업무·회계 및 재산에 관하여 필요한 사항을 보고하게 하거나 그 밖에 필요한 조치를 할 수 있다.

(2010.6.4 본조개정)

제65조의2【비밀누설 등의 금지】 공단의 임원 또는 직원이나 그 직에 있었던 사람은 그 직무상 알게 된 비밀을 누설하거나 도용하여서는 아니 된다.(2020.5.26 본조개정)

제66조【비슷한 명칭의 사용 금지】 공단이 아닌 자는 한국장애인고용공단 또는 이와 비슷한 명칭을 사용하지 못한다.(2009.10.9 본조개정)

제67조【「민법」의 준용】 공단에 관하여는 이 법과 「공공기관의 운영에 관한 법률」에 규정된 것 외에는 「민법」 중 재단법인에 관한 규정을 준용한다.(2009.10.9 본조개정)

제5장 장애인 고용촉진 및 직업재활 기금

제68조【장애인 고용촉진 및 직업재활 기금의 설치】 고용노동부장관은 공단의 운영, 고용장려금의 지급 등 장애인의 고용촉진 및 직업재활을 위한 사업을 수행하기 위하여 장애인 고용촉진 및 직업재활 기금(이하 "기금"이라 한다)을 설치한다.(2010.6.4 본조개정)

제69조【기금의 재원】 ① 기금은 다음 각 호의 재원으로 조성한다.

1. 정부 또는 정부 외의 자로부터의 출연금 또는 기부금
2. 제33조와 제35조에 따른 부담금·가산금 및 연체금
3. 기금의 운용에 따라 생기는 수익금과 그 밖의 공단 수입금
4. 제57조에 따른 차입금
5. 제70조에 따른 차입금

② 정부는 회계연도마다 제1항제1호에 따른 출연금을 세출예산에 계상(計上)하여야 한다.

제70조【차입금】 기금을 지출할 때 자금이 부족하거나 부족할 것으로 예상되면 기금의 부담으로 금융기관 및 다른 기금, 그 밖의 재원 등으로부터 차입을 할 수 있다.

제71조【기금의 용도】 기금은 다음 각 호에 규정하는 비용의 지급에 사용한다.

1. 공단에의 출연(2011.7.25 본호개정)
2. 제30조에 따른 고용장려금
3. 장애인 고용촉진 및 직업재활 정책에 관한 조사·연구에 필요한 경비
4. 직업지도, 직업적응훈련, 직업능력개발훈련, 취업알선 또는 장애인 고용을 위한 시설과 장비의 설치·수리에 필요한 비용의 융자·지원
5. 장애인을 고용하거나 고용하려는 사업주에 대한 비용·기기 등의 융자·지원
6. 장애인 표준사업장을 설립하여 운영하거나 설립·운영하려는 사업주에 대한 비용의 융자·지원
7. 직업지도, 취업알선, 취업 후 적응지도를 행하는 자에 대한 필요한 경비의 융자·지원
8. 장애인에 대한 직업적응훈련, 직업능력개발훈련을 행하는 자 및 그 장애인에 대한 훈련비·훈련수당
9. 자영업 장애인에 대한 창업자금 융자 및 영업장소 임대, 장애인 근로자에 대한 직업생활 안정 자금 등의 융자
10. 사업주의 장애인 고용관리를 위한 장애인 직업생활 상담원 등의 배치에 필요한 경비
11. 제70조에 따른 차입금의 상환금과 이자
12. 이 법에 따라 장애인과 사업주 등이 금융기관으로부터 대여받은 자금의 이차보전(利差補塡)
13. 제32조에 따른 포상금
14. 그 밖에 장애인 고용촉진 및 직업재활을 위하여 대통령령으로 정하는 사업에 필요한 비용과 제1호부터 제10호까지의 사업 수행에 따르는 경비

제72조【기금의 운용·관리】 ① 기금은 고용노동부장관이 운용·관리한다.(2010.6.4 본항개정)

② 기금의 회계연도는 정부의 회계연도에 따른다.

③ 기금을 운용할 때에는 그 수익이 대통령령으로 정하는 수준 이상이 되도록 하여야 하고, 다음 각 호의 어느 하나에 해당하는 방법에 따라 운용하여야 한다.

1. 「은행법」이나 그 밖의 법률에 따른 은행 또는 체신관서에의 예탁(2010.5.17 본호개정)
2. 국가 또는 지방자치단체가 발행하는 채권의 매입
3. 「은행법」이나 그 밖의 법률에 따른 은행이나 그 밖에 대통령령으로 정하는 자가 그 지급을 보증하는 채권의 매입(2010.5.17 본호개정)
4. 「공공자금관리기금법」에 따른 공공자금관리기금으로의 예탁
5. 그 밖에 대통령령으로 정하는 방법

제73조【기금의 회계기관】 ① 고용노동부장관은 기금의 수입과 지출에 관한 사무를 행하게 하기 위하여 소속 공무원 중에서 기금수입징수관, 기금재무관, 기금지출관 및 기금출납공무원을 임명한다.

② 고용노동부장관은 제82조에 따라 공단에 업무를 위탁한 경우에는 기금의 출납 업무 수행을 위하여 공단의 상임이사 중에서 기금수입담당이사와 기금지출원인행위 담당이사를, 공단의 직원 중에서 기금지출원과 기금출납원을 각각 임명하여야 한다. 이 경우 기금수입담당이사는 기금수입징수관의 업무를, 기금지출원인행위 담당이사는 기금재무관의 업무를, 기금지출원은 기금지출관의 업무를, 기금출납원은 기금출납공무원의 업무를 각각 수행한다. (2010.6.4 본조개정)

제74조【자금계정의 설치】 고용노동부장관은 기금지출관으로 하여금 한국은행에 기금계정을 설치하도록 하여야 한다.(2010.6.4 본조개정)

제6장 보 칙

제74조의2【장애인지원관의 지정 등】 ① 제27조제6항 각 호에 따른 기관의 장은 해당 기관의 장애인 공무원과 근로자에 대한 근로지원 등의 업무를 효율적으로 수행하기 위하여 그 기관의 소속 공무원 중에서 장애인지원관을 지정하여야 한다. 이 경우 「장애인복지법」 제12조제1항에 따라 장애인정책책임관을 지정한 기관은 장애인지원관을 지정한 것으로 본다.

② 제1항에 따른 장애인지원관의 지정 및 업무 등에 필요한 사항은 국회규칙, 대법원규칙, 헌법재판소규칙, 중앙선거관리위원회규칙 또는 대통령령으로 정한다.

(2016.12.27 본조신설)

제75조【장애인 직업생활 상담원 등】 ① 고용노동부장관은 장애인의 직업지도, 직업적응훈련, 직업능력개발훈련, 취업 후 적응지도 등 장애인의 고용촉진 및 직업재활을 위한 업무를 담당하는 장애인 직업생활 상담원 등 전문요원을 양성하여야 한다.(2010.6.4 본항개정)

② 대통령령으로 정하는 일정 수 이상의 장애인 근로자를 고용하는 사업주는 제1항에 따른 장애인 직업생활 상담원을 두어야 한다.

③ 고용노동부장관은 필요하다고 인정하면 제9조제2항에 따른 재활실시기관에서 제1항에 따른 전문요원에 대한 협조 요청이 있을 때에는 지원하여야 한다.(2010.6.4 본항개정)

④ 제1항에 따른 전문요원의 종류·양성·배치·역할 및 자격 등에 필요한 사항은 고용노동부령으로 정한다. (2010.6.4 본항개정)

제76조【보고와 검사 등】 ① 고용노동부장관은 장애인 실태 조사, 장애인 고용 의무 이행 점검, 고용장려금 및 사업주에 대한 각종 지원, 부담금 징수 등의 업무 수행을 위하여 필요하다고 인정하면 관계 공무원으로 하여금 사업장에 출입하여 관계자에게 질문 또는 서류 검사를 하게 하거나 필요한 보고를 하게 할 수 있다.(2010.6.4 본항개정)

② 제1항에 따라 사업장에 출입하는 공무원은 그 권한을 표시하는 증표를 지니고 이를 관계인에게 내보여야 한다. 이 경우 증표는 공무원증으로 대신할 수 있다.

제77조【세제 지원】 제69조제1호에 따른 정부 외의 자에게서 받은 출연금 또는 기부금과 제71조제2호의 고용장려금, 제4호부터 제9호 및 제14호의 지원에 대하여는 「조세특례제한법」으로 정하는 바에 따라 조세를 감면한다.

제78조【경비 보조】 국가 또는 지방자치단체는 장애인 고용촉진 사업을 수행하는 자에게는 그에 따른 비용의 전부 또는 일부를 대통령령으로 정하는 바에 따라 보조할 수 있다.

제79조【국가와 지방자치단체의 의무고용률 등에 대한 특례】 ① 제28조에도 불구하고 제27조제6항 각 호에 따른 기관의 장이 공무원이 아닌 근로자를 상시 50명 이상 고용하는 경우에는 상시 고용하고 있는 근로자 수에 대하여 장애인을 다음 각 호의 구분에 해당하는 비율 이상 고용하여야 한다. 이 경우 의무고용률에 해당하는 장애인 수를 계산할 때에 소수점 이하는 버린다.

1. 2021년 1월 1일부터 2021년 12월 31일까지 : 1천분의 34
2. 2022년 1월 1일부터 2023년 12월 31일까지 : 1천분의 36
3. 2024년 이후 : 1천분의 38

(2021.7.20 1호~3호개정)

② 제1항에 따라 공무원이 아닌 근로자를 고용하는 경우에는 그 근로자에 대하여 제19조의2, 제21조, 제22조제3항 및 제4항, 제29조, 제33조, 제33조의2, 제34조부터 제36조까지, 제38조부터 제40조까지, 제41조(같은 조 제1항제6호 및 제2항제5호는 제외한다) 및 제42조(같은 조 제1호는 제외한다)를 준용한다.(2021.7.20 본항개정)

③ 제1항에 따른 비율을 산정하는 경우 다음 각 호의 어느 하나에 해당하는 사람은 근로자 및 장애인 총수에서 제외한다.

1. 「국가공무원법」 제26조의4에 따른 수습근무 중인 사람
2. 「국가공무원법」 제50조제1항 및 「지방공무원법」 제74조제1항에 따른 교육훈련(실무수습을 포함한다)을 받고 있는 공무원 임용 예정자
3. 그 밖에 국가와 지방자치단체의 복지대책, 실업대책 등에 따라 고용하는 사람으로서 고용노동부령으로 정하는 사람

(2016.12.27 본조개정)

제80조【협조】 ① 국가기관, 지방자치단체, 재활실시기관, 그 밖에 장애인과 관련된 기관 및 단체는 장애인의 고용촉진 및 직업재활을 위하여 고용노동부장관이 실시하는 시책에 협조하여야 한다.

② 고용노동부장관은 제1항에 따른 시책을 수행하는 자(국가기관과 지방자치단체는 제외한다)에게 필요한 지원을 할 수 있다.

(2010.6.4 본조개정)

제81조【자료 제공의 요청 등】 ① 고용노동부장관은 장애인 고용촉진 및 직업재활 사업의 효율적인 운영을 위하여 필요하면 중앙행정기관, 지방자치단체, 그 밖의 장애인 고용촉진 및 직업재활 사업과 관련되는 기관·단체의 장에게 필요한 국세·지방세·소득·재산, 건강보험·국민연금, 출입국·주민등록·가족관계등록·장애인등록 정보 등에 관하여 대통령령으로 정하는 관련 전산망 또는 자료의 이용 및 제공을 요청할 수 있다.

② 제82조에 따라 고용노동부장관의 권한 일부를 위임받거나 위탁받은 공단 등은 부담금 부과·징수, 장애인의 고용촉진 및 직업재활, 그 밖에 위임받거나 위탁받은 업무 수행을 위하여 필요한 국세·지방세·소득·재산, 건강보험·국민연금, 출입국·주민등록·가족관계등록·장애인등록 정보 등에 관하여 대통령령으로 정하는 관련 전산망 또는 자료의 이용 및 제공을 행정안전부·보건복지부·국토교통부·국세청·지방자치단체 등 관계 행정기관이나 장애인 고용촉진 및 직업재활 사업과 관련되는 기관·단체 등의 장에게 요청할 수 있다.(2017.7.26 본항개정)

③ 고용노동부장관 및 제82조에 따라 고용노동부장관의 권한 일부를 위임받거나 위탁받은 공단 등은 제1항 및 제2항에 따른 자료의 확인을 위하여 「사회복지사업법」 제6조의2제2항에 따른 정보시스템을 연계하여 사용할 수 있다.(2012.12.18 본항신설)

④ 제1항과 제2항에 따라 관련 전산망 또는 자료의 이용 및 제공을 요청받은 자는 정당한 사유가 없으면 이에 따라야 한다.

⑤ 제1항부터 제3항까지에 따른 관련 전산망 또는 자료를 활용하여 업무를 수행했던 사람은 제1항부터 제3항까지에 따라 제공받은 자료나 업무를 수행하면서 취득한 정보를 이 법에서 정한 목적 외의 용도로 사용하거나 다른 사람 또는 기관에 제공하거나 누설하여서는 아니 된다. (2012.12.18 본항신설)

⑥ 제1항 및 제2항에 따른 관련 전산망 또는 자료의 이용 및 제공에 대하여는 수수료·사용료 등을 면제한다.

(2012.12.18 본조개정)

제82조【권한의 위임·위탁】 이 법에 따른 고용노동부장관의 권한은 대통령령으로 정하는 바에 따라 그 일부를 지방고용노동관서의 장, 특별시장, 광역시장, 특별자치시장, 도지사 또는 특별자치도지사에게 위임하거나 공단에 위탁할 수 있다.(2016.12.27 본조개정)

제83조【다른 법률과의 관계】 이 법에서 정하지 아니하는 사항은 「근로기준법」, 「직업안정법」, 「국민 평생 직업능력 개발법」 등 노동 관계법에 따른다.(2021.8.17 본조개정)

제84조【벌칙】 제31조제1항제1호에 따른 거짓이나 그 밖의 부정한 방법으로 고용장려금을 지급받은 자는 5년 이하의 징역 또는 1천만원 이하의 벌금에 처한다.

제84조의2【벌칙】 제65조의2를 위반하여 비밀을 누설하거나 도용한 자는 2년 이하의 징역 또는 1천만원 이하의 벌금에 처한다.(2007.12.27 본조신설)

제85조【양벌규정】 법인의 대표자나 법인 또는 개인의 대리인, 사용인, 그 밖의 종업원이 그 법인 또는 개인의 업무에 관하여 제84조의 위반행위를 하면 그 행위자를 벌하는 외에 그 법인 또는 개인에게도 해당 조문의 벌금형을 과(科)한다. 다만, 법인 또는 개인이 그 위반행위를

방지하기 위하여 해당 업무에 관하여 상당한 주의와 감독을 게을리하지 아니한 경우에는 그러하지 아니하다.
(2009.10.9 본조개정)

제86조【과태료】 ① 다음 각 호의 어느 하나에 해당하는 자에게는 1천만원 이하의 과태료를 부과한다.
1. 제22조의4제5항을 위반하여 장애인 표준사업장 또는 이와 유사한 명칭을 사용한 자
2. 제22조의4제6항을 위반하여 다른 사람에게 자기의 성명 또는 상호를 사용하여 장애인 표준사업장을 운영하게 하거나 인증서를 대여한 자
3. 제29조제1항 또는 제2항에 따른 명령을 위반한 자

(2012.12.18 본항개정)

② 다음 각 호의 어느 하나에 해당하는 자에게는 300만원 이하의 과태료를 부과한다.
1. 제5조의2제1항을 위반하여 장애인 인식개선 교육을 실시하지 아니한 자
2. 제5조의2제3항 또는 제5조의3제2항을 위반하여 장애인 인식개선 교육 실시 관련 자료를 3년간 보관하지 아니한 자(2021.7.20 본호개정)

(2017.11.28 본항신설)

③ 다음 각 호의 어느 하나에 해당하는 자에게는 200만원 이하의 과태료를 부과한다.
1. 제33조제5항에 따른 신고를 하지 아니하였거나 거짓된 신고를 한 때
2. 제76조제1항에 따른 검사를 거부·방해·기피한 때 또는 보고를 하지 아니하였거나 거짓된 보고를 하였을 때

④ 다음 각 호의 어느 하나에 해당하는 자에게는 100만원 이하의 과태료를 부과한다.
1. 제66조를 위반하였을 때
2. 제75조제2항을 위반하였을 때
3. 제76조제1항에 따른 질문에 대하여 답변을 거부·방해·기피하거나 또는 거짓된 답변을 하였을 때

⑤ 제1항부터 제4항까지의 규정에 따른 과태료는 대통령령으로 정하는 바에 따라 고용노동부장관이 부과·징수한다.(2017.11.28 본항개정)

⑥~⑦ (2009.10.9 삭제)

제87조【벌칙 적용에서의 공무원 의제】 제82조에 따라 이 법의 업무를 위탁받아 행하는 공단의 임원 및 직원은 「형법」 제129조부터 제132조까지의 규정을 적용하는 경우 공무원으로 본다.

부　칙

제1조【시행일】 이 법은 공포한 날부터 시행한다. 다만, 제23조, 제31조, 제41조제1항제7호 및 같은 조 제2항 각 호 외의 부분 단서의 개정규정은 공포 후 3개월이 경과한 날부터 시행한다.

제2조【부담금 부과에 관한 특례】 法律 第7154號 障碍人雇傭促進및職業再活法中改正法律 제27조의 개정규정에도 불구하고 상시 100명 이상 300명 미만의 근로자를 고용하는 사업주에 대하여는 다음 각 호의 구분에 따라 부담금을 부과한다.
1. 상시 200명 이상 300명 미만의 근로자를 고용하는 사업주에 대하여는 2006년 1월 1일부터 부담금을 부과하되, 2006년 1월 1일부터 5년간은 제33조제1항에 따른 부담금을 2분의 1로 감면한다.
2. 상시 100명 이상 200명 미만의 근로자를 고용하는 사업주에 대하여는 2007년 1월 1일부터 부담금을 부과하되, 2007년 1월 1일부터 5년간은 제33조제1항에 따른 부담금을 2분의 1로 감면한다.

제3조【부담금 부과에서 의무고용률의 적용제외율에 관한 특례】 法律 第7568號 障碍人雇傭促進및職業再活法中改正法律 시행 당시 종전의 제24조제1항에 따른 적용제외율의 적용을 받던 업종에 대하여는 2010년까지 제33조제1항에 따른 부담금을 부과할 때에는 다음의 연도별 적용제외율표를 적용한다.

연도별 적용제외율표

한국표준산업분류번호	업종명	연도별 적용제외율				
		2006년	2007년	2008년	2009년	2010년
02	임　업	45%	35%	25%	15%	5%
B	어　업	75%	65%	55%	45%	35%
101	석탄광업	65%	55%	45%	35%	25%
11	금속광업	55%	45%	35%	25%	15%
12	비금속광물 광업 : 연료용 제외	20%	10%	-	-	-
22121	신문발행업	20%	10%	-	-	-
23	코크스·석유정제품 및 핵연료제조업	5%	-	-	-	-
24	화합물 및 화학제품 제조업	5%	-	-	-	-
25	고무 및 프라스틱 제품제조업	-	-	-	-	-
26	비금속광물제품제조업	-	-	-	-	-
271	1차 철강산업	30%	20%	10%	-	-
272	1차 비철금속산업	15%	5%	-	-	-
273	금속주조업	15%	5%	-	-	-
28	조립금속제품제조업	-	-	-	-	-
29	기타 기계 및 장비제조업 : 기계 및 가구제외	-	-	-	-	-
34	자동차 및 트레일러제조업	5%	-	-	-	-
35	기타운송장비제조업(선박건조업<3511>은 제외)	5%	-	-	-	-
3511	선박건조업	40%	30%	20%	10%	-
401	전기업	15%	5%	-	-	-
402	가스제조 및 배관공급업	5%	-	-	-	-
F	건설업	45%	35%	25%	15%	5%
H	숙박 및 음식점업	20%	10%	-	-	-
601	철도운송업	50%	40%	30%	20%	10%
602	육상여객운송업(도시철도운송업<60211>은 제외)	65%	55%	45%	35%	25%
60211	도시철도운송업	50%	40%	30%	20%	10%
603	도로화물운송업	40%	30%	20%	10%	-
61	수상운송업	45%	35%	25%	15%	5%
62	항공운송업	50%	40%	30%	20%	10%
63	여행알선, 창고 및 운수관련서비스업(화물취급업<631> 및 창고업<632>은 제외)	10%	-	-	-	-
631	화물취급업	25%	15%	-	-	-
632	창고업	15%	5%	-	-	-
64	통신업	20%	10%	-	-	-
74491	측량업	25%	15%	-	-	-
7591	경비 및 탐정업	30%	20%	10%	-	-
O	교육서비스업	50%	40%	30%	20%	10%
851	의료업	40%	30%	20%	10%	-
852	수의업	40%	30%	20%	10%	-
872	방송업	20%	10%	-	-	-
881	뉴스제공업	20%	10%	-	-	-
883	경기 및 오락스포츠업	10%	-	-	-	-

제4조【처분 등에 관한 일반적 경과조치】 이 법 시행 당시 종전의 규정에 따른 행정기관의 행위나 행정기관에 대한 행위는 그에 해당하는 이 법에 따른 행정기관의 행위나 행정기관에 대한 행위로 본다.

제5조【벌칙이나 과태료에 관한 경과조치】 이 법 시행 전 행위에 대하여 벌칙이나 과태료 규정을 적용할 때에는 종전의 규정에 따른다.

제6조【다른 법률의 개정】 ①~③ ※(해당 법령에 가제정리 하였음)

제7조【다른 법령과의 관계】 이 법 시행 당시 다른 법령에서 종전의 「장애인고용촉진 및 직업재활법」 또는 그 규정을 인용한 경우에 이 법 가운데 그에 해당하는 규정이 있으면 종전의 규정을 갈음하여 이 법 또는 이 법의 해당 규정을 인용한 것으로 본다.

부　칙 (2016.12.27)

제1조【시행일】 이 법은 2017년 1월 1일부터 시행한다. 다만, 제22조의3제6항, 제33조제8항·제9항, 제33조의2제1항·제4항 및 제74조의2제2항의 개정규정은 공포 후 6개월이 경과한 날부터 시행하고, 제32조의2의 개정규정은 2020년 1월 1일부터 시행한다.

제2조【교육감의 부담금 납부에 관한 특례】 「지방교육자치에 관한 법률」에 따른 교육감이 제32조의2제1항의 개정규정에 따른 부담금을 납부하는 경우에는 같은 개정규정 시행일부터 3년간 같은 개정규정에 따른 부담금의 2분의 1을 감면한다.

제3조【부담금의 납부에 관한 경과조치】 이 법 시행 전에 부담금을 납부하지 아니한 사업주에 대해서는 제33조제6항의 개정규정에도 불구하고 종전의 규정에 따른다.

부　칙 (2019.11.26)

제1조【시행일】 이 법은 공포한 날부터 시행한다.(이하 생략)

부　칙 (2020.5.26)

이 법은 공포한 날부터 시행한다.(이하 생략)

부　칙 (2020.6.9)

이 법은 공포 후 6개월이 경과한 날부터 시행한다.

부　칙 (2020.12.29)

제1조【시행일】 이 법은 공포 후 1년이 경과한 날부터 시행한다.(이하 생략)

부　칙 (2021.7.20)

제1조【시행일】 이 법은 공포한 날부터 시행한다. 다만, 제5조의2, 제21조의2, 제86조의 개정규정 및 부칙 제5조는 공포 후 6개월이 경과한 날부터 시행하고, 제27조제1항, 제28조의2 및 제79조제1항의 개정규정은 2022년 1월 1일부터 시행한다.

제2조【장애인 표준사업장에 고용된 근로자 수에 관한 적용례】 제79조제2항의 개정규정은 이 법 시행 전에 지방자치단체의 장이 장애인 표준사업장을 설립·운영하고 있는 경우에도 적용한다.

제3조【교육감의 부담금 납부에 관한 특례】 「지방교육자치에 관한 법률」에 따른 교육감이 제32조의2제1항에 따라 부담금을 납부하는 경우에는 제27조제1항의 개정규정 시행일부터 3년간 같은 개정규정에 따라 추가적으로 발생하는 부담금의 2분의 1을 감면한다.

제4조【장애인 공무원에 대한 지원에 관한 경과조치】 제21조의2의 개정규정은 같은 개정규정 시행일 전에 종전의 「국가공무원법」 제52조제2항(부칙 제5조제1항에 따라 개정되기 전의 것을 말한다) 또는 종전의 「지방공무원법」 제77조제2항(부칙 제5조제2항에 따라 개정되기 전의 것을 말한다)에 따라 장애인 공무원에게 근로지원인 배정 또는 작업 보조 공학기기·장비의 지급 등 지원이 개시된 경우 각각 종전의 규정에 따른다.

제5조【다른 법률의 개정】 ①~② ※(해당 법령에 가제정리 하였음)

부　칙 (2021.8.17)

제1조【시행일】 이 법은 공포 후 6개월이 경과한 날부터 시행한다.(이하 생략)

부　칙 (2022.1.11)

제1조【시행일】 이 법은 공포 후 6개월이 경과한 날부터 시행한다.

제2조【부정수급액의 추가징수 등에 관한 적용례】 제23조의 개정규정은 이 법 시행 이후 융자 또는 지원의 취소·징수·추가징수, 시정요구 및 지급제한의 사유가 발생한 경우부터 적용한다.

장애인차별금지 및 권리구제 등에 관한 법률(약칭 : 장애인차별금지법)

(2007년 4월 10일 법 률 제8341호)

개정
2008. 3.21법 8974호(건축법)
2009. 5.22법 9705호(국가정보화기본법)
2010. 5.11법10280호
2011. 3.29법10465호(개인정보보호법)
2011. 6. 7법10789호(영유아보육법)
2012.10.22법11522호
2013. 3.23법11690호(정부조직)
2013. 8.13법12035호(전기통신사업법)
2014. 1.28법12365호
2016. 2. 3법13978호(한국수화언어법)
2017. 7.26법14839호(정부조직)
2017. 9.19법14893호 2017.12.19법15272호
2019.12. 3법16740호
2020. 6. 9법17344호(지능정보화기본법)
2020.12.29법17792호 2021. 7.27법18334호
2021.12. 7법18547호(도서관법)

제1장 총 칙

제1조【목적】 이 법은 모든 생활영역에서 장애를 이유로 한 차별을 금지하고 장애를 이유로 차별받은 사람의 권익을 효과적으로 구제함으로써 장애인의 완전한 사회참여와 평등권 실현을 통하여 인간으로서의 존엄과 가치를 구현함을 목적으로 한다.

제2조【장애와 장애인】 ① 이 법에서 금지하는 차별행위의 사유가 되는 장애라 함은 신체적·정신적 손상 또는 기능상실이 장기간에 걸쳐 개인의 일상 또는 사회생활에 상당한 제약을 초래하는 상태를 말한다.
② 장애인이라 함은 제1항에 따른 장애가 있는 사람을 말한다.

제3조【정의】 이 법에서 사용하는 용어의 정의는 다음과 같다.
1. "광고"라 함은 「표시·광고의 공정화에 관한 법률」 제2조제1호 및 제2호에 따른 표시 및 광고를 말한다.
2. "보조견"이라 함은 「장애인복지법」 제40조에 따른 장애인 보조견을 말한다.
3. "장애인보조기구 등"이란 「장애인복지법」 제65조에 따른 장애인보조기구, 그 밖에 장애인의 활동을 돕기 위한 자동차 기타 기구를 말한다. 그 밖에 장애인의 활동을 돕기 위한 자동차 기타 기구의 구체적인 범위는 대통령령으로 정하되, 「장애인고용촉진 및 직업재활법」 제21조제1항제2호에 따른 작업보조공학기기 및 「정보격차해소에 관한 법률」 제9조에 따른 정보통신기기, 그 밖에 관계 법령에서 정하는 내용과의 관계 및 이 법에서 정하는 관련 조항과의 관계 등을 고려하여 정한다.
(2010.5.11. 본호개정)
4. "공공기관"이라 함은 국가 및 지방자치단체, 그 밖에 대통령령으로 정하는 공공단체를 말한다.
5. "사용자"라 함은 「근로기준법」 제2조제1항제2호에 따른 사업주 또는 사업경영 담당자, 그 밖의 근로자에 관한 사항에 대하여 사업주를 위하여 행위하는 자를 말한다.
6. "교육기관"이란 「영유아보육법」에 따른 어린이집, 「유아교육법」, 「초·중등교육법」 및 「고등교육법」에 따른 각급 학교, 「평생교육법」에 따른 평생교육시설, 「학점인정 등에 관한 법률」에서 정한 교육부장관의 평가인정을 받은 교육훈련기관, 「직업교육훈련 촉진법」에 따른 직업교육훈련기관, 그 밖에 대통령령으로 정하는 기관을 말한다.(2013.3.23 본호개정)
7. "교육책임자"라 함은 교육기관의 장 또는 운영책임자를 말한다.
8. "정보"라 함은 다음 각 목의 사항으로 구분한다.
   가. "전자정보"라 함은 「지능정보화 기본법」 제2조제1호에 따른 정보를 말한다. 이 경우 "자연인 및 법인"에는 이 법의 규정에 따른 공공기관도 포함되는 것으로 본다.(2020.6.9 본목개정)
   나. "비전자정보"라 함은 「지능정보화 기본법」 제2조제1호에 따른 정보를 제외한 정보로서 음성, 문자, 한국수어, 점자, 몸짓, 기호 등 언어 및 비언어적 방법을 통하여 처리된 모든 종류의 자료와 지식을 말하며, 그 생산·획득·가공·보유 주체가 자연인·법인 또는 공공기관 여부를 불문한다.(2020.6.9 본목개정)
   다. "개인정보"라 함은 「개인정보 보호법」 제2조제1호에 따른 개인정보를 말한다.(2011.3.29 본목개정)
9. "정보통신"이라 함은 「지능정보화 기본법」 제2조제3호에 따른 정보통신을 말하며, 그 주체가 자연인·법인 또는 공공기관 여부를 불문한다.(2020.6.9 본호개정)
10. "문화·예술활동"이라 함은 「문화예술진흥법」 제2조제1항제1호의 문학, 미술(응용미술을 포함한다), 음악, 무용, 연극, 영화, 연예, 국악, 사진, 건축, 어문 및 출판에 관한 활동을 말한다.
11. "문화·예술사업자"라 함은 문화·예술의 요소를 담고 있는 분야에서 기획·개발·제작·생산·전시·유통·판매를 포함하는 일체의 행위를 하는 자를 말한다.
12. "관광활동"이란 「관광진흥법」 제2조제1호에 따른 관광사업의 용역 등을 제공받거나 관광에 딸린 시설을 이용하는 활동을 말한다.(2017.9.19 본호신설)
13. "체육"이라 함은 「국민체육진흥법」 제2조의 체육 및 학교체육, 놀이, 게임, 스포츠, 레저, 레크리에이션 등 체육으로 간주되는 모든 신체활동을 말한다.
14. "가정 및 가족"이라 함은 「건강가정기본법」 제3조제1호 및 제2호의 가정 및 가족을 말한다.
15. "복지시설 등"이라 함은 장애인이 장·단기간 생활하고 있는 시설로서, 「사회복지사업법」 제34조에 의한 사회복지시설, 「장애인복지법」 제58조에 따른 장애인복지시설 및 신고를 하지 아니하고 장애인 1인 이상을 보호하고 있는 시설을 말한다.
16. "시설물"이라 함은 「건축법」 제2조제1항제2호·제6호 및 제7호에 따른 건축물, 거실 및 주요구조부를 말한다.(2008.3.21 본호개정)
17. "이동 및 교통수단 등"이라 함은 사람이 일상적으로 이용하는 도로 및 보도와 「교통약자의 이동편의증진법」 제2조제2호 및 제3호에 따른 교통수단 및 여객시설을 말한다.
18. "건강권"이라 함은 보건교육, 장애로 인한 후유장애와 질병 예방 및 치료, 영양개선 및 건강생활의 실천 등에 관한 제반 여건의 조성을 통하여 건강한 생활을 할 권리를 말하며, 의료 받을 권리를 포함한다.
19. "의료인 등"이라 함은 「의료법」 제2조제1항에 따른 의료인과 국가 및 관련 협회 등에서 정한 자격·면허 등을 취득한 물리치료사, 작업치료사, 언어치료사, 심리치료사, 의지·보조기 기사 등 장애인의 건강에 개입되는 사람을 말한다.
20. "의료기관 등"이라 함은 「의료법」 제3조의 의료기관 및 의료인이 장애인의 건강을 위하여 서비스를 행하는 보건기관, 치료기관, 약국, 그 밖에 관계 법령에 정하고 있는 기관을 말한다.
21. "괴롭힘 등"이라 함은 집단따돌림, 방치, 유기, 괴롭힘, 희롱, 학대, 금전적 착취, 성적 자기결정권 침해 등의 방법으로 장애인에게 가해지는 신체적·정신적·정서적·언어적 행위를 말한다.

제4조【차별행위】 ① 이 법에서 금지하는 차별이라 함은 다음 각 호의 어느 하나에 해당하는 경우를 말한다.
1. 장애인을 장애를 사유로 정당한 사유 없이 제한·배제·분리·거부 등에 의하여 불리하게 대하는 경우
2. 장애인에 대하여 형식상으로는 제한·배제·분리·거부 등에 의하여 불리하게 대하지 아니하지만 정당한 사유 없이 장애를 고려하지 아니하는 기준을 적용함으로써 장애인에게 불리한 결과를 초래하는 경우
3. 정당한 사유 없이 장애인에 대하여 정당한 편의 제공을 거부하는 경우
4. 정당한 사유 없이 장애인에 대한 제한·배제·분리·거부 등 불리한 대우를 표시·조장하는 광고를 직접 행하거나 그러한 광고를 허용·조장하는 경우. 이 경우 광고는 통상적으로 불리한 대우를 조장하는 광고효과가 있는 것으로 인정되는 행위를 포함한다.
5. 장애인을 돕기 위한 목적에서 장애인을 대리·동행하는 자(장애아동의 보호자 또는 후견인 그 밖에 장애인을 돕기 위한 자임이 통상적으로 인정되는 자를 포함한다. 이하 "장애인 관련자"라 한다)에 대하여 제1호부터 제4호까지의 행위를 하는 경우. 이 경우 장애인 관련자의 장애인에 대한 행위 또한 이 법에서 금지하는 차별행위 여부의 판단대상이 된다.
6. 보조견 또는 장애인보조기구 등의 정당한 사용을 방해하거나 보조견 및 장애인보조기구 등을 대상으로 제4호에 따라 금지된 행위를 하는 경우
② 제1항제3호의 "정당한 편의"라 함은 장애인이 장애가 없는 사람과 동등하게 같은 활동에 참여할 수 있도록 장애인의 성별, 장애의 유형 및 정도, 특성 등을 고려한 편의시설·설비·도구·서비스 등 인적·물적 제반 수단과 조치를 말한다.
③ 제1항에도 불구하고 다음 각 호의 어느 하나에 해당하는 정당한 사유가 있는 경우에는 이를 차별로 보지 아니한다.
1. 제1항에 따라 금지된 차별행위를 하지 않음에 있어서 과도한 부담이나 현저히 곤란한 사정 등이 있는 경우
2. 제1항에 따라 금지된 차별행위가 특정 직무나 사업 수행의 성질상 불가피한 경우. 이 경우 특정 직무나 사업 수행의 성질은 교육 등의 서비스에도 적용되는 것으로 본다.
④ 장애인의 실질적 평등권을 실현하고 장애인에 대한 차별을 시정하기 위하여 이 법 또는 다른 법령 등에서 취하는 적극적 조치는 이 법에 따른 차별로 보지 아니한다.

제5조【차별판단】 ① 차별의 원인이 2가지 이상이고, 그 주된 원인이 장애라고 인정되는 경우 그 행위는 이 법에 따른 차별로 본다.
② 이 법을 적용함에 있어서 차별 여부를 판단할 때에는 장애인 당사자의 성별, 장애의 유형 및 정도, 특성 등을 충분히 고려하여야 한다.

제6조【차별금지】 누구든지 장애 또는 과거의 장애경력 또는 장애가 있다고 추측됨을 이유로 차별을 하여서는 아니 된다.

제7조【자기결정권 및 선택권】 ① 장애인은 자신의 생활 전반에 관하여 자신의 의사에 따라 스스로 선택하고 결정할 권리를 가진다.
② 장애인은 장애인 아닌 사람과 동등한 선택권을 보장받기 위하여 필요한 서비스와 정보를 제공 받을 권리를 가진다.

제8조【국가 및 지방자치단체의 의무】 ① 국가 및 지방자치단체는 장애인 및 장애인 관련자에 대한 모든 차별을 방지하고 차별받은 장애인 등의 권리를 구제할 책임이 있으며, 장애인 차별을 실질적으로 해소하기 위하여 이 법에서 규정한 차별 시정에 대하여 적극적인 조치를 하여야 한다.
② 국가 및 지방자치단체는 장애인 등에게 정당한 편의가 제공될 수 있도록 필요한 기술적·행정적·재정적 지원을 하여야 한다.

제8조의2【실태조사】 ① 보건복지부장관은 장애인 차별 해소 정책의 수립·시행에 필요한 기초자료를 확보하기 위하여 3년마다 이 법의 이행에 대한 실태조사를 실시하고 그 결과를 공표하여야 한다.
② 보건복지부장관은 제1항에 따른 실태조사를 위하여 필요한 경우 공공기관 및 관련 기관·시설·법인 등에 자료의 제출 또는 의견의 진술을 요청할 수 있다. 이 경우 자료의 제출이나 의견의 진술을 요청받은 공공기관의 장 등은 정당한 사유가 없으면 그 요청에 따라야 한다.
③ 제1항에 따른 실태조사의 내용, 방법 및 공표 등에 필요한 사항은 대통령령으로 정한다.
(2019.12.3 본조신설)

제9조【다른 법률과의 관계】 장애를 사유로 한 차별의 금지 및 권리구제에 관하여 이 법에서 규정한 것 외에는 「국가인권위원회법」으로 정하는 바에 따른다.

제2장 차별금지

제1절 고 용

제10조【차별금지】 ① 사용자는 모집·채용, 임금 및 복리후생, 교육·배치·승진·전보, 정년·퇴직·해고에 있어 장애인을 차별하여서는 아니 된다.
② 「노동조합 및 노동관계조정법」 제2조제4호에 따른 노동조합은 장애인 근로자의 조합 가입을 거부하거나 조합원의 권리 및 활동에 차별을 두어서는 아니 된다.

제11조【정당한 편의제공 의무】 ① 사용자는 장애인이 해당 직무를 수행함에 있어서 장애인 아닌 사람과 동등한 근로조건에서 일할 수 있도록 다음 각 호의 정당한 편의를 제공하여야 한다.
1. 시설·장비의 설치 또는 개조
2. 재활, 기능평가, 치료 등을 위한 근무시간의 변경 또는 조정
3. 훈련 제공 또는 훈련에 있어 편의 제공
4. 지도 매뉴얼 또는 참고자료의 변경
5. 시험 또는 평가과정의 개선
6. 화면낭독·확대 프로그램, 무지점자단말기, 확대 독서기, 인쇄물음성변환출력기 등 장애인보조기구의 설치·운영과 낭독자, 한국수어 통역자 등의 보조인 배치
(2016.2.3 본호개정)
② 사용자는 정당한 사유 없이 장애를 이유로 장애인의 의사에 반하여 다른 직무에 배치하여서는 아니 된다.
③ 사용자가 제1항에 따라 제공하여야 할 정당한 편의의 구체적 내용 및 적용대상 사업장의 단계적 범위 등에 관하여는 대통령령으로 정한다.

제12조【의학적 검사의 금지】 ① 사용자는 채용 이전에 장애인 여부를 조사하기 위한 의학적 검사를 실시하여서는 아니 된다. 다만, 채용 이후에 직무의 본질상 요구되거나 직무배치 등을 위하여 필요한 경우에는 그러하지 아니하다.
② 제1항 단서에 따라 의학적 검사를 실시할 경우 그 비용은 원칙적으로 사용자가 부담한다. 사용자의 비용부담 방식 및 그 지원 등에 필요한 사항은 대통령령으로 정한다.
③ 사용자는 제1항 단서에 따라 취득한 장애인의 건강상태나 장애 또는 과거 장애경력 등에 관한 개인정보를 누설하여서는 아니 된다.

제2절 교 육

제13조【차별금지】 ① 교육책임자는 장애인의 입학 지원 및 입학을 거부할 수 없고, 전학을 강요할 수 없으며, 「영유아보육법」에 따른 어린이집, 「유아교육법」 및 「초·중등교육법」에 따른 각급 학교는 장애인이 당해 교육기관으로 전학하는 것을 거절하여서는 아니 된다.
(2011.6.7 본항개정)
② 제1항에 따른 교육기관의 장은 「장애인 등에 대한 특수교육법」 제17조를 준수하여야 한다.(2010.5.11 본항개정)

③ 교육책임자는 당해 교육기관에 재학 중인 장애인 및 그 보호자가 제14조제1항 각 호의 편의 제공을 요청할 때 정당한 사유 없이 이를 거절하여서는 아니 된다.
④ 교육책임자는 특정 수업이나 실험·실습, 현장견학, 수학여행 등 학습을 포함한 모든 교내외 활동에서 장애를 이유로 장애인의 참여를 제한, 배제, 거부하여서는 아니 된다.
⑤ 교육책임자는 취업 및 진로교육, 정보제공에 있어서 장애인의 능력과 특성에 맞는 진로교육 및 정보를 제공하여야 한다.
⑥ 교육책임자 및 교직원은 교육기관에 재학 중인 장애인 및 장애인 관련자, 특수교육 교원, 특수교육보조원, 장애인 관련 업무 담당자를 모욕하거나 비하하여서는 아니된다.
⑦ 교육책임자는 장애인의 입학 지원 시 장애인 아닌 지원자와 달리 추가 서류, 별도의 양식에 의한 지원 서류 등을 요구하거나, 장애인만을 대상으로 한 별도의 면접이나 신체검사, 추가시험 등(이하 "추가서류 등"이라 한다)을 요구하여서는 아니 된다. 다만, 추가서류 등의 요구가 장애인의 특성을 고려한 교육시행을 목적으로 함이 명백한 경우에는 그러하지 아니하다.
⑧ 국가 및 지방자치단체는 장애인에게 「장애인 등에 대한 특수교육법」 제3조제1항에 따른 교육을 실시하는 경우, 정당한 사유 없이 해당 교육과정에 정한 학업시수를 위반하여서는 아니 된다.(2010.5.11 본항개정)

제14조【정당한 편의제공 의무】 ① 교육책임자는 당해 교육기관에 재학 중인 장애인의 교육활동에 불이익이 없도록 다음 각 호의 수단을 적극적으로 강구하고 제공하여야 한다.
1. 장애인의 통학 및 교육기관 내에서의 이동 및 접근에 불이익이 없도록 하기 위한 각종 이동용 보장구의 대여 및 수리
2. 장애인 및 장애인 관련자가 필요로 하는 경우 교육보조인력의 배치
3. 장애로 인한 학습 참여의 불이익을 해소하기 위한 확대 독서기, 보청기기, 높낮이 조절용 책상, 각종 보완·대체 의사소통 도구 등의 대여 및 보조견의 배치나 휠체어의 접근을 위한 여유 공간 확보
4. 시·청각 장애인의 교육에 필요한 한국수어 통역, 문자통역(속기), 점자자료 및 인쇄물 접근성바코드(음성변환용 코드 등 대통령령으로 정하는 전자적 표시를 말한다. 이하 같다)가 삽입된 자료, 자막, 큰 문자자료, 화면낭독·확대프로그램, 보청기기, 무지점자단말기, 인쇄물음성변환출력기를 포함한 각종 장애인보조기구 등 의사소통 수단(2017.12.19 본호개정)
5. 교육과정을 적용함에 있어서 학습진단을 통한 적절한 교육 및 평가방법의 제공
6. 그 밖에 장애인의 교육활동에 불이익이 없도록 하는 데 필요한 사항으로서 대통령령으로 정하는 사항
② 교육책임자는 제1항 각 호의 수단을 제공하는 데 필요한 업무를 수행하기 위하여 장애학생지원부서 또는 담당자를 두어야 한다.
③ 제1항을 적용함에 있어서 그 적용대상 교육기관의 단계적 범위와 제2항에 따른 장애학생지원부서 및 담당자의 설치 및 배치, 관리·감독 등에 필요한 사항은 대통령령으로 정한다.

제3절 재화와 용역의 제공 및 이용

제15조【재화·용역 등의 제공에 있어서의 차별금지】
① 재화·용역 등의 제공자는 장애인에 대하여 장애를 이유로 장애인 아닌 사람에게 제공하는 것과 실질적으로 동등하지 않은 수준의 편익을 가져다주는 물건, 서비스, 이익, 편의 등을 제공하여서는 아니 된다.
② 재화·용역 등의 제공자는 장애인이 해당 재화·용역 등을 이용함으로써 이익을 얻을 기회를 박탈하여서는 아니 된다.
③ 재화·용역 등의 제공자는 무인정보단말기(터치스크린 등 전자적 방식으로 정보를 화면에 표시하여 제공하거나 서류발급, 주문·결제 등을 처리하는 기기를 말한다)를 설치·운영하는 경우 장애인이 장애인 아닌 사람과 동등하게 접근·이용할 수 있도록 하는 데 필요한 정당한 편의를 제공하여야 한다.(2021.7.27 본항신설)
④ 제3항에 따른 재화·용역 등의 제공자의 단계적 범위 및 정당한 편의의 구체적인 내용 등 필요한 사항은 대통령령으로 정한다.(2021.7.27 본항신설)

제16조【토지 및 건물의 매매·임대 등에 있어서의 차별금지】 토지 및 건물의 소유·관리자는 당해 토지 및 건물의 매매, 임대, 입주, 사용 등에 있어서 정당한 사유 없이 장애인을 제한·분리·배제·거부하여서는 아니 된다.

제17조【금융상품 및 서비스 제공에 있어서의 차별금지】 금융상품 및 서비스의 제공자는 금전대출, 신용카드 발급, 보험가입 등 각종 금융상품과 서비스의 제공에 있어서 정당한 사유 없이 장애인을 제한·배제·분리·거부하여서는 아니 된다.

제18조【시설물 접근·이용의 차별금지】 ① 시설물의 소유·관리자는 장애인이 당해 시설물을 접근·이용하거나 비상시 대피함에 있어서 장애인을 제한·배제·분리·거부하여서는 아니 된다.
② 시설물의 소유·관리자는 보조견 및 장애인보조기구 등을 시설물에 들여오거나 시설물에서 사용하는 것을 제한·배제·분리·거부하여서는 아니 된다.
③ 시설물의 소유·관리자는 장애인이 당해 시설물을 접근·이용하거나 비상시 대피함에 있어서 피난 및 대피시설의 설치 등 정당한 편의의 제공을 정당한 사유 없이 거부하여서는 아니 된다.
④ 제3항을 적용함에 있어서 그 적용을 받는 시설물의 단계적 범위 및 정당한 편의의 내용 등 필요한 사항은 관계 법령 등에 규정한 내용을 고려하여 대통령령으로 정한다.

제19조【이동 및 교통수단 등에서의 차별금지】 ① 「교통약자의 이동편의증진법」 제2조제5호 및 제6호에 따른 교통사업자(이하 "교통사업자"라 한다) 및 교통행정기관(이하 "교통행정기관"이라 한다)은 이동 및 교통수단 등을 접근·이용함에 있어서 장애인을 제한·배제·분리·거부하여서는 아니 된다.(2010.5.11 본호개정)
② 교통사업자 및 교통행정기관은 이동 및 교통수단 등의 이용에 있어서 보조견 및 장애인보조기구 등의 동승 또는 반입 및 사용을 거부하여서는 아니 된다.
③ 교통사업자 및 교통행정기관은 이동 및 교통수단 등의 이용에 있어서 장애인 및 장애인 관련자에게 장애 또는 장애인이 동행·동반한 보조견 또는 장애인보조기구 등을 이유로 장애인 아닌 사람보다 불리한 요금 제도를 적용하여서는 아니 된다.
④ 교통사업자 및 교통행정기관은 장애인이 이동 및 교통수단 등을 장애인 아닌 사람과 동등하게 이용하여 안전하고 편리하게 보행 및 이동을 할 수 있도록 하는 데 필요한 정당한 편의를 제공하여야 한다.
⑤ 교통행정기관은 교통사업자가 장애인에 대하여 이 법에 정한 차별행위를 행하지 아니하도록 홍보, 교육, 지원, 감독하여야 한다.
⑥ 국가 및 지방자치단체는 운전면허시험의 신청, 응시, 합격의 모든 과정에서 정당한 사유 없이 장애인을 제한·배제·분리·거부하여서는 아니 된다.
⑦ 국가 및 지방자치단체는 장애인이 운전면허시험의 모든 과정을 장애인 아닌 사람과 동등하게 거칠 수 있도록 정당한 편의를 제공하여야 한다.
⑧ 제4항 및 제7항을 적용함에 있어서 그 적용대상의 단계적 범위 및 정당한 편의의 내용 등 필요한 사항은 대통령령으로 정한다.

제20조【정보접근에서의 차별금지】 ① 개인·법인·공공기관(이하 이 조에서 "개인 등"이라 한다)은 장애인이 전자정보와 비전자정보를 이용하고 그에 접근함에 있어서 장애를 이유로 제4조제1항제1호 및 제2호에서 금지한 차별행위를 하여서는 아니 된다.
② 장애인 관련자로서 한국수어 통역, 점역, 점자교정, 낭독, 대필, 안내 등을 위하여 장애인을 대리·동행하는 등 장애인의 의사소통을 지원하는 자에 대하여는 누구든지 정당한 사유 없이 이들의 활동을 강제·방해하거나 부당한 처우를 하여서는 아니 된다.(2016.2.3 본항개정)

제21조【정보통신·의사소통 등에서의 정당한 편의제공의무】 ① 제3조제4호·제6호·제7호·제8호가목 후단 및 나목·제11호·제19호·제20호에 규정된 행위자, 제13호·제15호부터 제17호까지의 규정에 관련된 행위자, 제10조제1항의 사용자 및 같은 조 제2항의 노동조합 관계자(행위자가 속한 기관을 포함한다. 이하 이 조에서 "행위자 등"이라 한다)는 당해 행위자 등이 생산·배포하는 전자정보 및 비전자정보에 대하여 장애인이 장애인 아닌 사람과 동등하게 접근·이용할 수 있도록 한국수어, 문자 등 필요한 수단을 제공하여야 한다. 이 경우 제3조제8호가목 후단 및 나목에서 말하는 자연인은 행위자 등에 포함되지 아니한다.(2017.9.19 전단개정)
② 행위자 등은 웹사이트를 통하여 정보나 서비스를 제공할 때 이동통신단말장치(「전파법」에 따라 할당받은 주파수를 사용하는 기간통신역무를 이용하기 위하여 필요한 단말장치를 말한다)에 설치되는 응용 소프트웨어 등 대통령령으로 정하는 유·무선 정보통신을 장애인이 장애인 아닌 사람과 동등하게 접근·이용할 수 있도록 하는 데 필요한 정당한 편의를 제공하여야 한다.
(2021.7.27 본항신설)
③ 공공기관 등은 자신이 주최 또는 주관하는 행사에서 장애인의 참여 및 의사소통을 위하여 필요한 한국수어 통역사·문자통역사·음성통역자·보청기기 등 필요한 지원을 하여야 한다.(2016.2.3 본항개정)
④ 「방송법」 제2조제3호에 따른 방송사업자와 「인터넷 멀티미디어 방송사업법」 제2조제5호에 따른 인터넷 멀티미디어 방송사업자는 장애인이 장애인 아닌 사람과 동등하게 제작물 또는 서비스를 접근·이용할 수 있도록 폐쇄자막, 한국수어 통역, 화면해설 등 장애인 시청 편의 서비스를 제공하여야 한다.(2016.2.3 본항개정)
⑤ 「전기통신사업법」에 따른 기간통신사업자(전화서비스를 제공하는 사업자만 해당한다)는 장애인이 장애인 아닌 사람과 동등하게 서비스를 접근·이용할 수 있도록 통신설비를 이용한 중계서비스(영상통화서비스, 문자서비스 또는 그 밖에 과학기술정보통신부장관이 정하여 고시하는 중계서비스를 포함한다)를 확보하여 제공하여야 한다.(2017.7.26 본항개정)
⑥ 다음 각 호의 사업자는 장애인이 장애인 아닌 사람과 동등하게 접근·이용할 수 있도록 출판물(전자출판물을 포함한다. 이하 이 항에서 같다) 또는 영상물을 제공하기 위하여 노력하여야 한다. 다만, 「도서관법」 제19조에 따른 국립중앙도서관은 새로이 생산·배포하는 도서자료를 점자 및 인쇄물 접근성바코드가 삽입된 자료, 음성 또는 확대문자 등으로 제공하여야 한다.(2021.12.7 단서개정)
1. 출판물을 정기적으로 발행하는 사업자
2. 영화, 비디오물 등 영상물의 제작업자 및 배급업자
(2010.5.11 본항신설)
⑦ 제1항에 따른 필요한 수단을 제공하여야 하는 행위자 등의 단계적 범위 및 필요한 수단의 구체적인 내용, 제2항에 따른 행위자 등의 단계적 범위 및 정당한 편의의 구체적인 내용, 제3항에 따른 필요한 지원의 구체적인 내용 및 범위와 그 이행 등에 필요한 사항, 제4항에 따른 사업자의 단계적 범위와 제공하여야 하는 편의의 구체적 내용 및 그 이행 등에 필요한 사항, 제5항에 따른 사업자의 단계적 범위와 편의의 구체적 내용에 필요한 사항은 대통령령으로 정한다.(2021.7.27 본항개정)
(2010.5.11 본조제목개정)

제22조【개인정보보호】 ① 장애인의 개인정보는 반드시 본인의 동의하에 수집되어야 하고, 당해 개인정보에 대한 무단접근이나 오·남용으로부터 안전하여야 한다.
② 제1항을 적용함에 있어서 「개인정보 보호법」, 「정보통신망 이용촉진 및 정보보호 등에 관한 법률」 등 관련 법률의 규정을 준용한다.(2011.3.29 본항개정)
③ 장애아동이나 정신장애인 등 본인의 동의를 얻기 어려운 장애인에 있어서 당해 장애인의 개인정보의 수집·이용·제공 등에 관련된 동의행위를 대리하는 자는 「민법」의 규정을 준용한다.

제23조【정보접근·의사소통에서의 국가 및 지방자치단체의 의무】 ① 국가 및 지방자치단체는 장애인의 특성을 고려한 정보통신망 및 정보통신기기의 접근·이용을 위한 도구의 개발·보급 및 필요한 지원을 강구하여야 한다.
② 정보통신 관련 제조업자는 정보통신제품을 설계·제작·가공함에 있어서 장애인이 장애인 아닌 사람과 동등하게 접근·이용할 수 있도록 노력하여야 한다.
③ 국가와 지방자치단체는 장애의 유형 및 정도, 특성에 따라 한국수어, 구화, 점자 및 인쇄물 접근성바코드가 삽입된 자료, 큰문자 등을 습득하고 이를 활용한 학습지원 서비스를 제공받을 수 있도록 필요한 조치를 강구하여야 하며, 위 서비스를 제공하는 자는 장애인의 의사에 반하여 장애인의 특성을 고려하지 않는 의사소통양식 등을 강요하여서는 아니 된다.(2017.12.19 본항개정)

제24조【문화·예술활동의 차별금지】 ① 국가와 지방자치단체 및 문화·예술사업자는 장애인이 문화·예술활동에 참여함에 있어서 장애인의 의사에 반하여 특정한 행동을 강요하여서는 아니 되며, 제4조제1항제1호·제2호 및 제4호에서 정한 행위를 하여서는 아니 된다.
② 국가와 지방자치단체 및 문화·예술사업자는 장애인이 문화·예술활동에 참여할 수 있도록 정당한 편의를 제공하여야 한다.
③ 국가 및 지방자치단체는 장애인이 문화·예술시설을 이용하고 문화·예술활동에 적극적으로 참여할 수 있도록 필요한 시책을 강구하여야 한다.
④ 제2항을 적용함에 있어서 그 적용대상이 되는 문화·예술사업자의 단계적 범위 및 정당한 편의의 구체적인 내용 등 필요한 사항은 대통령령으로 정한다.

제24조의2【관광활동의 차별금지】 ① 국가와 지방자치단체 및 관광사업자(「관광진흥법」 제2조제2호에 따른 관광사업자를 말한다. 이하 이 조에서 같다)는 장애인이 관광활동에 참여함에 있어서 장애인에게 제4조제1항제1호·제2호 및 제4호부터 제6호까지에서 정한 행위를 하여서는 아니 된다.
② 국가와 지방자치단체 및 관광사업자는 장애인이 관광활동에 참여할 수 있도록 정당한 편의를 제공하여야 한다.
③ 국가와 지방자치단체는 장애인이 관광활동에 적극적으로 참여할 수 있도록 필요한 시책을 강구하여야 한다.
④ 제2항을 시행함에 있어서 그 적용대상이 되는 관광사업자의 단계적 범위 및 정당한 편의의 구체적인 내용 등 필요한 사항은 대통령령으로 정한다.
(2017.9.19 본조신설)

제25조【체육활동의 차별금지】 ① 체육활동을 주최·주관하는 기관이나 단체, 체육활동을 목적으로 하는 체육시설의 소유·관리자는 체육활동의 참여를 원하는 장애인을 장애를 이유로 제한·배제·분리·거부하여서는 아니 된다.

② 국가 및 지방자치단체는 자신이 운영 또는 지원하는 체육프로그램이 장애인의 성별, 장애의 유형 및 정도, 특성 등을 고려하여 운영될 수 있도록 하고 장애인의 참여를 위하여 필요한 정당한 편의를 제공하여야 한다.
③ 국가 및 지방자치단체는 장애인이 체육활동에 참여할 수 있도록 필요한 시책을 강구하여야 한다.
④ 제2항을 시행하는 데 필요한 사항은 대통령령으로 정한다.

제4절 사법·행정절차 및 서비스와 참정권

제26조【사법·행정절차 및 서비스 제공에 있어서의 차별금지】 ① 공공기관 등은 장애인이 생명, 신체 또는 재산권 보호를 포함한 자신의 권리를 보호·보장받기 위하여 필요한 사법·행정절차 및 서비스 제공에 있어 장애인을 차별하여서는 아니 된다.
② 공공기관 및 그 소속원은 사법·행정절차 및 서비스의 제공에 있어서 장애인에게 제4조제1항제1호·제2호 및 제4호부터 제6호까지에서 정한 행위를 하여서는 아니 된다.
③ 공공기관 및 그 소속원은 직무를 수행하거나 권한을 행사함에 있어서 다음 각 호에 해당하는 차별행위를 하여서는 아니 된다.
1. 허가, 신고, 인가 등에 있어 장애인을 정당한 사유 없이 장애를 이유로 제한·배제·분리·거부하는 경우
2. 공공사업 수혜자의 선정기준을 정함에 있어서 정당한 사유 없이 장애인을 제한·배제·분리·거부하거나 장애를 고려하지 아니한 기준을 적용함으로써 장애인에게 불리한 결과를 초래하는 경우
④ 공공기관 및 그 소속원은 사법·행정절차 및 서비스를 장애인이 장애인 아닌 사람과 실질적으로 동등한 수준으로 이용할 수 있도록 제공하여야 하며, 이를 위하여 정당한 편의를 제공하여야 한다.
⑤ 공공기관 및 그 소속원은 장애인이 사법·행정절차 및 서비스에 참여하기 위하여 장애인 스스로 인식하고 작성할 수 있는 서식의 제작 및 제공 등 정당한 편의 제공을 요구할 경우 이를 거부하거나 임의로 집행함으로써 장애인에게 불이익을 주어서는 아니 된다.
⑥ 사법기관은 사건관계인에 대하여 의사소통이나 의사표현에 어려움을 겪는 장애가 있는지 여부를 확인하고, 그 장애인에게 형사사법 절차에서 조력을 받을 수 있음과 그 구체적인 조력의 내용을 알려주어야 한다. 이 경우 사법기관은 해당 장애인이 형사사법 절차에서 조력을 받기를 신청하면 정당한 사유 없이 이를 거부하여서는 아니 되며, 그에 필요한 조치를 마련하여야 한다.
(2012.10.22 본항개정)
⑦ 사법기관은 장애인이 인신구금·구속 상태에 있어서 장애인 아닌 사람과 실질적으로 동등한 수준의 생활을 영위할 수 있도록 정당한 편의 및 적극적인 조치를 제공하여야 한다.
⑧ 제4항부터 제7항까지의 규정에 필요한 사항은 대통령령으로 정한다.
제27조【참정권】 ① 국가 및 지방자치단체와 공직선거후보자 및 정당은 장애인이 선거권, 피선거권, 청원권 등을 포함한 참정권을 행사함에 있어서 차별하여서는 아니 된다.
② 국가 및 지방자치단체는 장애인의 참정권을 보장하기 위하여 필요한 시설 및 설비, 참정권 행사에 관한 홍보 및 정보 전달, 장애의 유형 및 정도에 적합한 기표방법 등 선거용 보조기구의 개발 및 보급, 보조원의 배치 등 정당한 편의를 제공하여야 한다.
③ 공직선거후보자 및 정당은 장애인에게 후보자 및 정당에 관한 정보를 장애인 아닌 사람과 동등한 정도의 수준으로 전달하여야 한다.

제5절 모·부성권, 성 등

제28조【모·부성권의 차별금지】 ① 누구든지 장애인의 임신, 출산, 양육 등 모·부성권에 있어 장애를 이유로 제한·배제·분리·거부하여서는 아니 된다.
② 입양기관은 장애인이 입양하고자 할 때 장애를 이유로 입양할 수 있는 자격을 제한하여서는 아니 된다.
③ 교육책임자 및 「영유아보육법」에 따른 어린이집 및 그 보육교직원과 「아동복지법」에 따른 아동복지시설 및 그 종사자 등은 부모가 장애인이라는 이유로 그 자녀를 구분하거나 불이익을 주어서는 아니 된다.(2011.6.7 본항개정)
④ 국가 및 지방자치단체에서 직접 운영하거나 그로부터 위탁 혹은 지원을 받아 운영하는 기관은 장애인의 피임 및 임신·출산·양육 등에 있어서의 실질적인 평등을 보장하기 위하여 관계 법령으로 정하는 바에 따라 장애유형 및 정도에 적합한 정보·활동보조 서비스 등의 제공 및 보조기기·도구 등의 개발 등 필요한 지원책을 마련하여야 한다.
⑤ 국가 및 지방자치단체는 임신·출산·양육 등의 서비스 제공과 관련하여 이 법에서 정한 차별행위를 하지 아니하도록 홍보·교육·지원·감독하여야 한다.
제29조【성에서의 차별금지】 ① 모든 장애인의 성에 관한 권리는 존중되어야 하며, 장애인은 이를 주체적으로 표현하고 향유할 수 있는 성적 자기결정권을 가진다.
② 가족·가정 및 복지시설 등의 구성원은 장애인에 대하여 장애를 이유로 성생활을 향유할 공간 및 기타 도구의 사용을 제한하는 등 장애인이 성생활을 향유할 기회를 제한하거나 박탈하여서는 아니 된다.
③ 국가 및 지방자치단체는 장애인이 성을 향유할 권리를 보장하기 위하여 관계 법령에서 정하는 바에 따라 필요한 지원책을 강구하고, 장애를 이유로 한 성에 대한 편견·관습, 그 밖의 모든 차별적 관행을 없애기 위한 홍보·교육을 하여야 한다.

제6절 가족·가정·복지시설, 건강권 등

제30조【가족·가정·복지시설 등에서의 차별금지】 ① 가족·가정 및 복지시설 등의 구성원은 장애인의 의사에 반하여 과중한 역할을 강요하거나 장애를 이유로 정당한 사유 없이 의사결정과정에서 장애인을 배제하여서는 아니 된다.
② 가족·가정 및 복지시설 등의 구성원은 정당한 사유 없이 장애인의 의사에 반하여 장애인의 외모 또는 신체를 공개하여서는 아니 된다.
③ 가족·가정 및 복지시설 등의 구성원은 장애를 이유로 장애인의 취학 또는 진학 등 교육을 받을 권리와 재산권 행사, 사회활동 참여, 이동 및 거주의 자유(이하 이 항에서 "권리 등"이라 한다)를 제한·박탈·구속하거나 권리 등의 행사로부터 배제하여서는 아니 된다.
④ 가족·가정의 구성원인 자 또는 구성원이었던 자는 자녀 양육권과 친권의 지정 및 면접교섭권에 있어 장애인에게 장애를 이유로 불리한 합의를 강요하거나 그 권리를 제한·박탈하여서는 아니 된다.
⑤ 복지시설 등의 장은 장애인의 시설 입소를 조건으로 친권포기각서를 요구하거나 시설에서의 생활 중 가족 등의 면접권 및 외부와의 소통권을 제한하여서는 아니 된다.
제31조【건강권에서의 차별금지】 ① 의료기관 등 및 의료인 등은 장애인에 대한 의료행위에 있어서 장애인을 제한·배제·분리·거부하여서는 아니 된다.
② 의료기관 등 및 의료인 등은 장애인의 의료행위와 의학연구 등에 있어 장애인의 성별, 장애의 유형 및 정도, 특성 등을 적극적으로 고려하여야 하며, 의료행위에 있어서는 장애인의 성별 등에 적합한 의료 정보 등의 필요한 사항을 장애인 등에게 제공하여야 한다.
③ 공공기관은 건강과 관련한 교육 과정을 시행함에 있어서 필요하다고 판단될 경우 장애인의 성별 등을 반영하는 내용을 포함하여야 한다.
④ 국가 및 지방자치단체는 선천적·후천적 장애 발생의 예방 및 치료 등을 위하여 필요한 시책을 추진하여야 하며, 보건·의료 시책의 결정과 집행과정에서 장애인의 성별 등을 고려하여야 한다.
제32조【괴롭힘 등의 금지】 ① 장애인은 성별, 연령, 장애의 유형 및 정도, 특성 등에 상관없이 모든 폭력으로부터 자유로울 권리를 가진다.
② 괴롭힘 등의 피해를 당한 장애인은 상담 및 치료, 법률구조, 그 밖에 적절한 조치를 받을 권리를 가지며, 괴롭힘 등의 피해를 신고하였다는 이유로 불이익한 처우를 받아서는 아니 된다.
③ 누구든지 장애를 이유로 학교, 시설, 직장, 지역사회 등에서 장애인 또는 장애인 관련자에게 집단따돌림을 가하거나 모욕감을 주거나 비하를 유발하는 언어적 표현이나 행동을 하여서는 아니 된다.
④ 누구든지 장애를 이유로 사적인 공간, 가정, 시설, 직장, 지역사회 등에서 장애인 또는 장애인 관련자에게 유기, 학대, 금전적 착취를 하여서는 아니 된다.
⑤ 누구든지 장애인의 성적 자기결정권을 침해하거나 수치심을 자극하는 언어표현, 희롱, 장애 상태를 이용한 추행 및 강간 등을 행하여서는 아니 된다.
⑥ 국가 및 지방자치단체는 장애인에 대한 괴롭힘 등을 근절하기 위한 인식개선 및 괴롭힘 등 방지 교육을 실시하고 적절한 시책을 강구하여야 한다.

제3장 장애여성 및 장애아동 등

제33조【장애여성에 대한 차별금지】 ① 국가 및 지방자치단체는 장애를 가진 여성임을 이유로 모든 생활 영역에서 차별을 하여서는 아니 된다.
② 누구든지 장애여성에 대하여 임신·출산·양육·가사 등에 있어서 장애를 이유로 그 역할을 강제 또는 박탈하여서는 아니 된다.
③ 사용자는 남성근로자 또는 장애인이 아닌 여성근로자에 비하여 장애여성 근로자를 불리하게 대우하여서는 아니 되며, 직장보육서비스 이용 등에 있어서 다음 각 호의 정당한 편의제공을 거부하여서는 아니 된다.
1. 장애의 유형 및 정도에 따른 원활한 수유 지원
2. 자녀상태를 확인할 수 있도록 하는 소통방식의 지원
3. 그 밖에 직장보육서비스 이용 등에 필요한 사항
④ 교육기관, 사업장, 복지시설 등의 성폭력 예방교육 책임자는 성폭력 예방교육을 실시함에 있어서 장애여성에 대한 성인식 및 성폭력 예방에 관한 내용을 포함시켜야 하며, 그 내용이 장애여성을 왜곡하여서는 아니 된다.
⑤ 교육기관 및 직업훈련을 주관하는 기관은 장애여성에 대하여 다음 각 호의 차별을 하여서는 아니 된다. 다만, 다음 각 호의 행위가 장애여성의 특성을 고려하여 적절한 교육 및 훈련을 제공함을 목적으로 함이 명백한 경우에는 이를 차별로 보지 아니한다.
1. 학습활동의 기회 제한 및 활동의 내용을 구분하는 경우
2. 취업교육 및 진로선택의 범위 등을 제한하는 경우
3. 교육과 관련한 계획 및 정보제공 범위를 제한하는 경우
4. 그 밖에 교육에 있어서 정당한 사유 없이 장애여성을 불리하게 대우하는 경우
⑥ 제3항을 적용함에 있어서 그 적용대상 사업장의 단계적 범위와 제3항제3호에 필요한 사항의 구체적 내용 등은 대통령령으로 정한다.
제34조【장애여성에 대한 차별금지를 위한 국가 및 지방자치단체의 의무】 ① 국가 및 지방자치단체는 장애여성에 대한 차별요인이 제거될 수 있도록 인식개선 및 지원책 등 정책 및 제도를 마련하는 등 적극적 조치를 강구하여야 하고, 통계 및 조사연구 등에 있어서도 장애여성을 고려하여야 한다.
② 국가 및 지방자치단체는 정책의 결정과 집행과정에 있어서 장애여성임을 이유로 참여의 기회를 제한하거나 배제하여서는 아니 된다.
제35조【장애아동에 대한 차별금지】 ① 누구든지 장애를 가진 아동임을 이유로 모든 생활 영역에서 차별을 하여서는 아니 된다.
② 누구든지 장애아동에 대하여 교육, 훈련, 건강보호서비스, 재활서비스, 취업준비, 레크리에이션 등을 제공받을 기회를 박탈하여서는 아니 된다.
③ 누구든지 장애아동을 의무교육으로부터 배제하여서는 아니 된다.
④ 누구든지 장애를 이유로 장애아동에 대한 유기, 학대, 착취, 감금, 폭행 등의 부당한 대우를 하여서는 아니 되며, 장애아동의 인권을 무시하고 강제로 시설 수용 및 무리한 재활 치료 또는 훈련을 시켜서는 아니 된다.
제36조【장애아동에 대한 차별금지를 위한 국가 및 지방자치단체의 의무】 ① 국가 및 지방자치단체는 장애아동이 장애를 이유로 한 어떠한 종류의 차별도 없이 다른 아동과 동등한 권리와 자유를 누릴 수 있도록 필요한 조치를 다하여야 한다.
② 국가 및 지방자치단체는 장애아동의 성별, 장애의 유형 및 정도, 특성에 알맞은 서비스를 조기에 제공할 수 있도록 조치하여야 하고, 이를 위하여 장애아동을 보호하는 친권자 및 양육책임자에 대한 지원책을 마련하여야 한다.
제37조【정신적 장애를 가진 사람에 대한 차별금지 등】 ① 누구든지 정신적 장애를 가진 사람의 특정 정서나 인지적 장애 특성을 부당하게 이용하여 불이익을 주어서는 아니 된다.
② 국가와 지방자치단체는 정신적 장애를 가진 사람의 인권침해를 예방하기 위하여 교육, 홍보 등 필요한 법적·정책적 조치를 강구하여야 한다.

제4장 장애인차별시정기구 및 권리구제 등

제38조【진정】 이 법에서 금지하는 차별행위로 인하여 피해를 입은 사람(이하 "피해자"라 한다) 또는 그 사실을 알고 있는 사람이나 단체는 국가인권위원회(이하 "위원회"라 한다)에 그 내용을 진정할 수 있다.
제39조【직권조사】 위원회는 제38조의 진정이 없는 경우에도 이 법에서 금지하는 차별행위가 있다고 믿을 만한 상당한 근거가 있고 그 내용이 중대하다고 인정할 때에는 이를 직권으로 조사할 수 있다.
제40조【장애인차별시정소위원회】 ① 위원회는 이 법에서 금지하는 차별행위에 대한 조사와 구제 업무를 전담하는 장애인차별시정소위원회(이하 "소위원회"라 한다)를 둔다.
② 소위원회의 구성·업무 및 운영 등에 관하여 필요한 사항은 위원회의 규칙으로 정한다.
제41조【준용규정】 ① 제38조 및 제39조에 따른 진정의 절차·방법·처리, 진정 및 직권에 따른 조사의 방법에 관하여 이 법에 특별한 규정이 없는 사항에 관하여는 「국가인권위원회법」의 규정을 준용한다.
② 「국가인권위원회법」 제40조부터 제50조까지의 규정은 이 법에 따른 진정 및 직권조사의 경우에 준용한다.
제42조【권고의 통보】 위원회는 이 법이 금지하는 차별행위로 「국가인권위원회법」 제44조의 권고를 하거나 권고를 받은 자가 권고를 이행하지 아니하는 경우 그 내용을 법무부장관에게 통보하여야 한다.(2020.12.29 본조개정)

제43조【시정명령】 ① 법무부장관은 이 법이 금지하는 차별행위로「국가인권위원회법」제44조의 권고를 받은 자가 정당한 사유 없이 권고를 이행하지 아니하고 다음 각 호의 어느 하나에 해당하는 경우 피해자의 신청에 의하여 또는 직권으로 시정명령을 할 수 있다.(2020.12.29 본문개정)
1. 피해자가 다수인인 차별행위에 대한 권고 불이행
2. 반복적 차별행위에 대한 권고 불이행
3. 피해자에게 불이익을 주기 위한 고의적 불이행
4. 그 밖에 시정명령이 필요한 경우
② 법무부장관은 제1항에 따른 시정명령으로서 이 법에서 금지되는 차별행위를 한 자(이하 "차별행위자"라 한다)에게 다음 각 호의 조치를 명할 수 있다.
1. 차별행위의 중지
2. 피해의 원상회복
3. 차별행위의 재발방지를 위한 조치
4. 그 밖에 차별시정을 위하여 필요한 조치
③ 법무부장관은 제1항 및 제2항에 따른 시정명령을 서면으로 하되, 그 이유를 구체적으로 명시하여 차별행위자와 피해자에게 각각 교부하여야 한다.
④ 법무부장관은 제1항 및 제2항에 따른 시정명령을 위하여 위원회에 시정명령에 필요한 자료의 제공을 요청할 수 있다.(2020.12.29 본항신설)
⑤ 법무부장관은 제1항 및 제2항에 따른 시정명령을 하는 경우 그 내용을 위원회에 통보하여야 한다.(2020.12.29 본항신설)
⑥ 법무부장관이 차별시정에 필요한 조치를 명하는 기간, 절차, 방법 등에 필요한 사항은 대통령령으로 정한다.

제43조의2【의견진술의 기회 부여】 ① 법무부장관은 제43조에 따른 시정명령을 하기 전에 차별행위자에게 의견을 진술할 기회를 주어야 한다.
② 제1항의 경우 피해자, 진정인 또는 이해관계인은 법무부장관에게 의견을 진술하거나 필요한 자료를 제출할 수 있다.
(2020.12.29 본조신설)

제44조【시정명령의 확정】 ① 법무부장관의 시정명령에 대하여 불복하는 관계 당사자는 그 명령서를 송달받은 날부터 30일 이내에 행정소송을 제기할 수 있다.
② 제1항의 기간 이내에 행정소송을 제기하지 아니한 때에는 그 시정명령은 확정된다.

제45조【시정명령 이행상황의 제출요구 등】 ① 법무부장관은 확정된 시정명령에 대하여 차별행위자에게 그 이행상황을 제출할 것을 요구하여야 한다.(2020.12.29 본항개정)
② 피해자는 차별행위자가 확정된 시정명령을 이행하지 아니하는 경우에 이를 법무부장관에게 신고할 수 있다.

제5장 손해배상, 입증책임 등

제46조【손해배상】 ① 누구든지 이 법의 규정을 위반하여 타인에게 손해를 가한 자는 그로 인하여 피해를 입은 사람에 대하여 손해배상책임을 진다. 다만, 차별행위를 한 자가 고의 또는 과실이 없음을 증명한 경우에는 그러하지 아니하다.
② 이 법의 규정을 위반한 행위로 인하여 손해가 발생한 것은 인정되나 차별행위의 피해자가 재산상 손해를 입증할 수 없을 경우에는 차별행위를 한 자가 그로 인하여 얻은 재산상 이익을 피해자가 입은 재산상 손해로 추정한다.
③ 법원은 제2항에도 불구하고 차별행위의 피해자가 입은 재산상 손해액을 입증하기 위하여 필요한 사실을 입증하는 것이 해당 사실의 성질상 곤란한 경우에는 변론 전체의 취지와 증거조사의 결과에 기초하여 상당한 손해액을 인정할 수 있다.

제47조【입증책임의 배분】 ① 이 법률과 관련한 분쟁해결에 있어서 차별행위가 있었다는 사실은 차별행위를 당하였다고 주장하는 자가 입증하여야 한다.
② 제1항에 따른 차별행위가 장애를 이유로 한 차별이 아니라거나 정당한 사유가 있었다는 점은 차별행위를 당하였다고 주장하는 자의 상대방이 입증하여야 한다.

제48조【법원의 구제조치】 ① 법원은 이 법에 따라 금지된 차별행위에 관한 소송 제기 전 또는 소송 제기 중에 피해자의 신청으로 피해자에 대한 차별이 소명되는 경우 본안 판결 전까지 차별행위의 중지 등 그 밖의 적절한 임시조치를 명할 수 있다.
② 법원은 피해자의 청구에 따라 차별적 행위의 중지, 임금 등 근로조건의 개선, 그 시정을 위한 적극적 조치 등의 판결을 할 수 있다.
③ 법원은 차별행위의 중지 및 차별시정을 위한 적극적 조치가 필요하다고 판단하는 경우에 그 이행 기간을 밝히고, 이를 이행하지 아니하는 때에는 늦어진 기간에 따라 일정한 배상을 하도록 명할 수 있다. 이 경우「민사집행법」제261조를 준용한다.

제6장 벌 칙

제49조【차별행위】 ① 이 법에서 금지한 차별행위를 행하고 그 행위가 악의적인 것으로 인정되는 경우 법원은 차별을 한 자에 대하여 3년 이하의 징역 또는 3천만원 이하의 벌금에 처할 수 있다.
② 제1항에서 악의적이라 함은 다음 각 호의 사항을 고려하여 판단하여야 한다.(2017.12.19 본문개정)
1. 차별의 고의성
2. 차별의 지속성 및 반복성
3. 차별 피해자에 대한 보복성
4. 차별 피해의 내용 및 규모
③ 법인의 대표자나 법인 또는 개인의 대리인·사용인, 그 밖의 종업원이 그 법인 또는 개인의 업무에 관하여 악의적인 차별행위를 한 때에는 행위자를 벌하는 외에 그 법인 또는 개인에 대하여도 제1항의 벌금형을 과한다. 다만, 법인 또는 개인이 그 위반행위를 방지하기 위하여 해당 업무에 관하여 상당한 주의와 감독을 게을리하지 아니한 경우에는 그러하지 아니하다.(2010.5.11 단서신설)
④ 이 조에서 정하지 아니한 벌칙은「국가인권위원회법」의 규정을 준용한다.

제50조【과태료】 ① 제44조에 따라 확정된 시정명령을 정당한 사유 없이 이행하지 아니한 자는 3천만원 이하의 과태료에 처한다.
② 제1항에 따른 과태료는 법무부장관이 부과·징수한다.(2010.5.11 본항개정)
③~⑤ (2010.5.11 삭제)

부 칙

① **【시행일】** 이 법은 공포 후 1년이 경과한 날부터 시행한다. 다만, 제10조부터 제37조까지의 각 차별영역에 규정된 세부내용별 시행시기 및 적용대상은 해당 규정에서 위임한 대통령령으로 정하는 바에 따른다.
② **【소위원회의 설립준비】** 제1항에도 불구하고 제40조의 소위원회의 위원 및 소속 직원의 임명 등 소위원회의 설립준비는 이 법 시행일 이전에 할 수 있다.
③ **【위원의 임기개시에 관한 적용례】** 제40조의 소위원회 위원의 임기는 이 법의 시행일부터 시작하는 것으로 본다.

부 칙 (2019.12.3)

제1조【시행일】 이 법은 공포 후 1년이 경과한 날부터 시행한다.
제2조【실태조사에 관한 적용례】 제8조의2의 개정규정에 따라 최초로 실시하는 실태조사는 이 법 시행일이 속한 연도의 다음 연도에 실시한다.

부 칙 (2020.6.9)

제1조【시행일】 이 법은 공포 후 6개월이 경과한 날부터 시행한다.(이하 생략)

부 칙 (2020.12.29)

이 법은 공포 후 6개월이 경과한 날부터 시행한다.

부 칙 (2021.7.27)

이 법은 공포 후 1년 6개월이 경과한 날부터 시행한다.

부 칙 (2021.12.7)

제1조【시행일】 이 법은 공포 후 1년이 경과한 날부터 시행한다.(이하 생략)

아동복지법

(2011년 8월 4일
전부개정법률 제11002호)

개정
2012.10.22법11520호
2012.12.18법11572호(아동·청소년의성보호에관한법)
2013. 3.23법11690호(정부조직)
2014. 1.28법12361호
2014.11.19법12844호(정부조직)
2015. 3.27법13259호 2015.12.29법13653호
2016. 1.19법13805호(주택법)
2016. 3.22법14085호
2016. 5.29법14224호(정신건강증진및정신질환자복지서비스지원에관한법)
2017. 7.26법14839호(정부조직)
2017. 9.19법14887호 2017.10.24법14925호
2018.12.11법15889호 2019. 1.15법16248호
2019.12. 3법16737호(사회보장급여의이용·제공및수급권자발굴에관한법)
2020. 4. 7법17206호 2020.12.29법17784호
2021. 8.17법18425호(국민평생직업능력개발법)
2021.12.21법18619호
2023. 3.14법19234호(개인정보보호법)
2023. 6.13법19454호
2023. 7.18법19554호→2024년 1월 19일 및 2025년 7월 19일 시행
2023. 7.18법19555호(국내입양에관한특별법)→2025년 7월 19일 시행이므로「法典 別冊」보유편 수록
2023. 8. 8법19605호
2023.12.26법19840호(정부조직)
2024. 1. 2법19895호
2024. 1. 9법19959호(행정기관정비일부개정법령등)→2024년 7월 10일 시행
2024. 1.23법20101호→2024년 1월 23일 및 2024년 7월 24일 시행
2024. 2. 6법20218호→2024년 8월 7일 시행

제1장 총 칙

제1조【목적】 이 법은 아동이 건강하게 출생하여 행복하고 안전하게 자랄 수 있도록 아동의 복지를 보장하는 것을 목적으로 한다.

제2조【기본 이념】 ① 아동은 자신 또는 부모의 성별, 연령, 종교, 사회적 신분, 재산, 장애유무, 출생지역, 인종 등에 따른 어떠한 종류의 차별도 받지 아니하고 자라나야 한다.
② 아동은 완전하고 조화로운 인격발달을 위하여 안정된 가정환경에서 행복하게 자라나야 한다.
③ 아동에 관한 모든 활동에 있어서 아동의 이익이 최우선적으로 고려되어야 한다.
④ 아동은 아동의 권리보장과 복지증진을 위하여 이 법에 따른 보호와 지원을 받을 권리를 가진다.

제3조【정의】 이 법에서 사용하는 용어의 뜻은 다음과 같다.
1. "아동"이란 18세 미만인 사람을 말한다.
2. "아동복지"란 아동이 행복한 삶을 누릴 수 있는 기본적인 여건을 조성하고 조화롭게 성장·발달할 수 있도록 하기 위한 경제적·사회적·정서적 지원을 말한다.
3. "보호자"란 친권자, 후견인, 아동을 보호·양육·교육하거나 그러한 의무가 있는 자 또는 업무·고용 등의 관계로 사실상 아동을 보호·감독하는 자를 말한다.
4. "보호대상아동"이란 보호자가 없거나 보호자로부터 이탈된 아동 또는 보호자가 아동을 학대하는 경우 등 그 보호자가 아동을 양육하기에 적당하지 아니하거나 양육할 능력이 없는 경우의 아동을 말한다.
5. "지원대상아동"이란 아동이 조화롭고 건강하게 성장하는 데에 필요한 기초적인 조건이 갖추어지지 아니하여 사회적·경제적·정서적 지원이 필요한 아동을 말한다.
6. "가정위탁"이란 보호대상아동의 보호를 위하여 성범죄, 가정폭력, 아동학대, 정신질환 등의 전력이 없는 보건복지부령으로 정하는 기준에 적합한 가정에 보호대상아동을 일정 기간 위탁하는 것을 말한다.
7. "아동학대"란 보호자를 포함한 성인이 아동의 건강 또는 복지를 해치거나 정상적 발달을 저해할 수 있는 신체적·정신적·성적 폭력이나 가혹행위를 하는 것과 아동의 보호자가 아동을 유기하거나 방임하는 것을 말한다.
7의2. "아동학대관련범죄"란 다음 각 목의 어느 하나에 해당하는 죄를 말한다.
가.「아동학대범죄의 처벌 등에 관한 특례법」제2조제4호에 따른 아동학대범죄
나. 아동에 대한「형법」제2편제24장 살인의 죄 중 제250조부터 제255조까지의 죄
(2014.1.28 본호신설)
8. "피해아동"이란 아동학대로 인하여 피해를 입은 아동을 말한다.
9. (2016.3.22 삭제)
10. "아동복지시설"이란 제50조에 따라 설치된 시설을 말한다.
11. "아동복지시설 종사자"란 아동복지시설에서 아동의 상담·지도·치료·양육, 그 밖에 아동의 복지에 관한 업무를 담당하는 사람을 말한다.

제4조【국가와 지방자치단체의 책무】 ① 국가와 지방자치단체는 아동의 안전·건강 및 복지 증진을 위하여 아동과 그 보호자 및 가정을 지원하기 위한 정책을 수립·시행하여야 한다.

② 국가와 지방자치단체는 보호대상아동 및 지원대상아동의 권익을 증진하기 위한 정책을 수립·시행하여야 한다.
③ 국가와 지방자치단체는 아동이 태어난 가정에서 성장할 수 있도록 지원하고, 아동이 태어난 가정에서 성장할 수 없을 때에는 가정과 유사한 환경에서 성장할 수 있도록 조치하며, 아동을 가정에서 분리하여 보호할 경우에는 신속히 가정으로 복귀할 수 있도록 지원하여야 한다.(2016.3.22 본항신설)
④ 국가와 지방자치단체는 장애아동의 권익을 보호하기 위하여 필요한 시책을 강구하여야 한다.
⑤ 국가와 지방자치단체는 아동이 자신 또는 부모의 성별, 연령, 종교, 사회적 신분, 재산, 장애유무, 출생지역 또는 인종 등에 따른 어떠한 종류의 차별도 받지 아니하도록 필요한 시책을 강구하여야 한다.
⑥ 국가와 지방자치단체는 「아동의 권리에 관한 협약」에서 규정한 아동의 권리 및 복지 증진 등을 위하여 필요한 시책을 수립·시행하고, 이에 필요한 교육과 홍보를 하여야 한다.
⑦ 국가와 지방자치단체는 아동의 보호자가 아동을 행복하고 안전하게 양육하기 위하여 필요한 교육을 지원하여야 한다.(2014.1.28 본항신설)

제5조【보호자 등의 책무】 ① 아동의 보호자는 아동을 가정에서 그의 성장시기에 맞추어 건강하고 안전하게 양육하여야 한다.
② 아동의 보호자는 아동에게 신체적 고통이나 폭언 등의 정신적 고통을 가하여서는 아니 된다.(2015.3.27 본항신설)
③ 모든 국민은 아동의 권익과 안전을 존중하여야 하며, 아동을 건강하게 양육하여야 한다.

제6조【어린이날 및 어린이주간】 어린이에 대한 사랑과 보호의 정신을 높임으로써 이들을 옳고 아름답고 슬기로우며 씩씩하게 자라나도록 하기 위하여 매년 5월 5일을 어린이날로 하며, 5월 1일부터 5월 7일까지를 어린이주간으로 한다.

제2장 아동복지정책의 수립 및 시행 등

제7조【아동정책기본계획의 수립】 ① 보건복지부장관은 아동정책의 효율적인 추진을 위하여 5년마다 아동정책기본계획(이하 "기본계획"이라 한다)을 수립하여야 한다.
② 기본계획은 다음 각 호의 사항을 포함하여야 한다.
1. 이전의 기본계획에 관한 분석·평가
2. 아동정책에 관한 기본방향 및 추진목표
3. 주요 추진과제 및 추진방법
4. 재원조달방안
5. 그 밖에 아동정책을 시행하기 위하여 특히 필요하다고 인정되는 사항
③ 보건복지부장관은 기본계획을 수립할 때에는 미리 관계 중앙행정기관의 장과 협의하여야 한다.
④ 기본계획은 제10조에 따른 아동정책조정위원회의 심의를 거쳐 확정한다. 이 경우 보건복지부장관은 확정된 기본계획을 관계 중앙행정기관의 장 및 특별시장·광역시장·특별자치시장·도지사·특별자치도지사(이하 "시·도지사"라 한다)에게 알려야 한다.

제8조【연도별 시행계획의 수립·시행 등】 ① 보건복지부장관, 관계 중앙행정기관의 장 및 시·도지사는 매년 기본계획에 따라 연도별 아동정책시행계획(이하 "시행계획"이라 한다)을 수립·시행하여야 한다.
② 관계 중앙행정기관의 장 및 시·도지사는 다음 연도의 시행계획 및 전년도의 시행계획에 따른 추진실적을 대통령령으로 정하는 바에 따라 매년 보건복지부장관에게 제출하고, 보건복지부장관은 매년 시행계획에 따른 추진실적을 평가하여야 한다.
③ 시행계획의 수립·시행 및 추진실적의 평가 등에 필요한 사항은 대통령령으로 정한다.

제9조【계획수립의 협조】 ① 보건복지부장관, 관계 중앙행정기관의 장 및 시·도지사는 기본계획 또는 시행계획의 수립·시행을 위하여 필요한 경우에는 관계 기관·단체나 그 밖의 민간기업체의 장에게 협조를 요청할 수 있다.
② 제1항에 따른 요청을 받은 자는 정당한 사유가 없는 한 이에 따라야 한다.

제10조【아동정책조정위원회】 ① 아동의 권리증진과 건강한 출생 및 성장을 위하여 종합적인 아동정책을 수립하고 관계 부처의 의견을 조정하며 그 정책의 이행을 감독하고 평가하기 위하여 국무총리 소속으로 아동정책조정위원회(이하 "위원회"라 한다)를 둔다.
② 위원회는 다음 각 호의 사항을 심의·조정한다.
1. 기본계획의 수립에 관한 사항
2. 아동의 권익 및 복지 증진을 위한 기본방향에 관한 사항
3. 아동정책의 개선과 예산지원에 관한 사항
4. 아동 관련 국제조약의 이행 및 평가·조정에 관한 사항
5. 아동정책에 관한 관련 부처 간 협조에 관한 사항
6. 그 밖에 위원장이 부의하는 사항
③ 위원회는 위원장을 포함한 25명 이내의 위원으로 구성하되, 위원장은 국무총리가 되고 위원은 다음 각 호의 사람이 된다.
1. 기획재정부장관·교육부장관·법무부장관·행정안전부장관·문화체육관광부장관·산업통상자원부장관·보건복지부장관·고용노동부장관·여성가족부장관(2017.7.26 본호개정)
2. 아동 관련 단체의 장이나 아동에 대한 학식과 경험이 풍부한 사람 중 위원장이 위촉하는 15명 이내의 위원
④ 위원회는 아동정책과 관련한 특정 사안을 효율적으로 심의·의결하기 위하여 특별위원회를 둘 수 있다. 이 경우 제3항에도 불구하고 대통령령으로 정하는 바에 따라 특별위원회의 위원을 달리 구성할 수 있다.(2023.7.18 본항신설)
⑤ 위원회는 제2항제4호에 따른 국제조약의 이행확인을 위하여 필요한 업무를 관계 전문기관 또는 단체에게 위탁할 수 있다.
⑥ 위원회는 필요하다고 인정하는 때에는 관계 행정기관에 대하여 그 소속 직원의 출석·설명과 자료의 제출을 요구할 수 있다.
⑦ 제1항부터 제3항까지의 규정에서 정한 것 외에 위원회의 구성 및 운영 등에 필요한 사항은 대통령령으로 정한다.

제10조의2【아동권리보장원의 설립 및 운영】 ① 보건복지부장관은 아동정책에 대한 종합적인 수행과 아동복지 관련 사업의 효과적인 추진을 위하여 필요한 정책의 수립을 지원하고 사업평가 등의 업무를 수행할 수 있도록 아동권리보장원(이하 "보장원"이라 한다)을 설립한다.
② 보장원은 다음 각 호의 업무를 수행한다.
1. 아동정책 수립을 위한 자료 개발 및 정책 분석
2. 제7조의 기본계획 수립 및 제8조제2항의 시행계획 평가 지원
3. 제10조의 위원회 운영 지원
4. 제11조의2의 아동정책영향평가 지원
5. 제15조, 제15조의2, 제15조의3, 제16조, 제16조의2의 아동보호서비스에 대한 기술지원
6. 아동학대의 예방과 방지를 위한 제22조제6항 각 호의 업무(2020.4.7 본호개정)
7. 가정위탁사업 활성화 등을 위한 제48조제6항 각 호의 업무
8. 지역 아동복지사업 및 아동복지시설의 원활한 운영을 위한 지원
9. 「입양특례법」에 따른 국내입양 활성화 및 입양 사후관리를 위한 다음 각 목의 업무
가. 국내외 입양정책 및 서비스에 관한 조사·연구
나. 입양 관련 국제협력 업무
다. 그 밖에 「입양특례법」에 따라 보건복지부장관으로부터 위탁받은 업무
(2020.12.29 본호개정)

9. 「국내입양에 관한 특별법」 및 「국제입양에 관한 법률」에 따른 입양 체계의 구축 및 운영을 위한 다음 각 목의 업무(2023.7.18 본문개정 : 2025.7.19 시행)
가. 국내외 입양정책 및 서비스에 관한 조사·연구
나. 양부모 및 예비양부모에 대한 교육 운영(2023.7.18 본목신설 : 2025.7.19 시행)
다. 「국내입양에 관한 특별법」에 따른 입양정책위원회 운영 지원(2023.7.18 본목신설 : 2025.7.19 시행)
라. 입양정보 공개 청구 관련 업무(2023.7.18 본목신설 : 2025.7.19 시행)
마. 입양 관련 국제협력 업무
바. 「국내입양에 관한 특별법」 및 「국제입양에 관한 법률」에 따라 보건복지부장관으로부터 위탁받은 업무(2023.7.18 본목개정 : 2025.7.19 시행)
사. 그 밖에 「국내입양에 관한 특별법」 및 「국제입양에 관한 법률」에 따른 입양 체계 구축 및 운영과 관련하여 보건복지부장관이 필요하다고 인정하는 업무(2023.7.18 본목신설 : 2025.7.19 시행)
(2020.12.29 본호개정)

10. 아동 관련 조사 및 통계 구축
11. 아동 관련 교육 및 홍보
12. 아동 관련 해외정책 조사 및 사례분석
13. 그 밖에 이 법 또는 다른 법령에 따라 보건복지부장관, 국가 또는 지방자치단체로부터 위탁받은 업무
③ 보장원은 법인으로 하고, 주된 사무소의 소재지에 설립등기를 함으로써 성립한다.
④ 보장원에는 보장원을 대표하고 그 업무를 총괄하기 위하여 원장을 두며, 원장은 보건복지부장관이 임면한다.
⑤ 보건복지부장관은 보장원의 설립·운영에 필요한 비용을 지원할 수 있다.
⑥ 보장원에 관하여 이 법에서 정한 사항 외에는 「민법」 중 재단법인에 관한 규정을 준용한다.
⑦ 보장원은 「기부금품의 모집 및 사용에 관한 법률」에도 불구하고 기부금품을 모집할 수 있다.
⑧ 보장원의 설립 및 운영에 필요한 사항은 대통령령으로 정한다.
(2019.1.15 본조신설)

제11조【아동종합실태조사】 ① 보건복지부장관은 3년마다 아동의 양육 및 생활환경, 언어 및 인지 발달, 정서적·신체적 건강, 아동안전, 아동학대 등 아동의 종합실태를 조사하여 그 결과를 공표하고, 이를 기본계획과 시행계획에 반영하여야 한다. 다만, 보건복지부장관은 필요한 경우 보건복지부령으로 정하는 바에 따라 분야별 실태조사를 할 수 있다.(2021.12.21 본문개정)
② 보건복지부장관은 제1항에 따른 실태조사를 위하여 관계 기관·법인·단체·시설의 장에게 필요한 자료의 제출 또는 의견의 진술을 요청할 수 있다. 이 경우 요청을 받은 자는 정당한 사유가 없으면 이에 협조하여야 한다.(2016.3.22 본항신설)
③ 제1항에 따른 아동종합실태조사의 내용과 방법 등에 필요한 사항은 보건복지부령으로 정한다.

제11조의2【아동정책영향평가】 ① 국가와 지방자치단체는 대통령령으로 정하는 바에 따라 아동 관련 정책이 아동복지에 미치는 영향을 분석·평가(이하 "아동정책영향평가"라 한다)하고, 그 결과를 아동 관련 정책의 수립·시행에 반영하여야 한다.
② 국가와 지방자치단체는 제10조의2에 따른 보장원에 아동정책영향평가를 위탁할 수 있다.(2019.1.15 본항신설)
③ 그 밖에 아동정책영향평가의 방법과 절차, 위탁 등에 필요한 사항은 대통령령으로 정한다.(2019.1.15 본항개정)
(2016.3.22 본조신설)

제12조【아동복지심의위원회】 ① 시·도지사, 시장·군수·구청장(자치구의 구청장을 말한다. 이하 같다)은 다음 각 호의 사항을 심의하기 위하여 그 소속으로 아동복지심의위원회(이하 "심의위원회"라 한다)를 각각 둔다. 이 경우 제2호부터 제8호까지의 사항에 관한 심의 업무를 효율적으로 수행하기 위하여 대통령령으로 정하는 바에 따라 심의위원회 소속으로 사례결정위원회를 두고, 사례결정위원회의 심의를 거친 사항은 심의위원회 심의를 거친 사항으로 본다.(2021.12.21 후단개정)
1. 제8조에 따른 시행계획 수립 및 시행에 관한 사항
2. 제15조에 따른 보호조치에 관한 사항
3. 제16조에 따른 퇴소조치에 관한 사항
4. 제16조의3에 따른 보호기간의 연장 및 보호조치의 종료에 관한 사항(2021.12.21 본호신설)
4의2. 제16조의4에 따른 재보호조치 및 보호조치의 종료에 관한 사항(2024.2.6 본호신설)
5. 제18조에 따른 친권행사의 제한이나 친권상실 선고 청구에 관한 사항
6. 제19조에 따른 아동의 후견인의 선임이나 변경 청구에 관한 사항
7. 지원대상아동의 선정과 그 지원에 관한 사항
8. 그 밖에 아동의 보호 및 지원서비스를 위하여 시·도지사 또는 시장·군수·구청장이 필요하다고 인정하는 사항
② 심의위원회의 조직·구성 및 운영 등에 필요한 사항은 대통령령으로 정하는 기준에 따라 해당 지방자치단체의 조례로 정한다.
③ 시·도지사, 시장·군수·구청장은 대통령령으로 정하는 바에 따라 심의위원회의 구성 및 운영 현황에 관한 사항을 연 1회 보건복지부장관에게 보고하여야 한다.(2017.9.19 본항신설)

제13조【아동복지전담공무원 등】 ① 아동복지에 관한 업무를 담당하기 위하여 특별시·광역시·도·특별자치도(이하 "시·도"라 한다) 및 시·군·구(자치구를 말한다. 이하 같다)에 각각 아동복지전담공무원(이하 "전담공무원"이라 한다)을 둘 수 있다.
② 전담공무원은 「사회복지사업법」 제11조에 따른 사회복지사의 자격을 가진 사람으로 하고 그 임용 등에 필요한 사항은 해당 시·도 및 시·군·구의 조례로 정한다.
③ 전담공무원은 아동에 대한 상담 및 보호조치, 가정환경에 대한 조사, 아동복지시설에 대한 지도·감독, 아동범죄 예방을 위한 현장확인 및 지도·감독 등 지역 단위에서 아동의 복지증진을 위한 업무를 수행한다.
④ 시·도지사 또는 시장·군수·구청장은 전담공무원의 업무를 지원하기 위하여 보건복지부령으로 정하는 바에 따라 민간전문인력을 둘 수 있다.(2020.12.29 본항신설)
⑤ 관계 행정기관, 아동복지시설 및 아동복지단체(아동의 권리를 보장하고 복지증진을 목적으로 설립된 기관 및 단체를 말한다. 이하 같다)를 설치·운영하는 자는 전담공무원 또는 제4항에 따른 민간전문인력(이하 "민간전문인력"이라 한다)이 협조를 요청하는 경우 정당한 사유가 없는 한 이에 따라야 한다.(2020.12.29 본항개정)
(2020.12.29 본조제목개정)

제14조【아동위원】 ① 시·군·구에 아동위원을 둔다.
② 아동위원은 그 관할 구역의 아동에 대하여 항상 그 생활상태 및 가정환경을 상세히 파악하고 아동복지에 필요한 원조와 지도를 행하며 전담공무원, 민간전문인력 및 관계 행정기관과 협력하여야 한다.(2020.12.29 본항개정)
③ 아동위원은 그 업무의 원활한 수행을 위하여 적절한 교육을 받을 수 있다.
④ 아동위원은 명예직으로 하되, 아동위원에 대하여는 수당을 지급할 수 있다.
⑤ 그 밖에 아동위원에 관한 사항은 해당 시·군·구의 조례로 정한다.

제3장 아동에 대한 보호서비스 및 아동학대의 예방 및 방지

제1절 아동보호서비스

제15조【보호조치】 ① 시·도지사 또는 시장·군수·구청장은 그 관할 구역에서 보호대상아동을 발견하거나 보호자의 의뢰를 받은 때에는 아동의 최상의 이익을 위하여 대통령령으로 정하는 바에 따라 다음 각 호에 해당하는 보호조치를 하여야 한다.
1. 전담공무원, 민간전문인력 또는 아동위원에게 보호대상아동 또는 그 보호자에 대한 상담·지도를 수행하게 하는 것(2020.12.29 본호개정)
2. 「민법」 제777조제1호 및 제2호에 따른 친족에 해당하는 사람의 가정 내에서 보호·양육할 수 있도록 조치하는 것(2020.12.29 본호개정)
3. 보호대상아동을 적합한 유형의 가정에 위탁하여 보호·양육할 수 있도록 조치하는 것(2020.12.29 본호개정)
4. 보호대상아동을 그 보호조치에 적합한 아동복지시설에 입소시키는 것
5. 약물 및 알콜 중독, 정서·행동·발달 장애, 성폭력·아동학대 피해 등으로 특수한 치료나 요양 등의 보호를 필요로 하는 아동을 전문치료기관 또는 요양소에 입원 또는 입소시키는 것(2014.1.28 본호개정)
6. 「입양특례법」에 따른 입양과 관련하여 필요한 조치를 하는 것

② 시·도지사 또는 시장·군수·구청장 이외의 자가 보호대상아동을 발견하거나 보호자의 의뢰를 받은 때에는 지체 없이 시·도지사 또는 시장·군수·구청장에게 보호조치를 의뢰하여야 한다.(2020.12.29 본항신설)
③ 시·도지사 또는 시장·군수·구청장은 제1항제1호 및 제2호의 보호조치가 적합하지 아니한 보호대상아동에 대하여 제1항제3호부터 제6호까지의 보호조치를 할 수 있다. 이 경우 제1항제3호부터 제6호까지의 보호조치를 하기 전에 보호대상아동에 대한 상담, 건강검진, 심리검사 및 가정환경에 대한 조사를 실시하고, 보호대상아동에게 보호조치 과정과 목적, 예상기간 등 보건복지부령으로 정하는 사항을 충분히 이해할 수 있도록 설명하여야 한다.(2024.2.6 후단개정)
④ 시·도지사 또는 시장·군수·구청장은 제1항에 따른 보호조치를 하려는 경우 보호대상아동에 대하여 다음 각 호의 사항이 포함된 개별 보호·관리 계획을 세워 보호하여야 하며, 그 계획을 수립할 때 해당 보호대상아동의 보호자를 참여시킬 수 있다.(2020.12.29 본문개정)
1. 제1항에 따른 보호조치 계획
2. 아동 및 보호자에 대한 지원 계획
3. 그 밖에 보건복지부령으로 정하는 사항
(2020.12.29 1호~3호신설)
⑤ 시·도지사 또는 시장·군수·구청장은 제1항제3호부터 제6호까지의 보호조치 및 제6항의 일시보호조치를 함에 있어서 해당 보호대상아동의 의사를 존중하여야 하며, 보호자가 있을 때에는 그 의견을 들어야 한다. 다만, 아동의 보호자가 「아동학대범죄의 처벌 등에 관한 특례법」 제2조제5호의 아동학대행위자(이하 "아동학대행위자"라 한다)인 경우에는 그러하지 아니하다.(2020.12.29 본문개정)
⑥ 시·도지사 또는 시장·군수·구청장은 다음 각 호의 어느 하나에 해당하는 경우 제1항제3호부터 제6호까지의 보호조치를 할 때까지 필요하면 제52조제1항제2호에 따른 아동일시보호시설 또는 제53조의2에 따른 학대피해아동쉼터에 보호대상아동을 입소시켜 보호하거나, 적합한 위탁가정 또는 기타 적합하다고 인정하는 자에게 일시 위탁하여 보호(이하 "일시보호조치"라 한다)하게 할 수 있다. 이 경우 보호대상아동에게 일시보호조치 과정과 목적, 예상기간 등 보건복지부령으로 정하는 사항을 충분히 이해할 수 있도록 설명하여야 하고, 보호기간 동안 보호대상아동에 대한 상담, 건강검진, 심리검사 및 가정환경에 대한 조사를 실시하고 그 결과를 보호조치 시에 고려하여야 한다.
(2024.2.6 후단개정)
1. 1년 이내에 2회 이상 아동학대 신고가 접수된 아동에 대하여 현장조사 과정에서 학대피해가 강하게 의심되고 재학대가 발생할 우려가 있는 경우
2. 제1항에 따른 보호조치 결정이 있을 때까지 아동에 대하여 「아동학대범죄의 처벌 등에 관한 특례법」 제12조에 따른 응급조치 또는 같은 법 제13조에 따른 긴급임시조치가 종료되었으나 같은 법 제15조에 따른 임시조치가 청구되지 아니한 경우
3. 현장조사 과정에서 아동의 보호자가 아동에게 답변을 거부·기피 또는 거짓 답변을 하게 하거나 그 답변을 방해한 경우
4. 그 밖에 제1항제3호부터 제6호까지의 보호조치를 할 때까지 아동을 일시적으로 보호할 필요가 있다고 시·도지사 또는 시장·군수·구청장이 인정하는 경우
(2020.12.29 1호~4호신설)
⑦ 시·도지사 또는 시장·군수·구청장은 그 관할 구역에서 약물 및 알콜 중독, 정서·행동·발달 장애 등의 문제를 일으킬 가능성이 있는 아동의 가정에 대하여 예방 차원의 적절한 조치를 강구하여야 한다.
⑧ 누구든지 제1항에 따른 보호조치 및 일시보호조치와 관련하여 그 대상이 되는 아동복지시설의 종사자를 신체적·정신적으로 위협하는 행위를 하여서는 아니 된다.
(2020.12.29 본항개정)
⑨ 시·도지사 또는 시장·군수·구청장은 아동의 가정위탁보호를 희망하는 사람에 대하여 범죄경력을 확인하여야 한다. 이 경우 본인의 동의를 받아 관계 기관의 장에게 범죄의 경력 조회를 요청하여야 한다.
⑩ 보장원의 장 또는 제48조에 따른 가정위탁지원센터의 장은 위탁아동, 가정위탁보호를 희망하는 사람, 위탁아동의 부모 등의 신원확인 등의 조치를 시·도지사 또는 시장·군수·구청장에게 협조 요청할 수 있으며, 요청을 받은 시·도지사 또는 시장·군수·구청장은 정당한 사유가 없는 한 이에 응하여야 한다.(2019.1.15 본항개정)
⑪ 제3항 및 제6항에 따른 상담, 건강검진, 심리검사 및 가정환경에 대한 조사, 제9항에 따른 범죄경력 조회 및 제10항에 따른 신원확인의 요청 절차·범위 등에 필요한 사항은 대통령령으로 정한다.(2020.12.29 본항개정)

제15조의2【아동통합정보시스템의 구축·운영】 ① 보건복지부장관은 아동복지 관련 자료 또는 정보의 효율적 처리 및 통합관리를 위하여 「사회보장기본법」 제37조제2항에 따라 설치된 사회보장정보시스템 및 「사회보장급여의 이용·제공 및 수급권자 발굴에 관한 법률」 제24조의2에 따라 설치된 사회서비스정보시스템을 연계·활용하여 아동통합정보시스템(이하 "아동정보시스템"이라 한다)을 구축·운영하여야 한다.
② 보건복지부장관은 아동정보시스템을 구축·운영하는데 필요한 정보로서 다음 각 호의 어느 하나에 해당하는 정보를 수집·관리·보유할 수 있으며 중앙행정기관의 장, 지방자치단체의 장, 관계 기관 및 단체의 장 등에게 필요한 정보의 제공을 요청할 수 있다. 이 경우 요청을 받은 기관의 장은 정당한 사유가 없으면 요청에 따라야 한다.
1. 제3조제10호에 따른 아동복지시설이 보유한 정보
2. 제15조, 제16조 및 제16조의2에 따른 보호대상아동의 보호조치, 퇴소조치, 사후관리에 관한 정보
3. 제28조의2에 따른 아동학대 관련 정보
4. 제37조에 따른 취약계층 아동에 대한 통합서비스지원에 관한 정보
5. 제38조부터 제44조까지의 규정에 따른 자립지원에 관한 정보
6. 제44조의2에 따른 다함께돌봄센터가 보유한 정보
7. 제45조 및 제46조에 따른 아동보호전문기관이 보유한 정보
8. 제48조 및 제49조에 따른 가정위탁지원센터가 보유한 정보
9. 「입양특례법」에 따른 입양아동에 관한 정보
10. 「사회보장급여의 이용·제공 및 수급권자 발굴에 관한 법률」 제2조제1호의 사회보장급여 중 아동 관련 정보
11. 「주민등록법」에 따른 주민등록 자료 또는 정보
12. 「가족관계의 등록 등에 관한 법률」에 따른 가족관계 등록 자료 또는 정보
13. 아동학대행위자의 「형의 집행 및 수용자의 처우에 관한 법률」, 「치료감호 등에 관한 법률」에 따른 시설 입소 및 퇴소에 관한 자료 또는 정보(아동학대관련범죄로 인한 시설 입소 및 퇴소에 관한 자료 또는 정보로 한정한다)
14. 그 밖에 대통령령으로 정하는 아동복지 관련 업무 수행에 필요한 정보
③ 보건복지부장관은 아동정보시스템의 구축·운영의 전 과정에서 개인정보 보호를 위하여 필요한 시책을 마련하여야 한다.
④ 보건복지부장관은 아동에 대한 효과적인 보호와 지원을 하기 위하여 제2항 각 호의 정보를 처리하는 민간단체 및 기관과 필요한 정보연계를 위한 조치를 할 수 있다. 이 경우 정보연계 목적의 범위에서 해당 단체와 기관은 연계된 정보를 이용할 수 있다.
⑤ 보건복지부장관은 아동정보시스템의 구축·운영에 관한 업무를 대통령령으로 정하는 바에 따라 전문기관에 위탁할 수 있다.
⑥ 그 밖에 아동정보시스템의 구축·운영 등에 필요한 사항은 대통령령으로 정한다.
(2020.12.29 본조개정)

제15조의3【보호대상아동의 양육상황 점검】 ① 시·도지사 또는 시장·군수·구청장은 제15조제1항제2호부터 제6호까지의 보호조치 중인 보호대상아동의 양육상황을 보건복지부령으로 정하는 바에 따라 매년 점검하여야 한다.
② 시·도지사 또는 시장·군수·구청장은 제1항에 따른 양육상황을 점검한 결과에 따라 보호대상아동의 복리를 보호할 필요가 있거나 해당 보호조치가 적절하지 아니하다고 판단되는 경우에는 지체 없이 보호조치를 변경하여야 한다.
(2016.3.22 본조신설)

제15조의4【아동보호 사각지대 발굴 및 실태조사】 ① 보건복지부장관은 보호가 필요한 아동을 발견하고 양육환경을 개선할 수 있도록 지원하기 위하여 「사회보장기본법」 제37조에 따른 사회보장정보시스템(이하 "사회보장정보시스템"이라 한다)을 통하여 다음 각 호의 자료 또는 정보를 처리할 수 있으며, 해당 자료를 토대로 아동보호를 위한 실태조사 대상 아동을 선정할 수 있다.
1. 「국민건강보험법」 제41조제1항 각 호에 따른 요양급여 실시 기록
2. 「국민건강보험법」 제52조에 따른 영유아건강검진 실시 기록 및 「의료급여법」 제14조에 따른 건강검진 실시 기록 중 6세 미만에 대한 기록(2024.1.23 본호개정)
3. 「초·중등교육법」 제25조에 따른 학교생활기록 정보
4. 「사회보장급여의 이용·제공 및 수급권자 발굴에 관한 법률」 제12조제1항 각 호에 따른 정보
5. 「감염병의 예방 및 관리에 관한 법률」 제24조제1항에 따른 필수예방접종 실시 기록(2024.1.23 본호신설)
② 보건복지부장관은 아동보호의 사각지대 해소를 위하여 제1항에 따른 자료 또는 정보 및 실태조사 대상 아동의 명단을 시·도지사 또는 시장·군수·구청장에게 제공할 수 있다.
③ 시·도지사 및 시장·군수·구청장은 보건복지부장관이 제2항에 따라 제공한 자료 또는 정보 및 실태조사 대상 아동의 명단을 토대로 아동의 주소지 등을 방문하여 양육환경 조사를 실시하여야 한다.
④ 보건복지부장관, 시·도지사 및 시장·군수·구청장은 제3항에 따른 조사 결과 필요하다고 인정하는 경우에는 복지서비스의 제공, 제15조에 따른 보호조치, 수사기관 또는 아동보호전문기관과의 연계 등 적절한 조치를 하여야 한다.
⑤ 보건복지부장관은 아동보호 사각지대 발굴 및 아동보호 체계를 갖추기 위하여 필요한 정보시스템을 구축·운영할 수 있으며, 이 경우 사회보장정보시스템을 연계하여 이용할 수 있다.
⑥ 제3항에 따라 조사를 실시하는 사람은 그 권한을 표시하는 증표를 지니고 이를 관계인에게 보여주어야 한다.
⑦ 제3항에 따른 조사의 시기·절차·방법 등에 관하여 필요한 사항은 보건복지부령으로 정한다.
(2020.12.29 본조신설)

제15조의5【면접교섭 지원】 ① 시·도지사 또는 시장·군수·구청장은 제15조제1항제3호부터 제5호까지의 보호조치 중인 아동과 「민법」 제779조에 따른 가족 간의 면접교섭을 지원하여야 한다. 다만, 아동학대 등 아동의 안전과 복지를 해할 우려가 있는 경우에는 지원을 제한하거나 중단할 수 있다.
② 제1항에 따른 면접교섭의 방법과 절차 등에 필요한 사항은 보건복지부령으로 정한다.
(2020.12.29 본조신설)

제16조【보호대상아동의 퇴소조치 등】 ① 제15조제1항제3호부터 제5호까지의 보호조치 중인 보호대상아동의 연령이 18세에 달하였거나, 보호 목적이 달성되었다고 인정되면 해당 시·도지사, 시장·군수·구청장은 대통령령으로 정하는 절차와 방법에 따라 그 보호 중인 아동의 보호조치를 종료하거나 해당 시설에서 퇴소시켜야 한다.
(2016.3.22 본항개정)
② 제15조제1항제2호부터 제4호까지의 보호조치 중인 보호대상아동의 친권자, 후견인 등 보건복지부령으로 정하는 자는 관할 시·도지사 또는 시장·군수·구청장에게 해당 보호대상아동의 가정 복귀를 신청할 수 있다.
(2016.3.22 본항신설)
③ 시·도지사 또는 시장·군수·구청장은 제2항에 따른 가정 복귀 신청을 받은 경우에는 보장원 또는 아동보호전문기관 등 아동복지시설의 장, 아동을 상담·치료한 의사의 의견을 들은 후 보호조치의 종료 또는 퇴소조치가 보호대상아동의 복리에 반하지 아니한다고 인정되면 해당 보호대상아동을 가정으로 복귀시킬 수 있다. 다만, 보호대상아동이 복귀하는 가정에 거주하는 아동학대행위자가 대통령령으로 정하는 상담·교육·심리적 치료 등에 참여하지 아니한 경우에는 그러하지 아니하다.
(2020.12.29 본항개정)
④ (2021.12.21 삭제)
⑤ 시·도지사 또는 시장·군수·구청장은 제3항 본문에도 불구하고 제28조제1항에 따른 확인 결과 아동학대의 재발이 의심되는 경우에는 사례결정위원회의 심의를 거쳐 보호대상아동의 가정 복귀 결정을 취소할 수 있다. 다만, 아동학대 재발의 위험이 현저하여 긴급히 취소하여야 하는 경우에는 사례결정위원회의 심의를 거치지 아니하고 취소하고 사후에 보고할 수 있다.(2020.12.29 본항신설)

제16조의2【보호대상아동의 사후관리】 시·도지사 또는 시장·군수·구청장은 전담공무원 등 관계 공무원 및 민간전문인력으로 하여금 보호조치의 종료로 가정으로 복귀한 보호대상아동의 가정을 방문하여 해당 아동의 복지 증진을 위하여 필요한 지도·관리를 제공하게 하여야 한다.(2020.12.29 본조개정)

제16조의3【보호기간의 연장】 ① 시·도지사 또는 시장·군수·구청장은 연령이 18세에 달한 보호대상아동이 보호조치를 연장할 의사가 있는 경우에는 제16조제1항에도 불구하고 그 보호기간을 해당 아동이 25세에 달할 때까지로 연장하여야 한다.
② 시·도지사 또는 시장·군수·구청장은 제1항에 따라 보호기간이 연장된 사람이 보호조치의 종료를 요청하는 경우 그 보호조치를 종료하여야 한다. 다만, 자립 능력이 부족하여 보호기간의 연장이 필요한 경우로서 대통령령

으로 정하는 경우에는 심의위원회의 심의를 거쳐 종료하지 아니할 수 있다.
③ 제1항에도 불구하고 같은 항에 따라 보호기간이 연장된 사람이 다음 각 호의 어느 하나에 해당하면 시·도지사 또는 시장·군수·구청장은 그 보호기간을 추가로 연장할 수 있다.
1. 「고등교육법」 제2조에 따른 대학 이하의 학교(대학원은 제외한다)에 재학 중인 경우
2. 제52조제1항제1호의 아동양육시설 또는 「국민 평생 직업능력 개발법」 제2조제3호에 따른 직업능력개발훈련시설에서 직업 관련 교육·훈련을 받고 있는 경우
3. 그 밖에 위탁가정 및 각종 아동복지시설에서 그 사람을 계속하여 보호·양육할 필요가 있다고 대통령령으로 정하는 경우
(2021.12.21 본조신설)

제16조의4【재보호조치】 ① 시·도지사 또는 시장·군수·구청장은 제16조제1항 또는 제16조의3제2항 본문에 따라 보호조치가 종료되거나 해당 시설에서 퇴소한 사람이 25세에 달하기 전에 보호조치를 희망하는 경우 다음 각 호의 어느 하나에 해당하면 대통령령으로 정하는 바에 따라 제15조제1항제3호부터 제5호까지의 보호조치를 다시 하여야 한다.
1. 「고등교육법」 제2조에 따른 대학 이하의 학교(대학원은 제외한다)에 재학 중이거나 진학을 준비 중인 경우
2. 「국민 평생 직업능력 개발법」 제2조제3호에 따른 직업능력개발훈련시설에서 직업 관련 교육·훈련을 받고 있는 경우
3. 그 밖에 위탁가정 및 각종 아동복지시설에서 다시 보호·양육할 필요가 있다고 대통령령으로 정하는 경우
② 시·도지사 또는 시장·군수·구청장은 제1항에 따라 다시 보호조치를 받는 사람이 보호조치의 종료를 요청하는 경우 그 보호조치를 종료하여야 한다. 다만, 자립 능력이 부족하여 보호조치가 필요한 경우로서 대통령령으로 정하는 경우에는 심의위원회의 심의를 거쳐 종료하지 아니할 수 있다.
(2024.2.6 본조신설)

제17조【금지행위】 누구든지 다음 각 호의 어느 하나에 해당하는 행위를 하여서는 아니 된다.(2014.1.28 본문개정)
1. 아동을 매매하는 행위
2. 아동에게 음란한 행위를 시키거나 이를 매개하는 행위 또는 아동을 대상으로 하는 성희롱 등의 성적 학대행위(2024.1.2 본호개정)
3. 아동의 신체에 손상을 주거나 신체의 건강 및 발달을 해치는 신체적 학대행위(2014.1.28 본호개정)
4. (2014.1.28 삭제)
5. 아동의 정신건강 및 발달에 해를 끼치는 정서적 학대행위(「가정폭력범죄의 처벌 등에 관한 특례법」 제2조제1호에 따른 가정폭력에 아동을 노출시키는 행위로 인한 경우를 포함한다)(2021.12.21 본호개정)
6. 자신의 보호·감독을 받는 아동을 유기하거나 의식주를 포함한 기본적 보호·양육·치료 및 교육을 소홀히 하는 방임행위
7. 장애를 가진 아동을 공중에 관람시키는 행위
8. 아동에게 구걸을 시키거나 아동을 이용하여 구걸하는 행위
9. 공중의 오락 또는 흥행을 목적으로 아동의 건강 또는 안전에 유해한 곡예를 시키는 행위 또는 이를 위하여 아동을 제3자에게 인도하는 행위(2014.1.28 본호개정)
10. 정당한 권한을 가진 알선기관 외의 자가 아동의 양육을 알선하고 금품을 취득하거나 금품을 요구 또는 약속하는 행위
11. 아동을 위하여 증여 또는 급여된 금품을 그 목적 외의 용도로 사용하는 행위

제18조【친권상실 선고의 청구 등】 ① 시·도지사, 시장·군수·구청장 또는 검사는 아동의 친권자가 그 친권을 남용하거나 현저한 비행이나 아동학대, 그 밖에 친권을 행사할 수 없는 중대한 사유가 있는 것을 발견한 경우 아동의 복지를 위하여 필요하다고 인정할 때에는 법원에 친권행사의 제한 또는 친권상실의 선고를 청구하여야 한다.
② 아동복지시설의 장 및 「초·중등교육법」에 따른 학교의 장(이하 "학교의 장"이라 한다)은 제1항의 사유에 해당하는 경우 시·도지사, 시장·군수·구청장 또는 검사에게 법원에 친권행사의 제한 또는 친권상실의 선고를 청구하도록 요청할 수 있다.(2016.3.22 본항개정)
③ 시·도지사, 시장·군수·구청장 또는 검사는 제1항 및 제2항에 따라 친권행사의 제한 또는 친권상실의 선고 청구를 할 경우 보장원 또는 아동보호전문기관 등 아동복지시설의 장, 아동을 상담·치료한 의사 및 해당 아동의 의견을 존중하여야 한다.(2020.12.29 본항개정)
④ 시·도지사, 시장·군수·구청장 또는 검사는 제2항에 따라 친권행사의 제한 또는 친권상실의 선고 청구를 요청받은 경우에는 요청받은 날부터 30일 내에 청구 여부를 결정한 후 해당 요청기관에 청구 또는 미청구 요지 및 이유를 서면으로 알려야 한다.
⑤ 제4항에 따라 처리결과를 통보받은 아동복지시설의 장 및 학교의 장은 그 처리결과에 대하여 이의가 있을 경우 통보받은 날부터 30일 내에 직접 법원에 친권행사의 제한 또는 친권상실의 선고를 청구할 수 있다.(2016.3.22 본항개정)

제19조【아동의 후견인의 선임 청구 등】 ① 시·도지사, 시장·군수·구청장, 아동복지시설의 장 및 학교의 장은 친권자 또는 후견인이 없는 아동을 발견한 경우 그 복지를 위하여 필요하다고 인정할 때에는 법원에 후견인의 선임을 청구하여야 한다.(2016.3.22 본항개정)
② 시·도지사, 시장·군수·구청장, 아동복지시설의 장, 학교의 장 또는 검사는 후견인이 해당 아동을 학대하는 등 현저한 비행을 저지른 경우에는 후견인 변경을 법원에 청구하여야 한다.(2016.3.22 본항개정)
③ 제1항에 따른 후견인의 선임 및 제2항에 따른 후견인의 변경 청구를 할 때에는 해당 아동의 의견을 존중하여야 한다.
④ 아동복지시설에 입소 중인 보호대상아동에 대하여는 「보호시설에 있는 미성년자의 후견직무에 관한 법률」을 적용한다.

제20조【아동의 후견인 선임】 ① (2020.12.29 삭제)
② 법원은 제19조제1항 및 제2항에 따라 후견인의 선임청구를 받은 경우 후견인이 없는 아동에 대하여 후견인을 선임하기 전까지 시·도지사, 시장·군수·구청장, 제45조에 따른 아동보호전문기관(이하 "아동보호전문기관"이라 한다)의 장, 가정위탁지원센터의 장 및 보장원의 장으로 하여금 임시로 그 아동의 후견인 역할을 하게 할 수 있다. 이 경우 해당 아동의 의견을 존중하여야 한다.(2020.12.29 전단개정)

제21조【보조인의 선임 등】 ① 법원의 심리과정에서 변호사, 법정대리인, 직계 친족, 형제자매, 제22조제4항에 따른 아동학대전담공무원, 보장원 또는 아동보호전문기관의 상담원은 학대아동사건의 심리에 있어서 보조인이 될 수 있다. 다만, 변호사가 아닌 경우에는 법원의 허가를 받아야 한다.(2020.4.7 본문개정)
② 법원은 피해아동을 증인으로 신문하는 경우 검사, 피해아동과 그 보호자 또는 보장원, 아동보호전문기관의 신청이 있는 경우에는 피해아동과 신뢰관계에 있는 사람의 동석을 허가할 수 있다.(2019.1.15 본항개정)
③ 수사기관이 피해아동을 조사하는 경우에도 제1항 및 제2항과 같다.

제2절 아동학대의 예방 및 방지

제22조【아동학대의 예방과 방지 의무】 ① 국가와 지방자치단체는 아동학대의 예방과 방지를 위하여 다음 각 호의 조치를 취하여야 한다.
1. 아동학대의 예방과 방지를 위한 각종 정책의 수립 및 시행
2. 아동학대의 예방과 방지를 위한 연구·교육·홍보 및 아동학대 실태조사
3. 아동학대에 관한 신고체제의 구축·운영
4. 피해아동의 보호와 치료 및 피해아동의 가정에 대한 지원
5. 그 밖에 대통령령으로 정하는 아동학대의 예방과 방지를 위한 사항
② 지방자치단체는 아동학대를 예방하고 수시로 신고를 받을 수 있도록 긴급전화를 설치하여야 한다. 이 경우 그 설치·운영 등에 필요한 사항은 대통령령으로 정한다.(2014.1.28 전단개정)
③ 시·도지사 또는 시장·군수·구청장은 피해아동의 발견 및 보호 등을 위하여 다음 각 호의 업무를 수행하여야 한다.
1. 아동학대 신고접수, 현장조사 및 응급보호
2. 피해아동, 피해아동의 가족 및 아동학대행위자에 대한 상담·조사
3. 그 밖에 대통령령으로 정하는 아동학대 관련 업무
(2020.4.7 본항신설)
④ 시·도지사 또는 시장·군수·구청장은 제3항 각 호의 업무를 수행하기 위하여 아동학대전담공무원(이하 "아동학대전담공무원"이라 한다)을 두어야 한다.
(2020.4.7 본항신설)
⑤ 아동학대전담공무원은 「사회복지사업법」 제11조에 따른 사회복지사의 자격을 가진 사람으로 하고 그 임용 등에 필요한 사항은 해당 시·도 또는 시·군·구의 조례로 정한다.(2020.4.7 본항신설)
⑥ 보장원은 아동학대예방사업의 활성화 등을 위하여 다음 각 호의 업무를 수행한다.
1. 아동보호전문기관에 대한 지원
2. 아동학대예방사업과 관련된 연구 및 자료 발간
3. 효율적인 아동학대예방사업을 위한 연계체계 구축
4. 아동학대예방사업을 위한 프로그램 개발 및 평가
5. 아동보호전문기관·학대피해아동쉼터 직원 및 아동학대전담공무원 직무교육, 아동학대예방 관련 교육 및 홍보(2020.4.7 본호개정)
6. 아동보호전문기관 전산시스템 구축 및 운영
7. 그 밖에 대통령령으로 정하는 아동학대예방사업과 관련된 업무
(2019.1.15 본항신설)
⑦ 시·도지사 또는 시장·군수·구청장, 보장원의 장 또는 아동보호전문기관의 장은 다음 각 호의 구분에 따른 업무를 수행하기 위하여 필요한 경우 아동정보시스템의 아동학대 관련 정보 또는 자료를 활용할 수 있다.
1. 시·도지사 또는 시장·군수·구청장 : 제3항 각 호의 업무
2. 보장원의 장 : 제6항 각 호의 업무
3. 아동보호전문기관의 장 : 제46조제2항 각 호의 업무
(2020.12.29 본문개정)
(2020.4.7 본항개정)

제22조의2【학생등에 대한 학대 예방 및 지원 등】 ① 국가와 지방자치단체는 「유아교육법」에 따른 유치원의 유아 및 「초·중등교육법」에 따른 학교의 학생(이하 이 조에서 "학생등"이라 한다)에 대한 아동학대의 조기 발견 체계 및 아동보호전문기관 등 관련 기관과의 연계 체계를 구축하고, 학대피해 학생등이 유치원 또는 학교에 안정적으로 적응할 수 있도록 지원하여야 한다.(2019.1.15 본항개정)
② 교육부장관 또는 교육감은 아동학대의 조기 발견과 신속한 보호조치를 위하여 대통령령으로 정하는 바에 따라 장기결석 학생등의 정보 등을 보건복지부장관과 공유하여야 한다.(2020.12.29 본항개정)
③ 보건복지부장관과 지방자치단체의 장은 아동학대의 조기 발견과 신속한 보호조치를 위하여 대통령령으로 정하는 바에 따라 학대피해 우려가 있는 아동에 대한 정보를 교육부장관 또는 교육감과 공유하여야 한다.
(2020.12.29 본항신설)
④ 제1항에 따른 학교 적응 지원 등 대통령령으로 정하는 업무는 교육부장관 또는 「지방교육자치에 관한 법률」에 따른 교육감이 지정하는 기관에 위탁할 수 있다.
(2017.10.24 본조신설)

제22조의3【피해아동 등에 대한 신분조회 등 조치】 ① 보장원의 장 및 아동보호전문기관의 장은 피해아동의 보호, 치료 등을 수행함에 있어서 피해아동, 그 보호자 또는 아동학대행위자에 대한 다음 각 호의 조치를 관계 중앙행정기관의 장, 시·도지사 또는 시장·군수·구청장에게 협조 요청할 수 있으며, 요청을 받은 관계 중앙행정기관의 장, 시·도지사 또는 시장·군수·구청장은 정당한 사유가 없으면 이에 따라야 한다.(2019.1.15 본문개정)
1. 「출입국관리법」에 따른 외국인등록 사실증명의 열람 및 발급
2. 「가족관계의 등록 등에 관한 법률」 제15조제1항제1호부터 제4호까지에 따른 증명서의 발급
3. 「주민등록법」에 따른 주민등록표 등본·초본의 열람 및 발급
4. 「국민기초생활 보장법」에 따른 수급자 여부의 확인
5. 「장애인복지법」에 따른 장애인등록증의 열람 및 발급
② 제1항에 따라 관계 중앙행정기관의 장, 시·도지사 또는 시장·군수·구청장이 아동보호전문기관의 장에게 발급 등을 하는 서류에 대해서는 수수료를 면제한다.
(2018.12.11 본항신설)
(2015.3.27 본조신설)

제22조의4【피해아동보호계획의 수립 등】 ① 시·도지사 또는 시장·군수·구청장은 피해아동에 대한 조사를 한 후 다음 각 호의 사항이 포함된 피해아동보호계획(이하 "보호계획"이라 한다)을 수립하고 그 계획을 아동보호전문기관의 장에게 통보하여야 한다.
1. 피해아동에 대한 제15조제1항에 따른 보호조치 여부
2. 아동학대행위에 대한 고발 여부 등 아동학대행위에 대한 개입 방향 및 절차
3. 피해아동 및 그 가족에 대한 지원 여부
4. 그 밖에 대통령령으로 정하는 사항
② 시·도지사 또는 시장·군수·구청장은 보호계획의 수립과 관련하여 의학적·법률적 판단 등 보건복지부령으로 정하는 전문적인 판단이 필요한 경우에는 제22조의5제1항에 따른 아동학대사례 전문가자문단의 의견을 들어 보호계획을 수립할 수 있다.(2024.1.9 본항개정)
③ 시·도지사 또는 시장·군수·구청장은 해당 지역에서 발생한 아동학대 사건에 대하여 보장원의 장, 아동보호전문기관의 장 및 관할 경찰서장에게 관련 자료를 요청할 수 있다.
④ 제1항에 따라 보호계획을 통보받은 아동보호전문기관의 장은 아동학대 재발 가능성 등 위험도를 고려하여 피해아동 및 그 가족, 아동학대행위자를 대상으로 치료·교육·상담 프로그램 등이 포함된 피해아동사례관리계획(이하 "사례관리계획"이라 한다)을 수립하여 시행하여야 한다.
⑤ 아동보호전문기관의 장은 사례관리계획에 따라 서비스를 제공한 후 그 결과를 시·도지사 또는 시장·군수·구청장에게 보고하여야 한다.
⑥ 보호계획 및 사례관리계획의 수립·시행 등에 필요한 사항은 대통령령으로 정한다.
(2020.4.7 본조신설)

제22조의5【아동학대사례 전문가자문단】 ① 보건복지부장관은 제22조의4제2항에 따른 자문에 응하게 하기 위하여 보건복지부에 아동학대사례 전문가자문단(이하 이 조에서 "전문가자문단"이라 한다)을 둔다.
② 전문가자문단에 참석한 사람은 업무상 알게 된 비밀을 누설하거나 이를 이용하여 부당한 이익을 취하여서는 아니 된다.
③ 전문가자문단의 구성·운영 등에 필요한 사항은 보건복지부령으로 정한다.
(2024.1.9 본조개정)

제23조【아동학대예방의 날】 ① 아동의 건강한 성장을 도모하고, 범국민적으로 아동학대의 예방과 방지에 관한 관심을 높이기 위하여 매년 11월 19일을 아동학대예방의 날로 지정하고, 아동학대예방의 날부터 1주일을 아동학대예방주간으로 한다.
② 국가와 지방자치단체는 아동학대예방의 날의 취지에 맞는 행사와 홍보를 실시하도록 노력하여야 한다.
제24조【홍보영상의 제작·배포·송출】 ① 보건복지부장관은 아동학대의 예방과 방지, 위반행위자의 계도를 위한 교육 등에 관한 홍보영상을 제작하여 「방송법」 제2조제23호의 방송편성책임자에게 배포하여야 한다.
② 보건복지부장관은 「방송법」 제2조제3호에 따른 방송사업자에게 같은 법 제73조제4항에 따라 대통령령으로 정하는 비상업적 공익광고 편성비율의 범위에서 제1항의 홍보영상을 채널별로 송출하도록 요청할 수 있다.
(2020.4.7 본항개정)
③ 제2항에 따른 방송사업자는 제1항의 홍보영상 외에 독자적인 홍보영상을 제작하여 송출할 수 있다. 이 경우 보건복지부장관에게 필요한 협조 및 지원을 요청할 수 있다.(2020.4.7 전단개정)
제25조 (2014.1.28 삭제)
제26조【아동학대 신고의무자에 대한 교육】 ① 관계 중앙행정기관의 장은 「아동학대범죄의 처벌 등에 관한 특례법」 제10조제2항 각 호의 어느 하나에 해당하는 사람(이하 "아동학대 신고의무자"라 한다)의 자격 취득 과정이나 보수교육 과정에 아동학대 예방 및 신고의무와 관련된 교육 내용을 포함하도록 하여야 하며, 그 결과를 보건복지부장관에게 제출하여야 한다.(2021.12.21 본항개정)
② 관계 중앙행정기관의 장 및 시·도지사는 아동학대 신고의무자에게 본인이 아동학대 신고의무자라는 사실을 고지할 수 있고, 아동학대 예방 및 신고의무와 관련한 교육(이하 이 조에서 "신고의무 교육"이라 한다)을 실시할 수 있다.(2015.3.27 본항신설)
③ 아동학대 신고의무자가 소속된 기관·시설 등의 장은 소속 아동학대 신고의무자에게 신고의무 교육을 실시하고, 그 결과를 관계 중앙행정기관의 장에게 제출하여야 한다.(2017.10.24 본문개정)
1.~4. (2017.10.24 삭제)
④ 제1항부터 제3항까지에 따른 교육 내용·시간 및 방법 등 그 밖에 필요한 사항은 대통령령으로 정한다.
(2015.3.27 본조제목개정)
제26조의2【아동학대 예방교육의 실시】 ① 국가기관과 지방자치단체의 장, 「공공기관의 운영에 관한 법률」에 따른 공공기관과 대통령령으로 정하는 공공단체의 장은 아동학대의 예방과 방지를 위하여 필요한 교육을 연 1회 이상 실시하고, 그 결과를 보건복지부장관에게 제출하여야 한다.
② 아동의 보호자 등 제1항에 따른 교육 대상이 아닌 사람은 아동보호전문기관 또는 대통령령으로 정하는 교육기관에서 아동학대의 예방과 방지에 필요한 교육을 받을 수 있다.(2020.12.29 본항개정)
③ 보건복지부장관은 제1항 및 제2항에 따른 교육을 위하여 전문인력을 양성하고, 교육 프로그램을 개발·보급하여야 한다.
④ 제1항 및 제2항에 따른 교육 내용·시간 및 방법, 그 밖에 필요한 사항은 대통령령으로 정한다.
(2017.10.24 본조신설)
제27조 (2014.1.28 삭제)
제27조의2【아동학대 등의 통보】 ① 사법경찰관리는 아동 사망 및 상해사건, 가정폭력 사건 등에 관한 직무를 행하는 경우 아동학대가 있었다고 의심할 만한 사유가 있는 때에는 시·도지사, 시장·군수·구청장 또는 보장원의 장에게 그 사실을 통보하여야 한다.
② 사법경찰관 또는 보호관찰관은 「아동학대범죄의 처벌 등에 관한 특례법」 제14조제1항에 따라 임시조치의 청구를 신청하였을 때에는 시·도지사, 시장·군수·구청장 또는 보장원의 장에게 그 사실을 통보하여야 한다.
③ 제1항 및 제2항의 통보를 받은 시·도지사, 시장·군수·구청장 또는 보장원의 장은 피해아동 보호조치 등 필요한 조치를 하여야 한다.
(2020.4.7 본조개정)
제27조의3【피해아동 응급조치에 대한 거부금지】 「아동학대범죄의 처벌 등에 관한 특례법」 제12조제1항제3호 또는 제4호에 따라 사법경찰관리, 아동학대전담공무원이 피해아동을 인도하는 경우에는 아동학대 관련 보호시설이나 의료기관은 정당한 사유 없이 이를 거부하여서는 아니 된다.(2020.4.7 본조개정)
제28조【사후관리 등】 ① 보장원의 장 또는 아동보호전문기관의 장은 아동학대가 종료된 이후에도 가정방문, 전화상담 등을 통하여 아동학대의 재발 여부를 확인하여야 한다.
② 보장원의 장 또는 아동보호전문기관의 장은 아동학대가 종료된 이후에도 아동학대의 재발 방지 등을 위하여 필요하다고 인정하는 경우 피해아동 및 보호자를 포함한 피해아동의 가족에게 필요한 지원을 제공할 수 있다.
③ 보장원의 장 또는 아동보호전문기관이 제1항 및 제2항에 따라 업무를 수행하는 경우 보호자는 정당한 사유 없이 이를 거부하거나 방해하여서는 아니 된다.
(2019.1.15 본조개정)
제28조의2【아동학대정보의 관리 및 제공】 ① (2020.12.29 삭제)
② 보건복지부장관은 아동학대 관련 정보를 공유하고 아동학대를 예방하기 위하여 피해아동, 그 가족 및 아동학대행위자에 관한 정보와 아동학대예방사업에 관한 정보를 아동정보시스템에 입력·관리하여야 한다.(2020.12.29 본항개정)
③ 다음 각 호의 어느 하나에 해당하는 자는 아동의 보호 및 아동학대 발생 방지를 위하여 필요한 경우 아동정보시스템상의 피해아동, 그 가족 및 아동학대행위자에 관한 정보를 보건복지부장관에게 요청할 수 있다. 이 경우 대통령령으로 정하는 바에 따라 목적과 필요한 정보의 범위를 구체적으로 기재하여야 한다.(2020.12.29 전단개정)
1. 시·도지사 및 시장·군수·구청장
2. 판사, 검사 및 경찰관서의 장
2의2. 「영유아보육법」에 따른 어린이집의 원장
2의3. 「유아교육법」에 따른 유치원의 원장
(2023.8.8 2호의2~2호의3신설)
3. 「초·중등교육법」에 따른 학교의 장
4. 제29조의7에 따른 아동학대 전담의료기관의 장
4의2. 제44조의2에 따른 다함께돌봄센터의 장(2023.8.8 본호신설)
5. 제52조제1항제1호부터 제6호까지, 제8호부터 제11호까지 및 제13호에 해당하는 아동복지시설의 장
(2023.8.8 본호개정)
6. 「입양특례법」 제20조에 따른 입양기관의 장
(2020.12.29 본호신설)
7. 그 밖에 대통령령으로 정하는 피해아동의 보호 및 지원 관련 기관 또는 단체의 장
(2017.10.24 본항신설)
④ 보건복지부장관은 제3항에 따른 요청이 있는 경우 아동정보시스템상의 해당 정보를 제공할 수 있다. 다만, 피해아동의 보호를 위하여 필요한 경우로서 대통령령으로 정하는 경우에는 정보의 제공을 제한할 수 있다.
(2020.12.29 본문개정)
⑤ 제3항 및 제4항에 따라 피해아동관련 정보를 취득한 사람은 제3항에 따른 요청 목적 외로 해당 정보를 사용하거나 다른 사람에게 제공 또는 누설하여서는 아니 된다.
(2017.10.24 본항신설)
⑥ (2020.12.29 삭제)
(2020.12.29 본조제목개정)
(2016.3.22 본조개정)
제29조【피해아동 및 그 가족 등에 대한 지원】 ① 보장원의 장 또는 아동보호전문기관의 장은 아동의 안전 확보와 재학대 방지, 건전한 가정기능의 유지 등을 위하여 피해아동 및 보호자를 포함한 피해아동의 가족에게 상담, 교육 및 의료적·심리적 치료 등의 필요한 지원을 제공하여야 한다.(2019.1.15 본항개정)
② 보장원의 장 또는 아동보호전문기관의 장은 제1항의 지원을 위하여 관계 기관에 협조를 요청할 수 있다.
(2019.1.15 본항개정)
③ 보호자를 포함한 피해아동의 가족은 보장원 또는 아동보호전문기관이 제1항에 따라 제공하는 지원에 성실하게 참여하여야 한다.(2019.1.15 본항개정)
④ 보장원의 장 또는 아동보호전문기관의 장은 제1항의 지원 여부의 결정 및 지원의 제공 등 모든 과정에서 피해아동의 이익을 최우선으로 고려하여야 한다.(2019.1.15 본항개정)
⑤ 국가와 지방자치단체는 보건복지부령으로 정하는 일정 소득 이하의 피해아동 및 보호자를 포함한 피해아동의 가족이 제1항의 상담 및 교육 또는 의료적·심리적 치료 등을 받은 경우에는 예산의 범위에서 여비 등 실비(實費)를 지급할 수 있다.(2021.12.21 본항신설)
⑥ 국가와 지방자치단체는 「초·중등교육법」 제2조 각 호의 학교에 재학 중인 피해아동 및 피해아동의 가족이 주소지 외의 지역에서 취학(입학·재입학·전학·편입학을 포함한다. 이하 같다)할 필요가 있을 때에는 그 취학이 원활하게 이루어 질 수 있도록 지원하여야 한다.
(2014.1.28 본항신설)
⑦ 제6항에 따른 취학에 필요한 사항은 대통령령으로 정한다.(2021.12.21 본항개정)
제29조의2【아동학대행위자에 대한 상담·교육 등의 제공】 ① 시·도지사, 시장·군수·구청장, 보장원의 장 또는 아동보호전문기관의 장은 아동학대행위자에 대하여 상담·교육 및 심리적 치료 등 필요한 지원을 제공하여야 하며, 이 경우 아동학대행위자는 상담·교육 및 심리적 치료 등에 성실히 참여하여야 한다.
② 제1항에 따른 상담·교육 및 심리적 치료 등에 참여할 수 없는 정당한 사유가 있는 아동학대행위자는 그 사유가 해소되는 즉시 이에 참여하여야 한다.(2020.12.29 본항신설)
③ 제1항에 따른 상담·교육 및 심리적 치료의 내용·방법 등에 관하여 필요한 사항은 보건복지부령으로 정한다.
(2020.12.29 본항신설)
(2020.12.29 본조개정)
제29조의3【아동관련기관의 취업제한 등】 ① 법원은 아동학대관련범죄로 형 또는 치료감호를 선고하는 경우에는 판결(약식명령을 포함한다. 이하 같다)로 그 형 또는 치료감호의 전부 또는 일부의 집행을 종료하거나 집행이 유예·면제된 날(벌금형을 선고받은 경우에는 그 형이 확정된 날을 말한다)부터 일정기간(이하 "취업제한기간"이라 한다) 동안 다음 각 호에 따른 시설 또는 기관(이하 "아동관련기관"이라 한다)을 운영하거나 아동관련기관에 취업 또는 사실상 노무를 제공할 수 없도록 하는 명령(이하 "취업제한명령"이라 한다)을 아동학대관련범죄 사건의 판결과 동시에 선고(약식명령의 경우에는 고지를 말한다)하여야 한다. 다만, 재범의 위험성이 현저히 낮은 경우나 그 밖에 취업을 제한하여서는 아니 되는 특별한 사정이 있다고 판단하는 경우에는 그러하지 아니하다.
(2018.12.11 본문개정)
1. 보장원, 지방자치단체(전담공무원, 민간전문인력, 아동학대전담공무원으로 한정한다), 제37조에 따른 취약계층 아동 통합서비스 수행기관, 아동보호전문기관, 제44조의2에 따른 다함께돌봄센터, 제48조에 따른 가정위탁지원센터 및 제52조의 아동복지시설(2020.12.29 본호개정)
2. 「가정폭력방지 및 피해자보호 등에 관한 법률」 제4조의6의 긴급전화센터, 같은 법 제5조의 가정폭력 관련 상담소 및 같은 법 제7조의2의 가정폭력피해자 보호시설
3. 「건강가정기본법」 제35조의 건강가정지원센터
4. 「다문화가족지원법」 제12조의 다문화가족지원센터
5. 「성매매방지 및 피해자보호 등에 관한 법률」 제5조의 성매매피해자등을 위한 지원시설 및 같은 법 제10조의 성매매피해상담소
6. 「성폭력방지 및 피해자보호 등에 관한 법률」 제10조의 성폭력피해상담소 및 같은 법 제12조의 성폭력피해자보호시설 및 같은 법 제18조의 성폭력피해자통합지원센터
7. 「영유아보육법」 제2조제3호의 어린이집, 같은 법 제7조에 따른 육아종합지원센터 및 같은 법 제26조의2에 따른 시간제보육서비스지정기관(2020.4.7 본호개정)
8. 「유아교육법」 제2조제2호의 유치원
9. 「의료법」 제3조의 의료기관(같은 법 제2조의 의료인에 한정한다)
10. 「장애인복지법」 제58조의 장애인복지시설
11. 「정신건강증진 및 정신질환자 복지서비스 지원에 관한 법률」 제3조에 따른 정신건강복지센터, 정신건강증진시설, 정신요양시설 및 정신재활시설(2016.5.29 본호개정)
12. 「주택법」 제2조제3호의 공동주택의 관리사무소(경비업무 종사자에 한한다)(2016.1.19 본호개정)
13. 「청소년기본법」 제3조에 따른 청소년시설, 청소년단체
14. 「청소년활동진흥법」 제2조제2호의 청소년활동시설
15. 「청소년복지 지원법」 제29조제1항의 청소년상담복지센터, 같은 법 제30조의 이주배경청소년지원센터 및 같은 법 제31조 각 호의 청소년쉼터, 청소년자립지원관, 청소년치료재활센터
16. 「청소년 보호법」 제35조의 청소년보호·재활센터
17. 「체육시설의 설치·이용에 관한 법률」 제2조제1호의 체육시설 중 아동의 이용이 제한되지 아니하는 체육시설로서 문화체육관광부장관이 지정하는 체육시설
18. 「초·중등교육법」 제2조 각 호의 학교 및 같은 법 제28조에 따라 학습부진아 등에 대한 교육을 실시하는 기관
(2017.9.19 본호개정)
19. 「학원의 설립·운영 및 과외교습에 관한 법률」 제2조제1호의 학원 및 같은 조 제2호의 교습소 중 아동의 이용이 제한되지 아니하는 학원과 교습소로서 교육부장관이 지정하는 학원·교습소
20. 「한부모가족지원법」 제19조의 한부모가족복지시설
21. 아동보호전문기관 또는 학대피해아동쉼터를 운영하는 법인(2016.3.22 본호신설)
22. 「보호소년 등의 처우에 관한 법률」에 따른 소년원 및 소년분류심사원(2017.9.19 본호신설)
23. 「민법」 제32조에 따라 보건복지부장관의 설립 허가를 받아 아동인권, 아동복지 등 아동을 위한 사업을 수행하는 비영리법인(대표자 및 아동을 직접 대면하는 업무에 종사하는 사람에 한정한다)(2018.12.11 본호신설)
24. 「아이돌봄 지원법」 제11조에 따른 서비스제공기관
(2020.4.7 본호신설)
25. 「입양특례법」 제20조에 따른 입양기관(2020.12.29 본호신설)
26. 「모자보건법」 제15조의18에 따른 산후조리도우미 서비스를 제공하는 사람을 모집하거나 채용하는 기관(직접 산후조리도우미 서비스를 제공하는 사람에 한정한다)
(2021.12.21 본호신설)
27. 「모자보건법」 제15조에 따른 산후조리원(2024.2.6 본호신설)
② 제1항에 따른 취업제한기간은 10년을 초과하지 못한다.
(2018.12.11 본항신설)
③ 법원은 제1항에 따라 취업제한명령을 선고하려는 경우에는 정신건강의학과 의사, 심리학자, 사회복지학자, 아동학대 관련 전문가, 그 밖의 관련 전문가로부터 취업제한명령 대상자의 재범 위험성 등에 관한 의견을 들을 수 있다.(2018.12.11 본항신설)

④ 제1항 각 호(제12호 및 제22호는 제외한다)의 아동관련기관의 설치 또는 설립인가·허가·신고를 관할하는 중앙행정기관의 장, 지방자치단체의 장, 교육감 또는 교육장은 아동관련기관을 운영하려는 자에 대하여 본인의 동의를 받아 관계 기관의 장에게 아동학대관련범죄 전력 조회를 요청하여야 한다. 다만, 아동관련기관을 운영하려는 자가 아동학대관련범죄 전력 조회 회신서를 중앙행정기관의 장, 지방자치단체의 장, 교육감 또는 교육장에게 직접 제출한 경우에는 아동학대관련범죄 전력 조회를 한 것으로 본다.(2018.12.11 본항개정)
⑤ 아동관련기관의 장은 그 기관에 취업 중이거나 사실상 노무를 제공 중인 사람 또는 취업하려 하거나 사실상 노무를 제공하려는 사람(이하 "취업자등"이라 한다)에 대하여 아동학대관련범죄 전력을 확인하여야 하며, 이 경우 본인의 동의를 받아 관계 기관의 장에게 아동학대관련범죄 전력 조회를 요청하여야 한다. 다만, 취업자등이 아동학대관련범죄 전력 조회 회신서를 아동관련기관의 장에게 직접 제출한 경우에는 아동학대관련범죄 전력 조회를 한 것으로 본다.(2018.12.11 본항개정)
⑥ 제4항 및 제5항에 따라 아동학대관련범죄 전력 조회 요청을 받은 관계 기관의 장은 아동학대관련범죄 전력 조회 회신서를 발급하여야 한다.(2018.12.11 본항개정)
⑦ 제4항부터 제6항까지의 규정에 따른 아동학대관련범죄 전력 조회의 요청 절차·범위 등에 관한 사항은 대통령령으로 정한다.(2018.12.11 본항개정)
(2014.1.28 본조신설)

제29조의4【취업제한명령을 선고받은 자에 대한 취업 등의 점검·확인】 ① 보건복지부장관 또는 관계 중앙행정기관의 장은 아동학대관련범죄로 취업제한명령을 선고받은 자가 제29조의3제1항을 위반하여 다음 각 호의 아동관련기관을 운영하거나 아동관련기관에 취업 또는 사실상 노무를 제공하고 있는지를 직접 또는 관계 기관 조회 등의 방법으로 연 1회 이상 점검·확인하여야 한다.(2018.12.11 본문개정)
1. 교육부장관 : 제29조의3제1항제7호·제8호·제18호·제19호에 따른 아동관련기관(2023.12.26 본호개정)
2. 문화체육관광부장관 : 제29조의3제1항제17호에 따른 아동관련기관
3. 보건복지부장관 : 제29조의3제1항제1호·제9호·제10호·제11호·제23호·제25호·제26호·제27호에 따른 아동관련기관(2024.2.6 본호개정)
4. 여성가족부장관 : 제29조의3제1항제2호·제3호·제4호·제5호·제6호·제13호·제14호·제15호·제16호·제20호·제24호에 따른 아동관련기관(2020.4.7 본호개정)
5. 국토교통부장관 : 제29조의3제1항제12호에 따른 아동관련기관
6. 법무부장관 : 제29조의3제1항제22호에 따른 아동관련기관(2017.9.19 본호신설)
② 보건복지부장관 또는 관계 중앙행정기관의 장은 제1항에 따른 점검·확인을 위하여 필요한 경우에는 아동관련기관의 장 또는 그 감독기관에 관련 자료의 제출을 요구할 수 있다.
③ 보건복지부장관 또는 관계 중앙행정기관의 장은 제1항에 따른 점검·확인 결과를 대통령령으로 정하는 바에 따라 인터넷 홈페이지 등을 이용하여 공개하여야 한다.
(2018.12.11 본조제목개정)
(2014.1.28 본조신설)

제29조의5【취업자의 해임요구 등】 ① 제29조의4제1항 각 호의 중앙행정기관의 장은 제29조의3제1항을 위반하여 취업하거나 사실상 노무를 제공하는 사람에 대하여 아동관련기관의 장에게 그의 해임을 요구하여야 한다.
② 제29조의4제1항 각 호의 중앙행정기관의 장은 아동관련기관의 장에게 제29조의3제1항을 위반하여 운영 중인 아동관련기관의 폐쇄를 요구하여야 한다.
③ 제29조의4제1항 각 호의 중앙행정기관의 장은 아동관련기관의 장이 제2항에 따른 폐쇄요구를 정당한 사유 없이 거부하거나 1개월 이내에 요구사항을 이행하지 아니하는 경우에는 대통령령으로 정하는 바에 따라 해당 아동관련기관을 폐쇄하거나 그 등록·허가 등을 취소하거나 관계 행정기관의 장에게 이를 요구할 수 있다.
(2014.1.28 본조신설)

제29조의6【아동학대에 대한 법률상담 등】 ① 국가는 피해아동을 위한 법률상담과 소송대리(訴訟代理) 등의 지원(이하 이 조에서 "법률상담등"이라 한다)을 할 수 있다.
② 보건복지부장관, 시·도지사, 시장·군수·구청장, 보장원의 장 및 아동보호전문기관의 장은 「법률구조법」 제8조에 따른 대한법률구조공단 또는 대통령령으로 정하는 그 밖의 기관에 법률상담등을 요청할 수 있다.(2020.4.7 본항개정)
③ 법률상담등에 소요되는 비용은 대통령령으로 정하는 바에 따라 국가가 부담할 수 있다. 다만, 법률상담등을 받는 자가 다른 법령에 의하여 법률상담등에 소요되는 비용을 지원받는 경우는 제외한다.
④ 법률상담등의 요건과 내용 및 절차 등은 대통령령으로 정한다.
(2017.10.24 본조신설)

제29조의7【아동학대 전담의료기관의 지정】 ① 보건복지부장관, 시·도지사 및 시장·군수·구청장은 국·공립병원, 보건소 또는 민간의료기관을 피해아동의 치료를 위한 전담의료기관(이하 이 조에서 "전담의료기관"이라 한다)으로 지정할 수 있다.
② 전담의료기관은 시·도지사 또는 시장·군수·구청장, 피해아동·가족·친족, 보장원의 장, 아동보호전문기관 또는 아동복지시설의 장, 경찰관서의 장, 판사 또는 가정법원 등의 요청이 있는 경우 피해아동에 대하여 다음 각 호의 조치를 하여야 한다.(2020.4.7 본문개정)
1. 아동학대 피해에 대한 상담
2. 신체적·정신적 치료
3. 그 밖에 대통령령으로 정하는 의료에 관한 사항
③ 보건복지부장관, 시·도지사 및 시장·군수·구청장은 제1항에 따라 지정한 전담의료기관이 다음 각 호의 어느 하나에 해당하는 경우에는 그 지정을 취소할 수 있다. 다만, 제1호에 해당하는 경우에는 그 지정을 취소하여야 한다.
1. 거짓이나 그 밖의 부정한 방법으로 지정을 받은 경우
2. 정당한 사유 없이 제2항에 따른 의료 지원을 거부한 경우
3. 그 밖에 전담의료기관으로서 적합하지 아니하다고 대통령령으로 정하는 경우
④ 제1항과 제3항에 따른 지정 및 지정 취소의 기준, 절차 등에 필요한 사항은 대통령령으로 정한다.
(2017.10.24 본조신설)

제29조의8【아동학대보도 권고기준 수립 및 준수 협조 요청】 ① 보건복지부장관은 아동의 인권보호 및 아동학대 예방에 관한 정확한 정보의 제공 등을 위하여 대통령령으로 정하는 관계 중앙행정기관의 장과 협의하여 언론의 아동학대보도에 대한 권고기준을 수립하고 그 이행확보 방안을 마련하여야 한다.
② 보건복지부장관은 방송·신문·잡지 및 인터넷신문 등 언론에 대하여 제1항에 따른 아동학대보도에 대한 권고기준을 준수하도록 협조를 요청할 수 있다. 이 경우 언론은 협조요청을 적극 이행하도록 노력하여야 한다.
(2023.6.13 본조신설)

제4장 아동에 대한 지원서비스

제1절 아동 안전 및 건강지원

제30조【안전기준의 설정】 국가는 대통령령으로 정하는 바에 따라 아동복지시설과 아동용품에 대한 안전기준을 정하고 아동용품을 제작·설치·관리하는 자에게 이를 준수하도록 하여야 한다.

제31조【아동의 안전에 대한 교육】 ① 아동복지시설의 장, 「영유아보육법」에 따른 어린이집의 원장, 「유아교육법」에 따른 유치원의 원장 및 「초·중등교육법」에 따른 학교의 장은 교육대상 아동의 연령을 고려하여 대통령령으로 정하는 바에 따라 매년 다음 각 호의 사항에 관한 교육계획을 수립하여 교육을 실시하여야 한다. 이 경우 그 대상이 「영유아보육법」 제2조제1호에 따른 영유아인 경우 아동복지시설의 장, 같은 법에 따른 어린이집의 원장 및 「유아교육법」에 따른 유치원의 원장은 보건복지부령으로 정하는 자격을 갖춘 외부전문가로 하여금 제1호의2에 따른 아동학대 예방교육을 하게 할 수 있다.
(2021.12.21 후단신설)
1. 성폭력 예방(2021.12.21 본호개정)
1의2. 아동학대 예방(2021.12.21 본호신설)
2. 실종·유괴의 예방과 방지
3. 감염병 및 약물의 오남용 예방 등 보건위생관리(2015.12.29 본호개정)
4. 재난대비 안전
5. 교통안전
② 아동복지시설의 장, 「영유아보육법」에 따른 어린이집의 원장은 제1항에 따른 교육계획 및 교육실시 결과를 관할 시장·군수·구청장에게 매년 1회 보고하여야 한다.
③ 「유아교육법」에 따른 유치원의 원장 및 「초·중등교육법」에 따른 학교의 장은 제1항에 따른 교육계획 및 교육실시 결과를 대통령령으로 정하는 바에 따라 관할 교육감에게 매년 1회 보고하여야 한다.

제32조【아동보호구역에서의 고정형 영상정보처리기기 설치 등】 ① 국가와 지방자치단체는 유괴 등 범죄의 위험으로부터 아동을 보호하기 위하여 필요하다고 인정하는 경우에는 다음 각 호의 어느 하나에 해당되는 시설의 주변구역을 아동보호구역으로 지정하여 범죄의 예방을 위한 순찰 및 아동지도 업무 등 필요한 조치를 할 수 있다.
(2012.10.22 본문개정)
1. 「도시공원 및 녹지 등에 관한 법률」 제15조에 따른 도시공원
2. 「영유아보육법」 제2조제3호의 어린이집, 같은 법 제7조에 따른 육아종합지원센터 및 같은 법 제26조의2에 따른 시간제보육서비스지정기관(2020.4.7 본호개정)
3. 「초·중등교육법」 제38조에 따른 초등학교 및 같은 법 제55조에 따른 특수학교
4. 「유아교육법」 제2조에 따른 유치원
② 제1항에 따른 아동보호구역의 지정 기준 및 절차 등에 필요한 사항은 대통령령으로 정한다.
③ 국가와 지방자치단체는 제1항에 따라 지정된 아동보호구역에 「개인정보 보호법」 제2조제7호에 따른 고정형 영상정보처리기기를 설치하여야 한다.(2023.3.14 본항개정)
④ 이 법에서 정한 것 외에 고정형 영상정보처리기기의 설치 등에 관한 사항은 「개인정보 보호법」에 따른다.
(2023.3.14 본항개정)
(2023.3.14 본조제목개정)

제33조【아동안전 보호인력의 배치 등】 ① 국가와 지방자치단체는 실종 및 유괴 등 아동에 대한 범죄의 예방을 위하여 순찰활동 및 아동지도 업무 등을 수행하는 아동안전 보호인력을 배치·활용할 수 있다.
② 제1항에 따라 순찰활동 및 아동지도 업무 등을 수행하는 아동안전 보호인력은 그 권한을 표시하는 증표를 지니고 이를 관계인에게 내보여야 한다.
③ 국가와 지방자치단체는 아동안전 보호인력으로 배치하고자 하는 사람에 대하여 본인의 동의를 받아 범죄경력을 확인하여야 한다.
④ 제1항에 따른 아동안전 보호인력의 업무범위·활용 및 제2항에 따른 범죄경력 확인의 절차·범위 등에 필요한 사항은 대통령령으로 정한다.

제34조【아동긴급보호소 지정 및 운영】 ① 경찰청장은 유괴 등의 위험에 처한 아동을 보호하기 위하여 아동긴급보호소를 지정·운영할 수 있다.
② 경찰청장은 제1항에 따른 아동긴급보호소의 지정을 원하는 자에 대하여 본인의 동의를 받아 범죄경력을 확인하여야 한다.
③ 제1항에 따른 아동긴급보호소의 지정 및 운영, 제2항에 따른 범죄경력 확인의 절차·범위 등에 필요한 사항은 대통령령으로 정한다.

제35조【건강한 심신의 보존】 ① 아동의 보호자는 아동의 건강 유지와 향상을 위하여 최선의 주의와 노력을 하여야 한다.
② 국가와 지방자치단체는 아동의 건강 증진과 체력 향상을 위하여 다음 각 호에 해당하는 사항을 지원하여야 한다.
1. 신체적 건강 증진에 관한 사항
2. 자살 및 각종 중독의 예방 등 정신적 건강 증진에 관한 사항
3. 급식지원 등을 통한 결식예방 및 영양개선에 관한 사항
4. 비만 방지 등 체력 및 여가 증진에 관한 사항
③ 국가와 지방자치단체는 매년 물가상승률 등을 반영한 급식최저단가를 결정하고 제2항제3호에 따른 급식지원 시 이를 반영하여 지원하여야 한다.(2021.12.21 본항신설)
④ 국가와 지방자치단체는 아동의 신체적·정신적 문제를 미리 발견하여 아동이 제때에 상담과 치료를 받을 수 있는 기반을 마련하여야 한다.
⑤ 제2항 및 제4항에 따른 지원서비스의 구체적인 내용은 대통령령으로 정한다. 다만, 제2항제3호 및 제3항에 따른 급식지원의 지원 기준·방법 및 절차 등에 필요한 사항은 대통령령으로 정하는 기준에 따라 해당 지방자치단체의 조례로 정한다.(2021.12.21 본항개정)

제36조【보건소】 보건소는 이 법에 따라 다음 각 호의 업무를 행한다.
1. 아동의 전염병 예방조치
2. 아동의 건강상담, 신체검사와 보건위생에 관한 지도
3. 아동의 영양개선

제2절 취약계층 아동 통합서비스지원 및 자립지원 등

제37조【취약계층 아동에 대한 통합서비스지원】 ① 국가와 지방자치단체는 아동의 건강한 성장과 발달을 도모하기 위하여 대통령령으로 정하는 바에 따라 아동의 성장 및 복지 여건이 취약한 가정을 선정하여 그 가정의 지원대상아동과 가족을 대상으로 보건, 복지, 보호, 교육, 치료 등을 종합적으로 지원하는 통합서비스를 실시한다.
② 제1항에 따른 통합서비스지원의 대상 선정, 통합서비스의 내용 및 수행기관·수행인력 등에 필요한 사항은 대통령령으로 정한다.
③ 보건복지부장관은 통합서비스지원사업의 운영지원에 관한 업무를 법인, 단체 등에 위탁할 수 있다.

제38조【자립지원】 ① 국가와 지방자치단체는 보호대상아동의 위탁보호 종료 또는 아동복지시설 퇴소 이후의 자립을 지원하기 위하여 다음 각 호에 해당하는 조치를 시행하여야 한다.
1. 자립에 필요한 주거·생활·교육·취업 등의 지원
1의2. 자립에 필요한 자립정착금 및 자립수당 지급
(2021.12.21 본호신설)
2. 자립에 필요한 자산의 형성 및 관리 지원(이하 "자산형성지원"이라 한다)
3. 자립에 관한 실태조사 및 연구
4. 사후관리체계 구축 및 운영
5. 그 밖에 자립지원에 필요하다고 대통령령으로 정하는 사항
② 제1항에 따른 자립지원 대상자는 다음 각 호의 어느 하나에 해당하는 사람으로 한다.
1. 가정위탁보호 중인 사람

2. 아동복지시설에서 보호 중인 사람
3. 제16조 및 제16조의3에 따라 보호조치가 종료되거나 해당 시설에서 퇴소한 지 5년이 지나지 아니한 사람
4. 제1호부터 제3호까지에서 규정한 사람 외에 18세에 달하기 전에 보호조치가 종료되거나 해당 시설에서 퇴소한 사람으로서 보건복지부장관이 자립지원이 필요하다고 인정하는 사람
(2023.8.8 본항신설)
③ 제1항에 따른 자립지원의 절차와 방법 등에 필요한 사항은 대통령령으로 정한다.(2023.8.8 본항개정)
제38조의2【자립지원 실태조사】 ① 보건복지부장관은 보호대상아동의 위탁보호 종료 또는 아동복지시설 퇴소 이후의 자립지원, 생활 및 정서적·신체적 건강 등에 대한 실태조사를 3년마다 실시하여야 한다.
② 보건복지부장관은 제1항에 따른 실태조사를 위하여 관계 기관·법인·단체·시설의 장에게 필요한 자료의 제출 또는 의견의 진술을 요청할 수 있다. 이 경우 요청을 받은 자는 정당한 사유가 없으면 이에 협조하여야 한다.
③ 제1항에 따른 실태조사의 내용과 방법 등에 필요한 사항은 보건복지부령으로 정한다.
(2021.12.21 본조신설)
제39조【자립지원계획의 수립 등】 ① 보장원의 장, 가정위탁지원센터의 장 및 아동복지시설의 장은 보호하고 있는 15세 이상의 아동을 대상으로 매년 개별 아동에 대한 자립지원계획을 수립하고, 그 계획을 수행하는 종사자를 대상으로 자립지원에 관한 교육을 실시하여야 한다.
(2019.1.15 본항개정)
② 제1항에 따른 자립지원계획의 수립·시행 등에 필요한 사항은 보건복지부령으로 정한다.
제39조의2【자립지원전담기관의 설치·운영】 ① 국가와 지방자치단체는 보호대상아동의 위탁보호 종료 또는 아동복지시설 퇴소 이후의 자립을 지원하기 위하여 자립지원전담기관을 설치·운영할 수 있다.
② 제1항에 따른 자립지원전담기관의 설치기준과 운영, 종사자의 자격, 배치기준 등에 필요한 사항은 대통령령으로 정한다.
(2021.12.21 본조신설)
제40조【자립지원 관련 업무의 위탁】 국가 또는 지방자치단체는 다음 각 호의 업무를 법인에 위탁할 수 있다.
1. 제39조의2에 따른 자립지원전담기관 설치·운영
2. 자립지원 관련 데이터베이스 구축 및 운영
3. 자립지원 프로그램의 개발 및 보급
4. 제38조제2항에 따른 자립지원 대상자에 대한 사례관리
5. 그 밖에 보건복지부장관이 자립지원 업무를 수행하기 위하여 필요하다고 인정하는 업무
(2023.8.8 본조개정)
제41조【아동자립지원추진협의회】 ① 보건복지부장관은 지원대상아동의 자립지원 정책을 효율적으로 수행하기 위하여 관계 행정기관의 공무원으로 구성되는 아동자립지원추진협의회를 둘 수 있다.
② 제1항에 따른 아동자립지원추진협의회의 구체적인 구성·운영 등에 필요한 사항은 대통령령으로 정한다.
제42조【자산형성지원사업】 ① 국가와 지방자치단체는 아동이 건전한 사회인으로 성장·발전할 수 있도록 자산형성지원사업을 실시할 수 있다.
② 제1항에 따른 자산형성지원사업을 하여야 할 아동의 범위와 해당 아동의 선정·관리 등에 필요한 사항은 보건복지부령으로 정한다.
제43조【자산형성지원사업 관련 업무】 ① 보건복지부장관은 제42조에 따른 자산형성지원사업을 효율적으로 추진하기 위하여 자산형성지원사업 운영업무 및 금융자산관리업무를 하여야 한다.
② 제1항에 따른 자산형성지원사업의 운영업무는 다음 각 호와 같다.
1. 자산형성지원사업 대상 아동의 관리
2. 자산형성지원사업의 후원자 발굴 및 관리
3. 자산형성지원사업에 관한 교육 및 홍보
4. 자산형성지원사업에 관한 조사·연구 및 평가
5. 그 밖에 자산형성지원사업과 관련하여 보건복지부령으로 정하는 사항
③ 제1항에 따른 금융자산관리업무는 다음 각 호와 같다.
1. 자산형성지원사업을 위한 금융상품의 개발 및 관리
2. 자산형성지원사업을 위한 금융상품의 운영에 관한 사항
제44조【자산형성지원사업 관련 업무의 위탁】 ① 보건복지부장관은 제43조제2항에 따른 자산형성지원사업의 운영업무를 법인에 위탁할 수 있다.(2019.1.15 본항개정)
② 보건복지부장관은 제43조제3항에 따른 금융자산관리업무를 「은행법」에 따른 은행, 「우체국예금·보험에 관한 법률」에 따른 체신관서, 「농업협동조합법」에 따른 농업협동조합중앙회, 「수산업협동조합법」에 따른 수산업협동조합중앙회 또는 「중소기업은행법」에 따른 중소기업은행에 위탁할 수 있다.

제3절 방과 후 돌봄서비스 지원
(2019.1.15 본절신설)

제44조의2【다함께돌봄센터】 ① 시·도지사 및 시장·군수·구청장은 초등학교의 정규교육 이외의 시간 동안 다음 각 호의 돌봄서비스(이하 "방과 후 돌봄서비스"라 한다)를 실시하기 위하여 다함께돌봄센터를 설치·운영할 수 있다.
1. 아동의 안전한 보호
2. 안전하고 균형 있는 급식 및 간식의 제공
3. 등·하교 전후, 야간 또는 긴급상황 발생 시 돌봄서비스 제공
4. 체험활동 등 교육·문화·예술·체육 프로그램의 연계·제공
5. 돌봄 상담, 관련 정보의 제공 및 서비스의 연계
6. 그 밖에 보건복지부령으로 정하는 방과 후 돌봄서비스의 제공
② 시·도지사 및 시장·군수·구청장은 다함께돌봄센터의 설치·운영을 보건복지부장관이 정하는 법인 또는 단체에 위탁할 수 있다.
③ 국가는 다함께돌봄센터의 설치·운영에 필요한 비용의 일부를 지방자치단체에 지원할 수 있다.
④ 다함께돌봄센터의 장은 시·도지사 및 시장·군수·구청장이 정하는 바에 따라 아동의 보호자에게 제1항 각 호의 방과 후 돌봄서비스 제공에 필요한 비용의 일부를 부담하게 할 수 있다.
⑤ 다함께돌봄센터의 설치기준과 운영, 종사자의 자격 등에 관한 사항은 보건복지부령으로 정한다.

제5장 아동복지시설
(2016.3.22 본장제목개정)

제45조【아동보호전문기관의 설치 등】 ① (2019.1.15 삭제)
② 지방자치단체는 학대받은 아동의 치료, 아동학대의 재발 방지 등 사례관리 및 아동학대예방을 담당하는 아동보호전문기관을 시·도 및 시·군·구에 1개소 이상 두어야 한다. 다만, 시·도지사는 관할 구역의 아동 수 및 지리적 요건을 고려하여 조례로 정하는 바에 따라 둘 이상의 시·군·구를 통합하여 하나의 아동보호전문기관을 설치·운영할 수 있다.(2020.4.7 본문개정)
③ 제2항 단서에 따라 아동보호전문기관을 통합하여 설치·운영하는 경우 시·도지사는 아동보호전문기관의 설치·운영에 필요한 비용을 관할 구역의 아동의 수 등을 고려하여 시장·군수·구청장에게 공동으로 부담하게 할 수 있다.(2019.1.15 본항개정)
④ 시·도지사 및 시장·군수·구청장은 아동학대예방사업을 목적으로 하는 비영리법인을 지정하여 제2항에 따른 아동보호전문기관의 운영을 위탁할 수 있다.
(2019.1.15 본항개정)
⑤ 아동보호전문기관의 설치기준과 운영, 상담원 등 직원의 자격과 배치기준, 제4항에 따른 지정의 요건 등에 필요한 사항은 대통령령으로 정한다.
제46조【아동보호전문기관의 업무】 ① (2019.1.15 삭제)
② 아동보호전문기관은 다음 각 호의 업무를 수행한다.
(2019.1.15 본문개정)
1.~2. (2020.4.7 삭제)
3. 피해아동, 피해아동의 가족 및 아동학대행위자를 위한 상담·치료 및 교육(2014.1.28 본호개정)
4. 아동학대예방 교육 및 홍보
5. 피해아동 가정의 사후관리
6. (2020.4.7 삭제)
7. 그 밖에 대통령령으로 정하는 아동학대예방사업과 관련된 업무
제46조의2 (2020.4.7 삭제)
제47조【아동보호전문기관의 성과평가 등】 ① 보건복지부장관은 아동보호전문기관의 업무 실적에 대하여 3년마다 성과평가를 실시하여야 한다.
② 성과평가 및 평가결과의 활용 등에 필요한 사항은 대통령령으로 정한다.
제48조【가정위탁지원센터의 설치 등】 ① (2019.1.15 삭제)
② 지방자치단체는 보호대상아동에 대한 가정위탁사업을 활성화하기 위하여 시·도 및 시·군·구에 가정위탁지원센터를 둔다. 다만, 시·도지사는 조례로 정하는 바에 따라 둘 이상의 시·군·구를 통합하여 하나의 가정위탁지원센터를 설치·운영할 수 있다.(2019.1.15 본항개정)
③ 제2항 단서에 따라 가정위탁지원센터를 통합하여 설치·운영하는 경우 시·도지사는 가정위탁지원센터의 설치·운영에 필요한 비용을 관할 구역의 아동의 수 등을 고려하여 시장·군수·구청장에게 공동으로 부담하게 할 수 있다.(2019.1.15 본항개정)
④ 시·도지사 및 시장·군수·구청장은 가정위탁지원을 목적으로 하는 비영리법인을 지정하여 제2항에 따른 가정위탁지원센터의 운영을 위탁할 수 있다.(2019.1.15 본항개정)
⑤ 가정위탁지원센터의 설치기준과 운영, 상담원 등 직원의 자격과 배치기준, 제4항에 따른 지정의 요건 등에 필요한 사항은 대통령령으로 정한다.
⑥ 보장원은 가정위탁사업의 활성화 등을 위하여 다음 각 호의 업무를 수행한다.
1. 가정위탁지원센터에 대한 지원
2. 효과적인 가정위탁사업을 위한 지역 간 연계체계 구축
3. 가정위탁사업과 관련한 연구 및 자료발간
4. 가정위탁사업을 위한 프로그램의 개발 및 평가
5. 상담원에 대한 교육 등 가정위탁에 관한 교육 및 홍보
6. 가정위탁사업을 위한 정보기반 구축 및 정보 제공
7. 그 밖에 대통령령으로 정하는 가정위탁사업과 관련된 업무
(2019.1.15 본항신설)
제49조【가정위탁지원센터의 업무】 ① (2019.1.15 삭제)
② 가정위탁지원센터는 다음 각 호의 업무를 수행한다.
(2019.1.15 본문개정)
1. 가정위탁사업의 홍보 및 가정위탁을 하고자 하는 가정의 발굴
2. 가정위탁을 하고자 하는 가정에 대한 조사 및 가정위탁 대상 아동에 대한 상담
3. 가정위탁을 하고자 하는 사람과 위탁가정 부모에 대한 교육
4. 위탁가정의 사례관리
5. 친부모 가정으로의 복귀 지원
6. 가정위탁 아동의 자립계획 및 사례 관리
7. 관할 구역 내 가정위탁 관련 정보 제공
8. 그 밖에 대통령령으로 정하는 가정위탁과 관련된 업무
제50조【아동복지시설의 설치】 ① 국가 또는 지방자치단체는 아동복지시설을 설치할 수 있다.
② 국가 또는 지방자치단체 외의 자는 관할 시장·군수·구청장에게 신고하고 아동복지시설을 설치할 수 있다.
③ 시장·군수·구청장은 제2항에 따른 신고를 받은 경우 그 내용을 검토하여 이 법에 적합하면 신고를 수리하여야 한다.(2019.1.15 본항신설)
④ 아동복지시설의 시설기준 및 설치 등에 필요한 사항은 보건복지부령으로 정한다.
제51조【휴업·폐업 등의 신고】 ① 제50조제2항에 따라 신고한 아동복지시설을 폐업 또는 휴업하거나 그 운영을 재개하고자 하는 자는 보건복지부령으로 정하는 바에 따라 미리 시장·군수·구청장에게 신고하여야 한다.
② 아동복지시설의 장은 아동복지시설이 폐업 또는 휴업하는 경우에는 대통령령으로 정하는 바에 따라 해당 아동복지시설을 이용하는 아동이 다른 아동복지시설로 옮길 수 있도록 하는 등 보호대상아동의 권익을 보호하기 위한 조치를 취하여야 한다.(2016.3.22 본항신설)
③ 시장·군수·구청장은 제1항에 따라 아동복지시설의 폐업 또는 휴업의 신고를 받은 경우 아동복지시설의 장이 제2항에 따른 보호대상아동의 권익을 보호하기 위한 조치를 취하였는지 여부를 확인하는 등 보건복지부령으로 정하는 조치를 하고 신고를 수리하여야 한다.
(2019.1.15 본항개정)
제52조【아동복지시설의 종류】 ① 아동복지시설의 종류는 다음과 같다.
1. 아동양육시설 : 보호대상아동을 입소시켜 보호, 양육 및 취업훈련, 자립지원 서비스 등을 제공하는 것을 목적으로 하는 시설
2. 아동일시보호시설 : 보호대상아동을 일시보호하고 아동에 대한 향후의 양육대책수립 및 보호조치를 행하는 것을 목적으로 하는 시설
3. 아동보호치료시설 : 아동에게 보호 및 치료 서비스를 제공하는 다음 각 목의 시설
 가. 불량행위를 하거나 불량행위를 할 우려가 있는 아동으로서 보호자가 없거나 친권자나 후견인이 입소를 신청한 아동 또는 가정법원, 지방법원소년부지원에서 보호위탁된 19세 미만인 사람을 입소시켜 치료와 선도를 통하여 건전한 사회인으로 육성하는 것을 목적으로 하는 시설
 나. 정서적·행동적 장애로 인하여 어려움을 겪고 있는 아동 또는 학대로 인하여 부모로부터 일시 격리되어 치료받을 필요가 있는 아동을 보호·치료하는 시설
4. 공동생활가정 : 보호대상아동에게 가정과 같은 주거여건과 보호, 양육, 자립지원 서비스를 제공하는 것을 목적으로 하는 시설
5. 자립지원시설 : 아동복지시설에서 퇴소한 사람에게 취업준비기간 또는 취업 후 일정 기간 동안 보호함으로써 자립을 지원하는 것을 목적으로 하는 시설
6. 아동상담소 : 아동과 그 가족의 문제에 관한 상담, 치료, 예방 및 연구 등을 목적으로 하는 시설
7. 아동전용시설 : 어린이공원, 어린이놀이터, 아동회관, 체육·연극·영화·과학실험전시 시설, 아동휴게숙박시설, 야영장 등 아동에게 건전한 놀이·오락, 그 밖의 각종 편의를 제공하여 심신의 건강유지와 복지증진에 필요한 서비스를 제공하는 것을 목적으로 하는 시설
8. 지역아동센터 : 지역사회 아동의 보호·교육, 건전한 놀이와 오락의 제공, 보호자와 지역사회의 연계 등 아동의 건전육성을 위하여 종합적인 아동복지서비스를 제공하는 시설
9. 아동보호전문기관(2017.10.24 본호개정)
10. 제48조에 따른 가정위탁지원센터(2016.3.22 본호신설)
11. 제10조의2에 따른 보장원(2019.1.15 본호신설)
12. 제39조의2에 따른 자립지원전담기관(2021.12.21 본호신설)

13. 제53조의2에 따른 학대피해아동쉼터(2023.7.18 본호신설)
② 제1항에 따른 아동복지시설은 통합하여 설치할 수 있다.
③ 제1항에 따른 아동복지시설은 각 시설 고유의 목적 사업을 해치지 아니하고 각 시설별 설치기준 및 운영기준을 충족하는 경우 다음 각 호의 사업을 추가로 실시할 수 있다.
1. 아동가정지원사업 : 지역사회아동의 건전한 발달을 위하여 아동, 가정, 지역주민에게 상담, 조언 및 정보를 제공하여 주는 사업
2. 아동주간보호사업 : 부득이한 사유로 가정에서 낮 동안 보호를 받을 수 없는 아동을 대상으로 개별적인 보호와 교육을 통하여 아동의 건전한 성장을 도모하는 사업
3. 아동전문상담사업 : 학교부적응아동 등을 대상으로 올바른 인격형성을 위한 상담, 치료 및 학교폭력예방을 실시하는 사업
4. 학대아동보호사업 : 학대아동의 발견, 보호, 치료 및 아동학대의 예방 등을 전문적으로 실시하는 사업
5. 공동생활가정사업 : 보호대상아동에게 가정과 같은 주거여건과 보호를 제공하는 것을 목적으로 하는 사업
6. 방과 후 아동지도사업 : 저소득층 아동을 대상으로 방과 후 개별적인 보호와 교육을 통하여 건전한 인격형성을 목적으로 하는 사업

제53조【아동전용시설의 설치】 ① 국가와 지방자치단체는 아동이 항상 이용할 수 있는 아동전용시설을 설치하도록 노력하여야 한다.
② 아동이 이용할 수 있는 문화·오락 시설, 교통시설, 그 밖의 서비스시설 등을 설치·운영하는 자는 대통령령으로 정하는 바에 따라 아동의 이용편의를 고려한 편익설비를 갖추고 아동에 대한 입장료와 이용료 등을 감면할 수 있다.
③ 아동전용시설의 설치기준 등에 필요한 사항은 보건복지부령으로 정한다.

제53조의2【학대피해아동쉼터의 설치 등】 ① 시·도지사 및 시장·군수·구청장은 피해아동에 대한 보호, 치료, 양육 서비스 등을 제공하는 학대피해아동쉼터를 지역별 아동수, 아동학대 발생건수, 아동의 성별 등을 고려하여 설치·운영할 수 있다.
② 학대피해아동쉼터의 업무는 다음 각 호와 같다.
1. 피해아동의 보호와 숙식 제공 등의 쉼터 생활 지원
2. 피해아동의 심리적 안정을 위한 심리상담·치료
3. 피해아동에 대한 학습 및 정서 지원
4. 그 밖에 보건복지부령으로 정하는 업무
③ 시·도지사 및 시장·군수·구청장은 학대피해아동쉼터의 설치·운영을 보건복지부장관이 정하는 비영리법인에 위탁할 수 있다.
④ 학대피해아동쉼터의 설치기준·운영 및 인력 등에 관한 사항은 보건복지부령으로 정한다.
(2023.7.18 본조개정)

제54조【아동복지시설의 종사자】 ① 아동복지시설에는 필요한 전문인력을 배치하여야 한다.
② 아동복지시설 종사자의 직종과 수, 그 자격 및 배치기준은 대통령령으로 정한다.

제54조의2【결격사유】 ① 다음 각 호의 어느 하나에 해당하는 자는 아동복지시설의 장으로 채용될 수 없다.
1. 「사회복지사업법」 제35조제2항 각 호의 어느 하나에 해당하는 자
2. 「정신건강증진 및 정신질환자 복지서비스 지원에 관한 법률」 제3조제1호의 정신질환자. 다만, 정신건강의학과 전문의가 아동복지시설의 장으로서 직무를 수행할 수 있다고 인정하는 사람은 그러하지 아니하다.
3. 「마약류 관리에 관한 법률」 제2조제1호의 마약류에 중독된 자
② 다음 각 호의 어느 하나에 해당하는 자는 아동복지시설 종사자로 채용될 수 없다.
1. 「사회복지사업법」 제35조의2제2항 각 호의 어느 하나에 해당하는 자
2. 「정신건강증진 및 정신질환자 복지서비스 지원에 관한 법률」 제3조제1호의 정신질환자. 다만, 정신건강의학과 전문의가 아동복지시설 종사자로서 직무를 수행할 수 있다고 인정하는 사람은 그러하지 아니하다.
3. 「마약류 관리에 관한 법률」 제2조제1호의 마약류에 중독된 자
(2020.12.29 본조신설)

제55조【아동복지시설 종사자의 교육훈련】 ① 시·도지사 또는 시장·군수·구청장은 아동복지시설 종사자의 양성 및 자질향상을 위한 교육·훈련을 실시하여야 한다.
② 시·도지사 또는 시장·군수·구청장은 제1항의 교육훈련을 대학(전문대학을 포함한다) 또는 아동복지단체나 그 밖의 교육훈련시설(이하 "교육훈련시설"이라 한다)에 위탁하여 실시할 수 있다.

제56조【시설의 개선, 사업의 정지, 시설의 폐쇄 등】 ① 보건복지부장관, 시·도지사 또는 시장·군수·구청장은 아동복지시설과 교육훈련시설(대학 및 전문대학은 제외한다)이 다음 각 호의 어느 하나에 해당하는 경우에는 소관에 따라 그 시설의 개선, 6개월 이내의 사업의 정지, 위탁의 취소 또는 해당 시설의 장의 교체를 명하거나 시설의 폐쇄를 명할 수 있다.(2016.3.22 본문개정)
1. 시설이 설치기준에 미달하게 된 경우
2. 사회복지법인 또는 비영리법인이 설치·운영하는 시설로서 그 사회복지법인이나 비영리법인의 설립허가가 취소된 경우
3. 설치목적의 달성이나 그 밖의 사유로 계속하여 운영될 필요가 없다고 인정할 때
4. 보호대상아동에 대한 아동학대행위가 확인된 경우
5. 거짓이나 그 밖의 부정한 방법으로 경비의 지원을 받은 경우
6. 아동복지시설의 사업정지기간 중에 사업을 한 경우
7. 그 밖에 이 법 또는 이 법에 따른 명령을 위반한 경우
② 보건복지부장관, 시·도지사 또는 시장·군수·구청장은 아동복지시설과 교육훈련시설(대학 및 전문대학은 제외한다)이 제1항에 따라 사업 정지, 위탁 취소 또는 시설 폐쇄되는 경우에는 대통령령으로 정하는 바에 따라 해당 시설을 이용하는 아동을 다른 시설로 옮기도록 하는 등 보호대상아동의 권익을 보호하기 위하여 필요한 조치를 하여야 한다.(2021.12.21 본항개정)
③ 제1항에 따른 시설의 개선, 사업의 정지, 위탁의 취소 또는 해당 시설의 장의 교체지시 또는 시설의 폐쇄 처분의 기준은 위반행위의 유형 및 그 사유와 위반의 정도 등을 고려하여 대통령령으로 정한다.

제57조【아동복지시설의 장의 의무】 아동복지시설의 장은 보호아동의 권리를 최대한 보장하여야 하며, 친권자가 있는 경우 보호아동의 가정복귀를 위하여 적절한 상담과 지도를 병행하여야 한다.(2016.3.22 본조개정)

제58조【아동복지단체의 육성】 국가 및 지방자치단체는 아동복지단체를 지도·육성할 수 있다.

제6장 보 칙

제59조【비용 보조】 국가 또는 지방자치단체는 대통령령으로 정하는 바에 따라 다음 각 호의 어느 하나에 해당하는 비용의 전부 또는 일부를 보조할 수 있다.
1. 아동복지시설의 설치 및 운영과 프로그램의 운용에 필요한 비용 또는 수탁보호 중인 아동의 양육 및 보호관리에 필요한 비용
2. 보호대상아동의 가정위탁 보호에 따른 비용
(2020.12.29 본호개정)
3. 아동복지사업의 지도, 감독, 계몽 및 홍보에 필요한 비용
4. (2016.3.22 삭제)
4의2. 제26조에 따른 신고의무 교육에 소요되는 비용
(2015.3.27 본호신설)
4의3. 제29조의7제2항 각 호의 조치에 소요되는 비용
(2017.10.24 본호신설)
5. 제37조에 따른 취약계층 아동에 대한 통합서비스지원에 필요한 비용
6. 제38조에 따른 보호대상아동의 자립지원에 필요한 비용
7. 제42조에 따른 자산형성지원사업에 필요한 비용
8. 제58조에 따른 아동복지단체의 지도·육성에 필요한 비용

제60조【비용 징수】 시·도지사, 시장·군수·구청장 또는 아동복지시설의 장은 제15조제1항제3호부터 제5호까지 및 같은 조 제5항 및 제6항에 따른 보호조치에 필요한 비용의 전부 또는 일부를 대통령령으로 정하는 바에 따라 각각 그 아동의 부양의무자로부터 징수할 수 있다.
(2016.3.22 본조개정)

제61조【보조금의 반환명령】 국가 또는 지방자치단체는 아동복지시설의 장 등 보호수탁자, 보장원의 장, 가정위탁지원센터의 장, 아동복지단체의 장이 다음 각 호의 어느 하나에 해당하는 경우에는 이미 교부한 보조금의 전부 또는 일부의 반환을 명할 수 있다.(2020.12.29 본문개정)
1. 보조금의 교부조건을 위반한 경우
2. 거짓이나 그 밖의 부정한 방법으로 보조금의 교부를 받은 경우
3. 아동복지시설의 경영에 관하여 개인의 영리를 도모하는 행위를 한 경우(2016.3.22 본호개정)
4. 보조금의 사용잔액이 있는 경우
5. 이 법 또는 이 법에 따른 명령을 위반한 경우

제62조【국유·공유 재산의 대부 등】 ① 국가 또는 지방자치단체는 아동복지시설의 설치·운영을 위하여 필요하다고 인정하는 경우 「국유재산법」 및 「공유재산 및 물품 관리법」에도 불구하고 국유·공유 재산을 무상으로 대부하거나 사용·수익하게 할 수 있다.
② 제1항에 따른 국유·공유 재산의 대부·사용·수익의 내용 및 조건에 관하여는 해당 재산을 사용·수익하고자 하는 자와 해당 재산의 중앙관서의 장 또는 지방자치단체의 장 간의 계약에 의한다.

제63조【면세】 아동복지시설에서 그 보호아동을 위하여 사용하는 건물 및 토지, 시설설치 및 운영에 소요되는 비용에 대하여는 「조세특례제한법」, 그 밖의 관계 법령에서 정하는 바에 따라 조세, 그 밖의 공과금을 면제할 수 있다.

제64조【압류 금지】 이 법에 따라 지급된 금품과 이를 받을 권리는 압류하지 못한다.

제65조【비밀 유지 등의 의무】 아동복지사업을 포함하여 아동복지업무에 종사하였거나 종사하는 자는 그 직무상 알게된 비밀을 누설하거나 직무상 목적 외의 용도로 이용하여서는 아니 된다.(2020.12.29 본조개정)

제65조의2【연차보고서】 ① 보건복지부장관은 매년 정기국회 전까지 아동학대 예방 및 피해아동 보호 정책의 추진현황과 평가결과에 대한 연차보고서를 작성하여 국회 소관 상임위원회에 제출하여야 한다.
② 제1항에 따른 연차보고서에는 다음 각 호의 내용이 포함되어야 한다.
1. 아동학대 예방정책의 추진 실태 및 평가결과
2. 피해아동 현황 및 보호·지원 현황
3. 아동학대 사례 분석
4. 아동학대 예방교육 및 신고의무자 교육 현황
5. 그 밖에 아동학대 예방과 관련하여 필요한 사항
③ 보건복지부장관은 연차보고서의 작성을 위하여 관계 중앙행정기관의 장 및 지방자치단체의 장에게 필요한 자료의 제출을 요청할 수 있다. 이 경우 요청을 받은 관계 중앙행정기관의 장 및 지방자치단체의 장은 정당한 사유가 없으면 이에 따라야 한다.
④ 그 밖에 연차보고서의 작성 절차 및 방법 등에 필요한 사항은 대통령령으로 정한다.
(2017.10.24 본조신설)

제66조【조사 등】 ① 보건복지부장관, 시·도지사 또는 시장·군수·구청장은 필요하다고 인정할 때에는 관계 공무원이나 전담공무원으로 하여금 아동복지시설과 아동의 주소·거소, 아동의 고용장소 또는 제17조의 금지행위를 위반할 우려가 있는 장소에 출입하여 아동 또는 관계인에 대하여 필요한 조사를 하거나 질문을 하게 할 수 있다.
② 제1항의 경우 관계 공무원 또는 전담공무원은 그 권한을 표시하는 증표를 지니고 이를 관계인에게 내보여야 한다.

제67조【청문】 보건복지부장관, 시·도지사 또는 시장·군수·구청장은 제29조의7에 따른 지정의 취소, 제56조에 따른 위탁의 취소 또는 시설의 폐쇄명령을 하고자 하는 경우에는 청문을 하여야 한다.(2017.10.24 본조개정)

제68조【권한의 위임·위탁】 ① 이 법에 따른 보건복지부장관의 권한은 그 일부를 대통령령으로 정하는 바에 따라 시·도지사 또는 시장·군수·구청장에게, 시·도지사의 권한은 그 일부를 대통령령으로 정하는 바에 따라 시장·군수·구청장에게 위임할 수 있다. 다만, 제26조, 제29조의4, 제29조의5, 제75조에 따른 교육부장관, 문화체육관광부장관, 여성가족부장관, 국토교통부장관, 소방청장의 권한은 그 일부를 대통령령으로 정하는 바에 따라 시·도지사, 시장·군수·구청장 또는 교육감·교육장에게 위임할 수 있다.(2017.7.26 단서개정)
② 이 법에 따른 보건복지부장관의 업무는 대통령령으로 정하는 바에 따라 그 일부를 제10조의2에 따른 보장원, 아동복지 관련 법인·단체·시설에 위탁할 수 있다.
(2019.1.15 본항신설)
(2019.1.15 본조제목개정)

제69조【유사명칭의 사용금지】 이 법에 따른 아동복지시설이 아니면 아동복지시설이라는 명칭을 사용하지 못한다.(2016.3.22 본조개정)

제70조【벌칙 적용에서의 공무원 의제】 아동복지시설의 장과 그 종사자는 「형법」 제129조부터 제132조까지를 적용할 때에는 공무원으로 본다.(2016.3.22 본조개정)

제7장 벌 칙

제71조【벌칙】 ① 제17조를 위반한 자는 다음 각 호의 구분에 따라 처벌한다.
1. 제1호(「아동·청소년의 성보호에 관한 법률」 제12조에 따른 매매는 제외한다)에 해당하는 행위를 한 자는 10년 이하의 징역에 처한다.(2014.1.28 본호개정)
1의2. 제2호에 해당하는 행위를 한 자는 10년 이하의 징역 또는 1억원 이하의 벌금에 처한다.(2017.10.24 본호개정)
2. 제3호부터 제8호까지에 해당하는 행위를 한 자(제5호 중 가정폭력에 아동을 노출시키는 행위로 인한 경우 「가정폭력범죄의 처벌 등에 관한 특례법」 제2조제4호에 따른 가정폭력행위자를 말한다)는 5년 이하의 징역 또는 5천만원 이하의 벌금에 처한다.(2024.1.23 본호개정)
3. 제10호 또는 제11호에 해당하는 행위를 한 자는 3년 이하의 징역 또는 3천만원 이하의 벌금에 처한다.
4. 제9호에 해당하는 행위를 한 자는 1년 이하의 징역 또는 1천만원 이하의 벌금에 처한다.
(2017.10.24 3호~4호개정)
② 다음 각 호의 어느 하나에 해당하는 사람은 3년 이하의 징역 또는 3천만원 이하의 벌금에 처한다.
1. 제28조의2제5항을 위반하여 피해아동관련 정보를 요청 목적 외로 사용하거나 다른 사람에게 제공 또는 누설한 사람
2. 제65조를 위반하여 비밀을 누설하거나 직무상 목적 외 용도로 이용한 사람
(2020.12.29 본항신설)
③ 다음 각 호의 어느 하나에 해당하는 자는 1년 이하의 징역 또는 1천만원 이하의 벌금에 처한다.(2017.10.24 본문개정)
1. 정당한 사유 없이 제51조제2항에 따라 다른 아동복지시설로 옮기는 권익보호조치를 하지 아니한 사람
(2016.3.22 본호신설)

2. 제22조의5제2항을 위반하여 비밀을 누설하거나 부당한 이익을 취한 사람(2020.4.7 본호신설)
2의2. (2020.12.29 삭제)
2의3. (2020.4.7 삭제)
3. 제50조제2항에 따른 신고를 하지 아니하고 아동복지시설을 설치한 자
4. 거짓으로 서류를 작성하여 제54조제1항에 따른 아동복지시설 전문인력의 자격을 인정받은 자
5. 제56조에 따른 사업의 정지, 위탁의 취소 또는 시설의 폐쇄명령을 받고도 그 시설을 운영하거나 사업을 한 자
6. (2020.12.29 삭제)
7. 제66조제1항에 따른 조사를 거부·방해 또는 기피하거나 질문에 대하여 답변을 거부·기피 또는 거짓 답변을 하거나, 아동에게 답변을 거부·기피 또는 거짓 답변을 하게 하거나 그 답변을 방해한 자

제72조【상습범】 상습적으로 제71조제1항 각 호의 죄를 범한 자는 그 죄에 정한 형의 2분의 1까지 가중한다.

제73조【미수범】 제71조제1항제1호의 미수범은 처벌한다.

제74조【양벌규정】 법인의 대표자나 법인 또는 개인의 대리인, 사용인, 그 밖의 종업원이 그 법인 또는 개인의 업무에 관하여 제71조의 위반행위를 하면 그 행위자를 벌하는 외에 그 법인 또는 개인에게도 해당 조문의 벌금형을 과(科)한다. 다만, 법인 또는 개인이 그 위반행위를 방지하기 위하여 해당 업무에 관하여 상당한 주의와 감독을 게을리하지 아니한 경우에는 그러하지 아니하다.

제75조【과태료】 ① 다음 각 호의 어느 하나에 해당하는 자에게는 1천만원 이하의 과태료를 부과한다.
1. 제27조의3을 위반하여 피해아동의 인수를 거부한 아동학대 관련 보호시설의 장
2. 제29조의5제1항에 따른 해임요구를 정당한 사유 없이 거부하거나 1개월 이내에 이행하지 아니한 아동관련기관의 장

(2014.1.28 본항신설)

② 아동관련기관의 장이 제29조의3제5항을 위반하여 아동학대관련범죄 전력을 확인하지 아니하는 경우에는 500만원 이하의 과태료를 부과한다.(2018.12.11 본항개정)

③ 다음 각 호의 어느 하나에 해당하는 자에게는 300만원 이하의 과태료를 부과한다.
1. (2014.1.28 삭제)
1의2. 제26조제3항을 위반하여 신고의무 교육을 실시하지 아니한 자(2015.3.27 본호신설)
1의3. 제28조제3항을 위반하여 정당한 사유 없이 아동학대 재발 방지 등을 위한 업무수행을 거부하거나 방해한 자
1의4. 제29조제3항을 위반하여 보장원의 장 또는 아동보호전문기관의 장이 제공하는 지원에 정당한 사유 없이 참여하지 아니한 피해아동의 가족(보호자를 포함한다)
1의5. 제29조의2를 위반하여 정당한 사유 없이 상담·교육·심리적 치료 등에 참여하지 아니한 아동학대행위자

(2020.12.29 1호의3~1호의5신설)
2. 제31조를 위반하여 교육을 실시하지 아니한 자
3. 제51조를 위반하여 아동복지시설의 휴업·폐업 또는 운영 재개 신고를 하지 아니한 자
4. 제69조를 위반하여 아동복지시설이라는 명칭을 사용한 자(2016.3.22 본호개정)

④ 제1항부터 제3항까지에 따른 과태료는 대통령령으로 정하는 바에 따라 교육부장관, 문화체육관광부장관, 보건복지부장관, 여성가족부장관, 국토교통부장관, 시·도지사, 특별시·광역시·특별자치도 및 도의 교육감 또는 시장·군수·구청장이 부과·징수한다.(2014.1.28 본항개정)

부 칙 (2018.12.11)

제1조【시행일】 이 법은 공포 후 6개월이 경과한 날부터 시행한다. 다만, 제22조의3제2항의 개정규정은 공포한 날부터 시행한다.

제2조【아동관련기관의 취업제한 등에 관한 적용례】 ① 제29조의3의 개정규정은 이 법 시행 전에 아동학대관련범죄를 범하고 확정판결을 받지 아니한 사람에 대해서도 적용한다.

② 제29조의3제1항제23호의 개정규정은 같은 개정규정 시행 후 최초로 아동학대관련범죄를 범하고 취업제한명령을 선고받은 사람부터 적용한다.

제3조【종전의 규정에 따라 아동학대관련범죄를 범하고 확정판결을 받은 사람의 취업제한기간 등에 관한 특례】 ① 종전의 규정에 따라 취업제한을 받는 사람(이하 이 조에서 "취업제한대상자"라 한다)의 취업제한기간은 종전의 규정에도 불구하고 다음 각 호의 구분에 따른 기간으로 한다. 다만, 종전의 규정을 적용하는 것이 아동학대관련범죄를 범하고 확정판결을 받은 사람에게 유리한 경우에는 종전의 규정에 따른다.
1. 3년 초과의 징역 또는 금고형이나 치료감호를 선고받아 확정된 사람 : 그 형 또는 치료감호의 전부 또는 일부의 집행이 종료되거나 집행이 유예·면제된 날부터 5년
2. 3년 이하의 징역 또는 금고형이나 치료감호를 선고받아 확정된 사람 : 그 형 또는 치료감호의 전부 또는 일부의 집행이 종료되거나 집행이 유예·면제된 날부터 3년
3. 벌금형을 선고받아 확정된 사람 : 그 형이 확정된 날부터 1년

② 이 법 시행 후 취업제한대상자 또는 그 법정대리인은 제1심판결을 한 법원에 제1항에 따른 취업제한기간이 현저히 부당하거나 취업제한을 하여서는 아니 되는 특별한 사정이 있음을 이유로 제1항에 따른 취업제한기간의 변경 또는 취업제한의 면제를 신청할 수 있다.

③ 취업제한대상자 또는 그 법정대리인은 제2항에 따른 신청을 할 때에는 취업제한대상자의 인적사항(성명, 생년월일 및 주소를 말한다), 신청의 원인이 되는 사실 등을 기재하여야 한다.

④ 법원은 제2항의 신청에 대하여 결정을 하기 전에 검사의 의견을 물을 수 있다.

⑤ 법원은 제2항의 신청이 이유 없다고 인정하는 때에는 신청을 기각하는 결정을 고지하여야 한다.

⑥ 법원은 제2항의 신청이 이유 있다고 인정하는 때에는 제1항 각 호의 기간을 초과하지 아니하는 범위에서 취업제한기간을 새로이 정하거나 취업제한을 면제하는 결정을 고지하고, 검사에게 결정문 등본을 송부하여야 한다.

⑦ 검사, 취업제한대상자 또는 그 법정대리인은 제5항 또는 제6항의 결정이 법령을 위반하거나 현저히 부당한 경우 결정을 고지받은 날부터 7일 이내에 항고할 수 있다.

⑧ 항고할 때에는 항고장을 원심법원에 제출하여야 하며, 항고장을 제출받은 법원은 3일 이내에 의견서를 첨부하여 기록을 항고법원에 송부하여야 한다.

⑨ 항고법원은 항고 절차가 법률에 위반되거나 항고가 이유 없다고 인정한 경우에는 결정으로써 항고를 기각하여야 한다.

⑩ 항고법원은 항고가 이유 있다고 인정한 경우에는 원결정을 파기하고 스스로 결정을 하거나 다른 관할 법원에 이송하여야 한다.

⑪ 항고법원의 결정에 대하여는 그 결정이 법령에 위반된 때에만 대법원에 재항고를 할 수 있다.

⑫ 재항고의 제기기간은 항고기각 결정을 고지받은 날부터 7일로 한다.

⑬ 항고와 재항고는 결정의 집행을 정지하는 효력이 없다.

⑭ 법원은 제6항의 결정이 확정된 날부터 14일 이내에 결정의 확정일자를 결정문 등본에 첨부하여 보건복지부장관에게 송달하여야 한다.

제4조【헌법재판소 위헌결정 이후 이 법 시행일 전까지 아동학대관련범죄로 형을 선고받아 그 형이 확정된 사람의 취업제한기간 등에 관한 특례】 2018년 6월 28일부터 이 법 시행일 전까지 아동학대관련범죄로 형을 선고받아 확정된 사람은 부칙 제3조제1항 각 호의 구분에 따른 기간 동안 다음 각 호의 아동관련기관을 운영하거나 그 기관에 취업 또는 사실상 노무를 제공할 수 없다.
1. 제29조의3제1항제17호에 따른 체육시설
2. 제29조의3제1항제18호에 따른 학교

제5조【취업제한명령을 선고받은 자에 대한 취업 등의 점검·확인에 관한 특례】 제29조의4제1항의 개정규정은 이 법 시행 전에 아동학대관련범죄를 범하고 유죄판결이 확정된 사람으로서 부칙 제3조 및 제4조에 따라 취업제한 등을 받는 사람에 대해서도 적용한다.

부 칙 (2019.1.15)

제1조【시행일】 이 법은 공포 후 6개월이 경과한 날부터 시행한다. 다만, 제50조제3항 및 제51조제3항의 개정규정은 공포한 날부터 시행하고, 제44조의2의 개정규정은 공포 후 3개월이 경과한 날부터 시행한다.

제2조【아동권리보장원의 설립준비】 ① 보건복지부장관은 이 법이 공포된 날부터 60일 이내에 10명 이내의 설립위원을 위촉하여 설립에 관한 사무와 설립 당시의 이사 및 감사의 선임에 관한 사무를 담당하게 하여야 한다.

② 설립위원은 아동권리보장원의 정관을 작성하여 보건복지부장관의 인가를 받은 후 지체 없이 법인의 설립등기를 하여야 한다.

③ 설립 당시의 아동권리보장원의 원장은 보건복지부장관이 임명한다.

④ 설립위원은 아동권리보장원의 설립등기를 마친 후 지체 없이 원장에게 사무를 인계하여야 한다.

⑤ 설립위원은 제4항에 따른 사무인계가 끝난 때에는 해촉된 것으로 본다.

제3조【국가아동학대정보시스템의 운영 위탁에 관한 특례】 제28조의2제6항의 개정규정에도 불구하고 국가아동학대정보시스템의 운영 위탁에 대해서는 2019년 12월 31일까지는 이 법에 따라 설립된 아동권리보장원 또는 부칙 제4조에 따라 운영되고 있는 중앙아동보호전문기관에 위탁할 수 있다.

제4조【아동복지 관련 사업 및 아동복지 관련 기관의 운영 위탁계약에 관한 경과조치】 이 법 시행 당시 종전의 규정에 따라 아동복지 관련 사업이나 아동복지 관련 기관의 운영을 위탁한 경우에는 제10조의2의 개정규정에도 불구하고 그 위탁계약이 종료되거나 위탁계약이 해지될 때까지 해당 아동복지 관련 사업이나 아동복지 관련 기관의 운영을 위탁하여 실시할 수 있다.

제5조【중앙입양원에 대한 경과조치】 ① 이 법 시행 당시 「입양특례법」에 따른 중앙입양원은 이 법에 따른 아동권리보장원 설립과 동시에 「민법」 중 법인의 해산 및 청산에 관한 규정에도 불구하고 해산된 것으로 보며, 중앙입양원에 속하였던 모든 재산과 권리·의무는 아동권리보장원이 승계한다.

② 아동권리보장원 설립 당시 중앙입양원의 직원은 아동권리보장원의 직원으로 임용된 것으로 본다.

제6조【다른 법률의 개정】 ①~⑥ ※(해당 법령에 가제정리 하였음)

부 칙 (2019.12.3)

제1조【시행일】 이 법은 공포 후 6개월이 경과한 날부터 시행한다.(이하 생략)

부 칙 (2020.4.7)

제1조【시행일】 이 법은 2020년 10월 1일부터 시행한다. 다만, 제24조의 개정규정은 공포한 날부터 시행하고, 제29조의3제1항, 제29조의4제1항제4호 및 제32조제1항제2호의 개정규정은 공포 후 6개월이 경과한 날부터 시행한다.

제2조【아동관련기관의 취업제한 등에 관한 적용례】 제29조의3제1항의 개정규정은 같은 개정규정 시행 후 취업제한을 적용받거나 취업제한명령이 확정되는 사람부터 적용하되, 같은 개정규정 시행 당시 취업제한기간 중에 있는 사람에게도 적용한다.

제3조【아동학대전담공무원 및 아동보호전문기관의 업무 등에 관한 특례】 ① 시·도지사 또는 시장·군수·구청장은 해당 지방자치단체의 재정상태 및 인력현황 등을 고려하여 이 법 시행일부터 2022년 9월 30일까지의 범위에서 보건복지부장관이 정하여 고시하는 날까지는 아동학대전담공무원을 두지 아니할 수 있다.

② 시·도지사 또는 시장·군수·구청장은 제1항에 따라 아동학대전담공무원을 두지 아니한 경우에는 제22조제3항의 개정규정에 따른 업무를 아동보호전문기관으로 하여금 수행하게 하여야 한다. 이 경우 제22조의4의 개정규정에도 불구하고 아동보호전문기관의 장이 보호계획을 수립할 수 있고, 제27조의2의 개정규정을 적용할 때에는 "시·도지사, 시장·군수·구청장"은 "아동보호전문기관의 장"으로, 제27조의3의 개정규정을 적용할 때에는 "아동학대전담공무원"은 "아동보호전문기관의 직원"으로 본다.

③ 시·도지사 또는 시장·군수·구청장은 제22조제3항부터 제5항까지의 개정규정에 따라 아동학대전담공무원을 두고 아동학대 관련 업무를 수행하는 경우 2023년 9월 30일까지는 아동보호전문기관의 직원으로 하여금 해당 업무를 지원하게 할 수 있다.

제4조【벌칙에 관한 경과조치】 이 법 시행 전의 행위에 대하여 벌칙을 적용할 때에는 종전의 규정에 따른다.

부 칙 (2020.12.29)

제1조【시행일】 이 법은 공포 후 3개월이 경과한 날부터 시행한다. 다만, 제12조제1항제14조까지, 제15조제1항부터 제4항까지, 제15조의4, 제16조, 제16조의2, 제18조, 제20조, 제22조의2, 제26조의2, 제28조의2(같은 조 제3항제6호 및 제7호의 개정규정만 해당한다), 제29조의2부터 제29조의4까지, 제54조의2, 제59조, 제61조, 제65조, 제71조 및 제75조의 개정규정은 공포 후 6개월이 경과한 날부터 시행하고, 제15조의5의 개정규정은 공포 후 1년이 경과한 날부터 시행하며, 제10조의2, 제15조의2, 제22조, 제28조의2(같은 조 제3항제6호 및 제7호의 개정규정은 제외한다)의 개정규정 및 부칙 제7조는 2022년 7월 1일부터 시행한다.

제2조【아동관련기관의 취업제한 등에 관한 적용례】 제29조의3제1항의 개정규정은 같은 개정규정 시행 후 취업제한을 적용받거나 취업제한명령이 확정되는 사람부터 적용하되, 같은 개정규정 시행 당시 취업제한기간 중에 있는 사람에게도 적용한다.

제3조【결격사유에 관한 적용례】 제54조의2의 개정규정은 이 법 시행 후 채용되는 사람부터 적용한다.

제4조【아동학대전담공무원 및 아동보호전문기관의 업무 등에 관한 특례】 시·도지사 또는 시장·군수·구청장은 법률 제17206호 아동복지법 일부개정법률 부칙 제3조제1항에 따라 아동학대전담공무원을 두지 아니한 경우에는 제15조제6항(종전의 제15조제5항)의 개정규정에 따른 업무를 아동보호전문기관으로 하여금 수행하게 하여야 한다.

제5조【벌칙에 관한 경과조치】 이 법 시행 전의 행위에 대하여 벌칙을 적용할 때에는 종전의 규정에 따른다.

제6조【보호조치에 관한 경과조치】 이 법 시행 당시 종전의 규정에 따라 보호조치한 경우는 제15조제1항제2호의 개정규정에도 불구하고 이 법에 따라 보호조치한 것으로 본다.

제7조【다른 법률의 개정】 ※(해당 법령에 가제정리 하였음)

부 칙 (2021.8.17)

제1조【시행일】 이 법은 공포 후 6개월이 경과한 날부터 시행한다.(이하 생략)

부 칙 (2021.12.21)

제1조【시행일】 이 법은 공포 후 6개월이 경과한 날부터 시행한다. 다만, 제11조제1항의 개정규정은 공포한 날부터 시행한다.

제2조【아동종합실태조사에 관한 적용례】 제11조제1항의 개정규정에 따른 최초의 실태조사는 2023년에 실시한다.

제3조【취업제한에 관한 적용례】 제29조의3제1항제26호의 개정규정은 이 법 시행 이후 취업제한을 적용받거나 취업제한 명령이 확정되는 사람부터 적용한다.

부 칙 (2023.3.14)

제1조【시행일】 이 법은 공포 후 6개월이 경과한 날부터 시행한다.(이하 생략)

부 칙 (2023.6.13)

이 법은 공포 후 6개월이 경과한 날부터 시행한다.

부 칙 (2023.7.18 법19554호)

제1조【시행일】 이 법은 공포 후 6개월이 경과한 날부터 시행한다. 다만, 제10조의2제2항제9호의 개정규정은 공포 후 2년이 경과한 날부터 시행한다.

제2조【학대피해아동쉼터에 관한 경과조치】 이 법 시행 당시 종전의 규정에 따라 지정된 학대피해아동쉼터는 제53조의2의 개정규정에 따라 설치된 학대피해아동쉼터로 본다.

부 칙 (2023.8.8)

이 법은 공포 후 6개월이 경과한 날부터 시행한다. 다만, 제28조의2제3항의 개정규정은 공포 후 3개월이 경과한 날부터 시행한다.

부 칙 (2023.12.26)

제1조【시행일】 이 법은 공포 후 6개월이 경과한 날부터 시행한다.(이하 생략)

부 칙 (2024.1.2)

이 법은 공포한 날부터 시행한다.

부 칙 (2024.1.9)

제1조【시행일】 이 법은 공포 후 6개월이 경과한 날부터 시행한다.

제2조 (생략)

제3조【「아동복지법」의 개정에 관한 경과조치】 종전의 「아동복지법」 제22조의5에 따른 아동학대사례전문위원회에 참석한 사람의 비밀 누설 및 부당한 이익 취득 금지에 관하여는 같은 법 제22조의5의 개정규정에도 불구하고 종전의 규정에 따른다.(이하 생략)

부 칙 (2024.1.23)

이 법은 공포 후 6개월이 경과한 날부터 시행한다. 다만, 제71조제1항제2호의 개정규정은 공포한 날부터 시행한다.

부 칙 (2024.2.6)

제1조【시행일】 이 법은 공포 후 6개월이 경과한 날부터 시행한다.

제2조【취업제한에 관한 적용례】 제29조의3제1항제27호의 개정규정은 이 법 시행 이후 취업제한을 적용받거나 취업제한 명령이 확정되는 사람부터 적용한다.

아동수당법

(2018년 3월 27일 법 률 제15539호)

개정
2019. 1.15법16249호
2019.12. 3법16737호(사회보장급여의이용·제공및수급권자발굴에관한법)
2021.12.14법18579호 2023. 6.13법19455호

제1장 총 칙

제1조【목적】 이 법은 아동에게 아동수당을 지급하여 아동 양육에 따른 경제적 부담을 경감하고 건강한 성장 환경을 조성함으로써 아동의 기본적 권리와 복지를 증진함을 목적으로 한다.

제2조【정의】 이 법에서 사용하는 용어의 뜻은 다음과 같다.

1. "아동수당 수급권"이란 이 법에 따른 아동수당을 받을 권리를 말한다.
2. "아동수당 수급권자"란 아동수당 수급권을 가진 아동을 말한다.
3. "수급아동"이란 제9조에 따라 아동수당의 지급이 결정되어 아동수당을 받을 예정이거나 받고 있는 아동을 말한다.
4. "보호자"란 아동의 친권자·후견인 또는 그 밖의 사람으로서 아동을 사실상 보호·양육하고 있는 사람을 말한다.

제3조【국가 등의 책무】 ① 국가와 지방자치단체는 아동수당이 아동 양육에 따른 경제적 부담을 경감하고 아동의 건강한 성장 환경을 조성하는 데 필요한 수준이 되도록 최대한 노력하여야 한다.

② 국가와 지방자치단체는 제1항에 따라 필요한 비용을 부담할 수 있도록 재원을 조성하여야 한다.

③ 보호자는 아동의 기본적 권리와 복지 증진을 위하여 아동수당을 사용하여야 한다.

제2장 아동수당의 신청 및 지급 등

제4조【아동수당의 지급 대상 및 지급액】 ① 아동수당은 8세 미만의 아동에게 매월 10만원을 지급한다. (2021.12.14 본항개정)

②~④ (2019.1.15 삭제)

⑤ 제1항에도 불구하고 2세 미만의 아동에게는 매월 50만원 이상으로서 대통령령으로 정하는 금액을 추가로 지급한다.(2023.6.13 본항개정)

제5조【아동수당 관련 정보의 제공】 ① 보건복지부장관 또는 특별자치시장·특별자치도지사·시장·군수·구청장(자치구의 구청장을 말한다. 이하 같다)은 8세 미만 아동의 보호자에게 아동수당 지급의 대상·금액 및 신청 방법 등 아동수당 관련 정보를 제공하여야 한다. (2021.12.14 본항개정)

② 보건복지부장관 또는 특별자치시장·특별자치도지사·시장·군수·구청장은 제1항에 따른 아동수당 관련 정보의 제공을 위하여 필요한 경우 8세 미만 아동과 그 보호자에 대한 제7조제2항제2호 및 같은 항 제5호에 해당하는 자료 또는 정보의 제공을 관계 기관의 장에게 요청할 수 있다. 이 경우 관계 기관의 장은 특별한 사유가 없으면 그 요청에 따라야 한다.(2021.12.14 전단개정)

③ 제2항에 따라 자료 또는 정보를 제공받은 경우에는 해당 법령에 따라 부과되는 수수료 또는 사용료 등을 면제한다.

④ 제1항에 따른 정보 제공의 대상·내용·방법 및 절차 등에 필요한 사항은 보건복지부령으로 정한다.

제6조【아동수당의 지급 신청】 ① 아동수당을 지급받으려는 보호자 또는 보건복지부령으로 정하는 보호자의 대리인(이하 "보호자등"이라 한다)은 특별자치시장·특별자치도지사·시장·군수·구청장에게 아동수당의 지급을 신청할 수 있다.

② (2019.1.15 삭제)

③ 제1항에 따른 아동수당 지급 신청의 방법·절차 등에 필요한 사항은 대통령령으로 정한다.(2019.1.15 본항개정)

제7조【조사·질문 등】 ① 보건복지부장관 또는 특별자치시장·특별자치도지사·시장·군수·구청장은 제6조에 따라 아동수당 지급을 신청한 보호자(이하 "아동수당지급신청자"라 한다) 및 수급아동의 보호자에게 아동수당 수급권의 발생·변경·상실 및 아동의 양육 여부, 보호자의 자격 여부 등을 확인하기 위하여 필요한 서류나 그 밖의 가족관계 등에 관한 자료의 제출을 요구할 수 있으며, 소속 공무원으로 하여금 아동수당지급신청자 및 수급아동의 보호자의 집이나 그 밖에 필요한 장소를 방문하여 서류 등을 조사하게 하거나 관계인에게 필요한 질문을 하게 할 수 있다.(2019.1.15 본항개정)

② 보건복지부장관 또는 특별자치시장·특별자치도지사·시장·군수·구청장은 아동수당 수급권의 발생·변경 등의 확인·조사 또는 아동수당 사업의 수행을 위하여 필요한 경우 아동수당지급신청자와 그 가구원, 수급아동의 보호자와 그 가구원에 대한 다음 각 호에 해당하는 자료 또는 정보의 제공을 관계 기관의 장에게 요청할 수 있다. 이 경우 관계 기관의 장은 특별한 사유가 없으면 그 요청에 따라야 한다.

1. (2019.1.15 삭제)
2. 「출입국관리법」에 따른 외국인등록 자료 및 국민·외국인의 출입국 자료, 「재외동포의 출입국과 법적 지위에 관한 법률」에 따른 외국국적동포의 국내거소신고에 관한 자료, 「재외국민등록법」에 따른 재외국민등록 자료, 「해외이주법」에 따른 해외이주신고 자료, 해외이주 포기신고 자료 및 영주귀국신고 자료
3. 「형의 집행 및 수용자의 처우에 관한 법률」, 「치료감호 등에 관한 법률」, 「보호소년 등의 처우에 관한 법률」에 따른 시설 입소 및 퇴소에 관한 자료 또는 정보
4. 매장, 화장 및 장례에 관한 자료 또는 정보
5. 「주민등록법」에 따른 주민등록 자료 또는 정보 및 「가족관계의 등록 등에 관한 법률」에 따른 가족관계등록 자료 또는 정보
6. 「실종아동등의 보호 및 지원에 관한 법률」에 따른 실종 신고 및 「민법」 제22조부터 제26조까지의 규정에 따른 부재자 재산의 관리에 관한 처분 자료 또는 정보
7. 「아동학대범죄의 처벌 등에 관한 특례법」에 따른 임시조치, 보호처분, 피해아동보호명령 등 아동학대에 관한 처분 자료 또는 정보
8. 그 밖에 제1항에 따른 확인·조사 또는 아동수당 사업의 수행을 위하여 필요한 자료 또는 정보로서 대통령령으로 정하는 자료 또는 정보

③ 제1항에 따라 방문·조사·질문을 하는 관계 공무원은 그 권한을 표시하는 증표 및 조사기간, 조사범위, 조사담당자, 관계 법령 등 보건복지부령으로 정하는 사항이 포함된 서류를 지니고 이를 관계인에게 보여 주어야 한다.

④ 제2항에 따라 자료 또는 정보를 제공받은 경우에는 해당 법령에 따라 부과되는 수수료 또는 사용료 등을 면제한다.

⑤ 보건복지부장관 또는 특별자치시장·특별자치도지사·시장·군수·구청장은 8세 미만 아동과 그 보호자에 대한 주민등록 주소지 등을 파악하기 위하여 「전자정부법」 제36조제1항에 따라 행정정보를 공동이용할 수 있다. (2021.12.14 본항개정)

⑥ 특별자치시장·특별자치도지사·시장·군수·구청장은 아동수당지급신청자가 제1항에 따른 서류 또는 자료를 제출하지 아니하거나 거짓의 서류 또는 자료를 제출한 경우, 조사·질문을 거부·방해 또는 기피하거나 거짓 답변을 한 경우에는 아동수당 지급의 신청을 각하할 수 있다.

⑦ 제1항에 따른 조사·질문의 범위·시기·내용·절차·방법 등에 관하여는 이 법에서 정하는 사항을 제외하고는 「행정조사기본법」에서 정하는 바에 따르고, 그 밖에 필요한 사항은 대통령령으로 정한다.

제8조 (2019.1.15 삭제)

제9조【아동수당의 지급 결정 등】 ① 특별자치시장·특별자치도지사·시장·군수·구청장은 제7조에 따른 조사·질문 등을 거쳐 아동수당 수급권의 발생·변경·상실에 관한 사항을 확인하고, 아동수당의 지급 여부 등을 결정한다.(2019.1.15 후단삭제)

② 특별자치시장·특별자치도지사·시장·군수·구청장은 제1항에 따른 결정을 한 경우에는 서면 또는 전자적 방법으로 그 결정 내용과 이유를 구체적으로 밝혀 아동수당지급신청자에게 지체 없이 통지하여야 한다.

③ 특별자치시장·특별자치도지사·시장·군수·구청장은 수급아동의 보호자가 제7조제1항에 따른 서류 또는 자료를 제출하지 아니하거나 거짓의 서류 또는 자료를 제출한 경우, 조사·질문을 거부·방해 또는 기피하거나 거짓 답변을 한 경우에는 아동수당 지급의 결정을 취소할 수 있다.

④ 제1항부터 제3항까지의 규정에 따른 결정·결정 취소의 절차 및 통지 등에 필요한 사항은 보건복지부령으로 정한다.

제10조【아동수당의 지급 시기 및 방법 등】 ① 특별자치시장·특별자치도지사·시장·군수·구청장은 제9조제1항에 따라 아동수당의 지급을 결정한 아동에 대하여 아동수당의 지급을 신청한 날이 속하는 달부터 8세 생일이 도래하는 달의 전달까지 매월 정기적으로 수급아동 또는 그 보호자에게 아동수당을 지급한다. 다만, 수급아동이 「아동복지법」 제52조제1항제1호의 아동양육시설이나 같은 항 제4호의 공동생활가정에서 보호조치되고 있는 경우 등 보건복지부장관이 정하는 경우에는 아동수당의 전부 또는 일부를 같은 법 제42조의 자산형성지원사업에 따라 개설된 수급아동 명의의 계좌에 입금하여 지급할 수 있다.(2021.12.14 본문개정)

② 제1항에도 불구하고 아동이 출생한 후 출생일을 포함한 60일 이내에 아동수당의 지급을 신청하는 경우에는 출생일이 속하는 달부터 소급하여 지급한다. 다만, 보건복지부령으로 정하는 부득이한 사유로 아동이 출생한 후 출생일을 포함한 60일 이내에 아동수당의 지급을 신청하지 못한 경우에는 그 사유가 존재하는 기간을 60일 이내의 기간에 산입하지 아니한다.

③ 제4조제1항에 따른 아동수당은 현금으로 지급한다. 다만, 특별자치시장·특별자치도지사·시장·군수·구청장은 대통령령으로 정하는 바에 따라 해당 지방자치단체

의 조례로 정하는 다른 방법으로도 지급할 수 있다.(2021.12.14 본문개정)
④ 제4조제5항에 따른 아동수당은 현금으로 지급한다. 다만, 대통령령으로 정하는 바에 따라 「영유아보육법」 제34조의3의 보육서비스 이용권 또는 「아이돌봄 지원법」 제21조의 아이돌봄서비스 이용권으로도 지급할 수 있다.(2021.12.14 본항신설)
⑤ 제1항부터 제4항까지에서 규정한 사항 외에 아동수당의 지급 시기 · 방법 및 절차 등에 필요한 사항은 대통령령으로 정한다.(2021.12.14 본항개정)

제3장 수급아동의 사후관리

제11조【미지급 아동수당】 ① 수급아동이 사망한 경우로서 그 아동에게 지급되지 아니한 아동수당(이하 "미지급 아동수당"이라 한다)이 있는 경우에는 그 수급아동의 사망 당시 보호자는 미지급 아동수당을 청구할 수 있다. 이 경우 특별자치시장 · 특별자치도지사 · 시장 · 군수 · 구청장은 지체 없이 그 지급 여부를 결정하여 그 보호자에게 통지하여야 한다.
② 제1항에 따른 미지급 아동수당의 청구 절차 · 방법 등에 필요한 사항은 대통령령으로 정한다.
제12조【수급아동의 보호를 위한 보호자의 변경】 ① 특별자치시장 · 특별자치도지사 · 시장 · 군수 · 구청장은 다음 각 호의 어느 하나에 해당하는 경우로서 수급아동의 보호를 위하여 필요한 경우에는 직접 또는 그 보호자 등의 신청에 따라 다른 보호자에게 아동수당을 지급하거나 관리하도록 할 수 있다.
1. 아동수당을 지급받거나 관리하고 있는 보호자가 「아동학대범죄의 처벌 등에 관한 특례법」 제2조제4호에 따른 아동학대범죄를 범하여 같은 법 제19조에 따른 임시조치, 같은 법 제36조에 따른 보호처분, 같은 법 제47조에 따른 피해아동보호명령 등이 있는 경우
2. 아동수당을 지급받거나 관리하고 있는 보호자가 「형의 집행 및 수용자의 처우에 관한 법률」 제2조제1호에 따른 교정시설, 「치료감호 등에 관한 법률」 제16조의2에 따른 치료감호시설 또는 「보호소년 등의 처우에 관한 법률」 제2조에 따른 소년원 · 소년분류심사원에 수용되어 사실상 아동을 보호하기 어렵거나 적합하지 아니하다고 인정되는 경우. 다만, 「형의 집행 및 수용자의 처우에 관한 법률」 제53조에 따라 여성수용자가 수급아동인 유아를 교정시설에서 양육하는 경우는 예외로 한다.
3. 그 밖에 수급아동의 보호를 위하여 대통령령으로 정하는 경우
② 제1항에 따른 보호자 변경의 절차 및 방법 등에 필요한 사항은 보건복지부령으로 정한다.
제13조【아동수당의 지급 정지】 ① 특별자치시장 · 특별자치도지사 · 시장 · 군수 · 구청장은 다음 각 호의 어느 하나에 해당하는 경우에는 그 사유가 발생한 날이 속하는 달의 다음 달부터 그 사유가 소멸한 날이 속하는 달까지 아동수당의 지급을 정지한다.
1. 수급아동의 국외 체류기간이 90일 이상 지속되는 경우. 이 경우 아동수당의 지급 신청 당시부터 국외에 체류 중인 수급아동의 국외 체류기간은 해당 아동이 국외로 출국한 날(해당 아동이 국외에서 출생한 경우에는 그 아동이 출생한 날을 말한다)부터 기산(起算)한다.
2. 수급아동이 행방불명되거나 실종되는 등 대통령령으로 정하는 바에 따라 사망한 것으로 추정되는 경우
3. 그 밖에 제1호 및 제2호에 준하는 경우로서 대통령령으로 정하는 경우
② 특별자치시장 · 특별자치도지사 · 시장 · 군수 · 구청장은 수급아동의 보호자가 제7조제1항에 따른 서류 또는 자료를 제출하지 아니하거나 거짓의 서류 또는 자료를 제출한 경우, 조사 · 질문을 거부 · 방해 또는 기피하거나 거짓 답변을 한 경우에는 아동수급의 지급을 정지할 수 있다.
③ 제1항 및 제2항에 따른 지급 정지의 절차 등에 필요한 사항은 보건복지부령으로 정한다.
제14조【아동수당 수급권의 상실】 수급아동은 다음 각 호의 어느 하나에 해당하게 된 경우에는 그 사유가 발생한 날이 속하는 달의 다음 달부터 아동수당 수급권을 상실한다.
1. 사망한 경우
2. 국적을 상실한 경우
3. 그 밖에 대통령령으로 정하는 아동수당 수급권의 상실 사유가 발생한 경우
제15조【신고】 ① 아동수당을 지급받거나 관리하고 있는 보호자는 다음 각 호의 어느 하나에 해당하는 경우에는 대통령령으로 정하는 바에 따라 30일 이내에 그 사실을 특별자치시장 · 특별자치도지사 · 시장 · 군수 · 구청장에게 신고하여야 한다. 다만, 제2호(제14조제1호에 해당하는 경우로 한정한다)의 경우에는 「가족관계의 등록 등에 관한 법률」 제85조에 따른 신고의무자가 특별자치시장 · 특별자치도지사 · 시장 · 군수 · 구청장에게 신고하여야 한다.
1. 제13조제1항 각 호에 따른 지급 정지의 사유가 발생 · 소멸한 경우
2. 제14조 각 호에 따른 아동수당 수급권 상실의 사유가 발생한 경우
3. (2019.1.15 삭제)
4. 그 밖에 보건복지부령으로 정하는 사유가 발생한 경우
② 「가족관계의 등록 등에 관한 법률」 제85조에 따른 신고의무자가 같은 법 제84조에 따라 수급아동의 사망신고를 한 경우에는 제1항 각 호 외의 부분 단서에 따른 신고를 한 것으로 본다.
③ 제1항에 따른 신고의 내용 · 방법 및 절차 등에 필요한 사항은 보건복지부령으로 정한다.
제16조【아동수당의 환수】 ① 특별자치시장 · 특별자치도지사 · 시장 · 군수 · 구청장은 다음 각 호의 어느 하나에 해당하는 경우에는 제4조에 따라 지급한 아동수당을 대통령령으로 정하는 바에 따라 환수하여야 한다. 이 경우 제1호에 해당하는 경우에는 지급한 아동수당에 대통령령으로 정하는 이자를 붙여 환수한다.
1. 거짓이나 그 밖의 부정한 방법으로 아동수당을 받은 경우
2. 제13조제1항에 따라 아동수당의 지급이 정지된 기간에 아동수당이 지급된 경우
3. 그 밖의 사유로 아동수당이 잘못 지급된 경우
② 특별자치시장 · 특별자치도지사 · 시장 · 군수 · 구청장은 환수 대상자에게 지급할 아동수당이 있는 경우에는 제1항에 따라 환수할 아동수당(이하 "환수금"이라 한다)과 상계할 수 있다.
③ 특별자치시장 · 특별자치도지사 · 시장 · 군수 · 구청장은 제1항에 따른 환수 사유가 발생한 경우에는 아동수당의 지급을 정지하고, 그 사유를 수급아동의 보호자에게 소명하게 하거나 제7조에 따른 조사 · 질문을 할 수 있다.
④ 특별자치시장 · 특별자치도지사 · 시장 · 군수 · 구청장은 제1항에도 불구하고 다음 각 호의 어느 하나에 해당하는 경우에는 환수금을 환수하지 아니할 수 있다.
1. 환수금이 대통령령으로 정하는 금액 미만인 경우
2. 환수금을 반환하여야 하는 사람이 행방불명되거나, 대통령령으로 정하는 사유가 있어 환수가 현저히 곤란하다고 인정되는 경우
제17조【환수금의 고지 · 독촉 및 징수】 ① 특별자치시장 · 특별자치도지사 · 시장 · 군수 · 구청장은 제16조제1항에 따라 환수금을 징수하려면 기한을 정하여 환수금의 금액 및 납부기한 등을 적은 문서로써 납입 고지를 하여야 한다.
② 특별자치시장 · 특별자치도지사 · 시장 · 군수 · 구청장은 제1항에 따른 고지를 받은 사람이 그 기한까지 환수금을 내지 아니하면 기한을 정하여 대통령령으로 정하는 바에 따라 독촉하여야 한다.
③ 특별자치시장 · 특별자치도지사 · 시장 · 군수 · 구청장은 제2항에 따른 독촉을 받은 사람이 그 기한까지 환수금을 내지 아니하면 지방세 체납처분의 예에 따라 징수한다.

제4장 아동수당 수급권자의 권리 보호

제18조【아동수당 수급권의 보호】 ① 아동수당 수급권은 양도하거나 담보로 제공할 수 없으며, 압류 대상으로 할 수 없다.
② 아동수당으로 지급받은 금품은 압류할 수 없다.
제19조【이의신청】 ① 제9조제1항에 따른 결정이나 그 밖에 이 법에 따른 처분에 이의가 있는 사람은 특별자치시장 · 특별자치도지사 · 시장 · 군수 · 구청장에게 이의신청을 할 수 있다.
② 제1항에 따른 이의신청은 그 처분이 있음을 안 날부터 90일 이내에 서면으로 하여야 한다. 다만, 정당한 사유로 그 기간 이내에 이의신청을 할 수 없었음을 증명한 경우에는 그 사유가 소멸한 날부터 60일 이내에 이의신청을 할 수 있다.
③ 특별자치시장 · 특별자치도지사 · 시장 · 군수 · 구청장은 제2항에 따라 이의신청을 받은 날부터 30일 이내에 이를 검토하고 처분이 위법 · 부당하다고 인정될 때에는 시정하거나 그 밖에 필요한 조치를 하여야 한다. 다만, 그 기간 내에 조치를 할 수 없는 부득이한 사유가 있는 경우에는 30일의 범위에서 연장할 수 있다.
④ 제1항부터 제3항까지에서 규정한 사항 외에 이의신청의 방법 · 절차 및 운영 등에 필요한 사항은 보건복지부령으로 정한다.

제5장 보 칙

제20조【시효】 아동수당 수급권자의 권리와 제16조에 따른 환수금을 환수할 권리는 5년간 행사하지 아니하면 시효의 완성으로 소멸한다.
제21조【아동수당정보시스템의 구축 · 운영】 보건복지부장관은 이 법에 따른 아동수당 관련 자료 또는 정보의 효율적 처리 · 관리와 기록 · 관리 업무의 전산화를 위하여 대통령령으로 정하는 바에 따라 「사회보장기본법」 제37조제2항에 따른 사회보장정보시스템을 연계 · 활용하여 아동수당정보시스템을 구축 · 운영할 수 있다.
제22조【자료 및 정보의 수집 등】 보건복지부장관, 특별자치시장 · 특별자치도지사 · 시장 · 군수 · 구청장 및 제23조제2항에 따라 업무를 위탁받은 한국사회보장정보원은 아동수당 업무의 원활한 수행을 위하여 제7조에 따라 제출받거나 제공받은 서류 · 자료 또는 정보를 처리할 수 있다.(2019.12.3 본조개정)
제23조【권한의 위임 · 위탁 등】 ① 이 법에 따른 보건복지부장관의 권한은 대통령령으로 정하는 바에 따라 그 일부를 특별자치시장 · 특별자치도지사 · 시장 · 군수 · 구청장에게 위임할 수 있다.
② 보건복지부장관 또는 특별자치시장 · 특별자치도지사 · 시장 · 군수 · 구청장은 대통령령으로 정하는 바에 따라 그 업무의 일부를 「사회보장급여의 이용 · 제공 및 수급권자 발굴에 관한 법률」 제29조에 따른 한국사회보장정보원에 위탁할 수 있다.(2019.12.3 본항개정)
③ 제1항 또는 제2항에 따라 권한을 위임 또는 위탁받은 자에 대해서는 제7조에 따라 제공되는 자료 또는 정보에 대하여 해당 법령에 따라 부과되는 사용료 또는 수수료 등을 면제한다.
④ 보건복지부장관 또는 특별자치시장 · 특별자치도지사 · 시장 · 군수 · 구청장은 제2항에 따라 업무를 위탁한 경우에는 예산의 범위에서 그에 필요한 비용을 보조할 수 있다.

제6장 벌 칙

제24조【벌칙】 ① (2019.1.15 삭제)
② 거짓이나 그 밖의 부정한 방법으로 아동수당을 지급받은 사람은 1년 이하의 징역 또는 1천만원 이하의 벌금에 처한다.
제25조 (2019.1.15 삭제)
제26조【과태료】 ① 정당한 사유 없이 제7조제1항에 따른 서류 또는 자료를 제출하지 아니하거나 거짓의 서류 또는 자료를 제출한 사람, 조사 · 질문을 거부 · 방해 또는 기피하거나 거짓 답변을 한 사람에게는 20만원 이하의 과태료를 부과한다.
② 정당한 사유 없이 제15조에 따른 신고를 하지 아니한 사람에게는 10만원 이하의 과태료를 부과한다.
③ 제1항 및 제2항에 따른 과태료는 대통령령으로 정하는 바에 따라 보건복지부장관 또는 특별자치시장 · 특별자치도지사 · 시장 · 군수 · 구청장이 부과 · 징수한다.

부 칙

제1조【시행일】 이 법은 2018년 9월 1일부터 시행한다.
제2조【법 시행을 위한 준비행위】 ① 보건복지부장관 또는 특별자치시장 · 특별자치도지사 · 시장 · 군수 · 구청장은 이 법의 시행을 위하여 필요하다고 인정하는 경우에는 이 법 시행 전에 제6조제1항에 따라 아동수당 지급의 신청을 받을 수 있다.
② 이 법 시행 전에 다음 각 호에 해당하는 아동에 대해서는 제6조에 따른 아동수당의 지급 신청에 관한 절차의 전부 또는 일부를 생략할 수 있고, 제7조에 따른 조사의 일부를 생략할 수 있다. 다만, 그 절차의 전부 또는 일부를 생략하는 것이 보호자등의 명시적 의사에 반하는 경우에는 그러하지 아니하다.
1. 「영유아보육법」 제34조 및 제34조의2에 따른 비용의 지원을 받고 있는 영유아(2018년 8월 31일 이전에 비용의 지원을 신청하였으나 아직 지원을 받고 있지 아니한 영유아를 포함한다)
2. 「유아교육법」 제24조에 따라 유아교육에 드는 비용의 지원을 받고 있는 유아(2018년 8월 31일 이전에 비용의 지원을 신청하였으나 아직 지원을 받고 있지 아니한 유아를 포함한다)
3. 「아이돌봄 지원법」 제20조에 따라 아이돌봄서비스 비용의 지원을 받고 있는 아이(2018년 8월 31일 이전에 비용의 지원을 신청하였으나 아직 지원을 받고 있지 아니한 아이를 포함한다)
4. 「사회보장급여의 이용 · 제공 및 수급권자 발굴에 관한 법률」에 따라 사회보장급여를 제공받고 있는 지원대상자(2018년 8월 31일 이전에 사회보장급여의 제공을 신청하였으나 아직 제공을 받고 있지 아니한 지원대상자를 포함한다)
③ 보건복지부장관 또는 특별자치시장 · 특별자치도지사 · 시장 · 군수 · 구청장은 이 법의 시행을 위하여 필요하다고 인정하는 경우에는 이 법 시행 전에 제5조제2항에 따라 관계 기관의 장에게 아동수당 관련 정보의 제공을 위하여 필요한 6세 미만 아동과 그 보호자에 대한 자료 · 정보의 제공을 요청할 수 있고, 제7조제1항에 따라 아동수당지급신청자(부칙 제2조제2항에 따라 아동수당의 지급 신청에 관한 절차의 전부 또는 일부를 생략한 아동의 보호자를 포함한다. 이하 같다)에게 조사 · 질문을 하거나 같은 조 제2항에 따라 관계 기관의 장에게 아동수당지급신청자와 그 가구원에 대한 자료 · 정보의 제공을 요청할 수 있으며, 같은 조 제5항에 따라 「전자정부법」 제36조제1항에 따른 행정정보를 공동이용할 수 있다. 이 경우 자료나 정보의 제공을 요청받은 관계 기관의 장은 특별한 사유가 없으면 해당 자료나 정보를 제공하여야 한다.

④ 보건복지부장관은 이 법 시행을 위하여 필요하다고 인정하는 경우에는 이 법 시행 전에 제8조제1항에 따라 금융기관등의 장에게 금융정보등의 제공을 요청할 수 있고, 이 조 제2항에 따라 신청 절차의 전부 또는 일부를 생략한 경우로서 금융정보등의 제공에 대한 동의 서면이 없는 경우에는 인적사항을 기재한 문서나 정보통신망으로 금융정보등의 제공을 요청할 수 있다. 이 경우 금융정보등의 제공을 요청받은 금융기관등의 장은 「금융실명거래 및 비밀보장에 관한 법률」 제4조와 「신용정보의 이용 및 보호에 관한 법률」 제32조에도 불구하고 명의인 및 해당 신용정보주체의 금융정보등을 제공하여야 한다.
⑤ 제4항에 따라 금융정보등을 제공한 금융기관등의 장은 「금융실명거래 및 비밀보장에 관한 법률」 제4조의2제1항 및 「신용정보의 이용 및 보호에 관한 법률」 제32조제7항에도 불구하고 금융정보등의 제공 사실을 명의인 및 해당 신용정보주체에게 통보하지 아니할 수 있다. 다만, 제공한 금융정보등의 명의인 및 해당 신용정보주체가 요구할 때에는 금융정보등의 제공 사실을 통보하여야 한다.
⑥ 제4항에 따른 금융정보등의 제공요청 및 제공은 「정보통신망 이용촉진 및 정보보호 등에 관한 법률」 제2조제1항제1호에 따른 정보통신망을 이용하여야 한다. 다만, 정보통신망의 손상 등 불가피한 경우에는 그러하지 아니하다.
⑦ 보건복지부장관 또는 특별자치시장·특별자치도지사·시장·군수·구청장은 이 법 시행 전에 아동수당 지급의 결정 등 제도의 시행을 위하여 필요한 조치를 할 수 있다.
⑧ 보건복지부장관은 이 법의 시행을 위하여 필요하다고 인정하는 경우에는 이 법 시행 전에 제21조에 따른 아동수당정보시스템의 구축 및 운영에 필요한 조치를 할 수 있다.
제3조【아동수당의 지급 정지에 관한 적용례】 이 법 시행 당시 국외에 체류 중인 아동의 경우 제13조제1항제1호에 따른 국외 체류기간은 해당 아동이 국외로 출국한 날(해당 아동이 국외에서 출생한 경우에는 그 아동이 출생한 날을 말한다)부터 기산한다.
제4조【개인정보에 관한 경과조치】 이 법 시행 당시 다음 각 호의 어느 하나에 해당하는 개인정보는 제7조에 따라 수집·관리·보유 중인 개인정보로 본다.
1. 「영유아보육법」 제34조 및 제34조의2에 따른 비용의 지원과 관련하여 수집·관리·보유 중인 개인정보
2. 「유아교육법」 제24조에 따른 유아교육비 지원과 관련하여 수집·관리·보유 중인 개인정보
3. 「아이돌봄 지원법」 제20조에 따른 아이돌봄서비스 비용의 지원과 관련하여 수집·관리·보유 중인 개인정보
4. 「사회보장급여의 이용·제공 및 수급권자 발굴에 관한 법률」 제7조에 따라 수집·관리·보유 중인 개인정보

부　칙 (2019.1.15)

제1조【시행일】 이 법은 2019년 4월 1일부터 시행한다. 다만, 제4조 및 제10조의 개정규정 중 6세 생일이 도래하는 달부터 7세 생일이 도래하는 달의 전달까지의 아동수당 지급에 관한 부분은 2019년 9월 1일부터 시행한다.
제2조【법 시행을 위한 준비행위】 ① 보건복지부장관 또는 특별자치시장·특별자치도지사·시장·군수·구청장은 이 법 시행 전에 제4조의 개정규정에 따른 아동수당 수급권자에 대하여 제6조의 개정규정에 따라 아동수당 지급의 신청을 받을 수 있다.
② 제1항의 경우 종전의 제6조에 따라 아동수당 지급을 신청한 다음 각 호의 아동에 대해서는 해당 아동의 주소지를 관할하는 특별자치시·특별자치도·시·군·구(자치구의 구를 말한다)의 업무담당자가 직권으로 제6조의 개정규정에 따라 아동수당의 지급을 다시 신청할 수 있다. 다만, 보호자등의 명시적 의사에 반하는 경우에는 그러하지 아니하다.
1. 아동수당을 지급하지 아니하기로 하는 결정을 받은 아동
2. 이 법 공포일까지 아동수당 지급 여부에 관한 결정을 받지 못하였으나 공포일을 기준으로 아동수당을 다시 신청하는 경우 그 지급 신청이 제10조제2항에 해당하는 아동
③ 제1항 및 제2항에 따른 아동수당 지급 신청에 대하여 보건복지부장관 또는 특별자치시장·특별자치도지사·시장·군수·구청장은 이 법 시행 전에 제4조 및 제7조부터 제9조까지의 개정규정에 따라 조사·질문을 하거나 아동수당 지급의 결정을 하는 등 제도의 시행을 위하여 필요한 조치를 할 수 있다.
④ 제1항부터 제3항까지에 따른 아동수당의 신청, 조사·질문, 아동수당 지급 결정의 방법 및 절차 등에 관하여는 보건복지부장관이 따로 정할 수 있다.
제3조【아동수당의 지급 시기에 관한 특례】 ① 부칙 제2조(6세 생일이 도래하는 달의 전달까지의 지급 관련 부분에 한정한다)에 따라 아동수당의 지급을 신청하여 그 지급이 결정된 경우에는 제10조제1항에도 불구하고 2019년 1월(해당 아동이 2019년 2월 1일 이후 출생한 경우에는 그 아동이 출생한 달을 말한다)부터 소급하여 아동수당을 지급한다.
② 제1항에도 불구하고 2018년 12월 31일 이전에 출생한 아동의 아동수당을 부칙 제2조에 따라 지급 신청한 경우에는 그 지급 신청이 제10조제2항에 해당하면 해당 아동의 출생일이 속하는 달부터 소급하여 지급한다.
제4조【지급 신청에 관한 경과조치】 종전의 제6조 또는 부칙 제2조에 따라 아동수당의 지급을 신청하여 그 지급이 결정되었으나 그 후 6세 생일이 도래하여 2019년 9월 1일 전에 아동수당 지급이 중단되는 아동에 대해서는 2019년 9월 1일에 종전의 신청과 동일한 내용으로 아동수당 지급의 신청을 한 것으로 본다. 다만, 보호자등의 명시적 의사에 반하는 경우에는 그러하지 아니하다.

부　칙 (2019.12.3)

제1조【시행일】 이 법은 공포 후 6개월이 경과한 날부터 시행한다.(이하 생략)

부　칙 (2021.12.14)

제1조【시행일】 이 법은 2022년 4월 1일부터 시행한다. 다만, 제4조제5항 및 제10조제3항부터 제5항까지의 개정규정은 2022년 1월 1일부터 시행한다.
제2조【법 시행을 위한 준비행위】 ① 보건복지부장관 또는 특별자치시장·특별자치도지사·시장·군수·구청장은 이 법 시행 전에 2014년 2월 1일부터 2015년 3월 31일 사이에 출생한 아동수당 수급권자(부칙 제7조에 따라 지급 신청을 한 것으로 보는 아동수당 수급권자를 제외한다)에 대하여 제6조에 따라 아동수당 지급의 신청을 받을 수 있다.
② 제1항에 따른 아동수당 지급 신청에 대하여 보건복지부장관 또는 특별자치시장·특별자치도지사·시장·군수·구청장은 이 법 시행 전에 제7조 및 제9조에 따라 조사·질문을 하거나 아동수당 지급의 결정을 하는 등 제도의 시행을 위하여 필요한 조치를 할 수 있다.
③ 제1항 및 제2항에 따른 아동수당의 신청, 조사·질문, 아동수당 지급 결정의 방법 및 절차 등에 관해서는 보건복지부장관이 따로 정할 수 있다.
제3조【아동수당의 지급대상에 관한 적용례】 제4조제1항의 개정규정 및 부칙 제1조 본문에도 불구하고 2014년 2월 1일 이후 출생한 아동에게는 만 8세 생일이 도래하는 달의 전달까지 아동수당을 지급한다.
제4조【아동수당 추가지급에 관한 적용례】 제4조제5항의 개정규정에 따른 아동수당은 2022년 1월 1일 출생아부터 적용한다.
제5조【아동수당의 지급 시기에 관한 특례】 ① 부칙 제2조에 따라 제4조제1항의 개정규정에 따른 아동수당의 지급을 신청하여 그 지급이 결정된 경우에는 제10조제1항의 개정규정 및 부칙 제1조 본문에도 불구하고 2022년 1월부터 소급하여 아동수당을 지급한다.
② 부칙 제7조에 따라 이 법 시행일 당시 종전의 신청과 동일한 내용으로 아동수당 지급의 신청을 한 것으로 보는 아동의 경우에는 제10조제1항의 개정규정 및 부칙 제1조 본문에도 불구하고 2022년 1월부터 소급하여 아동수당을 지급한다.
제6조【아동수당 추가지급 금액에 관한 특례】 제4조제5항의 개정규정에도 불구하고 2023년 12월 31일까지는 30만원 이상의 금액 중에서 보건복지부장관이 별도로 정하여 고시하는 금액을 지급한다.(2023.6.13 본조개정)
제7조【지급 신청에 관한 경과조치】 제6조에 따라 아동수당의 지급을 신청하여 그 지급이 결정되었으나 그 후 7세 생일이 도래하여 이 법 시행일 전에 아동수당 지급이 중단되는 아동에 대해서는 이 법 시행일에 종전의 신청과 동일한 내용으로 아동수당 지급의 신청을 한 것으로 본다. 다만, 보호자등의 명시적 의사에 반하는 경우에는 그러하지 아니하다.

부　칙 (2023.6.13)

제1조【시행일】 이 법은 공포 후 3개월이 경과한 날부터 시행한다.
제2조【아동수당 추가지급 금액에 관한 적용례】 법률 제18579호 아동수당법 일부개정법률 부칙 제6조의 개정규정은 2023년 1월 1일 이후 지급하는 분에 대하여 적용한다.

실종아동등의 보호 및 지원에 관한 법률(약칭 : 실종아동법)

(2005년 5월 31일
법　률 제7560호)

개정
2006. 2.21법 7849호(제주자치법)
2008. 2.29법 8852호(정부조직)
2008. 3.21법 8944호
2010. 1.18법 9932호(정부조직)
2011. 4.28법10607호
2011. 8. 4법10997호(사회복지사업법)
2011. 8. 4법11001호
2011. 8. 4법11002호(아동)
2011. 9.15법11048호(청소년보호법)
2013. 3.23법11690호(정부조직)
2013. 6. 4법11857호　　2014. 1.28법12360호
2014.11.19법12844호(정부조직)
2016. 3.29법14113호(공항시설법)
2016. 5.29법14224호(정신건강증진및정신질환자복지서비스지원에관한법)
2017. 7.26법14839호(정부조직)
2017. 9.19법14886호　　2017.10.24법14924호
2018. 4.17법15608호(위치정보의보호및이용등에관한법)
2020. 4. 7법17204호　　2020.12. 8법17575호
2024. 1.16법20028호→2024년 7월 17일 시행
2024. 2. 6법20192호→2025년 1월 1일 시행이므로 「法典 別冊」 보유편 수록
2024년 1월 25일 제412회 국회 본회의 통과→「法典 別冊」 보유편 수록

제1조【목적】 이 법은 실종아동등의 발생을 예방하고 조속한 발견과 복귀를 도모하며 복귀 후의 사회 적응을 지원함으로써 실종아동등과 가정의 복지증진에 이바지함을 목적으로 한다.(2011.8.4 본조개정)
제2조【정의】 이 법에서 사용하는 용어의 정의는 다음과 같다.
1. "아동등"이란 다음 각 목의 어느 하나에 해당하는 사람을 말한다.
가. 실종 당시 18세 미만인 아동(2013.6.4 본목개정)
나. 「장애인복지법」 제2조의 장애인 중 지적장애인, 자폐성장애인 또는 정신장애인
다. 「치매관리법」 제2조제2호의 치매환자(2013.6.4 본목신설)
2. "실종아동등"이란 약취(略取)·유인(誘引) 또는 유기(遺棄)되거나 사고를 당하거나 가출하거나 길을 잃는 등의 사유로 인하여 보호자로부터 이탈(離脫)된 아동등을 말한다.
3. "보호자"란 친권자, 후견인이나 그 밖에 다른 법률에 따라 아동등을 보호하거나 부양할 의무가 있는 사람을 말한다. 다만, 제4호의 보호시설의 장 또는 종사자는 제외한다.
4. "보호시설"이란 「사회복지사업법」 제2조제4호에 따른 사회복지시설 및 인가·신고 등이 없이 아동등을 보호하는 시설로서 사회복지시설에 준하는 시설을 말한다.
5. "유전자검사"란 개인 식별(識別)을 목적으로 혈액·머리카락·침 등의 검사대상물로부터 유전자를 분석하는 행위를 말한다.
6. "유전정보"란 유전자검사의 결과로 얻어진 정보를 말한다.
7. "신상정보"란 이름·나이·사진 등 특정인(特定人)임을 식별하기 위한 정보를 말한다.
(2011.8.4 1호~7호개정)
제3조【국가의 책무】 ① 보건복지부장관은 실종아동등의 발생예방, 조속한 발견·복귀와 복귀 후 사회 적응을 위하여 다음 각 호의 사항을 시행하여야 한다.(2011.8.4 본문개정)
1. 실종아동등을 위한 정책 수립 및 시행
2. 실종아동등과 관련한 실태조사 및 연구(2011.8.4 본호개정)
3. 실종아동등의 발생예방을 위한 연구·교육 및 홍보
4. 제8조에 따른 정보연계시스템 및 데이터베이스의 구축·운영(2011.8.4 본호개정)
5. 실종아동등의 가족지원
6. 실종아동등의 복귀 후 사회 적응을 위한 상담 및 치료서비스 제공(2011.8.4 본호개정)
7. 그 밖에 실종아동등의 보호 및 지원에 필요한 사항
② 경찰청장은 실종아동등의 조속한 발견과 복귀를 위하여 다음 각 호의 사항을 시행하여야 한다.(2011.8.4 본문개정)
1. 실종아동등에 대한 신고체계의 구축 및 운영
2. 실종아동등의 발견을 위한 수색 및 수사
3. 제11조에 따른 유전자검사대상물의 채취(2011.8.4 본호개정)
4. 그 밖에 실종아동등의 발견을 위하여 필요한 사항
③ 「아동복지법」 제10조에 따른 아동정책조정위원회는 제1항의 보건복지부장관의 책무와 제2항의 경찰청장의 책무 등 실종아동등과 관련한 국가의 책무수행을 종합·조정한다.(2011.8.4 본항개정)
제3조의2【실종아동의 날과 실종아동주간】 ① 실종아동등에 대한 사회적 책임을 환기하고 아동의 실종을 예방하기 위하여 매년 5월 25일을 실종아동의 날로 하고, 실종아동의 날부터 1주간을 실종아동주간으로 한다.
② 국가와 지방자치단체는 실종아동의 날과 실종아동주간의 취지에 적합한 행사와 교육·홍보사업을 실시할 수 있다.

③ 제2항에 따른 실종아동의 날과 실종아동주간 관련 행사·교육 및 홍보사업에 관하여 필요한 사항은 대통령령으로 정한다.
(2020.4.7 본조신설)

제4조【다른 법률과의 관계】 실종아동등에 관하여 다른 법률에 제11조부터 제15조까지의 규정과 다른 규정이 있는 경우에는 이 법의 규정에 따른다.(2011.8.4 본조개정)

제5조【실종아동등 관련 업무 위탁】 ① 보건복지부장관은 제3조제1항제2호부터 제7호까지의 업무를 「아동복지법」 제10조의2에 따른 아동권리보장원 및 대통령령으로 정하는 법인·단체에 위탁할 수 있다.
② 제1항에 따른 아동권리보장원 및 법인·단체(이하 "전문기관"이라 한다)의 위탁 운영 등에 필요한 사항은 대통령령으로 정한다.
(2020.4.7 본조개정)

제6조【신고의무 등】 ① 다음 각 호의 어느 하나에 해당하는 사람은 그 직무를 수행하면서 실종아동등임을 알게 되었을 때에는 제3조제2항제1호에 따라 경찰청장이 구축하여 운영하는 신고체계(이하 "경찰신고체계"라 한다)로 지체 없이 신고하여야 한다.(2011.8.4 본문개정)
1. 보호시설의 장 또는 그 종사자
2. 「아동복지법」 제13조에 따른 아동복지전담공무원(2011.8.4 본호개정)
3. 「청소년 보호법」 제35조에 따른 청소년 보호·재활센터의 장 또는 그 종사자(2011.9.15 본호개정)
4. 「사회복지사업법」 제14조에 따른 사회복지전담공무원
5. 「의료법」 제3조에 따른 의료기관의 장 또는 의료인
6. 업무·고용 등의 관계로 사실상 아동등을 보호·감독하는 사람
(2011.8.4 4호~6호개정)
② 지방자치단체의 장이 관계 법률에 따라 아동등을 보호조치할 때에는 아동등의 신상을 기록한 신고접수서를 작성하여 경찰신고체계로 제출하여야 한다.(2011.8.4 본항개정)
③ 보호시설의 장 또는 「정신건강증진 및 정신질환자 복지서비스 지원에 관한 법률」 제3조제5호에 따른 정신의료기관의 장이 보호자가 확인되지 아니한 아동등을 보호하게 되었을 때에는 지체 없이 아동등의 신상을 기록한 카드(이하 "신상카드"라 한다)를 작성하여 지방자치단체의 장과 전문기관의 장에게 각각 제출하여야 한다.
(2016.5.29 본항개정)
④ 지방자치단체의 장은 출생 후 6개월이 경과된 아동의 출생신고를 접수하였을 때에는 지체 없이 해당 아동의 신상카드를 작성하여 그 사본을 경찰청장에게 보내야 하며, 경찰청장은 실종아동등인지 여부를 확인하여 그 결과를 해당 지방자치단체의 장에게 보내야 한다. 지방자치단체의 장은 경찰청장이 해당 아동을 실종아동등으로 확인한 경우 전문기관의 장에게 해당 실종아동등의 신상카드의 사본을 보내야한다.(2011.8.4 본항개정)
⑤ 지방자치단체의 장은 제1항에 따른 신고의무와 제3항에 따른 신상카드 제출의무에 관한 사항을 지도·감독하여야 한다.(2011.8.4 본항신설)
⑥ 제1항 및 제2항에 따른 신고와 제3항 및 제4항에 따른 신상카드의 작성·제출 등에 필요한 사항은 보건복지부령으로 정한다.(2011.8.4 본항개정)

제7조【미신고 보호행위의 금지】 누구든지 정당한 사유 없이 실종아동등을 경찰관서의 장에게 신고하지 아니하고 보호할 수 없다.(2011.8.4 본조개정)

제7조의2【실종아동등의 조기발견을 위한 사전신고증 발급 등】 ① 경찰청장은 실종아동등의 조속한 발견과 복귀를 위하여 아동등의 보호자가 신청하는 경우 아동등의 지문 및 얼굴 등에 관한 정보(이하 "지문등정보"라 한다)를 제8조의2에 따른 정보시스템에 등록하고 아동등의 보호자에게 사전신고증을 발급할 수 있다.(2017.10.24 본항개정)
② 경찰청장은 제1항에 따라 지문등정보를 등록한 후 해당 신청서(서면으로 신청한 경우로 한정한다)는 지체 없이 파기하여야 한다.(2017.10.24 본항신설)
③ 경찰청장은 제1항에 따라 등록된 지문등정보를 데이터베이스로 구축·운영할 수 있다.
④ 제1항에 따른 지문등정보의 범위, 사전신고증 발급에 필요한 등록 방법 및 절차 등에 필요한 사항은 행정안전부령으로 정하고, 제2항에 따른 신청서의 파기 방법과 절차 및 제3항에 따른 데이터베이스 구축 등과 관련된 사항은 대통령령으로 정한다.(2017.10.24 본항개정)
(2017.10.24 본조제목개정)
(2011.8.4 본조신설)

제7조의3【실종아동등의 지문등정보의 등록·관리】 ① 경찰청장은 보호시설의 입소자 중 보호자가 확인되지 아니한 아동등으로부터 서면동의를 받아 아동등의 지문등정보를 등록·관리할 수 있다. 이 경우 해당 아동등이 미성년자·심신상실자 또는 심신미약자인 때에는 본인 외에 법정대리인의 동의를 받아야 한다. 다만, 심신상실·심신미약 또는 의사무능력 등의 사유로 본인의 동의를 얻을 수 없는 때에는 본인의 동의를 생략할 수 있다.
② 경찰청장은 제1항에 따른 지문등정보의 등록·관리를 위하여 제7조의2제3항에 따른 데이터베이스를 활용할 수 있다.(2017.10.24 본항개정)
③ 제1항에 따른 실종아동등의 지문등정보의 등록·관리 등에 필요한 사항은 대통령령으로 정한다.
(2011.8.4 본조신설)

제7조의4【지문등정보의 목적 외 이용제한】 누구든지 정당한 사유 없이 지문등정보를 실종아동등을 찾기 위한 목적 외로 이용하여서는 아니 된다.(2011.8.4 본조신설)

제8조【정보연계시스템 등의 구축·운영】 ① 보건복지부장관은 실종아동등을 신속하게 발견하기 위하여 실종아동등의 신상정보를 작성, 취득, 저장, 송신·수신하는 데 이용할 수 있는 전문기관·경찰청·지방자치단체·보호시설 등과의 협력체계 및 정보네트워크(이하 "정보연계시스템"이라 한다)를 구축·운영하여야 한다.
(2011.8.4 본항신설)
② 전문기관의 장은 실종아동등을 발견하기 위하여 제6조제3항 및 제4항에 따라 받은 신상카드를 활용하여 데이터베이스를 구축·운영하여야 한다.
③ 전문기관의 장은 제6조제3항 및 제4항에 따라 받은 실종아동등의 신상카드 등 필요한 자료를 경찰청장에게 제공하여야 한다.(2011.8.4 본항신설)
④ 경찰청장은 제2항에 따른 데이터베이스의 구축·운영을 위하여 제3조제2항, 제6조제1항·제2항 및 제7조에 따른 신고 등 필요한 자료를 전문기관의 장에게 제공하여야 한다.
⑤ 제6조제2항부터 제4항까지와 제3항 및 제4항에 따라 신상카드나 그 밖의 필요한 자료를 제출·제공하여야 하는 경우 정보연계시스템을 이용하여 제출·제공할 수 있다.
(2011.8.4 본항신설)
⑥ 제1항에 따른 정보연계시스템 및 제2항에 따른 데이터베이스의 구축·운영에 필요한 사항은 대통령령으로 정한다.
(2011.8.4 본조개정)

제8조의2【실종아동등 신고·발견을 위한 정보시스템의 구축·운영】 ① 경찰청장은 실종아동등에 대한 신속한 신고 및 발견 체계를 갖추기 위한 정보시스템(이하 "정보시스템"이라 한다)을 구축·운영하여야 한다.
② 경찰청장은 실종아동등의 조속한 발견을 위하여 제8조제1항에 따라 구축·운영 중인 정보연계시스템을 「사회복지사업법」 제6조의2제2항에 따라 구축·운영하는 사회복지업무 관련 정보시스템과 연계하여 해당 정보시스템이 보유한 실종아동등의 신상정보의 내용을 활용할 수 있다.
③ 제1항에 따른 정보시스템의 구축·운영에 필요한 사항과 제2항에 따른 정보시스템과 연계가 가능한 신상정보의 범위 및 신상정보 확인 방법·절차 등에 필요한 사항은 대통령령으로 정한다.
(2011.8.4 본조신설)

제9조【수색 또는 수사의 실시 등】 ① 경찰관서의 장은 실종아동등의 발생 신고를 접수하면 지체 없이 수색 또는 수사의 실시 여부를 결정하여야 한다.
② 경찰관서의 장은 실종아동등(범죄로 인한 경우를 제외한다. 이하 이 조에서 같다)의 조속한 발견을 위하여 필요한 때에는 다음 각 호의 어느 하나에 해당하는 자에게 실종아동등의 위치 확인에 필요한 「위치정보의 보호 및 이용 등에 관한 법률」 제2조제2호에 따른 개인위치정보, 「인터넷주소자원에 관한 법률」 제2조제1호에 따른 인터넷주소 및 「통신비밀보호법」 제2조제11호마목·사목에 따른 통신사실확인자료(이하 "개인위치정보등"이라 한다)의 제공을 요청할 수 있다. 이 경우 경찰관서의 장의 요청을 받은 자는 「통신비밀보호법」 제3조에도 불구하고 정당한 사유가 없으면 이에 따라야 한다.(2017.10.24 본문개정)
1. 「위치정보의 보호 및 이용 등에 관한 법률」 제5조제7항에 따른 개인위치정보사업자(2018.4.17 본호개정)
2. 「정보통신망 이용촉진 및 정보보호 등에 관한 법률」 제2조제1항제3호에 따른 정보통신서비스 제공자 중에서 대통령령으로 정하는 기준을 충족하는 제공자
3. 「정보통신망 이용촉진 및 정보보호 등에 관한 법률」 제23조의3에 따른 본인확인기관
4. 「개인정보 보호법」 제24조의2에 따른 주민등록번호 대체가입수단 제공기관
(2017.10.24 2호~4호신설)
③ 제2항의 요청을 받은 자는 그 실종아동등의 동의 없이 개인위치정보등을 수집할 수 있으며, 실종아동등의 동의가 없음을 이유로 경찰관서의 장의 요청을 거부하여서는 아니 된다.(2017.10.24 본항개정)
④ 경찰관서와 경찰관서에 종사하거나 종사하였던 자는 실종아동등을 찾기 위한 목적으로 제공받은 개인위치정보등을 실종아동등을 찾기 위한 목적 외의 용도로 이용하여서는 아니 되며, 목적을 달성하였을 때에는 지체 없이 파기하여야 한다.(2017.10.24 본항개정)
⑤ 제1항의 수색 또는 수사 등에 필요한 사항은 행정안전부령으로 정하고, 제2항에 따른 개인위치정보등의 제공을 요청하는 방법 및 절차, 제4항에 따른 파기 방법 및 절차 등에 필요한 사항은 대통령령으로 정한다.
(2017.10.24 본항개정)
(2011.8.4 본조개정)

제9조의2【공개 수색·수사 체계의 구축·운영】 ① 경찰청장은 실종아동등의 조속한 발견과 복귀를 위하여 실종아동등의 공개 수색·수사 체계를 구축·운영할 수 있다.
② 경찰청장은 제1항에 따른 공개 수색·수사를 위하여 필요하면 실종아동등의 보호자의 동의를 받아 다음 각 호의 조치를 요청할 수 있다. 이 경우 경찰청장은 실종아동등의 발견 및 복귀를 위하여 필요한 최소한의 정보를 제공하여야 한다.
1. 「전기통신사업법」 제2조제8호에 따른 전기통신사업자 중 대통령령으로 정하는 주요 전기통신사업자에 대한 필요한 정보의 문자나 음성 등 송신
2. 「정보통신망 이용촉진 및 정보보호 등에 관한 법률」 제2조제1항제3호에 따른 정보통신서비스 제공자 중 대통령령으로 정하는 주요 정보통신서비스 제공자에 대한 필요한 정보의 인터넷 홈페이지 등 게시
3. 「방송법」 제2조제3호에 따른 방송사업자에 대한 필요한 정보의 방송
(2020.12.8 본항개정)
③ 제2항에 따른 요청을 받은 전기통신사업자, 정보통신서비스 제공자 및 방송사업자는 정당한 사유가 없으면 요청에 따라야 한다.(2020.12.8 본항신설)
④ 제1항부터 제3항까지의 규정에 따른 공개 수색·수사 체계 및 절차 등에 관하여 필요한 사항은 대통령령으로 정한다.(2020.12.8 본항개정)
(2011.4.28 본조신설)

제9조의3【실종아동등 조기발견 지침 등】 ① 보건복지부장관은 불특정 다수인이 이용하는 시설에서 실종아동등을 빨리 발견하기 위하여 다음 각 호의 사항을 포함한 실종아동등 발생예방 및 조기발견을 위한 지침(이하 "실종아동등 조기발견 지침"이라 한다)을 마련하여 고시하여야 한다.
1. 보호자의 신고에 관한 사항
2. 실종아동등 발생 상황 전파와 경보발령 절차
3. 출입구 감시 및 수색 절차
4. 실종아동등 미발견 시 경찰 신고 절차
5. 경찰 도착 후 경보발령 해제에 관한 사항
6. 그 밖에 실종아동등 발생예방과 찾기에 관한 사항
② 다음 각 호의 어느 하나에 해당하는 시설·장소 중 대통령령으로 정하는 규모의 시설·장소의 소유자·점유자 또는 관리자(이하 이 조에서 "관리주체"라 한다)는 실종아동등이 신고되는 경우 실종아동등 조기발견 지침에 따라 즉시 경보발령, 수색, 출입구 감시 등의 조치를 하여야 한다.
1. 「유통산업발전법」에 따른 대규모점포
2. 「관광진흥법」에 따른 유원시설
3. 「도시철도법」에 따른 도시철도의 역사(출입통로·대합실·승강장 및 환승통로와 이에 딸린 시설을 포함한다)
4. 「여객자동차 운수사업법」에 따른 여객자동차터미널
5. 「공항시설법」에 따른 공항시설 중 여객터미널
(2016.3.29 본호개정)
6. 「항만법」에 따른 항만시설 중 여객이용시설
7. 「철도산업발전기본법」에 따른 철도시설 중 역시설(물류시설은 제외한다)
8. 「체육시설의 설치·이용에 관한 법률」에 따른 전문체육시설
9. 「공연법」에 따른 공연이 행하여지는 공연장 등 시설 또는 장소
10. 「박물관 및 미술관 진흥법」에 따른 박물관 및 미술관
11. 지방자치단체가 문화체육관광 진흥 목적으로 주최하는 지역축제가 행하여지는 장소
12. 그 밖에 대통령령으로 정하는 시설·장소
③ 관리주체는 제2항에 따른 시설·장소의 종사자에게 실종아동등 조기발견 지침에 관한 교육·훈련을 연 1회 실시하고, 그 결과를 관할 경찰관서의 장에게 보고하여야 한다.
④ 관할 경찰관서의 장은 실종아동등 조기발견 지침이 준수되도록 제2항에 따른 조치와 제3항에 따른 교육·훈련의 실시에 관한 사항을 지도·감독하여야 한다.
⑤ 관계 행정기관의 장은 제2항에 따른 시설·장소의 허가, 등록, 신고 또는 휴업, 폐업 등의 여부에 관한 정보를 관할 경찰관서의 장에게 통보하여야 한다. 다만, 「전자정부법」 제36조제1항에 따른 행정정보 공동이용을 통하여 확인할 수 있는 정보는 예외로 한다.(2017.10.24 본항신설)
(2014.1.28 본조신설)

제10조【출입·조사 등】 ① 경찰청장이나 지방자치단체의 장은 실종아동등의 발견을 위하여 필요하면 관계인에 대하여 필요한 보고 또는 자료제출을 명하거나 소속 공무원으로 하여금 관계 장소에 출입하여 관계인이나 아동등에 대하여 필요한 조사 또는 질문을 하게 할 수 있다.
② 경찰청장이나 지방자치단체의 장은 제1항에 따른 출입·조사를 실시할 때 정당한 이유가 있는 경우 소속 공무원으로 하여금 실종아동등의 가족 등을 동반하게 할 수 있다.
③ 제1항에 따라 출입·조사 또는 질문을 하려는 관계공무원은 그 권한을 표시하는 증표를 지니고 이를 관계인 등에게 내보여야 한다.
(2011.8.4 본조개정)

제11조【유전자검사의 실시】 ① 경찰청장은 실종아동등의 발견을 위하여 다음 각 호의 어느 하나에 해당하는 자로부터 유전자검사대상물(이하 "검사대상물"이라 한다)을 채취할 수 있다.(2011.8.4 본문개정)

1. 보호시설의 입소자나 「정신건강증진 및 정신질환자 복지서비스 지원에 관한 법률」 제3조제5호에 따른 정신의료기관의 입원환자 중 보호자가 확인되지 아니한 아동등(2016.5.29 본호개정)
2. 실종아동등을 찾고자 하는 가족(2011.8.4 본호신설)
3. 그 밖에 보호시설의 입소자였던 무연고아동(2011.8.4 본호신설)

② 유전자검사를 전문으로 하는 기관으로서 대통령령으로 정하는 기관(이하 "검사기관"이라 한다)은 유전자검사를 실시하고 그 결과를 데이터베이스로 구축·운영할 수 있다.

③ 제1항에 따른 검사대상물의 채취와 제2항에 따른 유전자검사를 실시하려면 제8조제2항에 따른 데이터베이스를 활용하여 실종아동등인지 여부를 확인한 후에 하여야 한다.(2011.8.4 본항개정)

④ 경찰청장은 제1항에 따라 검사대상물을 채취하려면 미리 검사대상자의 서면동의를 받아야 한다. 이 경우 검사대상자가 미성년자, 심신상실자 또는 심신미약자일 때에는 본인 외에 법정대리인의 동의를 받아야 한다. 다만, 심신상실, 심신미약 또는 의사무능력 등의 사유로 본인의 동의를 받을 수 없을 때에는 본인의 동의를 생략할 수 있다.(2011.8.4 본항개정)

⑤ 제2항에 따른 유전정보 데이터베이스를 구축·운영하는 경우 유전정보는 검사기관의 장이, 신상정보는 전문기관의 장이 각각 구분하여 관리하여야 한다.(2011.8.4 본항개정)

⑥ 제1항부터 제5항까지의 규정에 따른 검사대상물의 채취, 유전자검사의 실시, 데이터베이스 구축, 유전자검사의 동의 및 유전정보와 신상정보의 구분·관리 등에 필요한 사항은 대통령령으로 정한다.(2011.8.4 본항개정)

제12조【유전정보의 목적 외 이용금지 등】 ① 누구든지 실종아동등을 발견하기 위한 목적 외의 용도로 제11조에 따른 검사대상물을 채취하거나 유전자검사를 실시하거나 유전정보를 이용할 수 없다.

② 검사대상물의 채취, 유전자검사 또는 유전정보관리에 종사하고 있거나 종사하였던 사람은 채취한 검사대상물 또는 유전정보를 외부로 유출하여서는 아니 된다.

(2011.8.4 본조개정)

제13조【검사대상물 및 유전정보의 폐기】 ① 검사기관의 장은 유전자검사를 끝냈을 때에는 지체 없이 검사대상물을 폐기하여야 한다.

② 검사기관의 장은 다음 각 호의 어느 하나에 해당할 때에는 해당 유전정보를 지체 없이 폐기하여야 한다.

(2024.1.16 단서삭제)

1. 실종아동등이 보호자를 확인하였을 때
2. 검사대상자 또는 법정대리인이 요청할 때
3. (2024.1.16 삭제)

③ 검사기관의 장은 검사대상물·유전정보의 폐기에 관한 사항을 기록·보관하여야 한다.(2024.1.16 본항개정)

④ 검사대상물·유전정보의 폐기절차 및 방법, 기록 및 보관 등에 필요한 사항은 행정안전부령으로 정한다.

(2024.1.16 본항개정)

(2011.8.4 본조개정)

제14조【유전자검사 기록의 열람 등】 ① 검사기관의 장은 검사대상자 또는 법정대리인이 유전자검사 결과기록의 열람 또는 사본의 발급을 요청한 경우에는 이에 따라야 한다.

② 제1항에 따른 기록의 열람 또는 사본의 발급에 관한 신청절차 및 서식 등에 관하여 필요한 사항은 행정안전부령으로 정한다.(2017.7.26 본항개정)

(2011.8.4 본조개정)

제15조【신상정보의 목적 외 이용금지】 누구든지 정당한 사유 없이 실종아동등의 신상정보를 실종아동등을 찾기 위한 목적 외의 용도로 이용할 수 없다.(2011.8.4 본조개정)

제16조【관계 기관의 협조】 보건복지부장관이나 경찰청장은 실종아동등의 조속한 발견·복귀와 복귀 후 지원을 위하여 관계 중앙행정기관의 장 또는 지방자치단체의 장에게 필요한 협조를 요청할 수 있다. 이 경우 협조요청을 받은 기관의 장은 특별한 사유가 없으면 이에 따라야 한다.(2011.8.4 본조개정)

제17조【벌칙】 제7조를 위반하여 정당한 사유없이 실종아동등을 보호한 자 및 제9조제4항을 위반하여 개인위치정보등을 실종아동등을 찾기 위한 목적 외의 용도로 이용한 자는 5년 이하의 징역 또는 5천만원 이하의 벌금에 처한다.(2017.10.24 본조개정)

제18조【벌칙】 다음 각 호의 어느 하나에 해당하는 자는 2년 이하의 징역 또는 2천만원 이하의 벌금에 처한다.(2017.9.19 본문개정)

1. 위계(僞計) 또는 위력(威力)을 행사하여 제10조제1항에 따른 관계 공무원의 출입 또는 조사를 거부하거나 방해한 자(2011.8.4 본호개정)

1의2. 제7조의4를 위반하여 지문등정보를 실종아동등을 찾기 위한 목적 외로 이용한 자(2011.8.4 본호신설)

1의3. 제9조제3항을 위반하여 경찰관서의 장의 요청을 거부한 자(2011.8.4 본호신설)

2. 제12조제1항을 위반하여 목적 외의 용도로 검사대상물의 채취 또는 유전자검사를 실시하거나 유전정보를 이용한 자
3. 제12조제2항을 위반하여 채취한 검사대상물 또는 유전정보를 외부로 유출한 자
4. 제15조를 위반하여 신상정보를 실종아동등을 찾기 위한 목적 외의 용도로 이용한 자

(2011.8.4 2호~4호개정)

제19조【과태료】 ① 다음 각 호의 어느 하나에 해당하는 자에게는 500만원 이하의 과태료를 부과한다.

1. 제9조의3제2항을 위반하여 실종아동등 조기발견 지침에 따른 조치를 하지 아니한 자
2. 제10조제1항에 따른 명령을 위반하여 보고 또는 자료제출을 하지 아니하거나, 거짓 보고 또는 거짓의 자료제출을 하거나, 정당한 사유 없이 관계 공무원의 출입 또는 조사를 기피한 자

(2014.1.28 본항개정)

② 다음 각 호의 어느 하나에 해당하는 자는 200만원 이하의 과태료를 부과한다.

1. 제6조제1항에 따른 신고를 하지 아니한 자
2. 제6조제3항에 따른 신상카드를 보내지 아니한 자
3. 제9조의3제3항에 따른 교육·훈련을 실시하지 아니하거나 그 결과를 보고하지 아니한 자(2014.1.28 본호신설)

③ 제1항 및 제2항에 따른 과태료는 대통령령으로 정하는 바에 따라 경찰관서의 장 또는 지방자치단체의 장이 각각 부과·징수한다.

④~⑥ (2011.8.4 삭제)

(2011.8.4 본조개정)

부 칙 (2013.6.4)

제1조【시행일】 이 법은 공포한 날부터 시행한다. 다만, 제2조제1호다목의 개정규정은 공포 후 6개월이 경과한 날부터 시행한다.

제2조【실종아동등 인정에 관한 적용례】 제2조제1호다목의 개정규정은 같은 개정규정 시행 전에 실종신고가 된 치매환자에 대하여도 적용한다.

부 칙 (2017.10.24)

제1조【시행일】 이 법은 공포 후 6개월이 경과한 날부터 시행한다.

제2조【지문등정보 사전등록 신청서의 파기에 관한 적용례】 제7조의2의 개정규정은 이 법 시행 당시 보관 중인 신청서에 대해서도 적용한다.

부 칙 (2020.4.7)

제1조【시행일】 이 법은 공포 후 6개월이 경과한 날부터 시행한다.

제2조【실종아동전문기관의 업무 위탁에 관한 경과조치】 이 법 시행 당시 종전의 제5조에 따라 업무를 위탁한 경우에는 해당 위탁기간이 종료될 때까지 종전의 규정에 따른다.

부 칙 (2020.12.8)
(2024.1.16)

이 법은 공포 후 6개월이 경과한 날부터 시행한다.

고용상 연령차별금지 및 고령자고용촉진에 관한 법률

(약칭 : 고령자고용법)

(1991년 12월 31일
법 률 제4487호)

개정
1994. 1. 7법 4733호(직업안정법)
1997.12.13법 5454호(정부부처명)
1997.12.24법 5474호(근로자직업훈련촉진법)
1999. 2. 8법 5882호(직업훈련촉진기금법폐지법)
2002.12.30법 6849호 2006.12.28법 8116호
2007. 4.11법 8372호(근기)
2007. 5.17법 8472호 2008. 3.21법 8962호
2009.10. 9법 9792호(고용정책기본법)
2010. 2. 4법 9997호
2010. 6. 4법10339호(정부조직)
2013. 5.22법11791호 2016. 1.27법13897호
2019. 4.30법16411호
2020. 5.26법17326호(법률용어정비)
2021. 8.17법18425호(국민평생직업능력개발법)
2022. 6.10법18921호

제1장 총 칙

(2008.3.21 본장개정)

제1조【목적】 이 법은 합리적인 이유 없이 연령을 이유로 하는 고용차별을 금지하고, 고령자(高齡者)가 그 능력에 맞는 직업을 가질 수 있도록 지원하고 촉진함으로써, 고령자의 고용안정과 국민경제의 발전에 이바지하는 것을 목적으로 한다.

제2조【정의】 이 법에서 사용하는 용어의 뜻은 다음과 같다.

1. "고령자"란 인구와 취업자의 구성 등을 고려하여 대통령령으로 정하는 연령 이상인 사람을 말한다.(2020.5.26 본호개정)
2. "준고령자"란 대통령령으로 정하는 연령 이상인 사람으로서 고령자가 아닌 사람을 말한다.(2020.5.26 본호개정)
3. "사업주"란 근로자를 사용하여 사업을 하는 자를 말한다.
4. "근로자"란 「근로기준법」 제2조제1항제1호에 따른 근로자를 말한다.
5. "기준고용률"이란 사업장에서 상시 사용하는 근로자를 기준으로 하여 사업주가 고령자의 고용촉진을 위하여 고용하여야 할 고령자의 비율로서 고령자의 현황과 고용 실태 등을 고려하여 사업의 종류별로 대통령령으로 정하는 비율을 말한다.

제3조【정부의 책무】 정부는 고용에서 연령을 이유로 차별하는 관행을 없애기 위하여 연령차별금지정책을 수립·시행하며, 고령자의 고용에 관하여 사업주와 국민 일반의 이해를 높이고, 고령자의 고용촉진과 직업안정을 꾀하기 위하여 고령자 고용촉진 대책의 수립·시행, 직업능력개발훈련 등 필요한 시책을 종합적이고 효과적으로 추진하여야 한다.(2020.5.26 본조개정)

제4조【사업주의 책무】 사업주는 연령을 이유로 하는 고용차별을 없애고, 고령자의 직업능력계발·향상과 작업시설·업무 등의 개선을 통하여 고령자에게 그 능력에 맞는 고용 기회를 제공함과 아울러 정년연장 등의 방법으로 고령자의 고용이 확대되도록 노력하여야 한다.

(2020.5.26 본조개정)

제4조의2 (2008.3.21 삭제)

제4조의3【고령자 고용촉진 기본계획의 수립】 ① 고용노동부장관은 고령자의 고용촉진에 관한 기본계획(이하 "기본계획"이라 한다)을 관계 중앙기관의 장과 협의하여 5년마다 수립하여야 한다.(2010.6.4 본항개정)

② 기본계획에는 다음 각 호의 사항이 포함되어야 한다.

1. 직전 기본계획에 대한 평가(2016.1.27 본호신설)
2. 고령자의 현황과 전망
3. 고령자의 직업능력개발
4. 고령자의 취업알선, 재취업 및 전직(轉職) 지원 등 취업 가능성의 개선방안
5. 그 밖에 고령자의 고용촉진에 관한 주요시책

③ 고용노동부장관은 기본계획을 수립할 때에는 「고용정책 기본법」 제10조에 따른 고용정책심의회(이하 "고용정책심의회"라 한다)의 심의를 거쳐야 한다.(2010.6.4 본항개정)

④ 고용노동부장관이 기본계획을 수립한 때에는 지체 없이 국회 소관 상임위원회에 보고하여야 한다.(2016.1.27 본항신설)

⑤ 고용노동부장관은 필요하다고 인정하면 관계 행정기관 또는 공공기관의 장에게 기본계획의 수립에 필요한 자료의 제출을 요청할 수 있다.(2010.6.4 본항개정)

제1장의2 고용상 연령차별금지

(2008.3.21 본장신설)

제4조의4【모집·채용 등에서의 연령차별 금지】 ① 사업주는 다음 각 호의 분야에서 합리적인 이유 없이 연령을 이유로 근로자 또는 근로자가 되려는 사람을 차별하여서는 아니 된다.(2020.5.26 본문개정)

1. 모집 · 채용
2. 임금, 임금 외의 금품 지급 및 복리후생
3. 교육 · 훈련
4. 배치 · 전보 · 승진
5. 퇴직 · 해고
② 제1항을 적용할 때 합리적인 이유 없이 연령 외의 기준을 적용하여 특정 연령집단에 특히 불리한 결과를 초래하는 경우에는 연령차별로 본다.
판례 정년을 그대로 유지하면서 일정 연령 이상 근로자의 임금을 정년 전까지 일정 기간 삭감하는 형태의 임금피크제는 인건비 부담 완화 등 경영성과 제고를 목적으로 도입되었다. 그러나 이로 인하여 대상 노동자들의 임금이 일시에 대폭 하락하였고, 업무감축 등 적정한 대상조치가 강구되지 않았을 뿐 아니라 임금피크제 도입을 전후하여 업무의 내용이나 부여된 목표 수준에 차이가 없다면 연령차별에 합리적 이유가 없으므로 이와 같은 임금피크제는 무효이다.
(대판 2022.5.26, 2017다292343)

제4조의5【차별금지의 예외】 다음 각 호의 어느 하나에 해당하는 경우에는 제4조의4에 따른 연령차별로 보지 아니한다.
1. 직무의 성격에 비추어 특정 연령기준이 불가피하게 요구되는 경우
2. 근속기간의 차이를 고려하여 임금이나 임금 외의 금품과 복리후생에서 합리적인 차등을 두는 경우
3. 이 법이나 다른 법률에 따라 근로계약, 취업규칙, 단체협약 등에서 정년을 설정하는 경우
4. 이 법이나 다른 법률에 따라 특정 연령집단의 고용유지 · 촉진을 위한 지원조치를 하는 경우

제4조의6【진정과 권고의 통보】 ① 제4조의4의 연령차별 금지의 위반으로 연령차별을 당한 사람(이하 "피해자"라 한다)은 「국가인권위원회법」 제30조에 따라 국가인권위원회에 그 내용을 진정할 수 있다.
② 국가인권위원회는 제1항에 따른 진정을 조사한 결과 연령차별이 있다고 판단하여 피진정인, 그 소속 기관 · 단체 또는 감독기관의 장에게 구제조치 등을 권고할 경우 그 권고내용을 고용노동부장관에게도 통보하여야 한다.
(2010.6.4 본항개정)

제4조의7【시정명령】 ① 고용노동부장관은 제4조의6제2항에 따라 국가인권위원회로부터 구제조치 등의 권고를 받은 사업주가 정당한 사유 없이 권고를 이행하지 아니하고 다음 각 호의 어느 하나에 해당하여 그 피해의 정도가 심각하다고 인정되면 피해자의 신청에 의하거나 직권으로 시정명령을 할 수 있다.(2010.6.4 본문개정)
1. 피해자가 다수인인 연령차별행위에 대한 권고 불이행
2. 반복적 연령차별행위에 대한 권고 불이행
3. 피해자에게 불이익을 주기 위한 고의적 권고 불이행
4. 그 밖에 피해의 내용과 규모 등을 고려하여 시정명령이 필요하다고 고용노동부령으로 정하는 경우(2010.6.4 본호개정)
② 제1항의 시정명령에는 다음 각 호의 사항을 포함하여야 한다.
1. 연령차별행위의 중지
2. 피해의 원상회복
3. 연령차별행위의 재발방지를 위한 조치
4. 그 밖에 연령차별시정을 위하여 필요하다고 고용노동부령으로 정한 조치(2010.6.4 본호개정)
③ 피해자의 신청에 따라 제1항에 따른 시정명령을 할 경우 그 신청을 받은 날부터 3개월 이내에 하여야 한다.
④ 고용노동부장관은 제1항에 따라 시정명령을 할 때에는 다음 각 호의 사항을 명시한 서면을 해당 사업주와 피해자에게 각각 내주어야 한다.(2010.6.4 본문개정)
1. 시정명령의 이유
2. 시정명령의 내용
3. 시정기한
4. 시정명령에 대한 불복 절차
⑤ 제1항에 따른 시정명령의 절차나 그 밖에 필요한 사항은 대통령령으로 정한다.

제4조의8【시정명령 이행상황의 제출요구 등】 ① 고용노동부장관은 연령차별행위를 한 사업주에게 제4조의7에 따른 시정명령의 이행상황을 제출할 것을 요구할 수 있다.
② 피해자는 연령차별행위를 한 사업주가 시정명령을 이행하지 아니하면 고용노동부장관에게 신고할 수 있다.
(2010.6.4 본조개정)

제4조의9【해고나 그 밖의 불리한 처우의 금지】 사업주는 근로자가 이 법이 금지하는 연령차별행위에 대한 진정, 자료제출, 답변 · 증언, 소송, 신고 등을 하였다는 이유로 근로자에게 해고, 전보, 징계, 그 밖의 불리한 처우를 하여서는 아니 된다.

제2장 정부의 고령자 취업지원
(2008.3.21 본장개정)

제5조【구인 · 구직 정보수집】 고용노동부장관 및 특별시장 · 광역시장 · 도지사 · 특별자치도지사(이하 "고용노동부장관등"이라 한다)는 고령자의 고용을 촉진하기 위하여 고령자와 관련된 구인(求人) · 구직(求職) 정보를 수집하고 구인 · 구직의 개척에 노력하여야 하며 관련 정보를 구직자 · 사업주 및 관련 단체 등에 제공하여야 한다.
(2010.6.4 본조개정)

제6조【고령자에 대한 직업능력 개발훈련】 ① 고용노동부장관등은 고령자의 고용을 촉진하고 직업능력의 개발 · 향상을 위하여 고령자를 대상으로 대통령령으로 정하는 바에 따라 직업능력 개발훈련을 실시하여야 한다.
(2010.6.4 본항개정)
② 고용노동부장관등은 고령자가 작업환경에 쉽게 적응할 수 있도록 하기 위하여 필요하다고 인정하면 취업 전에 안전 · 보건에 관한 내용을 포함하여 고용노동부령으로 정하는 적응훈련을 실시하도록 조치하여야 한다.
(2010.6.4 본항개정)
③ 고령자의 직업능력 개발훈련과 해당 훈련생의 보호에 관한 사항은 「국민 평생 직업능력 개발법」을 준용하되 고령자의 신체적 · 정신적 조건 등을 고려하여 특별한 배려를 하여야 한다.(2021.8.17 본항개정)

제7조【사업주에 대한 고용지도】 ① 고용노동부장관은 필요하다고 인정하면 고령자를 고용하고 있거나 고용하려는 사업주에게 채용, 배치, 작업시설, 작업환경 등 고령자의 고용 관리에 관한 기술적 사항에 대하여 상담, 자문, 그 밖에 필요한 지원을 하여야 한다.
② 고용노동부장관은 고령자를 고용하고 있거나, 고용하려는 사업주에 대하여 고령자의 신체적 · 정신적 조건, 직업능력 등에 관한 정보와 그 밖의 자료를 제공하여야 한다.
(2010.6.4 본조개정)

제8조【사업주의 고령자 교육 · 훈련 및 작업환경 개선에 대한 지원】 ① 고용노동부장관은 사업주가 고령자의 고용촉진을 위하여 필요한 교육이나 직업훈련 등을 실시할 경우 그 비용의 전부 또는 일부를 지원할 수 있다.
② 고용노동부장관은 사업주가 고령자의 취업에 적합하도록 시설을 개선할 경우 그 비용의 전부 또는 일부를 지원할 수 있다.
③ 제1항과 제2항에 따른 지원금은 예산(「고용보험법」에 따른 고용보험기금을 포함한다. 이하 같다)에서 지급하되, 그 지급기준 등에 관한 사항은 고용노동부장관이 정한다.
(2010.6.4 본조개정)

제9조【고령자의 취업알선 기능 강화】 ① 정부는 고령자가 그 능력에 맞는 직업에 취업할 수 있도록 고령자에 대한 직업상담, 직업적성검사 등 적절한 직업지도와 취업알선 등을 하여야 한다.
② 정부는 고령자에 대한 직업지도와 취업알선 등을 위하여 관련 행정기구와 시설을 정비하도록 노력하여야 한다.
③ 고용노동부장관등은 고령자의 직업지도와 취업알선 등을 담당하게 하기 위하여 소속 공무원 중에서 직업지도관을 지명한다.(2010.6.4 본항개정)
④ 직업지도관의 자격 등 필요한 사항은 고용노동부장관이 정한다.(2010.6.4 본항개정)

제10조【고령자 고용정보센터의 운영】 ① 고용노동부장관등은 고령자의 직업지도와 취업알선 등의 업무를 효율적으로 수행하기 위하여 필요한 지역에 고령자 고용정보센터를 운영할 수 있다.(2010.6.4 본항개정)
② 고령자 고용정보센터는 다음 각 호의 업무를 수행한다.
1. 고령자에 대한 구인 · 구직 등록, 직업지도 및 취업알선
2. 고령자에 대한 직장 적응훈련 및 교육
3. 정년연장과 고령자 고용에 관한 인사 · 노무관리와 작업환경 개선 등에 관한 기술적 상담 · 교육 및 지도
4. 고령자 고용촉진을 위한 홍보
5. 그 밖에 고령자 고용촉진을 위하여 필요한 업무

제11조【고령자인재은행의 지정】 ① 고용노동부장관은 다음 각 호의 단체 또는 기관 중 고령자의 직업지도와 취업알선 또는 직업능력개발훈련 등에 필요한 전문 인력과 시설을 갖춘 단체 또는 기관을 고령자인재은행으로 지정할 수 있다.(2010.6.4 본문개정)
1. 「직업안정법」 제18조에 따라 무료직업소개사업을 하는 비영리법인이나 공익단체
2. 「국민 평생 직업능력 개발법」 제16조에 따라 직업능력 개발훈련을 위탁받을 수 있는 대상이 되는 기관
(2021.8.17 본호개정)
(2010.2.4 본항개정)
② 제1항제1호 및 제2호에 모두 해당하는 고령자인재은행의 사업범위는 다음 각 호의 사업 모두로 하고, 제1항제1호에만 해당하는 고령자인재은행의 사업범위는 제1호, 제2호 및 제4호의 사업만으로 하며, 제1항제2호에만 해당하는 고령자인재은행의 사업범위는 제3호 및 제4호의 사업만으로 한다.(2010.2.4 본문개정)
1. 고령자에 대한 구인 · 구직 등록, 직업지도 및 취업알선
2. 취업희망 고령자에 대한 직업상담 및 정년퇴직자의 재취업 상담
3. 고령자의 직업능력개발훈련(2010.2.4 본호신설)
4. 그 밖에 고령자 고용촉진을 위하여 필요하다고 인정하여 고용노동부장관이 정하는 사업(2010.6.4 본호개정)
③ 고용노동부장관은 고령자인재은행에 대하여 직업안정 업무를 하는 행정기관이 수집한 구인 · 구직 정보, 지역 내의 노동력 수급상황, 그 밖에 필요한 자료를 제공할 수 있다.(2010.6.4 본항개정)
④ 고용노동부장관은 고령자인재은행에 대하여 예산의 범위에서 소요 경비의 전부 또는 일부를 지원할 수 있다.
(2010.6.4 본항개정)
⑤ 제1항에 따른 고령자인재은행의 지정기준과 지정절차 등에 필요한 사항은 대통령령으로 정한다.

제11조의2【중견전문인력 고용지원센터의 지정】 ① 고용노동부장관은 퇴직한 고령자로서 경력 등을 고려하여 고용노동부령으로 정하는 사람(이하 "중견전문인력"이라 한다)의 직업지도와 취업알선 등을 전문적으로 지원하는 중견전문인력 고용지원센터(이하 "중견전문인력 고용지원센터"라 한다)를 지정할 수 있다.(2020.5.26 본항개정)
② 중견전문인력 고용지원센터는 「직업안정법」 제18조에 따라 무료직업소개사업을 하는 비영리법인 또는 공익단체로서 필요한 전문인력과 시설을 갖춘 단체 중에서 지정한다.
③ 중견전문인력 고용지원센터는 다음 각 호의 사업을 한다.
1. 중견전문인력의 구인 · 구직 등록, 직업상담 및 취업알선
2. 중견전문인력의 중소기업에 대한 경영자문 및 자원봉사활동 등의 지원
3. 그 밖에 중견전문인력의 취업에 필요한 사업으로서 대통령령으로 정하는 사업
④ 중견전문인력 고용지원센터에 관하여는 고령자인재은행에 관한 제11조제3항부터 제5항까지의 규정을 준용한다. 이 경우 "고령자인재은행"은 "중견전문인력 고용지원센터"로 본다.

제11조의3【고령자인재은행 및 중견전문인력 고용지원센터의 지정취소 등】 ① 고용노동부장관은 고령자인재은행 또는 중견전문인력 고용지원센터로 지정을 받은 자가 다음 각 호의 어느 하나에 해당하는 경우에는 고용노동부령으로 정하는 바에 따라 그 지정을 취소할 수 있다.
(2010.6.4 본문개정)
1. 무료직업소개사업을 폐지하는 경우
2. 「직업안정법」 제36조에 따라 사업의 정지처분을 받은 경우
3. 「국민 평생 직업능력 개발법」 제27조 또는 제31조에 따라 직업능력개발훈련시설의 승인취소처분 · 지정취소처분 또는 직업능력개발훈련의 정지처분을 받은 경우
(2021.8.17 본호개정)
4. 「국민 평생 직업능력 개발법」 제28조제3항에 따라 지정직업훈련시설이 폐업한 경우(2021.8.17 본호개정)
5. 「국민 평생 직업능력 개발법」 제32조에 따라 직업능력개발훈련법인의 설립허가가 취소처분을 받은 경우
(2021.8.17 본호개정)
6. 사업실적 부진 등 고용노동부장관이 정하는 사유에 해당하는 경우(2010.6.4 본호개정)
② 고용노동부장관은 제1항에 따라 지정을 취소하는 경우에는 「행정절차법」에 따른 청문을 실시하여야 한다.
(2022.6.10 본항신설)
③ 고령자인재은행 또는 중견전문인력 고용지원센터로 지정을 받은 자가 그 업무를 폐지하거나 휴업하려는 경우에는 고용노동부령으로 정하는 바에 따라 고용노동부장관에게 신고하여야 한다.(2010.6.4 본항개정)

제11조의4【고령자 고용촉진을 위한 사업】 ① 고용노동부장관은 고령자의 고용촉진을 위하여 다음 각 호의 사업을 할 수 있다.(2010.6.4 본문개정)
1. 고령자에게 적합한 사회적 일자리의 창출
2. 고령자의 자영업 창업 지원
3. 고령자를 대상으로 하는 취업박람회의 지원
4. 고령자 고용촉진과 고용안정에 관한 정책의 수립과 제도개선에 필요한 조사와 연구
5. 고령자인재은행, 중견전문인력 고용지원센터 등 관련 기관의 종사자에 대한 교육이나 필요한 인력의 양성
6. 고령자 고용 강조기간의 설정과 추진
7. 고령자 고용 우수기업의 선정과 지원
8. 그 밖에 고령자 고용촉진을 위하여 필요한 사업
② 제1항 각 호에 따른 사업의 실시에 필요한 사항은 대통령령으로 정한다.

제3장 고령자의 고용촉진 및 고용안정
(2008.3.21 본장개정)

제12조【사업주의 고령자 고용 노력의무】 대통령령으로 정하는 수 이상의 근로자를 사용하는 사업주는 기준고용률 이상의 고령자를 고용하도록 노력하여야 한다.

제13조【사업주의 고령자 고용현황의 제출 등】 ① 제12조에 따른 사업주는 고용노동부령으로 정하는 바에 따라 매년 고령자 고용현황을 고용노동부장관에게 제출하여야 한다.
② 고용노동부장관은 제12조에 따른 사업주로서 상시 고용하는 고령자의 비율이 기준고용률에 미달하는 사업주에 대하여 고령자의 고용촉진 및 안정을 위하여 필요한 조치의 시행을 권고할 수 있다.
③ 고용노동부장관은 제2항의 권고에 따른 조치를 시행하는 사업주에게 상담, 자문, 그 밖에 필요한 협조와 지원을 할 수 있다.
④ (2010.2.4 삭제)
(2010.6.4 본조개정)

제14조【고령자 고용촉진을 위한 세제지원 등】 ① 사업주가 제12조에 따른 기준고용률을 초과하여 고령자를 추가로 고용하는 경우에는 「조세특례제한법」으로 정하는 바에 따라 조세를 감면한다.
② 고용노동부장관은 예산의 범위에서 다음 각 호의 구분에 따른 고용 지원금을 지급할 수 있다.(2010.6.4 본문개정)
1. 고령자를 새로 고용하거나 다수의 고령자를 고용한 사업주 또는 고령자의 고용안정을 위하여 필요한 조치를 취한 사업주에게 일정 기간 지급하는 고용 지원금
2. 사업주가 근로자 대표의 동의를 받아 일정 연령 이상까지 고용을 보장하는 조건으로 일정 연령, 근속시점 또는 임금액을 기준으로 임금을 감액하는 제도를 시행하는 경우에 그 제도의 적용을 받는 근로자에게 일정 기간 지급하는 고용 지원금. 이 경우 "근로자대표"란 근로자의 과반수로 조직된 노동조합이 있는 경우에는 그 노동조합의 대표자를 말하며, 해당 노동조합이 없는 경우에는 근로자의 과반수를 대표하는 자를 말한다.
3. 고령자와 준고령자의 고용안정 및 취업의 촉진 등을 목적으로 임금체계 개편, 직무 재설계(고령자나 준고령자에게 적합한 직무를 개발하고 설계하는 것을 말한다) 등에 관하여 전문기관의 진단을 받는 사업주에게 지원하는 고용 지원금
③ 제2항에 따른 고용 지원금의 지급기준 등에 관한 사항은 대통령령으로 정한다.
제15조【우선고용직종의 선정 등】 ① 고용노동부장관은 고용정책심의회의 심의를 거쳐 고령자와 준고령자를 고용하기에 적합한 직종(이하 "우선고용직종"이라 한다)을 선정하고, 선정된 우선고용직종을 고시하여야 한다.
② 고용노동부장관은 우선고용직종의 개발 등 고령자와 준고령자의 고용촉진에 필요한 사항에 대하여 조사·연구하고 관련 자료를 정리·배포하여야 한다.
(2010.6.4 본조개정)
제16조【우선고용직종의 고용】 ① 국가 및 지방자치단체, 「공공기관의 운영에 관한 법률」 제4조에 따라 공공기관으로 지정받은 기관의 장은 그 기관의 우선고용직종에 대통령령으로 정하는 바에 따라서 고령자와 준고령자를 우선적으로 고용하여야 한다.(2010.2.4 본항개정)
② 제1항에서 규정한 자 외의 사업주는 우선고용직종에 고령자와 준고령자를 우선적으로 고용하도록 노력하여야 한다.
제17조【고용 확대의 요청 등】 ① 고용노동부장관은 제16조에 따라 고령자와 준고령자를 우선적으로 채용한 실적이 부진한 자에게 그 사유를 제출하게 할 수 있으며, 그 사유가 정당하지 아니한 자(사유를 제출하지 아니한 자를 포함한다)에게 고령자와 준고령자의 고용을 확대하여 줄 것을 요청할 수 있다.
② 고용노동부장관은 제13조제2항에 따른 권고를 따르지 아니하는 사업주에게 그 사유를 제출하게 할 수 있으며, 그 사유가 정당하지 아니한 사업주(사유를 제출하지 아니한 사업주를 포함한다)에게 고령자의 고용을 확대하여 줄 것을 요청할 수 있다.
(2010.6.4 본조개정)
제18조【내용 공표 및 취업알선 중단】 고용노동부장관은 정당한 사유 없이 제17조에 따른 고용 확대 요청에 따르지 아니한 자에게 그 내용을 공표하거나 직업안정 업무를 하는 행정기관에서 제공하는 직업지도와 취업알선 등 고용 관련 서비스를 중단할 수 있다.(2010.6.4 본조개정)

제4장 정 년
(2008.3.21 본장개정)

제19조【정년】 ① 사업주는 근로자의 정년을 60세 이상으로 정하여야 한다.
② 사업주가 제1항에도 불구하고 근로자의 정년을 60세 미만으로 정한 경우에는 정년을 60세로 정한 것으로 본다.
(2013.5.22 본조개정)
[판례] 고용상 연령차별금지 및 고령자고용촉진에 관한 법률 제19조에 의하면, 사업주는 근로자의 정년을 60세 이상으로 정하여야 하고(제1항), 사업주가 근로자의 정년을 60세 미만으로 정한 경우에는 정년을 60세로 정한 것으로 간주되므로(제2항), 근로자의 정년을 60세 미만이 되도록 정한 근로계약이나 취업규칙, 단체협약은 위 규정에 위반되는 범위 내에서 무효이다. 그리고 여기서 말하는 '정년'은 실제의 생년월일을 기준으로 산정하여야 한다.
(대판 2017.3.9, 2016다249236)
제19조의2【정년연장에 따른 임금체계 개편 등】 ① 제19조제1항에 따라 정년을 연장하는 사업 또는 사업장의 사업주와 근로자의 과반수로 조직된 노동조합(근로자의 과반수로 조직된 노동조합이 없는 경우에는 근로자의 과반수를 대표하는 자를 말한다)은 그 사업 또는 사업장의 여건에 따라 임금체계 개편 등 필요한 조치를 하여야 한다.
② 고용노동부장관은 제1항에 따라 필요한 조치를 한 사업 또는 사업장의 사업주나 근로자에게 대통령령으로 정하는 바에 따라 고용지원금 등 필요한 지원을 할 수 있다.
③ 고용노동부장관은 정년을 60세 이상으로 연장하는 사업 또는 사업장의 사업주 또는 근로자에게 대통령령으로 정하는 바에 따라 임금체계 개편 등을 위한 컨설팅 등 필요한 지원을 할 수 있다.
(2013.5.22 본조신설)
제20조【정년제도 운영현황의 제출 등】 ① 대통령령으로 정하는 수 이상의 근로자를 사용하는 사업주는 고용노동부령으로 정하는 바에 따라 매년 정년 제도의 운영현황을 고용노동부장관에게 제출하여야 한다.(2010.6.4 본항개정)
② 고용노동부장관은 제1항에 따른 사업주로서 정년을 현저히 낮게 정한 사업주에게 정년의 연장을 권고할 수 있다.(2010.6.4 본항개정)
③ (2010.2.4 삭제)
④ 제2항에 따른 권고를 정당한 사유 없이 따르지 아니한 경우 그 내용을 공표할 수 있다.(2010.2.4 본항개정)
(2010.2.4 본조제목개정)
제21조【정년퇴직자의 재고용】 ① 사업주는 정년에 도달한 사람이 그 사업장에 다시 취업하기를 희망할 때 그 직무수행 능력에 맞는 직종에 재고용하도록 노력하여야 한다.(2020.5.26 본항개정)
② 사업주는 고령자인 정년퇴직자를 재고용할 때 당사자 간의 합의에 의하여 「근로기준법」 제34조에 따른 퇴직금과 같은 법 제60조에 따른 연차유급(年次有給) 휴가일수 계산을 위한 계속근로기간을 산정할 때 종전의 근로기간을 제외할 수 있으며 임금의 결정을 종전과 달리할 수 있다.
제21조의2【정년퇴직자의 재고용 지원】 고용노동부장관은 제21조에 따라 정년퇴직자를 재고용하거나 그 밖에 정년퇴직자의 고용안정에 필요한 조치를 하는 사업주에게 장려금 지급 등 필요한 지원을 할 수 있다.
(2010.6.4 본조개정)
제21조의3【퇴직예정자 등에 대한 재취업지원서비스 지원】 ① 사업주는 정년퇴직 등의 사유로 이직예정인 근로자에게 경력·적성 등의 진단 및 향후 진로설계, 취업알선, 재취업 또는 창업에 관한 교육 등 재취업에 필요한 서비스(이하 "재취업지원서비스"라 한다)를 제공하도록 노력하여야 한다.
② 제1항에도 불구하고 대통령령으로 정하는 수 이상의 근로자를 사용하는 사업주는 정년 등 대통령령으로 정하는 비자발적인 사유로 이직예정인 준고령자 및 고령자에게 재취업지원서비스를 제공하여야 한다.
③ 사업주는 재취업지원서비스를 대통령령으로 정하는 바에 따라 다음 각 호의 어느 하나에 해당하는 단체 또는 기관에 위탁하여 실시할 수 있다.
1. 「직업안정법」 제18조에 따라 무료직업소개사업을 하는 비영리법인이나 공익단체
2. 「직업안정법」 제19조에 따라 유료직업소개사업을 하는 법인
3. 「국민 평생 직업능력 개발법」 제16조제1항에 따라 직업능력개발훈련을 위탁받을 수 있는 대상이 되는 기관
(2021.8.17 본호개정)
④ 고용노동부장관은 사업주가 소속 근로자에게 재취업지원서비스를 제공하는 경우에 예산의 범위에서 필요한 지원을 할 수 있다.
⑤ 제1항 및 제2항에 따른 재취업지원서비스의 대상, 내용 및 방법 등에 필요한 사항은 대통령령으로 정한다.
(2019.4.30 본조개정)
제22조【정년 연장에 대한 지원】 고용노동부장관은 정년 연장에 따른 사업체의 인사와 임금 등에 대하여 상담, 자문, 그 밖에 필요한 협조와 지원을 하여야 한다.
(2010.6.4 본조개정)

제5장 보 칙
(2008.3.21 본장개정)

제23조【보고와 검사】 ① 고용노동부장관은 고령자의 고용촉진을 위하여 필요하다고 인정하는 경우에는 사업주, 고령자인재은행 또는 중견전문인력 고용지원센터에 대하여 이 법 시행에 필요한 사항을 보고하게 할 수 있다.
(2010.6.4 본항개정)
② 고용노동부장관은 필요하다고 인정하는 경우에는 관계 공무원에게 사업장, 고령자인재은행, 중견전문인력 고용지원센터, 그 밖의 시설에 출입하여 그 업무상황, 장부, 그 밖의 물건을 검사하게 할 수 있다.(2010.6.4 본항개정)
③ 고용노동부장관은 제2항에 따라 검사를 하려면 사업주 등에게 검사일시와 검사내용 등 검사에 필요한 사항을 미리 알려주어야 한다. 다만, 긴급히 검사하여야 하거나 미리 알려 줄 경우 그 목적을 달성할 수 없다고 인정되는 경우에는 그러하지 아니하다.(2010.6.4 본문개정)
④ 제2항에 따라 검사를 하는 관계 공무원은 그 권한을 표시하는 증표를 지니고 이를 관계인에게 내보여야 한다.
⑤ 고용노동부장관은 제2항에 따라 검사를 한 경우에는 그 사업주 등에게 그 결과를 서면으로 알려야 한다.
(2010.6.4 본항개정)
제23조의2【권한의 위임】 이 법에 따른 고용노동부장관의 권한은 대통령령으로 정하는 바에 따라 그 일부를 지방고용노동관서의 장 또는 지방자치단체의 장에게 위임할 수 있다.(2010.6.4 본조개정)
제23조의3【벌칙】 ① 제4조의9를 위반하여 근로자에게 해고, 전보, 징계, 그 밖의 불리한 처우를 한 사업주는 2년 이하의 징역 또는 1천만원 이하의 벌금에 처한다.
② 제4조의4제1항제1호를 위반하여 모집·채용에서 합리적인 이유 없이 연령을 이유로 차별한 사업주는 500만원 이하의 벌금에 처한다.
(2008.3.21 본조신설)
제23조의4【양벌규정】 ① 법인의 대표자, 대리인, 사용인, 그 밖의 종업원이 그 법인의 업무에 관하여 제23조의3의 위반행위를 하면 그 행위자를 벌할 뿐만 아니라 그 법인에도 해당 조문의 벌금형을 과(科)한다. 다만, 법인이 그 위반행위를 방지하기 위하여 해당 업무에 관하여 상당한 주의와 감독을 게을리하지 아니한 때에는 그러하지 아니하다.
② 개인의 대리인, 사용인, 그 밖의 종업원이 그 개인의 업무에 관하여 제23조의3의 위반행위를 하면 그 행위자를 벌할 뿐만 아니라 그 개인에게도 해당 조문의 벌금형을 과한다. 다만, 개인이 그 위반행위를 방지하기 위하여 해당 업무에 관하여 상당한 주의와 감독을 게을리하지 아니한 때에는 그러하지 아니하다.
(2008.3.21 본조신설)
제24조【과태료】 ① 제4조의7에 따른 시정명령을 정당한 사유 없이 이행하지 아니하는 자에게는 3천만원 이하의 과태료를 부과한다.
② 다음 각 호의 어느 하나에 해당하는 자에게는 500만원 이하의 과태료를 부과한다.
1. 제4조의8제1항에 따른 고용노동부장관의 이행상황 제출요구를 정당한 사유 없이 따르지 아니한 자(2010.6.4 본호개정)
2. 제13조제1항에 따른 고령자 고용현황을 제출하지 아니한 자(2010.2.4 본호개정)
3. 제20조제1항에 따른 정년제도 운영현황을 제출하지 아니한 자(2010.2.4 본호개정)
4. 제23조제1항에 따른 보고를 하지 아니하거나 거짓으로 보고한 자
5. 제23조제2항에 따른 출입 또는 검사를 거부·방해하거나 기피한 자
③ 제1항과 제2항에 따른 과태료는 대통령령으로 정하는 바에 따라 고용노동부장관이 부과·징수한다.(2010.6.4 본항개정)
④~⑥ (2010.2.4 삭제)

부 칙 (2013.5.22)

이 법은 공포 후 1년이 경과한 날부터 시행한다. 다만, 제19조, 제19조의2제1항 및 제2항의 개정규정은 다음 각 호의 구분에 따른 날부터 시행한다.
1. 상시 300명 이상의 근로자를 사용하는 사업 또는 사업장, 「공공기관의 운영에 관한 법률」 제4조에 따른 공공기관, 「지방공기업법」 제49조에 따른 지방공사 및 같은 법 제76조에 따른 지방공단 : 2016년 1월 1일
2. 상시 300명 미만의 근로자를 사용하는 사업 또는 사업장, 국가 및 지방자치단체 : 2017년 1월 1일

부 칙 (2019.4.30)

이 법은 공포 후 1년이 경과한 날부터 시행한다.

부 칙 (2020.5.26)

이 법은 공포한 날부터 시행한다.(이하 생략)

부 칙 (2021.8.17)

제1조【시행일】 이 법은 공포 후 6개월이 경과한 날부터 시행한다.(이하 생략)

부 칙 (2022.6.10)

이 법은 공포한 날부터 시행한다.

노인복지법

(1997年 8月 22日 全改法律 第5359號)

改正
1999. 2. 8法 5851號
2000. 1.12法 6124號(사립학교교직원연금법)
2003. 5.29法 6916號(주택법)
2004. 1.29法 7152號　2005. 3.31法 7452號
2005. 7.13法 7585號　2007. 1. 3法 8200號
2007. 4.11法 8366號(의료법)
2007. 4.11法 8367號(장애인)
2007. 4.25法 8385號(기초노령연금법)
2007. 5.17法 8435號(가족관계등록)
2007. 8. 3法 8608號
2008. 2.29法 8852號(정부조직)
2008. 3.21法 8974號(건축)
2009. 1.30法 9386號(의료법)
2010. 1.18法 9932號(정부조직)
2010. 1.25法 9964號　2011. 3.30法10509號
2011. 4. 7法10563號　2011. 6. 7法10785號
2011. 8. 4法10997號(사회복지사업법)
2011. 8. 4法11013號(치매관리법)
2012. 2. 1法11249號　2012.10.22法11513號
2013. 6. 4法11854號
2013. 8. 6法11998號(지방세외수입금의징수등에관한법)
2013. 8.13法12066號　2015. 1.28法13102號
2015. 8.11法13474號(공동주택관리법)
2015.12.29法13646號
2016. 5.29法14224號(정신건강증진및정신질환자복지서비스지원에관한법)
2016.12. 2法14320號　2017. 3.14法14596號
2017.10.24法14922號　2018. 3.13法15442號
2018.12.11法15880號
2018.12.11法15881號(노인장기요양보험법)
2019. 1.15法16243號　2019. 4.30法16403號
2019.12. 3法16735號　2020. 4. 7法17199號
2020.12.29法17776號　2021.12.21法18609號
2023. 5. 2法19399號
2023. 5.16法19409號(국가유산기본법)
2023. 6.13法19449號
2023. 8.16法19647號→2025년 8월 17일 시행이므로「法典 別冊」보유편 수록
2023.10.31法19814號(노인일자리및사회활동지원에관한법)→2024년 11월 1일 시행이므로 추후 수록
2024. 1. 2法19887號
2024. 1.23法20093號→2026년 1월 24일 시행이므로「法典 別冊」보유편 수록
2024. 2. 6法20212號→2024년 8월 7일 시행

第1章　總　則

第1條【目的】 이 法은 老人의 疾患을 사전예방 또는 조기발견하고 疾患狀態에 따른 적절한 治療·療養으로 心身의 건강을 유지하고, 老後의 생활안정을 위하여 필요한 조치를 강구함으로써 老人의 保健福祉增進에 기여함을 目的으로 한다.

第1條의2【정의】 이 법에서 사용하는 용어의 정의는 다음과 같다.
1. "부양의무자"라 함은 배우자(사실상의 혼인관계에 있는 자를 포함한다)와 직계비속 및 그 배우자(사실상의 혼인관계에 있는 자를 포함한다)를 말한다.
2. "보호자"라 함은 부양의무자 또는 업무·고용 등의 관계로 사실상 노인을 보호하는 자를 말한다.
3. "치매"란「치매관리법」제2조제1호에 따른 치매를 말한다.(2011.8.4 본호개정)
4. "노인학대"라 함은 노인에 대하여 신체적·정신적·정서적·성적 폭력 및 경제적 착취 또는 가혹행위를 하거나 유기 또는 방임을 하는 것을 말한다.(2007.1.3 본호개정)
5. "노인학대관련범죄"란 보호자에 의한 65세 이상 노인에 대한 노인학대로서 다음 각 목의 어느 하나에 해당되는 죄를 말한다.
가.「형법」제2편제25장 상해와 폭행의 죄 중 제257조(상해, 존속상해), 제258조(중상해, 존속중상해), 제260조(폭행, 존속폭행)제1항·제2항, 제261조(특수폭행) 및 제264조(상습범)의 죄
나.「형법」제2편제28장 유기와 학대의 죄 중 제271조(유기, 존속유기)제1항·제2항, 제273조(학대, 존속학대)의 죄
다.「형법」제2편제29장 체포와 감금의 죄 중 제276조(체포, 감금, 존속체포, 존속감금), 제277조(중체포, 중감금, 존속중체포, 존속중감금), 제278조(특수체포, 특수감금), 제279조(상습범), 제280조(미수범) 및 제281조(체포·감금등의 치사상)(상해에 이르게 한 때에만 해당한다)의 죄
라.「형법」제2편제30장 협박의 죄 중 제283조(협박, 존속협박)제1항·제2항, 제284조(특수협박), 제285조(상습범)(제283조의 죄에만 해당한다) 및 제286조(미수범)의 죄
마.「형법」제2편제32장 강간과 추행의 죄 중 제297조(강간), 제297조의2(유사강간), 제298조(강제추행), 제299조(준강간, 준강제추행), 제300조(미수범), 제301조(강간등 상해·치상), 제301조의2(강간등 살인·치사), 제305조의2(상습범)(제297조, 제297조의2, 제298조부터 제300조까지의 죄에 한정한다)의 죄
바.「형법」제2편제33장 명예에 관한 죄 중 제307조(명예훼손), 제309조(출판물등에 의한 명예훼손) 및 제311조(모욕)의 죄
사.「형법」제2편제36장 주거침입의 죄 중 제321조(주거·신체 수색)의 죄
아.「형법」제2편제37장 권리행사를 방해하는 죄 중 제324조(강요) 및 제324조의5(미수범)(제324조의 죄에만 해당한다)의 죄
자.「형법」제2편제39장 사기와 공갈의 죄 중 제350조(공갈) 및 제352조(미수범)(제350조의 죄에만 해당한다)의 죄
차.「형법」제2편제42장 손괴의 죄 중 제366조(재물손괴등)의 죄
카. 제55조의2, 제55조의3제1항제2호, 제55조의4제1호, 제59조의2의 죄(2016.12.2 본목개정)
타. 가목부터 차목까지의 죄로서 다른 법률에 따라 가중처벌되는 죄
(2015.12.29 본호신설)
(2004.1.29 본조신설)

第2條【基本理念】 ① 老人은 後孫의 養育과 國家 및 社會의 발전에 기여하여 온 者로서 존경받으며 건전하고 안정된 생활을 보장받는다.
② 老人은 그 能力에 따라 적당한 일에 종사하고 사회적 활동에 참여할 기회를 보장받는다.
③ 老人은 老齡에 따르는 心身의 변화를 자각하여 항상 心身의 건강을 유지하고 그 지식과 경험을 활용하여 社會의 발전에 기여하도록 노력하여야 한다.

第3條【家族制度의 유지·발전】 國家와 國民은 敬老孝親의 미풍양속에 따른 건전한 家族制度가 유지·발전되도록 노력하여야 한다.

第4條【保健福祉增進의 責任】 ① 國家와 地方自治團體는 老人의 保健 및 福祉增進의 責任이 있으며, 이를 위한 施策을 강구하여 추진하여야 한다.
② 國家와 地方自治團體는 第1項의 規定에 의한 施策을 강구함에 있어 第2條에 規定된 基本理念이 구현되도록 노력하여야 한다.
③ 老人의 일상생활에 관련되는 사업을 경영하는 者는 그 사업을 경영함에 있어 老人의 保健福祉가 증진되도록 노력하여야 한다.

第4條의2【안전사고 예방】 ① 국가와 지방자치단체는 노인의 안전을 보장하고 낙상사고 등 노인에게 치명적인 사고를 예방하기 위하여 필요한 시책을 수립·시행하여야 한다. 이 경우 안전사고 예방 시책은「재난 및 안전관리 기본법」에 따른 국가안전관리기본계획, 시·도안전관리계획 및 시·군·구안전관리계획과 연계되어야 한다.
② 제1항에 따른 안전사고 예방 시책의 수립·시행에 필요한 사항은 대통령령으로 정한다.
(2018.12.11 본조신설)

第5條【노인실태조사】 ① 보건복지부장관은 노인의 보건 및 복지에 관한 실태조사를 3년마다 실시하고 그 결과를 공표하여야 한다.
② 보건복지부장관은 제1항에 따른 실태조사를 위하여 관계 기관·법인·단체·시설의 장에게 필요한 자료의 제출 또는 의견의 진술을 요청할 수 있다. 이 경우 관계 기관·법인·단체·시설의 장은 정당한 사유가 없으면 그 요청에 따라야 한다.(2015.1.28 본항신설)
③ 제1항의 규정에 따른 조사의 방법과 내용 등에 관하여 필요한 사항은 보건복지부령으로 정한다.
(2010.1.18 본조개정)

第6條【老人의 날 등】 ① 老人에 대한 사회적 관심과 恭敬意識을 높이기 위하여 매년 10월 2일을 老人의 날로, 매년 10월을 敬老의 달로 한다.
② 父母에 대한 孝思想을 앙양하기 위하여 매년 5월 8일을 어버이날로 한다.
③ (2011.8.4 삭제)
④ 범국민적으로 노인학대에 대한 인식을 높이고 관심을 유도하기 위하여 매년 6월 15일을 노인학대예방의 날로 지정하고, 국가와 지방자치단체는 노인학대예방의 날의 취지에 맞는 행사와 홍보를 실시하도록 노력하여야 한다.
(2015.12.29 본항신설)

第6條의2【홍보영상의 제작·배포·송출】 ① 보건복지부장관은 노인학대의 예방과 방지, 노인학대의 위해성, 신고방법 등에 관한 홍보영상을 제작하여「방송법」제2조제23호의 방송편성책임자에게 배포하여야 한다.
② 보건복지부장관은「방송법」제2조제3호에 따른 방송사업자에게 같은 법 제73조제4항에 따라 대통령령으로 정하는 비상업적 공익광고 편성비율의 범위에서 제1항의 홍보영상을 채널별로 송출하도록 요청할 수 있다.
(2020.4.7 본항개정)
③ 보건복지부장관은「방송법」제2조제12호의 전광판방송사업자에게 같은 법 제73조제4항에 따라 대통령령으로 정하는 비상업적 공익광고 편성비율의 범위에서 제1항의 홍보영상을 전광판으로 송출하도록 요청할 수 있다.
④ 제2항에 따른 방송사업자와 제3항에 따른 전광판방송사업자는 제1항의 홍보영상 외에 독자적인 홍보영상을 제작하여 송출할 수 있다. 이 경우 보건복지부장관에게 필요한 협조 및 지원을 요청할 수 있다.(2020.4.7 전단개정)
(2015.12.29 본조신설)

第6條의3【인권교육】 ① 제31조의 노인복지시설 중 대통령령으로 정하는 시설을 설치·운영하는 자와 그 종사자는 인권에 관한 교육(이하 이 조에서 "인권교육"이라 한다)을 받아야 한다.
② 제31조의 노인복지시설 중 대통령령으로 정하는 시설을 설치·운영하는 자는 해당 시설을 이용하고 있는 노인들에게 인권교육을 실시할 수 있다.
③ 보건복지부장관은 제1항 및 제2항에 따른 인권교육을 효율적으로 실시하기 위하여 인권교육기관을 지정할 수 있다. 이 경우 예산의 범위에서 인권교육에 소요되는 비용을 지원할 수 있으며, 지정을 받은 인권교육기관은 보건복지부장관의 승인을 받아 인권교육에 필요한 비용을 교육대상자로부터 징수할 수 있다.
④ 보건복지부장관은 제3항에 따라 지정을 받은 인권교육기관이 다음 각 호의 어느 하나에 해당하면 그 지정을 취소하거나 6개월 이내의 기간을 정하여 업무를 정지할 수 있다. 다만, 제1호에 해당하면 그 지정을 취소하여야 한다.
1. 거짓이나 그 밖의 부정한 방법으로 지정을 받은 경우
2. 제5항에 따라 보건복지부령으로 정하는 지정요건을 갖추지 못하게 된 경우
3. 인권교육의 수행능력이 현저히 부족하다고 인정되는 경우
⑤ 제1항 및 제2항에 따른 인권교육의 대상·내용·방법, 제3항에 따른 인권교육기관의 지정 및 제4항에 따른 인권교육기관의 지정취소·업무정지 처분의 기준 등에 필요한 사항은 보건복지부령으로 정한다.
(2017.10.24 본조신설)

第7條【老人福祉相談員】 ① 老人의 福祉를 담당하게 하기 위하여 특별자치도와 시·군·구(자치구를 말한다. 이하 같다)에 老人福祉相談員을 둔다.(2007.8.3 본항개정)
② 老人福祉相談員의 任用 또는 위촉, 職務 및 報酬 등에 관하여 필요한 사항은 大統領令으로 정한다.(1999.2.8 본항개정)

第8條【老人專用住居施設】 國家 또는 地方自治團體는 老人의 住居에 적합한 機能 및 設備를 갖춘 住居用施設의 공급을 조장하여야 하며, 그 住居用施設의 공급자에 대하여 적절한 지원을 할 수 있다.

第2章　敬老年金

第9條～第22條 (2007.4.25 삭제)

第3章　保健·福祉措置

第23條【老人社會參與 지원】 ① 國家 또는 地方自治團體는 老人의 사회참여 확대를 위하여 老人의 地域奉仕 활동기회를 넓히고 老人에게 적합한 職種의 개발과 그 보급을 위한 施策을 강구하며 勤務能力있는 老人에게 일할 기회를 우선적으로 제공하도록 노력하여야 한다.
② 國家 또는 地方自治團體는 老人의 地域奉仕 활동 및 就業의 활성화를 기하기 위하여 老人地域奉仕機關, 老人就業斡旋機關등 老人福祉關係機關에 대하여 필요한 지원을 할 수 있다.

第23條의2【노인일자리전담기관의 설치·운영 등】 ① 노인의 능력과 적성에 맞는 일자리지원사업을 전문적·체계적으로 수행하기 위한 전담기관(이하 "노인일자리전담기관"이라 한다)은 다음 각 호의 기관으로 한다.
1. 노인인력개발기관 : 노인일자리개발·보급사업, 조사사업, 교육·홍보 및 협력사업, 프로그램인증·평가사업 등을 지원하는 기관
2. 노인일자리지원기관 : 지역사회 등에서 노인일자리의 개발·지원, 창업·육성 및 노인에 의한 재화의 생산·판매 등을 직접 담당하는 기관
3. 노인취업알선기관 : 노인에게 취업 상담 및 정보를 제공하거나 노인일자리를 알선하는 기관
(2011.4.7 본항개정)
② 국가 또는 지방자치단체는 노인일자리전담기관을 설치·운영하거나 그 운영의 전부 또는 일부를 법인·단체 등에 위탁할 수 있다.(2011.4.7 본항신설)
③ 노인일자리전담기관의 설치·운영 또는 위탁에 관하여 필요한 사항은 대통령령으로 정한다.
④ 제1항제2호의 노인일자리지원기관의 시설 및 인력에 관한 기준 등은 보건복지부령으로 정한다.(2013.6.4 본항신설)
(2005.7.13 본조신설)

第23條의3【생산품 우선구매】 국가, 지방자치단체 및 그 밖의 공공단체는 제23조의2제1항제2호의 노인일자리지원기관에서 생산한 물품의 우선구매에 필요한 조치를 마련하여야 한다.(2019.1.15 본조신설)

第24條【地域奉仕指導員 위촉 및 업무】 ① 國家 또는 地方自治團體는 社會的 信望과 경험이 있는 老人으로서 地域奉仕를 희망하는 경우에는 이를 地域奉仕指導員으로 위촉할 수 있다.
② 第1項의 規定에 의한 地域奉仕指導員의 업무는 다음 各號와 같다.
1. 國家 또는 地方自治團體가 행하는 업무중 民願人에 대한 相談 및 助言
2. 道路의 交通整理, 駐·停車團束의 보조, 自然保護 및 環境侵害 行爲團束의 보조와 靑少年 善導
3. 忠孝思想, 傳統儀禮등 傳統文化의 傳授敎育
4.「국가유산기본법」제3조에 따른 국가유산의 보호 및 안내(2023.5.16 본호개정)
4의2. 노인에 대한 교통안전 및 교통사고예방 교육
(2015.1.28 본호신설)
5. 기타 大統領令이 정하는 업무

第25條【생업지원】 ① 국가, 지방자치단체, 그 밖의 공공단체 중 대통령령으로 정하는 기관은 소관 공공시설에 식료품·사무용품·신문 등 일상생활용품의 판매를 위한 매점이나 자동판매기의 설치를 허가 또는 위탁할 때에는 65세 이상 노인의 신청이 있는 경우 이를 우선적으로 반영하여야 한다.
② 국가, 지방자치단체, 그 밖의 공공단체 중 대통령령으로 정하는 기관은 소관 공공시설에 청소, 주차관리, 매표 등의 사업을 위탁하는 경우에는 65세 이상 노인을 100분의 20 이상 채용한 사업체를 우선적으로 고려할 수 있다.(2018.3.13 본항신설)
③ 제2항에 따른 위탁사업의 종류 및 절차 등에 필요한 사항은 대통령령으로 정한다.(2018.3.13 본항신설)
(2018.3.13 본조개정)

第26條【敬老優待】 ① 國家 또는 地方自治團體는 65歲 이상의 者에 대하여 大統領令이 정하는 바에 의하여 國家 또는 地方自治團體의 輸送施設 및 古宮·陵園·博物館·公園등의 公共施設을 無料로 또는 그 利用料金을 割引하여 이용하게 할 수 있다.
② 國家 또는 地方自治團體는 老人의 일상생활에 관련된 사업을 경영하는 者에게 65歲 이상의 者에 대하여 그 利用料金을 割引하여 주도록 권유할 수 있다.
③ 國家 또는 地方自治團體는 第2項의 規定에 의하여 老人에게 利用料金을 割引하여 주는 者에 대하여 적절한 지원을 할 수 있다.

第27條【健康診斷 등】 ① 國家 또는 地方自治團體는 大統領令이 정하는 바에 의하여 65歲 이상의 者에 대하여 健康診斷과 保健敎育을 실시할 수 있다. 이 경우 보건복지부령으로 정하는 바에 따라 성별 다빈도질환 등을 반영하여야 한다.(2015.1.28 후단신설)
② 國家 또는 地方自治團體는 第1項의 規定에 의한 健康診斷 결과 필요하다고 인정한 때에는 그 健康診斷을 받은 者에 대하여 필요한 指導를 하여야 한다.

第27條의2【홀로 사는 노인에 대한 지원】 ① 국가 또는 지방자치단체는 홀로 사는 노인에 대하여 방문요양과 돌봄 등의 서비스와 안전확인 등의 보호조치를 취하여야 한다.(2017.10.24 본항개정)
② 국가 또는 지방자치단체는 제1항에 따른 사업을 노인 관련 기관·단체에 위탁할 수 있으며, 예산의 범위에서 그 사업 및 운영에 필요한 비용을 지원할 수 있다.(2017.10.24 본항신설)
③ 제1항의 서비스 및 보호조치의 구체적인 내용 등에 관하여는 보건복지부장관이 정한다.
(2007.8.3 본조신설)

第27條의3【독거노인종합지원센터】 ① 보건복지부장관은 홀로 사는 노인에 대한 돌봄과 관련된 다음 각 호의 사업을 수행하기 위하여 독거노인종합지원센터를 설치·운영할 수 있다.
1. 홀로 사는 노인에 대한 정책 연구 및 프로그램의 개발
2. 홀로 사는 노인에 대한 현황조사 및 관리
3. 홀로 사는 노인 돌봄사업 종사자에 대한 교육
4. 홀로 사는 노인에 대한 돌봄사업의 홍보, 교육교재 개발 및 보급
5. 홀로 사는 노인에 대한 돌봄사업의 수행기관 지원 및 평가
6. 관련 기관 협력체계의 구축 및 교류
7. 홀로 사는 노인에 대한 기부문화 조성을 위한 기부금품의 모집, 접수 및 배부
8. 그 밖에 홀로 사는 노인의 돌봄을 위하여 보건복지부장관이 위탁하는 업무

② 보건복지부장관은 제1항에 따른 독거노인종합지원센터의 운영을 전문 인력과 시설을 갖춘 법인 또는 단체에 위탁할 수 있다.
③ 그 밖에 독거노인종합지원센터의 설치·운영 등에 필요한 사항은 보건복지부령으로 정한다.
(2017.10.24 본조신설)

第27條의4【노인성 질환에 대한 의료지원】 ① 국가 또는 지방자치단체는 노인성 질환자의 경제적 부담능력 등을 고려하여 노인성 질환의 예방교육, 조기발견 및 치료 등에 필요한 비용의 전부 또는 일부를 지원할 수 있다.
② 제1항에 따른 노인성 질환의 범위, 지원의 대상·기준 및 방법 등에 필요한 사항은 대통령령으로 정한다.
(2017.10.24 본조신설)

第28條【상담·입소 등의 조치】 ① 보건복지부장관, 特別市長·광역시장·특별자치시장·도지사·특별자치도지사(이하 "시·도지사"라 한다), 市長·郡守·區廳長(자치구의 구청장을 말한다. 이하 같다)은 老人에 대한 福祉를 도모하기 위하여 필요하다고 인정한 때에는 다음 각 호의 措置를 하여야 한다.(2018.3.13 본문개정)
1. 65歲 이상의 者 또는 그를 보호하고 있는 者를 관계公務員 또는 老人福祉相談員으로 하여금 相談·指導하게 하는 것
2. 65歲 이상의 者로서 身體的·精神的·經濟的 이유 또는 環境상의 이유로 居宅에서 보호받기가 곤란한 者를 老人住居福祉施設 또는 在家老人福祉施設에 入所시키거나 入所를 委託하는 것
3. 65歲 이상의 者로서 身體 또는 精神상의 현저한 결함으로 인하여 항상 보호를 필요로 하고 經濟的 이유로 居宅에서 보호받기가 곤란한 者를 老人醫療福祉施設에 入所시키거나 入所를 委託하는 것(1999.2.8 본호개정)

② 보건복지부장관, 市·道知事 또는 市長·郡守·區廳長(이하 "福祉實施機關"이라 한다)은 65歲 미만의 者에 대하여도 그 老衰現狀이 현저하여 특별히 보호할 필요가 있다고 인정할 때에는 第1項 各號의 措置를 할 수 있다.(2010.1.18 본항개정)
③ 복지실시기관은 제1항 또는 제2항에 따라 입소조치된 자가 사망한 경우에 그 자에 대한 장례를 행할 자가 없을 때에는 그 장례를 행하거나 해당 시설의 장으로 하여금 그 장례를 행하게 할 수 있다. 이 경우 복지실시기관 또는 노인복지시설의 장은 사망자가 유류한 금전 또는 유가증권을 그 장례에 필요한 비용에 충당할 수 있으며, 부족이 있을 때에는 유류물품을 처분하여 그 대금을 이에 충당할 수 있다.(2020.12.29 후단신설)
④ 제3항 후단에 따른 장례비용 충당의 세부절차는 보건복지부령으로 정한다.(2020.12.29 본항신설)
(2019.1.15 본조제목개정)

第29條～第29條의2 (2011.8.4 삭제)

第30條【老人再活療養事業】 ① 國家 또는 地方自治團體는 身體的·精神的으로 再活療養을 필요로 하는 老人을 위한 再活療養事業을 실시할 수 있다.
② 第1項의 老人再活療養事業의 내용 및 기타 필요한 사항은 보건복지부령으로 정한다.(2010.1.18 본항개정)

第4章 老人福祉施設의 設置·운영

第31條【老人福祉施設의 종류】 老人福祉施設의 종류는 다음 各號와 같다.
1. 老人住居福祉施設
2. 老人醫療福祉施設
3. 老人餘暇福祉施設
4. 在家老人福祉施設
5. 노인보호전문기관(2004.1.29 본호신설)
6. 제23조의2제1항제2호의 노인일자리지원기관(2013.6.4 본호신설)
7. 제39조의19에 따른 학대피해노인 전용쉼터(2017.3.14 본호신설)

第31條의2【「사회복지사업법」에 따른 신고와의 관계】 제33조제2항, 제35조제2항, 제37조제2항 및 제39조제2항에 따라 노인복지시설의 설치신고를 한 경우 「사회복지사업법」 제34조제2항에 따른 사회복지시설 설치신고를 한 것으로 본다.(2011.6.7 본조개정)

第32條【老人住居福祉施設】 ① 노인주거복지시설은 다음 각 호의 시설로 한다.
1. 양로시설 : 노인을 입소시켜 급식과 그 밖에 일상생활에 필요한 편의를 제공함을 목적으로 하는 시설
2. 노인공동생활가정 : 노인들에게 가정과 같은 주거여건과 급식, 그 밖에 일상생활에 필요한 편의를 제공함을 목적으로 하는 시설
3. 노인복지주택 : 노인에게 주거시설을 임대하여 주거의 편의·생활지도·상담 및 안전관리 등 일상생활에 필요한 편의를 제공함을 목적으로 하는 시설(2015.1.28 본호개정)

② 老人住居福祉施設의 入所對象·입소절차·입소비용 및 임대 등에 관하여 필요한 사항은 보건복지부령으로 정한다.(2015.1.28 본항개정)
③ 노인복지주택의 設置·관리 및 供給등에 관하여 이 法에서 規定된 사항을 제외하고는 「주택법」 및 「공동주택관리법」의 관련規定을 準用한다.(2015.8.11 본항개정)
(2007.8.3 본조개정)

第33條【老人住居福祉施設의 設置】 ① 國家 또는 地方自治團體는 老人住居福祉施設을 設置할 수 있다.
② 國家 또는 地方自治團體외의 者가 老人住居福祉施設을 設置하고자 하는 경우에는 특별자치시장·특별자치도지사·시장·군수·구청장(이하 "시장·군수·구청장"이라 한다)에게 申告하여야 한다.(2018.3.13 본항개정)
③ 시장·군수·구청장은 제2항에 따른 신고를 받은 경우 그 내용을 검토하여 이 법에 적합하면 신고를 수리하여야 한다.(2018.3.13 본항신설)
④ 老人住居福祉施設의 施設, 人力 및 운영에 관한 기준과 설치신고, 설치·운영자가 준수하여야 할 사항, 그 밖에 필요한 사항은 보건복지부령으로 정한다.(2010.1.18 본항개정)

第33條의2【노인복지주택의 입소자격 등】 ① 노인복지주택에 입소할 수 있는 자는 60세 이상의 노인(이하 "입소자격자"라 한다)으로 한다. 다만, 다음 각 호의 어느 하나에 해당하는 경우에는 입소자격자와 함께 입소할 수 있다.(2015.1.28 단서개정)
1. 입소자격자의 배우자(2015.1.28 본호신설)
2. 입소자격자가 부양을 책임지고 있는 24세 미만의 자녀·손자녀(2024.1.2 본호개정)
3. 보건복지부령으로 정하는 장애로 인하여 입소자격자가 부양을 책임지고 있는 24세 이상의 자녀·손자녀(2024.1.2 본호신설)

② 노인복지주택을 설치하거나 설치하려는 자는 노인복지주택을 입소자격자에게 임대하여야 한다.(2015.1.28 본항개정)
③ 제2항에 따라 노인복지주택을 임차한 자는 해당 노인주거시설을 입소자격자가 아닌 자에게 다시 임대할 수 없다.(2015.1.28 본항개정)
④ (2015.1.28 삭제)
⑤ 시장·군수·구청장은 지역 내 노인 인구, 노인주거복지시설의 수요와 공급실태 및 노인복지주택의 효율적인 이용 등을 고려하여 노인복지주택의 공급가구수와 가구별 건축면적(주거의 용도로만 쓰이는 면적에 한한다)을 일정규모 이하로 제한할 수 있다.
⑥ 제33조제2항에 따라 노인복지주택을 설치한 자는 해당 노인복지주택의 전부 또는 일부 시설을 시장·군수·구청장의 확인을 받아 대통령령으로 정하는 자에게 위탁하여 운영할 수 있다.(2019.1.15 본항개정)
⑦ 입소자격자가 사망하거나 노인복지주택에 거주하지 아니하는 경우 제1항에 따라 노인복지주택에 입소한 입소자격자의 배우자 및 자녀·손자녀는 보건복지부령으로 정하는 기간 내에 퇴소하여야 한다. 다만, 입소자격자의 해외 체류 등 보건복지부령으로 정하는 부득이한 사유가 있는 경우에는 그러하지 아니하다.(2017.10.24 본항신설)
⑧ 시장·군수·구청장은 필요한 경우 제1항에 따른 입소자격 여부 및 제7항에 따른 입소자격자의 사망 또는 실제 거주 여부를 조사할 수 있다.(2017.10.24 본항신설)
⑨ 시장·군수·구청장은 제8항에 따른 조사 결과 입소부자격자가 발견되면 퇴소하도록 하는 등 적절한 조치를 취하여야 한다.(2017.10.24 본항신설)
(2007.8.3 본조신설)

第33條의3 (2015.1.28 삭제)

第34條【老人醫療福祉施設】 ① 노인의료복지시설은 다음 각 호의 시설로 한다.
1. 노인요양시설 : 치매·중풍 등 노인성질환 등으로 심신에 상당한 장애가 발생하여 도움을 필요로 하는 노인을 입소시켜 급식·요양과 그 밖에 일상생활에 필요한 편의를 제공함을 목적으로 하는 시설
2. 노인요양공동생활가정 : 치매·중풍 등 노인성질환 등으로 심신에 상당한 장애가 발생하여 도움을 필요로 하는 노인에게 가정과 같은 주거여건과 급식·요양, 그 밖에 일상생활에 필요한 편의를 제공함을 목적으로 하는 시설
3. (2011.6.7 삭제)

② 노인의료복지시설의 입소대상·입소비용 및 입소절차와 설치·운영자의 준수사항등에 관하여 필요한 사항은 보건복지부령으로 정한다.(2010.1.18 본항개정)
(2007.8.3 본조개정)

第35條【老人醫療福祉施設의 設置】 ① 國家 또는 地方自治團體는 老人醫療福祉施設을 設置할 수 있다.
② 國家 또는 地方自治團體외의 者가 老人醫療福祉施設을 設置하고자 하는 경우에는 시장·군수·구청장에게 申告하여야 한다.(2011.6.7 단서삭제)
③ 시장·군수·구청장은 제2항에 따른 신고를 받은 경우 그 내용을 검토하여 이 법에 적합하면 신고를 수리하여야 한다.(2018.3.13 본항신설)
④ 老人醫療福祉施設의 施設, 人力 및 운영에 관한 기준과 設置申告 및 設置許可 등에 관하여 필요한 사항은 보건복지부령으로 정한다.(2011.6.7 단서삭제)

第36條【老人餘暇福祉施設】 ① 老人餘暇福祉施設은 다음 각 호의 施設로 한다.(2007.8.3 본문개정)
1. 노인복지관 : 노인의 교양·취미생활 및 사회참여활동 등에 대한 각종 정보와 서비스를 제공하고, 건강증진 및 질병예방과 소득보장·재가복지, 그 밖에 노인의 복지증진에 필요한 서비스를 제공함을 목적으로 하는 시설(2007.8.3 본호개정)
2. 敬老堂 : 地域老人들이 자율적으로 친목도모·취미활동·공동작업장 운영 및 각종 情報交換과 기타 餘暇活動을 할 수 있도록 하는 場所를 제공함을 目的으로 하는 施設
3. 老人敎室 : 老人들에 대하여 사회활동 참여욕구를 충족시키기 위하여 건전한 취미생활·老人健康維持·所得保障 기타 일상생활과 관련한 학습프로그램을 제공함을 目的으로 하는 施設
4. (2011.6.7 삭제)

② 老人餘暇福祉施設의 이용대상 및 利用節次등에 관하여 필요한 사항은 보건복지부령으로 정한다.(2010.1.18 본항개정)

第37條【老人餘暇福祉施設의 設置】 ① 國家 또는 地方自治團體는 老人餘暇福祉施設을 設置할 수 있다.
② 國家 또는 地方自治團體외의 者가 老人餘暇福祉施設을 設置하고자 하는 경우에는 市長·郡守·區廳長에게 申告하여야 한다.
③ 시장·군수·구청장은 제2항에 따른 신고를 받은 경우 그 내용을 검토하여 이 법에 적합하면 신고를 수리하여야 한다.(2018.3.13 본항신설)
④ 국가 또는 지방자치단체는 경로당의 활성화를 위하여 지역별·기능별 특성을 갖춘 표준 모델 및 프로그램을 개발·보급하여야 한다.(2011.6.7 본항신설)
⑤ 老人餘暇福祉施設의 施設, 人力 및 운영에 관한 기준과 設置申告등에 관하여 필요한 사항은 보건복지부령으로 정한다.(2010.1.18 본항개정)

第37條의2【경로당에 대한 양곡구입비 등의 보조】 ① 국가 또는 지방자치단체는 경로당에 대하여 예산의 범위에서 양곡(「양곡관리법」에 따른 정부관리양곡을 포함한다)구입비의 전부 또는 일부를 보조할 수 있다.
(2018.12.11 본항개정)

② 국가 또는 지방자치단체는 예산의 범위에서 경로당의 냉난방 비용의 전부 또는 일부를 보조할 수 있다.
(2012.2.1 본조신설)

第37條의3【경로당에 대한 공과금 감면】 ① 「전기사업법」에 따른 전기판매사업자, 「전기통신사업법」에 따른 전기통신사업자 및 「도시가스사업법」에 따른 도시가스사업자는 경로당에 대하여 각각 전기요금·전기통신요금 및 도시가스요금을 감면할 수 있다.
② 「수도법」에 따른 수도사업자(수도사업자가 지방자치단체인 경우에는 해당 지방자치단체의 장을 말한다)는 경로당에 대하여 수도요금을 감면할 수 있다.
(2012.2.1 본조신설)

第38條【재가노인복지시설】 ① 재가노인복지시설은 다음 각 호의 어느 하나 이상의 서비스를 제공함을 목적으로 하는 시설을 말한다.
1. 방문요양서비스 : 가정에서 일상생활을 영위하고 있는 노인(이하 "재가노인"이라 한다)으로서 신체적·정신적 장애로 어려움을 겪고 있는 노인에게 필요한 각종 편의를 제공하여 지역사회안에서 건전하고 안정된 노후를 영위하도록 하는 서비스
2. 주·야간보호서비스 : 부득이한 사유로 가족의 보호를 받을 수 없는 심신이 허약한 노인과 장애노인을 주간 또는 야간 동안 보호시설에 입소시켜 필요한 각종 편의를 제공하여 이들의 생활안정과 심신기능의 유지·향상을 도모하고, 그 가족의 신체적·정신적 부담을 덜어주기 위한 서비스
3. 단기보호서비스 : 부득이한 사유로 가족의 보호를 받을 수 없어 일시적으로 보호가 필요한 심신이 허약한 노인과 장애노인을 보호시설에 단기간 입소시켜 보호함으로써 노인 및 노인가정의 복지증진을 도모하기 위한 서비스
4. 방문 목욕서비스 : 목욕장비를 갖추고 재가노인을 방문하여 목욕을 제공하는 서비스
5. 그 밖의 서비스 : 그 밖에 재가노인에게 제공하는 서비스로서 보건복지부령이 정하는 서비스
② 제1항에 따른 재가노인복지시설의 이용대상·비용부담 및 이용절차 등에 관하여 필요한 사항은 보건복지부령으로 정한다.(2010.1.18 본항개정)
(2007.8.3 본조개정)

第39條【在家老人福祉施設의 設置】 ① 國家 또는 地方自治團體는 在家老人福祉施設을 設置할 수 있다.
② 國家 또는 地方自治團體외의 者가 在家老人福祉施設을 設置하고자 하는 경우에는 市長·郡守·區廳長에게 申告하여야 한다.
③ 시장·군수·구청장은 제2항에 따른 신고를 받은 경우 그 내용을 검토하여 이 법에 적합하면 신고를 수리하여야 한다.(2018.3.13 본항신설)
④ 在家老人福祉施設의 施設, 人力 및 운영에 관한 기준과 設置申告 등에 관하여 필요한 사항은 보건복지부령으로 정한다.(2010.1.18 본항개정)

第39條의2【요양보호사의 직무·자격증의 교부 등】 ① 노인복지시설의 설치·운영자는 보건복지부령으로 정하는 바에 따라 노인 등의 신체활동 또는 가사활동 지원 등의 업무를 전문적으로 수행하는 요양보호사를 두어야 한다.(2010.1.18 본항개정)
② 요양보호사가 되려는 사람은 제39조의3에 따라 요양보호사를 교육하는 기관(이하 "요양보호사교육기관"이라 한다)에서 교육과정을 마치고 시·도지사가 실시하는 요양보호사 자격시험에 합격하여야 한다.(2010.1.25 본항개정)
③ 시·도지사는 제2항에 따라 요양보호사 자격시험에 합격한 사람에게 요양보호사 자격증을 교부하여야 한다. 다만, 요양보호사 자격증 교부 신청일을 기준으로 제39조의13에 따른 결격사유에 해당하는 사람에게는 자격증을 교부해서는 아니 된다.(2019.12.3 단서신설)
④ 시·도지사는 제2항에 따라 요양보호사 자격시험에 응시하고자 하는 사람과 제3항에 따라 자격증을 교부 또는 재교부 받고자 하는 사람에게 보건복지부령으로 정하는 바에 따라 수수료를 납부하게 할 수 있다.(2010.1.25 본항신설)
⑤ 요양보호사의 교육과정, 요양보호사 자격시험 실시 및 자격증 교부 등에 관하여 필요한 사항은 보건복지부령으로 정한다.(2010.1.25 본항개정)
⑥ 제3항에 따라 자격증을 교부받은 사람은 다른 사람에게 그 자격증을 빌려주어서는 아니 되고, 누구든지 그 자격증을 빌려서는 아니 된다.(2020.4.7 본항신설)
⑦ 누구든지 제6항에 따라 금지된 행위를 알선하여서는 아니 된다.(2020.4.7 본항신설)

第39條의3【요양보호사교육기관의 지정 등】 ① 시·도지사는 요양보호사의 양성을 위하여 보건복지부령으로 정하는 지정기준에 적합한 시설을 요양보호사교육기관으로 지정·운영하여야 한다.
② 시·도지사는 요양보호사교육기관이 다음 각 호의 어느 하나에 해당하는 경우 사업의 정지를 명하거나 그 지정을 취소할 수 있다. 다만, 제1호에 해당하는 경우 지정을 취소하여야 한다.
1. 거짓이나 그 밖의 부정한 방법으로 요양보호사교육기관으로 지정을 받은 경우
2. 제1항에 따른 지정기준에 적합하지 아니하게 된 경우
3. 교육과정을 1년 이상 운영하지 아니하는 경우
4. 정당한 사유 없이 제42조에 따른 보고 또는 자료제출을 하지 아니하거나 거짓으로 한 경우 또는 조사·검사를 거부·방해하거나 기피한 경우
5. 요양보호사교육기관을 설치·운영하는 자가 교육 이수 관련 서류를 거짓으로 작성한 경우(2019.4.30 본호신설)
(2010.1.25 본항신설)
③ 시·도지사는 제2항에 따라 지정취소를 하는 경우 청문을 실시하여야 한다.(2010.1.25 본항신설)
④ 제1항에 따른 요양보호사교육기관의 지정절차, 제2항에 따른 행정처분의 세부적인 기준 및 절차 등에 관하여 필요한 사항은 보건복지부령으로 정한다.
(2010.1.25 본조개정)

第39條의4【긴급전화의 설치 등】 ① 국가 및 지방자치단체는 노인학대를 예방하고 수시로 신고를 받을 수 있도록 긴급전화를 설치하여야 한다.
② 제1항의 규정에 의한 긴급전화의 설치·운영에 관하여 필요한 사항은 대통령령으로 정한다.
(2004.1.29 본조신설)

第39條의5【노인보호전문기관의 설치 등】 ① 국가는 지역 간의 연계체계를 구축하고 노인학대를 예방하기 위하여 다음 각 호의 업무를 담당하는 중앙노인보호전문기관을 설치·운영하여야 한다.
1. 노인인권보호 관련 정책제안
2. 노인인권보호를 위한 연구 및 프로그램의 개발
3. 노인학대 예방의 홍보, 교육자료의 제작 및 보급
4. 노인보호전문사업 관련 실적 취합, 관리 및 대외자료 제공
5. 지역노인보호전문기관의 관리 및 업무지원
6. 지역노인보호전문기관 상담원의 심화교육
7. 관련 기관 협력체계의 구축 및 교류
8. 노인학대 분쟁사례 조정을 위한 중앙노인학대사례판정위원회 운영(2015.12.29 본호신설)
9. 그 밖에 노인의 보호를 위하여 대통령령으로 정하는 사항
② 학대받는 노인의 발견·보호·치료 등을 신속히 처리하고 노인학대를 예방하기 위하여 다음 각 호의 업무를 담당하는 지역노인보호전문기관을 특별시·광역시·도·특별자치도(이하 "시·도"라 한다)에 둔다.
1. 노인학대 신고전화의 운영 및 사례접수
2. 노인학대 의심사례에 대한 현장조사
3. 피해노인 및 노인학대자에 대한 상담
3의2. 피해노인에 대한 법률 지원의 요청(2020.12.29 본호신설)
4. 피해노인가족 관련자와 관련 기관에 대한 상담
5. 상담 및 서비스제공에 따른 기록과 보관
6. 일반인을 대상으로 한 노인학대 예방교육
7. 노인학대행위자를 대상으로 한 재발방지 교육
8. 노인학대사례 판정을 위한 지역노인학대사례판정위원회 운영 및 자체사례회의 운영(2015.12.29 본호신설)
9. 그 밖에 노인의 보호를 위하여 보건복지부령으로 정하는 사항
③ 보건복지부장관 및 시·도지사는 노인학대예방사업을 목적으로 하는 비영리법인을 지정하여 제1항에 따른 중앙노인보호전문기관과 제2항에 따른 지역노인보호전문기관의 운영을 위탁할 수 있다.
④ 제1항에 따른 중앙노인보호전문기관과 제2항에 따른 지역노인보호전문기관의 설치기준과 운영, 상담원의 자격과 배치기준 및 제3항에 따른 위탁기관의 지정 등에 필요한 사항은 대통령령으로 정한다.
(2011.6.7 본조개정)

第39條의6【노인학대 신고의무와 절차 등】 ① 누구든지 노인학대를 알게 된 때에는 노인보호전문기관 또는 수사기관에 신고할 수 있다.
② 다음 각 호의 어느 하나에 해당하는 자는 그 직무상 65세 이상의 사람에 대한 노인학대를 알게 된 때에는 즉시 노인보호전문기관 또는 수사기관에 신고하여야 한다.
(2016.12.2 본문개정)
1. 의료법 제3조제1항의 의료기관에서 의료업을 행하는 의료인 및 의료기관의 장(2015.12.29 본호개정)
2. 제27조의2에 따른 방문요양과 돌봄이나 안전확인 등의 서비스 종사자, 제31조에 따른 노인복지시설의 장과 그 종사자 및 제7조에 따른 노인복지상담원(2017.10.24 본호개정)
3. 「장애인복지법」 제58조의 규정에 의한 장애인복지시설에서 장애노인에 대한 상담·치료·훈련 또는 요양업무를 수행하는 사람(2011.6.7 본호개정)
4. 「가정폭력방지 및 피해자보호 등에 관한 법률」 제5조 및 제7조에 따른 가정폭력 관련 상담소 및 가정폭력피해자 보호시설의 장과 그 종사자(2011.6.7 본호개정)
5. 「사회보장급여의 이용·제공 및 수급권자 발굴에 관한 법률」 제43조에 따른 사회복지전담공무원 및 「사회복지사업법」 제34조에 따른 사회복지시설의 장과 그 종사자(2021.12.21 본호개정)
6. 「노인장기요양보험법」 제31조에 따른 장기요양기관의 장과 그 종사자(2018.12.11 본호개정)
7. 「119구조·구급에 관한 법률」 제10조에 따른 119구급대의 구급대원(2011.6.7 본호신설)
8. 「건강가정기본법」 제35조에 따른 건강가정지원센터의 장과 그 종사자(2011.6.7 본호신설)
9. 「다문화가족지원법」 제12조에 따른 다문화가족지원센터의 장과 그 종사자(2015.12.29 본호신설)
10. 「성폭력방지 및 피해자보호 등에 관한 법률」 제10조에 따른 성폭력피해상담소 및 같은 법 제12조에 따른 성폭력피해자보호시설의 장과 그 종사자(2015.12.29 본호신설)
11. 「응급의료에 관한 법률」 제36조에 따른 응급구조사(2015.12.29 본호신설)
12. 「의료기사 등에 관한 법률」 제1조의2제1호에 따른 의료기사(2015.12.29 본호신설)
13. 「국민건강보험법」에 따른 국민건강보험공단 소속 요양직 직원(2018.3.13 본호신설)
14. 「지역보건법」 제2조에 따른 지역보건의료기관의 장과 종사자(2018.3.13 본호신설)
15. 제31조에 따른 노인복지시설 설치 및 관리 업무 담당 공무원(2018.3.13 본호신설)
16. 「병역법」 제2조제1항제10호라목에 따른 사회복지시설에서 복무하는 사회복무요원(노인을 직접 대면하는 업무에 복무하는 사람으로 한정한다)(2021.12.21 본호신설)
③ 신고인의 신분은 보장되어야 하며 그 의사에 반하여 신분이 노출되어서는 아니된다.
④ 관계 중앙행정기관의 장은 제2항 각 호의 어느 하나에 해당하는 사람의 자격취득 교육과정이나 보수교육 과정에 노인학대 예방 및 신고의무와 관련된 교육 내용을 포함하도록 하여야 하며, 그 결과를 보건복지부장관에게 제출하여야 한다.(2018.3.13 본항개정)
⑤ 제2항에 따른 노인학대 신고의무자가 소속된 다음 각 호의 기관의 장은 소속 노인학대 신고의무자에게 노인학대예방 및 신고의무에 관한 교육을 실시하고 그 결과를 보건복지부장관에게 제출하여야 한다.
1. 제31조에 따른 노인복지시설
2. 「의료법」 제3조제2항제3호라목 및 마목에 따른 요양병원 및 종합병원
3. 「노인장기요양보험법」 제2조제4호에 따른 장기요양기관
(2018.3.13 본항신설)
⑥ 제4항 및 제5항에 따른 교육 내용·시간 및 방법 등에 관하여 필요한 사항은 보건복지부령으로 정한다.
(2018.3.13 본항개정)
(2012.10.22 본조제목개정)
(2004.1.29 본조신설)

第39條의7【응급조치의무 등】 ① 제39조의6의 규정에 의하여 노인학대신고를 접수한 노인보호전문기관의 직원이나 사법경찰관리는 지체없이 노인학대의 현장에 출동하여야 한다. 이 경우 노인보호전문기관의 장이나 수사기관의 장은 서로 동행하여 줄 것을 요청할 수 있고, 그 요청을 받은 때에는 정당한 사유가 없으면 소속 직원이나 사법경찰관리를 현장에 동행하도록 하여야 한다.
(2015.1.28 후단신설)
② 제1항에 따라 출동한 노인보호전문기관의 직원이나 사법경찰관리는 피해자를 보호하기 위하여 신고된 현장에 출입하여 관계인에 대하여 조사를 하거나 질문을 할 수 있다. 이 경우 노인보호전문기관의 직원은 피해노인의 보호를 위한 범위에서만 조사 또는 질문을 할 수 있다.
(2015.1.28 본항신설)
③ 제2항에 따라 출입, 조사 또는 질문을 하는 노인보호전문기관의 직원이나 사법경찰관리는 그 권한을 표시하는 증표를 지니고 이를 관계인에게 보여주어야 한다.
(2015.1.28 본항신설)
④ 제2항에 따라 조사 또는 질문을 하는 노인보호전문기관의 직원이나 사법경찰관리는 피해자·신고자·목격자 등이 자유롭게 진술할 수 있도록 노인학대행위자로부터 분리된 곳에서 조사하는 등 필요한 조치를 하여야 한다.
(2015.1.28 본항신설)
⑤ 제1항의 규정에 의하여 현장에 출동한 자는 학대받은 노인을 노인학대행위자로부터 분리하거나 치료가 필요하다고 인정할 때에는 노인보호전문기관 또는 의료기관에 인도하여야 한다.
⑥ 누구든지 정당한 사유 없이 노인학대 현장에 출동한 자에 대하여 현장조사를 거부하거나 업무를 방해하여서는 아니 된다.(2015.1.28 본항개정)
⑦ 국가 및 지방자치단체는 제39조의5에 따른 노인보호전문기관의 장이 학대받은 노인의 보호, 치료 등의 업무를 수행함에 있어서 피해노인, 그 보호자 또는 노인학대행위자에 대한 신분조회 등 필요한 조치의 협조를 요청할 경우 정당한 사유가 없으면 이에 적극 협조하여야 한다.
(2015.12.29 본항신설)
⑧ 제7항의 신분조회 요청 절차·범위 등에 관한 사항은 대통령령으로 정한다.(2015.12.29 본항신설)
(2004.1.29 본조신설)

第39條의8【보조인의 선임 등】 ① 학대받은 노인의 법정대리인, 직계친족, 형제자매, 노인보호전문기관의 상담원 또는 변호사는 노인학대사건의 심리에 있어서 보조인이 될 수 있다. 다만, 변호사가 아닌 경우에는 법원의 허가를 받아야 한다.
② 법원은 학대받은 노인을 증인으로 신문하는 경우 본인·검사 또는 노인보호전문기관의 신청이 있는 때에는 본인과 신뢰관계에 있는 자의 동석을 허가할 수 있다.
③ 수사기관이 학대받은 노인을 조사하는 경우에도 제1항 및 제2항의 절차를 준용한다.
(2004.1.29 본조신설)

第39條의9【금지행위】 누구든지 65세 이상의 사람(이하 이 조에서 "노인"이라 한다)에 대하여 다음 각 호의 어느 하나에 해당하는 행위를 하여서는 아니된다.
(2016.12.2 본문개정)
1. 노인의 신체에 폭행을 가하거나 상해를 입히는 행위
2. 노인에게 성적 수치심을 주는 성폭행·성희롱 등의 행위
3. 자신의 보호·감독을 받는 노인을 유기하거나 의식주를 포함한 기본적 보호 및 치료를 소홀히 하는 방임행위
4. 노인에게 구걸을 하게 하거나 노인을 이용하여 구걸하는 행위
5. 노인을 위하여 증여 또는 급여된 금품을 그 목적외의 용도에 사용하는 행위
6. 폭언, 협박, 위협 등으로 노인의 정신건강에 해를 끼치는 정서적 학대행위(2016.12.2 본호신설)
(2004.1.29 본조신설)

第39條의10【실종노인에 관한 신고의무 등】 ① 누구든지 정당한 사유 없이 사고 등의 사유로 인하여 보호자로부터 이탈된 노인(이하 "실종노인"이라 한다)을 경찰관서 또는 지방자치단체의 장에게 신고하지 아니하고 보호하여서는 아니 된다.(2013.6.4 본항개정)
② 제31조에 따른 노인복지시설(「사회복지사업법」 제2조제4호에 따른 사회복지시설 및 사회복지시설에 준하는 시설로서 인가·신고 등을 하지 아니하고 노인을 보호하는 시설을 포함한다. 이하 "보호시설"이라 한다)의 장 또는 그 종사자는 그 직무를 수행하면서 실종노인임을 알게 된 때에는 지체 없이 보건복지부령으로 정하는 신상카드를 작성하여 지방자치단체의 장과 제3항제2호의 업무를 수행하는 기관의 장에게 제출하여야 한다.
(2011.8.4 본항개정)
③ 보건복지부장관은 실종노인의 발생예방, 조속한 발견과 복귀를 위하여 다음 각 호의 업무를 수행하여야 한다. 이 경우 보건복지부장관은 노인복지 관련 법인이나 단체에 그 업무의 전부 또는 일부를 위탁할 수 있다.
1. 실종노인과 관련된 조사 및 연구
2. 실종노인의 데이터베이스 구축·운영
3. 그 밖에 실종노인의 보호 및 지원에 필요한 사항
④ 경찰청장은 실종노인의 조속한 발견과 복귀를 위하여 다음 각 호의 사항을 시행하여야 한다.(2013.6.4 후단삭제)
1. 실종노인에 대한 신고체계의 구축 및 운영
2. 그 밖에 실종노인의 발견과 복귀를 위하여 필요한 사항
3. (2013.6.4 삭제)
(2011.6.7 본항신설)
⑤ (2013.6.4 삭제)
(2007.8.3 본조신설)

第39條의11【조사 등】 ① 보건복지부장관, 시·도지사 또는 시장·군수·구청장은 필요하다고 인정하는 때에는 관계공무원 또는 노인복지상담원으로 하여금 노인복지시설과 노인의 주소·거소, 노인의 고용장소 또는 제39조의9의 금지행위를 위반할 우려가 있는 장소에 출입하여 노인 또는 관계인에게 필요한 조사를 하거나 질문을 하게 할 수 있다.(2008.2.29 본항개정)
② 경찰청장, 시·도지사 또는 시장·군수·구청장은 실종노인의 발견을 위하여 필요한 때에는 보호시설의 장 또는 그 종사자에게 필요한 보고 또는 자료제출을 명하거나 소속 공무원으로 하여금 보호시설에 출입하여 관계인 또는 노인에 대하여 필요한 조사 또는 질문을 하게 할 수 있다.(2007.8.3 본항신설)
③ 제1항 및 제2항의 경우 관계공무원, 노인복지상담원은 그 권한을 표시하는 증표 및 조사기간, 조사범위, 조사담당자, 관계 법령 등 보건복지부령으로 정하는 사항이 기재된 서류를 지니고 이를 노인 또는 관계인에게 내보여야 한다.(2015.12.29 본항개정)
④ 제1항 및 제2항에 따른 조사 또는 질문의 절차·방법 등에 관하여는 이 법에서 정하는 사항을 제외하고는 「행정조사기본법」에서 정하는 바에 따른다.(2015.12.29 본항개정)

第39條의12【비밀누설의 금지】 이 법에 의한 학대노인의 보호와 관련된 업무에 종사하였거나 종사하는 자는 그 직무상 알게 된 비밀을 누설하지 못한다.(2004.1.29 본조신설)

第39條의13【요양보호사의 결격사유】 다음 각 호의 어느 하나에 해당하는 사람은 요양보호사가 될 수 없다.
1. 「정신건강증진 및 정신질환자 복지서비스 지원에 관한 법률」 제3조제1호에 따른 정신질환자. 다만, 전문의가 요양보호사로서 적합하다고 인정하는 사람은 그러하지 아니하다.(2018.3.13 본문개정)
2. 마약·대마 또는 향정신성의약품 중독자
3. 피성년후견인(2015.1.28 본호개정)
4. 금고 이상의 형을 선고받고 그 형의 집행이 종료되지 아니하였거나 그 집행을 받지 아니하기로 확정되지 아니한 사람
5. 법원의 판결에 따라 자격이 정지 또는 상실된 사람
6. 제39조의14에 따라 요양보호사의 자격이 취소(이 조 제3호에 해당하여 자격이 취소된 경우는 제외한다)된 날부터 1년이 경과되지 아니한 사람(2018.12.11 본호개정)
(2010.1.25 본조신설)

第39條의14【요양보호사 자격의 취소】 ① 시·도지사는 요양보호사가 다음 각 호의 어느 하나에 해당하는 경우 그 자격을 취소할 수 있다. 다만, 제1호부터 제3호까지의 경우 자격을 취소하여야 한다.
1. 제39조의13 각 호의 어느 하나에 해당하게 된 경우
2. 제39조의9를 위반하여 제55조의2부터 제55조의4까지의 규정에 따른 처벌을 받은 경우
3. 거짓이나 그 밖의 부정한 방법으로 자격증을 취득한 경우
4. 영리를 목적으로 노인 등에게 불필요한 요양서비스를 알선·유인하거나 이를 조장한 경우
5. 자격증을 대여·양도 또는 위조·변조한 경우
② 시·도지사는 제1항에 따라 요양보호사의 자격을 취소하는 경우 청문을 실시하여야 한다.
③ 제1항의 자격취소의 절차 등에 관하여 필요한 사항은 보건복지부령으로 정한다.
(2010.1.25 본조신설)

第39條의15【노인학대 등의 통보】 ① 사법경찰관리는 노인 사망 및 상해사건, 가정폭력 사건 등에 관한 직무를 행하는 경우 노인학대가 있었다고 의심할만한 사유가 있는 때에는 노인보호전문기관에 그 사실을 통보하여야 한다.
② 제1항의 통보를 받은 노인보호전문기관은 피해노인 보호조치 등 필요한 조치를 하여야 한다.
(2015.12.29 본조신설)

第39條의16【노인학대행위자에 대한 상담·교육 등의 제공】 ① 노인보호전문기관의 장은 노인학대행위자에 대하여 상담·교육 및 심리적 치료 등 필요한 지원을 제공하여야 한다.
② 노인학대행위자는 노인보호전문기관의 장이 제1항에 따른 상담·교육 및 심리적 치료 등을 제공하는 경우에는 정당한 사유가 없으면 상담·교육 및 심리적 치료 등을 받아야 한다.
(2020.12.29 본조개정)

第39條의17【노인관련기관의 취업제한 등】 ① 법원은 노인학대관련범죄로 형 또는 치료감호를 선고하는 경우에는 판결(약식명령을 포함한다. 이하 같다)로 그 형 또는 치료감호의 전부 또는 일부의 집행을 종료하거나 집행이 유예·면제된 날(벌금형을 선고받은 경우에는 그 형이 확정된 날을 말한다)부터 일정기간(이하 "취업제한기간"이라 한다) 동안 다음 각 호에 따른 시설 또는 기관(이하 "노인관련기관"이라 한다)을 운영하거나 노인관련기관에 취업 또는 사실상 노무를 제공할 수 없도록 하는 명령(이하 "취업제한명령"이라 한다)을 판결과 동시에 선고(약식명령의 경우에는 고지를 말한다)하여야 한다. 다만, 재범의 위험성이 현저히 낮은 경우, 그 밖에 취업을 제한하여서는 아니 되는 특별한 사정이 있다고 판단하는 경우에는 그러하지 아니하다.(2018.12.11 본문개정)
1. 제31조의 노인복지시설
2. 「노인장기요양보험법」 제31조에 따른 장기요양기관(2018.12.11 본호개정)
3. 「가정폭력방지 및 피해자보호 등에 관한 법률」 제4조의6의 긴급전화센터, 같은 법 제5조의 가정폭력 관련 상담소 및 같은 법 제7조의2의 가정폭력피해자 보호시설
4. 「건강가정기본법」 제35조의 건강가정지원센터
5. 「다문화가족지원법」 제12조의 다문화가족지원센터
6. 「성폭력방지 및 피해자보호 등에 관한 법률」 제10조의 성폭력피해상담소 및 같은 법 제12조의 성폭력피해자보호시설 및 같은 법 제18조의 성폭력피해자통합지원센터
7. 「의료법」 제3조의 의료기관
8. 「장애인복지법」 제58조의 장애인복지시설
9. 「정신건강증진 및 정신질환자 복지서비스 지원에 관한 법률」 제3조에 따른 정신건강복지센터 및 정신건강증진시설(2016.5.29 본호개정)
10. 제27조의2에 따라 홀로 사는 노인에 대한 지원을 하는 기관·단체
11. 제27조의3에 따른 독거노인종합지원센터
12. 「장애인활동 지원에 관한 법률」 제2조제6호에 따른 활동지원기관
13. 「치매관리법」 제17조에 따른 치매안심센터
(2023.6.13 10호～13호신설)
14. 「민법」 제32조에 따라 보건복지부장관의 설립 허가를 받아 노인인권, 노인복지 등 노인을 위한 사업을 수행하는 비영리법인(대표자 및 노인을 직접 대면하는 업무에 종사하는 사람에 한정한다)(2024.2.6 본호신설)
② 제1항에 따른 취업제한기간은 10년을 초과하지 못한다.
(2018.12.11 본항신설)
③ 법원은 제1항에 따라 취업제한명령을 선고하려는 경우에는 정신건강의학과 의사, 심리학자, 사회복지학자, 노인학대 관련 전문가, 그 밖의 관련 전문가로부터 취업제한명령 대상자의 재범 위험성 등에 관한 의견을 들을 수 있다.(2018.12.11 본항신설)
④ 제1항 각 호의 노인관련기관의 설치 신고·인가·허가 등을 관할하는 행정기관의 장(이하 이 조에서 "관할행정기관의 장"이라 한다)은 노인관련기관을 운영하려는 자에 대하여 본인의 동의를 받아 관계 기관의 장에게 노인학대관련범죄 경력 조회를 요청하여야 한다. 다만, 노인관련기관을 운영하려는 자가 노인학대관련범죄 경력 조회 회신서를 관할행정기관의 장에게 직접 제출한 경우에는 노인학대관련범죄 경력 조회를 한 것으로 본다.
(2018.12.11 본항개정)
⑤ 노인관련기관의 장은 그 기관에 취업 중이거나 사실상 노무를 제공 중인 사람 또는 취업하려 하거나 사실상 노무를 제공하려는 사람(이하 "취업자등"이라 한다)에 대하여 노인학대관련범죄 경력을 확인하여야 하며, 이 경우 본인의 동의를 받아 관계 기관의 장에게 노인학대관련범죄 경력 조회를 요청하여야 한다. 다만, 취업자등이 노인학대관련범죄 경력 조회 회신서를 노인관련기관의 장에게 직접 제출한 경우에는 노인학대관련범죄 경력 조회를 한 것으로 본다.(2018.12.11 본항개정)
⑥ 관할행정기관의 장은 취업제한명령을 선고받은 사람이 노인관련기관을 운영하거나 노인관련기관에 취업 또는 사실상 노무를 제공하고 있는지를 직접 또는 관계 기관 조회 등의 방법으로 연 1회 이상 점검·확인하고 그 결과를 관계 중앙행정기관의 장에게 제출하여야 한다. 이 경우 관계 중앙행정기관의 장은 점검·확인 결과를 대통령령으로 정하는 바에 따라 인터넷 홈페이지 등을 이용하여 공개하여야 한다.(2023.6.13 후단신설)
⑦ 관할행정기관의 장은 제6항에 따른 점검·확인을 위하여 필요한 경우에는 노인관련기관의 장에게 관련 자료의 제출을 요구할 수 있다.(2018.12.11 본항신설)
⑧ 노인관련기관의 장은 취업제한명령을 선고받은 사람이 노인관련기관에 취업 또는 사실상 노무를 제공하고 있는 것을 알게 된 때에는 즉시 해임하여야 한다.
(2018.12.11 본항신설)
⑨ 관할행정기관의 장은 취업제한명령을 위반하여 노인관련기관을 운영 중인 노인관련기관의 장에게 운영 중인 노인관련기관의 폐쇄를 요구하여야 하며, 취업제한명령을 위반하여 노인관련기관에 취업하거나 사실상 노무를 제공하고 있는 사람이 있으면 해당 노인관련기관의 장에게 그의 해임을 요구하여야 한다.(2018.12.11 본항개정)
⑩ 관할행정기관의 장은 노인관련기관의 장이 정당한 사유 없이 제9항에 따른 폐쇄요구를 거부하거나 3개월 이내에 요구사항을 이행하지 아니하는 경우에는 대통령령으로 정하는 바에 따라 해당 노인관련기관을 폐쇄하거나 그 허가·인가 등을 취소하거나 관계 행정기관의 장에게 이를 요구할 수 있다.(2018.12.11 본항개정)
⑪ 제4항부터 제6항까지에 따라 노인학대관련범죄 경력 조회 요청을 받은 관계 기관의 장은 노인학대관련범죄 경력 조회 회신서를 발급하여야 한다.(2018.12.11 본항개정)
⑫ 제4항부터 제6항까지에 따른 노인학대관련범죄 경력 조회의 요청 절차·범위 및 확인·점검 결과의 제출방법 등에 필요한 사항은 대통령령으로 정한다.(2018.12.11 본항개정)
(2015.12.29 본조신설)

第39條의18【위반사실의 공표】 ① 보건복지부장관, 시·도지사 또는 시장·군수·구청장은 제39조의9의 금지행위로 제60조에 따른 처벌을 받은 법인 등이 운영하는 시설에 대하여 그 위반행위, 처벌내용, 해당 법인 또는 시설의 명칭, 대표자 성명, 시설장 성명(대표자와 동일인이 아닌 경우만 해당한다) 및 그 밖에 다른 시설과의 구별에 필요한 사항으로서 대통령령으로 정하는 사항을 공표할 수 있다. 이 경우 공표 여부를 결정할 때에는 그 위반행위의 동기, 정도, 횟수 및 결과 등을 고려하여야 한다.
② 보건복지부장관, 시·도지사 또는 시장·군수·구청장은 제39조의14에 따른 처분을 받거나 제55조의2·제55조의3제1항제2호 또는 제55조의4제1호에 따른 처벌을 받은 자로서 제39조의9에 따른 금지행위로 노인의 생명을 해치거나 신체 또는 정신에 중대한 피해를 입힌 노인복지시설의 장과 종사자에 대하여 법 위반 이력과 명단, 그 밖에 대통령령으로 정하는 사항을 공표할 수 있다. 이 경우 공표여부를 결정할 때에는 그 위반행위의 동기, 정도, 횟수 및 결과 등을 고려하여야 한다.(2016.12.2 전단개정)
③ 보건복지부장관, 시·도지사 또는 시장·군수·구청장은 제1항 및 제2항에 따른 공표를 실시하기 전에 공표대상자에게 그 사실을 통지하여 소명자료를 제출하거나 출석하여 의견진술을 할 수 있는 기회를 부여하여야 한다.
④ 제1항 및 제2항에 따른 공표의 절차·방법, 그 밖에 필요한 사항은 대통령령으로 정한다.
(2015.12.29 본조신설)

第39條의19【학대피해노인 전용쉼터의 설치】 ① 국가와 지방자치단체는 노인학대로 인하여 피해를 입은 노인(이하 이 조에서 "학대피해노인"이라 한다)을 일정기간 보호하고 심신 치유 프로그램을 제공하기 위하여 학대피해노인 전용쉼터(이하 "쉼터"라 한다)를 설치·운영할 수 있다.
② 쉼터의 업무는 다음 각 호와 같다.
1. 학대피해노인의 보호와 숙식제공 등의 쉼터생활 지원
2. 학대피해노인의 심리적 안정을 위한 전문심리상담 등 치유프로그램 제공
2의2. 노인학대행위자에 대한 고소·고발 등 법률적 사항의 자문을 위한 대한변호사협회, 지방변호사회 또는 「법률구조법」에 따른 법률구조법인 등에 대한 협조 및 지원 요청(2020.12.29 본호신설)
3. 학대피해노인에게 학대로 인한 신체적, 정신적 치료를 위한 기본적인 의료비 지원
4. 학대 재발 방지와 원가정 회복을 위하여 노인학대행위자 등에게 전문상담서비스 제공
5. 그 밖에 쉼터에 입소하거나 쉼터를 이용하는 학대피해노인을 위하여 보건복지부령으로 정하는 사항
③ 국가와 지방자치단체는 쉼터의 운영업무를 제39조의5제1항 및 제2항에 따른 노인보호전문기관에 위탁할 수 있다. 이 경우 국가와 지방자치단체는 위탁에 소요되는 비용을 지원할 수 있다.
④ 제3항에 따른 쉼터 운영의 위탁과 위탁비용 지원에

관한 사항은 대통령령으로 정한다.
⑤ 쉼터의 설치기준·운영 및 인력에 관한 사항과 쉼터의 입소·이용 대상, 기간 및 절차 등에 관한 사항은 보건복지부령으로 정한다.
(2017.3.14 본조신설)

第39條의20【노인학대의 사후관리 등】 ① 노인보호전문기관의 장은 노인학대가 종료된 후에도 가정방문, 시설방문, 전화상담 등을 통하여 노인학대의 재발 여부를 확인하여야 한다.
② 노인보호전문기관의 장은 노인학대가 종료된 후에도 노인학대의 재발 방지를 위하여 필요하다고 인정하는 경우 피해노인 및 보호자를 포함한 피해노인의 가족에게 상담, 교육 및 의료적·심리적 치료 등의 지원을 하여야 한다.
③ 노인보호전문기관의 장은 제2항에 따른 지원을 하기 위하여 관계 기관·법인·단체·시설에 협조를 요청할 수 있다.
④ 피해노인의 보호자·가족은 제2항에 따른 노인보호전문기관의 지원에 성실히 참여하여야 한다.
⑤ 피해노인의 보호자·가족은 정당한 사유 없이 제1항 및 제2항에 따른 노인보호전문기관의 업무 수행을 거부하거나 방해하여서는 아니 된다.(2020.12.29 본항신설)
(2018.3.13 본조신설)

第39條의21【노인학대보도 권고기준 수립 및 준수 협조요청】 ① 보건복지부장관은 노인의 인권보호 및 노인학대 예방에 관한 정확한 정보의 제공 등을 위하여 대통령령으로 정하는 관계 중앙행정기관의 장과 협의하여 언론의 노인학대보도에 대한 권고기준을 수립하고 그 이행 확보 방안을 마련하여야 한다.
② 보건복지부장관은 방송·신문·잡지 및 인터넷신문 등 언론에 대하여 제1항에 따른 노인학대보도에 대한 권고기준을 준수하도록 협조를 요청할 수 있다. 이 경우 언론은 협조요청을 적극 이행하도록 노력하여야 한다.
(2023.5.2 본조신설)

第40條【변경·廢止 등】 ① 第33條第2項의 規定에 의하여 老人住居福祉施設을 設置한 者 또는 第35條第2項의 規定에 의하여 노인의료복지시설을 設置한 者가 그 設置申告事項중 보건복지부령이 정하는 사항을 변경하거나 그 施設을 廢止 또는 休止하고자 할 때에는 大統領令이 정하는 바에 의하여 시장·군수·구청장에게 미리 申告하여야 한다.(2011.6.7 본항개정)
② (2011.6.7 삭제)
③ 第37條第2項에 의하여 老人餘暇福祉施設을 設置한 者 또는 第39條第2項의 規定에 의하여 在家老人福祉施設을 設置한 者가 그 設置申告事項중 보건복지부령이 정하는 사항을 변경하거나 그 施設을 廢止 또는 休止하고자 할 때에는 大統領令이 정하는 바에 의하여 市長·郡守·區廳長에게 미리 申告하여야 한다.
④ 시장·군수·구청장은 제1항 또는 제3항에 따른 변경신고를 받은 경우 그 내용을 검토하여 이 법에 적합하면 신고를 수리하여야 한다.(2018.3.13 본항신설)
⑤ 노인주거복지시설의 장, 노인의료복지시설의 장, 노인여가복지시설의 장 또는 재가노인복지시설의 장은 해당 시설을 폐지 또는 휴지하는 경우에는 보건복지부령으로 정하는 바에 따라 해당 시설을 이용하는 사람이 다른 시설을 이용할 수 있도록 조치계획을 수립하고 이행하는 등 시설 이용자의 권익을 보호하기 위한 조치를 취하여야 한다.(2015.12.29 본항신설)
⑥ 시장·군수·구청장은 제1항 또는 제3항에 따라 노인복지시설의 폐지 또는 휴지의 신고를 받은 경우 해당 시설의 장이 제5항에 따른 시설 이용자의 권익을 보호하기 위한 조치를 취하였는지 여부를 확인하는 등 보건복지부령으로 정하는 조치를 하고, 신고 내용이 이 법에 적합하면 신고를 수리하여야 한다.(2018.3.13 본항개정)
(2010.1.18 본조개정)

第41條【受託義務】 第32條第1項의 規定에 의한 養老施設, 노인공동생활가정 및 노인복지주택, 第34條第1項의 規定에 의한 노인요양시설 및 노인요양공동생활가정 또는 第38條第1項의 規定에 의한 在家老人福祉施設을 設置·운영하는 者가 福祉實施機關으로부터 第28條第1項第2號 및 第3號, 同條第2項 또는 第3項의 規定에 의하여 老人의 入所·葬禮를 委託받은 때에는 정당한 이유없이 이를 거부하여서는 아니된다.(2007.8.3 본조개정)

第42條【감독】 ① 복지실시기관은 제31조에 따른 노인복지시설 또는 제39조의3제1항에 따른 요양보호사교육기관을 설치·운영하는 자로 하여금 해당 시설 또는 사업에 관하여 필요한 보고를 하게 하거나 관계공무원으로 하여금 해당 시설 또는 사업의 운영상황을 조사하게 하거나 장부, 그 밖의 관계서류를 검사하게 할 수 있다.
(2019.1.15 본항개정)
② 第31條의 規定에 의한 老人福祉施設을 設置·운영하는 者는 보건복지부령이 정하는 바에 따라 每年度 入所者 또는 利用者 現況 등에 관한 資料를 福祉實施機關에 제출하여야 한다.(2010.1.18 본항개정)
③ 第1項의 規定에 의하여 調査·檢査를 행하는 者는 그 權限을 표시하는 證票를 지니고 이를 관계인에게 내보여야 한다.
(2019.1.15 본조제목개정)

第43條【사업의 정지 등】 ① 시·도지사 또는 시장·군수·구청장은 노인주거복지시설, 노인의료복지시설 또는 제23조의2제1항제2호의 노인일자리지원기관이 다음 각 호의 어느 하나에 해당하는 때에는 1개월의 범위에서 사업의 정지 또는 廢止를 명할 수 있다.(2013.8.13 본문개정)
1. 제23조의2제4항, 제33조제4항 또는 제35조제4항에 따른 시설 등에 관한 기준에 미달하게 된 때(2018.3.13 본호개정)
2. 第41條의 規定에 위반하여 受託을 거부한 때
3. 정당한 이유없이 第42條의 規定에 의한 보고 또는 資料提出을 하지 아니하거나 허위로 한 때 또는 調査·檢査를 거부·방해하거나 기피한 때(1999.2.8 본호개정)
4. 第46條第5項의 規定에 위반한 때(1999.2.8 본호개정)
5. 해당 시설이나 기관을 설치·운영하는 자 또는 그 종사자가 입소자나 이용자를 학대한 때(2019.4.30 본호신설)
② 市長·郡守·區廳長은 老人餘暇福祉施設 또는 在家老人福祉施設이 다음 각 호의 어느 하나에 해당하는 때에는 1개월의 범위에서 사업의 정지 또는 廢止를 명할 수 있다.(2013.8.13 본문개정)
1. 제37조제4항 또는 제39조제4항의 施設 등에 관한 기준에 미달하게 된 때(2018.3.13 본호개정)
2. 第41條의 規定에 위반하여 受託을 거부한 때(재가노인복지시설의 경우로 한정한다)(2018.3.13 본호개정)
3. 정당한 이유없이 第42條의 規定에 의한 보고 또는 資料提出을 하지 아니하거나 허위로 한 때 또는 調査·檢査를 거부·방해하거나 기피한 때(1999.2.8 본호개정)
4. 第46條第7項의 規定에 위반한 때
5. 해당 시설을 설치·운영하는 자 또는 그 종사자가 입소자나 이용자를 학대한 때(2019.4.30 본호신설)
③ 시·도지사 또는 시장·군수·구청장은 노인주거복지시설 또는 노인의료복지시설이 제1항에 따라 사업이 정지 또는 폐지되거나 노인여가복지시설 또는 재가노인복지시설이 제2항에 따라 사업이 정지 또는 폐지되는 경우에는 해당 시설의 이용자를 다른 시설로 옮기도록 하는 등 시설 이용자의 권익을 보호하기 위하여 필요한 조치를 하여야 한다.(2015.12.29 본항신설)
④ 제1항 및 제2항에 따른 行政處分의 세부적인 기준은 위반의 정도 등을 참작하여 보건복지부령으로 정한다.
(2018.3.13 본항개정)

第44條【聽聞】 시장·군수·구청장은 第43條의 規定에 의한 사업의 廢止를 명하고자 하는 경우에는 聽聞을 실시하여야 한다.(2005.3.31 본조개정)

第5章 費 用

第45條【費用의 부담】 ① (2007.4.25 삭제)
② 다음 각 호의 어느 하나에 해당하는 비용은 대통령령이 정하는 바에 따라 국가 또는 지방자치단체가 부담한다.
1. 제23조의2제2항에 따른 노인일자리전담기관의 설치·운영 또는 위탁에 소요되는 비용(2011.4.7 본호개정)
2. 제27조 및 제28조의 규정에 따른 건강진단 등과 상담·입소 등의 조치에 소요되는 비용
3. 제33조제1항·제35조제1항·제37조제1항 및 제39조제1항의 규정에 따른 노인복지시설의 설치·운영에 소요되는 비용
(2005.7.13 본항개정)

第46條【비용의 수납 및 청구】 ① 제27조 및 제28조에 따른 복지조치에 필요한 비용을 부담한 복지실시기관은 해당 노인 또는 그 부양의무자로부터 대통령령으로 정하는 바에 따라 그 부담한 비용의 전부 또는 일부를 수납하거나 청구할 수 있다.(2019.1.15 본항개정)
② 扶養義務가 없는 者가 第28條의 規定에 의한 福祉措置에 준하는 보호를 행하는 경우 즉시 그 사실을 扶養義務者 및 福祉實施機關에 알려야 한다.
③ 第2項의 보호를 행한 者는 扶養義務者에게 保護費用의 전부 또는 일부를 請求할 수 있다.
④ 第1項 또는 第3項의 規定에 의한 負擔費用의 請求등에 관하여 필요한 사항은 보건복지부령으로 정한다.
(2010.1.18 본항개정)
⑤ 제32조제1항에 따른 양로시설, 노인공동생활가정 및 노인복지주택, 제34조제1항에 따른 노인요양시설 및 노인요양공동생활가정을 設置한 者는 그 施設에 入所하거나 그 施設을 이용하는 「국민기초생활 보장법」 제7조제1항제1호에 따른 생계급여 수급자 또는 같은 항 제3호에 따른 의료급여 수급자외의 者로부터 그에 소요되는 費用을 收納하고자 할 때에는 시장·군수·구청장에게 申告하여야 한다. 다만, 보건복지부령이 정한 費用收納 限度額의 범위안에서 收納할 때에는 그러하지 아니하다.
(2015.12.29 본문개정)
⑥ (1999.2.8 삭제)
⑦ 第36條第1項의 規定에 의한 老人餘暇福祉施設 또는 第38條第1項의 規定에 의하여 在家老人福祉施設을 設置한 者 또는 편의를 제공하는 者가 그 施設을 이용하는 者로부터 그에 소요되는 費用을 收納하고자 할 때에는 미리 市長·郡守·區廳長에게 申告하여야 한다.
⑧ 제28조제2항에 따른 복지실시기관과 제31조에 따른 노인복지시설을 설치한 자 또는 편의를 제공한 자는 제1항 또는 제3항에 따른 비용을 현금이나 「여신전문금융업법」 제2조에 따른 신용카드, 직불카드 또는 선불카드에 의한 결제로 납부받을 수 있다.(2019.12.3 본항신설)
(2019.1.15 본조제목개정)

第47條【費用의 보조】 國家 또는 地方自治團體는 大統領令이 정하는 바에 의하여 老人福祉施設의 設置·운영에 필요한 費用을 보조할 수 있다.

第48條【상속인 없는 재산의 처리】 ① 제32조에 따른 노인주거복지시설 또는 제34조에 따른 노인의료복지시설의 설치·운영자는 그 시설에 입소 중인 사람이 사망하고 그 상속인의 존부가 분명하지 아니한 경우 「민법」 제1053조부터 제1059조까지의 규정에 따라 처리한다. 다만, 사망한 사람의 잔여재산이 「사회복지사업법」 제45조의2제1항 단서에 따른 금액 이하인 경우에는 관할 시장·군수·구청장에게 잔여재산 목록을 작성하여 보고하는 것으로 그 재산의 처리를 갈음할 수 있다.
② 제1항 단서에 따른 보고를 받은 시장·군수·구청장은 상속인, 일반상속채권자, 유증받은 자, 기타 상속재산에 대하여 권리를 주장하려는 자가 있으면 6개월 내에 그 권리를 주장할 것을 3개월 이상 공고하여야 한다.
③ 제2항에 따른 기간 내에 상속재산에 대하여 권리를 주장하는 자가 있는 때에는 시장·군수·구청장이 「민법」 제1034조에 따라 그 기간 내에 신고한 채권자들 간에 배당하여 변제하여야 한다.
④ 제2항에 따른 기간이 경과하여도 상속재산에 대하여 권리를 주장하는 자가 없는 때에는 상속재산은 지방자치단체에 귀속한다.
⑤ 제1항부터 제4항까지에서 규정한 사항 외에 상속인 없는 재산의 처리에 관한 세부절차는 보건복지부령으로 정한다.
(2020.12.29 본조개정)

第49條【租稅減免】 제31조의 規定에 의한 老人福祉施設에서 老人을 위하여 사용하는 建物·土地등에 대하여는 租稅減免規制法등 關係法令이 정하는 바에 의하여 租稅 기타 公課金을 減免할 수 있다.(2007.4.25 본조개정)

第6章 補 則

第50條【이의신청 등】 ① 노인 또는 그 부양의무자는 이 법에 따른 복지조치에 대하여 이의가 있을 때에는 해당 복지실시기관에 이의를 신청할 수 있다.(2017.10.24 본항개정)
② 제1항에 따른 이의신청은 해당 복지조치가 있음을 안 날부터 90일 이내에 문서로 하여야 한다. 다만, 정당한 사유로 인하여 그 기간 이내에 이의신청을 할 수 없었음을 증명한 때에는 그 사유가 소멸한 날부터 60일 이내에 이의신청을 할 수 있다.(2017.10.24 본항신설)
③ 제1항의 이의신청을 받은 복지실시기관은 그 신청을 받은 날부터 30일 이내에 이를 심사·결정하여 청구인에게 통보하여야 한다.(2017.10.24 본항개정)
④ 제3항의 審査·決定에 異議가 있는 者는 그 통보를 받은 날부터 90日 이내에 行政審判을 제기할 수 있다.
(2017.10.24 본항개정)
⑤ 第46條第3項의 規定에 의하여 扶養義務者가 부담하여야 할 保護費用에 대하여 보호를 행한 者와 扶養義務者 사이에 合意가 이루어지지 아니하는 경우로서 시장·군수·구청장은 당사자로부터 조정요청을 받은 경우에는 이를 조정할 수 있다.(2004.1.29 본항개정)
⑥ 市長·郡守·區廳長은 제5항의 調停을 위하여 필요하다고 인정하는 경우 扶養義務者에게 所得·財産등에 관한 資料의 제출을 요구할 수 있다.(2017.10.24 본항개정)
(2017.10.24 본조제목개정)

第51條【老人福祉名譽指導員】 ① 福祉實施機關은 양로시설, 노인공동생활가정, 노인복지주택, 노인요양시설 및 노인요양공동생활가정의 入所老人의 보호를 위하여 老人福祉名譽指導員을 둘 수 있다.(2007.8.3 본항개정)
② 老人福祉名譽指導員의 위촉방법·업무범위등 기타 필요한 사항은 大統領令으로 정한다.

第52條 (1999.2.8 삭제)

第53條【權限의 위임·委託】 (생략)

第54條【國·公有財産의 貸付 등】 國家 또는 地方自治團體는 老人保健福祉관련 研究施設이나 사업의 육성을 위하여 필요하다고 인정하는 경우에는 國有財産法 또는 地方財政法의 規定에 불구하고 國·公有財産을 無償으로 貸付하거나 사용·수익하게 할 수 있다.

第55條【「건축법」에 대한 特例】 ① 이 法에 의한 재가노인복지시설, 노인공동생활가정, 노인요양공동생활가정 및 학대피해노인 전용쉼터는 「건축법」 제19조의 規定에 불구하고 單獨住宅 또는 共同住宅에 設置할 수 있다.
(2018.3.13 본항개정)
② 이 法에 의한 노인복지주택의 建築物의 용도는 建築關係法令에 불구하고 老幼者施設로 본다.
(2007.8.3 본조개정)

第7章 罰 則

第55條의2【벌칙】 제39조의9제1호(상해에 한한다)의 행위를 한 자는 7년 이하의 징역 또는 7천만원 이하의 벌금에 처한다.(2016.12.2 본조개정)

第55條의3【벌칙】 ① 다음 각 호의 어느 하나에 해당하는 자는 5년 이하의 징역 또는 5천만원 이하의 벌금에 처한다.
1. 제39조의7제2항 또는 제5항에 따른 업무를 수행 중인 노인보호전문기관의 직원에 대하여 폭행 또는 협박하

거나 위계 또는 위력으로써 그 업무를 방해한 자
2. 제39조의9제1호(폭행에 한정한다)부터 제4호까지 또는 같은 조 제6호에 해당하는 행위를 한 자
② (2016.12.2 삭제)
③ 단체 또는 다중의 위력을 보이거나 위험한 물건을 휴대하고 제1항제1호의 죄를 범하여 노인보호전문기관의 직원을 상해에 이르게 한 때에는 3년 이상의 유기징역에 처한다. 사망에 이르게 한 때에는 무기 또는 5년 이상의 징역에 처한다.
(2016.12.2 본조개정)

第55條의4【벌칙】 다음 각 호의 어느 하나에 해당하는 자는 3년 이하의 징역 또는 3천만원 이하의 벌금에 처한다.
(2016.12.2 본문개정)
1. 제39조의9제5호에 해당하는 행위를 한 자
1의2. 제39조의10제1항을 위반하여 정당한 사유 없이 신고하지 아니하고 실종노인을 보호한 자(2016.12.2 본호신설)
2. 위계 또는 위력을 행사하여 제39조의11제2항에 따른 관계 공무원의 출입 또는 조사를 거부하거나 방해한 자
3. 제39조의12를 위반하여 직무상 알게 된 비밀을 누설한 자(2020.4.7 본호신설)
(2007.8.3 본조개정)

第56條【벌칙】 ① 제33조의2제2항을 위반하여 입소자격자 아닌 자에게 노인복지주택을 임대한 자는 2년 이하의 징역에 처하거나 위법하게 임대한 세대의 수에 1천만원을 곱한 금액 이하의 벌금에 처한다.(2015.1.28 본항개정)
② (2015.1.28 삭제)

第56條의2 (2016.12.2 삭제)

第57條【벌칙】 다음 각 호의 어느 하나에 해당하는 자는 1년 이하의 징역 또는 1천만원 이하의 벌금에 처한다.
1. 제33조제2항, 제35조제2항, 제37조제2항 또는 제39조제2항에 따른 신고를 하지 아니하고 양로시설·노인공동생활가정·노인복지주택·노인요양시설·노인요양공동생활가정·노인여가복지시설 또는 재가노인복지시설을 설치하거나 운영한 자
2. 제33조의2제3항을 위반하여 임대한 자
2의2. 제39조의2제6항을 위반하여 다른 사람에게 자격증을 빌려주거나 빌린 자(2020.4.7 본호신설)
2의3. 제39조의2제7항을 위반하여 자격증을 빌려주거나 빌리는 것을 알선한 자(2020.4.7 본호신설)
3. 제39조의3제1항에 따른 지정을 받지 아니하고 요양보호사교육기관을 설치하거나 운영한 자
4. 제39조의6제3항에 따른 신고인의 신분 보호 및 신원 노출 금지 의무를 위반한 자
5. (2020.4.7 삭제)
6. 정당한 사유 없이 제40조제5항에 따라 권익보호조치를 하지 아니한 자
(2016.12.2 본조개정)

第58條【벌칙 적용에서 공무원 의제】 제53조제2항에 따라 위탁받은 법인 또는 단체의 임직원은 「형법」 제129조부터 제132조까지의 규정에 따른 벌칙을 적용할 때에는 공무원으로 본다.(2018.12.11 본조신설)

第59條【罰則】 제41조를 위반하여 수탁을 거부한 자는 50萬원 이하의 罰金에 처한다.(2007.8.3 본문개정)
1.~2. (2007.8.3 삭제)

第59條의2【가중처벌】 상습적으로 또는 제31조에 따른 노인복지시설 종사자가 제55조의2, 제55조의3제1항제2호 또는 제55조의4제1호의 죄를 범한 경우 각 죄에서 정한 형의 2분의 1까지 가중한다.(2016.12.2 본조개정)

第60條【양벌규정】 법인의 대표자나 법인 또는 개인의 대리인, 사용인, 그 밖의 종업원이 그 법인 또는 개인의 업무에 관하여 제55조의2, 제55조의3, 제55조의4제1호의2·제3호, 제56조, 제57조(같은 조 제2호는 제외한다) 또는 제59조의 위반행위를 하면 그 행위자를 벌하는 외에 그 법인 또는 개인에게도 해당 조문의 벌금형을 과(科)한다. 다만, 법인 또는 개인이 그 위반행위를 방지하기 위하여 해당 업무에 관하여 상당한 주의와 감독을 게을리하지 아니한 경우에는 그러하지 아니하다.(2020.4.7 본문개정)

第61條 (2007.4.25 삭제)

第61條의2【과태료】 ① 다음 각 호의 어느 하나에 해당하는 자에게는 1천만원 이하의 과태료를 부과한다.
(2023.6.13 본문개정)
1. 제39조의7제6항을 위반하여 노인학대 현장에 출동한 자에 대하여 현장조사를 거부하거나 업무를 방해한 자
2. 제39조의17제9항에 따른 해임요구를 정당한 사유 없이 거부하거나 1개월 이내에 이행하지 아니하는 노인관련기관의 장
(2023.6.13 1호~2호신설)
② 다음 각 호의 어느 하나에 해당하는 자에게는 500만원 이하의 과태료를 부과한다.
1. 제39조의11제2항에 따른 명령을 위반하여 보고 또는 자료제출을 하지 아니하거나 거짓으로 보고하거나 거짓 자료를 제출한 자
2. 제39조의6제2항을 위반하여 노인학대를 신고하지 아니한 사람. 다만, 제39조의6제2항제16호에 따른 사회복무요원은 제외한다.(2021.12.21 단서신설)
3. 제39조의17제5항을 위반하여 취업자등에 대하여 노인학대관련범죄 경력을 확인하지 아니한 노인관련기관의 장
(2018.12.11 본호신설)
(2015.12.29 본항개정)
③ 다음 각 호의 어느 하나에 해당하는 자에게는 300만원 이하의 과태료를 부과한다.
1. 제39조의16제2항을 위반하여 정당한 사유 없이 상담·교육 및 심리적 치료 등을 받지 아니한 노인학대행위자
2. 제39조의20제5항을 위반하여 정당한 사유 없이 노인보호전문기관의 업무 수행을 거부하거나 방해한 피해노인의 보호자·가족
(2020.12.29 본항신설)
④ 다음 각 호의 어느 하나에 해당하는 자는 200만원 이하의 과태료를 부과한다.
1. (2015.12.29 삭제)
2. 제39조의10제2항을 위반하여 신상카드를 제출하지 아니한 자
3. 제40조를 위반하여 신고하지 아니하고 노인복지시설을 폐지 또는 휴지한 자
⑤ 제1항부터 제4항까지의 규정에 따른 과태료는 대통령령으로 정하는 바에 따라 보건복지부장관, 시·도지사, 시장·군수·구청장이 부과·징수한다.(2020.12.29 본항개정)
⑥ (2012.10.22 삭제)
(2007.8.3 본조신설)

第62條 (2015.1.28 삭제)

附 則 (2015.12.29)

第1條【시행일】 이 법은 공포 후 1년이 경과한 날부터 시행한다. 다만, 제39조의5제1항·제2항 및 제39조의16의 개정규정은 공포한 날부터 시행하고, 제39조의11, 제39조의15, 제40조제5항·제6항, 제43조제3항 및 제57조제2항제3호의 개정규정은 공포 후 6개월이 경과한 날부터 시행하며, 제46조제5항의 개정규정은 2016년 1월 1일부터 시행한다.

第2條【노인학대 신고의무에 관한 적용례】 제39조의6제2항의 개정규정은 이 법 시행 후 최초로 발생하는 노인학대의 경우부터 적용한다.

第3條【위반사실의 공표에 관한 적용례】 제39조의18의 개정규정은 이 법 시행 후 최초의 위반행위부터 적용한다.

第4條【이용자 권익보호조치에 관한 적용례】 제40조제5항·제6항 및 제43조제3항의 개정규정은 같은 개정규정 시행 후 최초로 폐지·휴지하거나 사업의 정지 또는 폐지명령을 받은 노인복지시설부터 적용한다.

第5條【취업제한 등에 관한 경과조치】 ① 이 법 시행 당시 노인관련기관을 운영하고 있는 사람으로서 이 법 시행 전의 행위로 제39조의17제1항의 개정규정에 해당하게 된 사람에 대하여는 해당 기관을 운영할 때까지는 같은 개정규정을 적용하지 아니한다.
② 이 법 시행 당시 노인관련기관에 취업 또는 사실상 노무를 제공하고 있는 사람으로서 이 법 시행 전의 행위로 제39조의17제1항의 개정규정에 해당하게 된 사람에 대하여는 해당 기관에 취업 또는 사실상 노무제공을 종료할 때까지는 같은 개정규정을 적용하지 아니한다.

附 則 (2018.12.11 法15880號)

第1條【시행일】 이 법은 공포 후 6개월이 경과한 날부터 시행한다. 다만, 제58조의 개정규정은 공포한 날부터 시행하고, 제37조의2제1항 및 제39조의13제6호의 개정규정은 공포 후 3개월이 경과한 날부터 시행한다.

第2條【노인학대관련범죄자의 취업제한 등에 관한 적용례】 제39조의17의 개정규정은 이 법 시행 전에 노인학대관련범죄를 범하고 확정판결을 받지 아니한 사람에 대해서도 적용한다.

第3條【종전의 규정에 따라 노인학대관련범죄를 범하고 확정판결을 받은 사람의 취업제한기간 등에 관한 특례】 ① 종전의 규정에 따라 취업제한을 받는 사람(이하 이 조에서 "취업제한대상자"라 한다)의 취업제한기간은 종전의 규정에도 불구하고 다음 각 호의 구분에 따른 기간으로 한다. 다만, 종전의 규정을 적용하는 것이 노인학대관련범죄를 범하고 확정판결을 받은 사람에게 유리한 경우에는 종전의 규정에 따른다.
1. 3년 초과의 징역 또는 금고형이나 치료감호를 선고받아 확정된 사람 : 그 형 또는 치료감호의 전부 또는 일부의 집행이 종료되거나 집행이 유예·면제된 날부터 5년
2. 3년 이하의 징역 또는 금고형이나 치료감호를 선고받아 확정된 사람 : 그 형 또는 치료감호의 전부 또는 일부의 집행이 종료되거나 집행이 유예·면제된 날부터 3년
3. 벌금형을 선고받아 확정된 사람 : 그 형이 확정된 날부터 1년
② 이 법 시행 후 취업제한대상자 또는 그 법정대리인은 제1심판결을 한 법원에 제1항에 따른 취업제한기간이 현저히 부당하거나 취업제한을 하여서는 아니 되는 특별한 사정이 있음을 이유로 제1항에 따른 취업제한기간의 변경 또는 취업제한의 면제를 신청할 수 있다.
③ 취업제한대상자 또는 그 법정대리인은 제2항에 따른 신청을 할 때에는 취업제한대상자의 인적사항(성명, 생년월일 및 주소를 말한다), 신청의 원인이 되는 사실 등을 기재하여야 한다.
④ 법원은 제2항의 신청에 대하여 결정을 하기 전에 검사의 의견을 물을 수 있다.
⑤ 법원은 제2항의 신청이 이유 없다고 인정하는 때에는 신청을 기각하는 결정을 고지하여야 한다.
⑥ 법원은 제2항의 신청이 이유 있다고 인정하는 때에는 제1항 각 호의 기간을 초과하지 아니하는 범위에서 취업제한기간을 새로이 정하거나 취업제한을 면제하는 결정을 고지하고, 검사에게 결정문 등본을 송부하여야 한다.
⑦ 검사, 취업제한대상자 또는 그 법정대리인은 제5항 또는 제6항의 결정이 법령을 위반하거나 현저히 부당한 경우 결정을 고지받은 날부터 7일 이내에 항고할 수 있다.
⑧ 항고할 때에는 항고장을 원심법원에 제출하여야 하며, 항고장을 제출받은 법원은 3일 이내에 의견서를 첨부하여 기록을 항고법원에 송부하여야 한다.
⑨ 항고법원은 항고 절차가 법률에 위반되거나 항고가 이유 없다고 인정한 경우에는 결정으로써 항고를 기각하여야 한다.
⑩ 항고법원은 항고가 이유 있다고 인정한 경우에는 원결정을 파기하고 스스로 결정을 하거나 다른 관할 법원에 이송하여야 한다.
⑪ 항고법원의 결정에 대하여는 그 결정이 법령에 위반된 때에만 대법원에 재항고를 할 수 있다.
⑫ 재항고의 제기기간은 항고기각 결정을 고지받은 날부터 7일로 한다.
⑬ 항고와 재항고는 결정의 집행을 정지하는 효력이 없다.
⑭ 법원은 제6항의 결정이 확정된 날부터 14일 이내에 결정의 확정일자를 결정문 등본에 첨부하여 보건복지부장관에게 송달하여야 한다.

第4條【노인학대관련범죄의 경력자 점검·확인에 관한 특례】 제39조의17제6항의 개정규정은 이 법 시행 전에 노인학대관련범죄를 범하고 유죄판결이 확정된 사람으로서 부칙 제3조에 따라 취업제한 등을 받는 사람에 대해서도 적용한다.

附 則 (2019.12.3)

第1條【시행일】 이 법은 공포한 날부터 시행한다.

第2條【요양보호사 자격시험에 관한 적용례】 제39조의2제3항의 개정규정은 이 법 시행 후 공고하는 시험부터 적용한다.

附 則 (2020.4.7)

이 법은 공포 후 3개월이 경과한 날부터 시행한다. 다만, 제6조의2의 개정규정은 공포한 날부터 시행한다.

附 則 (2020.12.29)

第1條【시행일】 이 법은 공포 후 6개월이 경과한 날부터 시행한다.

第2條【상속인 없는 재산의 처리에 관한 적용례】 제48조의 개정규정은 이 법 시행 이후 노인주거복지시설 또는 노인의료복지시설에 입소 중인 사람이 사망한 경우부터 적용한다.

附 則 (2021.12.21)

이 법은 공포 후 3개월이 경과한 날부터 시행한다.

附 則 (2023.5.2)

이 법은 공포 후 6개월이 경과한 날부터 시행한다.

附 則 (2023.5.16)

第1條【시행일】 이 법은 공포 후 1년이 경과한 날부터 시행한다.(이하 생략)

附 則 (2023.6.13)

第1條【시행일】 이 법은 공포 후 6개월이 경과한 날부터 시행한다.

第2條【취업제한에 관한 적용례】 제39조의17제1항제10호부터 제13호까지의 개정규정은 이 법 시행 이후 취업제한기간이 시작되거나 취업제한명령이 확정되는 사람부터 적용한다.

附 則 (2024.1.2)

이 법은 공포 후 3개월이 경과한 날부터 시행한다.

附 則 (2024.2.6)

第1條【시행일】 이 법은 공포 후 6개월이 경과한 날부터 시행한다.

第2條【노인학대관련범죄자의 취업제한 등에 관한 적용례】 제39조의17제1항제14호의 개정규정은 이 법 시행 이후 취업제한기간이 시작되거나 취업제한명령이 확정되는 사람부터 적용한다.

노인장기요양보험법

(2007년 4월 27일
법 률 제8403호)

개정
2009. 1.30법 9386호(의료법)
2009. 3.18법 9510호
2009. 5.21법 9693호
2010. 1.18법 9932호(정부조직)
2010. 3.17법10127호
2011. 6. 7법10785호(노인복지)
2011.12.31법11141호(국민보험)
2013. 8.13법12067호
2015.12.29법13647호
2016. 5.29법14215호
2016.12. 2법14321호
2018. 3.13법15443호
2018. 3.27법15537호
2018.12.11법15881호
2019. 1.15법16244호
2019. 4.23법16369호
2020. 3.31법17173호
2020.12.29법17777호
2021. 7.27법18328호
2021.12.21법18610호
2024. 1. 2법19888호→2024년 7월 3일 및 2025년 1월 3일 시행
2024. 2. 6법20213호→2025년 2월 7일 시행이므로 「法典 別冊」보유편 수록

제1장 총 칙

제1조【목적】 이 법은 고령이나 노인성 질병 등의 사유로 일상생활을 혼자서 수행하기 어려운 노인등에게 제공하는 신체활동 또는 가사활동 지원 등의 장기요양급여에 관한 사항을 규정하여 노후의 건강증진 및 생활안정을 도모하고 그 가족의 부담을 덜어줌으로써 국민의 삶의 질을 향상하도록 함을 목적으로 한다.

제2조【정의】 이 법에서 사용하는 용어의 정의는 다음과 같다.
1. "노인등"이란 65세 이상의 노인 또는 65세 미만의 자로서 치매·뇌혈관성질환 등 대통령령으로 정하는 노인성 질병을 가진 자를 말한다.
2. "장기요양급여"란 제15조제2항에 따라 6개월 이상 동안 혼자서 일상생활을 수행하기 어렵다고 인정되는 자에게 신체활동·가사활동의 지원 또는 간병 등의 서비스나 이에 갈음하여 지급하는 현금 등을 말한다.
3. "장기요양사업"이란 장기요양보험료, 국가 및 지방자치단체의 부담금 등을 재원으로 하여 노인등에게 장기요양급여를 제공하는 사업을 말한다.
4. "장기요양기관"이란 제31조에 따른 지정을 받은 기관으로서 장기요양급여를 제공하는 기관을 말한다. (2018.12.11 본호개정)
5. "장기요양요원"이란 장기요양기관에 소속되어 노인등의 신체활동 또는 가사활동 지원 등의 업무를 수행하는 자를 말한다.

제3조【장기요양급여 제공의 기본원칙】 ① 장기요양급여는 노인등이 자신의 의사와 능력에 따라 최대한 자립적으로 일상생활을 수행할 수 있도록 제공하여야 한다. (2018.12.11 본항신설)
② 장기요양급여는 노인등의 심신상태·생활환경과 노인등 및 그 가족의 욕구·선택을 종합적으로 고려하여 필요한 범위 안에서 이를 적정하게 제공하여야 한다.
③ 장기요양급여는 노인등이 가족과 함께 생활하면서 가정에서 장기요양을 받는 재가급여를 우선적으로 제공하여야 한다.
④ 장기요양급여는 노인등의 심신상태나 건강 등이 악화되지 아니하도록 의료서비스와 연계하여 이를 제공하여야 한다.

제4조【국가 및 지방자치단체의 책무 등】 ① 국가 및 지방자치단체는 노인이 일상생활을 혼자서 수행할 수 있는 온전한 심신상태를 유지하는데 필요한 사업(이하 "노인성질환예방사업"이라 한다)을 실시하여야 한다.
② 국가는 노인성질환예방사업을 수행하는 지방자치단체 또는 「국민건강보험법」에 따른 국민건강보험공단(이하 "공단"이라 한다)에 대하여 이에 소요되는 비용을 지원할 수 있다.
③ 국가 및 지방자치단체는 노인인구 및 지역특성 등을 고려하여 장기요양급여가 원활하게 제공될 수 있도록 적정한 수의 장기요양기관을 확충하고 장기요양기관의 설립을 지원하여야 한다.(2018.12.11 본항개정)
④ 국가 및 지방자치단체는 장기요양급여가 원활히 제공될 수 있도록 공단에 필요한 행정적 또는 재정적 지원을 할 수 있다.
⑤ 국가 및 지방자치단체는 장기요양요원의 처우를 개선하고 복지를 증진하며 지위를 향상시키기 위하여 적극적으로 노력하여야 한다.(2016.5.29 본항신설)
⑥ 국가 및 지방자치단체는 지역의 특성에 맞는 장기요양사업의 표준을 개발·보급할 수 있다.(2018.12.11 본항신설)

제5조【장기요양급여에 관한 국가정책방향】 국가는 제6조의 장기요양기본계획을 수립·시행함에 있어서 노인뿐만 아니라 장애인 등 일상생활을 혼자서 수행하기 어려운 모든 국민이 장기요양급여, 신체활동지원서비스 등을 제공받을 수 있도록 노력하고 나아가 이들의 생활안정과 자립을 지원할 수 있는 시책을 강구하여야 한다.

제6조【장기요양기본계획】 ① 보건복지부장관은 노인등에 대한 장기요양급여를 원활하게 제공하기 위하여 5년 단위로 다음 각 호의 사항이 포함된 장기요양기본계획을 수립·시행하여야 한다.
1. 연도별 장기요양급여 대상인원 및 재원조달 계획
2. 연도별 장기요양기관 및 장기요양전문인력 관리 방안 (2016.5.29 본호개정)
3. 장기요양요원의 처우에 관한 사항(2016.5.29 본호신설)
4. 그 밖에 노인등의 장기요양에 관한 사항으로서 대통령령으로 정하는 사항
② 지방자치단체의 장은 제1항에 따른 장기요양기본계획에 따라 세부시행계획을 수립·시행하여야 한다.

제6조의2【실태조사】 ① 보건복지부장관은 장기요양사업의 실태를 파악하기 위하여 3년마다 다음 각 호의 사항에 관한 조사를 정기적으로 실시하고 그 결과를 공표하여야 한다.
1. 장기요양인정에 관한 사항
2. 제52조에 따른 장기요양등급판정위원회(이하 "등급판정위원회"라 한다)의 판정에 따라 장기요양급여를 받을 사람(이하 "수급자"라 한다)의 규모, 그 급여의 수준 및 만족도에 관한 사항
3. 장기요양기관에 관한 사항
4. 장기요양요원의 근로조건, 처우 및 규모에 관한 사항
5. 그 밖에 장기요양사업에 관한 사항으로서 보건복지부령으로 정하는 사항
② 제1항에 따른 실태조사의 방법과 내용 등에 필요한 사항은 보건복지부령으로 정한다.
(2016.5.29 본조신설)

제2장 장기요양보험

제7조【장기요양보험】 ① 장기요양보험사업은 보건복지부장관이 관장한다.
② 장기요양보험사업의 보험자는 공단으로 한다.
③ 장기요양보험의 가입자(이하 "장기요양보험가입자"라 한다)는 「국민건강보험법」 제5조 및 제109조에 따른 가입자로 한다.(2011.12.31 본항개정)
④ 공단은 제3항에도 불구하고 「외국인근로자의 고용 등에 관한 법률」에 따른 외국인근로자 등 대통령령으로 정하는 외국인이 신청하는 경우 보건복지부령으로 정하는 바에 따라 장기요양보험가입자에서 제외할 수 있다.
(2010.1.18 본항개정)

제8조【장기요양보험료의 징수】 ① 공단은 장기요양사업에 사용되는 비용에 충당하기 위하여 장기요양보험료를 징수한다.
② 제1항에 따른 장기요양보험료는 「국민건강보험법」 제69조에 따른 보험료(이하 이 조에서 "건강보험료"라 한다)와 통합하여 징수한다. 이 경우 공단은 장기요양보험료와 건강보험료를 구분하여 고지하여야 한다.
(2011.12.31 전단개정)
③ 공단은 제2항에 따라 통합 징수한 장기요양보험료와 건강보험료를 각각의 독립회계로 관리하여야 한다.

제9조【장기요양보험료의 산정】 ① 장기요양보험료는 「국민건강보험법」 제69조제4항·제5항 및 제109조제9항 단서에 따라 산정한 보험료액에서 같은 법 제74조 또는 제75조에 따라 경감 또는 면제되는 비용을 공제한 금액에 같은 법 제73조제1항에 따른 건강보험료율 대비 장기요양보험료율의 비율을 곱하여 산정한 금액으로 한다.
(2021.12.21 본항개정)
② 제1항에 따른 장기요양보험료율은 제45조에 따른 장기요양위원회의 심의를 거쳐 대통령령으로 정한다.
③ 제1항에도 불구하고 장기요양보험의 특성을 고려하여 「국민건강보험법」 제74조 또는 제75조에 따라 경감 또는 면제되는 비용을 달리 적용할 필요가 있는 경우에는 대통령령으로 정하는 바에 따라 경감 또는 면제되는 비용의 공제 수준을 달리 정할 수 있다.(2021.12.21 본항신설)

제10조【장애인 등에 대한 장기요양보험료의 감면】 공단은 「장애인복지법」에 따른 장애인 또는 이와 유사한 자로서 대통령령으로 정하는 자가 장기요양보험가입자 또는 그 피부양자인 경우 제15조제2항에 따른 수급자로 결정되지 못한 때 대통령령으로 정하는 바에 따라 장기요양보험료의 전부 또는 일부를 감면할 수 있다.

제11조【장기요양보험가입 자격 등에 관한 준용】 「국민건강보험법」 제5조, 제6조, 제8조부터 제11조까지, 제69조제1항부터 제3항까지, 제76조부터 제86조까지, 제109조제1항부터 제9항까지 및 제110조는 장기요양보험가입자·피부양자의 자격취득·상실, 장기요양보험료 등의 납부·징수 및 결손처분 등에 관하여 이를 준용한다. 이 경우 "보험료"는 "장기요양보험료"로, "건강보험"은 "장기요양보험"으로, "가입자"는 "장기요양보험가입자"로 본다.(2021.12.21 전단개정)

제3장 장기요양인정

제12조【장기요양인정의 신청자격】 장기요양인정을 신청할 수 있는 자는 노인등으로서 다음 각 호의 어느 하나에 해당하는 자격을 갖추어야 한다.
1. 장기요양보험가입자 또는 그 피부양자
2. 「의료급여법」 제3조제1항에 따른 수급권자(이하 "의료급여수급권자"라 한다)

제13조【장기요양인정의 신청】 ① 장기요양인정을 신청하는 자(이하 "신청인"이라 한다)는 공단에 보건복지부령으로 정하는 바에 따라 장기요양인정신청서(이하 "신청서"라 한다)에 의사 또는 한의사가 발급하는 소견서(이하 "의사소견서"라 한다)를 첨부하여 제출하여야 한다. 다만, 의사소견서는 공단이 제15조제1항에 따라 등급판정위원회에 자료를 제출하기 전까지 제출할 수 있다.
② 제1항에도 불구하고 거동이 현저하게 불편하거나 도서·벽지 지역에 거주하여 의료기관을 방문하기 어려운 자 등 대통령령으로 정하는 자는 의사소견서를 제출하지 아니할 수 있다.
③ 의사소견서의 발급비용·비용부담방법·발급자의 범위, 그 밖에 필요한 사항은 보건복지부령으로 정한다.

제14조【장기요양인정 신청의 조사】 ① 공단은 제13조제1항에 따라 신청서를 접수한 때 보건복지부령으로 정하는 바에 따라 소속 직원으로 하여금 다음 각 호의 사항을 조사하게 하여야 한다. 다만, 지리적 사정 등으로 직접 조사하기 어려운 경우 또는 조사에 필요하다고 인정하는 경우 특별자치시·특별자치도·시·군·구(자치구를 말한다. 이하 같다)에 대하여 조사를 의뢰하거나 공동으로 조사할 것을 요청할 수 있다.(2013.8.13 본문개정)
1. 신청인의 심신상태
2. 신청인에게 필요한 장기요양급여의 종류 및 내용
3. 그 밖에 장기요양에 관하여 필요한 사항으로서 보건복지부령으로 정하는 사항
② 공단은 제1항 각 호의 사항을 조사하는 경우 2명 이상의 소속 직원이 조사할 수 있도록 노력하여야 한다.
(2018.12.11 본항신설)
③ 제1항에 따라 조사를 하는 자는 조사일시, 장소 및 조사를 담당하는 자의 인적사항 등을 미리 신청인에게 통보하여야 한다.
④ 공단 또는 제1항 단서에 따른 조사를 의뢰받은 특별자치시·특별자치도·시·군·구는 조사를 완료한 때 조사결과서를 작성하여야 한다. 조사를 의뢰받은 특별자치시·특별자치도·시·군·구는 지체 없이 공단에 조사결과서를 송부하여야 한다.(2013.8.13 본항개정)

제15조【등급판정 등】 ① 공단은 제14조에 따른 조사가 완료된 때 조사결과서, 신청서, 의사소견서, 그 밖에 심의에 필요한 자료를 등급판정위원회에 제출하여야 한다.
(2016.5.29 본항개정)
② 등급판정위원회는 신청인이 제12조의 신청자격요건을 충족하고 6개월 이상 동안 혼자서 일상생활을 수행하기 어렵다고 인정하는 경우 심신상태 및 장기요양이 필요한 정도 등 대통령령으로 정하는 등급판정기준에 따라 수급자로 판정한다.(2016.5.29 본항개정)
③ 등급판정위원회는 제2항에 따라 심의·판정을 하는 때 신청인과 그 가족, 의사소견서를 발급한 의사 등 관계인의 의견을 들을 수 있다.
④ 공단은 장기요양급여를 받고 있거나 받을 수 있는 자가 다음 각 호의 어느 하나에 해당하는 것으로 의심되는 경우에는 제14조제1항 각 호의 사항을 조사하여 그 결과를 등급판정위원회에 제출하여야 한다.
1. 거짓이나 그 밖의 부정한 방법으로 장기요양인정을 받은 경우
2. 고의로 사고를 발생하도록 하거나 본인의 위법행위에 기인하여 장기요양인정을 받은 경우
(2018.12.11 본항신설)
⑤ 등급판정위원회는 제4항에 따라 제출된 조사 결과를 토대로 제2항에 따라 다시 수급자 등급을 조정하고 수급자 여부를 판정할 수 있다.(2020.3.31 본항개정)

제16조【장기요양등급판정기간】 ① 등급판정위원회는 신청인이 신청서를 제출한 날부터 30일 이내에 제15조에 따른 장기요양등급판정을 완료하여야 한다. 다만, 신청인에 대한 정밀조사가 필요한 경우 등 기간 이내에 등급판정을 완료할 수 없는 부득이한 사유가 있는 경우 30일 이내의 범위에서 이를 연장할 수 있다.
② 공단은 등급판정위원회가 제1항 단서에 따라 장기요양인정심의 및 등급판정기간을 연장하고자 하는 경우 신청인 및 대리인에게 그 내용·사유 및 기간을 통보하여야 한다.

제17조【장기요양인정서】 ① 공단은 등급판정위원회가 장기요양인정 및 등급판정의 심의를 완료한 경우 지체 없이 다음 각 호의 사항이 포함된 장기요양인정서를 작성하여 수급자에게 송부하여야 한다.
1. 장기요양등급
2. 장기요양급여의 종류 및 내용
3. 그 밖에 장기요양급여에 관한 사항으로서 보건복지부령으로 정하는 사항
② 공단은 등급판정위원회가 장기요양인정 및 등급판정의 심의를 완료한 경우 수급자로 판정받지 못한 신청인에게 그 내용 및 사유를 통보하여야 한다. 이 경우 특별자치시장·특별자치도지사·시장·군수·구청장(자치구의 구청장을 말한다. 이하 같다)은 공단에 대하여 이를 통보하도록 요청할 수 있고, 요청을 받은 공단은 이에 응하여야 한다.(2013.8.13 후단개정)
③ 공단은 제1항에 따라 장기요양인정서를 송부하는 때 장기요양급여를 원활히 이용할 수 있도록 제28조에 따른 월 한도액 범위 안에서 개인별장기요양이용계획서를 작성하여 이를 함께 송부하여야 한다.(2020.12.29 본항개정)
④ 제1항 및 제3항에 따른 장기요양인정서 및 개인별장기요양이용계획서의 작성방법에 관하여 필요한 사항은 보건복지부령으로 정한다.(2020.12.29 본항개정)

제18조【장기요양인정서를 작성할 경우 고려사항】 공단은 장기요양인정서를 작성할 경우 제17조제1항제2호에 따른 장기요양급여의 종류 및 내용을 정하는 때 다음 각 호의 사항을 고려하여 정하여야 한다.
1. 수급자의 장기요양등급 및 생활환경
2. 수급자와 그 가족의 욕구 및 선택
3. 시설급여를 제공하는 경우 장기요양기관이 운영하는 시설 현황

제19조【장기요양인정의 유효기간】 ① 제15조에 따른 장기요양인정의 유효기간은 최소 1년이상으로서 대통령령으로 정한다.
② 제1항의 유효기간의 산정방법과 그 밖에 필요한 사항은 보건복지부령으로 정한다.

제20조【장기요양인정의 갱신】 ① 수급자는 제19조에 따른 장기요양인정의 유효기간이 만료된 후 장기요양급여를 계속하여 받고자 하는 경우 공단에 장기요양인정의 갱신을 신청하여야 한다.
② 제1항에 따른 장기요양인정의 갱신 신청은 유효기간이 만료되기 전 30일까지 이를 완료하여야 한다.
③ 제12조부터 제19조까지의 규정은 장기요양인정의 갱신절차에 관하여 준용한다.

제21조【장기요양등급 등의 변경】 ① 장기요양급여를 받고 있는 수급자는 장기요양등급, 장기요양급여의 종류 또는 내용을 변경하여 장기요양급여를 받고자 하는 경우 공단에 변경신청을 하여야 한다.
② 제12조부터 제19조까지의 규정은 장기요양등급의 변경절차에 관하여 준용한다.

제22조【장기요양인정 신청 등에 대한 대리】 ① 장기요양급여를 받고자 하는 자 또는 수급자가 신체적·정신적인 사유로 이 법에 따른 장기요양인정의 신청, 장기요양인정의 갱신신청 또는 장기요양등급의 변경신청 등을 직접 수행할 수 없을 때 본인의 가족이나 친족, 그 밖의 이해관계인은 이를 대리할 수 있다.
② 다음 각 호의 어느 하나에 해당하는 사람은 관할 지역 안에 거주하는 사람 중 장기요양급여를 받고자 하는 사람 또는 수급자가 제1항에 따른 장기요양인정신청 등을 직접 수행할 수 없을 때 본인 또는 가족의 동의를 받아 그 신청을 대리할 수 있다.
1. 「사회보장급여의 이용·제공 및 수급권자 발굴에 관한 법률」 제43조에 따른 사회복지전담공무원
2. 「치매관리법」 제17조에 따른 치매안심센터의 장(장기요양급여를 받고자 하는 사람 또는 수급자가 같은 법 제2조제2호에 따른 치매환자인 경우로 한정한다)
(2019.4.23 본항개정)
③ 제1항 및 제2항에도 불구하고 장기요양급여를 받고자 하는 자 또는 수급자가 제1항에 따른 장기요양인정신청 등을 할 수 없는 경우 특별자치시장·특별자치도지사·시장·군수·구청장이 지정하는 자는 이를 대리할 수 있다.
(2013.8.13 본항개정)
④ 제1항부터 제3항까지의 규정에 따른 장기요양인정신청 등의 방법 및 절차 등에 관하여 필요한 사항은 보건복지부령으로 정한다.

제4장 장기요양급여의 종류

제23조【장기요양급여의 종류】 ① 이 법에 따른 장기요양급여의 종류는 다음 각 호와 같다.
1. 재가급여
 가. 방문요양 : 장기요양요원이 수급자의 가정 등을 방문하여 신체활동 및 가사활동 등을 지원하는 장기요양급여
 나. 방문목욕 : 장기요양요원이 목욕설비를 갖춘 장비를 이용하여 수급자의 가정 등을 방문하여 목욕을 제공하는 장기요양급여
 다. 방문간호 : 장기요양요원인 간호사 등이 의사, 한의사 또는 치과의사의 지시서(이하 "방문간호지시서"라 한다)에 따라 수급자의 가정 등을 방문하여 간호, 진료의 보조, 요양에 관한 상담 또는 구강위생 등을 제공하는 장기요양급여
 라. 주·야간보호 : 수급자를 하루 중 일정한 시간 동안 장기요양기관에 보호하여 신체활동 지원 및 심신기능의 유지·향상을 위한 교육·훈련 등을 제공하는 장기요양급여
 마. 단기보호 : 수급자를 보건복지부령으로 정하는 범위 안에서 일정 기간 동안 장기요양기관에 보호하여 신체활동 지원 및 심신기능의 유지·향상을 위한 교육·훈련 등을 제공하는 장기요양급여
 바. 기타재가급여 : 수급자의 일상생활·신체활동 지원 및 인지기능의 유지·향상에 필요한 용구를 제공하거나 가정을 방문하여 재활에 관한 지원 등을 제공하는 장기요양급여로서 대통령령으로 정하는 것
 (2015.12.29 본목개정)
2. 시설급여 : 장기요양기관에 장기간 입소한 수급자에게 신체활동 지원 및 심신기능의 유지·향상을 위한 교육·훈련 등을 제공하는 장기요양급여(2018.12.11 본호개정)
3. 특별현금급여
 가. 가족요양비 : 제24조에 따라 지급하는 가족장기요양급여
 나. 특례요양비 : 제25조에 따라 지급하는 특례장기요양급여
 다. 요양병원간병비 : 제26조에 따라 지급하는 요양병원장기요양급여
② 제1항제1호 및 제2호에 따라 장기요양급여를 제공할 수 있는 장기요양기관의 종류 및 기준과 장기요양급여 종류별 장기요양요원의 범위·업무·보수교육 등에 관하여 필요한 사항은 대통령령으로 정한다.
③ 장기요양기관은 제1항제1호가목에서 마목까지의 재가급여 전부 또는 일부를 통합하여 제공하는 서비스(이하 이 조에서 "통합재가서비스"라 한다)를 제공할 수 있다.
(2024.1.2 본항신설 : 2025.1.3 시행)
④ 제3항에 따라 통합재가서비스를 제공하는 장기요양기관은 보건복지부령으로 정하는 인력, 시설, 운영 등의 기준을 준수하여야 한다.(2024.1.2 본항신설 : 2025.1.3 시행)
⑤ 장기요양급여의 제공 기준·절차·방법·범위, 그 밖에 필요한 사항은 보건복지부령으로 정한다.

제24조【가족요양비】 ① 공단은 다음 각 호의 어느 하나에 해당하는 수급자가 가족 등으로부터 제23조제1항제1호가목에 따른 방문요양에 상당한 장기요양급여를 받은 때 대통령령으로 정하는 기준에 따라 해당 수급자에게 가족요양비를 지급할 수 있다.(2019.1.15 본문개정)
1. 도서·벽지 등 장기요양기관이 현저히 부족한 지역으로서 보건복지부장관이 정하여 고시하는 지역에 거주하는 자
2. 천재지변이나 그 밖에 이와 유사한 사유로 인하여 장기요양기관이 제공하는 장기요양급여를 이용하기가 어렵다고 보건복지부장관이 인정하는 자
3. 신체·정신 또는 성격 등 대통령령으로 정하는 사유로 인하여 가족 등으로부터 장기요양을 받아야 하는 자
② 제1항에 따른 가족요양비의 지급절차와 그 밖에 필요한 사항은 보건복지부령으로 정한다.

제25조【특례요양비】 ① 공단은 수급자가 장기요양기관이 아닌 노인요양시설 등의 기관 또는 시설에서 재가급여 또는 시설급여에 상당한 장기요양급여를 받은 경우 대통령령으로 정하는 기준에 따라 해당 장기요양급여비용의 일부를 해당 수급자에게 특례요양비로 지급할 수 있다.
(2019.1.15 본항개정)
② 제1항에 따라 장기요양급여가 인정되는 기관 또는 시설의 범위, 특례요양비의 지급절차, 그 밖에 필요한 사항은 보건복지부령으로 정한다.

제26조【요양병원간병비】 ① 공단은 수급자가 「의료법」 제3조제2항제3호라목에 따른 요양병원에 입원한 때 대통령령으로 정하는 기준에 따라 장기요양에 사용되는 비용의 일부를 요양병원간병비로 지급할 수 있다.(2011.6.7 본항개정)
② 제1항에 따른 요양병원간병비의 지급절차와 그 밖에 필요한 사항은 보건복지부령으로 정한다.

제5장 장기요양급여의 제공

제27조【장기요양급여의 제공】 ① 수급자는 제17조제1항에 따른 장기요양인정서와 같은 조 제3항에 따른 개인별장기요양이용계획서가 도달한 날부터 장기요양급여를 받을 수 있다.(2020.12.29 본항개정)
② 제1항에도 불구하고 수급자는 돌볼 가족이 없는 경우 등 대통령령으로 정하는 사유가 있는 경우 신청서를 제출한 날부터 장기요양인정서가 도달되는 날까지의 기간 중에도 장기요양급여를 받을 수 있다.
③ 수급자는 장기요양급여를 받으려면 장기요양기관에 장기요양인정서와 개인별장기요양이용계획서를 제시하여야 한다. 다만, 수급자가 장기요양인정서 및 개인별장기요양이용계획서를 제시하지 못하는 경우 장기요양기관은 공단에 전화나 인터넷 등을 통하여 그 자격 등을 확인할 수 있다.(2020.12.29 본항개정)
④ 장기요양기관은 제3항에 따라 수급자가 제시한 장기요양인정서와 개인별장기요양이용계획서를 바탕으로 장기요양급여 제공 계획서를 작성하고 수급자의 동의를 받아 그 내용을 공단에 통보하여야 한다.(2020.12.29 본항개정)
⑤ 제2항에 따른 장기요양급여 인정 범위와 절차, 제4항에 따른 장기요양급여 제공 계획서 작성 절차에 관한 구체적인 사항 등은 대통령령으로 정한다.(2018.12.11 본항개정)
(2018.12.11 본조제목개정)

제27조의2【특별현금급여수급계좌】 ① 공단은 특별현금급여를 받는 수급자의 신청이 있는 경우에는 특별현금급여를 수급자 명의의 지정된 계좌(이하 "특별현금급여수급계좌"라 한다)로 입금하여야 한다. 다만, 정보통신장애나 그 밖에 대통령령으로 정하는 불가피한 사유로 특별현금급여수급계좌로 이체할 수 없을 때에는 현금 지급 등 대통령령으로 정하는 바에 따라 특별현금급여를 지급할 수 있다.
② 특별현금급여수급계좌가 개설된 금융기관은 특별현금급여만이 특별현금급여수급계좌에 입금되도록 관리하여야 한다.
③ 제1항에 따른 신청방법·절차와 제2항에 따른 특별현금급여수급계좌의 관리에 필요한 사항은 대통령령으로 정한다.
(2016.12.2 본조신설)

제28조【장기요양급여의 월 한도액】 ① 장기요양급여는 월 한도액 범위 안에서 제공한다. 이 경우 월 한도액은 장기요양등급 및 장기요양급여의 종류 등을 고려하여 산정한다.
② 제1항에 따른 월 한도액의 산정기준 및 방법, 그 밖에 필요한 사항은 보건복지부령으로 정한다.

제28조의2【급여외행위의 제공 금지】 ① 수급자 또는 장기요양기관은 장기요양급여를 제공받거나 제공할 경우 다음 각 호의 행위(이하 "급여외행위"라 한다)를 요구하거나 제공하여서는 아니 된다.
1. 수급자의 가족만을 위한 행위
2. 수급자 또는 그 가족의 생업을 지원하는 행위
3. 그 밖에 수급자의 일상생활에 지장이 없는 행위
② 그 밖에 급여외행위의 범위 등에 관한 구체적인 사항은 보건복지부령으로 정한다.
(2018.12.11 본조신설)

제29조【장기요양급여의 제한】 ① 공단은 장기요양급여를 받고 있는 자가 정당한 사유 없이 제15조제4항에 따른 조사나 제60조 또는 제61조에 따른 요구에 응하지 아니하거나 답변을 거절한 경우 장기요양급여의 전부 또는 일부를 제공하지 아니하게 할 수 있다.
② 공단은 장기요양급여를 받고 있거나 받을 수 있는 자가 장기요양기관이 거짓이나 그 밖의 부정한 방법으로 장기요양급여비용을 받는 데에 가담한 경우 장기요양급여를 중단하거나 1년의 범위에서 장기요양급여의 횟수 또는 제공 기간을 제한할 수 있다.(2020.3.31 본항신설)
③ 제2항에 따른 장기요양급여의 중단 및 제한 기준과 그 밖에 필요한 사항은 보건복지부령으로 정한다.
(2020.3.31 본항신설)
(2018.12.11 본조개정)

제30조【장기요양급여의 제한 등에 관한 준용】 「국민건강보험법」 제53조제1항제4호, 같은 조 제2항부터 제6항까지, 제54조 및 제109조제10항은 이 법에 따른 보험료 체납자 등에 대한 장기요양급여의 제한 및 장기요양급여의 정지에 관하여 준용한다. 이 경우 "가입자"는 "장기요양보험가입자"로, "보험급여"는 "장기요양급여"로 본다.
(2020.3.31 전단개정)

제6장 장기요양기관

제31조【장기요양기관의 지정】 ① 제23조제1항제1호에 따른 재가급여 또는 같은 항 제2호에 따른 시설급여를 제공하는 장기요양기관을 운영하려는 자는 보건복지부령으로 정하는 장기요양에 필요한 시설 및 인력을 갖추어 소재지를 관할 구역으로 하는 특별자치시장·특별자치도지사·시장·군수·구청장으로부터 지정을 받아야 한다.(2020.3.31 본항개정)
② 제1항에 따라 장기요양기관으로 지정을 받을 수 있는 시설은 「노인복지법」 제31조에 따른 노인복지시설 중 대통령령으로 정하는 시설로 한다.(2020.3.31 본항개정)
③ 특별자치시장·특별자치도지사·시장·군수·구청장이 제1항에 따른 지정을 하려는 경우에는 다음 각 호의 사항을 검토하여 장기요양기관을 지정하여야 한다. 이 경우 특별자치시장·특별자치도지사·시장·군수·구청장은 공단에 관련 자료의 제출을 요청하거나 그 의견을 들을 수 있다.
1. 장기요양기관을 운영하려는 자의 장기요양급여 제공 이력
2. 장기요양기관을 운영하려는 자 및 그 기관에 종사하려는 자가 이 법, 「사회복지사업법」 또는 「노인복지법」 등 장기요양기관의 운영과 관련된 법에 따라 받은 행정처분의 내용(2020.12.29 본호개정)
3. 장기요양기관의 운영 계획
4. 해당 지역의 노인인구 수, 치매 등 노인성질환 환자 수 및 장기요양급여 수요 등 지역 특성(2024.1.2 본호개정)
5. 그 밖에 특별자치시장·특별자치도지사·시장·군수·구청장이 장기요양기관으로 지정하는 데 필요하다고 인정하여 정하는 사항
(2018.12.11 본항신설)
④ 특별자치시장·특별자치도지사·시장·군수·구청장은 제1항에 따라 장기요양기관을 지정한 때 지체 없이 지정 명세를 공단에 통보하여야 한다.(2013.8.13 본항개정)
⑤ 제23조제1항제1호에 따른 재가급여를 제공하는 장기요양기관 중 의료기관이 아닌 자가 설치·운영하는 장기요양기관이 방문간호를 제공하는 경우에는 방문간호의 관리책임자로서 간호사를 둔다.(2018.12.11 본항신설)
⑥ 장기요양기관의 지정절차와 그 밖에 필요한 사항은 보건복지부령으로 정한다.

제32조 (2018.12.11 삭제)

제32조의2【결격사유】 다음 각 호의 어느 하나에 해당하는 자는 제31조에 따른 장기요양기관으로 지정받을 수 없다.(2018.12.11 본문개정)
1. 미성년자, 피성년후견인 또는 피한정후견인
2. 「정신건강증진 및 정신질환자 복지서비스 지원에 관한 법률」 제3조제1호의 정신질환자. 다만, 전문의가 장기요양기관 설립·운영 업무에 종사하는 것이 적합하다고 인정하는 사람은 그러하지 아니하다.(2018.3.13 본호개정)
3. 「마약류 관리에 관한 법률」 제2조제1호의 마약류에 중독된 사람

4. 파산선고를 받고 복권되지 아니한 사람
5. 금고 이상의 실형을 선고받고 그 집행이 종료(집행이 종료된 것으로 보는 경우를 포함한다)되거나 집행이 면제된 날부터 5년이 경과되지 아니한 사람
6. 금고 이상의 형의 집행유예를 선고받고 그 유예기간 중에 있는 사람
7. 대표자가 제1호부터 제6호까지의 규정 중 어느 하나에 해당하는 법인

(2015.12.29 본조신설)

제32조의3【장기요양기관 지정의 유효기간】 제31조에 따른 장기요양기관 지정의 유효기간은 지정을 받은 날부터 6년으로 한다.(2018.12.11 본조신설)

제32조의4【장기요양기관 지정의 갱신】 ① 장기요양기관의 장은 제32조의3에 따른 지정의 유효기간이 끝난 후에도 계속하여 그 지정을 유지하려는 경우에는 소재지를 관할구역으로 하는 특별자치시장·특별자치도지사·시장·군수·구청장에게 지정 유효기간이 끝나기 90일 전까지 지정 갱신을 신청하여야 한다.

② 제1항에 따른 신청을 받은 특별자치시장·특별자치도지사·시장·군수·구청장은 갱신 심사에 필요하다고 판단되는 경우에는 장기요양기관에 추가자료의 제출을 요구하거나 소속 공무원으로 하여금 현장심사를 하게 할 수 있다.

③ 제1항에 따른 지정 갱신이 지정 유효기간 내에 완료되지 못한 경우에는 심사 결정이 이루어질 때까지 지정이 유효한 것으로 본다.

④ 특별자치시장·특별자치도지사·시장·군수·구청장은 갱신 심사를 완료한 경우 그 결과를 지체 없이 해당 장기요양기관의 장에게 통보하여야 한다.

⑤ 특별자치시장·특별자치도지사·시장·군수·구청장이 지정의 갱신을 거부하는 경우 그 내용의 통보 및 수급자의 권익을 보호하기 위한 조치에 관하여는 제37조제2항 및 제5항을 준용한다.

⑥ 그 밖에 지역별 장기요양급여의 수요 등 지정 갱신의 기준, 절차 및 방법 등에 필요한 사항은 보건복지부령으로 정한다.(2024.1.2 본항개정)

(2018.12.11 본조신설)

제33조【장기요양기관의 시설·인력에 관한 변경】 ① 장기요양기관의 장은 시설 및 인력 등 보건복지부령으로 정하는 중요한 사항을 변경하려는 경우에는 보건복지부령으로 정하는 바에 따라 특별자치시장·특별자치도지사·시장·군수·구청장의 변경지정을 받아야 한다.

② 제1항에 따른 사항 외의 사항을 변경하려는 경우에는 보건복지부령으로 정하는 바에 따라 특별자치시장·특별자치도지사·시장·군수·구청장에게 변경신고를 하여야 한다.

③ 제1항 및 제2항에 따라 변경지정을 하거나 변경신고를 받은 특별자치시장·특별자치도지사·시장·군수·구청장은 지체 없이 해당 변경 사항을 공단에 통보하여야 한다.

(2018.12.11 본조개정)

제33조의2【폐쇄회로 텔레비전의 설치 등】 ① 장기요양기관을 운영하는 자는 노인학대 방지 등 수급자의 안전과 장기요양기관의 보안을 위하여 「개인정보 보호법」 및 관련 법령에 따른 폐쇄회로 텔레비전(이하 "폐쇄회로 텔레비전"이라 한다)을 설치·관리하여야 한다. 다만, 다음 각 호의 어느 하나에 해당하는 경우에는 그러하지 아니하다.
1. 제23조제1항제1호에 따른 재가급여만을 제공하는 경우
2. 장기요양기관을 운영하는 자가 수급자 전원 또는 그 보호자 전원의 동의를 받아 특별자치시장·특별자치도지사·시장·군수·구청장에게 신고한 경우
3. 장기요양기관을 설치·운영하는 자가 수급자, 그 보호자 및 장기요양기관 종사자 전원의 동의를 받아 「개인정보 보호법」 및 관련 법령에 따른 네트워크 카메라를 설치한 경우

② 제1항에 따라 폐쇄회로 텔레비전을 설치·관리하는 자는 수급자 및 장기요양기관 종사자 등 정보주체의 권리가 침해되지 아니하도록 다음 각 호의 사항을 준수하여야 한다.
1. 노인학대 방지 등 수급자의 안전과 장기요양기관의 보안을 위하여 최소한의 영상정보만을 적법하고 정당하게 수집하고, 목적 외의 용도로 활용하지 아니하도록 할 것
2. 수급자 및 장기요양기관 종사자 등 정보주체의 권리가 침해받을 가능성과 그 위험 정도를 고려하여 영상정보를 안전하게 관리할 것
3. 수급자 및 장기요양기관 종사자 등 정보주체의 사생활 침해를 최소화하는 방법으로 영상정보를 처리할 것

③ 장기요양기관을 운영하는 자는 폐쇄회로 텔레비전에 기록된 영상정보를 60일 이상 보관하여야 한다.

④ 국가 또는 지방자치단체는 제1항에 따른 폐쇄회로 텔레비전 설치비의 전부 또는 일부를 지원할 수 있다.

⑤ 제1항에 따른 폐쇄회로 텔레비전의 설치·관리 기준 및 동의 또는 신고의 방법·절차·요건, 제3항에 따른 영상정보의 보관기준 및 보관기간 등에 필요한 사항은 보건복지부령으로 정한다.

(2021.12.21 본조신설)

제33조의3【영상정보의 열람금지 등】 ① 폐쇄회로 텔레비전을 설치·관리하는 자는 다음 각 호의 어느 하나에 해당하는 경우를 제외하고는 제33조의2제3항의 영상정보를 열람하게 하여서는 아니 된다.
1. 수급자가 자신의 생명·신체·재산상의 이익을 위하여 본인과 관련된 사항을 확인할 목적으로 열람 시기·절차 및 방법 등 보건복지부령으로 정하는 바에 따라 요청하는 경우
2. 수급자의 보호자가 수급자의 안전을 확인할 목적으로 열람 시기·절차 및 방법 등 보건복지부령으로 정하는 바에 따라 요청하는 경우
3. 「개인정보 보호법」 제2조제6호가목에 따른 공공기관이 「노인복지법」 제39조의11 등 법령에서 정하는 노인의 안전업무 수행을 위하여 요청하는 경우
4. 범죄의 수사와 공소의 제기 및 유지, 법원의 재판업무 수행을 위하여 필요한 경우
5. 그 밖에 노인 관련 안전업무를 수행하는 기관으로서 보건복지부령으로 정하는 자가 업무의 수행을 위하여 열람시기·절차 및 방법 등 보건복지부령으로 정하는 바에 따라 요청하는 경우

② 장기요양기관을 운영하는 자는 다음 각 호의 어느 하나에 해당하는 행위를 하여서는 아니 된다.
1. 제33조의2제1항의 설치 목적과 다른 목적으로 폐쇄회로 텔레비전을 임의로 조작하거나 다른 곳을 비추는 행위
2. 녹음기능을 사용하거나 보건복지부령으로 정하는 저장장치 이외의 장치 또는 기기에 영상정보를 저장하는 행위

③ 장기요양기관을 운영하는 자는 제33조의2제3항의 영상정보가 분실·도난·유출·변조 또는 훼손되지 아니하도록 내부 관리계획의 수립, 접속기록 보관 등 대통령령으로 정하는 바에 따라 안전성 확보에 필요한 기술적·관리적·물리적 조치를 하여야 한다.

④ 국가 및 지방자치단체는 장기요양기관에 설치한 폐쇄회로 텔레비전의 설치·관리와 그 영상정보의 열람으로 수급자 및 장기요양기관 종사자 등 정보주체의 권리가 침해되지 아니하도록 설치·관리 및 열람 실태를 보건복지부령으로 정하는 바에 따라 매년 1회 이상 조사·점검하여야 한다.

⑤ 폐쇄회로 텔레비전의 설치·관리와 그 영상정보의 열람에 관하여 이 법에서 규정된 것을 제외하고는 「개인정보 보호법」(제25조는 제외한다)을 적용한다.

(2021.12.21 본조신설)

제34조【장기요양기관 정보의 안내 등】 ① 장기요양기관은 수급자가 장기요양급여를 쉽게 선택하도록 하고 장기요양기관이 제공하는 급여의 질을 보장하기 위하여 장기요양기관별 급여의 내용, 시설·인력 등 현황자료 등을 공단이 운영하는 인터넷 홈페이지에 게시하여야 한다.

② 제1항에 따른 게시 내용, 방법, 절차, 그 밖에 필요한 사항은 보건복지부령으로 정한다.

제35조【장기요양기관의 의무 등】 ① 장기요양기관은 수급자로부터 장기요양급여신청을 받은 때 장기요양급여의 제공을 거부하여서는 아니 된다. 다만, 입소정원에 여유가 없는 경우 등 정당한 사유가 있는 경우는 그러하지 아니하다.

② 장기요양기관은 제23조제5항에 따른 장기요양급여의 제공 기준·절차 및 방법 등에 따라 장기요양급여를 제공하여야 한다.(2024.1.2 본항개정)

③ 장기요양기관의 장은 장기요양급여를 제공한 수급자에게 장기요양급여비용에 대한 명세서를 교부하여야 한다.

④ 장기요양기관의 장은 장기요양급여 제공에 관한 자료를 기록·관리하여야 하며, 장기요양기관의 장 및 그 종사자는 장기요양급여 제공에 관한 자료를 거짓으로 작성하여서는 아니 된다.(2015.12.29 본항개정)

⑤ 장기요양기관은 제40조제2항에 따라 면제받거나 같은 조 제4항에 따라 감경받는 금액 외에 영리를 목적으로 수급자가 부담하는 재가 및 시설 급여비용(이하 "본인부담금"이라 한다)을 면제하거나 감경하는 행위를 하여서는 아니 된다.(2021.12.21 본항개정)

⑥ 누구든지 영리를 목적으로 금전, 물품, 노무, 향응, 그 밖의 이익을 제공하거나 제공할 것을 약속하는 방법으로 수급자를 장기요양기관에 소개, 알선 또는 유인하는 행위 및 이를 조장하는 행위를 하여서는 아니 된다.(2013.8.13 본항신설)

⑦ 제3항에 따른 장기요양급여비용의 명세서, 제4항에 따라 기록·관리하여야 할 장기요양급여 제공 자료의 내용 및 보존기한, 그 밖에 필요한 사항은 보건복지부령으로 정한다.(2010.3.17 본항개정)

(2013.8.13 본조제목개정)

제35조의2【장기요양기관 재무·회계기준】 ① 장기요양기관의 장은 보건복지부령으로 정하는 재무·회계에 관한 기준(이하 "장기요양기관 재무·회계기준"이라 한다)에 따라 장기요양기관을 투명하게 운영하여야 한다. 다만, 장기요양기관 중 「사회복지사업법」 제34조에 따라 설치한 사회복지시설은 같은 조 제4항에 따른 재무·회계에 관한 기준에 따른다.(2021.12.21 단서개정)

② 보건복지부장관은 장기요양기관 재무·회계기준을 정할 때에는 장기요양기관의 특성 및 그 시행시기 등을 고려하여야 한다.

(2016.5.29 본조신설)

제35조의3【인권교육】 ① 장기요양기관 중 대통령령으로 정하는 기관을 운영하는 자와 그 종사자는 인권에 관한 교육(이하 이 조에서 "인권교육"이라 한다)을 받아야 한다.(2018.12.11 본항개정)

② 장기요양기관 중 대통령령으로 정하는 기관을 운영하는 자는 해당 기관을 이용하고 있는 장기요양급여 수급자에게 인권교육을 실시할 수 있다.(2018.12.11 본항개정)

③ 보건복지부장관은 제1항 및 제2항에 따른 인권교육을 효율적으로 실시하기 위하여 인권교육기관을 지정할 수 있다. 이 경우 예산의 범위에서 인권교육에 소요되는 비용을 지원할 수 있으며, 지정을 받은 인권교육기관은 보건복지부장관의 승인을 받아 인권교육에 필요한 비용을 교육대상자로부터 징수할 수 있다.

④ 보건복지부장관은 제3항에 따라 지정을 받은 인권교육기관이 다음 각 호의 어느 하나에 해당하면 그 지정을 취소하거나 6개월 이내의 기간을 정하여 업무의 정지를 명할 수 있다. 다만, 제1호에 해당하면 그 지정을 취소하여야 한다.
1. 거짓이나 그 밖의 부정한 방법으로 지정을 받은 경우
2. 제5항에 따라 보건복지부령으로 정하는 지정요건을 갖추지 못하게 된 경우
3. 인권교육의 수행능력이 현저히 부족하다고 인정되는 경우

⑤ 제1항 및 제2항에 따른 인권교육의 대상·내용·방법, 제3항에 따른 인권교육기관의 지정 및 제4항에 따른 인권교육기관의 지정취소·업무정지 처분의 기준 등에 필요한 사항은 보건복지부령으로 정한다.

(2018.3.13 본조신설)

제35조의4【장기요양요원의 보호】 ① 장기요양기관의 장은 장기요양요원이 다음 각 호의 어느 하나에 해당하는 경우로 인한 고충의 해소를 요청하는 경우 업무의 전환 등 대통령령으로 정하는 바에 따라 적절한 조치를 하여야 한다.
1. 수급자 및 그 가족이 장기요양요원에게 폭언·폭행·상해 또는 성희롱·성폭력 행위를 하는 경우
2. 수급자 및 그 가족이 장기요양요원에게 제28조의2제1항 각 호에 따른 급여외행위의 제공을 요구하는 경우

② 장기요양기관의 장은 장기요양요원에게 다음 각 호의 행위를 하여서는 아니 된다.
1. 장기요양요원에게 제28조의2제1항 각 호에 따른 급여외행위의 제공을 요구하는 행위
2. 수급자가 부담하여야 할 본인부담금의 전부 또는 일부를 부담하도록 요구하는 행위

③ 장기요양기관의 장은 보건복지부령으로 정하는 바에 따라 장기요양 수급자와 그 가족에게 장기요양요원의 업무범위, 직무상 권리와 의무 등 권익보호를 위한 사항을 안내할 수 있다.(2024.1.2 본항신설)

④ 장기요양요원은 장기요양기관의 장이 제1항에 따른 적절한 조치를 하지 아니한 경우에는 장기요양기관을 지정한 특별자치시장·특별자치도지사·시장·군수·구청장에게 그 시정을 신청할 수 있다.(2024.1.2 본항신설)

⑤ 제4항에 따른 신청을 받은 특별자치시장·특별자치도지사·시장·군수·구청장은 제1항에 따른 장기요양요원의 고충에 대한 사실확인을 위한 조사를 실시한 후 필요하다고 인정되는 경우에는 장기요양기관의 장에게 적절한 조치를 하도록 통보하여야 한다. 이 경우 적절한 조치를 하도록 통보받은 장기요양기관의 장은 특별한 사유가 없으면 이에 따라야 한다.(2024.1.2 본항신설)

⑥ 제4항 및 제5항에 따른 시정신청의 절차, 사실확인 조사 및 통보 등에 필요한 사항은 대통령령으로 정한다.(2024.1.2 본항신설)

(2018.12.11 본조신설)

제35조의5【보험 가입】 ① 장기요양기관은 종사자가 장기요양급여를 제공하는 과정에서 발생할 수 있는 수급자의 상해 등 법률상 손해를 배상하는 보험(이하 "전문인 배상책임보험"이라 한다)에 가입할 수 있다.

② 공단은 장기요양기관이 전문인 배상책임보험에 가입하지 않은 경우 그 기간 동안 제38조에 따라 해당 장기요양기관에 지급하는 장기요양급여비용의 일부를 감액할 수 있다.

③ 제2항에 따른 장기요양급여비용의 감액 기준 등에 관하여 필요한 사항은 보건복지부령으로 정한다.

(2019.4.23 본조신설)

제36조【장기요양기관의 폐업 등의 신고 등】 ① 장기요양기관의 장은 폐업하거나 휴업하고자 하는 경우 폐업이나 휴업 예정일 전 30일까지 특별자치시장·특별자치도지사·시장·군수·구청장에게 신고하여야 한다. 신고를 받은 특별자치시장·특별자치도지사·시장·군수·구청장은 지체 없이 신고 명세를 공단에 통보하여야 한다.

② 특별자치시장·특별자치도지사·시장·군수·구청장은 장기요양기관의 장이 유효기간이 끝나기 30일 전까지 제32조의4에 따른 지정 갱신 신청을 하지 아니하는 경우 그 사실을 공단에 통보하여야 한다.(2018.12.11 본항신설)

③ 장기요양기관의 장은 장기요양기관을 폐업하거나 휴업하려는 경우 또는 장기요양기관의 지정 갱신을 하지 아니하려는 경우 보건복지부령으로 정하는 바에 따라 수급자의 권익을 보호하기 위하여 다음 각 호의 조치를 취하여야 한다.(2019.4.23 본문개정)
1. 해당 장기요양기관을 이용하는 수급자가 다른 장기요양기관을 선택하여 이용할 수 있도록 계획을 수립하고 이행하는 조치(2019.4.23 본호신설)
2. 해당 장기요양기관에서 수급자가 제40조제1항 및 제3항에 따라 부담한 비용 중 정산하여야 할 비용이 있는 경우 이를 정산하는 조치(2021.12.21 본호개정)
3. 그 밖에 수급자의 권익 보호를 위하여 필요하다고 인정되는 조치로서 보건복지부령으로 정하는 조치
(2019.4.23 본호신설)
④ 특별자치시장·특별자치도지사·시장·군수·구청장은 제1항에 따라 폐업·휴업 신고를 접수한 경우 또는 장기요양기관의 장이 유효기간이 끝나기 30일 전까지 제32조의4에 따른 지정 갱신 신청을 하지 아니한 경우 장기요양기관의 장이 제3항 각 호에 따른 수급자의 권익을 보호하기 위한 조치를 취하였는지의 여부를 확인하고, 인근지역에 대체 장기요양기관이 없는 경우 등 장기요양급여에 중대한 차질이 우려되는 때에는 장기요양기관의 폐업·휴업 철회 또는 지정 갱신 신청을 권고하거나 그 밖의 다른 조치를 강구하여야 한다.(2019.4.23 본항개정)
⑤ 특별자치시장·특별자치도지사·시장·군수·구청장은 「노인복지법」 제43조에 따라 노인의료복지시설 등(장기요양기관이 운영하는 시설인 경우에 한한다)에 대하여 사업정지 또는 폐지 명령을 하는 경우 지체 없이 공단에 그 내용을 통보하여야 한다.
⑥ 장기요양기관의 장은 제1항에 따라 폐업·휴업 신고를 할 때 또는 장기요양기관의 지정 갱신을 하지 아니하여 유효기간이 만료될 때 보건복지부령으로 정하는 바에 따라 장기요양급여 제공 자료를 공단으로 이관하여야 한다. 다만, 휴업 신고를 하는 장기요양기관의 장이 휴업 예정일 전까지 공단의 허가를 받은 경우에는 장기요양급여 제공 자료를 직접 보관할 수 있다.(2018.12.11 본항개정)
(2018.12.11 본조제목개정)
(2013.8.13 본조개정)

제36조의2【시정명령】 특별자치시장·특별자치도지사·시장·군수·구청장은 다음 각 호의 어느 하나에 해당하는 장기요양기관에 대하여 6개월 이내의 범위에서 일정한 기간을 정하여 시정을 명할 수 있다.(2021.12.21 본문개정)
1. 제33조의2에 따른 폐쇄회로 텔레비전의 설치·관리 및 영상정보의 보관기준을 위반한 경우
2. 제35조의2에 따른 장기요양기관 재무·회계기준을 위반한 경우
(2021.12.21 1호~2호신설)

제37조【장기요양기관 지정의 취소 등】 ① 특별자치시장·특별자치도지사·시장·군수·구청장은 장기요양기관이 다음 각 호의 어느 하나에 해당하는 경우 그 지정을 취소하거나 6개월의 범위에서 업무정지를 명할 수 있다. 다만, 제1호, 제2호의2, 제3호의5, 제7호, 또는 제8호에 해당하는 경우에는 지정을 취소하여야 한다.(2018.12.11 단서개정)
1. 거짓이나 그 밖의 부정한 방법으로 지정을 받은 경우
1의2. 제28조의2를 위반하여 급여외행위를 제공한 경우. 다만, 장기요양기관의 장이 그 위반행위를 방지하기 위하여 해당 업무에 관하여 상당한 주의와 감독을 게을리하지 아니한 경우는 제외한다.(2018.12.11 본호신설)
2. 제31조제1항에 따른 지정기준에 적합하지 아니한 경우
(2020.3.31 본호개정)
2의2. 제32조의2 각 호의 어느 하나에 해당하게 된 경우. 다만, 제32조의2제7호에 해당하게 된 법인의 경우 3개월 이내에 그 대표자를 변경하는 때에는 그러하지 아니하다.(2015.12.29 본호신설)
3. 제35조제1항을 위반하여 장기요양급여를 거부한 경우
3의2. 제35조제5항을 위반하여 본인부담금을 면제하거나 감경하는 행위를 한 경우(2018.12.11 본호개정)
3의3. 제35조제6항을 위반하여 수급자를 소개, 알선 또는 유인하는 행위 및 이를 조장하는 행위를 한 경우
(2013.8.13 본호신설)
3의4. 제35조의4제2항 각 호의 어느 하나를 위반한 경우
3의5. 제36조제1항에 따른 폐업 또는 휴업 신고를 하지 아니하고 1년 이상 장기요양급여를 제공하지 아니한 경우
3의6. 제36조의2에 따른 시정명령을 이행하지 아니하거나 회계부정 행위가 있는 경우
3의7. 정당한 사유 없이 제54조에 따른 평가를 거부·방해 또는 기피하는 경우
(2018.12.11 3호의4~3호의7신설)
4. 거짓이나 그 밖의 부정한 방법으로 재가 및 시설 급여비용을 청구한 경우
5. 제61조제2항에 따른 자료제출 명령에 따르지 아니하거나 거짓으로 자료제출을 한 경우나 질문 또는 검사를 거부·방해 또는 기피하거나 거짓으로 답변한 경우
(2013.8.13 본호개정)
6. 장기요양기관의 종사자 등이 다음 각 목의 어느 하나에 해당하는 행위를 한 경우. 다만, 장기요양기관의 장이 그 행위를 방지하기 위하여 해당 업무에 관하여 상당한 주의와 감독을 게을리하지 아니한 경우는 제외한다.
(2018.12.11 단서신설)
가. 수급자의 신체에 폭행을 가하거나 상해를 입히는 행위
나. 수급자에게 성적 수치심을 주는 성폭행, 성희롱 등의 행위
다. 자신의 보호·감독을 받는 수급자를 유기하거나 의식주를 포함한 기본적 보호 및 치료를 소홀히 하는 방임행위
라. 수급자를 위하여 증여 또는 급여된 금품을 그 목적 외의 용도에 사용하는 행위(2018.12.11 본목신설)
마. 폭언, 협박, 위협 등으로 수급자의 정신건강에 해를 끼치는 정서적 학대행위(2018.12.11 본목신설)
7. 업무정지기간 중에 장기요양급여를 제공한 경우
(2013.8.13 본호신설)
8. 「부가가치세법」 제8조에 따른 사업자등록 또는 「소득세법」 제168조에 따른 사업자등록이나 고유번호가 말소된 경우(2018.12.11 본호신설)
② 특별자치시장·특별자치도지사·시장·군수·구청장은 제1항에 따라 지정을 취소하거나 업무정지명령을 한 경우에는 지체 없이 그 내용을 공단에 통보하고, 보건복지부령으로 정하는 바에 따라 보건복지부장관에게 통보한다. 이 경우 시장·군수·구청장은 관할 특별시장·광역시장 또는 도지사를 거쳐 보건복지부장관에게 통보하여야 한다.(2013.8.13 본항개정)
③~④ (2018.12.11 삭제)
⑤ 특별자치시장·특별자치도지사·시장·군수·구청장은 제1항에 따라 장기요양기관이 지정취소 또는 업무정지되는 경우에는 해당 장기요양기관을 이용하는 수급자의 권익을 보호하기 위하여 적극적으로 노력하여야 한다.
(2019.4.23 본항신설)
⑥ 특별자치시장·특별자치도지사·시장·군수·구청장은 제5항에 따라 수급자의 권익을 보호하기 위하여 보건복지부령으로 정하는 바에 따라 다음 각 호의 조치를 하여야 한다.(2019.4.23 본문개정)
1. 제1항에 따른 행정처분의 내용을 우편 또는 정보통신망 이용 등의 방법으로 수급자 또는 그 보호자에게 통보하는 조치
2. 해당 장기요양기관을 이용하는 수급자가 다른 장기요양기관을 선택하여 이용할 수 있도록 하는 조치
(2019.4.23 1호~2호신설)
⑦ 제1항에 따라 지정취소 또는 업무정지되는 장기요양기관의 장은 해당 기관에서 수급자가 제40조제1항 및 제3항에 따라 부담한 비용 중 정산하여야 할 비용이 있는 경우 이를 정산하여야 한다.(2021.12.21 본항개정)
⑧ 다음 각 호의 어느 하나에 해당하는 자는 제31조에 따른 장기요양기관으로 지정받을 수 없다.
1. 제1항에 따라 지정취소를 받은 후 3년이 지나지 아니한 자(법인인 경우 그 대표자를 포함한다)
2. 제1항에 따라 업무정지명령을 받고 업무정지기간이 지나지 아니한 자(법인인 경우 그 대표자를 포함한다)
(2018.12.11 본항개정)
⑨ 제1항에 따른 행정처분의 기준은 보건복지부령으로 정한다.(2018.12.11 본항개정)

제37조의2【과징금의 부과 등】 ① 특별자치시장·특별자치도지사·시장·군수·구청장은 제37조제1항 각 호의 어느 하나(같은 항 제4호는 제외한다)에 해당하는 행위를 이유로 업무정지명령을 하여야 하는 경우로서 그 업무정지가 해당 장기요양기관을 이용하는 수급자에게 심한 불편을 줄 우려가 있는 등 보건복지부장관이 정하는 특별한 사유가 있다고 인정되는 경우에는 업무정지명령을 갈음하여 2억원 이하의 과징금을 부과할 수 있다. 다만, 제37조제1항제6호를 위반한 행위로서 보건복지부령으로 정하는 경우에는 그러하지 아니하다.(2018.12.11 본문개정)
② 특별자치시장·특별자치도지사·시장·군수·구청장은 제37조제1항제4호에 해당하는 행위를 이유로 업무정지명령을 하여야 하는 경우로서 그 업무정지가 해당 장기요양기관을 이용하는 수급자에게 심한 불편을 줄 우려가 있는 등 보건복지부장관이 정하는 특별한 사유가 있다고 인정되는 경우에는 업무정지명령을 갈음하여 거짓이나 그 밖의 부정한 방법으로 청구한 금액의 5배 이하의 금액을 과징금으로 부과할 수 있다.(2018.12.11 본항개정)
③ 제1항 및 제2항에 따른 과징금을 부과하는 위반행위의 종류 및 위반의 정도 등에 따른 과징금의 금액과 과징금의 부과절차 등에 필요한 사항은 대통령령으로 정한다.
④ 특별자치시장·특별자치도지사·시장·군수·구청장은 제1항 및 제2항에 따라 과징금을 내야 할 자가 납부기한까지 내지 아니한 경우에는 지방세 체납처분의 예에 따라 징수한다.
⑤ 특별자치시장·특별자치도지사·시장·군수·구청장은 제1항 및 제2항에 따른 과징금의 부과와 징수에 관한 사항을 보건복지부령으로 정하는 바에 따라 기록·관리하여야 한다.
(2013.8.13 본조신설)

제37조의3【위반사실 등의 공표】 ① 보건복지부장관 또는 특별자치시장·특별자치도지사·시장·군수·구청장은 장기요양기관이 거짓으로 재가·시설 급여비용을 청구하였다는 이유로 제37조 또는 제37조의2에 따른 처분이 확정된 경우로서 다음 각 호의 어느 하나에 해당하는 경우에는 위반사실, 처분내용, 장기요양기관의 명칭·주소, 장기요양기관의 장의 성명, 그 밖에 다른 장기요양기관과의 구별에 필요한 사항으로서 대통령령으로 정하는 사항을 공표하여야 한다. 다만, 장기요양기관의 폐업 등으로 공표의 실효성이 없는 경우에는 그러하지 아니하다.
(2020.3.31 본문개정)
1. 거짓으로 청구한 금액이 1천만원 이상인 경우
2. 거짓으로 청구한 금액이 장기요양급여비용 총액의 100분의 10 이상인 경우
② 보건복지부장관 또는 특별자치시장·특별자치도지사·시장·군수·구청장은 장기요양기관이 제61조제2항에 따른 자료제출 명령에 따르지 아니하거나 거짓으로 자료제출을 한 경우나 질문 또는 검사를 거부·방해 또는 기피하거나 거짓으로 답변하였다는 이유로 제37조 또는 제37조의2에 따른 처분이 확정된 경우 위반사실, 처분내용, 장기요양기관의 명칭·주소, 장기요양기관의 장의 성명, 그 밖에 다른 장기요양기관과의 구별에 필요한 사항으로서 대통령령으로 정하는 사항을 공표하여야 한다. 다만, 장기요양기관의 폐업 등으로 공표의 실효성이 없는 경우 또는 장기요양기관이 위반사실 등의 공표 전에 제61조제2항에 따른 자료를 제출하거나 질문 또는 검사에 응하는 경우에는 그러하지 아니하다.(2020.3.31 본항신설)
③ 보건복지부장관 또는 특별자치시장·특별자치도지사·시장·군수·구청장은 제1항 및 제2항에 따른 공표 여부 등을 심의하기 위하여 공표심의위원회를 설치·운영할 수 있다.(2020.3.31 본항개정)
④ 제1항 및 제2항에 따른 공표 여부의 결정 방법, 공표 방법·절차 및 제3항에 따른 공표심의위원회의 구성·운영 등에 필요한 사항은 대통령령으로 정한다.(2020.3.31 본항개정)
(2013.8.13 본조신설)

제37조의4【행정제재처분 효과의 승계】 ① 제37조제1항 각 호의 어느 하나에 해당하는 행위를 이유로 한 행정제재처분(이하 "행정제재처분"이라 한다)의 효과는 그 처분을 한 날부터 3년간 다음 각 호의 어느 하나에 해당하는 자에게 승계된다.(2018.12.11 본문개정)
1. 장기요양기관을 양도한 경우 양수인
2. 법인이 합병된 경우 합병으로 신설되거나 합병 후 존속하는 법인
3. 장기요양기관 폐업 후 같은 장소에서 장기요양기관을 운영하는 자 중 종전에 행정제재처분을 받은 자(법인인 경우 그 대표자를 포함한다)나 그 배우자 또는 직계혈족
② 행정제재처분의 절차가 진행 중일 때에는 다음 각 호의 어느 하나에 해당하는 자에 대하여 그 절차를 계속 이어서 할 수 있다.
1. 장기요양기관을 양도한 경우 양수인
2. 법인이 합병된 경우 합병으로 신설되거나 합병 후 존속하는 법인
3. 장기요양기관 폐업 후 3년 이내에 같은 장소에서 장기요양기관을 운영하는 자 중 종전에 위반행위를 한 자(법인인 경우 그 대표자를 포함한다)나 그 배우자 또는 직계혈족(2015.12.29 본호개정)
③ 제1항 및 제2항에도 불구하고 제1항 각 호의 어느 하나 또는 제2항 각 호의 어느 하나에 해당하는 자(이하 "양수인등"이라 한다)가 양수, 합병 또는 운영 시에 행정제재처분 또는 위반사실을 알지 못하였음을 증명하는 경우에는 그러하지 아니하다.
④ 행정제재처분을 받았거나 그 절차가 진행 중인 자는 보건복지부령으로 정하는 바에 따라 지체 없이 그 사실을 양수인등에게 알려야 한다.
(2013.8.13 본조신설)

제37조의5【장기요양급여 제공의 제한】 ① 특별자치시장·특별자치도지사·시장·군수·구청장은 장기요양기관의 종사자가 거짓이나 그 밖의 부정한 방법으로 재가급여비용 또는 시설급여비용을 청구하는 행위에 가담한 경우 해당 종사자가 장기요양급여를 제공하는 것을 1년의 범위에서 제한하는 처분을 할 수 있다.
② 특별자치시장·특별자치도지사·시장·군수·구청장은 제1항에 따른 처분을 한 경우 지체 없이 그 내용을 공단에 통보하여야 한다.
③ 제1항 및 제2항에 따른 장기요양급여제공 제한 처분의 기준·방법, 통보의 방법·절차, 그 밖에 필요한 사항은 보건복지부령으로 정한다.
(2015.12.29 본조신설)

제7장 재가 및 시설 급여비용 등

제38조【장기요양급여비용 등의 청구 및 지급 등】 ① 보건복지부장관은 매년 급여종류 및 장기요양등급 등에 따라 제45조에 따른 장기요양위원회의 심의를 거쳐 다음 연도의 재가 및 시설 급여비용과 특별현금급여의 지급금액을 정하여 고시하여야 한다.(2021.7.27 본항개정)
② 공단은 제1항에 따라 장기요양기관으로부터 재가 또는 시설 급여비용의 청구를 받은 경우 이를 심사하여 그 내용을 장기요양기관에 통보하여야 하며, 장기요양에 사용된 비용 중 공단부담금(재가 및 시설 급여비용 중 본인부담금을 공제한 금액을 말한다)을 해당 장기요양기관에 지급하여야 한다.(2019.1.15 본항개정)

③ 공단은 제54조제2항에 따른 장기요양기관의 장기요양급여평가 결과에 따라 장기요양급여비용을 가산 또는 감액조정하여 지급할 수 있다.
④ 공단은 제2항에도 불구하고 장기요양급여비용을 심사한 결과 수급자가 이미 낸 본인부담금이 제2항에 따라 통보한 본인부담금보다 더 많으면 두 금액 간의 차액을 장기요양기관에 지급할 금액에서 공제하여 수급자에게 지급하여야 한다.(2019.1.15 본항신설)
⑤ 공단은 제4항에 따라 수급자에게 지급하여야 하는 금액을 그 수급자가 납부하여야 하는 장기요양보험료 및 그 밖에 이 법에 따른 징수금(이하 "장기요양보험료등"이라 한다)과 상계(相計)할 수 있다.(2019.1.15 본항신설)
⑥ 장기요양기관은 지급받은 장기요양급여비용 중 보건복지부장관이 정하여 고시하는 비율에 따라 그 일부를 장기요양요원에 대한 인건비로 지출하여야 한다.
(2016.5.29 본항신설)
⑦ 공단은 장기요양기관이 정당한 사유 없이 제61조제2항에 따른 자료제출 명령에 따르지 아니하거나 질문 또는 검사를 거부·방해 또는 기피하는 경우 이에 응할 때까지 해당 장기요양기관에 지급하여야 할 장기요양급여비용의 지급을 보류할 수 있다. 이 경우 공단은 장기요양급여비용의 지급을 보류하기 전에 해당 장기요양기관에 의견 제출의 기회를 주어야 한다.(2020.3.31 본항신설)
⑧ 제1항부터 제3항까지 및 제7항의 규정에 따른 재가 및 시설 급여비용과 특별현금급여의 지급금액의 심사기준, 장기요양급여비용의 가감지급의 기준, 청구절차, 지급방법 및 지급 보류의 절차·방법 등에 관한 사항은 보건복지부령으로 정한다.(2021.7.27 본항개정)
(2016.5.29 본조제목개정)

제39조【장기요양급여비용 등의 산정】 ① 보건복지부장관은 매년 급여종류 및 장기요양등급 등에 따라 제45조에 따른 장기요양위원회의 심의를 거쳐 다음 연도의 재가 및 시설 급여비용과 특별현금급여의 지급금액을 정하여 고시하여야 한다.(2021.7.27 본항개정)
② 보건복지부장관은 제1항에 따라 재가 및 시설 급여비용을 정할 때 대통령령으로 정하는 바에 따라 국가 및 지방자치단체로부터 장기요양기관의 설립비용을 지원받았는지 여부 등을 고려할 수 있다.
③ 제1항에 따른 재가 및 시설 급여비용과 특별현금급여의 지급금액의 구체적인 산정방법 및 항목 등에 관하여 필요한 사항은 보건복지부령으로 정한다.(2021.7.27 본항개정)
(2021.7.27 본조제목개정)

제40조【본인부담금】 ① 제23조에 따른 장기요양급여(특별현금급여는 제외한다. 이하 이 조에서 같다)를 받는 자는 대통령령으로 정하는 바에 따라 비용의 일부를 본인이 부담한다. 이 경우 장기요양급여를 받는 수급자의 장기요양등급, 이용하는 장기요양급여의 종류 및 수준 등에 따라 본인부담의 수준을 달리 정할 수 있다.
(2021.12.21 본항개정)
② 제1항에도 불구하고 수급자 중 「의료급여법」 제3조제1항제1호에 따른 수급자는 본인부담금을 부담하지 아니한다.(2021.12.21 본항신설)
③ 다음 각 호의 장기요양급여에 대한 비용은 수급자 본인이 전부 부담한다.
1. 이 법의 규정에 따른 급여의 범위 및 대상에 포함되지 아니하는 장기요양급여
2. 수급자가 제17조제1항제2호에 따른 장기요양인정서에 기재된 장기요양급여의 종류 및 내용과 다르게 선택하여 장기요양급여를 받은 경우 그 차액
3. 제28조에 따른 장기요양급여의 월 한도액을 초과하는 장기요양급여
④ 다음 각 호의 어느 하나에 해당하는 자에 대해서는 본인부담금의 100분의 60의 범위에서 보건복지부장관이 정하는 바에 따라 차등하여 감경할 수 있다.(2018.12.11 본문개정)
1. 「의료급여법」 제3조제1항제2호부터 제9호까지의 규정에 따른 수급권자(2010.3.17 본호개정)
2. 소득·재산 등이 보건복지부장관이 정하여 고시하는 일정 금액 이하인 자. 다만, 도서·벽지·농어촌 등의 지역에 거주하는 자에 대하여 따로 금액을 정할 수 있다.
(2018.3.27 본문개정)
3. 천재지변 등 보건복지부령으로 정하는 사유로 인하여 생계가 곤란한 자(2018.3.27 본호개정)
⑤ 제1항부터 제4항까지의 규정에 따른 본인부담금의 산정방법, 감경절차 및 감경방법 등에 관하여 필요한 사항은 보건복지부령으로 정한다.(2021.12.21 본항개정)
(2018.12.11 본조제목개정)

제41조【가족 등의 장기요양에 대한 보상】 ① 공단은 장기요양급여를 받은 금액의 총액이 보건복지부장관이 정하여 고시하는 금액 이하에 해당하는 수급자가 가족등으로부터 제23조제1항제1호 가목에 따른 방문요양에 상당한 장기요양을 받은 경우 보건복지부령으로 정하는 바에 따라 본인부담금의 일부를 감면하거나 이에 갈음하는 조치를 할 수 있다.
② 제1항에 따른 본인부담금의 감면방법 등 필요한 사항은 보건복지부령으로 정한다.
(2018.12.11 본조개정)

제42조【방문간호지시서 발급비용의 산정 등】 제23조제1항제1호다목에 따라 방문간호지시서를 발급하는데 사용되는 비용, 비용부담방법 및 비용 청구·지급절차 등에 관하여 필요한 사항은 보건복지부령으로 정한다.

제43조【부당이득의 징수】 ① 공단은 장기요양급여를 받은 자, 장기요양급여비용을 받은 자 또는 의사소견서·방문간호지시서 발급비용(이하 "의사소견서등 발급비용"이라 한다)을 받은 자가 다음 각 호의 어느 하나에 해당하는 경우 그 장기요양급여, 장기요양급여비용 또는 의사소견서등 발급비용에 상당하는 금액을 징수한다. 이 경우 의사소견서등 발급비용에 관하여는 「국민건강보험법」 제57조제2항을 준용하며, "보험급여 비용"은 "의사소견서등 발급비용"으로, "요양기관"은 "의료기관"으로 본다.
(2021.12.21 본문개정)
1. 제15조제5항에 따른 등급판정 결과 같은 조 제4항 각 호의 어느 하나에 해당하는 것으로 확인된 경우
(2018.12.11 본호신설)
2. 제28조의 월 한도액 범위를 초과하여 장기요양급여를 받은 경우
3. 제29조 또는 제30조에 따라 장기요양급여의 제한 등을 받을 자가 장기요양급여를 받은 경우
4. 제37조제1항제4호에 따른 거짓이나 그 밖의 부정한 방법으로 재가 및 시설 급여비용을 청구하여 이를 지급받은 경우(2018.12.11 본호개정)
4의2. 거짓이나 그 밖의 부정한 방법으로 의사소견서등 발급비용을 청구하여 이를 지급받은 경우(2021.12.21 본호신설)
5. 그 밖에 이 법상의 원인 없이 공단으로부터 장기요양급여를 받거나 장기요양급여비용을 지급받은 경우
② 공단은 제1항의 경우 거짓 보고 또는 증명에 의하거나 거짓 진단에 따라 장기요양급여가 제공된 때 거짓의 행위에 관여한 자에 대하여 장기요양급여를 받은 자와 연대하여 제1항에 따른 징수금을 납부하게 할 수 있다.
③ 공단은 제1항의 경우 거짓이나 그 밖의 부정한 방법으로 장기요양급여를 받은 자와 같은 세대에 속한 자(장기요양급여를 받은 자를 부양하고 있거나 다른 법령에 따라 장기요양급여를 받은 자를 부양할 의무가 있는 자를 말한다)에 대하여 거짓이나 그 밖의 부정한 방법으로 장기요양급여를 받은 자와 연대하여 제1항에 따른 징수금을 납부하게 할 수 있다.
④ 공단은 제1항의 경우 장기요양기관이나 의료기관이 수급자 또는 신청인으로부터 거짓이나 그 밖의 부정한 방법으로 장기요양급여비용 또는 의사소견서등 발급비용을 받은 때 해당 장기요양기관 또는 의료기관으로부터 이를 징수하여 수급자 또는 신청인에게 지체 없이 지급하여야 한다. 이 경우 공단은 수급자 또는 신청인에게 지급하여야 하는 금액을 그 수급자 또는 신청인이 납부하여야 하는 장기요양보험료등과 상계할 수 있다.
(2021.12.21 본항개정)

제44조【구상권】 ① 공단은 제3자의 행위로 인한 장기요양급여의 제공사유가 발생하여 수급자에게 장기요양급여를 행한 때 그 급여에 사용된 비용의 한도 안에서 그 제3자에 대한 손해배상의 권리를 얻는다.
② 공단은 제1항의 경우 장기요양급여를 받은 자가 제3자로부터 이미 손해배상을 받은 때 그 손해배상액의 한도 안에서 장기요양급여를 행하지 아니한다.

제8장 장기요양위원회

제45조【장기요양위원회의 설치 및 기능】 다음 각 호의 사항을 심의하기 위하여 보건복지부장관 소속으로 장기요양위원회를 둔다.
1. 제9조제2항에 따른 장기요양보험료율
2. 제24조부터 제26조까지의 규정에 따른 가족요양비, 특례요양비 및 요양병원간병비의 지급기준
3. 제39조에 따른 재가 및 시설 급여비용
4. 그 밖에 대통령령으로 정하는 주요 사항

제46조【장기요양위원회의 구성】 ① 장기요양위원회는 위원장 1인, 부위원장 1인을 포함한 16인 이상 22인 이하의 위원으로 구성한다.
② 위원장이 아닌 위원은 다음 각 호의 자 중에서 보건복지부장관이 임명 또는 위촉한 자로 하고, 각 호에 해당하는 자를 각각 동수로 구성하여야 한다.
1. 근로자단체, 사용자단체, 시민단체(「비영리민간단체 지원법」 제2조에 따른 비영리민간단체를 말한다), 노인단체, 농어업인단체 또는 자영자단체를 대표하는 자
2. 장기요양기관 또는 의료계를 대표하는 자
3. 대통령령으로 정하는 관계 중앙행정기관의 고위공무원단 소속 공무원, 장기요양에 관한 학계 또는 연구계를 대표하는 자, 공단 이사장이 추천하는 자
③ 위원장은 보건복지부차관이 되고, 부위원장은 위원 중에서 위원장이 지명한다.
④ 장기요양위원회 위원의 임기는 3년으로 한다. 다만, 공무원인 위원의 임기는 재임기간으로 한다.

제47조【장기요양위원회의 운영】 ① 장기요양위원회 회의는 구성원 과반수의 출석으로 개의하고 출석위원 과반수의 찬성으로 의결한다.
② 장기요양위원회의 효율적 운영을 위하여 분야별로 실무위원회를 둘 수 있다.
③ 이 법에서 정한 것 외에 장기요양위원회의 구성·운영, 그 밖에 필요한 사항은 대통령령으로 정한다.

제8장의2 장기요양요원지원센터
(2016.5.29 본장신설)

제47조의2【장기요양요원지원센터의 설치 등】 ① 국가와 지방자치단체는 장기요양요원의 권리를 보호하기 위하여 장기요양요원지원센터를 설치·운영할 수 있다.
(2018.12.11 본항개정)
② 장기요양요원지원센터는 다음 각 호의 업무를 수행한다.
1. 장기요양요원의 권리 침해에 관한 상담 및 지원
2. 장기요양요원의 역량강화를 위한 교육지원
3. 장기요양요원에 대한 건강검진 등 건강관리를 위한 사업
4. 그 밖에 장기요양요원의 업무 등에 필요하여 대통령령으로 정하는 사항
③ 장기요양요원지원센터의 설치·운영 등에 필요한 사항은 보건복지부령으로 정하는 바에 따라 해당 지방자치단체의 조례로 정한다.

제9장 관리운영기관

제48조【관리운영기관 등】 ① 장기요양사업의 관리운영기관은 공단으로 한다.
② 공단은 다음 각 호의 업무를 관장한다.
1. 장기요양보험가입자 및 그 피부양자와 의료급여수급권자의 자격관리
2. 장기요양보험료의 부과·징수
3. 신청인에 대한 조사
4. 등급판정위원회의 운영 및 장기요양등급 판정
5. 장기요양인정서의 작성 및 개인별장기요양이용계획서의 제공(2020.12.29 본호개정)
6. 장기요양급여의 관리 및 평가
7. 수급자 및 그 가족에 대한 정보제공·안내·상담 등 장기요양급여 관련 이용지원에 관한 사항(2019.1.15 본호개정)
8. 재가 및 시설 급여비용의 심사 및 지급과 특별현금급여의 지급
9. 장기요양급여 제공내용 확인
10. 장기요양사업에 관한 조사·연구, 국제협력 및 홍보
(2024.1.2 본호개정)
11. 노인성질환예방사업
12. 이 법에 따른 부당이득금의 부과·징수 등
13. 장기요양급여의 제공기준을 개발하고 장기요양급여비용의 적정성을 검토하기 위한 장기요양기관의 설치 및 운영(2010.3.17 본호신설)
14. 그 밖에 장기요양사업과 관련하여 보건복지부장관이 위탁한 업무
③ 공단은 제2항제13호의 장기요양기관을 설치할 때 노인인구 및 지역특성 등을 고려한 지역 간 불균형 해소를 고려하여야 하고, 설치 목적에 필요한 최소한의 범위에서 이를 설치·운영하여야 한다.(2015.12.29 본항개정)
④ 「국민건강보험법」 제17조에 따른 공단의 정관은 장기요양사업과 관련하여 다음 각 호의 사항을 포함·기재한다.(2011.12.31 본문개정)
1. 장기요양보험료
2. 장기요양급여
3. 장기요양사업에 관한 예산 및 결산
4. 그 밖에 대통령령으로 정하는 사항

제49조【공단의 장기요양사업 조직 등】 공단은 「국민건강보험법」 제29조에 따라 공단의 조직 등에 관한 규정을 정할 때 장기요양사업을 수행하기 위하여 두는 조직등을 건강보험사업을 수행하는 조직 등과 구분하여 따로 두어야 한다. 다만, 제48조제2항제1호 및 제2호의 자격관리와 보험료 부과·징수업무는 그러하지 아니하다.
(2011.12.31 본문개정)

제50조【장기요양사업의 회계】 ① 공단은 장기요양사업에 대하여 독립회계를 설치·운영하여야 한다.
② 공단은 장기요양사업 중 장기요양보험료를 재원으로 하는 사업과 국가·지방자치단체의 부담금을 재원으로 하는 사업의 재정을 구분하여 운영하여야 한다. 다만, 관리운영에 필요한 재정은 구분하여 운영하지 아니할 수 있다.

제51조【권한의 위임 등에 관한 준용】 「국민건강보험법」 제32조 및 제38조는 이 법에 따른 이사장의 권한의 위임 및 준비금에 관하여 이를 준용한다. 이 경우 "보험급여"는 "장기요양급여"로 본다.(2011.12.31 전단개정)

제52조【등급판정위원회의 설치】 ① 장기요양인정 및 장기요양등급 판정 등을 심의하기 위하여 공단에 장기요양등급판정위원회를 둔다.
② 등급판정위원회는 특별자치시·특별자치도·시·군·구 단위로 설치한다. 다만, 인구 수 등을 고려하여 하나의 특별자치시·특별자치도·시·군·구에 2 이상의 등급판정위원회를 설치하거나 2 이상의 특별자치시·특별자치도·시·군·구를 통합하여 하나의 등급판정위원회를 설치할 수 있다.(2013.8.13 본항개정)

③ 등급판정위원회는 위원장 1인을 포함하여 15인의 위원으로 구성한다.
④ 등급판정위원회 위원은 다음 각 호의 자 중에서 공단 이사장이 위촉한다. 이 경우 특별자치시장·특별자치도지사·시장·군수·구청장이 추천한 위원은 7인, 의사 또는 한의사가 1인 이상 각각 포함되어야 한다.(2013.8.13 후단개정)
1. 「의료법」에 따른 의료인
2. 「사회복지사업법」에 따른 사회복지사
3. 특별자치시·특별자치도·시·군·구 소속 공무원 (2013.8.13 본호개정)
4. 그 밖에 법학 또는 장기요양에 관한 학식과 경험이 풍부한 자
⑤ 등급판정위원회 위원의 임기는 3년으로 하되, 한 차례만 연임할 수 있다. 다만, 공무원인 위원의 임기는 재임기간으로 한다.(2018.12.11 본항개정)

제53조【등급판정위원회의 운영】 ① 등급판정위원회 위원장은 위원 중에서 특별자치시장·특별자치도지사·시장·군수·구청장이 위촉한다. 이 경우 제52조제2항 단서에 따라 2 이상의 특별자치시·특별자치도·시·군·구를 통합하여 하나의 등급판정위원회를 설치하는 때 해당 특별자치시장·특별자치도지사·시장·군수·구청장이 공동으로 위촉한다.(2013.8.13 본항개정)
② 등급판정위원회 회의는 구성원 과반수의 출석으로 개의하고 출석위원 과반수의 찬성으로 의결한다.
③ 이 법에 정한 것 외에 등급판정위원회의 구성·운영, 그 밖에 필요한 사항은 대통령령으로 정한다.

제54조【장기요양급여의 관리·평가】 ① 공단은 장기요양기관이 제공하는 장기요양급여 내용을 지속적으로 관리·평가하여 장기요양급여의 수준이 향상되도록 노력하여야 한다.
② 공단은 장기요양기관이 제23조제5항에 따른 장기요양급여의 제공 기준·절차·방법 등에 따라 적정하게 장기요양급여를 제공하였는지 평가를 실시하고 그 결과를 공단의 홈페이지 등에 공표하는 등 필요한 조치를 할 수 있다.(2024.1.2 본항개정)
③ 제2항에 따른 장기요양급여 제공내용의 평가 방법 및 평가 결과의 공표 방법, 그 밖에 필요한 사항은 보건복지부령으로 정한다.(2016.5.29 본항개정)

제10장 심사청구 및 재심사청구

(2018.12.11 본장제목개정)

제55조【심사청구】 ① 장기요양인정·장기요양등급·장기요양급여·부당이득·장기요양급여비용 또는 장기요양보험료 등에 관한 공단의 처분에 이의가 있는 자는 공단에 심사청구를 할 수 있다.
② 제1항에 따른 심사청구는 그 처분이 있음을 안 날부터 90일 이내에 문서(「전자정부법」 제2조제7호에 따른 전자문서를 포함한다)로 하여야 하며, 처분이 있은 날부터 180일을 경과하면 이를 제기하지 못한다. 다만, 정당한 사유로 그 기간에 심사청구를 할 수 없었음을 증명하면 그 기간이 지난 후에도 심사청구를 할 수 있다.
③ 제1항에 따른 심사청구 사항을 심사하기 위하여 공단에 장기요양심사위원회(이하 "심사위원회"라 한다)를 둔다.
④ 심사위원회의 구성·운영 및 위원의 임기, 그 밖에 필요한 사항은 대통령령으로 정한다.
(2018.12.11 본조개정)

제56조【재심사청구】 ① 제55조에 따른 심사청구에 대한 결정에 불복하는 사람은 그 결정통지를 받은 날부터 90일 이내에 장기요양재심사위원회(이하 "재심사위원회"라 한다)에 재심사를 청구할 수 있다.
② 재심사위원회는 보건복지부장관 소속으로 두고, 위원장 1인을 포함한 20인 이내의 위원으로 구성한다.
③ 재심사위원회의 위원은 관계 공무원, 법학, 그 밖에 장기요양사업 분야의 학식과 경험이 풍부한 자 중에서 보건복지부장관이 임명 또는 위촉한다. 이 경우 공무원이 아닌 위원이 전체 위원의 과반수가 되도록 하여야 한다.
④ 재심사위원회의 구성·운영 및 위원의 임기, 그 밖에 필요한 사항은 대통령령으로 정한다.
(2018.12.11 본조개정)

제56조의2【행정심판과의 관계】 ① 재심사위원회의 재심사에 관한 절차에 관하여는 「행정심판법」을 준용한다.
② 제56조에 따른 재심사청구 사항에 대한 재심사위원회의 재심사를 거친 경우에는 「행정심판법」에 따른 행정심판을 청구할 수 없다.
(2018.12.11 본조신설)

제57조【행정소송】 공단의 처분에 이의가 있는 자와 제55조에 따른 심사청구 또는 제56조에 따른 재심사청구에 대한 결정에 불복하는 자는 「행정소송법」으로 정하는 바에 따라 행정소송을 제기할 수 있다.(2018.12.11 본조개정)

제11장 보 칙

제58조【국가의 부담】 ① 국가는 매년 예산의 범위 안에서 해당 연도 장기요양보험료 예상수입액의 100분의 20에 상당하는 금액을 공단에 지원한다.(2019.1.15 본항개정)
② 국가와 지방자치단체는 대통령령으로 정하는 바에 따라 의료급여수급권자의 장기요양급여비용, 의사소견서 발급비용, 방문간호지시서 발급비용 중 공단이 부담하여야 할 비용(제40조제2항 및 제4항제1호에 따라 면제 및 감경됨으로 인하여 공단이 부담하게 되는 비용을 포함한다) 및 관리운영비의 전액을 부담한다.(2021.12.21 본항개정)
③ 제2항에 따라 지방자치단체가 부담하는 금액은 보건복지부령으로 정하는 바에 따라 특별시·광역시·특별자치시·도·특별자치도와 시·군·구가 분담한다.
(2013.8.13 본항개정)
④ 제2항 및 제3항에 따른 지방자치단체의 부담액 부과, 징수 및 재원관리, 그 밖에 필요한 사항은 대통령령으로 정한다.

제59조【전자문서의 사용】 ① 장기요양사업에 관련된 각종 서류의 기록, 관리 및 보관은 보건복지부령으로 정하는 바에 따라 전자문서로 한다.(2013.8.13 본항개정)
② 공단 및 장기요양기관은 장기요양기관의 지정신청, 재가·시설 급여비용의 청구 및 지급, 장기요양기관의 재무·회계정보 처리 등에 대하여 전산매체 또는 전자문서교환방식을 이용하여야 한다.(2016.5.29 본항개정)
③ 제1항 및 제2항에도 불구하고 정보통신망 및 정보통신서비스 시설이 열악한 지역 등 보건복지부장관이 정하는 지역의 경우 전자문서·전산매체 또는 전자문서교환방식을 이용하지 아니할 수 있다.

제60조【자료의 제출 등】 ① 공단은 장기요양급여 제공내용 확인, 장기요양급여의 관리·평가 및 장기요양보험료 산정 등 장기요양사업 수행에 필요하다고 인정할 때 다음 각 호의 어느 하나에 해당하는 자에게 자료의 제출을 요구할 수 있다.
1. 장기요양보험가입자 또는 그 피부양자 및 의료급여수급권자
2. 수급자, 장기요양기관 및 의료기관(2021.12.21 본호개정)
② 제1항에 따라 자료의 제출을 요구받은 자는 성실히 이에 응하여야 한다.

제61조【보고 및 검사】 ① 보건복지부장관, 특별시장·광역시장·도지사 또는 특별자치시장·특별자치도지사·시장·군수·구청장은 다음 각 호의 어느 하나에 해당하는 자에게 보수·소득이나 그 밖에 보건복지부령으로 정하는 사항의 보고 또는 자료의 제출을 명하거나 소속 공무원으로 하여금 관계인에게 질문을 하게 하거나 관계 서류를 검사하게 할 수 있다.(2020.3.31 본문개정)
1. 장기요양보험가입자
2. 피부양자
3. 의료급여수급권자
② 보건복지부장관, 특별시장·광역시장·도지사 또는 특별자치시장·특별자치도지사·시장·군수·구청장은 다음 각 호의 어느 하나에 해당하는 자에게 장기요양급여의 제공 명세, 재무·회계에 관한 사항 등 장기요양급여에 관련된 자료의 제출을 명하거나 소속 공무원으로 하여금 관계인에게 질문을 하게 하거나 관계 서류를 검사하게 할 수 있다.(2020.3.31 본문개정)
1. 장기요양기관 및 의료기관(2021.12.21 본호개정)
2. 장기요양급여를 받은 자
③ 보건복지부장관, 특별시장·광역시장·도지사 또는 특별자치시장·특별자치도지사·시장·군수·구청장은 제1항 및 제2항에 따른 보고 또는 자료제출 명령이나 질문 또는 검사 업무를 효율적으로 수행하기 위하여 필요한 경우에는 공단에 행정응원(行政應援)을 요청할 수 있다. 이 경우 공단은 특별한 사유가 없으면 이에 따라야 한다.(2020.3.31 본항신설)
④ 제1항 및 제2항의 경우에 소속 공무원은 그 권한을 표시하는 증표 및 조사기간, 조사범위, 조사담당자, 관계법령 등 보건복지부령으로 정하는 사항이 기재된 서류를 지니고 이를 관계인에게 내보여야 한다.(2015.12.29 본항개정)
⑤ 제1항 및 제2항에 따른 질문 또는 검사의 절차·방법 등에 관하여는 이 법에서 정하는 사항을 제외하고는 「행정조사기본법」에서 정하는 바에 따른다.(2015.12.29 본항신설)
⑥ 제3항에 따른 행정응원의 절차·방법 등에 관하여 필요한 사항은 대통령령으로 정한다.(2020.3.31 본항신설)

제62조【비밀누설금지】 다음 각 호에 해당하는 자는 업무수행 중 알게 된 비밀을 누설하여서는 아니 된다.
1. 특별자치시·특별자치도·시·군·구, 공단, 등급판정위원회, 장기요양위원회, 제37조의3제3항에 따른 공표심의위원회, 심사위원회, 재심사위원회 및 장기요양기관에 종사하고 있거나 종사한 자(2024.1.2 본호개정)
2. 제24조부터 제26조까지의 규정에 따른 가족요양비·특례요양비 및 요양병원간병비와 관련된 급여를 제공한 자

제62조의2【유사명칭의 사용금지】 이 법에 따른 장기요양보험 사업을 수행하는 자가 아닌 자는 보험계약 또는 보험계약의 명칭에 노인장기요양보험 또는 이와 유사한 용어를 사용하지 못한다.(2018.12.11 본조신설)

제63조【청문】 특별자치시장·특별자치도지사·시장·군수·구청장은 다음 각 호의 어느 하나에 해당하는 처분 또는 공표를 하려는 경우에는 청문을 하여야 한다.
1. 제37조제1항에 따른 장기요양기관 지정취소 또는 업무정지명령
2. (2018.12.11 삭제)
3. 제37조의3에 따른 위반사실 등의 공표
4. 제37조의5제1항에 따른 장기요양급여 제공의 제한 처분(2015.12.29 본호신설)
(2013.8.13 본조개정)

제64조【시효 등에 관한 준용】 「국민건강보험법」 제91조, 제92조, 제96조, 제103조, 제104조, 제107조, 제111조 및 제112조는 시효, 기간의 계산, 자료의 제공, 공단 등에 대한 감독, 권한의 위임 및 위탁, 업무의 위탁, 단수처리 등에 관하여 준용한다. 이 경우 "보험료"를 "장기요양보험료"로, "보험급여"를 "장기요양급여"로, "요양기관"을 "장기요양기관"으로, "건강보험사업"을 "장기요양사업"으로 본다.(2011.12.31 전단개정)

제65조【다른 법률에 따른 소득 등의 의제금지】 이 법에 따른 장기요양급여로 지급된 현금 등은 「국민기초생활 보장법」 제2조제9호의 소득 또는 재산으로 보지 아니한다.(2021.12.21 본조개정)

제66조【수급권의 보호】 ① 장기요양급여를 받을 권리는 양도 또는 압류하거나 담보로 제공할 수 없다.
② 제27조의2제1항에 따른 특별현금급여수급계좌의 예금에 관한 채권은 압류할 수 없다.(2016.12.2 본항신설)

제66조의2【벌칙 적용에서 공무원 의제】 등급판정위원회, 장기요양위원회, 제37조의3제3항에 따른 공표심의위원회, 심사위원회 및 재심사위원회 위원 중 공무원이 아닌 사람은 「형법」 제129조부터 제132조까지의 규정을 적용할 때에는 공무원으로 본다.(2024.1.2 본조개정)

제66조의3【소액 처리】 공단은 징수 또는 반환하여야 할 금액이 1건당 1,000원 미만인 경우(제38조제5항 및 제43조제4항 후단에 따라 각각 상계할 수 있는 지급금 및 장기요양보험료등은 제외한다)에는 징수 또는 반환하지 아니한다. 다만, 「국민건강보험법」 제106조에 따른 소액처리 대상에서 제외되는 건강보험료와 통합하여 징수 또는 반환되는 장기요양보험료의 경우에는 그러하지 아니하다.(2019.1.15 본조신설)

제12장 벌 칙

제67조【벌칙】 ① 다음 각 호의 어느 하나에 해당하는 자는 3년 이하의 징역 또는 3천만원 이하의 벌금에 처한다.
(2021.12.21 본문개정)
1. 거짓이나 그 밖의 부정한 방법으로 장기요양급여비용을 청구한 자
2. 제33조의3제2항제1호를 위반하여 폐쇄회로 텔레비전의 설치 목적과 다른 목적으로 폐쇄회로 텔레비전을 임의로 조작하거나 다른 곳을 비추는 행위를 한 자
3. 제33조의3제2항제2호를 위반하여 녹음기능을 사용하거나 보건복지부령으로 정하는 저장장치 이외의 장치 또는 기기에 영상정보를 저장한 자
(2021.12.21 1호~3호신설)
② 다음 각 호의 어느 하나에 해당하는 자는 2년 이하의 징역 또는 2천만원 이하의 벌금에 처한다.
1. 제31조를 위반하여 지정받지 아니하고 장기요양기관을 운영하거나 거짓이나 그 밖의 부정한 방법으로 지정받은 자(2018.12.11 본호개정)
2. 제33조의3제3항에 따른 안전성 확보에 필요한 조치를 하지 아니하여 영상정보를 분실·도난·유출·변조 또는 훼손당한 자(2021.12.21 본호신설)
3. 제35조제5항을 위반하여 본인부담금을 면제 또는 감경하는 행위를 한 자(2018.12.11 본호개정)
4. 제35조제6항을 위반하여 수급자를 소개, 알선 또는 유인하는 행위를 하거나 이를 조장한 자
5. 제62조를 위반하여 업무수행 중 알게 된 비밀을 누설한 자
③ 다음 각 호의 어느 하나에 해당하는 자는 1년 이하의 징역 또는 1천만원 이하의 벌금에 처한다.
1. 제35조제1항을 위반하여 정당한 사유 없이 장기요양급여의 제공을 거부한 자
2. 거짓이나 그 밖의 부정한 방법으로 장기요양급여를 받거나 다른 사람으로 하여금 장기요양급여를 받게 한 자
3. 정당한 사유 없이 제36조제3항 각 호에 따른 권익보호조치를 하지 아니한 사람(2019.4.23 본호개정)
4. 제37조제7항을 위반하여 수급자가 부담한 비용을 정산하지 아니한 자(2019.4.23 본호신설)
④ 제61조제2항에 따른 자료제출 명령에 따르지 아니하거나 거짓으로 자료제출을 한 장기요양기관 또는 의료기관이나 질문 또는 검사를 거부·방해 또는 기피하거나 거짓으로 답변한 장기요양기관 또는 의료기관은 1천만원 이하의 벌금에 처한다.(2021.12.21 본항개정)
(2013.8.13 본조개정)

제68조【양벌규정】 법인의 대표자, 법인이나 개인의 대리인·사용인 및 그 밖의 종사자가 그 법인 또는 개인의 업무에 관하여 제67조에 해당하는 위반행위를 한 때에는 그 행위자를 벌하는 외에 그 법인 또는 개인에 대하여도 해당 조의 벌금형을 과한다. 다만, 법인 또는 개인이 그 위반행위를 방지하기 위하여 해당 업무에 관하여 상당한 주의와 감독을 게을리하지 아니한 경우에는 그러하지 아니하다.(2010.3.17 단서신설)

제69조【과태료】 ① 정당한 사유 없이 다음 각 호의 어느 하나에 해당하는 자에게는 500만원 이하의 과태료를 부과한다.
1. (2013.8.13 삭제)
2. 제33조를 위반하여 변경지정을 받지 아니하거나 변경신고를 하지 아니한 자 또는 거짓이나 그 밖의 부정한 방법으로 변경지정을 받거나 변경신고를 한 자 (2018.12.11 본호개정)
2의2. 제34조를 위반하여 장기요양기관에 관한 정보를 게시하지 아니하거나 거짓으로 게시한 자(2013.8.13 본호신설)
2의3. 제35조제3항을 위반하여 수급자에게 장기요양급여비용에 대한 명세서를 교부하지 아니하거나 거짓으로 교부한 자(2013.8.13 본호신설)
3. 제35조제4항을 위반하여 장기요양급여 제공 자료를 기록·관리하지 아니하거나 거짓으로 작성한 사람 (2015.12.29 본호개정)
3의2. 제35조의4제2항 각 호의 어느 하나를 위반한 자 (2018.12.11 본호신설)
3의3. 제35조의4제5항에 따른 적절한 조치를 하지 아니한 자(2024.1.2 본호신설)
4. 제36조제1항 또는 제6항을 위반하여 폐업·휴업 신고 또는 자료이관을 하지 아니하거나 거짓이나 그 밖의 부정한 방법으로 신고한 자(2018.12.11 본호개정)
4의2. 제37조의4제4항을 위반하여 행정제재처분을 받았거나 그 절차가 진행 중인 사실을 양수인등에게 지체없이 알리지 아니한 자(2013.8.13 본호신설)
5. (2013.8.13 삭제)
6. 거짓이나 그 밖의 부정한 방법으로 수급자에게 장기요양급여비용을 부담하게 한 자
7. 제60조, 제61조제1항 또는 제2항(같은 항 제1호에 해당하는 자는 제외한다)에 따른 보고 또는 자료제출 요구·명령에 따르지 아니하거나 거짓으로 보고 또는 자료제출을 한 자나 질문 또는 검사를 거부·방해 또는 기피하거나 거짓으로 답변한 자(2020.3.31 본호개정)
8. 거짓이나 그 밖의 부정한 방법으로 장기요양급여비용 청구에 가담한 사람(2015.12.29 본호신설)
9. 제62조의2를 위반하여 노인장기요양보험 또는 이와 유사한 용어를 사용한 자(2018.12.11 본호신설)
② 다음 각 호의 어느 하나에 해당하는 자에게는 300만원 이하의 과태료를 부과한다.
1. 제33조의2에 따른 폐쇄회로 텔레비전을 설치하지 아니하거나 설치·관리의무를 위반한 자
2. 제33조의3제1항 각 호에 따른 열람 요청에 응하지 아니한 자
(2021.12.21 본항신설)
③ 제1항 및 제2항에 따른 과태료는 대통령령으로 정하는 바에 따라 관할 특별자치시장·특별자치도지사·시장·군수·구청장이 부과·징수한다.(2021.12.21 본항개정)
제70조 (2013.8.13 삭제)

부 칙 (2018.12.11)

제1조【시행일】 이 법은 공포 후 1년이 경과한 날부터 시행한다. 다만, 제3조, 제4조제3항·제6항, 제23조제1항제2호, 제37조제1항제6호, 제56조제3항 후단, 제62조의2, 제66조의2 및 제69조제1항제9호의 개정규정은 공포한 날부터 시행하고, 제14조제2항, 제27조, 제28조의2, 제35조의4, 제37조1항제1호의2·제3호의4, 제47조의2제1항, 제69조제1항제3호의2의 개정규정은 공포 후 6개월이 경과한 날부터 시행한다.
제2조【장기요양급여 제공 계획서 작성 및 통보에 관한 적용례】 제27조의 개정규정은 이 법 시행 후 최초로 공단이 제17조제1항에 따른 장기요양인정서와 같은 조 제3항에 따른 표준장기요양이용계획서를 수급자에게 송부하는 경우부터 적용한다.
제3조【장기요양기관 지정의 취소에 관한 적용례】 ① 제37조제1항제1호의2의 개정규정은 이 법 시행 후 최초로 제28조의2를 위반하여 급여외행위를 제공한 경우부터 적용한다.
② 제37조제1항제3호의4의 개정규정은 이 법 시행 후 최초로 제35조의4제2항 각 호의 어느 하나를 위반한 경우부터 적용한다.
③ 제37조제1항제3호의5의 개정규정은 이 법 시행 후 1년 이상 장기요양급여를 제공하지 아니하는 경우부터 적용한다.
④ 제37조제1항제3호의7의 개정규정은 이 법 시행 후 최초로 실시되는 제54조에 따른 평가부터 적용한다.
⑤ 제37조제1항제8호의 개정규정은 이 법 시행 전에 사업자등록이나 고유번호가 말소된 경우에도 적용한다.
제4조【재가장기요양기관의 설치·신고에 관한 경과조치】 ① 이 법 시행 당시 종전의 제32조제1항에 따라 재가장기요양기관의 설치·신고에 관한 절차가 진행 중인 경우에는 제31조의 개정규정에도 불구하고 종전의 제32조에 따른다.
② 제1항에 따라 설치·신고가 완료된 재가장기요양기관 및 이 법 시행 당시 종전의 제32조에 따라 설치·신고된 재가장기요양기관은 제31조의 개정규정에 따라 지정된 장기요양기관으로 본다.
제5조【장기요양기관의 시설·인력 변경신고에 관한 경과조치】 이 법 시행 당시 종전의 제33조 전단에 따라 장기요양기관의 시설·인력 변경신고에 관한 절차가 진행 중인 경우에는 제33조제1항의 개정규정에도 불구하고 종전의 규정에 따른다.
제6조【재가장기요양기관의 행정처분 등에 관한 경과조치】 이 법 시행 당시 종전의 제32조에 따라 설치·신고된 재가장기요양기관에 대한 행정처분 등의 절차가 진행 중인 경우에는 종전의 규정에 따른다.
제7조【장기요양기관 지정의 유효기간에 관한 경과조치】 이 법 시행 전에 종전의 제31조에 따라 지정을 받았거나 종전의 제32조에 따라 설치의 신고를 한 장기요양기관의 경우에는 제32조의3의 개정규정에 따른 장기요양기관 지정의 유효기간을 이 법 시행일부터 기산한다.
제8조【등급판정위원회 위원의 임기에 관한 경과조치】 이 법 시행 당시 등급판정위원회의 위원에 대하여 제52조제5항 본문의 개정규정을 적용할 때에는 이 법 시행 당시의 임기를 최초의 임기로 본다.
제9조【이의신청 및 심사청구에 관한 경과조치】 이 법 시행 당시 제기된 이의신청 및 심사청구는 각각 제55조 및 제56조의 개정규정에 따른 심사청구 및 재심사청구로 본다.
제10조【장기요양재심사위원회의 위원 구성에 관한 경과조치】 ① 이 법 시행 후 위원을 임명 또는 위촉할 당시 제56조제3항 후단의 개정규정을 충족하지 못하는 경우에는 해당 개정규정의 요건이 충족될 때까지는 공무원이 아닌 위원을 위촉하여야 한다.
② 장기요양재심사위원회의 위원 구성에 관하여는 제1항에 따라 제56조제3항 후단의 개정규정을 충족할 때까지는 종전의 규정에 따른다.
제11조【과태료에 관한 경과조치】 이 법 시행 전의 위반행위에 대하여 과태료를 적용할 때에는 종전의 규정에 따른다.
제12조【다른 법률의 개정】 ①~④ ※(해당 법령에 가제정리 하였음)

부 칙 (2019.1.15)

제1조【시행일】 이 법은 공포 후 6개월이 경과한 날부터 시행한다. 다만, 제24조제1항, 제25조제1항, 제40조제1항제1호·제2호 및 제58조제1항은 공포한 날부터 시행하고, 법률 제15881호 노인장기요양보험법 일부개정법률 제38조제2항 및 제48조제2항제7호·제14호·제15호의 개정규정은 2019년 12월 12일부터 시행한다.
제2조【지급금과 장기요양보험료등 간 상계에 관한 적용례】 제38조제5항 및 제43조제4항 후단의 개정규정은 이 법 시행 후 최초로 상계하는 지급금과 장기요양보험료등부터 적용한다.
제3조【장기요양보험료 등의 소액 처리에 관한 적용례】 제66조의3의 개정규정은 이 법 시행 후 최초로 납부기한이 도래하는 징수금 또는 지급 결정되는 반환금부터 적용한다.
제4조【본인부담금에 관한 경과조치】 제38조제4항의 개정규정 중 "본인부담금"은 법률 제15881호 노인장기요양보험법 일부개정법률 시행 전까지는 "본인일부부담금"으로 본다.

부 칙 (2019.4.23)

이 법은 공포 후 6개월이 경과한 날부터 시행한다. 다만, 제22조제2항의 개정규정은 공포한 날부터 시행하고, 법률 제15881호 노인장기요양보험법 일부개정법률 제36조제3항·제4항, 제37조제5항부터 제9항까지 및 제67조제2항의 개정규정은 2019년 12월 12일부터 시행한다.

부 칙 (2020.3.31)

제1조【시행일】 이 법은 공포 후 6개월이 경과한 날부터 시행한다.
제2조【장기요양급여의 제한에 관한 적용례】 제29조제2항의 개정규정은 이 법 시행 후 최초로 발생하는 가담행위부터 적용한다.
제3조【위반사실 등의 공표에 관한 적용례】 제37조의3의 개정규정은 이 법 시행 후 최초로 위반행위를 하여 제37조 또는 제37조의2에 따른 처분이 확정된 경우부터 적용한다.
제4조【장기요양급여비용의 지급 보류에 관한 적용례】 제38조제7항의 개정규정은 이 법 시행 후 최초로 위반행위를 하는 장기요양기관부터 적용한다.
제5조【과태료에 관한 경과조치】 이 법 시행 전의 행위에 대하여 과태료를 적용할 때에는 종전의 규정에 따른다.

부 칙 (2020.12.29)

제1조【시행일】 이 법은 공포 후 6개월이 경과한 날부터 시행한다.
제2조【표준장기요양이용계획서에 관한 경과조치】 이 법 시행 당시 종전의 규정에 따른 표준장기요양이용계획서는 제17조의 개정규정에 따른 개인별장기요양이용계획서로 본다.
제3조【장기요양기관의 지정에 관한 경과조치】 장기요양기관으로 지정받으려는 자가 다음 각 호의 어느 하나에 해당하는 경우에는 제31조의 개정규정에도 불구하고 종전의 규정에 따른다.
1. 이 법 시행 당시 「노인장기요양보험법 시행규칙」 제23조에 따라 장기요양기관 지정신청서를 제출한 경우
2. 장기요양기관으로 지정받을 목적으로 이 법 시행 당시 「노인복지법」 제35조제2항에 따른 노인의료복지시설의 설치신고 및 같은 법 제39조제2항에 따른 재가노인복지시설의 설치신고를 한 경우
3. 장기요양기관으로 지정받을 목적으로 「노인복지법」에 따른 노인의료복지시설 또는 재가노인복지시설을 설치하기 위하여 이 법 시행 당시 「건축법」 제11조제3항에 따른 허가신청서를 제출하거나 같은 법 제14조제1항에 따른 건축신고를 한 경우

부 칙 (2021.7.27)

이 법은 공포 후 6개월이 경과한 날부터 시행한다.

부 칙 (2021.12.21)

제1조【시행일】 이 법은 공포 후 6개월이 경과한 날부터 시행한다. 다만, 제9조제1항의 개정규정 중 「국민건강보험법」 제109조제9항 단서에 관한 부분, 제11조·제35조의2제1항·제65조의 개정규정은 공포한 날부터 시행하고, 제33조의2·제33조의3·제36조의2·제67조제1항 및 제2항, 제69조의 개정규정은 공포 후 1년 6개월이 경과한 날부터 시행한다.
제2조【장기요양보험료율에 관한 적용례】 제9조제1항의 개정규정은 이 법 시행일 이후 제45조에 따른 장기요양위원회가 심의하여 정하는 장기요양보험료율부터 적용한다.
제3조【의사소견서등 발급비용 부당이득 징수에 관한 적용례】 제43조제1항의 개정규정은 이 법 시행 후 거짓이나 그 밖의 부정한 방법으로 의사소견서등 발급비용을 청구하여 이를 지급받은 경우부터 적용한다.
제4조【폐쇄회로 텔레비전 설치에 관한 경과조치】 제33조의2의 개정규정 시행 당시 종전의 규정에 따라 장기요양기관을 운영하는 자는 같은 개정규정 시행일부터 6개월 이내에 같은 개정규정에 따른 폐쇄회로 텔레비전을 설치하여야 한다. 다만, 제33조의2제1항 단서의 개정규정에 따라 폐쇄회로 텔레비전을 설치하지 아니하거나 네트워크 카메라를 설치한 경우에는 그러하지 아니하다.

부 칙 (2024.1.2)

제1조【시행일】 이 법은 공포 후 6개월이 경과한 날부터 시행한다. 다만, 제23조의 개정규정은 공포 후 1년이 경과한 날부터 시행한다.
제2조【시정신청에 관한 적용례】 제35조의4제4항의 개정규정은 이 법 시행 이후 장기요양기관의 장이 같은 조 제1항에 따른 적절한 조치를 하지 아니한 경우부터 적용한다.

장애인연금법

(2010년 4월 12일 법 률 제10255호)

개정
2011. 7.14법10854호(금융실명)
2014. 5.20법12620호 2016. 2. 3법14006호
2016. 5.29법14223호 2017. 2. 8법14563호
2017.12.19법15271호
2018. 3.20법15522호(공무원재해보상법)
2018. 3.27법15541호 2018.12.11법15905호
2019. 1.15법16240호(국민연금법)
2019. 1.15법16259호
2019.12.10법16761호(군인재해보상법)
2020. 1.21법16869호 2021. 6. 8법18221호

제1조【목적】 이 법은 장애로 인하여 생활이 어려운 중증장애인에게 장애인연금을 지급함으로써 중증장애인의 생활 안정 지원과 복지 증진 및 사회통합을 도모하는 데 이바지함을 목적으로 한다.

제2조【정의】 이 법에서 사용하는 용어의 뜻은 다음과 같다.
1. "중증장애인"이란 「장애인복지법」 제32조에 따라 등록한 장애인 중 근로능력이 상실되거나 현저하게 감소되는 등 장애 정도가 중증인 사람으로서 대통령령으로 정하는 사람을 말한다.(2017.12.19 본호개정)
2. "수급권"이란 이 법에 따라 장애인연금을 받을 수 있는 자격을 말한다.
3. "수급권자"란 수급권을 가진 사람을 말한다.
4. "수급자"란 이 법에 따라 장애인연금을 받는 사람을 말한다.
5. "소득인정액"이란 수급권자와 그 배우자의 소득평가액과 재산의 소득환산액을 합산한 금액을 말한다.
6. "수급권자와 그 배우자의 소득평가액"이란 수급권자와 그 배우자의 실제 소득에도 불구하고 장애인연금의 지급 결정 및 실시 등에 사용하기 위하여 산출한 금액을 말한다. 이 경우 소득평가액 산출의 기초가 되는 소득의 범위는 대통령령으로 정하고, 구체적인 산정방식은 보건복지부령으로 정한다.
7. "재산의 소득환산액"이란 수급권자와 그 배우자의 재산가액에 재산의 소득환산율을 곱하여 산출한 금액을 말한다. 이 경우 수급권자와 그 배우자의 재산 범위, 재산가액의 산정기준, 재산의 소득환산율, 그 밖에 재산의 소득환산액 산정방식에 필요한 사항은 보건복지부령으로 정한다.

제3조【국가 및 지방자치단체의 책무】 ① 국가 및 지방자치단체는 장애인연금이 중증장애인의 생활 안정을 지원하고 복지를 증진하는 데 필요한 수준이 되도록 최대한 노력하여야 하며, 매년 필요한 재원(財源)을 조달하여야 한다.
② 국가 및 지방자치단체는 장애인연금의 지급에 따라 계층 간 소득 역전(逆轉) 현상이 발생하지 아니하고 근로의욕 및 저축 유인이 저하되지 아니하도록 최대한 노력하여야 한다.

제4조【수급권자의 범위 등】 ① 수급권자는 18세 이상의 중증장애인으로서 소득인정액이 그 중증장애인의 소득·재산·생활수준과 물가상승률 등을 고려하여 보건복지부장관이 정하여 고시하는 금액(이하 "선정기준액"이라 한다) 이하인 사람으로 한다.(2018.12.11 단서삭제)
② 보건복지부장관은 선정기준액을 정하는 경우에 18세 이상의 중증장애인 중 수급자가 100분의 70 수준이 되도록 한다.(2014.5.20 본항신설)
③ 제1항에도 불구하고 다음 각 호의 어느 하나에 해당하는 연금을 받을 자격이 있는 사람과 그 배우자나 다음 각 호의 어느 하나에 해당하는 연금을 받은 사람 중 대통령령으로 정하는 사람과 그 배우자에게는 장애인연금을 지급하지 아니한다.
1. 「공무원연금법」 제28조, 「공무원 재해보상법」 제8조 또는 「사립학교교직원 연금법」 제42조제1항에 따른 퇴직연금, 퇴직연금일시금, 퇴직연금공제일시금, 장해연금, 비공무상 장해연금, 비직무상 장해연금, 장해일시금, 비공무상 장해일시금, 비직무상 장해일시금, 퇴직유족연금, 장해유족연금, 순직유족연금, 직무상유족연금, 위험직무순직유족연금, 퇴직유족연금일시금 또는 퇴직유족일시금[퇴직유족일시금의 경우에는 「공무원 재해보상법」 제20조제1항에 따라 순직유족연금의 수급권자가 순직유족연금을 갈음하여 선택한 경우(「사립학교교직원 연금법」 제42조제1항에 따른 직무상유족연금의 수급권자가 직무상유족연금을 갈음하여 선택한 경우를 포함한다) 및 같은 법 제20조제2항에 따라 위험직무순직유족연금의 수급권자가 위험직무순직유족연금을 갈음하여 선택한 경우로 한정한다](2018.3.20 본호개정)
2. 「군인연금법」 제7조에 따른 퇴역연금, 퇴역연금일시금, 퇴역연금공제일시금, 퇴역유족연금, 퇴역유족연금일시금 또는 「군인 재해보상법」 제7조에 따른 상이연금, 상이유족연금, 순직유족연금, 순직유족연금일시금(2019.12.10 본호개정)
3. 「별정우체국법」 제24조제2항에 따른 퇴직연금, 퇴직연금일시금, 퇴직연금공제일시금, 유족연금 또는 유족연금일시금
4. 「국민연금과 직역연금의 연계에 관한 법률」 제10조 또는 제13조에 따른 연계퇴직연금 또는 연계퇴직유족연금 중 같은 법 제2조제1항제7호에 따른 직역재직기간이 10년 이상인 경우의 연계퇴직연금 또는 연계퇴직유족연금(2014.5.20 본항신설)
④ 선정기준액의 기준, 고시 시기 및 적용기간 등은 대통령령으로 정한다.(2014.5.20 본항신설)
(2014.5.20 본조개정)

제5조【장애인연금의 종류 및 내용】 이 법에 따른 장애인연금의 종류 및 내용은 다음 각 호와 같다.
1. 기초급여 : 근로능력의 상실 또는 현저한 감소로 인하여 줄어드는 소득을 보전(補塡)하여 주기 위하여 지급하는 급여
2. 부가급여 : 장애로 인하여 추가로 드는 비용의 전부 또는 일부를 보전하여 주기 위하여 지급하는 급여

제6조【기초급여액】 ① 기초급여의 금액(이하 "기초급여액"이라 한다)은 보건복지부장관이 그 전년도 기초급여액에 대통령령으로 정하는 바에 따라 전국소비자물가변동률(「통계법」 제3조에 따라 통계청장이 매년 고시하는 전국소비자물가변동률을 말한다)을 반영하여 매년 고시한다. 다만, 2018년부터 2021년까지의 기초급여액은 다음 각 호의 구분에 따른다.(2020.1.21 단서개정)
1. 2018년의 기초급여액 : 25만원(2019.1.15 본호신설)
2. 「국민기초생활 보장법」 제7조제1항제1호에 따른 생계급여 수급자 및 같은 항 제3호에 따른 의료급여 수급자에 대한 2019년의 기초급여액 : 30만원(2019.1.15 본호신설)
3. 「국민기초생활 보장법」 제7조제1항제1호부터 제4호까지에 따른 생계급여 수급자, 주거급여 수급자, 의료급여 수급자 및 교육급여 수급자와 같은 법 제2조제10호에 따른 차상위계층에 대한 2020년의 기초급여액 : 30만원
4. 2021년의 기초급여액 : 30만원
(2020.1.21 3호~4호신설)
② 제1항에도 불구하고 「기초연금법」 제9조제3항에 따라 기준연금액을 고시한 경우 그 기준연금액을 기초급여액으로 한다.
③ 수급권자와 그 배우자가 모두 기초급여를 받는 경우에는 각각의 기초급여액에서 기초급여액의 100분의 20에 해당하는 금액을 감액한다.(2014.5.20 본항신설)
④ 제1항 및 제2항에도 불구하고 소득인정액과 기초급여액을 합한 금액이 선정기준액 이상인 경우에는 대통령령으로 정하는 바에 따라 기초급여액의 일부를 감액하여 지급할 수 있다.
⑤ 수급권자 중 「기초연금법」에 따른 기초연금 수급권자에게는 기초급여를 지급하지 아니한다.
⑥ 제1항 및 제2항에 따른 기초급여액의 적용기간은 해당 조정연도 1월부터 12월까지로 한다.(2020.1.21 본항개정)
(2014.5.20 본조개정)

제7조【부가급여액】 부가급여액은 월정액으로 하며, 수급권자와 그 배우자의 소득 수준 및 장애로 인한 추가비용 등을 고려하여 대통령령으로 정한다.

제8조【장애인연금의 신청】 ① 장애인연금을 지급받으려는 사람(이하 "수급희망자"라 한다)은 특별자치시장·특별자치도지사·시장·군수·구청장(자치구의 구청장을 말한다. 이하 같다)에게 장애인연금의 지급을 신청할 수 있다.(2021.6.8 본항개정)
② 특별자치시·특별자치도·시·군·구(자치구를 말한다. 이하 같다) 소속 공무원은 이 법에 따른 장애인연금을 필요로 하는 사람이 누락되지 아니하도록 하기 위하여 관할 지역에 거주하는 수급희망자 또는 수급권자에 대한 장애인연금의 지급을 신청할 수 있다. 이 경우 그 수급희망자 또는 수급권자의 동의를 받아야 하며, 그 동의는 수급희망자 또는 수급권자의 신청으로 본다.(2014.5.20 본항개정)
③ 제1항에 따라 장애인연금을 신청할 때나 제2항에 따라 특별자치시·특별자치도·시·군·구 소속 공무원이 장애인연금을 신청하는 것에 수급희망자 또는 수급권자가 동의하였을 때에는 그 수급희망자 또는 수급권자와 그 배우자는 다음 각 호의 자료 또는 정보를 보건복지부장관 및 특별자치시장·특별자치도지사·시장·군수·구청장에게 제공한다는 것에 대하여 동의한다는 뜻을 서면(전자문서를 포함한다. 이하 같다)으로 제출하여야 한다.
(2014.5.20 본문개정)
1. 「금융실명거래 및 비밀보장에 관한 법률」 제2조제2호 및 제3호에 따른 금융자산 및 금융거래의 내용에 대한 자료 또는 정보 중 예금의 평균잔액과 그 밖에 대통령령으로 정하는 자료 또는 정보(이하 "금융정보"라 한다)
2. 「신용정보의 이용 및 보호에 관한 법률」 제2조제1호에 따른 신용정보 중 채무액과 그 밖에 대통령령으로 정하는 자료 또는 정보(이하 "신용정보"라 한다)
3. 「보험업법」 제4조제1항 각 호에 따른 보험에 가입하여 납부한 보험료와 그 밖에 대통령령으로 정하는 자료 또는 정보(이하 "보험정보"라 한다)
④ 제1항 및 제2항에 따른 장애인연금 신청의 방법 및 절차와 제3항에 따른 동의의 방법 및 절차 등에 관하여 필요한 사항은 대통령령으로 정한다.

제8조의2【장애인연금 관련 정보의 제공】 ① 보건복지부장관 또는 특별자치시장·특별자치도지사·시장·군수·구청장은 중증장애인에게 수급권자의 범위, 장애인연금의 종류·내용·신청방법 등 장애인연금 관련 정보를 제공하여야 한다.
② 제1항에 따라 제공되는 정보의 내용·방법 및 절차 등에 필요한 사항은 대통령령으로 정한다.
(2016.2.3 본조신설)

제9조【신청에 따른 조사】 ① 보건복지부장관 또는 특별자치시장·특별자치도지사·시장·군수·구청장은 제8조제1항 및 제2항에 따른 장애인연금의 신청을 받으면 소속 공무원으로 하여금 장애인연금의 지급 결정 및 실시 등에 필요한 다음 각 호의 사항을 조사하게 할 수 있다.
1. 수급희망자 또는 수급권자와 그 배우자의 소득 및 재산에 관한 사항
2. 수급희망자 또는 수급권자의 가구 특성 및 장애 정도에 관한 사항(2017.12.19 본호개정)
3. 수급희망자 또는 수급권자의 지급계좌 등 장애인연금의 지급에 필요한 사항
(2014.5.20 본항개정)
② 보건복지부장관 또는 특별자치시장·특별자치도지사·시장·군수·구청장은 제8조제1항 및 제2항에 따른 신청을 받은 경우에는 해당 수급희망자 또는 수급권자의 장애 상태와 장애 정도를 확인하기 위하여 장애 정도를 재심사할 수 있다.(2017.12.19 본항개정)
③ 보건복지부장관 또는 특별자치시장·특별자치도지사·시장·군수·구청장은 제1항 각 호의 사항을 확인하거나 제2항에 따른 재심사를 하기 위하여 필요한 자료를 확보하기 곤란한 경우에는 보건복지부령으로 정하는 바에 따라 수급희망자·수급권자, 그 배우자 또는 그 밖의 관계인(이하 "수급권자등"이라 한다)에게 소득·재산 및 장애 정도 등의 확인에 필요한 자료의 제출을 요구할 수 있다.(2017.12.19 본항개정)
④ 보건복지부장관 또는 특별자치시장·특별자치도지사·시장·군수·구청장은 제1항 각 호의 사항에 대한 조사를 위하여 국세·지방세, 토지·주택·건축물·자동차·선박·항공기, 국민건강보험·국민연금·고용보험·산업재해보상보험·보훈급여·군인연금·사립학교교직원연금·공무원연금·공무원재해보상급여·별정우체국연금·기초연금, 출입국, 교정시설·치료감호시설의 입소·출소, 매장·화장·장례, 주민등록·가족관계등록 등에 관한 자료의 제공을 관계 기관의 장에게 요청할 수 있다. 이 경우 자료의 제공을 요청받은 관계 기관의 장은 특별한 사유가 없으면 이에 따라야 한다.
(2018.3.20 전단개정)
⑤ 제1항에 따라 조사를 하는 공무원은 그 권한을 표시하는 증표를 지니고 이를 관계인에게 보여 주어야 한다.
⑥ 보건복지부 또는 특별자치시·특별자치도·시·군·구의 소속 공무원 또는 소속 공무원이었던 자와 제23조에 따라 업무를 위탁받은 자는 제1항부터 제4항까지의 규정에 따라 얻은 정보와 자료를 이 법에서 정한 목적 외의 다른 용도로 사용하거나 다른 사람 또는 기관에 제공하거나 누설하여서는 아니 된다.(2014.5.20 본항개정)
⑦ 보건복지부장관 또는 특별자치시장·특별자치도지사·시장·군수·구청장은 제1항부터 제4항까지의 규정에 따른 조사 결과를 대장으로 작성하여 갖추어 두어야 한다. 다만, 전산정보처리조직으로 관리되는 경우에는 전산파일로 대체할 수 있다.(2014.5.20 본문개정)
⑧ 특별자치시장·특별자치도지사·시장·군수·구청장은 수급권자등이 제1항 및 제2항의 조사 및 재심사에 필요한 서류·자료의 제출 및 조사·질문 또는 제3항에 따른 자료제출 요구를 두 번 이상 거부·방해 또는 기피하는 경우에는 장애인연금 지급의 신청을 각하(却下)할 수 있다. 이 경우 서면으로 그 이유를 분명하게 밝혀 수급권자등에게 통지하여야 한다.(2014.5.20 전단개정)
⑨ 제4항에 따라 보건복지부장관 또는 특별자치시장·특별자치도지사·시장·군수·구청장에게 제공되는 자료 또는 제23조에 따라 업무를 위탁받은 관계 전문기관에 제공되는 자료에 대하여는 사용료, 수수료 등을 면제한다.
(2014.5.20 본항개정)
⑩ 제2항에 따른 장애 정도 재심사의 대상·방법 및 절차 등에 관하여 필요한 사항은 대통령령으로 정한다.
(2017.12.19 본항개정)

제10조【장애인연금 지급의 결정 등】 ① 특별자치시장·특별자치도지사·시장·군수·구청장은 제9조에 따라 조사를 하였을 때에는 지체 없이 장애인연금 지급의 여부와 내용을 결정하여야 한다.(2014.5.20 본항개정)
② 특별자치시장·특별자치도지사·시장·군수·구청장은 제1항에 따라 장애인연금 지급의 여부와 내용을 결정하였을 때에는 그 결정의 요지, 장애인연금의 종류 및 지급 개시시기 등을 서면으로 해당 수급희망자 또는 수급권자에게 통지하여야 한다.(2014.5.20 본항개정)
③ 수급희망자 또는 수급권자에 대한 제2항의 통지는 제8조에 따른 장애인연금 지급의 신청일부터 30일 이내에 하여야 한다.(2014.5.20 본항개정)
④ 다음 각 호의 어느 하나에 해당하는 경우에는 제3항에도 불구하고 신청일부터 60일 이내에 통지할 수 있다. 이 경우 통지서에 그 사유를 분명하게 밝혀야 한다.
1. 수급희망자 또는 수급권자와 그 배우자의 소득·재산의 조사나 수급희망자 또는 수급권자의 장애 정도의 재심사에 시일이 필요한 특별한 사유가 있는 경우(2017.12.19 본호개정)
2. 수급권자등이 제9조에 따른 조사나 자료제출 요구를 거부·방해 또는 기피하는 경우

제10조의2【장애인연금 수급희망 이력관리】 ① 제8조에 따른 장애인연금의 지급을 신청한 수급희망자 등 보건복지부령으로 정하는 사람은 수급권을 가지지 못한 경우에 특별자치시장·특별자치도지사·시장·군수·구청장에게 제4조에 따른 수급권자의 범위에 포함될 가능성을 확인받을 수 있다.
② 제1항에 따라 수급권자의 범위에 포함될 가능성을 확인받으려는 사람은 보건복지부령으로 정하는 신청서를 작성하여 특별자치시장·특별자치도지사·시장·군수·구청장에게 제출하여야 한다.
③ 특별자치시장·특별자치도지사·시장·군수·구청장은 제2항에 따라 신청서를 제출한 사람에 대하여 제4조에 따른 수급권자의 범위에 포함될 가능성을 확인하여야 한다.
④ 특별자치시장·특별자치도지사·시장·군수·구청장은 제3항에 따른 확인 결과 제4조에 따른 수급권자의 범위에 포함될 가능성이 확인된 사람에게 장애인연금 신청 방법 및 절차를 안내하여야 한다.
⑤ 제2항에 따른 신청서 제출 및 제3항에 따른 가능성 확인을 위한 조사에 관하여는 제8조제3항·제4항, 제9조제3항부터 제7항까지 및 제9항을 준용한다.
⑥ 제2항에 따른 신청서의 유효기간, 제3항에 따른 가능성 확인의 시기 및 제4항에 따른 안내 방법·절차 등에 필요한 사항은 대통령령으로 정한다.
(2017.2.8 본조신설)

제11조【수급자에 대한 사후관리】 ① 보건복지부장관은 수급자에 대한 장애인연금 지급의 적정성을 확인하기 위하여 매년 연간조사계획을 수립하고, 전국의 수급자를 대상으로 제9조제1항 각 호의 사항을 조사하여야 한다.
② 특별자치시장·특별자치도지사·시장·군수·구청장은 제1항에 따른 연간조사계획에 따라 관할 지역의 연간조사계획을 수립하고, 관할 지역의 수급자를 대상으로 제9조제1항 각 호의 사항을 조사하여야 한다.(2014.5.20 본항개정)
③ 수급자의 자료제출, 관련 자료의 이용, 그 밖에 수급자에 대한 사후관리를 위하여 필요한 사항에 관하여는 제9조제3항부터 제7항까지 및 제9항을 준용한다.
④ 특별자치시장·특별자치도지사·시장·군수·구청장은 수급자, 그 배우자 또는 그 밖의 관계인이 제1항과 제2항에 따른 조사 및 제3항에 따라 준용되는 제9조제3항에 따른 자료제출 요구를 두 번 이상 거부·방해 또는 기피한 경우에는 수급자에 대한 장애인연금 지급 결정을 취소하거나 장애인연금 지급을 정지할 수 있다. 이 경우 서면으로 그 이유를 분명하게 밝혀 수급자에게 통지하여야 한다.
(2014.5.20 전단개정)

제12조【금융정보등의 제공】 ① 보건복지부장관은 「금융실명거래 및 비밀보장에 관한 법률」 제4조와 「신용정보의 이용 및 보호에 관한 법률」 제32조에도 불구하고 수급희망자 또는 수급권자와 그 배우자가 제8조제3항(제10조의2제5항에서 준용하는 경우를 포함한다)에 따라 제출한 동의 서면을 전자적 형태로 바꾼 문서로 「금융실명거래 및 비밀보장에 관한 법률」 제2조제1호에 따른 금융회사등이나 「신용정보의 이용 및 보호에 관한 법률」 제2조제6호에 따른 신용정보집중기관(이하 "금융회사등"이라 한다)의 장에게 금융정보·신용정보 또는 보험정보(이하 "금융정보등"이라 한다)의 제공을 요청할 수 있다.
(2017.2.8 본항개정)
② 보건복지부장관은 제11조에 따른 수급자의 사후관리를 위하여 필요하다고 인정하는 경우 「금융실명거래 및 비밀보장에 관한 법률」 제4조와 「신용정보의 이용 및 보호에 관한 법률」 제32조에도 불구하고 대통령령으로 정하는 기준에 따라 인적사항을 기재한 문서로 또는 정보통신망을 통하여 금융회사등의 장에게 수급자와 그 배우자의 금융정보등의 제공을 요청할 수 있다.
③ 제1항 및 제2항에 따라 금융정보등의 제공을 요청받은 금융회사등의 장은 「금융실명거래 및 비밀보장에 관한 법률」 제4조와 「신용정보의 이용 및 보호에 관한 법률」 제32조에도 불구하고 명의인의 금융정보등을 제공하여야 한다.
④ 제3항에 따라 금융정보 또는 보험정보를 제공한 「금융실명거래 및 비밀보장에 관한 법률」 제2조제1호에 따른 금융회사등의 장은 그 정보의 제공 사실을 명의인에게 통보하여야 한다. 다만, 명의인이 동의하는 경우에는 「금융실명거래 및 비밀보장에 관한 법률」 제4조의2제1항에도 불구하고 통보하지 아니할 수 있다.(2011.7.14 본문개정)
⑤ 제1항부터 제3항까지의 규정에 따른 금융정보등의 제공 요청 및 제공은 「정보통신망 이용촉진 및 정보보호 등에 관한 법률」 제2조제1항제1호에 따른 정보통신망을 이용하여야 한다. 다만, 정보통신망이 손상되는 등 불가피한 경우에는 그러하지 아니하다.
⑥ 제1항부터 제3항까지의 규정에 따른 업무에 종사하거나 종사하였던 자와 제23조에 따라 업무를 위탁받은 자는 업무를 수행하면서 취득한 금융정보등을 이 법에서 정한 목적 외의 다른 용도로 사용하거나 다른 사람 또는 기관에 제공하거나 누설하여서는 아니 된다.
⑦ 제1항부터 제3항까지 및 제5항에 따른 금융정보등의 제공 요청 및 제공 등에 필요한 사항은 대통령령으로 정한다.

제13조【장애인연금의 지급기간 및 지급시기】 ① 특별자치시장·특별자치도지사·시장·군수·구청장은 제10조에 따라 장애인연금의 지급이 결정되면 해당 수급권자에게 장애인연금을 신청한 날이 속하는 달부터 수급권이 소멸한 날이 속하는 달까지 매월 정기적으로 지급한다.
(2014.5.20 본항개정)
② 장애인연금은 그 지급을 정지하여야 할 사유가 발생한 경우에는 그 사유가 발생한 날이 속하는 달의 다음 달부터 그 사유가 소멸한 날이 속하는 달까지는 지급하지 아니한다. 다만, 정지 사유가 발생한 날과 그 사유가 소멸한 날이 같은 달에 속하는 경우에는 그 지급을 정지하지 아니한다.
③ 장애인연금 지급의 방법 및 절차에 필요한 사항은 대통령령으로 정한다.

제13조의2【장애인연금수급계좌】 ① 특별자치시장·특별자치도지사·시장·군수·구청장은 수급자의 신청이 있는 경우에는 장애인연금을 수급자 명의의 지정된 계좌(이하 "장애인연금수급계좌"라 한다)로 입금하여야 한다. 다만, 정보통신장애나 그 밖에 대통령령으로 정하는 불가피한 사유로 장애인연금수급계좌로 이체할 수 없을 때에는 현금 지급 등 대통령령으로 정하는 바에 따라 장애인연금을 지급할 수 있다.
② 장애인연금수급계좌가 개설된 금융기관은 이 법에 따른 장애인연금만이 장애인연금수급계좌에 입금되도록 관리하여야 한다.
③ 제1항에 따른 신청 방법·절차와 제2항에 따른 장애인연금수급계좌의 관리에 필요한 사항은 대통령령으로 정한다.
(2016.5.29 본조신설)

제14조【지급되지 아니한 장애인연금】 ① 수급자가 사망한 경우 그 수급자에게 지급되어야 할 장애인연금으로서 아직 지급되지 아니한 것이 있을 때에는 수급자의 사망 당시 생계를 같이 한 유족의 청구에 의하여 그 미지급 장애인연금을 지급한다.
② 제1항에 따른 미지급 장애인연금의 청구 절차·방법, 유족의 범위와 지급순위 등에 관하여 필요한 사항은 대통령령으로 정한다.

제15조【수급권의 소멸과 지급정지】 ① 수급권자가 다음 각 호의 어느 하나에 해당하게 되면 그 수급권은 소멸한다. 다만, 제3호의 경우 소득·재산 상태 등의 변동수준, 수급기간 등을 고려하여 보건복지부장관이 정하는 기준에 해당하는 경우에는 그러하지 아니하다.(2021.6.8 단서신설)
1. 사망한 경우
2. 국적을 상실하거나 외국으로 이주하기 위하여 출국하는 경우
3. 제4조에 따른 수급권자의 범위에 해당하지 아니하게 된 경우(2017.12.19 본호개정)
4. 장애 정도의 변경 등으로 중증장애인에 해당하지 아니하게 된 경우(2017.12.19 본호개정)

② 특별자치시장·특별자치도지사·시장·군수·구청장은 수급자가 다음 각 호의 어느 하나에 해당하게 되면 장애인연금의 지급을 정지한다.(2014.5.20 본문개정)
1. 수급자가 금고 이상의 실형을 선고받고 「형의 집행 및 수용자의 처우에 관한 법률」 또는 「치료감호법」에 따른 교정시설 또는 치료감호시설에 수용 중인 경우
2. 수급자가 행방불명 또는 실종 등의 사유로 사망한 것으로 추정되는 경우
3. 수급자의 국외 체류기간이 60일 이상 지속되는 경우. 이 경우 국외 체류 60일이 되는 날을 지급 정지의 사유가 발생한 날로 본다.(2014.5.20 본호개정)

③ 특별자치시장·특별자치도지사·시장·군수·구청장은 제1항제3호 및 제4호에 따라 수급권이 소멸하거나 제2항에 따라 장애인연금의 지급을 정지하는 경우에는 서면으로 그 이유를 분명하게 밝혀 수급권자 또는 수급자나 그 배우자에게 통지하여야 한다.(2014.5.20 본항개정)

제16조【신고의 의무】 수급자는 다음 각 호의 어느 하나에 해당하는 사유가 발생한 경우에는 보건복지부령으로 정하는 바에 따라 특별자치시장·특별자치도지사·시장·군수·구청장에게 신고하여야 한다. 다만, 제1호(제15조제1항제1호에 해당하는 경우로 한정한다)의 경우에는 「가족관계의 등록 등에 관한 법률」 제85조에 따른 신고의 무자가 30일 이내에 그 사망 사실을 특별자치시장·특별자치도지사·시장·군수·구청장에게 신고하여야 한다.
(2014.5.20 본문개정)
1. 제15조제1항에 따른 수급권의 소멸
2. 대통령령으로 정하는 기준에 해당하는 수급자 또는 그 배우자의 소득 또는 재산의 변동
3. 수급자의 결혼 또는 이혼
(2014.5.20 1호~3호신설)

제17조【장애인연금의 환수】 ① 특별자치시장·특별자치도지사·시장·군수·구청장은 이 법에 따라 장애인연금을 받은 자가 다음 각 호의 어느 하나에 해당되면 그가 받은 장애인연금의 전부 또는 일부를 환수하여야 한다. 다만, 제1호에 해당하는 경우에는 대통령령으로 정하는 이자를 가산하여 환수하여야 한다.(2014.5.20 본문개정)
1. 거짓이나 그 밖의 부정한 방법으로 장애인연금을 받은 경우
2. 장애인연금을 받은 후 그 장애인연금을 받게 된 사유가 소급하여 소멸한 경우
3. 잘못 지급된 경우

② 제1항에 따라 환수하여야 할 장애인연금을 받은 사람(그 사람이 사망한 경우에는 제14조에 따른 유족을 말한다)에게 지급할 장애인연금이 있는 경우 그 지급할 장애인연금을 환수할 장애인연금과 상계(相計)할 수 있다.
(2014.5.20 본항신설)
③ 특별자치시장·특별자치도지사·시장·군수·구청장은 제1항에 따라 장애인연금을 반환하여야 할 사람이 기간 내에 이를 반환하지 아니하면 국세 또는 지방세 체납처분의 예에 따라 징수할 수 있다.(2014.5.20 본항개정)
④ 특별자치시장·특별자치도지사·시장·군수·구청장은 제3항에 따라 장애인연금을 징수할 때 반환하여야 할 자가 행방불명되거나 재산이 없거나 그 밖의 불가피한 사유가 있어 환수가 불가능하다고 인정할 때에는 결손처분할 수 있다.(2014.5.20 본항개정)

제18조【이의신청】 ① 제10조제1항에 따른 장애인연금의 지급 결정이나 그 밖에 이 법에 따른 처분에 이의가 있는 사람은 특별자치시장·특별자치도지사·시장·군수·구청장에게 이의신청을 할 수 있다.(2014.5.20 본항개정)
② 제1항에 따른 이의신청은 그 처분이 있음을 안 날부터 90일 이내에 서면으로 할 수 있다. 다만, 정당한 사유로 그 기간 내에 이의신청을 할 수 없음을 증명한 경우에는 그 사유가 소멸한 날부터 60일 이내에 이의신청을 할 수 있다.
③ 제1항 및 제2항에 따른 이의신청의 방법 및 절차 등에 관하여 필요한 사항은 보건복지부령으로 정한다.

제19조【압류금지 등】 ① 수급자에게 장애인연금으로 지급된 금품이나 이를 받을 권리는 압류할 수 없다.
② 제13조의2제1항에 따른 장애인연금수급계좌의 예금에 관한 채권은 압류할 수 없다.(2016.5.29 본항신설)
③ 수급자는 장애인연금을 받을 권리를 다른 사람에게 양도하거나 담보로 제공할 수 없다.

제20조【시효】 수급자의 장애인연금을 받을 권리와 제17조에 따라 장애인연금을 환수할 지방자치단체의 권리는 5년간 행사하지 아니하면 시효의 완성으로 소멸된다.

제20조의2【끝수의 처리】 이 법에 따라 지급하거나 환수할 장애인연금의 금액 등을 산정하는 경우 10원 미만은 계산하지 아니한다.(2014.5.20 본조신설)

제21조【비용의 부담】 장애인연금은 지방자치단체의 재정 여건 등을 고려하여 대통령령으로 정하는 바에 따라 국가, 특별시·광역시·도 또는 특별자치시·특별자치도·시·군·구가 부담한다.(2014.5.20 본조개정)

제22조【장애인연금정보시스템의 구축 및 운영】 보건복지부장관은 제8조부터 제18조까지 및 제27조와 관련된 장애인연금 사업에 필요한 각종 자료 또는 정보의 효율적 처리와 기록·관리 업무의 전산화를 위하여 대통령령으로 정하는 바에 따라 장애인연금정보시스템을 구축·운영할 수 있다.

제23조【업무의 위탁】 이 법에 따른 보건복지부장관 또는 특별자치시장·특별자치도지사·시장·군수·구청장의 업무는 그 일부를 대통령령으로 정하는 바에 따라 관계 전문기관에 위탁할 수 있다.(2014.5.20 본조개정)

제24조【벌칙 적용 시의 공무원 의제】 제23조에 따라 위탁받은 업무에 종사하는 사람은 「형법」 제129조부터 제132조까지의 규정에 따른 벌칙을 적용할 때에는 공무원으로 본다.

제25조【벌칙】 ① 제12조제6항을 위반하여 금융정보등을 사용·제공 또는 누설한 자는 5년 이하의 징역 또는 5천만원 이하의 벌금에 처한다.
② 제9조제6항(제10조의2제5항 및 제11조제3항에서 준용하는 경우를 포함하고, 제12조제6항을 위반한 경우는 제외한다)을 위반하여 정보 또는 자료를 사용·제공 또는 누설한 사람은 3년 이하의 징역 또는 3천만원 이하의 벌금에 처한다.
1.~2. (2017.2.8 삭제)
③ 거짓이나 그 밖의 부정한 방법으로 장애인연금을 받거나 다른 사람으로 하여금 장애인연금을 받게 한 자는 1년 이하의 징역 또는 1천만원 이하의 벌금에 처한다.
(2017.2.8 본조개정)

제26조【양벌규정】 법인의 대표자나 법인 또는 개인의 대리인, 사용인, 그 밖의 종업원이 그 법인 또는 개인의 업무에 관하여 제25조의 위반행위를 하면 그 행위자를 벌하는 외에 그 법인 또는 개인에게도 해당 조문의 벌금을 과(科)한다. 다만, 법인 또는 개인이 그 위반행위를 방지하기 위하여 해당 업무에 관하여 상당한 주의와 감독을 게을리하지 아니한 경우에는 그러하지 아니하다.

제27조【과태료】 ① 제9조에 따른 서류나 그 밖에 소득·재산 및 장애 정도 등에 대한 자료를 제출하지 아니하거나 거짓 자료를 제출한 자 또는 조사·질문을 거부·방해 또는 기피하거나 거짓 답변을 한 자에게는 20만원 이하의 과태료를 부과한다.(2017.12.19 본항개정)
② 정당한 사유 없이 제16조에 따른 신고를 하지 아니한 사람에게는 10만원 이하의 과태료를 부과한다.
③ 제1항 및 제2항에 따른 과태료는 대통령령으로 정하는 기준에 따라 특별자치시장·특별자치도지사·시장·군수·구청장이 부과·징수한다.(2014.5.20 본항개정)

부 칙 (2014.5.20)

제1조【시행일】 이 법은 2014년 7월 1일부터 시행한다.

제2조【법 시행을 위한 준비행위】 ① 특별자치시장·특별자치도지사·시장·군수·구청장은 이 법 시행을 위

하여 필요하다고 인정하는 경우에는 이 법 시행 전에 제8조제1항의 개정규정에 따라 장애인연금 지급의 신청을 받을 수 있다.
② 특별자치시·특별자치도·시·군·구 소속 공무원은 이 법에 따른 장애인연금을 필요로 하는 사람이 누락되지 아니하도록 하기 위하여 이 법 시행 전에 제8조제2항의 개정규정에 따라 수급희망자 또는 수급권자의 동의를 얻어 해당 수급희망자 또는 수급권자에 대한 장애인연금의 지급을 신청할 수 있다.
③ 보건복지부장관 또는 특별자치시장·특별자치도지사·시장·군수·구청장은 이 법 시행 전에 제9조제4항의 개정규정에 따라 관계 기관의 장에게 이 법 시행의 준비에 필요한 자료 또는 정보의 제공을 요청할 수 있다.
④ 보건복지부장관은 이 법 시행을 위하여 필요하다고 인정하는 경우에는 이 법 시행 전에 제12조의 개정규정에 따라 금융정보등의 제공을 금융회사등의 장에게 요청할 수 있다.
⑤ 보건복지부장관 또는 특별자치시장·특별자치도지사·시장·군수·구청장은 이 법 시행 전에 제10조 및 제13조의 개정규정에 따른 결정 및 지급 등 제도 시행을 위하여 필요한 조치를 할 수 있다.
제3조【장애인연금 지급 정지에 관한 적용례】 제15조제2항제3호의 개정규정은 이 법 시행 후 출국하는 사람부터 적용한다.
제4조【장애인연금 기초급여 지급에 관한 특례】 ① 특별자치시장·특별자치도지사·시장·군수·구청장은 이 법 시행 당시 제4조제3항의 개정규정에 해당하여 장애인연금 수급권자의 범위에서 제외되는 중증장애인 중 다음 각 호의 요건을 모두 충족하는 중증장애인에게는 같은 개정규정에도 불구하고 그 중증장애인에게 65세가 될 때까지 기초급여액의 100분의 50을 지급할 수 있다. 다만, 해당 중증장애인의 이 법 시행 후 소득인정액이 선정기준액(제4조제1항에 따라 고시하여 해당 연도에 적용하는 선정기준액을 말한다)을 초과한 사실이 있는 경우에는 그 달의 다음 달부터 그 사람에게 장애인연금을 지급하지 아니한다.
1. 1996년 6월 30일 이전에 출생하였을 것
2. 종전의 규정에 따른 장애인연금 수급자일 것
3. 소득인정액이 선정기준액 이하일 것
② 제1항에 따라 수급권자에게 기초급여액을 지급하는 경우에 제6조제3항 및 제4항의 개정규정에 따라 기초급여액을 감액할 수 있다.
제5조【기초급여액에 관한 경과조치】 ① 이 법 시행일부터 제6조제1항의 개정규정에 따라 기초급여액을 고시하기 전까지의 기초급여액은 20만원으로 한다.
② 이 법 시행 후 제6조제1항의 개정규정에 따라 전국소비자물가변동률을 반영하여 기초급여액을 고시하는 경우 전년도 기초급여액은 20만원으로 한다.

부　칙 (2019.1.15 법16240호)

제1조【시행일】 이 법은 공포한 날부터 시행한다.(이하 생략)

부　칙 (2019.1.15 법16259호)

제1조【시행일】 이 법은 2019년 4월 1일부터 시행한다.
제2조 (2020.1.21 삭제)

부　칙 (2019.12.10)

제1조【시행일】 이 법은 공포 후 6개월이 경과한 날부터 시행한다.(이하 생략)

부　칙 (2020.1.21)

제1조【시행일】 이 법은 공포한 날부터 시행한다.
제2조【기초급여액의 적용기간에 관한 적용례】 제6조의 개정규정은 공포한 날이 속한 달의 급여분부터 적용한다.

부　칙 (2021.6.8)

이 법은 2022년 1월 1일부터 시행한다.

성매매방지 및 피해자보호 등에 관한 법률(약칭 : 성매매피해자보호법)

(2014년 3월 27일 전부개정법률 제12550호)

개정
2014. 5.28법12698호(양성평등기본법)
2016. 3. 2법14062호　2016.12.20법14442호
2018. 3.13법15450호　2018. 4.17법15590호

제1조【목적】 이 법은 성매매를 방지하고, 성매매피해자 및 성을 파는 행위를 한 사람의 보호, 피해회복 및 자립·자활을 지원하는 것을 목적으로 한다.
제2조【정의】 이 법에서 사용하는 용어의 뜻은 다음과 같다.
1. "성매매"란 「성매매알선 등 행위의 처벌에 관한 법률」 제2조제1항제1호에 따른 행위를 말한다.
2. "성매매알선등행위"란 「성매매알선 등 행위의 처벌에 관한 법률」 제2조제1항제2호에 따른 행위를 말한다.
3. "성매매 목적의 인신매매"란 「성매매알선 등 행위의 처벌에 관한 법률」 제2조제1항제3호에 따른 행위를 말한다.
4. "성매매피해자"란 「성매매알선 등 행위의 처벌에 관한 법률」 제2조제1항제4호에 따른 사람을 말한다.
5. "성접대"란 거래나 업무 관계에 있는 상대방에게 거래나 업무행위에 대한 대가로서 성을 제공하거나 알선·권유하는 행위를 말한다.
제3조【국가 등의 책임】 ① 국가와 지방자치단체는 성매매를 방지하고, 성매매피해자 및 성을 파는 행위를 한 사람(이하 "성매매피해자등"이라 한다)의 보호, 피해 회복 및 자립·자활을 지원하기 위하여 다음 각 호의 사항에 대한 법적·제도적 장치를 마련하고 필요한 행정적·재정적 조치를 하여야 한다.
1. 성매매, 성매매알선등행위 및 성매매 목적의 인신매매 신고체계의 구축·운영
2. 성매매, 성매매알선등행위 및 성매매 목적의 인신매매를 방지하기 위한 조사·연구·교육·홍보, 법령 정비 및 정책 수립
3. 성매매피해자등의 보호와 자립을 지원하기 위한 시설(외국인을 위한 시설을 포함한다)의 설치·운영
4. 성매매피해자등에 대한 주거지원, 직업훈련, 법률구조 및 그 밖의 지원 서비스 제공
5. 성매매피해자등에 대한 보호·지원을 원활히 하기 위한 관련 기관 간 협력체계의 구축·운영
6. 성매매, 성매매알선등행위 예방을 위한 유해환경 감시
② 국가는 성매매 목적의 인신매매 방지를 위한 국제협력을 증진하기 위하여 노력하여야 한다.
제4조【성매매 실태조사】 ① 여성가족부장관은 3년마다 국내외 성매매 실태조사(성접대 실태조사를 포함한다. 이하 같다)를 실시하여 성매매 실태에 관한 종합보고서를 발간하고, 이를 성매매의 예방을 위한 정책수립에 기초자료로 활용하여야 한다.
② 여성가족부장관은 제1항에 따른 성매매 실태조사를 위하여 필요하다고 인정하는 경우에는 관계 중앙행정기관의 장, 지방자치단체의 장 및 관련 단체의 장에게 자료 제출 또는 조사업무의 수행에 필요한 협조를 요청할 수 있다. 이 경우 자료 제출 또는 협조 요청을 받은 자는 특별한 사유가 없으면 이에 따라야 한다.
③ 제1항에 따른 성매매 실태조사의 방법과 내용 등에 필요한 사항은 여성가족부령으로 정한다.
제5조【성매매 예방교육】 ① 국가기관, 지방자치단체, 초·중·고등학교, 그 밖에 대통령령으로 정하는 공공단체(이하 "국가기관등"이라 한다)의 장은 성에 대한 건전한 가치관 함양과 성매매 방지 및 인권보호를 위하여 성매매 예방교육을 실시하고, 그 결과를 여성가족부장관에게 제출하여야 한다.
② 제1항에 따른 예방교육을 실시하는 경우 「성폭력방지 및 피해자보호 등에 관한 법률」 제5조에 따른 성교육 및 성폭력 예방교육, 「양성평등기본법」 제31조에 따른 성희롱 예방교육 및 「가정폭력방지 및 피해자보호 등에 관한 법률」 제4조의3에 따른 가정폭력 예방교육 등을 성평등 관점에서 통합하여 실시할 수 있다.(2014.5.28 본항개정)
③ 여성가족부장관 또는 특별시장·광역시장·특별자치시장·도지사·특별자치도지사(이하 "시·도지사"라 한다)는 제1항에 따른 교육의 대상이 아닌 국민에게 성매매 및 성매매 목적의 인신매매 방지와 성매매피해자등의 인권 보호를 위하여 필요한 교육을 실시할 수 있다. 이 경우 여성가족부장관 또는 시·도지사는 교육에 관한 업무를 제17조에 따른 성매매피해상담소 또는 대통령령으로 정하는 교육기관에 위탁할 수 있다.(2018.4.17 본항개정)
④ 여성가족부장관은 제1항과 제2항에 따른 교육을 효과적으로 실시하기 위하여 전문강사를 양성하고 교육프로그램을 개발·보급하여야 한다.
⑤ 여성가족부장관은 제1항에 따른 국가기관등의 성매매 예방교육 실시 결과에 대한 점검을 대통령령으로 정하는 바에 따라 매년 실시하여야 한다.
⑥ 여성가족부장관은 제5항에 따른 점검결과 교육이 부실하다고 인정되는 국가기관등에 대하여 대통령령으로 정하는 바에 따라 관리자 특별교육 등 필요한 조치를 취하여야 한다.
⑦ 여성가족부장관은 제5항에 따른 점검결과를 다음 각 호의 평가에 반영하도록 해당 기관·단체의 장에게 요구할 수 있다.
1. 「정부업무평가 기본법」 제14조제1항 및 제18조제1항에 따른 중앙행정기관 및 지방자치단체의 자체평가
2. 「공공기관의 운영에 관한 법률」 제48조제1항에 따른 공기업·준정부기관의 경영실적 평가
3. 「지방공기업법」 제78조제1항에 따른 지방공기업의 경영평가
4. 「초·중등교육법」 제9조제2항에 따른 학교 평가
⑧ 여성가족부장관은 제5항에 따른 점검결과를 대통령령으로 정하는 바에 따라 언론 등에 공표하여야 한다. 다만, 다른 법률에서 공표를 제한하고 있는 경우에는 그러하지 아니하다.
⑨ 제1항에 따른 성매매 예방교육의 내용과 방법, 결과 제출 절차 등에 필요한 사항은 대통령령으로 정한다.
제6조【성매매 방지 홍보영상의 제작·배포·송출】 ① 여성가족부장관은 성매매, 성매매알선등행위, 성매매 목적의 인신매매를 방지하고 성매매피해자등을 지원하기 위한 홍보영상을 제작하여 「방송법」 제2조제3호에 따른 방송사업자에게 배포하여야 한다.
② 여성가족부장관은 「방송법」 제2조제3호가목의 지상파방송사업자(이하 "방송사업자"라 한다)에게 같은 법 제73조제4항에 따라 대통령령으로 정하는 비상업적 공익광고 편성비율의 범위에서 제1항의 홍보영상을 채널별로 송출하도록 요청할 수 있다.
③ 방송사업자는 제1항의 홍보영상 외에 독자적으로 홍보영상을 제작하여 송출할 수 있다. 이 경우 여성가족부장관에게 필요한 협조 및 지원을 요청할 수 있다.
제7조【성매매 추방주간】 성매매 및 성매매 목적의 인신매매에 대한 사회적 경각심을 높이고 해당 범죄를 예방하기 위하여 대통령령으로 정하는 바에 따라 1년 중 1주간을 성매매 추방주간으로 한다.
제8조【성매매피해자등 및 가족의 취학 지원】 ① 국가와 지방자치단체는 성매매피해자등 또는 그 가족이 「초·중등교육법」 제2조에 따른 각급 학교의 학생인 경우 주소지 외의 지역에서 취학(입학, 재입학, 전학 및 편입학을 포함한다. 이하 이 조에서 같다)할 필요가 있을 때에는 그 취학이 원활히 이루어지도록 지원하여야 한다. 이 경우 취학을 지원하는 관계자 및 관계 기관은 성매매피해자등 및 그 가족의 사생활이 침해되지 아니하도록 유의하여야 한다.
② 출석일수 산입 등 제1항에 따른 취학 지원에 필요한 사항은 대통령령으로 정한다.
제9조【지원시설의 종류】 ① 성매매피해자등을 위한 지원시설(이하 "지원시설"이라 한다)의 종류는 다음 각 호와 같다.
1. 일반 지원시설 : 성매매피해자등을 대상으로 1년의 범위에서 숙식을 제공하고 자립을 지원하는 시설
2. 청소년 지원시설 : 19세 미만의 성매매피해자등을 대상으로 19세가 될 때까지 숙식을 제공하고, 취학·교육 등을 통하여 자립을 지원하는 시설
3. 외국인 지원시설 : 외국인 성매매피해자등을 대상으로 3개월(「성매매알선 등 행위의 처벌에 관한 법률」 제11조에 해당하는 경우에는 그 해당 기간)의 범위에서 숙식을 제공하고, 귀국을 지원하는 시설
4. 자립지원 공동생활시설 : 성매매피해자등을 대상으로 2년의 범위에서 숙박 등의 편의를 제공하고, 자립을 지원하는 시설
② 일반 지원시설의 장은 1년 6개월의 범위에서 여성가족부령으로 정하는 바에 따라 지원기간을 연장할 수 있다.
③ 청소년 지원시설의 장은 2년의 범위에서 여성가족부령으로 정하는 바에 따라 지원기간을 연장할 수 있다.
④ 자립지원 공동생활시설의 장은 2년의 범위에서 여성가족부령으로 정하는 바에 따라 지원기간을 연장할 수 있다.
⑤ 제2항부터 제4항까지의 규정에도 불구하고 성매매피해자등이 「장애인차별금지 및 권리구제 등에 관한 법률」 제2조제2항에 따른 장애인인 경우 여성가족부령으로 정하는 바에 따라 피해 회복에 소요되는 기간까지 지원기간을 연장할 수 있다.
제10조【지원시설의 설치】 ① 국가 또는 지방자치단체는 지원시설을 설치·운영할 수 있다.
② 국가나 지방자치단체 외의 자가 지원시설을 설치·운영하려면 특별자치시장·특별자치도지사, 시장·군수·구청장(자치구의 구청장을 말한다. 이하 같다)에게 신고하여야 한다. 신고한 사항 중 여성가족부령으로 정하는 중요 사항을 변경하려는 경우에도 또한 같다.(2018.3.13 후단신설)
③ 특별자치시장·특별자치도지사, 시장·군수·구청장은 제2항에 따른 신고를 받은 날부터 10일 이내(변경신고의 경우 5일 이내)에 신고수리 여부 또는 민원 처리 관련 법령에 따른 처리기간의 연장을 신고인에게 통지하여야 한다.(2018.3.13 본항신설)
④ 지원시설의 설치기준·신고절차 및 종사자의 자격기준·수 등에 필요한 사항은 여성가족부령으로 정한다.
제11조【지원시설의 업무】 ① 일반 지원시설은 다음 각 호의 업무를 수행한다.
1. 숙식 제공
2. 심리적 안정과 피해 회복을 위한 상담 및 치료
3. 질병치료와 건강관리를 위하여 의료기관에 인도(引渡)하는 등의 의료지원

4. 수사기관의 조사와 법원의 증인신문(證人訊問)에의 동행
5. 「법률구조법」 제8조에 따른 대한법률구조공단 등 관계 기관에 필요한 협조와 지원 요청
6. 자립·자활 교육의 실시와 취업정보 제공
7. 「국민기초생활 보장법」 등 사회보장 관계 법령에 따른 급부(給付)의 수령 지원
8. 기술교육(위탁교육을 포함한다)
9. 다른 법률에서 지원시설에 위탁한 사항
10. 그 밖에 여성가족부령으로 정하는 사항
② 청소년 지원시설은 제1항 각 호의 업무 외에 진학을 위한 교육을 제공하거나 교육기관에 취학을 연계하는 업무를 수행한다.
③ 외국인 지원시설은 제1항제1호부터 제5호까지 및 제9호의 업무와 귀국을 지원하는 업무를 수행한다.
④ 자립지원 공동생활시설은 다음 각 호의 업무를 수행한다.
1. 숙박 지원
2. 취업 및 창업을 위한 정보 제공
3. 그 밖에 사회 적응을 위하여 필요한 지원으로서 여성가족부령으로 정하는 사항

제12조【지원시설 입소 등】 ① 지원시설에 들어가려는 사람은 해당 지원시설의 입소규정을 지켜야 한다.
② 지원시설에서 제공하는 프로그램을 이용하려는 사람은 해당 지원시설의 이용규정을 지켜야 한다.
③ 지원시설의 장은 입소규정이나 이용규정을 지키지 아니하거나 그 밖에 단체생활을 현저히 해치는 행위를 하는 입소자나 이용자에 대하여는 퇴소 또는 이용 중단 등 필요한 조치를 할 수 있다.
④ 지원시설의 입소절차, 이용절차, 입소규정 및 이용규정 등에 필요한 사항은 여성가족부령으로 정한다.

제13조【지원시설의 운영】 ① 지원시설의 장은 입소자 또는 이용자의 인권을 최대한 보장하여야 한다.
② 지원시설의 장은 입소자 및 이용자의 사회 적응능력 등을 기를 수 있도록 상담, 교육, 정보를 제공하고, 신변보호 등에 필요한 지원을 하여야 한다.
③ 지원시설의 장은 입소자의 건강관리를 위하여 입소 후 1개월 이내에 건강진단을 실시하고, 건강에 이상이 발견된 경우에는 「의료급여법」에 따른 의료급여를 받게 하는 등 필요한 조치를 하여야 하며, 필요한 경우 의료기관에 질병치료 등을 의뢰할 수 있다.
④ 지원시설의 운영방법·운영기준 등에 필요한 사항은 여성가족부령으로 정한다.

제14조【지원시설에 대한 보호비용 지원】 ① 국가 또는 지방자치단체는 제9조의 지원시설 중 일반·청소년·외국인 지원시설에 입소한 성매매피해자등의 보호를 위하여 필요한 경우 다음 각 호의 보호비용을 해당 지원시설의 장 또는 지원시설에 입소한 성매매피해자등에게 지원할 수 있다. 다만, 지원시설에 입소한 성매매피해자등이 「국민기초생활 보장법」 등 다른 법령에 따라 지원을 받고 있는 경우에는 그 범위에서 이 법에 따른 지원을 하지 아니한다.
1. 생계비
2. 아동교육지원비
3. 아동양육비
4. 그 밖에 대통령령으로 정하는 비용
② 제1항에 따른 보호비용의 지원 방법 및 절차 등에 필요한 사항은 여성가족부령으로 정한다.

제15조【자활지원센터의 설치 및 운영】 ① 국가 또는 지방자치단체는 성매매피해자등의 회복과 자립에 필요한 지원을 제공하기 위하여 자활지원센터를 설치·운영할 수 있다.
② 국가 또는 지방자치단체 외의 자가 자활지원센터를 설치·운영하려면 특별자치시장·특별자치도지사, 시장·군수·구청장에게 신고하여야 한다. 신고한 사항 중 여성가족부령으로 정하는 중요 사항을 변경하려는 경우에도 또한 같다.(2018.3.13 후단신설)
③ 특별자치시장·특별자치도지사, 시장·군수·구청장은 제2항에 따른 신고를 받은 날부터 10일 이내(변경신고의 경우 5일 이내)에 신고수리 여부 또는 민원 처리 관련 법령에 따른 처리기간의 연장을 신고인에게 통지하여야 한다.(2018.3.13 본항신설)
④ 자활지원센터는 이 법에 따른 성매매피해자등이라면 누구라도 이용할 수 있다.
⑤ 자활지원센터의 설치기준·신고절차, 이용규정 및 종사자의 자격기준·수 등에 필요한 사항은 여성가족부령으로 정한다.

제16조【자활지원센터의 업무】 자활지원센터는 다음 각 호의 업무를 수행한다.
1. 작업장 등의 설치·운영
2. 취업 및 기술교육(위탁교육을 포함한다)
3. 취업 및 창업을 위한 정보의 제공
4. 그 밖에 사회 적응을 위하여 필요한 지원으로서 여성가족부령으로 정하는 사항

제17조【상담소의 설치】 ① 국가 또는 지방자치단체는 성매매피해상담소(이하 "상담소"라 한다)를 설치·운영할 수 있다.
② 국가 또는 지방자치단체 외의 자가 상담소를 설치·운영하려면 특별자치시장·특별자치도지사, 시장·군수·구청장에게 신고하여야 한다. 신고한 사항 중 여성가족부령으로 정하는 중요 사항을 변경하려는 경우에도 또한 같다.(2018.3.13 후단신설)
③ 특별자치시장·특별자치도지사, 시장·군수·구청장은 제2항에 따른 신고를 받은 날부터 10일 이내(변경신고의 경우 5일 이내)에 신고수리 여부 또는 민원 처리 관련 법령에 따른 처리기간의 연장을 신고인에게 통지하여야 한다.(2018.3.13 본항신설)
④ 상담소에는 상담실을 두어야 하며, 이용자를 임시로 보호하기 위한 보호실을 운영할 수 있다.
⑤ 상담소의 설치기준·신고절차·운영기준, 상담원 등 종사자의 자격기준 및 수 등에 필요한 사항은 여성가족부령으로 정한다.

제18조【상담소의 업무】 상담소는 다음 각 호의 업무를 수행한다.
1. 상담 및 현장 방문
2. 지원시설 이용에 관한 고지 및 지원시설에의 인도 또는 연계
3. 성매매피해자등의 구조
4. 제11조제1항제3호부터 제5호까지의 업무
5. 성매매 예방을 위한 홍보와 교육
6. 다른 법률에서 상담소에 위탁한 사항
7. 성매매피해자등의 보호를 위한 조치로서 여성가족부령으로 정하는 사항

제19조【성매매방지중앙지원센터의 설치 등】 ① 국가는 성매매방지활동 및 성매매피해자등에 대한 지원서비스 전달체계의 효율적인 연계·조정 등을 위하여 성매매방지중앙지원센터(이하 "중앙지원센터"라 한다)를 설치·운영할 수 있다.
② 중앙지원센터는 다음 각 호의 업무를 수행한다.
1. 이 법에 규정된 지원시설·자활지원센터·상담소(이하 "상담소등"이라 한다) 간 종합 연계망 구축
2. 성매매피해자등 구조체계 구축·운영 및 성매매피해자등 구조활동의 지원
3. 법률·의료 지원단 운영 및 법률·의료 지원체계 확립
4. 성매매피해자등의 자립·자활 프로그램 개발·보급
5. 성매매피해자등에 대한 지원대책 연구 및 홍보활동
6. 성매매 실태조사 및 성매매 방지대책 연구
7. 성매매 예방교육프로그램의 개발
8. 상담소등 종사자의 교육 및 상담원 양성, 상담기법의 개발 및 보급
9. 그 밖에 여성가족부령으로 정하는 사항
③ 중앙지원센터의 운영은 여성가족부령으로 정하는 바에 따라 비영리법인 또는 단체에 위탁할 수 있다.
④ 그 밖에 중앙지원센터의 조직·운영 및 종사자의 자격기준 등에 관하여 필요한 사항은 대통령령으로 정한다.

제20조【보수교육의 실시】 ① 여성가족부장관 또는 시·도지사는 상담소등의 종사자의 자질을 향상시키기 위하여 보수교육을 실시하여야 한다.(2018.4.17 본항개정)
② 여성가족부장관 또는 시·도지사는 제1항에 따른 보수교육에 관한 업무를 중앙지원센터 또는 대통령령으로 정하는 전문기관에 위탁할 수 있다.
③ 제1항에 따른 보수교육의 내용·기간 및 방법 등에 필요한 사항은 여성가족부령으로 정한다.

제21조【수사기관의 협조】 ① 상담소의 장은 성매매피해자등을 긴급히 구조할 필요가 있는 경우에는 관할 국가경찰관서의 장에게 그 소속 직원의 동행을 요청할 수 있으며, 요청을 받은 국가경찰관서의 장은 특별한 사유가 없으면 이에 따라야 한다.
② 상담소의 장은 본인 또는 상담소 직원이 성매매, 성매매알선등행위 및 성매매 목적의 인신매매 방지 등을 위하여 업소 및 지역을 현장방문하거나 출입하고자 할 때 업무를 원활히 수행할 수 있도록 수사기관 및 행정기관의 지원을 요청할 수 있다.

제22조【성매매피해자등의 의사 존중】 상담소등의 장은 성매매피해자등이 밝힌 의사에 반(反)하여 지원시설에 들어가게 하거나 제17조제4항의 보호를 할 수 없다.(2018.3.13 본조개정)

제23조【의료비의 지원】 ① 국가 또는 지방자치단체는 제13조제3항 및 제18조제4호에 따라 상담소등의 장이 의료기관에 질병치료 등을 의뢰한 경우에는 「의료급여법」상의 급여가 지급되지 아니하는 치료항목에 대한 의료비용의 전부 또는 일부를 지원할 수 있다.
② 제1항에 따른 의료비용의 지원범위와 지원절차 등에 필요한 사항은 여성가족부령으로 정한다.

제24조【전담의료기관의 지정 등】 ① 여성가족부장관 또는 특별자치시장·특별자치도지사, 시장·군수·구청장은 「성폭력방지 및 피해자보호 등에 관한 법률」 제27조제1항에 따라 지정받은 전담의료기관 등 필요한 의료기관을 성매매피해자등의 치료를 위한 전담의료기관으로 지정할 수 있다.
② 제1항에 따라 지정된 전담의료기관은 상담소등의 장의 요청이 있을 때에는 다음 각 호의 의료 등을 제공하여야 한다.
1. 성매매피해자등의 보건 상담 및 지도
2. 성매매피해의 치료
3. 그 밖에 대통령령으로 정하는 신체적·정신적 치료

제25조【비용의 보조】 ① 국가나 지방자치단체는 상담소등의 설치·운영에 드는 비용을 보조할 수 있다.
② 국가 또는 지방자치단체는 해외 성매매피해자(해외에서 발생한 성매매피해자를 말한다)에 대한 보호·지원 활동을 하는 비영리법인이나 단체에 예산의 범위에서 그 경비를 보조할 수 있다.
③ 제1항에 따른 비용의 보조범위 등에 필요한 사항은 대통령령으로 정한다.

제26조【상담소등의 평가】 ① 여성가족부장관은 3년마다 상담소등의 운영실적을 평가하고, 그 결과를 감독 및 지원 등에 반영할 수 있다.
② 제1항에 따른 평가의 기준과 방법 등에 필요한 사항은 여성가족부령으로 정한다.

제27조【지도·감독】 ① 여성가족부장관, 시·도지사 또는 시장·군수·구청장은 상담소등의 장으로 하여금 필요한 보고를 하도록 명하거나 자료를 제출하게 할 수 있으며, 관계 공무원으로 하여금 상담소등에 출입하여 관계 서류 등을 검사하게 할 수 있다.
② 제1항에 따라 출입·검사를 하는 공무원은 출입하기 전에 방문 및 검사의 목적·일시 등을 상담소등의 장에게 알려야 하며, 출입하는 경우 그 권한을 표시하는 증표를 지니고 이를 관계인에게 내보여야 한다.

제28조【폐지·휴지 등의 신고】 ① 제10조제2항, 제15조제2항 또는 제17조제2항에 따라 신고한 상담소등을 폐지 또는 휴지(休止)하거나 그 운영을 재개(再開)하려는 자는 여성가족부령으로 정하는 바에 따라 특별자치시장·특별자치도지사, 시장·군수·구청장에게 신고하여야 한다.
② 특별자치시장·특별자치도지사, 시장·군수·구청장은 제1항에 따른 상담소등의 폐지 또는 휴지신고를 받은 경우 그 내용을 검토하여 이 법에 적합하면 신고를 수리하여야 한다.(2018.3.13 본항신설)
③ 상담소등의 장은 해당 시설을 폐지 또는 휴지하는 경우에는 여성가족부령으로 정하는 바에 따라 해당 시설을 이용하는 사람이 다른 시설로 옮길 수 있도록 하는 등 시설 이용자의 권익을 보호하기 위한 조치를 하여야 한다.(2016.3.2 본항신설)
④ 특별자치시장·특별자치도지사, 시장·군수·구청장은 제1항에 따른 상담소등의 폐지 또는 휴지의 신고를 받은 경우 해당 시설의 장이 제3항에 따른 시설 이용자의 권익을 보호하기 위한 조치를 하였는지 여부를 확인하는 등 여성가족부령으로 정하는 조치를 하여야 한다.(2018.3.13 본항개정)

제29조【영리목적 운영의 금지】 이 법에 따른 상담소등은 영리를 목적으로 설치·운영하여서는 아니 된다.

제30조【비밀엄수 등의 의무】 상담소등의 장이나 종사자 또는 그 직에 있었던 자는 직무상 알게 된 비밀을 누설하여서는 아니 된다.

제31조【상담소등의 폐쇄 등】 ① 여성가족부장관, 시·도지사 또는 시장·군수·구청장은 상담소등이 다음 각 호의 어느 하나에 해당하는 경우에는 업무 정지 또는 폐지를 명하거나 상담소등을 폐쇄할 수 있다.
1. 상담소등이 제10조제4항, 제15조제5항 또는 제17조제5항에 따른 설치기준에 미달하게 된 경우(2018.3.13 본호개정)
2. 정당한 사유 없이 제27조제1항에 따른 보고를 하지 아니하거나 거짓으로 보고한 경우
3. 제29조를 위반한 경우
4. 상담소등의 장 또는 그 종사자들이 입소자·이용자에 대하여 「성폭력범죄의 처벌 등에 관한 특례법」 제2조제1항의 범죄를 범한 경우
5. 「사회복지사업법」 제40조제1항제3호 또는 제4호에 해당하는 경우
6. 이 법 또는 이 법에 따른 명령을 위반한 경우
② 제1항에 따라 업무 정지 또는 폐지를 명하거나 상담소등을 폐쇄하려면 청문을 하여야 한다.
③ 여성가족부장관, 시·도지사 또는 시장·군수·구청장은 상담소등이 제1항에 따라 업무가 정지 또는 폐지되거나 상담소등이 폐쇄되는 경우에는 해당 시설을 이용하는 사람이 다른 시설로 옮길 수 있도록 하는 등 여성가족부령으로 정하는 바에 따라 시설 이용자의 권익을 보호하기 위하여 필요한 조치를 하여야 한다.(2016.3.2 본항신설)
④ 제1항에 따른 처분의 세부종류 및 기준에 필요한 사항은 여성가족부령으로 정한다.

제32조【상담소 연락처 등의 게시】 ① 「식품위생법」에 따른 식품접객업 중 유흥종사자를 둘 수 있는 식품접객업의 영업자 또는 대통령령으로 정하는 업소의 영업자는 다음 각 호에 해당하는 사항을 해당 사업장 안의 보기 쉬운 곳에 게시하여야 한다.
1. 성매매 및 성매매알선등행위의 신고에 관한 사항
2. 성매매피해자등 보호와 지원 등에 관한 상담소 업무와 연락처 등에 관한 사항
3. 「성매매알선 등 행위의 처벌에 관한 법률」 제10조제1항에 따른 불법원인으로 인한 채권무효에 관한 사항
4. 그 밖에 대통령령으로 정하는 사항
② 제1항에 따른 게시물의 크기, 게시 장소, 그 밖에 게시에 필요한 사항은 대통령령으로 정한다.

제33조【정보통신서비스 제공자 및 온라인서비스제공자의 의무】 ① 「정보통신망 이용촉진 및 정보보호 등에 관한 법률」 제2조제1항제3호의 정보통신서비스 제공자 또는 「저작권법」 제2조제30호의 온라인서비스제공자는 「정보통신망 이용촉진 및 정보보호 등에 관한 법률」 제2조제1항제1호의 정보통신망을 이용하여 2명 이상이 실시

간으로 대화할 수 있는 기능이 포함된 디지털콘텐츠로서, 컴퓨터, 이동통신단말장치에서 이용되는 웹 사이트 및 애플리케이션(Application) 등 대통령령으로 정하는 디지털콘텐츠의 대화 화면에 다음 각 호의 사항을 이용자가 알아보기 쉽게 게시하여야 한다.(2018.3.13 본문개정)
1. 「성매매알선 등 행위의 처벌에 관한 법률」 제2조제1항의 내용
2. 성매매가 처벌 대상이라는 사실
3. 「아동·청소년의 성보호에 관한 법률」 제59조제1항에 따른 신고 포상금에 대한 안내문
4. 「성매매알선 등 행위의 처벌에 관한 법률」 제28조제1항에 따른 신고 보상금에 대한 안내문
5. 그 밖에 대통령령으로 정하는 사항
(2016.12.20 1호~5호신설)
② 제1항에 따른 게시물의 내용, 크기, 게시 방법 등에 필요한 사항은 대통령령으로 정한다.
제33조의2 【출입 및 지도】 ① 여성가족부장관 또는 특별자치시장·특별자치도지사, 시장·군수·구청장은 성매매를 방지하고 성매매피해자등을 보호하기 위하여 필요하다고 인정하면 소속 공무원으로 하여금 다음 각 호의 영업을 하는 업소에 출입하여 지도하게 할 수 있다.
1. 「공중위생관리법」에 따른 다음 각 목의 영업
가. 숙박업 중 대통령령으로 정하는 영업
나. 목욕장업 중 대통령령으로 정하는 영업
다. 이용업
2. 「식품위생법」에 따른 식품접객업 중 대통령령으로 정하는 영업
3. 불특정한 사람 사이의 신체적인 접촉 또는 은밀한 부분의 노출 등 성적 행위가 이루어지거나 이와 유사한 행위가 이루어질 우려가 있는 서비스를 제공하는 영업으로서 「청소년 보호법」 제36조에 따른 청소년보호위원회가 결정하고 여성가족부장관이 고시한 영업
② 제1항에 따라 출입·지도하는 공무원은 그 권한을 표시하는 증표를 지니고 이를 관계인에게 보여주어야 한다.
(2016.12.20 본조신설)
제34조 【권한의 위임】 여성가족부장관 또는 시·도지사는 이 법에 따른 권한의 일부를 대통령령으로 정하는 바에 따라 시·도지사 또는 시장·군수·구청장에게 위임할 수 있다.
제35조 【명칭사용에 대한 특례】 ① 이 법의 성매매피해자등에 대한 안전과 진학, 취업 및 자활과 피해회복을 위하여 상담소등의 명칭을 사용할 경우 기관명칭사용으로 인한 낙인과 피해를 방지하기 위하여 별도의 명칭을 사용한 서식을 활용하도록 한다.
② 제1항에 따른 서식, 절차, 그 밖에 필요한 사항은 여성가족부령으로 정한다.
제36조 【벌칙】 다음 각 호의 어느 하나에 해당하는 자는 1년 이하의 징역 또는 1천만원 이하의 벌금에 처한다.
1. 제10조제2항 전단을 위반하여 신고를 하지 아니하고 지원시설을 설치·운영한 자(2018.3.13 본호개정)
2. 제15조제2항 전단을 위반하여 신고를 하지 아니하고 자활지원센터를 설치·운영한 자(2018.3.13 본호개정)
3. 제17조제2항 전단을 위반하여 신고를 하지 아니하고 상담소를 설치·운영한 자(2018.3.13 본호개정)
4. 제29조 또는 제30조를 위반한 자
5. 제31조에 따른 명령을 위반한 자
제37조 【양벌규정】 법인의 대표자나 법인 또는 개인의 대리인, 사용인, 그 밖의 종사자가 그 법인 또는 개인의 업무에 관하여 제36조의 위반행위를 하면 그 행위자를 벌하는 외에 그 법인 또는 개인에게도 해당 조문의 벌금형을 과(科)한다. 다만, 법인 또는 개인이 그 위반행위를 방지하기 위하여 해당 업무에 관하여 상당한 주의와 감독을 게을리하지 아니한 경우에는 그러하지 아니하다.
제38조 【과태료】 ① 다음 각 호의 어느 하나에 해당하는 자에게는 500만원 이하의 과태료를 부과한다.
1. 제27조제1항에 따른 관계 공무원의 출입·검사를 거부·방해 또는 기피한 자
2. 제32조 또는 제33조를 위반하여 게시물을 게시하지 아니한 자
② 제28조제1항을 위반하여 신고하지 아니한 자에게는 300만원 이하의 과태료를 부과한다.(2016.3.2 본항개정)
③ 제1항 및 제2항에 따른 과태료는 대통령령으로 정하는 바에 따라 여성가족부장관, 시·도지사 또는 시장·군수·구청장이 부과·징수한다.

부 칙 (2018.3.13)

제1조 【시행일】 이 법은 공포 후 6개월이 경과한 날부터 시행한다. 다만, 제28조의 개정규정은 공포한 날부터 시행한다.
제2조 【상담소등 설치신고 등에 관한 적용례】 제10조제3항, 제15조제3항 및 제17조제3항의 개정규정은 이 법 시행 후 상담소등의 설치신고 또는 변경신고를 하는 경우부터 적용한다.

부 칙 (2018.4.17)

이 법은 공포한 날부터 시행한다.

재해구호법

(2007년 1월 26일
전부개정법률 제8275호)

개정
2008. 2.29법 8852호(정부조직)
2008.12.26법 9206호
2009.12.29법 9847호(감염병)
2010. 3.31법10219호(지방세기본법)
2010. 7.23법10383호 2011. 8. 4법11038호
2012.10.22법11496호
2013. 3.23법11690호(정부조직)
2014. 5.14법12578호
2014.11.19법12844호(정부조직)
2016. 1. 7법13753호
2017. 7.26법14839호(정부조직)
2017.10.31법15022호(주식회사등의외부감사에관한법)
2020. 1.29법16881호
2024. 1.16법20031호→2024년 7월 17일 시행
2024. 1.30법20163호→2024년 7월 31일 시행

제1장 총 칙

(2010.7.23 본장개정)

제1조 【목적】 이 법은 이재민(罹災民)의 구호와 의연금품(義捐金品)의 모집절차 및 사용방법 등에 관하여 필요한 사항을 규정함으로써 이재민 보호와 그 생활안정에 이바지함을 목적으로 한다.
제2조 【정의】 이 법에서 사용하는 용어의 뜻은 다음과 같다.
1. "이재민"이란 「재난 및 안전관리 기본법」 제3조제1호에 따른 재난으로 인한 피해(이하 "재해"라 한다)를 입은 사람으로서 주거시설의 손실 정도 등 대통령령으로 정하는 기준에 해당되는 재해를 입은 사람을 말한다.
2. "일시대피자"란 재해가 예상되어 일시대피한 사람을 말한다.
3. "구호기관"이란 제3조에 따른 구호 대상자(이하 "이재민등"이라 한다)의 거주지 또는 재해 발생지를 관할하는 특별시장·광역시장·특별자치시장·도지사·특별자치도지사(이하 "시·도지사"라 한다) 및 시장·군수·구청장(자치구의 구청장을 말한다. 이하 같다)을 말한다.
4. "구호지원기관"이란 다음 각 목의 어느 하나에 해당하는 기관 또는 단체를 말한다.
가. 「대한적십자사 조직법」에 따른 대한적십자사
나. 제29조에 따른 전국재해구호협회
다. 그 밖에 구호기관의 업무를 지원하기 위하여 필요한 인력·시설 및 장비를 갖춘 기관 또는 단체로서 대통령령으로 정하는 기관 또는 단체
5. "의연금품"이란 「기부금품의 모집 및 사용에 관한 법률」 제2조제1호에 따른 기부금품 중 「재난 및 안전관리 기본법」 제3조제1호가목에 따른 자연재난으로 인한 피해의 구호를 위하여 반대급부 없이 취득하는 금전 또는 물품을 말한다.
(2016.1.7 1호~5호개정)
6. "모집"이란 서신·광고·인터넷 또는 그 밖의 방법으로 의연금품을 내도록 타인에게 의뢰하거나 권유하는 행위를 말한다.
7. "모집자"란 제17조에 따라 의연금품의 모집허가를 받은 자를 말한다.
8. "모집종사자"란 모집자로부터 지시·의뢰를 받아 의연금품의 모집에 종사하는 자를 말한다.

제2장 재해구호계획의 수립 및 구호기관의 활동 등

제3조 【구호의 대상】 이 법에 따른 구호는 다음 각 호의 사람을 대상으로 한다.
1. 이재민
2. 일시대피자
3. 제1호 및 제2호에 따른 사람 외에 재해로 인한 심리적 안정과 사회적응(이하 "심리회복"이라 한다) 지원이 필요한 사람으로서 대통령령으로 정하는 사람
(2016.1.7 본조개정)
제4조 【구호의 종류 등】 ① 구호의 종류는 다음 각 호와 같다.
1. 임시주거시설의 제공
2. 급식이나 식품·의류·침구 또는 그 밖의 생활필수품 제공
3. 의료서비스의 제공
4. 감염병 예방 및 방역활동
5. 위생지도
6. 장사(葬事)의 지원
7. 심리회복의 지원(2016.1.7 본호신설)
8. 그 밖에 대통령령으로 정하는 사항
② 구호기관은 필요하다고 인정하면 이재민에게 현금을 지급하여 구호할 수 있다.
③ 제1항에 따른 구호의 방법·기간 및 절차 등에 관하여 필요한 사항은 대통령령으로 정한다.(2016.1.7 본항개정)
(2010.7.23 본조개정)
제4조의2 【임시주거시설의 사용 등】 ① 구호기관은 재해로 주거시설을 상실하거나 주거가 사실상 불가능한 상황에 처한 이재민등의 구호를 위하여 다음 각 호의 어느 하나에 해당하는 시설을 임시주거시설로 사용할 수 있다. 이 경우 「국토의 계획 및 이용에 관한 법률」 제37조제1항제4호에 따른 방재지구 및 「자연재해대책법」 제12조제1항에 따른 자연재해위험개선지구 등 상습적으로 침수되거나 침수가 우려되는 지역에 있는 시설의 지하층 등 행정안전부장관이 정하는 공간은 제외한다.(2024.1.30 후단신설)
1. 「정부조직법」에 따른 중앙행정기관이 운영하는 숙박시설 또는 교육훈련시설·연수시설 내의 숙박시설
2. 「정부출연연구기관 등의 설립·운영 및 육성에 관한 법률」에 따른 정부출연연구기관이 운영하는 숙박시설 또는 교육훈련시설·연수시설 내의 숙박시설
3. 「공공기관의 운영에 관한 법률」에 따른 공공기관이 운영하는 숙박시설 또는 교육훈련시설·연수시설 내의 숙박시설
4. 지방자치단체가 운영하는 숙박시설 또는 교육훈련시설·연수시설 내의 숙박시설
5. 「의료법」 제3조제2항제3호에 따른 병원급 의료기관의 시설 중 구호기관이 임산부, 중증장애인, 노인 등 대통령령으로 정하는 구호약자의 구호를 위하여 필요하다고 인정하는 시설(2016.1.7 본호신설)
6. 그 밖에 대통령령으로 정하는 시설
② 구호기관이 제1항 각 호에 따른 시설을 임시주거시설로 사용하기 위하여는 미리 해당 시설의 운영기관장 또는 운영책임자와 협의하여야 한다. 이 경우 해당 시설의 운영기관장 또는 운영책임자는 정당한 사유가 없는 한 협의에 응하여야 한다.
(2011.8.4 본조신설)
제5조 【재해구호계획의 수립】 ① 행정안전부장관은 매년 시·도지사, 시장·군수·구청장(이하 "시·도지사등"이라 한다) 및 구호지원기관의 재해구호업무에 관한 계획(이하 "재해구호계획"이라 한다)의 수립지침을 작성하여 시·도지사등 및 구호지원기관의 장에게 통보하여야 한다.(2017.7.26 본항개정)
② 시장·군수·구청장은 제1항에 따라 통보받은 수립지침에 따라 지역실정을 고려하여 매년 시·군·구 재해구호계획을 수립하여 시·도지사에게 제출하여야 한다.
③ 시·도지사는 제1항에 따라 통보받은 수립지침 및 제2항에 따라 제출받은 시·군·구 재해구호계획에 따라 지역실정을 고려하여 매년 특별시·광역시·특별자치시·도·특별자치도(이하 "시·도"라 한다) 재해구호계획을 수립하여 시장·군수·구청장에게 통보하고 그 결과를 행정안전부장관에게 제출하여야 한다.(2017.7.26 본항개정)
④ 구호지원기관의 장은 제1항에 따라 통보받은 수립지침에 따라 해당 구호지원기관의 재해구호계획을 수립하여 행정안전부장관에게 통보하여야 한다.(2017.7.26 본항개정)
⑤ 제2항부터 제4항까지의 규정에 따른 재해구호계획에 포함되어야 할 사항은 대통령령으로 정한다.
(2010.7.23 본조개정)
제6조 【재해구호물자등의 확보 및 보관 등】 ① 시·도지사등은 지역별 재해발생 현황 및 지역실정 등을 고려하여 물품·장비 등 구호에 필요한 물자를 확보하여야 하며, 구호에 필요한 조직·인력을 확보하여 응급 구호할 수 있는 체제를 갖추도록 노력하여야 한다.(2016.1.7 본항개정)
② 행정안전부장관은 대통령령으로 정하는 바에 따라 시·도지사등의 물품·장비 등 구호에 필요한 물자와 조직·인력(이하 "재해구호물자등"이라 한다)의 확보 및 관리 실태를 정기적으로 또는 수시로 확인·점검하여야 한다.(2017.7.26 본항개정)
③ 시장·군수·구청장은 구호활동을 할 때 재해구호물자등이 부족하면 시·도지사에게 지원을 요청할 수 있으며, 지원요청을 받은 시·도지사는 그 지원요청에 대한 조치를 충분히 할 수 없는 경우에는 행정안전부장관에게 그 지원을 요청할 수 있다.(2017.7.26 본항개정)
④ 제3항에 따라 지원요청을 받은 시·도지사 및 행정안전부장관은 최대한 지원하여야 한다.(2020.1.29 본항개정)
⑤ 행정안전부장관은 구호지원기관이 재해구호물자를 관리하기 위하여 창고를 설치·운영할 경우 지원할 수 있다.
(2017.7.26 본항개정)
⑥ 제1항에 따라 확보하여야 할 재해구호물자등의 종류 및 확보기준 등에 관하여 필요한 사항은 행정안전부령으로 정한다.(2017.7.26 본항개정)
(2016.1.7 본조제목개정)
제7조 【응급구호 및 재해구호 상황의 보고】 구호기관은 재해로 인하여 이재민이 발생하면 전체 재해발생 상황을 파악하기 전이거나 재해가 진행 중일 때라도 행정안전부령으로 정하는 기준에 따라 지체 없이 응급구호를 하고, 그 재해의 상황과 재해구호 내용을 행정안전부장관에게 보고하여야 한다.(2017.7.26 본조개정)
제7조의2 【재해구호 정보체계의 구축】 ① 행정안전부장관, 시·도지사등 및 구호지원기관의 장은 재해구호물자등의 관리와 응급구호 및 재해구호 상황의 보고 등에 필요한 재해구호 정보체계를 구축·운영하여야 한다.

② 행정안전부장관은 제1항에 따른 재해구호 정보체계가 상호 연계될 수 있도록 하여야 한다.
(2017.7.26 본조개정)
제8조【지역구호센터의 설치·운영 등】 ① 구호기관은 제4조제1항에 따른 구호활동을 효율적으로 하기 위하여 시·도 및 시·군·구에 구호센터(이하 "지역구호센터"라 한다)를 둔다.
② 지역구호센터의 장은「재난 및 안전관리 기본법」제16조에 따른 지역재난안전대책본부의 본부장이 된다.
③ 지역구호센터의 구성 및 운영에 필요한 사항은 행정안전부령으로 정한다.(2017.7.26 본항개정)
(2010.7.23 본조개정)
제8조의2【중앙 및 시·도재난심리회복지원단 설치 등】 ①「재난 및 안전관리 기본법」제14조제1항에 따른 대규모 재난이 발생한 경우 구호기관 또는 구호지원기관이 이재민 등에게 심리회복을 효과적으로 지원할 수 있도록 행정안전부에 중앙재난심리회복지원단(이하 "중앙심리지원단"이라 한다)을, 시·도에 시·도재난심리회복지원단(이하 "시·도심리지원단"이라 한다)을 각각 둘 수 있다.
② 중앙심리지원단은 대규모 재난 현장에서 심리회복지원 관련 업무를 총괄·조정하고, 관련기관 간 업무 연계 등의 지원 업무를 수행한다.
③ 중앙심리지원단은 관계부처 공무원, 유관기관 임직원, 민간전문가 등으로 구성하며, 단장은 행정안전부장관이 지명한다.
④ 시·도심리지원단은 심리회복지원 관련 중앙 및 지방 협력 네트워크 구축, 지역 보건·의료기관 총괄·조정 등의 업무를 수행한다.
⑤ 시·도심리지원단은 시·도 관계부서 공무원, 지역 유관기관 임직원, 민간전문가 등으로 구성하며, 단장은 시·도지사가 지명한다.
⑥ 그 밖에 중앙심리지원단 및 시·도심리지원단의 구성 및 운영 등에 필요한 사항은 대통령령으로 정한다.
(2020.1.29 본조신설)
제9조【토지 또는 건물 등의 사용】 ① 구호기관은 구호를 하기 위하여 특별히 필요하다고 인정하면 타인 소유의 토지 또는 건물 등을 사용할 수 있다.
② 구호기관은 제1항에 따라 타인 소유의 토지 또는 건물 등을 사용하는 경우에는 미리 토지 또는 건물 등의 소유자 또는 점유자(이하 "소유자등"이라 한다)에게 통지하여 승낙을 받아야 한다. 이 경우 소유자등은 정당한 사유가 없으면 적극 협조하여야 한다.
③ 구호기관은 제1항에 따른 사용으로 인하여 소유자등에게 손실이 발생하면 그 손실에 대하여 정당한 보상을 하여야 한다.
(2010.7.23 본조개정)
제10조【현장조사】 ① 구호기관은 제9조제1항에 따라 타인 소유의 토지 또는 건물 등을 사용하기 위하여 필요하다고 인정하면 소속 공무원으로 하여금 해당 토지 또는 건물 등을 조사하게 할 수 있다. 이 경우 미리 소유자등에게 통지하여야 한다.
② 제1항에 따른 조사를 하는 공무원은 그 권한을 표시하는 증표를 지니고 이를 관계인에게 내보여야 한다.
(2010.7.23 본조개정)
제11조【시설·물자의 우선사용 등】 ① 구호기관은 구호를 하기 위하여 특별히 필요하다고 인정하면 의료·방역·급식 또는 물자의 취급이나 운송을 업(業)으로 하는 자에게 시설 또는 물자의 우선사용과 판매·운송에 관한 협력을 요청할 수 있다. 이 경우 협력을 요청받은 자는 정당한 사유가 없으면 협력하여야 한다.(2016.1.7 전단개정)
② 구호기관은 제1항에 따라 재해구호업무에 협력하는 자에게 정당한 보상을 하여야 한다.
(2010.7.23 본조개정)
제12조【재해구호 관련 기관 등과의 협조 등】 ① 구호기관은 재해구호를 원활하게 수행하기 위하여 구호지원기관 및 자원봉사단체 등과 적극 협력하여야 한다.
② 이재민등과 그 인근 거주자는 구호기관의 구호업무에 협력하여야 한다.
(2016.1.7 본조개정)
제13조【구호비용의 부담】 ① 제4조에 따른 구호에 필요한 비용은 구호기관이 부담한다.
② 국가는 구호기관이 재해구호를 위하여 부담한 비용의 전부 또는 일부를 대통령령으로 정하는 바에 따라 국고 등으로 보조할 수 있다.(2016.1.7 본항개정)
③ 국가 또는 제1항에 따라 구호[「재난 및 안전관리 기본법」제3조제1호나목에 따른 사회재난(이하 이 조에서 "사회재난"이라 한다)으로 인한 피해의 구호에 한정한다]에 필요한 비용을 부담한 구호기관은 해당 구호의 원인이 되는 사회재난에 대하여 그 원인을 제공한 자가 따로 있는 경우에는 대통령령으로 정하는 바에 따라 그 원인제공자에게 구호기관이 부담한 비용(국가의 경우에는 제2항에 따른 보조금을 말한다)의 전부 또는 일부를 청구할 수 있다.(2016.1.7 본항신설)
(2010.7.23 본조개정)

제14조【재해구호기금의 적립 등】 ① 시·도지사는 제13조제1항에 따른 구호비용을 부담하기 위하여 매년 재해구호기금을 적립하여야 한다.
② 재해구호기금은 이재민의 구호 등 대통령령으로 정하는 용도 외에는 사용할 수 없다.
③ 재해구호기금의 운영 및 관리에 필요한 사항은 대통령령으로 정한다.
(2010.7.23 본조개정)
제15조【재해구호기금의 최저적립액】 ① 제14조제1항에 따른 재해구호기금의 매년 최저적립액은 최근 3년 동안의「지방세법」에 따른 보통세의 수입결산액 연평균액의 1천분의 5에 해당하는 금액으로 한다. 다만, 특별시의 경우에는 1천분의 2.5에 해당하는 금액으로 한다.
② 시·도지사는 제1항에 따라 적립된 재해구호기금의 누적집행잔액이 최근 3년 동안의「지방세법」에 따른 보통세의 수입결산액 연평균액의 1천분의 30을 초과하는 경우에는 제1항에도 불구하고 해당 연도의 최저적립액 이하로 적립할 수 있다.
(2010.7.23 본조개정)
제16조【수입금의 처리】 시·도지사는 재해구호기금을 운용하여 수입이 생기면 그 전액을 재해구호기금으로 적립하여야 한다.(2010.7.23 본조개정)
제16조의2【재해구호기술 연구·개발 사업 추진】 ① 행정안전부장관 및 시·도지사등은 재해구호기술의 발전에 필요한 재해구호기술 연구·개발 사업을 할 수 있다.
② 행정안전부장관 및 시·도지사등은 제1항에 따른 재해구호기술 연구·개발 사업을 효율적으로 추진하기 위하여 필요한 경우 대통령령으로 정하는 전문기관으로 하여금 연구·개발을 수행하게 할 수 있다.
③ 행정안전부장관 및 시·도지사등은 제2항에 따라 재해구호기술 연구·개발을 수행하는 전문기관에 대하여 필요한 비용을 지원할 수 있다.
(2017.7.26 본조개정)
제16조의3【재해구호 전문인력의 양성】 ① 행정안전부장관 및 시·도지사등은 이재민등의 원활한 구호를 위하여 재해구호 전문인력을 양성하여야 한다.(2017.7.26 본항개정)
② 행정안전부장관 및 시·도지사등은 제1항에 따른 재해구호 전문인력의 양성을 위하여 다음 각 호의 어느 하나에 해당하는 기관 또는 단체를 재해구호 전문인력 양성기관으로 지정하여 필요한 교육훈련을 실시하게 할 수 있다.(2017.7.26 본문개정)
1.「고등교육법」제2조에 따른 학교
2. 제16조의2제2항에 따른 전문기관
3. 그 밖에 구호활동을 목적으로 설립된 기관 또는 단체
③ 국가와 지방자치단체는 제2항에 따라 지정된 재해구호 전문인력 양성기관(이하 "전문인력 양성기관"이라 한다)에 대하여 교육훈련에 필요한 비용의 전부 또는 일부를 지원할 수 있다.
④ 제1항부터 제3항까지에서 규정한 사항 외에 교육훈련의 내용, 전문인력 양성기관의 지정 기준 및 절차 등에 관한 세부사항은 대통령령으로 정한다.
(2016.1.7 본조신설)
제16조의4【전문인력 양성기관 지정의 취소】 ① 행정안전부장관 및 시·도지사등은 전문인력 양성기관이 다음 각 호의 어느 하나에 해당하는 경우에는 그 지정을 취소하거나 6개월의 범위에서 기간을 정하여 업무의 전부 또는 일부를 정지할 수 있다. 다만, 제1호에 해당하는 경우에는 그 지정을 취소하여야 한다.(2017.7.26 본문개정)
1. 거짓이나 부정한 방법으로 지정을 받은 경우
2. 제16조의3제4항에 따른 지정기준에 적합하지 아니하게 된 경우
② 제1항에 따른 행정처분의 세부기준은 그 사유와 위반의 정도를 고려하여 행정안전부령으로 정한다.(2017.7.26 본항개정)
(2016.1.7 본조신설)
제16조의5【재해구호 훈련의 실시】 ① 행정안전부장관 및 시·도지사등은 재해 발생 시 신속하고 원활한 구호를 위하여 구호지원기관 등 관계 기관(이하 "훈련참여기관"이라 한다)과 합동하여 정기적으로 또는 필요 시 재해구호 훈련을 실시할 수 있다.(2017.7.26 본항개정)
② 행정안전부장관 및 시·도지사등은 제1항에 따른 재해구호 훈련을 실시하려면 사전에 재해구호 훈련계획을 수립하여 훈련참여기관의 장에게 통보하여야 한다.
(2017.7.26 본항개정)
③ 제1항에 따른 재해구호 훈련의 시기·절차 등에 필요한 사항은 대통령령으로 정한다.
(2016.1.7 본조신설)

제3장 의연금품의 모집

제17조【의연금품의 모집허가】 ① 의연금품을 모집하려는 자는 다음 각 호의 사항을 적은 모집계획서를 작성하여 행정안전부장관의 허가를 받아야 한다. 제4항에 따른 변경허가를 받으려는 경우에도 또한 같다.(2017.7.26 전단개정)
1. 모집허가신청자의 성명·주소·주민등록번호 및 연락처(모집허가신청자가 법인이나 단체인 경우에는 그 명칭, 주된 사무소의 소재지, 대표자의 성명·주소·주민등록번호 및 연락처)
2. 모집목적, 모집금품의 종류 및 모집목표액, 모집지역, 모집방법, 모집기간, 모집금품의 보관방법 등을 구체적으로 밝힌 모집계획. 이 경우 모집기간은 1년 이내로 하여야 한다.
3. 모집비용의 예정액 명세(明細)와 조달방법
4. 모집비용을 제외한 모집금의 납입방법과 모집물품의 전달방법 등을 구체적으로 밝힌 전달계획
5. 모집사무소를 두는 경우에는 그 소재지
6. 그 밖에 의연금품 모집에 필요한 사항
②~③ (2012.10.22 삭제)
④ 모집자는 모집계획서의 내용을 변경하려는 경우에는 모집기간에 행정안전부장관의 변경허가를 받아야 한다.
(2017.7.26 본항개정)
⑤ 다음 각 호의 어느 하나에 해당하는 자는 제1항에 따른 허가신청을 할 수 없다.
1. 미성년자·피성년후견인 또는 피한정후견인
(2016.1.7 본호개정)
2. 파산선고를 받고 복권되지 아니한 사람
3. 금고 이상의 실형을 선고 받고 그 집행이 끝나거나(집행이 끝난 것으로 보는 경우를 포함한다) 그 집행을 받지 아니하기로 확정된 날부터 2년이 지나지 아니한 사람
4. 집행유예를 선고받고 그 유예기간 중에 있는 사람
5. 제23조제1항에 따라 허가가 취소(이 항 제1호 또는 제2호에 해당하여 허가가 취소된 경우는 제외한다)된 후 1년이 지나지 아니한 자(법인 또는 단체가 허가취소된 경우에는 허가취소사유가 발생한 당시의 대표자 또는 임원을 포함한다)(2016.1.7 본호개정)
6. 대표자나 임원이 제1호부터 제5호까지의 어느 하나에 해당하는 법인 또는 단체
⑥ 행정안전부장관은 제1항에 따른 허가의 신청 또는 제4항에 따른 변경허가의 신청이 있는 경우에는 다음 각 호의 어느 하나에 해당하는 경우를 제외하고는 허가 또는 변경허가를 하여야 한다.(2017.7.26 본문개정)
1. 신청자가 제5항 각 호의 어느 하나에 해당하는 경우
2. 모집목적이 영리·정치·종교 활동 등 재해구호활동에 해당하지 아니하는 경우
3. 모집장소, 모집방법 및 모집금품의 전달방법 등이 이 법의 관련 규정에 위반되는 경우
4. 모집방법, 모집비용의 조달방법 등 모집계획서의 내용이 실현 가능성이 없는 경우
5. 그 밖에 이 법 또는 다른 법령에 따른 제한에 위반되는 경우
(2012.10.22 본항신설)
⑦ 행정안전부장관은 제1항 또는 제4항에 따라 허가 또는 변경허가를 하는 경우에는 행정안전부령으로 정하는 사항을 적은 허가증을 신청인에게 발급하여야 한다.
(2017.7.26 본항개정)
(2010.7.23 본조개정)
제18조【국가 등에 의한 의연금품의 모집 및 접수의 제한】 ① 국가 또는 지방자치단체 및 그 소속 기관과 공무원은 의연금품의 모집 및 접수를 할 수 없다.(2011.8.4 단서삭제)
② 지역구호센터의 장은 제1항에도 불구하고 이재민 구호를 위하여 자발적으로 기탁하는 의연물품을 접수할 수 있다.
(2010.7.23 본조개정)
제19조【의연금품의 접수장소 등】 ① 의연금품은 국가기관, 지방자치단체, 언론기관, 금융기관, 그 밖의 공개된 장소에서 접수하여야 한다.
② 모집자나 모집종사자는 의연금품의 접수 사실을 장부에 기록하고, 기부자에게 영수증을 발급하여야 한다. 다만, 익명(匿名) 기부 등 기부자를 알 수 없는 경우에는 영수증을 발급하지 아니할 수 있다.
③ 모집종사자는 의연금품의 모집을 중단하거나 끝낸 후 5일 이내에 모집자에게 접수내용과 접수금품을 인계하여야 한다.
(2010.7.23 본조개정)
제20조【의연금품 출연 강요의 금지 등】 ① 모집자나 모집종사자는 타인에게 의연금품을 내도록 강요하여서는 아니 된다.
② 모집종사자는 자신의 모집행위가 모집자를 위한 것임을 표시하여야 한다.
(2010.7.23 본조개정)
제21조【의연금품 모집에 관한 정보 공개】 행정안전부장관은「공공기관의 정보공개에 관한 법률」제7조에 따라 의연금품의 모집과 사용에 관한 정보를 공개하여야 한다.(2017.7.26 본조개정)
제22조【검사 등】 ① 행정안전부장관은 의연금품의 모집 또는 접수행위가 이 법 또는 이 법에 따른 명령을 위반하는지를 확인하기 위하여 필요하다고 인정하면 모집자나 모집종사자에게 관계 서류·장부 또는 그 밖의 사업보고서를 제출하게 하거나 소속 공무원으로 하여금 모집

자의 사무소·모금장소 등에 출입하여 장부 등을 검사하게 할 수 있다.(2017.7.26 본항개정)
② 제1항에 따라 검사를 하는 공무원은 그 권한을 표시하는 증표를 지니고 이를 관계인에게 내보여야 한다.
(2010.7.23 본조개정)

제23조【허가의 취소 등】 ① 행정안전부장관은 모집자나 모집종사자가 다음 각 호의 어느 하나에 해당하는 경우에는 제17조제1항에 따른 허가를 취소할 수 있으며, 허가를 취소하는 경우에는 모집된 의연금품을 기부자에게 반환할 것을 명하여야 한다.(2017.7.26 본문개정)
1. 모집자가 속임수나 그 밖의 부정한 방법으로 제17조제1항에 따른 의연금품의 모집허가를 받은 경우
2. 모집자가 제17조제1항에 따른 모집계획서와 다르게 의연금품을 모집한 경우
3. 모집자가 제17조제5항 각 호의 결격사유에 해당하게 된 경우. 다만, 법인 또는 단체의 대표자 또는 임원 중 제17조제5항제6호에 해당하는 사람이 있는 경우 3개월 이내에 그 대표자 또는 임원을 바꾸어 임명한 경우에는 그러하지 아니하다.
4. 모집자나 모집종사자가 제19조제1항을 위반하여 공개된 장소가 아닌 장소에서 의연금품을 접수한 경우
5. 모집자나 모집종사자가 제20조제1항을 위반하여 의연금품을 내도록 강요한 경우
6. 모집자나 모집종사자가 제22조제1항에 따른 관계 서류 등의 제출명령에 따르지 아니하거나 관계 공무원의 출입·검사를 거부·기피 또는 방해한 경우
7. 모집자가 모집한 의연금을 제26조제2항에 따라 개설한 계좌에 납입하지 아니한 경우
8. 모집자나 모집종사자가 제28조제1항에 따른 장부·서류 등을 갖추어 두지 아니한 경우
② 제1항에 따라 반환명령을 받은 모집자는 의연금품을 기부한 자를 알 수 없거나 기부한 자가 수령을 거부하는 경우에는 반환할 의연금을 제26조제2항에 따라 개설한 계좌에 납입하여야 하고, 반환할 의연물품을 해당 지역구호센터에 전달하여야 한다.
③ 모집자가 제1항과 제2항에 따라 의연금품의 반환을 마치면 지체 없이 그 결과를 행정안전부장관에게 보고하여야 한다.(2017.7.26 본항개정)
(2010.7.23 본조개정)

제24조【청문】 행정안전부장관은 제23조제1항에 따라 모집자의 허가를 취소하려면 청문을 하여야 한다.
(2017.7.26 본조개정)

제4장 배분위원회의 구성·운영 및 의연금품의 사용 등

제25조【배분위원회의 구성·운영 등】 ① 의연금의 배분에 관한 사항을 심의·의결하기 위하여 제29조제4항에 따른 전국재해구호협회의 이사회를 배분위원회로 한다.
② 배분위원회는 다음 각 호의 사항을 심의·의결한다.
1. 제26조제4항에 따른 사업에 관한 사항
2. 배분위원회의 비용 등 운영에 관한 사항
3. 그 밖에 의연금의 사용에 관한 것으로서 배분위원장이 회의에 부치는 사항
(2010.7.23 본조개정)

제26조【의연금품의 배분 및 사용 등】 ① 모집자는 의연금품의 모집을 마친 후 7일 이내에 모집된 의연금품의 목록을 행정안전부장관에게 제출하여야 한다.(2017.7.26 본항개정)
② 모집자는 제27조에 따른 모집비용을 제외한 의연금을 배분위원회가 의연금 배분을 위하여 개설한 계좌에 즉시 납입하여야 한다.
③ 의연금은 배분위원회의 심의·의결을 거쳐 배분하여야 하며, 의연물품은 모집자가 모집목적에 따라 해당 지역구호센터에 전달하여 배분하여야 한다.
④ 제2항에 따라 납입된 의연금은 다음 각 호의 사업에 사용할 수 있다.
1. 구호금의 지급(2016.1.7 본호개정)
2. 생계 및 생활안정에 필요한 장비·용품의 지원
(2016.1.7 본호개정)
3. 임시주거시설의 지원(2024.1.16 본호개정)
4. 그 밖에 행정안전부장관이 필요하다고 인정하는 사업
(2017.7.26 본호개정)
⑤ 의연금은 대통령령으로 정하는 바에 따라 전국재해구호협회의 운영 비용으로 사용할 수 있다.
⑥ 제2항에 따라 납입된 의연금은 제4항제1호에 따른 구호금에 우선 사용하여야 한다.
⑦ 제4항제1호에 따른 구호금의 지급기준 등 의연금품의 관리·운용에 대하여는 행정안전부장관이 전국재해구호협회의 장과 협의하여 고시한다.(2017.7.26 본항개정)
(2010.7.23 본조개정)

제26조의2【의연금 회계】 ① 전국재해구호협회(이하 "협회"라 한다)의 회계연도는 정부의 회계연도에 따른다.
② 협회는 제26조제2항에 따라 배분위원회에 개설된 계좌로 납입된 의연금에 대하여 국민들이 쉽게 수입과 지출을 알 수 있도록 별도의 회계(이하 "의연금 회계"라 한다)를 두고 투명하게 관리하여야 한다.
③ 협회는 의연금 회계의 사용을 위하여 의연금 운용계획 및 예산안을 수립하고, 결산서를 작성하여야 한다.
④ 제3항에 따른 운용계획 및 예산안은 회계연도가 시작되기 1개월 전까지 행정안전부장관에게 제출하여야 하고, 결산서는 회계연도 종료 후 3개월 이내에 행정안전부장관에게 제출하여야 한다. 이 경우 결산서에는 「공인회계사법」에 따른 회계법인의 감사보고서를 첨부하여야 한다.
⑤ 의연금 회계의 수입은 제26조제2항에 따라 배분위원회에 납입된 의연금, 이자수입, 잉여금 등으로 충당한다.
⑥ 협회는 결산상 잉여금을 다음 회계연도에 의연금 회계로 이월하여 목적에 맞게 사용하여야 한다.
(2024.1.16 본조신설)

제27조【모집비용 충당 등】 ① 의연금품의 모집에 필요한 경비는 제17조제1항제3호에 따라 제출된 모집비용의 예정액 명세로 하되, 모집된 의연금의 100분의 2를 초과하지 아니하는 범위에서 대통령령으로 정하는 바에 따라 충당할 수 있다.
② 제1항에 따라 충당된 의연금은 의연금품의 모집, 관리, 운영, 사용, 결과보고 등 의연금품의 모집에 필요한 경비에 한정하여 사용하여야 한다.(2024.1.16 본항개정)
(2010.7.23 본조개정)

제28조【공개의무 및 회계감사 등】 ① 모집자와 모집종사자는 모집기간 동안 대통령령으로 정하는 바에 따라 의연금품의 모집 상황 및 목록을 나타내는 장부·서류 등을 작성하고 갖추어 두어야 한다.
② 모집자가 의연금품의 모집을 중단 또는 완료하거나 배분위원회가 의연금의 배분을 끝내면 대통령령으로 정하는 바에 따라 그 결과를 공개하여야 한다.
③ 모집자나 배분위원회는 제2항에 따라 의연금품의 모집 또는 배분을 끝내면 대통령령으로 정하는 바에 따라 의연금품의 모집상황 및 목록, 구체적인 배분 내용에 대한 보고서에 「공인회계사법」 제7조에 따라 등록한 공인회계사 또는 「주식회사 등의 외부감사에 관한 법률」 제2조제7호 및 제9조에 따른 감사인(監査人)이 작성한 감사보고서를 첨부하여 행정안전부장관에게 제출하여야 한다. 다만, 모집된 의연금품이 대통령령으로 정하는 규모 이하인 경우에는 감사보고서 첨부를 생략할 수 있다.
(2017.10.31 본문개정)
(2010.7.23 본조개정)

제5장 전국재해구호협회의 설립 및 운영 등

제29조【전국재해구호협회의 설립 등】 ① 의연금품의 모집·관리 및 구호활동 등을 위하여 전국재해구호협회를 설립한다.(2024.1.16 본항개정)
② 협회는 법인으로 한다.
③ 협회는 그 주된 사무소의 소재지에 설립등기를 함으로써 성립한다.
④ 협회는 의연금품의 모집·배분 및 관리를 효율적으로 하기 위하여 이사회를 두며, 이 법에 규정된 것을 제외하고는 「민법」 중 사단법인에 관한 규정을 준용한다.
(2010.7.23 본조개정)

제30조【협회의 회원】 협회의 회원 자격은 다음과 같다.
1. 협회의 목적과 사업에 찬성하는 사람으로서 사회 각계 각층의 대표
2. 재해구호 전문가
(2010.7.23 본조개정)

제31조【협회의 사업】 ① 협회는 제29조제1항에 따른 목적을 달성하기 위하여 다음 각 호의 사업을 수행할 수 있다.
1. 의연금품의 모집·배분 및 관리(2016.1.7 본호개정)
2. 구호세트의 제작, 재해구호물자의 관리·공급 및 보관창고의 설치·운영(2014.5.14 본호개정)
3. 재해구호에 관한 홍보 및 조사연구 등 재해구호 관련 사업
4. 제25조에 따른 배분위원회의 설치·운영
5. 재해구호 활동지원, 자원봉사자 및 자원봉사단체 관리·운영지원
6. 그 밖에 대통령령으로 정하는 사업
② 제1항제1호에 따른 의연금품의 관리에 필요한 사항은 대통령령으로 정한다.
(2010.7.23 본조개정)

제32조【협회의 정관】 ① 협회의 정관에는 다음 각 호의 사항이 포함되어야 한다.
1. 목적
2. 명칭
3. 주된 사무소의 소재지
4. 회원의 자격
5. 이사회에 관한 사항
6. 재산 및 회계에 관한 사항
7. 정관의 변경에 관한 사항
8. 그 밖에 협회의 운영에 관한 사항
② 협회는 정관을 변경하려면 행정안전부장관의 허가를 받아야 한다.(2017.7.26 본항개정)
(2010.7.23 본조개정)

제33조【재해구호업무의 위탁】 구호기관은 재해구호업무를 효율적으로 수행하기 위하여 대통령령으로 정하는 바에 따라 다음 각 호의 업무를 구호지원기관에 위탁할 수 있다.
1. 이재민등에 대한 급식 제공(2016.1.7 본호개정)
2. 구호세트의 제작 및 재해구호물자의 관리·공급
(2014.5.14 본호개정)
3. 구호물자 보관창고의 설치·운영 및 관리
4. 그 밖에 행정안전부장관이 필요하다고 인정하는 재해구호업무(2017.7.26 본호개정)
(2010.7.23 본조개정)

제33조의2【기본재산의 취득 등】 협회는 정관으로 정하는 기본재산을 취득, 매매, 증여, 교환, 또는 임대하거나 이를 담보로 제공하려면 행정안전부장관의 허가를 받아야 한다.(2024.1.16 본조신설)

제33조의3【지도·감독 등】 ① 행정안전부장관은 협회의 투명하고 효율적인 관리를 위하여 지도·감독을 한다.
② 행정안전부장관은 필요하다고 인정할 경우 협회에 업무·회계 및 재산 등에 관한 서류의 제출을 명하거나 소속 공무원으로 하여금 그 운영상황에 대한 조사, 장부 등 기타 서류의 검사를 하도록 할 수 있다.
③ 행정안전부장관은 필요하다고 인정할 경우 협회에 대하여 「주식회사 등의 외부감사에 관한 법률」 제2조제7호에 따른 감사인의 회계감사를 받게 할 수 있다.
④ 제2항에 따른 조사 또는 검사를 하는 관계 공무원은 그 권한을 증명하는 증표를 지니고 이를 관계인에게 내보여야 한다.
⑤ 제2항에 따른 조사 또는 검사의 절차·방법 등에 관하여는 이 법에서 정하는 사항을 제외하고는 「행정조사기본법」에서 정하는 바를 따른다.
(2024.1.16 본조신설)

제33조의4【시정명령 등】 ① 행정안전부장관은 다음 각 호의 어느 하나에 해당하는 사유가 있다고 인정되면 협회에 대하여 협회의 임직원에 대한 징계 등 처분을 요구하거나 그 사업의 시정 또는 정지를 명할 수 있다.
1. 회계부정, 재산의 부당한 손실, 현저한 부당 행위 등으로 설립목적을 달성하지 못할 우려를 발생시킨 경우
2. 제26조제7항에 따른 구호금 지급기준 등을 위반하여 의연금을 배분한 경우
3. 제26조의2제3항에 따른 의연금 운용계획 및 예산안 외의 용도에 의연금을 사용하거나 결산서에 오류가 발생한 경우
4. 해당 사업을 계속하는 것이 협회 목적에 위배된다고 인정될 경우
5. 제33조의3에 따른 조사, 검사 또는 회계감사의 결과가 이 법 또는 정관을 위반한 경우
6. 그 밖에 협회의 운영이 이 법 또는 정관을 위반한 경우
② 행정안전부장관은 제1항에 따라 사업의 시정 또는 정지를 명한 경우에는 그 사유 및 내용을 공표할 수 있다.
③ 제2항에 따른 공표의 방법, 기준 및 절차 등은 대통령령으로 정한다.
(2024.1.16 본조신설)

제6장 벌 칙

(2010.7.23 본장제목개정)

제34조【벌칙】 ① 다음 각 호의 어느 하나에 해당하는 자는 3년 이하의 징역 또는 3천만원 이하의 벌금에 처한다.
1. 제17조제1항에 따른 허가를 받지 아니하거나 속임수나 그 밖의 부정한 방법으로 허가를 받고 의연금품을 모집한 자
2. 제20조제1항을 위반하여 의연금품을 내도록 강요한 자
3. 제23조제1항에 따른 반환명령에 따르지 아니한 자
4. 제23조제2항을 위반하여 의연금을 계좌에 납입하지 아니하거나 의연물품을 해당 지역구호센터에 전달하지 아니한 자
5. 제26조제1항을 위반하여 의연금품의 목록을 제출하지 아니하거나 거짓으로 제출한 자
5의2. 제26조제4항을 위반하여 의연금을 사용한 자
(2024.1.16 본호신설)
6. 제27조를 위반하여 의연금의 100분의 2를 초과하여 모집비용에 충당한 자
6의2. 제28조제2항을 위반하여 공개의무를 이행하지 아니하거나 거짓으로 공개한 자(2024.1.16 본호신설)
7. 제28조제3항을 위반하여 감사보고서 또는 의연금품의 모집상황 및 목록, 구체적인 배분 내용 등에 대한 보고서를 제출하지 아니한 자
7의2. 제33조의2를 위반하여 행정안전부장관의 허가를 받지 아니하고 기본재산의 취득 등을 한 자(2024.1.16 본호신설)
8. 속임수나 그 밖의 부정한 방법으로 이 법에 따른 구호를 받거나 다른 사람으로 하여금 구호를 받게 한 자
② 다음 각 호의 어느 하나에 해당하는 자는 1년 이하의 징역 또는 1천만원 이하의 벌금에 처한다.
1. 제18조제1항을 위반하여 의연금품을 모집하거나 접수한 자

2. 제19조제2항을 위반하여 장부에 의연금품 접수 사실을 기록하지 아니하거나 거짓으로 기록한 자
3. 제28조제1항을 위반하여 장부·서류 등을 작성하지 아니하거나 갖추어 두지 아니한 자
4. 정당한 이유 없이 제33조의3제3항에 따른 회계감사를 받지 아니한 자
5. 정당한 이유 없이 제33조의4제1항에 따른 사업의 시정 또는 정지 명령을 이행하지 아니한 자
(2024.1.16 4호~5호신설)
(2010.7.23 본조개정)

제35조【양벌규정】 법인의 대표자나 법인 또는 개인의 대리인, 사용인, 그 밖의 종업원이 그 법인 또는 개인의 업무에 관하여 제34조의 위반행위를 하면 그 행위자를 벌하는 외에 그 법인 또는 개인에게도 해당 조문의 벌금형을 과(科)한다. 다만, 법인 또는 개인이 그 위반행위를 방지하기 위하여 해당 업무에 관하여 상당한 주의와 감독을 게을리하지 아니한 경우에는 그러하지 아니하다.
(2008.12.26 본조개정)

제36조【과태료】 ① 다음 각 호의 어느 하나에 해당하는 자에게는 500만원 이하의 과태료를 부과한다.
1. 제9조제2항 후단을 위반하여 토지나 건물 등의 사용에 정당한 사유 없이 협조하지 아니한 자
2. 제10조제1항 전단에 따른 공무원의 조사를 정당한 사유 없이 거부·방해 또는 기피한 자
3. 제11조제1항 후단을 위반하여 시설·물자의 우선사용 등 협력 요청에 정당한 사유 없이 협력하지 아니한 자
4. 제19조제1항을 위반하여 공개된 장소가 아닌 곳에서 의연금품을 접수한 자
5. 제20조제2항을 위반하여 모집행위가 모집자를 위한 것임을 표시하지 아니한 모집종사자
6. 제22조제1항에 따른 관계 서류 등의 제출명령에 따르지 아니하거나 관계 공무원의 출입·검사를 거부·기피 또는 방해한 자
7. 제33조의3제2항에 따른 서류 제출명령에 따르지 아니하거나 관계 공무원의 조사 또는 검사를 거부·기피 또는 방해한 자(2024.1.16 본호신설)

② 제1항에 따른 과태료는 대통령령으로 정하는 바에 따라 행정안전부장관 또는 구호기관이 부과·징수한다.
(2017.7.26 본항개정)
(2010.7.23 본조개정)

부 칙 (2016.1.7)

제1조【시행일】 이 법은 공포 후 6개월이 경과한 날부터 시행한다.

제2조【구호비용의 청구에 관한 적용례】 제13조제3항의 개정규정은 이 법 시행 후 발생한 사회재난의 경우부터 적용한다.

제3조【금치산자 등에 대한 경과조치】 제17조제5항제1호의 개정규정에 따른 피성년후견인 또는 피한정후견인에는 법률 제10429호 민법 일부개정법률 부칙 제2조에 따라 금치산 또는 한정치산 선고의 효력이 유지되는 사람을 포함하는 것으로 본다.

부 칙 (2020.1.29)

이 법은 공포 후 6개월이 경과한 날부터 시행한다.

부 칙 (2024.1.16)

제1조【시행일】 이 법은 공포 후 6개월이 경과한 날부터 시행한다.

제2조【결산상 잉여금에 대한 적용례】 제26조의2제6항의 개정규정에 따른 결산상 잉여금은 의연금 회계로 분리하기 이전에 발생한 의연금 관련 잉여금을 포함한다.

부 칙 (2024.1.30)

이 법은 공포 후 6개월이 경과한 날부터 시행한다.

의사상자 등 예우 및 지원에 관한 법률(약칭 : 의사상자법)

(2007년 8월 3일 전부개정법률 제8609호)

개정
2008. 2.29법 8852호(정부조직)
2010. 1.18법 9932호(정부조직)
2011. 8. 4법11006호
2014. 1.28법12363호
2015.12.29법13659호
2017. 4.18법14779호
2018.12.11법15897호
2024. 1.23법20106호→2024년 7월 24일 시행

제1조【목적】 이 법은 직무 외의 행위로 위해(危害)에 처한 다른 사람의 생명·신체 또는 재산을 구하다가 사망하거나 부상을 입은 사람과 그 유족 또는 가족에 대하여 그 희생과 피해의 정도 등에 알맞은 예우와 지원을 함으로써 의사상자의 숭고한 뜻을 기리고 사회정의를 실현하는 데에 이바지하는 것을 목적으로 한다.

제2조【정의】 이 법에서 사용하는 용어의 정의는 다음과 같다.
1. "구조행위"란 자신의 생명 또는 신체상의 위험을 무릅쓰고 급박한 위해에 처한 다른 사람의 생명·신체 또는 재산을 구하기 위한 직접적·적극적 행위를 말한다.
2. "의사자(義死者)"란 직무 외의 행위로서 구조행위를 하다가 사망(의상자가 그 부상으로 인하여 사망한 경우를 포함한다)하여 보건복지부장관이 이 법에 따라 의사자로 인정한 사람을 말한다.(2010.1.18 본호개정)
3. "의상자(義傷者)"란 직무 외의 행위로서 구조행위를 하다가 대통령령으로 정하는 신체상의 부상을 입어 보건복지부장관이 이 법에 따라 의상자로 인정한 사람을 말한다.(2010.1.18 본호개정)
4. "의사상자"란 의사자 및 의상자를 말한다.
5. "의사자유족"이란 의사자의 배우자(사실상의 혼인관계에 있는 자를 포함한다. 이하 같다), 자녀, 부모, 조부모 또는 형제자매를 말한다.
6. "의상자가족"이란 의상자의 배우자, 자녀, 부모, 조부모 또는 형제자매를 말한다.

제3조【적용범위】 ① 이 법은 다음 각 호의 어느 하나에 해당하는 때에 적용한다.
1. 강도·절도·폭행·납치 등의 범죄행위를 제지하거나 그 범인을 체포하다가 사망하거나 부상을 입는 구조행위를 한 때
2. 자동차·열차, 그 밖의 운송수단의 사고로 위해에 처한 다른 사람의 생명·신체 또는 재산을 구하다가 사망하거나 부상을 입는 구조행위를 한 때
3. 천재지변, 수난(水難), 화재, 건물·축대·제방의 붕괴 등으로 위해에 처한 다른 사람의 생명·신체 또는 재산을 구하다가 사망하거나 부상을 입는 구조행위를 한 때
4. 천재지변, 수난, 화재, 건물·축대·제방의 붕괴 등으로 일어날 수 있는 불특정 다수인의 위해를 방지하기 위하여 긴급한 조치를 하다가 사망하거나 부상을 입는 구조행위를 한 때
5. 야생동물 또는 광견 등의 공격으로 위해에 처한 다른 사람의 생명·신체 또는 재산을 구하다가 사망하거나 부상을 입는 구조행위를 한 때
6. 해수욕장·하천·계곡, 그 밖의 장소에서 물놀이 등을 하다가 위해에 처한 다른 사람의 생명 또는 신체를 구하다가 사망하거나 부상을 입는 구조행위를 한 때
7. 국가 또는 지방자치단체의 요청에 따라 구조행위를 위하여 대통령령으로 정하는 통상적인 경로와 방법으로 이동하던 중에 사망하거나 부상을 입은 때(2011.8.4 본호신설)
8. 그 밖에 제1호부터 제6호까지와 유사한 형태의 위해에 처한 다른 사람의 생명·신체 또는 재산을 구하다가 사망하거나 부상을 입는 구조행위를 한 때

② 제1항에도 불구하고 다음 각 호의 어느 하나에 해당하는 사람에 대하여는 이 법을 적용하지 아니한다.
1. 자신의 행위로 인하여 위해에 처한 사람에 대하여 구조행위를 하다가 사망하거나 부상을 입은 사람
2. 구조행위 또는 그와 밀접한 행위와 관련 없는 자신의 중대한 과실이 직접적인 원인이 되어 사망하거나 부상을 입은 사람

제4조【의사상자심사위원회】 ① 다음 각 호의 사항을 심사·의결하기 위하여 보건복지부에 의사상자심사위원회(이하 "위원회"라 한다)를 둔다.(2010.1.18 본문개정)
1. 제5조에 따른 의사상자의 인정 및 의상자의 부상등급의 결정에 관한 사항
2. 제6조에 따른 의상자의 부상등급 변경에 관한 사항
3. 제6조의2에 따른 이의신청에 관한 사항(2014.1.28 본호신설)
4. 의사상자·의사자유족 및 의상자가족의 예우에 관한 사항
5. 의상자 및 의사자유족에 대한 보상금 지급에 관한 사항
6. 그 밖에 의사상자 등의 예우 및 지원을 위하여 필요하다고 인정되어 위원장이 회의에 부치는 사항

② 위원회는 위원장과 부위원장 각 1인을 포함한 15인 이내의 위원으로 구성하며, 위원장·부위원장과 그 밖의 위원은 이 법에 따른 예우 및 지원 등에 관하여 학식과 경험이 풍부한 사람 중에서 보건복지부장관이 임명하거나 위촉한다. 이 경우 공무원이 아닌 위원이 전체 위원의 과반수가 되도록 하여야 한다.(2018.12.11 후단신설)
③ 제2항에 따라 위촉된 위원의 임기는 2년으로 하며, 연임할 수 있다.
④ 위원회는 제1항에 따른 심사·의결을 위하여 필요하다고 인정되는 때에는 관계자를 출석시키거나 조사할 수 있으며, 국가·지방자치단체 및 공공단체에 대하여 관련되는 사항을 보고하게 하거나 자료의 제출을 요구할 수 있다.
⑤ 위원회의 구성과 운영에 관하여 필요한 사항은 대통령령으로 정한다.

제5조【인정신청 등】 ① 이 법의 적용을 받으려는 사람은 대통령령으로 정하는 바에 따라 그 주소지 또는 구조행위지를 관할하는 시장(「제주특별자치도 설치 및 국제자유도시 조성을 위한 특별법」에 따른 행정시장을 포함한다. 이하 같다)·군수·구청장(자치구의 구청장에 한한다. 이하 같다)에게 의사상자 인정신청을 하여야 한다.
② 시장·군수·구청장은 제1항에 따른 인정신청을 받은 때에는 지체 없이 특별시장·광역시장·도지사 또는 특별자치도지사(이하 "시·도지사"라 한다)를 거쳐 보건복지부장관에게 의사상자 인정 여부의 결정을 청구하여야 한다.(2010.1.18 본항개정)
③ 시장·군수·구청장은 제1항 및 제2항에도 불구하고 관할 구역 안에서 구조행위가 있었다는 사실을 알게 된 때에는 직권으로 시·도지사를 거쳐 보건복지부장관에게 의사상자 인정 여부의 결정을 청구할 수 있다.
(2010.1.18 본항개정)
④ 경찰관서의 장은 관할 구역 안에서 구조행위가 있었다는 사실을 알게 된 때에는 시장·군수·구청장에게 제3항에 따른 청구를 요청할 수 있다.(2024.1.23 본항신설)
⑤ 보건복지부장관은 제2항 및 제3항에 따른 청구를 받은 때에는 위원회의 심사·의결을 거쳐 60일 이내에 의사상자 인정 여부를 결정하여야 한다. 다만, 구조행위의 사실 여부 확인 등 부득이한 사유가 있는 때에는 30일의 범위 내에서 그 기간을 연장할 수 있다.(2010.1.18 본문개정)
⑥ 보건복지부장관은 제5항에 따라 의상자로 인정하는 결정을 하는 때에는 대통령령으로 정하는 부상 정도에 따른 등급(이하 "부상등급"이라 한다)을 함께 결정하여야 한다.(2024.1.23 본항개정)

제6조【부상등급 변경신청】 ① 의상자가 그 구조행위로 인하여 입은 부상이 악화되어 제5조제6항에 따라 결정된 부상등급의 변경을 원하는 경우에는 대통령령으로 정하는 바에 따라 그 주소지를 관할하는 시장·군수·구청장에게 부상등급 변경신청을 하여야 한다.
② 제5조제2항 및 제5항은 제1항에 따른 부상등급 변경의 신청절차 및 인정 여부에 관하여 준용한다.
(2024.1.23 본조개정)

제6조의2【이의신청】 ① 제4조제1항제1호 또는 제2호의 사항과 관련된 보건복지부장관의 결정에 이의(異議)가 있는 사람은 결정을 통보받은 날부터 30일 이내에 보건복지부령으로 정하는 바에 따라 보건복지부장관에게 이의를 신청할 수 있다.
② 보건복지부장관은 제1항에 따른 이의신청에 대하여 위원회의 심사·의결을 거쳐 60일 이내에 결정하고, 그 결과를 이의신청을 한 사람에게 통보하여야 한다. 다만, 그 기간 내에 결정할 수 없는 부득이한 사유가 있는 때에는 30일의 범위에서 기간을 연장할 수 있다.
③ 제1항에 따라 이의신청을 한 사람은 그 이의신청과 관계없이 「행정심판법」에 따른 행정심판을 청구할 수 있다.
(2014.1.28 본조신설)

제7조【영전의 수여 등】 국가는 의사상자가 보여준 살신성인의 숭고한 희생정신과 용기가 항구적으로 존중되고 사회의 귀감이 될 수 있도록 「상훈법」으로 정하는 바에 따라 영전의 수여 등 필요한 조치를 할 수 있다.

제7조의2【기념사업】 ① 국가와 지방자치단체는 의사자를 추모하고 숭고한 뜻을 기리기 위한 동상 및 비석 등의 기념물을 설치하는 기념사업(이하 이 조에서 "기념사업"이라 한다)을 수행할 수 있다.
② 국가는 지방자치단체가 기념사업을 수행하는 경우 예산의 범위에서 비용의 전부 또는 일부를 보조할 수 있다.
(2015.12.29 본조신설)

제8조【보상금】 ① 국가는 의상자 및 의사자유족에게 보상금을 지급한다. 다만, 다른 법률에 따라 국가 또는 지방자치단체로부터 보상금을 지급받은 때에는 그 금액에 상당한 보상금을 지급하지 아니한다.
② 보상금의 지급수준은 「통계법」 제3조제2호에 따라 통계청장이 지정하여 고시하는 통계 중 가계조사통계의 전국가구 가계소비지출액 등을 고려하여 의사상자의 의로

운 행위에 대한 희생과 부상의 정도에 상응하게 결정하여야 한다.
③ 보상금은 일시금으로 지급하되, 지급액·지급방법이나 그 밖에 지급에 관하여 필요한 사항은 대통령령으로 정한다.
제9조【물건의 멸실·훼손에 대한 보상금】 ① 국가는 의사상자의 구조행위로 인하여 의사상자의 물건이 멸실·훼손된 때에는 의상자 또는 의사자유족에게 그 손해액에 상당한 보상금을 지급한다. 다만, 다른 법률에 따라 손해배상을 받은 경우는 그러하지 아니하다.
② 제1항의 보상금액은 그 물건의 교환가격 또는 필요한 수리비로 한다.
③ 제1항의 보상금은 일시금으로 한다.
④ 제1항의 보상금의 지급범위·지급절차 등에 관하여 필요한 사항은 대통령령으로 정한다.
제10조【보상금 지급순위】 ① 제8조 및 제9조에 따른 보상금(이하 "보상금"이라 한다)은 의상자의 경우에는 그 본인에게, 의사자유족의 경우에는 그 배우자·자녀·부모·조부모 및 형제자매의 순으로 지급한다. 이 경우 같은 순위의 유족이 2인 이상인 때에는 보상금을 같은 금액으로 나누어 지급한다.
② 태아는 제1항에 따른 지급 순위에 있어서 이미 출생한 것으로 본다.
제11조【의료급여】 ① 의상자 및 의사자유족에 대하여 그 신청에 따라 「의료급여법」이 정하는 의료급여를 실시한다. 다만, 대통령령으로 정하는 경미한 신체상의 부상을 입은 의상자는 그러하지 아니하다.
② 제1항에 따른 의료급여는 의사상자가 구조행위를 한 때부터 실시한다. 이 경우 의료급여를 실시하기 전에 의상자 또는 의사자유족이 지급한 의료비의 반환금액 및 그 절차 등에 관하여 필요한 사항은 보건복지부령으로 정한다.(2010.1.18 후단개정)
제12조【교육보호】 의사자의 자녀 및 의상자와 그 자녀에 대하여 그 신청에 따라 「국민기초생활 보장법」으로 정하는 교육급여를 실시한다. 다만, 대통령령으로 정하는 경미한 신체상의 부상을 입은 의상자 및 그 자녀는 그러하지 아니하다.
제13조【취업보호】 의상자·의사자유족 및 의상자가족의 생활안정을 도모하기 위하여 대통령령으로 정하는 바에 따라 취업보호를 실시한다. 다만, 대통령령으로 정하는 경미한 신체상의 부상을 입은 의상자 및 그 가족은 그러하지 아니하다.
제14조【장제보호】 의사자에 대하여는 「국민기초생활 보장법」으로 정하는 장제급여를 실시한다.
제15조【고궁 등의 이용 지원】 의상자·의사자유족 및 의상자가족 중 대통령령으로 정하는 사람에게는 대통령령으로 정하는 바에 따라 국가나 지방자치단체가 관리하는 고궁과 공원 등의 시설을 무료로 이용하게 하거나 그 요금을 할인할 수 있다.(2011.8.4 본조신설)
제16조【보호기관】 제8조부터 제14조까지의 규정에 따른 보상금지급·의료급여·교육보호·취업보호 및 장제보호의 실시는 관할 시·도지사 또는 시장·군수·구청장이 행한다.
제17조【권리의 보호】 이 법에 따른 보상금의 지급을 받을 권리는 이를 양도 또는 담보로 제공하거나 압류할 수 없다.
제18조【신청기간의 제한】 제8조부터 제14조까지의 규정에 따른 보상금지급·의료급여·교육보호·취업보호 및 장제보호는 의사상자 인정결정을 통보받은 날(교육보호의 경우 그 통보를 받은 날 당시에 교육보호사유가 없는 경우에는 이후에 교육보호사유가 발생한 날을 말한다)부터 3년이 지나면 신청할 수 없다.(2011.8.4 본조개정)
제19조【보상금의 환수 등】 ① 보건복지부장관 또는 보호기관은 거짓이나 그 밖의 부정한 방법으로 이 법에 따른 보상금 또는 보호를 받은 사람에 대하여 그가 받은 보상금 또는 보호에 사용된 비용을 환수한다.
② 보건복지부장관 또는 보호기관은 제1항에 따라 환수를 하는 경우 해당 금액을 반환할 사람이 그 기한 내에 이를 반환하지 아니 한 때에는 국세 또는 지방세 체납처분의 예에 따라 징수한다.
(2010.1.18 본조개정)
제20조【벌칙 적용에서 공무원 의제】 위원회의 위원 중 공무원이 아닌 위원은 「형법」 제127조 및 제129조부터 제132조까지의 규정에 따른 벌칙을 적용할 때에는 공무원으로 본다.(2017.4.18 본조신설)
제21조【벌칙】 ① 거짓이나 그 밖의 부정한 방법으로 이 법에 따른 보상금, 보호 또는 지원을 받은 사람이나 보상금, 보호 또는 지원을 받게 한 사람은 5년 이하의 징역 또는 5천만원 이하의 벌금에 처한다.
② 제1항의 미수범은 처벌한다.
(2017.4.18 본조신설)

부 칙

제1조【시행일】 이 법은 공포 후 6개월이 경과한 날부터 시행한다. 다만, 부칙 제5조제2항은 공포한 날부터 시행한다.
제2조【의사상자 인정결정 기한에 관한 적용례】 제5조제4항은 이 법 시행 후 최초로 의사상자 인정신청을 하는 분부터 적용한다.
제3조【보상금에 관한 적용례】 제8조는 이 법 시행 후 최초로 구조행위를 하는 분부터 적용한다.
제4조【물건의 멸실·훼손에 따른 보상금 지급에 관한 적용례】 제9조는 이 법 시행 후 최초로 구조행위를 하는 분부터 적용한다.
제5조【보상금 지급에 관한 경과조치】 ① 이 법 시행 전에 행한 구조행위에 대한 보상금의 지급에 관하여는 그 구조행위를 하던 당시의 해당 규정에 따른다.
② 제1항에도 불구하고 2007년 1월 1일부터 이 법 시행 전까지 행한 구조행위에 대한 보상금의 지급에 관하여는 다음 각 호의 기준에 따른다.
1. 의사자유족에 대한 보상금 : 종전의 제7조제2항제1호에 따라 2006년도를 기준으로 산정한 금액에 100분의 5를 가산한 금액
2. 의상자에 대한 보상금 : 종전의 제7조제2항제2호에 따라 2006년도를 기준으로 산정한 금액에 100분의 5를 가산한 금액
제6조【다른 법률의 개정】 ①~② ※(해당 법령에 가제정리 하였음)
제7조【다른 법령과의 관계】 이 법 시행 당시 다른 법령에서 종전의 「의사상자예우에 관한 법률」의 규정을 인용한 경우로서 이 법 중 그에 해당하는 규정이 있을 때에는 종전의 규정에 갈음하여 이 법 또는 이 법의 해당 조항을 인용한 것으로 본다.

부 칙 (2018.12.11)

제1조【시행일】 이 법은 공포 후 3개월이 경과한 날부터 시행한다.
제2조【의사상자심사위원회의 구성에 관한 적용례】 제4조제2항의 개정규정은 이 법 시행 후 최초로 의사상자심사위원회의 위원을 임명 또는 위촉하는 경우부터 적용한다.

부 칙 (2024.1.23)

이 법은 공포 후 6개월이 경과한 날부터 시행한다.

국민연금법

(2007년 7월 23일 전부개정법률 제8541호)

개정
2007. 8. 3법 8635호(자본시장금융투자업)
2007.12.21법 8728호(형의집행수용자)
2008. 2.29법 8852호(정부조직)
2009. 1.30법 9385호
2009. 2. 6법 9431호(국민연금과직역연금의연계에관한법)
2009. 5.21법 9691호
2009. 6. 9법 9754호(병역)
2010. 1.18법 9932호(정부조직)
2010. 2. 4법10012호(전자정부법)
2010. 5.20법10305호(산업재해)
2010. 6. 4법10339호(정부조직)
2011. 5.19법10682호(금융부실)
2011. 6. 7법10783호
2011. 7.21법10866호(고등교육)
2011. 8. 4법11024호(선원)
2011.12.31법11141호(국민보험)
2011.12.31법11143호 2012.10.22법11511호
2012.12.18법11599호(한국토지주택공사법)
2013. 3.22법11644호
2013. 3.23법11690호(정부조직)
2013. 6. 4법11849호(병역)
2013. 7.30법11974호 2014. 1.14법12242호
2015. 1.28법13100호 2015. 6.22법13364호
2015.12.29법13642호 2016. 5.29법14214호
2016.12.20법14438호(의료법)
2017. 3.21법14693호 2017.10.24법14921호
2017.12.19법15267호
2018. 3.20법15522호(공무원재해보상법)
2018.12.11법15876호 2019. 1.15법16240호
2019.11.26법16652호(자산관리)
2019.12.10법16761호(군인재해보상법)
2020. 1.21법16867호
2020.12.29법17758호(국세징수)
2020.12.29법17774호 2021. 6. 8법18212호
2021. 7.27법18326호 2021.12.21법18608호
2023. 3.28법19294호 2023. 6.13법19447호
2023.12.26법19839호(전북특별자치도설치및글로벌생명경제도시조성을위한특별법)

제1장 총 칙

제1조【목적】 이 법은 국민의 노령, 장애 또는 사망에 대하여 연금급여를 실시함으로써 국민의 생활 안정과 복지 증진에 이바지하는 것을 목적으로 한다.
제2조【관장】 이 법에 따른 국민연금사업은 보건복지부장관이 맡아 주관한다.(2010.1.18 본조개정)
제3조【정의 등】 ① 이 법에서 사용하는 용어의 뜻은 다음과 같다.
1. "근로자"란 직업의 종류가 무엇이든 사업장에서 노무를 제공하고 그 대가로 임금을 받아 생활하는 자(법인의 이사와 그 밖의 임원을 포함한다)를 말한다. 다만, 대통령령으로 정하는 자는 제외한다.
2. "사용자(使用者)"란 해당 근로자가 소속되어 있는 사업장의 사업주를 말한다.(2011.6.7 본호개정)
3. "소득"이란 일정한 기간 근로를 제공하여 얻은 수입에서 대통령령으로 정하는 비과세소득을 제외한 금액 또는 사업 및 자산을 운영하여 얻는 수입에서 필요경비를 제외한 금액을 말한다.
4. "평균소득월액"이란 매년 사업장가입자 및 지역가입자 전원(全員)의 기준소득월액을 평균한 금액을 말한다.
5. "기준소득월액"이란 연금보험료와 급여를 산정하기 위하여 국민연금가입자(이하 "가입자"라 한다)의 소득월액을 기준으로 하여 정하는 금액을 말한다.
(2015.1.28 3호~5호개정)
6. "사업장가입자"란 사업장에 고용된 근로자 및 사용자로서 제8조에 따라 국민연금에 가입된 자를 말한다.
7. "지역가입자"란 사업장가입자가 아닌 자로서 제9조에 따라 국민연금에 가입된 자를 말한다.
8. "임의가입자"란 사업장가입자 및 지역가입자 외의 자로서 제10조에 따라 국민연금에 가입된 자를 말한다.
9. "임의계속가입자"란 국민연금 가입자 또는 가입자였던 자가 제13조제1항에 따라 가입자로 된 자를 말한다.
(2011.6.7 본호개정)
10. "연금보험료"란 국민연금사업에 필요한 비용으로서 사업장가입자의 경우에는 부담금 및 기여금의 합계액을, 지역가입자·임의가입자 및 임의계속가입자의 경우에는 본인이 내는 금액을 말한다.

11. "부담금"이란 사업장가입자의 사용자가 부담하는 금액을 말한다.
12. "기여금"이란 사업장가입자가 부담하는 금액을 말한다.
13. "사업장"이란 근로자를 사용하는 사업소 및 사무소를 말한다.
14. "수급권"이란 이 법에 따른 급여를 받을 권리를 말한다.
15. "수급권자"란 수급권을 가진 자를 말한다.
16. "수급자"란 이 법에 따른 급여를 받고 있는 자를 말한다.
17. "초진일"이란 장애의 주된 원인이 되는 질병이나 부상에 대하여 처음으로 의사의 진찰을 받은 날을 말한다. 이 경우 질병이나 부상의 초진일에 대한 구체적인 판단기준은 보건복지부장관이 정하여 고시한다.
18. "완치일"이란 장애의 주된 원인이 되는 질병이나 부상이 다음 각 목 중 어느 하나에 해당하는 날을 말한다. 이 경우 증상의 종류별 완치일에 대한 구체적인 판단기준은 보건복지부장관이 정하여 고시한다.
가. 해당 질병이나 부상이 의학적으로 치유된 날
나. 더 이상 치료효과를 기대할 수 없는 경우로서 그 증상이 고정되었다고 인정되는 날
다. 증상의 고정성은 인정되지 아니하나, 증상의 정도를 고려할 때 완치된 것으로 볼 수 있는 날
19. "가입대상기간"이란 18세부터 초진일 혹은 사망일까지의 기간으로서, 다음의 각 목에 해당하는 기간을 제외한 기간을 말한다. 다만, 18세 미만에 가입자가 된 경우에는 18세 미만인 기간 중 보험료 납부기간(초진일이나 사망일 이전에 제92조제1항제1호의2에 해당하는 기간에 대하여 같은 조에 따라 보험료를 추후 납부하였을 경우에는 그 추후 납부한 기간을 포함한다)을 가입대상기간에 포함하고, 초진일이나 사망일 이전에 나목과 다목에 해당되는 기간에 대하여 제92조에 따라 보험료를 추후 납부하였을 경우에는 그 추후 납부한 기간을 가입대상기간에 포함한다.(2023.3.28 단서개정)
가. 제6조 단서에 따라 가입 대상에서 제외되는 기간
나. 18세 이상 27세 미만인 기간 중 제9조제3호에 따라 지역가입자에서 제외되는 기간
다. 18세 이상 27세 미만인 기간 중 제91조제1항 각 호에 따라 연금보험료를 내지 아니한 기간(제91조제1항제2호의 경우는 27세 이상인 기간도 포함)
(2016.5.29 14호~19호신설)
② 이 법을 적용할 때 배우자, 남편 또는 아내에는 사실상의 혼인관계에 있는 자를 포함한다.
③ 수급권을 취득할 당시 가입자 또는 가입자였던 자의 태아가 출생하면 그 자녀는 가입자 또는 가입자였던 자에 의하여 생계를 유지하고 있던 자녀로 본다.(2016.5.29 본항개정)
④ 가입자의 종류에 따른 소득 범위, 평균소득월액의 산정 방법, 기준소득월액의 결정 방법 및 적용 기간 등은 대통령령으로 정한다.(2015.1.28 본항신설)

제3조의2【국가의 책무】 국가는 이 법에 따른 연금급여가 안정적·지속적으로 지급되도록 필요한 시책을 수립·시행하여야 한다.(2014.1.14 본조신설)

제4조【국민연금 재정 계산 및 장기재정균형 유지】 ① 이 법에 따른 급여 수준과 연금보험료는 국민연금 재정이 장기적으로 균형을 유지할 수 있도록 조정(調整)되어야 한다.
② 보건복지부장관은 대통령령으로 정하는 바에 따라 5년마다 국민연금 재정 수지를 계산하고, 국민연금의 재정 전망과 연금보험료의 조정 및 국민연금기금의 운용 계획 등이 포함된 국민연금 운영 전반에 관한 계획을 수립하여 국무회의의 심의를 거쳐 대통령의 승인을 받아야 하며, 승인받은 계획을 해당 연도 10월 말까지 국회에 제출하여 소관 상임위원회에 보고하고, 대통령령으로 정하는 바에 따라 공시하여야 한다. 다만, 급격한 경기변동 등으로 인하여 필요한 경우에는 5년이 지나지 아니하더라도 새로 국민연금 재정 수지를 계산하고 국민연금 운영 전반에 관한 계획을 수립할 수 있다.(2020.12.29 본항개정)
③ 이 법에 따른 연금보험료, 급여액, 급여의 수급 요건 등은 국민연금의 장기재정 균형 유지, 인구구조의 변화, 국민의 생활수준, 임금, 물가, 그 밖에 경제사정에 뚜렷한 변동이 생기면 그 사정에 맞게 조정되어야 한다.
(2014.1.14 본항개정)
(2014.1.14 본조제목개정)

제5조【국민연금심의위원회】 ① 국민연금사업에 관한 다음 사항을 심의하기 위하여 보건복지부에 국민연금심의위원회를 둔다.(2010.1.18 본문개정)
1. 국민연금제도 및 재정 계산에 관한 사항
2. 급여에 관한 사항
3. 연금보험료에 관한 사항
4. 국민연금기금에 관한 사항
5. 그 밖에 국민연금제도의 운영과 관련하여 보건복지부장관이 회의에 부치는 사항(2010.1.18 본호개정)
② 국민연금심의위원회는 위원장·부위원장 및 위원으로 구성하되, 위원장은 보건복지부차관이 되고, 부위원장은 공익을 대표하는 위원 중에서 호선(互選)하며, 위원은 다음 구분에 따라 보건복지부장관이 지명하거나 위촉한다.
(2010.1.18 본문개정)
1. 사용자를 대표하는 위원으로서 사용자 단체가 추천하는 자 4명
2. 근로자를 대표하는 위원으로서 근로자 단체가 추천하는 자 4명
3. 지역가입자를 대표하는 위원으로서 다음의 자
가. 농어업인 단체가 추천하는 자 2명
나. 농어업인 단체 외의 자영자(自營者) 관련 단체가 추천하는 자 2명
다. 소비자단체와 시민단체가 추천하는 자 2명
4. 수급자를 대표하는 위원 4명(2018.12.11 본호신설)
5. 공익을 대표하는 위원으로서 국민연금에 관한 전문가 5명
③ 국민연금심의위원회의 구성 및 운영 등에 필요한 사항은 대통령령으로 정한다.

제2장 국민연금가입자

제6조【가입 대상】 국내에 거주하는 국민으로서 18세 이상 60세 미만인 자는 국민연금 가입 대상이 된다. 다만, 「공무원연금법」, 「군인연금법」, 「사립학교교직원 연금법」 및 「별정우체국법」을 적용받는 공무원, 군인, 교직원 및 별정우체국 직원, 그 밖에 대통령령으로 정하는 자는 제외한다.(2016.5.29 단서개정)

제7조【가입자의 종류】 가입자는 사업장가입자, 지역가입자, 임의가입자 및 임의계속가입자로 구분한다.

제8조【사업장가입자】 ① 사업의 종류, 근로자의 수 등을 고려하여 대통령령으로 정하는 사업장(이하 "당연적용사업장"이라 한다)의 18세 이상 60세 미만인 근로자와 사용자는 당연히 사업장가입자가 된다. 다만, 다음 각 호의 어느 하나에 해당하는 자는 제외한다.
1. 「공무원연금법」, 「공무원 재해보상법」, 「사립학교교직원 연금법」 또는 「별정우체국법」에 따른 퇴직연금, 장해연금 또는 퇴직연금일시금이나 「군인연금법」에 따른 퇴역연금, 퇴역연금일시금, 「군인 재해보상법」에 따른 상이연금을 받을 권리를 얻은 자(이하 "퇴직연금등수급권자"라 한다) 다만, 퇴직연금등수급권자가 「국민연금과 직역연금의 연계에 관한 법률」 제8조에 따라 연계 신청을 한 경우에는 그러하지 아니하다.(2019.12.10 본문개정)
2. (2011.6.7 삭제)
② 제1항 및 제6조에도 불구하고 국민연금에 가입된 사업장에 종사하는 18세 미만 근로자는 사업장가입자가 되는 것으로 본다. 다만, 본인이 원하지 아니하면 사업장가입자가 되지 아니할 수 있다.(2015.1.28 본항개정)
③ 제1항에도 불구하고 「국민기초생활 보장법」 제7조제1항제1호에 따른 생계급여 수급자 또는 같은 항 제3호에 따른 의료급여 수급자는 본인의 희망에 따라 사업장가입자가 되지 아니할 수 있다.(2015.12.29 본항개정)

제9조【지역가입자】 제8조에 따른 사업장가입자가 아닌 자로서 18세 이상 60세 미만인 자는 당연히 지역가입자가 된다. 다만, 다음 각 호의 어느 하나에 해당하는 자는 제외한다.
1. 다음 각 목의 어느 하나에 해당하는 자의 배우자로서 별도의 소득이 없는 자
가. 제6조 단서에 따라 국민연금 가입 대상에서 제외되는 자
나. 사업장가입자, 지역가입자 및 임의계속가입자
다. (2016.5.29 삭제)
라. 노령연금 수급권자 및 퇴직연금등수급권자
2. 퇴직연금등수급권자. 다만, 퇴직연금등수급권자가 「국민연금과 직역연금의 연계에 관한 법률」 제8조에 따라 연계 신청을 한 경우에는 그러하지 아니하다.(2009.2.6 단서신설)
3. 18세 이상 27세 미만인 자로서 학생이거나 군 복무 등의 이유로 소득이 없는 자(연금보험료를 납부한 사실이 있는 자는 제외한다)
4. 「국민기초생활 보장법」 제7조제1항제1호에 따른 생계급여 수급자 또는 같은 항 제3호에 따른 의료급여 수급자(2015.12.29 본호개정)
5. 1년 이상 행방불명된 자. 이 경우 행방불명된 자에 대한 인정 기준 및 방법은 대통령령으로 정한다.

제10조【임의가입자】 ① 다음 각 호의 어느 하나에 해당하는 자 외의 자로서 18세 이상 60세 미만인 자는 보건복지부령으로 정하는 바에 따라 국민연금공단에 가입을 신청하면 임의가입자가 될 수 있다.(2010.1.18 본문개정)
1. 사업장가입자
2. 지역가입자
② 임의가입자는 보건복지부령으로 정하는 바에 따라 국민연금공단에 신청하여 탈퇴할 수 있다.(2010.1.18 본항개정)

제11조【가입자 자격의 취득 시기】 ① 사업장가입자는 다음 각 호의 어느 하나에 해당하게 된 날에 그 자격을 취득한다.
1. 제8조제1항 본문에 따른 사업장에 고용된 때 또는 그 사업장의 사용자가 된 때
2. 당연적용사업장으로 된 때
② 지역가입자는 다음 각 호의 어느 하나에 해당하게 된 날에 그 자격을 취득한다. 제3호 또는 제4호의 경우 소득이 있게 된 때를 알 수 없는 경우에는 제21조제2항에 따른 신고를 한 날에 그 자격을 취득한다.(2011.6.7 후단신설)
1. 사업장가입자의 자격을 상실한 때
2. 제6조 단서에 따른 국민연금 가입 대상 제외자에 해당하지 아니하게 된 때
3. 제9조제1호에 따른 배우자가 별도의 소득이 있게 된 때
4. 18세 이상 27세 미만인 자가 소득이 있게 된 때
③ 임의가입자는 가입 신청이 수리된 날에 자격을 취득한다.

제12조【가입자 자격의 상실 시기】 ① 사업장가입자는 다음 각 호의 어느 하나에 해당하게 된 날의 다음 날에 자격을 상실한다. 다만, 제5호의 경우에는 그에 해당하게 된 날에 자격을 상실한다.
1. 사망한 때
2. 국적을 상실하거나 국외로 이주한 때
3. 사용관계가 끝난 때
4. 60세가 된 때
5. 제6조 단서에 따른 국민연금 가입 대상 제외자에 해당하게 된 때
② 지역가입자는 다음 각 호의 어느 하나에 해당하게 된 날의 다음 날에 자격을 상실한다. 다만, 제3호와 제4호의 경우에는 그에 해당하게 된 날에 그 자격을 상실한다.
1. 사망한 때
2. 국적을 상실하거나 국외로 이주한 때
3. 제6조 단서에 따른 국민연금 가입 대상 제외자에 해당하게 된 때
4. 사업장가입자의 자격을 취득한 때
5. 제9조제1호에 따른 배우자로서 별도의 소득이 없게 된 때
6. 60세가 된 때
③ 임의가입자는 다음 각 호의 어느 하나에 해당하게 된 날의 다음 날에 자격을 상실한다. 다만, 제6호와 제7호의 경우에는 그에 해당하게 된 날에 그 자격을 상실한다.
1. 사망한 때
2. 국적을 상실하거나 국외로 이주한 때
3. 제10조제2항에 따른 탈퇴 신청이 수리된 때
4. 60세가 된 때
5. 대통령령으로 정하는 기간 이상 계속하여 연금보험료를 체납한 때
6. 사업장가입자 또는 지역가입자의 자격을 취득한 때
7. 제6조 단서에 따른 국민연금 가입 대상 제외자에 해당하게 된 때

제13조【임의계속가입자】 ① 다음 각 호의 어느 하나에 해당하는 자는 제6조 본문에도 불구하고 65세가 될 때까지 보건복지부령으로 정하는 바에 따라 국민연금공단에 가입을 신청하면 임의계속가입자가 될 수 있다. 이 경우 가입 신청이 수리된 날에 그 자격을 취득한다.(2016.5.29 전단개정)
1. 국민연금 가입자 또는 가입자였던 자로서 60세가 된 자. 다만, 다음 각 목의 어느 하나에 해당하는 자는 제외한다.
가. 연금보험료를 납부한 사실이 없는 자
나. 노령연금 수급권자로서 급여를 지급받고 있는 자
다. 제77조제1항제1호에 해당하는 사유로 반환일시금을 지급받은 자
(2011.6.7 본호개정)
2. 전체 국민연금 가입기간의 5분의 3 이상을 대통령령으로 정하는 직종의 근로자로 국민연금에 가입하거나 가입하였던 사람(이하 "특수직종근로자"라 한다)으로서 다음 각 목의 어느 하나에 해당하는 사람 중 노령연금 급여를 지급받지 않는 사람(2015.1.28 본문개정)
가. 제61조제1항에 따라 노령연금 수급권을 취득한 사람
나. 법률 제3902호 국민복지연금법개정법률 부칙 제5조에 따라 특례노령연금 수급권을 취득한 사람
(2011.12.31 본호개정)
② 임의계속가입자는 보건복지부령으로 정하는 바에 따라 국민연금공단에 신청하면 탈퇴할 수 있다.(2010.1.18 본항개정)
③ 임의계속가입자는 다음 각 호의 어느 하나에 해당하게 된 날의 다음 날에 그 자격을 상실한다. 다만, 제3호의 경우 임의계속가입자가 납부한 마지막 연금보험료에 해당하는 달의 말일이 탈퇴 신청이 수리된 날보다 같거나 빠르고 임의계속가입자가 희망하는 경우에는 임의계속가입자가 납부한 마지막 연금보험료에 해당하는 달의 말일에 그 자격을 상실한다.(2016.5.29 단서신설)
1. 사망한 때
2. 국적을 상실하거나 국외로 이주한 때
3. 제2항에 따른 탈퇴 신청이 수리된 때
4. 대통령령으로 정하는 기간 이상 계속하여 연금보험료를 체납한 때

제14조【자격 등의 확인】 ① 국민연금공단은 가입자의 자격 취득·상실 및 기준소득월액에 관한 확인을 하여야 한다.(2016.5.29 본항개정)
② 가입자 자격의 취득 및 상실은 제11조부터 제13조까지의 규정에 따른 자격의 취득 및 상실 시기에 그 효력이 생긴다.(2016.5.29 본항개정)
③ 제1항에 따른 확인은 가입자의 청구, 제21조에 따른 신고 또는 직권으로 한다.
④ 가입자 또는 가입자였던 자는 언제든지 보건복지부령으로 정하는 바에 따라 자격의 취득·상실, 가입자 종류의 변동 및 기준소득월액의 변동에 관한 확인을 청구할 수 있다.(2016.5.29 본항개정)
(2016.5.29 본조제목개정)

제15조【사망의 추정】 사고가 발생한 선박 또는 항공기에 탔던 자로서 생사를 알 수 없거나 그 밖의 사유로 생사를 알 수 없게 된 사람은 가입자의 자격 확인 및 연금의 지급과 관련하여 대통령령으로 정하는 바에 따라 사망한 것으로 추정한다.(2015.1.28 본조개정)

제16조【가입자 증명서】 ① 국민연금공단은 가입자가 희망하는 경우 가입자에게 국민연금가입자 증명서를 내주어야 한다.
② 제1항에 따른 증명서에 기재하여야 할 내용은 대통령령으로 정한다.
③ 제1항에 따른 증명서의 교부에 필요한 사항은 보건복지부령으로 정한다.(2011.6.7 본항신설)
(2011.6.7 본조개정)

제17조【국민연금 가입기간의 계산】 ① 국민연금 가입기간(이하 "가입기간"이라 한다)은 월 단위로 계산하되, 가입자의 자격을 취득한 날이 속하는 달의 다음 달부터 자격을 상실한 날의 전날이 속하는 달까지로 한다. 다만, 다음 각 호의 어느 하나에 해당하는 경우 자격을 취득한 날이 속하는 달은 가입기간에 산입하되, 가입자가 그 자격을 상실한 날의 전날이 속하는 달에 자격을 다시 취득하면 다시 취득한 달을 중복하여 가입기간에 산입하지 아니한다.
1. 가입자가 자격을 취득한 날이 그 속하는 달의 초일인 경우(자격 취득일이 속하는 달에 다시 그 자격을 상실하는 경우는 제외한다)(2011.6.7 본호개정)
2. 임의계속가입자의 자격을 취득한 경우
3. 가입자가 희망하는 경우
② 가입기간을 계산할 때 연금보험료를 내지 아니한 기간은 가입기간에 산입하지 아니한다. 다만, 사용자가 근로자의 임금에서 기여금을 공제하고 연금보험료를 내지 아니한 경우에는 그 내지 아니한 기간의 2분의 1에 해당하는 기간을 근로자의 가입기간으로 산입한다. 이 경우 1개월 미만의 기간은 1개월로 한다.
③ 「국민건강보험법」 제13조에 따른 국민건강보험공단(이하 "건강보험공단"이라 한다)이 제90조제4항에 따라 근로자에게 그 사업장의 체납 사실을 통지한 경우에는 제2항 단서에도 불구하고 통지된 체납월(滯納月)의 다음 달부터 체납 기간은 가입기간에 산입하지 아니한다. 이 경우 그 근로자는 제90조제1항에도 불구하고 가입기간에 산입되지 아니한 체납기간에 해당하는 기여금 및 부담금을 건강보험공단에 낼 수 있으며, 다음 각 호에 따른 기간을 가입기간에 산입한다.(2021.7.27 전단개정)
1. 기여금 납부 : 체납기간의 2분의 1에 해당하는 기간. 이 경우 1개월 미만의 기간은 1개월로 한다.
2. 기여금과 부담금 납부 : 체납기간에 해당하는 기간
(2021.6.8 1호~2호신설)
④ 제3항 후단에 따라 기여금 및 부담금을 납부할 때 월별 납부 기한으로부터 10년이 지난 경우에는 대통령령으로 정하는 이자를 더하여 납부하여야 한다.(2021.6.8 본항신설)
⑤ 건강보험공단이 사용자가 체납한 연금보험료를 사용자로부터 납부받거나 징수한 경우에는 제3항 후단에 따라 근로자가 중복하여 낸 기여금 및 부담금을 해당 근로자에게 대통령령으로 정하는 이자를 더하여 돌려주어야 한다.(2021.6.8 본항신설)
⑥ 제77조에 따라 지급받은 반환일시금이 제57조제1항에 따라 환수할 급여에 해당하는 경우 이를 반납하지 아니하는 때에는 그에 상응하는 기간을 가입기간에 산입하지 아니한다.(2011.12.31 본항개정)

제17조의2【연금보험료 일부 납부 월의 가입기간 계산】 ① 가입기간을 계산할 때 연금보험료의 일부가 납부된 경우에는 그 일부 납부된 보험료를 다른 일부 납부된 월의 미납 연금보험료와 연체금 등에 충당하고, 충당 후 완납된 월은 가입기간에 산입한다. 이 경우 충당의 대상 및 방법, 가입기간의 계산 및 급여의 지급 등에 필요한 사항은 대통령령으로 정한다.
② 제1항에 따라 충당한 후에도 일부 납부된 연금보험료가 있는 경우에는 이를 최초 연금 지급월에 반환한다. 다만, 가입자 또는 가입자였던 자의 청구가 있는 경우에는 제99조에도 불구하고 일부 납부된 월의 미납된 연금보험료와 연체금 등을 납부받아 해당 월을 가입기간에 산입할 수 있다.
③ 제2항에 따라 연금보험료 또는 연체금 등을 반환하거나 납부받는 때에는 대통령령으로 정하는 이자를 더하여야 한다.
(2011.6.7 본조신설)

제18조【군 복무기간에 대한 가입기간 추가 산입】 ① 다음 각 호의 어느 하나에 해당하는 자가 노령연금 수급권을 취득한 때(이 조에 따라 가입기간이 추가 산입되면 노령연금 수급권을 취득할 수 있는 경우를 포함한다)에는 6개월을 가입기간에 추가로 산입한다. 다만, 「병역법」에 따른 병역의무를 수행한 기간이 6개월 미만인 경우에는 그러하지 아니한다.
1. 「병역법」 제5조제1항제1호에 따른 현역병
2. 「병역법」 제2조제1항제7호에 따른 전환복무를 한 사람
3. 「병역법」 제2조제1항제8호에 따른 상근예비역
(2016.5.29 2호~3호신설)
4. 「병역법」 제2조제1항제10호에 따른 사회복무요원
(2016.5.29 본호개정)
② 제1항에도 불구하고 「병역법」에 따른 병역의무를 수행한 기간의 전부 또는 일부가 다음 각 호의 어느 하나에 해당하는 기간에 산입된 경우에는 제1항을 적용하지 아니한다.
1. 「공무원연금법」, 「사립학교교직원 연금법」 또는 「별정우체국법」에 따른 재직기간
2. 「군인연금법」에 따른 복무기간
(2016.5.29 본항개정)
③ 제1항에 따라 가입기간을 추가로 산입하는데 필요한 재원은 국가가 전부를 부담한다.

제19조【출산에 대한 가입기간 추가 산입】 ① 2 이상의 자녀가 있는 가입자 또는 가입자였던 자가 노령연금수급권을 취득한 때(이 조에 따라 가입기간이 추가 산입되면 노령연금수급권을 취득할 수 있는 경우를 포함한다)에는 다음 각 호에 따른 기간을 가입기간에 추가로 산입한다. 다만, 추가로 산입하는 기간은 50개월을 초과할 수 없으며, 자녀 수의 인정방법 등에 관하여 필요한 사항은 대통령령으로 정한다.
1. 자녀가 2명인 경우 : 12개월
2. 자녀가 3명 이상인 경우 : 둘째 자녀에 대하여 인정되는 12개월에 2자녀를 초과하는 자녀 1명마다 18개월을 더한 개월 수
② 제1항에 따른 추가 가입기간은 부모가 모두 가입자 또는 가입자였던 자인 경우에는 부와 모의 합의에 따라 2명 중 1명의 가입기간에만 산입하되, 합의하지 아니한 경우에는 균등 배분하여 각각의 가입기간에 산입한다. 이 경우 합의의 절차 등에 관하여 필요한 사항은 보건복지부령으로 정한다.(2010.1.18 후단개정)
③ 제1항에 따라 가입기간을 추가로 산입하는데 필요한 재원은 국가가 전부 또는 일부를 부담한다.

제19조의2【실업에 대한 가입기간 추가 산입】 ① 다음 각 호의 요건을 모두 갖춘 사람이 「고용보험법」 제37조제1항에 따른 구직급여를 받는 경우로서 구직급여를 받는 기간을 가입기간으로 산입하기 위하여 국민연금공단에 신청하는 때에는 그 기간을 가입기간에 추가로 산입한다. 다만, 추가로 산입하는 기간은 1년을 초과할 수 없다.
1. 18세 이상 60세 미만인 사람 중 가입자 또는 가입자였을 것
2. 대통령령으로 정하는 재산 또는 소득이 보건복지부장관이 정하여 고시하는 기준 이하일 것
② 제1항에 따라 산입되는 가입기간에 대하여는 「고용보험법」 제45조에 따른 구직급여의 산정 기초가 되는 임금일액을 월액으로 환산한 금액의 절반에 해당하는 소득(이하 이 조에서 "인정소득"이라 한다)으로 가입한 것으로 본다. 다만, 인정소득의 상한선 및 하한선은 보건복지부장관이 정하여 고시하는 금액으로 한다.
③ 가입자 또는 가입자였던 사람은 제1항에 따라 구직급여를 받는 기간을 가입기간으로 추가 산입하려는 경우 인정소득을 기준으로 연금보험료를 납부하여야 한다. 이 경우 국가는 연금보험료의 전부 또는 일부를 일반회계, 제101조에 따른 국민연금기금 및 「고용보험법」 제78조에 따른 고용보험기금에서 지원할 수 있다.
④ 제1항에 따라 추가로 산입된 가입기간(이하 이 항에서 "추가산입기간"이라 한다)을 제49조제1호부터 제3호까지의 급여에 적용할 때에는 다음 각 호를 따른다.
1. 제49조제1호의 노령연금 : 추가산입기간을 제51조에 따른 기본연금액에 반영한다.
2. 제49조제2호의 장애연금 : 추가산입기간을 제51조에 따른 기본연금액에 반영하지 아니한다.
3. 제49조제3호의 유족연금 : 추가산입기간을 제51조에 따른 기본연금액에 반영하지 아니하되, 제74조 각 호에 해당하는 가입기간에는 반영한다.
⑤ 국민연금공단은 제1항에 따른 신청의 접수·처리 등 업무를 대통령령으로 정하는 바에 따라 「고용보험법」에 따른 직업안정기관 및 그 밖의 공공기관(「공공기관의 운영에 관한 법률」에 따른 공공기관을 말한다)에 위탁할 수 있다.
⑥ 제1항에 따른 신청방법, 제3항에 따른 지원 범위 및 내용 등에 필요한 사항은 대통령령으로 정한다.
(2015.1.28 본조신설)

제20조【가입기간의 합산】 ① 가입자의 자격을 상실한 후 다시 그 자격을 취득한 자에 대하여는 전후(前後)의 가입기간을 합산한다.
② 가입자의 가입 종류가 변동되면 그 가입자의 가입기간은 각 종류별 가입기간을 합산한 기간으로 한다.

제21조【가입자 자격 및 소득 등에 관한 신고】 ① 사업장가입자의 사용자는 보건복지부령으로 정하는 바에 따라 당연적용사업장에 해당된 사실, 사업장의 내용 변경 및 휴업·폐업 등에 관한 사항과 가입자 자격의 취득·상실, 가입자의 소득월액 등에 관한 사항을 국민연금공단에 신고하여야 한다.(2010.1.18 본항개정)
② 지역가입자, 임의가입자 및 임의계속가입자는 보건복지부령으로 정하는 바에 따라 자격의 취득·상실, 이름 또는 주소의 변경 및 소득에 관한 사항 등을 국민연금공단에 신고하여야 한다.(2010.1.18 본항개정)
③ 지역가입자, 임의가입자 또는 임의계속가입자가 부득이한 사유로 제2항에 따른 신고를 할 수 없는 경우에는 배우자나 그 밖의 가족이 신고를 대리(代理)할 수 있다.
(2016.5.29 본조제목개정)

제22조【신고인에 대한 통지 등】 ① 국민연금공단은 제21조에 따른 신고를 받으면 그 내용을 확인하고, 신고 내용이 사실과 다르다고 인정되면 그 뜻을 신고인에게 통지하여야 한다.
② 제1항에 따른 통지에 관하여는 제23조제4항을 준용한다.(2015.1.28 본항개정)

제23조【가입자 등에 대한 통지 등】 ① 국민연금공단은 제14조에 따라 사업장가입자의 자격 취득·상실에 관한 확인을 한 때와 기준소득월액이 결정되거나 변경된 때에는 이를 그 사업장의 사용자에게 통지하여야 하며, 지역가입자, 임의가입자 또는 임의계속가입자의 자격 취득·상실에 관한 확인을 한 때와 기준소득월액이 결정되거나 변경된 때에는 이를 그 지역가입자, 임의가입자 또는 임의계속가입자에게 통지하여야 한다.
② 제1항에 따른 통지를 받은 사용자는 이를 해당 사업장가입자 또는 그 자격을 상실한 자에게 통지하되, 그 통지를 받을 자의 소재를 알 수 없어 통지할 수 없는 경우에는 그 뜻을 국민연금공단에 통지하여야 한다.
③ 사용자는 제2항에 따라 사업장가입자 또는 그 자격을 상실한 사람에게 통지를 한 경우에는 그 사실을 확인할 수 있는 서류를 작성하고, 보건복지부령으로 정하는 기간 동안 이를 보관하여야 한다.(2015.1.28 본항신설)
④ 국민연금공단은 다음 각 호의 어느 하나에 해당하면 보건복지부령으로 정하는 바에 따라 공고하는 것으로 통지를 갈음할 수 있다.(2010.1.18 본문개정)
1. 사업장이 폐지된 경우
2. 제1항에 따른 통지를 받을 지역가입자, 임의가입자 또는 임의계속가입자의 소재를 알 수 없는 경우
3. 제2항에 따라 사용자로부터 통지를 받은 경우
4. 그 밖에 통지할 수 없는 불가피한 사정이 있는 경우로서 대통령령으로 정하는 경우

제3장 국민연금공단

제24조【국민연금공단의 설립】 보건복지부장관의 위탁을 받아 제1조의 목적을 달성하기 위한 사업을 효율적으로 수행하기 위하여 국민연금공단(이하 "공단"이라 한다)을 설립한다.(2010.1.18 본조개정)

제25조【공단의 업무】 공단은 다음의 업무를 한다.
1. 가입자에 대한 기록의 관리 및 유지
2. 연금보험료의 부과(2009.5.21 본호개정)
3. 급여의 결정 및 지급
4. 가입자, 가입자였던 자, 수급권자 및 수급자를 위한 자금의 대여와 복지시설의 설치·운영 등 복지사업
(2016.5.29 본호개정)
5. 가입자 및 가입자였던 자에 대한 기금증식을 위한 자금 대여사업
6. 제6조의 가입 대상(이하 "가입대상"이라 한다)과 수급권자 등을 위한 노후준비서비스 사업(2015.6.22 본호신설)
7. 국민연금제도·재정계산·기금운용에 관한 조사연구
(2015.12.29 본호신설)
8. 국민연금기금 운용 전문인력 양성(2019.1.15 본호신설)
9. 국민연금에 관한 국제협력(2015.12.29 본호신설)
10. 그 밖에 이 법 또는 다른 법령에 따라 위탁받은 사항
(2015.6.22 본호개정)
11. 그 밖에 국민연금사업에 관하여 보건복지부장관이 위탁하는 사항(2010.1.18 본호개정)

제26조【법인격】 공단은 법인으로 한다.

제27조【사무소】 ① 공단의 주된 사무소 및 제31조에 따라 기금이사가 관장하는 부서의 소재지는 전북특별자치도로 한다.(2023.12.26 본항개정)
② 공단은 필요하면 정관으로 정하는 바에 따라 분사무소를 둘 수 있다.

제27조의2【국민연금연구원】 ① 공단은 제25조제7호의 업무를 수행하기 위하여 공단 산하에 국민연금연구원을 둘 수 있다.
② 국민연금연구원의 조직 및 운영 등에 필요한 사항은 공단의 정관으로 정한다.
(2015.12.29 본조신설)

제27조의3【기금운용 인력 양성】 공단은 제25조제8호에 따른 국민연금기금 운용 전문인력을 양성하기 위하여 교육·연수 프로그램을 운영하거나 국내외 교육기관·연구소 등에 교육훈련을 위탁할 수 있다.(2019.1.15 본조신설)

제28조【정관】 ① 공단의 정관에는 다음 사항을 기재하여야 한다.
1. 목적
2. 명칭
3. 주된 사무소와 분사무소에 관한 사항
4. 임직원에 관한 사항
5. 이사회에 관한 사항
6. 사업에 관한 사항
7. 예산 및 결산에 관한 사항
8. 자산 및 회계에 관한 사항
9. 정관의 변경에 관한 사항
10. 규약·규정의 제정 및 개정·폐지에 관한 사항
11. 공고에 관한 사항
② 공단은 정관을 변경하려면 보건복지부장관의 인가를 받아야 한다.(2010.1.18 본항개정)

제29조【설립 등기】 공단은 그 주된 사무소의 소재지에서 설립 등기를 하면 성립한다.

제30조【임원】 ① 공단에 임원으로 이사장 1명, 상임이사 4명 이내, 이사 9명, 감사 1명을 두되, 이사에는 사용자 대표, 근로자 대표, 지역가입자 대표, 수급자 대표 각 1명 이상과 당연직 이사로서 보건복지부에서 국민연금 업무를 담당하는 3급 국가공무원 또는 고위공무원단에 속하는 일반직 공무원 1명이 포함되어야 한다.(2018.12.11 본항개정)

② 이사장은 보건복지부장관의 제청으로 대통령이 임면(任免)하고, 상임이사·이사(당연직 이사는 제외한다) 및 감사는 이사장의 제청으로 보건복지부장관이 임면한다.(2010.1.18 본항개정)

③ 이사에게는 보수를 지급하지 아니한다. 다만, 실비(實費)는 지급할 수 있다.

제31조【기금이사】 ① 상임이사 중 제101조에 따른 국민연금기금(이하 "국민연금기금"이라 한다)의 관리·운용에 관한 업무를 담당하는 이사(이하 "기금이사"라 한다)는 경영·경제 및 기금 운용에 관한 지식과 경험이 풍부한 자 중에서 선임하여야 한다.

② 기금이사 후보를 추천하기 위하여 공단에 이사장을 위원장으로 하고 이사를 위원으로 하는 기금이사추천위원회(이하 "추천위원회"라 한다)를 둔다.

③ 추천위원회는 주요 일간신문에 기금이사 후보의 모집 공고를 하여야 하며, 이와 별도로 적임자로 판단되는 기금이사 후보를 조사하거나 전문단체에 조사를 의뢰할 수 있다.

④ 추천위원회는 제3항에 따라 모집한 자를 보건복지부령으로 정하는 기금이사 후보 심사기준에 따라 심사하여야 하며, 기금이사 후보로 추천될 자와 계약 조건에 관하여 협의하여야 한다.(2010.1.18 본항개정)

⑤ 이사장은 제4항에 따른 심사와 협의 결과에 따라 기금이사 후보를 보건복지부장관에게 추천하고 계약서안을 함께 제출하여야 한다.(2010.1.18 본항개정)

⑥ 제5항에 따라 제출한 기금이사 후보 추천안과 계약서안을 보건복지부장관이 승인하면 이사장은 기금이사 후보와 계약을 체결하여야 한다.(2010.1.18 본항개정)

⑦ 제5항에 따른 기금이사 후보 추천안 및 계약서안의 제출과 제6항에 따른 승인은 각각 제30조제2항에 따른 상임이사의 임명 제청과 임명으로 본다.

⑧ 기금이사의 자격, 계약서안에 관한 협의, 추천과 계약 등에 관하여 필요한 사항은 보건복지부령으로 정한다.(2010.1.18 본항개정)

제32조【임원의 임기】 임원의 임기는 3년으로 한다. 다만, 당연직 이사의 임기는 그 재임기간으로 하고, 기금이사의 임기는 계약기간으로 한다.

제33조【임원의 직무】 ① 이사장은 공단을 대표하고, 공단의 업무를 통할(統轄)한다.

② 상임이사는 정관으로 정하는 바에 따라 공단의 업무를 분장하고, 이사장에게 사고가 있을 때에는 정관으로 정하는 순위에 따라 그 직무를 대행한다.

③ 감사는 공단의 회계, 업무 집행 상황 및 재산 상황을 감사(監査)한다.

제34조【대리인 선임】 이사장은 정관으로 정하는 바에 따라 직원 중에서 공단의 업무에 관한 모든 재판상 또는 재판 외의 행위를 할 수 있는 권한을 가진 대리인을 선임할 수 있다.

제35조【임원의 결격사유】 다음 각 호의 어느 하나에 해당하는 자는 공단의 임원이 될 수 없다.

1. 피성년후견인 또는 피한정후견인(2015.1.28 본호개정)
2. 파산선고를 받고 복권되지 아니한 자
3. 금고 이상의 실형을 선고받고 그 집행이 끝나거나 집행을 받지 아니하기로 확정된 날부터 3년이 지나지 아니한 자
4. 법률이나 법원의 판결에 따라 자격이 상실되거나 정지된 자

제36조【임원의 당연퇴임·해임】 ① 임원이 제35조 각 호의 어느 하나에 해당하게 되면 당연히 퇴임한다.

② 임면권자는 임원이 다음 각 호의 어느 하나에 해당하게 되면 그 임원을 해임할 수 있다.

1. 신체장애나 정신장애로 직무를 수행할 수 없다고 인정될 때
2. 직무에 따른 의무를 위반한 때
3. 고의나 중대한 과실로 공단에 손실이 생기게 한 때
4. 기금이사가 제31조제6항에 따라 이사장과 체결한 계약에서 정한 해임 사유에 해당하게 된 때

제37조【임직원의 겸직 제한】 공단의 이사장·상임이사·감사 및 직원은 영리를 목적으로 하는 업무에 종사하지 못하며, 이사장·상임이사 및 감사는 보건복지부장관의, 직원은 이사장의 허가 없이 다른 직무를 겸할 수 없다.(2010.1.18 본조개정)

제38조【이사회】 ① 공단의 중요 사항을 심의·의결하기 위하여 공단에 이사회를 둔다.

② 이사회는 이사장·상임이사 및 이사로 구성한다.

③ 이사장은 이사회를 소집하고 그 의장이 된다.

④ 이사회는 재적 구성원 과반수의 출석과 출석 구성원 과반수의 찬성으로 의결한다.

⑤ 감사는 이사회에 출석하여 발언할 수 있다.

⑥ 이사회의 운영에 관하여 필요한 사항은 대통령령으로 정한다.

제39조【직원의 임면】 공단의 직원은 정관으로 정하는 바에 따라 이사장이 임면한다.

제40조【임직원의 신분】 공단의 임직원은 「형법」 제129조부터 제132조까지의 규정을 적용할 때 공무원으로 본다.

제41조【공단에 대한 감독】 ① 공단은 대통령령으로 정하는 바에 따라 회계연도마다 사업 운영 계획과 예산에 관하여 보건복지부장관의 승인을 받아야 한다.

② 공단은 회계연도가 끝나고 2개월 내에 사업 실적과 결산을 보건복지부장관에게 보고하여야 한다.

③ 보건복지부장관은 공단에 대하여 사업에 관한 보고를 명하거나, 사업이나 재산 상황을 검사할 수 있으며, 필요하다고 인정하면 정관의 변경을 명하는 등 감독에 필요한 조치를 할 수 있다.

(2010.1.18 본조개정)

제42조【공단의 회계】 ① 공단의 회계연도는 정부의 회계연도에 따른다.

② 공단은 보건복지부장관의 승인을 받아 회계규정을 정하여야 한다.(2010.1.18 본항개정)

제43조【공단의 수입·지출】 공단의 수입은 국민연금기금으로부터의 전입금, 국가 보조금, 차입금, 그 밖의 수입금으로 하고, 지출은 이 법에 따른 각종 급여·적립금·환부금(還付金)·차입금의 상환금과 이자, 그 밖에 공단의 운영과 사업을 위한 각종 경비로 한다.

제44조【일시차입과 이입충당】 ① 공단은 회계연도마다 지출할 자금이 부족하면 대통령령으로 정하는 바에 따라 국민연금기금에서 일시차입할 수 있다.(2015.1.28 본항개정)

② 일시차입금은 해당 회계연도 내에 상환하여야 한다.

③ 공단은 회계연도마다 각종 급여와 관련된 지출이 수입을 초과하게 되면 대통령령으로 정하는 바에 따라 제103조에 따른 국민연금기금운용위원회의 심의를 거쳐 국민연금기금에서 이입충당(移入充當)할 수 있다.(2015.1.28 본항개정)

제45조【잉여금 처리】 공단은 매 회계연도 말에 결산하여 잉여금이 있으면 손실금을 보전(補塡)하고 나머지는 국민연금기금으로 적립하여야 한다.

제46조【복지사업과 대여사업 등】 ① 공단은 가입자, 가입자였던 자 및 수급권자의 복지를 증진하기 위하여 대통령령으로 정하는 바에 따라 다음 각 호의 복지사업을 할 수 있다.

1. 자금의 대여
2. 「노인복지법」에 따른 노인복지시설의 설치·공급·임대와 운영
3. 제2호에 따른 노인복지시설의 부대시설로서 「체육시설의 설치·이용에 관한 법률」에 따른 체육시설의 설치 및 운영
4. 그 밖에 대통령령으로 정하는 복지사업

② 제1항제2호 및 제3호에 따른 복지사업을 실시하기 위하여 국민연금기금으로부터 보건복지부령으로 정하는 법인에 출자할 수 있다.(2010.1.18 본항개정)

③ 공단은 대통령령으로 정하는 바에 따라 가입자와 가입자였던 자에 대하여 국민연금기금의 증식을 위한 대여사업을 할 수 있다.

④ 제1항제2호 및 제3항에 따른 대여 업무를 담당하는 공단의 임직원은 그 직무를 수행하면서 고의 또는 중대한 과실로 공단에 손해를 끼쳤을 때에는 그 손해를 배상하여야 한다.

⑤ 공단은 제1항에 따른 복지사업에 지장이 없는 범위에서 가입자, 가입자였던 사람 또는 수급권자가 아닌 사람에게 대통령령으로 정하는 바에 따라 공단이 제1항제2호부터 제4호에 따라 운영하는 시설의 일부를 이용하게 할 수 있다.(2015.1.28 본항신설)

⑥ 제2항에 따른 출자의 방법에 관한 사항은 보건복지부령으로 정한다.(2010.1.18 본항개정)

(2009.1.30 본조개정)

제46조의2【복지시설의 설치사업 등에 관한 특례】 공단이 제46조제1항제2호 및 제3호에 따른 복지시설을 설치하기 위하여 국가, 지방자치단체, 「한국토지주택공사법」에 따른 한국토지주택공사, 그 밖에 대통령령으로 정하는 공공기관이 조성한 토지를 취득하는 경우 공단을 국가 또는 지방자치단체로 본다.(2012.12.18 본조개정)

제46조의3【노후준비서비스】 공단은 가입대상 및 수급권자를 포함한 국민의 안정된 노후생활 보장을 위하여 「노후준비 지원법」 제2조제2호의 노후준비서비스(이하 "노후준비서비스"라 한다)와 관련된 다음 각 호의 사업을 실시할 수 있다.

1. 노후준비서비스의 제공
2. 노후준비서비스에 관한 조사·연구
3. 노후준비서비스에 필요한 프로그램의 개발·보급
4. 노후준비서비스 제공자의 양성·관리
5. 노후준비서비스를 위한 정보시스템의 구축·운영
6. 그 밖에 노후준비서비스 제공에 관하여 보건복지부장관이 위탁하는 사항

(2015.6.22 본조개정)

제47조【업무 위탁】 ① 공단은 정관으로 정하는 바에 따라 대여금 상환금의 수납, 급여·대여금의 지급에 관한 업무, 그 밖에 그 업무의 일부를 다른 법령에 따른 사회보험 업무를 수행하는 법인, 체신관서, 금융기관, 그 밖의 자에게 위탁할 수 있다.(2009.5.21 본항개정)

② 제1항에 따라 공단이 위탁할 수 있는 업무와 위탁받을 수 있는 자의 범위는 대통령령으로 정한다.

제48조【「민법」의 준용】 공단에 관하여 이 법에서 정한 것 외에는 「민법」 중 재단법인에 관한 규정을 준용한다.

제4장 급 여

제1절 통 칙

제49조【급여의 종류】 이 법에 따른 급여의 종류는 다음과 같다.

1. 노령연금
2. 장애연금
3. 유족연금
4. 반환일시금

제50조【급여 지급】 ① 급여는 수급권자의 청구에 따라 공단이 지급한다.(2016.5.29 본항개정)

② 연금액은 지급사유에 따라 기본연금액과 부양가족연금액을 기초로 산정한다.

제51조【기본연금액】 ① 수급권자의 기본연금액은 다음 각 호의 금액을 합한 금액에 1천분의 1천200을 곱한 금액으로 한다. 다만, 가입기간이 20년을 초과하면 그 초과하는 1년(1년 미만이면 매 1개월을 12분의 1년으로 계산한다)마다 본문에 따라 계산한 금액에 1천분의 50을 곱한 금액을 더한다.

1. 다음 각 목에 따라 산정한 금액을 합산하여 3으로 나눈 금액
   가. 연금 수급 3년 전 연도의 평균소득월액을 연금 수급 3년 전 연도와 대비한 연금 수급 전년도의 전국소비자물가변동률(「통계법」 제3조에 따라 통계청장이 매년 고시하는 전국소비자물가변동률을 말한다. 이하 이 조에서 같다)에 따라 환산한 금액
   나. 연금 수급 2년 전 연도의 평균소득월액을 연금 수급 2년 전 연도와 대비한 연금 수급 전년도의 전국소비자물가변동률에 따라 환산한 금액
   다. 연금 수급 전년도의 평균소득월액
2. 가입자 개인의 가입기간 중 매년 기준소득월액을 대통령령으로 정하는 바에 따라 보건복지부장관이 고시하는 연도별 재평가율에 의하여 연금 수급 전년도의 현재 가치로 환산한 후 이를 합산한 금액을 총 가입기간으로 나눈 금액. 다만, 다음 각 목에 따라 산정하여야 하는 금액은 그 금액으로 한다.(2010.1.18 본문개정)
   가. 제17조제2항 단서 및 같은 조 제3항제1호에 따라 산입되는 가입기간의 기준소득월액은 이 호 각 목 외의 부분 본문에 따라 산정한 금액의 2분의 1에 해당하는 금액(2021.6.8 본목신설)
   나. 제18조에 따라 추가로 산입되는 가입기간의 기준소득월액은 제1호에 따라 산정한 금액의 2분의 1에 해당하는 금액
   다. 제19조에 따라 추가로 산입되는 가입기간의 기준소득월액은 제1호에 따라 산정한 금액

② 제1항 각 호의 금액을 수급권자에게 적용할 때에는 연금 수급 2년 전 연도와 대비한 전년도의 전국소비자물가변동률을 기준으로 그 변동률에 해당하는 금액을 더하거나 빼되, 미리 제5조에 따른 국민연금심의위원회의 심의를 거쳐야 한다.(2019.1.15 본항개정)

③ 제2항에 따라 조정된 금액을 수급권자에게 적용할 때 그 적용 기간은 해당 조정연도 1월부터 12월까지로 한다.(2019.1.15 본항개정)

제52조【부양가족연금액】 ① 부양가족연금액은 수급권자(유족연금의 경우에는 사망한 가입자 또는 가입자였던 자를 말한다)를 기준으로 하는 다음 각 호의 자로서 수급권자에 의하여 생계를 유지하고 있는 자에 대하여 해당 호에 규정된 각각의 금액으로 한다. 이 경우 생계유지에 관한 대상자별 인정기준은 대통령령으로 정한다.(2011.6.7 전단개정)

1. 배우자 : 연 15만원
2. 19세 미만이거나 제52조의2에 따른 장애상태에 있는 자녀(배우자가 혼인 전에 얻은 자녀를 포함한다. 이하 이 조에서 같다) : 연 10만원(2023.6.13 본호개정)
3. 60세 이상이거나 제52조의2에 따른 장애상태에 있는 부모(부 또는 모의 배우자, 배우자의 부모를 포함한다. 이하 이 조에서 같다) : 연 10만원(2023.6.13 본호개정)

② 제1항에 따른 부양가족연금액을 수급권자에게 적용하는 경우에는 제51조제2항과 제3항을 준용한다.

③ 제1항 각 호의 자가 다음 각 호의 어느 하나에 해당하면 제1항에 따른 부양가족연금액 계산에서 제외한다.

1. 연금 수급권자(「국민연금과 직역연금의 연계에 관한 법률」에 따른 연계급여 수급권자를 포함한다)
2. 퇴직연금등수급권자
3. 「공무원연금법」, 「공무원 재해보상법」, 「사립학교교직원 연금법」, 「별정우체국법」, 「군인연금법」 또는 「군인 재해보상법」에 따른 퇴직유족연금, 퇴역유족연금, 장해유족연금, 상이유족연금, 순직유족연금, 직무상유족연금, 위험직무순직유족연금 또는 유족연금 수급권자(2019.12.10 본호개정)

(2011.6.7 본항개정)

④ 제1항 각 호의 자는 부양가족연금액을 계산할 때 2명 이상의 연금 수급권자의 부양가족연금 계산 대상이 될 수 없다.
⑤ 제1항 각 호에 해당하는 자가 다음 각 호의 어느 하나에 해당하게 되면 부양가족연금액의 계산에서 제외한다.
1. 사망한 때
2. 수급권자에 의한 생계유지의 상태가 끝난 때
3. 배우자가 이혼한 때
4. 자녀가 다른 사람의 양자가 되거나 파양(罷養)된 때
5. 자녀가 19세가 된 때. 다만, 제52조의2에 따른 장애상태에 있는 자녀는 제외한다.(2023.6.13 단서개정)
6. 제52조의2에 따른 장애상태에 있던 자녀 또는 부모가 그 장애상태에 해당하지 아니하게 된 때(2023.6.13 본호개정)
7. 배우자가 혼인 전에 얻은 자녀와의 관계가 이혼으로 인하여 종료된 때
8. 재혼한 부 또는 모의 배우자와 수급자의 관계가 부모와 그 배우자의 이혼으로 인하여 종료된 경우(2011.6.7 본호신설)

제52조의2【부양가족연금액 및 유족연금 지급 대상의 장애 인정기준】 제52조, 제73조, 제75조 및 제76조의 장애상태란 다음 각 호의 어느 하나에 해당하는 상태를 말한다.
1. 제67조제4항에 따른 장애등급 1급 또는 2급에 해당하는 상태
2. 「장애인복지법」 제2조에 따른 장애인 중 장애의 정도가 심한 장애인으로서 대통령령으로 정하는 장애 정도에 해당하는 상태

(2023.6.13 본조신설)

제53조【연금액의 최고한도】 연금의 월별 지급액은 다음 각 호의 금액 중에서 많은 금액을 넘지 못한다.
1. 가입자였던 최종 5년 동안의 기준소득월액(연금 수급 전년도를 기준으로 제51조제1항제2호에 준하여 조정한 금액을 말한다)을 평균한 금액을 제51조제2항에 준하여 조정한 금액
2. 가입기간 동안의 기준소득월액(연금 수급 전년도를 기준으로 제51조제1항제2호에 준하여 조정한다)을 평균한 금액을 제51조제2항에 준하여 조정한 금액

제54조【연금 지급 기간 및 지급 시기】 ① 연금은 지급하여야 할 사유가 생긴 날(제78조제1항에 따른 반납금, 제92조제1항에 따른 추납보험료(追納保險料) 또는 체납된 연금보험료를 냄에 따라 연금을 지급하여야 할 사유가 생긴 경우에는 해당 금액을 낸 날)이 속하는 달의 다음 달부터 수급권이 소멸한 날이 속하는 달까지 지급한다.(2011.12.31 본항개정)
② 연금은 매월 25일에 그 달의 금액을 지급하되, 지급일이 토요일이나 공휴일이면 그 전날에 지급한다. 다만, 수급권이 소멸하거나 연금 지급이 정지된 경우에는 그 지급일 전에 지급할 수 있다.(2011.12.31 본항개정)
③ 연금은 지급을 정지하여야 할 사유가 생기면 그 사유가 생긴 날이 속하는 달의 다음 달부터 그 사유가 소멸한 날이 속하는 달까지는 지급하지 아니한다.

제54조의2【급여수급전용계좌】 ① 수급자는 제58조제2항에 따라 대통령령으로 정하는 금액 이하의 급여를 본인 명의의 지정된 계좌(이하 "급여수급전용계좌"라 한다)로 입금하도록 공단에 신청할 수 있으며, 이 경우 공단은 급여를 급여수급전용계좌로 입금하여야 한다.
② 공단은 제1항에도 불구하고 정보통신장애나 그 밖에 대통령령으로 정하는 불가피한 사유로 급여를 급여수급전용계좌로 이체할 수 없을 때에는 현금으로 지급하는 등 대통령령으로 정하는 바에 따라 급여를 지급할 수 있다.
③ 급여수급전용계좌가 개설된 금융기관은 급여만이 급여수급전용계좌에 입금되도록 하고, 이를 관리하여야 한다.
④ 제1항에 따른 신청 방법·절차와 제3항에 따른 급여수급전용계좌의 관리에 필요한 사항은 대통령령으로 정한다.
(2015.1.28 본조신설)

제55조【미지급 급여】 ① 수급권자가 사망한 경우 그 수급권자에게 지급하여야 할 급여 중 아직 지급되지 아니한 것이 있으면 그 배우자·자녀·부모·손자녀·조부모 또는 형제자매의 청구에 따라 그 미지급 급여를 지급한다. 다만, 가출·실종 등 대통령령으로 정하는 경우에 해당하는 사람에게는 지급하지 아니하며, 형제자매의 경우에는 대통령령으로 정하는 바에 따라 수급권자의 사망 당시(「민법」 제27조제1항에 따른 실종선고를 받은 경우에는 실종기간의 개시 당시를, 같은 조 제2항에 따른 실종선고를 받은 경우에는 사망의 원인이 된 위난 발생 당시를 말한다) 수급권자에 의하여 생계를 유지하고 있던 사람에게만 지급한다.(2016.5.29 단서개정)
② 제1항에 따른 급여를 받을 순위는 배우자, 자녀, 부모, 손자녀, 조부모, 형제자매의 순으로 한다. 이 경우 순위가 같은 사람이 2명 이상이면 똑같이 나누어 지급하되, 지급 방법은 대통령령으로 정한다.
③ 제1항에 따른 미지급 급여는 수급권자가 사망한 날부터 5년 이내에 청구하여야 한다.(2011.12.31 본항신설)

제56조【중복급여의 조정】 ① 수급권자에게 이 법에 따른 2 이상의 급여 수급권이 생기면 수급권자의 선택에 따라 그 중 하나만 지급하고 다른 급여의 지급은 정지된다.
② 제1항에도 불구하고 제1항에 따라 선택하지 아니한 급여가 다음 각 호의 어느 하나에 해당하는 경우에는 해당 호에 규정된 금액을 선택한 급여에 추가하여 지급한다.
1. 선택하지 아니한 급여가 유족연금일 때(선택한 급여가 반환일시금일 때를 제외한다) : 유족연금액의 100분의 30에 해당하는 금액(2016.5.29 본호개정)
2. 선택하지 아니한 급여가 반환일시금일 때(선택한 급여가 장애연금이고, 선택하지 아니한 급여가 본인의 연금보험료 납부로 인한 반환일시금일 때를 제외한다) : 제80조제2항에 상당하는 금액

제57조【급여의 환수】 ① 공단은 급여를 받은 사람이 다음 각 호의 어느 하나에 해당하는 경우에는 대통령령으로 정하는 바에 따라 그 금액(이하 "환수금"이라 한다)을 환수하여야 한다. 다만, 공단은 환수금이 대통령령으로 정하는 금액 미만인 경우에는 환수하지 아니한다.
1. 거짓이나 그 밖의 부정한 방법으로 급여를 받은 경우
2. 제121조의 신고 의무자가 같은 조에 따른 신고 사항을 공단에 신고하지 아니하거나 늦게 신고하여 급여를 잘못 지급 받은 경우
3. 가입자 또는 가입자였던 자가 제15조에 따라 사망한 것으로 추정되어 유족연금 등의 급여가 지급된 후 해당 가입자 또는 가입자였던 자의 생존이 확인된 경우
4. 그 밖의 사유로 급여가 잘못 지급된 경우
② 공단은 제1항제1호 및 제2호의 경우에는 대통령령으로 정하는 이자를 가산하여 환수한다. 다만, 납부 의무자의 귀책사유가 없는 경우에는 이자를 가산하지 아니한다.
③ 공단은 환수금의 납부 의무자가 납부 기한까지 환수금을 내지 아니하면 제97조제1항 및 제2항을 준용하여 연체금을 징수하며, 이 경우 "건강보험공단"은 "공단"으로, "연금보험료"는 "환수금"으로 본다. 다만, 천재지변이나 그 밖에 대통령령으로 정하는 부득이한 사유가 있는 경우에는 연체금을 징수하지 아니할 수 있다.
④ 환수금 및 제3항에 따른 연체금(이하 "환수금등"이라 한다)의 납부 의무자에게 다른 급여의 수급권이 있거나 과오납금 등 반환받을 금액이 있으면 공단은 이를 환수금등에 충당할 수 있다.
(2016.5.29 본조개정)

제57조의2【환수금등의 고지, 독촉 및 체납처분 등】 ① 공단은 제57조에 따라 환수금등을 징수하려면 기한을 정하여 환수금등의 금액 및 납부 기한 등을 적은 문서로써 납입의 고지를 하여야 한다. 이 경우 납입의 고지는 보건복지부령으로 정하는 바에 따라 전자문서로 할 수 있으며, 그 도달에 관하여는 제88조의2제3항을 준용한다.
② 공단은 제1항에 따른 고지를 받은 자가 그 기한까지 환수금등을 내지 아니하면 기한을 정하여 대통령령으로 정하는 바에 따라 독촉하여야 한다.
③ 공단은 제2항에 따른 독촉을 받은 자가 그 기한까지 환수금등을 내지 아니하면 보건복지부장관의 승인을 받아 국세 체납처분의 예에 따라 이를 징수할 수 있다. 이 경우 체납처분과 관련하여서는 제95조제6항·제7항을 준용하고, "건강보험공단"은 "공단"으로 본다.
(2018.12.11 후단개정)

제58조【수급권 보호】 ① 수급권은 양도·압류하거나 담보로 제공할 수 없다.(2016.5.29 본항개정)
② 수급권자에게 지급된 급여로서 대통령령으로 정하는 금액 이하의 급여는 압류할 수 없다.
③ 급여수급전용계좌에 입금된 급여와 이에 관한 채권은 압류할 수 없다.(2015.1.28 본항신설)

제59조【미납금의 공제 지급】 ① 가입자 또는 가입자였던 자가 수급권을 취득하거나 사망한 경우 제46조에 따라 대여한 자금의 상환금에 관한 채무가 있으면 이를 이 법에 따른 급여(사망일시금을 포함하고 지급이 정지된 급여는 제외한다)에서 공제할 수 있다. 다만, 이 법에 따른 급여 중 연금급여(제68조제2항에 따라 일시보상금으로 지급되는 장애연금은 제외한다)의 수급권자에 대하여는 해당 연금월액의 2분의 1을 초과하여 공제할 수 없다.
② 제1항에 따라 해당 상환금에 관한 채무를 공제하려면 20일 이상의 기한을 정하여 문서로 그 채무의 변제를 최고(催告)하여야 하며, 그 기한까지 채무를 변제하지 아니하면 해당 급여에서 공제할 것임을 미리 수급권자에게 통지하여야 한다.
③ 제1항에 따라 공제한 금액은 그 액수만큼 수급권자에게 지급된 것으로 본다.

제60조【조세와 그 밖의 공과금 면제】 이 법에 따른 급여로 지급된 금액에 대하여는 「조세특례제한법」이나 그 밖의 법률 또는 지방자치단체가 조례로 정하는 바에 따라 조세, 그 밖에 국가 또는 지방자치단체의 공과금을 감면한다.

제2절 노령연금

제61조【노령연금 수급권자】 ① 가입기간이 10년 이상인 가입자 또는 가입자였던 자에 대하여는 60세(특수직종근로자는 55세)가 된 때부터 그가 생존하는 동안 노령연금을 지급한다.
② 가입기간이 10년 이상인 가입자 또는 가입자였던 자로서 55세 이상인 자가 대통령령으로 정하는 소득이 있는 업무에 종사하지 아니하는 경우 본인이 희망하면 제1항에도 불구하고 60세가 되기 전이라도 본인이 청구한 때부터 그가 생존하는 동안 일정한 금액의 연금(이하 "조기노령연금"이라 한다)을 받을 수 있다.
(2011.12.31 본조개정)

제62조【지급의 연기에 따른 가산】 ① 제61조에 따른 노령연금의 수급권자로서 60세 이상 65세 미만인 사람(특수직종근로자는 55세 이상 60세 미만인 사람)이 연금지급의 연기를 희망하는 경우에는 65세(특수직종근로자는 60세) 전까지의 기간에 대하여 그 연금의 전부 또는 일부의 지급을 연기할 수 있다.(2021.12.21 본항개정)
② 제1항에 따라 연금 전부의 지급 연기를 신청한 수급권자가 연금의 지급을 희망하거나 65세(특수직종근로자는 60세)가 된 경우의 연금액은 지급의 연기를 신청한 때의 제63조 및 제66조제3항에 따른 노령연금액(부양가족연금액은 제외한다. 이하 이 조에서 같다)을 제51조제2항에 따라 조정한 금액에 연기되는 매 1개월마다 그 금액의 1천분의 6을 더한 액으로 한다. 이 경우 1천분의 6에 해당하는 금액도 제51조제2항에 따라 조정한다.(2017.3.21 전단개정)
③ 제1항에 따라 연금 일부의 지급 연기를 신청하려는 수급권자는 노령연금액 중 다음 각 호의 어느 하나에 해당하는 금액의 지급 연기를 신청할 수 있다.
1. 노령연금액의 1천분의 500
2. 노령연금액의 1천분의 600
3. 노령연금액의 1천분의 700
4. 노령연금액의 1천분의 800
5. 노령연금액의 1천분의 900

(2015.1.28 본항신설)
④ 제3항에 따라 연금 일부의 지급 연기를 신청한 수급권자가 연금 전부의 지급을 희망하거나 65세가 된 경우의 노령연금액은 다음 각 호의 금액을 합산한 금액으로 한다.
1. 노령연금액 중 지급 연기를 신청하지 아니한 금액을 제51조제2항에 따라 조정한 금액
2. 노령연금액 중 지급 연기를 신청한 금액을 제51조제2항에 따라 조정한 금액에 연기되는 매 1개월마다 그 금액의 1천분의 6을 더한 금액. 이 경우 1천분의 6에 해당하는 금액도 제51조제2항에 따라 조정한다.

(2015.1.28 본항신설)
(2015.1.28 본조개정)

제63조【노령연금액】 ① 제61조제1항에 따른 노령연금액은 다음 각 호의 구분에 따른 금액에 부양가족연금액을 더한 금액으로 한다.(2011.12.31 본문개정)
1. 가입기간이 20년 이상인 경우 : 기본연금액
2. 가입기간이 10년 이상 20년 미만인 경우 : 기본연금액의 1천분의 500에 해당하는 금액에 가입기간 10년을 초과하는 1년(1년 미만이면 매 1개월을 12분의 1년으로 계산한다)마다 기본연금액의 1천분의 50에 해당하는 금액을 더한 금액

(2011.12.31 1호~2호신설)
② 조기노령연금액은 가입기간에 따라 제1항에 따른 노령연금액 중 부양가족연금액을 제외한 금액에 수급연령별로 다음 각 호의 구분에 따른 비율(청구일이 연령도달일이 속한 달의 다음 달 이후인 경우에는 1개월마다 1천분의 5를 더한다)을 곱한 금액에 부양가족연금액을 더한 금액으로 한다.(2011.12.31 본문개정)
1. 55세부터 지급받는 경우에는 1천분의 700
2. 56세부터 지급받는 경우에는 1천분의 760
3. 57세부터 지급받는 경우에는 1천분의 820
4. 58세부터 지급받는 경우에는 1천분의 880
5. 59세부터 지급받는 경우에는 1천분의 940

③ (2011.12.31 삭제)

제63조의2【소득활동에 따른 노령연금액】 제61조에 따른 노령연금 수급권자가 대통령령으로 정하는 소득이 있는 업무에 종사하면 60세 이상 65세 미만(특수직종근로자는 55세 이상 60세 미만)인 기간에는 제62조제2항·제4항, 제63조 및 제66조제3항에 따른 노령연금액(부양가족연금액은 제외한다. 이하 이 조에서 같다)에서 다음 각 호의 구분에 따른 금액을 뺀 금액을 지급한다. 이 경우 빼는 금액은 노령연금액의 2분의 1을 초과할 수 없다.
(2017.3.21 전단개정)
1. 초과소득월액(노령연금 수급권자의 소득월액에서 제51조제1항제1호에 따라 산정한 금액을 뺀 금액을 말한다. 이하 이 조에서 같다)이 100만원 미만인 사람 : 초과소득월액의 1천분의 50
2. 초과소득월액이 100만원 이상 200만원 미만인 사람 : 5만원 + (초과소득월액 − 100만원) × 1천분의 100
3. 초과소득월액이 200만원 이상 300만원 미만인 사람 : 15만원 + (초과소득월액 − 200만원) × 1천분의 150
4. 초과소득월액이 300만원 이상 400만원 미만인 사람 : 30만원 + (초과소득월액 − 300만원) × 1천분의 200
5. 초과소득월액이 400만원 이상인 사람 : 50만원 + (초과소득월액 − 400만원) × 1천분의 250

(2015.1.28 본조개정)

제64조【분할연금 수급권자 등】 ① 혼인 기간(배우자의 가입기간 중의 혼인 기간으로서 별거, 가출 등의 사유로 인하여 실질적인 혼인관계가 존재하지 아니하였던 기간을 제외한 기간을 말한다. 이하 같다)이 5년 이상인 자가 다음 각 호의 요건을 모두 갖추면 그때부터 그가 생존하는 동안 배우자였던 자의 노령연금을 분할한 일정한 금액의 연금(이하 "분할연금"이라 한다)을 받을 수 있다.
(2017.12.19 본문개정)
1. 배우자와 이혼하였을 것
2. 배우자였던 사람이 노령연금 수급권자일 것

3. 60세가 되었을 것
(2011.12.31 본항개정)
② 제1항에 따른 분할연금액은 배우자였던 자의 노령연금액(부양가족연금액은 제외한다) 중 혼인 기간에 해당하는 연금액을 균등하게 나눈 금액으로 한다.
③ 제1항에 따른 분할연금은 제1항 각 호의 요건을 모두 갖추게 된 때부터 5년 이내에 청구하여야 한다.
(2016.5.29 본항개정)
④ 제1항에 따른 혼인 기간의 인정 기준 및 방법 등에 필요한 사항은 대통령령으로 정한다.(2017.12.19 본항신설)

제64조의2【분할연금 지급의 특례】 ① 제64조제2항에도 불구하고 「민법」 제839조의2 또는 제843조에 따라 연금의 분할에 관하여 별도로 결정된 경우에는 그에 따른다.
② 제1항에 따라 연금의 분할이 별도로 결정된 경우에는 분할 비율 등에 대하여 공단에 신고하여야 한다.
③ 제2항에 따른 신고 방법 및 절차 등 신고에 필요한 세부사항은 보건복지부령으로 정한다.
(2015.12.29 본조신설)

제64조의3【분할연금 청구의 특례】 ① 제64조제3항에도 불구하고 제64조제1항제3호의 연령에 도달하기 이전에 이혼하는 경우에는 이혼의 효력이 발생하는 때부터 분할연금을 미리 청구(이하 "분할연금 선청구"라 한다)할 수 있다. 이 경우 제64조제3항에 따른 청구를 한 것으로 본다(선청구를 하고 제2항에 따른 선청구의 취소를 하지 아니한 경우에 한정한다).
② 제1항에 따른 분할연금 선청구는 이혼의 효력이 발생하는 때부터 3년 이내에 하여야 하며, 제64조제1항제3호의 연령이 도달하기 이전에 분할연금 선청구를 취소할 수 있다. 이 경우 분할연금 선청구 및 선청구의 취소는 1회에 한한다.
③ 제1항에 따라 분할연금을 선청구한 경우라고 하더라도 제64조제1항 각 호의 요건을 모두 갖추게 된 때에 분할연금을 지급한다.
④ 제1항 및 제2항에 따른 분할연금 선청구 및 선청구 취소 방법·절차 등 시행에 필요한 세부사항은 보건복지부령으로 정한다.
(2015.12.29 본조신설)

제64조의4【분할연금 수급권의 포기】 ① 제64조제1항에 따른 분할연금 수급권자는 같은 항의 배우자였던 사람과 재혼한 경우 보건복지부령으로 정하는 바에 따라 분할연금 수급권의 포기를 신청할 수 있다.
② 제1항에 따라 분할연금 수급권자가 분할연금 수급권의 포기를 신청한 경우에는 그 분할연금 수급권은 신청한 날부터 소멸된다.
③ 제2항에 따라 분할연금 수급권이 소멸된 경우에는 분할연금 수급권을 포기한 사람의 배우자에게 분할연금이 발생하기 전의 노령연금을 지급한다.
(2016.5.29 본조신설)

제65조【분할연금과 노령연금의 관계 등】 ① 제64조제1항에 따른 분할연금 수급권은 그 수급권을 취득한 후에 배우자였던 자에게 생긴 사유로 노령연금 수급권이 소멸·정지되어도 영향을 받지 아니한다.
② 수급권자에게 2 이상의 분할연금 수급권이 생기면 제56조에도 불구하고 2 이상의 분할연금액을 합산하여 지급한다. 다만, 2 이상의 분할연금 수급권과 다른 급여(노령연금을 제외한다. 이하 이 항에서 같다)의 수급권이 생기면 그 2 이상의 분할연금 수급권을 하나의 분할연금 수급권으로 보고 본인의 선택에 따라 분할연금과 다른 급여 중 하나만 지급하고 선택하지 아니한 분할연금 또는 다른 급여의 지급은 정지된다.
③ 분할연금 수급권자는 제72조제1항에 따른 유족연금을 지급할 때 노령연금 수급권자로 보지 아니한다.
④ 분할연금 수급권자에게 노령연금 수급권이 발생한 경우에는 제56조에도 불구하고 분할연금액과 노령연금액을 합산하여 지급한다.

제66조【조기노령연금의 지급 정지 등】 ① 제61조제2항과 제63조제2항에 따라 조기노령연금을 받고 있는 60세 미만인 자가 다음 각 호의 어느 하나에 해당되는 경우에는 그 기간에 해당하는 조기노령연금은 지급을 정지한다.
(2017.3.21 본문개정)
1. 제61조제2항에 따른 소득이 있는 업무에 종사하는 경우
2. 제1호에는 해당되지 아니하나 조기노령연금을 받고 있는 본인이 조기노령연금 지급 정지를 신청하는 경우
(2017.3.21 1호~2호신설)
② 제1항에 따라 조기노령연금의 지급이 정지된 자가 다음 각 호의 어느 하나에 해당되는 경우에는 조기노령연금을 다시 지급한다.
1. 60세에 도달하는 경우
2. 제1항제1호에 해당하는 자가 60세에 도달하기 전에 제61조제2항에 따른 소득이 있는 업무에 종사하지 아니하는 경우
3. 제1항제2호에 해당하는 자가 60세에 도달하기 전에 제61조제2항에 따른 소득이 있는 업무에 종사하지 아니한 상태에서 본인이 조기노령연금의 재지급을 신청하는 경우
(2017.3.21 본항신설)
③ 제1항에 따라 조기노령연금의 지급이 정지된 자가 제2항에 따라 조기노령연금을 다시 지급받을 경우의 조기노령연금액은 다음 각 호와 같다.(2017.3.21 본문개정)
1. 지급 정지 전후의 가입기간을 합산하여 산정한 제63조제1항에 따른 노령연금액(부양가족연금액을 제외한다)에 재 수급 당시의 제63조제2항에 따른 연령별 비율에서 기 수급기간 1개월마다 1천분의 5를 뺀 비율을 곱한 금액에 부양가족연금액을 더한 금액(2015.1.28 본호개정)
2. 제1호에 따른 조기노령연금액(부양가족연금액을 제외한다. 이하 이 호에서 같다)이 제1항에 따라 지급 정지되기 전의 조기노령연금액보다 적어지는 경우에는 지급 정지되기 전의 조기노령연금액
④ 제1항 및 제2항에 따른 조기노령연금 지급 정지 및 재지급 신청에 필요한 세부사항은 보건복지부령으로 정한다.(2017.3.21 본항신설)

제3절 장애연금

제67조【장애연금의 수급권자】 ① 가입자 또는 가입자였던 자가 질병이나 부상으로 신체상 또는 정신상의 장애가 있고 다음 각 호의 요건을 모두 충족하는 경우에는 장애 정도를 결정하는 기준이 되는 날(이하 "장애결정 기준일"이라 한다)부터 그 장애가 계속되는 기간 동안 장애 정도에 따라 장애연금을 지급한다.
1. 해당 질병 또는 부상의 초진일 당시 연령이 18세(다만, 18세 전에 가입한 경우에는 가입자가 된 날을 말한다) 이상이고 노령연금의 지급 연령 미만일 것
2. 다음 각 목의 어느 하나에 해당할 것
가. 해당 질병 또는 부상의 초진일 당시 연금보험료를 낸 기간이 가입대상기간의 3분의 1 이상일 것
나. 해당 질병 또는 부상의 초진일 5년 전부터 초진일까지의 기간 중 연금보험료를 낸 기간이 3년 이상일 것. 다만, 가입대상기간 중 체납기간이 3년 이상인 경우는 제외한다.
다. 해당 질병 또는 부상의 초진일 당시 가입기간이 10년 이상일 것
(2016.5.29 본항개정)
② 제1항에 따른 장애결정 기준일은 다음 각 호에서 정하는 날로 한다.
1. 초진일부터 1년 6개월이 지나기 전에 완치일이 있는 경우 : 완치일
2. 초진일부터 1년 6개월이 지날 때까지 완치일이 없는 경우 : 초진일부터 1년 6개월이 되는 날의 다음 날
3. 제2호에 따른 초진일부터 1년 6개월이 되는 날의 다음 날에 장애연금의 지급 대상이 되지 아니하였으나, 그 후 그 질병이나 부상이 악화된 경우 : 장애연금의 지급을 청구한 날(제61조에 따른 노령연금 지급연령 전에 청구한 경우만 해당한다. 이하 이 조에서 "청구일"이라 한다)과 완치일 중 빠른 날
4. 제70조제1항에 따라 장애연금의 수급권이 소멸된 사람이 장애연금 수급권을 취득할 당시의 질병이나 부상이 악화된 경우 : 청구일과 완치일 중 빠른 날
(2016.5.29 본항개정)
③ 제1항에 따라 장애연금의 지급 대상이 되는 경우에도 불구하고 다음 각 호의 어느 하나에 해당되는 경우에는 장애연금을 지급하지 아니한다.
1. 초진일이 제6조 단서에 따라 가입 대상에서 제외된 기간 중에 있는 경우
2. 초진일이 국외이주·국적상실 기간 중에 있는 경우
3. 제77조에 따라 반환일시금을 지급받은 경우
(2016.5.29 본항개정)
④ 장애 정도에 관한 장애등급은 1급, 2급, 3급 및 4급으로 구분하되, 등급 구분의 기준과 장애 정도의 심사에 관한 사항은 대통령령으로 정한다.

제68조【장애연금액】 ① 장애연금액은 장애 등급에 따라 다음 각 호의 금액으로 한다.
1. 장애등급 1급에 해당하는 자에 대하여는 기본연금액에 부양가족연금액을 더한 금액
2. 장애등급 2급에 해당하는 자에 대하여는 기본연금액의 1천분의 800에 해당하는 금액에 부양가족연금액을 더한 금액
3. 장애등급 3급에 해당하는 자에 대하여는 기본연금액의 1천분의 600에 해당하는 금액에 부양가족연금액을 더한 금액
② 장애등급 4급에 해당하는 자에 대하여는 기본연금액의 1천분의 2천250에 해당하는 금액을 일시보상금으로 지급한다.

제69조【장애의 중복 조정】 장애연금 수급권자에게 다시 장애연금을 지급하여야 할 장애가 발생한 때에는 전후의 장애를 병합(併合)한 장애 정도에 따라 장애연금을 지급한다. 다만, 전후의 장애를 병합한 장애 정도에 따른 장애연금이 전의 장애연금보다 적으면 전의 장애연금을 지급한다.

제70조【장애연금액의 변경 등】 ① 공단은 장애연금 수급권자의 장애 정도를 심사하여 장애등급이 다르게 되면 그 등급에 따라 장애연금액을 변경하고, 장애등급에 해당되지 아니하면 장애연금 수급권을 소멸시킨다.
② 장애연금의 수급권자는 그 장애가 악화되면 공단에 장애연금액의 변경을 청구할 수 있다.
③ 제1항 및 제2항에 따라 장애정도를 결정할 때에는 완치일을 기준으로 하며, 다음 각 호의 구분에 따른 날까지 완치되지 않은 경우에는 그 해당하는 날을 기준으로 장애 정도를 결정한다.(2016.5.29 본문개정)
1. 제1항의 경우 : 장애 정도의 변화개연성에 따라 공단이 지정한 주기가 도래한 날이 속하는 달의 말일 등 대통령령으로 정하는 날
2. 제2항의 경우 : 수급권자가 장애연금액의 변경을 청구한 날
(2011.12.31 본항신설)
④ 제1항 및 제2항은 60세 이상인 장애연금 수급권자에 대하여는 적용하지 아니한다.

제71조【일시보상금에 대한 평가】 제68조제2항에 따른 일시보상금 수급권자에게 제56조에 따른 중복급여의 조정, 제69조에 따른 장애의 중복 조정, 제70조에 따른 장애연금액의 변경 및 제115조제1항에 따른 소멸시효를 적용할 때에는 일시보상금 지급 사유 발생일이 속하는 달의 다음 달부터 기본연금액의 1천분의 400을 12로 나눈 금액이 67개월 동안 지급된 것으로 본다.

제4절 유족연금

제72조【유족연금의 수급권자】 ① 다음 각 호의 어느 하나에 해당하는 사람이 사망하면 그 유족에게 유족연금을 지급한다.(2016.5.29 본문개정)
1. 노령연금 수급권자
2. 가입기간이 10년 이상인 가입자 또는 가입자였던 자
(2016.5.29 본호개정)
3. 연금보험료를 낸 기간이 가입대상기간의 3분의 1 이상인 가입자 또는 가입자였던 자(2016.5.29 본호개정)
4. 사망일 5년 전부터 사망일까지의 기간 중 연금보험료를 낸 기간이 3년 이상인 가입자 또는 가입자였던 자. 다만, 가입대상기간 중 체납기간이 3년 이상인 사람은 제외한다.(2016.5.29 본호신설)
5. 장애등급이 2급 이상인 장애연금 수급권자
② 제1항에도 불구하고 같은 항 제3호 또는 제4호에 해당하는 사람이 다음 각 호의 기간 중 사망하는 경우에는 유족연금을 지급하지 아니한다.
1. 제6조 단서에 따라 가입 대상에서 제외되는 기간
2. 국외이주·국적상실 기간
(2016.5.29 본항개정)

제73조【유족의 범위 등】 ① 유족연금을 지급받을 수 있는 유족은 제72조제1항 각 호의 사람이 사망할 당시(「민법」 제27조제1항에 따른 실종선고를 받은 경우에는 실종기간의 개시 당시를, 같은 조 제2항에 따른 실종선고를 받은 경우에는 사망의 원인이 된 위난 발생 당시를 말한다) 그에 의하여 생계를 유지하고 있던 다음 각 호의 자로 한다. 이 경우 가입자 또는 가입자였던 자에 의하여 생계를 유지하고 있던 자에 관한 인정 기준은 대통령령으로 정한다.(2016.5.29 전단개정)
1. 배우자
2. 자녀. 다만, 25세 미만이거나 제52조의2에 따른 장애상태에 있는 사람만 해당한다.(2023.6.13 단서개정)
3. 부모(배우자의 부모를 포함한다. 이하 이 절에서 같다). 다만, 60세 이상이거나 제52조의2에 따른 장애상태에 있는 사람만 해당한다.(2023.6.13 단서개정)
4. 손자녀. 다만, 19세 미만이거나 제52조의2에 따른 장애상태에 있는 사람만 해당한다.(2023.6.13 단서개정)
5. 조부모(배우자의 조부모를 포함한다. 이하 이 절에서 같다). 다만, 60세 이상이거나 제52조의2에 따른 장애상태에 있는 사람만 해당한다.(2023.6.13 단서개정)
② 유족연금은 제1항 각 호의 순위에 따라 최우선 순위자에게만 지급한다. 다만, 제1항제1호에 따른 유족의 수급권이 제75조제1항제1호 및 제2호에 따라 소멸되거나 제76조제1항 및 제2항에 따라 정지되면 제1항제2호에 따른 유족에게 지급한다.(2021.12.21 단서개정)
③ 제2항의 경우 같은 순위의 유족이 2명 이상이면 그 유족연금액을 똑같이 나누어 지급하되, 지급 방법은 대통령령으로 정한다.

제74조【유족연금액】 유족연금액은 가입기간에 따라 다음 각 호의 금액에 부양가족연금액을 더한 금액으로 한다. 다만, 노령연금 수급권자가 사망한 경우의 유족연금액은 사망한 자가 지급받던 노령연금액을 초과할 수 없다.
1. 가입기간이 10년 미만이면 기본연금액의 1천분의 400에 해당하는 금액
2. 가입기간이 10년 이상 20년 미만이면 기본연금액의 1천분의 500에 해당하는 금액
3. 가입기간이 20년 이상이면 기본연금액의 1천분의 600에 해당하는 금액

제75조【유족연금 수급권의 소멸】 ① 유족연금 수급권자가 다음 각 호의 어느 하나에 해당하게 되면 그 수급권은 소멸한다.
1. 수급권자가 사망한 때
2. 배우자인 수급권자가 재혼한 때
3. 자녀나 손자녀인 수급권자가 파양된 때(2017.10.24 본호개정)
4. 제52조의2에 따른 장애상태에 해당하지 아니한 자녀인 수급권자가 25세가 된 때 또는 제52조의2에 따른 장애상태에 해당하지 아니한 손자녀인 수급권자가 19세가 된 때(2023.6.13 본호개정)
5. (2017.10.24 삭제)
② 부모, 손자녀 또는 조부모인 유족의 유족연금 수급권

은 가입자 또는 가입자였던 사람이 사망할 당시에 그 가입자 또는 가입자였던 사람의 태아가 출생하여 수급권을 갖게 되면 소멸한다.(2015.1.28 본항개정)

제76조【유족연금의 지급 정지】 ① 유족연금의 수급권자인 배우자에 대하여는 수급권이 발생한 때부터 3년 동안 유족연금을 지급한 후 55세가 될 때까지 지급을 정지한다. 다만, 그 수급권자가 다음 각 호의 어느 하나에 해당하면 지급을 정지하지 아니한다.
1. 제52조의2에 따른 장애상태인 경우(2023.6.13 본호개정)
2. 가입자 또는 가입자였던 자의 25세 미만인 자녀 또는 제52조의2에 따른 장애상태인 자녀의 생계를 유지한 경우(2023.6.13 본호개정)
3. 대통령령으로 정하는 소득이 있는 업무에 종사하지 아니하는 경우

② 유족연금의 수급권자인 배우자의 소재를 1년 이상 알 수 없는 때에는 유족인 자녀의 신청에 의하여 그 소재불명(不明)의 기간동안 그에게 지급하여야 할 유족연금은 지급을 정지한다.
③ 배우자 외의 자에 대한 유족연금의 수급권자가 2명 이상인 경우 그 수급권자 중에서 1년 이상 소재를 알 수 없는 자가 있으면 다른 수급권자의 신청에 따라 그 소재불명의 기간에 해당하는 그에 대한 유족연금의 지급을 정지한다.
④ 제2항과 제3항에 따라 유족연금의 지급이 정지된 자의 소재가 확인된 경우에는 본인의 신청에 의하여 지급 정지를 해제한다.
⑤ 자녀나 손자녀인 수급권자가 다른 사람에게 입양된 때에는 그에 해당하게 된 때부터 유족연금의 지급을 정지한다.(2017.10.24 본항신설)
⑥ 제5항에 따라 유족연금의 지급이 정지된 자가 파양된 경우에는 본인의 신청에 의하여 파양된 때부터 지급 정지를 해제한다.(2017.10.24 본항신설)
⑦ 장애로 수급권을 취득한 자가 제52조의2에 따른 장애상태에 해당하지 아니하게 된 때에는 그에 해당하게 된 때부터 유족연금의 지급을 정지한다.(2023.6.13 본항개정)
⑧ 제7항에 따라 유족연금의 지급이 정지된 자가 그 질병이나 부상이 악화되어 제52조의2에 따른 장애상태에 해당하게 된 경우에는 본인의 신청에 의하여 제52조의2에 따른 장애상태에 해당하게 된 때부터 지급 정지를 해제한다.(2023.6.13 본항개정)
⑨ 제2항 및 제3항에도 불구하고 유족연금 수급권자가 1년 이상 소재불명이고 제2항 및 제3항에 따른 지급 정지의 신청을 할 사람이 존재하지 아니하는 등 대통령령으로 정하는 경우에는 유족연금의 지급을 정지할 수 있다.(2021.12.21 본항신설)
⑩ 제9항에 따른 지급 정지에 대한 취소 및 그에 따른 지급에 대해서는 제86조의2제2항 및 제3항을 준용한다.(2021.12.21 본항신설)
(2017.10.24 본조제목개정)

제5절 반환일시금 등

제77조【반환일시금】 ① 가입자 또는 가입자였던 자가 다음 각 호의 어느 하나에 해당하게 되면 본인이나 그 유족의 청구에 의하여 반환일시금을 지급받을 수 있다.
1. 가입기간이 10년 미만인 자가 60세가 된 때
2. 가입자 또는 가입자였던 자가 사망한 때. 다만, 제72조에 따라 유족연금이 지급되는 경우에는 그러하지 아니하다.(2016.5.29 단서개정)
3. 국적을 상실하거나 국외로 이주한 때

② 제1항에 따른 반환일시금의 액수는 가입자 또는 가입자였던 자가 납부한 연금보험료(사업장가입자 또는 사업장가입자였던 자의 경우에는 사용자의 부담금을 포함한다)에 대통령령으로 정하는 이자를 더한 금액으로 한다.
③ 제1항에 따라 반환일시금의 지급을 청구할 경우 유족의 범위와 청구의 우선순위 등에 관하여는 제73조를 준용한다.

제78조【반납금 납부와 가입기간】 ① 제77조에 따라 반환일시금을 받은 자로서 다시 가입자의 자격을 취득한 자는 지급받은 반환일시금에 대통령령으로 정하는 이자를 더한 금액(이하 "반납금"이라 한다)을 공단에 낼 수 있다.
② 반납금은 대통령령으로 정하는 바에 따라 분할하여 납부하게 할 수 있다. 이 경우 대통령령으로 정하는 이자를 더하여야 한다.
③ 제1항과 제2항에 따라 반납금을 낸 경우에는 그에 상응하는 기간은 가입기간에 넣어 계산한다.
④ 제1항과 제2항에 따른 반납금의 납부 신청, 납부 방법 및 납부 기한 등 반납금의 납부에 필요한 사항은 대통령령으로 정한다.

제79조【반환일시금 수급권의 소멸】 반환일시금의 수급권은 다음 각 호의 어느 하나에 해당하면 소멸한다.
1. 수급권자가 다시 가입자로 된 때
2. 수급권자가 노령연금의 수급권을 취득한 때
3. 수급권자가 장애연금의 수급권을 취득한 때
4. 수급권자의 유족이 유족연금의 수급권을 취득한 때

제80조【사망일시금】 ① 다음 각 호의 어느 하나에 해당하는 사람이 사망한 때에 제73조에 따른 유족이 없으면 그 배우자·자녀·부모·손자녀·조부모·형제자매 또는 4촌 이내 방계혈족(傍系血族)에게 사망일시금을 지급한다. 다만, 가출·실종 등 대통령령으로 정하는 경우에 해당하는 사람에게는 지급하지 아니하며, 4촌 이내 방계혈족의 경우에는 대통령령으로 정하는 바에 따라 다음 각 호의 어느 하나에 해당하는 사람의 사망 당시(「민법」 제27조제1항에 따른 실종선고를 받은 경우에는 실종기간의 개시 당시를, 같은 조 제2항에 따른 실종선고를 받은 경우에는 사망의 원인이 된 위난 발생 당시를 말한다) 그 사람에 의하여 생계를 유지하고 있던 사람에게만 지급한다.(2020.12.29 본항개정)
1. 가입자 또는 가입자였던 사람
2. 노령연금 수급권자
3. 장애등급이 3급 이상인 장애연금 수급권자
(2020.12.29 1호~3호신설)

② 제1항에 따른 사망일시금은 다음 각 호의 금액으로 한다.
1. 제1항제1호에 해당하는 경우 : 가입자 또는 가입자였던 사람의 반환일시금에 상당하는 금액. 다만, 사망한 가입자 또는 가입자였던 사람의 최종 기준소득월액을 제51조제1항제2호에 따른 연도별 재평가율에 따라 사망일이 속하는 해의 전년도의 현재가치로 환산한 금액과 같은 호에 준하여 산정한 가입기간 중 기준소득월액의 평균액 중에서 많은 금액의 4배를 초과하지 못한다.
2. 제1항제2호 또는 제3호에 해당하는 경우 : 수급권자가 사망할 때까지 지급받은 연금액이 제1호를 준용하여 산정한 금액(이 경우 "가입자 또는 가입자였던 사람"은 "노령연금 수급권자 또는 장애등급이 3급 이상인 장애연금 수급권자"로 본다)보다 적은 경우에 그 차액에 해당하는 금액
(2020.12.29 본항개정)

③ 제2항제1호 및 제2호에 모두 해당하는 경우에는 제2호를 적용한다.(2020.12.29 본항신설)
④ 제1항에 따른 사망일시금을 받을 자의 순위는 배우자·자녀·부모·손자녀·조부모·형제자매 및 4촌 이내의 방계혈족 순으로 한다. 이 경우 순위가 같은 사람이 2명 이상이면 똑같이 나누어 지급하되, 그 지급 방법은 대통령령으로 정한다.

제81조【유족연금과 사망일시금의 관계】 제73조제1항제2호 및 제4호에 따른 유족연금 수급권자에 대하여는 제75조제1항제4호에 따라 유족연금수급권이 소멸할 때까지 지급받은 유족연금액이 제80조제2항에 따른 사망일시금액보다 적을 때에는 그 차액을 일시금으로 지급한다.

제6절 급여 제한 등

제82조【급여의 제한】 ① 가입자 또는 가입자였던 자가 고의로 질병·부상 또는 그 원인이 되는 사고를 일으켜 그로 인하여 장애를 입은 경우에는 그 장애를 지급 사유로 하는 장애연금을 지급하지 아니할 수 있다.
② 가입자 또는 가입자였던 자가 고의나 중대한 과실로 요양 지시에 따르지 아니하거나 정당한 사유 없이 요양 지시에 따르지 아니하여 다음 각 호의 어느 하나에 해당하게 되면 대통령령으로 정하는 바에 따라 이를 원인으로 하는 급여의 전부 또는 일부를 지급하지 아니할 수 있다.
1. 장애를 입거나 사망한 경우
2. 장애나 사망의 원인이 되는 사고를 일으킨 경우
3. 장애를 악화시키거나 회복을 방해한 경우

③ 다음 각 호의 어느 하나에 해당하는 사람에게는 사망에 따라 발생되는 유족연금, 미지급급여, 반환일시금 및 사망일시금(이하 이 항에서 "유족연금등"이라 한다)을 지급하지 아니한다.
1. 가입자 또는 가입자였던 자를 고의로 사망하게 한 유족
2. 유족연금등의 수급권자가 될 수 있는 자를 고의로 사망하게 한 유족
3. 다른 유족연금등의 수급권자를 고의로 사망하게 한 유족연금등의 수급권자
(2016.5.29 본항신설)

제83조【장애연금액의 변경 제한】 장애연금의 수급권자가 고의나 중대한 과실로 요양 지시에 따르지 아니하거나 정당한 사유 없이 요양 지시에 따르지 아니하여 장애를 악화시키거나 회복을 방해한 경우에는 제70조에 따라 장애연금액을 변경하지 아니할 수 있다.

제84조~제85조 (2016.5.29 삭제)

제86조【지급의 정지 등】 ① 수급권자가 다음 각 호의 어느 하나에 해당하면 급여의 전부 또는 일부의 지급을 정지할 수 있다.
1. 수급권자가 정당한 사유 없이 제122조제1항에 따른 공단의 서류, 그 밖의 자료 제출 요구에 응하지 아니한 때
2. 장애연금 또는 유족연금의 수급권자가 정당한 사유 없이 제120조에 따른 공단의 진단 요구 또는 확인에 응하지 아니한 때
3. 장애연금 수급권자가 고의나 중대한 과실로 요양 지시에 따르지 아니하거나 정당한 사유 없이 요양 지시에 따르지 아니하여 회복을 방해한 때
4. 수급권자가 정당한 사유 없이 제121조제1항에 따른 신고를 하지 아니한 때

② 제1항에 따라 급여의 지급을 정지하려는 경우에는 지급을 정지하기 전에 대통령령으로 정하는 바에 따라 급여의 지급을 일시 중지할 수 있다.

제86조의2【소재불명자에 대한 지급의 정지 등】 ① 수급권자(유족연금 수급권자는 제외한다. 이하 이 조에서 같다)가 1년 이상 소재불명인 경우에는 이 법에 따른 급여의 지급을 정지할 수 있다.
② 제1항에 따라 급여의 지급을 정지한 후 소재불명이었던 수급권자의 소재가 확인되거나 사망한 사실이 확인된 경우에는 지급 정지를 취소하여야 한다.
③ 제2항에 따라 지급 정지를 취소한 경우 지급 정지 기간 동안 지급되지 아니한 급여를 수급권자(수급권자가 사망한 때에는 제55조에 따른 청구 절차에 따라 미지급급여를 받을 수 있는 자를 말한다)에게 지급하여야 한다.
④ 제1항에 따른 급여의 지급 정지, 제2항에 따른 지급정지의 취소 및 제3항에 따른 미지급 급여의 지급 기준 등에 필요한 사항은 대통령령으로 정한다.
(2021.12.21 본조신설)

제5장 비용 부담 및 연금보험료의 징수 등

제87조【국고 부담】 국가는 매년 공단 및 건강보험공단이 국민연금사업을 관리·운영하는 데에 필요한 비용의 전부 또는 일부를 부담한다.(2009.5.21 본조개정)

제88조【연금보험료의 부과·징수 등】 ① 보건복지부장관은 국민연금사업 중 연금보험료의 징수에 관하여 이 법에서 정하는 사항을 건강보험공단에 위탁한다.(2011.6.7 본항개정)
② 공단은 국민연금사업에 드는 비용에 충당하기 위하여 가입자와 사용자에게 가입기간 동안 매월 연금보험료를 부과하고, 건강보험공단이 이를 징수한다.
③ 사업장가입자의 연금보험료 중 기여금은 사업장가입자 본인이, 부담금은 사용자가 각각 부담하되, 그 금액은 각각 기준소득월액의 1천분의 45에 해당하는 금액으로 한다.
④ 지역가입자, 임의가입자 및 임의계속가입자의 연금보험료는 지역가입자, 임의가입자 또는 임의계속가입자 본인이 부담하되, 그 금액은 기준소득월액의 1천분의 90으로 한다.(2009.5.21 본항신설)
⑤ 공단은 기준소득월액 정정 등의 사유로 당초 징수 결정한 금액을 다시 산정함으로써 연금보험료를 추가로 징수하여야 하는 경우 가입자 또는 사용자에게 그 추가되는 연금보험료를 나누어 내도록 할 수 있다. 이 경우 분할납부 신청 대상, 분할 납부 방법 및 납부 기한 등 연금보험료의 분할 납부에 필요한 사항은 대통령령으로 정한다.(2011.6.7 본항신설)
(2009.5.21 본조개정)

제88조의2【납입의 고지 등】 ① 건강보험공단은 공단이 제88조에 따라 연금보험료를 부과한 때에는 그 납부 의무자에게 연금보험료의 금액, 납부 기한, 납부 장소 등을 적은 문서로써 납입의 고지를 하여야 한다. 다만, 제89조제4항에 따라 연금보험료를 자동이체의 방법으로 내는 기간 동안에는 이를 생략할 수 있다.(2020.12.29 단서개정)
② 건강보험공단은 납부 의무자의 신청이 있는 경우에는 제1항 본문에 따른 납입의 고지를 전자문서교환방식 등에 의하여 전자문서로 할 수 있다. 이 경우 전자문서 고지에 대한 신청 방법·절차, 그 밖에 필요한 사항은 보건복지부령으로 정한다.(2010.1.18 본항개정)
③ 건강보험공단은 제2항에 따라 전자문서로 고지한 경우 보건복지부령으로 정하는 정보통신망에 저장하거나 납부 의무자가 지정한 전자우편주소에 입력된 때에 그 납부 의무자에게 도달된 것으로 본다.(2010.1.18 본항개정)
④ 제90조제3항에 따라 연금보험료를 연대하여 납부하여야 하는 자 중 1명에게 한 고지는 다른 연대 납부 의무자에게도 효력이 있다.
⑤ 건강보험공단은 제90조의2에 따른 제2차 납부의무자에게 납부의무가 발생한 경우 해당 납부의무자에게 납입의 고지를 하여야 하며, 납입의 고지를 한 경우에는 해당 법인인 사용자 및 사업양도인에게 그 사실을 통지하여야 한다. 이 때 납입의 고지 방법, 고지의 도달 등에 관한 사항은 제1항부터 제3항까지를 준용한다.(2015.6.22 본항신설)
(2009.5.21 본조신설)

제89조【연금보험료의 납부 기한 등】 ① 연금보험료는 납부 의무자가 다음 달 10일까지 내야 한다. 다만, 대통령령으로 정하는 농업·임업·축산업 또는 수산업을 경영하거나 이에 종사하는 자(이하 "농어업인"이라 한다)는 본인의 신청에 의하여 분기별 연금보험료를 해당 분기의 다음 달 10일까지 낼 수 있다.
② 연금보험료를 납부 기한의 1개월 이전에 미리 낸 경우에는 그 전달의 연금보험료 납부 기한이 속하는 날의 다음 날에 낸 것으로 본다.
③ 납부 의무자가 연금보험료를 미리 낼 경우 그 기간과 감액(減額)할 금액 등은 대통령령으로 정한다.
④ 납부 의무자가 연금보험료를 계좌 또는 신용카드 자동이체의 방법으로 낼 경우에는 대통령령으로 정하는 바에 따라 감액하거나 재산상의 이익을 제공할 수 있다.(2020.12.29 본항개정)
⑤ 건강보험공단은 제1항에도 불구하고 고지서의 송달지연 등 보건복지부령으로 정하는 사유에 해당하는 경우에는 제1항에 따른 납부 기한으로부터 1개월 범위에서 납부 기한을 연장할 수 있다.(2010.1.18 본항개정)
⑥ 제5항에 따라 납부 기한을 연장받으려면 보건복지부령으로 정하는 바에 따라 건강보험공단에 납부 기한의

연장을 신청하여야 한다.(2010.1.18 본항개정)

제90조【연금보험료의 원천공제 납부 등】 ① 사용자는 사업장가입자가 부담할 기여금을 그에게 지급할 매달의 임금에서 공제하여 내야 한다. 이 경우 제100조의3제1항에 따라 사업장가입자의 연금보험료 중 일부를 지원받는 때에는 사업장가입자가 부담할 기여금에서 지원받는 연금보험료 중 기여금에 지원되는 금액을 뺀 금액을 공제하여야 한다.(2016.5.29 후단신설)

② 사용자는 제1항에 따라 임금에서 기여금을 공제하면 보건복지부령으로 정하는 바에 따라 공제계산서를 작성하여 사업장가입자에게 내주어야 한다. 이 경우 기여금 공제 내용을 알 수 있는 급여명세서 등은 공제계산서로 본다.(2015.1.28 전단개정)

③ 해당 사업장의 사용자는 법인이 아닌 사업장의 사용자가 2명 이상인 때에는 그 사업장가입자의 연금보험료와 그에 따른 징수금을 연대하여 납부할 의무를 진다.(2009.5.21 본항신설)

④ 사용자가 제1항에 따른 연금보험료를 내지 아니한 경우에는 건강보험공단이 보건복지부령으로 정하는 바에 따라 근로자에게 그 사업장의 체납 사실을 통지하여야 한다.(2021.7.27 본항신설)

⑤ 건강보험공단은 제4항에 따라 통지하는 체납 사실을 문자메시지, 전자우편 등 보건복지부령으로 정하는 방법을 통하여 추가로 안내하여야 한다.(2021.7.27 본항신설)

(2009.5.21 본조제목개정)

제90조의2【제2차 납부의무】 ① 법인의 재산으로 그 법인이 납부하여야 하는 연금보험료와 그에 따른 연체금 및 체납처분비를 충당하여도 부족한 경우에는 해당 법인에게 연금보험료의 납부의무가 부과된 날 현재의 무한책임사원 또는 과점주주(「국세기본법」 제39조 각 호의 어느 하나에 해당하는 자를 말한다)가 그 부족한 금액에 대하여 제2차 납부의무를 진다. 다만, 과점주주의 경우에는 그 부족한 금액을 그 법인의 발행주식 총수(의결권이 없는 주식은 제외한다) 또는 출자총액으로 나눈 금액에 해당 과점주주가 실질적으로 권리를 행사하는 주식 수(의결권이 없는 주식은 제외한다) 또는 출자액을 곱하여 산출한 금액을 한도로 한다.

② 사업이 양도·양수된 경우에 양도일 이전에 양도인에게 납부의무가 부과된 연금보험료와 그에 따른 연체금 및 체납처분비를 양도인의 재산으로 충당하여도 부족한 경우에는 사업의 양수인이 그 부족한 금액에 대하여 양수한 재산의 가액을 한도로 제2차 납부의무를 진다. 이 경우 양수인의 범위 및 양수한 재산의 가액은 대통령령으로 정한다.

(2015.6.22 본조신설)

제90조의3【신용카드등으로 하는 연금보험료등의 납부】 ① 납부 의무자는 연금보험료, 연체금, 체납처분비, 그 밖의 징수금(이하 이 조에서 "연금보험료등"이라 한다)을 그 납부를 대행할 수 있도록 대통령령으로 정하는 기관 등(이하 이 조에서 "연금보험료등납부대행기관"이라 한다)을 통하여 신용카드, 직불카드 등(이하 이 조에서 "신용카드등"이라 한다)으로 납부할 수 있다.(2017.3.21 본항개정)

② 신용카드등으로 연금보험료등을 납부하는 경우에는 연금보험료등납부대행기관의 승인일을 납부일로 본다.

③ 연금보험료등납부대행기관은 납부 의무자로부터 연금보험료등의 납부를 대행하는 대가로 수수료를 받을 수 있다.

④ 연금보험료등납부대행기관의 지정 및 운영과 수수료 등에 필요한 사항은 대통령령으로 정한다.

(2015.1.28 본조신설)

제91조【연금보험료 납부의 예외】 ① 납부 의무자는 사업장가입자 또는 지역가입자가 다음 각 호의 어느 하나에 해당하는 사유로 연금보험료를 낼 수 없으면 대통령령으로 정하는 바에 따라 그 사유가 계속되는 기간에는 연금보험료를 내지 아니할 수 있다.

1. 사업 중단, 실직 또는 휴직 중인 경우
2. 「병역법」 제3조에 따른 병역의무를 수행하는 경우
3. 「초·중등교육법」 제2조나 「고등교육법」 제2조에 따른 학교에 재학 중인 경우
4. 「형의 집행 및 수용자의 처우에 관한 법률」 제11조에 따라 교정시설에 수용 중인 경우(2007.12.21 본호개정)
5. 종전의 「사회보호법」에 따른 보호감호시설이나 「치료감호법」에 따른 치료감호시설에 수용 중인 경우
6. 1년 미만 행방불명된 경우. 이 경우 행방불명의 인정 기준 및 방법은 대통령령으로 정한다.
7. 재해·사고 등으로 소득이 감소되거나 그 밖에 소득이 있는 업무에 종사하지 아니하는 경우로서 대통령령으로 정하는 경우

② 제1항에 따라 연금보험료를 내지 아니한 기간은 가입기간에 산입하지 아니한다.

제92조【연금보험료의 추후 납부】 ① 가입자는 10년 미만의 범위에서 다음 각 호의 어느 하나에 해당하는 기간의 전부 또는 일부에 상응하는 연금보험료(이하 "추납보험료"라 한다)의 추후 납부를 신청할 수 있다.

(2020.12.29 본문개정)

1. 연금보험료를 최초로 납부한 이후에 제9조제1호, 제4호 또는 제5호에 따라 연금보험료를 내지 아니한 기간(2017.10.24 본호개정)

1의2. 18세 미만 근로자가 제8조제2항 본문에 따라 연금보험료를 최초로 납부한 이후에 같은 항 단서에 따라 연금보험료를 내지 아니한 기간(2023.3.28 본호신설)

2. 제91조제1항에 따라 연금보험료를 내지 아니한 기간
3. 「병역법」 제3조에 따른 병역의무를 마친 후 가입자의 자격을 취득한 경우로서 해당 병역의무를 수행한 기간. 다만, 다음 각 목의 어느 하나에 해당하는 기간은 제외한다.
   가. 「공무원연금법」, 「사립학교교직원 연금법」 또는 「별정우체국법」에 따른 재직기간에 포함된 기간
   나. 「군인연금법」에 따른 복무기간에 포함된 기간
   다. 1988년 1월 1일 전에 병역의무를 수행한 기간

② 납부한 연금보험료를 반환일시금으로 지급받은 경우에는 제1항제1호 및 제1호의2에도 불구하고 그에 상응하는 기간은 연금보험료를 납부한 것으로 보지 아니한다. 다만, 지급받은 반환일시금을 제78조에 따라 반납금으로 납부한 경우에는 그러하지 아니하다.(2023.3.28 본문개정)

③ 추납보험료는 추후 납부를 신청한 날이 속하는 달의 연금보험료에 추후 납부하려는 기간의 개월 수를 곱한 금액으로 한다. 다만, 임의가입자가 추후 납부를 신청한 경우 그 추납보험료 산정을 위한 연금보험료의 상한은 대통령령으로 정한다.

④ 추납보험료는 대통령령으로 정하는 바에 따라 분할하여 납부할 수 있다. 이 경우 대통령령으로 정하는 이자를 더하여야 한다.

⑤ 추납보험료를 낸 경우 그에 상응하는 기간은 제1항에 따라 추납보험료를 납부한 날을 기준으로 가입기간에 산입한다. 이 경우 추후 납부에 따라 산입되는 가입기간의 기본연금액은 추납보험료를 납부한 날이 속하는 달을 기준으로 산정한다.

⑥ 제1항부터 제5항까지에서 규정한 사항 외에 추납보험료의 납부 신청, 납부 방법 및 납부 기한 등 추납보험료의 납부에 필요한 사항은 대통령령으로 정한다.(2017.10.24 본항개정)

(2016.5.29 본조개정)

제93조 (2015.1.28 삭제)

제94조【사업장가입자 및 지역가입자의 연금보험료의 납기 전 징수】 사업장가입자의 연금보험료 납부 의무자 및 지역가입자에게 다음 각 호의 어느 하나에 해당하는 사유가 있으면 납기(제89조제5항에 따라 납부 기한을 연장한 경우에는 그 기한을 말한다) 전이라도 연금보험료를 징수할 수 있다.

1. 국세, 지방세, 그 밖의 공과금이 체납되어 체납처분을 받은 때
2. 강제집행을 받은 때
3. 파산 선고를 받은 때
4. 경매가 개시된 때
5. 법인이 해산한 때

제95조【연금보험료 등의 독촉 및 체납처분】 ① 건강보험공단은 사업장가입자와 지역가입자가 연금보험료와 그에 따른 징수금을 기한(제89조제5항에 따라 납부 기한을 연장한 경우에는 그 기한을 말한다)까지 내지 아니하거나 제90조의2에 따른 제2차 납부의무자가 연금보험료, 연체금, 체납처분비를 기한까지 내지 아니하면 대통령령으로 정하는 바에 따라 기한을 정하여 독촉하여야 한다.

(2015.6.22 본항개정)

② 건강보험공단은 제1항에 따라 독촉할 경우에는 10일 이상의 납부 기한을 정하여 독촉장을 발부하여야 한다.

③ 제90조제3항에 따라 연금보험료를 연대하여 내야 하는 자 중 1명에게 한 독촉은 다른 연대 납부 의무자에게도 효력이 있다.(2009.5.21 본항신설)

④ 건강보험공단은 제1항에 따라 독촉을 받은 자가 그 기한까지 연금보험료와 그에 따른 징수금을 내지 아니하면 보건복지부장관의 승인을 받아 국세 체납처분의 예에 따라 징수할 수 있다. 이 경우 징수한 금액이 체납된 연금보험료와 그에 따른 징수금에 미치지 못하는 경우에는 그 징수한 금액을 대통령령으로 정하는 바에 따라 체납된 연금보험료와 그에 따른 징수금에 충당하여야 한다.

(2015.1.28 후단신설)

⑤ 건강보험공단은 제4항에 따라 체납처분을 하기 전에 연금보험료 등의 체납내역, 압류 가능한 재산의 종류, 압류 예정 사실 및 「국세징수법」 제41조제18호에 따른 소액금융재산에 대한 압류 금지 사실 등이 포함된 통보서를 발송하여야 한다. 다만, 법인 해산 등 긴급히 체납처분을 할 필요가 있는 경우로서 대통령령으로 정하는 경우에는 그러하지 아니하다.(2020.12.29 본문개정)

⑥ 건강보험공단은 제4항에 따른 국세 체납처분의 예에 따라 압류한 재산을 매각할 때 전문지식이 필요하거나 그 밖에 특수한 사정이 있어 직접 매각하는 것이 적당하지 아니하다고 인정되면 대통령령으로 정하는 바에 따라 「한국자산관리공사 설립 등에 관한 법률」에 따라 설립된 한국자산관리공사(이하 "한국자산관리공사"라 한다)에 매각을 대행시킬 수 있다. 이 경우 한국자산관리공사가 한 매각은 건강보험공단이 한 것으로 본다.(2019.11.26 전단개정)

⑦ 건강보험공단은 제5항에 따라 한국자산관리공사가 매각을 대행하는 경우에는 보건복지부령으로 정하는 바에 따라 수수료를 지급할 수 있다.(2010.1.18 본문개정)

(2009.5.21 본조개정)

제95조의2【연금보험료등의 납부증명】 ① 제88조에 따른 연금보험료의 납부 의무자(이하 이 조에서 "납부 의무자"라 한다)가 국가, 지방자치단체 또는 「공공기관의 운영에 관한 법률」 제4조에 따른 공공기관으로부터 공사·제조·구매·용역 등 대통령령으로 정하는 계약의 대가를 지급받는 경우에는 연금보험료와 그에 따른 연체금 및 체납처분비(이하 이 조에서 "연금보험료등"이라 한다)의 납부사실을 증명하여야 한다. 다만, 납부 의무자가 계약대금의 전부 또는 일부를 체납한 연금보험료로 납부하려는 경우 등 대통령령으로 정하는 경우에는 그러하지 아니하다.

② 납부 의무자가 제1항에 따라 납부사실을 증명하여야 할 경우 제1항의 계약을 담당하는 주무관서 또는 공공기관은 납부 의무자의 동의를 받아 건강보험공단에 조회하여 연금보험료등의 납부여부를 확인하는 것으로 제1항에 따른 납부증명을 갈음할 수 있다.

(2015.6.22 본조신설)

제95조의3【체납보험료의 분할납부】 ① 건강보험공단은 연금보험료를 2회 이상 체납한 지역가입자에 대하여 보건복지부령으로 정하는 바에 따라 분할납부승인을 할 수 있다.

② 건강보험공단은 연금보험료를 2회 이상 체납한 지역가입자에 대하여 제95조제4항에 따른 체납처분을 하기 전에 제1항에 따른 분할납부를 신청할 수 있음을 알리고, 보건복지부령으로 정하는 바에 따라 분할납부 신청의 절차·방법 등에 관한 사항을 안내하여야 한다.(2018.12.11 본항신설)

③ 건강보험공단은 제1항에 따라 분할납부 승인을 받은 사람이 정당한 사유 없이 2회 이상 그 승인된 보험료를 납부하지 아니하면 분할납부의 승인을 취소한다.

④ 분할납부의 승인과 취소에 관한 절차·방법·기준 등에 필요한 사항은 보건복지부령으로 정한다.

(2015.1.28 본조신설)

제95조의4【체납자료의 제공】 ① 건강보험공단은 보험료징수 또는 공익목적을 위하여 필요한 경우 「신용정보의 이용 및 보호에 관한 법률」 제25조제2항제1호의 종합신용정보집중기관에 이 법에 따른 납부기한의 다음 날부터 1년이 지난 보험료와 그에 따른 연체금 및 체납처분비의 총액이 5백만원 이상인 사용자의 인적사항과 체납액에 관한 자료(이하 이 조에서 "체납자료"라 한다)를 제공할 수 있다. 다만, 체납된 보험료와 관련하여 행정심판, 행정소송, 이 법에 따른 심사청구 또는 재심사청구가 계류 중이거나 그 밖에 대통령령으로 정하는 사유가 있는 경우에는 그러하지 아니하다.

② 체납자료의 제공 절차 및 방법 등에 관하여 필요한 사항은 대통령령으로 정한다.

③ 제1항에 따라 체납자료를 제공받은 자는 이를 업무 외의 목적으로 누설하거나 이용하여서는 아니 된다.

(2020.12.29 본조신설)

제96조【서류의 송달】 제57조의2, 제88조의2 및 제95조에 따른 서류의 송달에 관하여는 「국세기본법」 제8조(같은 조 제2항 단서는 제외한다)부터 제12조까지의 규정을 준용한다. 다만, 우편송달에 의하는 경우 그 방법은 대통령령으로 정하는 바에 따른다.(2009.5.21 본조개정)

제97조【연체금】 ① 건강보험공단은 연금보험료의 납부 의무자가 납부 기한(제89조제5항에 따라 납부 기한을 연장한 경우에는 그 기한을 말한다)까지 연금보험료를 내지 아니하면 그 납부 기한이 경과한 날부터 매 1일이 경과할 때마다 체납된 연금보험료의 1천500분의 1에 해당하는 금액을 가산한 연체금을 징수한다. 이 경우 연체금은 체납된 연금보험료의 1천분의 20을 초과하지 못한다.

(2020.1.21 본항개정)

② 건강보험공단은 연금보험료의 납부 의무자가 체납된 연금보험료를 내지 아니하면 납부 기한 후 30일이 경과한 날부터 매 1일이 경과할 때마다 체납된 연금보험료의 6천분의 1에 해당하는 연체금을 제1항에 따른 연체금에 가산하여 징수한다. 이 경우 연체금은 체납된 연금보험료의 1천분의 50을 초과하지 못한다.(2020.1.21 본항개정)

③ 제1항 및 제2항에도 불구하고 천재지변이나 그 밖에 대통령령으로 정하는 부득이한 사유가 있는 경우에는 제1항 및 제2항에 따른 연체금을 징수하지 아니할 수 있다.

(2009.5.21 본조개정)

제97조의2【고액·상습 체납자의 인적사항 공개】 ① 건강보험공단은 이 법에 따른 납부기한의 다음 날부터 1년이 지난 연금보험료, 연체금 및 체납처분비(이하 이 항에서 "연금보험료등"이라 한다)의 총액이 2천만원 이상인 체납자(사업장가입자에 한한다)가 납부능력이 있음에도 불구하고 체납한 경우 체납자의 인적사항(사용자의 인적사항을 말한다) 및 체납액 등(이하 이 조에서 "인적사항등"이라 한다)을 공개할 수 있다. 다만, 체납된 연금보험료등과 관련하여 행정심판 또는 행정소송이 계류 중인 경우나 그 밖에 체납된 금액의 일부 납부 등 대통령령으로 정하는 사유가 있는 경우에는 그러하지 아니하다.

(2020.12.29 본문개정)

② 인적사항등에 대한 공개 여부를 심의하기 위하여 건강보험공단에 보험료정보공개심의위원회를 둔다.

③ 건강보험공단은 보험료정보공개심의위원회의 심의를 거친 인적사항등의 공개대상자에게 공개대상자임을 서면으로 통지하여 소명의 기회를 부여하여야 하며, 통지일

부터 6개월이 경과한 후 체납액의 납부 이행 등을 고려하여 공개대상자를 선정한다.
④ 인적사항등의 공개는 관보에 게재하거나 건강보험공단 인터넷 홈페이지에 게시하는 방법으로 한다.
⑤ 인적사항등의 공개와 관련한 납부능력의 기준, 체납액의 납부 이행, 공개절차 및 보험료정보공개심의위원회의 구성·운영 등은 대통령령으로 정한다.
(2012.10.22 본조신설)

제98조【연금보험료 징수의 우선순위】 연금보험료나 그 밖의 이 법에 따른 징수금을 징수하는 순위는 「국민건강보험법」에 따른 보험료와 같은 순위로 한다.

제99조【연금보험료 등의 징수권 소멸】 지역가입자, 임의가입자 및 임의계속가입자의 연금보험료 및 연체금을 징수할 권리는 다음 각 호의 어느 하나에 해당하는 때에 소멸한다.(2009.5.21 본문개정)
1. 가입자 또는 가입자였던 자가 사망한 때
2. 본인이 노령연금을 받거나 제77조제1항에 따라 반환일시금을 받은 때
3. 제115조제1항에 따라 소멸시효가 완성된 때

제100조【과오납금의 충당과 반환】 ① 공단은 연금보험료, 연체금, 체납처분비에서 발생한 과오납금이 있으면 대통령령으로 정하는 바에 따라 그 과오납금을 연금보험료나 그 밖의 이 법에 따른 징수금에 충당하여야 한다.
② 제1항에 따라 충당하고 남은 금액이 있는 경우 공단은 이를 반환결정하여야 하고, 건강보험공단은 대통령령으로 정하는 바에 따라 지급하여야 한다.(2009.5.21 본항신설)
③ 제1항 및 제2항의 경우 과오납금에 대통령령으로 정하는 이자를 더하여야 한다.(2009.5.21 본항신설)
(2009.5.21 본조개정)

제100조의2【지역가입자 보험료 납부 의제 적용】 제8조제1항 본문에 따른 당연적용사업장이 그 기준에 미달하게 된 경우 사용자가 제21조제1항에 따라 신고할 때까지 납부한 보험료는 지역가입자로서 납부한 보험료로 본다.
(2011.6.7 본조신설)

제100조의3【사업장가입자에 대한 연금보험료의 지원】
① 국가는 제8조에 따른 사업장가입자로서 국민인 근로자가 다음 각 호의 요건을 모두 충족하는 경우에는 연금보험료 중 기여금 및 부담금의 일부를 예산의 범위에서 지원할 수 있다.(2016.5.29 본문개정)
1. 대통령령으로 정하는 규모의 사업장에 고용되어 대통령령으로 정하는 금액 미만의 소득을 얻을 것
2. 근로자의 재산 및 「소득세법」 제4조제1항제1호에 따른 종합소득이 대통령령으로 정하는 기준 미만일 것
(2016.5.29 1호~2호신설)
② 제1항에 따른 연금보험료의 지원수준, 지원방법 및 절차 등에 필요한 사항은 대통령령으로 정한다.
(2020.1.21 본조제목개정)
(2011.12.31 본조신설)

제100조의4【지역가입자에 대한 연금보험료의 지원】
① 국가는 국민인 지역가입자로서 제91조제1항제1호에 따라 연금보험료를 내지 아니하고 있는 자가 다음 각 호의 요건을 모두 충족하는 경우에는 연금보험료 중 일부를 지원할 수 있다. 이 경우 지원기간은 12개월을 초과할 수 없다.
1. 연금보험료 납부를 재개할 것. 다만, 제19조의2제3항에 따라 연금보험료를 지원 받아 납부하는 경우는 제외한다.
2. 재산 및 「소득세법」 제4조제1항제1호에 따른 종합소득이 대통령령으로 정하는 기준 미만일 것
② 제1항에 따른 연금보험료의 지원수준, 지원방법 및 절차 등에 필요한 사항은 대통령령으로 정한다.
(2020.1.21 본조신설)

제100조의5【연금보험료 지원금의 환수】 ① 국가는 이 법에 따라 연금보험료를 지원받은 사람이 다음 각 호의 어느 하나에 해당하는 경우에는 그가 받은 지원금의 전부 또는 일부를 환수할 수 있다.
1. 거짓이나 그 밖의 부정한 방법으로 지원금을 받은 경우
2. 지원금이 잘못 지급된 경우
② 제1항에 따른 환수대상자의 확인, 환수기준 및 방법 등에 필요한 사항은 대통령령으로 정한다.
③ 국가는 제1항에 따라 지원금을 환수하는 경우 반환할 사람이 행방불명되거나 재산이 없거나 그 밖의 불가피한 사유가 있어 환수가 불가능하다고 인정할 때에는 결손처분할 수 있다.
④ 제1항에 따른 지원금의 환수 및 제3항에 따른 결손처분은 공단에 위탁한다. 이 경우 지원금의 환수에 관하여는 제57조의2를 준용한다.
(2011.12.31 본조신설)

제6장 국민연금기금

제101조【기금의 설치 및 조성】 ① 보건복지부장관은 국민연금사업에 필요한 재원을 원활하게 확보하고, 이 법에 따른 급여에 충당하기 위한 책임준비금으로서 국민연금기금(이하 이 장에서 "기금"이라 한다)을 설치한다.
(2010.1.18 본항개정)
② 기금은 다음 각 호의 재원으로 조성한다.
1. 연금보험료
2. 기금 운용 수익금
3. 적립금
4. 공단의 수입지출 결산상의 잉여금

제102조【기금의 관리 및 운용】 ① 기금은 보건복지부장관이 관리·운용한다.(2010.1.18 본항개정)
② 보건복지부장관은 국민연금 재정의 장기적인 안정을 유지하기 위하여 그 수익을 최대로 증대시킬 수 있도록 제103조에 따른 국민연금기금운용위원회에서 의결한 바에 따라 다음의 방법으로 기금을 관리·운용하되, 가입자, 가입자였던 자 및 수급권자의 복지증진을 위한 사업에 대한 투자는 국민연금 재정의 안정을 해치지 아니하는 범위에서 하여야 한다. 다만, 제2호의 경우에는 기획재정부장관과 협의하여 국채를 매입한다.(2010.1.18 본문개정)
1. 대통령령으로 정하는 금융기관에 대한 예입 또는 신탁
2. 공공사업을 위한 공공부문에 대한 투자
3. 「자본시장과 금융투자업에 관한 법률」 제4조에 따른 증권의 매매 및 대여(2007.8.3 본호개정)
4. 「자본시장과 금융투자업에 관한 법률」 제5조제1항 각 호에 따른 지수 중 금융투자상품지수에 관한 파생상품시장에서의 거래(2007.8.3 본호개정)
5. 제46조에 따른 복지사업 및 대여사업
6. 기금의 본래 사업 목적을 수행하기 위한 재산의 취득 및 처분
7. 그 밖에 기금의 증식을 위하여 대통령령으로 정하는 사업
③ 제2항제5호와 제6호에 따른 사업 외의 사업으로 기금을 관리·운용하는 경우에는 자산 종류별 시장수익률을 넘는 수익을 낼 수 있도록 신의를 지켜 성실하게 하여야 한다. 다만, 제2항제2호에 따라 기금을 「공공자금관리기금법」에 따른 공공자금관리기금(이하 "관리기금"이라 한다)에 예탁할 경우 그 수익률은 같은 법 제7조제2항에 따라 공공자금관리기금운용위원회가 5년 만기 국채 수익률 이상의 수준에서 대통령령으로 정하는 바에 따라 제103조에 따른 국민연금기금운용위원회와 협의하여 정한다.
④ 제2항제3호에 따라 기금을 관리·운용하는 경우에는 장기적이고 안정적인 수익 증대를 위하여 투자대상과 관련한 환경·사회·지배구조 등의 요소를 고려할 수 있다.
(2015.1.28 본항신설)
⑤ 보건복지부장관은 기금의 운용 성과 및 재정 상태를 명확히 하기 위하여 대통령령으로 정하는 바에 따라 기금을 회계처리하여야 한다.(2015.1.28 본항개정)
⑥ 보건복지부장관은 기금의 관리·운용에 관한 업무의 일부를 대통령령으로 정하는 바에 따라 공단에 위탁할 수 있다.(2010.1.18 본항개정)

제102조의2【건강보험공단에 출연】 ① 보건복지부장관은 연금보험료 등의 징수에 소요되는 비용을 제103조에 따른 국민연금기금운용위원회의 의결을 거쳐 기금에서 건강보험공단에 출연할 수 있다. 이 경우 출연금의 규모, 기준 등에 관하여 필요한 사항은 대통령령으로 정한다.
(2011.6.7 전단개정)
② 건강보험공단은 제1항에 따른 출연금에 대하여 결산상 잉여금이 있을 경우 제45조를 준용한다.
(2009.5.21 본조신설)

제103조【국민연금기금운용위원회】 ① 기금의 운용에 관한 다음 각 호의 사항을 심의·의결하기 위하여 보건복지부에 국민연금기금운용위원회(이하 "운용위원회"라 한다)를 둔다.(2010.1.18 본문개정)
1. 기금운용지침에 관한 사항
2. 기금을 관리기금에 위탁할 경우 예탁 이자율의 협의에 관한 사항
3. 기금 운용 계획에 관한 사항
4. 제107조제3항에 따른 기금의 운용 내용과 사용 내용에 관한 사항
5. 그 밖에 기금의 운용에 관하여 중요한 사항으로서 운용위원회 위원장이 회의에 부치는 사항
② 운용위원회는 위원장인 보건복지부장관, 당연직 위원인 기획재정부차관·농림축산식품부차관·산업통상자원부차관·고용노동부차관과 공단 이사장 및 위원장이 위촉하는 다음 각 호의 위원으로 구성한다.(2013.3.23 본문개정)
1. 사용자를 대표하는 위원으로서 사용자 단체가 추천하는 자 3명
2. 근로자를 대표하는 위원으로서 노동조합을 대표하는 연합단체가 추천하는 자 3명
3. 지역가입자를 대표하는 위원으로서 다음의 자
가. 농어업인 단체가 추천하는 자 2명
나. 농어업인 단체 외의 자영자 관련 단체가 추천하는 자 2명
다. 소비자단체 및 시민단체가 추천하는 자 2명
4. 관계 전문가로서 국민연금에 관한 학식과 경험이 풍부한 자 2명
③ 위원의 임기는 2년으로 하고, 1차만 연임할 수 있다. 다만, 위원장과 당연직 위원의 임기는 그 재임 기간으로 한다.
④ 위원장은 운용위원회의 회의를 소집하고 그 의장이 된다.(2013.3.22 본항개정)
⑤ 운용위원회의 회의는 연 4회 이상 개최하여야 하며, 재적 위원 과반수의 출석으로 개회하고, 출석 위원 과반수의 찬성으로 의결한다. 이 경우 출석하지 아니한 위원은 의결권을 행사하지 아니한 것으로 본다.
⑥ 보건복지부장관은 운용위원회의 요구에 따라 회의에 필요한 자료를 사전에 제출하여야 한다.(2010.1.18 본항개정)
⑦ 운용위원회의 구성 및 운영 등에 필요한 사항은 대통령령으로 정한다.

제103조의2【운용위원회의 회의록】 ① 위원장은 회의의 일시·장소·토의내용·의결사항 및 각 참석자의 발언내용이 전부 기록된 회의록(이하 "회의록"이라 한다)을 작성하여 보관하고, 회의록의 주요 내용을 요약하여 공개하여야 한다.
② 위원장은 회의의 개최일부터 1년이 지난 후에 회의록을 공개하여야 한다. 다만, 기금운용 업무의 공정한 수행에 지장을 초래하거나 금융시장 안정에 영향을 미칠 우려가 있는 안건의 경우에는 운용위원회의 의결을 거쳐 회의의 개최일부터 4년이 지난 후에 해당 안건의 회의록을 공개하여야 한다.
③ 제2항에도 불구하고 위원장은 국회 소관 상임위원회가 요구할 경우에는 회의록을 비공개로 제출하여야 한다.
(2013.3.22 본조신설)

제103조의3【국민연금기금운용전문위원회의 설치 및 구성】 ① 제103조제1항 각 호의 심의·의결 사항을 사전에 전문적으로 검토·심의하기 위하여 운용위원회에 다음 각 호의 분야별 국민연금기금운용전문위원회(이하 "전문위원회"라 한다)를 둔다.
1. 국민연금기금투자정책전문위원회(이하 "투자정책전문위원회"라 한다)
2. 국민연금기금수탁자책임전문위원회(이하 "수탁자책임전문위원회"라 한다)
3. 국민연금기금위험관리·성과보상전문위원회(이하 "위험관리·성과보상전문위원회"라 한다)
② 전문위원회는 제103조제1항 각 호의 사항 중 다음 각 호의 구분에 따른 사항을 검토·심의한다.
1. 투자정책전문위원회 : 다음 각 목의 사항
가. 기금 운용계획에 관한 사항
나. 기금 투자 기준 및 기금 관리에 관한 사항
다. 기금 투자정책의 개발 또는 변경에 관한 사항
라. 그 밖에 기금의 투자정책에 관하여 운용위원회의 위원장, 투자정책전문위원회의 위원장 또는 투자정책전문위원회의 재적위원 3분의 1 이상이 검토·심의를 요구하는 사항
2. 수탁자책임전문위원회 : 다음 각 목의 사항
가. 주주권 행사의 원칙·기준·방법·절차에 관한 사항
나. 국내외 자산운용사에 위탁하여 운용하는 주식의 의결권 위임에 관한 사항
다. 제102조제4항에 따른 증권의 매매 및 대여 대상과 관련한 환경·사회·지배구조 등의 고려에 관한 사항
라. 그 밖에 기금의 수탁자 책임에 관하여 운용위원회의 위원장, 수탁자책임전문위원회의 위원장 또는 수탁자책임전문위원회의 재적위원 3분의 1 이상이 검토·심의를 요구하는 사항
3. 위험관리·성과보상전문위원회 : 다음 각 목의 사항
가. 기금 운용 위험관리에 관한 사항
나. 기금 운용 성과에 따른 보상에 관한 사항
다. 기금 운용 현황의 점검 및 그 결과에 따른 정책제언에 관한 사항
라. 그 밖에 기금의 위험관리·성과보상에 관하여 운용위원회의 위원장, 위험관리·성과보상전문위원회의 위원장 또는 위험관리·성과보상전문위원회의 재적위원 3분의 1 이상이 검토·심의를 요구하는 사항
③ 기금 관련 담당부서는 전문위원회의 요구에 따라 회의에 필요한 자료를 사전에 제출하여야 한다.(2023.6.13 본항신설)
④ 전문위원회의 구성 및 운영 등에 필요한 사항은 대통령령으로 정한다.
(2021.6.8 본조신설)

제104조【국민연금기금운용실무평가위원회】 ① 기금의 운용에 관한 다음 사항을 심의·평가하기 위하여 운용위원회에 국민연금기금운용실무평가위원회(이하 "실무평가위원회"라 한다)를 둔다.
1. 기금 운용 자산의 구성과 기금의 회계 처리에 관한 사항
2. 기금 운용 성과의 측정에 관한 사항
3. 기금의 관리·운용과 관련하여 개선하여야 할 사항
4. 운용위원회에 상정할 안건 중 실무평가위원회의 위원장이 필요하다고 인정한 사항
5. 그 밖에 운용위원회에서 심의를 요청한 사항
② 실무평가위원회는 위원장인 보건복지부차관, 위원 중에서 호선하는 부위원장 및 위원장이 위촉하는 다음 각 호의 위원으로 구성한다.(2010.1.18 본문개정)
1. 운용위원회의 위원 중 제103조제2항에 따른 위원장과 당연직 위원(공단이사장은 제외한다)이 각각 지명하는 소속 부처의 3급 국가공무원 또는 고위공무원단에 속하는 일반직 공무원
2. 사용자를 대표하는 위원으로서 사용자 단체가 추천하는 자 3명
3. 근로자를 대표하는 위원으로서 노동조합을 대표하는 연합단체가 추천하는 자 3명
4. 지역가입자를 대표하는 위원으로서 다음의 자
가. 농어업인 단체가 추천하는 자 2명
나. 농어업인 외의 자영자 관련 단체가 추천하는 자 2명
다. 소비자단체와 시민단체가 추천하는 자 2명
5. 국민연금제도와 국민연금기금 운용에 관한 학식과 경험이 풍부한 자 2명

③ 제2항제2호부터 제4호까지의 규정에 따라 각 단체가 위원을 추천하려면 다음 각 호의 어느 하나에 해당하는 자 중에서 추천하여야 한다.
1. 변호사 또는 공인회계사의 자격이 있는 자
2. 사회복지학·경제학 또는 경영학 등을 전공하고 「고등교육법」에 따른 대학에서 조교수 이상의 직(職)에 3년 이상 재직 중인 자(2011.7.21 본호개정)
3. 사회복지학·경제학 또는 경영학 등의 박사학위를 가진 자로서 연구기관이나 공공기관에서 3년 이상 재직한 경력이 있는 자
④ 위원의 임기는 2년으로 하고, 중임할 수 있다. 다만, 위원장 및 공무원인 위원의 임기는 그 재임 기간으로 한다.
⑤ 기금 관련 담당부서는 실무평가위원회의 요구에 따라 회의에 필요한 자료를 사전에 제출하여야 한다.
⑥ 실무평가위원회는 기금 운용에 관한 평가 결과를 다음 연도 6월 말까지 운용위원회에 제출하여야 한다.
⑦ 실무평가위원회의 구성 및 운영 등에 필요한 사항은 대통령령으로 정한다.

제105조【국민연금기금 운용지침】 ① 운용위원회는 가입자의 권익이 극대화되도록 매년 다음 사항에 관한 국민연금기금운용지침(이하 "기금운용지침"이라 한다)을 마련하여야 한다.
1. 공공사업에 사용할 기금 자산의 비율
2. 공공사업에 대한 기금 배분의 우선순위
3. 가입자, 가입자였던 자 및 수급권자의 복지 증진을 위한 사업비
4. 기금의 증식을 위한 가입자 및 가입자였던 자에 대한 대여사업비
5. 제102조제2항부터 제5항까지에 따른 기금의 관리·운용 현황에 관한 공시 대상 및 방법(2015.1.28 본호신설)
② 기금운용지침에 관하여 필요한 사항은 대통령령으로 정한다.

제106조【기금 출납】 기금의 관리·운용 중 출납 절차에 관한 사항은 대통령령으로 정한다.

제107조【기금 운용계획 등】 ① 보건복지부장관은 매년 기금 운용계획을 세워서 운용위원회 및 국무회의의 심의를 거쳐 대통령의 승인을 받아야 한다.(2010.1.18 본항개정)
② 정부는 제1항에 따른 기금 운용계획을 전년도 10월 말까지 국회에 보고하여야 한다.
③ 보건복지부장관은 기금의 운용 내용을, 기획재정부장관은 관리기금에 예탁된 기금의 사용 내용을 각각 다음 연도 6월 말까지 운용위원회에 제출하여야 한다.
(2010.1.18 본항개정)
④ 운용위원회의 위원장은 제3항에 따른 기금의 운용 내용과 사용 내용을 운용위원회의 심의를 거쳐 국회에 제출하고 대통령령으로 정하는 바에 따라 공시하여야 한다.

제7장 심사청구와 재심사청구

제108조【심사청구】 ① 가입자의 자격, 기준소득월액, 연금보험료, 그 밖의 이 법에 따른 징수금과 급여에 관한 공단 또는 건강보험공단의 처분에 이의가 있는 자는 그 처분을 한 공단 또는 건강보험공단에 심사청구를 할 수 있다.
② 제1항에 따른 심사청구는 그 처분이 있음을 안 날부터 90일 이내에 문서(「전자정부법」 제2조제7호에 따른 전자문서를 포함한다)로 하여야 하며, 처분이 있은 날부터 180일을 경과하면 이를 제기하지 못한다. 다만, 정당한 사유로 그 기간에 심사청구를 할 수 없었음을 증명하면 그 기간이 지난 후에도 심사 청구를 할 수 있다.(2010.2.4 본문개정)
③ 제1항 및 제2항에 규정된 사항 외에 심사청구에 필요한 사항은 대통령령으로 정한다.(2015.1.28 본항신설)
(2009.5.21 본조개정)

제109조【국민연금심사위원회 및 징수심사위원회】 ① 제108조에 따른 심사청구 사항을 심사하기 위하여 공단에 국민연금심사위원회(이하 "심사위원회"라 한다)를 두고, 건강보험공단에 징수심사위원회를 둔다.
② 심사위원회 및 징수심사위원회의 구성·운영 및 심사 등에 필요한 사항은 대통령령으로 정한다.
(2009.5.21 본조개정)

제110조【재심사청구】 ① 제108조에 따른 심사청구에 대한 결정에 불복하는 자는 그 결정통지를 받은 날부터 90일 이내에 대통령령으로 정하는 사항을 적은 재심사청구서에 따라 국민연금재심사위원회에 재심사를 청구할 수 있다.(2015.1.28 본항개정)
② 제1항에 따른 재심사청구의 방법 및 절차 등은 보건복지부령으로 정한다.(2015.1.28 본항신설)

제111조【국민연금재심사위원회】 ① 제110조에 따른 재심사청구 사항을 심사하기 위하여 보건복지부에 국민연금재심사위원회(이하 "재심사위원회"라 한다)를 둔다.
(2010.1.18 본항개정)
② 재심사위원회는 위원장 1명을 포함한 20명 이내의 위원으로 구성한다. 이 경우 공무원이 아닌 위원이 전체 위원의 과반수가 되도록 하여야 한다.(2018.12.11 본항신설)
③ 재심사위원회의 구성·운영 및 재심사 등에 필요한 사항은 대통령령으로 정한다.

제112조【행정심판과의 관계】 ① 재심사위원회의 재심사와 재결에 관한 절차에 관하여는 「행정심판법」을 준용한다.
② 제110조에 따른 재심사청구 사항에 대한 재심사위원회의 재심사는 「행정소송법」 제18조를 적용할 때 「행정심판법」에 따른 행정심판으로 본다.

제8장 보 칙

제113조【연금의 중복급여의 조정】 장애연금 또는 유족연금의 수급권자가 이 법에 따른 장애연금 또는 유족연금의 지급 사유와 같은 사유로 다음 각 호의 어느 하나에 해당하는 급여를 받을 수 있는 경우에는 제68조에 따른 장애연금액이나 제74조에 따른 유족연금액은 그 2분의 1에 해당하는 금액을 지급한다.
1. 「근로기준법」 제80조에 따른 장해보상, 같은 법 제82조에 따른 유족보상 또는 같은 법 제84조에 따른 일시보상
2. 「산업재해보상보험법」 제57조에 따른 장해급여, 같은 법 제62조에 따른 유족급여, 같은 법 제91조의3에 따른 진폐보상연금 또는 같은 법 제91조의4에 따른 진폐유족연금(2010.5.20 본호개정)
3. 「선원법」 제97조에 따른 장해보상, 같은 법 제98조에 따른 일시보상 또는 같은 법 제99조에 따른 유족보상(2011.8.4 본호개정)
4. 「어선원 및 어선 재해보상보험법」 제25조에 따른 장해급여, 같은 법 제26조에 따른 일시보상급여 또는 같은 법 제27조에 따른 유족급여

제114조【대위권 등】 ① 공단은 제3자의 행위로 장애연금이나 유족연금의 지급 사유가 발생하여 장애연금이나 유족연금을 지급한 때에는 그 급여액의 범위에서 제3자에 대한 수급권자의 손해배상청구권에 관하여 수급권자를 대위(代位)한다.
② 제3자의 행위로 장애연금이나 유족연금의 지급 사유가 발생한 경우 그와 같은 사유로 제3자로부터 손해배상을 받았으면 공단은 그 배상액의 범위에서 제1항에 따른 장애연금이나 유족연금을 지급하지 아니한다.

제115조【시효】 ① 연금보험료, 환수금, 그 밖의 이 법에 따른 징수금을 징수하거나 환수할 권리는 3년간, 급여(제77조제1항제1호에 따른 반환일시금은 제외한다)를 받거나 과오납금을 반환받을 수급권자 또는 가입자 등의 권리는 5년간, 제77조제1항제1호에 따른 반환일시금을 지급받을 권리는 10년간 행사하지 아니하면 각각 소멸시효가 완성된다.(2017.10.24 본항개정)
② 급여를 지급받을 권리는 그 급여 전액에 대하여 지급이 정지되어 있는 동안은 시효가 진행되지 아니한다.
③ 연금보험료나 그 밖의 이 법에 따른 징수금 등의 납입 고지, 제57조의2제2항 및 제95조제1항에 따른 독촉과 급여의 지급 또는 과오납금 등의 반환청구는 소멸시효 중단의 효력을 가진다.(2009.5.21 본항개정)
④ 제3항에 따라 중단된 소멸시효는 납입 고지나 독촉에 따른 납입 기간이 지난 때부터 새로 진행된다.
⑤ 제1항에 따른 급여의 지급이나 과오납금 등의 반환청구에 관한 기간을 계산할 때 그 서류의 송달에 들어간 일수는 그 기간에 산입하지 아니한다.

제116조【반환일시금의 소멸시효에 관한 특례】 ① 제115조에도 불구하고 제77조제1항제3호, 종전의 제67조제1항제1호(법률 제3902호 국민복지연금법개정법률에 따라 개정되어 법률 제5623호 국민연금법중개정법률에 따라 폐지된 규정을 말한다) 및 종전의 제67조제1항제4호(법률 제6027호 국민연금법중개정법률에 따라 개정된 규정을 말한다)에 따라 반환일시금의 수급권이 발생한 자가 제77조제1항제1호 또는 제2호에 해당하게 된 때에는 반환일시금을 지급받을 수 있다.
② 제1항에 따라 반환일시금을 지급받을 권리에 관하여는 제115조제1항을 준용한다.

제117조【단수의 처리】 이 법에 따른 급여·연금보험료·반환금 등을 계산할 때 그 금액에 10원 미만의 단수(端數)가 있으면 「국고금관리법」을 준용하여 계산한다.

제118조【연금원부】 ① 공단은 국민연금원부(原簿)를 갖추어 두고 가입자, 가입자였던 자 및 수급권자의 인적사항, 자격 취득 및 상실, 연금보험료의 납부, 급여의 지급 상황, 그 밖에 보건복지부령으로 정하는 사항을 기록·보관하여야 한다.
② 건강보험공단은 연금보험료의 납부, 징수권 소멸 상황 등 보건복지부령으로 정하는 사항을 기록·보관하여야 하고, 그 명세를 지체 없이 공단에 제공하여야 한다.
(2010.1.18 본조개정)

제119조【근로자의 권익 보호】 사용자는 근로자가 가입자로 되는 것을 방해하거나 부담금의 증가를 기피할 목적으로 정당한 사유 없이 근로자의 승급(昇級) 또는 임금 인상을 하지 아니하거나 해고(解雇)나 그 밖의 불리한 대우를 하여서는 아니 된다.

제120조【진단】 공단은 필요하다고 인정하면 장애에 따른 수급권자 또는 부양가족연금액의 계산 대상이 되는 자에게 공단이 지정하는 의사의 진단을 받을 것을 요구하거나 소속 직원으로 하여금 장애 상태를 확인하게 할 수 있다.

제121조【수급권 변경 등에 관한 신고】 ① 수급권자 및 수급자는 수급권의 발생·변경·소멸·정지 및 급여액의 산정·지급 등에 관련된 사항을 보건복지부령으로 정하는 바에 따라 공단에 신고하여야 한다.
② 수급권자 또는 수급자가 사망하면 「가족관계의 등록 등에 관한 법률」 제85조에 따른 신고의무자는 사망사실을 안 날부터 1개월 이내에 그 사실을 공단에 신고하여야 한다. 다만, 사망사실을 안 날부터 1개월 이내에 「가족관계의 등록 등에 관한 법률」에 따라 사망신고를 한 경우에는 그러하지 아니하다.
(2016.5.29 본조개정)

제122조【조사·질문 등】 ① 공단은 가입자의 자격, 기준소득월액, 연금보험료 또는 급여에 관한 결정 등이나 수급권 또는 급여의 발생·변경·소멸·정지 등에 관한 확인을 위하여 필요하다고 인정하면 사용자, 가입자, 가입자였던 자 또는 수급권자에게 필요한 서류나 그 밖의 소득·재산 등에 관한 자료를 제출하도록 요구하거나 소속 직원으로 하여금 사업장이나 그 밖의 필요한 장소에 방문하여 서류 등을 조사하거나 관계인에게 필요한 질문을 하게 할 수 있다.
② 제1항에 따라 방문·조사·질문하는 공단 직원은 그 권한을 표시하는 증표 및 조사기간, 조사범위, 조사담당자, 관계 법령 등 보건복지부령으로 정하는 사항이 기재된 서류를 지니고 이를 관계인에게 내보여야 한다.
③ 제1항에 따른 조사 또는 질문의 내용·절차·방법 등에 관하여는 이 법에서 정하는 사항을 제외하고는 「행정조사기본법」에서 정하는 바에 따른다.(2015.12.29 본항신설)
(2015.12.29 본조개정)

제122조의2【수급자에 대한 확인조사】 ① 공단은 수급자 및 수급자에 대한 급여의 적정성을 확인하기 위하여 매년 연간조사계획을 수립하고 수급자의 사망·이혼·생계유지 여부 등에 관한 조사를 실시하여야 한다.
② 공단은 제1항에 따른 연간조사계획과 실시 결과를 제41조제1항 및 제2항을 준용하여 보건복지부장관에게 제출하여야 한다.
③ 공단은 수급자, 그 배우자 또는 그 밖의 관계인이 제1항에 따른 조사를 두 번 이상 거부·방해 또는 기피한 경우에는 수급자에 대한 급여 지급을 정지 또는 중지할 수 있다. 이 경우 서면으로 그 이유를 분명하게 밝혀 수급자에게 통지하여야 한다.
④ 제1항에 따른 조사의 범위·방법 및 시기 등에 필요한 사항은 대통령령으로 정한다.
(2011.12.31 본조신설)

제123조【자료의 요청 및 전산망의 이용】 ① 보건복지부장관은 국가기관, 지방자치단체, 그 밖에 대통령령으로 정하는 기관·법인·단체의 장에게 제100조의3제1항 및 제100조의4제1항에 따른 연금보험료 지원 여부를 확인하기 위하여 필요한 자료로서 대통령령으로 정하는 자료를 요청할 수 있다. 이 경우 국가기관, 지방자치단체, 기관·법인·단체의 장은 특별한 사유가 없으면 요청받은 자료를 제공하여야 한다.(2020.1.21 전단개정)
② 공단은 국가기관, 지방자치단체, 그 밖에 대통령령으로 정하는 기관·법인·단체의 장에게 가입자의 자격 관리, 연금보험료의 부과, 급여의 결정 및 지급 등 국민연금사업과 관련하여 필요한 자료로서 주민등록·가족관계등록·국세·지방세·토지·건물·건강보험·장애인등록 등 대통령령으로 정하는 자료를 요청할 수 있다. 이 경우 국가기관, 지방자치단체, 기관·법인·단체의 장은 특별한 사유가 없으면 요청받은 자료를 제공하여야 한다.
(2015.1.28 본항개정)
③ 공단은 부양가족연금, 장애연금 및 유족연금 급여의 지급심사 시 필요한 경우에는 보건복지부령으로 정하는 바에 따라 가입자 또는 가입자였던 사람(가입자 또는 가입자였던 사람이 사망한 경우 「의료법」 제21조제3항제3호에 따른 친족관계에 있는 사람을 포함한다)으로부터 동의를 받아 「의료법」에 따른 의료기관에 대하여 가입자 또는 가입자였던 사람의 해당 진료에 관한 사항의 열람 또는 사본교부를 요청할 수 있다. 이 경우 요청을 받은 의료기관은 특별한 사유가 없으면 요청에 따라야 한다.
(2016.12.20 전단개정)
④ 보건복지부장관 및 공단은 제1항 및 제2항에 따른 자료의 확인을 위하여 「사회복지사업법」 제6조의2제2항에 따른 정보시스템을 연계하여 사용할 수 있다.(2016.5.29 본항개정)
⑤ 제1항, 제2항 및 제4항에 따라 보건복지부장관 및 공단에 제공되는 자료에 대하여는 사용료, 수수료 등을 면제한다.(2016.5.29 본항개정)
(2015.1.28 본조제목개정)

제123조의2【가족관계등록 전산정보의 공동이용】 ① 공단은 가입자의 자격 관리, 연금보험료의 부과, 급여의 결정 및 지급 등 국민연금사업을 수행하기 위하여 「전자정부법」에 따라 「가족관계의 등록 등에 관한 법률」 제9조제1항에 따른 전산정보자료를 공동이용(「개인정보 보호법」 제2조제2호에 따른 처리를 포함한다)할 수 있다.
② 누구든지 제1항에 따라 공동이용하는 전산정보자료를 그 목적 외의 용도로 이용하거나 활용하여서는 아니 된다.
(2020.1.21 본조신설)

제124조【비밀 유지】 공단에 종사하였던 자 또는 종사하는 자는 그 업무상 알게 된 비밀을 누설하여서는 아니 된다.

제125조【소득축소·탈루자료 통보 등】 ① 공단은 제21조에 따른 소득월액 등의 신고내용에 축소나 탈루가 있다고 인정되는 경우에는 보건복지부장관에게 보고하고 소득축소 또는 탈루혐의 자료를 문서로 작성하여 국세청장에게 통보할 수 있다.(2010.1.18 본항개정)

② 제1항에 따른 명세를 통보받은 국세청장은 「국세기본법」 등 관련 법률에 따라 세무조사를 실시한 경우에는 그 조사 결과 중 소득에 관한 사항을 공단에 통보하여야 한다.
③ 제1항 및 제2항에 따른 통보절차와 그 밖에 필요한 사항은 대통령령으로 정한다.

제126조【외국인에 대한 적용】 ① 이 법의 적용을 받는 사업장에 사용되고 있거나 국내에 거주하는 외국인으로서 대통령령으로 정하는 자 외의 외국인은 제6조에도 불구하고 당연히 사업장가입자 또는 지역가입자가 된다. 다만, 이 법에 따른 국민연금에 상응하는 연금에 관하여 그 외국인의 본국 법이 대한민국 국민에게 적용되지 아니하면 그러하지 아니하다.(2015.1.28 본문개정)
② 제1항 본문에 따라 가입 중이거나 가입한 적이 있는 외국인(이하 "외국인 가입자등"이라 한다)에게 제67조제1항제1호를 적용하기 위해서는 질병이나 부상의 초진일이 국내 거주 기간 내에 있어야 한다. 그 밖에 외국인 가입자등에 대한 장애연금의 수급권 발생·정지·소멸 및 장애연금 지급 등에 관한 사항은 제67조(제67조제3항제2호는 제외한다)부터 제71조까지의 규정을 준용한다.
(2016.5.29 본항신설)
③ 외국인 가입자등이 국내 거주 중에 사망한 경우에는 제72조제2항제2호를 적용하지 아니한다. 그 밖에 외국인 가입자등에 대한 유족연금의 수급권 발생·정지·소멸 및 유족연금 지급 등에 관한 사항은 제72조부터 제76조까지의 규정을 준용한다.(2016.5.29 본항신설)
④ 외국인 가입자등에게는 제77조부터 제79조까지의 규정을 적용하지 아니한다. 다만, 다음 각 호의 어느 하나에 해당하는 외국인에 대하여는 그러하지 아니하다.
(2016.5.29 본문개정)
1. 외국인의 본국 법에 따라 대한민국 국민이 급여(제49조제1호부터 제3호까지의 급여에 상응하는 급여를 말한다)의 수급권을 취득하지 못하고 제77조제1항 각 호의 어느 하나에 해당하게 된 때에 그 대한민국 국민에게 일정 금액(가입기간 중 낸 연금보험료에 기초하여 산정한 금액을 말한다)을 일시금으로 지급하도록 그 나라 법에서 규정하고 있는 경우의 외국인(2015.1.28 본호개정)
2. 「외국인근로자의 고용 등에 관한 법률」에 따른 외국인 근로자로서 이 법을 적용받는 사업장에 사용된 자
3. 「출입국관리법」 제10조에 따라 산업연수활동을 할 수 있는 체류자격을 가지고 필요한 연수기간 동안 지정된 연수장소를 이탈하지 아니한 자로서 이 법을 적용받는 사업장에 사용된 자
⑤ 외국인 가입자등의 자격 취득 신고의 방법 및 절차 등은 보건복지부령으로 정한다.(2016.5.29 본항개정)

제127조【외국과의 사회보장협정】 대한민국이 외국과 사회보장협정을 맺은 경우에는 이 법에도 불구하고 국민연금의 가입, 연금보험료의 납부, 급여의 수급 요건, 급여액의 산정, 급여의 지급 등에 관하여 그 사회보장협정에서 정하는 바에 따른다.

제9장 벌 칙

제128조【벌칙】 ① 거짓이나 그 밖의 부정한 방법으로 급여를 받은 자는 3년 이하의 징역이나 3천만원 이하의 벌금에 처한다.(2015.1.28 본항개정)
② 제123조의2제2항을 위반하여 전산정보자료를 같은 조 제1항에 따른 목적 외의 용도로 이용하거나 활용한 자는 3년 이하의 징역 또는 1천만원 이하의 벌금에 처한다.
(2020.1.21 본항신설)
③ 다음 각 호의 어느 하나에 해당하는 자는 1년 이하의 징역이나 1천만원 이하의 벌금에 처한다.(2015.1.28 본문개정)
1. 제88조제3항에 따른 부담금의 전부 또는 일부를 사업장가입자에게 부담하게 하거나 제90조제1항에 따라 임금에서 기여금을 공제할 때 기여금을 초과하는 금액을 사업장가입자의 임금에서 공제한 사용자(2009.5.21 본호개정)
2. 제95조제2항에 따른 납부 기한까지 정당한 사유 없이 연금보험료를 내지 아니한 사용자
3. 제119조를 위반하여 근로자가 가입자로 되는 것을 방해하거나 부담금의 증가를 기피할 목적으로 정당한 사유 없이 근로자의 승급 또는 임금 인상을 하지 아니하거나 해고나 그 밖의 불리한 대우를 한 사용자
4. 제124조를 위반하여 업무를 수행하면서 알게 된 비밀을 누설한 자

제129조 (2011.12.31 삭제)

제130조【양벌규정】 법인의 대표자나 법인 또는 개인의 대리인, 사용인, 그 밖의 종업원이 그 법인 또는 개인의 업무에 관하여 제128조의 위반행위를 하면 그 행위자를 벌하는 외에 그 법인 또는 개인에게도 해당 조문의 벌금형을 과(科)한다. 다만, 법인 또는 개인이 그 위반행위를 방지하기 위하여 해당 업무에 관하여 상당한 주의와 감독을 게을리하지 아니한 경우에는 그러하지 아니하다.
(2011.12.31 본문개정)

제131조【과태료】 ① 다음 각 호의 어느 하나에 해당하는 자에게는 50만원 이하의 과태료를 부과한다.
1. 제21조제1항을 위반하여 신고를 하지 아니하거나 거짓으로 신고한 사용자
2. 제122조에 따라 공단 또는 공단의 직원이 서류나 그 밖의 자료 제출을 요구하거나 조사·질문을 할 때 이를 거부·기피·방해하거나 거짓으로 답변한 사용자
(2011.12.31 본항신설)
② 다음 각 호의 어느 하나에 해당하는 자에게는 10만원 이하의 과태료를 부과한다.
1. 제21조제2항·제121조제1항 또는 제2항에 따른 신고를 하지 아니한 자
2. 제23조제2항에 따른 통지를 하지 아니한 자
3. 제122조에 따라 공단 또는 공단의 직원이 서류나 그 밖의 소득·재산 등에 관한 자료의 제출을 요구하거나 조사·질문할 때 이를 거부·기피·방해하거나 거짓으로 답변한 가입자, 가입자였던 자 또는 수급권자
③ 제1항 및 제2항에 따른 과태료는 대통령령으로 정하는 바에 따라 보건복지부장관이 부과·징수한다.
(2011.12.31 본항신설)

제132조 (2011.12.31 삭제)

부 칙

제1조【시행일】 이 법은 공포한 날부터 시행한다. 다만, 제3조제1항제3호 및 제5호, 제9조제5호, 제17조제1항, 제18조, 제19조, 제51조제1항, 제57조제4항, 제58조제2항, 제77조제2항, 제80조제1항 후단, 제91조제1항제6호의 개정규정은 2008년 1월 1일부터 시행한다.

제2조【노령연금에 관한 특례】 ① 1988년 1월 1일 현재 45세 이상 60세 미만인 자(특수직종근로자의 경우에는 40세 이상 55세 미만인 자)가 가입기간이 5년 이상이 되는 때에는 제61조의 개정규정에도 불구하고 일정한 금액의 연금을 지급한다.
② 제1항에 따른 연금의 금액은 기본연금액의 1천분의 250에 해당하는 액에 부양가족연금액을 더한 액으로 한다. 다만, 5년을 초과하는 경우에는 그 초과하는 1년(1년 미만의 매 1개월은 12분의 1년으로 계산한다)마다 기본연금액의 1천분의 50에 해당하는 액을 더한다.

제3조【연금보험료에 관한 적용례】 ① 사업장가입자의 연금보험료는 법률 제3902호 국민복지연금법개정법률 제75조제2항에도 불구하고 1997년까지는 다음의 액으로 한다.
1. 기여금 및 부담금은 1988년부터 1992년까지는 각각 표준소득월액의 1천분의 15에 해당하는 액으로 하고, 1993년부터 1997년까지는 각각 표준소득월액의 1천분의 20에 해당하는 액으로 한다.
2. 퇴직금전환금은 1988년부터 1992년까지는 0으로 하고, 1993년부터 1997년까지는 표준소득월액의 1천분의 20에 해당하는 액으로 한다.
② 임의가입자 및 임의계속가입자의 연금보험료는 법률 제3902호 국민복지연금법개정법률 제75조제3항에도 불구하고 1988년부터 1992년까지는 표준소득월액의 1천분의 30으로 하고, 1993년부터 1997년까지는 표준소득월액의 1천분의 60으로 한다.

제4조【장해연금수급권자에 대한 적용례】 법률 제4110호 국민연금법중개정법률 제58조제1항 및 제2항은 1988년 1월 1일부터 같은 법 시행일인 1989년 3월 31일까지의 기간에 발생한 부상으로 인하여 장해가 발생한 자에 대하여도 적용한다.

제5조【농어민의 가입에 관한 특례】 법률 제4909호 국민연금법중개정법률의 시행일인 1995년 7월 1일 당시 농어민으로 60세 이상 65세 미만인 자는 같은 법 제6조에도 불구하고 1995년 12월 31일까지 보건복지부령으로 정하는 바에 따라 공단에 가입신청을 하는 경우 70세에 달할 때까지 같은 법 제10조에 따른 지역가입자가 될 수 있다.

제6조【지역가입자의 노령연금에 관한 특례】 ① 법률 제4909호 국민연금법중개정법률의 시행일인 1995년 7월 1일 당시 45세 이상 60세 미만인 같은 법 제10조에 따른 지역가입자 및 같은 법 부칙 제3조에 따른 지역가입자가 가입기간이 5년 이상이 되는 때에는 제61조의 개정규정에도 불구하고 일정한 금액의 연금을 지급한다.
② 제1항에 따른 연금의 금액은 기본연금액의 1천분의 250에 해당하는 금액에 부양가족연금액을 더한 금액으로 한다. 다만, 5년을 초과하는 경우에는 그 초과하는 1년(1년 미만의 매 1개월은 12분의 1년으로 계산한다)마다 기본연금액의 1천분의 50에 해당하는 금액을 더한다.

제7조【농어업인에 대한 연금보험료 보조】 지역가입자인 농어업인과 지역가입자에서 임의계속가입자로 된 농어업인에게는 제88조제3항의 개정규정에도 불구하고 2024년 12월 31일까지 본인이 부담할 연금보험료 중 100분의 50의 범위 내에서 대통령령으로 정하는 바에 따라 농어촌구조개선특별회계에서 지원한다.(2020.1.21 본조개정)

제8조【급여의 지급연령에 관한 적용례】 법률 제5623호 국민연금법중개정법률 제48조제1항제3호, 제56조제1항, 제56조제2항부터 제4항까지, 제57조제3항 각 호·같은 조 제4항 각 호, 제57조의2제1항 각 호, 제58조제2항, 제63조제1항제3호 단서·제5호 단서, 제67조제1항제1호, 같은 조 제2항 단서 및 제93조의2와 이 법 제66조 및 제76조제1항 본문의 개정규정 중 급여에 관한 지급연령은 그 지급연령에 관한 각각의 규정에도 불구하고 그 지급연령에 1953년부터 1956년까지 출생자는 1세를, 1957년부터 1960년까지 출생자는 2세를, 1961년부터 1964년까지 출생자는 3세를, 1965년부터 1968년까지 출생자는 4세를, 1969년 이후 출생자는 5세를 각각 더한 연령을 적용한다.
(2015.1.28 본조개정)

제8조의2【장애연금 및 유족연금의 지급에 관한 특례】 가입자로서 제12조제1항제4호·제2항제6호 또는 제3항제4호의 개정규정에 따른 연령에 도달한 날의 다음 날부터 부칙 제8조에 따른 지급연령에 도달하는 날까지 생긴 질병이나 부상은 제67조제1항 및 제72조제1항의 개정규정에 따른 가입 중에 생긴 질병이나 부상으로 보며, 같은 기간 중 사망하는 경우에는 제72조제1항의 개정규정에 따른 가입자의 사망으로 본다.(2012.10.22 본조신설)

제8조의3【반환일시금의 지급연령 등에 관한 특례】 ① 부칙 제8조에도 불구하고 가입기간이 10년 미만인 가입자 또는 가입자였던 사람은 60세가 된 때에 반환일시금을 지급받을 수 있다.
② 제1항은 제116조의 개정규정에 따라 반환일시금을 지급받는 사람에 대하여도 적용한다.
(2012.10.22 본조신설)

제9조【노령연금에 관한 특례】 ① 1999년 4월 1일 현재 50세 이상 60세 미만인 자로서 다음 각 호의 어느 하나에 해당하는 자에 대하여는 제61조의 개정규정에도 불구하고 해당 호에 규정된 날부터 일정한 금액의 연금을 지급한다.
1. 60세가 되기 전에 가입기간이 5년 이상 10년 미만이 되는 자 : 60세가 되는 날
2. 60세가 된 후에 가입기간이 5년 이상이 되는 자 : 가입자 자격을 상실한 날
② 제1항에 따른 특례노령연금의 금액은 기본연금액의 1천분의 250에 해당하는 금액에 부양가족연금액을 더한 금액으로 한다. 다만, 5년을 초과하는 경우에는 그 초과하는 1년(1년 미만의 매 1개월은 12분의 1년으로 계산한다)마다 기본연금액의 1천분의 50에 해당하는 금액을 더한다.
③ 제1항 및 제2항은 법률 제5623호 국민연금법중개정법률 부칙 제14조에 따라 지역가입자로 된 자가 가입기간이 5년 이상 되고 가입자자격을 상실한 경우에 준용한다.

제10조【고령자의 가입에 관한 특례】 1999년 4월 1일 현재 60세 이상 65세 미만인 자는 법률 제5623호 국민연금법중개정법률 제6조 및 제10조에도 불구하고 2000년 3월 31일까지 보건복지부령으로 정하는 바에 따라 공단에 가입신청을 하는 경우에는 제9조의 개정규정에 따른 지역가입자가 될 수 있다.

제11조【반환일시금의 지급 등에 관한 특례】 ① 법률 제5623호 국민연금법중개정법률(이하 이 항에서 "같은 법"이라 한다) 시행 당시 종전의 제67조제1항제1호에 따라 반환일시금을 지급받은 사람과 같은 법 부칙 제16조제1항에 따라 반환일시금을 지급받은 사람이 다시 가입자의 자격을 취득하면 같은 법 제68조제1항에도 불구하고 반납금을 납부할 수 있다.(2011.12.31 본항개정)
② 1999년 4월 1일 전의 퇴직연금등수급권자가 사업장가입자 또는 지역가입자의 자격을 상실한 때에는 법률 제5623호 국민연금법중개정법률 제67조제1항제1호에도 불구하고 반환일시금을 지급받을 수 있다.
③ 이 법 시행 당시 종전의 제67조제1항제4호에 따라 반환일시금을 지급받은 사람이 다시 가입자의 자격을 취득하면 제78조제1항의 개정규정에도 불구하고 반납금을 납부할 수 있다. 다만, 「사립학교교직원 연금법」에 따른 재직기간에 포함된 기간은 제외한다.(2011.12.31 본항신설)

제12조【연금보험료에 관한 적용례】 ① 법률 제5623호 국민연금법중개정법률 제10조에 따른 지역가입자, 같은 법 제10조의2에 따른 임의가입자, 부칙 제10조에 따른 지역가입자와 국민연금에 가입된 사업장에 종사하지 아니하는 임의계속가입자의 연금보험료는 같은 법 제4조제1항 및 같은 법 제75조제3항에도 불구하고 1999년 4월부터 2000년 6월까지는 표준소득월액의 1천분의 30에 해당하는 금액으로, 2000년 7월부터 2001년 6월까지는 표준소득월액의 1천분의 40에 해당하는 금액으로, 2001년 7월부터 2002년 6월까지는 표준소득월액의 1천분의 50에 해당하는 금액으로, 2002년 7월부터 2003년 6월까지는 표준소득월액의 1천분의 60에 해당하는 금액으로, 2003년 7월부터 2004년 6월까지는 표준소득월액의 1천분의 70에 해당하는 금액으로, 2004년 7월부터 2005년 6월까지는 표준소득월액의 1천분의 80에 해당하는 금액으로 한다.
② 법률 제5623호 국민연금법중개정법률 제75조제2항에 따른 기여금 및 부담금과 같은 조 제3항에 따른 연금보험료는 제4조제1항의 개정규정에도 불구하고 2009년까지 조정하지 아니한다.

제13조【반환일시금 지급에 관한 적용특례】 법률 제6027호 국민연금법중개정법률의 시행일인 1999년 9월 7일 전에 같은 법 제67조제1항 제3호 및 제4호에 해당하는 자도 반환일시금을 지급받을 수 있다.

제14조【지역가입자 및 임의가입자에 대한 반환일시금의 지급등에 관한 특례】 법률 제6027호 국민연금법중개정법률 부칙 제3조제1항에 따라 반환일시금을 지급받은 자는 같은 법 제68조제1항에도불구하고 반납금을 공단에 납부할 수 있다.

제15조【생활안정자금을 대여받은 자에 대한 반환일시금 지급등에 관한 특례】 법률 제6164호 국민연금법중개정법률 부칙 제2조제1항에 따른 반환일시금의 청구·지급 및 반납금의 납부등에 관하여는 같은 법 제67조제2항·제3항 및 제68조를 각각 준용하되, 지급할 반환일시

금을 산정할 때 가입기간 및 보험료의 계산은 최초 가입기간부터 순차적으로 산입하고, 더할 이자를 산정할 때 이자의 계산기간은 대여를 받기 전 자격상실일이 속한 달의 다음 달부터 반환일시금을 청구한 날이 속한 달까지의 월수에 의한다.

제16조【부양가족연금액의 지급에 관한 적용례】 법률 제6286호 국민연금법중개정법률 제48조제1항은 그 시행일인 2000년 12월 23일 전에 수급권을 취득한 자에 대하여 그 시행일인 2000년 12월 23일 이후 지급되는 부양가족연금액 분부터 적용한다.

제17조【연금의 지급기간에 관한 적용례】 법률 제6286호 국민연금법중개정법률 제50조제1항은 그 시행일인 2000년 12월 23일 이후 반납금 또는 추납보험료의 납부신청을 한 자부터 적용한다.

제18조【급여의 지급연령에 관한 적용례】 법률 제6286호 국민연금법중개정법률 제58조제3항 중 급여에 관한 지급연령은 그 지급연령에 관한 규정에도 불구하고 그 지급연령에 1953년부터 1956년까지 출생자는 1세를, 1957년부터 1960년까지 출생자는 2세를, 1961년부터 1964년까지 출생자는 3세를, 1965년부터 1968년까지 출생자는 4세를, 1969년 이후 출생자는 5세를 각각 더한 연령을 적용한다.(2011.12.31 본조개정)

제19조【가입기간 추가산입에 관한 적용례】 제18조의 개정규정은 2008년 1월 1일 이후 최초로 「병역법」에 따른 병역의무를 수행하는 자부터 적용하고, 제19조의 개정규정은 2008년 1월 1일 이후에 자녀를 얻은 경우에 한하여 적용하되, 2007년 12월 31일 이전에 얻은 자녀가 있는 경우에는 다음 각 호의 구분에 따라 가입기간을 추가 산입한다.
1. 2007년 12월 31일 이전에 얻은 자녀의 수가 1명인 경우 : 2008년 1월 1일 이후에 얻은 자녀와 2007년 12월 31일 이전에 얻은 자녀의 수를 합하여 제19조의 개정규정을 적용한다.
2. 2007년 12월 31일 이전에 얻은 자녀의 수가 2명 이상인 경우 : 2008년 1월 1일 이후에 얻은 자녀 1명마다 18개월을 더하되, 그 기간은 50개월을 초과할 수 없다.

제20조【기본연금액 산정에 대한 적용례】 2008년부터 2027년까지 각 연도별 제51조제1항 본문에 따른 기본연금액은 제51조제1항의 개정규정에도 불구하고 제51조제1항 각 호의 금액을 합산한 금액에 다음 각 호의 해당 연도의 비율을 곱한 금액으로 한다.
1. 2008년은 1천분의 1천500
2. 2009년은 1천분의 1천485
3. 2010년은 1천분의 1천470
4. 2011년은 1천분의 1천455
5. 2012년은 1천분의 1천440
6. 2013년은 1천분의 1천425
7. 2014년은 1천분의 1천410
8. 2015년은 1천분의 1천395
9. 2016년은 1천분의 1천380
10. 2017년은 1천분의 1천365
11. 2018년은 1천분의 1천350
12. 2019년은 1천분의 1천335
13. 2020년은 1천분의 1천320
14. 2021년은 1천분의 1천305
15. 2022년은 1천분의 1천290
16. 2023년은 1천분의 1천275
17. 2024년은 1천분의 1천260
18. 2025년은 1천분의 1천245
19. 2026년은 1천분의 1천230
20. 2027년은 1천분의 1천215

제21조【급여의 지급연령에 관한 적용례】 제70조제3항의 개정규정 중 급여에 관한 지급연령은 그 지급연령에 관한 규정에도 불구하고 그 지급연령에 1953년부터 1956년까지 출생자는 1세를, 1957년부터 1960년까지 출생자는 2세를, 1961년부터 1964년까지 출생자는 3세를, 1965년부터 1968년까지 출생자는 4세를, 1969년 이후 출생자는 5세를 각각 더한 연령을 적용한다.(2011.12.31 본조개정)

제22조【종전 지역가입자의 자격에 관한 경과조치】 법률 제4909호 국민연금법중개정법률 시행 당시 지역가입자 중 같은 법 제10조에 따른 지역가입자로 된 자 외의 자는 같은 법 제10조의2에 따른 임의가입자가 된 것으로 본다.

제23조【이미 본국으로 귀국한 외국인 등에 대한 반환일시금 지급의 소급적용】 제126조제2항제2호 및 제3호의 개정규정은 법률 제8426호 국민연금법 일부개정법률의 시행일인 2007년 5월 11일 전에 본국으로 귀국한 외국인이나 제77조제1항의 개정규정 각 호의 어느 하나에 해당한 외국인에게도 적용한다.

제24조【외국인 사업장가입자에 대한 경과조치】 법률 제4971호 국민연금법중개정법률의 시행일인 1995년 8월 4일 전에 종전의 규정에 따라 본인이 신청하여 사업장가입자가 된 외국인에게는 같은 법 제102조제2항에도 불구하고 같은 법 시행 전에 가입하였던 기간에 대하여 같은 법 제67조부터 제69조까지의 규정을 적용한다.

제25조【사업장가입자 및 지역가입자에서 제외되는 자에 관한 경과조치】 ① 법률 제5623호 국민연금법중개정법률 시행 전의 규정에 따른 사업장가입자 또는 지역가입자로서 같은 법 제8조제1항 단서, 같은 조 제2항 전단 및 같은 법 제10조에 따라 그 가입대상에서 제외되는 자는 같은 규정에 따른 사업장가입자 또는 지역가입자로 본다.

② 제1항에 따른 사업장가입자 또는 지역가입자가 그 가입자의 자격의 상실을 원하는 때에는 법률 제5623호 국민연금법중개정법률 제12조제1항 및 제2항에 따른 자격상실 사유에도 불구하고 보건복지부령으로 정하는 바에 따라 공단에 신청을 하여 탈퇴할 수 있다.

제26조【사업장가입자의 가입기간의 계산에 관한 경과조치】 1999년 4월 1일 전에 발생된 체납기간에 대하여는 법률 제5623호 국민연금법중개정법률 제17조제2항 단서 및 제3항에도 불구하고 종전의 규정에 따른다.

제27조【급여의 지급등에 관한 경과조치】 ① 법률 제5623호 국민연금법중개정법률 시행일인 1999년 1월 1일 전에 지급사유가 발생한 급여의 지급은 같은 법으로 개정되기 전의 규정에 따른다.

② 법률 제5623호 국민연금법중개정법률 시행일인 1999년 1월 1일 전의 가입기간에 해당하는 분의 기본연금액의 계산은 같은 법 제47조에도 불구하고 종전의 규정에 따른다.

제28조【부당이득 등의 환수에 관한 경과조치】 법률 제5623호 국민연금법중개정법률 시행 전에 발생한 사유로 인한 부당이득 등의 환수에 관하여는 같은 법 제53조제1항에도 불구하고 종전의 규정에 따른다.

제29조【분할연금에 관한 경과조치】 법률 제5623호 국민연금법중개정법률 시행 전에 같은 법 제57조의2제1항에 따른 분할연금의 지급사유가 발생한 자에게는 같은 법 시행일인 1999년 1월 1일 이후의 노령연금급여분부터 같은 법 제57조의2와 같은 법 제57조의3에 따른 분할연금에 관한 규정을 적용한다.

제30조【종전 지역가입자의 연금보험료에 관한 경과조치】 1999년 1월 1일부터 1999년 3월 31일까지 법률 제5623호 국민연금법중개정법률로 개정되기 이전의 규정에 따라 지역가입자(지역가입자가 임의계속가입자로 된 자를 포함한다)의 자격이 있는 자의 연금보험료는 1999년 1월부터 1999년 3월까지는 법률 제5623호 국민연금법중개정법률로 개정되기 이전의 규정에 따른다.

제31조【연금지급에 관한 경과조치】 법률 제6286호 국민연금법중개정법률 시행일이 속하는 달 및 그 전달의 연금은 같은 법 시행일이 속하는 달의 말일에 지급한다.

제32조【「국민기초생활 보장법」에 따른 수급자에 대한 경과조치】 법률 제6286호 국민연금법중개정법률 시행 당시 종전의 규정에 따라 사업장가입자 또는 지역가입자의 자격을 유지하고 있는 「국민기초생활 보장법」에 따른 수급자는 법률 제6286호 국민연금법중개정법률 제8조제1항 및 제10조제4호에도 불구하고 같은 법 제8조 또는 제10조에 따른 사업장가입자 또는 지역가입자로 본다.

제33조【급여의 지급 등에 관한 경과조치】 ① 법률 제6286호 국민연금법중개정법률 시행 전에 지급사유가 발생한 급여의 지급은 종전의 규정에 따른다.

② 법률 제6286호 국민연금법중개정법률 시행 이후 같은 법 제47조제1항제1호에 따라 산정한 금액이 1,271,595원보다 적은 경우에는 그 금액을 같은 호에도 불구하고 1,271,595원으로 본다.

제34조【급여의 지급 등에 관한 경과조치】 ① 이 법 시행 전에 지급사유가 발생한 급여의 지급은 종전의 규정에 따른다.

② 이 법 시행 전의 가입기간에 해당하는 부분의 기본연금액의 계산은 제51조의 개정규정에도 불구하고 종전의 규정에 따른다.

③ 2008년부터 2027년까지 연도별 가입기간분에 대한 제51조제1항 본문의 기본연금액은 제51조제1항의 개정규정에도 불구하고 제51조제1항 각 호의 금액을 합산한 금액에 부칙 제20조 각 호의 해당 연도의 비율을 곱한 금액으로 한다.

제35조【조기노령연금의 지급 정지에 관한 경과조치】 이 법 시행 전에 조기노령연금수급권을 취득한 자로서 이 법 시행 당시 또는 그 이후 소득 있는 업무에 종사하여 조기노령연금의 지급이 정지되는 자에 대하여도 제66조제2항의 개정규정을 적용한다. 다만, 이 법 시행 전에 소득 있는 업무에 종사하여 급여가 정지된 기간은 제66조제2항제1호의 개정규정에 따른 기수급기간에 포함하되, 같은 호에 따라 산정된 비율이 종전의 규정에 따른 비율보다 작은 경우에는 종전의 비율을 적용한다.

제36조【장애연금 수급권자에 대한 경과조치】 ① 이 법 시행 전에 완치가 인정되었거나 초진일로부터 2년이 경과된 자에 대하여는 제67조제1항의 개정규정에도 불구하고 종전의 규정에 따른다.

② 이 법 시행 전에 초진일이 있는 자에 대하여 제67조제2항의 개정규정을 적용함에 있어서 종전의 규정에 비하여 가입자에게 불리하게 된 경우에는 종전의 규정에 따른다.

③ 이 법 시행 전에 초진일이 있는 자에 대하여는 제85조의 개정규정에도 불구하고 종전의 규정에 따른다.

제37조【수급권의 보호 등에 관한 경과조치】 ① 법률 제8426호 국민연금법 일부개정법률 제57조의2제3항 및 제93조의2를 폐지함에 있어서 이 법 시행일 전에 수급권을 취득한 자에 대하여도 적용한다

② 제52조제1항 · 제56조 · 제58조제2항 · 제62조 · 제63조제2항 및 제3항 · 제65조제2항 및 제4항 · 제70조제3항 · 제81조의 개정규정은 이 법 시행일 전에 수급권을 취득한 자에 대하여도 적용한다.

제38조【가입자 등의 사망에 따른 신고의무자에 대한 경과조치】 제121조제2항의 개정규정에 따른 신고의무자는 같은 규정에도 불구하고 2007년 12월 31일까지 「호적법」 제88조에 따른 신고의무자로 본다.

제39조【가입 신청, 자격 확인 등에 관한 경과조치】 이 법 시행 당시 종전의 규정에 따라 공단이 행한 확인 등이나 그 밖의 행위 또는 각종 신고, 신청 등이나 그 밖의 공단에 대한 행위는 그에 해당하는 이 법에 따른 공단의 행위 또는 공단에 대한 행위로 본다.

제40조【처분 등에 관한 일반적 경과조치】 이 법 시행 당시 종전의 규정에 따른 행정기관의 행위나 행정기관에 대한 행위는 그에 해당하는 이 법에 따른 행정기관의 행위나 행정기관에 대한 행위로 본다.

제41조【벌칙이나 과태료에 관한 경과조치】 이 법 시행 전의 행위에 대하여 벌칙이나 과태료 규정을 적용할 때에는 종전의 규정에 따른다.

제42조【다른 법률의 개정】 ①~⑪ ※(해당 법령에 가제정리 하였음)

제43조【다른 법령과의 관계】 이 법 시행 당시 다른 법령에서 종전의 「국민연금법」의 규정을 인용한 경우에 이 법 가운데 그에 해당하는 규정이 있으면 종전의 규정을 갈음하여 이 법의 해당 조항을 인용한 것으로 본다.

부　칙 (2015.1.28)

제1조【시행일】 이 법은 공포 후 6개월이 경과한 날부터 시행한다. 다만, 제19조의2의 개정규정은 2015년 7월 1일부터 시행하며, 제90조의2의 개정규정은 공포 후 3개월이 경과한 날부터 시행한다.

제2조【소득활동에 따른 노령연금액 지급에 관한 적용례】 제63조의2의 개정규정은 이 법 시행 후 노령연금 수급권을 취득한 사람부터 적용한다.

제3조【연금보험료등 납부방법의 적용례】 제90조의2의 개정규정은 같은 개정규정 시행 후 최초로 납입 고지되는 연금보험료등부터 적용한다.

제4조【급여의 지급연령에 관한 특례】 제62조제2항 · 제4항의 개정규정 중 급여에 관한 지급연령은 그 연령에 관한 규정에도 불구하고 그 연령에 1953년부터 1956년까지 출생자는 1세를, 1957년부터 1960년까지 출생자는 2세를, 1961년부터 1964년까지 출생자는 3세를, 1965년부터 1968년까지 출생자는 4세를, 1969년 이후 출생자는 5세를 각각 더한 연령을 적용한다.

제5조【금치산자 등에 대한 경과조치】 제35조제1호의 개정규정에도 불구하고 법률 제10429호 민법 일부개정법률 부칙 제2조에 따라 금치산 또는 한정치산 선고의 효력이 유지되는 사람에 대해서는 종전의 규정에 따른다.

부　칙 (2016.5.29)

제1조【시행일】 이 법은 공포 후 6개월이 경과한 날부터 시행한다.

제2조【군 복무기간에 대한 가입기간 추가 산입에 관한 적용례】 제18조제1항 및 제2항의 개정규정은 2008년 1월 1일 이후부터 이 법 시행 전까지 「병역법」에 따른 각 호의 병역의무를 수행한 사람에 대해서도 적용한다.
1. 현역병
2. 전환복무를 한 사람
3. 상근예비역
4. 사회복무요원
5. 법률 제13778호로 개정되기 전의 「병역법」에 따른 국제협력봉사요원
6. 법률 제11849호로 개정되기 전의 「병역법」에 따른 공익근무요원

제3조【분할연금의 청구기간에 관한 적용례】 제64조제3항의 개정규정은 이 법 시행 당시 분할연금을 받을 수 있는 요건을 모두 갖추게 된 때부터 3년이 경과되지 아니한 사람에 대해서도 적용한다.

제4조【장애연금에 관한 적용례 및 경과조치】 ① 제67조 및 제85조(연금보험료의 미납에 따른 장애연금의 지급 제한에 한정한다)의 개정규정은 이 법 시행 이후 초진일(제67조제2항제3호 및 같은 항 제4호의 개정규정은 청구일을 말한다)이 있는 경우부터 적용한다.

② 제1항과 제67조 및 제85조(연금보험료의 미납에 따른 장애연금의 지급 제한에 한정한다)의 개정규정에도 불구하고 이 법 시행일부터 2년이 경과하기 전에 초진일이 있는 경우로서 종전의 규정에 따라 장애연금을 받을 수 있는 경우에는 종전의 규정에 따른다.

제5조【유족연금에 관한 적용례 및 경과조치】 ① 제72조 및 제85조(연금보험료의 미납에 따른 유족연금의 지급 제한에 한정한다)의 개정규정은 이 법 시행 이후 사망일이 있는 경우부터 적용한다.

② 제1항과 제72조 및 제85조(연금보험료의 미납에 따른 유족연금의 지급 제한에 한정한다)의 개정규정에도 불구하고 이 법 시행일부터 2년이 경과하기 전에 사망일이 있는 경우로서 종전의 규정에 따라 유족연금을 받을 수 있는 경우에는 종전의 규정에 따른다.

③ 제73조제1항제2호, 제75조제1항제4호 및 제76조제1항제2호의 개정규정은 이 법 시행 당시에 유족연금을 지급받고 있던 사람에게도 적용한다.

제6조【연금보험료 추후 납부에 관한 적용례】 제92조제1항의 개정규정은 이 법 시행 전에 다음 각 호 중 어느 하나에 해당하여 연금보험료를 내지 아니한 기간에 대해서도 적용한다.
1. 1999년 4월 1일 이래 제9조제1호에 해당한 자
2. 2001년 4월 1일 이래 제9조제4호에 해당하는 자
3. 2008년 1월 1일 이래 제9조제5호에 해당하는 자

제7조【연금보험료의 지원에 관한 적용례】 제100조의3제1항의 개정규정은 이 법 시행 당시 종전의 규정에 따른 연금보험료 지원대상자에 대하여 이 법 시행 후 지원하는 연금보험료에 대해서도 적용한다.
제8조【사망의 신고에 관한 적용례】 제121조제2항의 개정규정은 이 법 시행 전에 사망사실을 안 날부터 1개월 이내에 「가족관계의 등록 등에 관한 법률」에 따라 사망신고를 한 경우에도 적용한다.
제9조【가입대상기간의 산정에 관한 특례】 ① 법률 제5623호 국민연금법 일부개정법률 제8조 및 제10조의 개정규정의 시행일인 1999년 4월 1일 전에 18세에 도달한 사람에 대해서는 1999년 4월 1일을 제3조제1항제19호의 개정규정에 따른 18세가 된 날로 본다.
② 제1항에 해당되는 사람이 1999년 4월 1일 전에 보험료를 납부한 경우에는 그 납부한 기간을 가입대상기간에 포함한다.
제10조【다른 법률의 개정】 ※(해당 법령에 가제정리 하였음)

부 칙 (2017.3.21)

제1조【시행일】 이 법은 공포 후 6개월이 경과한 날부터 시행한다. 다만, 제90조의3제1항의 개정규정은 공포한 날부터 시행한다.
제2조【조기노령연금 지급 정지 등에 관한 적용례】 제66조제1항부터 제4항까지의 개정규정은 이 법 시행 당시 조기노령연금을 수급하고 있는 자에 대하여도 적용한다.

부 칙 (2017.10.24)

제1조【시행일】 이 법은 공포 후 3개월이 경과한 날부터 시행한다. 다만, 제75조제1항 및 제76조의 개정규정은 공포 후 6개월이 경과한 날부터 시행한다.
제2조【유족연금의 지급 정지에 관한 적용례】 제76조의 개정규정은 같은 개정규정 시행 후 최초로 자녀나 손자녀인 수급권자가 다른 사람에게 입양되거나 장애로 수급권을 취득한 자가 장애등급 2급 이상에 해당하지 아니하게 된 때부터 적용한다.
제3조【연금보험료의 추후납부에 관한 적용례】 제92조의 개정규정은 이 법 시행 전에 제78조에 따라 반납금을 납부한 경우에 대하여도 적용한다.
제4조【반환일시금의 소멸시효에 관한 적용례】 제115조제1항의 개정규정은 이 법 시행 당시 소멸시효가 완성되지 아니한 제77조제1항제1호에 따른 반환일시금을 지급받을 권리에 대하여도 적용한다.

부 칙 (2017.12.19)

제1조【시행일】 이 법은 공포 후 6개월이 경과한 날부터 시행한다.
제2조【분할연금 수급권자 등에 관한 적용례】 제64조제1항 및 제4항의 개정규정은 이 법 시행 후 최초로 분할연금 지급 사유가 발생한 경우부터 적용한다.

부 칙 (2019.1.15)

제1조【시행일】 이 법은 공포 후 6개월이 경과한 날부터 시행한다. 다만, 제51조의 개정규정 및 부칙 제3조는 공포한 날부터 시행한다.
제2조【기본연금액의 적용 기간에 관한 적용례】 제51조의 개정규정은 공포한 날이 속한 달의 급여분부터 적용한다.
제3조【다른 법률의 개정】 ①~② ※(해당 법령에 가제정리 하였음)

부 칙 (2019.12.10)

제1조【시행일】 이 법은 공포 후 6개월이 경과한 날부터 시행한다.(이하 생략)

부 칙 (2020.1.21)

제1조【시행일】 이 법은 공포한 날부터 시행한다. 다만, 제97조의 개정규정은 2020년 1월 16일부터 시행하고, 제100조의4, 제100조의5 및 제123조의 개정규정은 2020년 7월 1일부터 시행하며, 제123조의2 및 제128조의 개정규정은 공포 후 6개월이 경과한 날부터 시행한다.
제2조【연체금에 관한 적용례】 제97조제1항 및 제2항의 개정규정은 같은 개정규정 시행 후 최초로 납부기한이 도래하는 연금보험료부터 적용한다.
제3조【농어업인에 대한 연금보험료 보조에 관한 적용례】 법률 제8541호 국민연금법 전부개정법률 부칙 제7조 및 법률 제11143호 국민연금법 일부개정법률 부칙 제7조의 개정규정은 공포한 날이 속한 달의 보험료분부터 적용한다.
제4조【연금보험료 지원사업 평가 보고에 관한 특례】 보건복지부장관은 제100조의4의 개정규정에 따라 연금보험료를 최초로 지원한 날부터 3년이 경과한 후, 지체 없이 해당 사업에 대한 평가를 실시하고 그 결과를 국회 소관 상임위원회에 보고하여야 한다.

부 칙 (2020.12.29 법17758호)

제1조【시행일】 이 법은 2021년 1월 1일부터 시행한다.(이하 생략)

부 칙 (2020.12.29 법17774호)

제1조【시행일】 이 법은 공포 후 6개월이 경과한 날부터 시행한다. 다만, 제92조제1항의 개정규정은 공포한 날부터 시행한다.
제2조【사망일시금 지급에 관한 적용례】 제80조의 개정규정은 이 법 시행 후 같은 조 제1항제2호 또는 제3호에 해당하는 사람이 사망한 경우부터 적용한다.
제3조【추납보험료의 추후 납부에 관한 적용례】 제92조제1항의 개정규정은 이 법 시행 이후 추납보험료의 추후 납부를 신청하는 사람부터 적용한다.
제4조【체납자료의 제공에 관한 적용례】 제95조의4의 개정규정은 이 법 시행 당시 납부기한의 다음 날부터 1년 이상 보험료를 체납한 상태에 있는 사용자에 대해서도 적용한다.

부 칙 (2021.6.8)

제1조【시행일】 이 법은 공포 후 6개월이 경과한 날부터 시행한다.
제2조【가입기간 계산 및 기본연금액 산정 등에 관한 적용례】 제17조제3항부터 제5항까지 및 제51조제1항제2호 가목의 개정규정은 이 법 시행 당시 사업장가입자 사용자가 체납 중인 연금보험료에 대하여도 적용한다.
제3조【국민연금기금운용전문위원회에 관한 경과조치】 이 법 시행 당시 종전의 「국민연금법 시행령」에 따라 설치된 국민연금기금투자정책전문위원회, 국민연금기금수탁자책임전문위원회 및 국민연금기금위험관리·성과보상전문위원회는 각각 제103조의3의 개정규정에 따라 설치된 국민연금기금투자정책전문위원회, 국민연금기금수탁자책임전문위원회 및 국민연금기금위험관리·성과보상전문위원회로 본다.

부 칙 (2021.7.27)
(2021.12.21)

이 법은 공포 후 6개월이 경과한 날부터 시행한다.

부 칙 (2023.3.28)

제1조【시행일】 이 법은 공포 후 6개월이 경과한 날부터 시행한다.
제2조【연금보험료 추후 납부에 관한 적용례】 제92조제1항의 개정규정은 이 법 시행 전에 법률 제13100호 국민연금법 일부개정법률 제8조제2항 본문에 따라 연금보험료를 최초로 납부한 이후에 같은 항 단서에 따라 연금보험료를 내지 아니한 기간에 대해서도 적용한다.

부 칙 (2023.6.13)

제1조【시행일】 이 법은 공포 후 3개월이 경과한 날부터 시행한다. 다만, 제103조의3제3항의 개정규정은 공포한 날부터 시행한다.
제2조【부양가족연금액 계산에 관한 적용례】 제52조의 개정규정은 이 법 시행 이후 부양가족연금액 계산 대상에 포함되는 사람부터 적용한다.
제3조【유족연금 지급에 관한 적용례】 제73조, 제75조 및 제76조의 개정규정은 이 법 시행 이후 유족연금 지급 사유가 발생한 사람부터 적용한다.

부 칙 (2023.12.26)

제1조【시행일】 이 법은 2024년 1월 18일부터 시행한다.(이하 생략)

국민연금법 시행령

(2007년 12월 31일
전부개정대통령령 제20507호)

개정
2008. 2.29영20679호(직제)
2008. 5.27영20795호
2008. 6.20영20854호(농업·농촌및식품산업기본법시)
2008. 7.29영20947호(자본시장금융투자업시)
2009. 2.25영21331호 2009. 4.30영21463호
2009. 5. 6영21480호(산업발전법시)
2009. 7.27영21645호(국민연금과직역연금의연계에관한법시)
2009.11.26영21847호(농어업·농어촌및식품산업기본법시)
2009.12.30영21922호
2010. 1.27영22003호(신문등의진흥에관한법시)
2010. 3.15영22075호(직제)
2010. 7. 1영22250호
2010. 7.26영22311호(행정심판시)
2010. 8.17영22347호
2010.11.15영22493호(은행법시)
2011. 4.22영22906호(경제활성화친서민해소)
2011.12. 8영23359호
2012. 1. 6영23488호(민감정보고유식별정보)
2012. 2. 3영23620호(선원시)
2012. 6.29영23908호
2012. 8. 3영24017호(입양특례법시)
2012. 8.31영24077호(국민보험시)
2013. 3.23영24454호(직제)
2013. 4.16영24499호 2013. 6.28영24647호
2013. 8. 6영24680호
2014. 3.24영25279호(금융부실시)
2014.10.15영25658호 2015. 4.28영26212호
2015. 6.30영26366호
2015. 6.30영26369호(주택도시기금법시)
2015.10.23영26600호(자본시장금융투자업시)
2015.12.22영26744호
2015.12.22영26754호(수산업·어촌발전기본법시)
2016. 1.29영26938호
2016.11.29영27616호(치료감호등에관한법시)
2016.11.29영27635호
2017. 3.27영27959호(지방세징수법시)
2017.12.19영28483호 2018. 6.19영28978호
2018. 7.31영29073호
2018. 9.18영29163호(출입국관리법시)
2018.10.30영29269호(주식회사등의외부감사에관한법시)
2019. 1.22영29500호
2019. 6.11영29813호(고등교육법시)
2019. 6.11영29831호
2019. 7. 2영29950호(법령용어정비)
2019.12.31영30290호 2020. 1.29영30371호
2020. 6. 9영30760호(군인재해보상법시)
2020. 7. 1영30819호
2020. 8.11영30934호(벤처투자촉진에관한법시)
2020.11.24영31176호(법정공고방식확대)
2021. 4. 6영31614호(5·18민주유공자예우및단체설립에관한법시)
2021. 6.29영31844호
2021.10.21영32091호(자본시장금융투자업시)
2021.11.30영32159호
2022. 5. 9영32635호(농지시)
2022. 6.21영32710호
2023. 1.10영33225호(수산시)
2023. 6.27영33593호(산업재해시)
2023. 7.18영33636호 2023. 8.16영33668호
2024. 1.23영34163호

제1장 총 칙

제1조【목적】 이 영은 「국민연금법」에서 위임된 사항과 그 시행에 필요한 사항을 규정함을 목적으로 한다.
제2조【근로자에서 제외되는 사람】 「국민연금법」(이하 "법"이라 한다) 제3조제1항제1호 단서에 따라 근로자에서 제외되는 사람은 다음 각 호와 같다.(2021.6.29 본문개정)
1. 일용근로자나 1개월 미만의 기한을 정하여 근로를 제공하는 사람. 다만, 1개월 이상 계속하여 근로를 제공하는 사람으로서 다음 각 목의 어느 하나에 해당하는 사람은 근로자에 포함된다.
가. 「건설산업기본법」 제2조제4호 각 목 외의 부분 본문에 따른 건설공사의 사업장 등 보건복지부장관이 정하여 고시하는 사업장에서 근로를 제공하는 경우 : 1개월 동안의 근로일수가 8일 이상이거나 1개월 동안의 소득(제3조제1항제2호에 따른 소득만 해당한다. 이하 이 조에서 같다)이 보건복지부장관이 정하여 고시하는 금액 이상인 사람
나. 가목 외의 사업장에서 근로를 제공하는 경우 : 1개월 동안의 근로일수가 8일 이상 또는 1개월 동안의 근로시간이 60시간 이상이거나 1개월 동안의 소득이 보건복지부장관이 정하여 고시하는 금액 이상인 사람
(2021.6.29 본호개정)
2. 소재지가 일정하지 아니한 사업장에 종사하는 근로자
3. 법인의 이사 중 소득이 없는 사람(2021.6.29 본호개정)
4. 1개월 동안의 소정근로시간이 60시간 미만인 단시간근로자. 다만, 해당 단시간근로자 중 다음 각 목의 어느 하나에 해당하는 사람은 근로자에 포함된다.(2018.7.31 단서개정)
가. 3개월 이상 계속하여 근로를 제공하는 사람으로서 「고등교육법」 제14조제2항에 따른 강사(2020.7.1 본목개정)
나. 3개월 이상 계속하여 근로를 제공하는 사람으로서 사용자의 동의를 받아 근로자로 적용되기를 희망하는 사람(2020.7.1 본목개정)
다. 둘 이상 사업장에 근로를 제공하면서 각 사업장의 1개월 소정근로시간의 합이 60시간 이상인 사람으로

서 1개월 소정근로시간이 60시간 미만인 사업장에서 근로자로 적용되기를 희망하는 사람(2015.6.30 본목신설)
라. 1개월 이상 계속하여 근로를 제공하는 사람으로서 1개월 동안의 소득이 보건복지부장관이 정하여 고시하는 금액 이상인 사람(2021.6.29 본목신설)
(2010.8.17 본조제목개정)

제3조【소득의 범위】 ① 사업장가입자나 국민연금에 가입된 사업장에 종사하는 임의계속가입자(법 제8조제1항에 따른 퇴직연금등수급권자 및 「국민기초생활 보장법」 제7조제1항제1호에 따른 생계급여 수급자 및 같은 항 제3호에 따른 의료급여 수급자가 임의계속가입자가 되는 경우는 제외하고, 「국민연금과 직역연금의 연계에 관한 법률」 제8조에 따라 연계 신청을 한 법 제8조제1항에 따른 퇴직연금등수급권자를 포함한다. 이하 "사업장임의계속가입자"라 한다)의 법 제3조제1항제3호에 따른 소득의 범위는 다음 각 호와 같다.(2015.12.22 본문개정)
1. 사용자(법인이 아닌 사업장의 사용자만 해당한다)의 경우 : 제2항제1호부터 제3호까지 및 제5호에 따른 소득(2019.12.31 본호개정)
2. 근로자의 경우 : 「소득세법」 제20조제1항에 따른 근로소득에서 같은 법 제12조제3호에 따른 비과세 근로소득(같은 호 거목 및 같은 법 시행령 제16조제1항제1호에 따라 원양어업 선박이나 국외등을 항행하는 선박에서 근로를 제공하고 받는 월 300만원 이내의 금액은 제외하고, 「조세특례제한법」 제18조의2에 따라 과세하지 않는 금액은 포함한다)을 뺀 소득(2019.12.31 본호개정)
② 지역가입자와 지역가입자의 요건을 갖춘 임의계속가입자(이하 "지역임의계속가입자"라 한다)의 법 제3조제1항제3호에 따른 소득의 범위는 다음 각 호의 것으로 하되, 해당 가입자의 소득이 둘 이상이면 합하여 계산한 것으로 한다.
1. 농업 소득
경종업, 과수·원예업, 양잠업, 종묘업, 특수작물 생산업, 가축의 사육업, 종축업 또는 부화업과 이에 따른 업무에서 얻는 소득
2. 임업 소득
영림업, 임산물 생산업 또는 야생 조수 사육업과 이에 따른 업무에서 얻는 소득
3. 어업 소득
어업(양식업을 포함한다)과 이에 따른 업무에서 얻는 소득
(2021.6.29 본호개정)
4. 근로소득
제1항제2호에 따른 소득
5. 사업소득
「소득세법」 제19조제2항에 따른 사업소득 금액
6. (2010.8.17 삭제)

제4조【평균소득월액의 산정 방법】 법 제3조제1항제4호에 따른 평균소득월액은 매년 12월 31일 현재 가입 중인 사업장가입자와 지역가입자 전원(법 제91조제1항 각 호에 따른 납부 예외 사유로 연금보험료를 내지 아니하는 사업장가입자 및 지역가입자는 제외한다. 이하 같다)의 기준소득월액 총액을 사업장가입자와 지역가입자 전원의 수로 나누어 산정한다. 이 경우 제8조에 따른 둘 이상 적용 사업장가입자의 경우에는 각 사업장별 기준소득월액을 합산하여 이를 하나의 사업장가입자의 기준소득월액으로 보아 평균소득월액을 산정한다.(2011.12.8 본조개정)

제5조【기준소득월액 및 적용기간】 ① 법 제3조제1항제5호에 따른 기준소득월액은 다음 각 호의 하한액과 상한액의 범위에서 사업장가입자는 사용자가, 지역가입자는 가입자가 신고한 소득월액에서 천원 미만을 버린 금액으로 한다.
1. 하한액 : 가목을 나목으로 나눈 값(소수점 이하 넷째자리에서 반올림한다)에 직전 적용기간의 기준소득월액 하한액을 곱한 금액. 이 경우 만원 미만은 반올림한다.
가. 법 제51조제1항제1호에 따라 산정하여 제37조에 따라 해당 연도 1월부터 12월까지 적용하는 금액
나. 법 제51조제1항제1호에 따라 산정하여 제37조에 따라 전년도 1월부터 12월까지 적용하는 금액
(2019.1.22 가목~나목개정)
2. 상한액 : 제1호가목을 같은 호 나목으로 나눈 값(소수점 이하 넷째자리에서 반올림한다)에 직전 적용기간의 기준소득월액 상한액을 곱한 금액. 이 경우 만원 미만은 반올림한다.
② 보건복지부장관은 제1항에도 불구하고, 국민의 생활수준, 임금, 물가, 그 밖에 경제사정에 뚜렷한 변동이 생긴 경우에는 법 제5조에 따른 국민연금심의위원회(이하 "국민연금심의위원회"라 한다)의 심의를 거쳐 제1항 각 호에 따른 하한액과 상한액을 조정할 수 있다.(2010.3.15 본항개정)
③ 보건복지부장관은 제1항 또는 제2항에 따른 하한액과 상한액을 국민연금심의위원회의 심의를 거쳐 매년 3월 31일까지 고시하여야 한다.(2010.3.15 본항개정)
④ 제3항에 따라 고시된 하한액과 상한액의 적용기간은 해당 연도 7월부터 다음 연도 6월까지로 한다.
⑤ 사용자나 가입자가 신고한 소득월액이 제3항에 따라 고시된 하한액보다 적으면 그 하한액을, 같은 항에 따라 고시된 상한액보다 많으면 그 상한액을 기준소득월액으로 한다.
(2009.12.30 본조개정)

제6조【가입자 자격 취득 시와 납부 재개 시의 기준소득월액의 결정 및 적용 기간】 ① 사업장가입자나 사업장임의계속가입자가 가입자 자격을 취득하여 연금보험료를 최초로 내거나 법 제91조에 따른 연금보험료의 납부 예외 기간이 끝나 연금보험료의 납부를 재개하는 경우의 기준소득월액은 다음 각 호에 따른 금액을 소득월액으로 하여 법 제24조에 따른 국민연금공단(이하 "공단"이라 한다)이 결정하되, 그 적용 기간은 자격을 취득한 날이나 납부를 재개한 날이 속하는 달부터 제7조제1항에 따라 정기 결정되는 기준소득월액을 적용하는 달의 전달까지로 한다.
1. 월이나 주 또는 그 밖에 일정 기간으로 소득이 정하여지는 경우 : 그 소득액을 그 기간의 총 일수로 나눈 금액의 30배에 해당하는 금액
2. 일·시간·생산량 또는 도급으로 소득이 정하여지는 경우 : 가입자의 자격을 취득한 날 또는 납부를 재개한 날이 속하는 달의 전 1개월 동안 해당 사업장에서 같은 업무에 종사하고 같은 소득이 있는 자가 받은 소득월액을 평균한 금액
3. 제1호와 제2호에 따라 소득월액을 산정하기 어려운 자의 경우 : 가입자의 자격을 취득한 날 또는 납부를 재개한 날이 속하는 달의 전 1개월 동안에 그 지방에서 같은 업무에 종사하고 같은 소득이 있는 자가 받은 소득월액을 평균한 금액
② 지역가입자나 지역임의계속가입자가 가입자 자격을 취득하여 연금보험료를 최초로 내거나 법 제91조에 따른 연금보험료의 납부 예외 기간이 끝나 연금보험료의 납부를 재개하는 경우의 기준소득월액은 가입자 자격 취득 시나 납부 재개 시 종사하는 업무에서 얻는 소득으로서 해당 가입자나 대리인이 신고한 소득을 소득월액으로 하여 공단이 결정한다. 이 경우 공단은 해당 가입자나 대리인이 소득 신고를 할 때에 참고가 될 수 있도록 종사 업종별 과세 자료, 종사 업종, 사업장 규모 및 농지 면적 등을 기초로 산정한 금액을 신고권장소득월액으로 제시하거나 미리 통지할 수 있다.

제7조【가입기간 중 기준소득월액의 결정 및 적용 기간】 ① 사업장가입자나 사업장임의계속가입자가 자격을 취득한 후 가입기간 중의 기준소득월액은 전년도 중 해당 사업장에서 종사한 기간에 받은 소득액을 그 기간의 총일수로 나눈 금액의 30배에 해당하는 금액을 소득월액으로 하여 매년 공단이 결정하되, 그 적용 기간은 해당 연도 7월부터 다음 연도 6월까지로 한다. 다만, 해당 사업장에서 종사한 기간이 1개월 미만이면 제6조제1항에 따라 기준소득월액을 결정한다.(2009.2.25 본문개정)
1.~2. (2009.2.25 삭제)
② 지역가입자나 지역임의계속가입자가 자격을 취득한 후 가입기간 중의 기준소득월액은 다음 각 호의 어느 하나에 해당하는 방법으로 공단이 결정한다.
1. 소득의 변경이 없는 경우
제6조제2항에 따른 자격 취득 시의 해당 가입자의 기준소득월액
2. 1회 이상 소득이 변경된 경우
공단은 법 제122조에 따라 사업장 등에 대하여 조사·확인하여 종사 업종의 변경 등 소득의 변동 사유를 확인하였거나 과세 자료 등에 따라 가입자의 실제 소득이 기존의 기준소득월액과 다르다고 인정되면 해당 가입자에게 법 제21조에 따라 변경된 소득을 신고할 것을 통지하여 그 가입자나 대리인이 신고한 전년도의 제3조제2항에 따른 소득으로 기준소득월액을 결정하되, 그 결정을 한 날이 속하는 달의 다음 달부터 이를 적용한다. 이 경우 공단은 해당 가입자나 대리인이 소득 신고를 할 때에 참고가 될 수 있도록 전년도의 제3조제2항에 따른 소득의 범위에서 과세 자료, 종사 업종, 사업장 규모 및 농지 면적 등을 기초로 산정한 금액을 신고권장소득월액으로 통지할 수 있다.
③ 지역가입자·지역임의계속가입자·사업장임의계속가입자 또는 그 대리인은 다음 각 호의 어느 하나(사업장임의계속가입자의 경우는 제2호만을 말한다)에 해당하면 보건복지부령으로 정하는 바에 따라 공단에 기준소득월액의 변경을 신청할 수 있으며, 그 기준소득월액은 해당 가입자나 대리인이 신청한 소득으로 결정하되, 그 변경을 신청한 날이 속하는 다음 달부터 적용한다.(2010.7.1 본문개정)
1. 종사 업종의 변경, 경영 실적의 변동 또는 사업 중단 등으로 소득이 증가되거나 감소된 경우
2. 가입자 본인이 기준소득월액을 실제 소득보다 높게 결정하여 줄 것을 희망하는 경우
④ 공단은 제2항에 따라 소득 신고를 하게 하는 경우 필요하다고 인정하면 이사회의 심의를 거쳐 신고 대상자의 범위, 소득 조사의 시기 및 방법 등을 포함한 연간 소득 확인 계획을 수립하여야 한다.

제8조【둘 이상 적용 사업장가입자의 기준소득월액 결정】 사업장가입자나 사업장임의계속가입자가 둘 이상의 국민연금에 가입된 사업장에 근로자 또는 사용자인 경우(하나의 국민연금에 가입된 사업장에서 근로자이면서 다른 국민연금에 가입된 사업장에서는 사용자인 경우를 포함한다. 이하 같다)의 기준소득월액은 제5조제1항에 따라 각 사업장에서 받고 있는 소득월액을 기준으로 각각 기준소득월액을 결정한다. 다만, 다음 각 호의 어느 하나에 해당하는 경우에는 각 호의 구분에 따른 금액을 기준으로 각각 기준소득월액을 결정한다.(2015.6.30 본문개정)
1. 제2조제4호다목에 따른 근로자(이하 "복수사업장 단시간근로자"라 한다)가 근로를 제공하는 사업장이 모두 1개월 소정근로시간이 60시간 미만인 사업장(이하 "60시간 미만 사업장"이라 한다)인 경우 : 다음 각 목의 구분에 따른 금액
가. 60시간 미만 사업장의 각각의 기준소득월액의 합이 제5조제1항에 따른 기준소득월액의 하한액(이하 이 조에서 "기준소득월액하한액"이라 한다) 이상인 경우 : 각 60시간 미만 사업장의 소득월액
나. 60시간 미만 사업장의 각각의 기준소득월액의 합이 기준소득월액하한액 미만인 경우 : 각 60시간 미만 사업장별 기준소득월액이 각 60시간 미만 사업장의 기준소득월액의 합에서 차지하는 비율을 기준소득월액하한액에 곱하여 계산된 금액
2. 복수사업장 단시간근로자가 근로를 제공하는 사업장이 1개월 소정근로시간이 60시간 이상인 사업장(이하 "60시간 이상 사업장"이라 한다)과 60시간 미만 사업장이 함께 있는 경우 : 다음 각 목의 구분에 따른 금액
가. 60시간 미만 사업장 : 각 60시간 미만 사업장의 소득월액
나. 60시간 이상 사업장 : 제5조제1항에 따른 기준소득월액
3. 각 사업장의 기준소득월액의 합이 제5조제1항에 따른 기준소득월액의 상한액(이하 이 조에서 "기준소득월액상한액"이라 한다)을 초과하는 경우 : 각 사업장별 기준소득월액이 각 사업장의 기준소득월액의 합에서 차지하는 비율을 기준소득월액상한액에 곱하여 계산된 금액
(2015.6.30 1호~3호신설)

제9조【기준소득월액의 결정의 특례】 ① 사업장가입자·지역가입자·사업장임의계속가입자 또는 지역임의계속가입자의 기준소득월액을 제6조에 따라 계산하기 곤란하거나, 제6조 또는 제7조제1항·제2항 및 같은 조 제3항제1호에 따라 신고하거나 신청한 소득이 실제 소득과 뚜렷한 차이가 있는 경우에는 그 규정에도 불구하고 공단이 결정하되, 그 결정의 기준 및 방법 등은 국민연금심의위원회의 사전 심의를 거쳐야 한다.(2009.12.30 본항개정)
② 소득의 전부 또는 일부가 현물로 지급되는 경우에 그 가액(價額)은 해당 지방의 소비자물가를 기준으로 하여 공단이 정한다.
③ 사업장가입자·지역가입자·사업장임의계속가입자 또는 지역임의계속가입자의 소득월액에 대하여 법 제21조에 따른 신고를 하지 아니한 경우로서 법 제122조제1항에 따라 확인한 결과 소득 관련 자료가 없는 경우에는 공단이 다음 각 호에 따른 금액을 소득월액으로 하여 기준소득월액을 결정한다.
1. 가입기간 중 기준소득월액을 결정하는 경우 : 해당 가입자의 전년도 기준소득월액을 평균소득월액의 변동률을 기준으로 조정한 금액
2. 가입자 자격 취득 시나 납부 재개 시의 기준소득월액을 결정하는 경우 : 제10조제1항 본문에 따른 임의가입자 등에게 적용하는 기준소득월액에 해당하는 금액
④ 사업장가입자·지역가입자·사업장임의계속가입자 또는 지역임의계속가입자의 소득월액에 대하여 법 제21조에 따른 신고를 하지 아니한 경우로서 법 제122조제1항에 따라 확인한 결과 소득 관련 자료가 있는 경우에는 제6조 및 제7조제1항·제2항을 준용한다.
⑤ 제6조제1항 및 제7조제1항에도 불구하고 사업장가입자의 실제 소득과 기준소득월액과의 차액을 기준소득월액으로 나눈 비율이 보건복지부장관이 국민연금심의위원회의 사전 심의를 거쳐 고시하는 비율 이상인 경우 사용자는 근로자의 동의를 받아 보건복지부령으로 정하는 바에 따라 기준소득월액의 변경을 공단에 신청할 수 있다.
(2013.8.6 본항신설)
⑥ 공단은 제5항에 따른 변경 신청을 받으면 그 변경 신청된 실제 소득 금액을 고려하여 기준소득월액을 변경 결정하되, 그 적용 기간은 신청한 날이 속하는 달의 다음 달부터 다음 연도 6월까지로 한다.(2013.8.6 본항신설)
⑦ 공단은 제6항에 따라 변경 결정한 기준소득월액에 대하여 그 적용 기간의 과세 자료, 임금대장, 그 밖에 소득 관련 서류 또는 장부 등을 통하여 확인되는 실제 소득과 일치하는지를 확인하여야 한다.(2013.8.6 본항신설)
⑧ 제7항에 따른 확인 결과 과부족분이 발생하는 경우, 그 과부족분의 추가징수나 충당·반환 등에 관하여는 법 제88조제5항 또는 법 제100조를 준용한다.(2013.8.6 본항신설)

제10조【임의가입자 등의 기준소득월액의 결정 및 적용기간】 ① 다음 각 호의 어느 하나에 해당하는 가입자(「국민기초생활 보장법」 제7조제1항제1호에 따른 생계급여 수급자 및 같은 항 제3호에 따른 의료급여 수급자는 제외한다. 이하 이 항에서 같다)의 기준소득월액은 매년 전년도 12월 31일 현재의 지역가입자 전원의 기준소득월액을 기준으로 그 중위수에 해당하는 자의 기준소득월액에 해당하는 금액으로 하되, 그 적용 기간은 해당 연도 4월부터 다음 연도 3월까지로 한다. 다만, 가입자 본인이 기준소득월액을 중위수에 해당하는 자의 기준소득월액보다 높게 결정하여 줄 것을 신청하는 경우에는 공단은 기준소득월액의 변경 결정을 할 수 있다.(2015.12.22 본문개정)
1. 임의가입자
2. 사업장임의계속가입자와 지역임의계속가입자를 제외한 임의계속가입자
② 「국민기초생활 보장법」 제7조제1항제1호에 따른 생계급여 수급자 및 같은 항 제3호에 따른 의료급여 수급자가 제1항 각 호의 어느 하나에 해당하는 가입자가 되는 경우의 기준소득월액은 「국민기초생활 보장법」 제23조제1항에 따른 조사에서 확인된 소득 중 같은 법 시행령 제5조제1항제1호 및 제2호에 따른 소득을 합하여 계산한 금액(이하 "「국민기초생활 보장법」에 따른 수급자의 합산 소득"이라 한다)을 기준으로 결정하되, 그 적용 기간은 해당 연도 4월부터 다음 연도 3월까지로 한다.(2015.12.22 본항개정)
③ 제2항에도 불구하고 가입기간 중 「국민기초생활 보장법」에 따른 수급자의 합산 소득이 변경되어 가입자가 기준소득월액 변경을 신청하는 경우에는 신청한 날이 속하는 달의 다음 달부터 그 변경된 소득을 기초로 기준소득월액을 결정한다.(2011.12.8 본항신설)

제11조【국민연금의 재정계산 등】 ① 보건복지부장관은 법 제4조제2항 본문에 따라 매 5년이 되는 해의 3월 31일까지 법 제101조에 따른 국민연금기금(이하 "기금"이라 한다)의 재정계산을 하고, 국민연금 재정 전망 및 연금보험료 조정 등을 포함한 국민연금 운영 전반에 관한 계획을 수립하여 국민연금심의위원회의 심의를 거쳐 해당 연도 9월 30일까지 대통령의 승인을 받아 해당 연도 10월 31일까지 국회에 제출해야 한다.(2021.6.29 본항개정)
② 보건복지부장관은 국민연금 재정 전망 등을 포함한 국민연금 운영 전반에 관한 계획을 「신문 등의 진흥에 관한 법률」 제9조제1항에 따라 전국을 보급지역으로 등록한 일반일간신문 1개 이상 및 경제 분야 특수일간신문 1개 이상에 각각 공시하거나 관보, 인터넷 홈페이지 또는 방송 등을 통하여 공시해야 한다.(2020.11.24 본항개정)

제12조【국민연금심의위원회 위원장 등의 직무】 ① 위원장은 국민연금심의위원회를 대표하며, 위원회의 사무를 총괄한다.
② 부위원장은 위원장을 보좌하며, 위원장이 부득이한 사유로 직무를 수행할 수 없을 때에는 그 직무를 대행한다.

제13조【국민연금심의위원회 위원의 임기 등】 국민연금심의위원회의 위원장 외의 위원의 임기는 2년으로 하며, 두 차례만 연임할 수 있다.(2023.7.18 본조개정)

제13조의2【국민연금심의위원회 위원의 해촉 등】 보건복지부장관은 법 제5조제2항 각 호에 따른 위원이 다음 각 호의 어느 하나에 해당하는 경우에는 그 지명을 철회하거나 해당 위원을 해촉(解囑)할 수 있다.
1. 심신장애로 인하여 직무를 수행할 수 없게 된 경우
2. 직무와 관련된 비위사실이 있는 경우
3. 직무태만, 품위손상이나 그 밖의 사유로 인하여 위원으로 적합하지 아니하다고 인정되는 경우
4. 위원 스스로 직무를 수행하는 것이 곤란하다고 의사를 밝히는 경우
(2016.11.29 본조신설)

제14조【국민연금심의위원회의 회의 등】 ① 위원장은 국민연금심의위원회의 회의를 소집하며, 그 의장이 된다.
② 국민연금심의위원회의 회의는 정기회와 임시회로 구분한다.
③ 정기회는 매년 2월에, 임시회는 다음 각 호의 어느 하나에 해당할 때에 소집한다.
1. 보건복지부장관의 요구가 있을 때(2010.3.15 본호개정)
2. 국민연금심의위원회의 재적 위원 3분의 1 이상의 요구가 있을 때
3. 그 밖에 위원장이 필요하다고 인정할 때
④ 국민연금심의위원회의 회의는 재적 위원 과반수의 출석으로 시작하고 출석 위원 과반수의 찬성으로 의결한다.
⑤ 위원장은 국민연금심의위원회에서 의결된 사항을 보건복지부장관에게 보고하여야 한다.(2010.3.15 본항개정)

제15조【국민연금심의위원회 회의록의 작성·비치 등】 ① 국민연금심의위원회의 위원장은 국민연금심의위원회의 회의에 관하여 회의록을 작성하여 갖추어 두어야 한다.
② 회의록에는 회의 일시·장소, 토의 내용 및 의결 사항을 적고, 위원장 및 출석한 위원이 서명하거나 기명날인하여야 한다.
③ 가입자, 가입자였던 자 및 수급권자나 그 밖에 국민연금의 이해관계인은 언제든지 회의록의 열람을 요청할 수 있다.

제16조【간사】 ① 국민연금심의위원회에 간사 1명을 두되, 보건복지부장관이 보건복지부 소속 공무원 중에서 임명한다.(2010.3.15 본항개정)
② 간사는 위원장의 명을 받아 국민연금심의위원회의 사무를 처리한다.

제17조【위원의 수당】 국민연금심의위원회의 회의에 출석한 위원에게는 예산의 범위에서 수당을 지급할 수 있다. 다만, 공무원인 위원이 그 소관 업무와 직접적으로 관련되어 출석하는 경우에는 그러하지 아니하다.

제2장 국민연금가입자

제18조【가입 대상 제외자】 법 제6조 단서에 따라 다음 각 호의 어느 하나에 해당하는 자는 국민연금 가입 대상에서 제외한다.
1. 법 제61조제1항 및 법률 제8541호 국민연금법 전부개정법률 부칙 제2조에 따라 노령연금의 수급권을 취득한 자 중 60세 미만의 특수 직종 근로자(2012.6.29 본호개정)
2. 법 제61조제2항에 따른 조기노령연금의 수급권을 취득한 자. 다만, 법 제66조제1항에 따라 조기노령연금의 지급이 정지 중인 자는 제외한다.(2012.6.29 본문개정)

제19조【당연적용사업장】 ① 법 제8조제1항에 따른 당연적용사업장은 다음 각 호의 어느 하나에 해당하는 사업장으로 한다.
1. 1명 이상의 근로자를 사용하는 사업장
2. 주한 외국 기관으로서 1명 이상의 대한민국 국민인 근로자를 사용하는 사업장
② 사업장 상호 간에 본점과 지점·대리점·출장소 등의 관계에 있고 그 사업 경영이 일체로 되어 있는 경우에는 이를 하나의 사업장으로 보아 제1항을 적용한다.

제20조【행방불명된 자에 대한 인정 기준 및 방법】 ① 법 제9조제5호에 따라 행방불명된 자의 증명은 특별자치도지사·시장·군수·구청장(자치구의 구청장을 말한다. 이하 같다)이 확인하는 바에 따른다.
② 제1항에 따른 행방불명기간의 기산일은 특별자치도지사·시장·군수·구청장이 확인한 날로 한다.
③ 제1항에도 불구하고 행방불명된 자의 연금보험료가 납부된 사실이 있는 경우에는 연금보험료가 납부된 기간은 행방불명된 기간에 산입하지 아니한다.
④ 제3항에 따라 연금보험료가 납부된 자가 다시 제1항에 따라 행방불명된 것으로 확인되는 경우 행방불명된 기간은 연금보험료 납부 후 다시 행방불명된 것으로 확인된 날부터 기산한다.

제21조【연금보험료 체납에 따른 자격 상실】 법 제12조제3항제5호, 법 제13조제3항제4호에 따라 임의가입자와 임의계속가입자가 그 자격을 상실하게 되는 연금보험료의 체납기간은 6개월로 한다. 다만, 천재지변이나 그 밖에 부득이한 사유로 기간 내에 연금보험료를 낼 수 없었음을 증명하면 그렇지 않다.(2024.1.23 본조개정)

제22조【특수 직종 근로자】 ① 법 제13조제1항제2호 각 목 외의 부분에서 "대통령령으로 정하는 직종"이란 다음 각 호의 직종을 말한다.(2021.6.29 본문개정)
1. 「광업법」 제3조제2호에 따른 광업(갱내 작업에 한정한다)
2. 어선에서의 「수산업법」 제2조제2호에 따른 어업(「양식산업발전법」 제2조제2호에 따른 양식업을 포함하며, 「선원법」 제2조제6호에 따른 부원으로서 직접 어로작업에 종사한 경우만 해당한다)(2021.6.29 본호개정)
② 제1항의 경우에 특수 직종 근로자로서의 연금 가입기간이 그의 전(全)연금가입기간의 5분의 3에 미달하면 특수 직종 근로자로 보지 아니한다.

제23조【사망의 추정】 ① 법 제15조에 따라 사망으로 추정되는 경우는 다음과 같다.
1. 선박이 침몰, 전복, 멸실 또는 행방불명되거나 항공기가 추락, 멸실 또는 행방불명된 경우에 그 선박이나 항공기에 탔던 자가 그 사고의 발생일부터 3개월 동안 생사를 알 수 없을 때
2. 항행 중의 선박이나 항공기에 탔던 자가 행방불명되어 3개월 동안 생사를 알 수 없을 때
3. 천재지변이나 그 밖에 이에 준하는 사유로 3개월 동안 생사를 알 수 없을 때
② 제1항에 따라 사망으로 추정되는 자는 그 사고가 발생한 날이나 행방불명된 날에 사망한 것으로 추정한다.
③ 제1항 각 호의 사유로 생사를 알 수 없었던 자가 사망한 것이 사고가 발생한 날이나 행방불명된 날부터 3개월 이내에 확인되었으나 그 사망의 시기가 분명하지 아니하면 그 사고가 발생한 날이나 행방불명된 날에 사망한 것으로 추정한다.

제23조의2【국민연금가입자 증명서 기재 내용】 법 제16조제2항에 따라 국민연금가입자 증명서에 기재하여야 할 내용은 다음 각 호와 같다.
1. 가입자의 인적사항
2. 가입자의 종류 및 자격 취득일
(2011.12.8 본조신설)

제24조【기여금 및 부담금의 개별 납부】 ① 법 제17조제4항에서 "대통령령으로 정하는 이자"란 기여금 및 부담금의 월별 납부 기한으로부터 10년이 지난 날이 속하는 달부터 기여금 및 부담금의 납부를 신청한 날이 속하는 달까지의 기간에 대해 미납된 기여금 및 부담금에 1년 만기 정기예금 이자율(이자의 계산기간 중에 그 이자율이 변동되거나 은행에 따라 이자율이 다른 경우에 적용할 이자율은 해당 연도마다 1월 1일 현재 「은행법」에 따라 설립된 은행 중 전국을 영업구역으로 하는 은행이 적용하는 이자율을 평균한 이자율로 한다. 이하 같다)을 곱하여 산정한 금액을 말한다.
② 법 제17조제5항에서 "대통령령으로 정하는 이자"란 근로자가 기여금 및 부담금을 납부한 날의 다음 날부터 공단이 해당 근로자에게 기여금 및 부담금을 돌려주기로 결정한 날까지의 기간에 대해 돌려줄 기여금 및 부담금에 「국세기본법 시행령」 제43조의3제2항에 따른 국세환급가산금의 이자율을 곱하여 산정한 금액을 말한다.
③ 「국민건강보험법」 제13조에 따른 국민건강보험공단(이하 "건강보험공단"이라 한다)은 법 제17조제3항 후단에 따라 기여금 및 부담금을 납부받은 경우 그 사실을 공단에 지체 없이 알려야 한다.
(2021.11.30 본조개정)

제24조의2【연금보험료 일부 납부 월의 가입기간 계산 등】 ① 공단은 가입자 또는 가입자였던 자가 노령연금을 청구하거나 그의 유족이 유족연금을 청구하는 경우에 연금보험료(지역가입자, 임의가입자, 임의계속가입자의 연금보험료에 한정한다. 이하 이 조에서 같다)가 일부 납부되어 있으면 맨 나중 월에 일부 납부된 연금보험료로 맨 처음 월의 연체금과 미납된 연금보험료부터 순차적으로 충당한다. 이 경우 충당 후 완납된 월을 가입기간에 산입할 때에는 완납된 월의 기준소득월액 및 연도별 재평가율을 적용한다.
② 공단이 법 제17조의2제2항 본문에 따라 일부 납부된 연금보험료를 반환할 경우 노령연금 또는 유족연금 수급권자에게 반환하되, 수급권자가 이를 반환받기 전에 사망한 경우에는 법 제55조에 따른 미지급급여 청구권자에게 반환한다.
③ 가입자 또는 가입자였던 자가 법 제17조의2제2항 단서에 따른 청구를 한 경우에는 청구한 날이 속하는 달의 다음 달 10일까지 일부 납부된 월의 미납된 연금보험료와 연체금 및 제4항에 따른 이자를 공단에 납부하여야 한다. 이 경우 납부를 청구한 가입자 또는 가입자였던 자가 다음 각 호의 어느 하나에 해당하게 된 경우에는 공단은 일부 납부된 연금보험료를 반환한다.
1. 납부하기 전에 사망한 때
2. 노령연금을 받은 때
3. 납부기한까지 납부하지 아니한 때
④ 법 제17조의2제3항에 따른 이자는 다음 각 호에서 정하는 기간의 개월 수를 기준으로 산정하며, 이자율은 해당기간의 1년 만기 정기예금 이자율로 한다.(2021.11.30 본문개정)
1. 일부 납부된 연금보험료를 반환하는 경우 : 일부 납부한 날이 속하는 달의 다음 달부터 연금을 지급하여야 할 사유가 생긴 날이 속하는 달까지
2. 일부 납부된 월의 미납된 연금보험료를 납부받는 경우 : 해당 월 연금보험료의 납부기한이 속하는 달의 다음 달부터 제3항에 따른 청구가 있는 날이 속하는 달까지
(2011.12.8 본조신설)

제25조【자녀의 인정 범위 등】 ① 법 제19조에 따라 가입기간이 추가 산입되는 자녀는 다음 각 호에 정하는 자(가입기간에 추가 산입하는 때에 이미 사망한 자를 포함한다)로 한다.
1. 「민법」에 따른 친생자, 인지된 출생자, 양자 및 친양자
2. 「입양특례법」에 따라 입양된 자녀(2012.8.3 본호개정)
② 제1항에 따른 자녀의 부 또는 모(양부모의 경우를 포함한다. 이하 이 항에서 같다)가 노령연금 수급권을 취득한 때에 자녀가 다음 각 호의 어느 하나에 해당하면 해당 부 또는 모의 가입기간을 추가 산입할 수 없다.
1. 다른 사람의 양자로 된 경우
2. 파양(罷養)된 경우
③ 법 제19조에 따라 가입자 또는 가입자였던 자가 가입기간에 추가 산입한 자녀에 대하여는 다른 사람이 가입기간에 추가 산입을 할 수 없다.

제25조의2【실업에 대한 가입기간 추가 산입을 위한 재산 등 요건】 법 제19조의2제1항제2호에서 "대통령령으로 정하는 재산 또는 소득"이란 다음 각 호의 재산 또는 소득을 말한다.
1. 「지방세법」 제105조에 따른 토지, 건축물, 주택, 항공기 및 선박
2. 「소득세법」 제4조제1항제1호에 따른 종합소득 중 같은 호 다목 및 라목의 소득을 제외한 소득(2016.11.29 본호개정)
(2015.6.30 본조신설)

제25조의3【실업에 대한 가입기간 추가 산입 신청 방법 등】 ① 법 제19조의2제1항에 따라 「고용보험법」 제37조제1항에 따른 구직급여(이하 "구직급여"라 한다)를 받는 기간을 가입기간으로 산입하려는 사람은 보건복지부령으로 정하는 바에 따라 공단(제25조의6에 따라 공단의 업무를 위탁받은 직업안정기관을 포함한다)에 신청하여야 한다. 다만, 「고용보험법」 제50조 및 제69조의6에 따라 구직급여를 지급받을 수 있는 마지막 날(「고용보험법」 제51조부터 제53조까지의 규정에 따라 연장하여 지급하는 구직급여를 받는 경우에는 「고용보험법」 제54조에 따른 수급기간의 마지막 날을 말한다. 이하 "구직급여종료일"이라 한다)이 속하는 달의 다음 달 15일이 지나면 신청할 수 없다.(2016.11.29 본항개정)

② 공단은 제1항에 따른 신청(직업안정기관에 한 신청을 포함한다)을 한 신청인의 구직급여 수급일수(「고용보험법」 제63조제1항 및 제2항에 따라 구직급여를 갈음하여 지급하는 상병급여의 수급일수는 제외한다)가 누적하여 30일이 되는 경우에 해당 월(이하 "보험료부담 구직급여월"이라 한다)에 대하여 보건복지부령으로 정하는 바에 따라 본인부담 연금보험료(신청인이 법 제19조의2제3항 전단에 따라 납부하여야 하는 연금보험료에서 같은 항 후단에 따라 지원받은 금액을 뺀 연금보험료를 말한다. 이하 같다), 납부기한 등을 적은 문서로써 납부의 고지를 하여야 한다.(2016.11.29 본항개정)
③ 신청인이 제2항에 따라 고지 받은 본인부담 연금보험료를 구직급여종료일부터 3개월이 지난 후에도 납부하지 아니한 경우에는 제1항에 따른 신청은 철회된 것으로 본다.
④ 공단은 신청인이 법 제19조의2제1항에 따른 요건을 갖추지 못하였음에도 가입기간이 추가 산입된 경우에 해당 가입기간의 추가 산입을 취소하고 그 기간에 대하여 납부한 본인부담 연금보험료를 반환하여야 한다. 이 경우 본인부담 연금보험료를 납부한 날의 다음 날부터 반환하는 날까지의 기간에 대하여 전단에 따른 본인부담 연금보험료에 「국세기본법 시행령」 제43조의3제2항에 따른 국세환급가산금의 이자율을 곱하여 산정한 금액을 신청인이 납부한 본인부담 연금보험료에 더하여 반환한다.
⑤ 공단은 제73조에도 불구하고 신청인이 요청하는 경우에는 신청인이 제2항에 따른 고지를 받아 납부한 본인부담 연금보험료 중 과오납부한 금액을 미납된 본인부담 연금보험료에 충당해야 한다. 이 경우 충당하고 남은 금액의 반환에 관하여는 제4항 후단을 준용한다.(2024.1.23 본항신설)
(2015.6.30 본조신설)
제25조의4【실업에 대한 가입기간 추가 산입 기본연금액】 법 제19조의2제1항 본문에 따라 추가 산입되는 가입기간에 대한 기본연금액은 다음 각 호의 구분에 따라 산정한다.
1. 보험료부담 구직급여월 이전에 제25조의3제1항에 따른 신청을 한 경우로서 본인부담 연금보험료를 같은 조 제2항에 따른 납부기한까지 납부한 경우 : 보험료부담 구직급여월이 속하는 연도를 기준으로 법 제51조제1항에 따라 산정한 금액(2019.12.31 본호개정)
2. 보험료부담 구직급여월 이전에 제25조의3제1항에 따른 신청을 한 경우로서 본인부담 연금보험료를 같은 조 제2항에 따른 납부기한 후에 납부한 경우 : 본인부담 연금보험료를 납부한 달이 속하는 연도를 기준으로 법 제51조제1항에 따라 산정한 금액(2019.12.31 본호개정)
3. 보험료부담 구직급여월 후에 제25조의3제1항에 따른 신청을 한 경우 : 본인부담 연금보험료를 납부한 달이 속하는 연도를 기준으로 법 제51조제1항에 따라 산정한 금액(2019.12.31 본호개정)
(2015.6.30 본조신설)
제25조의5【실업에 대한 가입기간 추가 산입에 따른 연금보험료의 지원범위 등】 ① 법 제19조의2제3항 후단에 따른 연금보험료의 지원범위는 같은 항 전단에 따른 연금보험료의 4분의 3의 범위에서 보건복지부장관이 정하여 고시한다.
② 법 제19조의2제3항 후단에 따라 일반회계, 법 제101조에 따른 국민연금기금 및 「고용보험법」 제78조에 따른 고용보험기금에서 부담하는 비율은 보건복지부장관과 고용노동부장관이 협의하여 정한다.
(2015.6.30 본조신설)
제25조의6【실업에 대한 가입기간 추가 산입 업무의 위탁】 공단은 법 제19조의2제5항에 따라 직업안정기관에 법 제19조의2제1항 본문에 따른 실업에 대한 가입기간 추가 산입 신청(「고용보험법」 제42조 및 제44조에 따른 실업의 신고나 실업의 인정 신고를 하면서 가입기간 추가 산입 신청을 하는 경우로 한정한다)의 접수 업무를 위탁한다.(2016.11.29 본조개정)

제3장 국민연금공단

제26조【이사회의 심의·의결 사항】 공단의 이사회는 다음 사항을 심의·의결한다.
1. 예산과 결산에 관한 사항
2. 정관 변경에 관한 사항
3. 중요 재산의 취득과 관리 및 처분에 관한 사항
4. 사업 운영 계획이나 그 밖의 공단 운영의 기본 방침에 관한 사항
5. 신고권장소득월액의 산정 기준 및 방법 등에 관한 사항
6. 지역가입자 및 지역임의계속가입자의 연간 소득 확인 계획에 관한 사항
7. 규약·규정의 제정·개정 및 폐지에 관한 사항
제27조【이사회의 회의】 ① 이사회의 회의는 정기회와 임시회로 구분한다.
② 정기회는 매년 2월과 10월 중에 개최하되, 이사장이 소집한다.
③ 임시회는 이사장이 필요하다고 인정할 때나 이사(상임 이사를 포함한다. 이하 같다) 3명 이상의 요구가 있을 때 이사장이 소집한다.
제28조【이사회의 회의록의 작성·비치 등】 공단 이사회의 회의록 작성과 비치 및 열람에 관하여는 국민연금심의위원회의 회의록 작성·비치에 관한 제15조를 준용한다. 이 경우 "국민연금심의위원회"는 "이사회"로, "위원장"은 "이사장"으로, "위원"은 "이사"로 본다.
제29조【사업 운영 계획과 예산】 ① 공단은 보건복지부장관이 정하는 사업 운영 지침과 예산편성 지침에 따라 매 회계연도의 사업 운영 계획 및 편성한 예산을 회계연도 개시 2개월 전까지 보건복지부장관에게 제출하여야 한다.(2010.3.15 본항개정)
② 제1항에 따라 제출하는 사업 운영 계획과 예산에는 주요 사업별 세부 계획, 추정 재무상태표, 추정 손익계산서 등 그 내용을 분명히 하기 위하여 필요한 부속서류를 첨부하여야 한다.(2019.7.2 본항개정)
③ 보건복지부장관은 제1항에 따라 제출된 사업 운영 계획과 예산을 회계연도 시작 전까지 승인하여야 한다.
(2010.3.15 본항개정)
제30조【일시차입과 이입충당】 ① 공단은 법 제44조제1항에 따라 일시차입을 하려면 차입 사유, 차입 방법, 이자율 및 상환 방법 등을 적은 서면을 보건복지부장관에게 제출하여야 한다.(2010.3.15 본항개정)
② 공단은 법 제44조제3항에 따라 기금에서 이입충당을 하려면 이입충당의 사유 및 금액 등에 관한 사항을 적은 서면을 법 제103조에 따른 국민연금기금운용위원회(이하 "운용위원회"라 한다)에 제출하여야 한다.
제31조【복지사업】 ① 공단은 법 제46조제1항에 따라 다음의 복지사업을 할 수 있다.
1. 노인복지시설의 설치·공급·임대·운영과 노인복지시설의 부대시설로서 체육시설의 설치·운영 및 자금의 대여(2009.4.30 본호신설)
2. 아동복지시설, 장애인복지시설 등의 복지시설의 설치·운영 및 자금의 대여(2009.4.30 본호개정)
3. 병원과 휴양 시설 또는 요양 시설의 설치와 운영 및 자금의 대여
4. 생활 안정을 위한 자금의 대여
5. 학자금의 대여
6. 당연적용사업장인 중·소사업장의 사업장 내 복지시설의 설치를 위한 자금의 대여
7. 주택 구입 자금과 전세 자금의 대여
② 공단은 법 제46조제5항에 따라 사업에 지장이 없는 범위에서 가입자, 가입자였던 자 또는 수급권자가 아닌 자에게 제1항제1호부터 제3호까지의 규정에 따른 복지시설을 이용하게 할 수 있다.(2015.6.30 본항개정)
제32조【대여사업】 ① 공단은 법 제46조제3항에 따라 가입자나 가입자였던 자에게 그가 낸 연금보험료의 100분의 80에 해당하는 금액의 범위에서 자금을 대여할 수 있다.(2009.4.30 본항개정)
② 대여금의 이자율, 대여의 기간과 기준 및 절차 등에 필요한 사항은 보건복지부장관이 정하여 고시한다.
(2010.3.15 본항개정)
제32조의2【복지시설의 설치를 위한 토지 취득 특례】 법 제46조의2에서 "대통령령으로 정하는 공공기관"이란 「지방공기업법」 제49조에 따라 설립된 지방공사를 말한다.
(2009.4.30 본조신설)
제32조의3 (2015.12.22 삭제)
제33조【업무의 위탁】 ① 법 제47조제2항에 따라 공단이 위탁할 수 있는 업무의 범위와 공단으로부터 그 업무를 위탁받을 수 있는 자는 다음과 같다.
1. 대여금의 상환금, 법 제19조의2제3항 전단에 따른 연금보험료, 법 제57조에 따른 환수금, 법 제78조제1항에 따른 반납금, 법 제92조제1항에 따른 추납보험료 또는 법 제114조제1항에 따라 공단이 대위하여 받는 금액의 수납, 급여의 지급 및 대여금의 지급에 관한 업무 : 체신관서, 금융기관 또는 금융 관련 업무를 행하는 비영리법인
(2015.6.30 본호개정)
2. 가입자의 자격의 취득 신청 및 상실 신청의 접수 등에 관한 업무 : 국민건강보험의 보험자 또는 지방자치단체의 장
3. 노인복지시설과 그 부대시설로서의 체육시설, 아동복지시설, 장애인복지시설 등의 복지시설의 설치·운영 사업 및 병원·휴양 시설·요양 시설의 설치·운영 사업 : 「사회복지사업법」에 따른 사회복지법인, 「공공기관의 운영에 관한 법률」에 따른 공기업·준정부기관, 「농업협동조합법」·「수산업협동조합법」 및 「산림조합법」에 따른 농업협동조합중앙회·수산업협동조합중앙회 및 산림조합중앙회, 종교 단체 또는 같은 종류의 사업을 운영하는 자(2009.4.30 본호개정)
4. (2010.8.17 삭제)
② 공단은 제1항에 따라 업무를 위탁받은 자에게 수수료를 지급할 수 있다.
제34조【규정의 제정 등】 공단은 그 내부조직, 직원의 인사, 임직원의 보수, 감사 및 기금의 관리·운용 등에 관한 각종 규정을 정하거나 변경하려는 경우에는 보건복지부장관의 승인을 받아야 한다.(2019.7.2 본조개정)

제4장 급 여

제35조【국민연금수급증서의 발급】 공단은 수급권자에게 보건복지부령으로 정하는 바에 따라 국민연금수급증서를 내주어야 한다.(2016.11.29 본조개정)
제36조【연도별 재평가율 등】 법 제51조제1항제2호에 따라 보건복지부장관이 연도별 재평가율(이하 "재평가율"이라 한다)을 고시할 때는 제1호에 따라 산정한 금액을 제2호에 따라 산정한 금액으로 나눈 값(소수점 이하 넷째 자리에서 반올림한다)을 기준으로 하여 매년 이를 정하여야 한다. 이 경우 국민연금심의위원회의 사전 심의를 거쳐야 한다.(2017.12.19 전단개정)
1. 법 제51조제1항제1호에 따라 산정한 금액
2. 법 제51조제1항제1호에 따른 산정 방식에 준하여 재평가 대상 연도마다 산정한 금액
제37조【기본연금액 산정 관련 적용 기간】 법 제51조제1항제1호에 따라 산정한 금액 및 제36조에 따른 재평가율은 해당 연도 1월부터 12월까지의 기간 동안에 지급이 시작되는 급여를 지급받을 권리를 가지는 자에게 적용한다.
(2019.1.22 본조개정)
제38조【부양가족연금액 지급 대상의 생계유지에 관한 인정기준】 법 제52조제1항에 따라 부양가족연금액의 지급 대상이 되는 대상자별 인정기준은 별표1과 같다.
제38조의2【부양가족연금액 및 유족연금 지급 대상의 장애 인정기준】 법 제52조의2제2호에서 "대통령령으로 정하는 장애 정도에 해당하는 상태"란 「장애인복지법 시행령」 제2조제2항에 따른 장애의 정도가 심한 장애인에 해당하는 상태를 말한다.(2023.8.16 본조신설)
제38조의3【급여수급전용계좌의 신청 방법 및 절차 등】 ① 법 제54조의2제1항에 따라 급여를 급여수급전용계좌로 받으려는 사람은 급여의 지급청구서(노령연금 재지급 신청서 및 유족연금 수급권 변경 신고서를 포함한다)에 급여수급전용계좌의 계좌번호를 적어 공단에 제출하여야 한다. 급여수급전용계좌를 변경하는 경우에도 또한 같다.
② 공단은 수급자가 급여수급전용계좌를 개설한 금융기관이 폐업, 업무정지 또는 정보통신 문제 등으로 정상영업이 불가능하거나 이에 준하는 불가피한 사유로 급여를 이체할 수 없는 경우에 수급자의 신청에 따라 다른 금융기관의 급여수급전용계좌로 변경하여 지급하여야 한다. 다만, 다른 금융기관의 급여수급전용계좌를 개설할 수 없고 수급자가 희망하는 경우에는 공단이 지정하는 금융기관을 통하여 현금으로 지급할 수 있다.
(2015.6.30 본조신설)
제39조【미지급 급여의 지급 대상 등】 법 제55조제1항 단서에 따라 미지급 급여를 지급하지 아니하는 가출·실종 등의 경우에 해당하는 사람과 미지급 급여를 지급하는 형제자매로서 수급권자에 의하여 생계를 유지하고 있는 사람은 별표1과 같다.(2012.6.29 본조개정)
제40조【미지급급여의 지급 방법】 법 제55조제2항에 따라 미지급의 급여를 지급받을 같은 순위 자가 2명 이상 있을 때에 그 지급 방법은 다음과 같다.
1. 같은 순위자 중 1명이 한 청구는 그가 지급받을 부분에 대하여 청구한 것으로 본다.
2. 같은 순위자나 그의 법정대리인이 같은 순위자 전부 또는 일부의 급여를 지급받을 대표자를 선정하면 그 대표자가 같은 순위자 전부 또는 일부에 해당하는 미지급 급여를 청구할 수 있다.(2011.12.8 본호개정)
제41조【환수금의 고지 등】 ① 공단은 법 제57조제1항에 따른 급여의 환수 사유가 발생하면 20일 이상의 기한을 정하여 환수할 금액(법 제57조제2항에 따른 이자를 포함하며, 이하 "환수금"이라 한다)을 결정하여 고지하여야 한다.(2016.11.29 본항개정)
② 제1항에 따른 기한까지 환수금을 내지 아니하면 20일 이상의 기한을 정하여 독촉하여야 한다.
③ 환수금은 다음 각 호에 정하는 바에 따라 매월 분할하여 납부하게 할 수 있다.
1. 환수금(분할 납부 신청일을 기준으로 한다. 이하 이 항에서 같다)이 20만원 이상 40만원 미만인 경우 : 2회 이내
2. 환수금이 40만원 이상 120만원 미만인 경우 : 4회 이내
3. 환수금이 120만원 이상 360만원 미만인 경우 : 12회 이내
4. 환수금이 360만원 이상인 경우 : 36회 이내
④ 법 제57조제1항에 따른 환수금의 납부의무자는 제3항에 따라 환수금을 분할 납부하는 경우에 분할 납부를 신청한 날이 속하는 달의 다음 달부터 매월 제1항에 따른 납부기한까지 분할 환수금을 납부해야 한다. 이 경우 공단의 귀책사유로 환수금이 발생한 경우를 제외하고는 분할 납부를 신청한 날이 속하는 달부터 분할 납부를 하는 날이 속하는 달의 1개월 전까지의 기간에 대해서는 분할 환수금에 1년 만기 정기예금 이자율을 곱하여 산정한 금액을 분할 환수금에 더하여 납부해야 한다.(2021.11.30 본항개정)
⑤ 국민연금공단은 제3항에 따른 환수금을 3개월 이상 계속하여 체납한 경우에는 환수금을 한꺼번에 환수할 수 있다.
(2012.6.29 본조개정)
제42조【급여의 환수 시 가산할 이자】 ① 법 제57조제2항 본문에 따라 가산할 이자의 계산 기간은 해당 급여를 지급받은 날이 속하는 달부터 환수금을 고지한 날이 속하는 달의 전달까지의 개월 수에 의하되, 연 단위로 계산한 이자를 지급받은 급여에 산입하여 그 후의 이자액을 계산한다.
② 제1항의 계산 기간에 적용할 이자율은 다음 각 호의 구분에 따른다.
1. 법 제57조제1항제1호의 경우 : 3년 만기 정기예금 이자율

2. 법 제57조제1항제2호의 경우 : 1년 만기 정기예금 이자율
(2012.6.29 본조개정)

제42조의2【급여의 환수 시 연체금의 징수 예외】 법 제57조제3항 단서에 따라 공단이 연체금을 징수하지 아니할 수 있는 경우는 다음 각 호와 같다.
1. 전쟁이나 사변으로 인하여 체납한 경우
2. 화재 등 재해 발생으로 인하여 체납한 경우
(2012.6.29 본조신설)

제43조【환수금의 징수 예외】 법 제57조제1항 단서에 따라 공단이 환수하지 아니하는 환수금은 3천원 미만의 금액으로 한다.(2016.11.29 본조개정)

제44조【지급된 급여의 압류 금지 금액】 법 제58조제2항에 따라 수급권자에게 지급된 급여로서 압류할 수 없는 금액은 「민사집행법 시행령」 제2조 본문에서 정하는 금액으로 한다.(2011.12.8 본조개정)

제45조【소득이 있는 업무】 ① 법 제61조제2항 및 제63조의2에서 "대통령령으로 정하는 소득이 있는 업무"란 다음 각 호의 소득 금액을 합하여 계산한 금액을 종사개월 수(해당 연도에 종사한 개월 수를 말하며, 1개월 미만인 경우에는 1개월로 본다)로 나눈 금액이 법 제51조제1항제1호에 따라 산정한 금액을 초과하는 소득이 있는 업무를 말한다.(2012.6.29 본문개정)
1. (2010.8.17 삭제)
2. 「소득세법」 제19조제2항에 따른 사업소득 금액
3. 「소득세법」 제20조제2항에 따른 근로소득 금액
② 제1항에 따라 소득금액을 계산하는 경우 법 제61조에 따른 노령연금 수급권(이하 이 항에서 "연금수급권"이라 한다)이 발생하는 연도에는 다음 각 호의 금액을 합산한 금액을 연금수급권이 발생한 날이 속하는 달의 다음 달부터 소득이 있는 업무에 종사한 개월 수로 나눈 금액을 기준으로 한다. 다만, 연금수급권이 발생한 날이 속하는 달이 12월인 경우에는 다음 연도의 소득금액과 종사한 개월 수를 기준으로 한다.
1. 「소득세법」 제19조제2항에 따른 사업소득 : 연금수급권이 발생하는 날이 속하는 달의 다음 달부터 발생한 사업소득을 합산한 금액
2. 「소득세법」 제20조제2항에 따른 근로소득 : 다음 각 목의 금액을 합산한 금액
가. 매월 지급되는 소득 : 연금수급권이 발생하는 날이 속하는 달의 다음 달부터 발생한 소득금액을 합산한 금액
나. 분기별로 지급되는 등 지급대상기간을 정하여 특정 시점에 지급되는 소득(이하 이 호에서 "정기소득"이라 한다) : 연금수급권이 발생한 날이 속하는 달의 다음 달부터 지급되는 정기소득을 그 지급대상기간으로 나누어 월 단위로 환산한 금액에 지급대상기간 중 연금수급권이 발생한 날이 속하는 다음 달부터의 지급대상기간을 곱한 금액
다. 지급대상기간을 정하지 아니하고 특정시점에만 지급되는 소득(이하 이 호에서 "일시소득"이라 한다) : 연금수급권이 발생한 날이 속하는 달의 다음 달부터 발생한 일시소득을 해당 연도 내 소득이 있는 업무에 종사한 개월 수(일시소득이 발생한 사업장에서 종사한 기간만 해당한다)로 나누어 월 단위로 환산한 금액에 연금수급권이 발생한 날이 속하는 달의 다음 달부터 소득이 있는 업무에 종사한 개월 수(일시소득이 발생한 사업장에서 종사한 기간만 해당한다)를 곱한 금액
(2014.10.15 본항신설)
③ 공단은 법 제61조에 따른 노령연금 수급권자에게 연금을 지급하는 경우에는 법 제123조제2항에 따라 국가 등으로부터 제공받은 자료에 근거하여 해당 연도의 연금을 감액하여 지급하거나 연금의 지급을 정지할 수 있다. 다만, 수급권자가 해당 연도의 소득을 증명할 수 있는 객관적인 자료를 제출하는 경우에는 그러하지 아니한다.
(2016.11.29 본문개정)
④ 공단은 「소득세법」 제70조에 따른 종합소득과세표준 확정신고 후에 해당 연도의 연금감액 또는 지급정지액을 확정하여 그 정산차액을 연금을 지급하는 때에 가감하여 지급한다. 다만 수급권자의 사망, 전액 지급정지 등으로 지급할 급여액이 없는 때에는 제41조에 따라 정산차액을 징수한다.(2014.10.15 본항개정)
⑤ 공단이 제4항 본문에 따라 정산차액을 공제하는 경우 매월 공제하는 금액은 매월 지급하는 연금의 2분의 1(「소득세법」 제19조제2항에 따른 사업소득금액 및 같은 법 제20조제2항에 따른 근로소득금액이 없는 수급권자가 희망하는 경우에는 5분의 1)을 초과할 수 없다.(2021.11.30 본항신설)

제45조의2【분할연금 산정에서 제외되는 혼인 기간】 ① 법 제64조제1항에 따른 혼인 기간을 산정할 때 다음 각 호의 어느 하나에 해당하는 기간은 혼인 기간에서 제외한다.
1. 「민법」 제27조제1항에 따른 실종기간
2. 「주민등록법」 제20조제6항에 따라 거주불명으로 등록된 기간
② 제1항에도 불구하고 다음 각 호의 어느 하나에 해당하는 기간이 있는 경우에는 그에 따른다.
1. 이혼 당사자 간에 실질적인 혼인관계가 존재하지 아니하였던 것으로 합의한 기간
2. 법원의 재판 등에 의하여 실질적인 혼인관계가 존재하지 아니하였던 것으로 인정된 기간
③ 법 제61조에 따른 노령연금 수급권자 또는 법 제64조제1항에 따른 분할연금 수급권자는 제1항 및 제2항에 따른 기간이 있는 경우 그 내용을 공단에 신고하여야 한다.
④ 제3항에 따른 신고의 절차 및 방법에 관한 세부사항은 보건복지부령으로 정한다.
(2018.6.19 본조신설)

제46조【장애등급 등】 ① 법 제67조제4항에 따른 장애등급 구분의 기준은 별표2와 같다.(2016.11.29 본항개정)
② 공단은 장애등급을 결정하기 위하여 장애 정도를 심사한다.
③ 공단은 장애 정도의 적정한 심사를 위하여 장애 심사위원을 두거나 자문 의사를 위촉할 수 있다.
④ 장애 심사 위원 및 자문 의사의 자격, 장애 정도의 판정기준이나 그 밖에 필요한 사항은 보건복지부장관이 정하여 고시한다.(2010.3.15 본항개정)

제46조의2【장애연금액의 변경 등】 법 제70조제3항제1호에서 "장애 정도의 변화개연성에 따라 공단이 지정한 주기가 도래한 날이 속하는 달의 말일 등 대통령령으로 정하는 날"이란 다음 각 호의 구분에 따른 날을 말한다.
(2019.6.11 본문개정)
1. 장애 정도의 변화 개연성을 고려하여 공단이 지정한 장애 정도 심사 주기가 도래한 경우 : 그 도래한 날이 속하는 달의 말일
2. 제1호에 따른 장애 정도 심사 주기가 도래하였으나 심사와 관련된 자료를 제출하지 않아 법 제86조제1항에 따라 장애연금의 지급이 정지된 이후에 해당 자료를 제출한 경우 : 해당 자료를 제출한 날
3. 법 제67조제2항에 따른 장애결정 기준일이 속하는 달의 다음 달 이후에 장애연금의 지급을 청구한 경우 : 장애연금의 지급을 청구한 날(2016.11.29 본호개정)
(2012.6.29 본조신설)

제47조【유족연금 지급 대상의 생계유지에 관한 인정기준】 법 제73조제1항에 따라 유족연금의 지급 대상이 되는 가입자 또는 가입자였던 자에 의하여 생계를 유지하고 있던 자에 관한 대상자별 인정기준은 별표1과 같다.

제48조【유족연금의 지급 방법】 법 제73조제3항에 따라 같은 순위의 유족이 2명 이상 있을 때의 유족연금의 지급 방법에 관하여는 제40조를 준용한다.

제49조【유족연금 수급권자인 배우자의 소득이 있는 업무】 유족연금 수급권자인 배우자의 경우 법 제76조제1항제3호에 따라 해당 연금의 지급이 정지되는 소득이 있는 업무의 범위, 연금의 지급 정지 및 정산 방법 등에 관하여는 제45조를 준용한다.(2012.6.29 본조개정)

제49조의2【유족연금의 지급 정지】 ① 법 제76조제9항에서 "유족연금 수급권자가 1년 이상 소재불명이고 제2항 및 제3항에 따른 지급 정지의 신청을 할 사람이 존재하지 아니하는 등 대통령령으로 정하는 경우"란 다음 각 호의 경우를 말한다.
1. 유족연금의 수급권자인 배우자의 소재를 1년 이상 알 수 없는 경우로서 법 제76조제2항에 따른 지급 정지 신청을 할 수 있는 유족인 자녀가 없거나 자녀가 지급 정지 신청을 하지 않는 경우
2. 유족연금의 수급권자인 배우자 외의 사람이 2명 이상이고 그 일부 또는 모두의 소재를 1년 이상 알 수 없는 경우로서 법 제76조제3항에 따른 지급 정지 신청을 할 수 있는 사람이 없거나 다른 수급권자가 지급 정지 신청을 하지 않는 경우
3. 유족연금의 수급권자인 배우자 외의 사람이 1명이고 그 사람의 소재를 1년 이상 알 수 없는 경우
② 법 제76조제9항에 따른 유족연금의 지급 정지 절차에 관하여는 제56조의2제1항 및 제2항을 준용한다.
(2022.6.21 본조신설)

제50조【반환일시금의 산정】 법 제77조제2항 또는 법 제116조제1항에 따라 반환일시금을 산정할 때 합하여 계산하여야 할 이자는 연금보험료(법 제92조에 따른 추납보험료를 포함한다)를 낸 날이 속하는 달의 다음 달부터 다음 각 호의 어느 하나에 해당하는 날이 속하는 달까지의 기간에 대하여 해당 기간의 3년 만기 정기예금 이자율(이자의 계산 기간 중에 그 이자율이 변동되거나 은행에 따라 이자율이 다른 경우에 적용할 이자율은 해당 연도마다 1월 1일 현재 「은행법」에 따라 설립된 은행 중 전국을 영업구역으로 하는 은행이 적용하는 이자율을 평균한 이자율로 한다)을 곱하여 산정한다.(2014.10.15 본문개정)
1. 법 제77조제2항에 따라 반환일시금을 산정하는 경우 : 법 제77조제1항 각 호의 어느 하나에 해당하는 사유가 발생한 날(2014.10.15 본호개정)
2. 법 제116조제1항에 따라 반환일시금을 산정하는 경우 : 다음 각 목의 어느 하나에 해당하는 날(2014.10.15 본문개정)
가. 종전의 법 제67조제1항제1호(법률 제3902호 국민복지연금법개정법률에 따라 개정되어 법률 제5623호 국민연금법중개정법률에 따라 폐지된 규정을 말한다)에 따라 반환일시금을 지급받는 경우에는 수급권자의 지급사유가 발생된 날부터 5년이 된 날로 하되, 5년이 되기 전에 60세에 도달하거나 국외 이주하거나 국적을 상실한 경우 또는 다른 공적 연금에 가입하게 된 경우에는 해당 지급사유가 발생한 날(2011.12.8 본목개정)
나. 법 제77조제1항제3호 및 종전의 법 제67조제1항제4호(법률 제6027호 국민연금법중개정법률에 따라 개정된 규정을 말한다)에 따라 반환일시금을 지급받는 경우에는 해당 지급사유가 발생한 날

제51조【반환일시금의 지급 방법】 법 제77조제3항에 따라 반환일시금을 지급받을 같은 순위의 유족이 2명 이상 있는 경우 그 지급 방법에 관하여는 제40조를 준용한다.

제52조【반납금의 납부 기한 등】 ① 법 제78조제1항에 따라 반환일시금을 지급받은 자가 공단에 반납하여야 할 반환일시금 및 이자(이하 "반납금"이라 한다)는 일시 반납의 경우에는 반납금의 납부신청을 한 날이 속하는 달의 다음 달 말일까지 내고, 분할 반납의 경우에는 반납금의 납부 신청을 한 날이 속하는 달의 다음 달부터 매월 말일까지 내야 한다.
② 공단은 법 제78조제2항에 따라 반납금을 분할하여 납부하게 하는 경우에는 다음 각 호의 어느 하나에 해당하는 횟수의 범위에서 납부할 자의 신청에 따라 반납금을 가입기간에 산입되는 개월 단위로 나누어 월별로 내게 하여야 한다.(2011.12.8 본문개정)
1. 가입 기간이 1년 미만인 경우 : 3회
2. 가입 기간이 1년 이상 5년 미만인 경우 : 12회
3. 가입 기간이 5년 이상인 경우 : 24회
③ 법 제78조제1항 및 제2항에 따라 반환일시금에 가산할 이자의 계산은 다음 각 호의 구분에 따른 방법으로 한다. 이 경우 이자계산 기간이 1년을 초과하면 연 단위로 이자를 계산하여 이를 원금에 산입한 후 다시 그 이후의 이자를 계산한다.
1. 일시 납부의 경우 : 반환일시금에 대하여 반환일시금을 지급한 날이 속하는 달부터 반납금의 납부신청이 있는 날이 속하는 달의 전월까지의 기간 동안 해당 기간 중에 적용되었던 1년 만기 정기예금 이자율에 따라 계산한 금액
2. 분할 납부의 경우 : 각 분할 납부금에 대하여 반환일시금을 지급한 날이 속하는 달부터 분할 납부를 하는 날이 속하는 달의 전월까지의 기간 동안 해당 기간 중에 적용되었던 1년 만기 정기예금 이자율에 따라 계산한 금액
(2011.12.8 본항개정)
④ 반납금의 납부신청에 필요한 사항은 보건복지부령으로 정한다.(2011.12.8 본항개정)
⑤ (2011.12.8 삭제)

제53조【사망일시금의 지급 대상 등】 법 제80조제1항 단서에 따라 사망일시금을 지급하지 아니하는 가출·실종 등의 경우에 해당하는 사람과 사망일시금을 지급하는 4촌 이내의 방계혈족으로서 가입자 또는 가입자였던 사람에 의하여 생계를 유지하고 있던 사람은 별표1과 같다.
(2012.6.29 본조개정)

제54조【사망일시금의 지급 방법】 법 제80조제4항에 따라 사망일시금을 지급받을 같은 순위자가 2명 이상 있을 경우 그 지급 방법에 관하여는 제40조를 준용한다.
(2021.6.29 본조개정)

제55조【급여의 제한】 법 제82조제2항에 따라 급여를 제한하는 경우에 지급하지 아니할 수 있는 급여의 범위는 다음 각 호의 구분에 따른다.
1. 고의 또는 중대한 과실로 요양 지시에 따르지 아니하면 급여의 1천분의 800에서 1천분의 1,000까지
2. 정당한 사유 없이 요양 지시에 따르지 아니하면 급여의 1천분의 500에서 1천분의 800까지

제56조【지급의 일시 중지】 ① 공단은 법 제86조제2항에 따라 급여의 지급을 일시 중지하려면 수급권자에게 10일 이상의 기한을 정하여 서면으로 급여의 지급이 정지될 수 있는 사유를 해소할 것을 재촉하여야 한다.
② 제1항에 따른 재촉을 받은 자가 기한까지 필요한 조치를 하지 아니하면 그 다음 달부터 3년 이내의 기간을 정하여 급여의 지급을 일시 중지한다.
③ 제1항에 따라 급여의 지급이 일시 중지된 자가 그 일시 중지 기간에 필요한 조치를 이행하면 그 일시 중지를 바로 해제하고, 그 동안 지급하지 아니한 급여를 지급하여야 한다.
④ 제2항에 따른 일시 중지 기간에 필요한 조치를 이행하지 아니하는 자에 대하여 법 제86조제1항에 따라 급여의 지급을 정지하는 경우에는 일시 중지한 기간을 포함하여 그 지급을 정지하여야 한다.

제56조의2【소재불명자에 대한 지급의 정지 등】 ① 공단은 법 제86조의2제1항에 따라 급여의 지급을 정지하려는 경우에는 수급권자의 소재불명 여부를 확인해야 한다. 다만, 법 제122조에 따른 조사·질문 또는 제122조의2에 따른 확인조사 결과 수급권자의 소재불명이 확인된 경우에는 그렇지 않다.
② 공단은 제1항에 따라 수급권자의 소재불명이 확인된 경우에는 10일 이상의 기한을 정하여 소재불명 사실을 해소할 것과 해소되지 않을 경우 급여 지급이 정지된다는 내용이 기재된 통지서를 그 수급권자의 주민등록표에 기재된 마지막 주소 등으로 발송해야 하고, 발송이 불가능한 경우에는 공단의 게시판이나 인터넷 홈페이지에 그

내용을 공고해야 한다.
③ 공단은 법 제86조의2제3항에 따라 수급권자가 사망한 사실이 확인되어 지급 정지를 취소한 경우에는 지급 정지 기간 동안 지급되지 않은 급여를 법 제55조에 따라 지급해야 한다.
(2022.6.21 본조신설)

제5장 비용 부담 및 연금보험료의 징수 등

제56조의3【소급분 연금보험료 분할 납부】 ① 법 제88조제5항에 따라 추가 납부하여야 하는 연금보험료(이하 "소급분 연금보험료"라 한다)가 당월분 연금보험료 이상일 경우 가입자 또는 사용자는 소급분 연금보험료의 분할 납부를 신청할 수 있다.(2016.11.29 본항개정)
② 제1항에 따라 소급분 연금보험료를 분할 납부하려는 가입자 및 사용자는 소급분 연금보험료 납부기한 3일 전까지 보건복지부령에 따른 신청서를 공단에 제출하여야 한다.
③ 제2항에 따라 소급분 연금보험료 분할 납부를 신청한 가입자 또는 사용자는 10회 이내에서 소급분 연금보험료를 똑같이 나누어 월별로 낼 수 있다.(2016.11.29 본항개정)
④ 제3항에 따라 분할하여 납부하는 소급분 연금보험료는 각 회차별 고지월의 다음 달 10일까지 내야 한다. 다만, 1회차 소급분 연금보험료는 제2항에 따른 소급분 연금보험료 납부기한까지 내야 한다.
(2011.12.8 본조신설)

제57조【농어업인의 범위】 ① 법 제89조제1항 단서에 따른 농업·임업·축산업 또는 수산업을 경영하거나 이에 종사하는 자(이하 "농어업인"이라 한다)는 「농업·농촌 및 식품산업 기본법」 제3조제2호 또는 「수산업·어촌 발전 기본법」 제3조제3호에 해당하는 자로 한다.
(2015.12.22 본항개정)
② 제1항에도 불구하고 「농업·농촌 및 식품산업 기본법」 제3조제1호에 따른 농업과 「수산업·어촌 발전 기본법」 제3조제1호가목에 따른 어업(「양식산업발전법」 제2조제2호에 따른 양식업을 포함한다) 간의 겸업을 하는 경우에는 각 업종의 판매액 또는 종사 기간을 보건복지부령으로 정하는 바에 따라 합산하여 농어업인인지를 결정한다.
(2021.6.29 본항개정)
③ 제1항과 제2항에도 불구하고 다음 각 호의 어느 하나에 해당하는 사람은 농어업인에서 제외한다.
1. 「소득세법」 제14조제2항에 따른 종합소득금액에서 같은 조 제3항 각 호에 따른 소득의 금액을 공제한 금액이 보건복지부장관이 정하여 고시하는 금액 이상인 사람
2. 「지방세법」 제105조에 따른 토지, 건축물, 주택, 항공기 및 선박의 재산세의 과세표준의 합계액이 보건복지부장관이 정하여 고시하는 금액 이상인 사람
(2019.12.31 본항개정)
④ 제1항 및 제2항에 따른 농어업인에 해당하는 자는 보건복지부령으로 정하는 바에 따라 그 거주지나 토지의 소재지를 관할하는 시장·구청장·읍장 또는 면장의 확인을 받아야 한다. 다만, 다음 각 호의 어느 하나에 해당하는 사람은 제외한다.(2021.6.29 단서개정)
1. 「농지법」 제49조에 따른 농지대장으로 1천제곱미터 이상의 농지를 경영하거나 경작하는 농업인임을 확인할 수 있는 자(2023.7.18 본호개정)
1의2. 「농어업경영체 육성 및 지원에 관한 법률」 제4조제1항에 따라 농어업경영정보를 등록한 자(2014.10.15 본호신설)
2. 「축산법」 제22조제1항에 따라 축산업의 허가를 받은 자 및 같은 조 제2항에 따라 축산업의 등록을 한 자(2014.10.15 본호개정)
3. 「수산업법」 제7조에 따라 어업면허를 받은 자, 같은 법 제17조에 따라 어업권을 등록한 자, 같은 법 제40조에 따라 어업의 허가를 받은 자 및 같은 법 제48조에 따라 어업의 신고를 한 자(2023.1.10 본호개정)
4. 「양식산업발전법」 제10조에 따라 양식업 면허를 받은 자, 같은 법 제29조에 따라 양식업권을 등록한 자 및 같은 법 제43조에 따라 양식업 허가를 받은 자
(2021.6.29 본호신설)

제58조【연금보험료의 선납과 환부】 ① 법 제89조제2항 및 제3항에 따라 연금보험료를 미리 내려는 사람은 보건복지부령으로 정하는 바에 따라 연금보험료의 선납(先納)을 신청하여야 한다. 이 경우 선납 기간은 1년 이내로 하되, 선납신청 당시 50세 이상인 사람에 대하여는 5년 이내로 한다.
② 제1항에 따른 신청이 있으면 공단은 신청인이 선납하여야 할 금액을 추산하여 다음 각 호의 사항을 결정하고, 선납을 신청한 사람은 제4호의 추산선납보험료 총액을 선납 기간이 시작되는 달의 전달의 연금보험료 납부 기한까지 납부하여야 한다.(2019.7.2 본문개정)
1. 선납신청일이 속하는 달의 연금보험료(이하 이 조에서 "기준보험료"라 한다)의 금액
2. 선납에 따라 감액(減額)되는 금액(기준보험료 금액에 선납 개월 수와 선납신청일이 속하는 연도의 1년 만기 정기 예금 이자율의 12분의 1을 각각 곱하여 월 단위로 산정한다. 이하 "기준감액금"이라 한다)
3. 기준보험료 금액에서 기준감액금을 공제한 금액(이하 이 조에서 "추산선납보험료"라 한다)(2019.7.2 본호개정)
4. 추산선납보험료의 합계액인 추산선납보험료 총액
(2019.7.2 본호개정)
③ 제2항에 따라 신청인이 추산선납보험료 총액을 납부하면 공단은 매월 다음 각 호의 사항을 결정하고, 1년 이상 선납의 경우에는 제4호의 선납 잔액을 신청인에게 통보하여야 한다.(2019.7.2 본문개정)
1. 선납 기간 중 법 제88조제2항에 따라 신청인에게 부과되는 해당 월의 연금보험료(이하 이 조에서 "확정보험료"라 한다)의 금액
2. 선납에 따라 감액되는 금액(확정보험료 금액에 선납 개월 수와 해당 기간의 1년 만기 정기예금 이자율의 12분의 1을 각각 곱하여 산정한다. 이하 이 조에서 "확정감액금"이라 한다)
3. 확정보험료의 금액에서 확정감액금을 공제한 금액(이하 이 조에서 "확정선납보험료"라 한다)
4. 추산선납보험료 총액에서 해당 월까지의 확정선납보험료를 모두 공제한 금액(이하 "선납 잔액"이라 한다)
(2019.7.2 본호개정)
④ 제3항에 따라 결정된 확정선납보험료는 법 제89조제2항에 해당하는 날에 납부된 것으로 본다.
⑤ 공단은 다음 각 호의 어느 하나에 해당하게 된 경우에는 그 사유를 확인한 때의 선납 잔액에 대하여 반환을 결정하고, 건강보험공단은 이를 신청인에게 반환하되, 제6호의 경우에는 신청인이 동의하면 선납 잔액을 앞으로 내야 할 1개월분의 연금보험료에 충당할 수 있다. 이 경우 반환방법에 관하여는 제73조제2항부터 제4항까지의 규정을 준용한다.(2016.11.29 전단개정)
1. 신청인이 사망한 경우
2. 신청인이 국적을 상실하거나 국외로 이주한 경우
3. 신청인이 법 제6조에 따른 가입 대상 제외자에 해당하게 된 경우(법 제13조에 따른 임의계속가입자 자격을 취득한 경우는 제외한다)(2016.11.29 본호개정)
4. 신청인이 법 제61조 또는 제77조제1항에 따른 노령연금, 조기노령연금 또는 반환일시금을 받은 경우
5. 선납 기간의 확정보험료가 모두 납부된 경우
6. 선납 잔액이 확정선납보험료 보다 적게 된 경우
7. 신청인이 반환신청을 한 경우
(2012.6.29 본조개정)

제59조【자동이체를 하는 사람에 대한 이익 제공】 공단은 법 제89조제4항에 따라 연금보험료를 계좌 또는 신용카드 자동이체의 방법으로 내는 사람에게는 자동이체에 따라 절감되는 비용에 해당하는 금액을 연금보험료에서 빼거나 추첨의 방법으로 금품 또는 경품 등을 제공할 수 있다.(2021.6.29 본조개정)

제59조의2【양수인의 범위】 법 제90조의2제2항 후단에 따른 양수인의 범위는 사업장별로 그 사업에 관한 모든 권리(미수금에 관한 것은 제외한다)와 모든 의무(미지급금에 관한 것은 제외한다)를 포괄적으로 승계한 자로 한다.(2015.12.22 본조신설)

제59조의3【양수한 재산의 가액】 ① 법 제90조의2제2항 후단에 따른 양수한 재산의 가액은 다음 각 호의 금액으로 한다.
1. 사업의 양수인이 양도인에게 지급하였거나 지급하여야 할 금액이 있는 경우에는 그 금액
2. 제1호에 따른 금액이 없거나 불분명한 경우에는 양수한 자산 및 부채를 건강보험공단이 「상속세 및 증여세법」 제60조부터 제66조까지의 규정을 준용하여 평가한 후 그 자산총액에서 부채총액을 뺀 가액
② 법 제90조의2제2항에 따른 양도인에게 둘 이상의 사업장이 있어 그 중 하나의 사업장을 양수한 경우에 양수한 재산의 가액은 그 양수한 사업장과 관계되는 재산의 가액으로 한다.
③ 제1항에도 불구하고 다음 각 호의 어느 하나에 해당하는 경우에 양수한 재산의 가액은 같은 항 제1호의 금액과 제2호의 금액 중 큰 금액으로 한다.
1. 제1항제1호에 따른 금액과 「상속세 및 증여세법」 제60조에 따른 시가의 차액이 3억원 이상인 경우
2. 제1항제1호에 따른 금액과 「상속세 및 증여세법」 제60조에 따른 시가의 차액이 그 시가의 100분의 30에 상당하는 금액 이상인 경우
(2015.12.22 본조신설)

제59조의4【신용카드등으로 하는 연금보험료등의 납부】 ① (2017.12.19 삭제)
② 법 제90조의3제1항에서 "대통령령으로 정하는 기관등"이란 다음 각 호의 기관을 말한다.(2015.12.22 본문개정)
1. 「민법」 제32조에 따라 금융위원회의 허가를 받아 설립된 금융결제원
2. 정보통신망을 이용하여 신용카드, 직불카드 등(이하 이 조에서 "신용카드등"이라 한다)에 의한 결제를 수행하는 기관 중 시설, 업무수행능력 및 자본금 규모 등을 고려하여 공단 또는 건강보험공단이 지정하는 기관
③ 법 제90조의3제3항에 따른 납부대행 수수료는 공단 또는 건강보험공단이 납부대행기관의 운영경비 등을 종합적으로 고려하여 승인한다. 이 경우 납부대행 수수료는 해당 연금보험료, 연체금, 체납처분비, 그 밖의 징수금(이하 이 조에서 "연금보험료등"이라 한다) 납부금액의 1천분의 10을 초과할 수 없다.(2015.12.22 전단개정)
④ 공단 또는 건강보험공단은 신용카드등으로 하는 연금보험료등의 납부에 필요한 사항을 정할 수 있다.
(2015.4.28 본조신설)

제60조【연금보험료 납부의 예외】 법 제91조제1항제7호에 따라 연금보험료를 내지 아니할 수 있는 경우는 다음 각 호의 어느 하나에 해당하는 경우로 한다.
1. 질병이나 부상으로 3개월 이상 입원한 경우
2. 「자연재해대책법」, 「자연재해대책법」 또는 「재해구호법」에 따른 보조나 지원의 대상이 된 경우
3. 재해나 사고 등의 발생으로, 연금보험료를 낼 경우 보건복지부장관이 정하는 기초생활을 유지하는 것이 곤란하다고 인정될 정도로 소득이 감소된 경우(2010.3.15 본호개정)

제61조【연금보험료의 납부 예외 신청 등】 ① 사용자나 지역가입자는 법 제91조제1항에 따라 연금보험료를 내지 아니하려는 경우에는 보건복지부령으로 정하는 바에 따라 공단에 연금보험료의 납부 예외 신청을 하여야 한다.
(2010.3.15 본항개정)
② 공단은 지역가입자에게 법 제91조제1항제2호부터 제6호까지에 규정된 사유가 발생하여 연금보험료를 징수할 수 없다고 판단되면 제1항에도 불구하고 그 사유의 발생기간에 대하여 연금보험료의 납부 예외를 결정할 수 있다. 다만, 납부 예외 사유가 발생한 기간의 전부 또는 일부에 대하여 이미 연금보험료를 낸 경우 그 낸 연금보험료에 대하여는 그러하지 아니하다.
③ 공단은 법 제91조제1항제6호 또는 제7호에 따른 사유로 연금보험료를 내지 아니하는 자에 대하여는 연금보험료의 납부 예외 시작일부터 1년이 지날 때마다 그 예외 사유의 종료 여부를 확인하여야 한다.
④ 공단은 연금보험료를 내지 아니하는 자의 납부 예외 사유가 끝날 때에는 미리 그 사실을 해당 가입자에게 알려야 한다.
⑤ 법 제91조제1항제6호에 따른 행방불명의 경우에 관한 인정기준은 제20조제1항을 준용한다.
⑥ 납부 예외 기간은 납부 예외 사유가 발생한 날이 속하는 달부터 납부 예외 사유가 없어진 날이 속하는 달까지로 한다. 다만, 다음 각 호의 어느 하나에 해당하는 경우에는 납부 예외 사유가 없어진 날이 속하는 달의 전달까지로 한다.
1. 납부 예외 사유가 없어진 날이 그 달의 초일인 경우
2. 가입자가 납부 예외 사유가 없어진 날이 속하는 달의 연금보험료 납부를 원하는 경우

제62조【추납보험료의 납부 신청 등】 ① 가입자는 법 제92조제1항 각 호의 어느 하나에 해당하는 기간의 전부 또는 일부에 상응하는 연금보험료(이하 "추납보험료"라 한다)를 공단에 내려면 보건복지부령으로 정하는 바에 따라 공단에 추납보험료의 납부 신청을 하여야 한다.
② 법 제92조제3항 단서에 따라 임의가입자가 추후 납부를 신청한 경우 그 추납보험료 산정을 위한 연금보험료의 상한은 추후 납부를 신청한 날을 기준으로 법 제51조제1항제1호에 따라 산정한 금액의 1천분의 90에 해당하는 금액으로 한다.(2017.12.19 본항개정)
③ 가입자가 법 제92조제4항에 따라 추납보험료를 분할하여 납부하는 경우에는 가입자의 신청에 따라 60회의 범위에서 월 1회씩 납부할 수 있으며, 매 회당 납부할 금액은 개월 단위로 산정하여야 한다.(2017.12.19 본항개정)
④ 추납보험료의 납부 기한과 추납보험료를 나누어 내는 경우 그 방법, 가산 이자 등에 관하여는 제52조제1항 및 제3항을 준용한다. 이 경우 "반납금"은 "추납보험료"로 본다.
(2016.11.29 본조개정)

제63조【둘 이상 적용 사업장가입자의 연금보험료 부과】 공단은 사업장가입자의 연금보험료를 부과할 때 그 사업장가입자가 국민연금에 가입된 둘 이상의 사업장의 근로자이거나 사용자인 경우에는 각 사업장별 기준소득월액을 기준으로 각각 부과한다.(2011.12.8 단서삭제)

제64조【연금보험료 등의 독촉】 ① 건강보험공단은 법 제95조제1항에 따라 사업장가입자의 연금보험료와 그에 따른 징수금의 납부를 독촉할 때에는 납부 기한이 지난 후 20일 이내에 해당 사업장가입자의 사용자에게 독촉장을 발부하여야 한다.
② 건강보험공단은 법 제95조제1항에 따라 지역가입자의 연금보험료와 그에 따른 징수금의 납부를 독촉할 때에는 납부 기한이 지난 후 3개월 이내에 해당 가입자에게 독촉장을 발부하여야 한다.
③ 건강보험공단은 법 제95조제1항에 따라 제2차 납부의무자의 연금보험료, 연체금, 체납처분비의 납부를 독촉할 때에는 납부 기한이 지난 후 20일 이내에 제2차 납부의무자에게 독촉장을 발부하여야 한다.(2015.12.22 본항신설)
(2010.8.17 본조개정)

제65조【체납처분 시의 연금보험료 충당】 법 제95조제4항에 따라 체납연금보험료와 그에 따른 징수금을 국세 체납처분의 예에 따라 징수할 때 체납처분이 끝나고 체납액에 충당된 배분 금액이 그 체납액에 미치지 못하는 경우에는 다음 각 호의 방법으로 연금보험료와 그에 따른 징수금에 충당하여야 한다.
1. 2개월분 이상의 연금보험료를 체납한 경우 : 납부 기한이 빠른 달의 연체금과 연금보험료의 순서

2. 1개월분의 연금보험료를 체납한 경우 : 연체금과 연금보험료의 순서
3. 제1호와 제2호에도 불구하고 연금보험료를 체납한 자가 지역가입자로서 연금보험료를 체납한 후 사업장가입자(법인이 아닌 사용자의 경우만 해당한다)로서 연금보험료를 체납한 경우 : 사업장가입자의 납부 기한이 빠른 달의 연체금과 연금보험료에 우선 충당한 후 지역가입자의 납부 기한이 빠른 달의 연체금과 연금보험료의 순서

(2010.8.17 본조개정)

제65조의2【연금보험료 등의 체납처분 전 통보 예외】 법 제95조제5항 단서에서 "대통령령으로 정하는 경우"란 연금보험료와 그에 따른 징수금을 체납한 자가 다음 각 호의 어느 하나에 해당하는 경우를 말한다.

1. 국세의 체납으로 체납처분을 받는 경우
2. 지방세 또는 공과금의 체납으로 체납처분을 받는 경우
3. 강제집행을 받는 경우
4. 「어음법」 및 「수표법」에 따른 어음교환소에서 거래정지처분을 받는 경우
5. 경매가 시작된 경우
6. 법인이 해산한 경우
7. 재산의 은닉·탈루, 거짓 계약이나 그 밖의 부정한 방법으로 체납처분의 집행을 면하려는 행위가 있다고 인정되는 경우

(2019.6.11 본조신설)

제66조【매각 대행의 의뢰 등】 ① 건강보험공단은 법 제95조제6항에 따라 압류 재산의 매각을 「한국자산관리공사 설립 등에 관한 법률」에 따라 설립된 한국자산관리공사(이하 "한국자산관리공사"라 한다)가 대행하도록 하는 경우에는 다음 각 호의 사항을 적은 매각 대행 의뢰서를 한국자산관리공사에 보내야 한다.(2021.11.30 본문개정)

1. 체납자의 성명과 주소 또는 거소
2. 매각할 재산의 종류·수량·품질 및 소재지
3. 압류에 관계되는 연금보험료와 그에 따른 징수금의 내용 및 납부 기한(2010.8.17 본호개정)
4. 그 밖에 필요한 사항

② 건강보험공단은 매각 대행의 사실을 체납자, 그 재산에 대하여 전세권·질권·저당권이나 그 밖의 권리를 가진 자와 압류 재산을 보관하고 있는 자에게 통지하여야 한다.(2010.8.17 본항개정)

제67조【압류 재산의 인도】 ① 건강보험공단은 제66조제1항에 따라 매각 대행을 의뢰할 때에는 건강보험공단이 점유하고 있거나 제3자에게 보관하도록 한 재산을 한국자산관리공사에 넘겨줄 수 있다. 다만, 제3자에게 보관하도록 한 재산의 인도는 그 제3자가 발행하는 재산의 보관증을 인도함으로써 갈음할 수 있다.(2010.8.17 본문개정)

② 한국자산관리공사는 제1항에 따라 압류 재산을 넘겨받으면 인계인수서를 작성하여야 한다.

제68조【매각 대행의 해제 요구】 ① 한국자산관리공사는 매각 대행을 의뢰받은 날부터 2년이 지날 때까지 매각되지 아니한 재산이 있으면 건강보험공단에 그 재산에 대한 매각 대행 의뢰의 해제를 요구할 수 있다.

② 건강보험공단은 제1항에 따라 해제 요구를 받은 경우 특별한 사정이 없으면 요구에 따라야 한다.

(2010.8.17 본조개정)

제69조【압류 해제의 통지】 ① 건강보험공단은 한국자산관리공사에 압류 재산의 매각을 대행하도록 한 후 매각 기일 전에 그 재산의 압류를 해제하는 경우에는 지체 없이 그 사실을 한국자산관리공사에 통지하여야 한다.

② 제1항에 따라 통지를 받은 한국자산관리공사는 지체 없이 그 재산의 매각을 중지하고 그 사실을 건강보험공단에 통지하여야 한다.

(2010.8.17 본조개정)

제70조【매각 대행에 관한 세부 사항】 법 제95조제6항에 따라 한국자산관리공사가 대행하는 매각에 필요한 사항으로서 이 영에서 정한 내용의 세부 사항은 건강보험공단이 한국자산관리공사와 협의하여 정한다.

(2019.6.11 본조개정)

제70조의2【납부사실 증명 대상 계약】 법 제95조의2제1항 본문에서 "공사·제조·구매·용역 등 대통령령으로 정하는 계약"이란 「국가를 당사자로 하는 계약에 관한 법률」 제2조, 「지방자치단체를 당사자로 하는 계약에 관한 법률」 제2조, 「공공기관의 운영에 관한 법률」 제39조제3항에 따른 물품의 공사·제조·구매 및 용역의 조달 등으로 대금을 지급받는 모든 계약을 말한다.

(2015.12.22 본조신설)

제70조의3【납부사실 증명 등】 ① 법 제88조에 따른 연금보험료의 납부 의무자(이하 이 조 및 제70조의4에서 "납부 의무자"라 한다)는 법 제95조의2제1항 본문에 따라 연금보험료와 그에 따른 연체금 및 체납처분비의 납부사실을 증명하려는 경우에 건강보험공단에 체납한 연금보험료와 그에 따른 연체금 및 체납처분비가 없음을 증명하는 문서(이하 이 조 및 제70조의4에서 "납부증명서"라 한다)의 발급을 요청하여야 한다.

② 제1항에 따른 요청을 받은 건강보험공단은 납부증명서 발급일 당시 납부 의무자가 연금보험료와 그에 따른 연체금 및 체납처분비를 체납하지 아니한 경우에는 납부증명서를 발급하여야 한다. 이 경우 건강보험공단은 요청받은 날부터 30일 이내에 납부증명서를 발급하여야 한다.

③ 납부 의무자는 제2항에 따라 납부증명서를 발급받은 경우에 국가, 지방자치단체 또는 「공공기관의 운영에 관한 법률」 제4조에 따른 공공기관에 지체 없이 납부증명서를 제출하여야 한다.

④ 제70조의2에 따른 계약의 대금을 지급받는 자가 원래의 계약자가 아닌 경우에는 다음 각 호의 구분에 따라 납부증명서를 제출하여야 한다. 이 경우 납부사실 증명 절차는 제1항부터 제3항까지의 규정을 준용한다.

1. 채권양도로 인한 경우 : 양도인과 양수인의 납부증명서
2. 법원의 전부명령(轉付命令)에 따르는 경우 : 압류채권자의 납부증명서
3. 「하도급거래 공정화에 관한 법률」 제14조제1항제1호 및 제2호에 따라 건설공사의 하도급대금을 직접 지급받는 경우 : 수급사업자의 납부증명서

(2016.11.29 본조개정)

제70조의4【납부사실 증명의 예외】 법 제95조의2제1항 단서에 따라 다음 각 호의 어느 하나에 해당하는 경우에는 납부사실을 증명하지 아니하여도 된다.

1. 법 제95조에 따른 체납처분으로 건강보험공단이 그 대금을 지급받는 경우
2. 「채무자 회생 및 파산에 관한 법률」에 따른 파산관재인이 납부증명서를 발급받지 못하여 관할법원이 파산절차를 원활하게 진행하기 곤란하다고 인정하는 경우로서 건강보험공단에 납부증명서 제출의 예외를 요청하는 경우(2016.11.29 본호개정)
3. 지급받는 대금의 전부를 체납한 연금보험료와 그에 따른 연체금 및 체납처분비로 납부하거나 그 대금의 일부를 체납한 연금보험료와 그에 따른 연체금 및 체납처분비 전액으로 납부하려는 경우
4. 납부 의무자가 받을 대금이 다음 각 목의 어느 하나에 해당하는 경비나 자금으로 지급되는 경우
   가. 「국고금 관리법 시행령」 제31조에 따른 관서운영경비
   나. 「지방회계법 시행령」 제38조제1항에 따른 일상경비등(2017.12.19 본목개정)
   다. 그 밖의 일상경비적 성격의 자금으로서 보건복지부장관이 정하여 고시하는 자금
5. 체납된 연금보험료와 그에 따른 연체금 및 체납처분비가 「채무자 회생 및 파산에 관한 법률」 제140조에 따른 징수 유예 또는 체납처분에 의한 재산의 환가 유예로 인하여 납부되지 못하는 경우
6. 그 밖에 계약의 성질상 납부사실을 증명하기 위한 절차를 진행하면 계약의 이행이 불가능한 경우 등 보건복지부장관이 필요하다고 인정하는 경우

(2016.11.29 4호~6호신설)

(2015.12.22 본조신설)

제70조의5【체납자료의 제공 절차 및 방법】 ① 건강보험공단은 법 제95조의4제1항 본문에 따라 체납자료(이하 이 조에서 "체납자료"라 한다)를 「신용정보의 이용 및 보호에 관한 법률」 제25조제2항제1호의 종합신용정보집중기관(이하 "종합신용정보집중기관"이라 한다)에 제공하는 경우에는 문서 또는 전자적 파일의 형태로 할 수 있다.

② 건강보험공단은 제1항에 따라 체납자료를 제공한 후 체납액(체납된 연금보험료, 연체금 및 체납처분비를 말한다. 이하 이 조에서 같다)의 납부 등으로 체납자료에 해당하지 않게 되거나 법 제95조의4제1항 단서에 해당하는 사유가 발생한 경우 해당 사실을 그 사유가 발생한 날부터 15일 이내에 체납자료를 제공한 종합신용정보집중기관에 알려야 한다.

③ 법 제95조의4제1항 단서에서 "대통령령으로 정하는 사유가 있는 경우"란 다음 각 호의 어느 하나에 해당하는 경우를 말한다.

1. 체납자가 「채무자 회생 및 파산에 관한 법률」 제243조에 따른 회생계획인가 결정에 따라 체납액의 징수를 유예받고 그 유예기간 중에 있거나 체납액을 회생계획의 납부일정에 따라 납부하고 있는 경우
2. 체납자가 재해 등으로 재산에 심한 손실을 입었거나 사업이 중대한 위기에 처한 경우 등으로서 건강보험공단이 체납자료를 제공할 실익이 없다고 인정하는 경우

④ 제1항부터 제3항까지에서 규정한 사항 외에 체납자료의 제공에 필요한 사항은 건강보험공단이 정한다.

(2021.6.29 본조신설)

제70조의6【우편송달】 공단 및 건강보험공단이 법 제96조 단서에 따라 법 제57조의2, 제88조의2 및 제95조에 따른 서류를 우편으로 송달할 때에는 「국세기본법」 제10조제2항 본문에도 불구하고 일반우편으로 송달할 수 있다.

(2010.8.17 본조신설)

제71조【연체금의 징수 예외】 법 제97조제3항에 따라 연체금을 징수하지 아니할 수 있는 경우는 다음 각 호와 같다.(2010.8.17 본문개정)

1. 전쟁이나 사변으로 인하여 체납한 경우
2. 사업장의 폐쇄로 인하여 체납한 경우(사업장가입자만 해당한다)
3. 화재 등 재해 발생으로 인하여 체납한 경우
4. 「고용정책 기본법」 제32조 및 같은 법 시행령 제29조제1항에 따라 고용노동부장관이 지정·고시하는 업종에 속한 사업장의 납부 의무자가 체납한 경우(2016.11.29 본호신설)
5. 그 밖에 연체금의 징수가 곤란한 경우로서 보건복지부령으로 정하는 경우(2010.8.17 본호개정)

(2010.8.17 본조제목개정)

제72조【연금보험료 등의 회계기관】 ① 건강보험공단의 이사장은 법 제88조제2항 및 제97조에 따른 연금보험료 및 연체금의 징수 업무를 담당하게 하기 위하여 건강보험공단의 상임이사 중에서 연금보험료 세입징수관을 임명할 수 있고, 건강보험공단의 직원 중에서 분임연금보험료 세입징수관을 임명할 수 있다.

② 공단의 이사장은 제1항에 따른 징수금 외의 법에 따른 징수금에 대한 징수 등의 업무를 담당하게 하기 위하여 공단의 상임이사 중에서 반납추납보험료등세입징수관을 임명할 수 있고, 공단의 직원 중에서 분임반납추납보험료등세입징수관을 임명할 수 있다.(2015.6.30 본항개정)

(2010.8.17 본조개정)

제72조의2【고액·상습 체납자의 인적사항 공개 및 공개 제외 사유 등】 ① 법 제97조의2제1항 단서에서 "체납된 금액의 일부 납부 등 대통령령으로 정하는 사유가 있는 경우"란 다음 각 호의 어느 하나에 해당하는 경우를 말한다.

1. 체납자(사업장가입자만 해당한다. 이하 이 조 및 제72조의4에서 같다)가 법 제97조의2제1항에 따라 체납된 연금보험료, 연체금 및 체납처분비(이하 이 조에서 "체납액"이라 한다)의 100분의 30 이상을 법 제97조의2제3항에 따른 통지일부터 6개월 이내에 납부한 경우
2. 체납자가 「채무자 회생 및 파산에 관한 법률」 제243조에 따른 회생계획인가 결정에 따라 체납액 납부를 유예받고 그 유예기간 중이거나 체납액을 회생계획의 납부일정에 따라 내고 있는 경우
3. 체납자가 재해 등으로 재산에 심한 손실을 입어 사업이 중대한 위기에 처한 경우 등으로서 법 제97조의2제2항에 따른 보험료정보공개심의위원회(이하 "보험료정보공개심의위원회"라 한다)가 체납자의 인적사항(사용자의 인적사항을 말한다) 및 체납액 등(이하 이 조에서 "인적사항등"이라 한다)을 공개할 실익이 없다고 인정하는 경우

② 건강보험공단과 보험료정보공개심의위원회는 법 제97조의2제2항 및 제3항에 따라 인적사항등의 공개대상자를 심의·선정하는 경우 체납자의 재산상태, 소득수준, 미성년자인지 여부, 그 밖의 사정을 종합적으로 고려하여 법 제97조의2제1항에 따른 납부능력이 있는지를 판단하여야 한다.

③ 건강보험공단은 법 제97조의2제3항에 따라 인적사항등의 공개대상자에게 공개대상자임을 통지할 때에는 체납액 납부를 촉구하고, 같은 조 제1항 단서에 따른 인적사항등의 공개 제외 사유가 있는 경우 그에 관한 소명자료를 제출하도록 안내하여야 한다.

④ 건강보험공단은 법 제97조의2제4항에 따라 체납자의 인적사항등을 공개할 때에는 체납자의 성명·상호(체납자가 법인인 경우 법인의 명칭과 대표자의 성명을 포함한다), 나이, 업종·직종, 주소, 납부기한, 체납액, 체납기간을 공개해야 한다.(2024.1.23 본항개정)

(2013.4.16 본조신설)

제72조의3【보험료정보공개심의위원회의 구성 및 운영】 ① 보험료정보공개심의위원회는 위원장 1명을 포함한 11명의 위원으로 구성한다.

② 보험료정보공개심의위원회의 위원장은 건강보험공단의 임원 중 보험료 징수 업무를 담당하는 상임이사가 되고, 위원은 건강보험공단의 이사장이 다음 각 호의 사람을 임명하거나 위촉한다.

1. 공단 소속 직원 1명
2. 건강보험공단 소속 직원 3명
3. 연금보험료 징수에 관한 사무를 담당하는 보건복지부 소속 3급 또는 4급 공무원 1명
4. 국세청 소속 3급 또는 4급 공무원 1명
5. 법률, 회계 또는 사회보험에 관한 학식과 경험이 풍부한 사람 4명

③ 제2항제1호부터 제4호까지에 따른 위원의 임기는 그 재임기간으로 하고, 제2항제5호에 따른 위원의 임기는 2년으로 하되, 한 차례 연임할 수 있다.

④ 보험료정보공개심의위원회의 회의는 위원장을 포함한 재적위원 과반수의 출석으로 개의(開議)하고, 출석위원 과반수의 찬성으로 의결한다.

⑤ 제1항부터 제4항까지에서 규정한 사항 외에 보험료정보공개심의위원회의 구성 및 운영에 필요한 사항은 건강보험공단이 정한다.

(2013.4.16 본조신설)

제72조의4【보험료정보공개심의위원회 위원의 제척·회피】 ① 보험료정보공개심의위원회 위원으로서 다음 각 호의 어느 하나에 해당하는 사람은 심의·의결에서 제척된다.

1. 체납자의 배우자·친족이거나 배우자·친족이었던 사람
2. 체납자의 대리인이거나 대리인이었던 사람

② 보험료정보공개심의위원회 위원은 제1항 각 호의 어느 하나에 해당하거나 불공정한 의결을 할 우려가 있는 때에는 스스로 그 안건의 심의·의결을 회피할 수 있다. 이 경우 회피하려는 위원은 위원장에게 그 사유를 밝혀야 한다.
(2013.4.16 본조신설)

제73조【과오납금의 충당 및 반환】 ① 공단은 법 제100조에 따라 과오납금이 발생한 경우에는 다음 각 호의 순서대로 우선 충당한다. 이 경우 제3호에 따른 징수금의 충당 방법에 관하여는 제65조를 준용한다.
1. 체납처분비
2. 환수금과 법 제57조제3항에 따른 연체금(2012.6.29 본호개정)
3. 미납된 연금보험료와 법 제97조에 따른 연체금(2010.8.17 본호개정)
4. 앞으로 내야 할 1개월분의 연금보험료. 다만, 제2항에 따라 과오납금의 나머지 금액을 반환받을 수 있는 자의 의사에 반하여는 충당할 수 없다.

② 제1항에 따라 충당하고 남은 과오납금의 나머지 금액이 있는 경우 건강보험공단은 다음 각 호의 순서대로 반환하여야 한다. 이 경우 같은 순위자가 2명 이상인 경우 그 반환방법은 제40조를 준용한다.(2010.8.17 전단개정)
1. 연금보험료를 납부한 사람(사업장의 폐업이나 사용자의 사망·행방불명 등으로 사용자에게 반환할 금액을 반환할 수 없는 경우로서 그 반환할 금액 중 해당 사업장의 근로자가 법 제88조제3항에 따라 부담하는 기여금에 대해서는 근로자를 연금보험료를 납부한 사람으로 본다)(2014.10.15 본호개정)
2. 법 제73조에 따른 유족연금 수급권자(2010.8.17 본호개정)
3. 제1호에 해당하는 사람의 상속인(2014.10.15 본호개정)

③ 법 제100조제3항에서 "대통령령으로 정하는 이자"란 다음 각 호의 구분에 따른 날부터 충당하거나 반환하기로 결정한 날까지의 기간에 대하여 법 제100조제1항에 따른 과오납금에 「국세기본법 시행령」 제43조의3제2항에 따른 국세환급가산금의 이율을 곱하여 산정한 금액을 말한다.(2012.6.29 본문개정)
1. 법 제21조의 자격변동 신고에 따라 과오납금이 발생하는 경우 : 자격변동 신고를 한 날부터 7일이 지난 날
2. 제1호 외의 경우 : 과오납부한 날의 다음날
(2010.8.17 본항개정)

④ 공단이 제1항에 따라 과오납금을 충당하거나 건강보험공단이 제2항에 따라 과오납금의 나머지 금액을 반환하려면 그 사실을 제2항 각 호에 규정된 사람에게 문서로 알려야 한다.(2010.8.17 본항개정)

⑤ 반납금 및 추납보험료의 징수에서 발생한 과오납금에 관하여는 제1항부터 제4항까지의 규정을 준용하고, 환수금의 징수에서 발생한 과오납금에 관하여는 제1항, 제2항 및 제4항을 준용한다. 이 경우 "건강보험공단"은 "공단"으로 본다.(2012.6.29 전단개정)

제73조의2【사업장가입자에 대한 연금보험료의 지원대상】 ① 법 제100조의3제1항제1호에서 "대통령령으로 정하는 규모의 사업장"이란 법 제8조에 따른 사업장가입자 중 사용자(법인인 경우에는 대표이사를 말한다. 이하 같다)를 제외한 근로자 수가 다음 각 호의 어느 하나에 해당하는 사업장(「부패방지 및 국민권익위원회의 설치와 운영에 관한 법률」 제2조제1호에 따른 공공기관은 제외한다. 이하 같다)을 말한다.(2016.11.29 본문개정)
1. 지원신청일이 속하는 달의 말일 현재 근로자 수가 10명 미만이고, 지원신청일이 속하는 연도의 전년도 월평균 근로자 수가 10명 미만인 사업장
2. 지원신청일이 속하는 달의 말일 현재 근로자 수가 10명 미만이고, 지원신청일이 속하는 연도 중 지원신청일이 속하는 달의 직전 3개월(지원신청일이 속하는 연도에 법 제8조제1항에 따른 당연적용사업장이 되어 그 기간이 3개월이 되지 않는 경우에는 당연적용사업장이 된 달부터 지원신청일이 속하는 달까지로 한다) 동안 연속하여 근로자 수가 10명 미만인 사업장

② 제1항에 따라 근로자 수를 산정할 때 해당 사업장에 다음 각 호의 어느 하나에 해당하는 근로자가 있으면 그 기간(제2호의 경우에는 연금보험료 납부의 예외 기간을 말한다) 동안에는 해당 근로자를 뺀 수를 해당 사업장의 근로자 수로 본다.(2017.12.19 본문개정)
1. 「근로기준법」 제74조제1항부터 제3항까지의 규정에 따른 출산전후휴가 또는 유산·사산 휴가를 사용한 근로자
2. 「남녀고용평등과 일·가정 양립 지원에 관한 법률」 제19조에 따른 육아휴직으로 법 제91조제1항에 따라 연금보험료 납부의 예외가 된 근로자
3. 「남녀고용평등과 일·가정 양립 지원에 관한 법률」 제19조의2에 따른 육아기 근로시간 단축을 한 근로자
(2016.1.29 1호~3호신설)

③ 제1항에 따라 연금보험료의 지원대상이 된 사업장이 해당 연도에 3개월 연속으로 근로자 수가 10명 이상이 되면 그 사유가 발생한 날이 속하는 달의 다음 달부터 해당 연도의 마지막 달까지 연금보험료의 지원을 중단한다.
(2017.12.19 본항신설)

④ 법 제100조의3제1항제1호에서 "대통령령으로 정하는 금액 미만의 소득"이란 제6조 및 제7조에 따른 기준소득월액이 근로자의 소득수준에 따른 가입현황, 임금상승률, 노동시장 여건, 다른 법과의 관계 등을 고려하여 보건복지부장관이 고용노동부장관과 협의하여 고시한 금액 미만에 해당하는 소득을 말한다.(2016.11.29 본항개정)

⑤ 법 제100조의3제1항제2호에 따른 근로자의 재산은 「지방세법」 제105조에 따른 토지, 건축물, 주택, 항공기 및 선박으로 한다.(2016.11.29 본항신설)

⑥ 법 제100조의3제1항제2호에서 "대통령령으로 정하는 기준"이란 물가상승률, 경제성장률 등 국내외 경제상황, 국민의 재산·소득 분포 현황, 가입자의 종합소득 분포 현황 및 다른 법령과의 관계 등을 고려하여 보건복지부장관이 고용노동부장관과 협의하여 고시하는 기준을 말한다.(2016.11.29 본항신설)
(2020.7.1 본조제목개정)
(2012.6.29 본조신설)

제73조의3【사업장가입자에 대한 연금보험료의 지원수준 및 지원방법 등】 ① 법 제100조의3제2항에 따른 연금보험료의 지원수준은 보건복지부장관이 사용자와 근로자가 각각 부담하는 연금보험료의 범위에서 근로자의 소득수준 및 가입이력 등을 고려하여 고용노동부장관과 협의하여 고시한다.(2017.12.19 본항개정)

② 제1항에 따른 연금보험료 지원을 받으려는 경우에는 사용자는 보건복지부령으로 정하는 바에 따라 공단에 연금보험료 지원을 신청하여야 한다.

③ 제2항에 따른 신청을 받은 공단은 사용자가 연금보험료를 법 제89조에 따른 납부 기한 내에 납부하였는지를 매월 확인한 후 해당 월의 연금보험료를 지원한다. 이 경우 지원 기간은 지원신청일이 속하는 달부터 해당 연도의 마지막 달까지로 한다.

④ 사업장이 매년 말 현재 연금보험료를 지원받고 있고 해당 연도의 월평균 근로자 수가 10명 미만인 경우에는 다음 연도 1월 1일에 제2항에 따른 연금보험료 지원을 신청한 것으로 보아 다음 연도의 연금보험료를 계속 지원할 수 있다. 이 경우 해당 사업장에 제73조의2제2항 각 호의 어느 하나에 해당하는 근로자가 있으면 그 기간(같은 항 제2호의 경우에는 연금보험료 납부의 예외 기간을 말한다) 동안에는 해당 근로자를 뺀 수를 해당 사업장의 근로자 수로 보아 월평균 근로자 수를 산정한다.

⑤ 제73조의2제3항에 따라 연금보험료의 지원이 중단된 경우에는 해당 연도의 마지막 달까지는 제2항에 따른 신청을 하지 못한다.(2017.12.19 본항개정)

⑥ 제1항부터 제5항까지에서 규정한 사항 외에 연금보험료의 지원신청 및 결과통지 등에 필요한 사항은 보건복지부령으로 정한다.
(2020.7.1 본조제목개정)
(2012.6.29 본조신설)

제73조의4【지역가입자에 대한 연금보험료의 지원을 위한 재산 및 소득 기준】 ① 법 제100조의4제1항제2호에 따른 재산은 「지방세법」 제105조에 따른 토지, 건축물, 주택, 항공기 및 선박으로 한다.

② 법 제100조의4제1항제2호에서 "대통령령으로 정하는 기준"이란 물가상승률, 경제성장률 등 국내외 경제상황, 국민의 재산·소득 분포 현황, 가입자의 종합소득 분포 현황 및 다른 법령과의 관계 등을 고려하여 보건복지부장관이 고시하는 기준을 말한다.
(2020.7.1 본조신설)

제73조의5【지역가입자에 대한 연금보험료의 지원수준 및 지원방법 등】 ① 법 제100조의4제1항에 따른 연금보험료의 지원수준은 지역가입자가 부담하는 연금보험료의 범위에서 보건복지부장관이 정하여 고시한다.

② 법 제100조의4제1항에 따른 연금보험료의 지원을 받으려는 지역가입자는 보건복지부령으로 정하는 바에 따라 공단에 연금보험료의 지원을 신청해야 한다.

③ 제2항에 따른 신청을 받은 공단은 법 제100조의4제1항에 따라 연금보험료를 지원하려는 경우에는 지역가입자에게 법 제88조제4항에 따라 지역가입자 본인이 부담하는 금액에서 법 제100조의4제1항에 따라 지원받을 금액을 뺀 해당 월의 연금보험료를 납부하도록 고지해야 한다.

④ 공단은 지역가입자가 제3항에 따라 고지받은 연금보험료를 납부한 사실을 확인한 후 해당 월의 연금보험료를 지원한다.

⑤ 제1항부터 제4항까지의 규정에서 정한 사항 외에 지역가입자에 대한 연금보험료의 지원에 필요한 사항은 보건복지부령으로 정한다.
(2020.7.1 본조신설)

제73조의6【연금보험료 지원금의 환수】 ① 공단은 법 제100조의5에 따라 연금보험료의 지원을 받은 사람이 다음 각 호의 어느 하나에 해당하는 경우에는 해당 호에 따른 금액을 환수한다.(2020.7.1 본문개정)
1. 지원신청 당시 지원요건을 갖추지 못하였음에도 거짓이나 그 밖의 부정한 방법으로 신청하여 지원받은 경우 : 지원받은 금액 전부
2. 제73조의2제3항에 따른 연금보험료 지원 중단 사유가 발생하였음에도 계속 지원받았음이 확인된 경우 : 그 사유가 발생한 날이 속하는 달의 다음 달 이후부터 지원받은 금액(2017.12.19 본호개정)
3. 지원대상 근로자(해당 연도에 사업장가입자 자격을 새로 취득한 근로자에 한정한다)의 다음 연도의 기준소득월액이 제73조의2제4항에 따라 고시한 소득상한액의 1천분의 1천100을 초과한 경우 : 해당 근로자가 지원받은 금액 전부(2017.12.19 본호개정)
4. 그 밖에 사용자의 미신고 등의 사유로 지원대상이 아닌 자에게 지원되었음이 확인된 경우 : 잘못 지원된 금액

② 공단은 법 제100조의5에 따른 지원금의 환수 사유가 발생한 경우 사용자에게 보건복지부령으로 정하는 바에 따라 해당 사실을 통지한 후 환수할 금액을 고지·징수해야 한다. 이 경우 고지 절차에 관하여는 제41조제1항 및 제2항을 준용한다.(2020.7.1 전단개정)
(2012.6.29 본조신설)

제6장 국민연금기금

제74조【기금의 운용사업 등】 ① 법 제102조제2항제1호에 따른 금융기관은 다음 각 호와 같다.
1. 「은행법」에 따른 은행, 「한국산업은행법」에 따른 한국산업은행 및 「중소기업은행법」에 따른 중소기업은행(2010.11.15 본호개정)
2. 「자본시장과 금융투자업에 관한 법률」에 따른 투자매매업자·투자중개업자·신탁업자·집합투자업자·투자자문업자 및 종합금융회사(2008.7.29 본호개정)
3.~5. (2008.7.29 삭제)
6. 「보험업법」에 따른 보험회사
7. 체신관서(2008.5.27 본호신설)
8. 외국 법령에 따라 설립되어 외국에서 금융업을 경영하는 외국 금융회사(2020.7.1 본호신설)

② 법 제102조제2항제5호에 따른 사업을 실시하기 위하여 기금을 대여하는 경우 그 이자율은 운용위원회가 정한다.

③ 법 제102조제2항제7호에 따른 기금 증식사업은 다음 각 호와 같다.
1. 「벤처투자 촉진에 관한 법률」 제71조제1항에 따른 벤처투자와 벤처투자조합 또는 신기술사업투자조합에 대한 출자(2020.8.11 본호개정)
2. 「산업발전법」(법률 제9584호 산업발전법 전부개정법률로 개정되기 전의 것을 말한다) 제15조에 따라 등록된 기업구조조정조합 또는 「산업발전법」 제20조에 따른 기업구조개선 기관전용 사모집합투자기구에 대한 출자(2021.10.21 본호개정)
3. 「자본시장과 금융투자업에 관한 법률」 제5조제2항 및 제3항에 따른 장내파생상품과 장외파생상품의 거래(2008.7.29 본호개정)
4. 「외국환거래법」 제3조제1항제19호에 따른 자본거래(2019.12.31 본호개정)
5. 「자본시장과 금융투자업에 관한 법률」 제9조제18항에 따른 집합투자기구에 대한 투융자(2008.7.29 본호개정)
6. 「사회기반시설에 대한 민간투자법」 제2조제2호에 따른 사회기반시설사업에 대한 투융자
7. 부동산의 개발·취득·관리 등을 목적으로 하는 사업에 대한 투융자
8. 에너지 및 자원의 개발사업에 대한 투융자
9. 항공기 및 선박의 취득, 기업의 인수 등을 목적으로 하는 회사 또는 사업에 대한 투융자
10. 외국의 관계 법령에 따라 적법하게 설치되거나 시행되고 있는 제1호부터 제9호까지의 규정에 해당하는 투융자
11. 법 제102조제3항 단서에 따른 5년 만기 국채 수익률 이상의 수익이 기대되는 사업으로서 운용위원회가 기금의 증식을 위하여 필요하다고 인정하는 사업

④ 법 제102조제3항 단서에 따른 5년 만기 국채 수익률은 「자본시장과 금융투자업에 관한 법률」 제166조에 따른 증권시장 외에서 매매되는 다음 각 호의 채권의 유통 수익률 중 높은 수익률로 한다.(2008.7.29 본문개정)
1. 「주택도시기금법 시행령」 제5조제1항제1호에 따른 제1종국민주택채권(2015.6.30 본호개정)
2. 「국채법」 제3조에 따른 국채(2009.4.30 본호개정)

제75조【기금의 회계처리】 법 제102조제5항에 따른 기금의 회계처리는 「국가회계법」에 따라 계산하여 정리하여야 한다.(2015.12.22 본조개정)

제76조【기금의 관리·운용에 관한 업무 위탁 등】 보건복지부장관은 법 제102조제6항에 따라 다음 각 호의 업무를 공단에 위탁한다.(2015.6.30 본문개정)
1. 법 제102조제2항에 따른 기금의 관리·운용
2. 법 제102조제5항에 따른 기금의 회계처리(2015.12.22 본호개정)
3. 법 제102조제2항제6호에 따라 공단이 취득한 재산의 임대 등 기금의 관리·운용에 관하여 보건복지부장관이 정하는 업무(2010.3.15 본호개정)

제76조의2【출연금의 산정 기준 및 용도 등】 ① 법 제102조의2제1항에 따라 출연하는 출연금은 건강보험공단

이 「국민건강보험법」 제14조제1항제2호(보험료와 그에 따른 징수금의 징수업무에 한정한다) 및 제10호에 따라 수행하는 전체 징수업무 중에서 연금보험료와 그에 따른 징수금의 징수업무(이하 "징수위탁업무"라 한다)가 차지하는 비율을 기준으로 보건복지부장관이 산정한다. 이 경우 징수위탁업무가 차지하는 비율은 보건복지부장관이 고용노동부장관과 협의하여 정한다.(2013.8.6 전단개정)
② 건강보험공단은 제1항의 기준에 따라 산정한 출연금 요구서에 사업운영계획서 등 증빙서류를 첨부하여 매년 5월 31일까지 보건복지부장관에게 제출하여야 한다.
③ 보건복지부장관은 출연금이 확정된 때에는 건강보험공단에 통보하여야 한다.
④ 건강보험공단은 출연금을 다음 각 호의 용도로만 사용하여야 한다.
1. 징수위탁업무를 수행하는 데에 필요한 인건비, 운영경비 및 사업비
2. 징수위탁업무의 수행에 필요한 시설(기자재를 포함한다)의 구입 및 임차 비용
3. 그 밖에 징수위탁업무를 수행하는 데에 수반되는 경비
⑤ 보건복지부장관은 건강보험공단이 출연금을 제4항의 용도 외로 사용한 경우에는 그에 해당하는 금액을 회수하여야 한다.
⑥ 건강보험공단은 매 분기(分期)의 다음 달 10일까지 그 분기의 출연금 집행실적을 보건복지부장관에게 보고하여야 한다.
(2010.8.17 본조신설)

제76조의3【추가 출연】 ① 건강보험공단은 제76조의2 제3항에 따른 출연금이 연금보험료 등의 징수에 드는 비용보다 부족한 경우에는 보건복지부장관에게 추가 출연을 요청할 수 있다.
② 보건복지부장관은 건강보험공단이 제1항에 따라 요청한 금액을 검토하여 타당성이 인정되는 경우 추가 출연할 수 있다.
(2010.8.17 본조신설)

제77조【운용위원회의 위원장 등의 직무】 ① 운용위원회의 위원장은 운용위원회를 대표하며, 위원회의 사무를 총괄한다.
② 위원장이 부득이한 사유로 직무를 수행할 수 없을 때에는 공익을 대표하는 위원 중에서 위원장이 미리 지정하는 자가 그 직무를 대행한다.

제77조의2【운용위원회 위원의 해촉】 보건복지부장관은 법 제103조제2항 각 호에 따른 위원이 다음 각 호의 어느 하나에 해당하는 경우에는 해당 위원을 해촉할 수 있다.
1. 심신장애로 인하여 직무를 수행할 수 없게 된 경우
2. 직무와 관련된 비위사실이 있는 경우
3. 직무태만, 품위손상이나 그 밖의 사유로 인하여 위원으로 적합하지 아니하다고 인정되는 경우
4. 위원 스스로 직무를 수행하는 것이 곤란하다고 의사를 밝히는 경우
(2016.11.29 본조신설)

제78조【운용위원회의 회의 등】 ① 운용위원회의 위원장은 법 제103조제5항에 따른 회의 외에 재적 위원 3분의 1 이상의 요구가 있는 경우나 위원장이 필요하다고 인정하는 경우에 운용위원회의 회의를 소집할 수 있다.
② 운용위원회에 간사 1명을 두되, 간사는 보건복지부 소속 공무원 중에서 위원장이 지명한다.(2010.3.15 본항개정)
③ 운용위원회의 위원장은 운용위원회 활동을 보고서로 작성하여 매년 공개해야 한다.(2020.1.29 본항개정)
④ 제1항부터 제3항까지에서 규정한 사항 외에 운용위원회의 회의, 보고서의 작성·공개 등에 필요한 사항은 운용위원회의 의결을 거쳐 위원장이 정한다.(2020.1.29 본항신설)

제79조【운용위원회위원의 수당】 운용위원회의 회의에 출석한 위원에게는 예산의 범위에서 수당을 지급할 수 있다. 다만, 공무원인 위원이 그 소관 업무와 직접적으로 관련되어 출석하는 경우에는 그러하지 아니하다.

제80조【국민연금기금운용실무평가위원회】 ① 법 제104조에 따른 국민연금기금운용실무평가위원회(이하 "실무평가위원회"라 한다)의 위원장은 실무평가위원회를 대표하고, 그 사무를 총괄한다.
② 실무평가위원회의 부위원장은 위원장을 보좌하고, 위원장이 부득이한 사유로 직무를 수행할 수 없을 때에는 그 직무를 대행한다.
③ 실무평가위원회에 간사 1명을 두되, 간사는 보건복지부 소속 공무원 중에서 위원장이 지명한다.(2010.3.15 본항개정)
④ 실무평가위원회의 회의에 출석한 위원에게는 예산의 범위에서 수당을 지급할 수 있다. 다만, 공무원인 위원이 그 소관 업무와 직접적으로 관련되어 출석하는 경우에는 그러하지 아니하다.
⑤ 실무평가위원회의 운영에 관하여 제1항부터 제4항까지에 규정된 것 외에 필요한 사항은 운용위원회의 의결을 거쳐 운용위원회의 위원장이 정한다.

제80조의2【실무평가위원회 위원의 해촉】 위원장은 법 제104조제2항 각 호에 따른 위원이 다음 각 호의 어느 하나에 해당하는 경우에는 해당 위원을 해촉할 수 있다.
1. 심신장애로 인하여 직무를 수행할 수 없게 된 경우
2. 직무와 관련된 비위사실이 있는 경우
3. 직무태만, 품위손상이나 그 밖의 사유로 인하여 위원으로 적합하지 아니하다고 인정되는 경우
4. 위원 스스로 직무를 수행하는 것이 곤란하다고 의사를 밝히는 경우
(2016.11.29 본조신설)

제80조의3【국민연금기금운용전문위원회의 설치 및 구성】 ① 법 제103조의3제1항에 따른 국민연금기금운용전문위원회(이하 "전문위원회"라 한다)는 위원장 1명을 포함하여 9명의 위원으로 구성하고, 전문위원회의 위원장은 제2항제1호의 위원 중에서 호선(互選)한다.
(2021.11.30 본항개정)
② 전문위원회의 위원은 다음 각 호의 사람이 된다. 이 경우 제1호의 위원은 상근(常勤)인 위원으로서 공동으로 각 전문위원회의 위원이 된다.
1. 금융, 경제, 자산운용, 법률 또는 연금제도 분야의 업무에 5년 이상 종사하고 있거나 종사했던 사람(이하 "관계 전문가"라 한다)으로서 법 제103조제2항제1호부터 제3호까지의 규정에 따른 단체가 각각 복수로 추천하는 사람 중에서 운용위원회의 위원장이 위촉하는 사람 3명
(2023.7.18 본호개정)
2. 법 제103조제2항제1호부터 제3호까지의 규정에 따른 운용위원회의 위원 중에서 운용위원회의 위원장이 위촉하는 사람 3명(법 제103조의3제1항제2호의 국민연금기금수탁자책임전문위원회의 경우는 제외한다)
3. 관계 전문가 중에서 운용위원회의 위원장이 위촉하는 사람 3명(법 제103조의3제1항제2호의 국민연금기금수탁자책임전문위원회의 경우는 6명으로 한다)
(2021.11.30 2호~3호개정)
③ 제2항제1호 및 제3호의 위원의 임기는 3년으로 하며, 한 차례만 연임할 수 있다.(2023.7.18 본항개정)
④ (2023.7.18 삭제)
⑤ 전문위원회의 위원장이 부득이한 사유로 직무를 수행할 수 없을 때에는 제2항제1호의 위원 중에서 전문위원회의 위원장이 미리 지명한 위원이 그 직무를 대행한다.
(2021.11.30 본항개정)
⑥ 제1항부터 제5항까지에서 규정한 사항 외에 전문위원회의 구성에 필요한 사항은 운용위원회의 의결을 거쳐 운용위원회의 위원장이 정한다.(2021.11.30 본항개정)
(2020.1.29 본조신설)

제80조의4【전문위원회의 운영】 ① 전문위원회의 위원장은 전문위원회의 회의를 소집하고, 그 의장이 된다.
② 전문위원회의 위원장은 매달 전문위원회의 회의를 소집한다.
③ 전문위원회의 회의는 재적위원 과반수의 출석으로 개의하고, 출석위원 과반수의 찬성으로 의결한다.
④ 전문위원회의 위원장은 전문위원회의 검토·심의 결과를 실무평가위원회와 운용위원회에 보고해야 한다.
⑤ 전문위원회의 회의에 출석한 위원에게는 예산의 범위에서 보수, 수당 및 여비 등을 지급할 수 있다.
⑥ 제1항부터 제5항까지에서 규정한 사항 외에 전문위원회의 운영에 필요한 사항은 운용위원회의 의결을 거쳐 운용위원회의 위원장이 정한다.
(2020.1.29 본조신설)

제81조【기금운용지침】 ① 보건복지부장관은 다음 연도의 국민연금기금운용지침안(이하 "기금운용지침안"이라 한다)을 작성하여 4월 말일까지 운용위원회에 제출하여야 한다.(2010.3.15 본항개정)
② 운용위원회는 기금운용지침안을 5월 말일까지 심의·의결하여야 한다.

제82조【기금 계정의 설치 등】 ① 보건복지부장관은 기금의 수입과 지출을 명확하게 하기 위하여 한국은행에 국민연금기금 계정을 설치하여야 한다.
② 공단은 제76조에 따라 위탁받은 기금의 외국환거래를 효율적으로 수행하기 위하여 「국고금 관리법」 제12조제1항 단서에 따른 금고은행에 외국통화의 출납이 가능한 예금계좌를 개설할 수 있다.(2020.1.29 본항개정)
(2013.6.28 본조제목개정)
(2010.3.15 본조개정)

제83조【연금보험료 등의 기금에의 납입 등】 ① 공단 및 건강보험공단은 징수한 연금보험료 등의 총액을 일별로 국민연금기금 계정에 내야 한다.
② 공단 및 건강보험공단은 전월분 연금보험료 등의 총액과 미수된 금액 등의 징수 현황을 매월 말일까지 보건복지부장관에게 문서로 각각 보고하여야 한다.
(2010.8.17 본조개정)

제84조【기금의 월별 운용】 보건복지부장관은 조성된 기금을 법 제107조제1항에 따른 기금 운용계획에 따라 원칙적으로 월별로 관리·운용하여야 한다.(2010.3.15 본조개정)

제85조【기금의 회계기관 등】 ① 보건복지부장관은 기금의 출납 업무를 담당하게 하기 위하여 보건복지부 소속 공무원 중에서 기금수입징수관, 기금재무관, 기금지출관 및 기금출납공무원을 임명한다. 이 경우 임명 사실을 감사원장과 한국은행총재에게 각각 통지하여야 한다.
(2010.3.15 전단개정)
② 기금수입징수관과 기금재무관은 기금의 관리·운용에 따르는 계약과 수입·지출의 원인이 되는 행위 및 기금 수입금의 징수·결정에 관한 업무를 담당하며, 기금지출관과 기금출납공무원은 기금의 관리·운용에 따르는 수입 및 지출 업무를 담당한다.
③ 공단은 제76조에 따라 위탁받은 기금의 관리·운용에 관한 업무를 처리하기 위하여 기금출납이사와 기금출납원을 두되, 기금출납이사는 법 제31조에 따른 기금이사가 되고, 기금출납원은 공단 직원 중에서 공단 이사장이 임명한 자가 된다. 이 경우 기금출납이사는 기금수입징수관 및 기금재무관의 업무를 수행하고, 기금출납원은 기금지출관 및 기금출납공무원의 업무를 수행한다.(2020.1.29 전단개정)
④ 공단 이사장은 제3항에 따라 기금출납이사와 기금출납원을 임명하면 그 사실을 보건복지부장관과 감사원장 및 한국은행총재에게 각각 통지하여야 한다.(2010.3.15 본항개정)
⑤ 기금의 지출원인행위 및 지출 등에 필요한 사항은 보건복지부령으로 정한다.(2010.3.15 본항개정)

제86조【기금 운용 결산 등】 ① 공단은 매 분기 말 현재의 법 제107조제3항에 따른 기금의 운용 결과를 다음 분기 첫째 달 20일까지 운용위원회에 제출하여야 한다.
② 공단은 매 회계연도가 끝난 후 2개월 이내에 「주식회사 등의 외부감사에 관한 법률」 제2조제7호에 따른 감사인의 감사보고서를 덧붙인 연간 기금 운용 결과를 보건복지부장관에게 제출하여야 한다.(2018.10.30 본항개정)

제87조【기금 운용 내용 등의 공시】 운용위원회의 위원장은 법 제107조제4항에 따라 매년 기금의 운용 내용 및 사용 내용을 「신문 등의 진흥에 관한 법률」 제9조제1항에 따라 전국을 보급지역으로 등록한 일반일간신문 1개 이상 및 경제 분야 특수일간신문 1개 이상에 각각 공시하거나 관보, 인터넷 홈페이지 또는 방송 등을 통하여 공시해야 한다. 이 경우 운용위원회 위원장은 법 제104조제6항에 따라 실무평가위원회가 제출한 기금의 운용에 관한 평가 결과를 함께 공시해야 한다.(2020.11.24 본조개정)

제7장 심사청구 및 재심사청구

제88조【심사청구의 방식】 ① 법 제108조에 따른 심사청구는 다음의 사항을 적은 문서(「전자정부법」 제2조제7호에 따른 전자문서를 포함한다)로 하되, 청구인이 기명날인(전자서명을 포함한다)하여야 한다.(2010.8.17 본문개정)
1. 청구인의 성명, 주소 및 주민등록번호(외국인인 경우에는 외국인등록번호를 말한다. 이하 같다)(2011.12.8 본호개정)
2. 처분을 받은 자의 성명, 주소 및 주민등록번호
3. 심사청구의 대상이 되는 처분의 내용
4. 처분이 있은 것을 안 날
5. 심사청구의 취지 및 이유
6. 심사청구의 연월일
7. 청구인이 처분을 받은 자가 아닌 경우 처분을 받은 자와의 관계
8. 첨부 서류의 표시
② 청구인 및 처분을 받은 자가 가입자 또는 가입자였던 자가 아닌 경우에는 해당 가입자 또는 가입자였던 자의 성명, 주소 및 주민등록번호를 적어야 한다.
③ 청구인의 대리인이 심사청구를 한 경우에는 그 대리인임을 증명하는 위임장을 덧붙여야 한다.

제89조【심사위원회의 구성】 ① 법 제109조제1항에 따른 국민연금심사위원회(이하 "심사위원회"라 한다)는 위원장 1명을 포함한 26명 이내의 위원으로 구성한다.
(2011.12.8 본항개정)
② 위원은 다음 각 호에 해당하는 자 중에서 공단 이사장이 임명하거나 위촉한다.
1. 공단의 실장급 이상의 임직원
2. 사용자단체가 추천하는 자
3. 근로자단체가 추천하는 자
4. 지역가입자를 대표하는 단체가 추천하는 자
5. 법률이나 의료 또는 사회보험 분야에 관한 학식과 경험이 있는 사람으로서 다음 각 목에 해당하는 사람
가. 변호사 자격 또는 의사 자격을 취득한 후 5년 이상 실무에 종사한 사람
나. 「고등교육법」 제2조에 따른 학교에서 사회보험 관련 학과의 조교수 이상으로 재직한 사람
다. 박사학위를 취득한 후 사회보험 관련 분야에서 5년 이상 근무한 사람
라. 사회보험 관련 분야에서 10년 이상 근무한 사람
(2011.12.8 본호개정)

제90조【심사위원회의 위원장】 ① 심사위원회의 위원장은 공단의 상임이사 중 공단 이사장이 임명하는 자로 한다.
② 위원장이 부득이한 사유로 직무를 수행할 수 없을 때에는 위원장이 지명하는 위원이 그 직무를 대행한다.

제91조【심사위원회 위원의 임기】 심사위원회 위원의 임기는 2년으로 하며, 2차례만 연임할 수 있다. 다만, 공단의 임직원인 위원의 임기는 그 직위의 재임기간으로 한다. (2011.12.8 본문개정)

제92조【심사위원회의 회의】 ① 심사위원회의 회의는 위원장과 위원장이 회의마다 지정하는 7명의 위원으로 구성한다. 이 경우 회의를 구성하는 위원에는 제89조제2항제2호부터 제4호까지에 해당하는 위원이 각 1명 이상, 같은 항 제5호에 해당하는 위원이 3명 이상 포함되어야 한다.(2011.12.8 본항개정)

② 심사위원회의 위원장은 회의를 소집하고, 의장이 된다.

③ 심사위원회의 회의는 구성원 과반수의 출석으로 시작하고 출석 위원 과반수의 찬성으로 의결한다.

제93조【간사】 ① 심사위원회에 간사 1명을 둔다.

② 간사는 공단 이사장이 공단의 직원 중에서 임명한다.

③ 간사는 위원장의 명을 받아 심사위원회의 사무를 처리한다.

제94조【수당】 심사위원회의 회의에 출석한 공단의 임직원이 아닌 위원에게는 수당을 지급할 수 있다.

제95조【보정】 ① 심사위원회는 심사청구가 적법하지 아니하나 보충하여 바로잡을 수 있다고 인정되면 적절한 기간을 정하여 그 보정을 요구하여야 한다. 다만, 보충하여 바로잡을 사항이 경미한 경우에는 직권으로 바로잡을 수 있다.

② 제1항의 보정은 서면으로 하여야 하며, 보충하여 바로잡으면 처음부터 적법한 심사청구가 있는 것으로 본다.

제96조【증거 제출】 청구인은 심사청구에 대한 결정이 있기 전까지 심사위원회에 문서, 장부, 물건, 그 밖의 증거자료를 제출할 수 있으며 심사위원회에 출석하여 의견을 진술할 수 있다.

제97조【감정 의뢰】 심사위원회는 심사를 위하여 필요하다고 인정하면 청구인의 신청이나 직권으로 특별한 학식과 경험이 있는 자에게 감정을 의뢰할 수 있다.

제98조【심사청구의 취하】 청구인은 결정이 있기 전까지는 언제든지 심사청구를 문서로 취하할 수 있다.

제99조【결정】 ① 공단은 심사청구가 적법하지 아니한 경우에는 그 심사청구를 각하하는 결정을 한다.

② 공단은 심사청구가 이유 없다고 인정한 경우에는 그 심사청구를 기각하는 결정을 한다.

③ 공단은 심사청구가 이유 있다고 인정한 경우에는 처분을 취소하거나 변경하는 결정을 한다.

④ 공단은 제1항부터 제3항까지의 규정에 따른 결정을 하면 지체 없이 청구인에게 결정서의 정본을 보내야 한다.

제100조【결정기간】 ① 공단은 심사청구를 받은 날부터 60일 이내에 결정을 하여야 한다. 다만, 부득이한 사정이 있는 경우에는 위원장이 직권으로 30일을 연장할 수 있다.

② 제1항 단서에 따라 결정기간을 연장하면 결정기간이 끝나기 7일 전까지 청구인에게 이를 알려야 한다.

③ 제95조에 따른 보정기간은 제1항에 따른 결정기간에 산입하지 아니한다.

제101조【결정의 방식】 결정서에는 다음 각 호의 사항을 적고 공단 이사장이 기명날인하여야 한다.

1. 청구인의 성명과 주소
2. 처분을 받은 자의 성명과 주소
3. 결정의 주문(主文)
4. 심사청구의 취지
5. 결정의 이유
6. 결정의 연월일

제102조【심사위원회의 운영 규정】 제88조부터 제101조까지에서 규정한 사항 외에 심사위원회의 구성·운영 및 심사 등에 필요한 사항은 공단의 규정으로 정한다. (2011.12.8 본조개정)

제102조의2【징수심사위원회의 구성·운영 및 심사 등】 ① 법 제109조제1항에 따른 징수심사위원회(이하 "징수심사위원회"라 한다)는 위원장 1명을 포함한 25명의 위원으로 구성한다.

② 징수심사위원회의 위원장은 건강보험공단의 상임이사 중에서 건강보험공단의 이사장이 임명하고, 위원은 다음 각 호에 해당하는 사람 중에서 건강보험공단의 이사장이 임명 또는 위촉한다.

1. 건강보험공단의 직원 1명
2. 사용자단체 및 근로자단체가 각각 4명씩 추천하는 8명
3. 시민단체, 소비자단체, 농어업인단체 및 지역가입자를 대표하는 단체가 각각 2명씩 추천하는 8명
4. 변호사, 사회보험 및 의료에 관한 학식과 경험이 풍부한 사람 7명

③ 제2항에 따라 위촉된 위원의 임기는 3년으로 한다.

④ 징수심사위원회의 운영에 관하여는 「국민건강보험법 시행령」 제55조를 준용한다. 이 경우 "이의신청위원회"는 "징수심사위원회"로 본다.(2012.8.31 본항개정)

⑤ 징수심사위원회의 심사에 관하여는 제95조부터 제101조까지의 규정을 준용한다. 이 경우 "심사위원회"는 "징수심사위원회"로, "공단"은 "건강보험공단"으로 본다.

⑥ 제1항부터 제5항까지에서 규정한 사항 외에 징수심사위원회의 구성·운영 및 심사 등에 필요한 사항은 징수심사위원회의 의결을 거쳐 건강보험공단의 규정으로 정한다. (2010.8.17 본조신설)

제103조【재심사청구의 방식】 법 제110조에 따라 심사청구에 대한 결정에 불복하는 자가 재심사청구를 하는 경우에는 「행정심판법」 제28조제2항에 따라 포함되어야 하는 사항을 준용하는 외에 다음의 사항을 적어야 한다. (2010.7.26 본문개정)

1. 재심사청구를 하는 자와 처분을 받은 자가 다른 경우에는 처분을 받은 자의 성명, 주소 및 주민등록번호
2. 재심사청구를 하는 자 및 처분을 받은 자가 가입자 또는 가입자였던 자가 아닌 경우에는 해당 가입자 또는 가입자였던 자의 성명, 주소 및 주민등록번호

제104조【재심사위원회의 구성 등】 ① 법 제111조제1항에 따른 국민연금재심사위원회(이하 "재심사위원회"라 한다)는 위원장 1명을 포함한 20명 이내의 위원으로 구성한다.(2013.8.6 본항개정)

② 위원은 다음 각 호의 어느 하나에 해당하는 자 중에서 보건복지부장관이 임명하거나 위촉하는 자로 한다. (2010.3.15 본문개정)

1. 보건복지부 소속 3급 또는 4급 공무원이나 고위공무원단에 속하는 일반직 공무원(2010.3.15 본호개정)
2. 판사나 검사 또는 변호사의 자격이 있는 자
3. 「고등교육법」 제2조에 따른 대학에서 부교수 이상의 직에 재직하고 있는 자
4. 사회보험 또는 의료에 관한 학식과 경험이 있는 자 중에서 보건복지부장관이 자격이 있다고 인정하는 자 (2010.3.15 본호개정)

제105조【재심사위원회의 위원장】 ① 재심사위원회의 위원장은 보건복지부 연금정책국장으로 한다.(2019.6.11 본항개정)

② 위원장에게 사고가 있으면 위원장이 지명하는 위원이 그 직무를 대행한다.

제105조의2【재심사위원회 위원의 해임 및 해촉】 보건복지부장관은 제104조제2항 각 호에 따른 위원이 다음 각 호의 어느 하나에 해당하는 경우에는 해당 위원을 해임하거나 해촉할 수 있다.

1. 심신장애로 인하여 직무를 수행할 수 없게 된 경우
2. 직무와 관련된 비위사실이 있는 경우
3. 직무태만, 품위손상이나 그 밖의 사유로 인하여 위원으로 적합하지 아니하다고 인정되는 경우
4. 위원 스스로 직무를 수행하는 것이 곤란하다고 의사를 밝히는 경우

(2016.11.29 본조신설)

제106조【재심사위원회의 회의】 ① 재심사위원회의 회의는 위원장과 위원장이 회의마다 지정하는 6명의 위원으로 구성한다.(2013.8.13 본항신설)

② 재심사위원회의 위원장은 회의를 소집하고 의장이 된다.

③ 재심사위원회의 회의는 재적 위원 과반수의 출석으로 시작하고 출석 위원 과반수의 찬성으로 의결한다.

제107조【간사】 ① 재심사위원회에 간사 1명을 둔다.

② 간사는 보건복지부장관이 보건복지부 소속 공무원 중에서 임명한다.(2010.3.15 본항개정)

③ 간사는 위원장의 명을 받아 재심사위원회의 사무를 처리한다.

제108조【수당】 재심사위원회의 회의에 출석한 위원에게는 예산의 범위에서 수당을 지급할 수 있다. 다만, 공무원인 위원이 그 소관 업무와 직접적으로 관련되어 출석하는 경우에는 그러하지 아니하다.

제109조【재심사위원회 위원의 임기】 재심사위원회 위원의 임기에 관하여는 심사위원회 위원의 임기에 관한 제91조를 준용한다. 이 경우 "심사위원회"는 "재심사위원회"로 보고, "공단의 임직원"은 "공무원"으로 본다.

제109조의2【수급자에 대한 확인조사 범위 등】 ① 법 제122조의2제1항에 따라 공단은 수급자 중에서 수급권 변경 또는 소멸 확인이 필요한 사람을 대상으로 조사를 실시한다.

② 제1항에 따른 조사는 자료 확인, 현장 조사, 전화, 우편 또는 그 밖에 법 제122조의2제1항에 따른 연간조사계획에서 정한 방법으로 실시한다.

③ 법 제122조의2제3항에 따라 급여 지급을 중지하려는 경우에는 제56조를 준용한다. (2012.6.29 본조신설)

제8장 보 칙

제109조의3【자료의 요청】 ① 법 제123조제1항 전단에서 "대통령령으로 정하는 기관·법인·단체"란 별표2의2 제1호에 따른 기관·법인·단체를 말한다.

② 법 제123조제1항 전단에서 "대통령령으로 정하는 자료"란 별표2의2 제2호에 따른 자료를 말한다.

③ 법 제123조제2항 전단에서 "대통령령으로 정하는 기관·법인·단체"란 별표2의3 제1호에 따른 기관·법인·단체를 말한다.

④ 법 제123조제2항 전단에서 "대통령령으로 정하는 자료"란 별표2의3 제2호에 따른 자료를 말한다.

⑤ 법 제123조제1항 및 제2항에 따라 자료의 제공을 요청받은 기관·법인·단체는 제2항 및 제4항에 따른 자료가 디스켓, 자기테이프, 마이크로필름, 광디스크 등 전산기록장치 또는 전산프로그램을 이용하여 저장되어 있는 경우에는 해당 형태로 자료를 제공할 수 있다. (2016.11.29 본조개정)

제110조【소득축소·탈루자료의 통보 절차】 ① 공단은 법 제125조제1항에 따라 사용자나 가입자가 신고한 소득이 제1호부터 제3호까지의 규정에 해당하는 경우로서 소득의 축소나 탈루가 있다고 인정되는 경우에는 보건복지부장관에게 보고하고 해당 자료를 국세청장에게 보내야 한다.(2010.3.15 본문개정)

1. 국세청장에게 신고한 소득과 뚜렷한 차이가 있는 경우
2. 해당 업종별·직종별 평균 소득 등보다 뚜렷하게 낮은 경우
3. 임금 대장이나 그 밖에 소득 관련 서류 또는 장부 등의 내용과 다른 경우

② 공단은 법 제125조제2항에 따라 국세청장으로부터 소득에 관한 사항을 통보받으면 그 결과를 해당 가입자의 소득에 반영하여야 한다.

제111조【당연 적용에서 제외되는 외국인】 법 제126조제1항에 따라 당연히 사업장가입자나 지역가입자가 되는 외국인에서 제외되는 자는 다음 각 호와 같다.

1. 「출입국관리법」 제25조에 따라 체류기간연장허가를 받지 아니하고 체류하는 자
2. 「출입국관리법」 제31조에 따른 외국인등록을 하지 아니하거나 같은 법 제59조제2항에 따라 강제퇴거명령서가 발급된 자
3. 「출입국관리법 시행령」 별표1부터 별표1의3까지에 따른 외국인의 체류자격이 있는 자로서 보건복지부령으로 정하는 자(2018.9.18 본호개정)

제112조【외국인에 대한 통지】 공단은 법 제126조제1항에 따라 당연히 사업장가입자나 지역가입자가 되는 외국인에게는 그 외국인의 본국 법이 대한민국 국민에 대하여 법에 따른 국민연금에 상응하는 연금에 관한 법률을 적용하는 경우에는 당연히 국민연금가입자가 된다는 사실과 법에 따른 반환일시금에 상응하는 급여를 지급하지 아니하는 경우에는 반환일시금을 지급하지 아니한다는 사실을 통지하여야 한다.

제113조 (2015.6.30 삭제)

제113조의2【민감정보 및 고유식별정보의 처리】 ① 보건복지부장관 및 공단(제1호의 경우에는 제25조의6에 따라 공단의 업무를 위탁받은 직업안정기관을 포함한다)은 다음 각 호의 사무를 수행하기 위하여 불가피한 경우 「개인정보 보호법」 제23조제1항에 따른 건강에 관한 정보, 같은 법 시행령 제18조제2호에 따른 범죄경력자료에 해당하는 정보, 같은 영 제19조제1호부터 제4호까지의 규정에 따른 주민등록번호, 여권번호, 운전면허의 면허번호 또는 외국인등록번호가 포함된 자료를 처리할 수 있다. (2021.6.29 본문개정)

1. 법 제19조의2에 따른 실업에 대한 가입기간 추가 산입 신청의 접수·처리 등에 관한 사무(2016.11.29 본호신설)

1의2. 법 제25조에 따른 업무에 관한 사무

2. 법 제57조 및 제57조의2에 따른 급여의 환수 및 환수금의 고지·독촉·체납처분 등에 관한 사무(2012.6.29 본호개정)
3. 법 제95조제4항에 따른 연금보험료 등의 체납처분 승인에 관한 사무

3의2. 법 제100조의3부터 제100조의5까지의 규정에 따른 연금보험료 지원 및 환수에 관한 사무(2020.7.1 본호개정)

4. 법 제108조에 따른 심사청구에 관한 사무
5. 법 제110조 및 제112조에 따른 재심사청구 및 재결에 관한 사무

5의2. 법 제114조에 따른 손해배상청구권 대위에 관한 사무(2015.6.30 본호신설)

6. 법 제122조 및 제123조에 따른 조사·질문 및 자료의 요청 등에 관한 사무
7. 법 제125조에 따른 소득 축소·탈루 자료의 통보 등에 관한 사무

② 건강보험공단(제4호의 경우에는 법 제95조제6항에 따라 건강보험공단의 업무를 대행하는 한국자산관리공사를 포함한다)은 다음 각 호의 사무를 수행하기 위하여 불가피한 경우 제1항 각 호 외의 부분에 따른 개인정보가 포함된 자료를 처리할 수 있다.(2019.6.11 본문개정)

1. 법 제17조제3항에 따른 체납 사실 통지 등에 관한 사무
2. 법 제88조제2항에 따른 연금보험료의 징수에 관한 사무
3. 법 제88조의2 및 제89조에 따른 연금보험료의 납입 고지 및 납부 기한 연장 등에 관한 사무
4. 법 제95조에 따른 연금보험료 등의 독촉 및 체납처분에 관한 사무
5. 법 제97조에 따른 연체금의 징수에 관한 사무
6. 법 제100조제2항에 따른 과오납금의 지급 등에 관한 사무
7. 법 제108조에 따른 심사청구에 관한 사무
8. 법 제118조제2항에 따른 연금보험료의 납부, 징수권 소멸 사항 등의 기록·보관 및 제공에 관한 사무

③ 법 제47조에 따라 공단으로부터 업무를 위탁받은 자는 제33조에 따른 위탁 사무를 수행하기 위하여 불가피한

경우 「개인정보 보호법 시행령」 제19조제1호, 제2호 또는 제4호에 따른 주민등록번호, 여권번호 또는 외국인등록번호가 포함된 자료를 처리할 수 있다.
④ 법 제123조제1항 및 제2항에 따라 보건복지부장관 및 공단으로부터 자료 제공을 요청받은 국가, 지방자치단체, 그 밖의 공공단체 등은 그 자료제공을 위하여 불가피한 경우 제1항 각 호 외의 부분에 따른 개인정보가 포함된 자료를 처리할 수 있다.(2016.11.29 본항개정)
(2012.1.6 본조신설)
제114조【과태료의 부과기준】 법 제131조에 따른 과태료의 부과기준은 별표3과 같다.(2011.4.22 본조신설)

부 칙

제1조【시행일】 이 영은 공포한 날부터 시행한다. 다만, 제3조부터 제10조까지, 제20조, 제25조, 제36조, 제43조, 제44조, 제50조, 제52조제4항, 제53조, 제61조제5항과 제6항, 제62조제2항 및 제63조의 개정규정은 2008년 1월 1일부터 시행한다.
제2조【농어업인에 대한 연금보험료 보조 금액】 법률 제8541호 국민연금법 전부개정법률 부칙 제7조에 따른 연금보험료 지원 금액은 다음 각 호에 정하는 금액으로 한다.
1. 농어업인인 가입자의 소득월액이 보건복지부장관이 농림축산식품부장관과 협의하여 매년 초에 정하여 고시하는 금액(이하 이 조에서 "기준소득금액"이라 한다) 이하인 경우 : 본인이 낼 연금보험료의 2분의 1에 해당하는 금액(2013.3.23 본호개정)
2. 농어업인인 가입자의 소득월액이 기준소득금액을 초과하는 경우 : 기준소득액에 대한 연금보험료의 2분의 1에 해당하는 금액

제3조【부당이득환수금 징수 제외에 대한 적용례】 제43조의 개정규정은 이 영 시행 당시 징수되지 아니한 부당이득환수금분부터 적용한다.
제4조【반납금의 납부 기한에 대한 적용례】 제52조제4항의 개정규정은 이 영 시행 당시 반납금 납부 신청을 하여 납부 기한까지 납부하지 아니한 반납금분부터 적용한다.
제5조【추납보험료의 납부 신청 등에 대한 적용례】 제62조제2항의 개정 규정은 이 영 시행 당시 추납보험료 납부 신청을 하여 납부 기한까지 납부하지 아니한 추납보험료분부터 적용한다.
제6조【사업장임의계속가입자에 관한 경과조치】 이 영 시행 당시 종전의 규정에 따른 사업장임의계속가입자는 제3조제1항 각 호 외의 부분의 개정규정에도 불구하고 사업장임의계속가입자로 본다.
제7조【기준소득월액에 관한 경과조치】 ① 제5조의 개정규정에도 불구하고 1988년 1월 1일부터 1995년 3월 31일까지의 가입 기간에 대한 기준소득월액은 대통령령 제12227호 국민복지연금법시행령개정령 별표1에 따른 등급별표준보수월액을 적용하고, 1995년 4월 1일부터 2007년 12월 31일까지의 가입 기간에 대한 기준소득월액은 대통령령 제14565호 국민연금법시행령중개정령 별표1에 따른 등급별표준소득월액을 적용한다.
② 제5조의 개정규정에 따라 기준소득월액이 결정되기 전까지는 종전의 규정에 따른 등급별 표준소득월액을 이 영에 따른 기준소득월액으로 본다.
제8조【납부 예외자에 관한 경과조치】 이 영 시행 당시 종전의 규정에 따라 행방불명된 자로서 납부 예외된 자는 제20조 및 제61조제5항의 개정규정에도 불구하고 이 영에 따라 납부 예외된 것으로 본다.
제9조【표준보수월액 및 표준소득월액 결정에 관한 경과조치】 ① 대통령령 제12227호 국민복지연금법시행령개정령에 따라 공단은 1988년 1월부터 같은 해 3월까지의 기간에 적용할 사업장가입자의 표준보수월액을 결정할 때 같은 영 제6조에도 불구하고 같은 영 부칙 제2조에 따른 신고일을 기준으로 그 신고일 전 3개월간(보수지급의 기초로 된 일수가 20일 미만인 월이 있을 때에는 그 월은 제외한다)에 받은 보수 총액을 그 해당 기간의 개월 수로 나누어서 얻은 금액을 보수월액으로 하여 표준보수월액을 결정한다. 다만, 종전의 「의료보험법」의 피보험자인 사업장가입자의 경우에는 같은 영 부칙 제2조에 따른 신고일 현재 적용받고 있는 종전의 「의료보험법」에 따른 표준보수월액을 같은 기간에 적용할 표준보수월액으로 할 수 있다.
② 대통령령 제12227호 국민복지연금법시행령개정령에 따라 공단은 1988년 1월부터 1989년 3월까지의 기간에 적용할 지역가입자의 표준소득월액을 결정할 때에는 같은 영 제10조에도 불구하고 제1항에 따른 표준보수월액을 기준으로 중위수에 해당하는 자의 표준보수월액에 해당하는 금액으로 한다.
제10조【반환일시금의 적용이자율에 관한 경과조치】 법률 제3902호 국민복지연금법개정법률 제67조제2항제2호에 따른 지역가입자, 임의가입자 및 임의계속가입자의 반환일시금에 적용하는 이자율은 대통령령 제12227호 국민복지연금법시행령개정령 제44조제2항에도 불구하고 1988년부터 1992년까지는 다음 각 호에 따른다.
1. 계속가입기간 중의 연금보험료 중 2분의 1에 해당하는 금액은 해당 계산기간 중에 적용되었던 3년 만기 일반근로자의 재산형성저축이자율
2. 계속가입기간 중의 연금보험료 중 2분의 1에 해당하는 금액은 해당 계산기간 중에 적용되었던 1년 만기 정기예금 이자율

제11조【국외근로자의 표준보수월액 적용에 관한 경과조치】 대통령령 제12695호 국민연금법시행령중개정령 제3조제4호 단서에 해당하는 근로자의 표준보수월액은 같은 영 시행 후 1개월 이내에 결정하여야 하며 그 결정된 표준보수월액은 같은 영 제11조에도 불구하고 그 결정된 날이 속하는 달부터 적용한다.
제12조【표준보수월액 결정에 관한 경과조치】 대통령령 제13449호 국민연금법시행령중개정령에 따라 공단은 상시 5명 이상 9명 이하의 근로자를 사용하는 사업장에서 1992년 1월부터 같은 해 3월까지의 기간에 적용할 사업장가입자의 표준보수월액을 결정할 때에는 같은 영 제6조에도 불구하고 같은 영 부칙 제2항에 따른 신고일을 기준으로 그 신고일 전 3개월간(보수지급의 기초로 된 일수가 20일 미만인 달이 있을 때에는 그 달은 제외한다)에 받은 보수총액을 그 해당 기간의 개월 수로 나누어서 얻은 금액을 보수월액으로 하여 표준보수월액을 결정한다. 다만, 종전의 「의료보험법」의 피보험자인 사업장가입자는 같은 영 부칙 제2항에 따른 신고일 현재 적용받고 있는 종전의 「의료보험법」에 따른 표준보수월액을 그 기간에 적용할 표준보수월액으로 할 수 있다.
제13조【소득의 범위에 관한 경과조치】 대통령령 제14565호 국민연금법 시행령중개정령 제3조제1항제4호나목 중 "소득세법 시행령 제16조제1항제1호"는 1995년 12월 31일까지 "소득세법시행령 제12조제1항제2호"로 본다.
제14조【등급별 표준소득월액에 관한 경과조치】 공단은 1995년 4월 1일 전에 가입자 자격을 취득한 자로서 대통령령 제14565호 국민연금법 시행령중개정령으로 개정되기 전의 제6조 단서 및 제7조에 따라 표준보수월액이 결정된 자와 같은 영으로 개정되기 전의 제10조에 따라 표준소득월액이 결정된 자의 경우에는 같은 영 부칙 제2조의 표에 따라 표준보수월액 또는 표준소득월액을 결정하되 가입자 자격 취득 시의 보수월액을 같은 영 부칙 제2조의 표에 따른 보수월액으로 본다.
제15조【반환일시금의 산정에 관한 경과조치】 대통령령 제14565호 국민연금법시행령중개정령 제44조에 따라 반환일시금을 셈하여 정할 때 1995년 2월 1일 전의 계산기간과 이자율에 대하여는 같은 영으로 개정되기 전의 규정을 적용한다.
제16조【연체금 등에 관한 경과조치】 대통령령 제14565호 국민연금법시행령중개정령의 시행 당시 납부 기한이 경과된 연금보험료에 대한 연체금 등의 징수는 같은 영으로 개정되기 전의 규정에 따른다.
제17조【기금 수익률에 관한 경과조치】 대통령령 제14565호 국민연금법시행령중개정령의 시행 당시 제4909호 국민연금법중개정법률 제83조제2항제5호에 따라 실시 중인 가입자 및 수급권자의 복지 증진 사업 중 직장 및 민간 보육 시설 설치 지원 사업의 지원 자금 대여 이자율은 같은 영 제52조에 따른 국민연금기금운용위원회에서 정한 것으로 본다.
제18조【반환일시금에 가산할 이자의 계산 기간에 관한 특례】 법률 제5623호 국민연금법중개정법률 부칙(법률 제6286호 국민연금법중개정법률에 따라 개정된 내용을 포함하며, 이하 이 조에서 "법 부칙"이라 한다) 제16조에 따른 반환일시금을 지급받는 자에게 가산할 이자를 계산·지급함에 있어서 그 이자의 계산 기간은 대통령령 제16082호 국민연금법시행령중개정령 제44조제3항에도 불구하고 가입자 자격을 상실한 날이 속하는 달의 다음 달부터 급여청구일이 속하는 달까지로 한다. 다만, 법 부칙 제16조제3항에 따라 반환일시금을 지급받는 자로서 같은 규정의 시행일인 2000년 12월 23일 이전에 사업장가입자나 지역가입자의 자격을 상실한 자에 대한 가산 이자의 계산 기간은 자격상실일이 속하는 달의 다음 달부터 2000년 12월까지로 한다.
제19조【생계를 유지하고 있던 자의 대상자별 인정 기준에 대한 적용례】 대통령령 제16082호 국민연금법시행령중개정령 제36조·제37조의2·제43조의2 및 제45조의2에 따른 생계를 유지하고 있던 자의 대상자별 인정 기준은 같은 영 시행 후 최초로 지급 사유가 발생하는 자와 같은 영 시행일인 1999년 1월 1일 당시 종전의 규정에 따라 부양가족연금이나 유족연금을 지급받고 있는 자로서 수급권의 변경 사유가 발생하는 자부터 각각 적용한다.
제20조【신규 가입자의 표준소득월액에 관한 특례 등】 ① 대통령령 제16219호 국민연금법시행령중개정령의 시행일인 1999년 4월 1일 당시 법률 제5623호 국민연금법중개정법률 제10조에 따라 지역가입자의 자격을 취득한 자(이하 이 조에서 "신규 가입자"라 한다)에 대한 표준소득월액은 같은 법 부칙 제2조에 따라 해당 신규 가입자나 대리인이 신고하는 전년도의 제3조제2항의 개정규정에 따른 소득으로 공단이 결정한다.
② 공단은 신규 가입자에 대한 표준소득월액의 결정 시기와 그 연금보험료의 납부 시기를 보건복지부장관의 승인을 받아 1년의 범위에서 따로 정할 수 있다.
③ 신규 가입자로서 공단이 결정한 표준소득월액에 대하여 이의가 있는 자는 공단에 표준소득월액의 조정을 신청할 수 있다.
제21조【반환일시금의 이자율 등에 관한 경과조치】 대통령령 제16219호 국민연금법시행령중개정령의 시행 전의 가입 기간에 해당하는 분의 연금보험료에 대한 반환일시금을 셈하여 정할 때 그 이자 및 이자율은 같은 영 제44조에도 불구하고 같은 영으로 개정되기 전의 규정에 따른다.
제22조【소득이 있는 업무에 종사하지 아니하는 경우의 범위】 ① 법률 제5623호 국민연금법중개정법률 부칙 제16조에 따른 소득이 있는 업무에 종사하지 아니하는 범위는 대통령령 제16219호 국민연금법시행령중개정령 제3조에 따른 소득이 없거나 같은 영 제49조에 따른 연금보험료의 납부예외 요건에 해당하는 경우로 한다.
② 법률 제6027호 국민연금법중개정법률 부칙 제3조에 따른 소득이 있는 업무에 종사하지 아니하는 경우의 범위는 대통령령 제16567호 국민연금법시행령중개정령 제3조에 따른 소득이 없거나 같은 영 제49조에 따른 연금보험료의 납부예외 요건에 해당하는 경우로 한다.
제23조【국민연금 가입 대상에서 제외되는 자에 관한 경과조치】 ① 대통령령 제17013호 국민연금법시행령중개정령의 시행 당시 같은 영 제18조의2제1호에 따라 가입대상에서 제외되는 가입자는 같은 규정에도 불구하고 종전의 규정에 따른 가입자로 본다.
② 제1항에 따른 가입자는 보건복지부령으로 정하는 바에 따라 공단에 신고하고 탈퇴할 수 있다.
제24조【수급권자 등에 의하여 생계를 유지하고 있던 자의 인정 기준에 관한 경과조치】 대통령령 제17013호 국민연금법시행령중개정령의 시행 당시 종전의 규정에 따라 수급권자 등에 의하여 생계를 유지하고 있던 자에 대한 유족연금의 지급은 같은 영 별표2에도 불구하고 같은 영으로 개정되기 전의 규정에 따른다.
제25조【연도별 재평가율 산정기준에 관한 특례】 ① 대통령령 제17188호 국민연금법시행령중개정령 제34조제1호에 따른 금액을 셈하여 정할 때 법률 제6286호 국민연금법중개정법률 부칙 제6조제2항이 적용된 연도의 경우에는 같은 영 제34조제2호에 따른 금액을 셈하여 정할 때에도 같은 법 부칙 제6조제2항을 적용한다.
② 대통령령 제17188호 국민연금법시행령중개정령 제34조제2호를 적용할 때 1988년도의 금액은 해당 연도의 평균소득월액으로 하고, 1989년도의 금액은 해당 연도의 평균소득월액과 종전의 「통계법」 제3조에 따라 통계청장이 고시한 1988년도와 대비한 1989년도의 전국소비자물가변동률에 따라 환산한 1988년도의 평균소득월액을 합산하여 2로 나눈 금액으로 한다.
제26조【당연적용사업장에 대한 적용례】 대통령령 제18027호 국민연금법시행령중개정령 제19조제1항제1호 및 제2호는 다음 각 호의 구분에 따른 날부터 적용한다.
1. 법인인 사업장 또는 종전의 「통계법」 제17조에 따른 한국표준산업분류 중 의약품 및 의료용품 소매업(약국에만 해당한다), 부동산감정업, 변호사업(공증인업을 포함한다), 변리사업, 법무사업, 공인회계사업, 세무사업(관세사업을 포함한다), 건축설계 및 관련서비스업(건축사업만 해당한다), 병·의원, 수의업에 해당하는 사업장이나 그 밖에 이와 유사한 사업장으로서 보건복지부령으로 정하는 사업장 : 2003년 7월 1일
2. 제1호에 해당하지 아니하는 사업장으로서 같은 영 시행일인 2003년 7월 1일 당시 국민건강보험 또는 고용보험에 가입한 사업장 : 2004년 7월 1일
3. 제1호 및 제2호에 해당하지 아니하는 사업장 : 2006년 1월 1일

제27조【소득이 있는 업무에 대한 적용례】 대통령령 제19391호 국민연금법시행령 일부개정령 제39조는 같은 영 시행 후 최초로 지급되는 연금액 분부터 적용한다.
제28조【장애정도 판정기준에 대한 적용례】 대통령령 제19391호 국민연금법시행령 일부개정령 제41조제4항 및 같은 영 별표3은 같은 규정 시행 후 최초로 장애정도의 심사를 청구하는 것부터 적용한다.
제29조【연체금에 대한 적용례】 대통령령 제19391호 국민연금법시행령 일부개정령 제51조제1항 및 제2항은 같은 규정 시행 후 최초로 납부 기한(법률 제6268호 국민연금법중개정법률 제76조제5항에 따라 납부 기한을 연장한 경우에는 그 기한)이 도래하는 연체금분부터 적용한다.
제30조【수급권자 또는 가입자 등에 의한 생계유지자의 대상자별 인정기준에 대한 적용례】 대통령령 제19391호 국민연금법시행령 일부개정령 별표2는 다음 각 호의 어느 하나에 해당하는 자에 대하여 같은 영 시행 후 최초로 지급되는 급여액분부터 적용한다.
1. 같은 영 시행 이후 최초로 급여의 지급사유가 발생하는 자
2. 같은 영 시행 당시 종전의 규정에 따라 부양가족연금을 지급받지 못한 자로서 같은 영 별표2에 따라 급여의 지급대상이 되는 자

3. 같은 영 시행 당시 종전의 규정에 따라 유족연금을 지급받고 있는 경우로서 같은 영 별표2에 따라 수급권의 변경 사유가 발생하는 자

제31조【다른 법령과의 관계】 이 영 시행 당시 다른 법령에서 종전의 「국민연금법 시행령」의 규정을 인용한 경우에 이 영 중 그에 해당하는 규정이 있으면 종전의 규정을 갈음하여 이 영의 해당 규정을 인용한 것으로 본다.

부 칙 (2016.1.29)

제1조【시행일】 이 영은 공포한 날부터 시행한다.

제2조【연금보험료의 지원수준에 관한 적용례】 제73조의3제1항의 개정규정은 이 영 시행 이후 연금보험료를 지원하는 분부터 적용한다.

제3조【연금보험료의 지원에 관한 특례】 ① 이 영 시행 전에 종전의 제73조의2제2항에 따라 연금보험료의 지원이 중단된 사업장이 이 영 시행일이 속하는 달의 직전 3개월 동안 제73조의2제2항의 개정규정에 따른 연금보험료 지원의 중단사유에 해당하지 아니하면 해당 사업장에 대해서도 이 영 시행 이후의 연금보험료 지원분부터 지원한다.

② 2015년도 말 당시 연금보험료를 지원받고 있는 사업장으로서 제73조의3제4항의 개정규정에 따라 2015년도의 월평균 근로자 수가 새로이 10명 미만이 되는 경우에는 2016년도 1월 1일에 같은 조 제2항에 따라 연금보험료 지원을 신청한 것으로 본다.

부 칙 (2016.11.29 영27635호)

제1조【시행일】 이 영은 2016년 11월 30일부터 시행한다.

제2조【추납보험료의 납부 신청 등에 관한 적용례】 제62조제2항 및 제3항의 개정규정은 이 영 시행 이후 법 제92조제1항에 따라 연금보험료의 추후 납부를 신청하는 경우부터 적용한다.

제3조【연체금의 징수 예외에 관한 적용례】 제71조제4호의 개정규정은 이 영 시행 이후 연금보험료를 체납하는 경우부터 적용한다.

부 칙 (2018.6.19)

제1조【시행일】 이 영은 2018년 6월 20일부터 시행한다.

제2조【자녀에 대한 유족연금의 지급 인정기준에 관한 적용례】 별표1 제3호가목의 개정규정은 이 영 시행 이후에 사망한 법 제72조제1항 각 호에 해당하는 사람의 자녀부터 적용한다.

제3조【부양가족연금액의 지급 인정기준에 관한 경과조치】 이 영 시행 당시 종전의 별표1 제1호의 인정기준(이하 "종전의 인정기준"이라 한다)에 해당하여 부양가족연금액을 받고 있는 수급권자는 종전의 인정기준에 해당하지 아니하여 부양가족연금액의 지급 대상에서 제외되기 전까지는 별표1 제1호의 개정규정에도 불구하고 종전의 인정기준에 따른다.

부 칙 (2018.7.31)

제1조【시행일】 이 영은 2018년 8월 1일부터 시행한다.

제2조【근로자에 포함되는 사람에 관한 경과조치】 이 영 시행 전에 발주자가 수급인과 계약을 체결하였거나 입찰 공고를 시작한 공사의 사업장에서 사용되는 사람은 제2조제1호가목의 개정규정에도 불구하고 2020년 7월 31일까지는 종전의 규정에 따른다.

부 칙 (2019.1.22)

제1조【시행일】 이 영은 공포한 날부터 시행한다.

제2조【기준소득월액에 관한 특례】 제5조제1항제1호의 개정규정에도 불구하고 2019년 7월부터 2020년 6월까지를 적용기간으로 하는 기준소득월액의 하한액과 상한액은 다음 각 호에 따른다.

1. 하한액 : 가목을 나목으로 나눈 값(소수점 이하 넷째자리에서 반올림한다)에 직전 적용기간의 기준소득월액 하한액을 곱한 금액. 이 경우 만원 미만은 반올림한다.
   가. 법 제51조제1항제1호에 따라 산정하여 제37조의 개정규정에 따라 2019년 1월부터 12월까지 적용하는 금액
   나. 법 제51조제1항제1호에 따라 산정하여 제37조에 따라 2018년 4월부터 12월까지 적용하는 금액
2. 상한액 : 제1호가목을 같은 호 나목으로 나눈 값(소수점 이하 넷째자리에서 반올림한다)에 직전 적용기간의 기준소득월액 상한액을 곱한 금액. 이 경우 만원 미만은 반올림한다.

부 칙 (2019.6.11 영29813호)

제1조【시행일】 이 영은 2019년 8월 1일부터 시행한다. (이하 생략)

부 칙 (2019.6.11 영29831호)

이 영은 2019년 6월 12일부터 시행한다. 다만, 제46조의2 및 제105조제1항의 개정규정은 공포한 날부터 시행하고, 별표2의3의 개정규정은 2019년 7월 1일부터 시행한다.

부 칙 (2019.7.2)

이 영은 공포한 날부터 시행한다.(이하 생략)

부 칙 (2019.12.31)

제1조【시행일】 이 영은 공포한 날부터 시행한다. 다만, 제3조제1항제2호의 개정규정은 2020년 1월 1일부터 시행하고, 제57조제3항의 개정규정은 2020년 7월 1일부터 시행한다.

제2조【기여금의 개별 납부에 관한 적용례】 제24조제1항의 개정규정은 이 영 시행 당시 해당 연금보험료의 월별 납부 기한부터 10년이 경과하지 않은 경우에 대해서도 적용한다.

부 칙 (2020.1.29)

제1조【시행일】 이 영은 공포한 날부터 시행한다.

제2조【운용위원회의 회의 등에 관한 적용례】 제78조제3항 및 제4항의 개정규정은 2020년도의 운용위원회 활동을 보고서로 작성하는 경우부터 적용한다.

부 칙 (2020.6.9)

제1조【시행일】 이 영은 2020년 6월 11일부터 시행한다. (이하 생략)

부 칙 (2020.7.1)

제1조【시행일】 이 영은 2020년 7월 1일부터 시행한다.

제2조【근로자에 포함되는 단시간근로자에 관한 적용례】 제2조제4호의 개정규정은 이 영 시행 이후 새로 임용되거나 고용되는 경우(재임용되거나 재고용되는 경우를 포함한다)부터 적용한다.

부 칙 (2020.8.11)

제1조【시행일】 이 영은 2020년 8월 12일부터 시행한다. (이하 생략)

부 칙 (2020.11.24)

제1조【시행일】 이 영은 공포한 날부터 시행한다.

제2조【공고 등의 방법에 관한 일반적 적용례】 이 영은 이 영 시행 이후 실시하는 공고, 공표, 공시 또는 고시부터 적용한다.

부 칙 (2021.4.6)

제1조【시행일】 이 영은 2021년 4월 6일부터 시행한다. (이하 생략)

부 칙 (2021.6.29)

제1조【시행일】 이 영은 2021년 6월 30일부터 시행한다. 다만, 제2조의 개정규정은 2022년 1월 1일부터 시행한다.

제2조【근로자에 포함되는 일용근로자 등의 소득기준에 관한 적용례】 제2조제1호 및 같은 조 제4호라목의 개정규정은 부칙 제1조 단서에 따른 시행일 이후 발생하는 소득분부터 적용한다.

제3조【손자녀·조부모에 대한 유족연금의 지급 인정기준에 관한 경과조치】 이 영 시행 전에 법 제72조제1항 각 호의 어느 하나에 해당하는 사람이 사망하여 유족연금 지급사유가 발생한 경우에 유족연금의 지급 인정기준에 관하여는 별표1 제3호다목·라목의 개정규정에도 불구하고 종전의 규정에 따른다.

부 칙 (2021.10.21)

제1조【시행일】 이 영은 2021년 10월 21일부터 시행한다. (이하 생략)

부 칙 (2021.11.30)

제1조【시행일】 이 영은 2021년 12월 9일부터 시행한다. 다만, 제45조제5항의 개정규정은 2022년 4월 1일부터 시행한다.

제2조【수급권자에 대한 정산차액 공제에 관한 적용례】 제45조제5항의 개정규정은 부칙 제1조 단서에 따른 시행일 전에 수급권자가 「소득세법」 제70조에 따른 종합소득과세표준 확정신고를 하여 부칙 제1조 단서에 따른 시행일 이후 정산차액을 공제하는 경우에도 적용한다.

부 칙 (2022.5.9)

제1조【시행일】 이 영은 2022년 8월 18일부터 시행한다. (이하 생략)

부 칙 (2022.6.21)

이 영은 2022년 6월 22일부터 시행한다. 다만, 별표2의2의 개정규정은 공포한 날부터 시행한다.

부 칙 (2023.1.10)

제1조【시행일】 이 영은 2023년 1월 12일부터 시행한다. (이하 생략)

부 칙 (2023.6.27)

제1조【시행일】 이 영은 2023년 7월 1일부터 시행한다. (이하 생략)

부 칙 (2023.7.18)

제1조【시행일】 이 영은 공포한 날부터 시행한다.

제2조【국민연금심의위원회 및 국민연금기금운용전문위원회 위원의 연임에 관한 적용례】 ① 제13조 및 제80조의3제3항의 개정규정에 따른 국민연금심의위원회 위원의 연임제한 및 국민연금기금운용전문위원회 위원의 연임제한은 이 영 시행 전에 위촉된 위원에 대해서도 적용한다.

② 제1항에 따라 제13조의 개정규정을 적용하는 경우에 이 영 시행 전에 최초로 위촉되어 임기 중에 있는 국민연금심의위원회 위원은 그 임기 만료 후 두 차례만 연임할 수 있고, 이 영 시행 전에 한 차례 연임되어 임기 중에 있는 국민연금심의위원회 위원은 그 임기 만료 후 한 차례만 연임할 수 있으며, 이 영 시행 전에 두 차례 이상 연임되어 임기 중에 있는 국민연금심의위원회 위원은 그 임기 만료 후에는 연임할 수 없다.

③ 제1항에 따라 제80조의3제3항의 개정규정을 적용하는 경우에 이 영 시행 전에 최초로 위촉되어 임기 중에 있는 국민연금기금운용전문위원회 위원은 그 임기 만료 후 한 차례만 연임할 수 있고, 이 영 시행 전에 한 차례 이상 연임되어 임기 중에 있는 국민연금기금운용전문위원회 위원은 그 임기 만료 후에는 연임할 수 없다.

부 칙 (2023.8.16)

이 영은 2023년 9월 14일부터 시행한다.

부 칙 (2024.1.23)

제1조【시행일】 이 영은 공포한 날부터 시행한다. 다만, 제25조의3제5항의 개정규정은 2024년 3월 1일부터 시행한다.

제2조【연금보험료 체납에 따른 자격 상실에 관한 적용례】 제21조 본문의 개정규정은 이 영 시행 당시 임의가입자와 임의계속가입자의 연금보험료 체납기간이 3개월 이하인 경우부터 적용한다.

[별표] ➡ 「法典 別冊」 참조

국민연금과 직역연금의 연계에 관한 법률(약칭 : 연금연계법)

(2009년 2월 6일 법 률 제9431호)

개정
2009.12.30법 9880호(별정우체국법)
2010. 1.18법 9932호(정부조직)
2011. 5.24법10707호(별정우체국법)
2015. 1.28법13099호 2015.12.29법13641호
2016. 5.29법14214호(국민연금법)
2018. 3.20법15523호(공무원연금)
2019.12.10법16760호(군인연금)
2021. 8.17법18412호

제1장 총 칙

제1조【목적】 이 법은 국민연금의 가입기간과 공무원연금, 사립학교교직원연금, 군인연금 및 별정우체국직원연금의 재직기간·복무기간을 연계하여 연계급여를 지급함으로써 국민의 노후생활 안정과 복지증진에 이바지함을 목적으로 한다.

제2조【정의】 ① 이 법에서 사용하는 용어의 뜻은 다음과 같다.
1. "직역연금(職域年金)"이란 다음 각 목의 것을 말한다.
 가. 「공무원연금법」에 따른 공무원연금
 나. 「사립학교교직원 연금법」에 따른 사립학교교직원연금
 다. 「군인연금법」에 따른 군인연금
 라. 「별정우체국법」에 따른 별정우체국직원연금
2. "직역연금법"이란 「공무원연금법」, 「사립학교교직원 연금법」, 「군인연금법」 및 「별정우체국법」을 말한다.
3. "연금법"이란 「국민연금법」 및 직역연금법을 말한다.
4. "연금가입자"란 「국민연금법」에 따른 가입자(이하 "국민연금가입자"라 한다)와 직역연금법에 따른 공무원, 사립학교교직원, 군인 및 별정우체국직원(이하 "직역연금가입자"라 한다)을 말한다.
5. "유족"이란 연계노령유족연금의 경우에는 「국민연금법」 제73조에 따른 유족을 말하고, 연계퇴직유족연금의 경우에는 각 직역연금법(직역연금법에 따라 합산한 경우에는 연금가입자가 맨 나중에 가입한 연금에 관한 직역연금법을 말한다)에 따른 유족을 말한다.
6. "국민연금가입기간"이란 「국민연금법」에 따른 가입기간 중 연계대상이 되는 제7조제1항제1호의 가입기간을 말한다.
7. "직역재직기간"이란 각 직역연금법에 따른 가입자의 재직기간 또는 복무기간(직역연금법에 따라 재직기간 간에 또는 재직기간과 복무기간 간에 합산된 경우에는 연금가입자가 맨 나중에 가입한 연금에 관한 직역연금법에 따른 재직기간 또는 복무기간을 말한다)을 말한다.
8. "연계"란 연계급여를 지급받을 목적으로 국민연금가입기간과 직역재직기간이나 직역재직기간과 직역재직기간을 더하는 것을 말한다.
9. "연계기간"이란 국민연금가입기간과 직역재직기간이나 직역재직기간과 직역재직기간을 더한 기간을 말한다.
10. "연계급여"란 연계를 통하여 연금가입자 또는 그 유족이 제11조·제12조·제14조 또는 제15조에 따라 지급받는 급여를 말한다.
11. "연계노령연금"이란 연계급여 중 「국민연금법」에 따른 가입기간 또는 국민연금가입기간에 대하여 지급하는 연금을 말한다.
12. "연계퇴직연금"이란 연계급여 중 직역재직기간에 대하여 지급하는 연금을 말한다.
13. "연계노령유족연금"이란 연계노령연금 수급권자의 사망으로 그 유족에 대하여 지급하는 연금을 말한다.
14. "연계퇴직유족연금"이란 연계퇴직연금 수급권자의 사망으로 그 유족에 대하여 지급하는 연금을 말한다.
15. "연금관리기관"이란 「국민연금법」에 따른 국민연금공단, 「공무원연금법」에 따른 공무원연금공단, 「사립학교교직원 연금법」에 따른 사립학교교직원연금공단, 국방부장관, 「별정우체국법」에 따른 별정우체국 연금관리단을 말한다.(2015.1.28 본호개정)

② 제1항에서 정한 사항 외에 이 법에서 사용하는 용어의 정의는 「국민연금법」 및 각 직역연금법에서 정하는 바에 따른다.

제3조【적용범위 등】 ① 이 법은 제8조에 따라 연계 신청을 한 자의 연계급여에 대하여 적용한다.
② 제8조에 따라 연계 신청을 한 자가 「국민연금법」에 따른 노령연금 수급권자이고 직역연금법에 따른 퇴직·퇴역연금 수급권자가 된 경우에는 각 연금법을 적용한다.(2015.12.29 본항개정)
③ 연계급여에 대하여 이 법에서 정하고 있거나 이 법을 따르도록 한 사항을 제외하고는 각 연금법에 따른다.

제2장 연금법과의 관계

제4조【「국민연금법」과의 관계】 ① 「국민연금법」 제77조제1항제1호에 따른 반환일시금 수급권자가 연계노령연금의 수급권자가 된 경우에는 같은 규정에도 불구하고 반환일시금을 지급하지 아니한다.
② 국민연금가입기간이 1년 미만인 국민연금가입자가 연계를 통하여 연계노령연금의 수급권자가 된 경우에는 제11조에도 불구하고 「국민연금법」 제77조에 따른 반환일시금을 지급한다.
③ 연계노령연금의 수급권자에 대하여는 「국민연금법」 제62조, 제63조의2 및 제64조제1항을 준용한다. 이 경우 "노령연금 수급권자"는 "연계노령연금의 수급권자"로, "연금액" 또는 "노령연금액"은 각각 "연계노령연금액"으로 본다.(2015.1.28 본항개정)

제5조【직역연금법과의 관계】 ① 「공무원연금법」 제51조제1항, 「사립학교교직원 연금법」 제42조제1항(「공무원연금법」 제51조제1항을 준용하는 경우만 해당한다), 「군인연금법」 제28조제1항 및 「별정우체국법」 제25조의2제7항에 따른 퇴직일시금 수급권자가 연계퇴직연금의 수급권자가 된 경우에는 직역연금법의 해당 규정에도 불구하고 퇴직일시금을 지급하지 아니한다.(2019.12.10 본항개정)
② 직역재직기간이 1년 미만인 직역연금가입자 또는 직역연금가입자였던 자가 연계를 통하여 연계퇴직연금의 수급권자가 된 경우에는 제12조에도 불구하고 제1항에 따른 각 직역연금법의 해당 규정에 따른 퇴직일시금을 지급한다.(2015.12.29 본항개정)
③ 연계퇴직연금 수급권자의 연계퇴직연금의 지급정지에 관하여는 각 직역연금법의 퇴직연금 또는 퇴역연금에 관한 「공무원연금법」 제50조, 「사립학교교직원 연금법」 제42조(「공무원연금법」 제50조를 준용하는 경우만 해당한다), 「군인연금법」 제27조 및 「별정우체국법」 제27조의2를 각각 준용한다. 이 경우 "퇴직연금" 또는 "퇴역연금"은 각각 "연계퇴직연금"으로, "공무원·군인 또는 사립학교교직원"은 "공무원·군인·사립학교교직원 또는 별정우체국직원"으로 본다.(2019.12.10 전단개정)
④ 직역재직기간이 1년 이상이고 직역연금법에 따른 퇴직·복무기간에 이르지 못한 직역연금가입자 또는 직역연금가입자였던 자가 연계를 통하여 연계퇴직연금의 수급권자가 된 후 사망한 경우 그 유족에게는 「공무원연금법」 제58조제1항, 「사립학교교직원 연금법」 제42조(「공무원연금법」 제58조제1항을 준용하는 경우만 해당한다), 「군인연금법」 제35조제1항 및 「별정우체국법」 제25조의3제3항에도 불구하고 각 해당 규정에 따른 유족일시금을 지급하지 아니한다.(2019.12.10 본항개정)
⑤ 직역연금법에 분할연금에 관한 규정이 있는 경우에는 연계퇴직연금의 수급권자에 대해서도 각 해당 규정을 준용한다. 이 경우 "퇴직연금(조기퇴직연금을 포함한다) 수급권자"는 "연계퇴직연금 수급권자"로, "연금액" 또는 "퇴직연금액(조기퇴직연금액을 포함한다)"은 각각 "연계퇴직연금액"으로 본다.(2015.12.29 본항신설)

제6조【각 기금과의 관계】 각 연금법에 따른 각 기금의 재원(財源)에는 제8조제2항에 따른 반납금을 포함하고, 각 기금의 운용에는 이 법에 따른 연계급여의 지급을 포함한다.(2015.1.28 본조개정)

제3장 연계대상 기간 및 연계 신청

제7조【연계대상 기간】 ① 연계대상 기간은 다음 각 호의 기간으로 한다.
1. 「국민연금법」에 따른 가입기간(다만, 같은 법 제13조·제18조 및 제19조에 따른 가입기간을 제외한다)
2. 「공무원연금법」 제25조에 따른 재직기간(2018.3.20 본호개정)
3. 「사립학교교직원 연금법」 제31조에 따른 재직기간
4. 「군인연금법」 제5조에 따른 복무기간(2019.12.10 본호개정)
5. 「별정우체국법」 제34조에 따른 재직기간

② 제1항에도 불구하고 연계기간을 산정할 때 제1항 각 호의 기간 중에 서로 중복되는 기간이 있는 경우에는 그 중복된 기간은 연계기간에서 제외된다. 다만, 연계노령연금액과 연계퇴직연금액을 산정할 때 중복하여 보험료를 납부한 경우에는 그 중복된 기간을 제11조제2호나목에 따른 국민연금가입기간과 제12조제2항 각 호에 따른 직역재직기간에 포함한다.(2015.1.28 단서개정)
③ 법률 제3684호 사립학교교원연금법중개정법률 부칙 제2조, 법률 제7536호 사립학교교직원연금법 일부개정법률 부칙 제3항 및 법률 제7889호 사립학교교직원 연금법 일부개정법률 부칙 제2항 및 제3항에 따라 이 법 시행 전에 가입기간을 「사립학교교직원 연금법」의 재직기간에 소급통산한 경우 해당 가입기간 중 중복되는 기간은 연계기간에서 제외한다.
④ 「별정우체국법」 제34조제2항에 따라 직역연금법에 따른 재직기간과 복무기간을 같은 법 제34조제1항에 따른 재직기간에 합산한 경우 그 합산된 기간 중 중복되는 기간은 연계기간에서 제외한다.

제8조【연계의 신청 등】 ① 국민연금가입기간과 직역재직기간을 연계하려는 연금가입자(연금가입자였던 자를 포함한다)는 다음 각 호의 어느 하나에 해당하면 보건복지부령으로 정하는 바에 따라 각 연금법에 따른 급여 수급권이 없어지기 전에 연금관리기관(본인이 가입하였던 연금을 관리하는 연금관리기관을 말한다)에 연계를 신청하여야 한다.(2015.12.29 본문개정)
1. 직역연금가입자가 된 때(「국민연금법」 제61조에 따른 급여를 지급받지 아니하거나 같은 법 제62조에 따른 연금지급의 연기를 하지 아니한 경우로 한정한다)
(2021.8.17 본호개정)
2. 직역연금가입자가 퇴직한 때(직역연금법에 따른 퇴직급여 또는 「군인연금법」 제7조제1호의 급여를 지급받지 아니한 경우에 한정된다)(2019.12.10 본호개정)

② 제1항에도 불구하고 직역연금가입자이었던 자가 직역연금법에 따른 퇴직급여 또는 「군인연금법」 제7조제1호의 급여를 지급받은 경우에는 지급받은 퇴직급여 또는 「군인연금법」 제7조제1호의 급여(연금인 급여는 제외한다)를 제1항의 연금관리기관에 반납하고 연계 신청을 할 수 있다.(2019.12.10 본항개정)
③ (2015.1.28 삭제)
④ 제1항에 따라 연계 신청을 한 자가 제2항에 따라 반납할 금액(이하 "반납금"이라 한다)의 전부 또는 일부를 6개월 이상 내지 아니한 경우에는 제1항에 따른 연계 신청을 취하한 것으로 본다. 이 경우 해당 연금관리기관은 반납금을 내지 아니한 사실과 연계 신청이 취하된다는 사실을 그 취하일 30일 전까지 신청인에게 알려야 한다.
(2015.1.28 전단개정)
⑤ 해당 연금관리기관은 제4항에 따라 연계 신청이 취하된 경우에는 납부된 반납금을 즉시 신청인에게 반환하여야 한다.
⑥ 반납금의 납부, 반납금의 반환 시 이자 등에 관하여 필요한 사항은 대통령령으로 정한다.

제8조의2【재직기간 합산 시 종전 연계의 취소】 ① 제8조제1항 또는 제2항에 따라 국민연금가입기간과 직역재직기간의 연계를 신청한 연금가입자(연금가입자였던 자를 포함한다)가 다시 직역연금에 가입하여 직역연금법에 따라 직역재직기간의 합산이 인정된 경우에는 종전의 국민연금가입기간과 직역재직기간의 연계는 취소된 것으로 본다.(2015.12.29 본항개정)
② 제1항에 따라 종전의 국민연금가입기간과 직역재직기간의 연계가 취소된 경우 반납금의 반환에 필요한 사항은 제8조제5항 및 제6항을 준용한다.
(2015.1.28 본조신설)

제8조의3【연계의 신청에 따른 시효 중단】 ① 제8조에 따른 연계의 신청은 연금법에 따른 급여를 받을 권리에 대하여 소멸시효 중단의 효력을 가진다.
② 제1항에 따라 중단된 시효는 제8조제4항에 따라 연계 신청이 취하된 것으로 보는 때 또는 제8조의2에 따라 연계가 취소된 것으로 보는 때부터 새로 진행한다.
(2021.8.17 본조신설)

제4장 연계급여

제9조【연계급여의 종류】 연계급여의 종류는 다음 각 호와 같다.
1. 연계노령연금
2. 연계퇴직연금
3. 연계노령유족연금
4. 연계퇴직유족연금

제10조【연계노령연금 및 연계퇴직연금의 수급권자】 ① 제8조에 따라 연계 신청을 한 자가 연계기간이 10년(「군인연금법」에 따른 복무기간을 연계기간으로 포함하여 계산하는 경우는 20년으로 한다) 이상이고 65세 이상이 되면 연계노령연금 수급권 및 연계퇴직연금 수급권이 생긴다.
② 제8조에 따라 연계 신청을 한 자가 65세를 넘어 「국민연금법」 제78조제1항에 따른 반납금을 내거나 같은 법 제92조제1항에 따른 추납보험료를 내어 제7조제1항제1호에 따른 기간이 늘어나 연계기간이 10년(「군인연금법」에 따른 복무기간을 연계기간으로 포함하여 계산하는 경우는 20년으로 한다)이 된 경우에는 제1항에도 불구하고 연계노령연금 및 연계퇴직연금을 지급한다.
(2021.8.17 본조개정)

제11조【연계노령연금액】 연계노령연금액은 다음과 같이 산정한 금액으로 한다.
1. 「국민연금법」에 따라 노령연금 수급권이 발생한 경우에는 같은 법에 따른 노령연금액을 연계노령연금액으로 한다.
2. 제1호에 해당하지 아니한 경우로서 국민연금가입기간이 10년 미만인 경우에는 가목에 따른 금액에 나목에 따른 비율을 곱한 금액으로 한다.
 가. 「국민연금법」에 따라 산정한 기본연금액
 나. 국민연금가입기간(「국민연금법」 제13조에 따른 임

의계속가입자로 가입한 기간을 포함하되, 1년 미만인 월수는 매 1개월을 12분의 1년으로 계산한다)을 20으로 나눈 비율(2015.1.28 본목개정)

제12조【연계퇴직연금액】 ① 직역연금법에 따라 퇴직연금 및 퇴역연금의 수급권이 발생한 경우에는 해당 직역연금법에 따른 퇴직연금액이나 퇴역연금액을 연계퇴직연금액으로 한다.

② 제1항에 해당하지 아니하는 경우에는 연계퇴직연금의 수급권이 발생할 당시의 해당 직역연금법에서 정하고 있는 퇴직·퇴역연금액의 산정방식에 수급권자의 직역재직기간을 반영하여 산정된 금액을 연계퇴직연금액으로 한다.(2015.12.29 본항개정)

③ 제1항 및 제2항에 따라 「군인연금법」에 따른 직역재직기간이 있는 사람에 대한 연계퇴직연금액을 산정할 때 「군인연금법」 제3조제1항제2호에 따른 급여의 사유가 발생한 날과 연계퇴직연금의 지급사유가 발생한 날이 다른 경우에는 「군인연금법」 제3조제1항제2호의 평균기준소득월액을 군인보수인상률 등을 고려하여 대통령령으로 정하는 바에 따라 연계퇴직연금의 지급사유가 발생한 날의 현재가치로 환산하여 산정한다.(2021.8.17 본항개정)

(2015.1.28 본조개정)

제13조【연계노령유족연금 및 연계퇴직유족연금의 수급권자】 제10조에 따른 연계노령연금 및 연계퇴직연금의 수급권자가 사망하면 그 유족에게 연계노령유족연금 수급권 및 연계퇴직유족연금 수급권이 생긴다.

제14조【연계노령유족연금액】 연계노령유족연금액은 다음과 같이 산정한 금액으로 한다.

1. 제11조제1호에 따른 연계노령연금 수급권자가 사망한 경우에는 「국민연금법」에 따른 유족연금액을 연계노령유족연금액으로 한다.
2. 제11조제2호에 따른 연계노령연금 수급권자가 사망한 경우에는 가목에 따른 금액에 나목에 따른 비율을 곱한 금액으로 한다.
   가. 국민연금가입기간(1년 미만인 월수는 매 1개월을 12분의 1년으로 계산한다)에 해당하는 「국민연금법」 제74조에 따른 유족연금액 중 같은 법에 따른 부양가족연금액을 제외한 금액
   나. 국민연금가입기간(「국민연금법」 제13조에 따른 임의계속가입자로 가입한 기간을 포함하되, 1년 미만인 월수는 매 1개월을 12분의 1년으로 계산한다)을 10으로 나눈 비율(2015.1.28 본목개정)

제15조【연계퇴직유족연금액】 연계퇴직유족연금액은 제12조에 따른 연계퇴직연금액에 연계퇴직유족연금의 수급권이 발생할 당시의 해당 직역연금법에서 정하고 있는 유족연금액의 산정비율을 곱한 금액으로 한다.

(2015.12.29 본조개정)

제5장 연계급여의 지급과 환수 등

제16조【연계급여의 청구 및 지급】 ① 이 법에 따른 연계급여를 지급받을 권리가 있는 자는 보건복지부령으로 정하는 바에 따라 연금관리기관(본인이 가입하였던 연금을 관리하는 연금관리기관을 말한다)에 해당 연계급여의 지급을 청구하여야 한다. 이 경우 그 연금관리기관은 해당 연계급여와 관련된 다른 연금관리기관에 그 청구 사실을 알려야 한다.(2010.1.18 전단개정)

② 제1항에 따라 청구 또는 통보받은 연금관리기관은 각 연금법에 따른 급여 수급권과 이 법에 따른 연계급여 수급권이 있는지 여부를 확인하여 관련 연계급여를 지급하여야 한다.

③ 연계급여는 다음 각 호의 어느 하나의 사유가 있은 날이 속하는 달의 다음 달부터 연계급여 수급권이 없어진 날이 속하는 달까지 지급한다.

1. 연계기간이 10년(「군인연금법」에 따른 복무기간을 연계기간으로 포함하여 계산하는 경우는 20년으로 한다) 이상인 자가 65세가 된 날(2021.8.17 본호개정)
2. 65세 이상인 자가 연계기간이 10년(「군인연금법」에 따른 복무기간을 연계기간으로 포함하여 계산하는 경우는 20년으로 한다)이 된 날(2021.8.17 본호개정)
3. 「국민연금법」 제78조제1항에 따른 반납금을 내거나 같은 법 제92조제1항에 따른 추납보험료를 내어 제1호 또는 제2호에 해당하게 된 날
4. 연계노령연금 수급권자 또는 연계퇴직연금 수급권자가 사망한 날

④ 제1항부터 제3항까지에서 규정한 사항 외에 연계급여의 청구 및 지급 등에 필요한 사항은 보건복지부령으로 정한다.(2010.1.18 본항개정)

제17조【사망 시 연계급여의 지급】 연계노령연금 또는 연계퇴직연금의 수급권자가 사망한 경우 그 수급권자에게 지급하여야 할 연계급여로서 아직 지급되지 아니한 것에 대해서는 연금법에서 정하는 바에 따른다.

(2015.1.28 본조개정)

제18조【중복급여의 조정】 ① 같은 연계급여 수급권자에게 이 법에 따른 둘 이상의 연계급여 수급권이 생기면 그 수급권자의 선택에 따라 다음 각 호의 구분에 따라 조정한다.

1. 연계노령연금 수급권 및 연계노령유족연금 수급권이 생긴 경우
   가. 연계노령연금 수급권을 선택한 경우에는 연계노령연금액은 지급하고 연계노령유족연금액은 그 연금액의 100분의 30을 지급한다.(2016.5.29 본목개정)
   나. 연계노령유족연금 수급권을 선택한 경우에는 연계노령유족연금액만을 지급한다.
2. 연계노령유족연금 수급권이 둘 이상 생긴 경우에는 선택한 연계노령유족연금액과 선택하지 아니한 연계노령유족연금액의 100분의 30을 지급한다.(2016.5.29 본호개정)
3. 연계퇴직연금 수급권 및 연계퇴직유족연금 수급권이 생긴 경우에는 연계퇴직연금액은 지급하고 연계퇴직유족연금액은 그 연금액의 2분의 1을 지급한다.

② 같은 연계급여 수급권자에게 이 법에 따른 연계급여 수급권과 각 연금법에 따른 급여 수급권이 함께 생기면 그 수급권자의 선택에 따라 다음 각 호의 구분에 따라 조정한다. 다만, 연계급여 수급권과 다음 각 호에 규정된 급여 수급권 외의 급여 수급권이 함께 생긴 경우에는 해당 급여 수급권의 지급은 각 연금법에 따른다.

1. 연계노령연금 수급권 및 「국민연금법」에 따른 유족연금 수급권이 생긴 경우
   가. 연계노령연금 수급권을 선택한 경우에는 연계노령연금액은 지급하고 유족연금액은 그 연금액의 100분의 30을 지급한다.(2016.5.29 본목개정)
   나. 「국민연금법」에 따른 유족연금 수급권을 선택한 경우에는 유족연금액만을 지급한다.
2. 연계퇴직연금 수급권 및 직역연금법에 따른 유족연금 수급권이 생긴 경우
   가. 연계퇴직연금 수급권을 선택한 경우에는 연계퇴직연금액은 지급하고 직역연금법에 따른 유족연금액은 그 연금액의 2분의 1을 지급한다.
   나. 직역연금법에 따른 유족연금 수급권을 선택한 경우에는 유족연금액만을 지급한다.
3. 연계노령유족연금 수급권 및 「국민연금법」에 따른 유족연금 수급권이 생긴 경우
   가. 연계노령유족연금 수급권을 선택한 경우에는 연계노령유족연금액은 지급하고 유족연금액은 그 연금액의 100분의 30을 지급한다.(2016.5.29 본목개정)
   나. 「국민연금법」에 따른 유족연금 수급권을 선택한 경우에는 유족연금액은 지급하고 연계노령유족연금액은 그 연금액의 100분의 30을 지급한다.(2016.5.29 본목개정)
4. 연계노령유족연금 수급권 및 「국민연금법」에 따른 노령연금 수급권이 생긴 경우
   가. 연계노령유족연금 수급권을 선택한 경우에는 연계노령유족연금액만을 지급한다.
   나. 「국민연금법」에 따른 노령연금 수급권을 선택한 경우에는 노령연금액은 지급하고 연계노령유족연금액은 그 연금액의 100분의 30을 지급한다.(2016.5.29 본목개정)
5. 연계노령연금 수급권 및 「국민연금법」에 따른 장애연금 수급권이 생긴 경우에는 선택한 해당 연금액만을 지급한다.
6. 연계노령유족연금 수급권 및 「국민연금법」에 따른 장애연금 수급권이 생긴 경우
   가. 연계노령유족연금 수급권을 선택한 경우에는 연계노령유족연금액만을 지급한다.
   나. 「국민연금법」에 따른 장애연금 수급권을 선택한 경우에는 장애연금액은 지급하고 연계노령유족연금액은 그 연금액의 100분의 30을 지급한다.(2016.5.29 본목개정)
7. 연계노령유족연금 수급권 및 「국민연금법」에 따른 반환일시금이 생긴 경우
   가. 연계노령유족연금 수급권을 선택한 경우에는 연계노령유족연금액은 지급하고 반환일시금은 「국민연금법」 제80조제2항에 상당하는 금액을 지급한다.
   나. 「국민연금법」에 따른 반환일시금을 선택한 경우에는 반환일시금만을 지급한다.

③ 같은 연계급여 수급권자에게 연계퇴직유족연금 수급권 및 각 직역연금법에 따른 퇴직연금·퇴역연금 수급권이 생긴 경우에는 각 직역연금법에 따른 퇴직연금·퇴역연금은 지급하고 연계퇴직유족연금은 그 연금액의 2분의 1을 지급한다.

④ 연계급여 수급권자가 제2항제2호에 따라 연계퇴직연금 또는 직역연금법에 따른 유족연금을 선택한 경우에는 연계급여 또는 급여가 지급된 후에는 그 선택을 바꿀 수 없다.

⑤ 제1항부터 제4항까지에서 규정한 사항 외에 연계급여 수급권자에게 이 법 또는 연금법에 따라 둘 이상의 급여 수급권이 생기는 경우 중복급여의 조정에 관하여는 각 연금법을 준용한다.

제19조【연계급여의 미발생 시 납부된 연금보험료 등의 처리】 ① 제8조에 따라 연계 신청을 한 자가 다음 각 호의 어느 하나에 해당하는 경우에는 각 연금법을 준용하여 반환일시금 또는 퇴직일시금을 지급한다. 다만, 「국민연금법」에 따른 노령연금 수급권이 발생하거나, 직역연금법에 따라 퇴직연금 또는 퇴역연금의 수급권이 발생한 경우에는 각 연금법에 따른다.(2015.12.29 본문개정)

1. 65세가 되었으나 연계기간이 10년(「군인연금법」에 따른 복무기간을 연계기간으로 포함하여 계산하는 경우는 20년으로 한다) 미만인 경우(다만, 65세가 된 연계신청자가 제10조제2항에 따라 반납금을 내거나 추납보험료를 내어 연계노령연금 및 연계퇴직연금을 지급받으려는 경우는 제외한다)
2. 연계기간이 10년(「군인연금법」에 따른 복무기간을 연계기간으로 포함하여 계산하는 경우는 20년으로 한다) 미만인 상태에서 국적을 상실하거나 국외로 이주한 경우

(2021.8.17 1호~2호개정)

② 제1항 각 호 외의 부분 본문에 따라 반환일시금 또는 퇴직일시금을 지급하는 경우에는 대통령령으로 정하는 이자를 더하여 지급하여야 한다.(2015.12.29 본항신설)

제19조의2【사망 시 납부된 연금보험료 등의 처리】 ① 제8조에 따라 연계신청을 한 자가 제10조제1항에 따른 연계급여의 수급 요건을 충족하지 못한 상태에서 사망한 경우에는 각 연금법에 따라 그 유족 등에게 지급해야 할 급여를 지급한다.

② 제1항에 따라 반환일시금 또는 퇴직일시금을 지급하는 경우에는 제19조제2항에 따른 이자를 더하여 지급하여야 한다.(2021.8.17 본항신설)

(2015.12.29 본조신설)

제20조【연계급여의 환수】 ① 연계급여 수급권자가 거짓이나 그 밖의 부정한 방법으로 연계급여를 받거나 수급권이 정지 또는 소멸된 연계급여를 받거나 그 밖에 과오급된 연계급여를 받은 때에는 그 연계급여를 지급한 해당 연금관리기관이 환수하여야 한다.

② 제1항에 따른 연계급여의 환수에 관한 사항은 각 연금법에 따른다.

제21조【연계급여 제한 등의 연금법 준용】 연계급여액의 조정, 연계급여의 지급 제한, 연계수급권의 정지·소멸 및 보호, 비용 부담 등에 관하여는 다음 각 호의 구분에 따라 각 연금법에 따른다.

1. 연계노령연금 및 연계노령유족연금 : 노령연금 및 유족연금에 관한 「국민연금법」의 규정
2. 연계퇴직연금 및 연계퇴직유족연금 : 퇴직연금·퇴역연금 및 유족연금에 관한 직역연금법(연계퇴직연금의 산정 근거가 된 직역연금법을 말한다)의 규정

제6장 공적연금연계협의체 및 심사청구

(2021.8.17 본장제목개정)

제22조 (2021.8.17 삭제)

제22조의2【공적연금연계협의체의 설치 등】 ① 보건복지부장관은 국민연금과 직역연금의 연계에 관한 주요 정책사항 및 연계급여와 관련된 주요사항 등을 협의·조정하기 위하여 관계 중앙행정기관과 공적연금연계협의체를 설치하여 운영할 수 있다.

② 제1항에 따른 공적연금연계협의체의 구성 및 운영 등에 필요한 사항은 대통령령으로 정한다.

(2021.8.17 본조신설)

제23조【심사청구】 ① 이 법에 따른 연계급여의 지급 등과 관련하여 이의가 있는 자는 각 연금법에서 정한 절차에 따라 해당 연계급여에 대한 심사청구를 할 수 있다.

② 제1항에 따른 심사청구에 대한 결정에 불복하는 자는 각 연금법에서 정한 절차에 따라 재심사청구를 할 수 있다.

(2015.1.28 본항개정)

제7장 보 칙

제24조【사망 신고 등】 ① 연계급여의 수급권자가 사망하면 「가족관계의 등록 등에 관한 법률」 제85조에 따른 사망신고의무자는 1개월 이내에 그 사실을 보건복지부령으로 정하는 바에 따라 연계급여의 수급권자가 가입하였거나 가입한 연금을 관리하는 연금관리기관 중 어느 하나의 연금관리기관에 신고하여야 한다.(2010.1.18 본항개정)

② 연계급여 수급권자의 사망 외의 사유로 인한 수급권의 소멸 또는 변경에 대한 신고에 대해서는 연금법에서 정하는 바에 따른다.(2015.1.28 본항신설)

③ 제1항 및 제2항에 따른 신고를 받은 연금관리기관은 이를 즉시 관련 있는 다른 연금관리기관에 통보하여야 한다.(2015.1.28 본항개정)

④ 제1항 및 제2항에 따라 연계급여의 수급권자가 가입하였거나 가입한 연금을 관리하는 연금관리기관 중 어느 하나의 연금관리기관에 신고하면 관련 있는 다른 연금관리기관에도 신고한 것으로 본다.(2015.1.28 본항신설)

제25조【소멸시효】 이 법에 따라 연계급여를 받을 권리는 5년간, 제20조에 따라 환수금을 징수할 권리는 3년간 행사하지 아니할 때에는 시효로 인하여 소멸한다.

제26조【자료의 요청 및 보호 등】 ① 각 연금관리기관은 연계급여 수급권의 발생·변경·소멸 등의 확인을 위하여 필요한 경우 국가, 지방자치단체, 다른 연금관리기관, 관련 공공단체 및 사업자에 대하여 가입기간, 재직·복무기간, 소득, 보수 등에 관한 자료를 요청할 수 있다. 이 경우 국가, 지방자치단체, 다른 연금관리기관, 관련 공공단체 및 사업자는 특별한 사유가 없는 한 이에 응하여야 한다.

② 제1항에 따라 각 연금관리기관에 제공되는 자료에 대하여는 사용료, 수수료 등을 면제한다.

③ 각 연금관리기관은 제1항에 따라 제공받은 자료를 연계급여 수급권의 발생 여부 및 연계급여액의 확인 등 필요한 범위 내에서만 활용하여야 하고, 그 자료를 공개하여서는 아니 된다.

④ 제1항부터 제3항까지의 규정에 따른 자료를 열람·검토한 자는 그 자료를 통하여 알게 된 내용을 외부에 공개하여서는 아니 된다.

제27조【연계급여정보시스템의 구축 및 운영】 ① 각 연금관리기관은 이 법에 따른 연계급여 수급권의 발생·변경·소멸 등의 확인에 필요한 각종 자료나 정보를 효율적으로 처리하고 연계급여의 청구와 지급을 전산화하기 위한 정보시스템을 구축·운영하여야 한다.

② 각 연금관리기관은 이 법에 따라 연계와 연계급여가 원활히 이루어지도록 제1항에 따른 정보시스템의 연동(連動)에 협조하여야 한다.

제28조【국가의 지원】 연계노령연금 및 연계노령유족연금 급여의 지급에 소요되는 비용을 「국민연금법」에 따른 국민연금기금으로 충당할 수 없는 경우에는 국가가 그 부족액을 지원할 수 있다.

제8장 벌 칙

제29조【벌칙】 ① 제26조제3항을 위반하여 자료를 공개한 자는 1년 이하의 징역 또는 1천만원 이하의 벌금에 처한다.

② 제26조제4항을 위반하여 내용을 공개한 자는 1년 이하의 징역 또는 1천만원 이하의 벌금에 처한다.
(2015.1.28 본조개정)

제30조【과태료】 ① 제26조제1항을 위반하여 요청받은 자료를 제공하지 아니한 관련 공공단체 또는 사업자에게는 100만원 이하의 과태료를 부과한다.

② 제1항에 따른 과태료는 다음 각 호에 해당하는 사람이 부과·징수한다.

1. 국방부장관이 제26조제1항에 따라 요청한 자료를 제공하지 아니한 경우 : 국방부장관
2. 국방부장관을 제외한 연금관리기관이 제26조제1항에 따라 요청한 자료를 제공하지 아니한 경우 : 해당 연금관리기관의 업무를 관장하고 감독하는 중앙행정기관의 장

(2015.1.28 본항개정)

부 칙

제1조【시행일】 이 법은 공포 후 6개월이 경과한 날부터 시행한다.

제2조【연계신청 대상자에 관한 적용례 등】 ① 제8조는 이 법 시행 후 최초로 국민연금과 직역연금 간 또는 직역연금과 직역연금 간에 이동을 한 경우부터 적용한다.

② 제1항에도 불구하고 다음 각 호의 어느 하나에 해당하는 경우에는 이 법에 따라 연계 신청을 할 수 있다.

1. 국민연금가입자이었던 자가 법률 제8541호 국민연금법 전부개정법률의 시행일인 2007년 7월 23일 이후 직역연금으로 이동한 경우(2015.1.28 본호개정)
2. 이 법 공포일 당시 각 연금법에 따라 연금에 가입되어 있거나 해당 연금법을 적용받는 기관에 재직·복무 중인 자(이 법 공포일 이후 신규로 가입하거나 재가입한 자를 포함한다)가 공포일 이후에 다른 직역연금이나 국민연금으로 이동한 경우(2015.1.28 본호개정)

제3조【연계급여의 신청 및 지급 연령에 관한 특례】 연계급여의 신청 또는 지급 연령으로서 제10조제1항·제2항, 제16조제3항제1호·제2호 및 제19조제1항제1호에 규정된 연령은 같은 규정에도 불구하고 1952년 이전 출생자는 60세로, 1953년부터 1956년까지 출생자는 61세로, 1957년부터 1960년까지 출생자는 62세로, 1961년부터 1964년까지 출생자는 63세로, 1965년부터 1968년까지 출생자는 64세로 한다. 다만, 각 직역연금법에 따른 퇴직연금의 수급이 시작되는 연령 또는 그 시점이 되는 연령(이하 "퇴직연금수급연령"이라 한다)이 본문에 규정된 수급연령보다 높게 규정되어 있는 경우 연계퇴직연금의 신청 및 지급연령은 해당 직역연금법의 퇴직연금수급연령에 이른 때에 생기고, 연계급여의 최초 지급 시기는 본문에 규정된 연령을 넘어 연계기간이 10년(「군인연금법」에 따른 복무기간을 연계기간으로 포함하여 계산하는 경우는 20년으로 한다)이 된 자가 해당 직역연금법의 퇴직연금수급연령에 이른 날에 속하는 다음 달(연계퇴직연금에 한정한다)부터 지급한다.(2021.8.17 단서개정)

제4조【다른 법률의 개정】 ※(해당 법령에 가제정리 하였음)

부 칙 (2015.1.28)

제1조【시행일】 이 법은 공포한 날부터 시행한다. 다만, 제12조제3항의 개정규정은 공포 후 6개월이 경과한 날부터 시행한다.

제2조【직역연금법에 따라 급여의 제한을 받는 사람이 반납한 금액의 반환에 관한 특례】 「공무원연금법」 제64조, 「사립학교교직원 연금법」 제42조(「공무원연금법」 제64조를 준용하는 경우만 해당한다), 「군인연금법」 제33조 또는 「별정우체국법」 제27조제2항 및 제3항에 따라 급여의 제한을 받는 사람이 이 법 시행 전에 연계를 신청하고 종전의 제8조제3항에 따라 반납금을 반납한 경우 이를 납부받은 연금관리기관은 이 법 시행 후 6개월 이내에 그 반납금 중 신청인이 제8조제2항의 개정규정에 따라 납부할 경우의 금액을 초과하여 추가로 납부한 금액에 대하여 그 금액에 대통령령으로 정하는 이자를 가산한 금액을 신청인에게 반환하여야 한다.

제3조【연계노령연금액 및 연계노령유족연금액 산정에 관한 적용례】 제11조 및 제14조의 개정규정은 이 법 시행 후 제16조에 따라 연계급여를 청구하는 경우부터 적용한다.

제4조【군인으로 재직하던 사람의 연계퇴직연금액 산정에 관한 적용례】 제12조제3항의 개정규정은 같은 개정규정 시행 후 제16조에 따라 연계급여를 청구하는 경우부터 적용한다.

제5조【직역연금법 개정 전 재직기간에 대한 연계퇴직연금액 계산에 관한 경과조치】 법률 제9905호 공무원연금법 일부개정법률, 법률 제9908호 사립학교교직원 연금법 일부개정법률, 법률 제11632호 군인연금법 일부개정법률 및 법률 제10707호 별정우체국법 일부개정법률 시행 전까지의 재직기간에 대한 연계퇴직연금액 계산은 제12조제1항 및 제2항의 개정규정에도 불구하고 종전의 규정에 따른다.

부 칙 (2019.12.10)

제1조【시행일】 이 법은 공포 후 6개월이 경과한 날부터 시행한다.(이하 생략)

부 칙 (2021.8.17)

제1조【시행일】 이 법은 공포 후 6개월이 경과한 날부터 시행한다.

제2조【연계노령연금 및 연계퇴직연금의 수급권 등에 관한 적용례】 제10조, 제16조제3항, 제19조제1항 및 법률 제9431호 국민연금과 직역연금의 연계에 관한 법률 일부개정법률 부칙 제3조의 개정규정은 직역연금법을 적용받는 기관에서 퇴직한 사람의 경우 퇴직일이 2016년 1월 2일 이후인 사람부터 적용한다.

기초연금법

(2014년 5월 20일
법 률 제12617호)

개정
2015. 3.11법13216호(신용정보의이용및보호에관한법)
2016. 2. 3법13988호
2016.12.27법14474호(지방세기본법)
2017. 9.19법14881호
2018. 3.20법15522호(공무원재해보상법)
2018. 3.27법15536호
2019. 1.15법16240호(국민연금법)
2019. 1.15법16241호
2019. 8.27법16568호(양식산업발전법)
2019.12.10법16761호(군인재해보상법)
2020. 1.21법16868호
2021. 6. 8법18213호

제1장 총 칙

제1조【목적】 이 법은 노인에게 기초연금을 지급하여 안정적인 소득기반을 제공함으로써 노인의 생활안정을 지원하고 복지를 증진함을 목적으로 한다.

제2조【정의】 이 법에서 사용하는 용어의 뜻은 다음과 같다.

1. "기초연금 수급권(受給權)"이란 이 법에 따른 기초연금을 받을 권리를 말한다.
2. "기초연금 수급권자"란 기초연금 수급권을 가진 사람을 말한다.
3. "기초연금 수급자"란 이 법에 따라 기초연금을 지급받고 있는 사람을 말한다.
4. "소득인정액"이란 본인 및 배우자의 소득평가액과 재산의 소득환산액을 합산한 금액을 말한다. 이 경우 소득평가액과 재산의 소득환산액을 산정하는 소득 및 재산의 범위는 대통령령으로 정하고, 소득평가액과 재산의 소득환산액의 구체적인 산정방법은 보건복지부령으로 정한다.

제3조【기초연금 수급권자의 범위 등】 ① 기초연금은 65세 이상인 사람으로서 소득인정액이 보건복지부장관이 정하여 고시하는 금액(이하 "선정기준액"이라 한다) 이하인 사람에게 지급한다.

② 보건복지부장관은 선정기준액을 정하는 경우 65세 이상인 사람 중 기초연금 수급자가 100분의 70 수준이 되도록 한다.

③ 제1항에도 불구하고 다음 각 호의 어느 하나에 해당하는 연금의 수급권자와 그 배우자나 다음 각 호의 어느 하나에 해당하는 연금을 받은 사람 중 대통령령으로 정하는 사람과 그 배우자에게는 기초연금을 지급하지 아니한다.

1. 「공무원연금법」 제28조, 「공무원 재해보상법」 제8조 또는 「사립학교교직원 연금법」 제42조제1항에 따른 퇴직연금, 퇴직연금일시금, 퇴직연금공제일시금, 장해연금, 비공무상 장해연금, 비직무상 장해연금, 장해일시금, 비공무상 장해일시금, 비직무상 장해일시금, 퇴직유족연금, 장해유족연금, 순직유족연금, 직무상유족연금, 위험직무순직유족연금, 퇴직유족연금일시금 또는 퇴직유족일시금〔퇴직유족일시금의 경우에는 「공무원 재해보상법」 제20조제1항에 따라 순직유족연금의 수급권자가 순직유족연금을 갈음하여 선택한 경우(「사립학교교직원 연금법」 제42조제1항에 따른 직무상유족연금의 수급권자가 직무상유족연금을 갈음하여 선택한 경우를 포함한다) 및 같은 법 제20조제2항에 따라 위험직무순직유족연금의 수급권자가 위험직무순직유족연금을 갈음하여 선택한 경우로 한정한다〕(2018.3.20 본호개정)
2. 「군인연금법」 제7조에 따른 퇴역연금, 퇴역연금일시금, 퇴역연금공제일시금, 퇴역유족연금, 퇴역유족연금일시금 또는 「군인 재해보상법」 제7조에 따른 상이연금, 상이유족연금, 순직유족연금, 순직유족연금일시금(2019.12.10 본호개정)
3. 「별정우체국법」 제24조제2항에 따른 퇴직연금, 퇴직연금일시금, 퇴직연금공제일시금, 유족연금 또는 유족연금일시금
4. 「국민연금과 직역연금의 연계에 관한 법률」 제10조 또는 제13조에 따른 연계퇴직연금 또는 연계퇴직유족연금 중 같은 법 제2조제1항제7호에 따른 직역재직기간이 10년 이상인 경우의 연계퇴직연금 또는 연계퇴직유족연금

④ 선정기준액의 기준, 고시 시기 및 적용기간 등은 대통령령으로 정한다.

제4조【국가와 지방자치단체의 책무】 ① 국가와 지방자치단체는 기초연금이 제1조의 목적에 따라 노인의 생활안정을 지원하고 복지를 증진하는 데 필요한 수준이 되도록 최대한 노력하여야 한다.

② 국가와 지방자치단체는 제1항에 따라 필요한 비용을 부담할 수 있도록 재원(財源)을 조성하여야 한다. 이 경우 「국민연금법」 제101조제1항에 따라 설치된 국민연금기금은 기초연금 지급을 위한 재원으로 사용할 수 없다.

③ 국가와 지방자치단체는 기초연금의 지급에 따라 계층 간 소득역전 현상이 발생하지 아니하고 근로의욕 및 저축유인이 저하되지 아니하도록 최대한 노력하여야 한다.

제2장 기초연금액의 산정 등

제5조【기초연금액의 산정】 ① 기초연금 수급권자에 대한 기초연금의 금액(이하 "기초연금액"이라 한다)은 제2항 또는 제5조의2제1항에 따른 기준연금액(이하 "기준연금액"이라 한다)과 국민연금 급여액 등을 고려하여 산정한다.(2019.1.15 본항개정)
② 기준연금액은 보건복지부장관이 그 전년도의 기준연금액에 대통령령으로 정하는 바에 따라 전국소비자물가변동률(「통계법」 제3조에 따라 통계청장이 매년 고시하는 전국소비자물가변동률을 말한다. 이하 같다)을 반영하여 매년 고시한다. 이 경우 그 고시한 기준연금액의 적용기간은 해당 조정연도 1월부터 12월까지로 한다.
(2020.1.21 후단개정)
③ 제2항 전단에도 불구하고 2021년의 기준연금액은 30만원으로 한다.(2020.1.21 본항개정)
④ 기초연금 수급권자 중 다음 각 호의 연금 수급권자(이하 "국민연금 수급권자"라 한다)에게 지급하는 기초연금액은 제5항에 따라 산정한 금액으로 한다.(2018.3.27 본문개정)
1. 「국민연금법」 제61조, 제64조 또는 법률 제8541호 국민연금법 전부개정법률 부칙 제2조·제6조·제9조에 따른 노령연금 수급권자 또는 분할연금 수급권자
2. 「북한이탈주민의 보호 및 정착지원에 관한 법률」 제26조의2에 따른 국민연금 수급권자
⑤ 국민연금 수급권자에게 지급하는 기초연금액은 제1호의 금액에서 제2호의 금액을 뺀 금액(그 뺀 후의 금액이 0보다 작은 경우에는 0으로 한다)에 제3호의 금액을 더한 금액으로 한다.
1. 기준연금액(제5조의2의 적용을 받는 기초연금 수급자의 경우 제5조의2에 따른 기준연금액을 말한다. 이하 같다)
(2019.1.15 본호개정)
2. 국민연금 수급권자가 받을 수 있는 연금의 금액 중 「국민연금법」 제51조제1항제1호의 금액을 기초로 산정한 금액(「국민연금법」 제51조제2항에 따라 매년 조정한 금액을 말하며, 이하 "소득재분배급여금액"이라 한다)에 3분의 2를 곱한 금액. 다만, 「국민연금법」에 따라 국민연금 수급권자의 연금의 금액을 연기 또는 조기 지급하거나 가산 또는 감액하여 지급하는 경우 등의 소득재분배급여금액 산정 기초가 되는 연금의 금액 기준은 대통령령으로 정한다.
3. 부가연금액 : 기준연금액의 2분의 1에 해당하는 금액
⑥ 기초연금 수급권자 중 「국민연금과 직역연금의 연계에 관한 법률」 제10조에 따른 연계노령연금 수급권자에게는 제1호의 금액에서 제2호의 금액을 뺀 금액(그 뺀 후의 금액이 0보다 작은 경우에는 0으로 한다)에 제3호의 금액을 더한 금액을 지급한다.
1. 기준연금액
2. 가목과 나목의 금액을 합한 금액에 3분의 2를 곱한 금액
가. 소득재분배급여금액
나. 「국민연금과 직역연금의 연계에 관한 법률」 제12조에 따른 연계퇴직연금액에 2분의 1을 곱한 금액
3. 부가연금액 : 기준연금액의 2분의 1에 해당하는 금액
⑦ 기초연금 수급권자 중 다음 각 호의 어느 하나에 해당하는 사람에게 지급하는 기초연금액은 기준연금액으로 한다.
1. 제4항 각 호 또는 제6항에 해당하지 아니하는 사람
(2018.3.27 본호개정)
2. 제4항 각 호 또는 제6항에 해당하는 사람으로서 다음 각 목의 어느 하나에 해당하는 사람(2018.3.27 본문개정)
가. 「국민연금법」 제56조제1항에 따라 국민연금 지급이 정지된 노령연금 수급권자 및 분할연금 수급권자
나. 「장애인연금법」 제4조에 따른 수급권자
다. 「국민기초생활 보장법」 제2조에 따른 수급권자로서 대통령령으로 정하는 사람
라. 그 밖에 대통령령으로 정하는 사람

제5조의2【저소득 기초연금 수급권자에 대한 기초연금액 산정의 특례】 ① 제5조제2항 전단에도 불구하고 65세 이상인 사람 중 소득인정액이 100분의 40 이하인 사람에게 적용하는 기준연금액은 30만원으로 한다.(2020.1.21 본항개정)
② 보건복지부장관은 제1항의 기준연금액을 적용받는 사람을 선정하기 위한 소득인정액(이하 "저소득자 선정기준액"이라 한다)을 정하여 고시하여야 한다.
③ 저소득자 선정기준액의 기준, 고시 시기 및 적용기간 등은 대통령령으로 정한다.
(2019.1.15 본조신설)
<2020.12.31까지 유효>

제6조【국민연금 급여액등에 따른 기초연금액 산정의 특례】 ① 제5조에도 불구하고 제5조제4항 각 호 또는 같은 조 제6항에 해당하는 사람 중 「국민연금법」 및 「국민연금과 직역연금의 연계에 관한 법률」에 의한 수급권에 따라 매월 지급 받을 수 있는 급여액(「국민연금법」 제52조에 따른 부양가족연금액을 제외한 금액으로 한다. 이하 "국민연금 급여액등"이라 한다)이 기준연금액의 100분의 150 이하인 사람에게 지급하는 기초연금액은 기준연금액으로 한다.
② 제5조에도 불구하고 제5조제4항 각 호 또는 같은 조 제6항에 해당하는 사람 중 국민연금 급여액등이 기준연금액의 100분의 150 초과 100분의 200 이하인 사람에게 지급하는 기초연금액은 기준연금액의 범위에서 대통령령으로 정하는 바에 따라 제5조에 따라 산정된 금액 이상으로 달리 정할 수 있다.
(2018.3.27 본조개정)

제7조【기초연금액의 한도】 제5조제4항부터 제6항까지의 규정에 따라 산정한 기초연금액이 기준연금액을 초과하는 경우 기준연금액을 기초연금액으로 본다.
(2018.3.27 본조개정)

제8조【기초연금액의 감액】 ① 본인과 그 배우자가 모두 기초연금 수급권자인 경우에는 각각의 기초연금액에서 기초연금액의 100분의 20에 해당하는 금액을 감액한다.
② 소득인정액과 제5조, 제5조의2, 제6조 및 제7조까지에 따른 기초연금액(제1항이 적용되는 경우에는 그 감액분이 반영된 금액을 말한다)을 합산한 금액이 선정기준액 이상인 경우에는 선정기준액을 초과하는 금액의 범위에서 기초연금액의 일부를 감액할 수 있다.(2019.1.15 본항개정)
③ 제5조의2의 적용을 받는 기초연금 수급권자의 소득인정액과 해당 기초연금액(제8조제1항이 적용되는 경우에는 그 감액분이 반영된 금액을 말한다)을 합산한 금액이 저소득자 선정기준액과 기준연금액(제5조의2에 해당하지 않는 기초연금 수급권자의 기준연금액을 말한다)을 합산한 금액 이상인 경우에는 제5조의2의 적용을 받는 기초연금 수급권자의 기초연금액의 일부를 감액할 수 있다.
(2019.1.15 본항신설)
④ 제2항 및 제3항에 따른 감액의 세부적인 기준은 대통령령으로 정한다.(2019.1.15 본항개정)

제9조【기초연금액의 적정성 평가 등】 ① 보건복지부장관은 제5조제2항에도 불구하고 5년마다 기초연금 수급권자의 생활 수준, 「국민연금법」 제51조제1항제1호에 따른 금액의 변동률, 전국소비자물가변동률 등을 종합적으로 고려하여 기초연금액의 적정성을 평가하고 그 결과를 반영하여 기준연금액을 조정하여야 한다.
② 제1항에 따른 적정성 평가를 할 때에는 노인 빈곤에 대한 실태 조사와 기초연금의 장기적인 재정 소요에 대한 전망을 함께 실시하여야 한다.
③ 보건복지부장관은 제1항에 따라 조정한 기준연금액을 고시하여야 한다. 이 경우 그 고시는 제5조제2항 전단에 따른 고시로 본다.
④ 제1항에 따른 기준연금액 조정, 제2항에 따른 재정 소요 전망과 노인 빈곤에 대한 실태 조사의 세부 절차 및 제3항에 따른 기준연금액의 고시 등에 관하여 필요한 사항은 대통령령으로 정한다.

제3장 기초연금의 신청 및 지급 결정 등

제10조【기초연금 지급의 신청】 ① 기초연금을 지급받으려는 사람(이하 "기초연금 수급희망자"라 한다) 또는 보건복지부령으로 정하는 대리인은 특별자치시장·특별자치도지사·시장·군수·구청장(자치구의 구청장을 말한다. 이하 같다)에게 기초연금의 지급을 신청할 수 있다.
② 기초연금 수급희망자와 그 배우자는 제1항에 따른 신청을 할 때 다음 각 호의 자료 또는 정보를 보건복지부장관 및 특별자치시장·특별자치도지사·시장·군수·구청장(제28조제2항에 따라 업무를 위탁받은 자를 포함한다)에게 제공하는 것에 대하여 동의한다는 서면을 제출하여야 한다.
1. 「금융실명거래 및 비밀보장에 관한 법률」 제2조제2호 및 제3호에 따른 금융자산 및 금융거래에 관한 자료 또는 정보 중 예금의 평균잔액과 그 밖에 대통령령으로 정하는 자료 또는 정보(이하 "금융정보"라 한다)
2. 「신용정보의 이용 및 보호에 관한 법률」 제2조제1호에 따른 신용정보 중 채무액과 그 밖에 대통령령으로 정하는 자료 또는 정보(이하 "신용정보"라 한다)
3. 「보험업법」 제4조제1항 각 호에 따른 보험에 가입하여 납부한 보험료와 그 밖에 대통령령으로 정하는 자료 또는 정보(이하 "보험정보"라 한다)
③ 특별자치시장·특별자치도지사·시장·군수·구청장이 지정한 법인·단체·시설·기관 등은 기초연금 수급희망자의 요청에 따라 제1항에 따른 기초연금 지급 신청을 지원할 수 있다.(2021.6.8 본항신설)
④ 제1항에 따른 기초연금의 지급 신청의 방법·절차 및 제2항에 따른 동의의 방법·절차 등에 관하여 필요한 사항은 대통령령으로 정한다.

제10조의2【기초연금 관련 정보의 제공】 ① 보건복지부장관 또는 특별자치시장·특별자치도지사·시장·군수·구청장은 65세 이상인 사람에게 기초연금의 지급대상, 금액 및 신청방법 등 기초연금 관련 정보를 제공하여야 한다.
② 제1항에 따른 정보 제공의 내용·방법 및 절차 등에 필요한 사항은 대통령령으로 정한다.
(2016.2.3 본조신설)

제11조【조사·질문 등】 ① 보건복지부장관 또는 특별자치시장·특별자치도지사·시장·군수·구청장은 기초연금 수급권의 발생·변경·상실 등을 확인하기 위하여 기초연금을 신청한 기초연금 수급희망자, 기초연금 수급권자, 기초연금 수급자와 그 각각의 배우자 및 고용주(이하 이 조에서 "기초연금 수급권자등"이라 한다)에게 필요한 서류나 그 밖에 소득·재산 등에 관한 자료의 제출을 요구할 수 있으며, 소속 공무원으로 하여금 기초연금 수급권자등의 집이나 그 밖의 필요한 장소에 방문하여 서류 등을 조사하게 하거나 관계인에게 필요한 질문을 하게 할 수 있다.(2016.2.3 본항개정)
② 보건복지부장관 또는 특별자치시장·특별자치도지사·시장·군수·구청장은 제1항에 따른 확인·조사 또는 기초연금사업의 수행을 위하여 기초연금 수급권자등의 다음 각 호에 해당하는 자료 또는 정보의 제공을 관계 기관의 장에게 요청할 수 있다. 이 경우 자료 또는 정보의 제공을 요청받은 관계 기관의 장은 특별한 사유가 없으면 그 요청에 따라야 한다.
1. 소득과 재산에 관한 자료 또는 정보
가. 금융정보, 신용정보 및 보험정보
나. 「국세기본법」 제81조의13 및 「지방세기본법」 제86조에 따른 과세정보로서 당사자의 동의를 받은 과세정보(2016.12.27 본목개정)
다. 토지, 건축물, 자동차, 선박, 항공기, 주택 입주권·분양권, 입목재산, 어업권, 양식업권 및 「지방세법」 제6조제14호부터 제18호까지의 회원권에 관한 자료 또는 정보(2019.8.27 본목개정)
라. 국민연금, 건강보험, 고용보험, 산업재해보상보험, 보훈급여, 공무원연금, 공무원재해보상급여, 군인연금, 사학연금 및 별정우체국연금 수급에 관한 자료 또는 정보(2018.3.20 본목개정)
2. 인적사항에 관한 자료 또는 정보
가. 출입국 사실 관련 자료 또는 정보
나. 「형의 집행 및 수용자의 처우에 관한 법률」에 따른 교정시설(이하 "교정시설"이라 한다) 및 「치료감호법」에 따른 치료감호시설(이하 "치료감호시설"이라 한다)의 입소 및 출소 사실 관련 자료 또는 정보
다. 범죄경력 자료 또는 정보
라. 매장, 화장 및 장례 관련 자료 또는 정보
마. 주민등록 및 가족관계등록 자료 또는 정보
바. 가출, 실종 신고 및 부재자 재산의 관리에 관한 처분 자료 또는 정보
③ 제1항에 따라 방문·조사·질문을 하는 관계 공무원은 그 권한을 표시하는 증표 및 조사기간, 조사범위, 조사담당자, 관계 법령 등 보건복지부령으로 정하는 사항이 기재된 서류를 지니고 이를 관계인에게 보여 주어야 한다.
(2016.2.3 본항개정)
④ 보건복지부장관 또는 특별자치시장·특별자치도지사·시장·군수·구청장은 기초연금 수급희망자, 기초연금 수급권자 또는 기초연금 수급자가 제1항에 따른 서류 또는 자료를 제출하지 아니하거나 거짓의 서류 또는 자료를 제출한 경우 또는 조사·질문을 거부·방해 또는 기피하거나 거짓 답변을 한 경우에는 기초연금 지급의 신청을 각하하거나 기초연금 지급의 결정을 취소하거나 기초연금 지급을 정지할 수 있다.
⑤ 제2항에 따라 자료 또는 정보를 제공받은 경우에는 해당 법령에 따라 부과되는 수수료 또는 사용료 등을 면제한다.
⑥ 제1항에 따른 조사·질문의 범위·시기·내용·절차·방법 등에 관하여는 이 법에서 정하는 사항을 제외하고는 「행정조사기본법」에서 정하는 바를 따르며, 그 밖에 필요한 사항은 대통령령으로 정한다.(2016.2.3 본항개정)

제12조【금융정보등의 제공】 ① 보건복지부장관은 기초연금사업을 수행하고 기초연금 수급희망자의 수급권 심사에 사용할 수 있도록 하기 위하여 필요한 경우 「금융실명거래 및 비밀보장에 관한 법률」 제4조제1항 및 「신용정보의 이용 및 보호에 관한 법률」 제32조제1항에도 불구하고 기초연금 수급희망자와 그 배우자가 제10조제2항에 따라 제출한 동의 서면을 전자적 형태로 바꾼 문서에 의하여 금융기관등(「금융실명거래 및 비밀보장에 관한 법률」 제2조제1호에 따른 금융회사등과 「신용정보의 이용 및 보호에 관한 법률」 제25조에 따른 신용정보집중기관을 말한다. 이하 같다)의 장에게 기초연금 수급희망자와 그 배우자의 금융정보·신용정보 또는 보험정보(이하 "금융정보등"이라 한다)를 제공하도록 요청할 수 있다.
② 보건복지부장관은 기초연금 수급권자의 수급권 심사에 사용할 수 있도록 하기 위하여 필요하다고 인정하는 경우 「금융실명거래 및 비밀보장에 관한 법률」 제4조제1항 및 「신용정보의 이용 및 보호에 관한 법률」 제32조제1항에도 불구하고 대통령령으로 정하는 기준에 따라 인적사항을 적은 문서 또는 정보통신망으로 금융기관등의 장에게 기초연금 수급권자와 그 배우자의 금융정보등을 제공하도록 요청할 수 있다.

③ 제1항이나 제2항에 따라 금융정보등의 제공 요청을 받은 금융기관등의 장은 「금융실명거래 및 비밀보장에 관한 법률」 제4조 및 「신용정보의 이용 및 보호에 관한 법률」 제32조에도 불구하고 해당 명의인의 금융정보등을 제공하여야 한다.
④ 제3항에 따라 금융정보등을 제공하는 금융기관등의 장은 「금융실명거래 및 비밀보장에 관한 법률」 제4조의2 제1항 및 「신용정보의 이용 및 보호에 관한 법률」 제32조 제7항에도 불구하고 금융정보등의 제공 사실을 명의인에게 통보하지 아니할 수 있다. 다만, 제공한 금융정보등의 명의인이 요구할 때에는 금융정보등의 제공 사실을 통보하여야 한다.(2015.3.11 본문개정)
⑤ 제1항부터 제3항까지의 규정에 따른 금융정보등의 제공 요청과 제공은 「정보통신망 이용촉진 및 정보보호 등에 관한 법률」 제2조제1항제1호에 따른 정보통신망을 이용하여야 한다. 다만, 정보통신망의 손상 등 불가피한 경우에는 그러하지 아니하다.
⑥ 제1항부터 제3항까지의 규정에 따른 업무에 종사하는 자(제28조에 따라 권한을 위임받거나 위탁받은 자를 포함한다)는 업무를 수행하면서 취득한 금융정보등을 이 법에서 정한 목적 외의 용도로 다른 자에게 제공하거나 누설해서는 아니 된다.
⑦ 제1항부터 제3항까지 및 제5항에 따른 금융정보등의 제공 요청과 제공 등에 필요한 사항은 대통령령으로 정한다.

제13조【기초연금 지급의 결정 등】 ① 특별자치시장·특별자치도지사·시장·군수·구청장은 제11조에 따른 조사를 한 후 기초연금 수급권의 발생·변경·상실 등을 결정한다.
② 특별자치시장·특별자치도지사·시장·군수·구청장은 제1항에 따른 기초연금 수급권의 발생 여부를 결정할 때 제11조 또는 제12조에 따라 제공받은 자료·정보의 전부 또는 일부를 통해 평가한 기초연금 수급희망자와 그 배우자의 소득·재산 수준이 보건복지부장관이 정하는 기준 이하인 경우에는 관련 조사의 일부를 생략하고 기초연금 수급권의 발생을 결정할 수 있다.(2021.6.8 본항신설)
③ 특별자치시장·특별자치도지사·시장·군수·구청장은 제1항에 따른 결정을 한 경우에는 그 결정 내용을 서면으로 그 이유를 구체적으로 밝혀 기초연금 수급권자에게 지체 없이 통지하여야 한다.
④ 제1항 및 제3항에 따른 기초연금 수급권의 발생·변경·상실 등의 결정 절차 및 통지 등에 관하여 필요한 사항은 보건복지부령으로 정한다.(2021.6.8 본항개정)

제14조【기초연금의 지급 및 지급 시기】 ① 특별자치시장·특별자치도지사·시장·군수·구청장은 제13조제1항에 따라 기초연금 수급권자로 결정한 사람에 대하여 기초연금의 지급을 신청한 날이 속하는 달부터 제17조에 따라 기초연금 수급권을 상실한 날이 속하는 달까지 매월 정기적으로 기초연금을 지급한다.
② 제16조제1항에 따라 기초연금의 지급이 정지된 기간에는 기초연금을 지급하지 아니한다.
③ 제1항 및 제2항에 따른 기초연금 지급의 방법·절차 등에 관하여 필요한 사항은 보건복지부령으로 정한다.

제4장 기초연금 수급자 사후관리

제15조【미지급 기초연금】 ① 기초연금 수급자가 사망한 경우로서 그 기초연금 수급자에게 지급되지 아니한 기초연금액이 있는 경우에는 그 기초연금 수급자의 사망 당시 생계를 같이 한 부양의무자(배우자와 직계혈족 및 그 배우자를 말한다)는 미지급 기초연금을 청구할 수 있다. 이 경우 특별자치시장·특별자치도지사·시장·군수·구청장은 지체 없이 그 지급 여부를 결정하여 그 부양의무자에게 통지하여야 한다.
② 제1항에 따른 미지급 기초연금의 청구 절차·방법 및 부양의무자의 인정기준과 지급순위 등에 관하여 필요한 사항은 대통령령으로 정한다.

제16조【기초연금 지급의 정지】 ① 특별자치시장·특별자치도지사·시장·군수·구청장은 기초연금 수급자가 다음 각 호의 어느 하나의 경우에 해당하면 그 사유가 발생한 날이 속하는 달의 다음 달부터 그 사유가 소멸한 날이 속하는 달까지는 기초연금의 지급을 정지한다.
1. 기초연금 수급자가 금고 이상의 형을 선고받고 교정시설 또는 치료감호시설에 수용되어 있는 경우
2. 기초연금 수급자가 행방불명되거나 실종되는 등 대통령령으로 정하는 바에 따라 사망한 것으로 추정되는 경우
3. 기초연금 수급자의 국외 체류기간이 60일 이상 지속되는 경우. 이 경우 국외 체류 60일이 되는 날을 지급 정지의 사유가 발생한 날로 본다.
4. 그 밖에 제1호부터 제3호까지의 경우에 준하는 경우로서 대통령령으로 정하는 경우
② 제1항에 따른 지급 정지의 절차 등에 관하여 필요한 사항은 보건복지부령으로 정한다.

제17조【기초연금 수급권의 상실】 기초연금 수급권자는 다음 각 호의 어느 하나에 해당하게 된 때에 기초연금 수급권을 상실한다.
1. 사망한 때
2. 국적을 상실하거나 국외로 이주한 때
3. 제3조에 따른 기초연금 수급권자에 해당하지 아니하게 된 때

제18조【신고】 ① 기초연금 수급자는 다음 각 호의 어느 하나에 해당하는 경우 대통령령으로 정하는 바에 따라 30일 이내에 그 사실을 특별자치시장·특별자치도지사·시장·군수·구청장에게 신고하여야 한다. 다만, 제2호(제17조제1호에 해당하는 경우로 한정한다)의 경우에는 「가족관계의 등록 등에 관한 법률」 제85조에 따른 신고의무자가 특별자치시장·특별자치도지사·시장·군수·구청장에게 신고하여야 한다.
1. 제16조제1항 각 호에 따른 지급 정지의 사유가 소멸한 경우
2. 제17조에 따른 기초연금 수급권 상실의 사유가 있는 경우
3. 대통령령으로 정하는 기준에 해당하는 기초연금 수급자 또는 그 배우자의 소득·재산의 변동이 발생한 경우
4. 기초연금 수급자가 결혼 또는 이혼을 하거나 그 배우자가 사망한 경우
5. 그 밖에 보건복지부령으로 정하는 사유가 발생한 경우
② 「가족관계의 등록 등에 관한 법률」 제85조에 따른 신고의무자가 같은 법 제84조에 따라 기초연금 수급자의 사망신고를 한 경우에는 제1항 각 호 외의 부분 단서에 따른 신고를 한 것으로 본다.(2016.2.3 본항신설)
③ 제1항에 따른 신고의 내용, 방법 및 절차 등에 관하여 필요한 사항은 보건복지부령으로 정한다.

제19조【기초연금액의 환수】 ① 특별자치시장·특별자치도지사·시장·군수·구청장은 기초연금을 받은 사람이 다음 각 호의 어느 하나에 해당하는 경우에는 지급한 기초연금액을 대통령령으로 정하는 바에 따라 환수하여야 한다. 이 경우 제1호에 해당하는 경우에는 지급한 기초연금액에 대통령령으로 정하는 이자를 붙여 환수한다.
1. 거짓이나 그 밖의 부정한 방법으로 기초연금을 받은 경우
2. 제16조에 따라 기초연금의 지급이 정지된 기간에 대하여 기초연금이 지급된 경우
3. 그 밖의 사유로 기초연금이 잘못 지급된 경우
② 특별자치시장·특별자치도지사·시장·군수·구청장은 제1항에 따라 환수할 기초연금액(이하 "환수금"이라 한다)의 환수 대상자에게 지급할 기초연금액이 있는 경우 그 지급할 기초연금액을 환수금과 상계(相計)할 수 있다.
③ 특별자치시장·특별자치도지사·시장·군수·구청장은 환수금이 대통령령으로 정하는 금액 미만인 경우에는 환수하지 아니할 수 있다.

제20조【환수금의 고지, 독촉 및 징수】 ① 특별자치시장·특별자치도지사·시장·군수·구청장은 제19조제1항에 따라 환수금을 징수하려면 기한을 정하여 환수금의 금액 및 납부기한 등을 적은 문서로써 납입 고지를 하여야 한다.
② 특별자치시장·특별자치도지사·시장·군수·구청장은 제1항에 따른 고지를 받은 사람이 그 기한까지 환수금을 내지 아니하면 기한을 정하여 대통령령으로 정하는 바에 따라 독촉하여야 한다.
③ 특별자치시장·특별자치도지사·시장·군수·구청장은 제2항에 따른 독촉을 받은 사람이 그 기한까지 환수금을 내지 아니하면 지방세 체납처분의 예에 따라 징수한다.

제5장 기초연금 수급권자의 권리 보호

제21조【기초연금 수급권의 보호】 ① 기초연금 수급권은 양도하거나 담보로 제공할 수 없으며, 압류 대상으로 할 수 없다.
② 기초연금으로 지급받은 금품은 압류할 수 없다.

제22조【이의신청】 ① 제13조에 따른 결정이나 그 밖에 이 법에 따른 처분에 이의가 있는 사람은 특별자치시장·특별자치도지사·시장·군수·구청장에게 이의신청을 할 수 있다.
② 제1항에 따른 이의신청은 그 처분이 있음을 안 날부터 90일 이내에 서면으로 하여야 한다. 다만, 정당한 사유로 인하여 그 기간 이내에 이의신청을 할 수 없었음을 증명한 때에는 그 사유가 소멸한 때부터 60일 이내에 이의신청을 할 수 있다.
③ 제1항과 제2항에 따른 이의신청의 절차 및 결정 통지 등에 관하여 필요한 사항은 보건복지부령으로 정한다.

제6장 보 칙

제23조【시효】 제19조에 따른 환수금을 환수할 권리와 기초연금 수급권자의 권리는 5년간 행사하지 아니하면 시효의 완성으로 소멸한다.

제24조【끝수의 처리】 이 법에 따른 기초연금액, 환수금 등을 산정하는 경우에 10원 미만은 계산하지 아니한다.

제25조【비용의 분담】 ① 국가는 지방자치단체의 노인인구 비율 및 재정 여건 등을 고려하여 기초연금의 지급에 드는 비용 중 100분의 40 이상 100분의 90 이하의 범위에서 대통령령으로 정하는 비율에 해당하는 비용을 부담한다.
② 제1항에 따라 국가가 부담하는 비용을 뺀 비용은 특별시·광역시·특별자치시·도·특별자치도(이하 "시·도"라 한다)와 시·군·구(자치구를 말한다. 이하 같다)가 상호 분담한다. 이 경우, 그 부담비율은 노인인구 비율 및 재정여건 등을 고려하여 보건복지부장관과 협의하여 시·도의 조례 및 시·군·구의 조례로 정한다.

제26조【기초연금정보시스템의 구축·운영】 ① 보건복지부장관은 이 법에 따른 기초연금 관련 자료 또는 정보의 효율적 처리·관리를 위하여 대통령령으로 정하는 바에 따라 기초연금정보시스템(이하 "기초연금정보시스템"이라 한다)을 구축·운영할 수 있다.
② 보건복지부장관은 기초연금 업무를 효율적으로 수행하기 위하여 「사회복지사업법」 제6조의2제2항에 따른 정보시스템과 기초연금정보시스템을 연계하여 사용할 수 있다.

제27조【자료 및 정보의 수집 등】 보건복지부장관, 특별자치시장·특별자치도지사·시장·군수·구청장 및 제28조제2항에 따라 업무를 위탁받은 국민연금공단은 기초연금 업무의 원활한 수행을 위하여 제11조와 제12조에 따라 제출 또는 제공받은 서류, 자료 또는 정보를 처리할 수 있다.

제28조【권한의 위임·위탁】 ① 이 법에 따른 보건복지부장관의 권한은 대통령령으로 정하는 바에 따라 그 일부를 특별시장·광역시장·특별자치시장·도지사·특별자치도지사 또는 시장·군수·구청장에게 위임할 수 있다.
② 보건복지부장관 또는 특별자치시장·특별자치도지사·시장·군수·구청장은 기초연금사업의 원활한 수행을 위하여 대통령령으로 정하는 바에 따라 다음 각 호의 업무를 「국민연금법」 제24조에 따른 국민연금공단에 위탁할 수 있다.
1. 제10조에 따른 신청의 접수
1의2. 제10조의2에 따른 정보 제공(2016.2.3 본호신설)
2. 제11조에 따른 조사·질문의 지원
3. 제14조제1항에 따른 기초연금의 지급
4. 제15조제1항 전단에 따른 미지급 기초연금 청구의 접수
5. 제18조제1항에 따른 신고의 접수
6. 제20조에 따른 환수금의 고지, 독촉 및 징수
7. 제22조제1항에 따른 이의신청의 접수
8. 기초연금정보시스템의 구축·운영
③ 제1항과 제2항에 따라 권한을 위임·위탁받은 자에 대해서는 제11조제2항에 따라 제공되는 자료 또는 정보에 대하여 해당 법령에 따라 부과되는 사용료 또는 수수료 등을 면제한다.

제7장 벌 칙

제29조【벌칙】 ① 제12조제6항을 위반하여 금융정보등을 다른 자에게 제공하거나 누설한 자는 5년 이하의 징역 또는 5천만원 이하의 벌금에 처한다.
② (2017.9.19 삭제)
③ 거짓이나 그 밖의 부정한 방법으로 기초연금을 지급받은 사람은 1년 이하의 징역 또는 1천만원 이하의 벌금에 처한다.
(2017.9.19 본조개정)

제30조【양벌규정】 법인의 대표자, 법인 또는 개인의 대리인, 사용인, 그 밖의 종업원이 그 법인 또는 개인의 업무에 관하여 제29조제1항의 위반행위를 하면 그 행위자를 벌하는 외에 그 법인 또는 개인에게도 해당 조항의 벌금형을 과(科)한다. 다만, 법인 또는 개인이 그 위반행위를 방지하기 위하여 해당 업무에 관하여 상당한 주의와 감독을 게을리하지 아니한 경우에는 그러하지 아니하다.
(2017.9.19 본문개정)

제31조【과태료】 ① 정당한 사유 없이 제11조제1항에 따른 서류나 그 밖에 소득·재산 등에 관한 자료를 제출하지 아니하거나 거짓의 서류 또는 자료를 제출한 자 또는 조사·질문을 거부·방해 또는 기피하거나 거짓 답변을 한 자에게는 20만원 이하의 과태료를 부과한다.
② 정당한 사유 없이 제18조에 따른 신고를 하지 아니한 사람에게는 10만원 이하의 과태료를 부과한다.
③ 제1항과 제2항에 따른 과태료는 대통령령으로 정하는 바에 따라 보건복지부장관 및 특별자치시장·특별자치도지사·시장·군수·구청장이 부과·징수한다.

부 칙

제1조【시행일】 이 법은 2014년 7월 1일부터 시행한다. 다만, 부칙 제15조제5항은 2014년 8월 7일부터 시행한다.

제2조【다른 법률의 폐지】 기초노령연금법은 폐지한다.

제3조【법 시행을 위한 준비행위】 ① 특별자치시장·특별자치도지사·시장·군수·구청장은 이 법 시행을 위하여 필요하다고 인정하는 경우에는 이 법 시행 전에 제10조제1항에 따라 기초연금 지급의 신청을 받을 수 있다. 이 경우 제10조제2항에 따른 동의 서면을 기초연금 수급희망자와 그 배우자로 하여금 제출하게 할 수 있다.

② 보건복지부장관 또는 특별자치시장·특별자치도지사·시장·군수·구청장은 이 법 시행 전에 제11조제2항에 따라 관계 기관의 장에게 이 법 시행의 준비에 필요한 자료 또는 정보의 제공을 요청할 수 있다.
③ 보건복지부장관은 이 법 시행을 위하여 필요하다고 인정하는 경우에는 이 법 시행 전에 제12조에 따라 금융정보등의 제공을 금융기관등의 장에게 요청할 수 있다.
④ 보건복지부장관은 이 법 시행을 위하여 필요하다고 인정하는 경우에는 이 법 시행 전에 기초연금정보시스템 구축 및 운영에 필요한 조치를 할 수 있다.
⑤ 보건복지부장관 또는 특별자치시장·특별자치도지사·시장·군수·구청장은 이 법 시행 전에 제13조 및 제14조에 따른 결정 및 지급 등 제도 시행을 위하여 필요한 조치를 할 수 있다.
제4조【기초연금 지급 정지에 관한 적용례】 제16조제1항제3호는 이 법 시행 후 출국하는 사람부터 적용한다.
제5조【기초연금 지급에 관한 특례】 ① 특별자치시장·특별자치도지사·시장·군수·구청장은 이 법 시행 당시 제3조제3항에 해당하여 기초연금 수급권자의 범위에서 제외된 사람 중 다음 각 호의 요건을 모두 충족하는 사람에게는 같은 항에도 불구하고 기준연금액의 100분의 50을 기초연금으로 지급할 수 있다.
1. 1949년 6월 30일 이전에 출생하였을 것
2. 종전의 「기초노령연금법」에 따른 기초노령연금의 수급권자일 것
3. 소득인정액이 선정기준액 이하인 사람일 것
② 특별자치시장·특별자치도지사·시장·군수·구청장은 이 법 시행 후 65세에 도달할 당시 제3조제3항에 해당하여 기초연금 수급권자의 범위에서 제외될 사람 중 다음 각 호의 요건을 모두 충족하는 사람에게는 같은 항에도 불구하고 장애인연금 기초급여액의 100분의 50에 상당하는 금액을 기초연금으로 지급할 수 있다.
1. 「장애인연금법」에 따른 중증장애인일 것
2. 1996년 6월 30일 이전에 출생한 사람일 것
3. 65세에 도달할 당시 이 법과 함께 공포·시행되는 장애인연금법 일부개정법률 제4조제3항에도 불구하고 같은 법 부칙 제4조에 따른 특례를 인정받은 장애인연금 수급자일 것
4. 65세에 도달할 당시의 소득인정액이 선정기준액 이하일 것
③ 제1항과 제2항에 따라 기초연금 수급권자의 소득인정액이 기초연금 지급 개시 후에 선정기준액(제3조제1항에 따라 고시하여 해당 연도에 적용하는 선정기준액을 말한다)을 초과한 사실이 있는 경우에는 그 달의 다음 달부터 기초연금을 지급하지 아니한다.
④ 제1항 및 제2항에 따른 기초연금 수급권자에게 기초연금을 지급할 때에는 제8조에 따라 기초연금액을 감액할 수 있다.
제6조【제도개선위원회의 설치】 기초연금과 국민연금의 장기적인 제도 발전을 위하여 「국민연금법」 제4조에 따라 실시하는 국민연금 재정 계산 일정에 맞추어 재정상황과 노인빈곤 감소 효과를 점검하는 제도개선위원회를 국회에 설치·운영한다.
제7조【기준연금액에 관한 경과조치】 이 법 시행일부터 제5조제2항에 따라 기준연금액을 고시하기 전까지의 기준연금액은 20만원으로 한다.
제8조【기초연금의 지급 신청에 관한 경과조치】 ① 이 법 시행 당시 종전의 「기초노령연금법」에 따른 기초노령연금 수급자, 수급권자 및 기초노령연금을 신청한 사람은 제10조에 따라 이 법 시행일에 기초연금의 지급을 신청한 것으로 본다.
② 제1항에 따라 기초연금의 지급을 신청한 것으로 보는 사람 중 이 법 시행 당시 종전의 「기초노령연금법」에 따른 수급권자와 수급자는 이 법에 따른 기초연금 수급권자로 보아 기초연금 수급권 발생과 관련하여 제11조에 따른 조사를 생략할 수 있다.
제9조【금융정보등 제공의 동의에 관한 경과조치】 부칙 제8조제1항에 따라 기초연금의 지급 신청을 한 것으로 보는 사람이 이 법 시행 당시 종전의 「기초노령연금법」 제6조제2항에 따라 한 자료 또는 정보 제공의 동의는 이 법 제10조제2항에 따라 보건복지부장관 및 특별자치시장·특별자치도지사·시장·군수·구청장(제28조에 따라 권한을 위임·위탁받은 자를 포함한다)에게 한 금융정보등 제공의 동의로 본다.
제10조【개인정보 등에 관한 경과조치】 이 법 시행 당시 종전의 「기초노령연금법」 제7조 및 제7조의2에 따라 수집·관리·보유 중인 개인정보 및 금융정보등은 이 법 제11조 및 제12조에 따라 수집·관리·보유 중인 개인정보 및 금융정보등으로 본다.
제11조【종전의 기초노령연금 지급에 관한 경과조치】 다음 각 호의 어느 하나에 해당하는 사람에게는 종전의 「기초노령연금법」에 따라 기초노령연금을 지급할 수 있다.
1. 이 법 시행 전에 종전의 「기초노령연금법」 제6조제1항 전단 또는 제9조제1항 전단에 따라 기초노령연금의 지급을 신청 또는 청구한 사람
2. 종전의 「기초노령연금법」 제10조에 따라 기초노령연금의 지급이 정지된 후 그 사유가 소멸한 사람으로서 이 법 시행 전에 종전의 기초노령연금법령에 따라 그 지급정지 사유 소멸의 신고를 하지 아니한 사람
제12조【종전의 부당이득 환수금 징수에 관한 경과조치】 ① 이 법 시행 당시 종전의 「기초노령연금법」 제12조에 따라 환수하여야 할 부당이득의 환수금 징수에 관하여는 종전의 「기초노령연금법」에 따른다.
② 특별자치시장·특별자치도지사·시장·군수·구청장은 제1항에 따라 환수할 기초노령연금액의 환수 대상자에게 지급할 기초연금액이 있는 경우 그 지급할 기초연금액을 환수할 기초노령연금액과 상계할 수 있다.
제13조【종전의 이의신청에 관한 경과조치】 종전 「기초노령연금법」과 부칙 제11조 및 제12조에 따른 처분에 대한 이의신청의 처리는 종전 「기초노령연금법」 제15조에 따른다.
제14조【벌칙에 관한 경과조치】 이 법 시행 전에 종전의 「기초노령연금법」을 위반한 행위에 대한 벌칙의 적용은 종전의 「기초노령연금법」에 따른다.
제15조【다른 법률의 개정】 ①~⑤ ※(해당 법령에 가제정리 하였음)
제16조【다른 법령과의 관계】 이 법 시행 당시 다른 법령에서 종전의 「기초노령연금법」 또는 그 규정을 인용한 경우에 이 법 가운데 그에 해당하는 규정이 있을 때에는 종전의 규정을 갈음하여 이 법 또는 이 법의 해당 규정을 인용한 것으로 본다.

부 칙 (2019.1.15 법16240호)

제1조【시행일】 이 법은 공포한 날부터 시행한다.(이하 생략)

부 칙 (2019.1.15 법16241호)

제1조【시행일】 이 법은 2019년 4월 1일부터 시행한다.
제2조【이 법 시행을 위한 준비행위】 보건복지부장관은 이 법 시행 전에 제5조의2제2항의 개정규정에 따른 저소득자 선정기준액을 결정·고시할 수 있다.

부 칙 (2019.8.27)

제1조【시행일】 이 법은 공포 후 1년이 경과한 날부터 시행한다.(이하 생략)

부 칙 (2019.12.10)

제1조【시행일】 이 법은 공포 후 6개월이 경과한 날부터 시행한다.(이하 생략)

부 칙 (2020.1.21)

제1조【시행일】 이 법은 공포한 날부터 시행한다.
제2조【유효기간】 제5조의2는 2020년 12월 31일까지 효력을 가진다.
제3조【기준연금액의 적용기간 및 산정에 관한 적용례】 제5조제2항 및 제5조의2제1항의 개정규정은 공포한 날이 속한 달의 기준연금액부터 적용한다.

부 칙 (2021.6.8)

이 법은 2022년 1월 1일부터 시행한다.

국민기초생활 보장법

(약칭 : 기초생활보장법)

(1999년 9월 7일 법 률 제6024호)

개정
2004. 3. 5법 7181호 2005.12.23법 7738호
2005.12.29법 7796호(국가공무원)
2006.12.28법 8112호 2007.10.17법 8641호
2008. 2.29법 8852호(정부조직)
2009. 4. 1법 9617호(신용정보의이용및보호에관한법)
2009.10. 9법 9795호(직업안정법)
2010. 1.18법 9932호(정부조직)
2011. 3.30법10507호 2011. 6. 7법10782호
2011. 7.14법10854호(금융실명)
2011. 8. 4법10997호(사회복지사업법)
2012. 2. 1법11248호 2014.12.30법12933호
2016. 2. 3법13987호
2016. 5.29법14224호(정신건강증진및정신질환자복지서비스지원에관한법)
2017. 9.19법14880호 2017.12.12법15185호
2018.12.11법15875호 2019. 1.15법16239호
2019. 4.23법16367호 2019.12. 3법16734호
2021. 7.27법18325호 2021.12.21법18607호
2023. 3. 4법19228호(정부조직)
2023. 8.16법19646호

제1장 총 칙

(2012.2.1 본장개정)

제1조【목적】 이 법은 생활이 어려운 사람에게 필요한 급여를 실시하여 이들의 최저생활을 보장하고 자활을 돕는 것을 목적으로 한다.
제2조【정의】 이 법에서 사용하는 용어의 뜻은 다음과 같다.
1. "수급권자"란 이 법에 따른 급여를 받을 수 있는 자격을 가진 사람을 말한다.
2. "수급자"란 이 법에 따른 급여를 받는 사람을 말한다.
3. "수급품"이란 이 법에 따라 수급자에게 지급하거나 대여하는 금전 또는 물품을 말한다.
4. "보장기관"이란 이 법에 따른 급여를 실시하는 국가 또는 지방자치단체를 말한다.
5. "부양의무자"란 수급권자를 부양할 책임이 있는 사람으로서 수급권자의 1촌의 직계혈족 및 그 배우자를 말한다. 다만, 사망한 1촌의 직계혈족의 배우자는 제외한다.(2014.12.30 본호개정)
6. "최저보장수준"이란 국민의 소득·지출 수준과 수급권자의 가구 유형 등 생활실태, 물가상승률 등을 고려하여 제6조에 따라 급여의 종류별로 공표하는 금액이나 보장수준을 말한다.(2014.12.30 본호신설)
7. "최저생계비"란 국민이 건강하고 문화적인 생활을 유지하기 위하여 필요한 최소한의 비용으로서 제20조의2제4항에 따라 보건복지부장관이 계측하는 금액을 말한다.(2014.12.30 본호개정)
8. "개별가구"란 이 법에 따른 급여를 받거나 이 법에 따른 자격요건에 부합하는지에 관한 조사를 받는 기본단위로서 수급자 또는 수급권자로 구성된 가구를 말한다. 이 경우 개별가구의 범위 등 구체적인 사항은 대통령령으로 정한다.
9. "소득인정액"이란 보장기관이 급여의 결정 및 실시 등에 사용하기 위하여 산출한 개별가구의 소득평가액과 재산의 소득환산액을 합산한 금액을 말한다.(2014.12.30 본호개정)
10. "차상위계층"이란 수급권자(제14조의2에 따라 수급권자로 보는 사람은 제외한다)에 해당하지 아니하는 계층으로서 소득인정액이 대통령령으로 정하는 기준 이하인 계층을 말한다.(2014.12.30 본호개정)
11. "기준 중위소득"이란 보건복지부장관이 급여의 기준 등에 활용하기 위하여 제20조제2항에 따른 중앙생활보장위원회의 심의·의결을 거쳐 고시하는 국민 가구소득의 중위값을 말한다.(2014.12.30 본호신설)
제3조【급여의 기본원칙】 ① 이 법에 따른 급여는 수급자가 자신의 생활의 유지·향상을 위하여 그의 소득, 재산, 근로능력 등을 활용하여 최대한 노력하는 것을 전제로 이를 보충·발전시키는 것을 기본원칙으로 한다.
② 부양의무자의 부양과 다른 법령에 따른 보호는 이 법에 따른 급여에 우선하여 행하여지는 것으로 한다. 다만, 다른 법령에 따른 보호의 수준이 이 법에서 정하는 수준에 이르지 아니하는 경우에는 나머지 부분에 관하여 이 법에 따른 급여를 받을 권리를 잃지 아니한다.
제4조【급여의 기준 등】 ① 이 법에 따른 급여는 건강하고 문화적인 최저생활을 유지할 수 있는 것이어야 한다.
② 이 법에 따른 급여의 기준은 수급자의 연령, 가구 규모, 거주지역, 그 밖의 생활여건 등을 고려하여 급여의 종류별로 보건복지부장관이 정하거나 급여를 지급하는 중앙행정기관의 장(이하 "소관 중앙행정기관의 장"이라 한다)이 보건복지부장관과 협의하여 정한다.(2014.12.30 본항개정)
③ 보장기관은 이 법에 따른 급여를 개별가구 단위로 실시하되, 「장애인복지법」 제32조에 따라 등록한 장애인 중 장애의 정도가 심한 장애인으로서 보건복지부장관이 정하는 사람에 대한 급여 등 특히 필요하다고 인정하는 경우에는 개인 단위로 실시할 수 있다.(2023.8.16 본항개정)

④ 지방자치단체인 보장기관은 해당 지방자치단체의 조례로 정하는 바에 따라 이 법에 따른 급여의 범위 및 수준을 초과하여 급여를 실시할 수 있다. 이 경우 해당 보장기관은 보건복지부장관 및 소관 중앙행정기관의 장에게 알려야 한다.(2014.12.30 본항신설)

제4조의2【다른 법률과의 관계】 제11조 및 제12조의3에 따른 급여와 관련하여 다른 법률에 특별한 규정이 있는 경우를 제외하고는 이 법이 정하는 바에 따른다.
(2014.12.30 본조신설)

제5조 (2014.12.30 삭제)

제5조의2【외국인에 대한 특례】 국내에 체류하고 있는 외국인 중 대한민국 국민과 혼인하여 본인 또는 배우자가 임신 중이거나 대한민국 국적의 미성년 자녀를 양육하고 있거나 배우자의 대한민국 국적인 직계존속(直系尊屬)과 생계나 주거를 같이하고 있는 사람으로서 대통령령으로 정하는 사람이 이 법에 따른 급여를 받을 수 있는 자격을 가진 경우에는 수급권자가 된다.(2014.12.30 본조개정)

제6조【최저보장수준의 결정 등】 ① 보건복지부장관 또는 소관 중앙행정기관의 장은 급여의 종류별 수급자 선정기준 및 최저보장수준을 결정하여야 한다.
② 보건복지부장관 또는 소관 중앙행정기관의 장은 매년 8월 1일까지 제20조제2항에 따른 중앙생활보장위원회의 심의·의결을 거쳐 다음 연도의 급여의 종류별 수급자 선정기준 및 최저보장수준을 공표하여야 한다.
③ (2014.12.30 삭제)
(2014.12.30 본조개정)

제6조의2【기준 중위소득의 산정】 ① 기준 중위소득은 「통계법」 제27조에 따라 통계청이 공표하는 통계자료의 가구 경상소득(근로소득, 사업소득, 재산소득, 이전소득을 합산한 소득을 말한다)의 중간값에 최근 가구소득 평균 증가율, 가구규모에 따른 소득수준의 차이 등을 반영하여 가구규모별로 산정한다.
② 그 밖에 가구규모별 소득수준 반영 방법 등 기준 중위소득의 산정에 필요한 사항은 제20조제2항에 따른 중앙생활보장위원회에서 정한다.
(2014.12.30 본조신설)

제6조의3【소득인정액의 산정】 ① 제2조제9호에 따른 개별가구의 소득평가액은 개별가구의 실제소득에도 불구하고 보장기관이 급여의 결정 및 실시 등에 사용하기 위하여 산출한 금액으로 다음 각 호의 소득을 합한 개별가구의 실제소득에서 장애·질병·양육 등 가구 특성에 따른 지출요인, 근로를 유인하기 위한 요인, 그 밖에 추가적인 지출요인에 해당하는 금액을 감하여 산정한다.
1. 근로소득
2. 사업소득
3. 재산소득
4. 이전소득
② 제2조제9호에 따른 재산의 소득환산액은 개별가구의 재산가액에서 기본재산액(기초생활의 유지에 필요하다고 보건복지부장관이 정하여 고시하는 재산액을 말한다) 및 부채를 공제한 금액에 소득환산율을 곱하여 산정한다. 이 경우 소득으로 환산하는 재산의 범위는 다음 각 호와 같다.
1. 일반재산(금융재산 및 자동차를 제외한 재산을 말한다)
2. 금융재산
3. 자동차
③ 실제소득, 소득평가액 및 재산의 소득환산액의 산정을 위한 구체적인 범위·기준 등은 대통령령으로 정한다.
(2014.12.30 본조신설)

제2장 급여의 종류와 방법
(2012.2.1 본장개정)

제7조【급여의 종류】 ① 이 법에 따른 급여의 종류는 다음 각 호와 같다.
1. 생계급여
2. 주거급여
3. 의료급여
4. 교육급여
5. 해산급여(解産給與)
6. 장제급여(葬祭給與)
7. 자활급여
② 수급권자에 대한 급여는 수급자의 필요에 따라 제1항제1호부터 제7호까지의 급여의 전부 또는 일부를 실시하는 것으로 한다.(2014.12.30 본항개정)
③ 차상위계층에 속하는 사람(이하 "차상위자"라 한다)에 대한 급여는 보장기관이 차상위자의 가구별 생활여건을 고려하여 예산의 범위에서 제1항제2호부터 제4호까지, 제6호 및 제7호에 따른 급여의 전부 또는 일부를 실시할 수 있다. 이 경우 차상위자에 대한 급여의 기준 및 절차 등에 관하여 필요한 사항은 대통령령으로 정한다.
④ (2014.12.30 삭제)

제8조【생계급여의 내용 등】 ① 생계급여는 수급자에게 의복, 음식물 및 연료비와 그 밖에 일상생활에 기본적으로 필요한 금품을 지급하여 그 생계를 유지하게 하는 것으로 한다.
② 생계급여 수급권자는 부양의무자가 없거나, 부양의무자가 있어도 부양능력이 없거나 부양을 받을 수 없는 사람으로서 그 소득인정액이 제20조제2항에 따른 중앙생활보장위원회의 심의·의결을 거쳐 결정하는 금액(이하 이 조에서 "생계급여 선정기준"이라 한다) 이하인 사람으로 한다. 이 경우 생계급여 선정기준은 기준 중위소득의 100분의 30 이상으로 한다.(2014.12.30 본항신설)
③ 생계급여 최저보장수준은 생계급여와 소득인정액을 포함하여 생계급여 선정기준 이상이 되도록 하여야 한다.
(2014.12.30 본항신설)
④ 제2항 및 제3항에도 불구하고 제10조제1항 단서에 따라 제32조에 따른 보장시설에 위탁하여 생계급여를 실시하는 경우에는 보건복지부장관이 정하는 고시에 따라 그 선정기준 등을 달리 정할 수 있다.(2014.12.30 본항신설)
(2014.12.30 본조제목개정)

제8조의2【부양능력 등】 ① 부양의무자가 다음 각 호의 어느 하나에 해당하는 경우에는 제8조제2항, 제12조제3항, 제12조의3제2항에 따른 부양능력이 없는 것으로 본다.
1. 기준 중위소득 수준을 고려하여 대통령령으로 정하는 소득·재산 기준 미만인 경우
2. 직계존속 또는 「장애인연금법」 제2조제1호의 중증장애인인 직계비속을 자신의 주거에서 부양하는 경우로서 보건복지부장관이 정하여 고시하는 경우
3. 그 밖에 질병, 교육, 가구 특성 등으로 부양능력이 없다고 보건복지부장관이 정하는 경우
② 부양의무자가 다음 각 호의 어느 하나에 해당하는 경우에는 제8조제2항, 제12조제3항, 제12조의3제2항에 따른 부양을 받을 수 없는 것으로 본다.
1. 부양의무자가 「병역법」에 따라 징집되거나 소집된 경우
2. 부양의무자가 「해외이주법」 제2조의 해외이주자에 해당하는 경우
3. 부양의무자가 「형의 집행 및 수용자의 처우에 관한 법률」 및 「치료감호법」 등에 따른 교도소, 구치소, 치료감호시설 등에 수용 중인 경우
4. 부양의무자에 대하여 실종선고 절차가 진행 중인 경우
5. 부양의무자가 제32조의 보장시설에서 급여를 받고 있는 경우
6. 부양의무자의 가출 또는 행방불명으로 경찰서 등 행정관청에 신고된 후 1개월이 지났거나 가출 또는 행방불명 사실을 특별자치시장·특별자치도지사·시장·군수·구청장(자치구의 구청장을 말한다. 이하 "시장·군수·구청장"이라 한다)이 확인한 경우
7. 부양의무자가 부양을 기피하거나 거부하는 경우
8. 그 밖에 부양을 받을 수 없는 것으로 보건복지부장관이 정하는 경우
③ 「아동복지법」 제15조제1항제2호부터 제4호까지(제2호의 경우 친권자인 보호자는 제외한다)에 따라 부양 대상 아동이 보호조치된 경우에는 제8조제2항, 제12조제3항, 제12조의3제2항에 따른 부양을 받을 수 없는 것으로 본다.(2019.4.23 본항신설)
(2014.12.30 본조신설)

제9조【생계급여의 방법】 ① 생계급여는 금전을 지급하는 것으로 한다. 다만, 금전으로 지급할 수 없거나 금전으로 지급하는 것이 적당하지 아니하다고 인정하는 경우에는 물품을 지급할 수 있다.
② 제1항의 수급품은 대통령령으로 정하는 바에 따라 매월 정기적으로 지급하여야 한다. 다만, 특별한 사정이 있는 경우에는 그 지급방법을 다르게 정하여 지급할 수 있다.
③ 제1항의 수급품은 수급자에게 직접 지급한다. 다만, 제10조제1항 단서에 따라 제32조에 따른 보장시설이나 타인의 가정에 위탁하여 생계급여를 실시하는 경우에는 그 위탁받은 사람에게 이를 지급할 수 있다. 이 경우 보장기관은 보건복지부장관이 정하는 바에 따라 정기적으로 수급자의 수급 여부를 확인하여야 한다.
④ 생계급여는 보건복지부장관이 정하는 바에 따라 수급자의 소득인정액 등을 고려하여 차등지급할 수 있다.
⑤ 보장기관은 대통령령으로 정하는 바에 따라 근로능력이 있는 수급자에게 자활에 필요한 사업에 참가할 것을 조건으로 하여 생계급여를 실시할 수 있다. 이 경우 보장기관은 제28조에 따른 자활지원계획을 고려하여 조건을 제시하여야 한다.

제10조【생계급여를 실시할 장소】 ① 생계급여는 수급자의 주거에서 실시한다. 다만, 수급자가 주거가 없거나 주거가 있어도 그곳에서는 급여의 목적을 달성할 수 없는 경우 또는 수급자가 희망하는 경우에는 수급자를 제32조에 따른 보장시설이나 타인의 가정에 위탁하여 급여를 실시할 수 있다.
② 제1항에 따라 수급자에 대한 생계급여를 타인의 가정에 위탁하여 실시하는 경우에는 거실의 임차료와 그 밖에 거실의 유지에 필요한 비용은 수급품에 가산하여 지급한다. 이 경우 제7조제1항제2호의 주거급여가 실시된 것으로 본다.

제11조【주거급여】 ① 주거급여는 수급자에게 주거 안정에 필요한 임차료, 수선유지비, 그 밖의 수급품을 지급하는 것으로 한다.
② 주거급여에 관하여 필요한 사항은 따로 법률에서 정한다.
(2014.12.30 본조개정)

제12조【교육급여】 ① 교육급여는 수급자에게 입학금, 수업료, 학용품비, 그 밖의 수급품을 지급하는 것으로 하되, 학교의 종류·범위 등에 관하여 필요한 사항은 대통령령으로 정한다.
② 교육급여는 교육부장관의 소관으로 한다.(2014.12.30 본항개정)
③ 교육급여 수급권자는 부양의무자가 없거나, 부양의무자가 있어도 부양능력이 없거나 부양을 받을 수 없는 사람으로서 그 소득인정액이 제20조제2항에 따른 중앙생활보장위원회의 심의·의결을 거쳐 결정하는 금액(이하 "교육급여 선정기준"이라 한다) 이하인 사람으로 한다. 이 경우 교육급여 선정기준은 기준 중위소득의 100분의 50 이상으로 한다.(2014.12.30 본항신설)
④ 교육급여의 신청 및 지급 등에 대하여는 「초·중등교육법」 제60조의4부터 제60조의9까지 및 제62조제3항에 따른 교육비 지원절차를 준용한다.(2014.12.30 본항신설)

제12조의2【교육급여의 적용특례】 교육급여 수급권자를 선정하는 경우에는 제12조제1항의 교육급여와 「초·중등교육법」 제60조의4에 따른 교육비 지원과의 연계·통합을 위하여 제3조제2항 및 제12조제3항에도 불구하고 소득인정액이 교육급여 선정기준 이하인 사람을 수급권자로 본다.(2014.12.30 본조신설)

제12조의3【의료급여】 ① 의료급여는 수급자에게 건강한 생활을 유지하는 데 필요한 각종 검사 및 치료 등을 지급하는 것으로 한다.
② 의료급여 수급권자는 부양의무자가 없거나, 부양의무자가 있어도 부양능력이 없거나 부양을 받을 수 없는 사람으로서 그 소득인정액이 제20조제2항에 따른 중앙생활보장위원회의 심의·의결을 거쳐 결정하는 금액(이하 이 항에서 "의료급여 선정기준"이라 한다) 이하인 사람으로 한다. 이 경우 의료급여 선정기준은 기준 중위소득의 100분의 40 이상으로 한다.
③ 의료급여에 필요한 사항은 따로 법률에서 정한다.
(2014.12.30 본조신설)

제13조【해산급여】 ① 해산급여는 제7조제1항제1호부터 제3호까지의 급여 중 하나 이상의 급여를 받는 수급자에게 다음 각 호의 급여를 실시하는 것으로 한다.
(2014.12.30 본문개정)
1. 조산(助産)
2. 분만 전과 분만 후에 필요한 조치와 보호
② 해산급여는 보건복지부령으로 정하는 바에 따라 보장기관이 지정하는 의료기관에 위탁하여 실시할 수 있다.
③ 해산급여에 필요한 수급품은 보건복지부령으로 정하는 바에 따라 수급자나 그 세대주 또는 세대주에 준하는 사람에게 지급한다. 다만, 제2항에 따라 그 급여를 의료기관에 위탁하는 경우에는 수급품을 그 의료기관에 지급할 수 있다.

제14조【장제급여】 ① 장제급여는 제7조제1항제1호부터 제3호까지의 급여 중 하나 이상의 급여를 받는 수급자가 사망한 경우 사체의 검안(檢案)·운반·화장 또는 매장, 그 밖의 장제조치를 하는 것으로 한다.(2014.12.30 본항개정)
② 장제급여는 보건복지부령으로 정하는 바에 따라 실제로 장제를 실시하는 사람에게 장제에 필요한 비용을 지급하는 것으로 한다. 다만, 그 비용을 지급할 수 없거나 비용을 지급하는 것이 적당하지 아니하다고 인정하는 경우에는 물품을 지급할 수 있다.

제14조의2【급여의 특례】 제8조, 제11조, 제12조, 제12조의3, 제13조, 제14조 및 제15조에 따른 수급권자에 해당하지 아니하여도 생활이 어려운 사람으로서 일정 기간 동안 이 법에서 정하는 급여의 전부 또는 일부가 필요하다고 보건복지부장관 또는 소관 중앙행정기관의 장이 정하는 사람은 수급권자로 본다.(2014.12.30 본조신설)

제15조【자활급여】 ① 자활급여는 수급자의 자활을 돕기 위하여 다음 각 호의 급여를 실시하는 것으로 한다.
1. 자활에 필요한 금품의 지급 또는 대여
2. 자활에 필요한 근로능력의 향상 및 기능습득의 지원
3. 취업알선 등 정보의 제공
4. 자활을 위한 근로기회의 제공
5. 자활에 필요한 시설 및 장비의 대여
6. 창업교육, 기능훈련 및 기술·경영지도 등 창업지원
7. 자활에 필요한 자산형성 지원
8. 그 밖에 대통령령으로 정하는 자활을 위한 각종 지원
② 제1항의 자활급여는 관련 공공기관·비영리법인·시설과 그 밖에 대통령령으로 정하는 기관에 위탁하여 실시할 수 있다. 이 경우 그에 드는 비용은 보장기관이 부담한다.

제2장의2 자활 지원
(2012.2.1 본장제목개정)

제15조의2【한국자활복지개발원】 ① 수급자 및 차상위자의 자활촉진에 필요한 사업을 수행하기 위하여 한국자활복지개발원(이하 "자활복지개발원"이라 한다)을 설립한다.
② 자활복지개발원은 법인으로 한다.
③ 자활복지개발원은 그 주된 사무소의 소재지에서 설립등기를 함으로써 성립한다.
④ 보건복지부장관은 자활복지개발원을 지도·감독하며 자활복지개발원에 대하여 업무·회계 및 재산에 관하여 필요한 사항을 보고하게 하거나 소속 공무원에게 자활복지개발원에 출입하여 장부, 서류, 그 밖의 물건을 검사하게 할 수 있다.

⑤ 제1항에서 제4항까지에서 규정한 사항 외에 자활복지개발원의 정관, 이사회, 회계, 그 밖에 자활복지개발원의 설립·운영에 필요한 사항은 대통령령으로 정한다.
(2019.1.15 본조개정)

제15조의3【자활복지개발원의 업무】 ① 자활복지개발원은 다음 각 호의 사업을 수행한다.
1. 자활 지원을 위한 사업(이하 "자활지원사업"이라 한다)의 개발 및 평가
2. 자활 지원을 위한 조사·연구 및 홍보
3. 제15조의10에 따른 광역자활센터, 제16조에 따른 지역자활센터 및 제18조에 따른 자활기업의 기술·경영 지도 및 평가
4. 자활 관련 기관 간의 협력체계 구축·운영
5. 자활 관련 기관 간의 정보네트워크 구축·운영
6. 취업·창업을 위한 자활촉진 프로그램 개발 및 지원
7. 제18조의6제2항 및 제3항에 따른 고용지원서비스의 연계 및 사회복지서비스의 지원 대상자 관리(2021.7.27 본호개정)
8. 수급자 및 차상위자의 자활촉진을 위한 교육·훈련, 제15조의10에 따른 광역자활센터 등 자활 관련 기관의 종사자 및 참여자에 대한 교육·훈련 및 지원
9. 국가 또는 지방자치단체로부터 위탁받은 자활 관련 사업
10. 그 밖에 자활촉진에 필요한 사업으로서 보건복지부장관이 정하는 사업

② 제1항제5호 및 제7호에 따라 구축·운영되는 정보시스템은 「사회복지사업법」 제6조의2제1항에 따른 정보시스템 및 「사회보장기본법」 제37조제2항에 따른 사회보장정보시스템과 연계할 수 있다.
③ 자활복지개발원장은 제1항제8호에 따른 교육·훈련을 위하여 자활복지개발원에 한국자활연수원을 둔다.
(2019.1.15 본조신설)

제15조의4【임원】 ① 자활복지개발원에 원장 1명을 포함한 11명 이내의 이사와 감사 1명을 두며, 원장을 제외한 이사와 감사는 비상임으로 한다.
② 원장과 감사는 정관으로 정하는 바에 따라 구성된 임원추천위원회가 복수로 추천한 사람 중에서 보건복지부장관이 임명한다.
③ 원장의 임기는 3년으로 하되, 1년을 단위로 연임할 수 있다.
④ 이사는 다음 각 호의 어느 하나에 해당하는 사람 중에서 보건복지부장관이 임명하되, 제1호 및 제2호의 경우에는 임원추천위원회의 추천을 받아 임명한다.
1. 자활지원사업·사회복지 분야에 학식과 경험이 풍부한 사람
2. 정보통신·교육훈련·경영·경제·금융 분야 중 어느 하나 이상의 분야에 학식과 경험이 풍부한 사람
3. 보건복지부의 자활지원사업을 담당하는 공무원 또는 지방자치단체의 공무원

⑤ 원장 및 제4항제3호의 이사를 제외한 임원의 임기는 2년으로 하되, 1년을 단위로 연임할 수 있다.
⑥ 그 밖에 임원의 자격, 선임, 직무에 관하여 필요한 사항은 정관으로 정한다.
(2019.1.15 본조신설)

제15조의5【직원의 파견 등】 ① 자활복지개발원은 그 목적의 달성과 전문성의 향상을 위하여 필요한 경우에는 보건복지부장관을 거쳐 국가기관·지방자치단체·연구기관 또는 공공단체에 직원의 파견을 요청할 수 있다.
② 직원의 파견을 요청받은 국가기관 등의 장은 그 소속 직원을 자활복지개발원에 파견할 수 있다.
(2019.1.15 본조신설)

제15조의6【국가의 보조 등】 ① 국가는 자활복지개발원의 설립·운영에 필요한 경비의 전부 또는 일부를 보조하거나 출연할 수 있다.
② 국가는 자활복지개발원의 설립·운영을 위하여 필요하다고 인정하는 경우 「국유재산특례제한법」에 따라 국유재산을 자활복지개발원에 무상으로 대부·양여하거나 사용·수익하게 할 수 있다.
(2019.1.15 본조신설)

제15조의7【「민법」의 준용】 자활복지개발원에 관하여 이 법에서 규정한 것을 제외하고는 「민법」 중 재단법인에 관한 규정을 준용한다.(2019.1.15 본조신설)

제15조의8【비밀누설 등의 금지】 자활복지개발원의 임직원 또는 임직원이었던 자는 직무상 알게 된 비밀을 누설하거나 다른 용도로 사용해서는 아니 된다.
(2019.1.15 본조신설)

제15조의9【벌칙 적용에서 공무원 의제】 자활복지개발원의 임직원은 「형법」 제129조부터 제132조까지의 규정을 적용할 때에는 공무원으로 본다.(2019.1.15 본조신설)

제15조의10【광역자활센터】 ① 보장기관은 수급자 및 차상위자의 자활촉진에 필요한 다음 각 호의 사업을 수행하게 하기 위하여 사회복지법인, 사회적협동조합 등 비영리법인과 단체(이하 이 조에서 "법인등"이라 한다)를 법인등의 신청을 받아 특별시·광역시·특별자치시·도·특별자치도(이하 "시·도"라 한다) 단위의 광역자활센터로 지정한다. 이 경우 보장기관은 법인등의 지역사회복지사업 및 자활지원사업의 수행 능력·경험 등을 고려하여야 한다.
1. 시·도 단위의 자활기업 창업지원
2. 시·도 단위의 수급자 및 차상위자에 대한 취업·창업 지원 및 알선
3. 제16조에 따른 지역자활센터 종사자 및 참여자에 대한 교육훈련 및 지원
4. 지역특화형 자활프로그램 개발·보급 및 사업개발 지원
5. 제16조에 따른 지역자활센터 및 제18조에 따른 자활기업에 대한 기술·경영 지도
6. 그 밖에 자활촉진에 필요한 사업으로서 보건복지부장관이 정하는 사업

② 보장기관은 광역자활센터의 설치 및 운영에 필요한 경비의 전부 또는 일부를 보조할 수 있다.
③ 보장기관은 광역자활센터에 대하여 정기적으로 사업실적 및 운영실태를 평가하고 수급자의 자활촉진을 달성하지 못하는 광역자활센터에 대해서는 그 지정을 취소할 수 있다.
④ 제1항부터 제3항까지에서 규정한 사항 외에 광역자활센터의 신청·지정 및 취소 절차와 평가, 그 밖에 운영에 필요한 사항은 보건복지부령으로 정한다.
(2019.1.15 본조개정)

제16조【지역자활센터 등】 ① 보장기관은 수급자 및 차상위자의 자활 촉진에 필요한 다음 각 호의 사업을 수행하게 하기 위하여 사회복지법인, 사회적협동조합 등 비영리법인과 단체(이하 이 조에서 "법인등"이라 한다)를 법인등의 신청을 받아 지역자활센터로 지정할 수 있다. 이 경우 보장기관은 법인등의 지역사회복지사업 및 자활지원사업 수행능력·경험 등을 고려하여야 한다.
(2014.12.30 전단개정)
1. 자활의욕 고취를 위한 교육
2. 자활을 위한 정보제공, 상담, 직업교육 및 취업알선
3. 생업을 위한 자금융자 알선
4. 자영창업 지원 및 기술·경영지도
5. 제18조에 따른 자활기업의 설립·운영 지원
6. 그 밖에 자활을 위한 각종 사업

② 보장기관은 제1항에 따라 지정을 받은 지역자활센터에 대하여 다음 각 호의 지원을 할 수 있다.
1. 지역자활센터의 설립·운영 비용 또는 제1항 각 호의 사업수행 비용의 전부 또는 일부
2. 국유·공유 재산의 무상임대
3. 보장기관이 실시하는 사업의 우선 위탁

③ 보장기관은 지역자활센터에 대하여 정기적으로 사업실적 및 운영실태를 평가하고 수급자의 자활촉진을 달성하지 못하는 지역자활센터에 대하여는 그 지정을 취소할 수 있다.
④ 지역자활센터는 수급자 및 차상위자에 대한 효과적인 자활 지원과 지역자활센터의 발전을 공동으로 도모하기 위하여 지역자활센터협회를 설립할 수 있다.
⑤ 제1항부터 제3항까지에서 규정한 사항 외에 지역자활센터의 신청·지정 및 취소 절차와 평가, 그 밖에 운영 등에 필요한 사항은 보건복지부령으로 정한다.
(2012.2.1 본조개정)

제17조【자활기관협의체】 ① 시장·군수·구청장은 자활지원사업의 효율적인 추진을 위하여 제16조에 따른 지역자활센터, 「직업안정법」 제2조의2제1호의 직업안정기관, 「사회복지사업법」 제2조제4호의 사회복지시설의 장 등과 상시적인 협의체계(이하 "자활기관협의체"라 한다)를 구축하여야 한다.(2014.12.30 본항개정)
② 자활기관협의체의 구성 및 운영 등에 필요한 사항은 보건복지부령으로 정한다.
(2012.2.1 본조개정)

제18조【자활기업】 ① 수급자 및 차상위자는 상호 협력하여 자활기업을 설립·운영할 수 있다.
② 제1항에 따른 자활기업을 설립·운영하려는 자는 다음 각 호의 요건을 모두 갖추어 보장기관의 인정을 받아야 한다.
1. 조합 또는 「부가가치세법」 상 사업자의 형태를 갖출 것
2. 설립 및 운영 주체는 수급자 또는 차상위자를 2인 이상 포함하여 구성할 것. 다만, 설립 당시에는 수급자 또는 차상위자였으나, 설립 이후 수급자 또는 차상위자를 면하게 된 사람이 계속하여 그 구성원으로 있는 경우에는 수급자 또는 차상위자로 산정(算定)한다.
3. 그 밖에 운영기준에 관하여 보건복지부장관이 정하는 사항을 갖출 것

(2021.7.27 본항개정)
③ 보장기관은 자활기업에게 직접 또는 자활복지개발원, 제15조의10에 따른 광역자활센터 및 제16조에 따른 지역자활센터를 통하여 다음 각 호의 지원을 할 수 있다.
(2019.1.15 본문개정)
1. 자활을 위한 사업자금 융자
2. 국유지·공유지 우선 임대
3. 국가나 지방자치단체가 실시하는 사업의 우선 위탁
4. (2021.7.27 삭제)
5. 자활기업 운영에 필요한 경영·세무 등의 교육 및 컨설팅 지원(2021.7.27 본호신설)
6. 그 밖에 수급자의 자활촉진을 위한 각종 사업

④ 그 밖에 자활기업의 설립·운영, 인정 및 지원에 필요한 사항은 보건복지부령으로 정한다.(2021.7.27 본항개정)
(2012.2.1 본조개정)

제18조의2【공공기관의 우선구매】 ① 「중소기업제품 구매촉진 및 판로지원에 관한 법률」 제2조제2호에 따른 공공기관의 장(이하 "공공기관의 장"이라 한다)은 자활기업이 직접 생산하는 물품, 제공하는 용역 및 수행하는 공사(이하 "자활기업생산품"이라 한다)의 우선구매를 촉진하여야 한다.
② 공공기관의 장은 소속 기관 등에 대한 평가를 시행하는 경우에는 자활기업생산품의 구매실적을 포함하여야 한다.
(2021.7.27 본조신설)

제18조의3【보고 등】 ① 자활기업은 보건복지부장관이 정하는 바에 따라 설립·운영현황, 사업실적 등의 사항을 적은 사업보고서를 작성하여 매 회계연도 4월 말 및 10월 말까지 보장기관에 제출하여야 한다.
② 보장기관은 자활기업을 지도·감독하며, 필요하다고 인정하는 경우에는 자활기업과 그 구성원에 대하여 업무에 필요한 보고나 관계 서류의 제출을 명할 수 있다.
③ 보장기관은 제1항 및 제2항에 따른 보고 사항의 검토 및 지도·감독을 한 결과 필요하면 시정을 명할 수 있다. 다만, 제18조제2항에 따른 인정요건을 갖추지 못하게 된 경우에는 시정을 명하여야 한다.
(2021.7.27 본조신설)

제18조의4【자활기업의 인정취소】 ① 보장기관은 자활기업이 다음 각 호의 어느 하나에 해당하게 되면 인정을 취소할 수 있다. 다만, 제1호에 해당하면 인정을 취소하여야 한다.
1. 거짓이나 그 밖의 부정한 방법으로 인정을 받은 경우
2. 제18조제2항에 따른 인정요건을 갖추지 못하게 된 경우
3. 거짓이나 그 밖의 부정한 방법으로 이 법 또는 다른 법령에 따른 재정 지원을 받았거나 받으려고 한 경우
4. 경영 악화 등으로 자진하여 인정취소를 요청하는 경우
5. 제18조의3제3항에 따른 시정명령을 2회 이상 받고도 시정하지 아니한 경우

② 보장기관은 제1항제1호·제3호·제5호의 이유로 인정이 취소된 기업 또는 해당 기업과 실질적 동일성이 인정되는 기업에 대하여는 그 취소된 날부터 3년이 지나지 아니한 경우에는 인정하여서는 아니 된다.
③ 제1항에 따른 인정취소의 세부기준 및 제2항에 따른 실질적 동일성이 인정되는 기업의 기준 등에 관하여 필요한 사항은 보건복지부령으로 정한다.
(2021.7.27 본조신설)

제18조의5【유사명칭의 사용금지】 자활기업이 아닌 자는 자활기업 또는 이와 유사한 명칭을 사용하여서는 아니 된다.(2021.7.27 본조신설)

제18조의6【고용촉진】 ① 보장기관은 수급자 및 차상위자의 고용을 촉진하기 위하여 상시근로자의 일정비율 이상을 수급자 및 차상위자로 채용하는 기업에 대하여는 대통령령으로 정하는 바에 따라 제18조제3항 각 호에 해당하는 지원을 할 수 있다.
② 시장·군수·구청장은 수급자 및 차상위자에게 가구별 특성을 고려하여 관련 기관의 고용지원서비스를 연계할 수 있다.(2021.12.21 본항개정)
③ 시장·군수·구청장은 수급자 및 차상위자의 취업활동으로 인하여 지원이 필요하게 된 해당 가구의 아동·노인 등에게 사회복지서비스를 지원할 수 있다.
(2014.12.30 본조개정)

제18조의7【자활기금의 적립】 ① 보장기관은 이 법에 따른 자활지원사업의 원활한 추진을 위하여 자활기금을 적립한다.(2019.1.15 본항개정)
② 보장기관은 자활지원사업의 효율적 추진을 위하여 필요하다고 인정하는 경우에는 자활기금의 관리·운영을 자활복지개발원 또는 자활지원사업을 수행하는 비영리법인에 위탁할 수 있다. 이 경우 그에 드는 비용은 보장기관이 부담한다.(2019.1.15 전단개정)
③ 제1항에 따른 자활기금의 적립에 필요한 사항은 대통령령으로 정한다.
(2012.2.1 본조개정)

제18조의8【자산형성지원】 ① 보장기관은 수급자 및 차상위자가 자활에 필요한 자산을 형성할 수 있도록 재정적인 지원을 할 수 있다. 다만, 「청년기본법」 제3조제1호의 청년으로서 대통령령으로 정하는 소득·재산 기준을 충족하는 사람은 다른 규정에도 불구하고 이 법에 따른 자산형성지원의 대상으로 본다.(2021.12.21 단서신설)
② 보장기관은 제1항의 자산형성지원 대상자가 자활에 필요한 자산을 형성하는 데 필요한 교육을 실시할 수 있다.
(2021.12.21 본항개정)
③ 제1항에 따른 지원으로 형성된 자산은 대통령령으로 정하는 바에 따라 수급자의 재산의 소득환산액 산정 시 이를 포함하지 아니한다.(2014.12.30 본항개정)
④ 보장기관은 제1항 및 제2항에 따른 자산형성지원과 그 교육에 관한 업무의 전부 또는 일부를 자활복지개발원 등의 법인 또는 단체 등에 위탁할 수 있다.
(2019.1.15 본항개정)
⑤ 제1항에 따른 자산형성지원의 대상과 기준 및 제2항에 따른 교육의 내용은 대통령령으로 정하고, 자산형성지원의 신청, 방법 및 지원금의 반환절차 등에 필요한 사항은 보건복지부령으로 정한다.(2019.1.15 본항신설)

제18조의9【자활의 교육 등】 ① 보건복지부장관, 특별시장·광역시장·특별자치시장·도지사·특별자치도지사(이하 "시·도지사"라 한다), 시장·군수·구청장은 수급자 및 차상위자의 자활촉진을 위하여 교육을 실시할 수 있다.

② 보건복지부장관은 제1항에 따른 교육의 전부 또는 일부를 법인·단체 등에 위탁할 수 있다.(2019.1.15 본항개정)
③ 보건복지부장관은 제2항에 따른 교육을 위탁받은 법인·단체 등에 대하여 그 운영에 필요한 비용을 지원할 수 있다.(2019.1.15 본항개정)
④ 제1항부터 제3항까지에 따른 교육과 교육기관의 조직·운영 등에 필요한 사항은 보건복지부장관이 정한다.
(2014.12.30 본조신설)

제18조의10【자활지원사업 통합정보전산망의 구축·운영 등】 ① 보건복지부장관은 근로능력이 있는 수급자 등 자활지원사업 참여자의 수급이력 및 근로활동 현황 등 자활지원사업의 수행·관리 및 효과분석에 필요한 각종 자료 및 정보를 효율적으로 처리하고 기록·관리하는 자활지원사업 통합정보전산망(이하 "통합정보전산망"이라 한다)을 구축·운영할 수 있다.
② 보건복지부장관은 통합정보전산망의 구축·운영을 위하여 국가보훈부, 고용노동부, 국세청 등 국가기관과 지방자치단체의 장 및 관련 기관·단체의 장에게 다음 각 호의 자료 제공 및 관계 전산망의 이용을 요청할 수 있다. 이 경우 자료의 제공 등을 요청받은 기관의 장은 정당한 사유가 없으면 그 요청에 따라야 한다.(2023.3.4 전단개정)
1. 사업자등록부
2. 국민건강보험·국민연금·고용보험·산업재해보상보험·보훈급여·공무원연금·군인연금·사립학교교직원연금·별정우체국연금의 가입 여부, 소득정보, 가입종별, 부과액 및 수급액
3. 사회보장급여 수급이력
4. 국가기술자격 취득 정보
③ 보건복지부장관은 제2항에 따른 자료 및 관계 전산망의 이용 등 통합정보전산망의 구축·운영에 필요한 자료의 조사를 위하여 「사회보장기본법」 제37조제2항에 따른 사회보장정보시스템을 연계하여 사용할 수 있다.
④ 자활지원사업을 수행하는 중앙행정기관, 지방자치단체 및 위탁받은 기관·단체의 장과 자활복지개발원의 원장은 자활지원사업의 수행·관리 및 효과분석 등을 위하여 제2항 각 호의 정보를 활용하고자 하는 경우 보건복지부장관에게 통합정보전산망의 사용을 요청할 수 있다.
⑤ 보건복지부장관은 통합정보전산망 구축·운영에 관한 업무의 전부 또는 일부를 자활복지개발원에 위탁할 수 있다.
⑥ 제2항부터 제4항까지에 따른 자료 또는 관계 전산망의 이용 및 제공에 대해서는 수수료·사용료 등을 면제한다.
(2019.1.15 본조신설)

제18조의11【개인정보의 보호】 ① 보건복지부장관은 제18조의10제4항에 따른 수행기관의 통합정보전산망 사용 요청에 대하여 같은 조 제2항 각 호의 정보 중 업무에 필요한 최소한의 정보만 제공하여야 한다.(2021.7.27 본항개정)
② 수행기관은 제18조의10제4항에 따라 보건복지부장관에게 통합정보전산망 사용을 요청하는 경우 보안교육 등 자활지원사업 참여자의 개인정보에 대한 보호대책을 마련하여야 한다.(2021.7.27 본항개정)
③ 수행기관은 제18조의10제2항부터 제4항까지에 따른 자료 및 관계 전산망을 이용하고자 하는 경우에는 사전에 정보주체의 동의를 받아야 한다.(2021.7.27 본항개정)
④ 수행기관은 제18조의10제2항부터 제4항까지에 따른 자료 및 관계 전산망을 이용함에 있어 다음 각 호의 개인정보를 제외한 정보는 참여자의 수급이력 및 근로활동현황 등 자활지원사업의 수행·관리 및 효과분석 목적을 달성한 경우 지체 없이 파기하여야 한다.(2021.7.27 본문개정)
1. 자활지원사업 신청자 및 참여자의 특성
2. 자활지원사업 참여자의 사업 참여 이력
3. 자활지원사업 참여자의 사업종료 이후 취업 이력
⑤ 제18조의10제2항 각 호의 개인정보는 수행기관에서 자활지원사업을 담당하는 자 중 해당 기관의 장으로부터 개인정보 취급승인을 받은 자만 취급할 수 있다.
(2021.7.27 본항개정)
⑥ 자활지원사업 업무에 종사하거나 종사하였던 자는 자활지원사업 업무 수행과 관련하여 알게 된 개인·법인 또는 단체의 정보를 누설하거나 다른 용도로 사용해서는 아니 된다.
⑦ 제1항부터 제5항까지에서 정한 개인정보 보호대책, 정보주체에 대한 사전 동의 방법, 목적을 달성한 정보의 파기 시기 및 방법, 개인정보 취급승인의 절차, 보안교육 등에 관한 세부적인 사항은 보건복지부장관이 정한다.
(2019.1.15 본조신설)

제3장 보장기관
(2012.2.1 본장개정)

제19조【보장기관】 ① 이 법에 따른 급여는 수급권자 또는 수급자의 거주지를 관할하는 시·도지사와 시장·군수·구청장〔제7조제1항제4호의 교육급여인 경우에는 특별시·광역시·특별자치시·도·특별자치도의 교육감(이하 "시·도교육감"이라 한다)을 말한다. 이하 같다〕이 실시한다. 다만, 주거가 일정하지 아니한 경우에는 수급권자 또는 수급자가 실제 거주하는 지역을 관할하는 시장·군수·구청장이 실시한다.(2014.12.30 본항개정)
② 제1항에도 불구하고 보건복지부장관, 소관 중앙행정기관의 장과 시·도지사는 수급자를 각각 국가나 해당 지방자치단체가 경영하는 보장시설에 입소하게 하거나 다른 보장시설에 위탁하여 급여를 실시할 수 있다.
(2014.12.30 본항개정)
③ 수급권자나 수급자가 거주지를 변경하는 경우의 처리 방법과 보장기관 간의 협조, 그 밖에 업무처리에 필요한 사항은 보건복지부령으로 정한다.
④ 보장기관은 수급권자·수급자·차상위계층에 대한 조사와 수급자 결정 및 급여의 실시 등 이 법에 따른 보장업무를 수행하게 하기 위하여 「사회복지사업법」 제14조에 따른 사회복지 전담공무원(이하 "사회복지 전담공무원"이라 한다)을 배치하여야 한다. 이 경우 제15조에 따른 자활급여 업무를 수행하는 사회복지 전담공무원은 따로 배치하여야 한다.

제20조【생활보장위원회】 ① 이 법에 따른 생활보장사업의 기획·조사·실시 등에 관한 사항을 심의·의결하기 위하여 보건복지부와 시·도 및 시·군·구(자치구를 말한다. 이하 같다)에 각각 생활보장위원회를 둔다. 다만, 시·도 및 시·군·구에 두는 생활보장위원회는 그 기능을 담당하기에 적합한 다른 위원회가 있고 그 위원회의 위원이 제4항에 규정된 자격을 갖춘 경우에는 시·도 또는 시·군·구의 조례로 정하는 바에 따라 그 위원회가 생활보장위원회의 기능을 대신할 수 있다.
② 보건복지부에 두는 생활보장위원회(이하 "중앙생활보장위원회"라 한다)는 다음 각 호의 사항을 심의·의결한다.
1. 제20조의2제3항에 따른 기초생활보장 종합계획의 수립
2. 소득인정액 산정방식과 기준 중위소득의 결정
3. 급여의 종류별 수급자 선정기준과 최저보장수준의 결정
4. 제20조의2제2항 및 제4항에 따른 급여기준의 적정성 등 평가 및 실태조사에 관한 사항
(2014.12.30 1호~4호개정)
5. 급여의 종류별 누락·중복, 차상위계층의 지원사업 등에 대한 조정(2014.12.30 본호신설)
6. 제18조의7에 따른 자활기금의 적립·관리 및 사용에 관한 지침의 수립(2021.7.27 본호개정)
7. 그 밖에 위원장이 회의에 부치는 사항
③ 중앙생활보장위원회는 위원장을 포함하여 16명 이내의 위원으로 구성하고 위원은 보건복지부장관이 다음 각 호의 어느 하나에 해당하는 사람 중에서 위촉·지명하며 위원장은 보건복지부장관으로 한다.
1. 공공부조 또는 사회복지와 관련된 학문을 전공한 전문가로서 대학의 조교수 이상인 사람 또는 연구기관의 연구원으로 재직 중인 사람 5명 이내
2. 공익을 대표하는 사람 5명 이내
3. 관계 행정기관 소속 3급 이상 공무원 또는 고위공무원단에 속하는 일반직공무원 5명 이내
(2014.12.30 본항개정)
④ 제1항에 따른 시·도 및 시·군·구 생활보장위원회의 위원은 시·도지사 또는 시장·군수·구청장이 다음 각 호의 어느 하나에 해당하는 사람 중에서 위촉·지명하며 위원장은 해당 시·도지사 또는 시장·군수·구청장으로 한다. 다만, 제1항 단서에 따라 다른 위원회가 생활보장위원회의 기능을 대신하는 경우 위원장은 조례로 정한다.
1. 사회보장에 관한 학식과 경험이 있는 사람
2. 공익을 대표하는 사람
3. 관계 행정기관 소속 공무원
⑤ 제1항에 따른 생활보장위원회는 심의·의결과 관련하여 필요한 경우 보장기관에 대하여 그 소속 공무원의 출석이나 자료의 제출을 요청할 수 있다. 이 경우 해당 보장기관은 정당한 사유가 없으면 요청에 따라야 한다.
⑥ 시·도 및 시·군·구 생활보장위원회의 기능과 각 생활보장위원회의 구성·운영 등에 필요한 사항은 대통령령으로 정한다.

제20조의2【기초생활보장 계획의 수립 및 평가】 ① 소관 중앙행정기관의 장은 수급자의 최저생활을 보장하기 위하여 3년마다 소관별로 기초생활보장 기본계획을 수립하여 보건복지부장관에게 제출하여야 한다.
② 보건복지부장관 및 소관 중앙행정기관의 장은 제4항에 따른 실태조사 결과를 고려하여 급여기준의 적정성 등에 대한 평가를 실시할 수 있으며, 이와 관련하여 전문적인 조사·연구 등을 「공공기관 운영에 관한 법률」에 따른 공공기관 또는 민간 법인·단체 등에 위탁할 수 있다.
③ 보건복지부장관은 제1항에 따른 기초생활보장 기본계획 및 제2항에 따른 평가결과를 종합하여 기초생활보장 종합계획을 수립하여 중앙생활보장위원회의 심의를 받아야 한다.
④ 보건복지부장관은 수급권자, 수급자 및 차상위계층 등의 규모·생활실태 파악, 최저생계비 계측 등을 위하여 3년마다 실태조사를 실시·공표하여야 한다.
⑤ 보건복지부장관 및 소관 중앙행정기관의 장은 관계 행정기관, 지방자치단체, 「공공기관 운영에 관한 법률」에 따른 공공기관 등에 대하여 평가에 관한 의견 또는 자료의 제출을 요구할 수 있다. 이 경우 관계 행정기관 등은 특별한 사유가 없으면 이에 따라야 한다.
(2014.12.30 본조신설)

제4장 급여의 실시

제21조【급여의 신청】 ① 수급권자와 그 친족, 그 밖의 관계인은 관할 시장·군수·구청장에게 수급권자에 대한 급여를 신청할 수 있다. 차상위자가 급여를 신청하려는 경우에도 같으며, 이 경우 신청방법과 절차 및 조사 등에 관하여는 제2항부터 제5항까지, 제22조, 제23조 및 제23조의2를 준용한다.(2014.12.30 본항개정)
② 사회복지 전담공무원은 이 법에 따른 급여를 필요로 하는 사람이 누락되지 아니하도록 하기 위하여 관할지역에 거주하는 수급권자에 대한 급여를 직권으로 신청할 수 있다. 이 경우 수급권자의 동의를 구하여야 하며 수급권자의 동의는 수급권자의 신청으로 볼 수 있다.
③ 제1항에 따라 급여신청을 할 때나 제2항에 따라 사회복지 전담공무원이 급여신청을 하는 것에 수급권자가 동의하였을 때에는 수급권자와 부양의무자는 다음 각 호의 자료 또는 정보의 제공에 대하여 동의한다는 서면을 제출하여야 한다.
1. 「금융실명거래 및 비밀보장에 관한 법률」 제2조제2호 및 제3호에 따른 금융자산 및 금융거래의 내용에 대한 자료 또는 정보 중 예금의 평균잔액과 그 밖에 대통령령으로 정하는 자료 또는 정보(이하 "금융정보"라 한다)
2. 「신용정보의 이용 및 보호에 관한 법률」 제2조제1호에 따른 신용정보 중 채무액과 그 밖에 대통령령으로 정하는 자료 또는 정보(이하 "신용정보"라 한다)
3. 「보험업법」 제4조제1항 각 호에 따른 보험에 가입하여 낸 보험료와 그 밖에 대통령령으로 정하는 자료 또는 정보(이하 "보험정보"라 한다)
④ 제1항에 따라 수급권자 등이 급여를 신청할 경우 사회복지 전담공무원은 신청한 사람이 급여에 관한 정보의 부족 등으로 불리한 입장에 놓이지 아니하도록 수급권자의 선정기준, 급여의 내용 및 신청방법 등을 알기 쉽게 설명하여야 한다.(2016.2.3 본항신설)
⑤ 시장·군수·구청장은 신청자에게 급여 신청의 철회나 포기를 유도하는 행위를 하여서는 아니 된다.
(2016.2.3 본항신설)
⑥ 제1항 및 제2항에 따른 급여의 신청 방법 및 절차 등에 관하여 필요한 사항은 보건복지부령으로 정한다.
⑦ 제3항에 따른 동의의 방법·절차 등에 관하여 필요한 사항은 대통령령으로 정한다.
(2012.2.1 본조개정)

제22조【신청에 의한 조사】 ① 시장·군수·구청장은 제21조에 따른 급여신청이 있는 경우에는 사회복지 전담공무원으로 하여금 급여의 결정 및 실시 등에 필요한 다음 각 호의 사항을 조사하게 하거나 수급권자에게 보장기관이 지정하는 의료기관에서 검진을 받게 할 수 있다.
(2014.12.30 본문개정)
1. 부양의무자의 유무 및 부양능력 등 부양의무자와 관련된 사항
2. 수급권자 및 부양의무자의 소득·재산에 관한 사항
3. 수급권자의 근로능력, 취업상태, 자활욕구 등 제28조에 따른 자활지원계획 수립에 필요한 사항
4. 그 밖에 수급권자의 건강상태, 가구 특성 등 생활실태에 관한 사항
② 시장·군수·구청장은 제1항에 따라 신청한 수급권자 또는 그 부양의무자의 소득, 재산 및 건강상태 등을 확인하기 위하여 필요한 자료를 확보하기 곤란한 경우 보건복지부령으로 정하는 바에 따라 수급권자 또는 부양의무자에게 필요한 자료의 제출을 요구할 수 있다.
(2014.12.30 본항개정)
③ 시장·군수·구청장은 급여의 결정 또는 실시 등을 위하여 필요한 경우에는 제1항 각 호의 조사를 관계 기관에 위촉하거나 수급권자 또는 그 부양의무자의 고용주, 그 밖의 관계인에게 이에 관한 자료의 제출을 요청할 수 있다.(2014.12.30 본항개정)
④ 보장기관이 제1항 각 호의 조사를 하기 위하여 금융·국세·지방세·토지·건물·자동차·건강보험·국민연금·고용보험·출입국·병무·교정 등 관련 전산망 또는 자료를 이용하려는 경우에는 관계 기관의 장에게 협조를 요청할 수 있다. 이 경우 관계 기관의 장은 정당한 사유가 없으면 협조하여야 한다.(2017.12.12 전단개정)
⑤ 제1항에 따라 조사를 하는 사회복지 전담공무원은 그 권한을 표시하는 증표 및 조사기간, 조사범위, 조사담당자, 관계 법령 등 보건복지부령으로 정하는 사항이 기재된 서류를 지니고 관계인에게 보여주어야 한다.
(2016.2.3 본항개정)
⑥ 보장기관의 공무원 또는 공무원이었던 사람은 제1항부터 제4항까지의 규정에 따라 얻은 정보와 자료를 이 법에서 정한 보장목적 외에 다른 용도로 사용하거나 다른 사람 또는 기관에 제공하여서는 아니 된다.
⑦ 보장기관은 제1항부터 제4항까지의 규정에 따른 조사 결과를 대장으로 작성하여 갖추어 두어야 하며 그 밖에 조사에 필요한 사항은 보건복지부장관이 정한다. 다만, 전산정보처리조직에 의하여 관리되는 경우에는 전산 파일로 대체할 수 있다.
⑧ 보장기관은 수급권자 또는 부양의무자가 제1항 및 제2항에 따른 조사 또는 자료제출 요구를 2회 이상 거부·방

해 또는 기피하거나 검진 지시에 따르지 아니하면 급여 신청을 각하(却下)할 수 있다. 이 경우 제29조제2항을 준용한다.
⑨ 제1항에 따른 조사의 내용·절차·방법 등에 관하여 이 법에서 정하는 사항을 제외하고는 「행정조사기본법」에서 정하는 바를 따른다.(2016.2.3 본항신설)
(2012.2.1 본조개정)
제23조【확인조사】 ① 시장·군수·구청장은 수급자 및 수급자에 대한 급여의 적정성을 확인하기 위하여 매년 연간조사계획을 수립하고 관할구역의 수급자를 대상으로 제22조제1항 각 호의 사항을 매년 1회 이상 정기적으로 조사하여야 하며, 특히 필요하다고 인정하는 경우에는 보장기관이 지정하는 의료기관에서 검진을 받게 할 수 있다. 다만, 보건복지부장관이 정하는 사항은 분기마다 조사하여야 한다.(2014.12.30 본문개정)
② 수급자의 자료제출, 조사의 위촉, 관련 전산망의 이용, 그 밖에 확인조사를 위하여 필요한 사항에 관하여는 제22조제2항부터 제7항까지의 규정을 준용한다.
③ 보장기관은 수급자 또는 부양의무자가 제1항에 따른 조사나 제2항에 따라 준용되는 제22조제2항에 따른 자료제출 요구를 2회 이상 거부·방해 또는 기피하거나 검진 지시에 따르지 아니하면 수급자에 대한 급여 결정을 취소하거나 급여를 정지 또는 중지할 수 있다. 이 경우 제29조제2항을 준용한다.
(2012.2.1 본조개정)
제23조의2【금융정보등의 제공】 ① 보건복지부장관은 「금융실명거래 및 비밀보장에 관한 법률」 제4조제1항과 「신용정보의 이용 및 보호에 관한 법률」 제32조제1항에도 불구하고 수급권자와 그 부양의무자가 제21조제3항에 따라 제출한 동의 서면을 전자적 형태로 바꾼 문서에 의하여 금융기관등(「금융실명거래 및 비밀보장에 관한 법률」 제2조제1호에 따른 금융회사등, 「신용정보의 이용 및 보호에 관한 법률」 제25조에 따른 신용정보집중기관을 말한다. 이하 같다)의 장에게 금융정보·신용정보 또는 보험정보(이하 "금융정보등"이라 한다)의 제공을 요청할 수 있다.
② 보건복지부장관은 제23조에 따른 확인조사를 위하여 필요하다고 인정하는 경우 「금융실명거래 및 비밀보장에 관한 법률」 제4조제1항과 「신용정보의 이용 및 보호에 관한 법률」 제32조제1항에도 불구하고 대통령령으로 정하는 기준에 따라 인적사항을 적은 문서 또는 정보통신망으로 금융기관등의 장에게 수급자와 부양의무자의 금융정보등을 제공하도록 요청할 수 있다.
③ 제1항 및 제2항에 따라 금융정보등의 제공을 요청받은 금융기관등의 장은 「금융실명거래 및 비밀보장에 관한 법률」 제4조와 「신용정보의 이용 및 보호에 관한 법률」 제32조에도 불구하고 명의인의 금융정보등을 제공하여야 한다.
④ 제3항에 따라 금융정보등을 제공한 금융기관등의 장은 금융정보등의 제공 사실을 명의인에게 통보하여야 한다. 다만, 명의인이 동의한 경우에는 「금융실명거래 및 비밀보장에 관한 법률」 제4조의2제1항과 「신용정보의 이용 및 보호에 관한 법률」 제35조에도 불구하고 통보하지 아니할 수 있다.
⑤ 제1항부터 제3항까지의 규정에 따른 금융정보등의 제공요청 및 제공은 「정보통신망 이용촉진 및 정보보호 등에 관한 법률」 제2조제1항제1호에 따른 정보통신망을 이용하여야 한다. 다만, 정보통신망의 손상 등 불가피한 사유가 있는 경우에는 그러하지 아니하다.
⑥ 제1항부터 제3항까지의 규정에 따른 업무에 종사하고 있거나 종사하였던 사람은 업무를 수행하면서 취득한 금융정보등을 이 법에서 정한 목적 외의 다른 용도로 사용하거나 다른 사람 또는 기관에 제공하거나 누설하여서는 아니 된다.
⑦ 제1항부터 제3항까지와 제5항에 따른 금융정보등의 제공요청 및 제공 등에 필요한 사항은 대통령령으로 정한다.
(2012.2.1 본조개정)
제24조【차상위계층에 대한 조사】 ① 시장·군수·구청장은 급여의 종류별 수급자 선정기준의 변경 등에 의하여 수급권자의 범위가 변동함에 따라 다음 연도에 이 법에 따른 급여가 필요할 것으로 예측되는 수급권자의 규모를 조사하기 위하여 보건복지부령으로 정하는 바에 따라 차상위계층에 대하여 조사할 수 있다.(2014.12.30 본항개정)
② 시장·군수·구청장은 제1항에 따른 조사를 하려는 경우 조사대상자의 동의를 받아야 한다. 이 경우 조사대상자의 동의는 다음 연도의 급여신청으로 본다.
(2014.12.30 전단개정)
③ 조사대상자의 자료제출, 조사의 위촉, 관련 전산망의 이용, 그 밖에 차상위계층에 대한 조사를 위하여 필요한 사항에 관하여는 제22조제2항부터 제7항까지의 규정을 준용한다.
(2012.2.1 본조개정)
제25조【조사 결과의 보고 등】 제22조, 제23조, 제23조의2 및 제24조에 따라 시장·군수·구청장이 수급권자, 수급자, 부양의무자 및 차상위계층을 조사하였을 때에는 보건복지부령으로 정하는 바에 따라 관할 시·도지사에게 보고하여야 하며 보고를 받은 시·도지사는 이를 보건복지부장관 및 소관 중앙행정기관의 장에게 보고하여야 한다. 시·도지사가 조사하였을 때에도 또한 같다.
(2014.12.30 전단개정)
제26조【급여의 결정 등】 ① 시장·군수·구청장은 제22조에 따라 조사를 하였을 때에는 지체 없이 급여 실시 여부와 급여의 내용을 결정하여야 한다.(2014.12.30 본항개정)
② 제24조에 따라 차상위계층을 조사한 시장·군수·구청장은 제27조제1항 단서에 규정된 급여개시일이 속하는 달에 급여 실시 여부와 급여 내용을 결정하여야 한다.
(2014.12.30 본항개정)
③ 시장·군수·구청장은 제1항 및 제2항에 따라 급여 실시 여부와 급여 내용을 결정하였을 때에는 그 결정의 요지(급여의 산출 근거를 포함한다), 급여의 종류·방법 및 급여의 개시 시기 등을 서면으로 수급권자 또는 신청인에게 통지하여야 한다.(2019.12.3 본항개정)
④ 신청인에 대한 제3항의 통지는 제21조에 따른 급여의 신청일부터 30일 이내에 하여야 한다. 다만, 다음 각 호의 어느 하나에 해당하는 경우에는 신청일부터 60일 이내에 통지할 수 있다. 이 경우 통지서에 그 사유를 구체적으로 밝혀야 한다.(2014.12.30 본문개정)
1. 부양의무자의 소득·재산 등의 조사에 시일이 걸리는 특별한 사유가 있는 경우
2. 수급권자 또는 부양의무자가 제22조제1항·제2항 및 관계 법률에 따른 조사나 자료제출 요구를 거부·방해 또는 기피하는 경우(2014.12.30 본호개정)
(2012.2.1 본조개정)
제27조【급여의 실시 등】 ① 제26조제1항에 따라 급여 실시 및 급여 내용이 결정된 수급자에 대한 급여는 제21조에 따른 급여의 신청일부터 시작한다. 다만, 제6조에 따라 보건복지부장관 또는 소관중앙행정기관의 장이 매년 결정·공표하는 급여의 종류별 수급자 선정기준의 변경으로 인하여 매년 1월에 새로 수급자로 결정되는 사람에 대한 급여는 해당 연도의 1월 1일을 그 급여개시일로 한다.
② 시장·군수·구청장은 제26조제1항에 따른 급여 실시 여부의 결정을 하기 전이라도 수급권자에게 급여를 실시하여야 할 긴급한 필요가 있다고 인정될 때에는 제7조제1항 각 호에 규정된 급여의 일부를 실시할 수 있다.
(2014.12.30 본조개정)
제27조의2【급여의 지급방법 등】 ① 보장기관이 급여를 금전으로 지급할 때에는 수급자의 신청에 따라 수급자 명의의 지정된 계좌(이하 "급여수급계좌"라 한다)로 입금하여야 한다. 다만, 정보통신장애나 그 밖에 대통령령으로 정하는 불가피한 사유로 급여수급계좌로 이체할 수 없을 때에는 대통령령으로 정하는 바에 따라 급여를 지급할 수 있다.
② 급여수급계좌의 해당 금융기관은 이 법에 따른 급여와 제4조제4항에 따라 지방자치단체가 실시하는 급여만이 급여수급계좌에 입금되도록 관리하여야 한다.
(2018.12.11 본항개정)
③ 제1항에 따른 계좌 입금이나 현금 지급 등의 방법·절차와 제2항에 따른 급여수급계좌의 관리에 필요한 사항은 대통령령으로 정한다.
(2011.6.7 본조신설)
제27조의3【급여의 대리수령 등】 ① 보장기관은 수급자가 다음 각 호의 어느 하나에 해당하는 경우에는 제27조의2제1항 본문에도 불구하고 수급자 또는 후견인의 동의를 받아 급여를 수급자의 배우자, 직계혈족 또는 3촌 이내의 방계혈족(이하 "배우자등"이라 한다) 명의의 계좌에 입금할 수 있다.
1. 피성년후견인인 경우
2. 채무불이행으로 금전채권이 압류된 경우
3. 그 밖에 대통령령으로 정하는 사유로 본인 명의의 계좌를 개설하기 어려운 경우
② 제1항에 따라 배우자등 명의의 계좌로 급여를 지급하려는 보장기관은 미리 그 사유, 입금할 급여의 사용 목적 및 다른 용도 사용금지 등에 관한 사항을 배우자등에게 안내하여야 한다.
③ 제1항에 따라 급여를 지급받은 배우자등은 해당 급여를 목적 외의 용도로 사용하여서는 아니 된다.
④ 제1항에 따른 배우자등에 대한 급여 지급 절차 및 방법 등에 필요한 사항은 대통령령으로 정한다.
(2019.4.23 본조신설)
제28조【자활지원계획의 수립】 ① 시장·군수·구청장은 수급자의 자활을 체계적으로 지원하기 위하여 보건복지부장관이 정하는 바에 따라 제22조, 제23조, 제23조의2 및 제24조에 따른 조사 결과를 고려하여 수급자 가구별로 자활지원계획을 수립하고 그에 따라 이 법에 따른 급여를 실시하여야 한다.(2014.12.30 본항개정)
② 보장기관은 수급자의 자활을 위하여 필요한 경우에는 「사회복지사업법」 등 다른 법률에 따라 보장기관이 제공할 수 있는 급여가 있거나 민간기관 등이 후원을 제공하는 경우 제1항의 자활지원계획에 따라 급여를 지급하거나 후원을 연계할 수 있다.
③ 시장·군수·구청장은 수급자의 자활여건 변화와 급여 실시 결과를 정기적으로 평가하고 필요한 경우 자활지원계획을 변경할 수 있다.(2014.12.30 본항개정)
(2012.2.1 본조개정)
제29조【급여의 변경】 ① 보장기관은 수급자의 소득·재산·근로능력 등이 변동된 경우에는 직권으로 또는 수급자나 그 친족, 그 밖의 관계인의 신청에 의하여 그에 대한 급여의 종류·방법 등을 변경할 수 있다.
② 제1항에 따른 급여의 변경은 산출 근거 등 이유를 구체적으로 밝혀 서면으로 수급자에게 통지하여야 한다.
(2019.12.3 본항개정)
(2012.2.1 본조개정)
제30조【급여의 중지 등】 ① 보장기관은 수급자가 다음 각 호의 어느 하나에 해당하는 경우에는 급여의 전부 또는 일부를 중지하여야 한다.
1. 수급자에 대한 급여의 전부 또는 일부가 필요 없게 된 경우
2. 수급자가 급여의 전부 또는 일부를 거부한 경우
② 근로능력이 있는 수급자가 제9조제5항의 조건을 이행하지 아니하는 경우 조건을 이행할 때까지 제7조제2항에도 불구하고 근로능력이 있는 수급자 본인의 생계급여의 전부 또는 일부를 지급하지 아니할 수 있다.
③ 제1항 및 제2항에 따른 급여의 중지 등에 관하여는 제29조제2항을 준용한다.
(2012.2.1 본조개정)
제31조【청문】 보장기관은 제16조제3항에 따라 지역자활센터의 지정을 취소하려는 경우와 제23조제3항에 따라 급여의 결정을 취소하려는 경우에는 청문을 하여야 한다.
(2012.2.1 본조개정)

제5장 보장시설

(2012.2.1 본장개정)

제32조【보장시설】 이 법에서 "보장시설"이란 제7조에 규정된 급여를 실시하는 「사회복지사업법」에 따른 사회복지시설로서 다음 각 호의 시설 중 보건복지부령으로 정하는 시설을 말한다.(2014.12.30 본문개정)
1. 「장애인복지법」 제58조제1항제1호의 장애인 거주시설
(2014.12.30 본호신설)
2. 「노인복지법」 제32조제1항의 노인주거복지시설 및 같은 법 제34조제1항의 노인의료복지시설(2014.12.30 본호신설)
3. 「아동복지법」 제52조제1항 및 제2항에 따른 아동복지시설 및 통합 시설(2014.12.30 본호신설)
4. 「정신건강증진 및 정신질환자 복지서비스 지원에 관한 법률」 제22조에 따른 정신요양시설 및 같은 법 제26조에 따른 정신재활시설(2016.5.29 본호개정)
5. 「노숙인 등의 복지 및 자립지원에 관한 법률」 제16조제1항제3호 및 제4호의 노숙인재활시설 및 노숙인요양시설
6. 「가정폭력방지 및 피해자보호 등에 관한 법률」 제7조에 따른 가정폭력피해자 보호시설
7. 「성매매방지 및 피해자보호 등에 관한 법률」 제9조제1항에 따른 성매매피해자등을 위한 지원시설
8. 「성폭력방지 및 피해자보호 등에 관한 법률」 제12조에 따른 성폭력피해자보호시설
9. 「한부모가족지원법」 제19조제1항의 한부모가족복지시설
10. 「사회복지사업법」 제2조제4호의 사회복지시설 중 결핵 및 한센병요양시설
11. 그 밖에 보건복지부령으로 정하는 시설
(2014.12.30 5호~11호신설)
제33조【보장시설의 장의 의무】 ① 보장시설의 장은 보장기관으로부터 수급자에 대한 급여를 위탁받은 경우에는 정당한 사유 없이 이를 거부하여서는 아니 된다.
② 보장시설의 장은 위탁받은 수급자에게 보건복지부장관 및 소관 중앙행정기관의 장이 정하는 최저기준 이상의 급여를 실시하여야 한다.(2014.12.30 본항개정)
③ 보장시설의 장은 위탁받은 수급자에게 급여를 실시할 때 성별·신앙 또는 사회적 신분 등을 이유로 차별대우를 하여서는 아니 된다.
④ 보장시설의 장은 위탁받은 수급자에게 급여를 실시할 때 수급자의 자유로운 생활을 보장하여야 한다.
⑤ 보장시설의 장은 위탁받은 수급자에게 종교상의 행위를 강제하여서는 아니 된다.

제6장 수급권자의 권리와 의무

제34조【급여 변경의 금지】 수급자에 대한 급여는 정당한 사유 없이 수급자에게 불리하게 변경할 수 없다.
(2012.2.1 본조개정)
제35조【압류금지】 ① 수급자에게 지급된 수급품(제4조제4항에 따라 지방자치단체가 실시하는 급여를 포함한다)과 이를 받을 권리는 압류할 수 없다.(2018.12.11 본항개정)
② 제27조의2제1항에 따라 지정된 급여수급계좌의 예금에 관한 채권은 압류할 수 없다.(2011.6.7 본항신설)
제36조【양도금지】 수급자는 급여를 받을 권리를 타인에게 양도할 수 없다.
제37조【신고의 의무】 수급자는 거주지역, 세대의 구성 또는 임대차 계약내용이 변동되거나 제22조제1항 각 호의 사항이 현저하게 변동되었을 때에는 지체 없이 관할 보장기관에 신고하여야 한다.(2014.12.30 본조개정)

제7장 이의신청

(2012.2.1 본장개정)

제38조【시·도지사에 대한 이의신청】 ① 수급자나 급여 또는 급여 변경을 신청한 사람은 시장·군수·구청장

(제7조제1항제4호의 교육급여인 경우에는 시·도교육감을 말한다)의 처분에 대하여 이의가 있는 경우에는 그 결정의 통지를 받은 날부터 90일 이내에 해당 보장기관을 거쳐 시·도지사(특별자치시장·특별자치도지사 및 시·도교육감의 처분에 이의가 있는 경우에는 해당 특별자치시장·특별자치도지사 및 시·도교육감을 말한다)에게 서면 또는 구두로 이의를 신청할 수 있다. 이 경우 구두로 이의신청을 접수한 보장기관의 공무원은 이의신청서를 작성할 수 있도록 협조하여야 한다.(2017.12.12 전단개정)
② 제1항에 따른 이의신청을 받은 시장·군수·구청장은 10일 이내에 의견서와 관계 서류를 첨부하여 시·도지사에게 보내야 한다.
제39조【시·도지사의 처분 등】 ① 시·도지사가 제38조제2항에 따라 시장·군수·구청장으로부터 이의신청서를 받았을 때(특별자치시장·특별자치도지사 및 시·도교육감의 경우에는 직접 이의신청을 받았을 때를 말한다)에는 30일 이내에 필요한 심사를 하고 이의신청을 각하 또는 기각하거나 해당 처분을 변경 또는 취소하거나 그 밖에 필요한 급여를 명하여야 한다.(2014.12.30 본항개정)
② 시·도지사는 제1항에 따른 처분 등을 하였을 때에는 지체 없이 신청인과 해당 시장·군수·구청장에게 각각 서면으로 통지하여야 한다.
제40조【보건복지부장관 등에 대한 이의신청】 ① 제39조에 따른 처분 등에 대하여 이의가 있는 사람은 그 처분 등의 통지를 받은 날부터 90일 이내에 시·도지사를 거쳐 보건복지부장관(제7조제1항제2호 또는 제4호의 주거급여 또는 교육급여인 경우에는 소관 중앙행정기관의 장을 말하며, 보건복지부장관에게 한 이의신청은 소관 중앙행정기관의 장에게 한 것으로 본다)에게 서면 또는 구두로 이의를 신청할 수 있다. 이 경우 구두로 이의신청을 접수한 보장기관의 공무원은 이의신청서를 작성할 수 있도록 협조하여야 한다.(2017.12.12 전단개정)
② 시·도지사는 제1항에 따른 이의신청을 받으면 10일 이내에 의견서와 관계 서류를 첨부하여 보건복지부장관 또는 소관 중앙행정기관의 장(제7조제1항제2호 또는 제4호의 주거급여 또는 교육급여인 경우에 한정한다)에게 보내야 한다.
③ 제1항 및 제2항에 규정된 사항 외에 이의신청의 방법 등은 대통령령으로 정한다.(2014.12.30 본항신설)
(2014.12.30 본조개정)
제41조【이의신청의 결정 및 통지】 ① 보건복지부장관 또는 소관 중앙행정기관의 장은 제40조제2항에 따라 이의신청서를 받았을 때에는 30일 이내에 필요한 심사를 하고 이의신청을 각하 또는 기각하거나 해당 처분의 변경 또는 취소의 결정을 하여야 한다.
② 보건복지부장관 또는 소관 중앙행정기관의 장은 제1항에 따른 결정을 하였을 때에는 지체 없이 시·도지사 및 신청인에게 각각 서면으로 결정 내용을 통지하여야 한다. 이 경우 소관 중앙행정기관의 장이 결정 내용을 통지하는 때에는 그 사실을 보건복지부장관에게 알려야 한다.
(2014.12.30 본조개정)

제8장 보장비용
(2012.2.1 본장개정)

제42조【보장비용】 이 법에서 "보장비용"이란 다음 각 호의 비용을 말한다.
1. 이 법에 따른 보장업무에 드는 인건비와 사무비
2. 제20조에 따른 생활보장위원회의 운영에 드는 비용
3. 제8조, 제11조, 제12조, 제12조의3, 제13조, 제14조, 제15조, 제15조의2, 제15조의3, 제15조의10 및 제16조부터 제18조까지의 규정에 따른 급여 실시 비용(2019.1.15 본호개정)
4. 그 밖에 이 법에 따른 보장업무에 드는 비용

제43조【보장비용의 부담 구분】 ① 보장비용의 부담은 다음 각 호의 구분에 따른다.
1. 국가 또는 시·도가 직접 수행하는 보장업무에 드는 비용은 국가 또는 해당 시·도가 부담한다.
2. 제19조제2항에 따른 급여의 실시 비용은 국가 또는 해당 시·도가 부담한다.
3. 시·군·구가 수행하는 보장업무에 드는 비용 중 제42조제1호 및 제2호의 비용은 해당 시·군·구가 부담한다.
4. 시·군·구가 수행하는 보장업무에 드는 비용 중 제42조제3호 및 제4호의 비용(이하 이 호에서 "시·군·구 보장비용"이라 한다)은 시·군·구의 재정여건, 사회보장비 지출 등을 고려하여 국가, 시·도 및 시·군·구가 다음 각 목에 따라 차등하여 분담한다.
   가. 국가는 시·군·구 보장비용의 총액 중 100분의 40 이상 100분의 90 이하를 부담한다.
   나. 시·도는 시·군·구 보장비용의 총액에서 가목의 국가부담분을 뺀 금액 중 100분의 30 이상 100분의 70 이하를 부담하고, 시·군·구는 시·군·구 보장비용의 총액 중에서 국가와 시·도가 부담하는 금액을 뺀 금액을 부담한다. 다만, 특별자치시·특별자치도는 시·군·구 보장비용의 총액 중에서 국가가 부담하는 금액을 뺀 금액을 부담한다.(2014.12.30 단서개정)
② 국가는 매년 이 법에 따른 보장비용 중 국가부담 예정 합계액을 각각 보조금으로 지급하고, 그 과부족(過不足) 금액은 정산하여 추가로 지급하거나 반납하게 한다.
③ 시·도는 매년 시·군·구에 대하여 제2항에 따른 국가의 보조금에, 제1항제4호에 따른 시·도의 부담예정액을 합하여 보조금으로 지급하고 그 과부족 금액은 정산하여 추가로 지급하거나 반납하게 한다.
④ 제2항 및 제3항에 따른 보조금의 산출 및 정산 방법 등에 관하여 필요한 사항은 대통령령으로 정한다.
⑤ 지방자치단체의 조례에 따라 이 법에 따른 급여 범위 및 수준을 초과하여 급여를 실시하는 경우 그 초과 보장비용은 해당 지방자치단체가 부담한다.
제43조의2【교육급여 보장비용 부담의 특례】 제43조제1항에도 불구하고 제12조 및 제12조의2에 따라 시·도교육감이 수행하는 보장업무에 드는 비용은 다음 각 호에 따라 차등하여 분담한다.
1. 소득인정액이 기준 중위소득의 100분의 40 이상인 수급자에 대한 입학금 및 수업료의 지원은 「초·중등교육법」 제60조의4에 따른다.
2. 소득인정액이 기준 중위소득의 100분의 40 이상인 수급자에 대한 학용품비와 그 밖의 수급품은 국가, 시·도, 시·군·구가 부담하며, 구체적인 부담비율에 관한 사항은 제43조제1항제4호 각 목에 따른다.
3. 소득인정액이 기준 중위소득의 100분의 40 미만인 수급자에 대한 보장비용은 국가, 시·도, 시·군·구가 제43조제1항제4호 각 목에 따라 부담하되, 제12조의2에 따라 추가적으로 적용되는 기준에 따른 수급자에 대한 입학금 및 수업료의 지원은 「초·중등교육법」 제60조의4에 따른다.
(2014.12.30 본조신설)
제44조 (2006.12.28 삭제)
제45조【유류금품의 처분】 제14조에 따른 장제급여를 실시하는 경우에 사망자에게 부양의무자가 없을 때에는 시장·군수·구청장은 사망자가 유류(遺留)한 금전 또는 유가증권으로 그 비용에 충당하고, 그 부족액은 유류물품의 매각대금으로 충당할 수 있다.(2014.12.30 본조개정)
제46조【비용의 징수】 ① 수급자에게 부양능력을 가진 부양의무자가 있음이 확인된 경우에는 보장비용을 지급한 보장기관은 제20조에 따른 생활보장위원회의 심의·의결을 거쳐 그 비용의 전부 또는 일부를 그 부양의무자로부터 부양의무의 범위에서 징수할 수 있다.
② 속임수나 그 밖의 부정한 방법으로 급여를 받거나 타인으로 하여금 급여를 받게 한 경우에는 보장비용을 지급한 보장기관은 그 비용의 전부 또는 일부를 그 급여를 받은 사람 또는 급여를 받게 한 자(이하 "부정수급자"라 한다)로부터 징수할 수 있다.
③ 제1항 또는 제2항에 따라 징수할 금액은 각각 부양의무자 또는 부정수급자에게 통지하여 징수하고, 부양의무자 또는 부정수급자가 이에 응하지 아니하는 경우 국세 또는 지방세 체납처분의 예에 따라 징수한다.
제47조【반환명령】 ① 보장기관은 급여의 변경 또는 급여의 정지·중지에 따라 수급자에게 이미 지급한 수급품 중 과잉지급분이 발생한 경우에는 즉시 수급자에 대하여 그 전부 또는 일부의 반환을 명하여야 한다. 다만, 이미 이를 소비하였거나 그 밖에 수급자에게 부득이한 사유가 있을 때에는 그 반환을 면제할 수 있다.
② 제27조제2항에 따라 시장·군수·구청장이 긴급급여를 실시하였으나 조사 결과에 따라 급여를 실시하지 아니하기로 결정한 경우 급여비용의 반환을 명할 수 있다.
(2014.12.30 본항개정)

제9장 벌 칙
(2012.2.1 본장개정)

제48조【벌칙】 ① 제23조의2제6항을 위반하여 금융정보등을 사용·제공 또는 누설한 자는 5년 이하의 징역 또는 5천만원 이하의 벌금에 처한다.
② 제22조제6항(제23조제2항에서 준용하는 경우를 포함한다)을 위반하여 정보 또는 자료를 사용하거나 제공한 자는 3년 이하의 징역 또는 3천만원 이하의 벌금에 처한다.
1.~2. (2017.9.19 삭제)
(2017.9.19 본조개정)
제49조【벌칙】 다음 각 호의 어느 하나에 해당하는 자는 1년 이하의 징역, 1천만원 이하의 벌금, 구류 또는 과료에 처한다.(2019.4.23 본문개정)
1. 거짓이나 그 밖의 부정한 방법으로 급여를 받거나 다른 사람으로 하여금 급여를 받게 한 자
2. 제27조의3제3항을 위반하여 지급받은 급여를 목적 외의 용도로 사용한 자
(2019.4.23 1호~2호신설)
제49조의2【벌칙】 제15조의8을 위반하여 직무상 알게 된 비밀을 누설하거나 다른 용도로 사용한 자는 1년 이하의 징역 또는 1천만원 이하의 벌금에 처한다.
(2019.1.15 본조신설)
제50조【벌칙】 제33조제1항 또는 제5항을 위반하여 수급자의 급여 위탁을 정당한 사유 없이 거부한 자나 종교상의 행위를 강제한 자는 300만원 이하의 벌금, 구류 또는 과료에 처한다.
제50조의2【과태료】 ① 다음 각 호의 어느 하나에 해당하는 자에게는 300만원 이하의 과태료를 부과한다.
1. 제18조의3제1항에 따른 사업보고서를 제출하지 아니하거나 거짓 또는 그 밖의 부정한 방법으로 작성하여 제출한 자
2. 제18조의3제2항에 따른 보고 또는 관계 서류의 제출을 하지 아니하거나 거짓으로 보고 또는 관계 서류의 제출을 한 자
3. 제18조의3제3항에 따른 시정명령을 이행하지 아니한 자
4. 제18조의5를 위반하여 자활기업 또는 이와 유사한 명칭을 사용한 자
② 제1항에 따른 과태료는 대통령령으로 정하는 바에 따라 보장기관이 부과·징수한다.
(2021.7.27 본조신설)
제51조【양벌 규정】 법인의 대표자나 법인 또는 개인의 대리인, 사용인, 그 밖의 종업원이 그 법인 또는 개인의 업무에 관하여 제48조 또는 제49조의 위반행위를 하면 그 행위자를 벌하는 외에 그 법인 또는 개인에게도 각 해당 조문의 벌금 또는 과료의 형을 과(科)한다. 다만, 법인 또는 개인이 그 위반행위를 방지하기 위하여 해당 업무에 관하여 상당한 주의와 감독을 게을리하지 아니한 경우에는 그러하지 아니하다.

부 칙 (2014.12.30)

제1조【시행일】 이 법은 공포 후 6개월이 경과한 날부터 시행한다. 다만, 제20조의 개정규정은 공포한 날부터 시행한다.
제2조【법 시행을 위한 준비행위】 보건복지부장관과 소관 중앙행정기관의 장은 이 법이 공포된 날부터 이 법 시행을 위하여 필요한 준비행위를 할 수 있다.
제3조【최저보장수준 등의 공표에 관한 적용례】 제6조의 개정규정에 따른 급여의 종류별 수급자 선정기준 및 최저보장수준은 제6조제2항의 개정규정에도 불구하고 이 법 시행 전에 공표하여야 한다.
제4조【급여 지급에 관한 적용례】 이 법 중 급여 지급에 관한 개정규정은 이 법 시행일이 속하는 달부터 적용한다.
제5조【종전의 수급자 등에 대한 경과조치】 ① 이 법 시행 당시 종전의 규정에 따른 수급자가 제8조, 제11조, 제12조 및 제12조의3의 개정규정에 따른 급여의 종류별 선정기준에 해당하는 경우 같은 개정규정에 따라 각각의 수급자로 본다.
② 보장기관은 이 법 시행 당시 종전의 규정에 따른 수급자의 현금급여액(종전의 제8조에 따른 생계급여와 제11조에 따른 주거급여의 합계액을 말한다)이 감소된 경우, 그 감소된 금액(이하 "보전액"이라 한다)을 해당 수급자에게 지급하여야 한다. 다만, 그 수급자의 소득인정액이 증가하거나 최저보장수준이 인상되는 경우 각각의 인상분은 보전액에서 제외하되 지급기한은 보전액이 0원이 될 때까지로 한다.
③ 이 법 시행 이후 제8조제2항의 개정규정에 따른 생계급여 선정기준은 종전의 규정에 따른 급여 수준보다 높게 설정하되, 2017년까지 단계적으로 기준 중위소득의 100분의 30 이상이 되도록 한다.
제6조【처분 등에 관한 일반적 경과조치】 ① 이 법 시행 당시 종전의 규정에 따른 보장기관의 행위나 보장기관에 대한 행위는 그에 해당하는 개정규정에 따른 보장기관의 행위나 보장기관에 대한 행위로 본다.
② 보건복지부장관 등은 이 법 시행 이후 2년 이내에 제20조의2의 개정규정에 따른 기초생활보장 기본계획 및 기초생활보장 종합계획을 수립하고, 실태조사를 실시하여야 한다.
③ 이 법 시행 당시 종전의 제2조제1호의 수급권자, 제2조제2호의 수급자, 제2조제6호의 최저생계비, 제2조제11호의 차상위계층, 제5조의 수급권자에 대한 규정을 인용한 법령 등에 대하여는 2015년 12월 31일까지 종전의 규정을 인용한 것으로 본다. 이 경우 제12조의3의 개정규정에 따른 의료급여 수급권자는 종전의 규정에 따른 수급권자로 본다.
제7조【다른 법률의 개정】 ①~③ ※(해당 법령에 가제정리 하였음)
제8조【다른 법령과의 관계】 이 법 시행 당시 다른 법령에서 종전의 규정을 인용한 경우에 개정규정 중 해당하는 규정이 있을 때에는 종전의 규정을 갈음하여 해당 개정규정을 인용한 것으로 본다.

부 칙 (2019.1.15)

제1조【시행일】 이 법은 공포 후 6개월이 경과한 날부터 시행한다.

제2조【자활복지개발원의 설립준비】 ① 보건복지부장관은 자활복지개발원의 설립에 관한 사무를 처리하게 하기 위하여 이 법 공포일부터 30일 이내에 위원장을 포함한 10인 이내의 설립위원을 위촉하여 한국자활복지개발원 설립위원회를 구성한다.
② 설립위원회는 자활복지개발원의 정관을 작성하여 보건복지부장관의 인가를 받아야 한다.
③ 설립 당시의 자활복지개발원의 이사 · 감사 및 원장은 제15조의4제2항 및 제4항에도 불구하고 보건복지부장관이 임명한다.
④ 설립위원회는 제2항에 따른 인가를 받은 때에는 지체 없이 자활복지개발원의 설립등기를 한 후 원장에게 사무를 인계하여야 한다.
⑤ 설립위원회 및 설립위원은 제4항에 따른 사무 인계가 끝난 때에는 해산 및 해촉된 것으로 본다.
⑥ 국가는 종전의 제15조의2제3항에 따라 중앙자활센터에 보조하는 예산의 범위에서 자활복지개발원의 설립에 소요되는 비용을 지원할 수 있다.
제3조【자활복지개발원의 설립에 따른 경과조치】 ① 이 법 시행 당시 종전의 제15조의2에 따라 설립된 중앙자활센터는 부칙 제2조제4항에 따라 자활복지개발원의 설립등기를 마친 때에 「민법」 중 법인의 해산 및 청산에 관한 규정에도 불구하고 해산된 것으로 본다.
② 중앙자활센터의 모든 재산과 권리 · 의무는 자활복지개발원의 설립과 동시에 자활복지개발원이 포괄승계한다.
③ 제2항에 따라 자활복지개발원에 승계될 재산의 가액은 승계하는 날 전날의 장부가액으로 한다.
④ 중앙자활센터의 명의로 된 등기부나 그 밖의 공부에 표시된 명의는 자활복지개발원의 명의로 본다.
⑤ 자활복지개발원의 설립 이전에 중앙자활센터 및 종전의 제18조의5제2항에 따라 위탁한 교육기관이 행한 행위 또는 중앙자활센터 및 종전의 제18조의5제2항에 따라 위탁한 교육기관에 대하여 행하여진 행위는 자활복지개발원이 행한 행위 또는 자활복지개발원에 대하여 행하여진 행위로 본다.
⑥ 중앙자활센터 및 종전의 제18조의5제2항에 따라 위탁한 교육기관의 소속 직원은 자활복지개발원의 설립등기일에 자활복지개발원의 직원으로 채용된 것으로 본다.
제4조【지정 광역자활센터에 대한 경과조치】 이 법 시행 당시 종전의 제15조의3에 따라 보장기관이 광역자활센터로 지정한 법인등은 그 지정기간이 끝나는 날까지는 제15조의10의 개정규정에 따른 광역자활센터로 본다.

부 칙 (2019.4.23)
(2019.12.3)

이 법은 공포 후 6개월이 경과한 날부터 시행한다.

부 칙 (2021.7.27)

제1조【시행일】 이 법은 공포 후 6개월이 경과한 날부터 시행한다.
제2조【자활기업에 관한 경과조치】 이 법 시행 당시 종전의 규정에 따라 설립 · 운영 중인 자활기업은 제18조제2항의 개정규정에 따른 인정을 받은 것으로 본다. 다만, 이 법 시행 후 1년 이내에 이 법에 따른 요건을 갖추어 제18조제2항의 개정규정에 따라 자활기업으로 인정을 받아야 한다.

부 칙 (2021.12.21)

이 법은 공포 후 6개월이 경과한 날부터 시행한다.

부 칙 (2023.3.4)

제1조【시행일】 이 법은 공포 후 3개월이 경과한 날부터 시행한다.(이하 생략)

부 칙 (2023.8.16)

이 법은 공포 후 3개월이 경과한 날부터 시행한다.

국민기초생활 보장법 시행령

(2000년 7월 27일
대통령령 제16924호)

개정
2002.10.14영17759호(참전유공자예우에관한법시)
2003. 1. 2영17877호 2006. 2.22영19351호
2006.12.21영19768호 2007. 6.28영20131호
2008. 2.29영20679호(직제)
2008. 6.25영20870호
2008. 7.29영20947호(자본시장금융투자업시)
2008.10.29영21095호(형의집행수용자시)
2009. 6.26영21573호(참전유공자예우및단체설립에관한법시)
2009. 7.24영21640호
2009.10. 1영21765호(신용정보의이용및보호에관한법시)
2009.12.30영21926호
2009.12.30영21928호(고용정책기본법시)
2009.12.31영21962호(장애인고용촉진및직업재활법시)
2010. 3.15영22075호(직제)
2010. 7.12영22269호(직제)
2011. 9. 8영23128호 2011.12.30영23461호
2012. 4.17영23734호(고엽제후유의증등환자지원에관한법시)
2012. 6. 7영23842호(노숙인등의복지및자립지원에관한법시)
2012. 6.12영23850호
2012. 8. 3영24018호(아동시)
2012.12.21영24247호(고엽제후유의증등환자지원및단체설립에관한법시)
2013. 3.23영24454호(직제)
2013. 6.28영24638호(부가세시)
2013.12. 4영24890호(병역시)
2014. 6.30영25472호(기초연금법시)
2014.10.15영25659호
2014.11.19영25751호(직제)
2015. 4.20영26206호 2015.12.31영26843호
2016. 6.21영27240호
2016. 6.21영27252호(참전유공자예우및단체설립에관한법시)
2016.11.29영27616호(치료감호등에관한법시)
2017. 5.29영28074호(정신건강증진및정신질환자복지서비스지원에관한법시)
2017. 7.26영28211호(직제)
2017.12.26영28497호
2018. 2. 9영28627호(빈집및소규모주택정비에관한특례법시)
2018. 9.18영29180호(공무원재해보상법시)
2019. 7.16영29986호 2019.10.15영30124호
2019.12.24영30258호
2020. 8. 4영30893호(신용정보의이용및보호에관한법시)
2020.12.22영31286호 2021. 6.29영31839호
2022. 1.28영32374호 2022. 6.21영32711호
2023.11.16영33858호(자치입법권강화및지방자율성제고를위한일부개정령)

제1조【목적】 이 영은 「국민기초생활 보장법」에서 위임된 사항과 그 시행에 필요한 사항을 규정함을 목적으로 한다.(2011.9.8 본조개정)
제2조【개별가구】 ① 「국민기초생활 보장법」(이하 "법"이라 한다) 제2조제8호에 따른 개별가구는 다음 각 호의 사람으로 구성된 가구로 한다.(2015.4.20 본문개정)
1. 「주민등록법」 제6조제1항제1호에 따른 거주자 중 같은 법 시행령 제6조제1항에 따른 세대별 주민등록표에 등재(登載)된 사람(동거인은 제외한다)(2015.12.31 본호개정)
2. 제1호 외의 사람으로서 다음 각 목의 어느 하나에 해당하는 사람
 가. 제1호에 해당하는 사람의 배우자(사실상 혼인관계에 있는 사람을 포함한다. 이하 같다)
 나. 제1호에 해당하는 사람의 미혼 자녀 중 30세 미만인 사람
 다. 제1호에 해당하는 사람과 생계 및 주거를 같이 하는 사람(제1호에 해당하는 사람 중 생계를 책임지는 사람이 그의 부양의무자인 경우로 한정한다)
② 제1항에도 불구하고 다음 각 호의 어느 하나에 해당하는 사람은 개별가구에서 제외한다.
1. 현역 군인 등 법률상 의무를 이행하기 위하여 다른 곳에서 거주하면서 의무 이행과 관련하여 생계를 보장받고 있는 사람
2. 다음 각 목의 어느 하나에 해당하는 사람으로서 조사를 시작한 날부터 역산하여 180일까지 통산하여 60일을 초과하여 외국에 체류하고 있거나 체류했던 사람
 가. 법 제22조에 따른 조사의 대상이 되는 사람(법 제21조에 따른 급여 신청을 최초로 하는 사람은 제외한다)
 나. 법 제23조에 따른 조사의 대상이 되는 수급자
(2022.6.21 본호개정)
3. 「형의 집행 및 수용자의 처우에 관한 법률」 및 「치료감호 등에 관한 법률」 등에 따른 교도소, 구치소, 치료감호시설 등에 수용 중인 사람(2016.11.29 본호개정)
4. 법 제32조에 따른 보장시설에서 급여를 받고 있는 사람(2015.4.20 본호개정)
5. 실종선고 절차가 진행 중인 사람
6. 가출 또는 행방불명으로 경찰서 등 행정관청에 신고된 후 1개월이 지났거나 가출 또는 행방불명 사실을 특별자치시장 · 특별자치도지사 · 시장 · 군수 · 구청장(자치구의 구청장을 말하며, 이하 "시장 · 군수 · 구청장"이라 한다)이 확인한 사람(2015.4.20 본호개정)
7. 그 밖에 제1항제1호에 해당하는 사람과 생계 및 주거를 달리한다고 시장 · 군수 · 구청장이 확인한 사람(2015.4.20 본호개정)
(2011.9.8 본조개정)
제3조【차상위계층】 법 제2조제10호에서 "소득인정액이 대통령령으로 정하는 기준 이하인 계층"이란 소득인정액이 기준 중위소득의 100분의 50 이하인 사람을 말한다.(2015.4.20 본조개정)
제4조【수급권자에 해당하는 외국인의 범위】 법 제5조의2에 따라 수급권자가 될 수 있는 외국인은 「출입국관리법」 제31조에 따라 외국인 등록을 한 사람으로서 다음 각 호의 어느 하나에 해당하는 사람으로 한다.
1. 대한민국 국민과 혼인 중인 사람으로서 다음 각 목의 어느 하나에 해당하는 사람
 가. 본인 또는 대한민국 국적의 배우자가 임신 중인 사람
 나. 대한민국 국적의 미성년 자녀(계부자 · 계모자 관계와 양친자관계를 포함한다. 이하 이 조에서 같다)를 양육하고 있는 사람
 다. 배우자의 대한민국 국적인 직계존속과 생계나 주거를 같이 하는 사람
2. 대한민국 국민인 배우자와 이혼하거나 그 배우자가 사망한 사람으로서 대한민국 국적의 미성년 자녀를 양육하고 있는 사람 또는 사망한 배우자의 태아를 임신하고 있는 사람
(2011.9.8 본조개정)
제5조【소득의 범위】 ① 법 제6조의3제1항 각 호 외의 부분에서 "실제소득"이란 다음 각 호의 소득을 합산한 금액을 말한다.(2015.4.20 본문개정)
1. 근로소득 : 근로의 제공으로 얻는 소득. 다만, 「소득세법」에 따라 비과세되는 근로소득은 제외하되, 다음 각 목의 급여는 근로소득에 포함한다.
 가. 「소득세법」 제12조제3호더목에 따라 비과세되는 급여
 나. 「소득세법 시행령」 제16조제1항제1호에 따라 비과세되는 급여
 다. 「소득세법 시행령」 제12조제1호에 따라 비과세되는 급여 중 보건복지부장관이 정하는 금액 이상의 급여(2019.10.15 본목신설)
2. 사업소득
 가. 농업소득 : 경종업(耕種業), 과수 · 원예업, 양잠업, 종묘업, 특수작물생산업, 가축사육업, 종축업(種畜業) 또는 부화업과 이에 부수하는 업무에서 얻는 소득
 나. 임업소득 : 영림업, 임산물생산업 또는 야생조수사육업과 이에 부수하는 업무에서 얻는 소득
 다. 어업소득 : 어업(양식업을 포함한다)과 이에 부수하는 업무에서 얻는 소득(2021.6.29 본목개정)
 라. 기타사업소득 : 도매업, 소매업, 제조업, 그 밖의 사업에서 얻는 소득
3. 재산소득
 가. 임대소득 : 부동산, 동산, 권리 또는 그 밖의 재산의 대여로 발생하는 소득
 나. 이자소득 : 예금 · 주식 · 채권의 이자와 배당 또는 할인에 의하여 발생하는 소득 중 보건복지부장관이 정하는 금액 이상의 소득
 다. 연금소득 : 「소득세법」 제20조의3제1항제2호 및 제3호에 따라 발생하는 연금 또는 소득과 「보험업법」 제4조제1항제1호나목의 연금보험에 의하여 발생하는 소득(2015.4.20 본목개정)
4. 이전소득[차상위계층에 속하는 사람(이하 "차상위자"라 한다)에 대해서는 생활여건 등을 고려하여 보건복지부장관이 정하여 고시하는 바에 따라 다음 각 목의 이전소득의 범위를 달리할 수 있다](2015.12.31 본문개정)
 가. 친족 또는 후원자 등으로부터 정기적으로 받는 금품 중 보건복지부장관이 정하는 금액 이상의 금품
 나. 제5조의6제1항제4호다목에 따라 보건복지부장관이 정하는 금액(2015.4.20 본목개정)
 다. 「국민연금법」, 「기초연금법」, 「공무원연금법」, 「공무원 재해보상법」, 「군인연금법」, 「별정우체국법」, 「사립학교교직원 연금법」, 「고용보험법」, 「산업재해보상보험법」, 「국민연금과 직역연금의 연계에 관한 법률」, 「보훈보상대상자 지원에 관한 법률」, 「독립유공자예우에 관한 법률」, 「국가유공자 등 예우 및 지원에 관한 법률」, 「고엽제후유의증 등 환자지원 및 단체설립에 관한 법률」, 「자동차손해배상 보장법」, 「참전유공자 예우 및 단체설립에 관한 법률」, 「구직자 취업촉진 및 생활안정지원에 관한 법률」 등에 따라 정기적으로 지급되는 각종 수당 · 연금 · 급여 또는 그 밖의 금품(2020.12.22 본목개정)
② 제1항에도 불구하고 다음 각 호의 금품은 소득으로 보지 아니한다.
1. 퇴직금, 현상금, 보상금, 「조세특례제한법」 제100조의2에 따른 근로장려금 및 같은 법 제100조의27에 따른 자녀장려금 등 정기적으로 지급되는 것으로 볼 수 없는 금품(2015.12.31 본호개정)
2. 보육 · 교육 또는 그 밖에 이와 유사한 성질의 서비스 이용을 전제로 받는 보육료, 학자금, 그 밖에 이와 유사한 금품
3. 법 제43조제5항에 따라 지방자치단체가 지급하는 금품으로서 보건복지부장관이 정하는 금품
③ 보장기관은 다음 각 호의 어느 하나에 해당하는 경우에는 개별가구의 생활실태 등을 조사하여 확인한 소득을 제1항 및 제2항에 따라 산정된 실제소득에 더할 수 있다.

이 경우 실제소득의 구체적인 확인 및 산정 기준은 보건복지부장관이 정한다.
1. 수급자 또는 수급권자의 소득 관련 자료가 없거나 불명확한 경우
2. 「최저임금법」 제5조에 따른 최저임금액 등을 고려할 때 소득 관련 자료의 신뢰성이 없다고 보장기관이 인정하는 경우
(2015.4.20 본항신설)
(2011.9.8 본조개정)

제5조의2 【소득평가액의 범위 및 산정기준】 법 제6조의3제1항에 따른 소득평가액은 제5조에 따른 실제소득에서 제1호부터 제12호까지에 해당하는 금액을 뺀 금액으로 한다.
1. 「장애인연금법」 제6조에 따른 기초급여액 및 같은 법 제7조에 따른 부가급여액
2. 「장애인복지법」 제49조에 따른 장애수당, 같은 법 제50조에 따른 장애아동수당과 보호수당
3. 「한부모가족지원법」 제12조제1항제4호에 따른 아동양육비
4. 「고엽제후유의증 등 환자지원 및 단체설립에 관한 법률」 제7조의3제1항에 따른 수당(제1호에 따른 기초급여액 및 부가급여액에 해당하는 금액에 한정한다)
(2019.10.15 본호개정)
5. 「독립유공자예우에 관한 법률」 제14조, 「국가유공자 등 예우 및 지원에 관한 법률」 제14조 및 「보훈보상대상자 지원에 관한 법률」 제13조에 따른 생활조정수당
6. 「참전유공자 예우 및 단체설립에 관한 법률」 제6조에 따른 참전명예수당 중 법 제2조제11호에 따라 보건복지부장관이 고시하는 1인 가구 기준 중위소득의 100분의 20 이하에 해당하는 금액(2017.12.26 본호개정)
7. 만성질환 등의 치료·요양·재활로 인하여 지속적으로 지출하는 의료비
8. 장애인이 다음 각 목의 시설에서 실시하는 직업재활사업에 참가하여 받은 소득의 100분의 50에 해당하는 금액
가. 「장애인복지법」 제58조에 따른 장애인복지시설 중 장애인 지역사회재활시설(장애인복지관만 해당한다) 및 장애인 직업재활시설
나. 「정신건강증진 및 정신질환자 복지서비스 지원에 관한 법률」 제27조제1항2호에 따른 재활훈련시설(주간재활시설만 해당한다)(2017.5.29 본목개정)
9. 수급자가 다음 각 목의 어느 하나에 해당하는 사업에 참가하여 받은 소득의 100분의 30에 해당하는 금액
가. 법 제18조제1항에 따른 자활기업이 실시하는 사업
나. 제20조제1항에 따른 자활근로의 대상사업 중 보건복지부장관이 정하는 사업
(2019.7.16 본호신설)
10. 학생·장애인·노인 및 18세 이상 24세 이하인 사람이 얻은 제5조제1항제1호 및 제2호에 따른 소득의 100분의 30에 해당하는 금액
11. 제8호부터 제10호까지의 규정에 해당하지 않는 소득으로서 제5조제1항제1호 및 제2호에 따른 소득에 100분의 30의 범위에서 보건복지부장관이 정하는 비율을 곱한 금액(2019.12.24 본호개정)
12. 그 밖에 개별가구 특성에 따라 추가적인 지출이 필요하다고 인정되어 보건복지부장관이 정하는 금품의 금액
(2015.4.20 본조신설)

제5조의3 【재산의 범위 및 재산가액의 산정기준】 ① 법 제6조의3제2항 후단에 따른 소득으로 환산하는 재산의 범위는 다음 각 호의 재산으로 한다.
1. 일반재산(차상위자에 대해서는 생활여건 등을 고려하여 보건복지부장관이 정하여 고시하는 바에 따라 다음 각 목의 일반재산의 범위를 달리할 수 있다)(2021.6.29 본문개정)
가. 「지방세법」 제104조제1호부터 제3호까지의 규정에 따른 토지, 건축물 및 주택. 다만, 종중재산·마을공동재산, 그 밖에 이에 준하는 공동의 목적으로 사용하는 재산은 제외한다.
나. 「지방세법」 제104조제4호 및 제5호에 따른 항공기 및 선박
다. 주택·상가 등에 대한 임차보증금(전세금을 포함한다)
라. 100만원 이상의 가축, 종묘(種苗) 등 동산(장애인 재활보조기구 등 보건복지부장관이 정하는 동산은 제외한다) 및 「지방세법」 제6조제11호에 따른 입목
마. 「지방세법」 제6조제13호 및 제13호의2에 따른 어업권 및 양식업권(2021.6.29 본목개정)
바. 「지방세법」 제6조제14호부터 제18호까지의 규정에 따른 회원권
사. 「소득세법」 제89조제2항에 따른 조합원입주권
아. 건물이 완성되는 때에 그 건물과 이에 부수되는 토지를 취득할 수 있는 권리(사목에 따른 조합원입주권은 제외한다)
2. 금융재산
가. 현금 및 「금융실명거래 및 비밀보장에 관한 법률」 제2조제2호에 따른 금융자산
나. 「보험업법」 제2조제1호에 따른 보험상품
3. 「지방세법」 제124조에 따른 자동차. 다만, 장애인 사용 자동차 등 보건복지부장관이 정하여 고시하는 자동차는 제외한다.
4. 제1호부터 제3호까지의 규정에 해당하는 재산 중 다른 사람에게 처분한 재산. 다만, 재산을 처분한 금액이 이미 산정되었거나 다른 재산의 구입, 부채의 상환, 의료비의 지급 등 개별가구원이 소비한 사실이 입증된 경우는 제외한다.(2021.6.29 본문개정)
② 제2조제2항제1호부터 제6호까지의 규정에 해당하는 사람의 제1항 각 호의 재산을 개별가구의 가구원이 사용·수익하는 경우에는 해당 재산을 개별가구의 재산에 포함한다.
③ 제1항 및 제2항에 따른 재산의 가액은 법 제22조, 제23조 또는 제24조에 따른 조사를 하는 날(이하 이 항에서 "조사일"이라 한다)을 기준으로 다음 각 호의 구분에 따라 산정한 가액으로 한다. 다만, 재산의 가액을 산정하기 어려운 경우에는 해당 재산의 종류 및 거래상황 등을 고려하여 보건복지부장관이 정하는 바에 따라 가액을 산정한다.(2021.6.29 본문개정)
1. 제1항제1호가목에 따른 토지, 건축물 및 주택 : 「지방세법」 제4조제1항 및 제2항에 따른 시가표준액 등을 고려하여 보건복지부장관이 정하는 가액
2. 제1항제1호나목에 따른 항공기 및 선박 : 「지방세법」 제4조제2항에 따른 시가표준액 등을 고려하여 보건복지부장관이 정하는 가액
3. 제1항제1호다목에 따른 임차보증금 : 임대차계약서상의 보증금 및 전세금
4. 제1항제1호라목에 따른 동산 및 입목 : 다음 각 목의 구분에 따른 가액
가. 동산 : 조사일 현재의 시가
나. 입목 : 「지방세법 시행령」 제4조제1항제5호에 따른 시가표준액
5. 제1항제1호마목에 따른 어업권 및 양식업권 : 「지방세법 시행령」 제4조제1항제8호에 따른 시가표준액
(2021.6.29 본호개정)
6. 제1항제1호바목에 따른 회원권 : 「지방세법 시행령」 제4조제1항제9호에 따른 시가표준액
7. 제1항제1호사목에 따른 조합원입주권 : 다음 각 목의 구분에 따른 금액
가. 청산금을 납부한 경우 : 「도시 및 주거환경정비법」 제74조에 따른 관리처분계획 또는 「빈집 및 소규모주택 정비에 관한 특례법」 제29조에 따른 사업시행계획에 따라 정해진 가격(이하 "기존건물평가액"이라 한다)과 납부한 청산금을 합한 금액(2018.2.9 본목개정)
나. 청산금을 지급받은 경우 : 기존건물평가액에서 지급받은 청산금을 뺀 금액
8. 제1항제1호아목에 따른 권리 : 조사일 현재까지 납부한 금액
9. 제1항제2호에 따른 금융재산 : 제36조제1호 및 제3호에 따른 금융재산별 가액
10. 제1항제3호에 따른 자동차 : 차종·정원·적재정량·제조연도별 제조가격(수입하는 경우에는 수입가격) 및 거래가격 등을 고려하여 보건복지부장관이 정하는 가액
11. 제1항제4호에 따른 재산 : 재산의 처분일을 기준으로 이 항 제1호부터 제10호까지의 규정에 따라 산정한 가액에서 생활비에 해당하는 금액, 특정 용도로 지출한 금액 등 보건복지부장관이 정하여 고시하는 기준에 해당하는 금액을 뺀 금액(2015.12.31 본호신설)
(2015.4.20 본조신설)

제5조의4 【재산의 소득환산액】 ① 법 제6조의3제2항에 따른 재산의 소득환산액은 다음 각 호에 해당하는 금액을 합산한 금액으로 한다.
1. 제5조의3제1항제1호의 재산가액 및 같은 항 제3호의 자동차 중 화물자동차 등 보건복지부장관이 정하여 고시하는 자동차의 가액(이하 이 항에서 "일반재산등가액"이라 한다)에서 다음 각 목의 금액(이하 이 항에서 "기본재산액등"이라 한다)을 뺀 금액에 제2항에 따른 소득환산율(이하 이 항에서 "소득환산율"이라 한다)을 곱한 금액. 이 경우 일반재산등가액에서 기본재산액등을 뺀 금액이 0보다 적은 경우에는 일반재산등가액을 0으로 하고, 0보다 적은 차액은 제5조의3제1항제2호의 재산가액에서 뺀다.
가. 기초생활의 유지에 필요하다고 보건복지부장관이 정하여 고시하는 기본재산액
나. 임대보증금(전세금을 포함한다) 및 「금융실명거래 및 비밀보장에 관한 법률」 제2조제1호에 따른 금융회사등(이하 "금융회사등"이라 한다)으로부터 받은 대출금과 그 밖에 보건복지부장관이 정하여 고시하는 부채
2. 제5조의3제1항제2호의 재산가액에서 제21조의2제3항 각 호의 용도로 저축한 금액으로서 금융회사등과의 계약에 따라 해당 용도로만 사용될 수 있도록 개설된 계좌에 입금된 금액(계약기간 만료 전에 해당 저축을 해지하는 경우는 제외한다)을 뺀 금액에 소득환산율을 곱한 금액. 다만, 제1호 각 목 외의 부분 후단에 따라 뺀 금액이 0보다 적은 경우에는 금융재산가액을 0으로 한다.
3. 제5조의3제1항제3호의 재산가액(제5조의3제1항제3호의 자동차 중 화물자동차 등 보건복지부장관이 정하여 고시하는 자동차의 가액은 제외한다)에 소득환산율을 곱한 금액
② 법 제6조의3제2항에 따른 소득환산율은 이자율, 물가상승률, 부동산 및 전세가격 상승률 등을 고려하여 보건복지부장관이 정하여 고시한다.
③ 제1항가목 및 제2항에 따라 보건복지부장관이 기본재산액 및 소득환산율을 고시하는 경우에는 차상위자의 생활여건 등을 고려하여 수급자와 달리 정할 수 있다.
(2015.12.31 본항신설)
(2015.4.20 본조신설)

제5조의5 【차상위자에 대한 급여의 기준 등】 ① 법 제7조제3항에 따라 차상위자에게 지급하는 급여는 자활급여로 한다.(2015.12.31 본항개정)
② 제1항에 따른 자활급여는 차상위자의 근로능력, 취업상태 및 가구 여건 등을 고려하여 제17조부터 제21조까지 및 제21조의2에 따른 급여를 실시하는 것으로 한다.
③ 제2항에 따른 자활급여의 신청 및 지급 절차 등에 관하여 필요한 사항은 보건복지부령으로 정한다.
(2011.9.8 본조개정)

제5조의6 【부양능력이 없는 경우】 ① 법 제8조의2제1항제1호에서 "대통령령으로 정하는 소득·재산 기준 미만인 경우"란 부양의무자가 다음 각 호의 어느 하나에 해당하는 경우를 말한다.(2015.4.20 본문개정)
1. 수급자인 경우
2. (2015.4.20 삭제)
3. 다음 각 목의 어느 하나에 해당하는 사람으로서 재산의 소득환산액이 보건복지부장관이 정하여 고시하는 금액 미만인 경우
가. 제5조에 따른 실제소득에서 질병, 교육 및 가구특성을 고려하여 보건복지부장관이 정하여 고시하는 금액을 뺀 금액(이하 "차감된 소득"이라 한다)이 기준 중위소득 미만인 사람(2015.4.20 본목개정)
나. 일용근로 등에 종사하는 사람. 이 경우 일용근로는 근로를 한 날이나 시간에 따라 근로대가를 계산하는 근로로서 고용계약기간이 1개월 미만인 근로로 한다.
4. 제1호부터 제3호까지 외의 사람으로서 다음 각 목의 요건을 모두 충족하는 경우
가. 차감된 소득이 수급권자 기준 중위소득의 100분의 40과 해당 부양의무자 기준 중위소득을 더한 금액 미만일 것(2015.4.20 본목개정)
나. 재산의 소득환산액이 보건복지부장관이 정하여 고시하는 금액 미만일 것
다. 부양의무자의 차감된 소득에서 부양의무자 기준 중위소득에 해당하는 금액을 뺀 금액의 범위에서 보건복지부장관이 정하는 금액을 수급권자에게 정기적으로 지원할 것(2015.4.20 본목개정)
5. (2015.4.20 삭제)
② 보건복지부장관은 제1항에도 불구하고 다음 각 호의 어느 하나에 해당하는 경우에는 부양능력 인정기준을 완화하여 정할 수 있다.
1. 부양의무자가 혼인한 딸이거나 혼인한 딸의 직계존속인 경우
2. 부양의무자 가구에 「장애인연금법」 제2조제1호에 따른 중증장애인이 있는 경우
3. 노인, 장애인, 한부모가족 등 수급권자 가구의 특성으로 인하여 특히 생활이 어렵다고 보건복지부장관이 정하는 경우
(2015.4.20 본항개정)
(2011.9.8 본조개정)

제6조 【생계급여의 지급방법】 ① 법 제9조제2항 본문 및 제27조의2에 따라 생계급여에 해당하는 금전을 매월 정기적으로 미리 지급하는 경우에는 매월 20일(토요일이거나 공휴일인 경우에는 그 전날로 한다)에 금융회사등의 수급자 명의의 지정된 계좌에 입금해야 한다.
1.~3. (2019.10.15 삭제)
②~③ (2019.10.15 삭제)
④ 제1항에도 불구하고 수급자가 금융회사등이 없는 지역에 거주하거나 정보통신장애 등 부득이한 사유가 있는 경우에는 해당 금전을 수급자에게 직접 지급할 수 있다.
(2019.10.15 본조개정)

제7조 【근로능력이 있는 수급자】 ① 법 제9조제5항 전단에 따른 근로능력이 있는 수급자는 18세 이상 64세 이하의 수급자로 한다. 다만, 다음 각 호의 어느 하나에 해당하는 사람은 제외한다.
1. 「장애인고용촉진 및 직업재활법」 제2조제2호에 따른 중증장애인
2. 질병, 부상 또는 그 후유증으로 치료나 요양이 필요한 사람 중에서 근로능력평가를 통하여 시장·군수·구청장이 근로능력이 없다고 판정한 사람(2015.4.20 본호개정)
3.~4. (2011.12.30 삭제)

5. 그 밖에 근로가 곤란하다고 보건복지부장관이 정하는 사람
② 시장·군수·구청장은 제1항제2호에 따른 근로능력 평가를 「국민연금법」 제24조에 따른 국민연금공단에 의뢰할 수 있다.(2015.4.20 본항개정)
③ 제1항제2호에 따른 판정에 이의가 있는 사람은 보건복지부령으로 정하는 바에 따라 시장·군수·구청장에게 재판정(再判定)을 신청할 수 있다.(2015.4.20 본항개정)
④ 제1항제2호에 따른 근로능력 평가의 기준, 방법 및 절차 등에 관한 사항은 보건복지부장관이 정하여 고시한다.
(2011.9.8 본조개정)

제8조【조건부수급자】 ① 법 제9조제5항에 따라 자활에 필요한 사업(이하 "자활사업"이라 한다)에 참가할 것을 조건으로 부과하여 생계급여를 지급받는 사람(이하 "조건부수급자"라 한다)은 제7조에 따른 근로능력이 있는 수급자로 한다.
② 제1항에도 불구하고 시장·군수·구청장은 제7조에 따른 근로능력이 있는 수급자 중 다음 각 호의 어느 하나에 해당하는 사람에게는 제1항에 따른 조건 부과를 유예할 수 있다. 다만, 제3호에 해당하는 사람의 경우에는 그 유예기간을 3개월로 한정한다.
1. 개별가구 또는 개인의 여건 등으로 자활사업에 참가하기가 곤란한 다음 각 목의 어느 하나에 해당하는 사람
가. 미취학 자녀, 질병·부상 또는 장애 등으로 거동이 곤란한 가구원이나 치매 등으로 특히 보호가 필요한 가구원을 양육·간병 또는 보호하는 수급자(가구별로 1명으로 한정하되, 양육·간병 또는 보호를 할 수 있는 다른 가구원이 있거나 사회복지시설 등에서 보육·간병 또는 보호서비스를 제공받는 경우는 제외한다)
나. 「고등교육법」 제2조 각 호(제5호는 제외한다)에 따른 학교에 재학 중인 사람
다. 「장애인고용촉진 및 직업재활법」 제9조에 따른 장애인 직업재활 실시 기관 및 같은 법 제43조에 따른 한국장애인고용공단이 실시하는 고용촉진 및 직업재활 사업에 참가하고 있는 장애인
라. 임신 중이거나 분만 후 6개월 미만인 여자
마. 사회복무요원 등 법률상 의무를 이행 중인 사람
2. 근로 또는 사업에 종사하는 대가로 보건복지부장관이 정하여 고시하는 기준을 초과하는 소득을 얻고 있는 사람으로서 다음 각 목의 어느 하나에 해당하는 사람
가. 주당 평균 3일(1일 6시간 이상 근로에 종사하는 경우만 해당한다) 이상 근로에 종사하거나 주당 평균 4일 이상의 기간 동안 22시간 이상 근로에 종사하는 사람
나. 「부가가치세법」 제8조에 따라 사업자등록을 하고 그 사업에 종사하고 있는 사람
3. 환경 변화로 적응기간이 필요하다고 인정되는 다음 각 목의 어느 하나에 해당하는 사람
가. 「병역법」에 따른 입영예정자 또는 전역자
나. 「형의 집행 및 수용자의 처우에 관한 법률」 및 「치료감호 등에 관한 법률」 등에 따른 교도소, 구치소, 치료감호시설 등에서 출소한 사람(2016.11.29 본목개정)
다. 법 제32조에 따른 보장시설에서 퇴소한 사람
라. 「초·중등교육법」 제2조제3호부터 제5호까지의 규정에 따른 학교 또는 「고등교육법」 제2조 각 호(제5호는 제외한다)에 따른 학교의 졸업자
마. 질병·부상 등으로 2개월 이상 치료를 받고 회복 중인 사람
4. 그 밖에 자활사업에 참가할 것을 조건으로 하여 생계급여를 지급하는 것이 곤란하다고 보건복지부장관이 정하는 사람
③ 제2항에 따라 조건 부과를 유예받은 사람은 그 유예기간 동안 조건부수급자로 보지 아니한다.
(2016.6.21 본조개정)

제9조【사회복지시설 등의 우선 이용】 보장기관은 제8조제2항제1호가목에 해당하는 수급자가 근로활동이나 자활사업에 참가할 수 있도록 하기 위하여 사회복지시설 등의 보육·간병 또는 보호 서비스를 우선적으로 이용할 수 있는 필요한 조치를 하여야 한다.(2016.6.21 본조개정)

제10조【자활사업】 ① 자활사업은 다음 각 호의 사업으로 한다.(2015.4.20 본문개정)
1. 제18조에 따른 직업훈련
2. 제19조에 따른 취업알선 등의 제공
3. 제20조에 따른 자활근로
4. 「직업안정법」 제2조의2제1호에 따른 직업안정기관(이하 "직업안정기관"이라 한다)의 장이 제시하는 사업장에의 취업
5. 「고용정책 기본법」 제34조제1항제5호에 따른 공공근로사업
6. 법 제16조에 따른 지역자활센터(이하 "지역자활센터"라 한다)의 사업
7. 법 제18조에 따른 자활기업(이하 "자활기업"이라 한다)의 사업(2012.6.12 본호개정)
8. 개인 창업 또는 공동 창업
9. 근로의욕 제고 및 근로능력 유지를 위한 자원봉사
10. 그 밖에 수급자의 자활에 필요하다고 보건복지부장관이 정하여 고시하는 사업
② 시장·군수·구청장은 제1항제9호에 따라 생계급여의 조건으로 자원봉사를 제시받은 조건부수급자가 그와 다른 자원봉사를 하려는 경우에는 그 자원봉사의 내용·기간 및 자원봉사 이행 여부의 확인자 등을 고려하여 그 자원봉사를 생계급여의 조건으로 인정할 수 있으며, 필요한 경우에는 자원봉사의 내용 등을 변경하여 인정할 수 있다.(2015.4.20 본항개정)
(2015.4.20 본조제목개정)
(2011.9.8 본조개정)

제11조【생계급여의 조건 제시방법 및 결과 통지】 ① 시장·군수·구청장은 법 제9조제5항에 따라 수급자가 조건부수급자로 결정된 날부터 1개월 이내에 법 제28조의 자활지원계획(이하 "가구별 자활지원계획"이라 한다)에 따라 자활사업에 참가할 것을 생계급여의 조건으로 해당 조건부수급자에게 제시하여야 한다.(2015.4.20 본항개정)
② 제1항에도 불구하고 시장·군수·구청장은 조건부수급자의 근로능력, 자활욕구 및 가구 여건 등이 취업에 적합한 경우 그 조건부수급자(이하 "취업대상자"라 한다)의 취업을 촉진하기 위하여 해당 특별자치시·특별자치도·시·군·구(자치구를 말한다. 이하 같다)를 관할하는 직업안정기관의 장이 지정하는 자활사업에 참가할 것을 생계급여의 조건으로 취업대상자에게 제시하여야 한다. 이 경우 시장·군수·구청장은 자활사업 참가에 관한 사실을 직업안정기관의 장에게 지체 없이 서면(전자문서를 포함한다)으로 통지하여야 한다.(2015.4.20 본항개정)
③ 직업안정기관의 장은 제2항 후단에 따른 통지를 받은 경우에는 제13조제1항의 개인별 취업지원계획에 따라 취업대상자가 참가할 자활사업을 지정하고 이를 취업대상자 및 시장·군수·구청장에게 지체 없이 서면(전자문서를 포함한다)으로 통지하여야 한다.(2015.4.20 본항개정)
④ 직업안정기관의 장은 제3항에 따른 취업대상자의 조건 이행 여부에 대한 의견 등을 포함한 자활사업 참가결과를 3개월마다 시장·군수·구청장에게 서면(전자문서를 포함한다)으로 통지하여야 한다. 다만, 취업대상자가 조건 이행을 중도에 포기하거나 거부하는 등의 사유가 있는 경우에는 그 결과를 지체 없이 서면(전자문서를 포함한다)으로 통지하여야 한다.(2015.4.20 본문개정)
⑤ 제2항에 따른 조건부수급자의 구분기준, 조건부수급자별로 제시할 자활사업의 종류와 내용 및 생계급여의 조건 제시방법 등에 관하여 필요한 사항은 보건복지부장관이 관계 중앙행정기관의 장과 협의하여 정한다.
(2011.9.8 본조개정)

제12조【자활사업의 위탁시행】 ① 시장·군수·구청장 및 직업안정기관의 장은 제10조제1항 각 호의 자활사업을 실시하는 공공기관·민간기관·공공단체 또는 민간단체(이하 "자활사업실시기관"이라 한다)에 조건부수급자에 대한 자활사업을 위탁하여 시행할 수 있다. 이 경우 시장·군수·구청장 및 직업안정기관의 장은 조건부수급자의 수용능력 등에 관하여 미리 자활사업실시기관의 장과 협의하여야 한다.
② 자활사업실시기관의 장은 제1항에 따라 자활사업의 시행을 위탁받은 조건부수급자의 조건 이행 여부에 대한 의견 등을 포함한 자활사업 참가결과를 3개월마다 시장·군수·구청장 또는 직업안정기관의 장에게 서면(전자문서를 포함한다)으로 통지하여야 한다. 다만, 조건부수급자가 조건 이행을 중도에 포기하거나 거부하는 등의 사유가 있는 경우에는 그 결과를 지체 없이 서면(전자문서를 포함한다)으로 통지하여야 한다.
(2015.4.20 본조개정)

제13조【취업지원계획】 ① 직업안정기관의 장은 제11조제2항 후단에 따른 통지를 받은 취업대상자에 대하여 개인별 취업지원계획을 수립하여 시장·군수·구청장에게 통지하여야 한다. 이 경우 통지를 받은 시장·군수·구청장은 취업대상자의 가구별 자활지원계획에 이를 기록·관리하여야 한다.(2015.4.20 본항개정)
② 고용노동부장관은 취업대상자에 대한 취업지원업무를 원활히 수행하기 위하여 해마다 12월 31일까지 종합취업지원계획을 수립하여야 한다.
③ 직업안정기관의 장 및 고용노동부장관은 제1항에 따른 개인별 취업지원계획 및 제2항에 따른 종합취업지원계획을 수립하는 경우 시장·군수·구청장에게 필요한 자료의 제공을 요청할 수 있다.(2015.4.20 본항개정)
(2011.9.8 본조개정)

제14조 (2007.6.28 삭제)

제15조【조건부수급자의 생계급여 결정】 ① 법 제9조제5항에 따라 시장·군수·구청장은 보건복지부령으로 정하는 바에 따라 조건부수급자가 사업에 참가한 달의 다음 달부터 3개월마다 생계급여의 지급 여부 및 급여액을 결정하여야 한다. 다만, 다음 각 호의 어느 하나의 경우에는 지체 없이 조건부수급자의 생계급여의 지급 여부 및 급여액을 결정하여야 한다.(2015.4.20 본문개정)
1. 조건부수급자가 조건을 이행하지 아니하는 것이 명백한 경우
2. 제11조제4항 단서 및 제12조제2항 단서에 따라 직업안정기관의 장 및 자활사업실시기관의 장으로부터 조건부수급자가 조건을 이행하지 아니한다는 통지를 받은 경우
② 시장·군수·구청장은 제1항에 따라 생계급여의 지급중지 및 중지 급여액을 결정한 경우에는 보건복지부령으로 정하는 바에 따라 중지 사실 및 중지 급여액을 조건부수급자에게 서면(전자문서를 포함한다)으로 통지하여야 한다.(2015.4.20 본항개정)
③ 생계급여의 중지기간, 중지 급여액 및 재개(再開) 등에 필요한 사항은 보건복지부령으로 정한다.
(2011.9.8 본조개정)

제16조【교육급여】 ① 법 제12조에 따른 교육급여는 다음 각 호의 학교 또는 시설에 입학하거나 재학하는 사람에게 입학금, 수업료(제6호의 경우에는 학습비를 말한다) 및 학용품비와 그 밖의 수급품(이하 "학비"라 한다)을 지급하는 것으로 한다.
1. 「초·중등교육법」 제2조제1호에 따른 초등학교·공민학교
2. 「초·중등교육법」 제2조제2호에 따른 중학교·고등공민학교
3. 「초·중등교육법」 제2조제3호에 따른 고등학교·고등기술학교
4. 「초·중등교육법」 제2조제4호에 따른 특수학교
5. 「초·중등교육법」 제2조제5호에 따른 각종학교로서 제1호부터 제4호까지의 규정에 따른 학교와 유사한 학교
(2015.4.20 1호~5호개정)
6. 「평생교육법」 제31조에 따른 학교형태의 평생교육시설(「평생교육법」 제31조제2항에 따라 교육감이 고등학교졸업 이하의 학력이 인정되는 시설로 지정한 시설만 해당한다)
② 제1항에 따른 수급자가 「초·중등교육법 시행령」 등 다른 법령에 따라 의무교육을 받거나 학비를 감면 또는 지원받는 경우에는 이에 해당하는 학비는 지원하지 아니한다. 다만, 교육부장관이 정하는 장학상(獎學上) 필요한 사람에게는 다른 법령에 따라 학비를 감면 또는 지원받는 경우에도 학비를 전액 지원할 수 있다.(2015.4.20 단서개정)
③ (2015.4.20 삭제)
(2011.9.8 본조개정)

제17조【자금의 대여 등】 ① 보장기관은 법 제15조제1항제1호에 따라 수급자에게 자활에 필요한 다음 각 호의 자금을 대여할 수 있다.
1. 사업의 창업자금 및 운영자금
2. 취업에 필요한 기술훈련비
3. 그 밖에 보건복지부장관이 수급자의 자활에 필요하다고 인정하는 비용
② 제1항에 따른 자금은 「공공자금관리기금법」에 따른 공공자금관리기금이나 일반회계에서 대여한다.
③ 보장기관은 제1항에 따라 자금을 대여받으려는 사람의 자금 대여 규모, 사용 계획 등이 보건복지부장관이 정하는 기준에 적합한 경우에는 마이크로크레디트 방식(자금을 보증 없이 대여하면서 자활에 필요한 교육·훈련·경영지원 등을 제공하는 방식을 말한다)으로 자금을 대여할 수 있다.
④ 보장기관은 자금을 대여받은 수급자가 대여신청 당시의 목적대로 자금을 사용하지 아니하는 경우에는 시정을 요구할 수 있으며, 수급자가 정당한 사유 없이 시정 요구를 이행하지 아니한 경우에는 대여한 자금을 수급자로부터 회수할 수 있다.
⑤ 자금의 대여신청, 대상자의 선정 및 대여자금의 상환 등에 필요한 사항은 보건복지부령으로 정한다.
(2011.9.8 본조개정)

제18조【직업훈련】 ① 법 제15조제1항제2호에 따른 기능습득의 지원은 수급자 중 직업훈련이 가능한 사람을 직업훈련기관에 위탁하여 직업훈련을 받도록 하고, 그 훈련에 필요한 준비금·수당·식비 등을 지원하는 것으로 한다.
② 보건복지부장관은 제1항에 따른 직업훈련 대상자의 규모, 훈련 직종, 대상자 선정기준 등이 포함된 직업훈련의 지원에 관한 계획을 해마다 수립하여야 한다. 이 경우 취업 효과를 높이기 위하여 훈련 직종의 선정 등에 관하여 관계 중앙행정기관의 장과 협의하여야 한다.
③ 직업훈련기관, 직업훈련비의 지급 및 훈련자의 관리 등에 필요한 사항은 보건복지부령으로 정한다.
(2011.9.8 본조개정)

제19조【취업알선 등의 제공】 보장기관은 법 제15조제1항제3호에 따라 수급자가 능력 및 적성에 맞는 직업에 취업할 수 있도록 직업상담 및 직업적성검사 등 적절한 직업지도와 취업알선 등을 수급자에게 직접 제공하거나 직업안정기관에 위탁하여 제공할 수 있다.
(2011.9.8 본조개정)

제20조【자활근로】 ① 보장기관은 법 제15조제1항제2호에 따른 자활에 필요한 근로능력의 향상 및 기능습득

의 지원과 법 제15조제1항제4호에 따른 근로기회의 제공을 위하여 수급자에게 공익성이 높은 사업이나 지역주민의 복지향상을 위하여 필요한 사업 등에서 유급(有給)으로 근로(이하 "자활근로"라 한다)할 수 있는 기회를 제공할 수 있다.
② 제1항에 따른 자활근로의 대상사업 및 대상자 선정방법 등에 관하여 필요한 사항은 보건복지부령으로 정한다.
(2011.9.8 본조개정)
제21조【창업지원】 보장기관은 법 제15조제1항제6호에 따라 수급자의 창업지원 등을 위하여 다음 각 호의 사항을 지원할 수 있다.(2012.6.12 본문개정)
1. 창업 업종의 선정 및 사업계획 수립의 지도
2. 기능훈련, 제품개발 등의 지도
3. 세무, 회계, 법률 등 경영 관련 교육
4. 공공·민간 창업지원서비스의 연계 및 알선
5. 그 밖에 창업지원 및 경영개선에 관한 사항으로서 보건복지부장관이 정하는 사항
(2011.9.8 본조개정)
제21조의2【자산형성지원의 대상 등】 ① 법 제15조제1항제7호 및 제18조의8에 따른 자산형성지원의 대상은 다음 각 호의 사람 중에서 그 사람이 속한 가구의 여건, 소득·재산 및 취업 상태를 고려하여 선정한다. 이 경우 자산형성지원 대상의 세부 선정 기준은 보건복지부장관이 정하여 고시한다.(2022.6.21 본문개정)
1. 수급자 및 차상위자
2. 「청년기본법」에 따른 청년으로서 해당 청년이 속한 가구의 소득이 기준 중위소득의 100분의 100 이하인 사람
(2022.6.21 1호~2호신설)
② 제1항에 따라 자산형성지원 대상으로 선정된 수급자 및 차상위자(이하 이 조에서 "지원대상자"라 한다)에게 지원하는 금액(이하 이 조에서 "지원금"이라 한다)은 지원대상자의 근로소득 등에 따라 차등하여 보건복지부장관이 정하여 고시한다.(2015.4.20 본항개정)
③ 지원대상자는 제21조의3제1호에 따른 금융업무를 하는 기관에 다음 각 호의 어느 하나에 해당하는 용도로 저축을 하여야 한다.
1. 주택 구입비 또는 임대비
2. 본인 및 자녀의 고등교육비·기술훈련비
3. 사업의 창업자금 및 운영자금
4. 그 밖에 보건복지부장관이 정하여 고시하는 용도
(2012.6.12 본항신설)
④ 보장기관은 제3항에 따라 저축을 하는 지원대상자의 자산형성을 지원하기 위하여 보건복지부장관이 정하여 고시하는 바에 따라 지원금을 적립하여야 한다.
(2012.6.12 본항신설)
⑤ 보장기관은 지원대상자가 다음 각 호의 어느 하나에 해당하는 경우에는 제4항에 따라 적립된 지원금을 지급할 수 있다. 이 경우 지원대상자는 지급받은 지원금을 제3항 각 호의 용도로 사용하여야 한다.
1. 사업소득 또는 근로소득의 증가 등으로 소득인정액이 보건복지부장관이 정하여 고시하는 기준 중위소득의 일정비율을 초과한 경우(2015.4.20 본호개정)
2. 기업 등에 채용되거나 단독 또는 공동으로 창업하여 보건복지부장관이 정하여 고시하는 금액 이상의 소득이 발생한 경우
3. 그 밖에 보건복지부장관이 정하여 고시하는 요건을 충족한 경우
(2012.6.12 본항신설)
⑥ 보장기관은 지원대상자에게 채무 관리, 자산 관리, 신용 관리, 재무 설계 등의 교육을 할 수 있다.
⑦ 보장기관은 지원대상자가 제5항에 따라 지급받은 지원금을 제3항 각 호의 용도와 다르게 사용하거나 제6항에 따른 교육을 받지 아니하면 지원금을 회수할 수 있다.
⑧ 보장기관은 법 제18조의8제4항에 따라 같은 조 제1항 및 제2항에 따른 자산형성지원과 그 교육에 관한 업무를 법 제15조의2제1항에 따른 한국자활복지개발원(이하 "자활복지개발원"이라 한다)에 위탁한다.(2022.1.28 본항개정)
⑨ 제1항부터 제8항까지에서 규정한 사항 외에 지원신청, 대상자 선정, 지원금 지급 및 회수 등에 필요한 사항은 보건복지부장관이 정하여 고시한다.(2019.7.16 본항개정)
(2022.6.21 본조제목개정)
(2012.6.12 본조개정)
제21조의3【자활급여의 위탁】 법 제15조제2항 전단에서 "대통령령으로 정하는 기관"이란 다음 각 호의 기관을 말한다.(2015.4.20 본문개정)
1. 금융회사등으로서 보건복지부장관이 정하는 기관
(2015.4.20 본호개정)
2. 법 제15조제1항제4호에 따라 수급자 및 차상위자를 인턴사원으로 채용하는 사업자
3. 자활사업 수행 실적 등을 고려하여 자활급여 수행능력이 있다고 보건복지부장관이 인정하는 기관
(2011.9.8 본조개정)
제21조의4【자활복지개발원의 정관】 자활복지개발원의 정관에는 다음 각 호의 사항이 포함되어야 한다.
1. 목적
2. 명칭
3. 주된 사무소가 있는 곳
4. 임원 및 직원의 임면(任免)
5. 이사회의 운영
6. 사업범위 및 내용과 그 집행
7. 회계
8. 정관의 변경
9. 내부 규정의 제정·개정 및 폐지
(2019.7.16 본조개정)
제21조의5【자활복지개발원의 이사회】 ① 자활복지개발원에 다음 각 호의 사항을 심의·의결하기 위하여 이사회를 둔다.
1. 사업계획 및 예산·결산
2. 주요 재산의 취득·관리 및 처분
3. 임원 및 직원의 임면
4. 정관의 변경
5. 내부 규정의 제정·개정 및 폐지
6. 그 밖에 자활복지개발원 운영에 관하여 심의·의결이 필요하다고 판단되는 사항
② 이사회는 원장을 포함한 이사로 구성한다.
③ 이사장은 원장을 제외한 이사 중에서 호선(互選)한다.
④ 이사장은 이사회를 소집하고 그 의장이 된다.
⑤ 감사는 이사회에 출석하여 의견을 진술할 수 있다.
(2019.7.16 본조개정)
제21조의6【자활복지개발원의 회계】 자활복지개발원의 회계연도는 정부의 회계연도를 따른다.(2019.7.16 본조신설)
제21조의7【국유재산의 무상대부 등】 법 제15조의6제2항에 따라 자활복지개발원에 국유재산을 무상으로 대부·양여하거나 사용·수익하게 하는 경우 그 내용·조건 및 절차 등은 해당 국유재산의 관리청과 자활복지개발원이 계약으로 정한다.(2019.7.16 본조신설)
제22조【지역자활센터의 사업】 법 제16조제1항제6호에 따른 그 밖에 자활을 위한 각종 사업은 다음 각 호의 사업으로 한다.(2012.6.12 본문개정)
1. 수급자 또는 차상위자의 부업소득 향상을 위한 부업장의 설치·운영사업
2. 자활기업 또는 부업장의 일감 확보 및 판로 개척을 위한 알선사업(2012.6.12 본호개정)
3. 자활기업 또는 부업장의 운영을 위한 후원의 알선사업
(2012.6.12 본호개정)
4. 수급자 또는 차상위자의 자녀교육 및 보육을 위한 자활지원관의 설치·운영사업
5. 그 밖에 자활을 위하여 보건복지부령으로 정하는 사업
(2011.9.8 본조개정)
제23조～제25조 (2007.6.28 삭제)
제26조【수급자 등 채용기업에 대한 지원】 ① 법 제18조의6에 따라 지원을 받을 수 있는 기업은 상시근로자의 100분의 20 이상을 수급자 또는 차상위자로 채용하는 기업으로 한다. 이 경우 채용 당시는 수급자 또는 차상위자였으나 채용 후 수급자 및 차상위자를 면하게 된 사람이 계속하여 취업하고 있는 경우에는 수급자 및 차상위자로 산정(算定)한다.(2022.1.28 전단개정)
② 제1항에 따른 기업에 대한 지원기간은 5년의 범위에서 보장기관이 정한다.
③ 보장기관은 제1항 및 제2항에 따라 지원을 받는 기업의 수급자 및 차상위자 고용비율이 기준에 미달하는 경우에는 시정을 요구할 수 있으며, 기업이 정당한 사유 없이 시정 요구를 이행하지 아니하면 지원을 중단할 수 있다.
(2015.4.20 본항개정)
④ 제1항 및 제2항에 따라 지원을 받고 있는 기업은 수급자 및 차상위자의 고용비율, 지원금의 사용 내용을 해마다 보고하여야 한다.(2015.4.20 본항개정)
⑤ 제1항부터 제4항까지에서 규정한 사항 외에 지원신청, 지원 중단 및 보고 등의 절차 및 방법 등에 관하여 필요한 사항은 보건복지부장관이 정하여 고시한다.
(2015.4.20 본조제목개정)
(2011.9.8 본조개정)
제26조의2【자활기금의 적립】 ① 법 제18조의7제1항에 따라 특별시장·광역시장·특별자치시장·도지사·특별자치도지사(이하 "시·도지사"라 한다) 또는 시장·군수·구청장이 적립해야 하는 자활기금(이하 "기금"이라 한다)의 적립금액은 시·도지사 또는 시장·군수·구청장이 정한다.(2022.1.28 본항개정)
② 시·도지사 또는 시장·군수·구청장은 기금의 적립계좌를 별도로 개설하고 기금을 적립해야 한다.
(2019.7.16 본조개정)
제26조의3【기금의 재원】 ① 기금은 다음 각 호의 재원으로 조성한다.
1. 지방자치단체 또는 지방자치단체 외의 자로부터의 출연금
2. 다른 기금으로부터의 출연금
3. 금융회사등 또는 다른 기금으로부터의 장기차입금
(2015.4.20 본호개정)
4. 기금의 대여에 따른 이자수입
5. 자활근로의 실시 결과 발생하는 수익금
6. 기금의 운용수익
② 국가는 기금의 재원 확충을 위하여 특별시·광역시·특별자치시·도·특별자치도(이하 "시·도"라 한다) 및 시·군·구에 보조할 수 있다.(2019.7.16 본항개정)
(2011.9.8 본조개정)
제26조의4【기금의 용도】 기금은 다음 각 호의 용도로 운용한다.
1. 자활기업이 금융회사등으로부터 대여받은 자금의 금리 차이에 대한 보전(補塡)(2015.4.20 본호개정)
2. 법 제15조제1항제1호에 따른 자활근로 참가자의 자활조성을 위한 자금 대여
3. 법 제15조제1항제7호에 따른 자산형성지원(2012.6.12 본호개정)
4. 법 제18조제3항제1호에 따른 자활기업 사업자금 대여
(2012.6.12 본호개정)
5. 법 제18조의6에 따른 수급자 및 차상위자 채용기업에 대한 사업자금 대여(2022.1.28 본호개정)
6. 제37조에 따른 자활지원계획의 집행에 필요한 비용
(2015.4.20 본호개정)
7. 「지역신용보증재단법」과 그 밖의 다른 법률에 따라 신용보증업무를 수행하는 기관이 다음 각 목의 채무를 신용보증하는 경우에 드는 비용
가. 자활기업이 금융회사등 또는 기금으로부터 대여받는 채무(2015.4.20 본목개정)
나. 수급자가 대여받는 생업자금 채무
8. 수급자 및 차상위자의 자활지원에 필요하여 해당 지방자치단체의 조례로 정하는 사업
9. 자활사업 연구·개발·평가 등을 위한 비용
10. 수급자 및 차상위자(근로소득 또는 사업소득의 증가 등으로 수급자에서 차상위자로 된 사람에 한정한다)의 자활지원을 위하여 「국민건강보험법」, 「국민연금법」 또는 「고용보험법」 등에 따라 부담하는 본인의 보험료 지원
(2011.9.8 본조개정)
제26조의5【기금의 운용·관리 등】 ① 기금은 시·도지사 또는 시장·군수·구청장이 운용·관리한다.
(2019.7.16 본항개정)
② 시·도지사 또는 시장·군수·구청장은 기금의 수입과 지출에 관한 사무를 수행하기 위하여 소속 공무원 중에서 기금수입징수관, 기금재무관, 기금지출관 및 기금출납공무원을 임명한다.
③ 이 영에서 정한 사항 외에 기금의 운용·관리에 필요한 사항은 해당 지방자치단체의 조례로 정한다.
(2011.9.8 본조개정)
제26조의6【이익 및 결손의 처리】 ① 기금의 결산 결과 이익금이 생긴 경우에는 전액 적립하여야 한다.
② 기금의 결산 결과 손실금이 생긴 경우에는 제1항에 따른 적립금으로 보전하고, 적립금으로 부족한 경우에는 해당 지방자치단체의 예산으로 손실금을 보전할 수 있다.
(2011.9.8 본조개정)
제26조의7【기금의 지도·감독】 ① 기금의 효율적인 관리를 위하여 필요한 경우 보건복지부장관은 시·도에 설치된 기금의 운용 상황을 지도·감독할 수 있고, 시·도지사는 시·군·구에 설치된 기금의 운용 상황을 지도·감독할 수 있다.
② 시·도지사는 보건복지부령으로 정하는 바에 따라 해당 시·도 및 관할 시·군·구에 설치된 기금의 운용·관리 실적을 보건복지부장관에게 제출하여야 한다.
(2011.9.8 본조개정)
제26조의8【자활지원사업 통합정보전산망의 구축·운영】 보건복지부장관은 법 제18조의10제5항에 따라 같은 조 제1항에 따른 자활지원사업 통합정보전산망의 구축·운영에 관한 업무를 자활복지개발원에 위탁한다.
(2022.1.28 본조개정)
제27조【중앙생활보장위원회의 조직 및 구성】 ① 법 제20조제2항에 따른 중앙생활보장위원회(이하 "중앙생활보장위원회"라 한다)에는 부위원장 1명을 둔다.
(2015.12.31 본항개정)
② 부위원장은 위원 중에서 호선한다.(2019.7.16 본항개정)
③ 위원 중 관계 행정기관 소속 공무원은 다음 각 호의 사람으로 한다.(2015.4.20 본문개정)
1. 기획재정부 제2차관(2015.4.20 본호신설)
2. 교육부 차관(2015.4.20 본호신설)
3. 행정안전부 차관(2017.7.26 본호개정)
4. 고용노동부 차관(2015.4.20 본호신설)
5. 국토교통부 제1차관(2015.4.20 본호신설)
(2011.9.8 본조개정)
제27조의2【소위원회】 ① 중앙생활보장위원회에 상정할 안건의 효율적인 검토를 위하여 필요한 경우에는 중앙생활보장위원회에 분야별로 소위원회를 구성·운영할 수 있다.
② 제1항에 따른 분야별 소위원회는 소위원회 위원장을 포함하여 13명 이내의 위원으로 구성하며, 소위원회 위원

장은 중앙생활보장위원회 위원장(이하 "위원장"이라 한다. 이하 이 조에서 같다)이 위원 중에서 지명한다.
③ 분야별 소위원회의 위원은 위원장이 다음 각 호의 사람 중에서 전문분야, 성별 등을 고려하여 위촉하거나 임명한다.
1. 중앙생활보장위원회 위원
2. 해당 분야에서 전문지식과 경험이 풍부한 사람
3. 분야별 소위원회의 운영과 관련된 중앙행정기관의 4급 이상 공무원
(2015.12.31 본조신설)

제28조【지방생활보장위원회의 조직과 구성】 ① 법 제20조제6항에 따라 시·도 및 시·군·구에 두는 생활보장위원회(이하 "지방생활보장위원회"라 한다)는 위원장 및 부위원장 각 1명을 포함하여 15명 이내의 위원으로 구성된다. 이 경우 법 제20조제4항제1호 및 제2호에 규정된 사람의 참여 기회를 보장하여야 한다.
② 부위원장은 위원 중에서 호선한다.
③ 법 제20조제1항 단서에 따라 다른 위원회가 지방생활보장위원회의 기능을 대신하는 경우 위원회를 구성할 때 법 제20조제4항제1호 및 제2호에 규정된 사람의 참여 기회를 보장하여야 한다.
④ 지방생활보장위원회는 심의사항을 전문적으로 검토하기 위하여 의결로 소위원회를 둘 수 있다.
⑤ 제4항에 따른 소위원회(이하 "소위원회"라 한다)는 소위원회 위원장을 포함하여 7명 이내의 위원으로 구성되며, 소위원회 위원장은 지방생활보장위원회 위원장이 지방생활보장위원회의 의결을 거쳐 위원 중에서 지명한다.
(2011.9.8 본조개정)

제29조【지방생활보장위원회의 기능】 ① 시·도에 두는 지방생활보장위원회는 다음 각 호의 사항을 심의·의결한다.
1. 시·도의 생활보장사업 기본방향 및 시행계획의 수립에 관한 사항
2. 법 제43조제5항에 따라 해당 시·도가 실시하는 급여에 관한 사항
3. 제26조의2부터 제26조의7까지의 규정에 따른 자활기금의 설치·운용에 관한 사항
4. 제37조제2항에 따른 자활지원계획에 관한 사항
(2015.4.20 본호개정)
5. 그 밖에 시·도지사가 회의에 부치는 사항
② 시·군·구에 두는 지방생활보장위원회는 다음 각 호의 사항을 심의·의결한다.
1. 시·군·구의 생활보장사업 기본방향 및 시행계획의 수립에 관한 사항
2. 법 제14조의2에 따라 법 제7조제1항 각 호의 급여를 받을 자격이 있는 수급권자에 해당하지 아니하여도 생활이 어려운 사람의 보호를 위하여 보건복지부장관 또는 소관 중앙행정기관의 장이 정하는 급여의 결정에 관한 사항(2015.4.20 본호개정)
3. 법 제23조제1항에 따른 연간조사계획에 관한 사항
4. 법 제43조제5항에 따라 해당 시·군·구가 실시하는 급여에 관한 사항
5. 제26조의2부터 제26조의7까지의 규정에 따른 자활기금의 설치·운용에 관한 사항
6. 제37조제1항에 따른 자활지원계획에 관한 사항
(2015.4.20 본호개정)
7. 보장비용 징수 제외 및 결정, 금품의 반환·징수·감면 관련 사항 및 결손처분 관련 사항
8. 그 밖에 시장·군수·구청장이 회의에 부치는 사항
(2011.9.8 본조개정)

제30조【위원의 임기와 직무】 ① 중앙생활보장위원회 및 지방생활보장위원회(이하 "각 위원회"라 한다) 위원 중 위촉위원의 임기는 2년으로 한다.(2015.4.20 본항개정)
② 각 위원회의 위원장은 해당 위원회를 대표하고, 그 위원회의 사무를 총괄한다.
③ 각 위원회의 부위원장은 위원장을 보좌하며, 위원장이 부득이한 사유로 직무를 수행할 수 없는 경우에는 그 직무를 대행한다.
(2011.9.8 본조개정)

제30조의2【위원의 해촉】 보건복지부장관은 법 제20조제3항제1호 또는 제2호 및 이 영 제27조의2제3항제2호에 따라 위촉된 위원이 다음 각 호의 어느 하나에 해당하는 경우에는 해촉(解囑)할 수 있다.
1. 심신장애로 인하여 직무를 수행할 수 없게 된 경우
2. 직무와 관련된 비위사실이 있는 경우
3. 직무태만, 품위손상이나 그 밖의 사유로 인하여 위원으로 적합하지 아니하다고 인정되는 경우
4. 위원 스스로 직무를 수행하는 것이 곤란하다고 의사를 밝히는 경우
(2015.12.31 본조신설)

제31조【회의 및 의사】 ① 각 위원회의 위원장은 해당 위원회의 회의를 소집하고 그 회의의 의장이 된다.
② 각 위원회의 위원장은 재적위원 3분의 1 이상으로부터 회의의 소집의 요청을 받은 경우에는 지체 없이 회의를 소집하여야 한다.
③ 각 위원회의 회의는 재적위원 과반수의 출석과 출석위원 과반수의 찬성으로 의결한다.
(2011.9.8 본조개정)

제32조【의견의 청취】 각 위원회의 위원장은 해당 위원회의 심의사항과 관련하여 필요하다고 인정할 경우 전문가 또는 관계인 등을 출석시켜 의견을 들을 수 있다.
(2011.9.8 본조개정)

제33조【간사】 ① 각 위원회의 서무를 처리하기 위하여 각 위원회에 간사 1명을 두며, 간사는 각 위원회를 두는 기관의 장이 소속 공무원 중에서 임명한다.
② 제1항에 따른 간사는 각 위원회에 출석하여 의견을 진술할 수 있다.
(2011.9.8 본조개정)

제34조【수당과 여비】 각 위원회에 출석한 위원·전문가·관계인 등에게 예산의 범위에서 수당과 여비를 지급할 수 있다. 다만, 공무원인 위원이 소관 업무와 관련하여 출석하는 경우에는 그러하지 아니하다.(2011.9.8 본조개정)

제35조【운영 규정】 이 영에서 정하는 사항 외에 각 위원회 및 그 소위원회의 구성·운영 등에 필요한 사항은 해당 각 위원회의 의결을 거쳐 각 위원회의 위원장이 정한다.(2015.12.31 본조개정)

제36조【금융정보등의 범위】 법 제21조제3항에 따라 수급권자 등이 급여를 신청하는 경우 수급권자와 부양의무자가 제공하는 데 동의하여야 하는 금융정보, 신용정보 및 보험정보(이하 "금융정보등"이라 한다)의 범위는 다음 각 호와 같다.
1. 금융정보
가. 보통예금, 저축예금, 자유저축예금, 외화예금 등 요구불예금 : 최근 3개월 이내의 평균 잔액 및 입금액 총액(2019.10.15 본목개정)
나. 정기예금, 정기적금, 정기저축 등 저축성예금 : 예금의 잔액 또는 총납입액
다. 주식, 수익증권, 출자금, 출자지분, 부동산(연금)신탁 : 최종 시세가액. 이 경우 비상장주식의 가액 평가에 관하여는 「상속세 및 증여세법 시행령」 제54조제1항을 준용한다.
라. 채권, 어음, 수표, 채무증서, 신주인수권증서, 양도성예금증서 : 액면가액
마. 연금저축 : 정기적으로 지급된 금액 또는 최종 잔액
바. 가목부터 마목까지의 규정에 해당하는 금융재산에서 발생하는 이자와 배당 또는 할인액(2014.10.15 본목신설)
2. 신용정보
가. 대출 현황 및 연체 내용
나. 신용카드 미결제금액
3. 보험정보
가. 보험증권 : 해약하는 경우 지급받게 될 환급금 또는 최근 1년 이내에 지급된 보험금
나. 연금보험 : 해약하는 경우 지급받게 될 환급금 또는 정기적으로 지급되는 금액
(2011.9.8 본조개정)

제36조의2【금융정보등의 요청 및 제공】 ① 법 제23조의2에 따라 보건복지부장관은 금융기관등(금융회사등 및 「신용정보의 이용 및 보호에 관한 법률」 제25조제2항제1호에 따른 종합신용정보집중기관을 말한다. 이하 같다)의 장에게 수급권자, 수급자 및 부양의무자의 금융정보등을 요청하는 경우에는 다음 각 호의 사항을 적은 문서로 하여야 한다.(2020.8.4 본문개정)
1. 수급권자, 수급자 및 부양의무자의 성명과 주민등록번호
2. 제공을 요청하는 금융정보 등의 범위와 조회기준일 및 조회기간
② 제1항에 따라 수급권자, 수급자 및 부양의무자의 금융정보등을 요청받은 금융기관등의 장은 해당 금융정보등을 다음 각 호의 사항을 적은 문서로 제공하여야 한다.
1. 수급권자, 수급자 및 부양의무자의 성명과 주민등록번호
2. 금융정보등을 제공하는 금융기관등의 명칭
3. 제공 대상 금융상품명과 계좌번호
4. 금융정보등의 내용
③ 보건복지부장관은 금융기관등의 장에게 제1항에 따른 금융정보등을 해당 금융기관등이 가입한 협회, 연합회 또는 중앙회 등(이하 "협회등"이라 한다)의 정보통신망을 이용하여 제공하도록 요청할 수 있다.
④ 법 제23조의2제2항에 따라 보건복지부장관은 법 제23조에 따른 확인조사의 목적에 필요한 최소한의 범위에서 금융기관등의 장에게 금융정보등을 제공하도록 요청하되, 부양의무자의 경우에는 다음 각 호의 어느 하나에 해당하는 경우에만 요청할 수 있다.
1. 부양의무자의 차감된 소득이 기준 중위소득의 100분의 20 이상인 경우(2015.4.20 본호개정)
2. 부양의무자의 재산의 소득환산액이 보건복지부장관이 정하여 고시하는 금액 이상인 경우
3. 그 밖에 재산의 변동이 있을 것으로 의심되는 부양의무자 중 보건복지부장관이 정하는 사람인 경우
(2011.9.8 본조개정)

제36조의3【급여의 대리수령 범위 등】 ① 법 제27조의3제1항제3호에서 "대통령령으로 정하는 사유"란 다음 각 호의 어느 하나에 해당하는 경우를 말한다.
1. 치매 또는 그 밖에 보건복지부장관이 정하는 사유로 거동이 불가능한 경우
2. 미성년자인 경우로서 법정대리인의 동의를 받기 어려운 경우
② 법 제27조의3제1항에 따라 수급자의 급여를 받으려는 사람은 보건복지부령으로 정하는 서류를 보장기관에 제출해야 한다.
(2019.10.15 본조신설)

제37조【자활지원계획】 ① 시장·군수·구청장은 법 제28조의 자활지원계획에 따라 수급자의 자활을 체계적으로 지원하기 위하여 다음 각 호의 사항이 포함된 해당 지역의 자활지원계획을 해마다 1월 31일까지 수립하고, 그 계획을 특별자치시장·특별자치도지사는 보건복지부장관에게 통보해야 하고, 시장·군수·구청장(특별자치시장·특별자치도지사는 제외한다)은 특별시장·광역시장·도지사에게 통보해야 한다.(2023.11.16 본문개정)
1. 해당 연도 및 다음 연도의 자활지원 수요와 자활지원사업 실시에 관한 사항
2. 해당 연도 및 다음 연도의 자활지원사업 실시를 위한 재원 조달에 관한 사항
3. 다음 연도의 자활사업실시기관 육성·지원계획에 관한 사항
4. 그 밖에 자활지원에 필요한 사항
② 특별시장·광역시장·도지사는 제1항에 따라 통보받은 자활지원계획을 기초로 해당 시·도 자활지원계획을 수립하고, 그 계획을 해마다 2월 말까지 보건복지부장관에게 통보해야 한다. 이 경우 특별시장·광역시장·도지사는 시장·군수·구청장(특별자치시장·특별자치도지사는 제외한다)과의 협의를 거쳐 제1항의 자활지원계획을 조정할 수 있다.(2023.11.16 전단개정)
③ 보건복지부장관은 제1항 및 제2항에 따라 시·도지사로부터 자활지원계획을 통보받은 경우에는 해당 계획의 시행에 필요한 조치를 하여야 한다.(2023.11.16 본항개정)
④ 시장·군수·구청장이 법 제28조에 따른 수급자 가구별 자활지원계획 및 이를 지원하기 위한 해당 지역의 자활지원계획을 수립하는 경우에는 지역주민, 자활 관련 전문가 및 자활기관협의체의 의견을 들어야 하며, 필요한 경우에는 직업안정기관의 장 또는 자활사업실시기관의 장에게 자료의 제공 및 협력을 요청할 수 있다. 해당 지역의 자활지원계획을 변경하는 경우에도 또한 같다.
(2015.4.20 본항개정)
⑤ 보건복지부장관은 법 제20조의2제1항에 따른 기초생활보장 기본계획의 내용을 반영하여 연도별 자활지원계획을 수립하여야 한다.(2015.4.20 본항신설)
(2015.4.20 본조제목개정)
(2011.9.8 본조개정)

제38조 (2015.4.20 삭제)

제38조의2【이의신청의 방법 등】 ① 법 제40조에 따라 이의신청을 하려는 사람은 다음 각 호의 사항을 적은 이의신청서를 직접 또는 담당 공무원의 협조를 받아 작성하여 증명서류를 첨부하여 시·도지사에게 제출하여야 한다.
1. 신청인의 성명 및 주소와 연락처
2. 처분 등의 통지를 받은 연월일
3. 처분 등의 내용 및 통지 사항
4. 이의신청 사유
② 이의신청을 하려는 사람이 법 제7조제1항제1호부터 제4호까지 및 제7호의 급여 중 둘 이상의 급여를 신청하거나 받는 사람에 해당하는 경우에는 법 제7조에 따른 급여 종류별 선정기준이 가장 낮은 급여를 소관하는 중앙행정기관의 장에게 신청하여야 한다. 이 경우 이의신청을 받은 중앙행정기관의 장은 관련 급여를 소관하는 중앙행정기관의 장의 의견을 들을 수 있다.
(2015.4.20 본조신설)

제39조【보조금의 산출】 법 제43조제2항 및 제3항에 따른 보조금은 법 제22조부터 제24조까지의 규정에 따라 조사된 수급자 총수와 실시 중인 급여의 종류를 기준으로 산출한다.(2011.9.8 본조개정)

제40조【보조금의 정산】 ① 지방자치단체는 지출한 보장비용의 총액이 법 제43조제2항 또는 제3항에 따라 국가(시·군·구의 경우에는 시·도를 말한다. 이하 이 조에서 같다)에서 받은 보조금과 법 제43조제1항제4호의 비율에 따른 해당 지방자치단체 부담금의 합계액을 초과하는 경우에는 그 초과 지출한 금액에 대하여 법 제43조제1항제4호의 비율에 따른 보조금을 국가에 신청할 수 있다.
② 지방자치단체는 지출한 보장비용의 총액과 법 제43조제2항 또는 제3항에 따라 국가에서 받은 보조금 및 해당 지방자치단체 부담금의 합계액을 정산한 결과 잉여금이 있는 경우에는 그 잉여금에서 법 제43조제1항제4호의 비율에 따른 해당 지방자치단체의 부담금을 빼고 남은 잉여금은 국가에 반납하여야 한다.
(2011.9.8 본조개정)

제41조【보장비용의 징수】 ① 보장기관은 법 제46조제1항에 따라 부양능력을 가진 부양의무자로부터 보장비용을 징수하는 경우에는 법 제42조제3호에 따른 급여실시 비용(이하 이 조에서 "징수대상보장비용"이라 한다)의 범위에서 다음 각 호의 구분에 따라 각각의 부양의무자로부터 징수하되, 그 각각의 부양의무자에 대하여 산출한 금액의 합계액이 징수대상보장비용을 초과하는 경우에는 산출한 금액 간의 비율에 따라 징수대상보장비용을 나눈 금액을 각각의 부양의무자로부터 징수한다.

1. 제5조의6제1항제4호에 따른 부양의무자가 수급권자에게 정기적으로 금품을 지원하지 아니하는 경우 : 제5조의6제1항제4호다목에 따라 보건복지부장관이 정하는 금액
2. 제1호 외의 경우에 해당하는 경우 : 징수대상보장비용 전액

(2015.4.20 본항개정)

② 법 제46조제2항에 따라 보장기관이 부정수급자에게 징수하는 보장비용은 징수대상보장비용 전액으로 하되, 부정수급자가 2명 이상인 경우에는 부정수급자의 수로 나눈 금액을 각각 징수한다.

③ 보장기관은 보장비용을 징수하는 경우에는 30일 이상의 기한을 정하여 납부통지를 하여야 하며, 부양의무자 또는 부정수급자가 납부기한 내에 납부하지 아니하는 경우에는 30일 이상의 기한을 정하여 납부를 독촉하여야 한다.(2011.9.8 본조개정)

제42조【민감정보 및 고유식별정보의 처리】 ① 보장기관(법 제15조제2항에 따라 자활급여를 위탁한 경우에는 자활급여를 위탁받은 기관을 포함하며, 제7조제2항에 따라 근로능력평가를 의뢰한 경우에는 「국민연금법」 제24조에 따른 국민연금공단을 포함한다)은 다음 각 호의 사무를 수행하기 위하여 불가피한 경우 「개인정보 보호법」 제23조에 따른 건강에 관한 정보나 같은 법 시행령 제19조에 따른 주민등록번호, 여권번호, 운전면허의 면허번호 또는 외국인등록번호가 포함된 자료를 처리할 수 있다.(2014.10.15 본문개정)

1. 법 제15조에 따른 자활급여에 관한 사무
2. 법 제21조, 제22조 및 제26조에 따른 급여의 신청, 신청에 따른 조사 및 급여의 결정 등에 관한 사무
3. 법 제23조에 따른 확인조사에 관한 사무
4. 법 제23조의2에 따른 금융정보등의 요청·제공에 관한 사무
5. 법 제24조에 따른 차상위계층에 대한 조사에 관한 사무
6. 법 제29조 및 제30조에 따른 급여의 변경 및 급여의 중지 등에 관한 사무
7. 법 제38조부터 제41조까지의 규정에 따른 이의신청에 관한 사무
8. 법 제46조 및 제47조에 따른 비용의 징수 및 반환명령에 관한 사무
9. 제7조에 따른 근로능력평가에 관한 사무

(2014.10.15 1호~9호신설)

② 자활복지개발원은 다음 각 호의 사무를 수행하기 위하여 불가피한 경우 「개인정보 보호법」 제23조에 따른 건강에 관한 정보나 같은 법 시행령 제19조에 따른 주민등록번호, 여권번호, 운전면허의 면허번호 또는 외국인등록번호가 포함된 자료를 처리할 수 있다.

1. 법 제15조의3제1항제1호에 따른 자활 지원을 위한 사업의 개발 및 평가에 관한 사무
2. 법 제15조의3제1항제2호에 따른 자활 지원을 위한 조사 및 연구에 관한 사무
3. 법 제15조의3제1항제3호에 따른 광역자활센터, 지역자활센터 및 자활기업의 평가에 관한 사무
4. 법 제15조의3제1항제4호 및 제5호에 따른 자활 관련 기관 간의 협력체계 및 정보네트워크 구축·운영에 관한 사무
5. 법 제15조의3제1항제7호에 따른 고용지원서비스의 연계 및 사회복지서비스의 지원 대상자 관리에 관한 사무
6. 법 제15조의3제1항제8호에 따른 자활 관련 기관의 종사자 및 참여자에 대한 교육·훈련 및 지원에 관한 사무
7. 법 제15조의4제2항에 따른 원장과 감사의 추천 및 같은 조 제4항에 따른 이사의 추천에 관한 사무(2019.7.16 본호신설)
8. 법 제18조의8제1항 및 제2항에 따른 자산형성지원과 그 교육에 관한 사무(2022.1.28 본호개정)
9. 법 제18조의10제1항에 따른 자활지원사업 통합정보전산망의 구축·운영에 관한 사무(2022.1.28 본호개정)

(2019.7.16 본항개정)

제43조【과태료의 부과기준】 법 제50조의2제1항에 따른 과태료의 부과기준은 별표와 같다.(2022.1.28 본조신설)

부　칙 (2015.12.31)

제1조【시행일】 이 영은 2016년 1월 1일부터 시행한다.

제2조【재산의 범위 및 재산가액 산정에 관한 적용례】 제5조의3제1항제4호 및 같은 조 제3항제11호의 개정규정은 이 영 시행 이후 법 제22조, 제23조 또는 제24조에 따른 조사가 이루어지는 경우부터 적용한다.

제3조【자활근로 소득평가액 산정에 관한 경과조치】 이 영 시행 전에 제5조의2제9호를 적용받은 사람의 2016년 1월분 소득평가액을 산정하는 경우에는 제5조의2제9호의 개정규정에도 불구하고 종전의 규정에 따른다.

부　칙 (2016.6.21 영27240호)

제1조【시행일】 이 영은 2016년 9월 1일부터 시행한다. 다만, 제42조제2항의 개정규정은 공포한 날부터 시행한다.

제2조【조건부수급자에 관한 경과조치】 제7조에 따른 근로능력이 있는 수급자 중 이 영 시행 당시 종전의 규정에 따라 조건이 부과되지 아니한 사람에 대해서는 제8조의 개정규정에도 불구하고 2016년 12월 31일까지 종전의 규정에 따른다.

부　칙 (2019.7.16)

이 영은 2019년 7월 16일부터 시행한다.

부　칙 (2019.10.15)

이 영은 2019년 10월 24일부터 시행한다.

부　칙 (2019.12.24)

이 영은 2020년 1월 1일부터 시행한다.

부　칙 (2020.8.4)

제1조【시행일】 ① 이 영은 2020년 8월 5일부터 시행한다.(이하 생략)

부　칙 (2020.12.22)

이 영은 2021년 1월 1일부터 시행한다.

부　칙 (2021.6.29)

제1조【시행일】 이 영은 2021년 7월 1일부터 시행한다.

제2조【소득으로 환산하는 재산의 범위에 관한 경과조치】 이 영 시행 전에 다른 사람에게 처분한 재산에 관하여는 제5조의3제1항제4호 본문의 개정규정에도 불구하고 종전의 규정에 따른다.

부　칙 (2022.1.28)

이 영은 2022년 1월 28일부터 시행한다.

부　칙 (2022.6.21)

제1조【시행일】 이 영은 2022년 6월 22일부터 시행한다. 다만, 제2조제2항제2호의 개정규정은 공포 후 6개월이 경과한 날부터 시행한다.

제2조【개별가구의 구성원에서 제외되는 외국 체류자의 범위에 관한 적용례】 제2조제2항제2호의 개정규정은 부칙 제1조 단서에 따른 시행일 당시 수급자이거나 법 제30조에 따라 급여가 중지된 사람에 대해서도 적용한다.

부　칙 (2023.11.16)

이 영은 공포한 날부터 시행한다.

〔별표〕 ➡ 「法典 別册」 참조

긴급복지지원법

(2005년 12월 23일
법　률　제7739호)

개정
2008. 2.29법 8852호(정부조직)
2009. 5.28법 9751호
2010. 1.18법 9932호(정부조직)
2010. 4.15법10261호(성폭력방지및피해자보호등에관한법)
2011. 7.14법10854호(금융실명)
2012.10.22법11512호
2014.12.30법12934호
2015. 7.24법13426호(제주자치법)
2015.12.29법13644호
2016.12. 2법14319호
2018.12.11법15878호
2021. 7.27법18327호
2023. 6.13법19448호

제1조【목적】 이 법은 생계곤란 등의 위기상황에 처하여 도움이 필요한 사람을 신속하게 지원함으로써 이들이 위기상황에서 벗어나 건강하고 인간다운 생활을 하게 함을 목적으로 한다.(2009.5.28 본조개정)

제2조【정의】 이 법에서 "위기상황"이란 본인 또는 본인과 생계 및 주거를 같이 하고 있는 가구구성원이 다음 각 호의 어느 하나에 해당하는 사유로 인하여 생계유지 등이 어렵게 된 것을 말한다.

1. 주소득자(主所得者)가 사망, 가출, 행방불명, 구금시설에 수용되는 등의 사유로 소득을 상실한 경우(2012.10.22 본호개정)
2. 중한 질병 또는 부상을 당한 경우
3. 가구구성원으로부터 방임(放任) 또는 유기(遺棄)되거나 학대 등을 당한 경우
4. 가정폭력을 당하여 가구구성원과 함께 원만한 가정생활을 하기 곤란하거나 가구구성원으로부터 성폭력을 당한 경우
5. 화재 또는 자연재해 등으로 인하여 거주하는 주택 또는 건물에서 생활하기 곤란하게 된 경우(2018.12.11 본호개정)
6. 주소득자 또는 부소득자(副所得者)의 휴업, 폐업 또는 사업장의 화재 등으로 인하여 실질적인 영업이 곤란하게 된 경우(2018.12.11 본호신설)
7. 주소득자 또는 부소득자의 실직으로 소득을 상실한 경우(2018.12.11 본호신설)
8. 보건복지부령으로 정하는 기준에 따라 지방자치단체의 조례로 정한 사유가 발생한 경우(2014.12.30 본호신설)
9. 그 밖에 보건복지부장관이 정하여 고시하는 사유가 발생한 경우(2010.1.18 본호개정)

(2009.5.28 본조개정)

제3조【기본원칙】 ① 이 법에 따른 지원은 위기상황에 처한 사람에게 일시적으로 신속하게 지원하는 것을 기본원칙으로 한다.

② 「재해구호법」, 「국민기초생활 보장법」, 「의료급여법」, 「사회복지사업법」, 「가정폭력방지 및 피해자보호 등에 관한 법률」, 「성폭력방지 및 피해자보호 등에 관한 법률」 등 다른 법률에 따라 이 법에 따른 지원 내용과 동일한 내용의 구호·보호 또는 지원을 받고 있는 경우에는 이 법에 따른 지원을 하지 아니한다.(2010.4.15 본항개정)

(2009.5.28 본조개정)

제4조【국가 및 지방자치단체의 책무】 ① 국가 및 지방자치단체는 위기상황에 처한 사람을 찾아 내어 최대한 신속하게 필요한 지원을 하도록 노력하여야 하며, 긴급지원의 지원대상 및 소득 또는 재산 기준, 지원 종류·내용·절차와 그 밖에 필요한 사항 등 긴급지원사업에 관하여 적극적으로 안내하여야 한다.(2014.12.30 본항개정)

② 국가 및 지방자치단체는 이 법에 따른 지원 후에도 위기상황이 해소되지 아니하여 계속 지원이 필요한 것으로 판단되는 사람에게는 다른 법률에 따른 구호·보호 또는 지원을 받을 수 있도록 노력하여야 한다.

③ 국가 및 지방자치단체는 제2항에 따른 구호·보호 또는 지원이 어렵다고 판단되는 경우에는 민간기관·단체와의 연계를 통하여 구호·보호 또는 지원을 받을 수 있도록 노력하여야 한다.

(2009.5.28 본조개정)

제5조【긴급지원대상자】 이 법에 따른 지원대상자는 위기상황에 처한 사람으로서 이 법에 따른 지원이 긴급하게 필요한 사람(이하 "긴급지원대상자"라 한다)으로 한다.(2009.5.28 본조개정)

제5조의2【외국인에 대한 특례】 국내에 체류하고 있는 외국인 중 대통령령으로 정하는 사람이 제5조에 해당하는 경우에는 긴급지원대상자가 된다.(2009.5.28 본조신설)

제6조【긴급지원기관】 ① 이 법에 따른 지원은 긴급지원대상자의 거주지를 관할하는 시장(「제주특별자치도 설치 및 국제자유도시 조성을 위한 특별법」 제11조제2항에 따른 행정시장을 포함한다. 이하 같다)·군수·구청장(자치구의 구청장을 말한다. 이하 같다)이 한다. 다만, 긴급지원대상자의 거주지가 분명하지 아니한 경우에는 제7조에 따른 지원요청 또는 신고를 받은 시장·군수·구청장이 한다.(2015.7.24 본문개정)

② 제1항 단서에도 불구하고 거주지가 분명하지 아니한 사람에게 제7조에 따른 지원요청 또는 신고가 특정지역에 집중되는 경우에는 보건복지부령으로 정하는 바에 따라 긴급지원기관을 달리 정할 수 있다.(2010.1.18 본항개정)

③ 시장·군수·구청장은 이 법에 따른 긴급지원사업을 수행할 담당공무원(이하 "긴급지원담당공무원"이라 한다)을 지정하여야 한다. 이 경우 긴급지원담당공무원은 긴급지원사업을 포함한 복지 관련 교육훈련을 받은 사람으로 한다.(2018.12.11 후단신설)

제7조【지원요청 및 신고】 ① 긴급지원대상자와 친족, 그 밖의 관계인은 구술 또는 서면 등으로 관할 시장·군수·구청장에게 이 법에 따른 지원을 요청할 수 있다.
② 누구든지 긴급지원대상자를 발견한 경우에는 관할 시장·군수·구청장에게 신고하여야 한다.
③ 다음 각 호의 어느 하나에 해당하는 사람은 진료·상담 등 직무수행 과정에서 긴급지원대상자가 있음을 알게 된 경우에는 관할 시장·군수·구청장에게 이를 신고하고, 긴급지원대상자가 신속하게 지원을 받을 수 있도록 노력하여야 한다.
1. 「의료법」에 따른 의료기관의 종사자
2. 「유아교육법」, 「초·중등교육법」 및 「고등교육법」에 따른 교원, 직원, 산학겸임교사, 강사(2018.12.11 본호개정)
3. 「사회복지사업법」에 따른 사회복지시설의 종사자(2018.12.11 본호개정)
4. 「국가공무원법」 및 「지방공무원법」에 따른 공무원
5. 「장애인활동 지원에 관한 법률」 제20조에 따른 활동지원기관의 장 및 그 종사자와 같은 법 제26조에 따른 활동지원인력(2014.12.30 본호신설)
6. 「학원의 설립·운영 및 과외교습에 관한 법률」 제6조에 따른 학원의 운영자·강사·직원 및 같은 법 제14조에 따른 교습소의 교습자·직원(2018.12.11 본호신설)
7. 「건강가정기본법」 제35조에 따른 건강가정지원센터의 장과 그 종사자(2018.12.11 본호신설)
8. 「청소년 기본법」 제3조제6호에 따른 청소년시설 및 같은 조 제8호에 따른 청소년단체의 장과 그 종사자(2018.12.11 본호신설)
9. 「청소년 보호법」 제35조에 따른 청소년 보호·재활센터의 장과 그 종사자(2018.12.11 본호신설)
10. 「평생교육법」 제2조에 따른 평생교육기관의 장과 그 종사자(2018.12.11 본호신설)
11. 그 밖에 긴급지원대상자를 발견할 수 있는 자로서 보건복지부령으로 정하는 자(2014.12.30 본호신설)
④ 시장·군수·구청장이 지정한 법인·단체·시설·기관 등은 긴급지원대상자의 요청에 따라 제1항에 따른 지원요청을 지원할 수 있다.(2021.7.27 본항신설)
⑤ 관계 중앙행정기관의 장은 제3항 각 호의 어느 하나에 해당하는 사람의 자격취득 또는 보수교육 과정에 긴급지원사업의 신고와 관련된 교육 내용을 포함하도록 하여야 하며, 긴급복지 신고의무자가 소속된 기관·시설 등의 장은 소속 긴급복지 신고의무자에게 신고의무 교육을 실시하고, 그 결과를 관계 중앙행정기관의 장에게 제출하여야 한다.(2018.12.11 본항신설)
⑥ 제5항에 따른 교육의 내용, 시간, 방법, 그 밖에 필요한 사항은 보건복지부령으로 정한다.(2021.7.27 본항개정)
⑦ 국가 및 지방자치단체는 제3항 각 호의 어느 하나에 해당하는 사람에게 긴급지원사업에 관한 홍보를 실시하여야 한다.(2018.12.11 본항신설)
(2009.5.28 본조개정)

제7조의2【위기상황의 발굴】 ① 국가 및 지방자치단체는 위기상황에 처한 사람에 대한 발굴조사를 연 1회 이상 정기적으로 실시하여야 한다.
② 국가 및 지방자치단체는 제1항에 따른 정기 발굴조사 또는 수시 발굴조사를 위하여 필요한 경우 관계 기관·법인·단체 등의 장에게 자료의 제출, 위기상황에 처한 사람의 거주지 등 현장조사 시 소속 직원의 동행 등 협조를 요청할 수 있다. 이 경우 관계 기관·법인·단체 등의 장은 정당한 사유가 없으면 이에 따라야 한다.
③ 국가 및 지방자치단체는 위기상황에 처한 사람에 대한 발굴체계의 운영 실태를 정기적으로 점검하고 개선방안을 수립하여야 한다.
(2014.12.30 본조신설)

제8조【현장 확인 및 지원】 ① 시장·군수·구청장은 제7조에 따른 지원요청 또는 신고를 받거나 위기상황에 처한 사람을 찾아낸 경우에는 지체 없이 긴급지원담당공무원으로 하여금 긴급지원대상자의 거주지 등을 방문하여 위기상황을 확인하여야 한다.
② 시장·군수·구청장은 위기상황을 확인하기 위하여 필요한 경우에는 관할 경찰관서, 소방관서 등 관계 행정기관의 장에게 협조를 요청할 수 있다. 이 경우 관계 행정기관의 장은 정당한 사유가 없으면 그 요청에 따라야 한다.
③ 시장·군수·구청장은 제1항에 따른 현장 확인 결과 위기상황의 발생이 확인된 사람에 대하여는 지체 없이 제9조에 따른 지원의 종류 및 내용을 결정하여 지원을 하여야 한다. 이 경우 긴급지원대상자에게 신속히 지원할 필요가 있다고 판단되는 경우 긴급지원담당공무원으로 하여금 우선 필요한 지원을 하도록 할 수 있다.
(2014.12.30 후단신설)
④ 제1항에 따라 현장을 확인하는 긴급지원담당공무원은 권한을 표시하는 증표 및 조사기간, 조사범위, 조사담당자, 관계 법령 등 보건복지부령으로 정하는 사항이 기재된 서류를 지니고 이를 관계인에게 내보여야 한다.
(2015.12.29 본항개정)
⑤ 제1항에 따른 조사의 내용·절차·방법 등에 관하여 이 법에서 정하는 사항을 제외하고는 「행정조사기본법」에서 정하는 바를 따른다.(2015.12.29 본항신설)
(2009.5.28 본조개정)

제8조의2【금융정보 등의 제공동의서 제출】 제7조제1항에 따라 지원을 요청할 때 또는 제8조제1항에 따라 긴급지원담당공무원이 위기상황을 확인할 때에 그 긴급지원대상자 및 가구구성원은 다음 각 호의 자료 또는 정보의 제공에 대하여 동의한다는 서면을 제출하여야 한다. 다만, 긴급지원대상자가 의식불명 등 대통령령으로 정하는 사유에 해당하여 서면 제출이 사실상 불가능하다고 긴급지원담당공무원이 확인한 경우에는 제8조제3항에 따른 지원을 받은 후에 제출할 수 있다.(2014.12.30 단서신설)
1. 「금융실명거래 및 비밀보장에 관한 법률」 제2조제2호 및 제3호에 따른 금융자산 및 금융거래의 내용에 대한 자료 또는 정보 중 예금의 평균잔액과 그 밖에 대통령령으로 정하는 자료 또는 정보(이하 "금융정보"라 한다)
2. 「신용정보의 이용 및 보호에 관한 법률」 제2조제1호에 따른 신용정보 중 채무액과 그 밖에 대통령령으로 정하는 자료 또는 정보(이하 "신용정보"라 한다)
3. 「보험업법」 제4조제1항 각 호에 따른 보험에 가입하여 납부한 보험료와 그 밖에 대통령령으로 정하는 자료 또는 정보(이하 "보험정보"라 한다)
(2009.5.28 본조신설)

제9조【긴급지원의 종류 및 내용】 ① 이 법에 따른 지원의 종류 및 내용은 다음과 같다.
1. 금전 또는 현물(現物) 등의 직접지원
  가. 생계지원 : 식료품비·의복비 등 생계유지에 필요한 비용 또는 현물 지원
  나. 의료지원 : 각종 검사 및 치료 등 의료서비스 지원
  다. 주거지원 : 임시거소(臨時居所) 제공 또는 이에 해당하는 비용 지원
  라. 사회복지시설 이용 지원 : 「사회복지사업법」에 따른 사회복지시설 입소(入所) 또는 이용 서비스 제공이나 이에 필요한 비용 지원
  마. 교육지원 : 초·중·고등학생의 수업료, 입학금, 학교운영지원비 및 학용품비 등 필요한 비용 지원
  바. 그 밖의 지원 : 연료비나 그 밖에 위기상황의 극복에 필요한 비용 또는 현물 지원
2. 민간기관·단체와의 연계 등의 지원
  가. 「대한적십자사 조직법」에 따른 대한적십자사, 「사회복지공동모금회법」에 따른 사회복지공동모금회 등의 사회복지기관·단체와의 연계 지원
  나. 상담·정보제공, 그 밖의 지원
② 제1항의 구체적인 지원기준·방법 및 절차 등에 관하여 필요한 사항은 대통령령으로 정한다. 이 경우 제1항제1호가목 및 다목의 지원은 「국민기초생활 보장법」 제2조제11호에 따른 기준 중위소득의 100분의 40을 각각 한도로 한다.(2015.12.29 후단개정)
③ 시장·군수·구청장은 제1항제1호라목에 따른 사회복지시설 이용 지원을 하는 경우 관할 사회복지시설의 장에게 지원을 요청할 수 있다. 이 경우 지원요청을 받은 사회복지시설의 장은 정당한 사유가 없으면 해당 시설의 입소기준에도 불구하고 긴급지원대상자가 제10조에 따른 기간에 그 시설을 이용할 수 있도록 조치하여야 한다.
(2009.5.28 본조개정)

제9조의2【긴급지원수급계좌】 ① 시장·군수·구청장은 긴급지원대상자의 신청이 있는 경우에는 긴급지원대상자에게 지급하는 금전(이하 "긴급지원금"이라 한다)을 긴급지원대상자 명의의 지정된 계좌(이하 "긴급지원수급계좌"라 한다)로 입금하여야 한다. 다만, 정보통신장애나 그 밖에 대통령령으로 정하는 불가피한 사유로 긴급지원수급계좌로 이체할 수 없을 때에는 현금 지급 등 대통령령으로 정하는 바에 따라 지급할 수 있다.
② 긴급지원수급계좌가 개설된 금융기관은 긴급지원금만이 긴급지원수급계좌에 입금되도록 하고, 이를 관리하여야 한다.
③ 긴급지원수급계좌의 신청 방법·절차와 관리 등에 필요한 사항은 대통령령으로 정한다.
(2014.12.30 본조신설)

제10조【긴급지원의 기간 등】 ① 제9조제1항제1호가목에 따른 긴급지원은 3개월간, 같은 호 다목·라목 및 바목에 따른 긴급지원은 1개월간의 생계유지 등에 필요한 지원으로 한다. 다만, 같은 호 다목·라목 및 바목에 따른 긴급지원은 시장·군수·구청장이 긴급지원대상자의 위기상황이 계속된다고 판단하는 경우에는 1개월씩 두 번의 범위에서 기간을 연장할 수 있다.(2023.6.13 본항개정)
② 제9조제1항제1호나목에 따른 지원은 위기상황의 원인이 되는 질병 또는 부상을 검사·치료하기 위한 범위에서 한 번 실시하며, 같은 호 마목에 따른 지원도 한 번 실시한다.
③ 시장·군수·구청장은 제1항 및 제2항에 따른 지원에도 불구하고 위기상황이 계속되는 경우에는 제12조에 따른 긴급지원심의위원회의 심의를 거쳐 지원을 연장할 수 있다. 이 경우 제9조제1항제1호가목·라목 및 바목에 따른 지원은 제1항에 따른 지원기간을 합하여 총 6개월을 초과하여서는 아니 되고, 같은 호 다목에 따른 지원은 제1항에 따른 지원기간을 합하여 총 12개월을 초과하여서는 아니 되며, 같은 호 나목에 따른 지원은 제2항에 따른 지원횟수를 합하여 총 두 번, 같은 호 마목에 따른 지원은 제2항에 따른 지원횟수를 합하여 총 네 번을 초과하여서는 아니 된다.(2014.12.30 후단개정)
④ 제3항에 따른 지원연장에 관한 긴급지원심의위원회의 심의 시기 및 절차는 보건복지부령으로 정한다.
(2010.1.18 본항개정)
(2009.5.28 본조개정)

제11조【담당기구 설치 등】 ① 보건복지부장관은 위기상황에 처한 사람에게 상담·정보제공 및 관련 기관·단체 등과의 연계서비스를 제공하기 위하여 담당기구를 설치·운영할 수 있다.(2010.1.18 본항개정)
② (2012.10.22 삭제)
③ 시장·군수·구청장은 긴급지원사업을 원활하게 수행하기 위하여 「사회복지사업법」 제7조의2에 따른 지역사회복지협의체를 통하여 사회복지·보건의료 관련 기관·단체 간의 연계·협력을 강화하여야 한다.
(2009.5.28 본조개정)

제12조【긴급지원심의위원회】 ① 다음 각 호의 사항을 심의·의결하기 위하여 시(「제주특별자치도 설치 및 국제자유도시 조성을 위한 특별법」 제10조제2항에 따른 행정시를 포함한다. 이하 같다)·군·구(자치구를 말한다. 이하 같다)에 긴급지원심의위원회를 둔다.(2015.7.24 본문개정)
1. 제10조제3항에 따른 긴급지원연장 결정
2. 제14조제1항에 따른 긴급지원의 적정성 심사
3. 제15조제1항에 따른 긴급지원의 중단 또는 지원비용의 환수 결정
4. 그 밖에 긴급지원심의위원회의 위원장이 회의에 부치는 사항
② 긴급지원심의위원회는 위원장 1명을 포함한 15명 이내의 위원으로 구성한다.
③ 위원장은 시장·군수·구청장이 되고, 위원은 다음 각 호의 어느 하나에 해당하는 사람 중에서 시장·군수·구청장이 임명하거나 위촉한다. 이 경우 제1호 및 제2호에 해당하는 사람이 2분의 1 이상 되도록 구성하여야 한다.
1. 사회보장에 관한 학식과 경험이 있는 사람
2. 「비영리민간단체 지원법」 제2조에 따른 비영리민간단체에서 추천한 사람
3. 해당 시·군·구 또는 관계 행정기관 소속의 공무원
4. 해당 시·군·구 지방의회가 추천하는 사람
④ 시·군·구에 「국민기초생활 보장법」 제20조제1항 본문에 따른 생활보장위원회가 있는 경우 그 위원회는 조례로 정하는 바에 따라 긴급지원심의위원회의 기능을 대신할 수 있다.
(2009.5.28 본조개정)

제13조【사후조사】 ① 시장·군수·구청장은 제8조제3항에 따라 지원을 받았거나 받고 있는 긴급지원대상자에 대하여 소득 또는 재산 등 대통령령으로 정하는 기준에 따라 긴급지원이 적정한지를 조사하여야 한다.
② 시장·군수·구청장은 제1항에 따른 조사를 위하여 금융·국세·지방세·건강보험·국민연금 및 고용보험 등 관련 전산망을 이용하려는 경우에는 해당 법률에서 정하는 바에 따라 관계 기관의 장에게 협조를 요청할 수 있다. 이 경우 관계 기관의 장은 정당한 사유가 없으면 그 요청에 따라야 한다.
③ 보건복지부장관은 제1항에 따른 조사를 위하여 「금융실명거래 및 비밀보장에 관한 법률」 제4조제1항과 「신용정보의 이용 및 보호에 관한 법률」 제32조제1항에도 불구하고 긴급지원대상자 및 가구구성원이 제8조의2에 따라 제출한 동의 서면을 전자적 형태로 바꾼 문서에 따라 금융기관등(「금융실명거래 및 비밀보장에 관한 법률」 제2조제1호에 따른 금융회사등, 「신용정보의 이용 및 보호에 관한 법률」 제25조에 따른 신용정보집중기관을 말한다. 이하 같다)의 장에게 금융정보·신용정보 또는 보험정보(이하 "금융정보등"이라 한다)의 제공을 요청할 수 있다.
(2011.7.14 본항개정)
④ 제3항에 따라 금융정보등의 제공을 요청받은 금융기관등의 장은 「금융실명거래 및 비밀보장에 관한 법률」 제4조와 「신용정보의 이용 및 보호에 관한 법률」 제32조에도 불구하고 명의인의 금융정보등을 제공하여야 한다.
⑤ 제4항에 따라 금융정보 또는 보험정보를 제공한 「금융실명거래 및 비밀보장에 관한 법률」 제2조제1호에 따른 금융회사등의 장은 그 정보의 제공사실을 명의인에게 통보하여야 한다. 다만, 명의인의 동의가 있는 경우에는 같은 법 제4조의2제1항에도 불구하고 통보하지 아니할 수 있다.(2011.7.14 본문개정)
⑥ 제3항 및 제4항에 따른 금융정보등의 제공요청 및 제공은 「정보통신망 이용촉진 및 정보보호 등에 관한 법률」 제2조제1항제1호에 따른 정보통신망을 이용하여야 한다. 다만, 정보통신망의 손상 등 불가피한 경우에는 그러하지 아니하다.
⑦ 긴급지원담당공무원 또는 긴급지원담당공무원이었던 사람은 제2항 또는 제3항에 따라 얻은 정보와 자료를 이 법에서 정한 지원 목적 외에 다른 용도로 사용하거나 다른 사람 또는 기관에 제공하여서는 아니 된다.

⑧ 제3항·제4항 및 제6항에 따른 금융정보등의 제공요청 등에 관하여 필요한 사항은 대통령령으로 정한다.
(2009.5.28 본조개정)

제14조【긴급지원의 적정성 심사】 ① 제12조에 따른 긴급지원심의위원회는 제13조제1항에 따라 시장·군수·구청장이 한 사후조사 결과를 참고하여 긴급지원의 적정성을 심사한다.
② 긴급지원심의위원회는 긴급지원대상자가 「국민기초생활 보장법」 또는 「의료급여법」에 따른 수급권자로 결정된 경우에는 제1항에 따른 심사를 하지 아니할 수 있다.
③ 시장·군수·구청장은 제1항에 따른 심사결과 긴급지원대상자에 대한 지원이 적정하지 아니한 것으로 결정된 경우에도 긴급지원담당공무원의 고의 또는 중대한 과실이 없으면 이를 이유로 긴급지원담당공무원에 대하여 불리한 처분이나 대우를 하여서는 아니 된다.
(2009.5.28 본조개정)

제15조【지원중단 또는 비용환수】 ① 시장·군수·구청장은 제14조제1항에 따른 심사결과 거짓이나 그 밖의 부정한 방법으로 제8조제3항에 따른 지원을 받은 것으로 결정된 사람에게는 긴급지원심의위원회의 결정에 따라 지체 없이 지원을 중단하고 지원한 비용의 전부 또는 일부를 반환하게 하여야 한다.
② 시장·군수·구청장은 제14조제1항에 따른 심사결과 긴급지원이 적정하지 아니한 것으로 결정된 사람에게는 지원을 중단하고 지원한 비용의 전부 또는 일부를 반환하게 할 수 있다.
③ 시장·군수·구청장은 제9조제2항에 따른 지원기준을 초과하여 지원받은 사람에게는 그 초과 지원 상당분을 반환하게 할 수 있다.
④ 시장·군수·구청장은 제1항 또는 제2항에 따른 반환명령에 따르지 아니하는 사람에게는 지방세 체납처분의 예에 따라 징수한다.
(2009.5.28 본조개정)

제16조【이의신청】 ① 제8조제3항에 따른 결정이나 제15조제1항 또는 제2항에 따른 반환명령에 이의가 있는 사람은 그 처분을 고지받은 날부터 30일 이내에 해당 시장·군수·구청장을 거쳐 특별시장·광역시장·도지사·특별자치도지사(이하 "시·도지사"라 한다)에게 서면으로 이의신청할 수 있다. 이 경우 시장·군수·구청장은 이의신청을 받은 날부터 10일 이내에 의견서와 관련 서류를 첨부하여 시·도지사에게 송부하여야 한다.
② 시·도지사는 제1항에 따른 송부를 받은 날부터 15일 이내에 이를 검토하고 처분이 위법·부당하다고 인정되는 때는 시정, 그 밖에 필요한 조치를 하여야 한다.
(2009.5.28 본조개정)

제17조【예산분담】 국가 및 지방자치단체는 긴급지원업무를 수행하기 위하여 필요한 비용을 분담하여야 한다.
(2009.5.28 본조개정)

제18조【압류 등의 금지】 ① 이 법에 따라 긴급지원대상자에게 지급되는 금전 또는 현물은 압류할 수 없다.
② 긴급지원수급계좌의 긴급지원금과 이에 관한 채권은 압류할 수 없다.(2014.12.30 본항신설)
③ 긴급지원대상자는 이 법에 따라 지급되는 금전 또는 현물을 생계유지 등의 목적 외의 다른 용도로 사용하기 위하여 양도하거나 담보로 제공할 수 없다.
(2009.5.28 본조개정)

제19조【벌칙】 제13조제7항을 위반한 사람은 3년 이하의 징역 또는 3천만원 이하의 벌금에 처한다.
(2016.12.2 본조개정)

부　칙 (2021.7.27)

이 법은 2022년 1월 1일부터 시행한다.

부　칙 (2023.6.13)

이 법은 공포 후 6개월이 경과한 날부터 시행한다.

북한이탈주민의 보호 및 정착지원에 관한 법률(약칭 : 북한이탈주민법)

(1997년 1월 13일
법 률 제5259호)

개정
1999. 1.21법 5681호(국가정보원법)
1999.12.28법 6056호
2001. 5.24법 6474호(의료급여)
2007. 1.26법 8269호
2007. 5.17법 8435호(가족관계등록)
2007. 7.23법 8541호(국민연금법)
2008. 2.29법 8852호(정부조직)
2009. 1.30법 9358호　2010. 3.26법10188호
2013. 3.23법11690호(정부조직)
2013. 8.13법12039호　2014. 1.21법12278호
2014. 5.28법12683호
2014.11.19법12844호(정부조직)
2016.11.15법14275호　2017. 3.21법14608호
2017. 7.26법14839호(정부조직)
2018. 3.13법15432호　2019. 1.15법16223호
2020.12. 8법17565호　2021. 1. 5법17821호
2021. 4.20법18082호　2021. 8.17법18395호
2021.12.21법18596호　2023. 3.28법19279호
2024. 1. 9법19947호→2024년 7월 10일 시행
2024. 2. 6법20185호→2024년 8월 7일 시행

제1조【목적】 이 법은 군사분계선 이북지역에서 벗어나 대한민국의 보호를 받으려는 군사분계선 이북지역의 주민이 정치, 경제, 사회, 문화 등 모든 생활 영역에서 신속히 적응·정착하는 데 필요한 보호 및 지원에 관한 사항을 규정함을 목적으로 한다.(2010.3.26 본조개정)

제2조【정의】 이 법에서 사용하는 용어의 뜻은 다음과 같다.
1. "북한이탈주민"이란 군사분계선 이북지역(이하 "북한"이라 한다)에 주소, 직계가족, 배우자, 직장 등을 두고 있는 사람으로서 북한을 벗어난 후 외국 국적을 취득하지 아니한 사람을 말한다.
2. "보호대상자"란 이 법에 따라 보호 및 지원을 받는 북한이탈주민을 말한다.
3. "정착지원시설"이란 보호대상자의 보호 및 정착지원을 위하여 제10조제1항에 따라 설치·운영하는 시설을 말한다.
4. "보호금품"이란 이 법에 따라 보호대상자에게 지급하거나 빌려주는 금전 또는 물품을 말한다.
(2010.3.26 본조개정)

판례 북한이탈주민의 보호 및 정착지원에 관한 법률은 북한에 주소·직계가족·배우자·직장 등을 두고 있는 자로서 북한을 벗어난 후 외국의 국적을 취득하지 아니한 '북한이탈주민'을 그 적용대상으로 규정하고 있다. 위 법률의 입법 목적 및 그와 같은 입법 목적을 달성하기 위하여 마련된 관련 규정의 내용에 비추어 볼 때, 북한을 벗어난 후 외국의 국적을 취득한 자뿐만 아니라 북한을 벗어나기 전에 이미 외국 국적을 취득하고 북한을 벗어난 후 그 외국 국적을 그대로 보유하고 있는 자는 이 법의 적용대상인 '북한이탈주민'에 해당하지 않는다.(대판 2009.1.30, 2008도10831)

제3조【적용범위】 이 법은 대한민국의 보호를 받으려는 의사를 표시한 북한이탈주민에 대하여 적용한다.
(2010.3.26 본조개정)

제4조【기본원칙】 ① 대한민국은 보호대상자를 인도주의에 입각하여 특별히 보호한다.
② 대한민국은 외국에 체류하고 있는 북한이탈주민의 보호 및 지원 등을 위하여 외교적 노력을 다하여야 한다.
③ 보호대상자는 대한민국의 자유민주적 법질서에 적응하여 건강하고 문화적인 생활을 할 수 있도록 노력하여야 한다.
④ 통일부장관은 북한이탈주민에 대한 보호 및 지원 등을 위하여 북한이탈주민의 실태를 파악하고, 그 결과를 정책에 반영하여야 한다.
(2010.3.26 본조개정)

제4조의2【국가 및 지방자치단체의 책무】 ① 국가 및 지방자치단체는 보호대상자의 성공적인 정착을 위하여 보호대상자의 보호·교육·취업·주거·의료 및 생활보호 등의 지원을 지속적으로 추진하고 이에 필요한 재원을 안정적으로 확보하기 위하여 노력하여야 한다.
② 국가 및 지방자치단체는 제1항에 따라 보호대상자에 대한 지원시책을 마련하는 경우 아동·청소년·청년·여성·노인·장애인 등에 대하여 특별히 배려·지원하도록 노력하여야 한다.(2023.3.28 본항개정)
(2021.1.5 본조개정)

제4조의3【기본계획 및 시행계획】 ① 통일부장관은 제6조에 따른 북한이탈주민 보호 및 정착지원협의회의 심의를 거쳐 보호대상자의 보호 및 정착지원에 관한 기본계획(이하 "기본계획"이라 한다)을 3년마다 수립·시행하여야 한다.(2021.4.20 본항개정)
② 기본계획에는 다음 각 호의 사항이 포함되어야 한다.
1. 보호대상자의 보호 및 정착에 필요한 교육에 관한 사항
2. 보호대상자의 직업훈련, 고용촉진 및 고용유지에 관한 사항
3. 보호대상자에 대한 정착지원시설의 설치·운영 및 주거지원에 관한 사항
4. 보호대상자에 대한 의료지원 및 생활보호 등에 관한 사항
5. 보호대상자의 사회통합 및 인식개선에 관한 사항
(2014.5.28 본호신설)
6. 그 밖에 보호대상자의 보호, 정착지원 및 고용촉진 등을 위하여 통일부장관이 필요하다고 인정하는 사항
③ 통일부장관은 관계 중앙행정기관의 장 및 지방자치단체의 장과 협의하여 기본계획에 따른 연도별 시행계획(이하 "시행계획"이라 한다)을 수립·시행하여야 한다.
(2024.2.6 본항개정)
④ 통일부장관은 기본계획 및 시행계획을 수립하고자 할 경우에 제22조제3항에 따른 실태조사의 결과를 반영하여야 한다.
⑤ 통일부장관은 시행계획의 추진성과를 매년 정기적으로 분석하고 그 결과를 기본계획과 시행계획에 반영하여야 한다.(2017.3.21 본항신설)
⑥ 통일부장관은 제5항에 따른 추진성과를 분석하기 위하여 관계 중앙행정기관의 장 또는 지방자치단체의 장에게 관련 자료의 제출을 요청할 수 있다. 이 경우 관계 중앙행정기관의 장 또는 지방자치단체의 장은 특별한 사유가 없으면 이에 협조하여야 한다.(2017.3.21 본항신설)
(2013.8.13 본조신설)

제5조【보호기준 등】 ① 보호대상자에 대한 보호 및 지원 기준은 나이, 성별, 세대 구성, 학력, 경력, 자활 능력, 건강 상태 및 재산 등을 고려하여 합리적으로 정하여야 한다.(2019.1.15 본항개정)
② 이 법에 따른 보호 및 정착지원은 원칙적으로 개인을 단위로 하되, 필요하다고 인정하는 경우에는 대통령령으로 정하는 바에 따라 세대를 단위로 할 수 있다.
③ 보호대상자를 정착지원시설에서 보호하는 기간은 1년 이내로 하고, 거주지에서 보호하는 기간은 5년으로 한다. 다만, 특별한 사유가 있는 경우에는 제6조에 따른 북한이탈주민 보호 및 정착지원협의회의 심의를 거쳐 그 기간을 단축하거나 연장할 수 있다.(2021.4.20 단서개정)
④ 보호대상자는 특별한 사유가 있는 경우에는 제3항 단서에 따른 보호 기간의 단축 또는 연장을 통일부장관에게 요청할 수 있다.(2024.2.6 본항신설)
⑤ 통일부장관은 제3항 단서에 따른 보호 기간의 연장과 관련하여 보호 기간의 종료 시점, 보호 기간의 연장 요청 절차 등 대통령령으로 정하는 사항을 보호 기간 종료 전에 보호대상자에게 알려야 한다.(2024.2.6 본항신설)
⑥ 제4항에 따른 거주지 보호 기간의 단축 또는 연장에 관하여 필요한 절차와 방법 등은 대통령령으로 정한다.
(2024.2.6 본항신설)
(2010.3.26 본조개정)

제6조【북한이탈주민 보호 및 정착지원협의회】 ① 북한이탈주민에 관한 정책을 협의·조정하고 보호대상자의 보호 및 정착지원에 관한 다음 각 호의 사항을 심의하기 위하여 통일부에 북한이탈주민 보호 및 정착지원협의회(이하 "협의회"라 한다)를 둔다.(2021.4.20 본문개정)
1. 제5조제3항 단서에 따른 보호 및 정착지원 기간의 단축 또는 연장에 관한 사항
1의2. 제4조의3에 따른 기본계획 및 시행계획의 수립·시행에 관한 사항(2013.8.13 본호신설)
2. 제8조제1항 본문에 따른 보호 여부의 결정에 관한 사항
2의2. 제9조제3항에 따른 수사의뢰 및 그 밖의 필요한 조치에 관한 사항(2024.1.9 본호신설)
3. 제17조의2제2항에 따른 취업보호의 중지 또는 종료에 관한 사항
3의2. 제22조의2제3항에 따른 신변보호기간 및 같은 조 제4항에 따른 신변보호기간의 연장·종료에 관한 사항
(2024.1.9 본호개정)
3의3. 제22조의2제5항 및 제6항에 따른 거주지에서의 신변보호 재실시 및 신변보호 재실시 기간의 연장·종료에 관한 사항(2024.1.9 본호신설)
4. 제27조제1항에 따른 보호 및 정착지원의 중지 또는 종료에 관한 사항
5. 제32조제2항 전단에 따른 시정 등의 조치에 관한 사항
6. 그 밖에 보호대상자의 보호 및 정착지원에 관하여 대통령령으로 정하는 사항
② 협의회는 위원장 1명을 포함한 40명 이내의 위원으로 구성한다. 이 경우 특별시·광역시·특별자치시·도·특별자치도 소속 공무원을 포함한다.(2024.2.6 본항개정)
③ 위원장은 통일부차관이 되며, 협의회의 업무를 총괄한다.
④ 제1항부터 제3항까지에서 규정한 사항 외에 협의회의 구성 및 운영에 필요한 사항은 대통령령으로 정한다.
(2021.4.20 본조제목개정)
(2010.3.26 본조개정)

제7조【보호신청 등】 ① 북한이탈주민으로서 이 법에 따른 보호를 받으려는 사람은 재외공관이나 그 밖의 행정기관의 장(각급 군부대의 장을 포함한다. 이하 "재외공관장등"이라 한다)에게 보호를 직접 신청하여야 한다. 다만, 보호를 직접 신청하지 아니할 수 있는 대통령령으로 정하는 사유가 있는 경우에는 그러하지 아니하다.
② 제1항 본문에 따른 보호신청을 받은 재외공관장등은 지체 없이 그 사실을 소속 중앙행정기관의 장을 거쳐 통일부장관과 국가정보원장에게 통보하여야 한다.
③ 제2항에 따라 통보를 받은 국가정보원장은 보호신청자에 대하여 보호결정 등을 위하여 필요한 조사 및 일시적인 신변안전조치 등 임시보호조치를 한 후 지체 없이 그 결과를 통일부장관에게 통보하여야 한다.(2019.1.15 본항개정)
④ 국가정보원장은 제3항에 따른 조사 및 임시보호조치

를 하기 위한 시설(이하 "임시보호시설"이라 한다)을 설치·운영하여야 한다.(2019.1.15 본항신설)
⑤ 제3항에 따른 조사 및 임시보호조치의 내용 및 방법과 제4항에 따른 임시보호시설의 설치·운영에 필요한 사항은 대통령령으로 정한다.(2019.1.15 본항신설)
(2010.3.26 본조개정)

제8조【보호 결정 등】 ① 통일부장관은 제7조제3항에 따른 통보를 받으면 협의회의 심의를 거쳐 보호 여부를 결정한다. 다만, 국가안전보장에 현저한 영향을 줄 우려가 있는 사람에 대하여는 국가정보원장이 그 보호 여부를 결정하고, 그 결과를 지체 없이 통일부장관과 보호신청자에게 통보하거나 알려야 한다.
② 제1항 본문에 따라 보호 여부를 결정한 통일부장관은 그 결과를 지체 없이 관련 중앙행정기관의 장을 거쳐 재외공관장등에게 통보하여야 하고, 통보를 받은 재외공관장등은 이를 보호신청자에게 즉시 알려야 한다.
(2010.3.26 본조개정)

제9조【보호 결정의 기준 등】 ① 제8조제1항 본문에 따라 보호 여부를 결정할 때 다음 각 호의 어느 하나에 해당하는 사람은 보호대상자로 결정하지 아니할 수 있다.
1. 항공기 납치, 마약거래, 테러, 집단살해 등 국제형사범죄자
2. 살인 등 중대한 비정치적 범죄자
3. 위장탈출 혐의자
4. (2020.12.8 삭제)
5. 국내 입국 후 3년이 지나서 보호신청한 사람
(2019.1.15 본호개정)
6. 그 밖에 국가안전보장·질서유지·공공복리에 대한 중대한 위해 발생 우려, 보호신청자의 경제적 능력 및 해외체류 여건 등을 고려하여 보호대상자로 정하는 것이 부적당하거나 보호 필요성이 현저히 부족하다고 대통령령으로 정하는 사람(2020.12.8 본호개정)
② 제1항제5호의 경우 북한이탈주민에게 대통령령으로 정하는 부득이한 사정이 있는 경우에는 그러하지 아니하다.
(2020.12.8 본항개정)
③ 통일부장관은 국가안전보장·질서유지 등을 위하여 필요한 경우에는 협의회의 심의를 거쳐 제1항제1호 또는 제2호에 해당하는 사람을 관할 수사기관에 수사의뢰하거나 그 밖의 필요한 조치를 할 수 있다.(2024.1.9 본항신설)
④ 통일부장관은 북한이탈주민으로서 제1항 각 호의 어느 하나에 해당하여 보호대상자로 결정되지 아니한 사람에게는 필요한 경우 다음 각 호의 어느 하나에 해당하는 보호 및 지원을 할 수 있다.
1. 제11조·제13조·제14조·제16조·제17조의3·제19조·제19조의2·제20조(이 조 제1항제5호에 해당하여 보호대상자로 결정되지 아니한 경우만 해당한다)·제22조·제22조의2 및 제26조의2에 따른 보호 및 특례
(2024.1.9 본호개정)
2. 그 밖에 사회정착에 필요하다고 대통령령으로 정하는 보호 및 지원
⑤ 제4항에 따른 보호 및 지원에 관하여 필요한 사항은 대통령령으로 정한다.(2024.1.9 본항개정)
(2024.1.9 본조제목개정)
(2010.3.26 본조개정)

제10조【정착지원시설의 설치】 ① 통일부장관은 보호대상자에 대한 보호 및 정착지원을 위하여 정착지원시설을 설치·운영한다. 다만, 제8조제1항 단서에 따라 국가정보원장이 보호하기로 결정한 사람을 위하여는 국가정보원장이 별도의 정착지원시설을 설치·운영할 수 있다.
② 통일부장관 또는 국가정보원장은 제1항에 따라 정착지원시설을 설치하는 경우 보호대상자의 건강하고 쾌적한 생활과 적응활동이 이루어질 수 있도록 숙박시설과 그 밖의 필요한 시설을 갖추어야 한다.
③ 정착지원시설의 종류 및 관리·운영 등에 필요한 사항은 대통령령으로 정한다.
(2010.3.26 본조개정)

제11조【정착지원시설에서의 보호 등】 ① 제10조제1항에 따라 정착지원시설을 설치·운영하는 기관의 장은 보호대상자가 거주지로 전출할 때까지 정착지원시설에서 보호하여야 한다.
② 제1항에 따른 기관의 장은 정착지원시설에서 보호받는 보호대상자에게 대통령령으로 정하는 바에 따라 보호금품을 지급할 수 있다.
③ 제1항에 따른 기관의 장은 보호대상자가 정착지원시설에서 보호받고 있는 동안 신원 및 북한이탈 동기의 확인, 건강진단, 그 밖에 정착지원에 필요한 조치를 할 수 있다.
(2010.3.26 본조개정)

제11조의2【무연고청소년 보호】 ① 통일부장관은 무연고청소년(보호대상자로서 직계존속을 동반하지 아니한 만 24세 이하의 무연고 아동·청소년을 말한다. 이하 이 조에서 같다)의 보호를 위하여 무연고청소년의 보호자(법인이 보호하는 경우 법인의 대표자를 말한다. 이하 이 조에서 "보호자"라 한다)를 선정할 수 있다.
② 통일부장관은 보호자를 선정할 때에는 무연고청소년의 의사를 존중하여야 하며, 다음 각 호의 사항을 고려하여야 한다.
1. 무연고청소년의 건강, 생활관계 및 재산상황
2. 보호자의 직업과 경험
3. 보호자와 무연고청소년 간 이해관계의 유무(법인의 대표자가 보호자인 때에는 법인의 종류와 목적, 법인이나 그 대표자와 무연고청소년 사이의 이해관계 유무를 말한다)
4. 그 밖에 보호자의 선정 등에 관하여 대통령령으로 정하는 사항
③ 통일부장관은 무연고청소년의 보호를 위하여 보호자, 제30조에 따른 북한이탈주민지원재단, 통일부령으로 정하는 민간단체 등과 상호 협조 체계를 구축하여야 한다.
④ 통일부장관은 무연고청소년에게 제4조의2에 따른 보호·교육·취업·주거·의료 및 생활보호 등을 긴급하게 지원하기 위하여 소재 파악이 필요한 경우 「전기통신사업법」 제2조제8호에 따른 전기통신사업자에게 무연고청소년 또는 보호자의 전화번호(휴대전화번호를 포함한다. 이하 이 조에서 같다) 제공을 요청할 수 있다. 다만, 미성년인 무연고청소년의 전화번호는 보호자를 통하여 소재 파악이 어려운 경우에 요청할 수 있다.
⑤ 제4항에 따른 요청을 받은 전기통신사업자는 정당한 사유가 없으면 이에 따라야 한다.
⑥ 통일부장관은 무연고청소년의 보호를 위하여 「민법」에 따른 후견인 선임이 필요한 경우 관할 지방자치단체의 장에게 후견인 선임을 법원에 청구하도록 요청할 수 있다.
⑦ 관할 지방자치단체의 장은 제6항에 따른 후견인 선임 청구의 현황 및 결과를 매년 통일부장관에게 보고하여야 한다.
⑧ 보호자의 선정 기준 및 요건, 후견인의 선임 청구 요청 등 그 밖에 필요한 사항은 대통령령으로 정한다.
(2021.12.21 본조신설)

제12조【등록대장】 ① 제10조제1항에 따라 정착지원시설을 설치·운영하는 기관의 장은 제8조제1항에 따라 보호 결정을 한 때에는 보호대상자에 관한 다음 각 호의 사항을 기록한 등록대장을 대통령령으로 정하는 바에 따라 관리·보존하여야 한다.(2024.2.6 본문개정)
1. 성명
2. 성별
3. 생년월일
4. 「가족관계의 등록 등에 관한 법률」 제10조제1항에 따른 등록기준지(이하 "등록기준지"라 한다)
5. 가족관계(형제, 자매를 포함한다)
6. 학력, 직업 등 경력
7. 그 밖에 보호대상자의 보호 및 지원을 위하여 필요한 사항으로서 대통령령으로 정하는 사항
(2024.2.6 1호~7호신설)
② 통일부장관은 모든 등록대장을 통합하여 관리·보존하여야 한다. 이를 위하여 국가정보원장은 제1항에 따라 관리·보존하고 있는 등록대장의 기록 사항을 통일부장관에게 통보하여야 한다.
③ 보호대상자는 통일부장관에게 제1항에 규정된 등록대장의 기록 사항 중 가족관계에 관한 확인서의 발급을 신청할 수 있다.(2021.4.20 본항신설)
④ 통일부장관은 제3항의 신청에 따라 보호대상자의 가족관계에 관한 확인서를 발급하여야 한다.(2021.4.20 본항신설)
⑤ 제3항 및 제4항에 따른 확인서의 신청 및 발급은 전자적 방법으로 처리할 수 있다.(2021.4.20 본항신설)
⑥ 제3항 및 제4항에 따른 확인서의 신청 및 발급 등 그 밖에 필요한 사항은 대통령령으로 정한다.(2021.4.20 본항신설)
(2010.3.26 본조개정)

제13조【학력 인정】 보호대상자는 대통령령으로 정하는 바에 따라 북한이나 외국에서 이수한 학교 교육의 과정에 상응하는 학력을 인정받을 수 있다.(2010.3.26 본조개정)

제14조【자격 인정】 ① 보호대상자는 관계 법령에서 정하는 바에 따라 북한이나 외국에서 취득한 자격에 상응하는 자격 또는 그 자격의 일부를 인정받을 수 있다.
② 통일부장관은 자격 인정 신청자에게 대통령령으로 정하는 바에 따라 자격 인정을 위하여 필요한 보수교육 또는 재교육을 실시할 수 있다.
③ 제1항 및 제2항을 시행하기 위하여 필요한 경우 대통령령으로 정하는 바에 따라 자격 인정 여부를 심사하기 위한 위원회를 둘 수 있다.
(2010.3.26 본조개정)

제15조【사회적응교육 등】 ① 통일부장관은 보호대상자가 대한민국에 정착하는 데 필요한 기본교육을 실시하여야 한다.
② 제1항에 따른 기본교육에는 다음 각 호의 내용을 포함하여야 한다.
1. 정치·경제·사회·문화 등 우리 사회 각 분야의 이해증진을 위한 교육
2. 「양성평등기본법」 제30조에 따른 성폭력·가정폭력·성매매 범죄의 예방 및 성희롱 방지를 위한 성평등 관점에서의 통합교육
3. 정서안정 및 건강증진을 위한 교육
4. 진로지도 및 직업탐색을 위한 교육
5. 초기 정착지원제도 안내를 위한 교육
(2021.1.5 본항신설)
③ 통일부장관은 제1항의 기본교육 외에 보호대상자에게 거주지에서 별도의 적응교육을 추가로 실시할 수 있다.
④ 통일부장관은 제1항에 따른 기본교육 및 제3항에 따른 적응교육 등 업무의 일부를 대통령령으로 정하는 바에 따라 관계 전문기관·단체 또는 시설에 위탁할 수 있다.
(2021.1.5 본항신설)
⑤ 제1항 및 제3항에 따른 교육에 필요한 사항은 대통령령으로 정한다.(2021.1.5 본항개정)
(2010.3.26 본조개정)

제15조의2【지역적응센터의 지정 및 업무의 위탁】 ① 통일부장관은 북한이탈주민들의 지역적응을 종합적으로 지원하기 위해서 대통령령으로 정하는 자격 및 시설을 갖춘 기관 또는 단체를 보호대상자의 거주지를 관할하는 지방자치단체의 장(이하 "지방자치단체장"이라 한다)과 협의하여 지역적응센터로 지정·운영할 수 있다.
② 통일부장관은 지방자치단체장과 협의하여 제1항의 지역적응센터에 다음 각 호의 업무를 위탁할 수 있다.
1. 제15조제3항의 거주지 적응교육
2. 북한이탈주민의 특성을 고려한 심리 및 진로상담
3. 북한이탈주민에 대한 생활정보제공·취업서비스 및 사회서비스 안내
4. 그 밖에 북한이탈주민의 지역적응과 관련하여 통일부장관과 지방자치단체장이 필요하다고 인정하는 사항
③ 통일부장관 및 지방자치단체장은 지역적응센터 운영에 필요한 경비와 제2항 각 호의 업무를 수행하는 데 필요한 경비를 지원할 수 있다.
④ 지방자치단체는 「공유재산 및 물품 관리법」에도 불구하고 지역적응센터가 「남북관계 발전에 관한 법률」 제12조의2제1항제3호에 따른 업무를 수행하는 시설 중 대통령령으로 정하는 시설을 무상으로 사용하게 할 수 있다.
⑤ 제1항에 따른 지역적응센터의 지정 및 취소의 기준·절차 및 운영 등에 필요한 사항은 대통령령으로 정한다.
(2024.1.9 본조개정)

제15조의3【남북통합문화센터 설립·운영】 ① 통일부장관은 북한이탈주민에 대한 국민의 이해를 높이고 남북문화 통합에 필요한 기반을 조성하기 위하여 남북통합문화센터를 설립·운영할 수 있다.
② 남북통합문화센터의 설립·운영에 필요한 사항은 대통령령으로 정한다.
(2024.1.9 본조신설)

제16조【직업훈련】 ① 통일부장관은 직업훈련을 희망하는 보호대상자 또는 보호대상자이었던 사람(이하 "보호대상자등"이라 한다)에 대하여 직업훈련을 실시할 수 있다.(2021.4.20 본항개정)
② 제1항에 따른 직업훈련을 받으려는 보호대상자등은 직업훈련신청서를 통일부장관에게 제출하여야 한다.
(2021.4.20 본항신설)
③ 통일부장관은 제2항에 따른 신청서를 제출한 보호대상자등에 대하여 정착지원시설 내 교육훈련시설에서 직업훈련을 실시하거나 고용노동부장관, 중소벤처기업부장관, 지방자치단체의 장(이하 "고용노동부장관등"이라 한다)에게 보호대상자등이 「근로자직업능력 개발법」에 따른 직업능력개발훈련을 실시하는 기관(「중소기업진흥에 관한 법률」 제57조제1항에 따른 연수실시기관을 포함한다. 이하 같다)에서 직업훈련을 받을 수 있도록 협조를 요청할 수 있다. 이 경우 협조요청을 받은 고용노동부장관등은 특별한 사유가 없으면 이에 따라야 한다.
(2021.4.20 본항신설)
④ 제3항에 따라 고용노동부장관등이 보호대상자등에 대한 직업훈련을 실시한 경우에는 그 결과를 통일부장관에게 통보하여야 한다.(2021.4.20 본항신설)
⑤ 제1항에 따른 직업훈련의 실시기간은 대상자의 직무능력 등을 고려하여 3개월 이상이 되도록 노력하여야 한다.
⑥ 그 밖에 직업훈련에 필요한 사항은 대통령령으로 정한다.(2021.4.20 본항신설)
(2010.3.26 본조개정)

제17조【취업보호 등】 ① 통일부장관은 보호대상자가 정착지원시설로부터 그의 거주지로 전입한 후 대통령령으로 정하는 바에 따라 최초로 취업한 날부터 3년간 취업보호를 실시한다. 다만, 사회적 취약계층, 장기근속자 등 취업보호 기간을 연장할 필요가 있는 경우로서 대통령령으로 정하는 사유에 해당하는 경우에는 1년의 범위에서 취업보호 기간을 연장할 수 있다.(2013.8.13 본문개정)
② 제1항에 따른 취업보호 기간은 실제 취업일수를 기준으로 하여 정한다.
③ 통일부장관은 제1항에 따른 보호대상자(이하 "취업보호대상자"라 한다)를 고용한 사업주에 대하여는 대통령령으로 정하는 바에 따라 그 취업보호대상자 임금의 2분의 1의 범위에서 고용지원금을 지급할 수 있다.
④ 사업주가 취업보호대상자를 고용할 때에는 그 취업보호대상자가 북한을 벗어나기 전의 직위, 담당 직무 및 경력 등을 고려하여야 한다.
⑤ (2019.1.15 삭제)
⑥ 통일부장관은 대통령령으로 정하는 바에 따라 보호대상자의 취업을 알선할 수 있다. 이 경우 통일부장관은 고용노동부장관등과 협의하여 보호대상자의 직업훈련 분야와 북한에서의 경력 등을 고려하여야 한다.(2021.4.20 후단신설)
(2010.3.26 본조개정)

제17조의2【취업보호의 제한】 ① 통일부장관은 취업보호대상자가 다음 각 호의 어느 하나에 해당하는 경우에는 제17조제1항에도 불구하고 대통령령으로 정하는 바에 따라 일정 기간 취업보호를 제한할 수 있다.
1. 취업한 후 정당한 사유 없이 대통령령으로 정하는 기간 동안 근무하지 아니하고 자의로 퇴직한 경우

2. 근무태만, 직무유기 또는 부정행위 등의 사유로 징계에 의하여 면직된 경우
② 통일부장관은 취업보호대상자가 거짓이나 그 밖의 부정한 방법으로 사업주로 하여금 제17조제3항의 고용지원금을 받게 한 때에는 협의회의 심의를 거쳐 취업보호를 중지하거나 종료할 수 있다.
③ 통일부장관은 제2항에 따라 취업보호를 중지하거나 종료한 때에는 그 사유를 구체적으로 밝혀 해당 취업보호대상자에게 알려야 한다.
④ 통일부장관은 사업주가 거짓이나 그 밖의 부정한 방법으로 제17조제3항에 따른 고용지원금을 받은 경우 대통령령으로 정하는 바에 따라 그 지급을 제한하거나, 이미 지급받은 금액을 반환하도록 명할 수 있다.
(2014.1.21 본항신설)
(2010.3.26 본조개정)

제17조의3【영농 정착지원】 ① 통일부장관은 영농(營農)을 희망하는 북한이탈주민에 대하여 영농 정착을 위한 다음 각 호의 행정적·재정적 지원을 할 수 있다.
1. 영농 교육 훈련
2. 농업 현장 실습
3. 영농 자금 지원
4. 그 밖에 대통령령으로 정하는 사항
② 제1항에 따른 행정적·재정적 지원의 절차 등 필요한 사항은 통일부령으로 정한다.
(2017.3.21 본조개정)

제17조의4【세제혜택】 국가 및 지방자치단체는 북한이탈주민을 채용하는 기업에 대하여 예산의 범위에서 재정지원을 하거나 조세 관계 법률에서 정하는 바에 따라 세금을 감면할 수 있다.(2010.3.26 본조신설)

제17조의5【우선 구매 등】 ① 통일부장관은 북한이탈주민의 고용과 관련하여 다음 각 호의 요건을 모두 충족하는 모범이 되는 사업주에 대해서는 생산품 우선 구매 등의 지원을 할 수 있다.
1. 연간 평균 3명 이상의 북한이탈주민을 고용할 것
2. 대통령령으로 정하는 비율 이상의 월평균 근로자를 북한이탈주민으로 고용할 것
② 「중소기업제품 구매촉진 및 판로지원에 관한 법률」 제2조제2호에 따른 공공기관의 장은 제1항에 따른 사업주가 생산한 물품을 우선 구매할 수 있도록 노력하여야 한다.
(2021.8.17 본조개정)

제17조의6【창업 지원】 ① 통일부장관은 북한이탈주민의 창업을 위하여 다음 각 호의 행정적·재정적 지원을 할 수 있다.
1. 창업 교육
2. 현장 실습
3. 창업 상담
4. 창업 자금 지원
5. 그 밖에 대통령령으로 정하는 사항
② 제1항에 따른 행정적·재정적 지원 절차 등 필요한 사항은 통일부령으로 정한다.
(2021.1.5 본조신설)

제18조【특별임용】 ① 북한에서의 자격이나 경력이 있는 사람 등 북한이탈주민으로서 공무원으로 채용하는 것이 필요하다고 인정되는 사람에 대하여는 「국가공무원법」 제28조제2항 및 「지방공무원법」 제27조제2항에도 불구하고 북한을 벗어나기 전의 자격·경력 등을 고려하여 국가공무원 또는 지방공무원으로 특별임용할 수 있다.
② 북한의 군인이었던 보호대상자가 국군에 편입되기를 희망하면 북한을 벗어나기 전의 계급, 직책 및 경력 등을 고려하여 국군으로 특별임용할 수 있다.
③ 제1항 및 제2항에 따른 특별임용에 필요한 사항은 대통령령으로 정한다.
(2010.3.26 본조개정)

제18조의2【공공기관 평가 반영】 ① 중앙행정기관·지방자치단체 및 공공기관은 북한이탈주민을 고용하기 위하여 노력하여야 한다.
② 「정부업무평가 기본법」에 따른 중앙행정기관·지방자치단체 및 공공기관의 평가 시 북한이탈주민 고용률을 평가항목에 포함시킬 수 있다.
③ 제2항에 따른 평가의 구체적인 방법 및 절차 등은 중앙행정기관·지방자치단체 및 공공기관의 특수성을 고려하여 대통령령으로 정한다.(2021.4.20 본항개정)
(2010.3.26 본조신설)

제19조【가족관계 등록 창설의 특례】 ① 통일부장관은 보호대상자로서 군사분계선 이남지역(이하 "남한"이라 한다)에 가족관계 등록이 되어 있지 아니한 사람에 대하여는 본인의 의사에 따라 등록기준지를 정하여 서울가정법원에 가족관계 등록 창설허가 신청서를 제출하여야 한다.
② 제1항의 가족관계 등록 창설허가 신청서에는 제12조제1항에 따라 작성된 보호대상자의 등록대장 등본과 가족관계등록부의 기록방법에 준하여 작성한 신분표를 붙여야 한다.
③ 서울가정법원은 제1항에 따라 가족관계 등록 창설허가 신청서를 받은 때에는 지체 없이 허가 여부를 결정하고, 가족관계 등록 창설허가를 한 때에는 해당 등록기준지의 시(구를 두지 아니한 시를 말한다. 이하 이 조에서 같다)·구·읍·면의 장에게 가족관계 등록 창설허가 등본을 송부하여야 한다.
④ 시·구·읍·면의 장은 제3항에 따른 가족관계 등록 창설허가 등본을 받은 때에는 지체 없이 가족관계등록부를 작성하여야 하고, 주소지 시장(특별시장·광역시장은 제외한다. 이하 같다)·군수·구청장(자치구의 구청장을 말한다. 이하 같다) 또는 특별자치도지사에게 가족관계 기록사항에 관한 증명서를 첨부하여 가족관계 등록 신고 사항을 통보하여야 한다.
(2010.3.26 본조개정)

제19조의2【이혼의 특례】 ① 제19조에 따라 가족관계 등록을 창설한 사람 중 북한에 배우자를 둔 사람은 그 배우자가 남한에 거주하는지 불명확한 경우 이혼을 청구할 수 있다.
② 제19조에 따라 가족관계 등록을 창설한 사람의 가족관계등록부에 배우자로 기록된 사람은 재판상 이혼의 당사자가 될 수 있다.
③ 제1항에 따라 이혼을 청구하려는 사람은 배우자가 보호대상자에 해당하지 아니함을 증명하는 통일부장관의 서면을 첨부하여 서울가정법원에 재판상 이혼청구를 하여야 한다.
④ 서울가정법원이 제2항에 따른 재판상 이혼의 당사자에게 송달을 할 때에는 「민사소송법」 제195조에 따른 공시송달(公示送達)로 할 수 있다. 이 경우 첫 공시송달은 실시한 날부터 2개월이 지나야 효력이 생긴다. 다만, 같은 당사자에게 첫 공시송달 후에 하는 공시송달은 실시한 다음 날부터 효력이 생긴다.
⑤ 제4항의 기간은 줄일 수 없다.
(2010.3.26 본조개정)

제19조의3【주민등록번호 정정의 특례】 ① 북한이탈주민 중 정착지원시설의 소재지를 기준으로 하여 주민등록번호를 부여받은 사람은 거주지의 시장·군수·구청장 또는 특별자치도지사에게 자신의 주민등록번호 정정을 한 번만 신청할 수 있다.
② 제1항에 따른 신청을 받은 시장·군수·구청장 또는 특별자치도지사는 특별한 사정이 없으면 현 거주지를 기준으로 하여 주민등록번호를 정정하여야 한다.
(2010.3.26 본조개정)

제20조【주거지원 등】 ① 통일부장관은 보호대상자에게 대통령령으로 정하는 바에 따라 주거지원을 할 수 있다.
② 제1항에 따라 주거지원을 받는 보호대상자는 그 주민등록 전입신고를 한 날부터 2년간 통일부장관의 허가를 받지 아니하고는 임대차계약을 해지하거나 그 주거지원에 따라 취득하게 된 소유권, 전세권 또는 임차권(이하 "소유권등"이라 한다)을 양도하거나 저당권을 설정할 수 없다.
③ 제2항에 따른 소유권등의 등기신청은 보호대상자를 대리하여 통일부장관이 한다. 이 경우 소유권등은 양도나 저당권 설정이 금지된다는 사실을 그 등기신청서에 기록하여야 한다.
④ 통일부장관은 보호대상자에게 대통령령으로 정하는 바에 따라 가정과 같은 주거 여건과 보호를 제공하는 공동생활시설을 이용하는 데 필요한 지원을 할 수 있다.
⑤ 국가와 지방자치단체는 보호대상자의 주거생활 안정을 위하여 주택 확보에 적극 노력하여야 한다.
(2013.8.13 본항신설)
⑥ 통일부장관은 보호대상자의 거주지가 노출되어 생명·신체에 중대한 위해를 입었거나 입을 우려가 명백한 경우에는 보호대상자의 의사, 신변보호의 필요성 등을 고려하여 주거 이전에 필요한 지원을 할 수 있다.(2021.1.5 본항신설)
⑦ 제6항에 따른 지원 내용 및 절차 등에 관하여 필요한 사항은 대통령령으로 정한다.(2021.1.5 본항신설)
(2010.3.26 본조개정)

제21조【정착금 등의 지급】 ① 통일부장관은 보호대상자의 정착 여건 및 생계유지 능력 등을 고려하여 정착금이나 그에 상응하는 가액의 물품(이하 "정착금품"이라 한다)을 지급할 수 있다. 이 경우 정착금품의 2분의 1을 초과하지 아니하는 범위에서 감액할 수 있다.(2019.1.15 후단신설)
② 통일부장관은 보호대상자가 제공한 정보나 가지고 온 장비(재화를 포함한다)의 활용 가치에 따라 등급을 정하여 보로금(報勞金)을 지급할 수 있다.
③ 제1항 및 제2항에 따른 정착금품과 보로금의 지급 및 감액 기준, 절차 등에 관한 사항은 대통령령으로 정한다.
(2019.1.15 본항개정)
④ 제1항에 따른 정착금은 양도하거나 담보로 제공할 수 없고, 압류할 수 없다.
(2010.3.26 본조개정)

제21조의2【정착자산 형성의 지원】 ① 통일부장관은 보호대상자에게 정착에 필요한 자산을 형성할 수 있도록 재정적 지원과 자산활용에 필요한 교육을 실시할 수 있다.
② 제1항에 따른 지원 대상·기준 및 교육에 필요한 사항은 대통령령으로 정한다.
(2014.5.28 본조신설)

제22조【거주지 보호】 ① 통일부장관은 보호대상자가 정착지원시설로부터 그의 거주지로 전입한 후 정착하여 스스로 생활하는 데 장애가 되는 사항을 해결하거나 그 밖에 자립·정착에 필요한 보호를 할 수 있다.
② 통일부장관은 제1항에 따른 보호 업무를 행정안전부장관과 협의하여 지방자치단체장에게 위임할 수 있다.
(2017.7.26 본항개정)
③ 통일부장관은 북한이탈주민에 대하여 실태파악을 위한 조사(이하 "실태조사"라 한다)를 실시하여야 한다. 이 경우 실태조사에는 다음 각 호의 사항이 포함되어야 한다.
(2017.3.21 전단개정)
1. 취학 여부 등 교육현황
2. 취업직종·근로형태·근속기간·임금수준·근로조건 등 취업현황
3. 주거현황
4. 의료지원 및 생활보호 현황
5. 소득·지출·자산 등 가족의 경제상태에 관한 사항
(2017.3.21 본호신설)
6. 그 밖에 거주지 보호를 위하여 통일부장관이 필요하다고 인정하는 사항
(2013.8.13 본항신설)
④ 통일부장관은 제3항에 따른 실태조사를 실시하기 위하여 관계 중앙행정기관의 장, 지방자치단체의 장 또는 「공공기관의 운영에 관한 법률」에 따른 공공기관의 장에게 관련 자료의 제출 등 협조를 요청할 수 있다. 이 경우 자료의 제출 등 협조를 요청받은 관계 중앙행정기관의 장 등은 특별한 사유가 없으면 이에 협조하여야 한다.
(2014.5.28 본항신설)
(2010.3.26 본조개정)

제22조의2【거주지에서의 신변보호】 ① 통일부장관은 제22조에 따라 보호대상자가 거주지로 전입한 후 그의 신변안전을 위하여 국방부장관이나 경찰청장에게 협조를 요청할 수 있으며, 협조요청을 받은 국방부장관이나 경찰청장은 이에 협조한다.
② 제1항에 따른 신변보호(이하 이 조에서 "신변보호"라 한다)에 필요한 사항은 통일부장관이 국방부장관, 국가정보원장 및 경찰청장과 협의하여 정한다. 이 경우 해외여행에 따른 신변보호에 관한 사항은 외교부장관과 법무부장관의 의견을 들을 수 있다.(2024.1.9 전단개정)
③ 통일부장관은 협의회의 심의를 거쳐 5년의 범위에서 신변보호기간을 정한다. 이 경우 통일부장관은 보호대상자의 의사를 고려하여야 한다.(2024.1.9 본항개정)
④ 통일부장관은 보호대상자의 의사, 신변보호의 지속 필요성 등을 고려하여 협의회의 심의를 거쳐 신변보호기간을 연장할 수 있다. 다만, 통일부장관은 연장된 기간의 종료 전이라도 보호대상자가 요청하는 경우에는 협의회의 심의를 거쳐 신변보호를 종료할 수 있다.(2024.1.9 본항신설)
⑤ 신변보호기간 및 연장된 기간이 종료된 이후 보호대상자는 통일부장관에게 신변보호 재실시를 요청할 수 있다. 이 경우 통일부장관은 신변보호의 필요성 등을 고려하여 협의회의 심의를 거쳐 5년의 범위에서 신변보호 재실시 여부를 결정한다.(2024.1.9 본항신설)
⑥ 제5항에 따른 신변보호 재실시 기간의 연장 및 종료에 관하여는 제4항을 준용한다.(2024.1.9 본항신설)
⑦ 제1항, 제3항부터 제6항까지에 따른 신변보호 협조요청, 신변보호 및 신변보호 재실시의 기간·연장·종료 등에 관하여 필요한 사항은 대통령령으로 정한다.
(2024.1.9 본항신설)
(2019.1.15 본조신설)

제22조의3【전문상담사제도 운영】 ① 통일부장관은 거주지에 전입한 북한이탈주민에 대한 정신건강 검사 등 전문적 상담서비스를 제공할 수 있는 북한이탈주민 전문상담사제도를 운영할 수 있다.(2014.5.28 본항개정)
② 통일부장관은 제1항에 따른 전문상담사의 자질 향상을 위한 보수교육을 실시할 수 있다.
③ 제1항 및 제2항에 따른 전문상담사의 운영방법 및 절차 등에 관한 사항은 통일부령으로 정한다.
(2010.3.26 본조신설)

제23조【보고 의무】 지방자치단체장은 대통령령으로 정하는 바에 따라 반기(半期)마다 보호대상자의 정착 실태 등을 파악하여 행정안전부장관을 거쳐 통일부장관에게 보고하여야 한다.(2017.7.26 본조개정)

제24조【교육지원】 ① 통일부장관은 대통령령으로 정하는 바에 따라 보호대상자의 나이, 수학능력(修學能力), 그 밖의 교육 여건 등을 고려하여 보호대상자가 교육을 받을 수 있도록 필요한 지원을 할 수 있다.
② 통일부장관은 예산의 범위에서 대통령령으로 정하는 바에 따라 북한이탈주민을 대상으로 초·중등교육을 실시하는 학교의 운영에 필요한 경비를 지원할 수 있다.
③ 통일부장관은 교육부장관과 협의하여 보호대상자의 교육을 위한 전문인력을 확보하고, 보호대상자의 학력 진단·평가, 교육정보관리, 교육, 연수 및 학습활동의 지원 등 보호대상자의 교육지원과 지도를 위하여 노력하여야 한다.(2013.8.13 본항신설)
(2010.3.26 본조개정)

제24조의2【북한이탈주민 예비학교의 설립】 ① 통일부장관은 탈북 청소년(제3국에서 출생한 북한이탈주민의 자녀로서 부 또는 모와 함께 정착지원시설에 입소한 사람을 포함한다)의 일반학교 진학을 지원하기 위하여 교육부장관과 협의하여 정착지원시설 내에 북한이탈주민 예비학교를 설립·운영할 수 있다.(2017.3.21 본항개정)
② 제1항에 따른 북한이탈주민 예비학교의 교육기간, 프로그램 운영방법 등에 관한 사항은 대통령령으로 정한다.
(2010.3.26 본조신설)

제24조의3【공유재산의 대부·사용 등에 관한 특례】 ① 지방자치단체는 북한이탈주민 또는 그 자녀의 정착지원을 위하여 필요하다고 인정하는 경우에는 「공유재산 및 물품 관리법」에도 불구하고 공유재산을 북한이탈주민이나 그 자녀를 대상으로 교육을 실시하는 학교로서 「초·중등교육법」 제2조에 따른 학교에 수의(隨意)의 방법으로

대부하거나 사용·수익하게 할 수 있다.
② 제1항에 따라 공유재산을 대부 또는 사용·수익하는 경우 그 기간은 「공유재산 및 물품 관리법」 제21조제1항 및 제31조제1항에도 불구하고 10년 이내로 할 수 있다. 이 경우 그 기간은 갱신할 수 있으며, 갱신기간은 갱신할 때마다 10년을 초과할 수 없다.
(2018.3.13 본조신설)
제25조【의료급여 등】 ① 통일부장관은 보호대상자와 그 가족에게 「의료급여법」에서 정하는 바에 따라 의료급여를 실시할 수 있다.
② 통일부장관은 「국민건강보험법」의 적용대상인 보호대상자의 경제적 능력 등을 고려하여 「국민건강보험법」 제69조에 따라 부담하여야 하는 보험료의 일부를 지원할 수 있다.(2013.8.13 본항신설)
③ 제2항에 따른 보호대상자의 범위와 보험료의 지원범위에 관해서는 대통령령으로 정한다.(2013.8.13 본항신설)
(2013.8.13 본조제목개정)
(2010.3.26 본조개정)
제26조【생활보호】 제11조에 따른 보호가 종료된 사람 중 생활이 어려운 사람에게는 본인이 「국민기초생활 보장법」 제21조에 따라 특별자치시장·특별자치도지사·시장·군수·구청장(같은 법 제7조제1항제4호의 교육급여인 경우에는 특별시·광역시·특별자치시·도·특별자치도의 교육감을 말한다)에게 신청하는 경우 「국민기초생활 보장법」 제8조제2항, 제12조제3항, 제12조의2, 제12조의3제2항 및 「주거급여법」 제5조에도 불구하고 5년의 범위에서 다음 각 호에 따른 보호를 할 수 있다.
1. 「국민기초생활 보장법」 제7조제1항제1호, 제8조(제2항은 제외한다), 제9조 및 제10조에 따른 생계급여
2. 「국민기초생활 보장법」 제7조제1항제2호, 제11조 및 「주거급여법」(제5조는 제외한다)에 따른 주거급여
3. 「국민기초생활 보장법」 제7조제1항제3호, 제12조의3(제2항은 제외한다) 및 「의료급여법」에 따른 의료급여
4. 「국민기초생활 보장법」 제7조제1항제4호 및 제12조(제3항은 제외한다)에 따른 교육급여
5. 「국민기초생활 보장법」 제7조제1항제5호 및 제13조에 따른 해산급여
6. 「국민기초생활 보장법」 제7조제1항제6호 및 제14조에 따른 장제급여
7. 「국민기초생활 보장법」 제7조제1항제7호 및 제15조에 따른 자활급여
(2016.11.15 본조개정)
제26조의2【국민연금에 대한 특례】 ① 제8조에 따른 보호 결정 당시 50세 이상 60세 미만인 보호대상자는 「국민연금법」 제61조에도 불구하고 다음 각 호의 구분에 따른 날부터 국민연금을 받을 수 있다.
1. 60세가 되기 전에 가입기간이 5년 이상 10년 미만 되는 사람 : 60세가 되는 날
2. 60세가 된 후에 가입기간이 5년 이상 되는 사람 : 가입자 자격을 상실한 날
② 제1항에 따른 국민연금의 금액은 「국민연금법」 제51조에 따른 기본연금액의 1천분의 250에 해당하는 금액에 같은 법 제52조에 따른 부양가족연금액을 더한 금액으로 한다. 다만, 5년을 초과하는 경우에는 그 초과하는 1년(1년 미만은 1개월을 12분의 1년으로 계산한다)마다 기본연금액의 1천분의 50에 해당하는 금액을 더한다.
③ 보호대상자의 국민연금에 관하여 이 법에 규정된 사항 외에는 「국민연금법」에 따른다.
(2010.3.26 본조개정)
제26조의3【생업 지원】 국가와 지방자치단체, 그 밖의 공공단체는 소관 공공시설에 편의사업 또는 편의시설의 설치를 허가하거나 위탁하는 경우 이 법에 따른 보호대상자의 신청이 있을 때에는 대통령령으로 정하는 바에 따라 이를 우선적으로 고려하여야 한다.(2010.3.26 본조개정)
제26조의4【자금의 대여 등】 보호대상자는 「근로자복지기본법」 제17조에 따른 생활안정자금 지원 및 「국민기초생활 보장법」 제15조에 따른 급품의 지급 또는 대여시 대상자 선정 및 지원 상한액 등에 있어 특별한 지원을 받을 수 있다.(2010.3.26 본조신설)
제27조【보호의 변경】 ① 통일부장관은 보호대상자가 다음 각 호의 어느 하나에 해당하는 경우에는 협의회의 심의를 거쳐 보호 및 정착지원을 중지하거나 종료할 수 있다.
1. 1년 이상의 징역 또는 금고의 형을 선고받고 그 형이 확정된 경우
2. 고의로 국가이익에 반하는 거짓 정보를 제공한 경우
3. 사망선고나 실종선고를 받은 경우
4. 북한으로 되돌아가려고 기도(企圖)한 경우
5. 이 법 또는 이 법에 따른 명령을 위반한 경우
6. 그 밖에 대통령령으로 정하는 사유에 해당한 경우
② 지방자치단체장은 제1항에 따른 보호대상자의 보호 및 정착지원의 중지 또는 종료나 제5조제3항 단서에 따른 보호 기간의 단축 또는 연장을 행정안전부장관을 거쳐 통일부장관에게 요청할 수 있다.(2017.7.26 본항개정)
③ 통일부장관은 제1항에 따라 보호 및 정착지원을 중지 또는 종료하거나 제5조제3항 단서에 따라 보호 기간을 단축 또는 연장한 경우에는 그 사유를 구체적으로 밝혀 해당 보호대상자에게 알려야 하고, 행정안전부장관과 지방자치단체장에게 그 사실을 통보하여야 한다.(2017.7.26 본항개정)
④ 법무부장관은 보호대상자에게 제1항제1호의 사유가 발생한 경우 즉시 이를 통일부장관에게 통보하여야 한다.
⑤ 통일부장관은 보호대상자에게 보호변경 사유가 있는지를 확인하기 위하여 관계 기관에 자료를 요청할 수 있다. 이 경우 요청을 받은 관계 기관의 장은 특별한 사유가 없는 한 이에 따라야 한다.
(2010.3.26 본조개정)
제28조 (2014.5.28 삭제)
제29조【비용 부담】 ① 이 법에 따른 보호 및 정착지원에 드는 비용은 국가가 부담한다.
② 국가는 제22조제2항에 따른 보호 업무의 비용을 매년 해당 지방자치단체에 지급하며, 그 부족액을 추가로 지급하거나 초과액을 환수하여야 한다.
(2010.3.26 본조개정)
제30조【북한이탈주민지원재단】 ① 정부는 북한이탈주민에 대한 보호 및 정착지원을 위하여 북한이탈주민지원재단(이하 "재단"이라 한다)을 설립한다.
② 재단은 법인으로 하며, 그 주된 사무소의 소재지에서 설립등기를 함으로써 성립한다.
③ 재단의 정관에는 다음 각 호의 사항을 기재하여야 한다.
1. 목적
2. 명칭
3. 임직원에 관한 사항
4. 이사회의 운영에 관한 사항
5. 업무에 관한 사항
6. 재산 및 회계에 관한 사항
7. 공고에 관한 사항
8. 정관의 변경에 관한 사항
9. 내부규정의 제정·개정 및 폐지에 관한 사항
④ 재단은 다음 각 호의 사업을 수행한다.
1. 북한이탈주민의 생활안정 및 사회적응 지원사업
2. 북한이탈주민의 취업 및 창업 지원사업(2021.1.5 본호개정)
3. 북한이탈주민에 대한 직업훈련에 필요한 사업
4. 북한이탈주민에 대한 장학사업
5. 북한이탈주민에 대한 전문상담인력의 양성과 전문상담사업
6. 북한이탈주민과 관련된 민간단체 협력사업
7. 북한이탈주민 지원을 위한 정책개발 및 조사·연구사업
8. 북한이탈주민에 관한 실태조사 및 통계구축사업
8의2. 북한이탈주민에 대한 영농정착지원에 관한 사업(2014.1.21 본호신설)
9. 그 밖에 통일부장관이 북한이탈주민의 보호 및 정착지원에 필요하다고 인정하여 재단에 위탁하는 사업
⑤ 재단은 이사장 1명을 포함한 10명 이내의 이사와 감사 1명을 두며, 이사장은 북한이탈주민 문제에 관한 학식과 경험이 풍부한 사람 중에서 이사회의 제청으로 통일부장관이 임명하고, 이사와 감사의 임명절차는 대통령령으로 정하는 바에 따른다. 이 경우 이사장, 이사 및 감사의 임기는 3년으로 하되, 1차에 한하여 연임할 수 있다.
⑥ 재단의 사업과 운영에 관한 중요 사항을 심의·의결하기 위하여 재단에 이사장 및 이사로 구성하는 이사회를 두며, 이사장은 이사회를 소집하고 이사회의 의장이 된다.
⑦ 정부는 재단의 설립·운영에 필요한 경비를 예산의 범위에서 출연 및 보조할 수 있다.
⑧ 재단은 통일부장관의 승인을 받아 제4항의 사업에 필요한 자금을 차입할 수 있다.
⑨ 재단은 필요하다고 인정하는 때에는 통일부장관의 승인을 받아 「기부금품의 모집 및 사용에 관한 법률」에 따라 기부금품을 모집할 수 있다.
⑩ 재단은 다음 각 호의 재원으로 운영한다.
1. 정부의 출연금 및 보조금
2. 제8항에 따른 차입금
3. 제9항에 따른 기부금품
4. 그 밖의 수익금
⑪ 재단이 해산한 때에 잔여재산은 정관으로 정하는 바에 따라 국가에 귀속된다.
⑫ 통일부장관은 재단을 지도·감독한다.
⑬ 재단의 임직원은 이 법에 따른 사업을 수행함에 있어 「형법」 제129조부터 제132조까지의 규정을 적용할 때에는 공무원으로 본다.
⑭ 이 법에 따른 재단이 아닌 자는 북한이탈주민지원재단 또는 이와 유사한 명칭을 사용하여서는 아니 된다.
⑮ 재단에 관하여 이 법에 규정된 것을 제외하고는 「민법」 중 재단법인에 관한 규정을 준용한다.
⑯ 그 밖에 재단의 설립·구성·운영과 지도·감독 등에 필요한 사항은 대통령령으로 정한다.
(2010.3.26 본조개정)
제31조【권한의 위임·위탁】 ① 이 법에 따른 통일부장관의 권한 중 일부를 대통령령으로 정하는 바에 따라 그 소속 기관의 장이나 지방자치단체장에게 위임할 수 있다.
② 이 법에 따른 통일부장관의 권한 중 일부를 대통령령으로 정하는 바에 따라 다른 행정기관의 장이나 관련 법인 또는 단체에 위탁할 수 있다.
(2010.3.26 본조개정)
제32조【이의신청】 ① 이 법에 따른 보호 및 지원에 관한 처분에 이의가 있는 보호대상자는 그 처분의 통지를 받은 날부터 90일 이내에 통일부장관에게 서면으로 이의신청을 할 수 있다.
② 통일부장관은 제1항에 따른 이의신청을 받은 때에는 지체 없이 이를 검토하여 처분이 위법 또는 부당하다고 인정되는 경우에는 그 시정이나 그 밖의 필요한 조치를 할 수 있다. 이 경우 미리 협의회의 심의를 거쳐야 한다.
(2010.3.26 본조개정)
제33조【벌칙】 ① 거짓이나 그 밖의 부정한 방법으로 이 법에 따른 보호 및 지원을 받거나 다른 사람으로 하여금 보호 및 지원을 받게 한 자는 5년 이하의 징역 또는 5천만원 이하의 벌금에 처한다.(2014.1.21 본항개정)
② 이 법에 따른 업무와 관련하여 알게 된 정보 또는 자료를 정당한 사유 없이 이 법에 따른 업무 외의 목적에 이용한 자는 1년 이하의 징역 또는 1천만원 이하의 벌금에 처한다.(2014.1.21 본항개정)
③ 제1항 또는 제2항에 따라 받은 재물이나 재산상의 이익은 몰수한다. 몰수할 수 없을 때에는 그 가액을 추징한다.
④ 제1항의 미수범은 처벌한다.
(2010.3.26 본조개정)
제34조【과태료】 ① 제30조제14항을 위반하여 북한이탈주민지원재단 또는 이와 유사한 명칭을 사용한 자에게는 500만원 이하의 과태료를 부과한다.
② 제1항에 따른 과태료는 통일부장관이 부과·징수한다.
(2010.3.26 본조신설)

부 칙 (2019.1.15)

제1조【시행일】 이 법은 공포한 날부터 시행한다. 다만, 제7조, 제17조의5 및 제21조의 개정규정은 공포 후 6개월이 경과한 날부터 시행한다.
제2조【주거지원에 대한 적용례】 제9조제3항제1호의 개정규정은 이 법 시행 이후 보호대상자로 결정되지 아니한 북한이탈주민부터 적용한다.
제3조【보호 결정의 기준에 관한 특례】 ① 이 법 시행 당시 국내 입국일부터 3년이 지나지 아니한 북한이탈주민 중 제7조제1항에 따른 보호신청을 하였으나 종전의 제9조제1항제5호(국내 입국 후 1년이 지나서 보호신청한 사람)를 사유로 보호대상자로 결정되지 아니한 사람은 이 법 시행일부터 1년 이내에 한 번만 다시 보호신청을 할 수 있다.
② 통일부장관은 제1항에 따른 재신청을 받은 날부터 60일 이내에 보호 여부를 결정하여 보호신청자에게 알려야 한다.

부 칙 (2020.12.8)
(2021.1.5)

이 법은 공포 후 6개월이 경과한 날부터 시행한다.

부 칙 (2021.4.20)

제1조【시행일】 이 법은 공포 후 6개월이 경과한 날부터 시행한다.
제2조【다른 법률의 개정】 ※(해당 법령에 가제정리 하였음)

부 칙 (2021.8.17)
(2021.12.21)

이 법은 공포 후 6개월이 경과한 날부터 시행한다.

부 칙 (2023.3.28)

이 법은 공포한 날부터 시행한다.

부 칙 (2024.1.9)

제1조【시행일】 이 법은 공포 후 6개월이 경과한 날부터 시행한다.
제2조【신변보호기간에 대한 적용례】 제22조의2제3항의 개정규정은 이 법 시행 이후 신변보호기간을 정하는 경우부터 적용한다.
제3조【지역적응센터의 지정 및 업무의 위탁에 관한 경과조치】 이 법 시행 당시 종전의 규정에 따라 지정된 지역적응센터는 이 법에 따라 지정되어 제15조의2제2항의 개정규정에 따라 업무를 위탁받은 것으로 본다.

부 칙 (2024.2.6)

이 법은 공포 후 6개월이 경과한 날부터 시행한다.

의료급여법

(2001년 5월 24일 전개법률 제6474호)

개정
2002.12. 5법 6758호 2003. 5.15법 6875호
2004. 3. 5법 7182호
2005. 1.27법 7347호(국고금관리법)
2005.12.23법 7736호 2006.10. 4법 8036호
2006.12.28법 8114호
2007. 8. 3법 8609호(의사상자등예우및지원에관한법)
2007.12.14법 8694호(산업재해)
2008. 2.29법 8852호(정부조직)
2010. 1.18법 9932호(정부조직)
2011. 3.30법10154호
2011. 6. 7법10784호(노숙인등의복지및자립지원에관한법)
2011. 6. 7법10788호(약사)
2011. 8. 4법11007호(입양특례법)
2011. 9.15법11042호(보훈보상대상자지원에관한법)
2012. 2.10법11298호(난민법)
2013. 6.12법11878호 2014. 1.28법12362호
2014.12.30법12933호(국민기초생활)
2015. 3.27법13248호(무형문화재보전및진흥에관한법)
2015.12.29법13657호 2016. 2. 3법14003호
2017. 3.21법14697호 2019. 1.15법16253호
2019. 4.23법16374호
2023. 3. 4법19228호(정부조직)
2023. 3.28법19297호
2023. 7.18법19555호(국내입양에관한특별법)→2025년 7월 19일 시행이므로 「法典 別冊」 보유편 수록
2023. 8. 8법19588호(무형유산의보전및진흥에관한법)
2023.12.26법19841호(주민등록)→2024년 12월 27일 시행이므로 「法典 別冊」 보유편 수록
2024. 1.16법20035호→2024년 7월 17일 시행
2024. 1.23법20104호
2024년 1월 25일 제412회 국회 본회의 통과(정부조직)→「法典 別冊」 보유편 수록

제1조【목적】 이 법은 생활이 어려운 사람에게 의료급여를 함으로써 국민보건의 향상과 사회복지의 증진에 이바지함을 목적으로 한다.(2013.6.12 본조개정)

제2조【정의】 이 법에서 사용하는 용어의 뜻은 다음과 같다.
1. "수급권자"란 이 법에 따라 의료급여를 받을 수 있는 자격을 가진 사람을 말한다.
2. "의료급여기관"이란 수급권자에 대한 진료·조제 또는 투약 등을 담당하는 의료기관 및 약국 등을 말한다.
3. "부양의무자"란 수급권자를 부양할 책임이 있는 사람으로서 수급권자의 1촌 직계혈족 및 그 배우자를 말한다.

(2013.6.12 본조개정)

제3조【수급권자】 ① 이 법에 따른 수급권자는 다음 각 호와 같다.
1. 「국민기초생활 보장법」에 따른 의료급여 수급자
(2014.12.30 본호개정)
2. 「재해구호법」에 따른 이재민으로서 보건복지부장관이 의료급여가 필요하다고 인정한 사람
3. 「의사상자 등 예우 및 지원에 관한 법률」에 따라 의료급여를 받는 사람
4. 「입양특례법」에 따라 국내에 입양된 18세 미만의 아동
5. 「독립유공자예우에 관한 법률」, 「국가유공자 등 예우 및 지원에 관한 법률」 및 「보훈보상대상자 지원에 관한 법률」의 적용을 받고 있는 사람과 그 가족으로서 국가보훈부장관이 의료급여가 필요하다고 추천한 사람 중에서 보건복지부장관이 의료급여가 필요하다고 인정한 사람
(2023.3.4 본호개정)
6. 「무형유산의 보전 및 진흥에 관한 법률」에 따라 지정된 국가무형유산의 보유자(명예보유자를 포함한다)와 그 가족으로서 문화재청장이 의료급여가 필요하다고 추천한 사람 중에서 보건복지부장관이 의료급여가 필요하다고 인정한 사람(2023.8.8 본호개정)
7. 「북한이탈주민의 보호 및 정착지원에 관한 법률」의 적용을 받고 있는 사람과 그 가족으로서 보건복지부장관이 의료급여가 필요하다고 인정한 사람
8. 「5·18민주화운동 관련자 보상 등에 관한 법률」 제8조에 따라 보상금등을 받은 사람과 그 가족으로서 보건복지부장관이 의료급여가 필요하다고 인정한 사람
9. 「노숙인 등의 복지 및 자립지원에 관한 법률」에 따른 노숙인 등으로서 보건복지부장관이 의료급여가 필요하다고 인정한 사람
10. 그 밖에 생활유지 능력이 없거나 생활이 어려운 사람으로서 대통령령으로 정하는 사람

② 제1항제2호 및 제5호부터 제9호까지의 규정에 따른 수급권자의 인정 기준 등에 관한 사항은 보건복지부장관이 정하는 바에 따른다.
③ 제1항에 따른 수급권자에 대한 의료급여의 내용과 기준은 대통령령으로 정하는 바에 따라 구분하여 달리 정할 수 있다.
④ 제1항에 따른 수급권자에 대한 의료급여의 개시일 등에 관하여 필요한 사항은 대통령령으로 정한다.
(2013.6.12 본조개정)

제3조의2【난민에 대한 특례】「난민법」에 따른 난민인정자로서 「국민기초생활 보장법」 제12조의3제2항에 따른 의료급여 수급권자의 범위에 해당하는 사람은 수급권자로 본다.(2014.12.30 본조개정)

제3조의3【수급권자의 인정 절차 등】 ① 제3조제1항제2호부터 제10호까지의 수급권자가 되려는 사람은 보건복지부령으로 정하는 바에 따라 특별자치시장·특별자치도지사·시장(특별자치도의 행정시장은 제외한다)·군수·구청장(구청장은 자치구의 구청장을 말하며, 이하 "시장·군수·구청장"이라 한다)에게 수급권자 인정 신청을 하여야 한다.
② 시장·군수·구청장은 제1항에 따른 신청인을 수급권자로 인정하는 것이 타당한지를 확인하기 위하여 필요한 경우 그 신청인에게 「국민기초생활 보장법」 제21조제3항 각 호에 따른 자료 또는 정보의 제공에 동의한다는 서면을 제출하게 할 수 있다.
③ 제1항의 신청에 따른 조사, 확인조사, 금융정보 등의 제공 등에 관하여는 「국민기초생활 보장법」 제22조, 제23조 및 제23조의2를 준용한다.
④ 국가보훈부장관과 문화재청장은 대통령령으로 정하는 바에 따라 제3조제1항제5호 및 제6호의 수급권자로 인정할 필요가 있는 사람을 추천하여 그 결과를 수급권자의 주소지를 관할하는 시장·군수·구청장에게 알려야 한다. 이 경우 제3조제1항제5호 및 제6호의 수급권자가 되려는 사람이 제1항에 따른 수급권자 인정 신청을 한 것으로 본다.(2023.3.4 전단개정)
⑤ 시장·군수·구청장은 제1항 및 제4항에 따라 인정 신청을 한 사람(제3조제1항제3호 및 제4호에 해당하는 사람은 제외한다) 중에서 제3조제2항에 따른 수급권자의 인정 기준에 따라 수급권자를 정하여야 한다.
⑥ 제1항부터 제5항까지에서 규정한 사항 외에 수급권자의 인정 절차 등에 관하여 필요한 사항은 대통령령으로 정한다.
(2013.6.12 본조신설)

제4조【적용 배제】 ① 수급권자가 업무 또는 공무로 생긴 질병·부상·재해로 다른 법령에 따른 급여나 보상(報償) 또는 보상(補償)을 받게 되는 경우에는 이 법에 따른 의료급여를 하지 아니한다.(2017.3.21 본항개정)
② 수급권자가 다른 법령에 따라 국가나 지방자치단체 등으로부터 의료급여에 상당하는 급여 또는 비용을 받게 되는 경우에는 그 한도에서 이 법에 따른 의료급여를 하지 아니한다.(2017.3.21 본항신설)

제5조【보장기관】 ① 이 법에 따른 의료급여에 관한 업무는 수급권자의 거주지를 관할하는 특별시장·광역시장·도지사와 시장·군수·구청장이 한다.
② 제1항에도 불구하고 주거가 일정하지 아니한 수급권자에 대한 의료급여 업무는 그가 실제 거주하는 지역을 관할하는 시장·군수·구청장이 한다.
③ 특별시장·광역시장·도지사 및 시장·군수·구청장은 수급권자의 건강 유지 및 증진을 위하여 필요한 사업을 실시하여야 한다.
(2013.6.12 본조개정)

제5조의2【사례관리】 ① 보건복지부장관, 특별시장·광역시장·도지사 및 시장·군수·구청장은 수급권자의 건강관리 능력 향상 및 합리적 의료이용 유도 등을 위하여 사례관리를 실시할 수 있다.
② 제1항에 따른 사례관리를 실시하기 위하여 특별시·광역시·특별자치시·도·특별자치도(이하 "시·도"라 한다) 및 시(특별자치도의 행정시를 제외한다. 이하 같다)·군·구(자치구를 말한다. 이하 같다)에 의료급여 관리사를 둔다.
③ 보건복지부장관은 제1항에 따른 사례관리 사업의 전문적인 지원을 위하여 해당 업무를 공공 또는 민간 기관·단체 등에 위탁하여 실시할 수 있다.
④ 제2항에 따른 의료급여 관리사의 자격·배치기준 등 운영에 관한 사항과 제3항에 따른 사례관리 사업의 지원 업무 위탁 실시 등에 필요한 사항은 보건복지부령으로 정한다.
(2013.6.12 본조개정)

제6조【의료급여심의위원회】 ① 이 법에 따른 의료급여사업의 실시에 관한 사항을 심의하기 위하여 보건복지부, 시·도 및 시·군·구에 각각 의료급여심의위원회를 둔다. 다만, 시·도 및 시·군·구에 두는 의료급여심의위원회의 경우에는 그 기능을 담당하기에 적합한 다른 위원회가 있고 그 위원회의 위원이 제4항에 규정된 자격을 갖춘 경우 시·도 또는 시·군·구의 조례로 각각 정하는 바에 따라 그 위원회로 하여금 의료급여심의위원회의 기능을 수행하게 할 수 있다.
② 보건복지부에 두는 의료급여심의위원회(이하 "중앙의료급여심의위원회"라 한다)는 다음 각 호의 사항을 심의한다.
1. 의료급여사업의 기본방향 및 대책 수립에 관한 사항
2. 의료급여의 기준 및 수가에 관한 사항
3. 그 밖에 보건복지부장관 또는 위원장이 부의하는 사항

③ 중앙의료급여심의위원회는 위원장을 포함하여 15명 이내의 위원으로 구성하고 위원은 보건복지부장관이 다음 각 호의 어느 하나에 해당하는 사람 중에서 위촉·지명하며 위원장은 보건복지부차관으로 한다.(2017.3.21 본문개정)
1. 공익을 대표하는 사람(의료보장에 관한 전문가로서 대학의 조교수 이상인 사람 또는 연구기관의 연구원으로 재직 중인 사람)
2. 의약계를 대표하는 사람 및 사회복지계를 대표하는 사람
3. 관계 행정기관 소속의 3급 이상 공무원

④ 제1항에 따른 시·도 및 시·군·구 의료급여심의위원회의 위원은 특별시장·광역시장·도지사 또는 시장·군수·구청장이 다음 각 호의 어느 하나에 해당하는 사람 중에서 위촉·지명하며 위원장은 해당 특별시장·광역시장·도지사 또는 시장·군수·구청장으로 한다. 다만, 제1항 단서에 따라 다른 위원회가 의료급여심의위원회의 기능을 대신하는 경우 위원장은 조례로 정한다.
1. 의료보장에 관한 학식과 경험이 있는 사람
2. 공익을 대표하는 사람
3. 관계 행정기관 소속의 공무원

⑤ 제1항에 따른 의료급여심의위원회는 심의와 관련하여 필요한 경우 제5조에 따른 보장기관에 대하여 그 소속 공무원의 출석이나 자료의 제출을 요청할 수 있다. 이 경우 해당 보장기관은 정당한 사유가 없는 한 이에 응하여야 한다.
⑥ 보건복지부와 시·도 및 시·군·구에 두는 의료급여심의위원회의 기능과 각 의료급여심의위원회의 구성·운영 등에 관하여 필요한 사항은 대통령령으로 정한다.
(2013.6.12 본조개정)

제7조【의료급여의 내용 등】 ① 이 법에 따른 수급권자의 질병·부상·출산 등에 대한 의료급여의 내용은 다음 각 호와 같다.
1. 진찰·검사
2. 약제(藥劑)·치료재료의 지급
3. 처치·수술과 그 밖의 치료
4. 예방·재활
5. 입원
6. 간호
7. 이송과 그 밖의 의료목적 달성을 위한 조치

② 제1항에 따른 의료급여의 방법·절차·범위·한도 등 의료급여의 기준에 관하여는 보건복지부령으로 정하고, 의료수가기준과 그 계산방법 등에 관하여는 보건복지부장관이 정한다.
③ 보건복지부장관은 제2항에 따라 의료급여의 기준을 정할 때에는 업무 또는 일상생활에 지장이 없는 질환 등 보건복지부령으로 정하는 사항은 의료급여 대상에서 제외할 수 있다.
(2013.6.12 본조개정)

제8조【의료급여증】 ① 시장·군수·구청장은 수급권자가 신청하는 경우 의료급여증을 발급하여야 한다. 다만, 부득이한 사유가 있는 경우에는 의료급여증을 갈음하여 의료급여증명서를 발급하거나 보건복지부령으로 정하는 바에 따라 의료급여증을 발급하지 아니할 수 있다.
(2023.3.28 본문개정)
② 수급권자가 의료급여를 받을 때에는 제1항의 의료급여증 또는 의료급여증명서를 제9조제1항에 따른 의료급여기관(이하 "의료급여기관"이라 한다)에 제출하여야 한다. 다만, 천재지변이나 그 밖의 부득이한 사유가 있으면 그러하지 아니하다.
③ 수급권자는 제2항 본문에도 불구하고 주민등록증, 운전면허증, 여권, 그 밖에 본인 여부를 확인할 수 있는 보건복지부령으로 정하는 신분증명서(이하 "신분증명서"라 한다)로 의료급여기관이 그 자격을 확인할 수 있으면 의료급여증 또는 의료급여증명서를 제출하지 아니할 수 있다.
④ 누구든지 의료급여증, 의료급여증명서 또는 신분증명서를 다른 사람에게 양도하거나 대여하여 의료급여를 받게 하여서는 아니 된다.(2023.3.28 본항신설)
⑤ 누구든지 의료급여증, 의료급여증명서 또는 신분증명서를 양도 또는 대여받거나 그 밖에 이를 부정하게 사용하여 의료급여를 받아서는 아니 된다.(2023.3.28 본항신설)
⑥ 제1항에 따른 의료급여증 및 의료급여증명서의 서식과 그 신청·발급 및 사용 등에 필요한 사항은 보건복지부령으로 정한다.(2023.3.28 본항개정)
(2013.6.12 본조개정)

제9조【의료급여기관】 ① 의료급여는 다음 각 호의 의료급여기관에서 실시한다. 이 경우 보건복지부장관은 공익상 또는 국가시책상 의료급여기관으로 적합하지 아니하다고 인정할 때에는 대통령령으로 정하는 바에 따라 의료급여기관에서 제외할 수 있다.
1. 「의료법」에 따라 개설된 의료기관
2. 「지역보건법」에 따라 설치된 보건소·보건의료원 및 보건지소
3. 「농어촌 등 보건의료를 위한 특별조치법」에 따라 설치된 보건진료소
4. 「약사법」에 따라 개설등록된 약국 및 같은 법 제91조에 따라 설립된 한국희귀·필수의약품센터(2019.1.15 본호개정)

② 의료급여기관은 다음 각 호와 같이 구분하되, 의료급여기관별 진료범위는 보건복지부령으로 정한다.
1. 제1차 의료급여기관
가. 「의료법」 제33조제3항에 따라 개설신고를 한 의료기관

나. 제1항제2호부터 제4호까지의 규정에 따른 의료급여기관
2. 제2차 의료급여기관 : 「의료법」 제33조제4항 전단에 따라 개설허가를 받은 의료기관
3. 제3차 의료급여기관 : 제2차 의료급여기관 중에서 보건복지부장관이 지정하는 의료기관
③ 제1항 각 호에 따른 의료급여기관은 정당한 이유 없이 이 법에 따른 의료급여를 거부하지 못한다.
④ 특별시장 · 광역시장 · 도지사 또는 시장 · 군수 · 구청장은 제1항 각 호에 따른 의료급여기관이 개설 · 설치되거나, 개설 · 설치된 의료급여기관의 신고 · 허가 및 등록 사항 등이 변경되었을 때에는 보건복지부령으로 정하는 바에 따라 그 내용을 다음 각 호의 전문기관에 알려야 한다.
1. 제33조제2항에 따라 의료급여에 든 비용(이하 "급여비용"이라 한다)의 심사 · 조정, 의료급여의 적정성 평가 및 급여 대상 여부의 확인 업무를 위탁받은 전문기관(이하 "급여비용심사기관"이라 한다)(2017.3.21 본호개정)
2. 제33조제2항에 따라 급여비용의 지급업무를 위탁받은 전문기관(이하 "급여비용지급기관"이라 한다)
⑤ 제2항제3호에 따른 제3차 의료급여기관의 지정기준 및 지정절차 등에 관하여 필요한 사항은 보건복지부령으로 정한다.
(2013.6.12 본조개정)

제10조【급여비용의 부담】 급여비용은 대통령령으로 정하는 바에 따라 그 전부 또는 일부를 제25조에 따른 의료급여기금에서 부담하되, 의료급여기금에서 일부를 부담하는 경우 그 나머지 비용은 본인이 부담한다.
(2013.6.12 본조개정)

제11조【급여비용의 청구와 지급】 ① 의료급여기관은 제10조에 따라 의료급여기금에서 부담하는 급여비용의 지급을 시장 · 군수 · 구청장에게 청구할 수 있다. 이 경우 제2항에 따른 심사청구는 시장 · 군수 · 구청장에 대한 급여비용의 청구로 본다.
② 제1항에 따라 급여비용을 청구하려는 의료급여기관은 급여비용심사기관에 급여비용의 심사청구를 하여야 하며, 심사청구를 받은 급여비용심사기관은 이를 심사한 후 지체 없이 그 내용을 시장 · 군수 · 구청장 및 의료급여기관에 알려야 한다.
③ 제2항에 따라 심사의 내용을 통보받은 시장 · 군수 · 구청장은 지체 없이 그 내용에 따라 급여비용을 의료급여기관에 지급하여야 한다. 이 경우 수급권자가 이미 납부한 본인부담금(제10조에 따라 수급권자가 부담하여야 하는 급여비용을 말한다. 이하 같다)이 과다한 경우에는 의료급여기관에 지급할 금액에서 그 과다하게 납부된 금액을 공제하여 수급권자에게 반환하여야 한다.
④ 시장 · 군수 · 구청장은 의료급여의 적정성 여부를 평가할 수 있고, 그 평가결과에 따라 급여비용을 가산 또는 감액 조정하여 지급한다. 이 경우 평가결과에 따른 급여비용의 가감지급의 기준은 보건복지부령으로 정한다.
(2017.3.21 전단개정)
⑤ 시장 · 군수 · 구청장은 제4항에 따른 적정성 평가결과를 공개할 수 있다.(2017.3.21 본항신설)
⑥ 의료급여기관은 제2항에 따른 심사청구를 다음 각 호의 단체가 대행하게 할 수 있다.
1. 「의료법」 제28조제1항에 따른 의사회 · 치과의사회 · 한의사회 · 조산사회 또는 같은 조 제6항에 따라 신고한 각각의 지부 및 분회
2. 「의료법」 제52조에 따른 의료기관단체
3. 「약사법」 제11조에 따른 대한약사회 또는 같은 법 제14조에 따라 신고한 지부 및 분회
⑦ 제1항부터 제6항까지에서 규정한 사항 외에 급여비용의 청구, 심사, 지급 등의 방법 및 절차에 필요한 사항은 보건복지부령으로 정한다.(2017.3.21 본항개정)
⑧ 시장 · 군수 · 구청장은 「산업재해보상보험법」 제10조에 따른 근로복지공단이 이 법에 따라 의료급여를 받을 수 있는 사람에게 「산업재해보상보험법」 제40조에 따른 요양급여를 지급한 후 그 지급결정이 취소된 경우로서 그 요양급여 비용을 청구하는 경우에는 그 요양급여가 이 법에 따라 실시할 수 있는 의료급여에 상당한 것으로 인정되면 그 의료급여에 해당하는 금액을 지급할 수 있다.
(2013.6.12 본조개정)

제11조의2【서류의 보존】 ① 의료급여기관은 의료급여가 끝난 날부터 5년간 보건복지부령으로 정하는 바에 따라 제11조에 따른 급여비용의 청구에 관한 서류를 보존하여야 한다.
② 제1항에도 불구하고 약국 등 보건복지부령으로 정하는 의료급여기관은 처방전을 급여비용을 청구한 날부터 3년간 보존하여야 한다.
(2013.6.12 본조개정)

제11조의3【급여 대상 여부의 확인 등】 ① 수급권자는 본인부담금 외에 부담한 비용이 제7조제3항에 따라 의료급여의 대상에서 제외되는 사항에 해당하는 비용(이하 "비급여비용"이라 한다)인지에 대하여 급여비용심사기관에 확인을 요청할 수 있다.
② 제1항에 따라 확인을 요청받은 급여비용심사기관은 그 확인결과를 확인을 요청한 수급권자에게 알려야 하며, 확인을 요청한 비용이 급여비용에 해당하는 것으로 확인되었을 때에는 급여비용지급기관 및 관련 의료급여기관에도 각각 알려야 한다.
③ 제2항에 따라 통보받은 의료급여기관은 과다 징수한 금액을 지체 없이 수급권자에게 반환하여야 한다.
④ 급여비용지급기관은 제3항에도 불구하고 의료급여기관이 과다 징수한 금액을 반환하지 아니하면 그 의료급여기관에 지급할 급여비용에서 과다 징수한 금액을 공제하여 그 공제한 금액을 수급권자에게 지급할 수 있다.
⑤ 제1항부터 제4항까지에 따른 확인 요청의 범위, 방법, 절차, 처리기간 등 필요한 사항은 보건복지부령으로 정한다.(2023.3.28 본항신설)
(2013.6.12 본조개정)

제11조의4【의료급여기관의 비용 청구에 관한 금지행위】 의료급여기관은 의료급여를 하기 전에 수급권자에게 본인부담금을 청구하거나 수급권자가 이 법에 따라 부담하여야 하는 비용과 비급여비용 외에 입원보증금 등 다른 명목의 비용을 청구하여서는 아니 된다.
(2013.6.12 본조개정)

제11조의5【급여비용의 지급 보류】 ① 제11조제3항에도 불구하고 시장 · 군수 · 구청장은 급여비용의 지급을 청구한 의료급여기관이 「의료법」 제33조제2항 또는 「약사법」 제20조제1항을 위반하였다는 사실을 수사기관의 수사결과로 확인한 경우에는 해당 의료급여기관이 청구한 급여비용의 지급을 보류할 수 있다.
② 시장 · 군수 · 구청장은 제1항에 따라 급여비용의 지급을 보류하기 전에 해당 의료급여기관에게 의견제출의 기회를 주어야 한다.
③ 법원의 무죄 판결이 확정되는 등 대통령령으로 정하는 사유로 제1항에 따른 의료급여기관이 「의료법」 제33조제2항 또는 「약사법」 제20조제1항을 위반한 혐의가 입증되지 아니한 경우에는 시장 · 군수 · 구청장은 지급 보류된 급여비용에 지급 보류된 기간 동안의 이자를 가산하여 해당 의료급여기관에 지급하여야 한다.
④ 제1항 및 제2항에 따른 지급 보류 절차 및 의견제출의 절차 등에 필요한 사항, 제3항에 따른 지급 보류된 급여비용 및 이자의 지급 절차와 이자의 산정 등에 필요한 사항은 대통령령으로 정한다.
(2015.12.29 본조신설)

제12조【요양비】 ① 시장 · 군수 · 구청장은 수급권자가 보건복지부령으로 정하는 긴급하거나 그 밖의 부득이한 사유로 의료급여기관과 같은 기능을 수행하는 기관으로서 보건복지부령으로 정하는 기관(제28조제1항에 따라 업무정지기간 중인 의료급여기관을 포함한다)에서 질병 · 부상 · 출산 등에 대하여 의료급여를 받거나 의료급여기관이 아닌 장소에서 출산을 하였을 때에는 그 의료급여에 상당하는 금액을 보건복지부령으로 정하는 바에 따라 수급권자에게 요양비로 지급한다.
② 제1항에 따라 의료급여를 실시한 기관은 보건복지부장관이 정하는 요양비명세서 또는 요양의 명세를 적은 영수증을 요양을 받은 사람에게 내주어야 하며, 요양을 받은 사람은 이를 시장 · 군수 · 구청장에게 제출하여야 한다.
③ 제1항에 따른 요양비의 지급방법 등에 필요한 사항은 보건복지부령으로 정한다.
(2013.6.12 본조개정)

제12조의2【요양비등수급계좌】 ① 시장 · 군수 · 구청장은 이 법에 따른 의료급여로 지급되는 현금(이하 "요양비등"이라 한다)을 받는 수급권자의 신청이 있는 경우에는 요양비등을 수급권자 명의의 지정된 계좌(이하 "요양비등수급계좌"라 한다)로 입금하여야 한다. 다만, 정보통신장애나 그 밖에 대통령령으로 정하는 불가피한 사유로 요양비등수급계좌로 이체할 수 없을 때에는 직접 현금으로 지급하는 등 대통령령으로 정하는 바에 따라 요양비등을 지급할 수 있다.
② 요양비등수급계좌가 개설된 금융기관은 요양비등수급계좌에 요양비등만이 입금되도록 하고, 이를 관리하여야 한다.
③ 제1항 및 제2항에 따른 요양비등수급계좌의 신청 방법 · 절차와 관리에 필요한 사항은 대통령령으로 정한다.
(2023.3.28 본조신설)

제13조【장애인 및 임산부에 대한 특례】 ① 시장 · 군수 · 구청장은 「장애인복지법」에 따라 등록한 장애인인 수급권자에게 「장애인 · 노인 등을 위한 보조기기 지원 및 활용촉진에 관한 법률」 제3조제2호에 따른 보조기기(이하 이 조에서 "보조기기"라 한다)에 대하여 급여를 실시할 수 있다.(2019.4.23 본항개정)
② 시장 · 군수 · 구청장은 임신한 수급권자가 임신기간 중 의료급여기관에서 받는 진료에 드는 비용(출산비용을 포함한다)에 대하여 추가급여를 실시할 수 있다.
③ 제1항에 따른 보조기기 급여 및 제2항에 따른 추가급여의 방법 · 절차 · 범위 · 한도 등에 필요한 사항은 보건복지부령으로 정한다.(2019.4.23 본항개정)
(2013.6.12 본조개정)

제14조【건강검진】 ① 시장 · 군수 · 구청장은 이 법에 따른 수급권자에 대하여 질병의 조기발견과 그에 따른 의료급여를 하기 위하여 건강검진을 할 수 있다.
② 제1항에 따른 건강검진의 대상 · 횟수 · 절차와 그 밖에 필요한 사항은 보건복지부장관이 정한다.
(2013.6.12 본조개정)

제15조【의료급여의 제한】 ① 시장 · 군수 · 구청장은 수급권자가 다음 각 호의 어느 하나에 해당하면 이 법에 따른 의료급여를 하지 아니한다. 다만, 보건복지부장관이 의료급여를 할 필요가 있다고 인정하는 경우에는 그러하지 아니하다.
1. 수급권자가 자신의 고의 또는 중대한 과실로 인한 범죄행위에 그 원인이 있거나 고의로 사고를 일으켜 의료급여가 필요하게 된 경우
2. 수급권자가 정당한 이유 없이 이 법의 규정이나 의료급여기관의 진료에 관한 지시에 따르지 아니한 경우
② 의료급여기관은 수급권자가 제1항 각 호의 어느 하나에 해당하는 경우 대통령령으로 정하는 바에 따라 수급권자의 거주지를 관할하는 시장 · 군수 · 구청장에게 알려야 한다.
(2013.6.12 본조개정)

제16조【의료급여의 변경】 ① 시장 · 군수 · 구청장은 수급권자의 소득, 재산상황, 근로능력 등이 변동되었을 때에는 직권으로 또는 수급권자나 그 친족, 그 밖의 관계인의 신청을 받아 의료급여의 내용 등을 변경할 수 있다.
② 시장 · 군수 · 구청장은 제1항에 따라 의료급여의 내용 등을 변경하였을 때에는 서면으로 그 이유를 밝혀 수급권자에게 알려야 한다.
(2013.6.12 본조개정)

제17조【의료급여의 중지 등】 ① 시장 · 군수 · 구청장은 수급권자가 다음 각 호의 어느 하나에 해당하면 의료급여를 중지하여야 한다.
1. 수급권자에 대한 의료급여가 필요 없게 된 경우
2. 수급권자가 의료급여를 거부한 경우
② 시장 · 군수 · 구청장은 수급권자가 의료급여를 거부한 경우에는 수급권자가 속한 가구원 전부에 대하여 의료급여를 중지하여야 한다.(2017.3.21 본항개정)
③ 시장 · 군수 · 구청장은 제1항에 따라 의료급여를 중지하였을 때에는 서면으로 그 이유를 밝혀 수급권자에게 알려야 한다.
(2013.6.12 본조개정)

제18조【수급권의 보호】 ① 의료급여를 받을 권리는 양도하거나 압류할 수 없다.
② 제12조의2제1항에 따라 요양비등수급계좌에 입금된 요양비등은 압류할 수 없다.(2023.3.28 본항신설)
(2013.6.12 본조개정)

제19조【구상권】 ① 시장 · 군수 · 구청장은 제3자의 행위로 인하여 수급권자에게 의료급여를 한 경우에는 그 급여비용의 범위에서 제3자에게 손해배상을 청구할 권리를 얻는다.
② 제1항에 따라 의료급여를 받은 사람이 제3자로부터 이미 손해배상을 받은 경우에는 시장 · 군수 · 구청장은 그 배상액의 한도에서 의료급여를 하지 아니한다.
(2013.6.12 본조개정)

제20조【급여비용의 대지급】 ① 제10조에 따라 급여비용의 일부를 의료급여기금에서 부담하는 경우 그 나머지 급여비용(보건복지부장관이 정한 금액으로 한정한다)은 수급권자 또는 그 부양의무자의 신청을 받아 제25조에 따른 의료급여기금에서 대지급(代支給)할 수 있다.
② 제1항에 따른 대지급금의 신청 및 지급방법 등에 필요한 사항은 보건복지부령으로 정한다.
(2013.6.12 본조개정)

제21조【대지급금의 상환】 ① 제20조에 따라 대지급금을 받은 사람(그 부양의무자를 포함한다. 이하 "상환의무자"라 한다)은 보건복지부령으로 정하는 바에 따라 대지급금을 그 거주지를 관할하는 시장 · 군수 · 구청장에게 상환하여야 한다. 이 경우 대지급금의 상환은 무이자로 한다.
② 상환의무자가 그 거주지를 다른 특별자치시 · 특별자치도 · 시 · 군 · 구로 이전하였을 때에는 대지급금을 새 거주지를 관할하는 시장 · 군수 · 구청장에게 상환하여야 한다.
③ 제1항 및 제2항에 따라 대지급금을 상환받은 시장 · 군수 · 구청장은 이를 제25조에 따른 의료급여기금에 납입하여야 한다.
(2013.6.12 본조개정)

제22조【대지급금의 독촉 등】 ① 시장 · 군수 · 구청장은 상환의무자가 대지급금을 납부기한까지 상환하지 아니한 때에는 납부기한이 지난 날부터 6개월 이내의 기간을 정하여 지체 없이 독촉장을 발급하여야 한다.
② 시장 · 군수 · 구청장은 상환의무자가 제1항에 따른 대지급금의 독촉을 받고도 상환하지 아니하면 대지급금을 지방세 체납처분의 예에 따라 징수할 수 있다.
(2013.6.12 본조개정)

제23조【부당이득의 징수】 ① 시장 · 군수 · 구청장은 속임수나 그 밖의 부당한 방법으로 의료급여를 받은 사람(제8조제5항을 위반하여 의료급여를 받은 사람을 포함한

다. 이하 같다), 제12조제1항에 따라 의료급여를 실시한 기관, 제13조제1항의 보조기기를 판매한 자 또는 급여비용을 받은 의료급여기관에 대하여는 그 급여 또는 급여비용에 상당하는 금액을 부당이득금으로 징수한다.
(2024.1.23 본항개정)
② 시장·군수·구청장은 수급권자의 거짓 보고나 거짓 증명(제8조제4항을 위반하여 의료급여증, 의료급여증명서 또는 신분증명서를 다른 사람에게 양도·대여하여 의료급여를 받게 하는 것을 포함한다)에 따라 의료급여가 실시된 경우 그 수급권자에게 의료급여를 받은 사람과 연대하여 제1항에 따른 부당이득금을 납부하게 할 수 있다.
(2023.3.28 본항개정)
③ 시장·군수·구청장은 의료급여기관, 제12조제1항에 따라 의료급여를 실시하는 기관 또는 제13조제1항의 보조기기를 판매하는 자와 의료급여를 받으려는 사람이 공모하여 속임수나 그 밖의 부당한 방법으로 제1항에 따른 의료급여가 이루어진 경우에는 해당 의료급여기관, 제12조제1항에 따라 의료급여를 실시한 기관 또는 제13조제1항의 보조기기를 판매한 자에 대하여 의료급여를 받은 사람과 연대하여 제1항의 부당이득금을 납부하게 할 수 있다.(2023.3.28 본항신설)
④ 시장·군수·구청장은 제1항에 따라 속임수나 그 밖의 부당한 방법으로 급여비용을 받은 의료급여기관이 다음 각 호의 어느 하나에 해당하는 경우에는 해당 의료급여기관을 개설한 자에게 그 의료급여기관과 연대하여 제1항의 부당이득금을 납부하게 할 수 있다.
1. 「의료법」 제33조제2항을 위반하여 의료기관을 개설할 수 없는 자가 의료인의 면허나 의료법인 등의 명의를 대여받아 개설·운영하는 의료기관
2. 「약사법」 제20조제1항을 위반하여 약국을 개설할 수 없는 자가 약사 등의 면허를 대여받아 개설·운영하는 약국
⑤ 시장·군수·구청장은 의료급여기관이 속임수나 그 밖의 부정한 방법으로 수급권자로부터 급여비용을 받았을 때에는 그 의료급여기관으로부터 해당 급여비용을 징수하여 수급권자에게 지체 없이 지급하여야 한다.
⑥ 시장·군수·구청장은 제1항부터 제4항까지에 따른 부당이득금 납부의무자가 부당이득금을 내지 아니하면 기한을 정하여 독촉할 수 있다.(2023.3.28 본항개정)
⑦ 시장·군수·구청장은 제6항에 따라 독촉을 할 때에는 10일 이상 15일 이내의 납부기한을 정하여 독촉장을 발급하여야 한다.(2023.3.28 본항개정)
⑧ 시장·군수·구청장은 제6항에 따라 독촉을 받은 자가 그 납부기한까지 부당이득금을 내지 아니하면 지방세 체납처분의 예에 따라 징수할 수 있다.(2023.3.28 본항개정)
⑨ 제1항부터 제4항까지에 따른 부당이득금 납부의무자는 그 거주지를 다른 특별자치시·특별자치도·시·군·구로 이전한 경우에는 부당이득금을 새 거주지를 관할하는 시장·군수·구청장에게 납부하여야 한다.
(2023.3.28 본항개정)
⑩ 제9항에 따라 부당이득금을 납부 받은 시장·군수·구청장은 이를 제25조에 따른 의료급여기금에 납입하여야 한다.(2023.3.28 본항개정)
(2013.6.12 본조개정)
제24조【결손처분】 시장·군수·구청장은 다음 각 호의 어느 하나에 해당하는 사유가 있으면 특별자치시·특별자치도·시·군·구 의료급여 심의위원회의 심의를 거쳐 대지급금 및 부당이득금 등을 결손처분할 수 있다.
1. 체납처분이 끝나고 체납액에 충당될 배분금액이 그 체납액에 미치지 못하는 경우
2. 해당 권리에 대한 소멸시효가 완성된 경우
3. 그 밖에 징수할 가능성이 없다고 인정되는 경우로서 대통령령으로 정하는 경우
(2013.6.12 본조개정)
제25조【의료급여기금의 설치 및 조성】 ① 이 법에 따른 급여비용의 재원에 충당하기 위하여 시·도에 의료급여기금(이하 "기금"이라 한다)을 설치한다.
② 기금은 다음 각 호의 재원으로 조성한다.
1. 국고보조금
2. 지방자치단체의 출연금
3. 제21조에 따라 상환받은 대지급금
4. 제23조에 따라 징수한 부당이득금
5. 제29조에 따라 징수한 과징금
6. 기금의 결산상 잉여금 및 그 밖의 수입금
③ 국가와 지방자치단체는 기금운영에 필요한 충분한 예산을 확보하여야 한다.
④ 제2항제1호의 국고보조금의 비율은 「보조금 관리에 관한 법률」 및 관계 법령에서 정하는 바에 따른다.
(2013.6.12 본조개정)
제26조【기금의 관리 및 운용】 ① 기금은 일반회계와 구분하여 별도의 계정을 설정하여 관리하여야 한다.
② 기금은 급여비용, 대지급에 드는 비용, 제33조제2항에 따른 업무 위탁에 드는 비용 또는 그 밖의 의료급여 업무에 직접 드는 비용으로서 보건복지부령으로 정하는 비용에만 사용하여야 한다.
③ 특별시장·광역시장·특별자치시장·도지사·특별자치도지사(이하 "시·도지사"라 한다)는 기금에 여유자금이 있을 때에는 다음 각 호의 방법으로 기금을 운용할 수 있다.
1. 금융기관 또는 체신관서에의 예치
2. 국채·공채의 매입
④ 이 법에서 정한 사항 외에 기금의 관리·운용에 관하여 필요한 사항은 보건복지부령으로 정하는 바에 따라 해당 지방자치단체의 조례로 정한다.
(2013.6.12 본조개정)
제27조【급여비용의 예탁】 ① 제33조제2항에 따라 급여비용의 지급업무가 위탁된 경우 시·도지사는 기금에서 보건복지부령으로 정하는 바에 따라 추정급여비용을 급여비용지급기관에 예탁하여야 한다.
② 시·도지사는 제25조제2항제2호에 따른 지방자치단체의 출연금 예산이 성립되지 못한 경우 「지방재정법」 제36조에도 불구하고 국고보조금은 즉시 급여비용지급기관에 예탁하여야 한다.
(2013.6.12 본조개정)
제28조【의료급여기관의 업무정지 등】 ① 보건복지부장관은 의료급여기관이 다음 각 호의 어느 하나에 해당하면 1년의 범위에서 기간을 정하여 의료급여기관의 업무정지를 명할 수 있다.
1. 속임수나 그 밖의 부당한 방법으로 수급권자, 부양의무자 또는 시장·군수·구청장에게 급여비용을 부담하게 한 경우
2. 제11조의4를 위반하여 본인부담금을 미리 청구하거나 입원보증금 등 다른 명목의 비용을 청구한 경우
3. 제32조제2항에 따른 보고 또는 서류제출을 하지 아니하거나 거짓 보고를 하거나 거짓 서류를 제출하거나 소속 공무원의 질문 및 검사를 거부·방해 또는 기피한 경우
② 보건복지부장관은 제3차 의료급여기관이 제1항 각 호의 어느 하나에 해당하면 그 지정을 취소할 수 있다.
③ 보건복지부장관은 제2항에 따라 지정취소처분을 받은 제3차 의료급여기관을 그 지정을 취소한 날부터 1년 이내에는 제3차 의료급여기관으로 다시 지정할 수 없다.
④ 제1항에 따라 업무정지처분을 받은 자는 해당 업무정지기간 중에는 의료급여를 하지 못한다.
⑤ 보건복지부장관은 제1항 및 제2항에 따른 처분을 한 경우에는 보건복지부령으로 정하는 바에 따라 그 사실을 급여비용심사기관 및 급여비용지급기관에 알려야 한다.
⑥ 제1항에 따른 업무정지처분의 효과는 그 처분이 확정된 의료급여기관을 양수한 자 또는 합병 후 존속하는 법인이나 합병으로 설립된 법인에 승계되고, 업무정지처분의 절차가 진행 중인 때에는 양수인 또는 합병 후 존속하는 법인이나 합병으로 설립되는 법인에 대하여 그 절차를 계속 진행할 수 있다. 다만, 양수인 또는 합병 후 존속하는 법인이나 합병으로 설립되는 법인이 그 처분 또는 위반사실을 알지 못하였음을 증명하는 경우에는 그러하지 아니하다.
⑦ 제1항에 따른 업무정지처분을 받았거나 업무정지처분 절차가 진행 중인 자는 행정처분을 받은 사실 또는 행정처분 절차가 진행 중인 사실을 보건복지부령으로 정하는 바에 따라 양수인 또는 합병 후 존속하는 법인이나 합병으로 설립된 법인에 지체 없이 알려야 한다.
⑧ 제1항 및 제2항에 따른 행정처분의 기준 등은 대통령령으로 정한다.
(2013.6.12 본조개정)
제29조【과징금 등】 ① 보건복지부장관은 의료급여기관이 제28조제1항제1호에 해당하여 업무정지처분을 하여야 하는 경우로서 그 업무정지처분이 수급권자에게 심한 불편을 주거나 그 밖의 특별한 사유가 있다고 인정되면 그 업무정지처분을 갈음하여 속임수나 그 밖의 부당한 방법으로 부담하게 한 급여비용의 5배 이하의 금액을 과징금으로 부과·징수할 수 있다. 이 경우 보건복지부장관은 12개월의 범위에서 분할 납부를 하게 할 수 있다.
② 보건복지부장관은 제1항에 따른 과징금을 납부하여야 할 자가 납부기한까지 내지 아니하면 대통령령으로 정하는 바에 따라 제1항에 따른 과징금 부과 처분을 취소하고 제28조제1항에 따른 업무정지 처분을 하거나 국세 체납처분의 예에 따라 징수할 수 있고, 제33조제1항에 따라 과징금 징수에 관한 권한이 시·도지사에게 위임된 경우에는 시·도지사가 지방세 체납처분의 예에 따라 징수할 수 있다. 이 경우 의료급여기관의 폐업 등으로 제28조제1항에 따른 업무정지 처분을 할 수 없으면 국세 체납처분 또는 지방세 체납처분의 예에 따라 징수한다.
(2016.2.3 본항개정)
③ 보건복지부장관은 과징금을 징수하기 위하여 필요하면 다음 각 호의 사항을 적은 문서로 관할 세무관서의 장 또는 지방자치단체의 장에게 과세정보의 제공을 요청할 수 있다.
1. 납세자의 인적사항
2. 사용목적
3. 과징금 부과 사유 및 부과 기준
④ 제1항에 따른 과징금을 부과하는 위반행위의 종류, 위반 정도 등에 따른 과징금의 금액과 그 밖에 필요한 사항은 대통령령으로 정한다.
(2013.6.12 본조개정)
제29조의2【제조업자등의 금지행위 등】 ① 「약사법」에 따른 의약품의 제조업자·위탁제조판매업자·수입자·판매업자 및 「의료기기법」에 따른 의료기기 제조업자·수입업자·수리업자·판매업자·임대업자(이하 이 조에서 "제조업자등"이라 한다)는 약제·치료재료와 관련하여 제7조제2항에 따른 의료급여의 범위 및 의료수가를 계산할 때에 제28조제1항제1호에 따른 의료급여기관의 위반행위에 개입하거나 거짓 자료를 제출하여 약제·치료재료의 가격 한도나 판매가격을 높이는 등 속임수나 그 밖에 보건복지부령으로 정하는 부당한 방법으로 기금에 손실을 주는 행위를 하여서는 아니 된다.
② 보건복지부장관은 제조업자등이 제1항을 위반한 사실이 있는지를 확인하기 위하여 그 제조업자등에게 관련 서류의 제출을 명하거나 소속 공무원으로 하여금 관계인에게 질문을 하게 하거나 관계 서류를 검사하게 하는 등 필요한 조사를 할 수 있다. 이 경우 소속 공무원은 그 권한을 표시하는 증표를 지니고 이를 관계인에게 보여주어야 한다.
(2013.6.12 본조신설)
제29조의3【위반사실의 공표】 ① 보건복지부장관은 관련 서류의 위조·변조로 의료급여비용을 거짓으로 청구하여 제28조 또는 제29조에 따른 행정처분을 받은 의료급여기관이 다음 각 호의 어느 하나에 해당하는 경우 제2항의 의료급여공표심의위원회의 심의를 거쳐 그 위반 행위, 처분 내용, 해당 의료급여기관의 명칭·주소 및 대표자 성명, 그 밖에 다른 의료급여기관과의 구별에 필요한 사항으로서 대통령령으로 정하는 사항을 공표할 수 있다. 이 경우 공표 여부를 결정할 때에는 그 위반행위의 동기, 정도, 횟수 및 결과 등을 고려하여야 한다.
1. 거짓으로 청구한 금액이 1천500만원 이상인 경우
2. 의료급여비용 총액 중 거짓으로 청구한 금액의 비율이 100분의 20 이상인 경우
② 보건복지부장관은 제1항에 따른 공표 여부 등을 심의하기 위하여 의료급여공표심의위원회(이하 이 조에서 "공표심의위원회"라 한다)를 설치·운영하여야 한다.
③ 공표심의위원회는 공표 심의 대상자에게 심의 사실 및 내용을 알려 대상자가 소명자료를 제출하거나 출석하여 의견을 진술할 기회를 주어야 하고, 심의과정에서 이를 고려하여야 한다.
④ 그 밖에 공표의 절차·방법, 공표심의위원회의 구성·운영 등에 필요한 사항은 대통령령으로 정한다.
(2023.3.28 본조신설)
제30조【이의신청 등】 ① 수급권자의 자격, 의료급여 및 급여비용에 대한 시장·군수·구청장의 처분에 이의가 있는 자는 시장·군수·구청장에게 이의신청을 할 수 있다.
② 급여비용의 심사·조정, 의료급여의 적정성 평가 및 급여 대상 여부의 확인에 관한 급여비용심사기관의 처분에 이의가 있는 제5조에 따른 보장기관, 의료급여기관 또는 수급권자는 급여비용심사기관에 이의신청을 할 수 있다.
(2017.3.21 본항개정)
③ 제1항 및 제2항에 따른 이의신청은 처분이 있음을 안 날부터 90일 이내에 문서(전자문서를 포함한다)로 하여야 하며, 처분이 있은 날부터 180일이 지나면 제기하지 못한다. 다만, 정당한 사유에 따라 그 기간에 이의신청을 할 수 없었음을 소명한 경우에는 그러하지 아니하다.
④ 제3항 본문에도 불구하고 의료급여기관이 제11조의3에 따른 급여비용심사기관의 확인에 대하여 이의신청을 하려면 같은 조 제2항에 따라 통보받은 날부터 30일 이내에 하여야 한다.
⑤ 제1항부터 제4항까지에서 규정한 사항 외에 이의신청의 방법, 이의신청에 대한 결정 및 결정의 통지 등에 필요한 사항은 대통령령으로 정한다.
(2013.6.12 본조개정)
제30조의2【심판청구】 ① 제30조제2항에 따른 급여비용심사기관의 이의신청에 대한 결정에 불복이 있는 자는 「국민건강보험법」 제89조에 따른 건강보험분쟁조정위원회에 심판청구를 할 수 있다. 이 경우 심판청구의 제기기간 및 제기방법에 관하여는 제30조제3항을 준용한다.
② 제1항에 따라 심판청구를 하려는 자는 대통령령으로 정하는 심판청구서를 제30조제2항에 따른 처분을 행한 급여비용심사기관에 제출하거나 제1항에 따른 건강보험분쟁조정위원회에 제출하여야 한다.
③ 제1항 및 제2항에서 규정한 사항 외에 심판청구의 절차·방법·결정 및 그 결정의 통지 등에 필요한 사항은 대통령령으로 정한다.
(2014.1.28 본조신설)
제31조【소멸시효】 ① 다음 각 호의 권리는 3년간 행사하지 아니하면 소멸시효가 완성된다.
1. 의료급여를 받을 권리
2. 급여비용을 받을 권리
3. 대지급금을 상환받을 권리

② 제1항에 따른 시효는 다음 각 호의 어느 하나에 해당하는 사유로 중단된다.
1. 급여비용의 청구
2. 대지급금에 대한 납입의 고지 및 독촉
③ 소멸시효 및 시효중단에 관하여 이 법에서 정한 사항 외에는 「민법」에 따른다.
(2013.6.12 본조개정)

제32조【보고 및 검사】 ① 보건복지부장관 및 시·도지사는 필요한 경우에는 기금의 관리·운용 및 의료급여와 관련된 사항에 관하여 시·도 및 시·군·구를 지도·감독하거나 필요한 보고를 하게 할 수 있다.(2023.3.28 본항개정)
② 보건복지부장관은 의료급여기관(제12조에 따라 의료급여를 실시한 기관을 포함한다) 및 제11조제6항에 따라 급여비용의 심사청구를 대행하는 단체(이하 "대행청구단체"라 한다)에 대하여 진료·약제의 지급 등 의료급여에 관한 보고 또는 관계 서류의 제출을 명하거나 소속 공무원으로 하여금 질문을 하게 하거나 관계 서류를 검사하게 할 수 있다.(2017.3.21 본항개정)
③ 보건복지부장관, 시·도지사 또는 시장·군수·구청장은 의료급여를 받는 사람에게 그 의료급여의 내용에 관하여 보고하게 하거나 소속 공무원으로 하여금 질문하게 할 수 있다.(2023.3.28 본항개정)
④ 보건복지부장관은 제2항 및 제3항에 따른 보고·질문 또는 검사업무를 효율적으로 수행하기 위하여 대통령령으로 정하는 바에 따라 「국민건강보험법」 제62조에 따른 건강보험심사평가원으로 하여금 업무를 지원하게 할 수 있다.(2024.1.16 본항신설)
⑤ 제2항 및 제3항에 따라 질문 또는 조사를 하는 소속 공무원은 그 권한을 표시하는 증표 및 조사기간, 조사범위, 조사담당자, 관계 법령 등 보건복지부령으로 정하는 사항이 기재된 서류를 지니고 이를 관계인에게 보여주어야 한다.(2016.2.3 본항개정)
⑥ 제2항 및 제3항에 따른 질문 또는 조사의 내용·절차·방법 등에 관하여 이 법에서 정하는 사항을 제외하고는 「행정조사기본법」에서 정하는 바를 따른다.
(2016.2.3 본항신설)
(2013.6.12 본조개정)

제32조의2【자료의 제공】 ① 시·도지사, 시장·군수·구청장, 급여비용심사기관 및 급여비용지급기관은 국가, 지방자치단체, 의료급여기관 또는 그 밖의 공공단체 등에 대하여 의료급여사업을 위하여 필요한 자료를 요청할 수 있다. 이 경우 요청받은 자는 성실히 자료를 제공하여야 한다.(2023.3.28 전단개정)
② 급여비용심사기관은 의료급여기관에 대하여 급여비용의 심사·조정, 의료급여의 적정성 평가 및 급여 대상 여부의 확인을 위하여 필요한 자료를 요청할 수 있다. 이 경우 자료의 제공을 요청받은 의료급여기관은 특별한 사유가 없으면 그 요청에 따라야 한다.(2017.3.21 전단개정)
③ 제1항 및 제2항에 따라 국가, 지방자치단체, 의료급여기관 또는 그 밖의 공공단체 등이 시·도지사, 시장·군수·구청장, 급여비용심사기관 및 급여비용지급기관에 제공하는 자료에 대하여는 사용료와 수수료 등을 면제한다.
(2023.3.28 본항개정)

제32조의3【포상금 및 장려금의 지급】 ① 시장·군수·구청장은 다음 각 호의 어느 하나에 해당하는 자를 신고한 사람에 대하여 포상금을 지급할 수 있다.(2023.3.28 본문개정)
1. 속임수나 그 밖의 부당한 방법으로 의료급여를 받은 사람
2. 속임수나 그 밖의 부당한 방법으로 다른 사람이 의료급여를 받도록 한 자
3. 속임수나 그 밖의 부당한 방법으로 급여비용을 받은 의료급여기관 또는 급여비용을 받은 제12조제1항에 따라 의료급여를 실시한 기관 및 제13조제1항의 보조기기를 판매한 자
(2023.3.28 1호~3호신설)
② 시장·군수·구청장은 의료급여 재정을 효율적으로 운영하는 데에 이바지한 의료급여기관에 대하여 장려금을 지급할 수 있다.
③ 제1항 및 제2항에 따른 포상금과 장려금의 지급 기준과 범위, 절차 및 방법 등에 필요한 사항은 대통령령으로 정한다.
(2013.6.12 본조신설)

제33조【권한의 위임 및 위탁】 ① 이 법에 따른 보건복지부장관의 권한은 대통령령으로 정하는 바에 따라 그 일부를 시·도지사에게 위임할 수 있다.
② 이 법에 따른 시장·군수·구청장의 업무 중 수급권자의 관리, 급여비용의 심사·조정, 의료급여의 적정성 평가, 급여 대상 여부의 확인 및 급여비용의 지급 업무 등 의료급여에 관한 업무는 그 일부를 대통령령으로 정하는 바에 따라 관계 전문기관에 위탁할 수 있다. 이 경우 위탁에 드는 비용은 보건복지부장관이 정하는 바에 따라 기금에서 부담한다.(2017.3.21 전단개정)
(2013.6.12 본조개정)

제34조【끝수 및 소액의 처리】 ① 의료급여에 관한 비용을 계산할 때 「국고금 관리법」 제47조에 따른 끝수는 계산하지 아니한다.
② 특별시장·광역시장·도지사 및 시장·군수·구청장은 징수·지급 또는 반환하여야 할 금액이 건당 2천원 미만인 경우에는 이를 징수·지급 또는 반환하지 아니한다.
(2013.6.12 본조개정)

제35조【벌칙】 ① 제3조의3제3항에 따라 준용되는 「국민기초생활 보장법」 제23조의2제6항을 위반하여 금융정보·신용정보 또는 보험정보를 사용·제공 또는 누설한 사람은 5년 이하의 징역 또는 5천만원 이하의 벌금에 처한다.(2017.3.21 본항개정)
② (2017.3.21 삭제)
③ 다음 각 호의 어느 하나에 해당하는 사람은 3년 이하의 징역 또는 3천만원 이하의 벌금에 처한다.(2017.3.21 본문개정)
1. 제3조의3제3항에 따라 준용되는 「국민기초생활 보장법」 제22조제6항(같은 법 제23조제2항에서 준용하는 경우를 포함한다)을 위반하여 정보 또는 자료를 사용하거나 제공한 사람
2. (2017.3.21 삭제)
3. 대행청구단체의 종사자로서 거짓이나 그 밖의 부정한 방법으로 급여비용을 청구한 자(2017.3.21 본호신설)
④ 다음 각 호의 어느 하나에 해당하는 자는 1년 이하의 징역 또는 1천만원 이하의 벌금에 처한다.
1. 제9조제3항을 위반하여 정당한 이유 없이 이 법에 따른 의료급여를 거부한 자
2. 제11조제6항에 따른 대행청구단체가 아닌 자로 하여금 급여비용의 심사청구를 대행하게 한 자(2017.3.21 본호개정)
3. 속임수나 그 밖의 부정한 방법으로 의료급여를 받은 자 또는 제3자로 하여금 의료급여를 받게 한 자
4. 제28조제4항을 위반하여 업무정지기간 중에 의료급여를 한 의료급여기관의 개설자
⑤ 정당한 이유 없이 제32조제2항에 따른 보고 또는 서류 제출을 하지 아니하거나 거짓으로 보고하거나 거짓 자료를 제출하거나 검사를 거부·방해 또는 기피한 사람은 1천만원 이하의 벌금에 처한다.
(2013.6.12 본조개정)

제36조【양벌규정】 법인의 대표자나 법인 또는 개인의 대리인, 사용인, 그 밖의 종업원이 그 법인 또는 개인의 업무에 관하여 제35조의 위반행위를 하면 그 행위자를 벌하는 외에 그 법인 또는 개인에게도 해당 조문의 벌금형을 과(科)한다. 다만, 법인 또는 개인이 그 위반행위를 방지하기 위하여 해당 업무에 관하여 상당한 주의와 감독을 게을리하지 아니한 경우에는 그러하지 아니하다.
(2013.6.12 본조개정)

제37조【과태료】 ① 제28조제7항을 위반하여 행정처분을 받은 사실 또는 행정처분 절차가 진행 중인 사실을 양수인 또는 합병 후 존속하는 법인이나 합병으로 설립된 법인에 알리지 아니한 자에게는 500만원 이하의 과태료를 부과한다.
② 다음 각 호의 어느 하나에 해당하는 자에게는 100만원 이하의 과태료를 부과한다.
1. 제11조의2에 따른 서류보존의무를 위반한 자
2. 정당한 사유 없이 제29조의2제2항에 따른 서류제출을 하지 아니하거나 거짓 서류를 제출하거나 질문에 대하여 진술을 거부하거나 거짓으로 진술하거나 검사 등 조사를 거부·방해·기피한 자
③ 제1항 및 제2항에 따른 과태료는 대통령령으로 정하는 바에 따라 보건복지부장관이 부과·징수한다.
(2013.6.12 본조개정)

부 칙 (2013.6.12)

제1조【시행일】 이 법은 공포한 날부터 시행한다. 다만, 제3조의2의 개정규정은 2013년 7월 1일부터 시행하고, 제3조의3, 제8조, 제28조제6항·제7항, 제29조, 제29조의2, 제32조의3, 제35조제1항·제3항 및 제37조제1항·제3항의 개정규정은 공포 후 6개월이 경과한 날부터 시행한다.
제2조【수급권자 인정 신청에 관한 적용례】 제3조의3제1항 및 제2항의 개정규정은 같은 개정규정 시행 후 최초로 수급권자 인정 신청을 하는 사람부터 적용한다.
제3조【의료급여기관의 부당이득 징수에 관한 적용례】 제23조제3항의 개정규정은 이 법 시행 후 최초로 부당이득을 징수하는 경우부터 적용한다.
제4조【행정처분의 효과 승계에 관한 적용례】 제28조제6항 및 제7항의 개정규정은 같은 개정규정 시행 후 최초로 의료급여기관을 양수하거나 합병 후 존속하는 법인이나 합병으로 설립되는 법인부터 적용한다.
제5조【이의신청기간에 관한 적용례】 ① 제30조제3항 본문의 개정규정(전자문서에 관한 사항은 제외한다)은 이 법 시행 후 최초로 한 처분부터 적용한다.
② 제30조제4항의 개정규정은 이 법 시행 후 최초로 받은 통보부터 적용한다.
제6조【포상금 지급에 관한 적용례】 제32조의3제1항의 개정규정은 같은 개정규정 시행 후 최초로 의료급여기관이 속임수나 그 밖의 부당한 방법으로 급여비용을 받은 것에 대하여 신고를 한 사람부터 적용한다.
제7조【소액처리에 관한 적용례】 제34조제2항의 개정규정은 이 법 시행 후 최초로 징수·지급 또는 반환하여야 할 금액이 건당 2천원 미만인 경우부터 적용한다.
제8조【의료급여증에 관한 경과조치】 제8조의 개정규정 시행 당시 종전의 규정에 따른 의료급여증은 그 의료급여증의 유효기간 동안 효력을 가진다.

부 칙 (2017.3.21)

제1조【시행일】 이 법은 공포 후 6개월이 경과한 날부터 시행한다.
제2조【이의신청에 관한 적용례】 제30조제2항의 개정규정은 이 법 시행 후 최초로 급여비용심사기관이 처분을 하는 것부터 적용한다.

부 칙 (2019.1.15)

이 법은 공포한 날부터 시행한다.

부 칙 (2019.4.23)

이 법은 공포 후 6개월이 경과한 날부터 시행한다.

부 칙 (2023.3.4)

제1조【시행일】 이 법은 공포 후 3개월이 경과한 날부터 시행한다.(이하 생략)

부 칙 (2023.3.28)

제1조【시행일】 이 법은 공포 후 6개월이 경과한 날부터 시행한다.
제2조【부당이득 징수 등에 관한 적용례】 제23조제1항부터 제3항까지의 개정규정은 이 법 시행 이후 지급 또는 실시되는 의료급여부터 적용한다.
제3조【위반사실의 공표에 관한 적용례】 제29조의3의 개정규정은 이 법 시행 이후 위반행위를 하여 제28조 또는 제29조에 따른 처분을 받은 경우부터 적용한다.
제4조【포상금 지급에 관한 적용례】 제32조의3제1항의 개정규정은 이 법 시행 이후 속임수나 그 밖의 부당한 방법으로 의료급여를 받은 사람 및 받도록 한 자와 속임수나 그 밖의 부당한 방법으로 급여비용을 받은 제12조제1항에 따라 의료급여를 실시한 기관 및 제13조제1항의 보조기기를 판매한 자를 신고하는 경우부터 적용한다.

부 칙 (2023.8.8)

제1조【시행일】 이 법은 2024년 5월 17일부터 시행한다.(이하 생략)

부 칙 (2024.1.16)

이 법은 공포 후 6개월이 경과한 날부터 시행한다.

부 칙 (2024.1.23)

이 법은 공포한 날부터 시행한다.

재난적의료비 지원에 관한 법률(약칭 : 재난적의료비지원법)

(2018년 1월 16일
법 률 제15349호)

개정
2021. 6. 8법18223호　2023. 3.28법19304호

제1장 총 칙

제1조【목적】 이 법은 소득수준에 비하여 과도한 의료비 지출로 경제적 어려움을 겪는 국민들에게 의료비의 일부를 지원하여 의료이용의 접근성을 높임으로써 사회보장을 증진하고 국민건강 보호에 이바지함을 목적으로 한다.

제2조【정의】 이 법에서 사용하는 용어의 정의는 다음과 같다.

1. "의료비"란 질병·부상 등으로 인한 치료·재활 과정에서 발생한 다음 각 목의 비용 중 대통령령으로 정하는 범위에 해당하는 비용을 말한다.
 가. 「국민건강보험법」 제41조제2항에 따른 요양급여대상에서 제외되는 사항에 대한 비용 또는 같은 법 제44조에 따라 요양급여를 받은 자가 부담하는 비용
 나. 「의료급여법」 제7조제1항에 따른 의료급여 대상에서 제외되는 사항에 대한 비용 또는 같은 법 제10조에 따라 수급자 본인이 부담하는 비용
2. "재난적 의료상황"이란 질병·부상 등으로 인한 치료·재활 과정에서 소득·재산 수준 등에 비추어 과도한 의료비가 발생하여 경제적 어려움을 겪게 되는 상황을 말한다.
3. "재난적의료비"란 이 법에 따른 지원대상자가 속한 가구의 소득·재산 수준에 비추어 볼 때 지원대상자가 부담하기에 과도한 의료비로서 대통령령으로 정하는 기준에 따라 산정된 비용을 말한다.

제3조【국가 등의 책무】 ① 국가는 재난적 의료상황에 처한 사람에게 적절한 지원을 하도록 노력하여야 하며, 재난적의료비의 지원 대상, 소득·재산 기준, 지원 내용·절차 및 그 밖에 필요한 사항 등 재난적의료비의 일부를 지원하는 사업(이하 "재난적의료비 지원사업"이라 한다)에 관하여 적극적으로 안내하여야 한다.
② 「의료법」에 따른 의료인 및 의료기관의 장 등은 재난적의료비 지원사업에 적극 협조하여야 한다.

제4조【다른 법률과의 관계】 재난적의료비 지원에 관하여 다른 법률에 특별한 규정이 있는 경우를 제외하고는 이 법에서 정하는 바에 따른다.

제5조【주관 등】 ① 재난적의료비 지원사업은 보건복지부장관이 주관한다.
② 재난적의료비 지원사업의 관리운영기관은 「국민건강보험법」에 따라 설립된 국민건강보험공단(이하 "공단"이라 한다)으로 한다.
③ 공단은 재난적의료비 지원사업의 관리운영을 위하여 다음 각 호의 업무를 수행한다.
1. 제10조에 따른 재난적의료비 지급 신청의 접수
2. 제12조에 따른 지급여부 결정 및 제13조·제14조에 따른 지원금액의 지급
3. 제17조에 따른 부당이득금 및 연체금의 징수
4. 제22조에 따른 지원금액 지급결정 및 지급의 적정성 확인을 위한 조사
5. 그 밖에 이 법에서 공단의 업무로 정하고 있는 사항

제6조【계획의 수립 등】 ① 보건복지부장관은 재난적의료비 지원사업의 건전한 운영을 위하여 「국민건강보험법」 제3조의2제1항에 따른 국민건강보험종합계획과 같은 조 제3항에 따른 연도별 시행계획에 재난적의료비 지원사업에 대한 계획을 포함하여 수립하고, 같은 조 제4항에 따라 추진실적을 평가하여야 한다.
② 보건복지부장관은 제1항에 대한 내용을 「국민건강보험법」 제3조의2제5항에 따라 국회 소관 상임위원회에 보고하여야 한다.

제7조 (2023.3.28 삭제)

제2장 재난적의료비에 대한 지원 등

제8조【지원원칙】 이 법에 따른 재난적의료비에 대한 지원은 다른 법령 또는 계약에 따라 지원 또는 지급된 의료비를 제외하고 남은 의료비에 대하여 지원하는 것을 원칙으로 한다.

제9조【지원대상】 ① 재난적의료비에 대한 지원은 국내에 거주하는 국민으로서 소득 및 의료비 부담 수준 등을 고려하여 대통령령으로 정하는 기준을 충족하는 사람(이하 "지원대상자"라 한다)에 대하여 실시한다.
② 제1항에 따른 기준에도 불구하고 보건복지부장관이 재난적의료비를 부담하는 사람의 질환 특성, 가구 여건 및 지원 필요성 등을 고려하여 지원이 필요한 것으로 인정한 경우에는 지원대상자 기준을 충족한 것으로 본다. (2023.3.28 본항개정)
③ 제1항에도 불구하고 국내에 체류하고 있는 외국인 중 다음 각 호의 사람은 지원대상자가 된다.
1. 대한민국 국민과 혼인하여 본인 또는 배우자가 임신 중이거나 대한민국 국적의 미성년 자녀를 양육하고 있거나 배우자의 대한민국 국적인 직계존속(直系尊屬)과 생계나 주거를 같이하고 있는 사람으로서 대통령령으로 정하는 사람
2. 그 밖에 건강보험 가입 여부·자격 및 가입기간, 국내 체류 기간, 체류자격 등에 따라 지원 대상자에 포함할 필요가 있다고 보건복지부장관이 정하여 고시하는 사람

④ 제1항부터 제3항까지에 따른 지원대상자의 구체적인 범위 등에 관한 사항은 대통령령으로 정한다.

제10조【지급신청 등】 ① 재난적의료비에 대한 지급을 받으려는 지원대상자는 다음 각 호의 사유로 재난적의료비가 발생한 경우 보건복지부령으로 정하는 바에 따라 공단에 재난적의료비 지급을 신청하여야 한다.
1. 다음 각 목의 어느 하나에 해당하는 기관(이하 "의료기관등"이라 한다)에서 입원 또는 외래로 진료를 받는 경우 (2023.3.28 본문개정)
 가. 「의료법」에 따라 개설된 의료기관
 나. 「지역보건법」에 따른 보건소·보건의료원 및 보건지소
 다. 「농어촌 등 보건의료를 위한 특별조치법」에 따라 설치된 보건진료소
2. (2023.3.28 삭제)
3. 제1호의 진료 과정에서 의료기관등의 처방에 따라 다음 각 목의 어느 하나에 해당하는 의약품 또는 의료기기를 구입한 경우
 가. 「약사법」에 따라 등록한 약국 또는 같은 법 제91조제1항에 따라 설립된 한국희귀·필수의약품센터에서 의약품을 구입한 경우
 나. 「의료기기법」 제15조의2제1항제1호에 따른 희소·긴급도입 필요 의료기기를 구입한 경우

(2023.3.28 본호개정)
② 제1항에도 불구하고 지원대상자가 재난적의료비에 대한 지급을 직접 신청하기 곤란한 사유가 있는 경우 지원대상자의 가족 및 의료기관등의 종사자 등은 지원대상자의 동의를 받아 지원대상자를 대리하여 공단에 재난적의료비 지급을 신청할 수 있다. 이 경우 대리 신청의 절차·방법 등은 보건복지부령으로 정한다.
③ 제1항 또는 제2항에 따라 재난적의료비 지급을 신청할 때에는 다음 각 호의 자료 또는 정보의 제공에 대하여 지원대상자 및 그 가구 구성원이 동의한다는 서면을 함께 제출하여야 한다.
1. 「금융실명거래 및 비밀보장에 관한 법률」 제2조제2호 및 제3호에 따른 금융자산 및 금융거래의 내용에 대한 자료 또는 정보 중 예금의 평균잔액과 그 밖에 대통령령으로 정하는 자료 또는 정보(이하 "금융정보"라 한다)
2. 「보험업법」 제4조제1항 각 호에 따른 보험에 대한 가입여부, 보장범위, 보장 시작·종료일, 보험금 지급액, 계약상태, 그 밖에 대통령령으로 정하는 자료 또는 정보(이하 "보험정보"라 한다)

④ 보건복지부장관이 지정한 법인·단체·시설·기관 등은 지원대상자의 요청에 따라 제1항 또는 제2항에 따른 재난적의료비 지급 신청을 지원할 수 있다.(2021.6.8 본항신설)

제11조【금융정보등의 제공】 ① 공단은 「금융실명거래 및 비밀보장에 관한 법률」 제4조와 「신용정보의 이용 및 보호에 관한 법률」 제32조에도 불구하고 제10조제3항에 따라 제출한 동의 서면을 전자적 형태로 바꾼 문서로 「금융실명거래 및 비밀보장에 관한 법률」 제2조제1호에 따른 금융회사등이나 「신용정보의 이용 및 보호에 관한 법률」 제2조제6호에 따른 신용정보집중기관(이하 "금융기관등"이라 한다)의 장에게 금융정보 또는 보험정보(이하 "금융정보등"이라 한다)의 제공을 요청할 수 있다.
② 제1항에 따라 금융정보등의 제공을 요청받은 금융기관등의 장은 「금융실명거래 및 비밀보장에 관한 법률」 제4조와 「신용정보의 이용 및 보호에 관한 법률」 제32조에도 불구하고 명의인의 금융정보등을 제공하여야 한다.
③ 제2항에 따라 금융정보등을 제공한 금융기관등의 장은 금융정보등의 제공 사실을 명의인에게 통보하여야 한다. 다만, 명의인이 동의하는 경우에는 「금융실명거래 및 비밀보장에 관한 법률」 제4조의2제1항과 「신용정보의 이용 및 보호에 관한 법률」 제32조제7항에도 불구하고 통보하지 아니할 수 있다.
④ 제1항 및 제2항에 따른 금융정보등의 제공 요청 및 제공은 「정보통신망 이용촉진 및 정보보호 등에 관한 법률」 제2조제1항제1호에 따른 정보통신망을 이용하여야 한다. 다만, 정보통신망이 손상되는 등 불가피한 경우에는 그러하지 아니하다.
⑤ 제1항 및 제2항에 따른 업무에 종사하거나 종사하였던 사람 또는 제27조에 따라 업무를 위탁받은 사람은 업무를 수행하면서 취득한 금융정보등을 이 법에서 정한 목적 외의 다른 용도로 사용하거나 다른 사람 또는 기관에게 제공하거나 누설하여서는 아니 된다.
⑥ 제1항·제2항 및 제4항의 규정에 따른 금융정보등의 제공 요청 및 제공 등에 필요한 사항은 대통령령으로 정한다.

제12조【지급결정 등】 ① 공단은 제10조에 따른 지급신청을 받은 경우 지급신청자가 제9조의 지원대상자에 해당하는지 확인하여 재난적의료비 지급 여부를 결정하고, 그 결과를 해당 신청인에게 통보하여야 한다.
② 제1항의 통보는 지급신청을 한 날부터 30일 이내에 하여야 한다. 다만, 다음 각 호의 어느 하나에 해당하는 경우에는 지급신청을 한 날부터 60일 이내에 통보할 수 있다.
1. 지급신청 시 제출된 서류의 미비 등 보건복지부장관이 정하는 사유로 인하여 조사에 시일이 걸리는 경우
2. 제9조제2항에 따라 지원대상자로 인정된 사람의 경우

③ 제1항에 따른 지급결정 및 통보의 절차·방법 등에 관한 사항은 보건복지부령으로 정한다.

제13조【지급범위】 ① 공단은 지원대상자에 대하여 대통령령으로 정하는 기준에 따라 재난적의료비 중 일부에 해당하는 금액을 지급한다. 이 경우 지원대상자의 소득수준 및 제20조에 따른 재원 등을 고려하여 지원금액의 상한선을 정할 수 있다.
② 지원대상자가 다른 법령 또는 계약에 따라 재난적의료비에 대하여 국가 또는 지방자치단체로부터 급여·금품 등을 받았거나 받을 수 있는 경우 또는 「보험업법」에 따른 보험회사 등으로부터 보험금·금품 등을 받았거나 받을 수 있는 경우로서 대통령령으로 정하는 경우에는 해당 급여, 보험금 또는 금품 등에 상당하는 액수를 제외하고 지급한다.

제14조【지급방법 등】 ① 공단은 제12조에 따라 지급결정된 지원대상자에 대하여 제13조에 따른 지급범위에 해당하는 금액(이하 "지원금액"이라 한다)을 지원대상자 명의의 지정된 계좌(이하 "지정계좌"라 한다)로 입금하여야 한다. 다만, 정보통신장애 등 불가피한 사유로 지정계좌로 이체할 수 없을 때에는 현금지급 등 대통령령으로 정하는 바에 따라 지급할 수 있다.
② 제1항에도 불구하고 지원대상자가 지원금액을 의료기관등에 직접 지급할 것을 신청한 경우로서 보건복지부령으로 정하는 경우에는 제1항에 따른 지원금액을 의료기관등에 직접 지급할 수 있다.
③ 제1항에 따른 지원금액 입금 및 제2항에 따른 지원금액 지급에 대한 구체적인 절차·방법 등은 보건복지부령으로 정한다.

제15조【지급제한 등】 공단은 다음 각 호의 어느 하나에 해당하는 경우에는 지원금액을 지급하지 아니한다.
1. 거짓이나 그 밖의 부정한 방법으로 재난적의료비 지원을 받으려 한 경우
2. 지원대상자의 고의 또는 중대한 과실로 인한 범죄행위에 그 원인이 있거나 고의로 사고를 일으켜 재난적의료비가 발생한 경우
3. 그 밖에 재난적의료비 지급을 제한할 필요가 있는 경우로서 보건복지부령으로 정하는 사유가 있는 경우

제16조【압류 금지 등】 ① 이 법에 따라 지원금액을 지급받을 수 있는 권리는 양도하거나 압류할 수 없다.
② 제14조제1항에 따라 지정계좌로 입금된 지원금액에 관한 채권은 압류할 수 없다.
③ 지원대상자가 사망한 경우 사망 당시 해당 지원대상자가 이 법에 따라 지원금액의 지급을 신청하거나 지급받을 수 있는 권리는 그 상속인에게 승계된다.

제17조【부당이득의 징수 등】 ① 공단은 지원금액을 받은 자(제14조제2항에 따라 지원금액을 직접 받은 의료기관등을 포함한다)가 다음 각 호의 어느 하나에 해당하는 경우에는 그 지원금액의 전부 또는 일부를 부당이득금으로 징수한다.
1. 제15조 각 호에 따른 지급제한 사유가 있음에도 지원금액이 지급된 경우
2. 그 밖에 잘못 지급된 지원금액이 있는 경우

② 공단은 제15조제1호에 따라 거짓이나 그 밖의 부정한 방법으로 지원금액을 받은 요양기관(「국민건강보험법」 제42조에 따른 요양기관을 말한다. 이하 같다) 또는 의료급여기관(「의료급여법」 제2조제2호에 따른 의료급여기관을 말한다. 이하 같다)이 다음 각 호에 해당하는 경우에는 해당 요양기관 또는 의료급여기관에 대하여 부당이득금을 징수할 수 있다. 이 경우 요양기관 또는 의료급여기관의 개설·운영자에게 요양기관 또는 의료급여기관과 연대하여 부당이득금을 납부하게 할 수 있다.
1. 「의료법」 제33조제2항·제8항 또는 제10항을 위반하여 개설된 의료기관
2. 「약사법」 제20조제1항 또는 같은 법 제21조제1항을 위반하여 개설된 약국

③ 공단은 제15조 각 호와 제2항에 따른 행위가 거짓의 보고·진술·증명·서류 제출 등 위계(僞計)의 방법에 의한 경우 그 행위를 한 자에게 지원금액을 받은 자와 연대하여 부당이득금을 납부하게 할 수 있다.
④ 공단은 제1항부터 제3항까지에 따라 부당이득금을 징수하려면 납부의무자에게 보건복지부령으로 정하는 바에 따라 금액 및 납부기한 등을 적은 문서로 고지하여야 한다.
⑤ 공단은 납부의무자가 제4항에 따른 납부기한까지 부당이득금을 납부하지 아니하면 기한을 정하여 독촉할 수 있다.
⑥ 공단은 제5항에 따른 독촉을 받은 자가 정하여진 기한까지 부당이득금을 납부하지 아니하면 그 납부기한이 지난 날부터 대통령령으로 정하는 바에 따라 부당이득금에 가산하여 연체금을 징수할 수 있다.
⑦ 공단은 제5항에 따른 독촉을 받은 자가 정하여진 기한까지 부당이득금을 납부하지 아니하면 보건복지부장관의 승인을 받아 국세체납처분의 예에 따라 이를 징수할 수 있다.

⑧ 그 밖에 부당이득금의 징수방법 등에 필요한 사항은 보건복지부령으로 정한다.
제18조【구상권】 ① 공단은 제3자의 행위로 재난적의료비 지원사유가 발생하여 제9조에 따른 지원대상자에게 지원금액을 지급한 경우에는 그 지원금액의 범위에서 제3자에게 손해배상을 청구할 권리를 얻는다.
② 공단은 제1항에 따라 지원금액을 지급받는 사람이 제3자로부터 이미 손해배상을 받은 경우에는 그 배상액의 한도에서 지원금액을 지급하지 아니한다.
제19조【결손처분】 ① 공단은 다음 각 호의 어느 하나에 해당하는 사유가 있는 경우에는 부당이득금, 연체금 및 제17조제7항에 따른 체납처분비(이하 "체납액"이라 한다)를 결손처분할 수 있다.(2023.3.28 본문개정)
1. 체납처분이 종결되고 체납액에 충당될 배분금액이 그 체납액에 미달하는 경우
2. 그 밖에 체납액을 징수할 가능성이 없다고 인정되는 경우로서 대통령령으로 정하는 경우
② 공단은 제1항에 따라 결손처분을 한 후 다른 압류할 수 있는 재산이 있었던 것을 발견한 때에는 지체 없이 그 처분을 취소하고 체납처분을 하여야 한다.
제20조【재원 등】 ① 재난적의료비 지원사업에 사용되는 비용은 다음 각 호의 재원으로 충당한다.
1. 국가 및 지방자치단체의 출연금 또는 보조금
2. 제17조에 따라 징수한 부당이득금
3. 「국민건강보험법」 제39조의2에 따른 출연금 및 같은 법 제99조제8항제3호에 따른 지원금액(2021.6.8 본호개정)
4. 기금으로부터의 출연금 또는 배분액
5. 관련 법인·단체로부터의 출연금 또는 지원금
6. 그 밖에 대통령령으로 정하는 수입금
② 공단은 재난적의료비 지원사업에 관한 회계와 「국민건강보험법」에 따른 회계를 구분하여 처리하여야 한다.

제3장 보 칙

제21조【자료제공의 협조 등】 ① 공단은 재난적의료비 지원사업을 위하여 필요한 경우 요양기관 또는 의료급여기관, 관계 중앙행정기관의 장, 지방자치단체의 장, 공공기관의 장, 그 밖에 관련 법인·단체 등에 대하여 대통령령으로 정하는 바에 따라 필요한 자료의 제공을 요청할 수 있다.
② 제1항에 따라 자료의 제공 요청을 받은 자 또는 기관 등은 성실히 이에 응하여야 한다.
제22조【조사 등】 ① 보건복지부장관 또는 공단은 지원금액 지급결정 또는 지급의 적정성에 대한 확인이 필요한 경우 지원대상자, 지원대상자가 속한 가구의 구성원, 요양기관 또는 의료급여기관 등 보건복지부령으로 정하는 자에게 대통령령으로 정하는 바에 따라 필요한 자료의 제출을 명할 수 있으며, 소속 공무원 또는 직원으로 하여금 관련 자료를 조사하게 하거나 필요한 질문을 하게할 수 있다.
② 제1항에 따라 조사·질문을 하는 공무원 또는 공단의 직원은 그 권한을 표시하는 증표를 지니고 이를 관계인에게 보여주어야 한다.
③ 제1항에 따른 업무에 종사하거나 종사하였던 사람은 업무를 수행하면서 받은 자료와 그 밖에 알게 된 사실을 이 법에서 정한 목적과 다르게 사용하거나 누설하여서는 아니 된다.
제23조【이의신청】 ① 재난적의료비에 대한 지급을 신청한 사람은 지급결정 등에 관한 공단의 처분에 이의가 있는 경우 공단에 이의신청을 할 수 있다.
② 제1항에 따른 이의신청(이하 "이의신청"이라 한다)은 처분이 있음을 안 날부터 90일 이내에 문서(전자문서를 포함한다)로 하여야 하며 처분이 있은 날부터 180일이 지나면 제기하지 못한다. 다만, 정당한 사유로 그 기간에 이의신청을 할 수 없었음을 소명한 경우에는 그러하지 아니하다.
③ 제1항 및 제2항에서 규정한 사항 외에 이의신청의 방법·결정 및 그 결정의 통지 등에 필요한 사항은 대통령령으로 정한다.
제24조【시효】 ① 제12조에 따라 지급결정된 지원금액을 받을 권리는 1년간 행사하지 아니하면 시효의 완성으로 소멸한다.
② 제17조에 따른 부당이득금을 징수할 수 있는 권리는 3년간 행사하지 아니하면 시효의 완성으로 소멸한다.
③ 제2항에 따른 시효는 제17조제5항에 따른 독촉으로 중단된다.
④ 제1항 및 제2항에 따른 소멸시효기간, 제3항에 따른 시효 중단 등에 관하여 이 법에서 정한 사항 외에는 「민법」에 따른다.
제25조【민감정보 및 고유식별정보의 처리】 ① 보건복지부장관, 공단(제27조에 따라 업무를 위탁받아 수행하는 자를 포함한다), 요양기관 또는 의료급여기관 등은 다음 각 호의 사무를 수행하기 위하여 불가피한 경우 「개인정보 보호법」 제23조에 따른 건강에 관한 정보와 같은 법 제24조에 따른 고유식별정보가 포함된 자료를 처리할 수 있다.(2023.3.28 본문개정)
1. 제5조제3항 각 호에 따른 재난적의료비 지원사업의 관리운영에 관한 사무
2. 제11조에 따른 금융정보등의 제공 요청에 관한 사무
3. 제23조에 따른 이의신청에 관한 사무
4. 그 밖에 이 법에 따른 재난적의료비 지원사업을 수행하기 위하여 필요한 사무로서 대통령령으로 정하는 사무
(2023.3.28 1호~4호신설)
② 보건복지부장관, 공단, 요양기관 또는 의료급여기관 등은 제1항에 따른 정보가 포함된 자료를 처리할 때에는 해당 정보를 「개인정보 보호법」에 따라 보호하여야 한다.
제26조【서류의 보존】 요양기관 또는 의료급여기관 등은 이 법에 따른 재난적의료비 지원사업에 관한 서류를 보건복지부령으로 정하는 바에 따라 보존하여야 한다.
제27조【권한 등의 위임 및 위탁】 ① 보건복지부장관은 이 법에 따른 권한의 일부를 대통령령으로 정하는 바에 따라 특별시장·광역시장·특별자치시장·도지사·특별자치도지사, 시장·군수·구청장(자치구의 구청장을 말한다. 이하 같다) 또는 관련 기관·단체 등에 위임 또는 위탁할 수 있다.
② 공단은 재난적의료비 지원사업과 관련하여 이 법에 따른 업무의 일부를 대통령령으로 정하는 바에 따라 특별시장·광역시장·특별자치시장·도지사·특별자치도지사, 시장·군수·구청장 또는 관련 기관·단체 등에 위탁할 수 있다.

제4장 벌 칙

제28조【벌칙】 ① 제11조제5항을 위반하여 금융정보등을 다른 용도로 사용하거나 다른 사람 또는 기관에 제공 또는 누설한 자는 5년 이하의 징역 또는 5천만원 이하의 벌금에 처한다.
② 다음 각 호의 어느 하나에 해당하는 자는 3년 이하의 징역 또는 3천만원 이하의 벌금에 처한다.
1. 제22조제3항을 위반하여 자료 등을 사용 또는 누설한 자
2. 거짓이나 그 밖의 부정한 방법으로 이 법에 따른 재난적의료비 지원을 받은 자 또는 제3자로 하여금 그 재난적의료비 지원을 받게 한 자
제29조【양벌규정】 법인의 대표자나 법인 또는 개인의 대리인, 사용인, 그 밖의 종사자가 그 법인 또는 개인의 업무에 관하여 제28조의 위반행위를 하면 그 행위자를 벌하는 외에 그 법인 또는 개인에게도 같은 항의 벌금형을 과(科)한다. 다만, 법인 또는 개인이 그 위반행위를 방지하기 위하여 해당 업무에 관하여 상당한 주의와 감독을 게을리하지 아니한 경우에는 그러하지 아니하다.
제30조【과태료】 ① 정당한 이유 없이 제22조제1항에 따른 자료제출을 하지 아니하거나 거짓으로 한 자 또는 조사를 거부하거나 기피한 자에 대해서는 500만원 이하의 과태료를 부과한다.
② 제1항에 따른 과태료는 대통령령으로 정하는 바에 따라 보건복지부장관이 부과·징수한다.

부 칙

제1조【시행일】 이 법은 2018년 7월 1일부터 시행한다.
제2조【이 법의 시행을 위한 준비행위】 ① 보건복지부장관 및 공단은 이 법 시행을 위하여 필요하다고 인정하는 경우에는 이 법 시행 전에 제21조에 따른 자료제공의 요청, 관련 정보시스템 구축, 그 밖에 이 법의 시행을 위하여 필요한 준비행위를 할 수 있다.
② 보건복지부장관 및 공단은 제1항에 따른 준비행위와 관련하여 「개인정보 보호법」 제23조에 따른 건강에 관한 정보와 같은 법 제24조에 따른 고유식별정보가 포함된 자료를 처리할 수 있다.
제3조【재난적의료비 지원에 관한 적용례】 이 법에 따른 재난적의료비에 대한 지원은 이 법 시행 후 최초로 제10조제1항제1호에 따라 의료기관등에 입원하여 진료를 받은 경우, 같은 항 제2호에 따라 중증질환의 치료를 위하여 의료기관등에서 외래로 진료를 받은 경우부터 적용한다.

부 칙 (2021.6.8)

이 법은 공포한 날부터 시행한다. 다만, 제10조제4항의 개정규정은 2022년 1월 1일부터 시행한다.

부 칙 (2023.3.28)

제1조【시행일】 이 법은 공포한 날부터 시행한다. 다만, 제25조제1항의 개정규정은 공포 후 6개월이 경과한 날부터 시행한다.
제2조【재난적의료비 지원에 관한 적용례】 제10조제1항의 개정규정은 이 법 시행 이후 재난적의료비 지급을 신청하는 경우부터 적용한다.
제3조【결손처분에 관한 적용례】 제19조제1항의 개정규정은 이 법 시행 이후 공단이 결손처분을 하는 경우부터 적용한다.
제4조【재난적의료비지원정책심의위원회 폐지에 관한 경과조치】 이 법 시행 당시 종전의 제9조제2항에 따라 재난적의료비지원정책심의위원회가 인정한 재난적의료비 지원대상은 제9조제2항의 개정규정에 따라 보건복지부장관이 재난적의료비 지원대상으로 인정한 것으로 본다.

국민건강보험법

(2011년 12월 31일 전부개정법률 제11141호)

개정
2013. 5.22법11787호 2014. 1. 1법12176호
2014. 5.20법12615호
2014.11.19법12844호(정부조직)
2016. 2. 3법13985호 2016. 3.22법14084호
2016. 5.29법14183호(병역)
2017. 2. 8법14557호 2017. 4.18법14776호
2017. 7.26법14839호(정부조직)
2018. 1.16법15348호 2018. 3.27법15535호
2018.12.11법15874호 2019. 1.15법16238호
2019. 4.23법16366호
2019.11.26법16652호(자산관리)
2019.12. 3법16728호 2020. 4. 7법17196호
2020.12.29법17758호(국세징수)
2020.12.29법17772호 2021. 6. 8법18211호
2022. 6.10법18895호 2022.12.27법19123호
2023. 5.19법19420호 2023. 6.13법19445호
2023. 7.11법19527호
2023.12.26법19841호(주민등록)→2024년 12월 27일 시행이므로 「法典別册」 보유편 수록
2024. 1. 2법19885호→2024년 4월 3일 및 2024년 7월 3일 시행
2024. 1. 9법19958호(행정기관정비일부개정법령등)→2024년 7월 10일 시행
2024. 1.23법20092호→2024년 1월 23일 및 2024년 7월 3일 시행
2024. 2. 6법20211호

제1장 총 칙

제1조【목적】 이 법은 국민의 질병·부상에 대한 예방·진단·치료·재활과 출산·사망 및 건강증진에 대하여 보험급여를 실시함으로써 국민보건 향상과 사회보장 증진에 이바지함을 목적으로 한다.
제2조【관장】 이 법에 따른 건강보험사업은 보건복지부장관이 맡아 주관한다.
제3조【정의】 이 법에서 사용하는 용어의 뜻은 다음과 같다.
1. "근로자"란 직업의 종류와 관계없이 근로의 대가로 보수를 받아 생활하는 사람(법인의 이사와 그 밖의 임원을 포함한다)으로서 공무원 및 교직원을 제외한 사람을 말한다.
2. "사용자"란 다음 각 목의 어느 하나에 해당하는 자를 말한다.
가. 근로자가 소속되어 있는 사업장의 사업주
나. 공무원이 소속되어 있는 기관의 장으로서 대통령령으로 정하는 사람
다. 교직원이 소속되어 있는 사립학교(「사립학교교직원 연금법」 제3조에 규정된 사립학교를 말한다. 이하 이 조에서 같다)를 설립·운영하는 자
3. "사업장"이란 사업소나 사무소를 말한다.
4. "공무원"이란 국가나 지방자치단체에서 상시 공무에 종사하는 사람을 말한다.
5. "교직원"이란 사립학교나 사립학교의 경영기관에서 근무하는 교원과 직원을 말한다.
제3조의2【국민건강보험종합계획의 수립 등】 ① 보건복지부장관은 이 법에 따른 건강보험(이하 "건강보험"이라 한다)의 건전한 운영을 위하여 제4조에 따른 건강보험정책심의위원회(이하 이 조에서 "건강보험정책심의위원회"라 한다)의 심의를 거쳐 5년마다 국민건강보험종합계획(이하 "종합계획"이라 한다)을 수립하여야 한다. 수립된 종합계획을 변경할 때도 또한 같다.
② 종합계획에는 다음 각 호의 사항이 포함되어야 한다.
1. 건강보험정책의 기본목표 및 추진방향
2. 건강보험 보장성 강화의 추진계획 및 추진방법
3. 건강보험의 중장기 재정 전망 및 운영
4. 보험료 부과체계에 관한 사항
5. 요양급여비용에 관한 사항
6. 건강증진 사업에 관한 사항
7. 취약계층 지원에 관한 사항
8. 건강보험에 관한 통계 및 정보의 관리에 관한 사항
9. 그 밖에 건강보험의 개선을 위하여 필요한 사항으로 대통령령으로 정하는 사항
③ 보건복지부장관은 종합계획에 따라 매년 연도별 시행계획(이하 "시행계획"이라 한다)을 건강보험정책심의위원회의 심의를 거쳐 수립·시행하여야 한다.
④ 보건복지부장관은 매년 시행계획에 따른 추진실적을 평가하여야 한다.
⑤ 보건복지부장관은 다음 각 호의 사유가 발생한 경우 관련 사항에 대한 보고서를 작성하여 지체 없이 국회 소관 상임위원회에 보고하여야 한다.
1. 제1항에 따른 종합계획의 수립 및 변경
2. 제3항에 따른 시행계획의 수립
3. 제4항에 따른 시행계획에 따른 추진실적의 평가
⑥ 보건복지부장관은 종합계획의 수립, 시행계획의 수립·시행 및 시행계획에 따른 추진실적의 평가를 위하여 필요하다고 인정하는 경우 관계 기관의 장에게 자료의 제출을 요구할 수 있다. 이 경우 자료의 제출을 요구받은 자는 특별한 사유가 없으면 이에 따라야 한다.
⑦ 그 밖에 제1항에 따른 종합계획의 수립 및 변경, 제3항에 따른 시행계획의 수립·시행 및 제4항에 따른 시행계

획에 따른 추진실적의 평가 등에 필요한 사항은 대통령령으로 정한다.
(2016.2.3 본조신설)

제4조【건강보험정책심의위원회】 ① 건강보험정책에 관한 다음 각 호의 사항을 심의·의결하기 위하여 보건복지부장관 소속으로 건강보험정책심의위원회(이하 "심의위원회"라 한다)를 둔다.
1. 제3조의2제1항 및 제3항에 따른 종합계획 및 시행계획에 관한 사항(의결은 제외한다)(2024.1.9 본호개정)
2. 제41조제3항에 따른 요양급여의 기준(2016.2.3 본호개정)
3. 제45조제3항 및 제46조에 따른 요양급여비용에 관한 사항
4. 제73조제1항에 따른 직장가입자의 보험료율
5. 제73조제3항에 따른 지역가입자의 보험료율과 재산보험료부과점수당 금액(2024.2.6 본호개정)
5의2. 보험료 부과 관련 제도 개선에 관한 다음 각 목의 사항(의결은 제외한다)
 가. 건강보험 가입자(이하 "가입자"라 한다)의 소득 파악 실태에 관한 조사 및 연구에 관한 사항
 나. 가입자의 소득 파악 및 소득에 대한 보험료 부과 강화를 위한 개선 방안에 관한 사항
 다. 그 밖에 보험료 부과와 관련된 제도 개선 사항으로서 심의위원회 위원장이 회의에 부치는 사항
 (2024.1.9 본호신설)
6. 그 밖에 건강보험에 관한 주요 사항으로서 대통령령으로 정하는 사항

② 심의위원회는 위원장 1명과 부위원장 1명을 포함하여 25명의 위원으로 구성한다.
③ 심의위원회의 위원장은 보건복지부차관이 되고, 부위원장은 제4항제4호의 위원 중에서 위원장이 지명하는 사람이 된다.
④ 심의위원회의 위원은 다음 각 호에 해당하는 사람을 보건복지부장관이 임명 또는 위촉한다.
1. 근로자단체 및 사용자단체가 추천하는 각 2명
2. 시민단체(「비영리민간단체지원법」 제2조에 따른 비영리민간단체를 말한다. 이하 같다), 소비자단체, 농어업인단체 및 자영업자단체가 추천하는 각 1명
3. 의료계를 대표하는 단체 및 약업계를 대표하는 단체가 추천하는 8명
4. 다음 각 목에 해당하는 8명
 가. 대통령령으로 정하는 중앙행정기관 소속 공무원 2명
 나. 국민건강보험공단의 이사장 및 건강보험심사평가원의 원장이 추천하는 각 1명
 다. 건강보험에 관한 학식과 경험이 풍부한 4명

⑤ 심의위원회 위원(제4항제4호가목에 따른 위원은 제외한다)의 임기는 3년으로 한다. 다만, 위원의 사임 등으로 새로 위촉된 위원의 임기는 전임위원 임기의 남은 기간으로 한다.
⑥ 보건복지부장관은 심의위원회가 제1항제5호의2에 따라 심의한 사항을 국회에 보고하여야 한다.(2024.1.9 본항신설)
⑦ 심의위원회의 운영 등에 필요한 사항은 대통령령으로 정한다.

제2장　가입자

제5조【적용 대상 등】 ① 국내에 거주하는 국민은 건강보험의 가입자 또는 피부양자가 된다. 다만, 다음 각 호의 어느 하나에 해당하는 사람은 제외한다.(2024.1.9 본문개정)
1. 「의료급여법」에 따라 의료급여를 받는 사람(이하 "수급권자"라 한다)
2. 「독립유공자예우에 관한 법률」 및 「국가유공자 등 예우 및 지원에 관한 법률」에 따라 의료보호를 받는 사람(이하 "유공자등 의료보호대상자"라 한다). 다만, 다음 각 목의 어느 하나에 해당하는 사람은 가입자 또는 피부양자가 된다.
 가. 유공자등 의료보호대상자 중 건강보험의 적용을 보험자에게 신청한 사람
 나. 건강보험을 적용받고 있던 사람이 유공자등 의료보호대상자로 되었으나 건강보험의 적용배제신청을 보험자에게 하지 아니한 사람

② 제1항의 피부양자는 다음 각 호의 어느 하나에 해당하는 사람 중 직장가입자에게 주로 생계를 의존하는 사람으로서 소득 및 재산이 보건복지부령으로 정하는 기준 이하에 해당하는 사람을 말한다.(2017.4.18 본문개정)
1. 직장가입자의 배우자
2. 직장가입자의 직계존속(배우자의 직계존속을 포함한다)
3. 직장가입자의 직계비속(배우자의 직계비속을 포함한다)과 그 배우자
4. 직장가입자의 형제·자매

③ 제2항에 따른 피부양자 자격의 인정 기준, 취득·상실 시기 및 그 밖에 필요한 사항은 보건복지부령으로 정한다.

판례 동성애자 남성 A는 남성 B와 수년간 교제 후 결혼식을 올리고 생활하며 B의 사실혼 배우자 자격으로 건강보험 피보험자 자격을 취득하였다. 이후 건강보험공단은 A에 대한 피보험자 자격 부여가 착오였다는 이유로 피부양자 자격을 소급하여 박탈한 후 그동안의 지역가입자로서의 보험료를 부과하는 처분을 하였다. 이 사건에서 건강보험공단은 직장가입자의 사실혼 배우자 집단에 대해 피부양자 자격을 인정하면서도 직장가입자의 동성결합 상대방 집단에 대해서는 피부양자 자격을 인정하지 않아 두 집단을 달리 취급하고 있다. 그러나 사실혼 배우자와 동성결합 상대방은 모두 법률적인 의미의 가족관계나 부양의무의 대상에는 포함되지 않는 정서적·경제적 생활공동체라는 점에서 서로 다르다고 할 수 없으며, 이와 같은 처분은 성적 지향을 이유로 본질적으로 동일한 집단에 대한 차별대우에 해당한다. 따라서 합리적 이유 없이 동성결합 상대방인 A를 사실혼 배우자와 차별해 피부양자 자격을 박탈하는 것은 평등의 원칙에 위배되어 위법하다. (서울고법 2023.2.21, 2022누32797)

제6조【가입자의 종류】 ① 가입자는 직장가입자와 지역가입자로 구분한다.
② 모든 사업장의 근로자 및 사용자와 공무원 및 교직원은 직장가입자가 된다. 다만, 다음 각 호의 어느 하나에 해당하는 사람은 제외한다.
1. 고용 기간이 1개월 미만인 일용근로자
2. 「병역법」에 따른 현역병(지원에 의하지 아니하고 임용된 하사를 포함한다), 전환복무된 사람 및 군간부후보생(2016.5.29 본호개정)
3. 선거에 당선되어 취임하는 공무원으로서 매월 보수 또는 보수에 준하는 급료를 받지 아니하는 사람
4. 그 밖에 사업장의 특성, 고용 형태 및 사업의 종류 등을 고려하여 대통령령으로 정하는 사업장의 근로자 및 사용자와 공무원 및 교직원

③ 지역가입자는 직장가입자와 그 피부양자를 제외한 가입자를 말한다.
④ (2018.12.11 삭제)

제7조【사업장의 신고】 사업장의 사용자는 다음 각 호의 어느 하나에 해당하게 되면 그 때부터 14일 이내에 보건복지부령으로 정하는 바에 따라 보험자에게 신고하여야 한다. 제1호에 해당되어 보험자에게 신고한 내용이 변경된 경우에도 또한 같다.
1. 제6조제2항에 따라 직장가입자가 되는 근로자·공무원 및 교직원을 사용하는 사업장(이하 "적용대상사업장"이라 한다)이 된 경우
2. 휴업·폐업 등 보건복지부령으로 정하는 사유가 발생한 경우

제8조【자격의 취득 시기 등】 ① 가입자는 국내에 거주하게 된 날에 직장가입자 또는 지역가입자의 자격을 얻는다. 다만, 다음 각 호의 어느 하나에 해당하는 사람은 그 해당되는 날에 각각 자격을 얻는다.
1. 수급권자이었던 사람은 그 대상자에서 제외된 날
2. 직장가입자의 피부양자이었던 사람은 그 자격을 잃은 날
3. 유공자등 의료보호대상자이었던 사람은 그 대상자에서 제외된 날
4. 제5조제1항제2호가목에 따라 보험자에게 건강보험의 적용을 신청한 유공자등 의료보호대상자는 그 신청한 날

② 제1항에 따라 자격을 얻은 경우 그 직장가입자의 사용자 및 지역가입자의 세대주는 그 명세를 보건복지부령으로 정하는 바에 따라 자격을 취득한 날부터 14일 이내에 보험자에게 신고하여야 한다.

제9조【자격의 변동 시기 등】 ① 가입자는 다음 각 호의 어느 하나에 해당하게 된 날에 그 자격이 변동된다.
1. 지역가입자가 적용대상사업장의 사용자로 되거나, 근로자·공무원 또는 교직원(이하 "근로자등"이라 한다)으로 사용된 날
2. 직장가입자가 다른 적용대상사업장의 사용자로 되거나 근로자등으로 사용된 날
3. 직장가입자인 근로자등이 그 사용관계가 끝난 날의 다음 날
4. 적용대상사업장에 제7조제2호에 따른 사유가 발생한 날의 다음 날
5. 지역가입자가 다른 세대로 전입한 날

② 제1항에 따라 자격이 변동된 경우 직장가입자의 사용자와 지역가입자의 세대주는 다음 각 호의 구분에 따라 그 명세를 보건복지부령으로 정하는 바에 따라 자격이 변동된 날부터 14일 이내에 보험자에게 신고하여야 한다.
1. 제1항제1호 및 제2호에 따라 자격이 변동된 경우 : 직장가입자의 사용자
2. 제1항제3호부터 제5호까지의 규정에 따라 자격이 변동된 경우 : 지역가입자의 세대주

③ 법무부장관 및 국방부장관은 직장가입자나 지역가입자가 제54조제3호 또는 제4호에 해당하면 보건복지부령으로 정하는 바에 따라 그 사유에 해당된 날부터 1개월 이내에 보험자에게 알려야 한다.

제9조의2【자격 취득·변동 사항의 고지】 공단은 제96조제1항에 따라 제공받은 자료를 통하여 가입자 자격의 취득 또는 변동 여부를 확인하는 경우에는 자격 취득 또는 변동 후 최초로 제79조에 따른 납부의무자에게 보험료 납입 고지를 할 때 보건복지부령으로 정하는 바에 따라 자격 취득 또는 변동에 관한 사항을 알려야 한다.
(2019.1.15 본조신설)

제10조【자격의 상실 시기 등】 ① 가입자는 다음 각 호의 어느 하나에 해당하게 된 날에 그 자격을 잃는다.
1. 사망한 날의 다음 날
2. 국적을 잃은 날의 다음 날
3. 국내에 거주하지 아니하게 된 날의 다음 날
4. 직장가입자의 피부양자가 된 날
5. 수급권자가 된 날
6. 건강보험을 적용받고 있던 사람이 유공자등 의료보호대상자가 되어 건강보험의 적용배제신청을 한 날

② 제1항에 따라 자격을 잃은 경우 직장가입자의 사용자와 지역가입자의 세대주는 그 명세를 보건복지부령으로 정하는 바에 따라 자격을 잃은 날부터 14일 이내에 보험자에게 신고하여야 한다.

제11조【자격취득 등의 확인】 ① 가입자 자격의 취득·변동 및 상실은 제8조부터 제10조까지의 규정에 따른 자격의 취득·변동 및 상실의 시기로 소급하여 효력을 발생한다. 이 경우 보험자는 그 사실을 확인할 수 있다.
② 가입자나 가입자이었던 사람 또는 피부양자나 피부양자이었던 사람은 제1항에 따른 확인을 청구할 수 있다.

제12조【건강보험증】 ① 국민건강보험공단은 가입자 또는 피부양자가 신청하는 경우 건강보험증을 발급하여야 한다.(2018.12.11 본항개정)
② 가입자 또는 피부양자가 요양급여를 받을 때에는 제1항의 건강보험증을 제42조제1항에 따른 요양기관(이하 "요양기관"이라 한다)에 제출하여야 한다. 다만, 천재지변이나 그 밖의 부득이한 사유가 있으면 그러하지 아니하다.
③ 가입자 또는 피부양자는 제2항 본문에도 불구하고 주민등록증, 운전면허증, 여권, 그 밖에 보건복지부령으로 정하는 본인 여부를 확인할 수 있는 신분증명서(이하 "신분증명서"라 한다)로 요양기관이 그 자격을 확인할 수 있으면 건강보험증을 제출하지 아니할 수 있다.
④ 요양기관은 가입자 또는 피부양자에게 요양급여를 실시하는 경우 보건복지부령으로 정하는 바에 따라 건강보험증이나 신분증명서로 본인 여부 및 그 자격을 확인하여야 한다. 다만, 요양기관이 가입자 또는 피부양자의 본인 여부 및 그 자격을 확인하기 곤란한 경우로서 보건복지부령으로 정하는 정당한 사유가 있을 때에는 그러하지 아니하다.(2023.5.19 본항신설)
⑤ 가입자·피부양자는 제10조제1항에 따라 자격을 잃은 후 자격을 증명하던 서류를 사용하여 보험급여를 받아서는 아니 된다.(2013.5.22 본항신설)
⑥ 누구든지 건강보험증이나 신분증명서를 다른 사람에게 양도(讓渡)하거나 대여하여 보험급여를 받게 하여서는 아니 된다.(2013.5.22 본항신설)
⑦ 누구든지 건강보험증이나 신분증명서를 양도 또는 대여를 받거나 그 밖에 이를 부정하게 사용하여 보험급여를 받아서는 아니 된다.
⑧ 제1항에 따른 건강보험증의 신청 절차와 방법, 서식과 그 교부 및 사용 등에 필요한 사항은 보건복지부령으로 정한다.(2018.12.11 본항개정)

제3장　국민건강보험공단

제13조【보험자】 건강보험의 보험자는 국민건강보험공단(이하 "공단"이라 한다)으로 한다.

제14조【업무 등】 ① 공단은 다음 각 호의 업무를 관장한다.
1. 가입자 및 피부양자의 자격 관리
2. 보험료와 그 밖에 이 법에 따른 징수금의 부과·징수
3. 보험급여의 관리
4. 가입자 및 피부양자의 질병의 조기발견·예방 및 건강관리를 위하여 요양급여 실시 현황과 건강검진 결과 등을 활용하여 실시하는 예방사업으로서 대통령령으로 정하는 사업(2017.2.8 본호개정)
5. 보험급여 비용의 지급
6. 자산의 관리·운영 및 증식사업
7. 의료시설의 운영
8. 건강보험에 관한 교육훈련 및 홍보
9. 건강보험에 관한 조사연구 및 국제협력
10. 이 법에서 공단의 업무로 정하고 있는 사항
11. 「국민연금법」, 「고용보험 및 산업재해보상보험의 보험료징수 등에 관한 법률」, 「임금채권보장법」 및 「석면피해구제법」(이하 "징수위탁근거법"이라 한다)에 따라 위탁받은 업무
12. 그 밖에 이 법 또는 다른 법령에 따라 위탁받은 업무
13. 그 밖에 건강보험과 관련하여 보건복지부장관이 필요하다고 인정한 업무

② 제1항제6호에 따른 자산의 관리·운영 및 증식사업은 안정성과 수익성을 고려하여 다음 각 호의 방법에 따라야 한다.
1. 체신관서 또는 「은행법」에 따른 은행에의 예입 또는 신탁
2. 국가·지방자치단체 또는 「은행법」에 따른 은행이 직접 발행하거나 채무이행을 보증하는 유가증권의 매입
3. 특별법에 따라 설립된 법인이 발행하는 유가증권의 매입
4. 「자본시장과 금융투자업에 관한 법률」에 따른 신탁업자가 발행하거나 같은 법에 따른 집합투자업자가 발행하는 수익증권의 매입
5. 공단의 업무에 사용되는 부동산의 취득 및 일부 임대
6. 그 밖에 공단 자산의 증식을 위하여 대통령령으로 정하는 사업

③ 공단은 특정인을 위하여 업무를 제공하거나 공단 시설을 이용하게 할 경우 공단의 정관으로 정하는 바에 따

라 그 업무의 제공 또는 시설의 이용에 대한 수수료와 사용료를 징수할 수 있다.
④ 공단은 「공공기관의 정보공개에 관한 법률」에 따라 건강보험과 관련하여 보유·관리하고 있는 정보를 공개한다.
제15조【법인격 등】 ① 공단은 법인으로 한다.
② 공단은 주된 사무소의 소재지에서 설립등기를 함으로써 성립한다.
제16조【사무소】 ① 공단의 주된 사무소의 소재지는 정관으로 정한다.
② 공단은 필요하면 정관으로 정하는 바에 따라 분사무소를 둘 수 있다.
제17조【정관】 ① 공단의 정관에는 다음 각 호의 사항을 적어야 한다.
1. 목적
2. 명칭
3. 사무소의 소재지
4. 임직원에 관한 사항
5. 이사회의 운영
6. 재정운영위원회에 관한 사항
7. 보험료 및 보험급여에 관한 사항
8. 예산 및 결산에 관한 사항
9. 자산 및 회계에 관한 사항
10. 업무와 그 집행
11. 정관의 변경에 관한 사항
12. 공고에 관한 사항
② 공단은 정관을 변경하려면 보건복지부장관의 인가를 받아야 한다.
제18조【등기】 공단의 설립등기에는 다음 각 호의 사항을 포함하여야 한다.
1. 목적
2. 명칭
3. 주된 사무소 및 분사무소의 소재지
4. 이사장의 성명·주소 및 주민등록번호
제19조【해산】 공단의 해산에 관하여는 법률로 정한다.
제20조【임원】 ① 공단은 임원으로서 이사장 1명, 이사 14명 및 감사 1명을 둔다. 이 경우 이사장, 이사 중 5명 및 감사는 상임으로 한다.
② 이사장은 「공공기관의 운영에 관한 법률」 제29조에 따른 임원추천위원회(이하 "임원추천위원회"라 한다)가 복수로 추천한 사람 중에서 보건복지부장관의 제청으로 대통령이 임명한다.
③ 상임이사는 보건복지부령으로 정하는 추천 절차를 거쳐 이사장이 임명한다.
④ 비상임이사는 다음 각 호의 사람을 보건복지부장관이 임명한다.
1. 노동조합·사용자단체·시민단체·소비자단체·농어업인단체 및 노인단체가 추천하는 각 1명
2. 대통령령으로 정하는 바에 따라 추천하는 관계 공무원 3명
⑤ 감사는 임원추천위원회가 복수로 추천한 사람 중에서 기획재정부장관의 제청으로 대통령이 임명한다.
⑥ 제4항에 따른 비상임이사는 정관으로 정하는 바에 따라 실비변상(實費辨償)을 받을 수 있다.
⑦ 이사장의 임기는 3년, 이사(공무원인 이사는 제외한다)와 감사의 임기는 각각 2년으로 한다.
제21조【징수이사】 ① 상임이사 중 제14조제1항제2호 및 제11호의 업무를 담당하는 이사(이하 "징수이사"라 한다)는 경영, 경제 및 사회보험에 관한 학식과 경험이 풍부한 사람으로서 보건복지부령으로 정하는 자격을 갖춘 사람 중에서 선임한다.
② 징수이사 후보를 추천하기 위하여 공단에 이사를 위원으로 하는 징수이사추천위원회(이하 "추천위원회"라 한다)를 둔다. 이 경우 추천위원회의 위원장은 이사장이 지명하는 이사로 한다.
③ 추천위원회는 주요 일간신문에 징수이사 후보의 모집 공고를 하여야 하며, 이와 별도로 적임자로 판단되는 징수이사 후보를 조사하거나 전문단체에 조사를 의뢰할 수 있다.
④ 추천위원회는 제3항에 따라 모집한 사람을 보건복지부령으로 정하는 징수이사 후보 심사기준에 따라 심사하여야 하며, 징수이사 후보로 추천될 사람과 계약 조건에 관하여 협의하여야 한다.
⑤ 이사장은 제4항에 따른 심사와 협의 결과에 따라 징수이사 후보와 계약을 체결하여야 하며, 이 경우 제20조제3항에 따른 상임이사의 임명으로 본다.
⑥ 제4항에 따른 계약 조건에 관한 협의, 제5항에 따른 계약 체결 등에 필요한 사항은 보건복지부령으로 정한다.
제22조【임원의 직무】 ① 이사장은 공단을 대표하고 업무를 총괄하며, 임기 중 공단의 경영성과에 대하여 책임을 진다.
② 상임이사는 이사장의 명을 받아 공단의 업무를 집행한다.
③ 이사장이 부득이한 사유로 그 직무를 수행할 수 없을 때에는 정관으로 정하는 바에 따라 상임이사 중 1명이 그 직무를 대행하고, 상임이사가 없거나 그 직무를 대행할 수 없을 때에는 정관으로 정하는 임원이 그 직무를 대행한다.
④ 감사는 공단의 업무, 회계 및 재산 상황을 감사한다.
제23조【임원 결격사유】 다음 각 호의 어느 하나에 해당하는 사람은 공단의 임원이 될 수 없다.
1. 대한민국 국민이 아닌 사람
2. 「공공기관의 운영에 관한 법률」 제34조제1항 각 호의 어느 하나에 해당하는 사람
제24조【임원의 당연퇴임 및 해임】 ① 임원이 제23조 각 호의 어느 하나에 해당하게 되거나 임명 당시 그에 해당하는 사람으로 확인되면 그 임원은 당연퇴임한다.
② 임명권자는 임원이 다음 각 호의 어느 하나에 해당하면 그 임원을 해임할 수 있다.
1. 신체장애나 정신장애로 직무를 수행할 수 없다고 인정되는 경우
2. 직무상 의무를 위반한 경우
3. 고의나 중대한 과실로 공단에 손실이 생기게 한 경우
4. 직무 여부와 관계없이 품위를 손상하는 행위를 한 경우
5. 이 법에 따른 보건복지부장관의 명령을 위반한 경우
제25조【임원의 겸직 금지 등】 ① 공단의 상임임원과 직원은 그 직무 외에 영리를 목적으로 하는 사업에 종사하지 못한다.
② 공단의 상임임원이 임명권자 또는 제청권자의 허가를 받거나 공단의 직원이 이사장의 허가를 받은 경우에는 비영리 목적의 업무를 겸할 수 있다.
제26조【이사회】 ① 공단의 주요 사항(「공공기관의 운영에 관한 법률」 제17조제1항 각 호의 사항을 말한다)을 심의·의결하기 위하여 공단에 이사회를 둔다.
② 이사회는 이사장과 이사로 구성한다.
③ 감사는 이사회에 출석하여 발언할 수 있다.
④ 이사회의 의결 사항 및 운영 등에 필요한 사항은 대통령령으로 정한다.
제27조【직원의 임면】 이사장은 정관으로 정하는 바에 따라 직원을 임면(任免)한다.
제28조【벌칙 적용 시 공무원 의제】 공단의 임직원은 「형법」 제129조부터 제132조까지의 규정을 적용할 때 공무원으로 본다.
제29조【규정 등】 공단의 조직·인사·보수 및 회계에 관한 규정은 이사회의 의결을 거쳐 보건복지부장관의 승인을 받아 정한다.
제30조【대리인의 선임】 이사장은 공단 업무에 관한 모든 재판상의 행위 또는 재판 외의 행위를 대행하게 하기 위하여 공단의 이사 또는 직원 중에서 대리인을 선임할 수 있다.
제31조【대표권의 제한】 ① 이사장은 공단의 이익과 자기의 이익이 상반되는 사항에 대하여는 공단을 대표하지 못한다. 이 경우 감사가 공단을 대표한다.
② 공단과 이사장 사이의 소송은 제1항을 준용한다.
제32조【이사장 권한의 위임】 이 법에 규정된 이사장의 권한 중 급여의 제한, 보험료의 납입고지 등 대통령령으로 정하는 사항은 정관으로 정하는 바에 따라 분사무소의 장에게 위임할 수 있다.
제33조【재정운영위원회】 ① 제45조제1항에 따른 요양급여비용의 계약 및 제84조에 따른 결손처분 등 보험재정에 관련된 사항을 심의·의결하기 위하여 공단에 재정운영위원회를 둔다.
② 재정운영위원회의 위원장은 제34조제1항제3호에 따른 위원 중에서 호선(互選)한다.
제34조【재정운영위원회의 구성 등】 ① 재정운영위원회는 다음 각 호의 위원으로 구성한다.
1. 직장가입자를 대표하는 위원 10명
2. 지역가입자를 대표하는 위원 10명
3. 공익을 대표하는 위원 10명
② 제1항에 따른 위원은 다음 각 호의 사람을 보건복지부장관이 임명하거나 위촉한다.
1. 제1항제1호의 위원은 노동조합과 사용자단체에서 추천하는 각 5명
2. 제1항제2호의 위원은 대통령령으로 정하는 바에 따라 농어업인 단체·도시자영업자단체 및 시민단체에서 추천하는 사람
3. 제1항제3호의 위원은 대통령령으로 정하는 관계 공무원 및 건강보험에 관한 학식과 경험이 풍부한 사람
③ 재정운영위원회 위원(공무원인 위원은 제외한다)의 임기는 2년으로 한다. 다만, 위원의 사임 등으로 새로 위촉된 위원의 임기는 전임위원 임기의 남은 기간으로 한다.
④ 재정운영위원회의 운영 등에 필요한 사항은 대통령령으로 정한다.
제35조【회계】 ① 공단의 회계연도는 정부의 회계연도에 따른다.
② 공단은 직장가입자와 지역가입자의 재정을 통합하여 운영한다.
③ 공단은 건강보험사업 및 징수위탁근거법의 위탁에 따른 국민연금사업·고용보험사업·산업재해보상보험사업·임금채권보장사업에 관한 회계를 공단의 다른 회계와 구분하여 각각 회계처리하여야 한다.(2018.1.16 본항개정)
제36조【예산】 공단은 회계연도마다 예산안을 편성하여 이사회의 의결을 거친 후 보건복지부장관의 승인을 받아야 한다. 예산을 변경할 때에도 또한 같다.
(2016.3.22 전단개정)
제37조【차입금】 공단은 지출할 현금이 부족한 경우에는 차입할 수 있다. 다만, 1년 이상 장기로 차입하려면 보건복지부장관의 승인을 받아야 한다.
제38조【준비금】 ① 공단은 회계연도마다 결산상의 잉여금 중에서 그 연도의 보험급여에 든 비용의 100분의 5 이상에 상당하는 금액을 그 연도에 든 비용의 100분의 50에 이를 때까지 준비금으로 적립하여야 한다.
② 제1항에 따른 준비금은 부족한 보험급여 비용에 충당하거나 지출할 현금이 부족할 때 외에는 사용할 수 없으며, 현금 지출에 준비금을 사용한 경우에는 해당 회계연도 중에 이를 보전(補塡)하여야 한다.
③ 제1항에 따른 준비금의 관리 및 운영 방법 등에 필요한 사항은 보건복지부장관이 정한다.
제39조【결산】 ① 공단은 회계연도마다 결산보고서와 사업보고서를 작성하여 다음해 2월 말일까지 보건복지부장관에게 보고하여야 한다.
② 공단은 제1항에 따라 결산보고서와 사업보고서를 보건복지부장관에게 보고하였을 때에는 보건복지부령으로 정하는 바에 따라 그 내용을 공고하여야 한다.
제39조의2【재난적의료비 지원사업에 대한 출연】 공단은 「재난적의료비 지원에 관한 법률」에 따른 재난적의료비 지원사업에 사용되는 비용에 충당하기 위하여 매년 예산의 범위에서 출연할 수 있다. 이 경우 출연 금액의 상한 등에 필요한 사항은 대통령령으로 정한다.
(2018.1.16 본조신설)
제40조【「민법」의 준용】 공단에 관하여 이 법과 「공공기관의 운영에 관한 법률」에서 정한 사항 외에는 「민법」 중 재단법인에 관한 규정을 준용한다.

제4장 보험급여

제41조【요양급여】 ① 가입자와 피부양자의 질병, 부상, 출산 등에 대하여 다음 각 호의 요양급여를 실시한다.
1. 진찰·검사
2. 약제(藥劑)·치료재료의 지급
3. 처치·수술 및 그 밖의 치료
4. 예방·재활
5. 입원
6. 간호
7. 이송(移送)
② 제1항에 따른 요양급여(이하 "요양급여"라 한다)의 범위(이하 "요양급여대상"이라 한다)는 다음 각 호와 같다.
1. 제1항 각 호의 요양급여(제1항제2호의 약제는 제외한다) : 제4항에 따라 보건복지부장관이 비급여대상으로 정한 것을 제외한 일체의 것
2. 제1항제2호의 약제 : 제41조의3에 따라 요양급여대상으로 보건복지부장관이 결정하여 고시한 것
(2016.2.3 본항신설)
③ 요양급여의 방법·절차·범위·상한 등의 기준은 보건복지부령으로 정한다.(2016.2.3 본항개정)
④ 보건복지부장관은 제3항에 따라 요양급여의 기준을 정할 때 업무나 일상생활에 지장이 없는 질환에 대한 치료 등 보건복지부령으로 정하는 사항은 요양급여대상에서 제외되는 사항(이하 "비급여대상"이라 한다)으로 정할 수 있다.(2016.2.3 본항개정)
제41조의2【약제에 대한 요양급여비용 상한금액의 감액 등】 ① 보건복지부장관은 「약사법」 제47조제2항의 위반과 관련된 제41조제1항제2호의 약제에 대하여는 요양급여비용 상한금액(제41조제3항에 따라 약제별 요양급여비용의 상한으로 정한 금액을 말한다. 이하 같다)의 100분의 20을 넘지 아니하는 범위에서 그 금액의 일부를 감액할 수 있다.(2018.3.27 본항신설)
② 보건복지부장관은 제1항에 따라 요양급여비용의 상한금액이 감액된 약제가 감액된 날부터 5년의 범위에서 대통령령으로 정하는 기간 내에 다시 제1항에 따른 감액의 대상이 된 경우에는 요양급여비용 상한금액의 100분의 40을 넘지 아니하는 범위에서 요양급여비용 상한금액의 일부를 감액할 수 있다.(2018.3.27 본항신설)
③ 보건복지부장관은 제2항에 따라 요양급여비용의 상한금액이 감액된 약제가 감액된 날부터 5년의 범위에서 대통령령으로 정하는 기간 내에 다시 「약사법」 제47조제2항의 위반과 관련된 경우에는 해당 약제에 대하여 1년의 범위에서 기간을 정하여 요양급여의 적용을 정지할 수 있다.
④ 제1항부터 제3항까지의 규정에 따른 요양급여비용 상한금액의 감액 및 요양급여 적용 정지의 기준, 절차, 그 밖에 필요한 사항은 대통령령으로 정한다.
(2018.3.27 본조개정)
제41조의3【행위·치료재료 및 약제에 대한 요양급여대상 여부의 결정 및 조정】 ① 제42조에 따른 요양기관, 치료재료의 제조업자·수입업자 등 보건복지부령으로 정하는 자는 요양급여대상 또는 비급여대상으로 결정되지 아니한 제41조제1항제1호·제3호·제4호의 요양급여에 관한 행위 및 제41조제1항제2호의 치료재료(이하 "행위·치료재료"라 한다)에 대하여 요양급여대상 여부의 결정을 보건복지부장관에게 신청하여야 한다.
② 「약사법」에 따른 약제의 제조업자·수입업자 등 보건복지부령으로 정하는 자(이하 "약제의 제조업자등"이라 한다)는 요양급여대상에 포함되지 아니한 제41조제1항제2호의 약제(이하 이 조에서 "약제"라 한다)에 대하여

보건복지부장관에게 요양급여대상 여부의 결정을 신청할 수 있다.(2023.5.19 본항개정)
③ 제1항 및 제2항에 따른 신청을 받은 보건복지부장관은 정당한 사유가 없으면 보건복지부령으로 정하는 기간 이내에 요양급여대상 또는 비급여대상의 여부를 결정하여 신청인에게 통보하여야 한다.
④ 보건복지부장관은 제1항 및 제2항에 따른 신청이 없는 경우에도 환자의 진료상 반드시 필요하다고 보건복지부령으로 정하는 경우에는 직권으로 행위·치료재료 및 약제의 요양급여대상의 여부를 결정할 수 있다.
⑤ 보건복지부장관은 제41조제2항제2호에 따라 요양급여대상으로 결정하여 고시한 약제에 대하여 보건복지부령으로 정하는 바에 따라 요양급여대상 여부, 범위, 요양급여비용 상한금액 등을 직권으로 조정할 수 있다.
(2023.5.19 본항신설)
⑥ 제1항 및 제2항에 따른 요양급여대상 여부의 결정 신청의 시기, 절차, 방법 및 업무의 위탁 등에 필요한 사항, 제3항과 제4항에 따른 요양급여대상 여부의 결정 절차 및 방법, 제5항에 따른 직권 조정 사유·절차 및 방법 등에 관한 사항은 보건복지부령으로 정한다.(2023.5.19 본항개정)
(2023.5.19 본조제목개정)
(2016.2.3 본조신설)

제41조의4【선별급여】 ① 요양급여를 결정함에 있어 경제성 또는 치료효과성 등이 불확실하여 그 검증을 위하여 추가적인 근거가 필요하거나, 경제성이 낮아도 가입자와 피부양자의 건강회복에 잠재적 이득이 있는 등 대통령령으로 정하는 경우에는 예비적인 요양급여인 선별급여로 지정하여 실시할 수 있다.
② 보건복지부장관은 대통령령으로 정하는 절차와 방법에 따라 제1항에 따른 선별급여(이하 "선별급여"라 한다)에 대하여 주기적으로 요양급여의 적합성을 평가하여 요양급여 여부를 다시 결정하고, 제41조제3항에 따른 요양급여의 기준을 조정하여야 한다.
(2016.3.22 본조신설)

제41조의5【방문요양급여】 가입자 또는 피부양자가 질병이나 부상으로 거동이 불편한 경우 등 보건복지부령으로 정하는 사유에 해당하는 경우에는 가입자 또는 피부양자를 직접 방문하여 제41조에 따른 요양급여를 실시할 수 있다.(2018.12.11 본조신설)

제42조【요양기관】 ① 요양급여(간호와 이송은 제외한다)는 다음 각 호의 요양기관에서 실시한다. 이 경우 보건복지부장관은 공익이나 국가정책에 비추어 요양기관으로 적합하지 아니한 대통령령으로 정하는 의료기관 등은 요양기관에서 제외할 수 있다.
1. 「의료법」에 따라 개설된 의료기관
2. 「약사법」에 따라 등록된 약국
3. 「약사법」 제91조에 따라 설립된 한국희귀·필수의약품센터(2018.3.27 본호개정)
4. 「지역보건법」에 따른 보건소·보건의료원 및 보건지소
5. 「농어촌 등 보건의료를 위한 특별조치법」에 따라 설치된 보건진료소
② 보건복지부장관은 효율적인 요양급여를 위하여 필요하면 보건복지부령으로 정하는 바에 따라 시설·장비·인력 및 진료과목 등 보건복지부령으로 정하는 기준에 해당하는 요양기관을 전문요양기관으로 인정할 수 있다. 이 경우 해당 전문요양기관에 인정서를 발급하여야 한다.
③ 보건복지부장관은 제2항에 따라 인정받은 요양기관이 다음 각 호의 어느 하나에 해당하는 경우에는 그 인정을 취소한다.
1. 제2항 전단에 따른 인정기준에 미달하게 된 경우
2. 제2항 후단에 따라 발급받은 인정서를 반납한 경우
④ 제2항에 따라 전문요양기관으로 인정된 요양기관 또는 「의료법」 제3조의4에 따른 상급종합병원에 대하여는 제41조제3항에 따른 요양급여의 절차 및 제45조에 따른 요양급여비용을 다른 요양기관과 달리 할 수 있다.
(2016.2.3 본항개정)
⑤ 제1항·제2항 및 제4항에 따른 요양기관은 정당한 이유 없이 요양급여를 거부하지 못한다.

제42조의2【요양기관의 선별급여 실시에 대한 관리】
① 제42조제1항에도 불구하고, 선별급여 중 자료의 축적 또는 의료 이용의 관리가 필요한 경우에는 보건복지부장관이 해당 선별급여의 실시 조건을 사전에 정하여 이를 충족하는 요양기관만이 해당 선별급여를 실시할 수 있다.
② 제1항에 따라 선별급여를 실시하는 요양기관은 제41조의4제2항에 따른 해당 선별급여의 평가를 위하여 필요한 자료를 제출하여야 한다.
③ 보건복지부장관은 요양기관이 제1항에 따른 선별급여의 실시 조건을 충족하지 못하거나 제2항에 따른 자료를 제출하지 아니할 경우에는 해당 선별급여의 실시를 제한할 수 있다.
④ 제1항에 따른 선별급여의 실시 조건, 제2항에 따른 자료의 제출, 제3항에 따른 선별급여의 실시 제한 등에 필요한 사항은 보건복지부령으로 정한다.
(2016.3.22 본조신설)

제43조【요양기관 현황에 대한 신고】 ① 요양기관은 제47조에 따라 요양급여비용을 최초로 청구하는 때에 요양기관의 시설·장비 및 인력 등에 대한 현황을 제62조에 따른 건강보험심사평가원(이하 "심사평가원"이라 한다)에 신고하여야 한다.
② 요양기관은 제1항에 따라 신고한 내용(제45조에 따른 요양급여비용의 증감에 관련된 사항만 해당한다)이 변경된 경우에는 그 변경된 날부터 15일 이내에 보건복지부령으로 정하는 바에 따라 심사평가원에 신고하여야 한다.
③ 제1항 및 제2항에 따른 신고의 범위, 대상, 방법 및 절차 등에 필요한 사항은 보건복지부령으로 정한다.

제44조【비용의 일부부담】 ① 요양급여를 받는 자는 대통령령으로 정하는 바에 따라 비용의 일부(이하 "본인일부부담금"이라 한다)를 본인이 부담한다. 이 경우 선별급여에 대해서는 다른 요양급여에 비하여 본인일부부담금을 상향 조정할 수 있다.(2016.3.22 후단신설)
② 제1항에 따라 본인이 연간 부담하는 본인일부부담금의 총액이 대통령령으로 정하는 금액(이하 이 조에서 "본인부담상한액"이라 한다)을 초과한 경우에는 공단이 그 초과 금액을 부담하여야 한다. 이 경우 공단은 당사자에게 그 초과 금액을 통보하고, 이를 지급하여야 한다.
(2023.5.19 후단신설)
③ 제2항에 따른 본인부담상한액은 가입자의 소득수준 등에 따라 정한다.(2016.3.22 본항신설)
④ 제2항에 따른 본인일부부담금 총액 산정 방법, 본인부담상한액을 넘는 금액의 지급 방법 및 제3항에 따른 가입자의 소득수준 등에 따른 본인부담상한액 설정 등에 필요한 사항은 대통령령으로 정한다.(2016.3.22 본항신설)

제45조【요양급여비용의 산정 등】 ① 요양급여비용은 공단의 이사장과 대통령령으로 정하는 의약계를 대표하는 사람들의 계약으로 정한다. 이 경우 계약기간은 1년으로 한다.
② 제1항에 따라 계약이 체결되면 그 계약은 공단과 각 요양기관 사이에 체결된 것으로 본다.
③ 제1항에 따른 계약은 그 직전 계약기간 만료일이 속하는 연도의 5월 31일까지 체결하여야 하며, 그 기한까지 계약이 체결되지 아니하는 경우 보건복지부장관이 그 직전 계약기간 만료일이 속하는 연도의 6월 30일까지 심의위원회의 의결을 거쳐 요양급여비용을 정한다. 이 경우 보건복지부장관이 정하는 요양급여비용은 제1항 및 제2항에 따라 계약으로 정한 요양급여비용으로 본다.
(2013.5.22 전단개정)
④ 제1항 또는 제3항에 따라 요양급여비용이 정해지면 보건복지부장관은 그 요양급여비용의 명세를 지체 없이 고시하여야 한다.
⑤ 공단의 이사장은 제33조에 따른 재정운영위원회의 심의·의결을 거쳐 제1항에 따른 계약을 체결하여야 한다.
⑥ 심사평가원은 공단의 이사장이 제1항에 따른 계약을 체결하기 위하여 필요한 자료를 요청하면 그 요청에 성실히 따라야 한다.
⑦ 제1항에 따른 계약의 내용과 그 밖에 필요한 사항은 대통령령으로 정한다.

제46조【약제·치료재료에 대한 요양급여비용의 산정】 제41조제1항제2호의 약제·치료재료(이하 "약제·치료재료"라 한다)에 대한 요양급여비용은 제45조에도 불구하고 요양기관의 약제·치료재료 구입금액 등을 고려하여 대통령령으로 정하는 바에 따라 달리 산정할 수 있다.

제47조【요양급여비용의 청구와 지급 등】 ① 요양기관은 공단에 요양급여비용의 지급을 청구할 수 있다. 이 경우 제2항에 따른 요양급여비용에 대한 심사청구는 공단에 대한 요양급여비용의 청구로 본다.
② 제1항에 따라 요양급여비용을 청구하려는 요양기관은 심사평가원에 요양급여비용의 심사청구를 하여야 하며, 심사청구를 받은 심사평가원은 이를 심사한 후 지체 없이 그 내용을 공단과 요양기관에 알려야 한다.
③ 제2항에 따라 심사 내용을 통보받은 공단은 지체 없이 그 내용에 따라 요양급여비용을 요양기관에 지급한다. 이 경우 이미 낸 본인일부부담금이 제2항에 따라 통보된 금액보다 더 많으면 요양기관에 지급할 금액에서 더 많이 낸 금액을 공제하여 해당 가입자에게 지급하여야 한다.
④ 공단은 제3항 전단에 따라 요양급여비용을 요양기관에 지급하는 경우 해당 요양기관이 제77조제1항제1호에 따라 공단에 납부하여야 하는 보험료 또는 그 밖에 이 법에 따른 징수금을 체납한 때에는 요양급여비용에서 이를 공제하고 지급할 수 있다.(2022.12.27 본항신설)
⑤ 공단은 제3항 후단에 따라 가입자에게 지급하여야 하는 금액을 그 가입자가 내야 하는 보험료와 그 밖에 이 법에 따른 징수금(이하 "보험료등"이라 한다)과 상계(相計)할 수 있다.(2022.12.27 본항개정)
⑥ 공단은 심사평가원이 제47조의4에 따라 요양급여의 적정성을 평가하여 공단에 통보하면 그 평가 결과에 따라 요양급여비용을 가산하거나 감액 조정하여 지급한다. 이 경우 평가 결과에 따라 요양급여비용을 가산하거나 감액하여 지급하는 기준은 보건복지부령으로 정한다.
(2022.6.10 전단개정)
⑦ 요양기관은 제2항에 따른 심사청구를 다음 각 호의 단체가 대행하게 할 수 있다.
1. 「의료법」 제28조제1항에 따른 의사회·치과의사회·한의사회·조산사회 또는 같은 조 제6항에 따라 신고한 각각의 지부 및 분회
2. 「의료법」 제52조에 따른 의료기관 단체
3. 「약사법」 제11조에 따른 약사회 또는 같은 법 제14조에 따라 신고한 지부 및 분회
⑧ 제1항부터 제7항까지의 규정에 따른 요양급여비용의 청구·심사·지급 등의 방법과 절차에 필요한 사항은 보건복지부령으로 정한다.(2022.12.27 본항개정)

제47조의2【요양급여비용의 지급 보류】 ① 제47조제3항에도 불구하고 공단은 요양급여비용의 지급을 청구한 요양기관이 「의료법」 제4조제2항, 제33조제2항·제8항 또는 「약사법」 제20조제1항, 제21조제1항을 위반하였거나, 「의료법」 제33조제10항 또는 「약사법」 제6조제3항·제4항을 위반하여 개설·운영되었다는 사실을 수사기관의 수사 결과로 확인한 경우에는 해당 요양기관이 청구한 요양급여비용의 지급을 보류할 수 있다. 이 경우 요양급여비용 지급 보류 처분의 효력은 해당 요양기관이 그 처분 이후 청구하는 요양급여비용에 대해서도 미친다.
(2023.7.11 전단개정)
② 공단은 제1항에 따라 요양급여비용의 지급을 보류하기 전에 해당 요양기관에 의견 제출의 기회를 주어야 한다.
③ 법원의 무죄 판결이 확정되는 등 대통령령으로 정하는 사유로 제1항에 따른 요양기관이 「의료법」 제4조제2항, 제33조제2항·제8항 또는 「약사법」 제20조제1항, 제21조제1항을 위반한 혐의나 「의료법」 제33조제10항 또는 「약사법」 제6조제3항·제4항을 위반하여 개설·운영된 혐의가 입증되지 아니한 경우에는 공단은 지급 보류된 요양급여비용에 지급 보류된 기간 동안의 이자를 가산하여 해당 요양기관에 지급하여야 한다.(2023.7.11 본항개정)
④ 제1항 및 제2항에 따른 지급 보류 절차 및 의견 제출의 절차 등에 필요한 사항, 제3항에 따른 지급 보류된 요양급여비용 및 이자의 지급 절차와 이자의 산정 등에 필요한 사항은 대통령령으로 정한다.
(2014.5.20 본조신설)
<2023.3.23 헌법재판소 헌법불합치결정으로 이 조 제1항 전문 중 '의료법 제33조제2항'에 관한 부분은 2024.12.31을 시한으로 입법자가 개정할 때까지 계속 적용>

제47조의3【요양급여비용의 차등 지급】 지역별 의료자원의 불균형 및 의료서비스 격차의 해소 등을 위하여 지역별로 요양급여비용을 달리 정하여 지급할 수 있다.
(2020.12.29 본조신설)

제47조의4【요양급여의 적정성 평가】 ① 심사평가원은 요양급여에 대한 의료의 질을 향상시키기 위하여 요양급여의 적정성 평가(이하 이 조에서 "평가"라 한다)를 실시할 수 있다.
② 심사평가원은 요양기관의 인력·시설·장비, 환자안전 등 요양급여와 관련된 사항을 포함하여 평가할 수 있다.
③ 심사평가원은 평가 결과를 평가대상 요양기관에 통보하여야 하며, 평가 결과에 따라 요양급여비용을 가산 또는 감산할 경우에는 그 결정사항이 포함된 평가 결과를 가감대상 요양기관 및 공단에 통보하여야 한다.
④ 제1항부터 제3항까지에 따른 평가의 기준·범위·절차·방법 등에 필요한 사항은 보건복지부령으로 정한다.
(2022.6.10 본조신설)

제48조【요양급여 대상 여부의 확인 등】 ① 가입자나 피부양자는 본인일부부담금 외에 자신이 부담한 비용이 제41조제4항에 따라 요양급여 대상에서 제외되는 비용인지 여부에 대하여 심사평가원에 확인을 요청할 수 있다.
(2016.2.3 본항개정)
② 제1항에 따른 확인 요청을 받은 심사평가원은 그 결과를 요청한 사람에게 알려야 한다. 이 경우 확인을 요청한 비용이 요양급여 대상에 해당되는 비용으로 확인되면 그 내용을 공단 및 관련 요양기관에 알려야 한다.
③ 제2항 후단에 따라 통보받은 요양기관은 받아야 할 금액보다 더 많이 징수한 금액(이하 "과다본인부담금"이라 한다)을 지체 없이 확인을 요청한 사람에게 지급하여야 한다. 다만, 공단은 해당 요양기관이 과다본인부담금을 지급하지 아니하면 해당 요양기관에 지급할 요양급여비용에서 과다본인부담금을 공제하여 확인을 요청한 사람에게 지급할 수 있다.
④ 제1항부터 제3항까지에 따른 확인 요청의 범위, 방법, 절차, 처리기간 등 필요한 사항은 보건복지부령으로 정한다.(2022.6.10 본항신설)

제49조【요양비】 ① 공단은 가입자나 피부양자가 보건복지부령으로 정하는 긴급하거나 그 밖의 부득이한 사유로 요양기관과 비슷한 기능을 하는 기관으로서 보건복지부령으로 정하는 기관(제98조제1항에 따라 업무정지기간 중인 요양기관을 포함한다. 이하 "준요양기관"이라 한다)에서 질병·부상·출산 등에 대하여 요양을 받거나 요양기관이 아닌 장소에서 출산한 경우에는 그 요양급여에 상당하는 금액을 보건복지부령으로 정하는 바에 따라 가입자나 피부양자에게 요양비로 지급한다.
② 준요양기관은 보건복지부장관이 정하는 요양비 명세서나 요양 명세를 적은 영수증을 요양을 받은 사람에게 내주어야 하며, 요양을 받은 사람은 그 명세서나 영수증을 공단에 제출하여야 한다.
③ 제1항 및 제2항에도 불구하고 준요양기관은 요양을 받은 가입자나 피부양자의 위임이 있는 경우 공단에 요양비의 지급을 직접 청구할 수 있다. 이 경우 공단은 지급이 청구된 내용의 적정성을 심사하여 준요양기관에 요양비를 지급할 수 있다.(2020.12.29 본항신설)

④ 제3항에 따른 준요양기관의 요양비 지급 청구, 공단의 적정성 심사 등에 필요한 사항은 보건복지부령으로 정한다.(2020.12.29 본항신설)
(2020.12.29 본조개정)

제50조【부가급여】 공단은 이 법에서 정한 요양급여 외에 대통령령으로 정하는 바에 따라 임신·출산 진료비, 장제비, 상병수당, 그 밖의 급여를 실시할 수 있다.
(2013.5.22 본조개정)

제51조【장애인에 대한 특례】 ① 공단은 「장애인복지법」에 따라 등록한 장애인인 가입자 및 피부양자에게는 「장애인·노인 등을 위한 보조기기 지원 및 활용촉진에 관한 법률」 제3조제2호에 따른 보조기기(이하 이 조에서 "보조기기"라 한다)에 대하여 보험급여를 할 수 있다.
② 장애인인 가입자 또는 피부양자에게 보조기기를 판매한 자는 가입자나 피부양자의 위임이 있는 경우 공단에 보험급여를 직접 청구할 수 있다. 이 경우 공단은 지급이 청구된 내용의 적정성을 심사하여 보조기기를 판매한 자에게 보조기기에 대한 보험급여를 지급할 수 있다.
(2020.12.29 본항신설)
③ 제1항에 따른 보조기기에 대한 보험급여의 범위·방법·절차, 제2항에 따른 보조기기 판매업자의 보험급여 청구, 공단의 적정성 심사 및 그 밖에 필요한 사항은 보건복지부령으로 정한다.(2020.12.29 본항개정)
(2019.4.23 본조개정)

제52조【건강검진】 ① 공단은 가입자와 피부양자에 대하여 질병의 조기 발견과 그에 따른 요양급여를 하기 위하여 건강검진을 실시한다.
② 제1항에 따른 건강검진의 종류 및 대상은 다음 각 호와 같다.
1. 일반건강검진 : 직장가입자, 세대주인 지역가입자, 20세 이상인 지역가입자 및 20세 이상인 피부양자
2. 암검진 : 「암관리법」 제11조제2항에 따른 암의 종류별 검진주기와 연령 기준 등에 해당하는 사람
3. 영유아건강검진 : 6세 미만의 가입자 및 피부양자
(2018.12.11 본항신설)
③ 제1항에 따른 건강검진의 검진항목은 성별, 연령 등의 특성 및 생애 주기에 맞게 설계되어야 한다.(2018.12.11 본항신설)
④ 제1항에 따른 건강검진의 횟수·절차와 그 밖에 필요한 사항은 대통령령으로 정한다.(2018.12.11 본항개정)
[판례] 진료행위가 의학적 안정성과 유효성뿐 아니라 요양급여 인정기준 등을 벗어나 진료해야 할 의학적 필요성을 갖췄고, 가입자 등에게 미리 그 내용과 비용을 충분히 설명해 본인 부담으로 진료받는 데 대해 동의를 받았다면 국민건강보험법상 금지한 부당진료행위라고 볼 수는 없다. 다만, 이 요건에 해당하는 지에 대한 증명책임은 병원에 있다.(대판 2012.6.18, 2010두27639,27646)

제53조【급여의 제한】 ① 공단은 보험급여를 받을 수 있는 사람이 다음 각 호의 어느 하나에 해당하면 보험급여를 하지 아니한다.
1. 고의 또는 중대한 과실로 인한 범죄행위에 그 원인이 있거나 고의로 사고를 일으킨 경우
2. 고의 또는 중대한 과실로 공단이나 요양기관의 요양에 관한 지시에 따르지 아니한 경우
3. 고의 또는 중대한 과실로 제55조에 따른 문서와 그 밖의 물건의 제출을 거부하거나 질문 또는 진단을 기피한 경우
4. 업무 또는 공무로 생긴 질병·부상·재해로 다른 법령에 따른 보험급여나 보상(報償) 또는 보상(補償)을 받게 되는 경우
② 공단은 보험급여를 받을 수 있는 사람이 다른 법령에 따라 국가나 지방자치단체로부터 보험급여에 상당하는 급여를 받거나 보험급여에 상당하는 비용을 지급받게 되는 경우에는 그 한도에서 보험급여를 하지 아니한다.
③ 공단은 가입자가 대통령령으로 정하는 기간 이상 다음 각 호의 보험료를 체납한 경우 그 체납한 보험료를 완납할 때까지 그 가입자 및 피부양자에 대하여 보험급여를 실시하지 아니할 수 있다. 다만, 월별 보험료의 총체납횟수(이미 납부된 체납보험료는 총체납횟수에서 제외하며, 보험료의 체납기간은 고려하지 아니한다)가 대통령령으로 정하는 횟수 미만이거나 가입자 및 피부양자의 소득·재산 등이 대통령령으로 정하는 기준 미만인 경우에는 그러하지 아니하다.(2018.12.11 단서개정)
1. 제69조제4항제2호에 따른 보수 외 소득월액보험료
(2024.2.6 본호개정)
2. 제69조제5항에 따른 세대단위의 보험료
④ 공단은 제77조제1항제1호에 따라 납부의무를 부담하는 사용자가 제69조제4항제1호에 따른 보수월액보험료를 체납한 경우에는 그 체납에 대하여 직장가입자 본인에게 귀책사유가 있는 경우에 한하여 제3항의 규정을 적용한다. 이 경우 해당 직장가입자의 피부양자에게도 제3항의 규정을 적용한다.(2019.4.23 후단개정)
⑤ 제3항 및 제4항에도 불구하고 제82조에 따라 공단으로부터 분할납부 승인을 받고 그 승인된 보험료를 1회 이상 낸 경우에는 보험급여를 할 수 있다. 다만, 제82조에 따른 분할납부 승인을 받은 사람이 정당한 사유 없이 5회(같은 조 제1항에 따라 승인받은 분할납부 횟수가 5회 미만인 경우에는 해당 분할납부 횟수를 말한다. 이하 이 조에서 같다) 이상 그 승인된 보험료를 내지 아니한 경우에는 그러하지 아니하다.(2019.4.23 단서개정)
⑥ 제3항 및 제4항에 따라 보험급여를 하지 아니하는 기간(이하 이 항에서 "급여제한기간"이라 한다)에 받은 보험급여는 다음 각 호의 어느 하나에 해당하는 경우에만 보험급여로 인정한다.
1. 공단이 급여제한기간에 보험급여를 받은 사실이 있음을 가입자에게 통지한 날부터 2개월이 지난 날이 속한 달의 납부기한 이내에 체납된 보험료를 완납한 경우
2. 공단이 급여제한기간에 보험급여를 받은 사실이 있음을 가입자에게 통지한 날부터 2개월이 지난 날이 속한 달의 납부기한 이내에 제82조에 따라 분할납부 승인을 받은 체납보험료를 1회 이상 낸 경우. 다만, 제82조에 따른 분할납부 승인을 받은 사람이 정당한 사유 없이 5회 이상 그 승인된 보험료를 내지 아니한 경우에는 그러하지 아니하다.(2019.4.23 단서개정)

제54조【급여의 정지】 보험급여를 받을 수 있는 사람이 다음 각 호의 어느 하나에 해당하면 그 기간에는 보험급여를 하지 아니한다. 다만, 제3호 및 제4호의 경우에는 제60조에 따른 요양급여를 실시한다.
1. (2020.4.7 삭제)
2. 국외에 체류하는 경우(2020.4.7 본호개정)
3. 제6조제2항제2호에 해당하게 된 경우
4. 교도소, 그 밖에 이에 준하는 시설에 수용되어 있는 경우

제55조【급여의 확인】 공단은 보험급여를 할 때 필요하다고 인정되면 보험급여를 받는 사람에게 문서와 그 밖의 물건을 제출하도록 요구하거나 관계인을 시켜 질문 또는 진단하게 할 수 있다.

제56조【요양비 등의 지급】 공단은 이 법에 따라 지급의무가 있는 요양비 또는 부가급여의 청구를 받으면 지체 없이 이를 지급하여야 한다.

제56조의2【요양비등수급계좌】 ① 공단은 이 법에 따른 보험급여로 지급되는 현금(이하 "요양비등"이라 한다)을 받는 수급자의 신청이 있는 경우에는 요양비등을 수급자 명의의 지정된 계좌(이하 "요양비등수급계좌"라 한다)로 입금하여야 한다. 다만, 정보통신장애나 그 밖에 대통령령으로 정하는 불가피한 사유로 요양비등수급계좌로 이체할 수 없을 때에는 직접 현금으로 지급하는 등 대통령령으로 정하는 바에 따라 요양비등을 지급할 수 있다.
② 요양비등수급계좌가 개설된 금융기관은 요양비등수급계좌에 요양비등만이 입금되도록 하고, 이를 관리하여야 한다.
③ 제1항 및 제2항에 따른 요양비등수급계좌의 신청 방법·절차와 관리에 필요한 사항은 대통령령으로 정한다.
(2014.5.20 본조신설)

제57조【부당이득의 징수】 ① 공단은 속임수나 그 밖의 부당한 방법으로 보험급여를 받은 사람·준요양기관 및 보조기기 판매업자나 보험급여 비용을 받은 요양기관에 대하여 그 보험급여나 보험급여 비용에 상당하는 금액을 징수한다.(2023.5.19 본항개정)
② 공단은 제1항에 따라 속임수나 그 밖의 부당한 방법으로 보험급여 비용을 받은 요양기관이 다음 각 호의 어느 하나에 해당하는 경우에는 해당 요양기관을 개설한 자에게 그 요양기관과 연대하여 같은 항에 따른 징수금을 납부하게 할 수 있다.
1. 「의료법」 제33조제2항을 위반하여 의료기관을 개설할 수 없는 자가 의료인의 면허나 의료법인 등의 명의를 대여받아 개설·운영하는 의료기관
2. 「약사법」 제20조제1항을 위반하여 약국을 개설할 수 없는 자가 약사 등의 면허를 대여받아 개설·운영하는 약국
3. 「의료법」 제4조제2항 또는 제33조제8항·제10항을 위반하여 개설·운영하는 의료기관(2023.7.11 본호개정)
4. 「약사법」 제21조제1항을 위반하여 개설·운영하는 약국(2020.12.29 본호신설)
5. 「약사법」 제6조제3항·제4항을 위반하여 면허를 대여받아 개설·운영하는 약국(2023.7.11 본호신설)
(2013.5.22 본항신설)
③ 사용자나 가입자의 거짓 보고나 거짓 증명(제12조제6항을 위반하여 건강보험증이나 신분증명서를 양도·대여하여 다른 사람이 보험급여를 받게 하는 것을 포함한다), 요양기관의 거짓 진단이나 거짓 확인(제12조제4항을 위반하여 건강보험증이나 신분증명서로 가입자 또는 피부양자의 본인 여부 및 그 자격을 확인하지 아니한 것을 포함한다) 또는 준요양기관이나 보조기기를 판매한 자의 속임수 및 그 밖의 부당한 방법으로 보험급여가 실시된 경우 공단은 이들에게 보험급여를 받은 사람과 연대하여 제1항에 따른 징수금을 내게 할 수 있다.(2023.5.19 본항개정)
④ 공단은 속임수나 그 밖의 부당한 방법으로 보험급여를 받은 사람과 같은 세대에 속한 가입자(속임수나 그 밖의 부당한 방법으로 보험급여를 받은 사람이 피부양자인 경우에는 그 직장가입자를 말한다)에게 속임수나 그 밖의 부당한 방법으로 보험급여를 받은 사람과 연대하여 제1항에 따른 징수금을 내게 할 수 있다.
⑤ 요양기관이 가입자나 피부양자로부터 속임수나 그 밖의 부당한 방법으로 요양급여비용을 받은 경우 공단은 해당 요양기관으로부터 이를 징수하여 가입자나 피부양자에게 지체 없이 지급하여야 한다. 이 경우 공단은 가입자나 피부양자에게 지급하여야 하는 금액을 그 가입자 및 피부양자가 내야 하는 보험료등과 상계할 수 있다.
(2013.5.22 후단신설)

제57조의2【부당이득 징수금 체납자의 인적사항등 공개】 ① 공단은 제57조제2항 각 호의 어느 하나에 해당하여 같은 조 제1항 및 제2항에 따라 징수금을 납부할 의무가 있는 요양기관 또는 요양기관을 개설한 자가 제79조제1항에 따라 납입 고지 문서에 기재된 납부기한의 다음 날부터 1년이 경과한 징수금을 1억원 이상 체납한 경우 징수금 발생의 원인이 되는 위반행위, 체납자의 인적사항 및 체납액 등 대통령령으로 정하는 사항(이하 이 조에서 "인적사항등"이라 한다)을 공개할 수 있다. 다만, 체납된 징수금과 관련하여 제87조에 따른 이의신청, 제88조에 따른 심판청구가 제기되거나 행정소송이 계류 중인 경우 또는 그 밖에 체납된 금액의 일부 납부 등 대통령령으로 정하는 사유가 있는 경우에는 그러하지 아니하다.
② 제1항에 따른 인적사항등의 공개 여부를 심의하기 위하여 공단에 부당이득징수금체납정보공개심의위원회를 둔다.
③ 공단은 부당이득징수금체납정보공개심의위원회의 심의를 거친 인적사항등의 공개대상자에게 공개대상자임을 서면으로 통지하여 소명의 기회를 부여하여야 하며, 통지일부터 6개월이 경과한 후 체납자의 납부이행 등을 고려하여 공개대상자를 선정한다.
④ 제1항에 따른 인적사항등의 공개는 관보에 게재하거나 공단 인터넷 홈페이지에 게시하는 방법으로 한다.
⑤ 제1항부터 제4항까지에서 규정한 사항 외에 인적사항등의 공개 절차 및 부당이득징수금체납정보공개심의위원회의 구성·운영 등에 필요한 사항은 대통령령으로 정한다.
(2019.12.3 본조신설)

제58조【구상권】 ① 공단은 제3자의 행위로 보험급여사유가 생겨 가입자 또는 피부양자에게 보험급여를 한 경우에는 그 급여에 들어간 비용 한도에서 그 제3자에게 손해배상을 청구할 권리를 얻는다.
② 제1항에 따라 보험급여를 받은 사람이 제3자로부터 이미 손해배상을 받은 경우에는 공단은 그 배상액 한도에서 보험급여를 하지 아니한다.

제59조【수급권 보호】 ① 보험급여를 받을 권리는 양도하거나 압류할 수 없다.
② 제56조의2제1항에 따라 요양비등수급계좌에 입금된 요양비등은 압류할 수 없다.(2014.5.20 본항신설)

제60조【현역병 등에 대한 요양급여비용 등의 지급】 ① 공단은 제54조제3호 및 제4호에 해당하는 사람이 요양기관에서 대통령령으로 정하는 치료 등(이하 이 조에서 "요양급여"라 한다)을 받은 경우 그에 따라 공단이 부담하는 비용(이하 이 조에서 "요양급여비용"이라 한다)과 제49조에 따른 요양비를 법무부장관·국방부장관·경찰청장·소방청장 또는 해양경찰청장으로부터 예탁 받아 지급할 수 있다. 이 경우 법무부장관·국방부장관·경찰청장·소방청장 또는 해양경찰청장은 예산상 불가피한 경우 외에는 연간(年間) 들어갈 것으로 예상되는 요양급여비용과 요양비를 대통령령으로 정하는 바에 따라 미리 공단에 예탁하여야 한다.
② 요양급여, 요양급여비용 및 요양비 등에 관한 사항은 제41조, 제41조의4, 제42조, 제42조의2, 제44조부터 제47조까지, 제47조의2, 제48조, 제49조, 제55조, 제56조, 제56조의2 및 제59조제2항을 준용한다.
(2018.12.11 본조개정)

제61조【요양급여비용의 정산】 공단은 「산업재해보상보험법」 제10조에 따른 근로복지공단이 이 법에 따라 요양급여를 받을 수 있는 사람에게 「산업재해보상보험법」 제40조에 따른 요양급여를 지급한 후 그 지급결정이 취소되어 해당 요양급여의 비용을 청구하는 경우에는 그 요양급여가 이 법에 따라 실시할 수 있는 요양급여에 상당한 것으로 인정되면 그 요양급여에 해당하는 금액을 지급할 수 있다.

제5장 건강보험심사평가원

제62조【설립】 요양급여비용을 심사하고 요양급여의 적정성을 평가하기 위하여 건강보험심사평가원을 설립한다.

제63조【업무 등】 ① 심사평가원은 다음 각 호의 업무를 관장한다.
1. 요양급여비용의 심사
2. 요양급여의 적정성 평가
3. 심사기준 및 평가기준의 개발
4. 제1호부터 제3호까지의 규정에 따른 업무와 관련된 조사연구 및 국제협력
5. 다른 법률에 따라 지급되는 급여비용의 심사 또는 의료의 적정성 평가에 관하여 위탁받은 업무
6. 그 밖에 이 법 또는 다른 법령에 따라 위탁받은 업무
(2022.6.10 본호신설)
7. 건강보험과 관련하여 보건복지부장관이 필요하다고 인정한 업무
8. 그 밖에 보험급여 비용의 심사와 보험급여의 적정성 평가와 관련하여 대통령령으로 정하는 업무
② 제1항제8호에 따른 보험급여의 적정성 평가의 기준·절차·방법 등에 필요한 사항은 보건복지부장관이 정하여 고시한다.(2022.6.10 본항개정)

제64조【법인격 등】 ① 심사평가원은 법인으로 한다.
② 심사평가원은 주된 사무소의 소재지에서 설립등기를 함으로써 성립한다.

제65조【임원】 ① 심사평가원에 임원으로서 원장, 이사 15명 및 감사 1명을 둔다. 이 경우 원장, 이사 중 4명 및 감사는 상임으로 한다.(2016.2.3 본항개정)
② 원장은 임원추천위원회가 복수로 추천한 사람 중에서 보건복지부장관의 제청으로 대통령이 임명한다.
③ 상임이사는 보건복지부령으로 정하는 추천 절차를 거쳐 원장이 임명한다.
④ 비상임이사는 다음 각 호의 사람 중에서 10명과 대통령령으로 정하는 바에 따라 추천한 관계 공무원 1명을 보건복지부장관이 임명한다.
1. 공단이 추천하는 1명
2. 의약관계단체가 추천하는 5명
3. 노동조합·사용자단체·소비자단체 및 농어업인단체가 추천하는 각 1명
⑤ 감사는 임원추천위원회가 복수로 추천한 사람 중에서 기획재정부장관의 제청으로 대통령이 임명한다.
⑥ 제4항에 따른 비상임이사는 정관으로 정하는 바에 따라 실비변상을 받을 수 있다.
⑦ 원장의 임기는 3년, 이사(공무원인 이사는 제외한다)와 감사의 임기는 각각 2년으로 한다.

제66조【진료심사평가위원회】 ① 심사평가원의 업무를 효율적으로 수행하기 위하여 심사평가원에 진료심사평가위원회(이하 "심사위원회"라 한다)를 둔다.
② 심사위원회는 위원장을 포함하여 90명 이내의 상근 심사위원과 1천명 이내의 비상근 심사위원으로 구성하며, 진료과목별 분과위원회를 둘 수 있다.(2016.2.3 본항개정)
③ 제2항에 따른 상근 심사위원은 심사평가원의 원장이 보건복지부령으로 정하는 사람 중에서 임명한다.
④ 제2항에 따른 비상근 심사위원은 심사평가원의 원장이 보건복지부령으로 정하는 사람 중에서 위촉한다.
⑤ 심사평가원의 원장은 심사위원이 다음 각 호의 어느 하나에 해당하면 그 심사위원을 해임 또는 해촉할 수 있다.
1. 신체장애나 정신장애로 직무를 수행할 수 없다고 인정되는 경우
2. 직무상 의무를 위반하거나 직무를 게을리한 경우
3. 고의나 중대한 과실로 심사평가원에 손실이 생기게 한 경우
4. 직무 여부와 관계없이 품위를 손상하는 행위를 한 경우
⑥ 제1항부터 제5항까지에서 규정한 사항 외에 심사위원회 위원의 자격·임기 및 심사위원회의 구성·운영 등에 필요한 사항은 보건복지부령으로 정한다.

제66조의2【진료심사평가위원회 위원의 겸직】 ①「고등교육법」 제14조제2항에 따른 교원 중 교수·부교수 및 조교수는「국가공무원법」 제64조 및「사립학교법」 제55조제1항에도 불구하고 소속대학 총장의 허가를 받아 진료심사평가위원회 위원의 직무를 겸할 수 있다.
② 제1항에 따라 대학의 교원이 진료심사평가위원회 위원을 겸하는 경우 필요한 사항은 대통령령으로 정한다.
(2023.5.19 본조신설)

제67조【자금의 조달 등】 ① 심사평가원은 제63조제1항에 따른 업무(같은 항 제5호에 따른 업무는 제외한다)를 하기 위하여 공단으로부터 부담금을 징수할 수 있다.
② 심사평가원은 제63조제1항제5호에 따라 급여비용의 심사 또는 의료의 적정성 평가에 관한 업무를 위탁받은 경우에는 위탁자로부터 수수료를 받을 수 있다.
③ 제1항과 제2항에 따른 부담금 및 수수료의 금액·징수 방법 등에 필요한 사항은 보건복지부령으로 정한다.

제68조【준용 규정】 심사평가원에 관하여 제14조제3항·제4항, 제16조, 제17조(같은 조 제1항제6호 및 제7호는 제외한다), 제18조, 제19조, 제22조부터 제32조까지, 제35조제1항, 제36조, 제37조, 제39조 및 제40조를 준용한다. 이 경우 "공단"은 "심사평가원"으로, "이사장"은 "원장"으로 본다.(2013.5.22 전단개정)

제6장 보험료

제69조【보험료】 ① 공단은 건강보험사업에 드는 비용에 충당하기 위하여 제77조에 따른 보험료의 납부의무자로부터 보험료를 징수한다.
② 제1항에 따른 보험료는 가입자의 자격을 취득한 날이 속하는 달의 다음 달부터 가입자의 자격을 잃은 날의 전날이 속하는 달까지 징수한다. 다만, 가입자의 자격을 매월 1일에 취득한 경우 또는 제5조제1항제2호가목에 따른 건강보험 적용 신청으로 가입자의 자격을 취득하는 경우에는 그 달부터 징수한다.(2019.12.3 단서개정)
③ 제1항 및 제2항에 따라 보험료를 징수할 때 가입자의 자격이 변동된 경우에는 변동된 날이 속하는 달의 보험료는 변동되기 전의 자격을 기준으로 징수한다. 다만, 가입자의 자격이 매월 1일에 변동된 경우에는 변동된 자격을 기준으로 징수한다.
④ 직장가입자의 월별 보험료액은 다음 각 호에 따라 산정한 금액으로 한다.
1. 보수월액보험료 : 제70조에 따라 산정한 보수월액에 제73조제1항 또는 제2항에 따른 보험료율을 곱하여 얻은 금액
2. 보수 외 소득월액보험료 : 제71조제1항에 따라 산정한 보수 외 소득월액에 제73조제1항 또는 제2항에 따른 보험료율을 곱하여 얻은 금액(2024.2.6 본호개정)
⑤ 지역가입자의 월별 보험료액은 다음 각 호의 구분에 따라 산정한 금액을 합산한 금액으로 한다. 이 경우 보험료액은 세대 단위로 산정한다.
1. 소득 : 제71조제2항에 따라 산정한 지역가입자의 소득월액에 제73조제3항에 따른 보험료율을 곱하여 얻은 금액
2. 재산 : 제72조에 따라 산정한 재산보험료부과점수에 제73조제3항에 따른 재산보험료부과점수당 금액을 곱하여 얻은 금액
(2024.2.6 본항개정)
⑥ 제4항 및 제5항에 따른 월별 보험료액은 가입자의 보험료 평균액의 일정비율에 해당하는 금액을 고려하여 대통령령으로 정하는 기준에 따라 상한 및 하한을 정한다.(2017.4.18 본항신설)

제70조【보수월액】 ① 제69조제4항제1호에 따른 직장가입자의 보수월액은 직장가입자가 지급받는 보수를 기준으로 하여 산정한다.(2017.4.18 본항개정)
② 휴직이나 그 밖의 사유로 보수의 전부 또는 일부가 지급되지 아니하는 가입자(이하 "휴직자등"이라 한다)의 보수월액보험료는 해당 사유가 생기기 전 달의 보수월액을 기준으로 산정한다.
③ 제1항에 따른 보수는 근로자등이 근로를 제공하고 사용자·국가 또는 지방자치단체로부터 지급받는 금품(실비변상적인 성격을 갖는 금품은 제외한다)으로서 대통령령으로 정하는 것을 말한다. 이 경우 보수 관련 자료가 없거나 불명확한 경우 등 대통령령으로 정하는 사유에 해당하면 보건복지부장관이 정하여 고시하는 금액을 보수로 본다.
④ 제1항에 따른 보수월액의 산정 및 보수가 지급되지 아니하는 사용자의 보수월액의 산정 등에 필요한 사항은 대통령령으로 정한다.

제71조【소득월액】 ① 직장가입자의 보수 외 소득월액은 제70조에 따른 보수월액의 산정에 포함된 보수를 제외한 직장가입자의 소득(이하 "보수 외 소득"이라 한다)이 대통령령으로 정하는 금액을 초과하는 경우 다음의 계산식에 따른 값을 보건복지부령으로 정하는 바에 따라 평가하여 산정한다.

(연간 보수 외 소득 - 대통령령으로 정하는 금액) × 1/12

② 지역가입자의 소득월액은 지역가입자의 연간 소득을 12개월로 나눈 값을 보건복지부령으로 정하는 바에 따라 평가하여 산정한다.(2024.2.6 본항신설)
③ 제1항 및 제2항에 따른 소득의 구체적인 범위, 소득월액을 산정하는 기준, 방법 등 소득월액의 산정에 필요한 사항은 대통령령으로 정한다.
(2024.2.6 본조개정)

제72조【재산보험료부과점수】 ① 제69조제5항제2호에 따른 재산보험료부과점수는 지역가입자의 재산을 기준으로 산정한다. 다만, 대통령령으로 정하는 지역가입자가 실제 거주를 목적으로 대통령령으로 정하는 기준 이하의 주택을 구입 또는 임차하기 위하여「금융실명거래 및 비밀보장에 관한 법률」 제2조제1호에 따른 금융회사등(이하 "금융회사등"이라 한다)으로부터 대출을 받고 그 사실을 공단에 통보하는 경우에는 해당 대출금액을 대통령령으로 정하는 바에 따라 평가하여 재산보험료부과점수 산정 시 제외한다.
② 제1항에 따라 재산보험료부과점수의 산정방법과 산정기준을 정할 때 법령에 따라 재산권의 행사가 제한되는 재산에 대하여는 다른 재산과 달리 정할 수 있다.
③ 지역가입자는 제1항 단서에 따라 공단에 통보할 때「신용정보의 이용 및 보호에 관한 법률」 제2조제1호에 따른 신용정보,「금융실명거래 및 비밀보장에 관한 법률」 제2조제2호에 따른 금융자산, 같은 조 제3호에 따른 금융거래의 내용에 대한 자료·정보 중 대출금액 등 대통령령으로 정하는 자료·정보(이하 "금융정보등"이라 한다)를 공단에 제출하여야 하며, 제1항 단서에 따른 재산보험료부과점수 산정을 위하여 필요한 금융정보등을 공단에 제공하는 것에 대하여 동의한다는 서면을 함께 제출하여야 한다.
④ 제1항 및 제2항에 따른 재산보험료부과점수의 산정방법·산정기준 등에 필요한 사항은 대통령령으로 정한다.
(2024.2.6 본조개정)

제72조의2 (2024.1.9 삭제)

제72조의3【보험료 부과제도에 대한 적정성 평가】 ① 보건복지부장관은 제5조에 따른 피부양자 인정기준(이하 이 조에서 "인정기준"이라 한다)과 제69조부터 제72조까지의 규정에 따른 보험료, 보수월액, 소득월액 및 재산보험료부과점수의 산정 기준 및 방법 등(이하 이 조에서 "산정기준"이라 한다)에 대하여 적정성을 평가하고, 이 법 시행일로부터 4년이 경과한 때 이를 조정하여야 한다.
(2024.2.6 본항개정)
② 보건복지부장관은 제1항에 따른 적정성 평가를 하는 경우에는 다음 각 호를 종합적으로 고려하여야 한다.
1. 제4조제1항제5호의2나목에 따라 심의위원회가 심의한 가입자의 소득 파악 현황 및 개선방안(2024.1.9 본호개정)
2. 공단의 소득 관련 자료 보유 현황
3.「소득세법」 제4조에 따른 종합소득(종합과세되는 종합소득과 분리과세되는 종합소득을 포함한다) 과세 현황
4. 직장가입자에게 부과되는 보험료와 지역가입자에게 부과되는 보험료 간 형평성
5. 제1항에 따른 인정기준 및 산정기준의 조정으로 인한 보험료 변동
6. 그 밖에 적정성 평가 대상이 될 수 있는 사항으로서 보건복지부장관이 정하는 사항
③ 제1항에 따른 적정성 평가의 절차, 방법 및 그 밖에 적정성 평가를 위하여 필요한 사항은 대통령령으로 정한다.
(2017.4.18 본조신설)

제73조【보험료율 등】 ① 직장가입자의 보험료율은 1천분의 80의 범위에서 심의위원회의 의결을 거쳐 대통령령으로 정한다.
② 국외에서 업무에 종사하고 있는 직장가입자에 대한 보험료율은 제1항에 따라 정해진 보험료율의 100분의 50으로 한다.
③ 지역가입자의 보험료율과 재산보험료부과점수당 금액은 심의위원회의 의결을 거쳐 대통령령으로 정한다.
(2024.2.6 본항개정)

제74조【보험료의 면제】 ① 공단은 직장가입자가 제54조제2호부터 제4호까지의 어느 하나에 해당하는 경우(같은 조 제2호에 해당하는 경우에는 1개월 이상의 기간으로서 대통령령으로 정하는 기간 이상 국외에 체류하는 경우에 한정한다. 이하 이 조에서 같다) 그 가입자의 보험료를 면제한다. 다만, 제54조제2호에 해당하는 직장가입자의 경우에는 국내에 거주하는 피부양자가 없을 때에만 보험료를 면제한다.(2020.4.7 본문개정)
② 지역가입자가 제54조제2호부터 제4호까지의 어느 하나에 해당하면 그 가입자가 속한 세대의 보험료를 산정할 때 그 가입자의 제71조제2항에 따른 소득월액 및 제72조에 따른 재산보험료부과점수를 제외한다.(2024.2.6 본항개정)
③ 제1항에 따른 보험료의 면제나 제2항에 따라 보험료의 산정에서 제외되는 소득월액 및 재산보험료부과점수에 대하여는 제54조제2호부터 제4호까지의 어느 하나에 해당하는 급여정지 사유가 생긴 날이 속하는 달의 다음 달부터 사유가 없어진 날이 속하는 달까지 적용한다. 다만, 다음 각 호의 어느 하나에 해당하는 경우에는 그 달의 보험료를 면제하지 아니하거나 보험료의 산정에서 소득월액 및 재산보험료부과점수를 제외하지 아니한다.
(2024.2.6 본문개정)
1. 급여정지 사유가 매월 1일에 없어진 경우
2. 제54조제2호에 해당하는 가입자 또는 그 피부양자가 국내에 입국하여 입국일이 속하는 달에 보험급여를 받고 그 달에 출국하는 경우
(2020.4.7 1호~2호신설)

제75조【보험료의 경감 등】 ① 다음 각 호의 어느 하나에 해당하는 가입자 중 보건복지부령으로 정하는 가입자에 대하여는 그 가입자 또는 그 가입자가 속한 세대의 보험료의 일부를 경감할 수 있다.
1. 섬·벽지(僻地)·농어촌 등 대통령령으로 정하는 지역에 거주하는 사람
2. 65세 이상인 사람
3.「장애인복지법」에 따라 등록한 장애인
4.「국가유공자 등 예우 및 지원에 관한 법률」 제4조제1항제4호, 제6호, 제12호, 제15호 및 제17호에 따른 국가유공자
5. 휴직자
6. 그 밖에 생활이 어렵거나 천재지변 등의 사유로 보험료를 경감할 필요가 있다고 보건복지부장관이 정하여 고시하는 사람
② 제77조에 따른 보험료 납부의무자가 다음 각 호의 어느 하나에 해당하는 경우에는 대통령령으로 정하는 바에 따라 보험료를 감액하는 등 재산상의 이익을 제공할 수 있다.
1. 제81조의6제1항에 따라 보험료의 납입 고지 또는 독촉을 전자문서로 받는 경우(2023.5.19 본호개정)
2. 보험료를 계좌 또는 신용카드 자동이체의 방법으로 내는 경우(2019.4.23 본호개정)
(2013.5.22 본항신설)
③ 제1항에 따른 보험료 경감의 방법·절차 등에 필요한 사항은 보건복지부장관이 정하여 고시한다.
(2013.5.22 본조제목개정)

제76조【보험료의 부담】 ① 직장가입자의 보수월액보험료는 직장가입자와 다음 각 호의 구분에 따른 자가 각각 보험료액의 100분의 50씩 부담한다. 다만, 직장가입자가 교직원으로서 사립학교에 근무하는 교원이면 보험료액은 그 직장가입자가 100분의 50을, 제3조제2호다목에 해당하는 사용자가 100분의 30을, 국가가 100분의 20을 각각 부담한다.(2014.1.1 단서개정)
1. 직장가입자가 근로자인 경우에는 제3조제2호가목에 해당하는 사업주
2. 직장가입자가 공무원인 경우에는 그 공무원이 소속되어 있는 국가 또는 지방자치단체
3. 직장가입자가 교직원(사립학교에 근무하는 교원은 제외한다)인 경우에는 제3조제2호다목에 해당하는 사용자(2014.1.1 본호신설)
② 직장가입자의 보수 외 소득월액보험료는 직장가입자가 부담한다.(2024.2.6 본항개정)
③ 지역가입자의 보험료는 그 가입자가 속한 세대의 지역가입자 전원이 연대하여 부담한다.

④ 직장가입자가 교직원인 경우 제3조제2호다목에 해당하는 사용자가 부담액 전부를 부담할 수 없으면 그 부족액을 학교에 속하는 회계에서 부담하게 할 수 있다.
(2014.1.1 본항신설)

제77조【보험료 납부의무】 ① 직장가입자의 보험료는 다음 각 호의 구분에 따라 그 각 호에서 정한 자가 납부한다.
1. 보수월액보험료 : 사용자. 이 경우 사업장의 사용자가 2명 이상인 때에는 그 사업장의 사용자는 해당 직장가입자의 보험료를 연대하여 납부한다.
2. 보수 외 소득월액보험료 : 직장가입자(2024.2.6 본호개정)

② 지역가입자의 보험료는 그 가입자가 속한 세대의 지역가입자 전원이 연대하여 납부한다. 다만, 소득 및 재산이 없는 미성년자와 소득 및 재산 등을 고려하여 대통령령으로 정하는 기준에 해당하는 미성년자는 납부의무를 부담하지 아니한다.(2017.4.18 단서개정)
③ 사용자는 보수월액보험료 중 직장가입자가 부담하여야 하는 그 달의 보험료액을 그 보수에서 공제하여 납부하여야 한다. 이 경우 직장가입자에게 공제액을 알려야 한다.

제77조의2【제2차 납부의무】 ① 법인의 재산으로 그 법인이 납부하여야 하는 보험료, 연체금 및 체납처분비를 충당하여도 부족한 경우에는 해당 법인에게 보험료의 납부의무가 부과된 날 현재의 무한책임사원 또는 과점주주(「국세기본법」 제39조 각 호의 어느 하나에 해당하는 자를 말한다)가 그 부족한 금액에 대하여 제2차 납부의무를 진다. 다만, 과점주주의 경우에는 그 부족한 금액을 그 법인의 발행주식 총수(의결권이 없는 주식은 제외한다) 또는 출자총액으로 나눈 금액에 해당 과점주주가 실질적으로 권리를 행사하는 주식 수(의결권이 없는 주식은 제외한다) 또는 출자액을 곱하여 산출한 금액을 한도로 한다.
② 사업이 양도·양수된 경우에 양도일 이전에 양도인에게 납부의무가 부과된 보험료, 연체금 및 체납처분비를 양도인의 재산으로 충당하여도 부족한 경우에는 사업의 양수인이 그 부족한 금액에 대하여 양수한 재산의 가액을 한도로 제2차 납부의무를 진다. 이 경우 양수인의 범위 및 양수한 재산의 가액은 대통령령으로 정한다.
(2016.2.3 본조신설)

제78조【보험료의 납부기한】 ① 제77조제1항 및 제2항에 따라 보험료 납부의무가 있는 자는 가입자에 대한 그 달의 보험료를 그 다음 달 10일까지 납부하여야 한다. 다만, 직장가입자의 보수 외 소득월액보험료 및 지역가입자의 보험료는 보건복지부령으로 정하는 바에 따라 분기별로 납부할 수 있다.(2024.2.6 단서개정)
② 공단은 제1항에도 불구하고 납입 고지의 송달 지연 등 보건복지부령으로 정하는 사유가 있는 경우 납부의무자의 신청에 따라 제1항에 따른 납부기한부터 1개월의 범위에서 납부기한을 연장할 수 있다. 이 경우 납부기한 연장을 신청하는 방법, 절차 등에 필요한 사항은 보건복지부령으로 정한다.(2013.5.22 본항신설)

제78조의2【가산금】 ① 사업장의 사용자가 대통령령으로 정하는 사유에 해당되어 직장가입자가 될 수 없는 자를 제8조제2항 또는 제9조제2항을 위반하여 거짓으로 보험자에게 직장가입자로 신고한 경우 공단은 제1호의 금액에서 제2호의 금액을 뺀 금액의 100분의 10에 상당하는 가산금을 그 사용자에게 부과하여 징수한다.
1. 사용자가 직장가입자로 신고한 사람이 직장가입자로 처리된 기간 동안 그 가입자가 제69조제5항에 따라 부담하여야 하는 보험료의 총액
2. 제1호의 기간 동안 공단이 해당 가입자에 대하여 제69조제4항에 따라 산정하여 부과한 보험료의 총액

② 제1항에도 불구하고, 공단은 가산금이 소액이거나 그 밖에 가산금을 징수하는 것이 적절하지 아니하다고 인정되는 등 대통령령으로 정하는 경우에는 징수하지 아니할 수 있다.
(2016.3.22 본조신설)

제79조【보험료등의 납입 고지】 ① 공단은 보험료등을 징수하려면 그 금액을 결정하여 납부의무자에게 다음 각 호의 사항을 적은 문서로 납입 고지를 하여야 한다.
1. 징수하려는 보험료등의 종류
2. 납부해야 하는 금액
3. 납부기한 및 장소

②~③ (2023.5.19 삭제)
④ 직장가입자의 사용자가 2명 이상인 경우 또는 지역가입자의 세대가 2명 이상으로 구성된 경우 그 중 1명에게 한 고지는 해당 사업장의 다른 사용자 또는 세대 구성원인 다른 지역가입자 모두에게 효력이 있는 것으로 본다.
⑤ 휴직자등의 보험료는 휴직 등의 사유가 끝날 때까지 보건복지부령으로 정하는 바에 따라 납입 고지를 유예할 수 있다.
⑥ 공단은 제77조의2에 따른 제2차 납부의무자에게 납입의 고지를 한 경우에는 해당 법인인 사용자 및 사업 양도인에게 그 사실을 통지하여야 한다.(2016.2.3 본항개정)

제79조의2【신용카드등으로 하는 보험료등의 납부】 ① 공단이 납입 고지한 보험료등을 납부하는 자는 보험료등의 납부를 대행할 수 있도록 대통령령으로 정하는 기관 등(이하 이 조에서 "보험료등납부대행기관"이라 한다)을 통하여 신용카드, 직불카드 등(이하 이 조에서 "신용카드등"이라 한다)으로 납부할 수 있다.(2017.2.8 본항개정)
② 제1항에 따라 신용카드등으로 보험료등을 납부하는 경우에는 보험료등납부대행기관의 승인일을 납부일로 본다.
③ 보험료등납부대행기관은 보험료등의 납부자로부터 보험료등의 납부를 대행하는 대가로 수수료를 받을 수 있다.
④ 보험료등납부대행기관의 지정 및 운영, 수수료 등에 필요한 사항은 대통령령으로 정한다.
(2014.5.20 본조신설)

제80조【연체금】 ① 공단은 보험료등의 납부의무자가 납부기한까지 보험료등을 내지 아니하면 그 납부기한이 지난 날부터 매 1일이 경과할 때마다 다음 각 호에 해당하는 연체금을 징수한다.(2019.1.15 본문개정)
1. 제69조에 따른 보험료 또는 제53조제3항에 따른 보험급여 제한 기간 중 받은 보험급여에 대한 징수금을 체납한 경우 : 해당 체납금액의 1천500분의 1에 해당하는 금액. 이 경우 연체금은 해당 체납금액의 1천분의 20을 넘지 못한다.
2. 제1호 외에 이 법에 따른 징수금을 체납한 경우 : 해당 체납금액의 1천분의 1에 해당하는 금액. 이 경우 연체금은 해당 체납금액의 1천분의 30을 넘지 못한다.
(2019.1.15 1호~2호신설)

② 공단은 보험료등의 납부의무자가 체납된 보험료등을 내지 아니하면 납부기한 후 30일이 지난 날부터 매 1일이 경과할 때마다 다음 각 호에 해당하는 연체금을 제1항에 따른 연체금에 더하여 징수한다.(2019.1.15 본문개정)
1. 제69조에 따른 보험료 또는 제53조제3항에 따른 보험급여 제한 기간 중 받은 보험급여에 대한 징수금을 체납한 경우 : 해당 체납금액의 6천분의 1에 해당하는 금액. 이 경우 연체금(제1항제1호의 연체금을 포함한 금액을 말한다)은 해당 체납금액의 1천분의 50을 넘지 못한다.
(2024.2.6 후단개정)
2. 제1호 외에 이 법에 따른 징수금을 체납한 경우 : 해당 체납금액의 3천분의 1에 해당하는 금액. 이 경우 연체금(제1항제2호의 연체금을 포함한 금액을 말한다)은 해당 체납금액의 1천분의 90을 넘지 못한다.(2024.2.6 후단개정)

③ 공단은 제1항 및 제2항에도 불구하고 천재지변이나 그 밖에 보건복지부령으로 정하는 부득이한 사유가 있으면 제1항 및 제2항에 따른 연체금을 징수하지 아니할 수 있다.

제81조【보험료등의 독촉 및 체납처분】 ① 공단은 제57조, 제77조, 제77조의2, 제78조의2, 제101조 및 제101조의2에 따라 보험료등을 내야 하는 자가 보험료등을 내지 아니하면 기한을 정하여 독촉할 수 있다. 이 경우 직장가입자의 사용자가 2명 이상인 경우 또는 지역가입자의 세대가 2명 이상으로 구성된 경우에는 그 중 1명에게 한 독촉은 해당 사업장의 다른 사용자 또는 세대 구성원인 다른 지역가입자 모두에게 효력이 있는 것으로 본다.(2023.5.19 전단개정)
② 제1항에 따라 독촉할 때에는 10일 이상 15일 이내의 납부기한을 정하여 독촉장을 발부하여야 한다.
③ 공단은 제1항에 따른 독촉을 받은 자가 그 납부기한까지 보험료등을 내지 아니하면 보건복지부장관의 승인을 받아 국세 체납처분의 예에 따라 이를 징수할 수 있다.
④ 공단은 제3항에 따라 체납처분을 하기 전에 보험료등의 체납 내역, 압류 가능한 재산의 종류, 압류 예정 사실 및 「국세징수법」 제41조제18호에 따른 소액금융재산에 대한 압류금지 사실 등이 포함된 통보서를 발송하여야 한다. 다만, 법인 해산 등 긴급히 체납처분을 할 필요가 있는 경우로서 대통령령으로 정하는 경우에는 그러하지 아니하다.(2020.12.29 본문개정)
⑤ 공단은 제3항에 따른 국세 체납처분의 예에 따라 압류하거나 제81조의2제1항에 따라 압류한 재산의 공매에 대하여 전문지식이 필요하거나 그 밖에 특수한 사정으로 직접 공매하는 것이 적당하지 아니하다고 인정하는 경우에는 「한국자산관리공사 설립 등에 관한 법률」에 따라 설립된 한국자산관리공사(이하 "한국자산관리공사"라 한다)에 공매를 대행하게 할 수 있다. 이 경우 공매는 공단이 한 것으로 본다.(2022.12.27 전단개정)
⑥ 공단은 제5항에 따라 한국자산관리공사가 공매를 대행하면 보건복지부령으로 정하는 바에 따라 수수료를 지급할 수 있다.(2018.3.27 본항개정)

제81조의2【부당이득 징수금의 압류】 ① 제81조에도 불구하고 공단은 보험급여 비용을 받은 요양기관이 다음 각 호의 요건을 모두 갖춘 경우에는 제57조제1항에 따른 징수금의 한도에서 해당 요양기관 또는 그 요양기관을 개설한 자(같은 조 제2항에 따라 해당 요양기관과 연대하여 징수금을 납부하여야 하는 자를 말한다. 이하 이 조에서 같다)의 재산을 보건복지부장관의 승인을 받아 압류할 수 있다.
1. 「의료법」 제33조제2항 또는 「약사법」 제20조제1항을 위반하였다는 사실로 기소된 경우
2. 요양기관 또는 요양기관을 개설한 자에게 강제집행, 국세 강제징수 등 대통령령으로 정하는 사유가 있어 그 재산을 압류할 필요가 있는 경우

② 공단은 제1항에 따라 재산을 압류하였을 때에는 해당 요양기관 또는 그 요양기관을 개설한 자에게 문서로 그 압류 사실을 통지하여야 한다.
③ 공단은 다음 각 호의 어느 하나에 해당할 때에는 제1항에 따른 압류를 즉시 해제하여야 한다.
1. 제2항에 따른 통지를 받은 자가 제57조제1항에 따른 징수금에 상당하는 다른 재산을 담보로 제공하고 압류 해제를 요구하는 경우
2. 법원의 무죄 판결이 확정되는 등 대통령령으로 정하는 사유로 해당 요양기관이 「의료법」 제33조제2항 또는 「약사법」 제20조제1항을 위반한 혐의가 입증되지 아니한 경우

④ 제1항에 따른 압류 및 제3항에 따른 압류 해제에 관하여 이 법에서 규정한 것 외에는 「국세징수법」을 준용한다.
(2022.12.27 본조신설)

제81조의3【체납 또는 결손처분 자료의 제공】 ① 공단은 보험료 징수 및 제57조에 따른 징수금(같은 조 제2항 각 호의 어느 하나에 해당하여 같은 조 제1항 및 제2항에 따라 징수하는 금액에 한정한다. 이하 이 조에서 "부당이득금"이라 한다)의 징수 또는 공익목적을 위하여 필요한 경우에 「신용정보의 이용 및 보호에 관한 법률」 제25조제2항제1호의 종합신용정보집중기관에 다음 각 호의 어느 하나에 해당하는 체납자 또는 결손처분자의 인적사항·체납액 또는 결손처분액에 관한 자료(이하 이 조에서 "체납등 자료"라 한다)를 제공할 수 있다. 다만, 체납된 보험료나 부당이득금과 관련하여 행정심판 또는 행정소송이 계류 중인 경우, 제82조제1항에 따라 분할납부를 승인받은 경우 중 대통령령으로 정하는 경우, 그 밖에 대통령령으로 정하는 사유가 있을 때에는 그러하지 아니하다.
(2023.7.11 단서개정)
1. 이 법에 따른 납부기한의 다음 날부터 1년이 지난 보험료 및 그에 따른 연체금과 체납처분비의 총액이 500만원 이상인 자(2023.5.19 본호개정)
2. 이 법에 따른 납부기한의 다음 날부터 1년이 지난 부당이득금 및 그에 따른 연체금과 체납처분비의 총액이 1억원 이상인 자(2023.5.19 본호신설)
3. 제84조에 따라 결손처분한 금액의 총액이 500만원 이상인 자

② 공단은 제1항에 따라 종합신용정보집중기관에 체납등 자료를 제공하기 전에 해당 체납자 또는 결손처분자에게 그 사실을 서면으로 통지하여야 한다. 이 경우 통지를 받은 체납자가 체납액을 납부하거나 체납액 납부계획서를 제출하는 경우 공단은 종합신용정보집중기관에 체납등 자료를 제공하지 아니하거나 체납등 자료의 제공을 유예할 수 있다.(2023.5.19 본항신설)
③ 체납등 자료의 제공절차에 필요한 사항은 대통령령으로 정한다.
④ 제1항에 따라 체납등 자료를 제공받은 자는 이를 업무 외의 목적으로 누설하거나 이용하여서는 아니 된다.
(2013.5.22 본조신설)

제81조의4【보험료의 납부증명】 ① 제77조에 따른 보험료의 납부의무자(이하 이 조에서 "납부의무자"라 한다)는 국가, 지방자치단체 또는 「공공기관의 운영에 관한 법률」 제4조에 따른 공공기관(이하 이 조에서 "공공기관"이라 한다)으로부터 공사·제조·구매·용역 등 대통령령으로 정하는 계약의 대가를 지급받는 경우에는 보험료와 그에 따른 연체금 및 체납처분비의 납부사실을 증명하여야 한다. 다만, 납부의무자가 계약대금의 전부 또는 일부를 체납한 보험료로 납부하려는 경우 등 대통령령으로 정하는 경우에는 그러하지 아니하다.
② 납부의무자가 제1항에 따라 납부사실을 증명하여야 할 경우 제1항의 계약을 담당하는 주무관서 또는 공공기관은 납부의무자의 동의를 받아 공단에 조회하여 보험료와 그에 따른 연체금 및 체납처분비의 납부여부를 확인하는 것으로 제1항에 따른 납부증명을 갈음할 수 있다.
(2016.2.3 본조신설)

제81조의5【서류의 송달】 제79조 및 제81조에 관한 서류의 송달에 관한 사항과 전자문서에 의한 납입 고지 등에 관하여 제81조의6에서 정하지 아니한 사항에 관하여는 「국세기본법」 제8조(같은 조 제2항 단서는 제외한다)부터 제12조까지의 규정을 준용한다. 다만, 우편송달에 의하는 경우 그 방법은 대통령령으로 정하는 바에 따른다.
(2023.5.19 본문개정)

제81조의6【전자문서에 의한 납입 고지 등】 ① 납부의무자가 제79조제1항에 따른 납입 고지 또는 제81조제1항에 따른 독촉을 전자문서교환방식 등에 의한 전자문서로 해줄 것을 신청하는 경우에는 공단은 전자문서로 고지 또는 독촉할 수 있다. 이 경우 전자문서 고지 및 독촉에 대한 신청 방법·절차 등에 필요한 사항은 보건복지부령으로 정한다.
② 공단이 제1항에 따라 전자문서로 고지 또는 독촉하는 경우에는 전자문서가 보건복지부령으로 정하는 정보통신망에 저장되거나 납부의무자가 지정한 전자우편주소에 입력된 때에 납입 고지 또는 독촉이 그 납부의무자에게 도달된 것으로 본다.
(2023.5.19 본조신설)

제82조【체납보험료의 분할납부】 ① 공단은 보험료를 3회 이상 체납한 자가 신청하는 경우 보건복지부령으로 정하는 바에 따라 분할납부를 승인할 수 있다.(2018.3.27 본항개정)
② 공단은 보험료를 3회 이상 체납한 자에 대하여 제81조제3항에 따른 체납처분을 하기 전에 제1항에 따른 분할납부를 신청할 수 있음을 알리고, 보건복지부령으로 정하는 바에 따라 분할납부 신청의 절차·방법 등에 관한 사항을 안내하여야 한다.(2018.3.27 본항신설)

③ 공단은 제1항에 따라 분할납부 승인을 받은 자가 정당한 사유 없이 5회(제1항에 따라 승인받은 분할납부 횟수가 5회 미만인 경우에는 해당 분할납부 횟수를 말한다) 이상 그 승인된 보험료를 납부하지 아니하면 그 분할납부의 승인을 취소한다.(2019.4.23 본항개정)
④ 분할납부의 승인과 취소에 관한 절차·방법·기준 등에 필요한 사항은 보건복지부령으로 정한다.

제83조【고액·상습체납자의 인적사항 공개】 ① 공단은 이 법에 따른 납부기한의 다음 날부터 1년이 경과한 보험료, 연체금과 체납처분비(제84조에 따라 결손처분한 보험료, 연체금과 체납처분비로서 징수권 소멸시효가 완성되지 아니한 것을 포함한다)의 총액이 1천만원 이상인 체납자가 납부능력이 있음에도 불구하고 체납한 경우 그 인적사항·체납액 등(이하 이 조에서 "인적사항등"이라 한다)을 공개할 수 있다. 다만, 체납된 보험료, 연체금과 체납처분비와 관련하여 제87조에 따른 이의신청, 제88조에 따른 심판청구가 제기되거나 행정소송이 계류 중인 경우 또는 그 밖에 체납된 금액의 일부 납부 등 대통령령으로 정하는 사유가 있는 경우에는 그러하지 아니하다.(2019.4.23 본항개정)
② 제1항에 따른 체납자의 인적사항등에 대한 공개 여부를 심의하기 위하여 공단에 보험료정보공개심의위원회를 둔다.
③ 공단은 보험료정보공개심의위원회의 심의를 거친 인적사항등의 공개대상자에게 공개대상자임을 서면으로 통지하여 소명의 기회를 부여하여야 하며, 통지일부터 6개월이 경과한 후 체납액의 납부이행 등을 감안하여 공개대상자를 선정한다.
④ 제1항에 따른 체납자 인적사항등의 공개는 관보에 게재하거나 공단 인터넷 홈페이지에 게시하는 방법에 따른다.
⑤ 제1항부터 제4항까지의 규정에 따른 체납자 인적사항등의 공개와 관련한 납부능력의 기준, 공개절차 및 위원회의 구성·운영 등에 필요한 사항은 대통령령으로 정한다.

제84조【결손처분】 ① 공단은 다음 각 호의 어느 하나에 해당하는 사유가 있으면 재정운영위원회의 의결을 받아 보험료등을 결손처분할 수 있다.
1. 체납처분이 끝나고 체납액에 충당될 배분금액이 그 체납액에 미치지 못하는 경우
2. 해당 권리에 대한 소멸시효가 완성된 경우
3. 그 밖에 징수할 가능성이 없다고 인정되는 경우로서 대통령령으로 정하는 경우
② 공단은 제1항제3호에 따라 결손처분을 한 후 압류할 수 있는 다른 재산이 있는 것을 발견한 때에는 지체 없이 그 처분을 취소하고 체납처분을 하여야 한다.

제85조【보험료등의 징수 순위】 보험료등은 국세와 지방세를 제외한 다른 채권에 우선하여 징수한다. 다만, 보험료등의 납부기한 전에 전세권·질권·저당권 또는 「동산·채권 등의 담보에 관한 법률」에 따른 담보권의 설정을 등기 또는 등록한 사실이 증명되는 재산을 매각할 때에 그 매각대금 중에서 보험료등을 징수하는 경우 그 전세권·질권·저당권 또는 「동산·채권 등의 담보에 관한 법률」에 따른 담보권으로 담보된 채권에 대하여는 그러하지 아니하다.

제86조【보험료등의 충당과 환급】 ① 공단은 납부의무자가 보험료등·연체금 또는 체납처분비로 낸 금액 중 과오납부(過誤納付)한 금액이 있으면 대통령령으로 정하는 바에 따라 그 과오납금을 보험료등·연체금 또는 체납처분비에 우선 충당하여야 한다.
② 공단은 제1항에 따라 충당하고 남은 금액이 있는 경우 대통령령으로 정하는 바에 따라 납부의무자에게 환급하여야 한다.
③ 제1항 및 제2항의 경우 과오납금에 대통령령으로 정하는 이자를 가산하여야 한다.(2019.12.3 본항신설)
(2019.12.3 본조개정)

제7장 이의신청 및 심판청구 등

제87조【이의신청】 ① 가입자 및 피부양자의 자격, 보험료등, 보험급여, 보험급여 비용에 관한 공단의 처분에 이의가 있는 자는 공단에 이의신청을 할 수 있다.
② 요양급여비용 및 요양급여의 적정성 평가 등에 관한 심사평가원의 처분에 이의가 있는 공단, 요양기관 또는 그 밖의 자는 심사평가원에 이의신청을 할 수 있다.
③ 제1항 및 제2항에 따른 이의신청(이하 "이의신청"이라 한다)은 처분이 있음을 안 날부터 90일 이내에 문서(전자문서를 포함한다)로 하여야 하며 처분이 있은 날부터 180일을 지나면 제기하지 못한다. 다만, 정당한 사유로 그 기간에 이의신청을 할 수 없었음을 소명한 경우에는 그러하지 아니하다.
④ 제3항 본문에도 불구하고 요양기관이 제48조에 따른 심사평가원의 확인에 대하여 이의신청을 하려면 같은 조 제2항에 따라 통보받은 날부터 30일 이내에 하여야 한다.
⑤ 제1항부터 제4항까지에서 규정한 사항 외에 이의신청의 방법·결정 및 그 결정의 통지 등에 필요한 사항은 대통령령으로 정한다.

제88조【심판청구】 ① 이의신청에 대한 결정에 불복하는 자는 제89조에 따른 건강보험분쟁조정위원회에 심판청구를 할 수 있다. 이 경우 심판청구의 제기기간 및 제기방법에 관하여는 제87조제3항을 준용한다.
② 제1항에 따라 심판청구를 하려는 자는 대통령령으로 정하는 심판청구서를 제87조제1항 또는 제2항에 따른 처분을 한 공단 또는 심사평가원에 제출하거나 제89조에 따른 건강보험분쟁조정위원회에 제출하여야 한다.
③ 제1항 및 제2항에서 규정한 사항 외에 심판청구의 절차·방법·결정 및 그 결정의 통지 등에 필요한 사항은 대통령령으로 정한다.

제89조【건강보험분쟁조정위원회】 ① 제88조에 따른 심판청구를 심리·의결하기 위하여 보건복지부에 건강보험분쟁조정위원회(이하 "분쟁조정위원회"라 한다)를 둔다.
② 분쟁조정위원회는 위원장을 포함하여 60명 이내의 위원으로 구성하고, 위원장을 제외한 위원 중 1명은 당연직위원으로 한다. 이 경우 공무원이 아닌 위원이 전체 위원의 과반수가 되도록 하여야 한다.(2018.12.11 후단신설)
③ 분쟁조정위원회의 회의는 위원장, 당연직위원 및 위원장이 매 회의마다 지정하는 7명의 위원을 포함하여 총 9명으로 구성하되, 공무원이 아닌 위원이 과반수가 되도록 하여야 한다.(2018.12.11 본항개정)
④ 분쟁조정위원회는 제3항에 따른 구성원 과반수의 출석과 출석위원 과반수의 찬성으로 의결한다.
⑤ 분쟁조정위원회를 실무적으로 지원하기 위하여 분쟁조정위원회에 사무국을 둔다.(2014.1.1 본항신설)
⑥ 제1항부터 제5항까지에서 규정한 사항 외에 분쟁조정위원회 및 사무국의 구성 및 운영 등에 필요한 사항은 대통령령으로 정한다.(2014.1.1 본항개정)
⑦ 분쟁조정위원회의 위원 중 공무원이 아닌 사람은 「형법」 제129조부터 제132조까지의 규정을 적용할 때 공무원으로 본다.(2016.2.3 본항신설)

제90조【행정소송】 공단 또는 심사평가원의 처분에 이의가 있는 자와 제87조에 따른 이의신청 또는 제88조에 따른 심판청구에 대한 결정에 불복하는 자는 「행정소송법」에서 정하는 바에 따라 행정소송을 제기할 수 있다.

제8장 보 칙

제91조【시효】 ① 다음 각 호의 권리는 3년 동안 행사하지 아니하면 소멸시효가 완성된다.
1. 보험료, 연체금 및 가산금을 징수할 권리(2016.3.22 본호개정)
2. 보험료, 연체금 및 가산금으로 과오납부한 금액을 환급받을 권리(2016.3.22 본호개정)
3. 보험급여를 받을 권리
4. 보험급여 비용을 받을 권리
5. 제47조제3항 후단에 따라 과다납부된 본인일부부담금을 돌려받을 권리
6. 제61조에 따른 근로복지공단의 권리
② 제1항에 따른 시효는 다음 각 호의 어느 하나의 사유로 중단된다.
1. 보험료의 고지 또는 독촉
2. 보험급여 또는 보험급여 비용의 청구
③ 휴직자등의 보수월액보험료를 징수할 권리의 소멸시효는 제79조제5항에 따라 고지가 유예된 경우 휴직 등의 사유가 끝날 때까지 진행하지 아니한다.
④ 제1항에 따른 소멸시효기간, 제2항에 따른 시효 중단 및 제3항에 따른 시효 정지에 관하여 이 법에서 정한 사항 외에는 「민법」에 따른다.

제92조【기간 계산】 이 법이나 이 법에 따른 명령에 규정된 기간의 계산에 관하여 이 법에서 정한 사항 외에는 「민법」의 기간에 관한 규정을 준용한다.

제93조【근로자의 권익 보호】 제6조제2항 각 호의 어느 하나에 해당하지 아니하는 모든 사업장의 근로자를 고용하는 사용자는 그가 고용한 근로자가 이 법에 따른 직장가입자가 되는 것을 방해하거나 자신이 부담하는 부담금이 증가되는 것을 피할 목적으로 정당한 사유 없이 근로자의 승급 또는 임금 인상을 하지 아니하거나 해고나 그 밖의 불리한 조치를 할 수 없다.

제94조【신고 등】 ① 공단은 사용자, 직장가입자 및 세대주에게 다음 각 호의 사항을 신고하게 하거나 관계 서류(전자적 방법으로 기록된 것을 포함한다. 이하 같다)를 제출하게 할 수 있다.
1. 가입자의 거주지 변경
2. 가입자의 보수·소득
3. 그 밖에 건강보험사업을 위하여 필요한 사항
(2013.5.22 본항개정)
② 공단은 제1항에 따라 신고한 사항이나 제출받은 자료에 대하여 사실 여부를 확인할 필요가 있으면 소속 직원이 해당 사항에 관하여 조사하게 할 수 있다.
③ 제2항에 따라 조사를 하는 소속 직원은 그 권한을 표시하는 증표를 지니고 관계인에게 보여주어야 한다.

제95조【소득 축소·탈루 자료의 송부 등】 ① 공단은 제94조제1항에 따라 신고한 보수 또는 소득 등에 축소 또는 탈루(脫漏)가 있다고 인정하는 경우에는 보건복지부장관을 거쳐 소득의 축소 또는 탈루에 관한 사항을 문서로 국세청장에게 송부할 수 있다.
② 국세청장은 제1항에 따라 송부받은 사항에 대하여 「국세기본법」 등 관련 법률에 따른 세무조사를 하면 그 조사결과 중 보수·소득에 관한 사항을 공단에 송부하여야 한다.
③ 제1항 및 제2항에 따른 송부 절차 등에 필요한 사항은 대통령령으로 정한다.

제96조【자료의 제공】 ① 공단은 국가, 지방자치단체, 요양기관, 「보험업법」에 따른 보험회사 및 보험료율 산출 기관, 「공공기관의 운영에 관한 법률」에 따른 공공기관, 그 밖의 공공단체 등에 대하여 다음 각 호의 업무를 수행하기 위하여 주민등록·가족관계등록·국세·지방세·토지·건물·출입국관리 등의 자료로서 대통령령으로 정하는 자료를 제공하도록 요청할 수 있다.
1. 가입자 및 피부양자의 자격 관리, 보험료의 부과·징수, 보험급여의 관리 등 건강보험사업의 수행
2. 제14조제1항제11호에 따른 업무의 수행
(2014.5.20 본항개정)
② 심사평가원은 국가, 지방자치단체, 요양기관, 「보험업법」에 따른 보험회사 및 보험료율 산출 기관, 「공공기관의 운영에 관한 법률」에 따른 공공기관, 그 밖의 공공단체 등에 대하여 요양급여비용을 심사하고 요양급여의 적정성을 평가하기 위하여 주민등록·출입국관리·진료기록·의약품공급 등의 자료로서 대통령령으로 정하는 자료를 제공하도록 요청할 수 있다.(2014.5.20 본항개정)
③ 보건복지부장관은 관계 행정기관의 장에게 제41조의2에 따른 약제에 대한 요양급여비용 상한금액의 감액 및 요양급여의 적용 정지를 위하여 필요한 자료를 제공하도록 요청할 수 있다.(2018.3.27 본항신설)
④ 제1항부터 제3항까지의 규정에 따라 자료 제공을 요청받은 자는 성실히 이에 따라야 한다.(2018.3.27 본항개정)
⑤ 공단 또는 심사평가원은 요양기관, 「보험업법」에 따른 보험회사 및 보험료율 산출 기관에 제1항 또는 제2항에 따른 자료의 제공을 요청하는 경우 자료 제공 요청 근거 및 사유, 자료 제공 대상자, 대상기간, 자료 제공 기한, 제출 자료 등이 기재된 자료제공요청서를 발송하여야 한다.(2016.3.22 본항신설)
⑥ 제1항 및 제2항에 따른 국가, 지방자치단체, 요양기관, 「보험업법」에 따른 보험료율 산출 기관 그 밖의 공공기관 및 공공단체가 공단 또는 심사평가원에 제공하는 자료에 대하여는 사용료와 수수료 등을 면제한다.

제96조의2【금융정보등의 제공 등】 ① 공단은 제72조제1항 단서에 따른 지역가입자의 재산보험료부과점수 산정을 위하여 필요한 경우 「신용정보의 이용 및 보호에 관한 법률」 제32조 및 「금융실명거래 및 비밀보장에 관한 법률」 제4조제1항에도 불구하고 지역가입자가 제72조제3항에 따라 제출한 동의 서면을 전자적 형태로 바꾼 문서에 의하여 「신용정보의 이용 및 보호에 관한 법률」 제2조제6호에 따른 신용정보집중기관 또는 금융회사등(이하 이 조에서 "금융기관등"이라 한다)의 장에게 금융정보등을 제공하도록 요청할 수 있다.(2024.2.6 본항개정)
② 제1항에 따라 금융정보등의 제공을 요청받은 금융기관등의 장은 「신용정보의 이용 및 보호에 관한 법률」 제32조 및 「금융실명거래 및 비밀보장에 관한 법률」 제4조에도 불구하고 명의인의 금융정보등을 제공하여야 한다.
③ 제2항에 따라 금융정보등을 제공한 금융기관등의 장은 금융정보등의 제공 사실을 명의인에게 통보하여야 한다. 다만, 명의인이 동의한 경우에는 「신용정보의 이용 및 보호에 관한 법률」 제32조제7항, 제35조제2항 및 「금융실명거래 및 비밀보장에 관한 법률」 제4조의2제1항에도 불구하고 통보하지 아니할 수 있다.
④ 제1항부터 제3항까지에서 규정한 사항 외에 금융정보등의 제공 요청 및 제공 절차 등에 필요한 사항은 대통령령으로 정한다.
(2022.6.10 본조개정)

제96조의3【가족관계등록 전산정보의 공동이용】 ① 공단은 제96조제1항 각 호의 업무를 수행하기 위하여 「전자정부법」에 따라 「가족관계의 등록 등에 관한 법률」 제9조에 따른 전산정보자료를 공동이용(「개인정보 보호법」 제2조제2호에 따른 처리를 포함한다)할 수 있다.
② 법원행정처장은 제1항에 따라 공단이 전산정보자료의 공동이용을 요청하는 경우 그 공동이용을 위하여 필요한 조치를 취하여야 한다.
③ 누구든지 제1항에 따라 공동이용하는 전산정보자료를 그 목적 외의 용도로 이용하거나 활용하여서는 아니 된다.
(2020.12.29 본조신설)

제96조의4【서류의 보존】 ① 요양기관은 요양급여가 끝난 날부터 5년간 보건복지부령으로 정하는 바에 따라 제47조에 따른 요양급여비용의 청구에 관한 서류를 보존하여야 한다. 다만, 약국 등 보건복지부령으로 정하는 요양기관은 처방전을 요양급여비용을 청구한 날부터 3년간 보존하여야 한다.
② 사용자는 3년간 보건복지부령으로 정하는 바에 따라 자격 관리 및 보험료 산정 등 건강보험에 관한 서류를 보존하여야 한다.
③ 제49조제3항에 따라 요양비를 청구한 준요양기관은 요양비를 지급받은 날부터 3년간 보건복지부령으로 정하는 바에 따라 요양비 청구에 관한 서류를 보존하여야 한다.(2020.12.29 본항신설)
④ 제51조제2항에 따라 보조기기에 대한 보험급여를 청구한 자는 보험급여를 지급받은 날부터 3년간 보건복지부령으로 정하는 바에 따라 보험급여 청구에 관한 서류를 보존하여야 한다.(2020.12.29 본항신설)
(2013.5.22 본조신설)

제97조【보고와 검사】 ① 보건복지부장관은 사용자, 직장가입자 또는 세대주에게 가입자의 이동·보수·소득이나 그 밖에 필요한 사항에 관한 보고 또는 서류 제출을 명하거나, 소속 공무원이 관계인에게 질문하게 하거나 관계 서류를 검사하게 할 수 있다.
② 보건복지부장관은 요양기관(제49조에 따라 요양을 실시한 기관을 포함한다)에 대하여 요양·약제의 지급 등 보험급여에 관한 보고 또는 서류 제출을 명하거나, 소속 공무원이 관계인에게 질문하게 하거나 관계 서류를 검사하게 할 수 있다.
③ 보건복지부장관은 보험급여를 받은 자에게 해당 보험급여의 내용에 관하여 보고하게 하거나, 소속 공무원이 질문하게 할 수 있다.
④ 보건복지부장관은 제47조제7항에 따라 요양급여비용의 심사청구를 대행하는 단체(이하 "대행청구단체"라 한다)에 필요한 자료의 제출을 명하거나, 소속 공무원이 대행청구에 관한 자료 등을 조사·확인하게 할 수 있다.
(2022.12.27 본항개정)
⑤ 보건복지부장관은 제41조의2에 따른 약제에 대한 요양급여비용 상한금액의 감액 및 요양급여의 적용 정지를 위하여 필요한 경우에는 「약사법」 제47조제2항에 따른 의약품공급자에 대하여 금전, 물품, 편익, 노무, 향응, 그 밖의 경제적 이익등 제공으로 인한 의약품 판매 질서 위반 행위에 관한 보고 또는 서류 제출을 명하거나, 소속 공무원이 관계인에게 질문하게 하거나 관계 서류를 검사하게 할 수 있다.(2018.3.27 본항신설)
⑥ 제1항부터 제5항까지의 규정에 따라 질문·검사·조사 또는 확인을 하는 소속 공무원은 그 권한을 표시하는 증표를 지니고 관계인에게 보여주어야 한다.(2018.3.27 본항개정)
⑦ 보건복지부장관은 제1항부터 제5항까지에 따른 질문·검사·조사 또는 확인 업무를 효율적으로 수행하기 위하여 대통령령으로 정하는 바에 따라 공단 또는 심사평가원으로 하여금 그 업무를 지원하게 할 수 있다.
(2024.1.23 본항개정)
⑧ 제1항부터 제6항까지에 따른 질문·검사·조사 또는 확인의 내용·절차·방법 등에 관하여 이 법에서 정하는 사항을 제외하고는 「행정조사기본법」에서 정하는 바에 따른다.(2024.1.23 본항신설)

제98조【업무정지】 ① 보건복지부장관은 요양기관이 다음 각 호의 어느 하나에 해당하면 그 요양기관에 대하여 1년의 범위에서 기간을 정하여 업무정지를 명할 수 있다. 이 경우 보건복지부장관은 그 사실을 공단 및 심사평가원에 알려야 한다.(2024.1.23 후단신설)
1. 속임수나 그 밖의 부당한 방법으로 보험자·가입자 및 피부양자에게 요양급여비용을 부담하게 한 경우
2. 제97조제2항에 따른 명령에 위반하거나 거짓 보고를 하거나 거짓 서류를 제출하거나, 소속 공무원의 검사 또는 질문을 거부·방해 또는 기피한 경우
3. 정당한 사유 없이 요양기관이 제41조의3제1항에 따른 결정을 신청하지 아니하고 속임수나 그 밖의 부당한 방법으로 행위·치료재료를 가입자 또는 피부양자에게 실시 또는 사용하고 비용을 부담시킨 경우(2016.2.3 본호신설)

② 제1항에 따라 업무정지 처분을 받은 자는 해당 업무정지기간 중에는 요양급여를 하지 못한다.
③ 제1항에 따른 업무정지 처분의 효과는 그 처분이 확정된 요양기관을 양수한 자 또는 합병 후 존속하는 법인이나 합병으로 설립되는 법인에 승계되고, 업무정지 처분의 절차가 진행 중인 때에는 양수인 또는 합병 후 존속하는 법인이나 합병으로 설립되는 법인에 대하여 그 절차를 계속 진행할 수 있다. 다만, 양수인 또는 합병 후 존속하는 법인이나 합병으로 설립되는 법인이 그 처분 또는 위반사실을 알지 못하였음을 증명하는 경우에는 그러하지 아니하다.
④ 제1항에 따른 업무정지 처분을 받았거나 업무정지 처분의 절차가 진행 중인 자는 행정처분을 받은 사실 또는 행정처분절차가 진행 중인 사실을 보건복지부령으로 정하는 바에 따라 양수인 또는 합병 후 존속하는 법인이나 합병으로 설립되는 법인에 지체 없이 알려야 한다.
⑤ 제1항에 따른 업무정지를 부과하는 위반행위의 종류, 위반 정도 등에 따른 행정처분기준이나 그 밖에 필요한 사항은 대통령령으로 정한다.

제99조【과징금】 ① 보건복지부장관은 요양기관이 제98조제1항제1호 또는 제3호에 해당하여 업무정지 처분을 하여야 하는 경우로서 그 업무정지 처분이 해당 요양기관을 이용하는 사람에게 심한 불편을 주거나 보건복지부장관이 정하는 특별한 사유가 있다고 인정되면 업무정지 처분을 갈음하여 속임수나 그 밖의 부당한 방법으로 부담하게 한 금액의 5배 이하의 금액을 과징금으로 부과·징수할 수 있다. 이 경우 보건복지부장관은 12개월의 범위에서 분할납부를 하게 할 수 있다.(2016.2.3 전단개정)
② 보건복지부장관은 제41조의2제3항에 따라 약제를 요양급여에서 적용 정지하는 경우 다음 각 호의 어느 하나에 해당하는 때에는 요양급여의 적용 정지에 갈음하여 대통령령으로 정하는 바에 따라 다음 각 호의 구분에 따른 범위에서 과징금을 부과·징수할 수 있다. 이 경우 보건복지부장관은 12개월의 범위에서 분할납부를 하게 할 수 있다.
(2021.6.8 전단개정)
1. 환자 진료에 불편을 초래하는 등 공공복리에 지장을 줄 것으로 예상되는 때 : 해당 약제에 대한 요양급여비용 총액의 100분의 200을 넘지 아니하는 범위
2. 국민 건강에 심각한 위험을 초래할 것이 예상되는 등 특별한 사유가 있다고 인정되는 때 : 해당 약제에 대한 요양급여비용 총액의 100분의 60을 넘지 아니하는 범위
(2021.6.8 1호~2호신설)

③ 보건복지부장관은 제2항 전단에 따라 과징금 부과 대상이 된 약제가 과징금이 부과된 날부터 5년의 범위에서 대통령령으로 정하는 기간 내에 다시 제2항 전단에 따른 과징금 부과 대상이 되는 경우에는 대통령령으로 정하는 바에 따라 다음 각 호의 구분에 따른 범위에서 과징금을 부과·징수할 수 있다.(2021.6.8 본문개정)
1. 제2항제1호에서 정하는 사유로 과징금 부과대상이 되는 경우 : 해당 약제에 대한 요양급여비용 총액의 100분의 350을 넘지 아니하는 범위
2. 제2항제2호에서 정하는 사유로 과징금 부과대상이 되는 경우 : 해당 약제에 대한 요양급여비용 총액의 100분의 100을 넘지 아니하는 범위
(2021.6.8 1호~2호신설)

④ 제2항 및 제3항에 따라 대통령령으로 해당 약제에 대한 요양급여비용 총액을 정할 때에는 그 약제의 과거 요양급여 실적 등을 고려하여 1년간의 요양급여 총액을 넘지 않는 범위에서 정하여야 한다.(2018.3.27 본항개정)
⑤ 보건복지부장관은 제1항에 따른 과징금을 납부하여야 할 자가 납부기한까지 이를 내지 아니하면 대통령령으로 정하는 절차에 따라 그 과징금 부과 처분을 취소하고 제98조제1항에 따른 업무정지 처분을 하거나 국세 체납처분의 예에 따라 이를 징수한다. 다만, 요양기관의 폐업 등으로 제98조제1항에 따른 업무정지 처분을 할 수 없으면 국세 체납처분의 예에 따라 징수한다.(2016.3.22 본항개정)
⑥ 보건복지부장관은 제2항 또는 제3항에 따른 과징금을 납부하여야 할 자가 납부기한까지 이를 내지 아니하면 국세 체납처분의 예에 따라 징수한다.(2018.3.27 본항개정)
⑦ 보건복지부장관은 과징금을 징수하기 위하여 필요하면 다음 각 호의 사항을 적은 문서로 관할 세무관서의 장 또는 지방자치단체의 장에게 과세정보의 제공을 요청할 수 있다.
1. 납세자의 인적사항
2. 사용 목적
3. 과징금 부과 사유 및 부과 기준

⑧ 제1항부터 제3항까지의 규정에 따라 징수한 과징금은 다음 각 호 외의 용도로는 사용할 수 없다. 이 경우 제2항제1호 및 제3항제1호에 따라 징수한 과징금은 제3호의 용도로 사용하여야 한다.(2021.6.8 후단신설)
1. 제47조제3항에 따라 공단이 요양급여비용으로 지급하는 자금
2. 「응급의료에 관한 법률」에 따른 응급의료기금의 지원
3. 「재난적의료비 지원에 관한 법률」에 따른 재난적의료비 지원사업에 대한 지원(2018.1.16 본호신설)

⑨ 제1항부터 제3항까지의 규정에 따른 과징금의 금액과 그 납부에 필요한 사항 및 제8항에 따른 과징금의 용도별 지원 규모, 사용 절차 등에 필요한 사항은 대통령령으로 정한다.(2018.3.27 본항개정)

제100조【위반사실의 공표】 ① 보건복지부장관은 관련 서류의 위조·변조로 요양급여비용을 거짓으로 청구하여 제98조 또는 제99조에 따른 행정처분을 받은 요양기관이 다음 각 호의 어느 하나에 해당하면 그 위반 행위, 처분 내용, 해당 요양기관의 명칭·주소 및 대표자 성명, 그 밖에 다른 요양기관과의 구별에 필요한 사항으로서 대통령령으로 정하는 사항을 공표할 수 있다. 이 경우 공표 여부를 결정할 때에는 그 위반행위의 동기, 정도, 횟수 및 결과 등을 고려하여야 한다.
1. 거짓으로 청구한 금액이 1천 500만원 이상인 경우
2. 요양급여비용 총액 중 거짓으로 청구한 금액의 비율이 100분의 20 이상인 경우

② 보건복지부장관은 제1항에 따른 공표 여부 등을 심의하기 위하여 건강보험공표심의위원회(이하 이 조에서 "공표심의위원회"라 한다)를 설치·운영한다.
③ 보건복지부장관은 공표심의위원회의 심의를 거친 공표대상자에게 공표대상자인 사실을 알려 소명자료를 제출하거나 출석하여 의견을 진술할 기회를 주어야 한다.
④ 보건복지부장관은 공표심의위원회가 제3항에 따라 제출된 소명자료 또는 진술된 의견을 고려하여 공표대상자를 재심의한 후 공표대상자를 선정한다.
⑤ 제1항부터 제4항까지에서 규정한 사항 외에 공표의 절차·방법, 공표심의위원회의 구성·운영 등에 필요한 사항은 대통령령으로 정한다.

제101조【제조업자 등의 금지행위 등】 ① 「약사법」에 따른 의약품의 제조업자·위탁제조판매업자·수입자·판매업자 및 「의료기기법」에 따른 의료기기 제조업자·수입업자·수리업자·판매업자·임대업자(이하 "제조업자등"이라 한다)는 약제·치료재료와 관련하여 제41조의3에 따라 요양급여대상 여부를 결정하거나 제46조에 따라 요양급여비용을 산정할 때에 다음 각 호의 행위를 하여 보험자·가입자 및 피부양자에게 손실을 주어서는 아니 된다.
1. 제98조제1항제1호에 해당하는 요양기관의 행위에 개입
2. 보건복지부, 공단 또는 심사평가원에 거짓 자료의 제출
3. 그 밖에 속임수나 보건복지부령으로 정하는 부당한 방법으로 요양급여대상 여부의 결정과 요양급여비용의 산정에 영향을 미치는 행위
(2016.2.3 본항개정)

② 보건복지부장관은 제조업자등이 제1항에 위반한 사실이 있는지 여부를 확인하기 위하여 그 제조업자등에게 관련 서류의 제출을 명하거나, 소속 공무원이 관계인에게 질문을 하게 하거나 관계 서류를 검사하게 하는 등 필요한 조사를 할 수 있다. 이 경우 소속 공무원은 그 권한을 표시하는 증표를 지니고 이를 관계인에게 보여주어야 한다.
③ 공단은 제1항을 위반하여 보험자·가입자 및 피부양자에게 손실을 주는 행위를 한 제조업자등에 대하여 손실에 상당하는 금액(이하 이 조에서 "손실 상당액"이라 한다)을 징수한다.(2016.2.3 본항신설)
④ 공단은 제3항에 따라 징수한 손실 상당액 중 가입자 및 피부양자의 손실에 해당되는 금액을 그 가입자나 피부양자에게 지급하여야 한다. 이 경우 공단은 가입자나 피부양자에게 지급하여야 하는 금액을 그 가입자 및 피부양자가 내야하는 보험료등과 상계할 수 있다.(2016.2.3 본항신설)
⑤ 제3항에 따른 손실 상당액의 산정, 부과·징수절차 및 납부방법 등에 관하여 필요한 사항은 대통령령으로 정한다.(2016.2.3 본항신설)

제101조의2【약제에 대한 쟁송 시 손실상당액의 징수 및 지급】 ① 공단은 제41조의2에 따른 요양급여비용 상한금액의 감액 및 요양급여의 적용 정지 또는 제41조의3에 따른 조정(이하 이 조에서 "조정등"이라 한다)에 대하여 약제의 제조업자등이 청구 또는 제기한 「행정심판법」에 따른 행정심판 또는 「행정소송법」에 따른 행정소송에 대하여 행정심판위원회 또는 법원의 결정이나 재결, 판결이 다음 각 호의 요건을 모두 충족하는 경우에는 조정등이 집행정지된 기간 동안 공단에 발생한 손실에 상당하는 금액을 약제의 제조업자등에게서 징수할 수 있다.
1. 행정심판위원회 또는 법원이 집행정지 결정을 한 경우
2. 행정심판이나 행정소송에 대한 각하 또는 기각(일부 기각을 포함한다) 재결 또는 판결이 확정되거나 청구취하 또는 소취하로 심판 또는 소송이 종결된 경우

② 공단은 제1항의 심판 또는 소송에 대한 결정이나 재결, 판결이 다음 각 호의 요건을 모두 충족하는 경우에는 조정등으로 인하여 약제의 제조업자등에게 발생한 손실에 상당하는 금액을 지급하여야 한다.
1. 행정심판위원회 또는 법원의 집행정지 결정이 없거나 집행정지 결정이 취소된 경우
2. 행정심판이나 행정소송에 대한 인용(일부 인용을 포함한다) 재결 또는 판결이 확정된 경우

③ 제1항에 따른 손실에 상당하는 금액은 집행정지 기간 동안 공단이 지급한 요양급여비용과 집행정지가 결정되지 않았다면 공단이 지급하여야 할 요양급여비용의 차액으로 산정한다. 다만, 요양급여대상에서 제외되거나 요양급여의 적용을 정지하는 내용의 조정등의 경우에는 요양급여비용 차액의 100분의 40을 초과할 수 없다.
④ 제2항에 따른 손실에 상당하는 금액은 해당 조정등이 없었다면 공단이 지급하여야 할 요양급여비용과 조정등에 따라 공단이 지급한 요양급여비용의 차액으로 산정한다. 다만, 요양급여대상에서 제외되거나 요양급여의 적용을 정지하는 내용의 조정등의 경우에는 요양급여비용 차액의 100분의 40을 초과할 수 없다.
⑤ 공단은 제1항 또는 제2항에 따라 손실에 상당하는 금액을 징수 또는 지급하는 경우 대통령령으로 정하는 이자를 가산하여야 한다.
⑥ 그 밖에 제1항에 따른 징수절차, 제2항에 따른 지급절차, 제3항 및 제4항에 따른 손실에 상당하는 금액의 산정 기준 및 기간, 제5항에 따른 가산금 등 징수 및 지급에 필요한 세부사항은 보건복지부령으로 정한다.
(2023.5.19 본조신설)

제102조【정보의 유지 등】 공단, 심사평가원 및 대행청구단체에 종사하였던 사람 또는 종사하는 사람은 다음 각 호의 행위를 하여서는 아니 된다.
1. 가입자 및 피부양자의 개인정보(「개인정보 보호법」 제2조제1호의 개인정보를 말한다. 이하 "개인정보"라 한다)를 누설하거나 직무상 목적 외의 용도로 이용 또는 정당한 사유 없이 제3자에게 제공하는 행위
2. 업무를 수행하면서 알게 된 정보(제1호의 개인정보는 제외한다)를 누설하거나 직무상 목적 외의 용도로 이용 또는 제3자에게 제공하는 행위
(2019.4.23 1호~2호개정)
(2016.3.22 본조개정)

제103조【공단 등에 대한 감독 등】 ① 보건복지부장관은 공단과 심사평가원의 경영목표를 달성하기 위하여 다음 각 호의 사업이나 업무에 대하여 보고를 명하거나 그 사업이나 업무 또는 재산상황을 검사하는 등 감독을 할 수 있다.
1. 제14조제1항제1호부터 제13호까지의 규정에 따른 공단의 업무 및 제63조제1항제1호부터 제8호까지의 규정에 따른 심사평가원의 업무(2022.6.10 본호개정)
2. 「공공기관의 운영에 관한 법률」 제50조에 따른 경영지침의 이행과 관련된 사업
3. 이 법 또는 다른 법령에서 공단과 심사평가원이 위탁받은 업무

4. 그 밖에 관계 법령에서 정하는 사항과 관련된 사업
② 보건복지부장관은 제1항에 따른 감독상 필요한 경우에는 정관이나 규정의 변경 또는 그 밖에 필요한 처분을 명할 수 있다.
제104조【포상금 등의 지급】 ① 공단은 다음 각 호의 어느 하나에 해당하는 자 또는 재산을 신고한 사람에 대하여 포상금을 지급할 수 있다. 다만, 공무원이 그 직무와 관련하여 제4호에 따른 은닉재산을 신고한 경우에는 그러하지 아니한다.(2022.12.27 본문개정)
1. 속임수나 그 밖의 부당한 방법으로 보험급여를 받은 사람
2. 속임수나 그 밖의 부당한 방법으로 다른 사람이 보험급여를 받도록 한 자
3. 속임수나 그 밖의 부당한 방법으로 보험급여 비용을 받은 요양기관 또는 보험급여를 받은 준요양기관 및 보조기기 판매업자
4. 제57조에 따라 징수금을 납부하여야 하는 자의 은닉재산(2022.12.27 본호신설)
(2020.12.29 본항개정)
② 공단은 건강보험 재정을 효율적으로 운영하는 데에 이바지한 요양기관에 대하여 장려금을 지급할 수 있다.
(2013.5.22 본항신설)
③ 제1항제4호의 "은닉재산"이란 징수금을 납부하여야 하는 자가 은닉한 현금, 예금, 주식, 그 밖에 재산적 가치가 있는 유형·무형의 재산을 말한다. 다만, 다음 각 호의 어느 하나에 해당하는 재산은 제외한다.
1. 「민법」 제406조 등 관계 법령에 따라 사해행위(詐害行爲) 취소소송의 대상이 되어 있는 재산
2. 공단이 은닉사실을 알고 조사 또는 강제징수 절차에 착수한 재산
3. 그 밖에 은닉재산 신고를 받을 필요가 없다고 인정되어 대통령령으로 정하는 재산
(2022.12.27 본항신설)
④ 제1항 및 제2항에 따른 포상금 및 장려금의 지급 기준과 범위, 절차 및 방법 등에 필요한 사항은 대통령령으로 정한다.(2013.5.22 본항개정)
(2013.5.22 본조제목개정)
제105조【유사명칭의 사용금지】 ① 공단이나 심사평가원이 아닌 자는 국민건강보험공단, 건강보험심사평가원 또는 이와 유사한 명칭을 사용하지 못한다.
② 이 법으로 정하는 건강보험사업을 수행하는 자가 아닌 자는 보험계약 또는 보험계약의 명칭에 국민건강보험이라는 용어를 사용하지 못한다.
제106조【소액 처리】 공단은 징수하여야 할 금액이나 반환하여야 할 금액이 1건당 2천원 미만인 경우(제47조제5항, 제57조제5항 후단 및 제101조제4항 후단에 따라 각각 상계 처리할 수 있는 본인일부부담금 환급금 및 가입자나 피부양자에게 지급하여야 하는 금액은 제외한다)에는 징수 또는 반환하지 아니한다.(2022.12.27 본조개정)
제107조【끝수 처리】 보험료등과 보험급여에 관한 비용을 계산할 때 「국고금관리법」 제47조에 따른 끝수는 계산하지 아니한다.
제108조 (2023.6.13 삭제)
제108조의2【보험재정에 대한 정부지원】 ① 국가는 매년 예산의 범위에서 해당 연도 보험료 예상 수입액의 100분의 14에 상당하는 금액을 국고에서 공단에 지원한다.
② 공단은 「국민건강증진법」에서 정하는 바에 따라 같은 법에 따른 국민건강증진기금에서 자금을 지원받을 수 있다.
③ 공단은 제1항에 따라 지원된 재원을 다음 각 호의 사업에 사용한다.
1. 가입자 및 피부양자에 대한 보험급여
2. 건강보험사업에 대한 운영비
3. 제75조 및 제110조제4항에 따른 보험료 경감에 대한 지원
④ 공단은 제2항에 따라 지원된 재원을 다음 각 호의 사업에 사용한다.
1. 건강검진 등 건강증진에 관한 사업
2. 가입자와 피부양자의 흡연으로 인한 질병에 대한 보험급여
3. 가입자와 피부양자 중 65세 이상 노인에 대한 보험급여
(2023.6.13 본조신설 : 2027.12.31까지 유효)
제109조【외국인 등에 대한 특례】 ① 정부는 외국 정부가 사용자인 사업장의 근로자의 건강보험에 관하여는 외국 정부와 한 합의에 따라 이를 따로 정할 수 있다.
② 국내에 체류하는 재외국민 또는 외국인(이하 "국내체류 외국인등"이라 한다)이 적용대상사업장의 근로자, 공무원 또는 교직원이고 제6조제2항 각 호의 어느 하나에 해당하지 아니하면서 다음 각 호의 어느 하나에 해당하는 경우에는 제5조에도 불구하고 직장가입자가 된다.
1. 「주민등록법」 제6조제1항제3호에 따라 등록한 사람
2. 「재외동포의 출입국과 법적 지위에 관한 법률」 제6조에 따라 국내거소신고를 한 사람
3. 「출입국관리법」 제31조에 따라 외국인등록을 한 사람
(2016.3.22 본항개정)
③ 제2항에 따른 직장가입자에 해당하지 아니하는 국내체류 외국인등이 다음 각 호의 요건을 모두 갖춘 경우에는 제5조에도 불구하고 지역가입자가 된다.(2019.1.15 본문개정)
1. 보건복지부령으로 정하는 기간 동안 국내에 거주하였거나 해당 기간 동안 국내에 지속적으로 거주할 것으로 예상할 수 있는 사유로서 보건복지부령으로 정하는 사유에 해당될 것
2. 다음 각 목의 어느 하나에 해당할 것
가. 제2항제1호 또는 제2호에 해당하는 사람
나. 「출입국관리법」 제31조에 따라 외국인등록을 한 사람으로서 보건복지부령으로 정하는 체류자격이 있는 사람
(2016.3.22 본항신설)
④ 제2항 각 호의 어느 하나에 해당하는 국내체류 외국인등이 다음 각 호의 요건을 모두 갖춘 경우에는 제5조에도 불구하고 공단에 신청하면 피부양자가 될 수 있다.
1. 직장가입자와의 관계가 제5조제2항 각 호의 어느 하나에 해당할 것
2. 제5조제3항에 따른 피부양자 자격의 인정 기준에 해당할 것
3. 국내 거주기간 또는 거주사유가 제3항제1호에 따른 기준에 해당할 것. 다만, 직장가입자의 배우자 및 19세 미만 자녀(배우자의 자녀를 포함한다)에 대해서는 그러하지 아니하다.(2024.1.2 본호신설)
(2016.3.22 본항신설)
⑤ 제2항부터 제4항까지의 규정에도 불구하고 다음 각 호에 해당되는 경우에는 가입자 및 피부양자가 될 수 없다.
1. 국내체류가 법률에 위반되는 경우로서 대통령령으로 정하는 사유가 있는 경우
2. 국내체류 외국인등이 외국의 법령, 외국의 보험 또는 사용자와의 계약 등에 따라 제41조에 따른 요양급여에 상당하는 의료보장을 받을 수 있어 사용자 또는 가입자가 보건복지부령으로 정하는 바에 따라 가입 제외를 신청한 경우(2019.1.15 본호개정)
(2016.3.22 본항신설)
⑥ 제2항부터 제5항까지의 규정에서 정한 사항 외에 국내체류 외국인등의 가입자 또는 피부양자 자격의 취득 및 상실에 관한 시기·절차 등에 필요한 사항은 제5조부터 제11조까지의 규정을 준용한다. 다만, 국내체류 외국인등의 특성을 고려하여 특별히 규정해야 할 사항은 대통령령으로 다르게 정할 수 있다.(2016.3.22 본항신설)
⑦ 가입자인 국내체류 외국인등이 매월 2일 이후 지역가입자의 자격을 취득하고 그 자격을 취득한 날이 속하는 달에 보건복지부장관이 고시하는 사유로 해당 자격을 상실한 경우에는 제69조제2항 본문에도 불구하고 그 자격을 취득한 날이 속하는 달의 보험료를 부과하여 징수한다.
(2016.3.22 본항신설)
⑧ 국내체류 외국인등(제9항 단서의 적용을 받는 사람에 한정한다)에 해당하는 지역가입자의 보험료는 제78조제1항 본문에도 불구하고 그 직전 월 25일까지 납부하여야 한다. 다만, 다음 각 호에 해당되는 경우에는 공단이 정하는 바에 따라 납부하여야 한다.(2019.1.15 본문개정)
1. 자격을 취득한 날이 속하는 달의 보험료를 징수하는 경우
2. 매월 26일 이후부터 말일까지의 기간에 자격을 취득한 경우
(2016.3.22 본항신설)
⑨ 제7항과 제8항에서 정한 사항 외에 가입자인 국내체류 외국인등의 보험료 부과·징수에 관한 사항은 제69조부터 제86조까지의 규정을 준용한다. 다만, 대통령령으로 정하는 국내체류 외국인등의 보험료 부과·징수에 관한 사항은 그 특성을 고려하여 보건복지부장관이 다르게 정하여 고시할 수 있다.(2016.3.22 본항신설)
⑩ 공단은 지역가입자인 국내체류 외국인등(제9항 단서의 적용을 받는 사람에 한정한다)이 보험료를 체납한 경우에는 제53조제3항에도 불구하고 체납일부터 체납한 보험료를 완납할 때까지 보험급여를 하지 아니한다. 이 경우 제53조제3항 각 호 외의 부분 단서 및 같은 조 제5항·제6항은 적용하지 아니한다.(2019.1.15 본항신설)
<2023.9.26 헌법재판소 헌법불합치결정으로 이 조 제10항은 2025.6.30을 시한으로 입법자가 개정할 때까지 계속 적용>
제110조【실업자에 대한 특례】 ① 사용관계가 끝난 사람 중 직장가입자로서의 자격을 유지한 기간이 보건복지부령으로 정하는 기간 동안 통산 1년 이상인 사람은 지역가입자가 된 이후 최초로 제79조에 따라 지역가입자 보험료를 고지받은 날부터 그 납부기한에서 2개월이 지나기 이전까지 공단에 직장가입자로서의 자격을 유지할 것을 신청할 수 있다.(2018.1.16 본항개정)
② 제1항에 따라 공단에 신청한 가입자(이하 "임의계속가입자"라 한다)는 제9조에도 불구하고 대통령령으로 정하는 기간 동안 직장가입자의 자격을 유지한다. 다만, 제1항에 따른 신청 후 최초로 내야 할 직장가입자 보험료를 그 납부기한부터 2개월이 지난 날까지 내지 아니한 경우에는 그 자격을 유지할 수 없다.(2013.5.22 본항신설)
③ 임의계속가입자의 보수월액은 보수월액보험료가 산정된 최근 12개월간의 보수월액을 평균한 금액으로 한다.
(2018.1.16 본항개정)
④ 임의계속가입자의 보험료는 보건복지부장관이 정하여 고시하는 바에 따라 그 일부를 경감할 수 있다.
⑤ 임의계속가입자의 보수월액보험료는 제76조제1항 및 제77조제1항제1호에도 불구하고 그 임의계속가입자가 전액을 부담하고 납부한다.
⑥ 임의계속가입자가 보험료를 납부기한까지 내지 아니하는 경우 그 급여제한에 관하여는 제53조제3항·제5항 및 제6항을 준용한다. 이 경우 "제69조제5항에 따른 세대단위의 보험료"는 "제110조제5항에 따른 보험료"로 본다.
(2013.5.22 후단개정)
⑦ 임의계속가입자의 신청 방법·절차 등에 필요한 사항은 보건복지부령으로 정한다.
제111조【권한의 위임】 이 법에 따른 보건복지부장관의 권한은 대통령령으로 정하는 바에 따라 그 일부를 특별시장·광역시장·특별자치시장·도지사 또는 특별자치도지사에게 위임할 수 있다.(2024.1.2 본조개정)
제112조【업무의 위탁】 ① 공단은 대통령령으로 정하는 바에 따라 다음 각 호의 업무를 체신관서, 금융기관 또는 그 밖의 자에게 위탁할 수 있다.
1. 보험료의 수납 또는 보험료납부의 확인에 관한 업무
2. 보험급여비용의 지급에 관한 업무
3. 징수위탁근거법의 위탁에 따라 징수하는 연금보험료, 고용보험료, 산업재해보상보험료, 부담금 및 분담금 등(이하 "징수위탁보험료등"이라 한다)의 수납 또는 그 납부의 확인에 관한 업무
② 공단은 그 업무의 일부를 국가기관, 지방자치단체 또는 다른 법령에 따른 사회보험 업무를 수행하는 법인이나 그 밖의 자에게 위탁할 수 있다. 다만, 보험료와 징수위탁보험료등의 징수 업무는 그러하지 아니하다.
(2016.2.3 단서신설)
③ 제2항에 따라 공단이 위탁할 수 있는 업무 및 위탁받을 수 있는 자의 범위는 보건복지부령으로 정한다.
제113조【징수위탁보험료등의 배분 및 납입 등】 ① 공단은 자신이 징수한 보험료와 그에 따른 징수금 또는 징수위탁보험료등의 금액이 징수하여야 할 총액에 부족한 경우에는 대통령령으로 정하는 기준, 방법에 따라 이를 배분하여 납부 처리하여야 한다. 다만, 납부의무자가 다른 의사를 표시한 때에는 그에 따른다.
② 공단은 징수위탁보험료등을 징수한 때에는 이를 지체 없이 해당 보험별 기금에 납입하여야 한다.
제114조【출연금의 용도 등】 ① 공단은 「국민연금법」, 「산업재해보상보험법」, 「고용보험법」 및 「임금채권보장법」에 따라 국민연금기금, 산업재해보상보험및예방기금, 고용보험기금 및 임금채권보장기금으로부터 각각 지급받은 출연금을 제14조제1항제11호에 따른 업무에 소요되는 비용에 사용하여야 한다.
② 제1항에 따라 지급받은 출연금의 관리 및 운용 등에 필요한 사항은 대통령령으로 정한다.
제114조의2【벌칙 적용에서 공무원 의제】 제4조제1항에 따른 심의위원회 및 제100조제2항에 따른 건강보험공표심의위원회 위원 중 공무원이 아닌 사람은 「형법」 제127조 및 제129조부터 제132조까지의 규정을 적용할 때에는 공무원으로 본다.(2019.1.15 본조신설)

제9장 벌 칙

제115조【벌칙】 ① 제102조제1호를 위반하여 가입자 및 피부양자의 개인정보를 누설하거나 직무상 목적 외의 용도로 이용 또는 정당한 사유 없이 제3자에게 제공한 자는 5년 이하의 징역 또는 5천만원 이하의 벌금에 처한다.
(2019.4.23 본항개정)
② 다음 각 호의 어느 하나에 해당하는 자는 3년 이하의 징역 또는 3천만원 이하의 벌금에 처한다.(2016.3.22 본문개정)
1. 대행청구단체의 종사자로서 거짓이나 그 밖의 부정한 방법으로 요양급여비용을 청구한 자(2016.3.22 본호신설)
2. 제102조제2호를 위반하여 업무를 수행하면서 알게 된 정보를 누설하거나 직무상 목적 외의 용도로 이용 또는 제3자에게 제공한 자(2019.4.23 본호개정)
③ 제96조의3제3항을 위반하여 공동이용하는 전산정보자료를 같은 조 제1항에 따른 목적 외의 용도로 이용하거나 활용한 자는 3년 이하의 징역 또는 1천만원 이하의 벌금에 처한다.(2020.12.29 본항개정)
④ 거짓이나 그 밖의 부정한 방법으로 보험급여를 받거나 타인으로 하여금 보험급여를 받게 한 사람은 2년 이하의 징역 또는 2천만원 이하의 벌금에 처한다.(2019.4.23 본항신설)
⑤ 다음 각 호의 어느 하나에 해당하는 자는 1년 이하의 징역 또는 1천만원 이하의 벌금에 처한다.
1. 제42조의2제1항 및 제3항을 위반하여 선별급여를 제공한 요양기관의 개설자(2016.3.22 본호신설)
2. 제47조제7항을 위반하여 대행청구단체가 아닌 자로 하여금 대행하게 한 자(2022.12.27 본호개정)
3. 제93조를 위반한 사용자
4. 제98조제2항을 위반한 요양기관의 개설자
5. (2019.4.23 삭제)
제116조【벌칙】 제97조제2항을 위반하여 보고 또는 서류 제출을 하지 아니한 자, 거짓으로 보고하거나 거짓 서류를 제출한 자, 검사나 질문을 거부·방해 또는 기피한 자는 1천만원 이하의 벌금에 처한다.
제117조【벌칙】 제42조제5항을 위반한 자 또는 제49조제2항을 위반하여 요양비 명세서나 요양 명세를 적은 영수증을 내주지 아니한 자는 500만원 이하의 벌금에 처한다.

제118조【양벌 규정】법인의 대표자나 법인 또는 개인의 대리인, 사용인, 그 밖의 종사자가 그 법인 또는 개인의 업무에 관하여 제115조부터 제117조까지의 규정 중 어느 하나에 해당하는 위반행위를 하면 그 행위자를 벌하는 외에 그 법인 또는 개인에게도 해당 조문의 벌금형을 과(科)한다. 다만, 법인 또는 개인이 그 위반행위를 방지하기 위하여 해당 업무에 관하여 상당한 주의와 감독을 게을리하지 아니한 경우에는 그러하지 아니하다.

제119조【과태료】①~② (2013.5.22 삭제)

③ 다음 각 호의 어느 하나에 해당하는 자에게는 500만원 이하의 과태료를 부과한다.(2016.3.22 본문개정)

1. 제7조를 위반하여 신고를 하지 아니하거나 거짓으로 신고한 사용자(2016.3.22 본호신설)
2. 정당한 사유 없이 제94조제1항을 위반하여 신고·서류제출을 하지 아니하거나 거짓으로 신고·서류제출을 한 자(2016.3.22 본호신설)
3. 정당한 사유 없이 제97조제1항, 제3항, 제4항, 제5항을 위반하여 보고·서류제출을 하지 아니하거나 거짓으로 보고·서류제출을 한 자(2018.3.27 본호개정)
4. 제98조제4항을 위반하여 행정처분을 받은 사실 또는 행정처분절차가 진행 중인 사실을 지체 없이 알리지 아니한 자(2016.3.22 본호신설)
5. 정당한 사유 없이 제101조제2항을 위반하여 서류를 제출하지 아니하거나 거짓으로 제출한 자(2016.3.22 본호신설)

④ 다음 각 호의 어느 하나에 해당하는 자에게는 100만원 이하의 과태료를 부과한다.

1. (2016.3.22 삭제)
2. (2018.12.11 삭제)
3. 제12조제4항을 위반하여 정당한 사유 없이 건강보험증이나 신분증명서로 가입자 또는 피부양자의 본인 여부 및 그 자격을 확인하지 아니하고 요양급여를 실시한 자(2023.5.19 본호신설)
4. 제96조의4를 위반하여 서류를 보존하지 아니한 자(2020.12.29 본호개정)
5. 제103조에 따른 명령을 위반한 자
6. 제105조를 위반한 자

⑤ 제3항 및 제4항에 따른 과태료는 대통령령으로 정하는 바에 따라 보건복지부장관이 부과·징수한다.(2013.5.22 본항개정)

부 칙

제1조【시행일】이 법은 2012년 9월 1일부터 시행한다. 다만, 제98조제2항·제108조 및 제115조제2항제3호의 개정규정은 공포한 날부터 시행한다.

제2조【유효기간】제108조는 2022년 12월 31일까지 효력을 가진다.(2017.4.18 본조개정)

제3조【권리의 포괄승계】법률 제5854호 國民健康保險法의 시행일인 2000년 7월 1일 당시 종전의 「醫療保險法」에 따른 의료보험조합 및 의료보험연합회의 권리와 의무는 공단이 포괄승계한다. 다만, 의료보험연합회의 심사업무와 관련된 권리와 의무는 심사평가원이 포괄승계한다.

제4조【보험료 징수 및 면제에 관한 적용례】제69조제2항 및 제74조제3항의 개정규정은 법률 제8034호 국민건강보험법 일부개정법률의 시행일인 2006년 11월 1일 이후 최초로 가입자의 자격을 취득하거나 상실한 자 또는 급여정지사유가 발생하거나 해소되는 분부터 적용한다.

제5조【보험료에 관한 적용례】제69조제4항제1호 및 제5항의 개정규정은 법률 제8153호 국민건강보험법 일부개정법률의 시행일인 2007년 1월 1일 이후 최초로 고지되는 보험료부터 적용한다.

제6조【미성년자 지역납부의무 면제와 가산금 가산 징수에 관한 적용례】① 제77조제2항 단서의 개정규정은 법률 제9022호 국민건강보험법 일부개정법률 부칙 제1조 단서에 따라 그 시행일인 2008년 9월 29일 이전에 고지된 보험료등으로서 체납 상태에 있는 보험료등에 대하여도 적용한다.(2017.4.18 본항개정)

② 제80조의 개정규정은 법률 제9022호 국민건강보험법 일부개정법률 부칙 제1조 단서에 따라 그 시행일인 2008년 7월 1일 이후 최초로 고지하는 보험료등부터 적용한다.

제7조【환급금의 이자가산에 관한 적용례】제86조제2항 후단의 개정규정은 법률 제9022호 국민건강보험법 일부개정법률 부칙 제1조 단서에 따라 그 시행일인 2008년 9월 29일 이후 최초로 결정하는 환급금부터 적용한다.

제8조【소멸시효에 관한 적용례】제91조제1항제6호의 개정규정은 이 법 시행 당시 시효가 완성되지 아니한 근로복지공단의 권리에 대해서도 적용한다.

제9조【위반사실 공표에 관한 적용례】제100조의 개정규정은 법률 제9022호 국민건강보험법 일부개정법률 부칙 제1조 단서에 따라 그 시행일인 2008년 9월 29일 이후 최초로 발생하는 위반행위부터 적용한다.

제10조【보험재정에 대한 정부지원에 관한 적용례】제108조의 개정규정은 2012회계연도 예산부터 적용한다.

제11조【사회보험료 징수업무 통합에 따른 직원의 정년에 관한 특례】법률 제9690호 국민건강보험법 일부개정법률 시행일인 2011년 1월 1일에 국민연금공단 및 근로복지공단에서 공단으로 전환된 직원의 정년은 공단으로 전환 당시 해당 공단에 적용되던 정년에 따른다. 다만 공단의 직원정년이 해당 공단의 직원정년보다 긴 경우에는 그러하지 아니하다.

제12조【심의위원회 및 재정운영위원회에 관한 경과조치】① 이 법 시행 당시 종전의 규정에 따라 임명 또는 위촉된 심의위원회 및 재정운영위원회의 위원은 이 법에 따라 임명 또는 위촉된 것으로 보며, 그 임기는 종전의 규정에 따른 임기의 나머지 기간으로 한다.

② 이 법 시행 당시 심의위원회 및 재정운영위원회가 종전의 규정에 따라 심의·의결한 사항은 이 법에 따라 심의·의결한 것으로 본다.

제13조【공단에 관한 경과조치】법률 제5854호 國民健康保險法의 시행일인 2000년 7월 1일 당시 종전의 「國民醫療保險法」에 따른 국민의료보험관리공단은 이 법에 따라 설립된 공단으로 본다.

제14조【임원에 관한 경과조치】이 법 시행 당시 종전의 규정에 따라 임명된 공단 및 심사평가원 임원의 임기는 제20조 및 제65조의 개정규정에도 불구하고 그 임명 당시의 임기만료일까지로 한다.

제15조【공단의 임원 등의 겸직 허가에 관한 경과조치】이 법 시행 당시 「공공기관의 운영에 관한 법률」 제37조제2항에 따라 공단 및 심사평가원의 임직원이 임명권자 등의 겸직 허가를 받은 경우에는 제25조제2항(제68조에서 준용하는 경우를 포함한다)의 개정규정에 따른 겸직 허가를 받은 것으로 본다.

제16조【요양기관의 현황 신고에 관한 경과조치】이 법 시행 당시 종전의 규정에 따라 요양기관의 인력·시설·장비 등의 현황을 심사평가원에 제출한 요양기관은 제43조의 개정규정에 따라 신고한 것으로 본다.

제17조【보험료등의 징수에 관한 경과조치】법률 제5854호 國民健康保險法의 시행일인 2000년 7월 1일 당시 종전의 「醫療保險法」 및 「國民醫療保險法」에 따라 납부기한이 경과된 보험료등의 징수에 관하여는 종전의 규정에 따른다.

제18조【종전 보험료 등에 대한 소멸시효에 관한 경과조치】보험료를 징수하거나 반환받을 권리, 보험급여를 받을 권리 또는 과오납부된 본인일부부담금을 반환받을 권리로서 법률 제5854호 國民健康保險法의 시행일인 2000년 7월 1일 이전에 발생된 권리에 대한 소멸시효는 종전의 「醫療保險法」 및 종전의 「國民醫療保險法」에 따른다.

제19조【처분 등에 관한 일반적 경과조치】이 법 시행 당시 종전의 규정에 따른 공단, 심사평가원, 보건복지부장관(이하 이 조에서 "공단등"이라 한다)의 행위나 공단등에 대한 행위는 그에 해당하는 이 법에 따른 공단등의 행위나 공단등에 대한 행위로 본다.

제20조【종전의 위반행위에 대한 처분에 관한 경과조치】① 법률 제5854호 國民健康保險法의 시행일인 2000년 7월 1일 이전에 종전의 「醫療保險法」 및 종전의 「國民醫療保險法」을 위반한 행위에 대한 처분은 종전의 「醫療保險法」 및 종전의 「國民醫療保險法」에 따른다.

② 이 법 시행 전의 행위에 대한 벌칙 및 과태료의 적용에 있어서는 종전의 규정에 따른다.

제21조【다른 법률의 개정】①~㉘ ※(해당 법령에 가제정리 하였음)

제22조【다른 법령과의 관계】이 법 시행 당시 다른 법령에서 종전의 「국민건강보험법」의 규정을 인용한 경우에 이 법 가운데 그에 해당하는 규정이 있을 때에는 종전의 규정을 갈음하여 이 법의 해당 규정을 인용한 것으로 본다.

부 칙 (2017.4.18)

제1조【시행일】이 법은 2018년 7월 1일부터 시행한다. 다만, 제77조제2항의 개정규정과 법률 제11141호 국민건강보험법 전부개정법률 부칙 제2조 및 제6조제1항의 개정규정은 공포한 날부터 시행한다.

제2조【보험료, 보수월액, 소득월액 및 보험료부과점수의 산정기준에 관한 적용례】제69조부터 제72조까지의 개정규정은 이 법 시행일이 속하는 달의 보험료부터 적용한다.

제3조【보험료 납부의무에 관한 적용례】제77조제2항의 개정규정은 같은 개정규정 시행 전에 부과된 보험료등으로서 체납 상태에 있는 보험료등에 대하여도 적용한다.

제4조【보험료 조정에 관한 특례】제5조 및 제72조의 개정규정에도 불구하고 다음 각 호의 어느 하나에 해당하는 가입자의 경우에는 대통령령으로 정하는 바에 따라 한시적으로 보험료의 전부 또는 일부를 감액할 수 있다.

1. 이 법 시행에 따른 보험료가 종전 규정에 따른 보험료보다 인상되는 지역가입자로서 대통령령으로 정하는 지역가입자
2. 이 법 시행일 이전에는 피부양자였으나 이 법 시행에 따라 피부양자의 자격을 상실하게 된 지역가입자

부 칙 (2018.3.27)

제1조【시행일】이 법은 공포 후 6개월이 경과한 날부터 시행한다. 다만, 제42조제1항제3호의 개정규정은 공포한 날부터 시행한다.

제2조【약제에 대한 요양급여비용 상한금액의 감액 등에 관한 적용례】제41조의2 및 제99조의 개정규정은 이 법 시행 후 최초로 「약사법」 제47조제2항의 위반과 관련된 제41조제1항제2호의 약제부터 적용한다.

제3조【압류 예정 통보서의 발송에 관한 적용례】제81조제4항의 개정규정은 이 법 시행 전에 보험료를 체납한 경우로서 같은 조 제3항에 따른 체납처분 절차가 개시되지 아니한 경우에도 적용한다.

제4조【분할납부 신청 안내에 관한 적용례】제82조제2항의 개정규정은 이 법 시행 전에 보험료를 3회 이상 체납한 경우로서 제81조제3항에 따른 체납처분 절차가 개시되지 아니한 경우에도 적용한다.

제5조【약제의 요양급여비용 상한금액 감액 처분 인정에 관한 특례】이 법 시행 당시 종전의 규정에 따라 요양급여비용 상한금액의 감액 처분 또는 요양급여의 적용 정지 처분(그에 갈음하는 과징금 부과 처분을 포함한다)을 받은 후 그 처분을 받은 날부터 5년이 지나지 아니한 경우에는 제41조의2제1항의 개정규정에 따라 약제에 대한 요양급여비용 상한금액의 감액 처분을 1회 받은 것으로 본다.

부 칙 (2018.12.11)

제1조【시행일】이 법은 공포 후 6개월이 경과한 날부터 시행한다. 다만, 제6조, 제89조제2항·제3항 및 제119조제4항의 개정규정은 공포한 날부터 시행하고, 제52조제2항부터 제4항까지의 개정규정은 2019년 1월 1일부터 시행한다.

제2조【보험급여 제한 제외 대상에 관한 적용례】제53조제3항의 개정규정은 이 법 시행 당시 보험급여 제한 상태에 있는 사람에 대하여도 적용한다.

제3조【건강보험증 등 양도·대여자의 부당이득 징수에 관한 적용례】제57조제3항의 개정규정은 이 법 시행 후 최초로 같은 조 제1항에 따른 부당이득 징수금의 납부의무를 부과하는 경우부터 적용한다.

제4조【요양비 지급에 관한 적용례】제60조의 개정규정은 이 법 시행 후 최초로 제49조제1항에 따라 질병·부상·출산 등에 대하여 요양을 받거나 요양기관이 아닌 장소에서 출산한 경우부터 적용한다.

제5조【건강보험분쟁조정위원회의 위원 구성에 관한 경과조치】① 제89조제2항 후단의 개정규정 시행 후 위원을 임명 또는 위촉할 당시 같은 개정규정을 충족하지 못하는 경우에는 해당 개정규정의 요건이 충족될 때까지는 공무원이 아닌 위원을 위촉하여야 한다.

② 건강보험분쟁조정위원회의 위원 구성에 관하여는 제1항에 따라 제89조제2항 후단의 개정규정을 충족할 때까지는 종전의 규정에 따른다.

부 칙 (2019.1.15)

제1조【시행일】이 법은 공포 후 6개월이 경과한 날부터 시행한다. 다만, 제80조제1항 및 제2항의 개정규정은 공포 후 1년이 경과한 날부터 시행하고, 제114조의2의 개정규정은 공포 후 3개월이 경과한 날부터 시행한다.

제2조【자격 취득 또는 변동에 관한 사항의 고지에 관한 적용례】제9조의2의 개정규정은 이 법 시행 후 최초로 가입자 자격의 취득 또는 변동이 발생하는 경우부터 적용한다.

제3조【연체금의 징수에 관한 적용례】제80조제1항 및 제2항의 개정규정은 이 법 시행 후 최초로 납부기한이 도래하는 보험료등부터 적용한다.

제4조【국내체류 외국인등의 지역가입자 자격 취득에 관한 적용례】제109조제3항의 개정규정은 이 법 시행일 전에 입국한 국내체류 외국인등으로서 이 법 시행일에 같은 항 각 호의 요건을 충족하는 사람에 대해서도 적용한다.

제5조【지역가입자인 국내체류 외국인등의 보험급여 제한에 관한 적용례】제109조제10항의 개정규정은 이 법 시행 후 최초로 보험료를 체납한 지역가입자인 국내체류 외국인등부터 적용한다.

부 칙 (2019.4.23)

제1조【시행일】이 법은 공포 후 6개월이 경과한 날부터 시행한다. 다만, 제53조제4항 후단, 제83조제1항 단서, 제102조 및 제115조제1항·제2항의 개정규정은 공포한 날부터 시행한다.

제2조【급여의 제한에 관한 적용례】제53조제5항 및 제6항의 개정규정은 이 법 시행 전에 제82조제1항에 따라 분할납부 승인을 받은 경우로서 이 법 시행 당시 같은 조 제3항에 따라 분할납부 승인이 취소되지 않은 경우에 대하여도 적용한다.

제3조【보험료의 감액에 관한 적용례】제75조제2항제2호의 개정규정은 이 법 시행 후 제77조에 따른 보험료 납부의무자가 최초로 신용카드 자동이체 방법을 통하여 보험료를 납부한 경우부터 적용한다.

제4조【체납보험료의 분할납부에 관한 적용례】제82조제3항의 개정규정은 이 법 시행 전에 같은 조 제1항에 따라 분할납부 승인을 받은 경우로서 이 법 시행 당시 같은 조 제3항에 따라 분할납부 승인이 취소되지 않은 경우에 대하여도 적용한다.

부 칙 (2019.11.26)

제1조【시행일】이 법은 공포한 날부터 시행한다.(이하 생략)

부 칙 (2019.12.3)

제1조【시행일】 이 법은 공포 후 6개월이 경과한 날부터 시행한다. 다만, 제72조제1항 · 제3항 · 제4항, 제96조의2, 제96조의3 및 제119조제4항제4호의 개정규정은 2022년 7월 1일부터 시행한다.
제2조【부당이득 징수금 체납자의 인적사항 공개에 관한 적용례】 제57조의2의 개정규정은 제57조제2항 각 호의 어느 하나에 해당하여 같은 조 제1항 및 제2항에 따라 징수금을 납부할 의무가 있는 요양기관 또는 요양기관을 개설한 자가 이 법 시행 후 최초로 해당 징수금을 체납한 경우부터 적용한다.
제3조【보험료의 징수에 관한 적용례】 제69조제2항의 개정규정은 이 법 시행 후 최초로 제5조제1항제2호가목에 따른 건강보험 적용 신청으로 가입자의 자격을 취득한 사람부터 적용한다.
제4조【지역가입자의 보험료부과점수 산정에 관한 적용례】 제72조제1항의 개정규정은 2022년 9월분 보험료부터 적용하되, 이 법 시행 전에 금융회사등으로부터 대출을 받은 지역가입자에게도 적용한다.(2022.6.10 본조개정)
제5조【법 시행을 위한 준비행위】 ① 공단은 이 법 시행을 위하여 필요하다고 인정하는 경우에는 이 법 시행 전에 제72조제3항의 개정규정에 따른 금융정보등 및 지역가입자의 동의 서면을 제출받을 수 있다.
② 공단은 제1항에 따라 지역가입자의 동의 서면을 제출받은 경우에는 이 법 시행 전에 그 동의 서면(전자적 형태로 바뀐 문서를 포함한다)으로 금융기관등의 장에게 금융정보등을 제공하도록 요청할 수 있다.
(2022.6.10 본조신설)

부 칙 (2020.4.7)

제1조【시행일】 이 법은 공포 후 3개월이 경과한 날부터 시행한다.
제2조【보험료 면제의 예외에 관한 적용례】 제74조제3항제2호의 개정규정은 가입자 또는 그 피부양자가 이 법 시행일이 속하는 달에 최초로 입국하는 경우부터 적용한다.

부 칙 (2020.12.29 법17758호)

제1조【시행일】 이 법은 2021년 1월 1일부터 시행한다.
(이하 생략)

부 칙 (2020.12.29 법17772호)

제1조【시행일】 이 법은 공포 후 6개월이 경과한 날부터 시행한다. 다만, 법률 제16728호 국민건강보험법 일부개정법률 제96조의3, 제96조의4, 제115조 및 제119조제4항제4호의 개정규정은 2022년 7월 1일부터 시행한다.
제2조【요양급여비용 지급 보류에 관한 적용례】 제47조의2의 개정규정은 이 법 시행 이후 요양기관이 공단에 요양급여비용의 지급을 청구하는 경우부터 적용한다.
제3조【부당이득의 징수 등에 관한 적용례】 ① 제57조제1항 및 제3항의 개정규정은 이 법 시행 이후 지급 또는 실시되는 보험급여부터 적용한다.
② 제57조제2항의 개정규정은 이 법 시행 이후 같은 조 제1항에 따라 요양기관이 받는 보험급여 비용부터 적용한다.

부 칙 (2021.6.8)

제1조【시행일】 이 법은 공포 후 6개월이 경과한 날부터 시행한다.
제2조【과징금 처분에 관한 적용례】 제99조의 개정규정은 이 법 시행 이후 「약사법」 제47조제2항의 위반과 관련되는 제41조제1항제2호의 약제부터 적용한다.

부 칙 (2022.6.10)

이 법은 공포 후 6개월이 경과한 날부터 시행한다. 다만, 제63조제1항제6호 및 제103조제1항제1호의 개정규정은 공포한 날부터 시행하고, 법률 제16728호 국민건강보험법 일부개정법률 제72조제3항, 제96조의2, 부칙 제4조 및 제5조의 개정규정은 2022년 7월 1일부터 시행한다.

부 칙 (2022.12.27)

제1조【시행일】 이 법은 공포 후 6개월이 경과한 날부터 시행한다. 다만, 제47조 · 제97조제4항 · 제106조 및 제115조제5항제2호의 개정규정은 공포한 날부터 시행한다.
제2조【요양급여비용 공제에 관한 적용례】 제47조제4항의 개정규정은 이 법 시행 이후 실시하는 요양급여에 대한 비용을 지급하는 경우부터 적용한다.
제3조【부당이득 징수금의 압류에 관한 적용례】 제81조의2의 개정규정은 이 법 시행 이후 요양기관이 「의료법」 제33조제2항 또는 「약사법」 제20조제1항을 위반하였다는 사실로 기소된 경우부터 적용한다.

부 칙 (2023.5.19)

제1조【시행일】 이 법은 공포 후 6개월이 경과한 날부터 시행한다. 다만, 제57조제1항의 개정규정은 공포 후 3개월이 경과한 날부터 시행하고, 제12조 · 제57조제3항 및 제119조제4항제3호의 개정규정은 공포 후 1년이 경과한 날부터 시행한다.
제2조【체납등 자료의 제공에 관한 적용례】 법률 제19123호 국민건강보험법 일부개정법률 제81조의3의 개정규정은 이 법 시행 당시 납부기한의 다음 날부터 1년 이상 부당이득금을 체납한 상태에 있는 자에 대해서도 적용한다.
제3조【약제에 대한 쟁송 시 손실상당액의 징수·지급에 관한 적용례】 제101조의2제1항의 개정규정은 이 법 시행 이후 청구 또는 제기되는 행정심판 또는 행정소송의 경우부터 적용한다.
제4조【본인부담상한액 초과 금액 통보 및 지급에 관한 경과조치】 이 법 시행 당시 종전의 규정에 따른 본인부담상한액 초과 금액의 통보 및 지급은 이 법에 따른 통보 및 지급으로 본다.
제5조【전자문서에 의한 납입 고지에 관한 경과조치】 이 법 시행 당시 납부의무자가 종전의 규정에 따라 전자문서 고지를 신청한 경우에는 이 법에 따라 전자문서에 의한 납입 고지를 신청한 것으로 본다.

부 칙 (2023.6.13)

제1조【시행일】 이 법은 공포한 날부터 시행한다.
제2조【유효기간】 제108조의2의 개정규정은 2027년 12월 31일까지 효력을 가진다.
제3조【다른 법령과의 관계】 이 법 시행 당시 다른 법령에서 종전의 제108조를 인용한 경우에는 제108조의2의 개정규정을 인용한 것으로 본다.

부 칙 (2023.7.11)

제1조【시행일】 이 법은 공포 후 6개월이 경과한 날부터 시행한다.
제2조【체납등 자료 제공 제외에 관한 적용례】 제81조의3제1항 각 호 외의 부분 단서의 개정규정은 이 법 시행 이후 체납등 자료를 제공하는 경우부터 적용한다.

부 칙 (2024.1.2)

제1조【시행일】 이 법은 공포 후 6개월이 경과한 날부터 시행한다. 다만, 제109조제4항제3호의 개정규정은 공포 후 3개월이 경과한 날부터 시행한다.
제2조【국내체류 외국인등의 피부양자 자격 취득 요건에 관한 적용례】 제109조제4항제3호의 개정규정은 같은 개정규정 시행일 이후에 입국한 국내체류 외국인등부터 적용한다.

부 칙 (2024.1.9)

제1조【시행일】 이 법은 공포 후 6개월이 경과한 날부터 시행한다.
제2조【「국민건강보험법」의 개정에 관한 경과조치】 이 법 시행 당시 종전의 「국민건강보험법」 제72조의2에 따라 보험료부과제도개선위원회에 심의 요청된 사항은 같은 법 제4조제1항의 개정규정에 따라 건강보험정책심의위원회에 심의 요청된 것으로 본다.(이하 생략)

부 칙 (2024.1.23)

이 법은 공포한 날부터 시행한다. 다만, 법률 제19885호 국민건강보험법 일부개정법률 제97조의 개정규정은 2024년 7월 3일부터 시행한다.

부 칙 (2024.2.6)

이 법은 공포 후 3개월이 경과한 날부터 시행한다.

국민건강보험법 시행령

(2012년 8월 31일 전부개정대통령령 제24077호)

개정
2012. 9.28영24128호
2012.12.21영24247호(고엽제후유의증등환자지원및단체설립에관한법시)
2012.12.27영24261호 2013. 1.28영24341호
2013. 3.23영24454호(직제)
2013. 5. 3영24520호 2013. 6.11영24588호
2013. 9.26영24776호 2013.12.18영25015호
2013.12.30영25044호 2014. 6.30영25429호
2014. 8.29영25583호
2014.11.19영25751호(직제)
2014.11.20영25760호
2015. 6. 1영26302호(공간정보구축관리시)
2015. 6.30영26367호
2015.11.18영26651호(지역보건법시)
2015.12.22영26743호
2015.12.31영26844호(행정기관책임성강화)
2016. 6.30영27296호 2016. 8. 2영27433호
2016. 9.22영27508호
2016.11.29영27616호(치료감호등에관한법시)
2016.11.29영27621호(지방회계법시)
2016.12.30영27734호 2017. 2. 7영27853호
2017. 3.20영27943호
2017. 3.27영27959호(지방세징수법시)
2017. 3.27영27960호(주민등록번호등의처리제한을위한일부개정령)
2017. 6.13영28107호
2017. 7.24영28206호(호스피스 · 완화의료및임종과정에있는환자의연명의료결정에관한법시)
2017. 7.26영28211호(직제)
2017. 8. 1영28222호 2017. 9.19영28317호
2017. 9.29영28348호 2017.12.29영28551호
2018. 1.23영28602호 2018. 3. 6영28693호
2018. 3.20영28710호 2018. 5. 1영28861호
2018. 6.26영29002호
2018. 9.18영29163호(출입국관리법시)
2018. 9.28영29196호
2018.12.18영29383호(의료기사등에관한법시)
2018.12.24영29409호 2019. 2.12영29545호
2019. 4. 2영29675호 2019. 6.11영29830호
2019. 7. 2영29950호(법령용어정비)
2019. 7.16영29985호 2019. 7.30영30013호
2019.10.22영30143호 2019.12.31영30287호
2020. 6. 2영30747호
2020. 6.30영30807호(대체역의편입및복무등에관한법시)
2020. 7. 7영30824호 2020.10. 7영31096호
2020.12.29영31321호
2020.12.29영31337호(사법경찰관수사종결)
2021. 2.17영31453호(국세징수법시)
2021. 4. 6영31614호(5 · 18민주유공자예우및단체설립에관한법시)
2021. 6.29영31846호 2021.10.14영32047호
2021.12. 7영32190호
2021.12.31영32293호(지방세시)
2022. 3. 8영32528호(규제기한해제)
2022. 5. 9영32635호(농지시)
2022. 6.30영32748호 2022. 8.31영32894호
2022.12.27영33128호
2023. 4.11영33382호(직제)
2023. 6.20영33553호
2023. 6.27영33593호(산업재해시)
2023.11. 7영33844호
2023.12.12영33913호(행정법제혁신을위한일부개정법령등)
2024. 1. 2영34091호

제1장 총 칙

제1조【목적】 이 영은 「국민건강보험법」에서 위임된 사항과 그 시행에 필요한 사항을 규정함을 목적으로 한다.
제2조【사용자인 기관장】 「국민건강보험법」(이하 "법"이라 한다) 제3조제2호나목에서 "대통령령으로 정하는 사람"이란 별표1에 따른 기관장을 말한다. 다만, 법 제13조에 따른 국민건강보험공단(이하 "공단"이라 한다)은 소관 업무를 능률적으로 처리하기 위하여 필요하다고 인정할 때에는 기관의 소재지, 인원, 그 밖의 사정을 고려하여 별표1에 따른 기관장에게 소속되어 있는 기관의 장을 사용자인 기관의 장으로 따로 지정할 수 있다.
제2조의2【국민건강보험종합계획의 수립 등】 ① 보건복지부장관은 법 제3조의2제1항 전단에 따른 국민건강보험종합계획(이하 "종합계획"이라 한다) 및 같은 조 제3항에 따른 연도별 시행계획(이하 "시행계획"이라 한다)을 수립하는 경우에는 다음 각 호의 구분에 따른 시기까지 수립하여야 한다.
1. 종합계획 : 시행 연도 전년도의 9월 30일까지
2. 시행계획 : 시행 연도 전년도의 12월 31일까지
② 보건복지부장관은 종합계획 및 시행계획을 수립하거나 변경한 경우에는 다음 각 호의 구분에 따른 방법으로 공표하여야 한다.
1. 종합계획 : 관보에 고시
2. 시행계획 : 보건복지부 인터넷 홈페이지에 게시
③ 보건복지부장관은 종합계획 및 시행계획을 수립하거나 변경한 경우에는 관계 중앙행정기관의 장, 공단의 이사장 및 법 제62조에 따른 건강보험심사평가원(이하 "심사평가원"이라 한다)의 원장에게 그 내용을 알려야 한다.
④ 보건복지부장관은 법 제3조의2제4항에 따라 시행계획에 따른 추진실적을 평가한 경우에는 그 평가결과를 다음에 수립하는 종합계획 및 시행계획에 각각 반영하여야 한다.
⑤ 제1항부터 제4항까지에서 규정한 사항 외에 종합계획 또는 시행계획의 수립 · 시행 · 평가 등에 필요한 세부사항은 보건복지부장관이 정하여 고시한다.
(2016.8.2 본조신설)

제2조의3【종합계획에 포함될 사항】 법 제3조의2제2항 제9호에서 "대통령령으로 정하는 사항"이란 다음 각 호의 사항을 말한다.
1. 건강보험의 제도적 기반 조성에 관한 사항
2. 건강보험과 관련된 국제협력에 관한 사항
3. 그 밖에 건강보험의 개선을 위하여 보건복지부장관이 특히 필요하다고 인정하는 사항

(2016.8.2 본조신설)

제3조【심의위원회의 심의·의결사항】 법 제4조제1항제6호에서 "대통령령으로 정하는 사항"이란 다음 각 호의 사항을 말한다.(2016.8.2 본문개정)
1. 제21조제2항에 따른 요양급여 각 항목에 대한 상대가치점수
2. 제22조에 따른 약제·치료재료별 요양급여비용의 상한
3. 그 밖에 제23조에 따른 부가급여에 관한 사항 등 건강보험에 관한 주요사항으로서 법 제4조에 따른 건강보험정책심의위원회(이하 "심의위원회"라 한다)의 위원장이 회의에 부치는 사항(2024.1.2 본호개정)

제4조【공무원인 위원】 법 제4조제4항제4호가목에서 "대통령령으로 정하는 중앙행정기관 소속 공무원"이란 기획재정부와 보건복지부 소속의 3급 공무원 또는 고위공무원단에 속하는 일반직공무원 중에서 그 소속 기관의 장이 1명씩 지명하는 사람을 말한다.

제4조의2【심의위원회 위원의 해임 및 해촉】 보건복지부장관은 법 제4조제4항 각 호에 따른 심의위원회 위원이 다음 각 호의 어느 하나에 해당하는 경우에는 해당 심의위원회 위원을 해임하거나 해촉(解囑)할 수 있다.
1. 심신장애로 인하여 직무를 수행할 수 없게 된 경우
2. 직무와 관련된 비위사실이 있는 경우
3. 직무태만, 품위손상이나 그 밖의 사유로 인하여 위원으로 적합하지 아니하다고 인정되는 경우
4. 위원 스스로 직무를 수행하는 것이 곤란하다고 의사를 밝히는 경우

(2015.12.31 본조신설)

제5조【심의위원회의 위원장 등】 ① 심의위원회의 위원장은 심의위원회를 대표하며, 그 업무를 총괄한다.
② 심의위원회의 부위원장은 위원장을 보좌하며, 위원장이 부득이한 사유로 직무를 수행할 수 없을 때에는 그 직무를 대행한다.

제6조【심의위원회의 회의】 ① 심의위원회의 위원장은 심의위원회의 회의를 소집하고, 그 의장이 된다.
② 심의위원회의 회의는 재적위원 3분의 1 이상이 요구할 때 또는 위원장이 필요하다고 인정할 때에 소집한다.
③ 심의위원회의 회의는 재적위원 과반수의 출석으로 개의(開議)하고, 출석위원 과반수의 찬성으로 의결한다.
④ 심의위원회의 위원장은 제3항에 따른 의결에 참여하지 아니한다. 다만, 가부동수(可否同數)일 때에는 위원장이 정한다.
⑤ 심의위원회는 효율적인 심의를 위하여 필요한 경우에는 분야별로 소위원회를 구성할 수 있다.
⑥ 제1항부터 제5항까지에서 규정한 사항 외에 심의위원회와 소위원회의 운영 등에 필요한 사항은 심의위원회의 의결을 거쳐 위원장이 정한다.

제7조【심의위원회의 간사】 ① 심의위원회의 사무를 처리하기 위하여 심의위원회에 간사 1명을 둔다.
② 간사는 보건복지부 소속 4급 이상 공무원 또는 고위공무원단에 속하는 일반직공무원 중에서 위원장이 지명한다.

제8조【심의위원회 위원의 수당 등】 심의위원회의 회의에 출석한 위원에게는 예산의 범위에서 수당·여비, 그 밖에 필요한 경비를 지급할 수 있다. 다만, 공무원인 위원이 소관 업무와 직접 관련하여 출석하는 경우에는 그러하지 아니하다.

제2장 가입자

제9조【직장가입자에서 제외되는 사람】 법 제6조제2항제4호에서 "대통령령으로 정하는 사업장의 근로자 및 사용자와 공무원 및 교직원"이란 다음 각 호의 어느 하나에 해당하는 사람을 말한다.
1. 비상근 근로자 또는 1개월 동안의 소정(所定)근로시간이 60시간 미만인 단시간근로자
2. 비상근 교직원 또는 1개월 동안의 소정근로시간이 60시간 미만인 시간제공무원 및 교직원
3. 소재지가 일정하지 아니한 사업장의 근로자 및 사용자
4. 근로자가 없거나 제1호에 해당하는 근로자만을 고용하고 있는 사업장의 사업주

제3장 국민건강보험공단

제9조의2【공단의 업무】 법 제14조제1항제4호에서 "대통령령으로 정하는 사업"이란 다음 각 호의 사업을 말한다.
1. 가입자 및 피부양자의 건강관리를 위한 전자적 건강정보시스템의 구축·운영
2. 생애주기별·사업장별·직능별 건강관리 프로그램 또는 서비스의 개발 및 제공
3. 연령별·성별·직업별 주요 질환에 대한 정보 수집, 분석·연구 및 관리방안 제공
4. 고혈압·당뇨 등 주요 만성질환에 대한 정보 제공 및 건강관리 지원
5. 「지역보건법」 제2조제1호에 따른 지역보건의료기관과의 연계·협력을 통한 지역별 건강관리 사업 지원
6. 그 밖에 제1호부터 제5호까지에 준하는 사업으로서 가입자 및 피부양자의 건강관리를 위하여 보건복지부장관이 특히 필요하다고 인정하는 사업

(2017.8.1 본조신설)

제10조【공무원인 임원】 법 제20조제4항제2호에 따라 기획재정부장관, 보건복지부장관 및 인사혁신처장은 해당 기관 소속의 3급 공무원 또는 고위공무원단에 속하는 일반직공무원 중에서 각 1명씩을 지명하는 방법으로 공단의 비상임이사를 추천한다.(2015.6.30 본조개정)

제11조【이사회의 심의·의결사항】 법 제26조제4항에 따라 다음 각 호의 사항은 공단의 이사회(이하 "이사회"라 한다)의 심의·의결을 거쳐야 한다. 다만, 법 제4조제1항에 따른 심의위원회의 심의·의결사항 및 법 제33조에 따른 재정운영위원회(이하 "재정운영위원회"라 한다)의 심의·의결사항은 제외한다.
1. 사업운영계획 등 공단 운영의 기본방침에 관한 사항
2. 예산 및 결산에 관한 사항
3. 정관 변경에 관한 사항
4. 규정의 제정·개정 및 폐지에 관한 사항
5. 보험료와 그 밖의 법에 따른 징수금(이하 "보험료등"이라 한다) 및 보험급여에 관한 사항
6. 법 제37조에 따른 차입금에 관한 사항
7. 법 제38조에 따른 준비금, 그 밖에 중요재산의 취득·관리 및 처분에 관한 사항
8. 그 밖에 공단 운영에 관한 중요 사항

제12조【이사회의 회의】 ① 이사회의 회의는 정기회의와 임시회의로 구분한다.
② 정기회의는 매년 2회 정관으로 정하는 시기에 이사회의 의장이 소집한다.
③ 임시회의는 재적이사(이사장을 포함한다. 이하 같다) 3분의 1 이상이 요구할 때 또는 이사장이 필요하다고 인정할 때에 이사회의 의장이 소집한다.
④ 이사회의 회의는 재적이사 과반수의 출석으로 개의하고, 재적이사 과반수의 찬성으로 의결한다.
⑤ 이사회의 의장은 이사장이 된다.
⑥ 이사회의 회의 소집 절차 등 이사회 운영에 필요한 그 밖의 사항은 공단의 정관으로 정한다.

제13조【이사장 권한의 위임】 법 제32조에서 "대통령령으로 정하는 사항"이란 다음 각 호의 권한을 말한다.
1. 법 제5조 및 제8조부터 제10조까지의 규정에 따른 자격관리에 관한 권한
2. 법 제7조에 따른 사업장 관리에 관한 권한
3. 법 제53조에 따른 보험급여의 제한에 관한 권한
4. 법 제57조·제69조·제79조 및 제81조에 따른 보험료 등의 부과·징수, 납입 고지, 독촉 및 국세체납 처분의 예에 따른 징수에 관한 권한
5. 법 제58조에 따른 손해배상을 청구할 권리의 행사에 관한 권한
6. 법 제75조에 따른 보험료의 경감에 관한 권한
7. 법 제82조에 따른 분할납부 승인 및 승인취소에 관한 권한
8. 법 제109조 및 제110조에 따른 가입자 및 피부양자의 자격관리, 보험급여 제한 및 보험료의 부과·징수에 관한 권한
9. 「국민연금법」, 「고용보험 및 산업재해보상보험의 보험료징수 등에 관한 법률」, 「임금채권보장법」 및 「석면피해구제법」(이하 "징수위탁근거법"이라 한다)에 따라 위탁받은 연금보험료, 고용보험료, 산업재해보상보험료, 부담금 및 분담금 등(이하 "징수위탁보험료등"이라 한다)의 납입 고지 및 독촉·체납처분 등 징수에 관한 권한
10. 그 밖에 법에 따른 공단 업무의 효율적인 수행을 위하여 공단의 정관으로 정하는 권한

제14조【재정운영위원회의 구성】 ① 법 제34조제2항제2호에 따라 농어업인 단체, 도시자영업자단체 및 시민단체는 다음 각 호의 구분에 따라 같은 조 제1항제2호에 따른 위원을 추천한다.
1. 농어업인 단체 및 도시자영업자단체 : 각각 3명씩 추천
2. 시민단체 : 4명 추천

② 법 제34조제2항제3호에서 "대통령령으로 정하는 관계 공무원"이란 기획재정부장관 및 보건복지부장관이 해당 기관 소속의 4급 이상 공무원 또는 고위공무원단에 속하는 일반직공무원 중에서 각각 1명씩 지명하는 사람을 말한다.

제15조【재정운영위원회의 운영】 ① 재정운영위원회의 회의는 정기회의와 임시회의로 구분한다.
② 정기회의는 매년 1회 정관으로 정하는 시기에 재정운영위원회의 위원장이 소집한다.
③ 임시회의는 공단 이사장 또는 재적위원 3분의 1 이상이 요구할 때 또는 재정운영위원회의 위원장이 필요하다고 인정할 때에 위원장이 소집한다.
④ 재정운영위원회의 위원장은 재정운영위원회 회의의 의장이 되며, 회의는 재적위원 과반수의 출석으로 개의하고, 출석위원 과반수의 찬성으로 의결한다.
⑤ 재정운영위원회의 회의 소집 절차 등 재정운영위원회 운영에 필요한 그 밖의 사항은 공단의 정관으로 정한다.

제16조【재정운영위원회의 간사】 ① 재정운영위원회의 사무를 처리하기 위하여 재정운영위원회에 간사 1명을 둔다.
② 간사는 공단 소속 직원 중에서 위원장이 지명한다.

제17조【재정운영위원회의 회의록】 ① 위원장은 재정운영위원회의 회의록을 작성하여 보관하여야 한다.
② 제1항에 따른 회의록에는 회의 경과, 심의사항 및 의결사항을 기록하고 위원장과 출석한 위원이 서명하거나 날인하여야 한다.

제17조의2【재난적의료비 지원사업에 대한 출연 금액의 상한】 법 제39조의2에 따라 공단이 「재난적의료비 지원에 관한 법률」에 따른 재난적의료비 지원사업에 출연하는 금액의 상한은 전전년도 보험료 수입액의 1천분의 1로 한다.(2021.10.14 본조신설)

제4장 보험급여

제18조【요양기관에서 제외되는 의료기관 등】 ① 법 제42조제1항 각 호 외의 부분 후단에서 "대통령령으로 정하는 의료기관 등"이란 다음 각 호의 의료기관 또는 약국을 말한다.
1. 「의료법」 제35조에 따라 개설된 부속 의료기관
2. 「사회복지사업법」 제34조에 따른 사회복지시설에 수용된 사람의 진료를 주된 목적으로 개설된 의료기관
3. 제19조제1항에 따른 본인일부부담금을 받지 아니하거나 경감하여 받는 등의 방법으로 가입자나 피부양자를 유인(誘引)하는 행위 또는 이와 관련하여 과잉 진료행위를 하거나 부당하게 많은 진료비를 요구하는 행위를 하여 다음 각 목의 어느 하나에 해당하는 업무정지 처분 등을 받은 의료기관(2017.3.20 본문개정)
   가. 법 제98조에 따른 업무정지 또는 법 제99조에 따른 과징금 처분을 5년 동안 2회 이상 받은 의료기관
   나. 「의료법」 제66조에 따른 면허자격정지 처분을 5년 동안 2회 이상 받은 의료인이 개설·운영하는 의료기관
4. 법 제98조에 따른 업무정지 처분 절차가 진행 중이거나 업무정지 처분을 받은 요양기관의 개설자가 개설한 의료기관 또는 약국

② 제1항제1호 및 제2호에 따른 의료기관은 요양기관에서 제외되려면 보건복지부장관이 정하는 바에 따라 요양기관 제외신청을 하여야 한다.
③ 의료기관 등이 요양기관에서 제외되는 기간은 제1항제3호의 경우에는 1년 이하로 하고, 제1항제4호의 경우에는 해당 업무정지기간이 끝나는 날까지로 한다.

제18조의2【약제에 대한 요양급여비용 상한금액의 감액 및 요양급여의 적용 정지 기준 등】 ① 보건복지부장관은 법 제41조의2에 따라 약제에 대한 요양급여비용의 상한금액(법 제41조제3항에 따라 약제별 요양급여비용의 상한으로 정한 금액을 말한다. 이하 "상한금액"이라 한다)을 감액하거나 요양급여의 적용을 정지한 경우에는 그 사실을 공단과 심사평가원에 통보하여 상한금액 감액 및 요양급여의 적용 정지 내역을 기록·관리하도록 하여야 한다.
② 법 제41조의2제2항 및 제3항에서 "대통령령으로 정하는 기간"이란 각각 5년을 말한다.(2019.6.11 본항개정)
③ 보건복지부장관은 법 제41조의2제1항 또는 제2항에 따른 상한금액 감액의 대상이 되는 약제 중 다음 각 호의 어느 하나에 해당하는 약제에 대해서는 상한금액을 감액하지 아니할 수 있다.
1. 퇴장방지의약품(환자의 진료에 반드시 필요하나 경제성이 없어 「약사법」에 따른 제조업자·위탁제조판매업자·수입자가 생산 또는 수입을 기피하는 약제로서 보건복지부장관이 지정·고시하는 의약품을 말한다. 이하 같다)
2. 희귀의약품(적절한 대체의약품이 없어 긴급히 생산 또는 수입하여야 하는 약제로서 식품의약품안전처장이 정하는 의약품을 말한다. 이하 같다)
3. 저가의약품(상한금액이 보건복지부장관이 정하여 고시하는 기준금액 이하인 약제로서 보건복지부장관이 정하여 고시하는 의약품을 말한다)

④ 법 제41조의2제1항부터 제3항까지의 규정에 따른 약제에 대한 상한금액의 감액 및 요양급여의 적용 정지 기준은 별표4의2와 같다.
(2018.9.28 본조개정)

제18조의3 (2018.9.28 삭제)

제18조의4【선별급여】 ① 법 제41조의4제1항에 따른 선별급여(이하 "선별급여"라 한다)를 실시할 수 있는 경우는 다음 각 호와 같다.
1. 경제성 또는 치료효과성 등이 불확실하여 그 검증을 위하여 추가적인 근거가 필요한 경우
2. 경제성이 낮아도 가입자와 피부양자의 건강회복에 잠재적 이득이 있는 경우

3. 제1호 또는 제2호에 준하는 경우로서 요양급여에 대한 사회적 요구가 있거나 국민건강 증진의 강화를 위하여 보건복지부장관이 특히 필요하다고 인정하는 경우
② 법 제41조의4제2항에 따른 선별급여의 적합성평가(이하 "적합성평가"라 한다)는 다음 각 호의 구분에 따른다.
1. 평가주기 : 선별급여를 실시한 날부터 5년마다 평가할 것. 다만, 보건복지부장관은 해당 선별급여의 내용·성격 또는 효과 등을 고려하여 신속한 평가가 필요하다고 인정하는 경우에는 그 평가주기를 달리 정할 수 있다.
2. 평가항목 : 다음 각 목의 사항을 평가할 것
가. 치료 효과 및 치료 과정의 개선에 관한 사항
나. 비용 효과에 관한 사항
다. 다른 요양급여와의 대체가능성에 관한 사항
라. 국민건강에 대한 잠재적 이득에 관한 사항
마. 그 밖에 가목부터 라목까지의 규정에 준하는 사항으로서 보건복지부장관이 적합성평가를 위하여 특히 필요하다고 인정하는 사항
3. 평가방법 : 서면평가의 방법으로 실시할 것. 다만, 보건복지부장관이 필요하다고 인정하는 경우에는 현장조사·문헌조사 또는 설문조사 등의 방법을 추가하여 실시할 수 있다.
③ 보건복지부장관은 적합성평가와 관련하여 전문적·심층적 검토가 필요하다고 인정하는 경우에는 보건의료 관련 연구기관·단체 또는 전문가 등에게 그 평가를 의뢰하여 실시할 수 있다.
④ 보건복지부장관은 적합성평가를 위하여 필요하다고 인정하는 경우에는 관계 중앙행정기관, 지방자치단체, 「공공기관의 운영에 관한 법률」에 따른 공공기관 또는 보건의료 관련 법인·단체·전문가 등에게 필요한 자료 또는 의견의 제출을 요청할 수 있다.
⑤ 제2항부터 제4항까지에서 규정한 사항 외에 적합성평가의 절차 및 방법 등에 필요한 사항은 보건복지부장관이 정하여 고시한다.
(2017.3.20 본조신설)

제19조【비용의 본인부담】 ① 법 제44조제1항에 따른 본인일부부담금(이하 "본인일부부담금"이라 한다)의 부담률 및 부담액은 별표2와 같다.
② 본인일부부담금은 요양기관의 청구에 따라 요양급여를 받는 사람이 요양기관에 납부한다. 이 경우 요양기관은 법 제41조제3항 및 제4항에 따라 보건복지부령으로 정하는 요양급여사항 또는 비급여사항 외에 입원보증금 등 다른 명목으로 비용을 청구해서는 아니 된다.
③ 법 제44조제2항 전단에 따른 본인일부부담금의 총액은 요양급여를 받는 사람이 연간 부담하는 본인일부부담금을 모두 더한 금액으로 한다. 다만, 다음 각 호의 어느 하나에 해당하는 본인일부부담금은 더하지 않는다.
(2023.11.7 본문개정)
1. 별표2 제1호가목1)에 따라 상급종합병원·종합병원·병원·한방병원·요양병원(「장애인복지법」 제58조제1항제4호에 따른 장애인 의료재활시설로서 「의료법」 제3조의2의 요건을 갖춘 의료기관인 요양병원으로 한정한다)·정신병원 일반입원실의 2인실·3인실 및 정신과 입원실의 2인실·3인실을 이용한 경우 그 입원료로 부담한 금액(2021.6.29 본호개정)
1의2. 별표2 제1호다목3)에 따라 보건복지부장관이 정하여 고시하는 질병을 주 질병·부상으로 상급종합병원에서 받은 외래진료에 대해 같은 표 제1호나목 또는 제3호너목에 따라 부담한 금액. 다만, 다음 각 목의 어느 하나에 해당하는 사람이 부담한 금액은 제외한다.
가. 임신부
나. 6세 미만의 사람
다. 별표2 제1호 나목에 따른 의약분업 예외환자
라. 별표2 제3호카목에 따라 보건복지부장관이 정하여 고시하는 난임진료를 받은 사람
마. 다음 법률 규정에 따라 의료지원을 받는 의료지원 대상자
1) 「5·18민주유공자예우 및 단체설립에 관한 법률」 제33조
2) 「고엽제후유의증 등 환자지원 및 단체설립에 관한 법률」 제6조제2항
3) 「국가유공자 등 예우 및 지원에 관한 법률」 제41조
4) 「독립유공자예우에 관한 법률」 제17조
5) 「보훈보상대상자 지원에 관한 법률」 제50조
6) 「제대군인지원에 관한 법률」 제20조
7) 「참전유공자 예우 및 단체설립에 관한 법률」 제7조
8) 「특수임무유공자 예우 및 단체설립에 관한 법률」 제32조
(2023.6.20 본호신설)
2. 별표2 제3호라목5)·6)·9) 및 10)에 따라 부담한 금액
(2019.4.2 본호개정)
3. 별표2 제3호사목 및 거목에 따라 부담한 금액
(2023.6.20 본호개정)
4. 별표2 제4호에 따라 부담한 금액
5. 별표2 제6호에 따라 부담한 금액
④ 법 제44조제2항 전단에 따른 본인부담상한액(이하 "본인부담상한액"이라 한다)은 별표3의 산정방법에 따라 산정된 금액을 말한다.(2023.11.7 본항개정)
⑤ 법 제44조제2항 후단에 따라 공단이 본인부담상한액을 넘는 금액을 지급하는 경우에는 요양급여를 받은 사람이 지정하는 예금계좌(「우체국예금·보험에 관한 법률」에 따른 체신관서 및 「은행법」에 따른 은행에서 개설된 예금계좌 등 보건복지부장관이 정하는 예금계좌를 말한다)로 지급해야 한다. 다만, 해당 예금계좌로 입금할 수 없는 불가피한 사유가 있는 경우에는 보건복지부장관이 정하는 방법으로 지급할 수 있다.(2023.11.7 본문개정)
⑥ 제2항 및 제5항에서 정한 사항 외에 본인일부부담금의 납부방법이나 본인부담상한액을 넘는 금액의 지급방법 등에 필요한 사항은 보건복지부장관이 정하여 고시한다.
(2017.3.20 본조개정)

제20조【요양급여비용계약의 당사자】 법 제45조제1항에 따른 요양급여비용의 계약 당사자인 의약계를 대표하는 사람은 다음 각 호와 같다.
1. 「의료법」 제3조제2항제1호가목에 따른 의원에 대한 요양급여비용 : 같은 법 제28조제1항에 따른 의사회의 장
2. 「의료법」 제3조제2항제1호나목 및 제3호나목에 따른 치과의원 및 치과병원에 대한 요양급여비용 : 같은 법 제28조제1항에 따른 치과의사회의 장
3. 「의료법」 제3조제2항제1호다목 및 제3호다목에 따른 한의원 및 한방병원에 대한 요양급여비용 : 같은 법 제28조제1항에 따른 한의사회의 장
4. 「의료법」 제3조제2항제2호에 따른 조산원에 대한 요양급여비용 : 같은 법 제28조제1항에 따른 조산사회 또는 간호사회의 장 중 1명
5. 「의료법」 제3조제2항제3호가목 및 라목부터 바목까지의 규정에 따른 병원·요양병원·정신병원 및 종합병원에 대한 요양급여비용 : 같은 법 제52조에 따른 단체의 장(2021.6.29 본호개정)
6. 「약사법」 제2조제3호에 따른 약국 및 같은 법 제91조에 따른 한국희귀·필수의약품센터에 대한 요양급여비용 : 같은 법 제11조제1항에 따른 대한약사회의 장
(2018.6.26 본호개정)
7. 「지역보건법」에 따른 보건소·보건의료원 및 보건지소와 「농어촌 등 보건의료를 위한 특별조치법」에 따라 설치된 보건진료소에 대한 요양급여비용 : 보건복지부장관이 지정하는 사람

제21조【계약의 내용 등】 ① 법 제45조제1항에 따른 계약은 공단의 이사장과 제20조 각 호에 따른 사람이 유형별 요양기관을 대표하여 체결하며, 계약의 내용은 요양급여의 각 항목에 대한 상대가치점수의 점수당 단가를 정하는 것으로 한다.
② 제1항에 따른 요양급여 각 항목에 대한 상대가치점수는 요양급여에 드는 시간·노력 등 업무량, 인력·시설·장비 등 자원의 양, 요양급여의 위험도 및 요양급여에 따른 사회적 편익 등을 고려하여 산정한 요양급여의 가치를 각 항목 사이에 상대적인 점수로 나타낸 것으로 하며, 보건복지부장관이 심의위원회의 심의·의결을 거쳐 보건복지부령으로 정하는 바에 따라 고시한다.(2017.3.20 본항개정)
③ 제2항에도 불구하고 다음 각 호의 경우에는 다음 각 호의 구분에 따른 방법으로 요양급여의 상대가치점수를 산정할 수 있다.
1. 「의료법」 제3조제2항제3호라목에 따른 요양병원(「장애인복지법」 제58조제1항제4호에 따른 장애인 의료재활시설로서 「의료법」 제3조의2의 요건을 갖춘 의료기관인 요양병원은 제외한다)에서 입원진료를 받는 경우 : 해당 진료에 필요한 요양급여 각 항목의 점수와 약제·치료재료의 비용을 합산하여 증세의 경중도(輕重度)의 구분에 따른 1일당 상대가치점수로 산정
(2021.6.29 본호개정)
2. 「의료법」 제3조제2항제1호가목에 따른 의원, 같은 항 제3호가목 및 라목부터 바목까지의 규정에 따른 병원·요양병원·정신병원·종합병원, 같은 법 제3조의4에 따른 상급종합병원 또는 「지역보건법」 제12조에 따른 보건의료원에서 보건복지부장관이 정하여 고시하는 질병군[진단명, 시술명, 중증도(重症度), 나이 등을 기준으로 분류한 환자집단을 말한다]에 대하여 입원진료를 받는 경우 : 해당 진료에 필요한 요양급여 각 항목의 점수와 약제·치료재료의 비용을 포괄하여 입원 건당 하나의 상대가치점수로 산정(2021.6.29 본호개정)
3. 「호스피스·완화의료 및 임종과정에 있는 환자의 연명의료결정에 관한 법률」 제28조에 따른 호스피스·완화의료를 받는 경우 : 해당 진료에 필요한 요양급여 각 항목의 점수와 약제·치료재료의 비용을 합산하여 1일당 상대가치점수로 산정(2017.7.24 본호개정)
④ 제1항에 따라 계약을 체결할 때 상대가치점수가 고시되지 아니한 새로운 요양급여 항목의 비용에 대한 계약은 제2항에 따라 보건복지부장관이 같은 항목의 상대가치점수를 고시하는 날에 체결된 것으로 본다. 이 경우 그 계약은 그 고시일 이후 최초로 실시된 해당 항목의 요양급여부터 적용한다.

제22조【약제·치료재료의 요양급여비용】 ① 법 제46조에 따라 법 제41조제1항제2호의 약제·치료재료(제21조제2항 및 제3항에 따른 상대가치점수가 적용되는 약제·치료재료는 제외한다. 이하 이 조에서 같다)에 대한 요양급여비용은 다음 각 호의 구분에 따라 결정한다. 이 경우 구입금액(요양기관이 해당 약제 및 치료재료를 구입한 금액을 말한다. 이하 이 조에서 같다)이 상한금액(보건복지부장관이 심의위원회의 심의를 거쳐 해당 약제 및 치료재료별 요양급여비용의 상한으로 고시하는 금액을 말한다. 이하 같다)보다 많을 때에는 구입금액은 상한금액과 같은 금액으로 한다.(2014.8.29 후단개정)
1. 한약제 : 상한금액
2. 한약제 외의 약제 : 구입금액(2014.8.29 본호개정)
3. (2014.8.29 삭제)
4. 치료재료 : 구입금액
② 제1항에 따른 약제 및 치료재료에 대한 요양급여비용의 결정 기준·절차, 그 밖에 필요한 사항은 보건복지부장관이 정하여 고시한다.

제22조의2【요양급여비용의 지급 보류 등】 ① 공단은 법 제47조의2제1항 전단에 따라 요양급여비용의 지급을 보류하려는 경우에는 해당 요양기관에 미리 다음 각 호의 사항을 적은 문서로 통지해야 한다.(2021.6.29 본문개정)
1. 해당 요양기관의 명칭, 대표자 및 주소
2. 지급 보류의 원인이 되는 사실과 지급 보류의 대상이 되는 요양급여비용 및 법적 근거
3. 제2호의 사항에 대하여 의견을 제출할 수 있다는 뜻과 의견을 제출하지 아니하는 경우의 처리방법
② 제1항에 따라 통지를 받은 요양기관은 지급 보류에 이의가 있는 경우에는 통지를 받은 날부터 7일 이내에 요양급여비용의 지급 보류에 대한 의견서에 이의 신청의 취지와 이유를 적고 필요한 자료를 첨부하여 공단에 제출하여야 한다.
③ 공단은 제2항에 따라 요양기관이 제출한 의견서를 검토한 후 그 결과를 문서로 통보하여야 한다.
④ 법 제47조의2제3항에서 "법원의 무죄 판결이 확정되는 등 대통령령으로 정하는 사유"란 다음 각 호의 어느 하나에 해당하는 사유를 말한다. 다만, 제2호 또는 제3호의 경우 불송치 또는 불기소를 받은 이후 해당 사건이 다시 수사 및 기소되어 법원의 판결에 따라 유죄가 확정된 경우는 제외한다.(2020.12.29 단서신설)
1. 무죄 판결의 확정
2. 불송치(혐의없음 또는 죄가안됨으로 한정한다. 이하 같다)(2020.12.29 본호개정)
3. 불기소(혐의없음 또는 죄가안됨으로 한정한다. 이하 같다)(2020.12.29 본호신설)
⑤ 법 제47조의2제1항 전단에 따라 요양급여비용의 지급 보류 결정을 받은 요양기관은 무죄 판결이나 불송치 또는 불기소를 받은 경우 그 사실을 공단에 통지해야 한다.
(2021.6.29 본항개정)
⑥ 제5항에 따라 통지를 받은 공단은 지체 없이 지급 보류된 요양급여비용과 지급 보류된 기간 동안의 이자를 지급하여야 한다. 이 경우 이자는 지급 보류된 요양급여비용에 지급 보류한 날부터 지급하는 날까지의 기간에 대한 「국세기본법 시행령」 제43조의3제2항에 따른 국세환급가산금의 이자율을 곱하여 산정한 금액으로 한다.
⑦ 제1항부터 제6항까지에서 규정한 사항 외에 요양급여비용의 지급 보류 등에 필요한 해당 요양기관에 통지할 의견서 서식과 의견이 제출된 경우의 처리방법 등 세부 사항은 공단이 정한다.
(2014.11.20 본조신설)

제23조【부가급여】 ① 법 제50조에 따른 부가급여는 임신·출산(유산 및 사산을 포함한다. 이하 같다) 진료비로 한다.(2017.9.19 본항개정)
② 제1항에 따른 임신·출산 진료비 지원 대상은 다음 각 호와 같다.
1. 임신·출산한 가입자 또는 피부양자
2. 2세 미만인 가입자 또는 피부양자(이하 "2세 미만 영유아"라 한다)의 법정대리인(출산한 가입자 또는 피부양자가 사망한 경우에 한정한다)(2021.6.29 본호개정)
(2018.12.24 본항개정)
③ 공단은 제2항 각 호의 어느 하나에 해당하는 사람에게 다음 각 호의 구분에 따른 비용을 결제할 수 있는 임신·출산 진료비 이용권(이하 "이용권"이라 한다)을 발급할 수 있다.
1. 임신·출산한 가입자 또는 피부양자의 진료에 드는 비용
2. 임신·출산한 가입자 또는 피부양자의 약제·치료재료의 구입에 드는 비용
3. 2세 미만 영유아의 진료에 드는 비용
4. 2세 미만 영유아에게 처방된 약제·치료재료의 구입에 드는 비용
(2021.6.29 1호~4호개정)
(2018.12.24 본항개정)
④ 이용권을 발급받으려는 사람(이하 이 조에서 "신청인"이라 한다)은 보건복지부령으로 정하는 발급 신청서에 제2항 각 호의 어느 하나에 해당한다는 사실을 확인할

수 있는 증명서를 첨부해 공단에 제출해야 한다.
(2018.12.24 본항개정)
⑤ 제4항에 따라 이용권 발급 신청을 받은 공단은 신청인이 제2항 각 호의 어느 하나에 해당하는지를 확인한 후 신청인에게 이용권을 발급해야 한다.(2018.12.24 본항개정)
⑥ 이용권을 사용할 수 있는 기간은 제5항에 따라 이용권을 발급받은 날부터 다음 각 호의 구분에 따른 날까지로 한다.
1. 임신·출산한 가입자 또는 피부양자 : 출산일(유산 및 사산의 경우 그 해당일)부터 2년이 되는 날(2021.6.29 본호개정)
2. 2세 미만 영유아의 법정대리인 : 2세 미만 영유아의 출생일부터 2년이 되는 날(2021.6.29 본호개정)
(2018.12.24 본항개정)
⑦ 이용권으로 결제할 수 있는 금액의 상한은 다음 각 호의 구분에 따른다. 다만, 보건복지부장관이 필요하다고 인정하여 고시하는 경우에는 다음 각 호의 상한을 초과하여 결제할 수 있다.
1. 하나의 태아를 임신·출산한 경우 : 100만원
2. 둘 이상의 태아를 임신·출산한 경우 : 140만원
(2021.6.29 1호~2호개정)
(2018.12.24 본항개정)
⑧ 제2항부터 제7항까지에서 규정한 사항 외에 임신·출산 진료비의 지급 절차와 방법, 이용권의 발급과 사용 등에 필요한 사항은 보건복지부령으로 정한다.(2016.6.30 본항개정)

제24조 (2018.12.24 삭제)

제25조【건강검진】 ① 법 제52조에 따른 건강검진(이하 "건강검진"이라 한다)은 2년마다 1회 이상 실시하되, 사무직에 종사하지 않는 직장가입자에 대해서는 1년에 1회 실시한다. 다만, 암검진은 「암관리법 시행령」에서 정한 바에 따르며, 영유아건강검진은 영유아의 나이 등을 고려하여 보건복지부장관이 정하여 고시하는 바에 따라 검진주기와 검진횟수를 다르게 할 수 있다.
② 건강검진은 「건강검진기본법」 제14조에 따라 지정된 건강검진기관(이하 "검진기관"이라 한다)에서 실시해야 한다.
③ 공단은 건강검진을 실시하려면 건강검진의 실시에 관한 사항을 다음 각 호의 구분에 따라 통보해야 한다.
1. 일반건강검진 및 암검진 : 직장가입자에게 실시하는 건강검진의 경우에는 해당 사용자에게, 직장가입자의 피부양자 및 지역가입자에게 실시하는 건강검진의 경우에는 검진을 받는 사람에게 통보
2. 영유아건강검진 : 직장가입자의 피부양자인 영유아에게 실시하는 건강검진의 경우에는 그 직장가입자에게, 지역가입자인 영유아에게 실시하는 건강검진의 경우에는 해당 세대주에게 통보
④ 건강검진을 실시한 검진기관은 공단에 건강검진의 결과를 통보해야 하며, 공단은 이를 건강검진을 받은 사람에게 통보해야 한다. 다만, 검진기관이 건강검진을 받은 사람에게 직접 통보한 경우에는 공단은 그 통보를 생략할 수 있다.
⑤ 건강검진의 검사항목, 방법, 그에 드는 비용, 건강검진 결과 등의 통보 절차, 그 밖에 건강검진을 실시하는 데 필요한 사항은 보건복지부장관이 정하여 고시한다.
(2018.12.24 본조개정)

제26조【급여의 제한】 ① 법 제53조제3항 각 호 외의 부분 본문에서 "대통령령으로 정하는 기간"이란 1개월을 말한다.
② 법 제53조제3항 각 호 외의 부분 단서에서 "대통령령으로 정하는 횟수"란 6회를 말한다.
③ 법 제53조제3항 각 호 외의 부분 단서에서 "대통령령으로 정하는 기준 미만인 경우"란 다음 각 호의 요건을 모두 충족한 경우를 말한다. 이 경우 소득은 제41조제1항에 따른 소득을 말하고, 재산은 제42조제3항제1호에 따른 재산을 말한다.
1. 법 제53조제3항제2호의 보험료를 체납한 가입자가 속한 세대의 소득이 100만원 미만이고, 그 세대의 재산에 대한 「지방세법」 제10조의2부터 제10조의6까지의 규정에 따른 과세표준(이하 "과세표준"이라 한다)이 100만원 미만일 것. 다만, 가입자가 미성년자, 65세 이상인 사람 또는 「장애인복지법」에 따라 등록한 장애인인 경우에는 그 소득 및 재산에 대한 과세표준이 각각 공단이 정하는 금액 미만일 것(2021.12.31 본문개정)
2. 법 제53조제3항제2호의 보험료를 체납한 가입자가 「소득세법」 제168조제1항에 따른 사업자등록을 한 사업에서 발생하는 소득이 없을 것
(2019.6.11 본항신설)
④ 제3항에 따른 소득 및 재산의 확인 절차, 방법 및 시기 등에 관한 구체적인 사항은 공단이 정한다.(2019.6.11 본항신설)
(2019.6.11 본조제목개정)

제26조의2【요양비등수급계좌의 신청 방법 및 절차 등】 ① 법 제56조의2제1항 본문에 따라 요양비등을 수급자 명의의 지정된 계좌(이하 "요양비등수급계좌"라 한다)로 받으려는 사람은 요양비 지급청구서와 보조기기 급여 지급청구서 등에 요양비등수급계좌의 계좌번호를 기재하고, 예금통장(계좌번호가 기록되어 있는 면을 말한다) 사본을 첨부하여 공단에 제출해야 한다. 요양비등수급계좌를 변경하는 경우에도 또한 같다.(2022.8.31 전단개정)
② 공단은 법 제56조의2제1항 단서에 따라 수급자가 요양비등수급계좌를 개설한 금융기관이 폐업 또는 업무정지나 정보통신장애 등으로 정상영업이 불가능하거나 이에 준하는 불가피한 사유로 이체할 수 없을 때에는 직접 현금으로 지급한다.
(2014.11.20 본조신설)

제26조의3【부당이득 징수금 체납자의 인적사항 공개 및 공개 제외 사유 등】 ① 법 제57조의2제1항 본문에서 "대통령령으로 정하는 사항"이란 징수금 발생의 원인이 되는 위반행위, 체납자의 성명(법인의 대표자 성명을 포함한다), 상호(법인의 명칭을 포함한다), 나이, 주소, 체납액(체납된 징수금, 연체금 및 체납처분비를 말한다. 이하 이 조에서 같다)의 종류·납부기한·금액 및 체납요지 등을 말한다.
② 법 제57조의2제1항 단서에서 "체납된 금액의 일부 납부 등 대통령령으로 정하는 사유가 있는 경우"란 다음 각 호의 어느 하나에 해당하는 경우를 말한다.
1. 법 제57조의2제3항에 따른 통지 당시 체납액의 100분의 10 이상을 그 통지일부터 6개월 이내에 납부한 경우
2. 「채무자 회생 및 파산에 관한 법률」 제243조에 따른 회생계획인가의 결정에 따라 체납액의 징수를 유예받고 그 유예기간 중에 있거나 체납액을 회생계획의 납부일정에 따라 납부하고 있는 경우
3. 징수금 발생의 원인이 되는 위반행위로 인하여 수사가 진행 중이거나 형사재판이 계속 중인 경우
4. 재해 등으로 재산에 심한 손실을 입은 경우 등으로서 법 제57조의2제2항에 따른 부당이득징수금체납정보공개심의위원회(이하 "부당이득징수금체납정보공개심의위원회"라 한다)가 같은 조 제1항에 따른 인적사항등을 공개할 실익이 없다고 인정하는 경우
③ 공단은 법 제57조의2제3항에 따른 통지를 할 때에는 체납액의 납부를 촉구하고, 같은 조 제1항 단서에 따른 경우에 해당하면 그에 관한 소명자료를 제출하도록 안내해야 한다.
(2020.6.2 본조신설)

제26조의4【부당이득징수금체납정보공개심의위원회의 구성 및 운영】 ① 부당이득징수금체납정보공개심의위원회는 위원장 1명을 포함한 9명의 위원으로 구성한다.
② 부당이득징수금체납정보공개심의위원회의 위원장은 공단의 임원 중 해당 업무를 담당하는 상임이사가 되고, 위원은 공단의 이사장이 임명하거나 위촉하는 다음 각 호의 사람으로 한다.
1. 공단 소속 직원 3명
2. 보험급여 비용의 부당이득 징수에 관한 사무를 담당하는 보건복지부 소속 4급 또는 5급 공무원 1명
3. 법률, 회계 또는 사회보험에 관한 학식과 경험이 풍부한 사람 4명
③ 제2항제3호에 따른 위원의 임기는 2년으로 하며, 한 차례만 연임할 수 있다.
④ 부당이득징수금체납정보공개심의위원회의 회의는 위원장을 포함한 재적위원 과반수의 출석으로 개의하고, 출석위원 과반수의 찬성으로 의결한다.
⑤ 제1항부터 제4항까지에서 규정한 사항 외에 부당이득징수금체납정보공개심의위원회의 구성 및 운영에 필요한 사항은 공단이 정한다.
(2020.6.2 본조신설)

제27조【현역병 등에 대한 요양급여비용 등의 지급】 ① 법 제60조제1항 전단에서 "대통령령으로 정하는 치료 등"이란 법 제41조제1항제1호부터 제3호까지 및 제5호에 따른 요양급여를 말한다.
② 법 제60조제1항 후단에 따라 법무부장관·국방부장관·경찰청장·소방청장 또는 해양경찰청장(이하 이 조에서 "기관장"이라 한다)은 해당 기관에서 연간 들어갈 것으로 예상되는 요양급여비용과 법 제49조에 따른 요양비(이하 "요양비"라 한다)를 공단이 지정한 계좌에 예탁해야 한다.(2019.6.11 본항개정)
③ 공단은 예탁금 집행 현황을 분기별로 보건복지부장관 및 해당 기관장에게 통보하여야 한다.
④ 공단은 제2항에 따라 기관장이 예탁한 요양급여비용과 요양비가 공단이 부담해야 할 요양급여비용과 요양비에 미치지 못할 때에는 기관장에게 이를 즉시 청구하고, 기관장은 공단의 청구에 따라 요양급여비용과 요양비를 공단에 지급해야 한다.(2019.6.11 본항개정)
⑤ 공단은 제2항에 따라 기관장이 예탁한 요양급여비용과 요양비에서 발생한 이자를 공단이 부담해야 할 요양급여비용에 사용할 수 있다.(2019.6.11 본항개정)
(2019.6.11 본조제목개정)

제5장 건강보험심사평가원

제28조【업무】 ① 법 제63조제1항제8호에서 "대통령령으로 정하는 업무"란 다음 각 호의 업무를 말한다.
(2022.12.27 본문개정)
1. 법 제47조에 따른 요양급여비용의 심사청구와 관련된 소프트웨어의 개발·공급·검사 등 전산 관리
2. 법 제47조의4에 따른 요양급여의 적정성 평가 결과의 공개(2022.12.27 본호개정)
3. 법 제49조제1항에 따라 지급되는 요양비 중 보건복지부령으로 정하는 기관에서 받은 요양비에 대한 심사
4. 법 제63조제1항제1호부터 제7호까지 및 이 항 제1호부터 제3호까지의 업무를 수행하기 위한 환자 분류체계 및 요양급여 관련 질병·부상 분류체계의 개발·관리
5. 법 제63조제1항제1호부터 제7호까지 및 이 항 제1호부터 제4호까지의 업무와 관련된 교육·홍보
(2022.12.27 4호~5호개정)
② 제1항제1호·제2호·제4호에 따른 전산 관리, 적정성 평가 결과의 공개, 환자 분류체계 및 요양급여 관련 질병·부상 분류체계의 개발·관리의 절차·기준·방법과 그 밖에 필요한 사항은 보건복지부장관이 정하여 고시한다.
(2022.12.27 본항개정)

제29조【공무원인 임원】 법 제65조제4항에 따라 보건복지부장관은 보건복지부의 3급 공무원 또는 고위공무원단에 속하는 공무원 중에서 1명을 지명하는 방법으로 심사평가원의 비상임이사를 추천한다.(2016.8.2 본조개정)

제29조의2【진료심사평가위원회 위원의 겸직】 ① 법 제66조의2제1항에 따라 진료심사평가위원회(이하 이 조에서 "심사위원회"라 한다) 위원의 직무를 겸하려는 교수·부교수 및 조교수(이하 "교수등"이라 한다)는 소속 대학 총장에게 겸직 허가를 신청해야 한다. 이 경우 신청을 받은 소속대학 총장은 지체 없이 허가 여부를 해당 교수등에게 통보해야 한다.
② 제1항에서 규정한 사항 외에 근무조건, 보수 등 교수등이 심사위원회의 위원을 겸하기 위하여 필요한 세부 사항은 심사평가원의 정관으로 정한다.
(2023.11.7 본조신설)

제30조【원장 권한의 위임】 법 제68조에 따라 준용되는 법 제32조에 따라 심사평가원의 원장이 분사무소의 장에게 위임할 수 있는 사항은 다음 각 호의 요양기관을 제외한 요양기관의 법 제47조제2항에 따른 요양급여비용에 대한 심사 권한과 법 제87조제2항에 따른 이의신청에 대한 결정 권한으로 한다.
1. 「의료법」 제3조의4에 따른 상급종합병원
2. 그 밖에 심사평가원의 정관으로 정하는 요양기관

제31조【준용 규정】 심사평가원 이사회의 심의·의결사항 및 회의에 관하여는 제11조(제5호는 제외한다) 및 제12조를 준용한다. 이 경우 "공단"은 "심사평가원"으로, "이사장"은 "원장"으로 본다.

제6장 보험료

제32조【월별 보험료액의 상한과 하한】 법 제69조제6항에 따른 월별 보험료액의 상한 및 하한은 다음 각 호의 구분에 따른다.
1. 월별 보험료액의 상한은 다음 각 목과 같다.
  가. 직장가입자의 보수월액보험료 : 보험료가 부과되는 연도의 전전년도 직장가입자 평균 보수월액보험료(이하 이 조에서 "전전년도 평균 보수월액보험료"라 한다)의 30배에 해당하는 금액을 고려하여 보건복지부장관이 정하여 고시하는 금액
  나. 직장가입자의 소득월액보험료 및 지역가입자의 월별 보험료액 : 보험료가 부과되는 연도의 전전년도 평균 보수월액보험료의 15배에 해당하는 금액을 고려하여 보건복지부장관이 정하여 고시하는 금액
2. 월별 보험료액의 하한은 다음 각 목과 같다.
  가. 직장가입자의 보수월액보험료 : 보험료가 부과되는 연도의 전전년도 평균 보수월액보험료의 1천분의 50 이상 1천분의 85 미만의 범위에서 보건복지부장관이 정하여 고시하는 금액(2024.1.2 본목개정)
  나. 지역가입자의 월별 보험료액 : 가목에 따른 보수월액보험료의 100분의 90 이상 100분의 100 이하의 범위에서 보건복지부장관이 정하여 고시하는 금액
  (2022.8.31 본목개정)
(2018.3.6 본조개정)

제33조【보수에 포함되는 금품 등】 ① 법 제70조제3항 전단에서 "대통령령으로 정하는 것"이란 근로의 대가로 받은 봉급, 급료, 보수, 세비(歲費), 임금, 상여, 수당, 그 밖에 이와 유사한 성질의 금품으로서 다음 각 호의 것을 제외한 것을 말한다.
1. 퇴직금
2. 현상금, 번역료 및 원고료
3. 「소득세법」에 따른 비과세근로소득. 다만, 「소득세법」 제12조제3호차목·파목 및 거목에 따라 비과세되는 소득은 제외한다.(2015.6.30 본호개정)
② 법 제70조제3항 후단에서 "보수 관련 자료가 없거나 불명확한 경우 등 대통령령으로 정하는 사유"란 다음 각 호의 어느 하나에 해당하는 경우를 말한다.
1. 보수 관련 자료가 없거나 불명확한 경우
2. 「최저임금법」 제5조에 따른 최저임금액 등을 고려할 때 보수 관련 자료의 신뢰성이 없다고 공단이 인정하는 경우

③ 보수의 전부 또는 일부가 현물(現物)로 지급되는 경우에는 그 지역의 시가(時價)를 기준으로 공단이 정하는 가액(價額)을 그에 해당하는 보수로 본다.
④ 법 제70조제3항 후단에 따라 보건복지부장관이 고시하는 금액이 적용되는 기간 중에 사업장 근로자의 보수가 확인되는 경우에는 공단이 확인한 날이 속하는 달의 다음 달부터 그 고시 금액을 적용하지 아니한다.
제34조【직장가입자에 대한 보수월액보험료 부과의 원칙】 ① 법 제70조제1항에 따라 직장가입자에 대한 보수월액보험료는 매년 다음 각 호의 구분에 따라 산정된 보수월액을 기준으로 하여 부과하고, 다음 해에 확정되는 해당 연도의 보수 총액을 기준으로 제39조에 따라 보수월액을 다시 산정하여 정산한다. 다만, 법 제70조제3항 후단에 따라 보건복지부장관이 고시하는 금액이 적용되는 직장가입자에 대해서는 그 고시하는 금액이 적용되는 기간 동안 부과한 보수월액보험료의 정산을 생략할 수 있다.
1. 직장가입자의 자격을 취득하거나, 다른 직장가입자로 자격이 변동되거나, 지역가입자에서 직장가입자로 자격이 변동된 사람 : 제37조에 따른 자격 취득 또는 변동 시의 보수월액
2. 제1호에 해당하지 아니하는 직장가입자 : 전년도에 받은 보수의 총액을 기준으로 제36조에 따라 산정한 보수월액
② 제1항 각 호에 따른 보수월액의 적용기간은 다음 각 호와 같다.(2013.9.26 본문개정)
1. 제1항제1호의 가입자 : 자격 취득 또는 변동일이 속하는 달(매월 2일 이후에 자격이 변동된 경우에는 그 자격 변동일이 속한 달의 다음 달을 말한다)부터 다음 해 3월까지
2. 제1항제2호의 가입자 : 매년 4월부터 다음 해 3월까지
제35조【보수월액 산정을 위한 보수 등의 통보】 ① 사용자는 법 제70조제1항에 따른 보수월액의 산정을 위하여 매년 3월 10일까지 전년도 직장가입자에게 지급한 보수의 총액(법 제70조 및 이 영 제33조에 따라 산정된 금액으로서 가입자별로 1월부터 12월까지 지급한 보수의 총액을 말한다. 이하 같다)과 직장가입자가 해당 사업장·국가·지방자치단체·사립학교 또는 그 학교경영기관(이하 "사업장등"이라 한다)에 종사한 기간 등 보수월액 산정에 필요한 사항을 공단에 통보하여야 한다. 이 경우 법 제70조제3항 후단의 적용을 받는 직장가입자에 대해서는 통보를 생략할 수 있다.(2013.9.26 전단개정)
② 사용자는 법 제70조제1항에 따른 보수월액 산정을 위하여 그 사업장이 다음 각 호의 어느 하나에 해당하면 그때까지 사용·임용 또는 채용한 모든 직장가입자(제3호의 경우에는 해당 직장가입자를 말한다)에게 지급한 보수의 총액 등 보수월액 산정에 필요한 사항을 공단에 통보하여야 한다.
1. 사업장이 폐업·도산하거나 이에 준하는 사유가 발생한 경우
2. 사립학교가 폐교된 경우
3. 일부 직장가입자가 퇴직한 경우
제36조【보수월액의 결정 등】 ① 공단은 제35조에 따라 통보받은 보수의 총액을 전년도 중 직장가입자가 그 사업장등에 종사한 기간의 개월수로 나눈 금액을 매년 보수월액으로 결정한다. 다만, 사용자가 그 사업장등의 해당 연도 보수의 평균 인상률 또는 인하율을 공단에 통보한 경우에는 본문에 따라 계산한 금액에 그 평균 인상률 또는 인하율을 반영하여 산정한 금액을 매년 보수월액으로 결정한다.
② 사용자는 해당 직장가입자의 보수가 인상되거나 인하되었을 때에는 공단에 보수월액의 변경을 신청할 수 있다. 다만, 상시 100명 이상의 근로자가 소속되어 있는 사업장의 사용자는 다음 각 호에 따라 공단에 그 보수월액의 변경을 신청하여야 한다.(2015.12.22 단서신설)
1. 해당 월의 보수가 14일 이전에 변경된 경우 : 해당 월의 15일까지
2. 해당 월의 보수가 15일 이후에 변경된 경우 : 해당 월의 다음 달 15일까지
(2015.12.22 1호~2호신설)
③ 공단은 사용자가 제35조에 따른 통보를 하지 아니하거나 통보 내용이 사실과 다른 경우에는 법 제94조에 따라 그 사실을 조사하여 보수월액을 산정·변경할 수 있으며, 제2항에 따른 보수월액의 변경신청을 받은 경우에는 보수가 인상된 달 또는 인하된 달부터 보수월액을 변경할 수 있다.
④ 직장가입자가 둘 이상의 건강보험 적용 사업장에서 보수를 받고 있는 경우에는 각 사업장에서 받고 있는 보수를 기준으로 각각 보수월액을 결정한다.
⑤ 직장가입자의 보수월액을 제33조부터 제38조까지의 규정에 따라 산정하기 곤란하거나 보수를 확인할 수 있는 자료가 없는 경우 보수월액의 산정방법과 보수의 인상·인하 시 보수월액의 변경신청 등 필요한 사항은 재정운영위원회의 의결을 거쳐 공단의 정관으로 정한다.
제37조【직장가입자의 자격 취득·변동 시 보수월액의 결정】 공단은 직장가입자의 자격을 취득하거나, 다른 직장가입자로 자격이 변동되거나, 지역가입자에서 직장가입자로 자격이 변동된 사람이 있을 때에는 다음 각 호의 구분에 따른 금액을 해당 직장가입자의 보수월액으로 결정한다.
1. 연·분기·월·주 또는 그 밖의 일정기간으로 보수가 정해지는 경우 : 그 보수액을 그 기간의 총 일수로 나눈 금액의 30배에 상당하는 금액
2. 일(日)·시간·생산량 또는 도급(都給)으로 보수가 정해지는 경우 : 직장가입자의 자격을 취득하거나 자격이 변동된 달의 전 1개월 동안에 그 사업장에서 해당 직장가입자와 같은 업무에 종사하고 같은 보수를 받는 사람의 보수액을 평균한 금액
3. 제1호 및 제2호에 따라 보수월액을 산정하기 곤란한 경우 : 직장가입자의 자격을 취득하거나 자격이 변동된 달의 전 1개월 동안 같은 업무에 종사하고 있는 사람이 받는 보수액을 평균한 금액
제38조【보수가 지급되지 않는 사용자의 보수월액 결정】 ① 법 제70조제4항에 따른 보수가 지급되지 아니하는 사용자의 보수월액은 다음 각 호의 방법으로 산정한다. 이 경우 사용자는 매년 5월 31일까지[「소득세법」 제70조의2에 따라 세무서장에게 성실신고확인서를 제출한 사용자(이하 이 항에서 "성실신고사용자"라 한다)인 경우에는 6월 30일까지] 수입을 증명할 수 있는 자료를 제출하거나 수입금액을 공단에 통보하여야 하며, 산정된 보수월액은 매년 6월부터 다음 해 5월까지(성실신고사용자의 경우에는 매년 7월부터 다음 해 6월까지) 적용한다.
(2013.9.26 후단개정)
1. 해당 연도 중 해당 사업장에서 발생한 보건복지부령으로 정하는 수입으로서 객관적인 자료를 통하여 확인된 금액
2. 수입을 확인할 수 있는 객관적인 자료가 없는 경우에는 사용자의 신고금액
② 보수가 지급되지 아니하는 사용자의 보수월액을 결정하거나 변경하는 절차 등에 관하여는 제34조제1항, 제35조제2항 및 제36조를 준용한다.(2013.9.26 본항신설)
③ 제1항 및 제2항에도 불구하고 다음 각 호의 어느 하나에 해당하는 경우 사용자의 보수월액은 그 각 호에서 정하는 금액으로 한다.
1. 제1항제1호 및 제2호에 따른 확인금액 또는 신고금액을 기준으로 산정한 보수월액이 해당 사업장에서 가장 높은 보수월액을 적용받는 근로자의 보수월액보다 낮은 경우(제2호나목에 해당하는 경우는 제외한다) : 해당 사업장에서 가장 높은 보수월액을 적용받는 근로자의 보수월액
2. 다음 각 목의 어느 하나에 해당하는 경우 : 해당 사업장 근로자의 보수월액을 평균한 금액
가. 사용자가 제1항 각 호 외의 부분 후단에 따른 자료 제출과 수입금액 통보를 하지 않고, 같은 항 제1호에 따른 수입을 확인할 수 있는 객관적인 자료도 없는 경우
나. 제1항제1호에 따른 확인금액이 0원 이하인 경우
(2020.12.29 본항개정)
(2020.12.29 본조제목개정)
제39조【보수월액보험료의 정산 및 분할납부】 ① 공단은 원래 산정·징수한 보수월액보험료의 금액이 제34조부터 제38조까지의 규정에 따라 다시 산정한 보수월액보험료의 금액을 초과하는 경우에는 그 초과액을 사용자에게 반환하여야 하며, 부족한 경우에는 그 부족액을 사용자로부터 추가로 징수하여야 한다.
② 사용자는 직장가입자의 사용·임용·채용 관계가 끝난 경우에는 해당 직장가입자가 납부한 보수월액보험료를 다시 산정하여 근로자와 정산한 후 공단과 정산 절차를 거쳐야 한다. 다만, 법 제70조제3항 후단에 따라 보건복지부장관이 고시하는 금액이 적용되는 직장가입자에 대해서는 그 고시하는 금액이 적용되는 기간에 부과한 보수월액보험료의 정산을 생략할 수 있다.
③ 사용자는 제1항에 따라 반환받은 금액 또는 추가 납부한 금액 중 직장가입자가 반환받을 금액 및 부담하여야 할 금액에 대해서는 해당 직장가입자와 정산하여야 한다.
④ 공단은 제1항에 따라 추가로 징수해야 할 금액(이하 "추가징수금액"이라 한다) 중 직장가입자가 부담하는 금액이 해당 직장가입자가 부담하는 보수월액보험료(추가징수금액을 고지하는 날이 속하는 달의 보수월액보험료를 말한다) 이상인 경우에는 다음 각 호의 구분에 따라 납부하게 할 수 있다. 다만, 「재난 및 안전관리 기본법」 제38조제2항에 따른 주의 이상의 위기경보가 발령된 경우 등 보건복지부장관이 정하여 고시하는 경우에는 추가징수금액을 10회로 분할하여 납부하게 할 수 있다.
(2021.10.14 본문개정)
1. 제34조제1항 본문에 따라 다음 해에 확정되는 해당 연도의 보수 총액을 기준으로 한 정산(이하 "연말정산"이라 한다)에 따른 추가징수금액 : 5회로 분할하여 납부. 다만, 사용자의 신청에 따라 1회에 전액 납부하거나 10회 이내의 범위에서 분할하여 납부할 수 있다.
2. 연말정산을 제외한 정산에 따른 추가징수금액 : 1회에 전액 납부. 다만, 사용자의 신청에 따라 10회 이내의 범위에서 분할하여 납부할 수 있다.
(2018.3.20 본항개정)
⑤ 제1항부터 제4항까지에서 규정한 사항 외에 보수월액보험료의 정산 및 분할납부에 필요한 세부 사항은 공단의 정관으로 정한다.(2018.3.20 본항신설)
제40조【공무원의 전출 시의 보수월액보험료 납부】 공무원인 직장가입자가 다른 기관으로 전출된 경우 전출된 날이 속하는 달의 보수월액보험료는 전출 전 기관의 장이 전출된 공무원에게 지급할 보수에서 이를 공제하여 납부한다. 다만, 전출한 기관의 장이 전출한 날이 속하는 달의 보수를 지급하지 아니한 경우에는 전입받은 기관의 장이 보수에서 공제하여 납부한다.
제41조【소득월액】 ① 법 제71조제1항에 따른 소득월액(이하 "소득월액"이라 한다) 산정에 포함되는 소득은 다음 각 호와 같다. 이 경우 「소득세법」에 따른 비과세소득은 제외한다.
1. 이자소득 : 「소득세법」 제16조에 따른 소득
2. 배당소득 : 「소득세법」 제17조에 따른 소득
3. 사업소득 : 「소득세법」 제19조에 따른 소득
4. 근로소득 : 「소득세법」 제20조에 따른 소득(2020.10.7 단서삭제)
5. 연금소득 : 「소득세법」 제20조의3에 따른 소득. 다만, 같은 조 제1항제1호의 공적연금소득의 경우에는 같은 조 제2항을 적용하지 않고 해당 과세기간에 발생한 연금소득 전부를 연금소득으로 한다.(2022.6.30 단서신설)
6. 기타소득 : 「소득세법」 제21조에 따른 소득
② 제1항 각 호의 소득의 구체적인 산정방법은 보건복지부령으로 정한다.(2020.10.7 본항신설)
③ 제1항 각 호의 소득 자료의 반영시기는 다음 각 호의 구분에 따른다. 다만, 천재지변 등 부득이한 사유가 발생한 경우에는 공단의 정관으로 정하는 바에 따라 반영시기를 조정할 수 있다.
1. 매년 1월부터 10월까지의 소득월액 산정 시 : 소득월액보험료가 부과되는 연도의 전전년도 자료. 다만, 제1항제5호의 연금소득 자료는 소득월액보험료가 부과되는 연도의 전년도 자료로 한다.
2. 매년 11월 및 12월의 소득월액 산정 시 : 소득월액보험료가 부과되는 연도의 전년도 자료
(2022.8.31 본항신설)
④ 법 제71조제1항 계산식 외의 부분 및 같은 항의 계산식에서 "대통령령으로 정하는 금액"이란 각각 연간 2천만원을 말한다.(2022.8.31 본항개정)
⑤ 소득월액은 법 제71조제1항의 계산식을 적용하여 산출한 금액을 보건복지부령으로 정하는 방법에 따라 평가하여 산정한다.(2018.3.6 본항개정)
⑥ 제1항부터 제5항까지에서 규정한 사항 외에 소득 자료의 구체적인 종류 등 소득월액의 산정에 필요한 세부 사항은 공단의 정관으로 정한다.(2022.8.31 본항신설)
제41조의2【소득월액의 조정 등】 ① 직장가입자는 폐업 등 공단의 정관으로 정하는 사유로 제41조제1항제3호 및 제4호의 소득(이하 이 조에서 "사업소득등"이라 한다)이 감소한 경우 그 사유에 해당함을 증명하는 서류를 첨부하여 소득월액보험료가 부과되는 시점의 사업소득등 자료를 소득월액 산정에 반영하여 조정해 줄 것을 공단에 신청할 수 있다.
② 제1항의 조정 신청을 받은 공단은 제41조제3항에도 불구하고 소득월액보험료 부과 시점의 사업소득등 자료를 소득월액 산정에 반영하여 소득월액을 조정할 수 있으며, 이후 부과하는 해당 연도의 소득월액보험료는 조정된 소득월액을 기준으로 산정한다.
③ 제1항의 조정 신청을 한 직장가입자는 제2항에 따라 소득월액을 조정한 이후에 해당 연도의 사업소득등이 발생한 경우에는 그 사업소득등이 발생한 날이 속하는 달의 다음 달 1일부터 1개월 이내에 사업소득등의 발생 사실과 그 금액을 공단에 신고해야 하며, 그 이후 공단이 부과하는 해당 연도의 소득월액보험료는 신고한 사업소득등을 반영하여 조정된 소득월액을 기준으로 산정한다.
(2023.6.20 본항신설)
④ 공단은 제2항 또는 제3항에 따라 소득월액을 조정한 이후에 해당 연도의 사업소득등이 확인된 경우에는 그 확인된 사업소득등을 기준으로 해당 연도의 소득월액을 다시 산정하여 소득월액보험료를 정산할 수 있다.
(2023.6.20 본항개정)
⑤ 공단은 제2항 또는 제3항에 따라 소득월액을 조정하여 산정한 소득월액보험료의 금액이 제4항에 따라 다시 정산한 소득월액보험료보다 적은 경우에는 그 부족액을 직장가입자로부터 추가로 징수해야 한다.
(2023.6.20 본항개정)
⑥ 공단은 제5항에 따라 추가로 징수하는 소득월액보험료를 10회 이내의 범위에서 분할하여 납부하게 할 수 있다.
(2023.6.20 본항개정)
⑦ 제1항부터 제6항까지에서 규정한 사항 외에 소득월액의 조정 신청 절차, 소득월액의 조정 이후 사업소득등의 발생 신고 절차, 소득월액보험료의 산정·정산 및 분할납부 등에 필요한 세부 사항은 공단의 정관으로 정한다.
(2023.6.20 본항개정)
(2022.8.31 본조신설)
제42조【보험료부과점수의 산정기준】 ① 법 제72조제1항에 따른 보험료부과점수는 다음 각 호의 사항을 고려하여 산정하되, 구체적인 산정방법은 별표4와 같다.
1. 소득
2. 재산
3. (2018.3.6 삭제)
② 제1항제1호에 따른 소득의 구체적인 종류·범위·산정방법·반영시기 및 소득 조정 등에 관하여는 제41조제1항부터 제3항까지 및 제41조의2를 준용한다. 이 경우

"소득월액"은 "보험료부과점수"로, "소득월액보험료"는 "월별 보험료액"으로, "직장가입자"는 "지역가입자"로 본다.(2022.8.31 본항개정)
③ 제1항제2호에 따른 재산은 다음 각 호와 같다.
1. 「지방세법」 제105조에 따른 재산세의 과세대상이 되는 토지, 건축물, 주택, 선박 및 항공기. 다만, 종중재산(宗中財産), 마을 공동재산, 그 밖에 이에 준하는 공동의 목적으로 사용하는 건축물 및 토지는 제외한다.
2. 주택을 소유하지 아니한 지역가입자의 경우에는 임차주택에 대한 보증금 및 월세금액
3. 「지방세법 시행령」 제123조제1호에 따른 승용자동차 및 같은 조 제2호에 따른 그 밖의 승용자동차. 다만, 다음 각 목의 어느 하나에 해당하는 경우에는 제외한다.(2018.3.6 본문개정)
  가. 사용연수가 9년 이상인 경우(2018.3.6 본목신설)
  나. 과세표준에 「지방세법 시행령」 제4조제1항제3호에 따른 차량의 경과연수별 잔존가치율을 고려하여 보건복지부장관이 고시하는 비율을 적용하여 산정된 차량의 가액이 4천만원 미만인 경우(2022.8.31 본목개정)
  다. 「국가유공자 등 예우 및 지원에 관한 법률」 제4조·제73조 및 제74조에 따른 국가유공자 등(법률 제11041호로 개정되기 전의 「국가유공자 등 예우 및 지원에 관한 법률」 제73조의2에 따른 국가유공자 등을 포함한다)으로서 같은 법 제6조의4에 따른 상이등급 판정을 받은 사람과 「보훈보상대상자 지원에 관한 법률」 제2조에 따른 보훈보상대상자로서 같은 법 제6조에 따른 상이등급 판정을 받은 사람이 소유한 자동차
  라. 「장애인복지법」에 따라 등록한 장애인이 소유한 자동차
  마. 「지방세특례제한법」 제4조에 따라 과세하지 아니하는 자동차
  바. 「지방세법 시행령」 제122조에 따른 영업용 자동차
④ 제1항부터 제3항까지에서 규정한 사항 외에 소득 자료의 구체적인 종류 등 보험료부과점수의 산정에 필요한 세부 사항은 공단의 정관으로 정한다.(2022.8.31 본항개정)

제42조의2 【주택 관련 대출금액의 보험료부과점수 제외】 ① 법 제72조제1항 단서에서 "대통령령으로 정하는 지역가입자"란 다음 각 호의 어느 하나에 해당하는 지역가입자를 말한다.
1. 보건복지부장관이 정하여 고시하는 1세대 1주택 세대에 속하는 지역가입자로서 다음 각 목의 요건을 모두 갖춘 지역가입자(이하 "1세대1주택자"라 한다)
  가. 해당 세대가 소유한 주택에 거주하기 위하여 소유자(소유자와 주민등록상 동일 세대를 구성하는 배우자나 직계존비속을 포함한다)가 「금융실명거래 및 비밀보장에 관한 법률」에 따른 금융회사등(이하 "금융회사등"이라 한다)으로부터 주택을 담보로 하는 대출 등 보건복지부장관이 정하여 고시하는 대출〔대출 이자율을 낮추거나 대출 기간을 연장하기 위하여 해당 주택을 담보로 새로 대출을 받아 대출일과 같은 날 종전의 대출을 상환한 경우 새로 받은 대출(이하 이 조에서 "주택담보전환대출"이라 한다)을 포함한다. 이하 이 조에서 "주택담보대출등"이라 한다〕을 받을 것(2022.12.27 본목개정)
  나. 해당 세대가 주택에 대하여 최초로 주택담보대출등(주택담보전환대출은 제외한다)을 받은 날이 주택 소유권을 취득한 날의 전후 3개월 이내일 것(2023.11.7 본목개정)
2. 보건복지부장관이 정하여 고시하는 1세대 무주택 세대에 속하는 지역가입자로서 다음 각 목의 요건을 모두 갖춘 지역가입자(이하 "1세대무주택자"라 한다)
  가. 해당 세대가 임차한 주택에 거주하기 위하여 임차인(임차인과 주민등록상 동일 세대를 구성하는 배우자나 직계존비속을 포함한다)이 금융회사등으로부터 임차주택의 보증금을 담보로 하는 대출 등 보건복지부장관이 정하여 고시하는 대출〔대출 이자율을 낮추거나 대출 기간을 연장하기 위하여 해당 임차주택의 보증금을 담보로 새로 대출을 받아 대출일과 같은 날 종전의 대출을 상환한 경우 새로 받은 대출(이하 이 조에서 "보증금담보전환대출"이라 한다)을 포함한다. 이하 이 조에서 "보증금담보대출등"이라 한다〕을 받을 것(2022.12.27 본목개정)
  나. 해당 세대가 주택에 대하여 최초로 보증금담보대출등(보증금담보전환대출은 제외한다)을 받은 날이 「주택임대차보호법」 제3조의2제2항에 따른 임대차계약증서의 입주일과 전입일(외국인의 경우에는 「출입국관리법」에 따른 외국인등록표의 체류지 등록일 또는 변경신고일, 「재외동포의 출입국과 법적 지위에 관한 법률」에 따른 국내거소신고일 또는 이전신고일을 말한다) 중 빠른 날부터 전후 3개월(임대차계약을 변경·연장 또는 갱신하면서 대출받는 경우에는 임대차계약 변경일, 연장일 또는 갱신일부터 전후 3개월을 말한다) 이내일 것(2023.11.7 본목개정)
② 법 제72조제1항 단서에서 "대통령령으로 정하는 기준 이하의 주택"이란 다음 각 호의 구분에 따른 요건을 충족하는 주택을 말한다.
1. 1세대1주택자의 경우 : 주택담보대출등을 받아 구입한 주택의 재산세 과세표준금액이 「소득세법」 제52조제5항 본문에 따른 주택 기준시가에 「지방세법 시행령」 제109조의 공정시장가액비율을 곱한 금액 이하일 것(2022.8.31 본호개정)
2. 1세대무주택자의 경우 : 보증금담보대출등을 받아 임차한 임차주택의 보증금 및 월세금액을 보건복지부령으로 정하는 기준에 따라 평가한 금액이 「소득세법」 제52조제5항 본문에 따른 주택 기준시가의 30퍼센트 이하인 주택일 것
③ 법 제72조제1항 단서에 따라 대출금액을 평가한 금액은 다음 각 호의 구분에 따른 금액으로 한다. 이 경우 주택담보전환대출 금액이나 보증금담보전환대출 금액이 종전의 대출금액보다 큰 경우에는 그 차액을 제외한 대출금액을 기준으로 평가한다.
1. 1세대1주택자의 경우 : 주택담보대출등 금액의 합산액(상환한 금액은 제외한다)에 「지방세법 시행령」 제109조의 공정시장가액비율을 곱한 금액. 이 경우 그 금액이 해당 주택의 재산세 과세표준금액보다 큰 경우에는 재산세 과세표준금액으로 하며, 그 금액이 5천만원을 넘는 경우에는 5천만원으로 한다.
2. 1세대무주택자의 경우 : 보증금담보대출등 금액의 합산액(상환한 금액은 제외한다)의 30퍼센트. 이 경우 그 금액이 보증금의 30퍼센트에 해당하는 금액보다 큰 경우에는 보증금의 30퍼센트로 한다.
(2022.12.27 본항개정)
④ 법 제72조제3항에서 "대출금액 등 대통령령으로 정하는 자료·정보"란 다음 각 호의 자료·정보를 말한다.
1. 주택담보대출등 또는 보증금담보대출등을 받은 사람의 성명과 주민등록번호
2. 주택담보대출등 또는 보증금담보대출등의 종류, 기간, 금액, 담보 등 현황에 관한 정보
3. 그 밖에 보험료부과점수 산정에 필요한 자료·정보로서 보건복지부장관이 정하여 고시하는 자료·정보
⑤ 제1항부터 제4항까지에서 규정한 사항 외에 법 제72조제1항 단서에 따른 대출금액 평가에 필요한 세부 사항은 보건복지부장관이 정하여 고시한다.
(2022.6.30 본조신설)

제42조의3 【보험료부과제도개선위원회의 구성 등】 ① 법 제72조의2에 따른 보험료부과제도개선위원회(이하 "제도개선위원회"라 한다)는 성별을 고려하여 위원장 1명과 부위원장 1명을 포함하여 19명 이내의 위원으로 구성한다.
② 제도개선위원회 위원장은 보건복지부차관이 되고, 부위원장은 위원 중에서 위원장이 지명하는 사람이 된다.
③ 제도개선위원회 위원장은 제도개선위원회를 대표하며, 그 업무를 총괄한다.
④ 제도개선위원회 부위원장은 위원장을 보좌하며, 위원장이 부득이한 사유로 직무를 수행할 수 없을 때에는 그 직무를 대행한다.
⑤ 제도개선위원회 위원은 다음 각 호의 구분에 따라 보건복지부장관이 임명 또는 위촉한다.
1. 기획재정부, 보건복지부, 고용노동부, 국토교통부, 국무조정실, 인사혁신처, 금융위원회 및 국세청 소속의 3급 공무원 또는 고위공무원단에 속하는 일반직공무원 중에서 그 소속 기관의 장이 1명씩 지명하는 사람
2. 보험료 부과체계, 조세, 주택, 금융 또는 연금제도 등에 관한 학식과 경험이 풍부한 사람 9명 이내
3. 공단의 이사장이 추천하는 사람 1명
⑥ 제도개선위원회 위원(제5항제1호에 따른 위원은 제외한다)의 임기는 2년으로 하며, 두 차례만 연임할 수 있다.
⑦ 제도개선위원회 위원(제5항제1호에 따른 위원은 제외한다)의 사임 등으로 새로 위촉된 제도개선위원회 위원의 임기는 전임위원 임기의 남은 기간으로 한다.
(2018.3.6 본조신설)

제42조의4 【제도개선위원회 위원의 해임 및 해촉】 보건복지부장관은 제도개선위원회 위원이 다음 각 호의 어느 하나에 해당하는 경우에는 해당 위원을 해임하거나 해촉할 수 있다.
1. 심신장애로 인하여 직무를 수행할 수 없게 된 경우
2. 직무와 관련된 비위사실이 있는 경우
3. 직무태만, 품위손상이나 그 밖의 사유로 인하여 위원으로 적합하지 아니하다고 인정되는 경우
4. 위원 스스로 직무를 수행하는 것이 곤란하다고 의사를 밝히는 경우
(2018.3.6 본조신설)

제42조의5 【제도개선위원회의 회의】 ① 제도개선위원회 위원장은 제도개선위원회의 회의를 소집하고, 그 의장이 된다.
② 제도개선위원회의 회의는 재적위원 3분의 1 이상이 요구할 때 또는 위원장이 필요하다고 인정할 때에 소집한다.
③ 제도개선위원회의 회의는 재적위원 과반수의 출석으로 개의(開議)하고 출석위원 과반수의 찬성으로 의결한다.
④ 제도개선위원회의 효율적인 심의를 위하여 필요한 경우에는 전문위원회를 구성·운영할 수 있다.
⑤ 제1항부터 제4항까지에서 규정한 사항 외에 제도개선위원회와 전문위원회의 구성·운영 등에 필요한 사항은 제도개선위원회의 의결을 거쳐 위원장이 정한다.
(2018.3.6 본조신설)

제42조의6 【간사】 ① 제도개선위원회의 사무를 처리하기 위하여 제도개선위원회에 간사 1명을 둔다.
② 간사는 보건복지부 소속 3급 또는 4급 공무원 중에서 보건복지부장관이 임명한다.
(2018.3.6 본조신설)

제42조의7 【보험료 부과제도에 대한 적정성 평가】 ① 보건복지부장관은 법 제72조의3제1항에 따른 적정성 평가(이하 "적정성 평가"라 한다)를 위한 조사 및 연구를 실시할 수 있다.
② 보건복지부장관은 제1항에 따라 실시하는 조사 및 연구를 보험료 부과제도에 관한 전문성을 갖춘 연구기관, 대학, 비영리법인 또는 단체 등에 의뢰하여 실시할 수 있다.
③ 보건복지부장관은 관계 중앙행정기관, 지방자치단체 및 「공공기관의 운영에 관한 법률」에 따른 공공기관 등에 대하여 적정성 평가에 관한 의견 또는 자료의 제출을 요청할 수 있다.
④ 보건복지부장관은 제1항에 따른 적정성 평가를 실시한 경우 그 결과를 제도개선위원회에 알려야 한다.
(2018.3.6 본조신설)

제43조 【지역가입자의 세대 분리】 공단은 지역가입자가 다음 각 호의 어느 하나에 해당하는 경우에는 그 가입자를 해당 세대에서 분리하여 별도 세대로 구성할 수 있다.(2013.9.26 본문개정)
1. 해당 세대와 가계단위 및 생계를 달리하여 공단에 세대 분리를 신청한 사람(2013.9.26 본호개정)
2. 별표2 제3호라목에 따른 희귀난치성질환자등으로서 본인부담액을 경감받는 사람(2020.10.7 본호개정)
3. 「병역법」 제21조 또는 제26조에 따라 소집되어 상근예비역 또는 사회복무요원으로 복무하는 사람(2013.9.26 본호신설)
4. 「대체역의 편입 및 복무 등에 관한 법률」 제17조에 따라 소집되어 대체복무요원으로 복무하는 사람
(2020.6.30 본호신설)

제44조 【보험료율 및 보험료부과점수당 금액】 ① 법 제73조제1항에 따른 직장가입자의 보험료율은 1만분의 709로 한다.
② 법 제73조제3항에 따른 지역가입자의 보험료부과점수당 금액은 208.4원으로 한다.
(2022.12.27 본조개정)

제44조의2 【보험료가 면제되는 국외 체류기간】 법 제74조제1항 본문에서 "대통령령으로 정하는 기간"이란 3개월을 말한다. 다만, 업무에 종사하기 위해 국외에 체류하는 경우라고 공단이 인정하는 경우에는 1개월을 말한다.
(2021.10.14 단서신설)

제45조 【보험료 경감 대상지역】 법 제75조제1항제1호에서 "섬·벽지(僻地)·농어촌 등 대통령령으로 정하는 지역"이란 다음 각 호의 어느 하나에 해당하는 지역을 말한다.
1. 요양기관까지의 거리가 멀거나 대중교통으로 이동하는 시간이 오래 걸리는 지역으로서 보건복지부장관이 정하여 고시하는 섬·벽지 지역
2. 다음 각 목의 어느 하나에 해당하는 농어촌지역
  가. 군 및 도농복합 형태 시의 읍·면 지역
  나. 「지방자치법」 제2조제1항제2호에 따른 시와 군의 지역 중 동(洞) 지역으로서 「국토의 계획 및 이용에 관한 법률」 제36조제1항제1호에 따라 지정된 주거지역·상업지역 및 공업지역을 제외한 지역(2015.6.30 본목개정)
  다. 「농어촌주민의 보건복지 증진을 위한 특별법」 제33조에 해당하는 지역(2015.6.30 본목신설)
3. 요양기관의 이용이 제한되는 근무지의 특성을 고려하여 보건복지부장관이 인정하는 지역

제45조의2 【계좌이체자 등에 대한 보험료 감액 등】 공단은 법 제75조제2항에 따라 전자문서로 납입 고지를 받거나 계좌 또는 신용카드 자동이체의 방법으로 보험료를 내는 납부의무자에 대해서는 그에 따라 절감되는 우편요금 등 행정비용의 범위에서 공단의 정관으로 정하는 바에 따라 보험료를 감액하거나 감액하는 금액에 상당하는 금품을 제공할 수 있다.(2019.10.22 본조개정)

제46조 【지역가입자의 보험료 연대납부의무 면제 대상 미성년자】 법 제77조제2항 단서에서 "대통령령으로 정하는 기준에 해당하는 미성년자"란 다음 각 호의 어느 하나에 해당하는 미성년자를 말한다. 다만, 제41조제1항 제2호의 배당소득 또는 같은 항 제3호의 사업소득으로서 「소득세법」 제168조제1항에 따른 사업자등록을 한 사업에서 발생하는 소득이 있는 미성년자는 제외한다.
(2018.12.24 단서신설)
1. 다음 각 목의 요건을 모두 갖춘 미성년자
  가. 제42조제1항제1호에 따른 소득의 합이 연간 100만원 이하일 것
  나. 제42조제1항제2호에 따른 재산 중 같은 조 제3항제1호 및 제3호에 해당하는 재산이 없을 것
2. 부모가 모두 사망한 미성년자로서 제1호가목의 요건을 갖춘 미성년자
(2018.12.24 1호~2호개정)

제46조의2 【사업의 양도·양수에 따른 제2차 납부의무】 ① 법 제77조의2제2항 후단에 따라 제2차 납부의무를 지는 사업의 양수인은 사업장별로 그 사업에 관한 모든 권리(미수금에 관한 것은 제외한다)와 모든 의무(미지급금에 관한 것은 제외한다)를 포괄적으로 승계한 자로 한다.

② 법 제77조의2제2항 후단에 따라 제2차 납부의무의 한도가 되는 사업양수 재산의 가액은 다음 각 호의 금액으로 한다. 다만, 제2호에 따른 금액은 제1호에 따른 금액이 없거나 불분명한 경우에 한정하여 적용한다.
1. 양수인이 양도인에게 지급하였거나 지급하여야 할 금액이 있는 경우에는 그 금액
2. 양수한 자산 및 부채를 공단이 「상속세 및 증여세법」 제60조부터 제66조까지의 규정을 준용하여 평가한 후 그 자산총액에서 부채총액을 뺀 가액

③ 제2항에도 불구하고 다음 각 호의 어느 하나에 해당하는 경우에 사업양수 재산의 가액은 같은 항 제1호의 방법에 따라 산정한 금액과 제2호의 방법에 따라 산정한 금액 중 큰 금액으로 한다.
1. 제2항제1호에 따른 금액과 「상속세 및 증여세법」 제60조에 따른 시가의 차액이 3억원 이상인 경우
2. 제2항제1호에 따른 금액과 「상속세 및 증여세법」 제60조에 따른 시가의 차액이 그 시가의 100분의 30에 상당하는 금액 이상인 경우

(2016.8.2 본조신설)

제46조의3【가산금】 ① 법 제78조의2제1항 각 호 외의 부분에서 "대통령령으로 정하는 사유"란 다음 각 호의 어느 하나에 해당하는 경우를 말한다.
1. 근로자, 공무원 또는 교직원이 아닌 경우
2. 법 제6조제2항 각 호의 어느 하나에 해당하는 경우

② 법 제78조의2제2항에서 "가산금이 소액이거나 그 밖에 가산금을 징수하는 것이 적절하지 아니하다고 인정되는 등 대통령령으로 정하는 경우"란 다음 각 호의 어느 하나에 해당하는 경우를 말한다.
1. 가산금(법 제78조의2제1항에 따른 가산금을 말한다. 이하 같다)이 3천원 미만인 경우
2. 가산금을 징수하는 것이 적절하지 아니하다고 공단이 인정하는 부득이한 사유가 있는 경우

(2016.9.22 본조신설)

제46조의4【신용카드등에 의한 보험료등의 납부】 ① (2017.3.20 삭제)

② 법 제79조의2제1항에서 "대통령령으로 정하는 기관등"이란 다음 각 호의 기관을 말한다.
1. 「민법」 제32조에 따라 금융위원회의 허가를 받아 설립된 금융결제원
2. 정보통신망을 이용하여 신용카드, 직불카드 등(이하 이 조에서 "신용카드등"이라 한다)에 의한 결제를 수행하는 기관 중 시설, 업무수행능력 및 자본금 규모 등을 고려하여 공단이 지정하는 기관

③ 법 제79조의2제3항에 따른 납부대행 수수료는 공단이 납부대행기관의 운영경비 등을 종합적으로 고려하여 승인한다. 이 경우 납부대행 수수료는 해당 보험료등 납부금액의 1천분의 10을 초과할 수 없다.

④ 공단은 신용카드등에 의한 보험료등의 납부에 필요한 사항을 정할 수 있다.

(2014.8.29 본조신설)

제46조의5【보험료등의 체납처분 전 통보 예외】 법 제81조제4항 단서에서 "대통령령으로 정하는 경우"란 보험료등을 체납한 자가 다음 각 호의 어느 하나에 해당하는 경우를 말한다.
1. 국세의 체납으로 체납처분을 받는 경우
2. 지방세 또는 공과금(「국세기본법」 제2조제8호 또는 「지방세기본법」 제2조제1항제26호에 따른 공과금을 말한다. 이하 같다)의 체납으로 체납처분을 받는 경우 (2023.6.20 본호개정)
3. 강제집행을 받는 경우
4. 「어음법」 및 「수표법」에 따른 어음교환소에서 거래정지처분을 받는 경우
5. 경매가 시작된 경우
6. 법인이 해산한 경우
7. 재산의 은닉·탈루, 거짓 계약이나 그 밖의 부정한 방법으로 체납처분의 집행을 면하려는 행위가 있다고 인정되는 경우

(2018.9.28 본조신설)

제46조의6【부당이득 징수금의 압류 등】 ① 법 제81조의2제1항제2호에서 "강제집행, 국세 강제징수 등 대통령령으로 정하는 사유"란 다음 각 호의 어느 하나에 해당하는 경우를 말한다.
1. 국세, 지방세 또는 공과금의 체납으로 강제징수 또는 체납처분이 시작된 경우
2. 강제집행이 시작된 경우
3. 「어음법」 및 「수표법」에 따른 어음교환소에서 거래정지처분을 받은 경우
4. 경매가 시작된 경우
5. 법인이 해산한 경우
6. 재산의 은닉·탈루, 거짓 계약이나 그 밖의 부정한 방법으로 징수금을 면탈하려는 행위가 있다고 인정되는 경우
7. 「채무자 회생 및 파산에 관한 법률」에 따른 회생절차개시, 간이회생절차개시 또는 파산선고의 결정이 있는 경우
8. 국내에 주소 또는 거소를 두지 않게 된 경우
9. 법 제57조제1항 또는 제2항에 따른 징수금이 5억원 이상인 경우

② 법 제81조의2제3항제2호에서 "법원의 무죄 판결이 확정되는 등 대통령령으로 정하는 사유"란 다음 각 호의 어느 하나에 해당하는 경우를 말한다.
1. 법원의 무죄 판결이 확정된 경우
2. 검사가 공소를 취소한 경우

(2023.6.20 본조신설)

제47조【체납 또는 결손처분 자료 제공의 제외 사유】 ① 법 제81조의3제1항 각 호 외의 부분 단서에서 "대통령령으로 정하는 경우"란 법 제82조제1항에 따라 공단의 분할납부 승인을 받고 1회 이상 승인된 보험료를 납부하는 경우를 말한다. 다만, 법 제82조제3항에 따라 분할납부의 승인이 취소된 경우는 제외한다.(2024.1.2 본항신설)

② 법 제81조의3제1항 각 호 외의 부분 단서에서 "대통령령으로 정하는 사유가 있을 때"란 다음 각 호의 어느 하나에 해당하는 때를 말한다.(2023.6.20 본문개정)
1. 체납자가 「채무자 회생 및 파산에 관한 법률」 제243조에 따른 회생계획인가의 결정에 따라 체납액의 징수를 유예받고 그 유예기간 중에 있거나 체납액을 회생계획의 납부일정에 따라 내고 있는 때
2. 체납자가 다음 각 목의 어느 하나에 해당하는 사유로 체납액을 낼 수 없다고 공단이 인정하는 때
   가. 재해 또는 도난으로 재산이 심하게 손실되었을 때
   나. 사업이 현저하게 손실을 입거나 중대한 위기에 처하였을 때

(2013.9.26 본조신설)

제47조의2【체납 또는 결손처분 자료의 제공절차】 ① (2023.11.7 삭제)

② 공단은 법 제81조의3제1항에 따라 「신용정보의 이용 및 보호에 관한 법률」 제25조제2항제1호의 종합신용정보집중기관(이하 "신용정보집중기관"이라 한다)에 체납등 자료(법 제81조의3제1항 각 호 외의 부분 본문에 따른 체납등 자료를 말한다. 이하 이 조에서 같다)를 제공할 때에는 문서로 제공하거나 정보통신망을 이용하여 전자적인 형태의 파일(자기테이프, 자기디스크, 그 밖에 이와 유사한 매체에 체납등 자료가 기록·보관된 것을 말한다)로 제공할 수 있다.(2023.11.7 본항개정)

③ 공단은 제2항에 따라 체납등 자료를 제공한 후 체납액의 납부, 결손처분의 취소 등의 사유가 발생한 경우에는 해당 사실을 그 사유가 발생한 날부터 15일 이내에 해당 체납등 자료를 제공한 신용정보집중기관에 알려야 한다.

④ 제2항 및 제3항에서 규정한 사항 외에 체납등 자료의 제공에 필요한 사항은 공단이 정한다.(2023.11.7 본항개정)

(2013.9.26 본조신설)

제47조의3【보험료의 납부증명 등】 ① 법 제81조의4제1항 본문에서 "공사·제조·구매·용역 등 대통령령으로 정하는 계약"이란 다음 각 호의 어느 하나에 해당하는 계약을 말한다.(2023.6.20 본문개정)
1. 「국가를 당사자로 하는 계약에 관한 법률」 제2조에 따른 계약. 다만, 「국고금 관리법 시행령」 제31조에 따른 관서운영경비로 그 대가를 지급받는 계약은 제외한다.
2. 「지방자치단체를 당사자로 하는 계약에 관한 법률」 제2조에 따른 계약. 다만, 「지방회계법 시행령」 제38조에 따른 일상경비로 그 대가를 지급받는 계약은 제외한다. (2016.11.29 단서개정)
3. 「공공기관의 운영에 관한 법률」에 따른 공공기관이 체결하는 계약. 다만, 일상경비적 성격의 자금으로서 보건복지부장관이 정하여 고시하는 자금으로 그 대가를 지급받는 계약은 제외한다.

② 법 제81조의4제1항 단서에서 "납부의무자가 계약대금의 전부 또는 일부를 체납한 보험료로 납부하려는 경우 등 대통령령으로 정하는 경우"란 다음 각 호의 어느 하나에 해당하는 경우를 말한다.(2023.6.20 본문개정)
1. 납부의무자가 지급받는 대가의 전부를 보험료와 그에 따른 연체금 및 체납처분비로 납부하거나 그 대가의 일부를 보험료와 그에 따른 연체금 및 체납처분비 전액으로 납부하려는 경우
2. 법 제81조에 따른 체납처분에 따라 공단이 그 계약 대가를 지급받는 경우
3. 「채무자 회생 및 파산에 관한 법률」에 따른 파산관재인이 납부증명을 하지 못하여 관할법원이 파산절차를 원활하게 진행하기 곤란하다고 인정하는 경우로서 파산관재인이 공단에 납부증명의 예외를 요청하는 경우
4. 「채무자 회생 및 파산에 관한 법률」에 따른 회생계획에서 보험료와 그에 따른 연체금 및 체납처분비의 징수를 유예하거나 체납처분에 의한 재산의 환가를 유예하는 내용을 정한 경우. 이 경우 납부사실을 증명하지 아니하여도 되는 보험료와 그에 따른 연체금 및 체납처분비는 해당 징수유예 또는 환가유예된 금액만 해당한다.

③ 법 제77조에 따른 보험료 납부의무자가 법 제81조의4제1항 본문에 따라 보험료와 그에 따른 연체금 및 체납처분비 납부사실의 증명을 받으려는 경우에는 보건복지부장관이 정하여 고시하는 바에 따라 공단에 그 증명을 요청해야 한다. 다만, 계약 대가를 지급받는 자가 원래의 계약자가 아닌 경우에는 다음 각 호의 구분에 따른 자가 납부사실의 증명을 요청해야 한다.(2023.6.20 본문개정)
1. 채권양도로 인한 경우 : 양도인과 양수인
2. 법원의 전부명령(轉付命令)에 따르는 경우 : 압류채권자
3. 「하도급거래 공정화에 관한 법률」 제14조제1항제1호 및 제2호에 따라 건설공사의 하도급대금을 직접 지급받는 경우 : 수급사업자

(2016.8.2 본조신설)

제47조의4【우편송달】 공단이 법 제81조의5 단서에 따라 법 제79조 및 제81조에 따른 서류를 우편으로 송달할 때에는 일반우편으로 송달할 수 있다.(2023.6.20 본조개정)

제48조【고액·상습체납자의 인적사항 공개 및 공개 제외 사유 등】 ① 법 제83조제1항 단서에서 "체납된 금액의 일부 납부 등 대통령령으로 정하는 사유가 있는 경우"란 다음 각 호의 어느 하나에 해당하는 경우를 말한다.
1. 법 제83조제3항에 따른 통지 당시 체납된 보험료, 연체금 및 체납처분비(이하 이 조에서 "체납액"이라 한다)의 100분의 30 이상을 그 통지일부터 6개월 이내에 납부한 경우(2020.6.2 본호개정)
2. 「채무자 회생 및 파산에 관한 법률」 제243조에 따른 회생계획인가의 결정에 따라 체납액의 징수를 유예받고 그 유예기간 중에 있거나 체납액을 회생계획의 납부일정에 따라 내고 있는 경우
3. 재해 등으로 재산에 심한 손실을 입었거나 사업이 중대한 위기에 처한 경우 등으로서 법 제83조제2항에 따른 보험료정보공개심의위원회(이하 "보험료정보공개심의위원회"라 한다)가 체납자의 인적사항·체납액 등(이하 "인적사항등"이라 한다)을 공개할 실익이 없다고 인정하는 경우

② 공단과 보험료정보공개심의위원회는 법 제83조제3항에 따른 인적사항등의 공개대상자를 선정할 때에는 체납자의 재산상태, 소득수준, 미성년자 여부, 그 밖의 사정을 종합적으로 고려하여 납부능력이 있는지를 판단하여야 한다.

③ 공단은 법 제83조제3항에 따라 인적사항등 공개대상자임을 통지할 때에는 체납액의 납부를 촉구하고, 같은 조 제1항 단서에 따른 인적사항등의 공개 제외 사유에 해당하면 그에 관한 소명자료를 제출하도록 안내하여야 한다.

④ 공단은 법 제83조제4항에 따라 인적사항등을 공개할 때에는 체납자의 성명, 상호(법인의 명칭을 포함한다), 나이, 업종·직종, 주소, 체납액의 종류·납부기한·금액, 체납요지 등을 공개해야 하고, 체납자가 법인인 경우에는 법인의 대표자를 함께 공개해야 한다.(2023.6.20 본항개정)

제49조【보험료정보공개심의위원회의 구성 및 운영】 ① 위원회는 위원장 1명을 포함한 11명의 위원으로 구성한다.

② 보험료정보공개심의위원회의 위원장은 공단의 임원 중 해당 업무를 담당하는 상임이사가 되고, 위원은 공단의 이사장이 임명하거나 위촉하는 다음 각 호의 사람으로 한다.
1. 공단 소속 직원 4명
2. 보험료 징수에 관한 사무를 담당하는 보건복지부 소속 3급 또는 4급 공무원 1명
3. 국세청의 3급 또는 4급 공무원 1명
4. 법률, 회계 또는 사회보험에 관한 학식과 경험이 풍부한 사람 4명

③ 제2항제4호에 따른 위원의 임기는 2년으로 한다.

④ 보험료정보공개심의위원회의 회의는 재적위원 과반수의 출석으로 개의하고, 출석위원 과반수의 찬성으로 의결한다.

⑤ 제1항부터 제4항까지에서 규정한 사항 외에 보험료정보공개심의위원회의 구성 및 운영에 필요한 사항은 공단이 정한다.

제50조【결손처분】 법 제84조제1항제3호에서 "대통령령으로 정하는 경우"란 다음 각 호의 경우를 말한다.
1. 체납자의 재산이 없거나 체납처분의 목적물인 총재산의 견적가격이 체납처분비에 충당하고 나면 남을 여지가 없음이 확인된 경우
2. 체납처분의 목적물인 총재산이 보험료등보다 우선하는 국세, 지방세, 전세권·질권·저당권 또는 「동산·채권 등의 담보에 관한 법률」에 따른 담보권에 따라 담보된 채권 등의 변제에 충당하고 나면 남을 여지가 없음이 확인된 경우
3. 그 밖에 징수할 가능성이 없다고 재정운영위원회에서 의결한 경우

제51조【과오납금의 충당 순서】 ① 공단은 법 제86조제1항에 따라 같은 항에 따른 과오납금(이하 "과오납금"이라 한다)을 다음 각 호의 구분에 따라 각 목의 순서대로 충당해야 한다.(2020.6.2 본문개정)
1. 보험료와 그에 따른 연체금을 과오납부(過誤納付)한 경우
   가. 체납처분비
   나. 체납된 보험료와 그에 따른 연체금
   다. 앞으로 내야 할 1개월분의 보험료(납부의무자가 동의한 경우만 해당한다)(2020.6.2 본목개정)
2. 법 제57조에 따른 징수금(이하 이 조에서 "징수금"이라 한다)과 그에 따른 연체금을 과오납부한 경우
   가. 체납처분비
   나. 체납된 징수금과 그에 따른 연체금
3. 가산금과 그에 따른 연체금을 과오납부한 경우
   가. 체납처분비
   나. 체납된 가산금과 그에 따른 연체금

(2016.9.22 본호신설)

② 공단은 제1항제1호부터 제3호까지의 규정에 따라 충당한 후 남은 금액이 있는 경우에는 다음 각 호의 구분에 따라 충당할 수 있다.
1. 제1항제1호에 따라 충당하고 남은 금액이 있는 경우 : 같은 항 제2호 각 목의 순서에 따라 충당하고, 그 다음에 같은 항 제3호 각 목의 순서에 따라 충당할 것
2. 제1항제2호에 따라 충당하고 남은 금액이 있는 경우 : 같은 항 제1호 각 목의 순서에 따라 충당하고, 그 다음에 같은 항 제3호 각 목의 순서에 따라 충당할 것
3. 제1항제3호에 따라 충당하고 남은 금액이 있는 경우 : 같은 항 제1호 각 목의 순서에 따라 충당하고, 그 다음에 같은 항 제2호 각 목의 순서에 따라 충당할 것
(2016.9.22 본항개정)
(2020.6.2 본조제목개정)

제52조【과오납금의 충당·지급 시 가산 이자 등】 ① 공단은 법 제86조제1항에 따라 과오납금을 보험료등·연체금 또는 체납처분비에 충당하거나 같은 조 제2항에 따라 충당하고 남은 금액을 환급하려는 경우에는 그 사실을 문서로 납부의무자에게 알려야 한다.(2020.6.2 본항신설)
② 법 제86조제3항에서 "대통령령으로 정하는 이자"란 다음 각 호의 구분에 따른 날부터 과오납금을 보험료등·연체금 또는 체납처분비에 충당하는 날(환급의 경우에는 환급통지서를 발송한 날을 말한다)까지의 기간에 대하여 과오납금에 「국세기본법 시행령」 제43조의3제2항 본문에 따른 국세환급가산금의 이자율을 곱하여 산정한 금액을 말한다.(2020.6.2 본문개정)
1. 보험료등, 연체금 또는 체납처분비가 2회 이상 분할납부된 경우에는 다음 각 목의 구분에 따른 분할납부일의 다음 날
가. 해당 환급금이 최종 분할납부된 금액보다 적거나 같은 경우 : 최종 분할납부일
나. 해당 환급금이 최종 분할납부된 금액보다 많은 경우 : 해당 환급금이 가목의 경우에 해당될 때까지 최근 분할납부일의 순서로 소급하여 산정한 각 분할납부일
2. 공단이 제39조제1항에 따라 그 초과액을 사용자에게 반환하는 경우에는 다음 각 목의 구분에 따른 날
가. 사용자가 제35조 및 제38조에 따라 직장가입자에게 지급한 보수의 총액 등을 그 통보기한까지 공단에 통보한 경우 그 통보기한일부터 7일이 지난 날. 다만, 그 통보기한을 지나서 통보한 경우에는 통보일부터 7일이 지난 날
나. 사용자가 제36조제2항(제38조제2항에서 준용하는 경우를 포함한다)에 따라 공단에 보수월액 변경을 신청한 경우 그 신청일부터 7일이 지난 날
(2013.9.26 가목~나목개정)
3. 제38조제2항에서 준용하는 제35조제2항 각 호의 사유로 사용자의 보수월액보험료를 정산하는 경우나 직장가입자의 사용·임용·채용 관계가 끝나 공단이 제39조제2항에 따라 사용자와 보수월액보험료를 다시 정산하여 반환하는 경우에는 다음 각 목의 구분에 따른 날
(2013.9.26 본문개정)
가. 법 제9조제1항에 따른 자격 변동이 있는 경우 : 자격 변동 신고를 한 날부터 7일이 지난 날
나. 법 제10조제1항에 따른 자격 상실이 있는 경우 : 자격 상실 신고를 한 날부터 7일이 지난 날
4. 제1호부터 제3호까지의 규정 외의 경우에는 과오납부한 날의 다음 날
(2020.6.2 본조제목개정)

제7장 이의신청 및 심판청구 등

제53조【이의신청위원회】 법 제87조제1항 및 제2항에 따른 이의신청을 효율적으로 처리하기 위하여 공단 및 심사평가원에 각각 이의신청위원회를 설치한다.

제54조【이의신청위원회의 구성 등】 ① 제53조에 따른 이의신청위원회(이하 "이의신청위원회"라 한다)는 각각 위원장 1명을 포함한 25명의 위원으로 구성한다.
② 공단에 설치하는 이의신청위원회의 위원장은 공단의 이사장이 지명하는 공단의 상임이사가 되고, 위원은 공단의 이사장이 임명하거나 위촉하는 다음 각 호의 사람으로 한다.
1. 공단의 임직원 1명
2. 사용자단체 및 근로자단체가 각각 4명씩 추천하는 8명
3. 시민단체, 소비자단체, 농어업인단체 및 자영업자단체가 각각 2명씩 추천하는 8명
4. 변호사, 사회보험 및 의료에 관한 학식과 경험이 풍부한 사람 7명
③ 심사평가원에 설치하는 이의신청위원회의 위원장은 심사평가원의 원장이 지명하는 심사평가원의 상임이사가 되고, 위원은 심사평가원의 원장이 임명하거나 위촉하는 다음 각 호의 사람으로 한다.
1. 심사평가원의 임직원 1명
2. 가입자를 대표하는 단체(시민단체를 포함한다)가 추천하는 사람 5명
3. 변호사, 사회보험에 관한 학식과 경험이 풍부한 사람 4명
4. 의약 관련 단체가 추천하는 사람 14명
④ 제2항과 제3항에 따라 위촉된 위원의 임기는 3년으로 한다.

제55조【이의신청위원회의 운영】 ① 이의신청위원회의 위원장은 이의신청위원회 회의를 소집하고, 그 의장이 된다. 이 경우 위원장이 부득이한 사유로 직무를 수행할 수 없을 때에는 위원장이 지명하는 위원이 그 직무를 대행한다.
② 이의신청위원회의 회의는 위원장과 위원장이 회의마다 지명하는 6명의 위원으로 구성한다.
③ 이의신청위원회의 회의는 제2항에 따른 구성원 과반수의 출석으로 개의하고, 출석위원 과반수의 찬성으로 의결한다.
④ 이의신청위원회의 회의에 출석한 위원장 및 소속 임직원을 제외한 나머지 위원에게는 예산의 범위에서 수당과 여비, 그 밖에 필요한 경비를 지급할 수 있다.
⑤ 이의신청위원회의 회의에 부치는 안건의 범위, 그 밖에 이의신청위원회의 운영에 필요한 사항은 이의신청위원회의 의결을 거쳐 위원장이 정한다.

제56조【이의신청 등의 방식】 법 제87조제1항 및 제2항에 따른 이의신청 및 그에 대한 결정은 보건복지부령으로 정하는 서식에 따른다.

제57조【이의신청 결정의 통지】 공단과 심사평가원은 이의신청에 대한 결정을 하였을 때에는 지체 없이 신청인에게 결정서의 정본(正本)을 보내고, 이해관계인에게는 그 사본을 보내야 한다.

제58조【이의신청 결정기간】 ① 공단과 심사평가원은 이의신청을 받은 날부터 60일 이내에 결정을 하여야 한다. 다만, 부득이한 사정이 있는 경우에는 30일의 범위에서 그 기간을 연장할 수 있다.
② 공단과 심사평가원은 제1항 단서에 따라 결정기간을 연장하려면 결정기간이 끝나기 7일 전까지 이의신청을 한 자에게 그 사실을 알려야 한다.

제59조【심판청구서의 제출 등】 ① 법 제88조제1항에 따라 심판청구를 하려는 자는 다음 각 호의 사항을 적은 심판청구서를 공단, 심사평가원 또는 법 제89조에 따른 건강보험분쟁조정위원회(이하 "분쟁조정위원회"라 한다)에 제출하여야 한다. 이 경우 정당한 권한이 없는 자에게 심판청구서가 제출되었을 때에는 심판청구서를 받은 자는 그 심판청구서를 정당한 권한이 있는 자에게 보내야 한다.
1. 청구인과 처분을 받은 자의 성명·주민등록번호 및 주소(법인인 경우에는 법인의 명칭, 법인등록번호 및 주사무소의 소재지를 말한다. 이하 제60조제1호에서 같다)
2. 처분을 한 자(공단 이사장 또는 심사평가원 원장의 위임을 받아 분사무소의 장이 처분을 한 경우에는 그 분사무소의 장을 말한다. 이하 같다)
3. 처분의 요지 및 처분이 있음을 안 날
4. 심판청구의 취지 및 이유
5. 청구인이 처분을 받은 자가 아닌 경우에는 처분을 받은 자와의 관계
6. 첨부서류의 표시
7. 심판청구에 관한 고지의 유무 및 그 내용
② 공단과 심사평가원은 제1항에 따라 심판청구서를 받으면 그 심판청구서를 받은 날부터 10일 이내에 그 심판청구서에 처분을 한 자의 답변서 및 이의신청 결정서 사본을 첨부하여 분쟁조정위원회에 제출하여야 한다.
③ 분쟁조정위원회는 제1항에 따라 심판청구서를 받으면 지체 없이 그 사본 또는 부본(副本)을 공단 또는 심사평가원 및 이해관계인에게 보내고, 공단 또는 심사평가원은 그 사본 또는 부본을 받은 날부터 10일 이내에 처분을 한 자의 답변서 및 이의신청 결정서 사본을 분쟁조정위원회에 제출하여야 한다.
④ 제1항 후단에 따라 심판청구서를 정당한 권한이 있는 자에게 보냈을 때에는 지체 없이 그 사실을 청구인에게 알려야 한다.
⑤ 법 제88조제1항 후단에 따른 심판청구 제기기간을 계산할 때에는 제1항에 따라 공단, 심사평가원, 분쟁조정위원회 또는 정당한 권한이 없는 자에게 심판청구서가 제출된 때에 심판청구가 제기된 것으로 본다.

제60조【심판청구 결정의 통지】 분쟁조정위원회의 위원장은 심판청구에 대하여 결정을 하였을 때에는 다음 각 호의 사항을 적은 결정서에 서명 또는 기명날인하여 지체 없이 청구인에게는 결정서의 정본을 보내고, 처분을 한 자 및 이해관계인에게는 그 사본을 보내야 한다.
1. 청구인의 성명·주민등록번호 및 주소
2. 처분을 한 자
3. 결정의 주문(主文)
4. 심판청구의 취지
5. 결정 이유
6. 결정 연월일

제61조【심판청구 결정기간】 ① 분쟁조정위원회는 제59조제1항에 따라 심판청구서가 제출된 날부터 60일 이내에 결정을 하여야 한다. 다만, 부득이한 사정이 있는 경우에는 30일의 범위에서 그 기간을 연장할 수 있다.
② 제1항 단서에 따라 결정기간을 연장하려면 결정기간이 끝나기 7일 전까지 청구인에게 그 사실을 알려야 한다.

제62조【분쟁조정위원회의 구성 등】 ① 분쟁조정위원회의 위원장은 보건복지부장관의 제청으로 대통령이 임명하고, 위원은 다음 각 호의 사람 중에서 보건복지부장관이 임명하거나 위촉한다.(2014.6.30 본문개정)
1. 4급 이상 공무원 또는 고위공무원단에 속하는 일반직공무원으로 재직 중이거나 재직하였던 사람
2. 판사·검사 또는 변호사 자격이 있는 사람
3. 「고등교육법」 제2조제1호부터 제3호까지의 규정에 따른 학교에서 사회보험 또는 의료와 관련된 분야에 부교수 이상으로 재직하고 있는 사람
4. 사회보험 또는 의료에 관한 학식과 경험이 풍부한 사람
② 법 제89조제2항에 따른 당연직위원은 제1항제1호의 위원 중 법 제88조에 따른 심판청구에 관한 업무를 담당하는 공무원으로 한다.

제62조의2【분쟁조정위원회 위원의 해임 및 해촉】 보건복지부장관은 제62조제1항 각 호에 따른 분쟁조정위원회 위원이 다음 각 호의 어느 하나에 해당하는 경우에는 해당 분쟁조정위원회 위원을 해임하거나 해촉할 수 있다.
1. 심신장애로 인하여 직무를 수행할 수 없게 된 경우
2. 직무와 관련된 비위사실이 있는 경우
3. 직무태만, 품위손상이나 그 밖의 사유로 인하여 위원으로 적합하지 아니하다고 인정되는 경우
4. 제65조의2제1항 각 호의 어느 하나에 해당하는 데에도 불구하고 회피하지 아니한 경우
5. 위원 스스로 직무를 수행하는 것이 곤란하다고 의사를 밝히는 경우
(2015.12.31 본조신설)

제63조【분쟁조정위원회 위원장의 직무】 ① 분쟁조정위원회의 위원장은 분쟁조정위원회를 대표하고, 분쟁조정위원회의 사무를 총괄한다.
② 분쟁조정위원회의 위원장이 부득이한 사유로 직무를 수행할 수 없을 때에는 위원장이 지명하는 위원이 그 직무를 대행한다.

제64조【분쟁조정위원회 위원의 임기】 분쟁조정위원회 위원의 임기는 3년으로 한다. 다만, 제62조제1항제1호에 따른 위원 중 공무원인 위원의 임기는 그 직위에 재임하는 기간으로 한다.

제65조【분쟁조정위원회의 회의】 ① 분쟁조정위원회의 위원장은 분쟁조정위원회의 회의를 소집하고, 그 의장이 된다.
② 이 영에서 규정한 사항 외에 분쟁조정위원회 운영에 필요한 사항은 분쟁조정위원회의 의결을 거쳐 위원장이 정한다.

제65조의2【분쟁조정위원회 위원의 제척·기피·회피】
① 분쟁조정위원회의 위원(이하 이 조에서 "위원"이라 한다)이 다음 각 호의 어느 하나에 해당하는 경우에는 분쟁조정위원회의 심리·의결에서 제척(除斥)된다.
1. 위원 또는 그 배우자나 배우자였던 사람이 해당 안건의 당사자가 되거나 그 안건의 당사자와 공동권리자 또는 공동의무자인 경우
2. 위원이 해당 안건의 당사자와 친족이거나 친족이었던 경우
3. 위원이 해당 안건에 대하여 증언·진술·자문·연구 또는 용역을 한 경우
4. 위원이나 위원이 속한 법인이 해당 안건의 당사자의 대리인이거나 대리인이었던 경우
5. 위원이 해당 안건의 원인이 된 처분이나 부작위에 관여하거나 관여하였던 경우
② 당사자는 위원에게 공정한 심리·의결을 기대하기 어려운 사정이 있는 경우에는 분쟁조정위원회에 기피(忌避) 신청을 할 수 있고, 분쟁조정위원회는 의결로 이를 결정한다. 이 경우 기피 신청의 대상인 위원은 그 의결에 참여하지 못한다.
③ 위원은 제1항 각 호에 따른 제척 사유에 해당하는 경우에는 스스로 해당 안건의 심리·의결에서 회피(回避)하여야 한다.
(2014.6.30 본조신설)

제66조【분쟁조정위원회의 간사】 ① 분쟁조정위원회의 사무를 처리하기 위하여 분쟁조정위원회에 간사 1명을 둔다.
② 간사는 보건복지부 소속 공무원 중에서 보건복지부장관이 지명한다.

제67조【분쟁조정위원회 위원의 수당】 분쟁조정위원회에 출석한 위원에게는 예산의 범위에서 수당과 여비, 그 밖에 필요한 경비를 지급할 수 있다. 다만, 공무원인 위원이 소관 업무와 직접 관련하여 출석하는 경우에는 그러하지 아니하다.

제8장 보 칙

제68조【소득 축소·탈루 자료의 송부 절차】 ① 공단은 법 제95조제1항에 따라 다음 각 호의 어느 하나에 해당하는 경우에는 제2항에 따른 소득축소탈루심사위원회의 심사를 거쳐 관련 자료를 보건복지부장관에게 제출하고 국세청장에게 송부하여야 한다.
1. 법 제94조제1항에 따라 사용자, 직장가입자 및 세대주가 신고한 보수 또는 소득 등(이하 "소득등"이라 한다)이 다음 각 목의 어느 하나에 해당하는 경우
가. 국세청에 신고한 소득등과 차이가 있는 경우
나. 해당 업종·직종별 평균 소득등보다 낮은 경우
다. 임금대장이나 그 밖의 소득 관련 서류 또는 장부 등의 내용과 다른 경우
2. 다음 각 목의 어느 하나에 해당하는 경우로서 소득등의 축소 또는 탈루가 있다고 인정되는 경우

가. 법 제94조제1항에 따른 자료 제출을 하지 아니하거나 3개월 이상 늦게 제출한 경우
나. 법 제94조제2항에 따른 조사를 3회 이상 거부·방해·기피한 경우
② 법 제95조제1항에 따른 소득등의 축소 또는 탈루 여부에 관한 사항을 심사하기 위하여 공단에 소득축소탈루심사위원회(이하 "소득축소탈루심사위원회"라 한다)를 둔다.
③ 소득축소탈루심사위원회는 위원장 1명을 포함한 5명의 위원으로 구성한다.
④ 소득축소탈루심사위원회의 위원장은 공단 소속 임직원 중에서 공단의 이사장이 임명한다.
⑤ 소득축소탈루심사위원회의 위원은 공단의 이사장이 임명하거나 위촉하는 다음 각 호의 사람으로 한다.
1. 공단의 직원 1명
2. 보건복지부 및 국세청 소속의 5급 이상 공무원 또는 고위공무원단에 속하는 일반직공무원 중에서 소속 기관의 장이 각각 1명씩 지명하는 사람 2명
3. 세무사 또는 공인회계사 1명
⑥ 제3항부터 제5항까지에서 규정한 사항 외에 소득축소탈루심사위원회 운영에 필요한 사항은 공단의 이사장이 정한다.

제69조【국세청 회신자료의 반영】 법 제95조제2항에 따라 국세청장으로부터 보수·소득에 관한 사항을 송부받은 공단은 그 결과를 해당 가입자의 보수 또는 소득에 반영하여야 한다.

제69조의2【제공 요청 자료 등】 ① 법 제96조제1항에서 "대통령령으로 정하는 자료"란 별표4의3 제1호에 따른 자료를 말한다.
② 법 제96조제2항에서 "대통령령으로 정하는 자료"란 별표4의3 제2호에 따른 자료를 말한다.
③ 법 제96조제1항 또는 제2항에 따라 자료의 제공을 요청받은 국가, 지방자치단체, 요양기관, 「보험업법」에 따른 보험회사 및 보험료율 산출 기관, 「공공기관의 운영에 관한 법률」에 따른 공공기관, 그 밖의 공공단체 등은 제1항 또는 제2항의 자료가 디스켓, 자기테이프, 마이크로필름, 광디스크 등 전산기록장치 또는 전산프로그램을 이용하여 저장되어 있는 경우에는 해당 형태로 자료를 제공할 수 있다.
(2014.11.20 본조신설)

제70조【행정처분기준】 ① 법 제98조제1항 및 제99조제1항에 따른 요양기관에 대한 업무정지 처분 및 과징금 부과의 기준은 별표5와 같다.
② 제1항에 따른 과징금의 징수 절차는 보건복지부령으로 정한다.

제70조의2【과징금의 부과기준】 ① 보건복지부장관은 법 제41조의2제3항에 따른 요양급여의 적용 정지 대상인 약제가 요양급여의 적용 정지 처분을 한 날이 속한 연도 또는 그 전년도에 요양기관으로부터 요양급여비용이 청구된 약제(제2항 각 호에 해당하는 약제는 제외한다)인 경우에는 법 제99조제2항제1호 또는 같은 조 제3항제1호에 따라 요양급여의 적용 정지를 갈음하여 과징금을 부과할 수 있다.(2021.12.7 본항신설)
② 보건복지부장관은 법 제41조의2제3항에 따른 요양급여의 적용 정지 대상인 약제가 다음 각 호의 어느 하나에 해당하는 경우에는 법 제99조제2항제2호 또는 같은 조 제3항제2호에 따라 요양급여의 적용 정지를 갈음하여 과징금을 부과할 수 있다.(2021.12.7 본문개정)
1. 퇴장방지의약품(2018.9.28 본호개정)
2. 희귀의약품(2018.9.28 본호개정)
3. 법 제41조제3항에 따라 요양급여의 대상으로 고시한 약제가 단일 품목으로서 동일제제(투여경로·성분·함량 및 제형이 동일한 제품을 말한다)가 없는 의약품(2016.8.2 본호개정)
4. 그 밖에 보건복지부장관이 특별한 사유가 있다고 인정한 약제
③ 법 제99조제3항에서 "대통령령으로 정하는 기간"이란 5년을 말한다.(2018.9.28 본항신설)
④ 제1항 및 제2항에 따른 과징금의 부과기준은 별표4의2와 같다.(2021.12.7 본항개정)
(2014.6.30 본조신설)

제70조의3【과징금의 부과 및 납부】 ① 보건복지부장관은 법 제99조제1항부터 제3항까지의 규정에 따라 과징금을 부과하려는 때에는 과징금 부과대상이 되는 위반행위, 과징금의 금액, 납부기한 및 수납기관 등을 명시하여 이를 납부할 것을 서면으로 통지하여야 한다.(2018.9.28 본항개정)
② 제1항에 따라 통지를 받은 자는 과징금 납입고지서에 기재된 납부기한까지 과징금을 수납기관에 납부해야 한다.(2023.12.12 본항개정)
③ 제2항에 따른 수납기관은 과징금을 받은 경우 납부자에게 영수증을 내어주고, 지체 없이 납부사실을 보건복지부장관에게 통보하여야 한다.
(2014.6.30 본조신설)

제70조의4【과징금 미납자에 대한 처분】 ① 보건복지부장관은 법 제99조제1항에 따라 과징금을 납부하여야 할 자가 납부기한까지 과징금을 내지 아니하면 같은 조 제5항 본문에 따라 납부기한이 지난 후 15일 이내에 독촉장을 발급하여야 한다. 이 경우 납부기한은 독촉장을 발급하는 날부터 10일 이내로 하여야 한다.
② 보건복지부장관은 과징금을 납부하여야 할 자가 제1항에 따른 독촉장을 받고도 그 납부기한까지 과징금을 내지 아니하면 법 제99조제5항 본문에 따라 과징금 부과처분을 취소하고 법 제98조제1항에 따른 업무정지 처분을 하거나 국세 체납처분의 예에 따라 징수하여야 한다.
③ 보건복지부장관은 법 제99조제5항 본문에 따라 과징금 부과처분을 취소하고 법 제98조제1항에 따른 업무정지 처분을 하는 경우에는 처분대상자에게 서면으로 그 내용을 통지하여야 한다. 이 경우 그 서면에는 처분의 변경사유와 업무정지 처분의 기간 등 업무정지 처분에 필요한 사항이 포함되어야 한다.
(2018.9.28 본조개정)

제71조【과징금의 지원 규모 등】 ① 법 제99조제1항, 같은 조 제2항제2호 또는 같은 조 제3항제2호에 따라 징수한 과징금의 용도별 지원 규모는 다음 각 호와 같다.(2021.12.7 본문개정)
1. 「재난적의료비 지원에 관한 법률」에 따른 재난적의료비 지원사업에 대한 지원 : 과징금 수입의 100분의 65(2023.11.7 본호개정)
2. 「응급의료에 관한 법률」에 따른 응급의료기금 지원 : 과징금 수입의 100분의 35(2023.11.7 본호개정)
② 공단의 이사장과 「응급의료에 관한 법률」 제19조제2항에 따라 응급의료기금의 관리·운용을 위탁받은 자는 제1항에 따라 지원받은 과징금의 다음 해 운용계획서와 전년도 사용실적을 매년 4월 30일까지 보건복지부장관에게 제출하여야 한다.
③ 보건복지부장관은 제2항에 따라 제출받은 과징금 운용계획서와 과징금 사용실적을 고려하여 다음 해 과징금 지원액을 정한 후 이를 국가재정법령에서 정하는 바에 따라 예산에 반영하여야 한다.

제72조【공표 사항】 법 제100조제1항 각 호 외의 부분 전단에서 "대통령령으로 정하는 사항"이란 다음 각 호의 사항을 말한다.
1. 해당 요양기관의 종류와 그 요양기관 대표자의 면허번호(2024.1.2 본호개정)
2. 의료기관의 개설자가 법인인 경우에는 의료기관의 장의 성명
3. 그 밖에 다른 요양기관과의 구별을 위하여 법 제100조제2항에 따른 건강보험공표심의위원회(이하 "공표심의위원회"라 한다)가 필요하다고 인정하는 사항

제73조【공표심의위원회의 구성·운영 등】 ① 공표심의위원회는 위원장 1명을 포함한 9명의 위원으로 구성한다.
② 공표심의위원회의 위원장은 제1호부터 제4호까지의 위원 중에서 호선(互選)하고, 위원은 보건복지부장관이 임명하거나 위촉하는 다음 각 호의 사람으로 한다.
1. 소비자단체가 추천하는 사람 1명
2. 언론인 1명
3. 변호사 등 법률 전문가 1명
4. 건강보험에 관한 학식과 경험이 풍부한 사람으로서 의약계를 대표하는 단체가 추천하는 사람 3명
5. 보건복지부의 고위공무원단에 속하는 일반직공무원 1명
6. 공단의 이사장 및 심사평가원의 원장이 각각 1명씩 추천하는 사람 2명
③ 공표심의위원회 위원(제2항제5호의 위원은 제외한다)의 임기는 2년으로 한다.
④ 공표심의위원회의 위원장은 공표심의위원회를 대표하고, 공표심의위원회의 업무를 총괄한다.
⑤ 공표심의위원회의 위원장이 부득이한 사유로 직무를 수행할 수 없을 때에는 위원장이 지명하는 위원이 그 직무를 대행한다.
⑥ 공표심의위원회의 회의는 재적위원 과반수의 출석으로 개의하고, 출석위원 과반수의 찬성으로 의결한다.
⑦ 제1항부터 제6항까지에서 규정한 사항 외에 공표심의위원회의 구성·운영 등에 필요한 사항은 공표심의위원회의 의결을 거쳐 위원장이 정한다.

제73조의2【공표심의위원회 위원의 해임 및 해촉】 보건복지부장관은 제73조제2항 각 호에 따른 공표심의위원회 위원이 다음 각 호의 어느 하나에 해당하는 경우에는 해당 공표심의위원회 위원을 해임하거나 해촉할 수 있다.
1. 심신장애로 인하여 직무를 수행할 수 없게 된 경우
2. 직무와 관련된 비위사실이 있는 경우
3. 직무태만, 품위손상이나 그 밖의 사유로 인하여 위원으로 적합하지 아니하다고 인정되는 경우
4. 위원 스스로 직무를 수행하는 것이 곤란하다고 의사를 밝히는 경우
(2015.12.31 본조신설)

제74조【공표 절차 및 방법 등】 ① 보건복지부장관은 법 제100조제3항에 따라 공표대상자인 사실을 통지받은 요양기관에 대하여 그 통지를 받은 날부터 20일 동안 소명자료를 제출하거나 출석하여 의견을 진술할 기회를 주어야 한다.
② 보건복지부장관은 법 제100조제4항에 따라 공표대상자로 선정된 요양기관에 대하여 보건복지부, 공단, 심사평가원, 관할 특별시·광역시·특별자치시·도·특별자치도와 시·군·자치구 및 보건소의 홈페이지에 6개월 동안 같은 조 제1항에 따른 공표 사항을 공고해야 하며, 추가로 게시판 등에도 공고할 수 있다.(2020.6.2 본항개정)
③ 보건복지부장관은 법 제100조제4항에 따라 공표대상자로 선정된 요양기관이 같은 조 제1항 각 호에 해당하는 거짓 청구를 반복적으로 하거나 그 거짓 청구가 중대한 위반행위에 해당하는 경우 등 추가 공표가 필요하다고 인정하는 경우에는 제2항에 따른 공고 외에 「신문 등의 진흥에 관한 법률」에 따른 신문 또는 「방송법」에 따른 방송에 추가로 공표할 수 있다.
④ 제2항에 따른 공고 대상인 요양기관을 관할하는 특별시장·광역시장·특별자치시장·도지사·특별자치도지사, 시장·군수·구청장 또는 보건소의 장은 「의료법」 제33조제5항에 따른 변경허가·변경신고 등으로 제2항에 따른 공고기간 중 법 제100조제1항에 따른 공표 사항이 변경된 사실이 확인되었을 때에는 지체 없이 보건복지부장관에게 그 사실을 알려야 한다. 이 경우 보건복지부장관은 그 변경 사항이 제2항에 따른 공고 내용에 즉시 반영되도록 필요한 조치를 해야 한다.(2020.6.2 본항개정)
⑤ 제1항부터 제4항까지에서 규정한 사항 외에 공표 절차 및 방법, 공표 사항의 변경 등에 필요한 사항은 보건복지부장관이 정한다.

제74조의2【손실 상당액 산정기준 등】 ① 법 제101조제3항에 따라 공단이 「약사법」에 따른 의약품의 제조업자·위탁제조판매업자·수입자·판매업자 및 「의료기기법」에 따른 의료기기 제조업자·수입업자·수리업자·판매업자·임대업자(이하 "제조업자등"이라 한다)에 대하여 징수하는 손실에 상당하는 금액(이하 이 조에서 "손실 상당액"이라 한다)은 같은 조 제1항제1호부터 제3호까지의 위반행위로 보험자·가입자 및 피부양자가 부당하게 부담하게 된 요양급여비용 전액으로 한다.
② 공단은 제조업자등이 동일한 약제·치료재료에 대하여 법 제101조제1항제1호부터 제3호까지의 위반행위 중 둘 이상의 위반행위를 한 경우에는 각 위반행위에 따른 손실 상당액 중 가장 큰 금액을 손실 상당액으로 징수한다.
③ 공단은 법 제101조제3항에 따라 손실 상당액을 징수하려는 경우에는 다음 각 호의 사항을 포함한 문서로 약제·치료재료의 제조업자등에게 알려야 한다.
1. 위반행위의 내용 및 법적근거에 관한 사항
2. 징수금액 및 산정내역 등에 관한 사항
3. 납부기한, 납부방법 및 납부장소 등 납부에 필요한 사항
(2016.8.2 본조신설)

제74조의3【약제에 대한 쟁송 시 가산금 산정】 법 제101조의2제5항에서 "대통령령으로 정하는 이자"란 법 제101조의2제3항 또는 제4항에 따라 산정된 금액에 「국세기본법 시행령」 제43조의3제2항 본문에 따른 이자율을 곱하여 산정한 금액을 말한다.(2023.11.7 본조신설)

제75조【포상금의 지급 기준 등】 ① 법 제104조제1항 각 호의 어느 하나에 해당하는 자 또는 은닉재산을 신고하려는 사람은 공단이 정하는 바에 따라 공단에 신고해야 한다. 이 경우 2명 이상이 공동명의로 신고할 때에는 대표자를 지정해야 한다.(2023.6.20 본항개정)
② 공단은 제1항에 따라 신고를 받으면 그 내용을 확인한 후 포상금 지급 여부를 결정하여 신고인(2명 이상이 공동명의로 신고한 경우에는 제1항 후단에 따른 대표자를 말한다. 이하 이조에서 같다)에게 통보하여야 한다.
③ 제2항에 따라 포상금 지급 결정을 통보받은 신고인은 공단이 정하는 바에 따라 공단에 포상금 지급을 신청하여야 한다.
④ 공단은 제3항에 따라 포상금 지급 신청을 받은 날부터 1개월 이내에 신고인에게 별표6의 포상금 지급 기준에 따른 포상금을 지급하여야 한다.
⑤ 제1항에 따른 신고를 받은 후에 신고된 내용과 같은 내용의 신고를 한 사람에게는 포상금을 지급하지 아니한다.
⑥ 법 제104조제3항제3호에서 "대통령령으로 정하는 재산"이란 법 제57조에 따른 징수금을 납부해야 하는 자의 명의로 등기 또는 등록된 재산으로서 국내에 있는 재산을 말한다.(2023.6.20 본항신설)
⑦ 제1항부터 제6항까지에서 규정한 사항 외에 포상금의 지급 기준과 방법·절차 등에 관하여 필요한 사항은 공단이 정한다.(2023.6.20 본항개정)

제75조의2【장려금의 지급 등】 ① 공단은 법 제104조제2항에 따라 다음 각 호의 어느 하나에 해당하는 방법으로 건강보험 재정 지출을 절감하는 데에 이바지한 요양기관에 장려금을 지급한다.
1. 성분 또는 효능이 같아 대체사용이 가능한 약제 중 요양급여비용이 보다 저렴한 약제를 처방하거나 조제하였을 것
2. 제70조의2제2항제1호에 따른 퇴장방지의약품으로 지정·고시된 약제 중에서 다른 약제에 비하여 저가이면서 약제의 특성상 다른 약제를 대체하는 효과가 있는 약제를 처방하거나 조제하였을 것(2021.12.7 본호개정)
3. 보건복지부장관이 정하여 고시하는 기간 동안 의약품을 상한금액보다 저렴하게 구입하거나 전년도 약제 사용량보다 사용량을 줄였을 것
(2014.8.29 본항개정)
② 장려금은 제1항에 따른 처방 또는 조제로 인하여 건강보험 재정 지출에서 절감된 금액의 100분의 70을 넘지 아니하는 금액으로 한다.
③ 제1항제1호 및 제2호에 따라 장려금을 지급받으려는 요양기관은 법 제47조제2항에 따라 심사평가원에 요양급여비용의 심사청구를 할 때 함께 장려금 지급을 청구하여야 한다.(2014.8.29 본항신설)

④ 제1항제3호에 따라 지급하는 장려금은 심사평가원이 그 금액을 산출하여 보건복지부장관의 승인을 받아 공단에 통보한다.(2014.8.29 본항신설)
⑤ 제1항부터 제4항까지에서 규정한 사항 외에 장려금의 지급 기준과 방법·절차 등에 관하여 필요한 사항은 보건복지부장관이 정하여 고시한다.(2014.8.29 본항개정)
(2013.9.26 본조신설)

제76조【외국인 등의 가입자 및 피부양자 자격취득 제한】 법 제109조제5항제1호에서 "대통령령으로 정하는 사유"란 다음 각 호의 어느 하나에 해당하는 경우를 말한다.
1. 「출입국관리법」 제25조 및 「재외동포의 출입국과 법적 지위에 관한 법률」 제10조제2항에 따라 체류기간 연장허가를 받지 아니하고 체류하는 경우
2. 「출입국관리법」 제59조제3항에 따라 강제퇴거명령서를 발급받은 경우
(2016.9.22 본조개정)

제76조의2【외국인 등의 가입자 자격취득 시기 등】 ① 국내에 체류하는 재외국민 또는 외국인(이하 "국내체류 외국인등"이라 한다)은 법 제109조제6항 단서에 따라 다음 각 호의 구분에 따른 날에 가입자의 자격을 얻는다.(2019.7.16 본문개정)
1. 법 제109조제3항제2호에 해당하는 사람으로서 같은 항 제1호에 따른 기간 동안 국내에 거주한 경우 : 해당 기간이 경과한 날
2. 법 제109조제3항제2호에 해당하는 사람으로서 같은 항 제1호에 따라 국내에 지속적으로 거주할 것으로 예상할 수 있는 사유에 해당하는 경우 : 국내에 입국한 날
3. 그 밖에 보건복지부장관이 체류자격, 체류기간 및 체류경위 등을 고려하여 그 자격취득 시기를 국내거주 국민과 다르게 정할 필요가 있다고 인정하여 고시하는 경우 : 해당 고시에서 정하는 날
② 국내체류 외국인등은 법 제109조제6항 본문에서 준용하는 법 제10조에 따라 같은 조 제1항제1호·제4호 및 제5호에 따른 날에 가입자의 자격을 잃는다. 다만, 법 제109조제6항 단서에 따라 다음 각 호의 구분에 따른 날에도 그 자격을 잃는다.
1. 직장가입자 : 다음 각 목의 어느 하나에 해당하는 날
가. 「출입국관리법」 제10조의2제1항제2호 및 「재외동포의 출입국과 법적 지위에 관한 법률」 제10조제1항에 따른 체류기간이 종료된 날의 다음 날(2019.6.11 본목개정)
나. 「출입국관리법」 제59조제3항에 따른 강제퇴거명령서를 발급받은 날의 다음 날
다. 법 제109조제5항제2호에 따라 사용자가 직장가입자의 가입 제외를 신청한 날. 다만, 법 제8조제2항에 따라 직장가입자 자격취득 신고를 한 날부터 14일 이내에 가입 제외를 신청한 경우에는 그 자격취득일로 한다.
라. 그 밖에 보건복지부장관이 체류자격, 체류기간 및 체류경위 등을 고려하여 그 자격상실 시기를 국내거주 국민과 다르게 정할 필요가 있다고 인정하여 고시하는 경우 : 해당 고시에서 정하는 날
2. 지역가입자 : 다음 각 목의 어느 하나에 해당하는 날
가. 제1호가목 및 나목에 따른 날
나. 재외국민 또는 체류기간이 종료되지 아니한 외국인이 출국 후 1개월이 지난 경우 : 그 출국한 날의 다음 날
다. 법 제109조제5항제2호에 따라 지역가입자가 가입 제외를 신청한 날. 다만, 보험료를 납부하지 않은 지역가입자 또는 최초로 보험료를 납부한 날부터 14일이 지나지 않은 지역가입자가 보건복지부장관이 정하여 고시하는 요건을 갖추고 가입 제외를 신청하는 경우에는 그 자격을 취득한 날로 한다.(2019.7.16 본목개정)
라. 그 밖에 보건복지부장관이 체류자격, 체류기간 및 체류경위 등을 고려하여 그 자격상실 시기를 국내 거주 국민과 다르게 정할 필요가 있다고 인정하여 고시하는 경우 : 해당 고시에서 정하는 날
(2016.9.22 본조신설)

제76조의3【외국인 등의 피부양자 자격취득 시기 등】 ① 국내체류 외국인등은 법 제109조제6항 단서에 따라 다음 각 호의 구분에 따른 날에 피부양자의 자격을 얻는다.
1. 신생아의 경우 : 출생한 날
2. 법 제109조제2항 각 호에 따른 주민등록, 국내거소신고 또는 외국인등록(이하 이 조에서 "주민등록등"이라 한다)을 한 날부터 90일 이내에 피부양자 자격취득을 신청한 경우 : 해당 주민등록등을 한 날. 다만, 주민등록등을 한 이후에 직장가입이 된 경우에는 해당 직장가입이 된 날로 한다.
3. 주민등록등을 한 날부터 90일이 경과하여 피부양자 자격취득을 신청한 경우 : 그 자격취득을 신청한 날. 다만, 주민등록등을 한 이후에 직장가입이 된 경우로서 해당 직장가입이 된 날부터 90일 이내에 신청이 있는 때에는 그 직장가입이 된 날로 한다.
4. 그 밖에 보건복지부장관이 체류자격, 체류기간 및 체류경위 등을 고려하여 그 자격취득 시기를 국내거주 국민과 다르게 정할 필요가 있다고 인정하여 고시하는 경우 : 해당 고시에서 정하는 날
② 국내체류 외국인등은 법 제109조제6항 본문에서 준용하는 법 제5조에 따라 같은 조 제3항에서 정한 날(사망, 부양자의 직장가입자 자격상실 또는 의료급여를 받는 경우만 해당한다)에 피부양자의 자격을 잃는다. 다만, 법 제109조제6항 단서에 따라 다음 각 호의 어느 하나에 해당하는 날에도 그 자격을 잃는다.
1. 「출입국관리법」 제10조의2제1항제2호 및 「재외동포의 출입국과 법적 지위에 관한 법률」 제10조제1항에 따른 체류기간이 종료된 날의 다음 날(2019.6.11 본호개정)
2. 「출입국관리법」 제59조제3항에 따른 강제퇴거명령서를 발급받은 날의 다음 날
3. 그 밖에 보건복지부장관이 체류자격, 체류기간 및 체류경위 등을 고려하여 그 자격상실 시기를 국내거주 국민과 다르게 정할 필요가 있다고 인정하여 고시하는 경우 : 해당 고시에서 정하는 날
(2016.9.22 본조신설)

제76조의4【보험료 부과·징수 특례 대상 외국인】 법 제109조제9항 단서에서 "대통령령으로 정하는 국내체류 외국인등"이란 지역가입자인 국내체류 외국인등 중에서 다음 각 호의 어느 하나에 해당하지 않는 사람을 말한다.
1. 「출입국관리법 시행령」 별표1의2에 따른 결혼이민(F-6)의 체류자격이 있는 사람
2. 「출입국관리법 시행령」 별표1의3에 따른 영주(F-5)의 체류자격이 있는 사람
3. 그 밖에 보건복지부장관이 체류경위, 체류목적 및 체류기간 등을 고려하여 국내거주 국민과 같은 보험료 부과·징수 기준을 적용할 필요가 있다고 인정하여 고시하는 체류자격이 있는 사람
(2018.12.24 본조개정)

제77조【임의계속가입자 적용기간】 ① 법 제110조제2항 본문에서 "대통령령으로 정하는 기간"이란 사용관계가 끝난 날의 다음 날부터 기산(起算)하여 36개월이 되는 날을 넘지 아니하는 범위에서 다음 각 호의 구분에 따른 기간을 말한다.
1. 법 제110조제1항에 따라 공단에 신청한 가입자(이하 "임의계속가입자"라 한다)가 법 제9조제1항제2호에 따라 자격이 변동되기 전날까지의 기간
2. 임의계속가입자가 법 제10조제1항에 따라 그 자격을 잃기 전날까지의 기간
② 「의료급여법」 제3조제1항제2호에 따른 수급권자가 되어 법 제10조제1항제5호에 따라 가입자의 자격이 상실된 임의계속가입자가 법 제8조제1항제1호에 따라 가입자의 자격을 다시 취득한 경우로서 다시 취득한 날이 제1항에 따른 사용관계가 끝난 날의 다음 날부터 36개월 이내이면 공단이 정하는 기간 안에 임의계속가입의 재적용을 신청할 수 있다. 이 경우 신청자는 가입자의 자격을 다시 취득한 날부터 제1항에 따른 기간 동안 임의계속가입자로서의 자격을 유지한다.
③ 제2항에서 규정한 사항 외에 임의계속가입의 재적용 신청에 필요한 신청기간, 절차, 방법 등은 공단이 정하는 바에 따른다.
(2018.6.26 본조개정)

제78조【업무의 위탁】 공단은 법 제112조제1항에 따라 같은 항 각 호의 업무를 체신관서, 금융기관 또는 그 밖의 자에게 위탁하려면 위탁받을 기관의 선정 및 위탁계약의 내용에 관하여 공단 이사회의 의결을 거쳐야 한다.

제79조【보험료 및 징수위탁보험료등의 배분 등】 공단이 납부의무자의 신청에 따라 보험료 및 징수위탁보험료등을 1개의 납입고지서로 통합하여 징수한 경우(법 제81조 및 징수위탁근거법에 따라 체납처분의 방법으로 징수한 경우는 제외한다)에 징수한 보험료와 그에 따른 징수금 또는 징수위탁보험료등의 금액이 징수하여야 할 총액에 미치지 못하는 경우로서 납부의무자가 이를 납부하는 날까지 특별한 의사를 표시하지 아니한 경우에는 법 제113조제1항 본문에 따라 공단이 징수하려는 각 보험별 금액(법 및 징수위탁근거법에 따른 연체금 및 가산금을 제외한 금액을 말한다)의 비율로 배분하여 납부 처리하여야 한다.

제80조【출연금의 관리】 공단은 법 제114조제1항에 따른 출연금을 각각 별도의 계정을 설정하여 관리하여야 한다.

제81조【민감정보 및 고유식별정보의 처리】 ① 공단(법 제112조에 따라 공단의 업무를 위탁받은 자를 포함한다)은 다음 각 호의 사무를 수행하기 위하여 불가피한 경우 「개인정보 보호법」 제23조에 따른 건강에 관한 정보, 같은 법 시행령 제18조제2호에 따른 범죄경력자료에 해당하는 정보, 같은 영 제19조 각 호에 따른 주민등록번호, 여권번호, 운전면허의 면허번호 또는 외국인등록번호가 포함된 자료를 처리할 수 있다.(2014.11.20 본문개정)
1. 법 제7조에 따른 사업장의 신고에 관한 사무
2. 법 제14조제1항에 따른 업무에 관한 사무
3. 법 제60조에 따른 현역병 등에 대한 요양급여비용 지급에 관한 사무
4. 법 제61조에 따른 요양급여비용의 정산에 관한 사무
4의2. 법 제72조 및 제96조의2에 따른 금융정보등의 제공 요청에 관한 사무(2022.6.30 본호신설)
4의3. 법 제81조의3에 따른 자료의 제공에 관한 사무(2023.6.20 본호개정)
5. 법 제83조에 따른 체납자 인적사항등의 공개에 관한 사무
6. 법 제87조 및 제90조에 따른 이의신청 및 행정소송에 관한 사무
7. 법 제94조에 따른 신고 등에 관한 사무
8. 법 제95조에 따른 소득 축소·탈루 자료의 송부에 관한 사무
8의2. 법 제96조에 따른 자료의 제공 요청에 관한 사무(2013.9.26 본호신설)
9. 법 제104조에 따른 포상금 지급에 관한 사무
10. 법 제112조에 따른 업무의 위탁에 관한 사무
② 심사평가원은 다음 각 호의 사무를 수행하기 위하여 불가피한 경우 「개인정보 보호법」 제23조에 따른 건강에 관한 정보, 같은 법 시행령 제19조에 따른 주민등록번호, 여권번호, 운전면허의 면허번호 또는 외국인등록번호가 포함된 자료를 처리할 수 있다.(2017.3.27 본문개정)
1. 법 제43조에 따른 요양기관의 시설·장비 및 인력 등의 현황 신고에 관한 사무(2017.3.27 본호신설)
1의2. 법 제48조에 따른 요양급여 대상 여부의 확인 등에 관한 사무
2. 법 제63조제1항에 따른 업무에 관한 사무
3. 법 제87조 및 제90조에 따른 이의신청 및 행정소송에 관한 사무
4. 법 제96조에 따른 자료의 제공 요청에 관한 사무(2013.9.26 본호신설)
③ 요양기관(제2호의 경우에는 법 제47조제7항에 따라 요양기관을 대행하는 단체를 포함한다)은 다음 각 호의 사무를 수행하기 위하여 불가피한 경우 「개인정보 보호법」 제23조에 따른 건강에 관한 정보나 같은 법 시행령 제19조에 따른 주민등록번호, 여권번호, 운전면허의 면허번호 또는 외국인등록번호가 포함된 자료를 처리할 수 있다.(2023.6.20 본문개정)
1. 법 제41조제1항에 따른 요양급여의 실시에 관한 사무
2. 법 제47조제1항 또는 제2항에 따른 요양급여비용의 청구에 관한 사무
(2017.3.27 본항신설)
④ 법 제49조제1항에 따른 준요양기관(이하 "준요양기관"이라 한다)은 법 제49조제3항에 따른 요양비 지급 청구에 관한 사무를 수행하기 위하여 불가피한 경우에는 「개인정보 보호법」 제23조에 따른 건강에 관한 정보나 같은 법 시행령 제19조에 따른 주민등록번호, 여권번호, 운전면허의 면허번호 또는 외국인등록번호가 포함된 자료를 처리할 수 있다.(2023.6.20 본항개정)
⑤ 법 제51조제2항에 따른 보조기기를 판매한 자(이하 "보조기기 판매업자"라 한다)는 법 제51조제2항 전단에 따른 보험급여 지급 청구에 관한 사무를 수행하기 위하여 불가피한 경우에는 「개인정보 보호법」 제23조에 따른 건강에 관한 정보나 같은 법 시행령 제19조에 따른 주민등록번호, 여권번호, 운전면허의 면허번호 또는 외국인등록번호가 포함된 자료를 처리할 수 있다.(2023.6.20 본항개정)
⑥ 보건복지부장관(법 제111조에 따라 보건복지부장관의 권한을 위임받거나 위탁받은 자를 포함한다)은 다음 각 호의 사무를 수행하기 위하여 불가피한 경우 제1항에 따른 자료를 처리할 수 있다.
1. 법 제81조제3항에 따른 체납처분 승인에 관한 사무
2. 법 제88조에 따른 심판청구에 관한 사무
3. 법 제97조에 따른 보고와 검사 등에 관한 사무
4. 법 제98조에 따른 업무정지 처분에 관한 사무
5. 법 제99조에 따른 과징금 부과·징수에 관한 사무
6. 법 제100조에 따른 위반사실 공표에 관한 사무

제81조의2【규제의 재검토】 ① 보건복지부장관은 제18조의2제4항 및 별표4의2 제2호에 따른 약제의 상한금액 감액 및 요양급여의 적용 정지 기준에 대하여 2019년 7월 1일을 기준으로 5년마다(매 5년이 되는 해의 기준일과 같은 날 전까지를 말한다) 그 타당성을 검토하여 개선 등의 조치를 해야 한다.
② 보건복지부장관은 제19조제1항 및 별표2에 따른 본인일부부담금의 부담률 및 부담액에 대하여 2022년 1월 1일을 기준으로 3년마다(매 3년이 되는 해의 1월 1일 전까지를 말한다) 그 타당성을 검토하여 개선 등의 조치를 해야 한다.
(2022.3.8 본조개정)

제9장 벌 칙

제82조【과태료의 부과기준】 법 제119조에 따른 과태료의 부과기준은 별표7과 같다.

부 칙

제1조【시행일】 이 영은 2012년 9월 1일부터 시행한다. 다만, 제21조제3항제2호의 개정규정 중 종합병원 및 상급종합병원 부분은 2013년 7월 1일부터 시행한다.

제2조【일반적 경과조치】 이 영 시행 전 실시된 요양급여에 대한 요양급여비용(본인부담액 및 공단이 부담하는 금액을 포함한다), 요양비 등 보험급여 및 월별 보험료의 산정에 대해서는 종전의 규정에 따른다.

제3조【요양급여의 상대가치점수 등의 심의·의결에 관한 경과조치】 대통령령 제19818호 국민건강보험법 시행령 일부개정령 시행(2007년 1월 1일) 당시 종전의 규정에 따라 심의조정위원회의 심의를 거쳐 고시된 요양급여의

상대가치점수 및 약제·치료재료 비용 중 이 영 시행일까지 개정이 없었던 사항은 제21조제2항 및 제22조의 개정규정에 따라 심의위원회의 심의·의결을 거친 것으로 본다.
제4조【보험료 체납자에 대한 보험급여 제한에 관한 경과조치】 대통령령 제20986호 국민건강보험법 시행령 일부개정령 시행(2008년 9월 29일) 전에 종전의 제27조에 따라 보험료 납부의무자가 보험료를 3회 이상 6회 미만 체납하였다는 이유로 공단으로부터 보험급여 제한처분을 받은 경우 그 제한처분은 2008년 9월 29일에 취소된 것으로 본다. 다만, 그 제한처분으로 2008년 9월 29일 전까지의 기간에 대하여 행하여진 보험급여 제한은 그 효력을 가진다.
제5조【보험료 경감 대상에 관한 경과조치】 2007년 7월 1일 당시 종전의 「국민건강보험법 시행령」(대통령령 제20190호로 개정되기 전의 것을 말한다) 제32조제3호에 따라 보험료가 경감되었던 지역은 제45조제3호의 개정규정에 따라 보건복지부장관이 인정한 보험료 경감 대상지역으로 본다.
제6조【포괄적인 행위가 적용되는 질병군에 대한 입원진료의 실시에 관한 특례】 종합병원 및 상급종합병원은 2013년 6월 30일까지는 종전의 「국민건강보험법 시행령」(대통령령 제23851호로 개정되기 전의 것을 말한다) 별표2 제2호에 따라 포괄적인 행위가 적용되는 질병군에 대한 입원진료를 할 수 있다.
제7조【본인부담액 경감 인정에 관한 경과조치】 대통령령 제21314호 국민건강보험법 시행령 일부개정령 시행(2009년 4월 1일) 당시 종전의 「의료급여법 시행령」(대통령령 제21313호로 개정되기 전의 것을 말한다) 제2조제3호 및 제3호의2에 따라 의료급여를 받고 있던 사람은 별표2 제3호라목의 개정규정에 따라 공단의 본인부담액 경감 인정을 받은 사람으로 본다.
제8조【다른 법령의 개정】 ①~㉚ ※(해당 법령에 가제정리 하였음)
제9조【다른 법령과의 관계】 이 영 시행 당시 다른 법령에서 종전의 「국민건강보험법 시행령」의 규정을 인용한 경우에 이 영 가운데 그에 해당하는 규정이 있을 때에는 종전의 규정을 갈음하여 이 영의 해당 규정을 인용한 것으로 본다.

부 칙 (2013.12.18)

제1조【시행일】 이 영은 공포한 날부터 시행한다. 다만, 별표3의 개정규정은 2014년 1월 1일부터 시행한다.
제2조【요양급여비용 중 본인부담 금액에 관한 적용례】 별표2 제4호의 개정규정은 이 영 시행 후 요양급여를 실시하는 경우부터 적용한다.
제3조【본인부담상한액에 관한 특례 등】 ① 별표3 제2호의 개정규정에도 불구하고 2014년 1월 1일부터 2014년 12월 31일까지는 다음 각 호의 구분에 따른 상한액기준보험료별 본인부담상한액을 적용한다.

1. 지역가입자인 경우

구 분	본인부담 상한액
가. 상한액기준보험료가 전체 지역가입자의 하위 100분의 10에 상당하는 금액으로서 보건복지부장관이 정하여 고시하는 금액을 넘지 않는 경우	120만원
나. 상한액기준보험료가 전체 지역가입자의 하위 100분의 10에 상당하는 금액으로서 보건복지부장관이 정하여 고시하는 금액을 넘고 하위 100분의 30에 상당하는 금액으로서 보건복지부장관이 고시하는 금액을 넘지 않는 경우	150만원
다. 상한액기준보험료가 전체 지역가입자의 하위 100분의 30에 상당하는 금액으로서 보건복지부장관이 정하여 고시하는 금액을 넘고 하위 100분의 50에 상당하는 금액으로서 보건복지부장관이 고시하는 금액을 넘지 않는 경우	200만원
라. 상한액기준보험료가 전체 지역가입자의 하위 100분의 50에 상당하는 금액으로서 보건복지부장관이 정하여 고시하는 금액을 넘고 하위 100분의 70에 상당하는 금액으로서 보건복지부장관이 고시하는 금액을 넘지 않는 경우	250만원
마. 상한액기준보험료가 전체 지역가입자의 하위 100분의 70에 상당하는 금액으로서 보건복지부장관이 정하여 고시하는 금액을 넘고 하위 100분의 80에 상당하는 금액으로서 보건복지부장관이 고시하는 금액을 넘지 않는 경우	300만원
바. 상한액기준보험료가 전체 지역가입자의 하위 100분의 80에 상당하는 금액으로서 보건복지부장관이 정하여 고시하는 금액을 넘고 하위 100분의 90에 상당하는 금액으로서 보건복지부장관이 고시하는 금액을 넘지 않는 경우	400만원
사. 상한액기준보험료가 전체 지역가입자의 하위 100분의 90에 상당하는 금액으로서 보건복지부장관이 정하여 고시하는 금액을 넘는 경우	500만원

2. 직장가입자 또는 피부양자인 경우

구 분	본인부담 상한액
가. 상한액기준보험료가 전체 직장가입자의 하위 100분의 10에 상당하는 금액으로서 보건복지부장관이 정하여 고시하는 금액을 넘지 않는 경우	120만원
나. 상한액기준보험료가 전체 직장가입자의 하위 100분의 10에 상당하는 금액으로서 보건복지부장관이 정하여 고시하는 금액을 넘고 하위 100분의 30에 상당하는 금액으로서 보건복지부장관이 고시하는 금액을 넘지 않는 경우	150만원
다. 상한액기준보험료가 전체 직장가입자의 하위 100분의 30에 상당하는 금액으로서 보건복지부장관이 정하여 고시하는 금액을 넘고 하위 100분의 50에 상당하는 금액으로서 보건복지부장관이 고시하는 금액을 넘지 않는 경우	200만원
라. 상한액기준보험료가 전체 직장가입자의 하위 100분의 50에 상당하는 금액으로서 보건복지부장관이 정하여 고시하는 금액을 넘고 하위 100분의 70에 상당하는 금액으로서 보건복지부장관이 고시하는 금액을 넘지 않는 경우	250만원
마. 상한액기준보험료가 전체 직장가입자의 하위 100분의 70에 상당하는 금액으로서 보건복지부장관이 정하여 고시하는 금액을 넘고 하위 100분의 80에 상당하는 금액으로서 보건복지부장관이 고시하는 금액을 넘지 않는 경우	300만원
바. 상한액기준보험료가 전체 직장가입자의 하위 100분의 80에 상당하는 금액으로서 보건복지부장관이 정하여 고시하는 금액을 넘고 하위 100분의 90에 상당하는 금액으로서 보건복지부장관이 고시하는 금액을 넘지 않는 경우	400만원
사. 상한액기준보험료가 전체 직장가입자의 하위 100분의 90에 상당하는 금액으로서 보건복지부장관이 정하여 고시하는 금액을 넘는 경우	500만원

② 제1항은 2014년 1월 1일 이후 요양급여를 실시하는 경우부터 적용한다.

부 칙 (2016.9.22)

제1조【시행일】 이 영은 2016년 9월 23일부터 시행한다.
제2조【과징금 미납자의 처분에 관한 적용례】 제70조의4의 개정규정은 이 영 시행 전에 독촉장을 받고도 납부기한까지 과징금을 내지 아니한 자에 대해서도 적용한다.
제3조【요양급여비용의 본인부담률에 관한 적용례】 별표2 제1호가목1), 같은 표 제3호라목2) 표의 비고란 제4호 및 같은 목 8)의 개정규정은 이 영 시행 이후 실시하는 요양급여부터 적용한다.
제4조【과태료 부과기준에 관한 경과조치】 이 영 시행 전의 위반행위로 과태료 부과처분을 받은 자가 이 영 시행 이후 최초로 동일한 위반행위를 한 경우 해당 동일한 위반행위에 대하여 별표7 제2호 가목·다목·마목 및 사목의 개정규정을 적용하는 때에는 이를 1차 위반행위로 본다.

부 칙 (2017.3.20)

제1조【시행일】 이 영은 2017년 3월 23일부터 시행한다. 다만, 제46조의4제1항의 개정규정은 공포한 날부터 시행한다.
제2조【상대가치점수의 산정 또는 조정 등에 관한 적용례】 제21조제2항의 개정규정은 이 영 시행 당시 상대가치점수의 산정 또는 조정 절차가 진행 중인 요양급여 항목에 대해서도 적용한다.
제3조【선별급여의 지정 및 적합성평가에 관한 경과조치】 ① 이 영 시행 전에 종전의 별표2 제4호에 따라 보건복지부장관이 고시한 요양급여는 법 제41조의4제1항에 따라 지정된 선별급여로 본다.
② 제1항에 따라 선별급여로 보는 요양급여 항목에 대하여 제18조의4제2항제1호의 개정규정에 따른 적합성평가의 평가주기를 적용하는 경우에는 종전의 별표2 제4호에 따라 요양급여를 실시한 날을 선별급여를 실시한 날로 본다.

부 칙 (2017.6.13)

제1조【시행일】 이 영은 2017년 7월 1일부터 시행한다.
제2조【요양급여비용의 본인일부부담에 관한 적용례】 별표2 제3호가목4)의 개정규정은 이 영 시행 이후 실시하는 요양급여부터 적용한다.

부 칙 (2017.8.1)

제1조【시행일】 이 영은 2017년 8월 9일부터 시행한다.
제2조【지역가입자의 월별 보험료 산정에 관한 경과조치】 지역가입자의 2017년도 8월분 보험료를 산정하는 경우에는 별표4 제1호라목 표 외의 부분 전단의 개정규정에도 불구하고 종전의 규정에 따른다.

부 칙 (2017.9.19)

제1조【시행일】 이 영은 공포한 날부터 시행한다.
제2조【임신·출산 진료비의 지급에 관한 적용례】 제23조제1항, 같은 조 제2항 각 호 외의 부분 및 같은 조 제7항의 개정규정은 이 영 시행 이후 출산한 가입자 또는 피부양자부터 적용한다.

부 칙 (2017.9.29)

제1조【시행일】 이 영은 2017년 10월 1일부터 시행한다. 다만, 별표2 제3호라목3)·4) 및 같은 호 바목의 개정규정은 2017년 11월 1일부터 시행한다.
제2조【요양급여비용의 본인부담률에 관한 적용례】 ① 별표2 제3호나목1), 같은 호 라목2) 및 같은 호 자목·차목의 개정규정은 2017년 10월 1일 이후 실시하는 요양급여부터 적용한다.
② 별표2 제3호라목3)·4) 및 같은 호 바목의 개정규정은 2017년 11월 1일 이후 실시하는 요양급여부터 적용한다.

부 칙 (2017.12.29)

제1조【시행일】 이 영은 2018년 1월 1일부터 시행한다.
제2조【임의계속가입자 적용기간에 관한 경과조치】 제77조의 개정규정은 이 영 시행 당시 법 제110조제2항에 따라 직장가입자의 자격을 유지하고 있는 임의계속가입자에 대해서도 적용한다.

부 칙 (2018.1.23)

제1조【시행일】 이 영은 공포한 날부터 시행한다.
제2조【요양급여비용의 본인부담률에 관한 적용례】 별표2 제3호타목의 개정규정은 2018년도분의 일반건강검진 결과 통보에 따라 이 영 시행 전에 실시한 요양급여 또는 이 영 시행 당시 실시 중인 요양급여에 대해서도 적용한다.

부 칙 (2018.3.6)

제1조【시행일】 이 영은 2018년 7월 1일부터 시행한다.
제2조【보험료 조정에 관한 특례】 ① 법률 제14776호 국민건강보험법 일부개정법률 부칙 제4조제1호에서 "대통령령으로 정하는 지역가입자"란 이 영 시행일 전날이 속하는 달을 포함하여 보험료가 부과되는 각각의 달마다 종전의 규정에 따라 산정한 소득금액이 연 500만원 이하인 사람으로서 별표4 제3호의 개정규정에 따른 재산등급이 34등급 이하인 사람을 말한다.
② 법률 제14776호 국민건강보험법 일부개정법률 부칙 제4조에 따라 보험료를 감액할 때에는 다음 각 호에 따른 금액을 감액한다. 다만, 지역가입자의 세대 구성의 변화 등으로 제1호 또는 제2호에 따라 감액하기 곤란한 경우에는 보건복지부장관이 정하여 고시하는 바에 따라 감액한다.
1. 법률 제14776호 국민건강보험법 일부개정법률 부칙 제4조제1호에 따른 지역가입자 : 종전의 규정에 따라 산출한 보험료와 개정규정에 따라 산출한 보험료를 비교하여 인상된 금액
2. 법률 제14776호 국민건강보험법 일부개정법률 부칙 제4조제2호에 따른 지역가입자 : 개정규정에 따라 산출한 보험료의 100분의 30에 해당하는 금액

③ 법률 제14776호 국민건강보험법 일부개정법률 부칙 제4조에 따라 2022년 6월분 보험료까지 제2항에 따른 금액을 감액한다. 다만, 다음 각 호의 어느 하나에 해당하는 경우에는 다음 각 호에서 정하는 날이 속하는 달(해당일이 매월 1일인 경우에는 그 전달로 한다)의 보험료까지 감액한다.
1. 법률 제14776호 국민건강보험법 일부개정법률 부칙 제4조제1호 및 제2호에 따라 감액을 적용 받던 지역가입자의 자격이 변동(「의료급여법」 제3조제1항제2호에 해당하여 변동된 경우는 제외한다)된 경우 : 자격 변동일 (2019.7.30 본호개정)
2. 법률 제14776호 국민건강보험법 일부개정법률 부칙 제4조제1호에 따라 감액을 적용 받던 지역가입자의 소득 또는 재산이 증가하여 제1항의 요건을 갖추지 못하게 된 경우 : 해당 요건을 충족하지 못하게 된 날
3. 법률 제14776호 국민건강보험법 일부개정법률 부칙 제4조제2호에 따라 감액을 적용받던 지역가입자가 소득 또는 재산이 증가하여 종전의 규정에 따르더라도 피부양자 자격의 인정 기준을 충족하지 아니하는 경우 : 공단이 해당 인정 요건을 충족하지 아니하는 것으로 확인한 날

부 칙 (2018.5.1)

제1조【시행일】 이 영은 2018년 7월 1일부터 시행한다.
제2조【과징금의 용도별 지원 규모에 관한 적용례】 제71조제1항의 개정규정은 2019년도 용도별 지원분부터 적용한다.

부 칙 (2018.6.26)

제1조【시행일】 이 영은 2018년 7월 1일부터 시행한다.
제2조【임의계속가입 재적용에 관한 적용례】 제77조의 개정규정은 2018년 7월 1일에 제77조제1항에 따른 사용관계가 끝난 날의 다음 날부터 기산하여 36개월이 지나지 아니한 사람에 대해서도 적용한다.
제3조【요양급여비용 본인부담률에 관한 적용례】 별표2의 개정규정은 2018년 7월 1일 이후 실시하는 요양급여부터 적용한다.

부 칙 (2018.9.28)

제1조【시행일】 이 영은 2018년 9월 28일부터 시행한다. 다만, 별표5의 개정규정은 2018년 11월 1일부터 시행한다.
제2조【업무정지처분 및 과징금 부과처분 기준 변경에 관한 경과조치 등】 ① 2018년 11월 1일 전에 끝나는 조사대상 기간에 발생한 위반행위에 대한 업무정지처분 또는 과징금 부과처분은 별표5의 개정규정에도 불구하고 종전의 규정에 따른다.
② 2018년 11월 1일 전에 시작되어 2018년 11월 1일 이후에 끝나는 조사대상 기간에 발생한 위반행위에 대한 업무정지처분 또는 과징금 부과처분은 별표5의 개정규정을 적용한다. 다만, 조사대상 기간 중 2018년 10월 31일까지의 기간에 대하여 같은 개정규정을 적용하는 것이 종전의 규정을 적용하는 것보다 요양기관에 불리하게 되는 경우에는 종전의 규정에 따른다.
③ 별표5 제4호의 개정규정은 부칙 제2조제1항 및 같은 조 제2항 단서에도 불구하고 2018년 10월 31일까지의 조사대상 기간에 발생한 위반행위에 대한 감면에도 적용한다.

부 칙 (2018.12.24)

제1조【시행일】 이 영은 2019년 1월 1일부터 시행한다. 다만, 별표4의3 및 별표7의 개정규정은 공포한 날부터 시행한다.
제2조【임신 · 출산 진료비에 관한 적용례】 제23조의 개정규정은 이 영 시행 이후 공단에 임신 · 출산 진료비 이용권의 발급을 신청하는 경우부터 적용한다.
제3조【요양급여비용의 본인부담률에 관한 적용례】 별표2 제1호 및 제3호의 개정규정은 이 영 시행 이후 실시하는 요양급여부터 적용한다.

부 칙 (2019.2.12)

제1조【시행일】 이 영은 공포한 날부터 시행한다.
제2조【본인부담상한액에 관한 적용례】 별표3의 개정규정은 2019년 1월 1일 이후 실시한 요양급여부터 적용한다.

부 칙 (2019.4.2)

제1조【시행일】 이 영은 공포한 날부터 시행한다.
제2조【추나요법 요양급여비용의 본인부담률에 관한 적용례】 제19조제3항, 별표2 제3호라목9) · 10) 및 같은 호 거목의 개정규정은 2019년 4월 8일 이후 실시하는 요양급여부터 적용한다.

부 칙 (2019.6.11)

제1조【시행일】 이 영은 2019년 6월 12일부터 시행한다. 다만, 다음 각 호의 개정규정은 각 호의 구분에 따른 날부터 시행한다.
1. 제18조의2, 제19조제5항, 제76조의2제2항제1호가목, 제76조의3, 별표4의3 제1호오목 및 별표7의 개정규정 : 공포한 날
2. 제19조제3항제1호 및 별표2 제1호 · 제3호의 개정규정 : 2019년 7월 1일
3. 제26조의2제1항 및 별표4의3 제1호더목 · 커목의 개정규정 : 2019년 10월 24일
4. 별표2 제5호의 개정규정 : 2020년 1월 1일

제2조【요양급여비용의 본인부담률에 관한 적용례】 제19조제3항제1호 및 별표2 제1호 · 제3호의 개정규정은 부칙 제1조제2호에 따른 시행일 이후 실시하는 요양급여부터 적용한다.
제3조【요양급여비용의 본인부담률에 관한 경과조치】 부칙 제1조제4호에 따른 시행일 당시 계속 입원 중인 가입자 또는 피부양자의 요양급여에 대해서는 별표2 제5호의 개정규정에도 불구하고 종전의 규정에 따른다.

부 칙 (2019.7.2)

이 영은 공포한 날부터 시행한다.(이하 생략)

부 칙 (2019.7.16)

이 영은 2019년 7월 16일부터 시행한다.

부 칙 (2019.7.30)

제1조【시행일】 이 영은 2019년 8월 1일부터 시행한다.
제2조【보험료 조정에 관한 적용례】 대통령령 제28693호 국민건강보험법 시행령 일부개정령 부칙 제2조제3항제1호의 개정규정은 「의료급여법」 제3조제1항제2호에 해당하여 의료급여 수급권자가 되었다가 이 영 시행 전에 다시 지역가입자가 된 사람의 2019년 8월분 보험료부터 적용한다.

부 칙 (2019.10.22)

제1조【시행일】 이 영은 2019년 10월 24일부터 시행한다. 다만, 제19조제3항제1호, 별표2 제1호가목1) 및 같은 표 제3호 각 목 외의 부분의 개정규정은 2019년 11월 1일부터 시행하고, 별표2 제2호 및 같은 표 제3호라목 · 하목의 개정규정은 2020년 1월 1일부터 시행한다.
제2조【요양급여비용의 본인부담률에 관한 적용례】 제19조제3항제1호, 별표2 제1호가목1) 및 같은 표 제3호 각 목 외의 부분의 개정규정은 2019년 11월 1일 이후 실시하는 요양급여부터 적용한다.
제3조【본인부담액 산정에 관한 적용례】 별표2 제2호의 개정규정은 부칙 제1조 단서에 따른 시행일 이후 입원하는 사람에 대하여 실시하는 요양급여에 대한 본인부담액을 산정하는 경우부터 적용한다.

부 칙 (2019.12.31)

이 영은 2020년 1월 1일부터 시행한다.

부 칙 (2020.6.2)

제1조【시행일】 이 영은 2020년 6월 4일부터 시행한다. 다만, 제23조제3항제2호, 별표2 제3호타목 및 별표6 제2호의 개정규정은 2020년 7월 1일부터 시행한다.
제2조【요양급여비용의 본인일부부담금에 관한 적용례】 별표2 제3호타목2)의 개정규정은 2020년 7월 1일 이후 실시하는 요양급여부터 적용한다.
제3조【포상금 지급기준에 관한 적용례】 별표6 제2호의 개정규정은 2020년 7월 1일 이후 속임수나 그 밖의 부당한 방법으로 보험급여 비용을 지급받은 요양기관을 신고하는 경우부터 적용한다.

부 칙 (2020.6.30)

제1조【시행일】 이 영은 공포한 날부터 시행한다.(이하 생략)

부 칙 (2020.7.7)

제1조【시행일】 이 영은 2020년 7월 8일부터 시행한다.
제2조【보험료가 면제되는 국외 체류기간에 관한 적용례】 제44조의2의 개정규정은 이 영 시행 이후 출국하는 가입자부터 적용한다.

부 칙 (2020.10.7)

제1조【시행일】 이 영은 공포한 날부터 시행한다. 다만, 제41조의 개정규정은 2020년 11월 1일부터 시행한다.
제2조【요양급여비용의 본인일부부담금에 관한 적용례】 제19조제3항제3호, 별표2 제3호타목3) 및 같은 호 너목의 개정규정은 이 영 시행 이후 실시하는 요양급여부터 적용한다.
제3조【보험료 산정에 관한 적용례】 제41조제1항 및 제2항의 개정규정은 2020년 11월분 보험료를 산정하는 경우부터 적용한다.

부 칙 (2020.12.29 영31321호)

제1조【시행일】 이 영은 2021년 1월 1일부터 시행한다.
제2조【요양급여비용의 본인일부부담금 면제 대상 확대에 따른 적용례】 별표2 제3호타목1)의 개정규정은 2021년도분의 일반건강검진 결과에 따라 실시하는 요양급여부터 적용한다.

부 칙 (2020.12.29 영31337호)

제1조【시행일】 이 영은 2021년 1월 1일부터 시행한다.
제2조【일반적 적용례】 이 영은 이 영 시행 당시 사법경찰관이 수사 중인 사건에 대해서도 적용한다.

부 칙 (2021.2.17)

제1조【시행일】 이 영은 공포한 날부터 시행한다.(이하 생략)

부 칙 (2021.4.6)

제1조【시행일】 이 영은 2021년 4월 6일부터 시행한다. (이하 생략)

부 칙 (2021.6.29)

제1조【시행일】 이 영은 2021년 6월 30일부터 시행한다. 다만, 제23조의 개정규정은 2022년 1월 1일부터 시행한다.
제2조【임신 · 출산 진료비 지원에 관한 경과조치】 부칙 제1조 단서에 따른 시행일 전에 임신 · 출산 진료비 지원을 신청한 경우에는 제23조의 개정규정에도 불구하고 종전의 규정에 따른다.
제3조【다른 법령의 개정】 ※(해당 법령에 가제정리 하였음)

부 칙 (2021.10.14)

제1조【시행일】 이 영은 공포한 날부터 시행한다.
제2조【재난적의료비 지원사업에 대한 출연 금액 상한에 관한 적용례】 제17조의2의 개정규정은 이 영 시행일이 속하는 회계연도의 다음 회계연도부터 적용한다.
제3조【보험료가 면제되는 국외 체류기간 변경에 따른 적용례】 제44조의2의 개정규정은 이 영 시행 당시 국외에 체류 중인 가입자에 대해서도 적용한다.

부 칙 (2021.12.7)

제1조【시행일】 이 영은 2021년 12월 9일부터 시행한다. 다만, 제44조, 제81조의2 및 별표5의 개정규정은 2022년 1월 1일부터 시행한다.
제2조【보험료율 및 보험료부과점수당 금액에 관한 적용례】 제44조의 개정규정은 부칙 제1조 단서에 따른 시행일이 속하는 달의 월별 보험료를 산정하는 경우부터 적용한다.
제3조【업무정지 처분 및 과징금 부과처분의 기준 변경에 따른 경과조치 등】 ① 2022년 1월 1일 전에 끝나는 조사대상 기간 중에 발생한 위반행위에 대한 업무정지 처분 또는 과징금 부과처분의 기준에 관하여는 별표5의 개정규정에도 불구하고 종전의 규정에 따른다.
② 별표5의 개정규정은 2022년 1월 1일 전에 시작되어 2022년 1월 1일 이후에 끝나는 조사대상 기간 중에 발생한 위반행위에 대한 업무정지 처분 또는 과징금 부과처분에 대해서도 적용한다. 다만, 별표5의 개정규정을 적용하는 것이 종전의 규정을 적용하는 것보다 요양기관에 불리하게 되는 경우에는 종전의 규정에 따른다.

부 칙 (2021.12.31)

제1조【시행일】 이 영은 2023년 1월 1일부터 시행한다. (이하 생략)

부 칙 (2022.3.8)

이 영은 공포한 날부터 시행한다.

부 칙 (2022.5.9)

제1조【시행일】 이 영은 2022년 8월 18일부터 시행한다. (이하 생략)

부 칙 (2022.6.30)

이 영은 2022년 7월 1일부터 시행한다.

부 칙 (2022.8.31)

제1조【시행일】 이 영은 2022년 9월 1일부터 시행한다. 다만, 제42조의2제2항제1호 및 같은 조 제3항제1호의 개정규정은 2022년 11월 1일부터 시행하고, 부칙 제8조는 2023년 1월 1일부터 시행한다.
제2조【직장가입자의 소득월액 산정기준에 관한 적용례】 제41조제4항의 개정규정은 2022년 9월분 직장가입자의 소득월액보험료부터 적용한다.
제3조【소득월액 및 보험료부과점수의 조정에 관한 적용례】 제41조의2(제42조제2항의 개정규정에 따라 준용하는 경우를 포함한다)의 개정규정은 2022년 9월분 직장가입자의 소득월액보험료 및 지역가입자의 월별 보험료부터 적용한다.
제4조【자동차에 대한 보험료부과점수 산정방법에 관한 적용례】 제42조제3항제3호나목 및 별표4 제4호의 개정규정은 2022년 9월분 지역가입자의 월별 보험료부터 적용한다.
제5조【지역가입자의 주택 관련 대출금액의 보험료부과점수 제외에 관한 적용례】 제42조의2제2항제1호 및 같은 조 제3항제1호의 개정규정은 2022년 11월분 지역가입자의 월별 보험료부터 적용한다.
제6조【소득에 대한 보험료부과점수 산정방법에 관한 적용례】 별표4 제1호(다목은 제외한다) 및 제2호의 개정규정은 2022년 9월분 지역가입자의 월별 보험료부터 적용한다.
제7조【지역가입자 월별 보험료액 인상에 따른 특례】 ① 이 영 시행 당시 다음 각 호의 요건을 모두 갖춘 지역가입자에 대해서는 보험료 증가분(제32조제2호나목 및 별표4 제1호 각 목 외의 부분 단서의 개정규정에 따라 부과하는 보험료에서 종전의 제32조제2호나목, 별표4 제1호 각 목

외의 부분 단서 및 대통령령 제28693호 국민건강보험법 시행령 일부개정령 부칙 제2조에 따라 부과하는 보험료를 뺀 금액을 말한다)는 2022년 9월분부터 2024년 10월분까지는 전부 감액하고, 2024년 11월분부터 2026년 8월분까지는 100분의 50을 감액한다. 다만, 지역가입자 세대 구성의 변화 등으로 본문에 따라 감액하기 곤란한 경우에는 보건복지부장관이 정하여 고시하는 바에 따라 감액한다.
1. 종전의 규정에 따라 산출한 2022년 8월분 보험료가 제32조제2호나목의 개정규정에 따른 월별 보험료액 미만일 것
2. 별표4 제1호가목에 따른 소득금액이 연 336만원 이하이고, 같은 호 나목 및 다목에 따른 재산 및 자동차에 부과하는 점수가 없을 것
② 제1항에도 불구하고 다음 각 호의 어느 하나에 해당하는 경우에는 해당 각 호에서 정하는 날이 속하는 달(해당 날짜가 매월 1일인 경우에는 그 전달로 한다)의 보험료까지 감액한다.
1. 지역가입자의 자격이 변동(「의료급여법」 제3조제1항제2호에 해당하여 변동된 경우는 제외한다)된 경우 : 자격이 변동된 날
2. 지역가입자가 제1항제2호의 요건을 갖추지 못하게 된 경우 : 해당 요건을 갖추지 못하게 된 날
제8조【다른 법령의 개정】 ※(해당 법령에 가제정리 하였음)

부 칙 (2022.12.27)

제1조【시행일】 이 영은 2023년 1월 1일부터 시행한다. 다만, 제28조제1항 및 제42조의2제1항·제3항의 개정규정은 공포한 날부터 시행한다.
제2조【보험료율 및 보험료부과점수당 금액에 관한 적용례】 제44조제1항·제2항 및 별표4 제1호가목의 개정규정은 2023년 1월분 보험료를 산정하는 경우부터 적용한다.

부 칙 (2023.4.11)

제1조【시행일】 이 영은 2023년 6월 5일부터 시행한다. (이하 생략)

부 칙 (2023.6.20)

제1조【시행일】 이 영은 2023년 6월 28일부터 시행한다.
제2조【소득월액 및 보험료부과점수의 조정 이후 사업소득등의 발생 신고에 관한 적용례】 제41조의2제3항부터 제7항까지의 개정규정은 이 영 시행 이후 제41조의2제1항(제42조제2항에 따라 준용하는 경우를 포함한다)에 따라 직장가입자가 소득월액 조정을 공단에 신청하거나 지역가입자가 보험료부과점수 조정을 공단에 신청하는 경우부터 적용한다.
제3조【본인부담상한액에 관한 적용례】 별표3의 개정규정은 2023년 1월 1일 이후 실시한 요양급여부터 적용한다.

부 칙 (2023.6.27)

제1조【시행일】 이 영은 2023년 7월 1일부터 시행한다. (이하 생략)

부 칙 (2023.11.7)

제1조【시행일】 이 영은 2023년 11월 20일부터 시행한다. 다만, 제71조제1항제1호·제2호 및 별표2 제3호가목2)의 개정규정은 2024년 1월 1일부터 시행한다.
제2조【요양급여비용의 본인일부부담금에 관한 적용례】 별표2 제3호가목2)의 개정규정은 2024년 1월 1일 이후 실시하는 요양급여부터 적용한다.
제3조【진료심사평가위원회 위원 겸직에 관한 경과조치】 이 영 시행 전에 겸직 허가를 받아 진료심사평가위원회의 위원을 겸하고 있는 교수등은 제29조의2제1항의 개정규정에 따른 겸직 허가를 받은 것으로 본다.

부 칙 (2023.12.12)

이 영은 공포한 날부터 시행한다.

부 칙 (2024.1.2)

제1조【시행일】 이 영은 2024년 1월 12일부터 시행한다.
제2조【직장가입자의 보수월액보험료 범위 조정에 관한 적용례】 제32조제2호가목의 개정규정은 2024년 1월분 보험료를 산정하는 경우부터 적용한다.
제3조【소득에 대한 보험료부과점수 산정방법에 관한 적용례】 별표4 제1호가목의 개정규정은 2024년 1월분 보험료를 산정하는 경우부터 적용한다.

〔별표〕 ➡ 「法典 別冊」 참조

노동위원회법

(1997년 3월 13일
법 률 제5311호)

개정
1999. 4.15법 5962호
2005. 1.27법 7380호(공무원의노동조합설립및운영등에관한법)
2005.12.29법 7773호(정부조직)
2005.12.29법 7796호(국가공무원)
2006.12.21법 8075호 2007. 1.26법 8296호
2007. 4.11법 8372호(근기)
2007. 5.17법 8474호
2010. 6. 4법10339호(정부조직)
2014. 5.20법12629호 2015. 1.20법13044호
2016. 1.27법13904호
2019. 4.30법16413호(파견근로자보호)
2021. 1. 5법17863호 2021. 5.18법18179호

제1장 총 칙
(2015.1.20 본장개정)

제1조【목적】 이 법은 노동관계에 관한 판정 및 조정(調整) 업무를 신속·공정하게 수행하기 위하여 노동위원회를 설치하고 그 운영에 관한 사항을 규정함으로써 노동관계의 안정과 발전에 이바지함을 목적으로 한다.
제2조【노동위원회의 구분·소속 등】 ① 노동위원회는 중앙노동위원회, 지방노동위원회 및 특별노동위원회로 구분한다.
② 중앙노동위원회와 지방노동위원회는 고용노동부장관 소속으로 두며, 지방노동위원회의 명칭·위치 및 관할구역은 대통령령으로 정한다.
③ 특별노동위원회는 관계 법률에서 정하는 사항을 관장하기 위하여 필요한 경우에 해당 사항을 관장하는 중앙행정기관의 장 소속으로 둔다.
제2조의2【노동위원회의 소관 사무】 노동위원회의 소관 사무는 다음 각 호와 같다.
1. 「노동조합 및 노동관계조정법」, 「근로자참여 및 협력증진에 관한 법률」, 「교원의 노동조합 설립 및 운영 등에 관한 법률」, 「공무원의 노동조합 설립 및 운영 등에 관한 법률」, 「기간제 및 단시간근로자 보호 등에 관한 법률」, 「파견근로자 보호 등에 관한 법률」, 「산업현장 일학습병행 지원에 관한 법률」 및 「남녀고용평등과 일·가정 양립 지원에 관한 법률」에 따른 판정·결정·의결·승인·인정 또는 차별적 처우 시정 등에 관한 업무(2021.5.18 본호개정)
2. 「노동조합 및 노동관계조정법」, 「교원의 노동조합 설립 및 운영 등에 관한 법률」 및 「공무원의 노동조합 설립 및 운영 등에 관한 법률」에 따른 노동쟁의 조정(調停)·중재 또는 관계 당사자의 자주적인 노동쟁의 해결 지원에 관한 업무
3. 제1호 및 제2호의 업무수행과 관련된 조사·연구·교육 및 홍보 등에 관한 업무
4. 그 밖에 다른 법률에서 노동위원회의 소관으로 규정된 업무
제3조【노동위원회의 관장】 ① 중앙노동위원회는 다음 각 호의 사건을 관장한다.
1. 지방노동위원회 및 특별노동위원회의 처분에 대한 재심사건
2. 둘 이상의 지방노동위원회의 관할구역에 걸친 노동쟁의의 조정(調整)사건
3. 다른 법률에서 그 권한에 속하는 것으로 규정된 사건
② 지방노동위원회는 해당 관할구역에서 발생하는 사건을 관장하되, 둘 이상의 관할구역에 걸친 사건(제1항제2호의 조정사건은 제외한다)은 주된 사업장의 소재지를 관할하는 지방노동위원회에서 관장한다.
③ 특별노동위원회는 관계 법률에서 정하는 바에 따라 그 설치목적으로 규정된 특정사항에 관한 사건을 관장한다.
④ 중앙노동위원회 위원장은 제1항제2호에도 불구하고 효율적인 노동쟁의의 조정을 위하여 필요하다고 인정하는 경우에는 지방노동위원회를 지정하여 해당 사건을 처리하게 할 수 있다.
⑤ 중앙노동위원회 위원장은 제2항에 따른 주된 사업장을 정하기 어렵거나 주된 사업장의 소재지를 관할하는 지방노동위원회에서 처리하기 곤란한 사정이 있는 경우에는 직권으로 또는 관계 당사자나 지방노동위원회 위원장의 신청에 따라 지방노동위원회를 지정하여 해당 사건을 처리하게 할 수 있다.
제3조의2【사건의 이송】 ① 노동위원회는 접수된 사건이 다른 노동위원회의 관할인 경우에는 지체 없이 해당 사건을 관할 노동위원회로 이송하여야 한다. 제23조에 따른 조사를 시작한 후 다른 노동위원회의 관할인 것으로 확인된 경우에도 또한 같다.
② 제1항에 따라 이송된 사건은 관할 노동위원회에 처음부터 접수된 것으로 본다.
③ 노동위원회는 제1항에 따라 사건을 이송한 경우에는 그 사실을 지체 없이 관계 당사자에게 통지하여야 한다.
(2015.1.20 본조신설)
제4조【노동위원회의 지위 등】 ① 노동위원회는 그 권한에 속하는 업무를 독립적으로 수행한다.
② 중앙노동위원회 위원장은 중앙노동위원회 및 지방노동위원회의 예산·인사·교육훈련, 그 밖의 행정사무를 총괄하며, 소속 공무원을 지휘·감독한다.
③ 중앙노동위원회 위원장은 제2항에 따른 행정사무의 지휘·감독권 일부를 대통령령으로 정하는 바에 따라 지방노동위원회 위원장에게 위임할 수 있다.
제5조【특별노동위원회의 조직 등】 ① 특별노동위원회에 대해서는 제6조제3항부터 제7항까지, 제9조제2항 및 제4항을 적용하지 아니한다.
② 다음 각 호의 어느 하나에 해당하는 사항에 대해서는 해당 특별노동위원회의 설치 근거가 되는 법률에서 다르게 정할 수 있다.
1. 제6조제2항에 따른 근로자위원, 사용자위원 및 공익위원의 수
2. 제11조에 따른 상임위원
③ 특별노동위원회에 대하여 제15조제3항부터 제5항까지의 규정을 적용하는 경우에 제6조제6항에 따른 심판담당 공익위원, 차별시정담당 공익위원 및 조정담당 공익위원은 특별노동위원회의 공익위원으로 본다.

제2장 조 직
(2015.1.20 본장개정)

제6조【노동위원회의 구성 등】 ① 노동위원회는 근로자를 대표하는 위원(이하 "근로자위원"이라 한다)과 사용자를 대표하는 위원(이하 "사용자위원"이라 한다) 및 공익을 대표하는 위원(이하 "공익위원"이라 한다)으로 구성한다.
② 노동위원회 위원의 수는 다음 각 호의 구분에 따른 범위에서 노동위원회의 업무량을 고려하여 대통령령으로 정한다. 이 경우 근로자위원과 사용자위원은 같은 수로 한다.
1. 근로자위원 및 사용자위원 : 각 10명 이상 50명 이하
2. 공익위원 : 10명 이상 70명 이하
③ 근로자위원은 노동조합이 추천한 사람 중에서, 사용자위원은 사용자단체가 추천한 사람 중에서 다음 각 호의 구분에 따라 위촉한다.
1. 중앙노동위원회 : 고용노동부장관의 제청으로 대통령이 위촉
2. 지방노동위원회 : 지방노동위원회 위원장의 제청으로 중앙노동위원회 위원장이 위촉
④ 공익위원은 해당 노동위원회 위원장, 노동조합 및 사용자단체가 각각 추천한 사람 중에서 노동조합과 사용자단체가 순차적으로 배제하고 남은 사람을 위촉대상 공익위원으로 하고, 그 위촉대상 공익위원 중에서 다음 각 호의 구분에 따라 위촉한다.
1. 중앙노동위원회 공익위원 : 고용노동부장관의 제청으로 대통령이 위촉
2. 지방노동위원회 공익위원 : 지방노동위원회 위원장의 제청으로 중앙노동위원회 위원장이 위촉
⑤ 제4항에도 불구하고 노동조합 또는 사용자단체가 공익위원을 추천하는 절차나 추천된 공익위원을 순차적으로 배제하는 절차를 거부하는 경우에는 해당 노동위원회 위원장이 위촉대상 공익위원을 선정할 수 있다.
⑥ 공익위원은 다음 각 호와 같이 구분하여 위촉한다.
1. 심판사건을 담당하는 심판담당 공익위원
2. 차별적 처우 시정사건(「남녀고용평등과 일·가정 양립 지원에 관한 법률」 제26조제1항에 따른 시정사건을 포함한다. 이하 같다)을 담당하는 차별시정담당 공익위원(2021.5.18 본호개정)
3. 조정사건을 담당하는 조정담당 공익위원
⑦ 노동위원회 위원의 추천절차, 공익위원의 순차배제의 방법, 그 밖에 위원의 위촉에 필요한 사항은 대통령령으로 정한다.
제6조의2【사회취약계층에 대한 권리구제 대리】 ① 노동위원회는 제2조의2제1호 중 판정·결정·승인·인정 및 차별적 처우 시정 등에 관한 사건에서 사회취약계층을 위하여 변호사나 공인노무사로 하여금 권리구제업무를 대리하게 할 수 있다.
② 제1항에 따라 변호사나 공인노무사로 하여금 사회취약계층을 위한 권리구제업무를 대리하게 하려는 경우의 요건, 대상, 변호사·공인노무사의 보수 등에 관하여 필요한 사항은 고용노동부령으로 정한다.
제7조【위원의 임기 등】 ① 노동위원회 위원의 임기는 3년으로 하되, 연임할 수 있다.
② 노동위원회 위원이 궐위(闕位)된 경우 보궐위원의 임기는 전임자 임기의 남은 기간으로 한다. 다만, 노동위원회 위원장 또는 상임위원이 궐위되어 후임자를 임명한 경우 후임자의 임기는 새로 시작된다.
③ 임기가 끝난 노동위원회 위원은 후임자가 위촉될 때까지 계속 그 직무를 집행한다.
④ 노동위원회 위원의 처우에 관하여는 대통령령으로 정한다.
제8조【공익위원의 자격기준 등】 ① 중앙노동위원회의 공익위원은 다음 각 호의 구분에 따라 노동문제에 관한 지식과 경험이 있는 사람을 위촉하되, 여성의 위촉이 늘어날 수 있도록 노력하여야 한다.
1. 심판담당 공익위원 및 차별시정담당 공익위원
가. 노동문제와 관련된 학문을 전공한 사람으로서 「고등교육법」 제2조제1호부터 제6호까지의 학교에서 부교수 이상으로 재직하고 있거나 재직하였던 사람

나. 판사·검사·군법무관·변호사 또는 공인노무사로 7년 이상 재직하고 있거나 재직하였던 사람
다. 노동관계 업무에 7년 이상 종사한 사람으로서 2급 또는 2급 상당 이상의 공무원이나 고위공무원단에 속하는 공무원으로 재직하고 있거나 재직하였던 사람
라. 그 밖에 노동관계 업무에 15년 이상 종사한 사람으로서 심판담당 공익위원 또는 차별시정담당 공익위원으로 적합하다고 인정되는 사람
2. 조정담당 공익위원
가. 「고등교육법」 제2조제1호부터 제6호까지의 학교에서 부교수 이상으로 재직하고 있거나 재직하였던 사람
나. 판사·검사·군법무관·변호사 또는 공인노무사로 7년 이상 재직하고 있거나 재직하였던 사람
다. 노동관계 업무에 7년 이상 종사한 사람으로서 2급 또는 2급 상당 이상의 공무원이나 고위공무원단에 속하는 공무원으로 재직하고 있거나 재직하였던 사람
라. 그 밖에 노동관계 업무에 15년 이상 종사한 사람 또는 사회적 덕망이 있는 사람으로서 조정담당 공익위원으로 적합하다고 인정되는 사람
② 지방노동위원회의 공익위원은 다음 각 호의 구분에 따라 노동문제에 관한 지식과 경험이 있는 사람을 위촉하되, 여성의 위촉이 늘어날 수 있도록 노력하여야 한다.
1. 심판담당 공익위원 및 차별시정담당 공익위원
가. 노동문제와 관련된 학문을 전공한 사람으로서 「고등교육법」 제2조제1호부터 제6호까지의 학교에서 조교수 이상으로 재직하고 있거나 재직하였던 사람
나. 판사·검사·군법무관·변호사 또는 공인노무사로 3년 이상 재직하고 있거나 재직하였던 사람
다. 노동관계 업무에 3년 이상 종사한 사람으로서 3급 또는 3급 상당 이상의 공무원이나 고위공무원단에 속하는 공무원으로 재직하고 있거나 재직하였던 사람
라. 노동관계 업무에 10년 이상 종사한 사람으로서 4급 또는 4급 상당 이상의 공무원으로 재직하고 있거나 재직하였던 사람
마. 그 밖에 노동관계 업무에 10년 이상 종사한 사람으로서 심판담당 공익위원 또는 차별시정담당 공익위원으로 적합하다고 인정되는 사람
2. 조정담당 공익위원
가. 「고등교육법」 제2조제1호부터 제6호까지의 학교에서 조교수 이상으로 재직하고 있거나 재직하였던 사람
나. 판사·검사·군법무관·변호사 또는 공인노무사로 3년 이상 재직하고 있거나 재직하였던 사람
다. 노동관계 업무에 3년 이상 종사한 사람으로서 3급 또는 3급 상당 이상의 공무원이나 고위공무원단에 속하는 공무원으로 재직하고 있거나 재직하였던 사람
라. 노동관계 업무에 10년 이상 종사한 사람으로서 4급 또는 4급 상당 이상의 공무원으로 재직하고 있거나 재직하였던 사람
마. 그 밖에 노동관계 업무에 10년 이상 종사한 사람 또는 사회적 덕망이 있는 사람으로서 조정담당 공익위원으로 적합하다고 인정되는 사람

제9조【위원장】 ① 노동위원회에 위원장 1명을 둔다.
② 중앙노동위원회 위원장은 제8조제1항에 따라 중앙노동위원회의 공익위원이 될 수 있는 자격을 갖춘 사람 중에서 고용노동부장관의 제청으로 대통령이 임명하고, 지방노동위원회 위원장은 제8조제2항에 따라 지방노동위원회의 공익위원이 될 수 있는 자격을 갖춘 사람 중에서 중앙노동위원회 위원장의 추천과 고용노동부장관의 제청으로 대통령이 임명한다.
③ 중앙노동위원회 위원장은 정무직으로 한다.
④ 노동위원회 위원장(이하 "위원장"이라 한다)은 해당 노동위원회의 공익위원이 되며, 심판사건, 차별적 처우 시정사건, 조정사건을 담당할 수 있다.

제10조【위원장의 직무】 ① 위원장은 해당 노동위원회를 대표하며, 노동위원회의 사무를 총괄한다.
② 위원장이 부득이한 사유로 직무를 수행할 수 없을 때에는 대통령령으로 정하는 공익위원이 그 직무를 대행한다.

제11조【상임위원】 ① 노동위원회에 상임위원을 두며, 상임위원은 해당 노동위원회의 공익위원이 될 수 있는 자격을 갖춘 사람 중에서 중앙노동위원회 위원장의 추천과 고용노동부장관의 제청으로 대통령이 임명한다.
② 상임위원은 해당 노동위원회의 공익위원이 되며, 심판사건, 차별적 처우 시정사건, 조정사건을 담당할 수 있다.
③ 노동위원회에 두는 상임위원의 수와 직급 등은 대통령령으로 정한다.

제11조의2【위원의 행위규범】 ① 노동위원회의 위원은 법과 양심에 따라 공정하고 성실하게 업무를 수행하여야 한다.
② 중앙노동위원회는 노동위원회 위원이 제1항에 따라 업무를 수행하기 위하여 준수하여야 할 행위규범과 그 운영에 관한 사항을 제15조에 따른 전원회의의 의결을 거쳐 정할 수 있다.
③ 제2항에 따른 노동위원회 위원의 행위규범에는 다음 각 호의 사항이 포함되어야 한다.
1. 업무수행과 관련하여 향응·금품 등을 받는 행위의 금지에 관한 사항
2. 관계 당사자 중 어느 한쪽에 편파적이거나 사건 처리를 방해하는 등 공정성과 중립성을 훼손하는 행위의 금지·제한에 관한 사항
3. 직무수행과 관련하여 알게 된 사항을 자기나 다른 사람의 이익을 위하여 이용하거나 다른 사람에게 제공하는 행위의 금지에 관한 사항
4. 제15조에 따른 부문별 위원회의 출석 등 노동위원회 위원으로서의 성실한 업무수행에 관한 사항
5. 그 밖에 품위 유지 등을 위하여 필요한 사항

제12조【결격사유】 「국가공무원법」 제33조 각 호의 어느 하나에 해당하는 사람은 노동위원회 위원이 될 수 없다.

제13조【위원의 신분보장】 ① 노동위원회 위원은 다음 각 호의 어느 하나에 해당하는 경우를 제외하고는 그 의사에 반하여 면직되거나 위촉이 해제되지 아니한다.
1. 「국가공무원법」 제33조 각 호의 어느 하나에 해당하는 경우
2. 장기간의 심신쇠약으로 직무를 수행할 수 없는 경우
3. 직무와 관련된 비위사실이 있거나 노동위원회 위원직을 유지하기에 적합하지 아니하다고 인정되는 비위사실이 있는 경우
4. 제11조의2에 따른 행위규범을 위반하여 노동위원회 위원으로서 직무를 수행하기 곤란한 경우
5. 공익위원으로 위촉된 후 제8조에 따른 공익위원의 자격기준에 미달하게 된 것으로 밝혀진 경우
② 노동위원회 위원은 제1항제1호에 해당하는 경우에 당연히 면직되거나 위촉이 해제된다.

제14조【사무처와 사무국】 ① 중앙노동위원회에는 사무처를 두고, 지방노동위원회에는 사무국을 둔다.
② 사무처와 사무국의 조직·운영 등에 필요한 사항은 대통령령으로 정한다.
③ 고용노동부장관은 노동위원회 사무처 또는 사무국 소속 직원을 고용노동부와 노동위원회 간에 전보할 경우 중앙노동위원회 위원장의 의견을 들어야 한다.

제14조의2【중앙노동위원회 사무처장】 ① 중앙노동위원회에는 사무처장 1명을 둔다.
② 사무처장은 중앙노동위원회 상임위원 중 1명이 겸직한다.
③ 사무처장은 중앙노동위원회 위원장의 명을 받아 사무처의 사무를 처리하며 소속 직원을 지휘·감독한다.

제14조의3【조사관】 ① 노동위원회 사무처 및 사무국에 조사관을 둔다.
② 중앙노동위원회 위원장은 노동위원회 사무처 또는 사무국 소속 공무원 중에서 조사관을 임명한다.
③ 조사관은 위원장, 제15조에 따른 부문별 위원회의 위원장 또는 제16조의2에 따른 주심위원의 지휘를 받아 노동위원회의 소관 사무에 필요한 조사를 하고, 제15조에 따른 부문별 위원회에 출석하여 의견을 진술할 수 있다.
④ 조사관의 임명·자격 등에 관하여 필요한 사항은 대통령령으로 정한다.

제3장 회 의
(2015.1.20 본장개정)

제15조【회의의 구성 등】 ① 노동위원회에는 전원회의와 위원회의 권한에 속하는 업무를 부문별로 처리하기 위한 위원회로서 다음 각 호의 부문별 위원회를 둔다. 다만, 다른 법률에 특별한 규정이 있는 경우에는 그러하지 아니하다.
1. 심판위원회
2. 차별시정위원회
3. 조정(調停)위원회
4. 특별조정위원회
5. 중재위원회
6. 「교원의 노동조합 설립 및 운영 등에 관한 법률」 제11조제1항에 따른 교원 노동관계 조정위원회
7. 「공무원의 노동조합 설립 및 운영 등에 관한 법률」 제14조제1항에 따른 공무원 노동관계 조정위원회
② 전원회의는 해당 노동위원회 소속 위원 전원으로 구성하며, 다음 각 호의 사항을 처리한다.
1. 노동위원회의 운영 등 일반적인 사항의 결정
2. 제22조제2항에 따른 근로조건의 개선에 관한 권고
3. 제24조 및 제25조에 따른 지시 및 규칙의 제정(중앙노동위원회만 해당한다)
③ 제1항제1호에 따른 심판위원회는 심판담당 공익위원 중 위원장이 지명하는 3명으로 구성하며, 「노동조합 및 노동관계조정법」, 「근로기준법」, 「근로자참여 및 협력증진에 관한 법률」, 그 밖의 법률에 따른 노동위원회의 판정·의결·승인 및 인정 등과 관련된 사항을 처리한다.
④ 제1항제2호에 따른 차별시정위원회는 차별시정담당 공익위원 중 위원장이 지명하는 3명으로 구성하며, 「기간제 및 단시간근로자 보호 등에 관한 법률」, 「파견근로자 보호 등에 관한 법률」, 「산업현장 일학습병행 지원에 관한 법률」 또는 「남녀고용평등과 일·가정 양립 지원에 관한 법률」에 따른 차별적 처우의 시정 등과 관련된 사항을 처리한다.(2021.5.18 본항개정)
⑤ 제1항제3호부터 제5호까지의 규정에 따른 조정위원회·특별조정위원회 및 중재위원회는 「노동조합 및 노동관계조정법」에서 정하는 바에 따라 구성하며, 같은 법에 따른 조정·중재, 그 밖에 이와 관련된 사항을 각각 처리한다. 이 경우 공익위원은 조정담당 공익위원 중에서 지명한다.
⑥ 위원장은 제3항 및 제4항에 따라 부문별 위원회를 구성할 때 위원장 또는 상임위원의 업무가 과도하여 정상적인 업무수행이 곤란하게 되는 등 제25조에 따라 중앙노동위원회가 제정하는 규칙으로 정하는 부득이한 사유가 있는 경우 외에는 위원장 또는 상임위원 1명이 포함되도록 위원을 지명하여야 한다.
⑦ 위원장은 제3항부터 제5항까지의 규정에도 불구하고 부문별 위원회를 구성할 때 특정 부문별 위원회에 사건이 집중되거나 다른 분야의 전문지식이 필요하다고 인정하는 경우에는 심판담당 공익위원, 차별시정담당 공익위원 또는 조정담당 공익위원을 담당 분야와 관계없이 다른 부문별 위원회의 위원으로 지명할 수 있다.
⑧ 제1항제6호에 따른 교원 노동관계 조정위원회는 「교원의 노동조합 설립 및 운영 등에 관한 법률」에서 정하는 바에 따라 설치·구성하며, 같은 법에 따른 조정·중재, 그 밖에 이와 관련된 사항을 처리한다.
⑨ 제1항제7호에 따른 공무원 노동관계 조정위원회는 「공무원의 노동조합 설립 및 운영 등에 관한 법률」에서 정하는 바에 따라 설치·구성하며, 같은 법에 따른 조정·중재, 그 밖에 이와 관련된 사항을 처리한다.

제15조의2【단독심판 등】 위원장은 다음 각 호의 어느 하나에 해당하는 경우에 심판담당 공익위원 또는 차별시정담당 공익위원 중 1명을 지명하여 사건을 처리하게 할 수 있다.
1. 신청기간을 넘기는 등 신청 요건을 명백하게 갖추지 못한 경우
2. 관계 당사자 양쪽이 모두 단독심판을 신청하거나 단독심판으로 처리하는 것에 동의한 경우

제15조의3【「행정심판법」 등의 준용】 사건 처리와 관련하여 선정대표자, 당사자의 지위 승계, 대리인의 선임에 관하여는 「행정심판법」 제15조, 제16조 및 제18조를 준용하고, 대리의 흠과 추인, 대리의 범위에 관하여는 「민사소송법」 제60조 및 제90조를 준용한다.(2015.1.20 본조신설)

제16조【회의의 소집】 ① 부문별 위원회 위원장은 다른 법률에 특별한 규정이 있는 경우를 제외하고는 부문별 위원회의 위원 중에서 호선(互選)한다.
② 위원장 또는 부문별 위원회 위원장은 전원회의 또는 부문별 위원회를 각각 소집하고 회의를 주재한다. 다만, 위원장은 필요하다고 인정하는 경우에 부문별 위원회를 소집할 수 있다.
③ 위원장 또는 부문별 위원회 위원장은 전원회의 또는 부문별 위원회를 구성하는 위원의 과반수가 회의 소집을 요구하는 경우에 이에 따라야 한다.
④ 위원장 또는 부문별 위원회 위원장은 업무수행과 관련된 조사 등 노동위원회의 원활한 운영을 위하여 필요한 경우 노동위원회가 설치된 위치 외의 장소에서 부문별 위원회를 소집하게 하거나 제15조의2에 따른 단독심판을 하게 할 수 있다.

제16조의2【주심위원】 부문별 위원회 위원장은 부문별 위원회의 원활한 운영을 위하여 필요하다고 인정하는 경우에 주심위원을 지명하여 사건의 처리를 주관하게 할 수 있다.

제16조의3【화해의 권고 등】 ① 노동위원회는 「노동조합 및 노동관계조정법」 제29조의4 및 제84조, 「근로기준법」 제30조에 따른 판정·명령 또는 결정이 있기 전까지 관계 당사자의 신청을 받아 또는 직권으로 화해를 권고하거나 화해안을 제시할 수 있다.
② 노동위원회는 화해안을 작성할 때 관계 당사자의 의견을 충분히 들어야 한다.
③ 노동위원회는 관계 당사자가 화해안을 수락하였을 때에는 화해조서를 작성하여야 한다.
④ 화해조서에는 다음 각 호의 사람이 모두 서명하거나 날인하여야 한다.
1. 관계 당사자
2. 화해에 관여한 부문별 위원회(제15조의2에 따른 단독심판을 포함한다)의 위원 전원
⑤ 제3항 및 제4항에 따라 작성된 화해조서는 「민사소송법」에 따른 재판상 화해의 효력을 갖는다.
⑥ 제1항부터 제4항까지의 규정에 따른 화해의 방법, 화해조서의 작성 등에 필요한 사항은 제25조에 따라 중앙노동위원회가 제정하는 규칙으로 정한다.

제17조【의결】 ① 노동위원회의 전원회의는 재적위원 과반수의 출석으로 개의하고, 출석위원 과반수의 찬성으로 의결한다.
② 부문별 위원회의 회의는 구성위원 전원의 출석으로 개의하고, 출석위원 과반수의 찬성으로 의결한다.
③ 제2항에도 불구하고 제15조제1항제7호의 공무원 노동관계 조정위원회의 회의(「공무원의 노동조합 설립 및 운영 등에 관한 법률」 제15조에 따른 전원회의를 말한다)는 재적위원 과반수의 출석으로 개의하고, 출석위원 과반수의 찬성으로 의결한다.
④ 전원회의 또는 부문별 위원회의 회의에 참여한 위원은 그 의결 사항에 대하여 서명하거나 날인하여야 한다.

제17조의2【의결 결과의 송달 등】 ① 노동위원회는 부문별 위원회의 의결 결과를 지체 없이 당사자에게 서면으로 송달하여야 한다.

② 노동위원회는 처분 결과를 당사자에게 서면으로 송달하여야 하며, 처분의 효력은 판정서·명령서·결정서 또는 재심판정서를 송달받은 날부터 발생한다.
③ 제1항 및 제2항에 따른 송달의 방법과 절차에 필요한 사항은 대통령령으로 정한다.
제17조의3【공시송달】 ① 노동위원회는 서류의 송달을 받아야 할 자가 다음 각 호의 어느 하나에 해당하는 경우에는 공시송달을 할 수 있다.
1. 주소가 분명하지 아니한 경우
2. 주소가 국외에 있거나 통상적인 방법으로 확인할 수 없어 서류의 송달이 곤란한 경우
3. 등기우편 등으로 송달하였으나 송달을 받아야 할 자가 없는 것으로 확인되어 반송되는 경우
② 제1항에 따른 공시송달은 노동위원회의 게시판이나 인터넷 홈페이지에 게시하는 방법으로 한다.
③ 공시송달은 제2항에 따라 게시한 날부터 14일이 지난 때에 효력이 발생한다.
④ 제1항에 따른 공시송달의 요건과 제2항에 따른 공시송달의 방법 및 절차에 필요한 사항은 대통령령으로 정한다.
(2015.1.20 본조신설)
제18조【보고 및 의견 청취】 ① 위원장 또는 부문별 위원회의 위원장은 소관 회의에 부쳐진 사항에 관하여 구성위원 또는 조사관으로 하여금 회의에 보고하게 할 수 있다.
② 제15조제1항제1호 및 제2호의 심판위원회 및 차별시정위원회는 의결하기 전에 해당 노동위원회의 근로자위원 및 사용자위원 각 1명 이상의 의견을 들어야 한다. 다만, 근로자위원 또는 사용자위원이 출석요구를 받고 정당한 이유 없이 출석하지 아니하는 경우에는 그러하지 아니하다.
제19조【회의의 공개】 노동위원회의 회의는 공개한다. 다만, 해당 회의에서 공개하지 아니하기로 의결하면 공개하지 아니할 수 있다.
제20조【회의의 질서유지】 위원장 또는 부문별 위원회의 위원장은 소관 회의의 공정한 진행을 방해하거나 질서를 문란하게 하는 사람에 대하여 퇴장명령, 그 밖에 질서유지에 필요한 조치를 할 수 있다.
제21조【위원의 제척·기피·회피 등】 ① 위원은 다음 각 호의 어느 하나에 해당하는 경우에 해당 사건에 관한 직무집행에서 제척(除斥)된다.
1. 위원 또는 위원의 배우자이거나 배우자였던 사람이 해당 사건의 당사자가 되거나 해당 사건의 당사자와 공동권리자 또는 공동의무자의 관계에 있는 경우
2. 위원이 해당 사건의 당사자와 친족이거나 친족이었던 경우
3. 위원이 해당 사건에 관하여 진술이나 감정을 한 경우
4. 위원이 당사자의 대리인으로서 업무에 관여하거나 관여하였던 경우
4의2. 위원이 속한 법인, 단체 또는 법률사무소가 해당 사건에 관하여 당사자의 대리인으로서 관여하거나 관여하였던 경우(2016.1.27 본호신설)
5. 위원 또는 위원이 속한 법인, 단체 또는 법률사무소가 해당 사건의 원인이 된 처분 또는 부작위에 관여한 경우 (2016.1.27 본호개정)
② 위원장은 제1항에 따른 사유가 있는 경우에 관계 당사자의 신청을 받아 또는 직권으로 제척의 결정을 하여야 한다.
③ 당사자는 공정한 심의·의결 또는 조정 등을 기대하기 어려운 위원이 있는 경우에 그 사유를 적어 위원장에게 기피신청을 할 수 있다.
④ 위원장은 제3항에 따른 기피신청이 이유 있다고 인정되는 경우에 기피의 결정을 하여야 한다.
⑤ 위원장은 사건이 접수되는 즉시 제2항에 따른 제척신청과 제3항에 따른 기피신청을 할 수 있음을 사건 당사자에게 알려야 한다.
⑥ 위원에게 제1항 또는 제3항에 따른 사유가 있는 경우에는 스스로 그 사건에 관한 직무집행에서 회피할 수 있다. 이 경우 해당 위원은 위원장에게 그 사유를 소명하여야 한다.

제4장 권 한
(2015.1.20 본장개정)

제22조【협조 요청 등】 ① 노동위원회는 그 사무집행을 위하여 필요하다고 인정하는 경우에 관계 행정기관에 협조를 요청할 수 있으며, 협조를 요청받은 관계 행정기관은 특별한 사유가 없으면 이에 따라야 한다.
② 노동위원회는 관계 행정기관으로 하여금 근로조건의 개선에 필요한 조치를 하도록 권고할 수 있다.
제23조【위원회의 조사권 등】 ① 노동위원회는 제2조의2에 따른 소관 사무(제3호의 업무는 제외한다)와 관련하여 사실관계를 확인하는 등 그 사무집행을 위하여 필요하다고 인정할 때에는 근로자, 노동조합, 사용자, 사용자단체, 그 밖의 관계인에 대하여 출석·보고·진술 또는 필요한 서류의 제출을 요구하거나 위원장 또는 부문별 위원회의 위원장이 지명한 위원 또는 조사관으로 하여금 사업 또는 사업장의 업무상황, 서류, 그 밖의 물건을 조사하게 할 수 있다.(2016.1.27 본항개정)
② 제1항에 따라 조사하는 위원 또는 조사관은 그 권한을 표시하는 증표를 관계인에게 보여 주어야 한다.
③ 노동위원회는 제1항에 따라 관계 당사자 외에 필요하다고 인정되어 출석한 사람에게 대통령령으로 정하는 바에 따라 비용을 변상한다.
④ 노동위원회는 심판사건과 차별적 처우 시정사건의 신청인이 제출한 신청서 부본을 다른 당사자에게 송달하고 이에 대한 답변서를 제출하도록 하여야 한다.
⑤ 노동위원회는 제4항에 따라 다른 당사자가 제출한 답변서의 부본을 지체 없이 신청인에게 송달하여야 한다.
판례 동조 제1항에서 규정하는 '보고' 또는 '필요한 서류의 제출'의 대상이 되는 것은 노동위원회가 객관적 사실관계의 확정을 위하여 행사하는 조사의 자료가 되는 객관적 사실에 관한 것에 한정되고, 단지 구제 신청인의 주장에 대하여 이해관계가 대립되는 반대 당사자의 지위에서 자기의 주장과 견해를 밝히는 것을 그 내용으로 하는 '답변서'는 이에 해당되지 아니한다.
(대판 2004.7.8, 2003도6413)
제24조【중앙노동위원회의 지시권 등】 중앙노동위원회는 지방노동위원회 또는 특별노동위원회에 대하여 노동위원회의 사무 처리에 관한 기본방침 및 법령의 해석에 관하여 필요한 지시를 할 수 있다.
제25조【중앙노동위원회의 규칙제정권】 중앙노동위원회는 중앙노동위원회, 지방노동위원회 또는 특별노동위원회의 운영, 부문별 위원회가 처리하는 사건의 지정방법 및 조사관이 처리하는 사건의 지정방법, 그 밖에 위원회 운영에 필요한 사항에 관한 규칙을 제정할 수 있다.
제26조【중앙노동위원회의 재심권】 ① 중앙노동위원회는 당사자의 신청이 있는 경우 지방노동위원회 또는 특별노동위원회의 처분을 재심하여 이를 인정·취소 또는 변경할 수 있다.
② 제1항에 따른 신청은 관계 법령에 특별한 규정이 있는 경우를 제외하고는 지방노동위원회 또는 특별노동위원회가 한 처분을 송달받은 날부터 10일 이내에 하여야 한다.
③ 제2항의 기간은 불변기간으로 한다.
제27조【중앙노동위원회의 처분에 대한 소송】 ① 중앙노동위원회의 처분에 대한 소송은 중앙노동위원회 위원장을 피고(被告)로 하여 처분의 송달을 받은 날부터 15일 이내에 제기하여야 한다.
② 이 법에 따른 소송의 제기로 처분의 효력은 정지하지 아니한다.
③ 제1항의 기간은 불변기간으로 한다.

제5장 보 칙
(2015.1.20 본장개정)

제28조【비밀엄수 의무 등】 ① 노동위원회의 위원이나 직원 또는 그 위원이었거나 직원이었던 사람은 직무에 관하여 알게 된 비밀을 누설하면 아니 된다.
② 노동위원회의 사건 처리에 관여한 위원이나 직원 또는 그 위원이었거나 직원이었던 변호사·공인노무사 등은 영리를 목적으로 그 사건에 관한 직무를 하면 아니 된다.
제29조【벌칙 적용에서 공무원 의제】 노동위원회의 위원 중 공무원이 아닌 위원은 「형법」이나 그 밖의 법률에 따른 벌칙을 적용할 때에는 공무원으로 본다.

제6장 벌 칙
(2015.1.20 본장개정)

제30조【벌칙】 제28조를 위반한 사람은 1년 이하의 징역 또는 1천만원 이하의 벌금에 처한다.
제31조【벌칙】 제23조제1항에 따른 노동위원회의 조사권 등과 관련하여 다음 각 호에 해당하는 자는 500만원 이하의 벌금에 처한다.
1. 노동위원회의 보고 또는 서류제출 요구에 응하지 아니하거나 거짓으로 보고하거나 거짓의 서류를 제출한 자
2. 관계 위원 또는 조사관의 조사를 거부·방해 또는 기피한 자
제32조【양벌규정】 법인 또는 단체의 대표자, 법인·단체 또는 개인의 대리인·사용인, 그 밖의 종업원이 그 법인·단체 또는 개인의 업무에 관하여 제31조의 위반행위를 하면 그 행위자를 벌하는 외에 그 법인·단체 또는 개인에게도 같은 조의 벌금형을 과(科)한다. 다만, 법인·단체 또는 개인이 그 위반행위를 방지하기 위하여 해당 업무에 관하여 상당한 주의와 감독을 게을리하지 아니한 경우에는 그러하지 아니하다.(2021.1.5 단서신설)
제33조【과태료】 ① 제20조에 따른 퇴장명령에 따르지 아니한 사람에게는 100만원 이하의 과태료를 부과한다.
② 제1항에 따른 과태료는 대통령령이 정하는 바에 따라 노동위원회가 부과·징수한다.

부 칙 (2016.1.27)

제1조【시행일】 이 법은 공포한 날부터 시행한다.
제2조【위원의 제척·기피 등에 관한 적용례】 제21조의 개정규정은 이 법 시행 후 최초로 위원회에 부의되는 사건부터 적용한다.

부 칙 (2019.4.30)

제1조【시행일】 이 법은 공포한 날부터 시행한다.(이하 생략)

부 칙 (2021.1.5)

이 법은 공포한 날부터 시행한다.

부 칙 (2021.5.18)

이 법은 공포 후 1년이 경과한 날부터 시행한다.

(舊 : 경제사회발전노사정위원회법)
경제사회노동위원회법

(2018년 6월 12일
전부개정법률 제15663호)

개정
2021. 1. 5법17864호(노노)

제1조【목적】 이 법은 근로자·사용자 등 경제·사회주체 및 정부가 신뢰와 협조를 바탕으로 고용노동 정책 및 이와 관련된 경제·사회 정책 등을 심의·협의하고, 대통령의 자문 요청에 응하기 위하여 경제사회노동위원회를 설치하며, 그 기구 및 운영 등에 필요한 사항을 규정함으로써 사회 양극화를 해소하고 사회통합을 도모하며 국민경제의 균형 있는 발전에 기여하는 것을 목적으로 한다.(2021.1.5 본조개정)
제2조【참여주체의 책무】 근로자·사용자 등 경제·사회 주체 및 정부는 서로에 대한 신뢰를 바탕으로 독립하여 자율적으로 성실하게 협의에 임하여야 하며, 그 결과를 최대한 존중하여야 한다.
제3조【위원회의 설치 및 기능】 ① 경제사회노동위원회(이하 "위원회"라 한다)는 대통령 소속으로 둔다.
② 위원회는 다음 각 호의 사항을 협의한다.
1. 고용노동 정책 및 이와 관련된 산업·경제·복지 및 사회 정책 등에 관한 사항
2. 노사관계 발전을 위한 제도·의식(意識) 및 관행의 개선에 관한 사항
3. 근로자·사용자 등 경제·사회 주체 간 협력 증진을 위한 사업의 지원 방안에 관한 사항
4. 그 밖에 대통령이 자문하는 사항
제4조【위원회의 구성 및 운영】 ① 위원회는 위원장 및 다음 각 호의 위원으로 구성한다.
1. 상임위원 1명
2. 근로자를 대표하는 위원 5명
3. 사용자를 대표하는 위원 5명
4. 정부를 대표하는 위원 2명
5. 공익을 대표하는 위원 4명
② 위원장과 상임위원은 대통령이 위촉한다.
③ 근로자를 대표하는 위원은 다음 각 호에 해당하는 사람을 대통령이 위촉한다.
1. 전국적 규모의 총연합단체인 노동단체 대표자
2. 전국적 규모의 총연합단체인 노동단체의 추천을 받아 위원장이 제청한 사람
④ 사용자를 대표하는 위원은 다음 각 호에 해당하는 사람을 대통령이 위촉한다.
1. 전국적 규모의 사용자단체 대표자
2. 전국적 규모의 사용자단체의 추천을 받아 위원장이 제청한 사람
⑤ 정부를 대표하는 위원은 기획재정부장관과 고용노동부장관으로 한다.
⑥ 공익을 대표하는 위원은 고용노동·경제·사회 문제 등에 관하여 학식과 경험이 풍부한 사람으로서 전국적 규모의 총연합단체인 노동단체와 전국적 규모의 사용자단체의 의견을 들어 위원장이 제청하고 대통령이 위촉한다.
⑦ 대통령은 제3조제2항에 따른 사항을 협의하기 위하여 필요한 경우에는 제1항에 따른 위원 외에 산업통상자원부장관, 보건복지부장관, 중소벤처기업부장관 등 관계 행정기관의 장을 특별위원으로 위촉할 수 있다.
⑧ 그 밖에 위원회의 구성·운영 등에 필요한 사항은 대통령령으로 정한다.
제5조【위원장 등의 직무】 ① 위원장은 위원회를 대표하고 위원회의 업무를 총괄한다.
② 상임위원은 위원장을 보좌하며 위원장이 부득이한 사유로 직무를 수행할 수 없을 때에는 그 직무를 대행한다.

제6조【위원의 임기】 ① 위원장 및 위원의 임기는 2년으로 하며, 연임할 수 있다.
② 위원장 및 위원은 임기가 만료된 경우 후임자가 위촉될 때까지 계속 그 직무를 수행한다.
제7조【위원회의 회의】 ① 위원장은 회의를 소집하고, 그 의장이 된다.
② 위원회의 회의는 다음 각 호의 어느 하나에 해당하는 경우에 소집한다.
1. 대통령이 소집을 요구할 때
2. 재적위원 3분의 1 이상이 소집을 요구할 때
3. 그 밖에 위원장이 필요하다고 인정할 때
③ 위원회의 회의는 재적위원 3분의 2 이상의 출석으로 개의(開議)하고, 출석위원 3분의 2 이상의 찬성으로 의결한다.
④ 위원회가 제3항에 따른 의결을 할 때에는 근로자를 대표하는 위원, 사용자를 대표하는 위원 및 정부를 대표하는 위원 각 2분의 1 이상이 출석하여야 한다.
제8조【운영위원회】 ① 위원회는 다음 각 호의 사항을 처리하기 위하여 운영위원회를 둔다.
1. 위원회 회의에 상정할 의안의 검토 · 조정
2. 위원회로부터 위임받은 사항의 처리
3. 그 밖에 위원회 활동의 지원
② 운영위원회는 운영위원장 1명을 포함한 10명 이내의 운영위원으로 구성하며, 운영위원장은 위원회의 상임위원이 겸임한다.
③ 운영위원은 다음 각 호에 해당하는 사람 중에서 위원회의 위원장이 위촉한다.
1. 전국적 규모의 총연합단체인 노동단체 대표자를 보좌하고 그 직무를 대행할 수 있는 사람
2. 전국적 규모의 사용자단체 대표자를 보좌하고 그 직무를 대행할 수 있는 사람
3. 관계 행정기관의 차관
④ 운영위원회에 관하여는 제6조, 제7조제1항 · 제3항 및 제4항을 준용한다. 이 경우 "위원장"은 "운영위원장"으로, "위원"은 "운영위원"으로, "위원회"는 "운영위원회"로 본다.
⑤ 그 밖에 운영위원회의 구성 · 운영 등에 필요한 사항은 대통령령으로 정한다.
제9조【의제별 · 업종별위원회】 ① 위원회는 의제별 · 업종별위원회를 운영위원회에 둔다. 다만, 의제별 · 업종별위원회 각각의 존속기간은 최대 1년으로 하되, 필요한 경우 위원회의 의결로 연장할 수 있다.
② 의제별 · 업종별위원회의 위원장은 위원회의 위원장이 위촉한다.
③ 그 밖에 의제별 · 업종별위원회의 구성 · 운영 등에 필요한 사항은 대통령령으로 정한다.
제10조【의제개발 · 조정위원회】 ① 위원회는 의제개발 · 조정위원회를 운영위원회에 둔다.
② 의제개발 · 조정위원회의 위원장은 상임위원이 겸임한다.
③ 그 밖에 의제개발 · 조정위원회의 구성 · 운영 등에 필요한 사항은 대통령령으로 정한다.
제11조【특별위원회 등】 ① 위원회는 긴급한 현안에 대응하거나 다른 법률에서 심의하도록 규정된 업무를 수행하기 위하여 운영위원회에 특별위원회를 둘 수 있다. (2021.1.5 본항개정)
② 위원회는 사회 각 계층이 의제 개발, 정책 제안 및 필요한 경우 위원회에 의안의 상정을 요청할 수 있도록 운영위원회에 관련 위원회를 둘 수 있다.
③ 제1항에 따라 위원회에 다른 법률에서 심의하도록 규정된 업무를 수행하기 위하여 특별위원회를 두는 경우 해당 특별위원회의 구성 · 운영 등에 관한 사항은 해당 법률의 규정에 따른다.(2021.1.5 본항신설)
④ 제1항에 따라 긴급한 현안에 대응하기 위하여 두는 특별위원회 및 제2항의 관련 위원회 구성 · 운영 등에 필요한 사항은 대통령령으로 정한다.(2021.1.5 본항개정)
제12조【사무처】 ① 위원회의 사무를 처리하기 위하여 위원회에 사무처를 둔다.
② 사무처에는 사무처장 1명을 두며, 위원회의 상임위원이 사무처장을 겸직한다.
③ 그 밖에 사무처의 조직 및 운영 등에 필요한 사항은 대통령령으로 정한다.
제13조【전문위원】 ① 위원회의 업무에 관한 전문적인 조사 · 연구를 위하여 위원회에 전문위원을 둔다.
② 전문위원의 수 · 자격 등에 필요한 사항은 대통령령으로 정한다.
제14조【관계 기관 등의 협조】 ① 위원회는 업무수행을 위하여 필요한 경우에는 다음 각 호의 사항을 요구할 수 있다.
1. 관계 당사자, 관계 공무원 및 관계 전문가의 출석 및 의견 진술
2. 관계 당사자 및 관계 기관의 설명 또는 자료 제출
② 위원회로부터 제1항에 따른 요구를 받은 관계 당사자, 관계 공무원 및 관계 기관은 특별한 사정이 없으면 요구에 따라야 한다.
제15조【여론의 수집】 위원회는 업무수행을 위하여 필요한 경우에는 공청회 · 세미나 개최, 설문조사 및 방송토론 등을 통하여 여론을 수집할 수 있다.
제16조【조사 · 연구의 의뢰】 위원회는 업무수행을 위하여 필요한 경우에는 관계 기관 · 단체 또는 관계 전문가 등에게 조사 · 연구를 의뢰할 수 있다.
제17조【관계 공무원 및 직원의 파견 등】 위원회의 위원장은 업무수행을 위하여 필요한 경우에는 관계 기관 및 단체 등의 장과 협의하여 그 소속 공무원 또는 직원을 파견받거나 겸임하게 할 수 있다.
제18조【협의 결과의 보고】 ① 위원회의 위원장은 위원회의 협의 결과 등 주요 활동사항을 대통령에게 보고하여야 한다.
② 위원회의 위원장은 위원회의 의결사항을 관계 행정기관에 통보하고 그 이행을 촉구할 수 있다.
제19조【성실이행 의무】 근로자 · 사용자 등 경제 · 사회 주체 및 정부는 위원회의 의결사항을 정책에 반영하고 성실히 이행하도록 최대한 노력하여야 한다.
제20조【지역별 사회적 대화의 지원】 ① 위원회는 지역 내 근로자 · 사용자 등 경제 · 사회 주체와 지방자치단체 사이의 사회적 대화 활성화를 위하여 필요한 지원을 할 수 있다.
② 제1항의 필요한 지원에 관한 사항은 대통령령으로 정한다.

부 칙

제1조【시행일】 이 법은 공포한 날부터 시행한다. 다만, 제4조제8항, 제8조제5항, 제9조제3항, 제10조제3항, 제11조제3항 및 제20조제2항의 개정규정은 공포 후 3개월이 경과한 날부터 시행한다.
제2조【임기가 만료된 위원에 관한 특례】 이 법 시행 당시 종전의 규정에 따라 위촉된 위원 중 임기가 만료된 위원은 제6조제2항의 개정규정에도 불구하고 해촉된 것으로 본다.
제3조【위원회의 설치에 관한 경과조치】 이 법 시행 당시 종전의 규정에 따라 설치된 경제사회발전노사정위원회는 이 법에 따라 설치된 경제사회노동위원회로 본다.
제4조【위원의 임기에 관한 경과조치】 ① 이 법 시행 당시 종전의 규정에 따라 위촉된 위원 중 임기가 남은 위원은 이 법의 개정규정에 따른 위원으로 본다.
② 제4조의 개정규정에 따라 새로이 위촉되는 위원의 임기는 그 위촉일부터 시작한다. 다만, 제1항에 따른 임기가 남은 위원의 경우에는 종전 임기의 남은 기간으로 한다.

부 칙 (2021.1.5)

제1조【시행일】 이 법은 공포 후 6개월이 경과한 날부터 시행한다.(이하 생략)

노동조합 및 노동관계조정법

(약칭 : 노동조합법)

(1997年 3月 13日 法 律 第5310號)

改正
1998. 2.20法 5511號 2001. 3.28法 6456號
2006. 1. 2法 7845號(방위사업법)
2006.12.30法 8158號 2008. 3.28法 9041號
2010. 1. 1法 9930號
2010. 6. 4法10339號(정부조직)
2014. 5.20法12630號 2018.10.16法15849號
2020. 6. 9法17432號 2021. 1. 5法17864號

第1章 總 則

第1條【目的】 이 法은 憲法에 의한 勤勞者의 團結權 · 團體交涉權 및 團體行動權을 보장하여 勤勞條件의 유지 · 개선과 勤勞者의 經濟的 · 社會的 地位의 향상을 도모하고, 勞動關係를 공정하게 調整하여 勞動爭議를 豫防 · 解決함으로써 産業平和의 유지와 國民經濟의 발전에 이바지함을 目的으로 한다.

판례 경영권과 노동3권이 충돌하는 경우, 이를 조화시키는 한계를 설정하는 기준 : 경영권이 노동3권과 서로 충돌하는 경우 이를 조화시키는 한계를 설정함에 있어서는 기업의 경제상의 창의와 투자의욕을 훼손시키지 않고 오히려 이를 증진시키며 기업의 경쟁력을 강화하는 방향으로 해결책을 찾아야 한다.(대판 2003.11.13, 2003도687)

第2條【定義】 이 法에서 사용하는 用語의 定義는 다음과 같다.
1. "勤勞者"라 함은 職業의 종류를 불문하고 賃金 · 給料 기타 이에 준하는 收入에 의하여 生活하는 者를 말한다.
2. "使用者"라 함은 事業主, 사업의 經營擔當者 또는 그 사업의 勤勞者에 관한 사항에 대하여 事業主를 위하여 행동하는 者를 말한다.
3. "使用者團體"라 함은 勞動關係에 관하여 그 構成員인 使用者에 대하여 調整 또는 規制할 수 있는 權限을 가진 使用者의 團體를 말한다.
4. "勞動組合"이라 함은 勤勞者가 主體가 되어 自主的으로 團結하여 勤勞條件의 유지 · 개선 기타 勤勞者의 經濟的 · 社會的 地位의 향상을 도모함을 目的으로 組織하는 團體 또는 그 聯合團體를 말한다. 다만, 다음 各目의 1에 해당하는 경우에는 勞動組合으로 보지 아니한다.
가. 使用者 또는 항상 그의 利益을 代表하여 행동하는 者의 참가를 허용하는 경우
나. 經費의 主된 부분을 使用者로부터 원조받는 경우
다. 共濟 · 修養 기타 福利事業만을 目的으로 하는 경우
라. 勤勞者가 아닌 者의 加入을 허용하는 경우(2021.1.5 단서삭제)
마. 주로 政治運動을 目的으로 하는 경우
5. "勞動爭議"라 함은 勞動組合과 使用者 또는 使用者團體(이하 "勞動關係 當事者"라 한다)間에 賃金 · 勤勞時間 · 福利 · 解雇 기타 待遇등 勤勞條件의 決定에 관한 主張의 不一致로 인하여 발생한 紛爭狀態를 말한다. 이 경우 主張의 不一致라 함은 當事者間에 合意를 위한 노력을 계속하여도 더이상 自主的 交涉에 의한 合意의 餘地가 없는 경우를 말한다.
6. "爭議行爲"라 함은 罷業 · 怠業 · 職場閉鎖 기타 勞動關係 當事者가 그 主張을 관철할 目的으로 행하는 행위와 이에 대항하는 행위로서 業務의 정상적인 운영을 저해하는 행위를 말한다.

판례 고용노동부는 2013년 10월 해직 교사 9명을 노조에서 배제하라는 시정 요구를 이행하지 않았다며 전국교직원노동조합(이하 전교조)에 「노동조합 및 노동관계조정법 시행령」 제9조제2항에 의한 법외노조 통보처분을 했다. 법외노조 통보는 형식적으로는 노동조합법에 의한 특별한 보호만을 제거하는 것처럼 보이지만, 실질적으로는 적법하게 설립된 노동조합의 법적 지위를 박탈하는 중대한 침익적 처분이며 헌법이 보장하는 노동3권을 본질적으로 제약하는 결과를 초래한다. 따라서 이 사건 시행령 조항은 법률의 위임 없이 법률이 정하지 아니한 법외노조 통보에 관하여 규정함으로써 헌법상 노동3권을 본질적으로 제한하고 있으므로 그 자체로 무효이며, 해직교사를 조합원으로 인정한 전교조에 법외노조 통보처분을 한 것은 부당하다.
(대판 2020.9.3, 2016두32992 전원합의체)

판례 긴급조정결정의 공표로 그러한 쟁의행위가 중지되었는지 여부는 긴급조정결정이 공표된 전후의 상황, 파업참가 조합원들의 업무복귀를 위한 준비와 실제 업무복귀가 이루어진 과정, 업무복귀에 소요되는 시간과 거리 등뿐만 아니라, 파업참가 조합원들의 업무복귀에 대한 사측의 태도 및 준비사항 등을 종합적으로 고려하여 판단하여야 할 것이다.(대판 2010.4.8, 2007도6754)

판례 노동조합 및 노동관계조정법 또는 근로기준법상 근로자의 요건인 '사용종속관계'의 판단 기준 : 노동조합 및 노동관계조정법의 근로자란 타인과의 사용종속관계하에서 노무에 종사하고 그 대가로 임금 등을 받아 생활하는 자를 말하고, 그 사용종속관계는 당해 노무공급계약의 형태가 고용, 도급, 위임, 무명계약 등 어느 형태이든 상관없이 사용자와 노무제공자 사이에 지휘·감독관계의 여부, 보수의 노무대가성 여부, 노무의 성질과 내용 등 그 노무의 실질관계에 의하여 결정되는 것이다.(대판 2006.10.13, 2005다64385)

판례 학습지교사를 회사와 사이에 사용종속관계에서 임금을 목적으로 근로를 제공하는 근로자로 보아 이들을 조합원으로 하는 전국학습지산업노동조합은 '노동조합 및 노동관계조정법'이 정한 노동조합에 해당한다고 볼 수 있는지 판단 : 업무의 내용이나 수행방법 및 업무수행시간 등에 관하여 피고 회사로부터 구체적이고 직접적인 지휘·감독을 받고 있지 아니한 점, 학습지교사는 피고 회사의 정사원과는 달리 그 채용부터 출퇴근시간, 위탁관계의 종료에 이르기까지 그 제한이 거의 없고 다른 곳의 취업에도 특별한 제한이 없는 점에 비추어 피고 회사에 전속되어 있다고 볼 수 없는 점, 학습지교사가 피고 회사로부터 지급받는 수수료 등은 그 위탁업무수행을 위하여 학습지교사가 제공하는 근로의 내용이나 시간과는 관계없이 오로지 신규회원의 증가나 월회비의 등록에 따른 회비의 수금실적이라는 객관적으로 나타난 위탁업무의 이행실적에 따라서만 그 지급 여부 및 지급액이 결정되는 것이어서 근로제공의 대가로서의 임금이라고 보기 어려운 점 등에 비추어 보면, 원고(선정당사자) 및 선정자와 같은 학습지교사는 피고 회사와 사이에 사용종속관계에서 임금을 목적으로 근로를 제공하는 근로자로 볼 수 없으므로, 선정자 전국학습지산업노동조합은 결국 근로자가 아닌 자로 구성된 단체로서 노동조합 및 노동관계조정법상 노동조합에 해당한다고 볼 수 없다.
(대판 2005.11.24, 2005다39136)

판례 노동조합및노동관계조정법 2조 5호 소정의 '노동쟁의'의 의미 : 노동조합및노동관계조정법 2조 5호에서는 노동쟁의를 '노동조합과 사용자 또는 사용자 단체 간에 임금·근로시간·복지·해고 기타 대우 등 근로조건의 결정에 관한 주장의 불일치로 인하여 발생한 분쟁상태'라고 규정하고 있으므로 근로조건 이외의 사항에 관한 노동관계 당사자 사이의 주장의 불일치로 인한 분쟁상태는 근로조건의 결정에 관한 분쟁이 아니어서 현행법상의 노동쟁의라고 할 수 없다.
(대판 2003.7.25, 2001두4818)

판례 사용자의 개념 : 구 노동조합법 33조 1항 본문(현행 법 29조 1항 본문), 39조 3호 소정의 사용자라 함은 근로자와의 사이에 사용종속관계가 있는 자, 즉 근로자와의 사이에 그를 지휘·감독하면서 그로부터 근로를 제공받고 그 대가로서 임금을 지급하는 것을 목적으로 하는 명시적이거나 묵시적인 근로계약관계를 맺고 있는 자를 말한다.
(대판 1995.12.22, 95누3565)

第3條【損害賠償 請求의 제한】 使用者는 이 法에 의한 團體交涉 또는 爭議行爲로 인하여 損害를 입은 경우에 勞動組合 또는 勤勞者에 대하여 그 賠償을 請求할 수 없다.

판례 불법쟁의행위의 손해배상책임 : 불법쟁의행위에 대한 귀책사유가 있는 노동조합이나 불법쟁의행위를 기획·지시·지도하는 등 이를 주도한 노동조합 간부 개인이 그 배상책임을 지는 배상액의 범위는 불법쟁의행위와 상당인과관계에 있는 모든 손해이고, 그러한 노동조합 간부 개인의 손해배상책임과 노동조합 자체의 손해배상책임은 부진정 연대채무관계에 있는 것이므로 노동조합의 간부도 불법쟁의행위로 인하여 발생한 손해 전부를 배상할 책임이 있다. 다만, 사용자가 노동조합과의 성실교섭의무를 다하지 않거나 노동조합과의 기존합의를 파기하는 등 불법쟁의행위에 원인을 제공하였다고 볼 사정이 있는 경우 등에는 사용자의 과실을 손해배상액을 산정함에 있어 참작할 수 있다. 일반 조합원이 불법쟁의행위시 노동조합 등의 지시에 따라 단순히 노무를 정지한 것만으로는 노동조합 또는 조합 간부들과 함께 공동불법행위책임을 진다고 할 수 없다. 다만, 근로자의 근로내용 및 공정의 특수성과 관련하여 그 노무를 정지할 때에 발생할 수 있는 위험 또는 손해 등을 예방하기 위하여 그가 노무를 정지할 때에 준수하여야 할 사항 등이 정하여져 있고, 근로자가 이를 준수함이 없이 노무를 정지함으로써 그로 인하여 손해가 발생하였거나 확대되었다면, 그 근로자가 일반 조합원이라고 할지라도 그와 상당인과관계에 있는 손해를 배상할 책임이 있다.(대판 2006.9.22, 2005다30610)

第4條【正當行爲】 刑法 第20條의 規定은 勞動組合이 團體交涉·爭議行爲 기타의 행위로서 第1條의 目的을 달성하기 위하여 한 정당한 행위에 대하여 적용된다. 다만, 어떠한 경우에도 暴力이나 破壞行爲는 정당한 행위로 解釋되어서는 아니된다.

판례 근로자의 쟁의행위 정당성은 첫째 그 주체가 단체교섭의 주체로 될 수 있는 자이어야 하고, 둘째 그 목적이 근로조건의 향상을 위한 노사간의 자치적 교섭을 조성하는 데에 있어야 하며, 셋째 사용자가 근로자의 근로조건 개선에 관한 구체적인 요구에 대하여 단체교섭을 거부하였을 때 개시하되 특별한 사정이 없는 한 조합원의 찬성결정 및 노동쟁의 발생신고등 절차를 거쳐야 하는 한편, 넷째 그 수단과 방법이 사용자의 재산권과 조화를 이루어야 할 것은 물론 폭력의 행사에 해당되지 아니하여야 한다는 여러 조건을 모두 구비하여야 비로소 인정될 수 있다.(대판 1996.1.26, 95도1959)

판례 조합의 승인없이 또는 그 지시에 반하여 쟁의행위를 하는 경우에는 형사상 책임이 면제될 수 없다.(대판 1995.10.12, 95도1016)

第2章 勞動組合

第1節 通 則

第5條【노동조합의 조직·가입·활동】 ① 勤勞者는 자유로이 勞動組合을 組織하거나 이에 加入할 수 있다. 다만, 公務員과 敎員에 대하여는 따로 法律로 정한다.
② 사업 또는 사업장에 종사하는 근로자(이하 "종사근로자"라 한다)가 아닌 노동조합의 조합원은 사용자의 효율적인 사업 운영에 지장을 주지 아니하는 범위에서 사업 또는 사업장 내에서 노동조합 활동을 할 수 있다.
(2021.1.5 본항신설)
③ 종사근로자인 조합원이 해고되어 노동위원회에 부당노동행위의 구제신청을 한 경우에는 중앙노동위원회의 재심판정이 있을 때까지는 종사근로자로 본다.(2021.1.5 본항신설)
(2021.1.5 본조제목개정)

판례 취업자격 없는 외국인근로자의 노동조합 설립 및 가입 : 일시적으로 실업 상태에 있는 사람이나 구직 중인 사람을 포함해 노동3권을 보장할 필요성이 있는 사람은 모두 노동조합법상 근로자에 해당한다. 따라서, 「출입국관리법」에서 외국인고용을 제한하고 있다는 이유만으로 사실상 제공한 근로에 따른 권리나 이미 형성된 근로관계의 효력을 부인할 수는 없다. 타인에게 종속되어 근로를 제공하고 그 대가로 임금을 받아 생활하는 사람은 노동조합법상 근로자이고, 외국인이거나 취업자격이 없더라도 노동조합법상 근로자에 포함된다. 또한, 「출입국관리법」에 따른 강제퇴거 및 처벌은 취업자격이 없는 외국인을 고용하는 행위 자체를 금지하려는 것에 불과하며, 취업자격 없는 외국인의 근로에 따른 권리 또는 노동관계법상 제반 권리까지 금지를 하려는 취지로 보기 어렵기 때문에 이들이 노조결성을 하거나 가입할 수 없다는 전제에 따라서 노조 설립신고서 반려를 한 노동청의 처분은 위법하다.(대판 2015.6.25, 2007두4995 전원합의체)

판례 단체협약에서 조합원이 될 수 없는 자를 규정한 경우 그 효력 : 노동조합및노동관계조정법 5조, 11조의 각 규정에 의하면, 근로자는 자유로이 노동조합을 조직하거나 이에 가입할 수 있고, 구체적으로 노동조합의 조합원의 범위는 당해 노동조합의 규약이 정하는 바에 의하여 정하여지며, 근로자는 노동조합의 규약이 정하는 바에 따라 당해 노동조합에 자유로이 가입함으로써 조합원의 자격을 취득하는 것인바, 한편 사용자와 노동조합 사이에 체결된 단체협약은 특약에 의하여 일정 범위의 근로자에 대하여만 적용하기로 정하고 있는 등의 특별한 사정이 없는 한 협약당사자로 된 노동조합의 구성원으로 가입한 조합원 모두에게 현실적으로 적용되는 것이 원칙이고, 다만 단체협약에서 노사간의 상호 협의에 의하여 규약상 노동조합의 조직 대상이 되는 근로자의 범위와는 별도로 조합원이 될 수 없는 자를 특별히 규정함으로써 일정 범위의 근로자들에 대하여 위 단체협약의 적용을 배제하고자 하는 취지의 규정을 둔 경우에는, 비록 이러한 규정이 노동조합 규약에 정해진 조합원의 범위에 관한 규정과 배치된다 하더라도 무효라고 볼 수 없다.(대판 2004.1.29, 2001다5142)

第6條【法人格의 취득】 ① 勞動組合은 그 規約이 정하는 바에 의하여 法人으로 할 수 있다.
② 勞動組合은 당해 勞動組合을 法人으로 하고자 할 경우에는 大統領令이 정하는 바에 의하여 登記를 하여야 한다.
③ 法人인 勞動組合에 대하여는 이 法에 規定된 것을 제외하고는 民法중 社團法人에 관한 規定을 적용한다.

第7條【勞動組合의 보호요건】 ① 이 法에 의하여 設立된 勞動組合이 아니면 勞動委員會에 勞動爭議의 調整 및 不當勞動行爲의 救濟를 申請할 수 없다.
② 第1項의 規定은 제81조제1항제1호·第2號 및 第5號의 規定에 의한 勤勞者의 보호를 否認하는 취지로 解釋되어서는 아니된다.(2021.1.5 본항개정)
③ 이 法에 의하여 設立된 勞動組合이 아니면 勞動組合이라는 명칭을 사용할 수 없다.

第8條【租稅의 免除】 勞動組合에 대하여는 그 事業體를 제외하고는 稅法이 정하는 바에 따라 租稅를 賦課하지 아니한다.

第9條【차별대우의 금지】 勞動組合의 組合員은 어떠한 경우에도 인종, 종교, 성별, 연령, 신체적 조건, 고용형태, 정당 또는 신분에 의하여 차별대우를 받지 아니한다.
(2008.3.28 본조개정)

第2節 勞動組合의 設立

第10條【設立의 申告】 ① 勞動組合을 設立하고자 하는 者는 다음 各號의 사항을 기재한 申告書에 第11條의 規定에 의한 規約을 첨부하여 聯合團體인 勞動組合과 2 이상의 특별시·광역시·특별자치시·도·특별자치도에 걸치는 단위노동조합은 고용노동부장관에게, 2 이상의 시·군·구(자치구를 말한다)에 걸치는 단위노동조합은 특별시장·광역시장·도지사에게, 그 외의 노동조합은 특별자치시장·특별자치도지사·시장·군수·구청장(자치구의 구청장을 말한다. 이하 제12조제1항에서 같다)에게 제출하여야 한다.(2014.5.20 본문개정)
1. 명칭
2. 주된 事務所의 所在地
3. 組合員數
4. 任員의 姓名과 住所
5. 소속된 聯合團體가 있는 경우에는 그 명칭
6. 聯合團體인 勞動組合에 있어서는 그 構成勞動團體의 명칭, 組合員數, 주된 事務所의 所在地 및 任員의 姓名·住所
② 第1項의 規定에 의한 聯合團體인 勞動組合은 同種産業의 單位勞動組合을 構成員으로 하는 産業別 聯合團體와 産業別 聯合團體 또는 全國規模의 産業別 單位勞動組合을 構成員으로 하는 總聯合團體를 말한다.

第11條【規約】 勞動組合은 그 組織의 自主的·民主的 운영을 보장하기 위하여 당해 勞動組合의 規約에 다음 각 호의 사항을 기재하여야 한다.(2006.12.30 본문개정)
1. 명칭
2. 目的과 사업
3. 주된 事務所의 所在地
4. 組合員에 관한 사항(聯合團體인 勞動組合에 있어서는 그 構成團體에 관한 사항)
5. 소속된 聯合團體가 있는 경우에는 그 명칭
6. 代議員會를 두는 경우에는 代議員會에 관한 사항
7. 會議에 관한 사항
8. 代表者와 任員에 관한 사항
9. 組合費 기타 會計에 관한 사항
10. 規約變更에 관한 사항
11. 解散에 관한 사항
12. 쟁의행위와 관련된 찬반투표 결과의 공개, 투표자 명부 및 투표용지 등의 보존·열람에 관한 사항
(2006.12.30 본호개정)
13. 代表者와 任員의 規約違反에 대한 彈劾에 관한 사항
14. 任員 및 代議員의 選擧節次에 관한 사항
15. 規律과 統制에 관한 사항

판례 노동조합이 제정한 자치적 법규범의 효력과 그 한계 : 노동조합은 근로자들이 자신들의 이익을 옹호하기 위하여 자주적으로 결성한 임의단체로서 그 내부의 운영에 있어 조합규약 등에 의한 자치가 보장되므로 노동조합이 조합규약에 근거하여 자체적으로 만든 신분보장대책기금관리규정은 조합규약과 마찬가지로 일종의 자치적 법규범으로서 소속조합원에 대하여 법적 효력을 가진다고 할 것이나, 그러한 자치적 법규범의 제정에 있어서도 헌법이 보장하고 있는 조합원 개개인의 기본적 인권을 필요하고 합리적인 범위를 벗어나 과도하게 침해 내지 제한하여서는 아니되며 또한 그의 내용이 강행법규에 위반되어서는 아니되는 등의 제한이 따르는 터이므로 그 제한에 위반된 자치적 법규범의 규정은 무효라고 할 것이다.
(대판 2002.2.22, 2000다65086)

第12條【申告證의 교부】 ① 고용노동부장관, 특별시장·광역시장·특별자치시장·도지사·특별자치도지사 또는 시장·군수·구청장(이하 "행정관청"이라 한다)은 第10條第1項의 規定에 의한 設立申告書를 접수한 때에는 第2項 前段 및 第3項의 경우를 제외하고는 3日이내에 申告證을 교부하여야 한다.(2014.5.20 본항개정)
② 行政官廳은 設立申告書 또는 規約이 기재사항의 漏落등으로 補完이 필요한 경우에는 大統領令이 정하는 바에 따라 20日이내의 기간을 정하여 補完을 요구하여야 한다. 이 경우 補完된 設立申告書 또는 規約을 접수한 때에는 3日이내에 申告證을 교부하여야 한다.(1998.2.20 전단개정)
③ 行政官廳은 設立하고자 하는 勞動組合이 다음 各號의 1에 해당하는 경우에는 設立申告書를 返戾하여야 한다.
(1998.2.20 본문개정)
1. 第2條第4號 各目의 1에 해당하는 경우
2. 第2項의 規定에 의하여 補完을 요구하였음에도 불구하고 그 기간내에 補完을 하지 아니하는 경우
④ 勞動組合이 申告證을 교부받은 경우에는 設立申告書가 접수된 때에 設立된 것으로 본다.

第13條【변경사항의 申告등】 ① 勞動組合은 第10條第1項의 規定에 의하여 設立申告된 사항중 다음 各號의 1에 해당하는 사항에 변경이 있는 때에는 그 날부터 30일이내에 行政官廳에게 變更申告를 하여야 한다.(2001.3.28 본문개정)
1. 명칭
2. 主된 事務所의 所在地
3. 代表者의 姓名
4. 소속된 聯合團體의 명칭
② 勞動組合은 매년 1月 31日까지 다음 各號의 사항을 行政官廳에게 통보하여야 한다. 다만, 제1항의 규정에 의하여 전년도에 변경신고된 사항은 그러하지 아니하다.
(2001.3.28 단서신설)
1. 前年度에 規約의 변경이 있는 경우에는 변경된 規約內容
2. 前年度에 任員의 변경이 있는 경우에는 변경된 任員의 姓名
3. 前年度 12月 31日 現在의 組合員數(聯合團體인 勞動組合에 있어서는 構成團體別 組合員數)

第3節 勞動組合의 관리

第14條【書類備置등】 ① 勞動組合은 組合設立日부터 30日이내에 다음 各號의 書類를 작성하여 그 主된 事務所에 備置하여야 한다.
1. 組合員 名簿(聯合團體인 勞動組合에 있어서는 그 構成團體의 명칭)
2. 規約
3. 任員의 姓名·住所錄
4. 會議錄
5. 財政에 관한 帳簿와 書類
② 第1項第4號 및 第5號의 書類는 3年間 보존하여야 한다.

第15條【總會의 開催】 ① 勞動組合은 매년 1回이상 總會를 開催하여야 한다.
② 勞動組合의 代表者는 總會의 議長이 된다.

第16條【總會의 議決事項】 ① 다음 各號의 사항은 總會의 議決을 거쳐야 한다.
1. 規約의 制定과 변경에 관한 사항
2. 任員의 選擧와 解任에 관한 사항
3. 團體協約에 관한 사항
4. 豫算·決算에 관한 사항
5. 基金의 設置·관리 또는 처분에 관한 사항
6. 聯合團體의 設立·加入 또는 脫退에 관한 사항

7. 合併·分割 또는 解散에 관한 사항
8. 組織形態의 변경에 관한 사항
9. 기타 중요한 사항
② 總會는 在籍組合員 過半數의 출석과 出席組合員 過半數의 贊成으로 議決한다. 다만, 規約의 制定·변경, 任員의 解任, 合併·分割·解散 및 組織形態의 변경에 관한 사항은 在籍組合員 過半數의 出席과 出席組合員 3분의 2이상의 贊成이 있어야 한다.
③ 任員의 選擧에 있어서 出席組合員 過半數의 贊成을 얻은 者가 없는 경우에는 第2項 本文의 規定에 불구하고 規約이 정하는 바에 따라 決選投票를 실시하여 다수의 贊成을 얻은 者를 任員으로 選出할 수 있다.
④ 規約의 制定·변경과 任員의 選擧·解任에 관한 사항은 組合員의 직접·秘密·無記名投票에 의하여야 한다.
판례 총회의 의결방법에 관한 위 규정은 강행규정이고, 위 규정의 문언에 의하더라도 총회의 특별결의를 요하는 사항이 아닌 총회 의결사항은 재적조합원 과반수의 출석과 출석조합원 과반수의 찬성으로 의결하도록 규정되어 있는 바이므로, 총회에서 노동조합의 대표자인 임원으로 선출되기 위하여는 재적 조합원 과반수가 출석하여 투표를 시행하고 아울러 총투표자 과반수의 득표를 하여야 한다.
(대판 1995.8.29, 95마645)
第17條【代議員會】 ① 勞動組合은 規約으로 總會에 갈음할 代議員會를 둘 수 있다.
② 代議員은 組合員의 직접·秘密·無記名投票에 의하여 選出되어야 한다.
③ 하나의 사업 또는 사업장을 대상으로 조직된 노동조합의 대의원은 그 사업 또는 사업장에 종사하는 조합원 중에서 선출하여야 한다.(2021.1.5 본항신설)
④ 代議員의 任期는 規約으로 정하되 3年을 초과할 수 없다.
⑤ 代議員會를 둔 때에는 總會에 관한 規定은 代議員會에 이를 準用한다.
第18條【臨時總會등의 召集】 ① 勞動組合의 代表者는 필요하다고 인정할 때에는 臨時總會 또는 臨時代議員會를 召集할 수 있다.
② 勞動組合의 代表者는 組合員 또는 代議員의 3分의 1이상(聯合團體인 勞動組合에 있어서는 그 構成團體의 3分의 1이상)이 會議에 附議할 사항을 제시하고 會議의 召集을 요구한 때에는 지체없이 臨時總會 또는 臨時代議員會를 召集하여야 한다.
③ 行政官廳은 勞動組合의 代表者가 第2項의 規定에 의한 會議의 召集을 故意로 기피하거나 이를 懈怠하여 組合員 또는 代議員의 3分의 1이상이 召集權者의 지명을 요구한 때에는 15日이내에 勞動委員會의 議決을 요청하고 勞動委員會의 議決이 있는 때에는 지체없이 會議의 召集權者를 지명하여야 한다.(1998.2.20 본항개정)
④ 行政官廳은 勞動組合에 總會 또는 代議員會의 召集權者가 없는 경우에 組合員 또는 代議員의 3分의 1이상이 會議에 附議할 사항을 제시하고 召集權者의 지명을 요구한 때에는 15일이내에 會議의 召集權者를 지명하여야 한다.(1998.2.20 본항개정)
第19條【召集의 節次】 總會 또는 代議員會는 會議開催日 7日전까지 그 會議에 附議할 사항을 公告하고 規約에 정한 방법에 의하여 召集하여야 한다. 다만, 勞動組合이 동일한 事業場內의 勤勞者로 구성된 경우에는 그 規約으로 公告期間을 短縮할 수 있다.
第20條【表決權의 特例】 勞動組合이 특정 組合員에 관한 사항을 議決할 경우에는 그 組合員은 表決權이 없다.
第21條【規約 및 決議處分의 是正】 ① 行政官廳은 勞動組合의 規約이 勞動關係法令에 위반한 경우에는 勞動委員會의 議決을 얻어 그 是正을 명할 수 있다.(1998.2.20 본항개정)
② 行政官廳은 勞動組合의 決議 또는 처분이 勞動關係法令 또는 規約에 위반된다고 인정할 경우에는 勞動委員會의 議決을 얻어 그 是正을 명할 수 있다. 다만, 規約違反시의 是正命令은 利害關係人의 申請이 있는 경우에 한한다.
(1998.2.20 본문개정)
③ 第1項 또는 第2項의 規定에 의하여 是正命令을 받은 勞動組合은 30日이내에 이를 이행하여야 한다. 다만, 정당한 사유가 있는 경우에는 그 기간을 연장할 수 있다.
第22條【組合員의 權利와 義務】 勞動組合의 組合員은 균등하게 그 勞動組合의 모든 문제에 참여할 權利와 義務를 가진다. 다만, 勞動組合은 그 規約으로 組合費를 납부하지 아니하는 組合員의 權利를 제한할 수 있다.
第23條【임원의 자격 등】 ① 노동조합의 임원 자격은 규약으로 정한다. 이 경우 하나의 사업 또는 사업장을 대상으로 조직된 노동조합의 임원은 그 사업 또는 사업장에 종사하는 조합원 중에서 선출하도록 정한다.
(2021.1.5 본항개정)
② 任員의 任期는 規約으로 정하되 3年을 초과할 수 없다.
(2021.1.5 본조제목개정)
第24條【근로시간 면제 등】 ① 勤勞者는 團體協約으로 정하거나 使用者의 同意가 있는 경우에는 사용자 또는 노동조합으로부터 급여를 지급받으면서 근로계약 소정의 勤勞를 제공하지 아니하고 勞動組合의 업무에 종사할 수 있다.
② 제1항에 따라 사용자로부터 급여를 지급받는 근로자(이하 "근로시간면제자"라 한다)는 사업 또는 사업장별로 종사근로자인 조합원 수 등을 고려하여 제24조의2에 따라 결정된 근로시간 면제 한도(이하 "근로시간 면제 한도"라 한다)를 초과하지 아니하는 범위에서 임금의 손실 없이 사용자와의 협의·교섭, 고충처리, 산업안전 활동 등 이 법 또는 다른 법률에서 정하는 업무와 건전한 노사관계 발전을 위한 노동조합의 유지·관리업무를 할 수 있다.
③ 사용자는 제1항에 따라 노동조합의 업무에 종사하는 근로자의 정당한 노동조합 활동을 제한해서는 아니 된다.
④ 제2항을 위반하여 근로시간 면제 한도를 초과하는 내용을 정한 단체협약 또는 사용자의 동의는 그 부분에 한정하여 무효로 한다.
⑤ (2021.1.5 삭제)
(2021.1.5 본조개정)
판례 노동조합 전임운용권이 노동조합에 있는 경우에도 그 행사가 법령의 규정 및 단체협약에 위배되거나 권리남용에 해당하는 등 특별한 사정이 있는 경우에는 그 내재적 제한을 위반한 것으로서 무효라고 보아야 하고, 노동조합 전임운용권의 행사가 권리남용에 해당하는지 여부는 전임운용권 행사에 관한 단체협약의 내용, 그러한 단체협약을 체결하게 된 경위와 당시의 상황, 노조원의 수 및 노조업무의 분량, 그로 인하여 사용자에게 발생하는 경제적 부담, 비슷한 규모의 다른 노동조합의 전임자 운용 실태 등 제반 사정을 종합적으로 검토하여 판단하여야 한다.(대판 2009.12.24, 2009도9347)
판례 노동조합 전임자의 근로계약상 법적 지위 : 노동조합 전임자는 사용자와의 관계에서 근로제공의무가 면제되고 사용자의 임금지급의무도 면제될 뿐 사용자와의 사이에 기본적 노사관계는 유지되고 근로자로서의 신분도 그대로 가지는 것이다.
(대판 2004.2.27, 2003다51675)
판례 노동조합 전임자에게 지급된 금원의 임금해당성 : 노동조합 전임자는 사용자와의 사이에 기본적 노사관계는 유지되고 근로자로서의 신분도 그대로 가지는 것이지만 근로제공의무가 면제되고 사용자의 임금지급의무도 면제된다는 점에서 휴직상태에 있는 근로자와 유사하고, 사용자가 단체협약 등에 따라 노동조합 전임자에게 일정한 금원을 지급한다고 하더라도 이를 근로의 대가인 임금이라고 할 수는 없다.(대판 2003.9.2, 2003다4815,4822,4839)
第24條의2【근로시간면제심의위원회】 ① 근로시간면제자에 대한 근로시간 면제 한도를 정하기 위하여 근로시간면제심의위원회(이하 이 조에서 "위원회"라 한다)를 「경제사회노동위원회법」에 따른 경제사회노동위원회(이하 "경제사회노동위원회"라 한다)에 둔다.(2021.1.5 본항개정)
② 위원회는 근로시간 면제 한도를 심의·의결하고, 3년마다 그 적정성 여부를 재심의하여 의결할 수 있다.
(2021.1.5 본항개정)
③ 경제사회노동위원회 위원장은 제2항에 따라 위원회가 의결한 사항을 고용노동부장관에게 즉시 통보하여야 한다.(2021.1.5 본항개정)
④ 고용노동부장관은 제3항에 따라 경제사회노동위원회 위원장이 통보한 근로시간 면제 한도를 고시하여야 한다.
(2021.1.5 본항개정)
⑤ 위원회는 다음 각 호의 구분에 따라 근로자를 대표하는 위원과 사용자를 대표하는 위원 및 공익을 대표하는 위원 각 5명씩 성별을 고려하여 구성한다.
1. 근로자를 대표하는 위원 : 전국적 규모의 노동단체가 추천하는 사람
2. 사용자를 대표하는 위원 : 전국적 규모의 경영자단체가 추천하는 사람
3. 공익을 대표하는 위원 : 경제사회노동위원회 위원장이 추천한 15명 중에서 제1호에 따른 노동단체와 제2호에 따른 경영자단체가 순차적으로 배제하고 남은 사람
(2021.1.5 본항신설)
⑥ 위원회의 위원장은 제5항제3호에 따른 위원 중에서 위원회가 선출한다.(2021.1.5 본항개정)
⑦ 위원회는 재적위원 과반수의 출석과 출석위원 과반수의 찬성으로 의결한다.
⑧ 위원의 자격, 위촉과 위원회의 운영 등에 필요한 사항은 대통령령으로 정한다.
(2010.1.1 본조신설)
第25條【會計監査】 ① 勞動組合의 代表者는 그 會計監査員으로 하여금 6月에 1回이상 당해 勞動組合의 모든 財源 및 用途, 주요한 寄附者의 姓名, 現在의 經理狀況등에 대한 會計監査를 실시하게 하고 그 내용과 監査結果를 전체 組合員에게 公開하여야 한다.
② 勞動組合의 會計監査員은 필요하다고 인정할 경우에는 당해 勞動組合의 會計監査를 실시하고 그 결과를 公開할 수 있다.
第26條【運營狀況의 公開】 勞動組合의 代表者는 會計年度마다 決算結果와 運營狀況을 公表하여야 하며 組合員의 요구가 있을 때에는 이를 열람하게 하여야 한다.
第27條【資料의 提出】 勞動組合은 行政官廳이 요구하는 경우에는 決算結果와 運營狀況을 報告하여야 한다.
(1998.2.20 본조개정)

第4節 勞動組合의 解散

第28條【解散事由】 ① 勞動組合은 다음 各號의 1에 해당하는 경우에는 解散한다.
1. 規約에서 정한 解散事由가 발생한 경우
2. 合併 또는 分割로 消滅한 경우
3. 總會 또는 代議員會의 解散決議가 있는 경우
4. 勞動組合의 任員이 없고 勞動組合으로서의 活動을 1年 이상 하지 아니한 것으로 인정되는 경우로서 行政官廳이 勞動委員會의 議決을 얻은 경우(1998.2.20 본호개정)
② 第1項第1號 내지 第3號의 사유로 勞動組合이 解散한 때에는 그 代表者는 解散한 날부터 15日이내에 行政官廳에게 이를 申告하여야 한다.(1998.2.20 본항개정)

第3章 團體交涉 및 團體協約

第29條【交涉 및 締結權限】 ① 勞動組合의 代表者는 그 勞動組合 또는 組合員을 위하여 使用者나 使用者團體와 交涉하고 團體協約을 체결할 權限을 가진다.
② 제29조의2에 따라 결정된 교섭대표노동조합(이하 "교섭대표노동조합"이라 한다)의 대표자는 교섭을 요구한 모든 노동조합 또는 조합원을 위하여 사용자와 교섭하고 단체협약을 체결할 권한을 가진다.(2010.1.1 본항신설)
③ 勞動組合과 使用者 또는 使用者團體로부터 交涉 또는 團體協約의 체결에 관한 權限을 위임받은 者는 그 勞動組合과 使用者 또는 使用者團體를 위하여 위임받은 범위안에서 그 權限을 행사할 수 있다.
④ 勞動組合과 使用者 또는 使用者團體는 제3항에 따라 交涉 또는 團體協約의 체결에 관한 權限을 위임한 때에는 그 사실을 相對方에게 통보하여야 한다.(2010.1.1 본항개정)
판례 상여금을 인하하도록 하는 내용의 단체협약을 소급 적용한 것은 근로자들에게 이미 지급한 상여금을 반환하도록 한 것으로서, 근로자들로부터 개별적인 동의나 수권을 받지 않은 이상 허용될 수 없다.(대판 2010.1.28, 2009다76317)
판례 단체교섭권한 : 노동조합의 대표자가 단체교섭의 결과에 따라 사용자와 단체협약의 내용을 합의한 후 다시 협약안의 가부에 관하여 조합원총회의 의결을 거쳐야만 한다는 것은 대표자의 단체협약체결 권한을 전면적·포괄적으로 제한함으로써 사실상 단체협약체결권한을 형해화하여 명목에 불과한 것으로 만드는 것이어서 노동조합및노동관계조정법 29조 1항에 반한다.(대판 2005.3.11, 2003다27429)
판례 교섭대상 : 단체교섭의 대상이 되는 단체교섭사항에 해당하는지 여부는 헌법 33조 1항과 노동조합및노동관계조정법 29조에서 근로자에게 단체교섭권을 보장한 취지에 비추어 판단하여야 하므로 일반적으로 구성원인 근로자의 노동조건 기타 근로자의 대우 또는 당해 단체적 노사관계의 운영에 관한 사항으로 사용자가 처분할 수 있는 사항은 단체교섭의 대상인 단체교섭사항에 해당한다.
(대판 2003.12.26, 2003두8906)
판례 분회 또는 지부의 단체교섭당사자성 : 노동조합의 하부단체인 분회나 지부가 독자적인 규약 및 집행기관을 가지고 독립된 조직체로서 활동을 하는 경우, 설립신고를 하였는지 여부에 관계없이, 당해 조직이나 그 조합원에 고유한 사항에 대하여는 독자적으로 단체교섭을 할 수 있다.(대판 2001.2.23, 2000도4299)
판례 단체교섭권한의 경합 : 구 노동조합법 33조 1항(현행 법 29조 3항)에서 규정하고 있는 단체교섭권한의 '위임'이라고 함은 노동조합이 조직상의 대표자 이외의 자에게 조합 또는 조합원을 위하여 조합의 입장에서 사용자측과 사이에 단체교섭을 하는 사무처리를 맡기는 것을 뜻하고, 그 위임 후 이를 해지하는 등의 별개의 의사표시가 없더라도 노동조합의 단체교섭권한은 여전히 수임자의 단체교섭권한과 중복하여 경합적으로 남아 있다고 할 것이며, 같은 조 2항의 규정에 따라 단위노동조합이 당해 노동조합이 가입한 상부단체인 연합단체에 그러한 권한을 위임한 경우에 있어서도 달리 볼 것은 아니다.
(대판 1998.11.13, 98다20790)
판례 노동조합이 아닌 근로자단체 : 전국기관차협의회는 근로조건의 유지, 개선을 통한 근로자의 경제적, 사회적 지위의 향상만 아니라 정치적 지위의 향상도 그 목적으로 하고 있고, 근로자라고 할 수 없는 해직이 확정된 자도 회원자격을 인정하고 있을 뿐만 아니라, 기존의 전국철도노동조합과 그 조직대상을 같이 하고 있어 노동조합법상의 노동조합이라고 볼 수 없고, 따라서 단체교섭권도 없어 쟁의행위의 정당한 주체로 될 수 없다.(대판 1997.2.11, 96누2125)
第29條의2【교섭창구 단일화 절차】 ① 하나의 사업 또는 사업장에서 조직형태에 관계없이 근로자가 설립하거나 가입한 노동조합이 2개 이상인 경우 노동조합은 교섭대표노동조합(2개 이상의 노동조합 조합원을 구성원으로 하는 교섭대표기구를 포함한다. 이하 같다)을 정하여 교섭을 요구하여야 한다. 다만, 제3항에 따라 교섭대표노동조합을 자율적으로 결정하는 기한 내에 사용자가 이 조에서 정하는 교섭창구 단일화 절차를 거치지 아니하기로 동의한 경우에는 그러하지 아니하다.(2021.1.5 단서개정)
② 제1항 단서에 해당하는 경우 사용자는 교섭을 요구한 모든 노동조합과 성실히 교섭하여야 하고, 차별적으로 대우해서는 아니 된다.(2021.1.5 본항신설)
③ 교섭대표노동조합 결정 절차(이하 "교섭창구 단일화 절차"라 한다)에 참여한 모든 노동조합은 대통령령으로 정하는 기한 내에 자율적으로 교섭대표노동조합을 정한다.
④ 제3항에 따른 기한까지 교섭대표노동조합을 정하지 못하고 제1항 단서에 따른 사용자의 동의를 얻지 못한 경우에는 교섭창구 단일화 절차에 참여한 노동조합의 전체 조합원 과반수로 조직된 노동조합(2개 이상의 노동조합이 위임 또는 연합 등의 방법으로 교섭창구 단일화 절차에 참여한 노동조합 전체 조합원의 과반수가 되는 경우를 포함한다)이 교섭대표노동조합이 된다.(2021.1.5 본항개정)
⑤ 제3항 및 제4항에 따라 교섭대표노동조합을 결정하지 못한 경우에는 교섭창구 단일화 절차에 참여한 모든 노동조합은 공동으로 교섭대표단(이하 이 조에서 "공동교섭대표단"이라 한다)을 구성하여 사용자와 교섭하여야 한

다. 이 때 공동교섭대표단에 참여할 수 있는 노동조합은 그 조합원 수가 교섭창구 단일화 절차에 참여한 노동조합의 전체 조합원 100분의 10 이상인 노동조합으로 한다.
(2021.1.5 전단개정)
⑥ 제5항에 따른 공동교섭대표단의 구성에 합의하지 못할 경우에 노동위원회는 해당 노동조합의 신청에 따라 조합원 비율을 고려하여 이를 결정할 수 있다.
(2021.1.5 본항개정)
⑦ 제1항 및 제3항부터 제5항까지에 따른 교섭대표노동조합을 결정함에 있어 교섭요구 사실, 조합원 수 등에 대한 이의가 있는 때에는 노동위원회는 대통령령으로 정하는 바에 따라 노동조합의 신청을 받아 그 이의에 대한 결정을 할 수 있다.(2021.1.5 본항개정)
⑧ 제6항 및 제7항에 따른 노동위원회의 결정에 대한 불복절차 및 효력은 제69조와 제70조제2항을 준용한다.
(2021.1.5 본항개정)
⑨ 노동조합의 교섭요구·참여 방법, 교섭대표노동조합 결정을 위한 조합원 수 산정 기준 등 교섭창구 단일화 절차와 교섭비용 증가 방지 등에 관하여 필요한 사항은 대통령령으로 정한다.
⑩ 제4항부터 제7항까지 및 제9항의 조합원 수 산정은 종사근로자인 조합원으로 한다.(2021.1.5 본항신설)
(2010.1.1 본조신설)

第29條의3【교섭단위 결정】 ① 제29조의2에 따라 교섭대표노동조합을 결정하여야 하는 단위(이하 "교섭단위"라 한다)는 하나의 사업 또는 사업장으로 한다.
② 제1항에도 불구하고 하나의 사업 또는 사업장에서 현격한 근로조건의 차이, 고용형태, 교섭 관행 등을 고려하여 교섭단위를 분리하거나 분리된 교섭단위를 통합할 필요가 있다고 인정되는 경우에 노동위원회는 노동관계 당사자의 양쪽 또는 어느 한쪽의 신청을 받아 교섭단위를 분리하거나 분리된 교섭단위를 통합하는 결정을 할 수 있다.(2021.1.5 본항개정)
③ 제2항에 따른 노동위원회의 결정에 대한 불복절차 및 효력은 제69조와 제70조제2항을 준용한다.
④ 교섭단위를 분리하거나 분리된 교섭단위를 통합하기 위한 신청 및 노동위원회의 결정 기준·절차 등에 관하여 필요한 사항은 대통령령으로 정한다.(2021.1.5 본항개정)
(2010.1.1 본조신설)

第29條의4【공정대표의무 등】 ① 교섭대표노동조합과 사용자는 교섭창구 단일화 절차에 참여한 노동조합 또는 그 조합원 간에 합리적 이유 없이 차별을 하여서는 아니 된다.
② 노동조합은 교섭대표노동조합과 사용자가 제1항을 위반하여 차별한 경우에는 그 행위가 있은 날(단체협약의 내용의 일부 또는 전부가 제1항에 위반되는 경우에는 단체협약 체결일을 말한다)부터 3개월 이내에 대통령령으로 정하는 방법과 절차에 따라 노동위원회에 그 시정을 요청할 수 있다.
③ 노동위원회는 제2항에 따른 신청에 대하여 합리적 이유 없이 차별하였다고 인정한 때에는 그 시정에 필요한 명령을 하여야 한다.
④ 제3항에 따른 노동위원회의 명령 또는 결정에 대한 불복절차 등에 관하여는 제85조 및 제86조를 준용한다.
(2010.1.1 본조신설)

第29條의5【그 밖의 교섭창구 단일화 관련 사항】 교섭대표노동조합이 있는 경우에 제2조제5호, 제29조제3항·제4항, 제30조, 제37조제2항·제3항, 제38조제3항, 제42조의6제1항, 제44조제2항, 제46조제1항, 제55조제3항, 제72조제3항 및 제81조제1항제3호 중 "노동조합"은 "교섭대표노동조합"으로 본다.(2021.1.5 본조개정)

第30條【交涉등의 원칙】 ① 勞動組合과 使用者 또는 使用者團體는 信義에 따라 성실히 交涉하고 團體協約을 체결하여야 하며 그 權限을 남용하여서는 아니된다.
② 勞動組合과 使用者 또는 使用者團體는 정당한 이유없이 交涉 또는 團體協約의 체결을 거부하거나 懈怠하여서는 아니된다.
③ 국가 및 지방자치단체는 기업·산업·지역별 교섭 등 다양한 교섭방식을 노동관계 당사자가 자율적으로 선택할 수 있도록 지원하고 이에 따른 단체교섭이 활성화될 수 있도록 노력하여야 한다.(2021.1.5 본항신설)

판례 사용자의 단체교섭 거부행위 : 사용자의 단체교섭 거부행위가 원인과 목적, 과정과 행위태양, 그로 인한 결과 등에 비추어 건전한 사회통념이나 사회상규상 용인될 수 없다고 인정되는 경우에는 부당노동행위로서 단체교섭권을 침해하는 위법한 행위로 평가되어 불법행위의 요건을 충족하는바, 사용자가 노동조합과의 단체교섭을 정당한 이유 없이 거부하다가 법원으로부터 노동조합과의 단체교섭을 거부하여서는 아니 된다는 취지의 집행력 있는 판결이나 가처분결정을 받고도 이를 위반하여 노동조합과의 단체교섭을 거부하였다면, 그 단체교섭 거부행위는 건전한 사회통념이나 사회상규상 용인할 수 없는 행위로서 헌법이 보장하고 있는 노동조합의 단체교섭권을 침해하는 위법한 행위이므로 노동조합에 대하여 불법행위가 된다.
(대판 2006.10.26, 2004다11070)

第31條【團體協約의 작성】 ① 團體協約은 書面으로 작성하여 當事者 雙方이 서명 또는 날인하여야 한다.
(2006.12.30 본항개정)
② 團體協約의 當事者는 團體協約의 締結日부터 15日이내에 이를 行政官廳에게 申告하여야 한다.(1998.2.20 본항개정)
③ 行政官廳은 團體協約중 違法한 내용이 있는 경우에는 勞動委員會의 議決을 얻어 그 是正을 명할 수 있다.
(1998.2.20 본항개정)

판례 단체협약의 방식 : 단체협약은 노동조합이 사용자 또는 사용자단체와 근로조건 기타 노사관계에서 발생하는 사항에 관한 협정(합의)을 문서로 작성하여 당사자 쌍방이 서명날인함으로써 성립하는 것이고, 그 협정(합의)이 반드시 정식의 단체교섭절차를 거쳐서 이루어져야만 하는 것은 아니라고 할 것이므로 노동조합과 사용자 사이에 근로조건 기타 노사관계에 관한 합의가 노사협의회의 협의를 거쳐서 성립되었더라도, 당사자 쌍방이 이를 단체협약으로 할 의사로 문서로 작성하여 당사자 쌍방의 대표자가 각 노동조합과 사용자를 대표하여 서명날인하는 등으로 단체협약의 실질적·형식적 요건을 갖추었다면 이는 단체협약이라고 보아야 할 것이다.
(대판 2005.3.11, 2003다27429)

第32條【단체협약 유효기간의 상한】 ① 단체협약의 유효기간은 3년을 초과하지 않는 범위에서 노사가 합의하여 정할 수 있다.(2021.1.5 본항개정)
② 團體協約에 그 有效期間을 정하지 아니한 경우 또는 第1項의 기간을 초과하는 有效期間을 정한 경우에 그 有效期間은 3년으로 한다.(2021.1.5 본항개정)
③ 團體協約의 有效期間이 만료되는 때를 전후하여 當事者 雙方이 새로운 團體協約을 체결하고자 團體交涉을 계속하였음에도 불구하고 새로운 團體協約이 체결되지 아니한 경우에는 별도의 약정이 있는 경우를 제외하고는 종전의 團體協約은 그 效力滿了日부터 3月까지 계속 효력을 갖는다. 다만, 團體協約에 그 有效期間이 경과한 후에도 새로운 團體協約이 체결되지 아니한 때에는 새로운 團體協約이 체결될 때까지 종전 團體協約의 효력을 存續시킨다는 취지의 별도의 약정이 있는 경우에는 그에 따르되, 當事者 一方은 解止하고자 하는 날의 6月전까지 相對方에게 통고함으로써 종전의 團體協約을 解止할 수 있다.
(1998.2.20 단서개정)
(2021.1.5 본조제목개정)

판례 단체협약의 유효기간을 제한한 노동조합법 제32조 제1항, 제2항이나 단체협약의 해지권을 정한 노동조합법 제32조 제3항 단서는 모두 성질상 강행규정이어서, 당사자 사이의 합의에 의하더라도 단체협약의 해지권을 행사하지 못하도록 하는 등 적용을 배제하는 것은 허용되지 않는다.(대판 2016.3.10, 2013두3160)

第33條【기준의 효력】 ① 團體協約에 정한 勤勞條件 기타 勤勞者의 待遇에 관한 기준에 위반하는 就業規則 또는 勤勞契約의 부분은 無效로 한다.
② 勤勞契約에 規定되지 아니한 사항 또는 第1項의 規定에 의하여 無效로 된 부분은 團體協約에 정한 기준에 의한다.

판례 "정년퇴직 후 본인의 요청에 의하여 1년간 촉탁으로 근무할 수 있다"는 단체협약 규정에 대하여 그 제정경위, 변천 과정, 교섭 당시의 상황 및 합의과정 등에 비추어 의무조항으로 해석함이 상당하므로, 위 규정을 재량조항으로 본 원심판결을 파기한다.
(대판 1996.9.20, 95다20454)

第34條【團體協約의 解釋】 ① 團體協約의 解釋 또는 이행방법에 관하여 관계 當事者間에 의견의 不一致가 있는 때에는 當事者 雙方 또는 團體協約에 정하는 바에 의하여 어느 一方이 勞動委員會에 그 解釋 또는 이행방법에 관한 見解의 제시를 요청할 수 있다.
② 勞動委員會는 第1項의 規定에 의한 요청을 받은 때에는 그 날부터 30日이내에 명확한 見解를 제시하여야 한다.
③ 第2項의 規定에 의하여 勞動委員會가 제시한 解釋 또는 이행방법에 관한 見解는 仲裁裁定과 동일한 효력을 가진다.

판례 단체협약의 해석에 관한 분쟁처리절차 : 노동조합 및 노동관계조정법 34조 3항은 단체협약의 해석 또는 이행방법에 관하여 단체협약 당사자의 견해 제시의 요청에 응하여 노동위원회가 제시한 견해는 중재재정과 동일한 효력을 가진다고 정하고 있으므로, 단체협약의 해석 또는 이행방법에 관한 노동위원회의 제시 견해의 효력을 다투고자 할 때에는 노동위원회가 행한 중재재정의 효력을 다투는 절차를 정한 위 법 69조에 의하여야 할 것이고, 노동위원회가 단체협약의 의미를 오해하여 그 해석 또는 이행방법에 관하여 잘못된 견해를 제시하였다면 이는 법률행위인 단체협약의 해석에 관한 법리를 오해한 위법을 범한 것으로 위 법 69조에서 정한 불복사유인 위법 사유가 있는 경우에 해당된다.(대판 2005.9.9, 2003두896)

第35條【一般的 拘束力】 하나의 사업 또는 事業場에 상시 사용되는 同種의 勤勞者 半數이상이 하나의 團體協約의 적용을 받게 된 때에는 당해 사업 또는 事業場에 사용되는 다른 同種의 勤勞者에 대하여도 당해 團體協約이 적용된다.

판례 [1] 하나의 단체협약의 적용을 받는 근로자 : 위 규정에 따른 단체협약의 일반적 구속력이 인정되기 위한 요건인 '하나의 단체협약의 적용을 받는 근로자'란 단체협약의 본래적 적용대상자로서 단체협약상의 적용범위에 드는 자만을 일컫는 것으로 단체협약상 특별히 적용범위를 한정하지 않은 경우에는 당해 단체협약의 협약당사자인 노동조합의 조합원 전체를 말하고 단체협약이 근로자 일부에게만 적용되는 것으로 한정하는 경우에는 그 한정된 범위의 조합원을 말한다 할 것이다.
[2] 노동조합원 수와 단체협약 변경의 효력 : 노동조합이 사용자와 상여금·휴가비 등을 반납하기로 하는 내용의 노사공동결의서를 작성한 경우, 위 노사공동결의서로 상여금·휴가비 등에 관한 기존 단체협약이 변경되었다고 할 것이지만, 위 노사공동결의서의 작성 당시 노동조합에 가입한 근로자의 수가 노동조합에 가입할 수 있는 총 근로자의 반수에 이르지 못하였던 이상 위 단체협약에 노동조합 및노동관계조정법 35조에 따른 일반적 구속력을 부여할 수 없으므로 노동조합원이 아닌 근로자에게는 위 단체협약의 변경의 효력이 미치지 않는다.
(대판 2005.5.12, 2003다52456)

판례 동종의 근로자 : 이 규정에 따라 단체협약의 적용을 받게 되는 동종의 근로자라 함은 당해 단체협약의 규정에 의하여 그 협약의 적용이 예상되는 자를 가리키는 것인바, 서로 다른 종류의 사업을 운영하던 회사들이 합병한 이후 근로자들의 근로관계 내용을 단일화하기로 변경·조정하는 새로운 합의가 있기 전에 그 중 한 사업부문의 근로자들로 구성된 노동조합이 회사와 체결한 단체협약은 그 사업부문의 근로자들에 대하여만 적용될 것이 예상되는 것이라 할 것이어서 다른 사업부문의 근로자들에게는 적용될 수 없다.
(대판 2004.5.14, 2002다23185,23192)

판례 상시 사용되는 근로자 : 단체협약의 적용을 받지 않는 근로자에게 노동조합법 37조 소정의 일반적 구속력에 의하여 단체협약이 적용되기 위하여는 하나의 공장, 사업장 기타 직장에 상시 사용되는 동종의 근로자의 반수 이상의 근로자가 하나의 단체협약의 적용을 받게 됨을 필요로 하는바, 여기에서 상시 사용되는 동종의 근로자라 함은 하나의 단체협약의 적용을 받는 근로자가 반수 이상이라는 비율을 계산하기 위한 기준이 되는 근로자의 총수로서 근로자의 지위나 종류, 고용기간의 정함의 유무 또는 근로계약상의 명칭에 구애됨이 없이 사업장에서 사실상 계속적으로 사용되고 있는 동종의 근로자 전부를 의미하므로, 단기의 계약기간을 정하여 고용된 근로자라도 기간만료시마다 반복갱신되어 사실상 계속 고용되어 왔다면 여기에 포함되고, 또한 사업장 단위로 체결되는 단체협약의 적용범위가 특정되지 않았거나 협약 조항이 모든 직종에 걸쳐서 공통적으로 적용되는 경우에는 직종의 구분 없이 사업장 내의 모든 근로자가 동종의 근로자에 해당된다.(대판 1992.12.22, 92누13189)

第36條【地域的 拘束力】 ① 하나의 地域에 있어서 從業하는 同種의 勤勞者 3分의 2이상이 하나의 團體協約의 적용을 받게 된 때에는 行政官廳은 당해 團體協約의 當事者의 雙方 또는 一方의 申請에 의하거나 그 職權으로 勞動委員會의 議決을 얻어 당해 地域에서 從業하는 다른 同種의 勤勞者와 그 使用者에 대하여도 당해 團體協約을 적용한다는 決定을 할 수 있다.
② 行政官廳이 第1項의 規定에 의한 決定을 한 때에는 지체없이 이를 公告하여야 한다.
(1998.2.20 본조개정)

第4章 爭議行爲

第37條【爭議行爲의 기본원칙】 ① 爭議行爲는 그 目的·방법 및 節次에 있어서 法令 기타 社會秩序에 위반되어서는 아니된다.
② 組合員은 勞動組合에 의하여 主導되지 아니한 爭議行爲를 하여서는 아니된다.
③ 노동조합은 사용자의 점유를 배제하여 조업을 방해하는 형태로 쟁의행위를 해서는 아니 된다.(2021.1.5 본항신설)

판례 단체교섭사항이 될 수 없는 사항을 달성하려는 쟁의행위를 그 목적의 정당성으로 인정할 수 있는지 여부 : 긴박한 경영상의 필요에 의하여 하는 이른바 정리해고의 실시는 사용자의 경영상의 조치라고 할 것이므로, 정리해고에 관한 노동조합의 요구내용이 사용자는 정리해고를 하여서는 아니된다는 취지라면 이는 사용자의 경영권을 근본적으로 제약하는 것이 되어 원칙적으로 단체교섭의 대상이 될 수 없고, 단체교섭사항이 될 수 없는 사항을 달성하려는 쟁의행위는 그 목적의 정당성을 인정할 수 없다.(대판 2001.4.24, 99도4893)

판례 노동조합의 승인 없이 또는 지시에 반하여 쟁의행위를 하는 일부 조합원의 집단을 비조직 근로자들의 쟁의단으로 볼 수 있는지 여부(소극) : 일부 조합원의 집단이 노동조합의 승인 없이 또는 지시에 반하여 쟁의행위를 하는 경우에는 이를 비조직 근로자들의 쟁의단과 같이 볼 수 없다.(대판 1997.4.22, 95도748)

판례 쟁의행위가 정당성을 갖추기 위한 요건 : 근로자의 쟁의행위가 정당성을 갖추기 위하여는, 그 주체가 단체교섭이나 단체협약 체결능력이 있는 자, 즉 노동조합이어야 하고, 그 목적이 근로조건의 향상을 위한 노사간의 자치적 교섭을 조성하기 위한 것이어야 하며, 그 시기는 사용자가 근로자의 근로조건 개선에 관한 구체적인 요구에 대하여 단체교섭을 거부하거나 단체교섭의 자리에서 그러한 요구를 거부하는 회답을 했을 때 개시하되, 특별한 사정이 없는 한 법령이 정하는 바에 따라 조합원의 찬성결정 및 노동쟁의 발생신고를 거쳐야 하고, 그 방법은 소극적으로 노무의 제공을 전면적 또는 부분적으로 정지하여 사용자에게 타격을 주는 것이어야 하며, 노사관계의 신의성실의 원칙에 비추어 공정성의 원칙에 따라야 하고, 사용자의 기업시설에 대한 소유권 기타의 재산권과 조화를 이루어야 함은 물론 폭력이나 파괴행위를 수반하여서는 아니되는 것이다.(대판 1992.7.14, 91다43800)

第38條【勞動組合의 指導와 責任】 ① 爭議行爲는 그 爭議行爲와 관계없는 者 또는 勤勞를 제공하고자 하는 者의 出入·操業 기타 정상적인 業務를 방해하는 방법으로 행하여져서는 아니되며 爭議行爲의 참가를 呼訴하거나 說得하는 행위로서 暴行·脅迫을 사용하여서는 아니된다.
② 作業施設의 損傷이나 原料·製品의 變質 또는 腐敗를 방지하기 위한 作業은 爭議行爲 기간중에도 정상적으로 수행되어야 한다.
③ 勞動組合은 爭議行爲가 適法하게 수행될 수 있도록 指導·관리·統制할 責任이 있다.

第39條【勤勞者의 拘束制限】 勤勞者는 爭議行爲 기간중에는 現行犯외에는 이 法 위반을 이유로 拘束되지 아니한다.

第40條 (2006.12.30 삭제)

第41條【爭議行爲의 제한과 금지】 ① 노동조합의 쟁의행위는 그 조합원(제29조의2에 따라 교섭대표노동조합이 결정된 경우에는 그 절차에 참여한 노동조합의 전체 조합원)의 직접·비밀·무기명투표에 의한 조합원 과반수의 찬성으로 결정하지 아니하면 이를 행할 수 없다. 이 경우 조합원 수 산정은 종사근로자인 조합원을 기준으로 한다.(2021.1.5 본항개정)

②「방위사업법」에 의하여 지정된 主要防衛産業體에 종사하는 勤勞者중 電力, 用水 및 주로 防産物資를 생산하는 業務에 종사하는 者는 爭議行爲를 할 수 없으며 주로 防産物資를 생산하는 業務에 종사하는 者의 범위는 大統領令으로 정한다.(2006.1.2 본항개정)

판례 근로자의 쟁의행위가 형법상 정당행위가 되기 위한 절차적 요건으로서, 쟁의행위를 함에 있어 조합원의 직접·비밀·무기명투표에 의한 찬성결정이라는 절차를 거치도록 한 동조 제1항은, 노동조합의 자주적이고 민주적인 운영을 도모함과 아울러 쟁의행위에 참가한 근로자들이 사후에 그 쟁의행위의 정당성 유무와 관련하여 어떠한 불이익을 당하지 않도록 그 개시에 관한 조합의사의 결정에 보다 신중을 기하기 위하여 마련된 규정이다.(대판 2004.9.24, 2004도4641)

판례 근로자가 쟁의행위를 함에 있어 조합원의 직접·비밀·무기명투표에 의한 찬성결정이라는 절차를 거쳐야 한다는 노동조합 및 노동관계조정법 제41조 제1항의 규정은 노동조합의 자주적이고 민주적인 운영을 도모함과 아울러 쟁의행위에 참가한 근로자들이 사후에 그 쟁의행위의 정당성 유무와 관련하여 어떠한 불이익을 당하지 않도록 그 개시에 관한 조합의사의 결정에 보다 신중을 기하기 위하여 마련된 규정이므로 위의 절차를 위반한 쟁의행위는 그 절차를 따를 수 없는 객관적인 사정이 인정되지 아니하는 한 정당성이 상실된다.(대판 2001.10.25, 99도4837 전원합의체)

第42條【暴力行爲등의 금지】 ① 爭議行爲는 暴力이나 破壞行爲 또는 生産 기타 主要業務에 관련되는 施設과 이에 준하는 施設로서 大統領令이 정하는 施設을 占據하는 형태로 이를 행할 수 없다.

② 事業場의 安全保護施設에 대하여 정상적인 유지·운영을 정지·廢止 또는 방해하는 행위는 爭議行爲로서 이를 행할 수 없다.

③ 行政官廳은 爭議行爲가 第2項의 행위에 해당한다고 인정하는 경우에는 勞動委員會의 議決을 얻어 그 행위를 중지할 것을 통보하여야 한다. 다만, 事態가 급박하여 勞動委員會의 議決을 얻을 시간적 여유가 없을 때에는 그 議決을 얻지 아니하고 즉시 그 행위를 중지할 것을 통보할 수 있다.(2006.12.30 본항개정)

④ 第3項 但書의 경우에 行政官廳은 지체없이 勞動委員會의 사후승인을 얻어야 하며 그 승인을 얻지 못한 때에는 그 통보는 그때부터 효력을 상실한다.(2006.12.30 본항개정)

판례 '안전보호시설'의 의미 및 그 해당 여부의 판단 방법 : '안전보호시설'이라 함은 사람의 생명이나 신체의 위험을 예방하기 위해서나 위생상 필요한 시설을 말하고, 이에 해당하는지 여부는 당해 사업장의 성질, 당해 시설의 기능, 당해 시설의 정상적인 유지·운영이 되지 아니할 경우에 일어날 수 있는 위험 등 제반 사정을 구체적·종합적으로 고려하여 판단하여야 한다.(대판 2006.5.12, 2002도3450)

第42條의2【필수유지업무에 대한 쟁의행위의 제한】 ① 이 법에서 "필수유지업무"라 함은 제71조제2항의 규정에 따른 필수공익사업의 업무 중 그 업무가 정지되거나 폐지되는 경우 공중의 생명·건강 또는 신체의 안전이나 공중의 일상생활을 현저히 위태롭게 하는 업무로서 대통령령이 정하는 업무를 말한다.

② 필수유지업무의 정당한 유지·운영을 정지·폐지 또는 방해하는 행위는 쟁의행위로서 이를 행할 수 없다.(2006.12.30 본조신설)

第42條의3【필수유지업무협정】 노동관계 당사자는 쟁의행위기간 동안 필수유지업무의 정당한 유지·운영을 위하여 필수유지업무의 필요 최소한의 유지·운영 수준, 대상직무 및 필요인원 등을 정한 협정(이하 "필수유지업무협정"이라 한다)을 서면으로 체결하여야 한다. 이 경우 필수유지업무협정에는 노동관계 당사자 쌍방이 서명 또는 날인하여야 한다.(2006.12.30 본조신설)

第42條의4【필수유지업무 유지·운영 수준 등의 결정】 ① 노동관계 당사자 쌍방 또는 일방은 필수유지업무협정이 체결되지 아니하는 때에는 노동위원회에 필수유지업무의 필요 최소한의 유지·운영 수준, 대상직무 및 필요인원 등의 결정을 신청하여야 한다.

② 제1항의 규정에 따른 신청을 받은 노동위원회는 사업 또는 사업장별 필수유지업무의 특성 및 내용 등을 고려하여 필수유지업무의 필요 최소한의 유지·운영 수준, 대상직무 및 필요인원 등을 결정할 수 있다.

③ 제2항의 규정에 따른 노동위원회의 결정은 제72조의 규정에 따른 특별조정위원회가 담당한다.

④ 제2항의 규정에 따른 노동위원회의 결정에 대한 해석 또는 이행방법에 관하여 관계 당사자간에 의견이 일치하지 아니하는 경우에는 특별조정위원회의 해석에 따른다. 이 경우 특별조정위원회의 해석은 제2항의 규정에 따른 노동위원회의 결정과 동일한 효력이 있다.

⑤ 제2항의 규정에 따른 노동위원회의 결정에 대한 불복절차 및 효력에 관하여는 제69조와 제70조제2항의 규정을 준용한다.

(2006.12.30 본조신설)

第42條의5【노동위원회의 결정에 따른 쟁의행위】 제42조의4제2항의 규정에 따라 노동위원회의 결정이 있는 경우 그 결정에 따라 쟁의행위를 한 때에는 필수유지업무를 정당하게 유지·운영하면서 쟁의행위를 한 것으로 본다.(2006.12.30 본조신설)

第42條의6【필수유지업무 근무 근로자의 지명】 ① 노동조합은 필수유지업무협정이 체결되거나 제42조의4제2항의 규정에 따른 노동위원회의 결정이 있는 경우 사용자에게 필수유지업무에 근무하는 조합원 중 쟁의행위 기간 동안 근무하여야 할 조합원을 통보하여야 하며, 사용자는 이에 따라 근로자를 지명하고 이를 노동조합과 그 근로자에게 통보하여야 한다. 다만, 노동조합이 쟁의행위 개시 전까지 이를 통보하지 아니한 경우에는 사용자가 필수유지업무에 근무하여야 할 근로자를 지명하고 이를 노동조합과 그 근로자에게 통보하여야 한다.

② 제1항에 따른 통보·지명시 노동조합과 사용자는 필수유지업무에 종사하는 근로자가 소속된 노동조합이 2개 이상인 경우에는 각 노동조합의 해당 필수유지업무에 종사하는 조합원 비율을 고려하여야 한다.(2010.1.1 본항신설)

(2006.12.30 본조신설)

第43條【使用者의 採用制限】 ① 使用者는 爭議行爲 기간중 그 爭議行爲로 중단된 業務의 수행을 위하여 당해 사업과 관계없는 者를 採用 또는 대체할 수 없다.

② 使用者는 爭議行爲期間중 그 爭議行爲로 중단된 業務를 도급 또는 하도급 줄 수 없다.

③ 제1항 및 제2항의 규정은 필수공익사업의 사용자가 쟁의행위기간 중에 한하여 당해 사업과 관계 없는 자를 채용 또는 대체하거나 그 업무를 도급 또는 하도급 주는 경우에는 적용하지 아니한다.(2006.12.30 본항신설)

④ 제3항의 경우 사용자는 당해 사업 또는 사업장 파업참가자의 100분의 50을 초과하지 않는 범위 안에서 채용 또는 대체하거나 도급 또는 하도급 줄 수 있다. 이 경우 파업참가자 수의 산정 방법 등은 대통령령으로 정한다.(2006.12.30 본항신설)

판례 사용자가 쟁의행위로 중단된 업무를 수행하기 위해 당해 사업과 관계있는 자인 비노동조합원이나 쟁의행위에 참가하지 아니한 노동조합원 등 당해 사업의 근로자로 대체하였는데 대체한 근로자마저 사직함에 따라 사용자가 신규채용하게 되었다면, 이는 사용자의 정당한 인사권 행사에 속하는 자연감소에 따른 인원충원에 불과하고 위 조항의 위반죄를 구성하지 않는다.(대판 2008.11.13, 2008도4831)

第44條【爭議行爲 기간중의 賃金支給 요구의 금지】 ① 使用者는 爭議行爲에 참가하여 勤勞를 제공하지 아니한 勤勞者에 대하여는 그 기간중의 賃金을 지급할 의무가 없다.

② 勞動組合은 爭議行爲 기간에 대한 賃金의 지급을 요구하여 이를 관철할 목적으로 爭議行爲를 하여서는 아니된다.

판례 쟁의행위시 임금 지급에 관한 규정, 약정이나 관행이 없는 경우, 임금청구권의 발생 여부(무노동무임금의 원칙) : 쟁의행위시의 임금 지급에 관하여 단체협약이나 취업규칙 등에서 이를 규정하거나 그 지급에 관한 당사자 사이의 약정이나 관행이 있다고 인정되지 아니하는 한, 근로자의 근로제공의무 등의 주된 권리·의무가 정지되어 근로자가 근로제공을 하지 아니한 쟁의행위 기간 동안에는 근로제공의무와 대가관계에 있는 근로자의 주된 권리로서의 임금청구권은 발생하지 않는다고 하여야 하고, 그 지급청구권이 발생하지 아니하는 임금의 범위가 임금 중 이른바 교환적 부분에 국한된다고 할 수 없으며, 사용자가 근로자의 노무제공에 대한 노무지휘권을 행사할 수 있는 평상적인 근로관계를 전제로 하여 단체협약이나 취업규칙 등에서 결근자 등에 관하여 어떤 임금을 지급하도록 규정하고 있거나 임금 삭감 등을 규정하고 있지 않고 있거나 혹은 어떤 임금을 지급하여 온 관행이 있다고 하여, 근로자의 근로제공의무가 정지됨으로써 사용자가 근로자의 노무제공과 관련하여 아무런 노무지휘권을 행사할 수 없는 쟁의행위의 경우에 이를 유추하여 당사자 사이에 쟁의행위 기간 중 쟁의행위에 참가하여 근로를 제공하지 아니한 근로자에게 그 임금을 지급할 의사가 있다거나 임금을 지급하기로 하는 내용의 근로계약을 체결한 것이라고는 할 수 없다.(대판 1995.12.21, 94다26721 전원합의체)

第45條【調整의 前置】 ① 勞動關係 當事者는 勞動爭議가 발생한 때에는 어느 一方이 이를 相對方에게 書面으로 통보하여야 한다.

② 爭議行爲는 第5章第2節 내지 第4節의 規定에 의한 조정절차(제61조의2의 규정에 따른 조정 종료 결정 후의 조정절차를 제외한다)를 거치지 아니하면 이를 행할 수 없다. 다만, 第54條의 規定에 의한 기간내에 調停이 종료되지 아니하거나 第63條의 規定에 의한 기간내에 仲裁裁定이 이루어지지 아니한 경우에는 그러하지 아니하다.

(2006.12.30 본항개정)

第46條【職場閉鎖의 요건】 ① 使用者는 勞動組合이 爭議行爲를 개시한 이후에만 職場閉鎖를 할 수 있다.

② 使用者는 第1項의 規定에 의한 職場閉鎖를 할 경우에는 미리 行政官廳 및 勞動委員會에 각각 申告하여야 한다.(1998.2.20 본항개정)

판례 사용자의 직장폐쇄가 정당한 쟁의행위로 인정되기 위한 요건 : 사용자의 직장폐쇄는 사용자와 근로자의 교섭태도와 교섭과정, 근로자의 쟁의행위의 목적과 방법 및 그로 인하여 사용자가 받는 타격의 정도 등 구체적인 사정에 비추어 근로자의 쟁의행위에 대한 방어수단으로서 상당성이 있어야만 사용자의 정당한 쟁의행위로 인정될 수 있다.(대판 2003.6.13, 2003두1097)

第5章 勞動爭議의 調整

第1節 通 則

第47條【自主的 調整의 노력】 이 章의 規定은 勞動關係 當事者가 직접 勞使協議 또는 團體交涉에 의하여 勤勞條件 기타 勞動關係에 관한 사항을 정하거나 勞動關係에 관한 主張의 不一致를 調整하고 이에 필요한 노력을 하는 것을 방해하지 아니한다.

第48條【當事者의 責務】 勞動關係 當事者는 團體協約에 勞動關係의 適正化를 위한 勞使協議 기타 團體交涉의 節次와 方式을 規定하고 勞動爭議가 발생한 때에는 이를 自主的으로 解決하도록 노력하여야 한다.

第49條【國家등의 責務】 國家 및 地方自治團體는 勞動關係 當事者間에 勞動關係에 관한 主張이 一致하지 아니할 경우에 勞動關係 當事者가 이를 自主的으로 調整할 수 있도록 助力함으로써 爭議行爲를 가능한 한 豫防하고 勞動爭議의 신속·공정한 解決에 노력하여야 한다.

第50條【신속한 처리】 이 法에 의하여 勞動關係의 調整을 할 경우에는 勞動關係 當事者와 勞動委員會 기타 關係機關은 事件을 신속히 처리하도록 노력하여야 한다.

第51條【公益事業등의 우선적 취급】 國家·地方自治團體·國公營企業體·防衛産業體 및 公益事業에 있어서의 勞動爭議의 調整은 우선적으로 취급하고 신속히 처리하여야 한다.

第52條【私的 調停·仲裁】 ① 第2節 및 第3節의 規定은 勞動關係 當事者가 雙方의 合意 또는 團體協約이 정하는 바에 따라 각각 다른 조정 또는 중재방법(이하 이 조에서 "사적조정등"이라 한다)에 의하여 勞動爭議를 解決하는 것을 방해하지 아니한다.(2006.12.30 본항개정)

② 勞動關係 當事者는 第1項의 規定에 의하여 勞動爭議를 解決하기로 한 때에는 이를 勞動委員會에 申告하여야 한다.

③ 第1項의 規定에 의하여 勞動爭議를 解決하기로 한 때에는 다음 各號의 規定이 적용된다.

1. 調停에 의하여 解決하기로 한 때에는 第45條第2項 및 第54條의 規定. 이 경우 調停期間은 調停을 開始한 날부터 起算한다.
2. 仲裁에 의하여 解決하기로 한 때에는 第63條의 規定. 이 경우 爭議行爲의 금지기간은 仲裁를 開始한 날부터 起算한다.

④ 第1項의 規定에 의하여 調停 또는 仲裁가 이루어진 경우에 그 내용은 團體協約과 동일한 효력을 가진다.

⑤ 사적조정등을 수행하는 자는 「노동위원회법」 제8조제2항제2호 각 목의 자격을 가진 자로 한다. 이 경우 사적조정등을 수행하는 자는 노동관계 당사자로부터 수수료, 수당 및 여비 등을 받을 수 있다.(2006.12.30 본항신설)

第2節 調 停

第53條【調停의 開始】 ① 勞動委員會는 관계 當事者의 一方이 勞動爭議의 調停을 申請한 때에는 지체없이 調停을 開始하여야 하며 관계 當事者 雙方은 이에 성실히 임하여야 한다.

② 노동위원회는 제1항의 규정에 따른 조정신청 전이라도 원활한 조정을 위하여 교섭을 주선하는 등 관계 당사자의 자주적인 분쟁 해결을 지원할 수 있다.(2006.12.30 본항신설)

第54條【調停期間】 ① 調停은 第53條의 規定에 의한 調停의 申請이 있은 날부터 一般事業에 있어서는 10日, 公益事業에 있어서는 15日이내에 종료하여야 한다.

② 第1項의 規定에 의한 調停期間은 관계 當事者間의 合意로 一般事業에 있어서는 10日, 公益事業에 있어서는 15日이내에서 연장할 수 있다.

第55條【調停委員會의 구성】 ① 勞動爭議의 調停을 위하여 勞動委員會에 調停委員會를 둔다.

② 第1項의 規定에 의한 調停委員會는 調停委員 3人으로 구성한다.

③ 第2項의 規定에 의한 調停委員은 당해 勞動委員會의 委員중에서 使用者를 代表하는 者, 勤勞者를 代表하는 者 및 公益을 代表하는 者 각 1人을 그 勞動委員會의 委員長이 지명하되, 勤勞者를 代表하는 調停委員은 使用者가, 使用者를 代表하는 調停委員은 勞動組合이 각각 추천하는 勞動委員會의 委員중에서 지명하여야 한다. 다만, 調停委員會의 會議 3日전까지 관계 當事者가 추천하는 委員의 名單提出이 없을 때에는 당해 委員을 委員長이 따로 지명할 수 있다.

④ 노동위원회의 위원장은 근로자를 대표하는 위원 또는 사용자를 대표하는 위원의 불참 등으로 인하여 제3항의 규정에 따른 조정위원회의 구성이 어려운 경우 노동위원회의 공익을 대표하는 위원 중에서 3인을 조정위원으로 지명할 수 있다. 다만, 관계 당사자 쌍방의 합의로 선정한 노동위원회의 위원이 있는 경우에는 그 위원을 조정위원으로 지명한다.(2006.12.30 본항신설)

第56條【調停委員會의 委員長】 ① 調停委員會에 委員長을 둔다.

② 委員長은 公益을 代表하는 調停委員이 된다. 다만, 제55조제4항에 따른 조정위원회의 위원장은 조정위원 중에서 호선한다.(2006.12.30 단서신설)

第57條【單獨調停】 ① 勞動委員會는 관계 當事者 雙方의 申請이 있거나 관계 當事者 雙方의 同意를 얻은 경우에는 調停委員會에 갈음하여 單獨調停人에게 調停을 행하게 할 수 있다.

② 第1項의 規定에 의한 單獨調停人은 당해 勞動委員會의 委員중에서 관계 當事者의 雙方의 合意로 선정된 者를 그 勞動委員會의 委員長이 지명한다.

第58條【主張의 확인등】 調停委員會 또는 單獨調停人은 期日을 정하여 관계 當事者 雙方을 출석하게 하여 主張의 要點을 확인하여야 한다.

第59條【출석금지】 調停委員會의 委員長 또는 單獨調停人은 관계 當事者와 參考人외의 者의 出席을 금할 수 있다.

第60條【調停案의 작성】 ① 調停委員會 또는 單獨調停人은 調停案을 작성하여 이를 관계 當事者에게 제시하고 그 受諾을 권고하는 동시에 그 調停案에 이유를 붙여 公表할 수 있으며, 필요한 때에는 新聞 또는 放送에 보도등 협조를 요청할 수 있다.

② 調停委員會 또는 單獨調停人은 관계 當事者가 受諾을 거부하여 더 이상 調停이 이루어질 여지가 없다고 判斷되는 경우에는 調停의 종료를 決定하고 이를 관계 當事者 雙方에 통보하여야 한다.

③ 第1項의 規定에 의한 調停案이 관계 當事者의 雙方에 의하여 受諾된 후 그 解釋 또는 이행방법에 관하여 관계 當事者間에 의견의 不一致가 있는 때에는 관계 當事者는 당해 調停委員會 또는 單獨調停人에게 그 解釋 또는 이행방법에 관한 明確한 見解의 제시를 요청하여야 한다.

④ 調停委員會 또는 單獨調停人은 第3項의 規定에 의한 요청을 받은 때에는 그 요청을 받은 날부터 7日이내에 明確한 見解를 제시하여야 한다.

⑤ 第3項 및 第4項의 解釋 또는 이행방법에 관한 見解가 제시될 때까지는 관계 當事者는 당해 調停案의 解釋 또는 이행에 관하여 爭議行爲를 할 수 없다.

第61條【調停의 효력】 ① 第60條第1項의 規定에 의한 調停案이 관계 當事者에 의하여 受諾된 때에는 調停委員 全員 또는 單獨調停人은 調停書를 작성하고 관계 當事者와 함께 서명 또는 날인하여야 한다.(2006.12.30 본항개정)

② 調停書의 내용은 團體協約과 동일한 효력을 가진다.

③ 第60條第4項의 規定에 의하여 調停委員會 또는 單獨調停人이 제시한 解釋 또는 이행방법에 관한 見解는 仲裁裁定과 동일한 효력을 가진다.

第61條의2【조정 종료 결정 후의 조정】 ① 노동위원회는 제60조제2항의 규정에 따른 조정의 종료가 결정된 후에도 노동쟁의의 해결을 위하여 조정을 할 수 있다.

② 제1항에 따른 조정에 관하여는 제55조 내지 제61조의 규정을 준용한다.

(2006.12.30 본조신설)

第3節 仲　裁

第62條【仲裁의 開始】 勞動委員會는 다음 각 호의 어느 하나에 해당하는 때에는 仲裁를 행한다.(2006.12.30 본문개정)

1. 관계 當事者의 雙方이 함께 仲裁를 申請한 때
2. 관계 當事者의 一方이 團體協約에 의하여 仲裁를 申請한 때
3. (2006.12.30 삭제)

판례 중재절차의 대상 : 중재절차는 노동쟁의의 자주적 해결과 신속한 처리를 위한 광의의 노동쟁의조정절차의 일부분이므로 노사관계 당사자 쌍방이 합의하여 단체협약의 대상이 될 수 있는 사항에 대하여 중재를 해 줄 것을 신청한 경우이거나 이와 동일시할 수 있는 사정이 있는 경우에는 근로조건 이외의 사항에 대하여도 중재재정을 할 수 있다고 봄이 상당하다.
(대판 2003.7.25, 2001두4818)

第63條【仲裁時의 爭議行爲의 금지】 勞動爭議가 仲裁에 회부된 때에는 그 날부터 15日間은 爭議行爲를 할 수 없다.

판례 쟁의행위 금지의 위헌성 : 중재회부 후 일정기간 쟁의행위를 금지하는 목적은 당사자 쌍방에게 평화적인 해결을 위한 일종의 냉각기간을 다시 부여하여 격화된 당사자의 대립을 완화시킴으로써 중재에 따른 분쟁타결의 효과를 극대화하자는 데 있으므로 그 정당성이 인정되고, 쟁의행위가 금지되는 기간은 15일이지만 그 기간 내에 중재재정이 내려지지 아니할 경우에는 언제든지 쟁의행위에 돌입할 수 있으므로 이 사건 쟁의행위금지규정이 단체행동권인 쟁의권 자체를 박탈하는 것은 아닐 뿐만 아니라 그 기간도 불합리하게 장기라고 할 수도 없으며, 중재재정에 대하여 재심과 행정소송의 불복절차를 경유할 수 있는 등 대상조치도 마련되어 있고, 이익교량의 원칙에 비추어 보더라도 어느 정도의 쟁의행위의 제한은 감수하여야 할 것이므로, 일반사업에 종사하는 근로자와 공익사업에 종사하는 근로자를 합리적인 이유없이 차별하여 평등의 원칙에 반한다고 할 수는 없다.
(헌재결 1996.12.26, 90헌바19,92헌바41,94헌바49(병합) 전원재판부)

第64條【仲裁委員會의 構成】 ① 勞動爭議의 仲裁 또는 再審을 위하여 勞動委員會에 仲裁委員會를 둔다.

② 第1項의 規定에 의한 仲裁委員會는 仲裁委員 3人으로 구성한다.

③ 第2項의 仲裁委員은 당해 勞動委員會의 公益을 대표하는 委員중에서 관계 當事者의 合意로 選定한 者에 대하여 그 勞動委員會의 委員長이 지명한다. 다만, 관계 當事者間에 合意가 成立되지 아니한 경우에는 勞動委員會의 公益을 代表하는 委員중에서 지명한다.

第65條【仲裁委員會의 委員長】 ① 仲裁委員會에 委員長을 둔다.

② 委員長은 仲裁委員중에서 互選한다.

第66條【主張의 확인등】 ① 仲裁委員會는 期日을 정하여 관계 當事者 雙方 또는 一方을 仲裁委員會에 출석하게 하여 主張의 要點을 확인하여야 한다.

② 관계 當事者가 지명한 勞動委員會의 使用者를 代表하는 委員 또는 勤勞者를 代表하는 委員은 仲裁委員會의 同意를 얻어 그 會議에 출석하여 의견을 陳述할 수 있다.

第67條【출석금지】 仲裁委員會의 委員長은 관계 當事者와 參考人외의 者의 會議出席을 금할 수 있다.

第68條【仲裁裁定】 ① 仲裁裁定은 書面으로 作成하여 이를 행하며 그 書面에는 效力發生 期日을 명시하여야 한다.

② 第1項의 規定에 의한 仲裁裁定의 解釋 또는 이행방법에 관하여 관계 當事者間에 의견의 不一致가 있는 때에는 당해 仲裁委員會의 解釋에 따르며 그 解釋은 仲裁裁定과 동일한 효력을 가진다.

판례 [1] 중재재정서에 기재된 문언의 객관적 의미가 명확하게 드러나지 않는 경우에는 그 문언의 내용과 중재재정이 이루어지게 된 경위, 중재재정절차에서의 당사자의 주장, 그 조항에 의하여 달성하려고 하는 목적 등을 종합적으로 고찰하여 사회정의와 형평의 이념에 맞도록 논리와 경험의 법칙, 그리고 사회일반의 상식과 거래의 통념에 따라 합리적으로 해석하여야 한다.
[2] 중재재정서에 불명확하게 기재된 연·월차휴가 보상일수에 대하여, 주 40시간제 도입에 맞추어 연·월차휴가제도를 변경한 입법취지에 따라 이를 조정하고자 하는 중재재정의 목적 등에 비추어볼 때, 중재재정의 효력발생일을 기준으로 감소되는 일수를 산출한 다음 그 효력발생일 이후 연도에도 같은 일수로 보상하도록 한 중재해석은 위법하거나 월권에 의한 것이라고 볼 수 없다.
(대판 2009.8.20, 2008두8024)

판례 징계위원회 구성에 관한 합의 사항이 중재 재정서에 명기되어 있지 아니한 이상 같은 법 제39조제2항(현행 제70조제2항)이 정하는 단체협약과 동일한 효력을 가진다고 볼 수는 없다.
(대판 1995.11.14, 95다14244)

第69條【仲裁裁定등의 확정】 ① 관계 當事者는 地方勞動委員會 또는 特別勞動委員會의 仲裁裁定이 違法이거나 越權에 의한 것이라고 인정하는 경우에는 그 仲裁裁定書의 송달을 받은 날부터 10日이내에 中央勞動委員會에 그 再審을 申請할 수 있다.

② 관계 當事者는 中央勞動委員會의 仲裁裁定이나 第1項의 規定에 의한 再審決定이 違法이거나 越權에 의한 것이라고 인정하는 경우에는 行政訴訟法 第20條의 規定에 불구하고 그 仲裁裁定書 또는 再審決定書의 송달을 받은 날부터 15日이내에 行政訴訟을 제기할 수 있다.

③ 第1項 및 第2項에 規定된 기간내에 再審을 申請하지 아니하거나 行政訴訟을 제기하지 아니한 때에는 그 仲裁裁定 또는 再審決定은 확정된다.

④ 第3項의 規定에 의하여 仲裁裁定이나 再審決定이 확정된 때에는 관계 當事者는 이에 따라야 한다.

판례 단체협약의 해석 또는 이행방법에 관하여 노동위원회가 제시한 견해의 효력을 다투는 절차 : 단체협약의 해석 또는 이행방법에 관한 노동위원회의 제시 견해의 효력을 다투고자 할 때에는 노동위원회가 행한 중재재정의 효력을 다투는 절차를 정한 노동조합 및 노동관계조정법 제69조에 의하여야 할 것이고, 노동위원회가 잘못된 견해를 제시하였다면 위 법 제69조에서 정한 불복사유인 위법 사유가 있는 경우에 해당되는 것이다.(대판 2005.9.9, 2003두896)

第70條【중재재정 등의 효력】 ① 제68조제1항의 규정에 따른 중재재정의 내용은 단체협약과 동일한 효력을 가진다.

② 노동위원회의 중재재정 또는 재심결정은 제69조제1항 및 제2항의 규정에 따른 중앙노동위원회에의 재심신청 또는 행정소송의 제기에 의하여 그 효력이 정지되지 아니한다.

(2006.12.30 본조개정)

판례 중재재심결정의 성질과 효력은 단체협약과 동일한 효력을 가지는 것이고 따라서 근로자에 대한 연장근무수당지급을 명한 중재재심결정은 유효하다.(대판 1965.2.4, 64누162)

第4節 公益事業등의 調整에 관한 特則

第71條【公益事業의 범위등】 ① 이 法에서 "公益事業"이라 함은 公衆의 日常生活과 밀접한 관련이 있거나 國民經濟에 미치는 影響이 큰 사업으로서 다음 各號의 사업을 말한다.

1. 정기노선 여객운수사업 및 항공운수사업(2006.12.30 본호개정)
2. 수도사업, 전기사업, 가스사업, 석유정제사업 및 석유공급사업(2006.12.30 본호개정)
3. 공중위생사업, 의료사업 및 혈액공급사업(2006.12.30 본호개정)
4. 銀行 및 造幣事業
5. 放送 및 通信事業

② 이 法에서 "必須公益事業"이라 함은 第1項의 公益事業으로서 그 業務의 정지 또는 廢止가 公衆의 日常生活을 현저히 危殆롭게 하거나 國民經濟를 현저히 저해하고 그 業務의 대체가 용이하지 아니한 다음 各號의 사업을 말한다.

1. 철도사업, 도시철도사업 및 항공운수사업(2006.12.30 본호개정)
2. 수도사업, 전기사업, 가스사업, 석유정제사업 및 석유공급사업(2006.12.30 본호개정)
3. 병원사업 및 혈액공급사업(2006.12.30 본호개정)
4. 한국은행사업(2006.12.30 본호개정)
5. 通信事業

판례 동조 제1항제4호에 규정된 '은행'이라 함은, 중앙은행인 한국은행과 시중은행, 지방은행, 외국은행 국내지점 등 일반은행, 특별법에 의하여 설립된 특수은행 및 은행법 제5조의 농업협동조합중앙회와 수산업협동조합중앙회의 신용사업부문과 새마을금고법 제5조에 의한 새마을금고연합회의 신용사업부문을 말한다.
(대판 2003.12.26, 2003두8906)

第72條【特別調停委員會의 구성】 ① 公益事業의 勞動爭議의 調停을 위하여 勞動委員會에 特別調停委員會를 둔다.

② 第1項의 規定에 의한 特別調停委員會는 特別調停委員 3人으로 구성한다.

③ 第2項의 規定에 의한 特別調停委員은 그 勞動委員會의 公益을 代表하는 委員중에서 勞動組合과 使用者가 순차적으로 排除하고 남은 4인 내지 6인중에서 勞動委員會의 委員長이 지명한다. 다만, 관계 當事者가 合意로 당해 勞動委員會의 委員이 아닌 者를 추천하는 경우에는 그 추천된 者를 지명한다.(2006.12.30 본문개정)

第73條【特別調停委員會의 委員長】 ① 特別調停委員會에 委員長을 둔다.

② 委員長은 公益을 代表하는 勞動委員會의 委員인 特別調停委員중에서 互選하고, 당해 勞動委員會의 委員이 아닌 者만으로 구성된 경우에는 그 중에서 互選한다. 다만 公益을 代表하는 委員인 特別調停委員이 1人인 경우에는 당해 委員이 委員長이 된다.

第74條～第75條 (2006.12.30 삭제)

第5節 緊急調整

第76條【緊急調整의 決定】 ① 고용노동부장관은 爭議行爲가 公益事業에 관한 것이거나 그 규모가 크거나 그 성질이 특별한 것으로서 현저히 國民經濟를 해하거나 國民의 日常生活을 危殆롭게 할 위험이 現存하는 때에는 緊急調整의 決定을 할 수 있다.

② 고용노동부장관은 緊急調整의 決定을 하고자 할 때에는 미리 中央勞動委員會 委員長의 의견을 들어야 한다.

③ 고용노동부장관은 第1項 및 第2項의 規定에 의하여 緊急調整을 決定한 때에는 지체없이 그 이유를 붙여 이를 公表함과 동시에 中央勞動委員會와 관계 當事者에게 각각 통고하여야 한다.

(2010.6.4 본조개정)

第77條【緊急調整時의 爭議行爲 중지】 관계 當事者는 第76條第3項의 規定에 의한 緊急調整의 決定이 公表된 때에는 즉시 爭議行爲를 중지하여야 하며, 公表日부터 30日이 경과하지 아니하면 爭議行爲를 再開할 수 없다.

第78條【中央勞動委員會의 調停】 中央勞動委員會는 第76條第3項의 規定에 의한 통고를 받은 때에는 지체없이 調停을 開始하여야 한다.

第79條【中央勞動委員會의 仲裁回附 決定權】 ① 中央勞動委員會의 委員長은 第78條의 規定에 의한 調停이 成立될 가망이 없다고 인정한 경우에는 公益委員의 의견을 들어 그 事件을 仲裁에 回附할 것인가의 여부를 決定하여야 한다.

② 第1項의 規定에 의한 決定은 第76條第3項의 規定에 의한 통고를 받은 날부터 15日이내에 하여야 한다.

第80條【中央勞動委員會의 仲裁】 中央勞動委員會는 당해 관계 當事者의 一方 또는 雙方으로부터 仲裁申請이 있거나 第79條의 規定에 의한 仲裁回附의 決定을 한 때에는 지체없이 仲裁를 행하여야 한다.

第6章 不當勞動行爲

第81條【不當勞動行爲】 ① 使用者는 다음 각 호의 어느 하나에 해당하는 행위(이하 "不當勞動行爲"라 한다)를 할 수 없다.(2006.12.30 본문개정)

1. 勤勞者가 勞動組合에 加入 또는 加入하려고 하였거나 勞動組合을 組織하려고 하였거나 기타 勞動組合의 業務를 위한 정당한 행위를 한 것을 이유로 그 勤勞者를 解雇하거나 그 勤勞者에게 不利益을 주는 행위
2. 勤勞者가 어느 勞動組合에 加入하지 아니할 것 또는 脫退할 것을 雇傭條件으로 하거나 특정한 勞動組合의 組合員이 될 것을 雇傭條件으로 하는 행위. 다만, 勞動組合이 당해 事業場에 종사하는 勤勞者의 3分의 2 이상을 代表하고 있을 때에는 勤勞者가 그 勞動組合의 組合員이 될 것을 雇傭條件으로 하는 團體協約의 체결은 예외로 하며, 이 경우 사용자는 근로자가 그 노동조합에서 제명된 것 또는 그 노동조합을 탈퇴하여 새로 노동조합을 조직하거나 다른 노동조합에 가입한 것을 이유로 근로자에게 신분상 불이익한 행위를 할 수 없다.
(2006.12.30 단서개정)
3. 勞動組合의 代表者 또는 勞動組合으로부터 위임을 받은 者와의 團體協約締結 기타의 團體交涉을 정당한 이유없이 거부하거나 懈怠하는 행위
4. 勤勞者가 勞動組合을 組織 또는 운영하는 것을 支配하거나 이에 介入하는 행위와 근로시간 면제한도를 초과하여 급여를 지급하거나 勞動組合의 運營費를 원조하는 행위. 다만, 근로자가 근로시간 중에 제24조제2항에

따른 활동을 하는 것을 사용자가 허용함은 무방하며, 또한 근로자의 후생자금 또는 경제상의 불행 그 밖에 재해의 방지와 구제 등을 위한 기금의 기부와 최소한의 규모의 노동조합사무소의 제공 및 그 밖에 이에 준하여 노동조합의 자주적인 운영 또는 활동을 침해할 위험이 없는 범위에서의 운영비 원조행위는 예외로 한다.
(2021.1.5 본호개정)
5. 勤勞者가 정당한 團體行爲에 참가한 것을 이유로 하거나 또는 勞動委員會에 대하여 使用者가 이 條의 規定에 위반한 것을 申告하거나 그에 관한 證言을 하거나 기타 行政官廳에 증거를 제출한 것을 이유로 그 勤勞者를 解雇하거나 그 勤勞者에게 不利益을 주는 행위

② 제1항제4호단서에 따른 "노동조합의 자주적 운영 또는 활동을 침해할 위험" 여부를 판단할 때에는 다음 각 호의 사항을 고려하여야 한다.
1. 운영비 원조의 목적과 경위
2. 원조된 운영비 횟수와 기간
3. 원조된 운영비 금액과 원조방법
4. 원조된 운영비가 노동조합의 총수입에서 차지하는 비율
5. 원조된 운영비의 관리방법 및 사용처 등
(2020.6.9 본항신설)

판례 복수노조를 둔 회사가 여러 노동조합과 개별 교섭을 하던 중 먼저 단체협약이 체결된 노조의 조합원에게만 '무쟁의 타결 격려금'을 지급하기로 한 행위는 여전히 개별 교섭 중인 노동조합의 자유로운 의사에 기초한 쟁의행위 여부 결정 등에 간접적으로 영향을 미쳐 그 의사결정을 회사가 의도한 대로 변경시키려 한 행위로 볼 여지가 크다. 따라서 이는 부당노동행위에 해당한다.
(대판 2019.4.25, 2017두33510)

판례 노동조합활동으로 배포된 문서에 기재되어 있는 문언에 의하여 타인의 인격·신용·명예 등이 훼손 또는 실추되거나 그렇게 될 염려가 있고, 또 그 문서에 기재되어 있는 사실 관계의 일부가 허위이거나 그 표현에 다소 과장되거나 왜곡된 점이 있다고 하더라도, 그 문서를 배포한 목적이 타인의 권리나 이익을 침해하려는 것이 아니라 노동조합원들의 단결이나 근로조건의 유지 개선과 근로자의 복지증진 기타 경제적 사회적 지위의 향상을 도모하기 위한 것이고, 또 그 문서의 내용이 전체적으로 보아 진실한 것이라면, 그와 같은 문서의 배포행위는 노동조합의 정당한 활동범위에 속하는 것으로 보아야 하고, 따라서 그와 같은 행위를 한 것을 이유로 그 문서를 작성·배포한 근로자를 해고하거나 근로자에게 불이익을 주는 행위는 허용되지 않는 것이다.
(대판 2011.2.24, 2008다29123)

판례 근로자의 기본적인 노동조건 등에 관하여 그 근로자를 고용한 사업주로서의 권한과 책임을 일정 부분 담당하고 있다고 볼 정도로 실질적이고 구체적으로 지배·결정할 수 있는 지위에 있는 자가, 노동조합을 조직 또는 운영하는 것을 지배하거나 이에 개입하는 등으로 노동조합 및 노동관계조정법 제81조 제4호에서 정한 행위를 하였다면, 그 시정을 명하는 구제명령을 이행하여야 할 사용자에 해당한다.(대판 2010.3.25, 2007두8881)

판례 쟁의행위 기간 중 단체교섭 거부 : '노동조합 및 노동관계조정법' 81조 3호는 사용자가 노동조합의 대표자 또는 노동조합으로부터 위임을 받은 자와의 단체협약 체결 기타의 단체교섭을 정당한 이유 없이 거부하거나 해태할 수 없다고 규정하고 있는바, 단체교섭에 대한 사용자의 거부나 해태에 정당한 이유가 있는지 여부는 노동조합측의 교섭권자, 노동조합측이 요구하는 교섭시간, 교섭장소, 교섭사항 및 그의 교섭태도 등을 종합하여 사회통념상 사용자에게 단체교섭의무의 이행을 기대하는 것이 어렵다고 인정되는지 여부에 따라 판단하여야 한다. 쟁의행위는 단체교섭을 촉진하기 위한 수단으로서의 성질을 가지므로 쟁의기간 중이라는 사정이 사용자가 단체교섭을 거부할 만한 정당한 이유가 될 수 없고, 한편 당사자가 성의 있는 교섭을 계속하였음에도 단체교섭이 교착상태에 빠져 교섭의 진전이 더 이상 기대될 수 없는 상황이라면 사용자가 단체교섭을 거부하더라도 그 거부에 정당한 이유가 있다고 할 것이지만, 위와 같은 경우에도 노동조합측으로부터 새로운 타협안이 제시되는 등 교섭재개가 의미 있을 것으로 기대할 만한 사정변경이 생긴 경우에는 사용자로서는 다시 단체교섭에 응하여야 하므로, 위와 같은 사정변경에도 불구하고 사용자가 단체교섭을 거부하는 경우에는 그 거부에 정당한 이유가 있다고 할 수 없다.(대판 2006.2.24, 2005도8606)

판례 유니온숍의 위헌성 : 이 사건 법률조항은 노동조합의 조직유지·강화를 위하여 당해 사업장에 종사하는 근로자의 3분의 2 이상을 대표하는 노동조합(이하 '지배적 노동조합'이라 한다)의 경우 단체협약을 매개로 한 조직강제[이른바 유니온숍(Union Shop) 협정의 체결]를 용인하고 있다. 이 경우 근로자의 단결하지 아니할 자유와 노동조합의 적극적 단결권(조직강제권)이 충돌하게 되나, 근로자에게 보장되는 적극적 단결권이 단결하지 아니할 자유보다 특별한 의미를 갖고 있고, 노동조합의 조직강제권도 이른바 자유권을 수정하는 의미의 생존권(사회권)적 성격을 함께 가지는 만큼 근로자 개인의 자유권에 비하여 보다 특별한 가치로 보장되는 점 등을 고려하면, 노동조합의 적극적 단결권은 근로자 개인의 단결하지 않을 자유보다 중시된다고 할 것이고, 또 노동조합에게 위와 같은 조직강제권을 부여한다고 하여 이를 근로자의 단결하지 아니할 자유의 본질적인 내용을 침해하는 것으로 단정할 수는 없다. 이 사건 법률조항은 단체협약을 매개로 하여 특정 노동조합에의 가입을 강제함으로써 근로자의 단결선택권과 노동조합의 집단적 단결권(조직강제권)이 충돌하는 측면이 있으나, 이러한 조직강제를 적법·유효하게 할 수 있는 노동조합의 범위를 엄격하게 제한하고 지배적 노동조합의 권한남용으로부터 개별근로자를 보호하기 위한 규정을 두고 있는 등 전체적으로 상충되는 두 기본권 사이에 합리적인 조화를 이루고 있고 그 제한에 있어서도 적정한 비례관계를 유지하고 있으며, 또 근로자의 단결선택권의 본질적인 내용을 침해하는 것으로도 볼 수 없으므로, 근로자의 단결권을 보장한 헌법 33조 1항에 위반되지 않는다.
(헌재결 2005.11.24, 2002헌바95,96,2003헌바9(병합) 전원재판부)

판례 불이익을 주는 행위의 의미 : 노동조합및노동관계조정법은 81조 1호에서 "근로자가 노동조합에 가입 또는 가입하려고 하였거나 기타 노동조합의 업무를 위한 정당한 행위를 한 것을 이유로 그 근로자를 해고하거나 그 근로자에게 불이익을 주는 행위"를 부당노동행위라고 규정하고 사용자가 이 규정에 위반했을 경우 90조에 이를 처벌하는 규정을 두고 있는바, 여기서 '불이익을 주는 행위'란 해고 이외에 그 근로자에게 휴직·전직·배치전환·감봉 등 법률적·경제적으로 불이익한 대우를 하는 것을 의미하는 것으로서 어느 것이나 현실적인 행위나 조치로 나타날 것을 요한다고 할 것이므로, 단순히 그 근로자에게 향후 불이익한 대우를 하겠다는 의사를 말로써 표시하는 것만으로는, 위 법 81조 4호에 규정된 노동조합의 조직 또는 운영을 지배하거나 이에 개입하는 행위에 해당한다고 할 수 있음은 별론으로 하고 위 법 81조 1호 소정의 불이익을 주는 행위에 해당한다고는 볼 수 없다.(대판 2004.8.30, 2004도3891)

第82條【救濟申請】 ① 使用者의 不當勞動行爲로 인하여 그 權利를 침해당한 勤勞者 또는 勞動組合은 勞動委員會에 그 救濟를 申請할 수 있다.
② 第1項의 規定에 의한 救濟의 申請은 不當勞動行爲가 있은 날(계속하는 행위는 그 終了日)부터 3月이내에 이를 행하여야 한다.

第83條【調査등】 ① 勞動委員會는 第82條의 規定에 의한 救濟申請을 받은 때에는 지체없이 필요한 調査와 관계 當事者의 審問을 하여야 한다.
② 勞動委員會는 第1項의 規定에 의한 審問을 할 때에는 관계 當事者의 申請에 의하거나 그 職權으로 證人을 출석하게 하여 필요한 사항을 質問할 수 있다.
③ 勞動委員會는 第1項의 規定에 의한 審問을 함에 있어서는 관계 當事者에 대하여 증거의 제출과 證人에 대한 反對審問을 할 수 있는 충분한 기회를 주어야 한다.
④ 第1項의 規定에 의한 勞動委員會의 調査와 審問에 관한 節次는 中央勞動委員會가 따로 정하는 바에 의한다.

第84條【救濟命令】 ① 勞動委員會는 第83條의 規定에 의한 審問을 종료하고 不當勞動行爲가 成立한다고 判定한 때에는 使用者에게 救濟命令을 발하여야 하며, 不當勞動行爲가 成立되지 아니한다고 判定한 때에는 그 救濟申請을 棄却하는 決定을 하여야 한다.
② 第1項의 規定에 의한 判定·命令 및 決定은 書面으로 하되, 이를 당해 使用者와 申請人에게 각각 교부하여야 한다.
③ 관계 當事者는 第1項의 規定에 의한 命令이 있을 때에는 이에 따라야 한다.

第85條【救濟命令의 확정】 ① 地方勞動委員會 또는 特別勞動委員會의 救濟命令 또는 棄却決定에 불복이 있는 관계 當事者는 그 命令書 또는 決定書의 송달을 받은 날부터 10日이내에 中央勞動委員會에 그 再審을 申請할 수 있다.
② 第1項의 規定에 의한 中央勞動委員會의 再審判定에 대하여 관계 當事者는 그 再審判定書의 송달을 받은 날부터 15日이내에 行政訴訟法이 정하는 바에 의하여 訴를 제기할 수 있다.
③ 第1項 및 第2項에 規定된 기간내에 再審을 申請하지 아니하거나 行政訴訟을 제기하지 아니한 때에는 그 救濟命令·棄却決定 또는 再審判定은 확정된다.
④ 第3項의 規定에 의하여 棄却決定 또는 再審判定이 확정된 때에는 관계 當事者는 이에 따라야 한다.
⑤ 使用者가 第2項의 規定에 의하여 行政訴訟을 제기한 경우에 管轄法院은 中央勞動委員會의 申請에 의하여 決定으로써, 判決이 확정될 때까지 中央勞動委員會의 救濟命令의 전부 또는 일부를 이행하도록 명할 수 있으며, 當事者의 申請에 의하여 또는 職權으로 그 決定을 取消할 수 있다.

第86條【救濟命令등의 효력】 勞動委員會의 救濟命令·棄却決定 또는 再審判定은 第85條의 規定에 의한 中央勞動委員會에의 再審申請이나 行政訴訟의 제기에 의하여 그 효력이 정지되지 아니한다.

第7章 補 則

第87條【權限의 위임】 이 法에 의한 勞動部長官의 權限은 大統領令이 정하는 바에 따라 그 일부를 지방고용노동관서의 長에게 위임할 수 있다.(2010.6.4 본조개정)

第8章 罰 則

第88條【罰則】 第41條第2項의 規定에 위반한 者는 5年이하의 懲役 또는 5千萬원이하의 罰金에 處한다.

第89條【罰則】 다음 각 호의 어느 하나에 해당하는 者는 3年이하의 懲役 또는 3千萬원이하의 罰金에 處한다.
(2006.12.30 본문개정)
1. 第37條第2項, 第38條第1項, 제42조제1항 또는 제42조의2제2항의 規定에 위반한 者(2006.12.30 본호개정)
2. 제85조제3항(제29조의4제4항에서 준용하는 경우를 포함한다)에 따라 확정되거나 行政訴訟을 제기하여 확정된 救濟命令에 위반한 者(2010.1.1 본호개정)

第90條【罰則】 第44條第2項, 第69條第4項, 第77條 또는 제81조제1항의 規定에 위반한 者는 2年이하의 懲役 또는 2千萬원이하의 罰金에 處한다.(2021.1.5 본조개정)

第91條【벌칙】 제38조제2항, 제41조제1항, 제42조제2항, 제43조제1항·제2항·제4항, 제45조제2항 본문, 제46조제1항 또는 제63조의 규정을 위반한 자는 1년 이하의 징역 또는 1천만원 이하의 벌금에 처한다.(2006.12.30 본조개정)

第92條【罰則】 다음 各號의 1에 해당하는 者는 1千萬원이하의 罰金에 處한다.
1. (2021.1.5 삭제)
2. 제31조제1항의 규정에 의하여 체결된 단체협약의 내용중 다음 각목의 1에 해당하는 사항을 위반한 자
가. 賃金·福利厚生費, 退職金에 관한 사항
나. 근로 및 휴게시간, 휴일, 휴가에 관한 사항
다. 懲戒 및 解雇의 사유와 중요한 절차에 관한 사항
라. 안전보건 및 災害扶助에 관한 사항
마. 시설·편의제공 및 근무시간중 회의참석에 관한 사항
바. 爭議行爲에 관한 사항
(2001.3.28 본호개정)
3. 第61條第1項의 規定에 의한 調停書의 내용 또는 第68條第1項의 規定에 의한 仲裁裁定書의 내용을 준수하지 아니한 者

第93條【罰則】 다음 各號의 1에 해당하는 者는 500萬원이하의 罰金에 處한다.
1. 第7條第3項의 規定에 위반한 者
2. 第21條第1項·第2項 또는 第31條第3項의 規定에 의한 命令에 위반한 者

第94條【兩罰規定】 法人 또는 團體의 代表者, 法人·團體 또는 개인의 代理人·使用人 기타의 從業員이 그 法人·團體 또는 개인의 業務에 관하여 第88條 내지 第93條의 위반행위를 한 때에는 行爲者를 罰하는 외에 그 法人·團體 또는 개인에 대하여도 각 해당條의 罰金刑을 科한다. 다만, 법인·단체 또는 개인이 그 위반행위를 방지하기 위하여 해당 업무에 관하여 상당한 주의와 감독을 게을리하지 아니한 경우에는 그러하지 아니하다.
(2020.6.9 단서신설)
<2020.4.23 헌법재판소 단순위헌결정으로 이 조 중 법인의 대리인·사용인 기타의 종업원이 그 법인의 업무에 관하여 제90조 가운데 '제81조 제1호, 제2호 단서 후단, 제5호를 위반한 경우'에 관한 부분은 헌법에 위반>

第95條【過怠料】 第85條第5項의 規定에 의한 法院의 命令에 위반한 者는 500萬원이하의 금액(당해 命令이 作爲를 명하는 것일 때에는 그 命令의 불이행 日數 1日에 50萬원 이하의 比率로 算定한 금액)의 過怠料에 處한다.

第96條【過怠料】 ① 다음 各號의 1에 해당하는 者는 500萬원이하의 過怠料에 處한다.
1. 第14條의 規定에 의한 書類를 비치 또는 보존하지 아니한 者
2. 第27條의 規定에 의한 보고를 하지 아니하거나 허위의 보고를 한 者
3. 第46條第2項의 規定에 의한 申告를 하지 아니한 者
② 第13條, 第28條第2項 또는 第31條第2項의 規定에 의한 申告 또는 통보를 하지 아니한 者는 300萬원이하의 過怠料에 處한다.
③ 第1項 및 第2項의 規定에 의한 過怠料는 大統領令이 정하는 바에 의하여 行政官廳이 賦課·徵收한다.
(1998.2.20 본항개정)
④~⑥ (2018.10.16 삭제)

附 則

第1條【施行日】 이 法은 公布한 날부터 施行한다.

第2條【適用時限】 第71條第2項의 規定중 第1號의 시내버스 運送事業에 관한 規定 및 第4號의 銀行事業(韓國銀行法에 의한 韓國銀行은 제외한다)에 관한 規定은 2000年 12月 31日까지 適用한다.

第3條【勞動組合에 관한 經過措置】 이 法 施行당시 종전의 規定에 의하여 設立申告證을 교부받은 勞動組合은 이 法에 의하여 設立된 勞動組合으로 본다.

第4條【解雇者에 관한 經過措置】 이 法 施行당시 解雇의 효력을 다투고 있는 者는 第2條第4號 라目 但書의 規定에 불구하고 勤勞者가 아닌 者로 解釋하여서는 아니된다.

第5條 (2010.1.1 삭제)

第6條【勞動組合 專任者에 관한 적용의 특례】 ① (2010.1.1 삭제)
② 勞動組合과 使用者는 專任者에 대한 給與支援 규모를 勞使協議에 의하여 점진적으로 縮小하도록 노력하되, 이 경우 그 財源을 勞動組合의 財政自立에 사용하도록 한다.
(2001.3.28 본항개정)

第7條【團體協約의 效力에 관한 經過措置】 이 法 施行당시 종전의 規定에 의하여 締結한 團體協約은 이 法에 의하여 행한 것으로 본다.

第8條【勞動爭議의 調整에 관한 經過措置】 ① 이 法 施行당시 종전의 規定에 의하여 申請한 私的調停·仲裁는 이 法에 의한 私的調停·仲裁를 申請한 것으로 본다.
② 이 法 施行당시 종전의 規定에 의하여 勞動委員會에 申請한 調停·仲裁는 이 法에 의한 調停·仲裁를 申請한 것으로 본다. 이 경우 調停期間을 산정함에 있어서는 제54조의 규정에도 불구하고 종전의 規定에 의한다.
③ 이 法 施行당시 종전의 規定에 의하여 調停이 종료된 勞動爭議는 第45條의 規定을 적용함에 있어서 調停을 거친 것으로 본다.

第9條【勞動組合業務등에 관한 經過措置】 ① 이 法 施行당시 종전의 規定에 의하여 勤勞者, 勞動組合 또는 使用者

가 勞動部長官, 行政官廳 또는 勞動委員會에 행한 申告, 申請, 要求등은 각각 이 法에 의하여 행한 것으로 본다.
② 이 法 施行당시 종전의 規定에 의하여 勞動部長官 또는 行政官廳이 勞動委員會에 행한 要請등은 각각 이 法에 의하여 행한 것으로 본다.
③ 이 法 施行당시 종전의 規定에 의하여 勞動部長官 또는 行政官廳이 행한 命令, 指名, 決定등은 각각 이 法에 의하여 행한 것으로 본다.
第10條【罰則에 관한 經過措置】 이 法 施行전의 행위에 대한 罰則의 적용에 있어서는 종전의 規定에 의한다.
第11條【다른 法律과의 關係】 이 法 施行당시 다른 法令에서 종전의 勞動組合및勞動關係調整法 또는 그 規定을 인용한 것은 이 法중 그에 해당하는 規定이 있는 경우에는 이 法 또는 이 法의 해당 條項을 인용한 것으로 본다.

附 則 (2010.1.1)

第1條【시행일】 이 법은 2010년 1월 1일부터 시행한다. 다만, 제24조제3항·제4항·제5항, 제81조제4호, 제92조의 개정규정은 2010년 7월 1일부터, 제29조제2항·제3항·제4항, 제29조의2부터 제29조의5까지, 제41조제1항 후단, 제42조의6, 제89조제2호의 개정규정은 2011년 7월 1일부터 시행한다.
第2條【최초로 시행되는 근로시간 면제 한도의 결정에 관한 경과조치】 ① 근로시간면제심의위원회는 이 법 시행 후 최초로 시행될 근로시간 면제 한도를 2010년 4월 30일까지 심의·의결하여야 한다.
② 근로시간면제심의위원회가 제1항에 따른 기한까지 심의·의결을 하지 못한 때에는 제24조의2제5항에도 불구하고 국회의 의견을 들어 공익위원만으로 심의·의결할 수 있다.
第3條【단체협약에 관한 경과조치】 이 법 시행일 당시 유효한 단체협약은 이 법에 따라 체결된 것으로 본다. 다만, 이 법 시행에 따라 그 전부 또는 일부 내용이 제24조를 위반하는 경우에는 이 법 시행에도 불구하고 해당 단체협약의 체결 당시 유효기간까지는 효력이 있는 것으로 본다.
第4條【교섭 중인 노동조합에 관한 경과조치】 이 법 시행일 당시 단체교섭 중인 노동조합은 이 법에 따른 교섭대표노동조합으로 본다.
第5條【필수유지업무협정 또는 노동위원회의 필수유지업무 유지·운영 수준 등의 결정에 관한 경과조치】 이 법 시행일 당시 유효한 필수유지업무협정 또는 노동위원회의 필수유지업무 유지·운영 수준 등의 결정은 이 법에 따라 체결된 것으로 본다.
第6條【하나의 사업 또는 사업장에 2개 이상의 노동조합이 있는 경우의 경과조치】 2009년 12월 31일 현재 하나의 사업 또는 사업장에 조직형태를 불문하고 근로자가 설립하거나 가입한 노동조합이 2개 이상 있는 경우에 해당 사업 또는 사업장에 대하여는 제29조제2항·제3항·제4항, 제29조의2부터 제29조의5까지, 제41조제1항 후단, 제89조제2호의 개정규정은 2012년 7월 1일부터 적용한다.
第7條【노동조합 설립에 관한 경과조치】 ① 하나의 사업 또는 사업장에 노동조합이 조직되어 있는 경우에는 제5조에도 불구하고 2011년 6월 30일까지는 그 노동조합과 조직대상을 같이 하는 새로운 노동조합을 설립할 수 없다.
② 행정관청은 설립하고자 하는 노동조합이 제1항을 위반한 경우에는 그 설립신고서를 반려하여야 한다.
第8條【노동조합 전임자에 관한 적용 특례】 제24조제2항 및 제81조제4호(노동조합의 전임자에 대한 급여지원에 관한 규정에 한한다)는 2010년 6월 30일까지 적용하지 아니한다.

附 則 (2018.10.16)
(2020.6.9)

이 법은 공포한 날부터 시행한다.

附 則 (2021.1.5)

第1條【시행일】 이 법은 공포 후 6개월이 경과한 날부터 시행한다.
第2條【단체협약의 유효기간에 관한 경과조치】 이 법 시행 전에 체결한 단체협약의 유효기간에 대해서는 제32조제1항 및 제2항의 개정규정에도 불구하고 종전의 규정에 따른다.
第3條【근로시간면제심의위원회 이관에 관한 준비행위】 ① 경제사회노동위원회는 제24조의2에 따른 근로시간면제심의위원회 구성을 위한 위원 위촉 등 필요한 절차를 이 법 시행 전에 진행할 수 있다.
② 경제사회노동위원회는 이 법 시행 즉시 근로시간면제심의위원회가 조합원 수, 조합원의 지역별 분포, 건전한 노사관계 발전을 위한 연합단체에서의 활동 등 운영실태를 고려하여 근로시간면제한도 심의에 착수한다.
第4條【다른 법률의 개정】 ※(해당 법령에 가제정리 하였음)

노동조합 및 노동관계조정법 시행령

(1997년 3월 27일 대통령령 제15321호)

개정
1998. 4.27영15780호
1999. 8. 6영16511호(항공법시)
2007.11.30영20397호 2010. 2.12영22030호
2010. 7.12영22269호(직제)
2011. 3.30영22802호
2012. 1. 6영23488호(민감정보고유식별정보)
2014.12. 9영25836호(화학물질관리법시)
2019. 7. 2영29950호(법령용어정비)
2021. 6.29영31851호 2023. 9.26영33758호

제1조【목적】 이 영은 「노동조합 및 노동관계조정법」에서 위임된 사항과 그 시행에 관하여 필요한 사항을 규정함을 목적으로 한다.(2007.11.30 본조개정)
제2조【법인등기】 「노동조합 및 노동관계조정법」(이하 "법"이라 한다) 제6조제2항에 따라 노동조합을 법인으로 하려는 때에는 그 주된 사무소의 소재지를 관할하는 등기소에 등기해야 한다.(2021.6.29 본조개정)
제3조【등기사항】 제2조에 따른 등기사항은 다음 각 호와 같다.(2021.6.29 본문개정)
1. 명칭
2. 주된 사무소의 소재지
3. 목적 및 사업
4. 대표자의 성명 및 주소
5. 해산사유를 정한 때에는 그 사유
제4조【등기신청】 ① 제2조에 따른 등기는 그 노동조합의 대표자가 신청한다.
② 제1항에 따른 등기 신청을 하려는 때에는 등기신청서에 해당 노동조합의 규약과 법 제12조에 따른 신고증의 사본(제10조제3항에 따라 변경신고증을 교부받은 경우에는 그 사본)을 첨부해야 한다.
(2021.6.29 본조개정)
제5조【이전등기】 ① 법인인 노동조합이 그 주된 사무소를 다른 등기소의 관할 구역으로 이전한 경우 해당 노동조합의 대표자는 그 이전한 날부터 3주 이내에 구소재지에서는 이전등기를 해야 하며, 신소재지에서는 제3조 각 호의 사항을 등기해야 한다.
② 동일한 등기소의 관할구역안에서 주된 사무소를 이전한 경우에는 그 이전한 날부터 3주 이내에 이전등기를 해야 한다.
(2021.6.29 본조개정)
제6조【변경등기】 노동조합의 대표자는 제3조 각 호의 사항 중 변경된 사항이 있는 경우에는 그 변경이 있는 날부터 3주 이내에 변경등기를 해야 한다.(2021.6.29 본조개정)
제7조【산하조직의 신고】 산하조직 중 근로조건의 결정권이 있는 독립된 사업 또는 사업장에 조직된 노동단체는 지부·분회 등 명칭이 무엇이든 상관없이 법 제10조제1항에 따른 노동조합의 설립신고를 할 수 있다.(2023.9.26 본조개정)
제8조【노동조합의 소속연합단체와의 관계 등】 ① 단위노동조합이 산업별 연합단체인 노동조합에 가입하거나, 산업별 연합단체 또는 전국규모의 산업별 단위노동조합이 총연합단체인 노동조합에 가입한 경우에는 해당 노동조합은 소속 산업별 연합단체인 노동조합 또는 총연합단체인 노동조합의 규약이 정하는 의무를 성실하게 이행해야 한다.
② 총연합단체인 노동조합 또는 산업별 연합단체인 노동조합은 해당 노동조합에 가입한 노동조합의 활동에 대하여 협조·지원 또는 지도할 수 있다.
③ (2007.11.30 삭제)
(2021.6.29 본조개정)
제9조【설립신고서의 보완요구 등】 ① 고용노동부장관, 특별시장·광역시장·도지사·특별자치도지사, 시장·군수 또는 자치구의 구청장(이하 "행정관청"이라 한다)은 법 제12조제2항에 따라 노동조합의 설립신고가 다음 각 호의 어느 하나에 해당하는 경우에는 보완을 요구하여야 한다.(2010.7.12 본문개정)
1. 설립신고서에 규약이 첨부되어 있지 아니하거나 설립신고서 또는 규약의 기재사항중 누락 또는 허위사실이 있는 경우
2. 임원의 선거 또는 규약의 제정절차가 법 제16조제2항부터 제4항까지 또는 법 제23조제1항에 위반되는 경우
(2007.11.30 본호개정)
② 노동조합이 설립신고증을 교부받은 후 법 제12조제3항제1호에 해당하는 설립신고서의 반려사유가 발생한 경우에는 행정관청은 30일의 기간을 정하여 시정을 요구할 수 있다.(2021.6.29 본항개정)
③ 행정관청은 노동조합에 설립신고증을 교부한 때에는 지체 없이 그 사실을 관할 노동 위원회와 해당 사업 또는 사업장의 사용자나 사용자단체에 통보해야 한다.
(2021.6.29 본항개정)
제10조【변경사항의 신고 등】 ① 노동조합은 법 제13조제1항에 따라 변경신고를 하는 경우에는 그 변경신고서에 신고증을 첨부해야 한다.
② 노동조합은 법 제13조제1항제2호에 따라 주된 사무소의 소재지 변경을 신고하는 경우로서 그 주된 사무소의 소재지를 다른 행정관청의 관할구역으로 이전하는 경우에는 새로운 소재지를 관할하는 행정관청에 변경신고를 해야 한다.
③ 행정관청은 제1항에 따라 변경신고서를 받은 때에는 3일 이내에 변경신고증을 교부해야 한다.
④ 노동조합은 행정관청에 법 제13조제2항제3호의 조합원수를 통보할 때 둘 이상의 사업 또는 사업장의 근로자로 구성된 단위노동조합의 경우에는 사업 또는 사업장별로 구분하여 통보해야 한다.
(2021.6.29 본조개정)
제11조【명령 등의 통보】 ① 행정관청은 다음 각 호의 경우에는 그 사실을 해당 노동조합의 대표자에게 서면으로 통보해야 한다.
1. 법 제18조제3항 또는 제4항에 따라 소집권자를 지명하는 경우
2. 법 제21조제1항 또는 제2항에 따라 노동조합의 규약 또는 결의·처분에 대하여 시정명령을 하는 경우
3. 법 제31조제3항에 따라 위법한 단체협약에 대하여 시정명령을 하는 경우
4. 법 제36조제1항에 따라 지역적 구속력을 결정하는 경우
② 행정관청은 제1항제3호 및 제4호의 경우에는 해당 사업 또는 사업장의 사용자나 사용자단체에도 그 사실을 통보해야 한다.
(2021.6.29 본조개정)
제11조의2【근로시간 면제 한도】 법 제24조의2제1항에 따른 근로시간면제심의위원회(이하 "위원회"라 한다)는 같은 조 제2항에 따른 근로시간 면제 한도를 정할 때 법 제24조제2항에 따라 사업 또는 사업장에 종사하는 근로자(이하 "종사근로자"라 한다)인 조합원 수와 해당 업무의 범위 등을 고려하여 시간과 이를 사용할 수 있는 인원으로 정할 수 있다.(2021.6.29 본조개정)
제11조의3【위원회 위원의 위촉】 위원회 위원은 「경제사회노동위원회법」에 따른 경제사회노동위원회(이하 "경제사회노동위원회"라 한다) 위원장이 위촉한다.
(2021.6.29 본조개정)
제11조의4【위원회 위원의 자격기준】 ① 법 제24조의2제5항제1호 및 제2호에 따라 단체에서 위원회의 위원으로 추천받을 수 있는 사람의 자격기준은 다음 각 호와 같다.(2021.6.29 본문개정)
1. 해당 단체의 전직·현직 임원
2. 노동문제 관련 전문가
② 법 제24조의2제5항제3호에 따라 공익을 대표하는 위원으로 추천받을 수 있는 사람의 자격기준은 다음 각 호와 같다.(2021.6.29 본문개정)
1. 노동 관련 학문을 전공한 자로서 「고등교육법」 제2조제1호·제2호·제5호에 따른 학교나 공인된 연구기관에서 같은 법 제14조제2항에 따른 교원 또는 연구원으로 5년 이상 근무한 경력이 있는 사람
2. 3급 또는 3급 상당 이상의 공무원으로 있었던 자로서 노동문제에 관하여 학식과 경험이 풍부한 사람
3. 그 밖에 제1호 및 제2호에 해당하는 학식과 경험이 있다고 인정되는 사람
(2010.2.12 본조신설)
제11조의5【위원회 위원의 임기】 ① 위원회 위원의 임기는 2년으로 한다.
② 위원회의 위원이 궐위된 경우에 보궐위원의 임기는 전임자(前任者) 임기의 남은 기간으로 한다.
③ 위원회의 위원은 임기가 끝났더라도 후임자가 위촉될 때까지 계속하여 그 직무를 수행한다.
(2010.2.12 본조신설)
제11조의6【위원회의 운영】 ① 위원회는 경제사회노동위원회 위원장으로부터 근로시간 면제 한도를 정하기 위한 심의 요청을 받은 때에는 그 심의 요청을 받은 날부터 60일 이내에 심의·의결해야 한다.(2021.6.29 본항개정)
② 위원회의 사무를 처리하기 위하여 위원회에 간사 1명을 두며, 간사는 경제사회노동위원회 소속 직원 중에서 경제사회노동위원회 위원장이 지명한다.(2021.6.29 본항개정)
③ 위원회의 위원에 대해서는 예산의 범위에서 그 직무 수행을 위하여 필요한 수당과 여비를 지급할 수 있다.
④ 위원회의 위원장은 필요한 경우에 관계 행정기관 공무원 중 관련 업무를 수행하는 공무원으로 하여금 위원회의 회의에 출석하여 발언하게 할 수 있다.(2021.6.29 본항개정)
⑤ 위원회에 근로시간 면제 제도에 관한 전문적인 조사·연구업무를 수행하기 위하여 전문위원을 둘 수 있다.
⑥ 이 영에서 규정한 사항 외에 위원회의 운영에 필요한 사항은 위원회의 의견을 들어 경제사회노동위원회 위원장이 정한다.(2021.6.29 본항개정)
(2010.2.12 본조신설)
제11조의7【회계감사원 등】 ① 법 제25조에 따른 회계감사원(이하 이 조에서 "회계감사원"이라 한다)은 재무·회계 관련 업무에 종사한 경력이 있거나 전문지식 또는 경험이 풍부한 사람 등으로 한다.
② 노동조합의 대표자는 다음 각 호의 어느 하나에 해당하는 경우에는 조합원이 아닌 공인회계사나 「공인회계사법」 제23조에 따른 회계법인(이하 "회계법인"이라 한다)으로

하여금 법 제25조에 따른 회계감사를 실시하게 할 수 있다. 이 경우 회계감사원이 회계감사를 한 것으로 본다.
1. 노동조합의 대표자가 노동조합 회계의 투명성 제고를 위하여 필요하다고 인정하는 경우
2. 조합원 3분의 1 이상의 요구가 있는 경우
3. 연합단체인 노동조합의 경우에는 그 구성노동단체의 3분의 1 이상의 요구가 있는 경우
4. 대의원 3분의 1 이상의 요구가 있는 경우
(2023.9.26 본조신설)

제11조의8【결산결과 및 운영상황의 공표 시기 등】 노동조합의 대표자는 특별한 사정이 없으면 법 제26조에 따른 결산결과와 운영상황을 매 회계연도 종료 후 2개월(제11조의7제2항에 따라 공인회계사나 회계법인이 회계감사를 실시한 경우에는 3개월로 한다) 이내에 조합원이 그 내용을 쉽게 확인할 수 있도록 해당 노동조합의 게시판에 공고하거나 인터넷 홈페이지에 게시하는 등의 방법으로 공표해야 한다.(2023.9.26 본조신설)

제11조의9【공시시스템을 통한 결산결과의 공표】 ① 고용노동부장관은 노동조합의 대표자가 그 결산결과를 공표할 수 있도록 노동조합 회계 공시시스템(이하 "공시시스템"이라 한다)을 구축·운영할 수 있다.
② 노동조합의 대표자는 제11조의8에도 불구하고 고용노동부령으로 정하는 서식에 따라 매년 4월 30일까지 공시시스템에 직전 연도의 결산결과를 공표할 수 있다. 이 경우 제11조의8에 따라 결산결과를 공표한 것으로 본다.
③ 노동조합의 산하조직(노동조합인 경우는 제외한다)의 대표자는 필요한 경우에는 고용노동부령으로 정하는 서식에 따라 매년 4월 30일까지 공시시스템에 직전 연도의 결산결과를 공표할 수 있다.
④ 제2항 및 제3항에도 불구하고 노동조합 등의 합병·분할 또는 해산 등 부득이한 사유가 있는 경우에는 9월 30일까지 직전 연도의 결산결과를 공표할 수 있다.
⑤ 제2항 및 제3항에도 불구하고 회계연도 종료일이 12월 31일이 아닌 경우에는 9월 30일까지 직전 연도에 종료한 회계연도의 결산결과를 공표할 수 있다.
(2023.9.26 본조신설)

제12조【자료제출의 요구】 행정관청은 법 제27조에 따라 노동조합으로부터 결산결과 또는 운영상황의 보고를 받으려는 경우에는 그 사유와 그 밖에 필요한 사항을 적은 서면으로 10일 이전에 요구해야 한다.(2021.6.29 본조개정)

제13조【노동위원회의 해산의결 등】 ① 법 제28조제1항제4호에서 "노동조합으로서의 활동을 1년 이상 하지 아니한 것으로 인정되는 경우"란 계속하여 1년 이상 조합원으로부터 조합비를 징수한 사실이 없거나 총회 또는 대의원회를 개최한 사실이 없는 경우를 말한다.
② 법 제28조제1항제4호에 따른 노동조합의 해산사유가 있는 경우에는 행정관청이 관할 노동위원회의 의결을 얻은 때에 해산된 것으로 본다.
③ 노동위원회는 제2항에 따른 의결을 할 때에는 법 제28조제1항제4호에 따른 해산사유 발생일 이후의 해당 노동조합의 활동을 고려해서는 아니 된다.
④ 행정관청은 법 제28조제1항제4호에 따른 노동위원회의 의결이 있거나 같은 조 제2항에 따른 해산신고를 받은 때에는 지체 없이 그 사실을 관할 노동위원회(법 제28조제2항에 따른 해산신고를 받은 경우만 해당한다)와 해당 사업 또는 사업장의 사용자나 사용자단체에 통보해야 한다.
(2021.6.29 본조개정)

제14조【교섭권한 등의 위임통보】 ① 노동조합과 사용자 또는 사용자단체(이하 "노동관계당사자"라 한다)는 법 제29조제3항에 따라 교섭 또는 단체협약의 체결에 관한 권한을 위임하는 경우에는 교섭사항과 권한범위를 정하여 위임하여야 한다.(2010.2.12 본항개정)
② 노동관계당사자는 법 제29조제4항에 따라 상대방에게 위임사실을 통보하는 경우에 다음 각호의 사항을 포함하여 통보하여야 한다.(2010.2.12 본문개정)
1. 위임을 받은 자의 성명(위임을 받은 자가 단체인 경우에는 그 명칭 및 대표자의 성명)
2. 교섭사항과 권한범위 등 위임의 내용

제14조의2【노동조합의 교섭 요구 시기 및 방법】 ① 노동조합은 해당 사업 또는 사업장에 단체협약이 있는 경우에는 법 제29조제1항 또는 제29조의2제1항에 따라 그 유효기간 만료일 이전 3개월이 되는 날부터 사용자에게 교섭을 요구할 수 있다. 다만, 단체협약이 2개 이상 있는 경우에는 먼저 이르는 단체협약의 유효기간 만료일 이전 3개월이 되는 날부터 사용자에게 교섭을 요구할 수 있다.
(2019.7.2 단서개정)
② 노동조합은 제1항에 따라 사용자에게 교섭을 요구하는 때에는 노동조합의 명칭, 그 교섭을 요구한 날 현재의 종사근로자인 조합원 수 등 고용노동부령으로 정하는 사항을 적은 서면으로 해야 한다.(2021.6.29 본항개정)

제14조의3【노동조합 교섭요구 사실의 공고】 ① 사용자는 노동조합으로부터 제14조의2에 따라 교섭 요구를 받은 때에는 그 요구를 받은 날부터 7일간 그 교섭을 요구한 노동조합의 명칭 등 고용노동부령으로 정하는 사항을 해당 사업 또는 사업장의 게시판 등에 공고하여 다른 노동조합과 근로자가 알 수 있도록 하여야 한다.
(2010.7.12 본항개정)
② 노동조합은 사용자가 제1항에 따른 교섭요구 사실의 공고를 하지 아니하거나 다르게 공고하는 경우에는 고용노동부령으로 정하는 바에 따라 노동위원회에 시정을 요청할 수 있다.(2010.7.12 본항개정)
③ 노동위원회는 제2항에 따라 시정 요청을 받은 때에는 그 요청을 받은 날부터 10일 이내에 그에 대한 결정을 하여야 한다.
(2010.2.12 본조신설)

제14조의4【다른 노동조합의 교섭 요구 시기 및 방법】 제14조의2에 따라 사용자에게 교섭을 요구한 노동조합이 있는 경우에 사용자와 교섭하려는 다른 노동조합은 제14조의3제1항에 따른 공고기간 내에 제14조의2제2항에 따른 사항을 적은 서면으로 사용자에게 교섭을 요구하여야 한다.(2010.2.12 본조신설)

제14조의5【교섭 요구 노동조합의 확정】 ① 사용자는 제14조의3제1항에 따른 공고기간이 끝난 다음 날에 제14조의2 및 제14조의4에 따라 교섭을 요구한 노동조합을 확정하여 통지하고, 그 교섭을 요구한 노동조합의 명칭, 그 교섭을 요구한 날 현재의 종사근로자인 조합원 수 등 고용노동부령으로 정하는 사항을 5일간 공고해야 한다.
(2021.6.29 본항개정)
② 제14조의2 및 제14조의4에 따라 교섭을 요구한 노동조합은 제1항에 따른 노동조합의 공고 내용이 자신이 제출한 내용과 다르게 공고되거나 공고되지 아니한 것으로 판단되는 경우에는 제1항에 따른 공고기간 중에 사용자에게 이의를 신청할 수 있다.
③ 사용자는 제2항에 따른 이의 신청의 내용이 타당하다고 인정되는 경우 신청한 내용대로 제1항에 따른 공고기간이 끝난 날부터 5일간 공고하고 그 이의를 제기한 노동조합에 통지하여야 한다.
④ 사용자가 제2항에 따른 이의 신청에 대하여 다음 각 호의 구분에 따른 조치를 한 경우에는 해당 노동조합은 해당 호에서 정한 날부터 5일 이내에 고용노동부령으로 정하는 바에 따라 노동위원회에 시정을 요청할 수 있다.
(2010.7.12 본문개정)
1. 사용자가 제3항에 따른 공고를 하지 아니한 경우 : 제1항에 따른 공고기간이 끝난 다음날
2. 사용자가 해당 노동조합이 신청한 내용과 다르게 제3항에 따른 공고를 한 경우 : 제3항에 따른 공고기간이 끝난 날
⑤ 노동위원회는 제4항에 따른 시정 요청을 받은 때에는 그 요청을 받은 날부터 10일 이내에 그에 대한 결정을 하여야 한다.
(2010.2.12 본조신설)

제14조의6【자율적 교섭대표노동조합의 결정 등】 ① 제14조의5에 따라 교섭을 요구한 노동조합으로 확정 또는 결정된 노동조합은 법 제29조의2제3항에 따라 자율적으로 교섭대표노동조합을 정하려는 경우에는 제14조의5에 따라 확정 또는 결정된 날부터 14일이 되는 날을 기한으로 하여 그 교섭대표노동조합의 대표자, 교섭위원 등을 연명으로 서명 또는 날인하여 사용자에게 통지해야 한다.
(2021.6.29 본항개정)
② 사용자에게 제1항에 따른 교섭대표노동조합의 통지가 있은 이후에는 그 교섭대표노동조합의 결정 절차에 참여한 노동조합 중 일부 노동조합이 그 이후의 절차에 참여하지 않더라도 법 제29조제2항에 따른 교섭대표노동조합의 지위는 유지된다.
(2010.2.12 본조신설)

제14조의7【과반수 노동조합의 교섭대표노동조합 확정 등】 ① 법 제29조의2제3항 및 이 영 제14조의6에 따른 교섭대표노동조합이 결정되지 못한 경우에는 법 제29조의2제3항에 따른 교섭창구 단일화 절차(이하 "교섭창구 단일화절차"라 한다)에 참여한 모든 노동조합의 전체 종사근로자인 조합원 과반수로 조직된 노동조합(둘 이상의 노동조합이 위임 또는 연합 등의 방법으로 교섭창구단일화절차에 참여하는 노동조합 전체 종사근로자인 조합원의 과반수가 되는 경우를 포함한다. 이하 "과반수노동조합"이라 한다)은 제14조의6제1항에 따른 기한이 끝난 날부터 5일 이내에 사용자에게 노동조합의 명칭, 대표자 및 과반수노동조합이라는 사실 등을 통지해야 한다.
② 사용자가 제1항에 따라 과반수노동조합임을 통지받은 때에는 그 통지를 받은 날부터 5일간 그 내용을 공고하여 다른 노동조합과 근로자가 알 수 있도록 해야 한다.
③ 다음 각 호의 사유로 이의를 제기하려는 노동조합은 제2항에 따른 공고기간 내에 고용노동부령으로 정하는 바에 따라 노동위원회에 이의신청을 해야 한다.
1. 사용자가 제2항에 따른 공고를 하지 않은 경우
2. 공고된 과반수노동조합에 대하여 그 과반수 여부에 이의가 있는 경우
④ 노동조합이 제2항에 따른 공고기간 내에 이의신청을 하지 않은 경우에는 같은 항에 따라 공고된 과반수노동조합이 교섭대표노동조합으로 확정된다.(2021.6.29 본항신설)
⑤ 노동위원회는 제3항에 따른 이의신청을 받은 때에는 교섭창구단일화절차에 참여한 모든 노동조합과 사용자에게 통지하고, 조합원 명부(종사근로자인 조합원의 서명 또는 날인이 있는 것으로 한정한다) 등 고용노동부령으로 정하는 서류를 제출하게 하거나 출석하게 하는 등의 방법으로 종사근로자인 조합원 수에 대하여 조사·확인해야 한다.
⑥ 제5항에 따라 종사근로자인 조합원 수를 확인하는 경우의 기준일은 제14조의5제1항에 따라 교섭을 요구한 노동조합의 명칭 등을 공고한 날로 한다.
⑦ 노동위원회는 제5항에 따라 종사근로자인 조합원 수를 확인하는 경우 둘 이상의 노동조합에 가입한 종사근로자인 조합원에 대해서는 그 종사근로자인 조합원 1명별로 다음 각 호의 구분에 따른 방법으로 종사근로자인 조합원 수를 산정한다.
1. 조합비를 납부하는 노동조합이 하나인 경우 : 조합비를 납부하는 노동조합의 종사근로자인 조합원 수에 숫자 1을 더할 것
2. 조합비를 납부하는 노동조합이 둘 이상인 경우 : 숫자 1을 조합비를 납부하는 노동조합의 수로 나눈 후에 그 산출된 숫자를 그 조합비를 납부하는 노동조합의 종사근로자인 조합원 수에 각각 더할 것
3. 조합비를 납부하는 노동조합이 하나도 없는 경우 : 숫자 1을 종사근로자인 조합원이 가입한 노동조합의 수로 나눈 후에 그 산출된 숫자를 그 가입한 노동조합의 종사근로자인 조합원 수에 각각 더할 것
⑧ 노동위원회는 노동조합 또는 사용자가 제5항에 따른 서류 제출 요구 등 필요한 조사에 따르지 않은 경우에 고용노동부령으로 정하는 기준에 따라 종사근로자인 조합원 수를 계산하여 확인한다.
⑨ 노동위원회는 제5항부터 제8항까지의 규정에 따라 조사·확인한 결과 과반수노동조합이 있다고 인정하는 경우에는 그 이의신청을 받은 날부터 10일 이내에 그 과반수노동조합을 교섭대표노동조합으로 결정하여 교섭창구단일화절차에 참여한 모든 노동조합과 사용자에게 통지해야 한다. 다만, 그 기간 이내에 종사근로자인 조합원 수를 확인하기 어려운 경우에는 한 차례에 한정하여 10일의 범위에서 그 기간을 연장할 수 있다.
(2021.6.29 본조개정)

제14조의8【자율적 공동교섭대표단 구성 및 통지】 ① 법 제29조의2제3항 및 제4항에 따라 교섭대표노동조합이 결정되지 못한 경우에, 같은 조 제5항에 따라 공동교섭대표단에 참여할 수 있는 노동조합은 사용자와 교섭하기 위하여 다음 각 호의 구분에 따른 기간 이내에 공동교섭대표단의 대표자, 교섭위원 등 공동교섭대표단을 구성하여 연명으로 서명 또는 날인하여 사용자에게 통지해야 한다.
1. 과반수노동조합이 없어서 제14조의7제1항에 따른 통지 및 같은 조 제2항에 따른 공고가 없는 경우 : 제14조의6제1항에 따른 기한이 만료된 날부터 10일간
2. 제14조의7제9항에 따라 과반수노동조합이 없다고 노동위원회가 결정하는 경우 : 제14조의7제9항에 따른 노동위원회 결정의 통지가 있은 날부터 5일간
(2021.6.29 본항개정)
② 사용자에게 제1항에 따른 공동교섭대표단의 통지가 있은 이후에는 그 공동교섭대표단 결정 절차에 참여한 노동조합 중 일부 노동조합이 그 이후의 절차에 참여하지 않더라도 법 제29조제2항에 따른 교섭대표노동조합의 지위는 유지된다.
(2010.2.12 본조신설)

제14조의9【노동위원회 결정에 의한 공동교섭대표단의 구성】 ① 법 제29조의2제5항 및 이 영 제14조의8제1항에 따른 공동교섭대표단의 구성에 합의하지 못한 경우에 공동교섭대표단 구성에 참여할 수 있는 노동조합의 일부 또는 전부는 노동위원회에 법 제29조의2제6항에 따라 공동교섭대표단 구성에 관한 결정 신청을 해야 한다.
(2021.6.29 본항개정)
② 노동위원회는 제1항에 따른 공동교섭대표단 구성에 관한 결정 신청을 받은 때에는 그 신청을 받은 날부터 10일 이내에 총 10명 이내에서 각 노동조합의 종사근로자인 조합원 수에 따른 비율을 고려하여 노동조합별 공동교섭대표단에 참여하는 인원 수를 결정하여 그 노동조합과 사용자에게 통지해야 한다. 다만, 그 기간 이내에 결정하기 어려운 경우에는 한 차례에 한정하여 10일의 범위에서 그 기간을 연장할 수 있다.(2021.6.29 본문개정)
③ 제2항에 따른 공동교섭대표단 결정은 공동교섭대표단에 참여할 수 있는 모든 노동조합이 제출한 종사근로자인 조합원 수에 따른 비율을 기준으로 한다.(2021.6.29 본항개정)
④ 제3항에 따른 종사근로자인 조합원 수 및 비율에 대하여 그 노동조합 중 일부 또는 전부가 이의를 제기하는 경우 종사근로자인 조합원 수의 조사·확인에 관하여는 제14조의7제5항부터 제8항까지의 규정을 준용한다.
(2021.6.29 본항신설)
⑤ 공동교섭대표단 구성에 참여하는 노동조합은 사용자와 교섭하기 위하여 제2항에 따라 노동위원회가 결정한 인원 수에 해당하는 교섭위원을 각각 선정하여 사용자에게 통지하여야 한다.

⑥ 제5항에 따라 공동교섭대표단을 구성할 때에 그 공동교섭대표단의 대표자는 공동교섭대표단에 참여하는 노동조합이 합의하여 정한다. 다만, 합의되지 않은 경우에는 종사근로자인 조합원 수가 가장 많은 노동조합의 대표자로 한다.(2021.6.29 본항개정)
(2010.2.12 본조신설)

제14조의10【교섭대표노동조합의 지위 유지기간 등】 ① 법 제29조의2제3항부터 제6항까지의 규정에 따라 결정된 교섭대표노동조합은 그 결정이 있은 후 사용자와 체결한 첫 번째 단체협약의 효력이 발생한 날을 기준으로 2년이 되는 날까지 그 교섭대표노동조합의 지위를 유지하되, 새로운 교섭대표노동조합이 결정된 경우에는 그 결정된 때까지 교섭대표노동조합의 지위를 유지한다.
(2021.6.29 본항개정)
② 제1항에 따른 교섭대표노동조합의 지위 유지기간이 만료되었음에도 불구하고 새로운 교섭대표노동조합이 결정되지 못할 경우 기존 교섭대표노동조합은 새로운 교섭대표노동조합이 결정될 때까지 기존 단체협약의 이행과 관련해서는 교섭대표노동조합의 지위를 유지한다.
③ 법 제29조의2에 따라 결정된 교섭대표노동조합이 그 결정된 날부터 1년 동안 단체협약을 체결하지 못한 경우에는 어느 노동조합이든지 사용자에게 교섭을 요구할 수 있다. 이 경우 제14조의2제2항 및 제14조의3부터 제14조의9까지의 규정을 적용한다.
(2010.2.12 본조신설)

제14조의11【교섭단위 결정】 ① 노동조합 또는 사용자는 법 제29조의3제2항에 따라 교섭단위를 분리하거나 분리된 교섭단위를 통합하여 교섭하려는 경우에는 다음 각 호에 해당하는 기간에 노동위원회에 교섭단위를 분리하거나 분리된 교섭단위를 통합하는 결정을 신청할 수 있다.
(2021.6.29 본문개정)
1. 제14조의3에 따라 사용자가 교섭요구 사실을 공고하기 전
2. 제14조의3에 따라 사용자가 교섭요구 사실을 공고한 경우에는 법 제29조의2에 따른 교섭대표노동조합이 결정된 날 이후

② 제1항에 따른 신청을 받은 노동위원회는 해당 사업 또는 사업장의 모든 노동조합과 사용자에게 그 내용을 통지해야 하며, 그 노동조합과 사용자는 노동위원회가 지정하는 기간까지 의견을 제출할 수 있다.(2021.6.29 본항개정)
③ 노동위원회는 제1항에 따른 신청을 받은 날부터 30일 이내에 교섭단위를 분리하거나 분리된 교섭단위를 통합하는 결정을 하고 해당 사업 또는 사업장의 모든 노동조합과 사용자에게 통지해야 한다.(2021.6.29 본항개정)
④ 제3항에 따른 통지를 받은 노동조합이 사용자와 교섭하려는 경우 자신이 속한 교섭단위에 단체협약이 있는 때에는 그 단체협약의 유효기간 만료일 이전 3개월이 되는 날부터 제14조의2제2항에 따라 필요한 사항을 적은 서면으로 교섭을 요구할 수 있다.(2021.6.29 본항개정)
⑤ 제1항에 따른 신청에 대한 노동위원회의 결정이 있기 전에 제14조의2에 따른 교섭 요구가 있는 때에는 교섭단위를 분리하거나 분리된 교섭단위를 통합하는 결정이 있을 때까지 제14조의3에 따른 교섭요구 사실의 공고 등 교섭창구단일화절차의 진행은 정지된다.(2021.6.29 본항개정)
⑥ 제1항부터 제5항까지에서 규정한 사항 외에 교섭단위를 분리하거나 분리된 교섭단위를 통합하는 결정 신청 및 그 신청에 대한 결정 등에 관하여 필요한 사항은 고용노동부령으로 정한다.(2021.6.29 본항개정)
(2021.6.29 본조제목개정)
(2010.2.12 본조신설)

제14조의12【공정대표의무 위반에 대한 시정】 ① 노동조합은 법 제29조의2에 따라 결정된 교섭대표노동조합과 사용자가 법 제29조의4제1항을 위반하여 차별한 경우에는 고용노동부령으로 정하는 바에 따라 노동위원회에 공정대표의무 위반에 대한 시정을 신청할 수 있다.
(2010.7.12 본항개정)
② 노동위원회는 제1항에 따른 공정대표의무 위반의 시정 신청을 받은 때에는 지체 없이 필요한 조사와 관계 당사자에 대한 심문(審問)을 하여야 한다.(2019.7.2 본항개정)
③ 노동위원회는 제2항에 따른 심문을 할 때에는 관계 당사자의 신청이나 직권으로 증인을 출석하게 하여 필요한 사항을 질문할 수 있다.
④ 노동위원회는 제2항에 따른 심문을 할 때에는 관계 당사자에게 증거의 제출과 증인에 대한 반대심문을 할 수 있는 충분한 기회를 주어야 한다.
⑤ 노동위원회는 제1항에 따른 공정대표의무 위반의 시정 신청에 대한 명령이나 결정을 서면으로 하여야 하며, 그 서면을 교섭대표노동조합, 사용자 및 그 시정을 신청한 노동조합에 각각 통지하여야 한다.
⑥ 노동위원회의 제1항에 따른 공정대표의무 위반의 시정 신청에 대한 조사와 심문에 관한 세부절차는 중앙노동위원회가 따로 정한다.
(2010.2.12 본조신설)

제15조【단체협약의 신고】 법 제31조제2항에 따른 단체협약의 신고는 당사자 쌍방이 연명으로 해야 한다.
(2021.6.29 본조개정)

제16조【단체협약의 해석요청】 법 제34조제1항에 따른 단체협약의 해석 또는 이행방법에 관한 견해제시의 요청은 해당 단체협약의 내용과 당사자의 의견 등을 적은 서면으로 해야 한다.(2021.6.29 본조개정)

제17조【쟁의행위의 신고】 노동조합은 쟁의행위를 하고자 할 경우에는 고용노동부령이 정하는 바에 따라 행정관청과 관할노동위원회에 쟁의행위의 일시·장소·참가인원 및 그 방법을 미리 서면으로 신고하여야 한다.
(2010.7.12 본조개정)

제18조【폭력행위 등의 신고】 ① 사용자는 쟁의행위가 법 제38조제1항·제2항, 제42조제1항 또는 제2항에 위반되는 경우에는 즉시 그 상황을 행정관청과 관할 노동위원회에 신고하여야 한다.(2007.11.30 본항개정)
② 제1항의 규정에 의한 신고는 서면·구두 또는 전화 기타의 적당한 방법으로 하여야 한다.

제19조 (2007.11.30 삭제)

제20조【방산물자 생산업무 종사자의 범위】 법 제41조제2항에서 "주로 방산물자를 생산하는 업무에 종사하는 자"라 함은 방산물자의 완성에 필요한 제조·가공·조립·정비·재생·개량·성능검사·열처리·도장·가스취급 등의 업무에 종사하는 자를 말한다.

제21조【점거가 금지되는 시설】 법 제42조제1항에서 "대통령령이 정하는 시설"이란 다음 각 호의 시설을 말한다.
(2021.6.29 본문개정)
1. 전기·전산 또는 통신시설
2. 철도(도시철도를 포함한다)의 차량 또는 선로
3. 건조·수리 또는 정박중인 선박. 다만, 「선원법」에 의한 선원이 당해 선박에 승선하는 경우를 제외한다.
(2007.11.30 본호개정)
4. 항공기·항행안전시설 또는 항공기의 이·착륙이나 여객·화물의 운송을 위한 시설(1999.8.6 본호개정)
5. 화약·폭약 등 폭발위험이 있는 물질 또는 「화학물질관리법」 제2조제2호에 따른 유독물질을 보관·저장하는 장소(2014.12.9 본호개정)
6. 기타 점거될 경우 생산 기타 주요업무의 정지 또는 폐지를 가져오거나 공익상 중대한 위해를 초래할 우려가 있는 시설로서 고용노동부장관이 관계중앙행정기관의 장과 협의하여 정하는 시설(2010.7.12 본호개정)

제22조【중지통보】 행정관청은 법 제42조제3항에 따라 쟁의행위를 중지할 것을 통보하는 경우에는 서면으로 하여야 한다. 다만, 사태가 급박하다고 인정하는 경우에는 구두로 할 수 있다.(2007.11.30 본조개정)

제22조의2【필수유지업무의 범위】 법 제42조의2제1항에 따른 필수공익사업별 필수유지업무는 별표1과 같다.
(2007.11.30 본조신설)

제22조의3【필수유지업무 유지·운영 수준 등의 결정 신청 등】 ① 노동관계 당사자가 법 제42조의4제1항에 따른 필수유지업무 유지·운영 수준, 대상직무 및 필요인원 등의 결정(이하 "필수유지업무 수준 등 결정"이라 한다)을 신청하면 관할 노동위원회는 지체 없이 그 신청에 대한 결정을 위한 특별조정위원회를 구성하여야 한다.
② 노동위원회는 법 제42조의4제2항에 따라 필수유지업무 수준 등 결정을 하면 지체 없이 이를 서면으로 노동관계 당사자에게 통보하여야 한다.
③ 노동관계 당사자의 쌍방 또는 일방은 제2항에 따른 결정에 대한 해석이나 이행방법에 관하여 노동관계 당사자 간 의견이 일치하지 아니하면 노동관계 당사자의 의견을 첨부하여 서면으로 관할 노동위원회에 해석을 요청할 수 있다.
④ 제3항에 따른 해석 요청에 대하여 법 제42조의4제4항에 따라 해당 특별조정위원회가 해석을 하면 노동위원회는 지체 없이 이를 서면으로 노동관계 당사자에게 통보하여야 한다.
⑤ 제1항에 따른 필수유지업무 수준 등 결정의 신청 절차는 고용노동부령으로 정한다.(2010.7.12 본항개정)
(2007.11.30 본조신설)

제22조의4【파업참가자 수의 산정방법】 ① 법 제43조제4항 후단에 따른 파업참가자 수는 근로의무가 있는 근로시간 중 파업 참가를 이유로 근로의 일부 또는 전부를 제공하지 아니한 자의 수를 1일 단위로 산정한다.
② 사용자는 제1항에 따른 파업참가자 수 산정을 위하여 필요한 경우 노동조합에 협조를 요청할 수 있다.
(2007.11.30 본조신설)

제23조【사적 조정·중재의 신고】 ① 노동관계당사자는 법 제52조에 따른 사적 조정·중재에 의하여 노동쟁의를 해결하기로 한 경우에는 고용노동부령이 정하는 바에 따라 관할 노동위원회에 신고해야 한다.
② 제1항에 따른 신고는 법 제5장제2절부터 제4절까지의 규정에 따른 조정 또는 중재가 진행 중인 경우에도 할 수 있다.
③ 노동관계당사자는 법 제52조에 따른 사적 조정·중재에 의하여 노동쟁의가 해결되지 않는 경우에는 법 제5장 제2절 또는 제3절에 따라 노동쟁의를 조정 또는 중재하여 줄 것을 고용노동부령으로 정하는 바에 따라 관할 노동위원회에 신청할 수 있다. 이 경우 관할 노동위원회는 지체 없이 법 제5장제2절 또는 제3절에 따른 조정 또는 중재를 개시해야 한다.
(2021.6.29 본조개정)

제24조【노동쟁의의 조정 등의 신청】 ① 노동관계당사자는 법 제53조제1항 또는 제62조에 따른 조정 또는 중재를 신청할 경우에는 고용노동부령으로 정하는 바에 따라 관할 노동위원회에 신청하여야 한다.(2010.7.12 본항개정)
② 제1항에 따른 신청을 받은 노동위원회는 그 신청내용이 법 제5장제2절 또는 제3절에 따른 조정 또는 중재의 대상이 아니라고 인정할 경우에는 그 사유와 다른 해결방법을 알려주어야 한다.(2021.6.29 본항개정)

제25조【조정의 통보】 노동위원회는 법 제53조, 법 제62조, 법 제78조 및 법 제80조의 규정에 의한 조정과 중재를 하게 된 경우에는 지체없이 이를 서면으로 관계당사자에게 각각 통보하여야 한다.

제26조【조정위원회의 구성】 노동위원회는 법 제53조에 따라 노동쟁의의 조정을 하게 된 경우에는 지체 없이 해당 사건의 조정을 위한 조정위원회 또는 특별조정위원회를 구성해야 한다.(2021.6.29 본조개정)

제27조【조정안의 해석요청】 노동관계당사자는 법 제60조제3항에 따른 조정안의 해석 또는 그 이행방법에 관하여 견해의 제시를 요청하는 경우에는 해당 조정안의 내용과 당사자의 의견 등을 적은 서면으로 해야 한다.
(2021.6.29 본조개정)

제28조【중재위원회의 구성】 노동위원회는 법 제62조에 따라 노동쟁의의 중재를 하게 된 경우에는 지체 없이 해당 사건의 중재를 위한 중재위원회를 구성해야 한다.
(2021.6.29 본조개정)

제29조【중재재정서의 송달】 ① 노동위원회는 법 제68조제1항에 따라 중재를 한 때에는 지체 없이 그 중재재정서를 관계 당사자에게 각각 송달해야 한다.
② 중앙노동위원회는 법 제69조제1항에 따라 지방노동위원회 또는 특별노동위원회의 중재재정을 재심한 때에는 지체 없이 그 재심결정서를 관계 당사자와 관계 노동위원회에 각각 송달해야 한다.
(2021.6.29 본조개정)

제30조【중재재정의 해석요청】 ① 노동관계당사자는 법 제68조제1항에 따른 중재재정의 해석 또는 이행방법에 관하여 당사자 간에 의견의 불일치가 있는 경우에는 해당 중재위원회에 그 해석 또는 이행방법에 관한 명확한 견해의 제시를 요청할 수 있다.
② 제1항에 따른 견해제시의 요청은 해당 중재재정의 내용과 당사자의 의견 등을 적은 서면으로 해야 한다.
(2021.6.29 본조개정)

제31조【수당 등의 지급】 법 제72조제3항 단서에 따라 특별조정위원으로 지명된 자에 대해서는 그 직무의 집행을 위하여 예산의 범위에서 노동위원회의 위원에 준하는 수당과 여비를 지급할 수 있다.(2021.6.29 본조개정)

제32조【긴급조정의 공표】 법 제76조제3항에 따른 긴급조정 결정의 공표는 신문·라디오 그 밖에 공중이 신속히 알 수 있는 방법으로 해야 한다.(2021.6.29 본조개정)

제33조【권한의 위임 등】 ① 고용노동부장관은 법 제87조에 따라 다음 각 호의 사항에 관한 권한을 노동조합의 주된 사무소의 소재지를 관할하는 지방고용노동관서의 장에게 위임한다. 다만, 연합단체인 노동조합과 전국규모의 산업별 단위노동조합에 대한 권한은 제외한다.
(2021.6.29 본문개정)
1. 법 제10조제1항에 따른 노동조합 설립신고서의 수리
2. 법 제12조에 따른 신고증의 교부·보완요구 및 반려
3. 법 제13조제1항에 따른 변경신고의 수리
4. 법 제13조제2항 본문에 따른 통보의 접수
5. 법 제18조제3항 및 제4항에 따른 노동위원회의 의결요청 및 임시총회 등의 소집권자 지명
6. 법 제21조에 따른 규약 또는 결의·처분의 시정명령
7. 법 제27조에 따른 자료제출 요구
8. 법 제28조제1항제4호에 따른 노동위원회의 의결요청 및 같은 조 제2항에 따른 해산신고의 수리
9. 법 제31조제2항에 따른 단체협약신고의 수리 및 같은 조 제3항에 따른 단체협약의 시정명령
10. 법 제36조에 따른 노동위원회의 의결요청 및 단체협약의 지역적 확장적용 결정 및 공고
(2021.6.29 1호~10호개정)
11. (2007.11.30 삭제)
12. 법 제42조제3항 및 제4항에 따른 노동위원회의 의결요청 및 쟁의행위의 중지통보(2007.11.30 본호개정)
13. 법 제46조제2항에 따른 직장폐쇄 신고의 수리
14. 법 제96조제1항 및 제2항에 따른 과태료의 부과
15. 제9조제2항에 따른 시정 요구 및 같은 조 제3항에 따른 통보
16. 제10조제2항 및 제3항에 따른 변경신고서의 수리 및 변경신고증의 교부(제10조제2항의 경우에는 노동조합의 주된 사무소의 신소재지를 관할하는 지방고용노동관서의 장을 말한다)

17. 제17조에 따른 쟁의행위 신고의 수리
18. 제18조에 따른 폭력행위등 신고의 수리
(2021.6.29 13호~18호개정)
② 고용노동부장관은 제1항에도 불구하고 노동조합의 주된 사무소의 소재지를 관할하는 지방고용노동관서에서 처리하기 곤란하거나 업무의 효율적인 운영을 위하여 필요하다고 인정하는 경우에는 지방고용노동관서를 지정하여 해당 사건을 처리하게 할 수 있다.(2021.6.29 본항개정)
제33조의2【고유식별정보의 처리】 행정관청 또는 노동위원회는 다음 각 호의 사무를 수행하기 위하여 불가피한 경우 「개인정보 보호법 시행령」 제19조제1호 또는 제4호에 따른 주민등록번호 또는 외국인등록번호가 포함된 자료를 처리할 수 있다.
1. 법 제10조제1항에 따른 노동조합 설립의 신고에 관한 사무
2. 법 제13조에 따른 설립신고 사항의 변경신고, 노동조합 정기 현황통보 등에 관한 사무
3. 법 제82조제1항에 따른 부당노동행위의 구제에 관한 사무
4. 제9조제2항에 따른 시정 요구에 관한 사무(2021.6.29 본호개정)
(2012.1.6 본조신설)
제34조【과태료의 부과기준】 법 제96조제1항 및 제2항에 따른 과태료의 부과기준은 별표2와 같다.(2011.3.30 본조개정)

부 칙 (2010.2.12)

제1조【시행일】 이 영은 공포한 날부터 시행한다. 다만, 제14조 및 제14조의2부터 제14조의12까지의 개정규정은 2011년 7월 1일부터 시행한다.
제2조【노사관계선진화 실무지원단 구성·운영】 ① 노동부장관은 근로시간 면제제도와 교섭창구 단일화 제도의 원활한 시행 등을 위하여 노사관계선진화 실무지원단을 2012년 12월 31일까지 설치·운영한다.
② 노사관계선진화 실무지원단의 구성 및 운영 등에 필요한 사항은 노동부장관이 정한다.

부 칙 (2011.3.30)

제1조【시행일】 이 영은 공포한 날부터 시행한다.
제2조【과태료의 부과기준에 관한 경과조치】 ① 이 영 시행 전의 위반행위에 대하여 과태료의 부과기준을 적용할 때에는 별표2의 개정규정에도 불구하고 종전의 규정에 따른다.
② 이 영 시행 전의 위반행위로 받은 과태료 부과처분은 별표2의 개정규정에 따른 위반행위의 횟수 산정에 포함하지 아니한다.

부 칙 (2019.7.2)

이 영은 공포한 날부터 시행한다.(이하 생략)

부 칙 (2021.6.29)

이 영은 2021년 7월 6일부터 시행한다.

부 칙 (2023.9.26)

제1조【시행일】 이 영은 2024년 1월 1일부터 시행한다. 다만, 제11조의9의 개정규정은 2023년 10월 1일부터 시행한다.
제2조【공시시스템을 통한 공표에 관한 특례】 2022년 회계연도의 결산결과(회계연도의 종료일이 12월 31일이 아닌 경우에는 2022년에 종료한 회계연도의 결산결과를 말한다)는 제11조의9제2항부터 제5항까지의 개정규정에도 불구하고 2023년 11월 30일까지 공표할 수 있다.

〔별표〕 ➡「法典 別册」 참조

교원의 노동조합 설립 및 운영 등에 관한 법률(약칭 : 교원노조법)

(1999년 1월 29일
법 률 제5727호)

개정
2001. 1.29법 6400호(정부조직)
2001. 3.28법 6456호(노노)
2005. 1.27법 7354호(교원지위향상을위한특별법)
2006.12.30법 8157호
2008. 2.29법 8852호(정부조직)
2010. 3.17법10132호
2010. 6. 4법10339호(정부조직)
2013. 3.23법11690호(정부조직)
2016. 2. 3법13936호(교원의지위향상및교육활동보호를위한특별법)
2020. 5.26법17326호(법률용어정비)
2020. 6. 9법17430호
2021. 1. 5법17861호
2022. 6.10법18924호

제1조【목적】 이 법은 「국가공무원법」 제66조제1항 및 「사립학교법」 제55조에도 불구하고 「노동조합 및 노동관계조정법」 제5조제1항 단서에 따라 교원의 노동조합 설립에 관한 사항을 정하고 교원에 적용할 「노동조합 및 노동관계조정법」에 대한 특례를 규정함을 목적으로 한다.(2021.1.5 본조개정)
제2조【정의】 이 법에서 "교원"이란 다음 각 호의 어느 하나에 해당하는 사람을 말한다.(2021.1.5 단서삭제)
1. 「유아교육법」 제20조제1항에 따른 교원
2. 「초·중등교육법」 제19조제1항에 따른 교원
3. 「고등교육법」 제14조제2항 및 제4항에 따른 교원. 다만, 강사는 제외한다.
(2020.6.9 1호~3호신설)
제3조【정치활동의 금지】 교원의 노동조합(이하 "노동조합"이라 한다)은 어떠한 정치활동도 하여서는 아니 된다.(2020.5.26 본항개정)
제4조【노동조합의 설립】 ① 제2조제1호·제2호에 따른 교원은 특별시·광역시·특별자치시·도·특별자치도(이하 "시·도"라 한다) 단위 또는 전국 단위로만 노동조합을 설립할 수 있다.(2020.6.9 본항개정)
② 제2조제3호에 따른 교원은 개별학교 단위, 시·도 단위 또는 전국 단위로 노동조합을 설립할 수 있다.
(2020.6.9 본항신설)
③ 노동조합을 설립하려는 사람은 고용노동부장관에게 설립신고서를 제출하여야 한다.(2010.6.4 본항개정)
(2010.3.17 본조개정)
제4조의2【가입 범위】 노동조합에 가입할 수 있는 사람의 범위는 다음 각 호와 같다.
1. 교원
2. 교원으로 임용되어 근무하였던 사람으로서 노동조합 규약으로 정하는 사람
(2021.1.5 본조신설)
제5조【노동조합 전임자의 지위】 ① 교원은 임용권자의 동의를 받아 노동조합으로부터 급여를 지급받으면서 노동조합의 업무에만 종사할 수 있다.(2022.6.10 본항개정)
② 제1항에 따라 동의를 받아 노동조합의 업무에만 종사하는 사람〔이하 "전임자"(專任者)라 한다〕은 그 기간 중 「교육공무원법」 제44조 및 「사립학교법」 제59조에 따른 휴직명령을 받은 것으로 본다.(2022.6.10 본항개정)
③ (2022.6.10 삭제)
④ 전임자는 그 전임기간 중 전임자임을 이유로 승급 또는 그 밖의 신분상의 불이익을 받지 아니한다.
(2010.3.17 본조개정)
제5조의2【근무시간 면제자 등】 ① 교원은 단체협약으로 정하거나 임용권자가 동의하는 경우 제2항 및 제3항에 따라 결정된 근무시간 면제 한도를 초과하지 아니하는 범위에서 보수의 손실 없이 제6조제1항 각 호의 구분에 따른 자와의 협의·교섭, 고충처리, 안전·보건활동 등 이 법 또는 다른 법률에서 정하는 업무와 건전한 노사관계 발전을 위한 노동조합의 유지·관리업무를 할 수 있다.
② 근무시간 면제 시간 및 사용인원의 한도(이하 "근무시간 면제 한도"라 한다)를 정하기 위하여 교원근무시간면제심의위원회(이하 이 조에서 "심의위원회"라 한다)를 「경제사회노동위원회법」에 따른 경제사회노동위원회에 둔다.
③ 심의위원회는 다음 각 호의 구분에 따른 단위를 기준으로 조합원(제4조의2제1호에 해당하는 조합원을 말한다)의 수를 고려하되 노동조합의 조직형태, 교섭구조·범위 등 교원 노사관계의 특성을 반영하여 근무시간 면제 한도를 심의·의결하고, 3년마다 그 적정성 여부를 재심의하여 의결할 수 있다.
1. 제2조제1호·제2호에 따른 교원 : 시·도 단위
2. 제2조제3호에 따른 교원 : 개별학교 단위
④ 제1항을 위반하여 근무시간 면제 한도를 초과하는 내용을 정한 단체협약 또는 임용권자의 동의는 그 부분에 한정하여 무효로 한다.
(2022.6.10 본조신설)
제5조의3【근무시간 면제 사용의 정보 공개】 임용권자는 국민이 알 수 있도록 전년도에 노동조합별로 근무시간을 면제받은 시간 및 사용인원, 지급된 보수 등에 관한 정보를 대통령령으로 정하는 바에 따라 공개하여야 한다.(2022.6.10 본조신설)
제6조【교섭 및 체결 권한 등】 ① 노동조합의 대표자는 그 노동조합 또는 조합원의 임금, 근무 조건, 후생복지 등 경제적·사회적 지위 향상에 관하여 다음 각 호의 구분에 따른 자와 교섭하고 단체협약을 체결할 권한을 가진다.(2020.6.9 본문개정)
1. 제4조제1항에 따른 노동조합의 대표자의 경우 : 교육부장관, 시·도 교육감 또는 사립학교 설립·경영자. 이 경우 사립학교 설립·경영자는 전국 또는 시·도 단위로 연합하여 교섭에 응하여야 한다.
2. 제4조제2항에 따른 노동조합의 대표자의 경우 : 교육부장관, 특별시장·광역시장·특별자치시장·도지사·특별자치도지사(이하 "시·도지사"라 한다), 국·공립학교의 장 또는 사립학교 설립·경영자
(2020.6.9 1호~2호신설)
② 제1항의 경우에 노동조합의 교섭위원은 해당 노동조합의 대표자와 그 조합원으로 구성하여야 한다.
③ (2020.6.9 삭제)
④ 노동조합의 대표자는 제1항에 따라 교육부장관, 시·도지사, 시·도 교육감, 국·공립학교의 장 또는 사립학교 설립·경영자와 단체교섭을 하려는 경우에는 교섭하려는 사항에 대하여 권한을 가진 자에게 서면으로 교섭을 요구하여야 한다.(2020.6.9 본항신설)
⑤ 교육부장관, 시·도지사, 시·도 교육감, 국·공립학교의 장 또는 사립학교 설립·경영자는 제4항에 따라 노동조합으로부터 교섭을 요구받았을 때에는 교섭을 요구받은 사실을 공고하여 관련된 노동조합이 교섭에 참여할 수 있도록 하여야 한다.(2020.6.9 본항신설)
⑥ 교육부장관, 시·도지사, 시·도 교육감, 국·공립학교의 장 또는 사립학교 설립·경영자는 제4항과 제5항에 따라 교섭을 요구하는 노동조합이 둘 이상인 경우에는 해당 노동조합에 교섭창구를 단일화하도록 요청할 수 있다. 이 경우 교섭창구가 단일화된 때에는 교섭에 응하여야 한다.(2020.6.9 본항신설)
⑦ 교육부장관, 시·도지사, 시·도 교육감, 국·공립학교의 장 또는 사립학교 설립·경영자는 제1항부터 제6항까지에 따라 노동조합과 단체협약을 체결한 경우 그 유효기간 중에는 그 단체협약의 체결에 참여하지 아니한 노동조합이 교섭을 요구하여도 이를 거부할 수 있다.
(2020.6.9 본항신설)
⑧ 제1항에 따른 단체교섭을 하거나 단체협약을 체결하는 경우에 관계 당사자는 국민여론과 학부모의 의견을 수렴하여 성실하게 교섭하고 단체협약을 체결하여야 하며, 그 권한을 남용하여서는 아니 된다.
⑨ 제1항, 제2항 및 제4항부터 제8항까지에 따른 단체교섭의 절차 등에 관하여 필요한 사항은 대통령령으로 정한다.(2020.6.9 본항개정)
(2010.3.17 본조개정)
제7조【단체협약의 효력】 ① 제6조제1항에 따라 체결된 단체협약의 내용 중 법령·조례 및 예산에 의하여 규정되는 내용과 법령 또는 조례에 의하여 위임을 받아 규정되는 내용은 단체협약으로서의 효력을 가지지 아니한다.
② 교육부장관, 시·도지사, 시·도 교육감, 국·공립학교의 장 및 사립학교 설립·경영자는 제1항에 따라 단체협약으로서의 효력을 가지지 아니하는 내용에 대하여는 그 내용이 이행될 수 있도록 성실하게 노력하여야 한다.
(2020.6.9 본항개정)
(2010.3.17 본조개정)
제8조【쟁의행위의 금지】 노동조합과 그 조합원은 파업, 태업 또는 그 밖에 업무의 정상적인 운영을 방해하는 어떠한 쟁의행위(爭議行爲)도 하여서는 아니 된다.
(2020.5.26 본조개정)
제9조【노동쟁의의 조정신청 등】 ① 제6조에 따른 단체교섭이 결렬된 경우에는 당사자 어느 한쪽 또는 양쪽은 「노동위원회법」 제2조에 따른 중앙노동위원회(이하 "중앙노동위원회"라 한다)에 조정(調停)을 신청할 수 있다.
(2021.1.5 본항개정)
② 제1항에 따라 당사자 어느 한쪽 또는 양쪽이 조정을 신청하면 중앙노동위원회는 지체 없이 조정을 시작하여야 하며 당사자 양쪽은 조정에 성실하게 임하여야 한다.
③ 조정은 제1항에 따른 신청을 받은 날부터 30일 이내에 마쳐야 한다.
(2010.3.17 본조개정)
제10조【중재의 개시】 중앙노동위원회는 다음 각 호의 어느 하나에 해당하는 경우에는 중재(仲裁)를 한다.
1. 제6조에 따른 단체교섭이 결렬되어 관계 당사자 양쪽이 함께 중재를 신청한 경우
2. 중앙노동위원회가 제시한 조정안을 당사자의 어느 한쪽이라도 거부한 경우
3. 중앙노동위원회 위원장이 직권으로 또는 고용노동부장관의 요청에 따라 중재에 회부한다는 결정을 한 경우
(2010.6.4 본호개정)
(2010.3.17 본조개정)
제11조【교원 노동관계 조정위원회의 구성】 ① 교원의 노동쟁의를 조정·중재하기 위하여 중앙노동위원회에 교원 노동관계 조정위원회(이하 "위원회"라 한다)를 둔다.

② 위원회는 중앙노동위원회 위원장이 지명하는 조정담당 공익위원 3명으로 구성한다. 다만, 관계 당사자가 합의하여 중앙노동위원회의 조정담당 공익위원이 아닌 사람을 추천하는 경우에는 그 사람을 지명하여야 한다.
③ 위원회의 위원장은 위원회의 위원 중에서 호선(互選)한다.
(2010.3.17 본조개정)
제12조【중재재정의 확정 등】 ① 관계 당사자는 중앙노동위원회의 중재재정(仲裁裁定)이 위법하거나 월권(越權)에 의한 것이라고 인정하는 경우에는 「행정소송법」 제20조에도 불구하고 중재재정서를 송달받은 날부터 15일 이내에 중앙노동위원회 위원장을 피고로 하여 행정소송을 제기할 수 있다.
② 제1항의 기간 이내에 행정소송을 제기하지 아니하면 그 중재재정은 확정된다.
③ 제2항에 따라 중재재정이 확정되면 관계 당사자는 이에 따라야 한다.
④ 중앙노동위원회의 중재재정은 제1항에 따른 행정소송의 제기에 의하여 효력이 정지되지 아니한다.
⑤ 제2항에 따라 확정된 중재재정의 내용은 단체협약과 같은 효력을 가진다.
(2010.3.17 본조개정)
제13조 (2022.6.10 삭제)
제14조【다른 법률과의 관계】 ① 교원(제4조의2제2호에 해당하는 사람을 포함한다)에 적용할 노동조합 및 노동관계조정에 관하여 이 법에서 정하지 아니한 사항에 대해서는 제2항에서 정하는 경우를 제외하고는 「노동조합 및 노동관계조정법」에서 정하는 바에 따른다. 이 경우 「노동조합 및 노동관계조정법」 제3조 중 "단체교섭 또는 쟁의행위로"는 "단체교섭으로"로, 같은 법 제4조 본문 중 "단체교섭·쟁의행위"는 "단체교섭"으로, 같은 법 제10조제1항 각 호 외의 부분 중 "연합단체인 노동조합과 2 이상의 특별시·광역시·특별자치시·도·특별자치도에 걸치는 단위노동조합은 고용노동부장관에게, 2 이상의 시·군·구(자치구를 말한다)에 걸치는 단위노동조합은 특별시장·광역시장·도지사에게, 그 외의 노동조합은 특별자치시장·특별자치도지사·시장·군수·구청장(자치구의 구청장을 말한다. 이하 제12조제1항에서 같다)에게"는 "고용노동부장관에게"로, 같은 법 제12조제1항 중 "고용노동부장관, 특별시장·광역시장·특별자치시장·도지사·특별자치도지사 또는 시장·군수·구청장(이하 "행정관청"이라 한다)"은 "고용노동부장관"으로, 같은 법 제24조의2제3항부터 제8항까지 중 "위원회"는 "심의위원회"로, "근로자"는 "교원"으로, "노동단체"는 "노동단체 또는 교원 노동단체"로, "사용자"는 "교육부장관, 시·도지사, 시·도 교육감, 국·공립학교의 장 및 사립학교 설립·경영자"로, "전국적 규모의 경영자단체" 및 "경영자단체"는 각각 "교육부장관"으로, 같은 법 제58조, 제60조제1항부터 제4항까지 및 제61조제3항 중 "조정위원회 또는 단독조정인"은 "교원 노동관계 조정위원회"로, 같은 법 제59조 중 "조정위원회의 위원장 또는 단독조정인"은 "교원 노동관계 조정위원회 위원장"으로, 같은 법 제61조제1항 중 "조정위원 전원 또는 단독조정인"은 "교원 노동관계 조정위원회 위원 전원"으로, 같은 법 제66조제1항, 제67조 및 제68조제2항 중 "중재위원회"는 "교원 노동관계 조정위원회"로, 같은 법 제81조제3호 중 "노동조합의 대표자 또는 노동조합으로부터 위임을 받은 자"는 "노동조합의 대표자"로, 같은 법 제89조제2호 중 "제85조제3항(제29조의4제4항에서 준용하는 경우를 포함한다)"은 "제85조제3항"으로, 같은 법 제90조 중 "제44조제2항, 제69조제4항, 제77조 또는 제81조"는 "제81조"로, 같은 법 제94조 중 "제88조 내지 제93조"는 "제89조제2호, 제90조, 제92조, 제93조"로 보고, 같은 법 중 "근로자"는 "교원(제4조의2제2호에 해당하는 사람을 포함한다)"으로, "사용자"는 "교육부장관, 시·도지사, 시·도 교육감, 국·공립학교의 장, 사립학교의 설립·경영자 또는 교원에 관한 사항에 대하여 교육부장관, 시·도지사, 시·도 교육감, 국·공립학교의 장, 사립학교의 설립·경영자를 위하여 행동하는 사람"으로, "행정관청"은 "고용노동부장관"으로 본다.
② 「노동조합 및 노동관계조정법」 제2조제4호라목, 제24조, 제24조의2제1항·제2항, 제29조제2항부터 제4항까지, 제29조의2부터 제29조의5까지, 제36조부터 제39조까지, 제41조, 제42조, 제42조의2부터 제42조의6까지, 제43조부터 제46조까지, 제51조부터 제57조까지, 제60조제5항, 제62조부터 제65조까지, 제66조제2항, 제69조부터 제73조까지, 제76조부터 제80조까지, 제81조제1항제2호 단서, 제88조, 제89조제1호, 제91조 및 제96조제1항제3호는 이 법에 따른 노동조합에 대해서는 적용하지 아니한다.
(2022.6.10 본조개정)
제15조【벌칙】 ① 제8조를 위반하여 쟁의행위를 한 자는 5년 이하의 징역 또는 5천만원 이하의 벌금에 처한다.
② 제12조제3항을 위반하여 중재재정을 따르지 아니한 자는 2년 이하의 징역 또는 2천만원 이하의 벌금에 처한다.
(2010.3.17 본조개정)

부 칙 (2020.5.26)

이 법은 공포한 날부터 시행한다.(이하 생략)

부 칙 (2020.6.9)

이 법은 공포한 날부터 시행한다.

부 칙 (2021.1.5)

이 법은 공포 후 6개월이 경과한 날부터 시행한다.

부 칙 (2022.6.10)

제1조【시행일】 이 법은 공포 후 1년 6개월이 경과한 날부터 시행한다.
제2조【근무시간 면제 심의 준비】 경제사회노동위원회는 제5조의2의 개정규정에 따른 교원근무시간면제심의위원회의 구성을 위한 위원 위촉 및 심의 등에 필요한 사항을 이 법 시행 전에 진행할 수 있다.

근로자참여 및 협력증진에 관한 법률(약칭 : 근로자참여법)

(1997년 3월 13일 법 률 제5312호)

개정
1999.12.31법 6098호
2001. 8.14법 6510호(근로자복지기본법)
2007. 1.26법 8295호
2007. 4.11법 8372호(근기)
2007.12.27법 8815호
2010. 6. 4법10339호(정부조직)
2016. 1.27법13903호
2022. 6.10법18927호
2019. 4.16법16320호

제1장 총 칙
(2007.12.27 본장개정)

제1조【목적】 이 법은 근로자와 사용자 쌍방이 참여와 협력을 통하여 노사 공동의 이익을 증진함으로써 산업 평화를 도모하고 국민경제 발전에 이바지함을 목적으로 한다.
제2조【신의성실의 의무】 근로자와 사용자는 서로 신의를 바탕으로 성실하게 협의에 임하여야 한다.
제3조【정의】 이 법에서 사용하는 용어의 뜻은 다음과 같다.
1. "노사협의회"란 근로자와 사용자가 참여와 협력을 통하여 근로자의 복지증진과 기업의 건전한 발전을 도모하기 위하여 구성하는 협의기구를 말한다.
2. "근로자"란 「근로기준법」 제2조에 따른 근로자를 말한다.
3. "사용자"란 「근로기준법」 제2조에 따른 사용자를 말한다.

제4조【노사협의회의 설치】 ① 노사협의회(이하 "협의회"라 한다)는 근로조건에 대한 결정권이 있는 사업이나 사업장 단위로 설치하여야 한다. 다만, 상시(常時) 30명 미만의 근로자를 사용하는 사업이나 사업장은 그러하지 아니하다.
② 하나의 사업에 지역을 달리하는 사업장이 있을 경우에는 그 사업장에도 설치할 수 있다.
제5조【노동조합과의 관계】 노동조합의 단체교섭이나 그 밖의 모든 활동은 이 법에 의하여 영향을 받지 아니한다.

제2장 협의회의 구성
(2007.12.27 본장개정)

제6조【협의회의 구성】 ① 협의회는 근로자와 사용자를 대표하는 같은 수의 위원으로 구성하되, 각 3명 이상 10명 이하로 한다.
② 근로자를 대표하는 위원(이하 "근로자위원"이라 한다)은 근로자 과반수가 참여하여 직접·비밀·무기명 투표로 선출한다. 다만, 사업 또는 사업장의 특수성으로 인하여 부득이한 경우에는 부서별로 근로자 수에 비례하여 근로자위원을 선출할 근로자(이하 이 조에서 "위원선거인"이라 한다)를 근로자 과반수가 참여한 직접·비밀·무기명 투표로 선출하고 위원선거인 과반수가 참여한 직접·비밀·무기명 투표로 근로자위원을 선출할 수 있다.
(2022.6.10 본항개정)
③ 제2항에도 불구하고 사업 또는 사업장에 근로자의 과반수로 조직된 노동조합이 있는 경우에는 근로자위원은 노동조합의 대표자와 그 노동조합이 위촉하는 자로 한다.
(2022.6.10 본항신설)
④ 사용자를 대표하는 위원(이하 "사용자위원"이라 한다)은 해당 사업이나 사업장의 대표자와 그 대표자가 위촉하는 자로 한다.
⑤ 근로자위원이나 사용자위원의 선출과 위촉에 필요한 사항은 대통령령으로 정한다.
제7조【의장과 간사】 ① 협의회에 의장을 두며, 의장은 위원 중에서 호선(互選)한다. 이 경우 근로자위원과 사용자위원 중 각 1명을 공동의장으로 할 수 있다.
② 의장은 협의회를 대표하며 회의 업무를 총괄한다.
③ 노사 쌍방은 회의 결과의 기록 등 사무를 담당하는 간사 1명을 각각 둔다.
제8조【위원의 임기】 ① 위원의 임기는 3년으로 하되, 연임할 수 있다.
② 보궐위원의 임기는 전임자 임기의 남은 기간으로 한다.
③ 위원은 임기가 끝난 경우라도 후임자가 선출될 때까지 계속 그 직무를 담당한다.
제9조【위원의 신분】 ① 위원은 비상임·무보수로 한다.
② 사용자는 협의회 위원으로서의 직무 수행과 관련하여 근로자위원에게 불이익을 주는 처분을 하여서는 아니 된다.
③ 위원의 협의회 출석 시간과 이와 직접 관련된 시간으로서 제18조에 따른 협의회규정으로 정한 시간은 근로한 시간으로 본다.
제10조【사용자의 의무】 ① 사용자는 근로자위원의 선출에 개입하거나 방해하여서는 아니 된다.
② 사용자는 근로자위원의 업무를 위하여 장소의 사용 등 기본적인 편의를 제공하여야 한다.
제11조【시정명령】 고용노동부장관은 사용자가 제9조제2항을 위반하여 근로자위원에게 불이익을 주는 처분을 하거나 제10조제1항을 위반하여 근로자위원의 선출에 개입하거나 방해하는 경우에는 그 시정(是正)을 명할 수 있다.(2010.6.4 본조개정)

제3장 협의회의 운영
(2007.12.27 본장개정)

제12조【회의】 ① 협의회는 3개월마다 정기적으로 회의를 개최하여야 한다.
② 협의회는 필요에 따라 임시회의를 개최할 수 있다.
제13조【회의 소집】 ① 의장은 협의회의 회의를 소집하며 그 의장이 된다.
② 의장은 노사 일방의 대표자가 회의의 목적을 문서로 밝혀 회의의 소집을 요구하면 그 요구에 따라야 한다.
③ 의장은 회의 개최 7일 전에 회의 일시, 장소, 의제 등을 각 위원에게 통보하여야 한다.
제14조【자료의 사전 제공】 근로자위원은 제13조제3항에 따라 통보된 의제 중 제20조제1항의 협의 사항 및 제21조의 의결 사항과 관련된 자료를 협의회 회의 개최 전에 사용자에게 요구할 수 있으며 사용자는 이에 성실히 따라야 한다. 다만, 그 요구 자료가 기업의 경영·영업상의 비밀이나 개인정보에 해당하는 경우에는 그러하지 아니하다.
제15조【정족수】 회의는 근로자위원과 사용자위원 각 과반수의 출석으로 개최하고 출석위원 3분의 2 이상의 찬성으로 의결한다.
제16조【회의의 공개】 협의회의 회의는 공개한다. 다만, 협의회의 의결로 공개하지 아니할 수 있다.
제17조【비밀 유지】 협의회의 위원은 협의회에서 알게 된 비밀을 누설하여서는 아니 된다.
제18조【협의회규정】 ① 협의회는 그 조직과 운영에 관한 규정(이하 "협의회규정"이라 한다)을 제정하고 협의회를 설치한 날부터 15일 이내에 고용노동부장관에게 제출하여야 한다. 이를 변경한 경우에도 또한 같다.
(2010.6.4 전단개정)
② 협의회규정의 규정 사항과 그 제정·변경 절차 등에 관하여 필요한 사항은 대통령령으로 정한다.
제19조【회의록 비치】 ① 협의회는 다음 각 호의 사항을 기록한 회의록을 작성하여 갖추어 두어야 한다.
1. 개최 일시 및 장소
2. 출석 위원
3. 협의 내용 및 의결된 사항
4. 그 밖의 토의사항

② 제1항에 따른 회의록은 작성한 날부터 3년간 보존하여야 한다.

제4장 협의회의 임무
(2007.12.27 본장개정)

제20조【협의 사항】 ① 협의회가 협의하여야 할 사항은 다음 각 호와 같다.
1. 생산성 향상과 성과 배분
2. 근로자의 채용·배치 및 교육훈련
3. 근로자의 고충처리
4. 안전, 보건, 그 밖의 작업환경 개선과 근로자의 건강증진
5. 인사·노무관리의 제도 개선
6. 경영상 또는 기술상의 사정으로 인한 인력의 배치전환·재훈련·해고 등 고용조정의 일반원칙
7. 작업과 휴게 시간의 운용
8. 임금의 지불방법·체계·구조 등의 제도 개선
9. 신기계·기술의 도입 또는 작업 공정의 개선
10. 작업 수칙의 제정 또는 개정
11. 종업원지주제(從業員持株制)와 그 밖에 근로자의 재산형성에 관한 지원

12. 직무 발명 등과 관련하여 해당 근로자에 대한 보상에 관한 사항
13. 근로자의 복지증진
14. 사업장 내 근로자 감시 설비의 설치
15. 여성근로자의 모성보호 및 일과 가정생활의 양립을 지원하기 위한 사항
16. 「남녀고용평등과 일·가정 양립 지원에 관한 법률」 제2조제2호에 따른 직장 내 성희롱 및 고객 등에 의한 성희롱 예방에 관한 사항(2019.4.16 본호신설)
17. 그 밖의 노사협조에 관한 사항
② 협의회는 제1항 각 호의 사항에 대하여 제15조의 정족수에 따라 의결할 수 있다.

제21조【의결 사항】 사용자는 다음 각 호의 어느 하나에 해당하는 사항에 대하여는 협의회의 의결을 거쳐야 한다.
1. 근로자의 교육훈련 및 능력개발 기본계획의 수립
2. 복지시설의 설치와 관리
3. 사내근로복지기금의 설치
4. 고충처리위원회에서 의결되지 아니한 사항
5. 각종 노사공동위원회의 설치

제22조【보고 사항 등】 ① 사용자는 정기회의에 다음 각 호의 어느 하나에 해당하는 사항에 관하여 성실하게 보고하거나 설명하여야 한다.
1. 경영계획 전반 및 실적에 관한 사항
2. 분기별 생산계획과 실적에 관한 사항
3. 인력계획에 관한 사항
4. 기업의 경제적·재정적 상황
② 근로자위원은 근로자의 요구사항을 보고하거나 설명할 수 있다.
③ 근로자위원은 사용자가 제1항에 따른 보고와 설명을 이행하지 아니하는 경우에는 제1항 각 호에 관한 자료를 제출하도록 요구할 수 있으며 사용자는 그 요구에 성실히 따라야 한다.

제23조【의결 사항의 공지】 협의회는 의결된 사항을 신속히 근로자에게 널리 알려야 한다.

제24조【의결 사항의 이행】 근로자와 사용자는 협의회에서 의결된 사항을 성실하게 이행하여야 한다.

제25조【임의 중재】 ① 협의회는 다음 각 호의 어느 하나에 해당하는 경우에는 근로자위원과 사용자위원의 합의로 협의회에 중재기구(仲裁機構)를 두어 해결하거나 노동위원회나 그 밖의 제삼자에 의한 중재를 받을 수 있다.
1. 제21조에 따른 의결 사항에 관하여 협의회가 의결하지 못한 경우
2. 협의회에서 의결된 사항의 해석이나 이행 방법 등에 관하여 의견이 일치하지 아니하는 경우
② 제1항에 따른 중재 결정이 있으면 협의회의 의결을 거친 것으로 보며 근로자와 사용자는 그 결정에 따라야 한다.

제5장 고충처리
(2007.12.27 본장개정)

제26조【고충처리위원】 모든 사업 또는 사업장에는 근로자의 고충을 청취하고 이를 처리하기 위하여 고충처리위원을 두어야 한다. 다만, 상시 30명 미만의 근로자를 사용하는 사업이나 사업장은 그러하지 아니하다.

제27조【고충처리위원의 구성 및 임기】 ① 고충처리위원은 노사를 대표하는 3명 이내의 위원으로 구성하되, 협의회가 설치되어 있는 사업이나 사업장의 경우에는 협의회가 그 위원 중에서 선임하고, 협의회가 설치되어 있지 아니한 사업이나 사업장의 경우에는 사용자가 위촉한다.
② 위원의 임기에 관하여는 협의회 위원의 임기에 관한 제8조를 준용한다.

제28조【고충의 처리】 ① 고충처리위원은 근로자로부터 고충사항을 청취한 경우에는 10일 이내에 조치 사항과 그 밖의 처리결과를 해당 근로자에게 통보하여야 한다.
② 고충처리위원이 처리하기 곤란한 사항은 협의회의 회의에 부쳐 협의 처리한다.

제6장 보칙
(2010.6.4 본장개정)

제29조【권한의 위임】 이 법에 따른 고용노동부장관의 권한은 대통령령으로 정하는 바에 따라 그 일부를 지방고용노동관서의 장에게 위임할 수 있다.

제7장 벌칙
(2007.12.27 본장개정)

제30조【벌칙】 다음 각 호의 어느 하나에 해당하는 자는 1천만원 이하의 벌금에 처한다.
1. 제4조제1항에 따른 협의회의 설치를 정당한 사유 없이 거부하거나 방해한 자
2. 제24조를 위반하여 협의회에서 의결된 사항을 정당한 사유 없이 이행하지 아니한 자
3. 제25조제2항을 위반하여 중재 결정의 내용을 정당한 사유 없이 이행하지 아니한 자

제31조【벌칙】 사용자가 정당한 사유 없이 제11조에 따른 시정명령을 이행하지 아니하거나 제22조제3항에 따른 자료제출 의무를 이행하지 아니하면 500만원 이하의 벌금에 처한다.

제32조【벌칙】 사용자가 제12조제1항을 위반하여 협의회를 정기적으로 개최하지 아니하거나 제26조에 따른 고충처리위원을 두지 아니한 경우에는 200만원 이하의 벌금에 처한다.

제33조【과태료】 ① 사용자가 제18조를 위반하여 협의회규정을 제출하지 아니한 때에는 200만원 이하의 과태료를 부과한다.
② 제1항에 따른 과태료는 대통령령으로 정하는 바에 따라 고용노동부장관이 부과·징수한다.(2010.6.4 본항개정)
③~⑤ (2016.1.27 삭제)

부 칙 (2019.4.16)

이 법은 공포 후 3개월이 경과한 날부터 시행한다.

부 칙 (2022.6.10)

제1조【시행일】 이 법은 공포 후 6개월이 경과한 날부터 시행한다.

제2조【근로자위원 선출에 관한 적용례】 제6조제2항의 개정규정은 이 법 시행 이후 근로자위원을 새로 선출하는 경우부터 적용한다.

공무원직장협의회의 설립·운영에 관한 법률(약칭 : 공무원직협법)

(1998년 2월 24일
법 률 제5516호)

개정
2000.12.29법 6306호(외무공무원)
2005.11. 8법 7690호(외무공무원)
2010. 3.12법10055호
2011. 5.23법10699호(국가공무원)
2012.12.11법11530호(국가공무원)
2019.12.10법16762호
2022. 4.26법18844호

제1조【목적】 이 법은 공무원의 근무환경 개선, 업무능률 향상 및 고충처리 등을 위한 직장협의회의 설립과 운영에 관한 기본적인 사항을 규정함을 목적으로 한다.
(2010.3.12 본조개정)

제2조【설립】 ① 국가기관, 지방자치단체 및 그 하부기관에 근무하는 공무원은 직장협의회(이하 "협의회"라 한다)를 설립할 수 있다.
② 협의회는 기관 단위로 설립하되, 하나의 기관에는 하나의 협의회만을 설립할 수 있다.
③ 협의회를 설립한 경우 그 대표자는 소속 기관의 장(이하 "기관장"이라 한다)에게 설립 사실을 통보하여야 한다.
(2010.3.12 본조개정)

제2조의2【연합협의회】 ① 협의회는 다음 각 호의 국가기관 또는 지방자치단체 내에 설립된 협의회를 대표하는 하나의 연합협의회를 설립할 수 있다.
1. 국회·법원·헌법재판소·선거관리위원회
2. 「정부조직법」 제2조에 따른 중앙행정기관과 감사원 및 그 밖에 대통령령으로 정하는 기관
3. 특별시·광역시·특별자치시·도·특별자치도 및 특별시·광역시·특별자치시·도·특별자치도의 교육청
② 연합협의회를 설립한 경우 그 대표자는 제1항 각 호의 기관의 장(국회사무총장·법원행정처장·헌법재판소사무처장·중앙선거관리위원회사무총장, 중앙행정기관의 장, 특별시장·광역시장·특별자치시장·도지사·특별자치도지사·교육감 등을 말한다. 이하 같다)에게 설립 사실을 통보하여야 한다.
(2022.4.26 본조신설)

제3조【가입 범위】 ① 협의회에 가입할 수 있는 공무원의 범위는 다음 각 호와 같다.
1. 일반직공무원(2022.4.26 본호개정)
2. 특정직공무원 중 다음 각 목의 어느 하나에 해당하는 공무원(2019.12.10 본문개정)
가. 외무영사직렬·외교정보기술직렬 외무공무원
나. 경찰공무원
다. 소방공무원
(2022.4.26 가목~다목개정)
3. (2012.12.11 삭제)
4. (2011.5.23 삭제)
5. 별정직공무원(2022.4.26 본호개정)
② 제1항에도 불구하고 다음 각 호의 어느 하나에 해당하는 공무원은 협의회에 가입할 수 없다.
1. (2022.4.26 삭제)
2. 업무의 주된 내용이 지휘·감독권을 행사하거나 다른 공무원의 업무를 총괄하는 업무에 종사하는 공무원
(2022.4.26 본호개정)
3. 업무의 주된 내용이 인사, 예산, 경리, 물품출납, 비서, 기밀, 보안, 경비 및 그 밖에 이와 유사한 업무에 종사하는 공무원(2022.4.26 본호개정)
③ 기관장은 해당 기관의 직책 또는 업무 중 제2항제2호 및 제3호에 따라 협의회에의 가입이 금지되는 직책 또는 업무를 협의회와 협의하여 지정하고 이를 공고하여야 한다.(2019.12.10 본항신설)
(2010.3.12 본조개정)

제4조【가입 및 탈퇴의 자유】 공무원은 자유로이 협의회에 가입하거나 협의회를 탈퇴할 수 있다.
(2010.3.12 본조개정)

제5조【협의회등의 기능】 ① 협의회 및 연합협의회(이하 "협의회등"이라 한다)는 소속 기관장 또는 제2조의2제1항 각 호의 기관의 장과 다음 각 호의 사항을 협의한다.
(2022.4.26 본문개정)
1. 해당 기관 고유의 근무환경 개선에 관한 사항
2. 업무능률 향상에 관한 사항
3. 소속 공무원의 공무와 관련된 일반적 고충에 관한 사항
4. 소속 공무원의 모성보호 및 일과 가정생활의 양립을 지원하기 위한 사항(2022.4.26 본호신설)
5. 기관 내 성희롱, 괴롭힘 예방 등에 관한 사항(2022.4.26 본호신설)
6. 그 밖에 기관의 발전에 관한 사항
② 협의회등은 제1항에 따른 협의를 할 때 협의회등 구성원의 직급 등을 고려하여 협의회등 구성원의 의사를 고루 대변할 수 있는 협의위원을 선임(選任)하여야 한다.
(2022.4.26 본항개정)
(2022.4.26 본조제목개정)
(2010.3.12 본조개정)

제5조의2【협의회등의 활동】 협의회등의 활동은 근무시간 외에 수행하여야 한다. 다만, 다음 각 호의 사항은 근무시간 중에 수행할 수 있다.
1. 협의회등과 기관장 또는 제2조의2제1항 각 호의 기관의 장과의 협의
2. 그 밖에 대통령령으로 정하는 사항
(2022.4.26 본조신설)

제6조【기관장의 의무】 ① 기관장 또는 제2조의2제1항 각 호의 기관의 장은 협의회등이 문서로 명시하여 협의를 요구하면 성실히 협의하여야 한다.
② 기관장 또는 제2조의2제1항 각 호의 기관의 장은 협의회등과 문서로 합의한 사항에 대하여는 최대한 이를 이행하도록 노력하여야 한다.
③ 기관장 또는 제2조의2제1항 각 호의 기관의 장은 협의회등의 조직 및 운영과 관련하여 소속 공무원에게 불리한 조치를 하여서는 아니 된다.
④ 기관장 또는 제2조의2제1항 각 호의 기관의 장은 협의회등과의 합의사항이 있는 경우 그 이행현황을 공개하여야 하고, 구체적인 방법은 대통령령으로 정한다.
(2022.4.26 본항신설)
(2022.4.26 본조개정)

제7조【협의회등의 구성 및 운영 등에 관한 세부사항】 협의회등의 설립 단위, 가입 범위, 그 밖에 협의회등의 구성에 관한 사항과 협의위원의 선임, 협의회등의 협의절차·시기·방법, 그 밖에 협의회등의 운영에 필요한 사항은 국회규칙, 대법원규칙, 헌법재판소규칙, 중앙선거관리위원회규칙, 대통령령 또는 조례로 정한다.
(2022.4.26 본조개정)

부 칙 (2019.12.10)
(2022.4.26)

이 법은 공포 후 6개월이 경과한 날부터 시행한다.

공무원의 노동조합 설립 및 운영 등에 관한 법률(약칭 : 공무원노조법)

(2005년 1월 27일
법 률 제7380호)

개정
2008. 2.29법 8852호(정부조직)
2010. 3.17법10133호
2010. 6. 4법10339호(정부조직)
2011. 5.23법10699호(국가공무원)
2012.12.11법11530호(국가공무원)
2013. 3.23법11690호(정부조직)
2014. 5.20법12623호
2014.11.19법12844호(정부조직)
2020. 5.26법17326호(법률용어정비)
2021. 1. 5법17860호
2022. 6.10법18922호

제1조【목적】 이 법은 「대한민국헌법」 제33조제2항에 따른 공무원의 노동기본권을 보장하기 위하여 「노동조합 및 노동관계조정법」 제5조제1항 단서에 따라 공무원의 노동조합 설립 및 운영 등에 관한 사항을 정함을 목적으로 한다.(2021.1.5 본조개정)

제2조【정의】 이 법에서 "공무원"이란 「국가공무원법」 제2조 및 「지방공무원법」 제2조에서 규정하고 있는 공무원을 말한다. 다만, 「국가공무원법」 제66조제1항 단서 및 「지방공무원법」 제58조제1항 단서에 따른 사실상 노무에 종사하는 공무원과 「교원의 노동조합 설립 및 운영 등에 관한 법률」의 적용을 받는 교원인 공무원은 제외한다.
(2010.3.17 본조개정)

제3조【노동조합 활동의 보장 및 한계】 ① 이 법에 따른 공무원의 노동조합(이하 "노동조합"이라 한다)의 조직, 가입 및 노동조합과 관련된 정당한 활동에 대하여는 「국가공무원법」 제66조제1항 본문 및 「지방공무원법」 제58조제1항 본문을 적용하지 아니한다.
② 공무원은 노동조합 활동을 할 때 다른 법령에서 규정하는 공무원의 의무에 반하는 행위를 하여서는 아니 된다.
(2010.3.17 본조개정)

제4조【정치활동의 금지】 노동조합과 그 조합원은 정치활동을 하여서는 아니 된다.(2010.3.17 본조개정)

제5조【노동조합의 설립】 ① 공무원이 노동조합을 설립하려는 경우에는 국회·법원·헌법재판소·선거관리위원회·행정부·특별시·광역시·특별자치시·도·특별자치도·시·군·구(자치구를 말한다) 및 특별시·광역시·특별자치시·도·특별자치도의 교육청을 최소 단위로 한다.(2014.5.20 본항개정)
② 노동조합을 설립하려는 사람은 고용노동부장관에게 설립신고서를 제출하여야 한다.(2010.6.4 본항개정)

제6조【가입 범위】 ① 노동조합에 가입할 수 있는 사람의 범위는 다음 각 호와 같다.
1. 일반직공무원
2. 특정직공무원 중 외무영사직렬·외교정보기술직렬 외무공무원, 소방공무원 및 교육공무원(다만, 교원은 제외한다)
3. 별정직공무원(2021.1.5 본호신설)
4. 제1호부터 제3호까지의 어느 하나에 해당하는 공무원이었던 사람으로서 노동조합 규약으로 정하는 사람
5. (2011.5.23 삭제)
(2021.1.5 본항개정)
② 제1항에도 불구하고 다음 각 호의 어느 하나에 해당하는 공무원은 노동조합에 가입할 수 없다.
1. 업무의 주된 내용이 다른 공무원에 대하여 지휘·감독권을 행사하거나 다른 공무원의 업무를 총괄하는 업무에 종사하는 공무원(2021.1.5 본호개정)
2. 업무의 주된 내용이 인사·보수 또는 노동관계의 조정·감독 등 노동조합의 조합원 지위를 가지고 수행하기에 적절하지 아니한 업무에 종사하는 공무원
(2021.1.5 본호개정)
3. 교정·수사 등 공공의 안녕과 국가안전보장에 관한 업무에 종사하는 공무원(2021.1.5 본호개정)
4. (2021.1.5 삭제)
③ (2021.1.5 삭제)
④ 제2항에 따른 공무원의 범위는 대통령령으로 정한다.
(2010.3.17 본조개정)

제7조【노동조합 전임자의 지위】 ① 공무원은 임용권자의 동의를 받아 노동조합으로부터 급여를 지급받으면서 노동조합의 업무에만 종사할 수 있다.(2022.6.10 본항개정)
② 제1항에 따른 동의를 받아 노동조합의 업무에만 종사하는 사람[이하 "전임자"(專任者)라 한다]에 대하여는 그 기간 중 「국가공무원법」 제71조 또는 「지방공무원법」 제63조에 따라 휴직명령을 하여야 한다.
③ (2022.6.10 삭제)
④ 국가와 지방자치단체는 공무원이 전임자임을 이유로 승급이나 그 밖에 신분과 관련하여 불리한 처우를 하여서는 아니 된다.
(2010.3.17 본조개정)

제7조의2【근무시간 면제자 등】 ① 공무원은 단체협약으로 정하거나 제8조제1항의 정부교섭대표(이하 이 조 및 제7조의3에서 "정부교섭대표"라 한다)가 동의하는 경우 제2항 및 제3항에 따라 결정된 근무시간 면제 한도를 초과하지 아니하는 범위에서 보수의 손실 없이 정부교섭대표와의 협의·교섭, 고충처리, 안전·보건활동 등 이 법 또는 다른 법률에서 정하는 업무와 건전한 노사관계 발전을 위한 노동조합의 유지·관리업무를 할 수 있다.
② 근무시간 면제 시간 및 사용인원의 한도(이하 "근무시간 면제 한도"라 한다)를 정하기 위하여 공무원근무시간면제심의위원회(이하 이 조에서 "심의위원회"라 한다)를 「경제사회노동위원회법」에 따른 경제사회노동위원회에 둔다.
③ 심의위원회는 제5조제1항에 따른 노동조합 설립 최소 단위를 기준으로 조합원(제6조제1항제1호부터 제3호까지의 규정에 해당하는 조합원을 말한다)의 수를 고려하되 노동조합의 조직형태, 교섭구조·범위 등 공무원 노사관계의 특성을 반영하여 근무시간 면제 한도를 심의·의결하고, 3년마다 그 적정성 여부를 재심의하여 의결할 수 있다.
④ 제1항을 위반하여 근무시간 면제 한도를 초과하는 내용을 정한 단체협약 또는 정부교섭대표의 동의는 그 부분에 한정하여 무효로 한다.
(2022.6.10 본조신설)

제7조의3【근무시간 면제 사용의 정보 공개】 정부교섭대표는 국민이 알 수 있도록 전년도에 노동조합별로 근무시간을 면제받은 시간 및 사용인원, 지급된 보수 등에 관한 정보를 대통령령으로 정하는 바에 따라 공개하여야 한다. 이 경우 정부교섭대표가 아닌 임용권자는 정부교섭대표에게 해당 기관의 근무시간 면제 관련 자료를 제출하여야 한다.(2022.6.10 본조신설)

제8조【교섭 및 체결 권한 등】 ① 노동조합의 대표자는 그 노동조합에 관한 사항 또는 조합원의 보수·복지, 그 밖의 근무조건에 관하여 국회사무총장·법원행정처장·헌법재판소사무처장·중앙선거관리위원회사무총장·인사혁신처장(행정부를 대표한다)·특별시장·광역시장·특별자치시장·도지사·특별자치도지사·시장·군수·구청장(자치구의 구청장을 말한다) 또는 특별시·광역시·특별자치시·도·특별자치도의 교육감 중 어느 하나에 해당하는 사람(이하 "정부교섭대표"라 한다)과 각각 교섭하고 단체협약을 체결할 권한을 가진다. 다만, 법령 등에 따라 국가나 지방자치단체가 그 권한으로 행하는 정책결정에 관한 사항, 임용권의 행사 등 그 기관의 관리·운영에 관한 사항으로서 근무조건과 직접 관련되지 아니하는 사항은 교섭의 대상이 될 수 없다.
(2014.11.19 본문개정)
② 정부교섭대표는 법령 등에 따라 스스로 관리하거나 결정할 수 있는 권한을 가진 사항에 대하여 노동조합이 교섭을 요구할 때에는 정당한 사유가 없으면 그 요구에 따라야 한다.(2020.5.26 본항개정)
③ 정부교섭대표는 효율적인 교섭을 위하여 필요한 경우 다른 정부교섭대표와 공동으로 교섭하거나, 다른 정부교섭대표에게 교섭 및 단체협약 체결 권한을 위임할 수 있다.
④ 정부교섭대표는 효율적인 교섭을 위하여 필요한 경우 정부교섭대표가 아닌 관계 기관의 장으로 하여금 교섭에 참여하게 할 수 있고, 다른 기관의 장이 관리하거나 결정할 권한을 가진 사항에 대하여는 해당 기관의 장에게 교섭 및 단체협약 체결 권한을 위임할 수 있다.
⑤ 제2항부터 제4항까지의 규정에 따라 정부교섭대표 또는 다른 기관의 장이 단체교섭을 하는 경우 소속 공무원으로 하여금 교섭 및 단체협약 체결을 하게 할 수 있다.
(2010.3.17 본조개정)

제9조【교섭의 절차】 ① 노동조합은 제8조에 따른 단체교섭을 위하여 노동조합의 대표자와 조합원으로 교섭위원을 구성하여야 한다.
② 노동조합의 대표자는 제8조에 따라 정부교섭대표와 교섭하려는 경우에는 교섭하려는 사항에 대하여 권한을 가진 정부교섭대표에게 서면으로 교섭을 요구하여야 한다.
③ 정부교섭대표는 제2항에 따라 노동조합으로부터 교섭을 요구받았을 때에는 교섭을 요구받은 사실을 공고하여 관련된 노동조합이 교섭에 참여할 수 있도록 하여야 한다.
④ 정부교섭대표는 제2항과 제3항에 따라 교섭을 요구하는 노동조합이 둘 이상인 경우에는 해당 노동조합에 교섭창구를 단일화하도록 요청할 수 있다. 이 경우 교섭창구가 단일화된 때에는 교섭에 응하여야 한다.(2021.1.5 후단개정)
⑤ 정부교섭대표는 제1항부터 제4항까지의 규정에 따라 관련된 노동조합과 단체협약을 체결한 경우 그 유효기간 중에는 그 단체협약의 체결에 참여하지 아니한 노동조합이 교섭을 요구하더라도 이를 거부할 수 있다.
⑥ 제1항부터 제5항까지의 규정에 따른 단체교섭의 절차 등에 관하여 필요한 사항은 대통령령으로 정한다.
(2010.3.17 본조개정)

제10조【단체협약의 효력】 ① 제9조에 따라 체결된 단체협약의 내용 중 법령·조례 또는 예산에 의하여 규정되는 내용과 법령 또는 조례에 의하여 위임을 받아 규정되는 내용은 단체협약으로서의 효력을 가지지 아니한다.
② 정부교섭대표는 제1항에 따라 단체협약으로서의 효력을 가지지 아니하는 내용에 대하여는 그 내용이 이행될 수 있도록 성실하게 노력하여야 한다.
(2010.3.17 본조개정)

제11조【쟁의행위의 금지】 노동조합과 그 조합원은 파업, 태업 또는 그 밖에 업무의 정상적인 운영을 방해하는 어떠한 행위도 하여서는 아니 된다.(2020.5.26 본조개정)

제12조【조정신청 등】 ① 제8조에 따른 단체교섭이 결렬(決裂)된 경우에는 당사자 어느 한쪽 또는 양쪽은 「노동위원회법」 제2조에 따른 중앙노동위원회(이하 "중앙노동위원회"라 한다)에 조정(調停)을 신청할 수 있다.
(2021.1.5 본항개정)
② 중앙노동위원회는 제1항에 따라 당사자 어느 한쪽 또는 양쪽이 조정을 신청하면 지체 없이 조정을 시작하여야 한다. 이 경우 당사자 양쪽은 조정에 성실하게 임하여야 한다.
③ 중앙노동위원회는 조정안을 작성하여 관계 당사자에게 제시하고 수락을 권고하는 동시에 그 조정안에 이유를 붙여 공표할 수 있다. 이 경우 필요하면 신문 또는 방송에 보도 등 협조를 요청할 수 있다.
④ 조정은 제1항에 따른 조정신청을 받은 날부터 30일 이내에 마쳐야 한다. 다만, 당사자들이 합의한 경우에는 30일 이내의 범위에서 조정기간을 연장할 수 있다.
(2010.3.17 본조개정)

제13조【중재의 개시 등】 중앙노동위원회는 다음 각 호의 어느 하나에 해당하는 경우에는 지체 없이 중재(仲裁)를 한다.
1. 제8조에 따른 단체교섭이 결렬되어 관계 당사자 양쪽이 함께 중재를 신청한 경우
2. 제12조에 따른 조정이 이루어지지 아니하여 제14조에 따른 공무원 노동관계 조정위원회 전원회의에서 중재 회부를 결정한 경우
(2010.3.17 본조개정)

제14조【공무원 노동관계 조정위원회의 구성】 ① 제8조에 따른 단체교섭이 결렬된 경우 이를 조정·중재하기 위하여 중앙노동위원회에 공무원 노동관계 조정위원회(이하 "위원회"라 한다)를 둔다.
② 위원회는 공무원 노동관계의 조정·중재를 전담하는 7명 이내의 공익위원으로 구성한다.
③ 제2항에 따른 공익위원은 「노동위원회법」 제6조 및 같은 법 제8조에도 불구하고 공무원 문제 또는 노동 문제에 관한 지식과 경험을 갖춘 사람 또는 사회적 덕망이 있는 사람 중에서 중앙노동위원회 위원장의 추천과 고용노동부장관의 제청으로 대통령이 위촉한다.(2010.6.4 본항개정)
④ 제3항에 따라 공익위원을 위촉하는 경우에는 「노동위원회법」 제6조제2항에도 불구하고 그 공익위원에 해당하는 정원이 따로 있는 것으로 본다.
(2010.3.17 본조개정)

제15조【회의의 운영】 ① 위원회에는 전원회의와 소위원회를 둔다.
② 전원회의는 제14조제2항에 따른 공익위원 전원으로 구성하며, 다음 각 호의 사항을 담당한다.
1. 전국에 걸친 노동쟁의의 조정사건
2. 중재 회부의 결정
3. 중재재정(仲裁裁定)
③ 소위원회는 위원회의 위원장이 중앙노동위원회 위원장과 협의하여 지명하는 3명으로 구성하며, 전원회의에서 담당하지 아니하는 조정사건을 담당한다.
(2010.3.17 본조개정)

제16조【중재재정의 확정 등】 ① 관계 당사자는 중앙노동위원회의 중재재정이 위법하거나 월권(越權)에 의한 것이라고 인정하는 경우에는 「행정소송법」 제20조에도 불구하고 중재재정서를 송달받은 날부터 15일 이내에 중앙노동위원회 위원장을 피고로 하여 행정소송을 제기할 수 있다.
② 제1항의 기간 이내에 행정소송을 제기하지 아니하면 그 중재재정은 확정된다.
③ 제2항에 따라 중재재정이 확정되면 관계 당사자는 이에 따라야 한다.
④ 중앙노동위원회의 중재재정은 제1항에 따른 행정소송의 제기에 의하여 그 효력이 정지되지 아니한다.
⑤ 제2항에 따라 확정된 중재재정의 내용은 제10조에 따른 단체협약과 같은 효력을 가진다.
⑥ 중앙노동위원회는 필요한 경우 확정된 중재재정의 내용을 국회, 지방의회, 지방자치단체의 장 등에게 통보할 수 있다.
(2010.3.17 본조개정)

제17조【다른 법률과의 관계】 ① 이 법의 규정은 공무원이 「공무원직장협의회의 설립·운영에 관한 법률」에 따라 직장협의회를 설립·운영하는 것을 방해하지 아니한다.
② 공무원(제6조제1항제4호에 해당하는 사람을 포함한다)에게 적용할 노동조합 및 노동관계 조정에 관하여 이 법에서 정하지 아니한 사항에 대해서는 제3항에서 정하

는 경우를 제외하고는 「노동조합 및 노동관계조정법」에서 정하는 바에 따른다. 이 경우 「노동조합 및 노동관계조정법」 제3조 중 "단체교섭 또는 쟁의행위"는 "단체교섭"으로, 제4조 본문 중 "단체교섭·쟁의행위"는 "단체교섭"으로, 제10조제1항 각 호 외의 부분 중 "연합단체인 노동조합과 2 이상의 특별시·광역시·특별자치시·도·특별자치도에 걸치는 단위노동조합은 고용노동부장관에게, 2 이상의 시·군·구(자치구를 말한다)에 걸치는 단위노동조합은 특별시장·광역시장·도지사에게, 그 외의 노동조합은 특별자치시장·특별자치도지사·시장·군수·구청장(자치구의 구청장을 말한다. 이하 제12조제1항에서 같다)에게"는 "고용노동부장관에게"로, 제12조제1항 중 "고용노동부장관, 특별시장·광역시장·특별자치시장·도지사·특별자치도지사 또는 시장·군수·구청장(이하 "행정관청"이라 한다)"은 "고용노동부장관"으로, 제24조의2제3항부터 제8항까지 중 "위원회"는 "심의위원회"로, "근로자"는 "공무원"으로, "노동단체"는 "노동단체 또는 공무원 노동조합"로, "사용자", "전국적 규모의 경영자단체" 및 "경영자단체"는 각각 "정부교섭대표"로, 제30조제1항 및 제2항 중 "사용자"는 "정부교섭대표"로, 제58조, 제60조제2항부터 제4항까지 및 제61조제3항 중 "조정위원회 또는 단독조정인"은 "공무원 노동관계 조정위원회"로, 제59조 중 "조정위원회의 위원장 또는 단독조정인"은 "공무원 노동관계 조정위원회 위원장"으로, 제60조제3항 중 "제1항의 규정에 의한 조정안"은 "조정안"으로, 제61조제1항 중 "조정위원 전원 또는 단독조정인"은 "공무원 노동관계 조정위원회 위원 전원"으로, 제66조제1항, 제67조 및 제68조제2항 중 "중재위원회"는 "공무원 노동관계 조정위원회"로, 제94조 중 "제88조 내지 제93조"는 "제93조"로 보고, 같은 법 중 "근로자"는 "공무원(제6조제1항제4호에 해당하는 사람을 포함한다)"으로, "사용자"(같은 법 제30조의 "사용자"는 제외한다)는 "기관의 장, 공무원에 관한 사항에 대하여 기관의 장을 위하여 행동하는 사람"으로, "행정관청"은 "고용노동부장관"으로 본다.(2022.6.10 후단개정)

③ 「노동조합 및 노동관계조정법」 제2조제4호라목, 제24조, 제24조의2제1항·제2항, 제29조, 제29조의2부터 제29조의5까지, 제36조부터 제39조까지, 제41조, 제42조, 제42조의2부터 제42조의6까지, 제43조부터 제46조까지, 제51조부터 제57조까지, 제60조제1항·제5항, 제62조부터 제65조까지, 제66조제2항, 제69조부터 제73조까지, 제76조부터 제80조까지, 제81조제1항제2호 단서, 제88조부터 제92조까지 및 제96조제1항제3호는 이 법에 따른 노동조합에 대해서는 적용하지 아니한다.(2022.6.10 본항개정)

(2010.3.17 본조개정)

제18조【벌칙】 제11조를 위반하여 파업, 태업 또는 그 밖에 업무의 정상적인 운영을 방해하는 행위를 한 자는 5년 이하의 징역 또는 5천만원 이하의 벌금에 처한다.

(2010.3.17 본조개정)

부 칙 (2020.5.26)

이 법은 공포한 날부터 시행한다.(이하 생략)

부 칙 (2021.1.5)

이 법은 공포 후 6개월이 경과한 날부터 시행한다.

부 칙 (2022.6.10)

제1조【시행일】 이 법은 공포 후 1년 6개월이 경과한 날부터 시행한다.

제2조【근무시간 면제 심의 준비】 경제사회노동위원회는 제7조의2의 개정규정에 따른 공무원근무시간면제심의위원회의 구성을 위한 위원 위촉 및 심의 등에 필요한 사항을 이 법 시행 전에 진행할 수 있다.

공무원 노동조합 관련 해직공무원등의 복직 등에 관한 특별법

(약칭 : 해직공무원복직법)

(2021년 1월 12일
법 률 제17889호)

제1조【목적】 이 법은 공무원의 노동 기본권을 보장하기 위한 공무원 노동조합 설립 및 활동과 관련하여 해직되거나 징계처분을 받은 공무원의 복직 등을 위한 절차를 마련하여 해당 공무원의 명예를 회복하고 공직사회의 개혁과 통합에 이바지함을 목적으로 한다.

제2조【정의】 이 법에서 사용하는 용어의 뜻은 다음과 같다.

1. "해직공무원"이란 2002년 3월 23일부터 2018년 3월 25일까지의 기간 동안 다음 각 목의 어느 하나에 해당하는 사유로 파면·해임·당연퇴직·직권면직 또는 계약해지된 공무원(「공무원의 노동조합 설립 및 운영 등에 관한 법률」 제2조에 따른 공무원을 말한다. 이하 같다)을 말한다.
   가. 공무원노동조합의 설립이나 가입
   나. 공무원노동조합 활동과 관련하여 「국가공무원법」 제66조 또는 「지방공무원법」 제58조에 따른 집단 행위의 금지 의무 위반, 무단결근 및 직장이탈 등 다른 법령에 따른 공무원의 의무에 반하는 행위
   다. 그 밖에 가목이나 나목과 유사한 사유
2. "징계공무원"이란 2002년 3월 23일부터 2018년 3월 25일까지의 기간 동안 제1호 각 목의 어느 하나에 해당하는 사유로 강등·정직·감봉 또는 견책 등의 징계처분을 받은 공무원을 말한다.

제3조【해직공무원등의복직및명예회복심의위원회】 ① 해직공무원 및 징계공무원(이하 "해직공무원등"이라 한다)이 해직 또는 징계처분 당시 소속하였던 기관(해직 당시 소속하였던 기관이 폐지·변경된 경우에는 그 권한 또는 기능을 승계받은 기관을 말한다. 이하 "소속기관"이라 한다)별로 해직공무원등의복직및명예회복심의위원회(이하 "위원회"라 한다)를 둔다.

② 위원회는 다음 각 호의 사항을 심의·결정한다.

1. 해직공무원등에 해당하는지 여부에 관한 사항
2. 복직대상자 결정 및 통보에 관한 사항
3. 해직공무원의 경력 인정에 관한 사항
4. 그 밖에 해직공무원등의 복직 및 명예회복 등과 관련하여 대통령령으로 정하는 사항

③ 제1항에도 불구하고 소속기관이 지방자치단체인 경우 위원회를 해당 지방자치단체의 인사위원회로 갈음할 수 있다.

제4조【위원회의 구성 및 운영】 ① 위원회는 7명 이상 9명 이하의 위원으로 구성하며 위원장은 위원 중에서 호선(互選)한다.

② 위원은 다음 각 호에 해당하는 사람으로서 학식과 경험이 풍부한 사람 중에서 소속기관의 장이 임명하거나 위촉하되, 외부위원이 전체 위원의 2분의 1 이상이어야 한다.

1. 소속기관의 인사 업무 및 노사관계 업무 담당자
2. 법관·검사, 변호사 또는 공인노무사 자격이 있는 사람
3. 노동관계 관련 업무에 5년 이상 근무한 경력이 있는 사람
4. 대학에서 법학, 행정학, 경영학 또는 노동 관련 분야 등의 교수·부교수 또는 조교수 이상의 직에 재직하는 사람

③ 위원회의 공무원이 아닌 위원은 「형법」이나 그 밖의 법률에 따른 벌칙을 적용할 때에는 공무원으로 본다.

④ 그 밖에 위원의 임기, 위원회의 운영과 회의절차 등에 필요한 사항은 대통령령으로 정한다.

제5조【해직공무원등 결정 신청】 ① 해직공무원등으로 결정을 받으려는 사람(해직공무원이 사망한 경우 「공무원연금법」 제3조제1항제2호에 따른 그 해직공무원의 유족을 포함한다. 이하 "신청인"이라 한다)은 대통령령으로 정하는 바에 따라 관련 증빙서류를 갖추어 서면으로 위원회에 신청하여야 한다.

② 제1항에 따른 신청은 이 법 시행일부터 3개월 이내에 하여야 한다. 다만, 신청기간 이내에 신청할 수 없는 특별한 사정이 있는 경우에는 3개월의 범위에서 대통령령으로 정하는 바에 따라 신청 기간을 연장할 수 있다.

제6조【위원회의 심의·결정】 ① 위원회는 제5조에 따른 신청을 받은 날부터 3개월 이내에 제3조제2항 각 호의 사항을 심의·결정하여야 한다. 다만, 그 기간 내에 심의·결정을 할 수 없는 정당한 사유가 있는 경우에는 위원회의 결정으로 한 차례만 3개월의 범위에서 심의·결정기간을 연장할 수 있다.

② 제1항에 따른 심의·결정의 절차 및 기간연장 등에 필요한 사항은 대통령령으로 정한다.

제7조【결정서의 송달】 ① 위원회는 제6조에 따른 결정을 한 날부터 30일 이내에 그 결정서 정본을 신청인에게 송달하여야 한다.

② 제1항에 따른 결정서의 송달에 관하여는 「민사소송법」의 송달에 관한 규정을 준용한다.

제8조【재심의 등】 ① 제6조제1항에 따른 위원회의 결정에 이의가 있는 신청인은 결정서 정본을 송달받은 날부터 30일 이내에 위원회에 재심의를 신청하여야 한다.

② 위원회는 제1항에 따른 재심의 신청을 받은 날부터 30일 이내에 재심의·결정하여야 한다. 다만, 그 기간 내에 결정할 수 없는 정당한 사유가 있는 경우에는 위원회의 결정으로 한 차례만 30일의 범위에서 재심의 결정기간을 연장할 수 있다.

③ 위원회의 재심의와 그 결정서의 송달에 관하여는 제6조 및 제7조를 각각 준용한다.

제9조【사실조사 등】 ① 위원회는 제3조제2항 각 호의 사항을 심의·결정하기 위하여 신청인·증인·참고인으로부터 증언 또는 진술을 듣거나 필요하다고 인정하는 경우 검증 또는 조사를 할 수 있으며, 관계 기관의 장에게 필요한 협조를 요청할 수 있다.

② 제1항에 따라 협조요청을 받은 관계 기관의 장은 특별한 사유가 없으면 이에 따라야 한다.

제10조【해직공무원등 결정 통보 등】 ① 위원회는 제6조 및 제8조에 따라 제3조제2항 각 호의 사항에 대한 결정을 한 경우 결정한 날부터 30일 이내에 해직공무원등의 소속기관의 장에게 그 결정 내용을 통보하여야 한다. 이 경우 위원회가 통보하는 복직대상자 결정 내용에는 제3조제2항제3호에 따른 경력사항을 함께 포함하여야 한다.

② 해직공무원등의 인사기록 등을 보관하는 소속기관의 장은 위원회로부터 해직공무원등으로 결정을 받은 경우, 다음 각 호의 구분에 따라 그 기록을 말소하여야 한다.

1. 해직공무원에 대해서는 인사기록 중 제2조제1호 각 목의 사유와 관련된 파면·해임·당연퇴직·직권면직 또는 계약해지 기록
2. 징계공무원에 대해서는 인사기록 중 제2조제1호 각 목의 사유와 관련된 징계기록

제11조【해직공무원의 복직 및 채용】 ① 제10조제1항에 따라 통보를 받은 소속기관의 장은 통보를 받은 날부터 3개월 이내에 제3조제2항제2호에 해당하는 복직대상자를 복직시켜야 한다. 다만, 공무원노동조합 활동과 관련한 사유로 「국가공무원법」 제33조 및 「지방공무원법」 제31조의 결격사유에 해당하는 사람의 경우 그 사유가 해소된 날부터 3개월 이내로 한다.

② 제1항에 따라 복직하는 해직공무원은 해직 당시의 직급 또는 상당계급으로 채용한다.

③ 제2항에 따른 해직공무원의 채용 절차, 정원, 그 밖에 필요한 사항은 대통령령으로 정한다.

제12조【불이익 처우 금지】 이 법에 따라 해직공무원등으로 결정받은 공무원은 공무원노동조합 활동을 하였다는 이유로 인사 및 포상과 관련하여 불이익한 처분이나 대우를 받지 아니한다.

제13조【퇴직급여의 제한에 관한 특례】 ① 이 법에 따라 해직공무원으로 결정받은 공무원 중 이 법 시행일 현재 정년을 도과한 사람이 해직 당시 「공무원연금법」(법률 제15523호 공무원연금법 전부개정법률로 개정되기 전의 법률을 말한다) 제64조제1항제2호에 따라 감액된 퇴직급여를 받고 있는 경우에는 이 법 시행일 이후 지급되는 퇴직급여(해직공무원이 사망하여 그 유족이 퇴직유족연금을 지급받고 있는 경우에는 퇴직유족연금을 말한다)부터 전액을 지급한다. 다만, 퇴직 시 「공무원연금법」에 따라 감액된 퇴직연금일시금, 퇴직연금공제일시금 또는 퇴직일시금을 받은 자에게는 제6조부터 제8조까지의 규정에 따라 해직공무원으로 인정한다는 결정이 신청인에게 송달된 날부터 6개월 이내에 그 감액분을 일시금으로 지급한다.

② 제1항에 따라 퇴직급여를 지급하는 데 추가로 필요한 재원은 국가와 지방자치단체가 지원한다.

③ 제1항에 따른 퇴직급여 지급방법, 절차 등에 필요한 사항은 대통령령으로 정한다.

제14조【해직기간의 경력인정에 관한 특례】 ① 공무원 경력 인정에 관한 다른 법령의 규정에도 불구하고 이 법에 따라 임용된 해직공무원이 「공무원의 노동조합 설립 및 운영 등에 관한 법률」에 따라 설립된 노동조합에서 활동한 기간(2007년 10월 17일부터 2009년 10월 19일까지 및 2018년 3월 26일부터 이 법 시행일까지의 기간을 말한다)은 해직 당시의 직급 또는 상당계급에서 근무한 경력(승진, 호봉획정에 필요한 경력)으로 인정한다.

② 제1항에 따라 인정하는 경력의 반영을 위한 절차 등 필요한 사항은 대통령령으로 정한다.

제15조【재직기간의 합산 및 산입에 대한 특례】 ① 이 법에 따라 임용된 해직공무원이 해직 전 재직기간을 「공무원연금법」에 따라 합산받으려 할 경우에는 같은 법 제26조제2항 본문에도 불구하고 퇴직 당시에 실제로 받은 퇴직급여액에 같은 법 시행령으로 정하는 이자를 가산하여 공무원연금공단에 반납하여야 한다.

② 제14조제1항에 따라 경력을 인정받은 해직공무원은 해당 기간을 「공무원연금법」 제25조에도 불구하고 재직기간에 산입할 수 있다. 이 경우 전단에 따라 해당 경력이

재직기간에 산입되는 사람은 공무원연금공단이 산입을 승인한 날이 속하는 달의 다음 달부터 해당 월분의 기여금과 같은 금액의 소급기여금을 내야 한다.
③ 제2항에 따라 산입되는 해직기간은 「공무원연금법」 제28조제4호에 따른 퇴직수당을 지급할 때에는 산입하지 아니하고, 산입되는 해직기간의 연금액 산정에 관하여는 법률 제15523호 공무원연금법 전부개정법률 부칙 제13조 제3항을 준용한다.
④ 제1항 및 제2항에 따른 재직기간의 합산 또는 산입의 방법, 신청 절차 및 퇴직급여 산정 등에 필요한 사항은 대통령령으로 정한다.

부 칙

제1조【시행일】 이 법은 공포 후 3개월이 경과한 날부터 시행한다.
제2조【이 법의 시행을 위한 준비행위】 위원장 선출, 위원의 임명 또는 위촉 등 위원회의 설립준비는 이 법의 시행일 전에 할 수 있다.
제3조【위원회 위원의 임기개시에 관한 적용례】 이 법에 따라 최초로 임명 또는 위촉된 위원회 위원의 임기는 이 법의 시행일부터 시작하는 것으로 본다.

근로자의 날 제정에 관한 법률

(약칭 : 근로자의날법)

(2016년 1월 27일 전부개정법률 제13901호)

5월 1일을 근로자의 날로 하고, 이 날을 「근로기준법」에 따른 유급휴일(有給休日)로 한다.

부 칙

이 법은 공포한 날부터 시행한다.

공인노무사법

(1984년 12월 31일 법 률 제3771호)

개정
1990. 4. 7법 4234호 1995.12. 6법 5018호
1997.12.24법 5477호
1999. 2. 5법 5815호(독점적외)
1999. 2. 8법 5887호 2000.12.30법 6333호
2003.12.31법 7046호
2005. 3.31법 7428호(채무자회생파산)
2005.12.29법 7796호(국가공무원)
2007. 5.17법 8473호 2007. 8. 3법 8615호
2007.12.21법 8780호 2008.12.26법 9255호
2010. 5.25법 10321호
2010. 6. 4법 10339호(정부조직)
2014. 5.20법 12624호 2016. 1.27법 13898호
2018.10.16법 15847호 2020. 1.29법 16895호
2022. 6.10법 18923호

제1조【목적】 이 법은 공인노무사 제도를 확립하여 노동 및 사회보험 관계 업무의 원활한 운영을 꾀하고 사업 또는 사업장의 자율적인 노무관리를 도모함으로써 근로자의 복지 증진과 기업의 건전한 발전에 이바지함을 목적으로 한다.(2020.1.29 본조개정)
제2조【직무의 범위】 ① 공인노무사는 다음 각 호의 직무를 수행한다.
1. 노동 관계 법령에 따라 관계 기관에 대하여 행하는 신고·신청·보고·진술·청구(이의신청·심사청구 및 심판청구를 포함한다) 및 권리 구제 등의 대행 또는 대리
2. 노동 관계 법령에 따른 서류의 작성과 확인(2020.1.29 본호개정)
3. 노동 관계 법령과 노무관리에 관한 상담·지도
4. 「근로기준법」을 적용받는 사업이나 사업장에 대한 노무관리진단
5. 「노동조합 및 노동관계조정법」 제52조에서 정한 사적(私的) 조정이나 중재
6. 사회보험 관계 법령에 따라 관계 기관에 대하여 행하는 신고·신청·보고·진술·청구(이의신청·심사청구 및 심판청구를 포함한다) 및 권리 구제 등의 대행 또는 대리(2020.1.29 본호신설)
② 제1항제4호에서 "노무관리진단"이란 사업 또는 사업장의 노사(勞使) 당사자 한쪽 또는 양쪽의 의뢰를 받아 그 사업 또는 사업장의 인사·노무관리·노사관계 등에 관한 사항을 분석·진단하고 그 결과에 대하여 합리적인 개선 방안을 제시하는 일련의 행위를 말한다.
③ 제1항제1호부터 제3호까지에 규정된 노동 관계 법령의 범위와 같은 항 제4호의 노무관리진단의 시행에 필요한 사항, 같은 항 제6호에 규정된 사회보험 관계 법령의 범위는 대통령령으로 정한다.(2020.1.29 본항개정)
(2007.8.3 본조개정)
제3조【자격】 제3조의2에 따른 공인노무사 자격시험에 합격한 자는 공인노무사 자격을 가진다.(2007.8.3 본조개정)
제3조의2【공인노무사 자격시험】 ① 공인노무사 자격시험은 고용노동부장관이 실시하되, 제1차시험·제2차시험 및 제3차시험으로 구분하여 실시한다.(2010.6.4 본항개정)
② 공인노무사 자격시험의 최종 합격 발표일을 기준으로 제4조의 결격사유에 해당하는 사람은 공인노무사 자격시험에 응시할 수 없다.(2010.5.25 본항신설)
③ 고용노동부장관은 제2항에 따라 공인노무사 자격시험에 응시할 수 없음에도 불구하고 공인노무사 자격시험에 응시하여 최종 합격한 사람에 대하여는 합격결정을 취소하여야 한다.(2010.6.4 본항개정)
④ 제1항에 따른 공인노무사 자격시험의 응시자격, 시험과목, 시험방법, 자격증 교부, 그 밖에 시험에 필요한 사항은 대통령령으로 정한다.
⑤ 공인노무사 자격시험에 응시하려는 사람은 실비의 범위에서 대통령령으로 정하는 수수료를 내야 한다. 이 경우 수수료의 납부방법, 반환 등에 관하여 필요한 사항은 대통령령으로 정한다.(2016.1.27 본항신설)
(2007.8.3 본조개정)
제3조의3【시험의 일부면제】 ① 다음 각 호의 어느 하나에 해당하는 자는 공인노무사 자격시험의 제1차시험과목 전부와 제2차시험과목 중 그 과목 수의 2분의 1을 넘지 아니하는 범위에서 대통령령으로 정하는 일부 과목을 면제한다.
1. 노동행정에 종사한 경력이 통틀어 10년 이상이고, 그중 5급 이상 공무원이나 고위공무원단에 속하는 일반직공무원으로 재직한 경력이 5년 이상인 자
2. 노동행정에 종사한 경력이 통틀어 15년 이상이고, 그중 6급 이상 공무원이나 고위공무원단에 속하는 일반직공무원으로 재직한 경력이 8년 이상인 자
② 대통령령으로 정하는 노동 관계 업무에 10년 이상 종사한 자는 제1차시험과목 중 대통령령으로 정하는 일부 과목을 면제한다.
③ 제1항 각 호에 따른 노동행정에 종사한 공무원의 범위는 대통령령으로 정한다.
④ 제1차시험에 합격한 자는 다음 회의 시험에서만 제1차시험을 면제하고 제2차시험에 합격한 자는 다음 회의 시험에서만 제1차시험과 제2차시험을 면제한다.
⑤ 다음 각 호의 어느 하나에 해당하는 사람에게는 제1항 및 제2항을 적용하지 아니한다.
1. 탄핵이나 징계처분에 따라 그 직에서 파면 또는 해임된 사람
2. 금품 및 향응 수수(授受)로 강등 또는 정직에 해당하는 징계처분을 받은 사람
(2020.1.29 본항신설)
(2007.8.3 본조개정)
제3조의4【공인노무사자격심의·징계위원회】 ① 다음 각 호의 사항을 심의·의결하기 위하여 고용노동부에 공인노무사자격심의·징계위원회(이하 "자격심의·징계위원회"라 한다)를 둔다.
1. 공인노무사 자격 취득에 관한 다음 각 목의 사항
가. 자격시험 선발인원의 결정
나. 자격시험의 일부면제 대상자의 요건에 관한 사항
다. 자격시험 과목에 관한 사항
라. 자격시험 응시 수수료
마. 그 밖에 공인노무사 자격 취득과 관련된 사항으로서 위원장이 필요하다고 인정하여 회의에 부치는 사항
2. 공인노무사의 징계에 관한 사항
② 자격심의·징계위원회는 위원장 1명을 포함하여 15명 이내의 위원으로 구성한다.
③ 자격심의·징계위원회의 위원장은 공인노무사에 관한 사무를 관장하는 고용노동부의 고위공무원단에 속하는 일반직공무원 중에서 고용노동부장관이 지명하는 사람으로 한다.
④ 자격심의·징계위원회의 위원은 다음 각 호의 사람으로 한다.
1. 고용노동부의 3급 공무원이나 고위공무원단에 속하는 일반직공무원 중 고용노동부장관이 지명하는 사람
2. 법제처 및 중앙노동위원회의 3급 공무원이나 고위공무원단에 속하는 일반직공무원 중에서 해당 기관의 장이 지명하는 사람
3. 변호사의 자격이 있는 사람 중에서 법무부장관이 지명하는 사람
4. 제24조에 따른 공인노무사회의 장이 추천하는 공인노무사 중에서 고용노동부장관이 지명하는 사람
5. 다음 각 목에 해당하는 사람 중에서 고용노동부장관이 위촉하는 사람
가. 「고등교육법」 제2조에 따른 학교에서 노동경제, 노동법학, 그 밖에 이와 관련된 분야의 부교수 이상의 직으로 재직하고 있거나 재직하였던 사람
나. 「노동조합 및 노동관계조정법」 제10조제2항에 따른 총연합단체인 노동조합에서 추천하는 사람
다. 전국적 규모의 사용자단체에서 추천하는 사람
라. 「비영리민간단체 지원법」 제2조에 따른 비영리민간단체에서 추천하는 사람
마. 그 밖에 노동 관계 법령에 관한 학식과 경험이 풍부한 사람
⑤ 제1항부터 제4항까지에서 규정한 사항 외에 자격심의·징계위원회의 구성 및 운영에 필요한 사항은 대통령령으로 정한다.
(2022.6.10 본조개정)
제3조의5【시험부정행위자에 대한 조치】 고용노동부장관은 공인노무사 자격시험에 있어서 부정한 행위를 한 응시자에 대하여는 그 시험을 정지 또는 무효로 하거나 합격결정을 취소하고, 그 시험을 정지하거나 무효로 한 날 또는 합격결정을 취소한 날부터 5년간 시험응시자격을 정지한다.(2010.6.4 본조개정)
제4조【결격사유】 다음 각 호의 어느 하나에 해당하는 사람은 공인노무사가 될 수 없다.(2022.6.10 본문개정)
1. 미성년자
2. 피성년후견인 또는 피한정후견인(2016.1.27 본호개정)
3. 파산선고를 받은 사람으로서 복권(復權)되지 아니한 사람
4. 공무원으로서 징계처분에 따라 파면된 사람으로서 3년이 지나지 아니한 사람
5. 금고(禁錮) 이상의 실형을 선고받고 그 집행이 끝나거나(집행이 끝난 것으로 보는 경우를 포함한다) 집행이 면제된 날부터 3년이 지나지 아니한 사람
6. 금고 이상의 형의 집행유예를 선고받고 그 유예기간이 끝난 날부터 1년이 지나지 아니한 사람
7. 금고 이상의 형의 선고유예기간 중에 있는 사람
(2022.6.10 3호~7호개정)
8. 제20조에 따라 영구등록취소된 사람(2020.1.29 본호신설)
(2007.8.3 본조개정)
제5조【등록】 ① 공인노무사 자격이 있는 사람이 제2조에 따른 직무를 시작하려는 경우에는 대통령령으로 정하는 바에 따라 한국공인노무사회(이하 "공인노무사회"라 한다)에 등록하여야 한다.(2020.1.29 본항개정)
② 공인노무사회는 제1항에 따라 등록을 신청한 사람이 다음 각 호의 어느 하나에 해당하면 등록을 거부하여야 한다.(2020.1.29 본문개정)
1. 제4조의 결격사유에 해당하는 사람
2. 제5조의2제1항에 따른 연수교육을 받지 아니한 사람

3. 제19조제1항제1호에 따라 등록이 취소(제4조제2호 또는 제3호에 따른 결격사유에 해당하여 등록이 취소된 경우는 제외한다)된 날부터 3년이 지나지 아니한 사람(2022.6.10 본호개정)
4. 제20조에 따라 등록이 취소된 날부터 3년이 지나지 아니한 사람
③ 공인노무사회는 제2항에 따라 등록을 거부한 때에는 지체 없이 그 사유를 분명하게 밝혀 신청인에게 알려야 한다.(2020.1.29 본항개정)
④ 공인노무사회가 제1항에 따른 등록의 신청을 받은 날부터 3개월이 지날 때까지 등록을 하지 아니하거나 등록을 거부하지 아니할 때에는 등록이 된 것으로 본다.(2020.1.29 본항신설)
⑤ 제2항에 따라 등록이 거부된 사람은 제3항에 따른 통지를 받은 날부터 3개월 이내에 등록거부에 관하여 부당한 이유를 소명하여 고용노동부장관에게 이의신청을 할 수 있다.(2020.1.29 본항신설)
⑥ 고용노동부장관은 제5항의 이의신청이 이유 있다고 인정할 때에는 공인노무사회에 그 공인노무사의 등록을 명하여야 한다.(2020.1.29 본항신설)
(2010.5.25 본조개정)

제5조의2【공인노무사의 교육】 ① 공인노무사 자격이 있는 사람(제3조의3제1항 각 호 및 제2항에 해당하는 사람은 제외한다)이 직무 개시 후 직무를 처음 개시하려는 경우에는 제5조에 따른 등록을 하기 전에 1년의 범위에서 대통령령으로 정하는 기간 동안 연수교육을 받아야 한다.(2022.6.10 본항개정)
② 제5조제1항에 따라 등록을 한 공인노무사(이하 "개업노무사"라 한다)는 개업노무사의 전문성과 윤리의식을 높이기 위한 내용으로 구성되어 있는 보수(補修)교육(이하 "보수교육"이라 한다)을 매년 8시간의 범위에서 대통령령으로 정하는 시간(이 경우 공인노무사로서 필요한 직업윤리의식에 관한 교육이 1시간 이상 포함되어야 한다) 동안 받아야 한다. 다만, 다음 각 호의 어느 하나에 해당하는 경우에는 그러하지 아니하다.(2016.1.27 본문개정)
1. 질병 등으로 정상적인 공인노무사 업무를 수행할 수 없는 경우
2. 휴업 등으로 보수교육을 받을 수 없는 정당한 사유가 있는 경우
3. 고령으로 보수교육을 받기에 적당하지 아니한 경우로서 제24조에 따른 공인노무사회가 정하는 경우
③ 고용노동부장관은 대통령령으로 정하는 시설·인력 및 교육실적 등의 기준에 적합한 기관 및 단체를 보수교육을 실시하는 기관(이하 "지정교육기관"이라 한다)으로 지정할 수 있다.(2010.6.4 본항개정)
④ 고용노동부장관은 지정교육기관이 다음 각 호의 어느 하나에 해당하는 경우에는 그 지정을 취소할 수 있다. 다만, 제1호의 경우에는 그 지정을 취소하여야 한다.(2010.6.4 본문개정)
1. 거짓이나 부정한 방법으로 지정을 받은 경우
2. 보수교육을 이수하지 아니한 자를 이수한 것으로 처리한 경우
3. 제3항에 따른 기준에 미치지 못하는 경우
⑤ 제1항 및 제2항에 따른 교육의 내용은 대통령령으로 정하며, 교육의 방법·절차 및 그 밖에 필요한 사항은 고용노동부령으로 정한다.(2010.6.4 본항개정)
(2010.5.25 본조신설)

제6조【사무소의 설치 제한】 개업노무사는 1개의 사무소만을 설치·운영할 수 있다.(2010.5.25 본조개정)

제7조【합동사무소】 ① 개업노무사는 직무를 효율적으로 수행하고 공신력(公信力)을 높이기 위하여 개업노무사 2명 이상으로 구성되는 합동사무소를 설치할 수 있다.
② (2016.1.27 삭제)
③ 합동사무소에 관하여 이 법에 규정이 없는 사항은 「민법」 중 조합에 관한 규정을 준용한다.
(2007.8.3 본조개정)

제7조의2【노무법인】 개업노무사는 그 직무를 조직적·전문적으로 수행하기 위하여 법인을 설립할 수 있다.
(2007.8.3 본조개정)

제7조의3【노무법인의 사원 등】 ① 노무법인의 사원은 2명 이상의 개업노무사로 구성한다.
② 제20조에 따라 직무정지처분을 받고 그 기간 중에 있는 자는 노무법인의 사원이 될 수 없다.(2010.5.25 본항개정)
③ 노무법인은 사원이 아닌 공인노무사(이하 "소속공인노무사"라 한다)를 고용할 수 있다.(2010.5.25 본항개정)
(2010.5.25 본조제목개정)
(2007.8.3 본조개정)

제7조의4【노무법인의 설립 절차 등】 ① 노무법인을 설립하려면 사원이 될 공인노무사가 정관(定款)을 작성하여 대통령령으로 정하는 바에 따라 고용노동부장관의 인가를 받아야 한다. 정관을 변경할 때에도 또한 같다.
(2010.6.4 전단개정)
② 정관에는 다음 각 호의 사항을 적어야 한다.
1. 목적
2. 명칭
3. 주사무소와 분사무소의 소재지(2010.5.25 본호개정)
4. 사원의 성명과 주소
5. 사원의 출자에 관한 사항
6. 존립 시기나 해산 사유를 정한 경우에는 그 시기 또는 사유
7. 그 밖에 대통령령으로 정하는 사항
③ 노무법인은 대통령령으로 정하는 바에 따라 등기하여야 한다.
④ 노무법인은 그 주사무소에서 설립등기를 함으로써 성립한다.
(2007.8.3 본조개정)

제7조의5【노무법인의 해산】 ① 노무법인은 다음 각 호의 어느 하나에 해당하는 사유로 해산한다.
1. 정관에서 정하는 해산 사유의 발생
2. 사원총회의 결의
3. 합병
4. 파산
5. 설립인가의 취소
② 노무법인이 해산하면 청산인은 지체 없이 그 사유를 고용노동부장관에게 신고하여야 한다.(2010.6.4 본항개정)
(2007.8.3 본조개정)

제7조의6【노무법인 인가 취소 등】 고용노동부장관은 노무법인이 다음 각 호의 어느 하나에 해당하면 그 설립인가를 취소하거나 1년 이내의 기간을 정하여 업무의 정지를 명할 수 있다. 다만, 제1호부터 제3호까지의 규정에 해당하는 경우에는 그 인가를 취소하여야 한다.
(2010.6.4 본문개정)
1. 제7조의3제1항에 따른 사원의 수(數)에 미치지 못한 날부터 3개월 이내에 사원을 보충하지 아니한 경우
2. 업무정지명령을 위반하여 업무를 수행한 경우
3. 거짓이나 그 밖의 부정한 방법으로 제7조의4의 인가를 받은 경우
4. 제7조의7제3항을 위반하여 사무소를 설치·운영한 경우
5. 제7조의10제2항에 따라 준용하는 제11조제4항을 위반하여 직무보조원을 고용한 경우
6. 노무법인의 사원 또는 소속공인노무사가 제13조를 위반한 경우
7. 노무법인이 개업노무사 또는 개업노무사이었던 자(개업노무사 또는 개업노무사이었던 자의 직무보조원 또는 직무보조원이었던 자를 포함한다)로 하여금 정당한 사유 없이 직무상 알게 된 사실을 누설하게 하여 이득을 취한 경우
8. 제18조제1항에 따른 보고·자료제출 등의 명령에 따르지 아니하거나 검사 또는 질문을 거부·방해 또는 기피하는 경우
(2010.5.25 본조개정)

제7조의7【노무법인의 사무소】 ① 노무법인은 주사무소 외에 분사무소를 둘 수 있다. 이 경우 분사무소에는 노무법인의 분사무소임을 표시하여야 한다.
② 노무법인의 사원과 소속공인노무사는 그 노무법인 외에 따로 사무소를 둘 수 없다.
③ 노무법인의 주사무소와 분사무소에는 각각 1명 이상의 공인노무사인 사원이 상근하여야 한다.
(2010.5.25 본조신설)

제7조의8【노무법인의 업무집행방법】 ① 노무법인은 법인 명의로 업무를 수행하여야 하며, 수임한 업무마다 그 업무를 담당할 공인노무사(이하 "담당공인노무사"라 한다)를 지정하여야 한다. 다만, 소속공인노무사를 담당공인노무사로 지정할 경우에는 그 노무법인의 사원과 공동으로 지정하여야 한다.
② 노무법인이 업무를 수행할 때 담당공인노무사를 지정하지 아니한 경우에는 노무법인의 사원 모두를 담당공인노무사로 지정한 것으로 본다.
③ 담당공인노무사는 지정된 업무를 수행할 때에는 그 노무법인을 대표한다.
④ 노무법인이 그 업무에 관하여 작성하는 서면에는 법인 명의를 표시하고 담당공인노무사가 기명날인하거나 서명하여야 한다.
(2010.5.25 본조신설)

제7조의9【경업의 금지】 ① 노무법인의 사원 또는 소속공인노무사는 자기 또는 제3자를 위하여 그 노무법인의 업무범위에 속하는 업무를 수행하거나 다른 노무법인의 사원 또는 소속공인노무사가 되어서는 아니 된다.
② 노무법인의 사원 또는 소속공인노무사이었던 사람은 그 노무법인에 소속한 기간 중에 그 노무법인의 담당공인노무사로서 수행하고 있었거나 수행을 승낙한 업무에 관하여는 퇴직 후 공인노무사의 업무를 수행할 수 없다. 다만, 그 노무법인의 동의가 있는 경우에는 그러하지 아니하다.
(2010.5.25 본조신설)

제7조의10【준용규정】 ① 노무법인에 관하여 이 법에 규정되지 아니한 사항은 「상법」 중 합명회사에 관한 규정을 준용한다.
② 노무법인에 관하여는 그 성질에 어긋나지 아니하면 제11조, 제12조, 제12조의3, 제12조의4, 제13조, 제14조, 제17조, 제20조의3 및 제26조의2를 준용한다.(2010.5.25 본항개정)
(2007.8.3 본조개정)

제8조【사무소 명칭 등】 ①~② (1999.2.8 삭제)
③ 이 법에 따른 공인노무사가 아닌 자는 공인노무사·공인노무사사무소·공인노무사합동사무소·노무법인 또는 이와 비슷한 명칭을 사용하여서는 아니 된다.
④ 이 법에 따른 공인노무사합동사무소 또는 노무법인이 아닌 자는 공인노무사합동사무소·노무법인 또는 이와 비슷한 명칭을 사용하여서는 아니 된다.
(2007.8.3 본조개정)

제9조【폐업】 개업노무사가 폐업하려면 공인노무사회에 신고하여야 한다.(2020.1.29 본조개정)

제10조 (1999.2.5 삭제)

제11조【직무보조원】 ① 개업노무사는 그의 직무를 도와줄 보조원을 둘 수 있다.
② 직무보조원의 직무상 행위는 그를 고용한 개업노무사의 행위로 본다.
③ 제4조 각 호의 어느 하나에 해당하는 자는 직무보조원이 될 수 없다. 다만, 같은 조 제3호에 따른 파산선고를 받은 자로서 복권되지 아니한 자는 그러하지 아니하다.
(2007.12.21 본항개정)
④ 개업노무사는 제3항에 해당하는 자를 직무보조원으로 둘 수 없다.(2007.12.21 본항신설)
(2007.8.3 본조개정)

제12조【품위유지와 성실의무 등】 ① 공인노무사는 항상 품위를 유지하고 신의와 성실로써 공정하게 직무를 수행하여야 하고, 그 직무를 공정하게 수행할 수 없는 경우에는 제2조에서 정한 직무를 행하여서는 아니 된다.
(2020.1.29 본항개정)
② 개업노무사는 제2조제1항에 따라 그가 작성하거나 확인한 서류에 기명하거나 날인하여야 한다.
③ (2010.5.25 삭제)
(2007.8.3 본조개정)

제12조의2 (1999.2.8 삭제)

제12조의3【관계 장부 등의 열람 신청】 개업노무사가 제2조의 직무를 수행하는 데에 필요하면 관계 기관이나 관계인에게 관계 장부 및 서류의 열람을 신청할 수 있다. 이 경우 그 신청이 제2조제1항제1호 또는 제2호에 따른 직무의 수행을 위한 것이면 열람을 신청받은 관계기관은 정당한 사유 없이 거부하여서는 아니 된다.
(2007.8.3 본조개정)

제12조의4【손해배상책임의 보장】 개업노무사는 그 직무를 수행하면서 고의나 과실로 인하여 의뢰인에게 손해를 입힌 경우 그 손해에 대한 배상책임을 보장하기 위하여 대통령령으로 정하는 바에 따라 보증보험에 가입하여야 한다.(2007.8.3 본조개정)

제13조【금지 행위】 개업노무사와 그 직무보조원은 다음 각 호의 행위를 하여서는 아니 된다.
1. 거짓이나 그 밖의 부정한 방법으로 의뢰인에게 노동 및 사회보험 관계 법령에 따른 보험금 등 재산상의 이익을 얻게 하거나 보험료 납부, 그 밖에 금전상의 의무를 이행하지 아니하게 하는 행위(2020.1.29 본호개정)
2. 의뢰인으로 하여금 노동 및 사회보험 관계 법령에 따른 신고·보고, 그 밖의 의무를 이행하지 아니하게 하는 행위(2020.1.29 본호개정)
3. 법령에 위반되는 행위에 관한 지도·상담, 그 밖에 이와 비슷한 행위
4. 사건의 알선을 업(業)으로 하는 자를 이용하거나 그 밖의 부당한 방법으로 사건 의뢰를 유치하는 행위
(2007.8.3 본조개정)

제14조【비밀 엄수】 개업노무사 또는 개업노무사이었던 자(개업노무사 또는 개업노무사이었던 자의 직무보조원 또는 직무보조원이었던 자를 포함한다)는 정당한 사유 없이 직무상 알게 된 사실을 타인에게 누설하여서는 아니 된다.(2007.8.3 본조개정)

제15조~제16조 (1999.2.8 삭제)

제17조【장부의 비치 등】 ① 개업노무사는 그 사무소에 직무에 관한 장부를 작성하여 갖추어 두어야 하며, 그 장부를 3년간 보존하여야 한다. 이 경우 그 장부는 「전자문서 및 전자거래 기본법」 제2조제1호에 따른 전자문서로 작성·관리 및 보존할 수 있다.(2018.10.16 후단개정)
② 제1항에 따라 갖추어 두어야 할 장부의 종류·양식, 그 밖에 필요한 사항은 고용노동부령으로 정한다.
(2010.6.4 본항개정)

제18조【감독상의 명령 등】 ① 고용노동부장관은 개업노무사 또는 노무법인이 이 법 또는 이 법에 따른 명령을 위반하였는지를 확인하기 위하여 필요하면 그 업무에 관한 사항을 보고하게 하거나 자료의 제출, 그 밖에 필요한 명령을 할 수 있으며, 소속 공무원으로 하여금 그 사무소에 출입하여 장부·서류 등을 검사하거나 질문하게 할 수 있다.(2010.6.4 본항개정)
② 고용노동부장관은 제1항에 따라 출입·검사 등을 하는 경우에는 개업노무사 또는 노무법인에게 이를 행하기 7일 전까지 일시, 내용 등 필요한 사항을 알려야 한다. 다만, 긴급하거나 미리 알릴 경우 그 목적을 달성할 수 없다고 인정되는 경우에는 그러하지 아니하다.(2010.6.4 본문개정)
③ 제1항에 따라 출입·검사 등을 하는 공무원은 그 권한을 표시하는 증표를 지니고 이를 관계인에게 내보여야 한다.
④ 고용노동부장관은 제24조에 따른 공인노무사회로 하여금 제1항에 따른 업무 검사를 하게 할 수 있다. 이 경우 공인노무사회는 그 결과를 고용노동부장관에게 보고하여야 한다.(2010.6.4 본항개정)
(2007.8.3 본조개정)

제19조【등록의 취소 등】① 공인노무사회는 개업노무사가 다음 각 호의 어느 하나에 해당하는 경우에는 등록을 취소하여야 한다.(2020.1.29 본문개정)
1. 제4조에 따른 결격사유에 해당하게 된 경우
2. 제9조에 따라 폐업신고를 한 경우
3. (2010.5.25 삭제)
4. 사망한 경우
② 공인노무사회는 제1항에 따라 등록을 취소한 때에는 지체 없이 그 사유를 분명하게 밝혀 등록이 취소된 사람에게 알려야 한다.(2020.1.29 본항개정)
③ 제1항에 따라 등록이 취소된 자는 등록증을 반납하여야 한다.
(2007.8.3 본조개정)
제20조【징계】① 고용노동부장관은 공인노무사가 다음 각 호의 어느 하나에 해당하는 경우에는 자격심의·징계위원회의 징계의결에 따라 징계처분을 한다.
(2022.6.10 본문개정)
1. 제6조를 위반하여 2개 이상의 사무소를 설치·운영한 경우
2. 제7조의3제2항을 위반하여 노무법인의 사원이 된 경우
3. 제7조의9에 따른 경업의 금지를 위반한 경우
4. 제11조제4항을 위반하여 직무보조원을 둔 경우
5. 제12조에 따른 품위유지와 성실의무 등을 위반한 경우
6. 제13조 각 호에 해당하는 금지 행위를 한 경우
7. 제14조에 따른 비밀 엄수 의무를 위반한 경우
8. 제18조제1항에 따른 보고·자료제출 등의 명령에 따르지 아니하거나 검사 또는 질문을 거부·방해 또는 기피하는 경우
9. 제20조의3에 따른 자격대여행위 등의 금지 의무를 위반한 경우
10. 노무법인·합동사무소를 설립·운영하기 위하여 다른 사람의 자격증을 빌린 경우
11. 제2조에 따른 업무를 수행하면서 고의·중대한 과실로 의뢰인이 부정하게 노동 및 사회보험 관계 법령에 따른 보험금 등 재산상의 이익을 얻게 하거나 보험료 납부, 그 밖에 금전상의 의무를 이행하지 아니하게 한 경우(2020.1.29 본호개정)
12. 제3항제3호에 따른 직무정지처분을 위반하여 직무를 수행한 경우(2020.1.29 본호개정)
13. 공인노무사의 직무와 관련하여 2회 이상 금고 이상의 형을 선고받아(집행유예를 선고받은 경우를 포함한다) 그 형이 확정된 경우(과실범의 경우는 제외한다)
14. 이 법에 따라 2회 이상 직무정지 3년의 징계처분을 받은 후 다시 징계사유가 있는 자로서 공인노무사의 직무를 수행하는 것이 현저히 부적당하다고 인정되는 경우
15. 공인노무사회의 회칙을 위반한 경우
(2020.1.29 13호~15호신설)
(2010.5.25 본항개정)
② (2020.1.29 삭제)
③ 공인노무사에 대한 징계의 종류는 다음 각 호와 같다.
(2020.1.29 본문개정)
1. 영구등록취소(제1항제13호 및 제14호의 경우에 한정한다)(2020.1.29 본호신설)
2. 등록취소(2010.5.25 본호개정)
3. 3년 이하의 직무정지(2010.5.25 본호개정)
4. 1천만원 이하의 과태료(2010.5.25 본호개정)
5. 견책(譴責)
④ 제24조에 따른 공인노무사회는 공인노무사에 대하여 제1항 각 호의 어느 하나에 해당하는 징계사유가 있다고 인정하면 고용노동부장관에게 그 공인노무사의 징계의결을 요청하여야 한다.(2020.1.29 본항개정)
⑤ 제1항에 따른 징계의결은 고용노동부장관의 요구에 따라 하며, 제1항 각 호의 어느 하나에 해당하는 사유가 발생한 날부터 3년이 지나면 징계의결을 요구할 수 없다.
(2020.1.29 본항개정)
⑥ 고용노동부장관은 공인노무사가 제3항제4호에 따른 과태료를 납부기한까지 내지 아니하면 국세 체납처분의 예에 따라 징수할 수 있다.(2020.1.29 본항개정)
⑦ 징계의결의 통보, 그 밖에 필요한 사항은 대통령령으로 정한다.(2010.5.25 본항개정)
(2007.8.3 본조개정)
제20조의2 (2022.6.10 삭제)
제20조의3【자격대여행위 등의 금지】① 공인노무사는 다른 사람에게 자기의 성명이나 사무소의 명칭을 사용하여 공인노무사의 직무를 수행하게 하거나 그 자격증이나 등록증을 대여(貸與)하여서는 아니 된다.
② 누구든지 공인노무사로부터 성명이나 사무소의 명칭을 빌려 공인노무사의 직무를 수행하거나 그 자격증 또는 등록증을 대여받아서는 아니 된다.(2022.6.10 본항신설)
③ 누구든지 제1항 및 제2항에서 금지한 행위를 알선하여서는 아니 된다.(2022.6.10 본항신설)
(2007.8.3 본조개정)
제21조 (1997.12.24 삭제)
제22조【청문】고용노동부장관은 다음 각 호의 어느 하나에 해당하는 처분 등을 하려는 경우에는 청문을 하여야 한다.(2010.6.4 본문개정)
1. 제7조의6에 따른 설립인가 취소 등(2010.5.25 본호개정)
2. 제20조제1항에 따른 자격심의·징계위원회의 징계의결(2022.6.10 본호개정)
제23조 (1999.2.8 삭제)
제24조【공인노무사회의 설립 등】① 공인노무사의 등록 및 폐업, 자질 향상과 품위 유지, 공인노무사제도의 개선 및 업무의 효율적인 수행을 위하여 공인노무사회를 둔다.(2020.1.29 본항개정)
② 제1항에 따라 공인노무사회를 설립하려면 그 회칙을 정하여 고용노동부장관의 승인을 받아야 한다. 승인을 받은 사항을 변경하려는 경우에도 또한 같다.(2010.6.4 전단개정)
③ 제2항의 회칙에 적어야 할 주요 사항은 대통령령으로 정한다.
④ 공인노무사회는 법인으로 한다.
⑤ 공인노무사회에 관하여 이 법에 규정되지 아니한 사항은 「민법」 중 사단법인에 관한 규정을 준용한다.
(2007.8.3 본조개정)
제24조의2【공인노무사회에의 가입 및 공익활동】① 제5조제1항에 따른 등록을 하려는 사람은 공인노무사회에 가입하여야 한다.(2020.1.29 본항개정)
② 공인노무사회는 취약계층의 지원 등 공익활동에 적극 참여하여야 한다.
(2007.8.3 본조신설)
제24조의3【등록심사위원회】① 제5조제2항에 따른 등록거부와 제19조에 따른 등록취소에 관한 사항을 심사하기 위하여 공인노무사회에 등록심사위원회를 둔다.
② 등록심사위원회의 구성과 운영 등에 필요한 사항은 공인노무사회 회칙으로 정한다.
(2020.1.29 본조신설)
제25조【지도·감독 등】① 공인노무사회는 고용노동부장관의 감독을 받는다.(2020.1.29 본항신설)
② 공인노무사회는 총회의 의결 내용을 지체 없이 고용노동부장관에게 보고하여야 한다.(2020.1.29 본항신설)
③ 고용노동부장관은 제2항의 의결이 법령이나 회칙에 위반된다고 인정하면 이를 취소할 수 있다.(2020.1.29 본항신설)
④ 공인노무사회는 등록·등록거부·등록취소 및 폐업에 관한 사항을 지체 없이 고용노동부장관에게 보고하여야 한다.(2020.1.29 본항신설)
⑤ 고용노동부장관은 제4항의 등록거부 및 등록취소 사유가 제5조제2항 또는 제19조제1항에서 정한 사유에 해당하지 않는다고 인정하면 공인노무사회에 그 등록을 명하거나 그 등록취소의 취소를 명할 수 있다.(2020.1.29 본항신설)
⑥ 고용노동부장관은 공인노무사로 등록된 자가 제5조제2항 각 호의 어느 하나에 해당된다고 인정하면 공인노무사회에 그 공인노무사의 등록취소를 명할 수 있다.
(2020.1.29 본항신설)
⑦ 고용노동부장관은 공인노무사회에 대하여 감독상 필요한 경우에는 그 업무에 관한 사항을 보고하게 하거나 자료의 제출, 그 밖에 필요한 명령을 할 수 있으며 소속 공무원으로 하여금 그 사무소에 출입하여 장부·서류 등을 검사하거나 질문하게 할 수 있다.(2010.6.4 본항개정)
⑧ 제7항에 따른 공무원에 관하여는 제18조제3항을 준용한다.(2020.1.29 본항개정)
제26조【업무 위탁】① 고용노동부장관은 다음 각 호의 업무를 공인노무사회에 위탁할 수 있다.(2010.6.4 본문개정)
1. 공인노무사 연수교육(2010.5.25 본호개정)
2. 근로자와 사용자를 대상으로 한 노무관리의 합리화에 관한 지도와 교육 업무
2의2. (2020.1.29 삭제)
3. 그 밖에 고용노동부장관이 이 법의 시행에 필요하다고 인정하여 지정하는 업무(2010.6.4 본호개정)
② 고용노동부장관은 제3조의2제1항에 따른 공인노무사 자격시험의 관리에 관한 업무를 「한국산업인력공단법」에 따른 한국산업인력공단에 위탁할 수 있다.(2010.6.4 본항개정)
③ 고용노동부장관이 제1항과 제2항에 따라 공인노무사회나 한국산업인력공단에 업무를 위탁한 경우에는 예산의 범위에서 필요한 경비를 보조할 수 있다.(2010.6.4 본항개정)
(2007.8.3 본조개정)
제26조의2【취약계층의 지원 등】① 국가나 공공기관은 사회취약계층을 위하여 공인노무사로 하여금 노동 및 사회보험 관계 법령과 관련한 사건에 대하여 지원하게 할 수 있다.(2020.1.29 본항개정)
② 제1항에 따라 국가나 공공기관이 공인노무사로 하여금 사회취약계층을 지원하게 하려는 경우 그 방법 및 절차, 취약계층의 범위, 공인노무사의 보수 등에 관한 사항에 대하여는 다른 법률로 정하는 바에 따른다.
③ 고용노동부장관은 공인노무사가 제1항에 따라 사회취약계층을 지원한 경우에는 고용노동부령으로 정하는 바에 따라 일정시간의 보수교육을 받은 것으로 인정할 수 있다.(2010.6.4 본항개정)
(2007.8.3 본조개정)
제27조【업무의 제한 등】① 공인노무사가 아닌 자는 제2조제1항제1호·제2호 또는 제4호의 직무를 업으로서 행하여서는 아니 된다. 다만, 다른 법률로 정하여져 있는 경우에는 그러하지 아니하다.
② 제1항의 직무를 업으로서 행할 수 없는 자는 해당 직무를 수행한다는 표시·광고를 하거나 해당 직무를 수행하는 것으로 오인될 우려가 있는 표시·광고를 하여서는 아니 된다.(2020.1.29 본항신설)
(2020.1.29 본조개정)
제27조의2【공인노무사 업무의 소개·알선 등 제한】① 누구든지 제2조제1항제1호·제2호 또는 제4호의 직무에 해당하는 사건의 수임에 관하여 다음 각 호의 행위를 하여서는 아니 된다.
1. 사전에 금품·향응 또는 그 밖의 이익을 받거나 받기로 약속하고 당사자 또는 그 밖의 관계인을 특정한 공인노무사나 그 직무보조원에게 소개·알선 또는 유인하는 행위
2. 당사자 또는 그 밖의 관계인을 특정한 공인노무사나 그 직무보조원에게 소개·알선 또는 유인한 후 그 대가로 금품·향응 또는 그 밖의 이익을 받거나 요구하는 행위
② 공인노무사가 아닌 자는 공인노무사가 아니면 할 수 없는 업무를 통하여 보수나 그 밖의 이익을 분배받아서는 아니 된다.
(2020.1.29 본조신설)
제27조의3【규제의 재검토】고용노동부장관은 제3조의3의 시험의 일부면제 기준 및 제12조의4의 손해배상책임 보증보험가입제도에 대하여 2010년 12월 31일부터 매 5년마다 그 타당성을 검토하여 폐지, 완화 또는 유지 등의 조치를 하여야 한다.(2010.6.4 본조개정)
제27조의4【벌칙 적용에서 공무원 의제】자격심의·징계위원회의 위원 중 공무원이 아닌 위원은 「형법」 제127조 및 제129조부터 제132조까지의 규정을 적용할 때에는 공무원으로 본다.(2022.6.10 본조신설)
제28조【벌칙】① 다음 각 호의 어느 하나에 해당하는 자는 3년 이하의 징역 또는 3천만원 이하의 벌금에 처한다.
(2014.5.20 본문개정)
1. 제14조에 따른 비밀 엄수 의무를 위반한 자
2. 제27조제1항에 따른 업무 제한 사항을 위반한 자
(2020.1.29 본호개정)
3. 제27조의2제1항을 위반하여 공인노무사 업무의 소개·알선 등을 한 자(2020.1.29 본호신설)
4. 제27조의2제2항을 위반하여 공인노무사가 아니면 할 수 없는 업무를 통하여 보수나 그 밖의 이익을 분배받은 자(2020.1.29 본호신설)
② 다음 각 호의 어느 하나에 해당하는 자는 1년 이하의 징역 또는 1천만원 이하의 벌금에 처한다.(2014.5.20 본문개정)
1. 공인노무사로서 제5조제1항에 따른 등록을 하지 아니하고 공인노무사 업무를 수행한 자(2010.5.25 본호신설)
2. 제13조제1호, 제2호 또는 제4호에 해당하는 금지 행위를 한 자
3. 제20조의3제1항에 따른 자격대여행위 등의 금지 의무를 위반한 사람 및 같은 조 제2항을 위반하여 자격대여 등을 받은 상대방(2022.6.10 본호개정)
3의2. 제20조의3제3항을 위반하여 자격대여 등을 알선한 사람(2022.6.10 본호신설)
4. 제8조제3항·제4항에 따른 유사명칭 사용 금지 의무를 위반한 자(2010.5.25 본호신설)
5. 제27조제2항에 따른 표시·광고의 제한을 위반한 자
(2020.1.29 본호신설)
(2010.5.25 본항개정)
③ (2010.5.25 삭제)
(2007.8.3 본조개정)
제29조【양벌규정】노무법인의 사원인 개업노무사, 소속공인노무사 또는 개업노무사의 직무보조원이 그 노무법인 또는 개업노무사의 업무에 관하여 제28조의 위반행위를 하면 그 행위자를 벌하는 외에 그 노무법인 또는 개업노무사에게도 해당 조문의 벌금형을 과(科)한다. 다만, 노무법인 또는 개업노무사가 그 위반행위를 방지하기 위하여 해당 업무에 관하여 상당한 주의와 감독을 게을리하지 아니한 경우에는 그러하지 아니하다.
(2010.5.25 본문개정)
제30조【과태료】① 다음 각 호의 어느 하나에 해당하는 자에게는 200만원 이하의 과태료를 부과한다.
(2010.5.25 본문개정)
1. 제5조의2제2항에 따른 보수교육을 받지 아니한 자
(2010.5.25 본호개정)
2. 제9조에 따른 폐업신고 의무를 위반한 자
2의2. 제12조의4(제7조의10제2항에서 준용하는 경우를 포함한다)에 따른 보증보험에 가입하지 아니한 자
(2010.5.25 본호신설)
3. 제17조제1항(제7조의10제2항에서 준용하는 경우를 포함한다)에 따른 직무에 관한 장부의 작성·관리·보존 의무를 위반한 자(2010.5.25 본호개정)
4. (2010.5.25 삭제)
② 제1항에 따른 과태료는 대통령령으로 정하는 바에 따라 고용노동부장관이 부과·징수한다.(2010.6.4 본항개정)
③~⑤ (2010.5.25 삭제)
(2007.8.3 본조개정)
제31조【권한의 위임】이 법에 따른 고용노동부장관의 권한은 대통령령으로 정하는 바에 따라 그 일부를 지방고용노동관서의 장에게 위임할 수 있다.(2010.6.4 본조개정)

부 칙 (2010.5.25)

제1조【시행일】 이 법은 공포 후 6개월이 경과한 날부터 시행한다. 다만, 제5조의2제2항의 개정규정은 2011년 1월 1일부터 시행한다.
제2조【노무법인의 업무집행방법에 관한 적용례】 제7조의8의 개정규정은 이 법 시행 후 노무법인이 최초로 수임한 업무부터 적용한다.
제3조【경업의 금지에 관한 적용례】 ① 제7조의9제1항의 개정규정은 이 법 시행 후 노무법인의 사원 또는 소속 공인노무사가 최초로 착수하는 업무부터 적용한다.
② 제7조의9제2항의 개정규정은 이 법 시행 후 최초로 노무법인을 퇴직한 사람부터 적용한다.
제4조【연수교육에 관한 경과조치】 이 법 시행 당시 종전의 규정에 따라 실무수습을 받은 공인노무사(이 법 시행 당시 실무수습 중이었으나 이 법 시행 후 실무수습을 이수한 공인노무사를 포함한다)는 제5조의2제1항의 개정규정에 따라 연수교육을 받은 것으로 본다.
제5조【노무법인 사원 자격에 관한 경과조치】 이 법 시행 전의 행위로 인하여 자격정지처분을 받고 그 기간 중에 있는 사람에 대하여는 제7조의3제3항의 개정규정에도 불구하고 종전의 규정에 따른다.
제6조【노무법인 인가 취소에 관한 경과조치】 이 법 시행 전의 행위에 대한 노무법인 인가 취소에 대하여는 제7조의6의 개정규정에도 불구하고 종전의 규정에 따른다.
제7조【개업노무사 등록의 취소에 관한 경과조치】 이 법 시행 전의 행위로 인하여 부칙 제8조에 따라 종전의 규정에 따라 자격정지처분을 받게 되는 사람에 대하여는 제19조의 개정규정에도 불구하고 개업노무사 등록의 취소에 관하여 종전의 규정에 따른다.
제8조【징계에 관한 경과조치】 이 법 시행 전의 행위에 대한 징계는 종전의 규정에 따른다.
제9조【벌칙 및 과태료에 관한 경과조치】 이 법 시행 전의 행위에 대하여 벌칙 및 과태료 규정을 적용할 때에는 종전의 규정에 따른다.

부 칙 (2016.1.27)

제1조【시행일】 이 법은 공포 후 3개월이 경과한 날부터 시행한다.
제2조【공인노무사 자격시험에 관한 적용례】 제3조의2제5항의 개정규정은 이 법 시행 후 최초로 실시하는 공인노무사 자격시험부터 적용한다.
제3조【금치산자 등에 대한 경과조치】 제4조제2호의 개정규정에 따른 피성년후견인 및 피한정후견인에는 법률 제10429호 민법 일부개정법률 부칙 제2조에 따라 금치산 또는 한정치산 선고의 효력이 유지되는 사람이 포함되는 것으로 본다.

부 칙 (2020.1.29)

제1조【시행일】 이 법은 공포 후 6개월이 경과한 날부터 시행한다.
제2조【시험의 일부면제의 적용 배제에 관한 적용례】 제3조의3제5항의 개정규정은 이 법 시행 후 파면 또는 해임되거나 강등 또는 정직에 해당하는 징계처분을 받은 사람부터 적용한다.
제3조【징계 대상행위의 횟수 산정 기준에 관한 적용례】 제20조제1항제13호 또는 제14호의 개정규정에 따른 징계대상행위의 횟수를 산정할 때에는 이 법 시행 이후에 확정된 금고 이상의 형 또는 직무정지 3년의 징계처분부터 산정한다.
제4조【징계요구 중인 공인노무사에 관한 경과조치】 이 법 시행 당시 징계요구 중인 사람에 대해서는 제20조의 개정규정에도 불구하고 종전의 규정에 따른다.

부 칙 (2022.6.10)

제1조【시행일】 이 법은 공포 후 6개월이 경과한 날부터 시행한다.
제2조【법 시행을 위한 준비행위】 고용노동부장관은 이 법의 시행을 위하여 필요하다고 인정하는 경우에는 이 법 시행 전에 자격심의·징계위원회의 구성·운영에 필요한 위원의 지명 또는 위촉 등의 준비행위를 할 수 있다.
제3조【공인노무사자격심의위원회 및 공인노무사징계위원회에 관한 경과조치】 ① 이 법 시행 전에 종전의 규정에 따른 공인노무사자격심의위원회 또는 공인노무사징계위원회의 심의·의결과 그 밖의 행위, 공인노무사징계위원회에 대한 징계 요구, 공인노무사자격심의위원회 또는 공인노무사징계위원회에 대한 그 밖의 행위는 자격심의·징계위원회의 행위나 자격심의·징계위원회에 대한 행위로 본다.
② 이 법 시행 당시 종전의 규정에 따라 지명 또는 위촉된 공인노무사자격심의위원회의 위원은 이 법에 따라 지명 또는 위촉된 자격심의·징계위원회의 위원으로 보며, 그 위촉위원의 임기는 종전의 규정에 따른 임기의 나머지 기간으로 한다.

최저임금법

(1986년 12월 31일 법 률 제3927호)

개정
1993. 8. 5법 4575호
1997.12.24법 5474호(근로자직업훈련촉진법)
1999. 2. 8법 5888호　2000.10.23법 6278호
2005. 5.31법 7563호　2005.12.30법 7827호
2007. 4.11법 8372호(근기)
2007.12.27법 8818호　2008. 3.21법 8964호
2010. 6. 4법10339호(정부조직)
2012. 2. 1법11278호　2017. 9.19법14900호
2018. 6.12법15666호
2020. 5.26법17326호(법률용어정비)

제1장 총 칙
(2008.3.21 본장개정)

제1조【목적】 이 법은 근로자에 대하여 임금의 최저수준을 보장하여 근로자의 생활안정과 노동력의 질적 향상을 꾀함으로써 국민경제의 건전한 발전에 이바지하는 것을 목적으로 한다.
제2조【정의】 이 법에서 "근로자", "사용자" 및 "임금"이란 「근로기준법」 제2조에 따른 근로자, 사용자 및 임금을 말한다.
제3조【적용 범위】 ① 이 법은 근로자를 사용하는 모든 사업 또는 사업장(이하 "사업"이라 한다)에 적용한다. 다만, 동거하는 친족만을 사용하는 사업과 가사(家事) 사용인에게는 적용하지 아니한다.
② 이 법은 「선원법」의 적용을 받는 선원과 선원을 사용하는 선박의 소유자에게는 적용하지 아니한다.

제2장 최저임금
(2008.3.21 본장개정)

제4조【최저임금의 결정기준과 구분】 ① 최저임금은 근로자의 생계비, 유사 근로자의 임금, 노동생산성 및 소득분배율 등을 고려하여 정한다. 이 경우 사업의 종류별로 구분하여 정할 수 있다.
② 제1항에 따른 사업의 종류별 구분은 제12조에 따른 최저임금위원회의 심의를 거쳐 고용노동부장관이 정한다.
(2010.6.4 본항개정)
제5조【최저임금액】 ① 최저임금액(최저임금으로 정한 금액을 말한다. 이하 같다)은 시간·일(日)·주(週) 또는 월(月)을 단위로 하여 정한다. 이 경우 일·주 또는 월을 단위로 하여 최저임금액을 정할 때에는 시간급(時間給)으로도 표시하여야 한다.
② 1년 이상의 기간을 정하여 근로계약을 체결하고 수습 중에 있는 근로자로서 수습을 시작한 날부터 3개월 이내인 사람에 대하여는 대통령령으로 정하는 바에 따라 제1항에 따른 최저임금액과 다른 금액으로 최저임금액을 정할 수 있다. 다만, 단순노무업무로 고용노동부장관이 정하여 고시한 직종에 종사하는 근로자는 제외한다.(2020.5.26 본문개정)
③ 임금이 통상적으로 도급제나 그 밖에 이와 비슷한 형태로 정하여져 있는 경우로서 제1항에 따라 최저임금액을 정하는 것이 적당하지 아니하다고 인정되면 대통령령으로 정하는 바에 따라 최저임금액을 따로 정할 수 있다.
제5조의2【최저임금의 적용을 위한 임금의 환산】 최저임금의 적용 대상이 되는 근로자의 임금을 정하는 단위기간이 제5조제1항에 따른 최저임금의 단위기간과 다른 경우에 해당 근로자의 임금을 최저임금의 단위기간에 맞추어 환산하는 방법은 대통령령으로 정한다.
제6조【최저임금의 효력】 ① 사용자는 최저임금의 적용을 받는 근로자에게 최저임금액 이상의 임금을 지급하여야 한다.
② 사용자는 이 법에 따른 최저임금을 이유로 종전의 임금수준을 낮추어서는 아니 된다.
③ 최저임금의 적용을 받는 근로자와 사용자 사이의 근로계약 중 최저임금액에 미치지 못하는 금액을 임금으로 정한 부분은 무효로 하며, 이 경우 무효로 된 부분은 이 법으로 정한 최저임금액과 동일한 임금을 지급하기로 한 것으로 본다.
④ 제1항과 제3항에 따른 임금에는 매월 1회 이상 정기적으로 지급하는 임금을 산입(算入)한다. 다만, 다음 각 호의 어느 하나에 해당하는 임금은 산입하지 아니한다.
1. 「근로기준법」 제2조제1항제8호에 따른 소정(所定)근로시간(이하 "소정근로시간"이라 한다) 또는 소정의 근로일에 대하여 지급하는 임금 외의 임금으로서 고용노동부령으로 정하는 임금
2. 상여금, 그 밖에 이에 준하는 것으로서 고용노동부령으로 정하는 임금의 월 지급액 중 해당 연도 시간급 최저임금액을 기준으로 산정된 월 환산액의 100분의 25에 해당하는 부분
3. 식비, 숙박비, 교통비 등 근로자의 생활 보조 또는 복리후생을 위한 성질의 임금으로서 다음 각 목의 어느 하나에 해당하는 것
가. 통화 이외의 것으로 지급하는 임금
나. 통화로 지급하는 임금의 월 지급액 중 해당 연도 시간급 최저임금액을 기준으로 산정된 월 환산액의 100분의 7에 해당하는 부분
(2018.6.12 본항개정)
⑤ 제4항에도 불구하고 「여객자동차 운수사업법」 제3조 및 같은 법 시행령 제3조제2호다목에 따른 일반택시운송사업에서 운전업무에 종사하는 근로자의 최저임금에 산입되는 임금의 범위는 생산고에 따른 임금을 제외한 대통령령으로 정하는 임금으로 한다.
⑥ 제1항과 제3항은 다음 각 호의 어느 하나에 해당하는 사유로 근로하지 아니한 시간 또는 일에 대하여 사용자가 임금을 지급할 것을 강제하는 것은 아니다.
1. 근로자가 자기의 사정으로 소정근로시간 또는 소정의 근로일의 근로를 하지 아니한 경우
2. 사용자가 정당한 이유로 근로자에게 소정근로시간 또는 소정의 근로일의 근로를 시키지 아니한 경우
⑦ 도급으로 사업을 행하는 경우 도급인이 책임져야 할 사유로 수급인이 근로자에게 최저임금액에 미치지 못하는 임금을 지급한 경우 도급인은 해당 수급인과 연대(連帶)하여 책임을 진다.
⑧ 제7항에 따른 도급인이 책임져야 할 사유의 범위는 다음 각 호와 같다.
1. 도급인이 도급계약 체결 당시 인건비 단가를 최저임금액에 미치지 못하는 금액으로 결정하는 행위
2. 도급인이 도급계약 기간 중 인건비 단가를 최저임금액에 미치지 못하는 금액으로 낮춘 행위
⑨ 두 차례 이상의 도급으로 사업을 행하는 경우에는 제7항의 "수급인"은 "하수급인(下受給人)"으로 보고, 제7항과 제8항의 "도급인"은 "직상(直上) 수급인(하수급인에게 직접 하도급을 준 수급인)"으로 본다.
제6조의2【최저임금 산입을 위한 취업규칙 변경절차의 특례】 사용자가 제6조제4항에 따라 산입되는 임금에 포함시키기 위하여 1개월을 초과하는 주기로 지급하는 임금을 총액의 변동 없이 매월 지급하는 것으로 취업규칙을 변경하려는 경우에는 「근로기준법」 제94조제1항에도 불구하고 해당 사업 또는 사업장에 근로자의 과반수로 조직된 노동조합이 있는 경우에는 그 노동조합, 근로자의 과반수로 조직된 노동조합이 없는 경우에는 근로자의 과반수의 의견을 들어야 한다.(2018.6.12 본조신설)
제7조【최저임금의 적용 제외】 다음 각 호의 어느 하나에 해당하는 사람으로서 사용자가 대통령령으로 정하는 바에 따라 고용노동부장관의 인가를 받은 사람에 대하여는 제6조를 적용하지 아니한다.
1. 정신장애나 신체장애로 근로능력이 현저히 낮은 사람
2. 그 밖에 최저임금을 적용하는 것이 적당하지 아니하다고 인정되는 사람
(2020.5.26 본조개정)

제3장 최저임금의 결정
(2008.3.21 본장개정)

제8조【최저임금의 결정】 ① 고용노동부장관은 매년 8월 5일까지 최저임금을 결정하여야 한다. 이 경우 고용노동부장관은 대통령령으로 정하는 바에 따라 제12조에 따른 최저임금위원회(이하 "위원회"라 한다)에 심의를 요청하고, 위원회가 심의하여 의결한 최저임금안에 따라 최저임금을 결정하여야 한다.
② 위원회는 제1항 후단에 따라 고용노동부장관으로부터 최저임금에 관한 심의 요청을 받은 경우 이를 심의하여 최저임금안을 의결하고 심의 요청을 받은 날부터 90일 이내에 고용노동부장관에게 제출하여야 한다.
③ 고용노동부장관은 제2항에 따라 위원회가 심의하여 제출한 최저임금안에 따라 최저임금을 결정하기가 어렵다고 인정되면 20일 이내에 그 이유를 밝혀 위원회에 10일 이상의 기간을 정하여 재심의를 요청할 수 있다.
④ 위원회는 제3항에 따라 재심의 요청을 받은 때에는 그 기간 내에 재심의하여 그 결과를 고용노동부장관에게 제출하여야 한다.
⑤ 고용노동부장관은 위원회가 제4항에 따른 재심의에서 재적위원 과반수의 출석과 출석위원 3분의 2 이상의 찬성으로 제2항에 따른 당초의 최저임금안을 재의결한 경우에는 그에 따라 최저임금을 결정하여야 한다.
(2010.6.4 본조개정)
제9조【최저임금안에 대한 이의 제기】 ① 고용노동부장관은 제8조제2항에 따라 위원회로부터 최저임금안을 제출받은 때에는 대통령령으로 정하는 바에 따라 최저임금안을 고시하여야 한다.
② 근로자를 대표하는 자나 사용자를 대표하는 자는 제1항에 따라 고시된 최저임금안에 대하여 이의가 있으면 고시된 날부터 10일 이내에 대통령령으로 정하는 바에 따라 고용노동부장관에게 이의를 제기할 수 있다. 이 경우 근로자를 대표하는 자나 사용자를 대표하는 자의 범위는 대통령령으로 정한다.
③ 고용노동부장관은 제2항에 따른 이의가 이유 있다고 인정되면 그 내용을 밝혀 제8조제3항에 따라 위원회에 최저임금안의 재심의를 요청하여야 한다.
④ 고용노동부장관은 제3항에 따라 재심의를 요청한 최저임금안에 대하여 제8조제4항에 따라 위원회가 재심의하여 의결한 최저임금안이 제출될 때까지는 최저임금을 결정하여서는 아니 된다.
(2010.6.4 본조개정)

제10조【최저임금의 고시와 효력발생】 ① 고용노동부장관은 최저임금을 결정한 때에는 지체 없이 그 내용을 고시하여야 한다.
② 제1항에 따라 고시된 최저임금은 다음 연도 1월 1일부터 효력이 발생한다. 다만, 고용노동부장관은 사업의 종류별로 임금교섭시기 등을 고려하여 필요하다고 인정하면 효력발생 시기를 따로 정할 수 있다.
(2010.6.4 본조개정)
제11조【주지 의무】 최저임금의 적용을 받는 사용자는 대통령령으로 정하는 바에 따라 해당 최저임금을 그 사업의 근로자가 쉽게 볼 수 있는 장소에 게시하거나 그 외의 적당한 방법으로 근로자에게 널리 알려야 한다.

제4장 최저임금위원회
(2008.3.21 본장개정)

제12조【최저임금위원회의 설치】 최저임금에 관한 심의와 그 밖에 최저임금에 관한 중요 사항을 심의하기 위하여 고용노동부에 최저임금위원회를 둔다.(2010.6.4 본조개정)
제13조【위원회의 기능】 위원회는 다음 각 호의 기능을 수행한다.
1. 최저임금에 관한 심의 및 재심의
2. 최저임금 적용 사업의 종류별 구분에 관한 심의
3. 최저임금제도의 발전을 위한 연구 및 건의
4. 그 밖에 최저임금에 관한 중요 사항으로서 고용노동부장관이 회의에 부치는 사항의 심의(2010.6.4 본호개정)
제14조【위원회의 구성 등】 ① 위원회는 다음 각 호의 위원으로 구성한다.
1. 근로자를 대표하는 위원(이하 "근로자위원"이라 한다) 9명
2. 사용자를 대표하는 위원(이하 "사용자위원"이라 한다) 9명
3. 공익을 대표하는 위원(이하 "공익위원"이라 한다) 9명
② 위원회에 2명의 상임위원을 두며, 상임위원은 공익위원이 된다.
③ 위원의 임기는 3년으로 하되, 연임할 수 있다.
④ 위원이 궐위(闕位)되면 그 보궐위원의 임기는 전임자(前任者) 임기의 남은 기간으로 한다.
⑤ 위원은 임기가 끝났더라도 후임자가 임명되거나 위촉될 때까지 계속하여 직무를 수행한다.
⑥ 위원의 자격과 임명·위촉 등에 관하여 필요한 사항은 대통령령으로 정한다.
제15조【위원장과 부위원장】 ① 위원회에 위원장과 부위원장 각 1명을 둔다.
② 위원장과 부위원장은 공익위원 중에서 위원회가 선출한다.
③ 위원장은 위원회의 사무를 총괄하며 위원회를 대표한다.
④ 위원장이 불가피한 사유로 직무를 수행할 수 없을 때에는 부위원장이 직무를 대행한다.
제16조【특별위원】 ① 위원회에는 관계 행정기관의 공무원 중에서 3명 이내의 특별위원을 둘 수 있다.
② 특별위원은 위원회의 회의에 출석하여 발언할 수 있다.
③ 특별위원의 자격 및 위촉 등에 관하여 필요한 사항은 대통령령으로 정한다.
제17조【회의】 ① 위원회의 회의는 다음 각 호의 경우에 위원장이 소집한다.
1. 고용노동부장관이 소집을 요구하는 경우(2010.6.4 본호개정)
2. 재적위원 3분의 1 이상이 소집을 요구하는 경우
3. 위원장이 필요하다고 인정하는 경우
② 위원장은 위원회 회의의 의장이 된다.
③ 위원회의 회의는 이 법으로 따로 정하는 경우 외에는 재적위원 과반수의 출석과 출석위원 과반수의 찬성으로 의결한다.
④ 위원회가 제3항에 따른 의결을 할 때에는 근로자위원과 사용자위원 각 3분의 1 이상의 출석이 있어야 한다. 다만, 근로자위원이나 사용자위원이 2회 이상 출석요구를 받고도 정당한 이유 없이 출석하지 아니하는 경우에는 그러하지 아니하다.
제18조【의견 청취】 위원회는 그 업무를 수행할 때에 필요하다고 인정하면 관계 근로자와 사용자, 그 밖의 관계인의 의견을 들을 수 있다.
제19조【전문위원회】 ① 위원회는 필요하다고 인정하면 사업의 종류별 또는 특정 사항별로 전문위원회를 둘 수 있다.
② 전문위원회는 위원회 권한의 일부를 위임받아 제13조 각 호의 위원회 기능을 수행한다.
③ 전문위원회는 근로자위원, 사용자위원 및 공익위원 각 5명 이내의 같은 수로 구성한다.
④ 전문위원회에 관하여는 위원회의 운영 등에 관한 제14조제3항부터 제6항까지, 제15조, 제17조 및 제18조를 준용한다. 이 경우 "위원회"를 "전문위원회"로 본다.
제20조【사무국】 ① 위원회에 그 사무를 처리하게 하기 위하여 사무국을 둔다.
② 사무국에는 최저임금의 심의 등에 필요한 전문적인 사항을 조사·연구하게 하기 위하여 3명 이내의 연구위원을 둘 수 있다.
③ 연구위원의 자격·위촉 및 수당과 사무국의 조직·운영 등에 필요한 사항은 대통령령으로 정한다.
제21조【위원의 수당 등】 위원회 및 전문위원회의 위원에게는 대통령령으로 정하는 바에 따라 수당과 여비를 지급할 수 있다.
제22조【운영규칙】 위원회는 이 법에 어긋나지 아니하는 범위에서 위원회 및 전문위원회의 운영에 관한 규칙을 제정할 수 있다.

제5장 보 칙
(2008.3.21 본장개정)

제23조【생계비 및 임금실태 등의 조사】 고용노동부장관은 근로자의 생계비와 임금실태 등을 매년 조사하여야 한다.(2010.6.4 본조개정)
제24조【정부의 지원】 정부는 근로자와 사용자에게 최저임금제도를 원활하게 실시하는 데에 필요한 자료를 제공하거나 그 밖에 필요한 지원을 하도록 최대한 노력하여야 한다.
제25조【보고】 고용노동부장관은 이 법의 시행에 필요한 범위에서 근로자나 사용자에게 임금에 관한 사항을 보고하게 할 수 있다.(2010.6.4 본조개정)
제26조【근로감독관의 권한】 ① 고용노동부장관은「근로기준법」제101조에 따른 근로감독관에게 대통령령으로 정하는 바에 따라 이 법의 시행에 관한 사무를 관장하도록 한다.(2010.6.4 본항개정)
② 근로감독관은 제1항에 따른 권한을 행사하기 위하여 사업장에 출입하여 장부와 서류의 제출을 요구할 수 있으며 그 밖의 물건을 검사하거나 관계인에게 질문할 수 있다.
③ 제2항에 따라 출입·검사를 하는 근로감독관은 그 신분을 표시하는 증표를 지니고 이를 관계인에게 내보여야 한다.
④ 근로감독관은 이 법 위반의 죄에 관하여「사법경찰관리의 직무를 행할 자와 그 직무범위에 관한 법률」로 정하는 바에 따라 사법경찰관의 직무를 행한다.
제26조의2【권한의 위임】 이 법에 따른 고용노동부장관의 권한은 대통령령으로 정하는 바에 따라 그 일부를 지방고용노동관서의 장에게 위임할 수 있다.(2010.6.4 본조개정)
제27조 (2008.3.21 삭제)

제6장 벌 칙
(2008.3.21 본장개정)

제28조【벌칙】 ① 제6조제1항 또는 제2항을 위반하여 최저임금액보다 적은 임금을 지급하거나 최저임금을 이유로 종전의 임금을 낮춘 자는 3년 이하의 징역 또는 2천만원 이하의 벌금에 처한다. 이 경우 징역과 벌금은 병과(併科)할 수 있다.
② 도급인에게 제6조제7항에 따라 연대책임이 발생하여 근로감독관이 그 연대책임을 이행하도록 시정지시하였음에도 불구하고 도급인이 시정기한 내에 이를 이행하지 아니한 경우 2년 이하의 징역 또는 1천만원 이하의 벌금에 처한다.(2012.2.1 본항신설)
③ 제6조의2를 위반하여 의견을 듣지 아니한 자는 500만원 이하의 벌금에 처한다.(2018.6.12 본항신설)
제29조 (1999.2.8 삭제)
제30조【양벌규정】 ① 법인의 대표자, 대리인, 사용인, 그 밖의 종업원이 그 법인의 업무에 관하여 제28조의 위반행위를 하면 그 행위자를 벌할 뿐만 아니라 그 법인에도 해당 조문의 벌금형을 과(科)한다.
② 개인의 대리인, 사용인, 그 밖의 종업원이 그 개인의 업무에 관하여 제28조의 위반행위를 하면 그 행위자를 벌할 뿐만 아니라 그 개인에게도 해당 조문의 벌금형을 과한다.
제31조【과태료】 ① 다음 각 호의 어느 하나에 해당하는 자에게는 100만원 이하의 과태료를 부과한다.
1. 제11조를 위반하여 근로자에게 해당 최저임금을 같은 조에서 규정한 방법으로 널리 알리지 아니한 자
2. 제25조에 따른 임금에 관한 사항의 보고를 하지 아니하거나 거짓 보고를 한 자
3. 제26조제2항에 따른 근로감독관의 요구 또는 검사를 거부·방해 또는 기피하거나 질문에 대하여 거짓 진술을 한 자
② 제1항에 따른 과태료는 대통령령으로 정하는 바에 따라 고용노동부장관이 부과·징수한다.(2010.6.4 본항개정)
③ 제2항에 따른 과태료 처분에 불복하는 자는 그 처분을 고지받은 날부터 30일 이내에 고용노동부장관에게 이의를 제기할 수 있다.(2010.6.4 본항개정)
④ 제2항에 따른 과태료 처분을 받은 자가 제3항에 따라 이의를 제기하면 고용노동부장관은 지체 없이 관할 법원에 그 사실을 통보하여야 하며, 그 통보를 받은 관할 법원은「비송사건절차법」에 따른 과태료 재판을 한다.
(2010.6.4 본항개정)
⑤ 제3항에 따른 기간에 이의를 제기하지 아니하고 과태료를 내지 아니하면 국세 체납처분의 예에 따라 징수한다.

부 칙 (2005.5.31)

①【시행일】이 법은 2005년 9월 1일부터 시행한다. 다만, 제5조제2항제2호의 개정규정은 2007년 1월 1일부터 시행하고, 부칙 제3항은 2005년 7월 1일부터 시행한다.
②【최저임금에 관한 경과조치】이 법 시행 당시 종전의 규정에 의하여 결정되어 2005년 9월 1일부터 효력을 발생하는 최저임금은 2006년 12월 31일까지 효력을 가진다.
③【근로시간 단축에 따른 최저임금 보전】사용자는 법률 제6974호「근로기준법중개정법률」제49조제1항의 개정규정으로 인하여 소정근로시간이 단축되는 경우 정당한 사유 없이 최저임금의 적용대상이 되는 임금을 단축전 소정근로시간에 단축 당시 적용되는 시간급 최저임금액을 곱한 금액보다 저하하게 할 수 없다. 다만, 1주 4시간을 초과하여 단축되는 경우 그 초과되는 시간을 단축전 소정근로시간에서 제외할 수 있다.

부 칙 (2007.12.27)

이 법의 시행일은 다음 각 호와 같다.
1.「지방자치법」제2조제1항제1호의 특별시 및 광역시 : 2009년 7월 1일
2. 제주특별자치도 및「지방자치법」제2조제1항제2호의 시지역 : 2010년 7월 1일
3. 제1호 및 제2호를 제외한 지역 : 2012년 7월 1일

부 칙 (2008.3.21)

①【시행일】이 법은 공포한 날부터 시행한다. 다만, 제6조제5항의 개정규정의 시행일은 다음 각 호와 같다.
1.「지방자치법」제2조제1항제1호의 특별시 및 광역시 : 2009년 7월 1일
2. 제주특별자치도 및「지방자치법」제2조제1항제2호의 시지역 : 2010년 7월 1일
3. 제1호 및 제2호를 제외한 지역 : 2012년 7월 1일
②【다른 법률의 개정】※(해당 법령에 가제정리 하였음)

부 칙 (2017.9.19)

제1조【시행일】 이 법은 공포 후 6개월이 경과한 날부터 시행한다.
제2조【최저임금액에 관한 적용례】 제5조제2항의 개정규정은 이 법 시행 후 최초로 체결하는 근로계약부터 적용한다.

부 칙 (2018.6.12)

제1조【시행일】 이 법은 2019년 1월 1일부터 시행한다.
제2조【최저임금의 효력에 관한 적용 특례】 ① 제6조제4항제2호의 개정규정에도 불구하고 같은 호에서 규정하고 있는 "100분의 25"는 다음 각 호에 따른 비율로 한다.
1. 2020년은 100분의 20
2. 2021년은 100분의 15
3. 2022년은 100분의 10
4. 2023년은 100분의 5
5. 2024년부터는 100분의 0
② 제6조제4항제3호의 개정규정에도 불구하고 같은 호 나목에서 규정하고 있는 "100분의 7"은 다음 각 호에 따른 비율로 한다.
1. 2020년은 100분의 5
2. 2021년은 100분의 3
3. 2022년은 100분의 2
4. 2023년은 100분의 1
5. 2024년부터는 100분의 0

부 칙 (2020.5.26)

이 법은 공포한 날부터 시행한다.(이하 생략)

최저임금법 시행령

(1987년 7월 1일 대통령령 제12207호)

개정
1988. 7. 7영12488호 1989. 7. 4영12746호
1993.12.29영14035호 1999. 3.17영16190호
2004. 3.17영18312호(전자적민원처리를위한가석방자관리규정등)
2005. 6.30영18911호(근로자직업능력개발법시)
2005. 8.31영19029호
2006. 6.12영19513호(고위공무원단인사규정)
2006.12.21영19771호 2009. 6.26영21572호
2010. 7.12영22269호(직제)
2011. 3.30영22805호 2011.12.21영23388호
2012. 1. 6영23488호(민감정보고유식별정보)
2015.12.31영26844호(행정기관책임성강화)
2018. 3.20영28711호 2018.12.31영29469호

제1조【목적】 이 영은 「최저임금법」에서 위임된 사항과 그 시행에 필요한 사항을 규정함을 목적으로 한다.
(2009.6.26 본조개정)

제2조 (2005.8.31 삭제)

제3조【수습 중에 있는 근로자에 대한 최저임금액】 「최저임금법」(이하 "법"이라 한다) 제5조제2항 본문에 따라 1년 이상의 기간을 정하여 근로계약을 체결하고 수습 중에 있는 근로자로서 수습을 시작한 날부터 3개월 이내인 사람에 대해서는 같은 조 제1항 후단에 따른 시간급 최저임금액(최저임금으로 정한 금액을 말한다. 이하 같다)에서 100분의 10을 뺀 금액을 그 근로자의 시간급 최저임금액으로 한다.(2018.3.20 본조개정)

제4조【도급제 등의 경우 최저임금액 결정의 특례】 법 제5조제3항에 따라 임금이 도급제나 그 밖에 이와 비슷한 형태로 정해진 경우에 근로시간을 파악하기 어렵거나 그 밖에 같은 조 제1항에 따라 최저임금액을 정하는 것이 적합하지 않다고 인정되면 해당 근로자의 생산고(生産高) 또는 업적의 일정단위에 의하여 최저임금액을 정한다.
(2009.6.26 본조개정)

제5조【최저임금의 적용을 위한 임금의 환산】 ① 근로자의 임금을 정하는 단위가 된 기간이 그 근로자에게 적용되는 최저임금액을 정할 때의 단위가 된 기간과 다른 경우에는 그 근로자에 대한 임금을 다음 각 호의 구분에 따라 시간에 대한 임금으로 환산한다.
1. 일(日) 단위로 정해진 임금 : 그 금액을 1일의 소정근로시간 수로 나눈 금액
2. 주(週) 단위로 정해진 임금 : 그 금액을 1주의 최저임금 적용기준 시간 수(1주 동안의 소정근로시간 수와 「근로기준법」 제55조제1항에 따라 유급으로 처리되는 시간 수를 합산한 시간 수를 말한다)로 나눈 금액
3. 월(月) 단위로 정해진 임금 : 그 금액을 1개월의 최저임금 적용기준 시간 수(제2호에 따른 1주의 최저임금 적용기준 시간 수에 1년 동안의 평균의 주의 수를 곱한 시간을 12로 나눈 시간 수를 말한다)로 나눈 금액
(2018.12.31 1호~3호개정)
4. 시간·일·주 또는 월 외의 일정 기간을 단위로 정해진 임금 : 제1호부터 제3호까지의 규정에 준하여 산정(算定)한 금액

② 생산고에 따른 임금지급제나 그 밖의 도급제로 정해진 임금은 그 임금 산정기간(임금 마감일이 있는 경우에는 임금 마감기간을 말한다. 이하 이 항에서 같다)의 임금 총액을 그 임금 산정기간 동안의 총근로시간 수로 나눈 금액을 시간에 대한 임금으로 한다.
③ 근로자가 받는 임금이 제1항이나 제2항에서 정한 둘 이상의 임금으로 되어 있는 경우에는 해당 부분을 대하여 각각 해당 규정에 따라 환산한 금액의 합산액을 그 근로자의 시간에 대한 임금으로 한다.
④ 근로자의 임금을 정한 단위가 된 기간의 소정근로시간 수가 그 근로자에게 적용되는 최저임금액을 정할 때의 단위가 된 기간의 근로시간 수와 다른 경우에는 제1항 각 호의 구분에 따라 그 근로자의 임금을 시간에 대한 임금으로 환산한다.
(2009.6.26 본조개정)

제5조의2【월 환산액의 산정】 법 제6조제4항제2호 및 같은 항 제3호나목에 따른 월 환산액은 해당 연도 시간급 최저임금액에 제5조제1항제3호에 따른 1개월의 최저임금 적용기준 시간 수를 곱하여 산정한다.(2018.12.31 본조신설)

제5조의3【일반택시운송사업 운전 근로자의 최저임금에 산입되는 임금의 범위】 법 제6조제5항에서 "대통령령으로 정하는 임금"이란 단체협약, 취업규칙, 근로계약에 정해진 지급 조건과 지급률에 따라 매월 1회 이상 지급하는 임금을 말한다. 다만, 다음 각 호의 어느 하나에 해당하는 임금은 산입(算入)하지 아니한다.
1. 소정근로시간 또는 소정의 근로일에 대하여 지급하는 임금 외의 임금
2. 근로자의 생활 보조와 복리후생을 위하여 지급하는 임금
(2009.6.26 본조신설)

제6조【최저임금 적용 제외의 인가 기준】 사용자가 법 제7조에 따라 고용노동부장관의 인가를 받아 최저임금의 적용을 제외할 수 있는 자는 정신 또는 신체의 장애가 업무 수행에 직접적으로 현저한 지장을 주는 것이 명백하다고 인정되는 사람으로 한다.(2010.7.12 본조개정)

제7조【최저임금위원회에의 심의 요청】 고용노동부장관은 법 제8조제1항에 따라 매년 3월 31일까지 최저임금위원회(이하 "위원회"라 한다)에 최저임금에 관한 심의를 요청하여야 한다.(2010.7.12 본조개정)

제8조【최저임금안의 고시】 고용노동부장관은 법 제8조제2항에 따라 위원회로부터 최저임금안을 제출받았을 때에는 법 제9조제1항에 따라 지체 없이 사업 또는 사업장(이하 "사업"이라 한다)의 종류별 최저임금안 및 적용 사업의 범위를 고시하여야 한다.(2010.7.12 본조개정)

제9조【최저임금안에 대한 이의 제기】 법 제9조제2항 전단에 따라 최저임금안에 대하여 이의를 제기할 때에는 다음 각 호의 사항을 분명하게 적은 이의제기서를 고용노동부장관에게 제출하여야 한다.(2010.7.12 본문개정)
1. 이의 제기자의 성명, 주소, 소속 및 직위
2. 이의 제기 대상 업종의 최저임금안의 요지
3. 이의 제기의 사유와 내용
(2009.6.26 본조개정)

제10조【이의 제기를 할 수 있는 노·사 대표자의 범위】 법 제9조제2항 후단에 따라 근로자를 대표하는 자는 총연합단체인 노동조합의 대표자 및 산업별 연합단체인 노동조합의 대표자로 하고, 사용자를 대표하는 자는 전국적 규모의 사용자단체로서 고용노동부장관이 지정하는 단체의 대표자로 한다.(2010.7.12 본조개정)

제11조【주지 의무】 ① 법 제11조에 따라 사용자가 근로자에게 주지시켜야 할 최저임금의 내용은 다음 각 호와 같다.
1. 적용을 받는 근로자의 최저임금액
2. 법 제6조제4항에 따라 최저임금에 산입하지 아니하는 임금
3. 법 제7조에 따라 해당 사업에서 최저임금의 적용을 제외할 근로자의 범위
4. 최저임금의 효력발생 연월일
② 사용자는 제1항에 따른 최저임금의 내용을 법 제10조제2항에 따른 최저임금의 효력발생일 전날까지 근로자에게 주지시켜야 한다.
(2009.6.26 본조개정)

제12조【위원회 위원의 위촉 또는 임명 등】 ① 법 제14조제1항에 따른 근로자위원·사용자위원 및 공익위원은 고용노동부장관의 제청에 의하여 대통령이 위촉한다.
(2010.7.12 본항개정)
② 법 제14조제2항에 따른 상임위원은 고용노동부장관의 제청에 의하여 대통령이 임명한다.(2010.7.12 본항개정)
③ 근로자위원은 총연합단체인 노동조합에서 추천한 사람 중에서 제청하고, 사용자위원은 전국적 규모의 사용자단체 중 고용노동부장관이 지정하는 단체에서 추천한 사람 중에서 제청한다.(2010.7.12 본항개정)
④ 위원이 궐위된 경우에는 궐위된 날부터 30일 이내에 후임자를 위촉하거나 임명하여야 한다. 다만, 전임자의 남은 임기가 1년 미만인 경우에는 위촉하거나 임명하지 아니할 수 있다.
(2009.6.26 본조개정)

제12조의2【위원회 위원의 해촉】 대통령은 법 제14조제1항제1호부터 제3호까지의 규정에 따른 위원이 다음 각 호의 어느 하나에 해당하는 경우에는 해당 위원을 해촉(解囑)할 수 있다.
1. 심신장애로 인하여 직무를 수행할 수 없게 된 경우
2. 직무와 관련된 비위사실이 있는 경우
3. 직무태만, 품위손상이나 그 밖의 사유로 인하여 위원으로 적합하지 아니하다고 인정되는 경우
4. 위원 스스로 직무를 수행하는 것이 곤란하다고 의사를 밝히는 경우
(2015.12.31 본조신설)

제13조【공익위원의 위촉기준】 공익위원은 다음 각 호의 어느 하나에 해당하는 사람 중에서 위촉한다.
1. 3급 또는 3급 상당 이상의 공무원이었거나 고위공무원단에 속하는 공무원이었던 사람으로서 노동문제에 관한 학식과 경험이 풍부한 사람
2. 5년 이상 대학에서 노동경제, 노사관계, 노동법학, 사회학, 사회복지학, 그 밖에 이와 관련된 분야의 부교수 이상으로 재직 중이거나 재직하였던 사람
3. 10년(제2호에서 규정한 분야의 박사학위 소지자는 5년) 이상 공인된 연구기관에서 노동문제에 관한 연구에 종사하고 있거나 종사하였던 사람
4. 그 밖에 제1호부터 제3호까지의 규정에 상당하는 학식과 경험이 있다고 고용노동부장관이 인정하는 사람
(2010.7.12 본호개정)
(2009.6.26 본조개정)

제14조【상임위원의 임용 자격 등】 위원회의 상임위원은 다음 각 호의 어느 하나에 해당하는 사람 중에서 임명한다.
1. 3급 또는 3급 상당 이상 공무원이나 고위공무원단에 속하는 공무원으로서 노동행정 경력이 있는 사람
2. 대학에서 노동경제, 노사관계, 노동법학, 사회학, 사회복지학, 그 밖에 이와 관련된 분야의 부교수 이상으로 5년 이상 재직하였던 사람
(2009.6.26 본조개정)

제15조【특별위원의 위촉 등】 법 제16조에 따른 특별위원은 관계 행정기관의 3급 또는 3급 상당 이상의 공무원이나 고위공무원단에 속하는 공무원 중에서 고용노동부장관이 위촉한다.(2010.7.12 본조개정)

제16조【실비변상】 법 제18조에 따라 위원회(법 제19조제4항에 따라 준용되는 전문위원회를 포함한다)에 출석한 관계 근로자와 사용자, 그 밖의 관계인에게는 예산의 범위에서 수당과 여비를 지급한다.(2009.6.26 본조개정)

제17조【전문위원회의 구성】 ① 법 제19조제1항에 따른 전문위원회는 위원회의 위원장이 그 위원 중에서 지명하는 사람으로 구성한다.
② 위원회의 위원장은 위원회의 위원만으로 제1항의 전문위원회를 구성하기 어렵거나 소관 사항을 전문적으로 심의하기 위하여 필요한 경우에는 전문위원회의 위원을 따로 위촉할 수 있다. 이 경우 따로 위촉하는 전문위원회의 위원 중 근로자위원과 사용자위원의 위촉에 관하여는 제12조제3항을, 공익위원의 위촉기준에 관하여는 제13조를 준용한다.
(2009.6.26 본조개정)

제18조【위원의 수당 등】 법 제14조제1항에 따른 위원회의 상임위원을 제외한 위원 및 법 제19조제3항에 따른 전문위원회의 위원에게는 예산의 범위에서 그 직무 수행에 필요한 수당과 여비를 지급하되, 수당은 출석한 일수에 따라 지급하고 여비는 상임위원의 직위에 상응하는 금액을 지급한다.(2009.6.26 본조개정)

제19조【실태조사】 고용노동부장관은 위원회로 하여금 법 제23조에 따른 근로자의 생계비와 임금실태에 관한 조사를 하게 할 수 있다.(2010.7.12 본조개정)

제20조【근로감독관의 사무 집행】 법 제26조제1항에 따라 근로감독관이 법의 시행에 관한 사무를 할 때에는 소속 지방고용노동관서의 장의 지휘·감독을 받아야 한다.
(2010.7.12 본조개정)

제21조【증표】 법 제26조제3항의 증표는 「근로감독관 규정」 제7조에 따른 증표로 한다.(2009.6.26 본조개정)

제21조의2【권한의 위임】 법 제26조의2에 따라 고용노동부장관은 다음 각 호의 권한을 지방고용노동관서의 장에게 위임한다.(2010.7.12 본문개정)
1. 법 제7조에 따른 최저임금 적용 제외의 인가
2. 법 제25조에 따른 보고의 요구
3. 법 제31조에 따른 과태료의 부과·징수
(2009.6.26 본조개정)

제21조의3【고유식별정보의 처리】 고용노동부장관(제21조의2에 따라 고용노동부장관의 권한을 위임받은 기관을 포함한다)은 법 제7조에 따른 최저임금 적용 제외의 인가에 관한 사무를 수행하기 위하여 불가피한 경우 「개인정보 보호법 시행령」 제19조제1호 또는 제4호에 따른 주민등록번호 또는 외국인등록번호가 포함된 자료를 처리할 수 있다.(2012.1.6 본조신설)

제22조【과태료의 부과기준】 법 제31조제1항에 따른 과태료의 부과기준은 별표와 같다.(2011.3.30 본조개정)

부 칙 (2011.12.21)

제1조【시행일】 이 영은 2012년 1월 1일부터 시행한다.

제2조【감시 또는 단속적으로 근로에 종사하는 자에 대한 최저임금액의 유효기간】 제3조제2항의 개정규정은 2014년 12월 31일까지 효력을 가진다.

부 칙 (2018.3.20)

이 영은 2018년 3월 20일부터 시행한다.

부 칙 (2018.12.31)

이 영은 2019년 1월 1일부터 시행한다.

[별표] ➡ 「法典 別册」 참조

남녀고용평등과 일·가정 양립 지원에 관한 법률

(약칭 : 남녀고용평등법)

(2001년 8월 14일 전개법률 제6508호)

개정
2005. 5.31법 7564호 2005.12.30법 7822호
2007. 4.11법 8372호(근기)
2007.12.21법 8781호
2009.10. 9법 9792호(고용정책기본법)
2009.10. 9법 9795호(직업안정법)
2010. 2. 4법 9998호
2010. 6. 4법10339호(정부조직)
2011. 6. 7법10789호(영유아보육법)
2012. 2. 1법11274호
2012. 6. 1법11461호(전자문서및전자거래기본법)
2014. 1.14법12244호 2014. 5.20법12628호
2015. 1.20법13043호 2016. 1.28법13932호
2017.11.28법15109호 2019. 1.15법16271호
2019. 4.30법16413호(파견근로자보호)
2019. 8.27법16558호
2020. 5.26법17326호(법률용어정비)
2020. 9. 8법17489호 2020.12. 8법17602호
2021. 5.18법18178호

제1장 총 칙

(2007.12.21 본장개정)

제1조【목적】 이 법은 「대한민국헌법」의 평등이념에 따라 고용에서 남녀의 평등한 기회와 대우를 보장하고 모성 보호와 여성 고용을 촉진하여 남녀고용평등을 실현함과 아울러 근로자의 일과 가정의 양립을 지원함으로써 모든 국민의 삶의 질 향상에 이바지하는 것을 목적으로 한다.

제2조【정의】 이 법에서 사용하는 용어의 뜻은 다음과 같다.

1. "차별"이란 사업주가 근로자에게 성별, 혼인, 가족 안에서의 지위, 임신 또는 출산 등의 사유로 합리적인 이유 없이 채용 또는 근로의 조건을 다르게 하거나 그 밖의 불리한 조치를 하는 경우[사업주가 채용조건이나 근로조건은 동일하게 적용하더라도 그 조건을 충족할 수 있는 남성 또는 여성이 다른 한 성(性)에 비하여 현저히 적고 그에 따라 특정 성에게 불리한 결과를 초래하며 그 조건이 정당한 것임을 증명할 수 없는 경우를 포함한다]를 말한다. 다만, 다음 각 목의 어느 하나에 해당하는 경우는 제외한다.
   가. 직무의 성격에 비추어 특정 성이 불가피하게 요구되는 경우
   나. 여성 근로자의 임신·출산·수유 등 모성보호를 위한 조치를 하는 경우
   다. 그 밖에 이 법 또는 다른 법률에 따라 적극적 고용개선조치를 하는 경우
2. "직장 내 성희롱"이란 사업주·상급자 또는 근로자가 직장 내의 지위를 이용하거나 업무와 관련하여 다른 근로자에게 성적 언동 등으로 성적 굴욕감 또는 혐오감을 느끼게 하거나 성적 언동 또는 그 밖의 요구 등에 따르지 아니하였다는 이유로 근로조건 및 고용에서 불이익을 주는 것을 말한다.(2017.11.28 본호개정)
3. "적극적 고용개선조치"란 현존하는 남녀 간의 고용차별을 없애거나 고용평등을 촉진하기 위하여 잠정적으로 특정 성을 우대하는 조치를 말한다.
4. "근로자"란 사업주에게 고용된 사람과 취업할 의사를 가진 사람을 말한다.(2020.5.26 본호개정)

제3조【적용 범위】 ① 이 법은 근로자를 사용하는 모든 사업 또는 사업장(이하 "사업"이라 한다)에 적용한다. 다만, 대통령령으로 정하는 사업에 대하여는 이 법의 전부 또는 일부를 적용하지 아니할 수 있다.
② 남녀고용평등의 실현과 일·가정의 양립에 관하여 다른 법률에 특별한 규정이 있는 경우 외에는 이 법에 따른다.

제4조【국가와 지방자치단체의 책무】 ① 국가와 지방자치단체는 이 법의 목적을 실현하기 위하여 국민의 관심과 이해를 증진시키고 여성의 직업능력 개발 및 고용 촉진을 지원하여야 하며, 남녀고용평등의 실현에 방해가 되는 모든 요인을 없애기 위하여 필요한 노력을 하여야 한다.
② 국가와 지방자치단체는 일·가정의 양립을 위한 근로자와 사업주의 노력을 지원하여야 하며 일·가정의 양립 지원에 필요한 재원을 조성하고 여건을 마련하기 위하여 노력하여야 한다.

제5조【근로자 및 사업주의 책무】 ① 근로자는 상호 이해를 바탕으로 남녀가 동등하게 존중받는 직장문화를 조성하기 위하여 노력하여야 한다.
② 사업주는 해당 사업장의 남녀고용평등의 실현에 방해가 되는 관행과 제도를 개선하여 남녀근로자가 동등한 여건에서 자신의 능력을 발휘할 수 있는 근로환경을 조성하기 위하여 노력하여야 한다.
③ 사업주는 일·가정의 양립을 방해하는 사업장 내의 관행과 제도를 개선하고 일·가정의 양립을 지원할 수 있는 근무환경을 조성하기 위하여 노력하여야 한다.

제6조【정책의 수립 등】 ① 고용노동부장관은 남녀고용평등과 일·가정의 양립을 실현하기 위하여 다음 각 호의 정책을 수립·시행하여야 한다.(2010.6.4 본문개정)

1. 남녀고용평등 의식 확산을 위한 홍보
2. 남녀고용평등 우수기업(제17조의4에 따른 적극적 고용개선조치 우수기업을 포함한다)의 선정 및 행정적·재정적 지원
3. 남녀고용평등 강조 기간의 설정·추진
4. 남녀차별 개선과 여성취업 확대를 위한 조사·연구
5. 모성보호와 일·가정 양립을 위한 제도개선 및 행정적·재정적 지원
6. 그 밖에 남녀고용평등의 실현과 일·가정의 양립을 지원하기 위하여 필요한 사항

② 고용노동부장관은 제1항에 따른 정책의 수립·시행을 위하여 관계자의 의견을 반영하도록 노력하여야 하며 필요하다고 인정되는 경우 관계 행정기관 및 지방자치단체, 그 밖의 공공단체의 장에게 협조를 요청할 수 있다.
(2010.6.4 본항개정)

제6조의2【기본계획 수립】 ① 고용노동부장관은 남녀고용평등 실현과 일·가정의 양립에 관한 기본계획(이하 "기본계획"이라 한다)을 5년마다 수립하여야 한다.
(2016.1.28 본항개정)
② 기본계획에는 다음 각 호의 사항이 포함되어야 한다.

1. 여성취업의 촉진에 관한 사항
2. 남녀의 평등한 기회보장 및 대우에 관한 사항
3. 동일 가치 노동에 대한 동일 임금 지급의 정착에 관한 사항
4. 여성의 직업능력 개발에 관한 사항
5. 여성 근로자의 모성 보호에 관한 사항
6. 일·가정의 양립 지원에 관한 사항
7. 여성 근로자를 위한 복지시설의 설치 및 운영에 관한 사항
8. 직전 기본계획에 대한 평가(2016.1.28 본호신설)
9. 그 밖에 남녀고용평등의 실현과 일·가정의 양립 지원을 위하여 고용노동부장관이 필요하다고 인정하는 사항
(2010.6.4 본호개정)

③ 고용노동부장관은 필요하다고 인정하면 관계 행정기관 또는 공공기관의 장에게 기본계획 수립에 필요한 자료의 제출을 요청할 수 있다.(2016.1.28 본항신설)
④ 고용노동부장관이 기본계획을 수립한 때에는 지체 없이 소관 상임위원회에 보고하여야 한다.(2016.1.28 본항신설)
(2007.12.21 본조신설)

제6조의3【실태조사 실시】 ① 고용노동부장관은 사업 또는 사업장의 남녀차별개선, 모성보호, 일·가정의 양립 실태를 파악하기 위하여 정기적으로 조사를 실시하여야 한다.
② 제1항에 따른 실태조사의 대상, 시기, 내용 등 필요한 사항은 고용노동부령으로 정한다.
(2010.6.4 본조개정)

제2장 고용에서 남녀의 평등한 기회보장 및 대우등

(2020.5.26 본장제목개정)

제1절 남녀의 평등한 기회보장 및 대우

제7조【모집과 채용】 ① 사업주는 근로자를 모집하거나 채용할 때 남녀를 차별하여서는 아니 된다.
② 사업주는 근로자를 모집·채용할 때 그 직무의 수행에 필요하지 아니한 용모·키·체중 등의 신체적 조건, 미혼 조건, 그 밖에 고용노동부령으로 정하는 조건을 제시하거나 요구하여서는 아니 된다.(2021.5.18 본항개정)
(2007.12.21 본조개정)

제8조【임금】 ① 사업주는 동일한 사업 내의 동일 가치 노동에 대하여는 동일한 임금을 지급하여야 한다.
② 동일 가치 노동의 기준은 직무 수행에서 요구되는 기술, 노력, 책임 및 작업 조건 등으로 하고, 사업주가 그 기준을 정할 때에는 제25조에 따른 노사협의회의 근로자를 대표하는 위원의 의견을 들어야 한다.
③ 사업주가 임금차별을 목적으로 설립한 별개의 사업은 동일한 사업으로 본다.
(2007.12.21 본조개정)

판례 동조 소정의 '동일가치 노동'과 '기술, 노력, 책임 및 작업 조건'의 의미 : [1] '동일가치 노동'이란 당해 사업장 내의 서로 비교되는 남녀 간의 노동이 동일하거나 실질적으로 거의 같은 성질의 노동 또는 그 직무가 다소 다르더라도 객관적인 직무평가 등에 의하여 본질적으로 동일한 가치가 있다고 인정되는 노동에 해당하는 것을 말한다.
[2] '기술, 노력, 책임 및 작업 조건'이란 당해 직무가 요구하는 내용에 관한 것으로서, '기술'은 자격증, 학위, 습득된 경험 등에 의한 직무수행능력 또는 솜씨의 객관적 수준을, '노력'은 육체적 및 정신적 노력, 작업수행에 필요한 물리적 및 정신적 긴장 즉, 노동 강도를, '책임'은 업무에 내재한 의무의 성격·범위·복잡성, 사업주가 당해 직무에 의존하는 정도를, '작업 조건'은 소음, 열, 물리적·화학적 위험, 고립, 추위 또는 더위의 정도 등 당해 업무에 종사하는 근로자가 통상적으로 처하는 물리적 작업환경을 말한다.
(대판 2003.3.14, 2002도3883)

제9조【임금 외의 금품 등】 사업주는 임금 외에 근로자의 생활을 보조하기 위한 금품의 지급 또는 자금의 융자 등 복리후생에서 남녀를 차별하여서는 아니 된다.
(2007.12.21 본조개정)

제10조【교육·배치 및 승진】 사업주는 근로자의 교육·배치 및 승진에서 남녀를 차별하여서는 아니 된다.
(2007.12.21 본조개정)

제11조【정년·퇴직 및 해고】 ① 사업주는 근로자의 정년·퇴직 및 해고에서 남녀를 차별하여서는 아니 된다.
② 사업주는 여성 근로자의 혼인, 임신 또는 출산을 퇴직 사유로 예정하는 근로계약을 체결하여서는 아니 된다.
(2007.12.21 본조개정)

제2절 직장 내 성희롱의 금지 및 예방

제12조【직장 내 성희롱의 금지】 사업주, 상급자 또는 근로자는 직장 내 성희롱을 하여서는 아니 된다.
(2007.12.21 본조개정)

제13조【직장 내 성희롱 예방 교육 등】 ① 사업주는 직장 내 성희롱을 예방하고 근로자가 안전한 근로환경에서 일할 수 있는 여건을 조성하기 위하여 직장 내 성희롱의 예방을 위한 교육(이하 "성희롱 예방 교육"이라 한다)을 매년 실시하여야 한다.(2017.11.28 본항개정)
② 사업주 및 근로자는 제1항에 따른 성희롱 예방 교육을 받아야 한다.(2014.1.14 본항신설)
③ 사업주는 성희롱 예방 교육의 내용을 근로자가 자유롭게 열람할 수 있는 장소에 항상 게시하거나 갖추어 두어 근로자에게 널리 알려야 한다.(2017.11.28 본항신설)
④ 사업주는 고용노동부령으로 정하는 기준에 따라 직장 내 성희롱 예방 및 금지를 위한 조치를 하여야 한다.
(2017.11.28 본항신설)
⑤ 제1항 및 제2항에 따른 성희롱 예방 교육의 내용·방법 및 횟수 등에 관하여 필요한 사항은 대통령령으로 정한다.(2014.1.14 본항개정)
(2017.11.28 본조제목개정)

제13조의2【성희롱 예방 교육의 위탁】 ① 사업주는 성희롱 예방 교육을 고용노동부장관이 지정하는 기관(이하 "성희롱 예방 교육기관"이라 한다)에 위탁하여 실시할 수 있다.(2010.6.4 본항개정)
② 사업주가 성희롱 예방 교육기관에 위탁하여 성희롱 예방 교육을 하려는 경우에는 제13조제5항에 따라 대통령령으로 정하는 내용을 성희롱 예방 교육기관에 미리 알려 그 사항이 포함되도록 하여야 한다.(2017.11.28 본항신설)
③ 성희롱 예방 교육기관은 고용노동부령으로 정하는 기관 중에서 지정하되, 고용노동부령으로 정하는 강사를 1명 이상 두어야 한다.(2010.6.4 본항개정)
④ 성희롱 예방 교육기관은 고용노동부령으로 정하는 바에 따라 교육을 실시하고 교육이수증이나 이수자 명단 등 교육 실시 관련 자료를 보관하며 사업주나 교육 대상자에게 그 자료를 내주어야 한다.(2020.5.26 본항개정)
⑤ 고용노동부장관은 성희롱 예방 교육기관이 다음 각 호의 어느 하나에 해당하면 그 지정을 취소할 수 있다.
(2010.6.4 본문개정)

1. 거짓이나 그 밖의 부정한 방법으로 지정을 받은 경우
2. 정당한 사유 없이 제3항에 따른 강사를 3개월 이상 계속하여 두지 아니한 경우(2017.11.28 본호개정)
3. 2년 동안 직장 내 성희롱 예방 교육 실적이 없는 경우
(2017.11.28 본호신설)

⑥ 고용노동부장관은 제5항에 따라 성희롱 예방 교육기관의 지정을 취소하려면 청문을 하여야 한다.
(2017.11.28 본항개정)
(2007.12.21 본조개정)

제14조【직장 내 성희롱 발생 시 조치】 ① 누구든지 직장 내 성희롱 발생 사실을 알게 된 경우 그 사실을 해당 사업주에게 신고할 수 있다.
② 사업주는 제1항에 따른 신고를 받거나 직장 내 성희롱 발생 사실을 알게 된 경우에는 지체 없이 그 사실 확인을 위한 조사를 하여야 한다. 이 경우 사업주는 직장 내 성희롱과 관련하여 피해를 입은 근로자 또는 피해를 입었다고 주장하는 근로자(이하 "피해근로자등"이라 한다)가 조사 과정에서 성적 수치심 등을 느끼지 아니하도록 하여야 한다.
③ 사업주는 제2항에 따른 조사 기간 동안 피해근로자등을 보호하기 위하여 필요한 경우 해당 피해근로자등에 대하여 근무장소의 변경, 유급휴가 명령 등 적절한 조치를 하여야 한다. 이 경우 사업주는 피해근로자등의 의사에 반하는 조치를 하여서는 아니 된다.
④ 사업주는 제2항에 따른 조사 결과 직장 내 성희롱 발생 사실이 확인된 때에는 피해근로자가 요청하면 근무장소의 변경, 배치전환, 유급휴가 명령 등 적절한 조치를 하여야 한다.
⑤ 사업주는 제2항에 따른 조사 결과 직장 내 성희롱 발생 사실이 확인된 때에는 지체 없이 직장 내 성희롱 행위를 한 사람에 대하여 징계, 근무장소의 변경 등 필요한 조치를 하여야 한다. 이 경우 사업주는 징계 등의 조치를 하기 전에 그 조치에 대하여 직장 내 성희롱 피해를 입은 근로자의 의견을 들어야 한다.
⑥ 사업주는 성희롱 발생 사실을 신고한 근로자 및 피해근로자등에게 다음 각 호의 어느 하나에 해당하는 불리한 처우를 하여서는 아니 된다.

1. 파면, 해임, 해고, 그 밖에 신분상실에 해당하는 불이익 조치
2. 징계, 정직, 감봉, 강등, 승진 제한 등 부당한 인사조치

3. 직무 미부여, 직무 재배치, 그 밖에 본인의 의사에 반하는 인사조치
4. 성과평가 또는 동료평가 등에서 차별이나 그에 따른 임금 또는 상여금 등의 차별 지급
5. 직업능력 개발 및 향상을 위한 교육훈련 기회의 제한
6. 집단 따돌림, 폭행 또는 폭언 등 정신적·신체적 손상을 가져오는 행위를 하거나 그 행위의 발생을 방치하는 행위
7. 그 밖에 신고를 한 근로자 및 피해근로자등의 의사에 반하는 불리한 처우

⑦ 제2항에 따라 직장 내 성희롱 발생 사실을 조사한 사람, 조사 내용을 보고 받은 사람 또는 그 밖에 조사 과정에 참여한 사람은 해당 조사 과정에서 알게 된 비밀을 피해근로자등의 의사에 반하여 다른 사람에게 누설하여서는 아니 된다. 다만, 조사와 관련된 내용을 사업주에게 보고하거나 관계 기관의 요청에 따라 필요한 정보를 제공하는 경우는 제외한다.
(2017.11.28 본조개정)

판례 사용자가 직장 내 성희롱으로 인한 피해를 호소하는 근로자를 무시하고 오히려 부당한 징계처분을 내리거나, 피해근로자를 도와 준 동료 근로자에게까지 차별적이고 부당한 징계처분을 함으로써 피해근로자를 직장 내에서 고립시켜 이른바 '2차 피해'를 입혔다면, 사용자는 근로자에 대한 보호의무를 위반하여 피해근로자의 정신적 손해를 배상할 책임이 있다.(서울고법 2018.4.20, 2017나2076631)

제14조의2【고객 등에 의한 성희롱 방지】 ① 사업주는 고객 등 업무와 밀접한 관련이 있는 사람이 업무수행 과정에서 성적인 언동 등을 통하여 근로자에게 성적 굴욕감 또는 혐오감 등을 느끼게 하여 해당 근로자가 그로 인한 고충 해소를 요청할 경우 근무 장소 변경, 배치전환, 유급휴가의 명령 등 적절한 조치를 하여야 한다.
② 사업주는 근로자가 제1항에 따른 피해를 주장하거나 고객 등으로부터의 성적 요구 등에 따르지 아니하였다는 것을 이유로 해고나 그 밖의 불이익한 조치를 하여서는 아니 된다.
(2020.5.26 본조개정)

제3절 여성의 직업능력 개발 및 고용 촉진

제15조【직업 지도】 「직업안정법」 제2조의2제1호에 따른 직업안정기관은 여성이 적성, 능력, 경력 및 기능의 정도에 따라 직업을 선택하고, 직업에 적응하는 것을 쉽게 하기 위하여 고용정보와 직업에 관한 조사·연구 자료를 제공하는 등 직업 지도에 필요한 조치를 하여야 한다.
(2009.10.9 본조개정)

제16조【직업능력 개발】 국가, 지방자치단체 및 사업주는 여성의 직업능력 개발 및 향상을 위하여 모든 직업능력 개발 훈련에서 남녀에게 평등한 기회를 보장하여야 한다.
(2007.12.21 본조개정)

제17조【여성 고용 촉진】 ① 고용노동부장관은 여성의 고용 촉진을 위한 시설을 설치·운영하는 비영리법인과 단체에 대하여 필요한 비용의 전부 또는 일부를 지원할 수 있다.
② 고용노동부장관은 여성의 고용 촉진을 위한 사업을 실시하는 사업주 또는 여성휴게실과 수유시설을 설치하는 등 사업장 내의 고용환경을 개선하고자 하는 사업주에게 필요한 비용의 전부 또는 일부를 지원할 수 있다.
(2010.6.4 본조개정)

제17조의2【경력단절여성의 능력개발과 고용촉진지원】
① 고용노동부장관은 임신·출산·육아 등의 이유로 직장을 그만두었으나 재취업할 의사가 있는 경력단절여성(이하 "경력단절여성"이라 한다)을 위하여 취업유망 직종을 선정하고, 특화된 훈련과 고용촉진프로그램을 개발하여야 한다.
② 고용노동부장관은 「직업안정법」 제2조의2제1호에 따른 직업안정기관을 통하여 경력단절여성에게 직업정보, 직업훈련정보 등을 제공하고 전문화된 직업지도, 직업상담 등의 서비스를 제공하여야 한다.
(2010.6.4 본조개정)

제4절 적극적 고용개선조치

제17조의3【적극적 고용개선조치 시행계획의 수립·제출 등】 ① 고용노동부장관은 다음 각 호의 어느 하나에 해당하는 사업주로서 고용하고 있는 직종별 여성 근로자의 비율이 산업별·규모별로 고용노동부령으로 정하는 고용 기준에 미달하는 사업주에 대하여는 차별적 고용관행 및 제도 개선을 위한 적극적 고용개선조치 시행계획(이하 "시행계획"이라 한다)을 수립하여 제출할 것을 요구할 수 있다. 이 경우 해당 사업주는 시행계획을 제출하여야 한다.
1. 대통령령으로 정하는 공공기관·단체의 장
2. 대통령령으로 정하는 규모 이상의 근로자를 고용하는 사업의 사업주

② 제1항 각 호의 어느 하나에 해당하는 사업주는 직종별·직급별 남녀 근로자 현황과 남녀 근로자 임금 현황을 고용노동부장관에게 제출하여야 한다.(2019.1.15 본항개정)
③ 제1항 각 호의 어느 하나에 해당하지 아니하는 사업주로서 적극적 고용개선조치를 하려는 사업주는 직종별·직급별 남녀 근로자 현황, 남녀 근로자 임금 현황과 시행계획을 작성하여 고용노동부장관에게 제출할 수 있다.(2019.1.15 본항개정)
④ 고용노동부장관은 제1항과 제3항에 따라 제출된 시행계획을 심사하여 그 내용이 명확하지 아니하거나 차별적 고용관행을 개선하려는 노력이 부족하여 시행계획으로서 적절하지 아니하다고 인정되면 해당 사업주에게 시행계획의 보완을 요구할 수 있다.(2010.6.4 본항개정)
⑤ 제1항과 제2항에 따른 시행계획과 남녀 근로자 현황, 남녀 근로자 임금 현황의 기재 사항, 제출 시기, 제출 절차 등에 관하여 필요한 사항은 고용노동부령으로 정한다.
(2019.1.15 본항개정)
(2007.12.21 본조개정)

제17조의4【이행실적의 평가 및 지원 등】 ① 제17조의3 제1항 및 제3항에 따라 시행계획을 제출한 자는 그 이행실적을 고용노동부장관에게 제출하여야 한다.(2010.6.4 본항개정)
② 고용노동부장관은 제1항에 따라 제출된 이행실적을 평가하고, 그 결과를 사업주에게 통보하여야 한다.
(2010.6.4 본항개정)
③ 고용노동부장관은 제2항에 따른 평가 결과 이행실적이 우수한 기업(이하 "적극적 고용개선조치 우수기업"이라 한다)에 표창을 할 수 있다.(2010.6.4 본항개정)
④ 국가와 지방자치단체는 적극적 고용개선조치 우수기업에 행정적·재정적 지원을 할 수 있다.
⑤ 고용노동부장관은 제2항에 따른 평가 결과 이행실적이 부진한 사업주에게 시행계획의 이행을 촉구할 수 있다.
(2010.6.4 본항개정)
⑥ 고용노동부장관은 제2항에 따른 평가 업무를 대통령령으로 정하는 기관이나 단체에 위탁할 수 있다.(2010.6.4 본항개정)
⑦ 제1항에 따른 이행실적의 기재 사항, 제출 시기 및 제출 절차와 제2항에 따른 평가 결과의 통보 절차 등에 관하여 필요한 사항은 고용노동부령으로 정한다.(2010.6.4 본항개정)
(2007.12.21 본조개정)

제17조의5【적극적 고용개선조치 미이행 사업주 명단 공표】 ① 고용노동부장관은 명단 공개 기준일 이전에 3회 연속하여 제17조의3제1항의 기준에 미달한 사업주로서 제17조의4제5항의 이행촉구를 받고 이에 따르지 아니한 경우 그 명단을 공표할 수 있다. 다만, 사업주의 사망·기업의 소멸 등 대통령령으로 정하는 사유가 있는 경우에는 그러하지 아니하다.
② 제1항에 따른 공표의 구체적인 기준·내용 및 방법 등 공표에 필요한 사항은 대통령령으로 정한다.
(2014.1.14 본조신설)

제17조의6【시행계획 등의 게시】 제17조의3제1항에 따라 시행계획을 제출한 사업주는 시행계획 및 제17조의4 제1항에 따른 이행실적을 근로자가 열람할 수 있도록 게시하는 등 필요한 조치를 하여야 한다.(2007.12.21 본조개정)

제17조의7【적극적 고용개선조치에 관한 협조】 고용노동부장관은 적극적 고용개선조치의 효율적 시행을 위하여 필요하다고 인정하면 관계 행정기관의 장에게 차별의 시정 또는 예방을 위하여 필요한 조치를 하여 줄 것을 요청할 수 있다. 이 경우 관계 행정기관의 장은 특별한 사유가 없으면 요청에 따라야 한다.(2010.6.4 본조개정)

제17조의8【적극적 고용개선조치에 관한 중요 사항 심의】 적극적 고용개선조치에 관한 다음 각 호의 사항은 「고용정책 기본법」 제10조에 따른 고용정책심의회의 심의를 거쳐야 한다.
1. 제17조의3제1항에 따른 여성 근로자 고용기준에 관한 사항
2. 제17조의3제4항에 따른 시행계획의 심사에 관한 사항
3. 제17조의4제2항에 따른 적극적 고용개선조치 이행실적의 평가에 관한 사항
4. 제17조의4제3항 및 제4항에 따른 적극적 고용개선조치 우수기업의 표창 및 지원에 관한 사항
5. 제17조의5제1항에 따른 공표 여부에 관한 사항
(2014.1.14 본호신설)
6. 그 밖에 적극적 고용개선조치에 관하여 고용정책심의회의 위원장이 회의에 부치는 사항
(2009.10.9 본조개정)

제17조의9【적극적 고용개선조치의 조사·연구 등】
① 고용노동부장관은 적극적 고용개선조치에 관한 업무를 효율적으로 수행하기 위하여 조사·연구·교육·홍보 등의 사업을 할 수 있다.
② 고용노동부장관은 필요하다고 인정하면 제1항에 따른 업무의 일부를 대통령령으로 정하는 자에게 위탁할 수 있다.
(2010.6.4 본조개정)

제3장 모성 보호

제18조【출산전후휴가 등에 대한 지원】 ① 국가는 제18조의2에 따른 배우자 출산휴가, 「근로기준법」 제74조에 따른 출산전후휴가 또는 유산·사산 휴가를 사용한 근로자 중 일정한 요건에 해당하는 사람에게 그 휴가기간에 대하여 통상임금에 상당하는 금액(이하 "출산전후휴가급여등"이라 한다)을 지급할 수 있다.(2020.5.26 본항개정)
② 제1항에 따라 지급된 출산전후휴가급여등은 그 금액의 한도에서 제18조의2제1항 또는 「근로기준법」 제74조 제4항에 따라 사업주가 지급한 것으로 본다.(2019.8.27 본항개정)
③ 출산전후휴가급여등을 지급하기 위하여 필요한 비용은 국가재정이나 「사회보장기본법」에 따른 사회보험에서 분담할 수 있다.
④ 근로자가 출산전후휴가급여등을 받으려는 경우 사업주는 관계 서류의 작성·확인 등 모든 절차에 적극 협력하여야 한다.(2019.8.27 본항개정)
⑤ 출산전후휴가급여등의 지급요건, 지급기간 및 절차 등에 관하여 필요한 사항은 따로 법률로 정한다.
(2019.8.27 본조제목개정)
(2012.2.1 본조개정)

제18조의2【배우자 출산휴가】 ① 사업주는 근로자가 배우자의 출산을 이유로 휴가(이하 "배우자 출산휴가"라 한다)를 청구하는 경우에 10일의 휴가를 주어야 한다. 이 경우 사용한 휴가기간은 유급으로 한다.
② 제1항 후단에도 불구하고 출산전후휴가급여등이 지급된 경우에는 그 금액의 한도에서 지급의 책임을 면한다.
(2019.8.27 본항신설)
③ 배우자 출산휴가는 근로자의 배우자가 출산한 날부터 90일이 지나면 청구할 수 없다.
④ 배우자 출산휴가는 1회에 한정하여 나누어 사용할 수 있다.(2019.8.27 본항신설)
⑤ 사업주는 배우자 출산휴가를 이유로 근로자를 해고하거나 그 밖의 불리한 처우를 하여서는 아니 된다.
(2019.8.27 본항신설)
(2019.8.27 본조개정)

제18조의3【난임치료휴가】 ① 사업주는 근로자가 인공수정 또는 체외수정 등 난임치료를 받기 위하여 휴가(이하 "난임치료휴가"라 한다)를 청구하는 경우에 연간 3일 이내의 휴가를 주어야 하며, 이 경우 최초 1일은 유급으로 한다. 다만, 근로자가 청구한 시기에 휴가를 주는 것이 정상적인 사업 운영에 중대한 지장을 초래하는 경우에는 근로자와 협의하여 그 시기를 변경할 수 있다.
② 사업주는 난임치료휴가를 이유로 해고, 징계 등 불리한 처우를 하여서는 아니 된다.
③ 난임치료휴가의 신청방법 및 절차 등은 대통령령으로 정한다.
(2017.11.28 본조신설)

제3장의2 일·가정의 양립 지원
(2007.12.21 본장제목삽입)

제19조【육아휴직】 ① 사업주는 임신 중인 여성 근로자가 모성을 보호하거나 근로자가 만 8세 이하 또는 초등학교 2학년 이하의 자녀(입양한 자녀를 포함한다. 이하 같다)를 양육하기 위하여 휴직(이하 "육아휴직"이라 한다)을 신청하는 경우에 이를 허용하여야 한다. 다만, 대통령령으로 정하는 경우에는 그러하지 아니하다.(2021.5.18 본문개정)
② 육아휴직기간은 1년 이내로 한다.
③ 사업주는 육아휴직을 이유로 해고나 그 밖의 불리한 처우를 하여서는 아니 되며, 육아휴직 기간에는 그 근로자를 해고하지 못한다. 다만, 사업을 계속할 수 없는 경우에는 그러하지 아니하다.
④ 사업주는 육아휴직을 마친 후에는 휴직 전과 같은 업무 또는 같은 수준의 임금을 지급하는 직무에 복귀시켜야 한다. 또한 제2항의 육아휴직 기간은 근속기간에 포함한다.
⑤ 기간제근로자 또는 파견근로자의 육아휴직 기간은 「기간제 및 단시간근로자 보호 등에 관한 법률」 제4조에 따른 사용기간 또는 「파견근로자 보호 등에 관한 법률」 제6조에 따른 근로자파견기간에서 제외한다.(2020.5.26 본항개정)
⑥ 육아휴직의 신청방법 및 절차 등에 관하여 필요한 사항은 대통령령으로 정한다.
(2007.12.21 본조개정)

판례 사업주가 육아휴직을 마친 근로자를 복귀시키면서 부여한 업무가 휴직 전과 같은 업무에 해당한다고 보려면, 단순히 육아휴직 전후의 임금 수준만을 비교하여서는 안 되고, 수행하는 업무도 함께 고려해야 한다. 대형마트에서 코너 전반을 총괄하는 업무를 담당하는 매니저로 근무하던 근로자가 육아휴직을 마치고 복귀하며 냉장냉동영업담당으로 인사발령을 받은 사건에서, 형식적 직급은 같더라도 휴직 전 담당 업무와 복귀 후의 담당 업무를 비교할 때 업무의 성격과 내용·범위 및 권한·책임 등에 상당한 차이가 있다면 부당전직에 해당한다.(대판 2022.6.30, 2017두76005)

제19조의2【육아기 근로시간 단축】 ① 사업주는 근로자가 만 8세 이하 또는 초등학교 2학년 이하의 자녀를 양육하기 위하여 근로시간의 단축(이하 "육아기 근로시간 단축"이라 한다)을 신청하는 경우에 이를 허용하여야 한다. 다만, 대체인력 채용이 불가능한 경우, 정상적인 사업 운영에 중대한 지장을 초래하는 경우 등 대통령령으로 정하는 경우에는 그러하지 아니하다.(2019.8.27 본문개정)
② 제1항 단서에 따라 사업주가 육아기 근로시간 단축을 허용하지 아니하는 경우에는 해당 근로자에게 그 사유를 서면으로 통보하고 육아휴직을 사용하게 하거나 출근 및 퇴근 시간 조정 등 다른 조치를 통하여 지원할 수 있는지를 해당 근로자와 협의하여야 한다.(2019.8.27 본항개정)

③ 사업주가 제1항에 따라 해당 근로자에게 육아기 근로시간 단축을 허용하는 경우 단축 후 근로시간은 주당 15시간 이상이어야 하고 35시간을 넘어서는 아니 된다.
(2019.8.27 본항개정)
④ 육아기 근로시간 단축의 기간은 1년 이내로 한다. 다만, 제19조제1항에 따라 육아휴직을 신청할 수 있는 근로자가 제19조제2항에 따른 육아휴직 기간 중 사용하지 아니한 기간이 있으면 그 기간을 가산한 기간 이내로 한다.
(2019.8.27 단서신설)
⑤ 사업주는 육아기 근로시간 단축을 이유로 해당 근로자에게 해고나 그 밖의 불리한 처우를 하여서는 아니 된다.
⑥ 사업주는 근로자의 육아기 근로시간 단축기간이 끝난 후에 그 근로자를 육아기 근로시간 단축 전과 같은 업무 또는 같은 수준의 임금을 지급하는 직무에 복귀시켜야 한다.
⑦ 육아기 근로시간 단축의 신청방법 및 절차 등에 관하여 필요한 사항은 대통령령으로 정한다.
(2007.12.21 본조신설)

제19조의3【육아기 근로시간 단축 중 근로조건 등】 ① 사업주는 제19조의2에 따라 육아기 근로시간 단축을 하고 있는 근로자에 대하여 근로시간에 비례하여 적용하는 경우 외에는 육아기 근로시간 단축을 이유로 그 근로조건을 불리하게 하여서는 아니 된다.
② 제19조의2에 따라 육아기 근로시간 단축을 한 근로자의 근로조건(육아기 근로시간 단축 후 근로시간을 포함한다)은 사업주와 그 근로자 간에 서면으로 정한다.
③ 사업주는 제19조의2에 따라 육아기 근로시간 단축을 하고 있는 근로자에게 단축된 근로시간 외에 연장근로를 요구할 수 없다. 다만, 그 근로자가 명시적으로 청구하는 경우에는 사업주는 주 12시간 이내에서 연장근로를 시킬 수 있다.
④ 육아기 근로시간 단축을 한 근로자에 대하여 「근로기준법」 제2조제6호에 따른 평균임금을 산정하는 경우에는 그 근로자의 육아기 근로시간 단축 기간을 평균임금 산정기간에서 제외한다.
(2007.12.21 본조신설)

제19조의4【육아휴직과 육아기 근로시간 단축의 사용형태】 ① 근로자는 육아휴직을 2회에 한정하여 나누어 사용할 수 있다. 이 경우 임신 중인 여성 근로자가 모성보호를 위하여 육아휴직을 사용한 횟수는 육아휴직을 나누어 사용한 횟수에 포함하지 아니한다.(2021.5.18 후단신설)
② 근로자는 육아기 근로시간 단축을 나누어 사용할 수 있다. 이 경우 나누어 사용하는 1회의 기간은 3개월(근로계약기간의 만료로 3개월 이상 근로시간 단축을 사용할 수 없는 기간제근로자에 대해서는 남은 근로계약기간을 말한다) 이상이 되어야 한다.
(2019.8.27 본조개정)

제19조의5【육아지원을 위한 그 밖의 조치】 ① 사업주는 만 8세 이하 또는 초등학교 2학년 이하의 자녀를 양육하는 근로자의 육아를 지원하기 위하여 다음 각 호의 어느 하나에 해당하는 조치를 하도록 노력하여야 한다.
(2019.8.27 본문개정)
1. 업무를 시작하고 마치는 시간 조정
2. 연장근로의 제한
3. 근로시간의 단축, 탄력적 운영 등 근로시간 조정
4. 그 밖에 소속 근로자의 육아를 지원하기 위하여 필요한 조치
② 고용노동부장관은 사업주가 제1항에 따른 조치를 할 경우 고용 효과 등을 고려하여 필요한 지원을 할 수 있다.
(2010.6.4 본항개정)
(2007.12.21 본조신설)

제19조의6【직장복귀를 위한 사업주의 지원】 사업주는 이 법에 따라 육아휴직 중인 근로자에 대한 직업능력 개발 및 향상을 위하여 노력하여야 하고 출산전후휴가, 육아휴직 또는 육아기 근로시간 단축을 마치고 복귀하는 근로자가 쉽게 직장생활에 적응할 수 있도록 지원하여야 한다.(2012.2.1 본조개정)

제20조【일·가정의 양립을 위한 지원】 ① 국가는 사업주가 근로자에게 육아휴직이나 육아기 근로시간 단축을 허용한 경우 그 근로자의 생계비용과 사업주의 고용유지비용의 일부를 지원할 수 있다.
② 국가는 소속 근로자의 일·가정의 양립을 지원하기 위한 조치를 도입하는 사업주에게 세제 및 재정을 통한 지원을 할 수 있다.
(2007.12.21 본조개정)

제21조【직장어린이집 설치 및 지원 등】 ① 사업주는 근로자의 취업을 지원하기 위하여 수유·탁아 등 육아에 필요한 어린이집(이하 "직장어린이집"이라 한다)을 설치하여야 한다.
② 직장어린이집을 설치하여야 할 사업주의 범위 등 직장어린이집의 설치 및 운영에 관한 사항은 「영유아보육법」에 따른다.
③ 고용노동부장관은 근로자의 고용을 촉진하기 위하여 직장어린이집의 설치·운영에 필요한 지원 및 지도를 하여야 한다.
④ 사업주는 직장어린이집을 운영하는 경우 근로자의 고용형태에 따라 차별해서는 아니 된다.(2019.8.27 본항신설)
(2011.6.7 본조개정)

제21조의2【그 밖의 보육 관련 지원】 고용노동부장관은 제21조에 따라 직장어린이집을 설치하여야 하는 사업주 외의 사업주가 직장어린이집을 설치하려는 경우에는 직장어린이집의 설치·운영에 필요한 정보 제공, 상담 및 비용의 일부 지원 등 필요한 지원을 할 수 있다.
(2011.6.7 본조개정)

제22조【공공복지시설의 설치】 ① 국가 또는 지방자치단체는 여성 근로자를 위한 교육·육아·주택 등 공공복지시설을 설치할 수 있다.
② 제1항에 따른 공공복지시설의 기준과 운영에 필요한 사항은 고용노동부장관이 정한다.(2010.6.4 본항개정)
(2007.12.21 본조개정)

제22조의2【근로자의 가족 돌봄 등을 위한 지원】 ① 사업주는 근로자가 조부모, 부모, 배우자, 배우자의 부모, 자녀 또는 손자녀(이하 "가족"이라 한다)의 질병, 사고, 노령으로 인하여 그 가족을 돌보기 위한 휴직(이하 "가족돌봄휴직"이라 한다)을 신청하는 경우 이를 허용하여야 한다. 다만, 대체인력 채용이 불가능한 경우, 정상적인 사업 운영에 중대한 지장을 초래하는 경우, 본인 외에도 조부모의 직계비속 또는 손자녀의 직계존속이 있는 경우 등 대통령령으로 정하는 경우에는 그러하지 아니하다.
(2019.8.27 본항개정)
② 사업주는 근로자가 가족(조부모 또는 손자녀의 경우 근로자 본인 외에도 직계비속 또는 직계존속이 있는 등 대통령령으로 정하는 경우는 제외한다)의 질병, 사고, 노령 또는 자녀의 양육으로 인하여 긴급하게 그 가족을 돌보기 위한 휴가(이하 "가족돌봄휴가"라 한다)를 신청하는 경우 이를 허용하여야 한다. 다만, 근로자가 청구한 시기에 가족돌봄휴가를 주는 것이 정상적인 사업 운영에 중대한 지장을 초래하는 경우에는 근로자와 협의하여 그 시기를 변경할 수 있다.(2019.8.27 본항신설)
③ 제1항 단서에 따라 사업주가 가족돌봄휴직을 허용하지 아니하는 경우에는 해당 근로자에게 그 사유를 서면으로 통보하고, 다음 각 호의 어느 하나에 해당하는 조치를 하도록 노력하여야 한다.
1. 업무를 시작하고 마치는 시간 조정
2. 연장근로의 제한
3. 근로시간의 단축, 탄력적 운영 등 근로시간의 조정
4. 그 밖에 사업장 사정에 맞는 지원조치
(2012.2.1 본항신설)
④ 가족돌봄휴직 및 가족돌봄휴가의 사용기간과 분할횟수 등은 다음 각 호에 따른다.(2020.9.8 본문개정)
1. 가족돌봄휴직 기간은 연간 최장 90일로 하며, 이를 나누어 사용할 수 있을 것. 이 경우 나누어 사용하는 1회의 기간은 30일 이상이 되어야 한다.
2. 가족돌봄휴가 기간은 연간 최장 10일[제3호에 따라 가족돌봄휴가 기간이 연장되는 경우 20일(「한부모가족지원법」 제4조제1호의 모 또는 부에 해당하는 근로자의 경우 25일) 이내]로 하며, 일단위로 사용할 수 있을 것. 다만, 가족돌봄휴가 기간은 가족돌봄휴직 기간에 포함된다.(2020.9.8 본문개정)
3. 고용노동부장관은 감염병의 확산 등을 원인으로 「재난 및 안전관리 기본법」 제38조에 따른 심각단계의 위기경보가 발령되거나, 이에 준하는 대규모 재난이 발생한 경우로서 근로자에게 가족을 돌보기 위한 특별한 조치가 필요하다고 인정되는 경우 「고용정책 기본법」 제10조에 따른 고용정책심의회의 심의를 거쳐 가족돌봄휴가 기간을 연간 10일(「한부모가족지원법」 제4조제1호에 따른 모 또는 부에 해당하는 근로자의 경우 15일)의 범위에서 연장할 수 있을 것. 이 경우 고용노동부장관은 지체 없이 기간 및 사유 등을 고시하여야 한다.
(2020.9.8 본호신설)
(2019.8.27 본항신설)
⑤ 제4항제3호에 따라 연장된 가족돌봄휴가는 다음 각 호의 어느 하나에 해당하는 경우에만 사용할 수 있다.
1. 감염병 확산을 사유로 「재난 및 안전관리 기본법」 제38조에 따른 심각단계의 위기경보가 발령된 경우로서 가족이 위기경보가 발령된 원인이 되는 감염병의 「감염병의 예방 및 관리에 관한 법률」 제2조제13호부터 제15호까지의 감염병환자, 감염병의사환자, 병원체보유자인 경우 또는 같은 법 제2조제15호의2의 감염병의심자 중 유증상자 등으로 분류되어 돌봄이 필요한 경우
2. 자녀가 소속된 「초·중등교육법」 제2조의 학교, 「유아교육법」 제2조제2호의 유치원 또는 「영유아보육법」 제2조제3호의 어린이집(이하 이 조에서 "학교등"이라 한다)에 대한 「초·중등교육법」 제64조에 따른 휴업명령 또는 휴교처분, 「유아교육법」 제31조에 따른 휴업 또는 휴원 명령이나 「영유아보육법」 제43조의2에 따른 휴원명령으로 자녀의 돌봄이 필요한 경우
3. 자녀가 제1호에 따른 감염병으로 인하여 「감염병의 예방 및 관리에 관한 법률」 제42조제2항제1호에 따른 자가(自家) 격리 대상이 되거나 학교등에서 등교 또는 등원 중지 조치를 받아 돌봄이 필요한 경우
4. 그 밖에 근로자의 가족돌봄에 관하여 고용노동부장관이 정하는 사유에 해당하는 경우
(2020.9.8 본항신설)
⑥ 사업주는 가족돌봄휴직 또는 가족돌봄휴가를 이유로 해당 근로자를 해고하거나 근로조건을 악화시키는 등 불리한 처우를 하여서는 아니 된다.(2019.8.27 본항개정)
⑦ 가족돌봄휴직 및 가족돌봄휴가 기간은 근속기간에 포함한다. 다만, 「근로기준법」 제2조제1항제6호에 따른 평균임금 산정기간에서는 제외한다.(2019.8.27 본문개정)
⑧ 사업주는 소속 근로자가 건전하게 직장과 가정을 유지하는 데에 도움이 될 수 있도록 필요한 심리상담 서비스를 제공하도록 노력하여야 한다.
⑨ 고용노동부장관은 사업주가 제1항 또는 제2항에 따른 조치를 하는 경우에는 고용 효과 등을 고려하여 필요한 지원을 할 수 있다.(2019.8.27 본항개정)
⑩ 가족돌봄휴직 및 가족돌봄휴가의 신청방법 및 절차 등에 관하여 필요한 사항은 대통령령으로 정한다.
(2019.8.27 본항개정)
(2007.12.21 본조신설)

제22조의3【가족돌봄 등을 위한 근로시간 단축】 ① 사업주는 근로자가 다음 각 호의 어느 하나에 해당하는 사유로 근로시간의 단축을 신청하는 경우에 이를 허용하여야 한다. 다만, 대체인력 채용이 불가능한 경우, 정상적인 사업 운영에 중대한 지장을 초래하는 경우 등 대통령령으로 정하는 경우에는 그러하지 아니하다.
1. 근로자가 가족의 질병, 사고, 노령으로 인하여 그 가족을 돌보기 위한 경우
2. 근로자 자신의 질병이나 사고로 인한 부상 등의 사유로 자신의 건강을 돌보기 위한 경우
3. 55세 이상의 근로자가 은퇴를 준비하기 위한 경우
4. 근로자의 학업을 위한 경우
② 제1항 단서에 따라 사업주가 근로시간 단축을 허용하지 아니하는 경우에는 해당 근로자에게 그 사유를 서면으로 통보하고 휴직을 사용하게 하거나 그 밖의 조치를 통하여 지원할 수 있는지를 해당 근로자와 협의하여야 한다.
③ 사업주가 제1항에 따라 해당 근로자에게 근로시간 단축을 허용하는 경우 단축 후 근로시간은 주당 15시간 이상이어야 하고 30시간을 넘어서는 아니 된다.
④ 근로시간 단축의 기간은 1년 이내로 한다. 다만, 제1항제1호부터 제3호까지의 어느 하나에 해당하는 근로자는 합리적 이유가 있는 경우에 추가로 2년의 범위 안에서 근로시간 단축의 기간을 연장할 수 있다.
⑤ 사업주는 근로시간 단축을 이유로 해당 근로자에게 해고나 그 밖의 불리한 처우를 하여서는 아니 된다.
⑥ 사업주는 근로자의 근로시간 단축기간이 끝난 후에 그 근로자를 근로시간 단축 전과 같은 업무 또는 같은 수준의 임금을 지급하는 직무에 복귀시켜야 한다.
⑦ 근로시간 단축의 신청방법 및 절차 등에 필요한 사항은 대통령령으로 정한다.
(2019.8.27 본조신설)

제22조의4【가족돌봄 등을 위한 근로시간 단축 중 근로조건 등】 ① 사업주는 제22조의3에 따라 근로시간 단축을 하고 있는 근로자에게 근로시간에 비례하여 적용하는 경우 외에는 가족돌봄 등을 위한 근로시간 단축을 이유로 그 근로조건을 불리하게 하여서는 아니 된다.
② 제22조의3에 따라 근로시간 단축을 한 근로자의 근로조건(근로시간 단축 후 근로시간을 포함한다)은 사업주와 그 근로자 간에 서면으로 정한다.
③ 사업주는 제22조의3에 따라 근로시간 단축을 하고 있는 근로자에게 단축된 근로시간 외에 연장근로를 요구할 수 없다. 다만, 그 근로자가 명시적으로 청구하는 경우에는 사업주는 주 12시간 이내에서 연장근로를 시킬 수 있다.
④ 근로시간 단축을 한 근로자에 대하여 「근로기준법」 제2조제6호에 따른 평균임금을 산정하는 경우에는 그 근로자의 근로시간 단축 기간을 평균임금 산정기간에서 제외한다.
(2019.8.27 본조신설)

제22조의5【일·가정 양립 지원 기반 조성】 ① 고용노동부장관은 일·가정 양립프로그램의 도입·확산, 모성보호 조치의 원활한 운영 등을 지원하기 위하여 조사·연구 및 홍보 등의 사업을 하고, 전문적인 상담 서비스와 관련 정보 등을 사업주와 근로자에게 제공하여야 한다.
② 고용노동부장관은 제1항에 따른 업무와 제21조와 제21조의2에 따른 직장보육시설 설치·운영의 지원에 관한 업무를 대통령령으로 정하는 바에 따라 공공기관 또는 민간에 위탁하여 수행할 수 있다.
③ 고용노동부장관은 제2항에 따라 업무를 위탁받은 기관에 업무수행에 사용되는 경비를 지원할 수 있다.
(2010.6.4 본조개정)

제4장 분쟁의 예방과 해결
(2007.12.21 본장개정)

제23조【상담지원】 ① 고용노동부장관은 차별, 직장내 성희롱, 모성보호 및 일·가정 양립 등에 관한 상담을 실시하는 민간단체에 필요한 비용의 일부를 예산의 범위에서 지원할 수 있다.
② 제1항에 따른 단체의 선정요건, 비용의 지원기준과 지원절차 및 지원의 중단 등에 필요한 사항은 고용노동부령으로 정한다.
(2010.6.4 본조개정)

제24조【명예고용평등감독관】 ① 고용노동부장관은 사업장의 남녀고용평등 이행을 촉진하기 위하여 그 사업장

소속 근로자 중 노사가 추천하는 사람을 명예고용평등감독관(이하 "명예감독관"이라 한다)으로 위촉할 수 있다.
(2020.5.26 본항개정)
② 명예감독관은 다음 각 호의 업무를 수행한다.
1. 해당 사업장의 차별 및 직장 내 성희롱 발생 시 피해근로자에 대한 상담·조언
2. 해당 사업장의 고용평등 이행상태 자율점검 및 지도 시 참여
3. 법령위반 사실이 있는 사항에 대하여 사업주에 대한 개선 건의 및 감독기관에 대한 신고
4. 남녀고용평등 제도에 대한 홍보·계몽
5. 그 밖에 남녀고용평등의 실현을 위하여 고용노동부장관이 정하는 업무(2010.6.4 본호개정)
③ 사업주는 명예감독관으로서 정당한 임무 수행을 한 것을 이유로 해당 근로자에게 인사상 불이익 등의 불리한 조치를 하여서는 아니 된다.
④ 명예감독관의 위촉과 해촉 등에 필요한 사항은 고용노동부령으로 정한다.(2010.6.4 본항개정)

제25조【분쟁의 자율적 해결】 사업주는 제7조부터 제13조까지, 제13조의2, 제14조, 제14조의2, 제18조제4항, 제18조의2, 제19조, 제19조의2부터 제19조의6까지, 제21조 및 제22조의2에 따른 사항에 관하여 근로자가 고충을 신고하였을 때에는 「근로자참여 및 협력증진에 관한 법률」에 따라 해당 사업장에 설치된 노사협의회에 고충의 처리를 위임하는 등 자율적인 해결을 위하여 노력하여야 한다.

제26조【차별적 처우등의 시정신청】 ① 근로자는 사업주로부터 다음 각 호의 어느 하나에 해당하는 차별적 처우 등(이하 "차별적 처우등"이라 한다)을 받은 경우 「노동위원회법」 제1조에 따른 노동위원회(이하 "노동위원회"라 한다)에 그 시정을 신청할 수 있다. 다만, 차별적 처우등을 받은 날(제1호 및 제3호에 따른 차별적 처우등이 계속되는 경우에는 그 종료일)부터 6개월이 지난 때에는 그러하지 아니하다.
1. 제7조부터 제11조까지 중 어느 하나를 위반한 행위(이하 "차별적 처우"라 한다)
2. 제14조제4항 또는 제14조의2제1항에 따른 적절한 조치를 하지 아니한 행위
3. 제14조제6항을 위반한 불리한 처우 또는 제14조의2제2항을 위반한 해고나 그 밖의 불이익한 조치
② 근로자가 제1항에 따른 시정신청을 하는 경우에는 차별적 처우등의 내용을 구체적으로 명시하여야 한다.
③ 제1항 및 제2항에 따른 시정신청의 절차·방법 등에 관하여 필요한 사항은 「노동위원회법」 제2조제1항에 따른 중앙노동위원회(이하 "중앙노동위원회"라 한다)가 따로 정하여 고시한다.
(2021.5.18 본조신설)

제27조【조사·심문 등】 ① 노동위원회는 제26조에 따른 시정신청을 받은 때에는 지체 없이 필요한 조사와 관계 당사자에 대한 심문을 하여야 한다.
② 노동위원회는 제1항에 따른 심문을 하는 때에는 관계 당사자의 신청 또는 직권으로 증인을 출석하게 하여 필요한 사항을 질문할 수 있다.
③ 노동위원회는 제1항 및 제2항에 따른 심문을 할 때에는 관계 당사자에게 증거의 제출과 증인에 대한 반대심문을 할 수 있는 충분한 기회를 주어야 한다.
④ 제1항부터 제3항까지에 따른 조사·심문의 방법 및 절차 등에 관하여 필요한 사항은 중앙노동위원회가 따로 정하여 고시한다.
⑤ 노동위원회는 차별적 처우등 시정사무에 관한 전문적인 조사·연구업무를 수행하기 위하여 전문위원을 둘 수 있다. 이 경우 전문위원의 수·자격 및 보수 등에 관하여 필요한 사항은 대통령령으로 정한다.
(2021.5.18 본조신설)

제28조【조정·중재】 ① 노동위원회는 제27조에 따른 심문 과정에서 관계 당사자 쌍방 또는 일방의 신청이나 직권으로 조정(調停)절차를 개시할 수 있고, 관계 당사자가 미리 노동위원회의 중재(仲裁)결정에 따르기로 합의하여 중재를 신청한 경우에는 중재를 할 수 있다.
② 제1항에 따른 조정 또는 중재의 신청은 제26조에 따른 시정신청을 한 날부터 14일 이내에 하여야 한다. 다만, 노동위원회가 정당한 사유로 그 기간에 신청할 수 없었다고 인정하는 경우에는 14일 후에도 신청할 수 있다.
③ 노동위원회는 조정 또는 중재를 하는 경우 관계 당사자의 의견을 충분히 들어야 한다.
④ 노동위원회는 특별한 사유가 없으면 조정절차를 개시하거나 중재신청을 받은 날부터 60일 이내에 조정안을 제시하거나 중재결정을 하여야 한다.
⑤ 노동위원회는 관계 당사자 쌍방이 조정안을 받아들이기로 한 경우에는 조정조서를 작성하여야 하고, 중재결정을 한 경우에는 중재결정서를 작성하여야 한다.
⑥ 조정조서에는 관계 당사자와 조정에 관여한 위원 전원이 서명 또는 날인을 하여야 하고, 중재결정서에는 관여한 위원 전원이 서명 또는 날인을 하여야 한다.
⑦ 제5항 및 제6항에 따른 조정 또는 중재결정은 「민사소송법」에 따른 재판상 화해와 동일한 효력을 갖는다.
⑧ 제1항부터 제7항까지에 따른 조정·중재의 방법, 조정조서·중재결정서의 작성 등에 필요한 사항은 중앙노동위원회가 따로 정하여 고시한다.
(2021.5.18 본조신설)

제29조【시정명령 등】 ① 노동위원회는 제27조에 따른 조사·심문을 끝내고 차별적 처우등에 해당된다고 판정한 때에는 해당 사업주에게 시정명령을 하여야 하고, 차별적 처우등에 해당하지 아니한다고 판정한 때에는 그 시정신청을 기각하는 결정을 하여야 한다.
② 제1항에 따른 판정, 시정명령 또는 기각결정은 서면으로 하되, 그 이유를 구체적으로 명시하여 관계 당사자에게 각각 통보하여야 한다. 이 경우 시정명령을 하는 때에는 시정명령의 내용 및 이행기한 등을 구체적으로 적어야 한다.
(2021.5.18 본조신설)

제29조의2【조정·중재 또는 시정명령의 내용】 ① 제28조에 따른 조정·중재 또는 제29조에 따른 시정명령의 내용에는 차별적 처우등의 중지, 임금 등 근로조건의 개선(취업규칙, 단체협약 등의 제도개선 명령을 포함한다) 또는 적절한 배상 등의 시정조치 등을 포함할 수 있다.
② 제1항에 따라 배상을 하도록 한 경우 그 배상액은 차별적 처우등으로 근로자에게 발생한 손해액을 기준으로 정한다. 다만, 노동위원회는 사업주의 차별적 처우등에 명백한 고의가 인정되거나 차별적 처우등이 반복되는 경우에는 그 손해액을 기준으로 3배를 넘지 아니하는 범위에서 배상을 명령할 수 있다.
(2021.5.18 본조신설)

제29조의3【시정명령 등의 확정】 ① 「노동위원회법」 제2조제1항에 따른 지방노동위원회의 시정명령 또는 기각결정에 불복하는 관계 당사자는 시정명령서 또는 기각결정서를 송달받은 날부터 10일 이내에 중앙노동위원회에 재심을 신청할 수 있다.
② 제1항에 따른 중앙노동위원회의 재심결정에 불복하는 관계 당사자는 재심결정서를 송달받은 날부터 15일 이내에 행정소송을 제기할 수 있다.
③ 제1항에 따른 기간에 재심을 신청하지 아니하거나 제2항에 따른 기간에 행정소송을 제기하지 아니한 때에는 그 시정명령, 기각결정 또는 재심결정은 확정된다.
(2021.5.18 본조신설)

제29조의4【시정명령 이행상황의 제출요구 등】 ① 고용노동부장관은 확정된 시정명령에 대하여 사업주에게 이행상황을 제출할 것을 요구할 수 있다.
② 시정신청을 한 근로자는 사업주가 확정된 시정명령을 이행하지 아니하는 경우 이를 고용노동부장관에게 신고할 수 있다.
(2021.5.18 본조신설)

제29조의5【고용노동부장관의 차별적 처우 시정요구 등】 ① 고용노동부장관은 사업주가 차별적 처우를 한 경우에는 그 시정을 요구할 수 있다.
② 고용노동부장관은 사업주가 제1항에 따른 시정요구에 따르지 아니할 경우에는 차별적 처우의 내용을 구체적으로 명시하여 노동위원회에 통보하여야 한다. 이 경우 고용노동부장관은 해당 사업주 및 근로자에게 그 사실을 알려야 한다.
③ 노동위원회는 제2항에 따라 고용노동부장관의 통보를 받은 때에는 지체 없이 차별적 처우가 있는지 여부를 심리하여야 한다. 이 경우 노동위원회는 해당 사업주 및 근로자에게 의견을 진술할 수 있는 기회를 주어야 한다.
④ 제3항에 따른 노동위원회의 심리, 시정절차 및 노동위원회 결정에 대한 효력 등에 관하여는 제26조부터 제29조까지 및 제29조의2부터 제29조의4까지를 준용한다. 이 경우 "시정신청을 한 날"은 "통보를 받은 날"로, "기각결정"은 "차별적 처우가 없다는 결정"으로, "관계 당사자"는 "해당 사업주 또는 근로자"로, "시정신청을 한 근로자"는 "해당 근로자"로 본다.
⑤ 제3항 및 제4항에 따른 노동위원회의 심리 등에 관하여 필요한 사항은 중앙노동위원회가 따로 정하여 고시한다.
(2021.5.18 본조신설)

제29조의6【확정된 시정명령의 효력 확대】 ① 고용노동부장관은 제29조의3(제29조의5제4항에 따라 준용되는 경우를 포함한다)에 따라 확정된 시정명령을 이행할 의무가 있는 사업주의 사업 또는 사업장에서 해당 시정명령의 효력이 미치는 근로자 외의 근로자에 대해서도 차별적 처우가 있는지를 조사하여 차별적 처우가 있는 경우에는 그 시정을 요구할 수 있다.
② 고용노동부장관은 사업주가 제1항에 따른 시정요구에 따르지 아니하는 경우 노동위원회에 통보하여야 하고, 노동위원회는 지체 없이 차별적 처우가 있는지 여부를 심리하여야 한다.
③ 제2항에 따른 통보 및 심리에 관하여는 제29조의5제2항부터 제5항까지를 준용한다.
(2021.5.18 본조신설)

제29조의7【차별적 처우등의 시정신청 등으로 인한 불리한 처우의 금지】 사업주는 근로자가 다음 각 호의 어느 하나에 해당하는 행위를 한 것을 이유로 해고나 그 밖의 불리한 처우를 하지 못한다.
1. 제26조에 따른 차별적 처우등의 시정신청, 제27조에 따른 노동위원회에의 참석 및 진술, 제29조의3에 따른 재심신청 또는 행정소송의 제기
2. 제29조의4제2항에 따른 시정명령 불이행의 신고
(2021.5.18 본조신설)

제30조【입증책임】 이 법과 관련한 분쟁해결(제26조부터 제29조까지 및 제29조의2부터 제29조의7까지를 포함한다)에서 입증책임은 사업주가 부담한다.(2021.5.18 본조개정)

제5장 보 칙

(2007.12.21 본장개정)

제31조【보고 및 검사 등】 ① 고용노동부장관은 이 법 시행을 위하여 필요한 경우에는 사업주에게 보고와 관계 서류의 제출을 명령하거나 관계 공무원이 사업장에 출입하여 관계인에게 질문하거나 관계 서류를 검사하도록 할 수 있다.(2010.6.4 본항개정)
② 제1항의 경우에 관계 공무원은 그 권한을 표시하는 증표를 지니고 이를 관계인에게 내보여야 한다.

제31조의2【자료 제공의 요청】 ① 고용노동부장관은 다음 각 호의 업무를 수행하기 위하여 보건복지부장관 또는 「국민건강보험법」에 따른 국민건강보험공단에 같은 법 제50조에 따른 임신·출산 진료비의 신청과 관련된 자료의 제공을 요청할 수 있다. 이 경우 해당 자료의 제공을 요청받은 기관의 장은 정당한 사유가 없으면 그 요청에 따라야 한다.
1. 제3장에 따른 모성 보호에 관한 업무
2. 제3장의2에 따른 일·가정의 양립 지원에 관한 업무
3. 제3장에 따른 모성 보호, 제3장의2에 따른 일·가정의 양립 지원에 관한 안내
4. 제31조에 따른 보고 및 검사 등
② 고용노동부장관은 제1항에 따라 제공 받은 자료를 「고용정책 기본법」 제15조의2제1항에 따른 고용정보시스템을 통하여 처리할 수 있다.(2021.5.18 본항개정)
(2016.1.28 본조신설)

제32조【고용평등 이행실태 등의 공표】 고용노동부장관은 이 법 시행의 실효성을 확보하기 위하여 필요하다고 인정하면 고용평등 이행실태나 그 밖의 조사결과 등을 공표할 수 있다. 다만, 다른 법률에 따라 공표가 제한되어 있는 경우에는 그러하지 아니하다.(2010.6.4 본문개정)

제33조【관계 서류의 보존】 사업주는 이 법의 규정에 따른 사항에 관하여 대통령령으로 정하는 서류를 3년간 보존하여야 한다. 이 경우 대통령령으로 정하는 서류는 「전자문서 및 전자거래 기본법」 제2조제1호에 따른 전자문서로 작성·보존할 수 있다.(2012.6.1 후단개정)

제34조【파견근로에 대한 적용】 「파견근로자 보호 등에 관한 법률」에 따라 파견근로가 이루어지는 사업장에 제13조제1항을 적용할 때에는 「파견근로자보호 등에 관한 법률」 제2조제4호에 따른 사용사업주를 이 법에 따른 사업주로 본다.(2019.4.30 본조개정)

제35조【경비보조】 ① 국가, 지방자치단체 및 공공단체는 여성의 취업촉진과 복지증진에 관련되는 사업에 대하여 예산의 범위에서 그 경비의 전부 또는 일부를 보조할 수 있다.
② 국가, 지방자치단체 및 공공단체는 제1항에 따라 보조를 받은 자가 다음 각 호의 어느 하나에 해당하면 보조금 지급결정의 전부 또는 일부를 취소하고, 지급된 보조금의 전부 또는 일부를 반환하도록 명령할 수 있다.
1. 사업의 목적 외에 보조금을 사용한 경우
2. 보조금의 지급결정의 내용(그에 조건을 붙인 경우에는 그 조건을 포함한다)을 위반한 경우
3. 거짓이나 그 밖의 부정한 방법으로 보조금을 받은 경우

제36조【권한의 위임 및 위탁】 고용노동부장관은 대통령령으로 정하는 바에 따라 이 법에 따른 권한의 일부를 지방고용노동행정기관의 장 또는 지방자치단체의 장에게 위임하거나 공공단체에 위탁할 수 있다.(2010.6.4 본조개정)

제36조의2【규제의 재검토】 고용노동부장관은 제31조의2에 따른 임신·출산 진료비의 신청과 관련된 자료 제공의 요청에 대하여 2016년 1월 1일을 기준으로 5년마다(매 5년이 되는 해의 1월 1일 전까지를 말한다) 그 타당성을 검토하여 개선 등의 조치를 하여야 한다.(2016.1.28 본조신설)

제6장 벌 칙

(2007.12.21 본장개정)

제37조【벌칙】 ① 사업주가 제11조를 위반하여 근로자의 정년·퇴직 및 해고에서 남녀를 차별하거나 여성 근로자의 혼인, 임신 또는 출산을 퇴직사유로 예정하는 근로계약을 체결하는 경우에는 5년 이하의 징역 또는 3천만원 이하의 벌금에 처한다.
② 사업주가 다음 각 호의 어느 하나에 해당하는 위반행위를 한 경우에는 3년 이하의 징역 또는 3천만원 이하의 벌금에 처한다.(2017.11.28 본문개정)
1. 제8조제1항을 위반하여 동일한 사업 내의 동일 가치의 노동에 대하여 동일한 임금을 지급하지 아니한 경우
2. 제14조제6항을 위반하여 직장 내 성희롱 발생 사실을 신고한 근로자 및 피해근로자등에게 불리한 처우를 한 경우(2017.11.28 본호개정)
2의2. 제18조의2제5항을 위반하여 배우자 출산휴가를 이유로 해고나 그 밖의 불리한 처우를 한 경우(2019.8.27 본호신설)

3. 제19조제3항을 위반하여 육아휴직을 이유로 해고나 그 밖의 불리한 처우를 하거나, 같은 항 단서의 사유가 없는데도 육아휴직 기간동안 해당 근로자를 해고한 경우
4. 제19조의2제5항을 위반하여 육아기 근로시간 단축을 이유로 해당 근로자에 대하여 해고나 그 밖의 불리한 처우를 한 경우
5. 제19조의3제1항을 위반하여 육아기 근로시간 단축을 하고 있는 근로자에 대하여 근로시간에 비례하여 적용하는 경우 외에 육아기 근로시간 단축을 이유로 그 근로조건을 불리하게 한 경우
6. 제22조의2제6항을 위반하여 가족돌봄휴직 또는 가족돌봄휴가(같은 조 제4항제3호에 따라 기간이 연장된 경우를 포함한다)를 이유로 해당 근로자를 해고하거나 근로조건을 악화시키는 등 불리한 처우를 한 경우 (2020.9.8 본호개정)
7. 제22조의3제5항을 위반하여 근로시간 단축을 이유로 해당 근로자에게 해고나 그 밖의 불리한 처우를 한 경우 (2019.8.27 본호신설)
8. 제22조의4제1항을 위반하여 근로시간 단축을 하고 있는 근로자에게 근로시간에 비례하여 적용하는 경우 외에 가족돌봄 등을 위한 근로시간 단축을 이유로 그 근로조건을 불리하게 한 경우(2019.8.27 본호신설)
9. 제29조의7을 위반하여 근로자에게 해고나 그 밖의 불리한 처우를 한 경우(2021.5.18 본호신설)

③ 사업주가 제19조의3제3항 또는 제22조의4제3항을 위반하여 해당 근로자가 명시적으로 청구하지 아니하였는데도 육아기 또는 가족돌봄 등을 위한 근로시간 단축을 하고 있는 근로자에게 단축된 근로시간 외에 연장근로를 요구한 경우에는 1천만원 이하의 벌금에 처한다. (2019.8.27 본항개정)

④ 사업주가 다음 각 호의 어느 하나에 해당하는 위반행위를 한 경우에는 500만원 이하의 벌금에 처한다.
1. 제7조를 위반하여 근로자의 모집 및 채용에서 남녀를 차별하거나, 근로자를 모집·채용할 때 그 직무의 수행에 필요하지 아니한 용모·키·체중 등의 신체적 조건, 미혼 조건 등을 제시하거나 요구한 경우(2021.5.18 본호개정)
2. 제9조를 위반하여 임금 외에 근로자의 생활을 보조하기 위한 금품의 지급 또는 자금의 융자 등 복리후생에서 남녀를 차별한 경우
3. 제10조를 위반하여 근로자의 교육·배치 및 승진에서 남녀를 차별한 경우
4. 제19조제1항·제4항을 위반하여 근로자의 육아휴직 신청을 받고 육아휴직을 허용하지 아니하거나, 육아휴직을 마친 후 휴직 전과 같은 업무 또는 같은 수준의 임금을 지급하는 직무에 복귀시키지 아니한 경우
5. 제19조의2제6항을 위반하여 육아기 근로시간 단축기간이 끝난 후에 육아기 근로시간 단축 전과 같은 업무 또는 같은 수준의 임금을 지급하는 직무에 복귀시키지 아니한 경우
6. 제24조제3항을 위반하여 명예감독관으로서 정당한 임무 수행을 한 것을 이유로 해당 근로자에게 인사상 불이익 등의 불리한 조치를 한 경우

제38조【양벌규정】 법인의 대표자나 법인 또는 개인의 대리인, 사용인, 그 밖의 종업원이 그 법인 또는 개인의 업무에 관하여 제37조의 위반행위를 하면 그 행위자를 벌하는 외에 그 법인 또는 개인에게도 해당 조문의 벌금형을 과(科)한다. 다만, 법인 또는 개인이 그 위반행위를 방지하기 위하여 해당 업무에 관하여 상당한 주의와 감독을 게을리하지 아니한 경우에는 그러하지 아니하다. (2010.2.4 본조개정)

제39조【과태료】 ① 사업주가 제29조의3(제29조의5제4항 및 제29조의6제3항에 따라 준용되는 경우를 포함한다)에 따라 확정된 시정명령을 정당한 이유 없이 이행하지 아니한 경우에는 1억원 이하의 과태료를 부과한다. (2021.5.18 본항신설)

② 사업주가 제12조를 위반하여 직장 내 성희롱을 한 경우에는 1천만원 이하의 과태료를 부과한다.

③ 사업주가 다음 각 호의 어느 하나에 해당하는 위반행위를 한 경우에는 500만원 이하의 과태료를 부과한다.
1. (2017.11.28 삭제)
1의2. 제13조제1항을 위반하여 성희롱 예방 교육을 하지 아니한 경우(2017.11.28 본호신설)
1의3. 제13조제3항을 위반하여 성희롱 예방 교육의 내용을 근로자가 자유롭게 열람할 수 있는 장소에 항상 게시하거나 갖추어 두지 아니한 경우(2017.11.28 본호신설)
1의4. 제14조제2항 전단을 위반하여 직장 내 성희롱 발생 사실 확인을 위한 조사를 하지 아니한 경우(2017.11.28 본호신설)
1의5. 제14조제4항을 위반하여 근무장소의 변경 등 적절한 조치를 하지 아니한 경우(2017.11.28 본호신설)
1의6. 제14조제5항 전단을 위반하여 징계, 근무장소의 변경 등 필요한 조치를 하지 아니한 경우(2017.11.28 본호신설)
1의7. 제14조제7항을 위반하여 직장 내 성희롱 발생 사실 조사 과정에서 알게 된 비밀을 다른 사람에게 누설한 경우(2017.11.28 본호신설)
2. 제14조의2제2항을 위반하여 근로자가 고객 등에 의한 성희롱 피해를 주장하거나 고객 등으로부터의 성적 요구 등에 따르지 아니하였다는 이유로 해고나 그 밖의 불이익한 조치를 한 경우(2020.5.26 본호개정)
3. 제18조의2제1항을 위반하여 근로자가 배우자의 출산을 이유로 휴가를 청구하였는데도 휴가를 주지 아니하거나 근로자가 사용한 휴가를 유급으로 하지 아니한 경우(2019.8.27 본호개정)
3의2. 제18조의3제1항을 위반하여 난임치료휴가를 주지 아니한 경우(2017.11.28 본호신설)
4. 제19조의2제2항을 위반하여 육아기 근로시간 단축을 허용하지 아니하였으면서도 해당 근로자에게 그 사유를 서면으로 통보하지 아니하거나, 육아휴직의 사용 또는 그 밖의 조치를 통한 지원 여부에 관하여 해당 근로자와 협의하지 아니한 경우
5. 제19조의3제2항을 위반하여 육아기 근로시간 단축을 한 근로자의 근로조건을 서면으로 정하지 아니한 경우
6. 제19조의2제1항을 위반하여 육아기 근로시간 단축 신청을 받고 육아기 근로시간 단축을 허용하지 아니한 경우 (2012.2.1 본호신설)
7. 제22조의2제1항을 위반하여 가족돌봄휴직의 신청을 받고 가족돌봄휴직을 허용하지 아니한 경우 (2012.2.1 본호신설)
8. 제22조의2제2항(같은 조 제4항제3호에 따라 기간이 연장된 경우를 포함한다)을 위반하여 가족돌봄휴가의 신청을 받고 가족돌봄휴가를 허용하지 아니한 경우 (2020.9.8 본호개정)
9. 제29조의4제1항(제29조의5제4항 및 제29조의6제3항에 따라 준용되는 경우를 포함한다)을 위반하여 정당한 이유 없이 고용노동부장관의 시정명령에 대한 이행상황의 제출요구에 따르지 아니한 경우(2021.5.18 본호신설)

④ 다음 각 호의 어느 하나에 해당하는 자에게는 300만원 이하의 과태료를 부과한다.
1. (2017.11.28 삭제)
1의2. 제14조의2제1항을 위반하여 근무 장소 변경, 배치전환, 유급휴가의 명령 등 적절한 조치를 하지 아니한 경우(2017.11.28 본호신설)
2. 제17조의3제1항을 위반하여 시행계획을 제출하지 아니한 자
3. 제17조의3제2항을 위반하여 남녀 근로자 현황을 제출하지 아니하거나 거짓으로 제출한 자
4. 제17조의4제1항을 위반하여 이행실적을 제출하지 아니하거나 거짓으로 제출한 자(제17조의3제3항에 따라 시행계획을 제출한 자가 이행실적을 제출하지 아니하는 경우는 제외한다)
5. 제18조제4항을 위반하여 관계 서류의 작성·확인 등 모든 절차에 적극 협력하지 아니한 자
6. 제31조제1항에 따른 보고 또는 관계 서류의 제출을 거부하거나 거짓으로 보고 또는 제출한 자
7. 제31조제1항에 따른 검사를 거부, 방해 또는 기피한 자
8. 제33조를 위반하여 관계 서류를 3년간 보존하지 아니한 자

⑤ 제1항부터 제4항까지의 규정에 따른 과태료는 대통령령으로 정하는 바에 따라 고용노동부장관이 부과·징수한다.(2021.5.18 본항개정)

⑥~⑦ (2016.1.28 삭제)

부 칙 (2010.2.4)

① **【시행일】** 이 법은 공포한 날부터 시행한다.
② **【육아휴직 신청요건 완화에 따른 적용례】** 제19조의 개정규정은 다음 각 호의 어느 하나에 해당하는 경우에 적용한다.
1. 2008년 1월 1일 이후 출생한 영유아가 있는 근로자
2. 2008년 1월 1일 이후 입양한 자녀가 있는 근로자

부 칙 (2012.2.1)

제1조【시행일】 이 법은 공포 후 6개월이 경과한 날부터 시행한다. 다만, 상시 300명 미만의 근로자를 사용하는 사업 또는 사업장에 대하여는 제18조의2, 제22조의2, 제37조제2항제6호, 제39조제2항제3호 및 제7호의 개정규정은 공포 후 1년이 경과한 날부터 시행한다.
제2조【적용례】 ① 제18조의2제1항의 개정규정은 이 법 시행 후 최초로 배우자 출산휴가를 청구한 근로자부터 적용한다.
② 제19조제5항의 개정규정은 이 법 시행 후 최초로 육아휴직을 신청한 기간제근로자 또는 파견근로자부터 적용한다.
③ 제19조의2의 개정규정은 이 법 시행 후 최초로 육아기 근로시간 단축을 신청한 근로자부터 적용한다.
④ 제22조의2의 개정규정은 이 법 시행 후 최초로 가족돌봄휴직을 신청한 근로자부터 적용한다.
제3조【다른 법률의 개정】 ①~② ※(해당 법령에 가제정리 하였음)

부 칙 (2014.1.14)

제1조【시행일】 이 법은 공포한 날부터 시행한다. 다만, 제17조의5부터 제17조의9까지의 개정규정은 2015년 1월 1일부터 시행한다.
제2조【적극적 고용개선조치 미이행 사업주 명단 공표에 관한 적용례】 제17조의5의 개정규정은 이 법 시행 후 최초로 시행계획을 제출하는 경우부터 적용한다.
제3조【육아휴직 신청요건 완화에 관한 적용례】 제19조제1항의 개정규정은 이 법 시행 후 육아휴직을 신청한 근로자부터 적용한다.
제4조【다른 법률의 개정】 ※(해당 법령에 가제정리 하였음)

부 칙 (2019.8.27)

제1조【시행일】 이 법은 2019년 10월 1일부터 시행한다. 다만, 제22조의2, 제37조제2항제6호 및 제39조제2항제8호의 개정규정은 2020년 1월 1일부터 시행한다.
제2조【가족돌봄 등을 위한 근로시간 단축 등에 관한 적용례】 제22조의3, 제22조의4, 제37조제2항제7호·제8호 및 제37조제3항의 개정규정은 다음 각 호의 구분에 따른 날부터 적용한다.
1. 상시 300명 이상의 근로자를 사용하는 사업 또는 사업장, 「공공기관의 운영에 관한 법률」 제4조에 따른 공공기관, 「지방공기업법」 제49조 및 같은 법 제76조에 따른 지방공사 및 지방공단, 국가·지방자치단체 또는 정부투자기관이 자본금의 2분의 1 이상을 출자하거나 기본재산의 2분의 1 이상을 출연한 기관·단체와 그 기관·단체가 자본금의 2분의 1 이상을 출자하거나 기본재산의 2분의 1 이상을 출연한 기관·단체, 국가 및 지방자치단체의 기관 : 2020년 1월 1일
2. 상시 30명 이상 300명 미만의 근로자를 사용하는 사업 또는 사업장 : 2021년 1월 1일
3. 상시 30명 미만의 근로자를 사용하는 사업 또는 사업장 : 2022년 1월 1일
제3조【배우자 출산휴가에 관한 적용례】 제18조, 제18조의2, 제37조제2항제2호의2 및 제39조제2항제3호의 개정규정은 이 법 시행 후 최초로 배우자 출산휴가를 사용하는 근로자부터 적용한다.
제4조【육아휴직 및 육아기 근로시간 단축에 관한 적용례】 제19조의2 및 제19조의4의 개정규정은 이 법 시행 이후 육아휴직 또는 육아기 근로시간 단축을 사용하는 근로자부터 적용한다.

부 칙 (2020.5.26)

이 법은 공포한 날부터 시행한다.(이하 생략)

부 칙 (2020.9.8)

제1조【시행일】 이 법은 공포한 날부터 시행한다.
제2조【가족돌봄휴가에 관한 적용례】 제22조의2의 개정규정은 종전의 규정에 따라 2020년 1월 1일 이후 가족돌봄휴가를 모두 사용한 근로자에게도 적용한다.

부 칙 (2020.12.8)

제1조【시행일】 이 법은 공포한 날부터 시행한다.
제2조【육아휴직에 관한 적용례】 제19조의4제1항의 개정규정은 이 법 시행 당시 종전의 규정에 따라 휴직하였거나 휴직 중인 사람에 대해서도 적용한다.

부 칙 (2021.5.18)

제1조【시행일】 이 법은 공포 후 1년이 경과한 날부터 시행한다. 다만, 제31조의2제2항의 개정규정은 공포한 날부터 시행하고, 제7조제2항 및 제37조제4항제1호의 개정규정은 공포 후 3개월이 경과한 날부터 시행하며, 제19조제1항 본문 및 제19조의4제1항 후단의 개정규정은 공포 후 6개월이 경과한 날부터 시행한다.
제2조【차별적 처우등의 시정신청에 관한 적용례】 제26조의 개정규정은 이 법 시행 이후 발생한 차별적 처우등(이 법 시행 전에 발생하여 이 법 시행 이후에도 계속되는 차별적 처우등을 포함한다)부터 적용한다.

근로기준법

(2007년 4월 11일 전부개정법률 제8372호)

개정
2007. 5.17법 8435호(가족관계등록)
2007. 7.27법 8561호
2007.12.21법 8781호(남녀고용평등과일·가정양립지원에관한법)
2008. 3.21법 8960호 2008. 3.28법 9038호
2009. 5.21법 9699호
2010. 5.17법10303호(은행법)
2010. 5.25법10319호
2010. 6. 4법10339호(정부조직)
2010. 6.10법10366호(동산·채권등의담보에관한법)
2011. 5.24법10719호(건설산업)
2012. 2. 1법11270호 2014. 1.21법12325호
2014. 3.24법12527호 2017.11.28법15108호
2018. 3.20법15513호 2019. 1.15법16270호
2019. 1.15법16272호(산업안전보건법)
2019. 4.30법16415호(건설산업)
2020. 3.31법17185호
2020. 5.26법17326호(법률용어정비)
2021. 1. 5법17862호 2021. 4.13법18037호
2021. 5.18법18176호

제1장 총 칙

제1조【목적】 이 법은 헌법에 따라 근로조건의 기준을 정함으로써 근로자의 기본적 생활을 보장, 향상시키며 균형 있는 국민경제의 발전을 꾀하는 것을 목적으로 한다.

제2조【정의】 ① 이 법에서 사용하는 용어의 뜻은 다음과 같다.
1. "근로자"란 직업의 종류와 관계없이 임금을 목적으로 사업이나 사업장에 근로를 제공하는 사람을 말한다.(2020.5.26 본호개정)
2. "사용자"란 사업주 또는 사업 경영 담당자, 그 밖에 근로자에 관한 사항에 대하여 사업주를 위하여 행위하는 자를 말한다.
3. "근로"란 정신노동과 육체노동을 말한다.
4. "근로계약"이란 근로자가 사용자에게 근로를 제공하고 사용자는 이에 대하여 임금을 지급하는 것을 목적으로 체결된 계약을 말한다.
5. "임금"이란 사용자가 근로의 대가로 근로자에게 임금, 봉급, 그 밖에 어떠한 명칭으로든지 지급하는 모든 금품을 말한다.(2020.5.26 본호개정)
6. "평균임금"이란 이를 산정하여야 할 사유가 발생한 날 이전 3개월 동안에 그 근로자에게 지급된 임금의 총액을 그 기간의 총일수로 나눈 금액을 말한다. 근로자가 취업한 후 3개월 미만인 경우도 이에 준한다.
7. "1주"란 휴일을 포함한 7일을 말한다.(2018.3.20 본호신설)
8. "소정(所定)근로시간"이란 제50조, 제69조 본문 또는 「산업안전보건법」 제139조제1항에 따른 근로시간의 범위에서 근로자와 사용자 사이에 정한 근로시간을 말한다.(2019.1.15 본호개정)
9. "단시간근로자"란 1주 동안의 소정근로시간이 그 사업장에서 같은 종류의 업무에 종사하는 통상 근로자의 1주 동안의 소정근로시간에 비하여 짧은 근로자를 말한다.

② 제1항제6호에 따라 산출된 금액이 그 근로자의 통상임금보다 적으면 그 통상임금액을 평균임금으로 한다.

판례 정수기업체가 서비스용역위탁계약을 맺은 엔지니어에 대하여 배정받은 제품의 설치 및 사후관리 업무를 수행하고 그 결과를 보고하도록 했고, 업무처리에 관한 각종 기준을 설정하고 그 준수를 지시했으며, 매출목표의 설정과 관리, 교육 등을 지속적으로 실시했다면 직접적인 지휘·감독이 정수기업체의 시니어매니저를 통해 이뤄졌다고 해도 업체가 해당 엔지니어의 업무수행에 관해 상당한 지휘·감독을 하였다고 보아 해당 엔지니어는 근로기준법상 근로자에 해당한다.
(대판 2021.11.11, 2019다221352)

판례 갑이 한국감정원에 입사하여 근무하던 중 업무상 재해로 사망하여 근로복지공단이 갑의 유족인 을에게 유족급여 및 장의비를 지급하였는데, 을이 근로복지공단을 상대로 평균임금을 산정할 때 성과상여금 등을 누락하였다면서 평균임금 정정 및 보험급여차액 지급을 청구한 사안에서, 정부는 경영실적 평가결과에 따라 한국감정원에 적용되는 성과급 지급률을 정하였고, 이에 한국감정원은 매년 소속 직원들에게 잔여 성과상여금을 지급하였으며, 갑이 업무상 재해로 사망한 이후 퇴직금을 지급할 때에도 위와 같이 지급한 성과상여금을 모두 포함하여 평균임금을 산정한 점 등에 비추어, 한국감정원이 갑에게 지급한 잔여 성과상여금은 계속적·정기적으로 지급되고, 지급대상과 지급조건 등이 확정되어 있어 사용자에게 지급의무가 지워져 있으므로 근로의 대가로 지급되는 임금의 성질을 가진다고 보아야 하므로, 잔여 성과상여금이 평균임금 산정의 기초가 되는 임금 총액에 포함된다.(대판 2018.10.12, 2015두36157)

판례 [1] 통상임금의 의의 : 근로기준법이 연장·야간·휴일 근로에 대한 가산임금, 해고예고수당, 연차휴가수당 등의 산정 기준 및 평균임금의 최저한으로 규정하고 있는 통상임금은 근로자가 소정근로시간에 통상적으로 제공하는 근로인 소정근로(도급근로자의 경우에는 총 근로)의 대가로 지급하기로 약정한 금품으로서 정기적·일률적·고정적으로 지급되는 임금을 말한다. 1개월을 초과하는 기간마다 지급되는 임금도 그것이 정기적·일률적·고정적으로 지급되는 것이면 통상임금에 포함될 수 있다.
[2] 임금의 고정성을 판단하는 기준 : 고정적인 임금이라 함은 '임금의 명칭 여하를 불문하고 임의의 날에 소정근로시간을 근무한 근로자가 그 다음 날 퇴직한다 하더라도 그 하루의 근로에 대한 대가로 당연하고도 확정적으로 지급받게 되는 최소한의 임금'을 말하므로, 근로자가 임의의 날에 소정근로를 제공하면 추가적인 조건의 충족 여부와 관계없이 당연히 지급될 것이 예정되어 지급 여부나 지급액이 사전에 확정된 임금은 고정성을 갖춘 것으로 볼 수 있다.
(대판 2013.12.18, 2012다94643 전원합의체)

판례 일용직 근로관계에서 공사의 진행에 따라 근로의 제공이 일시적으로 중단되었다가 재개되는 등 근로 제공의 연속성이 떨어지는 것은 상근직이 아닌 일용직 근로의 특수성에 기인하는 것이므로, 계약기간이 정해진 근로계약을 체결한 일용직 근로자의 경우 계약기간이 끝나지 않은 이상 공사가 일시적으로 중지되었다고 하여 계약에 의한 기본적인 근로관계가 소멸한다고 할 수는 없다.(대판 2009.5.14, 2009두157)

판례 비록 사립학교법이 사립학교의 교원과 사무직원의 임면 등에 관한 규정을 두고 있을 뿐 다른 근로자에 대한 규정을 두고 있지 않다고 하더라도, 사립학교에 근로를 제공하는 자로서 사립학교법상의 교원 또는 사무직원에 해당하지 아니하는 자에 대하여는 근로기준법이 적용될 수 있다.
(대판 2008.3.27, 2007다87061)

제3조【근로조건의 기준】 이 법에서 정하는 근로조건은 최저 기준이므로 근로 관계 당사자는 이 기준을 이유로 근로조건을 낮출 수 없다.

제4조【근로조건의 결정】 근로조건은 근로자와 사용자가 동등한 지위에서 자유의사에 따라 결정하여야 한다.

제5조【근로조건의 준수】 근로자와 사용자는 각자가 단체협약, 취업규칙과 근로계약을 지키고 성실하게 이행할 의무가 있다.

제6조【균등한 처우】 사용자는 근로자에 대하여 남녀의 성(性)을 이유로 차별적 대우를 하지 못하고, 국적·신앙 또는 사회적 신분을 이유로 근로조건에 대한 차별적 처우를 하지 못한다.

판례 국립대학교의 총장인 피고는 원고가 다른 직업을 가지고 있다는 이유로 전업 시간강사의 강사료가 아닌 비전업 시간강사의 강사료를 기준으로 하여 이미 초과지급한 시간강사료의 반환을 통보하고 시간강사료를 감액 지급한 사안에서, 피고가 근로계약을 체결할 때 사회적 신분이나 성별에 따른 임금 차별을 하여서는 아니 되고, 그 밖에 근로계약상의 근로 내용과 무관한 사정을 이유로 근로자에 대하여 불합리한 차별 대우를 해서는 아니 된다. 따라서 이와 같은 처분은 부당한 차별적 처우에 해당한다.(대판2019.3.14, 2015두46321)

제7조【강제 근로의 금지】 사용자는 폭행, 협박, 감금, 그 밖에 정신상 또는 신체상의 자유를 부당하게 구속하는 수단으로써 근로자의 자유의사에 어긋나는 근로를 강요하지 못한다.

제8조【폭행의 금지】 사용자는 사고의 발생이나 그 밖의 어떠한 이유로도 근로자에게 폭행을 하지 못한다.

제9조【중간착취의 배제】 누구든지 법률에 따르지 아니하고는 영리로 다른 사람의 취업에 개입하거나 중간인으로서 이익을 취득하지 못한다.

제10조【공민권 행사의 보장】 사용자는 근로자가 근로시간 중에 선거권, 그 밖의 공민권(公民權) 행사 또는 공(公)의 직무를 집행하기 위하여 필요한 시간을 청구하면 거부하지 못한다. 다만, 그 권리 행사나 공(公)의 직무를 수행하는 데에 지장이 없으면 청구한 시간을 변경할 수 있다.

제11조【적용 범위】 ① 이 법은 상시 5명 이상의 근로자를 사용하는 모든 사업 또는 사업장에 적용한다. 다만, 동거하는 친족만을 사용하는 사업 또는 사업장과 가사(家事) 사용인에 대하여는 적용하지 아니한다.
② 상시 4명 이하의 근로자를 사용하는 사업 또는 사업장에 대하여는 대통령령으로 정하는 바에 따라 이 법의 일부 규정을 적용할 수 있다.
③ 이 법을 적용하는 경우에 상시 사용하는 근로자 수를 산정하는 방법은 대통령령으로 정한다.
(2008.3.21 본항신설)

제12조【적용 범위】 이 법과 이 법에 따른 대통령령은 국가, 특별시·광역시·도, 시·군·구, 읍·면·동, 그 밖에 이에 준하는 것에 대하여도 적용된다.

제13조【보고, 출석의 의무】 사용자 또는 근로자는 이 법의 시행에 관하여 고용노동부장관·「노동위원회법」에 따른 노동위원회(이하 "노동위원회"라 한다) 또는 근로감독관의 요구가 있으면 지체 없이 필요한 사항에 대하여 보고하거나 출석하여야 한다.
(2010.6.4 본조개정)

제14조【법령 주요 내용 등의 게시】 ① 사용자는 이 법과 이 법에 따른 대통령령의 주요 내용과 취업규칙을 근로자가 자유롭게 열람할 수 있는 장소에 항상 게시하거나 갖추어 두어 근로자에게 널리 알려야 한다.
(2021.1.5 본항개정)
② 사용자는 제1항에 따른 대통령령 중 기숙사에 관한 규정과 제99조제1항에 따른 기숙사규칙을 기숙사에 게시하거나 갖추어 두어 기숙(寄宿)하는 근로자에게 널리 알려야 한다.
(2021.1.5 본조제목개정)

제2장 근로계약

제15조【이 법을 위반한 근로계약】 ① 이 법에서 정하는 기준에 미치지 못하는 근로조건을 정한 근로계약은 그 부분에 한정하여 무효로 한다.
(2020.5.26 본항개정)
② 제1항에 따라 무효로 된 부분은 이 법에서 정한 기준에 따른다.

제16조【계약기간】 근로계약은 기간을 정하지 아니한 것과 일정한 사업의 완료에 필요한 기간을 정한 것 외에는 그 기간은 1년을 초과하지 못한다.
<2007.6.30까지 유효>

제17조【근로조건의 명시】 ① 사용자는 근로계약을 체결할 때에 근로자에게 다음 각 호의 사항을 명시하여야 한다. 근로계약 체결 후 다음 각 호의 사항을 변경하는 경우에도 또한 같다.(2010.5.25 본문개정)
1. 임금
2. 소정근로시간
3. 제55조에 따른 휴일
4. 제60조에 따른 연차 유급휴가
5. 그 밖에 대통령령으로 정하는 근로조건
(2010.5.25 1호~5호신설)
② 사용자는 제1항제1호와 관련한 임금의 구성항목·계산방법·지급방법 및 제2호부터 제4호까지의 사항이 명시된 서면(「전자문서 및 전자거래 기본법」 제2조제1호에 따른 전자문서를 포함한다)을 근로자에게 교부하여야 한다. 다만, 본문에 따른 사항이 단체협약 또는 취업규칙의 변경 등 대통령령으로 정하는 사유로 인하여 변경되는 경우에는 근로자의 요구가 있으면 그 근로자에게 교부하여야 한다.(2021.1.5 본문개정)

제18조【단시간근로자의 근로조건】 ① 단시간근로자의 근로조건은 그 사업장의 같은 종류의 업무에 종사하는 통상 근로자의 근로시간을 기준으로 산정한 비율에 따라 결정되어야 한다.
② 제1항에 따라 근로조건을 결정할 때에 기준이 되는 사항이나 그 밖에 필요한 사항은 대통령령으로 정한다.
③ 4주 동안(4주 미만으로 근로하는 경우에는 그 기간)을 평균하여 1주 동안의 소정근로시간이 15시간 미만인 근로자에 대하여는 제55조와 제60조를 적용하지 아니한다.(2008.3.21 본항개정)

제19조【근로조건의 위반】 ① 제17조에 따라 명시된 근로조건이 사실과 다를 경우에 근로자는 근로조건 위반을 이유로 손해의 배상을 청구할 수 있으며 즉시 근로계약을 해제할 수 있다.
② 제1항에 따라 근로자가 손해배상을 청구할 경우에는 노동위원회에 신청할 수 있으며, 근로계약이 해제되었을 경우에는 사용자는 취업을 목적으로 거주를 변경하는 근로자에게 귀향 여비를 지급하여야 한다.

제20조【위약 예정의 금지】 사용자는 근로계약 불이행에 대한 위약금 또는 손해배상액을 예정하는 계약을 체결하지 못한다.

제21조【전차금 상계의 금지】 사용자는 전차금(前借金)이나 그 밖에 근로할 것을 조건으로 하는 전대(前貸)채권과 임금을 상계하지 못한다.

제22조【강제 저금의 금지】 ① 사용자는 근로계약에 덧붙여 강제 저축 또는 저축금의 관리를 규정하는 계약을 체결하지 못한다.
② 사용자가 근로자의 위탁으로 저축을 관리하는 경우에는 다음 각 호의 사항을 지켜야 한다.

1. 저축의 종류·기간 및 금융기관을 근로자가 결정하고, 근로자 본인의 이름으로 저축할 것
2. 근로자가 저축증서 등 관련 자료의 열람 또는 반환을 요구할 때에는 즉시 이에 따를 것

제23조【해고 등의 제한】 ① 사용자는 근로자에게 정당한 이유 없이 해고, 휴직, 정직, 전직, 감봉, 그 밖의 징벌(懲罰)(이하 "부당해고등"이라 한다)을 하지 못한다.
② 사용자는 근로자가 업무상 부상 또는 질병의 요양을 위하여 휴업한 기간과 그 후 30일 동안 또는 산전(産前)·산후(産後)의 여성이 이 법에 따라 휴업한 기간과 그 후 30일 동안은 해고하지 못한다. 다만, 사용자가 제84조에 따라 일시보상을 하였을 경우 또는 사업을 계속할 수 없게 된 경우에는 그러하지 아니하다.

판례 근로계약, 취업규칙, 단체협약 등에서 정년에 도달한 근로자가 일정한 요건을 충족하면 기간제근로자로 재고용해야 한다는 취지의 규정을 두고 있거나, 그러한 규정이 없더라도 근로계약 당사자 사이에 근로자가 정년에 도달하더라도 일정한 요건을 충족하면 기간제근로자로 재고용될 수 있다는 신뢰관계가 형성되어 있는 경우에는 특별한 사정이 없는 한 근로자는 그에 따라 정년 후 재고용되리라는 기대권을 가진다. 이와 같은 경우 사용자가 기간제근로자로의 재고용을 합리적 이유 없이 거절하는 것은 부당해고와 마찬가지라고 보아야 한다.
(대판 2023.6.29, 2018두62492)

판례 기간을 정하여 근로계약을 체결한 근로자의 경우 그 기간이 만료됨으로써 근로자로서의 신분관계는 당연히 종료되고 근로계약을 갱신하지 못하면 갱신 거절의 의사표시가 없어도 당연 퇴직되는 것이 원칙이다. 그러나 근로계약, 취업규칙, 단체협약 등에서 기간만료에도 불구하고 일정한 요건이 충족되면 당해 근로계약이 갱신된다는 취지의 규정을 두고 있거나, 그러한 규정이 없더라도 근로계약의 내용과 근로계약이 이루어지게 된 동기 및 경위, 계약 갱신의 기준 등 갱신에 관한 요건이나 절차의 설정 여부 및 그 실태, 근로자가 수행하는 업무의 내용 등 당해 근로관계를 둘러싼 여러 사정을 종합하여 볼 때 근로계약 당사자 사이에 일정한 요건이 충족되면 근로계약이 갱신된다는 신뢰관계가 형성되어 있어 근로자에게 근로계약이 갱신될 수 있으리라는 정당한 기대권이 인정되는 경우에는, 사용자가 이를 위반하여 부당하게 근로계약의 갱신을 거절하는 것은 부당해고와 마찬가지로 아무런 효력이 없고, 이 경우 기간만료 후의 근로관계는 종전의 근로계약이 갱신된 것과 동일하다.(대판 2011.4.14, 2007두1729)

제24조【경영상 이유에 의한 해고의 제한】 ① 사용자가 경영상 이유에 의하여 근로자를 해고하려면 긴박한 경영상의 필요가 있어야 한다. 이 경우 경영 악화를 방지하기 위한 사업의 양도·인수·합병은 긴박한 경영상의 필요가 있는 것으로 본다.
② 제1항의 경우에 사용자는 해고를 피하기 위한 노력을 다하여야 하며, 합리적이고 공정한 해고의 기준을 정하고 이에 따라 그 대상자를 선정하여야 한다. 이 경우 남녀의 성을 이유로 차별하여서는 아니 된다.
③ 사용자는 제2항에 따른 해고를 피하기 위한 방법과 해고의 기준 등에 관하여 그 사업 또는 사업장에 근로자의 과반수로 조직된 노동조합이 있는 경우에는 그 노동조합(근로자의 과반수로 조직된 노동조합이 없는 경우에는 근로자의 과반수를 대표하는 자를 말한다. 이하 "근로자대표"라 한다)에 해고를 하려는 날의 50일 전까지 통보하고 성실하게 협의하여야 한다.
④ 사용자는 제1항에 따라 대통령령으로 정하는 일정한 규모 이상의 인원을 해고하려면 대통령령으로 정하는 바에 따라 고용노동부장관에게 신고하여야 한다.(2010.6.4 본항개정)
⑤ 사용자가 제1항부터 제3항까지의 규정에 따른 요건을 갖추어 근로자를 해고한 경우에는 제23조제1항에 따른 정당한 이유가 있는 해고를 한 것으로 본다.

제25조【우선 재고용 등】 ① 제24조에 따라 근로자를 해고한 사용자는 근로자를 해고한 날부터 3년 이내에 해고된 근로자가 해고 당시 담당하였던 업무와 같은 업무를 할 근로자를 채용하려고 할 경우 제24조에 따라 해고된 근로자가 원하면 그 근로자를 우선적으로 고용하여야 한다.
② 정부는 제24조에 따라 해고된 근로자에 대하여 생계안정, 재취업, 직업훈련 등 필요한 조치를 우선적으로 취하여야 한다.

제26조【해고의 예고】 사용자는 근로자를 해고(경영상 이유에 의한 해고를 포함한다)하려면 적어도 30일 전에 예고를 하여야 하고, 30일 전에 예고를 하지 아니하였을 때에는 30일분 이상의 통상임금을 지급하여야 한다. 다만, 다음 각 호의 어느 하나에 해당하는 경우에는 그러하지 아니하다.(2019.1.15 단서개정)
1. 근로자가 계속 근로한 기간이 3개월 미만인 경우
2. 천재·사변, 그 밖의 부득이한 사유로 사업을 계속하는 것이 불가능한 경우
3. 근로자가 고의로 사업에 막대한 지장을 초래하거나 재산상 손해를 끼친 경우로서 고용노동부령으로 정하는 사유에 해당하는 경우
(2019.1.15 1호~3호신설)

판례 근로기준법 제26조에서 사용자가 근로자를 해고하는 경우 적어도 30일 전에 예고를 하여야 하고, 30일 전에 예고를 하지 아니하였을 때에는 30일분 이상의 통상임금을 지급하도록 규정한 취지는 근로자로 하여금 해고에 대비하여 새로운 직장을 구할 수 있는 시간적 또는 경제적 여유를 주려는 것이므로, 사용자의 해고예고는 일정 시점을 특정하여 하거나 언제 해고되는지를 근로자가 알 수 있는 방법으로 하여야 한다.
(대판 2010.4.15, 2009도13833)

제27조【해고사유 등의 서면통지】 ① 사용자는 근로자를 해고하려면 해고사유와 해고시기를 서면으로 통지하여야 한다.
② 근로자에 대한 해고는 제1항에 따라 서면으로 통지하여야 효력이 있다.
③ 사용자가 제26조에 따른 해고의 예고를 해고사유와 해고시기를 명시하여 서면으로 한 경우에는 제1항에 따른 통지를 한 것으로 본다.(2014.3.24 본항신설)

제28조【부당해고등의 구제신청】 ① 사용자가 근로자에게 부당해고등을 하면 근로자는 노동위원회에 구제를 신청할 수 있다.
② 제1항에 따른 구제신청은 부당해고등이 있었던 날부터 3개월 이내에 하여야 한다.

제29조【조사 등】 ① 노동위원회는 제28조에 따른 구제신청을 받으면 지체 없이 필요한 조사를 하여야 하며 관계 당사자를 심문하여야 한다.
② 노동위원회는 제1항에 따라 심문을 할 때에는 관계 당사자의 신청이나 직권으로 증인을 출석하게 하여 필요한 사항을 질문할 수 있다.
③ 노동위원회는 제1항에 따라 심문을 할 때에는 관계 당사자에게 증거 제출과 증인에 대한 반대심문을 할 수 있는 충분한 기회를 주어야 한다.
④ 제1항에 따른 노동위원회의 조사와 심문에 관한 세부절차는 「노동위원회법」에 따른 중앙노동위원회(이하 "중앙노동위원회"라 한다)가 정하는 바에 따른다.

제30조【구제명령 등】 ① 노동위원회는 제29조에 따른 심문을 끝내고 부당해고등이 성립한다고 판정하면 사용자에게 구제명령을 하여야 하며, 부당해고등이 성립하지 아니한다고 판정하면 구제신청을 기각하는 결정을 하여야 한다.
② 제1항에 따른 판정, 구제명령 및 기각결정은 사용자와 근로자에게 각각 서면으로 통지하여야 한다.
③ 노동위원회는 제1항에 따른 구제명령(해고에 대한 구제명령만을 말한다)을 할 때에 근로자가 원직복직(原職復職)을 원하지 아니하면 원직복직을 명하는 대신 근로자가 해고기간 동안 근로를 제공하였더라면 받을 수 있었던 임금 상당액 이상의 금품을 근로자에게 지급하도록 명할 수 있다.
④ 노동위원회는 근로계약기간의 만료, 정년의 도래 등으로 근로자가 원직복직(해고 이외의 경우는 원상회복을 말한다)이 불가능한 경우에도 제1항에 따른 구제명령이나 기각결정을 하여야 한다. 이 경우 노동위원회는 부당해고등이 성립한다고 판정하면 근로자가 해고기간 동안 근로를 제공하였더라면 받을 수 있었던 임금 상당액에 해당하는 금품(해고 이외의 경우에는 원상회복에 준하는 금품을 말한다)을 사업주가 근로자에게 지급하도록 명할 수 있다.
(2021.5.18 본항신설)

제31조【구제명령 등의 확정】 ① 「노동위원회법」에 따른 지방노동위원회의 구제명령이나 기각결정에 불복하는 사용자나 근로자는 구제명령서나 기각결정서를 통지받은 날부터 10일 이내에 중앙노동위원회에 재심을 신청할 수 있다.
② 제1항에 따른 중앙노동위원회의 재심판정에 대하여 사용자나 근로자는 재심판정서를 송달받은 날부터 15일 이내에 「행정소송법」의 규정에 따라 소(訴)를 제기할 수 있다.
③ 제1항과 제2항에 따른 기간 이내에 재심을 신청하지 아니하거나 행정소송을 제기하지 아니하면 그 구제명령, 기각결정 또는 재심판정은 확정된다.

제32조【구제명령 등의 효력】 노동위원회의 구제명령, 기각결정 또는 재심판정은 제31조에 따른 중앙노동위원회에 대한 재심 신청이나 행정소송 제기에 의하여 그 효력이 정지되지 아니한다.

제33조【이행강제금】 ① 노동위원회는 구제명령(구제명령을 내용으로 하는 재심판정을 포함한다. 이하 이 조에서 같다)을 받은 후 이행기한까지 구제명령을 이행하지 아니한 사용자에게 3천만원 이하의 이행강제금을 부과한다.(2021.5.18 본항개정)
② 노동위원회는 제1항에 따른 이행강제금을 부과하기 30일 전까지 이행강제금을 부과·징수한다는 뜻을 사용자에게 미리 문서로써 알려 주어야 한다.
③ 제1항에 따른 이행강제금을 부과할 때에는 이행강제금의 액수, 부과 사유, 납부기한, 수납기관, 이의제기방법 및 이의제기기관 등을 명시한 문서로써 하여야 한다.
④ 제1항에 따라 이행강제금을 부과하는 위반행위의 종류와 위반 정도에 따른 금액, 부과·징수된 이행강제금의 반환절차, 그 밖에 필요한 사항은 대통령령으로 정한다.
⑤ 노동위원회는 최초의 구제명령을 한 날을 기준으로 매년 2회의 범위에서 구제명령이 이행될 때까지 반복하여 제1항에 따른 이행강제금을 부과·징수할 수 있다. 이 경우 이행강제금은 2년을 초과하여 부과·징수하지 못한다.
⑥ 노동위원회는 구제명령을 받은 자가 구제명령을 이행하면 새로운 이행강제금을 부과하지 아니하되, 구제명령을 이행하기 전에 이미 부과된 이행강제금은 징수하여야 한다.
⑦ 노동위원회는 이행강제금 납부의무자가 납부기한까지 이행강제금을 내지 아니하면 기간을 정하여 독촉을 하고 지정된 기간에 제1항에 따른 이행강제금을 내지 아니하면 국세 체납처분의 예에 따라 징수할 수 있다.
⑧ 근로자는 구제명령을 받은 사용자가 이행기한까지 구제명령을 이행하지 아니하면 이행기한이 지난 때부터 15일 이내에 그 사실을 노동위원회에 알려줄 수 있다.

제34조【퇴직급여 제도】 사용자가 퇴직하는 근로자에게 지급하는 퇴직급여 제도에 관하여는 「근로자퇴직급여 보장법」이 정하는 대로 따른다.

제35조 (2019.1.15 삭제)

제36조【금품 청산】 사용자는 근로자가 사망 또는 퇴직한 경우에는 그 지급 사유가 발생한 때부터 14일 이내에 임금, 보상금, 그 밖의 모든 금품을 지급하여야 한다. 다만, 특별한 사정이 있을 경우에는 당사자 사이의 합의에 의하여 기일을 연장할 수 있다.
(2020.5.26 본문개정)

판례 기본임금을 미리 산정하지 아니한 채 제 수당을 합한 금액을 월급여액이나 일당임금으로 정하거나 매월 일정액을 제 수당으로 지급하는 내용의 포괄임금제에 관한 약정이 성립하였는지는 근로시간, 근로형태와 업무의 성질, 임금 산정의 단위, 단체협약과 취업규칙의 내용, 동종 사업장의 실태 등 여러 사정을 전체적·종합적으로 고려하여 구체적으로 판단하여야 한다. 이때 단체협약이나 취업규칙 및 근로계약서에 포괄임금이라는 취지를 명시하지 않았음에도 묵시적 합의에 의한 포괄임금약정이 성립하였다고 인정하기 위해서는, 근로형태의 특수성으로 인하여 실제 근로시간을 정확하게 산정하는 것이 곤란하거나 일정한 연장·야간·휴일근로가 예상되는 경우 등 실질적인 필요성이 인정될 뿐 아니라, 근로시간, 정하여진 임금의 형태나 수준 등 제반 사정에 비추어 사용자와 근로자 사이에 정액의 월급여액이나 일당임금 외에 추가로 어떠한 수당도 지급하지 않기로 하거나 특정한 수당을 지급하지 않기로 하는 합의가 있었다고 객관적으로 인정되는 경우이어야 한다.(대판 2016.10.13, 2016도1060)

제37조【미지급 임금에 대한 지연이자】 ① 사용자는 제36조에 따라 지급하여야 하는 임금 및 「근로자퇴직급여 보장법」 제2조제5호에 따른 급여(일시금만 해당된다)의 전부 또는 일부를 그 지급 사유가 발생한 날부터 14일 이내에 지급하지 아니한 경우 그 다음 날부터 지급하는 날까지의 지연 일수에 대하여 연 100분의 40 이내의 범위에서 「은행법」에 따른 은행이 적용하는 연체금리 등 경제 여건을 고려하여 대통령령으로 정하는 이율에 따른 지연이자를 지급하여야 한다.(2010.5.17 본항개정)
② 제1항은 사용자가 천재·사변, 그 밖에 대통령령으로 정하는 사유에 따라 임금 지급을 지연하는 경우 그 사유가 존속하는 기간에 대하여는 적용하지 아니한다.

제38조【임금채권의 우선변제】 ① 임금, 재해보상금, 그 밖에 근로 관계로 인한 채권은 사용자의 총재산에 대하여 질권(質權)·저당권 또는 「동산·채권 등의 담보에 관한 법률」에 따른 담보권에 따라 담보된 채권 외에는 조세·공과금 및 다른 채권에 우선하여 변제되어야 한다. 다만, 질권·저당권 또는 「동산·채권 등의 담보에 관한 법률」에 따른 담보권에 우선하는 조세·공과금에 대하여는 그러하지 아니하다.(2010.6.10 본항개정)

② 제1항에도 불구하고 다음 각 호의 어느 하나에 해당하는 채권은 사용자의 총재산에 대하여 질권·저당권 또는 「동산·채권 등의 담보에 관한 법률」에 따른 담보권에 따라 담보된 채권, 조세·공과금 및 다른 채권에 우선하여 변제되어야 한다.
(2010.6.10 본문개정)
1. 최종 3개월분의 임금
2. 재해보상금

제39조【사용증명서】 ① 사용자는 근로자가 퇴직한 후라도 사용 기간, 업무 종류, 지위와 임금, 그 밖에 필요한 사항에 관한 증명서를 청구하면 사실대로 적은 증명서를 즉시 내주어야 한다.
② 제1항의 증명서에는 근로자가 요구한 사항만을 적어야 한다.

제40조【취업 방해의 금지】 누구든지 근로자의 취업을 방해할 목적으로 비밀 기호 또는 명부를 작성·사용하거나 통신을 하여서는 아니 된다.

제41조【근로자의 명부】 ① 사용자는 각 사업장별로 근로자 명부를 작성하고 근로자의 성명, 생년월일, 이력, 그 밖에 대통령령으로 정하는 사항을 적어야 한다. 다만, 대통령령으로 정하는 일용근로자에 대해서는 근로자 명부를 작성하지 아니할 수 있다.
(2021.1.5 단서신설)
② 제1항에 따라 근로자 명부에 적을 사항이 변경된 경우에는 지체 없이 정정하여야 한다.

제42조【계약 서류의 보존】 사용자는 근로자 명부와 대통령령으로 정하는 근로계약에 관한 중요한 서류를 3년간 보존하여야 한다.

제3장 임 금

제43조【임금 지급】 ① 임금은 통화(通貨)로 직접 근로자에게 그 전액을 지급하여야 한다. 다만, 법령 또는 단체협약에 특별한 규정이 있는 경우에는 임금의 일부를 공제하거나 통화 이외의 것으로 지급할 수 있다.
② 임금은 매월 1회 이상 일정한 날짜를 정하여 지급하여야 한다. 다만, 임시로 지급하는 임금, 수당, 그 밖에 이에 준하는 것 또는 대통령령으로 정하는 임금에 대하여는 그러하지 아니하다.

제43조의2【체불사업주 명단 공개】 ① 고용노동부장관은 제36조, 제43조, 제51조의3, 제52조제2항제2호, 제56조에 따른 임금, 보상금, 수당, 그 밖의 모든 금품(이하 "임금등"이라 한다)을 지급하지 아니한 사업주(법인인 경우에는 그 대표자를 포함한다. 이하 "체불사업주"라 한다)가 명단 공개 기준일 이전 3년 이내 임금등을 체불하여 2회 이상 유죄가 확정된 자로서 명단 공개 기준일 이전 1년 이내 임금등의 체불총액이 3천만원 이상인 경우에는 그 인적사항 등을 공개할 수 있다. 다만, 체불사업주의 사망·폐업으로 명단 공개의 실효성이 없는 경우 등 대통령령으로 정하는 사유가 있는 경우에는 그러하지 아니하다.(2021.1.5 본문개정)
② 고용노동부장관은 제1항에 따라 명단 공개를 할 경우에 체불사업주에게 3개월 이상의 기간을 정하여 소명 기회를 주어야 한다.
③ 제1항에 따른 체불사업주의 인적사항 등에 대한 공개여부를 심의하기 위하여 고용노동부에 임금체불정보심의위원회(이하 이 조에서 "위원회"라 한다)를 둔다. 이 경우 위원회의 구성·운영 등 필요한 사항은 고용노동부령으로 정한다.
④ 제1항에 따른 명단 공개의 구체적인 내용, 기간 및 방법 등 명단 공개에 필요한 사항은 대통령령으로 정한다.
(2012.2.1 본조신설)

제43조의3【임금등 체불자료의 제공】 ① 고용노동부장관은 「신용정보의 이용 및 보호에 관한 법률」 제25조제2항제1호에 따른 종합신용정보집중기관이 임금등 체불자료 제공일 이전 3년 이내 임금등을 체불하여 2회 이상 유죄가 확정된 자로서 임금등 체불자료 제공일 이전 1년 이내 임금등의 체불총액이 2천만원 이상인 체불사업주의 인적사항과 체불액 등에 관한 자료(이하 "임금등 체불자료"라 한다)를 요구할 때에는 임금등의 체불을 예방하기 위하여 필요하다고 인정하는 경우에 그 자료를 제공할 수 있다. 다만, 체불사업주의 사망·폐업으로 임금등 체불자료 제공의 실효성이 없는 경우 등 대통령령으로 정하는 사유가 있는 경우에는 그러하지 아니하다.
② 제1항에 따라 임금등 체불자료를 받은 자는 이를 체불사업주의 신용도·신용거래능력 판단과 관련한 업무 외의 목적으로 이용하거나 누설하여서는 아니 된다.
③ 제1항에 따른 임금등 체불자료의 제공 절차 및 방법 등 임금등 체불자료의 제공에 필요한 사항은 대통령령으로 정한다.
(2012.2.1 본조신설)

제44조【도급 사업에 대한 임금 지급】 ① 사업이 한 차례 이상의 도급에 따라 행하여지는 경우에 하수급인(下受給人)(도급이 한 차례에 걸쳐 행하여진 경우에는 수급인을 말한다)이 직상(直上) 수급인(도급이 한 차례에 걸쳐 행하여진 경우에는 도급인을 말한다)의 귀책사유로 근로자에게 임금을 지급하지 못한 경우에는 그 직상 수급인은 그 하수급인과 연대하여 책임을 진다. 다만, 직상 수급인의 귀책사유가 그 상위 수급인의 귀책사유에 의하여 발생한 경우에는 그 상위 수급인도 연대하여 책임을 진다.
(2020.3.31 본문개정)
② 제1항의 귀책사유 범위는 대통령령으로 정한다.
(2012.2.1 본항개정)

제44조의2【건설업에서의 임금 지급 연대책임】
① 건설업에서 사업이 2차례 이상 「건설산업기본법」 제2조제11호에 따른 도급(이하 "공사도급"이라 한다)이 이루어진 경우에 같은 법 제2조제7호에 따른 건설사업자가 아닌 하수급인이 그가 사용한 근로자에게 임금(해당 건설공사에서 발생한 임금으로 한정한다)을 지급하지 못한 경우에는 그 직상 수급인은 하수급인과 연대하여 하수급인이 사용한 근로자의 임금을 지급할 책임을 진다.
② 제1항의 직상 수급인이 「건설산업기본법」 제2조제7호에 따른 건설사업자가 아닌 때에는 그 상위 수급인 중에서 최하위의 같은 호에 따른 건설사업자를 직상 수급인으로 본다.
(2019.4.30 본조개정)

제44조의3【건설업의 공사도급에 있어서의 임금에 관한 특례】 ① 공사도급이 이루어진 경우로서 다음 각 호의 어느 하나에 해당하는 때에는 직상 수급인은 하수급인에게 지급하여야 하는 하도급 대금 채무의 부담 범위에서 그 하수급인이 사용한 근로자가 청구하면 하수급인이 지급하여야 하는 임금(해당 건설공사에서 발생한 임금으로 한정한다)에 해당하는 금액을 근로자에게 직접 지급하여야 한다.
1. 직상 수급인이 하수급인을 대신하여 하수급인이 사용한 근로자에게 지급하여야 하는 임금을 직접 지급할 수 있다는 뜻과 그 지급 방법 및 절차에 관하여 직상 수급인과 하수급인이 합의한 경우
2. 「민사집행법」 제56조제3호에 따른 확정된 지급명령, 하수급인의 근로자에게 하수급인에 대하여 임금채권이 있음을 증명하는 같은 법 제56조제4호에 따른 집행증서, 「소액사건심판법」 제5조의7에 따라 확정된 이행권고결정, 그 밖에 이에 준하는 집행권원이 있는 경우
3. 하수급인이 그가 사용한 근로자에 대하여 지급하여야 할 임금채무가 있음을 직상 수급인에게 알려주고, 직상 수급인이 파산 등의 사유로 하수급인이 임금을 지급할 수 없는 명백한 사유가 있다고 인정하는 경우
② 「건설산업기본법」 제2조제10호에 따른 발주자의 수급인(이하 "원수급인"이라 한다)으로부터 공사도급이 2차례 이상 이루어진 경우로서 하수급인(도급받은 하수급인으로부터 재하도급 받은 하수급인을 포함한다. 이하 이 항에서 같다)이 사용한 근로자에게 그 하수급인에 대한 제1항제2호에 따른 집행권원이 있는 경우에는 근로자는 하수급인이 지급하여야 하는 임금(해당 건설공사에서 발생한 임금으로 한정한다)에 해당하는 금액을 원수급인에게 직접 지급할 것을 요구할 수 있다. 원수급인은 근로자가 자신에 대하여 「민법」 제404조에 따른 채권자대위권을 행사할 수 있는 금액의 범위에서 이에 따라야 한다.(2011.5.24 전단개정)
③ 직상 수급인 또는 원수급인이 제1항 및 제2항에 따라 하수급인이 사용한 근로자에게 임금에 해당하는 금액을 지급한 경우에는 하수급인에 대한 하도급 대금 채무는 그 범위에서 소멸한 것으로 본다.
(2007.7.27 본조신설)

제45조【비상시 지급】 사용자는 근로자가 출산, 질병, 재해, 그 밖에 대통령령으로 정하는 비상(非常)한 경우의 비용에 충당하기 위하여 임금 지급을 청구하면 지급기일 전이라도 이미 제공한 근로에 대한 임금을 지급하여야 한다.

제46조【휴업수당】 ① 사용자의 귀책사유로 휴업하는 경우에 사용자는 휴업기간 동안 그 근로자에게 평균임금의 100분의 70 이상의 수당을 지급하여야 한다. 다만, 평균임금의 100분의 70에 해당하는 금액이 통상임금을 초과하는 경우에는 통상임금을 휴업수당으로 지급할 수 있다.
② 제1항에도 불구하고 부득이한 사유로 사업을 계속하는 것이 불가능하여 노동위원회의 승인을 받은 경우에는 제1항의 기준에 못 미치는 휴업수당을 지급할 수 있다.

제47조【도급 근로자】 사용자는 도급이나 그 밖에 이에 준하는 제도로 사용하는 근로자에게 근로시간에 따라 일정액의 임금을 보장하여야 한다.

제48조【임금대장 및 임금명세서】 ① 사용자는 각 사업장별로 임금대장을 작성하고 임금과 가족수당 계산의 기초가 되는 사항, 임금액, 그 밖에 대통령령으로 정하는 사항을 임금을 지급할 때마다 적어야 한다.
② 사용자는 임금을 지급하는 때에는 근로자에게 임금의 구성항목·계산방법, 제43조제1항 단서에 따라 임금의 일부를 공제한 경우의 내역 등 대통령령으로 정하는 사항을 적은 임금명세서를 서면(「전자문서 및 전자거래 기본법」 제2조제1호에 따른 전자문서를 포함한다)으로 교부하여야 한다.(2021.5.18 본항신설)
(2021.5.18 본조제목개정)

제49조【임금의 시효】 이 법에 따른 임금채권은 3년간 행사하지 아니하면 시효로 소멸한다.

제4장 근로시간과 휴식

제50조【근로시간】 ① 1주 간의 근로시간은 휴게시간을 제외하고 40시간을 초과할 수 없다.
② 1일의 근로시간은 휴게시간을 제외하고 8시간을 초과할 수 없다.
③ 제1항 및 제2항에 따라 근로시간을 산정하는 경우 작업을 위하여 근로자가 사용자의 지휘·감독 아래에 있는 대기시간 등은 근로시간으로 본다.
(2020.5.26 본항개정)

판례 연장근로 한도를 지켰는지 여부를 따질 때는 1일 8시간을 초과했는지가 아니라 1주간 총 근로시간에서 법정근로시간(1주당 40시간)을 빼는 방식을 적용해야 한다. 만일 근로자가 1일 8시간을 초과한 연장근로 시간을 각각 계산한 뒤 이를 합산한 값이 1주간 12시간을 초과했는지를 기준으로 연장근로 한도를 따지는 경우, 1주 중 이틀은 15시간씩, 사흘은 6시간씩 일한 경우 1주간 총 근로시간은 48시간이지만 연장근로 시간은 14시간으로 12시간인 연장근로 한도를 초과해 근로기준법 위반이 된다. 그러나 근로기준법 제53조제1항은 1주 단위로 12시간의 연장근로 한도를 설정하고 있는데 이는 같은 법 제50조제1항의 '1주간'의 기준 근로시간을 초과하는 근로를 의미한다고 해석하여야 하며, 1일 8시간을 초과하는 연장근로 시간의 1주간 합계에 관해 정하고 있는 규정은 별도로 존재하지 않는다. 따라서 근로기준법 위반 여부를 판단할 때에는 1주간 총 근로시간을 합산한 값이 40시간을 초과해 총 52시간에 달하는지를 기준으로 해야 한다.(대판 2023.12.7, 2020도15393)

제51조【3개월 이내의 탄력적 근로시간제】 ① 사용자는 취업규칙(취업규칙에 준하는 것을 포함한다)에서 정하는 바에 따라 2주 이내의 일정한 단위기간을 평균하여 1주간의 근로시간이 제50조제1항의 근로시간을 초과하지 아니하는 범위에서 특정한 주에 제50조제1항의 근로시간을, 특정한 날에 제50조제2항의 근로시간을 초과하여 근로하게 할 수 있다. 다만, 특정한 주의 근로시간은 48시간을 초과할 수 없다.
② 사용자는 근로자대표와의 서면 합의에 따라 다음 각 호의 사항을 정하면 3개월 이내의 단위기간을 평균하여 1주 간의 근로시간이 제50조제1항의 근로시간을 초과하지 아니하는 범위에서 특정한 주에 제50조제1항의 근로시간을, 특정한 날에 제50조제2항의 근로시간을 초과하여 근로하게 할 수 있다. 다만, 특정한 주의 근로시간은 52시간을, 특정한 날의 근로시간은 12시간을 초과할 수 없다.
1. 대상 근로자의 범위
2. 단위기간(3개월 이내의 일정한 기간으로 정하여야 한다)
3. 단위기간의 근로일과 그 근로일별 근로시간
4. 그 밖에 대통령령으로 정하는 사항
③ 제1항과 제2항은 15세 이상 18세 미만의 근로자와 임신 중인 여성 근로자에 대하여는 적용하지 아니한다.

④ 사용자는 제1항 및 제2항에 따라 근로자를 근로시킬 경우에는 기존의 임금 수준이 낮아지지 아니하도록 임금보전방안(賃金補塡方案)을 강구하여야 한다.
(2021.1.5 본조제목개정)

제51조의2【3개월을 초과하는 탄력적 근로시간제】 ① 사용자는 근로자대표와의 서면 합의에 따라 다음 각 호의 사항을 정하면 3개월을 초과하고 6개월 이내의 단위기간을 평균하여 1주간의 근로시간이 제50조제1항의 근로시간을 초과하지 아니하는 범위에서 특정한 주에 제50조제1항의 근로시간을, 특정한 날에 제50조제2항의 근로시간을 초과하여 근로하게 할 수 있다. 다만, 특정한 주의 근로시간은 52시간을, 특정한 날의 근로시간은 12시간을 초과할 수 없다.
1. 대상 근로자의 범위
2. 단위기간(3개월을 초과하고 6개월 이내의 일정한 기간으로 정하여야 한다)
3. 단위기간의 주별 근로시간
4. 그 밖에 대통령령으로 정하는 사항

② 사용자는 제1항에 따라 근로자를 근로시킬 경우에는 근로일 종료 후 다음 근로일 개시 전까지 근로자에게 연속하여 11시간 이상의 휴식 시간을 주어야 한다. 다만, 천재지변 등 대통령령으로 정하는 불가피한 경우에는 근로자대표와의 서면 합의가 있으면 이에 따른다.
③ 사용자는 제1항제3호에 따른 각 주의 근로일이 시작되기 2주 전까지 근로자에게 해당 주의 근로일별 근로시간을 통보하여야 한다.
④ 사용자는 제1항에 따른 근로자대표와의 서면 합의 당시에는 예측하지 못한 천재지변, 기계 고장, 업무량 급증 등 불가피한 사유가 발생한 때에는 제1항제2호에 따른 단위기간 내에서 평균하여 1주간의 근로시간이 유지되는 범위에서 근로자대표와의 협의를 거쳐 제1항제3호의 사항을 변경할 수 있다. 이 경우 해당 근로자에게 변경된 근로일이 개시되기 전에 변경된 근로일별 근로시간을 통보하여야 한다.
⑤ 사용자는 제1항에 따라 근로자를 근로시킬 경우에는 기존의 임금 수준이 낮아지지 아니하도록 임금항목을 조정 또는 신설하거나 가산임금 지급 등의 임금보전방안(賃金補塡方案)을 마련하여 고용노동부장관에게 신고하여야 한다. 다만, 근로자대표와의 서면합의로 임금보전방안을 마련한 경우에는 그러하지 아니하다.
⑥ 제1항부터 제5항까지의 규정은 15세 이상 18세 미만의 근로자와 임신 중인 여성 근로자에 대하여는 적용하지 아니한다.
(2021.1.5 본조신설)

제51조의3【근로한 기간이 단위기간보다 짧은 경우의 임금 정산】 사용자는 제51조 및 제51조의2에 따른 단위기간 중 근로자가 근로한 기간이 그 단위기간보다 짧은 경우에는 그 단위기간 중 해당 근로자가 근로한 기간을 평균하여 1주간에 40시간을 초과하여 근로한 시간 전부에 대하여 제56조제1항에 따른 가산임금을 지급하여야 한다.(2021.1.5 본조신설)

제52조【선택적 근로시간제】 ① 사용자는 취업규칙(취업규칙에 준하는 것을 포함한다)에 따라 업무의 시작 및 종료 시각을 근로자의 결정에 맡기기로 한 근로자에 대하여 근로자대표와의 서면 합의에 따라 다음 각 호의 사항을 정하면 1개월(신상품 또는 신기술의 연구개발 업무의 경우에는 3개월로 한다) 이내의 정산기간을 평균하여 1주간의 근로시간이 제50조제1항의 근로시간을 초과하지 아니하는 범위에서 1주 간에 제50조제1항의 근로시간을, 1일에 제50조제2항의 근로시간을 초과하여 근로하게 할 수 있다.(2021.1.5 본문개정)
1. 대상 근로자의 범위(15세 이상 18세 미만의 근로자는 제외한다)
2. 정산기간(2021.1.5 본호개정)
3. 정산기간의 총 근로시간
4. 반드시 근로하여야 할 시간대를 정하는 경우에는 그 시작 및 종료 시각
5. 근로자가 그의 결정에 따라 근로할 수 있는 시간대를 정하는 경우에는 그 시작 및 종료 시각
6. 그 밖에 대통령령으로 정하는 사항

② 사용자는 제1항에 따라 1개월을 초과하는 정산기간을 정하는 경우에는 다음 각 호의 조치를 하여야 한다.
1. 근로일 종료 후 다음 근로일 시작 전까지 근로자에게 연속하여 11시간 이상의 휴식 시간을 줄 것. 다만, 천재지변 등 대통령령으로 정하는 불가피한 경우에는 근로자대표와의 서면합의가 있으면 이에 따른다.
2. 매 1개월마다 평균하여 1주간의 근로시간이 제50조제1항의 근로시간을 초과한 시간에 대해서는 통상임금의 100분의 50 이상을 가산하여 근로자에게 지급할 것. 이 경우 제56조제1항은 적용하지 아니한다.

(2021.1.5 본항신설)

제53조【연장 근로의 제한】 ① 당사자 간에 합의하면 1주 간에 12시간을 한도로 제50조의 근로시간을 연장할 수 있다.
② 당사자 간에 합의하면 1주 간에 12시간을 한도로 제51조 및 제51조의2의 근로시간을 연장할 수 있고, 제52조제1항제2호의 정산기간을 평균하여 1주 간에 12시간을 초과하지 아니하는 범위에서 제52조제1항의 근로시간을 연장할 수 있다.(2021.1.5 본항개정)
③ 상시 30명 미만의 근로자를 사용하는 사용자는 다음 각 호에 대하여 근로자대표와 서면으로 합의한 경우 제1항 또는 제2항에 따라 연장된 근로시간에 더하여 1주 간에 8시간을 초과하지 아니하는 범위에서 근로시간을 연장할 수 있다.
1. 제1항 또는 제2항에 따라 연장된 근로시간을 초과할 필요가 있는 사유 및 그 기간
2. 대상 근로자의 범위

(2018.3.20 본항신설 : 2022.12.31까지 유효)
④ 사용자는 특별한 사정이 있으면 고용노동부장관의 인가와 근로자의 동의를 받아 제1항과 제2항의 근로시간을 연장할 수 있다. 다만, 사태가 급박하여 고용노동부장관의 인가를 받을 시간이 없는 경우에는 사후에 지체 없이 승인을 받아야 한다.(2010.6.4 본항개정)
⑤ 고용노동부장관은 제4항에 따른 근로시간의 연장이 부적당하다고 인정하면 그 후 연장시간에 상당하는 휴게시간이나 휴일을 줄 것을 명할 수 있다.(2018.3.20 본항개정)
⑥ 제3항은 15세 이상 18세 미만의 근로자에 대하여는 적용하지 아니한다.(2018.3.20 본항신설 : 2022.12.31까지 유효)
⑦ 사용자는 제4항에 따라 연장 근로를 하는 근로자의 건강 보호를 위하여 건강검진 실시 또는 휴식시간 부여 등 고용노동부장관이 정하는 바에 따라 적절한 조치를 하여야 한다.(2021.1.5 본항신설)

제54조【휴게】 ① 사용자는 근로시간이 4시간인 경우에는 30분 이상, 8시간인 경우에는 1시간 이상의 휴게시간을 근로시간 도중에 주어야 한다.
② 휴게시간은 근로자가 자유롭게 이용할 수 있다.

제55조【휴일】 ① 사용자는 근로자에게 1주에 평균 1회 이상의 유급휴일을 보장하여야 한다.
(2018.3.20 본항개정)
② 사용자는 근로자에게 대통령령으로 정하는 휴일을 유급으로 보장하여야 한다. 다만, 근로자대표와 서면으로 합의한 경우 특정한 근로일로 대체할 수 있다.(2018.3.20 본항신설)

제56조【연장·야간 및 휴일 근로】 ① 사용자는 연장근로(제53조·제59조 및 제69조 단서에 따라 연장된 시간의 근로를 말한다)에 대하여는 통상임금의 100분의 50 이상을 가산하여 근로자에게 지급하여야 한다.(2018.3.20 본항개정)
② 제1항에도 불구하고 사용자는 휴일근로에 대하여는 다음 각 호의 기준에 따른 금액 이상을 가산하여 근로자에게 지급하여야 한다.
1. 8시간 이내의 휴일근로 : 통상임금의 100분의 50
2. 8시간을 초과한 휴일근로 : 통상임금의 100분의 100

(2018.3.20 본항신설)
③ 사용자는 야간근로(오후 10시부터 다음 날 오전 6시 사이의 근로를 말한다)에 대하여는 통상임금의 100분의 50 이상을 가산하여 근로자에게 지급하여야 한다.(2018.3.20 본항신설)

제57조【보상 휴가제】 사용자는 근로자대표와의 서면 합의에 따라 제51조의3, 제52조제2항제2호 및 제56조에 따른 연장근로·야간근로 및 휴일근로 등에 대하여 임금을 지급하는 것을 갈음하여 휴가를 줄 수 있다.(2021.1.5 본조개정)

제58조【근로시간 계산의 특례】 ① 근로자가 출장이나 그 밖의 사유로 근로시간의 전부 또는 일부를 사업장 밖에서 근로하여 근로시간을 산정하기 어려운 경우에는 소정근로시간을 근로한 것으로 본다. 다만, 그 업무를 수행하기 위하여 통상적으로 소정근로시간을 초과하여 근로할 필요가 있는 경우에는 그 업무의 수행에 통상 필요한 시간을 근로한 것으로 본다.
② 제1항 단서에도 불구하고 그 업무에 관하여 근로자대표와의 서면 합의를 한 경우에는 그 합의에서 정하는 시간을 그 업무의 수행에 통상 필요한 시간으로 본다.
③ 업무의 성질에 비추어 업무 수행 방법을 근로자의 재량에 위임할 필요가 있는 업무로서 대통령령으로 정하는 업무는 사용자가 근로자대표와 서면 합의로 정한 시간을 근로한 것으로 본다. 이 경우 그 서면 합의에는 다음 각 호의 사항을 명시하여야 한다.
1. 대상 업무
2. 사용자가 업무의 수행 수단 및 시간 배분 등에 관하여 근로자에게 구체적인 지시를 하지 아니한다는 내용
3. 근로시간의 산정은 그 서면 합의로 정하는 바에 따른다는 내용

④ 제1항과 제3항의 시행에 필요한 사항은 대통령령으로 정한다.

제59조【근로시간 및 휴게시간의 특례】 ①「통계법」제22조제1항에 따라 통계청장이 고시하는 산업에 관한 표준의 중분류 또는 소분류 중 다음 각 호의 어느 하나에 해당하는 사업에 대하여 사용자가 근로자대표와 서면으로 합의한 경우에는 제53조제1항에 따른 주(週) 12시간을 초과하여 연장근로를 하게 하거나 제54조에 따른 휴게시간을 변경할 수 있다.
1. 육상운송 및 파이프라인 운송업. 다만,「여객자동차 운수사업법」제3조제1항제1호에 따른 노선(路線) 여객자동차운송사업은 제외한다.
2. 수상운송업
3. 항공운송업
4. 기타 운송관련 서비스업
5. 보건업

② 제1항의 경우 사용자는 근로일 종료 후 다음 근로일 개시 전까지 근로자에게 연속하여 11시간 이상의 휴식 시간을 주어야 한다.
(2018.3.20 본조개정)

제60조【연차 유급휴가】 ① 사용자는 1년간 80퍼센트 이상 출근한 근로자에게 15일의 유급휴가를 주어야 한다.(2012.2.1 본항개정)
② 사용자는 계속하여 근로한 기간이 1년 미만인 근로자 또는 1년간 80퍼센트 미만 출근한 근로자에게 1개월 개근 시 1일의 유급휴가를 주어야 한다.
(2012.2.1 본항개정)
③ (2017.11.28 삭제)
④ 사용자는 3년 이상 계속하여 근로한 근로자에게는 제1항에 따른 휴가에 최초 1년을 초과하는 계속 근로 연수 매 2년에 대하여 1일을 가산한 유급휴가를 주어야 한다. 이 경우 가산휴가를 포함한 총 휴가 일수는 25일을 한도로 한다.
⑤ 사용자는 제1항부터 제4항까지의 규정에 따른 휴가를 근로자가 청구한 시기에 주어야 하고, 그 기간에 대하여는 취업규칙 등에서 정하는 통상임금 또는 평균임금을 지급하여야 한다. 다만, 근로자가 청구한 시기에 휴가를 주는 것이 사업 운영에 막대한 지장이 있는 경우에는 그 시기를 변경할 수 있다.
⑥ 제1항 및 제2항을 적용하는 경우 다음 각 호의 어느 하나에 해당하는 기간은 출근한 것으로 본다.
(2017.11.28 본문개정)
1. 근로자가 업무상의 부상 또는 질병으로 휴업한 기간
2. 임신 중의 여성이 제74조제1항부터 제3항까지의 규정에 따른 휴가로 휴업한 기간(2012.2.1 본호개정)
3.「남녀고용평등과 일·가정 양립 지원에 관한 법률」제19조제1항에 따른 육아휴직으로 휴업한 기간
(2017.11.28 본호신설)

⑦ 제1항·제2항 및 제4항에 따른 휴가는 1년간(계속하여 근로한 기간이 1년 미만인 근로자의 제2항에 따른 유급휴가는 최초 1년의 근로가 끝날 때까지의 기간을 말한다) 행사하지 아니하면 소멸된다. 다만, 사용자의 귀책사유로 사용하지 못한 경우에는 그러하지 아니하다.(2020.3.31 본문개정)

판례 1년 기간제 근로자에게 부여되는 연차휴가 일수 : 제60조제1항이 규정한 연차휴가를 사용할 권리는 특별한 사정이 없는 한 전년도 1년 간의 근로를 마친 다음 날 발생한다. 따라서 근로기간이 1년인 기간제 근로자의 경우 제1항이 규정한 연차유급휴가의 보상으로서 지급되는 수당을 청구할 수 없고 제2항만을 적용

하여 총 11일의 연차휴가가 부여된다고 보아야 한다. 1년 기간제 근로자에게 제60조제1항과 제2항을 중복 적용하면 총 26일의 연차휴가가 부여되는데, 이 경우 장기간 근속한 근로자의 최대 휴가일수인 25일을 초과하는 휴가를 부여받게 되어 장기근속 근로자보다 1년 기간제 근로자를 더 우대하는 결과가 되어 형평의 원칙에도 어긋난다.(대판 2021.10.14, 2021다227100)

제61조【연차 유급휴가의 사용 촉진】 ① 사용자가 제60조제1항·제2항 및 제4항에 따른 유급휴가(계속하여 근로한 기간이 1년 미만인 근로자의 제60조제2항에 따른 유급휴가는 제외한다)의 사용을 촉진하기 위하여 다음 각 호의 조치를 하였음에도 불구하고 근로자가 휴가를 사용하지 아니하여 제60조제7항 본문에 따라 소멸된 경우에는 사용자는 그 사용하지 아니한 휴가에 대하여 보상할 의무가 없고, 제60조제7항 단서에 따른 사용자의 귀책사유에 해당하지 아니하는 것으로 본다.(2020.3.31 본문개정)

1. 제60조제7항 본문에 따른 기간이 끝나기 6개월 전을 기준으로 10일 이내에 사용자가 근로자별로 사용하지 아니한 휴가 일수를 알려주고, 근로자가 그 사용 시기를 정하여 사용자에게 통보하도록 서면으로 촉구할 것(2012.2.1 본호개정)
2. 제1호에 따른 촉구에도 불구하고 근로자가 촉구를 받은 때부터 10일 이내에 사용하지 아니한 휴가의 전부 또는 일부의 사용 시기를 정하여 사용자에게 통보하지 아니하면 제60조제7항 본문에 따른 기간이 끝나기 2개월 전까지 사용자가 사용하지 아니한 휴가의 사용 시기를 정하여 근로자에게 서면으로 통보할 것

② 사용자가 계속하여 근로한 기간이 1년 미만인 근로자의 제60조제2항에 따른 유급휴가의 사용을 촉진하기 위하여 다음 각 호의 조치를 하였음에도 불구하고 근로자가 휴가를 사용하지 아니하여 제60조제7항 본문에 따라 소멸된 경우에는 사용자는 그 사용하지 아니한 휴가에 대하여 보상할 의무가 없고, 같은 항 단서에 따른 사용자의 귀책사유에 해당하지 아니하는 것으로 본다.

1. 최초 1년의 근로기간이 끝나기 3개월 전을 기준으로 10일 이내에 사용자가 근로자별로 사용하지 아니한 휴가 일수를 알려주고, 근로자가 그 사용 시기를 정하여 사용자에게 통보하도록 서면으로 촉구할 것. 다만, 사용자가 서면 촉구한 후 발생한 휴가에 대해서는 최초 1년의 근로기간이 끝나기 1개월 전을 기준으로 5일 이내에 촉구하여야 한다.
2. 제1호에 따른 촉구에도 불구하고 근로자가 촉구를 받은 때부터 10일 이내에 사용하지 아니한 휴가의 전부 또는 일부의 사용 시기를 정하여 사용자에게 통보하지 아니하면 최초 1년의 근로기간이 끝나기 1개월 전까지 사용자가 사용하지 아니한 휴가의 사용 시기를 정하여 근로자에게 서면으로 통보할 것. 다만, 제1호 단서에 따라 촉구한 휴가에 대해서는 최초 1년의 근로기간이 끝나기 10일 전까지 서면으로 통보하여야 한다.

(2020.3.31 본항신설)

판례 미사용 연차휴가를 쓰라는 회사의 재촉에 못 이겨 연차휴가사용계획서를 제출했지만 해당 계획서가 회사의 연차휴가수당 지급을 면할 목적으로 형식적으로 작성된 것에 불과하며, 해당 근로자가 휴가기간 중 실제로 출근해 일했다면 회사는 연차휴가수당을 지급할 의무가 있다.(대판 2020.2.27, 2019다279283)

제62조【유급휴가의 대체】 사용자는 근로자대표와의 서면 합의에 따라 제60조에 따른 연차 유급휴가일을 갈음하여 특정한 근로일에 근로자를 휴무시킬 수 있다.

제63조【적용의 제외】 이 장과 제5장에서 정한 근로시간, 휴게와 휴일에 관한 규정은 다음 각 호의 어느 하나에 해당하는 근로자에 대하여는 적용하지 아니한다.

1. 토지의 경작·개간, 식물의 식재(植栽)·재배·채취 사업, 그 밖의 농림 사업(2021.1.5 본호개정)
2. 동물의 사육, 수산 동식물의 채취·포획·양식 사업, 그 밖의 축산, 양잠, 수산 사업(2021.1.5 본호개정)
3. 감시(監視) 또는 단속적(斷續的)으로 근로에 종사하는 사람으로서 사용자가 고용노동부장관의 승인을 받은 사람(2020.5.26 본호개정)
4. 대통령령으로 정하는 업무에 종사하는 근로자

제5장 여성과 소년

제64조【최저 연령과 취직인허증】 ① 15세 미만인 사람(「초·중등교육법」에 따른 중학교에 재학 중인 18세 미만인 사람을 포함한다)은 근로자로 사용하지 못한다. 다만, 대통령령으로 정하는 기준에 따라 고용노동부장관이 발급한 취직인허증(就職認許證)을 지닌 사람은 근로자로 사용할 수 있다.(2020.5.26 본항개정)

② 제1항의 취직인허증은 본인의 신청에 따라 의무교육에 지장이 없는 경우에는 직종(職種)을 지정하여서만 발행할 수 있다.

③ 고용노동부장관은 거짓이나 그 밖의 부정한 방법으로 제1항 단서의 취직인허증을 발급받은 사람에게는 그 인허를 취소하여야 한다.(2020.5.26 본항개정)

제65조【사용 금지】 ① 사용자는 임신 중이거나 산후 1년이 지나지 아니한 여성(이하 "임산부"라 한다)과 18세 미만자를 도덕상 또는 보건상 유해·위험한 사업에 사용하지 못한다.

② 사용자는 임산부가 아닌 18세 이상의 여성을 제1항에 따른 보건상 유해·위험한 사업 중 임신 또는 출산에 관한 기능에 유해·위험한 사업에 사용하지 못한다.

③ 제1항 및 제2항에 따른 금지 직종은 대통령령으로 정한다.

제66조【연소자 증명서】 사용자는 18세 미만인 사람에 대하여는 그 연령을 증명하는 가족관계기록사항에 관한 증명서와 친권자 또는 후견인의 동의서를 사업장에 갖추어 두어야 한다.(2020.5.26 본조개정)

제67조【근로계약】 ① 친권자나 후견인은 미성년자의 근로계약을 대리할 수 없다.

② 친권자, 후견인 또는 고용노동부장관은 근로계약이 미성년자에게 불리하다고 인정하는 경우에는 이를 해지할 수 있다.(2010.6.4 본항개정)

③ 사용자는 18세 미만인 사람과 근로계약을 체결하는 경우에는 제17조에 따른 근로조건을 서면(「전자문서 및 전자거래 기본법」 제2조제1호에 따른 전자문서를 포함한다)으로 명시하여 교부하여야 한다.(2021.1.5 본항개정)

제68조【임금의 청구】 미성년자는 독자적으로 임금을 청구할 수 있다.

제69조【근로시간】 15세 이상 18세 미만인 사람의 근로시간은 1일에 7시간, 1주에 35시간을 초과하지 못한다. 다만, 당사자 사이의 합의에 따라 1일에 1시간, 1주에 5시간을 한도로 연장할 수 있다.(2020.5.26 본문개정)

제70조【야간근로와 휴일근로의 제한】 ① 사용자는 18세 이상의 여성을 오후 10시부터 오전 6시까지의 시간 및 휴일에 근로시키려면 그 근로자의 동의를 받아야 한다.

② 사용자는 임산부와 18세 미만자를 오후 10시부터 오전 6시까지의 시간 및 휴일에 근로시키지 못한다. 다만, 다음 각 호의 어느 하나에 해당하는 경우로서 고용노동부장관의 인가를 받으면 그러하지 아니하다.(2010.6.4 단서개정)

1. 18세 미만자의 동의가 있는 경우
2. 산후 1년이 지나지 아니한 여성의 동의가 있는 경우
3. 임신 중의 여성이 명시적으로 청구하는 경우

③ 사용자는 제2항의 경우 고용노동부장관의 인가를 받기 전에 근로자의 건강 및 모성 보호를 위하여 그 시행 여부와 방법 등에 관하여 그 사업 또는 사업장의 근로자대표와 성실하게 협의하여야 한다.(2010.6.4 본항개정)

제71조【시간외근로】 사용자는 산후 1년이 지나지 아니한 여성에 대하여는 단체협약이 있는 경우라도 1일에 2시간, 1주에 6시간, 1년에 150시간을 초과하는 시간외근로를 시키지 못한다.(2018.3.20 본조개정)

제72조【갱내근로의 금지】 사용자는 여성과 18세 미만인 사람을 갱내(坑內)에서 근로시키지 못한다. 다만, 보건·의료, 보도·취재 등 대통령령으로 정하는 업무를 수행하기 위하여 일시적으로 필요한 경우에는 그러하지 아니하다.(2020.5.26 본문개정)

제73조【생리휴가】 사용자는 여성 근로자가 청구하면 월 1일의 생리휴가를 주어야 한다.

제74조【임산부의 보호】 ① 사용자는 임신 중의 여성에게 출산 전과 출산 후를 통하여 90일(한 번에 둘 이상 자녀를 임신한 경우에는 120일)의 출산전후휴가를 주어야 한다. 이 경우 휴가 기간의 배정은 출산 후에 45일(한 번에 둘 이상 자녀를 임신한 경우에는 60일) 이상이 되어야 한다.(2014.1.21 본항개정)

② 사용자는 임신 중인 여성 근로자가 유산의 경험 등 대통령령으로 정하는 사유로 제1항의 휴가를 청구하는 경우 출산 전 어느 때라도 휴가를 나누어 사용할 수 있도록 하여야 한다. 이 경우 출산 후의 휴가 기간은 연속하여 45일(한 번에 둘 이상 자녀를 임신한 경우에는 60일) 이상이 되어야 한다.(2014.1.21 후단개정)

③ 사용자는 임신 중인 여성이 유산 또는 사산한 경우로서 그 근로자가 청구하면 대통령령으로 정하는 바에 따라 유산·사산 휴가를 주어야 한다. 다만, 인공 임신중절 수술(「모자보건법」 제14조제1항에 따른 경우는 제외한다)에 따른 유산의 경우는 그러하지 아니하다.(2012.2.1 본문개정)

④ 제1항부터 제3항까지의 규정에 따른 휴가 중 최초 60일(한 번에 둘 이상 자녀를 임신한 경우에는 75일)은 유급으로 한다. 다만, 「남녀고용평등과 일·가정 양립 지원에 관한 법률」 제18조에 따라 출산전후휴가급여 등이 지급된 경우에는 그 금액의 한도에서 지급의 책임을 면한다.(2014.1.21 본문개정)

⑤ 사용자는 임신 중의 여성 근로자에게 시간외근로를 하게 하여서는 아니 되며, 그 근로자의 요구가 있는 경우에는 쉬운 종류의 근로로 전환하여야 한다.

⑥ 사업주는 제1항에 따른 출산전후휴가 종료 후에는 휴가 전과 동일한 업무 또는 동등한 수준의 임금을 지급하는 직무에 복귀시켜야 한다.(2012.2.1 본항개정)

⑦ 사용자는 임신 후 12주 이내 또는 36주 이후에 있는 여성 근로자가 1일 2시간의 근로시간 단축을 신청하는 경우 이를 허용하여야 한다. 다만, 1일 근로시간이 8시간 미만인 근로자에 대하여는 1일 근로시간이 6시간이 되도록 근로시간 단축을 허용할 수 있다.(2014.3.24 본항신설)

⑧ 사용자는 제7항에 따른 근로시간 단축을 이유로 해당 근로자의 임금을 삭감하여서는 아니 된다.(2014.3.24 본항신설)

⑨ 사용자는 임신 중인 여성 근로자가 1일 소정근로시간을 유지하면서 업무의 시작 및 종료 시각의 변경을 신청하는 경우 이를 허용하여야 한다. 다만, 정상적인 사업 운영에 중대한 지장을 초래하는 경우 등 대통령령으로 정하는 경우에는 그러하지 아니하다.(2021.5.18 본항신설)

⑩ 제7항에 따른 근로시간 단축의 신청방법 및 절차, 제9항에 따른 업무의 시작 및 종료 시각 변경의 신청방법 및 절차 등에 관하여 필요한 사항은 대통령령으로 정한다.(2021.5.18 본항개정)

제74조의2【태아검진 시간의 허용 등】 ① 사용자는 임신한 여성근로자가 「모자보건법」 제10조에 따른 임산부 정기건강진단을 받는데 필요한 시간을 청구하는 경우 이를 허용하여 주어야 한다.

② 사용자는 제1항에 따른 건강진단 시간을 이유로 그 근로자의 임금을 삭감하여서는 아니 된다.(2008.3.21 본조신설)

제75조【육아 시간】 생후 1년 미만의 유아(乳兒)를 가진 여성 근로자가 청구하면 1일 2회 각각 30분 이상의 유급 수유 시간을 주어야 한다.

제6장 안전과 보건

제76조【안전과 보건】 근로자의 안전과 보건에 관하여는 「산업안전보건법」에서 정하는 바에 따른다.

제6장의2 직장 내 괴롭힘의 금지

(2019.1.15 본장신설)

제76조의2【직장 내 괴롭힘의 금지】 사용자 또는 근로자는 직장에서의 지위 또는 관계 등의 우위를 이용하여 업무상 적정범위를 넘어 다른 근로자에게 신체적·정신적 고통을 주거나 근무환경을 악화시키는 행위(이하 "직장 내 괴롭힘"이라 한다)를 하여서는 아니 된다.

제76조의3【직장 내 괴롭힘 발생 시 조치】 ① 누구든지 직장 내 괴롭힘 발생 사실을 알게 된 경우 그 사실을 사용자에게 신고할 수 있다.

② 사용자는 제1항에 따른 신고를 접수하거나 직장 내 괴롭힘 발생 사실을 인지한 경우에는 지체 없이 당사자 등을 대상으로 그 사실 확인을 위하여 객관적으로 조사를 실시하여야 한다.(2021.4.13 본항개정)

③ 사용자는 제2항에 따른 조사 기간 동안 직장 내 괴롭힘과 관련하여 피해를 입은 근로자 또는 피해를 입었다고 주장하는 근로자(이하 "피해근로자등"이라 한다)를 보호하기 위하여 필요한 경우 해당 피해근로자등에 대하여 근무장소의 변경, 유급휴가 명

령 등 적절한 조치를 하여야 한다. 이 경우 사용자는 피해근로자등의 의사에 반하는 조치를 하여서는 아니 된다.
④ 사용자는 제2항에 따른 조사 결과 직장 내 괴롭힘 발생 사실이 확인된 때에는 피해근로자가 요청하면 근무장소의 변경, 배치전환, 유급휴가 명령 등 적절한 조치를 하여야 한다.
⑤ 사용자는 제2항에 따른 조사 결과 직장 내 괴롭힘 발생 사실이 확인된 때에는 지체 없이 행위자에 대하여 징계, 근무장소의 변경 등 필요한 조치를 하여야 한다. 이 경우 사용자는 징계 등의 조치를 하기 전에 그 조치에 대하여 피해근로자의 의견을 들어야 한다.
⑥ 사용자는 직장 내 괴롭힘 발생 사실을 신고한 근로자 및 피해근로자등에게 해고나 그 밖의 불리한 처우를 하여서는 아니 된다.
⑦ 제2항에 따라 직장 내 괴롭힘 발생 사실을 조사한 사람, 조사 내용을 보고받은 사람 및 그 밖에 조사 과정에 참여한 사람은 해당 조사 과정에서 알게 된 비밀을 피해근로자등의 의사에 반하여 다른 사람에게 누설하여서는 아니 된다. 다만, 조사와 관련된 내용을 사용자에게 보고하거나 관계 기관의 요청에 따라 필요한 정보를 제공하는 경우는 제외한다.
(2021.4.13 본항신설)

제7장 기능 습득

제77조【기능 습득자의 보호】 사용자는 양성공, 수습, 그 밖의 명칭을 불문하고 기능의 습득을 목적으로 하는 근로자를 혹사하거나 가사, 그 밖의 기능 습득과 관계없는 업무에 종사시키지 못한다.
(2020.5.26 본조개정)

제8장 재해보상

제78조【요양보상】 ① 근로자가 업무상 부상 또는 질병에 걸리면 사용자는 그 비용으로 필요한 요양을 행하거나 필요한 요양비를 부담하여야 한다.
② 제1항에 따른 업무상 질병과 요양의 범위 및 요양보상의 시기는 대통령령으로 정한다.(2008.3.21 본항개정)

제79조【휴업보상】 ① 사용자는 제78조에 따라 요양 중에 있는 근로자에게 그 근로자의 요양 중 평균임금의 100분의 60의 휴업보상을 하여야 한다.
② 제1항에 따른 휴업보상을 받을 기간에 그 보상을 받을 사람이 임금의 일부를 지급받은 경우에는 사용자는 평균임금에서 그 지급받은 금액을 뺀 금액의 100분의 60의 휴업보상을 하여야 한다.(2020.5.26 본항개정)
③ 휴업보상의 시기는 대통령령으로 정한다.
(2008.3.21 본항신설)

제80조【장해보상】 ① 근로자가 업무상 부상 또는 질병에 걸리고, 완치된 후 신체에 장해가 있으면 사용자는 그 장해 정도에 따라 평균임금에 별표에서 정한 일수를 곱한 금액의 장해보상을 하여야 한다.
② 이미 신체에 장해가 있는 사람이 부상 또는 질병으로 인하여 같은 부위에 장해가 더 심해진 경우에 그 장해에 대한 장해보상 금액은 장해 정도가 더 심해진 장해등급에 해당하는 장해보상의 일수에서 기존의 장해등급에 해당하는 장해보상의 일수를 뺀 일수에 보상청구사유 발생 당시의 평균임금을 곱하여 산정한 금액으로 한다.(2020.5.26 본항개정)
③ 장해보상을 하여야 하는 신체장해 등급의 결정 기준과 장해보상의 시기는 대통령령으로 정한다.
(2008.3.21 본항신설)

제81조【휴업보상과 장해보상의 예외】 근로자가 중대한 과실로 업무상 부상 또는 질병에 걸리고 또한 사용자가 그 과실에 대하여 노동위원회의 인정을 받으면 휴업보상이나 장해보상을 하지 아니하여도 된다.

제82조【유족보상】 ① 근로자가 업무상 사망한 경우에는 사용자는 근로자가 사망한 후 지체 없이 그 유족에게 평균임금 1,000일분의 유족보상을 하여야 한다.(2008.3.21 본항개정)
② 제1항에서의 유족의 범위, 유족보상의 순위 및 보상을 받기로 확정된 사람이 사망한 경우의 유족 보상의 순위는 대통령령으로 정한다.(2020.5.26 본항개정)

판례 단체협약에서 근로자의 사망으로 지급되는 퇴직금을 근로기준법이 정한 유족보상의 범위와 순위에 따라 유족에게 지급하기로 정하였다면, 개별 근로자가 사용자에게 이와 다른 내용의 의사를 표시하지 않는 한 수령권자인 유족은 상속인으로서가 아니라 위 규정에 따라 직접 사망퇴직금을 취득하는 것이므로, 이러한 경우의 사망퇴직금은 상속재산이 아니라 수령권자인 유족의 고유재산이라고 보아야 한다.
(대판 2023.11.16, 2018다283049)

제83조【장례비】 근로자가 업무상 사망한 경우에는 사용자는 근로자가 사망한 후 지체 없이 평균임금 90일분의 장례비를 지급하여야 한다.
(2021.1.5 본조개정)

제84조【일시보상】 제78조에 따라 보상을 받는 근로자가 요양을 시작한 지 2년이 지나도 부상 또는 질병이 완치되지 아니하는 경우에는 사용자는 그 근로자에게 평균임금 1,340일분의 일시보상을 하여 그 후의 이 법에 따른 모든 보상책임을 면할 수 있다.

제85조【분할보상】 사용자는 지급 능력이 있는 것을 증명하고 보상을 받는 사람의 동의를 받으면 제80조, 제82조 또는 제84조에 따른 보상금을 1년에 걸쳐 분할보상을 할 수 있다.(2020.5.26 본조개정)

제86조【보상 청구권】 보상을 받을 권리는 퇴직으로 인하여 변경되지 아니하고, 양도나 압류하지 못한다.

제87조【다른 손해배상과의 관계】 보상을 받게 될 사람이 동일한 사유에 대하여 「민법」이나 그 밖의 법령에 따라 이 법의 재해보상에 상당한 금품을 받으면 그 가액(價額)의 한도에서 사용자는 보상의 책임을 면한다.(2020.5.26 본조개정)

제88조【고용노동부장관의 심사와 중재】 ① 업무상의 부상, 질병 또는 사망의 인정, 요양의 방법, 보상금액의 결정, 그 밖에 보상의 실시에 관하여 이의가 있는 자는 고용노동부장관에게 심사나 사건의 중재를 청구할 수 있다.(2010.6.4 본항개정)
② 제1항의 청구가 있으면 고용노동부장관은 1개월 이내에 심사나 중재를 하여야 한다.(2010.6.4 본항개정)
③ 고용노동부장관은 필요에 따라 직권으로 심사나 사건의 중재를 할 수 있다.(2010.6.4 본항개정)
④ 고용노동부장관은 심사나 중재를 위하여 필요하다고 인정하면 의사에게 진단이나 검안을 시킬 수 있다.(2010.6.4 본항개정)
⑤ 제1항에 따른 심사나 중재의 청구와 제2항에 따른 심사나 중재의 시작은 시효의 중단에 관하여는 재판상의 청구로 본다.
(2010.6.4 본조제목개정)

제89조【노동위원회의 심사와 중재】 ① 고용노동부장관이 제88조제2항의 기간에 심사 또는 중재를 하지 아니하거나 심사와 중재의 결과에 불복하는 자는 노동위원회에 심사나 중재를 청구할 수 있다.
(2010.6.4 본항개정)
② 제1항의 청구가 있으면 노동위원회는 1개월 이내에 심사나 중재를 하여야 한다.

제90조【도급 사업에 대한 예외】 ① 사업이 여러 차례의 도급에 따라 행하여지는 경우의 재해보상에 대하여는 원수급인(元受給人)을 사용자로 본다.
② 제1항의 경우에 원수급인이 서면상 계약으로 하수급인에게 보상을 담당하게 하는 경우에는 그 수급인도 사용자로 본다. 다만, 2명 이상의 하수급인에게 똑같은 사업에 대하여 중복하여 보상을 담당하게 하지 못한다.
③ 제2항의 경우에 원수급인이 보상의 청구를 받으면 보상을 담당한 하수급인에게 우선 최고(催告)할 것을 청구할 수 있다. 다만, 그 하수급인이 파산의 선고를 받거나 행방이 알려지지 아니하는 경우에는 그러하지 아니하다.

제91조【서류의 보존】 사용자는 재해보상에 관한 중요한 서류를 재해보상이 끝나지 아니하거나 제92조에 따라 재해보상 청구권이 시효로 소멸되기 전에 폐기하여서는 아니 된다.(2008.3.21 본조개정)

제92조【시효】 이 법의 규정에 따른 재해보상 청구권은 3년간 행사하지 아니하면 시효로 소멸한다.

제9장 취업규칙

제93조【취업규칙의 작성 · 신고】 상시 10명 이상의 근로자를 사용하는 사용자는 다음 각 호의 사항에 관한 취업규칙을 작성하여 고용노동부장관에게 신고하여야 한다. 이를 변경하는 경우에도 또한 같다.
(2010.6.4 전단개정)

1. 업무의 시작과 종료 시각, 휴게시간, 휴일, 휴가 및 교대 근로에 관한 사항
2. 임금의 결정 · 계산 · 지급 방법, 임금의 산정기간 · 지급시기 및 승급(昇給)에 관한 사항
3. 가족수당의 계산 · 지급 방법에 관한 사항
4. 퇴직에 관한 사항
5. 「근로자퇴직급여 보장법」 제4조에 따라 설정된 퇴직급여, 상여 및 최저임금에 관한 사항
(2012.2.1 본호개정)
6. 근로자의 식비, 작업 용품 등의 부담에 관한 사항
7. 근로자를 위한 교육시설에 관한 사항
8. 출산전후휴가 · 육아휴직 등 근로자의 모성 보호 및 일 · 가정 양립 지원에 관한 사항(2012.2.1 본호개정)
9. 안전과 보건에 관한 사항
9의2. 근로자의 성별 · 연령 또는 신체적 조건 등의 특성에 따른 사업장 환경의 개선에 관한 사항
(2008.3.28 본호개정)
10. 업무상과 업무 외의 재해부조(災害扶助)에 관한 사항
11. 직장 내 괴롭힘의 예방 및 발생 시 조치 등에 관한 사항(2019.1.15 본호신설)
12. 표창과 제재에 관한 사항
13. 그 밖에 해당 사업 또는 사업장의 근로자 전체에 적용될 사항

제94조【규칙의 작성, 변경 절차】 ① 사용자는 취업규칙의 작성 또는 변경에 관하여 해당 사업 또는 사업장에 근로자의 과반수로 조직된 노동조합이 있는 경우에는 그 노동조합, 근로자의 과반수로 조직된 노동조합이 없는 경우에는 근로자의 과반수의 의견을 들어야 한다. 다만, 취업규칙을 근로자에게 불리하게 변경하는 경우에는 그 동의를 받아야 한다.
② 사용자는 제93조에 따라 취업규칙을 신고할 때에는 제1항의 의견을 적은 서면을 첨부하여야 한다.

판례 근로자에게 불리하게 변경된 취업규칙은 집단적 동의를 받았어도 근로자에게 유리한 개별 근로계약에 우선하는 효력을 갖는다고 할 수 없다. 따라서 회사와 노조가 임금피크제 도입에 합의했더라도 이에 앞서 이보다 유리한 조건으로 개별 근로계약을 체결한 근로자에게는 임금피크제가 적용되지 않는다.
(대판 2019.11.14, 2018다200709)

판례 사용자가 일방적으로 새로운 취업규칙의 작성 · 변경을 통하여 근로자가 가지고 있는 기득의 권리나 이익을 박탈하여 불이익한 근로조건을 부과하는 것은 원칙적으로 허용되지 아니하지만, 해당 취업규칙의 작성 또는 변경이 필요성 및 내용의 양면에서 보아 그에 의하여 근로자가 입게 될 불이익의 정도를 고려하더라도 여전히 당해 조항의 법적 규범성을 시인할 수 있을 정도로 사회통념상 합리성이 있다고 인정되는 경우에는 종전 근로조건 또는 취업규칙의 적용을 받고 있던 근로자의 집단적 의사결정 방법에 의한 동의가 없다는 이유만으로 그의 적용을 부정할 수는 없다. 그리고 취업규칙의 작성 또는 변경에 사회통념상 합리성이 있다고 인정되려면 실질적으로는 근로자에게 불리하지 아니하는 등 근로자를 보호하려는 근로기준법의 입법 취지에 어긋나지 않아야 하므로, 여기에서 말하는 사회통념상 합리성의 유무는 취업규칙의 변경 전후를 비교하여 취업규칙의 변경 내용 자체로 인하여 근로자가 입게 되는 불이익의 정도, 사용자 측의 변경 필요성의 내용과 정도, 변경 후의 취업규칙 내용의 상당성, 대상(代償)조치 등을 포함한 다른 근로조건의 개선상황, 취업규칙 변경에 따라 발생할 경쟁력 강화 등 사용자 측의 이익 증대 또는 손실 감소를 장기적으로 근로자들도 함께 향유할 수 있는지에 관한 해당 기업의 경영행태, 노동조합 등과의 교섭 경위 및 노동조합이나 다른 근로자의 대응, 동종 사항에 관한 국내의 일반적인 상황 등을 종합적으로 고려하여 판단하여야 한다. 다만 취업규칙을 근로자에게 불리하게 변경하는 경우에 동의를 받도록 한 근로기준법 제94조 제1항 단서의 입법 취지를 고려할 때, 변경 전후의 문언을 기준으로 하여 취업규칙이 근로자에게 불이익하게 변경되었음이 명백하다면, 취업규칙의 내용 이외의 사정이나 상황을 근거로 하여 그 변경에 사회통념상 합리성이 있다고 보는 것은, 이를 제한적으로 엄격하게 해석 · 적용하여야 한다.(대판 2015.8.13, 2012다43522)

판례 여러 근로자 집단이 하나의 근로조건 체계 내에 있어 비록 취업규칙의 불이익변경 시점에는 어느 근로자 집단만이 직접적인 불이익을 받더라도 다른 근로자 집단에게도 변경된 취업규칙의 적용이 예상되는 경우에는 일부 근로자 집단은 물론 장래 변경된 취업규칙 규정의 적용이 예상되는 근로자 집단을 포함한 근로자 집단이 동의주체가 되고, 그렇지 않고 근로조건이 이원화되어 있어 변경된 취업규칙이 적용되어 직접적으로 불이익을 받게 되는 근로자 집단 이외에 변경된 취업규칙의 적용이 예상되는 근로자 집단이 없는 경우에는 변경된 취업규칙이 적용되어 불이익을 받는 근로자 집단만이 동의 주체가 된다.
(대판 2009.5.28, 2009두2238)

제95조【제재 규정의 제한】 취업규칙에서 근로자에 대하여 감급(減給)의 제재를 정할 경우에 그 감액은 1회의 금액이 평균임금의 1일분의 2분의 1을, 총액이 1임금지급기의 임금 총액의 10분의 1을 초과하지 못한다.

제96조【단체협약의 준수】 ① 취업규칙은 법령이나 해당 사업 또는 사업장에 대하여 적용되는 단체협약과 어긋나서는 아니 된다.

② 고용노동부장관은 법령이나 단체협약에 어긋나는 취업규칙의 변경을 명할 수 있다.(2010.6.4 본항개정)

판례 취업규칙에서 사용자가 사고나 비위행위 등을 저지른 근로자에게 시말서를 제출하도록 명령할 수 있다고 규정하는 경우, 그 시말서가 단순히 사건의 경위를 보고하는 데 그치지 않고 더 나아가 근로관계에서 발생한 사고 등에 관하여 '자신의 잘못을 반성하고 사죄한다는 내용'이 포함된 사죄문 또는 반성문을 의미하는 것이라면, 이는 헌법이 보장하는 내심의 윤리적 판단에 대한 강제로서 양심의 자유를 침해하는 것이므로, 그러한 취업규칙 규정은 헌법에 위배되어 근로기준법 제96조 제1항에 따라 효력이 없고, 그에 근거한 사용자의 시말서 제출명령은 업무상 정당한 명령으로 볼 수 없다.(대판 2010.1.14, 2009두6605)

제97조【위반의 효력】 취업규칙에서 정한 기준에 미달하는 근로조건을 정한 근로계약은 그 부분에 관하여는 무효로 한다. 이 경우 무효로 된 부분은 취업규칙에 정한 기준에 따른다.

제10장 기숙사

제98조【기숙사 생활의 보장】 ① 사용자는 사업 또는 사업장의 부속 기숙사에 기숙하는 근로자의 사생활의 자유를 침해하지 못한다.
② 사용자는 기숙사 생활의 자치에 필요한 임원 선거에 간섭하지 못한다.

제99조【규칙의 작성과 변경】 ① 부속 기숙사에 근로자를 기숙시키는 사용자는 다음 각 호의 사항에 관하여 기숙사규칙을 작성하여야 한다.
1. 기상(起床), 취침, 외출과 외박에 관한 사항
2. 행사에 관한 사항
3. 식사에 관한 사항
4. 안전과 보건에 관한 사항
5. 건설물과 설비의 관리에 관한 사항
6. 그 밖에 기숙사에 기숙하는 근로자 전체에 적용될 사항

② 사용자는 제1항에 따른 규칙의 작성 또는 변경에 관하여 기숙사에 기숙하는 근로자의 과반수를 대표하는 자의 동의를 받아야 한다.
③ 사용자와 기숙사에 기숙하는 근로자는 기숙사규칙을 지켜야 한다.

제100조【부속 기숙사의 설치·운영 기준】 사용자는 부속 기숙사를 설치·운영할 때 다음 각 호의 사항에 관하여 대통령령으로 정하는 기준을 충족하도록 하여야 한다.
1. 기숙사의 구조와 설비
2. 기숙사의 설치 장소
3. 기숙사의 주거 환경 조성
4. 기숙사의 면적
5. 그 밖에 근로자의 안전하고 쾌적한 주거를 위하여 필요한 사항

(2019.1.15 본조개정)

제100조의2【부속 기숙사의 유지관리 의무】 사용자는 제100조에 따라 설치한 부속 기숙사에 대하여 근로자의 건강 유지, 사생활 보호 등을 위한 조치를 하여야 한다.(2019.1.15 본조신설)

제11장 근로감독관 등

제101조【감독 기관】 ① 근로조건의 기준을 확보하기 위하여 고용노동부와 그 소속 기관에 근로감독관을 둔다.(2010.6.4 본항개정)
② 근로감독관의 자격, 임면(任免), 직무 배치에 관한 사항은 대통령령으로 정한다.

제102조【근로감독관의 권한】 ① 근로감독관은 사업장, 기숙사, 그 밖의 부속 건물을 현장조사하고 장부와 서류의 제출을 요구할 수 있으며 사용자와 근로자에 대하여 심문(尋問)할 수 있다.(2017.11.28 본항개정)
② 의사인 근로감독관이나 근로감독관의 위촉을 받은 의사는 취업을 금지하여야 할 질병에 걸릴 의심이 있는 근로자에 대하여 검진할 수 있다.
③ 제1항 및 제2항의 경우에 근로감독관이나 그 위촉을 받은 의사는 그 신분증명서와 고용노동부장관의 현장조사 또는 검진지령서(檢診指令書)를 제시하여야 한다.(2017.11.28 본항개정)
④ 제3항의 현장조사 또는 검진지령서에는 그 일시, 장소 및 범위를 분명하게 적어야 한다.(2017.11.28 본항개정)
⑤ 근로감독관은 이 법이나 그 밖의 노동 관계 법령 위반의 죄에 관하여 「사법경찰관리의 직무를 행할 자와 그 직무범위에 관한 법률」에서 정하는 바에 따라 사법경찰관의 직무를 수행한다.

제103조【근로감독관의 의무】 근로감독관은 직무상 알게 된 비밀을 엄수하여야 한다. 근로감독관을 그만 둔 경우에도 또한 같다.

제104조【감독 기관에 대한 신고】 ① 사업 또는 사업장에서 이 법 또는 이 법에 따른 대통령령을 위반한 사실이 있으면 근로자는 그 사실을 고용노동부장관이나 근로감독관에게 통보할 수 있다.(2010.6.4 본항개정)
② 사용자는 제1항의 통보를 이유로 근로자에게 해고나 그 밖에 불리한 처우를 하지 못한다.

제105조【사법경찰권 행사자의 제한】 이 법이나 그 밖의 노동 관계 법령에 따른 현장조사, 서류의 제출, 심문 등의 수사는 검사와 근로감독관이 전담하여 수행한다. 다만, 근로감독관의 직무에 관한 범죄의 수사는 그러하지 아니하다.(2017.11.28 본문개정)

제106조【권한의 위임】 이 법에 따른 고용노동부장관의 권한은 대통령령으로 정하는 바에 따라 그 일부를 지방고용노동관서의 장에게 위임할 수 있다.(2010.6.4 본조개정)

제12장 벌 칙

제107조【벌칙】 제7조, 제8조, 제9조, 제23조제2항 또는 제40조를 위반한 자는 5년 이하의 징역 또는 5천만원 이하의 벌금에 처한다.(2017.11.28 본조개정)

제108조【벌칙】 근로감독관이 이 법을 위반한 사실을 고의로 묵과하면 3년 이하의 징역 또는 5년 이하의 자격정지에 처한다.

제109조【벌칙】 ① 제36조, 제43조, 제44조, 제44조의2, 제46조, 제51조의3, 제52조제2항제2호, 제56조, 제65조, 제72조 또는 제76조의3제6항을 위반한 자는 3년 이하의 징역 또는 3천만원 이하의 벌금에 처한다.
② 제36조, 제43조, 제44조, 제44조의2, 제46조, 제51조의3, 제52조제2항제2호 또는 제56조를 위반한 자에 대하여는 피해자의 명시적인 의사와 다르게 공소를 제기할 수 없다.
(2021.1.5 본조개정)

제110조【벌칙】 다음 각 호의 어느 하나에 해당하는 자는 2년 이하의 징역 또는 2천만원 이하의 벌금에 처한다.(2017.11.28 본문개정)
1. 제10조, 제22조제1항, 제26조, 제50조, 제51조의2제2항, 제52조제2항제1호, 제53조제1항·제2항·제3항 본문·제7항, 제54조, 제55조, 제59조제2항, 제60조제1항·제2항·제4항 및 제5항, 제64조제1항, 제69조, 제70조제1항·제2항, 제71조, 제74조제1항부터 제5항까지, 제75조, 제78조부터 제80조까지, 제82조, 제83조 및 제104조제2항을 위반한 자(2021.1.5 본호개정)
2. 제53조제5항에 따른 명령을 위반한 자(2018.3.20 본호개정)

제111조【벌칙】 제31조제3항에 따라 확정되거나 행정소송을 제기하여 확정된 구제명령 또는 구제명령을 내용으로 하는 재심판정을 이행하지 아니한 자는 1년 이하의 징역 또는 1천만원 이하의 벌금에 처한다.

제112조【고발】 ① 제111조의 죄는 노동위원회의 고발이 있어야 공소를 제기할 수 있다.
② 검사는 제1항에 따른 죄에 해당하는 위반행위가 있음을 노동위원회에 통보하여 고발을 요청할 수 있다.

제113조【벌칙】 제45조를 위반한 자는 1천만원 이하의 벌금에 처한다.

제114조【벌칙】 다음 각 호의 어느 하나에 해당하는 자는 500만원 이하의 벌금에 처한다.
1. 제6조, 제16조, 제17조, 제20조, 제21조, 제22조제2항, 제47조, 제53조제4항 단서, 제67조제1항·제3항, 제70조제3항, 제73조, 제74조제6항, 제77조, 제94조, 제95조, 제100조 및 제103조를 위반한 자(2018.3.20 본호개정)
2. 제96조제2항에 따른 명령을 위반한 자

제115조【양벌규정】 사업주의 대리인, 사용인, 그 밖의 종업원이 해당 사업의 근로자에 관한 사항에 대하여 제107조, 제109조부터 제111조까지, 제113조 또는 제114조의 위반행위를 하면 그 행위자를 벌하는 외에 그 사업주에게도 해당 조문의 벌금형을 과(科)한다. 다만, 사업주가 그 위반행위를 방지하기 위하여 해당 업무에 관하여 상당한 주의와 감독을 게을리하지 아니한 경우에는 그러하지 아니하다.
(2009.5.21 본조개정)

제116조【과태료】 ① 사용자(사용자의 「민법」 제767조에 따른 친족 중 대통령령으로 정하는 사람이 해당 사업 또는 사업장의 근로자인 경우를 포함한다)가 제76조의2를 위반하여 직장 내 괴롭힘을 한 경우에는 1천만원 이하의 과태료를 부과한다.
(2021.4.13 본항신설)
② 다음 각 호의 어느 하나에 해당하는 자에게는 500만원 이하의 과태료를 부과한다.
1. 제13조에 따른 고용노동부장관, 노동위원회 또는 근로감독관의 요구가 있는 경우에 보고 또는 출석을 하지 아니하거나 거짓된 보고를 한 자(2010.6.4 본호개정)
2. 제14조, 제39조, 제41조, 제42조, 제48조, 제66조, 제74조제7항·제9항, 제76조의3제2항·제4항·제5항·제7항, 제91조, 제93조, 제98조제2항 및 제99조를 위반한 자(2021.5.18 본호개정)
3. 제51조의2제5항에 따른 임금보전방안을 신고하지 아니한 자(2021.1.5 본호신설)
4. 제102조에 따른 근로감독관 또는 그 위촉을 받은 의사의 현장조사나 검진을 거절, 방해 또는 기피하고 그 심문에 대하여 진술을 하지 아니하거나 거짓된 진술을 하며 장부·서류를 제출하지 아니하거나 거짓 장부·서류를 제출한 자(2017.11.28 본호개정)

③ 제1항 및 제2항에 따른 과태료는 대통령령으로 정하는 바에 따라 고용노동부장관이 부과·징수한다.
(2021.4.13 본항개정)
④~⑤ (2009.5.21 삭제)

부 칙

제1조【시행일】 이 법은 공포한 날부터 시행한다. 다만, 부칙 제16조제24항의 개정규정은 2007년 4월 12일부터 시행하고, 제12조, 제13조, 제17조, 제21조, 제23조제1항, 제24조제3항, 제25조제1항, 제27조부터 제33조까지, 제37조제1항, 제38조, 제43조, 제45조, 제64조제3항, 제77조, 제107조, 제110조제1호, 제111조, 제112조, 제114조, 제116조 및 부칙 제16조제9항의 개정규정은 2007년 7월 1일부터 시행하며, 부칙 제16조제21항의 개정규정은 2007년 7월 20일부터 시행한다.

제2조【시행일에 관한 경과조치】 부칙 제1조 단서에 따라 제12조, 제13조, 제17조, 제21조, 제23조제1항, 제24조제3항, 제25조제1항, 제28조, 제37조제1항, 제38조, 제43조, 제45조, 제77조, 제107조, 제110조제1호 및 제114조의 개정규정이 시행되기 전까지는 그에 해당하는 종전의 제11조, 제12조, 제24조, 제28조, 제30조제1항, 제31조제3항, 제31조의2제1항, 제33조, 제36조의2제1항, 제37조, 제42조, 제44조, 제77조, 제110조, 제113조제1호 및 제115조를 적용한다.

제3조【유효기간】 제16조의 개정규정은 2007년 6월 30일까지 효력을 가진다.

제4조【법률 제6974호 근로기준법중개정법률의 시행일】 법률 제6974호 근로기준법중개정법률의 시행일은 다음 각 호와 같다.
1. 금융·보험업, 「정부투자기관 관리기본법」 제2조에 따른 정부투자기관, 「지방공기업법」 제49조 및 같은 법 제76조에 따른 지방공사 및 지방공단, 국가·지방자치단체 또는 정부투자기관이 자본금의 2분의 1 이상을 출자하거나 기본재산의 2분의 1 이상을 출연한 기관·단체와 그 기관·단체가 자본금의 2분의 1 이상을 출자하거나 기본재산의 2분의 1 이상을 출연한 기관·단체 및 상시 1,000명 이상의 근로자를 사용하는 사업 또는 사업장 : 2004년 7월 1일
2. 상시 300명 이상 1,000명 미만의 근로자를 사용하는 사업 또는 사업장 : 2005년 7월 1일
3. 상시 100명 이상 300명 미만의 근로자를 사용하는 사업 또는 사업장 : 2006년 7월 1일
4. 상시 50명 이상 100명 미만의 근로자를 사용하는 사업 또는 사업장 : 2007년 7월 1일
5. 상시 20명 이상 50명 미만의 근로자를 사용하는 사업 또는 사업장 : 2008년 7월 1일
6. 상시 20명 미만의 근로자를 사용하는 사업 또는 사업장, 국가 및 지방자치단체의 기관 : 2011년을 초과하지 아니하는 기간 이내에서 대통령령으로 정하는 날

제5조【법률 제6974호 근로기준법중개정법률의 적용에 관한 특례】 사용자가 부칙 제4조에 따른 시행일 전에 근로자의 과반수로 조직된 노동조합이 있는 경우에는 그 노동조합, 근로자의 과반수로 조직된 노동조합이 없는 경우에는 근로자의 과반수의 동의를 얻어 노동부령으로 정하는 바에 따라 노동부장관에게 신고한 경우에는 부칙 제4조에 따른 시행일 전이라도 이를 적용할 수 있다.

제5조의2【건설공사 등의 근로시간 적용의 특례】 부칙 제4조제6호에도 불구하고 다음 각 호의 공사

전부 또는 일부가 포함된 공사로서 공사의 발주자가 같고 공사의 목적, 장소 및 공기(工期) 등에 비추어 하나의 일관된 체계에 따라 시공되는 것으로 인정되는 공사(이하 이 조에서 “관련공사”라 한다)에 사용되는 모든 근로자에 대하여는 관련공사의 발주 시 총 공사 계약금액을 바탕으로 대통령령으로 정하는 바에 따라 산정한 관련공사의 상시 근로자 수를 기준으로 제50조에 따른 근로시간을 적용할지를 결정한다.
1. 「건설산업기본법」에 따른 건설공사
2. 「전기공사업법」에 따른 전기공사
3. 「정보통신공사업법」에 따른 정보통신공사
4. 「소방시설공사업법」에 따른 소방시설공사
5. 「문화재보호법」에 따른 문화재수리공사
(2008.3.21 본조신설)

제6조【연장근로에 관한 특례】 ① 부칙 제4조 각 호의 시행일(부칙 제5조에 따라 노동부장관에게 신고한 경우에는 적용일을 말한다. 이하 같다)부터 3년간은 제53조제1항 및 제59조제1항을 적용할 때 “12시간”을 각각 “16시간”으로 본다.
② 제1항을 적용할 때 최초의 4시간에 대하여는 제56조 중 “100분의 50”을 “100분의 25”로 본다.

제7조【임금보전 및 단체협약의 변경 등】 ① 사용자는 법률 제6974호 근로기준법중개정법률의 시행으로 인하여 기존의 임금수준 및 시간당 통상임금이 저하되지 아니하도록 하여야 한다.
② 근로자·노동조합 및 사용자는 법률 제6974호 근로기준법중개정법률의 시행과 관련하여 단체협약 유효기간의 만료 여부를 불문하고 가능한 빠른 시일 내에 단체협약, 취업규칙 등에 임금보전방안 및 같은 법의 개정사항이 반영되도록 하여야 한다.
③ 제1항 및 제2항을 적용할 때 임금항목 또는 임금조정방법은 단체협약, 취업규칙 등을 통하여 근로자·노동조합 및 사용자가 자율적으로 정한다.

제8조【연차 및 월차 유급휴가에 관한 경과조치】 법률 제6974호 근로기준법중개정법률 시행일 전에 발생한 월차 유급휴가 및 연차 유급휴가에 대하여는 종전의 규정에 따른다.

제9조【지연이자에 관한 적용례】 법률 제7465호 근로기준법 일부개정법률 제36조의2의 개정규정은 같은 법 시행 후 최초로 지급사유가 발생하는 경우부터 적용한다.

제10조【유산 또는 사산에 따른 보호휴가 등에 관한 적용례】 법률 제7566호 근로기준법 일부개정법률 제72조제2항 및 제3항의 개정규정은 같은 법 시행 후 최초로 출산·유산 또는 사산하는 여성 근로자부터 적용한다.

제11조【우선 재고용등에 관한 적용례】 제25조제1항의 개정규정은 법률 제8293호 근로기준법 일부개정법률의 시행일인 2007년 7월 1일 이후 최초로 발생한 경영상 이유에 따른 해고부터 적용한다.

제12조【부당해고등에 대한 구제에 관한 적용례】 제28조부터 제33조까지, 제111조 및 제112조의 개정규정은 법률 제8293호 근로기준법 일부개정법률의 시행일인 2007년 7월 1일 이후 최초로 발생한 부당해고등부터 적용한다.

제13조【임금채권 우선변제에 관한 경과조치】 ① 법률 제5473호 근로기준법중개정법률 제37조제2항제2호의 개정규정에도 불구하고 같은 법 시행 전에 퇴직한 근로자의 경우에는 1989년 3월 29일 이후의 계속 근로연수에 대한 퇴직금을 우선변제의 대상으로 한다.
② 법률 제5473호 근로기준법중개정법률 제37조제2항제2호의 개정규정에도 불구하고 같은 법 시행 전에 채용된 근로자로서 같은 법 시행 후 퇴직하는 근로자의 경우에는 1989년 3월 29일 이후부터 같은 법 시행 전까지의 계속 근로연수에 대한 퇴직금에 같은 법 시행 후의 계속 근로연수에 대하여 발생하는 최종 3년 간의 퇴직금을 합산한 금액을 우선변제의 대상으로 한다.
③ 제1항 및 제2항에 따라 우선변제의 대상이 되는 퇴직금은 계속 근로연수 1년에 대하여 30일분의 평균임금으로 계산한 금액으로 한다.
④ 제1항 및 제2항에 따라 우선변제의 대상이 되는 퇴직금은 250일분의 평균임금을 초과할 수 없다.

제14조【처분 등에 관한 일반적 경과조치】 이 법 시행 당시 종전의 규정에 따른 행정기관의 행위나 행정기관에 대한 행위는 그에 해당하는 이 법에 따른 행정기관의 행위나 행정기관에 대한 행위로 본다.

제15조【벌칙에 관한 경과조치】 이 법 시행 전의 행위에 대하여 벌칙 규정을 적용할 때에는 종전의 규정에 따른다.

제16조【다른 법률의 개정】 ①~㉔ ※(해당 법령에 가제정리 하였음)

제17조【다른 법령과의 관계】 이 법 시행 당시 다른 법령에서 종전의 「근로기준법」 또는 그 규정을 인용한 경우에 이 법 가운데 그에 해당하는 규정이 있으면 종전의 규정을 갈음하여 이 법 또는 이 법의 해당 규정을 인용한 것으로 본다.

부　칙 (2008.3.21)

제1조【시행일】 이 법은 2008년 7월 1일부터 시행한다.

제2조【태아검진 시간의 허용 등에 관한 적용례】 제74조의2의 개정규정은 이 법 시행 당시 임신 중인 여성근로자부터 적용한다.

제3조【근로시간 적용 특례의 적용례】 법률 제8372호 근로기준법 전부개정법률 부칙 제5조의2의 개정규정은 이 법 시행 후 최초로 계약이 체결되는 관련공사에 사용되는 근로자부터 적용한다.

부　칙 (2008.3.28)

① **【시행일】** 이 법은 공포한 날부터 시행한다. 다만, 제93조제8호 및 제9호의2의 개정규정은 공포 후 3개월이 경과한 날부터 시행한다.
② **【산전후휴가 종료 후 업무 등 복귀에 관한 적용례】** 제74조제5항의 개정규정은 이 법 시행 당시 산전후휴가 중인 근로자부터 적용한다.
③ **【취업규칙의 작성·신고에 관한 적용례】** 제93조제8호 및 제9호의2의 개정규정은 이 법 시행 후 최초로 신고하는 취업규칙부터 적용한다.

부　칙 (2012.2.1)

제1조【시행일】 이 법은 공포 후 6개월이 경과한 날부터 시행한다.

제2조【체불사업주 명단 공개에 관한 적용례】 제43조의2제1항의 개정규정 중 명단 공개 기준일 이전 1년 이내 임금등의 체불총액이 3천만원 이상인 경우는 이 법 시행 후 최초로 고용노동부장관이 임금등의 체불을 확인한 경우부터 적용한다.

제3조【임금등 체불자료의 제공에 관한 적용례】 제43조의3제1항의 개정규정 중 임금등 체불자료 제공일 이전 1년 이내 임금등의 체불총액이 2천만원 이상인 경우는 이 법 시행 후 최초로 고용노동부장관이 임금등의 체불을 확인한 경우부터 적용한다.

제4조【연차 유급휴가에 관한 적용례】 제60조제2항의 개정규정은 이 법 시행 후의 근로기간이 최초로 1년이 되는 근로자로서 그 1년간 출근 기간이 80퍼센트 미만에 해당하는 근로자부터 적용한다.

제5조【출산전후휴가 분할사용에 관한 적용례】 제74조제2항의 개정규정은 이 법 시행 후 최초로 출산전후휴가 분할사용을 신청한 근로자부터 적용한다.

제6조【유산·사산 휴가에 관한 적용례】 제74조제3항의 개정규정은 이 법시행 후 최초로 유산·사산휴가를 신청한 근로자부터 적용한다.

제7조【다른 법률의 개정】 ※(해당 법령에 가제정리 하였음)

부　칙 (2014.1.21)

제1조【시행일】 이 법은 2014년 7월 1일부터 시행한다.

제2조【출산전후휴가에 관한 적용례】 제74조의 개정규정은 이 법 시행 후 출산하는 근로자부터 적용한다.

부　칙 (2014.3.24)

제1조【시행일】 이 법은 공포한 날부터 시행한다. 다만, 제74조제7항부터 제9항까지의 개정규정은 다음 각 호의 구분에 따른 날부터 시행한다.
1. 상시 300명 이상의 근로자를 사용하는 사업 또는 사업장 : 공포 후 6개월이 경과한 날
2. 상시 300명 미만의 근로자를 사용하는 사업 또는 사업장 : 공포 후 2년이 경과한 날

제2조【해고 예고의 해고사유 등 서면통지 의제에 관한 적용례】 제27조제3항의 개정규정은 이 법 시행 후 최초로 해고를 예고하는 경우부터 적용한다.

제3조【근로시간 단축에 관한 적용례】 제74조제7항의 개정규정은 같은 개정규정 시행 후 최초로 근로시간 단축을 신청한 근로자부터 적용한다.

부　칙 (2017.11.28)

제1조【시행일】 이 법은 공포 후 6개월이 경과한 날부터 시행한다.

제2조【연차 유급휴가에 관한 적용례】 제60조제6항제3호의 개정규정은 이 법 시행 후 최초로 육아휴직을 신청하는 근로자부터 적용한다.

부　칙 (2018.3.20)

제1조【시행일】 ① 이 법은 2018년 7월 1일부터 시행한다.
② 제2조제1항의 개정규정은 다음 각 호의 구분에 따른 날부터 시행한다.
1. 상시 300명 이상의 근로자를 사용하는 사업 또는 사업장, 「공공기관의 운영에 관한 법률」 제4조에 따른 공공기관, 「지방공기업법」 제49조 및 같은 법 제76조에 따른 지방공사 및 지방공단, 국가·지방자치단체 또는 정부투자기관이 자본금의 2분의 1 이상을 출자하거나 기본재산의 2분의 1 이상을 출연한 기관·단체와 그 기관·단체가 자본금의 2분의 1 이상을 출자하거나 기본재산의 2분의 1 이상을 출연한 기관·단체, 국가 및 지방자치단체의 기관 : 2018년 7월 1일(제59조의 개정규정에 따라 근로시간 및 휴게시간의 특례를 적용받지 아니하게 되는 업종의 경우 2019년 7월 1일)
2. 상시 50명 이상 300명 미만의 근로자를 사용하는 사업 또는 사업장 : 2020년 1월 1일
3. 상시 5명 이상 50명 미만의 근로자를 사용하는 사업 또는 사업장 : 2021년 7월 1일
③ 제53조제3항 및 제6항, 제110조제1호 및 제2호, 제114조제1호의 개정규정은 2021년 7월 1일부터 시행한다. 다만, 제110조제1호의 개정규정 중 제59조제2항의 개정규정과 관련한 부분은 2018년 9월 1일부터 시행한다.
④ 제55조제2항의 개정규정은 다음 각 호의 구분에 따른 날부터 시행한다.
1. 상시 300명 이상의 근로자를 사용하는 사업 또는 사업장, 「공공기관의 운영에 관한 법률」 제4조에 따른 공공기관, 「지방공기업법」 제49조 및 같은 법 제76조에 따른 지방공사 및 지방공단, 국가·지방자치단체 또는 정부투자기관이 자본금의 2분의 1 이상을 출자하거나 기본재산의 2분의 1 이상을 출연한 기관·단체와 그 기관·단체가 자본금의 2분의 1 이상을 출자하거나 기본재산의 2분의 1 이상을 출연한 기관·단체, 국가 및 지방자치단체의 기관 : 2020년 1월 1일
2. 상시 30명 이상 300명 미만의 근로자를 사용하는 사업 또는 사업장 : 2021년 1월 1일
3. 상시 5인 이상 30명 미만의 근로자를 사용하는 사업 또는 사업장 : 2022년 1월 1일
⑤ 제56조의 개정규정은 공포한 날부터 시행한다.
⑥ 제59조제2항의 개정규정은 2018년 9월 1일부터 시행한다.

제2조【유효기간 등】 제53조제3항 및 제6항의 개정규정은 2022년 12월 31일까지 효력을 가진다.

제3조【탄력적 근로시간제 개선을 위한 준비행위】 고용노동부장관은 2022년 12월 31일까지 탄력적 근로시간제의 단위기간 확대 등 제도개선을 위한 방안을 준비하여야 한다.

제4조【관공서 공휴일 적용을 위한 준비행위】 고용노동부장관은 사업 또는 사업장의 공휴일 적용실태를 조사하여 그 결과를 2018년 12월 31일까지 국회에 보고한다.

부　칙 (2019.1.15 법16270호)

제1조【시행일】 이 법은 공포 후 6개월이 경과한 날부터 시행한다. 다만, 제26조 및 제35조의 개정규정은 공포한 날부터 시행한다.

제2조【예고해고의 적용 예외에 관한 적용례】 제26조제1호의 개정규정은 같은 개정규정 시행 후 근로계약을 체결한 근로자부터 적용한다.

제3조【직장 내 괴롭힘 발생 시 조치에 관한 적용례】 제76조의3의 개정규정은 이 법 시행 후 발생한 직장 내 괴롭힘의 경우부터 적용한다.

부　칙 (2019.1.15 법16272호)

제1조【시행일】 이 법은 공포 후 1년이 경과한 날부터 시행한다.(이하 생략)

부 칙 (2019.4.30)

제1조【시행일】 ① 이 법은 공포 후 6개월이 경과한 날부터 시행한다.(이하 생략)

부 칙 (2020.3.31)

제1조【시행일】 이 법은 공포한 날부터 시행한다.
제2조【연차 유급휴가에 관한 경과조치】 이 법 시행 전에 발생한 연차 유급휴가에 대해서는 종전의 규정에 따른다.

부 칙 (2020.5.26)

이 법은 공포한 날부터 시행한다.(이하 생략)

부 칙 (2021.1.5)

제1조【시행일】 이 법은 공포한 날부터 시행한다. 다만, 제53조제7항의 개정규정 및 제110조제1호의 개정규정 중 "제53조제7항"에 관한 부분은 공포 후 3개월이 경과한 날부터 시행하고, 제43조의2제1항, 제51조의2, 제51조의3, 제52조, 제53조제2항, 제57조, 제109조 및 제116조의 개정규정 및 제110조제1호의 개정규정 중 "제51조의2제2항 또는 제52조제2항제1호"에 관한 부분은 다음 각 호의 구분에 따른 날부터 시행한다.
1. 상시 50명 이상의 근로자를 사용하는 사업 또는 사업장, 「공공기관의 운영에 관한 법률」 제4조에 따른 공공기관, 「지방공기업법」 제49조 및 같은 법 제76조에 따른 지방공사 및 지방공단, 국가·지방자치단체 또는 정부투자기관이 자본금의 2분의 1 이상을 출자하거나 기본재산의 2분의 1 이상을 출연한 기관·단체와 그 기관·단체가 자본금의 2분의 1 이상을 출자하거나 기본재산의 2분의 1 이상을 출연한 기관·단체, 국가 및 지방자치단체의 기관 : 공포 후 3개월이 경과한 날
2. 상시 5명 이상 50명 미만의 근로자를 사용하는 사업 또는 사업장 : 2021년 7월 1일

제2조【3개월을 초과하는 탄력적 근로시간제 도입을 위한 준비행위】 사용자는 이 법 시행 전에 3개월을 초과하는 탄력적 근로시간제 도입을 위하여 근로자대표와의 서면 합의 등 필요한 준비행위를 할 수 있다.
제3조【1개월을 초과하는 선택적 근로시간제 도입을 위한 준비행위】 사용자는 이 법 시행 전에 1개월을 초과하는 선택적 근로시간제 도입을 위하여 근로자대표와의 서면 합의 등 필요한 준비행위를 할 수 있다.
제4조【이 법 시행을 위한 준비행위】 고용노동부장관은 탄력적 근로시간제 및 선택적 근로시간제의 원활한 시행 등을 위하여 실태를 조사·파악할 수 있다.

부 칙 (2021.4.13)

제1조【시행일】 이 법은 공포 후 6개월이 경과한 날부터 시행한다.
제2조【직장 내 괴롭힘 발생 시 조치에 관한 적용례】 제76조의3제2항 및 제7항의 개정규정은 이 법 시행 후 발생한 직장 내 괴롭힘의 경우부터 적용한다.

부 칙 (2021.5.18)

제1조【시행일】 이 법은 공포 후 6개월이 경과한 날부터 시행한다.
제2조【근로계약기간의 만료 등에 따른 구제명령 등에 관한 적용례】 제30조제4항의 개정규정은 이 법 시행 후 노동위원회가 같은 조 제1항에 따라 구제명령이나 기각결정을 하는 경우부터 적용한다.
제3조【이행강제금에 관한 적용례】 제33조제1항의 개정규정은 이 법 시행 후 발생한 부당해고등부터 적용한다.

〔별표〕 ➡ 「法典 別册」 참조

근로기준법 시행령

(2007년 6월 29일 전부개정대통령령 제20142호)

개정
2008. 6. 5영20803호(남녀고용평등과일·가정양립지원에관한법시)
2008. 6.25영20873호
2009. 8.18영21695호
2010. 2.24영22061호(산업안전보건법시)
2010. 7.12영22269호(직제)
2010.12.29영22567호
2011. 3. 2영22687호(향토예비군시)
2011. 3.30영22804호
2011. 9.22영23155호
2012. 1. 6영23488호(민감정보고유식별정보)
2012. 6.21영23868호
2012. 7.10영23946호(남녀고용평등과일·가정양립지원에관한법시)
2013. 6.28영24652호
2014. 9.24영25630호(임금채권시)
2014. 9.24영25631호
2014.12. 9영25840호(규제기한정비)
2016.11.29영27619호(예비군법시)
2016.12.30영27751호(규제기한설정)
2018. 6.29영29010호
2019. 7. 2영29950호(법령용어정비)
2019. 7. 9영29964호
2019.12.24영30256호(산업안전시)
2020. 3. 3영30509호(규제기한해제)
2021. 3.30영31584호
2021.10.14영32049호
2021.11.19영32130호

제1조【목적】 이 영은 「근로기준법」에서 위임한 사항과 그 시행에 필요한 사항을 규정하는 것을 목적으로 한다.
제2조【평균임금의 계산에서 제외되는 기간과 임금】 ① 「근로기준법」(이하 "법"이라 한다) 제2조제1항제6호에 따른 평균임금 산정기간 중에 다음 각 호의 어느 하나에 해당하는 기간이 있는 경우에는 그 기간과 그 기간 중에 지급된 임금은 평균임금 산정기준이 되는 기간과 임금의 총액에서 각각 뺀다.
1. 근로계약을 체결하고 수습 중에 있는 근로자가 수습을 시작한 날부터 3개월 이내의 기간(2019.7.9 본호개정)
2. 법 제46조에 따른 사용자의 귀책사유로 휴업한 기간
3. 법 제74조제1항부터 제3항까지의 규정에 따른 출산전후휴가 및 유산·사산 휴가 기간(2021.10.14 본호개정)
4. 법 제78조에 따라 업무상 부상 또는 질병으로 요양하기 위하여 휴업한 기간
5. 「남녀고용평등과 일·가정 양립 지원에 관한 법률」 제19조에 따른 육아휴직 기간(2008.6.5 본호개정)
6. 「노동조합 및 노동관계조정법」 제2조제6호에 따른 쟁의행위기간
7. 「병역법」, 「예비군법」 또는 「민방위기본법」에 따른 의무를 이행하기 위하여 휴직하거나 근로하지 못한 기간. 다만, 그 기간 중 임금을 지급받은 경우에는 그러하지 아니하다.(2016.11.29 본문개정)
8. 업무 외 부상이나 질병, 그 밖의 사유로 사용자의 승인을 받아 휴업한 기간

② 법 제2조제1항제6호에 따른 임금의 총액을 계산할 때에는 임시로 지급된 임금 및 수당과 통화 외의 것으로 지급된 임금을 포함하지 아니한다. 다만, 고용노동부장관이 정하는 것은 그러하지 아니하다.(2010.7.12 단서개정)
제3조【일용근로자의 평균임금】 일용근로자의 평균임금은 고용노동부장관이 사업이나 직업에 따라 정하는 금액으로 한다.(2010.7.12 본조개정)
제4조【특별한 경우의 평균임금】 법 제2조제1항제6호, 이 영 제2조 및 제3조에 따라 평균임금을 산정할 수 없는 경우에는 고용노동부장관이 정하는 바에 따른다.
(2010.7.12 본조개정)
제5조【평균임금의 조정】 ① 법 제79조, 법 제80조 및 법 제82조부터 제84조까지의 규정에 따른 보상금 등을 산정할 때 적용할 평균임금은 그 근로자가 소속한 사업 또는 사업장에서 같은 직종의 근로자에게 지급된 통상임금의 1명당 1개월 평균액(이하 "평균액"이라 한다)이 그 부상 또는 질병이 발생한 달에 지급된 평균액보다 100분의 5 이상 변동된 경우에는 그 변동비율에 따라 인상되거나 인하된 금액으로 하되, 그 변동 사유가 발생한 달의 다음 달부터 적용한다. 다만, 제2회 이후의 평균임금을 조정하는 때에는 직전 회의 변동 사유가 발생한 달의 평균액을 산정기준으로 한다.
② 제1항에 따라 평균임금을 조정하는 경우 그 근로자가 소속한 사업 또는 사업장이 폐지된 때에는 그 근로자가 업무상 부상 또는 질병이 발생한 당시에 그 사업 또는 사업장과 같은 종류, 같은 규모의 사업 또는 사업장을 기준으로 한다.
③ 제1항이나 제2항에 따라 평균임금을 조정하는 경우 그 근로자의 직종과 같은 직종의 근로자가 없는 때에는 그 직종과 유사한 직종의 근로자를 기준으로 한다.
④ 법 제78조에 따른 업무상 부상을 당하거나 질병에 걸린 근로자에게 지급할 「근로자퇴직급여 보장법」 제8조에 따른 퇴직금을 산정할 때 적용할 평균임금은 제1항부터 제3항까지의 규정에 따라 조정된 평균임금으로 한다.
제6조【통상임금】 ① 법과 이 영에서 "통상임금"이란 근로자에게 정기적이고 일률적으로 소정(所定)근로 또는 총 근로에 대하여 지급하기로 정한 시간급 금액, 일급 금액, 주급 금액, 월급 금액 또는 도급 금액을 말한다.
② 제1항에 따른 통상임금을 시간급 금액으로 산정할 경우에는 다음 각 호의 방법에 따라 산정된 금액으로 한다.
1. 시간급 금액으로 정한 임금은 그 금액
2. 일급 금액으로 정한 임금은 그 금액을 1일의 소정근로시간 수로 나눈 금액
3. 주급 금액으로 정한 임금은 그 금액을 1주의 통상임금 산정 기준시간 수(1주의 소정근로시간과 소정근로시간 외에 유급으로 처리되는 시간을 합산한 시간)로 나눈 금액(2018.6.29 본호개정)
4. 월급 금액으로 정한 임금은 그 금액을 월의 통상임금 산정 기준시간 수(1주의 통상임금 산정 기준시간 수에 1년 동안의 평균 주의 수를 곱한 시간을 12로 나눈 시간)로 나눈 금액(2018.6.29 본호개정)
5. 일·주·월 외의 일정한 기간으로 정한 임금은 제2호부터 제4호까지의 규정에 준하여 산정된 금액
6. 도급 금액으로 정한 임금은 그 임금 산정 기간에서 도급제에 따라 계산된 임금의 총액을 해당 임금 산정 기간(임금 마감일이 있는 경우에는 임금 마감 기간을 말한다)의 총 근로 시간 수로 나눈 금액
7. 근로자가 받는 임금이 제1호부터 제6호까지의 규정에서 정한 둘 이상의 임금으로 되어 있는 경우에는 제1호부터 제6호까지의 규정에 따라 각각 산정된 금액을 합산한 금액

③ 제1항에 따른 통상임금을 일급 금액으로 산정할 때에는 제2항에 따른 시간급 금액에 1일의 소정근로시간 수를 곱하여 계산한다.
제7조【적용범위】 법 제11조제2항에 따라 상시 4명 이하의 근로자를 사용하는 사업 또는 사업장에 적용하는 법 규정은 별표1과 같다.
제7조의2【상시 사용하는 근로자 수의 산정 방법】 ① 법 제11조제3항에 따른 "상시 사용하는 근로자 수"는 해당 사업 또는 사업장에서 법 적용 사유(휴업수당 지급, 근로시간 적용 등 법 또는 이 영의 적용 여부를 판단하여야 하는 사유를 말한다. 이하 이 조에서 같다) 발생일 전 1개월(사업이 성립한 날부터 1개월 미만인 경우에는 그 사업이 성립한 날 이후의 기간을 말한다. 이하 "산정기간"이라 한다) 동안 사용한 근로자의 연인원을 같은 기간 중의 가동 일수로 나누어 산정한다.
② 제1항에도 불구하고 다음 각 호의 구분에 따라 그 사업 또는 사업장에 대하여 5명(법 제93조의 적용 여부를 판단하는 경우에는 10명을 말한다. 이하 이 조에서 "법 적용 기준"이라 한다) 이상의 근로자를 사용하는 사업 또는 사업장(이하 이 조에서 "법 적용 사업 또는 사업장"이라 한다)으로 보거나 법 적용 사업 또는 사업장으로 보지 않는다.
1. 법 적용 사업 또는 사업장으로 보는 경우 : 제1항에 따라 해당 사업 또는 사업장의 근로자 수를 산정한 결과 법 적용 사업 또는 사업장에 해당하지 않는 경우에도 산정기간에 속하는 일(日)별로 근로자 수를 파악하였을 때 법 적용 기준에 미달한 일수(日數)가 2분의 1 미만인 경우
2. 법 적용 사업 또는 사업장으로 보지 않는 경우 : 제1항에 따라 해당 사업 또는 사업장의 근로자 수를 산정한 결과 법 적용 사업 또는 사업장에 해당하는 경우에도 산정기간에 속하는 일별로 근로자 수를 파악하였을 때 법 적용 기준에 미달한 일수가 2분의 1 이상인 경우

③ 법 제60조부터 제62조까지의 규정(제60조제2항에 따른 연차유급휴가에 관한 부분은 제외한다)의 적용 여부를 판단하는 경우에 해당 사업 또는 사업장에 대하여 제1항 및 제2항에 따라 월 단위로 근로자 수를 산정한 결과 법 적용 사유 발생일 전 1년 동안 계속하여 5명 이상의 근로자를 사용하는 사업 또는 사업장은 법 적용 사업 또는 사업장으로 본다.
④ 제1항의 연인원에는 「파견근로자보호 등에 관한 법률」 제2조제5호에 따른 파견근로자를 제외한 다음 각 호의 근로자 모두를 포함한다.
1. 해당 사업 또는 사업장에서 사용하는 통상 근로자, 「기간제 및 단시간근로자 보호 등에 관한 법률」 제2조제1호에 따른 기간제근로자, 단시간근로자 등 고용형태를 불문하고 하나의 사업 또는 사업장에서 근로하는 모든 근로자(2018.6.29 본호개정)
2. 해당 사업 또는 사업장에 동거하는 친족과 함께 제1호에 해당하는 근로자가 1명이라도 있으면 동거하는 친족인 근로자

(2008.6.25 본조신설)
제8조【명시하여야 할 근로조건】 법 제17조제1항제5호에서 "대통령령으로 정하는 근로조건"이란 다음 각 호의 사항을 말한다.(2018.6.29 본문개정)
1. 취업의 장소와 종사하여야 할 업무에 관한 사항
2. 법 제93조제1호부터 제12호까지의 규정에서 정한 사항
3. 사업장의 부속 기숙사에 근로자를 기숙하게 하는 경우에는 기숙사 규칙에서 정한 사항

제8조의2【근로자의 요구에 따른 서면 교부】 법 제17조제2항 단서에서 "단체협약 또는 취업규칙의 변경 등 대통령령으로 정하는 사유로 인하여 변경되는 경우"란 다음 각 호의 경우를 말한다.

1. 법 제51조제2항, 제51조의2제1항, 같은 조 제2항 단서, 같은 조 제5항 단서, 제52조제1항, 같은 조 제2항제1호 단서, 제53조제3항, 제55조제2항 단서, 제57조, 제58조제2항·제3항, 제59조제1항 또는 제62조에 따른 서면 합의로 변경되는 경우(2021.3.30 본호개정 : 법 제53조제3항에 관한 부분은 2022.12.31까지 유효)
2. 법 제93조에 따른 취업규칙에 의하여 변경되는 경우
3. 「노동조합 및 노동관계조정법」 제31조제1항에 따른 단체협약에 의하여 변경되는 경우
4. 법령에 의하여 변경되는 경우

(2011.9.22 본조신설)

제9조【단시간근로자의 근로조건 기준 등】 ① 법 제18조제2항에 따른 단시간근로자의 근로조건을 결정할 때에 기준이 되는 사항이나 그 밖에 필요한 사항은 별표2와 같다.

②~③ (2008.6.25 삭제)

제10조【경영상의 이유에 의한 해고 계획의 신고】 ① 법 제24조제4항에 따라 사용자는 1개월 동안에 다음 각 호의 어느 하나에 해당하는 인원을 해고하려면 최초로 해고하려는 날의 30일 전까지 고용노동부장관에게 신고하여야 한다.(2010.7.12 본문개정)

1. 상시 근로자수가 99명 이하인 사업 또는 사업장 : 10명 이상
2. 상시 근로자수가 100명 이상 999명 이하인 사업 또는 사업장 : 상시 근로자수의 10퍼센트 이상
3. 상시 근로자수가 1,000명 이상 사업 또는 사업장 : 100명 이상

② 제1항에 따른 신고를 할 때에는 다음 각 호의 사항을 포함하여야 한다.

1. 해고 사유
2. 해고 예정 인원
3. 근로자대표와 협의한 내용
4. 해고 일정

제11조【구제명령의 이행기한】 「노동위원회법」에 따른 노동위원회(이하 "노동위원회"라 한다)는 법 제30조제1항에 따라 사용자에게 구제명령(이하 "구제명령"이라 한다)을 하는 때에는 이행기한을 정하여야 한다. 이 경우 이행기한은 법 제30조제2항에 따라 사용자가 구제명령을 서면으로 통지받은 날부터 30일 이내로 한다.(2019.7.9 후단개정)

제12조【이행강제금의 납부기한 및 의견제출 등】 ① 노동위원회는 법 제33조제1항에 따라 이행강제금을 부과하는 때에는 이행강제금의 부과통지를 받은 날부터 15일 이내의 납부기한을 정하여야 한다.

② 노동위원회는 천재·사변, 그 밖의 부득이한 사유가 발생하여 제1항에 따른 납부기한 내에 이행강제금을 납부하기 어려운 경우에는 그 사유가 없어진 날부터 15일 이내의 기간을 납부기한으로 할 수 있다.

③ 법 제33조제2항에 따라 이행강제금을 부과·징수한다는 뜻을 사용자에게 미리 문서로써 알려줄 때에는 10일 이상의 기간을 정하여 구술 또는 서면(전자문서를 포함한다)으로 의견을 진술할 수 있는 기회를 주어야 한다. 이 경우 지정된 기일까지 의견진술이 없는 때에는 의견이 없는 것으로 본다.

④ 이행강제금의 징수절차는 고용노동부령으로 정한다.

(2010.7.12 본항개정)

제13조【이행강제금의 부과기준】 법 제33조제4항에 따른 위반행위의 종류와 위반정도에 따른 이행강제금의 부과기준은 별표3과 같다.

제14조【이행강제금의 부과유예】 노동위원회는 다음 각 호의 어느 하나에 해당하는 사유가 있는 경우에는 직권 또는 사용자의 신청에 따라 그 사유가 없어진 뒤에 이행강제금을 부과할 수 있다.

1. 구제명령을 이행하기 위하여 사용자가 객관적으로 노력하였으나 근로자의 소재불명 등으로 구제명령을 이행하기 어려운 것이 명백한 경우
2. 천재·사변, 그 밖의 부득이한 사유로 구제명령을 이행하기 어려운 경우

제15조【이행강제금의 반환】 ① 노동위원회는 중앙노동위원회의 재심판정이나 법원의 확정판결에 따라 노동위원회의 구제명령이 취소되면 직권 또는 사용자의 신청에 따라 이행강제금의 부과·징수를 즉시 중지하고 이미 징수한 이행강제금을 반환하여야 한다.

② 노동위원회가 제1항에 따라 이행강제금을 반환하는 때에는 이행강제금을 납부한 날부터 반환하는 날까지의 기간에 대하여 고용노동부령으로 정하는 이율을 곱한 금액을 가산하여 반환하여야 한다.(2010.7.12 본항개정)

③ 제1항에 따른 이행강제금의 구체적 반환절차는 고용노동부령으로 정한다.(2010.7.12 본항개정)

제16조 (2019.7.9 삭제)

제17조【미지급 임금에 대한 지연이자의 이율】 법 제37조제1항에서 "대통령령으로 정하는 이율"이란 연 100분의 20을 말한다.

제18조【지연이자의 적용제외 사유】 법 제37조제2항에서 "그 밖에 대통령령으로 정하는 사유"란 다음 각 호의 어느 하나에 해당하는 경우를 말한다.

1. 「임금채권보장법」 제7조제1항제1호부터 제3호까지의 사유 중 어느 하나에 해당하는 경우(2021.10.14 본호개정)
2. 「채무자 회생 및 파산에 관한 법률」, 「국가재정법」, 「지방자치법」 등 법령상의 제약에 따라 임금 및 퇴직금을 지급할 자금을 확보하기 어려운 경우
3. 지급이 지연되고 있는 임금 및 퇴직금의 전부 또는 일부의 존부(存否)를 법원이나 노동위원회에서 다투는 것이 적절하다고 인정되는 경우
4. 그 밖에 제1호부터 제3호까지의 규정에 준하는 사유가 있는 경우

제19조【사용증명서의 청구】 법 제39조제1항에 따라 사용증명서를 청구할 수 있는 자는 계속하여 30일 이상 근무한 근로자로 하되, 청구할 수 있는 기한은 퇴직 후 3년 이내로 한다.

제20조【근로자 명부의 기재사항】 법 제41조제1항에 따른 근로자 명부에는 고용노동부령으로 정하는 바에 따라 다음 각 호의 사항을 적어야 한다.(2010.7.12 본문개정)

1. 성명
2. 성(性)별
3. 생년월일
4. 주소
5. 이력(履歷)
6. 종사하는 업무의 종류
7. 고용 또는 고용갱신 연월일, 계약기간을 정한 경우에는 그 기간, 그 밖의 고용에 관한 사항
8. 해고, 퇴직 또는 사망한 경우에는 그 연월일과 사유
9. 그 밖에 필요한 사항

제21조【근로자 명부 작성의 예외】 사용기간이 30일 미만인 일용근로자에 대하여는 근로자 명부를 작성하지 아니할 수 있다.

제22조【보존 대상 서류 등】 ① 법 제42조에서 "대통령령으로 정하는 근로계약에 관한 중요한 서류"란 다음 각 호의 서류를 말한다.

1. 근로계약서
2. 임금대장
3. 임금의 결정·지급방법과 임금계산의 기초에 관한 서류
4. 고용·해고·퇴직에 관한 서류
5. 승급·감급에 관한 서류
6. 휴가에 관한 서류
7. (2014.12.9 삭제)
8. 법 제51조제2항, 제51조의2제1항, 같은 조 제2항 단서, 같은 조 제5항 단서, 제52조제1항, 같은 조 제2항제1호 단서, 제53조제3항, 제55조제2항 단서, 제57조, 제58조제2항·제3항, 제59조제1항 및 제62조에 따른 서면 합의 서류(2021.3.30 본호개정 : 법 제53조제3항에 관한 부분은 2022.12.31까지 유효)
9. 법 제66조에 따른 연소자의 증명에 관한 서류

② 법 제42조에 따른 근로계약에 관한 중요한 서류의 보존기간은 다음 각 호에 해당하는 날부터 기산한다.

1. 근로자 명부는 근로자가 해고되거나 퇴직 또는 사망한 날
2. 근로계약서는 근로관계가 끝난 날
3. 임금대장은 마지막으로 써 넣은 날
4. 고용, 해고 또는 퇴직에 관한 서류는 근로자가 해고되거나 퇴직한 날
5. (2018.6.29 삭제)
6. 제1항제8호의 서면 합의 서류는 서면 합의한 날
7. 연소자의 증명에 관한 서류는 18세가 되는 날(18세가 되기 전에 해고되거나 퇴직 또는 사망한 경우에는 그 해고되거나 퇴직 또는 사망한 날)
8. 그 밖의 서류는 완결한 날

제23조【매월 1회 이상 지급하여야 할 임금의 예외】 법 제43조제2항 단서에서 "임시로 지급하는 임금, 수당, 그 밖에 이에 준하는 것 또는 대통령령으로 정하는 임금"이란 다음 각 호의 것을 말한다.

1. 1개월을 초과하는 기간의 출근 성적에 따라 지급하는 정근수당
2. 1개월을 초과하는 일정 기간을 계속하여 근무한 경우에 지급되는 근속수당
3. 1개월을 초과하는 기간에 걸친 사유에 따라 산정되는 장려금, 능률수당 또는 상여금
4. 그 밖에 부정기적으로 지급되는 모든 수당

제23조의2【체불사업주 명단 공개 제외 대상】 법 제43조의2제1항 단서에서 "체불사업주의 사망·폐업으로 명단 공개의 실효성이 없는 경우 등 대통령령으로 정하는 사유"란 다음 각 호의 어느 하나에 해당하는 경우를 말한다.

1. 법 제36조, 제43조, 제51조의3, 제52조제2항제2호 또는 제56조에 따른 임금, 보상금, 수당, 그 밖의 일체의 금품(이하 "임금등"이라 한다)을 지급하지 않은 사업주(이하 "체불사업주"라 한다)가 사망하거나 「민법」 제27조에 따라 실종선고를 받은 경우(체불사업주가 자연인인 경우만 해당한다)(2021.3.30 본호개정)
2. 체불사업주가 법 제43조의2제2항에 따른 소명 기간 종료 전까지 체불 임금등을 전액 지급한 경우
3. 체불사업주가 「채무자 회생 및 파산에 관한 법률」에 따른 회생절차개시 결정을 받거나 파산선고를 받은 경우
4. 체불사업주가 「임금채권보장법 시행령」 제5조에 따른 도산등사실인정을 받은 경우
5. 체불사업주가 체불 임금등의 일부를 지급하고, 남은 체불 임금등에 대한 구체적인 청산 계획 및 자금 조달 방안을 충분히 소명하여 법 제43조의2제3항에 따른 임금체불정보심의위원회(이하 이 조에서 "위원회"라 한다)가 명단 공개 대상에서 제외할 필요가 있다고 인정하는 경우
6. 제1호부터 제5호까지의 규정에 준하는 경우로서 위원회가 체불사업주의 인적사항 등을 공개할 실효성이 없다고 인정하는 경우

(2012.6.21 본조신설)

제23조의3【명단공개 내용·기간 등】 ① 고용노동부장관은 법 제43조의2제1항에 따라 다음 각 호의 내용을 공개한다.

1. 체불사업주의 성명·나이·상호·주소(체불사업주가 법인인 경우에는 그 대표자의 성명·나이·주소 및 법인의 명칭·주소를 말한다)
2. 명단 공개 기준일 이전 3년간의 임금등 체불액

② 제1항에 따른 공개는 관보에 싣거나 인터넷 홈페이지, 관할 지방고용노동관서 게시판 또는 그 밖에 열람이 가능한 공공장소에 3년간 게시하는 방법으로 한다.

(2012.6.21 본조신설)

제23조의4【임금등 체불자료의 제공 제외 대상】 법 제43조의3제1항 단서에서 "체불사업주의 사망·폐업으로 임금등 체불자료 제공의 실효성이 없는 경우 등 대통령령으로 정하는 사유"란 다음 각 호의 어느 하나에 해당하는 경우를 말한다.

1. 체불사업주가 사망하거나 「민법」 제27조에 따라 실종선고를 받은 경우(체불사업주가 자연인인 경우만 해당한다)
2. 체불사업주가 법 제43조의3제1항에 따른 임금등 체불자료(이하 "임금등 체불자료"라 한다) 제공일 전까지 체불 임금등을 전액 지급한 경우
3. 체불사업주가 「채무자 회생 및 파산에 관한 법률」에 따른 회생절차개시 결정을 받거나 파산선고를 받은 경우
4. 체불사업주가 「임금채권보장법 시행령」 제5조에 따른 도산등사실인정을 받은 경우
5. 체불자료 제공일 전까지 체불사업주가 체불 임금등의 일부를 지급하고 남은 체불 임금등에 대한 구체적인 청산 계획 및 자금 조달 방안을 충분히 소명하여 고용노동부장관이 체불 임금등 청산을 위하여 성실히 노력하고 있다고 인정하는 경우

(2012.6.21 본조신설)

제23조의5【임금등 체불자료의 제공절차 등】 ① 법 제43조의3제1항에 따라 임금등 체불자료를 요구하는 자(이하 "요구자"라 한다)는 다음 각 호의 사항을 적은 문서를 고용노동부장관에게 제출하여야 한다.

1. 요구자의 성명·상호·주소(요구자가 법인인 경우에는 그 대표자의 성명 및 법인의 명칭·주소를 말한다)
2. 요구하는 임금등 체불자료의 내용과 이용 목적

② 고용노동부장관은 제1항에 따른 임금등 체불자료를 서면 또는 전자적 파일 형태로 작성하여 제공할 수 있다.

③ 고용노동부장관은 제2항에 따라 임금등 체불자료를 제공한 후 제23조의4 각 호의 사유가 발생한 경우에는 그 사실을 안 날부터 15일 이내에 요구자에게 그 내용을 통지하여야 한다.

(2012.6.21 본조신설)

제24조【수급인의 귀책사유】 법 제44조제2항에 따른 귀책사유 범위는 다음 각 호와 같다.(2012.6.21 본문개정)

1. 정당한 사유 없이 도급계약에서 정한 도급 금액 지급일에 도급 금액을 지급하지 아니한 경우
2. 정당한 사유 없이 도급계약에서 정한 원자재 공급을 늦게 하거나 공급을 하지 아니한 경우
3. 정당한 사유 없이 도급계약의 조건을 이행하지 아니하여 하수급인이 도급사업을 정상적으로 수행하지 못한 경우

(2012.6.21 본조제목개정)

제25조【지급기일 전의 임금 지급】 법 제45조에서 "그 밖에 대통령령으로 정한 비상(非常)한 경우"란 근로자나 그의 수입으로 생계를 유지하는 자가 다음 각 호의 어느 하나에 해당하게 되는 경우를 말한다.

1. 출산하거나 질병에 걸리거나 재해를 당한 경우
2. 혼인 또는 사망한 경우
3. 부득이한 사유로 1주 이상 귀향하게 되는 경우

(2018.6.29 본호개정)

제26조【휴업수당의 산출】 사용자의 귀책사유로 휴업한 기간 중에 근로자가 임금의 일부를 지급받은 경우에는 사용자는 법 제46조제1항 본문에 따라 그 근로자에게 평균임금에서 그 지급받은 임금을 뺀 금액을 계산하여 그 금액의 100분의 70 이상에 해당하는 수당을 지급하여야 한다. 다만, 법 제46조제1항 단서에 따라 통상임금을 휴업수당으로 지급하는 경우에는 통상임금에서 휴업한 기간 중에 지급받은 임금을 뺀 금액을 지급하여야 한다.

제27조【임금대장의 기재사항】 ① 사용자는 법 제48조제1항에 따른 임금대장에 다음 각 호의 사항을 근로자 개인별로 적어야 한다.(2021.11.19 본문개정)
1. 성명
2. 생년월일, 사원번호 등 근로자를 특정할 수 있는 정보(2021.10.14 본호개정)
3. 고용 연월일
4. 종사하는 업무
5. 임금 및 가족수당의 계산기초가 되는 사항
6. 근로일수
7. 근로시간수
8. 연장근로, 야간근로 또는 휴일근로를 시킨 경우에는 그 시간수
9. 기본급, 수당, 그 밖의 임금의 내역별 금액(통화 외의 것으로 지급된 임금이 있는 경우에는 그 품명 및 수량과 평가총액)
10. 법 제43조제1항 단서에 따라 임금의 일부를 공제한 경우에는 그 금액

② 사용기간이 30일 미만인 일용근로자에 대해서는 제1항제2호 및 제5호의 사항을 적지 않을 수 있다.(2021.10.14 본항개정)

③ 다음 각 호의 어느 하나에 해당하는 근로자에 대해서는 제1항제7호 및 제8호의 사항을 적지 않을 수 있다.(2021.10.14 본문개정)
1. 법 제11조제2항에 따른 상시 4명 이하의 근로자를 사용하는 사업 또는 사업장의 근로자
2. 법 제63조 각 호의 어느 하나에 해당하는 근로자

제27조의2【임금명세서의 기재사항】 사용자는 법 제48조제2항에 따른 임금명세서에 다음 각 호의 사항을 적어야 한다.
1. 근로자의 성명, 생년월일, 사원번호 등 근로자를 특정할 수 있는 정보
2. 임금지급일
3. 임금 총액
4. 기본급, 각종 수당, 상여금, 성과금, 그 밖의 임금의 구성항목별 금액(통화 이외의 것으로 지급된 임금이 있는 경우에는 그 품명 및 수량과 평가총액을 말한다)
5. 임금의 구성항목별 금액이 출근일수·시간 등에 따라 달라지는 경우에는 임금의 구성항목별 금액의 계산방법(연장근로, 야간근로 또는 휴일근로의 경우에는 그 시간 수를 포함한다)
6. 법 제43조제1항 단서에 따라 임금의 일부를 공제한 경우에는 임금의 공제 항목별 금액과 총액 등 공제내역

(2021.11.19 본조신설)

제28조【3개월 이내의 탄력적 근로시간제에 관한 합의사항 등】 ① 법 제51조제2항제4호에서 "그 밖에 대통령령으로 정하는 사항"이란 서면 합의의 유효기간을 말한다.

② 고용노동부장관은 법 제51조제4항에 따른 임금보전방안(賃金補塡方案)을 강구하게 하기 위해 필요한 경우에는 사용자에게 그 임금보전방안의 내용을 제출하도록 명하거나 직접 확인할 수 있다.(2021.3.30 본항개정)

(2021.3.30 본조제목개정)

제28조의2【3개월을 초과하는 탄력적 근로시간제에 관한 합의사항 등】 ① 법 제51조의2제1항제4호에서 "그 밖에 대통령령으로 정하는 사항"이란 서면 합의의 유효기간을 말한다.

② 법 제51조의2제2항 단서에서 "천재지변 등 대통령령으로 정하는 불가피한 경우"란 다음 각 호의 어느 하나에 해당하는 경우를 말한다.
1. 「재난 및 안전관리 기본법」에 따른 재난 또는 이에 준하는 사고가 발생하여 이를 수습하거나 재난 등의 발생이 예상되어 이를 예방하기 위해 긴급한 조치가 필요한 경우
2. 사람의 생명을 보호하거나 안전을 확보하기 위해 긴급한 조치가 필요한 경우
3. 그 밖에 제1호 및 제2호에 준하는 사유로 법 제51조의2제2항 본문에 따른 휴식 시간을 주는 것이 어렵다고 인정되는 경우

(2021.3.30 본조신설)

제29조【선택적 근로시간제에 관한 합의사항 등】 ① 법 제52조제1항제6호에서 "그 밖에 대통령령으로 정하는 사항"이란 표준근로시간(유급휴가 등의 계산 기준으로 사용자와 근로자대표가 합의하여 정한 1일의 근로시간을 말한다)을 말한다.

② 법 제52조제2항제1호 단서에서 "천재지변 등 대통령령으로 정하는 불가피한 경우"란 다음 각 호의 어느 하나에 해당하는 경우를 말한다.
1. 제28조의2제2항제1호 또는 제2호에 해당하는 경우
2. 그 밖에 제1호에 준하는 사유로 법 제52조제2항제1호 본문에 따른 휴식 시간을 주는 것이 어렵다고 인정되는 경우

(2021.3.30 본조개정)

제30조【휴일】 ① 법 제55조제1항에 따른 유급휴일은 1주 동안의 소정근로일을 개근한 자에게 주어야 한다.

② 법 제55조제2항 본문에서 "대통령령으로 정하는 휴일"이란 「관공서의 공휴일에 관한 규정」 제2조 각 호(제1호는 제외한다)에 따른 공휴일 및 같은 영 제3조에 따른 대체공휴일을 말한다.(2018.6.29 본항신설)

(2018.6.29 본조개정)

제31조【재량근로의 대상업무】 법 제58조제3항 전단에서 "대통령령으로 정하는 업무"란 다음 각 호의 어느 하나에 해당하는 업무를 말한다.
1. 신상품 또는 신기술의 연구개발이나 인문사회과학 또는 자연과학분야의 연구 업무
2. 정보처리시스템의 설계 또는 분석 업무
3. 신문, 방송 또는 출판 사업에서의 기사의 취재, 편성 또는 편집 업무
4. 의복·실내장식·공업제품·광고 등의 디자인 또는 고안 업무
5. 방송 프로그램·영화 등의 제작 사업에서의 프로듀서나 감독 업무
6. 그 밖에 고용노동부장관이 정하는 업무(2010.7.12 본호개정)

제32조 (2018.6.29 삭제)

제33조【휴가수당의 지급일】 법 제60조제5항에 따라 지급하여야 하는 임금은 유급휴가를 주기 전이나 준 직후의 임금지급일에 지급하여야 한다.

제34조【근로시간 등의 적용제외 근로자】 법 제63조제4호에서 "대통령령으로 정한 업무"란 사업의 종류에 관계없이 관리·감독 업무 또는 기밀을 취급하는 업무를 말한다.

제35조【취직인허증의 발급 등】 ① 법 제64조에 따라 취직인허증을 받을 수 있는 자는 13세 이상 15세 미만인 자로 한다. 다만, 예술공연 참가를 위한 경우에는 13세 미만인 자도 취직인허증을 받을 수 있다.

② 제1항에 따른 취직인허증을 받으려는 자는 고용노동부령으로 정하는 바에 따라 고용노동부장관에게 신청하여야 한다.(2010.7.12 본항개정)

③ 제2항에 따른 신청은 학교장(의무교육 대상자와 재학 중인 자로 한정한다) 및 친권자 또는 후견인의 서명을 받아 사용자가 될 자와 연명(連名)으로 하여야 한다.

제36조【취직인허증의 교부 및 비치】 ① 고용노동부장관은 제35조제2항에 따른 신청에 대하여 취직을 인허할 경우에는 고용노동부령으로 정하는 취직인허증에 직종을 지정하여 신청한 근로자와 사용자가 될 자에게 내주어야 한다.

② 15세 미만인 자를 사용하는 사용자가 취직인허증을 갖추어 둔 경우에는 법 제66조에 따른 가족관계기록사항에 관한 증명서와 친권자나 후견인의 동의서를 갖추어 둔 것으로 본다.(2014.12.9 본항신설)

(2014.12.9 본조제목개정)

(2010.7.12 본조개정)

제37조【취직인허의 금지직종】 고용노동부장관은 제40조에 따른 직종에 대하여는 취직인허증을 발급할 수 없다.(2010.7.12 본조개정)

제38조 (2014.12.9 삭제)

제39조【취직인허증의 재교부】 사용자 또는 15세 미만인 자는 취직인허증이 못쓰게 되거나 이를 잃어버린 경우에는 고용노동부령으로 정하는 바에 따라 지체 없이 재교부 신청을 하여야 한다.(2010.7.12 본조개정)

제40조【임산부 등의 사용 금지 직종】 법 제65조에 따라 임산부, 임산부가 아닌 18세 이상인 여성 및 18세 미만인 자의 사용이 금지되는 직종의 범위는 별표4와 같다.

제41조【근로시간의 계산】 법 제69조 및 「산업안전보건법」 제139조에 따른 근로시간은 휴게시간을 제외한 근로시간을 말한다.(2019.12.24 본조개정)

제42조【갱내근로 허용업무】 법 제72조에 따라 여성과 18세 미만인 자를 일시적으로 갱내에서 근로시킬 수 있는 업무는 다음 각 호와 같다.
1. 보건, 의료 또는 복지 업무
2. 신문·출판·방송프로그램 제작 등을 위한 보도·취재업무
3. 학술연구를 위한 조사 업무
4. 관리·감독 업무
5. 제1호부터 제4호까지의 규정의 업무와 관련된 분야에서 하는 실습 업무

제43조【유산·사산휴가의 청구 등】 ① 법 제74조제2항 전단에서 "대통령령으로 정하는 사유"란 다음 각 호의 어느 하나에 해당하는 경우를 말한다.
1. 임신한 근로자에게 유산·사산의 경험이 있는 경우
2. 임신한 근로자가 출산전후휴가를 청구할 당시 연령이 만 40세 이상인 경우
3. 임신한 근로자가 유산·사산의 위험이 있다는 의료기관의 진단서를 제출한 경우

(2012.6.21 본항신설)

② 법 제74조제3항에 따라 유산 또는 사산한 근로자가 유산·사산휴가를 청구하는 경우에는 휴가 청구 사유, 유산·사산 발생일 및 임신기간 등을 적은 유산·사산휴가 신청서에 의료기관의 진단서를 첨부하여 사업주에게 제출하여야 한다.(2012.6.21 본항개정)

③ 사업주는 제2항에 따라 유산·사산휴가를 청구한 근로자에게 다음 각 호의 기준에 따라 유산·사산휴가를 주어야 한다.(2012.6.21 본문개정)
1. 유산 또는 사산한 근로자의 임신기간(이하 "임신기간"이라 한다)이 11주 이내인 경우 : 유산 또는 사산한 날부터 5일까지(2012.6.21 본호신설)
2. 임신기간이 12주 이상 15주 이내인 경우 : 유산 또는 사산한 날부터 10일까지(2012.6.21 본호신설)
3. 임신기간이 16주 이상 21주 이내인 경우 : 유산 또는 사산한 날부터 30일까지(2012.6.21 본호개정)
4. 임신기간이 22주 이상 27주 이내인 경우 : 유산 또는 사산한 날부터 60일까지
5. 임신기간이 28주 이상인 경우 : 유산 또는 사산한 날부터 90일까지

제43조의2【임신기간 근로시간 단축의 신청】 법 제74조제7항에 따라 근로시간 단축을 신청하려는 여성 근로자는 근로시간 단축 개시 예정일의 3일 전까지 임신기간, 근로시간 단축 개시 예정일 및 종료 예정일, 근무 개시 시각 및 종료 시각 등을 적은 문서(전자문서를 포함한다)에 의사의 진단서(같은 임신에 대하여 근로시간 단축을 다시 신청하는 경우는 제외한다)를 첨부하여 사용자에게 제출하여야 한다.(2014.9.24 본조신설)

제43조의3【임신기간 업무의 시작 및 종료 시각의 변경】 ① 법 제74조제9항 본문에 따라 업무의 시작 및 종료 시각의 변경을 신청하려는 여성 근로자는 그 변경 예정일의 3일 전까지 임신기간, 업무의 시작 및 종료 시각의 변경 예정 기간, 업무의 시작 및 종료 시각 등을 적은 문서(전자문서를 포함한다)에 임신 사실을 증명하는 의사의 진단서(같은 임신에 대해 업무의 시작 및 종료 시각 변경을 다시 신청하는 경우는 제외한다)를 첨부하여 사용자에게 제출해야 한다.

② 법 제74조제9항 단서에서 "정상적인 사업 운영에 중대한 지장을 초래하는 경우 등 대통령령으로 정하는 경우"란 다음 각 호의 어느 하나에 해당하는 경우를 말한다.
1. 정상적인 사업 운영에 중대한 지장을 초래하는 경우
2. 업무의 시작 및 종료 시각을 변경하게 되면 임신 중인 여성 근로자의 안전과 건강에 관한 관계 법령을 위반하게 되는 경우

(2021.11.19 본조신설)

제44조【업무상 질병의 범위 등】 ① 법 제78조제2항에 따른 업무상 질병과 요양의 범위는 별표5와 같다.

② 사용자는 근로자가 취업 중에 업무상 질병에 걸리거나 부상 또는 사망한 경우에는 지체 없이 의사의 진단을 받도록 하여야 한다.

제45조 (2008.6.25 삭제)

제46조【요양 및 휴업보상 시기】 요양보상 및 휴업보상은 매월 1회 이상 하여야 한다.

제47조【장해등급 결정】 ① 법 제80조제3항에 따라 장해보상을 하여야 하는 신체장해 등급의 결정 기준은 별표6과 같다.(2008.6.25 본항개정)

② 별표6에 따른 신체장해가 둘 이상 있는 경우에는 정도가 심한 신체장해에 해당하는 등급에 따른다. 다만, 다음 각 호의 경우에는 해당 호에서 정하여 조정한 등급에 따른다. 이 경우 그 조정된 등급이 제1급을 초과하는 때에는 제1급으로 한다.
1. 제5급 이상에 해당하는 신체장해가 둘 이상 있는 경우 : 정도가 심한 신체장해에 해당하는 등급에 3개 등급 인상
2. 제8급 이상에 해당하는 신체장해가 둘 이상 있는 경우 : 정도가 심한 신체장해에 해당하는 등급에 2개 등급 인상
3. 제13급 이상에 해당하는 신체장해가 둘 이상 있는 경우 : 정도가 심한 신체장해에 해당하는 등급에 1개 등급 인상

③ 별표6에 해당하지 아니하는 신체장해가 있는 경우에는 그 장해 정도에 따라 별표6에 따른 신체장해에 준하여 장해보상을 하여야 한다.

④ (2008.6.25 삭제)

제48조【유족의 범위 등】 ① 법 제82조제2항에 따른 유족의 범위는 다음 각 호와 같다. 이 경우 유족보상의 순위는 다음 각 호의 순서에 따르되, 같은 호에 해당하는 경우에는 그 적힌 순서에 따른다.(2008.6.25 본문개정)
1. 근로자가 사망할 때 그가 부양하고 있던 배우자(사실혼 관계에 있던 자를 포함한다), 자녀, 부모, 손(孫) 및 조부모
2. 근로자가 사망할 때 그가 부양하고 있지 아니한 배우자, 자녀, 부모, 손 및 조부모
3. 근로자가 사망할 때 그가 부양하고 있던 형제자매
4. 근로자가 사망할 때 그가 부양하고 있지 아니한 형제자매

② 유족의 순위를 정하는 경우에 부모는 양부모를 선순위로 친부모를 후순위로 하고, 조부모는 양부모의 부모를 선순위로 친부모의 부모를 후순위로 하되, 부모의 양부모를 선순위로 부모의 친부모를 후순위로 한다.

③ 제1항 및 제2항에도 불구하고 근로자가 유언이나 사용자에 대한 예고에 따라 제1항의 유족 중의 특정한 자를 지정한 경우에는 그에 따른다.

제49조【같은 순위자】 같은 순위의 유족보상 수급권자가 2명 이상 있는 경우에는 그 인원수에 따라 똑같이 나누어 유족보상을 한다.

제50조【보상을 받기로 확정된 자의 사망】 유족보상을 받기로 확정된 유족이 사망한 때에는 같은 순위자가 있는 경우에는 같은 순위자에게, 같은 순위자가 없는 경우에는 그 다음 순위자에게 유족보상을 한다.

제51조【보상시기】 ① 장해보상은 근로자의 부상 또는 질병이 완치된 후 지체 없이 하여야 한다.

② 유족보상 및 장례비의 지급은 근로자가 사망한 후 지체 없이 하여야 한다.(2021.3.30 본항개정)

제52조【재해보상 시의 평균임금 산정 사유 발생일】 재해보상을 하는 경우에는 사망 또는 부상의 원인이 되는 사고가 발생한 날 또는 진단에 따라 질병이 발생되었다고 확정된 날을 평균임금의 산정 사유가 발생한 날로 한다.

제53조 (2008.6.25 삭제)

제54조【기숙사규칙안의 게시 등】 사용자는 법 제99조제2항에 따라 근로자의 과반수를 대표하는 자의 동의를 받으려는 경우 기숙사에 기숙하는 근로자의 과반수가 18세 미만인 때에는 기숙사규칙안을 7일 이상 기숙사의 보기 쉬운 장소에 게시하거나 갖추어 두어 알린 후에 동의를 받아야 한다.

제55조【기숙사의 구조와 설비】 사용자는 기숙사를 설치하는 경우 법 제100조에 따라 기숙사의 구조와 설비에 관하여 다음 각 호의 기준을 모두 충족해야 한다.
(2021.11.19 본문개정)

1. 침실 하나에 8명 이하의 인원이 거주할 수 있는 구조일 것(2021.11.19 본호개정)
2. 화장실과 세면·목욕시설을 적절하게 갖출 것
3. 채광과 환기를 위한 적절한 설비 등을 갖출 것
4. 적절한 냉·난방 설비 또는 기구를 갖출 것
5. 화재 예방 및 화재 발생 시 안전조치를 위한 설비 또는 장치를 갖출 것

(2019.7.9 본조개정)

제56조【기숙사의 설치 장소】 사용자는 소음이나 진동이 심한 장소, 산사태나 눈사태 등 자연재해의 우려가 현저한 장소, 습기가 많거나 침수의 위험이 있는 장소, 오물이나 폐기물로 인한 오염의 우려가 현저한 장소 등 근로자의 안전하고 쾌적한 거주가 어려운 환경의 장소에 기숙사를 설치해서는 안 된다.(2019.7.9 본조개정)

제57조【기숙사의 주거 환경 조성】 사용자는 기숙사를 운영하는 경우 법 제100조에 따라 기숙사의 주거 환경 조성에 관하여 다음 각 호의 기준을 충족해야 한다.
(2021.11.19 본문개정)

1. 남성과 여성이 기숙사의 같은 방에 거주하지 않도록 할 것
2. 작업 시간대가 다른 근로자들이 같은 침실에 거주하지 않도록 할 것. 다만, 근로자들의 작업 시간대가 다르더라도 근로자들의 수면 시간대가 완전히 구분되는 등 수면에 방해가 되지 않는 경우에는 같은 침실에 거주하도록 할 수 있다.(2021.11.19 본호개정)
3. 기숙사에 기숙하는 근로자가 「감염병의 예방 및 관리에 관한 법률」 제2조제1호에 따른 감염병에 걸린 경우에는 다음 각 목의 장소 또는 물건에 대하여 소독 등 필요한 조치를 취할 것
   가. 해당 근로자의 침실
   나. 해당 근로자가 사용한 침구, 식기, 옷 등 개인용품 및 그 밖의 물건
   다. 기숙사 내 근로자가 공동으로 이용하는 장소

(2019.7.9 본조개정)

제58조【기숙사의 면적】 기숙사 침실의 넓이는 1인당 2.5제곱미터 이상으로 한다.(2019.7.9 본조개정)

제58조의2【근로자의 사생활 보호 등】 사용자는 기숙사에 기숙하는 근로자의 사생활 보호 등을 위하여 다음 각 호의 사항을 준수해야 한다.

1. 기숙사의 침실, 화장실 및 목욕시설 등에 적절한 잠금장치를 설치할 것
2. 근로자의 개인용품을 정돈하여 두기 위한 적절한 수납공간을 갖출 것

(2019.7.9 본조신설)

제59조【권한의 위임】 법 제106조에 따라 고용노동부장관은 다음 각 호의 사항에 관한 권한을 지방고용노동관서의 장에게 위임한다.(2010.7.12 본문개정)

1. 법 제13조에 따른 보고 또는 출석의 요구
2. 법 제24조제4항에 따른 해고계획 신고의 수리

2의2. 법 제51조의2제5항 본문에 따른 임금보전방안 신고의 수리(2021.3.30 본호신설)

3. 법 제53조제4항에 따른 근로시간 연장의 인가 또는 승인(2021.3.30 본호개정)
4 법 제53조제5항에 따른 휴게 또는 휴일의 명령(2021.3.30 본호개정)
5. 법 제63조제3호에 따른 감시 또는 단속적으로 근로에 종사하는 자에 대한 승인
6. 법 제64조에 따른 취직인허증의 발급 또는 취직인허의 취소
7. 법 제67조제2항에 따른 미성년자에게 불리한 근로계약의 해지
8. 법 제70조제2항 단서에 따른 임산부와 18세 미만인 자의 야간근로 또는 휴일근로의 인가
9. 법 제88조에 따른 재해의 인정 등의 이의에 대한 심사·중재 및 이를 위한 진단이나 검안에 관한 사항
10. 법 제93조에 따른 취업규칙 신고의 수리
11. 법 제96조제2항에 따른 취업규칙의 변경명령
12. 법 제102조제3항에 따른 현장조사 또는 검진지령서의 발급(2019.7.2 본호개정)
13. 법 제104조제1항에 따른 위법사실 통보의 수리
14. 법 제116조에 따른 과태료의 부과 및 징수
15. 법률 제6974호 근로기준법중개정법률 부칙 제2조에 따른 특례 신고의 수리
16. 제28조제2항에 따른 임금보전방안의 제출명령 및 확인
17. 제35조제2항에 따른 취직인허 신청의 접수
18. (2021.3.30 삭제)

제59조의2【민감정보 및 고유식별정보의 처리】 고용노동부장관(제59조에 따라 고용노동부장관의 권한을 위임받은 자를 포함한다) 또는 노동위원회는 다음 각 호의 사무를 수행하기 위하여 불가피한 경우 「개인정보 보호법」 제23조에 따른 건강에 관한 정보(제7호의 사무만 해당한다)와 같은 법 시행령 제19조제1호 또는 제4호에 따른 주민등록번호 또는 외국인등록번호가 포함된 자료를 처리할 수 있다.

1. 법 제19조제2항에 따른 손해배상 청구에 관한 사무
2. 법 제28조제1항에 따른 부당해고등의 구제에 관한 사무
3. 법 제30조제3항에 따른 금품지급명령에 관한 사무
4. 법 제33조에 따른 부당해고 구제명령의 이행 확인 및 이행강제금 부과 등에 관한 사무

4의2. 법 제43조의2에 따른 체불사업주의 명단 공개 및 법 제43조의3에 따른 임금등 체불자료의 제공에 관한 사무(2012.6.21 본호신설)

5. 법 제64조에 따른 취직인허증에 관한 사무
6. 법 제81조에 따른 중대과실 인정에 관한 사무
7. 법 제88조제1항 및 제89조제1항에 따른 심사와 중재에 관한 사무
8. 법 제104조에 따른 법 위반 사실의 통보에 관한 사무
9. 법 제112조에 따른 확정된 구제명령 등을 이행하지 아니한 자에 대한 고발에 관한 사무

(2012.1.6 본조신설)

제59조의3【사용자의 친족인 근로자의 범위】 법 제116조제1항에서 "대통령령으로 정하는 사람"이란 다음 각 호의 사람을 말한다.

1. 사용자의 배우자
2. 사용자의 4촌 이내의 혈족
3. 사용자의 4촌 이내의 인척

(2021.10.14 본조신설)

제60조【과태료의 부과기준】 법 제116조제1항 및 제2항에 따른 과태료의 부과기준은 별표7과 같다.(2021.10.14 본조개정)

부 칙

제1조【시행일】 이 영은 2007년 7월 1일부터 시행한다. 다만, 별표2 중 제4호나목 및 다목의 규정은 부칙 제2조 각호에 따른 시행일부터 시행한다.

제2조【대통령 제18158호 근로기준법시행령중개정령의 시행일】 대통령령 제18158호 근로기준법시행령중개정령의 시행일은 다음 각 호와 같다.

1. 금융·보험업, 「공공기관의 운영에 관한 법률」 제4조에 따라 공공기관으로 지정되는 기관 중 법률 제8258호 공공기관의 운영에 관한 법률 부칙 제2조에 따라 폐지된 「정부투자기관 관리기본법」 제2조에 따른 정부투자기관의 요건에 해당하는 기관(이하 "정부투자기관"이라 한다), 「지방공기업법」 제49조 및 같은 법 제76조에 따른 지방공사 및 지방공단, 국가·지방자치단체 또는 정부투자기관이 자본금의 2분의 1 이상을 출자하거나 기본재산의 2분의 1 이상을 출연한 기관·단체와 그 기관·단체가 자본금의 2분의 1 이상을 출자하거나 기본재산의 2분의 1 이상을 출연한 기관·단체 및 상시 1,000명 이상의 근로자를 사용하는 사업 또는 사업장 : 2004년 7월 1일
2. 상시 300명 이상 1,000명 미만의 근로자를 사용하는 사업 또는 사업장, 국가 및 지방자치단체의 기관 : 2005년 7월 1일
3. 상시 100명 이상 300명 미만의 근로자를 사용하는 사업 또는 사업장 : 2006년 7월 1일
4. 상시 50명 이상 100명 미만의 근로자를 사용하는 사업 또는 사업장 : 2007년 7월 1일
5. 상시 20명 이상 50명 미만의 근로자를 사용하는 사업 또는 사업장 : 2008년 7월 1일
6. 상시 20명 미만의 근로자를 사용하는 사업 또는 사업장 : 2011년 7월 1일(2010.12.29 본호개정)

제3조【대통령령 제18805호 근로기준법시행령 일부개정령의 근로시간등에 관한 법률규정의 시행일】 법률 제6974호 근로기준법중개정법률 부칙 제1조제6호에서 "대통령령이 정하는 날"이란 국가 및 지방자치단체의 기관에 있어서는 2005년 7월 1일을 말한다.

제4조【다른 법령의 개정】 ①~⑰ ※(해당 법령에 가제정리 하였음)

제5조【다른 법령과의 관계】 이 영 시행 당시 다른 법령에서 종전의 「근로기준법 시행령」의 규정을 인용한 경우에 이 영 중 그에 해당하는 규정이 있으면 종전의 규정을 갈음하여 이 영의 해당 규정을 인용한 것으로 본다.

부 칙 (2008.6.25)

제1조【시행일】 이 영은 2008년 7월 1일부터 시행한다.

제2조【근로시간 적용의 특례 대상이 되는 건설공사 등 관련공사의 상시근로자 수 산정 방법】 ① 법률 제8372호 근로기준법 전부개정법률 부칙 제5조의2에 따른 관련공사(이하 이 조에서 "관련공사"라 한다)의 상시 근로자 수는 다음 계산식에 따라 산출한 수를 말한다. 이 경우 "총 공사 계약금액"이란 최종 목적물을 완성하기 위하여 하는 관련공사의 계약상의 도급 금액(발주자가 재료를 제공하는 경우에는 그 재료의 시가 환산액을 포함한다)을 말하고, "해당 연도 노무비율"이란 「고용보험 및 산업재해보상보험의 보험료징수 등에 관한 법률 시행령」 제11조제1항제1호에 따른 일반 건설공사의 노무비율을 말하며, "건설업 월 평균임금"이란 「통계법」 제3조에 따른 지정통계 중 노동부장관이 작성하는 사업체임금근로시간조사의 건설업 임금을 기준으로 노동부장관이 산정하여 고시하는 임금을 말한다.

$$\text{상시 근로자수} = \frac{\text{총 공사 계약금액} \times \text{해당 연도 노무비율}}{\text{해당 연도의 건설업 월 평균임금} \times \text{조업월수}}$$

② 제1항 후단에 따른 총 공사 계약금액을 산정할 때 위탁이나 그 밖의 명칭과 상관 없이 최종 목적물의 완성을 위하여 하는 관련공사를 둘 이상으로 분할하여 도급(발주자가 공사의 일부를 직접 하는 경우를 포함한다)한 경우에는 각 도급 금액을 합산하여 산정한다.

부 칙 (2010.12.29)

제1조【시행일】 이 영은 공포한 날부터 시행한다.

제2조【상시 20명 미만의 근로자를 사용하는 사업 또는 사업장에 대한 법률 제6974호 근로기준법중개정법률의 시행일】 법률 제8372호 근로기준법 전부개정법률 부칙 제4조제6호에서 "대통령령으로 정하는 날"이란 상시 20명 미만의 근로자를 사용하는 사업 또는 사업장에 대해서는 2011년 7월 1일을 말한다.

부 칙 (2011.3.30)

제1조【시행일】 이 영은 공포한 날부터 시행한다.

제2조【과태료에 관한 경과조치】 ① 이 영 시행 전의 위반행위에 대하여 과태료의 부과기준을 적용할 때에는 별표7의 개정규정에도 불구하고 종전의 규정에 따른다.

② 이 영 시행 전의 위반행위로 받은 과태료 부과처분은 별표7의 개정규정에 따른 위반행위의 횟수 산정에 포함하지 아니한다.

부 칙 (2013.6.28)

제1조【시행일】 이 영은 2013년 7월 1일부터 시행한다.

제2조【업무상 질병과 요양의 범위에 관한 적용례】 별표5의 개정규정은 이 영 시행 전에 발생한 업무상 질병에 대하여 사용자가 근로자에게 필요한 요양을 행하거나 필요한 요양비를 부담하는 경우에도 적용한다.

부 칙 (2018.6.29)

이 영은 2018년 7월 1일부터 시행한다. 다만, 다음 각 호의 사항은 다음 각 호의 구분에 따른 날부터 시행한다.

1. 제6조제2항제3호 및 제4호의 개정규정 : 다음 각 목의 구분에 따른 날
   가. 상시 300명 이상의 근로자를 사용하는 사업 또는 사업장, 「공공기관의 운영에 관한 법률」 제4조에 따른 공공기관, 「지방공기업법」 제49조 및 같은 법 제76조에 따른 지방공사 및 지방공단, 국가·지방자치단체 또는 정부투자기관이 자본금의 2분의 1 이상을 출자하거나 기본재산의 2분의 1 이상을 출연한 기관·단체와 그 기관·단체가 자본금의 2분의 1 이상을 출자하거나 기본재산의 2분의 1 이상을 출연한 기관·단체, 국가 및 지방자치단체의 기관 : 2018년 7월 1일(법률 제15513호 근로기준법 일부개정법률 제59조의 개정규정에 따라 근로시간 및 휴게시간의 특례를 적용받지 아니하게 되는 업종의 경우는 2019년 7월 1일)
   나. 상시 50명 이상 300명 미만의 근로자를 사용하는 사업 또는 사업장 : 2020년 1월 1일
   다. 상시 5명 이상 50명 미만의 근로자를 사용하는 사업 또는 사업장 : 2021년 7월 1일
2. 제7조의2제4항제1호, 제8조 및 제22조제2항제5호의 개정규정 : 공포 한 날

3. 제30조제2항의 개정규정 : 다음 각 목의 구분에 따른 날
가. 상시 300명 이상의 근로자를 사용하는 사업 또는 사업장, 「공공기관의 운영에 관한 법률」 제4조에 따른 공공기관, 「지방공기업법」 제49조 및 같은 법 제76조에 따른 지방공사 및 지방공단, 국가·지방자치단체 또는 정부투자기관이 자본금의 2분의 1 이상을 출자하거나 기본재산의 2분의 1 이상을 출연한 기관·단체와 그 기관·단체가 자본금의 2분의 1 이상을 출자하거나 기본재산의 2분의 1 이상을 출연한 기관·단체, 국가 및 지방자치단체의 기관 : 2020년 1월 1일
나. 상시 30명 이상 300명 미만의 근로자를 사용하는 사업 또는 사업장 : 2021년 1월 1일
다. 상시 5인 이상 30명 미만의 근로자를 사용하는 사업 또는 사업장 : 2022년 1월 1일

부 칙 (2019.7.9)

이 영은 2019년 7월 16일부터 시행한다. 다만, 제2조제1항제1호, 제11조 및 제16조의 개정규정은 공포한 날부터 시행한다.

부 칙 (2019.12.24)

제1조 【시행일】 이 영은 2020년 1월 16일부터 시행한다. (이하 생략)

부 칙 (2020.3.3)

이 영은 공포한 날부터 시행한다.

부 칙 (2021.3.30)

제1조 【시행일】 이 영은 2021년 4월 6일부터 시행한다. 다만, 다음 각 호의 부분은 각 호에서 정한 날부터 시행한다.
1. 제8조의2제1호 및 제22조제1항제8호의 개정규정 중 다음 각 목의 부분 : 다음 각 목의 구분에 따라 정한 날
가. 법 제51조의2제1항, 같은 조 제2항 단서, 같은 조 제5항 단서, 제52조제1항 및 같은 조 제2항제1호 단서에 관한 부분으로서 상시 5명 이상 50명 미만의 근로자를 사용하는 사업 또는 사업장에 관한 부분 : 2021년 7월 1일
나. 법 제53조제3항에 관한 부분 : 2021년 7월 1일
다. 법 제55조제2항 단서에 관한 부분으로서 상시 5명 이상 30명 미만의 근로자를 사용하는 사업 또는 사업장에 관한 부분 : 2022년 1월 1일
2. 제23조의2제1호, 제28조의2, 제29조, 제59조제2호의2, 별표7 제2호사목 및 같은 호 하목의 근거 법조문란의 개정규정 중 상시 5명 이상 50명 미만의 근로자를 사용하는 사업 또는 사업장에 관한 부분 : 2021년 7월 1일

제2조 【유효기간】 제8조의2제1호 및 제22조제1항제8호의 개정규정 중 법 제53조제3항에 관한 부분은 2022년 12월 31일까지 효력을 가진다.

부 칙 (2021.10.14)

이 영은 2021년 10월 14일부터 시행한다.

부 칙 (2021.11.19)

제1조 【시행일】 이 영은 2021년 11월 19일부터 시행한다. 다만, 제55조제1호, 제57조제2호 및 별표4의 개정규정은 공포한 날부터 시행한다.

제2조 【기숙사의 구조와 설비에 관한 경과조치】 이 영 시행 당시 종전의 제55조제1호에 따라 설치되었거나 설치 중인 기숙사는 부칙 제1조 단서에 따른 시행일부터 1년 이내에 제55조제1호의 개정규정에 따른 기준을 충족하도록 해야 한다.

〔별표〕 ➡ 「法典 別册」 참조

근로기준법 시행규칙

(2007년 7월 24일
전부개정노동부령 제281호)

개정
2010. 7.12고용노동부령 1호
2012. 2. 9고용노동부령 48호(고유정보처리)
2012. 6.22고용노동부령 59호
2012.12.27고용노동부령 72호(서식설계변경일부개정령)
2014.12.31고용노동부령117호(규제기한설정)
2015. 3.23고용노동부령127호
2016.10.20고용노동부령168호(규제의재검토주기조정등을위한건설근로자의고용개선등에관한법률시행규칙등일부개정령)
2016.12.29고용노동부령174호 2018. 6.29고용노동부령223호
2019. 6.28고용노동부령257호
2019.10.15고용노동부령263호(법령용어정비)
2019.12.23고용노동부령270호(규제기한설정)
2020. 1.31고용노동부령281호 2021. 4. 5고용노동부령315호
2021.11.19고용노동부령335호
2024. 1. 5산업통상자원부령544호(소재·부품·장비산업경쟁력강화및공급망안정화를위한특별조치법시규)

제1조 【목적】 이 규칙은 「근로기준법」과 같은 법 시행령에서 위임한 사항과 그 시행에 필요한 사항을 규정하는 것을 목적으로 한다.

제2조 【손해배상 청구의 신청】 근로자는 「근로기준법」(이하 "법"이라 한다) 제19조제2항에 따라 사용자의 근로조건 위반을 이유로 손해배상을 청구하려면 별지 제1호서식의 근로조건 위반 손해배상 청구 신청서에 다음 각 호의 서류를 첨부하여 「노동위원회법」에 따른 지방노동위원회(이하 "관할 지방노동위원회"라 한다)에 제출하여야 한다.
1. 근로계약서 사본
2. 사용자가 근로조건을 위반하였다는 사실을 증명하는 자료

판례 정수기업체가 서비스용역위탁계약을 맺은 엔지니어에 대하여 배정받은 제품의 설치 및 사후관리 업무를 수행하고 그 결과를 보고하도록 했고, 업무처리에 관한 각종 기준을 설정하고 그 준수를 지시했으며, 매출목표의 설정과 관리, 교육 등을 지속적으로 실시했다면 직접적인 지휘·감독이 정수기업체의 시니어매니저를 통해 이뤄졌다고 해도 업체가 해당 엔지니어의 업무수행에 관해 상당한 지휘·감독을 하였다고 보아 해당 엔지니어는 근로기준법상 근로자에 해당한다.
(대판 2021.11.11, 2019다221352)

제3조 【경영상 이유에 의한 해고계획의 신고】 사용자는 「근로기준법 시행령」(이하 "영"이라 한다) 제10조에 따라 해고계획을 신고하려면 별지 제2호서식의 경영상 이유에 의한 해고계획 신고서에 법 제24조제3항에 따라 근로자대표에게 통보한 내용을 적은 해고 관련 서류를 첨부하여 관할 지방고용노동관서의 장에게 제출하여야 한다.
(2010.7.12 본조개정)

제4조 【해고 예고의 예외가 되는 근로자의 귀책사유】 법 제26조제3호에서 "고용노동부령으로 정하는 사유"란 별표1과 같다.(2021.11.19 본조개정)

제5조 【부당해고등의 구제신청】 근로자는 법 제28조제1항에 따라 부당해고등의 구제를 신청하려면 별지 제3호서식의 부당해고등의 구제 신청서를 관할 지방노동위원회에 제출하여야 한다.

제6조 【이행강제금의 징수절차】 영 제12조제4항에 따른 이행강제금의 징수절차에 관하여는 「국고금관리법 시행규칙」을 준용한다. 이 경우 납입고지서에는 이의 제기 방법 및 기간 등을 함께 적어야 한다.

제7조 【이행강제금의 반환】 ① 영 제15조제2항에서 "고용노동부령으로 정하는 이율"이란 「국세기본법 시행규칙」 제19조의3에 따른 국세환급가산금의 이율을 말한다.
(2019.6.28 본항개정)
② 영 제15조제3항에 따른 이행강제금의 반환절차에 관하여는 「국고금관리법 시행규칙」을 준용한다.

제7조의2 【임금체불정보심의위원회 구성 및 운영】 ① 법 제43조의2제3항 전단에 따른 임금체불정보심의위원회(이하 이 조에서 "위원회"라 한다)는 위원장 1명을 포함한 11명의 위원으로 구성한다.(2021.4.5 본항개정)
② 위원장은 고용노동부차관이 되고, 위원은 다음 각 호의 사람이 된다.
1. 고용노동부의 고위공무원단에 속하는 일반직공무원 중 고용노동부장관이 지정하는 직위에 있는 사람 3명
2. 변호사 또는 공인노무사 자격이 있는 사람 중에서 고용노동부장관이 위촉하는 사람 2명
3. 「고등교육법」 제2조에 따른 대학에서 부교수 이상의 직으로 재직하였거나 재직하고 있는 사람 중에서 고용노동부장관이 위촉하는 사람 2명
4. 제1호부터 제3호까지에 준하는 경험 또는 사회적 덕망이 있다고 인정되는 사람으로서 고용노동부장관이 위촉하는 사람 3명
③ 제2항제2호부터 제4호까지에 따른 위원의 임기는 3년으로 한다.
④ 위원회의 회의는 위원장을 포함한 재적위원 과반수의 출석으로 개의하고, 출석위원 과반수의 찬성으로 의결한다.
⑤ 제1항부터 제4항까지에서 규정한 사항 외에 위원회의 구성 및 운영에 필요한 사항은 고용노동부장관이 정한다.
(2012.6.22 본조신설)

제8조 【기준 미달의 휴업수당 지급 승인 신청】 사용자는 법 제46조제2항에 따라 기준에 못 미치는 휴업수당을 지급하기 위하여 승인을 받으려면 별지 제4호서식의 기준 미달의 휴업수당 지급 승인 신청서를 관할 지방노동위원회에 제출하여야 한다.

제8조의2 【3개월을 초과하는 탄력적 근로시간제에 관한 임금보전방안의 신고】 사용자는 법 제51조의2제5항 본문에 따라 임금보전방안(賃金補塡方案)을 신고하려는 경우에는 별지 제4호의2서식의 임금보전방안 신고서에 임금보전방안의 내용을 확인할 수 있는 서류를 첨부하여 관할 지방고용노동관서의 장에게 제출해야 한다.
(2021.4.5 본조신설)

제9조 【특별한 사정이 있는 경우의 근로시간 연장 신청 등】 ① 법 제53조제4항 본문에서 "특별한 사정"이란 다음 각 호의 어느 하나에 해당하는 경우를 말한다.
1. 「재난 및 안전관리 기본법」에 따른 재난 또는 이에 준하는 사고가 발생하여 이를 수습하거나 재난 등의 발생이 예상되어 이를 예방하기 위해 긴급한 조치가 필요한 경우(2021.4.5 본호개정)
2. 사람의 생명을 보호하거나 안전을 확보하기 위해 긴급한 조치가 필요한 경우(2021.4.5 본호개정)
3. 갑작스런 시설·설비의 장애·고장 등 돌발적인 상황이 발생하여 이를 수습하기 위해 긴급한 조치가 필요한 경우(2021.4.5 본호개정)
4. 통상적인 경우에 비해 업무량이 대폭적으로 증가한 경우로서 이를 단기간 내에 처리하지 않으면 사업에 중대한 지장을 초래하거나 손해가 발생하는 경우(2021.4.5 본호개정)
5. 「소재·부품·장비산업 경쟁력 강화 및 공급망 안정화를 위한 특별조치법」 제2조제1호 및 제2호에 따른 소재·부품 및 장비의 연구개발 등 연구개발을 하는 경우로서 고용노동부장관이 국가경쟁력 강화 및 국민경제 발전을 위해 필요하다고 인정하는 경우(2024.1.5 본호개정)
(2020.1.31 본항신설)
② 사용자는 법 제53조제4항에 따라 근로시간을 연장하려는 경우와 연장한 경우에는 별지 제5호서식의 근로시간 연장 인가 또는 승인 신청서에 근로자의 동의서 사본 및 근로시간 연장의 특별한 사정이 있음을 증명할 수 있는 서류 사본을 첨부하여 관할 지방고용노동관서의 장에게 제출해야 한다.
③ 관할 지방고용노동관서의 장은 제2항에 따른 근로시간 연장 인가 또는 승인 신청을 받은 날부터 3일 이내에 신청을 반려하거나 별지 제6호서식의 근로시간 연장 인가서 또는 승인서를 신청인에게 내주어야 한다. 다만, 부득이한 사유로 본문의 처리기간을 준수하지 못하는 경우에는 신청인에게 그 사유와 예상되는 처리기간을 알려주고 처리기간을 연장할 수 있다.
④ 관할 지방고용노동관서의 장은 제3항에 따라 근로시간 연장 인가 또는 승인을 하는 경우, 근로시간을 연장할 수 있는 기간은 특별한 사정에 대처하기 위하여 필요한 최소한으로 한다.(2021.4.5 본항개정)
(2020.1.31 본조개정)

제10조 【근로시간 등의 적용제외 승인 신청 등】 ① 사용자는 법 제63조제3호에 따라 감시(監視) 또는 단속적(斷續的)으로 근로에 종사하는 자에 대한 근로시간 등의 적용 제외 승인을 받으려면 별지 제7호서식의 감시적 또는 단속적 근로종사자에 대한 적용 제외 승인 신청서를 관할 지방고용노동관서의 장에게 제출하여야 한다.
(2010.7.12 본항개정)
② 제1항에 따른 승인 대상이 되는 감시적 근로에 종사하는 자는 감시업무를 주 업무로 하며 상태적(狀態的)으로 정신적·육체적 피로가 적은 업무에 종사하는 자로 한다.
③ 제1항에 따른 승인 대상이 되는 단속적으로 근로에 종사하는 자는 근로가 간헐적·단속적으로 이루어져 휴게시간이나 대기시간이 많은 업무에 종사하는 자로 한다.
④ 관할 지방고용노동관서의 장은 제1항에 따른 신청에 대하여 승인을 할 경우에는 별지 제8호서식의 감시적 또는 단속적 근로종사자에 대한 적용 제외 승인서를 내주어야 한다.(2010.7.12 본항개정)

제11조 【취직인허 신청 등】 ① 15세 미만인 자가 법 제64조와 영 제35조에 따라 취직인허증을 받으려면 별지 제9호서식의 15세 미만인 자의 취직인허증 교부 신청서를 관할 지방고용노동관서의 장에게 제출하여야 한다.
② 사용자 또는 15세 미만인 자는 영 제39조에 따라 취직인허증을 재교부받으려면 별지 제9호서식의 15세 미만인 자의 취직인허증 재교부 신청서에 취직인허증이 못쓰게 되거나 이를 잃어버리게 된 사유서를 첨부하여 관할 지방고용노동관서의 장에게 제출하여야 한다.

③ 관할 지방고용노동관서의 장은 제1항과 제2항에 따른 신청으로 취직을 인허할 경우에는 별지 제10호서식의 15세 미만인 자의 취직인허증을 내주어야 한다.
(2010.7.12 본조개정)

제11조의2【임신 중인 여성 등의 사용 금지 직종】 ① 영 별표4의 임신 중인 여성의 사용 금지 직종란 제6호에서 "고용노동부령으로 정하는 업무"란 별표2 제1호 각 목의 업무를 말한다.
② 영 별표4의 18세 미만인 자의 사용 금지 직종란 제7호에서 "고용노동부령으로 정하는 업무"란 별표2 제2호에 따른 업무를 말한다.
(2021.11.19 본조신설)

제12조【야간 또는 휴일근로의 인가】 ① 사용자는 법 제70조제2항 단서에 따라 임산부나 18세 미만인 자에게 야간근로나 휴일근로를 시키려면 별지 제11호서식의 야간 또는 휴일근로 인가 신청서에 그 근로자의 동의서 또는 청구서와 법 제70조제3항에 따른 근로자대표와 협의한 결과를 기록한 사본을 첨부하여 관할 지방고용노동관서의 장에게 제출하여야 한다.
② 관할 지방고용노동관서의 장은 제1항에 따른 신청으로 인가를 할 경우에는 별지 제12호서식의 야간 또는 휴일근로 인가서를 내주어야 한다.
(2010.7.12 본조개정)

제13조【업무상 부상 등에 관한 중대과실 인정 신청】 사용자는 법 제81조에 따라 근로자에게 중대한 과실이 있음을 인정받으려면 별지 제13호서식의 업무상 부상 등에 관한 중대과실 인정 신청서에 근로자의 중대한 과실을 증명하는 자료를 첨부하여 관할 지방노동위원회에 제출하여야 한다.

제14조【재해인정 등의 이의에 관한 심사 등의 청구】 근로자는 법 제88조제1항이나 법 제89조제1항에 따라 재해의 인정 등에 이의가 있어 심사나 중재를 청구하려면 별지 제14호서식의 재해인정 등의 이의에 관한 심사 또는 중재 신청서에 다음 각 호의 서류를 첨부하여 관할 지방고용노동관서의 장이나 관할 지방노동위원회에 제출하여야 한다.(2010.7.12 본문개정)
1. 부상 또는 질병 등에 대한 의사의 진단서
2. 이의가 이유 있다는 것을 증명하는 자료(필요한 경우에만 첨부한다)

제15조【취업규칙의 신고 등】 사용자는 법 제93조에 따라 취업규칙을 신고하거나 변경신고하려면 별지 제15호서식의 취업규칙 신고 또는 변경신고서에 다음 각 호의 서류를 첨부하여 관할 지방고용노동관서의 장에게 제출하여야 한다.
1. 취업규칙(변경신고하는 경우에는 변경 전과 변경 후의 내용을 비교한 서류를 포함한다)(2018.6.29 본호개정)
2. 근로자의 과반수를 대표하는 노동조합 또는 근로자 과반수의 의견을 들었음을 증명하는 자료
3. 근로자의 과반수를 대표하는 노동조합 또는 근로자 과반수의 동의를 받았음을 증명하는 자료(근로자에게 불리하게 변경하는 경우에만 첨부한다)

제16조【서식】 ① 법 및 영의 시행에 필요한 그 밖의 서식은 다음 각 호와 같다.
1. 법 제41조제1항에 따른 근로자 명부 : 별지 제16호서식
2. 법 제48조제1항에 따른 임금대장 : 별지 제17호서식 (2021.11.19 본호개정)
3. 법 제53조제5항에 따른 휴게시간 또는 휴일 부여 명령서 : 별지 제18호서식(2021.4.5 본호개정)
4. 법 제67조제2항에 따른 근로계약 해지서 : 별지 제19호서식
5. 법 제96조제2항에 따른 취업규칙 변경명령서 : 별지 제20호서식
6. 법 제102조제3항에 따른 현장조사 또는 검진지령서 : 별지 제21호서식(2019.6.28 본호개정)
② 사용자는 제1항제1호의 근로자명부와 같은 항 제2호의 임금대장을 통합하여 사용하거나 그 서식을 변경하여 사용할 수 있다.

제16조의2 (2019.12.23 삭제)

제17조 (2021.4.5 삭제)

부 칙

제1조【시행일】 이 규칙은 공포한 날부터 시행한다.

제2조【법률 제6974호 근로기준법중개정법률 적용특례의 신고】 ① 사용자가 법 부칙 제5조에 따라 같은 법 부칙 제4조에서 정한 시행일 전에 법률 제6974호 근로기준법중개정법률을 적용받으려면 적용받기로 정한 날의 14일 전까지 별지 제22호서식의 개정규정 적용특례 신고서(이하 이 조에서 "신고서"라 한다)에 다음 각 호의 어느 하나에 해당하는 자료를 첨부하여 관할 지방노동관서의 장에게 제출하여야 한다.
1. 근로자의 과반수로 조직된 노동조합이 있는 경우 : 그 노동조합의 동의를 받았음을 증명하는 자료
2. 근로자의 과반수로 조직된 노동조합이 없는 경우 : 근로자 과반수의 동의를 받았음을 증명하는 자료
② 관할 지방노동관서의 장은 신고서를 접수한 경우에는 7일 이내에 신고서를 수리하였음을 사용자에게 알려야 한다.
③ 관할 지방노동관서의 장은 제1항에 따라 제출된 신고서에 기재사항이 누락되거나 첨부서류를 갖추지 못하여 보완이 필요한 경우에는 상당한 기간을 정하여 보완을 요구할 수 있다. 이 경우 보완된 신고서를 접수한 때에는 3일 이내에 신고서를 수리하였음을 알려야 한다.
④ 관할 지방노동관서의 장은 사용자가 거짓으로 신고하거나 제3항에 따라 보완할 것을 요구하였는데도 보완하지 아니한 경우에는 신고서를 반려하여야 한다.

제3조【다른 법령의 개정】 ①~⑤ ※(해당 법령에 가제정리 하였음)

제4조【다른 법령과의 관계】 이 규칙 시행 당시 다른 법령에서 종전의 「근로기준법 시행규칙」의 규정을 인용한 경우에 이 규칙 중 그에 해당하는 규정이 있으면 종전의 규정을 갈음하여 이 규칙의 해당 규정을 인용한 것으로 본다.

부 칙 (2019.6.28)
(2019.10.15)
(2019.12.23)
(2020.1.31)

이 규칙은 공포한 날부터 시행한다.

부 칙 (2021.4.5)

이 규칙은 2021년 4월 6일부터 시행한다. 다만, 제8조의2 및 별지 제4호의2서식의 개정규정은 상시 5명 이상 50명 미만의 근로자를 사용하는 사업 또는 사업장의 경우 2021년 7월 1일부터 시행한다.

부 칙 (2021.11.19)

이 규칙은 공포한 날부터 시행한다.

부 칙 (2024.1.5)

제1조【시행일】 이 규칙은 2023년 12월 14일부터 시행한다.(이하 생략)

[별표] ➡「法典 別冊」참조

[별지서식] ➡「www.hyeonamsa.com」참조

근로복지기본법

(2010년 6월 8일 전부개정법률 제10361호)

개정
2012. 2. 1법11271호
2012. 6. 1법11461호(전자문서및전자거래기본법)
2013. 3.23법11690호(정부조직)
2013. 5.28법11845호(자본시장금융투자업)
2014. 1.28법12370호 2014. 5.20법12626호
2014.11.19법12844호(정부조직)
2015. 1. 6법12989호(주택도시기금법)
2015. 6.22법13378호(주거기본법)
2015. 7.20법13412호 2016. 1.27법13900호
2016.12.27법14498호
2017. 7.26법14839호(정부조직)
2018. 4.17법15587호
2019. 4.30법16413호(파견근로자보호)
2020. 5.26법17326호(법률용어정비)
2020.12. 8법17601호
2020.12.29법17764호(상법)
2021. 8.17법18424호 2022. 6.10법18926호

제1장 총 칙

제1조【목적】 이 법은 근로복지정책의 수립 및 복지사업의 수행에 필요한 사항을 규정함으로써 근로자의 삶의 질을 향상시키고 국민경제의 균형 있는 발전에 이바지함을 목적으로 한다.

제2조【정의】 이 법에서 사용하는 용어의 뜻은 다음과 같다.
1. "근로자"란 직업의 종류와 관계없이 임금을 목적으로 사업이나 사업장에 근로를 제공하는 사람을 말한다. (2020.5.26 본호개정)
2. "사용자"란 사업주 또는 사업 경영 담당자, 그 밖에 근로자에 관한 사항에 대하여 사업주를 위하여 행위하는 자를 말한다.
3. "주택사업자"란 근로자에게 분양 또는 임대하는 것을 목적으로 주택을 건설하거나 구입하는 자를 말한다.
4. "우리사주조합"이란 주식회사의 소속 근로자가 그 주식회사의 주식을 취득·관리하기 위하여 이 법에서 정하는 요건을 갖추어 설립한 단체를 말한다.
5. "우리사주"란 주식회사의 소속 근로자 등이 그 주식회사에 설립된 우리사주조합을 통하여 취득하는 그 주식회사의 주식을 말한다.

제3조【근로복지정책의 기본원칙】 ① 근로복지(임금·근로시간 등 기본적인 근로조건은 제외한다. 이하 같다) 정책은 근로자의 경제·사회활동의 참여기회 확대, 근로의욕의 증진 및 삶의 질 향상을 목적으로 하여야 한다.
② 근로복지정책을 수립·시행할 때에는 근로자가 성별, 나이, 신체적 조건, 고용형태, 신앙 또는 사회적 신분 등에 따른 차별을 받지 아니하도록 배려하고 지원하여야 한다.
③ 이 법에 따른 근로자의 복지향상을 위한 지원을 할 때에는 중소·영세기업 근로자, 기간제근로자(「기간제 및 단시간근로자 보호 등에 관한 법률」 제2조제1호에 따른 기간제근로자를 말한다), 단시간근로자(「근로기준법」 제2조제1항제9호에 따른 단시간근로자를 말한다), 파견근로자(「파견근로자 보호 등에 관한 법률」 제2조제5호에 따른 파견근로자를 말한다. 이하 같다), 하수급인(「고용보험 및 산업재해보상보험의 보험료징수 등에 관한 법률」 제2조제5호에 따른 하수급인을 말한다)이 고용하는 근로자, 저소득근로자 및 장기근속근로자가 우대될 수 있도록 하여야 한다.(2020.12.8 본항개정)

제4조【국가 또는 지방자치단체의 책무】 국가 또는 지방자치단체는 근로복지정책을 수립·시행하는 경우 제3조의 근로복지정책의 기본원칙에 따라 예산·기금·세제·금융상의 지원을 하여 근로자의 복지증진이 이루어질 수 있도록 노력하여야 한다.

제5조【사업주 및 노동조합의 책무】 ① 사업주(근로자를 사용하여 사업을 행하는 자를 말한다. 이하 같다)는 해당 사업장 근로자의 복지증진을 위하여 노력하고 근로복지정책에 협력하여야 한다.
② 노동조합 및 근로자는 근로의욕 증진을 통하여 생산성 향상에 노력하고 근로복지정책에 협력하여야 한다.

제6조【목적 외 사용금지】 누구든지 국가 또는 지방자치단체가 근로자의 주거안정, 생활안정 및 재산형성 등 근로복지를 위하여 이 법에 따라 보조 또는 융자한 자금을 그 목적사업에만 사용하여야 한다.

제7조【재원의 조성 등】 ① 국가 또는 지방자치단체는 이 법에 따른 근로복지사업에 필요한 재원(財源)의 조성에 적극 노력하여야 한다.
② 제1항에 따라 조성한 재원은 근로자 복지증진을 위하여 필요한 경우 제87조에 따른 근로복지진흥기금에 출연하거나 융자할 수 있다.
제8조【근로복지증진에 관한 중요사항 심의】 이 법에 따른 근로복지에 관한 다음 각 호의 사항은 「고용정책 기본법」 제10조에 따른 고용정책심의회(이하 "고용정책심의회"라 한다)의 심의를 거쳐야 한다.
1. 제9조제1항에 따른 근로복지증진에 관한 기본계획
2. 근로복지사업에 드는 재원 조성에 관한 사항
3. 그 밖에 고용정책심의회 위원장이 근로복지정책에 관하여 회의에 부치는 사항
제9조【기본계획의 수립】 ① 고용노동부장관은 관계 중앙행정기관의 장과 협의하여 근로복지증진에 관한 기본계획(이하 "기본계획"이라 한다)을 5년마다 수립하여야 한다.
② 기본계획에는 다음 각 호의 사항이 포함되어야 한다.
1. 근로자의 주거안정에 관한 사항
2. 근로자의 생활안정에 관한 사항
3. 근로자의 재산형성에 관한 사항
4. 우리사주제도에 관한 사항
5. 사내근로복지기금제도에 관한 사항
6. 선택적 복지제도 지원에 관한 사항
7. 근로자지원프로그램 운영에 관한 사항
8. 근로자를 위한 복지시설의 설치 및 운영에 관한 사항
9. 근로복지사업에 드는 재원 조성에 관한 사항
10. 직전 기본계획에 대한 평가(2016.1.27 본호신설)
11. 그 밖에 근로복지증진을 위하여 고용노동부장관이 필요하다고 인정하는 사항
③ 고용노동부장관은 기본계획을 수립한 때에는 지체 없이 국회 소관 상임위원회에 보고하고 이를 공표하여야 한다.(2016.1.27 본항개정)
제10조【자료 제공 및 전산망 이용】 ① 고용노동부장관은 제19조에 따른 생활안정자금 지원 및 제22조에 따른 신용보증 지원 등 이 법에 따른 근로복지사업을 수행하기 위하여 법원·행정안전부·보건복지부·국토교통부·국세청 등 국가기관과 지방자치단체의 장 및 관련 기관·단체에 다음 각 호의 자료의 제공 및 관계 전산망의 이용을 요청할 수 있다. 이 경우 자료의 제공 등을 요청받은 국가기관과 지방자치단체의 장, 관련 기관·단체는 정당한 사유가 없으면 이에 따라야 한다.(2017.7.26 전단개정)
1. 소득금액증명(종합소득세 신고자용, 연말정산한 사업소득자용, 근로소득자용)
2. 주민등록표 등본·초본
3. 가족관계등록부(가족관계증명서, 혼인관계증명서, 기본증명서)
4. 지방세 세목별 과세증명원
5. 자동차 및 건설기계 등록 원부
6. 건물 및 토지 등기부 등본
7. 법인 등기사항증명서
(2014.1.28 본항개정)
② 제1항에 따라 고용노동부장관에게 제공되는 자료 및 전산망 이용에 대하여는 수수료 또는 사용료 등을 면제한다.
③ 고용노동부장관은 제1항에 따른 자료의 제공 및 관계 전산망의 이용을 요청할 경우 사전에 당사자의 동의를 받아야 한다.(2014.1.28 본항신설)
제11조【근로복지사업 추진 협의】 지방자치단체, 국가의 보조를 받는 비영리법인이 근로복지사업을 추진하는 경우에는 고용노동부장관과 협의하여야 한다. 다만, 지방자치단체가 관할 구역 안에서 해당 지방자치단체의 예산으로만 근로복지사업을 추진하는 경우에는 협의를 거치지 아니할 수 있다.(2022.6.10 단서신설)
제12조【융자업무취급기관】 ① 국가 또는 지방자치단체는 다음 각 호의 금융회사 등(이하 "융자업무취급기관"이라 한다)으로 하여금 이 법에 따른 융자업무를 취급하게 할 수 있다.
1. 「은행법」 제8조제1항에 따라 설립한 은행
2. 그 밖에 대통령령으로 정하는 금융회사 등
② 고용노동부장관 및 지방자치단체의 장은 근로자를 우대하는 융자업무취급기관에 대하여 이 법에 따른 융자업무의 취급 등을 우선하게 할 수 있다.
제13조【세제 지원】 국가 또는 지방자치단체는 이 법에 따른 주거안정·생활안정·재산형성, 근로복지시설 및 근로복지진흥기금의 설치·운영, 우리사주제도 및 사내근로복지기금제도의 활성화 등 근로자의 복지증진을 위하여 조세에 관한 법률에서 정하는 바에 따라 세제상의 지원을 할 수 있다.
제14조【근로복지종합정보시스템 운영】 ① 고용노동부장관은 근로복지정책을 효과적으로 수행하기 위하여 근로복지종합정보시스템을 구축하여 운영할 수 있다.
② 고용노동부장관은 제1항의 근로복지종합정보시스템을 통하여 근로자지원프로그램 및 선택적 복지제도의 운영을 지원할 수 있다.

제2장 공공근로복지

제1절 근로자의 주거안정

제15조【근로자주택공급제도의 운영】 ① 국가 또는 지방자치단체는 근로자의 주택취득 또는 임차 등을 지원하기 위하여 주택사업자가 근로자에게 주택을 우선하여 분양 또는 임대(이하 "공급"이라 한다)하도록 하는 제도를 운영할 수 있다.
② 국토교통부장관은 「주거기본법」 제5조에 따른 주거종합계획에 제1항에 따라 근로자에게 공급하는 주택(이하 "근로자주택"이라 한다)의 공급계획을 포함하여야 한다.(2015.6.22 본항개정)
③ 근로자주택의 종류, 규모, 공급대상 근로자, 공급방법과 그 밖에 필요한 사항은 국토교통부장관이 고용노동부장관과 협의하여 정한다.(2013.3.23 본항개정)
제16조【근로자주택자금의 융자】 ① 국가는 다음 각 호의 어느 하나에 해당하는 경우에는 주택사업자 또는 근로자가 그 필요한 자금(이하 "근로자주택자금"이라 한다)을 융자받을 수 있도록 「주택도시기금법」에 따른 주택도시기금으로 지원할 수 있다.(2015.1.6 본문개정)
1. 주택사업자가 근로자주택을 건설하거나 구입하는 경우
2. 근로자가 주택사업자로부터 근로자주택을 취득하는 경우
② 근로자주택자금의 융자대상 및 절차와 그 밖에 지원에 필요한 사항은 국토교통부장관이 고용노동부장관과 협의하여 정한다.(2013.3.23 본항개정)
제17조【주택구입자금등의 융자】 ① 국가는 근로자의 주거안정을 위하여 근로자가 주택을 구입 또는 신축하거나 임차하는 경우 그에 필요한 자금(이하 "주택구입자금등"이라 한다)을 융자받을 수 있도록 「주택도시기금법」에 따른 주택도시기금으로 지원할 수 있다.(2015.1.6 본항개정)
② 국가 또는 지방자치단체는 융자업무취급기관으로 하여금 주택구입자금등을 일반대출 이자율보다 낮은 이자율로 근로자에게 융자하게 하고 그 이자 차액을 보전(補塡)할 수 있다.
③ 주택구입자금등의 융자대상 및 절차와 그 밖에 지원에 필요한 사항은 국토교통부장관이 고용노동부장관과 협의하여 정한다.(2013.3.23 본항개정)
제18조【근로자의 이주 등에 대한 지원】 국가는 취업 또는 근무지 변경 등으로 이주하거나 가족과 떨어져 생활하는 근로자의 주거안정을 위하여 필요한 지원을 할 수 있다.

제2절 근로자의 생활안정 및 재산형성

제19조【생활안정자금의 지원】 ① 국가는 근로자의 생활안정을 지원하기 위하여 근로자 및 그 가족의 의료비·혼례비·장례비 등의 융자 등 필요한 지원을 하여야 한다.
② 국가는 경제상황 및 근로자의 생활안정자금이 필요한 시기 등을 고려하여 임금을 받지 못한 근로자 등의 생활안정을 위한 생계비의 융자 등 필요한 지원을 할 수 있다.
③ 제1항 및 제2항에 따른 의료비·혼례비·장례비·생계비 등의 지원대상 및 절차 등에 관하여 필요한 사항은 고용노동부령으로 정한다.
제20조【학자금의 지원 등】 ① 국가는 근로자 및 그 자녀의 교육기회를 확대하기 위하여 장학금의 지급 또는 학자금의 융자 등 필요한 지원을 할 수 있다.
② 제1항에 따른 장학금의 지급과 학자금의 융자대상 및 절차 등에 관하여 필요한 사항은 고용노동부령으로 정한다.
제21조【근로자우대저축】 국가는 근로자의 재산형성을 지원하기 위하여 근로자를 우대하는 저축에 관한 제도를 운영하여야 한다.

제3절 근로자 신용보증 지원

제22조【신용보증 지원 및 대상】 ① 「산업재해보상보험법」에 따른 근로복지공단(이하 "공단"이라 한다)은 담보능력이 미약한 근로자(구직신청한 실업자 및 「산업재해보상보험법」에 따른 재해근로자를 포함한다. 이하 이 장에서 같다)가 금융회사 등에서 생활안정자금 및 학자금 등의 융자를 받음으로써 부담하는 금전채무에 대하여 해당 금융회사 등과의 계약에 따라 그 금전채무를 보증할 수 있다. 이 경우 보증대상 융자사업 및 보증대상 근로자는 고용노동부령으로 정한다.
② 제1항에 따른 공단과 금융회사 등과의 계약에는 다음 각 호의 사항을 포함하여야 한다.
1. 제1항에 따른 채무를 보증한다는 내용
2. 신용보증 대상 융자사업 및 근로자
3. 근로자 1명당 신용보증 지원 한도
4. 보증채무의 이행청구 사유·시기 및 방법
5. 대위변제(代位辨濟) 심사·범위 및 결손금에 대한 금융회사 등과의 분담비율
6. 금융회사 등이 공단에 신용보증 지원사업 운영과 관련하여 통지하여야 할 사항
7. 그 밖에 근로자 신용보증 지원을 위하여 필요한 사항
③ 공단이 제1항의 계약을 체결하거나 변경하려는 경우에는 고용노동부장관의 승인을 받아야 한다.
제23조【보증관계】 ① 공단이 제22조에 따라 근로자에 대하여 신용보증을 하기로 결정하였을 때에는 그 뜻을 해당 근로자와 그 근로자가 융자를 받으려는 금융회사 등에 통지하여야 한다.
② 신용보증관계는 제1항에 따른 통지를 받은 금융회사 등이 융자금을 해당 근로자에게 지급한 때에 성립한다.
제24조【보증료】 공단은 제22조에 따라 신용을 보증받은 근로자로부터 보증금액에 대하여 연이율 100분의 1의 범위에서 대통령령으로 정하는 바에 따라 보증료를 받을 수 있다.(2020.5.26 본조개정)
제25조【통지의무】 제23조에 따라 통지받은 금융회사 등은 다음 각 호의 어느 하나에 해당하는 경우에는 지체 없이 그 사실을 공단에 통지하여야 한다.
1. 주된 채무관계가 성립한 경우
2. 주된 채무의 전부 또는 일부가 소멸한 경우
3. 근로자가 채무를 이행하지 아니한 경우
4. 근로자가 기한의 이익을 상실한 경우
5. 그 밖에 보증채무에 영향을 미칠 우려가 있는 사유가 발생한 경우
제26조【보증채무의 이행 등】 ① 제22조제1항에 따라 융자사업을 대행하는 금융회사 등은 같은 조의 계약 내용에 정하여진 보증채무의 이행청구 사유가 발생한 경우에는 공단에 보증채무 이행을 청구할 수 있다.
② 공단은 제1항에 따라 금융회사 등의 보증채무의 이행청구가 있는 경우에는 제22조제2항의 계약 내용에 따라 대위변제금을 지급하여야 한다.
③ 공단은 제2항에 따라 보증채무를 이행하였을 때에는 구상권을 직접 행사하거나 금융회사 등에 그 구상권의 행사를 위탁할 수 있다.
④ 제3항에 따른 구상권의 행사를 위탁받은 금융회사 등은 그 구상권 행사에 관하여 공단을 갈음하여 모든 재판상 또는 재판 외의 행위를 할 수 있다.
제27조【지연이자】 공단이 보증채무를 이행하였을 때에는 해당 근로자로부터 그 지급한 대위변제금에 대하여 연이율 100분의 20을 초과하지 아니하는 범위에서 대통령령으로 정하는 바에 따라 이행일부터 근로자가 변제하는 날까지의 지연이자(遲延利子)를 징수할 수 있다. 이 경우 지연이자는 대위변제금을 초과할 수 없다.

제4절 근로복지시설 등에 대한 지원

제28조【근로복지시설 설치 등의 지원】 ① 국가 또는 지방자치단체는 근로자를 위한 복지시설(이하 "근로복지시설"이라 한다)의 설치·운영을 위하여 노력하여야 한다.
② 고용노동부장관은 사업의 종류 및 사업장 근로자의 수 등을 고려하여 근로복지시설의 설치기준을 정하고 사업주에게 이의 설치를 권장할 수 있다.
③ 국가 또는 지방자치단체는 사업주(사업주단체를 포함한다. 이하 이 조에서 같다)·노동조합(지부·분회 등을 포함한다. 이하 같다)·공단 또는 비영리법인이 근로복지시설을 설치·운영하는 경우에는 필요한 지원을 할 수 있다.(2018.4.17 본항개정)
④ 국가 또는 지방자치단체는 근로복지시설을 설치·운영하는 지방자치단체·사업주·노동조합·공단 또는 비영리법인에 그 비용의 일부를 예산의 범위에서 지원할 수 있다.(2018.4.17 본항개정)
제29조【근로복지시설의 운영위탁】 ① 국가 또는 지방자치단체는 제28조제1항에 따라 설치한 근로복지시설을 효율적으로 운영하기 위하여 필요한 경우에는 공단 또는 비영리단체에 운영을 위탁할 수 있다.
② 국가 또는 지방자치단체는 제1항에 따라 근로복지시설의 운영을 위탁한 경우에는 예산의 범위에서 운영에 필요한 경비의 일부를 보조할 수 있다.
제30조【이용료 등】 근로복지시설을 설치·운영하는 자는 근로자의 소득수준, 가족관계 등을 고려하여 근로복지시설의 이용자를 제한하거나 이용료를 차등하여 받을 수 있다.
제31조【민간복지시설 이용비용의 지원】 ① 국가는 제3조제3항에 따른 근로자가 제28조제1항에 따라 국가 또는 지방자치단체가 설치한 근로복지시설을 이용하기가 곤란하여 민간이 운영하는 복지시설을 이용하는 경우 비용의 일부를 지원할 수 있다.
② 제1항에 따른 지원대상 및 절차 등 필요한 사항은 고용노동부령으로 정한다.

제3장 기업근로복지

제1절 우리사주제도

제32조【우리사주제도의 목적】 우리사주제도는 근로자로 하여금 우리사주조합을 통하여 해당 우리사주조합이 설립된 주식회사(이하 "우리사주제도 실시회사"라 한다)의 주식을 취득·보유하게 함으로써 근로자의 경제·사회적 지위향상과 노사협력 증진을 도모함을 목적으로 한다.

제33조【우리사주조합의 설립】 ① 우리사주조합을 설립하려는 주식회사의 소속 근로자는 제34조에 따른 우리사주조합원의 자격을 가진 근로자 2명 이상의 동의를 받아 우리사주조합설립준비위원회를 구성하여 대통령령으로 정하는 바에 따라 우리사주조합을 설립할 수 있다. 이 경우 우리사주조합설립준비위원회는 우리사주조합의 설립에 대한 회사의 지원에 관한 사항 등 고용노동부령으로 정하는 사항을 미리 해당 회사와 협의하여야 한다.(2015.7.20 전단개정)

② 우리사주조합의 설립 및 운영에 관하여 이 법에서 규정한 사항을 제외하고는 「민법」 중 사단법인에 관한 규정을 준용한다.

제34조【우리사주조합원의 자격 등】 ① 우리사주제도 실시회사의 우리사주조합에 조합원으로 가입할 수 있는 근로자는 다음 각 호와 같다.

1. 우리사주제도 실시회사의 소속 근로자
2. 우리사주제도 실시회사가 대통령령으로 정하는 바에 따라 해당 발행주식 총수의 100분의 50 이상의 소유를 통하여 지배하고 있는 주식회사(이하 "지배관계회사"라 한다)의 소속 근로자 또는 우리사주제도 실시회사로부터 도급받아 직전 연도 연간 총매출액의 100분의 50 이상을 거래하는 주식회사(이하 "수급관계회사"라 한다)의 소속 근로자로서 다음 각 목의 요건을 모두 갖춘 근로자
   가. 지배관계회사 또는 수급관계회사의 경우에는 각각 소속 근로자 전원의 과반수로부터 동의를 받을 것
   나. 해당 우리사주제도 실시회사의 우리사주조합으로부터 동의를 받을 것
   다. 해당 지배관계회사 또는 해당 수급관계회사 자체에 우리사주조합이 설립되어 있는 경우 자체 우리사주조합이 해산될 것. 다만, 제47조제1항제4호 단서에 해당하는 경우는 제외한다.

② 근로자가 다음 각 호의 어느 하나에 해당하는 경우에는 우리사주제도 실시회사의 우리사주조합원이 될 수 없으며, 우리사주조합원이 다음 각 호의 어느 하나에 해당하게 되는 경우에는 우리사주제도 실시회사의 우리사주조합원의 자격을 상실한다. 다만, 제1호에 해당하는 근로자는 제37조에 따라 배정받은 해당 우리사주제도 실시회사의 주식과 제39조에 따라 부여된 우리사주매수선택권에 한정하여 우리사주조합원의 자격을 유지할 수 있다.

1. 해당 우리사주제도 실시회사, 지배관계회사 및 수급관계회사의 주주총회에서 임원으로 선임된 사람
2. 해당 우리사주제도 실시회사, 지배관계회사, 수급관계회사의 소속 근로자로서 주주. 다만, 대통령령으로 정하는 소액주주인 경우는 제외한다.
3. 지배관계회사 또는 수급관계회사의 근로자가 해당 우리사주제도 실시회사의 우리사주조합에 가입한 후 소속 회사에 우리사주조합을 설립하게 되는 경우의 그 지배관계회사 또는 수급관계회사의 근로자
4. 그 밖에 근로기간 및 근로관계의 특수성 등에 비추어 우리사주조합원의 자격을 인정하기 곤란한 근로자로서 대통령령으로 정하는 사람

③ 우리사주조합원은 자유로이 우리사주조합에서 탈퇴할 수 있다. 다만, 우리사주조합은 탈퇴한 우리사주조합원에 대하여 2년을 초과하지 아니하는 범위에서 제35조제2항제1호에 따른 규약에서 정하는 기간 동안 재가입을 제한할 수 있다.

④ 근로자의 소속 회사가 다음 각 호의 어느 하나에 해당하게 되어 우리사주제도 실시회사의 우리사주조합원의 자격에 변동이 생기면 제37조에 따라 배정받은 우리사주제도 실시회사의 주식과 제39조에 따라 부여된 우리사주매수선택권에 한정하여 변경 전 우리사주제도 실시회사의 우리사주조합의 우리사주조합원 자격을 유지한다.

1. 지배관계회사로의 편입 또는 지배관계회사에서 제외되는 경우
2. 수급관계회사로의 편입 또는 수급관계회사에서 제외되는 경우

제35조【우리사주조합의 운영 등】 ① 우리사주조합은 전체 우리사주조합원의 의사를 반영하여 민주적으로 운영되어야 한다.

② 다음 각 호의 사항은 우리사주조합원총회의 의결을 거쳐야 한다.

1. 규약의 제정과 변경에 관한 사항
2. 제36조에 따른 우리사주조합기금의 조성에 관한 사항
3. 예산 및 결산에 관한 사항
4. 우리사주조합의 대표자 등 임원 선출
5. 그 밖에 우리사주조합의 운영에 관하여 중요한 사항

③ 우리사주조합은 규약으로 우리사주조합원총회를 갈음할 대의원회를 둘 수 있다. 다만, 제2항제1호에 관한 사항은 반드시 우리사주조합원총회의 의결을 거쳐야 한다.

④ 우리사주조합의 대표자는 대통령령으로 정하는 바에 따라 우리사주조합원총회 또는 대의원회를 개최하여야 한다.

⑤ 우리사주조합의 대표자 등 임원과 대의원은 우리사주조합원의 직접·비밀·무기명 투표로 선출한다.

⑥ 우리사주제도 실시회사와 우리사주조합은 우리사주조합에 대한 지원내용, 지원조건 등을 협의하기 위하여 대통령령으로 정하는 바에 따라 우리사주제도 실시회사와 우리사주조합을 각각 대표하는 같은 수의 위원으로 우리사주운영위원회를 둘 수 있다.

⑦ 우리사주조합의 대표자는 우리사주조합원이 열람할 수 있도록 다음 각 호의 장부와 서류를 작성하여 그 주된 사무소에 갖추어 두고, 이를 10년간 보존하여야 한다. 이 경우 그 장부와 서류를 「전자문서 및 전자거래 기본법」 제2조제1호에 따른 전자문서(이하 "전자문서"라 한다)로 작성·보관할 수 있다.(2012.6.1 후단개정)

1. 우리사주조합원 명부
2. 규약
3. 우리사주조합의 임원 및 대의원의 성명과 주소록
4. 회계에 관한 장부 및 서류
5. 우리사주조합 및 우리사주조합원의 우리사주 취득·관리에 관한 장부 및 서류

⑧~⑨ (2015.7.20 삭제)

⑩ 우리사주조합원총회 및 우리사주조합의 구체적인 운영방법과 그 밖에 필요한 사항은 대통령령으로 정한다.

제36조【우리사주조합기금의 조성 및 사용】 ① 우리사주조합은 우리사주 취득 등을 위하여 다음 각 호의 재원으로 우리사주조합기금을 조성할 수 있다.(2015.7.20 본문개정)

1. 우리사주제도 실시회사, 지배관계회사, 수급관계회사 또는 그 주주 등이 출연한 금전과 물품. 이 경우 우리사주제도 실시회사, 지배관계회사 및 수급관계회사는 매년 직전 사업연도의 법인세 차감 전 순이익의 일부를 우리사주조합기금에 출연할 수 있다.(2016.12.27 본호개정)
2. 우리사주조합원이 출연한 금전
3. 제42조제1항에 따른 차입금
4. 제37조에 따른 조합계정의 우리사주에서 발생한 배당금
5. 그 밖에 우리사주조합기금에서 발생하는 이자 등 수입금

② 우리사주조합은 제1항에 따라 조성한 우리사주조합기금을 대통령령으로 정하는 금융회사 등에 보관 또는 예치하는 방법으로 관리하여야 한다.

③ 제1항에 따라 조성된 우리사주조합기금은 대통령령으로 정하는 바에 따라 다음 각 호의 용도로 사용하여야 한다. 이 경우 제4호의 용도로는 제45조제4항 각 호 외의 부분 전단에 따른 출연금만을 사용하여야 한다.
(2016.12.27 본문개정)

1. 우리사주의 취득
2. 제42조제1항에 따른 차입금 상환 및 그 이자의 지급
3. 제43조의2에 따른 손실보전거래(2015.7.20 본호신설)
4. 제37조에 따른 우리사주조합원의 계정의 우리사주 환매수(2016.12.27 본호신설)

④ 우리사주조합은 제1항제1호 및 제3호에 따라 회사 또는 회사의 주주가 제공한 재원으로 취득하게 된 우리사주를 해당 회사 소속 근로자인 우리사주조합원에게 배정되도록 운영하여야 한다.

⑤ 제3항제2호에 따라 우리사주조합기금을 차입금 상환 및 그 이자의 지급에 사용하려는 경우에는 다음 각 호의 방법에 따라야 한다.

1. 제1항제1호에 따른 금전과 물품 및 제4호에 따른 배당금은 제42조제2항의 약정에 따라 상환하기로 되어 있는 차입금의 상환에만 사용하여야 한다.
2. 제1항제2호에 따른 우리사주조합원이 출연한 금전은 제42조제2항의 약정에 따라 상환하기로 되어 있는 차입금의 상환에 사용할 수 없다.

제37조【우리사주 취득에 따른 계정 관리】 우리사주조합은 우리사주제도 실시회사의 주식의 직접 매입 또는 신주의 배정 등을 통하여 우리사주제도 실시회사의 주식을 취득하는 경우 그 취득한 우리사주를 우리사주조합원의 계정(이하 "조합원계정"이라 한다)과 우리사주조합의 계정(이하 "조합계정"이라 한다)으로 구분하여 배정하고, 대통령령으로 정하는 재원별 계정 처리방법에 따라 관리하여야 한다.

제38조【우리사주조합원에 대한 우선배정의 범위】 ① 「자본시장과 금융투자업에 관한 법률」 제9조제15항제3호에 따른 주권상장법인으로서 대통령령으로 정하는 주권상장법인 또는 주권을 대통령령으로 정하는 증권시장에 상장하려는 법인이 같은 법에 따라 주권을 모집 또는 매출하는 경우에 우리사주조합원은 같은 법 제165조의7제1항에 따라 모집 또는 매출하는 주식 총수의 100분의 20의 범위에서 우선적으로 배정받을 권리가 있다.
(2013.5.28 본항개정)

② 제1항의 법인 외의 법인이 「자본시장과 금융투자업에 관한 법률」에 따라 모집 또는 매출하거나 유상증자를 하는 경우 그 모집 등을 하는 주식 총수의 100분의 20의 범위에서 「상법」 제418조에도 불구하고 우리사주조합원에게 해당 주식을 우선적으로 배정할 수 있다.

제39조【우리사주매수선택권의 부여의 범위 등】 ① 우리사주제도 실시회사는 발행주식총수의 100분의 20의 범위에서 정관으로 정하는 바에 따라 주주총회의 결의로 우리사주조합원에게 그 결의된 기간(이하 "제공기간"이라 한다) 이내에 미리 정한 가격(이하 "행사가격"이라 한다)으로 신주를 인수하거나 해당 우리사주제도 실시회사가 보유하고 있는 자기주식을 매수할 수 있는 권리(이하 "우리사주매수선택권"이라 한다)를 부여할 수 있다. 다만, 발행주식총수의 100분의 10의 범위에서 우리사주매수선택권을 부여하는 경우에는 정관으로 정하는 바에 따라 이사회 결의로 우리사주매수선택권을 부여할 수 있다.

② 우리사주매수선택권을 부여하려는 우리사주제도 실시회사는 정관에 다음 각 호의 사항을 정하여야 한다.

1. 우리사주조합원에게 우리사주매수선택권을 부여할 수 있다는 내용
2. 우리사주매수선택권의 행사에 따라 발행하거나 양도할 주식의 종류와 수
3. 이미 부여한 우리사주매수선택권을 이사회의 결의를 통하여 취소할 수 있다는 내용 및 취소 사유
4. 우리사주매수선택권 부여를 위한 이사회 및 주주총회의 결의 요건

③ 우리사주매수선택권을 부여하려는 우리사주제도 실시회사가 제1항에 따른 주주총회의 결의 또는 이사회의 결의를 하는 경우에는 다음 각 호의 사항을 포함하여야 한다.

1. 우리사주매수선택권의 부여방법
2. 우리사주매수선택권의 행사가격과 그 조정에 관한 사항
3. 우리사주매수선택권의 제공기간 및 행사기간
4. 우리사주매수선택권의 행사에 따라 발행하거나 양도할 주식의 종류와 수

④ 제공기간은 제3항에 따른 주주총회 또는 이사회가 정하는 우리사주매수선택권 부여일부터 6개월 이상 2년 이하의 기간으로 한다.

⑤ 우리사주매수선택권을 부여한 우리사주제도 실시회사는 제공기간 중 또는 제공기간 종료 후 별도로 행사기간을 정하여 우리사주매수선택권을 행사하게 할 수 있다. 이 경우 행사기간을 제공기간 종료 후로 정한 경우에는 제4항에도 불구하고 제공기간을 연장한 것으로 본다.

⑥ 우리사주매수선택권을 부여하려는 우리사주제도 실시회사는 3년의 범위에서 대통령령으로 정하는 근속기간 미만인 우리사주조합원에게는 우리사주매수선택권을 부여하지 아니할 수 있다.

⑦ 우리사주매수선택권은 타인에게 양도할 수 없다. 다만, 우리사주매수선택권을 부여받은 사람이 사망한 경우에는 상속인이 이를 부여받은 것으로 본다.

⑧ 우리사주매수선택권을 부여한 우리사주제도 실시회사는 「상법」 제341조에도 불구하고 우리사주조합원이 우리사주매수선택권을 행사하는 경우 그에 따라 교부할 목적으로 자기의 주식을 취득할 수 있다. 다만, 그 취득금액은 같은 법 제462조제1항에 규정된 이익배당이 가능한 한도 이내여야 하며, 이를 초과하여 자기의 주식을 취득하는 경우에는 대통령령으로 정하는 기간 내에 자기의 주식을 처분하여야 한다.

⑨ 우리사주매수선택권의 행사로 인하여 신주를 발행하는 경우에는 「상법」 제350조제2항, 제351조, 제516조의9제1항·제3항·제4항 및 제516조의10 전단을 준용한다.
(2020.12.29 본항개정)

⑩ 우리사주매수선택권의 부여절차, 행사가격, 행사기간 등 우리사주매수선택권 제도의 운영에 필요한 사항은 대통령령으로 정한다.

제40조【우리사주매수선택권 부여의 취소】 우리사주매수선택권을 부여한 우리사주제도 실시회사는 다음 각 호의 어느 하나에 해당하는 경우에는 우리사주매수선택권의 부여를 취소할 수 있다. 다만, 제2호 및 제3호의 경우에는 해당 우리사주제도 실시회사의 정관으로 정하는 바에 따라 이사회의 의결에 따라야 한다.

1. 해당 우리사주제도 실시회사가 파산·해산 등으로 우리사주매수선택권의 행사에 응할 수 없는 경우
2. 우리사주매수선택권을 부여받은 우리사주조합원이 고의 또는 과실로 해당 우리사주제도 실시회사에 중대한 손해를 끼친 경우
3. 우리사주매수선택권을 부여하는 계약서에서 정한 취소 사유가 발생한 경우

제41조【우리사주의 우선배정 및 우리사주매수선택권 부여의 제한】 우리사주제도 실시회사는 제38조 및 제39조에 따라 우리사주를 우선배정하거나 우리사주매수선택권을 부여할 때에는 다음의 제1호가 제2호의 100분의 20을 넘지 아니하도록 하여야 한다.

1. 우리사주조합이 관리하고 있는 우리사주제도 실시회사의 주식, 신규로 발행하는 우선배정 주식 및 우리사주매수선택권을 행사할 때에 취득할 우리사주제도 실시회사의 주식을 합산한 주식 수
2. 우리사주제도 실시회사가 신규로 발행하는 주식 및 우리사주 매수선택권을 행사할 때에 취득할 우리사주제도 실시회사의 주식과 이미 발행한 주식을 합산한 주식 총수

제42조【우리사주조합의 차입을 통한 우리사주의 취득】 ① 우리사주조합은 우리사주제도 실시회사, 지배관계회사, 수급관계회사, 그 회사의 주주 및 대통령령으로 정하는 금융회사 등으로부터 우리사주 취득자금을 차입하여

우리사주를 취득할 수 있다.
② 우리사주제도 실시회사, 지배관계회사, 수급관계회사 및 그 회사의 주주는 제1항의 차입금의 상환을 위하여 우리사주조합에 금전과 물품을 출연할 것을 해당 우리사주조합과 약정할 수 있다.
③ 우리사주조합은 제1항에 따른 차입금으로 취득한 우리사주를 해당 차입금을 융자하거나 융자보증한 우리사주제도 실시회사 및 금융회사 등에 담보로 제공할 수 있다. 이 경우 차입금 상환액에 해당하는 우리사주에 대하여는 상환 즉시 담보권을 해지할 것을 조건으로 하여야 한다.
④ 우리사주제도 실시회사가 우리사주조합이 제1항에 따른 차입금으로 취득한 우리사주를 제3항에 따라 담보로 받는 경우에는 그 담보로 받는 주식만큼 우리사주제도 실시회사에 대하여 「상법」 제341조의3을 적용하지 아니한다.
⑤ 우리사주조합의 차입 규모, 차입 기간, 상환방법 및 차입금으로 취득한 주식의 배정방법 등 우리사주조합의 차입에 관한 구체적인 사항은 대통령령으로 정한다.
제42조의2【우리사주 취득 강요금지 등】 ① 우리사주제도 실시회사(지배관계회사 또는 수급관계회사를 포함한다)의 사용자는 제38조에 따라 우리사주조합원에게 주식을 우선배정하는 경우 다음 각 호의 어느 하나에 해당하는 행위를 하여서는 아니 된다.
1. 우리사주조합원의 의사에 반하여 우리사주의 취득을 지시하는 행위
2. 우리사주조합원의 의사에 반하여 우리사주조합원을 소속, 계급 등 일정한 기준으로 분류하여 우리사주를 할당하는 행위
3. 우리사주를 취득하지 아니한다는 이유로 우리사주조합원에 대하여 해고나 그 밖의 불리한 처우를 하는 행위
4. 그 밖에 우리사주조합원의 의사에 반하여 우리사주를 취득·보유하게 함으로써 제32조에 따른 우리사주제도의 목적에 어긋나는 행위로서 대통령령으로 정하는 행위
② 사용자는 제1항의 위반 사실을 신고하거나 그에 관한 증언을 하거나 증거를 제출하였다는 이유로 우리사주조합원에 대하여 해고나 그 밖의 불리한 처우를 하여서는 아니 된다.
(2014.1.28 본조신설)
제43조【우리사주의 예탁 등】 ① 우리사주조합은 우리사주를 취득하는 경우 대통령령으로 정하는 수탁기관에 예탁하여야 한다.
② 우리사주조합은 제1항에 따라 예탁한 우리사주를 다음 각 호의 구분에 따른 기간의 범위에서 대통령령으로 정하는 기간 동안 계속 예탁하여야 한다.
1. 우리사주제도 실시회사 또는 그 주주 등이 출연한 금전과 물품 등으로 취득한 우리사주 : 8년
2. 우리사주조합원이 출연한 금전으로 취득한 우리사주 : 1년. 다만, 우리사주조합원의 출연에 협력하여 우리사주제도 실시회사가 대통령령으로 정하는 금액 이상으로 출연하는 경우 우리사주조합원이 출연한 금전으로 취득한 우리사주에 대하여는 5년으로 한다.
3. 제36조제1항제3호부터 제5호까지의 금전으로 취득한 우리사주 : 금전의 출연주체 및 차입대상자를 기준으로 우리사주를 나누어 제1호 및 제2호의 구분에 준하는 기간으로 한다.
③ 우리사주조합 또는 우리사주조합원은 제1항에 따라 예탁된 우리사주를 다음 각 호의 어느 하나에 해당하는 경우 이외에는 양도하거나 담보로 제공할 수 없다.
(2015.7.20 본문개정)
1. 제43조의3에 따른 우리사주 대여
2. 대통령령으로 정한 우리사주조합원의 금융·경제생활에 필요한 경우
(2015.7.20 1호~2호신설)
④ 제3항제2호에 따라 우리사주를 담보로 제공받은 권리자는 제2항에 정한 예탁기간 중에는 권리를 행사할 수 없다.(2015.7.20 본항개정)
⑤ 제43조의3에 따라 대여된 우리사주는 그 대여기간 동안 이 법에 따라 예탁된 것으로 본다.(2015.7.20 본항신설)
⑥ 조합원 계정에 배정된 주식에 대한 대여이익은 해당 계정의 조합원에게 지급되어야 하며, 조합 계정에 배정된 주식에 대한 대여이익은 조합에 귀속한다.(2015.7.20 본항신설)
⑦ 제1항에 따른 수탁기관은 우리사주조합에 대한 업무지원 등 우리사주제도의 활성화에 필요한 업무로서 대통령령으로 정하는 업무를 수행할 수 있다.(2016.12.27 본항신설)
제43조의2【예탁 우리사주의 손실보전거래】 ① 우리사주조합은 대통령령으로 정하는 금융회사와 제43조에 따라 예탁된 우리사주의 손실보전 목적에 한정하여 대통령령으로 정하는 거래(이하 "손실보전거래"라 한다)를 할 수 있다.
② 우리사주조합이 손실보전거래를 하는 경우에는 우리사주제도 실시회사에서 이에 소요되는 비용을 지원할 수 있다.
③ 우리사주조합과 금융회사 간의 손실보전거래는 다음 각 호의 요건을 모두 갖춘 경우에 할 수 있다.
1. 손실보전거래의 대상인 우리사주의 매도 또는 그 취득자금의 대출을 조건으로 하지 아니할 것
2. 최소 손실보전비율이 손실보전거래 대상 우리사주 취득가액의 100분의 50 이상에서 대통령령으로 정한 비율 이상일 것
3. 우리사주조합원의 의사에 반하여 손실보전거래를 하지 아니할 것
4. 그 밖에 우리사주조합 및 우리사주조합원 보호를 위하여 대통령령으로 정하는 요건(2020.5.26 본호개정)
④ 조합원의 계정에 배정된 주식에 대한 손실보전거래의 보전금액은 해당 계정의 조합원에게 지급하고, 조합의 계정에 배정된 주식에 대한 손실보전거래의 보전금액은 조합에 귀속한다.
(2015.7.20 본조신설)
제43조의3【예탁 우리사주 대여】 우리사주조합 또는 우리사주조합원은 다음 각 호의 요건을 모두 갖춘 경우에 예탁된 우리사주를 제43조제1항에 따른 수탁기관을 통하여 제3자에게 대여할 수 있다.
1. 대여하는 우리사주(이하 "대여우리사주"라 한다)에서 발생하는 다음 각 목의 권리를 보장할 것
가. 의결권
나. 신주인수권 및 무상증자 주식
다. 배당금(주식배당 포함) 수령권
라. 그 밖에 「상법」 등 다른 법률에서 주주의 권리로 인정되는 것으로서 이 법에서 제한하거나 금지하지 아니한 권리
2. 대통령령으로 정하는 대차거래 중개·주선업무를 영위하는 금융회사가 대여우리사주의 상환을 보장하고, 차입자로부터 담보를 받을 것
3. 그 밖에 대통령령으로 정하는 우리사주 대여방법, 대여한도 및 대여기간 등에 관한 사항을 준수할 것
(2015.7.20 본조신설)
제44조【우리사주의 인출 등】 ① 우리사주조합원은 제43조제2항에도 불구하고 우리사주조합이 해산하거나 우리사주조합원이 사망한 경우 등 대통령령으로 정하는 사유가 발생한 경우에는 같은 항의 예탁기간 중임에도 불구하고 우리사주조합을 통하여 우리사주를 인출할 수 있다.
② 우리사주조합원이 우리사주를 인출하는 경우 우리사주조합은 규약에 따라 우리사주조합, 우리사주조합원 순서로 우선하여 매입하도록 할 수 있다.
제45조【비상장법인의 우리사주의 처분】 ① 국가는 「자본시장과 금융투자업에 관한 법률」 제8조의2제4항제1호에 따른 증권시장에 주권이 상장되지 아니한 법인(이하 "비상장법인"이라 한다)인 우리사주제도 실시회사의 우리사주조합원이 우리사주를 불가피하게 처분하려는 경우 환금(換金)을 보장하기 위하여 주식의 거래 등에 관하여 필요한 조치를 하도록 노력하여야 한다.(2013.5.28 본항개정)
② 비상장법인인 우리사주제도 실시회사는 우리사주의 환금을 보장하기 위하여 필요한 경우 「상법」 제341조에도 불구하고 우리사주조합원 또는 퇴직하는 우리사주조합원의 우리사주를 자기의 계산으로 취득할 수 있다. 이 경우 취득한 주식은 다음 각 호의 방법으로 처분하여야 한다.(2016.12.27 전단개정)
1. 우리사주조합에의 출연
2. 「상법」 제342조에 따른 처분(2016.12.27 본호개정)
3. 「상법」 제343조에 따른 소각(消却)(2016.12.27 본호개정)
③ 비상장법인인 우리사주제도 실시회사는 제2항에 따른 우리사주의 취득에 필요한 자금을 마련하기 위하여 매년 준비금을 적립할 수 있다.(2016.12.27 본항개정)
④ 비상장법인인 우리사주제도 실시회사는 우리사주조합이 해당 우리사주제도 실시회사를 대신하여 조합원계정의 우리사주를 매입할 수 있도록 우리사주조합기금에 출연할 수 있다. 이 경우 해당 우리사주제도 실시회사는 우리사주조합과 다음 각 호의 사항이 포함된 약정을 체결할 수 있다.
1. 매입 대상이 되는 조합원계정의 우리사주의 범위
2. 매입 가격의 결정 방법
(2016.12.27 본항신설)
제45조의2【비상장법인의 우리사주 환매수】 ① 비상장법인으로서 대통령령으로 정하는 규모 이상의 우리사주제도 실시회사(이하 이 조에서 "의무적 환매수 대상 회사"라 한다)의 우리사주조합원은 우리사주가 다음 각 호의 요건을 모두 갖춘 경우에는 의무적 환매수 대상 회사에 해당 우리사주의 환매수를 요청할 수 있다. 다만, 우리사주조합원은 정년퇴직, 그 밖에 대통령령으로 정하는 사유가 발생하는 경우에는 제2호에 따른 예탁기간과 관계없이 환매수를 요청할 수 있다.(2020.5.26 단서개정)
1. 우리사주조합이 우리사주조합원의 출연금으로 대통령령으로 정하는 방법에 따라 취득한 우리사주일 것
2. 제43조제2항제2호에 따른 예탁기간 외에 추가로 7년의 범위에서 대통령령으로 정하는 기간 동안 예탁되었을 것
② 의무적 환매수 대상 회사는 우리사주조합원의 제1항에 따른 환매수 요청권이 적절하게 행사될 수 있도록 우리사주조합이 우리사주를 취득하기 전에 우리사주조합과 다음 각 호의 사항이 포함된 약정을 미리 체결하여야 한다.
1. 환매수 준비금 적립 여부 및 적립 방법
2. 환매수 가격의 결정 방법
3. 환매수 절차
4. 분할 환매수 방법
5. 그 밖에 대통령령으로 정하는 사항
③ 우리사주조합원은 제1항에 따른 환매수 요청권을 같은 항 제2호에 따른 예탁기간이 지난 날 또는 같은 항 각 호 외의 부분 단서에 따른 사유가 발생한 날부터 6개월 이내에 행사하여야 한다.
④ 의무적 환매수 대상 회사는 제1항에 따른 환매수 요청을 받은 날부터 30일 이내에 「상법」 제341조에도 불구하고 해당 우리사주를 자기의 계산으로 취득하여야 한다. 다만, 의무적 환매수 대상 회사의 경영악화 등으로 환매수를 하기 곤란한 사정이 있거나 우리사주에 대한 환금성이 확보되는 등 대통령령으로 정하는 사유가 있는 경우에는 대통령령으로 정하는 바에 따라 환매수 요청에 따르지 아니하거나 환매수 요청을 받은 날부터 3년의 범위에서 분할하여 환매수할 수 있다.(2020.5.26 단서개정)
⑤ 의무적 환매수 대상 회사는 제4항에 따라 취득한 우리사주를 제45조제2항 각 호의 어느 하나의 방법으로 처분하여야 한다.
⑥ 우리사주조합은 제4항에도 불구하고 의무적 환매수 대상 회사를 대신하여 제45조제4항 각 호 외의 부분 전단에 따른 우리사주조합기금에의 출연금으로 해당 우리사주를 매입할 수 있다.
⑦ 의무적 환매수 대상 회사가 제45조제4항 각 호 외의 부분 전단에 따라 우리사주조합기금에 출연한 경우에는 해당 출연금의 한도에서 제4항에 따른 해당 우리사주의 취득의무를 이행한 것으로 본다.
(2016.12.27 본조신설)
제46조【우리사주 보유에 따른 주주총회의 의결권 행사】 ① 우리사주조합의 대표자는 우리사주조합원의 의사표시에 대하여 주주총회 의안에 대한 의결권을 행사하여야 한다. 의결권 행사의 구체적인 방법은 대통령령으로 정한다.
② 제1항에도 불구하고 우리사주조합의 대표자는 우리사주조합원이 의결권 행사의 위임을 요청한 경우에는 해당 우리사주조합원의 주식보유분에 대한 의결권의 행사를 그 우리사주조합원에게 위임하여야 한다.
제47조【우리사주조합의 해산】 ① 우리사주조합은 다음 각 호의 어느 하나에 해당하는 사유가 발생한 경우에 해산한다. 이 경우 우리사주조합의 청산인은 대통령령으로 정하는 바에 따라 해산 사유를 명시하여 고용노동부장관에게 보고하여야 한다.
1. 해당 우리사주제도 실시회사의 파산
2. 사업의 폐지를 위한 해당 우리사주제도 실시회사의 해산
3. 사업의 합병·분할·분할합병 등을 위한 해당 우리사주제도 실시회사의 해산
4. 지배관계회사 또는 수급관계회사의 근로자가 해당 우리사주제도 실시회사의 우리사주조합에 가입하는 경우. 다만, 지배관계회사 또는 수급관계회사 자체에 설립된 우리사주조합이 우리사주를 예탁하고 있거나, 우리사주조합원이 우리사주매수선택권을 부여받은 경우에는 대통령령으로 정하는 기간 동안은 해산하지 아니한다.
5. 우리사주조합의 임원이 없고 최근 3 회계연도의 기간 동안 계속하여 우리사주 및 우리사주 취득 재원의 조성 등으로 자산을 보유하지 아니하였으며 우리사주조합의 해산에 대하여 고용노동부령으로 정하는 바에 따라 우리사주조합원에게 의견조회를 한 결과 존속의 의사표명이 없는 경우
② 제1항에 따라 우리사주조합이 해산하는 경우 우리사주조합의 재산은 규약으로 정하는 바에 따라 우리사주조합원에게 귀속한다. 다만, 우리사주조합이 채무가 있는 경우에는 그 채무를 청산하고 남은 재산만 우리사주조합원에게 귀속한다.
제48조【우리사주제도 활성화 지원】 국가는 우리사주제도의 활성화를 위하여 우리사주조합원의 우리사주 보유, 우리사주제도 실시회사 등의 우리사주조합에 대한 지원, 비상장법인의 우리사주에 대한 환금성 보장 등에 필요한 지원을 할 수 있다.
제49조【근로자의 회사인수 지원】 국가는 회사의 도산 등으로 인하여 해당 회사의 근로자가 우리사주조합을 통하여 해당 회사를 인수할 경우 그 주식취득에 필요한 자금 등을 지원할 수 있다.
제49조의2【우리사주조합을 통한 회사인수에 관한 특례】 ① 우리사주조합이 대통령령으로 정하는 방법으로 해당 우리사주제도 실시회사를 인수한 경우 우리사주조합원은 제34조제2항제2호에도 불구하고 그 인수로 인하여 취득한 우리사주의 금액과 관계없이 우리사주조합원의 자격을 유지할 수 있다.
② 우리사주조합이 제1항에 따른 회사인수를 위하여 우리사주 취득자금을 차입하는 경우에는 제42조제5항에 따른 차입 규모 및 차입 기간의 제한에 관한 사항을 적용하

지 아니한다. 다만, 다음 각 호의 금액의 합계액은 우리사주제도 실시회사의 자기자본(직전 사업연도말 재무상태표의 자산총액에서 부채총액을 뺀 금액을 말한다)의 100분의 25를 초과하여서는 아니 된다.(2022.6.10 단서개정)
1. 우리사주제도 실시회사 또는 지배관계회사로부터의 차입금
2. 우리사주조합 차입금의 상환을 위하여 우리사주제도 실시회사 또는 지배관계회사가 우리사주조합에 출연하기로 약정한 금전·물품의 가액
3. 우리사주조합의 차입금에 대한 우리사주제도 실시회사 또는 지배관계회사의 보증 한도액
(2016.12.27 본조신설)

제2절 사내근로복지기금제도

제50조【사내근로복지기금제도의 목적】 사내근로복지기금제도는 사업주로 하여금 사업 이익의 일부를 재원으로 사내근로복지기금을 설치하여 효율적으로 관리·운용하게 함으로써 근로자의 생활안정과 복지증진에 이바지하게 함을 목적으로 한다.(2020.5.26 본조개정)

제51조【근로자의 권익보호와 근로조건의 유지】 사용자는 이 법에 따른 사내근로복지기금의 설립 및 출연을 이유로 근로관계 당사자 간에 정하여진 근로조건을 낮출 수 없다.(2020.5.26 본조개정)

제52조【법인격 및 설립】 ① 사내근로복지기금은 법인으로 한다.
② 사내근로복지기금법인(이하 "기금법인"이라 한다)을 설립하려는 경우에는 해당 사업 또는 사업장(이하 "사업"이라 한다)의 사업주가 기금법인설립준비위원회(이하 "준비위원회"라 한다)를 구성하여 설립에 관한 사무와 설립 당시의 이사 및 감사의 선임에 관한 사무를 담당하게 하여야 한다.
③ 준비위원회의 구성방법에 관하여는 제55조를 준용한다.
④ 준비위원회는 대통령령으로 정하는 바에 따라 기금법인의 정관을 작성하여 고용노동부장관의 설립인가를 받아야 한다.
⑤ 준비위원회가 제4항에 따른 설립인가를 받으려는 경우 기금법인 설립인가신청서에 대통령령으로 정하는 서류를 첨부하여 고용노동부장관에게 제출하여야 한다.(2014.1.28 본항신설)
⑥ 고용노동부장관은 제5항에 따른 신청을 받은 때에는 다음 각 호의 어느 하나에 해당하는 경우를 제외하고는 설립인가를 하여야 한다.
1. 제4항에 따른 정관의 기재사항을 빠뜨린 경우
2. 제4항에 따른 정관의 내용이 제50조, 제51조 및 제62조에 위반되는 경우
3. 제5항에 따라 제출하여야 하는 서류를 제출하지 아니하거나 거짓으로 제출한 경우
(2014.1.28 본항신설)
⑦ 준비위원회는 제4항에 따라 설립인가를 받았을 때에는 설립인가증을 받은 날부터 3주 이내에 기금법인의 주된 사무소의 소재지에서 기금법인의 설립등기를 하여야 하며, 기금법인은 설립등기를 함으로써 성립한다.
⑧ 기금법인의 설립등기와 그 밖의 다른 등기에 관하여 구체적으로 필요한 사항은 대통령령으로 정한다.
⑨ 준비위원회는 제7항에 따라 법인이 성립됨과 동시에 제55조에 따라 최초로 구성된 사내근로복지기금협의회(이하 "복지기금협의회"라 한다)로 본다.(2014.1.28 본항개정)
⑩ 준비위원회는 기금법인의 설립등기를 한 후 지체 없이 기금법인의 이사에게 사무를 인계하여야 한다.

제53조【정관변경】 기금법인의 정관을 변경하려는 때에는 대통령령으로 정하는 바에 따라 고용노동부장관의 인가를 받아야 한다.

제54조【기금법인의 기관】 기금법인에는 복지기금협의회, 이사 및 감사를 둔다.

제55조【복지기금협의회의 구성】 ① 복지기금협의회는 근로자와 사용자를 대표하는 같은 수의 위원으로 구성하며, 각 2명 이상 10명 이하로 한다.
② 근로자를 대표하는 위원은 대통령령으로 정하는 바에 따라 근로자가 선출하는 사람이 된다.
③ 사용자를 대표하는 위원은 해당 사업의 대표자와 그 대표자가 위촉하는 사람이 된다.
④ 제2항과 제3항에도 불구하고 「근로자참여 및 협력증진에 관한 법률」에 따른 노사협의회가 구성되어 있는 사업의 경우에는 그 노사협의회의 위원이 복지기금협의회의 위원이 될 수 있다.

제56조【복지기금협의회의 기능】 ① 복지기금협의회는 다음 사항을 협의·결정한다.
1. 사내근로복지기금 조성을 위한 출연금액의 결정
2. 이사 및 감사의 선임과 해임
3. 사업계획서 및 감사보고서의 승인
4. 정관의 변경
5. 사업 내의 다른 근로복지제도와의 통합운영 여부 결정(2020.12.8 본호개정)
6. 기금법인의 합병 및 분할·분할합병
② 복지기금협의회의 운영에 관한 사항은 대통령령으로 정한다.

제57조【회의록의 작성 및 보관】 기금법인은 다음 각 호의 사항을 기록한 복지기금협의회의 회의록을 작성하여 출석위원 전원의 서명 또는 날인을 받아야 하며, 작성일부터 10년간 이를 보관하여야 한다. 이 경우 그 회의록을 전자문서로 작성·보관할 수 있다.
1. 개최 일시 및 장소
2. 출석위원
3. 협의내용 및 결정사항
4. 그 밖의 토의사항

제58조【이사 및 감사】 ① 기금법인에 근로자와 사용자를 대표하는 같은 수의 각 3명 이내의 이사와 각 1명의 감사를 둔다.
② 이사는 정관으로 정하는 바에 따라 기금법인을 대표하며, 다음 각 호의 사항에 대한 사무를 집행한다.
1. 기금법인의 관리·운영에 대한 사항
2. 예산의 편성 및 결산에 대한 사항
3. 사업보고서의 작성에 대한 사항
4. 정관으로 정하는 사항
5. 그 밖에 이사가 집행하도록 복지기금협의회가 협의·결정하는 사항
③ 기금법인의 사무집행은 이사의 과반수로써 결정한다.
④ 감사는 기금법인의 사무 및 회계에 관한 감사를 한다.

제59조 (2015.7.20 삭제)

제60조【이사 등의 신분】 ① 복지기금협의회의 위원, 이사 및 감사는 비상근(非常勤)·무보수로 한다.
② 사용자는 복지기금협의회의 위원, 이사 및 감사에 대하여 기금법인에 관한 직무수행을 이유로 불이익한 처우를 하여서는 아니 된다.
③ 복지기금협의회의 위원, 이사 및 감사의 기금법인 업무수행에 필요한 시간에 대하여는 근로한 것으로 본다.

제61조【사내근로복지기금의 조성】 ① 사업주는 직전 사업연도의 법인세 또는 소득세 차감 전 순이익의 100분의 5를 기준으로 복지기금협의회가 협의·결정하는 금액을 대통령령으로 정하는 바에 따라 사내근로복지기금의 재원으로 출연할 수 있다.
② 사업주 또는 사업주 외의 자는 제1항에 따른 출연 외에 유가증권, 현금, 그 밖에 대통령령으로 정하는 재산을 출연할 수 있다.

제62조【기금법인의 사업】 ① 기금법인은 그 수익금으로 대통령령으로 정하는 바에 따라 다음 각 호의 사업을 시행할 수 있다.
1. 주택구입자금등의 보조, 우리사주 구입의 지원 등 근로자 재산형성을 위한 지원
2. 장학금·재난구호금의 지급, 그 밖에 근로자의 생활원조
3. 모성보호 및 일과 가정생활의 양립을 위하여 필요한 비용 지원
4. 기금법인 운영을 위한 경비지급
5. 근로복지시설로서 고용노동부령으로 정하는 시설에 대한 출자·출연 또는 같은 시설의 구입·설치 및 운영
6. 해당 사업으로부터 직접 도급받는 업체의 소속 근로자 및 해당 사업에의 파견근로자의 복리후생 증진
6의2. 제86조의2제1항에 따른 공동근로복지기금 지원(2020.12.8 본호개정)
7. 사용자가 임금 및 그 밖의 법령에 따라 근로자에게 지급할 의무가 있는 것 외에 대통령령으로 정하는 사업
② 기금법인은 제61조제1항 및 제2항에 따라 출연받은 재산 및 복지기금협의회에서 출연재산으로 편입할 것을 의결한 재산(이하 "기본재산"이라 한다) 중에서 대통령령으로 정하는 바에 따라 산정되는 금액을 제1항 각 호의 사업(이하 "사내근로복지기금사업"이라 한다)에 사용할 수 있다. 이 경우 기금법인의 사업이 다음 각 호의 어느 하나에 해당하는 때에는 대통령령으로 정하는 범위에서 정관으로 정하는 바에 따라 그 산정되는 금액을 높일 수 있다.(2012.2.1 후단개정)
1. 제82조제3항에 따라 선택적 복지제도를 활용하여 운영하는 경우(2012.2.1 본호신설)
2. 사내근로복지기금사업에 사용하는 금액 중 고용노동부령으로 정하는 바에 따라 산정되는 금액 이상을 해당 사업으로부터 직접 도급받는 업체의 소속 근로자 및 해당 사업에의 파견근로자의 복리후생 증진에 사용하는 경우(2012.2.1 본호신설)
3. 「중소기업기본법」 제2조제1항 및 제3항에 따른 기업에 설립된 기금법인이 사내근로복지기금사업을 시행하는 경우(2014.1.28 본호신설)
③ 기금법인은 근로자의 생활안정 및 재산형성 지원을 위하여 필요하다고 인정되어 대통령령으로 정하는 경우에는 근로자에게 필요한 자금을 기본재산 중에서 대부할 수 있다.

제63조【사내근로복지기금의 운용】 사내근로복지기금은 다음 각 호의 방법으로 운용한다.
1. 금융회사 등에의 예입 및 금전신탁
2. 투자신탁 등의 수익증권 매입
3. 국가, 지방자치단체 또는 금융회사 등이 직접 발행하거나 채무이행을 보증하는 유가증권의 매입
4. 사내근로복지기금이 그 회사 주식을 출연받아 보유하게 된 경우에 대통령령으로 정하는 한도 내에서 그 보유 주식 수에 따라 그 회사 주식의 유상증자에 참여
5. 그 밖에 사내근로복지기금의 운용을 위하여 대통령령으로 정하는 사업

제64조【사내근로복지기금의 회계】 ① 사내근로복지기금의 회계연도는 사업주의 회계연도에 따른다. 다만, 정관으로 달리 정한 경우에는 그러하지 아니하다.
② 기금법인은 자금차입을 할 수 없다.
③ 매 회계연도의 결산 결과 사내근로복지기금의 손실금이 발생한 경우에는 다음 회계연도로 이월하며, 잉여금이 발생한 경우에는 이월손실금을 보전한 후 사내근로복지기금에 전입한다.
④ 사내근로복지기금의 회계 관리에 필요한 사항은 대통령령으로 정한다.

제65조【기금법인의 관리·운영 서류의 작성 및 보관】 기금법인은 다음 각 호의 서류를 대통령령으로 정하는 바에 따라 작성하여야 하며, 작성일부터 5년간 이를 보관하여야 한다. 이 경우 그 서류를 전자문서로 작성·보관할 수 있다.
1. 사업보고서
2. 재무상태표(2022.6.10 본호개정)
3. 손익계산서
4. 감사보고서

제66조【기금법인의 관리·운영사항 공개】 기금법인은 제65조 각 호의 서류 및 복지기금협의회의 회의록을 대통령령으로 정하는 바에 따라 공개하여야 하며, 항상 근로자가 열람할 수 있게 하여야 한다. 이 경우 전자문서로 작성·보관하는 서류에 대해서는 정보통신망을 이용하는 등 전자적 방법으로 공개하고 열람하게 할 수 있다.

제67조【기금법인의 부동산 소유】 기금법인은 업무수행을 위하여 필요한 경우를 제외하고는 부동산을 소유할 수 없다.(2020.5.26 본조개정)

제68조【다른 복지와의 관계】 ① 사용자는 기금법인의 설치를 이유로 기금법인 설치 당시에 운영하고 있는 근로복지제도 또는 근로복지시설의 운영을 중단하거나, 이를 감축하여서는 아니 된다.
② 사용자는 기금법인 설치 당시에 기금법인의 사업을 시행하고 있을 때에는 다른 법률에 따라 설치·운영할 의무가 있는 것을 제외하고는 복지기금협의회의 협의·결정에 의하여 기금법인에 통합하여 운영할 수 있다.

제69조【시정명령】 고용노동부장관은 사용자 또는 기금법인이 제60조제2항, 제64조 및 제66조를 위반한 경우에는 상당한 기간을 정하여 시정을 명할 수 있다.

제70조【기금법인의 해산 사유】 기금법인은 다음 각 호의 사유로 해산한다. 다만, 제4호의 경우 기금법인이 그 존속을 원하는 경우에는 그러하지 아니하다.(2020.12.8 단서신설)
1. 해당 사업주의 사업 폐지(2020.12.8 본호개정)
2. 제72조에 따른 기금법인의 합병
3. 제75조에 따른 기금법인의 분할·분할합병
4. 해당 사업주의 제86조의2제1항 또는 제86조의7제1항에 따른 공동근로복지기금의 조성 참여 또는 중간 참여(2020.12.8 본호신설)

제71조【해산한 기금법인의 재산처리】 ① 사업의 폐지로 인하여 해산한 기금법인의 재산은 대통령령으로 정하는 바에 따라 사업주가 해당 사업을 경영할 때에 근로자에게 미지급한 임금, 퇴직금, 그 밖에 근로자에게 지급할 의무가 있는 금품을 지급하는 데에 우선 사용하여야 하며, 잔여재산이 있는 경우에는 그 100분의 50을 초과하지 아니하는 범위에서 정관에서 정하는 바에 따라 소속 근로자의 생활안정자금으로 지원할 수 있다.
② 제1항에 따른 사용 후 잔여재산이 있는 경우에는 그 잔여재산은 정관에서 지정한 자에게 귀속한다. 다만, 정관에서 지정한 자가 없는 경우에는 대통령령으로 정하는 바에 따라 제87조에 따른 근로복지진흥기금에 귀속한다.
③ 제70조제4호의 사유로 해산한 기금법인의 재산은 해당 사업주가 참여한 제86조의3에 따른 공동근로복지기금법인에 귀속한다.(2020.12.8 본항신설)

제72조【기금법인의 합병】 ① 기금법인은 사업의 합병·양수 등에 따라 합병할 수 있다.
② 기금법인이 합병을 하는 경우에는 다음 각 호의 사항이 포함된 합병계약서를 작성하여 복지기금협의회의 의결을 거쳐야 한다.
1. 합병 전 각 기금법인의 재산과 합병 후 기금법인의 재산의 변동
2. 합병 대상인 각 기금법인의 근로자에 대한 합병 후 지원수준
3. 합병의 추진 일정
4. 그 밖에 합병에 관한 중요 사항
③ 제2항제2호에 따른 지원수준은 합병 전 각 기금법인의 근로자별 평균 기금잔액, 합병 후 사업주의 출연예정액 등을 고려하여 합병 후 3년을 초과하지 아니하는 범위에서 합병 전 각 기금법인의 근로자별로 달리 정할 수 있다.

제73조【합병에 의한 기금법인의 설립 및 등기】① 기금법인의 합병으로 인하여 기금법인을 설립하는 경우에는 사업의 합병으로 인하여 설립되는 사업의 사업주가 준비위원회를 구성하여 제52조에 따른 기금법인의 설립절차를 거쳐야 한다.
② 기금법인의 합병으로 인하여 존속하는 기금법인은 변경등기를, 소멸하는 기금법인은 해산등기를 하여야 한다.
제74조【합병의 효력발생 · 효과】① 기금법인의 합병은 합병으로 인하여 설립되는 기금법인의 설립등기 또는 존속하는 기금법인의변경등기를 함으로써 그 효력이 생긴다.
② 합병으로 인하여 설립되거나 존속하는 기금법인은 합병으로 인하여 소멸되는 기금법인의 권리 · 의무를 승계한다.
제75조【기금법인의 분할 · 분할합병】① 기금법인은 사업의 분할 · 분할합병 등에 따라 분할 또는 분할합병(이하 "분할등"이라 한다)을 할 수 있다.
② 기금법인이 분할을 하는 경우에는 다음 각 호의 사항이 포함된 분할계획서를 작성하여 복지기금협의회의 의결을 거쳐야 한다.
1. 기금법인 재산의 배분
2. 분할의 추진 일정
3. 그 밖에 분할에 관한 중요 사항
③ 기금법인이 분할합병을 하는 경우에는 다음 각 호의 사항이 포함된 분할합병계약서를 작성하여 복지기금협의회의 의결을 거쳐야 한다.
1. 기금법인 재산의 배분 및 합병에 따른 기금법인 재산의 변동
2. 분할합병 대상인 각 기금법인의 근로자에 대한 합병 후 지원수준
3. 분할합병의 추진 일정
4. 그 밖에 분할합병에 관한 중요 사항
④ 제2항제1호 및 제3항제1호에 따른 재산배분을 할 때에는 원칙적으로 근로자 수를 기준으로 배분하되, 분할 전 사업별 사내근로복지기금 조성의 기여도 등을 고려하여 배분할 수 있다.
⑤ 제3항제2호의 지원수준의 결정에 관하여는 제72조제3항을 준용한다. 이 경우 "합병"은 "분할합병"으로 본다.
제76조【분할등에 의한 기금법인의 설립 및 등기】① 기금법인의 분할등으로 인하여 기금법인을 설립하는 경우에는 사업의 분할 · 분할합병 등으로 인하여 설립되는 사업의 사업주가 준비위원회를 구성하여 제52조에 따른 기금법인의 설립절차를 거쳐야 한다.
② 기금법인의 분할등으로 인하여 존속하는 기금법인은 변경등기를, 소멸하는 기금법인은 해산등기를 하여야 한다.
제77조【분할등의 효력발생 · 효과】① 기금법인의 분할등은 분할등으로 인하여 설립되는 기금법인의 설립등기 또는 존속하는 기금법인의 변경등기를 함으로써 그 효력이 생긴다.
② 분할등으로 인하여 설립되거나 존속하는 기금법인은 분할계획서 또는 분할합병계약서에서 정하는 바에 따라 분할되는 기금법인의 권리 · 의무를 승계한다.
제78조【비밀유지 등】복지기금협의회의 위원, 이사 및 감사는 그 직무수행과 관련하여 알게 된 비밀을 누설하여서는 아니 되며, 사내근로복지기금사업과 관련하여 겸직 또는 자기거래를 할 수 없다.
제79조 (2015.7.20 삭제)
제80조【「민법」의 준용】기금법인에 관하여 이 법에 규정한 것을 제외하고는 「민법」 중 재단법인에 관한 규정을 준용한다.
제80조의2 (2020.12.8 삭제)

제3절 선택적 복지제도 및 근로자지원프로그램 등

제81조【선택적 복지제도 실시】① 사업주는 근로자가 여러 가지 복지항목 중에서 자신의 선호와 필요에 따라 자율적으로 선택하여 복지혜택을 받는 제도(이하 "선택적 복지제도"라 한다)를 설정하여 실시할 수 있다.
② 사업주는 선택적 복지제도를 실시할 때에는 해당 사업 내의 모든 근로자가 공평하게 복지혜택을 받을 수 있도록 하여야 한다. 다만, 근로자의 직급, 근속연수, 부양가족 등을 고려하여 합리적인 기준에 따라 수혜 수준을 달리할 수 있다.
제82조【선택적 복지제도의 설계 · 운영 등】① 사업주는 선택적 복지제도를 설계하는 경우 근로자의 사망 · 장해 · 질병 등에 관한 기본적 생활보장항목과 건전한 여가 · 문화 · 체육활동 등을 지원할 수 있는 개인별 추가선택항목을 균형 있게 반영할 수 있도록 노력하여야 한다.
② 사업주는 근로자가 선택적 복지제도의 복지항목을 선택하고 사용하는 데 불편이 없도록 전산관리서비스를 직접 제공하거나 제3자에게 위탁하여 제공될 수 있도록 노력하여야 한다.
③ 선택적 복지제도는 사내근로복지기금사업을 하는 데 활용할 수 있다.
④ 제1항과 제2항에 따른 선택적 복지제도의 설계 및 운영에 필요한 구체적인 사항은 고용노동부령으로 정한다.
제83조【근로자지원프로그램】① 사업주는 근로자의 업무수행 또는 일상생활에서 발생하는 스트레스, 개인의 고충 등 업무저해요인의 해결을 지원하여 근로자를 보호하고, 생산성 향상을 위한 전문가 상담 등 일련의 서비스를 제공하는 근로자지원프로그램을 시행하도록 노력하여야 한다.
② 사업주와 근로자지원프로그램 참여자는 제1항에 따른 조치를 시행하는 과정에서 대통령령으로 정하는 경우를 제외하고는 근로자의 비밀이 침해받지 않도록 익명성을 보장하여야 한다.(2020.5.26 본항개정)
제84조【성과 배분】사업주는 해당 사업의 근로자와 협의하여 정한 해당 연도 이익 등의 경영목표가 초과 달성된 경우 그 초과된 성과를 근로자에게 지급하거나 근로자의 복지증진을 위하여 사용하도록 노력하여야 한다.
제85조【발명 · 제안 등에 대한 보상】사업주는 해당 사업의 근로자가 직무와 관련하여 발명 또는 제안하거나 새로운 지식 · 정보 · 기술을 개발하여 해당 사업의 생산성 · 매출액 등의 증가에 이바지한 경우 이에 따라 적절한 보상을 하도록 노력하여야 한다. 이 경우 구체적인 보상기준은 「근로자참여 및 협력증진에 관한 법률」에 따른 노사협의회 등을 통하여 정한다.(2020.12.8 전단개정)
제86조【국가 또는 지방자치단체의 지원】국가 또는 지방자치단체는 선택적 복지제도, 근로자지원프로그램, 성과 배분, 발명 · 제안 등에 대한 보상을 활성화하기 위하여 필요한 지원을 할 수 있다.

제4절 공동근로복지기금 제도
(2015.7.20 본절신설)

제86조의2【공동근로복지기금의 조성】① 둘 이상의 사업주는 제62조제1항에 따른 사업을 시행하기 위하여 공동으로 이익금의 일부를 출연하여 공동근로복지기금(이하 "공동기금"이라 한다)을 조성할 수 있다.
② 공동기금 사업주 또는 사업주 이외의 자는 제1항에 따른 출연 외에 유가증권, 현금, 그 밖에 대통령령으로 정하는 재산을 출연할 수 있다.
제86조의3【공동근로복지기금법인 설립준비위원회 구성】공동근로복지기금법인(이하 "공동기금법인"이라 한다)을 설립하려는 사업주는 공동으로 각 사업주 또는 사업주가 위촉하는 사람으로 설립준비위원회를 구성하여 설립에 관한 사무와 설립 당시의 이사 및 감사의 선임에 관한 사무를 담당하게 할 수 있다.
제86조의4【공동근로복지기금협의회의 구성】① 공동기금법인은 기금의 운용에 관한 주요사항을 협의 · 결정하기 위하여 공동근로복지기금협의회(이하 "공동기금협의회"라 한다)를 둔다.(2020.5.26 본항개정)
② 공동기금협의회는 각 기업별 근로자와 사용자를 대표하는 각 1인의 위원으로 구성한다. 이 경우 근로자를 대표하는 위원은 제55조제2항을 준용하여 선출하고, 사용자를 대표하는 위원은 해당 사업의 대표자 또는 그 대표자가 위촉하는 사람이 된다.
제86조의5【공동기금제도의 촉진】공동기금법인이 제62조제1항에 따른 사업을 시행하는 경우에는 근로복지진흥기금에서 대통령령으로 정하는 바에 따라 필요한 비용을 지원할 수 있다.
제86조의6【기본재산의 공동기금 사업에의 사용】① 공동기금법인은 제86조의2에 따라 출연받은 재산 또는 공동기금협의회에서 출연재산으로 편입할 것을 의결한 재산(이하 이 조에서 "공동기금법인의 기본재산"이라 한다)을 사내근로복지기금사업에 사용할 수 있다. 이 경우 공동기금법인의 기본재산 중 사용할 수 있는 금액의 산정에 관하여는 제62조제2항을 준용한다.
② 제1항에도 불구하고 다음 각 호의 어느 하나에 해당하는 공동기금법인은 공동기금법인의 기본재산을 사내근로복지기금사업에 사용하는 경우 대통령령으로 정하는 범위에서 정관으로 정하는 바에 따라 그 산정되는 금액을 높일 수 있다.
1. 「중소기업기본법」 제2조에 따른 중소기업의 사업주(이하 이 항에서 "중소기업 사업주"라 한다)와 「대 · 중소기업 상생협력 촉진에 관한 법률」 제2조제2호에 따른 대기업의 사업주가 설립한 공동기금법인
2. 둘 이상의 중소기업 사업주가 설립한 공동기금법인
(2020.12.8 본조신설)
제86조의7【공동기금법인에의 중간 참여】① 공동기금법인 설립 당시 참여하지 아니한 사업주는 참여하려는 공동기금법인의 공동기금협의회의 협의 · 결정을 거쳐 그 공동기금법인에 참여할 수 있다.
② 제1항에 따라 공동기금법인에 참여하는 사업주의 출연금 규모 등 중간 참여에 필요한 사항은 공동기금협의회가 협의 · 결정한다.
(2020.12.8 본조신설)
제86조의8【공동기금법인의 탈퇴 및 재산처리】① 제86조의3 및 제86조의7에 따라 공동기금법인에 참여한 사업주는 도급인 · 수급인 관계의 종료 등 대통령령으로 정하는 사유가 발생하는 경우 공동기금법인에서 탈퇴할 수 있다.
② 제1항에 따라 참여한 사업주가 공동기금법인에서 탈퇴하는 경우(제86조의11제1호에 따른 해산사유에 해당하는 경우는 제외한다)에 공동기금법인은 탈퇴 시를 기준으로 해당 사업주가 공동기금법인에 출연한 비율에 따라 고용노동부령으로 정하는 방법에 의하여 산정되는 재산을 해당 사업주에게 배분하여야 한다.
③ 제2항에 따라 재산을 배분받은 사업주는 그 재산으로 사내근로복지기금을 설치하거나 사내근로복지기금의 재원으로 출연하여야 한다.
④ 제1항에 따른 공동기금법인의 탈퇴 절차 및 방법 등에 관하여 필요한 사항은 대통령령으로 정한다.
(2020.12.8 본조신설)
제86조의9【개별 참여 사업주의 사업 폐지에 따른 재산처리】① 공동기금법인은 공동기금법인에 참여한 사업주가 사업을 폐지하는 경우(제86조의11제1호에 따른 해산사유에 해당하는 경우는 제외한다)에 사업 폐지 시를 기준으로 해당 사업주가 공동기금법인에 출연한 비율에 따라 고용노동부령으로 정하는 방법에 의하여 산정되는 재산을 제71조제1항을 준용하여 처리하여야 한다.
② 제1항에 따른 사용 후 잔여재산이 있는 경우에는 그 잔여재산은 공동기금에 귀속한다.
(2020.12.8 본조신설)
제86조의10【공동기금법인의 분쟁조정】공동기금법인에서 공동기금 운용방식, 사용용도, 출연금 규모 등에 관하여 분쟁이 발생하는 경우에는 정관으로 정하는 바에 따라 처리한다.(2020.5.26 본조개정)
제86조의11【공동기금법인의 해산사유】공동기금법인은 다음 각 호의 사유로 해산한다.
1. 공동기금법인 참여 사업주 중 과반수 사업주의 사업 폐지나 탈퇴
2. 제86조의13에 따른 공동기금법인의 합병
3. 제86조의14에 따른 공동기금법인의 분할 · 분할합병
(2020.12.8 1호~3호개정)
제86조의12【해산한 공동기금법인의 재산처리】제86조의11제1호의 사유로 공동기금법인이 해산하는 경우에는 제86조의2 및 제86조의7에 따라 공동기금법인에 출연한 비율에 따라 참여한 사업주에게 배분하여야 하며, 잔여재산이 있는 경우에는 정관으로 정하는 바에 따라 처리한다.(2020.12.8 본조개정)
제86조의13【공동기금법인의 합병】① 공동기금법인은 참여 사업주 중 과반수 사업주의 사업의 합병 · 양수 등에 따라 합병할 수 있다.(2020.12.8 본항개정)
② 공동기금법인의 합병 절차 등에 관하여는 제72조제2항 및 제3항을 준용한다.
제86조의14【공동기금법인의 분할 · 분할합병】① 공동기금법인은 참여 사업주 중 과반수 사업주의 사업의 분할 · 분할합병 등에 따라 분할 또는 분할합병을 할 수 있다.(2020.12.8 본항개정)
② 공동기금법인의 분할 · 분할합병 절차 등에 관하여는 제75조제2항부터 제5항까지를 준용한다.
제86조의15【준용】공동기금제도에 관하여는 제50조부터 제54조까지, 제56조부터 제58조까지, 제60조, 제62조(제2항은 제외한다), 제63조부터 제69조까지, 제73조, 제74조, 제76조부터 제78조까지, 제80조, 제93조를 준용한다. 이 경우 제50조부터 제52조까지, 제56조, 제63조, 제64조 중 "사내근로복지기금"은 "공동기금"으로 보고, 제52조부터 제54조까지, 제56조부터 제58조까지, 제60조, 제62조, 제64조부터 제69조까지, 제73조, 제74조, 제76조, 제77조, 제80조, 제93조 중 "기금법인"은 "공동기금법인"으로 보며, 제54조, 제56조부터 제58조까지, 제60조, 제62조, 제66조, 제68조, 제78조 중 "복지기금협의회"는 "공동기금협의회"로 보고, 제62조, 제78조 중 "사내근로복지기금사업"은 "공동기금사업"으로 본다.(2020.12.8 본조개정)

제4장 근로복지진흥기금

제87조【근로복지진흥기금의 설치】고용노동부장관은 근로복지사업에 필요한 재원을 확보하기 위하여 근로복지진흥기금을 설치한다.
제88조【근로복지진흥기금의 조성】① 근로복지진흥기금은 다음 각 호의 재원으로 조성한다.
1. 국가 또는 지방자치단체의 출연금
2. 국가 또는 지방자치단체 외의 자가 출연하는 현금 · 물품과 그 밖의 재산
3. 다른 기금(제36조에 따른 우리사주조합기금 및 제52조에 따른 사내근로복지기금은 제외한다)으로부터의 전입금
4. 제2항에 따른 차입금
5. 제24조, 제26조 및 제27조에 따른 보증료, 구상금, 지연이자
6. 「복권 및 복권기금법」 제23조제1항에 따라 배분된 복권수익금
7. 제71조에 따라 기금법인 해산 시 정관으로 근로복지진흥기금에 귀속하도록 정한 재산
8. 사업주 및 사업주단체의 기부금
9. 「고용정책 기본법」 제35조에 따라 조성된 자금

10. 근로복지진흥기금의 운용으로 생기는 수익금
11. 그 밖의 수입금
② 근로복지진흥기금의 운용에 필요한 경우에는 근로복지진흥기금의 부담으로 금융회사 또는 다른 기금 등으로부터 차입할 수 있다.
제89조【근로복지진흥기금의 회계연도】 근로복지진흥기금의 회계연도는 국가의 회계연도에 따른다.
제90조【근로복지진흥기금의 관리·운용】 ① 근로복지진흥기금은 공단이 관리·운용한다.
② 공단은 근로복지진흥기금을 운용할 때 공단의 다른 회계와 구분하여 회계처리하여야 한다.
③ 근로복지진흥기금의 관리·운용 등에 필요한 사항은 대통령령으로 정한다.
제91조【근로복지진흥기금의 용도】 근로복지진흥기금은 다음 각 호의 용도에 사용한다.
1. 근로자에 대한 주택구입자금등에 대한 융자
2. 근로자의 생활안정을 위한 자금의 융자
3. 근로자 또는 그 자녀에 대한 장학금의 지급 및 학자금의 융자
4. 제14조에 따른 근로복지종합정보시스템 운영
5. 제22조에 따른 신용보증 지원에 필요한 사업비
6. 우리사주제도 관련 지원
7. 사내근로복지기금제도 및 공동기금제도 관련 지원(2015.7.20 본호개정)
8. 근로복지시설 설치·운영자금 지원
9. 근로자 정서함양을 위한 문화·체육활동 지원
10. 선택적 복지제도 관련 지원
11. 근로자지원프로그램 관련 지원
12. 근로자 건강증진을 위한 의료사업에 필요한 사업비
13. 근로복지사업 연구·개발에 필요한 경비
14. 「고용정책 기본법」 제34조에 따른 실업대책사업의 실시·운영에 필요한 사업비
15. 근로복지진흥기금의 운용을 위한 수익사업에의 투자
16. 근로복지진흥기금의 조성·관리·운용에 필요한 경비
17. 그 밖에 근로자의 복지증진을 위하여 대통령령으로 정하는 사업에 필요한 지원
제92조【회계처리의 구분 등】 ① 제88조제1항제5호 및 제9호에 따른 자금은 근로복지진흥기금 중 다른 사업목적으로 조성·운용되는 자금과 각각 구분하여 회계처리하여야 한다.(2020.5.26 본항개정)
② 제88조제1항제5호 및 제9호에 따른 자금은 각각 제91조제5호 및 제14호에 따른 사업비에 사용하여야 한다.
③ 제1항과 제2항에도 불구하고 제91조제5호에 따른 사업비를 위하여 공단은 고용노동부장관의 승인을 받아 근로복지진흥기금 내에서 구분하여 회계처리하는 자금 간에 상호 전용(轉用)하여 사용할 수 있다.

제5장 보 칙

제93조【지도·감독 등】 ① 고용노동부장관은 근로자등의 복지증진을 위하여 필요한 경우 다음 각 호의 사항을 보고하게 하거나 소속 공무원으로 하여금 그 장부·서류 또는 그 밖의 물건을 검사하게 할 수 있으며, 필요하다고 인정하는 경우에는 대통령령으로 정하는 바에 따라 그 운영 등에 시정을 명할 수 있다.(2021.8.17 본문개정)
1. 공단의 근로복지진흥기금 관리 및 운용 실태에 관한 사항(2020.5.26 본호개정)
2. 제29조제1항에 따라 근로복지시설을 수탁·운영하는 비영리단체의 업무·회계·재산에 관한 사항
2의2. 제95조의2제4항에 따라 휴게시설을 수탁·운영하는 법인 또는 단체의 업무·회계·재산에 관한 사항(2021.8.17 본호신설)
3. 제52조에 따른 기금법인의 업무·회계·재산에 관한 사항
② 국가 또는 지방자치단체는 사업주, 융자업무취급기관, 우리사주조합, 제43조에 따른 수탁기관 및 보조 또는 융자받은 자를 감독하기 위하여 필요한 경우에는 이 법에 따른 업무에 관하여 대통령령으로 정하는 바에 따라 보고 또는 자료 제출을 하게 하거나 그 밖에 필요한 명령을 할 수 있으며, 소속 공무원으로 하여금 관계인에게 질문하거나 관련 장부·서류 등을 조사 또는 검사하게 할 수 있다.(2020.5.26 본항개정)
③ 제1항 및 제2항에 따라 조사를 하는 공무원은 그 권한을 표시하는 증표를 지니고 이를 관계인에게 보여주어야 한다.
④ 제1항 및 제2항에 따라 조사를 하는 경우에는 조사대상자에게 7일 전에 조사 일시, 조사 내용 등 필요한 사항을 알려야 한다. 다만, 긴급하거나 미리 알릴 경우 그 목적을 달성할 수 없다고 인정되는 경우에는 그러하지 아니하다.
⑤ 고용노동부장관 등은 제1항 및 제2항에 따른 조사 결과를 조사대상자에게 서면으로 알려야 한다.
제94조【위임 및 위탁】 ① 이 법에 따른 고용노동부장관의 권한은 그 일부를 대통령령으로 정하는 바에 따라 지방노동관서의 장에게 위임할 수 있다.
② 이 법에 따른 고용노동부장관의 업무는 그 일부를 대통령령으로 정하는 바에 따라 근로복지와 관련된 기관 또는 단체에 위탁할 수 있다.
제95조【반환명령】 ① 국가 또는 지방자치단체는 제6조를 위반한 자에게 대통령령으로 정하는 바에 따라 보조 또는 융자받은 금액의 전부 또는 일부의 반환을 명할 수 있다.
② 국가 또는 지방자치단체는 거짓이나 그 밖의 부정한 방법으로 이 법에 따라 보조 또는 융자를 받은 자에게 대통령령으로 정하는 바에 따라 보조 또는 융자받은 금액의 전부 또는 일부의 반환을 명할 수 있다.
③ 제1항 및 제2항에 따라 반환명령을 받은 자는 상환기간 전이라도 반환명령을 받은 금액을 상환하여야 한다.
제95조의2【특수형태근로종사자 등에 대한 특례】 ① 국가 또는 지방자치단체는 다음 각 호의 어느 하나에 해당하는 사람을 대상으로 근로복지사업을 실시할 수 있다.(2021.8.17 본문개정)
1. 근로자가 아니면서 자신이 아닌 다른 사람의 사업을 위하여 다른 사람을 사용하지 아니하고 자신이 직접 노무를 제공하여 해당 사업주 또는 노무수령자로부터 대가를 얻는 사람
2. 「산업재해보상보험법」 제124조제1항에 따른 중·소기업 사업주(근로자를 사용하는 사업주는 제외한다)(2020.12.8 1호~2호신설)
② 제1항에 따라 국가 또는 지방자치단체가 실시할 수 있는 근로복지사업은 다음 각 호와 같다. 다만, 지방자치단체가 실시할 수 있는 근로복지사업은 제4호의 근로복지사업으로 한정한다.
1. 제19조부터 제21조까지에 따른 생활안정 및 재산형성 지원
2. 제22조부터 제27조까지에 따른 신용보증 지원
3. 제31조에 따른 민간복지시설 이용비용의 지원
4. 제1항제1호에 해당하는 사람 중 다수 이용자의 요청에 따라 배달, 운전 등 대통령령으로 정하는 노무를 제공하는 사람이 이용할 수 있는 휴게시설의 설치·운영. 이 경우 휴게시설은 화장실 등 대통령령으로 정하는 부대시설을 갖추어야 한다.(2021.8.17 본항신설)
③ 제1항 각 호의 어느 하나에 해당하는 사람은 제2조제1호에도 불구하고 제2항제1호부터 제3호까지에 따른 근로복지사업을 실시할 때에는 그 사업의 근로자로 본다.(2021.8.17 본항신설)
④ 국가 또는 지방자치단체는 제2항제4호에 따라 설치한 휴게시설을 효율적으로 운영하기 위하여 필요한 경우에는 대통령령으로 정하는 법인 또는 단체에 운영을 위탁하고, 운영에 필요한 비용을 예산의 범위에서 지원할 수 있다.(2021.8.17 본항신설)

제6장 벌 칙

제96조【벌칙】 다음 각 호의 어느 하나에 해당하는 자는 1년 이하의 징역 또는 3천만원 이하의 벌금에 처한다.
1. 제42조의2제1항 각 호에 해당하는 행위를 한 자
2. 제42조의2제2항을 위반하여 같은 조 제1항의 위반 사실을 신고 또는 증언하거나 증거를 제출하였다는 이유로 우리사주조합원에 대하여 해고 또는 그 밖의 불리한 처우를 한 자(2014.1.28 본조신설)
제97조【벌칙】 다음 각 호의 어느 하나에 해당하는 자는 1년 이하의 징역 또는 1천만원 이하의 벌금에 처한다.(2014.5.20 본문개정)
1. 제62조(제86조의15에서 준용하는 경우를 포함한다), 제63조(제86조의15에서 준용하는 경우를 포함한다) 및 제86조의6을 위반하여 기금법인 또는 공동기금법인을 운영한 이사
2. 제67조(제86조의15에서 준용하는 경우를 포함한다)에 따른 기금법인 또는 공동기금법인의 부동산 소유 금지를 위반한 기금법인의 이사 및 해당 사업의 사용자 또는 공동기금법인의 이사
3. 제68조제1항(제86조의15에서 준용하는 경우를 포함한다)을 위반하여 근로복지제도 또는 근로복지시설의 운영을 중단하거나, 이를 감축한 사용자
4. 제71조 및 제86조의12에 따른 해산한 기금법인 또는 공동기금법인의 재산처리 방법을 위반한 청산인
5. 제78조(제86조의15에서 준용하는 경우를 포함한다)를 위반하여 직무수행과 관련하여 알게 된 비밀을 누설하거나, 기금법인 또는 공동기금법인의 사업과 관련하여 겸직 또는 자기거래를 한 복지기금협의회 및 공동기금협의회의 위원, 이사 및 감사(2020.12.8 1호~5호개정)
6. 제86조의8제2항 및 제86조의9에 따른 재산처리 방법을 위반한 공동기금법인의 이사(2020.12.8 본호신설)
7. 제86조의8제3항에 따른 재산처리 방법을 위반한 참여 사업의 사용자(2020.12.8 본호신설)
제98조【양벌규정】 법인의 대표자나 법인 또는 개인의 대리인, 사용인, 그 밖의 종업원이 그 법인 또는 개인의 업무에 관하여 제96조 또는 제97조의 위반행위를 하면 그 행위자를 벌하는 외에 그 법인 또는 개인에게도 해당 조문의 벌금형을 과(科)한다. 다만, 법인 또는 개인이 그 위반행위를 방지하기 위하여 해당 업무에 관하여 상당한 주의와 감독을 게을리하지 아니한 경우에는 그러하지 아니하다.(2014.1.28 본문개정)
제99조【과태료】 ① 제69조(제86조의15에서 준용하는 경우를 포함한다)에 따른 시정명령을 위반한 사용자, 기금법인 또는 공동기금법인에는 500만원 이하의 과태료를 부과한다.(2020.12.8 본항개정)
② 제6조를 위반하여 근로복지를 위하여 이 법에 따라 보조 또는 융자받은 자금을 목적 외 용도에 사용한 자에게는 300만원 이하의 과태료를 부과한다.
③ 다음 각 호의 어느 하나에 해당하는 자에게는 200만원 이하의 과태료를 부과한다.
1. 제57조(제86조의15에서 준용하는 경우를 포함한다) 또는 제65조(제86조의15에서 준용하는 경우를 포함한다)를 위반하여 해당 서류를 작성·보관하지 아니한 기금법인 또는 공동기금법인(2020.12.8 본호개정)
2. 제93조제1항제3호(제86조의15에서 준용하는 경우를 포함한다)에 따른 요구에 따르지 아니하여 보고를 하지 아니하거나 거짓의 보고를 한 자, 필요한 명령에 따르지 아니한 자 또는 공무원의 검사를 거부·방해하거나 기피한 자(2020.12.8 본호개정)
④ 다음 각 호의 어느 하나에 해당하는 자에게는 100만원 이하의 과태료를 부과한다.
1. 제35조제3항 단서, 제4항, 제5항 및 제7항을 위반한 우리사주조합의 대표자(2015.7.20 본호개정)
2. 제37조를 위반하여 해당 계정 처리방법에 따라 구분·관리하지 아니한 우리사주조합의 대표자
3. 제43조제1항을 위반하여 우리사주를 예탁한 우리사주조합의 대표자
4. 제43조제3항을 위반하여 예탁된 우리사주를 양도하거나 담보로 제공한 우리사주조합의 대표자 또는 우리사주조합원
5. 제46조에 따른 우리사주조합의 의결권 행사방법을 위반한 우리사주조합의 대표자
6. 제47조에 따른 우리사주조합의 해산 절차를 위반한 청산인
7. 제93조제1항제1호, 제2호 또는 제2호의2에 따른 요구에 따르지 아니하여 보고를 하지 아니하거나 거짓의 보고를 한 자, 필요한 명령에 따르지 아니한 자 또는 공무원의 검사를 거부·방해하거나 기피한 자(2021.8.17 본호개정)
8. 제93조제2항에 따른 요구에 따르지 아니하여 보고를 하지 아니하거나 거짓의 보고를 한 자, 자료를 제출하지 아니하거나 거짓으로 기재한 자료를 제출한 자, 그 밖에 감독을 위한 명령에 따르지 아니한 자 또는 같은 항에 따른 검사를 거부·방해하거나 기피한 자(2020.5.26 본호개정)
⑤ 제1항부터 제4항까지의 규정에 따른 과태료는 대통령령으로 정하는 바에 따라 고용노동부장관이 부과·징수한다.

부 칙

제1조【시행일】 이 법은 공포 후 6개월이 경과한 날부터 시행한다. 다만, 부칙 제11조제11항은 2011년 1월 1일부터 시행한다.
제2조【다른 법률의 폐지】 사내근로복지기금법은 폐지한다.
제3조【기금법인의 관리·운영 서류의 작성 및 보관에 관한 적용례】 제65조의 개정규정은 이 법 시행 후 기금법인이 최초로 작성하는 서류(전자문서를 포함한다)부터 적용한다.
제4조【우리사주조합에 관한 경과조치】 이 법 시행 당시 종전의 규정에 따른 우리사주조합(법률 제6510호 근로자복지기본법 부칙 제3조에 따라 같은 법에 따른 우리사주조합으로 보는 것을 포함한다)은 제33조의 개정규정에 따른 우리사주조합으로 본다.
제5조【근로자복지시설에 관한 경과조치】 이 법 시행 당시 종전의 규정에 따라 설치된 근로자복지시설(법률 제6510호 근로자복지기본법 부칙 제4조에 따라 같은 법에 따라 설치된 근로자복지시설로 보는 것을 포함한다)은 제28조의 개정규정에 따라 설치된 근로자복지시설로 본다.
제6조【사내근로복지기금 및 임원 등에 관한 경과조치】 ① 이 법 시행 당시 종전의 「사내근로복지기금법」에 따라 설립된 사내근로복지기금은 제52조의 개정규정에 따라 설립된 기금법인으로 본다.
② 이 법 시행 당시 종전의 「사내근로복지기금법」에 따라 설립된 사내근로복지기금협의회의 위원, 사내근로복지기금의 이사·감사 및 직원은 각각 이 법에 따른 복지기금협의회의 위원, 기금법인의 이사·감사 및 직원으로 본다. 이 경우 위원, 이사 및 감사의 임기는 제59조의 개정규정에도 불구하고 그 임기가 만료될 때까지는 종전의 「사내근로복지기금법」에 따른다.

③ 이 법 시행 당시 종전의 「사내근로복지기금법」에 따라 설립된 사내근로복지기금에 속하였던 모든 재산과 권리·의무는 이 법에 따라 설립된 것으로 보는 기금법인이 승계한 것으로 본다.

제7조【근로자복지진흥기금에 관한 경과조치】 이 법 시행 당시 종전의 규정에 따라 설치된 근로자복지진흥기금(법률 제6510호 근로자복지기본법 부칙 제5조에 따라 같은 법에 따라 설치된 근로자복지진흥기금으로 보는 것을 포함한다)은 제87조의 개정규정에 따라 설치된 근로복지진흥기금으로 본다.

제8조【처분 등에 관한 일반적 경과조치】 이 법 시행 당시 종전의 규정과 종전의 「사내근로복지기금법」에 따른 행정기관의 행위나 행정기관에 대한 행위는 그에 해당하는 이 법에 따른 행정기관의 행위나 행정기관에 대한 행위로 본다.

제9조【벌칙에 관한 경과조치】 이 법 시행 전의 행위에 대하여 벌칙 규정을 적용할 때에는 종전의 「사내근로복지기금법」에 따른다.

제10조【과태료에 관한 경과조치】 이 법 시행 전의 행위에 대하여 과태료 규정을 적용할 때에는 종전의 규정과 종전의 「사내근로복지기금법」에 따른다.

제11조【다른 법률의 개정】 ①~⑪ ※(해당 법령에 가제정리 하였음)

제12조【다른 법령과의 관계】 이 법 시행 당시 다른 법령에서 종전의 「근로자복지기본법」 또는 그 규정 및 종전의 「사내근로복지기금법」 또는 그 규정을 인용한 경우에 이 법 가운데 그에 해당하는 규정이 있으면 종전의 「근로자복지기본법」 또는 그 규정 및 종전의 「사내근로복지기금법」 또는 그 규정을 갈음하여 이 법 또는 이 법의 해당 규정을 인용한 것으로 본다.

부 칙 (2016.12.27)

제1조【시행일】 이 법은 공포 후 6개월이 경과한 날부터 시행한다.

제2조【비상장법인의 우리사주 환매수에 관한 적용례】 제45조의2의 개정규정은 이 법 시행 후 우리사주조합이 같은 조 제1항제1호의 개정규정에 따라 우리사주를 취득하는 경우부터 적용한다.

부 칙 (2019.4.30)

제1조【시행일】 이 법은 공포한 날부터 시행한다.(이하 생략)

부 칙 (2020.5.26)

이 법은 공포한 날부터 시행한다.(이하 생략)

부 칙 (2020.12.8)

이 법은 공포 후 6개월이 경과한 날부터 시행한다. 다만, 제95조의2의 개정규정은 공포한 날부터 시행한다.

부 칙 (2020.12.29)

제1조【시행일】 이 법은 공포한 날부터 시행한다.(이하 생략)

부 칙 (2021.8.17)

이 법은 공포 후 6개월이 경과한 날부터 시행한다.

부 칙 (2022.6.10)

이 법은 공포 후 1년이 경과한 날부터 시행한다.

파견근로자 보호 등에 관한 법률(약칭 : 파견법)

(1998년 2월 20일 법 률 제5512호)

개정
2006.12.21법 8076호
2007. 4.11법 8372호(근기)
2007. 8. 3법 8617호(물류정책기본법)
2008. 3.21법 8963호
2008. 3.21법 8964호(최저임금법)
2009. 2. 6법 9432호(식품위생)
2009. 5.21법 9698호
2010. 6. 4법10339호(정부조직)
2011. 8. 4법11024호(선원)
2012. 2. 1법11279호 2013. 3.22법11668호
2014. 3.18법12470호 2014. 5.20법12632호
2017. 4.18법14790호
2019. 1.15법16272호(산업안전보건법)
2019. 4.30법16413호
2020. 5.26법17326호(법률용어정비)
2020.12. 8법17605호

제1장 총 칙

(2019.4.30 본장개정)

제1조【목적】 이 법은 근로자파견사업의 적정한 운영을 도모하고 파견근로자의 근로조건 등에 관한 기준을 확립하여 파견근로자의 고용안정과 복지증진에 이바지하고 인력수급을 원활하게 함을 목적으로 한다.

제2조【정의】 이 법에서 사용하는 용어의 뜻은 다음과 같다.

1. "근로자파견"이란 파견사업주가 근로자를 고용한 후 그 고용관계를 유지하면서 근로자파견계약의 내용에 따라 사용사업주의 지휘·명령을 받아 사용사업주를 위한 근로에 종사하게 하는 것을 말한다.
2. "근로자파견사업"이란 근로자파견을 업(業)으로 하는 것을 말한다.
3. "파견사업주"란 근로자파견사업을 하는 자를 말한다.
4. "사용사업주"란 근로자파견계약에 따라 파견근로자를 사용하는 자를 말한다.
5. "파견근로자"란 파견사업주가 고용한 근로자로서 근로자파견의 대상이 되는 사람을 말한다.
6. "근로자파견계약"이란 파견사업주와 사용사업주 간에 근로자파견을 약정하는 계약을 말한다.
7. "차별적 처우"란 다음 각 목의 사항에서 합리적인 이유 없이 불리하게 처우하는 것을 말한다.(2020.5.26 본문개정)
   가. 「근로기준법」 제2조제1항제5호의 임금
   나. 정기상여금, 명절상여금 등 정기적으로 지급되는 상여금
   다. 경영성과에 따른 성과금
   라. 그 밖에 근로조건 및 복리후생 등에 관한 사항

판례 협력업체 소속 근로자들이 본사와 하청계약을 맺고 제철소의 열연·냉연·도금공장에서 크레인을 이용한 운반 작업 등을 담당했는데, 본사가 이들의 수행 업무 및 크레인 운전에 필요한 인원수·작업량 등을 실질적으로 결정하고, 이 근로자들이 본사의 전산관리시스템을 통해 전달된 내용대로 작업을 수행했으며, 본사 소속 직원과 광범위하게 협업하는 등 본사의 사업에 실질적으로 편입되었다면 2년을 초과해 일한 협력업체 소속 근로자는 본사가 직접 고용했다고 보아야 한다.(대판 2022.7.28, 2021다221638)

판례 톨게이트 요금수납원들은 외주사업체에 고용된 후 해당 외주사업체와 용역계약을 체결한 한국도로공사로부터 직접 지휘·명령을 받으며 한국도로공사를 위한 근로를 제공하였다. 또한 톨게이트 요금수납원들이 한국도로공사의 로고가 새겨진 근무복과 명찰을 착용하고 한국도로공사의 직원과 함께 같은 공간인 한국도로공사 영업소에서 한국도로공사가 제시한 각종 규정 등을 준수하며 작업을 수행한 점, 톨게이트 요금수납원들과 한국도로공사 영업소 관리자가 유기적으로 협력하여 통행료 수납업무, 체납차량 단속업무, 운행제한차량 단속업무를 수행한 점 등에 비추어 보면, 톨게이트 요금수납원들과 한국도로공사 영업소 관리자는 전체적으로 하나의 작업집단으로서 한국도로공사의 필수적이고 상시적인 업무를 수행하였다. 따라서 톨게이트 요금수납원과 한국도로공사는 근로자파견관계에 있었다고 보아야 한다.(대법 2019.8.29, 2017다219072)

제3조【정부의 책무】 정부는 파견근로자를 보호하고 근로자의 구직(求職)과 사용자의 인력확보를 쉽게 하기 위하여 다음 각 호의 시책을 마련·시행함으로써 근로자가 사용자에게 직접 고용될 수 있도록 노력하여야 한다.

1. 고용정보의 수집·제공
2. 직업에 관한 연구
3. 직업지도
4. 직업안정기관의 설치·운영

제4조【근로자파견사업의 조사·연구】 ① 정부는 필요한 경우 근로자대표·사용자대표·공익대표 및 관계전문가에게 근로자파견사업의 적정한 운영과 파견근로자의 보호에 관한 주요사항을 조사·연구하게 할 수 있다.
② 제1항에 따른 조사·연구에 필요한 사항은 고용노동부령으로 정한다.

제2장 근로자파견사업의 적정 운영

(2019.4.30 본장개정)

제5조【근로자파견 대상 업무 등】 ① 근로자파견사업은 제조업의 직접생산공정업무를 제외하고 전문지식·기술·경험 또는 업무의 성질 등을 고려하여 적합하다고 판단되는 업무로서 대통령령으로 정하는 업무를 대상으로 한다.
② 제1항에도 불구하고 출산·질병·부상 등으로 결원이 생긴 경우 또는 일시적·간헐적으로 인력을 확보하여야 할 필요가 있는 경우에는 근로자파견사업을 할 수 있다.
③ 제1항 및 제2항에도 불구하고 다음 각 호의 어느 하나에 해당하는 업무에 대하여는 근로자파견사업을 하여서는 아니 된다.

1. 건설공사현장에서 이루어지는 업무
2. 「항만운송사업법」 제3조제1호, 「한국철도공사법」 제9조제1항제1호, 「농수산물 유통 및 가격안정에 관한 법률」 제40조, 「물류정책기본법」 제2조제1항제1호의 하역(荷役)업무로서 「직업안정법」 제33조에 따라 근로자공급사업 허가를 받은 지역의 업무
3. 「선원법」 제2조제1호의 선원의 업무
4. 「산업안전보건법」 제28조에 따른 유해하거나 위험한 업무
5. 그 밖에 근로자 보호 등의 이유로 근로자파견사업의 대상으로는 적절하지 못하다고 인정하여 대통령령으로 정하는 업무

④ 제2항에 따라 파견근로자를 사용하려는 경우 사용사업주는 해당 사업 또는 사업장에 근로자의 과반수로 조직된 노동조합이 있는 경우에는 그 노동조합, 근로자의 과반수로 조직된 노동조합이 없는 경우에는 근로자의 과반수를 대표하는 자와 사전에 성실하게 협의하여야 한다.
⑤ 누구든지 제1항부터 제4항까지의 규정을 위반하여 근로자파견사업을 하거나 그 근로자파견사업을 하는 자로부터 근로자파견의 역무(役務)를 제공받아서는 아니 된다.

제6조【파견기간】 ① 근로자파견의 기간은 제5조제2항에 해당하는 경우를 제외하고는 1년을 초과하여서는 아니 된다.
② 제1항에도 불구하고 파견사업주, 사용사업주, 파견근로자 간의 합의가 있는 경우에는 파견기간을 연장할 수 있다. 이 경우 1회를 연장할 때에는 그 연장기간은 1년을 초과하여서는 아니 되며, 연장된 기간을 포함한 총 파견기간은 2년을 초과하여서는 아니 된다.
③ 제2항 후단에도 불구하고 「고용상 연령차별금지 및 고령자고용촉진에 관한 법률」 제2조제1호의 고령자인 파견근로자에 대하여는 2년을 초과하여 근로자파견기간을 연장할 수 있다.
④ 제5조제2항에 따른 근로자파견의 기간은 다음 각 호의 구분에 따른다.

1. 출산·질병·부상 등 그 사유가 객관적으로 명백한 경우 : 해당 사유가 없어지는 데 필요한 기간(2020.5.26 본호개정)
2. 일시적·간헐적으로 인력을 확보할 필요가 있는 경우 : 3개월 이내의 기간. 다만, 해당 사유가 없어지지 아니하고 파견사업주, 사용사업주, 파견근로자 간의 합의가 있는 경우에는 3개월의 범위에서 한 차례만 그 기간을 연장할 수 있다.(2020.5.26 단서개정)

제6조의2【고용의무】 ① 사용사업주가 다음 각 호의 어느 하나에 해당하는 경우에는 해당 파견근로자를 직접 고용하여야 한다.

1. 제5조제1항의 근로자파견 대상 업무에 해당하지 아니하는 업무에서 파견근로자를 사용하는 경우(제5조제2항에 따라 근로자파견사업을 한 경우는 제외한다)
2. 제5조제3항을 위반하여 파견근로자를 사용하는 경우
3. 제6조제2항을 위반하여 2년을 초과하여 계속적으로 파견근로자를 사용하는 경우
4. 제6조제4항을 위반하여 파견근로자를 사용하는 경우
5. 제7조제3항을 위반하여 근로자파견의 역무를 제공받은 경우

② 제1항은 해당 파견근로자가 명시적으로 반대의사를 표시하거나 대통령령으로 정하는 정당한 이유가 있는 경우에는 적용하지 아니한다.
③ 제1항에 따라 사용사업주가 파견근로자를 직접 고용하는 경우의 파견근로자의 근로조건은 다음 각 호의 구분에 따른다.

1. 사용사업주의 근로자 중 해당 파견근로자와 같은 종류의 업무 또는 유사한 업무를 수행하는 근로자가 있는 경우 : 해당 근로자에게 적용되는 취업규칙 등에서 정하는 근로조건에 따를 것
2. 사용사업주의 근로자 중 해당 파견근로자와 같은 종류의 업무 또는 유사한 업무를 수행하는 근로자가 없는 경우 : 해당 파견근로자의 기존 근로조건의 수준보다 낮아져서는 아니 될 것

④ 사용사업주는 파견근로자를 사용하고 있는 업무에 근로자를 직접 고용하려는 경우에는 해당 파견근로자를 우선적으로 고용하도록 노력하여야 한다.

판례 직접고용의무를 부담하는 사용사업주가 파견근로자를 직접고용하면서 특별한 사정이 없음에도 기간제 근로계약을 체결하는 경우이는 직접고용의무를 완전하게 이행한 것이라고 보기 어렵고, 이러한 근로계약 중 기간을 정한 부분은 파견근로자를 보호하기 위한 파견법의 강행규정을 위반한 것에 해당하여 무효가 될 수 있다. 예외가 되는 특별한 사정의 존재에 관하여는 사용사업주가 증명책임을 부담한다.(대판 2022.1.27, 2018다207847)

판례 P기업의 사내하청업체인 Y기업 근로자로 일하다 해고된 갑이 비록 구 파견근로자 보호 등에 관한 법률(파견근로자 보호법)에서 근로자 파견사업이 허용되는 업무가 아닌 자동차 조립 등 직접생산 공정업무에 파견되어 노무를 제공해 왔으며, 갑이 소속된 Y기업이 근로자 파견 사업의 허가를 받지 않았다 하더라도 이를 이유로 파견근로자 보호법에서 정한 직접고용간주 규정의 적용이 배제될 수는 없다. 갑이 Y사에 입사한 2002년 3월부터 2년이 경과한 이후 계속해 P기업에 파견돼 사용됨으로써 2004년 3월부터 사용사업주인 P기업과의 사이에 직접 근로관계가 성립했고, 그럼에도 P기업이 갑과의 근로관계를 부정하면서 갑의 사업장 출입을 막고 노무를 제공받지 않을 뜻을 밝힘으로써 갑을 해고한 것은 부당하다.(대판 2012.2.23, 2011두7076)

제7조【근로자파견사업의 허가】 ① 근로자파견사업을 하려는 자는 고용노동부령으로 정하는 바에 따라 고용노동부장관의 허가를 받아야 한다. 허가받은 사항 중 고용노동부령으로 정하는 중요사항을 변경하는 경우에도 또한 같다.
② 제1항 전단에 따라 근로자파견사업의 허가를 받은 자가 허가받은 사항 중 같은 항 후단에 따른 중요사항 외의 사항을 변경하려는 경우에는 고용노동부령으로 정하는 바에 따라 고용노동부장관에게 신고하여야 한다.
③ 사용사업주는 제1항을 위반하여 근로자파견사업을 하는 자로부터 근로자파견의 역무를 제공받아서는 아니 된다.
④ 고용노동부장관은 제2항에 따른 신고를 받은 경우 그 내용을 검토하여 이 법에 적합하면 신고를 수리하여야 한다.(2020.12.8 본항신설)

제8조【허가의 결격사유】 다음 각 호의 어느 하나에 해당하는 자는 제7조에 따른 근로자파견사업의 허가를 받을 수 없다.
1. 미성년자, 피성년후견인, 피한정후견인 또는 파산선고를 받고 복권(復權)되지 아니한 사람
2. 금고 이상의 형(집행유예는 제외한다)을 선고받고 그 집행이 끝나거나 집행을 받지 아니하기로 확정된 후 2년이 지나지 아니한 사람
3. 이 법, 「직업안정법」, 「근로기준법」 제7조, 제9조, 제20조부터 제22조까지, 제36조, 제43조, 제44조, 제44조의2, 제45조, 제46조, 제56조 및 제64조, 「최저임금법」 제6조, 「선원법」 제110조를 위반하여 벌금 이상의 형(집행유예는 제외한다)을 선고받고 그 집행이 끝나거나 집행을 받지 아니하기로 확정된 후 3년이 지나지 아니한 자
4. 금고 이상의 형의 집행유예를 선고받고 그 유예기간 중에 있는 사람
5. 제12조에 따라 해당 사업의 허가가 취소(이 조 제1호에 해당하여 허가가 취소된 경우는 제외한다)된 후 3년이 지나지 아니한 자(2020.12.8 본호개정)
6. 임원 중 제1호부터 제5호까지의 어느 하나에 해당하는 사람이 있는 법인

제9조【허가의 기준】 ① 고용노동부장관은 제7조에 따라 근로자파견사업의 허가신청을 받은 경우에는 다음 각 호의 요건을 모두 갖춘 경우에 한정하여 근로자파견사업을 허가할 수 있다.
1. 신청인이 해당 근로자파견사업을 적정하게 수행할 수 있는 자산 및 시설 등을 갖추고 있을 것
2. 해당 사업이 특정한 소수의 사용사업주를 대상으로 하여 근로자파견을 하는 것이 아닐 것
② 제1항에 따른 허가의 세부기준은 대통령령으로 정한다.

제10조【허가의 유효기간 등】 ① 근로자파견사업 허가의 유효기간은 3년으로 한다.
② 제1항에 따른 허가의 유효기간이 끝난 후 계속하여 근로자파견사업을 하려는 자는 고용노동부령으로 정하는 바에 따라 갱신허가를 받아야 한다.
③ 제2항에 따른 갱신허가의 유효기간은 그 갱신 전의 허가의 유효기간이 끝나는 날의 다음 날부터 기산(起算)하여 3년으로 한다.
④ 제2항에 따른 갱신허가에 관하여는 제7조부터 제9조까지의 규정을 준용한다.

제11조【사업의 폐지】 ① 파견사업주는 근로자파견사업을 폐지하였을 때에는 고용노동부령으로 정하는 바에 따라 고용노동부장관에게 신고하여야 한다.
② 제1항에 따른 신고가 있을 때에는 근로자파견사업의 허가는 신고일부터 그 효력을 잃는다.

제12조【허가의 취소 등】 ① 고용노동부장관은 파견사업주가 다음 각 호의 어느 하나에 해당하는 경우에는 근로자파견사업의 허가를 취소하거나 6개월 이내의 기간을 정하여 영업정지를 명할 수 있다. 다만, 제1호 또는 제2호에 해당하는 경우에는 그 허가를 취소하여야 한다.
1. 제7조제1항 또는 제10조제2항에 따른 허가를 거짓이나 그 밖의 부정한 방법으로 받은 경우
2. 제8조에 따른 결격사유에 해당하게 된 경우
3. 제5조제5항을 위반하여 근로자파견사업을 한 경우
4. 제6조제1항·제2항 또는 제4항을 위반하여 근로자파견사업을 한 경우
5. 제7조제1항 후단을 위반하여 허가를 받지 아니하고 중요사항을 변경한 경우
6. 제7조제2항에 따른 변경신고를 하지 아니하고 신고사항을 변경한 경우
7. 제9조에 따른 허가의 기준에 미달하게 된 경우
8. 제11조제1항에 따른 폐지신고를 하지 아니한 경우
9. 제13조제2항을 위반하여 영업정지 처분의 내용을 사용사업주에게 통지하지 아니한 경우
10. 제14조에 따른 겸업금지의무를 위반한 경우
11. 제15조를 위반하여 명의를 대여한 경우
12. 제16조제1항을 위반하여 근로자를 파견한 경우
13. 제17조에 따른 준수사항을 위반한 경우
14. 제18조에 따른 보고를 하지 아니하거나 거짓으로 보고한 경우
15. 제20조제1항에 따른 근로자파견계약을 서면으로 체결하지 아니한 경우
16. 제24조제2항을 위반하여 근로자의 동의를 받지 아니하고 근로자파견을 한 경우
17. 제25조를 위반하여 근로계약 또는 근로자파견계약을 체결한 경우
18. 제26조제1항을 위반하여 파견근로자에게 제20조제1항제2호 및 제4호부터 제12호까지의 사항을 알려주지 아니한 경우
19. 제28조에 따른 파견사업 관리책임자를 선임하지 아니하거나 결격사유가 있는 사람을 선임한 경우
20. 제29조에 따른 파견사업관리대장을 작성하지 아니하거나 보존하지 아니한 경우
21. 제35조제5항을 위반하여 건강진단 결과를 사용사업주에게 보내지 아니한 경우
22. 제37조에 따른 근로자파견사업의 운영 및 파견근로자의 고용관리 등에 관한 개선명령을 이행하지 아니한 경우
23. 제38조에 따른 보고 명령을 위반하거나 관계 공무원의 출입·검사·질문 등의 업무를 거부·방해 또는 기피한 경우
② 고용노동부장관은 법인이 제8조제6호에 따른 결격사유에 해당되어 허가를 취소하려는 경우에는 미리 해당 임원의 교체임명에 필요한 기간을 1개월 이상 주어야 한다.
③ 고용노동부장관은 제1항에 따라 허가를 취소하려면 청문을 하여야 한다.
④ 제1항에 따른 근로자파견사업의 허가취소 또는 영업정지의 기준은 고용노동부령으로 정한다.

제13조【허가취소 등의 처분 후의 근로자파견】 ① 제12조에 따른 허가취소 또는 영업정지 처분을 받은 파견사업주는 그 처분 전에 파견한 파견근로자와 그 사용사업주에 대하여는 그 파견기간이 끝날 때까지 파견사업주로서의 의무와 권리를 가진다.
② 제1항의 경우에 파견사업주는 그 처분의 내용을 지체 없이 사용사업주에게 통지하여야 한다.

제14조【겸업금지】 다음 각 호의 어느 하나에 해당하는 사업을 하는 자는 근로자파견사업을 할 수 없다.
1. 「식품위생법」 제36조제1항제3호의 식품접객업
2. 「공중위생관리법」 제2조제1항제2호의 숙박업
3. 「결혼중개업의 관리에 관한 법률」 제2조제2호의 결혼중개업
4. 그 밖에 대통령령으로 정하는 사업

제15조【명의대여의 금지】 파견사업주는 자기의 명의로 타인에게 근로자파견사업을 하게 하여서는 아니 된다.

제16조【근로자파견의 제한】 ① 파견사업주는 쟁의행위 중인 사업장에 그 쟁의행위로 중단된 업무의 수행을 위하여 근로자를 파견하여서는 아니 된다.
② 누구든지 「근로기준법」 제24조에 따른 경영상 이유에 의한 해고를 한 후 대통령령으로 정하는 기간이 지나기 전에는 해당 업무에 파견근로자를 사용하여서는 아니 된다.

제17조【파견사업주 등의 준수사항】 파견사업주 및 제28조에 따른 파견사업관리책임자는 근로자파견사업을 할 때 고용노동부령으로 정하는 사항을 준수하여야 한다.

제18조【사업보고】 파견사업주는 고용노동부령으로 정하는 바에 따라 사업보고서를 작성하여 고용노동부장관에게 제출하여야 한다.

제19조【폐쇄조치 등】 ① 고용노동부장관은 허가를 받지 아니하고 근로자파견사업을 하거나 허가취소 또는 영업정지 처분을 받은 후 계속하여 사업을 하는 자에 대하여는 그 사업을 폐쇄하기 위하여 관계 공무원에게 다음 각 호의 조치를 하게 할 수 있다.
1. 해당 사무소 또는 사무실의 간판이나 그 밖의 영업표지물의 제거·삭제
2. 해당 사업이 위법한 것임을 알리는 게시물의 부착
3. 해당 사업의 운영을 위하여 필수불가결한 기구 또는 시설물을 사용할 수 없게 하는 봉인(封印)
② 제1항에 따른 조치를 하려는 경우에는 미리 해당 파견사업주 또는 그 대리인에게 서면으로 알려주어야 한다. 다만, 급박한 사유가 있는 경우에는 그러하지 아니하다.
③ 제1항에 따른 조치는 그 사업을 할 수 없게 하는 경우 필요한 최소한의 범위에 그쳐야 한다.
④ 제1항에 따라 조치를 하는 관계 공무원은 그 권한을 표시하는 증표를 관계인에게 보여 주어야 한다.

제3장 파견근로자의 근로조건 등
(2019.4.30 본장제목개정)

제1절 근로자파견계약
(2019.4.30 본절제목개정)

제20조【계약의 내용 등】 ① 근로자파견계약의 당사자는 고용노동부령으로 정하는 바에 따라 다음 각 호의 사항을 포함하는 근로자파견계약을 서면으로 체결하여야 한다.
1. 파견근로자의 수
2. 파견근로자가 종사할 업무의 내용
3. 파견 사유(제5조제2항에 따라 근로자파견을 하는 경우만 해당한다)
4. 파견근로자가 파견되어 근로할 사업장의 명칭 및 소재지, 그 밖에 파견근로자의 근로 장소
5. 파견근로 중인 파견근로자를 직접 지휘·명령할 사람에 관한 사항
6. 근로자파견기간 및 파견근로 시작일에 관한 사항
7. 업무 시작 및 업무 종료의 시각과 휴게시간에 관한 사항
8. 휴일·휴가에 관한 사항
9. 연장·야간·휴일근로에 관한 사항
10. 안전 및 보건에 관한 사항
11. 근로자파견의 대가
12. 그 밖에 고용노동부령으로 정하는 사항
② 사용사업주는 제1항에 따라 근로자파견계약을 체결할 때에는 파견사업주에게 제21조제1항을 준수하도록 하기 위하여 필요한 정보를 제공하여야 한다. 이 경우 제공하여야 하는 정보의 범위와 제공방법 등에 관한 사항은 대통령령으로 정한다.
(2019.4.30 본조개정)

판례 파견사업주와 파견근로자 사이에는 민법 제756조의 사용관계가 인정되어 파견사업주는 파견근로자의 파견업무에 관련한 불법행위에 대하여 파견근로자의 사용자로서의 책임을 져야 하지만, 파견근로자가 사용사업주의 구체적인 지시·감독을 받아 사용사업주의 업무를 행하던 중에 불법행위를 한 경우에 파견사업주가 파견근로자의 선발 및 일반적 지휘·감독권의 행사에 있어서 주의를 다하였다고 인정되는 때에는 면책된다고 할 것이다.(대판 2003.10.9, 2001다24655)

제21조【차별적 처우의 금지 및 시정 등】 ① 파견사업주와 사용사업주는 파견근로자라는 이유로 사용사업주의 사업 내의 같은 종류의 업무 또는 유사한 업무를 수행하는 근로자에 비하여 파견근로자에게 차별적 처우를 하여서는 아니 된다.
② 파견근로자는 차별적 처우를 받은 경우 「노동위원회법」에 따른 노동위원회(이하 "노동위원회"라 한다)에 그 시정을 신청할 수 있다.
③ 제2항에 따른 시정신청, 그 밖의 시정절차 등에 관하여는 「기간제 및 단시간근로자 보호 등에 관한 법률」 제9조부터 제15조까지 및 제16조제2호·제3호를 준용한다. 이 경우 "기간제근로자 또는 단시간근로자"는 "파견근로자"로, "사용자"는 "파견사업주 또는 사용사업주"로 본다.
④ 제1항부터 제3항까지의 규정은 사용사업주가 상시 4명 이하의 근로자를 사용하는 경우에는 적용하지 아니한다.
(2019.4.30 본조개정)

판례 현대자동차의 사내하청업체에서 2년 이상 근무한 협력업체 근로자들 및 컨베이어벨트를 직접 활용하지 않는 생산관리, 자재보급, 출고 등의 업무를 일컫는 이른바 간접 생산공정에 종사한 근로자에 대하여, 직접 생산공정과 동일한 기준으로 검토를 했을 때 현대자동차가 지휘명령권을 보유했고, 작업량이나 투입인원, 생산량을 조절한 것을 고려한다면 이는 도급이 아닌 파견으로 보아야 한다. 따라서 이와 같은 형태로 2년 이상 근무한 근로자들에 대하여 정규직 근로자 지위를 인정하고 회사는 이들에 대한 임금을 배상해야 한다.(서울고등법원 2017.2.10, 2014나49625 외)

제21조의2【고용노동부장관의 차별적 처우 시정요구 등】 ① 고용노동부장관은 파견사업주와 사용사업주가 제21조제1항을 위반하여 차별적 처우를 한 경우에는 그 시정을 요구할 수 있다.
② 고용노동부장관은 파견사업주와 사용사업주가 제1항에 따른 시정요구에 따르지 아니한 경우에는 차별적 처우의 내용을 구체적으로 명시하여 노동위원회에 통보하여야 한다. 이 경우 고용노동부장관은 해당 파견사업주 또는 사용사업주 및 근로자에게 그 사실을 통지하여야 한다.
③ 노동위원회는 제2항에 따라 고용노동부장관의 통보를 받은 경우에는 지체 없이 차별적 처우가 있는지 여부를 심리하여야 한다. 이 경우 노동위원회는 해당 파견사업주 또는 사용사업주 및 근로자에게 의견을 진술할 수 있는 기회를 주어야 한다.
④ 제3항에 따른 노동위원회의 심리, 그 밖의 시정절차 등에 관하여는 「기간제 및 단시간근로자 보호 등에 관한 법률」 제15조의2제4항에 따라 준용되는 같은 법 제9조제4항, 제11조부터 제15조까지 및 제15조의2제5항을 준용한다. 이 경우 "시정신청을 한 날"은 "통지를 받은 날"로, "기각결정"은 "차별적 처우가 없다는 결정"으로, "관계 당사자"는 "해당 파견사업주 또는 사용사업주 및 근로자"로, "시정신청을 한 근로자"는 "해당 근로자"로 본다.
(2019.4.30 본조개정)

제21조의3【확정된 시정명령의 효력 확대】 ① 고용노동부장관은 제21조제3항 또는 제21조의2제4항에 따라 준용되는 「기간제 및 단시간근로자 보호 등에 관한 법률」 제14조에 따라 확정된 시정명령을 이행할 의무가 있는 파견사업주 또는 사용사업주의 사업 또는 사업장에서 해당 시정명령의 효력이 미치는 근로자 이외의 파견근로자에 대하여 차별적 처우가 있는지를 조사하여 차별적 처우가 있는 경우에는 그 시정을 요구할 수 있다.

② 파견사업주 또는 사용사업주가 제1항에 따른 시정요구에 따르지 아니할 경우에는 제21조의2제2항부터 제4항까지의 규정을 준용한다.(2020.5.26 본항개정)
(2014.3.18 본조신설)

제22조【계약의 해지 등】 ① 사용사업주는 파견근로자의 성별, 종교, 사회적 신분, 파견근로자의 정당한 노동조합의 활동 등을 이유로 근로자파견계약을 해지하여서는 아니 된다.
② 파견사업주는 사용사업주가 파견근로에 관하여 이 법 또는 이 법에 따른 명령, 「근로기준법」 또는 같은 법에 따른 명령, 「산업안전보건법」 또는 같은 법에 따른 명령을 위반하는 경우에는 근로자파견을 정지하거나 근로자파견계약을 해지할 수 있다.
(2019.4.30 본조개정)

제2절 파견사업주가 마련하여야 할 조치
(2019.4.30 본절개정)

제23조【파견근로자의 복지 증진】 파견사업주는 파견근로자의 희망과 능력에 적합한 취업 및 교육훈련 기회의 확보, 근로조건의 향상, 그 밖에 고용 안정을 도모하기 위하여 필요한 조치를 마련함으로써 파견근로자의 복지 증진에 노력하여야 한다.

제24조【파견근로자에 대한 고지 의무】 ① 파견사업주는 근로자를 파견근로자로서 고용하려는 경우에는 미리 해당 근로자에게 그 취지를 서면으로 알려 주어야 한다.
② 파견사업주는 그가 고용한 근로자 중 파견근로자로 고용하지 아니한 사람을 근로자파견의 대상으로 하려는 경우에는 미리 해당 근로자에게 그 취지를 서면으로 알리고 그의 동의를 받아야 한다.

제25조【파견근로자에 대한 고용제한의 금지】 ① 파견사업주는 파견근로자 또는 파견근로자로 고용되려는 사람과 그 고용관계가 끝난 후 그가 사용사업주에게 고용되는 것을 정당한 이유 없이 금지하는 내용의 근로계약을 체결하여서는 아니 된다.
② 파견사업주는 파견근로자의 고용관계가 끝난 후 사용사업주가 그 파견근로자를 고용하는 것을 정당한 이유 없이 금지하는 내용의 근로자파견계약을 체결하여서는 아니 된다.

제26조【취업조건의 고지】 ① 파견사업주는 근로자파견을 하려는 경우에는 미리 해당 파견근로자에게 제20조제1항 각 호의 사항과 그 밖에 고용노동부령으로 정하는 사항을 서면으로 알려 주어야 한다.
② 파견근로자는 파견사업주에게 제20조제1항제11호에 따른 해당 근로자파견의 대가에 관하여 그 내역을 제시할 것을 요구할 수 있다.
③ 파견사업주는 제2항에 따라 그 내역의 제시를 요구받았을 때에는 지체 없이 그 내역을 서면으로 제시하여야 한다.

제27조【사용사업주에 대한 통지】 파견사업주는 근로자파견을 할 경우에는 파견근로자의 성명 등 고용노동부령으로 정하는 사항을 사용사업주에게 통지하여야 한다.

제28조【파견사업관리책임자】 ① 파견사업주는 파견근로자의 적절한 고용관리를 위하여 제8조제1호부터 제5호까지에 따른 결격사유에 해당하지 아니하는 사람 중에서 파견사업관리책임자를 선임하여야 한다.
② 파견사업관리책임자의 임무 등에 필요한 사항은 고용노동부령으로 정한다.

제29조【파견사업관리대장】 ① 파견사업주는 파견사업관리대장을 작성·보존하여야 한다.
② 제1항에 따른 파견사업관리대장의 기재사항 및 그 보존기간은 고용노동부령으로 정한다.

제3절 사용사업주가 마련하여야 할 조치
(2019.4.30 본절개정)

제30조【근로자파견계약에 관한 조치】 사용사업주는 제20조에 따른 근로자파견계약에 위반되지 아니하도록 필요한 조치를 마련하여야 한다.

제31조【적정한 파견근로의 확보】 ① 사용사업주는 파견근로자가 파견근로에 관한 고충을 제시한 경우에는 그 고충의 내용을 파견사업주에게 통지하고 신속하고 적절하게 고충을 처리하도록 하여야 한다.
② 제1항에 따른 고충의 처리 외에 사용사업주는 파견근로가 적정하게 이루어지도록 필요한 조치를 마련하여야 한다.

제32조【사용사업관리책임자】 ① 사용사업주는 파견근로자의 적절한 파견근로를 위하여 사용사업관리책임자를 선임하여야 한다.
② 사용사업관리책임자의 임무 등에 필요한 사항은 고용노동부령으로 정한다.

제33조【사용사업관리대장】 ① 사용사업주는 사용사업관리대장을 작성·보존하여야 한다.
② 제1항에 따른 사용사업관리대장의 기재사항 및 그 보존기간은 고용노동부령으로 정한다.

제4절 「근로기준법」 등의 적용에 관한 특례
(2019.4.30 본절개정)

제34조【「근로기준법」의 적용에 관한 특례】 ① 파견 중인 근로자의 파견근로에 관하여는 파견사업주 및 사용사업주를 「근로기준법」 제2조제1항제2호의 사용자로 보아 같은 법을 적용한다. 다만, 「근로기준법」 제15조부터 제36조까지, 제39조, 제41조부터 제43조까지, 제43조의2, 제43조의3, 제44조, 제44조의2, 제44조의3, 제45조부터 제48조까지, 제56조, 제60조, 제64조, 제66조부터 제68조까지 및 제78조부터 제92조까지의 규정을 적용할 때에는 파견사업주를 사용자로 보고, 같은 법 제50조부터 제55조까지, 제58조, 제59조, 제62조, 제63조, 제69조부터 제74조까지, 제74조의2 및 제75조를 적용할 때에는 사용사업주를 사용자로 본다.
② 파견사업주가 대통령령으로 정하는 사용사업주의 귀책사유(歸責事由)로 근로자의 임금을 지급하지 못한 경우에는 사용사업주는 그 파견사업주와 연대하여 책임을 진다. 이 경우 「근로기준법」 제43조 및 제68조를 적용할 때에는 파견사업주 및 사용사업주를 같은 법 제2조제1항제2호의 사용자로 보아 같은 법을 적용한다.
③ 「근로기준법」 제55조, 제73조 및 제74조제1항에 따라 사용사업주가 파견근로자에게 유급휴일 또는 유급휴가를 주는 경우 그 휴일 또는 휴가에 대하여 유급으로 지급되는 임금은 파견사업주가 지급하여야 한다.
④ 파견사업주와 사용사업주가 「근로기준법」을 위반하는 내용을 포함한 근로자파견계약을 체결하고 그 계약에 따라 파견근로자를 근로하게 함으로써 같은 법을 위반한 경우에는 그 계약 당사자 모두를 같은 법 제2조제1항제2호의 사용자로 보아 해당 벌칙규정을 적용한다.

제35조【「산업안전보건법」의 적용에 관한 특례】 ① 파견 중인 근로자의 파견근로에 관하여는 사용사업주를 「산업안전보건법」 제2조제3호의 사업주로 보아 같은 법을 적용한다. 이 경우 「산업안전보건법」 제31조제2항을 적용할 때에는 "근로자를 채용할 때"를 "근로자파견의 역무를 제공받은 경우"로 본다.
② 제1항에도 불구하고 「산업안전보건법」 제5조, 제43조제5항(작업 장소의 변경, 작업의 전환 및 근로시간 단축의 경우만 해당한다), 제43조제6항 단서 및 제52조제2항을 적용할 때에는 파견사업주 및 사용사업주를 같은 법 제2조제3호의 사업주로 본다.
③ 사용사업주는 파견 중인 근로자에 대하여 「산업안전보건법」 제43조에 따른 건강진단을 실시하였을 때에는 같은 조 제6항에 따라 그 건강진단 결과를 설명하여야 하며, 그 건강진단 결과를 지체 없이 파견사업주에게 보내야 한다.
④ 제1항 및 제3항에도 불구하고 「산업안전보건법」 제43조제1항에 따라 사업주가 정기적으로 실시하여야 하는 건강진단 중 고용노동부령으로 정하는 건강진단에 대해서는 파견사업주를 같은 법 제2조제3호의 사업주로 본다.
⑤ 파견사업주는 제4항에 따른 건강진단을 실시하였을 때에는 「산업안전보건법」 제43조제6항에 따라 그 건강진단 결과를 설명하여야 하며, 그 건강진단 결과를 지체 없이 사용사업주에게 보내야 한다.
⑥ 파견사업주와 사용사업주가 「산업안전보건법」을 위반하는 내용을 포함한 근로자파견계약을 체결하고 그 계약에 따라 파견근로자를 근로하게 함으로써 같은 법을 위반한 경우에는 그 계약당사자 모두를 같은 법 제2조제3호의 사업주로 보아 해당 벌칙규정을 적용한다.

제4장 보 칙
(2019.4.30 본장개정)

제36조【지도·조언 등】 고용노동부장관은 이 법의 시행을 위하여 필요하다고 인정할 때에는 파견사업주 및 사용사업주에 대하여 근로자파견사업의 적정한 운영 또는 적정한 파견근로를 확보하는 데 필요한 지도 및 조언을 할 수 있다.

제37조【개선명령】 고용노동부장관은 적정한 파견근로의 확보를 위하여 필요하다고 인정할 때에는 파견사업주에게 근로자파견사업의 운영 및 파견근로자의 고용관리 등에 관한 개선을 명할 수 있다.

제38조【보고와 검사】 ① 고용노동부장관은 이 법의 시행을 위하여 필요하다고 인정할 때에는 고용노동부령으로 정하는 바에 따라 파견사업주 및 사용사업주에 대하여 필요한 사항의 보고를 명할 수 있다.
② 고용노동부장관은 필요하다고 인정할 때에는 관계 공무원으로 하여금 파견사업주 및 사용사업주의 사업장이나 그 밖의 시설에 출입하여 장부·서류 또는 그 밖의 물건을 검사하거나 관계인에게 질문하게 할 수 있다.
③ 제2항에 따라 출입·검사를 하는 공무원은 그 권한을 표시하는 증표를 관계인에게 내보여야 한다.

제39조【자료의 요청】 ① 고용노동부장관은 관계 행정기관이나 그 밖의 공공단체 등에 이 법의 시행에 필요한 자료의 제출을 요청할 수 있다.
② 제1항에 따라 자료 제출을 요청받은 자는 그 요청을 거부할 정당한 사유가 없으면 이에 따라야 한다.

제40조【수수료】 제7조 및 제10조에 따른 허가를 받으려는 자는 고용노동부령으로 정하는 바에 따라 수수료를 내야 한다.

제41조【권한의 위임】 이 법에 따른 고용노동부장관의 권한은 대통령령으로 정하는 바에 따라 그 일부를 지방고용노동관서의 장에게 위임할 수 있다.

제5장 벌 칙
(2019.4.30 본장제목개정)

제42조【벌칙】 ① 다음 각 호의 어느 하나에 해당하는 업무에 취업시킬 목적으로 근로자파견을 한 자는 5년 이하의 징역 또는 5천만원 이하의 벌금에 처한다.
1. 「성매매알선 등 행위의 처벌에 관한 법률」 제2조제1항제1호에 따른 성매매 행위가 이루어지는 업무
2. 「보건범죄 단속에 관한 특별조치법」 제2조제1항에 따른 부정식품 제조 등 행위가 이루어지는 업무
3. 「보건범죄 단속에 관한 특별조치법」 제3조제1항에 따른 부정의약품 제조 등 행위가 이루어지는 업무
4. 「보건범죄 단속에 관한 특별조치법」 제4조제1항에 따른 부정유독물 제조 등 행위가 이루어지는 업무
5. 「보건범죄 단속에 관한 특별조치법」 제5조에 따른 부정의료 행위가 이루어지는 업무
6. 「식품위생법」 제4조에 따른 위해식품등의 판매 등 행위가 이루어지는 업무
7. 「식품위생법」 제5조에 따른 병든 동물 고기 등의 판매 등 행위가 이루어지는 업무
8. 그 밖에 제1호부터 제7호까지의 규정에 준하는 행위가 이루어지는 업무로서 대통령령으로 정하는 업무

② 제1항의 미수범은 처벌한다.
(2019.4.30 본조개정)

제43조【벌칙】 다음 각 호의 어느 하나에 해당하는 자는 3년 이하의 징역 또는 3천만원 이하의 벌금에 처한다.
1. 제5조제5항, 제6조제1항·제2항·제4항 또는 제7조제1항을 위반하여 근로자파견사업을 한 자
2. 제5조제5항, 제6조제1항·제2항·제4항 또는 제7조제3항을 위반하여 근로자파견의 역무를 제공받은 자
3. 거짓이나 그 밖의 부정한 방법으로 제7조제1항에 따른 허가 또는 제10조제2항에 따른 갱신허가를 받은 자
4. 제15조 또는 제34조제2항을 위반한 자

(2019.4.30 본조개정)

제43조의2【벌칙】 제21조제3항에 따라 준용되는 「기간제 및 단시간근로자 보호 등에 관한 법률」 제16조제2호 또는 제3호를 위반한 자는 2년 이하의 징역 또는 1천만원 이하의 벌금에 처한다.(2019.4.30 본조개정)

제44조【벌칙】 다음 각 호의 어느 하나에 해당하는 자는 1년 이하의 징역 또는 1천만원 이하의 벌금에 처한다.
1. 제12조제1항에 따른 영업정지 명령을 위반하여 근로자파견사업을 계속한 자
2. 제16조를 위반한 자

(2019.4.30 본조개정)

제45조【양벌규정】 법인의 대표자나 법인 또는 개인의 대리인, 사용인, 그 밖의 종업원이 그 법인 또는 개인의 업무에 관하여 제42조·제43조·제43조의2 또는 제44조의 위반행위를 하면 그 행위자를 벌하는 외에 그 법인 또는 개인에게도 해당 조문의 벌금형을 과(科)한다. 다만, 법인 또는 개인이 그 위반행위를 방지하기 위하여 해당 업무에 관하여 상당한 주의와 감독을 게을리하지 아니한 경우에는 그러하지 아니하다.(2009.5.21 본조개정)

제46조【과태료】 ① 제21조제3항, 제21조의2제4항 및 제21조의3제2항에 따라 준용되는 「기간제 및 단시간근로자 보호 등에 관한 법률」 제14조제2항 또는 제3항에 따라 확정된 시정명령을 정당한 이유 없이 이행하지 아니한 자에게는 1억원 이하의 과태료를 부과한다.(2019.4.30 본항개정)
② 제6조의2제1항을 위반하여 파견근로자를 직접 고용하지 아니한 자에게는 3천만원 이하의 과태료를 부과한다.
(2019.4.30 본항개정)
③ 제26조제1항을 위반하여 근로자파견을 할 때에 미리 해당 파견근로자에게 제20조제1항 각 호의 사항 및 그 밖에 고용노동부령으로 정하는 사항을 서면으로 알리지 아니한 파견사업주에게는 1천만원 이하의 과태료를 부과한다.(2010.6.4 본항개정)
④ 제21조제3항, 제21조의2제4항 및 제21조의3제2항에 따라 준용되는 「기간제 및 단시간근로자 보호 등에 관한 법률」 제15조제1항에 따른 고용노동부장관의 이행상황 제출요구를 정당한 이유 없이 따르지 아니한 자에게는 500만원 이하의 과태료를 부과한다.(2019.4.30 본항개정)
⑤ 다음 각 호의 어느 하나에 해당하는 자에게는 300만원 이하의 과태료를 부과한다.
1. 제11조제1항에 따른 신고를 하지 아니하거나 거짓으로 신고한 자
2. 제18조 또는 제38조제1항에 따른 보고를 하지 아니하거나 거짓으로 보고한 자
3. 제26조제3항을 위반한 자

4. 제27조, 제29조 또는 제33조를 위반한 자
5. 제35조제3항 또는 제5항을 위반하여 해당 건강진단 결과를 파견사업주 또는 사용사업주에게 보내지 아니한 자
6. 제37조의 개선명령을 위반한 자
7. 제38조제2항에 따른 검사를 정당한 이유 없이 거부·방해 또는 기피한 자
(2019.4.30 본항개정)
⑥ 제1항부터 제5항까지에 따른 과태료는 대통령령으로 정하는 바에 따라 고용노동부장관이 부과·징수한다.
(2019.4.30 본항개정)
⑦~⑧ (2009.5.21 삭제)

부 칙 (2006.12.21)

① 【시행일】 이 법은 2007년 7월 1일부터 시행한다. 다만, 제20조제2항, 제21조, 제43조의2 및 제46조제1항·제3항의 개정규정의 시행일은 사업 또는 사업장(사용사업주의 사업 또는 사업장을 말한다. 이하 같다)별로 다음 각 호와 같다.
1. 상시 300인 이상의 근로자를 사용하는 사업 또는 사업장 : 2007년 7월 1일
2. 국가 및 지방자치단체의 기관, 「정부산하기관 관리기본법」 제3조의 규정에 따른 정부산하기관, 「정부투자기관 관리기본법」 제2조의 규정에 따른 정부투자기관, 「지방공기업법」 제49조 및 동법 제76조의 규정에 따른 지방공사 및 지방공단, 「정부출연연구기관 등의 설립·운영 및 육성에 관한 법률」 제2조 및 「과학기술분야 정부출연연구기관 등의 설립·운영 및 육성에 관한 법률」 제2조의 규정에 따른 정부출연연구기관 및 연구회, 「국립대학병원 설치법」에 따른 대학병원 : 2007년 7월 1일
3. 상시 100인 이상 300인 미만의 근로자를 사용하는 사업 또는 사업장 : 2008년 7월 1일
4. 상시 100인 미만의 근로자를 사용하는 사업 또는 사업장 : 2009년 7월 1일
② 【파견기간에 관한 적용례】 제6조의 개정규정은 이 법 시행 전에 체결되고 이 법 시행 당시 종료되지 아니한(파견기간이 연장된 경우를 포함한다) 근로자파견계약에 대하여도 적용한다.
③ 【고용의제에 관한 경과조치】 이 법 시행 당시 종전의 제6조제3항의 규정이 적용되는 파견근로자에 대하여는 이 법 시행 후에도 종전의 규정을 적용한다.
④ 【벌칙에 관한 경과조치】 이 법의 시행 전의 행위에 대한 벌칙의 적용에 있어서는 종전의 규정에 따른다.

부 칙 (2017.4.18)

제1조【시행일】 이 법은 공포한 날부터 시행한다.
제2조【금치산자 등의 결격사유에 관한 경과조치】 제8조제1호의 개정규정에도 불구하고 이 법 시행 당시 법률 제10429호 민법 일부개정법률 부칙 제2조에 따라 금치산 또는 한정치산 선고의 효력이 유지되는 사람에 대하여는 종전의 규정에 따른다.

부 칙 (2019.1.15)

제1조【시행일】 이 법은 공포 후 1년이 경과한 날부터 시행한다.(이하 생략)

부 칙 (2019.4.30)

제1조【시행일】 이 법은 공포한 날부터 시행한다.
제2조【다른 법률의 개정】 ①~⑭ ※(해당 법령에 가제정리 하였음)

부 칙 (2020.5.26)

이 법은 공포한 날부터 시행한다.(이하 생략)

부 칙 (2020.12.8)

이 법은 공포한 날부터 시행한다.

기간제 및 단시간근로자 보호 등에 관한 법률(약칭 : 기간제법)

(2006년 12월 21일 법 률 제8074호)

개정
2007. 4.11법 8372호(근기)
2010. 6. 4법10339호(정부조직)
2012. 2. 1법11273호
2013. 3.22법11667호
2014. 3.18법12469호
2018.10.16법15848호
2020. 5.26법17326호(법률용어정비)
2021. 5.18법18177호

제1장 총 칙

제1조【목적】 이 법은 기간제근로자 및 단시간근로자에 대한 불합리한 차별을 시정하고 기간제근로자 및 단시간근로자의 근로조건 보호를 강화함으로써 노동시장의 건전한 발전에 이바지함을 목적으로 한다.
제2조【정의】 이 법에서 사용하는 용어의 정의는 다음과 같다.
1. "기간제근로자"라 함은 기간의 정함이 있는 근로계약(이하 "기간제 근로계약"이라 한다)을 체결한 근로자를 말한다.
2. "단시간근로자"라 함은 「근로기준법」 제2조의 단시간근로자를 말한다.(2007.4.11 본호개정)
3. "차별적 처우"라 함은 다음 각 목의 사항에서 합리적인 이유 없이 불리하게 처우하는 것을 말한다.(2020.5.26 본문개정)
가. 「근로기준법」 제2조제1항제5호에 따른 임금
나. 정기상여금, 명절상여금 등 정기적으로 지급되는 상여금
다. 경영성과에 따른 성과금
라. 그 밖에 근로조건 및 복리후생 등에 관한 사항
(2013.3.22 가목~라목신설)
제3조【적용범위】 ① 이 법은 상시 5인 이상의 근로자를 사용하는 모든 사업 또는 사업장에 적용한다. 다만, 동거의 친족만을 사용하는 사업 또는 사업장과 가사사용인에 대하여는 적용하지 아니한다.
② 상시 4인 이하의 근로자를 사용하는 사업 또는 사업장에 대하여는 대통령령으로 정하는 바에 따라 이 법의 일부 규정을 적용할 수 있다.(2020.5.26 본항개정)
③ 국가 및 지방자치단체의 기관에 대하여는 상시 사용하는 근로자의 수와 관계없이 이 법을 적용한다.
(2020.5.26 본항개정)

제2장 기간제근로자

제4조【기간제근로자의 사용】 ① 사용자는 2년을 초과하지 아니하는 범위 안에서(기간제 근로계약의 반복갱신 등의 경우에는 그 계속근로한 총기간이 2년을 초과하지 아니하는 범위 안에서) 기간제근로자를 사용할 수 있다. 다만, 다음 각 호의 어느 하나에 해당하는 경우에는 2년을 초과하여 기간제근로자로 사용할 수 있다.
1. 사업의 완료 또는 특정한 업무의 완성에 필요한 기간을 정한 경우
2. 휴직·파견 등으로 결원이 발생하여 해당 근로자가 복귀할 때까지 그 업무를 대신할 필요가 있는 경우
(2020.5.26 본호개정)
3. 근로자가 학업, 직업훈련 등을 이수함에 따라 그 이수에 필요한 기간을 정한 경우
4. 「고령자고용촉진법」 제2조제1호의 고령자와 근로계약을 체결하는 경우
5. 전문적 지식·기술의 활용이 필요한 경우와 정부의 복지정책·실업대책 등에 따라 일자리를 제공하는 경우로서 대통령령으로 정하는 경우(2020.5.26 본호개정)
6. 그 밖에 제1호부터 제5호까지에 준하는 합리적인 사유가 있는 경우로서 대통령령으로 정하는 경우(2020.5.26 본호개정)
② 사용자가 제1항 단서의 사유가 없거나 소멸되었음에도 불구하고 2년을 초과하여 기간제근로자로 사용하는 경우에는 그 기간제근로자는 기간의 정함이 없는 근로계약을 체결한 근로자로 본다.
제5조【기간의 정함이 없는 근로자로의 전환】 사용자는 기간의 정함이 없는 근로계약을 체결하고자 하는 경우에는 해당 사업 또는 사업장의 동종 또는 유사한 업무에 종사하는 기간제근로자를 우선적으로 고용하도록 노력하여야 한다.(2020.5.26 본조개정)

판례 기간제 및 단시간근로자 보호 등에 관한 법률 제5조, 제8조 제1항, 제9조 제1항의 내용 및 입법 취지에 기간제근로자의 기대권에 관한 법리를 더하여 살펴보면, 근로계약, 취업규칙, 단체협약 등에서 기간제근로자의 계약기간이 만료될 무렵 인사평가 등을 거쳐 일정한 요건이 충족되면 기간의 정함이 없는 근로자로 전환된다는 취지의 규정을 두고 있거나, 그러한 규정이 없더라도 근로계약의 내용과 근로계약이 이루어지게 된 동기와 경위, 기간의 정함이 없는 근로자로의 전환에 관한 기준 등 그에 관한 요건이나 절차의 설정 여부 및 그 실태, 근로자가 수행하는 업무의 내용 등 근로관계를 둘러싼 여러 사정을 종합하여 볼 때, 근로계약 당사자 사이에 일정한 요건이 충족되면 기간의 정함이 없는 근로자로 전환된다는 신뢰관계가 형성되어 있어 근로자에게 기간의 정함이 없는 근로자로 전환될 수 있으리라는 정당한 기대권이 인정되는 경우에는 사용자가 이를 위반하여 합리적 이유 없이 기간의 정함이 없는 근로자로의 전환을 거절하며 근로계약의 종료를 통보하더라도 부당해고와 마찬가지로 효력이 없고, 그 이후의 근로관계는 기간의 정함이 없는 근로자로 전환된 것과 동일하다.(대판 2016.11.10, 2014두45765)

제3장 단시간근로자

제6조【단시간근로자의 초과근로 제한】 ① 사용자는 단시간근로자에 대하여 「근로기준법」 제2조의 소정근로시간을 초과하여 근로하게 하는 경우에는 해당 근로자의 동의를 얻어야 한다. 이 경우 1주간에 12시간을 초과하여 근로하게 할 수 없다.(2020.5.26 전단개정)
② 단시간근로자는 사용자가 제1항의 규정에 따른 동의를 얻지 아니하고 초과근로를 하게 하는 경우에는 이를 거부할 수 있다.
③ 사용자는 제1항에 따른 초과근로에 대하여 통상임금의 100분의 50 이상을 가산하여 지급하여야 한다.
(2014.3.18 본항신설)
제7조【통상근로자로의 전환 등】 ① 사용자는 통상근로자를 채용하고자 하는 경우에는 해당 사업 또는 사업장의 동종 또는 유사한 업무에 종사하는 단시간근로자를 우선적으로 고용하도록 노력하여야 한다.
② 사용자는 가사, 학업 그 밖의 이유로 근로자가 단시간근로를 신청하는 때에는 해당 근로자를 단시간근로자로 전환하도록 노력하여야 한다.
(2020.5.26 본조개정)

제4장 차별적 처우의 금지 및 시정

제8조【차별적 처우의 금지】 ① 사용자는 기간제근로자임을 이유로 해당 사업 또는 사업장에서 동종 또는 유사한 업무에 종사하는 기간의 정함이 없는 근로계약을 체결한 근로자에 비하여 차별적 처우를 하여서는 아니 된다.
② 사용자는 단시간근로자임을 이유로 해당 사업 또는 사업장의 동종 또는 유사한 업무에 종사하는 통상근로자에 비하여 차별적 처우를 하여서는 아니 된다.
(2020.5.26 본조개정)
제9조【차별적 처우의 시정신청】 ① 기간제근로자 또는 단시간근로자는 차별적 처우를 받은 경우 「노동위원회법」 제1조의 규정에 따른 노동위원회(이하 "노동위원회"라 한다)에 그 시정을 신청할 수 있다. 다만, 차별적 처우가 있은 날(계속되는 차별적 처우는 그 종료일)부터 6개월이 지난 때에는 그러하지 아니하다.(2020.5.26 단서개정)
② 기간제근로자 또는 단시간근로자가 제1항의 규정에 따른 시정신청을 하는 때에는 차별적 처우의 내용을 구체적으로 명시하여야 한다.
③ 제1항 및 제2항의 규정에 따른 시정신청의 절차·방법 등에 관하여 필요한 사항은 「노동위원회법」 제2조제1항의 규정에 따른 중앙노동위원회(이하 "중앙노동위원회"라 한다)가 따로 정한다.
④ 제8조 및 제1항부터 제3항까지의 규정과 관련한 분쟁에서 입증책임은 사용자가 부담한다.(2020.5.26 본항개정)
제10조【조사·심문 등】 ① 노동위원회는 제9조의 규정에 따른 시정신청을 받은 때에는 지체 없이 필요한 조사와 관계 당사자에 대한 심문을 하여야 한다.
② 노동위원회는 제1항의 규정에 따른 심문을 하는 때에는 관계 당사자의 신청 또는 직권으로 증인을 출석하게 하여 필요한 사항을 질문할 수 있다.
③ 노동위원회는 제1항 및 제2항의 규정에 따른 심문을 할 때에는 관계 당사자에게 증거의 제출과 증인에 대한 반대심문을 할 수 있는 충분한 기회를 주어야 한다.
(2020.5.26 본항개정)
④ 제1항부터 제3항까지의 규정에 따른 조사·심문의 방법 및 절차 등에 관하여 필요한 사항은 중앙노동위원회가 따로 정한다.(2020.5.26 본항개정)
⑤ 노동위원회는 차별시정사무에 관한 전문적인 조사·연구업무를 수행하기 위하여 전문위원을 둘 수 있다. 이 경우 전문위원의 수·자격 및 보수 등에 관하여 필요한 사항은 대통령령으로 정한다.
제11조【조정·중재】 ① 노동위원회는 제10조의 규정에 따른 심문의 과정에서 관계 당사자 쌍방 또는 일방의 신청 또는 직권에 의하여 조정(調停)절차를 개시할 수 있고, 관계 당사자가 미리 노동위원회의 중재(仲裁)결정에 따르기로 합의하여 중재를 신청한 경우에는 중재를 할 수 있다.
② 제1항의 규정에 따라 조정 또는 중재를 신청하는 경우에는 제9조의 규정에 따른 차별적 처우의 시정신청을 한 날부터 14일 이내에 하여야 한다. 다만, 노동위원회의 승낙이 있는 경우에는 14일 후에도 신청할 수 있다.
③ 노동위원회는 조정 또는 중재를 하는 경우 관계 당사자

의 의견을 충분히 들어야 한다.(2020.5.26 본항개정)
④ 노동위원회는 특별한 사유가 없으면 조정절차를 개시하거나 중재신청을 받은 때부터 60일 이내에 조정안을 제시하거나 중재결정을 하여야 한다.(2020.5.26 본항개정)
⑤ 노동위원회는 관계 당사자 쌍방이 조정안을 수락한 경우에는 조정조서를 작성하고 중재결정을 한 경우에는 중재결정서를 작성하여야 한다.
⑥ 조정조서에는 관계 당사자와 조정에 관여한 위원전원이 서명·날인하여야 하고, 중재결정서에는 관여한 위원전원이 서명·날인하여야 한다.
⑦ 제5항 및 제6항의 규정에 따른 조정 또는 중재결정은 「민사소송법」의 규정에 따른 재판상 화해와 동일한 효력을 갖는다.
⑧ 제1항부터 제7항까지의 규정에 따른 조정·중재의 방법, 조정조서·중재결정서의 작성 등에 관한 사항은 중앙노동위원회가 따로 정한다.(2020.5.26 본항개정)

제12조【시정명령 등】 ① 노동위원회는 제10조의 규정에 따른 조사·심문을 종료하고 차별적 처우에 해당된다고 판정한 때에는 사용자에게 시정명령을 내려야 하고, 차별적 처우에 해당하지 아니한다고 판정한 때에는 그 시정신청을 기각하는 결정을 하여야 한다.
② 제1항의 규정에 따른 판정·시정명령 또는 기각결정은 서면으로 하되 그 이유를 구체적으로 명시하여 관계 당사자에게 각각 교부하여야 한다. 이 경우 시정명령을 내리는 때에는 시정명령의 내용 및 이행기한 등을 구체적으로 기재하여야 한다.
(2020.5.26 본조개정)

제13조【조정·중재 또는 시정명령의 내용】 ① 제11조의 규정에 따른 조정·중재 또는 제12조의 규정에 따른 시정명령의 내용에는 차별적 행위의 중지, 임금 등 근로조건의 개선(취업규칙, 단체협약 등의 제도개선 명령을 포함한다) 또는 적절한 배상 등이 포함될 수 있다.
(2014.3.18 본항개정)
② 제1항에 따른 배상액은 차별적 처우로 인하여 기간제근로자 또는 단시간근로자에게 발생한 손해액을 기준으로 정한다. 다만, 노동위원회는 사용자의 차별적 처우에 명백한 고의가 인정되거나 차별적 처우가 반복되는 경우에는 손해액을 기준으로 3배를 넘지 아니하는 범위에서 배상을 명령할 수 있다.(2014.3.18 본항신설)

제14조【시정명령 등의 확정】 ① 지방노동위원회의 시정명령 또는 기각결정에 대하여 불복하는 관계 당사자는 시정명령서 또는 기각결정서의 송달을 받은 날부터 10일 이내에 중앙노동위원회에 재심을 신청할 수 있다.
(2020.5.26 본항개정)
② 제1항의 규정에 따른 중앙노동위원회의 재심결정에 대하여 불복하는 관계당사자는 재심결정서의 송달을 받은 날부터 15일 이내에 행정소송을 제기할 수 있다.
(2020.5.26 본항개정)
③ 제1항에 규정된 기간 이내에 재심을 신청하지 아니하거나 제2항에 규정된 기간 이내에 행정소송을 제기하지 아니한 때에는 그 시정명령·기각결정 또는 재심결정은 확정된다.

제15조【시정명령 이행상황의 제출요구 등】 ① 고용노동부장관은 확정된 시정명령에 대하여 사용자에게 그 이행상황을 제출할 것을 요구할 수 있다.
② 시정신청을 한 근로자는 사용자가 확정된 시정명령을 이행하지 아니하는 경우 이를 고용노동부장관에게 신고할 수 있다.
(2010.6.4 본조개정)

제15조의2【고용노동부장관의 차별적 처우 시정요구 등】 ① 고용노동부장관은 사용자가 제8조에 위반하여 차별적 처우를 한 경우에는 그 시정을 요구할 수 있다.
② 고용노동부장관은 사용자가 제1항에 따른 시정요구에 따르지 아니할 경우에는 차별적 처우의 내용을 구체적으로 명시하여 노동위원회에 통보하여야 한다. 이 경우 고용노동부장관은 해당 사용자 및 근로자에게 그 사실을 통지하여야 한다.(2020.5.26 전단개정)
③ 노동위원회는 제2항에 따라 고용노동부장관의 통보를 받은 경우에는 지체 없이 차별적 처우가 있는지 여부를 심리하여야 한다. 이 경우 노동위원회는 해당 사용자 및 근로자에게 의견을 진술할 수 있는 기회를 부여하여야 한다.
④ 제3항에 따른 노동위원회의 심리 및 그 밖에 시정절차 등에 관하여는 제9조제4항 및 제11조부터 제15조까지의 규정을 준용한다. 이 경우 "시정신청을 한 날"은 "통지를 받은 날"로, "기각결정"은 "차별적 처우가 없다는 결정"으로, "관계 당사자"는 "해당 사용자 또는 근로자"로, "시정신청을 한 근로자"는 "해당 근로자"로 본다.
⑤ 제3항 및 제4항에 따른 노동위원회의 심리 등에 관한 사항은 중앙노동위원회가 정한다.
(2012.2.1 본조신설)

제15조의3【확정된 시정명령의 효력 확대】 ① 고용노동부장관은 제14조(제15조의2제4항에 따라 준용되는 경우를 포함한다)에 따라 확정된 시정명령을 이행할 의무가 있는 사용자의 사업 또는 사업장에서 해당 시정명령의 효력이 미치는 근로자 이외의 기간제근로자 또는 단시간근로자에 대하여 차별적 처우가 있는지를 조사하여 차별적 처우가 있는 경우에는 그 시정을 요구할 수 있다.
② 사용자가 제1항에 따른 시정요구에 따르지 아니하는 경우에는 제15조의2제2항부터 제5항까지의 규정을 준용한다.(2020.5.26 본항개정)
(2014.3.18 본조신설)

제5장 보 칙

제16조【불리한 처우의 금지】 사용자는 기간제근로자 또는 단시간근로자가 다음 각 호의 어느 하나에 해당하는 행위를 한 것을 이유로 해고 그 밖의 불리한 처우를 하지 못한다.
1. 제6조제2항의 규정에 따른 사용자의 부당한 초과근로 요구의 거부
2. 제9조의 규정에 따른 차별적 처우의 시정신청, 제10조의 규정에 따른 노동위원회에의 참석 및 진술, 제14조의 규정에 따른 재심신청 또는 행정소송의 제기
3. 제15조제2항의 규정에 따른 시정명령 불이행의 신고
4. 제18조의 규정에 따른 통지(2020.5.26 본호개정)

제17조【근로조건의 서면명시】 사용자는 기간제근로자 또는 단시간근로자와 근로계약을 체결하는 때에는 다음 각 호의 모든 사항을 서면으로 명시하여야 한다. 다만, 제6호는 단시간근로자에 한정한다.(2020.5.26 단서개정)
1. 근로계약기간에 관한 사항
2. 근로시간·휴게에 관한 사항
3. 임금의 구성항목·계산방법 및 지불방법에 관한 사항
4. 휴일·휴가에 관한 사항
5. 취업의 장소와 종사하여야 할 업무에 관한 사항
6. 근로일 및 근로일별 근로시간

제18조【감독기관에 대한 통지】 사업 또는 사업장에서 이 법 또는 이 법에 의한 명령을 위반한 사실이 있는 경우에는 근로자는 그 사실을 고용노동부장관 또는 근로감독관에게 통지할 수 있다.(2020.5.26 본조개정)

제19조【권한의 위임】 이 법의 규정에 따른 고용노동부장관의 권한은 그 일부를 대통령령으로 정하는 바에 따라 지방고용노동관서의 장에게 위임할 수 있다.
(2020.5.26 본조개정)

제20조【취업촉진을 위한 국가 등의 노력】 국가 및 지방자치단체는 고용정보의 제공, 직업지도, 취업알선, 직업능력개발 등 기간제근로자 및 단시간근로자의 취업촉진을 위하여 필요한 조치를 우선적으로 취하도록 노력하여야 한다.

제6장 벌 칙

제21조【벌칙】 제16조의 규정을 위반하여 근로자에게 불리한 처우를 한 자는 2년 이하의 징역 또는 1천만원 이하의 벌금에 처한다.

제22조【벌칙】 제6조제1항의 규정을 위반하여 단시간근로자에게 초과근로를 하게한 자는 1천만원 이하의 벌금에 처한다.

제23조【양벌규정】 사업주의 대리인·사용인 그 밖의 종업원이 사업주의 업무에 관하여 제21조 및 제22조의 규정에 해당하는 위반행위를 한 때에는 행위자를 벌하는 외에 그 사업주에 대하여도 해당조의 벌금형을 과한다. 다만, 사업주가 그 위반행위를 방지하기 위하여 해당 업무에 관하여 상당한 주의와 감독을 게을리하지 아니한 경우에는 그러하지 아니하다.(2021.5.18 단서신설)

제24조【과태료】 ① 제14조(제15조의2제4항 및 제15조의3제2항에 따라 준용되는 경우를 포함한다)에 따라 확정된 시정명령을 정당한 이유 없이 이행하지 아니한 자에게는 1억원 이하의 과태료를 부과한다.(2020.5.26 본항개정)
② 다음 각 호의 어느 하나에 해당하는 자에게는 500만원 이하의 과태료를 부과한다.(2020.5.26 본문개정)
1. 제15조제1항(제15조의2제4항 및 제15조의3제2항에 따라 준용되는 경우를 포함한다)을 위반하여 정당한 이유 없이 고용노동부장관의 이행상황 제출요구에 따르지 아니한 자(2020.5.26 본호개정)
2. 제17조의 규정을 위반하여 근로조건을 서면으로 명시하지 아니한 자
③ 제1항 및 제2항의 규정에 따른 과태료는 대통령령으로 정하는 바에 따라 고용노동부장관이 부과·징수한다.
(2020.5.26 본항개정)
④~⑥ (2018.10.16 삭제)

부 칙

① **【시행일】** 이 법은 2007년 7월 1일부터 시행한다. 다만, 제10조제5항의 규정은 2007년 1월 1일부터 시행하고, 제8조, 제9조, 제10조제1항 내지 제4항, 제11조 내지 제15조, 제16조제2호·제3호 및 제24조제1항·제2항제1호의 규정의 시행일은 사업 또는 사업장(사용사업주의 사업 또는 사업장을 말한다. 이하 같다)별로 다음 각 호와 같다.
1. 상시 300인 이상의 근로자를 사용하는 사업 또는 사업장 : 2007년 7월 1일
2. 국가 및 지방자치단체의 기관, 「정부산하기관 관리기본법」 제3조의 규정에 따른 정부산하기관, 「정부투자기관 관리기본법」 제2조의 규정에 따른 정부투자기관, 「지방공기업법」 제49조 및 동법 제76조의 규정에 따른 지방공사 및 지방공단, 「정부출연연구기관 등의 설립·운영 및 육성에 관한 법률」 제2조 및 「과학기술분야 정부출연연구기관 등의 설립·운영 및 육성에 관한 법률」 제2조의 규정에 따른 정부출연연구기관 및 연구회, 「국립대학병원 설치법」에 따른 대학병원 : 2007년 7월 1일
3. 상시 100인 이상 300인 미만의 근로자를 사용하는 사업 또는 사업장 : 2008년 7월 1일
4. 상시 100인 미만의 근로자를 사용하는 사업 또는 사업장 : 2009년 7월 1일

② **【근로계약기간에 관한 적용례】** 제4조의 규정은 이 법 시행 후 근로계약이 체결·갱신되거나 기존의 근로계약 기간을 연장하는 경우부터 적용한다.
③ **【다른 법률의 개정】** ※(해당 법령에 가제정리 하였음)

부 칙 (2014.3.18)

제1조【시행일】 이 법은 공포 후 6개월이 경과한 날부터 시행한다.

제2조【초과근로에 관한 적용례】 제6조제3항의 개정규정은 이 법 시행 후 최초로 초과근로를 하는 경우부터 적용한다.

제3조【배상 명령에 관한 적용례】 제13조제2항의 개정규정은 이 법 시행 후 최초로 발생한 차별적 처우부터 적용한다.

부 칙 (2020.5.26)

이 법은 공포한 날부터 시행한다.(이하 생략)

부 칙 (2021.5.18)

이 법은 공포한 날부터 시행한다.

임금채권보장법

(1998년 2월 20일
법 률 제5513호)

개정
1999.12.31법 6100호(산업재해)
2000.12.30법 6334호
2003.12.31법 7047호(고용보험및산업재해보상보험의보험료징수등에관한법)
2005. 1.27법 7379호(근로자퇴직급여보장법)
2005. 3.31법 7466호
2005. 7.29법 7636호(근로자퇴직급여보장법)
2006.12.26법 8093호
2006.12.30법 8135호(공공자금관리기금법)
2007. 4.11법 8372호(근기)
2007. 4.11법 8373호(산업재해)
2007.12.14법 8694호(산업재해)
2007.12.27법 8816호 2009. 1. 7법 9339호
2009.10. 9법 9792호(고용정책기본법)
2009.10. 9법 9794호(산업재해)
2010. 1.27법 9991호 2010. 5.25법10320호
2010. 6. 4법10339호(정부조직)
2011. 7.25법10967호(근로자퇴직급여보장법)
2012. 2. 1법11277호 2014. 3.24법12528호
2015. 1.20법13047호 2016. 1.27법13909호
2017. 7.26법14839호(정부조직)
2018.10.16법15850호
2020. 5.26법17326호(법률용어정비)
2020.12. 8법17604호 2021. 4.13법18042호
2024. 2. 6법20233호→2024년 8월 7일 시행

제1장 총 칙
(2007.12.27 본장개정)

제1조【목적】 이 법은 경기 변동과 산업구조 변화 등으로 사업을 계속하는 것이 불가능하거나 기업의 경영이 불안정하여, 임금등을 지급받지 못하고 퇴직한 근로자 등에게 그 지급을 보장하는 조치를 마련함으로써 근로자의 생활안정에 이바지하는 것을 목적으로 한다.
(2015.1.20 본조개정)

제2조【정의】 이 법에서 사용하는 용어의 뜻은 다음 각 호와 같다.
1. "근로자"란 「근로기준법」 제2조에 따른 근로자를 말한다.
2. "사업주"란 근로자를 사용하여 사업을 하는 자를 말한다.
3. "임금등"이란 「근로기준법」 제2조ㆍ제34조ㆍ제46조 및 제74조제4항에 따른 임금ㆍ퇴직금ㆍ휴업수당 및 출산전후휴가기간 중 급여를 말한다.(2020.12.8 본호개정)
4. "보수"란 「고용보험 및 산업재해보상보험의 보험료징수 등에 관한 법률」 제2조제3호에 따른 보수를 말한다.
(2010.1.27 본호신설)

제3조【적용 범위】 이 법은 「산업재해보상보험법」 제6조에 따른 사업 또는 사업장(이하 "사업"이라 한다)에 적용한다. 다만, 국가와 지방자치단체가 직접 수행하는 사업은 그러하지 아니하다.

제4조【준용】 임금채권보장관계에는 「고용보험 및 산업재해보상보험의 보험료징수 등에 관한 법률」(이하 "고용산재보험료징수법"이라 한다) 제3조, 제5조제4항ㆍ제5항, 제6조제2항부터 제4항까지 및 제8조를 준용한다.
(2021.4.13 본조개정)

제5조【국고의 부담】 국가는 매 회계연도 예산의 범위에서 이 법에 따른 임금채권보장을 위한 사무집행에 드는 비용의 일부를 일반회계에서 부담하여야 한다.

제6조【임금채권보장기금 심의위원회】 ① 제17조에 따른 임금채권보장기금의 관리ㆍ운용에 관한 중요사항을 심의하기 위하여 고용노동부에 임금채권보장기금 심의위원회(이하 "위원회"라 한다)를 둔다.(2010.6.4 본항개정)
② 위원회는 근로자를 대표하는 사람, 사업주를 대표하는 사람 및 공익을 대표하는 사람으로 구성하되, 각각 같은 수로 한다.(2020.5.26 본항개정)
③ 위원회의 조직과 운영에 필요한 사항은 대통령령으로 정한다.

제2장 임금채권의 지급보장
(2007.12.27 본장개정)

제7조【퇴직한 근로자에 대한 대지급금의 지급】 ① 고용노동부장관은 사업주가 다음 각 호의 어느 하나에 해당하는 경우에 퇴직한 근로자가 지급받지 못한 임금등의 지급을 청구하면 제3자의 변제에 관한 「민법」 제469조에도 불구하고 그 근로자의 미지급 임금등을 사업주를 대신하여 지급한다.(2014.3.24 본문개정)
1. 「채무자 회생 및 파산에 관한 법률」에 따른 회생절차개시의 결정이 있는 경우(2014.3.24 본호신설)
2. 「채무자 회생 및 파산에 관한 법률」에 따른 파산선고의 결정이 있는 경우(2014.3.24 본호신설)
3. 고용노동부장관이 대통령령으로 정한 요건과 절차에 따라 미지급 임금등을 지급할 능력이 없다고 인정하는 경우(2014.3.24 본호신설)
4. 사업주가 근로자에게 미지급 임금등을 지급하라는 다음 각 목의 어느 하나에 해당하는 판결, 명령, 조정 또는 결정 등이 있는 경우
가. 「민사집행법」 제24조에 따른 확정된 종국판결
나. 「민사집행법」 제56조제3호에 따른 확정된 지급명령
다. 「민사집행법」 제56조제5호에 따른 소송상 화해, 청구의 인낙(認諾) 등 확정판결과 같은 효력을 가지는 것
라. 「민사조정법」 제28조에 따라 성립된 조정
마. 「민사조정법」 제30조에 따른 확정된 조정을 갈음하는 결정
바. 「소액사건심판법」 제5조의7제1항에 따른 확정된 이행권고결정
(2015.1.20 본호신설)
5. 고용노동부장관이 근로자에게 제12조에 따라 체불임금등과 체불사업주 등을 증명하는 서류(이하 "체불 임금등ㆍ사업주 확인서"라 한다)를 발급하여 사업주의 미지급임금등이 확인된 경우(2021.4.13 본호신설)
② 제1항에 따라 고용노동부장관이 사업주를 대신하여 지급하는 체불 임금등 대지급금(이하 "대지급금"이라 한다)의 범위는 다음 각 호와 같다. 다만, 대통령령으로 정하는 바에 따라 제1항제1호부터 제3호까지의 규정에 따른 대지급금의 상한액과 같은 항 제4호 및 제5호에 따른 대지급금의 상한액은 근로자의 퇴직 당시의 연령 등을 고려하여 따로 정할 수 있으며 대지급금이 적은 경우에는 지급하지 아니할 수 있다.(2021.4.13 본문개정)
1. 「근로기준법」 제38조제2항제1호에 따른 임금 및 「근로자퇴직급여 보장법」 제12조제2항에 따른 최종 3년간의 퇴직급여등(2011.7.25 본호개정)
2. 「근로기준법」 제46조에 따른 휴업수당(최종 3개월분으로 한정한다)
3. 「근로기준법」 제74조제4항에 따른 출산전후휴가기간 중 급여(최종 3개월분으로 한정한다)(2020.12.8 본호신설)
③ 제2항 각 호에 따른 근무기간, 휴업기간 또는 출산전후휴가기간에 대한 대지급금의 지급은 다음 각 호의 구분에 따른다.
1. 제1항제1호부터 제3호까지에 해당하여 지급하는 대지급금의 경우에는 중복하여 지급하지 아니할 것
2. 제1항제4호 및 제5호에 해당하여 지급하는 대지급금의 경우에는 중복하여 지급하지 아니할 것
3. 제1항제1호부터 제3호까지 중 어느 하나에 해당하여 대지급금을 지급한 경우에는 그에 해당하는 금액을 공제하고, 같은 항 제4호 또는 제5호에 해당하는 대지급금을 지급할 것
4. 제1항제4호 또는 제5호에 해당하여 대지급금을 지급한 경우에는 그에 해당하는 금액을 공제하고, 같은 항 제1호부터 제3호까지 중 어느 하나에 해당하는 대지급금을 지급할 것
(2021.4.13 본항개정)
④ 대지급금의 지급대상이 되는 퇴직한 근로자와 사업주의 기준은 대통령령으로 정한다.(2021.4.13 본항개정)
⑤ 사업장 규모 등 고용노동부령으로 정하는 기준에 해당하는 퇴직한 근로자가 제1항에 따라 대지급금을 청구하는 경우 고용노동부령으로 정하는 공인노무사로부터 대지급금 청구서 작성, 사실확인 등에 관한 지원을 받을 수 있다.(2021.4.13 본항개정)
⑥ 고용노동부장관은 퇴직한 근로자가 제5항에 따라 공인노무사로부터 지원을 받은 경우 그에 드는 비용의 전부 또는 일부를 지원할 수 있으며, 지원금액 및 구체적인 지급방법 등에 관한 사항은 고용노동부령으로 정한다.
(2021.4.13 본항개정)
⑦ 고용노동부장관은 제1항에 따른 대지급금의 지급 여부에 관하여 고용노동부령으로 정하는 바에 따라 해당 사업주(대지급금을 지급하기로 한 경우로 한정한다) 및 근로자에게 통지하여야 한다.(2021.4.13 본항신설)
⑧ 그 밖에 퇴직한 근로자에 대한 대지급금의 지급 등에 필요한 사항은 대통령령으로 정한다.(2021.4.13 본항개정)
(2021.4.13 본조제목개정)

제7조의2【재직 근로자에 대한 대지급금의 지급】 ① 고용노동부장관은 사업주가 제7조제1항제4호 또는 제5호에 해당하는 경우 해당 사업주와 근로계약이 종료되지 아니한 근로자(이하 "재직 근로자"라 한다)가 지급받지 못한 임금등의 지급을 청구하면 제3자의 변제에 관한 「민법」 제469조에도 불구하고 대지급금을 지급한다.
② 제1항에 따라 고용노동부장관이 지급하는 대지급금의 범위는 다음 각 호와 같다.
1. 재직 근로자가 체불 임금에 대하여 제7조제1항제4호에 따른 판결, 명령, 조정 또는 결정 등을 위한 소송 등을 제기하거나 해당 사업주에 대하여 진정ㆍ청원ㆍ탄원ㆍ고소 또는 고발 등을 제기한 날을 기준으로 맨 나중의 임금 체불이 발생한 날부터 소급하여 3개월 동안에 지급되어야 할 임금 중 지급받지 못한 임금
2. 제1호와 같은 기간 동안에 지급되어야 할 휴업수당 중 지급받지 못한 휴업수당
3. 제1호와 같은 기간 동안에 지급되어야 할 출산전후휴가기간 중 급여에서 지급받지 못한 급여
③ 대지급금의 지급대상이 되는 재직 근로자와 사업주의 기준 및 대지급금의 상한액은 해당 근로자의 임금이나 소득 수준 및 그 밖의 생활 여건 등을 고려하여 대통령령으로 정한다.
④ 재직 근로자에 대한 대지급금은 해당 근로자가 하나의 사업에 근로하는 동안 1회만 지급한다.
⑤ 제1항에 따라 대지급금을 지급받은 근로자가 퇴직 후 같은 근무기간, 같은 휴업기간 또는 같은 출산전후휴가기간에 대하여 제7조에 따른 대지급금의 지급을 청구한 경우 그 지급에 관하여는 다음 각 호의 구분에 따른다.
1. 제7조제1항제1호부터 제3호까지의 규정 중 어느 하나에 해당하여 대지급금의 지급을 청구한 경우에는 제1항 및 제2항에 따라 지급받은 대지급금에 해당하는 금액을 공제하고 지급할 것
2. 제7조제1항제4호 또는 제5호에 해당하여 대지급금의 지급을 청구한 경우에는 지급하지 아니할 것
⑥ 고용노동부장관은 제1항에 따른 대지급금의 지급 여부에 관하여 고용노동부령으로 정하는 바에 따라 해당 사업주(대지급금을 지급하기로 한 경우로 한정한다) 및 근로자에게 통지하여야 한다.
⑦ 그 밖에 재직 근로자에 대한 대지급금의 지급 등에 필요한 사항은 대통령령으로 정한다.
(2021.4.13 본조신설)

제7조의3【체불 임금등 및 생계비 융자】 ① 고용노동부장관은 사업주가 근로자에게 임금등을 지급하지 못한 경우에 사업주의 신청에 따라 체불 임금등을 지급하는 데 필요한 비용을 융자할 수 있다.(2024.2.6 본항개정)
② 고용노동부장관은 사업주로부터 임금등을 지급받지 못한 근로자(퇴직한 근로자를 포함한다)의 생활안정을 위하여 근로자의 신청에 따라 생계비에 필요한 비용을 융자할 수 있다.(2020.12.8 본항신설)
③ 제1항 및 제2항에 따른 융자금액은 고용노동부장관이 해당 근로자에게 직접 지급하여야 한다.(2020.12.8 본항개정)
④ 제1항 및 제2항에 따른 체불 임금등 및 생계비 비용 융자의 구체적인 기준, 금액, 기간 및 절차 등은 고용노동부령으로 정한다.(2020.12.8 본항개정)
(2020.12.8 본조제목개정)

제8조【미지급 임금등의 청구권의 대위】 ① 고용노동부장관은 제7조 또는 제7조의2에 따라 해당 근로자에게 대지급금을 지급하였을 때에는 그 지급한 금액의 한도에서 그 근로자가 해당 사업주에 대하여 미지급 임금등을 청구할 수 있는 권리를 대위(代位)한다.
② 「근로기준법」 제38조에 따른 임금채권 우선변제권 및 「근로자퇴직급여 보장법」 제12조제2항에 따른 퇴직급여등 채권 우선변제권은 제1항에 따라 대위되는 권리에 존속한다.
(2021.4.13 본조개정)

제9조【사업주의 부담금】 ① 고용노동부장관은 제7조 또는 제7조의2에 따른 대지급금의 지급이나 제7조의3에 따른 체불 임금등 및 생계비의 융자 등 임금채권보장사업에 드는 비용에 충당하기 위하여 사업주로부터 부담금을 징수한다.(2024.2.6 본항개정)
② 제1항에 따라 사업주가 부담하여야 하는 부담금은 그 사업에 종사하는 근로자의 보수총액에 1천분의 2의 범위에서 위원회의 심의를 거쳐 고용노동부장관이 정하는 부담금비율을 곱하여 산정한 금액으로 한다.(2010.6.4 본항개정)
③ 보수총액을 결정하기 곤란한 경우에는 고용산재보험료징수법 제13조제6항에 따라 고시하는 노무비율(勞務比率)에 따라 보수총액을 결정한다.(2021.4.13 본항개정)
④ 도급사업의 일괄적용에 관한 고용산재보험료징수법 제9조는 제1항의 부담금 징수에 관하여 준용한다. 이 경우 같은 법 제9조제1항 단서 중 "공단"을 "고용노동부장관"으로 본다.(2021.4.13 전단개정)
⑤ 이 법은 사업주의 부담금에 관하여 다른 법률에 우선하여 적용한다.(2018.10.16 본항신설)

제10조【부담금의 경감】 고용노동부장관은 다음 각 호의 어느 하나에 해당하는 사업주에 대하여는 제9조에 따른 부담금을 경감할 수 있다. 이 경우 그 경감기준은 고용노동부장관이 위원회의 심의를 거쳐 정한다.(2010.6.4 본문개정)
1. (2014.3.24 삭제)
2. 「근로기준법」 또는 「근로자퇴직급여 보장법」에 따라 퇴직금을 미리 정산하여 지급한 사업주
3. 법률 제7379호 근로자퇴직급여 보장법 부칙 제2조제1항에 따른 퇴직보험등에 가입한 사업주, 「근로자퇴직급여 보장법」 제3장에 따른 확정급여형퇴직연금제도, 같은 법 제4장에 따른 확정기여형퇴직연금제도, 같은 법 제4장의2에 따른 중소기업퇴직연금기금제도 또는 같은 법 제25조에 따른 개인형퇴직연금제도를 설정한 사업주
(2024.2.6 본호개정)
4. 「외국인근로자의 고용 등에 관한 법률」 제13조에 따라 외국인근로자 출국만기보험ㆍ신탁에 가입한 사업주

제11조【대지급금수급계좌】 ① 고용노동부장관은 근로자의 신청이 있는 경우에는 제7조 또는 제7조의2에 따른 대지급금을 해당 근로자 명의의 지정된 계좌(이하 "대지급금수급계좌"라 한다)로 입금하여야 한다. 다만, 정보통신장애나 그 밖에 대통령령으로 정하는 불가피한 사유로 대지급금을 대지급금수급계좌로 이체할 수 없을 때에는 현금 지급 등 대통령령으로 정하는 바에 따라 대지급금을 지급할 수 있다.
② 대지급금수급계좌의 해당 금융기관은 이 법에 따른

대지급금만이 대지급금수급계좌에 입금되도록 관리하여야 한다.
③ 제1항에 따른 신청 방법 및 절차와 제2항에 따른 대지급금수급계좌의 관리에 필요한 사항은 대통령령으로 정한다.
(2021.4.13 본조개정)
제11조의2【수급권의 보호】 ① 제7조 또는 제7조의2에 따른 대지급금을 지급받을 권리는 양도 또는 압류하거나 담보로 제공할 수 없다.
② 대지급금의 수령은 대통령령으로 정하는 바에 따라 위임할 수 있다.
③ 미성년자인 근로자는 독자적으로 대지급금의 지급을 청구할 수 있다.
④ 대지급금수급계좌의 예금에 관한 채권은 압류할 수 없다.
(2021.4.13 본조개정)
제12조【체불 임금등의 확인】 ① 임금등을 지급받지 못한 근로자는 다음 각 호의 어느 하나에 해당하는 경우 고용노동부장관에게 체불 임금등·사업주 확인서의 발급을 신청할 수 있다.
1. 제7조제1항제4호·제5호 또는 제7조의2제1항에 따른 대지급금의 지급 청구 절차를 진행하기 위하여 필요한 경우
2. 「법률구조법」 제22조에 따른 법률구조의 절차 등에 따라 소송 제기를 위하여 필요한 경우
(2021.4.13 본항개정)
② 제1항에 따른 신청이 있을 경우 고용노동부장관은 근로감독사무 처리과정에서 확인된 체불 임금등·사업주 확인서를 제1항의 근로자, 「산업재해보상보험법」 제10조에 따른 근로복지공단 또는 「법률구조법」 제8조에 따른 대한법률구조공단에 발급할 수 있다.(2021.4.13 본항개정)
③ 제2항에 따른 서류의 발급절차 및 발급방법 등에 관하여 필요한 사항은 고용노동부령으로 정한다.
(2015.1.20 본조개정)
제13조【재산목록의 제출명령】 ① 고용노동부장관은 제7조 또는 제7조의2에 따라 근로자에게 대지급금을 지급하려는 경우에는 대통령령으로 정하는 바에 따라 해당 사업주에게 재산 관계를 구체적으로 밝힌 재산목록의 제출을 명할 수 있다.(2021.4.13 본항개정)
② 제1항에 따른 재산목록 제출명령을 받은 사업주는 특별한 사유가 없으면 7일 이내에 고용노동부장관에게 재산 관계를 구체적으로 밝힌 재산목록을 제출하여야 한다.
(2010.6.4 본조개정)
제14조【부당이득의 환수】 ① 고용노동부장관은 거짓이나 그 밖의 부정한 방법으로 제7조, 제7조의2 및 제7조의3에 따라 대지급금 또는 융자금을 받으려 한 자에게는 대통령령으로 정하는 바에 따라 신청한 대지급금 또는 융자금의 전부 또는 일부를 지급 또는 융자하지 아니할 수 있다.
② 고용노동부장관은 제7조, 제7조의2 및 제7조의3에 따라 대지급금 또는 융자금을 이미 받은 자가 다음 각 호의 어느 하나에 해당하는 경우 대통령령으로 정하는 방법에 따라 그 대지급금 또는 융자금의 전부 또는 일부를 환수하여야 한다.
1. 거짓이나 그 밖의 부정한 방법으로 대지급금 또는 융자금을 받은 경우
2. 그 밖에 잘못 지급된 대지급금 또는 융자금이 있는 경우
③ 제2항에 따라 대지급금을 환수하는 경우 고용노동부령으로 정하는 기준에 따라 거짓이나 그 밖의 부정한 방법으로 지급받은 대지급금의 5배 이하의 금액을 추가하여 징수할 수 있다.
④ 제2항과 제3항의 경우에 대지급금의 지급 또는 융자가 거짓의 보고·진술·증명·서류제출 등 위계(僞計)의 방법에 의한 것이면 그 행위를 한 자는 대지급금 또는 융자금을 받은 자와 연대하여 책임을 진다.
(2021.4.13 본조개정)
제15조【포상금의 지급】 거짓이나 그 밖의 부정한 방법으로 제7조 또는 제7조의2에 따른 대지급금이 지급된 사실을 지방고용노동관서 또는 수사기관에 신고하거나 고발한 자에게는 대통령령으로 정하는 기준에 따라 포상금을 지급할 수 있다.(2021.4.13 본조개정)
제16조【준용】 이 법에 따른 부담금이나 그 밖의 징수금의 납부 및 징수(제14조제2항부터 제4항까지에 따른 대지급금의 환수 및 추가 징수를 포함한다)에 관하여는 고용산재보험료징수법 제16조의2부터 제16조의11까지, 제17조부터 제19조까지, 제19조의2, 제20조, 제22조의2, 제22조의3, 제23조, 제23조의2, 제24조, 제25조, 제26조의2, 제27조, 제27조의2, 제27조의3, 제28조, 제28조의2부터 제28조의7까지, 제29조, 제29조의2, 제29조의3, 제30조, 제32조부터 제37조까지, 제39조 및 제50조를 준용한다. 이 경우 "보험가입자"는 "사업주"로, "보험료"는 "부담금"으로, "보험"은 "임금채권보장"으로, "보험사무"는 "임금채권보장사무"로, "공단" 또는 "건강보험공단"은 "고용노동부장관(이 법 제27조에 따라 그 권한을 위탁받은 경우에는 그 위탁받은 자를 말한다)"으로, "개산보험료(概算保險料)"는 "개산부담금"으로, "보험연도"는 "회계연도"로, "보험관계"는 "임금채권보장관계"로, "보험료율"은 "부담금비율"로, "확정보험료"는 "확정부담금"으로, "「고용정책 기본법」 제10조에 따른 고용정책심의회 또는 「산업재해보상보험법」 제8조에 따른 산업재해보상보험및예방심의위원회"는 "위원회"로 본다.(2021.4.13 본조개정)

제3장 임금채권보장기금
(2007.12.27 본장개정)

제17조【기금의 설치】 고용노동부장관은 제7조 또는 제7조의2에 따른 대지급금의 지급이나 제7조의3에 따른 체불 임금등 및 생계비의 융자 등 임금채권보장사업에 충당하기 위하여 임금채권보장기금(이하 "기금"이라 한다)을 설치한다.(2024.2.6 본조개정)
제18조【기금의 조성】 ① 기금은 다음 각 호의 재원으로 조성한다.
1. 제8조에 따른 사업주의 변제금(辨濟金)
2. 제9조에 따른 사업주의 부담금
3. 제2항에 따른 차입금
4. 기금의 운용으로 생기는 수익금
5. 그 밖의 수입금
② 고용노동부장관은 기금을 운용하는 데에 필요하면 기금의 부담으로 금융기관이나 다른 기금 등으로부터 차입할 수 있다.(2010.6.4 본항개정)
제19조【기금의 용도】 기금은 다음 각 호의 용도에 사용한다.
1. 제7조 또는 제7조의2에 따른 대지급금의 지급과 잘못 납부한 금액 등의 반환(2021.4.13 본호개정)
2. 제7조제6항에 따른 공인노무사 지원 비용의 지급
(2021.4.13 본호개정)
3. 제7조의3에 따른 체불 임금등 및 생계비 지급을 위한 사업주 및 근로자 융자(2021.4.13 본호개정)
4. 제27조에 따라 업무를 위탁받은 자에 대한 출연
5. 차입금 및 그 이자의 상환
6. 임금등 체불 예방과 청산 지원 등 임금채권보장제도 관련 연구
7. 「법률구조법」에 따른 대한법률구조공단에 대한 출연. 다만, 임금등이 체불된 근로자에 대한 법률구조사업 지원에 한정한다.
8. 그 밖에 임금채권보장사업과 기금의 관리·운용
(2012.2.1 본조개정)
제20조【기금의 관리·운용】 ① 기금은 고용노동부장관이 관리·운용한다.(2010.6.4 본항개정)
② 기금의 관리·운용 등에 관하여는 「산업재해보상보험법」 제97조제2항부터 제4항까지, 제98조부터 제100조까지 및 102조를 준용한다. 이 경우 같은 법 중 "보험급여"는 "대지급금"으로, "보험료수입"은 "부담금수입"으로 본다.
(2021.4.13 후단개정)
제21조【회계연도】 기금의 회계연도는 정부의 회계연도에 따른다.

제4장 보 칙
(2007.12.27 본장개정)

제22조【보고 등】 고용노동부장관은 대통령령으로 정하는 바에 따라 이 법을 적용받는 사업의 사업주나 그 사업에 종사하는 근로자 등 관계 당사자에게 다음 각 호의 사항을 위하여 필요한 보고나 관계 서류의 제출을 요구할 수 있다.(2010.6.4 본문개정)
1. 기금의 관리·운용
2. 제7조 또는 제7조의2에 따른 대지급금의 지급
(2021.4.13 본호개정)
제23조【관계 기관 등에 대한 협조요청】 ① 고용노동부장관은 제7조 또는 제7조의2에 따른 대지급금의 지급, 제7조의3에 따른 체불 임금등 및 생계비의 융자, 제8조에 따른 미지급 임금등의 청구권의 대위, 제12조에 따른 체불 임금등의 확인, 제14조에 따른 부당이득의 환수 등 이 법에 따른 업무를 수행하기 위하여 다음 각 호의 어느 하나에 해당하는 자료의 제공 또는 관계 전산망의 이용(이하 "자료제공등"이라 한다)을 해당 각 호의 자에게 각각 요청할 수 있다. 이 경우 자료제공등을 요청받은 자는 정당한 사유가 없으면 그 요청에 따라야 한다.(2024.2.6 전단개정)
1. 법원행정처장에게 체불사업주, 부당이득자 및 연대책임자(이하 "체불사업주등"이라 한다)의 재산에 대한 건물등기사항증명서, 토지등기사항증명서, 법인등기사항증명서 및 「공탁법」 제4조에 따라 납입된 공탁물에 관한 자료(2021.4.13 본호개정)
2. 행정안전부장관에게 체불사업주등의 주민등록 등본·초본(2017.7.26 본호개정)
3. 국토교통부장관에게 체불사업주등 명의의 부동산 및 자동차·건설기계·항공기·요트 등 재산 자료(등록원부를 포함한다)(2018.10.16 본호개정)
3의2. 해양수산부장관에게 체불사업주등 명의의 선박 자료(등록원부를 포함한다)(2018.10.16 본호신설)
3의3. 관계 중앙행정기관의 장 또는 피감독기관인 공제조합의 장에게 해당 체불사업주등 명의의 출자증권 자료
(2021.4.13 본호개정)
4. 국세청장에게 체불사업주등 명의의 골프(콘도) 회원권, 무체재산권(특허권, 저작권 등), 서화, 골동품, 영업권 및 사업자등록(「부가가치세법」 제8조, 「소득세법」 제168조 및 「법인세법」 제111조에 따른 사업자등록을 말한다)에 관한 자료(2021.4.13 본호개정)
5. 지방자치단체의 장에게 체불사업주등의 가족관계등록부(가족관계증명서, 혼인관계증명서, 기본증명서), 재산에 대한 지방세 과세증명원, 일반(집합) 건축물대장, 토지(임야)대장, 체불사업주등 명의의 임차권·전세권·가압류 등 권리등기 및 등록에 따른 등록면허세 과세자료(2018.10.16 본호개정)
6. 「법률구조법」 제8조에 따른 대한법률구조공단의 이사장에게 근로자와 체불사업주등 사이의 체불 임금등에 관한 소송, 보전처분, 강제집행 등 민사상 재판절차에 관계된 서류(소장, 신청서, 관결문, 결정문 등의 서류를 포함한다)(2020.5.26 본호개정)
7. 「국민건강보험법」 제13조에 따른 국민건강보험공단의 이사장에게 체불사업주등에 대한 건강보험·국민연금·산업재해보상보험·고용보험의 보험료 납부 자료(체납 자료를 포함한다) 및 「국민건강보험법」 제47조에 따라 체불사업주등인 요양기관이 청구한 요양급여비용
(2018.10.16 본호개정)
7의2. 「산업재해보상보험법」 제10조에 따른 근로복지공단에 체불사업주등 및 대지급금 청구 근로자에 대한 다음 각 목에 해당하는 자료(2024.2.6 본문개정)
가. 「고용보험법」 제13조에 따른 피보험자격 취득 자료
나. 「고용보험법」 제15조에 따른 피보험자격 신고 자료
다. 고용산재보험료징수법 제7조 및 제10조에 따른 고용보험 및 산업재해보상보험 관계의 성립 및 소멸에 관한 자료(체불사업주등의 주소 및 전화번호를 포함한다)
라. 고용산재보험료징수법 제16조의3에 따른 근로자 개인별 월별보험료의 산정에 관한 자료
마. 고용산재보험료징수법 제16조의10제3항 및 제4항에 따른 근로자의 고용 및 고용관계 종료의 신고에 관한 자료
바. 고용산재보험료징수법 제23조에 따른 보험료등 과납액의 충당 및 반환에 관한 자료
사. 「산업재해보상보험법」 제45조에 따라 청구된 진료비에 관한 자료(체불사업주등이 「산업재해보상보험법」 제43조에 따른 산재보험 의료기관인 경우로 한정한다)(2024.2.6 본목신설)
아. 「근로자퇴직급여 보장법」 제2조제14호에 따른 중소기업퇴직연금기금제도 가입 여부, 가입기간, 적립금액 또는 부담금액, 지급금액 등 중소기업퇴직연금기금제도에 관한 자료(대지급금 지급 대상 기간으로 한정한다)(2024.2.6 본목신설)
(2021.4.13 본호개정)
7의3. 「고용정책 기본법」 제18조에 따른 한국고용정보원에 체불사업주등 및 대지급금 청구 근로자에 대한 다음 각 목에 해당하는 자료
가. 「고용보험법」 제20조부터 제23조까지의 규정에 따른 지원에 관한 자료
나. 「고용보험법」 제42조 및 제44조에 따른 실업 신고 및 실업 인정에 관한 자료
다. 「고용보험법」 제75조에 따른 출산전후휴가 급여 등에 관한 자료
(2024.2.6 본호신설)
8. 「근로자퇴직급여 보장법」 제26조에 따른 퇴직연금사업자에게 대지급금 청구 근로자의 퇴직연금 가입 여부, 가입기간, 적립금액 또는 부담금액, 지급금액 등 퇴직연금에 관한 정보 자료(대지급금 지급 대상 기간에 한정한다)
(2021.4.13 본호개정)
9. 「보험업법」에 따른 보험회사에게 대지급금 청구 외국인 근로자의 출국만기보험·신탁 및 보증보험 가입 및 납입자료(대지급금 지급대상기간의 정보에 한정한다)
(2021.4.13 본호개정)
10. 「신용보증기금법」 제4조에 따른 신용보증기금의 이사장 및 「기술보증기금법」 제12조에 따른 기술보증기금의 이사장에게 체불사업주등 명의의 질권 및 근저당권 설정 자료(2018.10.16 본호신설)
11. 「보험업법」 제4조제1항제2호라목에 따라 보증보험 허가를 받은 자에게 체불사업주등 명의의 질권 및 근저당권 설정 자료(2018.10.16 본호신설)
12. 조달청장에게 「전자조달의 이용 및 촉진에 관한 법률」 제16조제1항에 따라 관리되는 체불사업주등의 계약 관련 정보(2021.4.13 본호신설)
② 제1항에 따른 자료제공등을 요청할 때에는 다음 각 호의 사항을 적은 문서 또는 정보통신망(「정보통신망 이용촉진 및 정보보호 등에 관한 법률」 제2조제1항제1호에 따른 정보통신망을 말한다)으로 요청하여야 한다.
(2021.4.13 본문개정)
1. 체불사업주, 대지급금 청구 근로자, 부당이득자(연대책임자를 포함한다)의 인적사항(2021.4.13 본호개정)
2. 사용목적
3. 제공요청 자료의 목록
③ 제1항에 따라 제공되는 자료에 대해서는 수수료 및 사용료 등을 면제한다.(2016.1.27 본항신설)
(2016.1.27 본조개정)

제23조의2【개인정보의 보호】 ① 고용노동부장관은 제23조제1항 각 호의 자료의 제공을 요청할 때에는 업무에 필요한 최소한의 정보만 요청하여야 한다.(2020.5.26 본항개정)
② 고용노동부장관은 제23조제1항 각 호의 자료를 이용할 때에는 보안교육 등 사업주 또는 근로자 등의 개인정보에 대한 보호대책을 마련하여야 한다.(2020.5.26 본항개정)
③ 고용노동부장관은 제23조제1항제8호 및 제9호에 따른 자료의 제공을 요청할 경우에는 사전에 정보주체의 동의를 받아야 한다.
④ 고용노동부장관은 제23조제1항 각 호의 자료를 이용할 때에는 체불 임금등의 지급, 미지급 임금등의 청구권의 대위 등 목적을 달성한 경우 지체 없이 파기하여야 한다.(2020.5.26 본항개정)
⑤ 제23조제1항 각 호의 개인정보는 고용노동부 또는 고용노동부장관으로부터 권한을 위임받은 기관에서 같은 항 각 호 외의 부분 본문에 따른 업무를 담당하는 자 중 해당 기관의 장으로부터 개인정보 취급승인을 받은 자만 취급할 수 있다.
⑥ 임금채권보장 업무에 종사하거나 종사하였던 자는 누구든지 업무 수행과 관련하여 알게 된 사업주 또는 근로자 등의 정보를 누설하거나 다른 용도로 사용하여서는 아니 된다.
⑦ 제2항에 따른 보안교육 등 개인정보 보호대책 마련, 제3항에 따른 정보주체에 대한 사전 동의 방법, 제4항에 따른 목적을 달성한 정보의 파기 시기 및 방법, 제5항에 따른 개인정보 취급승인의 절차 등에 필요한 세부적인 사항은 고용노동부장관이 정한다.
(2016.1.27 본조신설)

제23조의3【미회수된 대지급금 자료의 제공】 ① 고용노동부장관은 「신용정보의 이용 및 보호에 관한 법률」 제25조제2항제1호에 따른 종합신용정보집중기관(이하 이 조에서 "종합신용정보집중기관"이라 한다)이 제7조 또는 제7조의2에 따라 지급된 대지급금 중 다음 각 호의 요건을 모두 충족하는 미회수금과 해당 사업주의 인적사항 등에 관한 자료(이하 "미회수자료"라 한다)를 요구할 때에는 대지급금의 회수를 위하여 필요하다고 인정하는 경우 그 자료를 제공할 수 있다. 다만, 해당 사업주의 사망·폐업으로 미회수자료 제공의 실효성이 없는 경우 등 대통령령으로 정하는 사유가 있는 경우에는 그러하지 아니하다.
1. 미회수된 대지급금의 합계가 500만원 이상으로서 대통령령으로 정하는 금액 이상일 것
2. 미회수된 대지급금 지급일의 다음 날부터 1년 이상의 기간으로서 대통령령으로 정하는 기간이 지났을 것
② 고용노동부장관은 제1항에 따라 미회수자료를 종합신용정보집중기관에 제공하기 전에 고용노동부령으로 정하는 바에 따라 해당 사업주에게 그 사실을 미리 알려야 하며, 미회수자료를 제공한 경우 해당 사업주에게 그 제공 사실을 지체 없이 알려야 한다.
③ 제1항에 따라 미회수자료를 제공받은 자는 이를 신용도·신용거래능력 판단과 관련한 업무 외의 목적으로 이용·제공 또는 누설해서는 아니 된다.
④ 제1항부터 제3항까지에서 규정한 사항 외에 미회수자료의 제공 절차 및 방법 등에 관하여 필요한 사항은 고용노동부령으로 정한다.
(2024.2.6 본조신설)

제24조【검사】 ① 고용노동부장관은 이 법을 시행하기 위하여 필요하다고 인정하면 관계 공무원 또는 제27조에 따라 권한을 위탁받은 기관에 소속된 직원(위탁받은 업무 처리에 필요한 사항으로 한정한다)으로 하여금 이 법을 적용받는 사업장에 출입하여 관계 서류를 검사하거나 관계인에게 질문하게 할 수 있다.
② 제1항에 따라 출입·검사를 하는 공무원 또는 제27조에 따라 권한을 위탁받은 기관에 소속된 직원은 그 권한을 표시하는 증표를 지니고 이를 관계인에게 내보여야 한다.
(2021.4.13 본조개정)

제25조【신고】 사업주가 이 법 또는 이 법에 따른 명령을 위반하는 사실이 있으면 근로자는 그 사실을 근로감독관에게 신고하여 시정을 위한 조치를 요구할 수 있다.

제26조【소멸시효】 ① 부담금이나 그 밖에 이 법에 따른 징수금을 징수하거나 대지급금·부담금을 반환받을 권리는 3년간 행사하지 아니하면 시효로 소멸한다.
(2021.4.13 본항개정)
② 제1항에 따른 소멸시효에 관하여는 이 법에 규정된 것 외에는 「민법」에 따른다.
③ 소멸시효의 중단 등에 관하여는 고용산재보험료징수법 제42조 및 제43조를 준용한다.(2021.4.13 본항개정)

제27조【권한의 위임·위탁】 이 법에 따른 고용노동부장관의 권한은 대통령령으로 정하는 바에 따라 그 일부를 지방고용노동관서의 장에게 위임하거나 「산업재해보상보험법」에 따른 근로복지공단, 「국민건강보험법」에 따른 국민건강보험공단 및 「한국자산관리공사 설립 등에 관한 법률」에 따른 한국자산관리공사에 위탁할 수 있다.
(2024.2.6 본조개정)

제5장 벌 칙

(2007.12.27 본장개정)

제27조의2【벌칙】 다음 각 호의 어느 하나에 해당하는 자는 10년 이하의 징역 또는 1억원 이하의 벌금에 처한다.
(2024.2.6 본문개정)
1. 제23조의2제6항을 위반하여 정보를 누설하거나 다른 용도로 사용한 자
2. 제23조의3제3항을 위반하여 미회수자료를 이용·제공하거나 누설한 자
(2024.2.6 1호~2호신설)

제28조【벌칙】 ① 다음 각 호의 어느 하나에 해당하는 자는 3년 이하의 징역 또는 3천만원 이하의 벌금에 처한다.
(2014.3.24 본문개정)
1. 거짓이나 그 밖의 부정한 방법으로 제7조·제7조의2에 따른 대지급금 또는 제7조의3에 따른 융자를 받은 자
(2021.4.13 본호개정)
2. 거짓이나 그 밖의 부정한 방법으로 다른 사람으로 하여금 제7조·제7조의2에 따른 대지급금 또는 제7조의3에 따른 융자를 받게 한 자(2021.4.13 본호개정)
3. (2021.4.13 삭제)
② 다음 각 호의 어느 하나에 해당하는 자는 2년 이하의 징역 또는 2천만원 이하의 벌금에 처한다.
1. 부당하게 제7조·제7조의2에 따른 대지급금 또는 제7조의3에 따른 융자를 받기 위하여 거짓의 보고·증명 또는 서류제출을 한 자(2021.4.13 본호개정)
2. 다른 사람으로 하여금 부당하게 제7조·제7조의2에 따른 대지급금 또는 제7조의3에 따른 융자를 받게 하기 위하여 거짓의 보고·증명 또는 서류제출을 한 자
(2021.4.13 본호개정)
(2014.3.18 본항신설)

제29조【양벌규정】 법인의 대표자나 법인 또는 개인의 대리인, 사용인, 그 밖의 종업원이 그 법인 또는 개인의 업무에 관하여 제28조의 위반행위를 하면 그 행위자를 벌하는 외에 그 법인 또는 개인에게도 해당 조문의 벌금형을 과(科)한다. 다만, 법인 또는 개인이 그 위반행위를 방지하기 위하여 해당 업무에 관하여 상당한 주의와 감독을 게을리하지 아니한 경우에는 그러하지 아니하다.
(2009.1.7 본조개정)

제30조【과태료】 ① 다음 각 호의 어느 하나에 해당하는 자에게는 1천만원 이하의 과태료를 부과한다.
(2021.4.13 본문개정)
1. (2015.1.20 삭제)
1의2. 정당한 사유 없이 제13조에 따른 재산목록의 제출을 거부하거나 거짓의 재산목록을 제출한 자
(2021.4.13 본호신설)
2. 정당한 사유 없이 제22조에 따른 보고나 관계 서류의 제출요구에 따르지 아니한 자 또는 거짓 보고를 하거나 거짓 서류를 제출한 자
3. 정당한 사유 없이 제24조제1항에 따른 관계 공무원 또는 제27조에 따라 권한을 위탁받은 기관에 소속된 직원의 질문에 답변을 거부하거나 검사를 거부·방해 또는 기피한 자(2021.4.13 본호개정)
② 제1항에 따른 과태료는 대통령령으로 정하는 바에 따라 고용노동부장관이 부과·징수한다.(2010.6.4 본항개정)
③~⑤ (2012.2.1 삭제)

부 칙 (2006.12.26)

제1조【시행일】 이 법은 공포 후 3개월이 경과한 날부터 시행한다.

제2조【부담금·가산금 및 연체금 면제의 유효기간】 제14조의 개정규정 중 보험료징수법 제22조의3에 관한 부분은 2009년 12월 31일까지 효력을 가진다.

제3조【징수특례사업의 특례부담금 납부기한에 관한 적용례】 제14조의 개정규정 중 보험료징수법 제21조제4항에 관한 부분은 이 법 시행 후 최초로 도래하는 분기부터 적용한다.

제4조【가산금의 경감에 관한 적용례】 제14조의 개정규정 중 보험료징수법 제24조에 관한 부분은 이 법 시행 후 최초로 확정부담금수정신고서를 제출하는 사업주부터 적용한다.

제5조【부담금·가산금 및 연체금의 면제에 관한 적용례】 제14조의 개정규정 중 보험료징수법 제22조의3에 관한 부분은 이 법 시행 후 최초로 산업재해보상보험에 가입하는 사업주부터 적용한다.

제6조【납부기한 전 징수에 관한 적용례】 제14조의 개정규정 중 보험료징수법 제27조의2에 관한 부분은 이 법 시행 후 최초로 동법 제27조의2제1항 각 호의 어느 하나에 해당하는 사유가 발생하는 사업주부터 적용한다.

제7조【부담금, 이 법에 따른 그 밖의 징수금의 분할납부에 관한 적용례】 제14조의 개정규정 중 보험료징수법 제27조의3에 관한 부분은 이 법 시행 후 최초로 산업재해보상보험에 가입하는 사업주부터 적용한다.

부 칙 (2014.3.24)

제1조【시행일】 이 법은 공포 후 6개월이 경과한 날부터 시행한다. 다만, 제10조제1호의 개정규정은 공포한 날부터 시행한다.

제2조【부당이득의 환수에 관한 적용례】 제14조제2항의 개정규정은 이 법 시행 후 최초로 체당금 또는 융자금을 지급받게 되는 경우부터 적용한다.

부 칙 (2015.1.20)

제1조【시행일】 이 법은 2015년 7월 1일부터 시행한다.

제2조【체불 임금등의 지급에 관한 적용례】 제7조제1항제4호의 개정규정은 이 법 시행 이후 판결, 명령, 조정 또는 결정 등이 있는 경우부터 적용한다.

제3조【체불 임금등의 확인에 관한 적용례】 제12조의 개정규정은 이 법 시행 이후 체불 임금등과 체불사업주 등을 증명하는 서류의 발급을 신청한 경우부터 적용한다.

제4조【부당이득의 환수에 관한 적용례】 제14조제4항의 개정규정은 이 법 시행 이후 지급된 체당금부터 적용한다.

제5조【과태료에 관한 경과조치】 이 법 시행 전의 행위에 대한 과태료의 적용에 있어서는 종전의 규정에 따른다.

부 칙 (2020.5.26)

이 법은 공포한 날부터 시행한다.(이하 생략)

부 칙 (2020.12.8)

제1조【시행일】 이 법은 공포 후 6개월이 경과한 날부터 시행한다. 다만, 제2조제3호 및 제7조제2항제3호의 개정규정은 공포한 날부터 시행한다.

제2조【체당금의 지급에 관한 적용례】 제2조제3호 및 제7조제2항제3호의 개정규정은 이 법 시행 이후 제7조에 따라 최초로 체당금의 지급을 청구한 경우부터 적용한다.

부 칙 (2021.4.13)

제1조【시행일】 이 법은 공포 후 6개월이 경과한 날부터 시행한다. 다만, 법률 제17604호 임금채권보장법 일부개정법률 제7조제3항의 개정규정(제7조제1항제5호의 개정규정과 관련된 부분은 제외한다)은 2021년 6월 9일부터 시행한다.

제2조【대지급금의 지급에 관한 적용례】 ① 제7조제1항제5호 및 제7조의2제1항(제7조제1항제4호와 관련된 부분은 제외한다)의 개정규정은 이 법 시행 이후 해당 근로자가 체불 임금등·사업주 확인서를 발급받아 제출하는 경우(이 법 시행 전에 발급되었던 체불 임금등·사업주 확인서를 재발급받아 제출하는 경우는 제외한다)부터 적용한다.
② 제7조의2제1항의 개정규정은 이 법 시행 전에 제7조제1항제4호 각 목의 어느 하나에 해당하는 판결, 명령, 조정 또는 결정 등이 있은 경우에 대해서도 적용한다.

제3조【같은 근무기간, 휴업기간 또는 출산전후휴가기간에 대한 대지급금 지급의 적용례】 법률 제17604호 임금채권보장법 일부개정법률 제7조제3항의 개정규정은 같은 개정규정 시행 이후 해당 근로자가 제7조제1항에 따른 대지급금을 청구하는 경우부터 적용한다.

제4조【대지급금에 관한 경과조치】 법률 제17604호 임금채권보장법 일부개정법률 제7조제3항의 개정규정 중 "대지급금"은 부칙 제1조 본문에 따른 이 법 시행일 전까지는 "체당금"으로 본다.

제5조【부정수급한 대지급금의 추가 징수에 관한 경과조치】 이 법 시행 전에 제14조제2항제1호에 따라 거짓이나 그 밖의 부정한 방법으로 지급받은 대지급금을 환수하는 때에 추가하여 징수하는 금액에 관하여는 제14조제3항의 개정규정에도 불구하고 종전의 규정에 따른다.

제6조【벌칙의 과태료 전환에 관한 경과조치】 이 법 시행 전의 위반행위에 관하여는 제28조제1항제3호의 개정규정에도 불구하고 종전의 규정에 따른다.

부 칙 (2024.2.6)

제1조【시행일】 이 법은 공포 후 6개월이 경과한 날부터 시행한다.

제2조【체불 임금등의 융자에 관한 적용례】 제7조의3제1항의 개정규정은 이 법 시행 당시 체불 임금등의 지급에 필요한 비용의 융자 절차가 진행 중인 경우에도 적용한다.

제3조【미회수자료의 제공에 관한 적용례】 제23조의3의 개정규정은 이 법 시행 이후 제7조 또는 제7조의2에 따라 지급하는 대지급금에 관한 자료부터 적용한다.

임금채권보장법 시행령

(1998년 5월 26일
대통령령 제15804호)

개정
1999. 1.29영16092호 2000. 3.13영16755호
2001. 6.22영17244호 2003. 6.25영18018호
2004. 3.17영18312호(전자적민원처리를위한가석방자관리규정등)
2004.10.29영18574호(고용보험및산업재해보상보험의보험료징수등에관한법시)
2005. 6.30영18913호
2006. 3.29영19422호(채무자회생파산시)
2006. 6.12영19513호(고위공무원단인사규정)
2007. 3.26영19957호
2008. 2.29영20681호(직제)
2008. 6.25영20875호(산업재해시)
2010. 1.27영22003호(신문등의진흥에관한법시)
2010. 7.12영22269호(직제)
2010.11.15영22490호
2012. 1. 6영23488호(민감정보고유식별정보)
2012. 6. 5영23841호 2014. 9.24영25630호
2014.12. 9영25840호(규제기한정비)
2015. 6.15영26318호
2016. 3.22영27050호(산업재해시)
2016.12.30영27751호(규제기한설정)
2020. 2.18영30432호(건설산업기본법시)
2020. 3. 3영30509호(규제기한해제)
2020.11.24영31176호(법정공고방식확대)
2020.12. 8영31240호(고용보험및산업재해보상보험의보험료징수등에관한법시)
2021. 6. 1영31721호 2021.10.14영32048호

제1조【목적】 이 영은 「임금채권보장법」에서 위임된 사항과 그 시행에 필요한 사항을 규정함을 목적으로 한다.
(2010.11.15 본조개정)

제2조【임금채권보장기금심의위원회의 기능】 「임금채권보장법」(이하 "법"이라 한다) 제6조에 따른 임금채권보장기금심의위원회(이하 "위원회"라 한다)는 다음 각 호의 사항을 심의한다.
1. 법 제9조제2항에 따른 부담금비율의 결정에 관한 사항
2. 법 제10조에 따른 부담금 경감기준의 결정에 관한 사항
3. 법 제17조에 따른 임금채권보장기금(이하 "기금"이라 한다)의 운용계획 수립에 관한 사항
4. 그 밖에 기금의 관리·운용과 관련하여 중요하다고 인정하여 고용노동부장관이 회의에 부치는 사항

(2010.11.15 본조개정)

제3조【위원회의 구성 등】 ① 위원회 위원은 다음 각 호의 구분에 따라 고용노동부장관이 임명하거나 위촉한다.
1. 근로자를 대표하는 위원 : 총연합단체인 노동조합이 추천하는 사람 5명
2. 사업주를 대표하는 위원 : 전국을 대표하는 사용자단체가 추천하는 사람 5명
3. 공익을 대표하는 위원 : 다음 각 목의 사람 5명
 가. 고용노동부의 임금채권보장업무를 담당하는 고위공무원 1명
 나. 고용노동부의 임금채권보장업무를 담당하는 3급 또는 4급 공무원 1명
 다. 「비영리민간단체 지원법」 제2조에 따른 비영리민간단체에서 추천한 사람과 고용노동부장관이 사회보험에 관한 학식과 경험이 풍부하다고 인정하는 사람 중 3명

② 제1항에서 규정한 사항 외에 위원회의 조직과 운영에 관하여는 「산업재해보상보험법 시행령」 제5조부터 제7조까지 및 제9조부터 제11조까지의 규정을 준용한다. 이 경우 「산업재해보상보험법 시행령」 제5조제1항 단서 중 "제4조제3호가목 또는 나목에 해당하는 위원"은 "고용노동부의 임금채권보장업무를 담당하는 고위공무원 또는 임금채권보장업무를 담당하는 3급 또는 4급 공무원 중 1명"으로, 같은 법 시행령 제5조제3항 각 호 외의 부분 중 "제4조에 따른 위원회의 위촉위원"은 "제3조제1항에 따른 위원회의 위촉위원"으로, 같은 법 시행령 제6조제2항 중 "고용노동부차관"은 "임금채권보장업무를 담당하는 고위공무원"으로, 같은 법 시행령 제10조 본문 중 "위원회 및 전문위원회의 회의"는 "위원회의 회의"로, "위원과 전문위원회의 위원"은 "위원"으로 본다.(2016.3.22 후단개정)

(2010.11.15 본조개정)

제4조 (2014.9.24 삭제)

제5조【도산등사실인정의 요건·절차】 ① 법 제7조제1항제3호에서 "대통령령으로 정한 요건과 절차에 따라 미지급 임금등을 지급할 능력이 없다고 인정하는 경우"란 사업주로부터 임금등을 지급받지 못하고 퇴직한 근로자의 신청이 있는 경우로서 해당 사업주가 다음 각 호의 요건에 모두 해당되어 미지급 임금등을 지급할 능력이 없다고 고용노동부장관이 인정(이하 "도산등사실인정"이라 한다)하는 경우를 말한다.(2014.9.24 본문개정)
1. 별표1의 방법에 따라 산정한 상시 사용하는 근로자의 수(이하 "상시근로자수"라 한다)가 300명 이하일 것
2. 사업이 폐지되었거나 다음 각 목의 어느 하나의 사유로 사업이 폐지되는 과정에 있을 것
 가. 그 사업의 생산 또는 영업활동이 중단된 상태에서 주된 업무시설이 압류 또는 가압류되거나 채무 변제를 위하여 양도된 경우(「민사집행법」에 따른 경매가 진행 중인 경우를 포함한다)
 나. 그 사업에 대한 인가·허가·등록 등이 취소되거나 말소된 경우
 다. 그 사업의 주된 생산 또는 영업활동이 1개월 이상 중단된 경우
3. 임금등을 지급할 능력이 없거나 다음 각 목의 어느 하나의 사유로 임금등의 지급이 현저히 곤란할 것
 가. 도산등사실인정일 현재 1개월 이상 사업주의 소재를 알 수 없는 경우
 나. 사업주의 재산을 환가(換價)하거나 회수하는 데 도산등사실인정 신청일부터 3개월 이상 걸릴 것으로 인정되는 경우
 다. 사업주(상시근로자수가 10명 미만인 사업의 사업주로 한정한다)가 도산등사실인정을 신청한 근로자에게 「근로기준법」 제36조에 따른 금품 청산 기일이 지난 날부터 3개월 이내에 임금등을 지급하지 못한 경우(2014.9.24 본목신설)

② 제1항에 따른 도산등사실인정 신청은 해당 사업에서 퇴직한 날의 다음 날부터 1년 이내에 하여야 한다.
③ 제2항에 따른 도산등사실인정 신청에 필요한 사항은 고용노동부령으로 정한다.
(2010.11.15 본조개정)

제6조【체불 임금등 대지급금 상한액의 결정·고시】 ① 법 제7조제1항 및 제7조의2제1항에 따라 고용노동부장관이 사업주를 대신하여 지급하는 체불 임금등 대지급금(이하 "대지급금"이라 한다)의 종류는 다음 각 호와 같다.
1. 법 제7조제1항제1호부터 제3호까지의 규정에 따른 대지급금(이하 "도산대지급금"이라 한다)
2. 법 제7조제1항제4호·제5호 및 법 제7조의2제1항에 따른 대지급금(이하 "간이대지급금"이라 한다)

② 대지급금의 상한액은 법 제7조제2항 단서 및 제7조의2제3항에 따라 근로자의 임금이나 소득 수준, 물가상승률, 기금의 재정상황 및 근로자의 퇴직 당시 연령(근로자의 퇴직 당시 연령은 법 제7조제1항에 따른 대지급금의 상한액을 정하는 경우만 해당한다) 등을 고려하여 고용노동부장관이 기획재정부장관과 협의하여 정한다.
③ 고용노동부장관은 제2항에 따라 정한 대지급금 상한액의 내용을 관보 및 인터넷 홈페이지에 고시해야 한다.
(2021.10.14 본조개정)

제7조【대지급금 지급대상 근로자】 ① 도산대지급금은 다음 각 호의 구분에 따른 날의 1년 전이 되는 날 이후부터 3년 이내에 해당 사업 또는 사업장(이하 "사업"이라 한다)에서 퇴직한 근로자에게 지급한다.
1. 법 제7조제1항제1호 또는 제2호에 따른 회생절차개시의 결정 또는 파산선고의 결정(이하 "파산선고등"이라 한다)이 있는 경우에는 그 신청일
2. 「채무자 회생 및 파산에 관한 법률」에 따른 회생절차개시 신청 후 법원이 직권으로 파산선고를 한 경우에는 그 신청일 또는 선고일
3. 도산등사실인정이 있는 경우에는 그 도산등사실인정 신청일(제5조제2항에 따른 신청기간의 말일이 공휴일이어서 공휴일 다음 날 신청한 경우에는 그 신청기간의 말일을 말하며, 도산등사실인정의 기초가 된 하나의 사실관계에 대해 둘 이상의 신청이 있는 경우에는 최초의 신청일을 말한다. 이하 같다)

② 간이대지급금 중 법 제7조제1항제4호 및 제5호에 따른 대지급금은 다음 각 호의 구분에 따른 퇴직 근로자에게 지급한다.
1. 법 제7조제1항제4호에 따른 대지급금 : 사업에서 퇴직한 날의 다음 날부터 2년 이내에 법 제7조제1항제4호 각 목에 해당하는 판결, 명령, 조정 또는 결정 등(이하 "판결등"이라 한다)에 관한 소송 등(이하 "소송등"이라 한다)을 제기한 근로자
2. 법 제7조제1항제5호에 따른 대지급금 : 사업에서 퇴직한 날의 다음 날부터 1년 이내에 임금등의 체불을 이유로 해당 사업주에 대한 진정·청원·탄원·고소 또는 고발 등(이하 "진정등"이라 한다)을 제기한 근로자

③ 간이대지급금 중 법 제7조의2제1항에 따른 대지급금은 다음 각 호의 기준을 모두 충족한 재직 근로자에게 지급한다.
1. 소송등 또는 진정등을 제기한 당시 해당 사업주와의 근로계약이 종료되지 않은 근로자(근로계약기간이 1개월 미만인 일용근로자는 제외한다)일 것
2. 해당 사업주와 근로계약에서 정한 임금액이 고용노동부장관이 정하여 고시하는 금액 미만일 것
3. 다음 각 목의 구분에 따른 기간 이내에 사업주에 대한 소송등이나 진정등을 제기했을 것
 가. 사업주가 법 제7조제1항제4호에 해당하는 경우 : 소송등을 제기한 날 이전 맨 나중의 임금등 체불이 발생한 날의 다음 날부터 2년 이내
 나. 사업주가 법 제7조제1항제5호에 해당하는 경우 : 진정등을 제기한 날 이전 맨 나중의 임금등 체불이 발생한 날의 다음 날부터 1년 이내

(2021.10.14 본조개정)

제8조【사업주의 기준】 ① 근로자가 도산대지급금을 받을 수 있는 사업주는 법 제3조에 따라 법의 적용 대상이 되어 6개월 이상 해당 사업을 한 후에 법 제7조제1항제1호부터 제3호까지의 어느 하나에 해당하는 사유가 발생한 사업주로 한다.
② 법 제7조제1항제4호에 따른 대지급금은 다음 각 호의 기준을 모두 충족한 사업주에게 고용되었던 퇴직 근로자로 한정하여 지급한다.
1. 법 제3조에 따라 법의 적용 대상이 되어 해당 근로자가 퇴직한 날까지 6개월 이상 해당 사업을 했을 것
2. 해당 근로자에게 임금등을 지급하지 못하여 판결등을 받았을 것

③ 법 제7조제1항제5호에 따른 대지급금은 다음 각 호의 기준을 모두 충족한 사업주에게 고용되었던 퇴직 근로자로 한정하여 지급한다.
1. 법 제3조에 따라 법의 적용 대상이 되어 해당 근로자가 퇴직한 날까지 6개월 이상 해당 사업을 했을 것
2. 법 제12조에 따라 고용노동부장관으로부터 발급받은 체불 임금등·사업주 확인서(이하 "체불임금등·사업주확인서"라 한다)로 미지급 임금등이 확인되었을 것

(2021.10.14 본항신설)

④ 법 제7조의2제1항에 따른 대지급금은 다음 각 호의 기준을 모두 충족한 사업주에게 고용된 재직 근로자로 한정하여 지급한다.
1. 법 제3조에 따라 법의 적용 대상이 되어 해당 근로자가 소송등이나 진정등을 제기한 날 이전 맨 나중의 임금등 체불이 발생한 날까지 6개월 이상 해당 사업을 했을 것
2. 해당 근로자에게 임금등을 지급하지 못하여 판결등을 받았거나 법 제12조에 따라 고용노동부장관으로부터 발급받은 체불임금등·사업주확인서로 미지급 임금등이 확인되었을 것

(2021.10.14 본항신설)

⑤ 제2항제1호, 제3항제1호 및 제4항제1호에도 불구하고 「근로기준법」 제44조의2제1항에 따른 건설업 공사도급의 하수급인(이하 이 항에서 "건설사업자가 아닌 하수급인"이라 한다)인 사업주가 해당 근로자의 퇴직일(재직 근로자의 경우에는 소송등이나 진정등을 제기한 날 이전 맨 나중의 임금등 체불이 발생한 날을 말한다. 이하 이 항에서 같다)까지 6개월 이상 해당 사업을 하지 않은 경우에는 건설사업자가 아닌 하수급인의 직상(直上) 수급인(직상 수급인이 「건설산업기본법」 제2조제7호의 건설사업자가 아닌 경우에는 그 상위 수급인 중에서 최하위의 같은 호에 따른 건설사업자를 말한다)이 해당 근로자의 퇴직일까지 6개월 이상 해당 사업을 한 경우로 한다.
(2021.10.14 본항신설)
(2021.10.14 본조개정)

제9조【대지급금의 청구와 지급】 ① 대지급금을 지급받으려는 사람은 다음 각 호의 구분에 따른 기간 이내에 고용노동부장관에게 대지급금의 지급을 청구해야 한다.
1. 도산대지급금의 경우 : 파산선고등 또는 도산등사실인정이 있은 날부터 2년 이내
2. 법 제7조제1항제4호에 따른 대지급금의 경우 : 판결등이 있은 날부터 1년 이내
3. 법 제7조제1항제5호에 따른 대지급금의 경우 : 체불임금등·사업주확인서가 최초로 발급된 날부터 6개월 이내
4. 법 제7조의2제1항에 따른 대지급금의 경우 : 판결등이 있은 날부터 1년 이내 또는 체불임금등·사업주확인서가 최초로 발급된 날부터 6개월 이내

② 제1항에서 규정한 사항 외에 대지급금의 청구 및 지급 등에 필요한 사항은 고용노동부령으로 정한다.
(2021.10.14 본조개정)

제10조【파산선고등 대지급금 지급 사유의 확인 등】 ① 제9조제1항제1호에 따라 도산대지급금의 지급을 청구하려는 사람은 다음 각 호의 사항에 관하여 고용노동부장관의 확인을 받아야 하며, 그 확인의 신청은 같은 호에 따른 도산대지급금 지급 청구와 함께 해야 한다.
(2021.10.14 본문개정)
1. 파산선고등 또는 도산등사실인정이 있은 날 및 그 신청일
2. 퇴직일 및 퇴직 당시의 연령
3. 법 제7조제2항제1호부터 제3호까지의 규정에 해당하는 임금등 중 미지급액(2021.6.1 본호개정)
4. 받아야 할 도산대지급금의 금액(2021.10.14 본호개정)
5. 해당 사업주가 제8조제1항에 따른 사업주에 해당하는 사실(2021.10.14 본호개정)

② 고용노동부장관은 제1항에 따른 확인을 위하여 필요한 경우에는 법 제22조에 따라 해당 사업주·파산관재인·관재인·관리인 등에게 파산선고등과 관련된 사항의 보고 또는 관계 서류의 제출을 요구하는 등 필요한 조치를 하여야 한다.
③ 제1항에 따른 확인에 필요한 사항은 고용노동부령으로 정한다.
(2021.10.14 본조제목개정)
(2010.11.15 본조개정)

제11조【미지급 임금등 청구권의 대위】 고용노동부장관은 법 제8조제1항에 따라 근로자의 미지급 임금등 청구권을 대위(代位)하는 경우에는 청구권의 행사 및 그 확보 등에 필요한 조치를 하여야 한다.(2010.11.15 본조개정)

제12조【부담금의 징수】 ① 고용노동부장관은 법 제9조제1항에 따라 부담금을 징수할 때에는 「고용보험 및 산업재해보상보험의 보험료징수 등에 관한 법률」(이하 "고용산재보험료징수법"이라 한다) 제13조제1항제2호에 따른 산재보험료와 통합하여 징수한다.(2021.10.14 본항개정)

② 고용노동부장관은 제1항에 따라 통합징수된 부담금을 매월 정산하여 기금에 납입하여야 한다.
(2010.11.15 본조개정)

제13조【부담금비율의 고시】 고용노동부장관은 법 제9조제2항에 따라 부담금비율을 결정하였을 때에는 그 내용을 관보 및 「신문 등의 진흥에 관한 법률」 제9조제1항에 따라 그 보급지역을 전국으로 하여 등록한 일반일간신문 1개 이상에 고시하여야 한다.(2010.11.15 본조개정)

제14조【부담금 경감 대상 사업주의 기준】 ① (2014.9.24 삭제)
② 법 제10조제2호부터 제4호까지의 규정에 따른 부담금 경감 대상 사업주인지의 판단은 전년도 말일을 기준으로 한다.
(2010.11.15 본조개정)

제15조【부담금의 경감 절차】 ① (2014.9.24 삭제)
② 법 제10조제2호부터 제4호까지의 규정에 따라 부담금을 경감받으려는 사업주는 같은 호에서 정하는 부담금 경감 요건을 갖춘 후 고용노동부령으로 정하는 바에 따라 고용노동부장관에게 신청하여야 한다.
③ 고용노동부장관은 제2항에 따른 신청 내용을 검토한 후 부담금 경감 요건을 갖춘 사업주에게는 그 경감 내용을 통지하여야 한다.
(2010.11.15 본조개정)

제16조【부담금 경감기준의 고시】 고용노동부장관은 법 제10조 각 호 외의 부분 후단에 따라 부담금의 경감기준을 결정하였을 때에는 그 내용을 관보 및 「신문 등의 진흥에 관한 법률」 제9조제1항에 따라 그 보급지역을 전국으로 하여 등록한 일반일간신문 1개 이상에 고시하여야 한다.(2010.11.15 본조개정)

제17조【부담금 또는 그 밖의 징수금 카드의 작성 등】
① 고용노동부장관은 법의 적용 대상이 되는 사업에 대해서는 사업장별로 부담금 또는 그 밖의 징수금 카드를 작성하여 갖춰 두어야 한다.
② 고용노동부장관은 제1항에 따른 부담금 또는 그 밖의 징수금 카드를 열람하려는 사업주에게는 이를 열람하게 하여야 하며, 필요한 사항에 대하여 증명서를 발급받으려는 사업주에게는 증명서를 발급할 수 있다.
(2010.11.15 본조개정)

제18조【대지급금수급계좌】 ① 법 제11조제1항 단서에서 "정보통신장애나 그 밖에 대통령령으로 정하는 불가피한 사유"란 같은 항 본문에 따른 대지급금수급계좌(이하 "대지급금수급계좌"라 한다)가 개설된 금융기관이 폐업, 업무정지 또는 정보통신장애 등으로 정상영업이 불가능하거나 이에 준하는 불가피한 사유로 대지급금을 그 지급 결정일부터 14일 이내에 대지급금수급계좌로 이체할 수 없는 경우를 말한다.
② 고용노동부장관은 법 제11조제1항 단서에 따라 대지급금을 대지급금수급계좌로 이체할 수 없을 때에는 해당 대지급금을 지급받을 권리가 있는 사람에게 직접 현금으로 지급할 수 있다.
(2021.10.14 본조개정)

제18조의2【대지급금의 수령 위임】 ① 대지급금을 받을 권리가 있는 사람이 부상 또는 질병으로 대지급금을 수령할 수 없는 경우에는 법 제11조의2제2항에 따라 그 가족에게 수령을 위임할 수 있다.
② 제1항에 따라 대지급금 수령을 위임받은 사람이 대지급금을 지급받으려면 그 위임 사실 및 가족관계를 증명할 수 있는 서류를 제출해야 한다.
(2021.10.14 본조개정)

제19조【재산목록의 기재사항】 고용노동부장관은 법 제13조제1항에 따라 사업주에게 재산목록의 제출을 명할 때 그 재산목록은 다음 각 호의 사항을 포함하여 작성되도록 하여야 한다.
1. 부동산에 관한 소유권, 지상권, 전세권, 임차권, 부동산인도청구권 및 부동산에 관한 권리이전청구권
2. 등기 또는 등록의 대상이 되는 자동차, 건설기계, 선박, 항공기의 소유권 · 인도청구권 및 그에 관한 권리이전청구권
3. 광업권, 어업권, 그 밖에 부동산에 관한 규정이 준용되는 권리 및 그에 관한 권리이전청구권
4. 질권 · 저당권 등의 담보물권으로 담보되는 채권은 그 취지 및 담보물권의 내용
(2010.11.15 본조개정)

제20조【부당이득의 환수 등】 ① 고용노동부장관은 법 제14조제1항 및 제2항에 따라 거짓이나 그 밖의 부정한 방법으로 대지급금 또는 융자금을 받으려 하거나 이미 받은 사람, 그 밖에 잘못 지급된 대지급금 또는 융자금을 이미 받은 사람에 대해서는 다음 각 호의 구분에 따라 지급신청한 금액을 지급 또는 융자하지 않거나 지급받은 금액을 환수해야 한다.
1. 대지급금 또는 융자금 지급요건을 충족하고 있지 않은 경우 : 신청금액 또는 지급금액의 전부
2. 대지급금 또는 융자금 지급요건을 충족하고 있는 경우 : 신청금액 또는 지급금액의 일부(거짓이나 그 밖의 부정한 방법으로 받으려 했거나 이미 받은 대지급금 또는 융자금이나 잘못 지급된 대지급금 또는 융자금에 상당하는 금액을 말한다)
② 고용노동부장관은 제1항에 따라 받은 대지급금 또는 융자금의 환수(법 제14조제3항에 따른 추가징수를 포함한다. 이하 같다)를 결정했을 때에는 납부의무가 있는 사람에게 그 금액의 납부를 통지해야 한다.
③ 제2항에 따른 통지를 받은 사람은 그 통지를 받은 날부터 30일 이내에 통지된 금액을 납부해야 한다.
④ 제1항부터 제3항까지에서 규정한 사항 외에 대지급금 및 융자금의 부지급(不支給) 또는 환수절차, 그 밖에 부정수급 처리에 필요한 사항은 고용노동부장관이 정한다.
(2021.10.14 본조개정)

제20조의2【대지급금 부정수급사실의 신고 등】 ① 법 제15조에 따라 거짓이나 그 밖의 부정한 방법으로 대지급금이 지급된 사실(이하 이 조에서 "부정수급사실"이라 한다)을 신고하려는 사람은 고용노동부령으로 정하는 바에 따라 지방고용노동관서에 신고해야 한다.(2021.10.14 본항개정)
② 법 제15조에 따라 부정수급사실에 대하여 고발을 받은 수사기관은 지체 없이 그 사실을 지방고용노동관서에 통보하여야 한다.
③ 법 제15조에 따라 부정수급사실을 신고하거나 고발한 사람이 같은 조에 따른 포상금(이하 "포상금"이라 한다)을 지급받으려면 고용노동부령으로 정하는 바에 따라 고용노동부장관에게 포상금 지급을 신청하여야 한다.
(2021.10.14 본조제목개정)
(2010.11.15 본조개정)

제20조의3【포상금의 지급기준】 포상금은 1억원을 지급한도액으로 하여 다음 각 호의 기준에 따라 고용노동부장관이 지급한다. 이 경우 1천원 단위 미만은 지급하지 않는다.
1. 거짓이나 그 밖의 부정한 방법으로 지급받은 대지급금(이하 "부정수급액"이라 한다)이 5천만원 이상인 경우 : 1,100만원 + (5천만원 초과 부정수급액 × 10/100)
2. 부정수급액이 1천만원 이상 5천만원 미만인 경우 : 300만원 + (1천만원 초과 부정수급액 × 20/100)
3. 부정수급액이 1천만원 미만인 경우 : 부정수급액 × 30/100
(2021.10.14 본조개정)

제20조의4【신고 또는 고발의 기한】 포상금은 거짓이나 그 밖의 부정한 방법으로 대지급금을 지급받은 사람이 그 대지급금을 거짓이나 그 밖의 부정한 방법으로 지급받은 (이하 "부정수급"이라 한다) 날부터 3년 이내에 신고하거나 고발한 경우에만 지급한다.(2021.10.14 본조개정)

제20조의5【신고 또는 고발의 경합 시 포상금의 지급방법】 ① 동일한 대지급금 부정수급 행위를 2명 이상이 각각 신고하거나 고발한 경우에는 포상금액을 산정할 때 하나의 신고 또는 고발로 본다.(2021.10.14 본항개정)
② 제1항의 경우 포상금은 부정수급행위의 적발에 기여한 정도 등을 고려하여 각각의 사람에게 적절하게 배분하여 지급하되, 포상금을 받을 사람이 배분방법에 관하여 미리 합의하여 포상금 지급을 신청한 경우에는 그 합의된 방법에 따라 지급한다.
(2021.10.14 본조제목개정)
(2010.11.15 본조개정)

제20조의6【포상금의 지급 시기】 포상금은 제20조제2항에 따른 환수금의 납부 통지 후 이에 대한 불복 제기 기간이 지나거나 불복절차가 종료되어 그 처분이 확정된 후에 지급한다.(2014.9.24 본조개정)

제21조【부담금과 그 밖의 징수금의 납부 · 징수】 법에 따른 부담금과 그 밖의 징수금의 산정 · 납부 · 징수 등에 관하여는 고용산재보험료징수법 시행령 제10조, 제19조의2부터 제19조의5까지, 제19조의7, 제19조의8, 제20조부터 제27조까지, 제30조의2부터 제30조의4까지, 제31조, 제32조, 제33조, 제37조부터 제40조까지, 제40조의2부터 제40조의6까지, 제41조, 제41조의2부터 제41조의4까지, 제43조, 제43조의2, 제44조부터 제53조까지의 규정을 준용한다. 이 경우 "보험료" 또는 "산재보험료"는 "부담금"으로, "공단" 또는 "건강보험공단"은 "고용노동부장관(제24조에 따른 위탁이 있는 경우에는 그 권한을 위탁받은 근로복지공단 또는 건강보험공단을 말한다)"으로, "개산보험료"는 "개산부담금"으로, "보험연도"는 "회계연도"로, "보험관계"는 "임금채권보장관계"로, "보험료율"은 "부담금비율"로, "월별보험료"는 "월별부담금"으로, "확정보험료"는 "확정부담금"으로, "보험사무"는 "임금채권보장사무"로 본다.(2021.10.14 전단개정)

제22조【기금의 관리 · 운용 등】 기금의 관리 · 운용 및 출연금의 반납에 관하여는 「산업재해보상보험법 시행령」 제85조의4제3항, 제86조제1항제2호, 같은 조 제2항 전단, 제87조부터 제89조까지, 제91조부터 제95조까지의 규정을 준용한다. 이 경우 "피출연자"는 "법 제27조에 따라 업무를 위탁받은 자"로, "보험연도"는 "회계연도"로, "기금계정"은 "임금채권보장기금계정"으로, "공단"(같은 법 시행령 제88조제2항 및 제91조제2항의 경우는 제외한다)은 "고용노동부장관(제24조제2항에 따라 그 권한을 위탁받은 경우에는 근로복지공단을 말한다)"으로, "보험료"는 "부담금"으로, "기금"은 "임금채권보장기금"으로 본다.
(2021.10.14 본조개정)

제22조의2【책임준비금의 적립기준】 법 제20조제2항에 따라 준용되는 「산업재해보상보험법」 제99조에 따른 책임준비금은 전년도 대지급금의 지급에 든 비용에 해당하는 금액으로 한다.(2021.10.14 본조개정)

제23조【보고 · 제출 요구】 법 제22조에 따른 보고 또는 관계 서류의 제출 요구는 문서로 하여야 한다.
(2010.11.15 본조개정)

제24조【권한의 위임 · 위탁】 ① 고용노동부장관은 법 제27조에 따라 다음 각 호의 권한을 지방고용노동관서의 장에게 위임한다.
1. 법 제12조에 따른 체불 임금등과 체불사업주 등을 증명하는 서류의 발급(2015.6.15 본호신설)
1의2. 법 제13조에 따른 재산목록의 제출명령
2. 법 제22조에 따른 보고 또는 관계 서류의 제출 요구(위임사무 처리에 필요한 경우만 해당한다)
3. 법 제23조에 따른 협조요청(위임사무 처리에 필요한 경우만 해당한다)
4. 법 제24조에 따른 출입 · 검사 · 질문(위임사무 처리에 필요한 경우만 해당한다)
5. 법 제30조에 따른 과태료의 부과 · 징수
6. 제5조에 따른 도산등사실인정
7. 제9조제1항제1호에 따른 도산대지급금 지급 청구의 수리(2021.10.14 본호개정)
8. 제10조에 따른 확인
9. 제20조의2제3항에 따른 포상금 지급신청의 접수
10. 제20조의3에 따른 포상금의 지급
② 고용노동부장관은 법 제27조에 따라 다음 각 호의 권한을 「산업재해보상보험법」에 따른 근로복지공단(이하 "근로복지공단"이라 한다)에 위탁한다.
1. 법 제7조 및 제7조의2에 따른 대지급금의 지급
(2021.10.14 본호개정)
1의2. 법 제7조의3에 따른 체불 임금등의 지급 및 생계비에 필요한 비용의 융자(2021.10.14 본호개정)
2. 법 제8조에 따른 청구권 대위와 관련된 권한의 행사
3. 법 제10조에 따른 부담금의 경감
3의2. 법 제11조에 따른 대지급금의 입금 및 지급
(2021.10.14 본호개정)
4. 법 제14조에 따른 부당이득의 환수(2014.9.24 본호개정)
5. 법 제16조에 따라 준용되는 고용산재보험료징수법에 따른 다음 각 목의 권한
가. 고용산재보험료징수법 제16조의2제1항에 따른 월별부담금의 부과
나. 고용산재보험료징수법 제16조의3부터 제16조의6까지의 규정에 따른 월별부담금의 산정
다. 고용산재보험료징수법 제16조의9제1항 및 제2항에 따른 부담금의 산정
라. 고용산재보험료징수법 제17조에 따른 개산부담금의 수납 · 징수
마. 고용산재보험료징수법 제18조에 따른 부담금비율 인상 · 인하 등에 따른 조치
바. 고용산재보험료징수법 제19조에 따른 확정부담금의 수납 · 징수 · 정산
사. 고용산재보험료징수법 제22조의2에 따른 부담금 등의 경감
아. 고용산재보험료징수법 제23조에 따른 부담금 등 과납액의 충당과 개산부담금 · 확정부담금 및 그에 따른 징수금 과납액의 반환
자. 고용산재보험료징수법 제23조의2에 따른 산재보험 진료비 등의 충당(2021.10.14 본목신설)
차. 고용산재보험료징수법 제24조제1항에 따른 같은 법 제19조제4항과 관련된 가산금의 징수
카. 고용산재보험료징수법 제27조에 따른 징수금의 통지 및 독촉
타. 고용산재보험료징수법 제27조의2에 따른 징수금의 납부기한 전 징수
파. 고용산재보험료징수법 제28조에 따른 체납처분
하. 고용산재보험료징수법 제29조에 따른 결손처분
거. 고용산재보험료징수법 제29조의2에 따른 체납 또는 결손처분 자료의 제공
너. 고용산재보험료징수법 제33조제2항부터 제5항까지의 규정에 따른 임금채권보장사무의 대행인가, 변경인가, 변경신고의 수리, 업무의 폐지신고의 수리 및 인가취소
더. 고용산재보험료징수법 제34조에 따른 부담금과 그 밖의 징수금 납입의 통지
러. 고용산재보험료징수법 제35조에 따른 가산금 · 연체금의 징수
머. 고용산재보험료징수법 제37조에 따른 징수비용과 그 밖의 지원금 교부
버. 고용산재보험료징수법 제39조에 따른 납부기한의 연장
(2021.10.14 본호개정)
6. 법 제22조에 따른 보고 또는 관계 서류의 제출 요구(위탁사무 처리에 필요한 경우만 해당한다)
7. 법 제23조에 따른 협조요청(위탁사무 처리에 필요한 경우만 해당한다)
8. 법 제24조에 따른 출입 · 검사 · 질문(위탁사무 처리에 필요한 경우만 해당한다)
8의2. 제9조제1항제2호부터 제4호까지의 규정에 따른 간이대지급금 지급 청구의 접수(2021.10.14 본호개정)
9. 제17조에 따른 부담금 또는 그 밖의 징수금 카드의 작성 · 비치 · 열람제공 및 증명서의 발급(근로복지공단이 징수하는 경우만 해당한다)

10. 제21조에 따라 준용되는 고용산재보험료징수법 시행령에 따른 다음 각 목의 권한
가. 고용산재보험료징수법 시행령 제10조에 따른 부담금의 대행납부의 승인, 변경신고의 수리, 승인의 취소
나. 고용산재보험료징수법 시행령 제45조제3항에 따른 임금채권보장사무의 수임(受任) 및 수임 해지의 신고 수리
다. 고용산재보험료징수법 시행령 제49조에 따른 청문
(2021.10.14 본호개정)
11. 제22조에 따라 준용되는 「산업재해보상보험법 시행령」 제88조제1항에 따른 부담금 등의 기금에의 납입
③ 고용노동부장관은 법 제27조에 따라 다음 각 호의 권한을 「국민건강보험법」에 따른 국민건강보험공단에 위탁한다.
1. 법 제16조에 따라 준용되는 고용산재보험료징수법에 따른 다음 각 목의 권한
가. 고용산재보험료징수법 제16조의2제1항에 따른 월별부담금의 징수
나. 고용산재보험료징수법 제16조의8에 따른 월별부담금의 고지
다. 고용산재보험료징수법 제16조의9제3항 및 제4항에 따른 과납액의 반환 및 부족 부담금의 징수
라. 고용산재보험료징수법 제18조제1항에 따른 부담금 비율 인상에 따른 조치
마. 고용산재보험료징수법 제23조제1항에 따른 과오납 월별부담금 충당 후 잔액의 지급
바. (2021.10.14 삭제)
사. 고용산재보험료징수법 제25조에 따른 연체금의 징수
아. 고용산재보험료징수법 제27조에 따른 징수금의 통지 및 독촉
자. 고용산재보험료징수법 제27조의2에 따른 징수금의 납부기한 전 징수
차. 고용산재보험료징수법 제27조의3에 따른 부담금 등의 분할납부의 승인·승인취소 등
카. 고용산재보험료징수법 제28조에 따른 체납처분
타. 고용산재보험료징수법 제28조의3제4항에 따른 상속재산관리인의 선임 청구
파. 고용산재보험료징수법 제28조의6에 따른 고액·상습체납자의 인적 사항 등의 공개
하. 고용산재보험료징수법 제28조의7에 따른 체납처분 유예를 위한 납부 담보의 제공에 관한 사항
거. 고용산재보험료징수법 제29조에 따른 결손처분
너. 고용산재보험료징수법 제29조의2에 따른 체납 또는 결손처분 자료의 제공
더. 고용산재보험료징수법 제29조의3에 따른 금융거래 정보의 제공 요청(2021.10.14 본목신설)
러. 고용산재보험료징수법 제39조에 따른 납부기한의 연장
(2021.10.14 본호개정)
2. 법 제23조에 따른 협조요청(위탁사무 처리에 필요한 경우만 해당한다)
3. 법 제24조에 따른 출입·검사·질문(위탁사무 처리에 필요한 경우만 해당한다)
4. 제22조에 따라 준용되는 「산업재해보상보험법 시행령」 제88조제1항에 따른 부담금 등의 기금에의 납입
(2010.11.15 본조개정)
제25조 【공단의 보고】 법 제27조에 따라 권한을 위탁받은 근로복지공단은 매월 다음 각 호의 현황을 다음 달 말일까지 고용노동부장관에게 보고해야 한다.
1. 법 제7조 및 제7조의2에 따른 대지급금의 지급 현황
2. 법 제7조의3에 따른 융자금의 지급 현황
3. 법 제14조제2항에 따른 환수금(같은 조 제3항에 따른 추가 징수금을 포함한다)의 징수 현황
(2021.10.14 본조개정)
제25조의2 【고유식별정보의 처리】 고용노동부장관(제24조에 따라 고용노동부장관의 권한을 위임·위탁받은 자를 포함한다)은 다음 각 호의 사무를 수행하기 위해 불가피한 경우 「개인정보 보호법 시행령」 제19조제1호 또는 제4호에 따른 주민등록번호 또는 외국인등록번호가 포함된 자료를 처리할 수 있다.(2021.6.1 본문개정)
1. 법 제7조제5항에 따른 대지급금 관련업무 지원 등에 관한 사무(2021.10.14 본호개정)
1의2. 법 제7조의3에 따른 체불 임금등의 지급 및 생계비에 필요한 비용의 융자 신청, 확인 등에 관한 사무
(2021.10.14 본호개정)
1의3. 법 제12조에 따른 체불 임금등과 체불사업주 등을 증명하는 서류의 발급(2015.6.15 본호신설)
2. 법 제13조에 따른 재산목록의 제출명령에 관한 사무
3. 법 제14조에 따른 부당이득의 환수에 관한 사무
(2014.9.24 본호개정)
4. 제5조에 따른 도산등사실인정에 관한 사무
5. 제9조에 따른 대지급금의 청구 및 지급에 관한 사무
(2021.10.14 본호개정)
6. 제10조에 따른 대지급금 지급 사유의 확인 등에 관한 사무(2021.10.14 본호개정)
6의2. 제11조에 따른 미지급 임금등 청구권의 대위에 관한 사무(2014.9.24 본호신설)
7. 제15조에 따른 부담금 경감에 관한 사무
(2012.1.6 본호신설)

제25조의3 (2020.3.3 삭제)
제26조 【과태료의 부과·징수】 법 제30조제1항에 따른 과태료의 부과기준은 별표3과 같다.(2021.10.14 본조개정)

부 칙 (2014.9.24)

제1조 【시행일】 이 영은 2014년 9월 25일부터 시행한다.
제2조 【도산등사실인정의 요건에 관한 적용례】 제5조제1항제3호다목의 개정규정은 이 영 시행 전에 도산등사실인정을 신청한 사람에 대해서도 적용한다.
제3조 【다른 법령의 개정】 ①~② ※(해당 법령에 가제정리 하였음)

부 칙 (2015.6.15)

제1조 【시행일】 이 영은 2015년 7월 1일부터 시행한다.
제2조 【체당금 지급대상 근로자에 관한 적용례 등】 ① 제7조제2항의 개정규정은 이 영 시행 전에 퇴직한 근로자에 대해서도 적용한다.
② 제7조제2항의 개정규정에도 불구하고 이 영 시행 전에 퇴직하여 그 퇴직한 날의 다음 날부터 이 영 시행일까지 2년이 지났으나 2015년 12월 31일까지 3년이 지나지 아니한 퇴직 근로자가 2015년 12월 31일까지 판결등에 관한 소의 제기 또는 신청 등을 한 경우 해당 근로자도 소액체당금의 지급대상이 되는 근로자로 본다.
제3조 【사업주 기준에 관한 적용례】 제8조제2항의 개정규정은 부칙 제2조에 따라 소액체당금의 지급대상이 되는 근로자를 사용한 사업주에 대하여 해당 근로자가 체당금을 받을 수 있는 사업주의 기준에 해당하는지 여부를 판단하는 경우에도 적용한다.
제4조 【상시근로자수 산정방법에 관한 경과조치】 이 영 시행 전에 법 제7조 및 이 영 제5조에 따라 도산등사실인정 신청을 한 근로자의 해당 사업에서의 상시근로자수 산정에 관하여는 별표1 제1호의 개정규정에도 불구하고 종전의 규정에 따른다.

부 칙 (2020.2.18)

제1조 【시행일】 이 영은 공포한 날부터 시행한다.(이하 생략)

부 칙 (2020.3.3)

이 영은 공포한 날부터 시행한다.

부 칙 (2020.11.24)

제1조 【시행일】 이 영은 공포한 날부터 시행한다.
제2조 【공고 등의 방법에 관한 일반적 적용례】 이 영은 이 영 시행 이후 실시하는 공고, 공표, 공시 또는 고시부터 적용한다.

부 칙 (2020.12.8)

제1조 【시행일】 이 영은 2020년 12월 10일부터 시행한다.(이하 생략)

부 칙 (2021.6.1)

이 영은 2021년 6월 9일부터 시행한다. 다만, 제10조제1항 각 호 외의 부분, 같은 항 제3호 및 제21조 전단의 개정규정은 공포한 날부터 시행한다.

부 칙 (2021.10.14)

제1조 【시행일】 이 영은 2021년 10월 14일부터 시행한다.
제2조 【대지급금 지급대상 근로자 기준에 관한 적용례】 ① 제7조제2항제2호의 개정규정은 이 영 시행 전에 진정등을 제기한 퇴직 근로자가 제9조제1항제3호의 개정규정에 따른 기간 이내에 대지급금의 지급을 청구한 경우에도 적용한다.
② 제7조제3항의 개정규정은 이 영 시행 전에 소송등 또는 진정등을 제기한 재직 근로자가 제9조제1항제4호에 따른 기간 이내에 대지급금의 지급을 청구한 경우에도 적용한다.
제3조 【포상금 지급기준에 관한 적용례】 제20조의3의 개정규정은 이 영 시행 전에 제20조의2제3항에 따라 포상금 지급 신청을 하여 이 영 시행 당시 그 포상금에 대한 지급절차가 진행 중인 경우에도 적용한다.
제4조 【출연금의 반납에 관한 적용례】 제22조의 개정규정은 이 영 시행 전에 법 제27조에 따라 업무를 위탁받은 자가 위탁받아 하는 사업에 사용하고 남은 출연금에 대해서도 적용한다.

〔별표〕 ➡ 「法典 別册」 참조

근로자퇴직급여 보장법

(약칭 : 퇴직급여법)

(2011년 7월 25일
전부개정법률 제10967호)

개정
2018. 6.12법15664호
2020. 5.26법17326호(법률용어정비)
2021. 4.13법18038호 2022. 1.11법18752호

제1장 총 칙

제1조 【목적】 이 법은 근로자 퇴직급여제도의 설정 및 운영에 필요한 사항을 정함으로써 근로자의 안정적인 노후생활 보장에 이바지함을 목적으로 한다.
제2조 【정의】 이 법에서 사용하는 용어의 뜻은 다음과 같다.
1. "근로자"란 「근로기준법」 제2조제1항제1호에 따른 근로자를 말한다.
2. "사용자"란 「근로기준법」 제2조제1항제2호에 따른 사용자를 말한다.
3. "임금"이란 「근로기준법」 제2조제1항제5호에 따른 임금을 말한다.
4. "평균임금"이란 「근로기준법」 제2조제1항제6호에 따른 평균임금을 말한다.
5. "급여"란 퇴직급여제도나 제25조에 따른 개인형퇴직연금제도에 의하여 근로자에게 지급되는 연금 또는 일시금을 말한다.
6. "퇴직급여제도"란 확정급여형퇴직연금제도, 확정기여형퇴직연금제도, 중소기업퇴직연금기금제도 및 제8조에 따른 퇴직금제도를 말한다.(2021.4.13 본호개정)
7. "퇴직연금제도"란 확정급여형퇴직연금제도, 확정기여형퇴직연금제도 및 개인형퇴직연금제도를 말한다.
8. "확정급여형퇴직연금제도"란 근로자가 받을 급여의 수준이 사전에 결정되어 있는 퇴직연금제도를 말한다.
9. "확정기여형퇴직연금제도"란 급여의 지급을 위하여 사용자가 부담하여야 할 부담금의 수준이 사전에 결정되어 있는 퇴직연금제도를 말한다.
10. "개인형퇴직연금제도"란 가입자의 선택에 따라 가입자가 납입한 일시금이나 사용자 또는 가입자가 납입한 부담금을 적립·운용하기 위하여 설정한 퇴직연금제도로서 급여의 수준이나 부담금의 수준이 확정되지 아니한 퇴직연금제도를 말한다.
11. "가입자"란 퇴직연금제도 또는 중소기업퇴직연금기금제도에 가입한 사람을 말한다.(2021.4.13 본호개정)
12. "적립금"이란 가입자의 퇴직 등 지급사유가 발생할 때에 급여를 지급하기 위하여 사용자 또는 가입자가 납입한 부담금으로 적립된 자금을 말한다.
13. "퇴직연금사업자"란 퇴직연금제도의 운용관리업무 및 자산관리업무를 수행하기 위하여 제26조에 따라 등록한 자를 말한다.
14. "중소기업퇴직연금기금제도"란 중소기업(상시 30명 이하의 근로자를 사용하는 사업에 한정한다. 이하 같다) 근로자의 안정적인 노후생활 보장을 지원하기 위하여 둘 이상의 중소기업 사용자 및 근로자가 납입한 부담금 등으로 공동의 기금을 조성·운영하여 근로자에게 급여를 지급하는 제도를 말한다.(2021.4.13 본호신설)
15. "사전지정운용제도"란 가입자가 적립금의 운용방법을 스스로 선정하지 아니한 경우 사전에 지정한 운용방법으로 적립금을 운용하는 제도를 말한다.(2022.1.11 본호신설)
16. "사전지정운용방법"이란 사전지정운용제도에 따라 적립금을 운용하기 위하여 제21조의2제1항에 따라 승인을 받은 운용방법을 말한다.(2022.1.11 본호신설)
제3조 【적용범위】 이 법은 근로자를 사용하는 모든 사업 또는 사업장(이하 "사업"이라 한다)에 적용한다. 다만, 동거하는 친족만을 사용하는 사업 및 가구 내 고용활동에는 적용하지 아니한다.

제2장 퇴직급여제도의 설정

제4조 【퇴직급여제도의 설정】 ① 사용자는 퇴직하는 근로자에게 급여를 지급하기 위하여 퇴직급여제도 중 하나 이상의 제도를 설정하여야 한다. 다만, 계속근로기간이 1년 미만인 근로자, 4주간을 평균하여 1주간의 소정근로시간이 15시간 미만인 근로자에 대하여는 그러하지 아니하다.
② 제1항에 따라 퇴직급여제도를 설정하는 경우에 하나의 사업에서 급여 및 부담금 산정방법의 적용 등에 관하여 차등을 두어서는 아니 된다.
③ 사용자가 퇴직급여제도를 설정하거나 설정된 퇴직급여제도를 다른 종류의 퇴직급여제도로 변경하려는 경우에는 근로자의 과반수가 가입한 노동조합이 있는 경우에는 그 노동조합, 근로자의 과반수가 가입한 노동조합이 없는 경우에는 근로자 과반수(이하 "근로자대표"라 한다)의 동의를 받아야 한다.

④ 사용자가 제3항에 따라 설정되거나 변경된 퇴직급여제도의 내용을 변경하려는 경우에는 근로자대표의 의견을 들어야 한다. 다만, 근로자에게 불리하게 변경하려는 경우에는 근로자대표의 동의를 받아야 한다.

제5조【새로 성립된 사업의 퇴직급여제도】 법률 제10967호 근로자퇴직급여 보장법 전부개정법률 시행일 이후 새로 성립(합병·분할된 경우는 제외한다)된 사업의 사용자는 근로자대표의 의견을 들어 사업의 성립 후 1년 이내에 확정급여형퇴직연금제도나 확정기여형퇴직연금제도를 설정하여야 한다.

제6조【가입자에 대한 둘 이상의 퇴직연금제도 설정】 ① 사용자가 가입자에 대하여 확정급여형퇴직연금제도 및 확정기여형퇴직연금제도를 함께 설정하는 경우 제15조 및 제20조제1항에도 불구하고 확정급여형퇴직연금제도의 급여 및 확정기여형퇴직연금제도의 부담금 수준은 다음 각 호에 따른다.

1. 확정급여형퇴직연금제도의 급여 : 제15조에 따른 급여수준에 확정급여형퇴직연금규약으로 정하는 설정 비율을 곱한 금액
2. 확정기여형퇴직연금제도의 부담금 : 제20조제1항의 부담금의 부담 수준에 확정기여형퇴직연금규약으로 정하는 설정 비율을 곱한 금액

② 사용자는 제1항제1호 및 제2호에 따른 각각의 설정 비율의 합이 1 이상이 되도록 퇴직연금규약을 정하여 퇴직연금제도를 설정하여야 한다.

제7조【수급권의 보호】 ① 퇴직연금제도(중소기업퇴직연금기금제도를 포함한다. 이하 이 조에서 같다)의 급여를 받을 권리는 양도 또는 압류하거나 담보로 제공할 수 없다.
② 제1항에도 불구하고 가입자는 주택구입 등 대통령령으로 정하는 사유와 요건을 갖춘 경우에는 대통령령으로 정하는 한도에서 퇴직연금제도의 급여를 받을 권리를 담보로 제공할 수 있다. 이 경우 제26조에 따라 등록한 퇴직연금사업자[중소기업퇴직연금기금제도의 경우 「산업재해보상보험법」 제10조에 따른 근로복지공단(이하 "공단"이라 한다)을 말한다]는 제공된 급여를 담보로 한 대출이 이루어지도록 협조하여야 한다.
(2021.4.13 본조개정)

판례 근로자 퇴직급여제도의 설정 및 운영에 필요한 사항을 정함으로써 근로자의 안정적인 노후생활 보장에 이바지함을 목적으로 2005. 1. 27. 법률 제7379호로 '근로자퇴직급여 보장법'이 제정되면서 제7조에서 퇴직연금제도의 급여를 받을 권리에 대하여 양도를 금지하고 있으므로 위 양도금지 규정은 강행법규에 해당한다. 따라서 퇴직연금제도의 급여를 받을 권리에 대한 압류명령은 실체법상 무효이고, 제3채무자는 그 압류채권의 추심금 청구에 대하여 위 무효를 들어 지급을 거절할 수 있다.
(대판 2014.1.23, 2013다71180)

제8조【퇴직금제도의 설정 등】 ① 퇴직금제도를 설정하려는 사용자는 계속근로기간 1년에 대하여 30일분 이상의 평균임금을 퇴직금으로 퇴직 근로자에게 지급할 수 있는 제도를 설정하여야 한다.
② 제1항에도 불구하고 사용자는 주택구입 등 대통령령으로 정하는 사유로 근로자가 요구하는 경우에는 근로자가 퇴직하기 전에 해당 근로자의 계속근로기간에 대한 퇴직금을 미리 정산하여 지급할 수 있다. 이 경우 미리 정산하여 지급한 후의 퇴직금 산정을 위한 계속근로기간은 정산시점부터 새로 계산한다.

제9조【퇴직금의 지급 등】 ① 사용자는 근로자가 퇴직한 경우에는 그 지급사유가 발생한 날부터 14일 이내에 퇴직금을 지급하여야 한다. 다만, 특별한 사정이 있는 경우에는 당사자 간의 합의에 따라 지급기일을 연장할 수 있다.
② 제1항에 따른 퇴직금은 근로자가 지정한 개인형퇴직연금제도의 계정 또는 제23조의8에 따른 계정(이하 "개인형퇴직연금제도의 계정등"이라 한다)으로 이전하는 방법으로 지급하여야 한다. 다만, 근로자가 55세 이후에 퇴직하여 급여를 받는 경우 등 대통령령으로 정하는 사유가 있는 경우에는 그러하지 아니하다.(2021.4.13 본항신설)
③ 근로자가 제2항에 따라 개인형퇴직연금제도의 계정등을 지정하지 아니한 경우에는 근로자 명의의 개인형퇴직연금제도의 계정으로 이전한다.(2021.4.13 본항신설)
(2021.4.13 본조제목개정)

제10조【퇴직금의 시효】 이 법에 따른 퇴직금을 받을 권리는 3년간 행사하지 아니하면 시효로 인하여 소멸한다.

제11조【퇴직급여제도의 미설정에 따른 처리】 제4조제1항 본문 및 제5조에도 불구하고 사용자가 퇴직급여제도나 제25조제1항에 따른 개인형퇴직연금제도를 설정하지 아니한 경우에는 제8조제1항에 따른 퇴직금제도를 설정한 것으로 본다.

제12조【퇴직급여등의 우선변제】 ① 사용자에게 지급의무가 있는 퇴직금, 제15조에 따른 확정급여형퇴직연금제도의 급여, 제20조제3항에 따른 확정기여형퇴직연금제도의 부담금 중 미납입 부담금 및 미납입 부담금에 대한 지연이자, 제23조의7제1항에 따른 중소기업퇴직연금기금제도의 부담금 중 미납입 부담금 및 미납입 부담금에 대한 지연이자, 제25조제2항제4호에 따른 개인형퇴직연금제도의 부담금 중 미납입 부담금 및 미납입 부담금에 대한 지연이자(이하 "퇴직급여등"이라 한다)는 사용자의 총재산에 대하여 질권 또는 저당권에 의하여 담보된 채권을 제외하고는 조세·공과금 및 다른 채권에 우선하여 변제되어야 한다. 다만, 질권 또는 저당권에 우선하는 조세·공과금에 대하여는 그러하지 아니하다.(2021.4.13 본문개정)
② 제1항에도 불구하고 최종 3년간의 퇴직급여등은 사용자의 총재산에 대하여 질권 또는 저당권에 의하여 담보된 채권, 조세·공과금 및 다른 채권에 우선하여 변제되어야 한다.
③ 퇴직급여등 중 퇴직금, 제15조에 따른 확정급여형퇴직연금제도의 급여는 계속근로기간 1년에 대하여 30일분의 평균임금으로 계산한 금액으로 한다.
④ 퇴직급여등 중 제20조제1항에 따른 확정기여형퇴직연금제도의 부담금, 제23조의7제1항에 따른 중소기업퇴직연금기금제도의 부담금 및 제25조제2항제2호에 따른 개인형퇴직연금제도의 부담금은 가입자의 연간 임금총액의 12분의 1에 해당하는 금액으로 계산한 금액으로 한다.
(2021.4.13 본항개정)

제3장 확정급여형퇴직연금제도

제13조【확정급여형퇴직연금제도의 설정】 확정급여형퇴직연금제도를 설정하려는 사용자는 제4조제3항 또는 제5조에 따라 근로자대표의 동의를 얻거나 의견을 들어 다음 각 호의 사항을 포함한 확정급여형퇴직연금규약을 작성하여 고용노동부장관에게 신고하여야 한다.

1. 퇴직연금사업자 선정에 관한 사항
2. 가입자에 관한 사항
3. 가입기간에 관한 사항
4. 급여수준에 관한 사항
5. 급여 지급능력 확보에 관한 사항
6. 급여의 종류 및 수급요건 등에 관한 사항
7. 제28조에 따른 운용관리업무 및 제29조에 따른 자산관리업무의 수행을 내용으로 하는 계약의 체결 및 해지와 해지에 따른 계약의 이전(移轉)에 관한 사항
8. 운용현황의 통지에 관한 사항
9. 가입자의 퇴직 등 급여 지급사유 발생과 급여의 지급절차에 관한 사항
10. 퇴직연금제도의 폐지·중단 사유 및 절차 등에 관한 사항

10의2. 부담금의 산정 및 납입에 관한 사항(2021.4.13 본호신설)

11. 그 밖에 확정급여형퇴직연금제도의 운영을 위하여 대통령령으로 정하는 사항

제14조【가입기간】 ① 제13조제3호에 따른 가입기간은 퇴직연금제도의 설정 이후 해당 사업에서 근로를 제공하는 기간으로 한다.
② 해당 퇴직연금제도의 설정 전에 해당 사업에서 제공한 근로기간에 대하여도 가입기간으로 할 수 있다. 이 경우 제8조제2항에 따라 퇴직금을 미리 정산한 기간은 제외한다.

제15조【급여수준】 제13조제4호의 급여 수준은 가입자의 퇴직일을 기준으로 산정한 일시금이 계속근로기간 1년에 대하여 30일분 이상의 평균임금이 되도록 하여야 한다.(2021.4.13 본조개정)

제16조【급여 지급능력 확보 등】 ① 확정급여형퇴직연금제도를 설정한 사용자는 급여 지급능력을 확보하기 위하여 매 사업연도 말 다음 각 호에 해당하는 금액 중 더 큰 금액(이하 "기준책임준비금"이라 한다)에 100분의 60 이상으로 대통령령으로 정하는 비율을 곱하여 산출한 금액(이하 "최소적립금"이라 한다) 이상을 적립금으로 적립하여야 한다. 다만, 제14조제2항에 따라 해당 퇴직연금제도 설정 이전에 해당 사업에서 근로한 기간을 가입기간에 포함시키는 경우 대통령령으로 정하는 비율에 따른다.

1. 매 사업연도 말일 현재를 기준으로 산정한 가입자의 예상 퇴직시점까지의 가입기간에 대한 급여에 드는 비용 예상액의 현재가치에서 장래 근무기간분에 대하여 발생하는 부담금 수입 예상액의 현재가치를 뺀 금액으로서 고용노동부령으로 정하는 방법에 따라 산정한 금액
2. 가입자와 가입자였던 사람의 해당 사업연도 말일까지의 가입기간에 대한 급여에 드는 비용 예상액을 고용노동부령으로 정하는 방법에 따라 산정한 금액

② 확정급여형퇴직연금제도의 운용관리업무를 수행하는 퇴직연금사업자는 매 사업연도 종료 후 6개월 이내에 고용노동부령으로 정하는 바에 따라 산정된 적립금이 최소적립금을 넘고 있는지 여부를 확인하여 그 결과를 대통령령으로 정하는 바에 따라 사용자에게 알려야 한다. 다만, 최소적립금보다 적은 경우에는 그 확인 결과를 근로자대표에게도 알려야 한다.(2020.5.26 본문개정)
③ 사용자는 제2항에 따른 확인 결과 적립금이 대통령령으로 정하는 수준에 미치지 못하는 경우에는 대통령령으로 정하는 바에 따라 적립금 부족을 해소하여야 한다.
④ 제2항에 따른 확인 결과 매 사업연도 말 적립금이 기준책임준비금을 초과한 경우 사용자는 그 초과분을 향후 납입할 부담금에서 상계(相計)할 수 있으며, 매 사업연도 말 적립금이 기준책임준비금의 100분의 150을 초과하고 사용자가 반환을 요구하는 경우 퇴직연금사업자는 그 초과분을 사용자에게 반환할 수 있다.

제17조【급여 종류 및 수급요건 등】 ① 확정급여형퇴직연금제도의 급여 종류는 연금 또는 일시금으로 하되, 수급요건은 다음 각 호와 같다.

1. 연금은 55세 이상으로서 가입기간이 10년 이상인 가입자에게 지급할 것. 이 경우 연금의 지급기간은 5년 이상이어야 한다.
2. 일시금은 연금수급 요건을 갖추지 못하거나 일시금 수급을 원하는 가입자에게 지급할 것

② 사용자는 가입자의 퇴직 등 제1항에 따른 급여를 지급할 사유가 발생한 날부터 14일 이내에 퇴직연금사업자로 하여금 적립금의 범위에서 지급의무가 있는 급여 전액(사업의 도산 등 대통령령으로 정하는 경우에는 제16조제1항제2호에 따른 금액에 대한 적립금의 비율에 해당하는 금액)을 지급하도록 하여야 한다. 다만, 퇴직연금제도 적립금으로 투자된 운용자산 매각이 단기간에 이루어지지 아니하는 등 특별한 사정이 있는 경우에는 사용자, 가입자 및 퇴직연금사업자 간의 합의에 따라 지급기일을 연장할 수 있다.
③ 사용자는 제2항에 따라 퇴직연금사업자가 지급한 급여수준이 제15조에 따른 급여수준에 미치지 못할 때에는 급여를 지급할 사유가 발생한 날부터 14일 이내에 그 부족한 금액을 해당 근로자에게 지급하여야 한다. 이 경우 특별한 사정이 있는 경우에는 당사자 간의 합의에 따라 지급기일을 연장할 수 있다.
④ 제2항 및 제3항에 따른 급여의 지급은 가입자가 지정한 개인형퇴직연금제도의 계정등으로 이전하는 방법으로 한다. 다만, 가입자가 55세 이후에 퇴직하여 급여를 받는 경우 등 대통령령으로 정하는 사유가 있는 경우에는 그러하지 아니하다.(2021.4.13 본문개정)
⑤ 가입자가 제4항에 따라 개인형퇴직연금제도의 계정등을 지정하지 아니하는 경우에는 가입자 명의의 개인형퇴직연금제도의 계정으로 이전한다. 이 경우 가입자가 해당 퇴직연금사업자에게 개인형퇴직연금제도를 설정한 것으로 본다.(2021.4.13 전단개정)

제18조【운용현황의 통지】 퇴직연금사업자는 매년 1회 이상 적립금액 및 운용수익률 등을 고용노동부령으로 정하는 바에 따라 가입자에게 알려야 한다.

제18조의2【적립금운용위원회 구성 등】 ① 상시 300명 이상의 근로자를 사용하는 사업의 사용자는 퇴직연금제도 적립금의 합리적인 운용을 위하여 대통령령으로 정하는 바에 따라 적립금운용위원회를 구성하여야 한다.
② 제1항의 사용자는 적립금운용위원회의 심의를 거친 적립금운용계획서에 따라 적립금을 운용하여야 한다. 이 경우 적립금운용계획서는 적립금 운용 목적 및 방법, 목표수익률, 운용성과 평가 등 대통령령으로 정하는 내용을 포함하여 매년 1회 이상 작성하여야 한다.
(2021.4.13 본조신설)

제4장 확정기여형퇴직연금제도

제19조【확정기여형퇴직연금제도의 설정】 ① 확정기여형퇴직연금제도를 설정하려는 사용자는 제4조제3항 또는 제5조에 따라 근로자대표의 동의를 얻거나 의견을 들어 다음 각 호의 사항을 포함한 확정기여형퇴직연금규약을 작성하여 고용노동부장관에게 신고하여야 한다.

1. 부담금의 부담에 관한 사항
2. 부담금의 산정 및 납입에 관한 사항(2021.4.13 본호개정)
3. 적립금의 운용에 관한 사항
4. 적립금의 운용방법 및 정보의 제공 등에 관한 사항

4의2. 사전지정운용제도에 관한 사항(2022.1.11 본호신설)

5. 적립금의 중도인출에 관한 사항
6. 제13조제1호부터 제3호까지 및 제6호부터 제10호까지의 사항
7. 그 밖에 확정기여형퇴직연금제도의 운영에 필요한 사항으로서 대통령령으로 정하는 사항

② 제1항에 따라 확정기여형퇴직연금제도를 설정하는 경우 가입기간에 관하여는 제14조를, 급여의 종류, 수급요건과 급여 지급의 절차·방법에 관하여는 제17조제1항, 제4항 및 제5항을, 운용현황의 통지에 관하여는 제18조를 준용한다. 이 경우 제14조제1항 중 "제13조제3호"는 "제19조제6호"로, 제17조제1항 중 "확정급여형퇴직연금제도"는 "확정기여형퇴직연금제도"로 본다.

제20조【부담금의 부담수준 및 납입 등】 ① 확정기여형퇴직연금제도를 설정한 사용자는 가입자의 연간 임금총액의 12분의 1 이상에 해당하는 부담금을 현금으로 가입자의 확정기여형퇴직연금제도 계정에 납입하여야 한다.
② 가입자는 제1항에 따라 사용자가 부담하는 부담금 외에 스스로 부담하는 추가 부담금을 가입자의 확정기여형퇴직연금 계정에 납입할 수 있다.
③ 사용자는 매년 1회 이상 정기적으로 제1항에 따른 부담금을 가입자의 확정기여형퇴직연금제도 계정에 납입하여야 한다. 이 경우 사용자가 정하여진 기일(확정기여형퇴직연금규약에서 납입 기일을 연장할 수 있도록 한 경우에는 그 연장된 기일)까지 부담금을 납입하지 아니한 경우 그 다음 날부터 부담금을 납입한 날까지 지연

일수에 대하여 연 100분의 40 이내의 범위에서 「은행법」에 따른 은행이 적용하는 연체금리, 경제적 여건 등을 고려하여 대통령령으로 정하는 이율에 따른 지연이자를 납입하여야 한다.
④ 제3항은 사용자가 천재지변, 그 밖에 대통령령으로 정하는 사유에 따라 부담금 납입을 지연하는 경우 그 사유가 존속하는 기간에 대하여는 적용하지 아니한다.
⑤ 사용자는 확정기여형퇴직연금제도 가입자의 퇴직 등 대통령령으로 정하는 사유가 발생한 때에 그 가입자에 대한 부담금을 미납한 경우에는 그 사유가 발생한 날부터 14일 이내에 제1항에 따른 부담금 및 제3항 후단에 따른 지연이자를 해당 가입자의 확정기여형퇴직연금제도 계정에 납입하여야 한다. 다만, 특별한 사정이 있는 경우에는 당사자 간의 합의에 따라 납입 기일을 연장할 수 있다.
⑥ 가입자는 퇴직할 때에 받을 급여를 갈음하여 그 운용 중인 자산을 가입자가 설정한 개인형퇴직연금제도의 계정으로 이전해 줄 것을 해당 퇴직연금사업자에게 요청할 수 있다.
⑦ 제6항에 따른 가입자의 요청이 있는 경우 퇴직연금사업자는 그 운용 중인 자산을 가입자의 개인형퇴직연금제도 계정으로 이전하여야 한다. 이 경우 확정기여형퇴직연금제도 운영에 따른 가입자에 대한 급여는 지급된 것으로 본다.

제21조【적립금 운용방법 및 정보제공】 ① 확정기여형퇴직연금제도의 가입자는 적립금의 운용방법을 스스로 선정할 수 있고, 반기마다 1회 이상 적립금의 운용방법을 변경할 수 있다.
② 퇴직연금사업자는 반기마다 1회 이상 위험과 수익구조가 서로 다른 세 가지 이상의 적립금 운용방법을 제시하여야 한다.
③ 퇴직연금사업자는 운용방법별 이익 및 손실의 가능성에 관한 정보 등 가입자가 적립금의 운용방법을 선정하는 데 필요한 정보를 제공하여야 한다.

제21조의2【사전지정운용제도의 설정】 ① 운용관리업무를 수행하는 퇴직연금사업자는 사전지정운용방법에 다음 각 호 중 하나 이상의 운용유형을 포함하여 고용노동부장관의 승인을 받아야 한다.
1. 적립금의 원리금이 보장되는 운용유형
2. 「자본시장과 금융투자업에 관한 법률」 제229조에 따른 집합투자기구의 집합투자증권으로서 투자설명서상 다음 각 목의 어느 하나에 해당하는 운용내용이 운용계획에 명시되는 등 대통령령으로 정하는 요건을 충족하는 운용유형
 가. 투자목표시점이 사전에 결정되고 운용기간이 경과함에 따라 투자위험이 낮은 자산의 비중을 증가시키는 방향으로 자산배분을 변경하거나 위험수준을 조절하는 운용내용
 나. 투자위험이 상이한 다양한 자산에 분산투자하고 금융시장 상황 및 각 집합투자재산의 가치변동 등을 고려하여 주기적으로 자산배분을 조정함으로써 집합투자재산의 위험을 관리하고 장기 가치 상승을 추구하는 운용내용
 다. 단기금융상품 등에 투자하여 집합투자재산의 손실 가능성을 최소화하고 단기 안정적인 수익을 추구하는 운용내용
 라. 「사회기반시설에 대한 민간투자법」 등 관련 법령에 따라 국가 및 지방자치단체가 추진하는 공공투자계획, 관련 사업 및 정책에 따른 사회기반시설사업 등에 투자하는 등 고용노동부령으로 정하는 요건을 충족하는 운용내용
 마. 그 밖에 대통령령으로 정하는 운용내용
② 퇴직연금사업자가 제1항에 따라 고용노동부장관의 승인을 받고자 하는 경우 퇴직연금 관련 전문가로서 퇴직연금 및 자산운용에 관한 학식과 경험이 풍부하다고 인정되는 사람을 포함하는 등 고용노동부령으로 정하는 요건에 따라 구성된 고용노동부장관 소속 심의위원회의 사전심의를 받아야 한다.
③ 운용관리업무를 수행하는 퇴직연금사업자는 사전지정운용방법을 사용자에게 고용노동부령으로 정하는 방법에 따라 제시하여야 한다.
④ 제1항제2호에 따른 운용유형은 손실가능성과 예상수익이 중·장기적으로 합리적 균형을 이루고 수수료 등의 비용이 예상되는 수익에 비해 과다하여서는 아니 된다.
⑤ 제3항에 따라 사전지정운용방법을 제시받은 사용자는 사업 또는 사업장 단위로 사전지정운용방법을 설정하여 근로자대표의 동의를 받아 확정기여형퇴직연금규약에 반영하여야 한다.
(2022.1.11 본조신설)

제21조의3【사전지정운용제도의 운영】 ① 운용관리업무를 수행하는 퇴직연금사업자는 사전지정운용제도를 설정한 사업의 가입자에게 다음 각 호의 사항에 관한 정보를 대통령령으로 정하는 바에 따라 제공하여야 한다.
1. 해당 사전지정운용방법의 자산배분 현황 및 위험·수익 구조
2. 제2항부터 제5항까지에 관한 사항
3. 그 밖에 사전지정운용제도의 운영에 관한 사항으로서 대통령령으로 정하는 사항
② 가입자는 제1항에 따라 정보를 제공받은 사전지정운용방법 중 하나를 본인이 적용받을 사전지정운용방법으로 선정하여야 한다. 다만, 제21조의2제1항제2호의 운용유형만 사전지정운용방법으로 선정하는 경우에는 같은 호 가목 또는 나목의 운용내용이 포함되어야 한다.
③ 운용관리업무를 수행하는 퇴직연금사업자는 가입자가 다음 각 호에 해당하는 때에 운용방법을 스스로 선정하지 아니하는 경우 가입자에게 사전지정운용방법에 따라 적립금이 운용됨을 통지하여야 한다.
1. 가입자가 확정기여형퇴직연금제도에 가입하였을 때
2. 가입자가 제21조제1항에 따라 스스로 선정한 적립금 운용방법의 기간 만료일부터 4주가 지났을 때
④ 가입자가 제3항에 따른 통지를 받은 후 2주 이내에 운용방법을 스스로 선정하지 아니할 경우 운용관리업무를 수행하는 퇴직연금사업자는 해당 가입자의 적립금을 사전지정운용방법으로 운용한다. 이 경우 가입자가 스스로 운용방법을 사전지정운용방법으로 선정한 것으로 본다.
⑤ 사전지정운용방법으로 적립금을 운용하는 가입자는 언제든지 제21조제1항에 따라 적립금의 운용방법을 스스로 선정할 수 있다.
⑥ 운용관리업무를 수행하는 퇴직연금사업자는 고용노동부장관의 승인을 받아 사전지정운용방법을 변경할 수 있다. 이 경우 해당 사전지정운용방법에 따라 운용되는 가입자의 적립금은 가입자에 대한 통지 등 대통령령으로 정하는 절차를 거쳐 변경된 사전지정운용방법에 따라 운용할 수 있다.
⑦ 사전지정운용방법의 운용현황 및 수익률의 공시, 해지방법의 고지, 승인취소 및 그에 따른 적립금의 이전, 그 밖에 사전지정운용제도의 운용을 위하여 필요한 사항은 대통령령으로 정한다.
(2022.1.11 본조신설)

제21조의4【가입자의 사전지정운용방법 선정】 ① 사전지정운용방법으로 적립금을 운용하고 있지 아니하는 확정기여형퇴직연금제도의 가입자는 운용관리업무를 수행하는 퇴직연금사업자의 사전지정운용방법 중 제21조의2제1항 각 호의 어느 하나의 운용유형을 사전지정운용방법으로 선정할 수 있다. 다만, 제21조의2제1항제2호의 운용유형만 사전지정운용방법으로 선정하는 경우에는 같은 호 가목 또는 나목의 운용내용이 포함되어야 한다.
② 제1항에 따라 가입자가 선정한 사전지정운용방법이 제21조의3제6항 전단에 따라 변경될 경우 운용관리업무를 수행하는 퇴직연금사업자는 가입자에 대한 통지 등 대통령령으로 정하는 절차를 거쳐 가입자의 적립금을 변경된 사전지정운용방법에 따라 운용할 수 있다.
(2022.1.11 본조신설)

제22조【적립금의 중도인출】 확정기여형퇴직연금제도에 가입한 근로자는 주택구입 등 대통령령으로 정하는 사유가 발생하면 적립금을 중도인출할 수 있다.

제23조【둘 이상의 사용자가 참여하는 확정기여형퇴직연금제도 설정】 퇴직연금사업자가 둘 이상의 사용자를 대상으로 하나의 확정기여형퇴직연금제도 설정을 제안하려는 경우에는 다음 각 호의 사항에 대하여 고용노동부장관의 승인을 받아야 한다.
1. 다음 각 목의 사항이 포함된 확정기여형퇴직연금제도의 표준규약
 가. 제19조제1항 각 호의 사항
 나. 그 밖에 대통령령으로 정하는 사항
2. 대통령령으로 정하는 사항이 포함된 운용관리업무 및 자산관리업무에 관한 표준계약서

제4장의2 중소기업퇴직연금기금제도

(2021.4.13 본장신설)

제23조의2【중소기업퇴직연금기금제도의 운영】 ① 중소기업퇴직연금기금제도는 공단에서 운영한다.
② 중소기업퇴직연금기금제도 운영과 관련한 주요 사항을 심의·의결하기 위하여 공단에 중소기업퇴직연금기금제도운영위원회(이하 "운영위원회"라 한다)를 둔다.
③ 운영위원회의 위원장은 공단 이사장으로 한다.
④ 운영위원회는 위원장, 퇴직연금 관계 업무를 담당하는 고용노동부의 고위공무원단에 속하는 일반직공무원 및 위원장이 위촉하는 다음 각 호의 위원으로 구성한다. 이 경우 위원장을 포함한 위원의 수는 10명 이상 15명 이내로 구성하되, 제2호와 제3호에 해당하는 위원의 수는 같아야 한다.
1. 공단의 상임이사
2. 근로자를 대표하는 사람
3. 사용자를 대표하는 사람
4. 퇴직연금 관련 전문가로서 퇴직연금 및 자산운용에 관한 학식과 경험이 풍부한 사람
⑤ 제4항제2호부터 제4호까지에 해당하는 사람으로서 위원장이 위촉한 위원의 임기는 3년으로 하되, 연임할 수 있다. 다만, 위원의 사임 등으로 새로 위촉된 위원의 임기는 전임 위원 임기의 남은 기간으로 한다.
⑥ 운영위원회는 다음 각 호의 사항을 심의·의결한다.
1. 중소기업퇴직연금기금 운용계획 및 지침에 관한 사항
2. 제23조의5에 따른 중소기업퇴직연금기금표준계약서의 작성 및 변경에 관한 사항
3. 제23조의6제2항에 따른 수수료 수준에 관한 사항
4. 그 밖에 위원장이 중소기업퇴직연금기금제도 운영과 관련한 주요 사항에 관하여 운영위원회의 회의에 부치는 사항
⑦ 위원장은 중소기업퇴직연금기금 운용 등과 관련하여 운영위원회를 지원하기 위한 자문위원회를 구성할 수 있다.
⑧ 그 밖에 운영위원회의 구성 및 운영 등에 필요한 사항은 대통령령으로 정한다.

제23조의3【중소기업퇴직연금기금의 관리 및 운용】 ① 공단은 중소기업퇴직연금기금의 안정적 운용 및 수익성 증대를 위하여 대통령령으로 정하는 방법에 따라 중소기업퇴직연금기금을 관리·운용하여야 한다.
② 공단은 중소기업퇴직연금기금을 공단의 다른 회계와 구분하여야 한다.

제23조의4【자료의 활용】 ① 공단은 다음 각 호의 사무를 원활히 수행하기 위하여 대통령령으로 정하는 범위에서 「고용보험법」, 「고용보험 및 산업재해보상보험의 보험료징수 등에 관한 법률」 및 「근로복지기본법」에 따라 수집된 자료를 활용할 수 있다.
1. 중소기업퇴직연금기금제도 가입 대상 사업장에 대한 가입 안내 업무
2. 제23조의5제1항 각 호에 따른 업무 중 사용자 및 근로자의 편의를 도모하기 위하여 대통령령으로 정하는 업무
② 고용노동부장관은 공단이 제23조의14에 따른 업무수행을 위하여 제13조 및 제19조에 따른 퇴직연금규약 신고, 제38조에 따른 퇴직연금규약 폐지 신고 여부에 대한 자료를 요청하는 경우 해당 자료를 제공할 수 있다.

제23조의5【중소기업퇴직연금기금표준계약서의 기재사항 등】 ① 공단은 다음 각 호의 사항을 기재한 계약서(이하 "중소기업퇴직연금기금표준계약서"라 한다)를 작성하여 고용노동부장관의 승인을 받아야 한다.
1. 제13조제2호, 제3호, 제6호 및 제8호부터 제10호까지의 사항
2. 제19조제1항제1호부터 제3호까지 및 제5호의 사항
3. 제23조의3에 따른 중소기업퇴직연금기금의 관리·운용 업무에 관한 사항
4. 적립금 운용현황의 기록·보관·통지 업무에 관한 사항
5. 계좌의 설정 및 관리, 부담금의 수령, 적립금의 보관 및 관리, 급여의 지급 업무에 관한 사항
6. 그 밖에 중소기업퇴직연금기금제도의 운영을 위하여 대통령령으로 정하는 사항
② 공단은 제1항에 따라 승인받은 중소기업퇴직연금기금표준계약서를 변경하는 경우에는 고용노동부장관의 승인을 받아야 한다. 다만, 변경하는 내용이 사용자 및 가입자에게 불리하지 아니한 경우에는 고용노동부장관에게 신고함으로써 중소기업퇴직연금기금표준계약서를 변경할 수 있다.
③ 제1항 및 제2항에 따른 승인 또는 변경승인의 방법 및 절차 등에 필요한 사항은 대통령령으로 정한다.

제23조의6【중소기업퇴직연금기금제도의 설정】 ① 중소기업의 사용자는 제23조의5에 따른 중소기업퇴직연금기금표준계약서에서 정하고 있는 사항에 관하여 제4조제3항 또는 제5조에 따라 근로자대표의 동의를 얻거나 의견을 들어 공단과 계약을 체결함으로써 중소기업퇴직연금기금제도를 설정할 수 있다.
② 공단은 제23조의5제1항제3호부터 제5호까지 및 제23조의15제1항의 업무수행에 따른 수수료를 사용자 및 가입자에게 부과할 수 있다.
③ 공단은 제23조의5제1항제3호부터 제6호까지의 업무 중 대통령령으로 정하는 업무를 인적·물적 요건 등 대통령령으로 정하는 요건을 갖춘 자에게 처리하게 할 수 있다.

제23조의7【부담금의 부담수준 및 납입 등】 ① 중소기업퇴직연금기금제도를 설정한 사용자는 매년 1회 이상 정기적으로 가입자의 연간 임금총액의 12분의 1 이상에 해당하는 부담금(이하 "사용자부담금"이라 한다)을 현금으로 가입자의 중소기업퇴직연금기금제도 계정(이하 "기금제도사용자부담금계정"이라 한다)에 납입하여야 한다. 이 경우 사용자가 정하여진 기일(중소기업퇴직연금기금표준계약서에서 납입 기일을 연장할 수 있도록 한 경우에는 그 연장된 기일을 말한다)까지 부담금을 납입하지 아니한 경우에는 그 다음 날부터 부담금을 납입한 날까지 지연 일수에 대하여 제20조제3항 후단에 따라 대통령령으로 정하는 이율에 따른 지연이자를 납입하여야 한다.
② 사용자는 중소기업퇴직연금기금제도 가입자의 퇴직 등 대통령령으로 정하는 사유가 발생한 때에 그 가입자에 대한 부담금을 미납한 경우에는 그 사유가 발생한 날부터 14일 이내에 제1항에 따른 부담금과 지연이자를 해당 가입자의 기금제도사용자부담금계정에 납입하여야

한다. 다만, 특별한 사정이 있는 경우에는 당사자 간의 합의에 따라 납입 기일을 연장할 수 있다.
③ 제1항 및 제2항의 지연이자에 대한 적용제외 사유는 제20조제4항을 준용한다.
④ 그 밖에 사용자부담금의 납입 방법·절차 등에 필요한 사항은 대통령령으로 정한다.

제23조의8【중소기업퇴직연금기금제도 가입자부담금 계정의 설정 등】 중소기업퇴직연금기금제도의 가입자 중 다음 각 호의 어느 하나에 해당하는 사람은 가입자 명의의 부담금 계정(이하 "기금제도가입자부담금계정"이라 한다)을 설정할 수 있다. 이 경우 공단은 가입자의 기금제도사용자부담금계정과 구분하여 관리하여야 한다.
1. 중소기업퇴직연금기금제도의 급여를 일시금으로 수령하려는 사람
2. 사용자부담금 외에 자기의 부담으로 추가 부담금(이하 "가입자부담금"이라 한다)을 납입하려는 사람

제23조의9【가입기간】 중소기업퇴직연금기금제도를 설정하는 경우 가입기간에 관하여는 제14조를 준용한다. 다만, 기금제도가입자부담금계정은 해당 계정이 설정된 날부터 급여가 전액 지급된 날까지로 한다.

제23조의10【기금 운용정보 제공】 공단은 중소기업퇴직연금기금 운용에 따라 발생하는 이익 및 손실 가능성 등의 정보를 대통령령으로 정하는 방법에 따라 중소기업퇴직연금기금제도 가입자에게 제공하여야 한다.

제23조의11【운용현황의 통지】 중소기업퇴직연금기금제도의 가입자별 운용현황의 통지에 관하여는 제18조를 준용한다. 이 경우 "퇴직연금사업자"는 "공단"으로 본다.

제23조의12【급여의 종류 및 수급요건 등】 ① 중소기업퇴직연금기금제도의 급여 종류 및 수급요건은 다음 각 호에 따른다.
1. 기금제도사용자부담금계정에 관하여는 제17조제1항을 준용한다. 이 경우 "확정급여형퇴직연금제도"는 "중소기업퇴직연금기금제도"로 본다.
2. 기금제도가입자부담금계정에 관하여는 대통령령으로 정한다.

② 기금제도사용자부담금계정에서 가입자에 대한 급여의 지급은 가입자가 지정한 개인형퇴직연금제도의 계정등으로 이전하는 방법으로 한다. 다만, 가입자가 개인형퇴직연금제도의 계정등을 지정하지 아니하는 경우에는 가입자 명의의 개인형퇴직연금제도의 계정으로 이전한다.
③ 그 밖에 급여의 지급 등에 필요한 사항은 대통령령으로 정한다.

제23조의13【적립금의 중도인출】 중소기업퇴직연금기금제도의 적립금 중도인출에 관한 사항은 다음 각 호에 따른다.
1. 기금제도사용자부담금계정에 관하여는 제22조를 준용한다. 이 경우 "확정기여형퇴직연금제도"는 "중소기업퇴직연금기금제도"로 본다.
2. 기금제도가입자부담금계정에 관하여는 제24조제5항을 준용한다. 이 경우 "개인형퇴직연금제도"는 "중소기업퇴직연금기금제도"로 본다.

제23조의14【국가의 지원】 ① 국가는 중소기업퇴직연금기금제도에 가입하는 사업의 재정적 부담을 경감하고, 근로자의 중소기업퇴직연금 가입을 촉진하기 위하여 고용노동부장관이 정하는 요건에 해당하는 경우 사용자부담금, 가입자부담금 또는 중소기업퇴직연금기금제도 운영에 따른 비용의 일부 등을 예산의 범위에서 지원할 수 있다.
② 제1항에 따른 지원대상, 지원수준 및 절차 등에 필요한 사항은 대통령령으로 정한다.
③ 고용노동부장관은 제1항에 따라 국가의 지원을 받은 자가 다음 각 호의 어느 하나에 해당하는 경우에는 지원금의 전부 또는 일부를 대통령령으로 정하는 바에 따라 환수할 수 있다. 다만, 환수할 지원금액(이하 "환수금"이라 한다)이 대통령령으로 정하는 금액 미만인 경우에는 환수하지 아니할 수 있다.
1. 거짓이나 그 밖의 부정한 방법으로 지원금을 받은 경우
2. 지원금이 잘못 지급된 경우
3. 사용자가 도산 등 대통령령으로 정하는 정당한 사유 없이 중소기업퇴직연금기금제도를 폐지한 경우

④ 공단은 제3항에 따른 환수금을 국세강제징수의 예에 따라 징수할 수 있다.
⑤ 공단은 제3항에 따른 환수금 징수를 위하여 「지방세법」에 따른 재산세 과세자료 등 대통령령으로 정하는 자료의 제공 또는 관련 전산망의 이용을 관계 기관의 장에게 요청할 수 있다. 이 경우 관계 기관의 장은 정당한 사유가 없으면 그 요청에 따라야 한다.
⑥ 제5항에 따라 공단에 제공되는 자료에 대해서는 수수료 또는 사용료 등을 면제한다.

제23조의15【공단의 책무】 ① 공단은 중소기업퇴직연금기금제도 가입자에 대하여 중소기업퇴직연금기금제도 운영 상황 등 대통령령으로 정하는 사항에 대하여 매년 1회 이상 교육을 실시하여야 한다.
② 공단은 매년 중소기업퇴직연금기금제도의 취급실적, 운용현황 및 수익률 등을 대통령령으로 정하는 바에 따라 공시하여야 한다.
③ 공단은 중소기업퇴직연금기금표준계약서 내용이 변경된 때에는 고용노동부장관이 정하는 바에 따라 사용자 및 가입자에게 그 변경 사항을 통보하여야 한다.
④ 그 밖에 공단의 책무에 관한 사항은 제33조제1항부터 제4항까지를 준용한다. 이 경우 "퇴직연금사업자"는 "공단"으로, "제28조제1항 및 제29조제1항에 따른 계약의 내용"은 "제23조의5제1항 각 호에 따른 계약의 내용"으로, "제28조제1항에 따른 운용관리업무의 수행계약 체결을 거부하는 행위" 및 "제29조제1항에 따른 자산관리업무의 수행계약 체결을 거부하는 행위"는 각각 "제23조의6에 따른 계약의 체결을 거부하는 행위"로 본다.

제23조의16【지도·감독 등】 고용노동부장관은 중소기업퇴직연금기금제도의 원활한 운영을 위하여 공단이 다음 각 호의 사항을 보고하게 하거나 소속 공무원으로 하여금 그 장부·서류 또는 그 밖의 물건을 검사하게 할 수 있으며, 필요하다고 인정하는 경우에는 대통령령으로 정하는 바에 따라 그 운영 등에 시정을 명할 수 있다.
1. 공단의 중소기업퇴직연금기금제도 관리 및 운영 실태에 관한 사항
2. 제23조의3에 따른 중소기업퇴직연금기금의 관리·운용에 관한 사항

제5장 개인형퇴직연금제도

제24조【개인형퇴직연금제도의 설정 및 운영 등】 ① 퇴직연금사업자는 개인형퇴직연금제도를 운영할 수 있다.
② 다음 각 호의 어느 하나에 해당하는 사람은 개인형퇴직연금제도를 설정할 수 있다.
1. 퇴직급여제도의 일시금을 수령한 사람
2. 확정급여형퇴직연금제도, 확정기여형퇴직연금제도 또는 중소기업퇴직연금기금제도의 가입자로서 자기의 부담으로 개인형퇴직연금제도를 추가로 설정하려는 사람 (2021.4.13 본호개정)
3. 자영업자 등 안정적인 노후소득 확보가 필요한 사람으로서 대통령령으로 정하는 사람

③ 제2항에 따라 개인형퇴직연금제도를 설정한 사람은 자기의 부담으로 개인형퇴직연금제도의 부담금을 납입한다. 다만, 대통령령으로 정하는 한도를 초과하여 부담금을 납입할 수 없다.
④ 개인형퇴직연금제도 적립금의 운용방법 및 운용에 관한 정보제공에 관하여는 제21조 및 제21조의2부터 제21조의4까지를 준용한다. 이 경우 "확정기여형퇴직연금제도"는 "개인형퇴직연금제도"로 본다.(2022.1.11 전단개정)
⑤ 개인형퇴직연금제도의 급여의 종류별 수급요건 및 중도인출에 관하여는 대통령령으로 정한다.

제25조【10명 미만을 사용하는 사업에 대한 특례】 ① 상시 10명 미만의 근로자를 사용하는 사업의 경우 제4조제1항 및 제5조에도 불구하고 사용자가 개별 근로자의 동의를 받거나 근로자의 요구에 따라 개인형퇴직연금제도를 설정하는 경우에는 해당 근로자에 대하여 퇴직급여제도를 설정한 것으로 본다.
② 제1항에 따라 개인형퇴직연금제도를 설정하는 경우에는 다음 각 호의 사항은 준수되어야 한다.
1. 사용자가 퇴직연금사업자를 선정하는 경우에 개별 근로자의 동의를 받을 것. 다만, 근로자가 요구하는 경우에는 스스로 퇴직연금사업자를 선정할 수 있다.
2. 사용자는 가입자별로 연간 임금총액의 12분의 1 이상에 해당하는 부담금을 현금으로 가입자의 개인형퇴직연금제도 계정에 납입할 것
3. 사용자가 부담하는 부담금 외에 가입자의 부담으로 추가 부담금을 납입할 수 있을 것
4. 사용자는 매년 1회 이상 정기적으로 제2호에 따른 부담금을 가입자의 개인형퇴직연금제도 계정에 납입할 것. 이 경우 납입이 지연된 부담금에 대한 지연이자의 납입에 관하여는 제20조제3항 후단 및 제4항을 준용한다.
5. 그 밖에 근로자의 급여 수급권의 안정적인 보호를 위하여 대통령령으로 정하는 사항

③ 사용자는 개인형퇴직연금제도 가입자의 퇴직 등 대통령령으로 정하는 사유가 발생한 때에 해당 가입자에 대한 제2항제2호에 따른 부담금을 납입하지 아니한 경우에는 그 사유가 발생한 날부터 14일 이내에 그 부담금과 같은 항 제4호 후단에 따른 지연이자를 해당 가입자의 개인형퇴직연금제도의 계정에 납입하여야 한다. 다만, 특별한 사정이 있는 경우에는 당사자 간의 합의에 따라 납입 기일을 연장할 수 있다.

제6장 퇴직연금사업자 및 업무의 수행

제26조【퇴직연금사업자의 등록】 다음 각 호의 어느 하나에 해당하는 자로서 퇴직연금사업자가 되려는 자는 재무건전성 및 인적·물적 요건 등 대통령령으로 정하는 요건을 갖추어 고용노동부장관에게 등록하여야 한다.
1. 「자본시장과 금융투자업에 관한 법률」에 따른 투자매매업자, 투자중개업자 또는 집합투자업자
2. 「보험업법」 제2조제6호에 따른 보험회사
3. 「은행법」 제2조제1항제2호에 따른 은행
4. 「신용협동조합법」 제2조제2호에 따른 신용협동조합중앙회
5. 「새마을금고법」 제2조제3항에 따른 새마을금고중앙회
6. 공단(공단의 퇴직연금사업 대상은 상시 30명 이하의 근로자를 사용하는 사업에 한정한다)(2021.4.13 본호개정)
7. 그 밖에 제1호부터 제6호까지에 준하는 자로서 대통령령으로 정하는 자

제27조【퇴직연금사업자에 대한 등록취소 및 이전명령】 ① 고용노동부장관은 퇴직연금사업자가 다음 각 호의 어느 하나에 해당되는 경우에는 고용노동부령으로 정하는 바에 따라 시정을 명하거나 등록을 취소할 수 있다. 다만, 제1호 및 제2호에 해당하는 경우에는 등록을 취소하여야 한다.
1. 해산한 경우
2. 거짓이나 그 밖의 부정한 방법으로 제26조에 따른 등록을 한 경우
3. 제26조에 따른 등록요건을 갖추지 못하게 된 경우
4. 제36조에 따른 고용노동부장관 또는 금융위원회의 명령에 따르지 아니한 경우

② 제1항에 따라 등록이 취소된 퇴직연금사업자는 등록이 취소된 날부터 3년간 퇴직연금사업자 등록을 할 수 없다.
③ 퇴직연금제도 관련 업무를 중단하려는 퇴직연금사업자는 고용노동부장관에게 등록의 말소를 신청하여야 한다. 이 경우 등록이 말소된 퇴직연금사업자는 말소된 날부터 2년간 퇴직연금사업자 등록을 할 수 없다.
④ 제1항 또는 제3항에 따라 등록취소 처분을 받거나 등록말소를 신청한 퇴직연금사업자는 설정된 퇴직연금제도의 이전에 필요한 조치 등 대통령령으로 정하는 가입자 보호조치를 하여야 한다.
⑤ 고용노동부장관은 제1항 또는 제3항에 따라 등록을 취소하거나 말소하는 경우에 근로자의 퇴직급여등 수급권 보호를 위하여 필요하다고 인정하면 등록이 취소되거나 말소되는 퇴직연금사업자에게 그 업무의 전부 또는 일부를 다른 퇴직연금사업자에게 이전할 것을 명할 수 있다. 이 경우 고용노동부장관은 그 업무의 전부 또는 일부를 이전받는 퇴직연금사업자의 동의를 받아야 한다.

제28조【운용관리업무에 관한 계약의 체결】 ① 퇴직연금제도를 설정하려는 사용자 또는 가입자는 퇴직연금사업자와 다음 각 호의 업무(이하 "운용관리업무"라 한다)를 하는 것을 내용으로 하는 계약을 체결하여야 한다. 다만, 제1호의2의 업무는 확정기여형퇴직연금제도를 설정할 때에만 해당하고, 제2호의 업무는 확정급여형퇴직연금제도를 설정할 때에만 해당한다.(2022.1.11 단서개정)
1. 사용자 또는 가입자에 대한 적립금 운용방법 및 운용방법별 정보의 제공
1의2. 사전지정운용제도의 설정 및 운영에 관한 업무 (2022.1.11 본호신설)
2. 연금제도 설계 및 연금 회계처리(2021.4.13 본호개정)
3. 적립금 운용현황의 기록·보관·통지
4. 사용자 또는 가입자가 선정한 운용방법을 제29조제1항에 따른 자산관리업무를 수행하는 퇴직연금사업자에게 전달하는 업무
5. 그 밖에 운용관리업무의 적절한 수행을 위하여 대통령령으로 정하는 업무

② 제1항에 따라 운용관리업무를 수행하는 퇴직연금사업자는 대통령령으로 정하는 일부 업무를 인적·물적 요건 등 대통령령으로 정하는 요건을 갖춘 자에게 처리하게 할 수 있다.

제29조【자산관리업무에 관한 계약의 체결】 ① 퇴직연금제도를 설정한 사용자 또는 가입자는 다음 각 호의 업무(이하 "자산관리업무"라 한다)의 수행을 내용으로 하는 계약을 퇴직연금사업자와 체결하여야 한다.
1. 계좌의 설정 및 관리
2. 부담금의 수령
3. 적립금의 보관 및 관리
4. 운용관리업무를 수행하는 퇴직연금사업자가 전달하는 적립금 운용지시의 이행
5. 급여의 지급
6. 그 밖에 자산관리업무의 적절한 수행을 위하여 대통령령으로 정하는 업무

② 사용자 또는 가입자가 제1항에 따른 계약을 체결하려는 경우에는 근로자 또는 가입자를 피보험자 또는 수익자로 하여 대통령령으로 정하는 보험계약 또는 신탁계약의 방법으로 하여야 한다.

제29조의2【수수료】 ① 퇴직연금사업자가 운용관리업무, 자산관리업무 및 그 밖에 대통령령으로 정하는 업무의 수행에 따라 사용자 및 가입자로부터 받는 수수료는 해당 업무의 수행에 따라 발생되는 비용과 적립금의 운용 손익 등을 고려하여 합리적으로 정하여야 한다.
② 제1항에 따라 사용자 및 가입자로부터 받는 수수료는 대통령령으로 정하는 부과기준 등을 준수하여야 한다.
③ 고용노동부장관은 가입자의 수급권 보호를 위하여 퇴직연금사업자에게 수수료 부과기준 등 대통령령으로 정하는 자료의 제출을 요구할 수 있다.
(2022.1.11 본조신설)

제30조【운용관리업무의 수행】 ① 퇴직연금사업자는 선량한 관리자로서의 주의의무를 다하여야 한다.
② 퇴직연금사업자는 적립금의 운용방법을 제시하는 경우에 다음 각 호의 요건을 갖춘 운용방법을 제시하여야 한다.
1. 운용방법에 관한 정보의 취득과 이해가 쉬울 것
2. 운용방법 간의 변경이 쉬울 것
3. 적립금 운용결과의 평가 방법과 절차가 투명할 것
4. 확정기여형퇴직연금제도와 개인형퇴직연금제도의 경우에는 대통령령으로 정하는 원리금보장 운용방법이 하나 이상 포함될 것
5. 적립금의 중장기 안정적 운용을 위하여 분산투자 등 대통령령으로 정하는 운용방법 및 기준 등에 따를 것

제31조【모집업무의 위탁】 ① 퇴직연금사업자는 다음 각 호의 요건을 모두 갖춘 자(이하 "퇴직연금제도 모집인")에게 퇴직연금제도를 설정하거나 가입할 자를 모집하는 업무(이하 "모집업무"로서 대통령령으로 정하는 업무를 위탁할 수 있다.
1. 제2항에 따라 고용노동부장관에게 등록된 자가 아닐 것
2. 퇴직연금제도에 대한 전문 지식이 있는 자로서 대통령령으로 정하는 요건을 갖출 것
3. 제6항에 따라 등록이 취소된 경우 그 등록이 취소된 날부터 3년이 지났을 것(2020.5.26 본항개정)
② 퇴직연금사업자는 제1항에 따라 퇴직연금제도 모집업무를 위탁한 경우에는 위탁받은 자를 고용노동부장관에게 등록하여야 한다. 이 경우 고용노동부장관은 그 등록업무를 대통령령으로 정하는 바에 따라 고용노동부장관이 정하는 기관에 위탁할 수 있다.
③ 제1항에 따라 퇴직연금제도 모집업무를 위탁받은 자는 제2항에 따른 등록을 하지 아니하고는 퇴직연금제도 모집업무를 수행하여서는 아니 된다.
④ 퇴직연금사업자는 제2항에 따라 등록한 퇴직연금제도 모집인 이외의 자에게 모집업무를 위탁하여서는 아니된다.
⑤ 제2항에 따른 등록 신청, 방법, 절차 및 그 밖에 등록을 위하여 필요한 사항은 고용노동부장관이 정한다.
⑥ 고용노동부장관은 다음 각 호의 어느 하나에 해당하는 경우 제2항의 퇴직연금제도 모집인에 대한 등록을 취소하거나 6개월 이내에서 모집업무를 정지할 수 있다.
1. 제1항 각 호의 요건을 갖추지 못한 경우
2. 제7항 각 호의 위탁받은 자의 준수사항을 위반한 경우
⑦ 제1항에 따라 업무를 위탁한 경우 위탁받은 자는 다음 각 호의 사항을 지켜야 한다.
1. 위탁한 업무를 다른 자에게 다시 위탁하지 아니할 것
2. 허위 정보에 의한 모집행위 금지 등 퇴직연금제도의 적절한 운영을 위하여 필요한 사항으로서 대통령령으로 정하는 사항
⑧ 퇴직연금사업자는 제1항에 따라 모집업무를 위탁받은 자가 제7항 각 호에 따른 준수사항을 지키지 아니한 경우에는 모집업무의 위탁을 취소하여야 한다.
⑨ 퇴직연금사업자는 퇴직연금제도 모집인이 퇴직연금제도 모집업무를 수행할 때 법령을 준수하고 건전한 거래질서를 해하는 일이 없도록 성실히 관리하여야 하며, 이를 위한 퇴직연금제도 모집업무수행기준을 정하여야 한다.(2020.5.26 본항개정)
⑩ 「민법」 제756조는 퇴직연금제도 모집인이 모집업무를 수행하면서 사용자 또는 가입자에게 손해를 끼친 경우에 준용한다.(2020.5.26 본항개정)

제7장 책무 및 감독

제32조【사용자의 책무】 ① 사용자는 법령, 퇴직연금규약 또는 중소기업퇴직연금기금표준계약서를 준수하고 가입자 등을 위하여 대통령령으로 정하는 사항에 관하여 성실하게 이 법에 따른 의무를 이행하여야 한다.
(2021.4.13 본항개정)
② 확정급여형퇴직연금제도 또는 확정기여형퇴직연금제도를 설정한 사용자는 매년 1회 이상 가입자에게 해당 사업의 퇴직연금제도 운영 상황 등 대통령령으로 정하는 사항에 관한 교육을 하여야 한다. 이 경우 사용자는 퇴직연금사업자 또는 대통령령으로 정하는 요건을 갖춘 전문기관에 그 교육의 실시를 위탁할 수 있다.(2021.4.13 본항개정)
③ 제2항에 따른 교육 내용 및 방법 등에 필요한 사항은 대통령령으로 정한다.(2021.4.13 본항신설)
④ 퇴직연금제도를 설정한 사용자는 다음 각 호의 어느 하나에 해당하는 행위를 하여서는 아니 된다.
1. 자기 또는 제3자의 이익을 도모할 목적으로 운용관리업무 및 자산관리업무의 수행계약을 체결하는 행위
2. 그 밖에 퇴직연금제도의 적절한 운영을 방해하는 행위로서 대통령령으로 정하는 행위
⑤ 확정급여형퇴직연금제도 또는 퇴직금제도를 설정한 사용자는 다음 각 호의 어느 하나에 해당하는 사유가 있는 경우 근로자에게 퇴직급여가 감소할 수 있음을 미리 알리고 근로자대표와의 협의를 통하여 확정기여형퇴직연금제도나 중소기업퇴직연금기금제도로의 변경, 퇴직급여 산정기준의 개선 등 근로자의 퇴직급여 감소를 예방하기 위하여 필요한 조치를 하여야 한다.(2021.4.13 본문개정)
1. 사용자가 단체협약 및 취업규칙 등을 통하여 일정한 연령, 근속시점 또는 임금액을 기준으로 근로자의 임금을 조정하고 근로자의 정년을 연장하거나 보장하는 제도를 시행하려는 경우
2. 사용자가 근로자와 합의하여 소정근로시간을 1일 1시간 이상 또는 1주 5시간 이상 단축함으로써 단축된 소정근로시간에 따라 근로자가 3개월 이상 계속 근로하기로 한 경우
3. 법률 제15513호 근로기준법 일부개정법률 시행에 따라 근로시간이 단축되어 근로자의 임금이 감소하는 경우
4. 그 밖에 임금이 감소되는 경우로서 고용노동부령으로 정하는 경우
(2018.6.12 본항신설)

제33조【퇴직연금사업자의 책무】 ① 퇴직연금사업자는 이 법을 준수하고 가입자를 위하여 성실하게 그 업무를 하여야 한다.
② 퇴직연금사업자는 제28조제1항 및 제29조제1항에 따른 계약의 내용을 지켜야 한다.
③ 퇴직연금사업자는 정당한 사유 없이 다음 각 호의 어느 하나에 해당하는 행위를 하여서는 아니 된다.
1. 제28조제1항에 따른 운용관리업무의 수행계약 체결을 거부하는 행위
2. 제29조제1항에 따른 자산관리업무의 수행계약 체결을 거부하는 행위
3. 특정 퇴직연금사업자와 계약을 체결할 것을 강요하는 행위
4. 그 밖에 사용자 또는 가입자의 이익을 침해할 우려가 있는 행위로서 대통령령으로 정하는 행위
④ 운용관리업무를 수행하는 퇴직연금사업자는 다음 각 호의 어느 하나에 해당하는 행위를 하여서는 아니 된다.
1. 계약체결 시 가입자 또는 사용자의 손실의 전부 또는 일부를 부담하거나 부담할 것을 약속하는 행위
2. 가입자 또는 사용자에게 경제적 가치가 있는 과도한 부가적 서비스를 제공하거나 가입자 또는 사용자가 부담하여야 할 경비를 퇴직연금사업자가 부담하는 등 대통령령으로 정하는 특별한 이익을 제공하거나 제공할 것을 약속하는 행위
3. 가입자의 성명·주소 등 개인정보를 퇴직연금제도의 운용과 관련된 업무수행에 필요한 범위를 벗어나서 사용하는 행위
4. 자기 또는 제3자의 이익을 도모할 목적으로 특정 운용방법을 가입자 또는 사용자에게 제시하는 행위
⑤ 제24조제1항에 따라 개인형퇴직연금제도를 운영하는 퇴직연금사업자는 해당 사업의 퇴직연금제도 운영 상황 등 대통령령으로 정하는 사항에 대하여 매년 1회 이상 가입자에게 교육을 하여야 한다.
⑥ 퇴직연금사업자는 고용노동부령으로 정하는 바에 따라 퇴직연금제도의 취급실적을 사용자(개인형퇴직연금제도의 취급실적은 제외한다), 고용노동부장관 및 금융감독원장에게 제출하여야 한다.
⑦ 퇴직연금사업자는 제28조제1항 및 제29조제1항에 따른 계약 체결과 관련된 약관 또는 표준계약서(이하 "약관등"이라 한다)를 제정하거나 변경하려는 경우에는 미리 금융감독원장에게 보고하여야 한다. 다만, 근로자 또는 사용자의 권익이나 의무에 불리한 영향을 주지 아니하는 경우로서 금융위원회가 정하는 경우에는 약관등의 제정 또는 변경 후 10일 이내에 금융감독원장에게 보고할 수 있다.
⑧ 퇴직연금사업자는 매년 말 적립금 운용 수익률 및 수수료 등을 금융위원회가 정하는 바에 따라 공시하여야 한다.

제34조【정부의 책무 등】 ① 정부는 퇴직연금제도가 활성화될 수 있도록 지원방안을 마련하여야 한다.
② 정부는 퇴직연금제도의 건전한 정착 및 발전을 위하여 다음 각 호의 조치를 할 수 있다.
1. 노사단체, 퇴직연금업무 유관기관·단체와의 공동 연구사업 및 행정적·재정적 지원
2. 퇴직연금제도 운영과 관련한 퇴직연금사업자 평가
3. 건전하고 효율적인 퇴직연금제도 운영을 위한 전문 강사 육성 및 교재의 지원
4. 그 밖에 근로자의 안정적인 노후생활 보장을 위하여 대통령령으로 정하는 사항
(2021.4.13 본항개정)
③ 제2항제2호에 따른 평가는 퇴직연금사업자의 운용성과, 운용역량, 수수료의 적정성 등을 대상으로 하며, 그 밖에 평가절차 및 방법 등에 필요한 사항은 대통령령으로 정한다.(2021.4.13 본항신설)
④ 정부는 퇴직연금제도의 급여 지급 보장을 위한 장치 마련 등 근로자의 급여 수급권 보호를 위한 방안을 강구하도록 노력하여야 한다.

제35조【사용자에 대한 감독】 ① 고용노동부장관은 사용자가 퇴직연금제도의 설정 또는 그 운영 등에 관하여 이 법 또는 퇴직연금규약 및 중소기업퇴직연금기금표준계약서에 위반되는 행위를 한 경우에는 기간을 정하여 그 위반의 시정을 명할 수 있다.(2021.4.13 본항개정)
② 고용노동부장관은 사용자가 제1항에 따른 기간 이내에 시정명령에 따르지 아니하는 경우에는 퇴직연금제도 운영의 중단을 명할 수 있다.

제36조【퇴직연금사업자에 대한 감독】 ① 고용노동부장관은 퇴직연금사업자가 이 법을 위반하는 행위를 한 경우에는 기간을 정하여 그 위반의 시정을 명할 수 있다.
② 고용노동부장관은 퇴직연금사업자가 제1항에 따른 시정명령에 따르지 아니하는 경우에는 이 법에 따라 수행하는 업무를 다른 퇴직연금사업자에게 이전할 것을 명할 수 있다.
③ 금융위원회는 퇴직연금제도의 안정적 운영과 근로자의 수급권 보호를 위하여 대통령령으로 정하는 업무에 관하여 퇴직연금사업자를 감독하고, 퇴직연금사업자가 제33조를 위반하는 경우 다음 각 호의 조치를 할 수 있다.
1. 퇴직연금사업자에 대한 주의, 그 임원에 대한 주의 또는 그 직원에 대한 주의·견책·감봉·정직·면직의 요구
2. 해당 위반행위에 대한 시정명령
3. 임원의 해임권고 또는 직무정지요구
4. 6개월 이내의 영업의 일부정지
④ 금융감독원장은 퇴직연금사업자의 업무 및 재산상황 등을 검사할 수 있고, 제33조제7항에 따라 퇴직연금사업자가 보고한 약관등이 이 법에 위배될 경우에는 변경·보완을 명할 수 있다.

제37조【금융거래정보의 제공 요청 등】 ① 고용노동부장관은 사용자가 제16조에 따른 급여 지급능력을 확보하였는지 등 퇴직연금제도 운영을 감독하기 위하여 필요한 경우 「금융실명거래 및 비밀보장에 관한 법률」 제4조 및 「신용정보의 이용 및 보호에 관한 법률」 제33조에도 불구하고 자산관리업무 및 운용관리업무 계약을 체결한 사업에 관한 다음 각 호의 금융거래에 관한 정보 또는 자료(이하 "금융거래정보"라 한다)의 제공을 퇴직연금사업자에게 요청할 수 있다.
1. 가입자 현황
2. 급여 지급 현황
3. 부담금 납입 현황
4. 적립금 운용현황에 관한 정보
② 고용노동부장관이 제1항에 따라 금융거래정보를 요청할 때에는 다음 각 호의 사항을 적은 문서로 요청하여야 한다.
1. 요청대상 거래기간
2. 요청의 법적 근거
3. 사용목적
4. 요청하는 금융거래정보의 내용
③ 제1항에 따른 금융거래정보의 요청은 퇴직연금제도 운영의 건전성 감독을 위하여 필요한 최소한도에 그쳐야 한다.
④ 제2항에 따라 퇴직연금사업자가 고용노동부장관에게 금융거래정보를 제공하는 경우에는 그 퇴직연금사업자는 금융거래정보를 제공한 날부터 10일 이내에 제공한 금융거래정보의 주요 내용, 사용목적, 제공받은 자 및 제공일자 등을 해당 사용자 또는 가입자에게 서면으로 알려야 한다. 이 경우 통지에 드는 비용에 관하여는 「금융실명거래 및 비밀보장에 관한 법률」 제4조의2제4항을 준용한다.
⑤ 고용노동부장관은 제1항에 따라 퇴직연금사업자에게 금융거래정보를 요구하는 경우에는 그 사실을 기록하여야 하며, 금융거래정보를 요구한 날부터 5년간 그 기록을 보관하여야 한다.
⑥ 제1항에 따라 금융거래정보를 제공받아 알게 된 자는 그 알게 된 금융거래정보를 타인에게 제공 또는 누설하거나 그 목적 외의 용도로 이용하여서는 아니 된다.

제8장 보 칙

제38조【퇴직연금제도의 폐지·중단 시의 처리】 ① 퇴직연금제도가 폐지되거나 운영이 중단된 경우에는 폐지된 이후 또는 중단된 기간에 대하여는 제8조제1항에 따른 퇴직금제도를 적용한다.
② 사용자는 퇴직연금제도가 폐지된 경우 지체 없이 적립금으로 급여를 지급하는 데에 필요한 조치로서 미납 부담금의 납입 등 대통령령으로 정하는 조치를 하여야 한다.
③ 사용자와 퇴직연금사업자는 제35조제2항에 따른 사유 등으로 퇴직연금제도가 중단된 경우에 적립금 운용에 필요한 업무 등 대통령령으로 정하는 기본적인 업무를 유지하여야 한다.
④ 사용자와 퇴직연금사업자는 퇴직연금제도가 폐지되어 가입자에게 급여를 지급하는 경우에 가입자가 지정한 개인형퇴직연금제도의 계정으로 이전하는 방법으로 지급하여야 한다. 다만, 가입자가 개인형퇴직연금제도의 계정을 지정하지 아니한 경우에는 제17조제5항을 준용한다.
⑤ 가입자가 제4항에 따라 급여를 받은 경우에는 제8조제2항에 따라 중간정산되어 받은 것으로 본다. 이 경우 중간정산 대상기간의 산정 등에 필요한 사항은 대통령령으로 정한다.

제39조【업무의 협조】 고용노동부장관은 이 법의 시행을 위하여 필요한 경우에 금융위원회 등 관련 기관에 자료의 제출을 요청할 수 있다. 이 경우 자료의 제출을 요청받은 기관은 정당한 사유가 없으면 이를 거부하여서는 아니 된다.

제40조【보고 및 조사】 ① 고용노동부장관은 이 법 시행에 필요한 범위에서 사용자 및 퇴직연금사업자에게 퇴직연금제도의 실시 상황 등에 관한 보고, 관계 서류의 제출 또는 관계인의 출석을 요구할 수 있다.

② 고용노동부장관은 이 법의 시행을 위하여 필요하다고 인정하는 경우에는 소속 직원으로 하여금 퇴직연금제도를 실시하는 사업장 및 해당 퇴직연금사업자의 사업장에 출입하여 사용자 및 퇴직연금사업자 등 관계인에 대하여 질문하거나 장부 등 서류를 조사하게 할 수 있다.

③ 제2항에 따라 사업장 및 해당 퇴직연금사업자의 사업장에 출입하여 관계인에 대하여 질문하거나 장부 등 서류를 조사하려는 직원은 그 권한을 나타내는 증표를 지니고 이를 관계인에게 내보여야 한다.

제41조【청문】 고용노동부장관은 제27조제1항에 따른 등록취소 또는 제36조제2항에 따른 이전명령을 하려는 경우에는 청문을 하여야 한다.

제42조【권한의 위임·위탁】 ① 이 법에 따른 고용노동부장관의 권한은 대통령령으로 정하는 바에 따라 그 일부를 금융위원회, 금융감독원장 또는 공단(제23조의14에 따른 지원 및 환수와 환수금 징수업무, 제34조제2항 각 호의 업무로 한정한다)에 위탁하거나 지방고용노동관서의 장에게 위임할 수 있다.(2021.4.13 본항개정)

② 이 법에 따른 금융위원회의 권한은 대통령령으로 정하는 바에 따라 그 일부를 금융감독원장에게 위탁할 수 있다.

제9장 벌 칙

제43조【벌칙】 제37조제6항을 위반한 자는 5년 이하의 징역 또는 5천만원 이하의 벌금에 처한다.(2021.4.13 본조개정)

제44조【벌칙】 다음 각 호의 어느 하나에 해당하는 자는 3년 이하의 징역 또는 3천만원 이하의 벌금에 처한다. 다만, 제1호 및 제2호의 경우 피해자의 명시적인 의사에 반하여 공소를 제기할 수 없다.(2021.4.13 본문개정)

1. 제9조제1항을 위반하여 퇴직금을 지급하지 아니한 자(2021.4.13 본호개정)
2. 근로자가 퇴직할 때에 제17조제2항·제3항, 제20조제5항, 제23조의7제2항 또는 제25조제3항을 위반하여 급여를 지급하지 아니하거나 부담금 또는 지연이자를 납입하지 아니한 자(2021.4.13 본호개정)
3. 제27조제4항을 위반하여 가입자 보호조치를 하지 아니한 퇴직연금사업자
4. 제33조제3항 및 제4항을 위반한 퇴직연금사업자

제45조【벌칙】 다음 각 호의 어느 하나에 해당하는 자는 2년 이하의 징역 또는 2천만원 이하의 벌금에 처한다.(2021.4.13 본문개정)

1. 제4조제2항을 위반하여 하나의 사업 안에 퇴직급여제도를 차등하여 설정한 자
2. 제31조제3항을 위반하여 고용노동부장관에 등록하지 아니하고 퇴직연금제도 모집업무를 수행한 자
3. 제31조제4항을 위반하여 퇴직연금제도 모집인 이외의 자에게 모집업무를 위탁한 퇴직연금사업자
4. 제32조제4항제1호에 따른 책무를 위반한 사용자(2021.4.13 본호개정)

제46조【벌칙】 다음 각 호의 어느 하나에 해당하는 자는 500만원 이하의 벌금에 처한다.

1. 제4조제3항·제4항 또는 제25조제1항 및 제2항제1호를 위반하여 근로자대표 또는 개별 근로자의 동의를 받지 아니하거나 의견을 듣지 아니한 사용자

1의2. 제23조의14제3항제1호에 따라 거짓이나 그 밖의 부정한 방법으로 지원금을 받은 자(2021.4.13 본호신설)

2. 제31조제7항을 위반한 자
3. 제32조제5항을 위반하여 근로자에게 퇴직급여가 감소할 수 있음을 알리지 아니하거나 퇴직급여의 감소 예방을 위하여 필요한 조치를 하지 아니한 사용자(2021.4.13 본호개정)

제47조【양벌규정】 법인의 대표자나 법인 또는 개인의 대리인, 사용인, 그 밖의 종업원이 그 법인 또는 개인의 업무에 관하여 제44조부터 제46조까지의 어느 하나에 해당하는 위반행위를 하면 그 행위자를 벌하는 외에 그 법인 또는 개인에게도 해당 조문의 벌금형을 과(科)한다. 다만, 법인 또는 개인이 그 위반행위를 방지하기 위하여 해당 업무에 관하여 상당한 주의와 감독을 게을리하지 아니한 경우에는 그러하지 아니하다.

제48조【과태료】 ① 다음 각 호의 어느 하나에 해당하는 자에게는 1천만원 이하의 과태료를 부과한다.

1. 제16조제2항을 위반하여 적립금이 최소적립금을 넘고 있는지 확인하여 그 결과를 사용자에게 알리지 아니하거나, 적립금이 최소적립금보다 적은 경우 그 확인 결과를 근로자대표에게 알리지 아니한 퇴직연금사업자(2021.4.13 본호신설)
2. 제16조제3항에 따른 적립금 부족을 해소하지 아니한 사용자(2021.4.13 본호신설)
3. 제32조제2항에 따라 매년 1회 이상 교육을 하지 아니한 사용자
4. 제33조제5항에 따라 매년 1회 이상 교육을 하지 아니한 퇴직연금사업자

② 다음 각 호의 어느 하나에 해당하는 자에게는 500만원 이하의 과태료를 부과한다.

1. 제13조에 따른 확정급여형퇴직연금규약 또는 제19조에 따른 확정기여형퇴직연금규약을 신고하지 아니한 사용자

1의2. 제18조의2제1항에 따른 적립금운용위원회를 구성하지 아니한 사용자(2021.4.13 본호신설)

1의3. 제18조의2제2항에 따른 적립금운용계획서를 작성하지 아니한 사용자(2021.4.13 본호신설)

1의4. 제29조의2제3항에 따른 자료의 제출 요구에 따르지 아니한 퇴직연금사업자(2022.1.11 본호신설)

2. 제32조제4항제2호에 따른 책무를 위반한 사용자
3. 제33조제2항에 따른 책무를 위반한 퇴직연금사업자(2021.4.13 2호~3호개정)
4. 제33조제6항을 위반하여 퇴직연금제도 취급실적을 제출하지 아니하거나 거짓으로 작성하여 제출한 퇴직연금사업자(2021.4.13 본호신설)
5. 제35조에 따른 시정명령을 이행하지 아니한 사용자(2021.4.13 본호신설)

③ 제1항 및 제2항에 따른 과태료는 대통령령으로 정하는 바에 따라 고용노동부장관이 부과·징수한다.

부 칙

제1조【시행일】 이 법은 공포 후 1년이 경과한 날부터 시행한다.

제2조【퇴직보험등의 유효기간】 ① 법률 제7379호 근로자퇴직급여보장법의 시행일인 2005년 12월 1일 이전에 사용자가 근로자를 피보험자 또는 수익자로 하여 대통령령으로 정하는 퇴직보험 또는 퇴직일시금신탁(이하 "퇴직보험등"이라 한다)에 가입하여 근로자가 퇴직할 때 일시금 또는 연금으로 수령하게 하는 경우에는 법률 제7379호 근로자퇴직급여보장법 제8조제1항에 따른 퇴직금제도를 설정한 것으로 본다. 다만, 퇴직보험등에 의한 일시금은 같은 항에 따른 퇴직금보다 적어서는 아니 된다.

② 제1항에 따른 퇴직금제도의 효력기간은 2010년 12월 31일까지로 한다.

제3조【퇴직 전 퇴직금 정산 요건에 관한 적용례】 제8조제2항의 개정규정은 이 법 시행 후 최초로 근로자가 사용자에게 중간정산을 요구하는 경우부터 적용한다.

제4조【급여의 지급 방법에 관한 적용례】 제17조제4항 및 제5항, 제19조제2항(제17조제4항 및 제5항을 준용하는 부분에 한정한다) 및 제38조제4항의 개정규정은 이 법 시행 후 최초로 급여를 지급할 사유가 발생한 경우부터 적용한다.

제5조【확정기여형퇴직연금제도 및 개인형퇴직연금제도 부담금 등 납입에 관한 적용례】 제20조제3항·제4항, 제25조제2항제4호 및 같은 조 제3항의 개정규정에 따른 지연이자에 관한 부분은 이 법 시행 후 최초로 발생하는 지연이자를 납입하는 경우부터 적용한다.

제6조【자영업자 등의 개인형퇴직연금제도 가입에 관한 적용례】 제24조제2항제3호는 이 법 시행 후 5년이 경과한 날부터 적용한다.

제7조【퇴직연금사업자 등록 취소 및 말소에 관한 적용례】 제27조제2항 및 제3항의 개정규정은 이 법 시행 후 최초로 퇴직연금사업자의 등록이 취소되거나 등록의 말소를 신청한 경우부터 적용한다.

제8조【상시 4명 이하의 근로자를 사용하는 사업의 시행시기, 급여 및 부담금 등에 관한 특례】 ① 상시 4명 이하의 근로자를 사용하는 사업에 대하여는 법률 제7379호 근로자퇴직급여보장법 부칙 제1조 단서에 따라 2010년 12월 1일부터 퇴직급여제도가 시행된 것으로 본다.

② 상시 4명 이하의 근로자를 사용하는 사업에 적용되는 퇴직금, 확정급여형퇴직연금제도의 급여액, 확정기여형퇴직연금제도 및 제25조의 개정규정에 따른 개인형퇴직연금제도의 사용자 부담금의 수준은 제8조제1항, 제15조, 제20조제1항 및 제25조제2항제2호의 개정규정에도 불구하고 다음 각 호와 같이 정한다.

1. 2010년 12월 1일부터 2012년 12월 31일까지의 기간에 대한 퇴직금, 확정급여형퇴직연금제도의 급여액, 확정기여형퇴직연금제도 및 제25조의 개정규정에 따른 개인형퇴직연금제도의 사용자 부담금 수준 : 제8조제1항, 제15조, 제20조제1항 및 제25조제2항제2호의 개정규정에서 정하는 수준의 100분의 50 이상
2. 2013년 1월 1일 이후의 기간에 대한 퇴직금, 확정급여형퇴직연금제도의 급여액, 확정기여형퇴직연금제도 및 제25조의 개정규정에 따른 개인형퇴직연금제도의 사용자 부담금 수준 : 제8조제1항, 제15조, 제20조제1항 및 제25조제2항제2호의 개정규정에서 정하는 수준

③ 근로관계 당사자는 제1항 및 제2항을 이유로 기존의 근로조건을 낮출 수 없다.

제9조【퇴직금 우선변제에 관한 경과조치】 ① 제12조제2항에도 불구하고 1997년 12월 24일 전에 퇴직한 근로자의 경우에는 1989년 3월 29일 이후의 계속근로기간에 대한 퇴직금을 우선변제의 대상으로 한다.

② 제12조제2항에도 불구하고 1997년 12월 24일 전에 채용된 근로자로서 1997년 12월 24일 이후에 퇴직하는 근로자의 경우에는 1989년 3월 29일 이후부터 1997년 12월 23일까지의 계속근로기간에 대한 퇴직금에 1997년 12월 24일 이후의 계속근로기간에 대하여 발생하는 최종 3년간의 퇴직금을 합산한 금액을 우선변제의 대상으로 한다.

③ 제1항 및 제2항에 따라 우선변제의 대상이 되는 퇴직금은 계속근로기간 1년에 대하여 30일분의 평균임금으로 계산한 금액으로 한다.

④ 제1항 및 제2항에 따라 우선변제의 대상이 되는 퇴직금은 250일분의 평균임금을 초과할 수 없다.

제10조【퇴직금제도에 관한 경과조치】 법률 제7379호 근로자퇴직급여보장법의 시행일인 2005년 12월 1일 당시 종전의 「근로기준법」 제34조제1항에 따라 설정된 퇴직금제도와 미리 정산하여 지급된 퇴직금은 법률 제7379호 근로자퇴직급여보장법에 따라 설정되거나 지급된 것으로 본다.

제11조【개인퇴직계좌에 관한 경과조치】 이 법 시행 당시 종전의 제25조 또는 제26조에 따라 설정된 개인퇴직계좌는 제24조 또는 제25조의 개정규정에 따라 설정된 개인형퇴직연금제도로 본다.

제12조【다른 법률의 개정】 ※(해당 법령에 가제정리 하였음)

제13조【다른 법령과의 관계】 이 법 시행 당시 다른 법령에서 종전의 「근로자퇴직급여 보장법」의 규정을 인용한 경우에 이 법 가운데 그에 해당하는 규정이 있으면 종전의 규정을 갈음하여 이 법의 해당 규정을 인용한 것으로 본다.

부 칙 (2020.5.26)

이 법은 공포한 날부터 시행한다.(이하 생략)

부 칙 (2021.4.13)

이 법은 공포 후 1년이 경과한 날부터 시행한다.

부 칙 (2022.1.11)

제1조【시행일】 이 법은 공포 후 6개월이 경과한 날부터 시행한다.

제2조【확정기여형퇴직연금규약의 변경에 관한 경과조치】 이 법 시행일 전에 확정기여형퇴직연금제도를 설정한 사용자는 이 법 시행일 이후 1년 이내에 확정기여형퇴직연금규약에 제19조제1항제4호의2의 개정규정의 내용을 반영하여야 한다.

건설근로자의 고용개선 등에 관한 법률(약칭 : 건설근로자법)

(1996년 12월 31일 법 률 제5249호)

개정
2002.12.30법 6848호
2007. 4.11법 8372호(근기)
2007. 4.11법 8373호(산업재해)
2007. 5.11법 8429호(고용보험법)
2007. 7.27법 8560호
2007.12.14법 8694호(산업재해)
2007.12.27법 8811호
2008.12.26법 9254호
2010. 6. 4법10339호(정부조직)
2011. 7.25법10965호
2013. 3.23법11690호(정부조직)
2016. 1.27법13895호
2019.11.26법16620호
2021. 8.17법18425호(국민평생직업능력개발법)

제1장 총 칙

(2007.12.27 본장개정)

제1조【목적】 이 법은 건설근로자의 고용안정과 직업능력의 개발·향상을 지원·촉진하고 건설근로자에게 퇴직공제금을 지급하는 등의 복지사업을 실시함으로써 건설근로자의 고용개선과 복지증진을 도모하고 건설산업의 발전에 이바지하는 것을 목적으로 한다.

제2조【정의】 이 법에서 사용하는 용어의 뜻은 다음과 같다.
1. "사업주(事業主)"란 근로자를 고용하여 대통령령으로 정하는 건설업(이하 "건설업"이라 한다)을 하는 자로서 관계 법령에 따라 면허·허가·등록 등을 받거나 한 자를 말한다.
2. "건설근로자"란 「근로기준법」 제2조에 따른 근로자로서 건설업에 종사하는 자를 말한다.
3. "원수급인(元受給人)"이란 발주자로부터 건설업의 공사를 도급받은 사업주를 말한다.
4. "하수급인(下受給人)"이란 원수급인으로부터 건설업의 공사를 도급받은 사업주와 그로부터 건설업의 공사를 도급받은 사업주를 말한다.
5. "퇴직공제(退職共濟)"란 사업주가 건설근로자를 피공제자로 하여 건설근로자공제회에 공제부금(共濟賦金)을 내고 그 피공제자가 건설업에서 퇴직하는 등의 경우에 건설근로자공제회가 퇴직공제금을 지급하는 것을 말한다.

제3조【건설근로자 고용개선 기본계획의 수립·시행】 ① 고용노동부장관은 건설근로자의 고용안정을 도모하고 직업능력의 개발·향상을 촉진하며 건설근로자의 복지증진을 지원하기 위하여 건설근로자 고용개선 기본계획(이하 "기본계획"이라 한다)을 5년마다 수립·시행하여야 한다.(2016.1.27 본항개정)
② 기본계획에는 다음 각 호의 사항이 포함되어야 한다.
1. 직전 기본계획에 대한 평가에 관한 사항(2016.1.27 본호신설)
2. 건설근로자의 고용 동향에 관한 사항
3. 건설근로자의 고용구조 개선에 관한 사항
4. 건설기능인력 양성 등 건설근로자의 직업능력 개발·향상에 관한 사항
5. 건설근로자의 복지증진에 관한 사항
6. 임금·휴일·휴가 및 근로시간 등 건설업의 「근로기준법」 준수에 관한 사항
7. 동절기 건설근로자 고용안정에 관한 사항
8. 건설업 분야 인력수급의 체계적인 관리에 관한 사항(2019.11.26 본호신설)
③ 고용노동부장관은 기본계획을 수립하려는 경우에는 관계 중앙행정기관의 장과 협의를 한 후 「고용정책기본법」에 따른 고용정책심의회의 심의를 거쳐야 한다. 기본계획 중 대통령령으로 정하는 중요한 사항을 변경하려는 경우에도 또한 같다.(2010.6.4 전단개정)
④ 고용노동부장관이 제1항에 따라 기본계획을 수립한 때에는 지체 없이 국회 소관 상임위원회에 보고하여야 한다.(2016.1.27 본항신설)
⑤ 고용노동부장관은 필요하다고 인정하면 관계 중앙행정기관의 장에게 기본계획의 수립과 변경에 필요한 자료의 제출을 요청할 수 있다.(2010.6.4 본항개정)

제4조【권고】 고용노동부장관은 기본계획을 원활하게 시행하기 위하여 필요하다고 인정하면 사업주나 사업주단체 등에 대하여 건설근로자에 관한 다음 각 호에 관하여 필요한 사항을 권고할 수 있다.(2010.6.4 본문개정)
1. 고용관리 개선
2. 고용안정
3. 직업능력의 개발·향상
4. 복지 증진

제2장 건설근로자의 고용개선

(2007.12.27 본장개정)

제5조【고용관리 책임자】 ① 사업주는 다음 각 호에 관한 해당 사업장의 업무 처리를 위하여 사업장별로 고용관리 책임자를 지정하고 이를 고용노동부장관에게 신고하여야 한다. 다만, 대통령령으로 정하는 일정 규모 이하의 사업장의 경우 그러하지 아니하다.(2011.7.25 본문개정)
1. 건설근로자의 모집·고용 및 배치에 관한 사항
2. 건설근로자의 기능 향상을 위하여 실시하는 교육훈련에 관한 사항
3. 건설근로자의 편의시설의 설치 및 이용에 관한 사항(2011.7.25 본호개정)
4. 고용보험 피보험자격 취득·상실의 신고 등 고용보험 사무 처리에 관한 사항
5. 퇴직공제의 가입, 공제부금의 납부 등 퇴직공제에 관한 사항(2011.7.25 본호개정)
6. 그 밖에 건설근로자의 고용관리에 관한 사항으로서 고용노동부령으로 정하는 사항(2010.6.4 본호개정)
② 사업주는 고용관리 책임자를 지정하면 고용관리 책임자의 성명과 그 밖에 고용노동부령으로 정하는 사항을 해당 사업장에 게시하는 등의 방법으로 건설근로자에게 그 지정 사실을 알려야 한다.(2010.6.4 본항개정)
③ 고용관리 책임자의 지정·신고에 관한 구체적인 사항 및 그 밖에 필요한 사항은 대통령령으로 정한다.(2011.7.25 본항개정)
④ 사업주는 고용관리 책임자에게 교육·연수를 시키는 등 그의 업무수행능력을 향상시키기 위하여 노력하여야 한다.
⑤ 원수급인이 지정하는 고용관리 책임자는 같은 사업장의 하수급인이 지정하는 고용관리 책임자의 제1항제3호부터 제5호까지의 사항에 관한 업무 처리를 지도 및 지원하여야 한다.(2011.7.25 본항개정)

제6조【고용에 관한 서류의 발급】 사업주는 건설근로자를 고용한 때에는 고용노동부령으로 정하는 바에 따라 다음 각 호의 사항을 적은 서류를 해당 건설근로자에게 내주어야 한다.(2010.6.4 본문개정)
1. 사업주(법인인 경우에는 대표자를 말한다)의 성명
2. 사업장의 명칭 및 소재지(사업주가 법인인 경우에는 법인의 명칭 및 소재지를 포함한다)
3. 근로시간, 임금 및 고용기간
4. 업무의 내용
5. 그 밖에 고용노동부령으로 정하는 사항(2010.6.4 본호개정)

제7조【건설근로자의 고용개선 등】 ① 고용노동부장관(제1호의3의 사업의 경우 국토교통부장관을 포함한다)은 건설근로자의 고용관리 개선, 고용안정, 직업능력의 개발·향상 등을 위하여 다음 각 호의 사업을 실시할 수 있다.(2019.11.26 본문개정)
1. 건설기능인력의 양성 및 기능향상 등을 위하여 실시하는 직업훈련 및 교육훈련
1의2. 제1호의 훈련에 대한 수요조사 및 훈련과정의 개발·보급(2019.11.26 본호신설)
1의3. 건설업 분야의 인력수급 실태 조사 및 관리(2019.11.26 본호신설)
2. 건설근로자를 위한 취업지원시설의 설치·운영(2011.7.25 본호개정)
3. 건설근로자의 고용개선 프로그램 시행(2011.7.25 본호개정)
4. 고용관리 책임자의 교육 및 연수(2011.7.25 본호신설)
5. 그 밖에 건설근로자의 고용안정, 취업촉진 및 복지증진을 위하여 필요한 사업(2011.7.25 본호신설)
② 고용노동부장관은 제1항 각 호의 사업을 수행할 인력·시설을 갖춘 것으로 인정되는 자로서 대통령령으로 정하는 법인 또는 단체에 사업의 일부를 위탁할 수 있으며, 위탁받은 법인 또는 단체는 고용노동부장관의 승인을 받아 재위탁할 수 있다.(2011.7.25 본항신설)
③ 제2항에 따라 위탁이나 재위탁을 받는 법인 또는 단체가 제1항 각 호의 어느 하나에 해당하는 사업을 실시하기 위하여는 「국민 평생 직업능력 개발법」, 「직업안정법」 등 그 사업실시와 관련된 법령에서 정한 요건을 갖추어야 한다.(2021.8.17 본항개정)
④ 고용노동부장관은 제2항에 따라 사업을 위탁받은 자에 대하여 그 소요되는 경비의 전부 또는 일부를 지원할 수 있다.(2011.7.25 본항신설)
⑤ 고용노동부장관은 퇴직공제에 가입한 사업주에게 「고용보험법」으로 정하는 바에 따라 사업주가 내야 할 공제부금의 일부를 지원할 수 있다.(2010.6.4 본항개정)
⑥ 고용노동부장관은 제1항 각 호의 사업을 실시함에 있어 건설일용근로자를 우선적으로 배려하여야 한다.(2011.7.25 본항신설)
(2011.7.25 본조제목개정)

제7조의2【고용 관련 편의시설의 설치 등】 사업주는 대통령령으로 정하는 규모 이상의 건설공사가 시행되는 현장에 화장실·식당·탈의실 등의 시설을 설치하거나 이용할 수 있도록 조치하여야 한다. 이 경우 설치 또는 이용 조치에 관한 기준과 그 밖에 필요한 사항은 고용노동부령으로 정한다.(2010.6.4 후단개정)

제7조의3【임금비용의 구분지급 및 확인】 ① 국가, 지방자치단체 또는 대통령령으로 정하는 자가 발주하는 건설공사로서 대통령령으로 정하는 규모 이상의 건설공사를 도급하는 자(발주자를 포함하며, 이하 "도급인"이라 한다)는 그 공사를 도급받은 자(이하 "수급인"이라 한다)가 건설근로자에게 지급하여야 할 임금에 해당하는 비용(이하 "임금비용"이라 한다)을 다른 공사비와 구분하여 지급하여야 한다. 이 경우 임금비용은 매월 지급하여야 한다.
② 도급인은 제1항에 따라 수급인에게 건설근로자에 대한 임금비용을 지급할 때에는 수급인이 전월(前月)〔임금비용을 최초로 지급한 월(月)에 건설공사가 시작된 경우는 제외한다〕에 해당 건설근로자에게 지급한 임금의 내역을 확인하여야 한다.
③ 도급인은 제2항에 따른 임금의 지급내역을 확인한 결과 수급인이 건설근로자에게 임금을 지급하지 아니한 경우에는 그 사실을 고용노동부장관에게 통보하여야 한다.
④ 제1항부터 제3항까지의 규정에 따른 임금비용의 구분지급, 임금의 지급내역 확인 방법 및 절차 등에 필요한 사항은 고용노동부령으로 정한다.
(2019.11.26 본조신설)

제7조의4【건설근로자의 기능등급별 구분 등】 ① 국토교통부장관은 고용노동부장관과 협의하여 건설근로자를 경력, 자격, 교육훈련 등 대통령령으로 정하는 기준에 따라 기능별로 등급을 산정하여 구분·관리할 수 있다.
② 국토교통부장관은 건설근로자의 기능등급별 구분·관리를 위하여 필요한 경우에는 관련 기관·법인·단체 등에 건설근로자의 경력, 자격, 교육훈련 등의 확인에 필요한 자료의 제출을 요청할 수 있다. 이 경우 자료의 제출을 요청받은 관련 기관·법인·단체 등은 특별한 사정이 없으면 그 요청에 따라야 한다.
③ 국토교통부장관은 건설근로자에 대한 기능등급별 구분·관리의 업무를 전문적으로 수행할 수 있는 인력과 시설을 갖춘 법인으로서 대통령령으로 정하는 기관에 건설근로자의 기능등급별 구분·관리 업무(제7조의5에 따른 건설근로자의 기능등급에 관한 확인증 발급 업무를 포함한다)를 위탁할 수 있다.
④ 제1항부터 제3항까지에서 규정한 사항 외에 건설근로자의 기능등급별 구분·관리에 필요한 사항은 대통령령으로 정한다.
(2019.11.26 본조신설)

제7조의5【기능등급확인증의 발급】 ① 국토교통부장관은 건설근로자, 사업주 또는 발주자의 신청이 있으면 국토교통부령으로 정하는 바에 따라 건설근로자의 기능등급에 관한 확인증(이하 "기능등급확인증"이라 한다)을 신청인에게 발급할 수 있다. 다만, 사업주 또는 발주자는 국토교통부령으로 정하는 사유에 해당하는 경우에만 기능등급확인증의 발급을 신청할 수 있다.
② 제1항에 따라 기능등급확인증을 발급받으려는 자는 국토교통부령으로 정하는 바에 따라 수수료를 납부하여야 한다.
(2019.11.26 본조신설)

제3장 공제사업

(2007.12.27 본장개정)

제8조【공제사업의 실시】 대통령령으로 정하는 건설업 관련 공제조합 및 사업주단체 중 대통령령으로 정하는 기준에 해당하는 자는 건설근로자의 고용안정과 복지증진을 위하여 퇴직공제에 관한 사업 등 건설근로자를 위한 공제사업을 공동으로 실시하여야 한다.

제9조【건설근로자공제회의 설립 등】 ① 제8조에 따라 공제사업을 실시하는 자는 고용노동부장관의 인가를 받아 건설근로자공제회(이하 "공제회"라 한다)를 설립하여야 한다.(2010.6.4 본항개정)
② 공제회는 법인으로 한다.
③ 공제회의 설립·운영 및 감독 등에 관하여는 「민법」 중 재단법인에 관한 규정을 준용한다.
④ 공제회의 정관 기재사항은 대통령령으로 정하며, 정관을 변경하려면 이사회 의결을 거쳐 고용노동부장관의 허가를 받아야 한다.(2011.7.25 본항신설)
⑤ 공제회의 이사장은 이사회에서 선출한다.(2011.7.25 본항신설)

제9조의2【공제회의 사업】 ① 공제회는 다음 각 호의 사업을 수행한다.
1. 퇴직공제에 가입한 사업주 및 피공제자에 대한 기록의 관리·유지
2. 공제부금의 수납과 퇴직공제금의 지급
3. 제16조의2에 따른 신고포상금의 지급
4. 피공제자에 대한 자금의 대부
5. 적립된 공제부금의 증식을 위한 사업
6. 건설근로자에 대한 복지시설의 설치·운영 등 복지증진 사업
6의2. 건설근로자의 고용안정, 직업능력의 개발·향상, 취업지원을 위한 사업(2011.7.25 본호신설)
7. 제1호부터 제6호까지 및 제6호의2의 사업 외에 정부로부터 위탁받은 사업(2011.7.25 본호개정)
8. 제1호부터 제7호까지의 사업에 딸린 사업
② 공제회는 제1항의 사업을 수행하기 위하여 필요한 범위에서 수익사업을 할 수 있다.(2011.7.25 본항신설)

③ 제1항 각 호의 사업 수행에 드는 비용은 다음 각 호의 재원으로 충당한다. 다만, 제1호의 공제부금 중 퇴직공제금은 피공제자의 퇴직공제금 지급 사업의 용도로만 사용하여야 한다.
1. 제13조제2항에 따른 공제부금
2. 정부 외의 자의 출연금·보조금
3. 제2항의 수익사업에 따른 수익금
4. 2006년 1월 1일 전에 발행하였던 건설근로자퇴직공제증지(建設勤勞者退職共濟證紙) 중 회수되지 아니한 퇴직공제증지에 대한 판매대금의 운용수익금
5. 그 밖의 수익금
(2019.11.26 본항신설)
④ 공제회는 제1항제6호의2의 사업을 직접 수행하거나 필요한 경우 관련 기관에 의뢰하여 수행할 수 있다. 이 경우 공제회 또는 의뢰를 받는 기관이 해당 사업을 실시하기 위하여는 「국민 평생 직업능력 개발법」, 「직업안정법」 등 그 사업실시와 관련된 법령에서 정한 요건을 갖추어야 한다.(2021.8.17 후단개정)
제9조의3 【경력증명서의 발급】 ① 공제회는 건설근로자가 경력증명서의 발급을 신청하는 경우에는 근로자의 근로이력을 확인하여 경력증명서를 발급할 수 있다.
② 공제회는 제1항에 따른 경력증명서의 발급을 위하여 대통령령으로 정하는 관련 기관에 대하여 관련 자료의 조회를 요구할 수 있다.
③ 제1항에 따른 경력증명서의 발급절차 등 필요한 사항은 고용노동부령으로 정한다.
(2011.7.25 본조신설)
제9조의4 【이사회】 ① 공제회는 다음 각 호의 사항을 심의·의결하기 위하여 이사회를 둔다.
1. 사업계획, 예산, 결산에 관한 사항
2. 정관의 변경에 관한 사항
3. 임원의 선임 및 해임에 관한 사항
4. 임원 및 직원의 보수에 관한 사항
5. 직제, 회계, 보수 등 중요 규정의 제정 또는 개정에 관한 사항
6. 이사장의 경영목표와 성과급 등에 관한 사항
7. 공제회 경영공시에 관한 사항
8. 그 밖에 이사회가 필요하다고 인정한 사항
② 이사장은 다음 각 호의 사항을 이사회에 보고하여야 한다.
1. 공제부금의 구체적인 운영실적
2. 자체 감사 및 외부감사 결과
3. 그 밖에 이사회가 이사장에게 보고하도록 요구하는 사항
③ 이사회는 다음 각 호에 해당하는 이사 중에서 20명 이내로 구성한다.
1. 공제회 이사장
2. 고용노동부 및 국토교통부의 고위공무원단에 속하는 관련 공무원(2013.3.23 본호개정)
3. 건설업 관련 공제조합 및 사업주단체의 장과 이들이 추천하는 전문가
4. 고용노동부장관과 국토교통부장관이 추천하는 전문가(2013.3.23 본호개정)
5. 전국적 규모의 노동단체가 추천하는 전문가
6. 그 밖에 대통령령으로 정하는 전문가
④ 이사회의 의장은 이사 중에서 호선한다.
⑤ 이사회의 구성, 이사의 자격, 그 밖에 이사회의 운영에 관한 세부적인 사항은 대통령령으로 정한다.
(2011.7.25 본조신설)
제9조의5 【사업계획과 예산·결산】 ① 공제회는 매 사업연도 개시일 전까지 사업계획서와 예산서를 작성하여 이사회의 의결을 거쳐 고용노동부장관에게 제출하고 승인을 받아야 한다.
② 공제회는 매 회계연도 종료 후 2개월 이내에 공인회계사의 감사를 받은 결산보고서를 작성하여 이사회의 의결을 거쳐 고용노동부장관에게 제출하고 그 승인을 받아 결산을 확정한다.
③ 공제회의 모든 회계는 경영성과와 수지상태를 파악할 수 있도록 발생의 사실에 의하여 기업 회계의 원칙에 따라 처리한다.
(2011.7.25 본조신설)
제10조 【퇴직공제의 가입】 ① 「건설산업기본법」 제87조제1항에 따른 건설공사와 대통령령으로 정하는 건설공사를 하는 사업주(사업이 여러 차례의 도급에 의하여 수행되는 경우에는 원수급인을 말한다)는 그 건설공사의 사업시작일부터 당연히 퇴직공제의 가입자가 된다. 이 경우 원수급인이 서면계약으로 하수급인에게 공제부금의 납부를 인수(引受)하게 하는 경우로서 원수급인의 신청에 따라 공제회의 승인을 받은 경우에는 그 하수급인을 사업주로 본다.
② 제1항에 따라 퇴직공제의 가입자가 된 사업주 외의 사업주로서 대통령령으로 정하는 요건을 갖춘 사업주는 공제회의 승인을 받아 퇴직공제에 가입할 수 있다. 이 경우 공제회가 가입을 승인한 날부터 가입의 효력이 발생한다.
③ (2007.7.27 삭제)
④ 제1항과 제2항에 따른 퇴직공제의 가입방법 및 가입절차 등에 관하여 필요한 사항은 고용노동부령으로 정한다.
(2010.6.4 본항개정)
⑤ 퇴직공제는 사업주가 건설업을 폐지한 날의 다음 날이나 그 사업주가 행하는 건설공사 완공일의 다음 날에 관계가 소멸한다.
제10조의2 (2007.7.27 삭제)
제10조의3 【소요 비용의 원가계산】 ① 제10조제1항에 따라 퇴직공제에 가입하여야 하는 건설공사의 도급계약 당사자는 그 건설공사의 물량명세서 및 도급금액 산출명세서에 퇴직공제에 가입하는 데에 드는 금액을 밝혀야 한다. 다만, 발주자가 직접 시공하는 건설공사의 경우에는 공사원가 계산서에 퇴직공제에 가입하는 데에 드는 금액을 밝혀야 한다.
② 제10조제1항 후단에 따라 하수급인이 퇴직공제에 가입한 경우에 원수급인은 그 하도급 부분에 해당하는 건설공사의 하도급금액 산출명세서에 퇴직공제에 가입하는 데에 드는 금액을 밝혀야 한다.
제10조의4 【퇴직공제 관계의 신고】 ① 제10조제1항에 따라 당연히 퇴직공제의 가입자가 된 사업주는 그 건설공사의 사업시작일부터 14일 이내에 공제회에 퇴직공제 관계의 성립을 신고하여야 한다.
② 제1항의 사업주는 그가 운영하는 사업의 전부를 대상으로 하거나 사업장별로 구분하여 신고할 수 있다.
제11조 【피공제자의 범위】 퇴직공제에 가입된 사업 또는 사업장에 근무하는 건설근로자는 다음 각 호의 어느 하나에 해당하는 자를 제외하고는 그 퇴직공제의 피공제자가 된다.
1. 근로시간이 고용노동부령으로 정하는 기준 미만인 자(2010.6.4 본호개정)
2. 고용형태, 고용기간 및 직종 등을 고려하여 대통령령으로 정하는 자
제12조 (2011.7.25 삭제)
제13조 【피공제자의 근로일수 신고 및 공제부금의 납부】 ① 퇴직공제에 가입한 사업주는 고용노동부령으로 정하는 바에 따라 피공제자의 근로일수(勤勞日數)를 매월 공제회에 신고하고, 이에 상응하는 공제부금을 공제회에 내야 한다.(2019.11.26 본항개정)
② 공제부금은 피공제자에게 지급할 퇴직공제금과 공제회의 사업 및 운영 등에 필요한 비용인 부가금으로 한다.
(2011.7.25 본항신설)
③ 피공제자는 사업주가 제1항에 따라 근로일수를 신고하지 아니하거나 잘못 신고하면 고용노동부령으로 정하는 바에 따라 공제회에 직접 신고할 수 있다. 이 경우 신고를 받은 공제회는 사실관계를 확인한 후 그 결과를 신고인과 사업주에게 알려야 한다.(2019.11.26 본항신설)
④ 대통령령으로 정하는 일정 규모 이상 사업장의 사업주로서 퇴직공제에 가입한 사업주는 피공제자의 근로일수를 신고하기 위하여 피공제자에게 전자카드를 발급하고, 피공제자는 이를 사용하여야 한다.(2019.11.26 본항신설)
⑤ 제1항에 따른 공제부금의 산액과 납부, 제4항에 따른 전자카드 발급 및 사용 등에 필요한 사항은 대통령령으로 정한다.(2019.11.26 본항개정)
(2019.11.26 본조제목개정)
제13조의2 【공제부금의 납부 특례】 ① 제13조제1항에도 불구하고 다음 각 호의 어느 하나에 해당하는 경우에는 퇴직공제에 가입한 사업주에게 건설공사를 도급한 도급인이 사업주를 대신하여 피공제자의 공제부금을 공제회에 내야 한다. 이 경우 공제회는 해당 도급인에게 공제부금 납부 의무가 발생한 사실을 알려야 한다.
1. 도급인이 공제부금을 직접 공제회에 내기로 사업주와 서면으로 명확히 합의하고 공제회에 고용노동부령으로 정하는 바에 따라 그 사실을 통보한 경우
2. 사업주가 파산 등 대통령령으로 정하는 사유로 공제부금을 내지 못하게 된 경우. 이 경우 도급인이 공제회에 내야하는 금액은 제10조의3에 따라 건설공사의 물량명세서 및 도급금액 산출명세서에서 밝힌 퇴직공제에 가입하는 데에 드는 금액 중 도급인이 사업주에게 지급하지 아니한 금액으로 한정한다.
3. 도급인이 정당한 사유 없이 제10조의3에 따라 건설공사의 물량명세서 및 도급금액 산출명세서에서 밝힌 퇴직공제에 가입하는 데에 드는 금액을 사업주에게 지급하지 아니한 경우로서 사업주가 공제회에 고용노동부령으로 정하는 바에 따라 그 사실을 통보한 경우
② 제1항에 따른 도급인의 공제부금의 납부에 필요한 사항은 대통령령으로 정한다.
(2019.11.26 본조신설)
제14조 【퇴직공제금의 지급】 ① 공제회는 다음 각 호의 사유가 발생한 경우에는 공제부금의 납부 월수(月數)를 고려하여 대통령령으로 정하는 기준에 따라 피공제자나 그 유족에게 퇴직공제금을 지급하여야 한다.(2019.11.26 본문개정)
1. 공제부금의 납부 월수가 12개월 이상인 피공제자가 건설업에서 퇴직하거나 60세에 이른 경우
2. 공제부금의 납부 월수가 12개월 미만인 피공제자가 65세에 이른 경우
3. 피공제자가 사망한 경우
(2019.11.26 1호~3호신설)
② 제1항에 따라 퇴직공제금을 지급받을 유족의 범위는 근로자가 사망할 당시의 다음 각 호의 자로 하되, 각 호의 순서에 따라 최우선 순위자에게 지급한다. 이 경우 같은 순위의 유족이 2명 이상이면 그 유족에게 똑같이 나누어 지급한다.
1. 배우자(사실상의 혼인관계에 있는 자를 포함한다)
2. 자녀
3. 부모
4. 손자녀
5. 조부모
6. 형제자매
(2019.11.26 본항개정)
③ 제2항에서 규정한 사항 이외에 퇴직공제금을 지급받을 유족의 범위와 그 순위에 대하여는 「산업재해보상보험법」 제63조제2항, 제65조제2항 및 제4항을 준용한다.
(2019.11.26 본항신설)
④ 제1항에 따른 공제부금의 납부 월수는 퇴직공제에 가입한 사업주에게 고용되어 근로한 일수(日數)를 기준으로 하여 계산한다. 다만, 피공제자가 둘 이상의 퇴직공제에 가입한 사업주에게 고용되어 근로한 경우에는 각각의 근로일수를 합산한 일수를 기준으로 하여 납부 월수를 계산한다.
⑤ 제1항부터 제4항까지의 규정에 따른 납부 월수의 계산방법과 퇴직공제금의 지급 방법·절차 등에 관하여 필요한 사항은 고용노동부령으로 정한다.(2019.11.26 본항개정)
제15조 【퇴직의 증명 등】 ① 퇴직공제금을 지급받으려는 자는 퇴직사실을 증명하는 서류와 그 밖에 고용노동부령으로 정하는 서류를 공제회에 제출하여야 한다.
(2010.6.4 본항개정)
② 사업주는 피공제자가 퇴직공제금을 지급받기 위하여 필요한 증명을 요구하면 그 요구에 따라야 한다.
제16조 【반환요구 등】 ① 공제회는 거짓이나 그 밖의 부정한 방법으로 퇴직공제금을 지급받은 자에 대하여는 그 지급받은 퇴직공제금의 두 배에 해당하는 금액을 반환하도록 요구할 수 있다. 다만, 자진하여 거짓이나 그 밖의 부정한 방법으로 퇴직공제금을 지급받은 사실을 신고하는 경우에는 그 지급받은 퇴직공제금만을 반환하도록 한다.
② 사업주의 거짓 보고나 거짓 증명으로 제1항에 따른 퇴직공제금을 지급받은 경우에는 그 사업주도 그 퇴직공제금을 지급받은 자와 연대(連帶)하여 책임을 진다.
③ 공제회는 제1항에 따른 반환 요구에도 불구하고 퇴직공제금을 내지 아니하면 기한을 정하여 그 납부의무자에게 납부를 독촉하여야 하며 납부 독촉을 받은 자가 그 기한 내에 내지 아니한 때에는 고용노동부장관의 승인을 받아 국세 체납처분의 예에 따라 징수할 수 있다.
(2010.6.4 본항개정)
제16조의2 【신고포상금의 지급】 공제회는 다음 각 호의 어느 하나에 해당하는 자를 신고하는 자에게는 고용노동부령으로 정하는 바에 따라 포상금을 지급할 수 있다.
(2010.6.4 본문개정)
1. 거짓이나 그 밖의 부정한 방법으로 퇴직공제금을 지급받은 자
2. 거짓 보고나 거짓 증명으로 퇴직공제금을 지급받게 한 자
제17조 (2002.12.30 삭제)
제18조 【퇴직공제의 탈퇴】 제10조제2항에 따라 퇴직공제에 가입한 사업주는 다음 각 호의 어느 하나에 해당하는 경우에는 퇴직공제에서 탈퇴할 수 있다.
1. 피공제자의 4분의 3 이상의 동의를 받은 경우
2. 공제부금을 계속 내는 것이 곤란한 경우로서 고용노동부령으로 정하는 사유에 해당하는 경우(2010.6.4 본호개정)
제19조 【근로자에 대한 고지】 ① 퇴직공제에 가입한 사업주는 고용노동부령으로 정하는 바에 따라 건설근로자가 보기 쉬운 장소에 퇴직공제의 내용을 게시하여야 한다.
(2010.6.4 본항개정)
② 제18조에 따라 퇴직공제에서 탈퇴한 사업주는 지체 없이 그 탈퇴 사실을 건설근로자가 보기 쉬운 장소에 게시하는 등의 방법으로 피공제자의 자격이 상실된 사실을 알려야 한다.
③ 공제회는 건설근로자의 퇴직공제 가입사실 및 개인별 적립금액 등을 고용노동부령으로 정하는 바에 따라 피공제자에게 알려야 한다.(2011.7.25 본항신설)
(2011.7.25 본조제목개정)
제19조의2 【피공제자 사망 시 퇴직공제금의 고지】 공제회는 피공제자가 사망한 경우에는 그 유족에게 퇴직공제금의 지급신청 절차와 방법 등을 고용노동부령으로 정하는 바에 따라 고지하여야 한다.(2019.11.26 본조신설)
제20조 【수급권의 보호】 ① 퇴직공제금을 지급받을 권리는 양도 또는 압류하거나 담보로 제공할 수 없다. 다만, 공제회로부터 자금을 대부받는 경우에는 이를 담보로 제공할 수 있다.(2011.7.25 본문개정)
② 퇴직공제금의 수령은 대통령령으로 정하는 바에 따라 위임할 수 있다.
③ 미성년자인 피공제자는 독자적으로 퇴직공제금을 청구할 수 있다.

제21조【시효】① 퇴직공제금을 지급받을 권리와 반환금을 징수할 권리는 5년간 행사하지 아니하면 시효(時效)로 소멸한다.(2019.11.26 본항개정)
② 제1항의 소멸시효에 관하여는 이 법에 규정된 것 외에는 「민법」에 따른다.

제4장 보 칙
(2007.12.27 본장개정)

제22조【우대】정부는 퇴직공제에 가입한 사업주에 대하여 건설 관계 법령으로 정하는 바에 따라 시공능력의 평가나 그 밖에 건설시책의 시행에서 우대할 수 있다.
제22조의2【준비금의 적립】공제회는 결산기마다 장래에 지급할 퇴직공제금에 충당하기 위하여 준비금을 계상(計上)하고, 별도로 회계처리하여야 한다.
제23조【지도감독 등】① 고용노동부장관은 필요하다고 인정하면 발주자, 사업주 및 공제회에 대하여 대통령령으로 정하는 바에 따라 이 법의 시행에 필요한 보고, 자료의 제출, 그 밖에 필요한 지시를 할 수 있다.
(2019.11.26 본항개정)
② 공제회는 피공제자를 고용하고 있거나 고용하였던 사업주 및 피공제자에게 공제사업에 관하여 필요한 보고나 관계 서류의 제출을 요구할 수 있다.
③ 고용노동부장관은 공제회의 운영이 다음 각 호의 어느 하나에 해당하는 때에는 기간을 정하여 운영 및 업무의 시정명령, 그 밖에 필요한 조치를 명할 수 있다.
1. 회계 또는 업무집행이 법령, 정관, 그 밖의 공제회 규정을 위반한 때
2. 공제회의 운영이 현저하게 부당한 때
3. 정당한 이유 없이 공제사업의 전부 또는 일부를 중단한 때
(2011.7.25 본항신설)
제23조의2【관계기관에 대한 협조요청】① 공제회는 제14조에 따른 퇴직공제금의 지급, 제19조제3항 및 제19조의2에 따른 고지 등 이 법에 따른 업무를 수행하기 위하여 다음 각 호의 어느 하나에 해당하는 자료의 제공 또는 관계 전산망의 이용(이하 "자료제공등"이라 한다)을 해당 각 호의 자에게 각각 요청할 수 있다. 이 경우 자료제공등을 요청받은 자는 정당한 사유가 없으면 그 요청에 따라야 한다.
1. 행정안전부장관에게 피공제자와 그 유족의 「주민등록법」에 따른 주민등록전산정보자료 및 주민등록자료
2. 법원행정처장 및 지방자치단체의 장에게 피공제자와 그 유족의 「가족관계의 등록 등에 관한 법률」에 따른 가족관계등록전산정보자료, 가족관계증명서 및 기본증명서
3. 법무부장관에게 피공제자의 「출입국관리법」에 따른 출입국관리기록 및 외국인등록 관련자료
② 제1항에 따른 자료제공등을 요청할 때에는 다음 각 호의 사항을 적은 문서로 요청하여야 한다.
1. 피공제자와 그 유족의 인적사항
2. 사용목적
3. 제공요청 목록
③ 제1항에 따른 자료를 활용하여 업무를 수행하거나 수행했던 사람은 제1항에 따라 제공받은 자료나 업무를 수행하면서 취득한 정보를 이 법에서 정한 목적 외의 용도로 사용하거나 다른 사람 또는 기관에 제공하거나 누설해서는 아니 된다.
④ 제1항에 따라 공제회에 제공되는 자료에 대하여는 수수료 및 사용료 등을 면제한다.
(2019.11.26 본조신설)

제5장 벌 칙
(2007.12.27 본장개정)

제24조【벌칙】① 제23조의2제3항을 위반하여 자료 또는 정보를 사용·제공 또는 누설한 사람은 5년 이하의 징역 또는 5천만원 이하의 벌금에 처한다.
② 거짓이나 그 밖의 부정한 방법으로 퇴직공제금을 지급받은 자와 거짓 보고나 거짓 증명으로 퇴직공제금을 지급받게 한 자는 1년 이하의 징역 또는 1천만원 이하의 벌금에 처한다.(2019.11.26 본항신설)
(2019.11.26 본조개정)
제25조【양벌규정】법인·단체의 대표자나 법인·단체 또는 개인의 대리인, 사용인, 그 밖의 종업원이 그 법인·단체 또는 개인의 업무에 관하여 제24조의 위반행위를 하면 그 행위자를 벌하는 외에 그 법인·단체 또는 개인에게도 해당 조문의 벌금형을 과(科)한다. 다만, 법인·단체 또는 개인이 그 위반행위를 방지하기 위하여 해당 업무에 관하여 상당한 주의와 감독을 게을리하지 아니한 경우에는 그러하지 아니하다.(2008.12.26 본조개정)
제26조【과태료】① 다음 각 호의 어느 하나에 해당하는 자에게는 500만원 이하의 과태료를 부과한다.
(2019.11.26 본문개정)
1. 제7조의2에 따라 화장실·식당·탈의실 등의 시설을 설치하거나 이용할 수 있도록 조치하여야 하는 사업주로서 그 설치 또는 이용조치를 하지 아니한 자
2. 제10조의4제1항에 따른 퇴직공제 관계 성립의 신고를 하지 아니한 자
(2019.11.26 1호~2호신설)
② 다음 각 호의 어느 하나에 해당하는 자에게는 300만원 이하의 과태료를 부과한다.
1. 제7조의3제1항을 위반하여 임금비용을 다른 공사비와 구분하여 매월 지급하지 아니한 자
2. 제7조의3제2항을 위반하여 임금의 내역을 확인하지 아니한 자
3. 제7조의3제3항을 위반하여 임금을 지급하지 아니한 경우 그 사실을 통보하지 아니한 자
4. 제10조의3제1항을 위반하여 건설공사의 물량명세서 및 도급금액 산출명세서 또는 공사원가 계산서에 퇴직공제에 가입하는 데에 드는 금액을 밝히지 아니한 자
5. 제10조의3제2항을 위반하여 하도급 부분에 해당하는 건설공사의 하도급금액 산출명세서에 퇴직공제에 가입하는 데에 드는 금액을 밝히지 아니한 자
6. 제13조제1항을 위반하여 피공제자의 근로일수를 매월 신고하지 아니한 자
7. 제13조제1항을 위반하여 공제부금을 내지 아니한 자(제13조의2에 따라 도급인이 공제부금을 직접 내야 하는 경우는 제외한다)
8. 제13조제4항을 위반하여 피공제자에게 전자카드를 발급하지 아니한 자
9. 제13조의2를 위반하여 공제회로부터 공제부금 납부 의무 발생 사실을 통보받고도 공제부금을 내지 아니한 자
(2019.11.26 본항개정)
③ 다음 각 호의 어느 하나에 해당하는 자에게는 100만원 이하의 과태료를 부과한다.
1. 제5조제1항에 따른 고용관리 책임자 관련 신고를 하지 아니한 자(2011.7.25 본호개정)
2.~3. (2011.7.25 삭제)
4. (2019.11.26 삭제)
5. 제15조제2항에 따른 증명 요구에 따르지 아니한 자
6. 제23조제1항에 따른 보고를 하지 아니하거나 거짓 보고를 한 자, 자료를 제출하지 아니하거나 거짓 자료를 제출한 자와 같은 조 제3항에 따른 시정명령, 그 밖에 필요한 조치에 따르지 아니한 자(2011.7.25 본호개정)
④ 제1항부터 제3항까지의 규정에 따른 과태료는 대통령령으로 정하는 바에 따라 고용노동부장관이 부과·징수한다.(2010.6.4 본항개정)
⑤~⑦ (2011.7.25 삭제)

부 칙 (2019.11.26)

제1조【시행일】이 법은 공포 후 6개월이 경과한 날부터 시행한다. 다만, 제13조제4항·제5항 및 제26조제2항제8호의 개정규정은 공포 후 1년이 경과한 날부터 시행하고, 제7조의4 및 제7조의5의 개정규정은 공포 후 1년 6개월이 경과한 날부터 시행한다.
제2조【기본계획 수립에 관한 적용례】제3조제2항제8호의 개정규정은 이 법 시행 이후 기본계획을 수립하는 경우부터 적용한다.
제3조【임금의 구분지급 및 확인에 관한 적용례】제7조의3의 개정규정은 이 법 시행 이후 발주자가 입찰에 관한 사항을 공고(입찰에 관한 사항을 공고하지 아니하는 경우에는 도급계약을 체결하는 때를 말한다)하는 건설공사부터 적용한다.
제4조【공제부금의 납부 특례에 관한 적용례】제13조의2의 개정규정은 이 법 시행 이후 발주자가 입찰에 관한 사항을 공고(입찰에 관한 사항을 공고하지 아니하는 경우에는 도급계약을 체결하는 때를 말한다)하는 건설공사에 따른 공제부금부터 적용한다.
제5조【퇴직공제금의 지급 등에 관한 적용례】① 제14조제1항제2호 및 제3호의 개정규정은 퇴직공제부금의 납부 월수가 12개월 미만인 피공제자가 이 법 시행 전에 65세에 이르렀거나 사망한 경우에 대해서도 적용한다.
② 제1항에 따라 퇴직공제금의 지급 대상이 되는 사람의 퇴직공제금을 지급받을 권리에 대한 제21조제1항의 개정규정에 따른 시효는 이 법 시행일부터 진행한다.
제6조【퇴직공제금 수급권의 소멸시효에 관한 적용례】제21조제1항의 개정규정의 퇴직공제금을 지급받을 권리는 이 법 시행 당시 퇴직공제금을 지급받을 권리가 발생한 날부터 5년이 경과하지 아니한 경우에 대해서도 적용한다.
제7조【퇴직공제금을 지급받는 유족의 범위에 관한 경과조치】이 법 시행 전에 종전의 규정에 따라 퇴직공제금 청구권이 발생한 경우에는 제14조제2항의 개정규정에도 불구하고 종전의 규정에 따른다.

부 칙 (2021.8.17)

제1조【시행일】이 법은 공포 후 6개월이 경과한 날부터 시행한다.(이하 생략)

외국인근로자의 고용 등에 관한 법률(약칭 : 외국인고용법)

(2003년 8월 16일
법 률 제6967호)

개정
2004.12.31법 7327호　2005. 5.31법 7567호
2005.12.30법 7829호　2007. 1. 3법 8218호
2008. 2.29법 8852호(정부조직)
2009.10. 9법 9795호(직업안정법)
2009.10. 9법 9798호
2010. 6. 4법10339호(정부조직)
2012. 2. 1법11276호
2013. 3.23법11690호(정부조직)
2014. 1.28법12371호　2016. 1.27법13908호
2017. 7.26법14839호(정부조직)
2019. 1.15법16274호
2020. 5.26법17326호(법률용어정비)
2021. 4.13법18041호　2022. 6.10법18929호

제1장 총 칙
(2009.10.9 본장개정)

제1조【목적】이 법은 외국인근로자를 체계적으로 도입·관리함으로써 원활한 인력수급 및 국민경제의 균형 있는 발전을 도모함을 목적으로 한다.
제2조【외국인근로자의 정의】이 법에서 "외국인근로자"란 대한민국의 국적을 가지지 아니한 사람으로서 국내에 소재하고 있는 사업 또는 사업장에서 임금을 목적으로 근로를 제공하고 있거나 제공하려는 사람을 말한다. 다만, 「출입국관리법」 제18조제1항에 따라 취업활동을 할 수 있는 체류자격을 받은 외국인 중 취업분야 또는 체류기간 등을 고려하여 대통령령으로 정하는 사람은 제외한다.
제3조【적용 범위 등】① 이 법은 외국인근로자 및 외국인근로자를 고용하고 있거나 고용하려는 사업 또는 사업장에 적용한다. 다만, 「선원법」의 적용을 받는 선박에 승무(乘務)하는 선원 중 대한민국 국적을 가지지 아니한 선원 및 그 선원을 고용하고 있거나 고용하려는 선박의 소유자에 대하여는 적용하지 아니한다.
② 외국인근로자의 입국·체류 및 출국 등에 관하여 이 법에서 규정하지 아니한 사항은 「출입국관리법」에서 정하는 바에 따른다.
제4조【외국인력정책위원회】① 외국인근로자의 고용관리 및 보호에 관한 주요 사항을 심의·의결하기 위하여 국무총리 소속으로 외국인력정책위원회(이하 "정책위원회"라 한다)를 둔다.
② 정책위원회는 다음 각 호의 사항을 심의·의결한다.
1. 외국인근로자 관련 기본계획의 수립에 관한 사항
2. 외국인근로자 도입 업종 및 규모 등에 관한 사항
3. 외국인근로자를 송출할 수 있는 국가(이하 "송출국가"라 한다)의 지정 및 지정취소에 관한 사항
4. 제18조의2제2항에 따른 외국인근로자의 취업활동 기간 연장에 관한 사항(2021.4.13 본호신설)
5. 그 밖에 대통령령으로 정하는 사항
③ 정책위원회는 위원장 1명을 포함한 20명 이내의 위원으로 구성한다.
④ 정책위원회의 위원장은 국무조정실장이 되고, 위원은 기획재정부·외교부·법무부·산업통상자원부·고용노동부·중소벤처기업부의 차관 및 대통령령으로 정하는 관계 중앙행정기관의 차관이 된다.(2017.7.26 본항개정)
⑤ 외국인근로자 고용제도의 운영 및 외국인근로자의 권익보호 등에 관한 사항을 사전에 심의하게 하기 위하여 정책위원회에 외국인력정책실무위원회(이하 "실무위원회"라 한다)를 둔다.
⑥ 정책위원회와 실무위원회의 구성·기능 및 운영 등에 필요한 사항은 대통령령으로 정한다.
제5조【외국인근로자 도입계획의 공표 등】① 고용노동부장관은 제4조제2항 각 호의 사항이 포함된 외국인근로자 도입계획을 정책위원회의 심의·의결을 거쳐 수립하여 매년 3월 31일까지 대통령령으로 정하는 방법으로 공표하여야 한다.
② 고용노동부장관은 제1항에도 불구하고 국내의 실업증가 등 고용사정의 급격한 변동으로 인하여 제1항에 따른 외국인근로자 도입계획을 변경할 필요가 있을 때에는 정책위원회의 심의·의결을 거쳐 변경할 수 있다. 이 경우 공표의 방법에 관하여는 제1항을 준용한다.
③ 고용노동부장관은 필요한 경우 외국인근로자 관련 업무를 지원하기 위하여 조사·연구사업을 할 수 있으며, 이에 관하여 필요한 사항은 대통령령으로 정한다.
(2010.6.4 본조개정)

제2장 외국인근로자 고용절차
(2009.10.9 본장개정)

제6조【내국인 구인 노력】① 외국인근로자를 고용하려는 자는 「직업안정법」 제2조의2제1호에 따른 직업안정기관(이하 "직업안정기관"이라 한다)에 우선 내국인 구인 신청을 하여야 한다.
② 직업안정기관의 장은 제1항에 따른 내국인 구인 신청

을 받은 경우에는 사용자가 적절한 구인 조건을 제시할 수 있도록 상담·지원하여야 하며, 구인 조건을 갖춘 내국인이 우선적으로 채용될 수 있도록 직업소개를 적극적으로 하여야 한다.

제7조【외국인구직자 명부의 작성】 ① 고용노동부장관은 제4조제2항제3호에 따라 지정된 송출국가의 노동행정을 관장하는 정부기관의 장과 협의하여 대통령령으로 정하는 바에 따라 외국인구직자 명부를 작성하여야 한다. 다만, 송출국가에 노동행정을 관장하는 독립된 정부기관이 없을 경우 가장 가까운 기능을 가진 부서를 정하여 정책위원회의 심의를 받아 그 부서의 장과 협의한다.
(2010.6.4 본문개정)

② 고용노동부장관은 제1항에 따른 외국인구직자 명부를 작성할 때에는 외국인구직자 선발기준 등으로 활용할 수 있도록 한국어 구사능력을 평가하는 시험(이하 "한국어능력시험"이라 한다)을 실시하여야 하며, 한국어능력시험의 실시기관 선정 및 선정취소, 평가의 방법, 그 밖에 필요한 사항은 대통령령으로 정한다.(2010.6.4 본항개정)

③ 한국어능력시험의 실시기관은 시험에 응시하려는 사람으로부터 대통령령으로 정하는 바에 따라 수수료를 징수하여 사용할 수 있다. 이 경우 수수료는 외국인근로자 선발 등을 위한 비용으로 사용하여야 한다.(2020.5.26 전단개정)

④ 고용노동부장관은 제1항에 따른 외국인구직자 선발기준 등으로 활용하기 위하여 필요한 경우 기능 수준 등 인력 수요에 부합되는 자격요건을 평가할 수 있다.
(2010.6.4 본항개정)

⑤ 제4항에 따른 자격요건 평가기관은 「한국산업인력공단법」에 따른 한국산업인력공단(이하 "한국산업인력공단"이라 한다)으로 하며, 자격요건 평가의 방법 등 필요한 사항은 대통령령으로 정한다.(2014.1.28 본항개정)

제8조【외국인근로자 고용허가】 ① 제6조제1항에 따라 내국인 구인 신청을 한 사용자는 같은 조 제2항에 따른 직업소개를 받고도 인력을 채용하지 못한 경우에는 고용노동부령으로 정하는 바에 따라 직업안정기관의 장에게 외국인근로자 고용허가를 신청하여야 한다.(2010.6.4 본항개정)

② 제1항에 따른 고용허가 신청의 유효기간은 3개월로 하되, 일시적인 경영악화 등으로 신규 근로자를 채용할 수 없는 경우 등에는 대통령령으로 정하는 바에 따라 1회에 한정하여 고용허가 신청의 효력을 연장할 수 있다.

③ 직업안정기관의 장은 제1항에 따른 신청을 받으면 외국인근로자 도입 업종 및 규모 등 대통령령으로 정하는 요건을 갖춘 사용자에게 제7조제1항에 따른 외국인구직자 명부에 등록된 사람 중에서 적격자를 추천하여야 한다.

④ 직업안정기관의 장은 제3항에 따라 추천된 적격자를 선정한 사용자에게는 지체 없이 고용허가를 하고, 선정된 외국인근로자의 성명 등을 적은 외국인근로자 고용허가서를 발급하여야 한다.

⑤ 제4항에 따른 외국인근로자 고용허가서의 발급 및 관리 등에 필요한 사항은 대통령령으로 정한다.

⑥ 직업안정기관이 아닌 자는 외국인근로자의 선발, 알선, 그 밖의 채용에 개입하여서는 아니 된다.

제9조【근로계약】 ① 사용자가 제8조제4항에 따라 선정한 외국인근로자를 고용하려면 고용노동부령으로 정하는 표준근로계약서를 사용하여 근로계약을 체결하여야 한다.(2010.6.4 본항개정)

② 사용자는 제1항에 따른 근로계약을 체결하려는 경우 이를 한국산업인력공단에 대행하게 할 수 있다.
(2014.1.28 본항개정)

③ 제8조에 따라 고용허가를 받은 사용자와 외국인근로자는 제18조에 따른 기간 내에서 당사자 간의 합의에 따라 근로계약을 체결하거나 갱신할 수 있다.(2012.2.1 본항개정)

④ 제18조의2에 따라 취업활동 기간이 연장되는 외국인근로자와 사용자는 연장된 취업활동 기간의 범위에서 근로계약을 체결할 수 있다.

⑤ 제1항에 따른 근로계약을 체결하는 절차 및 효력발생 시기 등에 관하여 필요한 사항은 대통령령으로 정한다.

제10조【사증발급인정서】 제9조제1항에 따라 외국인근로자와 근로계약을 체결한 사용자는 「출입국관리법」 제9조제2항에 따라 그 외국인근로자를 대리하여 법무부장관에게 사증발급인정서를 신청할 수 있다.

제11조【외국인 취업교육】 ① 외국인근로자는 입국한 후에 고용노동부령으로 정하는 기간 이내에 한국산업인력공단 또는 제11조의3에 따른 외국인 취업교육기관에서 국내 취업활동에 필요한 사항을 주지(周知)시키기 위하여 실시하는 교육(이하 "외국인 취업교육"이라 한다)을 받아야 한다.(2022.6.10 본항개정)

② 사용자는 외국인근로자가 외국인 취업교육을 받을 수 있도록 하여야 한다.

③ 외국인 취업교육의 시간과 내용, 그 밖에 외국인 취업교육에 필요한 사항은 고용노동부령으로 정한다.
(2010.6.4 본항개정)

제11조의2【사용자 교육】 ① 제8조에 따라 외국인근로자 고용허가를 최초로 받은 사용자는 노동관계법령·인권 등에 관한 교육(이하 "사용자 교육"이라 한다)을 받아야 한다.

② 사용자 교육의 내용, 시간, 그 밖에 사용자 교육에 필요한 사항은 고용노동부령으로 정한다.
(2021.4.13 본조신설)

제11조의3【외국인 취업교육기관의 지정 등】 ① 고용노동부장관은 외국인 취업교육을 전문적·효율적으로 수행하기 위하여 외국인 취업교육기관(이하 "외국인 취업교육기관"이라 한다)을 지정할 수 있다.

② 제1항에 따라 외국인 취업교육기관으로 지정을 받으려는 자는 전문인력·시설 등 대통령령으로 정하는 지정기준을 갖추어 고용노동부장관에게 신청하여야 한다.

③ 제1항 및 제2항에서 규정한 사항 외에 외국인 취업교육기관의 지정절차 등에 필요한 사항은 고용노동부령으로 정한다.
(2022.6.10 본조신설)

제11조의4【외국인 취업교육기관의 지정취소 등】 ① 고용노동부장관은 외국인 취업교육기관이 다음 각 호의 어느 하나에 해당하는 경우에는 고용노동부령으로 정하는 바에 따라 지정취소, 6개월 이내의 업무정지 또는 시정명령을 할 수 있다. 다만, 제1호에 해당하는 경우에는 지정을 취소하여야 한다.

1. 거짓이나 그 밖의 부정한 방법으로 지정을 받은 경우
2. 제11조의3제2항에 따른 지정기준에 적합하지 아니하게 된 경우
3. 정당한 사유 없이 1년 이상 운영을 중단한 경우
4. 임직원이 외국인 취업교육 업무와 관련하여 형사처분을 받는 등 사회적으로 중대한 물의를 일으킨 경우
5. 운영성과의 미흡 등 대통령령으로 정하는 경우에 해당하는 경우
6. 그 밖에 이 법 또는 이 법에 따른 명령을 위반한 경우

② 제1항에 따라 지정이 취소된 외국인 취업교육기관은 지정이 취소된 날부터 1년이 경과하지 아니하면 제11조의3제2항에 따른 외국인 취업교육기관 지정신청을 할 수 없다.

③ 고용노동부장관은 제1항에 따라 외국인 취업교육기관의 지정을 취소하는 경우에는 청문을 실시하여야 한다.
(2022.6.10 본조신설)

제12조【외국인근로자 고용의 특례】 ① 다음 각 호의 어느 하나에 해당하는 사업 또는 사업장의 사용자는 제3항에 따른 특례고용가능확인을 받은 후 대통령령으로 정하는 사증을 발급받고 입국한 외국인으로서 국내에서 취업하려는 사람을 고용할 수 있다. 이 경우 근로계약의 체결에 관하여는 제9조를 준용한다.

1. 건설업으로서 정책위원회가 일용근로자 노동시장의 현황, 내국인근로자 고용기회의 침해 여부 및 사업장 규모 등을 고려하여 정하는 사업 또는 사업장
2. 서비스업, 제조업, 농업, 어업 또는 광업으로서 정책위원회가 산업별 특성을 고려하여 정하는 사업 또는 사업장
(2021.4.13 본호개정)

② 제1항에 따른 외국인으로서 제1항 각 호의 어느 하나에 해당하는 사업 또는 사업장에 취업하려는 사람은 외국인 취업교육을 받은 후에 직업안정기관의 장에게 구직 신청을 하여야 하고, 고용노동부장관은 이에 대하여 외국인구직자 명부를 작성·관리하여야 한다.(2010.6.4 본항개정)

③ 제6조제1항에 따라 내국인 구인 신청을 한 사용자는 같은 조 제2항에 따라 직업안정기관의 장의 직업소개를 받고도 인력을 채용하지 못한 경우에는 고용노동부령으로 정하는 바에 따라 직업안정기관의 장에게 특례고용가능확인을 신청할 수 있다. 이 경우 직업안정기관의 장은 외국인근로자의 도입 업종 및 규모 등 대통령령으로 정하는 요건을 갖춘 사용자에게 특례고용가능확인을 하여야 한다.(2010.6.4 전단개정)

④ 제3항에 따라 특례고용가능확인을 받은 사용자는 제2항에 따른 외국인구직자 명부에 등록된 사람 중에서 채용하여야 하고, 외국인근로자가 근로를 시작하면 고용노동부령으로 정하는 바에 따라 직업안정기관의 장에게 신고하여야 한다.(2010.6.4 본항개정)

⑤ 특례고용가능확인의 유효기간은 3년으로 한다. 다만, 제1항제1호에 해당하는 사업 또는 사업장으로서 공사기간이 3년보다 짧은 경우에는 그 기간으로 한다.

⑥ 직업안정기관의 장이 제3항에 따라 특례고용가능확인을 한 경우에는 대통령령으로 정하는 바에 따라 해당 사용자에게 특례고용가능확인서를 발급하여야 한다.

⑦ 제1항에 따른 외국인근로자에 대하여는 「출입국관리법」 제21조를 적용하지 아니한다.

⑧ 고용노동부장관은 제1항에 따른 외국인이 취업을 희망하는 경우에는 입국 전에 고용정보를 제공할 수 있다.
(2010.6.4 본항개정)

제3장 외국인근로자의 고용관리
(2009.10.9 본장개정)

제13조【출국만기보험·신탁】 ① 외국인근로자를 고용한 사업 또는 사업장의 사용자(이하 "사용자"라 한다)는 외국인근로자의 출국 등에 따른 퇴직금 지급을 위하여 외국인근로자를 피보험자 또는 수익자(이하 "피보험자등"이라 한다)로 하는 보험 또는 신탁(이하 "출국만기보험등"이라 한다)에 가입하여야 한다. 이 경우 보험료 또는 신탁금은 매월 납부하거나 위탁하여야 한다.
(2014.1.28 전단개정)

② 사용자가 출국만기보험등에 가입한 경우 「근로자퇴직급여 보장법」 제8조제1항에 따른 퇴직금제도를 설정한 것으로 본다.

③ 출국만기보험등의 가입대상 사용자, 가입방법·내용·관리 및 지급 등에 필요한 사항은 대통령령으로 정하되, 지급시기는 피보험자등이 출국한 때부터 14일(체류자격의 변경, 사망 등에 따라 신청하거나 출국일 이후에 신청하는 경우에는 신청일로부터 14일) 이내로 한다.
(2014.1.28 본항개정)

④ 출국만기보험등의 지급사유 발생에 따라 피보험자등이 받을 금액(이하 "보험금등"이라 한다)에 대한 청구권은 「상법」 제662조에도 불구하고 지급사유가 발생한 날부터 3년간 이를 행사하지 아니하면 소멸시효가 완성한다. 이 경우 출국만기보험등을 취급하는 금융기관은 소멸시효가 완성한 보험금등을 1개월 이내에 한국산업인력공단에 이전하여야 한다.(2014.1.28 본항신설)

제13조의2【휴면보험금등관리위원회】 ① 제13조제4항에 따라 이전받은 보험금등의 관리·운용에 필요한 사항을 심의·의결하기 위하여 한국산업인력공단에 휴면보험금등관리위원회를 둔다.

② 제13조제4항에 따라 이전받은 보험금등은 우선적으로 피보험자등을 위하여 사용되어야 한다.

③ 휴면보험금등관리위원회의 구성 및 운영, 그 밖에 필요한 사항은 대통령령으로 정한다.
(2014.1.28 본조신설)

제14조【건강보험】 사용자 및 사용자에게 고용된 외국인근로자에게 「국민건강보험법」을 적용하는 경우 사용자는 같은 법 제3조에 따른 사용자로, 사용자에게 고용된 외국인근로자는 같은 법 제6조제1항에 따른 직장가입자로 본다.

제15조【귀국비용보험·신탁】 ① 외국인근로자는 귀국 시 필요한 비용에 충당하기 위하여 보험 또는 신탁에 가입하여야 한다.

② 제1항에 따른 보험 또는 신탁의 가입방법·내용·관리 및 지급 등에 필요한 사항은 대통령령으로 정한다.

③ 제1항에 따른 보험 또는 신탁의 지급사유 발생에 따라 가입자가 받을 금액에 대한 청구권의 소멸시효, 소멸시효가 완성한 금액의 이전 및 관리·운용 등에 관하여는 제13조제4항 및 제13조의2를 준용한다.(2014.1.28 본항신설)

제16조【귀국에 필요한 조치】 사용자는 외국인근로자가 근로관계의 종료, 체류기간의 만료 등으로 귀국하는 경우에는 귀국하기 전에 임금 등 금품관계를 청산하는 등 필요한 조치를 하여야 한다.

제17조【외국인근로자의 고용관리】 ① 사용자는 외국인근로자와의 근로계약을 해지하거나 그 밖에 고용과 관련된 중요 사항을 변경하는 등 대통령령으로 정하는 사유가 발생하였을 때에는 고용노동부령으로 정하는 바에 따라 직업안정기관의 장에게 신고하여야 한다.(2010.6.4 본항개정)

② 사용자가 제1항에 따른 신고를 한 경우 그 신고사실이 「출입국관리법」 제19조제1항 각 호에 따른 신고사유에 해당하는 때에는 같은 항에 따른 신고를 한 것으로 본다.
(2016.1.27 본항신설)

③ 제1항에 따라 신고를 받은 직업안정기관의 장은 그 신고사실이 제2항에 해당하는 때에는 지체 없이 사용자의 소재지를 관할하는 지방출입국·외국인관서의 장에게 통보하여야 한다.(2016.1.27 본항신설)

④ 외국인근로자의 적절한 고용관리 등에 필요한 사항은 대통령령으로 정한다.

제18조【취업활동 기간의 제한】 외국인근로자는 입국한 날부터 3년의 범위에서 취업활동을 할 수 있다.
(2012.2.1 본조개정)

제18조의2【취업활동 기간 제한에 관한 특례】 ① 다음 각 호의 외국인근로자는 제18조에도 불구하고 한 차례만 2년 미만의 범위에서 취업활동 기간을 연장받을 수 있다.
(2020.5.26 본문개정)

1. 제8조제4항에 따른 고용허가를 받은 사용자에게 고용된 외국인근로자로서 제18조에 따른 취업활동 기간 3년이 만료되어 출국하기 전에 사용자가 고용노동부장관에게 재고용 허가를 요청한 근로자
2. 제12조제3항에 따른 특례고용가능확인을 받은 사용자에게 고용된 외국인근로자로서 제18조에 따른 취업활동 기간 3년이 만료되어 출국하기 전에 사용자가 고용노동부장관에게 재고용 허가를 요청한 근로자
(2010.6.4 1호~2호개정)

② 고용노동부장관은 제1항 및 제18조에도 불구하고 감염병 확산, 천재지변 등의 사유로 외국인근로자의 입국과 출국이 어렵다고 인정되는 경우에는 정책위원회의 심의·의결을 거쳐 1년의 범위에서 취업활동 기간을 연장할 수 있다.(2021.4.13 본항신설)

③ 제1항에 따른 사용자의 재고용 허가 요청 절차 및 그 밖에 필요한 사항은 고용노동부령으로 정한다.(2012.2.1 본항개정)

제18조의3【재입국 취업의 제한】 국내에서 취업한 후 출국한 외국인근로자(제12조제1항에 따른 외국인근로자는 제외한다)는 출국한 날부터 6개월이 지나지 아니하면 이 법에 따라 다시 취업할 수 없다.(2012.2.1 본조신설)

제18조의4【재입국 취업 제한의 특례】 ① 고용노동부장관은 제18조의3에도 불구하고 다음 각 호의 요건을 모

두 갖춘 외국인근로자로서 제18조의2에 따라 연장된 취업활동 기간이 끝나 출국하기 전에 사용자가 재입국 후의 고용허가를 신청한 외국인근로자에 대하여 출국한 날부터 1개월이 지나면 이 법에 따라 다시 취업하도록 할 수 있다.(2021.4.13 본문개정)
1. 다음 각 목의 어느 하나에 해당할 것
가. 제18조 및 제18조의2에 따른 취업활동 기간 중에 사업 또는 사업장을 변경하지 아니하였을 것
나. 제25조제1항제1호 또는 제3호에 해당하는 사유로 사업 또는 사업장을 변경하는 경우(재입국 후의 고용허가를 신청하는 사용자와 취업활동 기간 종료일까지의 근로계약 기간이 1년 이상인 경우만 해당한다)로서 동일업종 내 근속기간 등 고용노동부장관이 정하여 고시하는 기준을 충족할 것
다. 제25조제1항제2호에 해당하는 사유로 사업 또는 사업장을 변경하는 경우로서 재입국 후의 고용허가를 신청하는 사용자와 취업활동 기간 종료일까지의 근로계약 기간이 1년 이상일 것
라. 제25조제1항제2호에 해당하는 사유로 사업 또는 사업장을 변경하는 경우로서 재입국 후의 고용허가를 신청하는 사용자와 취업활동 기간 종료일까지의 근로계약 기간이 1년 미만이나 직업안정기관의 장이 제24조의2제1항에 따른 외국인근로자 권익보호협의회의 의견을 들어 재입국 후의 고용허가를 하는 것이 타당하다고 인정하였을 것
(2021.4.13 본호개정)
2. 정책위원회가 도입 업종이나 규모 등을 고려하여 내국인을 고용하기 어렵다고 정하는 사업 또는 사업장에서 근로하고 있을 것
3. 재입국하여 근로를 시작하는 날부터 효력이 발생하는 1년 이상의 근로계약을 해당 사용자와 체결하고 있을 것
② 제1항에 따른 재입국 후의 고용허가 신청과 재입국 취업활동에 대하여는 제6조, 제7조제2항, 제11조를 적용하지 아니한다.
③ 제1항에 따른 재입국 취업은 한 차례만 허용되고, 재입국 취업을 위한 근로계약의 체결에 관하여는 제9조를 준용하며, 재입국한 외국인근로자의 취업활동에 대하여는 제18조, 제18조의2 및 제25조를 준용한다.(2020.5.26 본항개정)
④ 제1항에 따른 사용자의 고용허가 신청 절차 및 그 밖에 필요한 사항은 고용노동부령으로 정한다.
(2012.2.1 본조신설)

제19조【외국인근로자 고용허가 또는 특례고용가능확인의 취소】 ① 직업안정기관의 장은 다음 각 호의 어느 하나에 해당하는 사용자에 대하여 대통령령으로 정하는 바에 따라 제8조제4항에 따른 고용허가나 제12조제3항에 따른 특례고용가능확인을 취소할 수 있다.
1. 거짓이나 그 밖의 부정한 방법으로 고용허가나 특례고용가능확인을 받은 경우
2. 사용자가 입국 전에 계약한 임금 또는 그 밖의 근로조건을 위반하는 경우
3. 사용자의 임금체불 또는 그 밖의 노동관계법 위반 등으로 근로계약을 유지하기 어렵다고 인정되는 경우
② 제1항에 따라 외국인근로자 고용허가나 특례고용가능확인이 취소된 사용자는 취소된 날부터 15일 이내에 그 외국인근로자와의 근로계약을 종료하여야 한다.

제20조【외국인근로자 고용의 제한】 ① 직업안정기관의 장은 다음 각 호의 어느 하나에 해당하는 사용자에 대하여 그 사실이 발생한 날부터 3년간 외국인근로자의 고용을 제한할 수 있다.
1. 제8조제4항에 따른 고용허가 또는 제12조제3항에 따른 특례고용가능확인을 받지 아니하고 외국인근로자를 고용한 자(2014.1.28 본호개정)
2. 제19조제1항에 따라 외국인근로자의 고용허가나 특례고용가능확인이 취소된 자
3. 이 법 또는 「출입국관리법」을 위반하여 처벌을 받은 자
3의2. 외국인근로자의 사망으로 「산업안전보건법」 제167조제1항에 따른 처벌을 받은 자(2022.6.10 본호신설)
4. 그 밖에 대통령령으로 정하는 사유에 해당하는 자
② 고용노동부장관은 제1항에 따라 외국인근로자의 고용을 제한하는 경우에는 그 사용자에게 고용노동부령으로 정하는 바에 따라 알려야 한다.(2010.6.4 본항개정)

제21조【외국인근로자 관련 사업】 고용노동부장관은 외국인근로자의 원활한 국내 취업활동 및 효율적인 고용관리를 위하여 다음 각 호의 사업을 한다.(2010.6.4 본문개정)
1. 외국인근로자의 출입국 지원사업
2. 외국인근로자 및 그 사용자에 대한 교육사업
3. 송출국가의 공공기관 및 외국인근로자 관련 민간단체와의 협력사업
4. 외국인근로자 및 그 사용자에 대한 상담 등 편의 제공 사업
5. 외국인근로자 고용제도 등에 대한 홍보사업
6. 그 밖에 외국인근로자의 고용관리에 관한 사업으로서 대통령령으로 정하는 사업

제4장 외국인근로자의 보호

제22조【차별 금지】 사용자는 외국인근로자라는 이유로 부당하게 차별하여 처우하여서는 아니 된다.
(2009.10.9 본조개정)

제22조의2【기숙사의 제공 등】 ① 사용자가 외국인근로자에게 기숙사를 제공하는 경우에는 「근로기준법」 제100조에서 정하는 기준을 준수하고, 건강과 안전을 지킬 수 있도록 하여야 한다.
② 사용자는 제1항에 따라 기숙사를 제공하는 경우 외국인근로자와 근로계약을 체결할 때에 외국인근로자에게 다음 각 호의 정보를 사전에 제공하여야 한다. 근로계약 체결 후 다음 각 호의 사항을 변경하는 경우에도 또한 같다.
1. 기숙사의 구조와 설비
2. 기숙사의 설치 장소
3. 기숙사의 주거 환경
4. 기숙사의 면적
5. 그 밖에 기숙사 설치 및 운영에 필요한 사항
③ 제2항에 따른 기숙사 정보 제공의 기준 등에 필요한 사항은 대통령령으로 정한다.
(2019.1.15 본조신설)

제23조【보증보험 등의 가입】 ① 사업의 규모 및 산업별 특성 등을 고려하여 대통령령으로 정하는 사업 또는 사업장의 사용자는 임금체불에 대비하여 그가 고용하는 외국인근로자를 위한 보증보험에 가입하여야 한다.
② 산업별 특성 등을 고려하여 대통령령으로 정하는 사업 또는 사업장에서 취업하는 외국인근로자는 질병·사망 등에 대비한 상해보험에 가입하여야 한다.
③ 제1항 및 제2항에 따른 보증보험, 상해보험의 가입방법·내용·관리 및 지급 등에 필요한 사항은 대통령령으로 정한다.
(2009.10.9 본조개정)

제24조【외국인근로자 관련 단체 등에 대한 지원】 ① 국가는 외국인근로자에 대한 상담과 교육, 그 밖에 대통령령으로 정하는 사업을 하는 기관 또는 단체에 대하여 사업에 필요한 비용의 일부를 예산의 범위에서 지원할 수 있다.
② 제1항에 따른 지원요건·기준 및 절차 등에 관하여 필요한 사항은 대통령령으로 정한다.
(2009.10.9 본조개정)

제24조의2【외국인근로자 권익보호협의회】 ① 외국인근로자의 권익보호에 관한 사항을 협의하기 위하여 직업안정기관에 관할 구역의 노동자단체와 사용자단체 등이 참여하는 외국인근로자 권익보호협의회를 둘 수 있다.
② 외국인근로자 권익보호협의회의 구성·운영 등에 필요한 사항은 고용노동부령으로 정한다.(2010.6.4 본항개정)
(2009.10.9 본조신설)

제25조【사업 또는 사업장 변경의 허용】 ① 외국인근로자(제12조제1항에 따른 외국인근로자를 제외한다)는 다음 각 호의 어느 하나에 해당하는 사유가 발생한 경우에는 고용노동부령으로 정하는 바에 따라 직업안정기관의 장에게 다른 사업 또는 사업장으로의 변경을 신청할 수 있다.(2012.2.1 본문개정)
1. 사용자가 정당한 사유로 근로계약기간 중 근로계약을 해지하려고 하거나 근로계약이 만료된 후 갱신을 거절하려는 경우
2. 휴업, 폐업, 제19조제1항에 따른 고용허가의 취소, 제20조제1항에 따른 고용의 제한, 제22조의2를 위반한 기숙사의 제공, 사용자의 근로조건 위반 또는 부당한 처우 등 외국인근로자의 책임이 아닌 사유로 인하여 사회통념상 그 사업 또는 사업장에서 근로를 계속할 수 없게 되었다고 인정하여 고용노동부장관이 고시한 경우
(2019.1.15 본호개정)
3. 그 밖에 대통령령으로 정하는 사유가 발생한 경우
② 사용자가 제1항에 따라 사업 또는 사업장 변경 신청을 한 후 재취업하려는 외국인근로자를 고용할 경우 그 절차 및 방법에 관하여는 제6조·제8조 및 제9조를 준용한다.
③ 제1항에 따른 다른 사업 또는 사업장으로의 변경을 신청한 날부터 3개월 이내에 「출입국관리법」 제21조에 따른 근무처 변경허가를 받지 못하거나 사용자와 근로계약이 종료된 날부터 1개월 이내에 다른 사업 또는 사업장으로의 변경을 신청하지 아니한 외국인근로자는 출국하여야 한다. 다만, 업무상 재해, 질병, 임신, 출산 등의 사유로 근무처 변경허가를 받을 수 없거나 근무처 변경신청을 할 수 없는 경우에는 그 사유가 없어진 날부터 각각 그 기간을 계산한다.
④ 제1항에 따른 외국인근로자의 사업 또는 사업장 변경은 제18조에 따른 기간 중에는 원칙적으로 3회를 초과할 수 없으며, 제18조의2제1항에 따라 연장된 기간 중에는 2회를 초과할 수 없다. 다만, 제1항제2호의 사유로 사업 또는 사업장을 변경한 경우는 포함하지 아니한다.
(2014.1.28 본항개정)
(2009.10.9 본조개정)

제5장 보 칙

(2009.10.9 본장제목개정)

제26조【보고 및 조사 등】 ① 고용노동부장관은 필요하다고 인정하면 사용자나 외국인근로자 또는 제24조제1항에 따라 지원을 받는 외국인근로자 관련 단체에 대하여 보고, 관련 서류의 제출이나 그 밖에 필요한 명령을 할 수 있으며, 소속 공무원으로 하여금 관계인에게 질문하거나 관련 장부·서류 등을 조사하거나 검사하게 할 수 있다.
(2010.6.4 본항개정)
② 제1항에 따라 조사 또는 검사를 하는 공무원은 그 신분을 표시하는 증명서를 지니고 이를 관계인에게 내보여야 한다.
(2009.10.9 본조개정)

제26조의2【관계기관의 협조】 ① 고용노동부장관은 중앙행정기관·지방자치단체·공공기관 등 관계 기관의 장에게 이 법의 시행을 위하여 다음 각 호의 자료 제출을 요청할 수 있다.
1. 업종별·지역별 인력수급 자료
2. 외국인근로자 대상 지원사업 자료
② 제1항에 따라 자료의 제출을 요청받은 기관은 정당한 사유가 없으면 요청에 따라야 한다.
(2014.1.28 본조신설)

제27조【수수료의 징수 등】 ① 제9조제2항에 따라 사용자와 외국인근로자의 근로계약 체결(제12조제1항 각 호 외의 부분 후단, 제18조의4제3항 및 제25조제2항에 따라 근로계약 체결을 준용하는 경우를 포함한다. 이하 이 조에서 같다)을 대행하는 자는 고용노동부령으로 정하는 바에 따라 사용자로부터 수수료와 필요한 비용을 받을 수 있다.(2012.2.1 본항개정)
② 고용노동부장관은 제21조에 따른 외국인근로자 관련 사업을 하기 위하여 필요하면 고용노동부령으로 정하는 바에 따라 사용자로부터 수수료와 필요한 비용을 받을 수 있다.(2010.6.4 본항개정)
③ 제27조의2제1항에 따라 외국인근로자의 고용에 관한 업무를 대행하는 자는 고용노동부령으로 정하는 바에 따라 사용자로부터 수수료와 필요한 비용을 받을 수 있다.
(2010.6.4 본항개정)
④ 다음 각 호의 어느 하나에 해당하는 자가 아닌 자는 근로계약 체결의 대행이나 외국인근로자 고용에 관한 업무의 대행 또는 외국인근로자 관련 사업을 하는 대가로 어떠한 금품도 받아서는 아니 된다.(2020.5.26 본문개정)
1. 제9조제2항에 따라 사용자와 외국인근로자의 근로계약 체결을 대행하는 자
2. 제27조의2제1항에 따라 외국인근로자의 고용에 관한 업무를 대행하는 자
3. 제21조에 따른 고용노동부장관의 권한을 제28조에 따라 위임·위탁받아 하는 자(2010.6.4 본호개정)
(2009.10.9 본조개정)

제27조의2【각종 신청 등의 대행】 ① 사용자 또는 외국인근로자는 다음 각 호에 따른 신청이나 서류의 수령 등 외국인근로자의 고용에 관한 업무를 고용노동부장관이 지정하는 자(이하 "대행기관"이라 한다)에게 대행하게 할 수 있다.(2010.6.4 본문개정)
1. 제6조제1항에 따른 내국인 구인 신청(제25조제2항에 따라 준용하는 경우를 포함한다)
2. 제18조의2에 따른 사용자의 재고용 허가 요청
3. 제18조의4제1항에 따른 재입국 후의 고용허가 신청
(2012.2.1 본호신설)
4. 제25조제1항에 따른 사업 또는 사업장 변경 신청
5. 그 밖에 고용노동부령으로 정하는 외국인근로자 고용 등에 관한 업무(2010.6.4 본호개정)
② 제1항에 따른 대행기관의 지정요건, 업무범위, 지정절차 및 대행에 필요한 사항은 고용노동부령으로 정한다.
(2010.6.4 본항개정)
(2009.10.9 본조신설)

제27조의3【대행기관의 지정취소 등】 ① 고용노동부장관은 대행기관이 다음 각 호의 어느 하나에 해당하는 경우에는 고용노동부령으로 정하는 바에 따라 지정취소, 6개월 이내의 업무정지 또는 시정명령을 할 수 있다.
(2010.6.4 본문개정)
1. 거짓이나 그 밖의 부정한 방법으로 지정을 받은 경우
2. 지정요건에 미달하게 된 경우
3. 지정받은 업무범위를 벗어나 업무를 한 경우
4. 그 밖에 선량한 관리자의 주의를 다하지 아니하거나 업무처리 절차를 위배한 경우
② 고용노동부장관은 제1항에 따라 대행기관을 지정취소할 경우에는 청문을 실시하여야 한다.(2010.6.4 본항개정)
(2009.10.9 본조신설)

제28조【권한의 위임·위탁】 고용노동부장관은 이 법에 따른 권한의 일부를 대통령령으로 정하는 바에 따라 지방고용노동관서의 장에게 위임하거나 한국산업인력공단 또는 대통령령으로 정하는 자에게 위탁할 수 있다. 다만, 제21조제1호의 사업은 한국산업인력공단에 위탁한다.
(2014.1.28 본조개정)

제6장 벌 칙

(2009.10.9 본장개정)

제29조【벌칙】 다음 각 호의 어느 하나에 해당하는 자는 1년 이하의 징역 또는 1천만원 이하의 벌금에 처한다.
(2014.1.28 본문개정)
1. 제8조제6항을 위반하여 외국인근로자의 선발, 알선, 그 밖의 채용에 개입한 자
2. 제16조를 위반하여 귀국에 필요한 조치를 하지 아니한 사용자
3. 제13조제2항을 위반하여 근로계약을 종료하지 아니한 사용자

4. 제25조에 따른 외국인근로자의 사업 또는 사업장 변경을 방해한 자
5. 제27조제4항을 위반하여 금품을 받은 자

제30조【벌칙】 다음 각 호의 어느 하나에 해당하는 자는 500만원 이하의 벌금에 처한다.
1. 제13조제1항 전단을 위반하여 출국만기보험등에 가입하지 아니한 사용자
2. 제23조에 따른 보증보험 또는 상해보험에 가입하지 아니한 자

제31조【양벌규정】 법인의 대표자나 법인 또는 개인의 대리인, 사용인, 그 밖의 종업원이 그 법인 또는 개인의 업무에 관하여 제29조 또는 제30조의 위반행위를 하면 그 행위자를 벌하는 외에 그 법인 또는 개인에게도 해당 조문의 벌금형을 과(科)한다. 다만, 법인 또는 개인이 그 위반행위를 방지하기 위하여 해당 업무에 관하여 상당한 주의와 감독을 게을리하지 아니한 경우에는 그러하지 아니하다.

제32조【과태료】 ① 다음 각 호의 어느 하나에 해당하는 자에게는 500만원 이하의 과태료를 부과한다.
1. 제9조제1항을 위반하여 근로계약을 체결할 때 표준근로계약서를 사용하지 아니한 자
2. 제11조제2항을 위반하여 외국인근로자에게 취업교육을 받게 하지 아니한 사용자
2의2. 제11조의2제1항을 위반하여 사용자 교육을 받지 아니한 사용자(2021.4.13 본호신설)
3. 제12조제3항에 따른 특례고용가능확인을 받지 아니하고 같은 조 제1항에 따른 사증을 발급받은 외국인근로자를 고용한 사용자
4. 제12조제4항을 위반하여 외국인구직자 명부에 등록된 사람 중에서 채용하지 아니한 사용자 또는 외국인근로자가 근로를 시작한 후 직업안정기관의 장에게 신고를 하지 아니하거나 거짓으로 신고한 사용자
5. 제13조제1항 후단을 위반하여 출국만기보험등의 매월 보험료 또는 신탁금을 3회 이상 연체한 사용자
6. 제15조제1항을 위반하여 보험 또는 신탁에 가입하지 아니한 외국인근로자
7. 제17조제1항을 위반하여 신고를 하지 아니하거나 거짓으로 신고한 사용자
8. 제20조제1항에 따라 외국인근로자의 고용이 제한된 사용자로서 제12조제1항에 따른 사증을 발급받은 외국인근로자를 고용한 사용자
9. 제26조제1항에 따른 명령을 따르지 아니하여 보고를 하지 아니하거나 거짓으로 보고한 자, 관련 서류를 제출하지 아니하거나 거짓으로 제출한 자, 같은 항에 따른 질문 또는 조사·검사를 거부·방해하거나 기피한 자
10. 제27조제1항·제2항 또는 제3항에 따른 수수료 및 필요한 비용 외의 금품을 받은 자

② 제1항에 따른 과태료는 대통령령으로 정하는 바에 따라 고용노동부장관이 부과·징수한다.(2010.6.4 본항개정)

부 칙

제1조【시행일】 이 법은 공포후 1년이 경과한 날부터 시행한다. 다만, 제4조, 제5조, 제7조제1항 및 부칙 제2조의 규정은 공포한 날부터 시행하고, 제7조제2항 및 제3항의 규정은 공포후 2년이 경과한 날부터 시행한다.

제2조【불법체류 외국인근로자에 대한 특례】 ① 출입국관리법 제17조제1항 또는 제18조제1항의 규정에 위반하여 국내에 체류중인 외국인중 다음 각호의 요건에 해당하는 자는 총 체류기간이 5년을 넘지 아니하는 범위내에서 최장 2년간 그 사업 또는 사업장에서 취업활동을 허용하며, 법무부장관은 출입국관리법 제18조제1항에 의한 취업활동을 할 수 있는 체류자격을 부여하여야 한다.
1. 2003년 3월 31일을 기준으로 국내 체류기간이 3년 미만인 자
2. 노동부장관이 정하여 공표하는 업종에서 취업을 하고, 직업안정기관에서 취업확인서를 발급받은 자
3. 법무부장관이 정하는 절차에 따라 국내체류를 신고한 자

② 출입국관리법 제17조제1항 또는 동법 제18조제1항의 규정에 위반하여 국내에 체류중인 외국인중 다음 각호의 요건에 해당하는 자가 법무부장관이 정하는 기한내에 자진출국하는 경우에는 출입국관리법 제94조제5호 및 제102조의 규정을 적용하지 아니하며, 재입국하여 출국전 체류기간과 합하여 5년을 넘지 아니하는 범위 이내에서 출국전 취업하고 있던 사업 또는 사업장에서의 취업활동을 허용하며, 법무부장관은 출입국관리법 제18조제1항에 의한 취업활동을 할 수 있는 체류자격을 부여하여야 한다.
1. 2003년 3월 31일을 기준으로 국내 체류기간이 3년 이상 4년 미만인 자
2. 노동부장관이 정하여 공표하는 업종에서 취업을 하고, 직업안정기관에서 취업확인서를 발급받은 자
3. 법무부장관이 정하는 절차에 따라 국내체류를 신고한 자

③ 제1항 및 제2항의 규정에 따라 국내에 취업한 자에 대하여는 제6조 내지 제13조, 제15조, 제18조제1항 및 제23조의 규정을 적용하지 아니한다.

④ 출입국관리법 제17조제1항 또는 동법 제18조제1항의 규정을 위반한 자중 제1항 및 제2항의 규정에 해당하지 아니하는 자는 법무부장관이 정하는 기간내에 자진출국하여야 하며, 이 경우 자진출국한 자에 대하여는 출입국관리법 제94조제5호 및 제102조의 규정을 적용하지 아니한다.

제3조【다른 법률의 개정】 ※(해당 법령에 가제정리 하였음)

부 칙 (2009.10.9 법9798호)

제1조【시행일】 이 법은 공포 후 6개월이 경과한 날부터 시행한다. 다만, 제18조의2와 제25조의 개정규정은 공포 후 2개월이 경과한 날부터 시행한다.

제2조【자격요건 평가에 관한 적용례】 제7조제2항의 개정규정은 이 법 시행 후 최초로 제7조제1항의 개정규정에 따라 외국인구직자 명부를 작성하는 경우부터 적용한다.

제3조【취업활동 기간 제한의 특례에 관한 적용례】 제18조의2의 개정규정은 이 법 시행 당시 종전의 제18조제1항에 따른 기간의 범위에서 취업활동을 하고 있는 자로서 이 법 시행 후 취업활동 기간이 3년이 되는 외국인근로자에 대하여 사용자의 재고용 허가 요청이 있는 경우부터 적용한다.

제4조【사업 또는 사업장 변경허가 및 변경신청 기간 유예 사유에 관한 적용례】 제25조제3항의 개정규정은 이 법 시행 당시 종전의 제25조제3항에 따른 변경허가 및 변경신청 기간이 종료되지 아니한 자부터 적용한다.

제5조【계약기간 상한에 관한 경과조치】 이 법 시행 당시 종전의 제9조제3항에 따라 근로계약을 체결한 사용자가 이 법 시행 후 제9조제3항의 개정규정에 따라 새로 근로계약을 체결하거나 갱신하는 경우에는 3년에서 종전의 제9조제3항에 따른 총근로계약기간을 제외한 기간에 대하여 근로계약을 체결하거나 갱신할 수 있다.

제6조【벌칙 및 과태료에 관한 경과조치】 이 법 시행 전의 행위에 대한 벌칙 및 과태료의 적용은 종전의 규정에 따른다.

부 칙 (2014.1.28)

제1조【시행일】 이 법은 공포 후 6개월이 경과한 날부터 시행한다. 다만, 제29조의 개정규정은 공포한 날부터 시행한다

제2조【보험금등의 지급시기에 관한 적용례】 제13조제3항의 개정규정은 이 법 시행 후 보험금등의 지급을 신청하는 경우부터 적용한다.

제3조【보험금등의 소멸시효에 관한 적용례】 제13조제4항 전단의 개정규정(제15조제3항의 개정규정에 따라 준용되는 경우를 포함한다)에 따른 보험금등의 소멸시효는 이 법 시행 전에 적립되고 이 법 시행 전일까지 소멸시효가 완성되지 않은 보험금등에 대하여도 적용한다.

제4조【소멸시효 완성 보험금등의 이전에 관한 적용례】 제13조제4항 후단의 개정규정(제15조제3항의 개정규정에 따라 준용되는 경우를 포함한다)에 따른 소멸시효 완성 보험금등의 이전에 대해서는 이 법 시행 전에 적립되고 이 법 시행 후 소멸시효가 완성하는 보험금등에 대하여도 적용한다.

부 칙 (2016.1.27)

제1조【시행일】 이 법은 공포 후 6개월이 경과한 날부터 시행한다.

제2조【신고에 관한 적용례】 제17조의 개정규정은 이 법 시행 후 최초로 신고를 하는 경우부터 적용한다.

부 칙 (2019.1.15)

이 법은 공포 후 6개월이 경과한 날부터 시행한다.

부 칙 (2020.5.26)

이 법은 공포한 날부터 시행한다.(이하 생략)

부 칙 (2021.4.13)

제1조【시행일】 이 법은 공포 후 6개월이 경과한 날부터 시행한다. 다만, 제18조의2제2항의 개정규정은 공포한 날부터 시행한다.

제2조【취업활동 기간 제한에 관한 특례에 관한 적용례】 제18조의2제2항의 개정규정은 이 법 시행 전에 발생한 감염병 확산, 천재지변 등의 경우에도 적용한다.

제3조【재입국 취업 제한의 특례에 관한 적용례】 제18조의4제1항의 개정규정은 이 법 시행 전에 종전의 규정에 따라 사용자가 재입국 후의 고용허가를 신청한 경우로서 이 법 시행 당시 고용허가 절차가 진행 중인 경우에 대해서도 적용한다.

부 칙 (2022.6.10)

제1조【시행일】 이 법은 공포 후 6개월이 경과한 날부터 시행한다.

제2조【외국인근로자 고용의 제한에 관한 적용례】 제20조제1항제3호의2의 개정규정은 이 법 시행 이후 사용자가 「산업안전보건법」 제167조제1항에 따른 처벌을 받은 경우부터 적용한다.

산업전환에 따른 고용안정 지원 등에 관한 법률

(약칭 : 산업전환고용안정법)

(2023년 10월 24일)
(법 률 제19760호)

제1장 총 칙

제1조【목적】 이 법은 탄소중립 사회로의 이행 및 디지털전환 등 산업구조의 변화에 따라 나타나는 기존 산업의 침체 및 실업 등 일자리 위험에 대응하여 선제적으로 근로자의 고용안정, 일자리 이동 및 노동전환을 지원함으로써 산업전환으로 인한 고용불안을 최소화하고 지속가능하고 포용적인 경제성장에 이바지하는 것을 목적으로 한다.

제2조【정의】 이 법에서 사용하는 용어의 뜻은 다음과 같다.
1. "탄소중립"이란 「기후위기 대응을 위한 탄소중립·녹색성장 기본법」 제2조제3호에 따른 탄소중립을 말한다.
2. "디지털전환"이란 산업데이터와 「지능정보화 기본법」 제2조제4호에 따른 지능정보기술을 산업에 적용하여 산업활동 과정을 효율화하고 새로운 부가가치를 창출하여 나가는 일련의 과정을 말한다.
3. "산업전환"이란 탄소중립 사회로의 이행 및 디지털전환 등의 직접 또는 간접적인 영향을 받아 기존 산업 또는 업종이 감소·소멸하고, 다른 산업·업종으로 전환하는 과정을 말한다.
4. "노동전환"이란 산업전환에 따라 직업 또는 직무가 다른 산업·업종 또는 같은 산업·업종 내의 다른 직업 또는 직무로 전환하는 과정을 말한다.
5. "고용안정 지원"이란 산업전환 및 노동전환에 대응하고 근로자의 고용안정 및 일자리 이동을 지원하기 위하여 시행하는 정책으로서 제11조제1항 각 호에 따른 지원 사업을 말한다.
6. "근로자"란 사업주에게 고용된 사람과 취업할 의사를 가진 사람을 말한다.

제3조【기본원칙】 ① 고용안정 지원은 산업전환으로 직접적 또는 간접적 피해를 입을 수 있는 근로자와 기업, 지역 등을 선제적으로 파악하여 보호하고 취약계층의 고용불안 및 피해를 최소화하는 데에 중점을 두어 추진될 수 있도록 하여야 한다.

② 고용안정 지원은 환경정책, 산업정책, 산업·지역의 고용정책 및 기업의 사업구조 개편 지원정책과 연계되어 효과적으로 추진될 수 있도록 하여야 한다.

③ 고용안정 지원은 근로자 및 노동조합, 사업주 및 사업주단체, 정부의 사회적 대화를 기반으로 추진되어야 한다.

④ 근로자 및 노동조합, 사업주 및 사업주단체, 정부는 고용안정 지원과 관련한 사회적 대화에 성실하게 참여하여야 한다.

⑤ 정부는 사회적 대화를 통하여 합의한 사항을 관련 정책에 반영하고 성실히 이행하도록 최대한 노력하여야 한다.

⑥ 국가와 지방자치단체가 산업전환에 대응하기 위한 고용노동정책과 관련하여 다른 법령에 따라 수립하는 행정계획과 정책은 제1항부터 제5항까지에 부합되도록 하여야 한다.

제4조【국가 및 지방자치단체의 책무】 ① 국가는 산업전환에 따른 고용불안을 최소화하고 고용안정을 위하여 필요한 제도와 여건을 조성하며 제7조의 산업전환에 따른 고용안정 지원 기본계획을 포함한 지원 시책을 강구하여야 한다.

② 지방자치단체는 제1항에 따른 국가의 시책에 적극 협력하며, 지역 내 산업 육성 및 전환 정책과 국가의 지원 정책이 상호 연계되도록 하여야 한다.

③ 국가와 지방자치단체는 탄소중립 및 디지털전환 등과 관련한 산업 육성 및 전환 정책 수립 시 정책 이행 과정에서 직접적 또는 간접적으로 피해가 있을 수 있는 근로자, 기업, 지역의 고용안정에 필요한 정책을 수립·시행하여야 한다.

제5조【근로자 및 사업주 등의 책무】 ① 근로자는 산업전환에 따라 새롭게 생기는 직업 또는 직무 등을 수행할 수 있는 직업능력을 개발하기 위하여 노력하여야 한다.

② 사업주는 산업전환에 따라 사업구조 개편 등이 불가피한 경우 기업 내 직무 전환에 필요한 직업능력개발훈련을 실시하는 등 근로자의 고용을 유지하기 위하여 우선적으로 노력하고 고용조정이 불가피한 근로자에 대하여 전직에 필요한 지원을 하는 등 근로자의 조속한 재취업을 위하여 노력하여야 한다.

③ 근로자와 사업주, 노동조합과 사업주단체는 산업전환에 대응하여 근로자의 고용안정을 위하여 직무 전환과 재취업을 위한 방안을 모색하고 추진하는 데에 상호협력하여야 한다.

④ 근로자와 사업주, 노동조합과 사업주단체는 제4조에 따른 국가 및 지방자치단체의 정책에 적극 참여하고 협력하는 등 필요한 노력을 하여야 한다.

제6조【다른 법률과의 관계】 산업전환에 따른 고용안정 지원과 관련되는 다른 법률을 제정하거나 개정하는 경우에는 이 법에 부합되도록 하여야 한다.

제2장 산업전환에 따른 근로자의 고용안정 및 일자리 이동 지원

제7조【산업전환에 따른 고용안정 지원 기본계획의 수립】 ① 고용노동부장관은 산업전환에 따른 고용안정 지원을 위하여 관계 중앙행정기관의 장과 협의하여 5년마다 산업전환에 따른 고용안정 지원 기본계획(이하 "기본계획"이라 한다)을 수립하여야 한다.
② 기본계획에는 다음 각 호의 사항이 포함되어야 한다.
1. 제8조에 따른 고용영향 사전평가에 관한 사항
2. 산업전환에 따른 고용안정 지원의 필요성이 클 것으로 예상되는 산업·업종·지역 등의 우선지원에 관한 사항
3. 인력 수요 감소가 예상되는 산업·업종·지역 등에 종사하는 근로자의 노동전환을 위한 직업능력개발 및 재취업 지원에 관한 사항
4. 고용조정이 불가피한 경우에도 근로자의 고용유지 및 전직·재취업 지원을 위하여 노력하는 자에 대한 지원에 관한 사항
5. 산업전환에 대응하여 고용유지 및 고용창출을 유도하는 기업 지원에 관한 사항
6. 산업전환에 따라 직접적 또는 간접적 피해가 발생하는 지역의 고용유지·창출 지원에 관한 사항
7. 산업전환에 따른 고용안정 지원과 관련한 노동조합, 사업주단체, 정부의 사회적 대화 활성화에 관한 사항
8. 그 밖에 산업전환에 따른 고용안정 지원을 위하여 필요한 사항

③ 기본계획을 수립·변경하는 때에는 「고용정책 기본법」 제10조에 따른 고용정책심의회(이하 "고용정책심의회"라 한다)의 심의를 거쳐야 한다.
④ 기본계획의 수립 절차 등에 필요한 사항은 대통령령으로 정한다.

제8조【고용영향 사전평가】 ① 고용노동부장관은 산업전환이 고용에 미치는 영향을 사전에 파악하기 위한 조사·평가(이하 "고용영향 사전평가"라 한다)를 5년마다 실시하여야 한다. 다만, 고용노동부장관이 필요하다고 인정하는 경우 수시로 실시할 수 있다.
② 고용영향 사전평가는 다음 각 호의 사항을 포함하여야 한다.
1. 산업별·지역별·직업별·직무별 인력 수요의 전망 및 인력 수요 변화 모니터링
2. 인력 수요 감소가 예상되는 직무 등의 분석 및 전환가능한 직무 등의 발굴과 해당 직무의 요구 역량 분석
3. 산업전환에 따라 인력 수요 감소가 예상되는 산업별·지역별 예상 피해 규모 등에 관한 분석
4. 그 밖에 고용노동부장관이 정하는 사항

③ 고용노동부장관은 관계 중앙행정기관의 장, 지방자치단체의 장 및 관련 기관이나 단체의 장에게 고용영향 사전평가에 필요한 자료의 제공을 요청할 수 있다. 이 경우 자료제공을 요청받은 관계 중앙행정기관의 장 등은 특별한 사유가 없으면 이에 협조하여야 한다.
④ 고용노동부장관은 제1항부터 제3항까지에 따른 사항을 효율적으로 추진하기 위하여 관련 사항을 국가나 지방자치단체가 출연한 연구기관(국가나 지방자치단체의 출연기관이 재출연한 연구기관을 포함한다) 또는 민간연구기관에 위탁하여 실시할 수 있다.
⑤ 고용노동부장관은 제4항에 따라 위탁받은 기관에 대하여 위탁업무에 소요되는 비용을 예산의 범위에서 지원할 수 있다.
⑥ 고용영향 사전평가의 구체적인 내용 및 방법 등에 필요한 사항은 대통령령으로 정한다.

제9조【고용안정 지원 대책 수립】 ① 고용노동부장관은 고용영향 사전평가의 결과를 정책에 반영하여야 한다.
② 고용노동부장관은 고용영향 사전평가 결과 산업전환이 급속하게 진행되는 등 지원이 시급한 것으로 고용정책심의회의 심의를 통하여 결정된 산업·업종에 대해서는 산업별·업종별 고용안정 등 지원대책을 수립하여야 한다.
③ 고용노동부장관은 근로자의 노동전환 지원을 위한 프로그램의 개발 및 보급을 위하여 노력하여야 한다.

제10조【산업전환에 따른 고용안정 지원 기업 발굴·컨설팅】 ① 고용노동부장관은 산업전환에 따른 고용안정 지원이 필요한 기업을 선제적으로 발굴하기 위하여 노력하여야 한다.
② 고용노동부장관은 제1항에 따라 발굴한 기업의 인력 수요 현황 및 전망 등을 진단하고, 그 결과에 따라 소속 근로자의 고용안정, 직무 전환 지원 등의 종합 컨설팅을 실시할 수 있다.

제11조【산업전환에 따른 고용안정 지원】 ① 정부는 산업전환으로 고용안정이 요청되는 근로자와 사업주, 노동조합과 사업주단체 등에 다음 각 호의 사항을 지원할 수 있다.
1. 근로자 직무전환 및 전직 등을 위한 직업능력개발훈련
2. 근로자 고용유지 등 고용안정을 위한 조치
3. 근로자 전직 및 재취업
4. 고용조정에 따른 실업자의 생계안정
5. 고용조정에 따른 실업자의 채용
6. 근로자의 고용안정을 위한 고용관리 진단 등 고용개선
7. 노사관계 발전 및 동반성장 증진
8. 근로자의 창업 촉진
9. 그 밖에 산업전환에 따른 고용안정을 위하여 필요하다고 인정하는 사항

② 고용노동부장관은 산업전환에 따라 이직자 또는 실업자가 다수 발생하였거나 발생이 예상되는 기업에 대하여는 「직업안정법」 제2조의2제1호에 따른 직업안정기관을 통하여 근로자에 대한 취업알선 등 취업지원 서비스를 적극 제공하여야 한다.
③ 제1항에 따른 지원에 필요한 사항은 대통령령으로 정한다.

제12조【지방자치단체의 고용위기 선제대응에 대한 지원】 고용노동부장관은 지방자치단체가 산업전환에 선제적으로 대응하기 위하여 고용안정 지원을 추진하는 경우 예산의 범위에서 이를 지원할 수 있다.

제13조【산업전환에 따른 고용안정 등 지원체계 구축】
① 고용노동부장관은 산업전환에 따른 고용안정 지원이 필요한 산업·업종, 지역, 사업주, 근로자 등을 종합적으로 지원할 수 있는 체계를 구축하여야 한다.
② 제1항에 따라 종합적으로 지원하는 사항에는 다음 각 호의 사항이 포함되어야 한다.
1. 산업전환에 따라 사업구조 개편을 실시하거나 실시할 예정인 사업주 등이 필요로 하는 고용안정 등 지원사업의 수요조사
2. 기업 진단을 통한 기업별 고용안정 등 지원 방안 컨설팅
3. 산업전환에 따른 고용안정 지원 관련 사업의 연계·신청 지원
4. 산업전환에 따른 노동전환과 관련한 근로자 상담·교육 및 심리안정 지원
5. 산업전환에 따른 고용안정 지원 관련 사업 등에 대한 홍보
6. 그 밖에 고용노동부령으로 정하는 사항

③ 고용노동부장관은 근로자의 고용안정과 원활한 노동전환을 추진하기 위하여 제2항에 따른 지원에 관한 업무를 전담하는 기관을 설치하거나 지정할 수 있다.
④ 고용노동부장관은 제3항에 따른 업무를 전담하는 기관의 원활한 운영을 위하여 관계 중앙행정기관의 장, 지방자치단체의 장 또는 「공공기관의 운영에 관한 법률」 제4조에 따른 공공기관의 장에게 관련 자료의 제공을 요청할 수 있다. 이 경우 자료의 제공을 요청받은 기관의 장은 정당한 사유가 없으면 협조하여야 한다.
⑤ 고용노동부장관은 제3항에 따른 업무를 전담하는 기관에 대하여 업무에 소요되는 비용을 예산의 범위에서 지원할 수 있다.
⑥ 제3항에 따른 업무를 전담하는 기관의 설치·지정 등에 필요한 사항은 대통령령으로 정한다.

제3장 보 칙

제14조【재원】 ① 국가 또는 지방자치단체는 이 법에 따른 산업전환에 따른 고용안정 지원에 필요한 재원의 조성에 적극 노력하여야 한다.
② 이 법에 따른 산업전환에 따른 고용안정 지원은 다음 각 호의 재원으로 실시할 수 있다.
1. 일반회계
2. 「고용보험법」에 따른 고용보험기금
3. 「기후위기 대응을 위한 탄소중립·녹색성장 기본법」에 따른 기후대응기금
4. 「지방자치분권 및 지역균형발전에 관한 특별법」에 따른 지역균형발전특별회계
5. 그 밖에 고용노동부장관이 산업전환에 따른 고용안정 지원에 필요하다고 인정하여 정한 재원

제15조【보고·검사】 ① 고용노동부장관은 고용안정 지원과 관련하여 필요한 경우에는 제8조에 따른 고용영향 사전평가 위탁기관 및 제13조에 따른 업무를 전담하는 기관에 대하여 보고를 하게 하거나 자료의 제출을 명할 수 있으며, 소속 공무원에게 해당 기관의 현장출입 또는 서류검사를 하게 하는 등 필요한 조치를 할 수 있다.
② 제1항에 따라 출입·검사를 하는 관계 공무원은 그 권한을 표시하는 증표를 지니고 이를 관계인에게 내보여야 한다.

제16조【관계 기관 간의 협조】 ① 중앙행정기관의 장 또는 지방자치단체가 산업전환에 따른 고용안정 지원 관련 사업을 신설하거나 변경할 경우 해당 사업의 신설·변경 계획, 예산 및 운영지침 등에 관하여 고용노동부장관과 협의하여야 한다.
② 고용노동부장관은 고용안정 지원의 효과를 높이기 위하여 제1항의 신설·변경 계획, 예산 및 운영지침 등에 관하여 관련 의견을 관계 중앙행정기관의 장 또는 지방자치단체에 제시하고 협조를 요청할 수 있다.
③ 중앙행정기관의 장 또는 지방자치단체는 제2항에 따른 협조를 요청받은 경우 특별한 사유가 없으면 그 요청에 따라야 한다.
④ 관계 기관 간의 협조에 관하여 그 밖에 필요한 사항은 대통령령으로 정한다.

제17조【권한의 위임】 고용노동부장관은 이 법에 따른 권한의 일부를 대통령령으로 정하는 바에 따라 지방고용노동관서의 장 또는 지방자치단체의 장에게 위임할 수 있다.

부 칙

이 법은 공포 후 6개월이 경과한 날부터 시행한다.

고용보험법

(2007년 5월 11일 전부개정법률 제8429호)

개정
2007.12.21법 8781호(남녀고용평등과일·가정양립지원에관한법)
2008. 3.21법 8959호 2008.12.31법 9315호
2009.10. 9법 9792호(고용정책기본법)
2010. 1.27법 9990호
2010. 2. 4법 9999호(문화재수리등에관한법)
2010. 5.31법10337호(근로자직업능력개발법)
2010. 5.31법10338호(숙련기술장려법)
2010. 6. 4법10339호(정부조직)
2011. 5.24법10719호(건설산업기본법)
2011. 6. 7법10789호(영유아보육법)
2011. 7.21법10895호
2012. 2. 1법11274호(남녀고용평등과일·가정양립지원에관한법)
2012.12.11법11530호(국가공무원)
2013. 1.23법11628호 2013. 3.22법11662호
2013. 6. 4법11864호 2014. 1.21법12323호
2015. 1.20법13041호
2016. 1.19법13805호(주택법)
2016. 5.29법14233호 2016.12.27법14496호
2019. 1.15법16269호
2019. 4.30법16413호(파견근로자보호)
2019. 4.30법16415호(건설산업기본법)
2019. 8.27법16557호
2020. 5.26법17326호(법률용어정비)
2020. 6. 9법17429호 2021. 1. 5법17859호
2021. 8.17법18425호(국민평생직업능력개발법)
2022. 6.10법18913호(집행유예선고에관한결격사유명확화를위한일부개정법률)
2022. 6.10법18919호(고용보험및산업재해보상보험의보험료징수등에관한법)
2022. 6.10법18920호 2022.12.31법19210호
2023. 8. 8법19591호(국가유산수리등에관한법)

제1장 총 칙

제1조【목적】 이 법은 고용보험의 시행을 통하여 실업의 예방, 고용의 촉진 및 근로자 등의 직업능력의 개발과 향상을 꾀하고, 국가의 직업지도와 직업소개 기능을 강화하며, 근로자 등이 실업한 경우에 생활에 필요한 급여를 실시하여 근로자 등의 생활안정과 구직 활동을 촉진함으로써 경제·사회 발전에 이바지하는 것을 목적으로 한다. (2021.1.5 본조개정)

제2조【정의】 이 법에서 사용하는 용어의 뜻은 다음과 같다.
1. "피보험자"란 다음 각 목에 해당하는 사람을 말한다. (2020.5.26 본문개정)
가. 「고용보험 및 산업재해보상보험의 보험료징수 등에 관한 법률」(이하 "고용산재보험료징수법"이라 한다) 제5조제1항·제2항, 제6조제1항, 제8조제1항·제2항, 제48조의2제1항 및 제48조의3제1항에 따라 보험에 가입되거나 가입된 것으로 보는 근로자, 예술인 또는 노무제공자(2021.1.5 본목개정)
나. 고용산재보험료징수법 제49조의2제1항·제2항에 따라 고용보험에 가입하거나 가입된 것으로 보는 자영업자(이하 "자영업자인 피보험자"라 한다) (2021.1.5 본목개정)
2. "이직(離職)"이란 피보험자와 사업주 사이의 고용관계가 끝나게 되는 것(제77조의2제1항에 따른 예술인 및 제77조의6제1항에 따른 노무제공자의 경우에는 문화예술용역 관련 계약 또는 노무제공계약이 끝나는 것을 말한다)을 말한다.(2021.1.5 본호개정)
3. "실업"이란 근로의 의사와 능력이 있음에도 불구하고 취업하지 못한 상태에 있는 것을 말한다.(2008.12.31 본호개정)
4. "실업의 인정"이란 직업안정기관의 장이 제43조에 따른 수급자격자가 실업한 상태에서 적극적으로 직업을 구하기 위하여 노력하고 있다고 인정하는 것을 말한다.
5. "보수"란 「소득세법」 제20조에 따른 근로소득에서 대통령령으로 정하는 금품을 뺀 금액을 말한다. 다만, 휴직이나 그 밖에 이와 비슷한 상태에 있는 기간 중에 사업주 외의 자로부터 지급받는 금품 중 고용노동부장관이 정하여 고시하는 금품은 보수로 본다.(2011.7.21 단서신설)

6. “일용근로자”란 1개월 미만 동안 고용되는 사람을 말한다.(2020.5.26 본호개정)

제3조【보험의 관장】 고용보험(이하 “보험”이라 한다)은 고용노동부장관이 관장한다.(2010.6.4 본조개정)

제4조【고용보험사업】 ① 보험은 제1조의 목적을 이루기 위하여 고용보험사업(이하 “보험사업”이라 한다)으로 고용안정·직업능력개발 사업, 실업급여, 육아휴직 급여 및 출산전후휴가 급여 등을 실시한다.(2012.2.1 본항개정)

② 보험사업의 보험연도는 정부의 회계연도에 따른다.

제5조【국고의 부담】 ① 국가는 매년 보험사업에 드는 비용의 일부를 일반회계에서 부담하여야 한다.(2015.1.20 본항개정)

② 국가는 매년 예산의 범위에서 보험사업의 관리·운영에 드는 비용을 부담할 수 있다.

제6조【보험료】 ① 이 법에 따른 보험사업에 드는 비용을 충당하기 위하여 징수하는 보험료와 그 밖의 징수금에 대하여는 고용산재보험료징수법으로 정하는 바에 따른다.

② 고용산재보험료징수법 제13조제1항제1호에 따라 징수된 고용안정·직업능력개발 사업의 보험료 및 실업급여의 보험료는 각각 그 사업에 드는 비용에 충당한다. 다만, 실업급여의 보험료는 제55조의2제1항에 따른 국민연금 보험료의 지원, 제70조제1항에 따른 육아휴직 급여의 지급, 제73조의2제1항에 따른 육아기 근로시간 단축 급여의 지급, 제75조·제76조의2에 따른 출산전후휴가 급여등 및 제77조의4·제77조의9에 따른 출산전후급여등의 지급에 드는 비용에 충당할 수 있다.

③ 제2항에도 불구하고 자영업자인 피보험자로부터 고용산재보험료징수법 제49조의2에 따라 징수된 고용안정·직업능력개발 사업의 보험료 및 실업급여의 보험료는 각각 자영업자인 피보험자를 위한 그 사업에 드는 비용에 충당한다. 다만, 실업급여의 보험료는 자영업자인 피보험자를 위한 제55조의2제1항에 따른 국민연금 보험료의 지원에 드는 비용에 충당할 수 있다.

(2021.1.5 본조개정)

제7조【고용보험위원회】 ① 이 법 및 고용산재보험료징수법(보험에 관한 사항만 해당한다)의 시행에 관한 주요 사항을 심의하기 위하여 고용노동부에 고용보험위원회(이하 이 조에서 “위원회”라 한다)를 둔다.(2021.1.5 본항개정)

② 위원회는 다음 각 호의 사항을 심의한다.

1. 보험제도 및 보험사업의 개선에 관한 사항
2. 고용산재보험료징수법에 따른 보험료율의 결정에 관한 사항(2021.1.5 본호개정)
3. 제11조의2에 따른 보험사업의 평가에 관한 사항
4. 제81조에 따른 기금운용 계획의 수립 및 기금의 운용 결과에 관한 사항
5. 그 밖에 위원장이 보험제도 및 보험사업과 관련하여 위원회의 심의가 필요하다고 인정하는 사항

③ 위원회는 위원장 1명을 포함한 20명 이내의 위원으로 구성한다.

④ 위원회의 위원장은 고용노동부차관이 되고, 위원은 다음 각 호의 사람 중에서 각각 같은 수(數)로 고용노동부장관이 임명하거나 위촉하는 사람이 된다.(2010.6.4 본문개정)

1. 근로자를 대표하는 사람
2. 사용자를 대표하는 사람
3. 공익을 대표하는 사람
4. 정부를 대표하는 사람

⑤ 위원회는 심의 사항을 사전에 검토·조정하기 위하여 위원회에 전문위원회를 둘 수 있다.

⑥ 위원회 및 전문위원회의 구성·운영과 그 밖에 필요한 사항은 대통령령으로 정한다.

(2008.12.31 본조개정)

제8조【적용 범위】 ① 이 법은 근로자를 사용하는 모든 사업 또는 사업장(이하 “사업”이라 한다)에 적용한다. 다만, 산업별 특성 및 규모 등을 고려하여 대통령령으로 정하는 사업에 대해서는 적용하지 아니한다.(2021.1.5 단서개정)

② 이 법은 제77조의2제1항에 따른 예술인 또는 제77조의6제1항에 따른 노무제공자의 노무를 제공받는 사업에 적용하되, 제1장, 제2장, 제4장, 제5장의2, 제5장의3, 제6장, 제8장 또는 제9장의 예술인 또는 노무제공자에 관한 규정을 각각 적용한다.(2022.12.31 본항개정)

제9조【보험관계의 성립·소멸】 이 법에 따른 보험관계의 성립 및 소멸에 대하여는 고용산재보험료징수법으로 정하는 바에 따른다.(2021.1.5 본조개정)

제10조【적용 제외】 ① 다음 각 호의 어느 하나에 해당하는 사람에게는 이 법을 적용하지 아니한다.

1. (2019.1.15 삭제)
2. 해당 사업에서 소정(所定)근로시간이 대통령령으로 정하는 시간 미만인 근로자(2022.12.31 본호개정)
3. 「국가공무원법」과 「지방공무원법」에 따른 공무원. 다만, 대통령령으로 정하는 바에 따라 별정직공무원, 「국가공무원법」 제26조의5 및 「지방공무원법」 제25조의5에 따른 임기제공무원의 경우는 본인의 의사에 따라 고용보험(제4장에 한정한다)에 가입할 수 있다.
4. 「사립학교교직원 연금법」의 적용을 받는 사람
5. 그 밖에 대통령령으로 정하는 사람

(2020.5.26 본항개정)

② 65세 이후에 고용(65세 전부터 피보험 자격을 유지하던 사람이 65세 이후에 계속하여 고용된 경우는 제외한다)되거나 자영업을 개시한 사람에게는 제4장 및 제5장을 적용하지 아니한다.(2019.1.15 본항신설)

(2013.6.4 본조제목개정)

제10조의2【외국인 근로자·예술인·노무제공자에 대한 적용】 ① 「외국인근로자의 고용 등에 관한 법률」의 적용을 받는 외국인근로자에게는 이 법을 적용한다. 다만, 제4장 및 제5장은 고용노동부령으로 정하는 바에 따른 신청이 있는 경우에만 적용한다.

② 제1항에 해당하는 외국인근로자를 제외한 외국인이 근로계약, 제77조의2제1항의 문화예술용역 관련 계약 또는 제77조의6제1항의 노무제공계약을 체결한 경우에는 「출입국관리법」 제10조에 따른 체류자격의 활동범위 및 체류기간 등을 고려하여 대통령령으로 정하는 바에 따라 이 법의 전부 또는 일부를 적용한다.(2022.12.31 본항개정)

(2022.12.31 본조제목개정)

(2019.1.15 본조신설)

제11조【보험 관련 조사·연구】 ① 고용노동부장관은 노동시장·직업 및 직업능력개발에 관한 연구와 보험 관련 업무를 지원하기 위한 조사·연구 사업 등을 할 수 있다.

② 고용노동부장관은 필요하다고 인정하면 제1항에 따른 업무의 일부를 대통령령으로 정하는 자에게 대행하게 할 수 있다.

(2010.6.4 본조개정)

제11조의2【보험사업의 평가】 ① 고용노동부장관은 보험사업에 대하여 상시적이고 체계적인 평가를 하여야 한다.

② 고용노동부장관은 제1항에 따른 평가의 전문성을 확보하기 위하여 대통령령으로 정하는 기관에 제1항에 따른 평가를 의뢰할 수 있다.

③ 고용노동부장관은 제1항 및 제2항에 따른 평가 결과를 반영하여 보험사업을 조정하거나 제81조에 따른 기금운용 계획을 수립하여야 한다.

(2010.6.4 본조개정)

제12조【국제교류·협력】 고용노동부장관은 보험사업에 관하여 국제기구 및 외국 정부 또는 기관과의 교류·협력 사업을 할 수 있다.(2010.6.4 본조개정)

제2장 피보험자의 관리

제13조【피보험자격의 취득일】 ① 근로자인 피보험자는 이 법이 적용되는 사업에 고용된 날에 피보험자격을 취득한다. 다만, 다음 각 호의 경우에는 각각 그 해당되는 날에 피보험자격을 취득한 것으로 본다.(2021.1.5 본문개정)

1. 제10조 및 제10조의2에 따른 적용 제외 근로자였던 사람이 이 법의 적용을 받게 된 경우에는 그 적용을 받게 된 날(2020.5.26 본호개정)
2. 고용산재보험료징수법 제7조에 따른 보험관계 성립일 전에 고용된 근로자의 경우에는 그 보험관계가 성립한 날(2021.1.5 본호개정)

② 자영업자인 피보험자는 고용산재보험료징수법 제49조의2제1항 및 같은 조 제12항에서 준용하는 같은 법 제7조제3호에 따라 보험관계가 성립한 날에 피보험자격을 취득한다.(2021.1.5 본항개정)

제14조【피보험자격의 상실일】 ① 근로자인 피보험자는 다음 각 호의 어느 하나에 해당하는 날에 각각 그 피보험자격을 상실한다.

1. 근로자인 피보험자가 제10조 및 제10조의2에 따른 적용 제외 근로자에 해당하게 된 경우에는 그 적용 제외 대상자가 된 날
2. 고용산재보험료징수법 제10조에 따라 보험관계가 소멸한 경우에는 그 보험관계가 소멸한 날
3. 근로자인 피보험자가 이직한 경우에는 이직한 날의 다음 날
4. 근로자인 피보험자가 사망한 경우에는 사망한 날의 다음 날

② 자영업자인 피보험자는 고용산재보험료징수법 제49조의2제10항 및 같은 조 제12항에서 준용하는 같은 법 제10조제1호부터 제3호까지의 규정에 따라 보험관계가 소멸한 날에 피보험자격을 상실한다.

(2021.1.5 본조개정)

제15조【피보험자격에 관한 신고 등】 ① 사업주는 그 사업에 고용된 근로자의 피보험자격의 취득 및 상실 등에 관한 사항을 대통령령으로 정하는 바에 따라 고용노동부장관에게 신고하여야 한다.(2010.6.4 본항개정)

② 고용산재보험료징수법 제9조에 따라 원수급인(元受給人)이 사업주로 된 경우에 그 사업에 종사하는 근로자 중 원수급인이 고용하는 근로자 외의 근로자에 대하여는 그 근로자를 고용하는 다음 각 호의 하수급인(下受給人)이 제1항에 따른 신고를 하여야 한다. 이 경우 원수급인은 고용노동부령으로 정하는 바에 따라 하수급인에 관한 자료를 고용노동부장관에게 제출하여야 한다.(2021.1.5 전단개정)

1. 「건설산업기본법」 제2조제7호에 따른 건설사업자(2019.4.30 본호개정)
2. 「주택법」 제4조에 따른 주택건설사업자(2016.1.19 본호개정)
3. 「전기공사업법」 제2조제3호에 따른 공사업자
4. 「정보통신공사업법」 제2조제4호에 따른 정보통신공사업자
5. 「소방시설공사업법」 제2조제1항제2호에 따른 소방시설업자
6. 「국가유산수리 등에 관한 법률」 제14조에 따른 국가유산수리업자(2023.8.8 본호개정)

③ 사업주가 제1항에 따른 피보험자격에 관한 사항을 신고하지 아니하면 대통령령으로 정하는 바에 따라 근로자가 신고할 수 있다.

④ 고용노동부장관은 제1항부터 제3항까지의 규정에 따라 신고된 피보험자격의 취득 및 상실 등에 관한 사항을 고용노동부령으로 정하는 바에 따라 피보험자 및 원수급인 등 관계인에게 알려야 한다.(2010.6.4 본항개정)

⑤ 제1항이나 제2항에 따른 사업주, 원수급인 또는 하수급인은 같은 항의 신고를 고용노동부령으로 정하는 전자적 방법으로 할 수 있다.(2010.6.4 본항개정)

⑥ 고용노동부장관은 제5항에 따라 전자적 방법으로 신고를 하려는 사업주, 원수급인 또는 하수급인에게 고용노동부령으로 정하는 바에 따라 필요한 장비 등을 지원할 수 있다.(2010.6.4 본항개정)

⑦ 제1항에도 불구하고 자영업자인 피보험자는 피보험자격의 취득 및 상실에 관한 신고를 하지 아니한다.

(2011.7.21 본항신설)

제16조 (2019.8.27 삭제)

제17조【피보험자격의 확인】 ① 피보험자 또는 피보험자였던 사람은 언제든지 고용노동부장관에게 피보험자격의 취득 또는 상실에 관한 확인을 청구할 수 있다.

(2020.5.26 본항개정)

② 고용노동부장관은 제1항에 따른 청구에 따르거나 직권으로 피보험자격의 취득 또는 상실에 관하여 확인을 한다.

③ 고용노동부장관은 제2항에 따른 확인 결과를 대통령령으로 정하는 바에 따라 그 확인을 청구한 피보험자 및 사업주 등 관계인에게 알려야 한다.

(2010.6.4 본조개정)

제18조【피보험자격의 취득기준】 ① 제2조제1호가목에 따른 근로자가 보험관계가 성립되어 있는 둘 이상의 사업에 동시에 고용되어 있는 경우에는 대통령령으로 정하는 바에 따라 그 중 한 사업의 피보험자격을 취득한다.

② 제2조제1호가목 및 나목에 동시에 해당하는 사람은 같은 호 가목에 따른 근로자, 예술인 또는 노무제공자로서의 피보험자격을 취득한다. 다만, 제2조제1호가목에 따른 피보험자가 다음 각 호의 어느 하나에 해당하는 사람인 경우에는 같은 호 가목 및 나목의 피보험자격 중 하나를 선택하여 피보험자격을 취득하거나 유지한다.

1. 일용근로자
2. 제77조의2제2항제2호 단서에 따른 단기예술인
3. 제77조의6제2항제2호 단서에 따른 단기노무제공자

③ 제2항에도 불구하고 제2조제1호가목 및 나목에 동시에 해당하는 사람은 본인 의사에 따라 같은 호 가목 및 나목에 따른 피보험자격 모두를 취득하거나 유지할 수 있다.

④ 제2조제1호가목에 따른 예술인 또는 노무제공자가 보험관계가 성립되어 있는 둘 이상의 사업에서 동시에 노무를 제공하거나 근로를 제공하는 경우에는 대통령령으로 정하는 바에 따라 피보험자격을 취득한다.

(2022.12.31 본조개정)

제3장 고용안정·직업능력개발 사업

제19조【고용안정·직업능력개발 사업의 실시】 ① 고용노동부장관은 피보험자 및 피보험자였던 사람, 그 밖에 취업할 의사를 가진 사람(이하 “피보험자등”이라 한다)에 대한 실업의 예방, 취업의 촉진, 고용기회의 확대, 직업능력개발·향상의 기회 제공 및 지원, 그 밖에 고용안정과 사업주에 대한 인력 확보를 지원하기 위하여 고용안정·직업능력개발 사업을 실시한다.(2020.5.26 본항개정)

② 고용노동부장관은 제1항에 따른 고용안정·직업능력개발 사업을 실시할 때에는 근로자의 수, 고용안정·직업능력개발을 위하여 취한 조치 및 실적 등 대통령령으로 정하는 기준에 해당하는 기업(이하 “우선지원 대상기업”이라 한다)을 우선적으로 고려하여야 한다.(2019.8.27 본항개정)

제20조【고용창출의 지원】 고용노동부장관은 고용환경 개선, 근무형태 변경 등으로 고용의 기회를 확대한 사업주에게 대통령령으로 정하는 바에 따라 필요한 지원을 할 수 있다.(2010.6.4 본조개정)

제21조【고용조정의 지원】 ① 고용노동부장관은 경기의 변동, 산업구조의 변화 등에 따른 사업 규모의 축소, 사업의 폐업 또는 전환으로 고용조정이 불가피하게 된 사업주가 근로자에 대한 휴업, 휴직, 직업전환에 필요한 직업능력개발 훈련, 인력의 재배치 등을 실시하거나 그 밖에 근로자의 고용안정을 위한 조치를 하면 대통령령으로 정하는 바에 따라 그 사업주에게 필요한 지원을 할 수 있다. 이 경우 휴업이나 휴직 등 고용안정을 위한 조치로 근로자의 임금(「근로기준법」 제2조제1항제5호에 따른 임금을 말한다. 이하 같다)이 대통령령으로 정하는 수준으로 감소할 때에는 대통령령으로 정하는 바에 따라 그 근로자에게도 필요한 지원을 할 수 있다.(2019.8.27 후단개정)

② 고용노동부장관은 제1항의 고용조정으로 이직된 근로자를 고용하는 등 고용이 불안정하게 된 근로자의 고용안정을 위한 조치를 하는 사업주에게 대통령령으로 정하는 바에 따라 필요한 지원을 할 수 있다.

③ 고용노동부장관은 제1항에 따른 지원을 할 때에는 「고용정책 기본법」 제32조에 따른 업종에 해당하거나 지역에 있는 사업주 또는 근로자에게 우선적으로 지원할 수 있다.(2013.1.23 본항개정)

(2010.6.4 본조개정)

제22조【지역 고용의 촉진】 고용노동부장관은 고용기회가 뚜렷이 부족하거나 산업구조의 변화 등으로 고용사정이 급속하게 악화되고 있는 지역으로 사업을 이전하거나 그러한 지역에서 사업을 신설 또는 증설하여 그 지역의 실업 예방과 재취업 촉진에 기여한 사업주, 그 밖에 그 지역의 고용기회 확대에 필요한 조치를 한 사업주에게 대통령령으로 정하는 바에 따라 필요한 지원을 할 수 있다.(2010.6.4 본조개정)

제23조【고령자등 고용촉진의 지원】 고용노동부장관은 고령자 등 노동시장의 통상적인 조건에서는 취업이 특히 곤란한 사람(이하 "고령자등"이라 한다)의 고용을 촉진하기 위하여 고령자등을 새로 고용하거나 이들의 고용안정에 필요한 조치를 하는 사업주 또는 사업주가 실시하는 고용안정 조치에 해당된 근로자에게 대통령령으로 정하는 바에 따라 필요한 지원을 할 수 있다.(2020.5.26 본조개정)

제24조【건설근로자 등의 고용안정 지원】 ① 고용노동부장관은 건설근로자 등 고용상태가 불안정한 근로자를 위하여 다음 각 호의 사업을 실시하는 사업주에게 대통령령으로 정하는 바에 따라 필요한 지원을 할 수 있다.(2010.6.4 본문개정)

1. 고용상태의 개선을 위한 사업
2. 계속적인 고용기회의 부여 등 고용안정을 위한 사업
3. 그 밖에 대통령령으로 정하는 고용안정 사업

② 고용노동부장관은 제1항 각 호의 사업과 관련하여 사업주가 단독으로 고용안정 사업을 실시하기 어려운 경우로서 대통령령으로 정하는 경우에는 사업주 단체에 대하여도 지원을 할 수 있다.(2010.6.4 본항개정)

제25조【고용안정 및 취업 촉진】 ① 고용노동부장관은 피보험자등의 고용안정 및 취업을 촉진하기 위하여 다음 각 호의 사업을 직접 실시하거나 이를 실시하는 자에게 필요한 비용을 지원 또는 대부할 수 있다.(2010.6.4 본문개정)

1. 고용관리 진단 등 고용개선 지원 사업
2. 피보험자등의 창업을 촉진하기 위한 지원 사업
3. 그 밖에 피보험자등의 고용안정 및 취업을 촉진하기 위한 사업으로서 대통령령으로 정하는 사업

② 제1항에 따른 사업의 실시와 비용의 지원·대부에 필요한 사항은 대통령령으로 정한다.

제26조【고용촉진 시설에 대한 지원】 고용노동부장관은 피보험자등의 고용안정·고용촉진 및 사업주의 인력 확보를 지원하기 위하여 대통령령으로 정하는 바에 따라 상담 시설, 어린이집, 그 밖에 대통령령으로 정하는 고용촉진 시설을 설치·운영하는 자에게 필요한 지원을 할 수 있다.(2011.6.7 본조개정)

제26조의2【지원의 제한】 고용노동부장관은 제20조부터 제26조까지의 규정에 따른 지원을 할 때 사업주가 다른 법령에 따른 지원금 또는 장려금 등의 금전을 지급받은 경우 등 대통령령으로 정하는 경우에는 그 금액을 빼고 지원할 수 있다.(2011.7.21 본조신설)

제27조【사업주에 대한 직업능력개발 훈련의 지원】 ① 고용노동부장관은 피보험자등의 직업능력을 개발·향상시키기 위하여 대통령령으로 정하는 직업능력개발 훈련을 실시하는 사업주에게 대통령령으로 정하는 바에 따라 그 훈련에 필요한 비용을 지원할 수 있다.

② 고용노동부장관은 사업주가 다음 각 호의 어느 하나에 해당하는 사람에게 제1항에 따라 직업능력개발 훈련을 실시하는 경우에는 대통령령으로 정하는 바에 따라 우대 지원할 수 있다.

1. 「기간제 및 단시간근로자 보호 등에 관한 법률」 제2조제1호의 기간제근로자
2. 「근로기준법」 제2조제1항제9호의 단시간근로자 (2021.1.5 본호개정)
3. 「파견근로자 보호 등에 관한 법률」 제2조제5호의 파견근로자(2019.4.30 본호개정)
4. 일용근로자
5. 「고용상 연령차별금지 및 고령자고용촉진에 관한 법률」 제2조제1호 또는 제2호의 고령자 또는 준고령자
6. 그 밖에 대통령령으로 정하는 사람

(2016.12.27 본항신설)

(2010.6.4 본조개정)

제28조【비용 지원의 기준 등】 고용노동부장관이 제27조에 따라 사업주에게 비용을 지원하는 경우 지원 금액은 고용산재보험료징수법 제16조의3에 따른 월별보험료를 모두 더한 해당 연도 고용보험료 또는 같은 법 제17조에 따른 해당 연도 고용보험 개산보험료 중 고용안정·직업능력개발 사업의 보험료에 대통령령으로 정하는 비율을 곱한 금액으로 하되, 그 한도는 대통령령으로 정한다.

(2021.1.5 본조개정)

제29조【피보험자등에 대한 직업능력개발 지원】 ① 고용노동부장관은 피보험자등이 직업능력개발 훈련을 받거나 그 밖에 직업능력 개발·향상을 위하여 노력하는 경우에는 대통령령으로 정하는 바에 따라 필요한 비용을 지원할 수 있다.

② 고용노동부장관은 필요하다고 인정하면 대통령령으로 정하는 바에 따라 피보험자등의 취업을 촉진하기 위한 직업능력개발 훈련을 실시할 수 있다.

③ 고용노동부장관은 대통령령으로 정하는 저소득 피보험자등이 직업능력개발 훈련을 받는 경우 대통령령으로 정하는 바에 따라 생계비를 대부할 수 있다.

(2010.6.4 본조개정)

제30조【직업능력개발 훈련 시설에 대한 지원 등】 고용노동부장관은 피보험자등의 직업능력 개발·향상을 위하여 필요하다고 인정하면 대통령령으로 정하는 바에 따라 직업능력개발 훈련 시설의 설치 및 장비 구입에 필요한 비용의 대부, 그 밖에 고용노동부장관이 정하는 직업능력개발 훈련 시설의 설치 및 장비 구입·운영에 필요한 비용을 지원할 수 있다.(2010.6.4 본조개정)

제31조【직업능력개발의 촉진】 ① 고용노동부장관은 피보험자등의 직업능력 개발·향상을 촉진하기 위하여 다음 각 호의 사업을 실시하거나 이를 실시하는 자에게 그 사업의 실시에 필요한 비용을 지원할 수 있다.

(2010.6.4 본문개정)

1. 직업능력개발 사업에 대한 기술지원 및 평가 사업
2. 자격검정 사업 및 「숙련기술장려법」에 따른 숙련기술 장려 사업(2010.5.31 본호개정)
3. 그 밖에 대통령령으로 정하는 사업

② 고용노동부장관은 직업능력 개발·향상과 인력의 원활한 수급(需給)을 위하여 필요하다고 인정하면 대통령령으로 정하는 바에 따라 고용노동부장관이 정하는 직종에 대한 직업능력개발 훈련 사업을 위탁하여 실시할 수 있다.(2010.6.4 본항개정)

제32조【건설근로자 등의 직업능력개발 지원】 ① 고용노동부장관은 건설근로자 등 고용상태가 불안정한 근로자를 위하여 직업능력 개발·향상을 위한 사업으로 대통령령으로 정하는 사업을 실시하는 사업주에게 그 사업의 실시에 필요한 비용을 지원할 수 있다.

② 고용노동부장관은 제1항의 사업과 관련하여 사업주가 단독으로 직업능력개발 사업을 실시하기 어려운 경우로서 대통령령으로 정하는 경우에는 사업주 단체에 대하여도 지원할 수 있다.

(2010.6.4 본조개정)

제33조【고용정보의 제공 및 고용 지원 기반의 구축 등】 ① 고용노동부장관은 사업주 및 피보험자등에 대한 구인·구직·훈련 등 고용정보의 제공, 직업·훈련 상담 등 직업지도, 직업소개, 고용안정·직업능력개발에 관한 기반의 구축 및 그에 필요한 전문 인력의 배치 등의 사업을 할 수 있다.

② 고용노동부장관은 필요하다고 인정하면 제1항에 따른 업무의 일부를 「직업안정법」 제4조의4에 따른 민간직업상담원에게 수행하도록 할 수 있다.

(2010.6.4 본조개정)

제34조【지방자치단체 등에 대한 지원】 고용노동부장관은 지방자치단체 또는 대통령령으로 정하는 비영리법인·단체가 그 지역에서 피보험자등의 고용안정·고용촉진 및 직업능력개발을 위한 사업을 실시하는 경우에는 대통령령으로 정하는 바에 따라 필요한 지원을 할 수 있다.

(2010.6.4 본조개정)

제35조【부정행위에 따른 지원의 제한 등】 ① 고용노동부장관은 거짓이나 그 밖의 부정한 방법으로 이 장의 규정에 따른 고용안정·직업능력개발 사업의 지원을 받은 자 또는 받으려는 자에게는 해당 지원금 중 지급되지 아니한 금액 또는 지급받으려는 지원금을 지급하지 아니하고, 1년의 범위에서 대통령령으로 정하는 바에 따라 지원금의 지급을 제한하며, 거짓이나 그 밖의 부정한 방법으로 지원받은 금액을 반환하도록 명하여야 한다.

(2015.1.20 본항개정)

② 고용노동부장관은 제1항에 따라 반환을 명하는 경우에는 이에 추가하여 고용노동부령으로 정하는 기준에 따라 그 거짓이나 그 밖의 부정한 방법으로 지급받은 금액의 5배 이하의 금액을 징수할 수 있다.(2010.6.4 본항개정)

③ 고용노동부장관은 고용안정·직업능력개발 사업의 지원을 받은 자에게 잘못 지급된 지원금이 있으면 그 지급금의 반환을 명할 수 있다.(2019.8.27 본항신설)

④ 제1항 및 제2항에도 불구하고 거짓이나 그 밖의 부정한 방법으로 직업능력개발 사업의 지원을 받은 자 또는 받으려는 자에 대한 지원의 제한, 반환 및 추가징수에 관하여는 「국민 평생 직업능력 개발법」 제55조 및 제56조를 준용한다.(2021.8.17 본항개정)

⑤ 고용노동부장관은 보험료를 체납한 자에게는 고용노동부령으로 정하는 바에 따라 이 장의 규정에 따른 고용안정·직업능력개발 사업의 지원을 하지 아니할 수 있다.

(2011.7.21 본항개정)

제36조【업무의 대행】 고용노동부장관은 필요하다고 인정하면 제19조 및 제27조부터 제31조까지의 규정에 따른 업무의 일부를 대통령령으로 정하는 자에게 대행하게 할 수 있다.(2010.6.4 본조개정)

제4장 실업급여

제1절 통 칙

제37조【실업급여의 종류】 ① 실업급여는 구직급여와 취업촉진 수당으로 구분한다.

② 취업촉진 수당의 종류는 다음 각 호와 같다.

1. 조기(早期)재취업 수당
2. 직업능력개발 수당
3. 광역 구직활동비
4. 이주비

제37조의2【실업급여수급계좌】 ① 직업안정기관의 장은 제43조에 따른 수급자격자의 신청이 있는 경우에는 실업급여를 수급자격자 명의의 지정된 계좌(이하 "실업급여수급계좌"라 한다)로 입금하여야 한다. 다만, 정보통신장애나 그 밖에 대통령령으로 정하는 불가피한 사유로 실업급여를 실업급여수급계좌로 이체할 수 없을 때에는 현금 지급 등 대통령령으로 정하는 바에 따라 실업급여를 지급할 수 있다.

② 실업급여수급계좌의 해당 금융기관은 이 법에 따른 실업급여만이 실업급여수급계좌에 입금되도록 관리하여야 한다.

③ 제1항에 따른 신청 방법·절차와 제2항에 따른 실업급여수급계좌의 관리에 필요한 사항은 대통령령으로 정한다.

(2015.1.20 본조신설)

제38조【수급권의 보호】 ① 실업급여를 받을 권리는 양도 또는 압류하거나 담보로 제공할 수 없다.

② 제37조의2제1항에 따라 지정된 실업급여수급계좌의 예금 중 대통령령으로 정하는 액수 이하의 금액에 관한 채권은 압류할 수 없다.(2015.1.20 본항신설)

제38조의2【공과금의 면제】 실업급여로서 지급된 금품에 대하여는 국가나 지방자치단체의 공과금(「국세기본법」 제2조제8호 또는 「지방세기본법」 제2조제1항제26호에 따른 공과금을 말한다)을 부과하지 아니한다.

(2013.3.22 본조신설)

제39조 (2013.6.4 삭제)

제2절 구직급여

제40조【구직급여의 수급 요건】 ① 구직급여는 이직한 근로자인 피보험자가 다음 각 호의 요건을 모두 갖춘 경우에 지급한다. 다만, 제5호와 제6호는 최종 이직 당시 일용근로자였던 사람만 해당한다.(2021.1.5 본문개정)

1. 제2항에 따른 기준기간(이하 "기준기간"이라 한다) 동안의 피보험 단위기간(제41조에 따른 피보험 단위기간을 말한다. 이하 같다)이 합산하여 180일 이상일 것 (2020.5.26 본호개정)
2. 근로의 의사와 능력이 있음에도 불구하고 취업(영리를 목적으로 사업을 영위하는 경우를 포함한다. 이하 이 장 및 제5장에서 같다)하지 못한 상태에 있을 것 (2019.1.15 본호개정)
3. 이직사유가 제58조에 따른 수급자격의 제한 사유에 해당하지 아니할 것
4. 재취업을 위한 노력을 적극적으로 할 것
5. 다음 각 목의 어느 하나에 해당할 것
   가. 제43조에 따른 수급자격 인정신청일이 속한 달의 직전 달 초일부터 수급자격 인정신청일까지의 근로일 수의 합이 같은 기간 동안의 총 일수의 3분의 1 미만일 것(2022.12.31 본목개정)
   나. 건설일용근로자(일용근로자로서 이직 당시에 「통계법」 제22조제1항에 따라 통계청장이 고시하는 한국표준산업분류의 대분류상 건설업에 종사한 사람을 말한다. 이하 같다)로서 수급자격 인정신청일 이전 14일간 연속하여 근로내역이 없을 것
   (2019.1.15 본호개정)
6. 최종 이직 당시의 기준기간 동안의 피보험 단위기간 중 다른 사업에서 제58조에 따른 수급자격의 제한 사유

에 해당하는 사유로 이직한 사실이 있는 경우에는 그 피보험 단위기간 중 90일 이상을 일용근로자로 근로하였을 것(2019.8.27 본호개정)
② 기준기간은 이직일 이전 18개월로 하되, 근로자인 피보험자가 다음 각 호의 어느 하나에 해당하는 경우에는 다음 각 호의 구분에 따른 기간을 기준기간으로 한다.
(2021.1.5 본문개정)
1. 이직일 이전 18개월 동안에 질병·부상, 그 밖에 대통령령으로 정하는 사유로 계속하여 30일 이상 보수의 지급을 받을 수 없었던 경우 : 18개월에 그 사유로 보수를 지급 받을 수 없었던 일수를 가산한 기간(3년을 초과할 때에는 3년으로 한다)
2. 다음 각 목의 요건에 모두 해당하는 경우 : 이직일 이전 24개월
가. 이직 당시 1주 소정근로시간이 15시간 미만이고, 1주 소정근로일수가 2일 이하인 근로자로 근로하였을 것
나. 이직일 이전 24개월 동안의 피보험 단위기간 중 90일 이상을 가목의 요건에 해당하는 근로자로 근로하였을 것
(2019.8.27 본항개정)
제41조【피보험 단위기간】 ① 근로자의 피보험 단위기간은 피보험기간 중 보수 지급의 기초가 된 날을 합하여 계산한다. 다만, 자영업자인 피보험자의 피보험 단위기간은 제50조제3항 단서 및 제4항에 따른 피보험기간으로 한다.(2021.1.5 본문개정)
② 제1항에 따라 피보험 단위기간을 계산할 때에는 최후로 피보험자격을 취득한 날 이전에 구직급여를 받은 사실이 있는 경우에는 그 구직급여와 관련된 피보험자격 상실일 이전의 피보험 단위기간은 넣지 아니한다.
③ 근로자인 피보험자가 제40조제2항에 따른 기준기간 동안에 근로자·제77조의2제1항에 따른 예술인·제77조의6제1항에 따른 노무제공자 중 둘 이상에 해당하는 사람으로 종사한 경우의 피보험 단위기간은 대통령령으로 정하는 바에 따른다.(2021.1.5 본항신설)
(2011.7.21 본조개정)
제42조【실업의 신고】 ① 구직급여를 지급받으려는 사람은 이직 후 지체 없이 직업안정기관에 출석하여 실업을 신고하여야 한다. 다만, 「재난 및 안전관리 기본법」 제3조제1호의 재난으로 출석하기 어려운 경우 등 고용노동부령으로 정하는 사유가 있는 경우에는 「고용정책 기본법」 제15조의2에 따른 고용정보시스템을 통하여 신고할 수 있다.(2022.12.31 단서신설)
② 제1항에 따른 실업의 신고에는 구직 신청과 제43조에 따른 수급자격의 인정신청을 포함하여야 한다.
③ 제1항에 따라 구직급여를 지급받기 위하여 실업을 신고하려는 사람은 이직하기 전 사업의 사업주에게 피보험 단위기간, 이직 전 1일 소정근로시간 등을 확인할 수 있는 자료(이하 "이직확인서"라 한다)의 발급을 요청할 수 있다. 이 경우 요청을 받은 사업주는 고용노동부령으로 정하는 바에 따라 이직확인서를 발급하여 주어야 한다.
(2019.8.27 본항신설)
제43조【수급자격의 인정】 ① 구직급여를 지급받으려는 사람은 직업안정기관의 장에게 제40조제1항제1호부터 제3호까지·제5호 및 제6호에 따른 구직급여의 수급 요건을 갖추었다는 사실(이하 "수급자격"이라 한다)을 인정하여 줄 것을 신청하여야 한다.(2020.5.26 본항개정)
② 직업안정기관의 장은 제1항에 따른 수급자격의 인정신청을 받으면 그 신청인에 대한 수급자격의 인정 여부를 결정하고, 대통령령으로 정하는 바에 따라 신청인에게 그 결과를 알려야 한다.
③ 제2항에 따른 신청인이 다음 각 호의 요건을 모두 갖춘 경우에는 마지막에 이직한 사업을 기준으로 수급자격의 인정 여부를 결정한다. 다만, 마지막 이직 당시 일용근로자로서 피보험 단위기간이 1개월 미만인 사람이 수급자격을 갖추지 못한 경우에는 일용근로자가 아닌 근로자로서 마지막으로 이직한 사업을 기준으로 결정한다.
(2020.5.26 단서개정)
1. 피보험자로서 마지막에 이직한 사업에 고용되기 전에 피보험자로서 이직한 사실이 있을 것
2. 마지막 이직 이전의 이직과 관련하여 구직급여를 받은 사실이 없을 것(2008.12.31 본호개정)
④ 직업안정기관의 장은 제2항 및 제3항에 따라 신청인에 대한 수급자격의 인정 여부를 결정하기 위하여 필요하면 신청인이 이직하기 전 사업의 사업주에게 고용노동부령으로 정하는 바에 따라 이직확인서의 제출을 요청할 수 있다. 이 경우 요청을 받은 사업주는 고용노동부령으로 정하는 바에 따라 이직확인서를 제출하여야 한다.
(2019.8.27 본항신설)
⑤ 제2항에 따라 수급자격의 인정을 받은 사람(이하 "수급자격자"라 한다)이 제48조 및 제54조제1항에 따른 기간에 새로 수급자격의 인정을 받은 경우에는 새로 인정받은 수급자격을 기준으로 구직급여를 지급한다.
(2020.5.26 본항개정)
제43조의2【둘 이상의 피보험자격 취득 시 수급자격의 인정】 ① 근로자, 제77조의2제1항에 따른 예술인, 제77조의6제1항에 따른 노무제공자 또는 자영업자인 피보험자로서 서로 다른 둘 이상의 피보험자격을 취득하였다가 이직하여 그 피보험자격을 모두 상실한 사람이 구직급여를 지급받으려는 경우에는 둘 이상의 피보험자격 중 자신이 선택한 피보험자격을 기준으로 수급자격의 인정 여부를 결정한다.
② 제1항에 따라 수급자격을 인정받으려는 사람이 선택한 피보험자격이 가장 나중에 상실한 피보험자격(피보험자격을 동시에 상실한 경우에는 동시에 상실된 피보험자격 모두를 말한다. 이하 이 항에서 같다)이 아닌 경우에는 가장 나중에 상실한 피보험자격과 관련된 이직사유가 제58조 또는 제69조의7에 따른 수급자격의 제한 사유에 해당하지 아니하는 경우에만 수급자격을 인정한다. 다만, 직업안정기관의 장이 대통령령으로 정하는 바에 따른 소득감소로 이직하였다고 인정하는 경우에는 수급자격의 제한 사유에 해당하지 아니하는 것으로 본다.
(2022.12.31 본조신설)
제44조【실업의 인정】 ① 구직급여는 수급자격자가 실업한 상태에 있는 날 중에서 직업안정기관의 장으로부터 실업의 인정을 받은 날에 대하여 지급한다.
② 실업의 인정을 받으려는 수급자격자는 제42조에 따라 실업의 신고를 한 날부터 계산하기 시작하여 1주부터 4주의 범위에서 직업안정기관의 장이 지정한 날(이하 "실업인정일"이라 한다)에 출석하여 재취업을 위한 노력을 하였음을 신고하여야 하고, 직업안정기관의 장은 직전 실업인정일의 다음 날부터 그 실업인정일까지의 각각의 날에 대하여 실업의 인정을 한다. 다만, 다음 각 호에 해당하는 사람에 대한 실업의 인정 방법은 고용노동부령으로 정하는 기준에 따른다.(2020.5.26 단서개정)
1. 직업능력개발 훈련 등을 받는 수급자격자
2. 천재지변, 대량 실업의 발생 등 대통령령으로 정하는 사유가 발생한 경우의 수급자격자
3. 그 밖에 대통령령으로 정하는 수급자격자
③ 제2항에도 불구하고 수급자격자가 다음 각 호의 어느 하나에 해당하면 직업안정기관에 출석할 수 없었던 사유를 적은 증명서를 제출하여 실업의 인정을 받을 수 있다.
1. 질병이나 부상으로 직업안정기관에 출석할 수 없었던 경우로서 그 기간이 계속하여 7일 미만인 경우
2. 직업안정기관의 직업소개에 따른 구인자와의 면접 등으로 직업안정기관에 출석할 수 없었던 경우
3. 직업안정기관의 장이 지시한 직업능력개발 훈련 등을 받기 위하여 직업안정기관에 출석할 수 없었던 경우
4. 천재지변이나 그 밖의 부득이한 사유로 직업안정기관에 출석할 수 없었던 경우
④ 직업안정기관의 장은 제1항에 따른 실업을 인정할 때에는 수급자격자의 취업을 촉진하기 위하여 재취업 활동에 관한 계획의 수립 지원, 직업소개 등 대통령령으로 정하는 조치를 하여야 한다. 이 경우 수급자격자는 정당한 사유가 없으면 직업안정기관의 장의 조치에 따라야 한다.
제45조【급여의 기초가 되는 임금일액】 ① 구직급여의 산정 기초가 되는 임금일액[이하 "기초일액(基礎日額)"이라 한다]은 제43조제1항에 따른 수급자격의 인정과 관련된 마지막 이직 당시 「근로기준법」 제2조제1항제6호에 따라 산정된 평균임금으로 한다. 다만, 마지막 이직일 이전 3개월 이내에 피보험자격을 취득한 사실이 2회 이상인 경우에는 마지막 이직일 이전 3개월간(일용근로자의 경우에는 마지막 이직일 이전 4개월 중 최종 1개월을 제외한 기간)에 그 근로자에게 지급된 임금 총액을 그 산정의 기준이 되는 3개월의 총 일수로 나눈 금액을 기초일액으로 한다.
② 제1항에 따라 산정된 금액이 「근로기준법」에 따른 그 근로자의 통상임금보다 적을 경우에는 그 통상임금액을 기초일액으로 한다. 다만, 마지막 사업에서 이직 당시 일용근로자였던 사람의 경우에는 그러하지 아니하다.
(2020.5.26 단서개정)
③ 제1항과 제2항에 따라 기초일액을 산정하는 것이 곤란한 경우와 보험료를 고용산재보험료징수법 제3조에 따른 기준보수(이하 "기준보수"라 한다)를 기준으로 낸 경우에는 기준보수를 기초일액으로 한다. 다만, 보험료를 기준보수로 낸 경우에도 제1항과 제2항에 따라 산정한 기초일액이 기준보수보다 많은 경우에는 그러하지 아니하다.
(2021.1.5 본문개정)
④ 제1항부터 제3항까지의 규정에도 불구하고 이들 규정에 따라 산정된 기초일액이 그 수급자격자의 이직 전 1일 소정근로시간에 이직일 당시 적용되던 「최저임금법」에 따른 시간 단위에 해당하는 최저임금액을 곱한 금액(이하 "최저기초일액"이라 한다)보다 낮은 경우에는 최저기초일액을 기초일액으로 한다. 이 경우 이직 전 1일 소정근로시간은 고용노동부령으로 정하는 방법에 따라 산정한다.(2015.1.20 후단신설)
⑤ 제1항부터 제3항까지의 규정에도 불구하고 이들 규정에 따라 산정된 기초일액이 보험의 취지 및 일반 근로자의 임금 수준 등을 고려하여 대통령령으로 정하는 금액을 초과하는 경우에는 대통령령으로 정하는 금액을 기초일액으로 한다.
제46조【구직급여일액】 ① 구직급여일액은 다음 각 호의 구분에 따른 금액으로 한다.
1. 제45조제1항부터 제3항까지 및 제5항의 경우에는 그 수급자격자의 기초일액에 100분의 60을 곱한 금액
(2019.8.27 본호개정)
2. 제45조제4항의 경우에는 그 수급자격자의 기초일액에 100분의 80을 곱한 금액(이하 "최저구직급여일액"이라 한다)(2019.8.27 본호개정)
② 제1항제1호에 따라 산정된 구직급여일액이 최저구직급여일액보다 낮은 경우에는 최저구직급여일액을 그 수급자격자의 구직급여일액으로 한다.
제47조【실업인정대상기간 중의 취업 등의 신고】 ① 수급자격자는 실업의 인정을 받으려 하는 기간(이하 "실업인정대상기간"이라 한다) 중에 고용노동부령으로 정하는 기준에 해당하는 취업을 한 경우에는 그 사실을 직업안정기관의 장에게 신고하여야 한다.
② 직업안정기관의 장은 필요하다고 인정하면 수급자격자의 실업인정대상기간 중의 취업 사실에 대하여 조사할 수 있다.
(2019.1.15 본조개정)
제48조【수급기간 및 수급일수】 ① 구직급여는 이 법에 따로 규정이 있는 경우 외에는 그 구직급여의 수급자격과 관련된 이직일의 다음 날부터 계산하기 시작하여 12개월 내에 제50조제1항에 따른 소정급여일수를 한도로 하여 지급한다.
② 제1항에 따른 12개월의 기간 중 임신·출산·육아, 그 밖에 대통령령으로 정하는 사유로 취업할 수 없는 사람이 그 사실을 수급기간에 직업안정기관에 신고한 경우에는 12개월의 기간에 그 취업할 수 없는 기간을 가산한 기간(4년을 넘을 때에는 4년)에 제50조제1항에 따른 소정급여일수를 한도로 하여 구직급여를 지급한다.
(2020.5.26 본항개정)
③ 다음 각 호의 어느 하나에 해당하는 경우에는 해당 최초 요양일에 제2항에 따른 신고를 한 것으로 본다.
1. 「산업재해보상보험법」 제40조에 따른 요양급여를 받는 경우
2. 질병 또는 부상으로 3개월 이상의 요양이 필요하여 이직하였고, 이직 기간 동안 취업활동이 곤란하였던 사실이 요양기간과 부상·질병 상태를 구체적으로 밝힌 주치의사의 소견과 요양을 위하여 이직하였다는 사업주의 의견을 통하여 확인된 경우(2020.5.26 본호개정)
(2008.12.31 본항신설)
제49조【대기기간】 ① 제44조에도 불구하고 제42조에 따른 실업의 신고일부터 계산하기 시작하여 7일간은 대기기간으로 보아 구직급여를 지급하지 아니한다. 다만, 최종 이직 당시 건설일용근로자였던 사람에 대해서는 제42조에 따른 실업의 신고일부터 계산하여 구직급여를 지급한다.(2019.1.15 단서신설)
② 제1항 본문에도 불구하고 제43조제1항 및 제43조의2 제1항에 따라 수급자격의 인정신청을 한 경우로서 가장 나중에 상실한 피보험자격과 관련된 이직사유가 제43조의2 제2항 단서에 해당하는 경우에는 제42조에 따른 실업의 신고일부터 계산하기 시작하여 4주의 범위에서 대통령령으로 정하는 기간을 대기기간으로 보아 구직급여를 지급하지 아니한다.(2022.12.31 본항신설)
제50조【소정급여일수 및 피보험기간】 ① 하나의 수급자격에 따라 구직급여를 지급받을 수 있는 날(이하 "소정급여일수"라 한다)은 대기기간이 끝난 다음날부터 계산하기 시작하여 피보험기간과 연령에 따라 별표1에서 정한 일수가 되는 날까지로 한다.(2011.7.21 본항개정)
② 수급자격자가 소정급여일수 내에 제48조제2항에 따른 임신·출산·육아, 그 밖에 대통령령으로 정하는 사유로 수급기간을 연장한 경우에는 그 기간만큼 구직급여를 유예하여 지급한다.
③ 피보험기간은 그 수급자격과 관련된 이직 당시의 적용 사업에서 고용된 기간(제10조 및 제10조의2에 따른 적용 제외 근로자로 고용된 기간은 제외한다. 이하 이 조에서 같다)으로 한다. 다만, 자영업자인 피보험자의 경우에는 그 수급자격과 관련된 폐업 당시의 적용 사업에의 보험가입기간 중에서 실제로 납부한 고용보험료에 해당하는 기간으로 한다.(2019.1.15 본문개정)
④ 제3항에도 불구하고 피보험기간을 계산할 때에 다음 각 호의 경우에는 해당 호에 따라 각각 피보험기간을 계산한다.
1. 종전의 적용 사업에서 피보험자격을 상실한 사실이 있고 그 상실한 날부터 3년 이내에 현재 적용 사업에서 피보험자격을 취득한 경우 : 종전의 적용 사업에서의 피보험기간을 합산한다. 다만, 종전의 적용 사업의 피보험자격 상실로 인하여 구직급여를 지급받은 사실이 있는 경우에는 그 종전의 적용 사업에서의 피보험기간은 제외한다.
2. 자영업자인 피보험자가 종전에 근로자로서 고용되었다가 피보험자격을 상실한 사실이 있고 그 상실한 날부터 3년 이내에 자영업자로서 피보험자격을 다시 취득한 경우 : 종전의 적용 사업에서의 피보험기간을 합산하지 아니하되, 본인이 종전의 피보험기간을 합산하여 줄 것

을 원하는 때에 한정하여 합산한다. 다만, 종전의 적용 사업의 피보험자격 상실로 인하여 구직급여를 지급받은 사실이 있는 경우에는 그 종전의 적용 사업에서의 피보험기간은 제외한다.
(2011.7.21 본항개정)
⑤ 피보험자격 취득에 관하여 신고가 되어 있지 아니하였던 피보험자의 경우에는 하나의 피보험기간에 피보험자가 된 날이 다음 각 호의 어느 하나에 해당하는 날부터 소급하여 3년이 되는 해의 1월 1일 전이면 제3항에도 불구하고 그 해당하는 날부터 소급하여 3년이 되는 날이 속하는 보험연도의 첫 날에 그 피보험자격을 취득한 것으로 보아 피보험기간을 계산한다. 다만, 사업주가 다음 각 호의 어느 하나에 해당하는 날부터 소급하여 3년이 되는 해의 1월 1일 전부터 해당 피보험자에 대한 고용보험료를 계속 납부한 사실이 증명된 경우에는 고용보험료를 납부한 기간으로 피보험기간을 계산한다.
1. 제15조에 따른 피보험자격 취득신고를 한 날
2. 제17조에 따른 피보험자격 취득이 확인된 날
(2015.1.20 본항개정)
(2011.7.21 본조제목개정)

제51조【훈련연장급여】 ① 직업안정기관의 장은 수급자격자의 연령·경력 등을 고려할 때 재취업을 위하여 직업능력개발 훈련 등이 필요하면 그 수급자격자에게 직업능력개발 훈련 등을 받도록 지시할 수 있다.
② 직업안정기관의 장은 제1항에 따라 직업능력개발 훈련 등을 받도록 지시한 경우에는 수급자격자가 그 직업능력개발 훈련 등을 받는 기간 중 실업의 인정을 받은 날에 대하여는 소정급여일수를 초과하여 구직급여를 연장하여 지급할 수 있다. 이 경우 연장하여 지급하는 구직급여(이하 "훈련연장급여"라 한다)의 지급 기간은 대통령령으로 정하는 기간을 한도로 한다.
③ 제1항에 따른 훈련대상자·훈련 과정, 그 밖의 필요한 사항은 고용노동부령으로 정한다.(2010.6.4 본항개정)

제52조【개별연장급여】 ① 직업안정기관의 장은 취업이 특히 곤란하고 생활이 어려운 수급자격자로서 대통령령으로 정하는 사람에게는 그가 실업의 인정을 받은 날에 대하여 소정급여일수를 초과하여 구직급여를 연장하여 지급할 수 있다.(2020.5.26 본항개정)
② 제1항에 따라 연장하여 지급하는 구직급여(이하 "개별연장급여"라 한다)는 60일의 범위에서 대통령령으로 정하는 기간 동안 지급한다.

제53조【특별연장급여】 ① 고용노동부장관은 실업의 급증 등 대통령령으로 정하는 사유가 발생한 경우에는 60일의 범위에서 수급자격자가 실업의 인정을 받은 날에 대하여 소정급여일수를 초과하여 구직급여를 연장하여 지급할 수 있다. 다만, 이직 후의 생활안정을 위한 일정 기준 이상의 소득이 있는 수급자격자 등 고용노동부령으로 정하는 수급자격자에 대하여는 그러하지 아니하다.
② 고용노동부장관은 제1항 본문에 따라 연장하여 지급하는 구직급여(이하 "특별연장급여"라 한다)를 지급하려면 기간을 정하여 실시하여야 한다.
(2010.6.4 본조개정)

제54조【연장급여의 수급기간 및 구직급여일액】 ① 제51조부터 제53조까지의 규정에 따른 연장급여를 지급하는 경우에 그 수급자격자의 수급기간은 제48조에 따른 그 수급자격자의 수급기간에 연장되는 구직급여일수를 더하여 산정한 기간으로 한다.
② 제51조에 따라 훈련연장급여를 지급하는 경우에 그 일액은 해당 수급자격자의 구직급여일액의 100분의 100으로 하고, 제52조 또는 제53조에 따라 개별연장급여 또는 특별연장급여를 지급하는 경우에 그 일액은 해당 수급자격자의 구직급여일액의 100분의 70을 곱한 금액으로 한다.(2008.3.21 본항개정)
③ 제2항에 따라 산정된 구직급여일액이 제46조제2항에 따른 최저구직급여일액보다 낮은 경우에는 최저구직급여일액을 그 수급자격자의 구직급여일액으로 한다.

제55조【연장급여의 상호 조정 등】 ① 제51조부터 제53조까지의 규정에 따른 연장급여는 제48조에 따라 그 수급자격자가 지급받을 수 있는 구직급여의 지급이 끝난 후에 지급한다.
② 훈련연장급여를 지급받고 있는 수급자격자에게는 그 훈련연장급여의 지급이 끝난 후가 아니면 개별연장급여 및 특별연장급여를 지급하지 아니한다.
③ 개별연장급여 또는 특별연장급여를 지급받고 있는 수급자격자가 훈련연장급여를 지급받게 되면 개별연장급여나 특별연장급여를 지급하지 아니한다.
④ 특별연장급여를 지급받고 있는 수급자격자에게는 특별연장급여의 지급이 끝난 후가 아니면 개별연장급여를 지급하지 아니하고, 개별연장급여를 지급받고 있는 수급자격자에게는 개별연장급여의 지급이 끝난 후가 아니면 특별연장급여를 지급하지 아니한다.
⑤ 그 밖에 연장급여의 조정에 관하여 필요한 사항은 고용노동부령으로 정한다.(2010.6.4 본항개정)

제55조의2【국민연금 보험료의 지원】 ① 고용노동부장관은 「국민연금법」 제19조의2제1항에 따라 구직급여를 받는 기간을 국민연금 가입기간으로 추가 산입하려는 수급자격자에게 국민연금 보험료의 일부를 지원할 수 있다.
② 제1항에 따른 지원금액은 「국민연금법」 제19조의2제3항에 따른 연금보험료의 100분의 25의 범위로 한다.
③ 제1항에 따른 지원 절차·방법, 제2항에 따른 지원금액 등에 필요한 사항은 대통령령으로 정한다.
(2016.5.29 본조신설)

제56조【지급일 및 지급 방법】 ① 구직급여는 대통령령으로 정하는 바에 따라 실업의 인정을 받은 일수분(日數分)을 지급한다.
② 직업안정기관의 장은 각 수급자격자에 대한 구직급여를 지급할 날짜를 정하여 당사자에게 알려야 한다.

제57조【지급되지 아니한 구직급여】 ① 수급자격자가 사망한 경우 그 수급자격자에게 지급되어야 할 구직급여로서 아직 지급되지 아니한 것이 있는 경우에는 그 수급자격자의 배우자(사실상의 혼인 관계에 있는 사람을 포함한다)·자녀·부모·손자녀·조부모 또는 형제자매로서 수급자격자와 생계를 같이하고 있던 사람의 청구에 따라 그 미지급분을 지급한다.
② 수급자격자가 사망하여 실업의 인정을 받을 수 없었던 기간에 대하여는 대통령령으로 정하는 바에 따라 제1항에 따라 지급되지 아니한 구직급여의 지급을 청구하는 사람이 그 수급자격자에 대한 실업의 인정을 받아야 한다. 이 경우 수급자격자가 제47조제1항에 해당하면 지급되지 아니한 구직급여를 청구하는 사람이 같은 조 제1항에 따라 직업안정기관의 장에게 신고하여야 한다.
③ 제1항에 따라 지급되지 아니한 구직급여를 지급받을 수 있는 사람의 순위는 같은 항에 열거된 순서로 한다. 이 경우 같은 순위자가 2명 이상이면 그 중 1명이 한 청구를 전원(全員)을 위하여 한 것으로 보며, 그 1명에게 한 지급은 전원에 대한 지급으로 본다.
(2020.5.26 본조개정)

제58조【이직 사유에 따른 수급자격의 제한】 제40조에도 불구하고 피보험자가 다음 각 호의 어느 하나에 해당한다고 직업안정기관의 장이 인정하는 경우에는 수급자격이 없는 것으로 본다.
1. 중대한 귀책사유(歸責事由)로 해고된 피보험자로서 다음 각 목의 어느 하나에 해당하는 경우
가. 「형법」 또는 직무와 관련된 법률을 위반하여 금고 이상의 형을 선고받은 경우
나. 사업에 막대한 지장을 초래하거나 재산상 손해를 끼친 경우로서 고용노동부령이 정하는 기준에 해당하는 경우(2010.6.4 본목개정)
다. 정당한 사유 없이 근로계약 또는 취업규칙 등을 위반하여 장기간 무단 결근한 경우
2. 자기 사정으로 이직한 피보험자로서 다음 각 목의 어느 하나에 해당하는 경우
가. 전직 또는 자영업을 하기 위하여 이직한 경우
나. 제1호의 중대한 귀책사유가 있는 사람이 해고되지 아니하고 사업주의 권고로 이직한 경우(2020.5.26 본목개정)
다. 그 밖에 고용노동부령으로 정하는 정당한 사유에 해당하지 아니하는 사유로 이직한 경우(2010.6.4 본목개정)

제59조 (2015.1.20 삭제)

제60조【훈련 거부 등에 따른 급여의 지급 제한】 ① 수급자격자가 직업안정기관의 장이 소개하는 직업에 취직하는 것을 거부하거나 직업안정기관의 장이 지시한 직업능력개발 훈련 등을 거부하면 대통령령으로 정하는 바에 따라 구직급여의 지급을 정지한다. 다만, 다음 각 호의 어느 하나에 해당하는 정당한 사유가 있는 경우에는 그러하지 아니하다.
1. 소개된 직업 또는 직업능력개발 훈련 등을 받도록 지시된 직종이 수급자격자의 능력에 맞지 아니하는 경우
2. 취직하거나 직업능력개발 훈련 등을 받기 위하여 주거의 이전이 필요하나 그 이전이 곤란한 경우
3. 소개된 직업의 임금 수준이 같은 지역의 같은 종류의 업무 또는 같은 정도의 기능에 대한 통상의 임금 수준에 비하여 100분의 20 이상 낮은 경우 등 고용노동부장관이 정하는 기준에 해당하는 경우(2010.6.4 본호개정)
4. 그 밖에 정당한 사유가 있는 경우
② 수급자격자가 정당한 사유 없이 고용노동부장관이 정하는 기준에 따라 직업안정기관의 장이 실시하는 재취업 촉진을 위한 직업 지도를 거부하면 대통령령으로 정하는 바에 따라 구직급여의 지급을 정지한다.(2010.6.4 본항개정)
③ 제1항 단서 및 제2항에서의 정당한 사유의 유무(有無)에 대한 인정은 고용노동부장관이 정하는 기준에 따라 직업안정기관의 장이 행한다.(2010.6.4 본항개정)
④ 제1항과 제2항에 따라 구직급여의 지급을 정지하는 기간은 1개월의 범위에서 고용노동부장관이 정하여 고시한다.(2010.6.4 본항개정)

제61조【부정행위에 따른 급여의 지급 제한】 ① 거짓이나 그 밖의 부정한 방법으로 실업급여를 받았거나 받으려 한 사람에게는 그 급여를 받은 날 또는 받으려 한 날부터의 구직급여를 지급하지 아니한다. 다만, 그 급여와 관련된 이직 이후에 새로 수급자격을 취득한 경우 그 새로운 수급자격에 따른 구직급여에 대하여는 그러하지 아니하다.
(2020.5.26 본문개정)
② 제1항 본문에도 불구하고 거짓이나 그 밖의 부정한 방법이 제47조제1항에 따른 신고의무의 불이행 또는 거짓의 신고 등 대통령령으로 정하는 사유에 해당하면 그 실업인정대상기간에 한정하여 구직급여를 지급하지 아니한다. 다만, 2회 이상의 위반행위를 한 경우에는 제1항 본문에 따른다.(2020.5.26 본문개정)
③ 거짓이나 그 밖의 부정한 방법으로 실업급여를 지급받았거나 받으려 한 사람이 제1항 또는 제2항에 따라 구직급여를 지급받을 수 없게 된 경우에도 제50조제3항 및 같은 조 제4항을 적용할 때는 그 구직급여를 지급받은 것으로 본다.(2020.5.26 본항개정)
④ 거짓이나 그 밖의 부정한 방법으로 실업급여를 지급받았거나 받으려 한 사람이 제1항 또는 제2항에 따라 구직급여를 지급받을 수 없게 된 경우에도 제63조제2항을 적용할 때는 그 지급받을 수 없게 된 일수분의 구직급여를 지급받은 것으로 본다.(2020.5.26 본항개정)
⑤ 제1항 단서에도 불구하고 거짓이나 그 밖의 부정한 방법으로 구직급여를 받았거나 받으려 한 사람이 그 구직급여를 받은 날 또는 제44조에 따른 실업인정의 신고를 한 날부터 소급하여 10년간 3회 이상 제1항 본문에 따라 구직급여를 받지 못한 경우에는 대통령령으로 정하는 바에 따라 거짓이나 그 밖의 부정한 방법으로 구직급여를 받은 날 또는 제44조에 따른 실업인정의 신고를 한 날부터 3년의 범위에서 새로운 수급자격에 따른 구직급여를 지급하지 아니한다.(2019.8.27 본항신설)

제62조【반환명령 등】 ① 직업안정기관의 장은 거짓이나 그 밖의 부정한 방법으로 구직급여를 지급받은 사람에게 고용노동부령으로 정하는 바에 따라 지급받은 구직급여의 전부 또는 일부의 반환을 명할 수 있다.
② 직업안정기관의 장은 제1항에 따라 반환을 명하는 경우에 고용노동부령으로 정하는 바에 따라 거짓이나 그 밖의 부정한 방법으로 지급받은 구직급여액의 2배 이하의 금액을 추가로 징수할 수 있다. 다만, 사업주(사업주의 대리인·사용인, 그 밖에 사업주를 위하여 행위하는 자를 포함한다. 이하 이 조 및 제116조제1항에서 같다)와 공모(거짓이나 그 밖의 부정한 방법에 사업주의 거짓된 신고·보고 또는 증명 등 사업주의 귀책사유가 포함되어 있는 경우를 말한다. 이하 같다)하여 거짓이나 그 밖의 부정한 방법으로 구직급여를 지급받은 경우에는 지급받은 구직급여액의 5배 이하의 금액을 추가로 징수할 수 있다.
③ 거짓이나 그 밖의 부정한 방법으로 구직급여를 지급받은 사람이 사업주와 공모한 경우에는 그 사업주도 그 구직급여를 지급받은 사람과 연대(連帶)하여 제1항 및 제2항에 따른 책임을 진다.
④ 직업안정기관의 장은 구직급여의 수급자격이 있는 사람 또는 수급자격이 있었던 사람에게 잘못 지급된 구직급여가 있으면 그 지급금의 반환을 명할 수 있다.
⑤ 직업안정기관의 장은 제1항·제2항 또는 제4항에 따라 구직급여 지급금을 반환하거나 추가징수금을 납부하여야 하는 사람이 이 법에 따라 지급받을 구직급여가 있는 경우에는 이를 대통령령으로 정하는 바에 따라 제1항·제2항 또는 제4항에 따른 반환금·추가징수금에 충당할 수 있다.
(2019.8.27 본조개정)

제63조【질병 등의 특례】 ① 수급자격자가 제42조에 따라 실업의 신고를 한 이후에 질병·부상 또는 출산으로 취업이 불가능하여 실업의 인정을 받지 못한 날에 대하여는 제44조제1항에도 불구하고 그 수급자격자의 청구에 의하여 제46조의 구직급여일액에 해당하는 금액(이하 "상병급여"라 한다)을 구직급여를 갈음하여 지급할 수 있다. 다만, 제60조제1항 및 제2항에 따라 구직급여의 지급이 정지된 기간에 대하여는 상병급여(傷病給與)를 지급하지 아니한다.(2020.5.26 본문개정)
② 상병급여를 지급할 수 있는 일수는 그 수급자격자에 대한 구직급여 소정급여일수에서 그 수급자격에 의하여 구직급여가 지급된 일수를 뺀 일수를 한도로 한다. 이 경우 상병급여를 지급받은 사람에 대하여 이 법의 규정(제61조 및 제62조는 제외한다)을 적용할 때에는 상병급여의 지급 일수에 상당하는 일수분의 구직급여가 지급된 것으로 본다.(2020.5.26 후단개정)
③ 제1항에 따른 상병급여는 그 취업할 수 없는 사유가 없어진 이후에 최초로 구직급여를 지급하는 날(구직급여를 지급하는 날이 없는 경우에는 직업안정기관의 장이 정하는 날)에 지급한다. 다만, 필요하다고 인정하면 고용노동부장관이 따로 정하는 바에 따라 지급할 수 있다.
(2010.6.4 단서개정)
④ 제1항에도 불구하고 수급자격자가 「근로기준법」 제79조에 따른 휴업보상, 「산업재해보상보험법」 제52조부터 제56조까지의 규정에 따른 휴업급여, 그 밖에 이에 해당하는 급여 또는 보상으로서 대통령령으로 정하는 보상 또는 급여를 지급받을 수 있는 경우에는 상병급여를 지급하지 아니한다.(2019.1.15 본항개정)
⑤ 상병급여의 지급에 관하여는 제47조, 제49조, 제57조, 제61조(제4항은 제외한다) 및 제62조를 준용한다. 이 경우 "실업인정대상기간"은 "실업의 인정을 받지 못한 날"로, "구직급여"는 "상병급여"로 본다.(2019.8.27 본항개정)

제3절 취업촉진 수당

제64조【조기재취업 수당】 ① 조기재취업 수당은 수급자격자(「외국인근로자의 고용 등에 관한 법률」 제2조에 따른 외국인 근로자는 제외한다)가 안정된 직업에 재취직하거나 스스로 영리를 목적으로 하는 사업을 영위하는 경우로서 대통령령으로 정하는 기준에 해당하면 지급한다.
② 제1항에도 불구하고 수급자격자가 안정된 직업에 재취업한 날 또는 스스로 영리를 목적으로 하는 사업을 시작한 날 이전의 대통령령으로 정하는 기간에 조기재취업 수당을 지급받은 사실이 있는 경우에는 조기재취업 수당을 지급하지 아니한다.
③ 조기재취업 수당의 금액은 구직급여의 소정급여일수 중 미지급일수의 비율에 따라 대통령령으로 정하는 기준에 따라 산정한 금액으로 한다.
④ 조기재취업 수당을 지급받은 사람에 대하여 이 법의 규정(제61조 및 제62조는 제외한다)을 적용할 때에는 그 조기재취업 수당의 금액을 제46조에 따른 구직급여일액으로 나눈 일수분에 해당하는 구직급여를 지급한 것으로 본다.(2020.5.26 본항개정)
⑤ 수급자격자를 조기에 재취업시켜 구직급여의 지급 기간이 단축되도록 한 사람에게는 대통령령으로 정하는 바에 따라 장려금을 지급할 수 있다.(2020.5.26 본항개정)

제65조【직업능력개발 수당】 ① 직업능력개발 수당은 수급자격자가 직업안정기관의 장이 지시한 직업능력개발 훈련 등을 받는 경우에 그 직업능력개발 훈련 등을 받는 기간에 대하여 지급한다.
② 제1항에도 불구하고 제60조제1항 및 제2항에 따라 구직급여의 지급이 정지된 기간에 대하여는 직업능력개발 수당을 지급하지 아니한다.
③ 직업능력개발 수당의 지급 요건 및 금액에 필요한 사항은 대통령령으로 정한다. 이 경우 인력의 수급 상황을 고려하여 고용노동부장관이 특히 필요하다고 인정하여 고시하는 직종에 관한 직업능력개발 훈련 등에 대하여는 직업능력개발 수당의 금액을 다르게 정할 수 있다.
(2010.6.4 후단개정)

제66조【광역 구직활동비】 ① 광역 구직활동비는 수급자격자가 직업안정기관의 소개에 따라 광범위한 지역에 걸쳐 구직 활동을 하는 경우로서 대통령령으로 정하는 기준에 따라 직업안정기관의 장이 필요하다고 인정하면 지급할 수 있다.
② 광역 구직활동비의 금액은 제1항의 구직 활동에 통상 드는 비용으로 하되, 그 금액의 산정은 고용노동부령으로 정하는 바에 따른다.(2010.6.4 본항개정)

제67조【이주비】 ① 이주비는 수급자격자가 취업하거나 직업안정기관의 장이 지시한 직업능력개발 훈련 등을 받기 위하여 그 주거를 이전하는 경우로서 대통령령으로 정하는 기준에 따라 직업안정기관의 장이 필요하다고 인정하면 지급할 수 있다.
② 이주비의 금액은 수급자격자 및 그 수급자격자에 의존하여 생계를 유지하는 동거 친족의 이주에 일반적으로 드는 비용으로 하되, 그 금액의 산정은 고용노동부령으로 정하는 바에 따라 따른다.(2010.6.4 본항개정)

제68조【취업촉진 수당의 지급 제한】 ① 거짓이나 그 밖의 부정한 방법으로 실업급여를 받았거나 받으려 한 사람에게는 그 급여를 받은 날 또는 받으려 한 날부터의 취업촉진 수당을 지급하지 아니한다. 다만, 그 급여와 관련된 이직 이후에 새로 수급자격을 취득하면 그 새로운 수급자격에 따른 취업촉진 수당은 그러하지 아니하다.
(2020.5.26 본문개정)
② 제1항 본문에도 불구하고 거짓이나 그 밖의 부정한 방법이 제47조제1항에 따른 신고의무의 불이행 또는 거짓의 신고 등 대통령령으로 정하는 사유에 해당하면 취업촉진 수당의 지급을 제한하지 아니한다. 다만, 2회 이상의 위반행위를 한 경우에는 제1항 본문에 따른다.
③ 거짓이나 그 밖의 부정한 방법으로 실업급여를 지급받았거나 받으려 한 사람이 제1항 또는 제2항에 따라 취업촉진 수당을 지급받을 수 없게 되어 조기재취업 수당을 지급받지 못하게 된 경우에도 제64조제4항을 적용할 때는 그 지급받을 수 없게 된 조기재취업 수당을 지급받은 것으로 본다.(2020.5.26 본항개정)

제69조【준용】 취업촉진 수당에 관하여는 제57조제1항·제3항 및 제62조를 준용한다. 이 경우 "수급자격자"는 "취업촉진 수당을 지급받을 수 있는 사람"으로, "구직급여"는 "취업촉진 수당"으로 본다.(2020.5.26 후단개정)

제4절 자영업자인 피보험자에 대한 실업급여 적용의 특례
(2011.7.21 본절신설)

제69조의2【자영업자인 피보험자의 실업급여의 종류】 자영업자인 피보험자의 실업급여의 종류는 제37조에 따른다. 다만, 제51조부터 제55조까지의 규정에 따른 연장급여와 제64조에 따른 조기재취업 수당은 제외한다.

제69조의3【구직급여의 수급 요건】 구직급여는 폐업한 자영업자인 피보험자가 다음 각 호의 요건을 모두 갖춘 경우에 지급한다.
1. 폐업일 이전 24개월간 제41조제1항 단서에 따라 자영업자인 피보험자로서 갖춘 피보험 단위기간이 합산하여 1년 이상일 것(2020.5.26 본호개정)
2. 근로의 의사와 능력이 있음에도 불구하고 취업을 하지 못한 상태에 있을 것
3. 폐업사유가 제69조의7에 따른 수급자격의 제한 사유에 해당하지 아니할 것
4. 재취업을 위한 노력을 적극적으로 할 것

제69조의4【기초일액】 ① 자영업자인 피보험자이었던 수급자격자에 대한 기초일액은 다음 각 호의 구분에 따른 기간 동안 본인이 납부한 보험료의 산정기초가 되는 고용산재보험료징수법 제49조의2제3항에 따라 고시된 보수액을 전부 합산한 후에 그 기간의 총일수로 나눈 금액으로 한다.(2021.1.5 본문개정)
1. 수급자격과 관련된 피보험기간이 3년 이상인 경우 : 마지막 폐업일 이전 3년의 피보험기간
2. 수급자격과 관련된 피보험기간이 3년 미만인 경우 : 수급자격과 관련된 그 피보험기간
② 제1항에도 불구하고 자영업자인 피보험자이었던 수급자격자가 제50조제4항에 따라 피보험기간을 합산하게 됨에 따라 제69조의6에서 정한 소정급여일수가 추가로 늘어나는 경우에는 그 늘어난 일수분에 대한 기초일액은 제1항에 따라 산정된 기초일액으로 하되, 그 기초일액이 다음 각 호에 해당하는 경우에는 각각 해당 호에 따른 금액으로 한다.
1. 기초일액이 최저기초일액에 미치지 못하는 경우에는 최저기초일액
2. 기초일액이 제45조제5항에 따라 대통령령으로 정하는 금액을 초과하는 경우에는 그 대통령령으로 정하는 금액

제69조의5【구직급여일액】 자영업자인 피보험자로서 폐업한 수급자격자에 대한 구직급여일액은 그 수급자격자의 기초일액에 100분의 60을 곱한 금액으로 한다.
(2019.8.27 본조개정)

제69조의6【소정급여일수】 자영업자인 피보험자로서 폐업한 수급자격자에 대한 소정급여일수는 제49조에 따른 대기기간이 끝난 다음 날부터 계산하기 시작하여 피보험기간에 따라 별표2에서 정한 일수가 되는 날까지로 한다.

제69조의7【폐업사유에 따른 수급자격의 제한】 제69조의3에도 불구하고 폐업한 자영업자인 피보험자가 다음 각 호의 어느 하나에 해당한다고 직업안정기관의 장이 인정하는 경우에는 수급자격이 없는 것으로 본다.
1. 법령을 위반하여 허가 취소를 받거나 영업 정지를 받음에 따라 폐업한 경우
2. 방화(放火) 등 피보험자 본인의 중대한 귀책사유로서 고용노동부령으로 정하는 사유로 폐업한 경우
3. 매출액 등이 급격하게 감소하는 등 고용노동부령으로 정하는 사유가 아닌 경우로서 전직 또는 자영업을 다시 하기 위하여 폐업한 경우
4. 그 밖에 고용노동부령으로 정하는 정당한 사유에 해당하지 아니하는 사유로 폐업한 경우

제69조의8【자영업자인 피보험자에 대한 실업급여의 지급 제한】 고용노동부장관은 보험료를 체납한 사람에게는 고용노동부령으로 정하는 바에 따라 이 장에 따른 실업급여를 지급하지 아니할 수 있다.

제69조의9【준용】 ① 자영업자인 피보험자의 실업급여에 관하여는 제37조의2, 제38조, 제38조의2, 제42조, 제43조, 제43조의2, 제44조, 제47조부터 제49조까지, 제56조, 제57조, 제60조부터 제63조까지, 제65조부터 제68조까지를 준용한다. 이 경우 제42조제1항·제43조제3항 중 "이직"은 "폐업"으로 보고, 제43조제1항 중 "제40조제1항제1호부터 제3호까지·제5호 및 제6호"는 "제69조의3"으로 보며, 제63조제1항 중 "제46조"는 "제69조의5"로 보고, 제48조제1항 중 "제50조제1항"은 "제69조의6"으로 본다.
(2022.12.31 전단개정)
② 자영업자인 피보험자의 취업촉진 수당(조기재취업 수당은 제외한다)에 관하여는 제57조제1항·제3항 및 제62조를 준용한다. 이 경우 제57조제1항 중 "수급자격자"는 "취업촉진 수당을 지급받을 수 있는 사람"으로 본다.
(2020.5.26 후단개정)

제5장 육아휴직 급여 등

제1절 육아휴직 급여 및 육아기 근로시간 단축 급여
(2011.7.21 본절제목개정)

제70조【육아휴직 급여】 ① 고용노동부장관은 「남녀고용평등과 일·가정 양립 지원에 관한 법률」 제19조에 따른 육아휴직을 30일(「근로기준법」 제74조에 따른 출산전후휴가기간과 중복되는 기간은 제외한다) 이상 부여받은 피보험자 중 육아휴직을 시작한 날 이전에 제41조에 따른 피보험 단위기간이 합산하여 180일 이상인 피보험자에게 육아휴직 급여를 지급한다.
1.~2. (2019.8.27 삭제)
3. (2011.7.21 삭제)
(2020.5.26 본항개정)
② 제1항에 따른 육아휴직 급여를 지급받으려는 사람은 육아휴직을 시작한 날 이후 1개월부터 육아휴직이 끝난 날 이후 12개월 이내에 신청하여야 한다. 다만, 해당 기간에 대통령령으로 정하는 사유로 육아휴직 급여를 신청할 수 없었던 사람은 그 사유가 끝난 후 30일 이내에 신청하여야 한다.(2011.7.21 본항신설)
③ 피보험자가 제2항에 따라 육아휴직 급여 지급신청을 하는 경우 육아휴직 기간 중에 이직하거나 고용노동부령으로 정하는 기준에 해당하는 취업을 한 사실이 있는 경우에는 해당 신청서에 그 사실을 기재하여야 한다.
(2019.1.15 본항신설)
④ 제1항에 따른 육아휴직 급여액은 대통령령으로 정한다.
⑤ 육아휴직 급여의 신청 및 지급에 관하여 필요한 사항은 고용노동부령으로 정한다.(2010.6.4 본항개정)

판례 육아휴직급여 청구권의 권리행사기간을 규정한 것은 육아휴직 급여에 관한 법률관계를 조속히 확정시키기 위해서이며, 따라서 해당 규정의 성격 역시 강행규정이라고 보아야 한다. 그러므로 근로자가 육아휴직급여를 지급받기 위해서는 이 사건 조항에서 정한 신청기간 내에 관할 직업안정기관의 장에게 급여 지급을 신청하여야 하며 이 기간을 넘겨 신청하면 급여를 받을 수 없다.
(대판 2021.3.18, 2018두47264)

제71조【육아휴직의 확인】 사업주는 피보험자가 제70조에 따른 육아휴직 급여를 받으려는 경우 고용노동부령으로 정하는 바에 따라 사실의 확인 등 모든 절차에 적극 협력하여야 한다.(2010.6.4 본조개정)

제72조 (2019.1.15 삭제)

제73조【육아휴직 급여의 지급 제한 등】 ① 피보험자가 육아휴직 기간 중에 그 사업에서 이직한 경우에는 그 이직하였을 때부터 육아휴직 급여를 지급하지 아니한다.
(2019.1.15 본항개정)
② 피보험자가 육아휴직 기간 중에 제70조제3항에 따른 취업을 한 경우에는 그 취업한 기간에 대해서는 육아휴직 급여를 지급하지 아니한다.(2019.1.15 본항신설)
③ 피보험자가 사업주로부터 육아휴직을 이유로 금품을 지급받은 경우 대통령령으로 정하는 바에 따라 급여를 감액하여 지급할 수 있다.
④ 거짓이나 그 밖의 부정한 방법으로 육아휴직 급여를 받았거나 받으려 한 사람에게는 그 급여를 받은 날 또는 받으려 한 날부터의 육아휴직 급여를 지급하지 아니한다. 다만, 그 급여와 관련된 육아휴직 이후에 새로 육아휴직 급여 요건을 갖춘 경우 그 새로운 요건에 따른 육아휴직 급여는 그러하지 아니하다.(2019.1.15 본문개정)
⑤ 제4항 본문에도 불구하고 제70조제3항을 위반하여 육아휴직 기간 중 취업한 사실을 기재하지 아니하거나 거짓으로 기재하여 육아휴직 급여를 받았거나 받으려 한 사람에 대해서는 위반횟수 등을 고려하여 고용노동부령으로 정하는 바에 따라 지급이 제한되는 육아휴직 급여의 범위를 달리 정할 수 있다.(2019.1.15 본항신설)
(2019.1.15 본조제목개정)

제73조의2【육아기 근로시간 단축 급여】 ① 고용노동부장관은 「남녀고용평등과 일·가정 양립 지원에 관한 법률」 제19조의2에 따른 육아기 근로시간 단축(이하 "육아기 근로시간 단축"이라 한다)을 30일(「근로기준법」 제74조에 따른 출산전후휴가기간과 중복되는 기간은 제외한다) 이상 실시한 피보험자 중 육아기 근로시간 단축을 시작한 날 이전에 제41조에 따른 피보험 단위기간이 합산하여 180일 이상인 피보험자에게 육아기 근로시간 단축 급여를 지급한다.
1.~2. (2019.8.27 삭제)
(2020.5.26 본항개정)
② 제1항에 따른 육아기 근로시간 단축 급여를 지급받으려는 사람은 육아기 근로시간 단축을 시작한 날 이후 1개월부터 끝난 날 이후 12개월 이내에 신청하여야 한다. 다만, 해당 기간에 대통령령으로 정하는 사유로 육아기 근로시간 단축 급여를 신청할 수 없었던 사람은 그 사유가 끝난 후 30일 이내에 신청하여야 한다.
③ 제1항에 따른 육아기 근로시간 단축 급여액은 대통령령으로 정한다.
④ 육아기 근로시간 단축 급여의 신청 및 지급에 필요한 사항은 고용노동부령으로 정한다.
(2011.7.21 본조신설)

제74조【준용】 ① 육아휴직 급여에 관하여는 제62조를 준용한다. 이 경우 "구직급여"는 "육아휴직 급여"로 본다.
② 육아기 근로시간 단축 급여에 관하여는 제62조, 제71조 및 제73조를 준용한다. 이 경우 제62조 중 "구직급여"는 "육아기 근로시간 단축 급여"로 보고, 제71조 및 제73조 중 "육아휴직"은 각각 "육아기 근로시간 단축"으로 본다.
(2021.1.5 본항개정)

제2절 출산전후휴가 급여 등
(2012.2.1 본절제목개정)

제75조【출산전후휴가 급여 등】 고용노동부장관은 「남녀고용평등과 일·가정 양립 지원에 관한 법률」 제18조

에 따라 피보험자가 「근로기준법」 제74조에 따른 출산전후휴가 또는 유산·사산휴가를 받은 경우와 「남녀고용평등과 일·가정 양립 지원에 관한 법률」 제18조의2에 따른 배우자 출산휴가를 받은 경우로서 다음 각 호의 요건을 모두 갖춘 경우에 출산전후휴가 급여 등(이하 "출산전후휴가 급여등"이라 한다)을 지급한다.(2019.8.27 본문개정)
1. 휴가가 끝난 날 이전에 제41조에 따른 피보험 단위기간이 합산하여 180일 이상일 것(2020.5.26 본호개정)
2. 휴가를 시작한 날〔출산전후휴가 또는 유산·사산휴가를 받은 피보험자가 속한 사업장이 우선지원 대상기업이 아닌 경우에는 휴가 시작 후 60일(한 번에 둘 이상의 자녀를 임신한 경우에는 75일)이 지난 날로 본다〕 이후 1개월부터 휴가가 끝난 날 이후 12개월 이내에 신청할 것. 다만, 그 기간에 대통령령으로 정하는 사유로 출산전후휴가 급여등을 신청할 수 없었던 사람은 그 사유가 끝난 후 30일 이내에 신청하여야 한다.(2020.5.26 단서개정)
(2012.2.1 본조제목개정)

제75조의2【출산전후휴가 급여등의 수급권 대위】 사업주가 출산전후휴가 급여등의 지급사유와 같은 사유로 그에 상당하는 금품을 근로자에게 미리 지급한 경우로서 그 금품이 출산전후휴가 급여등을 대체하여 지급한 것으로 인정되면 그 사업주는 지급한 금액(제76조제2항에 따른 상한액을 초과할 수 없다)에 대하여 그 근로자의 출산전후휴가 급여등을 받을 권리를 대위한다.(2012.2.1 본조개정)

제76조【지급 기간 등】 ① 제75조에 따른 출산전후휴가 급여등은 다음 각 호의 휴가 기간에 대하여 「근로기준법」의 통상임금(휴가를 시작한 날을 기준으로 산정한다)에 해당하는 금액을 지급한다.(2019.8.27 본문개정)
1. 「근로기준법」 제74조에 따른 출산전후휴가 또는 유산·사산휴가 기간. 다만, 우선지원 대상기업이 아닌 경우에는 휴가 기간 중 60일(한 번에 둘 이상의 자녀를 임신한 경우에는 75일)을 초과한 일수(30일을 한도로 하되, 한 번에 둘 이상의 자녀를 임신한 경우에는 45일을 한도로 한다)로 한정한다.(2019.8.27 본호신설)
2. 「남녀고용평등과 일·가정 양립 지원에 관한 법률」 제18조의2에 따른 배우자 출산휴가 기간 중 최초 5일. 다만, 피보험자가 속한 사업장이 우선지원 대상기업인 경우에 한정한다.(2019.8.27 본호신설)
② 제1항에 따른 출산전후휴가 급여등의 지급 금액은 대통령령으로 정하는 바에 따라 그 상한액과 하한액을 정할 수 있다.
③ 제1항과 제2항에 따른 출산전후휴가 급여등의 신청 및 지급에 필요한 사항은 고용노동부령으로 정한다.
(2012.2.1 본조개정)

제76조의2【기간제근로자 또는 파견근로자에 대한 적용】 ① 고용노동부장관은 제76조제1항제1호에도 불구하고 「기간제 및 단시간근로자 보호 등에 관한 법률」 제2조에 따른 기간제근로자 또는 「파견근로자 보호 등에 관한 법률」 제2조에 따른 파견근로자가 「근로기준법」 제74조에 따른 출산전후휴가기간 또는 유산·사산휴가기간 중 근로계약기간이 끝나는 경우 근로계약 종료일 다음 날부터 해당 출산전후휴가 또는 유산·사산휴가 종료일까지의 기간에 대한 출산전후휴가 급여등에 상당하는 금액 전부를 기간제근로자 또는 파견근로자에게 지급한다.
(2022.12.31 본항개정)
② 제1항에 따른 출산전후휴가 급여등에 상당하는 금액의 신청 및 지급에 필요한 사항은 고용노동부령으로 정한다.
(2021.1.5 본조신설)

제77조【준용】 ① 출산전후휴가 급여등의 반환명령, 사실 확인, 지급 제한 등에 관하여는 제62조, 제71조 및 제73조를 준용한다. 이 경우 제62조 중 "구직급여"는 "출산전후휴가 급여등"으로, 제71조 및 제73조 중 "육아휴직"은 각각 "출산전후휴가, 유산·사산휴가 또는 배우자 출산휴가"로 본다.(2022.12.31 전단개정)
② 제76조의2에 따른 출산전후휴가 급여등에 상당하는 금액의 반환명령, 사실 확인, 지급 제한 등에 관하여는 제62조, 제71조 및 제73조(제1항은 제외한다. 이하 이 항에서 같다)를 준용한다. 이 경우 제62조 중 "구직급여"는 "출산전후휴가 급여등에 상당하는 금액"으로, 제71조 및 제73조 중 "육아휴직"은 각각 "출산전후휴가, 유산·사산휴가"로, "육아휴직 급여"는 "출산전후휴가 급여등에 상당하는 금액"으로 본다.(2022.12.31 본항신설)

제5장의2 예술인인 피보험자에 대한 고용보험 특례
(2020.6.9 본장신설)

제77조의2【예술인인 피보험자에 대한 적용】 ① 근로자가 아니면서 「예술인 복지법」 제2조제2호에 따른 예술인 등 대통령령으로 정하는 사람 중 「예술인 복지법」 제4조의4에 따른 문화예술용역 관련 계약(이하 "문화예술용역 관련 계약"이라 한다)을 체결하고 다른 사람을 사용하지 아니하고 자신이 직접 노무를 제공하는 사람(이하 "예술인"이라 한다)과 이들을 상대방으로 하여 문화예술용역 관련 계약을 체결한 사업에 대해서는 제8조제2항에 따라 이 장을 적용한다.(2021.1.5 본항개정)
② 제1항에도 불구하고 예술인이 다음 각 호의 어느 하나에 해당하는 경우에는 이 법을 적용하지 아니한다.
1. 65세 이후에 근로계약, 문화예술용역 관련 계약 또는 제77조의6제1항에 따른 노무제공계약(65세 전부터 피보험자격을 유지하던 사람이 65세 이후에 계속하여 근로계약, 문화예술용역 관련 계약 또는 노무제공계약을 체결한 경우는 제외한다)을 체결하거나 자영업을 개시하는 경우(2021.1.5 본호개정)
2. 예술인 중 대통령령으로 정하는 소득 기준을 충족하지 못하는 경우. 다만, 예술인 중 계약의 기간이 1개월 미만인 사람(이하 "단기예술인"이라 한다)은 제외한다.
3. 15세 미만인 경우. 다만, 15세 미만인 예술인으로서 고용보험 가입을 원하는 사람은 대통령령으로 정하는 바에 따라 고용보험에 가입할 수 있다.(2022.12.31 본호신설)
③ 제15조에도 불구하고 사업의 특성 및 규모 등을 고려하여 대통령령으로 정하는 사업이 다음 각 호의 어느 하나에 해당하는 경우에는 하수급인이 사용하는 예술인에 대하여 대통령령으로 정하는 바에 따라 발주자 또는 원수급인이 제15조에 따른 신고를 하여야 한다.
1. 하나의 사업에 다수의 도급이 이루어져 원수급인이 다수인 경우
2. 하나의 사업이 여러 차례의 도급으로 이루어져 하수급인이 다수인 경우
④ 제3항에 따라 하수급인인 사업주와 예술인 등은 발주자·원수급인이 피보험자격 취득 등의 신고를 위하여 대통령령으로 정하는 관련 자료, 정보 등을 요청하는 경우 이를 제공하여야 한다.
⑤ (2022.12.31 삭제)
⑥ 제1항에 따라 이 장의 적용을 받는 예술인과 문화예술용역 관련 계약을 체결한 사업의 사업주(제3항의 경우에는 발주자 또는 원수급인을 말한다)는 고용산재보험료징수법에 따라 보험료를 부담하며, 그 보험관계의 성립·소멸 및 변경, 보험료의 산정·납부 및 징수에 필요한 사항은 고용산재보험료징수법에서 정하는 바에 따른다.
(2021.1.5 본항개정)

제77조의3【예술인인 피보험자에 대한 구직급여】 ① 예술인의 구직급여는 다음 각 호의 요건을 모두 갖춘 경우에 지급한다. 다만, 제6호는 최종 이직 당시 단기예술인이었던 사람만 해당한다.
1. 이직일 이전 24개월 동안의 피보험 단위기간이 통산하여 9개월 이상일 것
2. 근로 또는 노무제공의 의사와 능력이 있음에도 불구하고 취업(영리를 목적으로 사업을 영위하는 경우를 포함한다. 이하 이 장에서 같다)하지 못한 상태에 있을 것
(2021.1.5 본호개정)
3. 이직사유가 제77조의5제2항에서 준용하는 제58조에 따른 수급자격의 제한 사유에 해당하지 아니할 것. 다만, 제77조의5제2항에서 준용하는 제58조제2호가목에도 불구하고 예술인이 이직할 당시 대통령령으로 정하는 바에 따른 소득감소로 인하여 이직하였다고 직업안정기관의 장이 인정하는 경우에는 제58조에 따른 수급자격의 제한 사유에 해당하지 아니하는 것으로 본다.
(2021.1.5 본호개정)
4. 이직일 이전 24개월 중 3개월 이상을 예술인인 피보험자로 피보험자격을 유지하였을 것
5. 재취업을 위한 노력을 적극적으로 할 것
6. 다음 각 목의 요건을 모두 갖출 것
가. 수급자격의 인정신청일 이전 1개월 동안의 노무제공일수가 10일 미만이거나 수급자격 인정신청일 이전 14일간 연속하여 노무제공내역이 없을 것
나. 최종 이직일 이전 24개월 동안의 피보험 단위기간 중 다른 사업에서 제77조의5제2항에서 준용하는 제58조에 따른 수급자격의 제한 사유에 해당하는 사유로 이직한 사실이 있는 경우에는 그 피보험 단위기간 중 90일 이상을 단기예술인으로 종사하였을 것
(2021.1.5 본목개정)
② 제1항제1호에 따른 피보험 단위기간은 그 수급자격과 관련된 이직 당시의 사업에서의 피보험자격 취득일부터 이직일까지의 기간으로 산정하고, 이직일 이전 24개월 동안 근로자, 예술인, 제77조의6제1항에 따른 노무제공자 중 둘 이상에 해당하는 사람으로 종사한 경우의 피보험 단위기간은 대통령령으로 정하는 바에 따른다.
(2021.1.5 본항개정)
③ 예술인의 기초일액은 수급자격 인정과 관련된 마지막 이직일 전 1년간의 고용산재보험료징수법 제16조의10에 따라 신고된 보수총액을 그 산정의 기준이 되는 기간의 총 일수로 나눈 금액으로 한다. 다만, 예술인(고용산재보험료징수법 제3조제1항제2호에 따라 기준보수를 적용받지 아니하는 예술인은 제외한다)의 기초일액이 이직 당시의 같은 법 제3조에 따른 예술인의 일단위 기준보수 미만인 경우에는 일단위 기준보수를 기초일액으로 한다.
(2022.12.31 단서개정)
④ 예술인의 구직급여일액은 제3항에 따른 기초일액에 100분의 60을 곱한 금액으로 한다.
⑤ 제4항에 따른 구직급여일액의 상한액은 근로자인 피보험자의 구직급여 상한액 등을 고려하여 대통령령으로 정하는 금액으로 한다.
⑥ 예술인은 제42조에 따른 실업의 신고일부터 계산하기 시작하여 7일간은 대기기간으로 보아 구직급여를 지급하지 아니한다. 다만, 다음 각 호의 사유에 해당하는 경우에는 각 호의 사유별로 4주의 범위에서 대통령령으로 정하는 기간을 대기기간으로 보아 구직급여를 지급하지 아니하며, 각 호의 사유 중 둘 이상에 해당하는 경우에는 그 대기기간이 가장 긴 기간을 대기기간으로 본다.
(2022.12.31 단서개정)
1. 제1항제3호 단서에서 정한 사유로 이직한 경우
2. 제43조의2제1항에 따라 수급자격의 인정신청을 한 경우로서 가장 나중에 상실한 피보험자격과 관련된 이직 사유가 같은 조 제2항 단서에 해당하는 경우
(2022.12.31 1호~2호신설)
⑦ 예술인의 소정급여일수 산정을 위한 피보험기간은 제2항에 따른 피보험 단위기간으로 한다. 다만, 단기예술인은 해당 계약기간 중 노무제공일수 등을 고려하여 대통령령으로 정하는 바에 따라 산정한 기간으로 한다.
⑧ 제47조에도 불구하고 직업안정기관의 장은 예술인인 피보험자에 대하여 구직급여를 지급하는 경우에는 실업인정대상기간 중 취업 등으로 발생한 소득에 대해서는 소득수준, 근로 등의 활동 기간 등을 고려하여 대통령령으로 정하는 바에 따라 일부 또는 전부를 감액하고 지급하여야 한다.

제77조의4【예술인의 출산전후급여등】 ① 고용노동부장관은 예술인인 피보험자 또는 피보험자였던 사람이 출산 또는 유산·사산을 이유로 노무를 제공할 수 없는 경우에는 출산전후급여 등(이하 "출산전후급여등"이라 한다)을 지급한다. 다만, 같은 자녀에 대하여 제75조에 따른 출산전후휴가 급여등 및 제77조의9제1항에 따른 출산전후급여등의 지급요건을 동시에 충족하는 경우 등에 대해서는 대통령령으로 정하는 바에 따라 지급한다.(2022.6.10 본문개정)
② 제1항에 따른 출산전후급여등의 지급요건, 지급수준 및 지급기간 등은 대통령령으로 정하는 바에 따른다.
③ 제1항과 제2항에 따른 출산전후급여등의 신청 및 지급에 필요한 사항은 고용노동부령으로 정한다.
(2022.6.10 본조제목개정)

제77조의5【준용】 ① 예술인의 피보험자격에 관하여는 제13조제1항, 제14조제1항, 제15조, 제17조를 준용한다. 이 경우 "근로자"는 "예술인"으로, "고용된 날"은 "문화예술용역 관련 계약 개시일"로, "고용된 근로자"는 "문화예술용역 관련 계약이 개시된 예술인"으로 본다.
② 예술인에 대한 구직급여에 대해서는 제37조의2, 제38조, 제38조의2, 제40조제2항제1호, 제41조제2항, 제42조, 제43조, 제43조의2, 제44조, 제47조, 제48조, 제50조, 제56조부터 제58조까지 및 제60조부터 제63조까지의 규정을 준용한다. 이 경우 제40조제2항제1호 중 "이직일 이전 18개월 동안"은 "이직일 이전 24개월 동안"으로, 제63조제1항 본문 중 "제46조"는 "제77조의3제4항·제5항"으로, 같은 조 제5항 전단 중 "제47조, 제49조"는 "제47조"로 본다.
(2022.12.31 본항개정)
③ 예술인의 출산전후급여등의 반환명령, 지급 제한 등에 관하여는 제62조 및 제73조제4항을 준용한다. 이 경우 제62조 중 "구직급여"는 "출산전후급여등"으로, 제73조제4항 중 "육아휴직 급여"는 "출산전후급여등"으로, "육아휴직"은 "출산 또는 유산·사산"으로, "육아휴직 급여 요건"은 "출산전후급여등 지급 요건"으로 본다.(2022.12.31 본항개정)
④ 예술인의 피보험자격확인·구직급여·출산전후급여등의 심사 및 재심사 청구 등에 관하여는 제87조부터 제98조까지, 제99조(제2항은 제외한다) 및 제100조부터 제112조까지의 규정을 준용한다. 이 경우 "제4장의 규정에 따른 실업급여 및 제5장에 따른 육아휴직 급여와 출산전후휴가 급여등" 및 "제4장에 따른 실업급여 및 제5장에 따른 육아휴직 급여와 출산전후휴가 급여등"은 각각 "제5장의2에 따른 구직급여 및 출산전후급여등"으로, "실업급여"는 각각 "구직급여"로, "사업장"은 각각 "사업장 및 피보험자격취득신고를 하여야 하는 자의 사무소"로, "사업주"는 각각 "사업주 및 피보험자격을 신고하여야 하는 자"로, "근로자"는 각각 "예술인"으로, "육아휴직 급여등"은 "출산전후급여등"으로, "제4장"은 "제5장의2"로, "제5장에 따른 육아휴직 급여, 육아기 근로시간 단축 급여 및 출산전후휴가 급여등"은 "제5장의2에 따른 출산전후급여등"으로, "실업급여·육아휴직 급여 또는 출산전후휴가 급여등"은 "구직급여·출산전후급여등"으로 본다.
(2022.12.31 본항신설)
(2021.1.5 본조개정)

제5장의3 노무제공자인 피보험자에 대한 고용보험 특례

(2021.1.5 본장신설)

제77조의6【노무제공자인 피보험자에 대한 적용】 ① 근로자가 아니면서 자신이 아닌 다른 사람의 사업을 위하여 자신이 직접 노무를 제공하고 해당 사업주 또는 노무수령자로부터 일정한 대가를 지급받기로 하는 계약(이하 "노무제공계약"이라 한다)을 체결한 사람 중 대통령령으로 정하는 직종에 종사하는 사람(이하 "노무제공자"라 한다)과 이들을 상대방으로 하여 노무제공계약을 체결한 사업에 대해서는 제8조제2항에 따라 이 장을 적용한다.
② 제1항에도 불구하고 노무제공자가 다음 각 호의 어느 하나에 해당하는 경우에는 이 법을 적용하지 아니한다.
1. 65세 이후에 근로계약, 노무제공계약 또는 문화예술용역 관련 계약(65세 전부터 피보험자격을 유지하던 사람이 65세 이후에 계속하여 근로계약, 노무제공계약 또는 문화예술용역 관련 계약을 체결한 경우는 제외한다)을 체결하거나 자영업을 개시하는 경우
2. 노무제공자 중 대통령령으로 정하는 소득 기준을 충족하지 못하는 경우. 다만, 노무제공자 중 계약의 기간이 1개월 미만인 사람(이하 "단기노무제공자"라 한다)은 제외한다.
3. 15세 미만인 경우. 다만, 15세 미만인 노무제공자로서 고용보험 가입을 원하는 사람은 대통령령으로 정하는 바에 따라 고용보험에 가입할 수 있다.(2022.12.31 본호신설)
③ (2022.12.31 삭제)
④ 제1항에 따라 이 장을 적용하는 노무제공자와 그와 노무제공계약을 체결한 사업의 사업주(이하 "노무제공사업의 사업주"라 한다)는 고용산재보험료징수법에 따라 보험료를 부담하며, 그 보험관계의 성립·소멸 및 변경, 보험료의 산정·납부 및 징수에 필요한 사항은 고용산재보험료징수법에서 정하는 바에 따른다.

제77조의7【노무제공플랫폼사업자에 대한 특례】 ① 제15조에도 불구하고 노무제공사업의 사업주가 노무제공자와 노무제공사업의 사업주에 관련된 자료 및 정보를 수집·관리하여 이를 전자정보 형태로 기록하고 처리하는 시스템(이하 "노무제공플랫폼"이라 한다)을 구축·운영하는 사업자(이하 "노무제공플랫폼사업자"라 한다)와 노무제공플랫폼 이용에 대한 계약(이하 "노무제공플랫폼이용계약"이라 한다)을 체결하는 경우 노무제공플랫폼사업자는 대통령령으로 정하는 바에 따라 노무제공자에 대한 제15조제1항에 따른 피보험자격의 취득 등을 신고하여야 한다.
② 고용노동부장관은 노무제공자에 관한 보험사무의 효율적 처리를 위하여 노무제공플랫폼사업자에게 해당 노무제공플랫폼의 이용 및 보험관계의 확인에 필요한 다음 각 호의 자료 또는 정보의 제공을 요청할 수 있다. 이 경우 요청을 받은 노무제공플랫폼사업자는 정당한 사유가 없으면 그 요청에 따라야 한다.
1. 노무제공플랫폼이용계약의 개시일 또는 종료일
2. 노무제공사업의 사업주의 보험관계와 관련된 사항으로서 사업장의 명칭·주소 등 대통령령으로 정하는 자료 또는 정보
3. 노무제공자의 피보험자격과 관련된 사항으로서 노무제공자의 이름·직종·보수 등 대통령령으로 정하는 자료 또는 정보
③ 노무제공플랫폼사업자는 제2항에 따라 요청받은 자료 또는 정보의 제공을 위하여 필요한 경우에는 해당 노무제공자와 노무제공사업의 사업주에게 필요한 자료 또는 정보의 제공을 요청할 수 있다. 이 경우 요청을 받은 노무제공자와 노무제공사업의 사업주는 정당한 사유가 없으면 그 요청에 따라야 한다.
④ 고용노동부장관은 제2항에 따라 노무제공플랫폼사업자가 제공한 자료 또는 정보를 해당 보험사무의 처리에 필요한 범위에서만 활용하여야 하며, 이를 공개해서는 아니 된다.
⑤ 노무제공플랫폼사업자는 제1항에 따른 노무제공자의 피보험자격 신고와 관련된 정보를 해당 노무제공자와 노무제공사업의 사업주 사이에 체결된 노무제공계약이 끝난 날부터 3년 동안 노무제공플랫폼에 보관하여야 한다.

제77조의8【노무제공자인 피보험자에 대한 구직급여】
① 노무제공자의 구직급여는 다음 각 호의 요건을 모두 갖춘 경우에 지급한다. 다만, 제6호는 최종 이직 당시 단기노무제공자였던 사람만 해당한다.
1. 이직일 이전 24개월 동안 피보험 단위기간이 통산하여 12개월 이상일 것
2. 근로 또는 노무제공의 의사와 능력이 있음에도 불구하고 취업(영리를 목적으로 사업을 영위하는 경우를 포함한다. 이하 이 장에서 같다)하지 못한 상태에 있을 것
3. 이직사유가 제77조의10제2항에서 준용하는 제58조에 따른 수급자격의 제한 사유에 해당하지 아니할 것. 다만, 제77조의10제2항에서 준용하는 제58조제2호가목에도 불구하고 노무제공자로 이직할 당시 대통령령으로 정하는 바에 따른 소득 감소로 인하여 이직하였다고 직업안정기관의 장이 인정하는 경우에는 제58조에 따른 수급자격의 제한 사유에 해당하지 아니하는 것으로 본다.
4. 이직일 이전 24개월 중 3개월 이상을 노무제공자인 피보험자로 피보험자격을 유지하였을 것
5. 재취업을 위한 노력을 적극적으로 할 것
6. 다음 각 목의 요건을 모두 갖출 것
가. 수급자격의 인정신청일 이전 1개월 동안의 노무제공일수가 10일 미만이거나 수급자격 인정신청일 이전 14일간 연속하여 노무제공내역이 없을 것
나. 최종 이직일 이전 24개월 동안의 피보험 단위기간 중 다른 사업에서 제77조의10제2항에서 준용하는 제58조에 따른 수급자격의 제한 사유에 해당하는 사유로 이직한 사실이 있는 경우에는 그 피보험 단위기간 중 90일 이상을 단기노무제공자로 종사하였을 것
② 제1항제1호에 따른 피보험 단위기간은 그 수급자격과 관련된 이직 당시의 사업에서의 피보험자격 취득일부터 이직일까지의 기간으로 산정하고, 이직 전 24개월 중 근로자·노무제공자·예술인 중 둘 이상에 해당하는 사람으로 종사한 경우의 피보험 단위기간은 대통령령으로 정하는 바에 따른다.
③ 노무제공자의 기초일액은 수급자격 인정과 관련된 마지막 이직일 전 1년간의 고용산재보험료징수법 제16조의10에 따라 신고된 보수총액을 그 산정의 기준이 되는 기간의 총 일수로 나눈 금액으로 한다. 다만, 노무제공자(고용산재보험료징수법 제3조제1항제2호에 따라 기준보수를 적용받지 아니하는 노무제공자는 제외한다)의 기초일액이 이직 당시의 같은 법 제3조에 따른 노무제공자의 일단위 기준보수 미만인 경우에는 일단위 기준보수를 기초일액으로 한다.(2022.12.31 단서개정)
④ 제3항에도 불구하고 고용산재보험료징수법 제48조의3제3항 단서의 적용을 받는 노무제공자의 기초일액은 고용노동부장관이 고시하는 금액으로 한다.(2022.6.10 본항개정)
⑤ 노무제공자의 구직급여일액은 제3항에 따른 기초일액에 100분의 60을 곱한 금액으로 한다. 이 경우 구직급여일액의 상한액은 근로자인 피보험자의 구직급여 상한액 등을 고려하여 대통령령으로 정하는 금액으로 한다.
⑥ 노무제공자는 제42조에 따른 실업의 신고일부터 계산하기 시작하여 7일간은 대기기간으로 보아 구직급여를 지급하지 아니한다. 다만, 다음 각 호의 사유에 해당하는 경우에는 각 호의 사유별로 4주의 범위에서 대통령령으로 정하는 기간을 대기기간으로 보아 구직급여를 지급하지 아니하며, 각 호의 사유 중 둘 이상에 해당하는 경우에는 그 대기기간이 가장 긴 기간을 대기기간으로 본다.
(2022.12.31 단서개정)
1. 제1항제3호 단서에서 정한 사유로 이직한 경우
2. 제43조의2제1항에 따라 수급자격의 인정신청을 한 경우로서 가장 나중에 상실한 피보험자격과 관련된 이직 사유가 같은 조 제2항 단서에 해당하는 경우
(2022.12.31 1호~2호신설)
⑦ 노무제공자의 소정급여일수 산정을 위한 피보험기간은 제2항에 따른 피보험 단위기간으로 한다. 다만, 단기노무제공자의 피보험기간은 해당 계약기간 중 노무제공일수 등을 고려하여 대통령령으로 정하는 바에 따라 산정한 기간으로 한다.
⑧ 제47조에도 불구하고 직업안정기관의 장은 노무제공자인 피보험자에 대하여 구직급여를 지급하는 경우 실업인정대상기간 중 취업 등으로 발생한 소득에 대해서는 소득수준, 근로 등의 활동 기간 등을 고려하여 대통령령으로 정하는 바에 따라 일부 또는 전부를 감액하고 지급하여야 한다.

제77조의9【노무제공자의 출산전후급여등】 ① 고용노동부장관은 노무제공자인 피보험자 또는 피보험자였던 사람이 출산 또는 유산·사산을 이유로 노무를 제공할 수 없는 경우에는 출산전후급여등을 지급한다. 다만, 같은 자녀에 대하여 제75조에 따른 출산전후휴가 급여등 또는 제77조의4 제1항에 따른 출산전후급여등의 지급요건을 동시에 충족하는 경우 대통령령으로 정하는 바에 따라 지급한다.(2022.6.10 본문개정)
② 제1항에 따른 출산전후급여등의 지급요건, 지급수준 및 지급기간 등은 대통령령으로 정하는 바에 따른다.
③ 제1항과 제2항에 따른 출산전후급여등의 신청 및 지급에 필요한 사항은 고용노동부령으로 정한다.
(2022.6.10 본조제목개정)

제77조의10【준용】 ① 노무제공자의 피보험자격에 관하여는 제13조제1항, 제14조제1항, 제15조 및 제17조를 준용한다. 이 경우 "근로자"는 "노무제공자"로, "고용된 날"은 "노무제공계약의 개시일"로, "고용된 근로자"는 "노무제공계약이 개시된 노무제공자"로 본다.
② 노무제공자에 대한 구직급여에 관하여는 제37조의2, 제38조, 제38조의2, 제40조제2항제1호, 제41조제2항, 제42조, 제43조, 제43조의2, 제44조, 제47조, 제48조, 제50조, 제56조부터 제58조까지 및 제60조부터 제63조까지의 규정을 준용한다. 이 경우 제40조제2항제1호 중 "이직일 이전 18개월 동안"은 "이직일 이전 24개월 동안", 제63조제1항 본문 중 "제46조"는 "제77조의8제4항·제5항"으로, 같은 조 제5항 전단 중 "제47조, 제49조"는 "제47조"로 본다.(2022.12.31 본항개정)
③ 노무제공자의 출산전후급여등의 반환명령, 지급 제한 등에 관하여는 제62조 및 제73조제4항을 준용한다. 이 경우 제62조 중 "구직급여"는 "출산전후급여등"으로, 제73조제4항 중 "육아휴직 급여"는 "출산전후급여등"으로, "육아휴직"은 "출산 또는 유산·사산"으로, "육아휴직 급여 요건"은 "출산전후급여등 지급 요건"으로 본다.
(2022.12.31 본항개정)
④ 노무제공자의 피보험자격확인·구직급여·출산전후급여등의 심사 및 재심사 청구 등에 관하여는 제87조부터 제98조까지, 제99조(제2항은 제외한다) 및 제100조부터 제112조까지의 규정을 준용한다. 이 경우 "제4장의 규정에 따른 실업급여 및 제5장에 따른 육아휴직 급여와 출산전후휴가 급여등" 및 "제4장에 따른 실업급여 및 제5장에 따른 육아휴직 급여와 출산전후휴가 급여등"은 각각 "제5장의3에 따른 구직급여 및 출산전후급여등"으로, "실업급여"는 각각 "구직급여"로, "사업장"은 각각 "사업장 및 피보험자격취득신고를 하여야 하는 자의 사무소"로, "사업주"는 각각 "사업주 및 피보험자격을 신고하여야 하는 자"로, "근로자"는 각각 "노무제공자"로, "육아휴직 급여 등"은 "출산전후급여등"으로, "제4장"은 "제5장의3"으로, "제5장에 따른 육아휴직 급여, 육아기 근로시간 단축 급여 및 출산전후휴가 급여등"은 "제5장의3에 따른 출산전후급여등"으로, "실업급여·육아휴직 급여 또는 출산전후휴가 급여등"은 "구직급여·출산전후급여등"으로 본다.
(2022.12.31 본항신설)

제6장 고용보험기금

제78조【기금의 설치 및 조성】 ① 고용노동부장관은 보험사업에 필요한 재원에 충당하기 위하여 고용보험기금(이하 "기금"이라 한다)을 설치한다.(2010.6.4 본항개정)
② 기금은 보험료와 이 법에 따른 징수금·적립금·기금 운용 수익금과 그 밖의 수입으로 조성한다.

제79조【기금의 관리·운용】 ① 기금은 고용노동부장관이 관리·운용한다.(2010.6.4 본항개정)
② 기금의 관리·운용에 관한 세부 사항은 「국가재정법」의 규정에 따른다.
③ 고용노동부장관은 다음 각 호의 방법에 따라 기금을 관리·운용한다.(2010.6.4 본문개정)
1. 금융기관에의 예탁
2. 재정자금에의 예탁
3. 국가·지방자치단체 또는 금융기관에서 직접 발행하거나 채무이행을 보증하는 유가증권의 매입
4. 보험사업의 수행 또는 기금 증식을 위한 부동산의 취득 및 처분
5. 그 밖에 대통령령으로 정하는 기금 증식 방법
④ 고용노동부장관은 제1항에 따라 기금을 관리·운용할 때에는 그 수익이 대통령령으로 정하는 수준 이상 되도록 하여야 한다.(2010.6.4 본항개정)

제80조【기금의 용도】 ① 기금은 다음 각 호의 용도에 사용하여야 한다.
1. 고용안정·직업능력개발 사업에 필요한 경비
2. 실업급여의 지급
2의2. 제55조의2에 따른 국민연금 보험료의 지원
(2019.1.15 본호신설)
3. 육아휴직 급여 및 출산전후휴가 급여등의 지급
(2012.2.1 본호개정)
4. 보험료의 반환
5. 일시 차입금의 상환금과 이자
6. 이 법과 고용산재보험료징수법에 따른 업무를 대행하거나 위탁받은 자에 대한 출연금(2021.1.5 본호개정)
7. 그 밖에 이 법의 시행을 위하여 필요한 경비로서 대통령령으로 정하는 경비와 제1호 및 제2호에 따른 사업의 수행에 딸린 경비
② 제1항제6호에 따라 기금으로부터 「국민건강보험법」 제13조에 따른 국민건강보험공단에 출연하는 금액은 징수업무(고지·수납·체납 업무를 말한다)가 차지하는 비율 등을 기준으로 산정한다.(2019.1.15 본항신설)
③ 제1항제6호에 따른 출연금의 지급기준, 사용 및 관리에 관하여 필요한 사항은 대통령령으로 정한다.
(2008.3.21 본항신설)

제81조【기금운용 계획 등】 ① 고용노동부장관은 매년 기금운용 계획을 세워 제7조에 따른 고용보험위원회 및 국무회의의 심의를 거쳐 대통령의 승인을 받아야 한다.
② 고용노동부장관은 매년 기금의 운용 결과에 대하여 제7조에 따른 고용보험위원회의 심의를 거쳐 공표하여야 한다.
(2010.6.4 본조개정)

제82조【기금계정의 설치】 ① 고용노동부장관은 한국은행에 고용보험기금계정을 설치하여야 한다.(2010.6.4 본항개정)

② 제1항의 고용보험기금계정은 고용안정·직업능력개발 사업 및 실업급여, 자영업자의 고용안정·직업능력개발 사업 및 자영업자의 실업급여로 구분하여 관리한다.(2011.7.21 본항개정)

제83조【기금의 출납】 기금의 관리·운용을 하는 경우 출납에 필요한 사항은 대통령령으로 정한다.

제84조【기금의 적립】 ① 고용노동부장관은 대량 실업의 발생이나 그 밖의 고용상태 불안에 대비한 준비금으로 여유자금을 적립하여야 한다.(2010.6.4 본항개정)

② 제1항에 따른 여유자금의 적정규모는 다음 각 호와 같다.

1. 고용안정·직업능력개발 사업 계정의 연말 적립금 : 해당 연도 지출액의 1배 이상 1.5배 미만
2. 실업급여 계정의 연말 적립금 : 해당 연도 지출액의 1.5배 이상 2배 미만

(2008.12.31 본조개정)

제85조【잉여금과 손실금의 처리】 ① 기금의 결산상 잉여금이 생기면 이를 적립금으로 적립하여야 한다.

② 기금의 결산상 손실금이 생기면 적립금을 사용하여 이를 보전(補塡)할 수 있다.

제86조【차입금】 기금을 지출할 때 자금 부족이 발생하거나 발생할 것으로 예상되는 경우에는 기금의 부담으로 금융기관·다른 기금과 그 밖의 재원 등으로부터 차입을 할 수 있다.

제7장 심사 및 재심사청구

제87조【심사와 재심사】 ① 제17조에 따른 피보험자격의 취득·상실에 대한 확인, 제4장의 규정에 따른 실업급여 및 제5장에 따른 육아휴직 급여와 출산전후휴가 급여등에 관한 처분[이하 "원처분(原處分)등"이라 한다]에 이의가 있는 자는 제89조에 따른 심사관에게 심사를 청구할 수 있고, 그 결정에 이의가 있는 자는 제99조에 따른 심사위원회에 재심사를 청구할 수 있다.(2012.2.1 본항개정)

② 제1항에 따른 심사의 청구는 같은 항의 확인 또는 처분이 있음을 안 날부터 90일 이내에, 재심사의 청구는 심사청구에 대한 결정이 있음을 안 날부터 90일 이내에 각각 제기하여야 한다.

③ 제1항에 따른 심사 및 재심사의 청구는 시효중단에 관하여 재판상의 청구로 본다.

제88조【대리인의 선임】 심사청구인 또는 재심사청구인은 법정대리인 외에 다음 각 호의 어느 하나에 해당하는 자를 대리인으로 선임할 수 있다.

1. 청구인의 배우자, 직계존속·비속 또는 형제자매
2. 청구인인 법인의 임원 또는 직원
3. 변호사나 공인노무사
4. 제99조에 따른 심사위원회의 허가를 받은 자

제89조【고용보험심사관】 ① 제87조에 따른 심사를 행하게 하기 위하여 고용보험심사관(이하 "심사관"이라 한다)을 둔다.

② 심사관은 제87조제1항에 따라 심사청구를 받으면 30일 이내에 그 심사청구에 대한 결정을 하여야 한다. 다만, 부득이한 사정으로 그 기간에 결정할 수 없을 때에는 한 차례만 10일을 넘지 아니하는 범위에서 그 기간을 연장할 수 있다.(2020.5.26 단서개정)

③ 심사관의 정원·자격·배치 및 직무에 필요한 사항은 대통령령으로 정한다.

④ 당사자는 심사관에게 심리·결정의 공정을 기대하기 어려운 사정이 있으면 그 심사관에 대한 기피신청을 고용노동부장관에게 할 수 있다.(2010.6.4 본항개정)

⑤ 심사청구인이 사망한 경우 그 심사청구인이 실업급여의 수급권자이면 제57조에 따른 유족이, 그 외의 자인 때에는 상속인 또는 심사청구의 대상인 원처분등에 관계되는 권리 또는 이익을 승계한 자가 각각 심사청구인의 지위를 승계한다.

제90조【심사의 청구 등】 ① 제87조제1항에 따른 심사를 청구하는 경우 제17조에 따른 피보험자격의 취득·상실 확인에 대한 심사의 청구는 「산업재해보상보험법」 제10조에 따른 근로복지공단(이하 "근로복지공단"이라 한다)을, 제4장에 따른 실업급여 및 제5장에 따른 육아휴직 급여와 출산전후휴가 급여등에 관한 처분에 대한 심사의 청구는 직업안정기관의 장을 거쳐 심사관에게 하여야 한다.

② 직업안정기관 또는 근로복지공단은 심사청구서를 받은 날부터 5일 이내에 의견서를 첨부하여 심사청구서를 심사관에게 보내야 한다.

(2019.1.15 본조개정)

제91조【청구의 방식】 심사의 청구는 대통령령으로 정하는 바에 따라 문서로 하여야 한다.

제92조【보정 및 각하】 ① 심사의 청구가 제87조제2항에 따른 기간이 지났거나 법령으로 정한 방식을 위반하여 보정(補正)하지 못할 것인 경우에 심사관은 그 심사의 청구를 결정으로 각하(却下)하여야 한다.

② 심사의 청구가 법령으로 정한 방식을 어긴 것이라도 보정할 수 있는 것인 경우에 심사관은 상당한 기간을 정하여 심사청구인에게 심사의 청구를 보정하도록 명할 수 있다. 다만, 보정할 사항이 경미한 경우에는 심사관이 직권으로 보정할 수 있다.

③ 심사관은 심사청구인이 제2항의 기간에 그 보정을 하지 아니하면 결정으로써 그 심사청구를 각하하여야 한다.

제93조【원처분등의 집행 정지】 ① 심사의 청구는 원처분등의 집행을 정지시키지 아니한다. 다만, 심사관은 원처분등의 집행에 의하여 발생하는 중대한 위해(危害)를 피하기 위하여 긴급한 필요가 있다고 인정하면 직권으로 그 집행을 정지시킬 수 있다.

② 심사관은 제1항 단서에 따라 집행을 정지시키려고 할 때에는 그 이유를 적은 문서로 그 사실을 직업안정기관의 장 또는 근로복지공단에 알려야 한다.(2019.1.15 본항개정)

③ 직업안정기관의 장 또는 근로복지공단은 제2항에 따른 통지를 받으면 지체 없이 그 집행을 정지하여야 한다.(2019.1.15 본항개정)

④ 심사관은 제2항에 따라 집행을 정지시킨 경우에는 지체 없이 심사청구인에게 그 사실을 문서로 알려야 한다.

제94조【심사관의 권한】 ① 심사관은 심사의 청구에 대한 심리를 위하여 필요하다고 인정하면 심사청구인의 신청 또는 직권으로 다음 각 호의 조사를 할 수 있다.

1. 심사청구인 또는 관계인을 지정 장소에 출석하게 하여 질문하거나 의견을 진술하게 하는 것
2. 심사청구인 또는 관계인에게 증거가 될 수 있는 문서와 그 밖의 물건을 제출하게 하는 것
3. 전문적인 지식이나 경험을 가진 제삼자로 하여금 감정(鑑定)하게 하는 것
4. 사건에 관계가 있는 사업장 또는 그 밖의 장소에 출입하여 사업주·종업원이나 그 밖의 관계인에게 질문하거나 문서와 그 밖의 물건을 검사하는 것

② 심사관은 제1항제4호에 따른 질문과 검사를 하는 경우에는 그 권한을 나타내는 증표를 지니고 이를 관계인에게 내보여야 한다.

제95조【실비변상】 제94조제1항제1호에 따라 지정한 장소에 출석한 사람과 같은 항 제3호에 따라 감정을 한 감정인에게는 고용노동부장관이 정하는 실비를 변상한다.(2020.5.26 본조개정)

제96조【결정】 심사관은 심사의 청구에 대한 심리(審理)를 마쳤을 때에는 원처분등의 전부 또는 일부를 취소하거나 심사청구의 전부 또는 일부를 기각한다.

제97조【결정의 방법】 ① 제89조에 따른 결정은 대통령령으로 정하는 바에 따라 문서로 하여야 한다.

② 심사관은 결정을 하면 심사청구인 및 원처분등을 한 직업안정기관의 장 또는 근로복지공단에 각각 결정서의 정본(正本)을 보내야 한다.(2019.1.15 본항개정)

제98조【결정의 효력】 ① 결정은 심사청구인 및 직업안정기관의 장 또는 근로복지공단에 결정서의 정본을 보낸 날부터 효력이 발생한다.

② 결정은 원처분등을 행한 직업안정기관의 장 또는 근로복지공단을 기속(羈束)한다.

(2019.1.15 본조개정)

제99조【고용보험심사위원회】 ① 제87조에 따른 재심사를 하게 하기 위하여 고용노동부에 고용보험심사위원회(이하 "심사위원회"라 한다)를 둔다.(2010.6.4 본항개정)

② 심사위원회는 근로자를 대표하는 사람 및 사용자를 대표하는 사람 각 1명 이상을 포함한 15명 이내의 위원으로 구성한다.(2020.5.26 본항개정)

③ 제2항의 위원 중 2명은 상임위원으로 한다.

④ 다음 각 호의 어느 하나에 해당하는 사람은 위원에 임명될 수 없다.

1. 피성년후견인·피한정후견인 또는 파산의 선고를 받고 복권되지 아니한 사람
2. 금고 이상의 실형을 선고받고 그 집행이 끝나거나(집행이 끝난 것으로 보는 경우를 포함한다) 집행이 면제된 날부터 3년이 지나지 아니한 사람(2022.6.10 본호개정)
3. 금고 이상의 형의 집행유예를 선고받고 그 유예기간 중에 있는 사람(2022.6.10 본호신설)

(2020.5.26 본항개정)

⑤ 위원 중 공무원이 아닌 위원이 다음 각 호의 어느 하나에 해당되는 경우에는 해촉(解囑)할 수 있다.

1. 심신장애로 인하여 직무를 수행할 수 없게 된 경우
2. 직무와 관련된 비위사실이 있는 경우
3. 직무태만, 품위손상이나 그 밖의 사유로 인하여 위원으로 적합하지 아니하다고 인정되는 경우
4. 위원 스스로 직무를 수행하는 것이 곤란하다고 의사를 밝히는 경우

(2019.1.15 본항개정)

⑥ 상임위원은 정당에 가입하거나 정치에 관여하여서는 아니 된다.

⑦ 심사위원회는 제87조제1항에 따라 재심사의 청구를 받으면 50일 이내에 재결(裁決)을 하여야 한다. 이 경우 재결기간의 연장에 관하여는 제89조제2항을 준용한다.

⑧ 심사위원회에 사무국을 둔다.

⑨ 심사위원회 및 사무국의 조직·운영 등에 필요한 사항은 대통령령으로 정한다.

제100조【재심사의 상대방】 재심사의 청구는 원처분등을 행한 직업안정기관의 장 또는 근로복지공단을 상대방으로 한다.(2019.1.15 본조개정)

제101조【심리】 ① 심사위원회는 재심사의 청구를 받으면 그 청구에 대한 심리 기일(審理期日) 및 장소를 정하여 심리 기일 3일 전까지 당사자 및 그 사건을 심사한 심사관에게 알려야 한다.

② 당사자는 심사위원회에 문서나 구두로 그 의견을 진술할 수 있다.

③ 심사위원회의 재심사청구에 대한 심리는 공개한다. 다만, 당사자의 양쪽 또는 어느 한 쪽이 신청한 경우에는 공개하지 아니할 수 있다.

④ 심사위원회는 심리조서(審理調書)를 작성하여야 한다.

⑤ 당사자나 관계인은 제4항의 심리조서의 열람을 신청할 수 있다.

⑥ 위원회는 당사자나 관계인이 제5항에 따른 열람 신청을 하면 정당한 사유 없이 이를 거부하여서는 아니 된다.

⑦ 재심사청구의 심리에 관하여는 제94조 및 제95조를 준용한다. 이 경우 "심사관"은 "심사위원회"로, "심사의 청구"는 "재심사의 청구"로, "심사청구인"은 "재심사청구인"으로 본다.

제102조【준용 규정】 심사위원회와 재심사에 관하여는 제89조제4항·제5항, 제91조부터 제93조까지, 제96조부터 제98조까지의 규정을 준용한다. 이 경우 제89조제4항 중 "심사관"은 "심사위원회의 위원"으로, 제89조제4항·제97조·제98조 중 "결정"은 각각 "재결"로, 제91조·제93조·제96조 중 "심사의 청구"는 각각 "재심사의 청구"로, 제93조·제96조·제97조 중 "심사관"은 각각 "심사위원회"로, 제93조·제97조·제98조 중 "심사청구인"은 각각 "재심사청구인"으로 본다.

제103조【고지】 직업안정기관의 장 또는 근로복지공단이 원처분등을 하거나 심사관이 제97조제2항에 따라 결정서의 정본을 송부하는 경우에는 그 상대방 또는 심사청구인에게 원처분등 또는 결정에 관하여 심사 또는 재심사를 청구할 수 있는지의 여부, 청구하는 경우의 경유(經由) 절차 및 청구 기간을 알려야 한다.(2019.1.15 본조개정)

제104조【다른 법률과의 관계】 ① 재심사의 청구에 대한 재결은 「행정소송법」 제18조를 적용할 경우 행정심판에 대한 재결로 본다.

② 심사 및 재심사의 청구에 관하여 이 법에서 정하고 있지 아니한 사항은 「행정심판법」의 규정에 따른다.

제8장 보 칙

제105조【불이익 처우의 금지】 사업주는 근로자가 제17조에 따른 확인의 청구를 한 것을 이유로 그 근로자에게 해고나 그 밖의 불이익한 처우를 하여서는 아니 된다.

제106조【준용】 이 법에 따른 다음 각 호의 징수금의 징수에 관하여는 고용산재보험료징수법 제27조, 제27조의2, 제27조의3, 제28조, 제28조의2부터 제28조의7까지, 제29조, 제29조의2, 제29조의3, 제30조, 제32조, 제39조, 제41조 및 제42조를 준용한다.(2021.1.5 본문개정)

1. 고용안정·직업능력개발 사업의 지원금액의 반환금 또는 추가징수금
2. 실업급여의 반환금 또는 추가징수금
3. 육아휴직 급여 등의 반환금 또는 추가징수금

(2011.7.21 1호~3호신설)

제107조【소멸시효】 ① 다음 각 호의 어느 하나에 해당하는 권리는 3년간 행사하지 아니하면 시효로 소멸한다.

1. 제3장에 따른 지원금을 지급받거나 반환받을 권리
2. 제4장에 따른 취업촉진 수당을 지급받거나 반환받을 권리
3. 제4장에 따른 구직급여를 반환받을 권리
4. 제5장에 따른 육아휴직 급여, 육아기 근로시간 단축 급여 및 출산전후휴가 급여등을 반환받을 권리

(2019.1.15 본항개정)

② 소멸시효의 중단에 관하여는 「산업재해보상보험법」 제113조를 준용한다.(2015.1.20 본항개정)

제108조【보고 등】 ① 고용노동부장관은 필요하다고 인정하면 피보험자 또는 수급자격자를 고용하고 있거나 고용하였던 사업주, 고용산재보험료징수법 제33조에 따른 보험사무대행기관(이하 "보험사무대행기관"이라 한다) 및 보험사무대행기관이었던 자에게 피보험자의 자격 확인, 부정수급(不正受給)의 조사 등 이 법의 시행에 필요한 보고, 관계 서류의 제출 또는 관계인의 출석을 요구할 수 있다.(2021.1.5 본항개정)

② 이직한 사람은 종전의 사업주 또는 그 사업주로부터 보험 사무의 위임을 받아 보험 사무를 처리하는 보험사무대행기관에 실업급여를 지급받기 위하여 필요한 증명서의 교부를 청구할 수 있다. 이 경우 청구를 받은 사업주나 보험사무대행기관은 그 청구에 따른 증명서를 내주어야 한다.(2020.5.26 전단개정)

③ 고용노동부장관은 피보험자, 수급자격자 또는 지급되지 아니한 실업급여의 지급을 청구하는 사람에게 피보험

자의 자격 확인, 부정수급의 조사 등 이 법의 시행에 필요한 보고를 하게 하거나 관계 서류의 제출 또는 출석을 요구할 수 있다.(2020.5.26 본항개정)

제109조【조사 등】 ① 고용노동부장관은 피보험자의 자격 확인, 부정수급의 조사 등 이 법의 시행을 위하여 필요하다고 인정하면 소속 직원에게 피보험자 또는 수급자격자를 고용하고 있거나 고용하였던 사업주의 사업장 또는 보험사무대행기관 및 보험사무대행기관이었던 자의 사무소에 출입하여 관계인에 대하여 질문하거나 장부 등 서류를 조사하게 할 수 있다.(2010.6.4 본항개정)

② 고용노동부장관이 제1항에 따라 조사를 하는 경우에는 그 사업주 등에게 미리 조사 일시·조사 내용 등 조사에 필요한 사항을 알려야 한다. 다만, 긴급하거나 미리 알릴 경우 그 목적을 달성할 수 없다고 인정되는 경우에는 그러하지 아니하다.(2010.6.4 본문개정)

③ 제1항에 따라 조사를 하는 직원은 그 신분을 나타내는 증표를 지니고 이를 관계인에게 내보여야 한다.

④ 고용노동부장관은 제1항에 따른 조사 결과를 그 사업주 등에게 서면으로 알려야 한다.(2010.6.4 본항개정)

제110조【자료 제공의 요청】 ① 고용노동부장관은 다음 각 호의 사무를 수행하기 위하여 필요하면 주민등록정보, 가족관계등록사항, 군복무에 관한 자료, 토지·건물에 관한 자료, 국민연금·건강보험 등 각종 연금·보험에 관한 자료, 출입국 정보 등을 관계 기관의 장에게 요청할 수 있다. 이 경우 요청을 받은 관계 기관의 장은 특별한 사유가 없으면 그 요청에 따라야 한다.

1. 제15조(제77조의5제1항 및 제77조의10제1항에서 준용하는 경우를 포함한다)에 따른 피보험자격의 취득 및 상실 등의 신고 내용 확인(2021.1.5 본호개정)
2. 제17조(제77조의5제1항 및 제77조의10제1항에서 준용하는 경우를 포함한다)에 따른 피보험자격의 취득 또는 상실에 관한 확인(2021.1.5 본호개정)
3. 제18조에 따른 피보험자격의 이중 취득 확인 (2022.12.31 본호개정)

3의2. 제25조에 따른 고용안정 및 취업촉진을 위한 비용 지원 또는 대부 사업의 실시(2021.1.5 본호신설)

4. 제35조에 따른 부정행위로 인한 고용안정·직업능력개발 사업의 지원 제한
5. 제40조, 제69조의3, 제77조의3 및 제77조의8에 따른 구직급여의 수급 요건 확인
6. 제57조(제63조제5항, 제69조, 제69조의9제1항·제2항, 제77조의5제2항 및 제77조의10제2항에서 준용하는 경우를 포함한다)에 따른 지급되지 아니한 구직급여 등의 지급
7. 제61조(제63조제5항, 제69조의9제1항, 제77조의5제2항 및 제77조의10제2항에서 준용하는 경우를 포함한다)에 따른 부정행위로 인한 구직급여 등의 지급 제한
8. 제62조(제63조제5항, 제69조, 제69조의9제1항·제2항, 제74조, 제77조, 제77조의5제2항 및 제77조의10제2항에서 준용하는 경우를 포함한다)에 따른 구직급여 등 지급금의 반환 및 추가징수
9. 제68조(제69조의9제1항에서 준용하는 경우를 포함한다)에 따른 취업촉진 수당의 지급 제한
10. 제73조(제74조제2항 및 제77조에서 준용하는 경우를 포함한다)에 따른 육아휴직 급여 등의 지급 제한

(2021.1.5 5호~10호개정)

11. 제113조의2에 따른 「국민기초생활 보장법」의 수급자의 피보험자격 취득

② 고용노동부장관은 제1항제3호의2 및 제4호부터 제11호까지의 사무를 수행하기 위하여 필요하면 납세자의 인적 사항 및 사용 목적을 적은 문서로 관할 세무관서의 장에게 다음 각 호에 해당하는 과세정보의 제공을 요청할 수 있다.(2021.1.5 본문개정)

1. 「소득세법」 제4조제1항제1호에 따른 종합소득
2. 「부가가치세법」 제8조, 「법인세법」 제111조 또는 「소득세법」 제168조에 따른 사업자등록정보

③ 제1항에 따라 요청할 수 있는 자료 또는 정보의 구체적인 범위는 대통령령으로 정한다.

(2019.8.27 본조개정)

제111조【진찰명령】 직업안정기관의 장은 실업급여의 지급을 위하여 필요하다고 인정하면 제44조제3항제1호에 해당하는 사람으로서 같은 조 제2항에 따른 실업의 인정을 받았거나 받으려는 사람 및 제63조에 따라 상병급여를 지급받았거나 지급받으려는 사람에게 고용노동부장관이 지정하는 의료기관에서 진찰을 받도록 명할 수 있다.(2020.5.26 본조개정)

제112조【포상금의 지급】 ① 고용노동부장관은 이 법에 따른 고용안정·직업능력개발 사업의 지원·위탁 및 실업급여·육아휴직 급여 또는 출산전후휴가 급여등의 지원과 관련한 부정행위를 신고한 자에게 예산의 범위에서 포상금을 지급할 수 있다.(2012.2.1 본항개정)

② 제1항에 따른 부정행위의 신고 및 포상금의 지급에 필요한 사항은 고용노동부령으로 정한다.

(2010.6.4 본조개정)

제113조 (2011.7.21 삭제)

제113조의2【「국민기초생활 보장법」의 수급자에 대한 특례】 ① 제8조에도 불구하고 「국민기초생활 보장법」 제15조제1항제4호에 따라 자활을 위한 근로기회를 제공하기 위한 사업은 이 법의 적용을 받는 사업으로 본다. 이 경우 해당 사업에 참가하여 유급으로 근로하는 「국민기초생활 보장법」 제2조제2호에 따른 수급자는 이 법의 적용을 받는 근로자로 보고, 같은 법 제2조제4호에 따른 보장기관(같은 법 제15조제2항에 따라 사업을 위탁하여 행하는 경우는 그 위탁기관을 말한다)은 이 법의 적용을 받는 사업주로 본다.

② 제1항 후단에 따른 수급자가 「국민기초생활 보장법」 제8조제2항에 따른 수급권자인 경우에는 해당 수급자에 대하여는 제3장의 규정만을 적용한다.(2016.12.27 본항개정)

③ 제18조에도 불구하고 제2항에 따라 제3장의 규정만 적용되는 수급자는 보험관계가 성립되어 있는 다른 사업에 고용되어 있는 경우에는 그 다른 사업의 근로자로서만 피보험자격을 취득한다.

④ 제1항에 따라 수급자가 사업에 참가하고 받은 자활급여는 제41조에 따른 피보험 단위기간 산정의 기초가 되는 보수 및 제45조에 따른 임금일액의 기초가 되는 임금으로 본다.

(2011.7.21 본조신설)

제114조【시범사업의 실시】 ① 고용노동부장관은 보험사업을 효과적으로 시행하기 위하여 전면적인 시행에 어려움이 예상되거나 수행 방식 등을 미리 검증할 필요가 있는 경우 대통령령으로 정하는 보험사업은 시범사업을 할 수 있다.

② 고용노동부장관은 제1항에 따른 시범사업에 참여하는 사업주, 피보험자등 및 직업능력개발 훈련 시설 등에 재정·행정·기술이나 그 밖에 필요한 지원을 할 수 있다.

③ 제1항에 따른 시범사업의 대상자·실시지역·실시방법과 제2항에 따른 지원 내용 등에 관하여 필요한 사항은 고용노동부장관이 정하여 고시한다.

(2010.6.4 본조개정)

제115조【권한의 위임·위탁】 이 법에 따른 고용노동부장관의 권한은 대통령령으로 정하는 바에 따라 그 일부를 직업안정기관의 장에게 위임하거나 대통령령으로 정하는 자에게 위탁할 수 있다.(2010.6.4 본조개정)

제115조의2【벌칙 적용 시의 공무원 의제】 ① 제36조와 제115조에 따라 업무를 대행하거나 위탁하도록 하는 경우에 그 대행하거나 위탁받은 업무에 종사하는 사람은 「형법」 제129조부터 제132조까지의 규정에 따른 벌칙을 적용할 때에는 공무원으로 본다.(2020.5.26 본항개정)

② 심사위원회의 위원 중 공무원이 아닌 위원은 「형법」 제127조 및 제129조부터 제132조까지의 규정을 적용할 때에는 공무원으로 본다.(2019.1.15 본항신설)

(2008.12.31 본조신설)

제9장 벌 칙

제116조【벌칙】 ① 사업주와 공모하여 거짓이나 그 밖의 부정한 방법으로 다음 각 호에 따른 지원금 또는 급여를 받은 자와 공모한 사업주는 각각 5년 이하의 징역 또는 5천만원 이하의 벌금에 처한다.

1. 제3장에 따른 고용안정·직업능력개발 사업의 지원금
2. 제4장에 따른 실업급여
3. 제5장에 따른 육아휴직 급여, 육아기 근로시간 단축 급여 및 출산전후휴가 급여등
4. 제5장의2 및 제5장의3에 따른 구직급여 및 출산전후급여등(2021.1.5 본호개정)

② 다음 각 호의 어느 하나에 해당하는 자는 3년 이하의 징역 또는 3천만원 이하의 벌금에 처한다.

1. 제105조(제77조의5제3항·제4항 및 제77조의10제3항·제4항에서 준용하는 경우를 포함한다)를 위반하여 근로자를 해고하거나 그 밖에 근로자에게 불이익한 처우를 한 사업주(2022.12.31 본호개정)
2. 거짓이나 그 밖의 부정한 방법으로 제1항 각 호에 따른 지원금 또는 급여를 받은 자. 다만, 제1항에 해당하는 경우는 제외한다.

(2019.8.27 본조개정)

제117조【양벌규정】 법인의 대표자나 법인 또는 개인의 대리인, 사용인, 그 밖의 종업원이 그 법인 또는 개인의 업무에 관하여 제116조의 위반행위를 하면 그 행위자를 벌하는 외에 그 법인 또는 개인에게도 해당 조문의 벌금형을 과(科)한다. 다만, 법인 또는 개인이 그 위반행위를 방지하기 위하여 해당 업무에 관하여 상당한 주의와 감독을 게을리하지 아니한 경우에는 그러하지 아니하다.

(2008.12.31 본조개정)

제118조【과태료】 ① 다음 각 호의 어느 하나에 해당하는 사업주, 보험사무대행기관, 노무제공플랫폼사업자의 대표자 또는 대리인·사용인, 그 밖의 종업원에게는 300만원 이하의 과태료를 부과한다.

1. 제15조(제77조의5제1항 및 제77조의10제1항에서 준용하는 경우를 포함한다), 제77조의2제3항 및 제77조의7제1항을 위반하여 신고를 하지 아니하거나 거짓으로 신고한 자
2. 제42조제3항 후단(제77조의5제2항 및 제77조의10제2항에서 준용하는 경우를 포함한다)을 위반하여 이직확인서를 발급하여 주지 아니하거나 거짓으로 작성하여 발급하여 준 자
3. 제43조제4항 후단(제77조의5제2항 및 제77조의10제2항에서 준용하는 경우를 포함한다)을 위반하여 이직확인서를 제출하지 아니하거나 거짓으로 작성하여 제출한 자
4. 제108조제1항(제77조의5제3항·제4항 및 제77조의10제3항·제4항에서 준용하는 경우를 포함한다)에 따른 요구에 따르지 아니하여 보고를 하지 아니하거나 거짓으로 보고한 자, 같은 요구에 따르지 아니하여 문서를 제출하지 아니하거나 거짓으로 적은 문서를 제출한 자 또는 출석하지 아니한 자(2022.12.31 본호개정)
5. 제108조제2항(제77조의5제3항·제4항 및 제77조의10제3항·제4항에서 준용하는 경우를 포함한다)에 따른 요구에 따르지 아니하여 증명서를 내주지 아니한 자 (2022.12.31 본호개정)
6. 제109조제1항(제77조의5제3항·제4항 및 제77조의10제3항·제4항에서 준용하는 경우를 포함한다)에 따른 질문에 답변하지 아니하거나 거짓으로 진술한 자 또는 조사를 거부·방해하거나 기피한 자(2022.12.31 본호개정)
7. 제77조의7제2항을 위반하여 자료 또는 정보의 제공 요청에 따르지 아니한 자
8. 제77조의7제5항을 위반하여 노무제공자의 피보험자격의 신고와 관련된 자료 또는 정보를 보관하지 아니한 자

(2021.1.5 7호~8호신설)

(2021.1.5 본항개정)

② 다음 각 호의 어느 하나에 해당하는 피보험자, 수급자격자 또는 지급되지 아니한 실업급여의 지급을 청구하는 자에게는 100만원 이하의 과태료를 부과한다.

1. 제108조제3항(제77조의5제3항·제4항 및 제77조의10제3항·제4항에서 준용하는 경우를 포함한다)에 따라 요구된 보고를 하지 아니하거나 거짓으로 보고한 자, 문서를 제출하지 아니하거나 거짓으로 적은 문서를 제출한 자 또는 출석하지 아니한 자(2022.12.31 본호개정)
2. 제109조제1항(제77조의5제3항·제4항 및 제77조의10제3항·제4항에서 준용하는 경우를 포함한다)에 따른 질문에 답변하지 아니하거나 거짓으로 진술한 자 또는 검사를 거부·방해하거나 기피한 자(2022.12.31 본호개정)

③ 제87조(제77조의5제3항·제4항 및 제77조의10제3항·제4항에서 준용하는 경우를 포함한다)에 따른 심사 또는 재심사의 청구를 받아 하는 심사관 및 심사위원회의 질문에 답변하지 아니하거나 거짓으로 진술한 자 또는 검사를 거부·방해하거나 기피한 자에게는 100만원 이하의 과태료를 부과한다.(2022.12.31 본항개정)

④ 제1항부터 제3항까지의 규정에 따른 과태료는 대통령령으로 정하는 바에 따라 고용노동부장관이 부과·징수한다.(2010.6.4 본항개정)

⑤~⑦ (2008.12.31 삭제)

부 칙

제1조【시행일】 이 법은 공포한 날부터 시행한다.

제2조【직업능력개발 훈련을 실시하는 자의 부정행위에 대한 추가징수에 관한 경과조치】 직업능력개발 훈련을 실시하는 자가 이 법 시행 전에 거짓이나 그 밖의 부정한 방법으로 직업능력개발 훈련에 대한 지원을 받거나 이를 받고자 한 경우에는 제35조제2항 단서의 개정규정에도 불구하고 종전의 규정에 따른다.

제3조【유효기간】 제107조제1항 단서의 개정규정은 2009년 12월 31일까지 효력을 가진다.

제4조【처분 등에 관한 일반적 경과조치】 이 법 시행 당시 종전의 규정에 따른 행정기관의 행위나 행정기관에 대한 행위는 그에 해당하는 이 법에 따른 행정기관의 행위나 행정기관에 대한 행위로 본다.

제5조【벌칙이나 과태료에 관한 경과조치】 이 법 시행 전의 행위에 대하여 벌칙이나 과태료 규정을 적용할 때에는 종전의 규정에 따른다.

제6조【다른 법률의 개정】 ①~⑧ ※(해당 법령에 가제정리 하였음)

제7조【다른 법령과의 관계】 이 법 시행 당시 다른 법령에서 종전의 「고용보험법」 또는 그 규정을 인용한 경우에 이 법 가운데 그에 해당하는 규정이 있으면 종전의 규정을 갈음하여 이 법 또는 이 법의 해당 규정을 인용한 것으로 본다.

부 칙 (2008.12.31)

제1조【시행일】 이 법은 공포한 날부터 시행한다. 다만, 제29조제3항의 개정규정은 공포 후 3개월이 경과한 날부터 시행하고, 제7조, 제11조의2, 제81조 및 제84조의 개정규정은 2009년 7월 1일부터 시행한다.

제2조【수급자격 인정에 관한 적용례】 제41조 및 제43조의 개정규정은 이 법 시행 후 최초로 수급자격 인정 여부를 결정하는 경우부터 적용한다.
제3조【산전후휴가 급여등의 수급권 대위에 관한 적용례】 제75조의2의 개정규정은 이 법 시행 후 최초로 산전후휴가 등을 부여하는 경우부터 적용한다.
제4조【부정행위에 따른 지원의 제한 등에 관한 경과조치】 제35조의 개정규정에도 불구하고 이 법 시행 전에 거짓이나 그 밖의 부정한 방법으로 지원을 받은 자 또는 받으려 한 자에 대한 지원의 제한 등에 관하여는 종전의 규정에 따른다.

부 칙 (2011.7.21)

제1조【시행일】 이 법은 공포 후 6개월이 경과한 날부터 시행한다. 다만, 제2조제5호의 개정규정은 공포한 날부터 시행하고, 제26조의2, 제50조제5항, 제70조, 제73조의2, 제74조, 제113조의2의 개정규정은 공포 후 2개월이 경과한 날부터 시행한다.
제2조【지원의 지급 제한에 관한 적용례】 제26조의2의 개정규정 중 고용유지지원금 지급에 관한 사항은 이 법 시행 후 최초로 고용유지조치계획을 신고하는 경우부터 적용하며, 그 밖의 지원금 지급에 관한 사항은 이 법 시행 후 최초로 해당 사업장에 근로자를 고용한 경우부터 적용한다.
제3조【소정급여일수에 관한 적용례】 제50조제5항의 개정규정은 이 법 시행 후 최초로 제17조에 따라 피보험자격 취득이 확인된 사람부터 적용한다.
제4조【육아휴직 급여에 관한 경과조치】 이 법 시행 당시 육아기 근로시간 단축을 허용받아 그 기간 중에 있는 근로자에 대하여는 제70조제1항에 따른 육아휴직 급여를 지급함에 있어서 이 법 시행 후의 육아기 근로시간 단축 기간부터 제70조제1항제2호의 개정규정을 적용한다.
제5조【육아기 근로시간 단축 급여에 관한 경과조치】 이 법 시행 당시 육아기 근로시간 단축을 허용받아 그 기간 중에 있는 근로자에 대하여는 이 법 시행 후의 육아기 근로시간 단축 기간부터 제73조의2의 개정규정을 적용한다.

부 칙 (2013.6.4)

제1조【시행일】 이 법은 공포한 날부터 시행한다.
제2조【실업급여 적용 제외에 관한 적용례】 제10조의 개정규정은 이 법 시행 전에 이직한 근로자 또는 폐업한 자영업자에게도 적용한다.

부 칙 (2014.1.21)

제1조【시행일】 이 법은 2014년 7월 1일부터 시행한다.
제2조【출산전후휴가 급여 지급에 관한 적용례】 제75조 및 제76조의 개정규정은 이 법 시행 후 출산하는 근로자부터 적용한다.

부 칙 (2015.1.20)

제1조【시행일】 이 법은 공포한 날부터 시행한다. 다만, 제37조의2, 제38조, 제45조제4항의 개정규정은 공포 후 3개월이 경과한 날부터 시행한다.
제2조【피보험기간에 관한 적용례】 제50조의 개정규정은 이 법 시행 후 피보험자격의 취득의 신고를 하거나 확인이 된 경우부터 적용한다.
제3조【고액 금품 수령에 따른 구직급여의 지급유예 폐지에 관한 적용례 등】 ① 이 법 시행 당시 종전의 제59조제1항에 따라 구직급여의 지급이 유예 중인 사람에 대해서도 제40조에 따라 구직급여를 지급한다.
② 제1항에 따라 구직급여를 지급받거나 이 법 시행 전에 지급유예기간이 종료된 사람의 구직급여 수급기간은 제48조에 따른 수급기간에 종전의 제59조제1항에 따라 구직급여의 지급이 유예된 기간만큼 더하여 산정한 기간으로 한다.
제4조【금치산자 등에 대한 경과조치】 제99조제4항제1호의 개정규정에 따른 피성년후견인 또는 피한정후견인에는 법률 제10429호 민법 일부개정법률 부칙 제2조에 따라 금치산 또는 한정치산 선고의 효력이 유지되는 사람이 포함되는 것으로 본다.

부 칙 (2016.5.29)

제1조【시행일】 이 법은 2016년 8월 1일부터 시행한다.
제2조【국민연금 보험료의 지원에 관한 적용례】 제55조의2의 개정규정은 이 법 시행 후 최초로 제43조제1항에 따라 수급자격의 인정을 받는 경우부터 적용한다.

부 칙 (2019.1.15)

제1조【시행일】 이 법은 공포 후 6개월이 경과한 날부터 시행한다. 다만, 제6조제2항 단서, 같은 조 제3항 단서, 제10조, 제43조제1항, 제63조제4항, 제80조제1항제2호의2, 제90조, 제93조, 제97조제2항, 제98조, 제99조제5항, 제100조, 제103조, 제107조제1항 및 제115조의2의 개정규정은 공포한 날부터 시행한다.
제2조【외국인근로자의 고용보험 적용에 관한 적용례】 제10조의2제1항의 개정규정은 다음 각 호의 구분에 따른 날부터 적용한다.
1. 상시 30명 이상의 근로자를 사용하는 사업 또는 사업장 : 2021년 1월 1일
2. 상시 10명 이상 30명 미만의 근로자를 사용하는 사업 또는 사업장 : 2022년 1월 1일
3. 상시 10명 미만의 근로자를 사용하는 사업 또는 사업장 : 2023년 1월 1일

제3조【건설일용근로자 구직급여 수급 요건에 관한 적용례】 제40조제1항제5호 및 제49조 단서의 개정규정은 이 법 시행 이후 제43조제1항에 따른 구직급여 수급자격 인정 신청을 하는 사람부터 적용한다.
제4조【취업 사실 미신고 등에 따른 육아휴직 급여 등의 지급 제한에 관한 적용례】 제73조제5항(제74조 및 제77조에 따라 준용되는 경우를 포함한다)의 개정규정은 이 법 시행 당시 육아휴직, 육아기 근로시간 단축, 출산전후휴가 또는 유산·사산휴가 중인 피보험자가 이 법 시행 이후 제70조제3항의 개정규정을 위반하여 취업한 사실을 기재하지 아니하거나 거짓으로 기재한 경우부터 횟수를 산정하여 적용한다.
제5조【실업급여 등 적용 제외에 관한 경과조치】 제10조의 개정규정 시행 당시 65세 이후에 고용되어 종전의 제10조제1항제1호에 따라 실업급여 등의 적용이 제외된 사람은 같은 조 제2항의 개정규정에도 불구하고 종전의 규정에 따른다.
제6조【취업한 기간에 대한 육아휴직 급여 등의 지급 제한에 관한 경과조치】 이 법 시행 전에 육아휴직, 육아기 근로시간 단축, 출산전후휴가 또는 유산·사산휴가 기간에 취업한 사실이 있는 피보험자에 대해서는 제73조제2항(제74조 및 제77조에 따라 준용되는 경우를 포함한다)의 개정규정에도 불구하고 종전의 제73조제1항을 적용한다.
제7조【피보험자격의 취득·상실에 대한 확인에 관한 심사청구 기관 변경에 따른 피청구인 등에 관한 경과조치】 제90조의 개정규정 시행 당시 제87조제1항에 따른 피보험자격의 취득·상실에 대한 확인에 관하여 심사청구, 재심사청구 및 행정소송이 계속 중인 사건의 경우 피청구인 또는 피고의 적격은 근로복지공단으로 승계된다.

부 칙 (2019.8.27)

제1조【시행일】 이 법은 공포 후 1년이 경과한 날부터 시행한다. 다만, 제19조제2항, 제40조, 제46조제1항, 제69조의5, 제75조, 제76조제1항, 제77조 후단, 별표1 및 별표2의 개정규정은 2019년 10월 1일부터 시행하고, 제70조제1항 및 제73조의2제1항의 개정규정은 공포 후 6개월이 경과한 날부터 시행한다.
제2조【구직급여의 수급 요건에 관한 적용례】 제40조제2항제2호의 개정규정은 같은 개정규정 시행 전에 이직한 근로자에게도 적용한다.
제3조【구직급여 수급자격 확인을 위한 자료 요청에 관한 적용례】 제43조제4항의 개정규정은 이 법 시행 당시 신청인에 대한 수급자격의 인정 여부를 결정 중에 있는 경우에도 적용한다.
제4조【반복적인 구직급여 부정수급자에 대한 구직급여 지급 제한에 관한 적용례】 제61조제5항의 개정규정에 따른 구직급여를 받지 못한 횟수는 이 법 시행 이후 제61조제1항 본문에 따라 구직급여를 받지 못한 경우부터 산정한다.
제5조【구직급여 등의 충당에 관한 적용례】 제62조제5항의 개정규정은 이 법 시행 이후에 지급사유가 발생한 구직급여를 이 법 시행 이후에 반환 결정된 구직급여 반환금 또는 추가징수금에 충당하는 경우부터 적용한다.
제6조【육아휴직 급여 및 육아기 근로시간 단축 급여에 관한 적용례】 제70조제1항 및 제73조의2제1항의 개정규정은 같은 개정규정 시행 전에 부모가 동시에 육아휴직 또는 육아기 근로시간 단축을 사용한 경우 같은 개정규정 시행 이후의 육아휴직 또는 육아기 근로시간 단축 기간에 대하여도 적용한다.
제7조【출산전후휴가 급여 등에 관한 적용례】 제75조, 제76조제1항 및 제77조 후단의 개정규정은 같은 개정규정 시행 후 최초로 배우자 출산휴가를 사용하는 사람부터 적용한다.
제8조【구직급여일액에 관한 경과조치】 ① 제46조제1항 및 제69조의5의 개정규정 시행 전에 이직한 자에 대한 구직급여일액에 대해서는 같은 개정규정에도 불구하고 종전의 규정에 따른다.
② 제46조제1항제2호의 개정규정에 따라 산정한 최저구직급여일액이 같은 개정규정 시행 전 최저구직급여일액보다 낮은 경우에는 같은 개정규정 시행 전 최저구직급여일액을 해당 연도 최저구직급여일액으로 한다.
제9조【부정행위에 따른 구직급여의 추가 징수에 관한 경과조치】 이 법 시행 전에 거짓이나 그 밖의 부정한 방법으로 구직급여를 지급받은 사람에 대한 구직급여의 추가 징수 금액에 대해서는 제62조제2항의 개정규정에도 불구하고 종전의 규정에 따른다.
제10조【구직급여의 소정급여일수에 관한 경과조치】 별표1 및 별표2의 개정규정 시행 전에 이직한 자에 대한 구직급여의 소정급여일수에 대해서는 같은 개정규정에도 불구하고 종전의 규정에 따른다.
제11조【다른 법률의 개정】 ※(해당 법령에 가제정리 하였음)

부 칙 (2020.5.26)

이 법은 공포한 날부터 시행한다. 다만, 제46조 중 법률 제16557호 고용보험법 일부개정법률 제43조제5항 및 제69조 후단의 개정 부분은 2020년 8월 28일부터 시행한다.(이하 생략)

부 칙 (2020.6.9)

제1조【시행일】 이 법은 공포 후 6개월이 경과한 날부터 시행한다.
제2조【예술인의 피보험자격 취득일에 관한 적용례】 제77조의2에 해당하는 예술인의 문화예술용역 관련 계약 개시일이 이 법 시행일 이전인 경우에는 제13조제1항에도 불구하고 이 법 시행일을 피보험자격 취득일로 본다.

부 칙 (2021.1.5)

제1조【시행일】 이 법은 2021년 7월 1일부터 시행한다. 다만, 제77조의7 및 제118조제1항제7호·제8호의 개정규정은 2022년 1월 1일부터 시행한다.
제2조【기간제근로자 등의 출산전후휴가 급여등에 관한 적용례】 제76조의2의 개정규정은 이 법 시행 당시 출산전후휴가 중인 기간제근로자 또는 파견근로자에 대해서도 적용한다.
제3조【노무제공자의 피보험자격 취득일에 관한 적용특례】 이 법 시행 전에 노무제공계약이 개시되어 노무제공계약이 끝나지 아니한 노무제공자로서 제77조의6의 개정규정에 따라 피보험자격을 취득하여 제5장의3을 적용받는 노무제공자는 이 법 시행일에 피보험자격을 취득한 것으로 보아 제77조의10제1항의 개정규정에서 준용하는 제13조제1항을 적용한다.

부 칙 (2021.8.17)

제1조【시행일】 이 법은 공포 후 6개월이 경과한 날부터 시행한다.(이하 생략)

부 칙 (2022.6.10 법18913호)

이 법은 공포한 날부터 시행한다.

부 칙 (2022.6.10 법18919호)

제1조【시행일】 이 법은 2023년 7월 1일부터 시행한다.(이하 생략)

부 칙 (2022.6.10 법18920호)

이 법은 공포 후 6개월이 경과한 날부터 시행한다.

부 칙 (2022.12.31)

제1조【시행일】 이 법은 공포 후 6개월이 경과한 날부터 시행한다. 다만, 다음 각 호의 사항은 그 구분에 따른 날부터 시행한다.
1. 제10조제1항제2호, 제77조제1항·제2항, 제77조의5제3항·제4항, 제77조의10제3항·제4항, 제116조 및 제118조의 개정규정 : 공포한 날
2. 제77조의3제3항 단서 및 제77조의8제3항 단서의 개정규정 : 2023년 1월 1일

제2조【구직급여 대기기간 연장에 관한 적용례】 제43조의2, 제49조제2항, 제77조의3제6항 및 제77조의8제6항의 개정규정은 이 법 시행 이후 구직급여를 신청한 사람부터 적용한다.
제3조【기간제근로자 및 파견근로자의 출산전후휴가 급여등에 관한 적용례】 제76조의2의 개정규정은 이 법 시행 당시 유산·사산휴가 중인 기간제근로자 또는 파견근로자에 대해서도 적용한다.
제4조【외국인인 예술인·노무제공자의 고용보험에 관한 경과조치】 ① 이 법 시행 전에 외국인인 예술인·노무제공자가 고용보험 피보험자격을 취득한 경우에 이 법 시행 전까지의 피보험자격과 관련한 사항에 대해서는 제10조의2제2항의 개정규정에도 불구하고 종전의 규정에 따른다.

② 제1항에도 불구하고 이 법 시행 전에 피보험자격을 취득한 외국인인 예술인·노무제공자가 이 법 시행 이후 제10조의2제2항의 개정규정에 따른 적용대상에 해당하지 아니하는 경우 이 법 시행 전 피보험자격과 관련한 보험료 반환 등을 근로복지공단에 신청할 수 있다. 이 경우 해당 피보험자격은 무효로 본다.
③ 제2항에 따라 보험료 반환 등을 신청받은 근로복지공단은 예술인·노무제공자가 부담한 보험료(고용산재보험료징수법 제21조에 따라 지원한 금액은 제외한다)에 대해서는 예술인·노무제공자에게 반환하고 사업주가 부담한 보험료(고용산재보험료징수법 제21조에 따라 지원한 금액은 제외한다)에 대해서는 고용산재보험료징수법에 따라 그 납부한 금액을 충당하거나 반환하여야 하며 보험료 반환 시 해당 예술인·노무제공자가 구직급여 또는 출산전후급여등을 받은 경우 직업안정기관의 장은 제77조의5제2항·제3항 및 제77조의10제2항·제3항에서 준용하는 제62조제4항에 따라 그 지급금의 반환을 명할 수 있다.
제5조【일용근로자의 구직급여 수급요건에 관한 경과조치】 이 법 시행 전에 제43조에 따라 수급자격을 인정하여 줄 것을 신청한 일용근로자의 구직급여에 관하여는 제40조제1항제5호가목의 개정규정에도 불구하고 종전의 규정에 따른다.
제6조【15세 미만인 예술인·노무제공자의 고용보험에 관한 경과조치】 ① 이 법 시행 전에 15세 미만인 예술인·노무제공자가 문화예술용역 관련 계약 또는 노무제공계약을 개시한 경우에 이 법 시행 전까지의 피보험자격과 관련한 사항에 대해서는 제77조의2제2항제3호 또는 제77조의6제2항제3호의 개정규정에도 불구하고 종전의 규정에 따른다.
② 이 법 시행 전에 15세 미만인 예술인·노무제공자로서 고용보험 피보험자격을 취득한 사람은 이 법 시행 이후 3개월이 되는 날까지 근로복지공단에 고용보험 탈퇴를 신청할 수 있다. 이 경우 탈퇴를 신청한 사람은 탈퇴를 신청한 날의 다음 날에 그 피보험자격을 상실하며 탈퇴를 신청하지 않은 사람은 고용보험 가입의사가 있는 것으로 본다.
③ 제1항에도 불구하고 이 법 시행 전에 피보험자격을 취득한 15세 미만인 예술인·노무제공자가 이 법 시행 이후 제77조의2제2항제3호 또는 제77조의6제2항제3호의 개정규정에 따른 적용대상에 해당하지 아니하는 경우 이 법 시행 전 피보험자격과 관련한 보험료 반환 등을 근로복지공단에 신청할 수 있다. 이 경우 그 피보험자격은 무효로 본다.
④ 제3항에 따른 보험료 반환 등을 신청받은 근로복지공단은 예술인·노무제공자가 부담한 보험료(고용산재보험료징수법 제21조에 따라 지원한 금액은 제외한다)에 대해서는 예술인·노무제공자에게 반환하고 사업주가 부담한 보험료(고용산재보험료징수법 제21조에 따라 지원한 금액은 제외한다)에 대해서는 고용산재보험료징수법에 따라 그 납부한 금액을 충당하거나 반환하여야 하며 보험료 반환 시 해당 예술인·노무제공자가 구직급여 또는 출산전후급여등을 받은 경우 직업안정기관의 장은 제77조의5제2항·제3항 및 제77조의10제2항·제3항에서 준용하는 제62조제4항에 따라 그 지급금의 반환을 명할 수 있다.

부　칙 (2023.8.8)

제1조【시행일】 이 법은 2024년 5월 17일부터 시행한다.
(이하 생략)

〔별표〕 ➡ 「法典 別册」 참조

고용보험법 시행령

(2007년 10월 17일 전부개정대통령령 제20330호)

개정
2008. 2.29영20681호(직제)
2008. 4.30영20775호
2008. 6. 5영20799호(평생교육시)
2008. 6.25영20875호(산업재해시)
2008. 7.29영20947호(자본시장금융투자업시)
2008. 9.18영21015호　2008.12. 3영21152호
2008.12.31영21230호(고용상연령차별금지및고령자고용촉진에관한법시)
2009. 1.14영21263호(한국산업안전보건공단법시)
2009. 3.12영21348호　2009. 5.28영21510호
2009. 6.30영21590호(한시적행정규제유예)
2009. 7. 7영21626호(규제일몰제적용)
2009.12.30영21928호(고용정책기본법시)
2009.12.31영21962호(장애인고용촉진및직업재활법시)
2010. 2. 8영22026호
2010. 7.12영22269호(직제)
2010. 8.25영22365호(근로자직업능력개발법시)
2010.11.15영22493호(은행법시)
2010.12.31영22603호　2011. 9.15영23139호
2011.11. 1영23274호(출입국시)
2011.12. 8영23356호(영유아보육법시)
2011.12.30영23467호(근로자직업능력개발법시)
2012. 1. 6영23496호(농협시)
2012. 1.13영23513호
2012. 7.10영23946호(남녀고용평등과일·가정양립지원에관한법시)
2012.10.29영24155호(행정규제개선일부개정령)
2013. 1.25영24333호　2013. 4.22영24514호
2013. 8. 6영24682호
2013.11.20영24852호(공무원임용)
2013.12.24영25022호　2014. 6.17영25388호
2014. 9.30영25645호
2014.12. 9영25840호(규제기한정비)
2014.12.31영25955호　2015. 4.20영26208호
2015. 6.30영26368호　2015. 8.19영26496호
2015.12. 4영26690호
2015.12.31영26844호(행정기관책임성강화)
2016. 7.19영27352호
2016. 8.11영27445호(공동주택관리법시)
2016.10.18영27549호
2016.10.25영27556호(수협시)
2016.12.30영27738호
2016.12.30영27751호(규제기한설정)
2017. 3.27영27960호(주민등록번호등의처리제한을위한일부개정령)
2017. 3.27영27966호　2017. 6.27영28160호
2017. 8.29영28256호　2017.12.12영28469호
2017.12.26영28504호　2018. 7. 3영29026호
2018.10. 2영29208호　2018.12.31영29454호
2019. 2.12영29547호　2019. 6.25영29913호
2019. 7. 2영29950호(법령용어정비)
2019. 9.17영30083호
2019.12.24영30256호(산업안전시)
2019.12.31영30296호
2020. 3. 3영30509호(규제기한해제)
2020. 3.31영30593호　2020. 4.28영30643호
2020. 6. 9영30773호　2020. 8.27영30980호
2020. 9.29영31078호　2020.10.20영31120호
2020.11.24영31176호(법정공고방식확대)
2020.12. 8영31239호　2020.12.29영31324호
2021. 6 .8영31748호
2021.12.28영32274호(독점시)
2021.12.31영32301호
2022. 2.17영32446호(고용정책기본법시)
2022. 2.17영32447호(국민평생직업능력개발법시)
2022. 5. 9영32635호(농지시)
2022. 6.28영32730호　2022.12. 6영33029호
2022.12.14영33077호(고용보험및산업재해보상보험의보험료징수등에관한법시)
2023. 6.27영33595호
2023. 9.12영33713호(예술인복지법시)
2023.11. 7영33845호
2023.12.26영34048호→시행일 부칙 참조

제1장 총 칙

제1조【목적】 이 영은 「고용보험법」에서 위임된 사항과 그 시행에 필요한 사항을 규정하는 것을 목적으로 한다.
제1조의2【보수에서 제외되는 금품】 「고용보험법」(이하 "법"이라 한다) 제2조제5호 본문에서 "대통령령으로 정하는 금품"이란 「소득세법」 제12조제3호에 따른 비과세 근로소득을 말한다.(2021.6.8 본조개정)
제1조의3【고용보험위원회의 구성】 ① 법 제7조제4항제1호 및 제2호에 따른 근로자와 사용자를 대표하는 사람은 각각 전국 규모의 노동단체와 전국 규모의 사용자단체에서 추천하는 사람 중에서 고용노동부장관이 위촉한다.(2010.12.31 본항개정)
② 법 제7조제4항제3호에 따른 공익을 대표하는 사람은 고용보험과 그 밖의 고용노동 분야 전반에 관하여 학식과 경험이 풍부한 사람 중에서 고용노동부장관이 위촉한다.
③ 법 제7조제4항제4호에 따른 정부를 대표하는 사람은 고용보험 관련 중앙행정기관의 고위공무원단에 속하는 공무원 중에서 고용노동부장관이 임명한다.
(2010.7.12 본조개정)
제1조의4【위원의 임기 등】 ① 법 제7조제4항제1호부터 제3호까지의 규정에 따른 위촉위원(이하 "위촉위원"이라 한다)의 임기는 2년으로 한다. 다만, 보궐위원의 임기는 전임자 임기의 남은 기간으로 한다.(2023.11.7 본문개정)
② 위촉위원은 제1항에 따른 임기가 만료된 경우에도 후임위원이 위촉될 때까지 그 직무를 수행할 수 있다.
(2023.11.7 본항신설)
③ 고용노동부장관은 위촉위원이 다음 각 호의 어느 하나에 해당하는 경우에는 해당 위원을 해촉(解囑)할 수 있다.(2023.11.7 본문개정)
1. 심신장애로 인하여 직무를 수행할 수 없게 된 경우
2. 직무와 관련된 비위사실이 있는 경우
3. 직무태만, 품위손상이나 그 밖의 사유로 인하여 위원으로 적합하지 아니하다고 인정되는 경우
4. 위원 스스로 직무를 수행하는 것이 곤란하다고 의사를 밝히는 경우
(2015.12.31 본항신설)
(2015.12.31 본조제목개정)
(2009.3.12 본조신설)
제1조의5【위원장의 직무】 ① 법 제7조에 따른 고용보험위원회(이하 "위원회"라 한다)의 위원장은 위원회를 대표하며, 위원회의 사무를 총괄한다.
② 위원장이 부득이한 사유로 직무를 수행할 수 없을 때에는 위원장이 미리 지명하는 위원이 그 직무를 대행한다.
(2009.3.12 본조신설)
제1조의6【회의】 ① 위원장은 위원회의 회의를 소집하고, 그 의장이 된다.
② 위원회의 회의는 재적위원 과반수의 출석으로 개의(開議)하고 출석위원 과반수의 찬성으로 의결한다.
(2009.3.12 본조신설)
제1조의7【전문위원회】 ① 법 제7조제5항에 따라 위원회에 고용보험운영전문위원회와 고용보험평가전문위원회(이하 "전문위원회"라 한다)를 둔다.
② 전문위원회는 각각 위원장 1명을 포함한 15명 이내의 위원으로 구성한다.
③ 전문위원회의 위원장은 위원회의 위원 중에서 전문위원회의 위원장을 임명하거나 위촉하고, 다음 각 호의 어느 하나에 해당하는 사람 중에서 전문위원회의 위원을 임명하거나 위촉한다.
1. 고용보험 등 사회보험에 관한 학식과 경험이 있고, 전국 규모의 노동단체나 전국 규모의 사용자단체에서 추천하는 사람
2. 고용보험 등 사회보험에 관한 학식과 경험이 풍부한 사람
3. 고용보험 관련 중앙행정기관의 3급 또는 4급 공무원
④ 전문위원회의 위원장은 법 제7조제5항에 따라 전문위원회가 심의 사항에 대하여 검토·조정한 결과를 위원회에 보고하여야 한다.
⑤ 전문위원회에 관하여는 제1조의4부터 제1조의6까지의 규정을 준용한다. 이 경우 "법 제7조제4항제1호부터 제3호까지의 규정"은 "제1조의7제3항제1호 및 제2호"로, "고용노동부장관"은 "위원회의 위원장"으로, "제1조의3제1항 및 제2항"은 "제1조의7제3항제1호 및 제2호"로 본다.
(2015.12.31 후단신설)
(2009.3.12 본조신설)
제1조의8【조사·연구위원】 ① 고용보험에 관한 전문적인 사항을 조사·연구하기 위하여 위원회에 5명 이내의 조사·연구위원을 둘 수 있다.
② 조사·연구위원은 고용보험에 관한 학식과 경험이 풍부한 사람 중에서 위원회의 위원장이 위촉한다.
(2009.3.12 본조신설)
제1조의9【협조의 요청】 위원회나 전문위원회(이하 "위원회등"이라 한다)는 안건의 심의를 위하여 필요하다고 인정하는 경우에는 관계 행정기관 또는 단체에 자료 제출을 요청하거나 관계 공무원이나 전문가 등 관계인을 출석시켜 의견을 들을 수 있다.(2009.3.12 본조신설)
제1조의10【간사】 위원회등에는 각각 간사 1명을 두되, 간사는 고용노동부 소속 공무원 중에서 위원회의 위원장이 임명한다.(2010.7.12 본조개정)
제1조의11【위원의 수당】 위원회등의 회의에 출석하거나 회의 안건에 대한 검토의견을 제출한 위원에게는 예산의 범위에서 수당과 여비를 지급할 수 있다. 다만, 그 소관 업무와 직접 관련되는 공무원인 위원에게는 수당과 여비를 지급하지 아니한다.(2009.3.12 본조신설)
제1조의12【운영세칙】 이 영에서 규정한 사항 외에 위원회등의 운영에 필요한 사항은 위원회의 의결을 거쳐 위원회의 위원장이 정한다.(2009.3.12 본조신설)
제2조【적용 범위】 ① 법 제8조제1항 단서에서 "대통령령으로 정하는 사업"이란 다음 각 호의 어느 하나에 해당하는 사업을 말한다.(2021.6.8 본문개정)
1. 농업·임업 및 어업 중 법인이 아닌 자가 상시 4명 이하의 근로자를 사용하는 사업(2015.6.30 본호개정)

2. 다음 각 목의 어느 하나에 해당하는 공사. 다만, 법 제15조제2항 각 호에 해당하는 자가 시공하는 공사는 제외한다.
가. 「고용보험 및 산업재해보상보험의 보험료징수 등에 관한 법률 시행령」(이하 "고용산재보험료징수법시행령"이라 한다) 제2조제1항제2호에 따른 총공사금액(이하 이 조에서 "총공사금액"이라 한다)이 2천만원 미만인 공사(2021.6.8 본목개정)
나. 연면적이 100제곱미터 이하인 건축물의 건축 또는 연면적이 200제곱미터 이하인 건축물의 대수선에 관한 공사(2008.9.18 본목개정)
3. 가구 내 고용활동 및 달리 분류되지 아니한 자가소비 생산활동(2015.6.30 본호개정)
② 제1항 각 호의 어느 하나에 해당하는 사업의 범위에 관하여는 법 또는 이 영에 특별한 규정이 있는 경우 외에는 「통계법」 제22조에 따라 통계청장이 고시하는 산업에 관한 표준분류(이하 "한국표준산업분류표"라 한다)에 따른다.
③ 총공사금액이 2천만원 미만인 건설공사가 설계 변경(사실상의 설계 변경이 있는 경우를 포함한다)으로 인하여 2천만원 이상의 건설공사에 해당하게 되거나 「고용보험 및 산업재해보상보험의 보험료징수 등에 관한 법률」(이하 "고용산재보험료징수법"이라 한다) 제8조제1항 및 제2항에 따라 일괄적용을 받게 되는 경우에는 그 때부터 법의 규정의 전부를 적용한다.(2021.6.8 본항개정)

제3조【적용 제외 근로자】 ① 법 제10조제1항제2호에서 "해당 사업에서 소정(所定)근로시간이 대통령령으로 정하는 시간 미만인 근로자"란 해당 사업에서 1개월간 소정근로시간이 60시간 미만이거나 1주간의 소정근로시간이 15시간 미만인 근로자를 말한다.(2023.6.27 본항개정)
② 제1항에도 불구하고 다음 각 호의 어느 하나에 해당하는 근로자는 법 적용 대상으로 한다.
1. 해당 사업에서 3개월 이상 계속하여 근로를 제공하는 근로자
2. 일용근로자
(2023.6.27 본항신설)
③ 법 제10조제1항제5호에서 "대통령령으로 정하는 사람"이란 「별정우체국법」에 따른 별정우체국 직원을 말한다.
(2021.6.8 본조개정)

제3조의2【별정직·임기제 공무원의 보험 가입】 ① 별정직 또는 임기제 공무원(이하 "가입대상 공무원"이라 한다)을 임용하는 행정기관(이하 "소속기관"이라 한다)의 장은 가입대상 공무원이 해당 소속기관에 최초로 임용된 경우 지체 없이 법 제10조제1항제3호 단서에 따른 본인의 의사를 확인하여야 한다.(2019.6.25 본항개정)
② 소속기관의 장은 제1항에 따라 보험가입 의사가 있는 것으로 확인된 가입대상 공무원에 대하여 임용된 날부터 3개월 이내에 고용노동부장관에게 고용보험 가입을 신청하여야 한다. 다만, 해당 가입대상 공무원이 원하는 경우에는 같은 기간에 직접 가입을 신청할 수 있으며, 이 경우 고용노동부장관은 가입 신청 사실을 소속기관의 장에게 알려야 한다.(2016.10.18 본항개정)
③ 제1항 또는 제2항에 따라 가입을 신청한 경우에 해당 가입대상 공무원은 가입을 신청한 날의 다음 날에 피보험자격을 취득한 것으로 본다. 이 경우 피보험자격을 취득한 공무원이 공무원 신분의 변동에 따라 계속하여 다른 별정직 또는 임기제 공무원으로 임용된 때에는 별도의 가입신청을 하지 않은 경우에도 고용보험의 피보험자격을 유지한다.(2013.11.20 후단개정)
④ 고용보험에 가입한 공무원이 고용보험에서 탈퇴하려는 경우에는 고용노동부장관에게 탈퇴신청을 하여야 한다. 이 경우 탈퇴를 신청한 날의 다음 날에 피보험자격을 상실한 것으로 본다.(2016.10.18 전단개정)
⑤ 제4항에 따라 고용보험에서 탈퇴한 이후에 가입대상 공무원으로 계속 재직하는 동안에는 고용보험에 다시 가입할 수 없으며, 고용보험에서 탈퇴한 이후에는 수급자격을 인정하지 아니한다. 다만, 탈퇴한 공무원이 가입대상 공무원의 직에서 이직(가입대상 공무원 외의 공무원으로 임용된 경우를 포함한다)한 이후에 법과 이 영에 따라 다시 피보험자격을 취득한 경우에는 법 제40조제1항제1호에 따른 피보험 단위기간을 산정하는 경우에 그 이전 가입대상 공무원 재직 시의 피보험기간 중 법 제41조제1항에 따른 보수 지급의 기초가 된 날을 합산하고, 법 제50조에 따라 피보험기간을 산정하는 경우에 탈퇴하기 전의 피보험기간도 같은 조에서 규정하고 있는 피보험기간에 포함하여 산정한다.(2011.9.15 단서개정)
⑥ 고용보험에 가입한 공무원에 대한 보험료율은 고용산재보험료징수법시행령 제12조제1항제2호에 따른 실업급여의 보험료율로 하되, 소속기관과 고용보험에 가입한 공무원이 각각 2분의 1씩 부담한다.(2021.6.8 본항개정)
⑦ 제1항부터 제4항까지의 규정에 따른 보험가입 및 보험가입 탈퇴의 신청절차는 고용노동부령으로 정한다.
(2010.7.12 본항개정)
(2013.11.20 본조제목개정)

제3조의3【외국인에 대한 법의 적용 범위】 법 제10조의2제2항에 따른 외국인에 대한 법의 적용범위는 다음 각 호의 구분에 따른다.(2023.6.27 본문개정)
1. 법 제10조의2제2항에 따른 외국인 중 근로계약을 체결한 사람으로서 다음 각 목의 어느 하나에 해당하는 사람 : 법의 전부를 적용(2023.6.27 본문개정)
가. 「출입국관리법 시행령」 제12조에 따른 외국인의 체류자격 중 주재(D-7), 기업투자(D-8) 및 무역경영(D-9)의 체류자격을 가진 사람(법에 따른 고용보험에 상응하는 보험료와 급여에 관하여 그 외국인의 본국법이 대한민국 국민에게 적용되지 않는 경우는 제외한다)
나. 「출입국관리법 시행령」 제12조의2에 따른 외국인의 체류자격 중 영주(F-5)의 체류자격을 가진 사람
다. 「출입국관리법 시행령」 제23조제2항 각 호의 어느 하나에 해당하는 사람
2. 법 제10조의2제2항에 따른 외국인 중 근로계약을 체결한 사람으로서 다음 각 목의 어느 하나에 해당하는 사람 : 고용노동부령으로 정하는 바에 따라 보험 가입을 신청한 경우에 법의 전부를 적용(2023.6.27 본문개정)
가. 「출입국관리법 시행령」 제12조에 따른 외국인의 체류자격 중 재외동포(F-4)의 체류자격을 가진 사람
나. 「출입국관리법 시행령」 제23조제1항에 따른 취업활동을 할 수 있는 체류자격을 가진 사람(2023.6.27 본목개정)
3. 법 제10조의2제2항에 따른 외국인 중 법 제77조의2제1항에 따른 문화예술용역 관련 계약(이하 "문화예술용역 관련 계약"이라 한다)을 체결한 외국인(이하 "외국인예술인"이라 한다) 또는 법 제77조의6제1항에 따른 노무제공계약(이하 "노무제공계약"이라 한다)을 체결한 외국인(이하 "외국인노무제공자"라 한다)으로서 다음 각 목의 어느 하나에 해당하는 사람 : 법 제1장, 제2장, 제4장, 제5장의2, 제5장의3, 제6장, 제8장 또는 제9장의 예술인 또는 노무제공자에 관한 규정을 적용
가. 「출입국관리법 시행령」 제12조의2에 따른 외국인의 체류자격 중 영주(F-5)의 체류자격을 가진 사람
나. 「출입국관리법 시행령」 제23조제2항 각 호의 어느 하나에 해당하는 사람
(2023.6.27 본호신설)
4. 법 제10조의2제2항에 따른 외국인 중 외국인예술인 또는 외국인노무제공자로서 다음 각 목의 어느 하나에 해당하는 사람 : 고용노동부령으로 정하는 바에 따라 보험 가입을 신청한 경우 법 제1장, 제2장, 제4장, 제5장의2, 제5장의3, 제6장, 제8장 또는 제9장의 예술인 또는 노무제공자에 관한 규정을 적용
가. 「출입국관리법 시행령」 제12조에 따른 외국인의 체류자격 중 재외동포(F-4)의 체류자격을 가진 사람
나. 「출입국관리법 시행령」 제23조제1항에 따른 취업활동을 할 수 있는 체류자격을 가진 사람
(2023.6.27 본호신설)
(2023.6.27 본조제목개정)
(2019.6.25 본조신설)

제4조【대리인】 ① 사업주는 대리인을 선임하여 사업주가 법과 이 영에 따라 행할 사항을 대리인에게 하게 할 수 있다.
② 사업주는 대리인을 선임하거나 해임하였을 때에는 고용노동부령으로 정하는 바에 따라 고용노동부장관에게 신고하여야 한다.(2010.7.12 본항개정)

제5조【고용보험 통계의 관리 등】 ① 고용노동부장관은 법 제11조에 따른 조사·연구와 고용보험의 운영을 통하여 생성된 고용보험 관련 통계(이하 이 조에서 "고용보험 통계"라 한다)를 체계적으로 관리·운영하여야 한다.
② 고용노동부장관은 고용보험 통계를 체계적으로 관리·운영하기 위하여 고용보험 통계 전문요원을 둘 수 있다.
③ 고용보험 통계 전문요원의 자격, 복무 및 보수 등에 관하여 필요한 사항은 고용노동부장관이 정한다.
(2010.7.12 본조개정)

제6조【업무의 대행】 ① 고용노동부장관은 법 제11조제2항에 따라 노동시장에 관한 연구와 고용보험(이하 "보험"이라 한다) 관련 업무를 지원하기 위한 조사·연구 사업을 다음 각 호의 기관 또는 단체가 대행하도록 할 수 있다.(2013.1.25 본문개정)
1. 「정부출연연구기관 등의 설립·운영 및 육성에 관한 법률」 제8조에 따라 설립된 보험 관련 정부출연연구기관
2. 「고용정책 기본법」 제18조에 따라 설립된 한국고용정보원
3. 「고등교육법」 제2조에 따른 학교(부설 연구기관을 포함한다)
4. 그 밖에 노동시장·직업 및 직업능력개발과 보험 관련 업무에 관한 조사·연구를 수행할 수 있는 민간연구기관
(2013.1.25 1호~4호신설)
② 고용노동부장관은 제1항에 따라 업무를 대행하도록 하는 경우에는 그에 필요한 조사·연구, 관리·운영 등에 드는 경비를 고용보험기금(이하 "기금"이라 한다)에서 지원할 수 있다.
(2010.7.12 본조개정)

제6조의2【보험사업 평가기관】 ① 법 제11조의2제2항에서 "대통령령으로 정하는 기관"이란 다음 각 호의 기관 중에서 고용노동부장관이 지정하는 기관(이하 이 조에서 "평가기관"이라 한다)을 말한다.(2010.12.31 본문개정)
1. 「정부출연연구기관 등의 설립·운영 및 육성에 관한 법률」에 따른 정부출연연구기관
2. 「공공기관의 운영에 관한 법률」 제4조부터 제6조까지의 규정에 따라 지정·고시된 공공기관
3. 「고등교육법」 제2조제1호부터 제6호까지의 규정에 해당하는 학교(부설 연구기관을 포함한다)
4. 민간연구기관
(2010.12.31 1호~4호신설)
② 고용노동부장관은 평가기관에 대하여 예산의 범위에서 업무 수행에 필요한 비용을 지원할 수 있다.(2010.7.12 본항개정)
③ 평가기관은 제6조제1항, 제57조제1항 및 제145조제2항부터 제6항까지의 규정에 따른 대행기관 또는 수탁기관에 평가를 위하여 필요한 자료의 제출을 요청할 수 있다.
(2020.3.31 본항개정)
④ 평가기관의 구체적인 업무, 지정기간 등에 관하여 필요한 사항은 고용노동부장관이 정하여 고시한다.
(2010.7.12 본항개정)

제2장 피보험자의 관리

제7조【피보험자격의 취득 또는 상실 신고 등】 ① 사업주나 하수급인(下受給人)은 법 제15조에 따라 고용노동부장관에게 그 사업에 고용된 근로자의 피보험자격 취득 및 상실에 관한 사항을 신고하려는 경우에는 그 사유가 발생한 날이 속하는 달의 다음 달 15일까지(근로자가 그 기일 이전에 신고할 것을 요구하는 경우에는 지체 없이) 신고해야 한다. 이 경우 사업주나 하수급인이 해당하는 달에 고용한 일용근로자의 근로일수, 임금 등이 적힌 근로내용확인신고서를 그 사유가 발생한 날의 다음 달 15일까지 고용노동부장관에게 제출한 경우에는 피보험자격의 취득 및 상실을 신고한 것으로 본다.(2020.8.27 본항개정)
② 고용산재보험료징수법 제11조제3항에 따라 사업의 개시 또는 종료 신고를 한 사업주는 제1항에 따른 신고기간 내에 고용노동부장관에게 피보험자격의 취득 또는 상실 신고를 해야 한다.(2021.6.8 본항개정)
③~④ (2020.8.27 삭제)
(2010.7.12 본조개정)

제8조【근로자의 피보험자격에 관한 신고】 법 제15조제3항에 따라 근로자가 피보험자격의 취득 및 상실 등에 관한 사항을 신고할 때에는 근로계약서 등 고용관계를 증명할 수 있는 서류를 제출하여야 한다.

제9조【피보험자의 전근 신고】 사업주는 피보험자를 자신의 하나의 사업에서 다른 사업으로 전보시켰을 때에는 전보일부터 14일 이내에 고용노동부장관에게 신고하여야 한다.(2010.7.12 본조개정)

제10조【피보험자 이름 등의 변경 신고】 ① 사업주는 피보험자의 이름이나 주민등록번호가 변경되거나 정정되었을 때에는 변경일이나 정정일부터 14일 이내에 고용노동부장관에게 신고하여야 한다.
② 법 제113조의2제1항 후단에 따른 보장기관 또는 위탁기관은 같은 항 후단에 따른 수급자가 「국민기초생활 보장법」 제8조제2항에 따른 생계급여 수급권자인 수급자(이하 이 조에서 "수급권자인 수급자"라 한다)에서 그 밖의 수급자로 변경되거나 그 밖의 수급자에서 수급권자인 수급자로 변경된 경우에는 그 변경일부터 14일 이내에 고용노동부장관에게 신고하여야 한다.(2017.6.27 본항개정)
(2010.7.12 본조개정)

제11조【확인의 청구와 통지】 ① 피보험자 또는 피보험자였던 사람은 법 제17조제1항에 따라 피보험자격의 취득 또는 상실에 관하여 확인하려면 고용노동부장관에게 이를 청구해야 한다.(2021.6.8 본항개정)
② 고용노동부장관은 법 제17조제3항에 따라 피보험자격의 취득 또는 상실에 관하여 확인한 결과를 해당 청구인과 그 청구인을 고용하거나 고용하였던 사업주 또는 하수급인에게 알려야 한다.
(2010.7.12 본조개정)

제11조의2【피보험자격의 취득기준】 ① 법 제18조제1항에 따라 보험관계가 성립되어 있는 둘 이상의 사업에 동시에 고용되어 있는 근로자는 다음 각 호의 순서에 따라 피보험자격을 취득한다. 다만, 일용근로자와 일용근로자가 아닌 근로자로 동시에 고용되어 있는 경우에는 일용근로자가 아닌 근로자로 고용된 사업에서 우선적으로 피보험자격을 취득한다.
1. 고용산재보험료징수법 제16조의3에 따른 월평균보수(제21조의3에 따른 고용유지지원금을 받은 근로자의 경우에는 그 지원금 지급이 개시된 연도의 직전 연도의 보수총액을 기준으로 산정한 월평균보수를 말한다)가 많은 사업
2. 월 소정근로시간이 많은 사업
3. 근로자가 선택한 사업
② 법 제77조의2제1항에 따른 예술인(이하 "예술인"이라 한다)이 법 제18조제4항에 따라 보험관계가 성립되어 있는 둘 이상의 사업에서 동시에 근로계약, 문화예술용역 관련 계약 또는 노무제공계약을 체결한 경우에는 다음 각 호의 구분에 따라 피보험자격을 취득한다.
1. 둘 이상의 문화예술용역 관련 계약을 동시에 체결한

경우에는 모든 사업에서 피보험자격을 취득한다.
2. 문화예술용역 관련 계약과 근로계약 또는 노무제공계약을 동시에 체결한 경우에는 모든 사업에서 피보험자격을 취득한다.
3. 문화예술용역 관련 계약과 둘 이상의 근로계약을 동시에 체결한 경우에는 제1호 및 제2호에 따르되, 근로자로서의 피보험자격의 이중 취득의 제한에 관하여는 제1항에 따른다.

③ 법 제77조의6제1항에 따른 노무제공자(이하 "노무제공자"라 한다)가 법 제18조제4항에 따라 보험관계가 성립되어 있는 둘 이상의 사업에서 동시에 근로계약, 문화예술용역 관련 계약 또는 노무제공계약을 체결한 경우에는 다음 각 호의 구분에 따라 피보험자격을 취득한다.
1. 둘 이상의 노무제공계약을 동시에 체결한 경우에는 모든 사업에서 피보험자격을 취득한다.
2. 노무제공계약과 근로계약 또는 문화예술용역 관련 계약을 동시에 체결한 경우에는 모든 사업에서 피보험자격을 취득한다.
3. 노무제공계약과 둘 이상의 근로계약을 동시에 체결한 경우에는 제1호 및 제2호에 따르되, 근로자로서의 피보험자격의 이중 취득의 제한에 관하여는 제1항에 따른다.

(2023.6.27 본조신설)

제3장 고용안정·직업능력개발사업

제12조【우선지원 대상기업의 범위】 ① 법 제19조제2항에서 "대통령령으로 정하는 기준에 해당하는 기업"이란 산업별로 상시 사용하는 근로자수가 별표1의 기준에 해당하는 기업(이하 "우선지원대상기업"이라 한다)을 말한다.(2021.12.31 본문개정)

1.~5. (2012.10.29 삭제)

② 제1항에 해당하지 않는 기업으로서 「중소기업기본법」 제2조제1항 및 제3항의 기준에 해당하는 기업은 제1항에도 불구하고 우선지원대상기업으로 본다.(2021.12.31 본항개정)

③ 제1항에 따른 우선지원대상기업이 그 규모의 확대 등으로 우선지원대상기업에 해당하지 않게 된 경우 그 사유가 발생한 연도의 다음 연도부터 5년간 우선지원대상기업으로 본다.(2021.12.31 본항개정)

④ 제1항부터 제3항까지의 규정에도 불구하고 「독점규제 및 공정거래에 관한 법률」 제31조제1항에 따라 지정된 상호출자제한기업집단에 속하는 회사는 그 지정된 날이 속하는 보험연도의 다음 보험연도부터 우선지원대상기업으로 보지 않는다.(2021.12.31 본항개정)

⑤ 제1항에 따라 우선지원대상기업에 해당하는지를 판단하는 경우 그 기준이 되는 사항은 다음 각 호와 같다.
(2021.12.31 본문개정)
1. 상시 사용하는 근로자 수는 그 사업주가 하는 모든 사업에서 전년도 매월 말일 현재의 근로자 수(건설업에서는 일용근로자의 수는 제외한다)의 합계를 전년도의 조업 개월 수로 나누어 산정한 수로 하되, 「공동주택관리법」에 따른 공동주택을 관리하는 사업의 경우에는 각 사업별로 상시 사용하는 근로자의 수를 산정한다. 이 경우 상시 사용하는 근로자 수를 산정할 때 1개월 동안 소정근로시간이 60시간 이상인 단시간근로자는 0.5명으로 하여 산정하고, 60시간 미만인 단시간근로자는 상시 사용하는 근로자 수 산정에서 제외한다.(2016.8.11 전단개정)
2. 하나의 사업주가 둘 이상의 산업의 사업을 경영하는 경우에는 상시 사용하는 근로자의 수가 많은 산업을 기준으로 하며, 상시 사용하는 근로자의 수가 같은 경우에는 임금총액, 매출액 순으로 그 기준을 적용한다.
(2012.10.29 본호개정)

⑥ 제5항에도 불구하고 보험연도 중에 보험관계가 성립된 사업주에 대해서는 보험관계성립일 현재를 기준으로 우선지원대상기업에 해당하는지를 판단해야 한다.
(2021.12.31 본항개정)

제13조 (2011.9.15 삭제)

제14조~제16조 (2010.12.31 삭제)

제17조【고용창출에 대한 지원】 ① 고용노동부장관은 법 제20조에 따라 다음 각 호의 어느 하나에 해당하는 사업주에게 임금의 일부를 지원할 수 있다. 다만, 제1호의 경우에는 근로시간이 감소된 근로자에 대한 임금의 일부와 필요한 시설의 설치비의 일부도 지원할 수 있으며, 제2호의 경우에는 시설의 설치비의 일부도 지원할 수 있다.
(2013.12.24 단서신설)
1. 근로시간 단축, 교대근로 개편, 정기적인 교육훈련 또는 안식휴가 부여 등(이하 "일자리 함께하기"라 한다)을 통하여 실업자를 고용함으로써근로자 수가 증가한 경우(2013.12.24 본호개정)
2. 고용노동부장관이 정하는 시설을 설치·운영하여 고용환경을 개선하고 실업자를 고용하여 근로자 수가 증가한 경우(2013.12.24 후단삭제)
3. 직무의 분할, 근무체계 개편 또는 시간제직무 개발 등을 통하여 실업자를 근로계약기간을 정하지 않고 시간제로 근무하는 형태로 하여 새로 고용하는 경우
4. 위원회에서 심의·의결한 성장유망업종, 인력수급 불일치 업종, 국내복귀기업 또는 지역특화산업 등 고용지원이 필요한 업종에 해당하는 기업이 실업자를 고용하는 경우(2013.12.24 본호개정)
5. 위원회에서 심의·의결한 업종에 해당하는 우선지원대상기업이 고용노동부장관이 정하는 전문적인 자격을 갖춘 자(이하 "전문인력"이라 한다)를 고용하는 경우
(2021.12.31 본호개정)
6. 제28조에 따른 임금피크제, 제28조의2에 따른 임금을 감액하는 제도 또는 그 밖의 임금체계 개편 등을 통하여 15세 이상 34세 이하의 청년 실업자를 고용하는 경우
(2019.12.31 본호개정)
<2018.12.31까지 유효. 다만, 2018년 12월 31일까지 이 호의 개정규정에 따라 임금피크제 도입 또는 그 밖의 임금체계 개편 등을 통하여 청년 실업자를 고용하는 사업주에 대한 지원에 관하여는 유효기간이 종료된 후에도 이 호의 개정규정을 적용>
7. 고용노동부장관이 「고용상 연령차별 금지 및 고령자고용촉진에 관한 법률」 제2조제1호 또는 제2호에 따른 고령자 또는 준고령자가 근무하기에 적합한 것으로 인정하는 직무에 고령자 또는 준고령자를 새로 고용하는 경우
(2017.12.26 본호신설)

② 제1항에 따라 지원하는 경우에 지원 대상, 지원 요건, 지원 수준, 지원 기간, 신청 기간, 신청 방법 등 지원에 필요한 사항은 고용노동부장관이 정하여 고시한다.
(2022.6.28 본항개정)
(2010.12.31 본조신설)

제18조【고용조정의 지원 내용 등】 ① 법 제21조제1항 및 제2항에 따라 근로자의 고용안정을 위한 조치를 하는 사업주에게는 지원금이나 장려금을 지급한다.

② 법 제21조제3항에 따라 우선적으로 지원을 할 수 있는 사업주는 다음 각 호의 어느 하나에 해당하는 사업주로 한다.
1. 「고용정책 기본법 시행령」 제29조제1항제1호에 따라 고용조정 지원 등이 필요한 업종으로 지정된 업종(이하 이 조에서 "지정업종"이라 한다)에 속하는 사업을 하는 사업주(2009.12.30 본호개정)
2. 제1호에 따른 사업주로부터 지정업종에 속하는 사업의 도급을 받아 제조·수리 등을 하는 사업주로서 매출액의 2분의 1 이상이 그 지정업종과 관련된 사업의 사업주
3. 「고용정책 기본법 시행령」 제29조제1항제2호 또는 제3호에 따라 고용조정 지원 등이 필요한 지역으로 지정된 지역(이하 "지정지역"이라 한다)에 위치하는 사업의 사업주(2009.12.30 본호개정)

③ 고용노동부장관은 제2항 각 호의 어느 하나에 해당하는 사업주가 고용유지조치 또는 전직 지원을 하는 경우에는 제19조, 제20조, 제20조의2, 제21조, 제21조의2부터 제21조의4까지 및 제22조에도 불구하고 「고용정책 기본법」에 따른 고용정책심의회(이하 "고용정책심의회"라 한다)의 심의를 거쳐 지원의 요건과 지원의 수준을 달리 정할 수 있다.(2020.3.31 본항개정)

제19조【고용유지지원금의 지급 대상】 ① 고용노동부장관은 법 제21조제1항에 따라 고용조정이 불가피하게 된 사업주가 그 사업에서 고용하여 피보험자격 취득 후 90일이 지난 피보험자〔일용근로자, 「근로기준법」 제26조에 따라 해고가 예고된 사람, 경영상 이유에 따른 사업주의 권고에 따라 퇴직이 예정된 사람 및 사업주(사업주가 법인인 경우에는 그 대표자를 말한다)의 배우자 및 직계존속·비속은 제외한다. 이하 이 조, 제21조, 제21조의3, 제21조의4, 제22조, 제22조의2, 제35조제8호 및 제37조의3에서 같다〕에게 다음 각 호의 어느 하나에 해당하는 조치(이하 "고용유지조치"라 한다)를 취하여 그 고용유지조치 기간과 이후 1개월 동안 고용조정으로 피보험자를 이직시키지 않은 경우에 지원금(이하 "고용유지지원금"이라 한다)을 지급한다.(2023.12.26 본문개정)
1. 근로시간 조정, 교대제〔근로자를 조(組)별로 나누어 교대로 근무하게 하는 것을 말한다. 이하 같다〕 개편 또는 휴업 등을 통하여 역(曆)에 따른 1개월 단위의 전체 피보험자 총근로시간의 100분의 20을 초과하여 근로시간을 단축하고, 그 단축된 근로시간에 대한 임금을 보전하기 위하여 금품을 지급하는 경우. 이 경우 전체 피보험자 총근로시간 등 근로시간의 산정방법에 관하여 필요한 사항은 고용노동부령으로 정한다.(2017.12.26 전단개정)
2. 1개월 이상 휴직을 부여하고 그 휴직기간에 대하여 임금을 보전하기 위해 금품을 지급하는 경우(2020.12.29 본호개정)

② 제1항에도 불구하고 사업주가 다음 각 호의 어느 하나에 해당하는 경우에는 관할 직업안정기관의 장이 불가피하다고 인정하는 경우를 제외하고는 해당 달에 대한 고용유지지원금을 지급하지 않는다.
1. 사업주가 제1항에 따른 고용유지조치 기간 동안 근로자를 새로 고용하는 경우
2. 사업주가 3년 이상 연속하여 같은 달에 고용유지조치를 실시하는 경우
3. 사업주가 고용유지조치를 하려는 날의 전날 이전 2년 동안 고용유지지원금을 지급받은 사실이 있는 경우에는 그 고용유지조치 기간의 마지막 날의 다음 날부터 6개월 이내에 고용조정으로 소속 피보험자의 100분의 10 이상을 이직시킨 경우

(2023.12.26 본항개정)

④ 고용노동부장관은 제1항에도 불구하고 파견사업주 또는 도급을 받은 사업주(이하 이 항에서 "수급사업주"라 한다)가 다음 각 호의 어느 하나에 해당하는 경우에는 사용사업주 또는 도급을 주는 사업주의 사업장에 종사하는 피보험자를 대상으로 그 단축된 근로시간 또는 휴직기간을 산정하여 파견사업주 또는 수급사업주에게 고용유지지원금을 지급한다.
1. 「파견근로자 보호 등에 관한 법률」에 따른 파견사업주가 고용유지조치를 실시하고 있는 사용사업주의 사업장에서 종사하는 파견근로자를 대상으로 고용유지조치를 취하여 그 고용유지조치 기간과 이후 1개월 동안 고용조정으로 해당 피보험자를 이직시키지 않은 경우
2. 수급사업주가 고용유지조치를 실시하고 있는 도급을 주는 사업주의 사업장에서 종사하는 피보험자를 대상으로 고용유지조치를 취하여 그 고용유지조치 기간과 이후 1개월 동안 고용조정으로 해당 피보험자를 이직시키지 않은 경우

(2020.12.29 본항신설)

⑤ 제1항부터 제4항까지에서 규정한 사항 외에 고용유지지원금의 지원 대상, 지원 요건, 지원 수준, 지원 기간, 신청 기간, 신청 방법 등 지원에 필요한 사항은 고용노동부장관이 정하여 고시한다.(2022.6.28 본항신설)

제20조【고용유지조치를 위한 계획의 수립 및 신고】 ① 제19조에 따른 고용유지지원금을 받으려는 사업주는 고용노동부령으로 정하는 바에 따라 다음 각 호의 요건을 갖춘 고용유지조치계획을 역에 따른 1개월 단위로 수립하여 고용유지조치 실시예정일 전날까지 고용노동부장관에게 신고하여야 하며, 신고한 계획 중 고용유지조치 실시예정일, 고용유지조치 대상자, 고용유지조치기간에 지급할 금품 등 고용노동부령으로 정하는 사항을 변경하는 경우에는 변경예정일 전날까지 그 내용을 고용노동부장관에게 신고하여야 한다.(2013.12.24 본문개정)
1. 고용유지조치계획의 수립 또는 변경 시 그 사업의 근로자대표와 협의를 거칠 것. 다만, 변경하려는 고용유지조치계획의 내용이 경영 악화 이전의 고용상태로 회복하기 위하여 고용유지조치기간을 단축하거나 고용유지 대상자 수를 축소하는 등 근로자에게 불리하지 아니한 경우는 제외한다.
2. 직전 달(고용유지조치가 시작된 날이 속하는 달은 제외한다)에 대한 고용유지조치계획의 실시 내용 및 관련 증거 서류를 갖출 것

② 사업주는 제1항에도 불구하고 다음 각 호의 어느 하나에 해당하는 부득이한 사유가 있는 경우에는 고용유지조치 실시일 또는 변경일부터 다음 각 호에서 정한 기한까지 신고할 수 있다.
1. 다음 각 목의 어느 하나에 해당하는 경우 : 30일
   가. 「재난 및 안전관리기본법」 제60조에 따라 특별재난지역으로 선포된 지역에 소재하는 사업의 사업주가 그 특별재난으로 인하여 고용유지조치를 실시한 경우
   나. 「유아교육법」 제31조, 「초·중등교육법」 제64조 및 「고등교육법」 제61조에 따른 휴업명령 및 휴원·휴교처분이 있는 경우
   다. 「감염병의 예방 및 관리에 관한 법률」 제49조제1항 제2호에 따른 조치가 있는 경우
2. 제1호 외의 경우로서 다음 각 목의 어느 하나에 해당하는 경우 : 3일
   가. 노사대표의 부재 등으로 인하여 고용유지조치계획의 수립·실시 여부에 관한 노사협의가 지연되는 경우
   나. 제품이나 원자재의 50퍼센트 이상을 공급하거나 공급받는 사업이 예상할 수 없는 조업단축이나 폐업을 하는 경우
   다. 천재지변이나 그 밖에 고용노동부장관이 인정하는 부득이한 사유가 발생한 경우

(2020.12.29 본항개정)

③ (2013.12.24 삭제)

④ (2010.2.8 삭제)

⑤ (2013.4.22 삭제)

(2013.4.22 본조개정)

제20조의2【고용유지조치계획 위반에 대한 지원제한】 고용노동부장관은 제20조제1항에 따라 신고하거나 변경 신고한 고용유지조치계획과 다르게 고용유지조치를 이행한 사업주에게는 고용노동부령으로 정하는 바에 따라 해당 사실이 발생한 날이 속한 달에 대한 고용유지지원금의 전부 또는 일부를 지급하지 아니할 수 있다.
(2013.4.22 본조신설)

제21조【고용유지지원금의 금액 등】 ① 고용유지지원금은 다음 각 호에 해당하는 금액으로 한다. 다만, 고용노동부장관이 실업의 급증 등 고용사정이 악화되어 고용안정을 위하여 필요하다고 인정할 때에는 1년의 범위에서 고용노동부장관이 정하여 고시하는 기간에 사업주가 피보험자의 임금을 보전하기 위하여 지급한 금품의 4분의 3 이상 10분의 9 이하로서 고용노동부장관이 정하여 고시하는 비율〔우선지원대상기업에 해당하지 않는 기업(이하 "대규모기업"이라 한다)의 경우에는 3분의 2〕에 해당하는 금액으로 한다.(2021.12.31 단서개정)

1. 근로시간 조정, 교대제 개편, 휴업 또는 휴직 등으로 단축된 근로시간이 역에 따른 1개월의 기간 동안 100분의 50 미만인 경우 : 단축된 근로시간 또는 휴직기간에 대하여 사업주가 피보험자의 임금을 보전하기 위하여 지급한 금품의 3분의 2(대규모기업의 경우에는 2분의 1)에 해당하는 금액
2. 근로시간 조정, 교대제 개편, 휴업 또는 휴직 등으로 단축된 근로시간이 역에 따른 1개월의 기간 동안 100분의 50 이상인 경우 : 단축된 근로시간 또는 휴직기간에 대하여 사업주가 피보험자의 임금을 보전하기 위하여 지급한 금품의 3분의 2에 해당하는 금액
(2017.12.26 본항개정)
② 제1항에 따른 고용유지지원금은 그 조치를 실시한 일수(둘 이상의 고용유지조치를 동시에 실시한 날은 1일로 본다)의 합계가 그 보험연도의 기간 중에 180일에 이를 때까지만 각각의 고용유지조치에 대하여 고용유지지원금을 지급한다.(2017.12.26 단서삭제)
③ 제2항에도 불구하고 2020년 보험연도의 경우 고용유지조치를 실시한 일수의 합계가 240일에 이를 때까지 고용유지지원금을 지급한다.(2020.10.20 본항신설)
④ (2013.12.24 삭제)
⑤ 제1항에 따라 지급되는 고용유지지원금은 고용유지조치별 대상 근로자 1명당 고용노동부장관이 정하여 고시하는 금액을 초과할 수 없다.(2010.7.12 본항개정)
(2013.4.22 본조제목개정)

제21조의2【휴업 등에 따른 임금감소 수준】 법 제21조제1항 후단에서 "대통령령으로 정하는 수준"이란 평균임금의 100분의 50 미만(지급되는 임금이 없는 경우를 포함한다)을 말한다.(2013.4.22 본조신설)

제21조의3【휴업 등에 따른 피보험자 지원요건 등】 ① 고용노동부장관은 법 제21조제1항 후단에 따라 사업주가 고용노동부령으로 정하는 고용조정이 불가피하게 된 사유가 있음에도 고용조정을 하는 대신에 실시한 휴업 또는 휴직(이하 "휴업등"이라 한다)이 다음 각 호의 어느 하나에 해당하는 경우 해당 피보험자에게 지원금을 지급할 수 있다.(2020.6.9 본문개정)
1. 다음 각 목의 구분에 따른 피보험자 수에 대하여 30일 이상 휴업을 실시하고, 그 기간 동안 「근로기준법」 제46조제2항에 따라 노동위원회의 승인을 받아 휴업수당을 지급하지 아니하거나 평균임금의 100분의 50 미만에 해당하는 액수의 휴업수당을 지급하는 경우
  가. 전체 피보험자 수가 19명 이하인 경우 : 전체 피보험자 수의 100분의 50 이상
  나. 전체 피보험자 수가 20명 이상 99명 이하인 경우 : 피보험자 10명 이상
  다. 전체 피보험자 수가 100명 이상 999명 이하인 경우 : 전체 피보험자 수의 100분의 10 이상
  라. 전체 피보험자 수가 1000명 이상인 경우 : 피보험자 100명 이상
2. 휴직기간이 시작되기 전 1년 이내에 제19조제1항제1호에 따른 고용유지조치 또는 피보험자의 100분의 20 이상에 대한 같은 항 제2호에 따른 고용유지조치를 3개월 이상 실시한 후 다음 각 목의 구분에 따른 피보험자 수에 대하여 30일 이상 휴직을 실시하고, 그 기간 동안 근로자대표(근로자의 과반수로 조직된 노동조합이 있는 경우에는 그 노동조합, 근로자의 과반수로 조직된 노동조합이 없는 경우에는 근로자의 과반수를 대표하는 자를 말한다. 이하 이 항에서 같다)와의 합의에 따라 휴직수당 등 금품을 지급하지 않는 경우(2020.12.29 본문개정)
  가. 전체 피보험자 수가 99명 이하인 경우 : 피보험자 10명 이상
  나. 전체 피보험자 수가 100명 이상 999명 이하인 경우 : 전체 피보험자 수의 100분의 10 이상
  다. 전체 피보험자 수가 1000명 이상인 경우 : 피보험자 100명 이상
3. 휴직기간이 시작되기 전 1년 이내에 제19조제1항제1호에 따른 고용유지조치 또는 피보험자의 100분의 20 이상에 대한 같은 항 제2호에 따른 고용유지조치를 3개월 이상 실시한 후 다음 각 목의 요건을 모두 갖춘 경우(피보험자가 10명 미만인 사업장의 사업주만 해당한다)로서 해당 사업주의 사업장에서 종사하는 피보험자에 대하여 30일 이상 휴직을 실시하고, 그 기간 동안 근로자대표와의 합의에 따라 휴직수당 등 금품을 지급하지 않는 경우
  가. 「재난 및 안전관리 기본법」 제3조제1호에 따른 재난 등으로 고용사정이 급격히 악화된 경우
  나. 해당 보험연도의 기간 중에 제21조제2항에 따라 180일까지 고용유지지원금을 지급받은 경우
(2020.12.29 본호신설 : 2022.12.31까지 유효)
② 제1항에 따른 지원금은 해당 피보험자의 평균임금의 100분의 50 범위에서 사업주가 해당 피보험자에게 지급한 임금 또는 수당 등을 고려하여 고용노동부장관이 정하는 금액으로 한다. 이 경우 지원금은 휴업등 대상 피보험자 1명당 고용노동부장관이 정하여 고시하는 금액을 초과할 수 없다.
③ 제2항에 따른 지원금의 지급기간은 해당 휴업등의 기간 동안 피보험자 1명당 180일을 초과할 수 없다.
(2023.12.26 본항개정)
④ 제1항에 따라 고용노동부장관이 피보험자에게 지원금을 지급하는 경우 사업주는 지원금을 받는 피보험자의 직업능력 개발·향상 등을 위하여 필요한 조치에 관한 내용이 포함된 고용유지조치계획을 수립하여 고용노동부장관에게 제출하여야 한다.
⑤ 고용노동부장관은 「재난 및 안전관리 기본법」 제3조제1호에 따른 재난으로 실업의 급증 등 고용사정이 악화되어 고용안정을 위한 긴급한 조치가 필요할 때에는 제1항제2호에 따른 지원요건에 해당하지 않는 피보험자에 대해서도 2021년 6월 30일까지는 고용정책심의회의 심의를 거쳐 그 지원의 요건과 수준을 고시로 정하여 지원금을 지급할 수 있다. 이 경우 고시로 정하여 지원하는 기간은 6개월 이내로 하되, 필요한 경우 최대 6개월의 범위에서 그 기간을 연장할 수 있다.(2020.6.9 본항신설)
⑥ 제1항부터 제5항까지에서 규정한 사항 외에 휴업등에 따른 피보험자에 대한 지원금의 지원 대상, 지원 요건, 지원 수준, 지원 기간, 신청 기간, 신청 방법·절차 등 지원에 필요한 사항은 고용노동부장관이 정하여 고시한다.(2022.6.28 본항개정)
(2013.4.22 본조신설)

제21조의4【직업능력 개발·향상 조치 등에 대한 지원】 ① 고용노동부장관은 제21조의3제4항에 따른 고용유지조치계획에 따라 사업주가 피보험자에 대하여 직업능력 개발·향상 등을 위한 조치를 하는 데 필요한 지원을 할 수 있다.
② 제1항에 따른 지원의 신청절차, 지원방법 등에 관하여 필요한 사항은 고용노동부장관이 정한다.
(2013.4.22 본조신설)

제22조【이직예정자 등 재취업 지원】 고용노동부장관은 법 제21조제1항에 따라 고용조정이 불가피하게 된 사업주가 단독이나 공동으로 다음 각 호의 어느 하나에 해당하는 사람에게 신속한 재취업을 지원하기 위해 필요한 시설을 직접 갖추거나 그 시설을 갖춘 외부기관에 위탁하여 재취업에 필요한 서비스를 제공하는 경우에는 고용노동부장관이 정하는 바에 따라 그 비용의 일부를 지원할 수 있다.(2021.6.8 본문개정)
1. 해당 사업의 피보험자로서 고용조정, 정년(停年) 또는 근로계약기간이 끝남에 따른 이직예정자
2. 해당 사업의 피보험자였던 사람으로서 고용조정, 정년 또는 근로계약기간이 끝나 이직한 사람(2021.6.8 본호개정)
(2010.12.31 본조개정)

제22조의2【고용유지를 위한 노사합의에 대한 지원】 ① 고용노동부장관은 법 제21조제1항에 따라 고용조정이 불가피하게 된 사업주가 단체협약의 체결, 취업규칙의 변경, 근로계약의 변경 또는 그 밖의 상호 합의를 통해 해당 사업에 고용된 피보험자의 고용을 유지하기로 한 경우에는 예산의 범위에서 사업주에게 필요한 비용을 지원할 수 있다.
② 고용노동부장관은 해당 피보험자가 제21조의3에 따른 피보험자에 대한 지원금의 지급요건에 해당하는 경우에는 그 피보험자를 고용하고 있는 사업주에게 제1항에 따른 지원을 하지 않는다.
③ 제1항에 따른 지원 대상자의 선정, 지원 방법 및 절차 등에 관하여 필요한 사항은 고용노동부장관이 정하여 고시한다.
(2020.6.9 본조신설)

제23조 (2008.9.18 삭제)

제24조【지역고용촉진 지원금】 ① 고용노동부장관은 법 제22조에 따라 지정지역으로 사업을 이전하거나 지정지역에서 사업을 신설 또는 증설하는 경우로서 다음 각 호의 요건을 모두 갖추어 사업을 이전, 신설 또는 증설하는 사업주에게 지역고용촉진 지원금을 지급한다.
(2010.7.12 본문개정)
1. 「고용정책 기본법 시행령」 제29조제3항에 따라 고시된 고용조정의 지원 등의 기간(이하 이 조에서 "지정기간"이라 한다)에 사업의 이전, 신설 또는 증설과 그에 따른 근로자의 고용에 관한 지역고용계획을 세워 고용노동부장관에게 신고할 것(2022.2.17 본호개정)
2. 제1호에 따라 고용노동부장관에게 신고한 지역고용계획에 따라 시행할 것(2010.12.31 본호개정)
3. 지역고용계획이 제출된 날부터 1년 6개월 이내에 이전, 신설 또는 증설된 사업의 조업이 시작될 것
4. 이전, 신설 또는 증설된 사업의 조업이 시작된 날(이하 이 조에서 "조업시작일"이라 한다) 현재 그 지정지역이나 다른 지정지역에 3개월 이상 거주한 구직자를 그 이전, 신설 또는 증설된 사업에 피보험자로 고용할 것
(2010.12.31 본호개정)
5. 고용정책심의회에서 그 필요성이 인정된 사업일 것
(2021.6.8 본호개정)
6. 지역고용계획의 실시 상황과 고용된 피보험자에 대한 임금지급 상황이 적힌 서류를 갖추고 시행할 것
② 지역고용촉진 지원금을 받으려는 사업주는 제1항제3호에 따른 조업을 시작하면 고용노동부장관에게 신고하여야 한다.(2010.7.12 본항개정)
③ 지역고용촉진 지원금은 제1항제4호에 따라 고용된 피보험자에게 지급된 임금의 2분의 1(대규모기업의 경우에는 3분의 1로 한다)에 해당하는 금액으로 하되, 제21조제5항에 따라 고용노동부장관이 고시한 금액을 초과할 수 없다.(2012.1.13 본항개정)
④ 지역고용촉진 지원금은 조업시작일부터 1년간 지급한다.(2010.12.31 본항개정)
⑤ 지역고용촉진 지원금은 하나의 지정기간에 제1항제4호에 따라 고용된 피보험자수가 200명을 초과하는 경우에는 그 초과하는 인원 중 100분의 30에 대하여만 지급한다.
⑥ 지역고용촉진 지원금은 다음 각 호의 어느 하나에 해당하는 경우에는 지급하지 않는다.(2020.8.27 본문개정)
1. 제1항제4호에 따라 고용된 피보험자의 고용기간이 6개월 미만인 경우(2013.12.24 본호신설)
2. 사업주가 조업시작일 전 3개월부터 조업시작일 후 1년까지 고용조정으로 근로자를 이직시킨 경우(2013.12.24 본호신설)
3. 제1항제4호에 따라 구직자를 피보험자로 고용한 사업주가 해당 피보험자의 최종 이직(해당 사업주가 해당 피보험자를 고용하기 전 1년 이내에 이직한 경우로 한정한다. 이하 제4호에서 같다) 당시 사업주와 같은 경우. 다만, 사업주가 「근로기준법」 제25조제1항에 따라 해당 근로자를 우선적으로 고용한 경우는 제외한다.
(2020.8.27 본문개정)
4. 제1항제4호에 따라 구직자를 피보험자로 고용한 사업주가 해당 근로자의 최종 이직 당시 사업주와 합병하거나 그 사업을 넘겨받은 사업주인 경우 등 해당 근로자의 최종 이직 당시 사업주와 관련되는 사업주인 경우
(2013.12.24 본호신설)
4의2. 사업주가 임금 등을 체불하여 「근로기준법」 제43조의2에 따라 명단이 공개 중인 경우(2016.12.30 본호신설)
5. 사업주가 제1항제4호에 따라 고용된 근로자에게 「최저임금법」 제5조에 따른 최저임금액 미만의 임금을 지급한 경우. 다만, 해당 근로자가 같은 법 제7조에 따라 최저임금의 적용이 제외되는 근로자인 경우는 제외한다.
(2022.6.28 본호개정)
6. 사업주(사업주가 법인인 경우에는 그 대표자를 말한다)가 본인의 배우자 또는 직계존속·비속을 제1항제4호에 따른 근로자로 고용한 경우(2022.6.28 본호신설)
7. 제1항제4호에 따라 고용된 근로자가 그 고용된 날 이전 3년 동안에 2년 이상 지역고용촉진 지원금 지급대상이었던 경우(2023.6.27 본호신설)
8. 그 밖에 법 제22조에 따른 지원 목적에 부합하지 않는다고 고용노동부장관이 정하여 고시하는 대상이나 업종에 해당하는 경우(2022.6.28 본호신설)
⑦ (2013.12.24 삭제)
⑧ 지역고용촉진 지원금의 신청 기간 등 신청 및 지급에 필요한 사항은 고용노동부령으로 정한다.(2022.6.28 본항개정)

제25조【고령자 고용연장 지원금】 ① 고용노동부장관은 법 제23조에 따라 다음 각 호의 어느 하나에 해당하는 요건을 갖춘 사업의 사업주에게 고령자 고용연장 지원금을 지급한다. 다만, 상시 사용하는 근로자 수가 300명 이상인 사업의 사업주는 그러하지 아니하다.
1. (2010.12.31 삭제)
2. 정년을 폐지하거나, 기존에 정한 정년을 60세 이상으로 1년 이상 연장할 것. 다만, 정년 폐지 또는 정년 연장 전 3년 이내에 해당 사업장의 정년을 폐지하고 정년을 새로 설정하거나, 기존에 정한 정년을 단축한 경우에는 고령자 고용연장 지원금을 지급하지 아니한다.
3. (2021.6.8 삭제)
(2013.12.24 본항개정 : 유효기간 부칙 참조)
②~③ (2010.12.31 삭제)
④ 제1항제2호의 요건을 갖춘 사업주에게 지급하는 고령자 고용연장 지원금은 고용노동부장관이 매년 임금상승률, 노동시장 여건 등을 고려하여 고시하는 금액에 그 사업주에게 고용되어 18개월 이상을 계속 근무하여 종전의 정년에 이른 후 정년 폐지 또는 연장에 따라 계속 근무하는 근로자 수(제28조에 따라 임금피크제 지원금을 지급받는 자는 제외한다)를 곱하여 산정하되, 다음 각 호의 구분에 따른 기간 동안 지원한다.(2013.12.24 후단삭제 : 유효기간 부칙 참조)
1. 정년 폐지의 경우 : 정년이 폐지된 근로자의 종전 정년일부터 1년이 경과한 날의 다음날(종전 정년이 58세 미만인 경우는 58세가 되는 날)부터 1년(2013.1.25 본호개정)
2. 정년이 연장된 경우 : 정년이 연장된 근로자의 종전 정년일의 다음 날부터 다음 각 목의 구분에 따른 기간
  가. 정년연장기간이 1년 이상 3년 미만인 경우 : 1년
  나. 정년연장기간이 3년 이상인 경우 : 2년
(2012.1.13 본호개정)
⑤ (2021.6.8 삭제)
⑥ 고령자 고용연장 지원금의 신청 및 지급에 필요한 사항은 고용노동부령으로 정한다.
(2010.12.31 본조개정)

제25조의2【60세 이상 고령자 고용지원금】 ① 고용노동부장관은 법 제23조에 따라 다음 각 호의 요건을 모두 갖춘 사업의 사업주에게 60세 이상 고령자 고용지원금을 지급한다.
1. 정년을 정하지 아니한 사업장일 것(2014.12.31 본호개정)

2. 매 분기 그 사업의 월평균 근로자 수에 대한 매월 말일 현재 계속하여 1년 이상 고용된 만 60세 이상 월평균 근로자 수의 비율이 업종별로 고용노동부장관이 정하여 고시하는 비율 이상일 것
3. 사업주가 60세 이상 고령자 고용지원금 신청일 당시 대통령령 제22603호 고용보험법 시행령 일부개정령 부칙 제18조에 따른 고령자 고용촉진 장려금을 1회 이상 지급받고 그 지급한도 기간 내에 있는 자가 아닐 것
② 제1항에도 불구하고 사업주가 다음 각 호의 어느 하나에 해당하는 경우에는 같은 항에 따른 60세 이상 고령자 고용지원금(이하 "60세 이상 고령자 고용지원금"이라 한다)을 지급하지 아니한다.
1. 60세 이상 고령자 고용지원금을 신청하기 전 3개월부터 신청한 후 6개월까지 55세 이상 근로자를 고용조정으로 이직시킨 경우
2. 임금 등을 체불하여 「근로기준법」 제43조의2에 따라 명단이 공개 중인 경우
(2016.12.30 본항개정)
③ 60세 이상 고령자 고용지원금은 고용노동부장관이 노동시장 여건을 고려하여 고시한 금액에 제1항제2호에 따라 고용노동부장관이 고시한 비율을 초과하여 고용된 만 60세 이상 근로자 수를 곱하여 산정한 금액으로 한다. 다만, 사업주가 분기별로 지급받을 수 있는 지원금의 총액은 본문에 따라 고용노동부장관이 고시한 금액에 그 사업의 근로자 수의 100분의 20(대규모 기업은 100분의 10)에 해당하는 수를 곱하여 산출된 금액을 초과할 수 없다.
④ 60세 이상 고령자 고용지원금의 지급을 위하여 근로자 수를 산정하는 경우에 다음 각 호의 어느 하나에 해당하는 사람은 제외한다.(2017.12.26 본문개정)
1. 일용근로자(2017.12.26 본호신설)
2. 법 제10조제1항제2호부터 제5호까지의 규정에 해당하는 사람 및 법 제10조의2에 해당하지 않는 외국인근로자(2019.6.25 본호개정)
3. 만 60세 이상 근로자로서 「고용정책 기본법」 제29조에 따른 고용유지를 위한 지원금의 지급 대상이 되는 사람(2017.12.26 본호신설)
⑤ 60세 이상 고령자 고용지원금의 신청 및 지급에 필요한 사항은 고용노동부령으로 정한다.
(2012.1.13 본조신설 : 2020.12.31까지 유효. 다만, 2020년 4분기 60세 이상 고령자 고용지원금의 지급 요건에 해당하는 사업주에 대해서는 해당 지원금의 지급을 받을 때까지 그 효력을 가진다.)

제26조【고용촉진장려금】 ① 고용노동부장관은 법 제23조에 따라 장애인, 여성가장 등 노동시장의 통상적인 조건에서는 취업이 특히 곤란한 사람의 취업촉진을 위하여 직업안정기관이나 그 밖에 고용노동부령으로 정하는 기관(이하 이 조에서 "직업안정기관등"이라 한다)에 구직등록을 한 사람으로서 다음 각 호의 어느 하나에 해당하는 실업자를 피보험자로 고용한 사업주에게 고용촉진장려금을 지급한다.(2016.12.30 본문개정)
1. 고용노동부장관이 고시하는 바에 따라 노동시장의 통상적인 조건에서는 취업이 특히 곤란한 사람을 대상으로 하는 취업지원프로그램을 이수한 사람
2. 「장애인고용촉진 및 직업재활법」 제2조제2호에 따른 중증장애인으로서 1개월 이상 실업상태에 있는 사람(2021.6.8 본호개정)
3. 가족 부양의 책임이 있는 여성 실업자 중 고용노동부령으로 정하는 사람으로서 「국민기초생활 보장법 시행령」 제11조제2항 전단에 따른 취업대상자 또는 「한부모가족지원법」 제5조 및 제5조의2에 따른 보호대상자에 해당하고 1개월 이상 실업상태에 있는 사람
4. 섬 지역[제주특별자치도 본도(本島) 및 방파제 또는 교량 등으로 육지와 연결된 섬은 제외한다]에 거주하여 제1호의 취업지원프로그램 참여가 어려운 사람으로서 1개월 이상 실업 상태에 있는 사람(2019.7.2 본호개정)
5. 제1호부터 제4호까지의 규정에 따른 요건을 갖추지 못한 실업자 중에서 실업의 급증 등 고용사정이 악화되어 취업촉진을 위한 조치가 필요하다고 고용노동부장관이 인정하는 사람(2020.6.9 본호신설)
② 제1항에 따른 고용촉진장려금(이하 "고용촉진장려금"이라 한다)은 사업주가 피보험자를 6개월 이상 고용한 경우에 다음 각 호의 구분에 따라 지급한다.(2018.7.3 단서삭제)
1. 고용기간이 6개월 이상 12개월 미만인 경우 : 6개월분
2. 고용기간이 12개월 이상인 경우 : 12개월분. 다만, 고용노동부장관이 정하여 고시하는 피보험자에 대한 고용기간이 18개월 이상인 경우에는 다음 각 목의 구분에 따른다.
가. 고용기간이 18개월 이상 24개월 미만인 경우 : 18개월분
나. 고용기간이 24개월 이상인 경우 : 24개월분
(2016.12.30 본항개정)
③ 고용촉진장려금은 다음 각 호의 어느 하나에 해당하는 경우에는 지급하지 않는다.(2022.6.28 본문개정)
1. 근로계약기간이 단기간인 경우 등 고용노동부령으로 정하는 경우에 해당하는 사람을 고용하는 경우
2. (2013.1.25 삭제)
3. 대규모기업이 만 29세 이하인 실업자로서 고용노동부장관이 정하는 사람을 고용하는 경우(2020.3.31 본호개정)
4. 사업주가 고용촉진장려금 지급대상자를 고용하기 전 3개월부터 고용 후 1년까지(고용촉진장려금 지급대상자의 고용기간이 1년 미만인 경우에는 그 고용관계 종료 시까지를 말한다) 고용조정으로 근로자(고용촉진장려금 지급대상 근로자보다 나중에 고용된 근로자는 제외한다)를 이직시키는 경우(2016.12.30 본호개정)
5. 고용촉진장려금 지급대상자를 고용한 사업주가 해당 근로자의 이직(해당 사업주가 해당 근로자를 고용하기 전 1년 이내에 이직한 경우에 한정한다. 이하 제6호에서 같다) 당시의 사업주와 같은 경우. 다만, 다음 각 목의 어느 하나에 해당하는 경우에는 그러하지 아니하다.
가. 사업주가 「근로기준법」 제25조제1항에 따라 해당 근로자를 우선적으로 고용한 경우
나. 사업주가 일용근로자로 고용하였던 근로자를 기간의 정함이 없는 근로계약을 체결하여 다시 고용한 경우
(2016.12.30 본호개정)
6. 고용촉진장려금 지급대상자를 고용한 사업주가 해당 근로자의 이직 당시의 사업주와 합병하거나 그 사업을 넘겨받은 사업주인 경우 등 해당 근로자의 이직 당시의 사업과 관련되는 사업주인 경우로서 고용노동부령으로 정하는 경우(2016.12.30 본호개정)
7. 사업주가 임금 등을 체불하여 「근로기준법」 제43조의2에 따라 명단이 공개 중인 경우(2016.12.30 본호신설)
8. 「장애인고용촉진 및 직업재활법」 제28조에 따른 장애인 고용 의무를 이행하지 않은 사업주가 그 장애인 고용의무가 이행되기 전까지 같은 법 제2조제1호에 따른 장애인(같은 조 제2호에 따른 중증장애인은 제외한다)을 새로 고용한 경우(2018.12.31 본호신설)
9. 그 밖에 법 제23조에 따른 지원 목적에 부합하지 않는다고 고용노동부장관이 정하여 고시하는 대상이나 업종에 해당하는 경우(2022.6.28 본호신설)
④ 고용촉진장려금은 제1호의 금액에 제2호의 인원을 곱하여 산정한다.
1. 매년 고용노동부장관이 임금상승률, 노동시장 여건 등을 고려하여 고시하는 금액. 다만, 지급대상이 된 기간 동안 해당 사업주가 제1항 각 호의 피보험자에 대하여 부담하는 보수를 초과할 수 없다.
2. 고용촉진장려금의 지급대상이 되는 피보험자의 수. 다만, 다음 각 목의 인원을 한도로 한다.
가. 해당 사업의 직전 보험연도 말일 기준 피보험자 수가 10명 이상인 경우 : 그 피보험자 수의 100분의 30(소수점 이하는 버린다)에 해당하는 인원. 다만, 100분의 30에 해당하는 인원이 30명을 넘는 경우에는 30명으로 한다.
나. 해당 사업의 직전 보험연도 말일 기준 피보험자 수가 10명 미만인 경우 : 3명
(2022.12.6 본항개정)
⑤~⑥ (2022.12.6 삭제)
⑦ 고용촉진장려금의 신청 기간 등 신청 및 지급에 필요한 사항은 고용노동부령으로 정한다.(2022.6.28 본항개정)
⑧ 고용노동부장관은 「재난 및 안전관리 기본법」 제3조제1호에 따른 재난으로 실업의 급증 등 고용사정이 악화되어 고용촉진을 위한 긴급한 조치가 필요한 때에는 제2항부터 제7항까지의 규정(제3항의 경우 제1호, 제4호, 제5호 각 목 외의 부분 본문 및 제6호로 한정한다)에도 불구하고 제1항에 따른 사업주에 대한 지원을 확대하기 위하여 고용정책심의회의 심의를 거쳐 1년의 범위에서 고용기간, 고용촉진장려금의 지급제외 사유, 상한액 및 지급대상 피보험자 수의 한도를 고시로 달리 정할 수 있다.(2020.6.9 본항신설)
(2016.12.30 본조제목개정)
(2010.12.31 본조개정)

제27조 (2008.9.18 삭제)

제28조【임금피크제 지원금】 ① 고용노동부장관은 법 제23조에 따라 다음 각 호의 어느 하나에 해당하는 경우(이하 이 조에서 "임금피크제"라 한다)에는 근로자에게 임금피크제 지원금을 지급한다. 다만, 제2호에 해당하는 경우에는 사업주에게도 임금피크제 지원금을 지급한다.(2014.12.31 단서신설)
1. 사업주가 근로자대표의 동의를 받아 정년을 60세 이상으로 연장하거나 정년을 56세 이상 60세 미만으로 연장하면서 55세 이후부터 일정나이, 근속시점 또는 임금액을 기준으로 임금을 줄이는 제도를 시행하는 경우
(2013.12.24 본호개정 : 유효기간 부칙 참조)
2. 사업주가 제1호에 따른 제도를 시행하거나 제4호에 따라 정년퇴직 후 3개월 이내에 고용(이하 이 조 및 제28조의4에서 "재고용"이라 한다)하면서 주당 소정근로시간을 15시간 이상 30시간 이하로 단축하는 경우
(2021.6.8 본호개정 : 유효기간 2013.12.24 영25022호 부칙 참조)
3. (2013.12.24 삭제)
4. 정년을 55세 이상으로 정한 사업주가 정년에 이른 사람을 재고용(재고용기간이 1년 미만인 경우는 제외한다)하면서 정년퇴직 이후부터 임금을 줄이는 경우
(2013.12.24 본호개정 : 유효기간 부칙 참조)
② 제1항에 따른 임금피크제 지원금은 해당 사업주에 고용되어 18개월 이상을 계속 근무한 사람으로서 피크임금(임금피크제의 적용으로 임금이 최초로 감액된 날이 속하는 연도의 직전 연도 임금을 말한다. 이하 이 조에서 같다)과 해당 연도의 임금을 비교하여 다음 각 호의 구분에 따른 비율 이상 낮아진 사람(해당 연도 임금이 고용노동부장관이 고시하는 금액 이상인 경우는 제외한다)에게 지급한다.(2021.6.8 본문개정)
1. 제1항제1호의 경우 : 정년 연장기간에 따라 다음 각 목의 구분에 따른 비율. 다만, 상시 사용하는 근로자 수가 300명 미만인 사업은 100분의 10으로 한다.
가. 임금피크제 적용일부터 1년까지 : 100분의 10
나. 임금피크제 적용일부터 1년 초과 2년까지 : 100분의 15
다. 임금피크제 적용일부터 2년 초과 이후 : 100분의 20
(2013.12.24 본호개정 : 유효기간 부칙 참조)
2. 제1항제2호의 경우 : 100분의 30(2013.1.25 본호개정)
3. 제1항제4호의 경우 : 100분의 20. 다만, 상시 사용하는 근로자 수가 300명 미만인 사업은 100분의 10으로 한다.
(2013.12.24 본호개정 : 유효기간 부칙 참조)
③ 제1항에 따른 임금피크제 지원금은 해당 근로자의 피크임금과 해당 연도 임금의 차액, 임금인상률과 제1항제2호에 따른 소정근로시간 단축으로 인한 사업주의 노무비용 증가액 등을 고려하여 고용노동부장관이 고시하는 금액으로 한다.(2014.12.31 본항개정)
④ 제1항에 따른 임금피크제 지원금은 임금피크제가 적용되는 날부터 5년 동안 지급한다. 다만, 고용기간이 5년보다 짧은 경우에는 그 고용기간 동안 지급하고, 제1항제1호에 따른 임금피크제 시행 이후 제1항제4호에 따라 재고용한 경우에도 최대 지급 기간은 통산하여 5년으로 한다.
(2013.12.24 본항개정 : 유효기간 부칙 참조)
⑤ 제1항에 따른 임금피크제 지원금의 금액산정, 신청 및 지급 등에 필요한 사항은 고용노동부령으로 정한다.
(2010.12.31 본조개정)

제28조의2【정년을 60세 이상으로 정한 사업 또는 사업장에서의 임금 감액에 따른 지원금】 ① 고용노동부장관은 법 제23조에 따라 정년을 60세 이상으로 정한 사업 또는 사업장에서 55세 이후부터 임금을 감액하는 제도를 시행하는 경우 임금이 감소한 해당 근로자에게 임금을 감액하는 제도가 적용되는 날부터 2018년 12월 31일까지 지원금을 지급한다. 다만, 해당 근로자의 고용기간이 2018년 12월 31일 전에 종료되는 경우는 그 고용기간 동안 지급한다.
② 제1항에 따른 지원금은 해당 사업주에 고용되어 18개월 이상을 계속 근무한 사람으로서 피크임금(제1항에 따른 제도의 시행으로 임금이 최초로 감액된 날이 속하는 연도의 직전 연도 임금을 말한다. 이하 이 조에서 같다)과 해당 연도의 임금을 비교하여 100분의 10 이상 낮아진 근로자(해당 연도 임금이 고용노동부장관이 고시하는 금액 이상인 경우는 제외한다)에게 지급한다.(2021.6.8 본항개정)
③ 제1항에 따른 지원금은 해당 근로자의 피크임금과 해당 연도 임금의 차액 및 임금인상률 등을 고려하여 고용노동부령으로 정하는 기준에 따라 고용노동부장관이 정하여 고시하는 금액으로 한다.
④ 제1항에 따른 지원금의 신청 및 지급 등에 필요한 사항은 고용노동부령으로 정한다.
(2015.12.4 본조신설)

제28조의3 (2019.12.31 삭제)

제28조의4【고령자 계속고용장려금】 ① 고용노동부장관은 법 제23조에 따라 사업주가 정년을 연장 또는 폐지하거나 정년의 변경 없이 정년에 도달한 근로자를 계속하여 고용하거나 재고용하는 경우에는 그 비용의 일부를 지원할 수 있다.
② 제1항에 따른 지원 대상, 지원 요건, 지원 수준, 지원 기간, 신청 기간, 신청 방법·절차 등 지원에 필요한 사항은 고용노동부장관이 정하여 고시한다.(2022.6.28 본항개정)
(2019.12.31 본조신설)

제28조의5【고령자 고용지원금】 ① 고용노동부장관은 법 제23조에 따라 60세 이상인 근로자를 고용노동부령으로 정하는 기준 이상으로 고용하는 사업주에 대해서 그 고용에 필요한 비용의 일부를 지원할 수 있다.
② 제1항에 따른 지원 대상, 지원 요건, 지원 수준, 지원 기간, 신청 기간, 신청 방법·절차 등 지원에 필요한 사항은 고용노동부장관이 정하여 고시한다.(2022.6.28 본항개정)
(2021.12.31 본조신설)

제29조【출산육아기 고용안정장려금】 ① 고용노동부장관은 법 제23조에 따라 다음 각 호에 해당하는 사업주에게 출산육아기 고용안정장려금을 지급한다.(2022.6.28 본문개정)
1. (2018.12.31 삭제)
2. 피보험자인 근로자에게 「남녀고용평등과 일·가정 양립 지원에 관한 법률」 제19조에 따른 육아휴직 또는 같은 법 제19조의2에 따른 육아기 근로시간 단축(이하 "육아휴직등"이라 한다)을 30일[「근로기준법」 제74조제1항에 따른 출산전후휴가(이하 "출산전후휴가"라 한다)의 기간과 중복되는 기간은 제외한다] 이상 허용한 우선지원대상기업의 사업주(2021.12.31 본호개정)

3. 피보험자인 근로자에게 출산전후휴가, 「근로기준법」 제74조제3항에 따른 유산·사산 휴가(이하 "유산·사산 휴가"라 한다) 또는 육아기 근로시간 단축을 30일 이상 부여하거나 허용하고 대체인력을 고용한 경우로서 다음 각 목의 요건을 모두 갖춘 우선지원대상기업의 사업주(2021.12.31 본문개정)

가. 다음의 어느 하나에 해당할 것

1) 출산전후휴가, 유산·사산 휴가 또는 육아기 근로시간 단축의 시작일 전 2개월이 되는 날(출산전후휴가에 연이어 유산·사산 휴가 또는 육아기 근로시간 단축을 시작하는 경우에는 출산전후휴가 시작일 전 2개월이 되는 날) 이후 새로 대체인력을 고용하여 30일 이상 계속 고용한 경우(2021.12.31 개정)

2) 피보험자인 근로자에게 임신 중에 60일을 초과하여 근로시간 단축을 허용하고 대체인력을 고용한 경우로서 그 근로자가 근로시간 단축 종료에 연이어 출산전후휴가, 유산·사산 휴가 또는 육아기 근로시간 단축을 시작한 이후에도 같은 대체인력을 계속 고용한 경우. 이 경우 대체인력을 고용한 기간은 30일 이상이어야 한다.(2021.12.31 전단개정)

(2019.12.31 본목개정)

나. (2020.3.31 삭제)

다. 새로 대체인력을 고용하기 전 3개월부터 고용 후 1년까지(해당 대체인력의 고용기간이 1년 미만인 경우에는 그 고용관계 종료 시까지를 말한다) 고용조정으로 다른 근로자(새로 고용한 대체인력보다 나중에 고용된 근로자는 제외한다)를 이직시키지 아니할 것(2016.12.30 본목개정)

② 고용노동부장관은 제1항에도 불구하고 다음 각 호에 해당하는 사업주에게는 출산육아기 고용안정장려금을 지급하지 않는다.

1. 「부패방지 및 국민권익위원회의 설치와 운영에 관한 법률」 제2조제1호가목부터 다목까지에 해당하는 기관 및 「공공기관의 운영에 관한 법률」 제4조부터 제6조까지의 규정에 따라 지정·고시된 공공기관의 사업주
2. 임금 등을 체불하여 「근로기준법」 제43조의2에 따라 명단이 공개 중인 사업주
3. 그 밖에 법 제23조에 따른 지원 목적에 부합하지 않는다고 고용노동부장관이 정하여 고시하는 대상이나 업종의 사업주

(2022.6.28 본항신설)

③ 제1항제2호에 따른 출산육아기 고용안정장려금은 육아휴직등의 허용에 따른 사업주의 노무비용부담, 육아휴직등의 대상 자녀의 나이 등을 고려하여 매년 고용노동부장관이 정하여 고시하는 금액에 근로자가 사용한 육아휴직등의 개월 수를 곱하여 산정한 금액으로 한다.(2022.6.28 본항개정)

④ 제1항제3호에 따른 출산육아기 고용안정장려금(이하 "대체인력지원금"이라 한다. 이하 이 조에서 같다)은 대체 인력채용에 따른 사업주의 노무비용부담을 고려하여 고용노동부장관이 정하여 고시하는 금액에 출산전후휴가, 유산·사산 휴가 또는 육아기 근로시간 단축을 사용한 기간(출산전후휴가, 유산·사산 휴가 또는 육아기 근로시간 단축을 사용하기 전 2개월간의 업무 인수인계기간을 포함한다) 중 대체인력을 사용한 개월 수를 곱하여 산정한 금액으로 하되, 이 영 또는 다른 법령에 따라 국가 또는 지방자치단체가 해당 대체인력 채용에 대하여 사업주에게 지급하는 지원금 또는 장려금 등이 있는 경우에는 그 지원금 또는 장려금 등의 금액을 뺀 금액으로 한다. 이 경우 대체인력지원금의 금액은 사업주가 해당 대체인력에게 지급한 임금액을 초과할 수 없다.(2021.12.31 전단개정)

⑤ 제1항에 따른 출산육아기 고용안정장려금은 다음 각 호의 구분에 따라 지급한다.

1. 제1항제2호에 해당하는 경우 : 제3항에 따른 출산육아기 고용안정장려금의 100분의 50에 해당하는 금액은 사업주가 제1항제2호의 요건을 갖추면 지급하고, 나머지 금액은 해당 사업주가 육아휴직등을 사용한 근로자를 육아휴직등이 끝난 후 6개월 이상 피보험자로 계속 고용하는 경우에 합산하여 한꺼번에 지급한다.
2. 제1항제3호에 해당하는 경우 : 다음 각 목의 구분에 따른 금액은 사업주가 제1항제3호의 요건을 갖추면 지급하고, 나머지 금액은 해당 사업주가 출산전후휴가, 유산·사산 휴가 또는 육아기 근로시간 단축을 사용한 근로자를 출산전후휴가, 유산·사산 휴가 또는 육아기 근로시간 단축이 끝난 후 1개월 이상 피보험자로 계속 고용하는 경우(사업주가 해당 근로자의 자기 사정으로 인하여 1개월 이상 계속 고용하지 못한 경우를 포함한다)에 합산하여 한꺼번에 지급한다.(2021.12.31 본문개정)

가. 업무 인수인계기간 : 제4항에 따른 대체인력지원금의 100분의 100

나. 출산전후휴가, 유산·사산 휴가 또는 육아기 근로시간 단축의 기간 : 제4항에 따른 대체인력지원금의 100분의 50(2021.12.31 본목개정)

(2020.3.31 본항신설)

⑥ 제1항에 따른 출산육아기 고용안정장려금의 신청 기간 등 신청 및 지급 등에 필요한 사항은 고용노동부령으로 정한다.(2022.6.28 본항개정)

(2016.12.30 본조제목개정)

제30조~제31조 (2010.12.31 삭제)

제32조 (2013.12.24 삭제)

제32조의2 (2010.2.8 삭제)

제33조【고용관리 진단 등 지원】 ① 고용노동부장관은 법 제25조제1항제1호에 따라 피보험자, 피보험자였던 사람 또는 그 밖에 취업할 의사를 가진 사람(이하 "피보험자등"이라 한다)의 고용안정과 취업의 촉진 등을 위하여 임금체계 개편과 직무재설계 등에 관하여 전문기관의 진단을 받는 사업주나 노사단체에 대하여 그 진단에 드는 비용의 전부 또는 일부를 예산의 범위에서 지원할 수 있다.(2021.6.8 본항개정)

② 제1항에 따른 지원 대상자의 선정, 지원수준, 그 밖에 지원에 필요한 사항은 고용노동부장관이 정한다.(2010.7.12 본조개정)

제34조 (2010.12.31 삭제)

제35조【고용안정과 취업의 촉진】 법 제25조제1항제3호에서 "대통령령으로 정하는 사업"이란 다음 각 호의 사업을 말한다.

1. 피보험자등의 고용안정과 취업의 촉진에 관한 교육사업·홍보사업
2. 피보험자등의 고용안정 및 취업 촉진을 위한 직업소개, 직업진로지도, 채용지원, 장기근속지원 및 전직지원서비스사업 등 취업지원사업(2017.6.27 본호개정)
3. 고령자·여성·장애인인 피보험자등의 고용환경개선사업
4. 건설근로자의 고용안정 등에 대한 지원사업(2010.2.8 본호개정)
5. 다음 각 목의 어느 하나에 해당하는 사람의 고용안정 등에 대한 지원사업(2016.7.19 본문개정)

가. 「기간제 및 단시간근로자 보호 등에 관한 법률」 제2조제1호의 기간제근로자(이하 "기간제근로자"라 한다)(2017.6.27 본목개정)

나. 「파견근로자 보호 등에 관한 법률」 제2조제5호의 파견근로자(2020.3.31 본목개정)

다. 「산업안전보건법」 제17조에 따른 안전관리자(2019.12.24 본목개정)

라. 「산업안전보건법」 제18조에 따른 보건관리자(2019.12.24 본목개정)

마. 「근로기준법」 제2조제1항제9호의 단시간근로자(2019.12.31 본목개정)

바. 계약의 형식에 관계없이 「근로기준법」 제2조제1항제1호에 따른 근로자와 유사하게 노무를 제공함에도 「근로기준법」 등이 적용되지 않는 사람으로서 타인의 사업을 위하여 다른 사람을 사용하지 않고 그 운영에 필요한 노무를 직접 제공하고 그 대가를 받아 생활하는 사람(2020.6.9 본문개정)

(2014.12.31 본호신설)

6. 「근로기준법」 제2조제1항제9호의 단시간근로자로의 전환을 지원하는 사업(2020.3.31 본호개정)
7. 피보험자등의 근무형태 변경 등 고용환경개선을 통한 일·가정 양립 지원사업(2015.12.4 본호신설)
8. 고용유지조치에 따라 사업주가 피보험자의 임금을 보전하는 데에 드는 비용에 대한 대부사업(고용노동부장관이 정하여 고시하는 기간으로 한정한다)(2020.6.9 본호신설)

제35조의2【교육사업·홍보사업의 지원】 ① 고용노동부장관은 법 제25조에 따라 제35조제1호에 따른 교육사업 또는 홍보사업을 실시하려는 사람에게 그에 필요한 비용의 일부를 예산의 범위에서 지원할 수 있다.

② 고용노동부장관은 제1항에 따라 지원을 하려면 대상사업의 종류·내용, 지원의 내용과 수준 및 신청 방법 등을 미리 공고하여야 한다.

(2017.6.27 본조신설)

제36조【취업지원사업의 지원】 ① 고용노동부장관은 법 제25조와 이 영 제35조제2호에 따라 다음 각 호의 자가 실시하는 취업지원사업에 드는 비용을 예산의 범위에서 지원할 수 있다.(2010.7.12 본문개정)

1. 「직업안정법」 제18조에 따라 무료직업소개사업을 하는 자와 같은 법 제19조에 따라 유료직업소개사업을 하는 자
2. 「직업안정법」 제23조에 따라 직업정보제공사업을 하는 자
3. 그 밖에 고용노동부장관이 취업지원사업을 할 능력이 있다고 인정하는 자(2010.7.12 본호개정)

② 고용노동부장관은 제1항에 따라 지원을 하려면 대상사업의 종류·내용, 대상 피보험자등의 범위, 지원의 내용과 수준 및 신청 방법 등을 미리 공고하여야 한다.(2010.7.12 본항개정)

제37조【고령자 등의 고용환경 개선 지원】 ① 고용노동부장관은 법 제25조와 이 영 제35조제3호에 따라 고령자, 여성 또는 장애인인 피보험자등의 고용안정과 취업의 촉진을 위하여 관련 시설 및 장비를 설치하거나 개선하려는 사업주에게 그에 필요한 비용의 일부를 예산의 범위에서 지원하거나 대부할 수 있다.

② 제1항에 따른 지원이나 대부의 대상자 선정과 요건, 그 밖에 지원이나 대부에 필요한 사항은 고용노동부장관이 정한다.

(2010.7.12 본조개정)

제37조의2【고용안정 지원사업 등에 대한 지원】 ① 고용노동부장관은 법 제25조에 따라 제35조제2호 및 제5호부터 제7호까지의 규정에 따른 사업을 하려는 사업주에게 그에 필요한 비용의 일부를 예산의 범위에서 지원할 수 있다.(2017.6.27 본항개정)

② 제1항에 따른 고용안정 지원사업의 지원 대상, 지원 요건, 지원 수준, 지원 기간, 신청 기간, 신청 방법 등 지원에 필요한 사항은 고용노동부장관이 정하여 고시한다.(2022.6.28 본항개정)

(2017.6.27 본조제목개정)

제37조의3【우선지원대상기업의 고용유지 비용의 대부】 ① 고용노동부장관은 법 제25조 및 이 영 제35조제8호에 따라 고용유지조치를 실시하는 우선지원대상기업의 사업주가 피보험자의 임금을 보전하는 데에 드는 비용에 대하여 예산의 범위에서 대부할 수 있다.(2021.12.31 본항개정)

② 고용노동부장관은 제1항에 따른 대부 대상자 해당 여부에 대한 확인 절차를 거친 후 대부 여부를 결정한다.

③ 제1항 및 제2항에서 규정한 사항 외에 대부 결정의 취소, 대부금액의 상환 등 대부제도의 운영에 필요한 세부사항은 고용노동부장관이 정하여 고시한다.

(2021.12.31 본조제목개정)

(2020.6.9 본조신설)

제38조【고용촉진 시설의 지원】 ① 법 제26조에서 "그 밖에 대통령령으로 정하는 고용촉진 시설"이란 다음 각 호의 시설을 말한다.

1. 「고용정책 기본법」 제11조제4항에 따라 지방자치단체가 설치·운영하는 취업취약계층에 대한 고용서비스 제공에 필요한 시설(2009.12.30 본호개정)
2. 「고등교육법」 제2조제1호·제2호 및 제4호에 따른 학교 중 고용노동부장관이 지정한 학교가 운영하는 취업지원 시설(2010.7.12 본호개정)
3. 「초·중등교육법 시행령」 제90조 및 제91조에 따른 특수목적고등학교와 특성화고등학교 중 고용노동부장관이 지정한 학교(2020.3.31 본호개정)
4. 「고용상 연령차별금지 및 고령자고용촉진에 관한 법률」 제11조에 따른 고령자인재은행(2020.3.31 본호개정)
5. 그 밖에 피보험자등의 고용안정, 고용촉진 및 사업주의 인력 확보를 위한 시설로서 고용노동부령으로 정하는 고용촉진 시설(2010.7.12 본호개정)

② 고용노동부장관은 법 제26조에 따라 고용촉진 시설을 설치·운영하는 자에게 해당 시설의 설치·운영에 필요한 비용의 일부를 지원할 수 있다.(2010.7.12 본항개정)

③ 제1항에 따른 고용촉진 시설의 지원에 필요한 사항은 고용노동부장관이 정한다.(2010.7.12 본항개정)

④ 고용노동부장관은 법 제26조에 따라 사업주가 단독이나 공동으로 설치·운영하는 어린이집의 운영비용 중 일부를 고용노동부령으로 정하는 바에 따라 지원할 수 있다. 이 경우 우선지원대상기업의 사업주와 우선지원대상기업의 수가 100분의 50 이상인 사업주단체로서 다음 각 호의 어느 하나에 해당하는 기준을 충족하는 사업주단체에 대해서는 지원의 수준을 높게 정할 수 있다.

1. 매월 말일 기준으로 해당 사업주단체가 설치·운영하는 직장어린이집에서 보육하는 영유아 중 우선지원대상기업 소속 피보험자(「영유아보육법」에 따른 보호자인 피보험자로 한정한다)의 영유아(이하 이 조에서 "우선지원영유아"라 한다) 수의 비율이 100분의 50 이상인 경우
2. 매월 말일 기준으로 해당 사업주단체가 설치·운영하는 직장어린이집에서 보육하는 영유아 중 우선지원영유아 수의 비율이 100분의 50 미만인 경우로서 다음 각 목의 요건을 모두 갖춘 경우

가. 제1호에 따른 지원을 받은 적이 있을 것

나. 해당 직장어린이집에 입소 신청한 우선지원영유아 중 입소하지 못하고 있는 우선지원영유아가 없을 것

(2022.12.6 본항개정)

⑤ 고용노동부장관은 법 제26조에 따라 어린이집을 단독이나 공동으로 설치하려는 사업주나 사업주단체에 대하여 고용노동부장관이 정하는 바에 따라 그 설치비용을 융자하거나 일부 지원할 수 있다. 이 경우 다음 각 호의 사업주나 사업주단체에 대하여는 융자나 지원의 수준을 높게 정할 수 있다.(2022.12.6 후단개정)

1. 우선지원대상기업의 사업주
2. 제4항 후단에 따른 사업주단체
3. 장애아동 또는 영아를 위한 어린이집을 설치하려는 사업주나 사업주단체

(2022.12.6 1호~3호신설)

제39조【일괄적용사업의 특례】 고용산재보험료징수법 제8조에 따라 일괄적용되는 사업의 경우에는 개별 사업을 하나의 사업으로 보아 제17조, 제19조, 제24조, 제25조, 제25조의2, 제26조 및 제29조를 적용한다.(2021.6.8 본조개정)

제40조【지원금 등의 상호조정】 ① 제19조에 따른 고용유지지원금의 지급요건에 해당하는 사업주가 그 고용유

지조치기간에 제17조에 따른 비용 지원, 제22조의2제1항에 따른 비용 지원, 제26조에 따른 고용촉진장려금, 제28조의4에 따른 고령자 계속고용장려금 또는 제28조의5에 따른 고령자 고용지원금의 지급요건에 해당하는 조치를 한 경우에는 제19조에 따른 고용유지 지원금을 지급하고, 그 밖의 지원금 또는 장려금은 지급하지 않는다.
(2021.12.31 본항개정)

② 사업주가 동일한 근로자로 인하여 다음 각 호에 따른 지원금 또는 장려금 중 둘 이상의 지원금 또는 장려금 지급 요건에 동시에 해당하게 된 경우에는 해당 사업주의 신청에 의하여 하나의 지원금 또는 장려금만 지급한다. 다만, 제17조제1항제4호에 따라 고용지원이 필요한 업종에 해당하는 기업의 사업주가 고용노동부장관이 정하는 연령의 청년(이하 이 조에서 "청년"이라 한다) 실업자를 추가로 고용하는 경우 지원되는 지원금과 제35조제2호에 따라 중소기업에 취업한 청년의 장기근속을 지원하기 위하여 지원되는 지원금의 지급 요건에 동시에 해당하게 된 경우에는 중복하여 지급할 수 있다.(2018.10.2 단서개정)

1. 제17조제1항제3호부터 제7호까지의 규정에 따른 지원금(2018.10.2 본호개정)
2. 제24조에 따른 지역고용촉진 지원금
3. 제25조에 따른 고령자 고용연장 지원금
4. 제25조의2에 따른 60세 이상 고령자 고용지원금
5. 제26조에 따른 고용촉진장려금(2016.12.30 본호개정)
6. 제28조의4에 따른 고령자 계속고용장려금(2020.3.31 본호신설)

6의2. 제28조의5에 따른 고령자 고용지원금(2021.12.31 본호신설)

7. 제29조제1항제3호에 따른 출산육아기 고용안정장려금(2018.12.31 본호개정)
8. 제35조제1호부터 제7호까지의 규정에 따른 사업주에 대한 지원금
9. 제38조제4항에 따른 직장어린이집 운영비용 지원금

(2015.12.4 본항개정)

③ 제17조제1항제1호 및 제2호에 따른 비용 지원의 지급요건에 동시에 해당하는 사업주가 있으면 그 사업주의 신청에 따라 하나의 지원금을 지급한다.(2011.9.15 본항개정)

④ 제3항에 해당하는 각 지원금 중 어느 하나의 지원금을 받고 있는 사업주가 해당 지원금을 받는 기간에 제2항에 따른 각 지원금 또는 장려금 중 어느 하나의 지원금 또는 장려금의 지급 요건에 해당하는 경우에는 그 사업주의 신청에 의하여 제2항에 따른 각 지원금 또는 장려금 중 해당하는 지원금 또는 장려금의 금액에 고용노동부장관이 정하여 고시하는 비율을 곱하여 산정한 금액을 지급한다.(2016.12.30 본항개정)

⑤ 대통령령 제22603호 고용보험법 시행령 일부개정령 부칙 제18조에 따른 고령자 고용촉진 장려금을 지급받을 수 있는 사업주가 제25조의2에 따른 60세 이상 고령자 고용지원금의 지급 요건을 충족하는 경우에는 해당 사업주의 신청에 따라 하나의 지원금만을 지급한다.
(2012.1.13 본항신설 : 2020.12.31까지 유효. 다만, 2020년 4분기 60세 이상 고령자 고용지원금의 지급 요건에 해당하는 사업주에 대해서는 해당 지원금의 지급을 받을 때까지 그 효력을 가진다.)

⑥ 근로자가 제28조 또는 제28조의2에 따른 지원금 중 둘 이상의 지원금 지급 요건에 동시에 해당하는 경우에는 해당 근로자의 선택에 따라 하나의 지원금을 지급한다.
(2019.12.31 본항개정)
(2010.12.31 본조개정)

제40조의2【지원의 제한】 법 제26조의2에서 "대통령령으로 정하는 경우"란 사업주가 근로자를 새로 고용하거나 고용유지조치를 하여 다음 각 호의 어느 하나에 해당하게 된 경우를 말한다.

1. 「북한이탈주민의 보호 및 정착지원에 관한 법률」에 따라 지원금 등 금전적 지원을 받는 경우
2. 「산업재해보상보험법」에 따라 지원금 등 금전적 지원을 받는 경우
3. 「장애인고용촉진 및 직업재활법」에 따라 지원금 등 금전적 지원을 받는 경우
4. 그 밖에 국가 또는 지방자치단체로부터 금전적 지원을 받는 경우

(2011.9.15 본조신설)

제41조【사업주에 대한 직업능력개발 훈련비용의 지원】 ① 법 제27조제1항에서 "대통령령으로 정하는 직업능력개발 훈련"이란 「국민 평생 직업능력 개발법」 제24조제1항에 따라 인정받은 직업능력개발훈련과정으로서 다음 각 호의 어느 하나에 해당하는 훈련 또는 「산업현장 일학습병행 지원에 관한 법률」 제15조제2항에 따라 인정받은 일학습병행과정을 말한다.(2022.2.17 본문개정)

1. 피보험자〔법 제2조제1호나목에 따른 피보험자(이하 "자영업자인 피보험자"라 한다)는 제외한다〕를 대상으로 실시하는 직업능력개발 훈련(2012.1.13 본호개정)
2. 피보험자가 아닌 사람으로서 해당 사업주에게 고용된 사람을 대상으로 실시하는 직업능력개발 훈련(2021.6.8 본호개정)
3. 해당 사업이나 그 사업과 관련되는 사업에서 고용하려는 사람을 대상으로 실시하는 직업능력개발 훈련(2021.6.8 본호개정)
4. 직업안정기관에 구직등록한 사람을 대상으로 실시하는 직업능력개발 훈련(2021.6.8 본호개정)
5. 해당 사업에 고용된 피보험자(자영업자인 피보험자는 제외한다)에게 유급휴가〔「근로기준법」 제60조의 연차 유급휴가가 아닌 경우로서 휴가기간 중 같은 법 시행령 제6조에 따른 통상임금(이하 "통상임금"이라 한다)에 해당하는 금액 이상의 임금을 지급한 경우를 말한다〕를 주어 실시하는 직업능력개발 훈련으로서 다음 각 목의 어느 하나에 해당하는 훈련
   가. 우선지원대상기업의 사업주나 상시 사용하는 근로자 수가 150명 미만인 사업주(이하 이 호에서 "우선지원대상기업사업주등"이라 한다)가 해당 근로자를 대상으로 계속하여 5일 이상의 유급휴가를 주어 20시간 이상 실시하는 훈련(2021.12.31 본목개정)
   나. 우선지원대상기업사업주등이 해당 근로자를 대상으로 계속하여 30일 이상의 유급휴가를 주어 120시간 이상 실시하면서 대체인력을 고용하는 훈련
   다. (2021.6.8 삭제)
   라. 우선지원대상기업사업주등이 아닌 사업주가 1년 이상 재직하고 있는 근로자를 대상으로 계속하여 60일 이상의 유급휴가를 주어 180시간 이상 실시하는 훈련
   마. (2021.6.8 삭제)
   바. 사업주가 기능·기술을 장려하기 위하여 근로자 중 생산직 또는 관련 직에 종사하는 근로자로서 고용노동부장관이 고시하는 자를 대상으로 유급휴가를 주어 20시간 이상 실시하는 훈련

(2020.9.29 본항개정)

② 제1항에 따른 직업능력개발 훈련의 지원금은 다음 각 호의 금액으로 한다.

1. 제1항 각 호의 어느 하나에 해당하는 직업능력개발 훈련에 대한 지원금 : 훈련비(고용노동부장관이 고시하는 기준에 해당하는 비용에 한정한다)에 사업 규모 등을 고려하여 고용노동부장관이 고시하는 비율을 곱하여 산정한 금액. 다만, 다음 각 목의 직업능력개발 훈련에 대한 지원금은 본문에 따른 금액에 다음 각 목의 구분에 따른 금액을 더한 금액으로 한다.
   가. 제1항제3호 및 제4호에 해당하는 직업능력개발 훈련 : 고용노동부장관이 정하여 고시하는 훈련수당
   나. 제1항제5호에 해당하는 직업능력개발 훈련 : 유급휴가기간 중에 지급한 임금 및 제1항제5호나목에 따른 대체인력에게 지급한 임금 중 고용노동부장관이 정하여 고시하는 금액
2. 「산업현장 일학습병행 지원에 관한 법률」 제15조제2항에 따라 인정받은 일학습병행과정에 대한 지원금 : 고용노동부장관이 고시하는 훈련비에 훈련의 종류·직종, 사업 규모 등을 고려하여 고용노동부장관이 고시하는 비율을 곱하여 산정한 금액에 고용노동부장관이 고시하는 숙식비·훈련장려금을 더한 금액

(2020.8.27 본항개정)

③ 법 제27조제2항제6호에서 "대통령령으로 정하는 사람"이란 다음 각 호의 어느 하나에 해당하는 사람을 말한다.

1. 생산직 또는 생산 관련 직에 종사하는 근로자로서 고용노동부장관이 기능·기술을 장려하기 위하여 필요하다고 인정하여 고시하는 사람
2. 법 제20조에 따른 고용창출을 위하여 사업주가 근로자를 조(組)별로 나누어 교대로 근로하게 하는 교대제를 새로 실시하거나 조를 늘려 교대제를 실시(4조 이하로 실시하는 경우로 한정한다)한 이후 교대제의 적용을 새로 받게 되는 근로자로서 고용노동부장관이 정하여 고시하는 사람
3. 고용노동부장관이 정한 직업능력개발 훈련 및 평가를 받는 것을 조건으로 고용한 근로자

(2017.6.27 본항개정)

④ 고용노동부장관은 법 제27조제2항 각 호에 해당하는 근로자를 대상으로 직업능력개발 훈련을 실시하는 사업주에 대하여 훈련에 필요한 비용을 우대하여 지원하려는 경우에는 훈련비, 훈련기간 중 훈련대상자 및 대체인력에게 지급한 임금, 그 밖에 훈련에 필요한 비용을 고려한 지원수준을 정하여 고시하여야 한다.(2017.6.27 본항신설)

⑤ 직업능력개발 훈련의 훈련비와 훈련수당의 지원범위, 지원상한액 및 지원신청절차와 그 밖에 지원에 필요한 사항은 고용노동부령으로 정한다.(2010.7.12 본항개정)

제42조【비용 지원의 한도】 ① 법 제28조에 따라 사업주가 지원받을 수 있는 직업능력개발 훈련비용의 연간 총액은 그 사업주가 고용산재보험료징수법 제13조제1항제1호 및 제16조의3에 따라 부담하는 해당 연도 고용보험료 중 고용안정·직업능력개발사업의 보험료 또는 그 사업주가 고용산재보험료징수법 제13조제1항제1호 및 제17조제1항에 따라 해당 연도에 납부해야 할 고용보험 개산보험료 중 고용안정·직업능력개발사업의 보험료의 100분의 100(우선지원대상기업의 경우에는 100분의 240)에 해당하는 금액으로 한다. 다만, 제18조제2항 각 호의 어느 하나에 해당하는 사업주에게 지원할 수 있는 비용의 총 한도는 그 사업주가 부담하는 해당 연도 고용보험료 중 고용안정·직업능력개발사업의 보험료 또는 그 사업주가 해당 연도에 납부해야 할 고용보험 개산보험료 중 고용안정·직업능력개발사업의 보험료의 100분의 130(우선지원대상기업의 경우에는 100분의 300)으로 할 수 있다.(2021.12.31 본항개정)

② 사업주가 자신의 사업 외의 다른 사업에 고용된 근로자를 대상으로 「국민 평생 직업능력 개발법」 제24조에 따라 훈련과정을 인정받아 훈련을 실시하는 경우에는 제1항에 따른 지원금 외에 그 사업주가 부담하는 해당 연도 고용보험료 중 고용안정·직업능력개발사업의 보험료 또는 그 사업주가 해당 연도에 납부하여야 할 고용보험 개산보험료 중 고용안정·직업능력개발사업의 보험료의 100분의 80까지 추가로 지원할 수 있다.(2022.2.17 본항개정)

③ 제1항과 제2항에도 불구하고 지원금액이 기업의 규모·업종 등을 고려하여 고용노동부장관이 정하는 비용지원한도 최소금액에 미달하는 경우에는 고용노동부장관이 정하는 비용지원한도 최소금액을 지원금액으로 한다.
(2010.7.12 본항개정)

④ 다음 각 호의 어느 하나에 해당하는 지원금은 제1항부터 제3항까지의 규정에 따라 해당 사업주가 지원받을 수 있는 직업능력개발 훈련비용지원의 한도액에 포함되지 않는다.(2020.9.29 본문개정)

1. 제41조제1항제1호에 따른 직업능력개발 훈련으로서 다음 각 목의 직업능력개발 훈련의 지원금
   가. 제52조제1항제13호의 현장 훈련 지원 사업으로 실시하는 현장 훈련(훈련 기간이 6개월 이상인 경우로 한정한다)
   나. 「국민 평생 직업능력 개발법 시행령」 제3조제1항제1호의 양성훈련으로 실시하는 직업능력개발 훈련(2022.2.17 본목개정)

   (2021.12.31 본호개정)
2. 제41조제1항제3호 및 제4호에 따른 직업능력개발 훈련의 지원금(2021.6.8 본호개정)
3. 제41조제1항제5호가목 및 나목에 따른 직업능력개발 훈련의 지원금 중 다음 각 목의 어느 하나에 해당하는 지원금(2021.6.8 본문개정)
   가. 제41조제2항에 따라 지원되는 유급휴가기간 중에 지급한 임금 및 대체인력에게 지급한 임금의 일부에 해당하는 금액
   나. 직업능력개발 훈련의 분야 및 기간 등을 고려하여 고용노동부장관이 고시하는 직업능력개발 훈련의 훈련비

   (2018.7.3 가목~나목신설)
4. 「산업현장 일학습병행 지원에 관한 법률」 제15조제2항에 따라 인정받은 일학습병행과정 훈련(2021.12.31 본호신설)

(2013.12.24 본항개정)

⑤ 제2항부터 제4항까지의 규정에도 불구하고, 법 제35조제4항에 따라 직업능력개발 사업의 지원이 제한되는 사업주에 대해서는 「국민 평생 직업능력 개발법」 제55조제2항에 따른 지원 또는 융자 제한 기간의 종료일이 속한 보험연도부터 3년간 제2항부터 제4항까지의 규정을 적용하지 않는다.(2022.2.17 본항개정)

제43조【근로자의 직업능력 개발을 위한 지원】 ① 고용노동부장관은 법 제29조제1항에 따라 다음 각 호의 어느 하나에 해당하는 피보험자등이 「국민 평생 직업능력 개발법」 제2조제1호에 따른 직업능력개발훈련(이하 "직업능력개발훈련"이라 한다)을 수강한 경우에는 고용노동부령으로 정하는 바에 따라 필요한 비용의 전부나 일부를 지원할 수 있다.(2022.2.17 본문개정)

1. 우선지원대상기업에 고용된 피보험자등(2021.12.31 본호개정)
2. 법 제27조제2항 각 호의 어느 하나에 해당하는 피보험자등
3. 자영업자인 피보험자등
4. 직업안정기관의 장에게 취업훈련을 신청한 날부터 180일 이내에 이직 예정인 피보험자등
5. 경영상의 이유로 90일 이상 무급 휴직 중인 피보험자등
6. 대규모기업에 고용된 사람으로서 45세 이상이거나 고용노동부장관이 정하여 고시하는 소득액 미만인 피보험자등(2019.6.25 본호개정)
7. 법 제27조에 따라 사업주가 실시하는 직업능력개발훈련을 수강하지 못한 기간이 3년 이상인 피보험자등
8. 「남녀고용평등과 일·가정 양립 지원에 관한 법률」 제19조에 따른 육아휴직 중인 피보험자등

(2017.6.27 본항개정)

② 제1항에 따른 직업능력개발훈련에 드는 비용은 해당 훈련을 받는 피보험자등이나 훈련을 실시하는 기관에 지급할 수 있다. 다만, 훈련을 받는 피보험자등이 고용노동부장관이 정하는 바에 따라 「여신전문금융업법」 제2조제3호에 따른 신용카드(이하 "신용카드"라 한다)"를 사용하여 훈련비용을 결제하고 신용카드를 발급한 신용카드업자가 그 훈련비용을 훈련을 실시하는 기관에 지급한 경우에 고용노동부장관은 그 훈련을 받는 피보험자등을 대신하여 훈련비용을 해당 신용카드업자에게 지급할 수 있다.(2021.6.8 단서개정)

③ 제1항에 따라 훈련비용을 지원받을 수 있는 훈련과정의 범위와 지원절차 등에 관하여 필요한 사항은 고용노동부령으로 정한다.(2010.7.12 본항개정)
(2013.12.24 본조제목개정)
제44조 (2011.9.15 삭제)
제45조【능력개발비용의 대부】 ① 고용노동부장관은 법 제29조제1항에 따라 피보험자(자영업자인 피보험자는 해당 연도 대부사업 공고일 현재 보험가입 후 합산하여 180일이 지난 사람으로 한정한다)가 자기 비용으로 다음 각 호의 어느 하나에 해당하는 학교나 시설에 입학하거나 재학하는 경우에는 해당 학자금의 전부나 일부를 예산의 범위에서 대부할 수 있다.(2021.6.8 본문개정)
1. 「국민 평생 직업능력 개발법」에 따른 기능대학(2022.2.17 본호개정)
2. 「평생교육법」 제33조제3항에 따른 전문대학 또는 대학 졸업자와 동등한 학력·학위가 인정되는 원격대학형태의 평생교육시설(2008.6.5 본호개정)
3. 「고등교육법」 제2조에 따른 학교
② 고용노동부장관은 피보험자가 직업능력개발훈련을 수강하는 경우 그 수강료의 전부나 일부를 예산의 범위에서 대부할 수 있다. 다만, 다음 각 호의 어느 하나에 해당하는 과정을 수강하는 경우는 제외한다.(2010.7.12 본문개정)
1. 세미나, 심포지엄 등 정보 교류 활동 또는 시사·일반 상식 등 교양과정
2. 취미활동, 오락과 스포츠 등을 목적으로 하는 과정
3. 그 밖에 고용노동부장관이 직업능력개발훈련과정으로 적합하지 아니하다고 인정하는 과정(2010.7.12 본호개정)
③ 제2항에 따른 직업능력개발훈련 중 외국어 과정에 대하여 수강료를 대부받을 수 있는 사람의 범위는 고용노동부장관이 정한다.(2021.6.8 본항개정)
④ 제1항부터 제3항까지의 규정에 따른 대부금의 이율, 대부기간 등 대부조건은 고용노동부장관이 기획재정부장관과 협의하여 정한다.(2010.7.12 본항개정)
⑤ 제1항부터 제3항까지의 규정에 따른 대부 대상자의 선정, 대부절차, 대부횟수, 그 밖에 대부에 필요한 사항은 고용노동부령으로 정한다.(2010.7.12 본항개정)
제46조【능력개발비용의 지원】 ① 고용노동부장관은 법 제29조제1항에 따라 제45조제1항 각 호의 어느 하나에 해당하는 학교나 시설에 입학하거나 재학하는 우선지원대상기업의 피보험자(자영업자인 피보험자는 제외한다) 중 성적이 우수한 사람에게 예산의 범위에서 학자금의 전부나 일부를 지원할 수 있다.(2021.12.31 본항개정)
② 제1항에 따른 지원 대상자의 선발, 지원 금액과 지원 방법 등에 관하여 필요한 사항은 고용노동부장관이 정한다.(2010.7.12 본조개정)
제47조【취업훈련의 지원】 ① 고용노동부장관은 법 제29조제2항에 따라 창업 또는 취업을 위하여 직업능력개발훈련의 수강이 필요하다고 인정되는 실업자에게 취업훈련을 실시할 수 있다.(2013.12.24 본문개정)
1.~4. (2013.12.24 삭제)
② 제1항에 따른 취업훈련에 드는 비용은 해당 훈련을 받는 사람이나 훈련을 실시하는 기관에 지급할 수 있다. 다만, 훈련을 받은 사람이 고용노동부장관이 정하는 바에 따라 신용카드를 사용하여 훈련비용을 결제하고 신용카드를 발급한 신용카드업자가 그 훈련비용을 훈련을 실시하는 기관에 지급한 경우에 고용노동부장관은 그 훈련을 받는 자를 대신하여 훈련비용을 해당 신용카드업자에게 지급할 수 있다.(2021.6.8 본항개정)
③ 고용노동부장관은 제1항에 따른 취업훈련을 수강하는 실업자가 법 제43조제1항에 따른 구직급여의 수급자격이 없는 경우에는 훈련수당을 지급할 수 있다.(2013.12.24 본항개정)
④ 고용노동부장관은 제1항에 따른 취업훈련을 수강하는 피보험자였던 실업자에게 해당 훈련비의 전부나 일부를 대부할 수 있다.(2021.6.8 본항개정)
⑤ 제4항에 따른 대부 대상자의 선정, 대부절차, 대부횟수, 그 밖에 대부에 관하여 필요한 사항은 고용노동부령으로 정한다.(2010.7.12 본항개정)
⑥ 제1항에 따른 취업훈련의 실시기관이나 그 밖에 취업훈련의 실시에 필요한 사항은 고용노동부령으로 정한다.(2011.9.15 본항개정)
(2011.9.15 본조제목개정)
제47조의2【직업능력개발훈련 중 생계비 대부】 ① 법 제29조제3항에서 "대통령령으로 정하는 저소득 피보험자등"이란 다음 각 호의 어느 하나에 해당하는 사람 중 소득수준 및 종전의 대부실적 등을 고려하여 고용노동부장관이 정하여 고시하는 선정기준에 해당하는 사람을 말한다.
1. 법 제2조제1호가목에 따른 피보험자로서 휴직수당 등 금품을 받지 않고 휴직 중인 사람
2. 자영업자인 피보험자
3. 법 제27조제2항 각 호의 어느 하나에 해당하는 피보험자등
4. 법 제29조제3항에 따른 생계비 대부 신청 시 실업상태에 있는 피보험자등이었던 사람(법 제4장에 따른 실업급여를 수급하고 있는 사람은 제외한다)
5. 제35조제5호바목에 해당하는 피보험자등
6. 그 밖에 생계비 대부가 필요하다고 고용노동부장관이 인정하는 피보험자등
(2020.6.9 본항개정)
② 법 제29조제3항에 따른 생계비는 예산의 범위에서 대부할 수 있다.
③ 고용노동부장관은 직업능력개발훈련에 따른 생계비의 대부를 신청하는 사람에 대하여 제1항에 따른 대부대상자 해당 여부의 확인절차를 거친 후에 대부 여부를 결정하여야 한다.(2010.7.12 본항개정)
④ 제3항에 따른 대부의 신청·결정 절차에 관한 사항, 대부결정의 취소에 관한 사항, 대부금액 및 상환방법, 그 밖에 대부제도의 운영에 필요한 사항은 고용노동부장관이 정하여 고시한다.(2010.7.12 본항개정)
(2009.3.12 본조신설)
제48조【직업능력개발훈련시설 등에 대한 비용 대부】 ① 고용노동부장관은 법 제30조에 따라 직업능력개발 훈련을 실시하고 있거나 실시하려는 사업주, 사업주단체, 근로자단체, 「국민 평생 직업능력 개발법」 제32조에 따라 고용노동부장관의 허가를 받아 설립한 직업능력개발훈련법인과 같은 법 제2조제3호나목에 따른 지정직업훈련시설을 설치·운영하는 자에게 직업능력개발훈련시설의 설치와 장비 구입에 필요한 비용을 예산의 범위에서 대부할 수 있다.(2022.2.17 본항개정)
② 제1항에 따른 대부금의 이율, 대부기간 등 대부 조건은 고용노동부장관이 기획재정부장관과 협의하여 정한다. 이 경우 우선지원대상기업의 사업주나 해당 기업의 사업주단체와 제52조제1항제6호에 따른 직업능력개발사업을 실시하거나 실시하려는 사업주나 사업주단체에는 대부금의 이율을 달리 정할 수 있다.(2021.12.31 후단개정)
③ 제1항에 따른 비용의 대부한도, 대부 절차 등에 관하여 필요한 사항은 고용노동부령으로 정한다.
(2010.7.12 본조개정)
제49조【직업능력개발훈련시설 등의 지원】 ① 고용노동부장관은 법 제30조에 따라 사업주, 사업주단체나 그 연합체가 「국민 평생 직업능력 개발법」 제15조에 따른 국가기간·전략산업직종 등 고용노동부장관이 고시하는 직종의 훈련을 실시하기 위하여 단독이나 공동으로 직업능력개발훈련시설을 설치하거나 장비를 구입하는 경우 또는 같은 법 제2조제3호가목에 따라 공공직업훈련시설을 설치한 공공단체가 노후 시설을 개·보수하거나 장비를 구입하는 경우 해당 시설 설치와 장비 구입에 필요한 비용의 일부를 예산의 범위에서 지원할 수 있다. 이 경우 우선지원대상기업에 속하는 사업주나 해당 기업의 사업주단체와 제52조제1항제6호에 따른 직업능력개발사업을 실시하는 사업주나 사업주단체를 우대할 수 있다.
(2022.2.17 전단개정)
② 제1항에 따른 비용의 지원한도와 절차 등에 관하여 필요한 사항은 고용노동부령으로 정한다.
(2010.7.12 본조개정)
제50조 (2008.4.30 삭제)
제51조【자격검정 사업의 지원】 ① 고용노동부장관은 법 제31조제1항제2호에 따라 다음 각 호의 어느 하나에 해당하는 사업을 실시하는 자에게 그 사업의 실시에 필요한 비용의 전부 또는 일부를 지원할 수 있다.(2010.7.12 본문개정)
1. 사업주가 근로자의 기술향상을 위하여 실시하는 자격검정 사업
2. 「국가기술자격법」에 따른 국가기술자격 검정기관이 피보험자의 자격취득 편의를 위하여 실시하는 사업
② 제1항제1호에 따른 자격검정 사업은 다음 각 호의 모든 요건을 갖추어야 한다.
1. 사업주가 단독이나 공동으로 해당 사업 및 해당 사업과 관련된 사업의 근로자를 대상으로 실시하는 자격검정일 것
2. 자격 종목이 해당 사업에 필요한 지식 및 기능과 직접 관련될 것
3. 해당 자격을 취득한 근로자에게는 승진·승급·보수 등에서 우대할 수 있는 규정을 제정하여 시행하고 있을 것
4. 해당 자격을 취득하려고 하는 근로자에게 검정 사업과 관련하여 검정수수료 등 모든 비용을 받지 아니할 것
5. 자격검정이 영리를 목적으로 하는 것이 아닐 것
6. 그 밖에 고용노동부령으로 정하는 요건을 갖출 것
(2010.7.12 본호개정)
③ 제1항에 따른 비용의 지원신청과 지원방법 등에 관하여 필요한 사항은 고용노동부령으로 정한다.(2010.7.12 본항개정)
제52조【직업능력개발의 촉진】 ① 법 제31조제1항제3호에서 "대통령령으로 정하는 사업"이란 다음 각 호의 사업을 말한다.(2010.2.8 본문개정)
1. 직업능력개발사업에 관한 조사·연구사업
2. 직업능력개발사업을 위한 교육·홍보사업
3. 직업능력개발을 위한 훈련 매체의 개발·편찬과 보급사업
4. 사업주단체, 근로자단체나 그 연합체가 협력하여 실시하는 직업능력개발사업
5. 인적자원개발 우수기업 인증제 지원사업
6. 사업주, 사업주단체 또는 「고등교육법」 제2조에 따른 학교 등이 직업능력개발훈련을 실시하는 둘 이상의 사업주와 협약을 체결하여 그 근로자를 위하여 수행하는 직업능력개발사업(2012.1.13 본호개정)
7. 「국민 평생 직업능력 개발법」 제36조와 제37조에 따른 직업능력개발훈련교사 및 같은 법 시행령 제19조제1항제7호에 따른 인력개발담당자의 양성 및 능력개발을 위하여 실시하는 교육훈련사업(2022.2.17 본호개정)
8. 「국민 평생 직업능력 개발법」 제12조에 따라 실시하는 직업능력개발훈련(2022.2.17 본호개정)
9. 「국민 평생 직업능력 개발법」 제40조에 따라 기능대학에 두는 교육·훈련과정에 따라 실시하는 교육·훈련(2022.2.17 본호개정)
10. 우선지원대상기업의 사업주나 근로자의 핵심직무능력 향상을 위하여 실시하는 직업능력개발훈련(고용노동부장관이 정하는 우수훈련과정으로 한정한다)(2021.12.31 본호개정)
11. 우선지원대상기업 근로자가 직무 지식을 습득할 기회를 확대하거나 그 기업 내의 직무 지식을 원활하게 축적·공유할 수 있도록 하는 등의 학습조직화를 촉진하기 위하여 실시하는 직업능력개발사업(2021.12.31 본호개정)
12. 우선지원대상기업의 사업주나 인력개발담당자의 인적자원 개발역량을 높이기 위하여 실시하는 직업능력개발사업(2021.12.31 본호개정)
13. 우선지원대상기업에 대한 체계적인 현장 훈련 지원사업(2021.12.31 본호개정)
14. (2010.12.31 삭제)
15. 그 밖에 직업능력개발의 촉진을 위한 사업
② 고용노동부장관은 제1항제6호에 따른 직업능력개발사업이 수행되는 경우 협약을 체결한 사업주들이 제42조제1항부터 제3항까지의 규정에 따라 각각 받을 수 있는 연간 직업능력개발 훈련비용 지원 한도액 중 고용노동부장관이 정하여 고시하는 비율의 금액(이하 이 항에서 "개별금액"이라 한다)의 합계액을 해당 직업능력개발사업의 수행 주체에게 직접 지원한다. 이 경우 개별금액은 협약을 체결한 사업주들이 제42조제1항부터 제3항까지의 규정에 따른 비용지원의 한도에서 각각 지원받은 것으로 본다.(2012.1.13 본항신설)
③ 제1항에 따른 비용의 지원신청과 지원방법 등에 관하여 필요한 사항은 고용노동부장관이 정한다.(2010.7.12 본항개정)
제53조【직업능력개발훈련사업의 위탁 실시】 ① 고용노동부장관은 법 제31조제2항에 따라 직업능력개발훈련사업을 위탁하여 실시하려는 때에는 매년 위탁하려는 직업능력개발훈련사업의 계획을 세워야 한다.(2010.7.12 본항개정)
② 제1항에 따른 직업능력개발훈련사업은 「국민 평생 직업능력 개발법」 제15조에 따른 국가기간·전략산업직종에 대한 직업능력개발훈련(이하 "국가기간·전략산업직종훈련"이라 한다)으로 본다.(2022.2.17 본항개정)
③ 국가기간·전략산업직종훈련은 「국민 평생 직업능력 개발법 시행령」 제12조 각 호에 따른 시설이나 기관에 위탁하여 실시한다.(2022.2.17 본항개정)
④ 국가기간·전략산업직종훈련의 훈련대상, 훈련절차, 훈련비와 훈련수당의 지원 등 국가기간·전략산업직종훈련의 실시 등에 필요한 사항은 고용노동부령으로 정한다.
(2010.12.31 본항개정)
제54조【건설근로자의 직업능력개발 지원】 ① 고용노동부장관은 법 제32조에 따라 건설업의 사업주나 사업주단체가, 일정한 사업장에 고용되지 아니한 건설근로자로서 고용노동부장관이 정하여 고시하는 사람의 직업능력의 개발·향상을 위해 직업능력개발훈련을 실시하는 경우에는 해당 비용의 일부를 지원하고, 건설근로자에게 훈련기간 중 훈련수당을 지급한 경우에는 그에 관하여 필요한 비용을 지원할 수 있다.(2021.6.8 본항개정)
② 제1항에 따른 직업능력개발 훈련비용의 지원에 관하여는 제41조제2항을 준용한다.
제55조【지방자치단체 등에 대한 지원】 ① 법 제34조에서 "대통령령으로 정하는 비영리법인·단체"란 법률에 따라 설립되거나 국가나 지방자치단체의 허가·인가를 받아 설립된 비영리법인과 「비영리민간단체 지원법」에 따라 등록한 비영리단체를 말한다.
② 고용노동부장관은 법 제34조에 따라 지방자치단체나 제1항에 따른 비영리법인·단체가 지역 내 피보험자등의 고용안정·고용촉진과 직업능력개발을 위한 사업을 실시하는 경우에는 예산의 범위에서 그 비용의 전부나 일부를 지원할 수 있다.(2010.7.12 본항개정)
③ 고용노동부장관은 제2항에 따라 비용을 지원하려면 대상 사업의 종류·내용, 지원의 요건·내용·수준 및 신청 방법 등을 미리 공고하여야 한다.(2010.7.12 본항개정)
제56조【부정행위에 따른 지원금 등의 지급 제한】 ① 고용노동부장관은 법 제35조제1항에 따라 거짓이나 그 밖의 부정한 방법으로 제17조, 제19조, 제21조의3, 제21조의4, 제22조, 제22조의2, 제24조, 제25조, 제25조의2, 제26조, 제28조, 제28조의2, 제28조의4, 제28조의5, 제29조, 제33조, 제35조, 제35조의2, 제36조, 제37조, 제37조의2, 제

38조 및 제55조에 따른 지원금 또는 장려금을 받거나 받으려는 자에게는 해당 지원금 또는 장려금 중 지급되지 않은 금액 또는 지급받으려는 지원금 또는 장려금을 지급하지 않으며, 거짓이나 그 밖의 부정한 방법으로 이미 지급받은 지원금 또는 장려금에 대해서는 반환을 명해야 한다.(2021.12.31 본항개정)

② 법 제35조제1항에 따라 거짓이나 그 밖의 부정한 방법으로 제1항에 따른 각 지원금 또는 장려금 중 어느 하나의 지원금 또는 장려금을 받거나 받으려 한 자에 대하여 고용노동부장관은 제1항에 따른 반환명령 또는 지급 제한을 한 날부터 1년의 범위에서 새로 지원하게 되는 제1항에 따른 각 지원금 또는 장려금 중 어느 하나에 해당하는 지원금 또는 장려금에 대해서는 별표2에 따른 기간 동안 지급을 제한한다. 다만, 그 부정한 방법의 정도, 동기 및 결과 등을 고려하여 그 지급제한 기간의 3분의 1까지 감경할 수 있다.(2016.12.30 본문개정)

③ 제1항에 따른 반환(법 제35조제2항에 따른 추가징수를 포함한다. 이하 이 조에서 같다)명령을 받은 자는 그 통지를 받은 날부터 30일 이내에 통지받은 금액을 납부하여야 한다. 이 경우 납부방식은 일시 납부를 원칙으로 하되, 납부금액이 1천만원을 초과하는 경우에는 고용노동부장관이 정하는 바에 따라 나누어 낼 수 있다.
(2010.12.31 후단개정)

④ 제1항 및 제3항이나 「국민 평생 직업능력 개발법」 제56조(기금으로 지원 또는 융자된 금액에 대한 반환명령으로 한정한다)에 따라 반환 명령을 받은 자가 정해진 기간까지 납부 의무를 이행하지 아니한 경우에는 그 기간의 종료일부터 그 의무를 이행하는 날까지 법에 따른 지원금 또는 장려금 또는 같은 법에 따른 직업능력개발훈련 비용을 지급하지 않는다.(2022.2.17 본항개정)

제57조【업무의 대행】 ① 법 제36조에서 "대통령령으로 정하는 자"란 다음 각 호의 자를 말한다.
1. 「한국산업인력공단법」에 따른 한국산업인력공단(이하 "한국산업인력공단"이라 한다)
2. 「국민 평생 직업능력 개발법」에 따른 기능대학
(2022.2.17 본호개정)
3. 「국민 평생 직업능력 개발법」 제23조에 따른 직업능력개발단체(2022.2.17 본호개정)

② 고용노동부장관은 법 제36조에 따라 업무를 대행하게 하는 경우에는 업무 수행에 드는 경비를 기금에서 지원한다.(2010.7.12 본항개정)

제4장 실업급여

제58조【실업급여 지급에 관한 결정·통지】 직업안정기관의 장은 실업급여의 지급 여부를 결정한 경우에는 그 청구인에게 서면으로 알려야 한다. 다만, 실업급여를 지급하기로 결정한 경우에는 제62조에 따른 보험 수급자격증에 그 사실을 적어 내줌으로써 통지를 갈음할 수 있으며, 청구인의 동의가 있는 경우에는 정보통신망을 이용하여 통지할 수 있다.(2021.6.8 단서개정)

제58조의2【실업급여수급계좌】 ① 법 제37조의2제1항 단서에서 "대통령령으로 정하는 불가피한 사유"란 다음 각 호의 모두에 해당하는 것을 말한다.
1. 수급자격자가 제65조제8호에 해당하는 사람으로서 그 수급자격자가 금융기관을 이용할 수 없는 지역에 거주하는 사람일 것(2021.6.8 본호개정)
2. 제1호의 사유로 실업급여의 신청일부터 14일 이내에 수급자격자에게 금융기관을 통하여 실업급여를 지급하는 것이 불가능할 것

② 직업안정기관의 장은 법 제37조의2제1항 단서에 따라 정보통신장애나 제1항의 사유로 인하여 실업급여를 법 제37조의2제1항 본문에 따른 수급자격자 명의의 지정된 계좌(이하 "실업급여수급계좌"라 한다)로 이체할 수 없을 때에는 해당 실업급여 금액을 수급자격자에게 직접 현금으로 지급할 수 있다.

③ 직업안정기관의 장은 제61조에 따라 수급자격 인정신청을 한 사람에게 신청인이 원하는 경우에는 해당 실업급여를 실업급여수급계좌로 받을 수 있다는 사실을 안내하여야 한다.
(2015.4.20 본조신설)

제58조의3【압류금지 실업급여 액수】 법 제38조제2항에서 "대통령령으로 정하는 액수"란 법 제37조의2제1항에 따라 실업급여수급계좌에 입금된 금액 전액을 말한다.
(2017.12.26 본조개정)

제59조【급여원부의 작성】 ① 직업안정기관의 장은 실업급여를 지급한 경우에는 그 급여를 받은 수급자격자별로 급여원부(給與原簿)를 작성하여야 한다.

② 직업안정기관의 장은 보험과 관계있는 자가 청구하는 경우에는 급여원부를 열람시키고, 필요하다고 인정하면 증명서를 내주어야 한다.

제60조【기준기간의 연장 사유】 법 제40조제2항제1호에서 "그 밖에 대통령령으로 정하는 사유"란 다음 각 호의 사유를 말한다. 다만, 법 제2조제5호 단서에 따라 고용노동부장관이 정하는 금품을 지급받는 경우는 제외한다.
(2019.9.17 본문개정)
1. 사업장의 휴업
2. 임신·출산·육아에 따른 휴직
3. 휴직이나 그 밖에 이와 유사한 상태로서 고용노동부장관이 정하여 고시하는 사유(2010.7.12 본호개정)

제60조의2【피보험 단위기간 산정】 ① 법 제41조제3항에 해당하는 근로자인 피보험자의 피보험 단위기간은 다음의 계산식을 충족하면 법 제40조제1항제1호의 피보험 단위기간의 요건을 갖춘 것으로 본다.

1 - 근로자로서의 피보험 단위기간(일 단위로 한다) ÷ 180일 ≤ 예술인으로서의 피보험 단위기간(월 단위로 한다) ÷ 9개월 + 노무제공자로서의 피보험 단위기간(월 단위로 한다) ÷ 12개월

(2023.6.27 본항개정)

② 법 제41조제3항에 해당하는 근로자인 피보험자가 다음 각 호에 해당하는 경우에는 해당 호에 따라 제1항의 계산식을 산정한다.
1. 법 제40조제2항에 따른 기준기간 동안에 근로자, 예술인 및 노무제공자로 동시에 보험에 가입된 경우 : 근로자로서의 피보험 단위기간에만 포함하여 산정
2. 법 제40조제2항에 따른 기준기간 동안에 예술인 및 노무제공자로 동시에 보험에 가입된 경우 : 예술인 또는 노무제공자의 피보험 단위기간 중 근로자인 피보험자에게 유리한 피보험 단위기간에만 포함하여 산정
(2023.6.27 1호~2호개정)
(2021.6.8 본조신설)

제61조【구직신청과 수급자격 인정신청】 ① 법 제42조에 따라 실업을 신고하려는 사람은 전산망을 통하여 「직업안정법」 제9조에 따른 구직신청을 해야 한다.(2021.6.8 본항개정)

② 제1항에 따라 구직신청을 한 사람은 수급자격 인정신청서를 자신의 거주지를 관할하는 직업안정기관의 장에게 제출하되, 다음 각 호의 어느 하나에 해당하는 경우에는 해당 직업안정기관의 장에게 제출할 수 있다.
(2012.1.13 후단삭제)
1. 취업을 희망하는 지역 관할 직업안정기관의 장에게 제출하려는 경우
2. 이직 전 사업장 관할 직업안정기관의 장에게 제출하려는 경우
3. 거주지 관할 직업안정기관보다 교통이 편리하다고 인정되는 인근 지역 관할 직업안정기관의 장에게 제출하려는 경우
(2011.9.15 본항신설)

③ 제1항에 따라 실업을 신고하려는 사람이 법 제42조제3항에 따라 사업주로부터 이직확인서를 발급받은 경우에는 이를 소재지 관할 직업안정기관의 장에게 제출해야 한다.(2021.6.8 본항개정)

④ 제2항에 따라 수급자격 인정신청서를 받은 직업안정기관(이하 "신청지 관할 직업안정기관"이라 한다)의 장은 법 제44조제2항에 따라 직업안정기관에 출석하여 실업의 인정을 받아야 할 날(이하 "실업인정일"이라 한다)을 지정하여 해당 신고인에게 알려야 한다.(2011.9.15 본항개정)

제62조【수급자격의 인정】 ① 직업안정기관의 장은 제61조에 따라 수급자격 인정신청서를 받은 경우에 그 신청인이 법 제43조제1항에 따른 구직급여의 수급자격이 인정되면 최초의 실업인정일에 보험 수급자격증(이하 "수급자격증"이라 한다)을 내주어야 한다.(2021.6.8 본항개정)

② 직업안정기관의 장은 수급자격 인정신청서를 제출한 사람이 법 제43조제1항에 따른 구직급여의 수급자격이 인정되지 않는 경우에는 그 신청인에게 해당 사실을 알려야 한다.(2021.6.8 본항개정)

③ 수급자격자가 제1항에 따라 발급받은 수급자격증이 헐어 못쓰게 되거나 잃어버린 경우에는 신청지 관할 직업안정기관의 장에게 재발급을 신청하여야 한다.
(2011.9.15 본항개정)

④ 수급자격자가 이름, 주민등록번호, 주소나 거소를 변경하거나 정정한 경우에는 신청지 관할 직업안정기관의 장에게 신고하여야 한다. 이 경우 직업안정기관의 장은 수급자격증의 관련 사항을 수정하여 반환하여야 한다.
(2011.9.15 전단개정)

⑤ 제1항에 따라 수급자격증을 발급받은 사람은 수급자격 인정의 근거가 된 수급자격 인정명세서를 발급하여 줄 것을 해당 수급자격을 인정한 직업안정기관의 장에게 청구할 수 있다.(2021.6.8 본항개정)

제62조의2【둘 이상의 피보험자격 취득 시 수급자격의 인정】 법 제43조의2제2항 단서에서 "대통령령으로 정하는 바에 따른 소득감소"란 다음 각 호의 요건을 모두 갖춘 소득감소를 말한다.
1. 가장 나중에 상실한 피보험자격이 법 제77조의2제2항 제2호 단서에 따른 단기예술인(이하 "단기예술인"이라 한다), 법 제77조의6제2항제2호 단서에 따른 단기노무제공자(이하 "단기노무제공자"라 한다) 또는 법 제77조의7제1항에 따른 노무제공플랫폼을 통해 노무를 제공하는 노무제공자에 해당할 것
2. 가장 나중에 상실한 피보험자격의 이직일 이전 1개월 동안 해당 피보험자격으로부터 발생한 소득이 법 제43조의2제1항에 따라 수급자격을 인정받으려는 사람이 선택한 피보험자격의 이직일 이전 1개월 동안 해당 피보험자격으로부터 발생한 소득의 100분의 50 미만일 것
3. 가장 나중에 상실한 피보험자격의 이직일 이전 1개월 동안 해당 피보험자격으로부터 발생한 1일 평균소득이 이직일 당시 적용되던 「최저임금법」에 따른 시간 단위에 해당하는 최저임금액에 소정근로시간 8시간을 곱한 금액에 100분의 80을 곱한 금액 이하일 것
(2023.6.27 본조신설)

제63조【실업의 인정】 ① 수급자격자가 법 제44조제2항에 따라 실업의 인정을 받으려면 실업인정일에 신청지 관할 직업안정기관에 출석하여 실업인정신청서에 직전 실업인정일의 다음 날부터 해당 실업인정일까지의 재취업활동 내용을 적은 후 수급자격증을 첨부하여 제출하여야 한다.(2011.9.15 본항개정)

② 직업안정기관의 장은 제1항에 따라 실업을 인정한 경우에는 그 사실을 수급자격증에 적어 반환하여야 한다.

③ 제1항에 따른 재취업활동 인정기준은 고용노동부령으로 정한다.(2010.7.12 본항개정)

제64조【실업인정의 특례사유】 법 제44조제2항제2호에서 "대통령령으로 정하는 사유"란 다음 각 호의 어느 하나에 해당하는 경우를 말한다.
1. 천재지변이 발생한 경우
2. 월간 구직급여 수급자격의 인정을 신청한 사람의 수를 매월 말일의 피보험자수로 나누어 얻은 비율(이하 "수급자격신청률"이라 한다)이 연속하여 2개월간 100분의 1을 초과하는 경우(2021.6.8 본호개정)
3. 법 제53조에 따른 특별연장급여의 지급이 결정된 경우

제65조【실업인정의 특례자】 법 제44조제2항제3호에서 "그 밖에 대통령령으로 정하는 수급자격자"란 다음 각 호의 어느 하나에 해당하는 사람을 말한다.(2021.6.8 본문개정)
1. 취업 또는 구인자와의 면접이나 그 밖의 부득이한 사유로 실업인정일에 직업안정기관에 출석할 수 없는 사람으로서 실업인정일의 전일까지 신청지 관할 직업안정기관에 출석하여 실업인정일의 변경을 신청한 사람
(2021.6.8 본호개정)
2. 취업 또는 구인자와의 면접이나 그 밖의 부득이한 사유로 실업인정일 또는 그 전일까지 출석할 수 없었던 사람으로서 해당 사유가 없어진 날부터 14일 이내에 신청지 관할 직업안정기관에 출석하여 실업인정일의 변경을 신청한 사람(2021.6.8 본호개정)
3. 7일 이상 계속적으로 취업하여 실업인정일 또는 그 전일까지 출석할 수 없었던 사람으로서 취업일을 증명할 수 있는 서류를 첨부하여 취업한 날부터 2개월 이내에 우편, 팩스 또는 정보통신망 등을 이용하여 실업의 인정을 신청한 사람. 다만, 실업의 인정을 신청한 날 현재 법 제15조에 따른 피보험자격의 취득신고가 되어 있는 경우에는 취업일을 증명할 수 있는 서류의 첨부를 생략할 수 있다.(2021.6.8 본문개정)
4. 수급자격자의 착오로 실업인정일에 직업안정기관에 출석할 수 없었던 사람으로서 해당 실업인정일부터 14일 이내에 출석하여 실업인정일의 변경을 신청한 사람(해당 수급자격자의 법 제48조에 따른 수급기간 내에 한 번만 인정한다)(2021.6.8 본호개정)
5. 다음 각 목의 어느 하나에 해당하는 사유로 직업안정기관의 장이 실업인정일을 변경하는 것이 적당하다고 인정한 사람(2021.6.8 본문개정)
가. 법 제48조에 따른 수급기간이 종료된 경우
나. 「관공서의 공휴일에 관한 규정」에 따른 관공서의 공휴일인 경우
다. 그 밖에 부득이한 사정이 있는 경우
6. 법 제87조제1항에 따른 심사·재심사 또는 소송에 의하거나 직업안정기관의 장의 직권에 따라 실업급여에 관한 처분이 취소·변경된 자
7. 해당 실업인정일부터 30일 이내에 취업하기로 확정된 사람(2021.6.8 본호개정)
8. 섬 지역(제주특별자치도 본도 및 방파제 또는 교량 등으로 육지와 연결된 섬은 제외한다)에 거주하는 사람으로서 실업인정의 특례를 신청한 사람(2021.6.8 본호개정)
9. 정보통신망을 통하여 직접 재취업활동 및 소득발생 여부를 신고할 수 있다고 직업안정기관의 장이 인정하는 사람(2016.12.30 본호개정)

제66조【증명서에 따른 실업의 인정】 ① 수급자격자가 법 제44조제3항 제1호·제2호 또는 제4호에 따라 실업의 인정을 받으려면 그 사유가 없어진 후 14일 이내에 신청지 관할 직업안정기관에 출석하여 실업인정신청서에 수급자격증과 출석할 수 없었던 사유를 적은 증명서를 첨부하여 제출하여야 한다.(2011.9.15 본항개정)

② 제1항의 증명서에 적을 사항과 발급자 등에 관하여 필요한 사항은 고용노동부령으로 정한다.(2010.7.12 본항개정)

③ 수급자격자가 법 제44조제3항제3호에 따라 실업의 인정을 받으려면 직접 또는 대리인을 통하여 실업인정신청서에 수급자격증과 직업훈련 등의 실시기관이 내준 증명서를 첨부하여 관할 직업안정기관의 장에게 제출하여야 한다.

제67조【수급자격자의 취업촉진을 위한 조치】 법 제44조제4항 전단에서 "재취업활동에 관한 계획의 수립 지원,

직업소개 등 대통령령으로 정하는 조치"란 수급자격자의 취업을 촉진하기 위하여 필요한 다음 각 호의 조치를 말한다.
1. 재취업활동에 관한 계획의 수립 지원
2. 실업급여 등 보험에 관한 안내와 교육
3. 직업적성검사, 직업정보제공 등 재취업을 위하여 미리 준비할 사항에 대한 심층 상담과 지도
4. 구인·훈련 등 고용정보의 탐색과 활용 요령, 이력서 작성과 면접 요령 등 재취업활동 방법의 지도
5. 일자리 정보제공, 직업소개, 동행면접, 채용 관련 행사의 참석 기회의 제공
6. 훈련의 필요 여부 상담, 적합한 훈련과정의 안내, 훈련 지시 등 재취업을 촉진하기 위하여 필요한 조치

제68조【급여기초 임금일액의 상한액】 ① 법 제45조제5항에 따라 구직급여의 산정 기초가 되는 임금일액이 11만원을 초과하는 경우에는 11만원을 해당 임금일액으로 한다.(2019.9.17 본항개정)
② 고용노동부장관은 제1항에 따른 금액이 적용된 후 물가상승률과 경기변동, 임금상승률 등을 고려하여 조정이 필요하다고 판단되면 해당 금액의 변경을 고려하여야 한다.(2010.7.12 본항개정)

제69조【취업의 신고】 ① 수급자격자는 법 제47조제1항에 따라 취업한 사실이 있는 경우에는 취업한 날 이후 최초의 실업인정일에 제출하는 실업인정신청서에 그 사실을 적어야 한다.
② (2019.6.25 삭제)
(2019.6.25 본조개정)

제70조【수급기간의 연기 사유】 법 제48조제2항에서 "그 밖에 대통령령으로 정하는 사유"란 다음 각 호의 사유를 말한다.
1. 본인의 질병이나 부상(법 제63조에 따라 상병급여를 받은 경우의 질병이나 부상은 제외한다)
2. 배우자의 질병이나 부상
3. 본인과 배우자의 직계존속 및 직계비속의 질병이나 부상
4. 배우자의 국외발령 등에 따른 동거 목적의 거소 이전(2011.9.15 본호신설)
5. 「병역법」에 따른 의무복무
6. 범죄혐의로 인한 구속이나 형의 집행(법 제58조제1호 가목에 따라 수급자격이 없는 자는 제외한다)
7. 제1호부터 제6호까지의 규정에 준하는 경우로서 고용노동부령으로 정하는 사유(2011.9.15 본호개정)
(2012.1.13 본조제목개정)

제71조【수급기간의 연기 신청】 ① 법 제48조제2항에 따라 취업할 수 없는 사실을 신고하려는 사람은 직접 또는 대리인을 통하여 수급기간 내에 수급기간 연기신청서에 수급자격증(수급자격증을 발급 받은 경우로 한정한다)을 첨부하여 신청지 관할 직업안정기관의 장에게 제출해야 한다. 다만, 천재지변, 「병역법」에 따른 병역의무 이행, 그 밖의 부득이한 사유가 있는 경우에는 그 사유가 없어진 날부터 30일 이내에 제출해야 한다.(2021.6.8 본항개정)
② 제1항에도 불구하고 「산업재해보상보험법」 제40조에 따라 요양급여를 받는 경우에는 해당 최초 요양일에 법 제48조제2항에 따른 신고를 한 것으로 본다.(2008.6.25 본항개정)
③ 직업안정기관의 장은 제1항에 따른 신고가 수급기간의 연기사유에 해당한다고 인정하면 수급기간 연기통지서를 신고자에게 내주고, 수급자격증에 필요한 사항을 적은 후 반환하여야 한다.(2012.1.13 본항개정)
④ 제3항에 따라 수급기간 연기 통지를 받은 사람이 그 수급기간 연기 사유가 없어지거나 수급기간 연기신청서에 적은 내용 중 고용노동부령으로 정하는 사항의 변경이 있는 경우에는 지체 없이 해당 사실을 신청지 관할 직업안정기관의 장에게 신고하고 수급기간 연기통지서와 수급자격증을 제출해야 한다.(2021.6.8 본항개정)
⑤ 직업안정기관의 장은 제4항에 따른 신고를 받은 경우에는 수급기간 연기통지서와 수급자격증에 해당 사항을 적어 반환하여야 한다.(2012.1.13 본항개정)
(2012.1.13 본조제목개정)

제71조의2【대기기간】 법 제49조제2항에서 "대통령령으로 정하는 기간"이란 2주를 말한다.(2023.6.27 본조신설)

제72조【훈련연장급여 지급】 법 제51조제2항 후단에서 "대통령령으로 정하는 기간"이란 2년을 말한다.

제73조【개별연장급여의 지급 등】 ① 법 제52조제1항에서 "대통령령으로 정하는 사람"이란 다음 각 호의 요건을 모두 갖춘 수급자격자를 말한다.(2021.6.8 본문개정)
1. 법 제42조제1항에 따른 실업신고일부터 구직급여의 지급이 끝날 때까지 직업안정기관의 장의 직업소개(직업안정기관의 장이 실시하는 심층상담이나 집단상담에 참여한 경우를 포함한다)에 3회 이상 응하였으나 취업되지 않은 사람으로서 다음 각 목의 어느 하나에 해당하는 부양가족이 있는 사람(2021.6.8 본문개정)
가. 18세 미만이나 65세 이상인 사람(2021.6.8 본목개정)
나. 「장애인고용촉진 및 직업재활법」에 따른 장애인
다. 1개월 이상의 요양이 요구되는 환자
라. 소득이 없는 배우자(2010.2.8 본목신설)
마. 학업 중인 사람으로서 고용노동부장관이 정하여 고시하는 사람(2010.7.12 본목개정)
2. (2010.2.8 삭제)
3. 급여기초 임금일액과 본인과 배우자의 재산합계액이 각각 고용노동부장관이 정하여 고시한 기준 이하인 사람(2021.6.8 본호개정)
② 법 제52조제2항에 따라 개별연장급여 지급일수는 최대한 60일로 하되, 일정 기간 동안 실업급여를 반복하여 수급한 정도를 고려하여 고용노동부장관이 정하는 기준에 따라 그 지급기간을 60일 미만으로 정할 수 있다.(2010.12.31 본항개정)
③ 수급자격자가 법 제52조에 따른 개별연장급여를 지급받으려는 경우에는 구직급여일수 종료일까지 개별연장급여 신청서에 수급자격증을 첨부하여 신청지 관할 직업안정기관의 장에게 제출하여야 한다.(2011.9.15 본항개정)
④ 제1항에 따른 개별연장급여의 지급에 필요한 사항은 고용노동부령으로 정한다.(2010.7.12 본항개정)

제74조【특별연장급여 지급】 법 제53조제1항 본문에서 "대통령령으로 정하는 사유"란 다음 각 호의 어느 하나에 해당하는 경우를 말한다. 다만, 제1호부터 제3호까지의 경우는 그와 같은 상황이 계속될 것으로 예상되는 경우로 한정한다.(2009.3.12 본문개정)
1. 매월의 구직급여 지급을 받은 사람의 수(법 제51조부터 제53조까지의 규정에 따라 훈련연장급여, 개별연장급여 또는 특별연장급여를 지급받는 사람의 수는 제외한다)를 해당 월의 말일의 피보험자수로 나누어 얻은 비율이 연속하여 3개월 동안 각각 100분의 3을 초과하는 경우(2021.6.8 본호개정)
2. 매월의 수급자격신청률이 연속하여 3개월 동안 100분의 1을 초과하는 경우
3. 매월의 실업률이 연속하여 3개월 동안 100분의 6을 초과하는 경우
4. 실업의 급증 등에 따른 고용사정의 급격한 악화로 고용정책심의회에서 법 제53조에 따른 특별연장급여의 지급이 필요하다고 의결한 경우(2009.3.12 본호신설)

제74조의2【국민연금 보험료의 지원 절차 등】 ① 「국민연금법」 제24조에 따른 국민연금공단(이하 "국민연금공단"이라 한다)은 같은 법 제19조의2제1항에 따라 구직급여를 받는 기간을 국민연금 가입기간으로 추가 산입한 경우에는 법 제55조의2제1항 및 「국민연금법」 제19조의2제3항 후단에 따라 기금에서 지원하는 금액(같은 항 전단에 따른 연금보험료에 같은 법 시행령 제25조의5제2항에 따른 기금의 부담비율을 곱한 금액을 말한다)을 산정하여 이를 고용노동부장관에게 통보해야 한다.(2021.6.8 본항개정)
② 고용노동부장관은 제1항에 따른 통보를 받으면 해당 금액을 국민연금공단에 교부하여야 한다.
③ 고용노동부장관은 제2항에 따라 교부한 금액이 적절하게 사용되었는지를 확인하기 위하여 국민연금공단에 필요한 자료의 제공을 요청할 수 있다. 이 경우 국민연금공단은 특별한 사유가 없으면 이에 따라야 한다.
(2016.7.19 본조신설)

제75조【구직급여의 지급절차】 ① 수급자격자는 신청지 관할 직업안정기관에 출석하는 최초의 실업인정일에 구직급여를 받기를 원하는 금융기관과 계좌(법 제37조의2제1항 본문에 따라 구직급여를 실업급여수급계좌로 받으려는 경우에는 실업급여수급계좌를 말한다. 이하 이 조에서 같다)를 지정하여 신고하여야 한다. 신고한 금융기관 또는 계좌를 변경하려는 경우에도 또한 같다.(2015.4.20 전단개정)
② 구직급여는 수급자격자가 지정한 금융기관의 계좌에 입금하는 방법으로 지급한다.

제76조【지급되지 않은 구직급여의 청구】 ① 법 제57조제1항에 따라 지급되지 않은 구직급여의 지급을 청구하려는 사람(이하 "미지급급여청구자"라 한다)은 미지급 실업급여 청구서를 사망한 수급자격자의 신청지 관할 직업안정기관의 장에게 제출해야 한다.
② 법 제57조제2항에 따라 미지급급여청구자가 사망한 수급자격자의 실업의 인정을 받으려면 사망한 수급자격자의 신청지 관할 직업안정기관에 출석하여 미지급 실업급여 청구서를 제출하고 해당 수급자격자에 대한 실업의 인정을 받아야 한다.
③ 미지급급여청구자가 제1항에 따라 미지급 실업급여 청구서를 제출할 때에는 사망한 수급자격자가 구직급여를 받기 위해 필요한 신고나 서류 제출을 해야 한다.
(2021.6.8 본조개정)

제77조【준용】 미지급급여청구자에 대한 구직급여의 지급절차에 관하여는 제75조를 준용한다. 이 경우 "신청지 관할 직업안정기관"은 "사망한 수급자격자의 신청지 관할 직업안정기관"으로 보고, "수급자격자"는 "미지급급여청구자"로 본다.(2021.6.8 본조개정)

제78조 (2015.6.30 삭제)

제79조【구직급여의 지급정지 절차】 ① 직업안정기관의 장은 다음 각 호의 어느 하나에 해당하는 사람에게는 구직급여의 지급이 정지될 수 있음을 고용노동부령으로 정하는 바에 따라 사전에 알려야 한다.(2021.6.8 본문개정)
1. 법 제60조제1항에 따라 직업안정기관의 장이 소개하는 직업에 취직하는 것을 거부하는 수급자격자
2. 법 제60조제1항에 따라 직업안정기관의 장이 지시한 직업능력개발훈련 등을 거부하는 수급자격자
3. 법 제60조제2항에 따라 직업안정기관의 장이 실시하는 재취업 촉진을 위한 직업 지도를 거부하는 수급자격자
② 직업안정기관의 장은 제1항에 따른 고지에도 불구하고 법 제60조제1항 및 제2항에 따른 취직, 직업능력개발훈련 등을 두 번 이상 거부하는 경우에는 구직급여의 지급을 정지하여야 한다.
③ 직업안정기관의 장은 제2항에 따라 구직급여의 지급을 정지할 때에는 다음번 실업인정일의 전일까지 지급정지의 사유·기간 등을 수급자격자에게 알려야 하며, 그 지급정지기간에 대하여는 실업을 인정하지 아니한다.

제80조【구직급여의 지급 제한이 완화되는 부정행위】 법 제61조제2항 본문에서 "대통령령으로 정하는 사유"란 수급자격자에 대한 다음 각 호의 어느 하나에 해당하는 사유를 말한다.
1. 실업을 인정받으려는 기간(이하 "실업인정대상기간"이라 한다) 중에 근로를 제공한 사실을 실업인정을 신청할 때 신고하지 않거나 사실과 다르게 신고한 경우
2. 실업인정을 신청할 때 실업인정대상기간 중의 재취업 활동 내용을 사실과 다르게 신고한 경우
(2020.12.8 1호~2호개정)

제80조의2【새로운 수급자격에 따른 구직급여의 지급 제한】 법 제61조제5항에 따라 새로운 수급자격에 따른 구직급여를 지급하지 않는 기간은 다음 각 호의 구분에 따른다.
1. 구직급여를 받지 못한 횟수가 3회인 경우 : 1년
2. 구직급여를 받지 못한 횟수가 4회인 경우 : 2년
3. 구직급여를 받지 못한 횟수가 5회 이상인 경우 : 3년
(2020.8.27 본조신설)

제81조【구직급여의 반환 등】 ① 직업안정기관의 장은 다음 각 호의 어느 하나에 해당하는 조치를 했을 때에는 지체 없이 이를 해당 수급자격자 또는 수급자격자였던 사람(법 제62조제3항에 따른 사업주를 포함한다)에게 알려야 한다.
1. 법 제61조에 따른 구직급여의 지급 제한
2. 법 제62조제1항·제3항 및 제4항에 따른 구직급여의 반환 명령
3. 법 제62조제2항 및 제3항에 따른 추가 징수
4. 법 제62조제5항에 따른 지급받을 구직급여의 반환금·추가징수금에의 충당
(2020.8.27 본항개정)
② 제1항제2호 및 제3호에 해당하는 조치를 받은 자는 제1항에 따른 통보를 받은 날부터 30일 이내에 해당 금액을 내야 한다. 다만, 낼 금액이 고용노동부장관이 정하는 금액 이상인 경우에는 본인이 신청하면 분할 납부하게 할 수 있다.(2020.8.27 본문개정)
③ 직업안정기관의 장은 법 제62조제1항 및 제2항에 따른 반환금과 추가징수금을 납부해야 하는 사람에게 법 제44조에 따라 지급받을 구직급여가 있는 경우 법 제62조제5항에 따라 해당 구직급여의 10분의 1에 해당하는 금액을 해당 반환금·추가징수금에 충당한다. 다만, 해당 반환금·추가징수금을 납부해야 하는 사람이 본문에 따른 금액 이상을 충당하기로 서면 동의하면 그 동의한 금액을 충당할 수 있다.(2020.8.27 본항신설)
④ 직업안정기관의 장은 법 제62조제4항에 따른 반환금을 납부해야 하는 사람에게 법 제44조에 따라 지급받을 구직급여가 있는 경우 법 제62조제5항에 따라 해당 구직급여의 전부 또는 일부를 반환금에 충당하기로 서면 동의하면 그 동의한 금액을 충당할 수 있다.(2020.8.27 본항신설)
⑤ 제2항 단서에 따른 분할 납부의 절차, 납부기한 등은 고용노동부장관이 정한다.(2010.7.12 본항개정)

제82조【상병급여의 지급 청구와 지급 제외】 ① 수급자격자는 법 제63조제1항에 따라 상병급여(傷病給與)의 지급을 청구하려는 경우 직접 또는 대리인을 통하여 그 취업할 수 없는 사유가 없어진 날부터 14일(법 제48조에 따른 수급기간이 그 취업할 수 없는 기간 내에 끝난 경우에는 수급기간 종료 후 30일) 이내에 신청지 관할 직업안정기관의 장에게 상병급여 청구서에 수급자격증과 질병 또는 부상이나 출산에 관한 증명서를 첨부하여 제출하여야 한다. 다만, 천재지변이나 그 밖의 부득이한 사유가 있는 경우에는 그 사유가 없어진 날부터 7일 이내에 제출하여야 한다.(2011.9.15 본문개정)
② 법 제63조제4항에서 "대통령령으로 정하는 보상 또는 급여"란 다음 각 호의 보상과 급여를 말한다.
1. 「국가배상법」 제3조제2항제2호에 따른 휴업배상
2. 「의사상자 등 예우 및 지원에 관한 법률」 제8조에 따른 보상금

제83조【준용】 상병급여에 관하여는 제69조, 제75조부터 제80조까지, 제80조의2 및 제81조를 준용한다. 이 경우 제69조 중 "실업인정신청서"는 "상병급여 청구서"로, 제75조부터 제80조까지, 제80조의2 및 제81조 중 "구직급여"는 "상병급여"로 본다.(2020.12.8 본조개정)

제84조【조기재취업 수당의 지급기준】 ① 법 제64조제1항에서 "대통령령으로 정하는 기준"이란 법 제42조에 따른 실업의 신고일부터 14일이 지난 후 재취업한 수급자격자가 재취업한 날의 전날을 기준으로 법 제50조에 따른 소정급여일수를 2분의 1 이상 남기고 재취업한 경우로서

다음 각 호의 어느 하나에 해당하는 경우를 말한다.
1. 12개월 이상 계속하여 고용된 경우이거나 이직일 당시 65세 이상인 사람(65세 전부터 65세가 될 때까지 피보험자격을 유지한 사람만 해당한다. 이하 이 조 및 제86조에서 같다)으로서 6개월 이상 계속하여 고용될 것으로 고용노동부장관이 정하는 바에 따라 직업안정기관의 장이 인정하는 경우. 다만, 수급자격자가 다음 각 목의 어느 하나에 해당하는 경우는 제외한다.
가. 최후에 이직한 사업의 사업주나 그와 관련된 사업주로서 고용노동부령으로 정하는 사업주에게 재고용된 경우
나. 법 제42조에 따른 실업의 신고일 이전에 채용을 약속한 사업주에게 고용된 경우
다. 「국가공무원법」 또는 「지방공무원법」에 따른 공무원으로 채용된 경우. 다만, 가입대상 공무원으로 채용된 경우는 제외한다.
라. 조기재취업 수당 제도의 취지 및 근로자 평균 근로소득 등을 고려하여 고용노동부장관이 정하여 고시하는 임금액 이상을 받는 경우
2. 12개월 이상 계속하여 사업을 영위한 경우이거나 이직일 당시 65세 이상인 사람으로서 6개월 이상 계속하여 사업을 영위할 것으로 고용노동부장관이 정하는 바에 따라 직업안정기관의 장이 인정하는 경우. 이 경우 수급자격자가 법 제44조제2항에 따라 해당 수급기간에 해당 사업을 영위하기 위한 준비활동을 재취업활동으로 신고하여 실업의 인정을 받았을 때로 한정한다.
(2023.12.26 본항개정)
② 법 제64조제2항에서 "대통령령으로 정하는 기간"이란 2년을 말한다.
제85조【조기재취업 수당의 금액】 ① 법 제64조제3항에 따른 조기재취업 수당의 금액은 구직급여일액에 미지급일수의 2분의 1을 곱한 금액으로 한다.
② (2013.12.24 삭제)
(2010.2.8 본조개정)
제86조【조기재취업 수당의 청구 등】 ① 수급자격자가 법 제64조에 따른 조기재취업 수당을 지급받으려면 조기재취업 수당청구서에 고용노동부령으로 정하는 서류를 첨부하여 신청지 관할 직업안정기관의 장에게 제출하여야 한다.(2012.1.13 본항개정)
② 제1항에 따른 조기재취업 수당청구서는 법 제64조제1항에 따른 안정된 직업에 재취직하거나 스스로 영리를 목적으로 사업을 시작한 날부터 12개월 이후에 제출해야 한다. 다만, 이직일 당시 65세 이상인 사람은 재취직하거나 사업을 시작한 날부터 조기재취업 수당청구서를 제출할 수 있다.(2023.12.26 본항개정)
③ 조기재취업 수당의 지급절차에 관하여는 제75조를 준용한다.
제87조【재취업촉진 활동 장려금】 ① 고용노동부장관은 법 제64조제5항에 따라 직업안정기관의 직원이 제67조에 따른 조치를 하여 해당 수급자가 소정급여일수를 남기고 안정된 직업에 재취업한 경우에는 해당 실적을 평가하여 예산의 범위에서 재취업촉진 활동 장려금을 지급할 수 있다.
② 제1항에 따른 재취업촉진 활동 장려금을 지급하기 위한 실적평가, 지급대상자 선정, 지급방법과 금액 등에 관하여 필요한 사항은 고용노동부장관이 정한다.
(2010.7.12 본조개정)
제88조【직업능력개발 수당】 ① 법 제65조제3항에 따른 직업능력개발 수당은 수급자격자가 직업안정기관의 장이 지시한 직업훈련 등을 받은 날로서 구직급여의 지급대상이 되는 날에 대하여 지급한다.
② 제1항에 따른 직업능력개발 수당의 금액은 교통비, 식대 등 직업훈련 등의 수강에 필요한 비용을 고려하여 고용노동부장관이 결정하여 고시하는 금액으로 한다.
(2010.7.12 본항개정)
③ 직업능력개발 수당은 해당 수급자격자에 대한 구직급여의 지급일에 지급한다. 이 경우 직업능력개발 수당의 지급절차에 관하여는 제75조를 준용한다.
④ 직업능력개발 수당의 청구절차는 고용노동부령으로 정한다.(2010.7.12 본항개정)
제89조【광역 구직활동비】 ① 법 제66조제1항에 따른 광역 구직활동비는 수급자격자가 다음 각 호의 요건을 모두 갖춘 경우에 지급한다.
1. 구직활동에 드는 비용이 구직활동을 위하여 방문하는 사업장의 사업주로부터 지급되지 아니하거나 지급되더라도 그 금액이 광역 구직활동비의 금액에 미달할 것
2. 수급자격자의 거주지로부터 구직활동을 위하여 방문하는 사업장까지의 거리가 고용노동부령으로 정하는 거리 이상일 것. 이 경우 거리는 거주지로부터 사업장까지의 통상적인 거리에 따라 계산하되, 수로(水路)의 거리는 실제 거리의 2배로 본다.(2010.7.12 전단개정)
② 광역 구직활동비의 청구절차는 고용노동부령으로 정한다. 이 경우 광역 구직활동비의 지급절차에 관하여는 제75조를 준용한다.(2010.7.12 전단개정)
제90조【이주비】 ① 법 제67조제1항에 따른 이주비는 수급자격자가 다음 각 호의 요건을 모두 갖춘 경우에 지급한다.
1. 취업하거나 직업훈련 등을 받게 된 경우로서 고용노동부장관이 정하는 기준에 따라 신청지 관할 직업안정기관의 장이 주거의 변경이 필요하다고 인정할 것
(2011.9.15 본호개정)
2. 해당 수급자격자를 고용하는 사업주로부터 주거의 이전에 드는 비용이 지급되지 아니하거나 지급되더라도 그 금액이 이주비에 미달할 것
3. 취업을 위한 이주인 경우 1년 이상의 근로계약기간을 정하여 취업할 것
② 이주비의 청구절차는 고용노동부령으로 정한다. 이 경우 이주비의 지급절차에 관하여는 제75조를 준용한다.
(2010.7.12 전단개정)
제91조【취업촉진 수당의 지급 제한이 완화되는 부정행위】 법 제68조제2항 본문에서 "제47조제1항에 따른 신고 의무의 불이행 또는 거짓의 신고 등 대통령령으로 정하는 사유"란 제80조 각 호의 어느 하나에 해당하는 경우를 말한다.(2021.6.8 본조개정)
제92조【준용】 법 제64조부터 법 제67조까지의 규정에 따른 취업촉진 수당에 관하여는 제76조제1항 · 제3항 및 제81조를 준용한다. 이 경우 "구직급여"는 "취업촉진 수당"으로, "수급자격자"는 "취업촉진 수당을 지급받을 수 있는 사람"으로, "구직급여액"은 "취업촉진 수당액"으로 본다.(2021.6.8 후단개정)
제93조【사무의 위탁】 직업안정기관의 장은 수급자격자의 신청에 따라 필요하다고 인정하면 그 자에게 행하는 실업급여에 관한 사무를 다른 직업안정기관의 장에게 위탁할 수 있다.
제93조의2【준용】 자영업자인 피보험자의 실업급여에 관하여는 제58조, 제58조의2, 제58조의3, 제59조, 제61조(제3항은 제외한다), 제62조, 제62조의2, 제63조부터 제67조까지, 제69조부터 제71조까지, 제71조의2, 제75조부터 제77조까지, 제79조부터 제83조까지, 제88조부터 제92조까지의 규정을 각각 준용한다.(2023.6.27 본조개정)

제5장 육아휴직 급여 등

제94조【육아휴직 급여 신청기간의 연장 사유】 법 제70조제2항 단서에서 "대통령령으로 정하는 사유"란 다음 각 호의 어느 하나에 해당하는 사유를 말한다.(2012.1.13 본문개정)
1. 천재지변
2. 본인이나 배우자의 질병 · 부상
3. 본인이나 배우자의 직계존속 및 직계비속의 질병 · 부상
4. 「병역법」에 따른 의무복무
5. 범죄혐의로 인한 구속이나 형의 집행
제95조【육아휴직 급여】 ① 법 제70조제1항에 따른 육아휴직 급여는 육아휴직 시작일을 기준으로 한 월 통상임금의 100분의 80에 해당하는 금액을 월별 지급액으로 한다. 다만, 해당 금액이 150만원을 넘는 경우에는 150만원으로 하고, 해당 금액이 70만원보다 적은 경우에는 70만원으로 한다.(2021.12.31 본항개정)
② 「남녀고용평등과 일 · 가정 양립 지원에 관한 법률」 제19조의4제1항에 따라 육아휴직을 분할하여 사용하는 경우에는 각각의 육아휴직 사용기간을 합산한 기간을 제1항에 따른 육아휴직 급여의 지급대상 기간으로 본다.
(2020.3.31 본항개정)
③ 육아휴직 급여의 지급대상 기간이 1개월을 채우지 못하는 경우에는 제1항에 따른 월별 지급액을 해당 월에 휴직한 일수에 비례하여 계산한 금액을 지급액으로 한다.
(2021.12.31 본항개정)
④ 제1항 및 제3항에 따른 육아휴직 급여의 100분의 75에 해당하는 금액(다음 각 호의 어느 하나에 해당하는 경우에는 각 호의 구분에 따른 금액을 말한다)은 매월 지급하고, 그 나머지 금액은 육아휴직 종료 후 해당 사업장에 복직하여 6개월 이상 계속 근무한 경우에 합산하여 일시불로 지급한다. 다만, 법 제58조제2호다목에 따른 고용노동부령으로 정하는 정당한 사유로 6개월 이상 계속 근무하지 못한 경우에도 그 나머지 금액을 지급한다.
(2020.3.31 본문개정)
1. 제1항에 따라 육아휴직 급여를 지급하는 경우로서 육아휴직 급여의 100분의 75에 해당하는 금액이 제1항 단서에 따른 최소 지급액보다 적은 경우 : 제1항 단서에 따른 최소 지급액(2021.12.31 본호개정)
2. 제3항에 따라 육아휴직 급여를 지급하는 경우로서 육아휴직 급여의 100분의 75에 해당하는 금액이 제1항 단서에 따른 최소 지급액을 일수에 비례하여 계산한 금액보다 적은 경우 : 제1항 단서에 따른 최소 지급액을 일수에 비례하여 계산한 금액(2021.12.31 본호개정)
제95조의2【두 번째 육아휴직자에 대한 육아휴직 급여에 관한 한시적 특례】 ① 제95조제1항에도 불구하고 2022년 12월 31일까지 같은 자녀에 대하여 피보험자인 부모가 순차적으로 육아휴직을 하는 경우 두 번째 육아휴직을 한 피보험자에게 지급하는 육아휴직 급여의 월별 지급액은 다음 각 호의 구분에 따라 산정한 금액으로 한다.
1. 육아휴직 시작일부터 3개월까지 : 육아휴직 시작일을 기준으로 한 월 통상임금에 해당하는 금액. 다만, 해당 금액이 250만원을 넘는 경우에는 250만원으로 하고, 해당 금액이 70만원보다 적은 경우에는 70만원으로 한다.
2. 육아휴직 4개월째부터 육아휴직 종료일까지 : 육아휴직 시작일을 기준으로 한 월 통상임금의 100분의 50에 해당하는 금액. 다만, 해당 금액이 120만원을 넘는 경우에는 120만원으로 하고, 해당 금액이 70만원보다 적은 경우에는 70만원으로 한다.
② 제1항에도 불구하고 같은 자녀에 대하여 부모의 육아휴직 기간이 겹치는 경우에는 그 기간 동안의 육아휴직 급여에 대해서는 제95조제1항을 적용한다.
③ 제1항 및 제2항을 적용할 때 임신 중인 여성 근로자가 임신을 이유로 육아휴직을 하는 경우에는 임신 중인 태아를 자녀로 보고, 임신 중인 여성 근로자와 그 배우자를 부모로 본다.
④ 제1항제1호에 따른 육아휴직 급여는 제95조제4항에도 불구하고 육아휴직 급여의 월별 지급액 전부를 매월 지급한다.
(2021.12.31 본조개정)
제95조의3【출생 후 18개월 이내의 자녀에 대한 육아휴직 급여 등의 특례】 ① 제95조제1항 및 제95조의2제1항 · 제2항에도 불구하고 같은 자녀에 대하여 자녀의 출생 후 18개월이 될 때까지 피보험자인 부모가 모두 육아휴직을 하는 경우(부모의 육아휴직기간이 전부 또는 일부 겹치지 않은 경우를 포함한다) 그 부모인 피보험자의 육아휴직 급여의 월별 지급액은 다음 각 호의 구분에 따라 산정한 금액으로 한다.(2023.12.26 본문개정)
1. 육아휴직 시작일부터 6개월까지 : 육아휴직 시작일을 기준으로 한 각 피보험자의 월 통상임금에 해당하는 금액. 이 경우 그 월별 지급액의 상한액은 다음 각 목의 구분에 따르며, 그 월별 지급액의 하한액은 부모 각각에 대하여 70만원으로 한다.(2023.12.26 전단개정)
가. 부모가 육아휴직을 사용한 기간이 각각 1개월인 경우 : 부모 각각에 대하여 월 200만원
나. 부모가 육아휴직을 사용한 기간이 각각 2개월인 경우 : 부모 각각에 대하여 첫 번째 달은 월 200만원, 두 번째 달은 월 250만원
다. 부모가 육아휴직을 사용한 기간이 각각 3개월인 경우 : 부모 각각에 대하여 첫 번째 달은 월 200만원, 두
라. 부모가 육아휴직을 사용한 기간이 각각 4개월인 경우 : 부모 각각에 대하여 첫 번째 달은 월 200만원, 두 번째 달은 월 250만원, 세 번째 달은 월 300만원, 네 번째 달은 월 350만원
마. 부모가 육아휴직을 사용한 기간이 각각 5개월인 경우 : 부모 각각에 대하여 첫 번째 달은 월 200만원, 두 번째 달은 월 250만원, 세 번째 달은 월 300만원, 네 번째 달은 월 350만원, 다섯 번째 달은 월 400만원
바. 부모가 육아휴직을 사용한 기간이 각각 6개월인 경우 : 부모 각각에 대하여 첫 번째 달은 월 200만원, 두 번째 달은 월 250만원, 세 번째 달은 월 300만원, 네 번째 달은 월 350만원, 다섯 번째 달은 월 400만원, 여섯 번째 달은 월 450만원
(2023.12.26 라목~바목신설)
번째 달은 월 250만원, 세 번째 달은 월 300만원
2. 육아휴직 7개월째부터 육아휴직 종료일까지 : 육아휴직 시작일을 기준으로 한 각 피보험자의 월 통상임금의 100분의 80에 해당하는 금액. 다만, 해당 금액이 150만원을 넘는 경우에는 부모 각각에 대하여 150만원으로 하고, 해당 금액이 70만원보다 적은 경우에는 부모 각각에 대하여 70만원으로 한다.(2023.12.26 본호개정)
② 제1항을 적용할 때 임신 중인 여성 근로자가 임신을 이유로 육아휴직을 하는 경우에는 임신 중인 태아를 자녀로 보고, 임신 중인 여성 근로자와 그 배우자를 부모로 본다.
③ 제95조제1항에도 불구하고 「한부모가족지원법」 제4조제1호의 모 또는 부에 해당하는 피보험자가 육아휴직을 하는 경우 그 육아휴직 급여는 다음 각 호의 구분에 따른다.
1. 육아휴직 시작일부터 3개월까지 : 육아휴직 시작일을 기준으로 한 월 통상임금에 해당하는 금액. 다만, 해당 금액이 250만원을 넘는 경우에는 250만원으로 하고, 해당 금액이 70만원보다 적은 경우에는 70만원으로 한다.
2. 육아휴직 4개월째부터 종료일까지 : 육아휴직 시작일을 기준으로 한 월 통상임금의 100분의 80에 해당하는 금액. 다만, 해당 금액이 150만원을 넘는 경우에는 150만원으로 하고, 해당 금액이 70만원보다 적은 경우에는 70만원으로 한다.
④ 제1항제1호 및 제3항제1호에 따른 육아휴직 급여는 제95조제4항에도 불구하고 육아휴직 급여의 월별 지급액 전부를 매월 지급한다.
(2023.12.26 본조제목개정)
(2021.12.31 본조신설)
제96조【육아휴직 급여기간 중 취업의 신고 등】 피보험자는 법 제70조제3항에 따라 이직 또는 취업을 한 날 이후 최초로 제출하는 육아휴직 급여 신청서에 이직 또는 취업을 한 사실을 적어야 한다.(2019.6.25 본조개정)
제97조【준용】 법 제70조제1항에 따라 지급된 육아휴직 급여의 지급 제한 또는 반환명령 등에 관하여는 제81조를 준용한다. 이 경우 "구직급여"는 "육아휴직 급여"로 본다.

제98조【육아휴직 급여의 감액】 고용노동부장관은 법 제73조제3항에 따라 피보험자가 「남녀고용평등과 일·가정 양립 지원에 관한 법률」 제19조에 따른 육아휴직 기간 중 사업주로부터 육아휴직을 이유로 금품을 지급받은 경우로서 매월 단위로 육아휴직 기간 중 지급받은 금품과 다음 각 호의 구분에 따른 금액을 합한 금액이 육아휴직 시작일을 기준으로 한 월 통상임금을 초과한 경우에는 그 초과하는 금액을 다음 각 호의 구분에 따른 금액에서 빼고 지급한다.(2021.12.31 본문개정)
1. 제95조제1항, 제95조의2제1항제2호 또는 제95조의3제1항제2호·제3항제2호에 따른 육아휴직 급여(제95조제3항을 적용하여 일수에 비례하여 계산한 육아휴직 급여를 포함한다)의 경우 : 육아휴직 급여의 100분의 75에 해당하는 금액. 다만, 그 금액이 제95조제1항 단서, 제95조의2제1항제2호 단서, 제95조의3제1항제2호 단서 또는 같은 조 제3항제2호 단서에 따른 최소 지급액보다 적은 경우에는 그 최소 지급액으로 한다.(2021.12.31 본호신설)
2. 제95조의2제1항제1호, 제95조의3제1항제1호 또는 같은 조 제3항제1호에 따른 육아휴직 급여(제95조제3항을 적용하여 일수에 비례하여 계산한 육아휴직 급여를 포함한다)의 경우 : 육아휴직 급여의 100분의 100에 해당하는 금액(2021.12.31 본호신설)

제99조【육아휴직 급여의 사무의 위탁】 직업안정기관의 장은 피보험자의 신청에 따라 필요하다고 인정하면 그 자에게 행하는 육아휴직 급여에 관한 사무를 다른 직업안정기관의 장에게 위탁하여 처리할 수 있다.

제100조【출산전후휴가 급여등 신청기간의 연장 사유】 법 제75조제2호 단서에 따른 출산전후휴가 급여, 유산·사산 휴가 급여 또는 배우자 출산휴가 급여(이하 "출산전후휴가 급여등"이라 한다) 신청기간의 연장 사유에 관하여는 제94조를 준용한다.(2019.9.17 본조개정)

제101조【출산전후휴가 급여등의 상·하한액】 법 제76조제2항에 따라 피보험자에게 지급하는 출산전후휴가 급여등의 상한액과 하한액은 다음 각 호와 같다.
1. 상한액 : 다음 각 목의 사항을 고려하여 매년 고용노동부장관이 고시하는 금액
   가. 출산전후휴가 급여등 수급자들의 평균적인 통상임금 수준(2019.9.17 본목개정)
   나. 물가상승률
   다. 「최저임금법」에 따른 최저임금
   라. 그 밖에 고용노동부장관이 필요하다고 인정하는 사항(2016.12.30 본호개정)
2. 하한액 : 출산전후휴가, 유산·사산 휴가 또는 「남녀고용평등과 일·가정 양립 지원에 관한 법률」 제18조의2에 따른 배우자 출산휴가(이하 "배우자 출산휴가"라 한다)의 시작일 당시 적용되던 「최저임금법」에 따른 시간 단위에 해당하는 최저임금액(이하 "시간급 최저임금액"이라 한다)보다 그 근로자의 시간급 통상임금이 낮은 경우에는 시간급 최저임금액을 시간급 통상임금으로 하여 산정된 출산전후휴가 급여등의 지원기간 중 통상임금에 상당하는 금액(2019.9.17 본호개정)

(2012.7.10 본조개정)

제102조【준용】 법 제75조에 따른 출산전후휴가 기간(법 제76조의2제1항에 따른 근로계약 종료일 다음 날부터 해당 출산전후휴가 종료일까지의 기간을 포함한다) 또는 유산·사산휴가 기간(법 제76조의2에 따른 근로계약 종료일 다음 날부터 해당 유산·사산휴가 종료일까지의 기간을 포함한다) 중의 취업의 신고 등에 관하여는 제96조를 준용한다. 이 경우 "육아휴직 급여 신청서"는 "출산전후휴가 급여등 신청서 또는 출산전후휴가 급여등에 상당하는 금액 신청서"로 본다.(2023.6.27 본조개정)

제103조【준용】 법 제75조에 따라 지급된 출산전후휴가 급여등 또는 법 제76조의2제1항에 따라 지급된 출산전후휴가 급여등에 상당하는 금액의 지급 제한, 반환명령 등에 관하여는 제81조를 준용한다. 이 경우 "구직급여"는 "출산전후휴가 급여등 또는 출산전후휴가 급여등에 상당하는 금액"으로 본다.(2023.6.27 본조개정)

제104조【출산전후휴가 급여등의 감액】 고용노동부장관은 법 제77조제1항에 따라 준용되는 법 제73조제3항에 따라 피보험자가 출산전후휴가 기간 또는 유산·사산 휴가 기간, 배우자 출산휴가 기간 중 사업주로부터 통상임금에 해당하는 금품을 지급받은 경우로서 사업주로부터 받은 금품과 법 제75조에 따른 출산전후휴가 급여등을 합한 금액이 휴가 시작일을 기준으로 한 통상임금을 초과한 경우 그 초과하는 금액을 출산전후휴가 급여등에서 빼고 지급한다. 다만, 휴가기간 중에 통상임금이 인상된 피보험자에게 사업주가 인상된 통상임금과 출산전후휴가 급여등의 차액을 지급했을 때에는 그렇지 않다.(2023.6.27 본문개정)

제104조의2【육아기 근로시간 단축 급여】 ① 법 제73조의2제2항 단서에 따른 육아기 근로시간 단축 급여 신청기간의 연장 사유에 관하여는 제94조를 준용한다. 이 경우 "육아휴직급여"는 "육아기 근로시간 단축 급여"로 본다.
② 법 제73조의2제3항에 따른 육아기 근로시간 단축 급여액은 다음의 계산식에 따라 산정한다. 다만, 육아기 근로시간 단축 급여의 지급대상 기간이 1개월을 채우지 못하는 경우에는 다음의 계산식에 따라 산출된 금액을 그 달의 일수로 나누어 산출한 금액에 그 달에 육아기 근로시간 단축을 사용한 일수를 곱하여 산정한다.

(매주 최초 5시간 단축분) 육아기 근로시간 단축 개시일을 기준으로 「근로기준법」에 따라 산정한 월 통상임금에 해당하는 금액(200만원을 상한액으로 하고, 50만원을 하한액으로 한다)	×	$\frac{5}{\text{단축 전 소정근로시간}}$
(나머지 근로시간 단축분) 육아기 근로시간 단축 개시일을 기준으로 「근로기준법」에 따라 산정한 월 통상임금의 100분의 80에 해당하는 금액(150만원을 상한액으로 하고, 50만원을 하한액으로 한다)	×	$\frac{\text{단축 전 소정근로시간} - \text{단축 후 소정근로시간} - 5}{\text{단축 전 소정근로시간}}$

(2019.9.17 본항개정)
(2011.9.15 본조신설)

제104조의3【준용】 ① 법 제73조의2제1항에 따른 육아기 근로시간 단축 급여의 지급 제한, 반환명령 등에 관하여는 제81조를 준용한다. 이 경우 "구직급여"는 "육아기 근로시간 단축 급여"로 본다.
② 육아기 근로시간 단축기간 중의 취업의 신고 등에 관하여는 제96조를 준용한다. 이 경우 "육아휴직 급여"는 "육아기 근로시간 단축 급여"로 본다.
(2011.9.15 본조신설)

제104조의4【육아기 근로시간 단축 급여의 감액】 고용노동부장관은 법 제74조제2항에 따라 피보험자가 「남녀고용평등과 일·가정 양립 지원에 관한 법률」 제19조의2에 따른 육아기 근로시간 단축기간 중 매월 단위로 사업주로부터 지급받은 금품(임금과 육아기 근로시간 단축을 이유로 지급받은 금품)과 법 제73조의2에 따른 육아기 근로시간 단축 급여를 합한 금액이 다음 각 호의 구분에 따른 통상임금을 초과한 경우에는 그 초과하는 금액을 육아기 근로시간 단축 급여에서 빼고 지급한다.(2018.10.2 본문개정)
1. 육아기 근로시간 단축기간 중 통상임금 인상이 없는 경우 : 육아기 근로시간 단축 시작일의 직전 월을 기준으로 한 월 통상임금
2. 육아기 근로시간 단축기간 중 통상임금이 인상된 경우 : 다음 각 목의 구분에 따른 통상임금
   가. 통상임금이 인상된 날의 전날 까지 : 육아기 근로시간 단축 시작일의 직전 월을 기준으로 한 월 통상임금
   나. 통상임금이 인상된 날 이후 : 통상임금이 인상된 날을 기준으로 한 월 통상임금

(2018.10.2 1호~2호신설)

제5장의2 예술인인 피보험자에 대한 고용보험 특례

(2020.12.8 본장신설)

제104조의5【예술인인 피보험자의 범위】 ① 법 제77조의2제1항에서 "「예술인 복지법」 제2조제2호에 따른 예술인 등 대통령령으로 정하는 사람"이란 다음 각 호의 어느 하나에 해당하는 사람을 말한다.(2023.12.26 본문개정)
1. 「예술인 복지법」 제2조제2호의2에 따른 예술 활동 증명 예술인(2023.12.26 본호개정)
2. 「예술인 복지법」 제3조의2제1항 각 호의 어느 하나에 해당하나 예술 활동 증명을 받지 못하였거나 예술 활동 증명의 유효기간이 지난 사람으로서 문화예술 분야에서 창작, 실연(實演), 기술지원 등의 활동을 하고 있거나 하려는 사람(2023.9.12 본호개정)

② 법 제77조의2제2항제2호 본문에서 "대통령령으로 정하는 소득 기준"이란 다음 각 호와 같다.
1. 예술인과 사업주가 체결한 문화예술용역 관련 계약의 월평균소득(예술인이 문화예술용역 관련 계약에서 지급받기로 한 금액을 계약기간으로 나누어 월 단위로 산정한 금액을 말한다. 이하 같다)이 50만원 이상일 것(2023.6.27 본호개정)
2. 제1호에 따른 소득 기준을 충족하지 못하는 예술인이 둘 이상의 문화예술용역 관련 계약을 체결한 경우로서 같은 기간에 해당하는 문화예술용역 관련 계약의 월평균소득을 합산(본인이 합산하기를 원하는 경우만 해당한다)하여 그 합계액이 50만원 이상일 것

③ 제2항제2호에 따라 예술인은 둘 이상의 문화예술용역 관련 계약의 월평균소득을 합산하기를 원하는 경우에는 고용노동부령으로 정하는 바에 따라 문화예술용역 관련 계약의 월평균소득의 합계액이 50만원 이상이 되는 날이 속하는 달의 다음 달 15일까지 고용노동부장관에게 합산 신청을 해야 한다.
④ 제3항에 따라 합산 신청을 받은 고용노동부장관은 해당 예술인이 제2항제2호에 따른 소득 기준을 충족하는지를 확인하여 그 결과를 해당 사업주(소득 기준을 충족하는 경우만 해당한다) 및 예술인에게 통보해야 한다. 이 경우 예술인이 제3항에 따라 합산 신청을 한 때에 해당 사업주가 제104조의6제1항에 따라 그 예술인의 피보험자격 취득에 관한 신고를 한 것으로 본다.

제104조의6【예술인의 피보험자격에 관한 신고】 ① 예술인과 문화예술용역 관련 계약을 체결한 사업주는 법 제77조의5제1항에서 준용하는 법 제15조에 따라 그 사업과 관련된 예술인의 피보험자격 취득 및 상실에 관한 사항을 그 사유가 발생한 날이 속하는 달의 다음 달 15일까지(예술인이 그 기일 이전에 신고할 것을 요구하는 경우에는 지체 없이) 고용노동부장관에게 신고해야 한다.
② 제1항에도 불구하고 단기예술인과 문화예술용역 관련 계약을 체결한 사업주가 해당 계약 기간에 제공된 문화예술용역 일수, 계약금액 등이 적힌 노무제공내용 확인신고서를 그 사유가 발생한 날이 속하는 달의 다음 달 15일까지 고용노동부장관에게 제출한 경우에는 해당 단기예술인의 피보험자격의 취득 및 상실에 관한 사항을 신고한 것으로 본다.(2023.6.27 본항개정)
③ 예술인은 법 제77조의5제1항에서 준용하는 법 제15조제3항에 따라 피보험자격의 취득 및 상실에 관한 사항을 신고하는 경우에는 문화예술용역 관련 계약서 등 문화예술용역 관련 계약 관계를 증명할 수 있는 서류를 제출해야 한다.
④ 법 제77조의2제2항제3호 단서에 따라 고용보험 가입을 원하는 15세 미만인 예술인과 문화예술용역 관련 계약을 체결한 사업주(법 제77조의2제3항에 해당하는 경우에는 그 발주자 또는 원수급인을 말한다. 이하 이 항에서 같다)는 고용노동부령으로 정하는 바에 따라 고용노동부장관에게 고용보험 가입을 신청해야 한다. 다만, 해당 15세 미만인 예술인이 원하는 경우에는 직접 가입을 신청할 수 있고, 가입 신청을 받은 고용노동부장관은 그 사실을 사업주에게 알려야 한다.(2023.6.27 본항신설)
⑤ 제4항에 따라 가입을 신청한 경우 해당 15세 미만인 예술인은 가입을 신청한 날의 다음 날에 피보험자격을 취득한 것으로 본다. 다만, 해당 15세 미만인 예술인이 단기예술인인 경우에는 문화예술용역 관련 계약에 따라 노무를 제공한 날에 피보험자격을 취득한 것으로 본다.(2023.6.27 본항신설)
⑥ 고용보험에 가입한 15세 미만인 예술인이 고용보험에서 탈퇴하려는 경우에는 고용노동부령으로 정하는 바에 따라 고용노동부장관에게 탈퇴 신청을 해야 한다. 이 경우 탈퇴를 신청한 날의 다음 날에 피보험자격을 상실한 것으로 본다.(2023.6.27 본항신설)
⑦ 법 제77조의2제3항 각 호 외의 부분에서 "대통령령으로 정하는 사업"이란 국가, 지방자치단체 또는 「공공기관의 운영에 관한 법률」에 따른 공공기관(해당 문화예술용역 관련 계약 기간 중에 공공기관에서 제외된 경우에는 그 계약이 종료 또는 해지될 때까지는 제외된 공공기관을 포함한다)이 발주하는 문화예술용역 관련 사업을 말한다.
⑧ 법 제77조의2제3항에 따라 발주자 또는 원수급인은 원수급인 또는 하수급인이 사용하는 예술인에 대하여 다음 각 호의 구분에 따라 해당 예술인의 피보험자격 취득 및 상실에 관한 사항을 신고해야 한다.
1. 하나의 사업에 다수의 도급이 이루어져 원수급인이 다수인 경우 : 발주자가 원수급인 및 하수급인이 사용하는 예술인의 피보험자격 취득 및 상실에 관한 사항을 신고할 것
2. 하나의 사업이 여러 차례의 도급으로 이루어져 하수급인이 다수인 경우 : 원수급인이 하수급인이 사용하는 예술인의 피보험자격 취득 및 상실에 관한 사항을 신고할 것

⑨ 법 제77조의2제4항에서 "대통령령으로 정하는 관련 자료, 정보"란 다음 각 호의 자료와 정보를 말한다.
1. 원수급인과 하수급인 또는 하수급인 사이에 체결된 하도급계약서
2. 문화예술용역 관련 계약서
3. 사용하는 예술인의 명부

제104조의7【예술인인 피보험자 관련 변경 신고 및 확인의 청구 등】 예술인인 피보험자의 이름과 주민등록번호의 변경·정정 신고, 피보험자격의 취득·상실에 관한 확인의 청구·통지 등에 관하여는 제10조제1항 및 제11조를 준용한다. 이 경우 제11조제2항 중 "고용하거나 고용하였던 사업주 또는 하수급인"은 "사용하거나 사용하였던 사업주 또는 발주자나 원수급인"으로 본다.

제104조의8【예술인인 피보험자의 구직급여 수급요건 등】 ① 법 제77조의3제1항제3호 단서에서 "대통령령으로 정하는 바에 따른 소득감소"란 다음 각 호의 어느 하나에 해당하는 소득감소가 있는 경우를 말한다. 다만, 고용노동부장관은 「재난 및 안전관리 기본법」에 따른 재난 등 사회적·경제적 위기가 발생한 경우에는 제1호 및 제2호에 따른 소득감소를 비교하는 시점을 달리 정하여 고시할 수 있다.(2022.12.6 단서신설)
1. 이직일이 속한 달의 직전 3개월 동안에 이직할 당시의 문화예술용역 관련 계약(이하 "최종 계약"이라 한다. 이하 이 항에서 같다)으로부터 발생한 소득이 전년도 같은 기간에 최종 계약으로부터 발생한 소득(최종 계약이 없는 경우에는 전년도 같은 기간에 유효한 다른 문화예

술용역 관련 계약으로부터 발생한 소득을 말한다)보다 100분의 20 이상 감소한 경우
2. 다음 각 목에 해당하는 소득 감소가 모두 이루어진 경우
가. 이직일이 속한 달의 직전 3개월 동안에 최종 계약으로부터 발생한 소득의 월평균금액이 이직일이 속한 연도의 전년도에 최종 계약으로부터 발생한 소득의 월평균금액[최종 계약이 없는 경우에는 그 전년도에 유효한 다른 문화예술용역 관련 계약(계약 기간이 1개월 이상인 것만 해당한다)으로부터 발생한 소득의 월평균금액을 말한다. 이하 나목에서 "전년도 월평균금액"이라 한다]보다 작을 것
나. 이직일이 속한 달의 직전 12개월 동안에 최종 계약으로부터 발생한 월별 소득이 전년도 월평균금액보다 100분의 20 이상 작은 달이 5개월 이상일 것
② 예술인이 이직일 이전 24개월 동안 근로자·예술인·노무제공자 중 둘 이상에 해당하는 사람으로 종사한 경우 법 제77조의3제2항에 따른 피보험 단위기간은 다음의 계산식을 충족하면 같은 조 제1항제1호의 피보험 단위기간의 요건을 갖춘 것으로 본다.

1 - 예술인으로서의 피보험 단위기간(월 단위로 한다) ÷ 9개월 ≦ 근로자로서의 피보험 단위기간(일 단위로 한다) ÷ 180일 + 노무제공자로서의 피보험 단위기간(월 단위로 한다) ÷ 12개월

(2023.6.27 본항개정)
③ 제2항의 예술인이 다음 각 호에 해당하는 경우에는 해당 호에 따라 제2항의 계산식을 산정한다.
1. 법 제77조의5제2항에서 준용하는 법 제40조제2항제1호에 따른 기준기간 동안에 근로자, 예술인 및 노무제공자로 동시에 보험에 가입된 경우 : 예술인으로서의 피보험 단위기간에만 포함하여 산정(2023.6.27 본호개정)
2. 법 제77조의5제2항에서 준용하는 법 제40조제2항제1호에 따른 기준기간 동안에 근로자 및 노무제공자로 동시에 보험에 가입된 경우 : 근로자 또는 노무제공자의 피보험 단위기간 중 예술인인 피보험자에게 유리한 피보험 단위기간에만 포함하여 산정(2023.6.27 본호개정)
(2021.6.8 본항신설)
④ 법 제77조의3제5항에서 "대통령령으로 정하는 금액"이란 6만6천원을 말한다.
⑤ 법 제77조의3제6항 단서에서 "대통령령으로 정하는 기간"이란 다음 각 호의 구분에 따른 기간을 말한다.
(2023.6.27 본문개정)
1. 법 제77조의3제6항제1호에 해당하는 경우 : 4주
2. 법 제77조의3제6항제2호에 해당하는 경우 : 2주
(2023.6.27 1호~2호신설)
⑥ 법 제77조의3제7항 단서에 따른 단기예술인의 피보험기간은 다음 각 호의 구분에 따라 산정한다.
1. 해당 달의 노무제공일수가 11일 이상인 경우 : 1개월로 산정
2. 해당 달의 노무제공일수가 10일 이하인 경우 : 월별 노무제공일수를 더하여 22로 나눈 기간으로 산정
⑦ 실업인정대상기간 중 취업 등으로 발생한 소득은 법 제77조의3제8항 및 다음 각 호의 구분에 따라 해당 금액을 감액하고 구직급여를 지급해야 한다.
1. 예술인인 피보험자가 다음 각 목의 어느 하나에 해당하여 취업 등을 한 것으로 보는 경우 : 해당 근로일수, 노무제공일수 또는 영업일수에 그에 해당하는 구직급여일액을 곱한 금액 전부
가. 1개월 소정근로시간을 60시간 이상 또는 1주일 소정근로시간을 15시간 이상으로 정하여 근로를 제공하는 경우
나. 3개월 이상 계속하여 근로를 제공하는 경우
다. 일용근로자로서 근로를 제공하거나 단기예술인 또는 법 제77조의6제2항제2호 단서에 따른 단기노무제공자로서 노무를 제공하는 경우(2021.6.8 본목개정)
라. 문화예술용역 관련 계약(월평균소득이 50만원 이상인 것을 말한다) 또는 노무제공계약(제104조의11제2항제1호에 따른 월보수액이 80만원 이상인 것을 말한다)을 새로 체결하여 노무를 제공하는 경우(2022.6.28 본목개정)
마. 상업·농업 등 가업에 종사(무급 가사종사자를 포함한다)하거나 다른 사람의 사업에 참여하여 근로를 제공함으로써 다른 사업에 상시 취직하기가 곤란하다고 인정되는 경우
바. 「소득세법」, 「부가가치세법」 또는 「법인세법」에 따라 사업자등록을 한 경우. 다만, 휴업신고를 하는 등 실제 사업을 하지 않았음을 증명한 경우와 부동산임대업 중 근로자를 고용하지 않고 임대사무실도 두지 않은 경우는 제외한다.
사. 그 밖에 사회통념상 취업을 하였다고 인정되는 경우
2. 제1호 외의 경우로서 실업인정대상기간 중 발생한 1일 평균소득이 고용노동부장관이 고시한 금액을 넘는 경우 : 해당 실업인정대상기간 중 발생한 1일 평균소득에서 고용노동부장관이 고시한 금액을 뺀 금액을 모두 더한 금액
⑧ 예술인인 피보험자의 구직급여에 관하여는 다음 각 호의 구분에 따른 규정을 준용한다.
1. 구직신청, 수급자격의 인정, 실업의 인정, 취업의 신고, 수급기간, 구직급여의 지급 등에 관하여는 제58조, 제58조의2, 제58조의3, 제59조, 제60조, 제61조, 제62조, 제62조의2, 제63조, 제64조(제3호는 제외한다), 제65조부터 제67조까지, 제69조부터 제71조까지, 제75조, 제76조, 제79조, 제80조, 제80조의2, 제81조 및 제82조
(2023.6.27 본호개정)
2. 상병급여에 관하여는 제69조, 제75조부터 제80조까지, 제80조의2 및 제81조. 이 경우 제69조 중 "실업인정신청서"는 "상병급여 청구서"로, 제75조부터 제80조까지, 제80조의2 및 제81조 중 "구직급여"는 "상병급여"로 본다.
3. 미지급급여청구자에 대한 구직급여의 지급절차에 관하여는 제75조. 이 경우 "신청지 관할 직업안정기관"은 "사망한 수급자격자의 신청지 관할 직업안정기관"으로, "수급자격자"는 "미지급급여청구자"로 본다.
(2021.6.8 본항개정)

제104조의9【예술인의 출산전후급여등의 지급요건 등】 ① 고용노동부장관은 법 제77조의4제2항에 따라 예술인인 피보험자 또는 피보험자였던 사람이 다음 각 호의 요건을 모두 갖춘 경우에 출산전후급여 등(이하 "출산전후급여등"이라 한다)을 지급한다.(2022.12.6 본문개정)
1. 다음 각 목의 구분에 따른 요건을 갖출 것
가. 출산 또는 유산·사산을 한 날 현재 피보험자인 예술인 : 출산 또는 유산·사산을 한 날 이전에 예술인으로서의 피보험 단위기간이 합산하여 3개월 이상일 것
나. 출산 또는 유산·사산을 한 날 현재 피보험자가 아닌 예술인 : 출산 또는 유산·사산을 한 날 이전 18개월 동안 예술인으로서의 피보험 단위기간이 합산하여 3개월 이상일 것
(2022.12.6 본호개정)
2. 제2항에 따른 출산전후급여등의 지급기간에 노무제공을 하지 않을 것. 다만, 그 지급기간 중 노무제공 또는 자영업으로 발생한 소득이 각각 고용노동부장관이 정하여 고시하는 금액 미만인 경우에는 노무제공을 하지 않은 것으로 본다.(2021.6.8 단서개정)
3. 출산 또는 유산·사산을 한 날부터 12개월 이내에 출산전후급여등을 신청할 것. 다만, 다음 각 목의 어느 하나에 해당하는 사유로 그 기간까지 신청할 수 없었던 경우에는 그 사유가 끝난 날부터 30일 이내에 신청해야 한다.
가. 천재지변
나. 본인, 배우자 또는 본인·배우자의 직계존속·직계비속의 질병이나 부상
다. 범죄 혐의로 인한 구속이나 형의 집행
② 출산전후급여등의 지급기간은 다음 각 호의 구분에 따른다.
1. 예술인인 피보험자 또는 피보험자였던 사람이 출산한 경우 : 출산 전과 후를 연속하여 90일(한 번에 둘 이상의 자녀를 임신한 경우에는 120일)로 하되, 출산 후에 45일(한 번에 둘 이상의 자녀를 임신한 경우에는 60일) 이상이 되도록 할 것(2022.12.6 본호개정)
2. 예술인인 피보험자 또는 피보험자였던 사람이 유산 또는 사산한 경우 : 다음 각 목에 해당하는 기간
(2022.12.6 본문개정)
가. 임신기간이 11주 이내인 경우 : 유산 또는 사산한 날부터 5일
나. 임신기간이 12주 이상 15주 이내인 경우 : 유산 또는 사산한 날부터 10일
다. 임신기간이 16주 이상 21주 이내인 경우 : 유산 또는 사산한 날부터 30일
라. 임신기간이 22주 이상 27주 이내인 경우 : 유산 또는 사산한 날부터 60일
마. 임신기간이 28주 이상인 경우 : 유산 또는 사산한 날부터 90일
③ 출산전후급여등은 출산 또는 유산·사산한 날부터 소급하여 1년(출산 또는 유산·사산을 한 날 현재 피보험자가 아닌 예술인의 경우에는 18개월) 동안의 월평균보수에 해당하는 금액을 기준으로 제2항 각 호의 구분에 따른 기간에 대하여 산정한 금액으로 하되, 그 상한액과 하한액은 다음 각 호의 사항을 고려하여 고용노동부장관이 정하여 고시한다.(2022.12.6 본문개정)
1. 제101조에 따른 출산전후휴가 급여등의 상한액과 하한액
2. 예술인인 피보험자의 월평균보수 수준
3. 물가상승률
4. 그 밖에 고용노동부장관이 필요하다고 인정하는 사항
④ 예술인인 피보험자 또는 피보험자였던 사람이 같은 출산 또는 유산·사산을 이유로 다음 각 호에 해당하는 금액을 지급받은 경우에는 제3항에도 불구하고 그 지급받은 금액을 제외하고 출산전후급여등을 지급한다.
(2022.12.6 본문개정)
1. 법 제75조에 따라 근로자로서 지급받은 출산전후휴가 급여등
2. 법 제76조에 따른 출산전후휴가 급여등의 지급기간에 법 제77조제1항에서 준용하는 법 제73조제3항에 따라 근로자로서 해당 사업주로부터 지급받은 금품
3. 법 제77조의9제1항에 따라 노무제공자로서 지급받은 출산전후급여등 및 출산전후급여등의 지급기간에 노무제공자로서 해당 사업주로부터 지급받은 금품
(2023.6.27 2호~3호개정)
4. 제2항에 따른 출산전후급여등의 지급기간에 예술인으로서 해당 사업주로부터 지급받은 금품
⑤ 제1항에 따라 지급된 출산전후급여등의 반환 명령, 추가 징수 및 반환금·추가징수금에의 충당에 관하여는 제81조를 준용한다. 이 경우 "구직급여"는 "출산전후급여등"으로 본다.(2021.6.8 본항신설)
(2022.12.6 본조제목개정)

제104조의10【예술인의 피보험자격확인 등의 심사 등】 예술인의 피보험자격 확인·구직급여·출산전후급여등의 심사, 심사위원회 및 재심사에 관하여는 다음 각 호의 구분에 따른 규정을 준용한다.(2023.6.27 본문개정)
1. 심사에 관하여는 제121조부터 제129조까지의 규정
2. 심사위원회 및 재심사에 관하여는 다음 각 목의 구분에 따른 규정
가. 심사위원회 위원의 기피 신청, 재심사 청구의 보정 등에 관하여는 제123조, 제124조 및 제126조부터 제128조까지의 규정. 이 경우 제123조 중 "심사관"은 "심사위원회 위원"으로, "고용노동부장관"은 "심사위원회 위원장"으로, 제124조 및 제128조 중 "심사청구인"은 "재심사청구인"으로, 제124조·제126조 및 제128조 중 "심사관"은 "심사위원회 위원장"으로, 제126조부터 제128조까지의 규정 중 "심사청구"는 "재심사청구"로 본다.
나. 심사위원회의 위원 및 운영에 관한 사항 등에 관하여는 제130조부터 제141조까지의 규정
(2023.6.27 본조제목개정)
(2021.6.8 본조개정)

제5장의3 노무제공자인 피보험자에 대한 고용보험 특례
(2021.6.8 본장신설)

제104조의11【노무제공자인 피보험자의 범위】 ① 법 제77조의6제1항에서 "대통령령으로 정하는 직종에 종사하는 사람"이란 다음 각 호의 어느 하나에 해당하는 사람을 말한다.
1. 보험을 모집하는 사람으로서 다음 각 목의 어느 하나에 해당하는 사람
가. 「보험업법」 제84조제1항에 따라 등록한 보험설계사
나. 「우체국 예금·보험에 관한 법률」에 따른 우체국보험의 모집을 전업으로 하는 사람
2. 「통계법」 제22조에 따라 통계청장이 고시하는 직업에 관한 표준분류(이하 "한국표준직업분류표"라 한다)의 세세분류에 따른 학습지 방문강사, 교육교구 방문강사 등 회원의 가정 등을 직접 방문하여 아동이나 학생 등을 가르치는 사람
3. 한국표준직업분류표의 세분류에 따른 택배원인 사람으로서 택배사업[소화물을 집화(集貨)·수송 과정을 거쳐 배송하는 사업을 말한다. 이하 제11호라목에서 같다]에서 집화 또는 배송 업무를 하는 사람(2022.6.28 본호개정)
4. 「대부업 등의 등록 및 금융이용자 보호에 관한 법률」 제3조제1항 단서에 따른 대출모집인
5. 「여신전문금융업법」 제14조의2제1항제2호에 따른 신용카드회원모집인(전업으로 하는 사람만 해당한다)
6. 「방문판매 등에 관한 법률」 제2조제2호에 따른 방문판매원 또는 같은 조 제8호에 따른 후원방문판매원으로서 상시적으로 방문판매업무를 하는 사람. 다만, 자가 소비를 위한 방문판매원·후원방문판매원 및 제2호 또는 제7호에 동시에 해당하는 사람은 제외한다.
7. 한국표준직업분류표의 세세분류에 따른 대여 제품 방문점검원
8. 가전제품의 판매를 위한 배송 업무를 주로 수행하고 가전제품의 설치, 시운전 등을 통해 작동상태를 확인하는 사람
9. 「초·중등교육법」 제2조에 따른 학교에서 운영하는 방과후학교의 과정을 담당하는 강사
10. 「건설기계관리법」 제3조제1항에 따라 등록된 건설기계를 직접 운전하는 사람
11. 「화물자동차 운수사업법」에 따른 화물차주로서 다음 각 목의 어느 하나에 해당하는 사람(2022.6.28 본호개정)
가. 「자동차관리법」 제3조제1항제4호에 따른 특수자동차로 수출입 컨테이너 또는 시멘트를 운송하는 사람
(2023.6.27 본목개정)
나. 「자동차관리법」 제2조제1호 본문에 따른 피견인자동차 또는 제3조에 따른 일반형 화물자동차로 「화물자동차 운수사업법 시행령」 제4조의7제1항에 따른 안전운송원가가 적용되는 철강재를 운송하는 사람
다. 「자동차관리법」 제3조에 따른 일반형 화물자동차 또는 특수용도형 화물자동차로 「물류정책기본법」 제29조제1항에 따른 위험물질을 운송하는 사람
라. 택배사업에서 택배사업자나 「화물자동차 운수사업법」에 따른 운수사업자(이하 이 호에서 "운수사업자"라 한다)로부터 업무를 위탁받아 「자동차관리법」 제3조제1항제3호의 일반형 화물자동차 또는 특수용도형

화물자동차로 물류센터 간 화물 운송 업무를 하는 사람
마. 「자동차관리법」 제3조제1항제3호의 일반형 화물자동차 또는 특수용도형 화물자동차로 같은 법에 따른 자동차를 운송하는 사람
바. 「자동차관리법」 제3조제1항제3호의 특수용도형 화물자동차로 밀가루 등 곡물 가루, 곡물 또는 사료를 운송하는 사람
사. 「유통산업발전법」에 따른 대규모점포나 준대규모점포를 운영하는 사업 또는 체인사업에서 그 사업주나 운수사업자와 노무제공계약을 체결하여 「자동차관리법」 제3조제1항제3호의 일반형 화물자동차 또는 특수용도형 화물자동차로 상품을 물류센터로 운송하거나 점포 또는 소비자에게 배송하는 업무를 하는 사람
아. 「유통산업발전법」에 따른 무점포판매업을 운영하는 사업에서 그 사업주나 운수사업자와 노무제공계약을 체결하여 「자동차관리법」 제3조제1항제3호의 일반형 화물자동차 또는 특수용도형 화물자동차로 상품을 물류센터로 운송하거나 소비자에게 배송하는 업무를 하는 사람
자. 한국표준산업분류표의 중분류에 따른 음식점 및 주점업을 운영하는 사업(여러 점포를 직영하는 사업 또는 「가맹사업거래의 공정화에 관한 법률」에 따른 가맹사업으로 한정한다)에서 그 사업주나 운수사업자와 노무제공계약을 체결하여 「자동차관리법」 제3조제1항제3호의 일반형 화물자동차 또는 특수용도형 화물자동차로 식자재나 식품 등을 물류센터로 운송하거나 점포로 배송하는 업무를 하는 사람
차. 한국표준산업분류표의 세분류에 따른 기관 구내식당업을 운영하는 사업에서 그 사업주나 운수사업자와 노무제공계약을 체결하여 「자동차관리법」 제3조제1항제3호의 일반형 화물자동차 또는 특수용도형 화물자동차로 식자재나 식품 등을 물류센터로 운송하거나 기관 구내식당으로 배송하는 업무를 하는 사람
(2022.6.28 라목～차목신설)
12. 한국표준직업분류표의 세분류에 따른 택배원으로서 퀵서비스업자(소화물을 집화·수송 과정을 거치지 않고 배송하는 사업을 말한다)로부터 업무를 의뢰받아 배송 업무를 하는 사람. 다만, 다음 각 목의 사람은 제외한다.
가. 제3호에 해당하는 사람
나. 「자동차관리법」 제3조제1항제3호의 화물자동차로 배송 업무를 하는 사람
(2021.12.31 본호신설)
13. 대리운전업자(자동차 이용자의 요청에 따라 목적지까지 유상으로 그 자동차를 운전하도록 하는 사업의 사업주를 말한다)로부터 업무를 의뢰받아 대리운전 업무를 하는 사람(2021.12.31 본호신설)
14. 「소프트웨어 진흥법」에 따른 소프트웨어사업에서 노무를 제공하는 같은 법에 따른 소프트웨어기술자
15. 「관광진흥법」 제38조제1항 단서에 따른 관광통역안내의 자격을 가진 사람으로서 외국인 관광객을 대상으로 관광안내를 하는 사람
16. 「도로교통법」에 따른 어린이통학버스를 운전하는 사람
17. 「체육시설의 설치·이용에 관한 법률」 제7조에 따라 직장체육시설로 설치된 골프장 또는 같은 법 제19조에 따라 체육시설업의 등록을 한 골프장에서 골프경기를 보조하는 골프장 캐디
(2022.6.28 14호～17호신설)
② 법 제77조의6제2항제2호 본문에서 "대통령령으로 정하는 소득 기준"이란 다음 각 호와 같다.
1. 노무제공자와 사업주가 체결한 노무제공계약에 따라 발생한 월보수액(해당 사업주가 노무제공계약을 새로 체결한 경우에는 고용산재보험료징수법 시행령 제19조의7제3항제2호의2에 따라 신고한 보수액을 말하고, 그 신고 이후에는 사업주가 매월 노무제공자에게 지급하는 보수액을 말한다. 이하 같다)이 80만원 이상일 것
(2023.6.27 본호개정)
2. 제1호에 따른 소득 기준을 충족하지 못하는 노무제공자가 둘 이상의 노무제공계약을 체결한 경우로서 같은 기간에 해당하는 노무제공계약의 월보수액을 합산(본인이 합산하기를 원하는 경우만 해당한다)하여 그 합계액이 80만원 이상일 것
③ 노무제공자가 제2항제2호에 따라 둘 이상의 노무제공계약의 월보수액을 합산하기를 원하는 경우에는 고용노동부령으로 정하는 바에 따라 노무제공계약의 월보수액의 합계액이 80만원 이상이 되는 날이 속하는 달의 다음 달 15일까지 고용노동부장관에게 합산 신청을 해야 한다.
④ 고용노동부장관은 제3항에 따라 합산 신청을 받은 경우 해당 노무제공자가 제2항제2호에 따른 소득 기준을 충족하는지를 확인하여 그 결과를 해당 사업주(소득 기준을 충족하는 경우만 해당한다) 및 노무제공자에게 통보해야 한다. 이 경우 노무제공자가 제3항에 따라 합산 신청을 한 때에 해당 사업주가 제104조의12제1항에 따라 그 노무제공자의 피보험자격 취득에 관한 신고를 한 것으로 본다.

제104조의12【노무제공자의 피보험자격에 관한 신고 등】 ① 노무제공자와 노무제공계약을 체결한 사업주는 법 제77조의10제1항에서 준용하는 법 제15조에 따라 그 사업과 관련된 노무제공자의 피보험자격 취득 및 상실에 관한 사항을 그 사유가 발생한 날이 속하는 달의 다음 달 15일까지(노무제공자가 그 기일 이전에 신고할 것을 요구하는 경우에는 지체 없이) 고용노동부장관에게 신고해야 한다.
② 제1항에도 불구하고 노무제공자와 노무제공계약을 체결한 사업주가 해당 노무제공계약 기간에 고용산재보험료징수법시행령 제56조의6제7항에 따라 「산업재해보상보험법」 제10조에 따른 근로복지공단(이하 "근로복지공단"이라 한다)에 월 보수액을 신고한 경우에는 그 사업과 관련된 노무제공자의 피보험자격 취득 및 상실에 관한 사항을 신고한 것으로 본다.(2022.12.14 본항개정)
③ 제1항에도 불구하고 단기노무제공자와 노무제공계약을 체결한 사업주가 해당 계약 기간에 제공된 노무제공일수, 노무제공대가 등이 적힌 노무제공내용 확인신고서를 그 사유가 발생한 날이 속하는 달의 다음 달 15일까지 고용노동부장관에게 제출한 경우에는 해당 단기노무제공자의 피보험자격의 취득 및 상실에 관한 사항을 신고한 것으로 본다.(2023.6.27 본항개정)
④ 법 제77조의6제2항제3호 단서에 따라 고용보험 가입을 원하는 15세 미만인 노무제공자와 노무제공계약을 체결한 사업의 사업주(이하 "노무제공사업의 사업주"라 한다)와 법 제77조의7제1항에 따른 노무제공플랫폼사업자(이하 "노무제공플랫폼사업자"라 한다)는 고용노동부령으로 정하는 바에 따라 고용노동부장관에게 고용보험 가입을 신청해야 한다. 다만, 해당 15세 미만인 노무제공자가 원하는 경우에는 직접 가입을 신청할 수 있고, 가입 신청을 받은 고용노동부장관은 그 사실을 노무제공사업의 사업주나 노무제공플랫폼사업자에게 알려야 한다.
(2023.6.27 본항신설)
⑤ 제4항에 따라 가입을 신청한 경우 해당 15세 미만인 노무제공자는 가입을 신청한 날의 다음 날에 피보험자격을 취득한 것으로 본다. 다만, 해당 15세 미만인 노무제공자가 단기노무제공자인 경우에는 노무제공계약에 따라 노무를 제공한 날에 피보험자격을 취득한 것으로 본다.
(2023.6.27 본항신설)
⑥ 고용보험에 가입한 15세 미만인 노무제공자가 고용보험에서 탈퇴하려는 경우에는 고용노동부령으로 정하는 바에 따라 고용노동부장관에게 탈퇴 신청을 해야 한다. 이 경우 탈퇴를 신청한 날의 다음 날에 피보험자격을 상실한 것으로 본다.(2023.6.27 본항신설)
⑦ 노무제공자는 법 제77조의10제1항에서 준용하는 법 제15조제3항에 따라 피보험자격의 취득 및 상실에 관한 사항을 신고하는 경우에는 노무제공계약서 등 노무제공계약 관계를 증명할 수 있는 서류를 제출해야 한다.

제104조의13【노무제공플랫폼사업자의 노무제공자 피보험자격 신고 등】 ① 노무제공플랫폼사업자의 노무제공자에 대한 피보험자격 취득 및 상실에 관한 사항의 신고를 그 사유가 발생한 날이 속하는 달의 다음 달 15일까지(노무제공자가 그 기일 이전에 신고할 것을 요구하는 경우에는 지체 없이) 고용노동부장관에게 해야 한다.
(2023.6.27 본항개정)
② 제1항에도 불구하고 노무제공플랫폼사업자가 노무제공계약 기간에 고용산재보험료징수법시행령 제56조의6제7항에 따라 근로복지공단에 월 보수액을 신고한 경우에는 노무제공자에 대한 피보험자격 취득 및 상실에 관한 사항을 신고한 것으로 본다.(2022.12.14 본항개정)
③ 제1항에도 불구하고 노무제공플랫폼사업자가 피보험자격 취득 및 상실에 관한 사항을 신고해야 하는 대상이 단기노무제공자인 경우로서 노무제공사업의 사업주와 단기노무제공자가 체결한 노무제공계약 기간에 제공된 노무제공일수, 노무제공대가 등이 적힌 노무제공내용 확인신고서를 그 사유가 발생한 날이 속하는 달의 다음 달 15일까지 고용노동부장관에게 제출한 경우에는 해당 단기노무제공자의 피보험자격 취득 및 상실에 관한 사항을 신고한 것으로 본다.
④ 법 제77조의7제2항제2호에서 "사업장의 명칭·주소 등 대통령령으로 정하는 자료 또는 정보"란 다음 각 호의 자료 또는 정보를 말한다.
1. 사업장의 명칭·주소
2. 사업주(법인인 경우에는 대표자를 말한다)의 이름
3. 사업주의 사업자등록번호(법인인 경우에는 법인등록번호를 포함한다)
⑤ 법 제77조의7제2항제3호에서 "노무제공자의 이름·직종·보수 등 대통령령으로 정하는 자료 또는 정보"란 다음 각 호의 자료 또는 정보를 말한다.
1. 노무제공자의 이름·직종
2. 노무제공자의 주민등록번호(외국인인 경우에는 외국인등록번호를 말한다)
3. 노무제공계약의 시작일 또는 종료일
4. 노무제공횟수 및 노무제공일수
5. 월보수액(단기노무제공자의 경우에는 노무제공대가를 말한다)
(2021.12.31 본조신설)

제104조의14【노무제공자인 피보험자 관련 변경 신고 및 확인의 청구 등】 노무제공자인 피보험자의 이름과 주민등록번호의 변경·정정 신고, 피보험자격의 취득·상실에 관한 확인의 청구·통지 등에 관하여는 제10조제1항 및 제11조를 준용한다.

제104조의15【노무제공자인 피보험자의 구직급여 수급요건 등】 ① 법 제77조의8제1항제3호 단서에서 "대통령령으로 정하는 바에 따른 소득감소"란 다음 각 호의 어느 하나에 해당하는 소득감소가 있는 경우를 말한다. 다만, 고용노동부장관은 「재난 및 안전관리 기본법」에 따른 재난 등 사회적·경제적 위기가 발생한 경우에는 제1호 및 제2호에 따른 소득감소를 비교하는 시점을 달리 정하여 고시할 수 있다.(2022.12.6 단서신설)
1. 이직일이 속한 달의 직전 3개월 동안에 이직할 당시의 노무제공계약(이하 "최종계약"이라 한다. 이하 이 항에서 같다)으로부터 발생한 소득이 전년도 같은 기간에 최종계약으로부터 발생한 소득(최종계약이 없는 경우에는 전년도 같은 기간에 유효한 다른 노무제공계약으로부터 발생한 소득을 말한다)보다 100분의 30 이상 감소한 경우
2. 다음 각 목에 해당하는 소득 감소가 모두 이루어진 경우
가. 이직일이 속한 달의 직전 3개월 동안에 최종계약으로부터 발생한 보수액의 월평균금액이 이직일이 속한 연도의 전년도에 최종계약으로부터 발생한 보수액의 월평균금액[최종계약이 없는 경우에는 그 전년도에 유효한 다른 노무제공계약(계약 기간이 1개월 이상인 것만 해당한다)으로부터 발생한 보수액의 월평균금액을 말한다. 이하 나목에서 "전년도 월평균금액"이라 한다]보다 작을 것
나. 이직일이 속한 달의 직전 12개월 동안에 최종계약으로부터 발생한 월별 보수액이 전년도 월평균금액보다 100분의 30 이상 작은 달이 5개월 이상일 것
② 노무제공자가 이직일 이전 24개월 동안 근로자·예술인·노무제공자 중 둘 이상에 해당하는 사람으로 종사한 경우 법 제77조의8제2항에 따른 피보험 단위기간은 다음의 계산식을 충족하면 같은 조 제1항제1호의 피보험 단위기간의 요건을 갖춘 것으로 본다.

1 - 노무제공자로서의 피보험 단위기간(월 단위로 한다) ÷ 12개월 ≦ 근로자로서의 피보험 단위기간(일 단위로 한다) ÷ 180일 + 예술인으로서의 피보험 단위기간(월 단위로 한다) ÷ 9개월

③ 제2항의 노무제공자가 다음 각 호에 해당하는 경우에는 해당 호에 따라 제2항의 계산식을 산정한다.
1. 법 제77조의10제2항에서 준용하는 법 제40조제2항제1호에 따른 기준기간 동안에 근로자, 예술인 및 노무제공자로 동시에 보험에 가입된 경우 : 노무제공자로서의 피보험 단위기간에만 포함하여 산정
2. 법 제77조의10제2항에서 준용하는 법 제40조제2항제1호에 따른 기준기간 동안에 근로자 또는 예술인으로 동시에 보험에 가입된 경우 : 근로자 또는 예술인의 피보험 단위기간 중 노무제공자인 피보험자에게 유리한 피보험 단위기간에만 포함하여 산정
④ 법 제77조의8제5항 후단에서 "대통령령으로 정하는 금액"이란 6만6천원을 말한다.
⑤ 법 제77조의8제6항 단서에서 "대통령령으로 정하는 기간"이란 다음 각 호의 구분에 따른 기간을 말한다.
(2023.6.27 본문개정)
1. 제1항제1호 또는 제2호에 따른 소득 감소의 정도가 100분의 30 이상 100분의 50 미만인 경우 : 4주
2. 제1항제1호 또는 제2호에 따른 소득 감소의 정도가 100분의 50 이상이거나 법 제77조의8제6항제2호에 해당하는 경우 : 2주(2023.6.27 본호개정)
⑥ 법 제77조의8제7항 단서에 따른 단기노무제공자의 피보험기간은 다음 각 호의 구분에 따라 산정한다.
1. 해당 달의 노무제공일수가 11일 이상인 경우 : 1개월로 산정
2. 해당 달의 노무제공일수가 10일 이하인 경우 : 월별 노무제공일수를 더하여 22로 나눈 기간으로 산정
⑦ 실업인정대상기간 중 취업 등으로 발생한 소득은 법 제77조의8제8항 및 다음 각 호의 구분에 따라 해당 금액을 감액하고 구직급여를 지급해야 한다.
1. 노무제공자인 피보험자가 제104조의8제7항제1호 각 목에 해당하여 취업 등을 한 것으로 보는 경우 : 해당 근로일수, 노무제공일수 또는 영업일수에 그에 해당하는 구직급여일액을 곱한 금액 전부
2. 제1호 외의 경우로서 실업인정대상기간 중 발생한 1일 평균소득이 고용노동부장관이 고시한 금액을 넘는 경우 : 해당 실업인정대상기간 중 발생한 1일 평균소득에서 고용노동부장관 고시에 따라 산정된 금액을 뺀 금액을 모두 더한 금액
⑧ 노무제공자인 피보험자의 구직급여에 관하여는 다음 각 호의 구분에 따른 규정을 준용한다.
1. 구직신청, 수급자격의 인정, 실업의 인정, 취업의 신고, 수급기간, 구직급여의 지급 등에 관하여는 제58조, 제58조의2, 제58조의3, 제59조, 제60조, 제61조, 제62조, 제62조의2, 제63조, 제64조(제3호는 제외한다), 제65조부터 제67조까지, 제69조부터 제71조까지, 제75조, 제76조, 제79조, 제80조, 제80조의2, 제81조 및 제82조
(2023.6.27 본호개정)

2. 상병급여에 관하여는 제69조, 제75조부터 제80조까지, 제80조의2 및 제81조. 이 경우 제69조 중 "실업인정신청서"는 "상병급여 청구서"로, 제75조부터 제80조까지, 제80조의2 및 제81조 중 "구직급여"는 "상병급여"로 본다.
3. 미지급급여청구자에 대한 구직급여의 지급절차에 관하여는 제75조. 이 경우 "신청지 관할 직업안정기관"은 "사망한 수급자격자의 신청지 관할 직업안정기관"으로, "수급자격자"는 "미지급급여청구자"로 본다.

제104조의16【노무제공자의 출산전후급여등의 지급요건 등】 ① 고용노동부장관은 법 제77조제1항의9제2항에 따라 노무제공자인 피보험자 또는 피보험자였던 사람이 다음 각 호의 요건을 모두 갖춘 경우에 출산전후급여등을 지급한다.(2023.6.27 본문개정)
1. 다음 각 목의 구분에 따른 요건을 갖출 것
 가. 출산 또는 유산·사산을 한 날 현재 피보험자인 노무제공자 : 출산 또는 유산·사산을 한 날 이전에 노무제공자로서의 피보험 단위기간이 합산하여 3개월 이상일 것
 나. 출산 또는 유산·사산을 한 날 현재 피보험자가 아닌 노무제공자 : 출산 또는 유산·사산을 한 날 이전 18개월 동안 노무제공자로서의 피보험 단위기간이 합산하여 3개월 이상일 것
(2022.12.6 본호개정)
2. 제2항에 따른 출산전후급여등의 지급기간에 노무제공을 하지 않을 것. 다만, 그 지급기간 중 노무제공 또는 자영업으로 발생한 소득이 각각 고용노동부장관이 정하여 고시하는 금액 미만인 경우에는 노무제공을 하지 않은 것으로 본다.
3. 출산 또는 유산·사산을 한 날부터 12개월 이내에 출산전후급여등을 신청할 것. 다만, 다음 각 목의 어느 하나에 해당하는 사유로 그 기간까지 신청할 수 없었던 경우에는 그 사유가 끝난 날부터 30일 이내에 신청해야 한다.
 가. 천재지변
 나. 본인, 배우자 또는 본인·배우자의 직계존속·직계비속의 질병이나 부상
 다. 범죄 혐의로 인한 구속이나 형의 집행

② 출산전후급여등의 지급기간은 제104조의9제2항에 따른다. 이 경우 "예술인"을 "노무제공자"로 한다.
(2022.12.6 후단개정)
③ 출산전후급여등은 출산 또는 유산·사산한 날부터 소급하여 1년(출산 또는 유산·사산을 한 날 현재 피보험자가 아닌 노무제공자의 경우에는 18개월) 동안의 월평균보수에 해당하는 금액을 기준으로 제104조의9제2항 각 호의 구분에 따른 기간에 대하여 산정한 금액으로 하되, 그 상한액과 하한액은 다음 각 호의 사항을 고려하여 고용노동부장관이 정하여 고시한다.(2022.12.6 본문개정)
1. 제101조에 따른 출산전후휴가 급여등의 상한액과 하한액
2. 노무제공자인 피보험자의 월평균보수 수준
3. 물가상승률
4. 그 밖에 고용노동부장관이 출산전후급여등의 산정에 필요하다고 인정하는 사항

④ 제3항에도 불구하고 법 제77조의9제1항 단서에 따라 노무제공자인 피보험자 또는 피보험자였던 사람이 같은 출산 또는 유산·사산을 이유로 다음 각 호에 해당하는 금액을 지급받은 경우에는 그 지급받은 금액을 제외하고 출산전후급여등을 지급한다.(2022.12.6 본문개정)
1. 법 제75조에 따라 근로자로서 지급받은 출산전후휴가 급여등
2. 법 제76조에 따른 출산전후휴가 급여 등의 지급기간에 법 제77조제1항에서 준용하는 법 제73조제3항에 따라 근로자로서 해당 사업주로부터 지급받은 금품
(2023.6.27 본호개정)
3. 법 제77조의4제1항에 따라 예술인으로서 지급받은 출산전후급여등
4. 제104조의9제2항에 따른 출산전후급여등의 지급기간에 예술인으로서 해당 사업주로부터 지급받은 금품
5. 제2항에 따른 출산전후급여등의 지급기간에 노무제공자로서 해당 사업주로부터 지급받은 금품

⑤ 제1항에 따라 지급된 출산전후급여등의 반환 명령, 추가 징수 및 반환금·추가징수금에의 충당에 관하여는 제81조를 준용한다. 이 경우 "구직급여"는 "출산전후급여등"으로 본다.
(2022.12.6 본조제목개정)

제104조의17【노무제공자의 피보험자격확인 등의 심사 등】 노무제공자의 피보험자격 확인·구직급여·출산전후급여등의 심사, 심사위원회 및 재심사에 관하여는 다음 각 호의 구분에 따른 규정을 준용한다.
1. 심사에 관하여는 제121조부터 제129조까지의 규정
2. 심사위원회 및 재심사에 관하여는 다음 각 목의 구분에 따른 규정
 가. 심사위원회 위원의 기피 신청, 재심사 청구의 보정 등에 관하여는 제123조, 제124조 및 제126조부터 제128조까지의 규정. 이 경우 제123조 중 "심사관"은 "심사위원회 위원"으로, "고용노동부장관"은 "심사위원회 위원장"으로, 제124조 및 제128조 중 "심사청구인"은 "재심사청구인"으로, 제124조·제126조 및 제128조 중 "심사관"은 "심사위원회 위원장"으로, 제126조부터 제128조까지의 규정 중 "심사청구"는 "재심사청구"로 본다.
 나. 심사위원회의 위원 및 운영 등에 관하여는 제130조부터 제141조까지의 규정

제6장 고용보험기금

제104조의18【기금 관리·운용 전문위원】 ① 고용노동부장관은 법 제79조에 따라 기금을 체계적·안정적으로 관리·운용하기 위하여 자산운용 전문위원을 둘 수 있다.
② 자산운용 전문위원의 자격, 복무 및 보수 등에 관한 사항은 고용노동부장관이 정한다.
(2010.7.12 본조개정)

제105조【기금의 운용사업 등】 ① 법 제79조제3항제5호에서 "그 밖에 대통령령으로 정하는 기금 증식 방법"이란 「자본시장과 금융투자업에 관한 법률」 제4조에 따른 증권의 매입을 말한다.(2008.7.29 본항개정)
② 법 제79조제4항에서 "대통령령으로 정하는 수준"이란 1년 만기 정기예금 이자율(「은행법」에 따라 설립된 은행 중 전국을 영업구역으로 하는 은행이 적용하는 이자율로 한다)이나 예상물가상승률 등을 고려하여 고용노동부장관이 정하는 수익률을 말한다.(2010.11.15 본항개정)

제106조【기금의 계산】 기금은 「국가회계법」 제11조에서 정하는 바에 따라 계산한다.(2011.9.15 본조개정)

제107조【기금의 용도 등】 ① 법 제80조제1항제7호에서 "대통령령으로 정하는 경비"란 다음 각 호의 경비를 말한다.
1. 보험사업의 관리·운영에 드는 경비
2. 기금의 관리·운용에 드는 경비
3. 고용산재보험료징수법 제33조에 따른 보험사무대행기관에 대한 교부금(2021.6.8 본호개정)
4. 법과 고용산재보험료징수법에 따른 사업이나 업무의 위탁수수료 지급금(2021.6.8 본호개정)

② 법 제80조제1항제6호에 따른 출연금은 월 단위로 출연금을 받을 자가 다음 달에 쓸 출연금의 금액을 신청한 경우에 고용노동부장관이 그 신청금액을 검토하여 타당성이 인정되는 금액을 지급한다.(2010.7.12 본항개정)
③ 법 제80조제1항제6호에 따른 출연금을 받은 자(이하 이 조에서 "피출연자"라 한다)는 그 출연금을 별도의 계정을 설치하여 관리하여야 하며, 그 계정에서 발생한 이자수입은 고용노동부장관에게 반납하여야 한다. 다만, 고용노동부장관의 승인을 받은 경우에는 피출연자가 대행하거나 위탁받아 하는 사업(이하 이 조에서 "출연금의 목적사업"이라 한다)에 사용할 수 있다.(2010.7.12 본항개정)
④ 보험연도 내에 출연금의 목적사업에 사용되지 않고 남은 출연금은 다른 법령에서 달리 정한 바가 없으면 고용노동부장관에게 반납하여야 한다. 다만, 고용노동부장관의 승인을 받은 경우에는 다음 연도에 이월하여 출연금의 목적사업에 사용할 수 있다.(2010.7.12 본항개정)
⑤ 피출연자가 출연금을 출연금의 목적사업이 아닌 용도로 사용한 경우에 고용노동부장관은 그에 해당하는 금액을 반환하도록 요구할 수 있다.(2010.7.12 본항개정)
⑥ 피출연자는 매 분기의 다음 달 10일까지 그 분기의 출연금 집행실적을 고용노동부장관에게 보고하여야 한다.
(2010.7.12 본항개정)
(2008.9.18 본조개정)

제108조【기금 지급의 위탁】 고용노동부장관은 기금의 지원금·장려금의 지급, 대부금의 교부, 훈련비용과 훈련수당의 지급, 실업급여의 지급에 관한 업무를 다음 각 호의 어느 하나에 해당하는 기관이나 체신관서에 위탁하여 할 수 있다.(2010.7.12 본문개정)
1. 「은행법」 제8조에 따른 인가를 받은 은행(2010.11.15 본호개정)
2. 「농업협동조합법」에 따른 농협은행(2012.1.6 본호개정)
3. 「수산업협동조합법」에 따른 수협은행(2016.10.25 본호개정)
4. 「상호저축은행법」에 따른 상호저축은행
5. 「새마을금고법」에 따른 새마을금고
6. 「신용협동조합법」에 따른 신용협동조합
(2008.4.30 본조개정)

제109조【기금운용 계획】 법 제81조제1항에 따른 기금운용 계획에는 다음 각 호의 사항이 포함되어야 한다.
1. 기금의 수입과 지출에 관한 사항
2. 해당 연도의 사업계획·지출원인행위계획과 자금계획에 관한 사항
3. 전년도 이월자금의 처리에 관한 사항
4. 적립금에 관한 사항
5. 그 밖에 기금운용에 필요한 사항

제110조【기금운용 결과의 공표】 고용노동부장관은 법 제81조제2항에 따라 매년 기금의 운용 결과를 서울특별시에 본사를 두고 있는 1개 이상의 경제 분야 특수일간신문, 관보, 인터넷 홈페이지 또는 방송 등을 통하여 공표해야 한다.(2020.11.24 본조개정)

제111조【기금의 회계기관】 ① 고용노동부장관은 기금의 수입과 지출에 관한 사무를 수행하게 하기 위하여 소속 공무원 중에서 기금수입징수관, 기금재무관, 기금지출관 및 기금출납공무원을 임명한다.(2010.7.12 본항개정)
② 기금수입징수관과 기금재무관은 기금의 관리·운용에 따르는 계약, 수입·지출의 원인이 되는 행위 및 기금수입금의 징수·결정에 관한 업무를 담당하며, 기금지출관 및 기금출납공무원은 기금의 관리·운용에 따르는 수입과 지출업무를 담당한다.
③ 고용노동부장관은 기금수입징수관, 기금재무관, 기금지출관 및 기금출납공무원을 임명하였을 때에는 감사원장과 한국은행총재에게 알려야 한다.(2010.7.12 본항개정)

제112조【거래은행의 지정】 기금지출관은 해당 소재지에 있는 한국은행(본점, 지점, 출장소, 국고대리점을 포함한다. 이하 같다)을, 해당 소재지에 한국은행이 없는 경우에는 가까운 거리에 있는 한국은행을 그가 발행하는 수표의 지급인으로 지정하여야 한다.

제113조【기금수입금의 수납절차】 ① 기금수입징수관이 기금의 수입금을 징수하려면 납부 의무자에게 한국은행의 기금계정에 내도록 알려야 한다. 다만, 사업주가 정하여진 기한까지 스스로 낼 경우에는 그러하지 아니하다.
② 한국은행은 기금의 수입금을 수납하였을 때에는 납입자에게 영수증을 내주고, 수납통지서를 지체 없이 기금수입징수관에게 보내야 한다.
③ 한국은행은 제2항에 따라 수납한 기금의 수입금을 국고금 취급절차에 따라 한국은행 본점에 설치되어 있는 기금계정에 집중시켜야 한다.

제114조【기금의 지출절차】 ① 기금재무관이 지출원인행위를 하였을 때에는 그 지출원인행위에 관한 서류를 기금지출관에게 보내야 한다.
② 기금지출관이 지출원인행위에 따라 기금을 지출할 때에는 한국은행으로 하여금 채권자나 법령에서 정하는 바에 따라 국고금의 지급사무를 위탁받아 처리하는 자의 금융기관 예금계좌로 이체하는 방법으로 지급하게 하여야 한다.
③ 기금재무관이 지출원인행위를 한 후 부득이한 사유로 해당 회계연도 내에 지출하지 못한 금액은 다음 연도에 이월하여 지출할 수 있다.

제115조【현금 취급의 금지】 기금지출관과 기금출납공무원은 현금을 보관하거나 출납할 수 없다. 다만, 「국고금관리법」 제22조제4항과 같은 법 제24조에 따른 경우에는 그러하지 아니하다.

제116조【기금의 지출원인행위 한도액 등의 배정】 ① 고용노동부장관은 제109조제2호에 따른 분기별 지출원인행위계획의 범위에서 각 기금재무관에게 분기별 지출원인행위 한도액을 배정하여야 한다.
② 고용노동부장관은 제109조제2호에 따른 월별 자금계획의 범위에서 각 기금지출관에게 「국고금관리법 시행령」 제49조제2항에 따라 작성한 월별세부자금계획서에 따라 자금을 배정하여야 한다.(2011.9.15 본항개정)
(2010.7.12 본조개정)

제117조【기금의 운용상황 보고】 ① 기금수입징수관은 기금징수액보고서를, 기금재무관은 기금지출원인행위액 보고서를, 기금지출관은 기금지출액보고서를 매월 말일을 기준으로 작성하여 다음 달 20일까지 고용노동부장관에게 제출하여야 한다.
② 제1항의 보고 외에 기금의 운용관리에 필요한 보고에 관한 사항은 고용노동부장관이 정한다.
(2010.7.12 본조개정)

제118조【기금의 결산보고】 고용노동부장관은 매 회계연도의 기금 결산에 관한 다음 각 호의 서류를 작성하여 위원회의 심의를 거쳐 다음 회계연도 2월 말까지 기획재정부장관에게 제출하여야 한다.(2011.9.15 본문개정)
1. 기금결산의 개황과 분석에 관한 서류
2. 재정상태표, 재정운영표, 순자산변동표 등 재무제표
(2011.9.15 본호개정)
3. 기금의 운용 계획과 실적의 대비표
4. 수입과 지출계산서
5. 그 밖에 결산의 내용을 명백히 하기 위하여 필요한 서류

제119조【적립금 등의 출납】 법 제84조에 따른 기금의 적립금과 여유금의 출납에 필요한 사항은 고용노동부령으로 정한다.(2010.7.12 본조개정)

제120조【「국가재정법」 및 「국고금 관리법」의 준용】 기금의 운용·관리에 관하여 법과 이 영에서 규정하지 않은 사항에 관하여는 「국가재정법」 및 「국고금 관리법」에 따른다.(2021.6.8 본조개정)

제7장 심사 및 재심사의 청구

제121조【심사관의 자격】 법 제89조에 따른 고용보험심사관(이하 "심사관"이라 한다)은 고용노동부 소속 공무원으로서 다음 각 호의 어느 하나에 해당하는 사람 중에서 임명한다.
1. 고용노동부에서 일반직 5급 이상 공무원이나 고위공무원단에 속하는 일반직공무원으로서 보험에 관한 심사 또는 재심사의 청구에 관련된 업무에 1년 이상 종사한 사람
2. 고용노동부에서 일반직 5급 이상 공무원이나 고위공무원단에 속하는 일반직공무원으로서 보험 업무에 2년 이상 종사한 사람

3. 그 밖에 제1호나 제2호의 사람에 해당하는 자격이 있다고 고용노동부장관이 인정하는 사람
(2021.6.8 본조개정)

제122조【심사관의 배치·직무】 ① 심사관은 고용노동부에 둔다.
② 심사관은 고용노동부장관이 지정하는 심사업무와 심사청구에 대한 사례 연구를 담당한다.
(2010.7.12 본조개정)

제123조【기피 신청의 방식】 ① 법 제89조제4항에 따른 심사관에 대한 기피 신청은 그 사유를 구체적으로 밝힌 서면으로 하여야 한다.
② 고용노동부장관은 제1항에 따라 기피 신청을 받으면 15일 이내에 그에 대한 결정을 하여 신청인에게 알려야 한다.(2010.7.12 본항개정)

제124조【청구인의 지위승계 신고】 법 제89조제5항에 따라 심사청구인의 지위를 승계한 자는 승계사실을 증명할 수 있는 서류를 첨부하여 서면으로 심사관에게 신고하여야 한다.

제125조【심사청구의 방식】 ① 법 제91조에 따른 심사청구 문서에는 다음 각 호의 사항을 적어야 한다.
1. 청구인의 이름과 주소
2. 피청구인인 처분청의 명칭
3. 심사청구 대상인 처분의 내용
4. 처분이 있었던 것을 안 날
5. 피청구인인 처분청에 따른 심사청구에 관한 통지의 유무와 통지의 내용
6. 심사청구의 취지와 이유
7. 심사청구 연월일
② 심사의 청구가 선정 대표자나 대리인에 의하여 제기되는 것일 때에는 제1항의 사항 외에 그 선정 대표자나 대리인의 이름과 주소를 적어야 하며, 선정 대표자나 대리인 자격은 서면으로 소명하여야 한다.(2010.12.31 본항개정)
③ 제1항의 서면에는 청구인이나 대리인이 기명날인하여야 한다.

제126조【심사청구의 보정】 ① 법 제92조제2항 본문에 따른 심사청구 보정명령은 다음 각 호의 사항을 적은 문서로 하여야 한다.
1. 보정할 사항
2. 보정이 요구되는 이유
3. 보정 기간
4. 그 밖에 필요한 사항
② 심사관은 법 제92조제2항 단서에 따라 직권으로 심사청구를 보정한 경우에는 그 사실을 당사자에게 알려야 한다.

제127조【원처분의 집행정지 통지】 법 제93조제2항에 따른 집행정지 통지 문서에는 다음 각 호의 사항을 적어야 한다.
1. 심사청구 사건명
2. 집행정지 대상 처분과 집행정지 내용
3. 청구인의 이름과 주소
4. 피청구인인 처분청의 명칭
5. 집행정지 이유

제128조【심리를 위한 조사】 ① 법 제94조제1항에 따른 심사청구에 대한 심리를 위한 조사의 신청은 다음 각 호의 사항을 적은 문서로 하여야 한다.
1. 심사청구 사건명
2. 신청의 취지와 이유
3. 출석이 요구되는 관계인의 이름과 주소(법 제94조제1항제1호의 경우에만 적는다)
4. 제출이 요구되는 문서, 그 밖의 물건의 소유자나 보관자의 이름과 주소(법 제94조제1항제2호의 경우에만 적는다)
5. 감정이 요구되는 사항과 그 이유(법 제94조제1항제3호의 경우에만 적는다)
6. 출입할 사업장이나 그 밖의 장소, 질문할 사업주·종업원이나 그 밖의 관계인, 검사할 문서나 그 밖의 물건(법 제94조제1항제4호의 경우에만 적는다)
② 심사관은 법 제94조제1항에 따라 증거조사를 한 경우에는 증거조사 조서를 작성하여야 한다. 이 경우 법 제94조제1항제1호에 따라 심사청구인이나 관계인으로부터 진술을 받을 때에는 진술조서를 작성하여 첨부하여야 한다.
③ 제2항의 증거조사 조서에는 다음 각 호의 사항을 적고, 심사관이 기명날인하여야 한다.
1. 사건표시
2. 조사 일시와 장소
3. 조사대상과 조사방법
4. 조사 결과

제129조【결정서】 법 제96조에 따른 심사청구에 대한 결정은 다음 각 호의 사항을 적고 심사관이 서명 또는 날인한 결정서에 의하여야 한다.(2011.9.15 본문개정)
1. 사건번호와 사건명
2. 청구인의 이름과 주소
3. 피청구인인 처분청의 명칭
4. 주문
5. 청구 취지
6. 이유
7. 결정 연월일

제130조【심사위원회 위원의 위촉·임명】 ① 법 제99조제1항에 따른 고용보험심사위원회(이하 "심사위원회"라 한다)의 위원 중 근로자를 대표하는 위원은 총연합단체인 노동조합에서, 사용자를 대표하는 위원은 전국적 규모의 사용자단체에서 추천한 사람 중에서 고용노동부장관의 제청으로 각각 대통령이 위촉한다.(2021.6.8 본항개정)
② 심사위원회의 위원 중 근로자를 대표하는 위원, 사용자를 대표하는 위원과 당연직 위원 외의 위원은 다음 각 호의 어느 하나에 해당하는 사람 중에서 고용노동부장관의 제청으로 대통령이 위촉한다. 다만, 상임위원은 제3호나 제4호에 해당하는 사람 중에서 고용노동부장관의 제청으로 대통령이 임명한다.
1. 판사·검사 또는 변호사의 자격이 있는 사람
2. 「고등교육법」에 따른 대학에서 부교수 이상으로 재직하고 있거나 재직했던 사람
3. 3급 이상의 공무원이나 고위공무원단에 속하는 일반직공무원으로 재직하고 있거나 재직했던 사람
4. 노동관계 업무에 15년 이상 종사한 사람으로서 고용노동부장관이 자격이 있다고 인정하는 사람
5. 사회보험 또는 고용문제에 관한 학식과 경험이 있는 사람 중에서 고용노동부장관이 자격이 있다고 인정하는 사람
(2021.6.8 본항개정)
③ 고용노동부장관은 보험 업무를 담당하는 고용노동부의 3급 공무원이나 고위공무원단에 속하는 일반직공무원 1명을 심사위원회의 당연직 위원으로 지명한다.
(2010.7.12 본항개정)

제131조【위원의 임기】 ① 심사위원회 위원의 임기는 3년으로 하되, 연임할 수 있다.
② 위원이 궐위된 경우 보궐위원의 임기는 전임자 임기의 남은 기간으로 한다. 다만, 상임위원(위원장을 포함한다)이 궐위된 경우 보궐위원의 임기는 새로 시작한다.
③ 위원은 제1항에 따른 임기가 만료된 경우에도 후임자가 위촉될 때까지 그 직무를 수행할 수 있다.
(2008.9.18 본조개정)

제132조【위원의 처우】 심사위원회 회의에 출석한 상임위원과 당연직 위원 외의 위원에게는 예산의 범위에서 그 직무수행을 위하여 필요한 수당과 여비를 지급할 수 있다. 이 경우 여비는 공무원여비규정을 표준으로 삼아 지급한다.

제133조【위원장과 부위원장】 ① 심사위원회에는 위원장과 부위원장 각 1명을 둔다.
② 심사위원회 위원장은 상임위원 중에서 고용노동부장관의 제청으로 대통령이 임명하고, 부위원장은 위원 중에서 호선한다.(2010.7.12 본항개정)

제134조【직무】 ① 위원장은 심사위원회를 대표하며, 심사위원회의 사무를 총괄한다.
② 부위원장은 위원장을 보좌하며, 위원장이 부득이한 사유로 직무를 수행할 수 없을 때에는 그 직무를 대행한다.

제135조【회의】 ① 심사위원회 회의는 위원장 또는 부위원장, 당연직 위원과 위원장이 회의를 할 때마다 지정하는 노·사 대표 각 1명의 위원을 포함하여 9명 이내로 구성·운영한다.
② 심사위원회의 위원장은 회의를 소집하려면 회의 개최 5일 전까지 회의 일시, 장소와 안건을 각 위원에게 서면으로 알려야 한다. 다만, 긴급을 요하는 경우에는 그러하지 아니하다.
③ 심사위원회의 회의는 제1항에 따라 구성된 구성원 과반수의 출석으로 개의하고, 출석위원 과반수의 찬성으로 의결한다.

제136조【전문위원의 배치】 ① 고용노동부장관은 법 제99조제9항에 따라 심사위원회의 재심사 업무에 필요한 전문적인 조사·연구를 위해 전문위원을 둘 수 있다.
(2021.6.8 본항개정)
② 전문위원의 자격·복무와 보수 등에 관하여 필요한 사항은 고용노동부령으로 정한다.
(2010.7.12 본조개정)

제137조【통지】 법 제101조제1항에 따른 심리기일(審理期日)과 장소는 문서로 알리되, 직접 전달하거나 등기우편으로 보내야 한다.

제138조【심리비공개의 신청】 법 제101조제3항 단서에 따른 심리의 비공개 신청은 그 취지와 이유를 적은 문서로 하여야 한다.

제139조【심리조서】 ① 법 제101조제4항에 따른 심리조서에는 다음 각 호의 사항을 적어야 한다.
1. 사건번호와 사건명
2. 심리일시와 장소
3. 출석한 위원 이름
4. 출석한 당사자나 대리인 이름
5. 심리 내용
6. 그 밖에 필요한 사항
② 제1항의 심리조서에는 작성 연월일을 적고, 위원장이 서명하거나 날인하여야 한다.
③ 법 제101조제5항에 따른 열람신청은 문서로 하여야 한다.

제140조【재심사청구의 방식】 ① 법 제87조에 따른 재심사청구는 다음 각 호의 사항을 적은 문서로 하여야 한다.
1. 청구인의 이름과 주소
2. 제125조제1항제2호부터 제4호까지의 규정에 따른 사항
3. 결정을 한 심사관 이름
4. 결정이 있었던 것을 안 날
5. 결정을 한 심사관에 의한 재심사 청구에 관한 고지의 유무와 고지의 내용
6. 재심사청구 취지와 이유
7. 재심사청구 연월일
② 재심사청구가 선정 대표자나 대리인에 의하여 제기되는 것일 때에는 제1항의 사항 외에 그 선정 대표자나 대리인의 이름과 주소를 적어야 하며, 선정 대표자나 대리인 자격은 서면으로 소명하여야 한다.(2010.12.31 본항개정)
③ 제1항의 서면에는 청구인이나 대리인이 기명날인하여야 한다.

제141조【재결서】 재심사청구에 대한 재결서에는 다음 각 호의 사항을 적고, 심사위원회 위원장과 재결에 참여한 위원이 서명 또는 날인하여야 한다.(2011.9.15 본문개정)
1. 사건번호와 사건명
2. 청구인의 이름과 주소
3. 원처분청 명칭
4. 심사청구에 대한 결정을 한 심사관의 이름
5. 주문
6. 청구 취지
7. 이유
8. 재결 연월일

제142조【준용】 심사위원회와 재심사에 관하여는 제123조, 제124조, 제126조부터 제128조까지의 규정을 준용한다. 이 경우 제123조 중 "심사관"은 "심사위원회 위원"으로, "고용노동부장관"은 "심사위원회 위원장"으로, 제124조와 제128조 중 "심사청구인"은 "재심사청구인"으로, 제124조·제126조·제128조 중 "심사관"은 "심사위원회 위원장"으로, 제126조부터 제128조까지 중 "심사청구"는 "재심사청구"로 본다.(2010.7.12 후단개정)

제8장 보 칙

제142조의2【제공요청 대상 자료 등의 범위】 법 제110조제1항에 따라 요청할 수 있는 자료 또는 정보는 다음 각 호의 어느 하나에 해당하는 자료 또는 정보로 한다.
1. 각종 연금·보험 및 임금에 관한 다음 각 목의 자료 또는 정보
가. 「공무원연금법」에 따른 공무원연금 가입에 관한 자료
나. 「국민연금법」에 따른 사업장가입자의 신고 자료 및 월별 연금보험료 부과 자료
다. 「국민건강보험법」에 따른 사업장 신고 자료 및 직장가입자의 월별 보험료액 자료
라. 「군인연금법」에 따른 군인연금 가입에 관한 자료
마. 「별정우체국법」에 따른 별정우체국 직원의 연금 가입에 관한 자료
바. 「사립학교교직원 연금법」에 따른 사립학교교직원의 연금 가입에 관한 자료
사. 「산업재해보상보험법」에 따른 산재보험급여 자료 및 노무제공자에 관한 자료(2023.6.27 본목개정)
아. 「임금채권보장법」에 따른 체불임금에 관한 자료
2. 가족관계·근로자·장애인·외국인 등에 관한 다음 각 목의 자료 또는 정보
가. 「가족관계의 등록 등에 관한 법률」에 따른 가족관계등록 전산정보 자료와 가족관계기록사항에 관한 증명서
나. 「국적법」에 따른 국적 취득 및 국적 상실 등에 관한 자료
다. 「병역법」에 따른 병역 복무 자료
라. 「외국인근로자의 고용 등에 관한 법률」에 따른 외국인근로자의 근로계약 해지 및 그 밖에 고용과 관련된 자료
마. 「장애인고용촉진 및 직업재활법」에 따른 장애인 증명 자료
바. 「재외동포의 출입국과 법적 지위에 관한 법률」에 따른 재외국민 및 외국국적동포의 국내거소신고 자료
사. 「주민등록법」에 따른 주민등록 자료
아. 「출입국관리법」에 따른 외국인등록 자료와 출입국정보 및 외국인 해고·퇴직 등에 관한 신고 자료
3. 부동산·자동차·선박·항공기 등에 관한 다음 각 목의 자료 또는 정보
가. 「건설기계관리법」에 따른 건설기계등록원부 등본, 건설기계사업 등록 자료
나. 「건축법」에 따른 건축물대장 등본
다. 「공간정보의 구축 및 관리 등에 관한 법률」에 따른 토지대장 및 임야대장 등본
라. 「농지법」에 따른 농지대장(2022.5.9 본목개정)
마. 「동산·채권 등의 담보에 관한 법률」에 따른 담보등기부
바. 「부동산등기법」에 따른 토지등기사항증명서·건물등기사항증명서
사. 「비송사건절차법」, 「상업등기법」 등에 따른 법인등기사항증명서

아. 「선박등기법」에 따른 선박등기사항증명서
자. 「선박법」에 따른 선박원부
차. 「자동차관리법」에 따른 자동차등록원부
카. 「중견기업 성장촉진 및 경쟁력 강화에 관한 특별법」에 따른 중견기업 관련 자료
타. 「특허권 등의 등록령」에 따른 등록원부
파. 「항공안전법」에 따른 항공기등록원부
4. 그 밖의 고용보험 피보험자격 관리에 필요한 다음 각 목의 자료 또는 정보
가. 「국민기초생활 보장법」에 따른 수급자격 및 자활근로 대상 여부에 관한 자료
나. 「사회복지사업법」에 따른 사회복지법인 및 사회복지시설과 그 종사자에 관한 자료
다. 「사회서비스 이용 및 이용권 관리에 관한 법률」에 따른 사회서비스 제공자 및 그 종사자에 관한 자료
라. 「영유아보육법」에 따른 어린이집 및 보육교직원, 보육영유아와 그 보호자에 관한 자료(2021.12.31 본목개정)
(2020.8.27 본조신설)

제143조【진찰비용】 직업안정기관의 장은 법 제111조에 따라 진찰을 받을 것을 명하는 경우에는 그 진찰에 드는 실비를 지급할 수 있다.

제144조 (2012.1.13 삭제)

제144조의2【시범사업의 실시 대상】 법 제114조에 따라 고용노동부장관은 고용안정·직업능력개발사업을 시범사업으로 실시할 수 있다.(2017.8.29 본조개정)

제145조【권한의 위임 등】 ① 법 제115조에 따라 고용노동부장관은 다음 각 호의 사항에 관한 권한을 직업안정기관의 장에게 위임한다.(2010.7.12 본문개정)
1.~2. (2016.10.18 삭제)
3. (2019.2.12 삭제)
4. 법 제20조에 따른 고용창출의 지원(제4항에 따라 위탁하는 것은 제외한다)
5. 법 제21조에 따른 고용조정의 지원
6. 법 제22조에 따른 지역 고용의 촉진
7. 법 제23조에 따른 고령자등 고용촉진의 지원
8. 법 제24조에 따른 건설근로자 등의 고용안정 지원
9. 법 제31조제2항에 따른 직업능력개발 훈련 사업의 실시(2011.12.30 본호개정)
10. 법 제33조에 따른 고용정보의 제공과 고용 지원 기반의 구축 등(고용안정·직업능력개발에 관한 기반의 구축, 전문인력의 배치사업과 제6항에 따라 위탁된 사업은 제외한다)
11. 법 제35조에 따른 부정행위에 따른 지원의 제한 등
12. 법 제70조와 법 제73조에 따른 육아휴직 급여의 지급과 지급 제한
12의2. 법 제73조의2에 따른 육아기 근로시간 단축 급여의 지급과 법 제74조제2항에서 준용하는 법 제73조에 따른 육아기 근로시간 단축 급여의 지급 제한(2023.6.27 본호신설)
13. 법 제75조에 따른 출산전후휴가 급여등의 지급과 법 제77조제1항에서 준용하는 법 제73조에 따른 출산전후휴가 급여등의 지급 제한(2023.6.27 본호개정)
13의2. 법 제76조의2에 따른 출산전후휴가 급여등에 상당하는 금액의 지급과 법 제77조제2항에서 준용하는 법 제73조(같은 조 제1항은 제외한다)에 따른 출산전후휴가 급여등에 상당하는 금액의 지급 제한(2023.6.27 본호신설)
13의3. 법 제77조의3에 따른 예술인인 피보험자에 대한 구직급여의 지급과 법 제77조의5제2항에서 준용하는 법 제61조에 따른 구직급여의 지급 제한(2023.6.27 본호개정)
13의4. 법 제77조의4에 따른 예술인인 피보험자에 대한 출산전후급여등의 지급과 법 제77조의5제3항에서 준용하는 법 제62조 및 제73조제4항에 따른 출산전후급여등의 반환명령과 지급 제한(2023.6.27 본호신설)
13의5. 법 제77조의8에 따른 노무제공자인 피보험자에 대한 구직급여의 지급과 법 제77조의10제2항에서 준용하는 법 제61조에 따른 구직급여의 지급 제한(2023.6.27 본호개정)
13의6. 법 제77조의9에 따른 노무제공자인 피보험자에 대한 출산전후급여등의 지급과 법 제77조의10제3항에서 준용하는 법 제62조 및 제73조제4항에 따른 출산전후급여등의 반환명령과 지급 제한(2023.6.27 본호신설)
14. 법 제108조에 따른 보고, 관계 서류의 제출 및 출석의 요구(위임된 사무처리를 위하여 필요한 경우로 한정한다)
15. 법 제109조에 따른 사무소 출입, 관계인에 대한 질문과 서류의 조사(위임된 사무 처리를 위하여 필요한 경우로 한정한다)와 이와 관련된 조사 전 통지와 조사 결과 통지
16. 법 제110조에 따른 자료 제출의 요청(위임된 사무처리를 위하여 필요한 경우로 한정한다)
17. 법 제112조에 따른 포상금의 지급
18. 법 제118조에 따른 과태료의 부과·징수(2018.7.3 본호개정)
19. 제4조에 따른 대리인 선임·해임의 신고 수리(대리인이 법 제15조에 관한 사항을 대리하는 경우는 제외한다)(2020.8.27 본호개정)
20. 제35조에 따른 고용안정과 취업촉진 사업(2014.12.31 본호신설)
20의2. (2014.12.31 삭제)
21. 제36조에 따른 취업지원사업에 대한 지원
22. 제38조제2항에 따른 고용촉진 시설(제38조제1항제2호 및 같은 항 제3호의 고용촉진시설로 한정한다)에 대한 비용 지원
23. (2015.6.30 삭제)
24. 제43조에 따른 근로자의 직업능력 개발을 위한 지원(2021.6.8 본호개정)
25. (2011.9.15 삭제)
26. 제47조에 따른 취업훈련의 지원(2011.9.15 본호개정)
② 법 제115조에 따라 고용노동부장관은 다음 각 호의 사항에 관한 권한을 근로복지공단에 위탁한다.(2021.12.31 본문개정)
1. 법 제15조에 따른 피보험자격에 관한 신고의 수리 등(2016.10.18 본호신설)
2. (2020.8.27 삭제)
2의2. 법 제17조(법 제77조의5제1항 및 제77조의10제1항에서 준용하는 경우를 포함한다)에 따른 피보험자격의 확인(2021.6.8 본호개정)
2의3. 법 제77조의2 및 제77조의5제1항에 따른 예술인인 피보험자의 피보험자격 신고의 접수(2020.12.8 본호신설)
2의4. 법 제77조의6, 제77조의7 및 제77조의10제1항에 따른 노무제공자인 피보험자의 피보험자격 신고의 접수(2021.12.31 본호개정)
3. 법 제108조에 따른 보고, 관계 서류의 제출 및 출석의 요구(위탁된 사무처리를 위하여 필요한 경우로 한정한다)
4. 법 제109조에 따른 사무소 출입, 관계인에 대한 질문과 서류의 조사(위탁된 사무 처리를 위하여 필요한 경우로 한정한다)
4의2. (2010.2.8 삭제)
5. 법 제110조에 따른 자료 제출의 요청(위탁된 사무 처리를 위하여 필요한 경우로 한정한다)
6. 제3조의2제2항에 따른 가입대상 공무원에 대한 보험가입 신청의 수리 및 가입 신청 사실의 통보(2016.10.18 본호신설)
7. 제3조의2제4항에 따른 고용보험 가입 공무원의 탈퇴신청의 수리(2016.10.18 본호신설)
8. 제4조에 따른 대리인 선임·해임의 신고 수리(대리인이 법 제15조에 관한 사항을 대리하는 경우에 한정한다)(2020.8.27 본호개정)
8의2. 제35조제7호에 따른 일·가정 양립 지원사업을 위한 대부금의 관리·운용에 관한 사항(2016.12.30 본호신설)
8의3. 제37조의3에 따른 우선지원대상기업의 고용유지비용의 대부에 관한 사항(2021.12.31 본호개정)
9. 제38조제4항에 따른 어린이집 운영비용의 지원(2015.6.30 본호신설)
10. 제38조제5항에 따른 어린이집 설치비용의 융자·지원 및 융자금·지원금의 관리·운용에 관한 사항(2011.12.8 본호개정)
11. 제45조에 따른 능력개발비용의 대부에 관한 사항(2010.12.31 본호신설)
12. 제47조의2에 따른 직업능력개발훈련 중 생계비 대부와 대부금의 관리·운용에 관한 사항(2009.3.12 본호신설)
13. 제104조의6제4항 및 제6항에 따른 15세 미만인 예술인의 고용보험 가입 및 탈퇴 신청의 접수 및 처리
14. 제104조의12제4항 및 제6항에 따른 15세 미만인 노무제공자의 고용보험 가입 및 탈퇴 신청의 접수 및 처리(2023.6.27 13호~14호신설)
③ 법 제115조에 따라 고용노동부장관은 다음 각 호의 사항에 관한 권한을 한국산업인력공단에 위탁한다.(2010.7.12 본문개정)
1. 법 제27조에 따른 사업주에 대한 직업능력개발 훈련의 지원(2011.12.30 본호신설)
2. 법 제31조제1항제2호에 따른 숙련기술 장려 사업 중 민간 기능경기대회 비용의 지원(2012.1.13 본호개정)
3. 법 제108조에 따른 보고, 관계 서류의 제출 및 출석의 요구(위탁된 사무 처리를 위하여 필요한 경우로 한정한다)
4. 법 제109조에 따른 사무소 출입, 관계인에 대한 질문 및 서류의 조사(위탁된 사무 처리를 위하여 필요한 경우로 한정한다)
5. 법 제110조에 따른 자료 제출의 요청(위탁된 사무 처리를 위하여 필요한 경우로 한정한다)
6. (2010.12.31 삭제)
7. 제46조에 따른 능력개발비용의 지원에 관한 사항
8. 제48조에 따른 직업능력개발훈련시설 등에 대한 비용 대부와 대부금의 관리·운용에 관한 사항
9. 제49조에 따른 직업능력개발훈련시설 등에 대한 비용 지원과 지원금의 관리·운용에 관한 사항(지원결정에 관한 사항은 제외한다)
10. (2008.4.30 삭제)
11. 제51조제1항제1호에 따른 자격검정 사업에 대한 비용 지원에 관한 사항
11의2. 제52조제1항제3호에 따른 훈련 매체의 개발·편찬과 보급사업(2009.3.12 본호신설)
12. 제52조제1항제5호에 따른 인적자원개발 우수기업 인증제 지원 사업
13. 제52조제1항제6호에 따른 사업주, 사업주단체 등이 중소기업과 공동으로 중소기업 근로자 등을 위하여 실시하는 직업능력개발사업
14. 제52조제1항제10호의 우선지원대상기업의 사업주나 근로자의 핵심 직무능력 향상을 위하여 실시하는 직업능력개발훈련(2021.12.31 본호개정)
15. 제52조제1항제11호의 우선지원대상기업의 학습조직화를 촉진하기 위하여 실시하는 직업능력개발사업(2021.12.31 본호개정)
16. 제52조제1항제12호의 우선지원대상기업의 사업주나 인력개발 담당자의 인적자원 개발역량을 높이기 위하여 실시하는 직업능력개발사업(2021.12.31 본호개정)
17. 제52조제1항제13호에 따른 우선지원대상기업에 대한 체계적인 현장 훈련 지원 사업(2021.12.31 본호개정)
18. (2010.12.31 삭제)
④ 법 제115조에 따라 고용노동부장관은 제17조에 따른 고용창출사업에 대한 지원, 제37조에 따른 고령자 등의 고용환경 개선 지원, 제38조제2항에 따른 고용촉진 시설(제38조제1항제5호의 고용촉진 시설로 한정한다)에 대한 비용 지원, 제52조제1항제4호에 따른 사업주단체, 근로자단체 또는 그 연합체가 협력하여 실시하는 직업능력개발사업의 지원과 제55조에 따른 지방자치단체 등에 대한 지원 권한의 일부를 「한국산업안전보건공단법」에 따른 한국산업안전보건공단, 근로복지공단, 한국산업인력공단, 「장애인고용촉진 및 직업재활법」에 따른 한국장애인고용공단(이하 "한국장애인고용공단"이라 한다), 「정부출연연구기관 등의 설립·운영 및 육성에 관한 법률」 제8조에 따라 설립된 한국노동연구원(이하 "한국노동연구원"이라 한다), 그 밖에 고용노동부장관이 정하여 고시하는 관계 전문기관이나 비영리법인에 위탁할 수 있으며, 이에 따른 위탁대상기관의 선정기준 등은 고용노동부령으로 정한다.(2010.12.31 본항개정)
⑤ 법 제115조에 따라 고용노동부장관은 제33조에 따른 고용관리 진단 등 지원의 업무를 한국산업인력공단, 한국장애인고용공단, 한국노동연구원 또는 관계 전문기관 등 고용노동부장관이 지정·고시하는 기관에 위탁한다.(2010.7.12 본항개정)
⑥ 법 제115조에 따라 고용노동부장관은 법 제15조제6항에 따른 장비 등의 지원, 법 제33조에 따른 고용정보의 제공과 고용 지원 기반의 구축 등에 관한 권한 중 다음 각 호의 사항에 관한 권한을 「고용정책 기본법」 제18조에 따라 설립된 한국고용정보원에 위탁한다.(2010.7.12 본문개정)
1. 고용정보의 수집·분석과 직업안정기관에의 제공
2. 직업·훈련 상담 등 직업 지도에 관한 기법의 연구·개발과 보급
3. 고용정보의 제공, 직업지도, 직업소개의 평가와 지원
4. 고용안정·직업능력개발에 관한 기반의 구축 중 고용보험사업에 관련된 전산망의 운용
⑦ 법 제115조에 따라 고용노동부장관은 제35조제4호에 따른 건설근로자의 고용안정 등에 대한 지원사업의 업무를 「건설근로자의 고용개선 등에 관한 법률」 제9조에 따른 건설근로자공제회에 위탁한다.(2010.7.12 본항개정)
⑧ 근로복지공단의 이사장, 한국산업인력공단의 이사장과 한국장애인고용공단의 이사장은 제2항부터 제5항까지의 규정에 따라 위탁받은 업무를 수행하기 위하여 그 상임이사 중에서 기금수입 담당이사와 기금지출원인행위 담당이사를 임명하고, 그 직원 중에서 기금지출직원과 기금출납 직원을 임명하며, 그 임명 사실을 고용노동부장관에게 보고하여야 한다. 이 경우 각 직책의 자가 수행하는 직무는 다음 각 호와 같다.(2010.7.12 전단개정)
1. 기금수입 담당이사 : 기금수입징수관의 직무
2. 기금지출원인행위 담당이사 : 기금재무관의 직무
3. 기금지출직원 : 기금지출관의 직무
4. 기금출납직원 : 기금출납공무원의 직무
⑨ 고용노동부장관은 제8항에 따른 기금수입 담당이사, 기금지출원인 담당이사, 기금지출직원 및 기금출납직원의 임명 사실을 감사원장과 한국은행총재에게 알려야 한다.(2010.7.12 본항개정)

제145조의2【고유식별정보의 처리】 ① 고용노동부장관(제145조에 따라 고용노동부장관의 권한·업무를 위임·위탁받은 자를 포함한다)은 다음 각 호의 사무를 수행하기 위해 불가피한 경우 「개인정보 보호법 시행령」 제19조에 따른 주민등록번호 또는 외국인등록번호가 포함된 자료를 처리할 수 있다.(2021.6.8 본문개정)
1. 법 제10조제1항제3호 단서 및 이 영 제3조의2에 따른 별정직·임기제 공무원의 고용보험 가입 또는 탈퇴에 관한 사무(2019.6.25 본호개정)
1의2. 다음 각 목에 해당하는 사람의 고용보험 가입에 관한 사무

가. 법 제10조의2제1항에 따른 외국인근로자
나. 법 제10조의2제2항 및 이 영 제3조의3에 따른 근로계약 체결 외국인, 외국인예술인 및 외국인노무제공자
(2023.6.27 본호개정)
2. 법 제15조에 따른 피보험자격의 취득·상실 등의 신고에 관한 사무
3. (2020.8.27 삭제)
4. 법 제17조에 따른 피보험자격의 확인에 관한 사무
5. 법 제20조에 따른 고용기회 확대 사업주에 대한 지원에 관한 사무
6. 법 제21조에 따른 고용안정을 위한 조치를 한 사업주에 대한 지원에 관한 사무
7. 법 제22조에 따른 지역 고용촉진 사업주에 대한 지원에 관한 사무
8. 법 제23조에 따른 고령자등 고용촉진의 지원에 관한 사무
9. 법 제25조에 따른 고용안정 및 취업촉진 사업을 실시하는 자에 대한 지원 및 대부에 관한 사무
10. 법 제26조에 따른 고용촉진시설의 지원에 관한 사무
11. 법 제27조에 따른 사업주에 대한 직업능력개발 훈련 비용의 지원에 관한 사무
12. 법 제29조에 따른 피보험자등에 대한 직업능력개발 지원 등에 관한 사무
13. 법 제30조에 따른 직업능력개발 훈련 시설의 설치, 장비구입 비용 등의 대부·지원에 관한 사무
14. 법 제31조에 따른 직업능력개발의 촉진 사업을 실시하는 자에 대한 지원에 관한 사무
15. 법 제35조에 따른 부정행위를 이유로 한 지원금의 반환명령 또는 추가징수에 관한 사무
15의2. 법 제55조의2에 따른 국민연금 보험료의 지원에 관한 사무(2016.7.19 본호신설)
16. 법 제70조에 따른 육아휴직 급여의 지급에 관한 사무
17. 법 제73조의2에 따른 육아기 근로시간 단축 급여의 지급에 관한 사무
18. 법 제75조에 따른 출산전후휴가 급여등 및 법 제76조의2에 따른 출산전후휴가 급여등에 상당하는 금액의 지급에 관한 사무(2023.6.27 본호개정)
19. 법 제75조의2에 따른 출산전후휴가 급여등의 대위 신청에 관한 사무(2012.7.10 본호개정)
19의2. 법 제77조의2 및 제77조의5제1항에 따른 예술인인 피보험자의 피보험자격 신고에 관한 사무(2020.12.8 본호신설)
19의3. 법 제77조의6, 제77조의7 및 제77조의10제1항에 따른 노무제공자인 피보험자의 피보험자격 신고에 관한 사무(2021.12.31 본호개정)
20. 법 제108조에 따른 보고 등의 요구에 관한 사무
21. 법 제109조에 따른 조사 등에 관한 사무
22. 법 제110조에 따른 자료 제출의 요청에 관한 사무
23. 법 제112조에 따른 부정행위의 신고 및 신고포상금의 지급에 관한 사무
24. 제4조에 따른 대리인 선임 또는 해임 신고에 관한 사무
25. 제10조, 제104조의7 및 제104조의14에 따른 피보험자 이름 등의 변경 신고에 관한 사무(2021.12.31 본호개정)
② 직업안정기관의 장은 다음 각 호의 사무를 수행하기 위해 불가피한 경우 「개인정보 보호법 시행령」 제19조제1호 또는 제4호에 따른 주민등록번호 또는 외국인등록번호가 포함된 자료를 처리할 수 있다.(2021.6.8 본문개정)
1. 법 제62조·제74조·제77조에 따른 부정행위를 이유로 한 구직급여 등의 반환명령 및 추가징수에 관한 사무
2. 법 제42조에 따른 실업의 신고(이직확인서의 확인에 관한 사무를 포함한다)에 관한 사무(2020.8.27 본호개정)
3. 법 제43조에 따른 수급자격의 인정에 관한 사무
4. 법 제44조에 따른 실업의 인정 등에 관한 사무
5. 법 제48조 및 이 영 제71조에 따른 수급기간의 연기 등에 관한 사무
6. 법 제52조에 따른 개별연장급여의 지급에 관한 사무
7. 법 제57조에 따른 미지급 구직급여의 지급에 관한 사무
8. 법 제63조에 따른 상병급여의 지급에 관한 사무
9. 법 제64조에 따른 조기재취업 수당의 지급에 관한 사무
10. 법 제66조에 따른 광역 구직활동비의 지급에 관한 사무
11. 법 제67조에 따른 이주비의 지급에 관한 사무
12. 법 제77조의3, 제77조의4 및 제77조의5제2항·제3항에 따른 구직급여와 출산전후급여등의 지급에 관한 사무
(2020.12.8 본호신설)
13. 법 제77조의8, 제77조의9 및 제77조의10제2항·제3항에 따른 구직급여와 출산전후급여등의 지급에 관한 사무
(2021.6.8 본호신설)
③ 심사관은 법 제87조제1항에 따른 심사청구에 관한 사무를 수행하기 위하여 불가피한 경우 「개인정보 보호법 시행령」 제19조제1호 또는 제4호에 따른 주민등록번호 또는 외국인등록번호가 포함된 자료를 처리할 수 있다.
④ 심사위원회는 다음 각 호의 사무를 수행하기 위하여 불가피한 경우 「개인정보 보호법 시행령」 제19조제1호 또는 제4호에 따른 주민등록번호 또는 외국인등록번호가 포함된 자료를 처리할 수 있다.
1. 법 제87조제1항에 따른 재심사 청구에 관한 사무
2. 법 제101조제5항·제6항에 따른 심리조서 열람에 관한 사무
(2012.1.13 본조개정)

제145조의3 (2020.3.3 삭제)

제146조【과태료의 부과기준】 법 제118조제1항부터 제3항까지의 규정에 따른 과태료의 부과기준은 별표3과 같다.
(2013.8.6 본조개정)

부　　칙

제1조【시행일】 이 영은 공포한 날부터 시행한다. 다만, 제2조제2항 및 제85조제2항의 개정 규정은 2007년 10월 28일부터 시행하고, 제19조제1항, 제20조제3항, 제21조제1항·제2항, 제23조제1항, 제25조, 제32조제2항의 개정 규정은 2008년 1월 1일부터 시행하며, 제82조제2항제2호의 개정규정은 2008년 2월 4일부터 시행한다.

제2조【시행일에 관한 경과조치】 부칙 제1조 단서에 따라 제2조제2항, 제82조제2항제2호 및 제85조제2항의 개정 규정이 시행되기 전까지는 그에 해당하는 종전의 제2조제3항, 제59조제2항제2호, 제62조제2항제1호를 적용한다.

제3조【유효기간】 ① (2010.2.8 삭제)
② (2008.9.18 삭제)

제4조【고령자 고용촉진 장려금에 대한 적용례】 ① 제25조제1항제2호 및 같은 조 제4항의 개정 규정은 이 영 시행 전에 정년을 연장한 사업장에 대하여도 적용한다. 이 경우 고령자 고용촉진 장려금의 지급대상은 이 영 시행 후에 종전의 정년에 이른 후 정년 연장에 따라 계속 근무하는 근로자로 한다.
② 제25조제5항의 개정 규정은 이 영 시행 후에 제25조제1항제3호의 개정 규정에 따라 정년에 이른 자를 퇴직시키지 아니하거나 정년 퇴직 후 3개월 이내에 재고용한 경우부터 적용한다.

제5조【사업주에 대한 직업능력개발 훈련비용 지원에 관한 적용례】 제41조제3항제1호의 개정 규정은 이 영 시행 후에 사업주가 같은 호에 해당하는 자를 대상으로 새로 직업능력개발훈련을 실시하는 경우부터 적용한다.

제6조【근로자 수강지원에 관한 적용례】 제43조제1항제4호와 제44조제1항의 개정 규정은 이 영 시행 후에 피보험자가 새로 직업능력개발훈련을 수강하는 경우부터 적용한다.

제7조【건설고용보험카드에 의한 근로내용 신고 사업주 지원에 관한 특례】 노동부장관은 2008년 1월 1일 전에 제32조제2항 후단의 개정 규정에 따른 건설고용보험카드를 사용하여 근로내용 확인신고를 하는 사업주에 대한 지원을 위하여 시범사업을 할 수 있으며, 그 시범사업에 참가하는 사업주 지원에 관하여는 2008년 1월 1일 전이라도 같은 조 같은 항의 개정 규정을 적용한다.

제8조【재고용장려금에 관한 경과조치】 2008년 1월 1일 전에 이미 재고용된 임신·출산 또는 육아를 이유로 이직한 여성근로자에 대한 재고용장려금에 관하여는 제23조제1항의 개정 규정에도 불구하고 종전의 규정(대통령령 제20036호 고용보험법 시행령 일부개정령에 따라 개정되기 전의 것을 말한다)에 따른다.

제9조【신규고용촉진 장려금에 관한 경과조치】 ① 2007년 10월 1일 전에 이미 고용된 자에 대한 신규고용촉진장려금의 지급은 제26조 및 별표1 제5호의 개정 규정에도 불구하고 종전의 규정에 따른다.
② 2007년 10월 1일부터 이 영 시행 전에 이미 고용된 자 중 별표1 제5호의 개정 규정에 해당하는 자에 대한 신규고용촉진 장려금의 지급은 제26조 및 별표1 제5호의 개정 규정에 따른다.
③ 이 영 시행 전에 이미 고용된 자 중 별표1 제5호의 개정 규정에 해당하는 자 외의 자에 대한 신규고용촉진 장려금의 지급 기준은 제26조의 개정 규정에도 불구하고 종전의 규정에 따른다.

제10조【다른 법령의 개정】 ①~⑤ ※(해당 법령에 가제정리 하였음)

제11조【다른 법령과의 관계】 이 영 시행 당시 다른 법령에서 종전의 「고용보험법 시행령」의 규정을 인용한 경우에 이 영 가운데 그에 해당하는 규정이 있으면 종전의 규정을 갈음하여 이 영의 해당 규정을 인용한 것으로 본다.

부　　칙 (2010.12.31)

제1조【시행일】 이 영은 2011년 1월 1일부터 시행한다. 다만, 제43조제1항의 개정규정은 2011년 4월 1일부터 시행한다.

제2조【유효기간】 제19조제1항제4호, 제20조제3항, 제21조제1항제1호 후단 및 같은 항 제3호·제4호, 같은 조 제2항제2호와 제32조의 개정규정은 2013년 12월 31일까지 효력을 가진다.

제3조【우선지원 대상기업에 대한 적용례】 제12조제3항의 개정규정은 우선지원 대상기업에 해당하지 아니하게 된 사유가 발생한 연도가 2010년도인 경우부터 적용한다.

제4조【고용창출에 대한 비용지원에 관한 적용례】 제17조의 개정규정은 이 영 시행 후 최초로 근로자를 고용하는 사업주를 대상으로 하는 경우부터 적용한다.

제5조【고용유지 지원금에 관한 적용례】 ① 제19조제1항의 개정규정은 이 영 시행 후 최초로 제20조제1항에 따른 고용유지조치계획을 신고하는 경우부터 적용한다.
② 제20조제2항의 개정규정은 이 영 시행 후 최초로 제20조제1항에 따른 고용유지조치계획을 신고하는 경우부터 적용한다.
③ 제20조제5항의 개정규정은 이 영 시행 후 고용유지조치계획의 준수의무를 위반한 사실이 최초로 확인된 경우부터 적용한다.

제6조【지역고용촉진 지원금에 관한 적용례】 제24조의 개정규정은 이 영 시행 후 「고용정책 기본법 시행령」 제29조제1항에 따라 고용노동부장관이 고용조정 지원 등이 필요한 지역으로 최초로 지정·고시하는 지역을 대상으로 하는 경우부터 적용한다.

제7조【고령자 고용연장 지원금에 관한 적용례】 ① 제25조제4항의 개정규정은 이 영 시행 후 제25조제1항제2호의 개정규정에 따라 정년을 폐지하거나 연장하는 경우부터 적용한다.
② 제25조제5항의 개정규정은 이 영 시행 후 제25조제1항제3호의 개정규정에 따라 재고용하는 경우부터 적용한다.

제8조【고용촉진 지원금에 관한 적용례】 제26조의 개정규정은 이 영 시행 후 사업주가 제26조제1항 각 호의 개정규정의 어느 하나에 해당하는 실업자를 피보험자로 최초로 고용하는 경우부터 적용한다.

제9조【건설근로자 고용보험관리 지원금에 관한 적용례】 제32조의 개정규정은 이 영 시행 후 최초로 건설근로자 고용보험관리 지원금을 신청한 사업주부터 적용한다.

제10조【근로자 수강지원금에 관한 적용례】 제43조제1항제1호의 개정규정은 이 영 시행 후 피보험자가 최초로 직업능력개발 훈련 수강을 시작하는 경우부터 적용한다.

제11조【부정행위에 따른 지원금 등의 지급 제한에 관한 적용례】 제56조제2항의 개정규정은 이 영 시행 후 반환명령 또는 지급제한 사유가 최초로 발생한 경우부터 적용한다.

제12조【개별연장급여의 지급에 관한 적용례】 제73조의 개정규정은 이 영 시행 후 최초로 개별연장급여를 신청한 경우부터 적용한다.

제13조【육아휴직급여의 감액에 관한 적용례】 제98조의 개정규정은 이 영 시행 후 육아휴직을 시작하는 경우부터 적용한다.

제14조【교대제전환 지원금에 관한 경과조치】 이 영 시행 당시 종전의 제14조에 따른 교대제전환 지원금의 지급요건을 갖춘 사업주에게는 제14조의 개정규정에도 불구하고 종전의 규정에 따라 교대제전환 지원금을 지급한다.

제15조【중소기업 고용환경개선에 대한 지원에 관한 경과조치】 이 영 시행 당시 종전의 제15조에 따라 고용노동부장관이 정한 절차에 따라 계획서를 제출한 사업주로서 종전의 제15조에 따른 지원 요건을 갖춘 사업주에게는 제15조의 개정규정에도 불구하고 종전의 규정에 따라 지원금을 지급한다.

제16조【중소기업 전문인력활용 장려금에 관한 경과조치】 이 영 시행 당시 종전의 제16조에 따른 중소기업 전문인력활용장려금의 지급 요건을 갖춘 사업주에게는 제16조의 개정규정에도 불구하고 종전의 규정에 따라 중소기업 전문인력활용장려금을 지급한다.

제17조【전직지원장려금에 대한 경과조치】 이 영 시행 당시 종전의 제22조에 따른 전직지원장려금의 지급요건을 갖춘 사업주에게는 제22조의 개정규정에도 불구하고 종전의 규정에 따라 전직지원장려금을 지급한다.

제18조【고령자 고용연장 지원금에 관한 경과조치】 이 영 시행 당시 종전의 제25조제1항제1호에 따라 고령자를 고용한 사업주에게는 제25조제1항제1호의 개정규정에도 불구하고 종전의 규정에 따라 이미 해당 사업장에 고용된 고령자에 대한 고령자 고용촉진 장려금을 지급한다.

제19조【임금피크제 지원금에 관한 경과조치】 이 영 시행 당시 종전의 제28조에 따라 사업주가 임금피크제를 시행하고 있는 경우의 임금피크제 보전수당에 대해서는 제28조의 개정규정에도 불구하고 종전의 규정에 따른다.

제20조【임신·출산여성 고용안정 지원금에 관한 경과조치】 ① 이 영 시행 당시 종전의 제29조에 따른 임신·출산 후 계속고용지원금을 지급받고 있는 경우에는 제29조의 개정규정에도 불구하고 종전의 규정에 따른다.
② 이 영 시행 당시 종전의 제30조에 따른 육아휴직등 장려금 및 대체인력채용 장려금을 지급받고 있는 경우에는 제29조 및 제30조의 개정규정에도 불구하고 종전의 규정에 따른다.

제21조【건설근로자 퇴직공제부금의 지원에 관한 경과조치】 이 영 시행 당시 종전의 제31조에 따라 건설근로자 퇴직공제에 가입하고 공제부금을 낸 사업주로서 공제부금의 지원을 신청하거나 지원을 받은 사업주에 대해서는 제31조의 개정규정에도 불구하고 종전의 규정에 따른다.

제22조【장기실업자 등에 대한 창업촉진 지원사업에 관한 경과조치】 이 영 시행 당시 종전의 제34조제1항에 따라 지원을 받고 있는 자에 대해서는 제34조제1항의 개정규정에도 불구하고 종전의 규정에 따른다.

제23조【단시간일자리 창출 지원사업에 관한 경과조치】 이 영 시행 당시 종전의 제35조제5호에 따라 단시간

일자리 창출 지원사업을 직접 실시하거나 이를 실시하는 자에 대해서는 제35조제5호의 개정규정에도 불구하고 종전의 규정에 따른다.
제24조【지원금 등의 상호조정에 관한 경과조치】 이 영 시행 당시 종전의 제14조부터 제16조까지의 규정에 따라 지원금·장려금의 지급사유가 발생한 경우의 지원금·장려금 등의 상호조정에 대해서는 제40조의 개정규정에도 불구하고 종전의 규정에 따른다.
제25조【사업주에 대한 직업능력개발 훈련비용 지원에 관한 경과조치】 이 영 시행 당시 종전의 제41조제1항제5호나목에 따른 요건을 갖추어 실시하고 있는 직업능력개발 훈련에 대해서는 제41조제1항제5호다목의 개정규정에 불구하고 종전의 규정에 따라 사업주에게 직업능력개발 훈련에 필요한 비용을 지원한다.
제26조【지원금 등의 지급제한에 관한 경과조치】 이 영 시행 당시 종전의 제14조부터 제16조까지, 제30조 및 제31조와 부칙 제14조부터 제16조까지, 제20조제2항 및 제21조에 따라 지원금 또는 장려금의 지급사유에 해당하는 경우 중 이 영 시행 후 종전의 제56조에 따른 반환명령 또는 지급제한 사유가 확인된 경우에는 종전의 제56조에 따라 반환명령 또는 지급 제한을 할 수 있다.
제27조【육아휴직급여액에 관한 경과조치】 이 영 시행 당시 육아휴직 기간 중에 있는 피보험자의 경우에 이 영 시행 전의 육아휴직 기간에 대한 육아휴직급여액에 대해서는 제95조의 개정규정에도 불구하고 종전의 규정에 따른다.

부 칙 (2012.1.13)

제1조【시행일】 이 영은 공포한 날부터 시행한다. 다만, 제12조의 개정규정은 공포 후 6개월이 경과한 날부터 시행하고, 제41조, 제43조, 제93조의2 및 제144조의 개정규정은 각각 2012년 1월 22일부터 시행한다.
제2조【유효기간】 ① 제21조제1항제1호 각 목 외의 부분 단서 및 같은 호 나목의 개정규정은 2013년 12월 31일까지 그 효력을 가진다.
② 제25조의2 및 제40조제5항의 개정규정은 2020년 12월 31일까지 그 효력을 가진다. 다만, 2020년 4분기 60세 이상 고령자 고용지원금의 지급 요건에 해당하는 사업주에 대해서는 해당 지원금의 지급을 받을 때까지 그 효력을 가진다.(2017.12.26 본항개정)
제3조【임금피크제 지원금에 관한 적용례】 제28조제2항의 개정규정은 2012년 1월 1일 이후 감액된 임금분에 관하여 임금피크제 지원금을 지급하는 경우부터 적용한다.
제4조【임신·출산여성 고용안정 지원금에 관한 적용례】 ① 제29조제1항제3호의 개정규정은 이 영 시행 후 최초로 대체인력을 고용하는 경우부터 적용한다.
② 제29조제3항의 개정규정은 이 영 시행 후 최초로 육아휴직등을 허용하는 경우부터 적용한다.
제5조【별정직 또는 계약직 공무원의 보험가입에 관한 특례】 ① 대통령령 제21015호 고용보험법 시행령 일부개정령(이하 이 조에서 "같은 영"이라 한다) 시행 당시 같은 영 부칙 제5조에 따른 가입대상 공무원이 다음 각 호의 요건을 모두 충족하는 경우 해당 소속기관의 장은 제3조의2제1항 및 제2항에도 불구하고 이 영 시행일부터 3개월 이내에 소속기관 소재지 관할 직업안정기관의 장에게 고용보험 가입을 신청할 수 있다.
1. 해당 소속기관의 장 또는 해당 가입대상 공무원이 제3조의2제2항 및 같은 영 부칙 제5조에 따른 기간 내에 고용보험 가입을 신청하지 않았을 것
2. 이 영 시행 당시 해당 소속기관에 가입대상 공무원으로 계속 재직하고 있을 것
3. 고용보험 가입 의사가 있을 것
② 제3조의2제3항부터 제7항까지의 규정은 제1항에 따라 고용보험 가입을 신청하는 경우에도 적용한다.
제6조【고령자 고용연장 지원금에 관한 경과조치】 이 영 시행 당시 고령자 고용연장 지원금을 받고 있는 사업주에 대해서는 제25조제4항 및 제5항의 개정규정에도 불구하고 종전의 규정에 따른다.
제7조【고용촉진 지원금에 관한 경과조치】 이 영 시행 당시 실업자를 피보험자로 고용한 사람에 대해서는 제26조제1항 및 제4항의 개정규정에도 불구하고 종전의 규정에 따른다.
제8조【근로자의 직무능력 향상 지원에 관한 경과조치】 이 영 시행 당시 고용보험에 가입한 종전의 제144조에 따른 자영업자에 관하여는 제43조제1항의 개정규정에도 불구하고 종전의 규정에 따른다.
제9조【육아휴직 급여액 산정에 관한 경과조치】 이 영 시행 당시 육아휴직 급여를 신청한 사람에 대해서는 제95조제1항의 개정규정에도 불구하고 종전의 규정에 따른다.

부 칙 (2013.12.24)

제1조【시행일】 이 영은 2014년 1월 1일부터 시행한다.
제2조【유효기간】 ① 제25조의 개정규정은 2016년 12월 31일까지 효력을 가진다. 다만, 2016년 12월 31일까지 고령자 고용연장 지원금 지급요건에 해당하게 된 사업주에 대한 지원금의 지급에 관하여는 유효기간이 지난 후에도 제25조의 개정규정을 적용한다.
② 제28조의 개정규정은 다음 각 호의 구분에 따른 날까지 효력을 가진다. 다만, 제1호 및 제2호에 따른 날까지 임금피크제 지원금 지급요건에 해당하게 된 근로자에 대한 지원금의 지급에 관하여는 유효기간이 지난 후에도 제28조의 개정규정을 적용한다.
1. 상시 300명 이상의 근로자를 사용하는 사업 또는 사업장, 「공공기관의 운영에 관한 법률」 제4조에 따른 공공기관, 「지방공기업법」 제49조에 따른 지방공사 및 같은 법 제76조에 따른 지방공단 : 2015년 12월 31일
2. 상시 300명 미만의 근로자를 사용하는 사업 또는 사업장, 국가 및 지방자치단체 : 2016년 12월 31일
제3조【고용창출에 대한 지원에 관한 적용례】 제17조제1항 각 호 외의 부분 단서의 개정규정(같은 항 제1호와 관련된 개정부분으로 한정한다)은 이 영 시행 후 일자리 함께하기의 조치를 하는 사업주부터 적용한다.
제4조【출산육아기 고용안정 지원금에 관한 적용례】 제29조제1항 및 제4항의 개정규정은 이 영 시행 후 대체인력을 고용하는 경우부터 적용한다.
제5조【고용촉진 시설의 지원에 관한 적용례】 제38조제4항 후단의 개정규정은 이 영 시행 후 어린이집을 설치·운영하는 경우부터 적용한다.
제6조【사업주에 대한 직업능력개발 훈련비용 지원 한도에 관한 적용례】 제42조제4항의 개정규정은 이 영 시행 후 시작하는 직업능력개발 훈련에 대한 지원금부터 적용한다.
제7조【근로자의 직업능력개발 지원에 관한 적용례】 제43조제1항의 개정규정은 이 영 시행 후 직업능력개발훈련을 시작하는 피보험자부터 적용한다.
제8조【고용유지지원금 지급 대상에 관한 경과조치】 이 영 시행 전에 종전의 제19조제1항제4호에 따른 고용유지조치를 취한 사업주에 대한 고용유지지원금 지급에 관하여는 제19조제1항제4호의 개정규정에도 불구하고 종전의 규정에 따른다.
제9조【고용유지조치계획 이행에 관한 경과조치】 이 영 시행 전에 종전의 제19조제1항제4호에 따른 사유로 고용유지조치계획을 신고한 사업주는 제20조제3항의 개정규정에도 불구하고 종전의 규정에 따라 고용노동부장관에게 신고하여야 한다.
제10조【고용유지지원금의 금액 등에 관한 경과조치】 이 영 시행 전에 종전의 제19조제1항제3호 및 제4호에 따른 고용유지조치를 취한 사업주에 대한 고용유지지원금의 금액 및 지급범위에 관하여는 제21조의 개정규정에도 불구하고 종전의 규정에 따른다.
제11조【지역고용촉진 지원금에 관한 경과조치】 이 영 시행 전에 제24조제1항에 따라 지역고용촉진 지원금 지급요건을 갖춘 사업주에 대한 지원금 지급제한에 관하여는 제24조제6항의 개정규정에도 불구하고 종전의 규정에 따른다.
제12조【고령자 고용연장 지원금에 관한 경과조치 등】 ① 이 영 시행 전에 종전의 제25조제1항에 따라 고령자 고용연장 지원금 지급 요건을 갖춘 사업주에 대한 지원금 지급에 관하여는 제25조제1항 각 호 외의 부분 단서, 같은 항 제2호 및 같은 조 제5항의 개정규정에도 불구하고 종전의 규정에 따른다.
② 제25조제1항제3호 및 제4항 각 호 외의 부분 후단의 개정규정은 이 영 시행 후 재고용하는 근로자에 대한 고령자 고용연장 지원금부터 적용한다.
제13조【임금피크제 지원금에 관한 경과조치】 이 영 시행 당시 사업주가 임금피크제를 시행하고 있는 경우의 임금피크제 지원금에 관하여는 제28조제1항제1호·제4호, 같은 조 제2항제1호·제3호 및 같은 조 제4항의 개정규정에도 불구하고 종전의 규정에 따른다.
제14조【건설근로자 고용보험관리지원금 지원에 관한 경과조치】 이 영 시행 전에 종전의 제32조에 따라 건설근로자 고용보험관리지원금 지급요건을 갖춘 사업주에 대한 고용보험관리지원금 지원에 관하여는 제32조의 개정규정에도 불구하고 종전의 규정에 따른다.
제15조【취업훈련의 지원에 관한 경과조치】 이 영 시행 당시 종전의 제47조제1항에 따라 직업능력개발훈련을 수강 중인 피보험자등에 대한 취업훈련의 지원에 관하여는 제47조제1항의 개정규정에도 불구하고 종전의 규정에 따른다.
제16조【부정행위에 따른 지원금 등의 지급 제한에 관한 경과조치】 이 영 시행 전에 종전의 제56조제1항에 따른 지원금 지급 제한 사유가 발생한 사업주에 대한 지원금의 지급 제한에 관하여는 제56조제1항의 개정규정에도 불구하고 종전의 규정에 따른다.
제17조【조기재취업 수당 지급기준에 관한 경과조치】 이 영 시행 전에 법 제42조에 따라 구직급여 수급자격의 인정을 신청한 사람에 대한 조기재취업 수당의 지급에 관하여는 제84조제1항의 개정규정에도 불구하고 종전의 규정에 따른다.
제18조【조기재취업 수당의 금액에 관한 경과조치】 이 영 시행 전에 법 제42조에 따라 구직급여 수급자격의 인정을 신청한 사람에 대한 조기재취업 수당의 금액에 관하여는 제85조제2항의 개정규정에도 불구하고 종전의 규정에 따른다.
제19조【조기재취업 수당의 청구에 관한 경과조치】 이 영 시행 전에 법 제42조에 따라 구직급여 수급자격의 인정을 신청한 사람의 조기재취업 수당청구서 제출에 관하여는 제86조제2항의 개정규정에도 불구하고 종전의 규정에 따른다.
제20조【다른 법령의 개정】 ※(해당 법령에 가제정리 하였음)

부 칙 (2014.9.30)

제1조【시행일】 이 영은 2014년 10월 1일부터 시행한다.
제2조【출산육아기 고용안정 지원금에 관한 적용례】 제29조제1항제1호의 개정규정은 이 영 시행 당시 육아휴직 중이거나 육아휴직이 종료된 근로자와 근로계약을 체결하는 경우에도 적용한다.
제3조【육아휴직 급여의 특례에 관한 적용례】 제95조의2의 개정규정은 이 영 시행 후 같은 자녀에 대하여 두 번째 육아휴직을 시작하는 피보험자부터 적용한다.
제4조【육아기 근로시간 단축 급여액에 관한 경과조치】 이 영 시행 전에 육아기 근로시간 단축을 사용한 피보험자에 대한 육아기 근로시간 단축 급여액에 관하여는 제104조의2제2항의 개정규정에도 불구하고 종전의 규정에 따른다.

부 칙 (2014.12.31)

제1조【시행일】 이 영은 2015년 1월 1일부터 시행한다.
제2조【고용촉진 지원금에 관한 적용례】 제26조제4항제4호의 개정규정은 이 영 시행 이후 사업주가 제26조제1항 각 호의 어느 하나에 해당하는 실업자를 피보험자로 고용한 경우부터 적용한다.
제3조【임금피크제 지원금에 관한 적용례】 제28조제1항 단서 및 제3항의 개정규정은 이 영 시행 이후 제28조제1항제2호에 따른 임금피크제를 시행한 경우부터 적용한다.
제4조【부정행위에 따른 지원금 등의 지급제한에 관한 적용례】 제56조제1항의 개정규정에 따른 같은 조 제2항의 지급제한은 이 영 시행 이후 반환명령이나 지급제한의 사유가 발생한 경우부터 적용한다.
제5조【고용유지지원금의 금액에 관한 경과조치】 이 영 시행 전에 신고한 고용유지조치계획의 실시에 따른 고용유지지원금의 금액에 관하여는 제21조제1항의 개정규정에도 불구하고 종전의 규정에 따른다.
제6조【급여기초 임금일액의 상한액에 관한 경과조치】 이 영 시행 전에 이직한 사람의 구직급여의 산정기초가 되는 임금일액은 제68조제1항의 개정규정에도 불구하고 종전의 규정에 따른다.

부 칙 (2015.6.30)

제1조【시행일】 이 영은 2015년 7월 1일부터 시행한다. 다만, 제145조제1항제23호 및 제2항제4호의 개정규정은 2016년 1월 1일부터 시행한다.
제2조【직업능력개발 훈련비용 지원의 한도에 관한 적용례】 제42조제5항의 개정규정은 이 영 시행 이후 거짓이나 그 밖의 부정한 방법으로 직업능력개발 훈련에 대한 지원을 받았거나 지원을 받으려고 한 것을 이유로 법 제35조제3항에 따라 직업능력개발 사업의 지원이 제한되는 경우부터 적용한다.
제3조【근로자의 직업능력 개발을 위한 지원에 관한 적용례】 ① 제43조제1항제6호의 개정규정은 이 영 시행 당시 45세 이상인 피보험자가 이 영 시행 이후 직업능력개발훈련을 수강한 경우부터 적용한다.
② 제43조제1항제8호의 개정규정은 이 영 시행 당시 육아휴직 중인 피보험자가 이 영 시행 이후 직업능력개발훈련을 수강한 경우부터 적용한다.
제4조【출산육아기 고용안정 지원금 지원에 관한 경과조치】 ① 사업주가 이 영 시행 전에 육아휴직등을 허용하여 해당 근로자가 육아휴직등을 시작한 경우의 출산육아기 고용안정 지원금의 지급은 제29조제1항제2호 및 같은 조 제3항의 개정규정에도 불구하고 종전의 규정에 따른다.
② 사업주가 이 영 시행 전에 출산전후휴가, 유산·사산휴가 또는 육아휴직등을 허용하고 대체인력을 고용한 경우의 대체인력지원금의 지급은 제29조제1항제3호가목 및 같은 조 제4항의 개정규정에도 불구하고 종전의 규정에 따른다.
제5조【육아휴직 급여 지급 방법 등에 관한 경과조치】 피보험자가 이 영 시행 전에 육아휴직을 시작한 경우 육아휴직 급여 지급에 대해서는 제95조제3항·제4항 및 제98조의 개정규정에도 불구하고 종전의 규정에 따른다.

부 칙 (2015.8.19)

제1조【시행일】 이 영은 공포한 날부터 시행한다.
제2조【유효기간】 제17조제1항제6호의 개정규정은 2018년 12월 31일까지 효력을 가진다. 다만, 2018년 12월 31일

까지 제17조제1항제6호의 개정규정에 따라 임금피크제 도입 또는 그 밖의 임금체계 개편 등을 통하여 청년 실업자를 고용하는 사업주에 대한 지원에 관하여는 유효기간이 종료된 후에도 제17조제1항제6호의 개정규정을 적용한다.
제3조【고용창출에 대한 지원에 관한 적용례】 제17조제1항제6호의 개정규정은 임금피크제 도입 또는 그 밖의 임금체계 개편 등을 통하여 2015년 7월 1일 이후 15세 이상 34세 이하의 청년 실업자를 고용한 사업주에 대해서도 적용한다.

부 칙 (2015.12.4)

제1조【시행일】 이 영은 2016년 1월 1일부터 시행한다. 다만, 제17조제1항제6호, 제28조의2, 제28조의3, 제40조제2항 및 제46조의 개정규정은 공포한 날부터 시행한다.
제2조【정년을 60세 이상으로 정한 사업 또는 사업장에서의 임금 감액에 따른 지원금에 관한 적용례】 제28조의2의 개정규정은 부칙 제1조 단서에 따른 시행일 전에 해당 제도를 시행한 사업 또는 사업장에서 부칙 제1조 단서에 따른 시행일 이후 해당 제도의 적용으로 임금이 감소한 근로자에 대해서도 적용한다.
제3조【사업주에 대한 직업능력개발 훈련비용의 지원에 관한 적용례】 제41조제3항제5호의 개정규정은 이 영 시행 전에 직업능력개발 훈련 및 평가를 받을 것을 조건으로 고용되어 이 영 시행 이후 훈련을 받거나 평가를 받는 근로자에 대해서도 적용한다.
제4조【우선지원 대상기업 어린이집 운영비 지원에 관한 경과조치】 이 영 시행 전에 어린이집을 설치·운영하고 있는 우선지원 대상기업의 사업주에게 지급하는 이 영 시행 전의 기간에 대한 운영비용 지원은 제38조제4항의 개정규정에도 불구하고 종전의 규정에 따른다.
제5조【육아휴직 급여의 특례에 관한 경과조치】 이 영 시행 당시 같은 자녀에 대하여 두 번째 육아휴직 중인 피보험자에 대해서는 제95조의2의 개정규정에도 불구하고 종전의 규정에 따른다.
제6조【과태료 부과기준에 관한 경과조치】 이 영 시행 전의 위반행위에 대하여 과태료의 부과기준을 적용할 때에는 별표 3 제2호가목의 개정규정에도 불구하고 종전의 규정에 따른다.
제7조【다른 법령의 개정】 ※(해당 법령에 가제정리 하였음)

부 칙 (2016.12.30 영27738호)

제1조【시행일】 이 영은 2017년 1월 1일부터 시행한다. 다만, 제95조의2제2호의 개정규정은 2017년 7월 1일부터 시행한다.
제2조【사업주에 대한 지역고용촉진 지원금 등의 지급제한에 관한 적용례】 제24조제6항제4호의2, 제25조의2제2항제2호, 제26조제3항제7호 및 제29조제1항 단서의 개정규정은 이 영 시행 이후 「근로기준법」 제43조의2에 따라 명단이 공개되는 사업주부터 적용한다.
제3조【육아휴직 급여의 특례에 관한 적용례】 제95조의2제2호의 개정규정은 2017년 7월 1일 이후 출생한 둘째 이상의 자녀에 대하여 육아휴직 급여를 지급하는 경우부터 적용한다.
제4조【출산전후휴가 급여등의 상한액에 관한 적용례】 제101조제1호의 개정규정은 이 영 시행 당시 출산전후휴가 또는 유산·사산 휴가 중인 피보험자에 대해서는 이 영 시행 이후 사용하는 출산전후휴가기간 또는 유산·사산 휴가기간에 대하여 일할 계산하여 적용한다.
제5조【사업주에 대한 고용촉진장려금 지급에 관한 경과조치】 ① 이 영 시행 전에 사업주에게 지급된 고용촉진지원금은 제26조의 개정규정에 따른 고용촉진장려금으로 본다.
② 이 영 시행 전에 종전의 제26조제1항에 따라 해당 실업자를 피보험자로 고용한 사업주에 대한 고용촉진장려금의 지급요건, 지급기간, 지급액 및 지급대상 피보험자 수에 대해서는 제26조제2항, 같은 조 제3항제4호부터 제6호까지, 같은 조 제4항·제5항 및 같은 조 제6항 각 호 외의 부분의 개정규정에도 불구하고 종전의 규정에 따른다.
제6조【사업주에 대한 출산육아기 고용안정장려금 지급에 관한 경과조치】 ① 이 영 시행 전에 사업주에게 지급된 출산육아기 고용안정 지원금은 제29조의 개정규정에 따른 출산육아기 고용안정장려금으로 본다.
② 이 영 시행 전에 종전의 제29조제1항제1호에 따라 근로기간을 1년 이상으로 하는 근로계약을 체결한 사업주에 대한 출산육아기 고용안정장려금의 지급요건과 지급기간에 대해서는 제29조제1항제1호 각 목 외의 부분 및 같은 조 제2항의 개정규정에도 불구하고 종전의 규정에 따른다.
③ 이 영 시행 전에 제29조제1항제3호 각 목 외의 부분에 따라 피보험자인 근로자에게 출산전후휴가, 유산·사산휴가 또는 육아휴직등을 30일 이상 부여하거나 허용하고 대체인력을 고용한 사업주에 대한 출산육아기 고용안정장려금의 지급요건과 지급기간에 대해서는 제29조제1항제3호다목 및 같은 조 제4항의 개정규정에도 불구하고 종전의 규정에 따른다.

부 칙 (2017.12.26)

제1조【시행일】 이 영은 2018년 1월 1일부터 시행한다. 다만, 대통령령 제23513호 고용보험법 시행령 일부개정령 부칙 제2조제2항의 개정규정은 공포한 날부터 시행한다.
제2조【60세 이상 고령자 고용지원금에 관한 적용례】 제25조의2제4항의 개정규정은 2018년 1분기 60세 이상 고령자 고용지원금을 지급하는 경우부터 적용한다.
제3조【압류금지 실업급여 액수에 관한 적용례】 제58조의3의 개정규정은 이 영 시행 이후 법 제37조의2제1항에 따라 실업급여수급계좌에 입금된 실업급여부터 적용한다.
제4조【고용유지지원금 중 훈련지원금에 대한 경과조치】 이 영 시행 전에 고용유지를 위한 훈련을 실시한 사업주에 대해서는 제19조제1항제2호 및 제21조제1항의 개정규정에도 불구하고 종전의 규정에 따라 훈련지원금을 지급한다.
제5조【급여기초 임금일액의 상한액에 관한 경과조치】 이 영 시행 전에 이직한 사람의 구직급여의 산정 기초가 되는 임금일액은 제68조제1항의 개정규정에도 불구하고 종전의 규정에 따른다.
제6조【육아기 근로시간 단축 급여에 관한 경과조치】 이 영 시행 전의 육아기 근로시간 단축 기간에 대한 육아기 근로시간 단축 급여에 대해서는 제104조의2제2항의 개정규정에도 불구하고 종전의 규정에 따른다.

부 칙 (2018.7.3)

제1조【시행일】 이 영은 공포한 날부터 시행한다.
제2조【출산육아기 고용안정장려금에 관한 적용례】 제29조제1항제3호나목의 개정규정은 이 영 시행 이후에 피보험자인 근로자에게 출산전후휴가, 유산·사산 휴가 또는 육아휴직등을 30일 이상 부여하거나 허용하고 대체인력을 고용한 경우부터 적용한다.
제3조【직업능력개발 훈련비용지원의 한도액에 관한 적용례】 제42조제4항제3호나목의 개정규정은 이 영 시행 이후 시작하는 제41조제1항제5호가목 및 나목에 따른 직업능력개발 훈련부터 적용한다.
제4조【육아휴직 급여의 특례에 관한 적용례】 제95조의2의 개정규정은 같은 자녀에 대하여 부모가 순차적으로 육아휴직을 한 경우로서 두 번째 육아휴직을 한 피보험자의 2018년 7월 1일 이후의 육아휴직 기간에 대한 육아휴직 급여부터 적용한다.

부 칙 (2018.10.2)

제1조【시행일】 이 영은 공포한 날부터 시행한다.
제2조【육아기 근로시간 단축 급여의 감액에 관한 경과조치】 이 영 시행 당시 육아기 근로시간 단축을 사용하고 있는 피보험자 중 이 영 시행 전 육아기 근로시간 단축 기간 중에 통상임금이 인상된 경우에는 이 영 시행일부터 그 통상임금이 인상된 것으로 본다.

부 칙 (2018.12.31)

제1조【시행일】 이 영은 2019년 1월 1일부터 시행한다.
제2조【출산육아기 고용안정장려금 산정에 관한 적용례】 제29조제4항 전단의 개정규정은 이 영 시행 당시 피보험자인 근로자에게 출산전후휴가, 유산·사산 휴가 또는 육아휴직등을 30일 이상 부여하거나 허용하고 대체인력을 고용하고 있는 경우에도 적용한다.
제3조【육아휴직 급여에 관한 적용례】 제95조제1항제2호의 개정규정은 「남녀고용평등과 일·가정 양립 지원에 관한 법률」 제19조에 따른 육아휴직을 부여받은 피보험자의 2019년 1월 1일 이후 육아휴직 기간에 대한 육아휴직 급여부터 적용한다.
제4조【육아휴직 급여의 특례에 관한 적용례】 제95조의2 후단의 개정규정은 같은 자녀에 대하여 부모가 순차적으로 육아휴직을 한 경우로서 두 번째 육아휴직을 한 피보험자의 2019년 1월 1일 이후의 육아휴직 기간에 대한 육아휴직 급여부터 적용한다.
제5조【출산육아기 고용안정장려금 지급에 관한 경과조치】 이 영 시행 전에 종전의 제29조제1항제1호에 따른 출산육아기 고용안정장려금의 지급요건을 갖춘 사업주에 대해서는 제29조제1항제1호 및 같은 조 제2항의 개정규정에도 불구하고 종전의 규정에 따라 출산육아기 고용안정장려금을 지급한다.
제6조【급여기초 임금일액의 상한액에 관한 경과조치】 이 영 시행 전에 이직한 사람의 구직급여의 산정 기초가 되는 임금일액은 제68조제1항의 개정규정에도 불구하고 종전의 규정에 따른다.

부 칙 (2019.2.12)

제1조【시행일】 이 영은 공포한 날부터 시행한다.
제2조【피보험자격의 확인 청구에 관한 경과조치】 이 영 시행 당시 종전의 규정에 따라 직업안정기관의 장에게 피보험자격의 확인을 청구한 자는 근로복지공단에 피보험자격의 확인을 청구한 것으로 본다.

부 칙 (2019.6.25)

제1조【시행일】 이 영은 2019년 7월 16일부터 시행한다. 다만, 제3조제1항, 제3조의2제1항 및 제145조의2제1항제1호의2의 개정규정은 공포한 날부터 시행하고, 제43조제1항제6호의 개정규정은 2019년 7월 1일부터 시행한다.
제2조【근로자의 직업능력 개발을 위한 지원에 관한 적용례】 제43조제1항제6호의 개정규정은 부칙 제1조 단서에 따른 시행일 이후 직업능력개발훈련을 수강하는 경우부터 적용한다.
제3조【외국인근로자에 대한 이 영의 적용에 관한 경과조치】 「외국인근로자의 고용 등에 관한 법률」의 적용을 받는 외국인근로자에 대해서는 제3조제2항의 개정규정에도 불구하고 다음 각 호의 구분에 따른 날까지는 종전의 규정에 따른다.
1. 상시 30명 이상의 근로자를 사용하는 사업 또는 사업장 : 2020년 12월 31일
2. 상시 10명 이상 30명 미만의 근로자를 사용하는 사업 또는 사업장 : 2021년 12월 31일
3. 상시 10명 미만의 근로자를 사용하는 사업 또는 사업장 : 2022년 12월 31일

부 칙 (2019.9.17)

제1조【시행일】 이 영은 2019년 10월 1일부터 시행한다.
제2조【육아기 근로시간 단축 급여에 관한 적용례】 제104조의2제2항의 개정규정은 이 영 시행 이후의 육아기 근로시간 단축분부터 적용한다.

부 칙 (2019.12.24)

제1조【시행일】 이 영은 2020년 1월 16일부터 시행한다. (이하 생략)

부 칙 (2019.12.31)

제1조【시행일】 이 영은 2020년 1월 1일부터 시행한다. 다만, 제95조의2의 개정규정은 2020년 2월 28일부터 시행한다.
제2조【출산육아기 고용안정장려금에 관한 적용례】 제29조제1항제3호가목2)의 개정규정은 이 영 시행 당시 임신 중인 근로자에게 근로시간 단축을 허용하고 대체인력을 고용하고 있는 경우에 대해서도 적용한다.
제3조【근로시간 단축 지원금에 관한 경과조치】 이 영 시행 전에 근로시간 단축을 실시하여 종전의 제28조의3제1항에 해당하게 된 경우로서 2020년 1월 31일까지 고용노동부장관에게 근로시간 단축 지원금을 신청한 사업주에 대해서는 종전의 제28조의3에 따라 근로시간 단축 지원금을 지급한다.

부 칙 (2020.3.3)

이 영은 공포한 날부터 시행한다.

부 칙 (2020.3.31)

제1조【시행일】 이 영은 공포한 날부터 시행한다.
제2조【대체인력지원금의 지급에 관한 적용례】 제29조제1항제3호나목 및 같은 조 제5항제2호의 개정규정은 이 영 시행 당시 피보험자인 근로자에게 출산전후휴가, 유산·사산 휴가 또는 육아휴직등을 부여하거나 허용하고 대체인력을 고용하고 있는 경우에도 적용한다.
제3조【육아휴직 급여의 지급에 관한 적용례】 제95조제4항 단서의 개정규정은 이 영 시행 전에 육아휴직(분할하여 사용한 경우를 포함한다)이 끝난 피보험자 중 이 영 시행 당시 육아휴직이 끝난 날부터 6개월이 지나지 않은 경우로서 이 영 시행 전에 정당한 사유로 계속 근무하지 못한 경우에도 적용한다.
제4조【육아휴직 급여의 특례에 관한 적용례】 제95조의2제3항의 개정규정은 이 영 시행 당시 육아휴직 급여를 지급받고 있는 「한부모가족지원법」 제4조제1호의 모 또는 부도 급여 대상으로 하되, 이 영 시행 이후 사용하는 육아휴직 기간에 대해 지급하는 육아휴직 급여분부터 적용한다.
제5조【출산육아기 고용안정장려금의 지급에 관한 특례】 제29조제5항제1호의 개정규정은 종전의 제29조제3항 후단에 따라 이미 지급된 1개월분이 있는 경우에는 그 1개월분에 대해서는 적용하지 않고, 이 영 시행 이후 해당 사업주에게 지급하는 법 제29조제3항에 따른 출산육아기 고용안정장려금분부터 적용한다.

부　칙 (2020.4.28)

제1조【시행일】 이 영은 공포한 날부터 시행한다.
제2조【고용유지지원금의 금액에 관한 적용례】 제21조 제1항 각 호 외의 부분 단서의 개정규정은 종전의 제21조 제1항 각 호 외의 부분 단서에 따라 고용노동부장관이 정하여 고시한 고용유지지원금의 지원기간 중 2020년 4월 1일부터 이 영 시행일 전까지의 기간에 대한 고용유지지원금의 지급비율에 대해서도 적용한다.

부　칙 (2020.6.9)

제1조【시행일】 이 영은 공포한 날부터 시행한다.
제2조【휴업 등에 따른 피보험자 지원요건 등에 관한 적용례 등】 ① 제21조의3제5항의 개정규정은 이 영 시행 이후 같은 조 제4항에 따라 사업주가 제출하는 고용유지조치계획부터 적용하되, 해당 고용유지조치계획에 따라 휴직이 실시되는 피보험자(법 제13조에 따른 피보험자격 취득일이 2020년 3월 1일 전인 사람만 해당한다)를 대상으로 한다.
② 고용노동부장관은 제21조의3제5항의 개정규정에 따른 피보험자에 대한 지원금의 지급요건에 해당하는 경우로서 2021년 7월 1일 이후 해당 지원금에 대한 신청이 있는 경우에도 같은 개정규정에 따라 해당 지원금의 지급에 필요한 업무를 계속할 수 있다.
제3조【고용촉진장려금의 지급대상에 관한 적용례】 제26조제1항제5호의 개정규정은 사업주가 이 영 시행 이후 같은 개정규정에 따른 실업자를 피보험자로 고용하는 경우부터 적용한다.
제4조【고용촉진장려금 지급대상 피보험자 수의 한도에 관한 적용례】 제26조제5항 및 제6항의 개정규정은 이 영 시행 이후 같은 조 제1항 각 호의 어느 하나에 해당하는 실업자를 피보험자로 고용하여 같은 조 제2항에 따른 요건을 갖춘 후 해당 사업주의 신청에 따라 고용노동부장관이 지급하는 고용촉진장려금부터 적용한다.
제5조【고용촉진장려금의 지급요건 등에 관한 적용례】 제26조제8항의 개정규정은 사업주가 같은 개정규정에 따라 고시로 정하는 기간에 같은 조 제1항 각 호의 어느 하나에 해당하는 실업자를 피보험자로 고용한 경우에 그 고용된 피보험자와 관련하여 같은 개정규정에 따라 해당 사업주에게 지급하는 고용촉진장려금에 대해서만 적용하고, 이 영 시행 이후 같은 개정규정에 따라 고시로 정하는 기간 외의 기간에 대한 고용촉진장려금의 지급에 대해서는 같은 조 제1항부터 제7항까지의 규정(부칙 제3조 및 제4조를 포함한다)을 적용한다.
제6조【피보험자의 고용안정 지원사업에 관한 적용례】 제35조제5호바목의 개정규정은 이 영 시행 이후 사업주가 제37조의2제2항에 따라 고용안정 지원의 대상자 선정에 참여하는 경우부터 적용한다.
제7조【우선지원 대상기업의 고용유지 비용의 대부에 관한 적용례】 제35조제8호 및 제37조의3의 개정규정은 이 영 시행 이후 사업주가 실시하는 고용유지조치에 따라 피보험자의 임금을 보전하는 데에 드는 비용부터 적용한다.

부　칙 (2020.8.27)

제1조【시행일】 이 영은 2020년 8월 28일부터 시행한다.
제2조【사업주에 대한 일학습병행과정 지원금에 관한 적용례】 제41조제2항제2호의 개정규정은 이 영 시행 전에 「근로자직업능력 개발법」 제24조에 따라 인정받은 직업능력개발훈련과정 중 일학습병행과정에 해당하는 것에 대해서도 적용한다.
제3조【지역고용촉진 지원금에 관한 경과조치】 이 영 시행 전에 제24조제1항제4호에 따라 구직자를 피보험자로 고용하고 있는 사업주에 대한지역고용촉진 지원금 지급 제한에 관해서는 제24조제6항제3호의 개정규정에도 불구하고 종전의 규정에 따른다.
제4조【다른 법령의 개정】 ※(해당 법령에 가제정리 하였음)

부　칙 (2020.9.29)

제1조【시행일】 이 영은 공포한 날부터 시행한다.
제2조【휴업 등에 따른 피보험자 지원에 관한 적용례】 제21조의3제1항제2호의 개정규정은 이 영 시행 이후 제21조의3제4항에 따라 사업주가 제출하는 고용유지조치계획부터 적용한다.
제3조【사업주에 대한 직업능력개발 훈련비용의 지원에 관한 적용례】 제41조제1항제5호다목·마목 및 제42조제4항제3호의 개정규정은 이 영 시행 이후 시작하는 직업능력개발 훈련부터 적용한다.

부　칙 (2020.10.20)

제1조【시행일】 이 영은 공포한 날부터 시행한다.
제2조【고용유지지원금의 지급에 관한 적용례】 제21조 제3항의 개정규정은 이 영 시행 전에 고용유지조치를 실시한 일수의 합계가 180일이 넘은 사업주가 제20조제1항 및 제2항에 따라 고용유지조치계획을 수립·신고(변경신고를 포함한다)하여 고용유지조치를 실시한 일수에 대해서도 적용한다.

부　칙 (2020.11.24)

제1조【시행일】 이 영은 공포한 날부터 시행한다.
제2조【공고 등의 방법에 관한 일반적 적용례】 이 영은 이 영 시행 이후 실시하는 공고, 공표, 공시 또는 고시부터 적용한다.

부　칙 (2020.12.8)

이 영은 2020년 12월 10일부터 시행한다.

부　칙 (2020.12.29)

제1조【시행일】 이 영은 2021년 1월 1일부터 시행한다.
제2조【유효기간】 제21조의3제1항제3호의 개정규정은 2022년 12월 31일까지 효력을 가진다.
제3조【파견사업주 등의 단축된 근로시간 또는 휴직기간 산정에 관한 적용례】 제19조제4항의 개정규정은 이 영 시행 이후 파견사업주 또는 수급사업주가 같은 항 각 호의 개정규정에 해당하는 고용유지조치를 위한 계획을 수립하여 신고하는 경우부터 적용한다.
제4조【고용유지조치계획의 신고에 관한 적용례】 제20조제2항제1호의 개정규정은 고용유지지원금을 받으려는 사업주가 2020년 12월 중에 고용유지조치를 한 경우로서 그 사업주가 같은 호 각 목의 개정규정의 요건을 충족한 경우에는 그 고용유지조치를 위한 계획을 신고하는 경우에도 적용한다.

부　칙 (2021.6.8)

제1조【시행일】 이 영은 2021년 7월 1일부터 시행한다.
제2조【노무제공자의 피보험자격에 관한 적용례】 제104조의11제2항제2호 및 같은 조 제3항·제4항의 개정규정은 2022년 1월 1일 이후 같은 조 제2항제2호의 소득기준에 해당하는 노무제공자부터 적용한다.

부　칙 (2021.12.28)

제1조【시행일】 이 영은 2021년 12월 30일부터 시행한다.
(이하 생략)

부　칙 (2021.12.31)

제1조【시행일】 이 영은 2022년 1월 1일부터 시행한다.
제2조【육아휴직 급여에 관한 적용례】 제95조제1항의 개정규정은 2022년 1월 1일 전에 「남녀고용평등과 일·가정 양립 지원에 관한 법률」 제19조에 따른 육아휴직을 한 피보험자의 2022년 1월 1일 이후의 육아휴직 기간에 대한 육아휴직 급여부터 적용한다.
제3조【육아휴직 급여의 특례에 관한 적용례】 ① 제95조의3제1항의 개정규정은 2022년 1월 1일 전에 피보험자인 부모 중 한명이 육아휴직을 하고 2022년 1월 1일 이후에 피보험자인 부모 중 다른 한명이 같은 자녀에 대하여 육아휴직을 하는 경우로서 피보험자인 부모 모두가 같은 개정규정에 따른 육아휴직 급여의 지급요건을 갖춘 경우에는 해당 피보험자인 부모의 2022년 1월 1일 전에 개시된 육아휴직 기간에 대한 육아휴직 급여를 산정할 때에도 이를 적용한다.
② 제95조의3제3항의 개정규정은 2022년 1월 1일 전에 육아휴직을 한 「한부모가족지원법」 제4조제1호의 모 또는 부인 피보험자의 2022년 1월 1일 이후의 육아휴직 기간에 대한 육아휴직 급여부터 적용한다.
제4조【출산육아기 고용안정장려금 지급에 관한 경과조치】 이 영 시행 전에 종전의 제29조제1항제2호 및 제3호에 따른 출산육아기 고용안정장려금의 지급요건을 갖춘 사업주에 대해서는 제29조제1항부터 제5항까지의 개정규정에도 불구하고 종전의 규정에 따라 출산육아기 고용안정장려금을 지급한다.

부　칙 (2022.2.17 영32446호)
(2022.2.17 영32447호)

제1조【시행일】 이 영은 2022년 2월 18일부터 시행한다.
(이하 생략)

부　칙 (2022.5.9)

제1조【시행일】 이 영은 2022년 8월 18일부터 시행한다.
(이하 생략)

부　칙 (2022.6.28)

제1조【시행일】 이 영은 2022년 7월 1일부터 시행한다.
제2조【출산육아기 고용안정장려금의 지급 제한에 관한 경과조치】 이 영 시행 전에 종전의 제29조제1항에 따른 출산육아기 고용안정장려금의 지급요건을 이미 갖추어 이 영 시행 이후에 사업주에게 지급해야 할 출산육아기 고용안정장려금은 제29조제2항제1호의 개정규정에도 불구하고 종전의 규정에 따라 지급한다.

부　칙 (2022.12.6)

제1조【시행일】 이 영은 2023년 1월 1일부터 시행한다. 다만, 제104조의9 및 제104조의16의 개정규정은 2022년 12월 11일부터 시행한다.
제2조【고용촉진장려금에 관한 적용례】 제26조제4항의 개정규정은 2023년 1월 1일 이후 사업주가 고용촉진장려금의 지급을 신청하는 경우부터 적용한다.

부　칙 (2022.12.14)

제1조【시행일】 이 영은 2023년 1월 1일부터 시행한다.
(이하 생략)

부　칙 (2023.6.27)

제1조【시행일】 이 영은 2023년 7월 1일부터 시행한다.
제2조【지역고용촉진 지원금의 지급 제한에 관한 적용례】 제24조제6항제7호의 개정규정은 이 영 시행 이후 「고용정책 기본법」 제32조 및 같은 법 시행령 제30조의2에 따라 고용위기지역으로 지정되거나 지정기간이 연장되어 사업주가 제24조제1항제1호에 따라 근로자의 고용에 관한 지역고용계획을 신고하는 경우부터 적용한다.

부　칙 (2023.9.12)

제1조【시행일】 이 영은 2023년 9월 22일부터 시행한다.
(이하 생략)

부　칙 (2023.11.7)

제1조【시행일】 이 영은 공포한 날부터 시행한다.
제2조【위원회 위촉위원의 직무계속에 관한 적용례】 제1조의4제2항의 개정규정은 이 영 시행 이후 임기가 만료되는 위촉위원부터 적용한다.

부　칙 (2023.12.26)

제1조【시행일】 이 영은 2024년 1월 1일부터 시행한다. 다만, 제104조의5제1항의 개정규정은 2024년 2월 9일부터 시행하고, 제19조제2항의 개정규정은 2024년 7월 1일부터 시행한다.
제2조【고용유지지원금의 지급 대상에 관한 적용례】 제19조제1항 및 같은 조 제2항제3호의 개정규정은 다음 각 호의 구분에 따른 시행일 이후 제20조에 따라 사업주가 고용유지조치계획을 신고하는 경우부터 적용한다.
1. 제19조제1항의 개정규정 : 2024년 1월 1일
2. 제19조제2항제3호의 개정규정 : 2024년 7월 1일
제3조【조기재취업 수당 지급기준에 관한 적용례】 제84조제1항의 개정규정은 2024년 1월 1일 이후 법 제43조에 따라 구직급여 수급자격의 인정을 신청하는 사람부터 적용한다.
제4조【출생 후 18개월 이내의 자녀에 대한 육아휴직 급여 등에 관한 특례】 제95조의3제1항의 개정규정은 2024년 1월 1일 전에 피보험자인 부모 모두 또는 부모 중 한 명이 출생 후 18개월 이내의 자녀에 대하여 육아휴직을 하고, 2024년 1월 1일 이후 피보험자인 부모 모두 또는 부모 중 한 명이 같은 자녀에 대하여 육아휴직을 하는 경우로서 피보험자인 부모 모두 같은 개정규정에 따른 육아휴직 급여의 지급요건을 모두 갖춘 경우에는 부모 중 한 명이 2024년 1월 1일 이후 한 육아휴직 차수(첫 번째 달부터 여섯 번째 달까지 중 해당하는 달을 말한다. 이하 이 조에서 같다)의 범위에서 부모 중 다른 한 명이 2024년 1월 1일 전에 한 같은 차수의 육아휴직 기간(최대 6개월까지로 한다)에 대한 급여를 산정할 때에도 적용한다. 다만, 부모 모두 2024년 1월 1일 전에 한 육아휴직 기간이 각각 6개월 이상인 경우는 제외한다.

〔별표〕➡「法典 別冊」 참조

산업재해보상보험법

(약칭 : 산재보험법)

(2007년 12월 14일 전부개정법률 제8694호)

개정
2007.12.31법 8835호(지방세)
2008. 2.29법 8863호(금융위원회의설치등에관한법)
2008.12.31법 9319호(한국산업안전보건공단법)
2009. 1. 7법 9338호 2009.10. 9법 9794호
2010. 1.27법 9988호 2010. 5.20법 10305호
2010. 6. 4법 10339호(정부조직)
2011.12.31법 11141호(국민보험)
2012.12.18법 11569호 2015. 1.20법 13045호
2015. 5.18법 13323호(지역보건법)
2016.12.27법 14499호 2017.10.24법 14933호
2017.12.19법 15270호(장애인복지법)
2018. 6.12법 15665호
2019. 1.15법 16272호(산업안전보건법)
2019. 1.15법 16273호
2020. 4. 7법 17203호(시체해부및보존등에관한법)
2020. 5.26법 17326호(법률용어정비)
2020. 6. 9법 17434호 2020.12. 8법 17603호
2021. 1. 5법 17865호 2021. 1.26법 17910호
2021. 4.13법 18040호 2021. 5.18법 18181호
2021. 8.17법 18425호(국민평생직업능력개발법)
2022. 1.11법 18753호
2022. 6.10법 18913호(집행유예선고에관한결격사유명확화를위한일부개정법률)
2022. 6.10법 18928호 2023. 8. 8법 19612호

제1장 총 칙

제1조【목적】 이 법은 산업재해보상보험 사업을 시행하여 근로자의 업무상의 재해를 신속하고 공정하게 보상하며, 재해근로자의 재활 및 사회 복귀를 촉진하기 위하여 이에 필요한 보험시설을 설치·운영하고, 재해 예방과 그 밖에 근로자의 복지 증진을 위한 사업을 시행하여 근로자 보호에 이바지하는 것을 목적으로 한다.

제2조【보험의 관장과 보험연도】 ① 이 법에 따른 산업재해보상보험 사업(이하 "보험사업"이라 한다)은 고용노동부장관이 관장한다.(2010.6.4 본항개정)

② 이 법에 따른 보험사업의 보험연도는 정부의 회계연도에 따른다.

제3조【국가의 부담 및 지원】 ① 국가는 회계연도마다 예산의 범위에서 보험사업의 사무 집행에 드는 비용을 일반회계에서 부담하여야 한다.

② 국가는 회계연도마다 예산의 범위에서 보험사업에 드는 비용의 일부를 지원할 수 있다.

제4조【보험료】 이 법에 따른 보험사업에 드는 비용에 충당하기 위하여 징수하는 보험료나 그 밖의 징수금에 관하여는 「고용보험 및 산업재해보상보험의 보험료징수 등에 관한 법률」(이하 "보험료징수법"이라 한다)에서 정하는 바에 따른다.

제5조【정의】 이 법에서 사용하는 용어의 뜻은 다음과 같다.

1. "업무상의 재해"란 업무상의 사유에 따른 근로자의 부상·질병·장해 또는 사망을 말한다.
2. "근로자"·"임금"·"평균임금"·"통상임금"이란 각각 「근로기준법」에 따른 "근로자"·"임금"·"평균임금"·"통상임금"을 말한다. 다만, 「근로기준법」에 따라 "임금" 또는 "평균임금"을 결정하기 어렵다고 인정되면 고용노동부장관이 정하여 고시하는 금액을 해당 "임금" 또는 "평균임금"으로 한다.(2010.6.4 단서개정)
3. "유족"이란 사망한 사람의 배우자(사실상 혼인 관계에 있는 사람을 포함한다. 이하 같다)·자녀·부모·손자녀·조부모 또는 형제자매를 말한다.(2020.5.26 본호개정)
4. "치유"란 부상 또는 질병이 완치되거나 치료의 효과를 더 이상 기대할 수 없고 그 증상이 고정된 상태에 이르게 된 것을 말한다.
5. "장해"란 부상 또는 질병이 치유되었으나 정신적 또는 육체적 훼손으로 인하여 노동능력이 상실되거나 감소된 상태를 말한다.(2010.1.27 본호개정)
6. "중증요양상태"란 업무상의 부상 또는 질병에 따른 정신적 또는 육체적 훼손으로 노동능력이 상실되거나 감소된 상태로서 그 부상 또는 질병이 치유되지 아니한 상태를 말한다.(2018.6.12 본호개정)
7. "진폐"(塵肺)란 분진을 흡입하여 폐에 생기는 섬유증식성(纖維增殖性) 변화를 주된 증상으로 하는 질병을 말한다.(2010.5.20 본호신설)
8. "출퇴근"이란 취업과 관련하여 주거와 취업장소 사이의 이동 또는 한 취업장소에서 다른 취업장소로의 이동을 말한다.(2017.10.24 본호신설)

판례 LCD공장 근로자의 다발성 경화증 발병에 대한 업무상 재해 인정 : 업무상의 사유에 따른 질병으로 인정하려면 업무와 질병 사이에 인과관계가 있어야 한다. 산업재해의 발생원인에 관한 직접적인 증거가 없더라도 근로자의 취업 당시 건강상태, 질병의 원인, 작업장에 발병원인이 될 만한 물질이 있었는지, 발병원인물질이 있는 작업장에서 근무한 기간 등의 여러 사정을 고려하여 경험칙과 사회통념에 따라 합리적인 추론을 통하여 인과관계를 인정할 수 있다. 첨단산업분야에서 유해화학물질로 인한 질병에 대해 근로자를 보호할 산업재해보상보험제도의 목적과 기능 등을 종합적으로 고려할 때, 근로자에게 발병한 질병이 이른바 '희귀질환' 또는 첨단산업현장에서 새롭게 발생하는 유형의 질환에 해당하고 발병원인으로 의심되는 요소들과 근로자의 질병 사이에 인과관계를 명확하게 규명하는 것이 현재의 의학과 자연과학 수준에서 곤란하더라도 그것만으로 인과관계를 쉽사리 부정할 수 없다. 특히, 희귀질환의 평균 유병률에 비해 특정 산업 종사자 군이나 특정 사업장에서 그 질환의 발병률이 높거나, 사업주의 협조 거부 또는 관련 행정청의 조사 거부나 지연 등으로 그 질환에 영향을 미칠 수 있는 작업환경상 유해요소들의 종류와 노출 정도를 구체적으로 특정할 수 없었다는 등의 특별한 사정이 인정된다면, 이는 상당인과관계를 인정하는 단계에서 근로자에게 유리한 간접사실로 고려할 수 있다. 나아가 작업환경에 여러 유해물질이나 유해요소가 존재하는 경우 개별 유해요인들이 특정 질환의 발병이나 악화에 복합적·누적적으로 작용할 가능성을 간과해서는 안 된다.
(대판 2017.8.29, 2015두3867)

판례 산업재해보상보험법과 장애인차별금지 및 권리구제 등에 관한 법률의 입법 취지와 목적, 요양급여 및 장애인보조기구에 관한 규정의 체계, 형식과 내용, 장애인에 대한 차별행위의 개념 등에 의하면, 산업재해보상보험법의 해석에서 업무상 재해로 인한 부상의 대상인 신체를 반드시 생래적 신체에 한정할 필요는 없는 점 등을 종합적으로 고려하면, 의족은 단순히 신체를 보조하는 기구가 아니라 신체의 일부인 다리를 기능적·물리적·실질적으로 대체하는 장치로서, 업무상의 사유로 근로자가 장착한 의족이 파손된 경우는 산업재해보상보험법상 요양급여의 대상인 근로자의 부상에 포함된다.(대판 2014.7.10, 2012두20991)

판례 산업재해보상보험법이 보호대상으로 삼은 근로기준법상의 근로자에 해당하는지 여부는 계약의 형식이 고용계약인지 도급계약인지보다 그 실질에 있어 근로자가 사업 또는 사업장에 임금을 목적으로 종속적인 관계에서 사용자에게 근로를 제공하였는지 여부에 따라 판단하여야 하고, 위에서 말하는 종속적인 관계가 있는지 여부는 업무 내용을 사용자가 정하고 취업규칙 또는 복무(인사)규정 등의 적용을 받으며 업무 수행 과정에서 사용자가 상당한 지휘·감독을 하는지, 사용자가 근무시간과 근무장소를 지정하고 근로자가 이에 구속을 받는지, 노무제공자가 스스로 비품·원자재나 작업도구 등을 소유하거나 제3자를 고용하여 업무를 대행하게 하는 등 독립하여 자신의 계산으로 사업을 영위할 수 있는지, 노무 제공을 통한 이윤의 창출과 손실의 초래 등 위험을 스스로 안고 있는지와 보수의 성격이 근로 자체의 대상적(對償的) 성격인지, 기본급이나 고정급이 정하여졌는지 및 근로소득세의 원천징수 여부 등 보수에 관한 사항, 근로 제공 관계의 계속성과 사용자에 대한 전속성의 유무와 그 정도, 사회보장제도에 관한 법령에서 근로자로서 지위를 인정받는지 등의 경제적·사회적 여러 조건을 종합하여 판단하여야 한다. 다만, 기본급이나 고정급이 정하여졌는지, 근로소득세를 원천징수하였는지, 사회보장제도에 관하여 근로자로 인정받는지 등의 사정은 사용자가 경제적으로 우월한 지위를 이용하여 임의로 정할 여지가 크다는 점에서, 그러한 점들이 인정되지 않는다는 것만으로 근로자성을 쉽게 부정하여서는 안 된다.(대판 2010.5.27, 2007두9471)

판례 근로자가 어떠한 행위를 하다가 사망한 경우에 당해 근로자가 그 행위에 이르게 된 동기나 이유, 전후 과정 등을 종합적으로 고려하여 그 행위가 당해 근로자의 본래의 업무행위 또는 그 업무의 준비행위, 사회통념상 그에 수반되는 생리적 행위 또는 합리적·필요적 행위로서 그 전반적인 과정이 사용자의 지배·관리하에 있다고 볼 수 있는 경우에는 업무상 재해로 인한 사망으로 인정될 수 있다.
(대판 2009.10.15, 2009두10246)

판례 산업재해보상보험법은 동법상의 보험급여를 받을 수 있는 근로자에 대하여 "근로기준법에 따른 근로자를 말한다"고 규정하는 외에 다른 규정을 두고 있지 아니하므로 보험급여 대상자인 근로자는 오로지 '근로기준법상의 근로자'에 해당하는지의 여부에 의하여 판가름나는 것이고, 그 해당 여부는 그 실질에 있어 그가 사업 또는 사업장에 임금을 목적으로 종속적인 관계에서 사용자에게 근로를 제공하였는지 여부에 따라 판단하여야 할 것이지, 법인등기부에 임원으로 등기되었는지 여부에 따라 판단할 것은 아니다.
(대판 2009.8.20, 2009두1440)

제6조【적용 범위】 이 법은 근로자를 사용하는 모든 사업 또는 사업장(이하 "사업"이라 한다)에 적용한다. 다만, 위험률·규모 및 장소 등을 고려하여 대통령령으로 정하는 사업에 대하여는 이 법을 적용하지 아니한다.

제7조【보험 관계의 성립·소멸】 이 법에 따른 보험 관계의 성립과 소멸에 대하여는 보험료징수법으로 정하는 바에 따른다.

제8조【산업재해보상보험및예방심의위원회】 ① 산업재해보상보험 및 예방에 관한 중요 사항을 심의하게 하기 위하여 고용노동부에 산업재해보상보험및예방심의위원회(이하 "위원회"라 한다)를 둔다.(2010.6.4 본항개정)

② 위원회는 근로자를 대표하는 사람, 사용자를 대표하는 사람 및 공익을 대표하는 사람으로 구성하되, 그 수는 각각 같은 수로 한다.(2020.5.26 본항개정)

③ 위원회는 그 심의 사항을 검토하고, 위원회의 심의를 보조하게 하기 위하여 위원회에 전문위원회를 둘 수 있다.(2009.10.9 본항개정)

④ 위원회 및 전문위원회의 조직·기능 및 운영에 필요한 사항은 대통령령으로 정한다.(2009.10.9 본항개정)
(2009.10.9 본조제목개정)

제9조【보험사업 관련 조사·연구】 ① 고용노동부장관은 보험사업을 효율적으로 관리·운영하기 위하여 조사·연구 사업 등을 할 수 있다.

② 고용노동부장관은 필요하다고 인정하면 제1항에 따른 업무의 일부를 대통령령으로 정하는 자에게 대행하게 할 수 있다.
(2010.6.4 본조개정)

제2장 근로복지공단

제10조【근로복지공단의 설립】 고용노동부장관의 위탁을 받아 제1조의 목적을 달성하기 위한 사업을 효율적으로 수행하기 위하여 근로복지공단(이하 "공단"이라 한다)을 설립한다.(2010.6.4 본조개정)

제11조【공단의 사업】 ① 공단은 다음 각 호의 사업을 수행한다.

1. 보험가입자와 수급권자에 관한 기록의 관리·유지
2. 보험료징수법에 따른 보험료와 그 밖의 징수금의 징수
3. 보험급여의 결정과 지급
4. 보험급여 결정 등에 관한 심사 청구의 심리·결정
5. 산업재해보상보험 시설의 설치·운영

5의2. 업무상 재해를 입은 근로자 등의 진료·요양 및 재활(2015.1.20 본호개정)

5의3. 재활보조기구의 연구개발·검정 및 보급(2010.1.27 본호신설)

5의4. 보험급여 결정 및 지급을 위한 업무상 질병 관련 연구(2015.1.20 본호신설)

5의5. 근로자 등의 건강을 유지·증진하기 위하여 필요한 건강진단 등 예방 사업(2015.1.20 본호신설)

6. 근로자의 복지 증진을 위한 사업
7. 그 밖에 정부로부터 위탁받은 사업
8. 제5호·제5호의2부터 제5호의5까지·제6호 및 제7호에 따른 사업에 딸린 사업(2015.1.20 본호개정)

② 공단은 제1항제5호의2부터 제5호의5까지의 사업을 위하여 의료기관, 연구기관 등을 설치·운영할 수 있다.(2015.1.20 본항개정)

③ 제1항제3호에 따른 사업의 수행에 필요한 자문을 하기 위하여 공단에 관계 전문가 등으로 구성되는 보험급여자문위원회를 둘 수 있다.

④ 제3항에 따른 보험급여자문위원회의 구성과 운영에 필요한 사항은 공단이 정한다.(2010.1.27 본항개정)

⑤ 정부는 예산의 범위에서 공단의 사업과 운영에 필요한 비용을 출연할 수 있다.(2015.1.20 본항신설)

제12조【법인격】 공단은 법인으로 한다.

제13조【사무소】 ① 공단의 주된 사무소 소재지는 정관으로 정한다.

② 공단은 필요하면 정관으로 정하는 바에 따라 분사무소를 둘 수 있다.

제14조【정관】 ① 공단의 정관에는 다음 각 호의 사항을 적어야 한다.

1. 목적
2. 명칭
3. 주된 사무소와 분사무소에 관한 사항
4. 임직원에 관한 사항
5. 이사회에 관한 사항
6. 사업에 관한 사항
7. 예산 및 결산에 관한 사항
8. 자산 및 회계에 관한 사항
9. 정관의 변경에 관한 사항
10. 내부규정의 제정·개정 및 폐지에 관한 사항
11. 공고에 관한 사항

② 공단의 정관은 고용노동부장관의 인가를 받아야 한다. 이를 변경하려는 때에도 또한 같다.(2010.6.4 전단개정)

제15조【설립등기】 공단은 그 주된 사무소의 소재지에서 설립등기를 함으로써 성립한다.

제16조【임원】 ① 공단의 임원은 이사장 1명과 상임이사 4명을 포함한 15명 이내의 이사와 감사 1명으로 한다.(2010.1.27 본항개정)

② 이사장·상임이사 및 감사의 임면(任免)에 관하여는 「공공기관의 운영에 관한 법률」 제26조에 따른다.(2010.1.27 본항개정)

③ 비상임이사(제4항에 따라 당연히 비상임이사로 선임되는 사람은 제외한다)는 다음 각 호의 어느 하나에 해당하는 사람 중에서 「공공기관의 운영에 관한 법률」 제26조제3항에 따라 고용노동부장관이 임명한다. 이 경우 제1호와 제2호에 해당하는 비상임이사는 같은 수로 하되, 노사 어느 일방이 추천하지 아니하는 경우에는 그러하지 아니하다.(2010.6.4 전단개정)

1. 총연합단체인 노동조합이 추천하는 사람
2. 전국을 대표하는 사용자단체가 추천하는 사람
3. 사회보험 또는 근로복지사업에 관한 학식과 경험이 풍부한 사람으로서 「공공기관의 운영에 관한 법률」 제29조에 따른 임원추천위원회가 추천하는 사람

(2010.1.27 본항신설)

④ 당연히 비상임이사로 선임되는 사람은 다음 각 호와 같다.

1. 기획재정부에서 공단 예산 업무를 담당하는 3급 공무원 또는 고위공무원단에 속하는 일반직공무원 중에서 기획재정부장관이 지명하는 1명
2. 고용노동부에서 산업재해보상보험 업무를 담당하는 3급 공무원 또는 고위공무원단에 속하는 일반직공무원 중에서 고용노동부장관이 지명하는 1명(2010.6.4 본호개정)

(2010.1.27 본항신설)

⑤ 비상임이사에게는 보수를 지급하지 아니한다. 다만, 직무 수행에 드는 실제 비용은 지급할 수 있다.

제17조【임원의 임기】 이사장의 임기는 3년으로 하고, 이사와 감사의 임기는 2년으로 하되, 각각 1년 단위로 연임할 수 있다.(2010.1.27 단서삭제)

제18조【임원의 직무】 ① 이사장은 공단을 대표하고 공단의 업무를 총괄한다.

② 상임이사는 정관으로 정하는 바에 따라 공단의 업무를 분장하고, 이사장이 부득이한 사유로 직무를 수행할 수 없을 때에는 정관으로 정하는 순서에 따라 그 직무를 대행한다.(2020.5.26 본항개정)

③ 감사(監事)는 공단의 업무와 회계를 감사(監査)한다.

제19조【임원의 결격사유와 당연퇴직】 다음 각 호의 어느 하나에 해당하는 사람은 공단의 임원이 될 수 없다.

1. 「국가공무원법」 제33조 각 호의 어느 하나에 해당하는 사람
2. 「공공기관의 운영에 관한 법률」 제34조제1항제2호에 해당하는 사람

(2010.1.27 본조개정)

제20조【임원의 해임】 임원의 해임에 관하여는 「공공기관의 운영에 관한 법률」 제22조제1항, 제31조제6항, 제35조제2항·제3항, 제36조제2항 및 제48조제4항·제8항에 따른다.(2010.1.27 본조개정)

제21조【임직원의 겸직 제한 등】 ① 공단의 상임임원과 직원은 그 직무 외에 영리를 목적으로 하는 업무에 종사하지 못한다.(2010.1.27 본항개정)

② 상임임원이 「공공기관의 운영에 관한 법률」 제26조에 따른 임명권자나 제청권자의 허가를 받은 경우와 직원이 이사장의 허가를 받은 경우에는 비영리 목적의 업무를 겸할 수 있다.(2010.1.27 본항신설)

③ 공단의 임직원이나 그 직에 있었던 사람은 그 직무상 알게 된 비밀을 누설하여서는 아니 된다.(2020.5.26 본항개정)

제22조【이사회】 ① 공단에 「공공기관의 운영에 관한 법률」 제17조제1항 각 호의 사항을 심의·의결하기 위하여 이사회를 둔다.

② 이사회는 이사장을 포함한 이사로 구성한다.

③ 이사장은 이사회의 의장이 된다.

④ 이사회의 회의는 이사회 의장이나 재적이사 3분의 1 이상의 요구로 소집하고, 재적이사 과반수의 찬성으로 의결한다.

⑤ 감사는 이사회에 출석하여 의견을 진술할 수 있다.

(2010.1.27 본조개정)

제23조【직원의 임면 및 대리인의 선임】 ① 이사장은 정관으로 정하는 바에 따라 공단의 직원을 임명하거나 해임한다.

② 이사장은 정관으로 정하는 바에 따라 직원 중에서 업무에 관한 재판상 행위 또는 재판 외의 행위를 할 수 있는 권한을 가진 대리인을 선임할 수 있다.

제24조【벌칙 적용에서의 공무원 의제】 공단의 임원과 직원은 「형법」 제129조부터 제132조까지의 규정에 따른 벌칙의 적용에서는 공무원으로 본다.

제25조【업무의 지도·감독】 ① 공단은 대통령령으로 정하는 바에 따라 회계연도마다 사업 운영계획과 예산에 관하여 고용노동부장관의 승인을 받아야 한다.

② 공단은 회계연도마다 회계연도가 끝난 후 2개월 이내에 사업 실적과 결산을 고용노동부장관에게 보고하여야 한다.

③ 고용노동부장관은 공단에 대하여 그 사업에 관한 보고를 명하거나 사업 또는 재산 상황을 검사할 수 있고, 필요하다고 인정하면 정관을 변경하도록 명하는 등 감독을 위하여 필요한 조치를 할 수 있다.(2020.5.26 본항개정)

(2010.6.4 본조개정)

제26조【공단의 회계】 ① 공단의 회계연도는 정부의 회계연도에 따른다.

② 공단은 보험사업에 관한 회계를 공단의 다른 회계와 구분하여 회계처리하여야 한다.(2018.6.12 본항개정)

③ 공단은 고용노동부장관의 승인을 받아 회계규정을 정하여야 한다.(2010.6.4 본항개정)

제26조의2【공단의 수입】 공단의 수입은 다음 각 호와 같다.

1. 정부나 정부 외의 자로부터 받은 출연금 또는 기부금
2. 제11조에 따른 공단의 사업수행으로 발생한 수입 및 부대수입
3. 제27조에 따른 차입금 및 이입충당금
4. 제28조에 따른 잉여금
5. 그 밖의 수입금

(2018.6.12 본조신설)

제27조【자금의 차입 등】 ① 공단은 제11조에 따른 사업을 위하여 필요하면 고용노동부장관의 승인을 받아 자금을 차입(국제기구·외국 정부 또는 외국인으로부터의 차입을 포함한다)할 수 있다.

② 공단은 회계연도마다 보험사업과 관련하여 지출이 수입을 초과하게 되면 제99조에 따른 책임준비금의 범위에서 고용노동부장관의 승인을 받아 제95조에 따른 산업재해보상보험 및 예방 기금에서 이입(移入)하여 충당할 수 있다.

(2010.6.4 본조개정)

제28조【잉여금의 처리】 공단은 회계연도 말에 결산상 잉여금이 있으면 공단의 회계규정으로 정하는 바에 따라 회계별로 구분하여 손실금을 보전(補塡)하고 나머지는 적립하여야 한다.

제29조【권한 또는 업무의 위임·위탁】 ① 이 법에 따른 공단 이사장의 대표 권한 중 일부를 대통령령으로 정하는 바에 따라 공단의 분사무소(이하 "소속 기관"이라 한다)의 장에게 위임할 수 있다.

② 이 법에 따른 공단의 업무 중 일부를 대통령령으로 정하는 바에 따라 체신관서나 금융기관에 위탁할 수 있다.

제30조【수수료 등의 징수】 공단은 제11조에 따른 사업에 관하여 고용노동부장관의 승인을 받아 공단 시설의 이용료나 업무위탁 수수료 등 그 사업에 필요한 비용을 수익자가 부담하게 할 수 있다.(2010.6.4 본조개정)

제31조【자료 제공의 요청】 ① 공단은 보험급여의 결정과 지급 등 보험사업을 효율적으로 수행하기 위하여 필요하면 질병관리청·국세청·경찰청 및 지방자치단체 등 관계 행정기관이나 그 밖에 대통령령으로 정하는 보험사업과 관련되는 기관·단체에 주민등록·외국인등록 등 대통령령으로 정하는 자료의 제공을 요청할 수 있다.(2022.6.10 본항개정)

② 제1항에 따라 자료의 제공을 요청받은 관계 행정기관이나 관련 기관·단체 등은 정당한 사유 없이 그 요청을 거부할 수 없다.

③ 제1항에 따라 공단에 제공되는 자료에 대하여는 수수료나 사용료 등을 면제한다.

제31조의2【가족관계등록 전산정보의 공동이용】 ① 공단은 다음 각 호의 업무를 수행하기 위하여 「전자정부법」에 따라 「가족관계의 등록 등에 관한 법률」 제9조제1항에 따른 전산정보자료를 공동이용(「개인정보 보호법」 제2조제2호에 따른 처리를 포함한다)할 수 있다.

1. 제40조에 따른 요양급여 수급권자의 생존 여부 확인
2. 제52조에 따른 휴업급여 수급권자의 생존 여부 확인
3. 제57조에 따른 장해급여 수급권자의 생존 여부 확인
4. 제61조에 따른 간병급여 수급권자의 생존 여부 확인
5. 제62조에 따른 유족급여 수급권자의 수급자격 확인
6. 제66조에 따른 상병보상연금 수급권자의 생존 여부 확인
7. 제72조에 따른 직업재활급여 수급권자의 생존 여부 확인
8. 제81조에 따른 미지급 보험급여 지급을 위한 수급권자의 유족 여부 확인
9. 제91조의3에 따른 진폐보상연금 수급권자의 생존 여부 및 제91조의4에 따른 진폐유족연금 수급권자의 수급자격 확인

② 법원행정처장은 제1항에 따라 공단이 전산정보자료의 공동이용을 요청하는 경우 특별한 사유가 없으면 그 공동이용을 위하여 필요한 조치를 취하여야 한다.

③ 누구든지 제1항에 따라 공동이용하는 전산정보자료를 그 목적 외의 용도로 이용하거나 활용하여서는 아니 된다.

(2021.1.26 본조신설)

제32조【출자 등】 ① 공단은 공단의 사업을 효율적으로 수행하기 위하여 필요하면 제11조제1항제5호·제5호의2부터 제5호의5까지·제6호 및 제7호에 따른 사업에 출자하거나 출연할 수 있다.(2015.1.20 본항개정)

② 제1항에 따른 출자·출연에 필요한 사항은 대통령령으로 정한다.

제33조 (2010.1.27 삭제)

제34조【유사명칭의 사용 금지】 공단이 아닌 자는 근로복지공단 또는 이와 비슷한 명칭을 사용하지 못한다.

(2010.1.27 본조개정)

제35조【「민법」의 준용】 공단에 관하여는 이 법과 「공공기관의 운영에 관한 법률」에 규정된 것 외에는 「민법」 중 재단법인에 관한 규정을 준용한다.(2010.1.27 본조개정)

제3장 보험급여

제36조【보험급여의 종류와 산정 기준 등】 ① 보험급여의 종류는 다음 각 호와 같다. 다만, 진폐에 따른 보험급여의 종류는 제1호의 요양급여, 제4호의 간병급여, 제7호의 장례비, 제8호의 직업재활급여, 제91조의3에 따른 진폐보상연금 및 제91조의4에 따른 진폐유족연금으로 하고, 제91조의12에 따른 건강손상자녀에 대한 보험급여의 종류는 제1호의 요양급여, 제3호의 장해급여, 제4호의 간병급여, 제7호의 장례비, 제8호의 직업재활급여로 한다.

(2022.1.11 단서개정)

1. 요양급여
2. 휴업급여
3. 장해급여
4. 간병급여
5. 유족급여
6. 상병(傷病)보상연금
7. 장례비(2021.1.26 본호개정)
8. 직업재활급여

② 제1항에 따른 보험급여는 제40조, 제52조부터 제57조까지, 제60조부터 제62조까지, 제66조부터 제69조까지, 제71조, 제72조, 제91조의3 및 제91조의4에 따른 보험급여를 받을 수 있는 사람(이하 "수급권자"라 한다)의 청구에 따라 지급한다.(2020.5.26 본항개정)

③ 보험급여를 산정하는 경우 해당 근로자의 평균임금을 산정하여야 할 사유가 발생한 날부터 1년이 지난 이후에는 매년 전체 근로자의 임금 평균액의 증감률에 따라 평균임금을 증감하되, 그 근로자의 연령이 60세에 도달한 이후에는 소비자물가변동률에 따라 평균임금을 증감한다. 다만, 제6항에 따라 산정한 금액을 평균임금으로 보는 진폐에 걸린 근로자에 대한 보험급여는 제외한다.

(2010.5.20 단서신설)

④ 제3항에 따른 전체 근로자의 임금 평균액의 증감률 및 소비자물가변동률의 산정 기준과 방법은 대통령령으로 정한다. 이 경우 산정된 증감률 및 변동률은 매년 고용노동부장관이 고시한다.(2010.6.4 후단개정)

⑤ 보험급여(진폐보상연금 및 진폐유족연금은 제외한다)를 산정할 때 해당 근로자의 근로 형태가 특이하여 평균임금을 적용하는 것이 적당하지 아니하다고 인정되는 경우로서 대통령령으로 정하는 경우에는 대통령령으로 정하는 산정 방법에 따라 산정한 금액을 평균임금으로 한다.

(2010.5.20 본항개정)

⑥ 보험급여를 산정할 때 진폐 등 대통령령으로 정하는 직업병으로 보험급여를 받게 되는 근로자에게 그 평균임금을 적용하는 것이 근로자의 보호에 적당하지 아니하다고 인정되면 대통령령으로 정하는 산정 방법에 따라 산정한 금액을 그 근로자의 평균임금으로 한다.(2010.5.20 본항개정)

⑦ 보험급여(장례비는 제외한다)를 산정할 때 그 근로자의 평균임금 또는 제3항부터 제6항까지의 규정에 따라 보험급여의 산정 기준이 되는 평균임금이 「고용정책 기본법」 제17조의 고용구조 및 인력수요 등에 관한 통계에 따른 상용근로자 5명 이상 사업체의 전체 근로자의 임금 평균액의 1.8배(이하 "최고 보상기준 금액"이라 한다)를 초과하거나, 2분의 1(이하 "최저 보상기준 금액"이라 한다)보다 적으면 그 최고 보상기준 금액이나 최저 보상기준 금액을 각각 그 근로자의 평균임금으로 하되, 최저 보상기준 금액이 「최저임금법」 제5조제1항에 따른 시간급 최저임금액에 8을 곱한 금액(이하 "최저임금액"이라 한다)보다 적으면 그 최저임금액을 최저 보상기준 금액으로 한다. 다만, 휴업급여 및 상병보상연금을 산정할 때에는 최저 보상기준 금액을 적용하지 아니한다.(2021.1.26 본문개정)

⑧ 최고 보상기준 금액이나 최저 보상기준 금액의 산정방법 및 적용기간은 대통령령으로 정한다. 이 경우 산정된 최고 보상기준 금액 또는 최저 보상기준 금액은 매년 고용노동부장관이 고시한다.(2010.6.4 후단개정)

제37조【업무상의 재해의 인정 기준】 ① 근로자가 다음 각 호의 어느 하나에 해당하는 사유로 부상·질병 또는 장해가 발생하거나 사망하면 업무상의 재해로 본다. 다만, 업무와 재해 사이에 상당인과관계(相當因果關係)가 없는 경우에는 그러하지 아니하다.

1. 업무상 사고
   가. 근로자가 근로계약에 따른 업무나 그에 따르는 행위를 하던 중 발생한 사고
   나. 사업주가 제공한 시설물 등을 이용하던 중 그 시설물 등의 결함이나 관리소홀로 발생한 사고
   다. (2017.10.24 삭제)
   라. 사업주가 주관하거나 사업주의 지시에 따라 참여한 행사나 행사준비 중에 발생한 사고
   마. 휴게시간 중 사업주의 지배관리하에 있다고 볼 수 있는 행위로 발생한 사고
   바. 그 밖에 업무와 관련하여 발생한 사고
2. 업무상 질병
   가. 업무수행 과정에서 물리적 인자(因子), 화학물질, 분진, 병원체, 신체에 부담을 주는 업무 등 근로자의 건강에 장해를 일으킬 수 있는 요인을 취급하거나 그에 노출되어 발생한 질병(2010.1.27 본목개정)
   나. 업무상 부상이 원인이 되어 발생한 질병
   다. 「근로기준법」 제76조의2에 따른 직장 내 괴롭힘, 고객의 폭언 등으로 인한 업무상 정신적 스트레스가 원인이 되어 발생한 질병(2019.1.15 본목신설)
   라. 그 밖에 업무와 관련하여 발생한 질병
3. 출퇴근 재해
   가. 사업주가 제공한 교통수단이나 그에 준하는 교통수단을 이용하는 등 사업주의 지배관리하에서 출퇴근하는 중 발생한 사고
   나. 그 밖에 통상적인 경로와 방법으로 출퇴근하는 중 발생한 사고

(2017.10.24 본호신설)

② 근로자의 고의·자해행위나 범죄행위 또는 그것이 원인이 되어 발생한 부상·질병·장해 또는 사망은 업무상

의 재해로 보지 아니한다. 다만, 그 부상·질병·장해 또는 사망이 정상적인 인식능력 등이 뚜렷하게 낮아진 상태에서 한 행위로 발생한 경우로서 대통령령으로 정하는 사유가 있으면 업무상의 재해로 본다.(2020.5.26 단서개정)
③ 제1항제3호나목의 사고 중에서 출퇴근 경로 일탈 또는 중단이 있는 경우에는 해당 일탈 또는 중단 중의 사고 및 그 후의 이동 중의 사고에 대하여는 출퇴근 재해로 보지 아니한다. 다만, 일탈 또는 중단이 일상생활에 필요한 행위로서 대통령령으로 정하는 사유가 있는 경우에는 출퇴근 재해로 본다.(2017.10.24 본항신설)
④ 출퇴근 경로와 방법이 일정하지 아니한 직종으로 대통령령으로 정하는 경우에는 제1항제3호나목에 따른 출퇴근 재해를 적용하지 아니한다.(2017.10.24 본항신설)
⑤ 업무상의 재해의 구체적인 인정 기준은 대통령령으로 정한다.

판례 산업재해보상보험법 제37조 제2항에서 규정하고 있는 '근로자의 범죄행위가 원인이 되어 사망 등이 발생한 경우'란 근로자의 범죄행위가 사망 등의 직접 원인이 되는 경우를 의미하는 것이지, 근로자의 폭행으로 자극을 받은 제3자가 그 근로자를 공격하여 사망 등이 발생한 경우와 같이 간접적이거나 부수적인 원인이 되는 경우까지 포함된다고 볼 수는 없다.(대판 2017.4.27, 2016두55919)

판례 도보나 자기 소유 교통수단 또는 대중교통수단 등을 이용하여 출퇴근하는 산업재해보상보험(이하 '산재보험'이라 한다) 가입 근로자(이하 '비혜택근로자'라 한다)는 사업주가 제공하거나 그에 준하는 교통수단을 이용하여 출퇴근하는 산재보험 가입 근로자(이하 '혜택근로자'라 한다)와 같은 근로자인데도 사업주의 지배관리 아래 있다고 볼 수 없는 통상적 경로와 방법으로 출퇴근하던 중에 발생한 재해(이하 '통상의 출퇴근 재해'라 한다)를 업무상 재해로 인정받지 못한다는 점에서 차별취급이 존재한다. 통상의 출퇴근 재해를 산재보험법상 업무상 재해로 인정할 경우 산재보험 재정상황이 악화되거나 사업주 부담 보험료가 인상될 수 있다는 문제점은 보상대상을 제한하거나 근로자에게도 해당 보험료의 일정 부분을 부담시키는 방법 등으로 어느 정도 해결할 수 있다. 따라서 출퇴근 재해를 업무상 재해로 인정하지 않은 심판대상 조항을 헌법불합치 결정한다.
(헌재결 2016.9.29, 2014헌바254)

제38조【업무상질병판정위원회】 ① 제37조제1항제2호에 따른 업무상 질병의 인정 여부를 심의하기 위하여 공단 소속 기관에 업무상질병판정위원회(이하 "판정위원회"라 한다)를 둔다.
② 판정위원회의 심의에서 제외되는 질병과 판정위원회의 심의 절차는 고용노동부령으로 정한다.(2010.6.4 본항개정)
③ 판정위원회의 구성과 운영에 필요한 사항은 고용노동부령으로 정한다.(2010.6.4 본항개정)

제39조【사망의 추정】 ① 사고가 발생한 선박 또는 항공기에 있던 근로자의 생사가 밝혀지지 아니하거나 항행(航行) 중인 선박 또는 항공기에 있던 근로자가 행방불명 또는 그 밖의 사유로 그 생사가 밝혀지지 아니하면 대통령령으로 정하는 바에 따라 사망한 것으로 추정하고, 유족급여와 장례비에 관한 규정을 적용한다.(2021.1.26 본항개정)
② 공단은 제1항에 따른 사망의 추정으로 보험급여를 지급한 후에 그 근로자의 생존이 확인되면 그 급여를 받은 사람이 선의(善意)인 경우에는 받은 금액을, 악의(惡意)인 경우에는 받은 금액의 2배에 해당하는 금액을 징수하여야 한다.(2020.5.26 본항개정)

제40조【요양급여】 ① 요양급여는 근로자가 업무상의 사유로 부상을 당하거나 질병에 걸린 경우에 그 근로자에게 지급한다.
② 제1항에 따른 요양급여는 제43조제1항에 따른 산재보험 의료기관에서 요양을 하게 한다. 다만, 부득이한 경우에는 요양을 갈음하여 요양비를 지급할 수 있다.
③ 제1항의 경우에 부상 또는 질병이 3일 이내의 요양으로 치유될 수 있으면 요양급여를 지급하지 아니한다.
④ 제1항의 요양급여의 범위는 다음 각 호와 같다.
1. 진찰 및 검사
2. 약제 또는 진료재료와 의지(義肢)나 그 밖의 보조기의 지급
3. 처치, 수술, 그 밖의 치료
4. 재활치료
5. 입원
6. 간호 및 간병
7. 이송
8. 그 밖에 고용노동부령으로 정하는 사항(2010.6.4 본호개정)
⑤ 제2항 및 제4항에 따른 요양급여의 범위나 비용 등 요양급여의 산정 기준은 고용노동부령으로 정한다.
(2010.6.4 본항개정)
⑥ 업무상의 재해를 입은 근로자가 요양할 산재보험 의료기관이 제43조제1항제2호에 따른 상급종합병원인 경우에는 「응급의료에 관한 법률」 제2조제1호에 따른 응급환자이거나 그 밖에 부득이한 사유가 있는 경우를 제외하고는 그 근로자가 상급종합병원에서 요양할 필요가 있다는 의학적 소견이 있어야 한다.(2010.5.20 본항개정)

제41조【요양급여의 신청】 ① 제40조제1항에 따른 요양급여(진폐에 따른 요양급여는 제외한다. 이하 이 조에서 같다)를 받으려는 사람은 소속 사업장, 재해발생 경위, 그 재해에 대한 의학적 소견, 그 밖에 고용노동부령으로 정하는 사항을 적은 서류를 첨부하여 공단에 요양급여의 신청을 하여야 한다. 이 경우 요양급여 신청의 절차와 방법은 고용노동부령으로 정한다.(2020.5.26 전단개정)
② 근로자를 진료한 제43조제1항에 따른 산재보험 의료기관은 그 근로자의 재해가 업무상의 재해로 판단되면 그 근로자의 동의를 받아 요양급여의 신청을 대행할 수 있다.

제41조의2【요양급여 범위 여부의 확인 등】 ① 제40조제1항에 따른 요양급여를 받은 사람은 자신이 부담한 비용이 같은 조 제5항에 따라 요양급여의 범위에서 제외되는 비용인지 여부에 대하여 공단에 확인을 요청할 수 있다.
② 제1항에 따른 확인 요청을 받은 공단은 그 결과를 요청한 사람에게 알려야 한다. 이 경우 확인을 요청한 비용이 요양급여 범위에 해당되는 비용으로 확인되면 그 내용을 제43조제1항에 따른 산재보험 의료기관에 알려야 한다.
③ 제2항 후단에 따라 통보받은 산재보험 의료기관은 받아야 할 금액보다 더 많이 징수한 금액(이하 이 조에서 "과다본인부담금"이라 한다)을 지체 없이 확인을 요청한 사람에게 지급하여야 한다. 다만, 공단은 해당 산재보험 의료기관이 과다본인부담금을 지급하지 아니하면 해당 산재보험 의료기관에 지급할 제45조에 따른 진료비에서 과다본인부담금을 공제하여 확인을 요청한 사람에게 지급할 수 있다.
(2020.12.8 본조신설)

제42조【건강보험의 우선 적용】 ① 제41조제1항에 따라 요양급여의 신청을 한 사람은 공단이 이 법에 따른 요양급여에 관한 결정을 하기 전에는 「국민건강보험법」 제41조에 따른 요양급여 또는 「의료급여법」 제7조에 따른 의료급여(이하 "건강보험 요양급여등"이라 한다)를 받을 수 있다.
② 제1항에 따라 건강보험 요양급여등을 받은 사람이 「국민건강보험법」 제44조 또는 「의료급여법」 제10조에 따른 본인 일부 부담금을 제43조제1항에 따른 산재보험 의료기관에 납부한 후에 이 법에 따른 요양급여 수급권자로 결정된 경우에는 그 납부한 본인 일부 부담금 중 제40조제5항에 따른 요양급여에 해당하는 금액을 공단에 청구할 수 있다.
(2020.5.26 본조개정)

제43조【산재보험 의료기관의 지정 및 지정취소 등】 ① 업무상의 재해를 입은 근로자의 요양을 담당할 의료기관(이하 "산재보험 의료기관"이라 한다)은 다음 각 호와 같다.
1. 제11조제2항에 따라 공단에 두는 의료기관(2010.1.27 본호개정)
2. 「의료법」 제3조의4에 따른 상급종합병원(2010.5.20 본호개정)
3. 「의료법」 제3조에 따른 의료기관과 「지역보건법」 제10조에 따른 보건소(「지역보건법」 제12조에 따른 보건의료원을 포함한다. 이하 같다)로서 고용노동부령으로 정하는 인력·시설 등의 기준에 해당하는 의료기관 또는 보건소 중 공단이 지정한 의료기관 또는 보건소
(2015.5.18 본호개정)
② 공단은 제1항제3호에 따라 의료기관이나 보건소를 산재보험 의료기관으로 지정할 때에는 다음 각 호의 요소를 고려하여야 한다.
1. 의료기관이나 보건소의 인력·시설·장비 및 진료과목
2. 산재보험 의료기관의 지역별 분포
③ 공단은 제1항제2호 및 제3호에 따른 산재보험 의료기관이 다음 각 호의 어느 하나의 사유에 해당하면 그 지정을 취소(제1항제3호의 경우만 해당된다)하거나 12개월의 범위에서 업무상의 재해를 입은 근로자를 진료할 수 없도록 하는 진료제한 조치 또는 개선명령(이하 "진료제한등의 조치"라 한다)을 할 수 있다.
1. 업무상의 재해와 관련된 사항을 거짓이나 그 밖에 부정한 방법으로 진단하거나 증명한 경우
2. 제45조에 따른 진료비를 거짓이나 그 밖에 부정한 방법으로 청구한 경우
3. 제50조에 따른 평가 결과 지정취소나 진료제한등의 조치가 필요한 경우
4. 「의료법」 위반이나 그 밖의 사유로 의료업을 일시적 또는 영구적으로 할 수 없게 되거나, 소속 의사가 의료행위를 일시적 또는 영구적으로 할 수 없게 된 경우
5. 제1항제3호에 따른 인력·시설 등의 기준에 미치지 못하게 되는 경우
6. 진료제한등의 조치를 위반하는 경우
④ 제3항에 따라 지정이 취소된 산재보험 의료기관은 지정이 취소된 날부터 1년의 범위에서 고용노동부령으로 정하는 기간 동안은 산재보험 의료기관으로 다시 지정받을 수 없다.(2010.6.4 본항개정)
⑤ 공단은 제1항제2호 및 제3호에 따른 산재보험 의료기관이 다음 각 호의 어느 하나의 사유에 해당하면 12개월의 범위에서 진료제한 등의 조치를 할 수 있다.
1. 제40조제5항 및 제91조의9제3항에 따른 요양급여의 산정 기준을 위반하여 제45조에 따른 진료비를 부당하게 청구한 경우(2010.5.20 본호개정)
2. 제45조제1항을 위반하여 공단이 아닌 자에게 진료비를 청구한 경우
3. 제47조제1항에 따른 진료계획을 제출하지 아니하는 경우
4. 제118조에 따른 보고, 제출 요구 또는 조사에 따르지 아니하는 경우(2020.5.26 본호개정)
5. 산재보험 의료기관의 지정 조건을 위반한 경우
⑥ 공단은 제3항 또는 제5항에 따라 지정을 취소하거나 진료제한 조치를 하려는 경우에는 청문을 실시하여야 한다.
(2010.1.27 본항개정)
⑦ 제1항제3호에 따른 지정절차, 제3항 및 제5항에 따른 지정취소, 진료제한등의 조치의 기준 및 절차는 고용노동부령으로 정한다.(2010.6.4 본항개정)

제44조【산재보험 의료기관에 대한 과징금 등】 ① 공단은 제43조제3항제1호·제2호 및 같은 조 제5항제1호 중 어느 하나에 해당하는 사유로 진료제한 조치를 하여야 하는 경우로서 그 진료제한 조치가 그 산재보험 의료기관을 이용하는 근로자에게 심한 불편을 주거나 그 밖에 특별한 사유가 있다고 인정되면, 그 진료제한 조치를 갈음하여 거짓이나 부정한 방법으로 지급하게 한 보험급여의 금액 또는 거짓이나 부정·부당하게 지급받은 진료비의 5배 이하의 범위에서 과징금을 부과할 수 있다.
(2010.1.27 본항개정)
② 제1항에 따라 과징금을 부과하는 위반행위의 종류와 위반정도 등에 따른 과징금의 금액 등에 관한 사항은 대통령령으로 정한다.
③ 제1항에 따라 과징금 부과 처분을 받은 자가 과징금을 기한 내에 내지 아니하면 고용노동부장관의 승인을 받아 국세 체납처분의 예에 따라 징수한다.(2010.6.4 본항개정)

제45조【진료비의 청구 등】 ① 산재보험 의료기관이 제40조제2항 또는 제91조의9제1항에 따라 요양을 실시하고 그에 드는 비용(이하 "진료비"라 한다)을 받으려면 공단에 청구하여야 한다.(2010.5.20 본항개정)
② 제1항에 따라 청구된 진료비에 관한 심사 및 결정, 지급 방법 및 지급 절차는 고용노동부령으로 정한다.
(2010.6.4 본항개정)

제46조【약제비의 청구 등】 ① 공단은 제40조제4항제2호에 따른 약제의 지급을 「약사법」 제20조에 따라 등록한 약국을 통하여 할 수 있다.
② 제1항에 따른 약국이 약제비를 받으려면 공단에 청구하여야 한다.
③ 제2항에 따라 청구된 약제비에 관한 심사 및 결정, 지급 방법 및 지급 절차는 고용노동부령으로 정한다.
(2010.6.4 본항개정)

제47조【진료계획의 제출】 ① 산재보험 의료기관은 제41조 또는 제91조의5에 따라 요양급여를 받고 있는 근로자의 요양기간을 연장할 필요가 있는 때에는 그 근로자의 부상·질병 경과, 치료예정기간 및 치료방법 등을 적은 진료계획을 대통령령으로 정하는 바에 따라 공단에 제출하여야 한다.(2020.5.26 본항개정)
② 공단은 제1항에 따라 제출된 진료계획이 적절한지를 심사하여 산재보험 의료기관에 대하여 치료기간의 변경을 명하는 등 대통령령으로 정하는 필요한 조치(이하 "진료계획 변경 조치등"이라 한다)를 할 수 있다.

제48조【의료기관 변경 요양】 ① 공단은 다음 각 호의 어느 하나에 해당하는 사유가 있으면 요양 중인 근로자를 다른 산재보험 의료기관으로 옮겨 요양하게 할 수 있다.
1. 요양 중인 산재보험 의료기관의 인력·시설 등이 그 근로자의 전문적인 치료 또는 재활치료에 맞지 아니하여 다른 산재보험 의료기관으로 옮길 필요가 있는 경우
2. 생활근거지에서 요양하기 위하여 다른 산재보험 의료기관으로 옮길 필요가 있는 경우
3. 제43조제1항제2호에 따른 상급종합병원에서 전문적인 치료 후 다른 산재보험 의료기관으로 옮길 필요가 있는 경우(2010.5.20 본호개정)
4. 그 밖에 대통령령으로 정하는 절차를 거쳐 부득이한 사유가 있다고 인정되는 경우
② 요양 중인 근로자는 제1항제1호부터 제3호까지의 어느 하나에 해당하는 사유가 있으면 공단에 의료기관 변경 요양을 신청할 수 있다.(2021.1.26 본항개정)
(2021.1.26 본조제목개정)

제49조【추가상병 요양급여의 신청】 업무상의 재해로 요양 중인 근로자는 다음 각 호의 어느 하나에 해당하는 경우에는 그 부상 또는 질병(이하 "추가상병"이라 한다)에 대한 요양급여를 신청할 수 있다.
1. 그 업무상의 재해로 이미 발생한 부상이나 질병이 추가로 발견되어 요양이 필요한 경우
2. 그 업무상의 재해로 발생한 부상이나 질병이 원인이 되어 새로운 질병이 발생하여 요양이 필요한 경우

제50조【산재보험 의료기관의 평가】 ① 공단은 업무상의 재해에 대한 의료의 질 향상을 촉진하기 위하여 제43조제1항제3호의 산재보험 의료기관 중 대통령령으로 정하는 의료기관에 대하여 인력·시설·의료서비스나 그 밖에 요양의 질과 관련된 사항을 평가할 수 있다. 이 경우 평가의 방법 및 기준은 대통령령으로 정한다.
② 공단은 제1항에 따라 평가한 결과를 고려하여 평가한 산재보험 의료기관을 행정적·재정적으로 우대하거나 제43조제3항제3호에 따라 지정취소 또는 진료제한등의 조치를 할 수 있다.

제51조【재요양】 ① 제40조에 따른 요양급여를 받은 사람이 치유 후 요양의 대상이 되었던 업무상의 부상 또는

질병이 재발하거나 치유 당시보다 상태가 악화되어 이를 치유하기 위한 적극적인 치료가 필요하다는 의학적 소견이 있으면 다시 제40조에 따른 요양급여(이하 "재요양"이라 한다)를 받을 수 있다.(2020.5.26 본항개정)
② 재요양의 요건과 절차 등에 관하여 필요한 사항은 대통령령으로 정한다.
제52조【휴업급여】 휴업급여는 업무상 사유로 부상을 당하거나 질병에 걸린 근로자에게 요양으로 취업하지 못한 기간에 대하여 지급하되, 1일당 지급액은 평균임금의 100분의 70에 상당하는 금액으로 한다. 다만, 취업하지 못한 기간이 3일 이내이면 지급하지 아니한다.
제53조【부분휴업급여】 ① 요양 또는 재요양을 받고 있는 근로자가 그 요양기간 중 일정기간 또는 단시간 취업을 하는 경우에는 그 취업한 날에 해당하는 그 근로자의 평균임금에서 그 취업한 날에 대한 임금을 뺀 금액의 100분의 80에 상당하는 금액을 지급할 수 있다. 다만, 제54조제2항 및 제56조제2항에 따라 최저임금액을 1일당 휴업급여 지급액으로 하는 경우에는 최저임금액(별표1 제2호에 따라 감액하는 경우에는 그 감액한 금액)에서 취업한 날에 대한 임금을 뺀 금액을 지급할 수 있다.(2022.6.10 본항개정)
② 제1항에 따른 부분휴업급여의 지급 요건 및 지급 절차는 대통령령으로 정한다.
제54조【저소득 근로자의 휴업급여】 ① 제52조에 따라 산정한 1일당 휴업급여 지급액이 최저 보상기준 금액의 100분의 80보다 적거나 같으면 그 근로자에 대하여는 평균임금의 100분의 90에 상당하는 금액을 1일당 휴업급여 지급액으로 한다. 다만, 그 근로자의 평균임금의 100분의 90에 상당하는 금액이 최저 보상기준 금액의 100분의 80보다 많은 경우에는 최저 보상기준 금액의 100분의 80에 상당하는 금액을 1일당 휴업급여 지급액으로 한다.
② 제1항 본문에 따라 산정한 휴업급여 지급액이 최저임금액보다 적으면 그 최저임금액을 그 근로자의 1일당 휴업급여 지급액으로 한다.(2018.6.12 본항개정)
제55조【고령자의 휴업급여】 휴업급여를 받는 근로자가 61세가 되면 그 이후의 휴업급여는 별표1에 따라 산정한 금액을 지급한다. 다만, 61세 이후에 취업 중인 사람이 업무상의 재해로 요양하거나 61세 전에 제37조제1항제2호에 따른 업무상 질병으로 장해급여를 받은 사람이 61세 이후에 그 업무상 질병으로 최초로 요양하는 경우 대통령령으로 정하는 기간에는 별표1을 적용하지 아니한다.(2020.5.26 단서개정)
제56조【재요양 기간 중의 휴업급여】 ① 재요양을 받는 사람에 대하여는 재요양 당시의 임금을 기준으로 산정한 평균임금의 100분의 70에 상당하는 금액을 1일당 휴업급여 지급액으로 한다. 이 경우 평균임금 산정사유 발생일은 대통령령으로 정한다.(2020.5.26 전단개정)
② 제1항에 따라 산정한 1일당 휴업급여 지급액이 최저임금액보다 적거나 재요양 당시 평균임금 산정의 대상이 되는 임금이 없으면 최저임금액을 1일당 휴업급여 지급액으로 한다.
③ 장해보상연금을 지급받는 사람이 재요양하는 경우에는 1일당 장해보상연금액(별표2에 따라 산정한 장해보상연금액을 365로 나눈 금액을 말한다. 이하 같다)과 제1항 또는 제2항에 따라 산정한 1일당 휴업급여 지급액을 합한 금액이 장해보상연금의 산정에 적용되는 평균임금의 100분의 70을 초과하면 그 초과하는 금액 중 휴업급여에 해당하는 금액은 지급하지 아니한다.(2020.5.26 본항개정)
④ 재요양 기간 중의 휴업급여를 산정할 때에는 제54조를 적용하지 아니한다.
제57조【장해급여】 ① 장해급여는 근로자가 업무상의 사유로 부상을 당하거나 질병에 걸려 치유된 후 신체 등에 장해가 있는 경우에 그 근로자에게 지급한다.
② 장해급여는 장해등급에 따라 별표2에 따른 장해보상연금 또는 장해보상일시금으로 하되, 그 장해등급의 기준은 대통령령으로 정한다.
③ 제2항에 따른 장해보상연금 또는 장해보상일시금은 수급권자의 선택에 따라 지급한다. 다만, 대통령령으로 정하는 노동력을 완전히 상실한 장해등급의 근로자에게는 장해보상연금을 지급하고, 장해급여 청구사유 발생 당시 대한민국 국민이 아닌 사람으로서 외국에서 거주하고 있는 근로자에게는 장해보상일시금을 지급한다.(2020.5.26 단서개정)
④ 장해보상연금은 수급권자가 신청하면 그 연금의 최초 1년분 또는 2년분(제3항 단서에 따른 근로자에게는 그 연금의 최초 1년분부터 4년분까지)의 2분의 1에 상당하는 금액을 미리 지급할 수 있다. 이 경우 그 미리 지급하는 금액에 대하여는 100분의 5의 비율 범위에서 대통령령으로 정하는 바에 따라 이자를 공제할 수 있다.
⑤ 장해보상연금 수급권자의 수급권이 제58조에 따라 소멸한 경우에 이미 지급한 연금액을 지급 당시의 각각의 평균임금으로 나눈 일수(日數)의 합계가 별표2에 따른 장해보상일시금의 일수에 못 미치면 그 못 미치는 일수에 수급권 소멸 당시의 평균임금을 곱하여 산정한 금액을 유족 또는 그 근로자에게 일시금으로 지급한다.
제58조【장해보상연금 등의 수급권의 소멸】 장해보상연금 또는 진폐보상연금의 수급권자가 다음 각 호의 어느 하나에 해당하면 그 수급권이 소멸한다.(2010.5.20 본문개정)
1. 사망한 경우
2. 대한민국 국민이었던 수급권자가 국적을 상실하고 외국에서 거주하고 있거나 외국에서 거주하기 위하여 출국하는 경우
3. 대한민국 국민이 아닌 수급권자가 외국에서 거주하기 위하여 출국하는 경우
4. 장해등급 또는 진폐장해등급이 변경되어 장해보상연금 또는 진폐보상연금의 지급 대상에서 제외되는 경우
(2010.5.20 2호~4호개정)
(2010.5.20 본조제목개정)
제59조【장해등급등의 재판정】 ① 공단은 장해보상연금 또는 진폐보상연금 수급권자 중 그 장해상태가 호전되거나 악화되어 이미 결정된 장해등급 또는 진폐장해등급(이하 이 조에서 "장해등급등"이라 한다)이 변경될 가능성이 있는 사람에 대하여는 그 수급권자의 신청 또는 직권으로 장해등급등을 재판정할 수 있다.(2020.5.26 본항개정)
② 제1항에 따른 장해등급등의 재판정 결과 장해등급등이 변경되면 그 변경된 장해등급등에 따라 장해급여 또는 진폐보상연금을 지급한다.
③ 제1항과 제2항에 따른 장해등급등 재판정은 1회 실시하되 그 대상자·시기 및 재판정 결과에 따른 장해급여 또는 진폐보상연금의 지급 방법은 대통령령으로 정한다.(2010.5.20 본조개정)
제60조【재요양에 따른 장해급여】 ① 장해보상연금의 수급권자가 재요양을 받는 경우에도 그 연금의 지급을 정지하지 아니한다.
② 재요양을 받고 치유된 후 장해상태가 종전에 비하여 호전되거나 악화된 경우에는 그 호전 또는 악화된 장해상태에 해당하는 장해등급에 따라 장해급여를 지급한다. 이 경우 재요양 후의 장해급여의 산정 및 지급 방법은 대통령령으로 정한다.
제61조【간병급여】 ① 간병급여는 제40조에 따른 요양급여를 받은 사람 중 치유 후 의학적으로 상시 또는 수시로 간병이 필요하여 실제로 간병을 받는 사람에게 지급한다.(2020.5.26 본항개정)
② 제1항에 따른 간병급여의 지급 기준과 지급 방법 등에 관하여 필요한 사항은 대통령령으로 정한다.
제62조【유족급여】 ① 유족급여는 근로자가 업무상의 사유로 사망한 경우에 유족에게 지급한다.
② 유족급여는 별표3에 따른 유족보상연금이나 유족보상일시금으로 하되, 유족보상일시금은 근로자가 사망할 당시 제63조제1항에 따른 유족보상연금을 받을 수 있는 자격이 있는 사람이 없는 경우에 지급한다.(2020.5.26 본항개정)
③ 제2항에 따른 유족보상연금을 받을 수 있는 자격이 있는 사람이 원하면 별표3의 유족보상일시금의 100분의 50에 상당하는 금액을 일시금으로 지급하고 유족보상연금은 100분의 50을 감액하여 지급한다.(2020.5.26 본항개정)
④ 유족보상연금을 받던 사람이 그 수급자격을 잃은 경우 다른 수급자격자가 없고 이미 지급한 연금액을 지급 당시의 각각의 평균임금으로 나누어 산정한 일수의 합계가 1,300일에 못 미치면 그 못 미치는 일수에 수급자격 상실 당시의 평균임금을 곱하여 산정한 금액을 수급자격 상실 당시의 유족에게 일시금으로 지급한다.(2020.5.26 본항개정)
⑤ 제2항에 따른 유족보상연금의 지급 기준 및 방법, 그 밖에 필요한 사항은 대통령령으로 정한다.
제63조【유족보상연금 수급자격자의 범위】 ① 유족보상연금을 받을 수 있는 자격이 있는 사람(이하 "유족보상연금 수급자격자"라 한다)은 근로자가 사망할 당시 그 근로자와 생계를 같이 하고 있던 유족(그 근로자가 사망할 당시 대한민국 국민이 아닌 사람으로서 외국에서 거주하고 있던 유족은 제외한다) 중 배우자와 다음 각 호의 어느 하나에 해당하는 사람으로 한다. 이 경우 근로자와 생계를 같이 하고 있던 유족의 판단 기준은 대통령령으로 정한다.
1. 부모 또는 조부모로서 각각 60세 이상인 사람
2. 자녀로서 25세 미만인 사람
2의2. 손자녀로서 25세 미만인 사람(2023.8.8 본호개정)
3. 형제자매로서 19세 미만이거나 60세 이상인 사람
4. 제1호부터 제3호까지의 규정 중 어느 하나에 해당하지 아니하는 자녀·부모·손자녀·조부모 또는 형제자매로서 「장애인복지법」 제2조에 따른 장애인 중 고용노동부령으로 정한 장애 정도에 해당하는 사람
(2020.5.26 본항개정)
② 제1항을 적용할 때 근로자가 사망할 당시 태아(胎兒)였던 자녀가 출생한 경우에는 출생한 때부터 장래에 향하여 근로자가 사망할 당시 그 근로자와 생계를 같이 하고 있던 유족으로 본다.
③ 유족보상연금 수급자격자 중 유족보상연금을 받을 권리의 순위는 배우자·자녀·부모·손자녀·조부모 및 형제자매의 순서로 한다.
제64조【유족보상연금 수급자격자의 자격 상실과 지급 정지 등】 ① 유족보상연금 수급자격자인 유족이 다음 각 호의 어느 하나에 해당하면 그 자격을 잃는다.
1. 사망한 경우
2. 재혼한 때(사망한 근로자의 배우자만 해당하며, 재혼에는 사실상 혼인 관계에 있는 경우를 포함한다)
3. 사망한 근로자와의 친족 관계가 끝난 경우
4. 자녀가 25세가 된 때(2018.6.12 본호개정)
4의2. 손자녀가 25세가 된 때(2023.8.8 본호개정)
4의3. 형제자매가 19세가 된 때(2023.8.8 본호신설)
5. 제63조제1항제4호에 따른 장애인이었던 사람으로서 그 장애 상태가 해소된 경우(2020.5.26 본호개정)
6. 근로자가 사망할 당시 대한민국 국민이었던 유족보상연금 수급자격자가 국적을 상실하고 외국에서 거주하고 있거나 외국에서 거주하기 위하여 출국하는 경우
7. 대한민국 국민이 아닌 유족보상연금 수급자격자가 외국에서 거주하기 위하여 출국하는 경우
② 유족보상연금을 받을 권리가 있는 유족보상연금 수급자격자(이하 "유족보상연금 수급권자"라 한다)가 그 자격을 잃은 경우에 유족보상연금을 받을 권리는 같은 순위자가 있으면 같은 순위자에게, 같은 순위자가 없으면 다음 순위자에게 이전된다.
③ 유족보상연금 수급권자가 3개월 이상 행방불명이면 대통령령으로 정하는 바에 따라 연금 지급을 정지하고, 같은 순위자가 있으면 같은 순위자에게, 같은 순위자가 없으면 다음 순위자에게 유족보상연금을 지급한다.
(2010.1.27 본항개정)
제65조【수급권자인 유족의 순위】 ① 제57조제5항, 제62조제2항(유족보상일시금에 한정한다) 및 제4항에 따른 유족 간의 수급권의 순위는 다음 각 호의 순서로 하되, 각 호의 사람 사이에서는 각각 그 적힌 순서에 따른다. 이 경우 같은 순위의 수급권자가 2명 이상이면 그 유족에게 똑같이 나누어 지급한다.(2020.5.26 전단개정)
1. 근로자가 사망할 당시 그 근로자와 생계를 같이 하고 있던 배우자·자녀·부모·손자녀 및 조부모
2. 근로자가 사망할 당시 그 근로자와 생계를 같이 하고 있지 아니하던 배우자·자녀·부모·손자녀 및 조부모 또는 근로자가 사망할 당시 근로자와 생계를 같이 하고 있던 형제자매
3. 형제자매
② 제1항의 경우 부모는 양부모(養父母)를 선순위로, 실부모(實父母)를 후순위로 하고, 조부모는 양부모의 부모를 선순위로, 실부모의 부모를 후순위로, 부모의 양부모를 선순위로, 부모의 실부모를 후순위로 한다.
③ 수급권자인 유족이 사망한 경우 그 보험급여는 같은 순위자가 있으면 같은 순위자에게, 같은 순위자가 없으면 다음 순위자에게 지급한다.
④ 제1항부터 제3항까지의 규정에도 불구하고 근로자가 유언으로 보험급여를 받을 유족을 지정하면 그 지정에 따른다.
제66조【상병보상연금】 ① 요양급여를 받는 근로자가 요양을 시작한 지 2년이 지난 날 이후에 다음 각 호의 요건 모두에 해당하는 상태가 계속되면 휴업급여 대신 상병보상연금을 그 근로자에게 지급한다.
1. 그 부상이나 질병이 치유되지 아니한 상태일 것
2. 그 부상이나 질병에 따른 중증요양상태의 정도가 대통령령으로 정하는 중증요양상태등급 기준에 해당할 것(2018.6.12 본호개정)
3. 요양으로 인하여 취업하지 못하였을 것(2010.1.27 본호신설)
② 상병보상연금은 별표4에 따른 중증요양상태등급에 따라 지급한다.(2018.6.12 본항개정)
제67조【저소득 근로자의 상병보상연금】 ① 제66조에 따라 상병보상연금을 산정할 때 그 근로자의 평균임금이 최저임금액에 70분의 100을 곱한 금액보다 적을 때에는 최저임금액의 70분의 100에 해당하는 금액을 그 근로자의 평균임금으로 보아 산정한다.
② 제66조 또는 제1항에서 정한 바에 따라 산정한 상병보상연금액을 365로 나눈 1일당 상병보상연금 지급액이 제54조에서 정한 바에 따라 산정한 1일당 휴업급여 지급액보다 적으면 제54조에서 정한 바에 따라 산정한 금액을 1일당 상병보상연금 지급액으로 한다.(2010.1.27 본항개정)
제68조【고령자의 상병보상연금】 상병보상연금을 받는 근로자가 61세가 되면 그 이후의 상병보상연금은 별표5에 따른 1일당 상병보상연금 지급기준에 따라 산정한 금액을 지급한다.(2010.1.27 본조개정)
제69조【재요양 기간 중의 상병보상연금】 ① 재요양을 시작한 지 2년이 지난 후에 부상·질병 상태가 제66조제1항 각 호의 요건 모두에 해당하는 사람에게는 휴업급여 대신 별표4에 따른 중증요양상태등급에 따라 상병보상연금을 지급한다. 이 경우 상병보상연금을 산정할 때에는 재요양 기간 중의 휴업급여 산정에 적용되는 평균임금을 적용하되, 그 평균임금이 최저임금액에 70분의 100을 곱한 금액보다 적거나 재요양 당시 평균임금 산정의 대상이 되는 임금이 없을 때에는 최저임금액의 70분의 100에 해당하는 금액을 그 근로자의 평균임금으로 보아 산정한다.
(2020.5.26 전단개정)
② 제1항에 따른 상병보상연금을 받는 근로자가 장해보상연금을 받고 있으면 별표4에 따른 중증요양상태등급별

상병보상연금의 지급일수에서 별표2에 따른 장해등급별 장해보상연금의 지급일수를 뺀 일수에 제1항 후단에 따른 평균임금을 곱하여 산정한 금액을 그 근로자의 상병보상연금으로 한다.(2018.6.12 본항개정)
③ 제2항에 따른 상병보상연금을 받는 근로자가 61세가 된 이후에는 별표5에 따라 산정한 1일당 상병보상연금 지급액에서 제1항 후단에 따른 평균임금을 기준으로 산정한 1일당 장해보상연금 지급액을 뺀 금액을 1일당 상병보상연금 지급액으로 한다.(2010.1.27 본항신설)
④ 제1항부터 제3항까지의 규정에도 불구하고 제57조제3항 단서에 따른 장해보상연금을 받는 근로자가 재요양하는 경우에는 상병보상연금을 지급하지 아니한다. 다만, 재요양 중에 중증요양상태등급이 높아지면 제1항 전단에도 불구하고 재요양을 시작한 때부터 2년이 지난 것으로 보아 제2항 및 제3항에 따라 산정한 상병보상연금을 지급한다.(2020.5.26 단서개정)
⑤ 재요양 기간 중 상병보상연금을 산정할 때에는 제67조를 적용하지 아니한다.

제70조【연금의 지급기간 및 지급시기】 ① 장해보상연금, 유족보상연금, 진폐보상연금 또는 진폐유족연금의 지급은 그 지급사유가 발생한 달의 다음 달 첫날부터 시작되며, 그 지급받을 권리가 소멸한 달의 말일에 끝난다.(2020.5.26 본항개정)
② 장해보상연금, 유족보상연금, 진폐보상연금 또는 진폐유족연금은 그 지급을 정지할 사유가 발생한 때에는 그 사유가 발생한 달의 다음 달 첫날부터 그 사유가 소멸한 달의 말일까지 지급하지 아니한다.(2020.5.26 본항개정)
③ 장해보상연금, 유족보상연금, 진폐보상연금 또는 진폐유족연금은 매년 이를 12등분하여 매달 25일에 그 달 치의 금액을 지급하되, 지급일이 토요일이거나 공휴일이면 그 전날에 지급한다.
④ 장해보상연금, 유족보상연금, 진폐보상연금 또는 진폐유족연금을 받을 권리가 소멸한 경우에는 제3항에 따른 지급일 전이라도 지급할 수 있다.
(2010.5.20 본조개정)

제71조【장례비】 ① 장례비는 근로자가 업무상의 사유로 사망한 경우에 지급하되, 평균임금의 120일분에 상당하는 금액을 그 장례를 지낸 유족에게 지급한다. 다만, 장례를 지낼 유족이 없거나 그 밖에 부득이한 사유로 유족이 아닌 사람이 장례를 지낸 경우에는 평균임금의 120일분에 상당하는 금액의 범위에서 실제 드는 비용을 그 장례를 지낸 사람에게 지급한다.
② 제1항에 따른 장례비가 대통령령으로 정하는 바에 따라 고용노동부장관이 고시하는 최고 금액을 초과하거나 최저 금액에 미달하면 그 최고 금액 또는 최저 금액을 각각 장례비로 한다.
③ 제1항에도 불구하고 대통령령으로 정하는 바에 따라 근로자가 업무상의 사유로 사망하였다고 추정되는 경우에는 장례를 지내기 전이라도 유족의 청구에 따라 제2항에 따른 최저 금액을 장례비로 미리 지급할 수 있다. 이 경우 장례비를 청구할 수 있는 유족의 순위에 관하여는 제65조를 준용한다.(2021.5.18 본항신설)
④ 제3항에 따라 장례비를 지급한 경우 제1항 및 제2항에 따른 장례비는 제3항에 따라 지급한 금액을 공제한 나머지 금액으로 한다.(2021.5.18 본항신설)
(2021.1.26 본조개정)

제72조【직업재활급여】 ① 직업재활급여의 종류는 다음 각 호와 같다.
1. 장해급여 또는 진폐보상연금을 받은 사람이나 장해급여를 받을 것이 명백한 사람으로서 대통령령으로 정하는 사람(이하 "장해급여자"라 한다) 중 취업을 위하여 직업훈련이 필요한 사람(이하 "훈련대상자"라 한다)에 대하여 실시하는 직업훈련에 드는 비용 및 직업훈련수당
(2020.5.26 본호개정)
2. 업무상의 재해가 발생할 당시의 사업에 복귀한 장해급여자에 대하여 사업주가 고용을 유지하거나 직장적응훈련 또는 재활운동을 실시하는 경우(직장적응훈련의 경우에는 직장 복귀 전에 실시한 경우도 포함한다)에 각각 지급하는 직장복귀지원금, 직장적응훈련비 및 재활운동비(2018.6.12 본호개정)

② 제1항제1호의 훈련대상자 및 같은 항 제2호의 장해급여자는 장해정도 및 연령 등을 고려하여 대통령령으로 정한다.

제73조【직업훈련비용】 ① 훈련대상자에 대한 직업훈련은 공단과 계약을 체결한 직업훈련기관(이하 "직업훈련기관"이라 한다)에서 실시하게 한다.
② 제72조제1항제1호에 따른 직업훈련에 드는 비용(이하 "직업훈련비용"이라 한다)은 제1항에 따라 직업훈련을 실시한 직업훈련기관에 지급한다. 다만, 직업훈련기관이 「장애인고용촉진 및 직업재활법」, 「고용보험법」 또는 「국민 평생 직업능력 개발법」이나 그 밖에 다른 법령에 따라 직업훈련비용에 상당한 비용을 받은 경우 등 대통령령으로 정하는 경우에는 지급하지 아니한다.(2021.8.17 단서개정)
③ 직업훈련비용의 금액은 고용노동부장관이 훈련비용, 훈련기간 및 노동시장의 여건 등을 고려하여 고시하는 금액의 범위에서 실제 드는 비용으로 하되, 직업훈련비용을 지급하는 훈련기간은 12개월 이내로 한다.(2010.6.4 본항개정)
④ 직업훈련비용의 지급 범위·기준·절차 및 방법, 직업훈련기관과의 계약 및 해지 등에 필요한 사항은 고용노동부령으로 정한다.(2010.6.4 본항개정)

제74조【직업훈련수당】 ① 제72조제1항제1호에 따른 직업훈련수당은 제73조제1항에 따라 직업훈련을 받는 훈련대상자에게 그 직업훈련으로 인하여 취업하지 못하는 기간에 대하여 지급하되, 1일당 지급액은 최저임금액에 상당하는 금액으로 한다. 다만, 휴업급여나 상병보상연금을 받는 훈련대상자에게는 직업훈련수당을 지급하지 아니한다.(2010.1.27 단서신설)
② 제1항에 따른 직업훈련수당을 받는 사람이 장해보상연금 또는 진폐보상연금을 받는 경우에는 1일당 장해보상연금액 또는 1일당 진폐보상연금액(제91조의3제2항에 따라 산정한 진폐보상연금액을 365로 나눈 금액을 말한다)과 1일당 직업훈련수당을 합한 금액이 그 근로자의 장해보상연금 또는 진폐보상연금 산정에 적용되는 평균임금의 100분의 70을 초과하면 그 초과하는 금액 중 직업훈련수당에 해당하는 금액은 지급하지 아니한다.(2020.5.26 본항개정)
③ 제1항에 따른 직업훈련수당 지급 등에 필요한 사항은 고용노동부령으로 정한다.(2010.6.4 본항개정)

제75조【직장복귀지원금 등】 ① 제72조제1항제2호에 따른 직장복귀지원금, 직장적응훈련비 및 재활운동비는 장해급여자에 대하여 고용을 유지하거나 직장적응훈련 또는 재활운동을 실시하는 사업주에게 각각 지급한다. 이 경우 직장복귀지원금, 직장적응훈련비 및 재활운동비의 지급요건은 각각 대통령령으로 정한다.
② 제1항에 따른 직장복귀지원금은 고용노동부장관이 임금수준 및 노동시장의 여건 등을 고려하여 고시하는 금액의 범위에서 사업주가 장해급여자에게 지급한 임금액으로 하되, 그 지급기간은 12개월 이내로 한다.(2010.6.4 본항개정)
③ 제1항에 따른 직장적응훈련비 및 재활운동비는 고용노동부장관이 직장적응훈련 또는 재활운동에 드는 비용을 고려하여 고시하는 금액의 범위에서 실제 드는 비용으로 하되, 그 지급기간은 3개월 이내로 한다.(2010.6.4 본항개정)
④ 장해급여자를 고용하고 있는 사업주가 「고용보험법」 제23조에 따른 지원금, 「장애인고용촉진 및 직업재활법」 제30조에 따른 장애인 고용장려금이나 그 밖에 다른 법령에 따라 직장복귀지원금, 직장적응훈련비 또는 재활운동비(이하 "직장복귀지원금등"이라 한다)에 해당하는 금액을 받은 경우 등 대통령령으로 정하는 경우에는 그 받은 금액을 빼고 직장복귀지원금등을 지급한다.(2010.1.27 본항개정)
⑤ 사업주가 「장애인고용촉진 및 직업재활법」 제28조에 따른 의무로써 장애인을 고용한 경우 등 대통령령으로 정하는 경우에는 직장복귀지원금등을 지급하지 아니한다.
(2010.1.27 본항신설)

제75조의2【직장복귀 지원】 ① 공단은 업무상 재해를 입은 근로자에게 장기간 요양이 필요하거나 요양 종결 후 장해가 발생할 것이 예상되는 등 대통령령으로 정하는 기준에 해당하여 그 근로자의 직장복귀를 위하여 필요하다고 판단되는 경우에는 업무상 재해가 발생한 당시의 사업주에게 근로자의 직장복귀에 관한 계획서(이하 이 조에서 "직장복귀계획서"라 한다)를 작성하여 제출하도록 요구할 수 있다. 이 경우 공단은 직장복귀계획서의 내용이 적절하지 아니하다고 판단되는 때에는 사업주에게 이를 변경하여 제출하도록 요구할 수 있다.
② 공단은 제1항에 따라 사업주가 직장복귀계획서를 작성하거나 그 내용을 이행할 수 있도록 필요한 지원을 할 수 있다.
③ 공단은 업무상 재해를 입은 근로자의 직장복귀 지원을 위하여 필요하다고 인정하는 경우에는 그 근로자의 요양기간 중에 산재보험 의료기관에 의뢰하여 해당 근로자의 직업능력 평가 등 대통령령으로 정하는 조치를 할 수 있다.
④ 공단은 업무상 재해를 입은 근로자의 직장복귀 지원을 위하여 산재보험 의료기관 중 고용노동부령으로 정하는 인력 및 시설 등을 갖춘 의료기관을 직장복귀지원 의료기관으로 지정하여 운영할 수 있다.
⑤ 제4항에 따른 직장복귀지원 의료기관에 대하여는 제40조제5항에 따른 요양급여의 산정 기준 및 제50조에 따른 산재보험 의료기관의 평가 등에서 우대할 수 있다.
⑥ 제4항에 따른 직장복귀지원 의료기관의 지정 절차, 지정 취소 등에 필요한 사항은 고용노동부령으로 정한다.
(2021.5.18 본조신설)

제76조【보험급여의 일시지급】 ① 대한민국 국민이 아닌 근로자가 업무상의 재해에 따른 부상 또는 질병으로 요양 중 치유되기 전에 출국하기 위하여 보험급여의 일시지급을 신청하는 경우에는 출국하기 위하여 요양을 중단하는 날 이후에 청구 사유가 발생할 것으로 예상되는 보험급여를 한꺼번에 지급할 수 있다.(2010.1.27 본항개정)
② 제1항에 따라 한꺼번에 지급할 수 있는 금액은 다음 각 호의 보험급여를 미리 지급하는 기간에 따른 이자 등을 고려하여 대통령령으로 정하는 방법에 따라 각각 환산한 금액을 합한 금액으로 한다. 이 경우 해당 근로자가 제3호 및 제4호에 따른 보험급여의 지급사유 모두에 해당될 것으로 의학적으로 판단되는 경우에는 제4호에 해당하는 보험급여의 금액은 합산하지 아니한다.
1. 출국하기 위하여 요양을 중단하는 날부터 업무상의 재해에 따른 부상 또는 질병이 치유될 것으로 예상되는 날까지의 요양급여
2. 출국하기 위하여 요양을 중단하는 날부터 업무상 부상 또는 질병이 치유되거나 그 부상·질병 상태가 취업할 수 있게 될 것으로 예상되는 날(그 예상되는 날이 요양 개시일부터 2년이 넘는 경우에는 요양 개시일부터 2년이 되는 날)까지의 기간에 대한 휴업급여(2020.5.26 본호개정)
3. 출국하기 위하여 요양을 중단할 당시 업무상의 재해에 따른 부상 또는 질병이 치유된 후에 남을 것으로 예상되는 장해의 장해등급에 해당하는 장해보상일시금
4. 출국하기 위하여 요양을 중단할 당시 요양 개시일부터 2년이 지난 후에 상병보상연금의 지급대상이 되는 중증요양상태가 지속될 것으로 예상되는 경우에는 그 예상되는 중증요양상태등급(요양 개시일부터 2년이 지난 후 출국하기 위하여 요양을 중단하는 경우에는 그 당시의 부상·질병 상태에 따른 중증요양상태등급)과 같은 장해등급에 해당하는 장해보상일시금에 해당하는 금액
(2020.5.26 본호개정)
5. 요양 당시 받고 있는 진폐장해등급에 따른 진폐보상연금
(2010.5.20 본호신설)

(2010.1.27 본항개정)
③ 제1항에 따른 일시지급의 신청 및 지급 절차는 고용노동부령으로 정한다.(2010.6.4 본항개정)

제77조【합병증 등 예방관리】 ① 공단은 업무상의 부상 또는 질병이 치유된 사람 중에서 합병증 등 재요양 사유가 발생할 우려가 있는 사람에게 산재보험 의료기관에서 그 예방에 필요한 조치를 받도록 할 수 있다.(2020.5.26 본항개정)
② 제1항에 따른 조치대상, 조치내용 및 조치비용 산정 기준 등 예방관리에 필요한 구체적인 사항은 대통령령으로 정한다.(2018.6.12 본항신설)

제78조【장해특별급여】 ① 보험가입자의 고의 또는 과실로 발생한 업무상의 재해로 근로자가 대통령령으로 정하는 장해등급 또는 진폐장해등급에 해당하는 장해를 입은 경우에 수급권자가 「민법」에 따른 손해배상청구를 갈음하여 장해특별급여를 청구하면 제57조의 장해급여 또는 제91조의3의 진폐보상연금 외에 대통령령으로 정하는 장해특별급여를 지급할 수 있다. 다만, 근로자와 보험가입자 사이에 장해특별급여에 관하여 합의가 이루어진 경우에 한정한다.(2020.5.26 단서개정)
② 수급권자가 제1항에 따른 장해특별급여를 받으면 동일한 사유에 대하여 보험가입자에게 「민법」이나 그 밖의 법령에 따른 손해배상을 청구할 수 없다.
③ 공단은 제1항에 따라 장해특별급여를 지급하면 대통령령으로 정하는 바에 따라 그 급여액 모두를 보험가입자로부터 징수한다.

제79조【유족특별급여】 ① 보험가입자의 고의 또는 과실로 발생한 업무상의 재해로 근로자가 사망한 경우에 수급권자가 「민법」에 따른 손해배상청구를 갈음하여 유족특별급여를 청구하면 제62조의 유족급여 또는 제91조의4의 진폐유족연금 외에 대통령령으로 정하는 유족특별급여를 지급할 수 있다.(2010.5.20 본항개정)
② 유족특별급여에 관하여는 제78조제1항 단서·제2항 및 제3항을 준용한다. 이 경우 "장해특별급여"는 "유족특별급여"로 본다.

제80조【다른 보상이나 배상과의 관계】 ① 수급권자가 이 법에 따라 보험급여를 받았거나 받을 수 있으면 보험가입자는 동일한 사유에 대하여 「근로기준법」에 따른 재해보상 책임이 면제된다.
② 수급권자가 동일한 사유에 대하여 이 법에 따른 보험급여를 받으면 보험가입자는 그 금액의 한도 안에서 「민법」이나 그 밖의 법령에 따른 손해배상의 책임이 면제된다. 이 경우 장해보상연금 또는 유족보상연금을 받고 있는 사람은 장해보상일시금 또는 유족보상일시금을 받은 것으로 본다.(2020.5.26 후단개정)
③ 수급권자가 동일한 사유로 「민법」이나 그 밖의 법령에 따라 이 법의 보험급여에 상당한 금품을 받으면 공단은 그 받은 금품을 대통령령으로 정하는 방법에 따라 환산한 금액의 한도 안에서 이 법에 따른 보험급여를 지급하지 아니한다. 다만, 제2항 후단에 따라 수급권자가 지급받은 것으로 보게 되는 장해보상일시금 또는 유족보상일시금에 해당하는 연금액에 대하여는 그러하지 아니하다.
④ 요양급여를 받는 근로자가 요양을 시작한 후 3년이 지난 날 이후에 상병보상연금을 지급받고 있으면 「근로기준법」 제23조제2항 단서를 적용할 때 그 사용자는 그 3년이 지난 날 이후에는 같은 법 제84조에 따른 일시 보상을 지급한 것으로 본다.

제81조【미지급의 보험급여】 ① 보험급여의 수급권자가 사망한 경우에 그 수급권자에게 지급하여야 할 보험급여로서 아직 지급되지 아니한 보험급여가 있으면 그 수급권자의 유족(유족급여의 경우에는 그 유족급여를 받을 수 있는 다른 유족)의 청구에 따라 그 보험급여를 지급한다.
② 제1항의 경우에 그 수급권자가 사망 전에 보험급여를 청구하지 아니하면 같은 항에 따른 유족의 청구에 따라 그 보험급여를 지급한다.

제82조【보험급여의 지급】 ① 보험급여는 지급 결정일부터 14일 이내에 지급하여야 한다.
② 공단은 수급권자의 신청이 있는 경우에는 보험급여를 수급권자 명의의 지정된 계좌(이하 "보험급여수급계좌"라 한다)로 입금하여야 한다. 다만, 정보통신장애나 그 밖에 대통령령으로 정하는 불가피한 사유로 보험급여를 보험급여수급계좌로 이체할 수 없을 때에는 대통령령으로 정하는 바에 따라 보험급여를 지급할 수 있다.(2018.6.12 본항신설)
③ 보험급여수급계좌의 해당 금융기관은 이 법에 따른 보험급여만이 보험급여수급계좌에 입금되도록 관리하여야 한다.(2018.6.12 본항신설)
④ 제2항에 따른 신청의 방법·절차와 제3항에 따른 보험급여수급계좌의 관리에 필요한 사항은 대통령령으로 정한다.(2018.6.12 본항신설)

제83조【보험급여 지급의 제한】 ① 공단은 근로자가 다음 각 호의 어느 하나에 해당되면 보험급여의 전부 또는 일부를 지급하지 아니할 수 있다.
1. 요양 중인 근로자가 정당한 사유 없이 요양에 관한 지시를 위반하여 부상·질병 또는 장해 상태를 악화시키거나 치유를 방해한 경우
2. 장해보상연금 또는 진폐보상연금 수급권자가 제59조에 따른 장해등급 또는 진폐장해등급 재판정 전에 자해(自害) 등 고의로 장해 상태를 악화시킨 경우(2010.5.20 본호개정)
② 공단은 제1항에 따라 보험급여를 지급하지 아니하기로 결정하면 지체 없이 이를 관계 보험가입자와 근로자에게 알려야 한다.
③ 제1항에 따른 보험급여 지급 제한의 대상이 되는 보험급여의 종류 및 제한 범위는 대통령령으로 정한다.

제84조【부당이득의 징수】 ① 공단은 보험급여를 받은 사람이 다음 각 호의 어느 하나에 해당하면 그 급여액에 해당하는 금액(제1호의 경우에는 그 급여액의 2배에 해당하는 금액)을 징수하여야 한다. 이 경우 공단이 제90조제2항에 따라 국민건강보험공단등에 청구하여 받은 금액은 징수할 금액에서 제외한다.(2020.5.26 전단개정)
1. 거짓이나 그 밖의 부정한 방법으로 보험급여를 받은 경우
2. 수급권자 또는 수급권이 있었던 사람이 제114조제2항부터 제4항까지의 규정에 따른 신고의무를 이행하지 아니하여 부당하게 보험급여를 지급받은 경우(2020.5.26 본호개정)
3. 그 밖에 잘못 지급된 보험급여가 있는 경우
② 제1항제1호의 경우 보험급여의 지급이 보험가입자·산재보험 의료기관 또는 직업훈련기관의 거짓된 신고, 진단 또는 증명으로 인한 것이면 그 보험가입자·산재보험 의료기관 또는 직업훈련기관도 연대하여 책임을 진다.
③ 공단은 산재보험 의료기관이나 제46조제1항에 따른 약국이 다음 각 호의 어느 하나에 해당하면 그 진료비나 약제비에 해당하는 금액을 징수하여야 한다. 다만, 제1호의 경우에는 그 진료비나 약제비의 2배에 해당하는 금액(제44조제1항에 따라 과징금을 부과하는 경우에는 그 진료비에 해당하는 금액)을 징수한다.
1. 거짓이나 그 밖의 부정한 방법으로 진료비나 약제비를 지급받은 경우
2. 제40조제5항 또는 제91조의9제3항에 따른 요양급여의 산정 기준 및 제77조제2항에 따른 조치비용 산정 기준을 위반하여 부당하게 진료비나 약제비를 지급받은 경우(2018.6.12 본호개정)
3. 그 밖에 진료비나 약제비를 잘못 지급받은 경우
④ 제1항 및 제3항 단서에도 불구하고 공단은 거짓이나 그 밖의 부정한 방법으로 보험급여, 진료비 또는 약제비를 받은 자(제2항에 따라 연대책임을 지는 자를 포함한다)가 부정수급에 대한 조사가 시작되기 전에 부정수급 사실을 자진 신고한 경우에는 그 보험급여액, 진료비 또는 약제비에 해당하는 금액을 초과하는 부분은 징수를 면제할 수 있다.(2018.6.12 본항신설)

판례 근로복지공단이 허위 기타 부정한 방법으로 보험급여를 받은 사람에게 보험급여의 2배 상당액을 징수하기로 하고 부당이득징수결정처분을 한 사안에서, 부당이득징수권의 소멸시효는 근로복지공단이 부당이득징수권을 가지고 있다는 사실을 알았는지 여부에 관계없이 보험급여를 지급한 날부터 소멸시효가 진행한다고 보아 그날부터 3년의 소멸시효기간이 경과하여 부당이득징수권이 소멸하였으므로 이를 근거로 한 위 처분은 위법하다.(대판 2009.5.14, 2009두3880)

제84조의2【부정수급자 명단 공개 등】 ① 공단은 제84조제1항제1호 또는 같은 조 제3항제1호에 해당하는 자(이하 "부정수급자"라 한다)로서 매년 직전 연도부터 과거 3년간 다음 각 호의 어느 하나에 해당하는 자의 명단을 공개할 수 있다. 이 경우 같은 조 제2항에 따른 연대책임자의 명단을 함께 공개할 수 있다.
1. 부정수급 횟수가 2회 이상이고 부정수급액의 합계가 1억원 이상인 자
2. 1회의 부정수급액이 2억원 이상인 자
② 부정수급자 또는 연대책임자의 사망으로 명단 공개의 실효성이 없는 경우 등 대통령령으로 정하는 경우에는 제1항에 따른 명단을 공개하지 아니할 수 있다.
③ 공단은 이의신청이나 그 밖의 불복절차가 진행 중인 부당이득징수결정처분에 대해서는 해당 이의신청이나 불복절차가 끝난 후 명단을 공개할 수 있다.
④ 공단은 제1항에 따른 공개대상자에게 고용노동부령으로 정하는 바에 따라 미리 그 사실을 통보하고 소명의 기회를 주어야 한다.
⑤ 그 밖에 명단 공개의 방법 및 절차 등에 필요한 사항은 고용노동부령으로 정한다.
(2018.6.12 본조신설)

제85조【징수금의 징수】 제39조제2항에 따른 보험급여액의 징수, 제78조에 따른 장해특별급여액의 징수, 제79조에 따른 유족특별급여액의 징수 및 제84조에 따른 부당이득의 징수에 관하여는 보험료징수법 제27조, 제28조, 제29조, 제30조, 제32조, 제39조, 제41조 및 제42조를 준용한다. 이 경우 "건강보험공단"은 "공단"으로 본다.
(2010.1.27 후단신설)

제86조【보험급여 등의 충당】 ① 공단은 제84조제1항 및 제3항에 따라 부당이득을 받은 사람, 제84조제2항에 따라 연대책임이 있는 보험가입자 또는 산재보험 의료기관에 지급할 보험급여·진료비 또는 약제비가 있으면 이를 제84조에 따라 징수할 금액에 충당할 수 있다.
② 보험급여·진료비 및 약제비의 충당 한도 및 충당 절차는 대통령령으로 정한다.

제87조【제3자에 대한 구상권】 ① 공단은 제3자의 행위에 따른 재해로 보험급여를 지급한 경우에는 그 급여액의 한도 안에서 급여를 받은 사람의 제3자에 대한 손해배상청구권을 대위(代位)한다. 다만, 보험가입자인 둘 이상의 사업주가 같은 장소에서 하나의 사업을 분할하여 각각 행하다가 그 중 사업주를 달리하는 근로자의 행위로 재해가 발생하면 그러하지 아니하다.(2020.5.26 본항개정)
② 제1항의 경우에 수급권자가 제3자로부터 동일한 사유로 이 법의 보험급여에 상당하는 손해배상을 받으면 공단은 그 배상액을 대통령령으로 정하는 방법에 따라 환산한 금액의 한도 안에서 이 법에 따른 보험급여를 지급하지 아니한다.
③ 수급권자 및 보험가입자는 제3자의 행위로 재해가 발생하면 지체 없이 공단에 신고하여야 한다.

제87조의2【구상금협의조정기구 등】 ① 공단은 제87조에 따라 「자동차손해배상 보장법」 제2조제7호가목에 따른 보험회사등(이하 이 조에서 "보험회사등"이라 한다)에게 구상권을 행사하는 경우 그 구상금 청구액을 협의·조정하기 위하여 보험회사등과 구상금협의조정기구를 구성하여 운영할 수 있다.
② 공단과 보험회사등은 제1항에 따른 협의·조정을 위하여 상대방에게 필요한 자료의 제출을 요구할 수 있다. 이 경우 자료의 제출을 요구받은 상대방은 특별한 사정이 없으면 그 요구에 따라야 한다.
③ 제1항 및 제2항에 따른 구상금협의조정기구의 구성 및 운영 등에 관하여 필요한 사항은 공단이 정한다.
(2017.10.24 본조신설)

제88조【수급권의 보호】 ① 근로자의 보험급여를 받을 권리는 퇴직하여도 소멸되지 아니한다.
② 보험급여를 받을 권리는 양도 또는 압류하거나 담보로 제공할 수 없다.
③ 제82조제2항에 따라 지정된 보험급여수급계좌의 예금 중 대통령령으로 정하는 액수 이하의 금액에 관한 채권은 압류할 수 없다.(2018.6.12 본항신설)

제89조【수급권의 대위】 보험가입자(보험료징수법 제2조제5호에 따른 하수급인을 포함한다. 이하 이 조에서 같다)가 소속 근로자의 업무상의 재해에 관하여 이 법에 따른 보험급여의 지급 사유와 동일한 사유로 「민법」이나 그 밖의 법령에 따라 보험급여에 상당하는 금품을 수급권자에게 미리 지급한 경우로서 그 금품이 보험급여에 대체하여 지급한 것으로 인정되는 경우에 보험가입자는 대통령령으로 정하는 바에 따라 그 수급권자의 보험급여를 받을 권리를 대위한다.

제90조【요양급여 비용의 정산】 ① 공단은 「국민건강보험법」 제13조에 따른 국민건강보험공단 또는 「의료급여법」 제5조에 따른 시장, 군수 또는 구청장(이하 "국민건강보험공단등"이라 한다)이 제42조제1항에 따라 이 법에 따른 요양급여의 수급권자에게 건강보험 요양급여등을 우선 지급하고 그 비용을 청구하는 경우에는 그 건강보험 요양급여 등이 이 법에 따라 지급할 수 있는 요양급여에 상당한 것으로 인정되면 그 요양급여에 해당하는 금액을 지급할 수 있다.(2011.12.31 본항개정)
② 공단이 수급권자에게 요양급여를 지급한 후 그 지급결정이 취소된 경우로서 그 지급한 요양급여가 「국민건강보험법」 또는 「의료급여법」에 따라 지급할 수 있는 건강보험 요양급여등에 상당한 것으로 인정되면 공단은 그 건강보험 요양급여등에 해당하는 금액을 국민건강보험공단등에 청구할 수 있다.

제90조의2【국민건강보험 요양급여 비용의 정산】 ① 제40조에 따른 요양급여나 재요양을 받은 사람이 요양이 종결된 후 2년 이내에 「국민건강보험법」 제41조에 따른 요양급여를 받은 경우(종결된 요양의 대상이 되었던 업무상의 부상 또는 질병의 증상으로 요양급여를 받은 경우로 한정한다)에는 공단은 그 요양급여 비용 중 국민건강보험공단이 부담한 금액을 지급할 수 있다.
② 제1항에 따른 요양급여 비용의 지급 절차와 그 밖에 필요한 사항은 고용노동부령으로 정한다.
(2015.1.20 본조신설)

제91조【공과금의 면제】 보험급여로서 지급된 금품에 대하여는 국가나 지방자치단체의 공과금을 부과하지 아니한다.

제3장의2 진폐에 따른 보험급여의 특례
(2010.5.20 본장신설)

제91조의2【진폐에 대한 업무상의 재해의 인정기준】 근로자가 진폐에 걸릴 우려가 있는 작업으로서 암석, 금속이나 유리섬유 등을 취급하는 작업 등 고용노동부령으로 정하는 분진작업(이하 "분진작업"이라 한다)에 종사하여 진폐에 걸리면 제37조제1항제2호가목에 따른 업무상 질병으로 본다.(2010.6.4 본조개정)

제91조의3【진폐보상연금】 ① 진폐보상연금은 업무상 질병인 진폐에 걸린 근로자(이하 "진폐근로자"라 한다)에게 지급한다.
② 진폐보상연금은 제5조제2호 및 제36조제6항에 따라 정하는 평균임금을 기준으로 하여 별표6에 따라 산정하는 진폐장해등급별 진폐장해연금과 기초연금을 합산한 금액으로 한다. 이 경우 기초연금은 최저임금액의 100분의 60에 365를 곱하여 산정한 금액으로 한다.
③ 진폐보상연금을 받던 사람이 그 진폐장해등급이 변경된 경우에는 변경된 날이 속한 달의 다음 달부터 기초연금과 변경된 진폐장해등급에 해당하는 진폐장해연금을 합산한 금액을 지급한다.

제91조의4【진폐유족연금】 ① 진폐유족연금은 진폐근로자가 진폐로 사망한 경우에 유족에게 지급한다.
② 진폐유족연금은 사망 당시 진폐근로자에게 지급하고 있거나 지급하기로 결정된 진폐보상연금과 같은 금액으로 한다. 이 경우 진폐유족연금은 제62조제2항 및 별표3에 따라 산정한 유족보상연금을 초과할 수 없다.
③ 제91조의6에 따른 진폐에 대한 진단을 받지 아니한 근로자가 업무상 질병인 진폐로 사망한 경우에 그 근로자에 대한 진폐유족연금은 제91조의3제2항에 따른 기초연금과 제91조의8제3항에 따라 결정되는 진폐장해등급별로 별표6에 따라 산정한 진폐장해연금을 합산한 금액으로 한다.
④ 진폐유족연금을 받을 수 있는 유족의 범위 및 순위, 자격 상실과 지급 정지 등에 관하여는 제63조 및 제64조를 준용한다. 이 경우 "유족보상연금"은 "진폐유족연금"으로 본다.

제91조의5【진폐에 대한 요양급여 등의 청구】 ① 분진작업에 종사하고 있거나 종사하였던 근로자가 업무상 질병인 진폐로 요양급여 또는 진폐보상연금을 받으려면 고용노동부령으로 정하는 서류를 첨부하여 공단에 청구하여야 한다.(2010.6.4 본항개정)
② 제1항에 따라 요양급여 등을 청구한 사람이 제91조의8제2항에 따라 요양급여 등의 지급 또는 부지급 결정을 받은 경우에는 제91조의6에 따른 진단이 종료된 날부터 1년이 지나거나 요양이 종결되는 때에 다시 요양급여 등을 청구할 수 있다. 다만, 제91조의6제1항에 따른 건강진단기관으로부터 합병증[「진폐의 예방과 진폐근로자의 보호 등에 관한 법률」(이하 "진폐근로자보호법"이라 한다) 제2조제2호에 따른 합병증을 말한다. 이하 같다]이나 심폐기능의 고도장해 등으로 응급진단이 필요하다는 의학적 소견이 있으면 1년이 지나기 아니한 경우에도 요양급여 등을 청구할 수 있다.

제91조의6【진폐의 진단】 ① 공단은 근로자가 제91조의5에 따라 요양급여 등을 청구하면 진폐근로자보호법 제15조에 따른 건강진단기관(이하 "건강진단기관"이라 한다)에 제91조의8의 진폐판정에 필요한 진단을 의뢰하여야 한다.
② 건강진단기관은 제1항에 따라 진폐에 대한 진단을 의뢰받으면 고용노동부령으로 정하는 바에 따라 진폐에 대한 진단을 실시하고 그 진단결과를 공단에 제출하여야 한다.(2010.6.4 본항개정)
③ 근로자가 진폐근로자보호법 제11조부터 제13조까지의 규정에 따른 건강진단을 받은 후에 건강진단기관이 같은 법 제16조제1항 후단 및 같은 조 제3항 후단에 따라 해당 근로자의 흉부 엑스선 사진 등을 고용노동부장관에게 제출한 경우에는 제91조의5제1항 및 이 조 제2항에 따라 요양급여 등을 청구하고 진단결과를 제출한 것으로 본다.(2010.6.4 본항개정)
④ 공단은 제2항에 따라 진단을 실시한 건강진단기관에 그 진단에 드는 비용을 지급한다. 이 경우 그 비용의 산정 기준 및 청구 등에 관하여는 제40조제5항 및 제45조를 준용한다.

⑤ 제2항에 따라 진단을 받는 근로자에게는 고용노동부장관이 정하여 고시하는 금액을 진단수당으로 지급할 수 있다. 다만, 장해보상연금 또는 진폐보상연금을 받고 있는 사람에게는 진단수당을 지급하지 아니한다.(2010.6.4 본문개정)
⑥ 제1항, 제2항 및 제5항에 따른 진단의뢰, 진단결과의 제출 및 진단수당의 구체적인 지급절차 등에 관한 사항은 고용노동부령으로 정한다.(2010.6.4 본항개정)

제91조의7【진폐심사회의】 ① 제91조의6에 따른 진단결과에 대하여 진폐병형 및 합병증 등을 심사하기 위하여 공단에 관계 전문가 등으로 구성된 진폐심사회의(이하 "진폐심사회의"라 한다)를 둔다.
② 진폐심사회의의 위원 구성 및 회의 운영이나 그 밖에 필요한 사항은 고용노동부령으로 정한다.(2010.6.4 본항개정)

제91조의8【진폐판정 및 보험급여의 결정 등】 ① 공단은 제91조의6에 따라 진단결과를 받으면 진폐심사회의의 심사를 거쳐 해당 근로자의 진폐병형, 합병증의 유무 및 종류, 심폐기능의 정도 등을 판정(이하 "진폐판정"이라 한다)하여야 한다. 이 경우 진폐판정에 필요한 기준은 대통령령으로 정한다.
② 공단은 제1항의 진폐판정 결과에 따라 요양급여의 지급 여부, 진폐장해등급과 그에 따른 진폐보상연금의 지급 여부 등을 결정하여야 한다. 이 경우 진폐장해등급 기준 및 합병증 등에 따른 요양대상인정기준은 대통령령으로 정한다.
③ 공단은 합병증 등으로 심폐기능의 정도를 판정하기 곤란한 진폐근로자에 대하여는 제2항의 진폐장해등급 기준에도 불구하고 진폐병형을 고려하여 진폐장해등급을 결정한다. 이 경우 진폐장해등급 기준은 대통령령으로 정한다.
④ 공단은 제2항 및 제3항에 따라 보험급여의 지급 여부 등을 결정하면 그 내용을 해당 근로자에게 알려야 한다.

제91조의9【진폐에 따른 요양급여의 지급 절차와 기준 등】 ① 공단은 제91조의8제2항에 따라 요양급여를 지급하기로 결정된 진폐근로자에 대하여는 제40조제2항 본문에도 불구하고 산재보험 의료기관 중 진폐근로자의 요양을 담당하는 의료기관(이하 "진폐요양 의료기관"이라 한다)에서 요양을 하게 한다.
② 고용노동부장관은 진폐요양 의료기관이 적정한 요양을 제공하는 데 활용할 수 있도록 전문가의 자문 등을 거쳐 입원과 통원의 처리기준, 표준적인 진료기준 등을 정하여 고시할 수 있다.(2010.6.4 본항개정)
③ 공단은 진폐요양 의료기관에 대하여 시설, 인력 및 의료의 질 등을 고려하여 3개 이내의 등급으로 나누어 등급화할 수 있다. 이 경우 그 등급의 구분 기준, 등급별 요양대상 환자 및 등급별 요양급여의 산정 기준은 고용노동부령으로 정한다.(2010.6.4 후단개정)
④ 진폐요양 의료기관을 평가하는 업무에 대하여 자문하기 위하여 공단에 진폐요양의료기관평가위원회를 둔다. 이 경우 진폐요양의료기관평가위원회의 구성·운영이나 그 밖에 필요한 사항은 고용노동부령으로 정한다.
(2010.6.4 후단개정)
⑤ 진폐요양 의료기관에 대한 평가에 관하여는 제50조를 준용한다. 이 경우 제50조제1항 중 "제43조제1항제3호의 산재보험 의료기관 중 대통령령으로 정하는 의료기관"은 "진폐요양 의료기관"으로 본다.

제91조의10【진폐에 따른 사망의 인정 등】 분진작업에 종사하고 있거나 종사하였던 근로자가 진폐, 합병증이나 그 밖에 진폐와 관련된 사유로 사망하였다고 인정되면 업무상의 재해로 본다. 이 경우 진폐에 따른 사망 여부를 판단하는 때에 고려하여야 하는 사항은 대통령령으로 정한다.

제91조의11【진폐에 따른 사망원인의 확인 등】 ① 분진작업에 종사하고 있거나 종사하였던 근로자의 사망원인을 알 수 없는 경우에 그 유족은 해당 근로자가 진폐 등으로 사망하였는지 여부에 대하여 확인하기 위하여 병리학 전문의가 있는 산재보험 의료기관 중에서 공단이 지정하는 의료기관에 전신해부에 대한 동의서를 첨부하여 해당 근로자의 시신에 대한 전신해부를 의뢰할 수 있다. 이 경우 그 의료기관은 「시체 해부 및 보존 등에 관한 법률」 제2조에도 불구하고 전신해부를 할 수 있다.
(2020.4.7 후단개정)
② 공단은 제1항에 따라 전신해부를 실시한 의료기관 또는 유족에게 그 비용의 전부 또는 일부를 지원할 수 있다. 이 경우 비용의 지급기준 및 첨부서류 제출, 그 밖에 비용 지원 절차에 관한 사항은 고용노동부령으로 정한다.
(2010.6.4 후단개정)

제3장의3 건강손상자녀에 대한 보험급여의 특례
(2022.1.11 본장신설)

제91조의12【건강손상자녀에 대한 업무상의 재해의 인정기준】 임신 중인 근로자가 업무수행 과정에서 제37조제1항제1호·제3호 또는 대통령령으로 정하는 유해인자의 취급이나 노출로 인하여, 출산한 자녀에게 부상, 질병 또는 장해가 발생하거나 그 자녀가 사망한 경우 업무상의 재해로 본다. 이 경우 그 출산한 자녀(이하 "건강손상자녀"라 한다)는 제5조제2호에도 불구하고 이 법을 적용할 때 해당 업무상 재해의 사유가 발생한 당시 임신한 근로자가 속한 사업의 근로자로 본다.

제91조의13【장해등급의 판정시기】 건강손상자녀에 대한 장해등급 판정은 18세 이후에 한다.

제91조의14【건강손상자녀의 장해급여·장례비 산정기준】 건강손상자녀에게 지급하는 보험급여 중 장해급여 및 장례비의 산정기준이 되는 금액은 각각 제57조제2항 및 제71조에도 불구하고 다음 각 호와 같다.
1. 장해급여 : 제36조제7항에 따른 최저 보상기준 금액
2. 장례비 : 제71조제2항에 따른 장례비 최저 금액

제3장의4 노무제공자에 대한 특례
(2022.6.10 본장신설)

제91조의15【노무제공자 등의 정의】 이 장에서 사용하는 용어의 뜻은 다음과 같다.
1. "노무제공자"란 자신이 아닌 다른 사람의 사업을 위하여 다음 각 목의 어느 하나에 해당하는 방법에 따라 자신이 직접 노무를 제공하고 그 대가를 지급받는 사람으로서 업무상 재해로부터의 보호 필요성, 노무제공 형태 등을 고려하여 대통령령으로 정하는 직종에 종사하는 사람을 말한다.
   가. 노무제공자가 사업주로부터 직접 노무제공을 요청받은 경우
   나. 노무제공자가 사업주로부터 일하는 사람의 노무제공을 중개·알선하기 위한 전자적 정보처리시스템(이하 "온라인 플랫폼"이라 한다)을 통해 노무제공을 요청받는 경우
2. "플랫폼 종사자"란 온라인 플랫폼을 통해 노무를 제공하는 노무제공자를 말한다.
3. "플랫폼 운영자"란 온라인 플랫폼을 이용하여 플랫폼 종사자의 노무제공을 중개 또는 알선하는 것을 업으로 하는 자를 말한다.
4. "플랫폼 이용 사업자"란 플랫폼 종사자로부터 노무를 제공받아 사업을 영위하는 자를 말한다. 다만, 플랫폼 운영자가 플랫폼 종사자의 노무를 직접 제공받아 사업을 영위하는 경우 플랫폼 운영자를 플랫폼 이용 사업자로 본다.
5. "보수"란 노무제공자가 이 법의 적용을 받는 사업에서 노무제공의 대가로 지급받은 「소득세법」 제19조에 따른 사업소득 및 같은 법 제21조에 따른 기타소득에서 대통령령으로 정하는 금품을 뺀 금액을 말한다. 다만, 노무제공의 특성에 따라 소득확인이 어렵다고 대통령령으로 정하는 직종의 보수는 고용노동부장관이 고시하는 금액으로 한다.
6. "평균보수"란 이를 산정하여야 할 사유가 발생한 날이 속하는 달의 전전달 말일부터 이전 3개월 동안 노무제공자가 재해가 발생한 사업에서 지급받은 보수와 같은 기간 동안 해당 사업 외의 사업에서 지급받은 보수를 모두 합산한 금액을 해당 기간의 총 일수로 나눈 금액을 말한다. 다만, 노무제공의 특성에 따라 소득확인이 어렵거나 소득의 종류나 내용에 따라 평균보수를 산정하기 곤란하다고 인정되는 경우에는 고용노동부장관이 고시하는 금액으로 한다.

제91조의16【다른 조문과의 관계】 ① 제5조제2호에도 불구하고 노무제공자는 이 법의 적용을 받는 근로자로 본다.
② 제6조에도 불구하고 노무제공자의 노무를 제공받는 사업은 이 법의 적용을 받는 사업으로 본다.

제91조의17【노무제공자에 대한 보험급여의 산정기준 등】 ① 노무제공자의 평균보수 산정사유 발생일은 대통령령으로 정한다.
② 노무제공자에 대해 제3장 및 제3장의2에 따른 보험급여에 관한 규정을 적용할 때에는 "임금"은 "보수"로, "평균임금"은 "평균보수"로 본다.
③ 제91조의15제6호에도 불구하고 업무상 재해를 입은 노무제공자가 평균보수 산정기간 동안 근로자(대통령령으로 정하는 일용근로자는 제외한다)로서 지급받은 임금이 있는 경우에는 그 기간의 보수와 임금을 합산한 금액을 해당 기간의 총일수로 나누어 평균보수를 산정한다.
④ 제36조제3항 본문에도 불구하고 노무제공자에 대한 보험급여를 산정하는 경우 해당 노무제공자의 평균보수를 산정하여야 할 사유가 발생한 날부터 1년이 지난 이후에는 매년 소비자물가변동률에 따라 평균보수를 증감한다.
⑤ 노무제공자에 대한 보험급여의 산정에 관하여는 제36조제5항 및 제6항은 적용하지 아니한다.

제91조의18【노무제공자에 대한 업무상의 재해의 인정기준】 노무제공자에 대한 업무상의 재해의 인정기준은 제37조제1항부터 제4항까지의 규정을 적용하되 구체적인 인정기준은 노무제공 형태 등을 고려하여 대통령령으로 정한다.

제91조의19【노무제공자에 대한 보험급여 산정 특례】 ① 노무제공자에 대해서는 제54조에도 불구하고 제52조에 따라 산정한 1일당 휴업급여 지급액이 대통령령으로 정하는 최저 휴업급여 보장액(이하 "최저 휴업급여 보장액"이라 한다)보다 적으면 최저 휴업급여 보장액을 1일당 휴업급여 지급액으로 한다.
② 재요양을 받는 노무제공자에 대해서는 제56조제2항에도 불구하고 제56조제1항에 따라 산정한 1일당 휴업급여 지급액이 최저 휴업급여 보장액보다 적거나 재요양 당시 평균보수 산정의 대상이 되는 보수가 없으면 최저 휴업급여 보장액을 1일당 휴업급여 지급액으로 한다.
③ 장해보상연금을 지급받는 노무제공자가 재요양하는 경우에는 제56조제3항에도 불구하고 1일당 장해보상연금액과 제2항 또는 제56조제1항에 따라 산정한 1일당 휴업급여 지급액을 합한 금액이 장해보상연금의 산정에 적용되는 평균보수의 100분의 70을 초과하면 그 초과하는 금액 중 휴업급여에 해당하는 금액은 지급하지 아니한다.
④ 제1항 및 제2항에 따라 최저 휴업급여 보장액을 1일당 휴업급여 지급액으로 하는 노무제공자가 그 요양기간 중 일정기간 또는 단시간 취업을 하는 경우에는 제53조제1항 단서에도 불구하고 최저 휴업급여 보장액(별표1 제2호에 따라 감액하는 경우에는 그 감액한 금액)에서 취업한 날에 대한 보수를 뺀 금액을 부분휴업급여로 지급할 수 있다.

제91조의20【노무제공자에 대한 보험급여의 지급】 ① 노무제공자의 보험급여는 보험료징수법에 따라 공단에 신고된 해당 노무제공자의 보수를 기준으로 평균보수를 산정한 후 그에 따라 지급한다.
② 수급권자는 신고 누락 등으로 인하여 제1항에 따라 산정된 평균보수가 실제 평균보수와 다르게 산정된 경우에는 보험료징수법으로 정하는 바에 따라 보수에 대한 정정신고를 거쳐 이 법에 따른 평균보수 및 보험급여의 정정청구를 할 수 있다.
③ 노무제공자에 대한 보험급여의 지급 등에 필요한 사항은 고용노동부령으로 정한다.

제91조의21【플랫폼 운영자에 대한 자료제공 등의 요청】 공단은 플랫폼 종사자에 관한 보험사무의 효율적 처리를 위하여 플랫폼 운영자에게 해당 온라인 플랫폼의 이용 및 보험관계의 확인에 필요한 다음 각 호의 자료 또는 정보의 제공을 요청할 수 있다. 이 경우 요청을 받은 플랫폼 운영자는 정당한 사유가 없으면 그 요청에 따라야 한다.
1. 플랫폼 이용 사업자 및 플랫폼 종사자의 온라인 플랫폼 이용 개시일 또는 종료일
2. 플랫폼 이용 사업자의 보험관계와 관련된 사항으로서 사업장의 명칭·주소 등 대통령령으로 정하는 정보
3. 플랫폼 종사자의 보험관계 및 보험급여의 결정과 지급 등과 관련된 사항으로서 플랫폼 종사자의 이름·직종·보수·노무제공 내용 등 대통령령으로 정하는 자료 또는 정보

제4장 근로복지 사업

제92조【근로복지 사업】 ① 고용노동부장관은 근로자의 복지 증진을 위한 다음 각 호의 사업을 한다.
(2010.6.4 본문개정)
1. 업무상의 재해를 입은 근로자의 원활한 사회 복귀를 촉진하기 위한 다음 각 목의 보험시설의 설치·운영
   가. 요양이나 외과 후 처치에 관한 시설
   나. 의료재활이나 직업재활에 관한 시설
2. 장학사업 등 재해근로자와 그 유족의 복지 증진을 위한 사업
3. 그 밖에 근로자의 복지 증진을 위한 시설의 설치·운영 사업
② 고용노동부장관은 공단 또는 재해근로자의 복지 증진을 위하여 설립된 법인 중 고용노동부장관의 지정을 받은 법인(이하 "지정법인"이라 한다)에 제1항에 따른 사업을 하게 하거나 같은 항 제1호에 따른 보험시설의 운영을 위탁할 수 있다.(2010.6.4 본항개정)
③ 지정법인의 지정 기준에 필요한 사항은 고용노동부령으로 정한다.(2010.6.4 본항개정)
④ 고용노동부장관은 예산의 범위에서 지정법인의 사업에 필요한 비용의 일부를 보조할 수 있다.(2010.6.4 본항개정)

제93조【국민건강보험 요양급여 비용의 본인 일부 부담금의 대부】 ① 공단은 제37조제1항제2호에 따른 업무상 질병에 대하여 요양 신청을 한 경우로서 요양급여의 결정에 걸리는 기간 등을 고려하여 대통령령으로 정하는 사람에 대하여 「국민건강보험법」 제44조에 따른 요양급여 비용의 본인 일부 부담금에 대한 대부사업을 할 수 있다.(2020.5.26 본항개정)
② 공단은 제1항에 따라 대부를 받은 사람에게 지급할 이 법에 따른 요양급여가 있으면 그 요양급여를 대부금의 상환에 충당할 수 있다.(2020.5.26 본항개정)
③ 제1항에 따른 대부의 금액·조건 및 절차는 고용노동부장관의 승인을 받아 공단이 정한다.(2010.6.4 본항개정)
④ 제2항에 따른 요양급여의 충당 한도 및 충당 절차는 대통령령으로 정한다.

제94조【장해급여자의 고용 촉진】 고용노동부장관은 보험가입자에 대하여 장해급여 또는 진폐보상연금을 받은 사람을 그 적성에 맞는 업무에 고용하도록 권고할 수 있다.
(2020.5.26 본조개정)

제5장 산업재해보상보험및예방기금

제95조【산업재해보상보험및예방기금의 설치 및 조성】 ① 고용노동부장관은 보험사업, 산업재해 예방 사업에 필요한 재원을 확보하고, 보험급여에 충당하기 위하여 산업재해보상보험및예방기금(이하 "기금"이라 한다)을 설치한다.(2010.6.4 본항개정)
② 기금은 보험료, 기금운용 수익금, 적립금, 기금의 결산상 잉여금, 정부 또는 정부 아닌 자의 출연금 및 기부금, 차입금, 그 밖의 수입금을 재원으로 하여 조성한다.
③ 정부는 산업재해 예방 사업을 수행하기 위하여 회계연도마다 기금지출예산 총액의 100분의 3의 범위에서 제2항에 따른 정부의 출연금으로 세출예산에 계상(計上)하여야 한다.

제96조【기금의 용도】 ① 기금은 다음 각 호의 용도에 사용한다.
1. 보험급여의 지급 및 반환금의 반환
2. 차입금 및 이자의 상환
3. 공단에의 출연(2010.1.27 본호개정)
4. 「산업안전보건법」 제12조에 따른 용도(2019.1.15 본호개정)
5. 재해근로자의 복지 증진
6. 「한국산업안전보건공단법」에 따른 한국산업안전보건공단(이하 "한국산업안전보건공단"이라 한다)에 대한 출연(2010.1.27 본호개정)
7. 보험료징수법 제4조에 따른 업무를 위탁받은 자에의 출연(2010.1.27 본호신설)
8. 그 밖에 보험사업 및 기금의 관리와 운용
② 고용노동부장관은 회계연도마다 제1항 각 호에 해당하는 기금지출예산 총액의 100분의 8 이상을 제1항제4호 및 제6호에 따른 용도로 계상하여야 한다.(2010.6.4 본항개정)
③ 제1항제7호에 따라 기금으로부터 「국민건강보험법」 제13조에 따른 국민건강보험공단에 출연하는 금액은 징수업무(고지·수납·체납 업무를 말한다)가 차지하는 비율 등을 기준으로 산정한다.(2018.6.12 본항신설)

제97조【기금의 관리·운용】 ① 기금은 고용노동부장관이 관리·운용한다.(2010.6.4 본항개정)
② 고용노동부장관은 다음 각 호의 방법에 따라 기금을 관리·운용하여야 한다.(2010.6.4 본문개정)
1. 금융기관 또는 체신관서에의 예입(預入) 및 금전신탁
2. 재정자금에의 예탁
3. 투자신탁 등의 수익증권 매입
4. 국가·지방자치단체 또는 금융기관이 직접 발행하거나 채무이행을 보증하는 유가증권의 매입
5. 그 밖에 기금 증식을 위하여 대통령령으로 정하는 사업
③ 고용노동부장관은 제2항에 따라 기금을 관리·운용할 때에는 그 수익이 대통령령으로 정하는 수준 이상이 되도록 하여야 한다.(2010.6.4 본항개정)
④ 기금은 「국가회계법」 제11조에 따라 회계처리를 한다.(2018.6.12 본항개정)
⑤ 고용노동부장관은 기금의 관리·운용에 관한 업무의 일부를 공단 또는 한국산업안전보건공단에 위탁할 수 있다.(2010.6.4 본항개정)

제98조【기금의 운용계획】 고용노동부장관은 회계연도마다 위원회의 심의를 거쳐 기금운용계획을 세워야 한다.(2010.6.4 본조개정)

제99조【책임준비금의 적립】 ① 고용노동부장관은 보험급여에 충당하기 위하여 책임준비금을 적립하여야 한다.(2010.6.4 본항개정)
② 고용노동부장관은 회계연도마다 책임준비금을 산정하여 적립금 보유액이 책임준비금의 금액을 초과하면 그 초과액을 장래의 보험급여 지급 재원으로 사용하고, 부족하면 그 부족액을 보험료 수입에서 적립하여야 한다.(2010.6.4 본항개정)
③ 제1항에 따른 책임준비금의 산정 기준 및 적립에 필요한 사항은 대통령령으로 정한다.

제100조【잉여금과 손실금의 처리】 ① 기금의 결산상 잉여금이 생기면 이를 적립금으로 적립하여야 한다.
② 기금의 결산상 손실금이 생기면 적립금을 사용할 수 있다.

제101조【차입금】 ① 기금에 속하는 경비를 지급하기 위하여 필요하면 기금의 부담으로 차입할 수 있다.
② 기금에서 지급할 현금이 부족하면 기금의 부담으로 일시차입을 할 수 있다.
③ 제2항에 따른 일시차입금은 그 회계연도 안에 상환하여야 한다.

제102조【기금의 출납 등】 기금을 관리·운용을 할 때의 출납 절차 등에 관한 사항은 대통령령으로 정한다.

제6장 심사 청구 및 재심사 청구

제103조【심사 청구의 제기】 ① 다음 각 호의 어느 하나에 해당하는 공단의 결정 등(이하 "보험급여 결정등"이라 한다)에 불복하는 자는 공단에 심사 청구를 할 수 있다.
1. 제3장, 제3장의2 및 제3장의3에 따른 보험급여에 관한 결정(2022.1.11 본호개정)
2. 제45조 및 제91조의6제4항에 따른 진료비에 관한 결정(2010.5.20 본호개정)
3. 제46조에 따른 약제비에 관한 결정
4. 제47조제2항에 따른 진료계획 변경 조치등
5. 제76조에 따른 보험급여의 일시지급에 관한 결정
5의2. 제77조에 따른 합병증 등 예방관리에 관한 조치(2018.6.12 본호신설)
6. 제84조에 따른 부당이득의 징수에 관한 결정
7. 제89조에 따른 수급권의 대위에 관한 결정
② 제1항에 따른 심사 청구는 그 보험급여 결정등을 한 공단의 소속 기관을 거쳐 공단에 제기하여야 한다.
③ 제1항에 따른 심사 청구는 보험급여 결정등이 있음을 안 날부터 90일 이내에 하여야 한다.
④ 제2항에 따라 심사 청구서를 받은 공단의 소속 기관은 5일 이내에 의견서를 첨부하여 공단에 보내야 한다.
⑤ 보험급여 결정등에 대하여는 「행정심판법」에 따른 행정심판을 제기할 수 없다.

제104조【산업재해보상보험심사위원회】 ① 제103조에 따른 심사 청구를 심의하기 위하여 공단에 관계 전문가 등으로 구성되는 산업재해보상보험심사위원회(이하 "심사위원회"라 한다)를 둔다.
② 심사위원회 위원의 제척·기피·회피에 관하여는 제108조를 준용한다.
③ 심사위원회의 구성과 운영에 필요한 사항은 대통령령으로 정한다.

제105조【심사 청구에 대한 심리·결정】 ① 공단은 제103조제4항에 따라 심사 청구서를 받은 날부터 60일 이내에 심사위원회의 심의를 거쳐 심사 청구에 대한 결정을 하여야 한다. 다만, 부득이한 사유로 그 기간 이내에 결정을 할 수 없으면 한 차례만 20일을 넘지 아니하는 범위에서 그 기간을 연장할 수 있다.(2020.5.26 단서개정)
② 제1항 본문에도 불구하고 심사 청구 기간이 지난 후에 제기된 심사 청구 등 대통령령으로 정하는 사유에 해당하는 경우에는 심사위원회의 심의를 거치지 아니할 수 있다.
③ 제1항 단서에 따라 결정기간을 연장할 때에는 최초의 결정기간이 끝나기 7일 전까지 심사 청구인 및 보험급여 결정등을 한 공단의 소속 기관에 알려야 한다.
④ 공단은 심사 청구의 심리를 위하여 필요하면 청구인의 신청 또는 직권으로 다음 각 호의 행위를 할 수 있다.
1. 청구인 또는 관계인을 지정 장소에 출석하게 하여 질문하거나 의견을 진술하게 하는 것
2. 청구인 또는 관계인에게 증거가 될 수 있는 문서나 그 밖의 물건을 제출하게 하는 것
3. 전문적인 지식이나 경험을 가진 제3자에게 감정하게 하는 것
4. 소속 직원에게 사건에 관계가 있는 사업장이나 그 밖의 장소에 출입하여 사업주·근로자, 그 밖의 관계인에게 질문하게 하거나, 문서나 그 밖의 물건을 검사하게 하는 것
5. 심사 청구와 관계가 있는 근로자에게 공단이 지정하는 의사·치과의사 또는 한의사(이하 "의사등"이라 한다)의 진단을 받게 하는 것
⑤ 제4항제4호에 따른 질문이나 검사를 하는 공단의 소속 직원은 그 권한을 표시하는 증표를 지니고 이를 관계인에게 내보여야 한다.

제106조【재심사 청구의 제기】 ① 제105조제1항에 따른 심사 청구에 대한 결정에 불복하는 자는 제107조에 따른 산업재해보상보험재심사위원회에 재심사 청구를 할 수 있다. 다만, 판정위원회의 심의를 거친 보험급여에 관한 결정에 불복하는 자는 제103조에 따른 심사 청구를 하지 아니하고 재심사 청구를 할 수 있다.
② 제1항에 따른 재심사 청구는 그 보험급여 결정등을 한 공단의 소속 기관을 거쳐 제107조에 따른 산업재해보상보험재심사위원회에 제기하여야 한다.
③ 제1항에 따른 재심사 청구는 심사 청구에 대한 결정이 있음을 안 날부터 90일 이내에 제기하여야 한다. 다만, 제1항 단서에 따라 심사 청구를 거치지 아니하고 재심사 청구를 하는 경우에는 보험급여에 관한 결정이 있음을 안 날부터 90일 이내에 제기하여야 한다.
④ 재심사 청구에 관하여는 제103조제4항을 준용한다. 이 경우 "심사 청구서"는 "재심사 청구서"로, "공단"은 "산업재해보상보험재심사위원회"로 본다.

제107조【산업재해보상보험재심사위원회】 ① 제106조에 따른 재심사 청구를 심리·재결하기 위하여 고용노동부에 산업재해보상보험재심사위원회(이하 "재심사위원회"라 한다)를 둔다.(2010.6.4 본항개정)
② 재심사위원회는 위원장 1명을 포함한 90명 이내의 위원으로 구성하되, 위원 중 2명은 상임위원으로, 1명은 당연직위원으로 한다.(2018.6.12 본항개정)
③ 재심사위원회의 위원 중 5분의 2에 해당하는 위원은 제5항제2호부터 제5호까지에 해당하는 사람 중에서 근로자 단체 및 사용자 단체가 각각 추천하는 사람으로 구성한다. 이 경우 근로자 단체 및 사용자 단체가 추천한 사람은 같은 수로 하여야 한다.(2020.5.26 본항개정)
④ 제3항에도 불구하고 근로자단체나 사용자단체가 각각 추천하는 사람이 위촉하려는 전체 위원 수의 5분의 1보다 적은 경우에는 제3항 후단을 적용하지 아니하고 근로자단체와 사용자단체가 추천하는 위원 수를 전체 위원 수의 5분의 2 미만으로 할 수 있다.(2010.1.27 본항신설)
⑤ 재심사위원회의 위원장 및 위원은 다음 각 호의 어느 하나에 해당하는 사람 중에서 고용노동부장관의 제청으로 대통령이 임명한다. 다만, 당연직위원은 고용노동부장관이 소속 3급의 일반직 공무원 또는 고위공무원단에 속하는 일반직 공무원 중에서 지명하는 사람으로 한다.(2020.5.26 본문개정)
1. 3급 이상의 공무원 또는 고위공무원단에 속하는 일반직 공무원으로 재직하고 있거나 재직하였던 사람(2020.5.26 본호개정)
2. 판사·검사·변호사 또는 경력 10년 이상의 공인노무사
3. 「고등교육법」 제2조에 따른 학교에서 부교수 이상으로 재직하고 있거나 재직하였던 사람(2020.5.26 본호개정)
4. 노동 관계 업무 또는 산업재해보상보험 관련 업무에 15년 이상 종사한 사람(2020.5.26 본호개정)
5. 사회보험이나 산업의학에 관한 학식과 경험이 풍부한 사람(2020.5.26 본호개정)
⑥ 다음 각 호의 어느 하나에 해당하는 사람은 위원에 임명될 수 없다.(2020.5.26 본문개정)
1. 피성년후견인·피한정후견인 또는 파산선고를 받고 복권되지 아니한 사람(2020.5.26 본호개정)
2. 금고 이상의 실형을 선고받고 그 집행이 끝나거나(집행이 끝난 것으로 보는 경우를 포함한다) 집행이 면제된 날부터 3년이 지나지 아니한 사람(2022.6.10 본호개정)
2의2. 금고 이상의 형의 집행유예를 선고받고 그 유예기간 중에 있는 사람(2022.6.10 본호신설)
3. 심신 상실자·심신 박약자
⑦ 재심사위원회 위원(당연직위원은 제외한다)의 임기는 3년으로 하되 연임할 수 있고, 위원장이나 위원의 임기가 끝난 경우 그 후임자가 임명될 때까지 그 직무를 수행한다.(2018.6.12 본항개정)
⑧ 재심사위원회의 위원은 다음 각 호의 어느 하나에 해당하는 경우 외에는 그 의사에 반하여 면직되지 아니한다.
1. 금고 이상의 형을 선고받은 경우
2. 오랜 심신 쇠약으로 직무를 수행할 수 없게 된 경우
3. 직무와 관련된 비위사실이 있거나 재심사위원회 위원직을 유지하기에 적합하지 아니하다고 인정되는 비위사실이 있는 경우(2018.6.12 본호신설)
⑨ 재심사위원회에 사무국을 둔다.
⑩ 재심사위원회의 조직·운영 등에 필요한 사항은 대통령령으로 정한다.(2010.1.27 본항개정)

제108조【위원의 제척·기피·회피】 ① 재심사위원회의 위원은 다음 각 호의 어느 하나에 해당하는 경우에는 그 사건의 심리(審理)·재결(裁決)에서 제척(除斥)된다.
1. 위원 또는 그 배우자나 배우자였던 사람이 그 사건의 당사자가 되거나 그 사건에 관하여 공동권리자 또는 의무자의 관계에 있는 경우(2020.5.26 본호개정)
2. 위원이 그 사건의 당사자와 「민법」 제777조에 따른 친족이거나 친족이었던 경우
3. 위원이 그 사건에 관하여 증언이나 감정을 한 경우
4. 위원이 그 사건에 관하여 당사자의 대리인으로서 관여하거나 관여하였던 경우
5. 위원이 그 사건의 대상이 된 보험급여 결정등에 관여한 경우
② 당사자는 위원에게 심리·재결의 공정을 기대하기 어려운 사정이 있는 경우에는 기피신청을 할 수 있다.
③ 위원은 제1항이나 제2항의 사유에 해당하면 스스로 그 사건의 심리·재결을 회피할 수 있다.
④ 사건의 심리·재결에 관한 사무에 관여하는 위원 아닌 직원에게도 제1항부터 제3항까지의 규정을 준용한다.

제109조【재심사 청구에 대한 심리와 재결】 ① 재심사 청구에 대한 심리·재결에 관하여는 제105조제1항 및 같은 조 제3항부터 제5항까지를 준용한다. 이 경우 "공단"은 "재심사위원회"로, "심사위원회의 심의를 거쳐 심사 청구"는 "재심사 청구"로, "결정"은 "재결"으로, "소속 직원"은 "재심사위원회의 위원"로 본다.
② 재심사위원회의 재결은 공단을 기속(羈束)한다.

제110조【심사 청구인 및 재심사 청구인의 지위 승계】 심사 청구인 또는 재심사 청구인이 사망한 경우 그 청구인이 보험급여의 수급권자이면 제62조제1항 또는 제81조에 따른 유족이, 그 밖의 자이면 상속인 또는 심사 청구나 재심사 청구의 대상인 보험급여에 관련된 권리·이익을 승계한 자가 각각 청구인의 지위를 승계한다.

제111조【다른 법률과의 관계】 ① 제103조 및 제106조에 따른 심사 청구 및 재심사 청구의 제기는 시효의 중단에 관하여 「민법」 제168조에 따른 재판상의 청구로 본다.
② 제106조에 따른 재심사 청구에 대한 재결은 「행정소송법」 제18조를 적용할 때 행정심판에 대한 재결로 본다.
③ 제103조 및 제106조에 따른 심사 청구 및 재심사 청구에 관하여 이 법에서 정하고 있지 아니한 사항에 대하여는 「행정심판법」에 따른다.

제7장 보 칙

제111조의2【불이익 처우의 금지】 사업주는 근로자가 보험급여를 신청한 것을 이유로 근로자를 해고하거나 그 밖에 근로자에게 불이익한 처우를 하여서는 아니 된다.(2016.12.27 본조신설)

제112조【시효】 ① 다음 각 호의 권리는 3년간 행사하지 아니하면 시효로 말미암아 소멸한다. 다만, 제1호의 보험급여 중 장해급여, 유족급여, 장례비, 진폐보상연금 및 진폐유족연금을 받을 권리는 5년간 행사하지 아니하면 시효의 완성으로 소멸한다.(2021.1.26 단서개정)
1. 제36조제1항에 따른 보험급여를 받을 권리
2. 제45조에 따른 산재보험 의료기관의 권리
3. 제46조에 따른 약국의 권리
4. 제89조에 따른 보험가입자의 권리
5. 제90조제1항에 따른 국민건강보험공단등의 권리
(2010.1.27 본항개정)
② 제1항에 따른 소멸시효에 관하여는 이 법에 규정된 것 외에는 「민법」에 따른다.
제113조【시효의 중단】 제112조에 따른 소멸시효는 제36조제2항에 따른 청구로 중단된다. 이 경우 청구가 제5조제1호에 따른 업무상의 재해 여부의 판단이 필요한 최초의 청구인 경우에는 그 청구로 인한 시효중단의 효력은 제36조제1항에서 정한 다른 보험급여에도 미친다.
(2020.5.26 후단개정)
제114조【보고 등】 ① 공단은 필요하다고 인정하면 대통령령으로 정하는 바에 따라 이 법의 적용을 받는 사업의 사업주 또는 그 사업에 종사하는 근로자 및 보험료징수법 제33조에 따른 보험사무대행기관(이하 "보험사무대행기관"이라 한다)에게 보험사업에 관하여 필요한 보고 또는 관계 서류의 제출을 요구할 수 있다.
② 장해보상연금, 유족보상연금, 진폐보상연금 또는 진폐유족연금을 받을 권리가 있는 사람은 보험급여 지급에 필요한 사항으로서 대통령령으로 정하는 사항을 공단에 신고하여야 한다.(2020.5.26 본항개정)
③ 수급권자 및 수급권이 있었던 사람은 수급권의 변동과 관련된 사항으로서 대통령령으로 정하는 사항을 공단에 신고하여야 한다.(2020.5.26 본항개정)
④ 수급권자가 사망하면 「가족관계의 등록에 관한 법률」 제85조에 따른 신고 의무자는 1개월 이내에 그 사망 사실을 공단에 신고하여야 한다.
제115조【연금 수급권자등의 출국신고 등】 ① 대한민국 국민인 장해보상연금 수급권자, 유족보상연금 수급권자, 진폐보상연금 수급권자, 진폐유족연금 수급권자(이하 이 조에서 "장해보상연금 수급권자등"이라 한다) 또는 유족보상연금·진폐유족연금 수급자격자가 외국에서 거주하기 위하여 출국하는 경우에는 장해보상연금 수급권자등은 이를 공단에 신고하여야 한다.
② 장해보상연금 수급권자등과 유족보상연금·진폐유족연금 수급자격자가 외국에서 거주하는 기간에 장해보상연금, 유족보상연금, 진폐보상연금 또는 진폐유족연금을 받는 경우 장해보상연금 수급권자등은 그 수급권 또는 수급자격과 관련된 사항으로서 대통령령으로 정하는 사항을 매년 1회 이상 고용노동부령으로 정하는 바에 따라 공단에 신고하여야 한다.(2010.6.4 본항개정)
(2010.5.20 본조개정)
제116조【사업주 등의 조력】 ① 보험급여를 받을 사람이 사고로 보험급여의 청구 등의 절차를 행하기 곤란하면 사업주는 이를 도와야 한다.(2020.5.26 본항개정)
② 사업주는 보험급여를 받을 사람이 보험급여를 받는 데에 필요한 증명을 요구하면 그 증명을 하여야 한다.
(2020.5.26 본항개정)
③ 사업주의 행방불명, 그 밖의 부득이한 사유로 제2항에 따른 증명이 불가능하면 그 증명을 생략할 수 있다.
④ 제91조의15제2호에 따른 플랫폼 종사자는 보험급여를 받기 위하여 필요한 경우 노무제공 내용, 노무대가 및 시간에 관한 자료 또는 이와 관련된 정보의 제공을 제91조의15제3호에 따른 플랫폼 운영자에게 요청할 수 있다. 이 경우 요청을 받은 플랫폼 운영자는 특별한 사유가 없으면 해당 자료 또는 정보를 제공하여야 한다.(2022.6.10 본항신설)
(2022.6.10 본조제목개정)
제117조【사업장 등에 대한 조사】 ① 공단은 보험급여에 관한 결정, 심사 청구의 심리·결정 등을 위하여 확인이 필요하다고 인정하면 소속 직원에게 이 법의 적용을 받는 사업의 사무소 또는 사업장과 보험사무대행기관 또는 제91조의15제3호에 따른 플랫폼 운영자의 사무소에 출입하여 관계인에게 질문을 하게 하거나 관계 서류를 조사하게 할 수 있다.(2022.6.10 본항개정)
② 제1항의 경우에 공단 직원은 그 권한을 표시하는 증표를 지니고 이를 관계인에게 내보여야 한다.
제118조【산재보험 의료기관에 대한 조사 등】 ① 공단은 보험급여에 관하여 필요하다고 인정하면 대통령령으로 정하는 바에 따라 보험급여를 받는 근로자를 진료한 산재보험 의료기관(의사를 포함한다. 이하 이 조에서 같다)에 대하여 그 근로자의 진료에 관한 보고 또는 그 진료에 관한 서류나 물건의 제출을 요구하거나 소속 직원으로 하여금 그 관계인에게 질문을 하게 하거나 관계 서류나 물건을 조사하게 할 수 있다.
② 제1항의 조사에 관하여는 제117조제2항을 준용한다.
제119조【진찰 요구】 공단은 보험급여에 관하여 필요하다고 인정하면 대통령령으로 정하는 바에 따라 보험급여를 받은 사람 또는 이를 받으려는 사람에게 산재보험 의료기관에서 진찰을 받을 것을 요구할 수 있다.
(2020.5.26 본조개정)
제119조의2【포상금의 지급】 공단은 제84조제1항 및 같은 조 제3항에 따라 보험급여, 진료비 또는 약제비를 부당하게 지급받은 자를 신고한 사람에게 예산의 범위에서 고용노동부령으로 정하는 바에 따라 포상금을 지급할 수 있다.(2010.6.4 본조개정)
제120조【보험급여의 일시 중지】 ① 공단은 보험급여를 받고자 하는 사람이 다음 각 호의 어느 하나에 해당되면 보험급여의 지급을 일시 중지할 수 있다.(2020.5.26 본문개정)
1. 요양 중인 근로자가 제48조제1항에 따른 공단의 의료기관 변경 요양 지시를 정당한 사유 없이 따르지 아니하는 경우(2021.1.26 본호개정)
2. 제59조에 따라 공단이 직권으로 실시하는 장해등급 또는 진폐장해등급 재판정 요구에 따르지 아니하는 경우(2020.5.26 본호개정)
3. 제114조나 제115조에 따른 보고·서류제출 또는 신고를 하지 아니하는 경우
4. 제117조에 따른 질문이나 조사에 따르지 아니하는 경우(2020.5.26 본호개정)
5. 제119조에 따른 진찰 요구에 따르지 아니하는 경우
② 제1항에 따른 일시 중지의 대상이 되는 보험급여의 종류, 일시 중지의 기간 및 일시 중지 절차는 대통령령으로 정한다.
제121조【국외의 사업에 대한 특례】 ① 국외 근무 기간에 발생한 근로자의 재해를 보상하기 위하여 우리나라가 당사국이 된 사회 보장에 관한 조약이나 협정(이하 "사회보장관련조약"이라 한다)으로 정하는 국가나 지역에서의 사업에 대하여는 고용노동부장관이 금융위원회와 협의하여 지정하는 자(이하 "보험회사"라 한다)에게 이 법에 따른 보험사업을 자기의 계산으로 영위하게 할 수 있다.
(2010.6.4 본항개정)
② 보험회사는 「보험업법」에 따른 사업 방법에 따라 보험사업을 영위한다. 이 경우 보험회사가 지급하는 보험급여는 이 법에 따른 보험급여보다 근로자에게 불이익하여서는 아니 된다.
③ 제1항에 따라 보험사업을 영위하는 보험회사는 이 법과 근로자를 위한 사회보장관련조약에서 정부가 부담하는 모든 책임을 성실히 이행하여야 한다.
④ 제1항에 따른 국외의 사업과 이를 대상으로 하는 보험사업에 대하여는 제2조, 제3조제1항, 제6조 단서, 제8조, 제82조제1항과 제5장 및 제6장을 적용하지 아니한다.
(2018.6.12 본항개정)
⑤ 보험회사는 제1항에 따른 보험사업을 영위할 때 이 법에 따른 공단의 권한을 행사할 수 있다.
제122조【해외파견자에 대한 특례】 ① 보험료징수법 제5조제3항 및 제4항에 따른 보험가입자가 대한민국 밖의 지역(고용노동부령으로 정하는 지역은 제외한다)에서 하는 사업에 근로시키기 위하여 파견하는 사람(이하 "해외파견자"라 한다)에 대하여 공단에 보험 가입 신청을 하여 승인을 받으면 해외파견자를 그 가입자의 대한민국 영역 안의 사업(2개 이상의 사업이 있는 경우에는 주된 사업을 말한다)에 사용하는 근로자로 보아 이 법을 적용할 수 있다.(2020.5.26 본항개정)
② 해외파견자의 보험급여의 기초가 되는 임금액은 그 사업에 사용되는 같은 직종 근로자의 임금액 및 그 밖의 사정을 고려하여 고용노동부장관이 정하여 고시하는 금액으로 한다.(2010.6.4 본항개정)
③ 해외파견자에 대한 보험급여의 지급 등에 필요한 사항은 고용노동부령으로 정한다.(2010.6.4 본항개정)
④ 제1항에 따라 이 법의 적용을 받는 해외파견자의 보험료 산정, 보험 가입의 신청 및 승인, 보험료의 신고 및 납부, 보험 관계의 소멸, 그 밖에 필요한 사항은 보험료징수법으로 정하는 바에 따른다.
제123조【현장실습생에 대한 특례】 ① 이 법이 적용되는 사업에서 현장 실습을 하고 있는 학생 및 직업 훈련생(이하 "현장실습생"이라 한다) 중 고용노동부장관이 정하는 현장실습생은 제5조제2호에도 불구하고 이 법을 적용할 때는 그 사업에 사용되는 근로자로 본다.(2010.6.4 본항개정)
② 현장실습생이 실습과 관련하여 입은 재해는 업무상의 재해로 보아 제36조제1항에 따른 보험급여를 지급한다.
(2010.5.20 본항개정)
③ 현장실습생에 대한 보험급여의 기초가 되는 임금액은 현장실습생이 지급받는 훈련수당 등 모든 금품으로 하되, 이를 적용하는 것이 현장실습생의 재해보상에 적절하지 아니하다고 인정되면 고용노동부장관이 정하여 고시하는 금액으로 할 수 있다.(2010.6.4 본항개정)
④ 현장실습생에 대한 보험급여의 지급 등에 필요한 사항은 대통령령으로 정한다.
⑤ 현장실습생에 대한 보험료의 산정·신고 및 납부 등에 관한 사항은 보험료징수법으로 정하는 바에 따른다.
제123조의2【학생연구자에 대한 특례】 ① 「연구실 안전환경 조성에 관한 법률」 제2조제1호에 따른 대학·연구기관등은 제6조에도 불구하고 이 법의 적용을 받는 사업으로 본다.
② 「연구실 안전환경 조성에 관한 법률」 제2조제8호에 따른 연구활동종사자 중 같은 조 제1호에 따른 대학·연구기관등이 수행하는 연구개발과제에 참여하는 대통령령으로 정하는 학생 신분의 연구자(이하 이 조에서 "학생연구자"라 한다)는 제5조제2호에도 불구하고 이 법을 적용할 때에는 그 사업의 근로자로 본다.
③ 제2항에 따라 이 법의 적용을 받는 학생연구자에 대한 보험 관계의 성립·소멸 및 변경, 보험료의 산정·신고·납부, 보험료나 그 밖에 징수금의 징수에 필요한 사항은 보험료징수법에서 정하는 바에 따른다.
④ 학생연구자에 대한 보험급여의 산정 기준이 되는 평균임금은 고용노동부장관이 고시하는 금액으로 한다.
⑤ 학생연구자에 대한 보험급여 지급사유인 업무상의 재해의 인정 기준은 대통령령으로 정한다.
⑥ 학생연구자에게 제36조제1항제2호에 따른 휴업급여 또는 같은 항 제6호에 따른 상병보상연금을 지급하는 경우 제54조, 제56조제2항, 제67조 및 제69조제1항은 적용하지 아니한다.
⑦ 학생연구자에 대한 보험급여의 지급 등에 필요한 사항은 대통령령으로 정한다.
(2021.4.13 본조신설)
제124조【중·소기업 사업주등에 대한 특례】 ① 대통령령으로 정하는 중·소기업 사업주(근로자를 사용하지 아니하는 자를 포함한다. 이하 이 조에서 같다)는 공단의 승인을 받아 자기 또는 유족을 보험급여를 받을 수 있는 사람으로 하여 보험에 가입할 수 있다.
② 제1항에 따른 중·소기업 사업주의 배우자(사실상 혼인관계에 있는 사람을 포함한다. 이하 이 조에서 같다) 또는 4촌 이내의 친족으로서 대통령령으로 정하는 요건을 갖추어 해당 사업에 노무를 제공하는 사람은 공단의 승인을 받아 보험에 가입할 수 있다.(2020.12.8 본항신설)
③ 제1항에 따른 중·소기업 사업주 및 제2항에 따른 중·소기업 사업주의 배우자 또는 4촌 이내의 친족(이하 이 조에서 "중·소기업 사업주등"이라 한다)은 제5조제2호에도 불구하고 이 법을 적용할 때에는 근로자로 본다.
(2020.12.8 본항신설)
④ 중·소기업 사업주등에 대한 보험급여의 지급 사유인 업무상의 재해의 인정 범위는 대통령령으로 정한다.
⑤ 중·소기업 사업주등에 대한 보험급여의 산정 기준이 되는 평균임금은 고용노동부장관이 정하여 고시하는 금액으로 한다.
⑥ 제4항에 따른 업무상의 재해가 보험료의 체납 기간에 발생하면 대통령령으로 정하는 바에 따라 그 재해에 대한 보험급여의 전부 또는 일부를 지급하지 아니할 수 있다.
⑦ 중·소기업 사업주등에 대한 보험급여의 지급 등에 필요한 사항은 고용노동부령으로 정한다.
⑧ 이 법의 적용을 받는 중·소기업 사업주등의 보험료의 산정, 보험 가입의 신청 및 승인, 보험료의 신고 및 납부, 보험관계의 소멸, 그 밖에 필요한 사항은 보험료징수법으로 정하는 바에 따른다.
(2020.12.8 본조개정)
제125조 (2022.6.10 삭제)
제126조【「국민기초생활 보장법」상의 수급자에 대한 특례】 ① 제5조제2호에 따른 근로자가 아닌 사람으로서 「국민기초생활 보장법」 제15조에 따른 자활급여 수급자 중 고용노동부장관이 정하여 고시하는 사업에 종사하는 사람은 제5조제2호에도 불구하고 이 법의 적용을 받는 근로자로 본다.(2020.5.26 본항개정)
② 자활급여 수급자의 보험료 산정 및 보험급여의 기초가 되는 임금액은 자활급여 수급자가 제1항의 사업에 참여하여 받는 자활급여로 한다.
제126조의2【벌칙 적용에서 공무원 의제】 재심사위원회 위원 중 공무원이 아닌 위원은 「형법」 제129조부터 제132조까지의 규정을 적용할 때에는 공무원으로 본다.
(2018.6.12 본조신설)

제8장 벌 칙

제127조【벌칙】 ① 제31조의2제3항을 위반하여 공동이용하는 전산정보자료를 같은 조 제1항에 따른 목적 외의 용도로 이용하거나 활용한 자는 3년 이하의 징역 또는 3천만원 이하의 벌금에 처한다.(2021.1.26 본항신설)
② 산재보험 의료기관이나 제46조제1항에 따른 약국의 종사자로서 거짓이나 그 밖의 부정한 방법으로 진료비나 약제비를 지급받은 자는 3년 이하의 징역 또는 3천만원 이하의 벌금에 처한다.
③ 다음 각 호의 어느 하나에 해당하는 자는 2년 이하의 징역 또는 2천만원 이하의 벌금에 처한다.(2016.12.27 본문개정)
1. 거짓이나 그 밖의 부정한 방법으로 보험급여를 받은 자(2016.12.27 본호신설)
2. 거짓이나 그 밖의 부정한 방법으로 보험급여를 받도록 시키거나 도와준 자(2018.6.12 본호신설)
3. 제111조의2를 위반하여 근로자를 해고하거나 그 밖에 근로자에게 불이익한 처우를 한 사업주(2016.12.27 본호신설)

④ 제21조제3항을 위반하여 비밀을 누설한 자는 2년 이하의 징역 또는 1천만원 이하의 벌금에 처한다.(2010.1.27 본항개정)

제128조【양벌규정】 법인의 대표자나 법인 또는 개인의 대리인, 사용인, 그 밖의 종업원이 그 법인 또는 개인의 업무에 관하여 제127조제2항의 위반행위를 하면 그 행위자를 벌하는 외에 그 법인 또는 개인에게도 해당 조문의 벌금형을 과(科)한다. 다만, 법인 또는 개인이 그 위반행위를 방지하기 위하여 해당 업무에 관하여 상당한 주의와 감독을 게을리하지 아니한 경우에는 그러하지 아니하다.(2021.1.26 본문개정)

제129조【과태료】 ① 제91조의21을 위반하여 자료 또는 정보의 제공 요청에 따르지 아니한 자에게는 300만원 이하의 과태료를 부과한다.(2022.6.10 본항신설)

② 다음 각 호의 어느 하나에 해당하는 자에게는 200만원 이하의 과태료를 부과한다.

1. 제34조를 위반하여 근로복지공단 또는 이와 비슷한 명칭을 사용한 자(2010.1.27 본호개정)
2. 제45조제1항을 위반하여 공단이 아닌 자에게 진료비를 청구한 자

③ 다음 각 호의 어느 하나에 해당하는 자에게는 100만원 이하의 과태료를 부과한다.

1. 제47조제1항에 따른 진료계획을 정당한 사유 없이 제출하지 아니하는 자
2. 제105조제4항(제109조제1항에서 준용하는 경우를 포함한다)에 따른 질문에 답변하지 아니하거나 거짓된 답변을 하거나 검사를 거부·방해 또는 기피한 자
3. 제114조제1항 또는 제118조에 따른 보고를 하지 아니하거나 거짓된 보고를 한 자 또는 서류나 물건의 제출 명령에 따르지 아니한 자
4. 제117조 또는 제118조에 따른 공단의 소속 직원의 질문에 답변을 거부하거나 조사를 거부·방해 또는 기피한 자
5. (2022.6.10 삭제)

④ 제1항부터 제3항까지의 규정에 따른 과태료는 대통령령으로 정하는 바에 따라 고용노동부장관이 부과·징수한다.(2022.6.10 본항개정)

⑤~⑥ (2010.1.27 삭제)

부　칙

제1조【시행일】 이 법은 2008년 7월 1일부터 시행한다. 다만, 제70조의 개정규정 및 부칙 제14조는 공포한 날부터 시행한다.

제2조【평균임금의 증감에 관한 특례】 제36조제3항의 개정규정에도 불구하고 2013년 이후에는 다음 각 호의 구분에 따른 연령에 도달한 이후에 소비자물가변동률에 따라 평균임금을 증감한다.

1. 2013년부터 2017년까지 : 61세
2. 2018년부터 2022년까지 : 62세
3. 2023년부터 2027년까지 : 63세
4. 2028년부터 2032년까지 : 64세
5. 2033년 이후 : 65세

제3조【간병급여에 관한 적용례】 법률 제8373호 산업재해보상보험법 전부개정법률 부칙 제2조에 따라 간병급여의 지급 대상이 되지 아니한 자로서 이 법 제61조에 따른 간병급여의 지급대상이 되는 자는 이 법 시행 이후 지급사유가 발생한 간병급여부터 지급한다.

제4조【생존확인에 따른 징수금에 관한 적용례】 제39조제2항의 개정규정은 이 법 시행 이후 생존이 확인된 자부터 적용한다.

제5조【휴업급여 등에 관한 적용례】 ① 제52조 및 제54조부터 제56조까지의 개정규정은 이 법 시행 이후 새로 요양 또는 재요양을 시작하는 자부터 적용한다.

② 제53조의 개정규정은 이 법 시행 당시 요양 또는 재요양 중인 자로서 일정기간 또는 단시간 취업한 자에 대하여도 적용한다.

제6조【장해급여에 관한 적용례】 제57조부터 제60조까지의 개정규정은 이 법 시행 이후 치유되어 장해급여 청구사유가 발생한 자부터 적용한다.

제7조【재요양에 따른 장해급여에 관한 적용례】 제60조제1항의 개정규정은 이 법 시행 이후 새로 재요양을 받는 장해보상연금 수급권자부터 적용한다.

제8조【유족보상연금 수급권자의 행방불명에 관한 적용례】 제64조제3항의 개정규정은 이 법 시행 이후 행방불명된 자부터 적용한다.

제9조【상병보상연금에 관한 적용례】 제66조부터 제69조까지의 개정규정은 이 법 시행 이후 새로 요양 또는 재요양을 시작하는 자부터 적용한다.

제10조【연금의 지급시기에 관한 적용례】 제70조의 개정규정은 이 법 공포일이 속하는 달의 연금분부터 적용한다.

제11조【직업재활급여에 관한 적용례】 ① 제73조 및 제74조의 개정규정은 이 법 시행 이후 치유되어 장해급여를 받은 자부터 적용한다.

② 제75조의 개정규정은 이 법 시행 이후 치유되어 장해급여를 받은 자에 대하여 고용을 유지하거나 직장적응훈련 또는 재활운동을 실시하는 자부터 적용한다.

제12조【부당이득 징수에 관한 적용례】 ① 제84조제1항 후단의 개정규정은 이 법 시행 이후 이 법에 따른 요양급여를 지급받은 자부터 적용한다.

② 제84조제3항의 개정규정은 이 법 시행 이후 산재보험 의료기관 또는 제46조제1항에 따른 약국이 진료비 또는 약제비를 지급받은 경우부터 적용한다.

제13조【공단의 임원에 대한 경과조치】 종전의 규정에 따라 임명된 공단의 임원은 이 법에 따라 임명된 것으로 보며, 임원의 임기는 종전의 규정에 따라 임명된 날부터 기산한다.

제14조【재단법인 산재의료관리원에 대한 경과조치】 ① 이 법 공포 당시 종전의 제32조제2항에 따라 설립된 관리기구인 재단법인 산재의료관리원(이하 "관리원"이라 한다)은 이 법 공포 후 산재의료원의 정관을 작성하여 노동부장관의 허가를 받아야 한다.

② 관리원은 제1항에 따른 허가를 받아 2008년 7월 1일에 산재의료원의 설립등기를 하여야 한다.

③ 관리원은 제2항에 따라 설립등기를 마친 때에는 「민법」 중 법인의 해산 및 청산에 관한 규정에도 불구하고 해산된 것으로 본다.

④ 이 법에 따른 산재의료원은 설립등기일에 관리원의 모든 권리·의무 및 재산을 승계한다.

⑤ 산재의료원의 설립 당시 관리원의 임직원은 이 법에 따른 산재의료원의 임직원으로 보며, 임원의 임기는 종전의 규정에 따라 임명된 날부터 기산한다.

제15조【처분 등에 관한 일반적 경과조치】 이 법 시행 당시 종전의 규정에 따른 행정기관의 행위나 행정기관에 대한 행위는 그에 해당하는 이 법에 따른 행정기관의 행위나 행정기관에 대한 행위로 본다.

제16조【과태료에 관한 경과조치】 이 법 시행 전의 행위에 대하여 과태료 규정을 적용할 때에는 종전의 규정에 따른다.

제17조【최고·최저 보상기준 금액에 관한 경과조치】 제36조제7항 및 제8항의 개정규정에 따른 최고 보상기준 금액 및 최저 보상기준 금액이 각각 이 법 시행 당시 종전의 제35조제6항에 따라 고시된 최고 보상기준 금액 및 최저 보상기준 금액보다 적으면 종전의 규정에 따라 고시된 최고 보상기준 금액 및 최저 보상기준 금액을 적용한다.

제18조【산재보험 의료기관에 대한 경과조치】 이 법 시행 당시 종전의 제37조제2항에 따라 공단이 지정한 의료기관은 이 법 제43조의 개정규정에 따른 산재보험 의료기관으로 본다.

제19조【재요양에 따른 장해급여에 관한 경과조치】 이 법 시행 당시 장해보상연금의 수급권자로서 재요양을 받고 있는 자에 대하여는 제60조제1항의 개정규정에도 불구하고 종전의 규정에 따른다.

제20조【휴업급여에 관한 경과조치】 이 법 시행 당시 요양 또는 재요양을 받고 있는 자는 제52조 및 제54조부터 제56조까지의 개정규정에도 불구하고 종전의 규정에 따른다.

제21조【장해보상연금 수급권의 소멸 및 장해등급의 재판정에 관한 경과조치】 ① 이 법 시행 당시 대한민국 국민이 아닌 자가 외국에서 거주하면서 장해보상연금을 받고 있는 경우에는 제58조의 개정규정에도 불구하고 종전의 규정에 따른다.

② 이 법 시행 당시 종전의 규정에 따라 장해보상연금을 받고 있는 자는 제59조의 개정규정에도 불구하고 장해등급의 재판정을 하지 아니한다.

제22조【상병보상연금에 관한 경과조치】 이 법 시행 당시 요양 또는 재요양을 받고 있는 자는 제66조부터 제69조까지의 개정규정에도 불구하고 종전의 규정에 따른다.

제23조【심사 및 재심사 청구 등에 관한 경과조치】 ① 이 법 시행 전에 종전의 규정에 따라 공단 또는 산업재해보상보험심사위원회에 제기된 심사 청구 또는 재심사 청구는 각각 이 법에 따라 공단 또는 산업재해보상보험재심사위원회에 제기된 심사 청구 또는 재심사 청구로 본다.

② 이 법 시행 전에 종전의 규정에 따라 제기된 심사 청구 또는 재심사 청구에 대한 심리·결정 또는 심리·재결은 각각 제105조 및 제109조의 개정규정에 따른다.

제24조【재심사위원회 및 위원에 대한 경과조치】 ① 이 법 시행 당시 종전의 규정에 따른 산업재해보상보험심사위원회는 이 법에 따른 산업재해보상보험재심사위원회로 본다.

② 이 법 시행 당시 종전의 규정에 따라 임명된 산업재해보상보험심사위원회의 위원은 이 법에 따라 임명된 산업재해보상보험재심사위원회의 위원으로 보며, 임기는 종전의 임명일부터 기산한다.

제25조【다른 법률의 개정】 ①~⑩ ※(해당 법령에 가제정리 하였음)

제26조【다른 법령과의 관계】 ① 이 법 시행 당시 다른 법령에서 종전의 「산업재해보상보험법」 또는 그 규정을 인용한 경우에 이 법 가운데 그에 해당하는 규정이 있으면 종전의 규정을 갈음하여 이 법 또는 이 법의 해당 규정을 인용한 것으로 본다.

② 이 법 시행 당시 다른 법령에서 종전의 재단법인 산재의료관리원을 인용한 경우에는 제33조에 따른 한국산재의료원을 인용한 것으로 본다.

부　칙 (2010.5.20)

제1조【시행일】 이 법은 공포 후 6개월이 경과한 날부터 시행한다. 다만, 제16조제3항, 제40조제6항, 제43조제1항제2호 및 제48조제1항제3호의 개정규정은 공포한 날부터 시행한다.

제2조【진폐에 따른 진폐보상연금의 지급에 관한 적용례】 ① 제36조제1항·제2항 및 제91조의3의 개정규정은 종전의 규정에 따라 진폐로 인하여 장해보상연금을 받고 있는 사람(이 법 시행 전에 지급사유가 발생한 사람을 포함한다)에 대하여도 적용하되, 종전의 규정에 따라 산정된 장해보상연금액이 같은 개정규정에 따라 산정된 진폐보상연금액 보다 많은 경우에는 종전의 규정에 따라 장해보상연금을 계속 지급한다.

② 제36조제1항·제2항 및 제91조의3의 개정규정은 종전의 규정에 따라 진폐로 인하여 장해보상연금을 받고 있는 사람(이 법 시행 전에 지급사유가 발생한 사람을 포함한다) 중 이 법 시행 후에 진폐장해등급이 변경(종전의 장해등급과 비교하여 등급의 급수가 다른 경우를 말한다. 이하 이 조에서 같다)된 사람에 대하여도 적용하되, 종전의 규정에 따라 산정된 장해보상연금액이 같은 개정규정에 따라 산정된 진폐보상연금액보다 많은 경우에는 종전의 규정에 따라 장해보상연금을 계속 지급한다.

③ 제36조제1항·제2항 및 제91조의3의 개정규정은 종전의 규정에 따라 진폐로 인하여 장해보상일시금을 받은 사람(이 법 시행 전에 지급사유가 발생한 사람을 포함한다)에 대하여도 적용하되, 같은 개정규정에 따른 진폐보상연금액 중에서 기초연금액만을 지급한다.

④ 제36조제1항·제2항 및 제91조의3의 개정규정은 종전의 규정에 따라 진폐로 인하여 장해보상일시금을 받은 사람(이 법 시행 전에 지급사유가 발생한 사람을 포함한다) 중 이 법 시행 후에 진폐장해등급이 변경된 사람에 대하여도 적용하되, 같은 개정규정에 따라 변경된 진폐장해등급에 해당하는 진폐장해연금 일수에서 종전의 장해등급에 해당하는 진폐장해연금 일수를 공제하고 남은 일수를 기준으로 진폐장해연금액을 산정하여 지급한다.

제3조【진폐에 따른 휴업급여 등의 지급에 관한 경과조치】 이 법 시행 당시 진폐로 인하여 요양 또는 재요양을 받고 있는 사람(이 법 시행 전에 지급사유가 발생한 사람을 포함한다)에 대한 휴업급여 및 상병보상연금의 지급에 관하여는 그 요양 또는 재요양이 종결되기 전까지는 제36조제1항·제2항 및 제91조의3의 개정규정에도 불구하고 제52조부터 제56조까지 및 제66조부터 제69조까지의 규정에 따른다.

제4조【진폐에 따른 유족급여의 지급에 관한 경과조치】 ① 이 법 시행 당시 진폐로 인하여 요양 또는 재요양을 받고 있는 사람(이 법 시행 전에 지급사유가 발생한 사람을 포함한다)이 이 법 시행 후에도 계속 요양 또는 재요양을 하다가 진폐로 사망한 경우에 그 사람에 대한 유족보상연금 또는 유족보상일시금의 지급에 관하여는 제36조제1항·제2항 및 제91조의4의 개정규정에도 불구하고 제62조부터 제65조까지의 규정에 따른다.

② 이 법 시행 당시 진폐로 인하여 유족보상연금을 받고 있는 사람(이 법 시행 전에 지급사유가 발생한 사람을 포함한다)에 관하여는 제36조제1항·제2항 및 제91조의4의 개정규정에도 불구하고 제62조부터 제64조까지의 규정에 따른다.

제5조【평균임금 증감에 관한 경과조치】 이 법 시행 당시 진폐에 따른 휴업급여, 장해보상연금, 상병보상연금 또는 유족보상연금을 받고 있는 사람(이 법 시행 전에 지급사유가 발생한 사람을 포함한다)의 평균임금 증감에 대하여는 제36조제3항의 개정규정에도 불구하고 종전의 규정에 따른다.

제6조【다른 법률의 개정】 ①~③ ※(해당 법령에 가제정리 하였음)

부　칙 (2015.1.20)

제1조【시행일】 이 법은 공포 후 3개월이 경과한 날부터 시행한다.

제2조【국민건강보험 요양급여 비용의 정산에 관한 적용례】 제90조의2의 개정규정은 제40조에 따른 요양 또는 재요양이 종결된 후 2년이 지나지 아니한 사람이 이 법 시행 후 「국민건강보험법」 제41조에 따라 받는 요양급여부터 적용한다.

제3조【금치산자 등에 관한 경과조치】 제107조제6항제1호의 개정규정에 따른 피성년후견인 또는 피한정후견인에는 법률 제10429호 민법 일부개정법률 부칙 제2조에 따라 금치산 또는 한정치산 선고의 효력이 유지되는 사람이 포함되는 것으로 본다.

부　칙 (2017.10.24)

제1조【시행일】 이 법은 2018년 1월 1일부터 시행한다.

제2조【출퇴근 재해에 관한 적용례】 제5조 및 제37조의 개정규정은 2016년 9월 29일 이후로 발생한 재해부터 적용한다.(2020.6.9 본조개정)

부　칙 (2018.6.12)

제1조【시행일】 이 법은 공포 후 6개월이 경과한 날부터 시행한다. 다만, 제26조제2항, 제36조제7항, 제54조제2항, 제97조제4항 및 제107조제2항·제7항의 개정규정은 공포한 날부터 시행하며, 제107조제8항, 제126조의2, 제127조제2항의 개정규정은 공포 후 3개월이 경과한 날부터 시행한다.
제2조【유족보상연금 수급자격의 적용례】 제63조제1항 및 제64조제1항의 개정규정은 이 법 시행 당시 유족보상연금을 수급하고 있는 자녀에 대하여도 적용한다.
제3조【직장적응훈련비에 관한 적용례】 제72조제1항제2호의 개정규정은 이 법 시행 후 최초로 실시하는 직장적응훈련부터 적용한다.
제4조【부당이득의 징수에 관한 적용례】 제84조제4항의 개정규정은 이 법 시행 후 최초로 부정수급 사실을 자진 신고한 경우부터 적용한다.

부　칙 (2019.1.15 법16272호)

제1조【시행일】 이 법은 공포 후 1년이 경과한 날부터 시행한다.(이하 생략)

부　칙 (2019.1.15 법16273호)

이 법은 공포 후 6개월이 경과한 날부터 시행한다.

부　칙 (2020.4.7)

제1조【시행일】 이 법은 공포 후 1년이 경과한 날부터 시행한다.(이하 생략)

부　칙 (2020.5.26)

이 법은 공포한 날부터 시행한다.(이하 생략)

부　칙 (2020.6.9)

이 법은 공포한 날부터 시행한다.

부　칙 (2020.12.8)

제1조【시행일】 이 법은 공포 후 6개월이 경과한 날부터 시행한다.
제2조【다른 법률의 개정】 ※(해당 법령에 가제정리 하였음)

부　칙 (2021.1.5)

제1조【시행일】 이 법은 2021년 7월 1일부터 시행한다.
제2조【특수형태근로종사자 산재보험 적용 제외 신청에 관한 적용례】 ① 제125조의 개정규정은 종전의 규정에 따라 적용 제외 중인 특수형태근로종사자에게도 적용된다.
② 종전의 규정에 따라 적용 제외 중인 사람이 제125조제4항의 적용제외 사유로 이 법의 적용 제외를 원하는 경우 새로이 적용 제외를 신청하여야 한다.
③ 이 법 시행일 이후 3년 이내에 제2항에 따른 적용 제외 신청을 하고 공단이 이를 승인한 경우 이 법 시행일로부터 이 법을 적용하지 아니한다.

부　칙 (2021.1.26)

이 법은 공포 후 6개월이 경과한 날부터 시행한다.

부　칙 (2021.4.13)
(2021.5.18)

이 법은 2022년 1월 1일부터 시행한다.

부　칙 (2021.8.17)

제1조【시행일】 이 법은 공포 후 6개월이 경과한 날부터 시행한다.(이하 생략)

부　칙 (2022.1.11)

제1조【시행일】 이 법은 공포 후 1년이 경과한 날부터 시행한다.
제2조【건강손상자녀의 보험급여 지급에 관한 적용례】 제36조제1항 및 제3장의3(제91조의12부터 제91조의14까지)의 개정규정은 이 법 시행일 이후에 출생한 자녀부터 적용한다. 다만, 다음 각 호의 어느 하나에 해당하는 경우에는 이 법 시행일 전에 출생한 자녀에게도 적용한다.
1. 이 법 시행일 전에 제36조제2항에 따른 청구를 한 경우
2. 이 법 시행일 전에 법원의 확정판결로 자녀의 부상, 질병·장해의 발생 또는 사망에 대한 공단의 보험급여 지급 거부처분이 취소된 경우
3. 이 법 시행일 전 3년 이내에 출생한 자녀로서 이 법 시행일로부터 3년 이내에 제36조제2항에 따른 청구를 하는 경우

부　칙 (2022.6.10 법18913호)

이 법은 공포한 날부터 시행한다.

부　칙 (2022.6.10 법18928호)

제1조【시행일】 이 법은 2023년 7월 1일부터 시행한다. 다만, 부칙 제8조는 공포한 날부터 시행한다.
제2조【부분휴업급여에 관한 적용례】 제53조의 개정규정은 이 법 시행 이후 지급사유가 발생한 부분휴업급여부터 적용한다.
제3조【노무제공자에 대한 보험급여의 산정기준 등에 관한 적용례】 ① 제91조의17제1항부터 제3항까지 및 제5항의 개정규정은 이 법 시행 후 새로 요양 또는 재요양을 시작하는 노무제공자부터 적용한다.
② 제91조의17제4항의 개정규정은 이 법 시행 당시 요양 또는 재요양을 받고 있는 노무제공자에게도 적용하되, 이 법 시행 후 평균보수를 증감하는 경우부터 적용한다.
제4조【노무제공자에 대한 업무상 재해의 인정기준에 관한 적용례】 제91조의18의 개정규정은 이 법 시행 후 최초로 발생하는 재해부터 적용한다.
제5조【노무제공자에 대한 보험급여의 지급 등에 관한 적용례】 제91조의19 및 제91조의20의 개정규정은 이 법 시행 후 새로 요양 또는 재요양을 시작하는 노무제공자부터 적용한다.
제6조【노무제공자에 대한 보험급여의 산정기준 등에 관한 경과조치】 이 법 시행 당시 요양 또는 재요양을 받고 있는 노무제공자는 제91조의17제1항부터 제3항까지 및 제5항의 개정규정에도 불구하고 종전의 규정에 따른다.
제7조【노무제공자에 대한 보험급여의 지급 등에 관한 경과조치】 이 법 시행 당시 요양 또는 재요양을 받고 있는 노무제공자는 제91조의19 및 제91조의20의 개정규정에도 불구하고 종전의 규정에 따른다.
제8조【특수형태근로종사자의 업무상 재해 인정 및 보험급여 지급 등의 특례】 ① 종전의 제125조제1항에 따른 특수형태근로종사자가 이 법 공포 이후 2023년 6월 30일까지 같은 항 제1호에 따른 주된 사업 외의 사업(종전의 제125조제1항에 따른 직종에 종사하는 사업에 한한다)에서 최초로 재해를 입은 경우에는 종전의 규정을 적용받는 특수형태근로종사자로 본다. 이 경우 업무상 재해의 인정 기준 및 보험급여의 지급 등에 대하여는 종전의 제125조제8항·제9항 및 제11항을 적용한다.
② 제1항의 재해가 발생한 사업은 본칙 제6조에도 불구하고 종전의 규정을 적용받는 사업으로 본다. 다만, 종전의 제125조제3항부터 제7항까지와 「고용보험 및 산업재해보상보험의 보험료징수 등에 관한 법률」 제26조, 제49조의3 및 제50조제1항제1호는 적용하지 아니한다.

부　칙 (2023.8.8)

제1조【시행일】 이 법은 공포 후 6개월이 경과한 날부터 시행한다.
제2조【유족보상연금 수급자격의 적용례】 제63조제1항 및 제64조제1항의 개정규정은 이 법 시행 당시 유족보상연금의 수급자격자인 손자녀에 대하여도 적용한다.

[별표] ➡「法典 別冊」참조

산업재해보상보험법 시행령

(2008년 6월 25일 전부개정대통령령 제20875호)

개정
2008. 7.29영20947호(자본시장금융투자업시)
2008. 8. 7영20966호
2009. 1.14영21263호(한국산업안전공단법시)
2009. 6.30영21588호　2010. 2.24영22060호
2010. 3.26영22101호
2010. 7.12영22269호(직제)
2010. 8.25영22365호(근로자직업능력개발법시)
2010. 9.29영22410호　2010.11.15영22492호
2010.11.15영22493호(은행법시)
2010.12. 7영22516호(근로복지기본법시)
2011. 1.24영22637호(보험시)
2011.12.30영23468호　2012. 4.16영23728호
2012. 8.31영24077호(국민보험시)
2012.11.12영24177호　2013. 6.28영24651호
2013.12.30영25050호(행정규제재검토에따른일부개정령)
2014. 6.30영25435호(장애인비하용어개선)
2014. 8. 6영25532호(민감정보고유식별정보)
2014.12. 9영25840호(규제기한정비)
2015. 2.10영26094호　2015. 4.14영26196호
2016. 3.22영27050호
2016.12.30영27751호(규제기한설정)
2017.12.26영28506호
2018. 9.18영29180호(공무원재해보상법시)
2018.12.11영29354호
2018.12.31영29450호(장애인복지법시)
2019. 7. 2영29950호(법령용어정비)
2019.12.24영30256호(산업안전시)
2020. 1. 7영30334호
2020. 6. 9영30760호(군인재해보상법시)
2020. 8.27영30980호(고용보험법시)
2021. 1.12영31388호　2021. 6. 8영31750호
2021.12.31영32303호
2022. 2.17영32447호(국민평생직업능력개발법시)
2022. 3.15영32539호
2022.12.20영33112호(개인정보침해요인개선을위한일부개정령)
2022.12.30영33188호　2023. 6.27영33593호

제1장 총　칙

제1조【목적】 이 영은 「산업재해보상보험법」에서 위임한 사항과 그 시행에 필요한 사항을 규정함을 목적으로 한다.
제2조【법의 적용 제외 사업】 ① 「산업재해보상보험법」(이하 "법"이라 한다) 제6조 단서에서 "대통령령으로 정하는 사업"이란 다음 각 호의 어느 하나에 해당하는 사업 또는 사업장(이하 "사업"이라 한다)을 말한다.
1. 「공무원 재해보상법」 또는 「군인 재해보상법」에 따라 재해보상이 되는 사업. 다만, 「공무원 재해보상법」 제60조에 따라 순직유족급여 또는 위험직무순직유족급여에 관한 규정을 적용받는 경우는 제외한다.(2020.6.9 본문개정)
2. 「선원법」, 「어선원 및 어선 재해보상보험법」 또는 「사립학교교직원 연금법」에 따라 재해보상이 되는 사업
3. (2017.12.26 삭제)
4. 가구내 고용활동(2008.8.7 본호개정)
5. (2017.12.26 삭제)
6. 농업, 임업(벌목업은 제외한다), 어업 및 수렵업 중 법인이 아닌 자의 사업으로서 상시근로자 수가 5명 미만인 사업(2010.3.26 후단삭제)
② 제1항 각 호의 사업의 범위에 관하여 이 영에 특별한 규정이 없으면 「통계법」에 따라 통계청장이 고시하는 한국표준산업분류표(이하 "한국표준산업분류표"라 한다)에 따른다.(2017.12.26 본항개정)
③ (2017.12.26 삭제)
제2조의2【상시근로자 수의 산정 및 적용 시점】 ① 제2조제1항제6호에 따른 상시근로자 수는 사업을 시작한 후 최초로 근로자를 사용한 날부터 그 사업의 가동일수(稼

動日數) 14일 동안 사용한 근로자 연인원(延人員)을 14로 나누어 산정한다. 이 경우 상시근로자 수가 5명 미만이면 최초로 근로자를 사용한 날부터 하루씩 순차적으로 미루어 가동기간 14일 동안 사용한 근로자 연인원을 14로 나누어 산정한다.(2017.12.26 본항개정)
② 제1항에도 불구하고 최초로 근로자를 사용한 날부터 14일 이내에 사업이 종료되거나 업무상 재해가 발생한 경우에는 그 때까지 사용한 연인원을 그 가동일수로 나누어 산정한다.
③ 제1항 및 제2항에 따라 산정한 상시근로자 수가 5명 이상이 되는 사업은 상시근로자 수가 최초로 5명 이상이 되는 해당 기간의 첫 날에 상시근로자 수가 5명 이상이 되는 사업이 성립한 것으로 본다.(2017.12.26 본항개정)
④ (2017.12.26 삭제)
(2010.3.26 본조신설)

제3조【산업재해보상보험및예방심의위원회의 기능】 법 제8조제1항에 따른 산업재해보상보험및예방심의위원회(이하 "위원회"라 한다)는 다음 각 호의 사항을 심의한다.(2010.2.24 본문개정)
1. 법 제40조제5항에 따른 요양급여의 범위나 비용 등 요양급여의 산정 기준에 관한 사항
2. 「고용보험 및 산업재해보상보험의 보험료징수 등에 관한 법률」(이하 "보험료징수법"이라 한다) 제14조제3항 및 같은 조 제4항에 따른 산재보험료율의 결정에 관한 사항(2017.12.26 본호개정)
3. 법 제98조에 따른 산업재해보상보험및예방기금의 운용계획 수립에 관한 사항
4. 「산업안전보건법」 제4조제1항 각 호에 따른 산업안전·보건 업무와 관련되는 주요 정책 및 같은 법 제7조에 따른 산업재해 예방에 관한 기본계획(2019.12.24 본호개정)
5. 그 밖에 고용노동부장관이 산업재해보상보험 사업(이하 "보험사업"이라 한다) 및 산업안전·보건 업무에 관하여 심의에 부치는 사항(2010.7.12 본호개정)
(2010.2.24 본조제목개정)

제4조【위원회의 구성】 위원회의 위원은 다음 각 호의 구분에 따라 각각 고용노동부장관이 임명하거나 위촉한다.(2010.7.12 본문개정)
1. 근로자를 대표하는 위원은 총연합단체인 노동조합이 추천하는 사람 5명
2. 사용자를 대표하는 위원은 전국을 대표하는 사용자 단체가 추천하는 사람 5명
3. 공익을 대표하는 위원은 다음 각 목의 사람 5명
가. 고용노동부차관(2010.7.12 본목개정)
나. 고용노동부에서 산업재해보상보험 업무를 담당하는 고위공무원 또는 산업재해 예방 업무를 담당하는 고위공무원 중 1명(2010.7.12 본목개정)
다. 시민단체(「비영리민간단체 지원법」 제2조에 따른 비영리민간단체를 말한다)에서 추천한 사람과 사회보험 또는 산업재해 예방에 관한 학식과 경험이 풍부한 사람 중 3명(2010.2.24 본목개정)

제5조【위원의 임기 등】 ① 위원의 임기는 3년으로 하되, 연임할 수 있다. 다만, 제4조제3호가목 또는 나목에 해당하는 위원의 임기는 그 재직기간으로 한다.
(2010.2.24 단서개정)
② 보궐위원의 임기는 전임자의 남은 임기로 한다.
③ 고용노동부장관은 제4조에 따른 위원회의 위촉위원이 다음 각 호의 어느 하나에 해당하는 경우에는 해당 위원을 해촉(解囑)할 수 있다.
1. 심신장애로 인하여 직무를 수행할 수 없게 된 경우
2. 직무와 관련된 비위사실이 있는 경우
3. 직무태만, 품위손상이나 그 밖의 사유로 인하여 위원으로 적합하지 아니하다고 인정되는 경우
4. 위원 스스로 직무를 수행하는 것이 곤란하다고 의사를 밝히는 경우
(2016.3.22 본항신설)
(2016.3.22 본조제목개정)

제6조【위원장과 부위원장】 ① 위원회에 위원장과 부위원장을 각 1명씩 둔다.
② 위원장은 고용노동부차관이 되고, 부위원장은 공익을 대표하는 위원 중에서 위원회가 선임한다.(2010.7.12 본항개정)
③ 위원장은 위원회를 대표하며, 위원회의 사무를 총괄한다.
④ 부위원장은 위원장을 보좌하며 위원장이 부득이한 사유로 직무를 수행할 수 없을 때에는 그 직무를 대행한다.

제7조【위원회의 회의】 ① 위원장은 위원회의 회의를 소집하고 그 의장이 된다.
② 위원회의 회의는 고용노동부장관의 요구가 있거나 재적위원 과반수의 요구가 있을 때 소집한다.(2010.7.12 본항개정)
③ 위원회의 회의는 재적위원 과반수의 출석으로 개의하고, 출석위원 과반수의 찬성으로 의결한다.

제8조【전문위원회】 ① 법 제8조제3항에 따라 위원회에 산업재해보상보험정책전문위원회, 산업재해보상보험요양전문위원회 및 산업안전보건전문위원회를 둔다.
(2010.2.24 본항개정)
② 제1항에 따른 전문위원회는 위원회 위원장의 명을 받아 다음 각 호의 구분에 따른 사항을 검토하여 위원회에 보고한다.
1. 산업재해보상보험정책전문위원회 : 산업재해보상보험의 재정·적용·징수·급여·재활 및 복지에 관한 사항
2. 산업재해보상보험요양전문위원회 : 요양급여의 범위나 비용 등 요양급여의 기준 및 요양관리에 관한 사항
3. 산업안전보건전문위원회 : 산업안전보건에 관한 중요 정책 및 제도개선에 관한 사항
(2010.2.24 본항개정)
③ 각 전문위원회는 25명 이내의 위원으로 구성하되, 비상임으로 한다.
④ 산업재해보상보험정책전문위원회의 위원은 다음 각 호의 어느 하나에 해당하는 사람 중에서 위원장이 위촉한다.(2010.2.24 본문개정)
1. 고용노동부에서 산업재해보상보험 업무를 담당하는 4급 이상 일반직 공무원(2010.7.12 본호개정)
2. 총연합단체인 노동조합 또는 전국을 대표하는 사용자단체가 각각 추천하는 사람
3. 사회보험의 재정·적용·징수·급여 등에 관한 학식과 경험이 풍부한 사람
⑤ 산업재해보상보험요양전문위원회의 위원은 다음 각 호의 어느 하나에 해당하는 사람 중에서 위원장이 위촉한다.(2010.2.24 본문개정)
1. 고용노동부에서 산업재해보상보험 업무를 담당하는 4급 이상 일반직 공무원(2010.7.12 본호개정)
2. 총연합단체인 노동조합 또는 전국을 대표하는 사용자단체가 각각 추천하는 사람
3. 산업의학 등 전문과목별 의학적 전문지식과 경험이 풍부한 사람
⑥ 산업안전보건전문위원회의 위원은 다음 각 호의 어느 하나에 해당하는 사람 중에서 위원장이 위촉한다.
1. 고용노동부에서 산업안전보건 업무를 담당하는 4급 이상 일반직 공무원(2010.7.12 본호개정)
2. 총연합단체인 노동조합 또는 전국을 대표하는 사용자단체가 각각 추천하는 사람
3. 산업안전보건에 관한 학식과 경험이 풍부한 사람
(2010.2.24 본항개정)
⑦ 위원장은 제4항부터 제6항까지의 규정에 따라 위촉된 위원이 제5조제3항 각 호의 어느 하나에 해당하는 경우에는 해당 위원을 해촉할 수 있다.(2016.3.22 본항신설)
⑧ 전문위원회의 구성과 운영, 그 밖에 필요한 사항은 위원회의 의결을 거쳐 위원장이 정한다.

제8조의2【조사·연구위원】 ① 산업재해보상보험과 산업재해 예방에 관한 사항을 조사·연구하게 하기 위하여 위원회에 산업재해보상보험·산업안전공학·기계안전·전기안전·화공안전·건축안전·토목안전·산업의학·산업간호·산업위생·인간공학·유해물질관리·안전보건 관련 법령 및 산업재해통계, 그 밖에 필요한 각 분야별로 2명 이내의 조사·연구위원을 둘 수 있다.
② 조사·연구위원은 해당 분야에 관한 학식과 경험이 풍부한 사람 중에서 고용노동부장관이 임명한다.
(2010.7.12 본항개정)
(2010.2.24 본조신설)

제8조의3【관계 행정기관 등의 협조】 위원회 및 제8조에 따른 전문위원회는 안건의 심의를 위하여 필요하다고 인정하는 경우에는 관계 행정기관 또는 단체에 자료 제출을 요청하거나 관계 공무원이나 관계 전문가 등을 출석시켜 의견을 들을 수 있다.(2010.2.24 본조신설)

제9조【위원회의 간사】 ① 위원회에 그 사무를 처리할 간사 1명을 둔다.
② 간사는 고용노동부장관이 그 소속 공무원 중에서 임명한다.(2010.7.12 본항개정)

제10조【위원의 수당】 위원회 및 전문위원회의 회의에 출석한 위원과 전문위원회의 위원에게는 예산의 범위에서 수당을 지급할 수 있다. 다만, 공무원인 위원이 그 소관업무와 직접적으로 관련되어 위원회에 출석하는 경우에는 그러하지 아니하다.

제11조【운영세칙】 이 영에서 규정한 사항 외에 위원회의 운영에 필요한 사항은 위원회의 의결을 거쳐 위원장이 정한다.

제12조【조사·연구 사업의 대행】 고용노동부장관은 법 제9조제2항에 따라 보험사업에 관한 조사·연구 사업의 일부를 「정부출연연구기관 등의 설립·운영 및 육성에 관한 법률」 제8조에 따라 설립된 연구기관에 대행하게 할 수 있다. 이 경우 연구기관을 선정할 때에는 보험사업과 관련된 연구 인력 및 실적 등을 고려하여야 한다.
(2010.7.12 전단개정)

제2장　근로복지공단

제13조 (2010.3.26 삭제)

제14조【예산 및 사업운영계획의 승인】 ① 법 제10조에 따른 근로복지공단(이하 "공단"이라 한다)은 법 제25조제1항에 따라 다음 회계연도의 예산에 관하여 고용노동부장관의 승인을 받으려면 다음 회계연도 개시 전까지 예산요구서와 예산에 따른 사업설명서를 고용노동부장관에게 제출하여야 한다.
② 공단은 법 제25조제1항에 따라 사업운영계획에 관하여 고용노동부장관의 승인을 받으려면 제1항에 따라 승인을 받은 예산이 확정된 후 지체 없이 사업운영계획을 수립하여 고용노동부장관에게 제출하여야 한다.
③ 공단은 제1항 및 제2항에 따라 승인을 받은 예산과 사업운영계획을 변경하려면 그 변경 사유 및 변경 내용을 적은 서류를 고용노동부장관에게 제출하여 승인을 받아야 한다.
(2010.7.12 본조개정)

제15조【결산서의 제출】 공단은 법 제25조제2항에 따라 결산서를 고용노동부장관에게 제출할 때에는 다음 각 호의 서류를 첨부하여야 한다.(2010.7.12 본문개정)
1. 재무제표(공인회계사나 회계법인의 감사의견서를 포함한다)와 그 부속서류
2. 그 밖에 결산의 내용을 명확하게 하기 위하여 필요한 서류

제16조【공단 규정의 승인】 공단은 다음 각 호의 사항에 관한 규정을 제정하거나 개정하려면 고용노동부장관의 승인을 받아야 한다.(2010.7.12 본문개정)
1. 공단의 조직 및 정원에 관한 사항
2. 임직원의 인사 및 보수에 관한 사항
3. 공단의 회계에 관한 사항
4. 그 밖에 공단의 운영, 보험사업 및 근로복지사업에 관한 중요 사항

제17조【자금 차입 등의 승인 신청】 ① 공단은 법 제27조제1항에 따라 자금의 차입에 관한 승인을 받으려면 다음 각 호의 사항을 적은 승인신청서를 고용노동부장관에게 제출하여야 한다.(2010.7.12 본문개정)
1. 차입 사유
2. 차입처(借入處)
3. 차입 금액
4. 차입 조건
5. 차입금의 상환방법 및 상환기간
6. 그 밖에 자금의 차입과 상환에 필요한 사항
② 공단은 법 제27조제2항에 따라 산업재해보상보험및예방기금으로부터의 이입충당(移入充當)에 관한 승인을 받으려면 이입충당의 사유 및 금액 등에 관한 사항을 적은 승인신청서를 고용노동부장관에게 제출하여야 한다.
(2010.7.12 본항개정)

제18조【공단 이사장의 대표 권한의 위임】 ① 법 제29조제1항에 따라 공단 이사장의 대표 권한 중 공단의 분사무소(이하 "소속 기관"이라 한다)의 장에게 대표 권한을 위임하는 공단 업무의 범위는 별표1과 같다.
② 제1항에 따른 공단 이사장의 대표 권한의 위임에도 불구하고 공단이 당사자가 되는 소송행위, 「행정심판법」에 따른 심판청구 및 「감사원법」에 따른 심사청구에 관한 대표 권한은 공단 이사장에게 있다.

제19조【업무의 위탁】 ① 공단이 법 제29조제2항에 따라 위탁할 수 있는 업무의 범위는 다음 각 호와 같다.
1. 보험급여의 지급에 관한 사항
2. 제1호의 사항에 딸린 업무
② 공단이 제1항에 따라 업무를 위탁한 경우에는 그 위탁을 받은 자에게 위탁에 따른 수수료를 지급할 수 있다.

제19조의2【자료 제공 요청】 ① 법 제31조제1항에서 "대통령령으로 정하는 보험사업과 관련되는 기관·단체"란 별표1의2 제1호에 따른 기관·단체를 말한다.
② 법 제31조제1항에서 "주민등록·외국인등록 등 대통령령으로 정하는 자료"란 별표1의2 제2호에 따른 자료를 말한다.
(2023.6.27 본조신설)

제20조【출자 등】 공단은 법 제32조제1항에 따라 출자 또는 출연을 하려면 다음 각 호의 사항을 적은 신청서를 제출하여 고용노동부장관의 승인을 받아야 한다.
(2010.7.12 본문개정)
1. 출자 또는 출연의 필요성
2. 출자 또는 출연할 재산의 종류 및 가액(價額)
3. 사업의 개요
4. 그 밖에 출자 또는 출연에 필요한 사항

제3장　보험급여

제1절　보험급여의 기준

제21조【보험급여의 청구, 결정 통지 등】 ① 법 제36조제2항에 따라 다음 각 호의 어느 하나에 해당하는 보험급여를 받으려는 사람은 공단에 각각의 보험급여에 대해 신청하거나 청구해야 한다.(2021.6.8 본문개정)
1. 휴업급여
2. 장해보상일시금 또는 장해보상연금(법 제57조제5항에 따른 일시금을 포함한다)
3. 간병급여
4. 유족보상일시금 또는 유족보상연금(법 제62조제4항에 따른 일시금을 포함한다)
5. 상병보상연금
6. 장례비(2021.6.8 본호개정)
7. 직업재활급여
8. 진폐보상연금
9. 진폐유족연금
(2010.11.15 8호～9호신설)

② 공단은 제1항에 따른 보험급여의 신청 또는 청구를 받으면 보험급여의 지급 여부와 지급 내용 등을 결정하여 청구인에게 알려야 한다.

③ 공단은 장해보상연금, 유족보상연금, 진폐보상연금 또는 진폐유족연금을 지급하기로 결정한 경우에는 그 수급권자에게 연금증서를 내주어야 한다.(2010.11.15 본항개정)

제22조【평균임금의 증감】 ① 법 제36조제3항 및 제4항에 따른 전체 근로자의 임금 평균액의 증감률 및 소비자물가변동률의 산정 기준과 방법은 별표2와 같다.

② 법 제36조제3항에 따른 평균임금의 증감은 보험급여 수급권자의 신청을 받아 하거나 공단이 직권으로 할 수 있다.

제23조【근로 형태가 특이한 근로자의 범위】 법 제36조제5항에서 "근로 형태가 특이하여 평균임금을 적용하는 것이 적당하지 아니하다고 인정되는 경우로서 대통령령으로 정하는 경우"란 다음 각 호의 어느 하나에 해당하는 경우를 말한다.(2023.6.27 본문개정)

1. 1일 단위로 고용되거나 근로일에 따라 일당(미리 정하여진 1일 동안의 근로시간에 대하여 근로하는 대가로 지급되는 임금을 말한다. 이하 같다) 형식의 임금을 지급받는 근로자(이하 "일용근로자"라 한다)에게 평균임금을 적용하는 경우. 다만, 일용근로자가 다음 각 목의 어느 하나에 해당하는 경우에는 일용근로자로 보지 아니한다.
   가. 근로관계가 3개월 이상 계속되는 경우
   나. 그 근로자 및 같은 사업에서 같은 직종에 종사하는 다른 일용근로자의 근로조건, 근로계약의 형식, 구체적인 고용 실태 등을 종합적으로 고려할 때 근로 형태가 상용근로자와 비슷하다고 인정되는 경우
2. 둘 이상의 사업(보험료징수법 제5조제3항ㆍ제4항 및 제6조제2항ㆍ제3항에 따른 산재보험의 보험가입자가 운영하는 사업을 말한다)에서 근로하는 「근로기준법」 제2조제9호에 따른 단시간근로자(일용근로자는 제외하며, 이하 "단시간근로자"라 한다)에게 평균임금을 적용하는 경우(2023.6.27 본호개정)

(2016.3.22 본조개정)

제24조【근로 형태가 특이한 근로자의 평균임금 산정방법】 ① 법 제36조제5항에서 "대통령령으로 정하는 산정 방법에 따라 산정한 금액"이란 다음 각 호의 구분에 따라 산정한 금액을 말한다.

1. 제23조제1호에 해당하는 경우 : 해당 일용근로자의 일당에 일용근로자의 1개월간 실제 근로일수 등을 고려하여 고용노동부장관이 고시하는 근로계수(이하 "통상근로계수"라 한다)를 곱하여 산정한 금액
2. 제23조제2호에 해당하는 경우 : 평균임금 산정기간 동안 해당 단시간근로자가 재해가 발생한 사업에서 지급받은 임금과 같은 기간 동안 해당 사업 외의 사업에서 지급받은 임금을 모두 합산한 금액을 해당 기간의 총일수로 나눈 금액

② 평균임금 산정사유 발생일 당시 1개월 이상 근로한 일용근로자는 제1항제1호에 따른 산정 방법에 따라 산정한 금액을 평균임금으로 하는 것이 실제의 임금 또는 근로일수에 비추어 적절하지 아니한 경우에는 실제의 임금 또는 근로일수를 증명하는 서류를 첨부하여 공단에 제1항제1호에 따른 산정 방법의 적용 제외를 신청할 수 있다.

(2017.12.26 본항개정)

③ 단시간근로자가 법 제36조제2항에 따라 보험급여를 청구할 때에는 재해가 발생한 사업 외의 사업에서 취업한 사실, 근로시간 및 임금을 증명하는 서류를 공단에 제출하여야 한다.(2016.3.22 본항신설)

(2016.3.22 본조개정)

제25조【직업병에 걸린 사람에 대한 평균임금 산정 특례】 ① 법 제36조제6항에서 "진폐 등 대통령령으로 정하는 직업병"이란 법 제37조제1항제2호에 따른 업무상 질병(이하 "업무상 질병"이라 한다)으로서 다음 각 호의 어느 하나에 해당하는 질병(이하 이 조에서 "직업병"이라 한다)을 말한다. 이 경우 유해ㆍ위험요인에 일시적으로 다량 노출되어 급성으로 발병한 질병은 제외한다.

(2010.11.15 본문개정)

1. 진폐(2010.11.15 본호개정)
2. 별표3 제2호가목ㆍ나목, 제3호가목부터 사목까지, 같은 호 자목부터 카목까지, 제4호, 제5호, 제6호가목부터 다목까지, 같은 호 마목ㆍ자목ㆍ카목, 제7호마목부터 차목까지, 제8호, 제9호, 제10호, 제11호나목부터 사목까지, 같은 호 아목1)ㆍ2) 및 제12호나목부터 라목까지의 질병 중 어느 하나에 해당하는 질병(2013.6.28 본호개정)
3. 그 밖에 유해ㆍ위험요인에 장기간 노출되어 걸렸거나 유해ㆍ위험요인에 노출된 후 일정기간의 잠복기가 지난 후에 걸렸음이 의학적으로 인정되는 질병

② 법 제36조제6항에서 "대통령령으로 정하는 산정 방법에 따라 산정한 금액"이란 다음 각 호의 구분에 따라 산정한 금액을 말한다.

1. 제1항제1호에 해당하는 직업병의 경우 : 해당 직업병이 확인된 날을 기준으로 제26조제1항에 따른 전체 근로자의 임금 평균액을 고려하여 고용노동부장관이 매년 고시하는 금액
2. 제1항제2호 및 제3호에 해당하는 직업병의 경우 : 「통계법」 제3조제2호에 따른 지정통계로서 고용노동부장관이 작성하는 사업체노동력조사(이하 "사업체노동력조사"라 한다)에 따른 근로자의 월평균 임금총액에 관한 조사내용 중 해당 직업병에 걸린 근로자와 성별ㆍ직종 및 소속한 사업의 업종ㆍ규모가 비슷한 근로자의 월평균 임금총액을 해당 근로자의 직업병이 확인된 날이 속하는 분기의 전전분기 말일 이전 1년 동안 합하여 산출한 금액을 그 기간의 총 일수로 나눈 금액. 이 경우 성별ㆍ직종 및 소속한 사업의 업종ㆍ규모가 비슷한 근로자의 판단기준은 공단이 정한다.(2012.11.12 전단개정)

(2010.11.15 본항개정)

③ 제2항에서 직업병이 확인된 날은 그 직업병이 보험급여의 지급 대상이 된다고 확인될 당시에 발급된 진단서나 소견서의 발급일로 한다. 다만, 그 직업병의 검사ㆍ치료의 경과 등이 진단서나 소견서의 발급과 시간적ㆍ의학적 연속성이 있는 경우에는 그 요양을 시작한 날로 한다.

(2016.3.22 단서개정)

1.~2. (2016.3.22 삭제)

④ (2010.11.15 삭제)

⑤ 법 제36조제6항을 적용할 때 그 근로자가 소속된 사업이 휴업 또는 폐업한 후 제1항제2호 및 제3호에 해당하는 직업병이 확인된 경우(휴업 또는 폐업 전에 그 근로자가 퇴직한 경우를 포함한다)에는 그 사업이 휴업 또는 폐업한 날을 기준으로 제2항제2호에 따라 산정한 금액을 제1항제2호 및 제3호에 해당하는 직업병이 확인된 날까지 별표2 제1호에 따라 증감하여 산정한 금액을 그 근로자의 평균임금으로 본다.(2010.11.15 본항개정)

⑥ 법 제36조제6항에 따른 평균임금 산정 방법의 특례는 보험급여 수급권자의 신청이 있는 경우 또는 공단의 직권으로 적용할 수 있다.(2010.11.15 본항개정)

제26조【최고ㆍ최저 보상기준 금액의 산정방법】 ① 법 제36조제7항에 따른 최고 보상기준 금액(이하 "최고 보상기준 금액"이라 한다)과 같은 항에 따른 최저 보상기준 금액(이하 "최저 보상기준 금액"이라 한다)의 산정 기준이 되는 임금 평균액은 「고용정책 기본법」 제17조의 고용구조 및 인력수요 등에 관한 통계에 따른 전전 보험연도의 7월 1일부터 직전 보험연도의 6월 30일까지 상용근로자 5명 이상 사업체의 전체 근로자를 대상으로 산정한 근로자 1명당 월별 월평균 임금총액의 합계를 365(산정 기간에 속한 2월이 29일까지 있는 경우에는 366)로 나눈 금액으로 한다.(2018.12.11 본항개정)

② 최고 보상기준 금액과 최저 보상기준 금액을 산정하는 경우 1원 미만은 버린다.

③ 최고 보상기준 금액과 최저 보상기준 금액의 적용기간은 해당 보험연도 1월 1일부터 12월 31일까지로 한다.

제2절 업무상의 재해의 인정 기준

제27조【업무수행 중의 사고】 ① 근로자가 다음 각 호의 어느 하나에 해당하는 행위를 하던 중에 발생한 사고는 법 제37조제1항제1호가목에 따른 업무상 사고로 본다.

1. 근로계약에 따른 업무수행 행위
2. 업무수행 과정에서 하는 용변 등 생리적 필요 행위
3. 업무를 준비하거나 마무리하는 행위, 그 밖에 업무에 따르는 필요적 부수행위
4. 천재지변ㆍ화재 등 사업장 내에 발생한 돌발적인 사고에 따른 긴급피난ㆍ구조행위 등 사회통념상 예견되는 행위

② 근로자가 사업주의 지시를 받아 사업장 밖에서 업무를 수행하던 중에 발생한 사고는 법 제37조제1항제1호가목에 따른 업무상 사고로 본다. 다만, 사업주의 구체적인 지시를 위반한 행위, 근로자의 사적(私的) 행위 또는 정상적인 출장 경로를 벗어났을 때 발생한 사고는 업무상 사고로 보지 않는다.

③ 업무의 성질상 업무수행 장소가 정해져 있지 않은 근로자가 최초로 업무수행 장소에 도착하여 업무를 시작한 때부터 최후로 업무를 완수한 후 퇴근하기 전까지 업무와 관련하여 발생한 사고는 법 제37조제1항제1호가목에 따른 업무상 사고로 본다.

제28조【시설물 등의 결함 등에 따른 사고】 ① 사업주가 제공한 시설물, 장비 또는 차량 등(이하 이 조에서 "시설물등"이라 한다)의 결함이나 사업주의 관리 소홀로 발생한 사고는 법 제37조제1항제1호나목에 따른 업무상 사고로 본다.

② 사업주가 제공한 시설물등을 사업주의 구체적인 지시를 위반하여 이용한 행위로 발생한 사고와 그 시설물등의 관리 또는 이용권이 근로자의 전속적 권한에 속하는 경우에 그 관리 또는 이용 중에 발생한 사고는 법 제37조제1항제1호나목에 따른 업무상 사고로 보지 않는다.

제29조 (2017.12.26 삭제)

제30조【행사 중의 사고】 운동경기ㆍ야유회ㆍ등산대회 등 각종 행사(이하 "행사"라 한다)에 근로자가 참가하는 것이 사회통념상 노무관리 또는 사업운영상 필요하다고 인정되는 경우로서 다음 각 호의 어느 하나에 해당하는 경우에 근로자가 그 행사에 참가(행사 참가를 위한 준비ㆍ연습을 포함한다)하여 발생한 사고는 법 제37조제1항제1호라목에 따른 업무상 사고로 본다.

1. 사업주가 행사에 참가한 근로자에 대하여 행사에 참가한 시간을 근무한 시간으로 인정하는 경우
2. 사업주가 그 근로자에게 행사에 참가하도록 지시한 경우
3. 사전에 사업주의 승인을 받아 행사에 참가한 경우
4. 그 밖에 제1호부터 제3호까지의 규정에 준하는 경우로서 사업주가 그 근로자의 행사 참가를 통상적ㆍ관례적으로 인정한 경우

제31조【특수한 장소에서의 사고】 사회통념상 근로자가 사업장 내에서 할 수 있다고 인정되는 행위를 하던 중 태풍ㆍ홍수ㆍ지진ㆍ눈사태 등의 천재지변이나 돌발적인 사태로 발생한 사고는 근로자의 사적 행위, 업무 이탈 등 업무와 관계없는 행위를 하던 중에 사고가 발생한 것이 명백한 경우를 제외하고는 법 제37조제1항제1호바목에 따른 업무상 사고로 본다.

제32조【요양 중의 사고】 업무상 부상 또는 질병으로 요양을 하고 있는 근로자에게 다음 각 호의 어느 하나에 해당하는 사고가 발생하면 법 제37조제1항제1호바목에 따른 업무상 사고로 본다.

1. 요양급여와 관련하여 발생한 의료사고
2. 요양 중인 산재보험 의료기관(산재보험 의료기관이 아닌 의료기관에서 응급진료 등을 받는 경우에는 그 의료기관을 말한다. 이하 이 조에서 같다) 내에서 업무상 부상 또는 질병의 요양과 관련하여 발생한 사고
   (2018.12.11 본호개정)
3. 업무상 부상 또는 질병의 치료를 위하여 거주지 또는 근무지에서 요양 중인 산재보험 의료기관으로 통원하는 과정에서 발생한 사고(2018.12.11 본호신설)

제33조【제3자의 행위에 따른 사고】 제3자의 행위로 근로자에게 사고가 발생한 경우에 그 근로자가 담당한 업무가 사회통념상 제3자의 가해행위를 유발할 수 있는 성질의 업무라고 인정되면 그 사고는 법 제37조제1항제1호바목에 따른 업무상 사고로 본다.

제34조【업무상 질병의 인정기준】 ① 근로자가 「근로기준법 시행령」 제44조제1항 및 같은 법 시행령 별표5의 업무상 질병의 범위에 속하는 질병에 걸린 경우(임신 중인 근로자가 유산ㆍ사산 또는 조산한 경우를 포함한다. 이하 이 조에서 같다) 다음 각 호의 요건 모두에 해당하면 법 제37조제1항제2호가목에 따른 업무상 질병으로 본다.

(2018.12.11 본문개정)

1. 근로자가 업무수행 과정에서 유해ㆍ위험요인을 취급하거나 유해ㆍ위험요인에 노출된 경력이 있을 것
2. 유해ㆍ위험요인을 취급하거나 유해ㆍ위험요인에 노출되는 업무시간, 그 업무에 종사한 기간 및 업무 환경 등에 비추어 볼 때 근로자의 질병을 유발할 수 있다고 인정될 것
3. 근로자가 유해ㆍ위험요인에 노출되거나 유해ㆍ위험요인을 취급한 것이 원인이 되어 그 질병이 발생하였다고 의학적으로 인정될 것

② 업무상 부상을 입은 근로자에게 발생한 질병이 다음 각 호의 요건 모두에 해당하면 법 제37조제1항제2호나목에 따른 업무상 질병으로 본다.

1. 업무상 부상과 질병 사이의 인과관계가 의학적으로 인정될 것
2. 기초질환 또는 기존 질병이 자연발생적으로 나타난 증상이 아닐 것

③ 제1항 및 제2항에 따른 업무상 질병(진폐증은 제외한다)에 대한 구체적인 인정 기준은 별표3과 같다.

④ 공단은 근로자의 업무상 질병 또는 업무상 질병에 따른 사망의 인정 여부를 판정할 때에는 그 근로자의 성별, 연령, 건강 정도 및 체질 등을 고려하여야 한다.

제35조【출퇴근 중의 사고】 ① 근로자가 출퇴근하던 중에 발생한 사고가 다음 각 호의 요건에 모두 해당하면 법 제37조제1항제3호가목에 따른 출퇴근 재해로 본다.

1. 사업주가 출퇴근용으로 제공한 교통수단이나 사업주가 제공한 것으로 볼 수 있는 교통수단을 이용하던 중에 사고가 발생하였을 것
2. 출퇴근용으로 이용한 교통수단의 관리 또는 이용권이 근로자측의 전속적 권한에 속하지 아니하였을 것

② 법 제37조제3항 단서에서 "일상생활에 필요한 행위로서 대통령령으로 정하는 사유"란 다음 각 호의 어느 하나에 해당하는 경우를 말한다.

1. 일상생활에 필요한 용품을 구입하는 행위
2. 「고등교육법」 제2조에 따른 학교 또는 「직업교육훈련 촉진법」 제2조에 따른 직업교육훈련기관에서 직업능력 개발향상에 기여할 수 있는 교육이나 훈련 등을 받는 행위
3. 선거권이나 국민투표권의 행사
4. 근로자가 사실상 보호하고 있는 아동 또는 장애인을 보육기관 또는 교육기관에 데려주거나 해당 기관으로부터 데려오는 행위
5. 의료기관 또는 보건소에서 질병의 치료나 예방을 목적으로 진료를 받는 행위
6. 근로자의 돌봄이 필요한 가족 중 의료기관 등에서 요양 중인 가족을 돌보는 행위
7. 제1호부터 제6호까지의 규정에 준하는 행위로서 고용노동부장관이 일상생활에 필요한 행위라고 인정하는 행위

(2017.12.26 본조신설)

제35조의2【출퇴근 재해 적용 제외 직종 등】 법 제37조제4항에서 "출퇴근 경로와 방법이 일정하지 아니한 직종으로 대통령령으로 정하는 경우"란 다음 각 호의 어느 하나에 해당하는 직종에 종사하는 사람(법 제124조에 따라 자기 또는 유족을 보험급여를 받을 수 있는 자로 하여 보험에 가입한 사람으로서 근로자를 사용하지 않는 사람을 말한다)이 본인의 주거지에 업무에 사용하는 자동차 등의 차고지를 보유하고 있는 경우를 말한다.(2023.6.27 본문개정)

1. 「여객자동차 운수사업법」 제3조제1항제3호에 따른 수요응답형 여객자동차운송사업
2. 「여객자동차 운수사업법 시행령」 제3조제2호라목에 따른 개인택시운송사업
3. 퀵서비스업〔소화물의 집화(集貨)·수송 과정 없이 그 배송만을 업무로 하는 사업을 말한다. 이하 같다〕(2023.6.27 본호개정)

(2017.12.26 본조신설)

제36조【자해행위에 따른 업무상의 재해의 인정 기준】 법 제37조제2항 단서에서 "대통령령으로 정하는 사유"란 다음 각 호의 어느 하나에 해당하는 경우를 말한다.

1. 업무상의 사유로 발생한 정신질환으로 치료를 받았거나 받고 있는 사람이 정신적 이상 상태에서 자해행위를 한 경우
2. 업무상의 재해로 요양 중인 사람이 그 업무상의 재해로 인한 정신적 이상 상태에서 자해행위를 한 경우
3. 그 밖에 업무상의 사유로 인한 정신적 이상 상태에서 자해행위를 하였다는 상당인과관계가 인정되는 경우(2020.1.7 본호개정)

제37조【사망의 추정】 ① 법 제39조제1항에 따라 사망으로 추정하는 경우는 다음 각 호의 어느 하나에 해당하는 경우로 한다.

1. 선박이 침몰·전복·멸실 또는 행방불명되거나 항공기가 추락·멸실 또는 행방불명되는 사고가 발생한 경우에 그 선박 또는 항공기에 타고 있던 근로자의 생사가 그 사고 발생일부터 3개월간 밝혀지지 아니한 경우
2. 항행 중인 선박 또는 항공기에 타고 있던 근로자가 행방불명되어 그 생사가 행방불명된 날부터 3개월간 밝혀지지 아니한 경우
3. 천재지변, 화재, 구조물 등의 붕괴, 그 밖의 각종 사고의 현장에 있던 근로자의 생사가 사고 발생일부터 3개월간 밝혀지지 아니한 경우

② 제1항에 따라 사망으로 추정되는 사람은 그 사고가 발생한 날 또는 행방불명된 날에 사망한 것으로 추정한다.
③ 제1항 각 호의 사유로 생사가 밝혀지지 아니하였던 사람이 사고가 발생한 날 또는 행방불명된 날부터 3개월 이내에 사망한 것이 확인되었으나 그 사망 시기가 밝혀지지 아니한 경우에도 제2항에 따른 날에 사망한 것으로 추정한다.
④ 보험가입자는 제1항 각 호의 사유가 발생한 때 또는 사망이 확인된 때(제3항에 따라 사망한 것으로 추정하는 때를 포함한다)에는 지체 없이 공단에 근로자 실종 또는 사망확인의 신고를 하여야 한다.
⑤ 법 제39조제1항에 따라 보험급여를 지급한 후에 그 근로자의 생존이 확인되면 보험급여를 받은 사람과 보험가입자는 그 근로자의 생존이 확인된 날부터 15일 이내에 공단에 근로자 생존확인신고를 하여야 한다.
⑥ 공단은 근로자의 생존이 확인된 경우에 보험급여를 받은 사람에게 법 제39조제2항에 따른 금액을 낼 것을 알려야 한다.
⑦ 제6항에 따른 통지를 받은 사람은 그 통지를 받은 날부터 30일 이내에 통지받은 금액을 공단에 내야 한다.

제3절 요양급여 등

제38조【요양비의 청구 등】 ① 법 제40조제2항 단서에 따라 수급권자가 받을 수 있는 요양비는 다음 각 호의 비용으로 한다.

1. 법 제43조제1항에 따른 산재보험 의료기관(이하 "산재보험 의료기관"이라 한다)이 아닌 의료기관에서 응급진료 등 긴급하게 요양을 한 경우의 요양비
2. 다음 각 목의 어느 하나에 해당하는 요양급여에 드는 비용(산재보험 의료기관에서 제공되지 아니하는 경우로 한정한다)
   가. 법 제40조제4항제2호 중 의지(義肢)나 그 밖의 보조기의 지급
   나. 법 제40조제4항제6호 중 간병
   다. 법 제40조제4항제7호의 이송
3. 그 밖에 공단이 정당한 사유가 있다고 인정하는 요양비

② 제1항에 따른 요양비를 받으려는 사람은 공단에 청구하여야 한다.
③ 공단은 긴급하거나 그 밖의 부득이한 사유가 있을 때에는 해당 근로자의 청구를 받아 법 제40조제4항제7호에 따른 이송에 드는 비용을 미리 지급할 수 있다.

제39조【과징금의 부과·납부 및 기준】 ① 공단이 법 제44조제1항에 따라 과징금을 부과하려는 경우에는 해당 위반행위를 조사·확인한 후 위반사실·부과금액·이의방법 및 이의기간 등을 명시하여 이를 낼 것을 부과대상자에게 알려야 한다.
② 제1항에 따른 통지를 받은 자는 통지를 받은 날부터 20일 이내에 과징금을 공단이 지정하는 수납기관에 내야 한다. 다만, 천재지변이나 그 밖의 부득이한 사유로 그 기간에 과징금을 낼 수 없는 경우에는 그 사유가 없어진 날부터 7일 이내에 내야 한다.
③ 제2항에 따라 과징금을 받은 수납기관은 과징금을 낸 자에게 영수증을 내주어야 한다.
④ 과징금의 수납기관은 제2항에 따라 과징금을 수납하면 지체 없이 그 사실을 공단에 알려야 한다.
⑤ 법 제44조제2항에 따른 위반행위의 종류와 위반정도 등에 따른 과징금의 부과기준은 별표5와 같다.

제40조【진료계획의 제출】 ① 산재보험 의료기관은 법 제47조제1항에 따른 진료계획(이하 "진료계획"이라 한다)에 다음 각 호의 사항을 적어야 한다.

1. 해당 근로자의 업무상의 재해에 따른 부상 또는 질병의 명칭
2. 해당 근로자의 부상·질병의 경과, 진료내용 및 현재의 상태
3. 요양기간을 연장할 의학적 필요성
4. 향후 입원·통원 또는 취업치료 등 치료방법, 치료내용 및 치료예정기간
5. 그 밖에 해당 근로자의 진료에 필요한 사항

② 산재보험 의료기관은 제1항에 따른 진료계획을 3개월(부상·질병의 특성상 1년 이상의 장기 요양이 필요한 경우로서 공단이 정하는 부상·질병의 경우에는 1년) 단위로 하여 종전의 요양기간(공단이 제41조제2항제1호에 따른 변경조치를 한 경우에는 변경된 요양기간을 말한다)이 끝나기 7일 전까지 공단에 제출하여야 한다.

제41조【진료계획의 심사 및 변경 조치】 ① 법 제47조제2항에 따라 공단이 진료계획을 심사할 때에는 제42조에 따른 자문의사에게 자문하거나 제43조에 따른 자문의사회의의 심의를 거칠 수 있다.
② 법 제47조제2항에서 "대통령령으로 정하는 필요한 조치"란 다음 각 호의 조치를 말한다.

1. 치료의 종결 또는 치료예정기간의 단축
2. 입원·통원 등 치료방법의 변경
3. 법 제48조제1항에 따른 산재보험 의료기관의 변경(2021.6.8 본호개정)
4. 그 밖의 진료계획 변경

③ 공단은 진료계획에 대하여 제2항 각 호의 조치를 하려면 그 내용을 해당 근로자 및 산재보험 의료기관에 알려야 한다.

제42조【자문의사】 ① 공단은 업무상의 재해에 따른 보험급여·진료비 또는 약제비 등의 지급 결정이나 그 밖에 보험사업에 필요한 의학적 자문을 하기 위하여 의사·치과의사 또는 한의사(공단의 직원인 의사·치과의사 또는 한의사를 포함한다)를 자문의사로 위촉하거나 임명할 수 있다.
② 제1항에 따른 자문의사(이하 "자문의사"라 한다)의 자격과 위촉·임명 절차 등에 관하여 필요한 사항은 공단이 정한다.

제43조【자문의사회의】 ① 공단은 업무상의 재해에 따른 보험급여·진료비 또는 약제비 등의 지급 결정이나 그 밖에 보험사업과 관련된 의학적 판단이 필요한 사항에 대하여 체계적으로 자문하기 위하여 공단 소속 기관에 자문의사회의를 둔다.
② 자문의사회의는 자문의사 5명 이상으로 구성한다.
③ 자문의사회의는 공단의 자문에 응하여 의학적인 판단이 필요한 사항으로서 다음 각 호에 해당하는 사항을 심의한다.

1. 요양 중인 근로자의 치료종결 여부(주치의와 자문의사의 치료종결에 관한 의학적 소견이 서로 다른 경우에만 해당된다)
2. 법 제48조제1항제4호에 따른 산재보험 의료기관 변경 요양 사유의 타당성(2021.6.8 본호개정)
3. 제72조에 따른 보험급여의 일시지급 금액의 산정과 관련된 의학적 소견
4. 제118조제4항 단서에 따른 판정 또는 판단과 관련된 의학적 소견
5. 그 밖에 보험급여·진료비 및 약제비에 관한 사항으로서 공단 소속 기관의 장이 자문의사회의의 심의가 필요하다고 인정하는 사항

④ 자문의사회의의 구성 및 운영에 필요한 사항은 공단이 정한다.

제44조【산재보험 의료기관 변경 요양】 법 제48조제1항제4호에서 "대통령령으로 정하는 절차"란 자문의사회의의 심의 절차를 말한다.
(2021.6.8 본조제목개정)

제45조【추가상병】 제32조에 따른 요양 중의 사고는 요양급여의 신청에 관하여 법 제49조에 따른 추가상병으로 본다.

제46조【평가 대상 산재보험 의료기관】 ① 법 제50조제1항 전단에서 "대통령령으로 정하는 의료기관"이란 법 제43조제1항제3호에 따른 산재보험 의료기관으로 한다. 다만, 「의료법」 제58조에 따라 의료기관 인증을 받은 의료기관에 대한 평가는 같은 법에 따른 평가에서 제외되는 평가항목으로서 업무상의 재해에 대한 요양의 질과 관련된 사항만을 대상으로 한다.(2012.11.12 단서개정)
② 공단은 제1항에 따른 평가 대상 산재보험 의료기관 중에서 인력, 시설, 규모, 업무상의 재해를 입은 근로자에 대한 진료 실적, 진료비 청구 금액 또는 요양급여 등에 관한 종전의 평가결과 등을 고려하여 평가할 의료기관을 선정할 수 있다.

제47조【산재보험 의료기관의 평가 방법 등】 ① 법 제50조에 따른 산재보험 의료기관의 평가 방법은 현지평가 또는 서면평가로 한다. 이 경우 현지평가의 대상으로 선정된 산재보험 의료기관에는 그 사실을 미리 알려야 한다.
② 산재보험 의료기관의 평가 기준은 다음 각 호와 같다.

1. 인력, 시설 및 장비
2. 의료서비스의 내용 및 수준
3. 요양한 근로자의 만족도
4. 업무상의 재해를 입은 근로자에 대한 진료 실적
5. 그 밖에 업무상의 재해를 입은 근로자에 대한 요양의 질에 관한 사항

③ 제2항에 따른 평가에 필요한 세부 사항은 공단이 정한다.

제48조【재요양의 요건 및 절차】 ① 법 제51조에 따른 재요양(이하 "재요양"이라 한다)은 업무상 부상 또는 질병에 대하여 요양급여(요양급여를 받지 아니하고 장해급여를 받는 부상 또는 질병의 경우에는 장해급여)를 받은 경우로서 다음 각 호의 요건 모두에 해당하는 경우에 인정한다.

1. 치유된 업무상 부상 또는 질병과 재요양의 대상이 되는 부상 또는 질병 사이에 상당인과관계가 있을 것
2. 재요양의 대상이 되는 부상 또는 질병의 상태가 치유 당시보다 악화된 경우로서 나이나 그 밖에 업무 외의 사유로 악화된 경우가 아닐 것
3. 재요양의 대상이 되는 부상 또는 질병의 상태가 재요양을 통해 호전되는 등 치료효과를 기대할 수 있을 것(2020.1.7 본호개정)

② 재요양을 받으려는 사람은 고용노동부령으로 정하는 바에 따라 공단에 재요양을 신청하여야 한다.(2010.7.12 본항개정)

제4절 휴업급여

제49조【부분휴업급여의 지급 요건】 법 제53조에 따른 부분휴업급여를 받으려는 사람은 다음 각 호의 요건 모두를 갖추어야 한다.

1. 요양 중 취업 사업과 종사 업무가 정해져 있을 것(2023.6.27 본호개정)
2. 그 근로자의 부상·질병 상태가 취업을 하더라도 치유 시기가 지연되거나 악화되지 아니할 것이라는 의사의 소견이 있을 것

제50조【부분휴업급여의 지급 절차】 ① 부분휴업급여를 받으려는 사람은 고용노동부령으로 정하는 서류를 첨부하여 공단에 청구하여야 한다.(2010.7.12 본항개정)
② 공단은 제1항에 따른 청구가 있으면 그 근로자의 부상·질병 상태 및 종사 업무 등을 고려하여 지급 여부를 결정하고 그 내용을 그 근로자에게 알려야 한다.(2023.6.27 본항개정)

제51조【고령자 휴업급여의 감액지급 유예기간】 법 제55조 단서에서 "대통령령으로 정하는 기간"이란 업무상의 재해로 요양을 시작한 날부터 2년을 말한다.

제52조【재요양에 따른 평균임금 산정사유 발생일】 법 제56조제1항 후단에서 "평균임금 산정사유 발생일"이란 다음 각 호의 어느 하나에 해당하는 날을 말한다.

1. 재요양의 대상이 되는 부상 또는 질병에 대하여 재요양이 필요하다고 진단을 받은 날. 다만, 그 재요양의 대상이 되는 부상 또는 질병에 대한 진단 전의 검사·치료가 재요양의 대상이 된다고 인정하는 진단과 시간적·의학적 연속성이 있는 경우에는 그 검사·치료를 시작한 날
2. 해당 질병의 특성으로 재요양 대상에 해당하는지를 고용노동부령으로 정하는 절차에 따라 판정하여야 하는 질병은 그 판정 신청을 할 당시에 발급된 진단서나 소견서의 발급일(2010.7.12 본호개정)

제5절 장해급여

제53조【장해등급의 기준 등】 ① 법 제57조제2항에 따른 장해등급의 기준은 별표6에 따른다. 이 경우 신체부위별 장해등급 판정에 관한 세부기준은 고용노동부령으로 정한다.(2010.7.12 본항개정)
② 별표6에 따른 장해등급의 기준에 해당하는 장해가 둘 이상 있는 경우에는 그 중 심한 장해에 해당하는 장해등급을 그 근로자의 장해등급으로 하되, 제13급 이상의 장해가 둘 이상 있는 경우에는 다음 각 호의 구분에 따라 조정된 장해등급을 그 근로자의 장해등급으로 한다. 다만, 조정의 결과 산술적으로 제1급을 초과하게 되는 경우에는 제1급을 그 근로자의 장해등급으로 하고, 그 장해의 정도가 조정된 등급에 규정된 다른 장해의 정도에 비하여 명백히 낮다고 인정되는 경우에는 조정된 등급보다 1개 등급 낮은 등급을 그 근로자의 장해등급으로 한다.

1. 제5급 이상에 해당하는 장해가 둘 이상 있는 경우에는 3개 등급 상향 조정

2. 제8급 이상에 해당하는 장해가 둘 이상 있는 경우에는 2개 등급 상향 조정
3. 제13급 이상에 해당하는 장해가 둘 이상 있는 경우에는 1개 등급 상향 조정

③ 별표6에 규정되지 아니한 장해가 있을 때에는 같은 표 중 그 장해와 비슷한 장해에 해당하는 장해등급으로 결정한다.

④ 이미 장해가 있던 사람이 업무상 부상 또는 질병으로 같은 부위에 장해의 정도가 심해진 경우에 그 사람의 심해진 장해에 대한 장해급여의 금액은 법 별표2에 따른 장해등급별 장해보상일시금 또는 장해보상연금의 지급일수를 기준으로 하여 다음 각 호의 구분에 따라 산정한 금액으로 한다.

1. 장해보상일시금으로 지급하는 경우 : 심해진 장해에 해당하는 장해보상일시금의 지급일수에서 기존의 장해에 해당하는 장해보상일시금의 지급일수를 뺀 일수에 급여 청구사유 발생 당시의 평균임금을 곱하여 산정한 금액
2. 장해보상연금으로 지급하는 경우 : 심해진 장해에 해당하는 장해보상연금의 지급일수에서 기존의 장해에 해당하는 장해보상연금의 지급일수(기존의 장해가 제8급부터 제14급까지의 장해 중 어느 하나에 해당하면 그 장해에 해당하는 장해보상일시금의 지급일수에 100분의 22.2를 곱한 일수)를 뺀 일수에 연금 지급 당시의 평균임금을 곱하여 산정한 금액

⑤ 법 제57조제3항 단서에서 "대통령령으로 정하는 노동력을 완전히 상실한 장해등급"이란 별표6의 제1급부터 제3급까지의 장해등급을 말한다.

⑥ 법 제57조제5항에 따른 일시금을 지급받으려는 사람은 공단에 청구하여야 한다.

제54조 (2020.1.7 삭제)

제55조【장해등급등의 재판정 대상자】 ① 법 제59조제3항에 따른 장해등급 또는 진폐장해등급(이하 "장해등급등"이라 한다)의 재판정 대상자는 다음 각 호의 어느 하나에 해당하는 장해보상연금 또는 진폐보상연금 수급권자로 한다.(2010.11.15 본문개정)

1. 장해보상연금 지급 대상이 되는 장해 중 별표6에 따른 제1급제3호, 제2급제5호, 제3급제3호, 제5급제8호, 제7급제4호, 제9급제15호 및 제12급제15호에 해당하는 장해가 하나 이상 있는 경우
2. 장해보상연금 지급 대상이 되는 장해 중 별표6에 따른 제6급제5호, 제7급제14호, 제8급제2호, 제9급제17호, 제10급제8호, 제11급제7호, 제12급제16호에 해당하는 장해(척추 신경근장해에 따라 장해등급이 결정된 경우만 해당한다)가 하나 이상 있는 경우
3. 장해보상연금 지급 대상이 되는 장해 중 별표6에 따른 제1급제6호·제8호, 제4급제6호, 제5급제4호·제5호, 제6급제6호·제7호, 제7급제7호·제11호, 제8급제4호·제6호·제7호, 제9급제11호·제13호, 제10급제10호·제13호·제14호, 제11급제9호·제10호, 제12급제9호·제10호·제12호·제14호, 제13급제8호·제11호에 해당하는 장해(신체 관절의 운동기능에 따라 장해등급이 결정된 경우만 해당된다)가 하나 이상 있는 경우
4. 진폐보상연금 지급 대상이 되는 진폐장해 중 별표11의2 제2호에 따른 제1급부터 제7급까지에 해당하는 진폐장해가 남은 경우(2010.11.15 본호개정)
5. 장해보상연금 지급 대상이 되는 장해 중 제53조제3항에 따른 장해가 있는 경우로서 제1호부터 제3호까지의 규정에 해당하는 장해가 하나 이상 포함되어 있는 경우

② 제1항에도 불구하고 장해보상연금 수급권자의 장해 중 제1항 각 호에 따른 장해의 등급이 변경되더라도 그 외의 장해 때문에 최종의 장해등급은 변경되지 아니하는 경우에는 장해등급의 재판정 대상에서 제외한다.

(2010.11.15 본조제목개정)

제56조【장해등급등의 재판정 시기 등】 ① 법 제59조에 따른 장해등급등의 재판정은 장해보상연금 또는 진폐보상연금의 지급 결정을 한 날을 기준으로 2년이 지난 날부터 1년 이내에 하여야 한다.

② 제1항에도 불구하고 장해등급등의 재판정 대상자가 재요양을 하는 경우에는 그 재요양 후 치유된 날(장해등급이 변경된 경우에는 그에 따른 장해보상연금 또는 진폐보상연금의 지급 결정을 한 날)을 기준으로 2년이 지난 날부터 1년 이내에 하여야 한다.

③ 공단은 제1항 또는 제2항에 따라 장해등급등의 재판정을 하려면 재판정 대상자에게 제117조제1항제2호에 따른 진찰을 받도록 요구하여야 한다.

④ 법 제59조제1항에 따라 장해등급등의 재판정을 받으려는 사람은 고용노동부령으로 정하는 바에 따라 공단에 신청하여야 한다.

⑤ 공단은 장해등급등의 재판정을 하려는 때에는 장해정도를 진찰할 산재보험 의료기관(진폐장해등급을 재판정하려는 경우에는 법 제91조의6제1항에 따른 건강진단기관을 말한다), 진찰일이나 그 밖에 재판정에 필요한 사항을 구체적으로 밝혀 진찰일 30일 전까지 해당 근로자에게 알려야 한다.

(2010.11.15 본조개정)

제57조【장해등급등의 재판정에 따른 장해급여 또는 진폐보상연금의 지급 방법】 ① 법 제59조에 따른 장해등급등의 재판정 결과 장해등급등이 변경되어 장해보상연금 또는 진폐보상연금을 청구한 경우에는 다음 각 호의 구분에 따라 장해보상연금 또는 진폐보상연금을 지급한다.(2020.1.7 본문개정)

1. 장해상태가 악화된 경우 : 제56조제5항에 따른 재판정 진찰일이 속한 달의 다음달부터 변경된 장해등급등에 해당하는 장해보상연금 또는 진폐보상연금을 지급
2. 장해상태가 호전된 경우 : 제56조제1항에 따른 재판정 결정일이 속한 달의 다음달부터 변경된 장해등급등에 해당하는 장해보상연금 또는 진폐보상연금을 지급

(2020.1.7 1호~2호신설)

② 법 제59조에 따른 장해등급의 재판정 결과 장해등급이 변경되어 장해보상일시금을 청구한 경우에는 다음 각 호의 구분에 따라 지급한다.

1. 장해상태가 악화된 경우 : 변경된 장해등급에 해당하는 장해보상일시금의 지급일수에서 이미 지급한 장해보상연금액을 지급 당시의 각각의 평균임금으로 나눈 일수의 합계를 뺀 일수에 평균임금을 곱한 금액 지급
2. 장해상태가 호전된 경우(변경된 장해등급이 제8급부터 제14급까지에 해당하는 경우를 포함한다) : 변경된 장해등급에 해당하는 장해보상일시금의 지급일수가 이미 지급한 장해보상연금액을 지급 당시의 각각의 평균임금으로 나눈 일수의 합계보다 많은 경우에만 그 일수의 차에 평균임금을 곱한 금액 지급

③ 제1항에 따라 장해보상연금을 지급하는 경우에는 법 제57조제4항을 적용하지 아니한다.

(2010.11.15 본조제목개정)

제58조【재요양 후의 장해급여】 ① 장해보상연금을 받던 사람이 재요양 후에 장해등급이 변경되어 장해보상연금을 청구한 경우에는 재요양 후 치유된 날이 속하는 달의 다음 달부터 변경된 장해등급에 해당하는 장해보상연금을 지급한다.

② 장해보상연금을 받던 사람이 재요양 후에 장해등급이 변경되어 장해보상일시금을 청구한 경우에는 다음 각 호의 구분에 따라 지급한다.

1. 장해상태가 악화된 경우 : 변경된 장해등급에 해당하는 장해보상일시금의 지급일수에서 이미 지급한 장해보상연금액을 지급 당시의 각각의 평균임금으로 나눈 일수의 합계를 뺀 일수에 평균임금을 곱한 금액 지급
2. 장해상태가 호전된 경우(변경된 장해등급이 제8급부터 제14급까지에 해당하는 경우를 포함한다) : 변경된 장해등급에 해당하는 장해보상일시금의 지급일수가 이미 지급한 장해보상연금액을 지급 당시의 각각의 평균임금으로 나눈 일수의 합계보다 많은 경우에만 그 일수의 차에 평균임금을 곱한 금액 지급

③ 장해보상일시금을 받은 사람이 재요양을 한 경우 재요양 후의 장해상태가 종전에 비하여 악화되면 다음 각 호의 방법에 따라 장해급여를 지급한다.

1. 장해보상연금으로 청구한 경우 : 재요양 후 치유된 날이 속하는 달의 다음 달부터 변경된 장해등급에 해당하는 장해보상연금을 지급하되, 청구인의 신청에 따라 이미 지급한 장해보상일시금의 지급일수에 해당하는 기간만큼의 장해보상연금을 지급하지 아니하거나 이미 지급한 장해보상일시금 지급일수의 2배에 해당하는 기간만큼 장해보상연금의 2분의 1을 지급한다.
2. 장해보상일시금으로 청구한 경우 : 변경된 장해등급에 해당하는 장해보상일시금의 지급일수에서 종전의 장해등급에 해당하는 장해보상일시금의 지급일수를 뺀 일수에 평균임금을 곱한 금액을 지급한다.

(2017.12.26 1호~2호개정)

④ 재요양 후 장해급여의 산정에 적용할 평균임금은 종전의 장해급여의 산정에 적용된 평균임금(장해급여를 받지 아니한 경우에는 종전의 요양종결 당시의 평균임금)을 제22조에 따라 증감한 금액으로 한다.

⑤ 재요양 후 장해보상연금을 지급하는 경우에는 법 제57조제4항을 적용하지 아니한다. 다만, 종전에 장해급여의 대상에 해당되지 않았던 사람이 재요양 후에 장해보상연금을 지급받게 되는 경우에는 그러하지 아니하다.

제6절 간병급여

제59조【간병급여의 지급 기준 및 방법】 ① 법 제61조제1항에 따른 간병급여의 지급 대상은 별표7과 같다.

② 간병급여는 제1항에 따른 간병급여의 지급 대상에 해당되는 사람이 실제로 간병을 받은 날에 대하여 지급한다.

③ 간병급여의 지급 기준은 「통계법」 제3조에 따른 지정통계 중 고용노동부장관이 작성하는 고용형태별근로실태조사의 직종별 월급여총액 등을 기초로 하여 고용노동부장관이 고시하는 금액으로 한다. 이 경우 수시 간병급여의 대상자에게 지급할 간병급여의 금액은 상시 간병급여의 지급 대상자에게 지급할 금액의 3분의 2에 해당하는 금액으로 한다.(2010.7.12 전단개정)

④ 제1항에도 불구하고 간병급여의 대상자가 무료요양소 등에 들어가 간병 비용을 지출하지 않았거나, 제3항에 따른 지급 기준보다 적은 금액을 지출한 경우에는 실제 지출한 금액을 지급한다.

⑤ 간병급여 수급권자가 법 제51조에 따라 재요양을 받는 경우 그 재요양 기간 중에는 간병급여를 지급하지 않는다.

⑥ 간병급여의 청구 방법 등은 고용노동부령으로 정한다.

(2010.7.12 본항개정)

제7절 유족급여

제60조【유족보상연금 청구에 관한 대표자 선임 등】 ① 유족보상연금 수급권자가 2명 이상 있을 때에는 그 중 1명을 유족보상연금의 청구와 수령에 관한 대표자로 선임할 수 있다.

② 제1항에 따라 대표자를 선임하거나 그 선임된 대표자를 해임한 경우에는 지체 없이 그 선임 또는 해임을 증명할 수 있는 서류를 첨부하여 공단에 신고하여야 한다.

제61조【생계를 같이 하는 유족의 범위】 법 제63조제1항 각 호 외의 부분 전단에서 "근로자와 생계를 같이 하고 있던 유족"이란 근로자가 사망할 당시에 다음 각 호의 어느 하나에 해당하는 사람을 말한다.

1. 근로자와 「주민등록법」에 따른 주민등록표상의 세대를 같이 하고 동거하던 유족으로서 근로자의 소득으로 생계의 전부 또는 상당 부분을 유지하고 있던 사람
2. 근로자의 소득으로 생계의 전부 또는 상당 부분을 유지하고 있던 유족으로서 학업·취업·요양, 그 밖에 주거상의 형편 등으로 주민등록을 달리하였거나 동거하지 않았던 사람
3. 제1호 및 제2호에 따른 유족 외의 유족으로서 근로자가 정기적으로 지급하는 금품이나 경제적 지원으로 생계의 전부 또는 대부분을 유지하고 있던 사람

제62조【유족보상연금의 지급정지 등】 ① 법 제64조제2항에 따라 유족보상연금을 받을 권리가 이전된 경우에 유족보상연금을 새로 지급받으려는 사람은 공단에 유족보상연금 수급권자 변경신청을 하여야 한다.

② 법 제64조제3항에 따라 유족보상연금 수급권자가 3개월 이상 행방불명이면 같은 순위자(같은 순위자가 없는 경우에는 다음 순위자)의 신청에 따라 행방불명된 달의 다음 달 분부터 그 행방불명 기간 동안 그 행방불명된 사람에 대한 유족보상연금의 지급을 정지하고, 법 제62조제2항 및 법 별표3에 따라 산정한 금액을 유족보상연금으로 지급한다. 이 경우 행방불명된 종전의 유족보상연금 수급권자는 법 제62조제2항 및 법 별표3에 따른 가산금액이 적용되는 유족보상연금 수급자격자로 보지 않는다.

③ 제2항 전단에 따라 유족보상연금의 지급이 정지된 사람은 언제든지 그 지급정지의 해제를 신청할 수 있다.

제63조【유족보상연금액의 조정】 공단은 다음 각 호의 사유가 발생하면 유족보상연금 수급권자의 청구에 의하거나 직권으로 그 사유가 발생한 달의 다음 달 분부터 유족보상연금의 금액을 조정한다.

1. 근로자의 사망 당시 태아였던 자녀가 출생한 경우
2. 제62조제3항에 따라 지급정지가 해제된 경우
3. 유족보상연금 수급자격자가 법 제64조제1항에 따라 자격을 잃은 경우
4. 유족보상연금 수급자격자가 행방불명이 된 경우

제8절 상병보상연금

제64조【상병보상연금의 지급 등】 ① 법 제66조부터 제69조까지의 규정에 따른 상병보상연금을 받으려는 사람은 중증요양상태를 증명할 수 있는 의사의 진단서를 첨부하여 공단에 청구하여야 한다.

② 공단은 상병보상연금을 받고 있는 근로자의 중증요양상태등급이 변동되면 수급권자의 청구에 의하여 또는 직권으로 그 변동된 날부터 새로운 중증요양상태등급에 따른 상병보상연금을 지급한다.

③ 상병보상연금을 받고 있는 근로자가 제2항에 따라 중증요양상태등급의 변동에 따른 상병보상연금을 청구할 때에는 변동된 중증요양상태를 증명할 수 있는 의사의 진단서를 첨부하여야 한다.

(2018.12.11 본조개정)

제65조【중증요양상태등급 기준 등】 ① 법 제66조부터 제69조까지의 규정에 따른 상병보상연금을 지급하기 위한 중증요양상태등급 기준은 별표8과 같다.

② 중증요양상태가 둘 이상 있는 경우의 중증요양상태등급의 조정에 관하여는 제53조제2항을 준용한다. 이 경우 "장해등급"은 "중증요양상태등급"으로 보고, "장해"는 "중증요양상태"로 보며, 별표6의 제4급부터 제14급까지의 장해등급의 기준은 각각 해당하는 등급의 중증요양상태등급으로 본다.

③ 기존의 중증요양상태가 새로운 업무상 부상 또는 질병으로 정도가 심해진 경우에 심해진 중증요양상태등급에 대한 상병보상연금의 산정은 심해진 중증요양상태등급에 해당하는 상병보상연금의 지급일수에서 기존의 중증요양상태등급에 해당하는 상병보상연금의 지급일수를 뺀 일수에 연금 지급 당시의 평균임금을 곱하여 산정한 금액으로 한다.

(2018.12.11 본조개정)

제9절 장례비
(2021.6.8 본절제목개정)

제66조【장례비 최고·최저 금액의 산정】 ① 법 제71조제2항에 따른 장례비의 최고금액 및 최저금액은 다음 각 호의 구분에 따라 산정한다.
1. 장례비 최고금액 : 전년도 장례비 수급권자에게 지급된 1명당 평균 장례비 90일분 + 최고 보상기준 금액의 30일분
2. 장례비 최저금액 : 전년도 장례비 수급권자에게 지급된 1명당 평균 장례비 90일분 + 최저 보상기준 금액의 30일분

② 장례비 최고금액 및 최저금액을 산정할 때 10원 미만은 버린다.
③ 장례비 최고금액 및 최저금액의 적용기간은 다음 연도 1월 1일부터 12월 31일까지로 한다.
(2021.6.8 본조개정)

제66조의2【장례비의 선지급 사유】 법 제71조제3항 전단에 따라 근로자가 법 제37조제1항제1호 각 목 또는 제3호 각 목의 사유로 사망하였다고 추정되는 경우에는 장례를 지내기 전이라도 유족의 청구에 따라 법 제71조제2항에 따른 최저 금액을 장례비로 미리 지급할 수 있다.
(2021.12.31 본조신설)

제10절 직업재활급여 등
(2021.12.31 본절제목개정)

제67조【직업재활 지원】 ① 공단은 업무상의 재해를 입은 사람의 직업재활을 위하여 그 근로자가 요양을 받는 기간이나 요양종결 후에 심리상담, 직업재활에 필요한 정보의 제공, 그 근로자의 직업욕구나 직업능력 등을 고려한 직업평가, 직업복귀계획 수립의 지원이나 그 밖에 필요한 지원을 할 수 있다.
② 공단은 업무상의 재해를 입은 사람에게 제1항에 따른 직업재활의 지원이 필요하면 상담·평가 또는 그 밖의 협조를 요청할 수 있다.

제68조【직업재활급여 대상자】 ① 법 제72조제1항제1호에 따른 훈련대상자(이하 "훈련대상자"라 한다)는 다음 각 호의 요건을 모두 갖춘 사람으로 한다.
1. 다음 각 목의 어느 하나에 해당할 것
   가. 장해등급등 제1급부터 제12급까지의 어느 하나에 해당할 것(2010.11.15 본목개정)
   나. 업무상의 사유로 발생한 부상 또는 질병으로 인하여 요양 중으로서 그 부상 또는 질병의 상태가 치유 후에도 장해등급 제1급부터 제12급까지의 어느 하나에 해당할 것이라는 내용의 의학적 소견이 있을 것
(2010.3.26 본호개정)
2. (2012.11.12 삭제)
3. 취업하고 있지 아니한 사람일 것. 이 경우 취업의 범위는 고용노동부령으로 정한다.(2010.7.12 본호개정)
4. 다른 직업훈련을 받고 있지 아니할 것
5. 제67조제1항에 따른 직업복귀계획을 수립하였을 것

② 제1항제3호에도 불구하고 직업훈련을 받고 있는 훈련대상자가 직업훈련 기간 중에 취업을 한 경우에는 그 직업훈련 과정이 끝날 때까지 직업훈련을 받게 할 수 있되, 취업한 기간에 대하여는 직업훈련수당을 지급하지 않는다.
③ 제1항에 따른 훈련대상자가 직업훈련 기간에 대하여 「고용보험법」에 따른 구직급여를 받은 경우에는 직업훈련을 받게 할 수 있되, 직업훈련수당은 지급하지 않는다.
(2010.3.26 본항개정)
④ 법 제72조제1항제2호에 따른 장해급여자(이하 "장해급여자"라 한다)는 해당 사업에 복귀할 때 제1항제1호에 해당하는 사람으로 한다.(2010.3.26 본항개정)

제69조【직업훈련비용의 지급 제한】 법 제73조제2항 단서에서 "대통령령으로 정하는 경우"란 직업훈련기관이 해당 훈련대상자의 직업훈련과 관련하여 다음 각 호의 어느 하나에 해당하는 경우를 말한다.
1. 「장애인고용촉진 및 직업재활법」 제11조에 따른 직업적응훈련 및 같은 법 제12조에 따른 직업능력개발훈련의 지원을 받은 경우
2. 「고용보험법」 제29조에 따른 직업능력개발훈련의 지원을 받은 경우
3. 「국민 평생 직업능력 개발법」 제11조의2, 제12조, 제15조 및 제17조에 따른 직업능력개발훈련의 지원을 받은 경우(2022.2.17 본호개정)
4. 훈련대상자를 고용하려는 사업주가 직업훈련비용을 부담한 경우
5. 그 밖에 법 또는 다른 법령에 따라 직업훈련비용에 상당하는 비용을 받은 경우

제70조【직장복귀지원금 등의 지급 요건 등】 ① 법 제75조제2항에 따른 직장복귀지원금은 사업주가 장해급여자에 대하여 요양종결일 또는 직장복귀일부터 6개월 이상 고용을 유지하고 그에 따른 임금을 지급한 경우에 지급한다. 다만, 장해급여자가 요양종결일 또는 직장복귀일부터 6개월이 되기 전에 자발적으로 퇴직한 경우에는 그 퇴직한 날까지의 직장복귀지원금을 지급한다.(2010.3.26 본항개정)
② 법 제75조제3항에 따른 직장적응훈련비는 사업주가 장해급여자에 대하여 그 직무수행이나 다른 직무로 전환하는 데에 필요한 직장적응훈련을 실시한 경우로서 다음 각 호의 요건 모두에 해당하는 경우에 지급한다.
1. 요양종결일 또는 직장복귀일 직전 3개월부터 요양종결일 또는 직장복귀일 이후 6개월 이내에 직장적응훈련을 시작하였을 것
2. 직장적응훈련이 끝난 날의 다음 날부터 6개월 이상 해당 장해급여자에 대한 고용을 유지하였을 것. 다만, 장해급여자가 직장적응훈련이 끝난 날의 다음 날부터 6개월이 되기 전에 자발적으로 퇴직한 경우에는 그러하지 아니하다.
(2018.12.11 본항개정)
③ 법 제75조제3항에 따른 재활운동비는 사업주가 장해급여자에 대하여 그 직무수행이나 다른 직무로 전환하는 데 필요한 재활운동을 실시한 경우로서 다음 각 호의 요건 모두에 해당하는 경우에 지급한다.
1. 요양종결일 또는 직장복귀일부터 6개월 이내에 재활운동을 시작하였을 것
2. 재활운동이 끝난 날의 다음 날부터 6개월 이상 해당 장해급여자에 대한 고용을 유지하였을 것. 다만, 장해급여자가 재활운동이 끝난 날의 다음 날부터 6개월이 되기 전에 자발적으로 퇴직한 경우에는 그렇지 않다.
(2018.12.11 본항신설)
④ 제1항부터 제3항까지의 규정에 따른 요양종결일 또는 직장복귀일을 적용할 때, 장해급여자 중 장해급여를 받은 자는 요양종결일을 적용하고 장해급여를 받을 것이 명백한 자는 직장복귀일을 적용한다.(2018.12.11 본항개정)

제71조【직장복귀지원금 등의 지급 제한】 ① 법 제75조제4항에서 "대통령령으로 정하는 경우"란 장해급여자를 고용한 사업주가 다음 각 호의 어느 하나에 해당하는 경우를 말한다.
1. 「고용보험법」 제23조·제27조·제32조에 따른 지원을 받은 경우
2. 「장애인고용촉진 및 직업재활법」 제30조에 따른 고용장려금을 받은 경우
3. 「국민 평생 직업능력 개발법」 제20조제1항에 따른 지원을 받은 경우(2022.2.17 본호개정)
4. 그 밖에 법이나 다른 법령에 따라 직장복귀지원금·직장적응훈련비 또는 재활운동비에 해당하는 금액을 받은 경우(2010.3.26 본호개정)
5. (2010.3.26 삭제)

② 법 제75조제5항에서 "「장애인고용촉진 및 직업재활법」 제28조에 따른 의무로써 장애인을 고용한 경우 등 대통령령으로 정하는 경우"란 장해급여자를 고용한 사업주가 다음 각 호의 어느 하나에 해당하는 경우를 말한다.
1. 「장애인고용촉진 및 직업재활법」 제28조에 따른 고용의무가 있는 장애인을 고용한 경우(직장복귀지원금만을 지급하지 아니한다)
2. 직장복귀지원금을 받을 목적으로 장해급여자가 사업에 복귀하기 3개월 전부터 복귀 후 6개월 이내에 다른 장해급여자 또는 「장애인고용촉진 및 직업재활법」에 따른 장애인을 그 사업에서 퇴직하게 한 경우
(2010.3.26 본항신설)

제71조의2【직장복귀 지원】 ① 법 제75조의2제1항에 따라 공단은 업무상 재해를 입은 근로자가 다음 각 호에 해당하는 경우에는 업무상 재해가 발생한 당시의 사업주에게 근로자의 직장복귀에 관한 계획서를 작성하여 제출하도록 요구할 수 있다.
1. 업무상 재해로 인한 부상 또는 질병으로 6개월 이상 요양이 필요한 경우
2. 업무상 재해로 인한 부상 또는 질병에 대한 요양 종결 후 별표6에 따른 제1급부터 제14급까지의 장해등급에 해당하는 장해가 발생할 것이 예상되는 경우
3. 그 밖에 근로자의 원활한 직장복귀를 위하여 지원이 필요한 경우로서 공단이 정하는 경우

② 법 제75조의2제3항에서 "직업능력 평가 등 대통령령으로 정하는 조치"란 다음 각 호의 조치를 말한다.
1. 직업능력 평가에 대한 진단 및 직업능력 평가의 실시
2. 작업능력 회복·강화를 위한 지원
3. 재활치료에 대한 진단 및 신체기능 회복·강화를 위한 지원
4. 의지(義肢) 또는 보조기의 처방, 제작·유지·보수를 위한 지원과 그 사용에 따른 적응력 향상 훈련 지원
5. 장해 상태를 고려한 작업환경 개선 및 근로자의 직무전환을 위한 지원
6. 근로자의 심리적 안정 및 정신기능 회복과 가족, 직장동료와의 관계 회복 지원
7. 그 밖에 근로자의 직장복귀를 위해 공단이 필요하다고 인정하는 조치
(2021.12.31 본조신설)

제11절 보험급여의 일시지급 등

제72조【보험급여의 일시지급 기준】 법 제76조제2항 각 호 외의 부분 전단에서 "대통령령으로 정하는 방법에 따라 각각 환산한 금액"이란 같은 항 각 호에 따른 보험급여의 금액에서 각각 그 금액의 100분의 2에 해당하는 금액을 뺀 금액을 말한다. 이 경우 상병보상연금은 그 산정 기준이 되는 중증요양상태등급과 같은 장해등급의 장해보상일시금에 해당하는 금액으로 하고, 장해급여 중 장해보상연금은 그 장해등급의 장해보상일시금으로 한다.
(2018.12.11 후단개정)

제72조의2【합병증 등 예방관리 조치대상 등】 ① 법 제77조제1항에 따른 합병증 등 재요양 사유가 발생할 우려가 있는 사람(이하 "합병증등예방관리대상자"라 한다)는 공단이 자문의사의 자문 또는 제43조에 따른 자문의사회의의 심의를 거쳐 합병증 등의 예방관리가 필요하다고 결정한 사람으로 한다.(2021.6.8 본항개정)
② 공단은 합병증등예방관리대상자에게 산재보험 의료기관에서 다음 각 호의 어느 하나에 해당하는 조치를 받게 하고 예산의 범위에서 해당 비용을 지원할 수 있다. 이 경우 비용의 산정 기준은 법 제40조제5항에 따른 요양급여의 산정 기준에 따른다.
1. 진찰 및 검사
2. 약제 또는 진료재료의 처방
3. 수술을 제외한 처치, 그 밖의 치료
4. 재활치료
5. 입원

③ 합병증등예방관리대상자의 결정 기준 및 절차, 제2항에 따른 조치비용의 인정 범위, 그 밖에 필요한 사항은 공단이 정한다.
(2018.12.11 본조신설)

제73조【장해특별급여의 지급기준 등】 ① 법 제78조제1항 본문에서 "대통령령으로 정하는 장해등급 또는 진폐장해등급"이란 별표6에 따른 제1급부터 제3급까지의 장해등급 또는 별표11의2에 따른 제1급부터 제3급까지의 진폐장해등급을 말한다.
② 법 제78조제1항 본문에서 "대통령령으로 정하는 장해특별급여"란 평균임금의 30일분에 별표9에 따른 장해등급 및 진폐장해등급별 노동력 상실률과 별표11에 따른 취업가능기간에 대응하는 라이프니츠 계수를 곱하여 산정한 금액에서 법 제57조에 따른 장해보상일시금(진폐보상연금을 지급받는 경우에는 진폐장해등급과 같은 장해등급에 해당하는 장해보상일시금을 말한다)을 뺀 금액을 말한다.
③ 제2항에서 취업가능기간은 장해등급등이 판정된 날부터 단체협약 또는 취업규칙에서 정하는 취업정년까지로 한다. 이 경우 단체협약 또는 취업규칙에서 취업정년을 정하고 있지 아니하면 60세를 취업정년으로 본다.
(2010.11.15 본조개정)

제74조【유족특별급여의 지급기준 등】 ① 법 제79조제1항에서 "대통령령으로 정하는 유족특별급여"란 평균임금의 30일분에서 사망자 본인의 생활비(평균임금의 30일분에 별표10에 따른 사망자 본인의 생활비 비율을 곱하여 산정한 금액을 말한다)를 뺀 후 별표11에 따른 취업가능개월수에 대응하는 라이프니츠 계수를 곱하여 산정한 금액에서 법 제62조에 따른 유족보상일시금을 뺀 금액을 말한다.
② 제1항의 취업가능개월수의 산정에 관하여는 제73조제3항을 준용한다. 이 경우 "장해등급이 판정된 날"은 "사망한 날"로 본다.(2021.6.8 후단개정)

제75조【특별급여액의 징수】 ① 보험가입자는 법 제78조제3항 및 법 제79조제2항에 따라 장해특별급여액 또는 유족특별급여액의 납부통지를 받으면 그 금액을 1년에 걸쳐 4회로 분할납부할 수 있다.
② 제1항에 따라 장해특별급여액 또는 유족특별급여액을 분할납부하려는 경우 최초의 납부액은 납부통지를 받은 날이 속하는 분기의 말일까지 납부하고, 그 이후의 납부액은 각각 그 분기의 말일까지 납부하여야 한다.

제76조【다른 보상이나 배상과의 조정 기준】 법 제80조제3항 본문에서 "대통령령으로 정하는 방법에 따라 환산한 금액"이란 수급권자가 지급받은 금품의 가액(이 법에 따라 보험급여를 산정할 당시의 가액을 말한다)을 말하되, 요양서비스를 제공받은 경우에는 그 요양에 드는 비용으로 환산한 금액을 말한다.(2017.12.26 본조개정)

제77조【미지급 보험급여 수급권자의 결정 등】 법 제81조에 따른 미지급 보험급여 수급권자의 결정에 관하여는 법 제65조제1항·제2항 및 제4항을 준용한다.

제77조의2【보험급여수급계좌】 ① 법 제82조제2항 단서에서 "정보통신장애나 그 밖에 대통령령으로 정하는 불가피한 사유"란 다음 각 호의 어느 하나에 해당하는 경우를 말한다.
1. 법 제82조제2항 본문에 따른 보험급여수급계좌(이하 "보험급여수급계좌"라 한다)가 개설된 금융기관이 폐업, 업무정지, 정보통신장애 등으로 정상영업이 불가능하여 보험급여를 보험급여수급계좌로 이체할 수 없는 경우
2. 그 밖에 고용노동부장관이 보험급여를 보험급여 지급결정일부터 14일 이내에 보험급여수급계좌로 이체하는 것이 불가능하다고 인정하는 경우

② 공단은 법 제82조제2항 단서에 따라 보험급여를 보험급여수급계좌로 이체할 수 없을 때에는 수급권자에게 해당 보험급여를 직접 현금으로 지급할 수 있다.

③ 공단은 수급권자가 법 제82조제2항 본문에 따른 신청을 하면 보험급여를 보험급여수급계좌로 받을 수 있다는 사실을 수급권자에게 안내해야 한다.
(2018.12.11 본조신설)

제78조【보험급여 지급 제한의 범위 등】 ① 공단은 보험급여 수급권자가 법 제83조제1항제1호에 해당하면 보험급여의 지급을 제한하기로 결정한 날 이후에 지급사유가 발생하는 휴업급여 또는 상병보상연금의 20일분(지급사유가 발생한 기간이 20일 미만이면 그 기간 해당분)에 상당하는 금액을 지급하지 않는다.
② 공단은 장해보상연금 또는 진폐보상연금 수급권자가 법 제83조제1항제2호에 해당하면 다음 각 호에 따라 장해급여를 지급한다.
1. 장해상태가 종전의 장해등급등보다 심해진 경우에도 종전의 장해등급등에 해당하는 장해보상연금 또는 진폐보상연금 지급
2. 장해상태가 종전의 장해등급등보다 호전되었음이 의학적 소견 등으로 확인되는 경우로서 재판정 전에 장해상태를 악화시킨 경우에는 그 호전된 장해등급등에 해당하는 장해급여 또는 진폐보상연금 지급
(2010.11.15 본항개정)

제79조【부당이득의 징수】 ① 공단은 법 제84조에 따른 부당이득을 징수하기로 결정하면 지체 없이 납부 책임이 있는 사람에게 그 금액을 낼 것을 알려야 한다.
② 제1항에 따른 통지를 받은 자는 그 통지를 받은 날부터 30일 이내에 그 금액을 내야 한다.

제79조의2【부정수급자 명단 공개 제외 사유】 법 제84조의2제2항에서 "부정수급자 또는 연대책임자의 사망으로 명단 공개의 실효성이 없는 경우 등 대통령령으로 정하는 경우"란 다음 각 호의 어느 하나에 해당하는 경우를 말한다.
1. 법 제84조의2제1항 각 호 외의 부분 전단에 따른 부정수급자 또는 같은 항 각 호 외의 부분 후단에 따른 연대책임자가 사망한 경우
2. 법 제84조의2제1항 각 호 외의 부분 전단에 따른 부정수급자 또는 같은 항 각 호 외의 부분 후단에 따른 연대책임자가 법 제84조제1항에 따라 공단이 징수해야 하는 금액의 100분의 30 이상을 납부한 경우
3. 「채무자 회생 및 파산에 관한 법률」 제243조에 따른 회생계획인가의 결정에 따라 공단이 법 제84조제1항에 따라 징수해야 하는 금액에 대한 징수를 유예받고 그 유예기간 중에 있거나 해당 금액을 회생계획의 납부일정에 따라 납부하고 있는 경우
4. 공단이 법 제84조의2제1항 각 호 외의 부분 전단에 따른 부정수급자의 재산상황, 미성년자 해당 여부 및 그 밖의 사정 등을 고려하여 명단 공개의 실익이 없거나 공개하는 것이 부적절하다고 인정하는 경우
(2018.12.11 본조신설)

제80조【보험급여 등의 충당 한도 및 절차】 ① 공단이 법 제86조에 따라 보험급여·진료비 및 약제비를 충당하는 경우의 충당 한도는 다음 각 호와 같다.
1. 법 제84조제1항에 따른 부당이득을 받은 사람에게 지급할 보험급여(법 제75조에 따른 직장복귀지원금·직장적응훈련비 또는 재활운동비는 제외한다)가 있으면 그 지급할 보험급여에 10분의 1을 곱한 금액. 다만, 보험급여 수급권자가 고용노동부령으로 정하는 바에 따라 서면으로 10분의 1을 넘는 금액의 충당에 동의하면 그 동의한 금액을 말한다.(2010.7.12 단서개정)
2. 법 제84조제1항에 따른 부당이득을 받은 사람 또는 같은 조 제2항에 따른 연대책임이 있는 자가 보험가입자인 경우에는 그 보험가입자에게 지급할 보험급여의 금액(그 보험가입자가 법 제89조에 따라 보험급여를 받을 권리를 대위하는 경우에는 그 대위하는 금액을 포함한다)
3. 법 제84조제2항에 따른 연대책임이 있는 산재보험 의료기관에 지급할 진료비가 있으면 그 지급할 진료비에 해당하는 금액
4. 법 제84조제3항에 따른 부당이득을 받은 산재보험 의료기관이나 약국에 지급할 진료비나 약제비가 있으면 그 지급할 진료비나 약제비에 해당하는 금액
② 공단은 제1항에 따라 충당을 하려면 보험급여 수급권자, 보험가입자, 산재보험 의료기관 또는 약국의 의견을 들어야 하며, 충당을 결정하면 지체 없이 보험급여 수급권자, 보험가입자, 산재보험 의료기관 또는 약국에 그 사실을 알려야 한다.

제81조【제3자로부터 배상받은 사람에 대한 보험급여의 조정】 보험급여 수급권자가 제3자로부터 손해배상을 받은 경우에 그 손해배상금을 법 제87조제2항에 따라 보험급여를 지급하지 않는 금액으로 환산할 때 그 환산방법에 관하여는 제76조를 준용한다.

제81조의2【보험급여에 대한 압류 금지】 법 제88조제3항에서 "대통령령으로 정하는 액수"란 법 제82조제2항 본문에 따라 보험급여수급계좌에 입금된 금액 전액을 말한다.(2018.12.11 본조신설)

제82조【수급권의 대위】 ① 법 제89조에 따라 보험가입자(보험료징수법 제2조제5호에 따른 하수급인을 포함한다. 이하 이 조에서 같다)가 보험급여 수급권자의 보험급여 수급권을 대위하여 보험급여를 지급받으려는 경우에는 법에 따른 보험급여의 지급 사유와 같은 사유로 보험급여에 상당하는 금품을 수급권자에게 지급한 사실을 증명하는 서류를 첨부하여 공단에 청구하여야 한다.
② 공단은 제1항에 따라 보험가입자가 보험급여 수급권을 대위하여 청구하면 그 보험급여 수급권자가 해당 보험급여에 상당하는 금품을 받았는지를 확인하여야 한다.
③ 보험가입자가 법 제89조에 따라 보험급여 수급권자에게 장해급여 또는 유족급여에 상당하는 금품을 지급한 경우에는 각각 장해보상일시금 또는 유족보상일시금에 상당하는 금품을 지급한 것으로 본다.

제83조【보험급여 원부의 작성】 ① 공단은 보험급여를 지급하면 그 보험급여를 받은 근로자별 보험급여 원부를 작성하여야 한다.
② 공단은 보험급여와 관계있는 사람이 신청하면 보험급여 원부를 열람시켜야 하며, 필요한 경우에는 증명서를 발급할 수 있다.

제3장의2 진폐에 따른 보험급여의 특례
(2010.11.15 본장신설)

제83조의2【진폐판정 및 보험급여 결정 기준】 ① 법 제91조의8제1항 및 제2항에 따른 진폐근로자에 대한 진폐판정 및 보험급여의 지급 여부 결정에 필요한 진폐병형 기준, 심폐기능의 정도 판정기준, 진폐장해등급 기준 및 합병증 등에 따른 요양대상인정기준은 별표11의2와 같다.
② 법 제91조의8제3항에 따른 합병증 등으로 심폐기능의 정도를 판정하기 곤란한 진폐근로자에 대한 진폐장해등급의 결정기준은 별표11의3과 같다.

제83조의3【진폐에 따른 사망 여부 판단 시 고려사항】 법 제91조의10에 따라 진폐에 따른 사망 여부를 판단하는 때에 고려하여야 하는 사항은 진폐병형, 심폐기능, 합병증, 성별, 연령 등으로 한다.

제3장의3 건강손상자녀에 대한 보험급여의 특례
(2022.12.30 본장신설)

제83조의4【건강손상자녀 관련 유해인자】 법 제91조의12제1항 전단에서 "대통령령으로 정하는 유해인자"란 별표11의4에 따른 유해인자를 말한다.

제3장의4 노무제공자에 대한 특례
(2023.6.27 본장신설)

제83조의5【노무제공자의 범위】 법 제91조의15제1호 각 목 외의 부분에서 "대통령령으로 정하는 직종에 종사하는 사람"이란 다음 각 호의 사람을 말한다.
1. 보험을 모집하는 사람으로서 다음 각 목의 어느 하나에 해당하는 사람
가. 「보험업법」 제83조제1항제1호에 따른 보험설계사
나. 「새마을금고법」 및 「신용협동조합법」에 따른 공제의 모집을 전업으로 하는 사람
다. 「우체국예금·보험에 관한 법률」에 따른 우체국보험의 모집을 전업으로 하는 사람
2. 「건설기계관리법」 제3조제1항에 따라 등록된 건설기계를 직접 운전하는 사람
3. 「통계법」 제22조에 따라 통계청장이 고시하는 직업에 관한 표준분류(이하 "한국표준직업분류표"라 한다)의 세세분류에 따른 학습지 방문강사, 교육교구 방문강사 등 회원의 가정 등을 직접 방문하여 아동이나 학생 등을 가르치는 사람
4. 「체육시설의 설치·이용에 관한 법률」 제7조에 따라 직장체육시설로 설치된 골프장 또는 같은 법 제19조에 따라 체육시설업의 등록을 한 골프장에서 골프경기를 보조하는 골프장 캐디
5. 한국표준직업분류표의 세분류에 따른 택배원으로서 다음 각 목의 어느 하나에 해당하는 사람
가. 「생활물류서비스산업발전법」 제2조제6호가목에 따른 택배서비스종사자로서 집화 또는 배송(설치를 수반하는 배송을 포함한다) 업무를 하는 사람
나. 가목 외의 택배사업(소화물을 집화·수송 과정을 거쳐 배송하는 사업을 말한다)에서 집화 또는 배송 업무를 하는 사람
6. 한국표준직업분류표의 세분류에 따른 택배원으로서 퀵서비스업의 사업주로부터 업무를 의뢰받아 배송 업무를 하는 사람. 다만, 제5호 또는 제14호에 해당하는 사람은 제외한다.
7. 「대부업 등의 등록 및 금융이용자 보호에 관한 법률」 제3조제1항 단서에 따른 대출모집인
8. 「여신전문금융업법」 제14조의2제1항제2호에 따른 신용카드회원 모집인
9. 다음 각 목의 어느 하나에 해당하는 사업주로부터 업무를 의뢰받아 자동차를 운전하는 사람
가. 대리운전업자(자동차 이용자의 요청에 따라 그 이용자와 동승하여 해당 자동차를 목적지까지 운전하는 사업의 사업주를 말한다)
나. 탁송업자(자동차 이용자의 요청에 따라 그 이용자와 동승하지 않고 해당 자동차를 목적지까지 운전하는 사업의 사업주를 말한다)
다. 대리주차업자(자동차 이용자의 요청에 따라 그 이용자를 대신하여 해당 자동차를 주차하는 사업의 사업주를 말한다)
10. 「방문판매 등에 관한 법률」 제2조제2호에 따른 방문판매원 또는 같은 조 제8호에 따른 후원방문판매원으로서 방문판매업무를 하는 사람. 다만, 다음 각 목의 어느 하나에 해당하는 경우는 제외한다.
가. 방문판매는 하지 않고 자가 소비만 하는 경우
나. 제3호 또는 제11호에 해당하는 경우
11. 한국표준직업분류표의 세세분류에 따른 대여 제품 방문점검원
12. 한국표준직업분류표의 세분류에 따른 가전제품 설치 및 수리원으로서 가전제품의 판매를 위한 배송 업무를 주로 수행하고 가전제품의 설치·시운전 등을 통해 작동상태를 확인하는 사람
13. 「화물자동차 운수사업법」 제2조제1호에 따른 화물자동차 중 고용노동부령으로 정하는 자동차를 운전하는 사람
14. 「화물자동차 운수사업법」 제2조제11호에 따른 화물차주로서 다음 각 목의 어느 하나에 해당하는 자동차를 운전하는 사람. 다만, 제5호, 제12호 또는 제13호에 해당하는 사람은 제외한다.
가. 「자동차관리법」 제3조제1항제3호에 따른 화물자동차
나. 「자동차관리법」 제3조제1항제4호에 따른 특수자동차 중 견인형 자동차 또는 특수작업형 사다리차(이사 등을 위하여 높은 건물에 필요한 물건을 올리기 위한 자동차를 말한다)
15. 「소프트웨어 진흥법」 제2조제3호에 따른 소프트웨어사업에서 노무를 제공하는 같은 조 제10호에 따른 소프트웨어기술자
16. 다음 각 목의 어느 하나에 해당하는 강사
가. 「초·중등교육법」 제2조에 따른 학교에서 운영하는 방과후학교의 과정을 담당하는 강사
나. 「유아교육법」 제2조제2호에 따른 유치원에서 운영하는 같은 조 제6호에 따른 방과후 과정을 담당하는 강사
다. 「영유아보육법」 제2조제3호에 따른 어린이집에서 운영하는 같은 법 제29조제4항에 따른 특별활동프로그램을 담당하는 강사
17. 「관광진흥법」 제38조제1항 단서에 따른 관광통역안내의 자격을 가진 사람으로서 외국인 관광객을 대상으로 관광안내를 하는 사람
18. 「도로교통법」 제2조제23호에 따른 어린이통학버스를 운전하는 사람

제83조의6【노무제공자의 보수】 법 제91조의15제5호 본문에서 "대통령령으로 정하는 금품"이란 다음 각 호의 금품을 말한다.
1. 「소득세법」 제12조제2호 또는 제5호에 해당하는 비과세소득
2. 고용노동부장관이 정하여 고시하는 방법에 따라 산정한 필요경비

제83조의7【소득확인이 어려운 직종】 법 제91조의15제5호 단서에서 "대통령령으로 정하는 직종"이란 제83조의5제2호 및 제13호에 해당하는 노무제공자가 종사하는 직종을 말한다.

제83조의8【평균보수 산정사유 발생일】 법 제91조의17제1항에 따른 평균보수 산정사유 발생일은 다음 각 호의 어느 하나에 해당하는 날로 한다.
1. 사망 또는 부상의 원인이 되는 사고가 발생한 날
2. 질병이 확인된 날. 이 경우 질병이 확인된 날은 그 질병이 보험급여의 지급 대상이 된다고 확인될 당시에 발급된 진단서나 소견서의 발급일로 하되, 그 질병의 검사·치료의 경과 등이 진단서나 소견서의 발급과 시간적·의학적 연속성이 있는 경우에는 그 요양을 시작한 날로 한다.

제83조의9【평균보수 산정 대상에서 제외되는 일용근로자】 법 제91조의17제3항에서 "대통령령으로 정하는 일용근로자"란 일용근로자로서 제23조제1호 각 목에 해당하지 않는 사람을 말한다.

제83조의10【노무제공자에 대한 업무상 재해의 인정기준】 법 제91조의18에 따른 노무제공자에 대한 업무상의 재해의 인정기준에 관하여는 제27조, 제28조, 제30조부터 제35조까지, 제35조의2 및 제36조를 적용한다. 이 경우 "근로자"는 "노무제공자"로, "근로계약"은 "노무제공계약"으로 본다.

제83조의11【노무제공자의 최저 휴업급여 보장액】 법 제91조의19제1항에서 "대통령령으로 정하는 최저 휴업급여 보장액"이란 보험료징수법 제48조의6제8항에 따라 공단에 신고된 노무제공자의 월 보수액을 고려하여 매년 위원회의 심의를 거쳐 고용노동부장관이 정하여 고시하는 금액을 말한다.

제83조의12【플랫폼 운영자에 대한 자료제공 등의 요청】 ① 법 제91조의21제2호에서 "사업장의 명칭·주소 등 대통령령으로 정하는 정보"란 다음 각 호의 정보를 말한다.
1. 사업장의 명칭·주소 및 연락처

2. 사업주(법인인 경우에는 대표자를 말한다)의 이름 및 주민등록번호
3. 사업주의 사업자등록번호(법인인 경우에는 법인등록번호를 포함한다)
② 법 제91조의21제3호에서 "플랫폼 종사자의 이름 · 직종 · 보수 · 노무제공 내용 등 대통령령으로 정하는 자료 또는 정보"란 다음 각 호의 자료 또는 정보를 말한다.
1. 플랫폼 종사자의 이름 · 직종 및 보수
2. 플랫폼 종사자의 주민등록번호(외국인인 경우에는 외국인등록번호를 말한다), 주소 및 연락처
3. 플랫폼 종사자의 노무제공 내용, 노무제공일 및 노무제공시간

제4장 근로복지 사업

제84조【국민건강보험 요양급여 비용의 본인 일부 부담금의 대부 대상】 법 제93조제1항에서 "대통령령으로 정하는 사람"이란 다음 각 호의 요건 모두에 해당하는 사람을 말한다.(2021.6.8 본문개정)
1. 근로자가 법 제41조제1항에 따라 요양급여를 신청한 날부터 30일이 지날 때까지 공단이 요양급여에 관한 결정을 하지 아니하였을 것
2. 그 근로자의 업무와 요양급여의 신청을 한 질병 간에 상당인과관계가 있을 것으로 추정된다는 의학적 소견이 있을 것

제85조【대부금의 충당 한도 및 절차】 ① 공단이 법 제93조제2항에 따라 충당할 때 그 충당 한도는 그 대부를 받은 사람에게 지급할 요양급여의 전액으로 한다.
② 공단은 제1항에 따라 충당을 하려면 해당 요양급여 수급권자의 의견을 들어야 하며, 충당 결정을 하면 지체 없이 그 사실을 요양급여 수급권자에게 알려야 한다.

제5장 산업재해보상보험및예방기금

제85조의2【출연금의 산정 기준 등】 고용노동부장관은 법 제96조제1항제7호에 따라 법 제95조에 따른 산업재해보상보험및예방기금(이하 "기금"이라 한다)으로부터 「국민건강보험법」 제13조에 따른 국민건강보험공단(이하 "건강보험공단"이라 한다)에 출연하는 금액을 산정하기 위하여 그 금액의 규모 · 산정기준 등에 관하여 필요한 사항을 보건복지부장관과 협의하여야 정한다.
(2021.6.8 본조개정)

제85조의3【출연금의 용도 등】 ① 공단, 「한국산업안전보건공단법」에 따른 한국산업안전보건공단(이하 "안전보건공단"이라 한다) 및 건강보험공단은 법 제96조제1항제3호 · 제6호 및 제7호에 따른 출연금(이하 "출연금"이라 한다)을 다음 각 호의 구분에 따른 용도로만 사용하여야 한다.
1. 공단 : 법 제11조에 따른 사업에 필요한 경비 및 이에 수반되는 경비
2. 안전보건공단 : 「한국산업안전보건공단법」 제6조에 따른 사업에 필요한 경비 및 이에 수반되는 경비
3. 건강보험공단 : 보험료징수법 제4조에 따른 징수업무를 수행하는 데 필요한 경비 및 이에 수반되는 경비
② 고용노동부장관은 공단, 안전보건공단 및 건강보험공단(이하 "피출연자"라 한다)이 출연금을 제1항의 용도 외로 사용한 경우에는 그에 해당하는 금액을 회수하여야 한다.
③ 피출연자는 출연금을 별도의 계정을 설치하여 관리하여야 하며, 그 계정에서 발생한 이자수입은 고용노동부장관의 승인을 받아 제1항 각 호의 용도로 사용하거나 손실금 보전에 사용할 수 있다.
④ 피출연자는 매 분기(分期)의 다음 달 10일까지 그 분기의 출연금 집행실적을 고용노동부장관에게 보고하여야 한다.
(2012.11.12 본조개정)

제85조의4【출연금의 추가 출연 및 반납】 ① 피출연자는 출연금이 제85조의3제1항 각 호의 비용을 충당하기에 부족한 경우에는 고용노동부장관에게 추가 출연을 요청할 수 있다.
② 고용노동부장관은 피출연자가 제1항에 따라 요청한 내용을 검토하여 타당성이 인정되는 경우에는 추가로 출연할 수 있다.
③ 피출연자는 보험연도 내에 위탁받아 하는 사업(이하 이 항에서 "목적사업"이라 한다)에 사용하고 남은 출연금이 있는 경우에는 이를 고용노동부장관에게 반납하여야 한다. 다만, 고용노동부장관의 승인을 받은 경우에는 다음 연도에 이월하여 목적사업에 사용할 수 있다.
(2012.11.12 본조개정)

제86조【기금의 운용】 ① 법 제97조제2항제5호에서 "대통령령으로 정하는 사업"이란 다음 각 호의 사업을 말한다.
1. 근로자 후생복지 사업을 위한 융자
2. 「자본시장과 금융투자업에 관한 법률」 제4조에 따른 증권의 매입(2008.7.29 본호개정)
3. 기금의 증식을 위한 부동산의 취득 및 처분
(2021.6.8 본호개정)
② 법 제97조제3항에서 "대통령령으로 정하는 수준"이란 「은행법」에 따른 은행으로서 전국을 영업구역으로 하는 금융기관의 1년 만기 정기예금 이자율을 고려하여 고용노동부장관이 정하는 수익률을 말한다. 이 경우 고용노동부장관은 기획재정부장관과 협의하여 제1항에 따른 근로자 후생복지 사업을 위한 융자의 이자율을 다른 사업의 수익률과 달리 정할 수 있다.(2010.11.15 전단개정)

제87조【기금계정의 설치】 고용노동부장관은 한국은행에 기금계정을 설치하여야 한다.(2010.7.12 본조개정)

제88조【보험료 등의 기금 납입 등】 ① 공단은 징수한 보험료와 그 밖의 징수금을 기금계정에 납입하여야 한다.
② 공단은 징수한 전월분의 보험료와 그 밖의 징수금, 미수금 등의 징수 현황을 매월 말일까지 고용노동부장관에게 문서로 보고하여야 한다.(2010.7.12 본항개정)

제89조【기금운용계획】 법 제98조에 따른 기금운용계획에는 다음 각 호의 사항이 포함되어야 한다.
1. 기금의 수입 및 지출에 관한 사항
2. 해당 연도의 사업계획, 지출원인행위계획 및 자금계획에 관한 사항
3. 전년도 이월자금의 처리에 관한 사항
4. 책임준비금에 관한 사항
5. 그 밖에 기금 운용에 필요한 사항

제90조【책임준비금의 산정 기준 등】 ① 고용노동부장관은 법 제99조제3항에 따라 매년 12월 31일을 기준으로 전년도 1월 1일부터 12월 31일까지 지급 결정한 보험급여의 총액을 다음 연도의 책임준비금으로 산정하여야 한다.
② 고용노동부장관은 제1항에 따라 산정된 책임준비금을 초과한 적립금 보유액이 있는 경우에는 장래의 보험급여 지급에 사용하기 위하여 적립하여야 한다.
③ 고용노동부장관은 징수한 보험료의 총액과 지급한 보험급여의 총액을 3년마다 분석하여 수입과 지출의 균형을 유지하도록 노력하여야 한다.
(2012.4.16 본조개정)

제91조【기금의 회계기관 등】 ① 고용노동부장관은 기금의 수입과 지출에 관한 사무를 수행하기 위하여 소속 공무원 중에서 기금수입징수관 · 기금재무관 · 기금지출관 및 기금출납공무원을 임명하여야 한다.
② 공단 또는 안전보건공단의 이사장은 법 제97조제5항에 따라 기금의 관리 · 운용에 관한 업무를 위탁받은 경우에는 상임이사 중에서 기금수입 담당이사 및 기금지출원인행위 담당이사를, 그 직원 중에서 기금지출 직원 및 기금출납 직원을 각각 임명할 수 있으며, 이를 고용노동부장관에게 보고해야 한다. 이 경우 기금수입 담당이사는 기금수입징수관의 직무를, 기금지출원인행위 담당이사는 기금재무관의 직무를, 기금지출 직원은 기금지출관의 직무를, 기금출납 직원은 기금출납공무원의 직무를 각각 수행한다.(2021.6.8 전단개정)
③ 고용노동부장관은 제1항 및 제2항에 따른 기금수입징수관, 기금재무관, 기금지출관, 기금출납공무원, 기금수입 담당이사, 기금지출원인행위 담당이사, 기금지출 직원 및 기금출납 직원의 임명사항을 감사원장 및 한국은행총재에게 각각 알려야 한다.
(2010.7.12 본조개정)

제92조【기금의 지출원인행위】 ① 고용노동부장관은 기금재무관에게 기금의 월별 지출 한도액을 배정하고 이를 기금지출관에게 알려야 한다.(2010.7.12 본항개정)
② 기금재무관은 제1항에 따라 배정된 한도액의 범위에서 지출원인행위를 하여야 한다.

제93조【기금의 지출】 ① 기금재무관이 기금지출관에게 기금을 지출하게 할 때에는 지출원인행위 관계 서류를 기금지출관에게 보내야 한다.
② 기금지출관은 기금재무관의 지출원인행위에 따라 기금을 지출하려면 한국은행, 「은행법」에 따른 은행 또는 체신관서를 지급인으로 하는 수표를 발행하여야 한다.
(2010.11.15 본항개정)
③ 기금재무관이 지출원인행위를 한 후 불가피한 사유로 그 회계연도 내에 지출하지 못한 금액은 다음 연도에 이월하여 집행할 수 있다.

제94조【현금 취급의 금지】 기금지출관과 기금출납공무원은 현금을 보관하거나 출납할 수 없다. 다만, 「국고금관리법」 제24조에 따른 관서운영경비의 경우에는 현금을 보관하거나 출납할 수 있다.

제95조【기금의 결산보고】 고용노동부장관은 회계연도마다 「국가회계법」 제14조에 따른 결산보고서를 작성하여 다음 회계연도 2월 말까지 기획재정부장관에게 제출해야 한다.(2021.6.8 본문개정)
1. 기금결산의 상황
2. 재정상태표, 재정운용표, 순자산변동표 등 재무상태표
(2021.6.8 본호개정)
3. 기금의 운용계획과 실적의 대비표
4. 수입 및 지출계산서
5. 그 밖에 결산의 내용을 명백히 하기 위하여 필요한 서류

제6장 심사 청구 및 재심사 청구

제96조【심사 청구의 방식】 ① 법 제103조에 따른 심사 청구는 다음 각 호의 사항을 적은 문서(이하 "심사 청구서"라 한다)로 해야 한다.(2021.6.8 본문개정)
1. 심사 청구인의 이름 및 주소(심사 청구인이 법인인 경우에는 그 명칭 · 소재지 및 대표자의 이름)
2. 심사 청구의 대상이 되는 법 제103조제1항 각 호의 결정 또는 조치 등(이하 "보험급여 결정등"이라 한다)의 내용(2021.6.8 본호개정)
3. 보험급여 결정등이 있음을 안 날
4. 심사 청구의 취지 및 이유
5. 심사 청구에 관한 고지의 유무 및 고지의 내용
② 심사 청구인이 재해를 입은 근로자가 아닌 경우(법 제103조제1항제2호 및 제3호에 따른 심사 청구의 경우는 제외한다)에는 심사 청구서에 제1항 각 호의 사항 외에 다음 각 호의 사항을 적어야 한다.(2021.6.8 본문개정)
1. 재해를 입은 근로자의 이름
2. 재해를 입은 근로자의 재해 당시 소속 사업의 명칭 및 소재지
③ 심사 청구를 선정대표자 또는 대리인이 제기하는 것이면 제1항 및 제2항에 따른 사항 외에 선정대표자 또는 대리인의 이름과 주소를 심사 청구서에 적어야 한다.
④ 심사 청구서에는 심사 청구인 또는 대리인이 서명하거나 날인하여야 한다.

제97조【보정 및 각하】 ① 공단은 심사 청구가 법 제103조제3항에 따른 기간이 지나 제기되었거나 법령의 방식을 위반하여 보정(補正)할 수 없는 경우 또는 제2항 본문에 따른 기간에 보정하지 아니한 경우에는 각하결정을 하여야 한다.
② 심사 청구가 법령의 방식을 위반한 것이라도 보정할 수 있는 경우에는 공단은 상당한 기간을 정하여 심사 청구인에게 보정할 것을 요구할 수 있다. 다만, 보정할 사항이 경미한 경우에는 공단이 직권으로 보정할 수 있다.
③ 공단은 제2항 단서에 따라 직권으로 심사 청구를 보정한 경우에는 그 사실을 심사청구인에게 알려야 한다.

제98조【보험급여 결정등의 집행정지】 ① 심사 청구는 해당 보험급여 결정등의 집행을 정지시키지 않는다. 다만, 공단은 그 집행으로 발생할 중대한 손실을 피하기 위하여 긴급한 필요가 있다고 인정하면 그 집행을 정지시킬 수 있다.
② 공단은 제1항 단서에 따라 집행을 정지시킨 경우에는 지체 없이 심사 청구인 및 해당 보험급여 결정등을 한 공단의 소속 기관에 문서로 알려야 한다.
③ 제2항에 따른 문서에는 다음 각 호의 사항을 적어야 한다.
1. 심사 청구 사건명
2. 집행정지 대상인 보험급여 결정등 및 집행정지의 내용
3. 심사 청구인의 이름 및 주소
4. 집행정지의 이유

제99조【산업재해보상보험심사위원회의 구성】 ① 법 제104조제1항에 따른 산업재해보상보험심사위원회(이하 "심사위원회"라 한다)는 위원장 1명을 포함하여 150명 이내의 위원으로 구성하되, 위원 중 2명은 상임으로 한다.
(2015.4.14 본항개정)
② 심사위원회의 위원은 다음 각 호의 어느 하나에 해당하는 사람 중에서 공단 이사장이 위촉하거나 임명한다.
1. 판사 · 검사 · 변호사 또는 경력 5년 이상의 공인노무사
2. 「고등교육법」 제2조에 따른 학교에서 조교수 이상으로 재직하고 있거나 재직하였던 사람
3. 노동 관계 업무 또는 산업재해보상보험 관련 업무에 10년 이상 종사한 사람
4. 사회보험이나 산업의학에 관한 학식과 경험이 풍부한 사람
③ 심사위원회의 위원장은 상임위원 중에서 공단 이사장이 임명한다.
④ 심사위원회의 위원 중 5분의 2에 해당하는 위원은 제2항 각 호의 어느 하나에 해당하는 사람으로서 근로자 단체 및 사용자 단체가 각각 추천하는 사람 중에서 위촉한다. 이 경우 근로자 단체 및 사용자 단체가 추천한 위원은 같은 수로 한다.
⑤ 심사위원회 위원의 임기는 3년으로 하되, 연임할 수 있다. 다만, 임기가 끝난 위원은 그 후임자가 위촉되거나 임명될 때까지 그 직무를 수행할 수 있다.
⑥ 이 영에서 규정한 것 외에 심사위원회의 구성에 필요한 사항은 공단이 정한다.

제100조【심사위원회의 운영】 ① 심사위원회의 위원장은 심사위원회의 회의를 소집하고, 그 의장이 된다. 다만, 위원장은 심사위원회의 원활한 운영을 위하여 필요하면 상임위원 또는 그 밖에 위원장이 지명하는 위원이 심사위원회의 회의를 주재하도록 할 수 있다.(2016.3.22 단서개정)
② 심사위원회의 회의는 위원장(제1항 단서에 따라 상임위원 또는 위원장이 지명하는 위원이 회의를 주재하는 경우에는 그 위원)과 회의를 개최할 때 마다 위원장이 지정하는 위원 6명으로 구성한다.(2016.3.22 본항개정)
③ 심사위원회의 회의는 제2항에 따른 구성원 과반수의 출석으로 개의하고, 출석위원 과반수의 찬성으로 의결한다.
④ 공단은 심사 청구에 대하여 심사위원회의 심의를 거쳐 결정하는 경우에는 그 심리 경과에 관하여 심리조서를 작성하여야 한다.

⑤ 제4항에 따른 심리조서의 작성 · 열람 등에 관하여는 제110조를 준용한다. 이 경우 "재심사위원회"는 "심사위원회"로, "재심사 청구"는 "심사 청구"로 본다.
⑥ 심사위원회의 회의에 출석한 상임위원 및 공단의 임직원인 위원 외의 위원에게는 예산의 범위에서 수당과 여비를 지급할 수 있다.
⑦ 이 영에서 규정한 것 외에 심사위원회의 운영에 필요한 사항은 공단이 정한다.
제101조【심사 청구에 대한 결정의 방법】 ① 법 제105조제1항에 따른 심사 청구에 대한 결정은 문서로 하여야 한다.
② 제1항에 따른 결정서에는 다음 각 호의 사항을 적어야 한다.
1. 사건번호 및 사건명
2. 심사 청구인의 이름 및 주소(심사 청구인이 법인인 경우에는 그 명칭 · 소재지 및 대표자의 이름)
3. 선정대표자 또는 대리인의 이름 및 주소(제96조제3항에 따른 심사 청구인 경우만 해당한다)
4. 심사 청구인이 재해를 입은 근로자가 아닌 경우에는 재해를 입은 근로자의 이름 및 주소
5. 주문
6. 심사 청구의 취지
7. 이유
8. 결정연월일
③ 공단은 제1항에 따라 심사 청구에 대한 결정을 하면 심사 청구인에게 심사 결정서 정본을 보내야 한다.
④ 공단이 보험급여 결정등을 하거나 심사 청구에 대한 결정을 할 때에는 그 상대방 또는 심사 청구인에게 그 보험급여 결정등 또는 심사 청구에 대한 결정에 관하여 심사 청구 또는 재심사 청구를 제기할 수 있는지 여부, 제기하는 경우의 절차 및 청구기간을 알려야 한다.
제102조【심사위원회의 심의 제외 대상】 ① 법 제105조제2항에서 "대통령령으로 정하는 사유"란 해당 심사 청구가 다음 각 호의 어느 하나에 해당하는 경우를 말한다.
1. 법 제38조에 따른 업무상질병판정위원회의 심의를 거쳐 업무상 질병의 인정 여부가 결정된 경우
2. 진폐인 경우(2010.11.15 본호개정)
3. 이황화탄소 중독인 경우(2010.11.15 본호신설)
4. 제97조제1항에 따른 각하 결정 사유에 해당하는 경우(2010.11.15 본호개정)
5. (2020.1.7 삭제)
6. 그 밖에 심사 청구의 대상이 되는 보험급여 결정등이 적법한지를 명백히 알 수 있는 경우
② 제1항에도 불구하고 제1항 각 호의 어느 하나에 해당하는 심사 청구 중 공단이 심사위원회의 심의를 거쳐 결정할 필요가 있다고 인정하는 경우에는 심사위원회의 심의를 거쳐 결정할 수 있다.
제103조【심리를 위한 조사】 ① 법 제105조제4항에 따른 심사 청구에 대한 심리를 위한 조사 신청은 다음 각 호의 사항을 적은 문서로 하여야 한다.
1. 심사 청구 사건명
2. 신청의 취지 및 이유
3. 출석할 관계인의 이름 및 주소(법 제105조제4항제1호의 경우만 해당한다)
4. 제출할 문서나 그 밖의 물건의 표시 및 그 소유자 또는 보관자의 이름과 주소(법 제105조제4항제2호의 경우만 해당한다)
5. 감정할 사항 및 그 이유(법 제105조제4항제3호의 경우만 해당한다)
6. 출입할 사업장이나 그 밖의 장소의 명칭 · 소재지, 질문할 사업주 · 근로자, 그 밖의 관계인의 이름 · 주소, 검사할 문서나 그 밖의 물건의 표시(법 제105조제4항제4호의 경우만 해당한다)
7. 진단받을 근로자의 이름 및 주소(법 제105조제4항제5호의 경우만 해당한다)
② 공단이 법 제105조제4항에 따라 조사를 한 경우에는 다음 각 호의 사항을 적은 조서를 작성하여야 한다. 이 경우 법 제105조제4항제1호에 따라 심사 청구인 또는 관계인으로부터 진술을 받은 경우에는 진술조서를 작성하여 첨부하여야 한다.
1. 사건번호 및 사건명
2. 조사의 일시 및 장소
3. 조사대상 및 조사방법
4. 조사의 결과
제104조【실비 지급】 법 제105조제4항제1호에 따라 지정된 장소에 출석한 관계인과 같은 항 제3호에 따라 감정을 한 감정인에게는 고용노동부령으로 정하는 바에 따라 실비를 지급한다.(2010.7.12 본조개정)
제105조【재심사 청구의 방식】 ① 법 제106조에 따른 재심사 청구는 다음 각 호의 사항을 적은 문서로 하여야 한다.
1. 재심사 청구인의 이름 및 주소(재심사 청구인이 법인인 경우에는 그 명칭 · 소재지 및 대표자의 이름)
2. 재심사 청구의 대상이 되는 보험급여 결정등의 내용
3. 심사 청구에 대한 결정(법 제106조제3항 단서에 따라 재심사 청구를 하는 경우에는 보험급여에 관한 결정등)이 있음을 안 날
4. 재심사 청구의 취지 및 이유
5. 재심사 청구에 관한 고지 유무 및 그 내용
② 재심사 청구의 방식에 관하여는 제96조제2항부터 제4항까지의 규정을 준용한다. 이 경우 "심사 청구인"은 "재심사 청구인"으로, "심사 청구서"는 "재심사 청구서"로, "심사 청구"는 "재심사 청구"로 본다.
제106조【산업재해보상보험재심사위원회의 구성】 ① 법 제107조에 따른 산업재해보상보험재심사위원회(이하 "재심사위원회"라 한다)에 위원장과 3명 이내의 부위원장을 둔다.(2018.12.11 본항개정)
② 부위원장은 재심사위원회가 위원 중에서 선출한다.
③ 위원장은 재심사위원회를 대표하며, 위원회의 사무를 총괄한다.
④ 부위원장은 위원장을 보좌하며, 위원장이 부득이한 사유로 직무를 수행할 수 없을 때에는 그 직무를 대행한다.
제107조【재심사위원회의 운영】 ① 위원장은 재심사위원회의 회의를 소집하고, 그 의장이 된다. 다만, 재심사위원회의 원활한 운영을 위하여 필요하면 위원장의 명을 받아 부위원장이 재심사위원회의 회의를 주재할 수 있다.
② 위원장은 재심사위원회의 회의를 소집하려면 회의 개최 5일 전까지 회의의 일시 · 장소 및 안건을 위원들에게 서면으로 알려야 한다. 다만, 긴급하게 회의를 소집하여야 할 때에는 회의 개최 전날까지 구두(口頭), 전화, 그 밖의 방법으로 알릴 수 있다.
③ 재심사위원회의 회의는 위원장 또는 부위원장, 상임위원 및 위원장이 회의를 할 때마다 지정하는 위원을 포함하여 9명으로 구성한다. 이 경우 위원장이 지정하는 위원 중에는 법 제107조제5항제2호의 자격이 있는 위원과 같은 항 제5호의 자격이 있는 위원이 각각 1명 이상 포함되어야 한다.(2010.3.26 후단개정)
④ 재심사위원회의 회의는 제3항에 따른 구성원 과반수의 출석과 출석위원 과반수의 찬성으로 의결한다. 이 경우 제3항 후단에 따른 자격이 있는 위원이 각각 1명 이상 출석하여야 한다.
⑤ 재심사위원회의 회의에 출석한 상임위원 및 당연직위원 외의 위원에게는 예산의 범위에서 수당과 여비를 지급할 수 있다.
⑥ 이 영에 규정한 것 외에 재심사위원회의 운영에 필요한 사항은 재심사위원회의 의결을 거쳐 위원장이 정한다.
제108조【재심사 심리기일 및 장소의 통지 등】 ① 재심사위원회는 재심사청구서를 접수하면 그 청구에 대한 심리기일 및 장소를 정하여 심리기일 5일 전까지 당사자 및 공단에 각각 문서로 알려야 한다.
② 제1항에 따른 통지는 직접 전달하거나 등기우편으로 하여야 한다.
제109조【심리의 공개】 ① 재심사위원회의 심리는 공개하여야 한다. 다만, 재심사 청구인의 신청이 있으면 공개하지 아니할 수 있다.
② 제1항 단서에 따른 신청은 그 취지 및 이유를 적은 문서로 하여야 한다.
제110조【심리조서】 ① 재심사위원회는 재심사의 심리 경과에 관하여 다음 각 호의 사항을 적은 심리조서를 작성하여야 한다.
1. 사건번호 및 사건명
2. 심리일시 및 장소
3. 출석한 위원의 이름
4. 출석한 당사자의 이름
5. 심리의 내용
6. 그 밖에 필요한 사항
② 제1항의 심리조서에는 작성 연월일을 적고, 위원장이 서명하거나 날인하여야 한다.
③ 당사자 또는 관계인은 문서로 제1항에 따른 심리조서의 열람을 신청할 수 있다.
④ 재심사위원회는 당사자 또는 관계인이 제3항에 따른 열람을 신청한 경우에는 정당한 사유 없이 거부하지 못한다.
제111조【소위원회의 구성 · 운영】 ① 재심사위원회는 재심사 청구의 효율적인 심리를 위하여 필요하다고 인정하는 경우에는 전문 분야별 소위원회(이하 "소위원회"라 한다)를 구성 · 운영할 수 있다.(2018.12.11 본문개정)
1.~3. (2018.12.11 삭제)
② 소위원회는 재심사위원회 위원장이 재심사위원회 위원 중에서 지정한 5명 이내의 위원으로 구성한다.(2018.12.11 본항신설)
③ 소위원회 위원장은 소위원회 위원 중에서 재심사위원회 위원장이 지정한다.(2018.12.11 본항신설)
④ 소위원회는 위원장이 지정하는 재심사 청구 사건을 검토하여 재심사위원회에 보고하여야 한다.
⑤ 소위원회의 운영에 관하여는 제107조제1항 본문, 같은 조 제2항 · 제4항 및 제5항을 준용한다. 이 경우 "위원장"은 "소위원회 위원장"으로, "재심사위원회"는 "소위원회"로 본다.(2018.12.11 후단개정)
제112조【조사연구원의 배치】 ① 고용노동부장관은 산업재해보상보험, 산업의학, 산업간호, 유해물질 관리 및 방사선 등 재심사위원회의 재심사 업무에 필요한 전문적인 조사 · 연구를 위하여 5명 이내의 조사연구원을 둘 수 있다.
② 조사연구원의 보수에 관하여 필요한 사항은 고용노동부령으로 정한다.(2015.2.10 본항개정)
(2010.7.12 본조개정)
제113조【준용규정】 재심사 청구의 보정 및 각하, 보험급여 결정등의 집행정지, 재결의 방법, 심리를 위한 조사 및 실비 지급 등에 관하여는 제97조 · 제98조 · 제101조 · 제103조 및 제104조를 준용한다. 이 경우 "심사 청구"는 "재심사 청구"로, "심사 청구인"은 "재심사 청구인"으로, "공단"은 "재심사위원회"로, "공단의 소속기관"은 "공단"으로, "심사 청구에 대한 결정"은 "재심사 청구에 대한 재결"로, "심사 결정서"는 "재결서"로, 제101조제3항 중 "심사 청구인"은 "공단 및 재심사 청구인"으로, 같은 조 제4항 중 "심사 청구 또는 재심사 청구"는 "행정소송"으로 본다.

제7장 보 칙

제114조【수급권의 변동 신고 등】 ① 공단이 법 제114조제1항에 따라 보고 또는 서류의 제출을 요구할 수 있는 경우는 다음 각 호와 같다.
1. 보험관계의 성립 · 변경 또는 소멸 등 보험관계의 확인이 필요한 경우
2. 근로자 수, 보수총액 및 사업종류 등 보험료 및 보험급여의 산정과 관련된 사항에 대하여 확인이 필요한 경우
3. 보험료징수법 제33조에 따른 보험사무대행기관이 보험사무를 위법 또는 부당하게 처리하거나 그 처리를 게을리하는지 여부에 대한 확인이 필요한 경우
4. 보험료징수법 제37조에 따른 징수비용과 그 밖의 지원금과 관련하여 사실관계의 확인이 필요한 경우
(2021.6.8 3호~4호개정)
(2018.12.11 본항신설)
② 법 제114조제2항에서 "대통령령으로 정하는 사항"이란 다음 각 호의 어느 하나에 해당하는 사항을 말한다.
1. 보험급여 수급권자가 이 법에 따른 보험급여 지급 사유와 같은 사유로 「민법」이나 그 밖의 법령에 따라 보험급여에 상당하는 금품을 받은 경우에는 그 내용
2. 보험급여 수급권자가 제3자로부터 이 법에 따른 보험급여 지급 사유와 같은 사유로 보험급여에 상당하는 손해배상을 받은 경우에는 그 내용
3. 유족보상연금 수급자격자가 변동된 경우에는 그 내용
4. 그 밖에 보험급여 수급권자의 이름 · 주민등록번호 · 주소 등이 변경된 경우에는 그 내용
③ 법 제114조제3항에서 "대통령령으로 정하는 사항"이란 다음 각 호의 어느 하나에 해당하는 사항을 말한다.
1. 장해보상연금 또는 진폐보상연금 수급권의 소멸사유가 발생한 경우에는 그 내용(2010.11.15 본호개정)
2. 유족보상연금 또는 진폐유족연금 수급권의 변동사유가 발생한 경우에는 그 내용(2010.11.15 본호개정)
제115조【외국거주자의 수급권 신고】 법 제115조제2항에서 "대통령령으로 정하는 사항"이란 다음 각 호의 사항을 말한다. 이 경우 제3호부터 제5호까지의 규정은 유족보상연금 또는 진폐유족연금 수급권자에게만 해당된다.(2010.11.15 후단개정)
1. 생존 여부에 관한 사항
2. 국적(國籍)의 변동에 관한 사항
3. 혼인(사실상의 혼인을 포함한다) 여부에 관한 사항
4. 친족관계의 변동에 관한 사항
5. 장애상태에 관한 사항(유족보상연금 수급자격자 또는 진폐유족연금 수급권자가 법 제63조제1항제4호에 따른 장애인 중 고용노동부령으로 정한 장애 정도에 해당하는 사람인 경우에만 해당된다)(2018.12.31 본호개정)
제116조【보고 · 제출요구】 법 제114조 및 법 제118조에 따른 보고 또는 관계 서류 등의 제출 요구는 문서로 하여야 한다.
제117조【진찰 요구 대상 등】 ① 법 제119조에 따라 공단이 진찰을 요구할 수 있는 경우는 다음 각 호와 같다.
1. 업무상의 재해로 요양 중인 근로자에 대한 계속 요양의 필요성을 판단하기 위한 진찰
2. 장해등급 또는 중증요양상태등급의 판정을 위한 진찰(2018.12.11 본호개정)
3. 업무상의 재해인지 판단하기 위한 진찰
4. 재요양이 필요한지 판단하기 위한 진찰
5. 법 제61조에 따른 간병이 필요한지 판단하기 위한 진찰(2021.1.12 본호신설)
② 제1항에 따른 진찰비용은 그 진찰에 드는 실비로 지급한다.
③ 제2항에 따라 지급하는 진찰비용 중 제1항제3호에 따른 진찰비용에는 업무상의 재해로 추정할 수 있는 증상을 가진 사람으로서 그 증세가 위독하거나, 진찰 중 바로 치료하지 않으면 증세가 급속히 악화되어 진찰과 향후 치료에 지장이 있다는 의학적 소견에 따라 치료한 경우 그 치료에 든 비용을 포함할 수 있다.
④ 법 제119조에 따른 진찰 요구는 문서로 하여야 한다.
제118조【특진의료기관】 ① 법 제119조에 따른 진찰(이하 이 조에서 "진찰"이라 한다)은 다음 각 호의 어느 하나에 해당하는 산재보험 의료기관(이하 "특진의료기관"이라 한다)에서 한다.

1. 법 제43조제1항제1호에 따른 공단에 두는 의료기관(2010.3.26 본호개정)
2. 법 제43조제1항제2호에 따른 상급종합병원(2010.11.15 본호개정)
3. 제1호 및 제2호에 해당하지 아니하는 산재보험 의료기관 중 「의료법」 제3조제2항제3호바목에 따른 종합병원(2021.6.8 본호개정)

② 공단은 진찰을 요구할 때에는 진찰 요구의 목적, 진찰을 받을 사람의 거주지, 부상 · 질병 또는 장해 상태 등을 고려하여 진찰의 목적 달성에 적정하다고 인정하는 2개의 특진의료기관을 제시하여 진찰을 받을 사람이 그 중 하나를 선택하도록 할 수 있다.

③ 공단은 제117조제1항제2호에 따른 진찰을 할 특진의료기관을 따로 정하여 운영할 수 있다.

④ 공단은 특진의료기관에서 진찰한 결과가 주치의 및 자문의사의 소견과 각각 다른 경우에는 다시 진찰하여 판정하거나 판단할 수 있다. 다만, 그 진찰의 결과로는 제117조제1항 각 호의 어느 하나에 해당하는 진찰 요구의 목적에 따른 판정 또는 판단이 곤란한 경우에는 자문의 사회의의 심의를 거쳐 판정하거나 판단할 수 있다.

⑤ 특진의료기관은 제117조제1항제3호에 따른 진찰결과 업무상 질병에 해당된다고 판단되는 경우에는 진찰받은 사람과 같은 장소에서 동일 또는 유사한 유해요인에 노출된 근로자에게 법 제41조에 따른 요양급여 신청에 관한 상담, 안내, 그 밖에 필요한 지원을 할 수 있다.
(2018.12.11 본항신설)

제119조【보험급여의 일시 중지】 ① 공단은 법 제120조제1항에 따라 보험급여의 지급을 일시 중지하기 전에 그 보험급여를 받으려는 사람에게 상당한 기간을 정하여 문서로 의무이행을 촉구하여야 한다.

② 법 제120조에 따라 일시 중지할 수 있는 보험급여는 보험급여를 받으려는 사람이 제1항에 따른 의무를 이행하지 아니하여 그 보험급여를 받으려는 사람에게 지급될 보험급여의 지급결정이 곤란하거나 이에 지장을 주게 되는 모든 보험급여로 하되, 법 제120조제1항제1호의 경우에는 휴업급여 또는 상병보상연금 또는 진폐보상연금으로 한다.(2010.11.15 본항개정)

③ 보험급여를 일시 중지할 수 있는 기간은 공단이 제1항에 따라 의무를 이행하도록 지정한 날의 다음 날부터 그 의무를 이행한 날의 전날까지로 한다.

제120조【금융기관의 지정】 법 및 이 영에 따라 보험급여를 받으려는 사람은 공단이 지정하는 금융기관에 계좌를 개설하여야 한다.

제121조【현장실습생에 대한 보험급여 지급 등】 법 제123조에 따른 현장실습생에게 보험급여를 지급하는 경우 등에 관하여는 제21조부터 제28조까지, 제30조부터 제53조까지, 제55조부터 제85조까지, 제96조부터 제98조까지, 제101조부터 제105조까지 및 제113조부터 제120조까지의 규정을 준용한다.(2021.6.8 본조개정)

제121조의2【학생연구자의 범위】 법 제123조의2제2항에서 "대통령령으로 정하는 학생 신분의 연구자"란 다음 각 호의 사람(이하 "학생연구자"라 한다)을 말한다.
1. 「연구실 안전환경 조성에 관한 법률」 제2조제1호가목에 따른 대학 · 연구기관에 두는 학사 · 석사 · 박사학위과정(전문학위 및 통합된 학위과정을 포함한다)에 재학 중인 사람(휴학 중이거나 수료한 사람을 포함한다)
2. 제1호에 따른 학사 · 석사학위과정을 마치고 석사 · 박사학위과정 입학이 확정된 사람으로서 종전의 학사 · 석사학위과정에서 수행하던 연구개발과제를 석사 · 박사학위과정의 입학 전까지 계속 수행하는 사람

(2021.12.31 본조신설)

제121조의3【학생연구자의 업무상 재해의 인정 기준】 법 제123조의2제5항에 따른 학생연구자에 대한 업무상의 재해의 인정 기준에 관하여는 제27조, 제28조, 제30조부터 제35조까지 및 제36조를 준용한다. 이 경우 "근로자"는 "학생연구자"로, "사업장"은 "「연구실 안전환경 조성에 관한 법률」에 따른 대학 · 연구기관등의 연구활동이 수행되는 장소"로, "사업주"는 "대학 · 연구기관등"으로 보고, 제27조제1항제1호의 "근로계약에 따른 업무수행 행위"는 "대학 · 연구기관등이 수행하는 연구개발과제에 참여하여 수행하는 연구활동 행위"로 본다.
(2021.12.31 본조신설)

제121조의4【학생연구자의 보험급여의 지급 등】 ① 법 제123조의2제2항에 따른 학생연구자의 보험급여의 신청 · 청구 및 결정 · 통지 등에 관하여는 제21조, 제37조, 제38조, 제44조, 제45조, 제48조부터 제53조까지, 제55조부터 제69조까지, 제72조, 제72조의2, 제73조부터 제77조까지, 제77조의2, 제78조, 제79조, 제79조의2, 제80조, 제81조, 제81조의2, 제82조, 제83조, 제83조의2, 제83조의3, 제96조부터 제98조까지, 제101조부터 제105조까지 및 제113조부터 제120조까지를 준용한다. 이 경우 "근로자"는 "학생연구자"로, "사업주"는 "「연구실 안전환경 조성에 관한 법률」에 따른 대학 · 연구기관등"으로 본다.

② 제1항에서 규정한 사항 외에 보험급여의 지급 등에 필요한 사항은 고용노동부령으로 정한다.
(2021.12.31 본조신설)

제122조【중 · 소기업 사업주의 범위】 ① 법 제124조제1항에서 "대통령령으로 정하는 중 · 소기업 사업주(근로자를 사용하지 아니하는 자를 포함한다. 이하 이 조에서 같다)"란 다음 각 호의 어느 하나에 해당하는 자를 말한다.
(2021.6.8 본문개정)
1. 보험가입자로서 300명 미만의 근로자를 사용하는 사업주(2020.1.7 본호개정)
2. 근로자를 사용하지 않는 사람. 다만, 노무제공자는 제외한다.(2023.6.27 단서개정)

가.~타. (2020.1.7 삭제)

② 제1항제1호에 따라 보험에 가입한 중 · 소기업 사업주가 300명 이상의 근로자를 사용하게 된 경우에도 중 · 소기업 사업주 본인이 보험관계를 유지하려고 하는 경우에는 계속하여 300명 미만의 근로자를 사용하는 사업주로 본다.(2020.1.7 본항개정)

③ 제1항제2호에 따라 보험에 가입한 사람이 300명 미만의 근로자를 사용하게 된 경우에는 제1항제1호에 따라 보험에 가입한 것으로 본다.(2020.1.7 본항개정)

④ 법 제124조제2항에서 "대통령령으로 정하는 요건을 갖추어 해당 사업에 노무를 제공하는 사람"이란 제1항에 따른 중 · 소기업 사업주로부터 노무 제공에 대한 보수를 받지 않고 해당 사업에 노무를 제공하는 사람을 말한다.
(2021.6.8 본항신설)

제123조【중 · 소기업 사업주등의 업무상의 재해의 인정 기준】 법 제124조제1항에 따른 중 · 소기업 사업주 및 같은 조 제2항에 따른 중 · 소기업 사업주의 배우자 또는 4촌 이내의 친족(이하 "중 · 소기업 사업주등"이라 한다)에 대한 같은 조 제4항에 따른 업무상의 재해의 인정 범위에 관하여는 제27조, 제28조, 제30조부터 제35조까지 및 제36조를 준용한다. 이 경우 "근로자" 및 "진폐근로자"는 "중 · 소기업 사업주등"으로 보고, 제27조 중 "근로계약에 따른 업무수행 행위"는 "해당 사업에 필요한 업무수행 행위"로 본다.(2021.6.8 본조개정)

제124조【중 · 소기업 사업주등에 대한 보험급여 지급의 제한】 법 제124조제6항에 따라 중 · 소기업 사업주등이 보험료를 체납한 기간 중 발생한 업무상의 재해에 대해서는 법 제36조제1항에 따른 보험급여를 지급하지 않는다. 다만, 체납한 보험료를 보험료 납부기일이 속하는 달의 다음다음 달 10일까지 납부한 경우에는 해당 보험급여를 지급한다.(2021.6.8 본조개정)

제125조~제127조 (2023.6.27 삭제)

제127조의2【민감정보 및 고유식별정보의 처리】 고용노동부장관 또는 공단(제19조에 따라 공단의 업무를 위탁받은 자를 포함한다)은 다음 각 호의 사무를 수행하기 위하여 불가피한 경우 「개인정보 보호법」 제23조에 따른 건강에 관한 정보와 같은 법 시행령 제18조제2호에 따른 범죄경력자료, 같은 영 제19조제1호 및 제4호에 따른 주민등록번호 및 외국인등록번호가 포함된 자료를 처리할 수 있다. 다만, 제4호, 제8호의2 및 제8호의3의 사무의 경우에는 「개인정보 보호법 시행령」 제18조제2호에 따른 범죄경력자료에 해당하는 정보는 제외하고, 제8호, 제8호의3 및 제12호의 사무의 경우에는 「개인정보 보호법」 제23조에 따른 건강에 관한 정보는 제외한다.(2023.6.27 단서개정)
1. 법 제31조에 따른 자료 제공의 요청
2. 법 제36조에 따른 보험급여 지급에 관한 사무
3. 법 제39조제2항에 따른 보험급여액의 징수에 관한 사무(2012.11.12 본호신설)
4. 법 제77조에 따른 합병증 등 예방관리에 관한 사무(2014.8.6 본호신설)
5. 법 제78조에 따른 장해특별급여 지급에 관한 사무
6. 법 제79조에 따른 유족특별급여 지급에 관한 사무
7. 법 제84조에 따른 부당이득의 징수에 관한 사무
8. 법 제87조에 따른 제3자에 대한 구상권에 관한 사무(2012.11.12 5호~8호신설)

8의2. 법 제90조의2에 따른 국민건강보험 요양급여 비용의 정산에 관한 사무(2015.4.14 본호신설)

8의3. 법 제91조의21에 따른 플랫폼 운영자에 대한 자료 또는 정보의 제공 요청에 관한 사무(2023.6.27 본호신설)

9. 법 제92조에 따른 보험시설의 설치 · 운영, 장학사업 등 근로복지 사업에 관한 사무
10. 법 제103조에 따른 심사 청구에 관한 사무
11. 법 제106조에 따른 재심사 청구에 관한 사무
12. 법 제119조의2에 따른 포상금의 지급에 관한 사무(2014.8.6 본호신설)

(2011.12.30 본조신설)

제127조의3【규제의 재검토】 ① 고용노동부장관은 제34조 및 별표3에 따른 업무상 질병의 인정기준에 대하여 2014년 1월 1일을 기준으로 3년마다(매 3년이 되는 해의 1월 1일 전까지를 말한다) 그 타당성을 검토하여 개선 등의 조치를 하여야 한다.

② 고용노동부장관은 제83조의5에 따른 노무제공자의 범위에 대하여 2017년 1월 1일을 기준으로 3년마다(매 3년이 되는 해의 1월 1일 전까지를 말한다) 그 타당성을 검토하여 개선 등의 조치를 해야 한다.(2023.6.27 본항개정)
(2013.12.30 본조신설)

제8장 벌 칙

제128조【과태료의 부과기준】 법 제129조제1항부터 제3항까지의 규정에 따른 과태료의 부과기준은 별표12와 같다.(2023.6.27 본조개정)

부 칙

제1조【시행일】 이 영은 2008년 7월 1일부터 시행한다.

제2조【평균임금의 증감에 관한 적용례】 제22조 및 별표2의 개정규정은 이 영 시행 후 평균임금의 증감 사유가 발생한 사람부터 적용한다.

제3조【근로형태가 특이한 근로자의 평균임금 산정에 관한 적용례】 제23조 및 제24조의 개정규정은 이 영 시행 후 새로 평균임금 산정사유가 발생한 사람부터 적용한다.

제4조【직업병에 걸린 사람에 대한 평균임금 산정 특례에 관한 적용례】 제25조의 개정규정은 이 영 시행 후 새로 직업병으로 확인된 사람부터 적용한다.

제5조【과징금에 관한 적용례】 제39조 및 별표5의 개정규정은 이 영 시행 후 해당 법 규정을 위반한 산재보험 의료기관부터 적용한다.

제6조【진료계획의 제출 등에 관한 적용례】 제40조 및 제41조의 개정규정은 이 영 시행 후 요양기간을 연장하는 경우부터 적용한다.

제7조【장해급여의 등급 기준 등에 관한 적용례】 제53조 및 별표6의 개정규정은 이 영 시행 후 치유되어 장해급여 청구사유가 발생한 사람부터 적용한다.

제8조【간병급여에 관한 적용례】 제59조 및 별표7의 개정규정은 이 영 시행 후 치유된 사람이 간병을 받을 필요가 있게 된 경우부터 적용한다.

제9조【장해특별급여 · 유족특별급여에 관한 적용례】 제73조제3항 및 제74조제2항의 개정규정은 이 영 시행 후 업무상의 재해가 발생한 사람부터 적용한다.

제10조【국민건강보험 요양급여 비용의 본인 일부 부담금의 대부에 관한 적용례】 제84조의 개정규정은 이 영 시행 후 질병이 발생하여 요양급여를 신청한 사람부터 적용한다.

제11조【장해급여의 등급 기준에 관한 경과조치】 ① 이 영 시행 당시 종전의 규정에 따라 장해등급이 결정된 사람이 재요양을 받고 치유된 후 장해의 상태가 종전에 비하여 호전되지 아니하였음에도 불구하고 제53조제1항의 개정규정을 적용하면 장해등급이 낮아지게 되는 경우에 그 장해에 대한 장해등급은 종전의 규정에 따른다.

② 이 영 시행 당시 종전의 규정에 따라 장해등급이 결정된 사람이 이 영 시행 후에 새로 발생한 업무상의 재해로 기존 장해 부위의 장해 상태가 더 나빠져서 제53조제4항의 개정규정을 적용하는 경우에 제53조제1항 및 별표6의 개정규정에도 불구하고 종전의 규정에 따라 결정된 장해등급을 상태가 더 나빠지기 전의 장해등급으로 본다.

제12조【간병급여에 관한 경과조치】 이 영 시행 당시 종전의 규정에 따라 간병급여를 지급받고 있는 사람은 제59조제1항의 개정규정에도 불구하고 종전의 규정에 따른다.

제13조【직장복귀지원금에 관한 경과조치】 이 영 시행 당시 치유되어 장해급여를 받은 사람을 계속 고용하거나 직장적응훈련 또는 재활운동을 실시한 사업주에 대한 직장복귀지원금의 지급에 관하여는 제70조 및 제71조의 개정규정에도 불구하고 종전의 규정에 따른다.

제14조【다른 법령의 개정】 ①~⑪ ※(해당 법령에 가제정리 하였음)

제15조【다른 법령과의 관계】 이 영 시행 당시 다른 법령에서 종전의 「산업재해보상보험법 시행령」의 규정을 인용한 경우에 이 영 중 그에 해당하는 조항이 있을 때에는 종전의 규정을 갈음하여 이 영의 해당 조항을 인용한 것으로 본다.

부 칙 (2010.2.24)

제1조【시행일】 이 영은 2010년 4월 10일부터 시행한다.

제2조【산업재해보상보험심의위원회 등에 관한 경과조치】 ① 이 영 시행 당시 종전의 규정에 따라 설치된 산업재해보상보험심의위원회, 정책전문위원회 및 요양전문위원회는 각각 제3조, 제4조 및 제8조의 개정규정에 따라 설치된 산업재해보상보험및예방심의위원회, 산업재해보상보험정책전문위원회 및 산업재해보상보험요양전문위원회로 본다.

② 이 영 시행 당시 종전의 규정에 따라 설치된 산업재해보상보험심의위원회의 위원, 정책전문위원회의 위원 및 요양전문위원회의 위원은 각각 제3조, 제4조 및 제8조의 개정규정에 따라 설치된 산업재해보상보험및예방심의위원회의 위원, 산업재해보상보험정책전문위원회의 위원 및 산업재해보상보험요양전문위원회의 위원으로 본다. 이 경우 산업재해보상보험및예방심의위원회의 위원의 임기는 종전의 위촉일부터 기산한다.

제3조【전문위원에 관한 경과조치】 이 영 시행 당시 종전의 「산업안전보건법 시행령」 제6조에 따라 임명된 전문위원은 제8조의2의 개정규정에 따라 임명된 조사 · 연구위원으로 본다.

부 칙 (2016.3.22)

제1조【시행일】 이 영은 2016년 3월 28일부터 시행한다. 다만, 제23조, 제24조, 제122조제1항제2호 단서, 같은 호 바목 및 제125조제7호부터 제9호까지의 개정규정은 2016년 7월 1일부터 시행한다.
제2조【단시간근로자에 대한 보험급여 산정에 관한 적용례】 제23조제2호 및 제24조제1항제2호의 개정규정은 부칙 제1조 단서에 따른 시행일 이후 업무상의 재해를 입은 경우부터 적용한다.
제3조【소음성 난청에 걸린 근로자에 대한 평균임금 산정 기준일에 관한 경과조치】 소음성 난청으로 이 영 시행 전에 제25조제3항 본문에 따른 진단서나 소견서를 발급받은 근로자에 대하여 보험급여를 지급하는 경우 그 평균임금의 산정 기준일은 제25조제3항의 개정규정에도 불구하고 종전의 규정에 따른다.
제4조【다른 법령의 개정】 ※(해당 법령에 가제정리 하였음)

부 칙 (2017.12.26)

제1조【시행일】 이 영은 2018년 1월 1일부터 시행한다. 다만, 제2조제1항·제3항 및 제2조의2의 개정규정은 2018년 7월 1일부터 시행한다.
제2조【적용 제외 공사에 관한 적용례】 제2조제1항제3호의 개정규정은 부칙 제1조 단서에 따른 시행일 이후 착공하는 공사부터 적용한다.
제3조【근로 형태가 특이한 근로자의 평균임금 산정에 관한 적용례】 제24조제2항의 개정규정은 이 영 시행 이후 평균임금 산정사유가 발생한 경우부터 적용한다.
제4조【재요양 후의 장해급여에 관한 적용례】 제58조제3항의 개정규정은 이 영 시행 이후 재요양 후의 장해급여를 신청하는 경우부터 적용한다.
제5조【다른 보상이나 배상과의 조정 기준에 관한 적용례】 제76조의 개정규정(제81조에서 준용하는 경우를 포함한다)은 「민법」이나 그 밖의 법령에 따라 지급받은 금품을 이 영 시행 이후 조정하는 경우부터 적용한다.

부 칙 (2018.12.11)

제1조【시행일】 이 영은 공포한 날부터 시행한다. 다만, 제64조, 제65조, 제70조, 제72조, 제72조의2, 제77조의2, 제79조의2, 제81조의2, 제117조 및 별표8의 개정규정은 2018년 12월 13일부터 시행하고, 제125조제2호의 개정규정은 2019년 1월 1일부터 시행한다.
제2조【업무상 질병에 대한 구체적인 인정 기준에 관한 적용례】 별표3 제5호·제7호 및 제10호의 개정규정은 이 영 시행 당시 보험급여를 신청한 사람에게도 적용한다.

부 칙 (2019.7.2)

이 영은 공포한 날부터 시행한다.(이하 생략)

부 칙 (2019.12.24)

제1조【시행일】 이 영은 2020년 1월 16일부터 시행한다. (이하 생략)

부 칙 (2020.1.7)

제1조【시행일】 이 영은 공포한 날부터 시행한다. 다만, 제125조의 개정규정은 2020년 7월 1일부터 시행한다.
제2조【장해보상연금 선급금의 이자율에 관한 적용례】 제54조의 개정규정은 이 영 시행 이후 장해보상연금을 선지급하는 분부터 적용한다.
제3조【장해등급등의 재판정에 따른 장해보상연금 또는 진폐보상연금 지급에 관한 적용례】 제57조제1항의 개정규정은 이 영 시행 이후 제56조제1항에 따른 재판정 결정을 받고 장해등급등이 변경되는 사람부터 적용한다.
제4조【진료비 또는 약제비 불복 심사 청구에 대한 심사위원회의 심의에 관한 적용례】 제102조제1항제5호의 개정규정은 이 영 시행 이후 진료비 또는 약제비에 관한 불복 심사 청구에 대하여 결정하는 경우부터 적용한다.
제5조【특수형태근로종사자의 노무 제공 신고에 관한 경과조치】 이 영 시행 전에 제126조제3항 각 호의 개정규정에 해당하는 서류 및 정보를 교부받거나 입력 또는 제출한 경우에는 이 영 시행일에 제126조제1항제1호 및 제2호의 사항을 신고한 것으로 본다.

부 칙 (2020.6.9)

제1조【시행일】 이 영은 2020년 6월 11일부터 시행한다. (이하 생략)

부 칙 (2020.8.27)

제1조【시행일】 이 영은 2020년 8월 28일부터 시행한다. (이하 생략)

부 칙 (2021.1.12)

이 영은 공포한 날부터 시행한다. 다만, 제125조제14호의 개정규정은 2021년 7월 1일부터 시행한다.

부 칙 (2021.6.8)

이 영은 공포한 날부터 시행한다. 다만, 다음 각 호의 구분에 따른 개정규정은 해당 각 호에 규정된 날부터 각각 시행한다.
1. 제21조제1항제6호, 제41조제2항제3호, 제43조제3항제2호, 제44조의 제목, 제3장제9절의 제목, 제66조 및 별표1 제36호의 개정규정 : 2021년 7월 27일
2. 제122조제1항·제4항, 제123조 및 제124조의 개정규정 : 2021년 6월 9일
3. 제126조의2의 개정규정 : 2021년 7월 1일

부 칙 (2021.12.31)

이 영은 2022년 1월 1일부터 시행한다.

부 칙 (2022.2.17)

제1조【시행일】 이 영은 2022년 2월 18일부터 시행한다. (이하 생략)

부 칙 (2022.3.15)

이 영은 2022년 7월 1일부터 시행한다.

부 칙 (2022.12.20)

이 영은 공포한 날부터 시행한다.

부 칙 (2022.12.30)

이 영은 2023년 1월 12일부터 시행한다.

부 칙 (2023.6.27)

제1조【시행일】 이 영은 2023년 7월 1일부터 시행한다. 다만, 제83조의5제1호나목 및 같은 조 제16호의 개정규정은 2024년 1월 1일부터 시행한다.
제2조【노무제공자 중 골프장 캐디의 보수 산정에 관한 특례】 이 영 시행일부터 2023년 12월 31일까지 골프장 캐디의 보수 산정을 함에 있어서는 제83조의7의 개정규정 중 "제83조의5제2호 및 제13호"를 "제83조의5제2호·제4호 및 제13호"로 본다.
제3조【다른 법령의 개정】 ①~② ※(해당 법령에 가제정리 하였음)

〔별표〕 ➡ 「法典 別册」 참조

고용보험 및 산업재해보상보험의 보험료징수 등에 관한 법률(약칭 : 고용산재보험료징수법)

(2003년 12월 31일
법 률 제7047호)

개정
2004.12.31법 7300호 2005.12. 7법 7706호
2006.12.28법 8117호
2007. 4.11법 8373호(산업재해)
2007. 5.11법 8429호(고용보험법)
2007.12.27법 8812호
2007.12.27법 8816호(임금채권보장법)
2008. 2.29법 8852호(정부조직)
2009. 4. 1법 9617호(신용정보의이용및보호에관한법)
2009.10. 9법 9794호(산업재해)
2009.12.30법 9896호 2010. 1.27법 9989호
2010. 3.22법 10155호(석면피해구제법)
2010. 6. 4법 10339호(정부조직)
2010. 6.10법 10366호(동산·채권등의담보에관한법)
2011. 5.19법 10682호(금융부실)
2011. 7.14법 10854호(금융실명)
2011. 7.21법 10894호
2011.12.31법 11141호(국민보험)
2012. 2. 1법 11269호
2013. 3.23법 11690호(정부조직)
2013. 6. 4법 11863호 2014. 3.24법 12526호
2016.12.27법 14495호 2017.10.24법 14932호
2019. 1.15법 16268호
2019. 1.15법 16272호(산업안전보건법)
2019.11.26법 16652호(자산관리)
2020. 6. 9법 17428호
2020.12. 8법 17603호(산업재해)
2020.12.29법 17758호(국세징수)
2021. 1. 5법 17858호 2021. 1.26법 17909호
2021. 4.13법 18036호 2021. 8.17법 18422호
2022. 6.10법 18919호 2022.12.31법 19209호

제1장 총 칙
(2009.12.30 본장개정)

제1조【목적】 이 법은 고용보험과 산업재해보상보험의 보험관계의 성립·소멸, 보험료의 납부·징수 등에 필요한 사항을 규정함으로써 보험사무의 효율성을 높이는 것을 목적으로 한다.
제2조【정의】 이 법에서 사용하는 용어의 뜻은 다음과 같다.
1. "보험"이란 「고용보험법」에 따른 고용보험 또는 「산업재해보상보험법」에 따른 산업재해보상보험을 말한다.
2. "근로자"란 「근로기준법」에 따른 근로자를 말한다.
3. "보수"란 「소득세법」 제20조에 따른 근로소득에서 대통령령으로 정하는 금품을 뺀 금액을 말한다. 다만, 제13조제1항제1호에 따른 고용보험료를 징수하는 경우에는 근로자가 휴직이나 그 밖에 이와 비슷한 상태에 있는 기간 중에 사업주 외의 자로부터 지급받는 금품 중 고용노동부장관이 정하여 고시하는 금품은 보수로 본다.
(2011.7.21 단서신설)
4. "원수급인"이란 사업이 여러 차례의 도급에 의하여 행하여지는 경우에 최초로 사업을 도급받아 행하는 자를 말한다. 다만, 발주자가 사업의 전부 또는 일부를 직접 하는 경우에는 발주자가 직접 하는 부분(발주자가 직접 하다가 사업의 진행경과에 따라 도급하는 경우에는 발주자가 직접 하는 것으로 본다)에 대하여 발주자를 원수급인으로 본다.
5. "하수급인"이란 원수급인으로부터 그 사업의 전부 또는 일부를 도급받아 하는 자와 그 자로부터 그 사업의 전부 또는 일부를 도급받아 하는 자를 말한다.
6. "정보통신망"이란 「정보통신망 이용촉진 및 정보보호 등에 관한 법률」에 따른 정보통신망을 말한다.
7. "보험료등"이란 보험료, 이 법에 따른 가산금·연체금·체납처분비 및 제26조에 따른 징수금을 말한다.
(2010.1.27 본호신설)
제3조【기준보수】 ① 다음 각 호의 어느 하나에 해당하는 경우에는 고용노동부장관이 정하여 고시하는 금액(이하 "기준보수"라 한다)을 근로자, 「고용보험법」 제77조의2제1항에 따른 예술인(이하 "예술인"이라 한다)이나 같은 법 제77조의6제1항에 따른 노무제공자(이하 "노무제공자"라 한다)의 보수 또는 보수액으로 할 수 있다.
1. 사업의 폐업·도산 등으로 근로자, 예술인 또는 노무제공자의 보수 또는 보수액을 산정·확인하기 곤란한 경우 등 대통령령으로 정하는 사유가 있는 경우
2. 예술인(「고용보험법」 제77조의2제2항제2호 본문에 따른 소득 기준을 충족하는 예술인으로서 대통령령으로 정하는 사람과 같은 호 단서에 따른 단기예술인은 제외한다) 및 노무제공자(같은 법 제77조의6제2항제2호 본문에 따른 소득 기준을 충족하는 노무제공자로서 대통령령으

로 정하는 사람과 같은 호 단서에 따른 단기노무제공자는 제외한다)의 보수액이 기준보수보다 적은 경우
② 기준보수는 사업의 규모, 근로·노무 형태, 보수·보수액 수준 등을 고려하여 「고용보험법」 제7조에 따른 고용보험위원회의 심의를 거쳐 시간·일 또는 월 단위로 정하되, 사업의 종류별 또는 지역별로 구분하여 정할 수 있다.
③ (2010.1.27 삭제)
(2022.12.31 본조개정)
제4조【보험사업의 수행주체】「고용보험법」 및 「산업재해보상보험법」에 따른 보험사업에 관하여 이 법에서 정한 사항은 고용노동부장관으로부터 위탁을 받아 「산업재해보상보험법」 제10조에 따른 근로복지공단(이하 "공단"이라 한다)이 수행한다. 다만, 다음 각 호에 해당하는 징수업무는 「국민건강보험법」 제13조에 따른 국민건강보험공단(이하 "건강보험공단"이라 한다)이 고용노동부장관으로부터 위탁을 받아 수행한다.(2011.12.31 본문개정)
1. 보험료등(제17조 및 제19조에 따른 개산보험료 및 확정보험료, 제26조에 따른 징수금은 제외한다)의 고지 및 수납
2. 보험료등의 체납관리
(2010.1.27 1호~2호신설)
제4조의2【정보통신망을 이용한 신고 또는 신청】 ① 이 법에 따른 신고 또는 신청은 고용노동부장관이 정하여 고시하는 정보통신망(이하 "고용·산재정보통신망"이라 한다)을 이용하여 할 수 있다.(2010.6.4 본항개정)
② 제1항의 방법으로 신고 또는 신청하는 경우에는 고용·산재정보통신망에 입력된 때에 신고 또는 신청이 된 것으로 본다.
③ 제1항의 방법에 따른 신고 또는 신청의 방법·절차 등에 관하여 필요한 사항은 고용노동부령으로 정한다.(2010.6.4 본항개정)

제2장 보험관계의 성립 및 소멸
(2009.12.30 본장개정)

제5조【보험가입자】 ① 「고용보험법」을 적용받는 사업의 사업주와 근로자(「고용보험법」 제10조 및 제10조의2에 따른 적용 제외 근로자는 제외한다. 이하 이 조에서 같다)는 당연히 「고용보험법」에 따른 고용보험(이하 "고용보험"이라 한다)의 보험가입자가 된다.(2019.1.15 본항개정)
② 「고용보험법」 제8조 단서에 따라 같은 법을 적용하지 아니하는 사업의 사업주가 근로자의 과반수의 동의를 받아 공단의 승인을 받으면 그 사업의 사업주와 근로자는 고용보험에 가입할 수 있다.(2019.1.15 본항개정)
③ 「산업재해보상보험법」을 적용받는 사업의 사업주는 당연히 「산업재해보상보험법」에 따른 산업재해보상보험(이하 "산재보험"이라 한다)의 보험가입자가 된다.
④ 「산업재해보상보험법」 제6조 단서에 따라 같은 법을 적용하지 아니하는 사업의 사업주는 공단의 승인을 받아 산재보험에 가입할 수 있다.
⑤ 제2항이나 제4항에 따라 고용보험 또는 산재보험에 가입한 사업주가 보험계약을 해지할 때에는 미리 공단의 승인을 받아야 한다. 이 경우 보험계약의 해지는 그 보험계약이 성립한 보험연도가 끝난 후에 하여야 한다.
⑥ 제5항에 따른 사업주가 고용보험계약을 해지할 때에는 근로자 과반수의 동의를 받아야 한다.(2019.1.15 본항개정)
⑦ 공단은 사업 실체가 없는 등의 사유로 계속하여 보험관계를 유지할 수 없다고 인정하는 경우에는 그 보험관계를 소멸시킬 수 있다.
제6조【보험의 의제가입】 ① 제5조제1항에 따라 사업주 및 근로자가 고용보험의 당연가입자가 되는 사업이 사업규모의 변동 등의 사유로 「고용보험법」 제8조 단서에 따른 적용 제외 사업에 해당하게 되었을 때에는 그 사업주 및 근로자는 그 날부터 제5조제2항에 따라 고용보험에 가입한 것으로 본다.
② 제5조제3항에 따라 그 사업주가 산재보험의 당연가입자가 되는 사업이 사업규모의 변동 등의 사유로 「산업재해보상보험법」 제6조 단서에 따른 적용 제외 사업에 해당하게 되었을 때에는 그 사업주는 그 날부터 제5조제4항에 따라 산재보험에 가입한 것으로 본다.
③ 제5조제1항부터 제4항까지의 규정에 따른 사업주가 그 사업을 운영하다가 근로자(고용보험의 경우에는 「고용보험법」 제10조 및 제10조의2에 따른 적용 제외 근로자는 제외한다. 이하 이 항에서 같다)를 고용하지 아니하게 되었을 때에는 그 날부터 1년의 범위에서 근로자를 사용하지 아니한 기간에도 보험에 가입한 것으로 본다.
(2019.1.15 본항개정)
④ 제1항 및 제2항의 사업주 및 근로자에 대한 보험계약의 해지에 관하여는 제5조제5항 및 제6항을 준용한다.
제7조【보험관계의 성립일】 보험관계는 다음 각 호의 어느 하나에 해당하는 날에 성립한다.
1. 제5조제1항에 따라 사업주 및 근로자가 고용보험의 당연가입자가 되는 사업의 경우에는 그 사업이 시작된 날(「고용보험법」 제8조 단서에 따른 사업이 제5조제1항에 따라 사업주 및 근로자가 고용보험의 당연가입자가 되는 사업에 해당하게 된 경우에는 그 해당하게 된 날)
2. 제5조제3항에 따라 사업주가 산재보험의 당연가입자가 되는 사업의 경우에는 그 사업이 시작된 날(「산업재해보상보험법」 제6조 단서에 따른 사업이 제5조제3항에 따라 사업주가 산재보험의 당연가입자가 되는 사업에 해당하게 된 경우에는 그 해당하게 된 날)
3. 제5조제2항 또는 제4항에 따라 보험에 가입한 사업의 경우에는 공단이 그 사업의 사업주로부터 보험가입승인신청서를 접수한 날의 다음 날
4. 제8조제1항에 따라 일괄적용을 받는 사업의 경우에는 처음 하는 사업이 시작된 날
5. 제9조제1항 단서 및 제2항에 따라 보험에 가입한 하수급인의 경우에는 그 하도급공사의 착공일
제8조【사업의 일괄적용】 ① 제5조제1항 또는 같은 조 제3항에 따른 보험의 당연가입자인 사업주가 하는 각각의 사업이 다음 각 호의 요건에 해당하는 경우에는 이 법을 적용할 때 그 사업의 전부를 하나의 사업으로 본다.
1. 사업주가 동일인일 것
2. 각각의 사업은 기간이 정하여져 있을 것
3. 사업의 종류 등이 대통령령으로 정하는 요건에 해당할 것
② 제1항에 따른 일괄적용을 받는 사업주 외의 사업주가 제1항제1호의 요건에 해당하는 사업(산재보험의 경우에는 고용노동부장관이 정하는 사업종류가 같은 경우로 한정한다)의 전부를 하나의 사업으로 보아 이 법을 적용받으려는 경우에는 공단의 승인을 받아야 하며, 승인을 받은 경우에는 공단이 그 사업의 사업주로부터 일괄적용관계 승인신청서를 접수한 날의 다음 날부터 일괄적용을 받는다. 이 경우 일괄적용관계가 제3항에 따라 해지되지 아니하면 그 사업주는 그 보험연도 이후의 보험연도에도 계속 그 사업 전부에 대하여 일괄적용을 받는다.
(2021.1.26 후단개정)
③ 제2항에 따라 일괄적용을 받고 있는 사업주가 그 일괄적용관계를 해지하려는 경우에는 공단의 승인을 받아야 한다. 이 경우 일괄적용관계 해지의 효력은 다음 보험연도의 보험관계부터 발생한다.
④ 제1항에 따라 일괄적용을 받는 사업주가 제1항제3호의 요건에 해당하지 아니하게 된 경우에는 제2항에 따라 일괄적용승인을 받은 것으로 보아 이 법을 적용하며, 사업주가 그 일괄적용관계를 해지하려는 경우에는 제3항에 따른다.
제9조【도급사업의 일괄적용】 ① 건설업 등 대통령령으로 정하는 사업이 여러 차례의 도급에 의하여 시행되는 경우에는 그 원수급인을 이 법을 적용받는 사업주로 본다. 다만, 대통령령으로 정하는 바에 따라 공단의 승인을 받은 경우에는 하수급인을 이 법을 적용받는 사업주로 본다.
② 제1항에 따른 사업이 국내에 영업소를 두지 아니하는 외국의 사업주로부터 하도급을 받아 시행되는 경우에는 국내에 영업소를 둔 최초 하수급인을 이 법을 적용받는 사업주로 본다.
제10조【보험관계의 소멸일】 보험관계는 다음 각 호의 어느 하나에 해당하는 날에 소멸한다.
1. 사업이 폐업되거나 끝난 날의 다음 날
2. 제5조제5항(제6조제4항에서 준용되는 경우를 포함한다)에 따라 보험계약을 해지하는 경우에는 그 해지에 관하여 공단의 승인을 받은 날의 다음 날
3. 제5조제7항에 따라 공단이 보험관계를 소멸시키는 경우에는 그 소멸을 결정·통지한 날의 다음 날
4. 제6조제3항에 따른 사업주의 경우에는 근로자(고용보험의 경우에는 「고용보험법」 제10조 및 제10조의2에 따른 적용 제외 근로자는 제외한다)를 사용하지 아니한 첫날부터 1년이 되는 날의 다음 날(2019.1.15 본호개정)
제11조【보험관계의 신고】 ① 사업주는 제5조제1항 또는 제3항에 따라 당연히 보험가입자가 된 경우에는 그 보험관계가 성립한 날부터 14일 이내에, 사업의 폐업·종료 등으로 인하여 보험관계가 소멸한 경우에는 그 보험관계가 소멸한 날부터 14일 이내에 공단에 보험관계의 성립 또는 소멸 신고를 하여야 한다. 다만, 다음 각 호에 해당하는 사업의 경우에는 그 구분에 따라 보험관계 성립신고를 하여야 한다.
1. 보험관계가 성립한 날부터 14일 이내에 종료되는 사업 : 사업이 종료되는 날의 전날까지
2. 「산업재해보상보험법」 제6조 단서에 따른 대통령령으로 정하는 사업 중 사업을 시작할 때에 같은 법의 적용대상 여부가 명확하지 아니하여 대통령령으로 정하는 바에 따라 해당 사업에서 일정 기간 사용한 상시근로자수를 바탕으로 하여 같은 법의 적용 대상 여부가 정하여지는 사업 : 그 일정 기간의 종료일부터 14일 이내
② 사업주는 제8조제1항에 따라 일괄적용을 받는 사업의 경우에는 처음 하는 사업을 시작하는 날부터 14일 이내에, 일괄적용을 받고 있는 사업이 사업의 폐업·종료 등으로 일괄적용관계가 소멸한 경우에는 소멸한 날부터 14일 이내에 공단에 일괄적용관계의 성립 또는 소멸 신고를 하여야 한다.
③ 제8조제1항 및 제2항에 따른 일괄적용사업의 사업주는 그 각각의 사업(제1항에 따라 신고된 사업은 제외한다)의 개시일 및 종료일(사업 종료의 신고는 고용보험의 경우만 한다)부터 각각 14일 이내에 그 개시 및 종료 사실을 공단에 신고하여야 한다. 다만, 사업의 개시일부터 14일 이내에 끝나는 사업의 경우에는 그 끝나는 날의 전날까지 신고하여야 한다.
제12조【보험관계의 변경신고】 보험에 가입한 사업주는 그 이름, 사업의 소재지 등 대통령령으로 정하는 사항이 변경된 경우에는 그 날부터 14일 이내에 그 변경사항을 공단에 신고하여야 한다.

제3장 보험료

제13조【보험료】 ① 보험사업에 드는 비용에 충당하기 위하여 보험가입자로부터 다음 각 호의 보험료를 징수한다.(2010.1.27 본문개정)
1. 고용안정·직업능력개발사업 및 실업급여의 보험료(이하 "고용보험료"라 한다)
2. 산재보험의 보험료(이하 "산재보험료"라 한다)
② 고용보험 가입자인 근로자가 부담하여야 하는 고용보험료는 자기의 보수총액에 제14조제1항에 따른 실업급여의 보험료율의 2분의 1을 곱한 금액으로 한다. 다만, 사업주로부터 제2조제3호 본문에 따른 보수를 지급받지 아니하는 근로자는 제2조제3호 단서에 따라 보수로 보는 금품의 총액에 제14조제1항에 따른 실업급여의 보험료율을 곱한 금액을 부담하여야 하고, 제2조제3호 단서에 따른 휴직이나 그 밖에 이와 비슷한 상태에 있는 기간 중에 사업주로부터 제2조제3호 본문에 따른 보수를 지급받는 근로자로서 고용노동부장관이 정하여 고시하는 사유에 해당하는 근로자는 그 기간에 지급받는 보수의 총액에 제14조제1항에 따른 실업급여의 보험료율을 곱한 금액을 부담하여야 한다.(2011.7.21 단서신설)
③ 제1항에도 불구하고 「고용보험법」 제10조제2항에 따라 65세 이후에 고용(65세 전부터 피보험자격을 유지하던 사람이 65세 이후에 계속하여 고용된 경우는 제외한다)되거나 자영업을 개시한 자에 대하여는 고용보험료 중 실업급여의 보험료를 징수하지 아니한다.(2019.1.15 본항개정)
④ 제1항에 따라 사업주가 부담하여야 하는 고용보험료는 그 사업에 종사하는 고용보험 가입자인 근로자의 개인별 보수총액(제2항 단서에 따른 보수로 보는 금품의 총액과 보수의 총액은 제외한다)에 다음 각 호를 각각 곱하여 산출한 각각의 금액을 합한 금액으로 한다.(2013.6.4 본문개정)
1. 제14조제1항에 따른 고용안정·직업능력개발사업의 보험료율
2. 실업급여의 보험료율의 2분의 1
⑤ 제1항에 따라 사업주가 부담하여야 하는 산재보험료는 그 사업주가 경영하는 사업에 종사하는 근로자의 개인별 보수총액에 다음 각 호에 따른 산재보험료율을 곱한 금액을 합한 금액으로 한다. 다만, 「산업재해보상보험법」 제37조제4항에 해당하는 경우에는 제1호에 따른 산재보험료율만을 곱하여 산정한다.(2017.10.24 본문개정)
1. 제14조제3항부터 제6항까지에 따라 같은 종류의 사업에 적용되는 산재보험료율
2. 제14조제7항에 따른 산재보험료율
(2017.10.24 1호~2호신설)
⑥ 제17조제1항에 따른 보수총액의 추정액 또는 제19조제1항에 따른 보수총액을 결정하기 곤란한 경우에는 대통령령으로 정하는 바에 따라 고용노동부장관이 정하여 고시하는 노무비율을 사용하여 보수총액의 추정액 또는 보수총액을 결정할 수 있다.(2010.6.4 본항개정)
(2009.12.30 본조개정)
제14조【보험료율의 결정】 ① 고용보험료율은 보험수지의 동향과 경제상황 등을 고려하여 1000분의 30의 범위에서 고용안정·직업능력개발사업의 보험료율 및 실업급여의 보험료율로 구분하여 대통령령으로 정한다.
② 제1항의 고용보험료율을 결정하거나 변경하려면 「고용보험법」 제7조에 따른 고용보험위원회의 심의를 거쳐야 한다.
③ 「산업재해보상보험법」 제37조제1항제1호, 제2호 및 같은 항 제3호가목에 따른 업무상의 재해에 관한 산재보험료율(이하 제4항부터 제6항까지에서 "산재보험료율"이라 한다)은 매년 6월 30일 현재 과거 3년 동안의 보수총액에 대한 산재보험급여총액의 비율을 기초로 하여, 「산업재해보상보험법」에 따른 연금 등 산재보험급여에 드는 금액, 재해예방 및 재해근로자의 복지증진에 드는 비용 등을 고려하여 사업의 종류별로 구분하여 고용노동부령으로 정한다. 이 경우 「산업재해보상보험법」 제37조제1항제3호나목에 따른 업무상의 재해를 이유로 지급된 보험급여액은 산재보험급여총액에 포함시키지 아니한다.
(2017.10.24 본항개정)
④ 산재보험의 보험관계가 성립한 후 3년이 지나지 아니한 사업에 대한 산재보험료율은 제3항에도 불구하고 고용노동부령으로 정하는 바에 따라 「산업재해보상보험법」 제8조에 따른 산업재해보상보험및예방심의위원회의 심의를 거쳐 고용노동부장관이 사업의 종류별로 따로 정한다.
(2010.6.4 본항개정)

⑤ 고용노동부장관은 제3항에 따라 산재보험료율을 정하는 경우에는 특정 사업 종류의 산재보험료율이 전체 사업의 평균 산재보험료율의 20배를 초과하지 아니하도록 하여야 한다.(2010.6.4 본항개정)
⑥ 고용노동부장관은 제3항에 따라 정한 특정 사업 종류의 산재보험료율이 인상되거나 인하되는 경우에는 직전 보험연도 산재보험료율의 100분의 30의 범위에서 조정하여야 한다.(2010.6.4 본항개정)
⑦ 「산업재해보상보험법」 제37조제1항제3호나목에 따른 업무상의 재해에 관한 산재보험료율은 사업의 종류를 구분하지 아니하고 그 재해로 인하여 같은 법에 따른 연금 등 산재보험급여에 드는 금액, 재해예방 및 재해근로자의 복지증진에 드는 비용 등을 고려하여 고용노동부령으로 정한다.(2017.10.24 본항신설)
(2009.12.30 본조개정)
판례 회사의 사업종류가 노동부장관 고시의 산업재해보상보험요율 적용을 위한 사업종류 예시표 중 어디에 해당하는가를 결정하기 위하여는 그 사업장의 면허나 등록업종 뿐만 아니라 현실적인 사업내용과 작업형태를 두루 참작하여야만 하고, 2종 이상의 사업이 같이 행하여지는 경우에는 근로자 수 및 임금총액 등의 비중이 큰 사업이 어느 사업인가를 가려보고 나서 이를 정하여야 할 것이다. (대판 2010.4.29, 2009두16169)

제15조【보험료율의 특례】 ① 대통령령으로 정하는 사업으로서 매년 9월 30일 현재 고용보험의 보험관계가 성립한 후 3년이 지난 사업의 경우에 그 해 9월 30일 이전 3년 동안의 그 실업급여 보험료에 대한 실업급여 금액의 비율이 대통령령으로 정하는 비율에 해당하는 경우에는 제14조제1항에도 불구하고 그 사업에 적용되는 실업급여 보험료율의 100분의 40의 범위에서 대통령령으로 정하는 기준에 따라 인상하거나 인하한 비율을 그 사업에 대한 다음 보험연도의 실업급여 보험료율로 할 수 있다.
② 대통령령으로 정하는 사업으로서 매년 6월 30일 현재 산재보험의 보험관계가 성립한 후 3년이 지난 사업의 경우에 그 해 6월 30일 이전 3년 동안의 산재보험료(제13조제5항제2호에 따른 산재보험료율을 곱한 금액은 제외한다)에 대한 산재보험급여 금액(「산업재해보상보험법」 제37조제1항제3호나목에 따른 업무상의 재해를 이유로 지급된 보험급여는 제외한다)의 비율이 대통령령으로 정하는 비율에 해당하는 경우에는 제14조제3항 및 제4항에도 불구하고 그 사업에 적용되는 제13조제5항제1호에 따른 산재보험료율의 100분의 50의 범위에서 사업 규모를 고려하여 대통령령으로 정하는 바에 따라 인상하거나 인하한 비율(이하 "개별실적요율"이라 한다)을 제13조제5항제2호에 따른 산재보험료율과 합하여 그 사업에 대한 다음 보험연도의 산재보험료율로 할 수 있다.(2021.4.13 본항개정)
③ 제2항에 따른 개별실적요율을 산정할 때 수급인·관계수급인(「산업안전보건법」 제2조제8호 및 제9호에 따른 수급인·관계수급인을 말한다. 이하 이 조에서 같다) 또는 파견사업주(「파견근로자보호 등에 관한 법률」 제2조제3호에 따른 파견사업주를 말한다. 이하 이 조에서 같다)의 근로자에게 발생한 업무상 재해가 다음 각 호의 어느 하나에 해당하는 재해인 경우에는 그로 인하여 지급된 산재보험급여 금액을 재해발생의 책임 등을 고려하여 대통령령으로 정하는 바에 따라 해당 근로자에 대한 도급인(「산업안전보건법」 제2조제7호에 따른 도급인을 말한다. 이하 이 조에서 같다), 수급인(제2호의 경우에 한정한다) 또는 사용사업주(「파견근로자보호 등에 관한 법률」 제2조제4호에 따른 사용사업주를 말한다. 이하 이 조에서 같다)의 산재보험급여 금액에 포함한다.
1. 도급인이 「산업안전보건법」 제58조 또는 제59조에 따른 의무를 위반하여 도급한 기간 중 수급인의 근로자에게 발생한 업무상 재해
2. 「산업안전보건법」 제60조에 따른 의무를 위반하여 하도급한 기간 중 관계수급인의 근로자에게 발생한 업무상 재해
3. 도급인이 「산업안전보건법」 제62조부터 제65조까지의 의무를 위반하여 관계수급인의 근로자에게 발생한 업무상 재해
4. 파견근로자(「파견근로자보호 등에 관한 법률」 제2조제5호에 따른 파견근로자를 말한다. 이하 이 조에서 같다)에게 발생한 업무상 재해
(2021.4.13 본항신설)
④ 제2항 및 제3항에도 불구하고 개별실적요율 적용 사업 중 대통령령으로 정하는 규모 이상의 사업의 경우 매년 6월 30일 이전 3년 동안에 업무상 사고로 사망한 사람(해당 사업에서 직접 고용한 근로자, 수급인·관계수급인의 근로자 및 파견근로자가 해당 사업에서 업무수행 중 사고로 사망한 경우를 모두 포함한다)의 수가 대통령령으로 정하는 기준 이상인 경우에는 해당 사업주의 「산업안전보건법」 제57조제1항 또는 같은 조 제3항 위반 여부 등을 고려하여 대통령령으로 정하는 바에 따라 개별실적요율을 달리 적용할 수 있다.(2021.4.13 본항신설)
⑤ 대통령령으로 정하는 사업으로서 산재보험의 보험관계가 성립한 사업의 사업주가 해당 사업 근로자의 안전보건을 위하여 재해예방활동을 실시하고 이에 대하여 고용노동부장관의 인정을 받은 때에는 제14조제3항 및 제4항에도 불구하고 그 사업에 대하여 적용되는 제13조제5항제1호에 따른 산재보험료율의 100분의 30의 범위에서 대통령령으로 정하는 바에 따라 인하한 비율을 제13조제5항제2호에 따른 산재보험료율과 합하여 그 사업에 대한 다음 보험연도의 산재보험료율(이하 "산재예방요율"이라 한다)로 할 수 있다.(2017.10.24 본항개정)
⑥ 산재예방요율을 적용할 때 재해예방활동의 내용·인정기간, 산재예방요율의 적용기간 등 그 밖에 필요한 사항은 사업주가 실시하는 재해예방활동별로 구분하여 대통령령으로 정한다.(2021.1.26 본항개정)
⑦ 제2항 및 제5항에 따른 산재보험료율을 모두 적용받을 수 있는 사업의 경우에는 제14조제3항 및 제4항에 따라 그 사업에 적용되는 산재보험료율에 제2항 및 제5항에 따라 각각 인상 또는 인하한 비율을 합하여(인상 및 인하한 비율이 동시에 발생한 경우에는 같은 값만큼 서로 상계하여 계산한다) 얻은 값만큼을 인상하거나 인하한 비율을 그 사업에 대한 다음 보험연도 산재보험료율로 한다. (2021.4.13 본항개정)
⑧ 고용노동부장관은 산재예방요율을 적용받는 사업이 다음 각 호의 어느 하나에 해당하는 경우에는 재해예방활동의 인정을 취소하여야 한다.
1. 거짓이나 그 밖의 부정한 방법으로 재해예방활동의 인정을 받은 경우
2. 재해예방활동의 인정기간 중 "「산업안전보건법」 제2조제2호에 따른 중대재해가 발생한 경우. 다만, 「산업안전보건법」 제5조에 따른 사업주의 의무와 직접적으로 관련이 없는 재해로서 대통령령으로 정하는 재해는 제외한다.(2019.1.15 본문개정)
3. 그 밖에 재해예방활동의 목적을 달성한 것으로 인정하기 곤란한 경우 등 대통령령으로 정하는 사유에 해당하는 경우
(2013.6.4 본항신설)
⑨ 제8항제1호에 따라 재해예방활동의 인정이 취소된 사업의 경우에는 산재예방요율 적용을 취소하고, 산재예방요율을 적용받은 기간에 대한 산재보험료를 다시 산정하여 부과하여야 한다.(2021.4.13 본항개정)
⑩ 제8항제2호 및 제3호에 따라 재해예방활동의 인정이 취소된 사업에 대하여는 해당 보험연도 재해예방활동의 인정기간비율에 따라 산재예방요율을 적용하여 다음 보험연도의 산재보험요율을 산정한다.(2021.4.13 본항개정)
⑪ 고용노동부장관은 제5항에 따른 재해예방활동의 인정에 관한 업무를 산업안전보건에 관한 전문인력과 시설을 갖춘 기관 또는 단체로서 대통령령으로 정하는 기관에 위탁할 수 있다.(2021.4.13 본항개정)
⑫ 제5항 및 제8항에 따른 산재예방요율의 적용, 재해예방활동의 인정 및 취소의 절차 등에 필요한 사항은 고용노동부령으로 정한다.(2021.4.13 본항개정)
(2009.12.30 본조개정)

제16조【고용보험료의 원천공제】 ① 사업주는 제13조제2항에 따라 고용보험 가입자인 근로자가 부담하는 고용보험료에 상당하는 금액을 대통령령으로 정하는 바에 따라 그 근로자의 보수에서 원천공제할 수 있다.
② 사업주는 제1항에 따라 고용보험료에 상당하는 금액을 원천공제하였으면 공제계산서를 그 근로자에게 발급하여야 한다.
③ 제9조제1항 및 제2항에 따라 사업주가 되는 원수급인 또는 하수급인은 고용노동부령으로 정하는 바에 따라 자기가 고용하는 고용보험 가입자 외의 근로자를 고용하는 하수급인에게 위임하여 그 근로자가 부담하는 보험료에 상당하는 금액을 근로자의 보수에서 원천공제하게 할 수 있다.(2010.6.4 본항개정)
④ 제13조제2항 단서에 따라 근로자가 그 실업급여의 보험료를 부담하는 경우에는 사업주가 해당 보험료를 신고·납부하고, 근로자는 그 보험료 해당액을 사업주에게 지급한다.(2011.7.21 본항신설)
(2009.12.30 본조개정)

제16조의2【보험료의 부과·징수】 ① 제13조제1항에 따른 보험료는 공단이 매월 부과하고, 건강보험공단이 이를 징수한다.
② 제1항에도 불구하고 건설업 등 대통령령으로 정하는 사업의 경우에는 제17조 및 제19조에 따른다.
(2010.1.27 본조신설)

제16조의3【월별보험료의 산정】 ① 공단이 제16조의2제1항에 따라 매월 부과하는 보험료(이하 "월별보험료"라 한다)는 근로자 또는 예술인의 개인별 월평균보수에 고용보험료율 및 산재보험료율을 각각 곱한 금액을 합산하여 산정한다. 다만, 월평균보수를 산정하기 곤란한 일용근로자 등 대통령령으로 정하는 사람에 대한 월별보험료는 대통령령으로 정하는 바에 따라 산정한 금액을 개인별 월평균보수로 보아 산정한다.
② 제1항의 월평균보수는 사업주가 지급한 보수·보수액 및 제2조제3호 단서에 따른 금품을 기준으로 산정한다. 이 경우 월평균보수의 산정방법, 적용기간 등은 대통령령으로 정하는 바에 따른다.
③~④ (2020.6.9 삭제)
(2022.12.31 본조개정)

제16조의4【월 중간 고용관계 변동 등에 따른 월별보험료 산정】 다음 각 호의 어느 하나에 해당하는 경우 월별보험료는 해당 월의 다음 달부터 산정한다. 다만, 매월 1일에 다음 각 호의 어느 하나에 해당하는 경우에는 그 달부터 산정한다.
1. 근로자가 월의 중간에 새로이 고용된 경우
2. 근로자가 월의 중간에 동일한 사업주의 하나의 사업장에서 다른 사업장으로 전근되는 경우
3. 근로자의 휴직 등 대통령령으로 정하는 사유가 월의 중간에 종료된 경우
(2022.12.31 본조개정)

제16조의5【보험료 산정의 특례】 근로자가 「근로기준법」 제46조제1항에 따른 휴업수당을 받는 등 대통령령으로 정하는 사유에 해당하는 경우에는 대통령령으로 정하는 바에 따라 해당 근로자의 월평균보수(제16조의2제2항에 따른 건설업 등의 사업은 보수총액)의 전부 또는 일부를 제외하고 보험료를 산정한다.(2010.1.27 본조신설)

제16조의6【조사 등에 따른 월별보험료 산정】 ① 공단은 사업주가 제16조의10제1항부터 제5항까지의 규정에 따른 신고를 하지 아니하거나, 신고한 내용이 사실과 다른 때에는 사업주에게 미리 알리고 그 사실을 조사하여 다음 각 호의 어느 하나에 해당하는 금액을 기준으로 월평균보수를 결정하여 월별보험료를 산정할 수 있다. 이 경우 제48조의2제6항에 따른 보험료납부자가 사업주 등의 보험료를 원천공제하여 납부한 경우에는 해당 보험료는 제외한다.(2020.6.9 후단신설)
1. 공단이 조사하여 산정한 금액
2. 사업주가 공단 또는 국세청 등 유관기관에 근로자의 보수 등을 신고한 사실이 있는 경우에는 그 금액
3. 근로자의 보수 등에 관한 자료를 확인하기 곤란한 경우에는 기준보수
② 공단은 제1항에 따라 보험료를 산정한 이후에 사업주가 월평균보수 등을 정정하여 신고하는 경우에는 사실 여부를 조사하여 월별보험료를 재산정할 수 있다.
(2010.1.27 본조신설)

제16조의7【월별보험료의 납부기한】 ① 사업주는 그 달의 월별보험료를 다음 달 10일까지 납부하여야 한다.
② 제1항에도 불구하고 제16조의6 및 제16조의9제2항에 따라 산정된 보험료는 건강보험공단이 정하여 고지한 기한까지 납부하여야 한다.
(2010.1.27 본조신설)

제16조의8【월별보험료의 고지】 ① 건강보험공단은 사업주에게 다음 각 호의 사항을 적은 문서로써 납부기한 10일 전까지 월별보험료의 납입을 고지하여야 한다.
1. 징수하고자 하는 보험료 등의 종류
2. 납부하여야 할 보험료 등의 금액
3. 납부기한 및 장소
② 건강보험공단은 제1항에 따른 납입의 고지를 하는 경우에는 사업주가 신청한 때에는 전자문서교환방식 등에 의하여 전자문서로 고지할 수 있다.
③ 제2항에 따라 전자문서로 고지한 경우 고용노동부령으로 정하는 정보통신망에 저장하거나 납부의무자가 지정한 전자우편주소에 입력된 때에 그 사업주에게 도달된 것으로 본다.(2010.6.4 본항개정)
④ 제28조의4에 따른 연대납부의무자 중 1명에게 한 고지는 다른 연대납부의무자에게도 효력이 있는 것으로 본다.
⑤ 건강보험공단은 제22조의5에 따른 제2차 납부의무자에게 납부의무가 발생한 경우 납입의 고지를 하여야 하며, 원납부의무자인 법인인 사업주 및 사업양도인에게 그 사실을 통지하여야 한다. 이 경우 납입의 고지 방법, 고지의 도달 등에 관한 사항은 제1항부터 제3항까지를 준용한다. (2022.12.31 본항신설)
⑥ 제2항에 따른 전자문서 고지에 대한 신청방법·절차, 그 밖에 필요한 사항은 고용노동부령으로 정한다. (2010.6.4 본항개정)
(2010.1.27 본조신설)

제16조의9【보험료의 정산】 ① 공단은 제16조의10제1항·제2항 또는 제4항에 따라 사업주가 신고한 근로자의 개인별 보수총액에 보험료율을 곱한 금액을 합산하여 사업주가 실제로 납부하여야 할 보험료를 산정한다. 이 경우 제48조의2제6항 또는 제48조의4제3항에 따른 보험료납부자가 사업주, 예술인 또는 노무제공자의 보험료를 원천공제하여 납부한 경우는 제외한다.(2022.12.31 후단개정)
② 공단은 사업주가 제16조의10제1항·제2항 또는 제4항에 따른 보수총액을 신고하지 아니하거나 사실과 다르게 신고한 경우에는 제16조의6제1항을 준용하여 제1항에 따른 보험료를 산정한다.(2019.1.15 본항개정)
③ 건강보험공단은 사업주가 이미 납부한 보험료가 제1항 및 제2항에 따라 산정한 보험료보다 더 많은 경우에는 그 초과액을 사업주에게 반환하고, 부족한 경우에는 그 부족액을 사업주로부터 징수하여야 한다.
④ 건강보험공단이 제3항에 따라 사업주로부터 부족액을 징수하는 경우에는 정산을 실시한 달의 보험료에 합산하여 징수한다. 다만, 그 부족액이 정산을 실시한 달의 보험료를 초과하는 경우에는 그 부족액을 2등분하여 정산을 실시한 달의 보험료와 그 다음 달의 보험료에 각각 합산하여 징수한다.
(2010.1.27 본조신설)

제16조의10【보수총액 등의 신고】 ① 사업주는 전년도에 근로자, 예술인 또는 노무제공자에게 지급한 보수총액

등을 매년 3월 15일까지 공단에 신고하여야 한다. 이 경우 제48조의2제6항 또는 제48조의4제3항에 따른 보험료납부자가 사업주, 예술인 또는 노무제공자의 보험료를 원천공제하여 납부한 경우는 제외한다.(2021.1.5 본항개정)
② 사업주는 사업의 폐지·종료 등으로 보험관계가 소멸한 때에는 그 보험관계가 소멸한 날부터 14일 이내에 근로자, 예술인 또는 노무제공자에게 지급한 보수총액 등을 공단에 신고하여야 한다.(2021.1.5 본항개정)
③ 사업주는 다음 각 호의 어느 하나에 해당하는 때에는 그 근로자·예술인·노무제공자의 성명 및 주소지 등을 해당 근로자를 고용한 날 또는 해당 예술인·노무제공자의 노무제공 개시일이 속하는 달의 다음 달 15일까지 공단에 신고하여야 한다. 다만, 1개월 동안 소정근로시간이 60시간 미만인 사람 등 대통령령으로 정하는 근로자에 대해서는 신고하지 아니할 수 있다.
1. 근로자를 새로 고용한 때
2. 「고용보험법」 제77조의2제1항에 따른 문화예술용역 관련 계약(이하 "문화예술용역 관련 계약"이라 한다)을 체결한 때
3. 「고용보험법」 제77조의6제1항에 따른 노무제공계약(이하 "노무제공계약"이라 한다)을 체결한 때
(2021.1.5 본항개정)
④ 사업주는 다음 각 호의 어느 하나에 해당하는 때에는 그 근로자·예술인·노무제공자에게 지급한 보수총액, 고용관계 또는 문화예술용역 관련 계약·노무제공계약의 종료일 등을 해당 고용관계 또는 계약이 종료된 날이 속하는 달의 다음 달 15일까지 공단에 신고하여야 한다.
1. 근로자와 고용관계를 종료한 때
2. 예술인과 문화예술용역 관련 계약을 종료한 때
3. 노무제공자와 노무제공계약을 종료한 때
(2021.1.5 본항개정)
⑤ 사업주는 근로자, 예술인 또는 노무제공자가 휴직하거나 다른 사업장으로 전보되는 등 대통령령으로 정하는 사유가 발생한 때에는 그 사유 발생일부터 14일 이내에 그 사실을 공단에 신고하여야 한다.(2021.1.5 본항개정)
⑥ 제1항부터 제5항까지에 따른 신고사항, 신고방법·절차, 그 밖에 필요한 사항은 대통령령으로 정한다.
⑦ 사업주 또는 발주자·원수급인이 「고용보험법」 제15조, 제77조의2제3항, 제77조의5제1항, 제77조의10제1항에 따라 제3항부터 제5항까지의 사항을 고용노동부장관에게 신고한 경우에는 제3항부터 제5항까지의 규정에 따른 신고를 생략할 수 있다.(2021.1.5 본항개정)
⑧ 제1항부터 제5항까지의 사항을 신고하여야 하는 사업주는 해당 신고를 정보통신망을 이용하거나 콤팩트디스크(Compact Disc) 등 전자적 기록매체로 제출하는 방식으로 하여야 한다. 다만, 대통령령으로 정하는 규모에 해당하는 사업주는 해당 신고를 문서로 할 수 있다.
(2020.6.9 본항개정)
(2010.1.27 본조신설)
제16조의11【수정신고】 제16조의10제1항 또는 제2항에 따른 보수총액신고서를 그 신고기한 내에 제출한 사업주는 보수총액신고서에 적은 보수총액이 실제로 신고하여야 하는 보수총액과 다른 경우에는 제16조의6제1항 및 제16조의9제2항에 따라 공단이 사업주에 대하여 사실을 조사하겠다는 뜻을 미리 알리기 전까지 보수총액을 수정하여 신고할 수 있다. 이 경우 보수의 수정신고 사항 및 신고절차에 관하여 필요한 사항은 고용노동부령으로 정한다.(2013.6.4 전단개정)
제16조의12【신용카드 등으로 하는 보험료등의 납부】
① 납부의무자는 보험료등을 대통령령으로 정하는 보험료납부대행기관을 통하여 신용카드, 직불카드 등(이하 이 조에서 "신용카드등"이라 한다)으로 납부할 수 있다.
(2016.12.27 본항개정)
② 제1항에 따라 신용카드등으로 보험료등을 납부하는 경우에는 보험료납부대행기관의 승인일을 납부일로 본다.
③ 보험료납부대행기관은 납부의무자로부터 신용카드등에 의한 보험료등 납부대행 용역의 대가로 납부대행 수수료를 받을 수 있다.
④ 보험료납부대행기관의 지정 및 운영, 납부대행 수수료 등에 필요한 사항은 대통령령으로 정한다.
(2014.3.24 본조신설)
제17조【건설업 등의 개산보험료의 신고와 납부】 ① 제16조의2제2항에 따른 사업주(이하 이 조부터 제19조까지에서 같다)는 보험연도마다 그 1년 동안(보험연도 중에 보험관계가 성립한 경우에는 그 성립일부터 그 보험연도 말일까지의 기간)에 사용할 근로자(고용보험료를 산정하는 경우에는 「고용보험법」 제10조 및 제10조의2에 따른 적용 제외 근로자는 제외한다. 이하 이 조에서 같다)에게 지급할 보수총액의 추정액(대통령령으로 정하는 경우에는 전년도에 사용한 근로자에게 지급한 보수총액)에 고용보험료율 및 산재보험료율을 각각 곱하여 산정한 금액(이하 "개산보험료"라 한다)을 대통령령으로 정하는 바에 따라 그 보험연도의 3월 31일(보험연도 중에 보험관계가 성립한 경우에는 그 보험관계의 성립일부터 70일, 건설공사 등 기간이 정하여져 있는 사업으로서 70일 이내에 끝나는 사업의 경우에는 그 사업이 끝나는 날의 전날)까지 공단에 신고·납부하여야 한다. 다만, 그 보험연도의 개산보험료 신고·납부 기한이 제19조에 따른 확정보험료 신고·납부 기한보다 늦은 경우에는 그 보험연도의 확정보험료 신고·납부 기한을 그 보험연도의 개산보험료 신고·납부 기한으로 한다.
(2019.1.15 본문개정)
② 공단은 사업주가 제1항에 따른 신고를 하지 아니하거나 그 신고가 사실과 다른 경우에는 그 사실을 조사하여 개산보험료를 산정·징수하되, 이미 낸 금액이 있을 때에는 그 부족액을 징수하여야 한다.
③ 사업주는 제1항의 개산보험료를 대통령령으로 정하는 바에 따라 분할 납부할 수 있다.
④ 사업주가 제3항에 따라 분할 납부할 수 있는 개산보험료를 제1항에 따른 납부기한까지 전액 납부하는 경우에는 그 개산보험료 금액의 100분의 5의 범위에서 고용노동부령으로 정하는 금액을 경감한다.(2010.6.4 본항개정)
⑤ 제1항에 따른 기한에 개산보험료를 신고한 사업주는 이미 신고한 개산보험료가 이 법에 따라 신고하여야 할 개산보험료를 초과할 때(제18조제2항의 경우는 제외한다)에는 제1항에 따른 기한이 지난 후 1년 이내에 최초에 신고한 개산보험료의 경정(更正)을 공단에 청구할 수 있다.
⑥ 제5항에 따른 개산보험료의 경정청구 및 경정청구 결과의 통지에 필요한 사항은 대통령령으로 정한다.
(2010.1.27 본조제목개정)
(2009.12.30 본조개정)
제18조【보험료율의 인상 또는 인하 등에 따른 조치】 ① 공단은 보험료율이 인상 또는 인하된 때에는 월별보험료 및 개산보험료를 증액 또는 감액 조정하고, 월별보험료가 증액된 때에는 건강보험공단이, 개산보험료가 증액된 때에는 공단이 각각 징수한다. 이 경우 사업주에 대한 통지, 납부기한 등 필요한 사항은 대통령령으로 정한다.
② 공단은 사업주가 보험연도 중에 사업의 규모를 축소하여 실제의 개산보험료 총액이 이미 신고한 개산보험료 총액보다 대통령령으로 정하는 기준 이상으로 감소하게 된 경우에는 사업주의 신청을 받아 그 초과액을 감액할 수 있다.
(2010.1.27 본조개정)
제19조【건설업 등의 확정보험료의 신고·납부 및 정산】 ① 사업주는 매 보험연도의 말일(보험연도 중에 보험관계가 소멸한 경우에는 그 소멸한 날의 전날)까지 사용한 근로자(고용보험료를 산정하는 경우에는 「고용보험법」 제10조 및 제10조의2에 따른 적용 제외 근로자는 제외한다)에게 지급한 보수총액(지급하기로 결정된 금액을 포함한다)에 고용보험료율 및 산재보험료율을 각각 곱하여 산정한 금액(이하 "확정보험료"라 한다)을 대통령령으로 정하는 바에 따라 다음 보험연도의 3월 31일(보험연도 중에 보험관계가 소멸한 사업의 경우에는 그 소멸한 날부터 30일)까지 공단에 신고하여야 한다. 다만, 사업주가 국가 또는 지방자치단체인 경우에는 그 보험연도의 말일(보험연도 중에 보험관계가 소멸한 사업의 경우에는 그 소멸한 날부터 30일)까지 신고할 수 있다.
(2019.1.15 본문개정)
② 제17조 및 제18조제1항에 따라 납부하거나 추가징수한 개산보험료의 금액이 제1항의 확정보험료의 금액을 초과하는 경우에 공단은 그 초과액을 사업주에게 반환하여야 하며, 부족한 경우에 사업주는 그 부족액을 다음 보험연도의 3월 31일(보험연도 중에 보험관계가 소멸한 사업의 경우에는 그 소멸한 날부터 30일)까지 납부하여야 한다. 다만, 사업주가 국가 또는 지방자치단체인 경우에는 그 보험연도의 말일(보험연도 중에 보험관계가 소멸한 사업의 경우에는 그 소멸한 날부터 30일)까지 납부할 수 있다.
③ 제1항 및 제2항에도 불구하고 그 보험연도의 확정보험료 신고·납부 기한이 다음 보험연도의 확정보험료 신고·납부 기한보다 늦은 경우에는 다음 보험연도의 확정보험료 신고·납부 기한을 그 보험연도의 확정보험료 신고·납부 기한으로 한다.
④ 공단은 사업주가 제1항에 따른 신고를 하지 아니하거나 그 신고가 사실과 다른 경우에는 사실을 조사하여 확정보험료의 금액을 산정한 후 개산보험료를 내지 아니한 사업주에게는 그 확정보험료 전액을 징수하고, 개산보험료를 낸 사업주에 대하여는 이미 낸 개산보험료와 확정보험료의 차액이 있을 때 그 초과액을 반환하거나 부족액을 징수하여야 한다. 이 경우 사실조사를 할 때에는 미리 조사계획을 사업주에게 알려야 한다.
⑤ 제1항에 따른 기한까지 확정보험료를 신고한 사업주는 이미 신고한 확정보험료가 이 법에 따라 신고하여야 할 확정보험료보다 적은 경우에는 제4항 후단에 따른 조사계획의 통지 전까지 확정보험료 수정신고서를 제출할 수 있다.
⑥ 확정보험료 수정신고서의 기재사항 및 신고절차에 관하여 필요한 사항은 고용노동부령으로 정한다.(2010.6.4 본항개정)
⑦ 제1항에 따른 확정보험료의 신고에 관하여는 제17조제5항 및 제6항을 준용한다. 이 경우 제17조제5항 및 제6항 중 "개산보험료"는 "확정보험료"로 본다.
(2010.1.27 본조제목개정)
(2009.12.30 본조개정)
제19조의2【보험료 납부방법의 변경시기】 사업종류의 변경으로 보험료 납부방법이 변경되는 경우에는 사업종류의 변경일 전일을 변경 전 사업 폐지일로, 사업종류의 변경일을 새로운 사업성립일로 본다.(2010.1.27 본조신설)
제20조【보험료징수의 특례】 공단은 제17조제2항 및 제19조제4항에 따라 보험료를 징수할 때에는 결산서 등 보험료 산정을 위한 기초자료를 확보하기 어려운 경우 등 대통령령으로 정하는 사유에 해당하는 경우에는 그 사업주의 적용대상 사업과 규모, 보수수준 및 매출액 등이 비슷한 같은 종류의 사업을 기준으로 고용노동부령으로 정하는 바에 따라 그 사업의 보험료를 산정·부과하여 징수할 수 있다.(2010.6.4 본조개정)
제21조【고용보험료의 지원】 ① 국가는 근로자가 다음 각 호의 요건을 모두 충족하는 경우 그 사업주와 근로자가 제13조제2항 및 제4항에 따라 각각 부담하는 고용보험료의 일부를 예산의 범위에서 지원할 수 있다.
1. 대통령령으로 정하는 규모 미만의 사업에 고용되어 대통령령으로 정하는 금액 미만의 보수를 받을 것
2. 대통령령으로 정하는 재산이 대통령령으로 정하는 기준 미만일 것
3. 「소득세법」 제4조제1항제1호의 종합소득이 대통령령으로 정하는 기준 미만일 것
② 제1항에 따른 고용보험료의 지원 수준, 지원 방법 및 절차 등 필요한 사항은 대통령령으로 정한다.
(2016.12.27 본조개정)
제21조의2【지원금의 환수】 ① 국가는 제21조에 따른 고용보험료의 지원을 받은 자가 다음 각 호의 어느 하나에 해당하는 경우에는 그 지원금액의 전부 또는 일부를 환수할 수 있다. 다만, 환수할 금액이 대통령령으로 정하는 금액 미만인 경우에는 환수하지 아니한다.(2014.3.24 단서신설)
1. 거짓 또는 부정한 방법으로 지원받은 경우
2. 지원대상이 아닌 자가 지원받은 경우
② 제1항에 따라 환수대상이 되는 지원금은 공단이 국세체납처분의 예에 따라 징수한다.
③ 제1항에 따른 환수에 관하여는 제27조, 제27조의2, 제27조의3, 제28조, 제28조의2부터 제28조의7까지, 제29조, 제29조의2, 제29조의3 및 제30조를 준용한다. 이 경우 "건강보험공단"은 "공단"으로 본다.(2021.1.5 전단개정)
④ 제1항에 따른 환수의 구체적인 기준 및 환수절차 등 필요한 사항은 대통령령으로 정한다.
(2012.2.1 본조신설)
제22조 (2006.12.28 삭제)
제22조의2【보험료 등의 경감】 ① 고용노동부장관은 천재지변이나 그 밖에 대통령령으로 정하는 특수한 사유가 있어 보험료를 경감할 필요가 있다고 인정하는 보험가입자에 대하여 「고용보험법」 제7조에 따른 고용보험위원회 또는 「산업재해보상보험법」 제8조에 따른 산업재해보상보험및예방심의위원회의 심의를 거쳐 보험료와 이 법에 따른 그 밖의 징수금을 경감할 수 있다. 이 경우 경감비율은 100분의 50의 범위에서 대통령령으로 정하며, 그 밖의 경감 신청절차 및 경감 여부의 통지 등에 필요한 사항은 고용노동부령으로 정한다.(2010.6.4 본항개정)
② 공단은 제16조의10제1항에 따른 보수총액 또는 제17조제1항에 따른 개산보험료를 기한까지 고용·산재정보통신망을 통하여 신고하는 사업주에 대하여는 그 월별보험료 또는 개산보험료에서 대통령령으로 정하는 금액을 경감할 수 있다. 다만, 월별보험료 또는 개산보험료가 10만원 미만인 경우에는 그러하지 아니하다.(2010.1.27 본항개정)
③ 공단은 월별보험료 또는 개산보험료를 자동계좌이체의 방법으로 내는 사업주에게는 대통령령으로 정하는 바에 따라 월별보험료 또는 개산보험료를 경감하거나 추첨에 따라 경품을 제공하는 등 재산상의 이익을 제공할 수 있다.(2010.1.27 본항개정)
제22조의3【산재보험료등의 면제에 관한 특례】 ① 「산업재해보상보험법」 제91조의15제1호에 따른 노무제공자(이하 "산재보험 노무제공자"라 한다)로부터 노무를 제공받는 사업주가 다음 각 호의 어느 하나에 해당하는 신고를 한 때에는 산재보험 노무제공자 노무 제공 신고일(산재보험 노무제공자로부터 최초로 노무를 제공받은 날 및 산재보험 노무제공자의 업무내용 등에 대한 신고를 말한다. 이하 같다) 이전의 산재보험료 및 이에 대한 가산금·연체금(이하 "산재보험료등"이라 한다)의 전부 또는 일부를 면제할 수 있다.
1. 제7조에 따라 성립한 보험관계의 신고 및 제48조의6제8항에 따른 해당 산재보험 노무제공자에 대한 노무제공 신고
2. 사업주가 이미 제7조에 따라 성립한 보험관계의 신고를 한 경우에는 제48조의6제8항에 따른 해당 산재보험 노무제공자에 대한 노무제공 신고
(2022.6.10 본항개정)
② 제1항에 따른 산재보험료등의 면제 비율은 다음 각 호의 구분에 따른다.
1. 사업주가 2021년 12월 31일까지 제1항 각 호의 어느 하나에 해당하는 신고를 한 경우 : 산재보험료등의 전부

2. 사업주가 2022년 1월 1일부터 2022년 12월 31일까지 제1항 각 호의 어느 하나에 해당하는 신고를 한 경우 : 산재보험료등의 100분의 50
(2021.1.5 본항신설)
(2021.1.5 본조개정 : 2022.12.31까지 유효)

제22조의4【산재보험료등의 면제에 따른 지원의 제한 등에 관한 특례】 제22조의3제1항에 따라 산재보험료등을 면제받은 기간에 대하여는 해당 사업주에게 「산업재해보상보험법」 제75조에 따른 직장복귀지원금, 직장적응훈련비 및 재활운동비를 지급하지 아니한다.
(2021.1.5 본조개정 : 2022.12.31까지 유효)

제22조의5【제2차 납부의무】 ① 법인의 재산으로 그 법인이 납부하여야 하는 보험료, 이 법에 따른 그 밖의 징수금과 체납처분비를 충당하여도 부족한 경우에는 해당 법인이 납부하여야 하는 보험료의 납부기간 만료일(제17조 및 제19조에 따른 신고가 있는 경우에는 해당 규정에 따른 납부기간 만료일을 말한다) 현재의 무한책임사원 또는 과점주주(「국세기본법」 제39조 각 호의 어느 하나에 해당하는 자를 말한다. 이하 이 항에서 같다)가 그 부족한 금액에 대하여 제2차 납부의무를 진다. 다만, 과점주주의 경우에는 그 부족한 금액을 그 법인의 발행주식 총수(의결권이 없는 주식은 제외한다) 또는 출자총액으로 나눈 금액에 해당 과점주주가 실질적으로 권리를 행사하는 주식 수(의결권이 없는 주식은 제외한다) 또는 출자액을 곱하여 산출한 금액을 한도로 한다.
② 사업이 양도·양수된 경우에 양도일 이전에 양도인에게 부과 결정된 보험료(제17조 및 제19조에 따라 신고된 보험료를 포함한다), 이 법에 따른 그 밖의 징수금 및 체납처분비를 양도인의 재산으로 충당하여도 부족한 경우에는 사업의 양수인이 그 부족한 금액에 대하여 양수한 재산의 가액을 한도로 제2차 납부의무를 진다. 이 경우 양수인의 범위 및 양수한 재산의 가액은 대통령령으로 정한다.
(2022.12.31 본조신설)

제23조【보험료등 과납액의 충당 및 반환】 ① 공단은 보험료등의 납부의무자가 잘못 낸 금액을 반환하고자 하는 때에는 다음 각 호의 순위에 따라 보험료등과 제21조의2에 따른 환수금(이하 "환수금"이라 한다)에 우선 충당하고 나머지 금액이 있으면 그 납부의무자에게 반환결정하고, 건강보험공단이 그 금액을 지급한다. 다만, 제17조, 제19조 및 제26조의 개산보험료, 확정보험료 및 징수금에 따른 나머지 금액은 공단이 지급한다.(2022.12.31 본문개정)
1. 제28조제1항에 따른 체납처분비
2. 월별보험료, 개산보험료 또는 확정보험료(2013.6.4 본호개정)
3. 제25조제1항 및 제3항에 따른 연체금(2019.1.15 본호개정)
4. 제24조에 따른 가산금(2013.6.4 본호개정)
5. 제26조제1항에 따른 보험급여액의 징수금(2013.6.4 본호개정)
6. 환수금(2019.1.15 본호신설)
② 제1항의 경우 잘못 낸 금액이 고용보험과 관련될 때에는 고용보험료, 관련 징수금, 환수금 및 체납처분비에 충당하고, 산재보험과 관련되는 경우에는 산재보험료, 관련 징수금 및 체납처분비에 충당하여야 하며, 같은 순위의 보험료, 환수금, 이 법에 따른 그 밖의 징수금과 체납처분비가 둘 이상 있을 때에는 납부기한이 빠른 보험료, 환수금, 이 법에 따른 그 밖의 징수금과 체납처분비를 선순위로 한다.(2019.1.15 본항개정)
③ 「산업재해보상보험법」 제89조에 따라 보험가입자에게 산재보험급여를 지급할 때에는 제1항 각 호의 순위에 따라 산재보험료, 이 법에 따른 그 밖의 징수금과 체납처분비(산재보험 관련 징수금과 체납처분비로 한정한다)에 우선 충당하고 그 잔액을 사업주에게 지급하여야 한다.
④ 공단은 제1항 또는 제2항에 따라 잘못 낸 금액을 보험료, 환수금, 이 법에 따른 그 밖의 징수금과 체납처분비에 충당하거나 반환할 때에는 다음 각 호의 어느 하나에 규정된 날의 다음 날부터 충당하거나 반환하는 날까지의 기간에 대하여 대통령령으로 정하는 이자율에 따라 계산한 금액을 그 잘못 낸 금액에 가산하여야 한다.
(2019.1.15 본문개정)
1. 착오납부, 이중납부, 납부 후 그 부과의 취소 또는 경정결정으로 인한 초과액은 그 납부일
2. 제16조의9제3항에 따라 반환하는 경우에는 다음 각 목의 구분에 따른 날
가. 사업주가 제16조의10제1항·제2항 또는 제4항에 따른 신고기한 내에 신고한 경우에는 그 신고기한부터 7일(2019.1.15 본목개정)
나. 사업주가 제16조의10제1항·제2항 또는 제4항에 따른 신고기한을 지나 신고한 경우에는 그 신고한 날부터 7일(2019.1.15 본목개정)
다. 사업주가 제16조의10제1항·제2항 또는 제4항에 따른 신고를 하지 아니한 경우에는 공단이 제16조의9제2항에 따라 보험료를 산정한 날이 속하는 달의 말일
(2019.1.15 본목개정)
(2010.1.27 본호신설)
3. 제18조제2항에 따라 보험료를 감액한 경우의 초과액은 개산보험료 감액신청서 접수일부터 7일
4. 제19조제2항 또는 제4항에 따라 반환하는 경우에는 확정보험료신고서 접수일부터 7일
⑤ 공단은 제1항에 따라 반환결정한 금액을 반환하려는 경우로서 사업주의 사망, 행방불명, 그 밖에 대통령령으로 정하는 사유로 사업주에게 반환할 수 없는 경우에는 그 반환할 금액 중 제13조제2항에 따라 근로자(제16조의2제2항에 따른 사업의 근로자는 제외한다. 이하 이 항 및 제6항에서 같다)가 부담한 고용보험료에 대해서는 해당 근로자의 신청에 따라 그 근로자에게 직접 반환할 것을 결정하고, 건강보험공단이 그 금액을 지급한다.
(2019.1.15 본항신설)
⑥ 공단은 근로자가 거짓이나 그 밖의 부정한 방법으로 제5항에 따른 반환금을 수령한 경우에는 그 금액을 환수한다. 다만, 환수할 금액이 대통령령으로 정하는 금액 미만인 경우에는 환수하지 아니한다.(2019.1.15 본항신설)
⑦ 제5항에 따른 반환의 절차·방법 및 그 밖에 필요한 사항은 고용노동부령으로 정한다.(2019.1.15 본항신설)
⑧ 제6항에 따른 환수에 관하여는 제27조, 제28조 및 제29조를 준용한다. 이 경우 "건강보험공단"은 "공단"으로 본다.(2019.1.15 본항신설)
(2009.12.30 본조개정)

제23조의2【산재보험 진료비 등의 충당】 공단은 「산업재해보상보험법」 제40조제2항에 따라 근로자가 요양한 산재보험 의료기관에 진료비를 지급하거나 같은 조 제4항제2호에 따라 약제를 지급하는 약국에 약제비를 지급할 때에는 그 의료기관 또는 약국이 산재보험가입자로서 내야 하는 산재보험료, 이 법에 따른 그 밖의 징수금과 체납처분비에 우선 충당하고 그 잔액을 지급할 수 있다. 이 경우 충당의 순위는 제23조제1항 각 호의 순위에 따른다.
(2009.12.30 본조개정)

제24조【가산금의 징수】 ① 공단은 사업주가 제19조제1항에서 정하고 있는 기한까지 확정보험료를 신고하지 아니하거나 신고한 확정보험료가 사실과 달라 제19조제4항에 따라 보험료를 징수하는 경우에는 그 징수하여야 할 보험료의 100분의 10에 상당하는 가산금을 부과하여 징수한다. 다만, 가산금이 소액이거나 그 밖에 가산금을 징수하는 것이 적절하지 아니하다고 인정되어 대통령령으로 정하는 경우 또는 대통령령으로 정하는 금액을 초과하는 부분에 대하여는 그러하지 아니하다.
② (2012.2.1 삭제)
③ 제1항에도 불구하고 공단은 제19조제5항에 따라 확정보험료 수정신고서를 제출한 사업주에게는 제1항에 따른 가산금의 100분의 50을 경감한다.
(2012.2.1 본조개정)

제25조【연체금의 징수】 ① 건강보험공단은 사업주가 제16조의7, 제17조 및 제19조에 따른 납부기한까지 보험료 또는 이 법에 따른 그 밖의 징수금을 내지 아니한 경우에는 그 납부기한이 지난 날부터 매 1일이 지날 때마다 체납된 보험료, 그 밖의 징수금의 1천500분의 1에 해당하는 금액을 가산한 연체금을 징수한다. 이 경우 연체금은 체납된 보험료등의 1천분의 20을 초과하지 못한다.
(2021.1.26 본항개정)
② 제1항에 따른 연체금은 다음 각 호의 어느 하나에 규정된 날부터 산정한다.
1. 제16조의3, 제16조의6제1항, 제16조의9제1항 및 제2항, 제48조의3제2항, 제48조의6제2항에 따라 산정된 보험료에 대하여는 제16조의7에 따른 납부기한의 다음 날
(2022.6.10 본호개정)
2. 제17조제1항 및 제19조제2항에 따른 보험료에 대하여는 제17조제1항, 제19조제2항 및 제3항에 따른 납부기한의 다음 날
3. 제16조의9제3항, 제17조제2항 및 제19조제4항에 따른 징수금에 대하여는 제16조의7, 제17조제1항, 제19조제2항 및 제3항에 따른 납부기한의 다음 날
4. 제18조에 따른 보험료에 대하여는 공단이 제27조제1항에 따라 통지한 납부기한의 다음 날
③ 건강보험공단은 사업주가 보험료 또는 이 법에 따른 그 밖의 징수금을 내지 아니하면 납부기한 후 30일이 지난 날부터 매 1일이 지날 때마다 체납된 보험료, 그 밖의 징수금의 6천분의 1에 해당하는 연체금을 제1항에 따른 연체금에 더하여 징수한다. 이 경우 연체금은 체납된 보험료, 그 밖의 징수금의 1천분의 50을 넘지 못한다.(2021.1.26 본항개정)
④ 건강보험공단은 제1항 및 제3항에도 불구하고 「채무자 회생 및 파산에 관한 법률」 제140조에 따른 징수의 유예가 있거나 그 밖에 연체금을 징수하는 것이 적절하지 아니하다고 인정되어 대통령령으로 정하는 경우에는 제1항 및 제3항에 따른 연체금을 징수하지 아니할 수 있다.
(2016.12.27 본항신설)
(2010.1.27 본조개정)

제26조【산재보험가입자로부터의 보험급여액 징수 등】
① 공단은 다음 각 호의 어느 하나에 해당하는 재해에 대하여 산재보험급여를 지급하는 경우에는 대통령령으로 정하는 바에 따라 그 급여에 해당하는 금액의 전부 또는 일부를 사업주로부터 징수할 수 있다.
1. 사업주가 제11조에 따른 보험관계 성립신고를 게을리 한 기간 중에 발생한 재해
2. 사업주가 산재보험료의 납부를 게을리한 기간 중에 발생한 재해
② 공단은 제1항에 따라 산재보험급여액의 전부 또는 일부를 징수하기로 결정하였으면 지체 없이 그 사실을 사업주에게 알려야 한다.
(2009.12.30 본조개정)

판례 건설업을 영위하는 사업주가 건설본사에 대하여 분리하여 별도로 보험관계성립신고를 하지 아니하였더라도, 각 건설현장에 대한 동종사업 일괄적용승인을 받고 건설본사도 일괄적용되는 사업에 포함된다고 잘못 생각하여 일괄하여 사업개시신고를 하였고, 재해발생 이전에 보고·납부한 개산보험료에 건설본사에 대한 것이 포함되어 있다는 등의 사정이 있다면, 그 형식이야 여하간에 실질적으로 건설본사에 관한 보험관계가 성립한 사실을 신고하였다고 볼 것이므로, 그 보험료의 차액을 정산하는 것은 별론으로 하더라도 보험가입신고를 태만히 한 경우에 해당한다 하여 보험급여액의 일부를 징수하는 제재를 가할 수는 없다.(대판 2006.8.24, 2004두10081)

제26조의2【징수금의 징수우선순위】 납부기한이 지난 보험료, 환수금 또는 이 법에 따른 그 밖의 징수금과 체납처분비를 징수(고용보험 관련 징수금과 산재보험 관련 징수금을 모두 징수하는 경우에는 각 보험별 총징수금액의 비율에 따라 징수한다)하는 경우 그 징수순위는 제23조제1항 각 호의 순위에 따른다. 이 경우 같은 순위에 해당하는 징수금이 둘 이상 있을 때에는 납부기한이 빠른 징수금을 선순위로 한다.(2019.1.15 본조개정)

제27조【징수금의 통지 및 독촉】 ① 공단 또는 건강보험공단은 보험료(제17조제1항 및 제19조제2항에 따른 보험료는 제외한다) 또는 이 법에 따른 그 밖의 징수금을 징수하는 경우에는 납부의무자에게 그 금액과 납부기한을 문서로 알려야 한다. 다만, 제22조의2제3항에 따라 자동계좌이체의 방법으로 보험료를 내는 사업주가 동의하는 경우에는 고용노동부령으로 정하는 바에 따라 정보통신망을 이용한 전자문서로 알릴 수 있으며, 이 경우 그 전자문서는 그 사업주가 지정한 컴퓨터 등에 입력된 때에 도달된 것으로 본다.(2010.6.4 단서개정)
② 건강보험공단은 납부의무자가 보험료등을 납부기한까지 내지 아니하면 기한을 정하여 해당 보험료등을 낼 것을 독촉하여야 한다.(2022.12.31 본항개정)
③ 건강보험공단은 제2항에 따라 독촉을 하는 경우에는 독촉장을 발급하여야 한다. 이 경우의 납부기한은 독촉장 발급일부터 10일 이상의 여유가 있도록 하여야 한다.
(2010.1.27 전단개정)
④ 건강보험공단은 납부의무자의 신청이 있으면 제2항에 따른 독촉을 전자문서교환방식 등에 의하여 전자문서로 할 수 있다. 이 경우 전자문서 독촉에 대한 신청방법·절차 등에 필요한 사항은 고용노동부령으로 정한다.
(2022.6.10 본항신설)
⑤ 제4항에 따른 전자문서 독촉의 도달시기에 관하여는 제16조의8제3항을 준용한다. 이 경우 "고지"는 "독촉"으로 본다.(2022.6.10 본항신설)
⑥ 제28조의4에 따른 연대납부의무자 중 1명에게 한 독촉은 다른 연대납부의무자에게도 효력이 있는 것으로 본다.
(2010.1.27 본항신설)

제27조의2【납부기한 전 징수】 ① 공단 또는 건강보험공단은 사업주에게 다음 각 호의 어느 하나에 해당하는 사유가 있는 경우에는 납부기한 전이라도 이미 납부의무가 확정된 보험료, 이 법에 따른 그 밖의 징수금을 징수할 수 있다. 다만, 보험료와 이 법에 따른 그 밖의 징수금의 총액이 500만원 미만인 경우에는 그러하지 아니하다.
(2010.1.27 본문개정)
1. 국세를 체납하여 체납처분을 받은 경우
2. 지방세 또는 공과금을 체납하여 체납처분을 받은 경우
3. 강제집행을 받은 경우
4. 「어음법」 및 「수표법」에 따른 어음교환소에서 거래정지처분을 받은 경우
5. 경매가 개시된 경우
6. 법인이 해산한 경우
② 공단 또는 건강보험공단은 제1항에 따라 납부기한 전에 보험료와 이 법에 따른 그 밖의 징수금을 징수할 때에는 새로운 납부기한 및 납부기한의 변경사유를 적어 사업주에게 알려야 한다. 이 경우 이미 납부 통지를 하였을 때에는 납부기한의 변경을 알려야 한다.(2010.1.27 전단개정)
(2009.12.30 본조개정)

제27조의3【보험료 등의 분할 납부】 ① 사업주는 다음 각 호의 어느 하나에 해당하는 경우에는 납부기한이 지난 보험료와 이 법에 따른 그 밖의 징수금에 대하여 분할 납부를 승인하여 줄 것을 건강보험공단에 신청할 수 있다.
1. 제5조제1항 또는 제3항에 따른 보험의 당연가입자인 사업주로서 제7조에 따른 보험관계 성립일부터 1년 이상이 지나서 제11조에 따른 보험관계 성립신고를 한 경우
2. 제39조에 따라 납부기한이 연장되었으나 연장된 납부기한이 지나 3회 이상 체납한 경우
(2021.8.17 본항개정)
② (2019.1.15 삭제)
③ 건강보험공단은 제1항에 따라 신청한 사업주에 대하여 납부능력을 확인하여 보험료와 이 법에 따른 그 밖의 징수금의 분할 납부를 승인할 수 있다.(2019.1.15 본항개정)

④ 건강보험공단은 제3항에 따라 분할 납부 승인을 받은 사업주가 다음 각 호의 어느 하나에 해당하게 된 경우에는 분할 납부의 승인을 취소하고 분할 납부의 대상이 되는 보험료와 이 법에 따른 그 밖의 징수금을 한꺼번에 징수할 수 있다.(2010.1.27 본문개정)
1. 분할 납부하여야 하는 보험료와 이 법에 따른 그 밖의 징수금을 정당한 사유 없이 두 번 이상 내지 아니한 경우
2. 제27조의2제1항 각 호의 어느 하나에 해당하는 사유가 발생한 경우
⑤ 제1항·제3항 및 제4항에 따른 분할 납부의 승인과 취소에 관한 절차·방법, 분할 납부의 기간 및 납부능력 확인 등에 필요한 사항은 고용노동부령으로 정한다.
(2019.1.15 본항개정)
(2009.12.30 본조개정)
제28조【징수금의 체납처분 등】 ① 건강보험공단은 제27조제2항 및 제3항에 따라 독촉을 받은 자가 그 기한까지 보험료나 이 법에 따른 그 밖의 징수금을 내지 아니한 경우에는 고용노동부장관의 승인을 받아 국세 체납처분의 예에 따라 이를 징수할 수 있다.(2010.6.4 본항개정)
② 건강보험공단은 제1항에 따른 국세 체납처분의 예에 따라 압류한 재산을 공매하는 경우에 전문지식이 필요하거나 그 밖의 특수한 사정이 있어 직접 공매하기에 적당하지 아니하다고 인정하면 대통령령으로 정하는 바에 따라 「한국자산관리공사 설립 등에 관한 법률」에 따라 설립된 한국자산관리공사(이하 "한국자산관리공사"라 한다)로 하여금 압류한 재산의 공매를 대행하게 할 수 있다. 이 경우 공매는 건강보험공단이 한 것으로 본다.
(2019.11.26 전단개정)
③ 건강보험공단은 제2항에 따라 한국자산관리공사로 하여금 공매를 대행하게 하는 경우에는 고용노동부령으로 정하는 바에 따라 수수료를 지급할 수 있다.(2010.6.4 본항개정)
④ 제2항에 따라 한국자산관리공사가 공매를 대행하는 경우에 한국자산관리공사의 임직원은 「형법」 제129조부터 제132조까지의 규정을 적용할 때 공무원으로 본다.
(2009.12.30 본조개정)
제28조의2【법인의 합병으로 인한 납부의무의 승계】 법인이 합병한 경우에 합병 후 존속하는 법인 또는 합병으로 설립되는 법인은 합병으로 소멸된 법인에 부과되거나 그 법인이 내야 하는 보험료와 이 법에 따른 그 밖의 징수금과 체납처분비를 낼 의무를 진다.(2009.12.30 본조개정)
제28조의3【상속으로 인한 납부의무의 승계】 ① 상속이 개시된 때에 그 상속인(「민법」 제1078조에 따라 포괄적 유증을 받은 자를 포함한다. 이하 같다) 또는 「민법」 제1053조에 따른 상속재산관리인(이하 "상속재산관리인"이라 한다)은 피상속인에게 부과되거나 그 피상속인이 내야 하는 보험료, 이 법에 따른 그 밖의 징수금과 체납처분비를 상속받은 재산의 한도에서 낼 의무를 진다.
② 제1항의 경우에 상속인이 2명 이상이면 각 상속인은 피상속인에게 부과되거나 그 피상속인이 내야 하는 보험료, 이 법에 따른 그 밖의 징수금과 체납처분비를 「민법」 제1009조·제1010조·제1012조 및 제1013조에 따른 상속분에 따라 나누어 계산한 후, 상속받은 재산의 한도에서 연대하여 낼 의무를 진다. 이 경우 각 상속인은 그 상속인 중에서 피상속인의 보험료, 이 법에 따른 그 밖의 징수금과 체납처분비를 낼 대표자를 정하여 대통령령으로 정하는 바에 따라 건강보험공단에 신고하여야 한다.
(2010.1.27 후단개정)
③ 제1항의 경우에 상속인의 존재 여부가 분명하지 아니할 때에는 상속인에게 하여야 하는 보험료, 이 법에 따른 그 밖의 징수금과 체납처분비의 납부 고지·독촉 또는 그 밖에 필요한 조치는 상속재산관리인에게 하여야 한다.
④ 제1항의 경우에 상속인의 존재 여부가 분명하지 아니하고 상속재산관리인도 없으면 건강보험공단은 피상속인의 주소지를 관할하는 법원에 상속재산관리인의 선임(選任)을 청구할 수 있다.(2010.1.27 본항개정)
⑤ 제1항의 경우에 피상속인에 대한 처분 또는 절차는 상속인 또는 상속재산관리인에 대하여도 효력이 있다.
(2009.12.30 본조개정)
제28조의4【연대납부의무】 ① 공동사업에 관계되는 보험료, 이 법에 따른 그 밖의 징수금과 체납처분비는 공동사업자가 연대하여 낼 의무를 진다.
② 법인이 분할 또는 분할합병되는 경우 분할되는 법인에 대하여 분할일 또는 분할합병일 이전에 부과되거나 납부의무가 성립한 보험료, 이 법에 따른 그 밖의 징수금과 체납처분비는 다음 각 호의 법인이 연대하여 낼 책임을 진다.
1. 분할되는 법인
2. 분할 또는 분할합병으로 설립되는 법인
3. 분할되는 법인의 일부가 다른 법인과 합병하여 그 다른 법인이 존속하는 경우 그 다른 법인
③ 법인이 분할 또는 분할합병으로 해산되는 경우 해산되는 법인에 대하여 부과되거나 그 법인이 내야 하는 보험료, 이 법에 따른 그 밖의 징수금과 체납처분비는 제2항제2호 및 제3호의 법인이 연대하여 낼 책임을 진다.
(2009.12.30 본조개정)
제28조의5【연대납부의무에 관한 「민법」의 준용】 이 법에 따른 보험료, 그 밖의 징수금과 체납처분비의 연대납부의무에 관하여는 「민법」 제413조부터 제416조까지, 제419조, 제421조, 제423조 및 제425조부터 제427조까지의 규정을 준용한다.(2009.12.30 본조개정)
제28조의6【고액·상습 체납자의 인적사항 공개】 ① 건강보험공단은 이 법에 따른 납부기한의 다음 날부터 1년이 지난 보험료와 이 법에 따른 그 밖의 징수금과 체납처분비(제29조에 따라 결손처분한 보험료, 이 법에 따른 그 밖의 징수금과 체납처분비로서 징수권 소멸시효가 완성되지 아니한 것을 포함한다)의 총액이 5천만원 이상인 체납자가 납부능력이 있음에도 불구하고 체납한 경우에는 그 인적사항 및 체납액 등(이하 이 조에서 "인적사항등"이라 한다)을 공개할 수 있다. 다만, 체납된 보험료, 이 법에 따른 그 밖의 징수금과 체납처분비와 관련하여 행정심판 또는 행정소송이 계류 중인 경우, 그 밖에 체납된 금액의 일부납부 등 대통령령으로 정하는 사유가 있을 때에는 그러하지 아니하다.(2022.12.31 본문개정)
② 제1항에 따른 체납자의 인적사항등에 대한 공개 여부를 심의하기 위하여 건강보험공단에 보험료정보공개심의위원회(이하 이 조에서 "위원회"라 한다)를 둔다.
(2010.1.27 본항개정)
③ 건강보험공단은 위원회의 심의를 거쳐 인적사항등의 공개가 결정된 자에 대하여 공개대상자임을 알림으로써 소명할 기회를 주어야 하며, 통지일부터 6개월이 지난 후 위원회로 하여금 체납액의 납부이행 등을 고려하여 체납자 인적사항등의 공개 여부를 재심의하게 한 후 공개대상자를 선정한다.(2010.1.27 본항개정)
④ 제1항에 따른 체납자 인적사항등의 공개는 관보에 게재하거나, 고용·산재정보통신망 또는 건강보험공단 게시판에 게시하는 방법에 따른다.(2010.1.27 본항개정)
⑤ 제1항부터 제4항까지의 규정에 따른 체납자 인적사항등의 공개와 관련한 절차 및 위원회의 구성·운영 등에 필요한 사항은 대통령령으로 정한다.
(2009.12.30 본조개정)
제28조의7【「국세기본법」의 준용】 보험료, 이 법에 따른 그 밖의 징수금의 체납처분 유예를 위한 납부담보의 제공에 관하여는 「국세징수법」 제18조부터 제23조까지의 규정을 준용한다. 이 경우 "세법"은 "이 법"으로, "납세담보"는 "납부담보"로, "세무서장"은 "건강보험공단"으로, "납세보증보험증권"은 "납부보증보험증권"으로, "납세보증서"는 "납부보증서"로, "납세담보물"은 "납부담보물"로, "국세·가산금과 체납처분비"는 "보험료, 이 법에 따른 그 밖의 징수금과 체납처분비"로 본다.(2020.12.29 본조개정)
제29조【징수금의 결손처분】 ① 건강보험공단은 다음 각 호의 어느 하나에 해당하는 사유가 있을 때에는 고용노동부장관의 승인을 받아 보험료와 이 법에 따른 그 밖의 징수금을 결손처분할 수 있다.(2010.6.4 본문개정)
1. 체납처분이 끝나고 체납액에 충당된 배분금액이 그 체납액보다 적은 경우
2. 소멸시효가 완성된 경우
3. 징수할 가능성이 없다고 인정하여 대통령령으로 정하는 경우
② 건강보험공단은 제1항제3호에 따라 결손처분을 한 후 압류할 수 있는 다른 재산을 발견한 경우에는 지체 없이 그 처분을 취소하고 다시 체납처분을 하여야 한다.
(2010.1.27 본항개정)
(2009.12.30 본조개정)
제29조의2【체납 또는 결손처분 자료의 제공】 ① 건강보험공단은 보험료징수 또는 공익목적을 위하여 필요한 경우에 「신용정보의 이용 및 보호에 관한 법률」 제25조제2항제1호에 따른 종합신용정보집중기관이 다음 각 호의 어느 하나에 해당하는 체납자 또는 결손처분자의 인적사항·체납액 또는 결손처분액에 관한 자료(이하 "체납등 자료"라 한다)를 요구할 때에는 그 자료를 제공할 수 있다. 다만, 체납된 보험료, 이 법에 따른 그 밖의 징수금과 관련하여 행정심판 또는 행정소송이 계류 중인 경우, 그 밖에 체납처분의 유예 등 대통령령으로 정하는 사유가 있을 때에는 그러하지 아니하다.(2010.1.27 본문개정)
1. 이 법에 따른 납부기한의 다음 날부터 1년이 지난 보험료, 이 법에 따른 그 밖의 징수금과 체납처분비의 총액이 500만원 이상인 자
2. 1년에 세 번 이상 체납하고 이 법에 따른 납부기한이 지난 보험료, 이 법에 따른 그 밖의 징수금과 체납처분비의 총액이 500만원 이상인 자
3. 제29조에 따라 결손처분한 금액의 총액이 500만원 이상인 자
② 제1항에 따른 체납등 자료의 제공절차에 관하여 필요한 사항은 대통령령으로 정한다.
③ 제1항에 따라 체납등 자료를 제공받은 자는 이를 업무 외의 목적으로 누설하거나 이용하여서는 아니 된다.
(2009.12.30 본조개정)
제29조의3【금융거래정보의 제공 요청 등】 ① 건강보험공단은 다음 각 호의 어느 하나에 해당하는 체납자의 재산조회를 위하여 필요한 경우에는 「금융실명거래 및 비밀보장에 관한 법률」 제4조에도 불구하고 같은 법 제2조제1호에 따른 금융회사등의 특정점포에 금융거래 관련 정보 또는 자료(이하 "금융거래정보"라 한다)의 제공을 요청할 수 있으며, 해당 금융회사등의 특정점포는 이를 제공하여야 한다.(2021.1.5 본문개정)
1. 이 법에 따른 납부기한의 다음 날부터 1년이 지난 보험료, 이 법에 따른 그 밖의 징수금 및 체납처분비의 총액이 500만원 이상인 자
2. 1년에 세 번 이상 체납하고 이 법에 따른 납부기한이 지난 보험료, 이 법에 따른 그 밖의 징수금 및 체납처분비의 총액이 500만원 이상인 자
② 건강보험공단이 제1항에 따라 금융거래정보의 제공을 요청할 때에는 「금융실명거래 및 비밀보장에 관한 법률」 제4조제2항에 따른 금융위원회가 정하는 표준양식으로 하여야 한다.(2021.1.5 본항개정)
③ 제1항에 따른 금융거래정보의 제공 요청은 체납자의 재산조회를 위하여 필요한 최소한도에 그쳐야 한다.
④ 제1항에 따라 금융회사등이 건강보험공단에 금융거래정보를 제공하는 경우에는 그 금융회사등은 금융거래정보를 제공한 날부터 10일 이내에 제공한 금융거래정보의 주요내용·사용목적·제공받은 자 및 제공일자 등을 거래자에게 서면으로 알려야 한다. 이 경우 통지에 드는 비용에 관하여는 「금융실명거래 및 비밀보장에 관한 법률」 제4조의2제4항을 준용한다.(2013.6.4 전단개정)
⑤ 건강보험공단은 제1항에 따라 금융회사등에 대하여 금융거래정보를 요청하는 경우에는 그 사실을 기록하여야 하며, 금융거래정보를 요청한 날부터 5년간 그 기록을 보관하여야 한다.(2021.1.5 본항개정)
⑥ 제1항에 따라 금융거래정보를 알게 된 자는 그 알게 된 금융거래정보를 타인에게 제공 또는 누설하거나 그 목적 외의 용도로 이용하여서는 아니 된다.
(2009.12.30 본조신설)
제29조의4【보험료등의 완납증명】 ① 보험료등의 납부의무자가 국가, 지방자치단체 또는 「공공기관의 운영에 관한 법률」 제4조에 따른 공공기관 등 대통령령으로 정하는 기관으로부터 공사·제조·구매·용역 등 대통령령으로 정하는 계약의 대가를 지급받으려면 보험료등의 완납(完納) 사실을 증명하여야 한다. 다만, 납부의무자가 계약대금의 전부 또는 일부로 보험료등을 납부하려는 경우 등 대통령령으로 정하는 경우에는 그러하지 아니하다.
② 납부의무자가 제1항에 따라 보험료등의 완납 사실을 증명하여야 하는 경우 같은 항의 계약을 담당하는 주무관서 또는 공공기관 등은 납부의무자의 동의를 받아 공단 또는 건강보험공단에 조회하여 보험료등의 납부 여부를 확인하는 것으로 제1항에 따른 완납 사실 증명을 갈음할 수 있다.
(2022.12.31 본조신설)
제30조【보험료 징수의 우선순위】 보험료와 이 법에 따른 그 밖의 징수금은 국세 및 지방세를 제외한 다른 채권보다 우선하여 징수한다. 다만, 보험료 등의 납부기한 전에 전세권·질권·저당권 또는 「동산·채권 등의 담보에 관한 법률」에 따른 담보권의 설정을 등기하거나 등록한 사실이 증명되는 재산을 매각하여 그 매각대금 중에서 보험료 등을 징수하는 경우에 그 전세권·질권·저당권 또는 「동산·채권 등의 담보에 관한 법률」에 따른 담보권에 의하여 담보된 채권에 대하여는 그러하지 아니하다.
(2010.6.10 단서개정)
제31조【산재보험료 및 부담금 징수 등에 관한 특례】 ① 공단 또는 건강보험공단은 이 법에 따른 산재보험료 및 산재보험과 관련된 그 밖의 징수금, 「임금채권보장법」 제9조·제16조에 따른 부담금 및 그 밖의 징수금과 「석면피해구제법」 제31조제1항제1호의 자에 대한 분담금 및 그 밖의 징수금을 통합하여 징수하여야 한다.(2010.3.22 본항개정)
② 사업주는 이 법에 따른 산재보험료, 「임금채권보장법」 제9조에 따른 부담금 및 「석면피해구제법」 제31조제1항제1호의 자에 대한 분담금(이하 "부담금"이라 한다)을 통합하여 신고하고 내야 한다.(2010.3.22 본항개정)
③ 제1항 및 제2항에 따라 사업주가 산재보험료 및 부담금(각각에 대한 연체금 및 가산금을 포함한다. 이하 이 조에서 같다)을 낸 경우에는 그 총액 중에서 사업주가 내야 할 산재보험료와 부담금의 비율만큼 산재보험료와 부담금을 낸 것으로 본다.
④ 공단 또는 건강보험공단은 제1항 및 제2항에 따라 징수하거나 납부된 산재보험료 및 부담금을 「산업재해보상보험법」 제95조에 따라 설치된 기금, 「임금채권보장법」 제17조에 따라 설치된 기금 및 「석면피해구제법」 제24조에 따라 설치된 기금에 각각 납입하여야 한다.(2010.3.22 본항개정)
⑤ 제4항에 따라 산재보험료 및 부담금을 각각의 기금에 납입하는 경우 그 정산기준 및 정산방법 등에 관하여 필요한 사항은 대통령령으로 정한다.
(2009.12.30 본조개정)
제32조【서류의 송달】 ① 「국세징수법」 제17조 및 「국세기본법」 제8조부터 제12조까지의 규정(같은 법 제8조제2항 단서는 제외한다)은 보험료, 이 법에 따른 그 밖의 징수금에 관한 서류의 송달에 관하여 준용한다.
(2021.1.5 본항개정)
② 제1항에도 불구하고 보험료, 이 법에 따른 그 밖의 징수금의 고지·독촉 또는 체납처분에 관계되는 서류를 우편에 따라 송달하는 경우 그 방법은 대통령령으로 정하는 바에 따른다.(2010.1.27 본항신설)

제4장 보험사무대행기관
(2009.12.30 본장개정)

제33조【보험사무대행기관】 ① 사업주 등을 구성원으로 하는 단체로서 특별법에 따라 설립된 단체, 「민법」 제32조에 따라 고용노동부장관의 허가를 받아 설립된 법인 및 그 밖에 대통령령으로 정하는 기준에 해당하는 법인, 공인노무사 또는 세무사(이하 "법인등"이라 한다)는 사업주로부터 위임을 받아 보험료 신고, 고용보험 피보험자에 관한 신고 등 사업주가 지방고용노동관서 또는 공단에 대하여 하여야 할 보험에 관한 사무(이하 "보험사무"라 한다)를 대행할 수 있다. 이 경우 보험사무를 위임할 수 있는 사업주의 범위 및 법인등에 위임할 수 있는 업무의 범위는 대통령령으로 정한다.(2014.3.24 전단개정)
② 법인등이 제1항에 따라 보험사무를 대행하려는 경우에는 대통령령으로 정하는 바에 따라 공단의 인가를 받아야 한다.
③ 제2항에 따라 인가를 받은 법인등(이하 "보험사무대행기관"이라 한다)이 인가받은 사항을 변경하려고 하는 경우 수탁대상지역 등 대통령령으로 정하는 사항에 관하여는 공단의 인가를 받아야 하며, 소재지 등 고용노동부령으로 정하는 사항은 공단에 신고하여야 한다.(2010.6.4 본항개정)
④ 보험사무대행기관이 제1항에 따른 업무의 전부 또는 일부를 폐지하려면 공단에 신고하여야 한다.
⑤ 공단은 보험사무대행기관이 다음 각 호의 어느 하나에 해당하는 경우에는 그 인가를 취소할 수 있다. 다만, 제1호에 해당하는 경우에는 인가를 취소하여야 한다.(2022.6.10 본문개정)
1. 거짓이나 그 밖의 부정한 방법으로 인가를 받은 경우
2. 정당한 사유 없이 계속하여 2개월 이상 보험사무를 중단한 경우
3. 보험사무를 거짓이나 그 밖의 부정한 방법으로 운영한 경우
4. 그 밖에 이 법 또는 이 법에 따른 명령을 위반한 경우
(2022.6.10 1호~4호신설)
⑥ 제4항에 따라 업무가 전부 폐지되거나 제5항에 따라 인가가 취소된 보험사무대행기관은 폐지신고일 또는 인가취소일부터 1년의 범위에서 대통령령으로 정하는 기간 동안은 보험사무대행기관으로 다시 인가받을 수 없다.(2022.6.10 본항신설)
⑦ 그 밖에 보험사무대행기관의 인가 취소 등에 필요한 사항은 대통령령으로 정한다.(2022.6.10 본항신설)

제34조【보험사무대행기관에 대한 통지】 공단은 보험료, 이 법에 따른 그 밖의 징수금의 납입의 통지 등을 보험사무대행기관에 함으로써 그 사업주에 대한 통지를 갈음한다.

제35조【보험사무대행기관의 의무】 공단이 제24조에 따른 가산금, 제25조에 따른 연체금 및 제26조에 따른 산재보험급여에 해당하는 금액을 징수하는 경우에 그 징수사유가 보험사무대행기관의 귀책사유로 인한 것일 때에는 그 한도 안에서 보험사무대행기관이 해당 금액을 내야 한다.

제36조【보험사무대행기관의 장부비치 등】 보험사무대행기관은 대통령령으로 정하는 바에 따라 보험사무에 관한 사항을 적은 장부나 그 밖의 서류를 사무소에 갖추어 두어야 한다.

제37조【보험사무대행기관에 대한 지원 등】 공단은 보험사무대행기관이 제33조제1항에 따라 보험사무를 대행한 경우에는 대통령령으로 정하는 바에 따라 징수비용과 그 밖의 지원금을 교부할 수 있다.

제5장 보 칙
(2009.12.30 본장개정)

제38조【보험료의 수납절차】 이 법에 따른 보험료와 그 밖의 징수금의 수납방법 및 그 절차 등에 관하여 필요한 사항은 고용노동부령으로 정한다.(2010.6.4 본조개정)

제39조【납부기한의 연장】 공단 또는 건강보험공단은 천재지변 등 고용노동부령으로 정하는 사유로 이 법에 규정된 신고·신청·청구나 그 밖의 서류의 제출·통지 또는 납부·징수를 정하여진 기한까지 할 수 없다고 인정될 때에는 그 기한을 연장할 수 있다.(2010.6.4 본조개정)

제40조【자료제공의 요청】 ① 공단 또는 건강보험공단은 보험관계의 성립 및 소멸, 고용보험료의 지원, 보험료의 부과·징수, 보험료의 정산, 그 밖에 이 법에 따른 연체금 또는 징수금의 징수 등을 위하여 근로소득자료·국세·지방세·토지·건물·건강보험·국민연금 등 대통령령으로 정하는 자료를 제공받거나 관련 전산망을 이용하려는 경우에는 관계 기관의 장에게 사용목적 등을 적은 문서로 협조를 요청할 수 있다. 이 경우 관계 기관의 장은 정당한 사유가 없으면 그 요청에 따라야 한다.(2013.6.4 본항개정)
② 공단은 산재보험 노무제공자에 대한 보험료의 부과·징수 등을 위하여 산재보험 노무제공자의 노무를 제공받는 사업의 도급인(「산업안전보건법」 제2조제7호에 따른 도급인을 말한다), 「보험업법」에 따른 보험회사 등 대통령령으로 정하는 기관·단체에 산재보험 노무제공자의 월 보수액 등 보험료 부과·징수 등에 필요한 내용으로서 대통령령으로 정하는 자료 또는 정보의 제공을 요청할 수 있다. 이 경우 요청을 받은 기관·단체는 특별한 사유가 없으면 그 요청에 따라야 한다.(2022.6.10 본항신설)
③ 제1항 또는 제2항에 따라 공단 또는 건강보험공단에 제공되는 자료에 대하여는 수수료 및 사용료 등을 면제한다.(2022.6.10 본항개정)

제41조【시효】 ① 보험료, 이 법에 따른 그 밖의 징수금을 징수하거나 그 반환받을 수 있는 권리는 3년간 행사하지 아니하면 시효로 인하여 소멸한다.
② 제1항에 따른 소멸시효에 관하여는 이 법에 규정된 것을 제외하고는 「민법」에 따른다.

제42조【시효의 중단】 ① 제41조에 따른 소멸시효는 다음 각 호의 사유로 중단된다.
1. 제16조의8에 따른 월별보험료의 고지(2010.1.27 본호신설)
2. 제23조제1항 또는 제2항에 따른 반환의 청구
3. 제27조에 따른 통지 또는 독촉
4. 제28조에 따른 체납처분 절차에 따라 하는 교부청구 또는 압류
② 제1항에 따라 중단된 소멸시효는 다음 각 호의 기한 또는 기간이 지난 때부터 새로 진행한다.
1. 제16조의8에 따라 고지한 월별보험료의 납부기한(2010.1.27 본호신설)
2. 독촉에 의한 납부기한
3. 제27조제1항에 따라 알린 납부기한
4. 교부청구 중의 기간
5. 압류기간

제43조【보험료 정산에 따른 권리의 소멸시효】 ① 제16조의9제3항에 따라 사업주가 반환받을 권리 및 건강보험공단이 징수할 권리의 소멸시효는 다음 보험연도의 첫날(보험연도 중에 보험관계가 소멸한 사업의 경우에는 보험관계가 소멸한 날)부터 진행한다.
② 제19조제2항 및 제4항에 따라 사업주가 반환받을 권리 및 공단이 징수할 권리의 소멸시효는 다음 보험연도의 첫날(보험연도 중에 보험관계가 소멸한 사업의 경우에는 보험관계가 소멸한 날)부터 진행한다.
(2019.1.15 본조개정)

제44조【보고】 공단 또는 건강보험공단은 보험료의 성실신고 및 보험사무대행기관의 지도 등을 위하여 필요하다고 인정되어 대통령령으로 정하는 경우에는 이 법을 적용받는 사업의 사업주, 그 사업에 종사하는 근로자, 보험사무대행기관 및 보험사무대행기관이었던 자에 대하여 이 법 시행에 필요한 보고 및 관계 서류의 제출을 요구할 수 있다.(2010.1.27 본조개정)

제45조【조사】 ① 공단은 보험료의 성실신고 및 보험사무대행기관의 지도 등을 위하여 필요하다고 인정되어 대통령령으로 정하는 경우에는 소속 직원으로 하여금 근로자를 고용하고 있거나 고용하였던 사업주의 사업장 또는 보험사무대행기관, 보험사무대행기관이었던 자의 사무소에 출입하여 관계인에 대하여 질문을 하거나 관계 서류를 조사하게 할 수 있다.
② 공단은 제1항에 따라 조사를 하는 경우 해당 사업주 등에게 조사의 일시 및 내용 등 조사에 필요한 사항을 미리 알려야 한다. 다만, 긴급한 경우나 사전 통지 시 그 목적을 달성할 수 없다고 인정되는 경우에는 그러하지 아니하다.
③ 제1항의 경우에 공단직원은 그 권한을 표시하는 증표를 지니고 이를 관계인에게 내보여야 한다.
④ 공단은 제1항부터 제3항까지의 규정에 따라 조사를 마치면 해당 사업주 등에게 조사 결과를 서면으로 알려야 한다.

제45조의2【소액 처리】 공단 또는 건강보험공단은 이 법에 따라 징수하여야 할 금액이나 제23조제1항 본문에 따라 지급하여야 할 금액이 1건당 2천원 미만인 경우에는 징수 또는 지급하지 아니한다.(2022.12.31 본조신설)

제46조【업무의 위임 및 위탁】 ① 이 법에 따른 고용노동부장관의 권한은 대통령령으로 정하는 바에 따라 그 일부를 지방고용노동관서의 장에게 위임할 수 있다.(2013.6.4 본항신설)
② 공단 또는 건강보험공단은 대통령령으로 정하는 바에 따라 보험료, 이 법에 따른 그 밖의 징수금의 수납업무 중 일부를 체신관서 또는 금융기관에 위탁할 수 있다.(2013.6.4 본조제목개정)

제46조의2【업무의 지도·감독】 ① 제4조에 따라 징수업무를 위탁받은 건강보험공단은 대통령령으로 정하는 바에 따라 회계연도마다 보험료 등의 고지, 수납 및 체납관리에 관한 사업운영계획과 예산에 관하여 고용노동부장관의 승인을 받아야 한다.
② 건강보험공단은 매 회계연도가 끝난 후 2개월 이내에 그 회계연도의 사업실적과 결산을 고용노동부장관에게 보고하여야 한다.
③ 고용노동부장관은 건강보험공단에 대하여 제1항에 따른 사업에 관한 보고를 명하거나 사업 또는 재산상황을 검사할 수 있고, 필요하다고 인정하면 정관의 관련 규정을 변경하도록 명하는 등 감독상 필요한 조치를 할 수 있다.(2010.6.4 본조개정)

제47조【해외파견자에 대한 특례】 ① 「산업재해보상보험법」 제122조제1항에 따라 산재보험의 적용을 받는 해외파견자(이하 "해외파견자"라 한다)의 산재보험료 산정의 기초가 되는 보수액은 그 사업에 사용되는 같은 직종 근로자의 보수나 그 밖의 사정을 고려하여 고용노동부장관이 정하는 금액으로 하고, 산재보험료율은 해외파견자의 재해율 및 재해보상에 필요한 금액 등을 고려하여 고용노동부장관이 정하여 고시한다.(2010.6.4 본항개정)
② 산재보험 가입자의 해외파견자에 대한 보험가입 신청 및 승인, 보험료의 신고 및 납부 등에 필요한 사항은 고용노동부령으로 정한다.(2010.6.4 본항개정)
③ 해외파견자에 대한 산재보험관계의 성립 및 소멸에 관하여는 제5조제4항·제5항·제7항, 제7조제3호 및 제10조를 준용한다.

제48조【현장실습생에 대한 특례】 ① 「산업재해보상보험법」 제123조제1항에 따라 산재보험의 적용을 받는 현장실습생(이하 "현장실습생"이라 한다)의 산재보험료 산정의 기초가 되는 보수액은 현장실습생이 받은 모든 금품으로 하되, 산재보험료 산정이 어려운 경우에는 고용노동부장관이 정하여 고시하는 금액으로 할 수 있다.
② 현장실습생의 산재보험료의 신고 및 납부 등에 필요한 사항은 고용노동부령으로 정한다.
(2010.6.4 본조개정)

제48조의2【예술인 고용보험 특례】 ① 「고용보험법」 제77조의2에 따라 고용보험의 적용을 받는 예술인과 이들을 상대방으로 하여 문화예술용역 관련 계약을 체결한 사업의 사업주는 당연히 고용보험의 보험가입자가 된다.(2021.1.5 본항개정)
② 예술인의 보수액은 「소득세법」 제19조에 따른 사업소득 및 같은 법 제21조에 따른 기타소득에서 대통령령으로 정하는 금품을 뺀 금액으로 한다.(2021.1.5 본항개정)
③ 제14조에도 불구하고 예술인과 이들을 상대방으로 하여 문화예술용역 관련 계약을 체결한 사업의 사업주에 대한 고용보험료율은 종사형태 등을 반영하여 「고용보험법」 제7조에 따른 고용보험위원회의 심의를 거쳐 대통령령으로 달리 정할 수 있다. 이 경우 보험가입자의 고용보험료 평균액의 일정비율에 해당하는 금액을 고려하여 대통령령으로 고용보험료의 상한을 정할 수 있다.
(2021.1.5 후단신설)
④ 「고용보험법」 제77조의2에 따라 고용보험의 적용을 받는 사업의 사업주는 예술인이 부담하여야 하는 고용보험료와 사업주가 부담하여야 하는 고용보험료를 납부하여야 한다. 이 경우 사업주는 예술인이 부담하여야 하는 고용보험료를 대통령령으로 정하는 바에 따라 그 예술인의 보수에서 원천공제하여 납부할 수 있다.
⑤ 사업주는 제4항에 따라 고용보험료에 해당하는 금액을 원천공제하였으면 공제계산서를 예술인에게 발급하여야 한다.(2021.1.5 본항개정)
⑥ 제4항에도 불구하고 「고용보험법」 제77조의2제3항에 따라 피보험자격의 취득을 신고한 예술인이 부담하여야 하는 고용보험료는 대통령령으로 정하는 바에 따라 발주자 또는 원수급인이 납부하여야 한다.
⑦ 제6항에 따라 고용보험료를 납부하여야 하는 자는 대통령령으로 정하는 바에 따라 해당 고용보험료를 부담하여야 하는 보험가입자로부터 고용보험료를 원천공제하여 납부하여야 한다. 이 경우 해당 사업주 등에게 원천공제내역을 알려야 한다.
⑧ 예술인의 고용보험관계 등에 관하여는 다음 각 호에서 정하는 바에 따라 각 해당 규정을 준용한다.
1. 예술인에 대한 고용보험관계의 성립·소멸에 관하여는 제5조제7항, 제6조제3항, 제7조제1호, 제10조(제2호는 제외한다), 제11조제1항(제2호는 제외한다) 및 제12조를 준용한다. 이 경우 "근로자"는 "근로자, 예술인 또는 노무제공자"로, "고용하지 아니하게 되었을 때"는 "고용하지 아니하게 되었거나 관련 계약이 종료되었을 때"로, "제5조제1항"은 "제1항"으로 본다.
2. 예술인에 대한 고용보험료의 산정·부과에 관하여는 제13조제1항제1호·제2항(같은 항 단서는 제외한다)·제4항제2호, 제15조제1항, 제16조의2제1항, 제16조의4, 제16조의6부터 제16조의8까지, 제16조의9(제1항 후단은 제외한다), 제16조의11, 제16조의12 및 제18조제1항을 준용한다. 이 경우 "근로자"는 "예술인"으로, "고용보험료율"은 "제48조의2제3항에 따른 보험료율"로 본다.
(2022.12.31 전단개정)
3. 예술인에 대한 고용보험료의 지원, 경감, 과납액의 충당과 반환, 고용보험료와 연체금의 징수·독촉 등에 관하여는 제21조, 제21조의2, 제22조의2(개산보험료에 관한 사항은 제외한다), 제23조(제1항제2호 중 개산보험료에 관한 사항 및 같은 항 제4호는 제외한다), 제25조(제16조의3, 제16조의6, 제16조의7, 제16조의9 및 제18조제1항에 관한 사항으로 한정한다), 제26조의2, 제27조, 제27조의2, 제27조의3, 제28조, 제28조의2부터 제28조의7까지, 제29조, 제29조의2, 제29조의3, 제30조, 제38조 및 제39조를 준용한다. 이 경우 "근로자"는 "예술인"으로 본다.

4. 예술인에 대한 고용보험료 및 이 법에 따른 그 밖의 징수금에 관한 서류의 송달, 자료제공의 요청, 보고, 조사 등에 관하여는 제32조 및 제40조부터 제45조까지(제43조제2항은 제외한다)의 규정을 준용한다. 이 경우 "근로자"는 "예술인"으로 본다.
(2021.1.5 본항개정)
(2020.6.9 본조신설)

제48조의3【노무제공자의 고용보험 특례】 ①「고용보험법」 제77조의6에 따라 고용보험의 적용을 받는 노무제공자와 이들을 상대방으로 하여 노무제공계약을 체결한 사업의 사업주(이하 "노무제공사업의 사업주"라 한다)는 당연히 고용보험의 보험가입자가 된다.
② 공단이 제16조의2제1항에 따라 매월 부과하는 노무제공자의 월별 보험료(고용보험료에 한정한다)는 월 보수액에 고용보험료율을 곱한 금액으로 한다. 이 경우 월 보수액의 산정방법, 적용기간 등은 대통령령으로 정하는 바에 따른다.(2022.12.31 후단개정)
③ 노무제공자의 보수액은「소득세법」제19조에 따른 사업소득 및 같은 법 제21조에 따른 기타소득에서 대통령령으로 정하는 금품을 뺀 금액으로 한다. 다만, 노무제공특성에 따라 소득확인이 어렵다고 대통령령으로 정하는 직종의 고용보험료 산정기초가 되는 보수액은 고용노동부장관이 고시하는 금액으로 한다.
④ 제13조 및 제14조에도 불구하고 노무제공자와 노무제공사업의 사업주가 부담하여야 하는 고용보험료 및 고용보험료율은 종사형태 등을 반영하여「고용보험법」제7조에 따른 고용보험위원회의 심의를 거쳐 대통령령으로 달리 정할 수 있다. 이 경우 보험가입자의 고용보험료 평균액의 일정비율에 해당하는 금액을 고려하여 대통령령으로 고용보험료의 상한을 정할 수 있다.
⑤ 사업주는 대통령령으로 정하는 바에 따라 노무제공자의 노무제공 내용, 월 보수액 등을 공단에 신고하여야 한다.(2022.6.10 본항신설)
⑥ 노무제공사업의 사업주는 노무제공자가 부담하여야 하는 고용보험료와 사업주가 부담하여야 하는 고용보험료를 납부하여야 한다. 이 경우 노무제공사업의 사업주는 노무제공자가 부담하여야 하는 고용보험료를 대통령령으로 정하는 바에 따라 그 노무제공자의 보수에서 원천공제하여 납부할 수 있다.
⑦ 노무제공사업의 사업주는 제6항 후단에 따라 고용보험료에 해당하는 금액을 원천공제한 때에는 공제계산서를 노무제공자에게 발급하여야 한다.(2022.6.10 본항개정)
⑧ 노무제공자의 고용보험관계 등에 관하여는 다음 각 호에서 정하는 바에 따라 각 해당 규정을 준용한다.
1. 노무제공자에 대한 고용보험관계의 성립·소멸에 관하여는 제5조제7항, 제6조제3항, 제7조제1호, 제10조(제2호는 제외한다), 제11조제1항(제2호는 제외한다) 및 제12조를 준용한다. 이 경우 "근로자"는 "근로자, 노무제공자 또는 예술인"으로, "고용하지 아니하게 되었을 때"는 "고용하지 아니하게 되었거나 관련 계약이 종료되었을 때"로, "제5조제1항"은 "제1항"으로 본다.
2. 노무제공자에 대한 고용보험료의 산정·부과에 관하여는 제13조제1항제1호·제2항(같은 항 단서와 보험료의 분담비율은 제외한다)·제4항제2호(보험료의 분담비율은 제외한다), 제15조제1항, 제16조의2제1항, 제16조의4, 제16조의6부터 제16조의8까지, 제16조의9(제1항 후단은 제외한다), 제16조의11, 제16조의12 및 제18조제1항을 준용한다. 이 경우 "근로자"는 "노무제공자"로, "고용보험료율"은 "제48조의3제4항에 따른 보험료율"로 본다.(2022.12.31 전단개정)
3. 노무제공자에 대한 고용보험료의 지원, 경감, 과납액의 충당과 반환, 고용보험료와 연체금의 징수·독촉 등에 관하여는 제21조, 제21조의2, 제22조의2(개산보험료에 관한 사항은 제외한다), 제23조(제1항제2호 중 개산보험료에 관한 사항 및 같은 항 제4호는 제외한다), 제25조(제16조의3, 제16조의6, 제16조의7, 제16조의9 및 제18조제1항에 관한 사항으로 한정한다), 제26조의2, 제27조, 제27조의2, 제27조의3, 제28조, 제28조의2부터 제28조의7까지, 제29조, 제29조의2, 제29조의3, 제30조, 제38조 및 제39조를 준용한다. 이 경우 "근로자"는 "노무제공자"로 본다.
4. 노무제공자에 대한 고용보험료 및 이 법에 따른 그 밖의 징수금에 관한 서류의 송달, 자료제공의 요청, 보고, 조사 등에 관하여는 제32조 및 제40조부터 제45조까지(제43조제2항은 제외한다)의 규정을 준용한다. 이 경우 "근로자"는 "노무제공자"로 본다.
(2021.1.5 본조신설)

제48조의4【노무제공플랫폼사업자에 대한 특례】 ①「고용보험법」 제77조의7제1항에 따른 노무제공플랫폼사업자(이하 "노무제공플랫폼사업자"라 한다)는 노무제공사업의 사업주와 같은 항에 따른 노무제공플랫폼 이용에 대한 계약(이하 "노무제공플랫폼이용계약"이라 한다)을 체결하는 경우 해당 이용 계약의 개시일 또는 종료일이 속하는 달의 다음 달 15일까지 다음 각 호에 해당하는 사항을 공단에 신고하여야 한다.
1. 노무제공플랫폼사업자의 성명과 주소(법인의 경우에는 법인의 명칭과 주된 사무소의 소재지)
2. 노무제공사업의 사업주가 해당 사업에「고용보험법」 제77조의7제1항에 따른 노무제공플랫폼을 이용하기 시작한 날 또는 종료한 날
3. 노무제공사업의 사업주의 성명과 주소(법인의 경우에는 법인의 명칭과 주된 사무소의 소재지)
4. 그 밖에 고용노동부령으로 정하는 사항
② 공단은 노무제공플랫폼사업자와 노무제공사업의 사업주가 노무제공플랫폼이용계약을 체결하는 경우 노무제공플랫폼사업자에게 노무제공 횟수 및 그 대가 등 대통령령으로 정하는 자료 또는 정보의 제공을 요청할 수 있다. 이 경우 요청을 받은 노무제공플랫폼사업자는 특별한 사유가 없으면 그 요청에 따라야 한다.
③ 제48조의3제6항에도 불구하고「고용보험법」제77조의7제1항에 따라 노무제공플랫폼사업자가 피보험자격의 취득 등을 신고한 경우 그 노무제공자 및 노무제공사업의 사업주가 부담하는 고용보험료 부담분은 노무제공플랫폼사업자가 원천공제하여 대통령령으로 정하는 바에 따라 납부하여야 한다.(2022.6.10 본항개정)
④ 노무제공플랫폼사업자는 제3항에 따라 고용보험료를 원천공제한 경우에는 해당 노무제공자와 노무제공사업의 사업주에게 그 원천공제 내역을 알려야 한다.
⑤ 공단 또는 건강보험공단은 제3항에 따른 노무제공플랫폼사업자의 원천공제에 관한 지도 등을 위하여 필요하다고 인정되는 경우에는 노무제공플랫폼사업자 및 노무제공플랫폼사업자이었던 자에 대하여 다음 각 호의 구분에 따라 보고 또는 관계 서류의 제출을 요구하거나 조사 등을 할 수 있다. 이 경우 보고·관계 서류의 제출 요구 및 조사 등에 관하여는 제44조 및 제45조를 준용한다.
1. 공단 또는 건강보험공단의 경우 : 제3항의 업무와 관련된 보고 또는 관계 서류의 제출 요구
2. 공단의 경우 : 소속 직원으로 하여금 해당 사업자의 사무소에 출입하여 관계인에 대한 질문과 관계 서류의 조사
⑥ 제1항, 제2항 및 제5항에 따른 노무제공플랫폼사업자 등의 신고 및 통보, 공단의 자료 또는 정보의 제공 요청 및 통보, 보고 등의 요구 및 조사 등에 필요한 사항은 고용노동부령으로 정한다.
⑦ 공단은 대통령령으로 정하는 바에 따라 노무제공플랫폼사업자가 이 법에 따른 보험사무에 관한 의무를 이행하는데 필요한 비용의 일부를 지원할 수 있다.(2022.6.10 본항신설)
(2021.1.5 본조신설)

제48조의5【학생연구자에 대한 특례】 ①「산업재해보상보험법」 제123조의2제2항에 따라 산재보험의 적용을 받는 학생연구자(이하 이 조에서 "학생연구자"라 한다)에 대한 산재보험료 산정의 기초가 되는 보수액은 고용노동부장관이 정하여 고시하는 금액으로 하고, 산재보험료율은 그 사업이 적용받는 사업의 산재보험료율로 한다.
② 학생연구자의 산재보험료 신고 및 납부 등에 필요한 사항은 고용노동부령으로 정한다.
(2021.4.13 본조신설)

제48조의6【산재보험 노무제공자의 산재보험 특례】 ① 산재보험 노무제공자의 노무를 제공받는 사업의 사업주는 당연히 산재보험의 보험가입자가 된다.
② 공단이 제16조의2제1항에 따라 매월 부과하는 산재보험 노무제공자의 월별보험료(산재보험료에 한정한다)는 사업주가 매월 지급하는 보수액에 산재보험료율을 곱한 금액으로 한다.
③ 제2항에 따른 산재보험 노무제공자의 월 보수액은「소득세법」제19조에 따른 사업소득 및 같은 법 제21조에 따른 기타소득에서 대통령령으로 정하는 금품을 뺀 금액으로 한다. 다만, 노무제공특성에 따라 소득확인이 어렵다고 대통령령으로 정하는 직종의 월 보수액은 고용노동부장관이 고시하는 금액으로 한다.
④ 사업주는 제3항 단서에 따른 직종의 산재보험 노무제공자가 부상·질병 등 대통령령으로 정하는 휴업의 사유가 발생하여 노무를 제공할 수 없을 때에는 그 사유가 발생한 날부터 14일 이내에 그 사실을 공단에 신고하여야 하며, 사업주가 해당 기한 내에 신고하지 아니한 경우에는 산재보험 노무제공자가 신고할 수 있다. 이 경우 해당 사유가 발생한 기간은 보험료를 부과하지 아니할 수 있다.
⑤ 제13조부터 제15조까지의 규정에도 불구하고 산재보험 노무제공자의 산재보험료율은 재해율 등을 고려하여「산업재해보상보험법」제8조에 따른 산업재해보상보험및예방심의위원회의 심의를 거쳐 고용노동부장관이 달리 정할 수 있다.
⑥ 제2항에 따른 산재보험료는 사업주와 산재보험 노무제공자가 각각 2분의 1씩 부담한다. 다만, 사용종속관계(使用從屬關係)의 정도 등을 고려하여 대통령령으로 정하는 직종에 종사하는 산재보험 노무제공자의 경우에는 사업주가 부담한다.
⑦ 산재보험 노무제공자의 재해율, 월 보수액, 산재보험료율 및 노무제공 형태 등을 고려하여 대통령령으로 정하는 산재보험 노무제공자와 해당 사업주에 대해서는 제2항에 따른 산재보험료를 대통령령으로 정하는 바에 따라 감면할 수 있다.
⑧ 사업주는 대통령령으로 정하는 바에 따라 산재보험 노무제공자의 월 보수액 등을 공단에 신고하여야 한다. 다만, 사업주가 신고하지 아니하면 대통령령으로 정하는 바에 따라 산재보험 노무제공자가 신고할 수 있다.
⑨ 산재보험 노무제공자의 월 보수액 정정 신고 및 산재보험료 정산 등은 대통령령으로 정하는 바에 따른다.
⑩ 사업주는 산재보험 노무제공자가 부담하여야 하는 산재보험료와 사업주가 부담하여야 하는 산재보험료를 납부하여야 한다.
⑪ 사업주는 산재보험 노무제공자가 부담하여야 하는 산재보험료를 대통령령으로 정하는 바에 따라 그 산재보험 노무제공자의 보수에서 원천공제하여 납부할 수 있다. 이 경우 사업주는 공제계산서를 산재보험 노무제공자에게 발급하여야 한다.
⑫ 산재보험 노무제공자의 보험관계의 변경신고 등에 필요한 사항은 고용노동부령으로 정한다.
⑬ 산재보험 노무제공자의 산재보험관계 등에 관하여는 다음 각 호에서 정하는 바에 따라 각 해당 규정을 준용한다.
1. 산재보험 노무제공자에 대한 산재보험관계의 성립·소멸에 관하여는 제5조제7항, 제6조제3항, 제7조제2호, 제10조(제2호는 제외한다), 제11조제1항 및 제12조를 준용한다. 이 경우 "근로자"는 "근로자 또는 산재보험 노무제공자"로, "고용하지 아니하게 되었을 때"는 "고용하지 아니하게 되었거나 노무를 제공받지 아니하게 되었을 때"로 본다.
2. 산재보험 노무제공자에 대한 산재보험료의 산정·부과에 관하여는 제3조, 제13조제1항제2호, 제16조의2, 제16조의4, 제16조의7, 제16조의8, 제16조의12, 제17조, 제18조제1항, 제19조 및 제19조의2를 준용한다. 이 경우 "근로자"는 "산재보험 노무제공자"로, "산재보험료율"은 "제48조의6제5항에 따른 산재보험료율"로 본다.
3. 산재보험 노무제공자에 대한 산재보험료의 경감, 과납액의 충당과 반환, 산재보험료와 연체금의 징수·독촉 등에 관하여는 제22조의2, 제23조, 제24조, 제25조, 제26조, 제26조의2, 제27조, 제27조의2, 제27조의3, 제28조, 제28조의2부터 제28조의7까지, 제29조, 제29조의2, 제29조의3, 제30조, 제38조 및 제39조를 준용한다. 이 경우 "근로자"는 "산재보험 노무제공자"로 본다.
4. 산재보험 노무제공자에 대한 산재보험료 및 이 법에 따른 그 밖의 징수금에 관한 서류의 송달, 자료제공의 요청, 보고, 조사 등에 관하여는 제32조 및 제40조제1항·제3항, 제41조부터 제45조까지의 규정을 준용한다. 이 경우 "근로자"는 "산재보험 노무제공자"로 본다.
(2022.6.10 본조신설)

제48조의7【플랫폼 운영자의 산재보험 특례】 ①「산업재해보상보험법」제91조의15제3호에 따른 플랫폼 운영자(같은 법 같은 조 제4호 단서에 해당하는 플랫폼 운영자는 제외한다. 이하 "플랫폼 운영자"라 한다)는 같은 법 같은 조 제4호에 따른 플랫폼 이용 사업자(이하 "플랫폼 이용 사업자"라 한다)가 같은 법 같은 조 제1호나목에 따른 온라인 플랫폼(이하 "온라인 플랫폼"이라 한다) 이용 개시일 또는 종료일이 속하는 달의 다음 달 15일까지 다음 각 호에 해당하는 사항을 공단에 신고하여야 한다.
1. 플랫폼 운영자의 성명과 주소(법인의 경우에는 법인의 명칭과 주된 사무소의 소재지)
2. 플랫폼 이용 사업자가 해당 사업에 온라인 플랫폼을 이용하기 시작한 날 또는 종료한 날
3. 플랫폼 이용 사업자의 성명과 주소(법인의 경우에는 법인의 명칭과 주된 사무소의 소재지)
4. 그 밖에「산업재해보상보험법」제91조의15제2호에 따른 플랫폼 종사자(이하 "플랫폼 종사자"라 한다)의 보험관계에 관한 정보 등 고용노동부령으로 정하는 사항
② 플랫폼 운영자는 제1항에 따른 신고를 하기 위하여 필요한 경우 해당 플랫폼 이용 사업자와 플랫폼 종사자에게 필요한 자료 또는 정보의 제공을 요청할 수 있다. 이 경우 요청을 받은 플랫폼 이용 사업자와 플랫폼 종사자는 정당한 사유가 없으면 그 요청에 따라야 한다.
③ 제48조의6제8항 본문에도 불구하고 플랫폼 종사자의 월 보수액 등 신고는 대통령령으로 정하는 바에 따라 플랫폼 운영자가 하여야 한다.
④ 제48조의6제10항 및 제11항에도 불구하고 플랫폼 종사자 및 플랫폼 이용 사업자가 부담하는 산재보험료는 플랫폼 운영자가 원천공제하여 대통령령으로 정하는 바에 따라 납부하여야 한다. 다만, 대통령령으로 정하는 온라인 플랫폼을 통하여 노무를 제공하는 플랫폼 종사자의 산재보험료 원천공제·납부 등에 대해서는 대통령령으로 정하는 바에 따른다.
⑤ 플랫폼 운영자는 제4항에 따라 산재보험료를 원천공제한 경우에는 해당 플랫폼 종사자와 플랫폼 이용 사업자에게 그 원천공제 내역을 알려야 한다.
⑥ 플랫폼 운영자는 제4항에 따라 산재보험료를 납부하기 위하여 산재보험료 원천공제 및 납부를 위한 전용 계좌를 개설하여야 한다.
⑦ 공단 또는 건강보험공단은 보험료의 성실납부 등을 위하여 필요하다고 인정되는 경우에는 플랫폼 운영자 및 플랫폼 운영자였던 자에 대하여 다음 각 호의 구분에 따라 보고 또는 관계 서류의 제출을 요구하거나 조사 등을 할 수 있다. 이 경우 보고·관계 서류의 제출 요구 및 조사 등에 관하여는 제44조 및 제45조를 준용한다.

1. 공단 또는 건강보험공단의 경우 : 제4항의 업무와 관련된 보고 또는 관계 서류의 제출 요구
2. 공단의 경우 : 소속 직원으로 하여금 해당 플랫폼 운영자의 사무소에 출입하여 관계인에 대한 질문과 관계 서류의 조사

⑧ 플랫폼 운영자는 제3항에 따른 월 보수액 등 신고와 관련된 정보를 플랫폼 종사자의 해당 온라인 플랫폼을 통한 노무제공이 종료된 날부터 5년 동안 보관하여야 한다.
⑨ 공단은 대통령령으로 정하는 바에 따라 플랫폼 운영자가 이 법에 따른 보험사무에 관한 의무를 이행하는 데 필요한 비용의 일부를 지원할 수 있다.
⑩ 제1항 및 제7항에 따른 플랫폼 운영자 등의 신고, 공단의 보고 등의 요구 및 조사 등에 필요한 사항은 고용노동부령으로 정한다.
(2022.6.10 본조신설)

제49조【중소기업 사업주에 대한 특례】 ①「산업재해보상보험법」 제124조제3항에 따른 중소기업 사업주 등에 대한 산재보험료 산정의 기초가 되는 보수액은 고용노동부장관이 정하는 금액으로 하고, 산재보험료율은 그 사업이 적용받는 산재보험료율로 한다.
② 중소기업 사업주 등의 산재보험 가입신청 및 승인, 보험료의 신고 및 납부 등에 필요한 사항은 고용노동부령으로 정한다.
③ 중소기업 사업주 등에 대한 보험관계의 성립 및 소멸에 관하여는 제5조제4항·제5항·제7항, 제6조제3항, 제7조제3호 및 제10조를 준용한다.
(2020.12.8 본조개정)

제49조의2【자영업자에 대한 특례】 ① 근로자를 사용하지 아니하거나 50명 미만의 근로자를 사용하는 사업주로서 대통령령으로 정하는 요건을 갖춘 자영업자(이하 "자영업자"라 한다)는 공단의 승인을 받아 자기를 이 법에 따른 근로자로 보아 고용보험에 가입할 수 있다.
② 제1항에 따라 보험에 가입한 자영업자가 50명 이상의 근로자를 사용하게 된 경우에도 본인이 피보험자격을 유지하려는 경우에는 계속하여 보험에 가입된 것으로 본다.
③ 자영업자에 대한 고용보험료 산정의 기초가 되는 보수액은 자영업자의 소득, 보수수준 등을 고려하여 고용노동부장관이 정하여 고시한다.
④ 자영업자는 제1항에 따라 보험가입 승인을 신청하려는 경우에는 본인이 원하는 혜택수준을 고려하여 제3항에 따라 고시된 보수액 중 어느 하나를 선택하여야 한다.
⑤ 자영업자는 제4항에 따라 선택한 보수액을 다음 보험연도에 변경하려는 경우에는 직전 연도의 12월 20일까지 제3항에 따라 고시된 보수액 중 어느 하나를 다시 선택하여 공단에 보수액의 변경을 신청할 수 있다.
⑥ 제13조제2항 및 제4항에도 불구하고 자영업자가 부담하여야 하는 고용안정·직업능력개발사업 및 실업급여에 대한 고용보험료는 제4항 또는 제5항에 따라 선택한 보수액에 제7항에 따른 고용보험료율을 곱한 금액으로 한다. 이 경우 월(月)의 중간에 보험관계가 성립하거나 소멸하는 경우에는 그 고용보험료는 일수에 비례하여 계산한다.
(2021.1.26 본항개정)
⑦ 자영업자에게 적용하는 고용보험료율은 보험수지의 동향과 경제상황 등을 고려하여 1000분의 30의 범위에서 고용안정·직업능력개발사업의 보험료율 및 실업급여의 보험료율로 구분하여 대통령령으로 정한다. 이 경우 고용보험료율의 결정 및 변경은 「고용보험법」 제7조에 따른 고용보험위원회의 심의를 거쳐야 한다.
⑧ 제6항에 따른 고용보험료는 공단이 매월 부과하고, 건강보험공단이 이를 징수한다.
⑨ 고용보험에 가입한 자영업자는 매월 부과된 보험료를 다음 달 10일까지 납부하여야 한다.
⑩ 고용보험에 가입한 자영업자가 자신에게 부과된 월(月)의 고용보험료를 계속하여 6개월간 납부하지 아니한 경우에는 마지막으로 납부한 고용보험료에 해당되는 피보험기간의 다음날에 보험관계가 소멸된다. 다만, 천재지변이나 그 밖에 부득이한 사유로 고용보험료를 낼 수 없었음을 증명하면 그러하지 아니하다.(2019.1.15 본문개정)
⑪ 자영업자의 고용보험 가입 신청·승인 및 보험료의 부과·납부 등 필요한 사항은 고용노동부령으로 정한다.
⑫ 자영업자의 고용보험관계 등에 관하여는 다음 각 호에서 정하는 바에 따라 준용한다. 이 경우 "사업주"는 "자영업자"로 본다.
1. 자영업자에 대한 고용보험관계의 성립·소멸에 관하여는 제5조제5항(같은 항 후단은 제외한다)·제7항, 제7조제3호 및 제10조제1호부터 제3호까지를 준용한다.
2. 자영업자에 대한 고용보험료 과납액의 충당과 반환, 고용보험료와 연체금의 징수·독촉에 관하여는 제23조제1항·제2항·제4항, 제25조, 제26조의2 및 제27조를 준용한다.
3. 자영업자에 대한 고용보험료, 이 법에 따른 그 밖의 징수금에 관한 서류의 송달에 관하여는 제32조를 준용한다.
(2019.1.15 본항개정)
(2011.7.21 본조개정)

제49조의3 (2022.6.10 삭제)

제49조의4【「국민기초생활 보장법」의 수급자에 대한 특례】 ①「고용보험법」 제113조의2에 따라 고용보험의 적용을 받는 사업에 참가하여 유급으로 근로하는 「국민기초생활 보장법」 제2조제2호에 따른 수급자는 이 법의 적용을 받는 근로자로 보고, 「국민기초생활 보장법」 제2조제4호에 따른 보장기관(같은 법 제15조제2항에 따라 사업을 위탁하여 행하는 경우는 그 위탁받은 기관으로 한다)은 이 법의 적용을 받는 사업주로 본다.(2021.1.5 본항개정)
② 제1항에 따른 사업의 보험가입자에 대한 고용보험료 산정의 기초가 되는 보수액은 같은 항에 따른 사업에 참가하고 받은 금전으로 한다.
③ 제13조제2항 및 제4항에도 불구하고 제1항에 따른 수급자가 「국민기초생활 보장법」 제8조제2항에 따른 수급권자인 경우에는 해당 수급자의 고용보험료는 제2항에 따른 보수액에 제14조제1항에 따른 고용안정·직업능력개발사업의 보험료율을 곱한 금액으로 한다.(2016.12.27 본항개정)

제49조의5【산재보험관리기구의 산재보험 가입에 대한 특례】 ①「직업안정법」 제33조에 따라 국내 근로자공급사업을 하는 자(이하 "근로자공급사업자"라 한다), 근로자공급사업자로부터 근로자를 공급받는 사업주·화주(貨主) 및 그 사업주·화주 단체, 그 밖에 근로자공급사업과 관련 있는 법인 또는 단체가 산재보험의 가입자가 되는 기구(이하 "산재보험관리기구"라 한다)를 구성하려는 경우에는 공단의 승인을 받아야 한다.
② 산재보험관리기구는 공단에 승인을 신청한 날의 다음 날부터 제5조제3항에 따른 보험가입자의 지위를 가지며, 산재보험의 보험관계가 성립한다.
③ 산재보험관리기구의 산재보험관계는 다음 각 호의 어느 하나에 해당하는 경우에 소멸하며, 보험관계 소멸일은 다음 각 호의 구분과 같다.
1. 산재보험관리기구가 보험가입자로서의 지위를 해지하기 위하여 공단의 승인을 받은 경우 : 공단의 승인을 받은 날의 다음 날
2. 공단이 산재보험관리기구가 실제로 운영되지 아니하는 등의 사유로 계속하여 산재보험의 보험관계를 유지할 수 없다고 인정하여 보험관계를 소멸시킨 경우 : 소멸 사실을 결정하여 통지한 날의 다음 날

④ 산재보험관리기구는 제1항에 따라 승인받은 사항을 변경한 경우에는 변경 사항을 공단에 신고하여야 한다.
⑤ 산재보험관리기구가 납부하여야 하는 산재보험료는 산재보험관리기구를 구성하는 근로자공급사업자 등이 근로자에게 지급한 보수를 합산한 금액을 기초로 산정한다.
⑥ 산재보험관리기구가 납부하여야 하는 산재보험료, 이 법에 따른 가산금·연체금·체납처분비 및 징수금은 산재보험관리기구를 구성하고 있는 근로자공급사업자 등이 연대하여 낼 의무를 진다.
⑦ 공단은 산재보험관리기구를 보험사무대행기관으로 보아 대통령령으로 정하는 바에 따라 징수비용과 그 밖의 지원금을 교부할 수 있다.
⑧ 제1항 및 제4항에 따른 승인의 요건 및 절차, 신고에 필요한 사항은 고용노동부령으로 정한다.
(2011.7.21 본조신설)

제6장 벌 칙
(2009.12.30 본장제목개정)

제49조의6【벌칙】 제29조의3제6항(제48조의2제8항제3호, 제48조의3제8항제3호 및 제48조의6제13항제3호에 따라 준용되는 경우를 포함한다)을 위반한 자는 5년 이하의 징역 또는 3천만원 이하의 벌금에 처한다. 이 경우 징역형과 벌금형은 병과할 수 있다.(2022.6.10 전단개정)

제49조의7【양벌규정】 법인의 대표자나 법인 또는 개인의 대리인, 사용인, 그 밖의 종업원이 그 법인 또는 개인의 업무에 관하여 제49조의6의 위반행위를 하면 그 행위자를 벌하는 외에 그 법인 또는 개인에게도 해당 조문의 벌금형을 과(科)한다. 다만, 법인 또는 개인이 그 위반행위를 방지하기 위하여 해당 업무에 관하여 상당한 주의와 감독을 게을리하지 아니한 경우에는 그러하지 아니하다.
(2011.7.21 본조개정)

제50조【과태료】 ① 다음 각 호의 어느 하나에 해당하는 자에게는 300만원 이하의 과태료를 부과한다.
1. 제11조(제48조의2제8항제1호, 제48조의3제8항제1호 및 제48조의6제13항제1호에 따라 준용되는 경우를 포함한다)에 따른 보험관계의 신고, 제12조(제48조의2제8항제1호, 제48조의3제8항제1호 및 제48조의6제13항제1호에 따라 준용되는 경우를 포함한다)에 따른 보험관계의 변경신고, 제16조의10에 따른 보수총액 등의 신고, 제17조에 따른 개산보험료의 신고 및 제19조에 따른 확정보험료의 신고를 하지 아니하거나 거짓 신고를 한 자
(2022.6.10 본호개정)
2. 제29조의3제1항(제48조의2제8항제3호, 제48조의3제8항제3호 및 제48조의6제13항제3호에 따라 준용되는 경우를 포함한다)에 따른 금융거래정보의 제공을 요청받고 정당한 사유 없이 금융거래정보의 제공을 거부한 자
(2022.6.10 본호개정)
3. 제40조제2항을 위반하여 자료 또는 정보의 제공 요청에 따르지 아니한 자(2022.6.10 본호신설)
4. 제44조(제48조의2제8항제4호, 제48조의3제8항제4호 및 제48조의6제13항제4호에 따라 준용되는 경우를 포함한다), 제48조의4제5항제1호 및 제48조의7제7항제1호에 따른 요구에 불응하여 보고를 하지 아니하거나 거짓으로 보고한 자 또는 관계 서류를 제출하지 아니하거나 거짓으로 적은 관계 서류를 제출한 자(2022.6.10 본호개정)
5. 제45조제1항(제48조의2제8항제4호에 따라 준용되는 경우를 포함한다), 제48조의4제5항제2호 및 제48조의7제7항제2호에 따른 질문에 거짓으로 답변한 자 또는 같은 항에 따른 조사를 거부·방해 또는 기피한 자
(2022.6.10 본호개정)
6. 제48조의6제8항 및 제48조의7제3항에 따른 월 보수액 등 신고를 하지 아니하거나 거짓 신고를 한 자
7. 제48조의7제6항을 위반하여 산재보험료 원천공제 및 납부를 위한 전용 계좌를 개설하지 아니한 자
8. 제48조의7제8항을 위반하여 플랫폼 종사자의 월 보수액 등 신고와 관련된 정보를 보관하지 아니한 자
(2022.6.10 6호~8호신설)

② 제36조에 따른 장부 또는 그 밖의 서류를 갖추어 두지 아니하거나 거짓으로 적은 자에게는 50만원 이하의 과태료를 부과한다.
③ 제1항 또는 제2항에 따른 과태료는 대통령령으로 정하는 바에 따라 고용노동부장관이 부과·징수한다.
(2010.6.4 본항개정)
(2009.12.30 본조개정)

부 칙 (2006.12.28)

제1조【시행일】 이 법은 공포 후 3개월이 경과한 날부터 시행한다.

제2조【보험료·가산금 및 연체금 면제의 유효기간】 제22조의3의 개정규정은 2009년 12월 31일까지 효력을 가진다.

제3조【외국의 사업주가 원수급인인 도급사업의 일괄적용에 관한 적용례】 제9조제2항의 개정규정은 이 법 시행 후 최초로 외국의 사업주와 하도급계약을 체결하는 사업주부터 적용한다.

제4조【징수특례사업의 특례보험료 납부기한에 관한 적용례】 제21조제4항의 개정규정은 이 법 시행 후 최초로 도래하는 분기부터 적용한다.

제5조【보험료 등의 일부면제에 관한 적용례】 제22조의3의 개정규정은 이 법 시행 후 최초로 보험관계 성립신고를 하는 보험가입자부터 적용한다.

제6조【가산금의 경감에 관한 적용례】 제24조의 개정규정 중 가산금의 경감에 관한 부분은 이 법 시행 후 최초로 확정보험료수정신고서를 제출하는 사업주부터 적용한다.

제7조【납부기한 전 징수에 관한 적용례】 제27조의2의 개정규정은 이 법 시행 후 최초로 동조제1항 각 호의 어느 하나에 해당하는 사유가 발생하는 사업주부터 적용한다.

제8조【보험료, 이 법에 따른 그 밖의 징수금의 분할납부에 관한 적용례】 제27조의3의 개정규정은 이 법 시행 후 최초로 보험에 가입하는 사업주부터 적용한다.

제9조【산재보험확정보험료 신고·납부 및 정산의 특례 폐지에 따른 경과조치】 이 법 시행 전에 착공한 건설공사 등에 대하여는 제22조의 개정규정에 불구하고 종전의 규정에 따른다.

부 칙 (2013.6.4)

제1조【시행일】 이 법은 공포한 날부터 시행한다. 다만, 제13조제3항 및 제15조의 개정규정은 2014년 1월 1일부터 시행하고, 제23조제1항의 개정규정은 공포 후 6개월이 경과한 날부터 시행한다.

제2조【보험료등 과납액의 충당 및 반환에 관한 경과조치】 제23조제1항의 개정규정 시행 전의 사유로 발생한 보험료등 과납액에 대한 충당 및 반환에 대하여는 같은 개정규정에도 불구하고 종전의 규정에 따른다.

부 칙 (2014.3.24)

제1조【시행일】 이 법은 공포 후 6개월이 경과한 날부터 시행한다. 다만, 제21조의2제3항의 개정규정은 공포한 날부터 시행한다.

제2조【신용카드 등으로 하는 보험료등의 납부에 관한 적용례】 제16조의12의 개정규정은 이 법 시행 후 최초로 신고·고지하는 보험료등부터 적용한다.

제3조【지원금의 환수에 관한 적용례】 제21조의2제1항의 개정규정은 이 법 시행 후 최초로 발생한 사유로 인하여 지원금을 환수하는 경우부터 적용한다.

제4조【연체금의 징수에 관한 경과조치】 이 법 시행 전에 미납된 보험료 또는 그 밖의 징수금에 대한 연체금의 징수에 대하여는 제25조제1항 및 제3항의 개정규정에도 불구하고 종전의 규정에 따른다.

부 칙 (2016.12.27)

제1조【시행일】 이 법은 공포한 날부터 시행한다. 다만, 제21조의 개정규정은 공포 후 6개월이 경과한 날부터 시행하고, 제25조의 개정규정은 공포 후 1년이 경과한 날부터 시행한다.

제2조【연체금 징수에 관한 적용례】 제25조의 개정규정은 같은 개정규정 시행 후 최초로 납부기한이 도래하는 보험료, 그 밖의 징수금부터 적용한다.

부 칙 (2019.1.15 법16268호)

제1조【시행일】 이 법은 공포한 날부터 시행한다. 다만, 제5조제1항·제6조제3항·제10조제4호·제17조제1항·제19조제1항의 개정규정 중 「고용보험법」 제10조의2에 관한 사항 및 제27조의3의 개정규정은 공포 후 6개월이 경과한 날부터 시행하고, 제16조의9제1항·제2항, 제23조제4항제2호 각 목 및 같은 조 제5항부터 제8항까지의 개정규정은 공포 후 1년이 경과한 날부터 시행한다.

제2조【보험료 정산에 관한 적용례】 제16조의9제1항 및 제2항의 개정규정은 같은 개정규정 시행일 이후 고용관계가 종료되는 근로자에 대하여 보험료를 정산하는 경우부터 적용한다.

제3조【보험료등 과납액의 충당 및 반환에 관한 적용례】 제23조제1항 각 호 외의 부분 본문, 같은 항 제3호 및 제6호, 같은 조 제2항, 같은 조 제4항 각 호 외의 부분의 개정규정은 이 법 시행 전의 사유로 발생한 보험료등 과납액에 대하여 이 법 시행 이후 충당 및 반환하는 경우에도 적용한다.

제4조【고용보험료 과납액의 근로자 직접 반환에 관한 적용례】 제23조제5항부터 제8항까지의 개정규정은 같은 개정규정 시행일 이후 부과된 고용보험료에 대하여 사업주가 잘못 낸 고용보험료를 반환하는 경우부터 적용한다.

제5조【자영업자의 고용보험료 미납에 따른 보험관계 소멸에 관한 적용례】 제49조의2제10항의 개정규정은 이 법 시행 전에 고용보험료를 체납하기 시작하여 이 법 시행 당시 아직 고용보험료의 체납이 계속하여 3개월이 되지 아니한 경우에 대해서도 적용한다.

제6조【보험료 징수에 관한 경과조치】 이 법 시행 당시 65세 이후에 고용되어 종전의 제13조제3항에 따라 실업급여 보험료를 징수하지 아니한 사람에 대해서는 제13조제3항의 개정규정에도 불구하고 종전의 규정에 따른다.

제7조【재해예방활동 인정의 취소에 관한 경과조치】 이 법 시행 전에 「산업안전보건법」 제2조제7호에 따른 중대재해가 발생한 경우에는 제15조제6항제2호 본문의 개정규정에도 불구하고 종전의 규정에 따른다.

제8조【보험료 등의 분할 납부에 관한 경과조치】 이 법 시행 전에 종전의 제27조의3에 따라 보험료 등의 분할납부 승인을 신청한 사업주에 대해서는 제27조의3의 개정규정에도 불구하고 종전의 규정에 따른다.

제9조【자영업자의 고용보험료 등의 체납·결손처분에 관한 경과조치】 이 법 시행 전에 납부기한이 지난 자영업자에 대한 고용보험료 및 연체금의 체납·결손처분에 관하여는 제49조의2제12항제2호의 개정규정에도 불구하고 종전의 규정에 따른다.

부 칙 (2019.1.15 법16272호)

제1조【시행일】 이 법은 공포 후 1년이 경과한 날부터 시행한다.(이하 생략)

부 칙 (2019.11.26)

제1조【시행일】 이 법은 공포한 날부터 시행한다.(이하 생략)

부 칙 (2020.6.9)

이 법은 공포 후 6개월이 경과한 날부터 시행한다.

부 칙 (2020.12.8)

제1조【시행일】 이 법은 공포 후 6개월이 경과한 날부터 시행한다.(이하 생략)

부 칙 (2020.12.29)

제1조【시행일】 이 법은 2021년 1월 1일부터 시행한다.(이하 생략)

부 칙 (2021.1.5)

제1조【시행일】 이 법은 2021년 7월 1일부터 시행한다. 다만, 제21조의2제3항, 제22조의3, 제22조의4, 제29조의3제1항·제2항·제5항, 제32조제1항 및 제49조의4제1항의 개정규정은 공포한 날부터 시행하고, 제48조의4의 개정규정은 2022년 1월 1일부터 시행한다.

제2조【산재보험료등 면제의 유효기간】 제22조의3 및 제22조의4의 개정규정은 2022년 12월 31일까지 효력을 가진다.

제3조【산재보험료등 면제의 적용에 관한 특례】 ① 제22조의3의 개정규정은 같은 개정규정 시행일 이후에 제7조에 따라 보험관계가 성립된 경우 또는 해당 특수형태근로종사자가 최초로 노무를 제공한 경우에는 적용하지 아니한다.

② 제22조의3의 개정규정은 같은 개정규정 시행일 이후의 산재보험료 등에는 적용하지 아니한다.

제4조【보험관계의 성립일에 관한 적용 특례】 이 법 시행 전에 체결된 노무제공계약에 따라 이 법 시행 이후에도 계속하여 노무제공자로부터 노무를 제공받는 사업은 이 법의 시행일에 보험관계가 성립된 것으로 보아 제48조의3제6항제1호의 개정규정에 따라 준용되는 제7조제1호를 적용한다.

제5조【노무제공플랫폼사업자의 신고에 관한 적용 특례】 부칙 제1조 단서에 따른 제48조의4의 개정규정의 시행일 전에 노무제공플랫폼이용계약을 체결하여 그 시행일 이후에도 계속하여 노무제공사업의 사업주에게 노무제공플랫폼의 이용을 제공하는 노무제공플랫폼사업자는 제48조의4제1항의 개정규정에 따른 신고를 그 시행일이 속하는 달의 다음 달 15일까지 하여야 한다.

부 칙 (2021.1.26)

제1조【시행일】 이 법은 공포한 날부터 시행한다.

제2조【연체금에 관한 적용례】 제25조제1항 및 제3항의 개정규정은 이 법 시행 이후 납부기한이 도래하는 보험료 또는 이 법에 따른 그 밖의 징수금부터 적용한다.

부 칙 (2021.4.13)

제1조【시행일】 이 법은 2022년 1월 1일부터 시행한다.

제2조【개별실적요율에 관한 적용례】 제15조제3항 및 제4항의 개정규정은 이 법 시행 이후 개별실적요율을 산정하는 경우부터 적용한다.

부 칙 (2021.8.17)

제1조【시행일】 이 법은 2022년 1월 1일부터 시행한다.

제2조【보험료 등의 분할 납부에 관한 적용례】 제27조의3제1항의 개정규정은 이 법 시행 전에 제39조에 따라 납부기한이 연장되었으나 연장된 납부기한이 지난 보험료와 이 법에 따른 그 밖의 징수금에 대하여도 적용한다.

부 칙 (2022.6.10)

제1조【시행일】 이 법은 2023년 7월 1일부터 시행한다. 다만, 제16조의3제1항, 제16조의9제1항, 제25조제2항제1호 중 제48조의3제2항 부분, 제27조제4항부터 제6항까지, 제33조제5항부터 제7항까지, 제48조의3제2항·제5항·제7항·제8항 및 제48조의4제3항·제7항의 개정규정은 2023년 1월 1일부터 시행한다.

제2조【보험사무대행기관의 재인가 제한에 관한 적용례】 제33조제6항의 개정규정은 이 법 시행 후 업무가 전부 폐지신고되거나 인가가 취소된 보험사무대행기관부터 적용한다.

제3조【다른 법률의 개정】 ※(해당 법령에 가제정리 하였음)

부 칙 (2022.12.31)

제1조【시행일】 이 법은 공포 후 6개월이 경과한 날부터 시행한다. 다만, 다음 각 호의 사항은 그 구분에 따른 날부터 시행한다.

1. 제3조, 제16조의3, 제16조의9제1항, 제48조의2제8항제2호 및 제48조의3제2항·제8항제2호의 개정규정 : 2023년 1월 1일
2. 제16조의4의 개정규정 : 2024년 1월 1일

제2조【월별보험료 산정에 관한 적용례】 제16조의4의 개정규정은 2024년 1월 보험료분부터 적용한다.

제3조【제2차 납부의무에 관한 적용례】 제22조의5의 개정규정은 이 법 시행 이후 부과된 보험료부터 적용한다. 이 경우 제17조 및 제19조에 따라 신고된 보험료의 경우에는 해당 규정에 따른 신고기한이 이 법 시행 이후인 것부터 적용한다.

제4조【보험료등의 완납증명에 관한 적용례】 제29조의4의 개정규정은 이 법 시행 이후 대금지급일이 도래하는 계약부터 적용한다.

제5조【소액 처리에 관한 적용례】 제45조의2의 개정규정은 이 법 시행 이후 징수 또는 지급하는 금액분부터 적용한다.

근로감독관규정

(2010년 10월 27일
전부개정대통령령 제22465호)

제1조【목적】 이 영은 「근로기준법」 제101조에 따라 근로감독관의 자격, 임면(任免), 직무 배치 등에 관한 사항을 규정함을 목적으로 한다.

제2조【당연직 근로감독관】 ① 다음 각 호의 어느 하나에 해당하는 일반직공무원은 그 직위에 임용된 날부터 근로감독관에 임명된 것으로 본다.

1. 고용노동부의 3급부터 7급까지의 공무원 중 다음 각 목의 어느 하나에 해당하는 업무를 수행하는 과(課) 또는 담당관 소속 공무원
   가. 「고용노동부와 그 소속기관 직제」(이하 "직제"라 한다) 제10조제3항제29호부터 제31호까지의 규정에 따른 고용평등에 관한 업무
   나. 직제 제10조제3항제32호부터 제34호까지의 규정에 따른 여성근로자 보호에 관한 업무
   다. 직제 제11조제3항제6호부터 제10호까지 및 제40호부터 제42호까지의 규정에 따른 노동조합에 관한 업무
   라. 직제 제11조제3항제11호 및 제12호에 따른 노사분규에 관한 업무
   마. 직제 제11조제3항제13호, 제15호부터 제18호까지, 제22호 및 제23호에 따른 근로기준에 관한 업무
   바. 직제 제11조제3항제14호, 제19호부터 제21호까지 및 제24호에 따른 임금에 관한 업무
   사. 직제 제11조제3항제32호부터 제36호까지의 규정에 따른 산업보건에 관한 업무
   아. 직제 제11조제3항제37호부터 제39호까지의 규정에 따른 산업안전에 관한 업무
2. 지방고용노동청의 4급부터 7급까지의 공무원 중 근로개선지도 및 산업안전보건에 관한 업무를 담당하는 과 소속 공무원
3. 지방고용노동청 지청 및 출장소의 장과 그에 소속된 4급부터 7급까지의 공무원 중 근로개선지도 및 산업안전보건에 관한 업무를 담당하는 과 소속 공무원

② 제1항의 경우 일반직 6급 또는 7급 공무원 중 고용노동부와 그 소속기관에서 근무한 경력이 1년 미만인 사람은 근무경력이 1년이 되는 날부터 근로감독관에 임명된 것으로 본다.

③ 제1항에 따른 근로감독관이 근로감독 업무와 관련하여 징계처분을 받거나, 직무 범위와 관계없이 「국가공무원법」 제61조·제65조 및 제66조를 위반하여 징계처분을 받은 경우에는 그 처분을 받은 날부터 다음 각 호의 구분에 따른 기간 동안 근로감독관의 직무를 수행할 수 없다.

1. 강등·정직 처분을 받은 경우 : 1년 6개월
2. 감봉 처분을 받은 경우 : 1년
3. 견책 처분을 받은 경우 : 6개월

제3조【임명직 근로감독관】 ① 고용노동부장관 또는 지방고용노동청장은 그 소속 공무원 중 제2조제1항 및 제2항에 해당하는 공무원만으로 근로감독관을 충원하기 곤란하다고 인정되는 경우에는 제2조제1항 각 호에 따른 일반직 6급 또는 7급 공무원으로서 고용노동부와 그 소속기관에서 근무한 경력이 1년 미만인 사람 중 다음 각 호의 어느 하나에 해당하는 사람을 근로감독관으로 임명할 수 있다.

1. 고용노동부장관이 정하는 교육을 이수한 사람
2. 제5조제1항에 따라 사법경찰리의 직무를 수행할 사람으로 지명받아 근로감독관의 업무를 보조한 경력이 6개월 이상인 사람

② 고용노동부장관 또는 지방고용노동청장은 고용노동부 또는 지방고용노동청·지청 및 출장소(이하 "지방고용노동관서"라 한다)에 노동 관계 법령 위반사건을 조사하기 위한 한시적인 전담반을 구성할 필요가 있는 경우 제2조제1항 및 제2항에 따라 근로감독관이 될 수 있는 공무원 외에 3급부터 7급까지의 공무원 또는 고위공무원단에 속하는 일반직공무원 중 근로감독관 경력이 있는 사람을 근로감독관으로 임명할 수 있다.

제4조【근로감독관 임명의 해제】 ① 제2조제1항 및 제2항에 따라 근로감독관으로 임명된 것으로 보거나 제3조제1항에 따라 근로감독관으로 임명된 사람이 제2조제1항 각 호에 따른 과 또는 담당관 소속으로 근무하지 아니하게 되었을 때에는 근로감독관의 임명이 해제된 것으로 본다.

② 제3조제2항에 따라 근로감독관으로 임명된 사람은 해당 전담반이 해체되었을 때에는 근로감독관의 임명이 해제된 것으로 본다.

③ 고용노동부장관과 지방고용노동청장은 제3조제1항 및 제2항에 따른 근로감독관이 근로감독 업무와 관련하여 징계처분을 받거나, 직무 범위와 관계없이 「국가공무원법」 제61조·제65조 및 제66조를 위반하여 징계처분을

받은 경우에는 해당 근로감독관의 임명을 지체 없이 해제하여야 한다. 이 경우 해당 처분을 받은 날부터 근로감독관의 직무 수행 제한 기간에 관하여는 제2조제3항을 준용한다.
④ 고용노동부장관과 지방고용노동청장은 제3조제1항 및 제2항에 따른 근로감독관이 근로감독 업무와 관련하여 최근 2년 이내에 두 번 이상의 경고처분을 받았을 때에는 해당 근로감독관의 임명을 지체 없이 해제하여야 하고, 해당 근로감독관은 임명이 해제된 날부터 6개월 동안 근로감독관의 직무를 수행할 수 없다.
제5조【사법경찰리 지명의 추천 등】 ① 지방고용노동관서의 장은 8급 또는 9급 공무원 중 근무성적이 우수한 사람을 근로개선지도 및 산업안전보건에 관한 업무를 담당하는 부서에 배치하고, 「사법경찰관리의 직무를 수행할 자와 그 직무범위에 관한 법률」 제6조의2제2항에 따라 그 근무지를 관할하는 지방검찰청 검사장에게 해당 공무원을 추천하여 사법경찰리의 직무를 수행할 사람으로 지명받은 후 근로감독관의 수사 업무를 보조하게 할 수 있다.
② 지방고용노동관서의 장은 제1항에 따라 지명을 받은 사람이 다음 각 호의 어느 하나에 해당하는 경우에는 지체 없이 지명서를 회수하여 그 근무지를 관할하는 지방검찰청 검사장에게 반납하여야 한다.
1. 지명 당시의 담당 부서에서 근무하지 아니하게 된 경우
2. 근로감독 업무와 관련하여 징계처분을 받거나 최근 2년 이내에 두 번 이상의 경고처분을 받은 경우
제6조【활동비 지급】 근로감독관과 근로감독관을 보조하여 사법경찰리의 직무를 수행하는 사람에게는 예산의 범위에서 활동비를 지급한다.
제7조【증표】 ① 고용노동부장관과 지방고용노동관서의 장은 근로감독관의 신분을 표시하는 증표를 발급한다.
② 제1항에 따른 증표의 발급에 필요한 사항은 고용노동부령으로 정한다.

부 칙

이 영은 공포한 날부터 시행한다.

산업안전보건법

(2019년 1월 15일 전부개정법률 제16272호)

개정
2020. 3.31법17187호
2020. 5.26법17326호(법률용어정비)
2020. 6. 9법17433호
2021. 4.13법18039호
2021. 5.18법18180호
2021. 8.17법18426호
2023. 8. 8법19591호(국가유산수리등에관한법)
2023. 8. 8법19611호

제1장 총 칙

제1조【목적】 이 법은 산업 안전 및 보건에 관한 기준을 확립하고 그 책임의 소재를 명확하게 하여 산업재해를 예방하고 쾌적한 작업환경을 조성함으로써 노무를 제공하는 사람의 안전 및 보건을 유지·증진함을 목적으로 한다.(2020.5.26 본조개정)
제2조【정의】 이 법에서 사용하는 용어의 뜻은 다음과 같다.
1. "산업재해"란 노무를 제공하는 사람이 업무에 관계되는 건설물·설비·원재료·가스·증기·분진 등에 의하거나 작업 또는 그 밖의 업무로 인하여 사망 또는 부상하거나 질병에 걸리는 것을 말한다.(2020.5.26 본호개정)
2. "중대재해"란 산업재해 중 사망 등 재해 정도가 심하거나 다수의 재해자가 발생한 경우로서 고용노동부령으로 정하는 재해를 말한다.
3. "근로자"란 「근로기준법」 제2조제1항제1호에 따른 근로자를 말한다.
4. "사업주"란 근로자를 사용하여 사업을 하는 자를 말한다.
5. "근로자대표"란 근로자의 과반수로 조직된 노동조합이 있는 경우에는 그 노동조합을, 근로자의 과반수로 조직된 노동조합이 없는 경우에는 근로자의 과반수를 대표하는 자를 말한다.
6. "도급"이란 명칭에 관계없이 물건의 제조·건설·수리 또는 서비스의 제공, 그 밖의 업무를 타인에게 맡기는 계약을 말한다.
7. "도급인"이란 물건의 제조·건설·수리 또는 서비스의 제공, 그 밖의 업무를 도급하는 사업주를 말한다. 다만, 건설공사발주자는 제외한다.
8. "수급인"이란 도급인으로부터 물건의 제조·건설·수리 또는 서비스의 제공, 그 밖의 업무를 도급받은 사업주를 말한다.
9. "관계수급인"이란 도급이 여러 단계에 걸쳐 체결된 경우에 각 단계별로 도급받은 사업주 전부를 말한다.
10. "건설공사발주자"란 건설공사를 도급하는 자로서 건설공사의 시공을 주도하여 총괄·관리하지 아니하는 자를 말한다. 다만, 도급받은 건설공사를 다시 도급하는 자는 제외한다.
11. "건설공사"란 다음 각 목의 어느 하나에 해당하는 공사를 말한다.
가. 「건설산업기본법」 제2조제4호에 따른 건설공사
나. 「전기공사업법」 제2조제1호에 따른 전기공사
다. 「정보통신공사업법」 제2조제2호에 따른 정보통신공사
라. 「소방시설공사업법」에 따른 소방시설공사
마. 「국가유산수리 등에 관한 법률」에 따른 국가유산 수리공사(2023.8.8 본목개정)
12. "안전보건진단"이란 산업재해를 예방하기 위하여 잠재적 위험성을 발견하고 그 개선대책을 수립할 목적으로 조사·평가하는 것을 말한다.
13. "작업환경측정"이란 작업환경 실태를 파악하기 위하여 해당 근로자 또는 작업장에 대하여 사업주가 유해인자에 대한 측정계획을 수립한 후 시료(試料)를 채취하고 분석·평가하는 것을 말한다.
제3조【적용 범위】 이 법은 모든 사업에 적용한다. 다만, 유해·위험의 정도, 사업의 종류, 사업장의 상시근로자 수(건설공사의 경우에는 건설공사 금액을 말한다. 이하 같다) 등을 고려하여 대통령령으로 정하는 종류의 사업 또는 사업장에는 이 법의 전부 또는 일부를 적용하지 아니할 수 있다.
제4조【정부의 책무】 ① 정부는 이 법의 목적을 달성하기 위하여 다음 각 호의 사항을 성실히 이행할 책무를 진다.
1. 산업 안전 및 보건 정책의 수립 및 집행
2. 산업재해 예방 지원 및 지도
3. 「근로기준법」 제76조의2에 따른 직장 내 괴롭힘 예방을 위한 조치기준 마련, 지도 및 지원
4. 사업주의 자율적인 산업 안전 및 보건 경영체제 확립을 위한 지원
5. 산업 안전 및 보건에 관한 의식을 북돋우기 위한 홍보·교육 등 안전문화 확산 추진
6. 산업 안전 및 보건에 관한 기술의 연구·개발 및 시설의 설치·운영
7. 산업재해에 관한 조사 및 통계의 유지·관리
8. 산업 안전 및 보건 관련 단체 등에 대한 지원 및 지도·감독
9. 그 밖에 노무를 제공하는 사람의 안전 및 건강의 보호·증진(2020.5.26 본호개정)
② 정부는 제1항 각 호의 사항을 효율적으로 수행하기 위하여 「한국산업안전보건공단법」에 따른 한국산업안전보건공단(이하 "공단"이라 한다), 그 밖의 관련 단체 및 연구기관에 행정적·재정적 지원을 할 수 있다.
제4조의2【지방자치단체의 책무】 지방자치단체는 제4조제1항에 따른 정부의 정책에 적극 협조하고, 관할 지역의 산업재해를 예방하기 위한 대책을 수립·시행하여야 한다.(2021.5.18 본조신설)
제4조의3【지방자치단체의 산업재해 예방 활동 등】 ① 지방자치단체의 장은 관할 지역 내에서의 산업재해 예방을 위하여 자체 계획의 수립, 교육, 홍보 및 안전한 작업환경 조성을 지원하기 위한 사업장 지도 등 필요한 조치를 할 수 있다.
② 정부는 제1항에 따른 지방자치단체의 산업재해 예방 활동에 필요한 행정적·재정적 지원을 할 수 있다.
③ 제1항에 따른 산업재해 예방 활동에 필요한 사항은 지방자치단체가 조례로 정할 수 있다.
(2021.5.18 본조신설)
제5조【사업주 등의 의무】 ① 사업주(제77조에 따른 특수형태근로종사자로부터 노무를 제공받는 자와 제78조에 따른 물건의 수거·배달 등을 중개하는 자를 포함한다. 이하 이 조 및 제6조에서 같다)는 다음 각 호의 사항을 이행함으로써 근로자(제77조에 따른 특수형태근로종사자와 제78조에 따른 물건의 수거·배달 등을 하는 사람을 포함한다. 이하 이 조 및 제6조에서 같다)의 안전 및 건강을 유지·증진시키고 국가의 산업재해 예방정책을 따라야 한다.(2020.5.26 본문개정)
1. 이 법과 이 법에 따른 명령으로 정하는 산업재해 예방을 위한 기준
2. 근로자의 신체적 피로와 정신적 스트레스 등을 줄일 수 있는 쾌적한 작업환경의 조성 및 근로조건 개선
3. 해당 사업장의 안전 및 보건에 관한 정보를 근로자에게 제공
② 다음 각 호의 어느 하나에 해당하는 자는 발주·설계·제조·수입 또는 건설을 할 때 이 법과 이 법에 따른 명령으로 정하는 기준을 지켜야 하고, 발주·설계·제조·수입 또는 건설에 사용되는 물건으로 인하여 발생하는 산업재해를 방지하기 위하여 필요한 조치를 하여야 한다.
1. 기계·기구와 그 밖의 설비를 설계·제조 또는 수입하는 자
2. 원재료 등을 제조·수입하는 자
3. 건설물을 발주·설계·건설하는 자
제6조【근로자의 의무】 근로자는 이 법과 이 법에 따른 명령으로 정하는 산업재해 예방을 위한 기준을 지켜야 하며, 사업주 또는 「근로기준법」 제101조에 따른 근로감독관, 공단 등 관계인이 실시하는 산업재해 예방에 관한 조치에 따라야 한다.
제7조【산업재해 예방에 관한 기본계획의 수립·공표】 ① 고용노동부장관은 산업재해 예방에 관한 기본계획을 수립하여야 한다.
② 고용노동부장관은 제1항에 따라 수립한 기본계획을 「산업재해보상보험법」 제8조제1항에 따른 산업재해보상보험및예방심의위원회의 심의를 거쳐 공표하여야 한다. 이를 변경하려는 경우에도 또한 같다.

제8조【협조 요청 등】 ① 고용노동부장관은 제7조제1항에 따른 기본계획을 효율적으로 시행하기 위하여 필요하다고 인정할 때에는 관계 행정기관의 장 또는 「공공기관의 운영에 관한 법률」 제4조에 따른 공공기관의 장에게 필요한 협조를 요청할 수 있다.
② 행정기관(고용노동부는 제외한다. 이하 이 조에서 같다)의 장은 사업장의 안전 및 보건에 관하여 규제를 하려면 미리 고용노동부장관과 협의하여야 한다.
③ 행정기관의 장은 고용노동부장관이 제2항에 따른 협의과정에서 해당 규제에 대한 변경을 요구하면 이에 따라야 하며, 고용노동부장관은 필요한 경우 국무총리에게 협의·조정 사항을 보고하여 확정할 수 있다.
④ 고용노동부장관은 산업재해 예방을 위하여 필요하다고 인정할 때에는 사업주, 사업주단체, 그 밖의 관계인에게 필요한 사항을 권고하거나 협조를 요청할 수 있다.
⑤ 고용노동부장관은 산업재해 예방을 위하여 중앙행정기관의 장과 지방자치단체의 장 또는 공단 등 관련 기관·단체의 장에게 다음 각 호의 정보 또는 자료의 제공 및 관계 전산망의 이용을 요청할 수 있다. 이 경우 요청을 받은 중앙행정기관의 장과 지방자치단체의 장 또는 관련 기관·단체의 장은 정당한 사유가 없으면 그 요청에 따라야 한다.
1. 「부가가치세법」 제8조 및 「법인세법」 제111조에 따른 사업자등록에 관한 정보
2. 「고용보험법」 제15조에 따른 근로자의 피보험자격의 취득 및 상실 등에 관한 정보
3. 그 밖에 산업재해 예방사업을 수행하기 위하여 필요한 정보 또는 자료로서 대통령령으로 정하는 정보 또는 자료

제9조【산업재해 예방 통합정보시스템 구축·운영 등】
① 고용노동부장관은 산업재해를 체계적이고 효율적으로 예방하기 위하여 산업재해 예방 통합정보시스템을 구축·운영할 수 있다.
② 고용노동부장관은 제1항에 따른 산업재해 예방 통합정보시스템으로 처리한 산업 안전 및 보건 등에 관한 정보를 고용노동부령으로 정하는 바에 따라 관련 행정기관과 공단에 제공할 수 있다.
③ 제1항에 따른 산업재해 예방 통합정보시스템의 구축·운영, 그 밖에 필요한 사항은 대통령령으로 정한다.

제10조【산업재해 발생건수 등의 공표】 ① 고용노동부장관은 산업재해를 예방하기 위하여 대통령령으로 정하는 사업장의 근로자 산업재해 발생건수, 재해율 또는 그 순위 등(이하 "산업재해발생건수등"이라 한다)을 공표하여야 한다.
② 고용노동부장관은 도급인의 사업장(도급인이 제공하거나 지정한 경우로서 도급인이 지배·관리하는 대통령령으로 정하는 장소를 포함한다. 이하 같다) 중 대통령령으로 정하는 사업장에서 관계수급인 근로자가 작업을 하는 경우에 도급인의 산업재해발생건수등에 관계수급인의 산업재해발생건수등을 포함하여 제1항에 따라 공표하여야 한다.
③ 고용노동부장관은 제2항에 따라 산업재해발생건수등을 공표하기 위하여 도급인에게 관계수급인에 관한 자료의 제출을 요청할 수 있다. 이 경우 요청을 받은 자는 정당한 사유가 없으면 이에 따라야 한다.
④ 제1항 및 제2항에 따른 공표의 절차 및 방법, 그 밖에 필요한 사항은 고용노동부령으로 정한다.

제11조【산업재해 예방시설의 설치·운영】 고용노동부장관은 산업재해 예방을 위하여 다음 각 호의 시설을 설치·운영할 수 있다.
1. 산업 안전 및 보건에 관한 지도시설, 연구시설 및 교육시설
2. 안전보건진단 및 작업환경측정을 위한 시설
3. 노무를 제공하는 사람의 건강을 유지·증진하기 위한 시설(2020.5.26 본호개정)
4. 그 밖에 고용노동부령으로 정하는 산업재해 예방을 위한 시설

제12조【산업재해 예방의 재원】 다음 각 호의 어느 하나에 해당하는 용도에 사용하기 위한 재원(財源)은 「산업재해보상보험법」 제95조제1항에 따른 산업재해보상보험및예방기금에서 지원한다.
1. 제11조 각 호에 따른 시설의 설치와 그 운영에 필요한 비용
2. 산업재해 예방 관련 사업 및 비영리법인에 위탁하는 업무 수행에 필요한 비용
3. 그 밖에 산업재해 예방에 필요한 사업으로서 고용노동부장관이 인정하는 사업의 사업비

제13조【기술 또는 작업환경에 관한 표준】 ① 고용노동부장관은 산업재해 예방을 위하여 다음 각 호의 조치와 관련된 기술 또는 작업환경에 관한 표준을 정하여 사업주에게 지도·권고할 수 있다.
1. 제5조제2항 각 호의 어느 하나에 해당하는 자가 같은 항에 따라 산업재해를 방지하기 위하여 하여야 할 조치
2. 제38조 및 제39조에 따라 사업주가 하여야 할 조치
② 고용노동부장관은 제1항에 따른 표준을 정할 때 필요하다고 인정하면 해당 분야별로 표준제정위원회를 구성·운영할 수 있다.
③ 제2항에 따른 표준제정위원회의 구성·운영, 그 밖에 필요한 사항은 고용노동부장관이 정한다.

제2장 안전보건관리체제 등

제1절 안전보건관리체제

제14조【이사회 보고 및 승인 등】 ① 「상법」 제170조에 따른 주식회사 중 대통령령으로 정하는 회사의 대표이사는 대통령령으로 정하는 바에 따라 매년 회사의 안전 및 보건에 관한 계획을 수립하여 이사회에 보고하고 승인을 받아야 한다.
② 제1항에 따른 대표이사는 제1항에 따른 안전 및 보건에 관한 계획을 성실하게 이행하여야 한다.
③ 제1항에 따른 안전 및 보건에 관한 계획에는 안전 및 보건에 관한 비용, 시설, 인원 등의 사항을 포함하여야 한다.

제15조【안전보건관리책임자】 ① 사업주는 사업장을 실질적으로 총괄하여 관리하는 사람에게 해당 사업장의 다음 각 호의 업무를 총괄하여 관리하도록 하여야 한다.
1. 사업장의 산업재해 예방계획의 수립에 관한 사항
2. 제25조 및 제26조에 따른 안전보건관리규정의 작성 및 변경에 관한 사항
3. 제29조에 따른 안전보건교육에 관한 사항
4. 작업환경측정 등 작업환경의 점검 및 개선에 관한 사항
5. 제129조부터 제132조까지에 따른 근로자의 건강진단 등 건강관리에 관한 사항
6. 산업재해의 원인 조사 및 재발 방지대책 수립에 관한 사항
7. 산업재해에 관한 통계의 기록 및 유지에 관한 사항
8. 안전장치 및 보호구 구입 시 적격품 여부 확인에 관한 사항
9. 그 밖에 근로자의 유해·위험 방지조치에 관한 사항으로서 고용노동부령으로 정하는 사항
② 제1항 각 호의 업무를 총괄하여 관리하는 사람(이하 "안전보건관리책임자"라 한다)은 제17조에 따른 안전관리자와 제18조에 따른 보건관리자를 지휘·감독한다.
③ 안전보건관리책임자를 두어야 하는 사업의 종류와 사업장의 상시근로자 수, 그 밖에 필요한 사항은 대통령령으로 정한다.

제16조【관리감독자】 ① 사업주는 사업장의 생산과 관련되는 업무와 그 소속 직원을 직접 지휘·감독하는 직위에 있는 사람(이하 "관리감독자"라 한다)에게 산업 안전 및 보건에 관한 업무로서 대통령령으로 정하는 업무를 수행하도록 하여야 한다.
② 관리감독자가 있는 경우에는 「건설기술 진흥법」 제64조제1항제2호에 따른 안전관리책임자 및 같은 항 제3호에 따른 안전관리담당자를 각각 둔 것으로 본다.

제17조【안전관리자】 ① 사업주는 사업장에 제15조제1항 각 호의 사항 중 안전에 관한 기술적인 사항에 관하여 사업주 또는 안전보건관리책임자를 보좌하고 관리감독자에게 지도·조언하는 업무를 수행하는 사람(이하 "안전관리자"라 한다)을 두어야 한다.
② 안전관리자를 두어야 하는 사업의 종류와 사업장의 상시근로자 수, 안전관리자의 수·자격·업무·권한·선임방법, 그 밖에 필요한 사항은 대통령령으로 정한다.
③ 대통령령으로 정하는 사업의 종류 및 사업장의 상시근로자 수에 해당하는 사업장의 사업주는 안전관리자에게 그 업무만을 전담하도록 하여야 한다.(2021.5.18 본항신설)
④ 고용노동부장관은 산업재해 예방을 위하여 필요한 경우로서 고용노동부령으로 정하는 사유에 해당하는 경우에는 사업주에게 안전관리자를 제2항에 따라 대통령령으로 정하는 수 이상으로 늘리거나 교체할 것을 명할 수 있다.
⑤ 대통령령으로 정하는 사업의 종류 및 사업장의 상시근로자 수에 해당하는 사업장의 사업주는 제21조에 따라 지정받은 안전관리 업무를 전문적으로 수행하는 기관(이하 "안전관리전문기관"이라 한다)에 안전관리자의 업무를 위탁할 수 있다.

제18조【보건관리자】 ① 사업주는 사업장에 제15조제1항 각 호의 사항 중 보건에 관한 기술적인 사항에 관하여 사업주 또는 안전보건관리책임자를 보좌하고 관리감독자에게 지도·조언하는 업무를 수행하는 사람(이하 "보건관리자"라 한다)을 두어야 한다.
② 보건관리자를 두어야 하는 사업의 종류와 사업장의 상시근로자 수, 보건관리자의 수·자격·업무·권한·선임방법, 그 밖에 필요한 사항은 대통령령으로 정한다.
③ 대통령령으로 정하는 사업의 종류 및 사업장의 상시근로자 수에 해당하는 사업장의 사업주는 보건관리자에게 그 업무만을 전담하도록 하여야 한다.(2021.5.18 본항신설)
④ 고용노동부장관은 산업재해 예방을 위하여 필요한 경우로서 고용노동부령으로 정하는 사유에 해당하는 경우에는 사업주에게 보건관리자를 제2항에 따라 대통령령으로 정하는 수 이상으로 늘리거나 교체할 것을 명할 수 있다.
⑤ 대통령령으로 정하는 사업의 종류 및 사업장의 상시근로자 수에 해당하는 사업장의 사업주는 제21조에 따라 지정받은 보건관리 업무를 전문적으로 수행하는 기관(이하 "보건관리전문기관"이라 한다)에 보건관리자의 업무를 위탁할 수 있다.

제19조【안전보건관리담당자】 ① 사업주는 사업장에 안전 및 보건에 관하여 사업주를 보좌하고 관리감독자에게 지도·조언하는 업무를 수행하는 사람(이하 "안전보건관리담당자"라 한다)을 두어야 한다. 다만, 안전관리자 또는 보건관리자가 있거나 이를 두어야 하는 경우에는 그러하지 아니하다.
② 안전보건관리담당자를 두어야 하는 사업의 종류와 사업장의 상시근로자 수, 안전보건관리담당자의 수·자격·업무·권한·선임방법, 그 밖에 필요한 사항은 대통령령으로 정한다.
③ 고용노동부장관은 산업재해 예방을 위하여 필요한 경우로서 고용노동부령으로 정하는 사유에 해당하는 경우에는 사업주에게 안전보건관리담당자를 제2항에 따라 대통령령으로 정하는 수 이상으로 늘리거나 교체할 것을 명할 수 있다.
④ 대통령령으로 정하는 사업의 종류 및 사업장의 상시근로자 수에 해당하는 사업장의 사업주는 안전관리전문기관 또는 보건관리전문기관에 안전보건관리담당자의 업무를 위탁할 수 있다.

제20조【안전관리자 등의 지도·조언】 사업주, 안전보건관리책임자 및 관리감독자는 다음 각 호의 어느 하나에 해당하는 자가 제15조제1항 각 호의 사항 중 안전 또는 보건에 관한 기술적인 사항에 관하여 지도·조언하는 경우에는 이에 상응하는 적절한 조치를 하여야 한다.
1. 안전관리자
2. 보건관리자
3. 안전보건관리담당자
4. 안전관리전문기관 또는 보건관리전문기관(해당 업무를 위탁받은 경우에 한정한다)

제21조【안전관리전문기관 등】 ① 안전관리전문기관 또는 보건관리전문기관이 되려는 자는 대통령령으로 정하는 인력·시설 및 장비 등의 요건을 갖추어 고용노동부장관의 지정을 받아야 한다.
② 고용노동부장관은 안전관리전문기관 또는 보건관리전문기관에 대하여 평가하고 그 결과를 공개할 수 있다. 이 경우 평가의 기준·방법 및 결과의 공개에 필요한 사항은 고용노동부령으로 정한다.
③ 안전관리전문기관 또는 보건관리전문기관의 지정 절차, 업무 수행에 관한 사항, 위탁받은 업무를 수행할 수 있는 지역, 그 밖에 필요한 사항은 고용노동부령으로 정한다.
④ 고용노동부장관은 안전관리전문기관 또는 보건관리전문기관이 다음 각 호의 어느 하나에 해당할 때에는 그 지정을 취소하거나 6개월 이내의 기간을 정하여 그 업무의 정지를 명할 수 있다. 다만, 제1호 또는 제2호에 해당할 때에는 그 지정을 취소하여야 한다.
1. 거짓이나 그 밖의 부정한 방법으로 지정을 받은 경우
2. 업무정지 기간 중에 업무를 수행한 경우
3. 제1항에 따른 지정 요건을 충족하지 못한 경우
4. 지정받은 사항을 위반하여 업무를 수행한 경우
5. 그 밖에 대통령령으로 정하는 사유에 해당하는 경우
⑤ 제4항에 따라 지정이 취소된 자는 지정이 취소된 날부터 2년 이내에는 각각 해당 안전관리전문기관 또는 보건관리전문기관으로 지정받을 수 없다.

제22조【산업보건의】 ① 사업주는 근로자의 건강관리나 그 밖에 보건관리자의 업무를 지도하기 위하여 사업장에 산업보건의를 두어야 한다. 다만, 「의료법」 제2조에 따른 의사를 보건관리자로 둔 경우에는 그러하지 아니하다.
② 제1항에 따른 산업보건의(이하 "산업보건의"라 한다)를 두어야 하는 사업의 종류와 사업장의 상시근로자 수 및 산업보건의의 자격·직무·권한·선임방법, 그 밖에 필요한 사항은 대통령령으로 정한다.

제23조【명예산업안전감독관】 ① 고용노동부장관은 산업재해 예방활동에 대한 참여와 지원을 촉진하기 위하여 근로자, 근로자단체, 사업주단체 및 산업재해 예방 관련 전문단체에 소속된 사람 중에서 명예산업안전감독관을 위촉할 수 있다.
② 사업주는 제1항에 따른 명예산업안전감독관(이하 "명예산업안전감독관"이라 한다)에 대하여 직무 수행과 관련한 사유로 불리한 처우를 해서는 아니 된다.
③ 명예산업안전감독관의 위촉 방법, 업무, 그 밖에 필요한 사항은 대통령령으로 정한다.

제24조【산업안전보건위원회】 ① 사업주는 사업장의 안전 및 보건에 관한 중요 사항을 심의·의결하기 위하여 사업장에 근로자위원과 사용자위원이 같은 수로 구성되는 산업안전보건위원회를 구성·운영하여야 한다.
② 사업주는 다음 각 호의 사항에 대해서는 제1항에 따른 산업안전보건위원회(이하 "산업안전보건위원회"라 한다)의 심의·의결을 거쳐야 한다.
1. 제15조제1항제1호부터 제5호까지 및 제7호에 관한 사항

2. 제15조제1항제6호에 따른 사항 중 중대재해에 관한 사항
3. 유해하거나 위험한 기계·기구·설비를 도입한 경우 안전 및 보건 관련 조치에 관한 사항
4. 그 밖에 해당 사업장 근로자의 안전 및 보건을 유지·증진시키기 위하여 필요한 사항

③ 산업안전보건위원회는 대통령령으로 정하는 바에 따라 회의를 개최하고 그 결과를 회의록으로 작성하여 보존하여야 한다.

④ 사업주와 근로자는 제2항에 따라 산업안전보건위원회가 심의·의결한 사항을 성실하게 이행하여야 한다.

⑤ 산업안전보건위원회는 이 법, 이 법에 따른 명령, 단체협약, 취업규칙 및 제25조에 따른 안전보건관리규정에 반하는 내용으로 심의·의결해서는 아니 된다.

⑥ 사업주는 산업안전보건위원회의 위원에게 직무 수행과 관련한 사유로 불리한 처우를 해서는 아니 된다.

⑦ 산업안전보건위원회를 구성하여야 할 사업의 종류 및 사업장의 상시근로자 수, 산업안전보건위원회의 구성·운영 및 의결되지 아니한 경우의 처리방법, 그 밖에 필요한 사항은 대통령령으로 정한다.

제2절 안전보건관리규정

제25조【안전보건관리규정의 작성】 ① 사업주는 사업장의 안전 및 보건을 유지하기 위하여 다음 각 호의 사항이 포함된 안전보건관리규정을 작성하여야 한다.
1. 안전 및 보건에 관한 관리조직과 그 직무에 관한 사항
2. 안전보건교육에 관한 사항
3. 작업장의 안전 및 보건 관리에 관한 사항
4. 사고 조사 및 대책 수립에 관한 사항
5. 그 밖에 안전 및 보건에 관한 사항

② 제1항에 따른 안전보건관리규정(이하 "안전보건관리규정"이라 한다)은 단체협약 또는 취업규칙에 반할 수 없다. 이 경우 안전보건관리규정 중 단체협약 또는 취업규칙에 반하는 부분에 관하여는 그 단체협약 또는 취업규칙으로 정한 기준에 따른다.

③ 안전보건관리규정을 작성하여야 할 사업의 종류, 사업장의 상시근로자 수 및 안전보건관리규정에 포함되어야 할 세부적인 내용, 그 밖에 필요한 사항은 고용노동부령으로 정한다.

제26조【안전보건관리규정의 작성·변경 절차】 사업주는 안전보건관리규정을 작성하거나 변경할 때에는 산업안전보건위원회의 심의·의결을 거쳐야 한다. 다만, 산업안전보건위원회가 설치되어 있지 아니한 사업장의 경우에는 근로자대표의 동의를 받아야 한다.

제27조【안전보건관리규정의 준수】 사업주와 근로자는 안전보건관리규정을 지켜야 한다.

제28조【다른 법률의 준용】 안전보건관리규정에 관하여 이 법에서 규정한 것을 제외하고는 그 성질에 반하지 아니하는 범위에서 「근로기준법」 중 취업규칙에 관한 규정을 준용한다.

제3장 안전보건교육

제29조【근로자에 대한 안전보건교육】 ① 사업주는 소속 근로자에게 고용노동부령으로 정하는 바에 따라 정기적으로 안전보건교육을 하여야 한다.

② 사업주는 근로자를 채용할 때와 작업내용을 변경할 때에는 그 근로자에게 고용노동부령으로 정하는 바에 따라 해당 작업에 필요한 안전보건교육을 하여야 한다. 다만, 제31조제1항에 따른 안전보건교육을 이수한 건설 일용근로자를 채용하는 경우에는 그러하지 아니하다.
(2020.6.9 본항개정)

③ 사업주는 근로자를 유해하거나 위험한 작업에 채용하거나 그 작업으로 작업내용을 변경할 때에는 제2항에 따른 안전보건교육 외에 고용노동부령으로 정하는 바에 따라 유해하거나 위험한 작업에 필요한 안전보건교육을 추가로 하여야 한다.

④ 사업주는 제1항부터 제3항까지의 규정에 따른 안전보건교육을 제33조에 따라 고용노동부장관에게 등록한 안전보건교육기관에 위탁할 수 있다.

제30조【근로자에 대한 안전보건교육의 면제 등】 ① 사업주는 제29조제1항에도 불구하고 다음 각 호의 어느 하나에 해당하는 경우에는 같은 항에 따른 안전보건교육의 전부 또는 일부를 하지 아니할 수 있다.
1. 사업장의 산업재해 발생 정도가 고용노동부령으로 정하는 기준에 해당하는 경우
2. 근로자가 제11조제3호에 따른 시설에서 건강관리에 관한 교육 등 고용노동부령으로 정하는 교육을 이수한 경우
3. 관리감독자가 산업 안전 및 보건 업무의 전문성 제고를 위한 교육 등 고용노동부령으로 정하는 교육을 이수한 경우

② 사업주는 제29조제2항 또는 제3항에도 불구하고 해당 근로자가 채용 또는 변경된 작업에 경험이 있는 등 고용노동부령으로 정하는 경우에는 같은 조 제2항 또는 제3항에 따른 안전보건교육의 전부 또는 일부를 하지 아니할 수 있다.

제31조【건설업 기초안전보건교육】 ① 건설업의 사업주는 건설 일용근로자를 채용할 때에는 그 근로자로 하여금 제33조에 따른 안전보건교육기관이 실시하는 안전보건교육을 이수하도록 하여야 한다. 다만, 건설 일용근로자가 그 사업주에게 채용되기 전에 안전보건교육을 이수한 경우에는 그러하지 아니하다.

② 제1항 본문에 따른 안전보건교육의 시간·내용 및 방법, 그 밖에 필요한 사항은 고용노동부령으로 정한다.

제32조【안전보건관리책임자 등에 대한 직무교육】 ① 사업주(제5호의 경우는 같은 호 각 목에 따른 기관의 장을 말한다)는 다음 각 호에 해당하는 사람에게 제33조에 따른 안전보건교육기관에서 직무와 관련한 안전보건교육을 이수하도록 하여야 한다. 다만, 다음 각 호에 해당하는 사람이 다른 법령에 따라 안전 및 보건에 관한 교육을 받는 등 고용노동부령으로 정하는 경우에는 안전보건교육의 전부 또는 일부를 하지 아니할 수 있다.
1. 안전보건관리책임자
2. 안전관리자
3. 보건관리자
4. 안전보건관리담당자
5. 다음 각 목의 기관에서 안전과 보건에 관련된 업무에 종사하는 사람
   가. 안전관리전문기관
   나. 보건관리전문기관
   다. 제74조에 따라 지정받은 건설재해예방전문지도기관
   라. 제96조에 따라 지정받은 안전검사기관
   마. 제100조에 따라 지정받은 자율안전검사기관
   바. 제120조에 따라 지정받은 석면조사기관

② 제1항 각 호 외의 부분 본문에 따른 안전보건교육의 시간·내용 및 방법, 그 밖에 필요한 사항은 고용노동부령으로 정한다.

제33조【안전보건교육기관】 ① 제29조제1항부터 제3항까지의 규정에 따른 안전보건교육, 제31조제1항 본문에 따른 안전보건교육 또는 제32조제1항 각 호 외의 부분 본문에 따른 안전보건교육을 하려는 자는 대통령령으로 정하는 인력·시설 및 장비 등의 요건을 갖추어 고용노동부장관에게 등록하여야 한다. 등록한 사항 중 대통령령으로 정하는 중요한 사항을 변경할 때에도 또한 같다.

② 고용노동부장관은 제1항에 따라 등록한 자(이하 "안전보건교육기관"이라 한다)에 대하여 평가하고 그 결과를 공개할 수 있다. 이 경우 평가의 기준·방법 및 결과의 공개에 필요한 사항은 고용노동부령으로 정한다.

③ 제1항에 따른 등록 절차 및 업무 수행에 관한 사항, 그 밖에 필요한 사항은 고용노동부령으로 정한다.

④ 안전보건교육기관에 대해서는 제21조제4항 및 제5항을 준용한다. 이 경우 "안전관리전문기관 또는 보건관리전문기관"은 "안전보건교육기관"으로, "지정"은 "등록"으로 본다.

제4장 유해·위험 방지 조치

제34조【법령 요지 등의 게시 등】 사업주는 이 법과 이 법에 따른 명령의 요지 및 안전보건관리규정을 각 사업장의 근로자가 쉽게 볼 수 있는 장소에 게시하거나 갖추어 두어 근로자에게 널리 알려야 한다.

제35조【근로자대표의 통지 요청】 근로자대표는 사업주에게 다음 각 호의 사항을 통지하여 줄 것을 요청할 수 있고, 사업주는 이에 성실히 따라야 한다.
1. 산업안전보건위원회(제75조에 따라 노사협의체를 구성·운영하는 경우에는 노사협의체를 말한다)가 의결한 사항
2. 제47조에 따른 안전보건진단 결과에 관한 사항
3. 제49조에 따른 안전보건개선계획의 수립·시행에 관한 사항
4. 제64조제1항 각 호에 따른 도급인의 이행 사항
5. 제110조제1항에 따른 물질안전보건자료에 관한 사항
6. 제125조제1항에 따른 작업환경측정에 관한 사항
7. 그 밖에 고용노동부령으로 정하는 안전 및 보건에 관한 사항

제36조【위험성평가의 실시】 ① 사업주는 건설물, 기계·기구·설비, 원재료, 가스, 증기, 분진, 근로자의 작업행동 또는 그 밖의 업무로 인한 유해·위험 요인을 찾아내어 부상 및 질병으로 이어질 수 있는 위험성의 크기가 허용 가능한 범위인지를 평가하여야 하고, 그 결과에 따라 이 법과 이 법에 따른 명령에 따른 조치를 하여야 하며, 근로자에 대한 위험 또는 건강장해를 방지하기 위하여 필요한 경우에는 추가적인 조치를 하여야 한다.

② 사업주는 제1항에 따른 평가 시 고용노동부장관이 정하여 고시하는 바에 따라 해당 작업장의 근로자를 참여시켜야 한다.

③ 사업주는 제1항에 따른 평가의 결과와 조치사항을 고용노동부령으로 정하는 바에 따라 기록하여 보존하여야 한다.

④ 제1항에 따른 평가의 방법, 절차 및 시기, 그 밖에 필요한 사항은 고용노동부장관이 정하여 고시한다.

제37조【안전보건표지의 설치·부착】 ① 사업주는 유해하거나 위험한 장소·시설·물질에 대한 경고, 비상시에 대처하기 위한 지시·안내 또는 그 밖에 근로자의 안전 및 보건 의식을 고취하기 위한 사항 등을 그림, 기호 및 글자 등으로 나타낸 표지(이하 이 조에서 "안전보건표지"라 한다)를 근로자가 쉽게 알아 볼 수 있도록 설치하거나 붙여야 한다. 이 경우 「외국인근로자의 고용 등에 관한 법률」 제2조에 따른 외국인근로자(같은 조 단서에 따른 사람을 포함한다)를 사용하는 사업주는 안전보건표지를 고용노동부장관이 정하는 바에 따라 해당 외국인근로자의 모국어로 작성하여야 한다.(2020.5.26 전단개정)

② 안전보건표지의 종류, 형태, 색채, 용도 및 설치·부착 장소, 그 밖에 필요한 사항은 고용노동부령으로 정한다.

제38조【안전조치】 ① 사업주는 다음 각 호의 어느 하나에 해당하는 위험으로 인한 산업재해를 예방하기 위하여 필요한 조치를 하여야 한다.
1. 기계·기구, 그 밖의 설비에 의한 위험
2. 폭발성, 발화성 및 인화성 물질 등에 의한 위험
3. 전기, 열, 그 밖의 에너지에 의한 위험

② 사업주는 굴착, 채석, 하역, 벌목, 운송, 조작, 운반, 해체, 중량물 취급, 그 밖의 작업을 할 때 불량한 작업방법 등에 의한 위험으로 인한 산업재해를 예방하기 위하여 필요한 조치를 하여야 한다.

③ 사업주는 근로자가 다음 각 호의 어느 하나에 해당하는 장소에서 작업을 할 때 발생할 수 있는 산업재해를 예방하기 위하여 필요한 조치를 하여야 한다.
1. 근로자가 추락할 위험이 있는 장소
2. 토사·구축물 등이 붕괴할 우려가 있는 장소
3. 물체가 떨어지거나 날아올 위험이 있는 장소
4. 천재지변으로 인한 위험이 발생할 우려가 있는 장소

④ 사업주가 제1항부터 제3항까지의 규정에 따라 하여야 하는 조치(이하 "안전조치"라 한다)에 관한 구체적인 사항은 고용노동부령으로 정한다.

판례 채석장에서 현장 관리소장으로 일하던 피고인이 사고를 미리 방지할 업무상 주의의무를 게을리 하고 작업계획서 작성 등 필요한 조치를 취하지 않아 근로자가 덤프트럭 문짝에 압사되어 사망에 이르게 된 사건에서, 현장관리소장 혹은 그 대행을 맡은 사람은 산업안전보건법상 사업주가 아니기는 하지만 사업주를 대신하여 현장에 대한 안전관리 등을 책임질 의무가 있다.
(대판 2021.11.15, 2021도10908)

제39조【보건조치】 ① 사업주는 다음 각 호의 어느 하나에 해당하는 건강장해를 예방하기 위하여 필요한 조치(이하 "보건조치"라 한다)를 하여야 한다.
1. 원재료·가스·증기·분진·흄(fume, 열이나 화학반응에 의하여 형성된 고체증기가 응축되어 생긴 미세입자를 말한다)·미스트(mist, 공기 중에 떠다니는 작은 액체방울을 말한다)·산소결핍·병원체 등에 의한 건강장해
2. 방사선·유해광선·고온·저온·초음파·소음·진동·이상기압 등에 의한 건강장해
3. 사업장에서 배출되는 기체·액체 또는 찌꺼기 등에 의한 건강장해
4. 계측감시(計測監視), 컴퓨터 단말기 조작, 정밀공작(精密工作) 등의 작업에 의한 건강장해
5. 단순반복작업 또는 인체에 과도한 부담을 주는 작업에 의한 건강장해
6. 환기·채광·조명·보온·방습·청결 등의 적정기준을 유지하지 아니하여 발생하는 건강장해

② 제1항에 따라 사업주가 하여야 하는 보건조치에 관한 구체적인 사항은 고용노동부령으로 정한다.

제40조【근로자의 안전조치 및 보건조치 준수】 근로자는 제38조 및 제39조에 따라 사업주가 한 조치로서 고용노동부령으로 정하는 조치 사항을 지켜야 한다.

제41조【고객의 폭언 등으로 인한 건강장해 예방조치 등】 ① 사업주는 주로 고객을 직접 대면하거나 「정보통신망 이용촉진 및 정보보호 등에 관한 법률」 제2조제1항제1호에 따른 정보통신망을 통하여 상대하면서 상품을 판매하거나 서비스를 제공하는 업무에 종사하는 고객응대근로자에 대하여 고객의 폭언, 폭행, 그 밖에 적정 범위를 벗어난 신체적·정신적 고통을 유발하는 행위(이하 이 조에서 "폭언등"이라 한다)로 인한 건강장해를 예방하기 위하여 고용노동부령으로 정하는 바에 따라 필요한 조치를 하여야 한다.

② 사업주는 업무와 관련하여 고객 등 제3자의 폭언등으로 근로자에게 건강장해가 발생하거나 발생할 현저한 우려가 있는 경우에는 업무의 일시적 중단 또는 전환 등 대통령령으로 정하는 필요한 조치를 하여야 한다.

③ 근로자는 사업주에게 제2항에 따른 조치를 요구할 수 있고, 사업주는 근로자의 요구를 이유로 해고 또는 그 밖의 불리한 처우를 해서는 아니 된다.
(2021.4.13 본조개정)

제42조【유해위험방지계획서의 작성·제출 등】 ① 사업주는 다음 각 호의 어느 하나에 해당하는 경우에는 이 법 또는 이 법에 따른 명령에서 정하는 유해·위험 방지에 관한 사항을 적은 계획서(이하 "유해위험방지계획서"라 한다)를 작성하여 고용노동부령으로 정하는 바에 따라 고용노동부장관에게 제출하고 심사를 받아야 한다. 다만, 제3호에 해당하는 사업주 중 산업재해발생률 등을 고

려하여 고용노동부령으로 정하는 기준에 해당하는 사업주는 유해위험방지계획서를 스스로 심사하고, 그 심사결과서를 작성하여 고용노동부장관에게 제출하여야 한다.
1. 대통령령으로 정하는 사업의 종류 및 규모에 해당하는 사업으로서 해당 제품의 생산 공정과 직접적으로 관련된 건설물·기계·기구 및 설비 등 전부를 설치·이전하거나 그 주요 구조부분을 변경하려는 경우(2020.5.26 본호개정)
2. 유해하거나 위험한 작업 또는 장소에서 사용하거나 건강장해를 방지하기 위하여 사용하는 기계·기구 및 설비로서 대통령령으로 정하는 기계·기구 및 설비를 설치·이전하거나 그 주요 구조부분을 변경하려는 경우
3. 대통령령으로 정하는 크기, 높이 등에 해당하는 건설공사를 착공하려는 경우
② 제1항제3호에 따른 건설공사를 착공하려는 사업주(제1항 각 호 외의 부분 단서에 따른 사업주는 제외한다)는 유해위험방지계획서를 작성할 때 건설안전 분야의 자격 등 고용노동부령으로 정하는 자격을 갖춘 자의 의견을 들어야 한다.
③ 제1항에도 불구하고 사업주가 제44조제1항에 따라 공정안전보고서를 고용노동부장관에게 제출한 경우에는 해당 유해·위험설비에 대해서는 유해위험방지계획서를 제출한 것으로 본다.
④ 고용노동부장관은 제1항 각 호 외의 부분 본문에 따라 제출된 유해위험방지계획서를 고용노동부령으로 정하는 바에 따라 심사하여 그 결과를 사업주에게 서면으로 알려 주어야 한다. 이 경우 근로자의 안전 및 보건의 유지·증진을 위하여 필요하다고 인정하는 경우에는 해당 작업 또는 건설공사를 중지하거나 유해위험방지계획서를 변경할 것을 명할 수 있다.
⑤ 제1항에 따른 사업주는 같은 항 각 호 외의 부분 단서에 따라 스스로 심사하거나 제4항에 따라 고용노동부장관이 심사한 유해위험방지계획서와 그 심사결과서를 사업장에 갖추어 두어야 한다.
⑥ 제1항제3호에 따른 건설공사를 착공하려는 사업주로서 제5항에 따라 유해위험방지계획서 및 그 심사결과서를 사업장에 갖추어 둔 사업주는 해당 건설공사의 공법의 변경 등으로 인하여 그 유해위험방지계획서를 변경할 필요가 있는 경우에는 이를 변경하여 갖추어 두어야 한다.

제43조【유해위험방지계획서 이행의 확인 등】 ① 제42조제4항에 따라 유해위험방지계획서에 대한 심사를 받은 사업주는 고용노동부령으로 정하는 바에 따라 유해위험방지계획서의 이행에 관하여 고용노동부장관의 확인을 받아야 한다.
② 제42조제1항 각 호 외의 부분 단서에 따른 사업주는 고용노동부령으로 정하는 바에 따라 유해위험방지계획서의 이행에 관하여 스스로 확인하여야 한다. 다만, 해당 건설공사 중에 근로자가 사망(교통사고 등 고용노동부령으로 정하는 경우는 제외한다)한 경우에는 고용노동부령으로 정하는 바에 따라 유해위험방지계획서의 이행에 관하여 고용노동부장관의 확인을 받아야 한다.
③ 고용노동부장관은 제1항 및 제2항 단서에 따른 확인 결과 유해위험방지계획서대로 유해·위험방지를 위한 조치가 되지 아니하는 경우에는 고용노동부령으로 정하는 바에 따라 시설 등의 개선, 사용중지 또는 작업중지 등 필요한 조치를 명할 수 있다.
④ 제3항에 따른 시설 등의 개선, 사용중지 또는 작업중지 등의 절차 및 방법, 그 밖에 필요한 사항은 고용노동부령으로 정한다.

제44조【공정안전보고서의 작성·제출】 ① 사업주는 사업장에 대통령령으로 정하는 유해하거나 위험한 설비가 있는 경우 그 설비로부터의 위험물질 누출, 화재 및 폭발 등으로 인하여 사업장 내의 근로자에게 즉시 피해를 주거나 사업장 인근 지역에 피해를 줄 수 있는 사고로서 대통령령으로 정하는 사고(이하 "중대산업사고"라 한다)를 예방하기 위하여 대통령령으로 정하는 바에 따라 공정안전보고서를 작성하고 고용노동부장관에게 제출하여 심사를 받아야 한다. 이 경우 공정안전보고서의 내용이 중대산업사고를 예방하기 위하여 적합하다고 통보받기 전에는 관련된 유해하거나 위험한 설비를 가동해서는 아니 된다.
② 사업주는 제1항에 따라 공정안전보고서를 작성할 때 산업안전보건위원회의 심의를 거쳐야 한다. 다만, 산업안전보건위원회가 설치되어 있지 아니한 사업장의 경우에는 근로자대표의 의견을 들어야 한다.

제45조【공정안전보고서의 심사 등】 ① 고용노동부장관은 공정안전보고서를 고용노동부령으로 정하는 바에 따라 심사하여 그 결과를 사업주에게 서면으로 알려 주어야 한다. 이 경우 근로자의 안전 및 보건의 유지·증진을 위하여 필요하다고 인정하는 경우에는 그 공정안전보고서의 변경을 명할 수 있다.
② 사업주는 제1항에 따라 심사를 받은 공정안전보고서를 사업장에 갖추어 두어야 한다.

제46조【공정안전보고서의 이행 등】 ① 사업주와 근로자는 제45조제1항에 따라 심사를 받은 공정안전보고서(이 조 제3항에 따라 보완한 공정안전보고서를 포함한다)의 내용을 지켜야 한다.
② 사업주는 제45조제1항에 따라 심사를 받은 공정안전보고서의 내용을 실제로 이행하고 있는지 여부에 대하여 고용노동부령으로 정하는 바에 따라 고용노동부장관의 확인을 받아야 한다.
③ 사업주는 제45조제1항에 따라 심사를 받은 공정안전보고서의 내용을 변경하여야 할 사유가 발생한 경우에는 지체 없이 그 내용을 보완하여야 한다.
④ 고용노동부장관은 고용노동부령으로 정하는 바에 따라 공정안전보고서의 이행 상태를 정기적으로 평가할 수 있다.
⑤ 고용노동부장관은 제4항에 따른 평가 결과 제3항에 따른 보완 상태가 불량한 사업장의 사업주에게는 공정안전보고서의 변경을 명할 수 있으며, 이에 따르지 아니하는 경우 공정안전보고서를 다시 제출하도록 명할 수 있다.

제47조【안전보건진단】 ① 고용노동부장관은 추락·붕괴, 화재·폭발, 유해하거나 위험한 물질의 누출 등 산업재해 발생의 위험이 현저히 높은 사업장의 사업주에게 제48조에 따라 지정받은 기관(이하 "안전보건진단기관"이라 한다)이 실시하는 안전보건진단을 받을 것을 명할 수 있다.
② 사업주는 제1항에 따라 안전보건진단 명령을 받은 경우 고용노동부령으로 정하는 바에 따라 안전보건진단기관에 안전보건진단을 의뢰하여야 한다.
③ 사업주는 안전보건진단기관이 제2항에 따라 실시하는 안전보건진단에 적극 협조하여야 하며, 정당한 사유 없이 이를 거부하거나 방해 또는 기피해서는 아니 된다. 이 경우 근로자대표가 요구할 때에는 해당 안전보건진단에 근로자대표를 참여시켜야 한다.
④ 안전보건진단기관은 제2항에 따라 안전보건진단을 실시한 경우에는 안전보건진단 결과보고서를 고용노동부령으로 정하는 바에 따라 해당 사업장의 사업주 및 고용노동부장관에게 제출하여야 한다.
⑤ 안전보건진단의 종류 및 내용, 안전보건진단 결과보고서에 포함될 사항, 그 밖에 필요한 사항은 대통령령으로 정한다.

제48조【안전보건진단기관】 ① 안전보건진단기관이 되려는 자는 대통령령으로 정하는 인력·시설 및 장비 등의 요건을 갖추어 고용노동부장관의 지정을 받아야 한다.
② 고용노동부장관은 안전보건진단기관에 대하여 평가하고 그 결과를 공개할 수 있다. 이 경우 평가의 기준·방법 및 결과의 공개에 필요한 사항은 고용노동부령으로 정한다.
③ 안전보건진단기관의 지정 절차, 그 밖에 필요한 사항은 고용노동부령으로 정한다.
④ 안전보건진단기관에 관하여는 제21조제4항 및 제5항을 준용한다. 이 경우 "안전관리전문기관 또는 보건관리전문기관"은 "안전보건진단기관"으로 본다.

제49조【안전보건개선계획의 수립·시행 명령】 ① 고용노동부장관은 다음 각 호의 어느 하나에 해당하는 사업장으로서 산업재해 예방을 위하여 종합적인 개선조치를 할 필요가 있다고 인정되는 사업장의 사업주에게 고용노동부령으로 정하는 바에 따라 그 사업장, 시설, 그 밖의 사항에 관한 안전 및 보건에 관한 개선계획(이하 "안전보건개선계획"이라 한다)을 수립하여 시행할 것을 명할 수 있다. 이 경우 대통령령으로 정하는 사업장의 사업주에게는 제47조에 따라 안전보건진단을 받아 안전보건개선계획을 수립하여 시행할 것을 명할 수 있다.
1. 산업재해율이 같은 업종의 규모별 평균 산업재해율보다 높은 사업장
2. 사업주가 필요한 안전조치 또는 보건조치를 이행하지 아니하여 중대재해가 발생한 사업장
3. 대통령령으로 정하는 수 이상의 직업성 질병자가 발생한 사업장
4. 제106조에 따른 유해인자의 노출기준을 초과한 사업장
② 사업주는 안전보건개선계획을 수립할 때에는 산업안전보건위원회의 심의를 거쳐야 한다. 다만, 산업안전보건위원회가 설치되어 있지 아니한 사업장의 경우에는 근로자대표의 의견을 들어야 한다.

제50조【안전보건개선계획서의 제출 등】 ① 제49조제1항에 따라 안전보건개선계획의 수립·시행 명령을 받은 사업주는 고용노동부령으로 정하는 바에 따라 안전보건개선계획서를 작성하여 고용노동부장관에게 제출하여야 한다.
② 고용노동부장관은 제1항에 따라 제출받은 안전보건개선계획서를 고용노동부령으로 정하는 바에 따라 심사하여 그 결과를 사업주에게 서면으로 알려 주어야 한다. 이 경우 고용노동부장관은 근로자의 안전 및 보건의 유지·증진을 위하여 필요하다고 인정하는 경우 해당 안전보건개선계획서의 보완을 명할 수 있다.
③ 사업주와 근로자는 제2항 전단에 따라 심사를 받은 안전보건개선계획서(같은 항 후단에 따라 보완한 안전보건개선계획서를 포함한다)를 준수하여야 한다.

제51조【사업주의 작업중지】 사업주는 산업재해가 발생할 급박한 위험이 있을 때에는 즉시 작업을 중지시키고 근로자를 작업장소에서 대피시키는 등 안전 및 보건에 관하여 필요한 조치를 하여야 한다.

제52조【근로자의 작업중지】 ① 근로자는 산업재해가 발생할 급박한 위험이 있는 경우에는 작업을 중지하고 대피할 수 있다.
② 제1항에 따라 작업을 중지하고 대피한 근로자는 지체 없이 그 사실을 관리감독자 또는 그 밖에 부서의 장(이하 "관리감독자등"이라 한다)에게 보고하여야 한다.
③ 관리감독자등은 제2항에 따른 보고를 받으면 안전 및 보건에 관하여 필요한 조치를 하여야 한다.
④ 사업주는 산업재해가 발생할 급박한 위험이 있다고 근로자가 믿을 만한 합리적인 이유가 있을 때에는 제1항에 따라 작업을 중지하고 대피한 근로자에 대하여 해고나 그 밖의 불리한 처우를 해서는 아니 된다.

제53조【고용노동부장관의 시정조치 등】 ① 고용노동부장관은 사업주가 사업장의 건설물 또는 그 부속건설물 및 기계·기구·설비·원재료(이하 "기계·설비등"이라 한다)에 대하여 안전 및 보건에 관하여 고용노동부령으로 정하는 필요한 조치를 하지 아니하여 근로자에게 현저한 유해·위험이 초래될 우려가 있다고 판단될 때에는 해당 기계·설비등에 대하여 사용중지·대체·제거 또는 시설의 개선, 그 밖에 안전 및 보건에 관하여 고용노동부령으로 정하는 필요한 조치(이하 "시정조치"라 한다)를 명할 수 있다.
② 제1항에 따라 시정조치 명령을 받은 사업주는 해당 기계·설비등에 대하여 시정조치를 완료할 때까지 시정조치 명령 사항을 사업장 내에 근로자가 쉽게 볼 수 있는 장소에 게시하여야 한다.
③ 고용노동부장관은 사업주가 해당 기계·설비등에 대한 시정조치 명령을 이행하지 아니하여 유해·위험 상태가 해소 또는 개선되지 아니하거나 근로자에 대한 유해·위험이 현저히 높아질 우려가 있는 경우에는 해당 기계·설비등과 관련된 작업의 전부 또는 일부의 중지를 명할 수 있다.
④ 제1항에 따른 사용중지 명령 또는 제3항에 따른 작업중지 명령을 받은 사업주는 그 시정조치를 완료한 경우에는 고용노동부장관에게 제1항에 따른 사용중지 또는 제3항에 따른 작업중지의 해제를 요청할 수 있다.
⑤ 고용노동부장관은 제4항에 따른 해제 요청에 대하여 시정조치가 완료되었다고 판단될 때에는 제1항에 따른 사용중지 또는 제3항에 따른 작업중지를 해제하여야 한다.

제54조【중대재해 발생 시 사업주의 조치】 ① 사업주는 중대재해가 발생하였을 때에는 즉시 해당 작업을 중지시키고 근로자를 작업장소에서 대피시키는 등 안전 및 보건에 관하여 필요한 조치를 하여야 한다.
② 사업주는 중대재해가 발생한 사실을 알게 된 경우에는 고용노동부령으로 정하는 바에 따라 지체 없이 고용노동부장관에게 보고하여야 한다. 다만, 천재지변 등 부득이한 사유가 발생한 경우에는 그 사유가 소멸되면 지체 없이 보고하여야 한다.

제55조【중대재해 발생 시 고용노동부장관의 작업중지 조치】 ① 고용노동부장관은 중대재해가 발생하였을 때 다음 각 호의 어느 하나에 해당하는 작업으로 인하여 해당 사업장에 산업재해가 다시 발생할 급박한 위험이 있다고 판단되는 경우에는 그 작업의 중지를 명할 수 있다.
1. 중대재해가 발생한 해당 작업
2. 중대재해가 발생한 작업과 동일한 작업
② 고용노동부장관은 토사·구축물의 붕괴, 화재·폭발, 유해하거나 위험한 물질의 누출 등으로 인하여 중대재해가 발생하여 그 재해가 발생한 장소 주변으로 산업재해가 확산될 수 있다고 판단되는 등 불가피한 경우에는 해당 사업장의 작업을 중지할 수 있다.
③ 고용노동부장관은 사업주가 제1항 또는 제2항에 따른 작업중지의 해제를 요청한 경우에는 작업중지 해제에 관한 전문가 등으로 구성된 심의위원회의 심의를 거쳐 고용노동부령으로 정하는 바에 따라 제1항 또는 제2항에 따른 작업중지를 해제하여야 한다.
④ 제3항에 따른 작업중지 해제의 요청 절차 및 방법, 심의위원회의 구성·운영, 그 밖에 필요한 사항은 고용노동부령으로 정한다.

제56조【중대재해 원인조사 등】 ① 고용노동부장관은 중대재해가 발생하였을 때에는 그 원인 규명 또는 산업재해 예방대책 수립을 위하여 그 발생 원인을 조사할 수 있다.
② 고용노동부장관은 중대재해가 발생한 사업장의 사업주에게 안전보건개선계획의 수립·시행, 그 밖에 필요한 조치를 명할 수 있다.
③ 누구든지 중대재해 발생 현장을 훼손하거나 제1항에 따른 고용노동부장관의 원인조사를 방해해서는 아니 된다.
④ 중대재해가 발생한 사업장에 대한 원인조사의 내용 및 절차, 그 밖에 필요한 사항은 고용노동부령으로 정한다.

제57조【산업재해 발생 은폐 금지 및 보고 등】 ① 사업주는 산업재해가 발생하였을 때에는 그 발생 사실을 은폐해서는 아니 된다.
② 사업주는 고용노동부령으로 정하는 바에 따라 산업재해의 발생 원인 등을 기록하여 보존하여야 한다.
③ 사업주는 고용노동부령으로 정하는 산업재해에 대해서는 그 발생 개요·원인 및 보고 시기, 재발방지 계획 등을 고용노동부령으로 정하는 바에 따라 고용노동부장관에게 보고하여야 한다.

제5장 도급 시 산업재해 예방

제1절 도급의 제한

제58조【유해한 작업의 도급금지】 ① 사업주는 근로자의 안전 및 보건에 유해하거나 위험한 작업으로서 다음 각 호의 어느 하나에 해당하는 작업을 도급하여 자신의 사업장에서 수급인의 근로자가 그 작업을 하도록 해서는 아니 된다.
1. 도금작업
2. 수은, 납 또는 카드뮴을 제련, 주입, 가공 및 가열하는 작업
3. 제118조제1항에 따른 허가대상물질을 제조하거나 사용하는 작업

② 사업주는 제1항에도 불구하고 다음 각 호의 어느 하나에 해당하는 경우에는 제1항 각 호에 따른 작업을 도급하여 자신의 사업장에서 수급인의 근로자가 그 작업을 하도록 할 수 있다.
1. 일시·간헐적으로 하는 작업을 도급하는 경우
2. 수급인이 보유한 기술이 전문적이고 사업주(수급인에게 도급을 한 도급인으로서의 사업주를 말한다)의 사업 운영에 필수 불가결한 경우로서 고용노동부장관의 승인을 받은 경우

③ 사업주는 제2항제2호에 따라 고용노동부장관의 승인을 받으려는 경우에는 고용노동부령으로 정하는 바에 따라 고용노동부장관이 실시하는 안전 및 보건에 관한 평가를 받아야 한다.
④ 제2항제2호에 따른 승인의 유효기간은 3년의 범위에서 정한다.
⑤ 고용노동부장관은 제4항에 따른 유효기간이 만료되는 경우에 사업주가 유효기간의 연장을 신청하면 승인의 유효기간이 만료되는 날의 다음 날부터 3년의 범위에서 고용노동부령으로 정하는 바에 따라 그 기간의 연장을 승인할 수 있다. 이 경우 사업주는 제3항에 따른 안전 및 보건에 관한 평가를 받아야 한다.
⑥ 사업주는 제2항제2호 또는 제5항에 따라 승인을 받은 사항 중 고용노동부령으로 정하는 사항을 변경하려는 경우에는 고용노동부령으로 정하는 바에 따라 변경에 대한 승인을 받아야 한다.
⑦ 고용노동부장관은 제2항제2호, 제5항 또는 제6항에 따라 승인, 연장승인 또는 변경승인을 받은 자가 제8항에 따른 기준에 미달하게 된 경우에는 승인, 연장승인 또는 변경승인을 취소하여야 한다.
⑧ 제2항제2호, 제5항 또는 제6항에 따른 승인, 연장승인 또는 변경승인의 기준·절차 및 방법, 그 밖에 필요한 사항은 고용노동부령으로 정한다.

제59조【도급의 승인】 ① 사업주는 자신의 사업장에서 안전 및 보건에 유해하거나 위험한 작업 중 급성 독성, 피부 부식성 등이 있는 물질의 취급 등 대통령령으로 정하는 작업을 도급하려는 경우에는 고용노동부장관의 승인을 받아야 한다. 이 경우 사업주는 고용노동부령으로 정하는 바에 따라 안전 및 보건에 관한 평가를 받아야 한다.
② 제1항에 따른 승인에 관하여는 제58조제4항부터 제8항까지의 규정을 준용한다.

제60조【도급의 승인 시 하도급 금지】 제58조제2항제2호에 따른 승인, 같은 조 제5항 또는 제6항(제59조제2항에 따라 준용되는 경우를 포함한다)에 따른 연장승인 또는 변경승인 및 제59조제1항에 따른 승인을 받은 작업을 도급받은 수급인은 그 작업을 하도급할 수 없다.

제61조【적격 수급인 선정 의무】 사업주는 산업재해 예방을 위한 조치를 할 수 있는 능력을 갖춘 사업주에게 도급하여야 한다.

제2절 도급인의 안전조치 및 보건조치

제62조【안전보건총괄책임자】 ① 도급인은 관계수급인 근로자가 도급인의 사업장에서 작업을 하는 경우에는 그 사업장의 안전보건관리책임자를 도급인의 근로자와 관계수급인 근로자의 산업재해를 예방하기 위한 업무를 총괄하여 관리하는 안전보건총괄책임자로 지정하여야 한다. 이 경우 안전보건관리책임자를 두지 아니하여도 되는 사업장에서는 그 사업장에서 사업을 총괄하여 관리하는 사람을 안전보건총괄책임자로 지정하여야 한다.
② 제1항에 따라 안전보건총괄책임자를 지정한 경우에는 「건설기술 진흥법」 제64조제1항제1호에 따른 안전총괄책임자를 둔 것으로 본다.
③ 제1항에 따라 안전보건총괄책임자를 지정하여야 하는 사업의 종류와 사업장의 상시근로자 수, 안전보건총괄책임자의 직무·권한, 그 밖에 필요한 사항은 대통령령으로 정한다.

제63조【도급인의 안전조치 및 보건조치】 도급인은 관계수급인 근로자가 도급인의 사업장에서 작업을 하는 경우에 자신의 근로자와 관계수급인 근로자의 산업재해를 예방하기 위하여 안전 및 보건 시설의 설치 등 필요한 안전조치 및 보건조치를 하여야 한다. 다만, 보호구 착용의 지시 등 관계수급인 근로자의 작업행동에 관한 직접적인 조치는 제외한다.

제64조【도급에 따른 산업재해 예방조치】 ① 도급인은 관계수급인 근로자가 도급인의 사업장에서 작업을 하는 경우 다음 각 호의 사항을 이행하여야 한다.
1. 도급인과 수급인을 구성원으로 하는 안전 및 보건에 관한 협의체의 구성 및 운영
2. 작업장 순회점검
3. 관계수급인이 근로자에게 하는 제29조제1항부터 제3항까지의 규정에 따른 안전보건교육을 위한 장소 및 자료의 제공 등 지원
4. 관계수급인이 근로자에게 하는 제29조제3항에 따른 안전보건교육의 실시 확인
5. 다음 각 목의 어느 하나의 경우에 대비한 경보체계 운영과 대피방법 등 훈련
   가. 작업 장소에서 발파작업을 하는 경우
   나. 작업 장소에서 화재·폭발, 토사·구축물 등의 붕괴 또는 지진 등이 발생한 경우
6. 위생시설 등 고용노동부령으로 정하는 시설의 설치 등을 위하여 필요한 장소의 제공 또는 도급인이 설치한 위생시설 이용의 협조
7. 같은 장소에서 이루어지는 도급인과 관계수급인 등의 작업에 있어서 관계수급인 등의 작업시기·내용, 안전조치 및 보건조치 등의 확인(2021.5.18 본호신설)
8. 제7호에 따른 확인 결과 관계수급인 등의 작업 혼재로 인하여 화재·폭발 등 대통령령으로 정하는 위험이 발생할 우려가 있는 경우 관계수급인 등의 작업시기·내용 등의 조정(2021.5.18 본호신설)

② 제1항에 따른 도급인은 고용노동부령으로 정하는 바에 따라 자신의 근로자 및 관계수급인 근로자와 함께 정기적으로 또는 수시로 작업장의 안전 및 보건에 관한 점검을 하여야 한다.
③ 제1항에 따른 안전 및 보건에 관한 협의체 구성 및 운영, 작업장 순회점검, 안전보건교육 지원, 그 밖에 필요한 사항은 고용노동부령으로 정한다.

제65조【도급인의 안전 및 보건에 관한 정보 제공 등】 ① 다음 각 호의 작업을 도급하는 자는 그 작업을 수행하는 수급인 근로자의 산업재해를 예방하기 위하여 고용노동부령으로 정하는 바에 따라 해당 작업 시작 전에 수급인에게 안전 및 보건에 관한 정보를 문서로 제공하여야 한다.
1. 폭발성·발화성·인화성·독성 등의 유해성·위험성이 있는 화학물질 중 고용노동부령으로 정하는 화학물질 또는 그 화학물질을 포함한 혼합물을 제조·사용·운반 또는 저장하는 반응기·증류탑·배관 또는 저장탱크로서 고용노동부령으로 정하는 설비를 개조·분해·해체 또는 철거하는 작업(2020.5.26 본호개정)
2. 제1호에 따른 설비의 내부에서 이루어지는 작업
3. 질식 또는 붕괴의 위험이 있는 작업으로서 대통령령으로 정하는 작업

② 도급인이 제1항에 따라 안전 및 보건에 관한 정보를 해당 작업 시작 전까지 제공하지 아니한 경우에는 수급인이 정보 제공을 요청할 수 있다.
③ 도급인은 수급인이 제1항에 따라 제공받은 안전 및 보건에 관한 정보에 따라 필요한 안전조치 및 보건조치를 하였는지를 확인하여야 한다.
④ 수급인은 제2항에 따른 요청에도 불구하고 도급인이 정보를 제공하지 아니하는 경우에는 해당 도급 작업을 하지 아니할 수 있다. 이 경우 수급인은 계약의 이행 지체에 따른 책임을 지지 아니한다.

제66조【도급인의 관계수급인에 대한 시정조치】 ① 도급인은 관계수급인 근로자가 도급인의 사업장에서 작업을 하는 경우에 관계수급인 또는 관계수급인 근로자가 도급받은 작업과 관련하여 이 법 또는 이 법에 따른 명령을 위반하면 관계수급인에게 그 위반행위를 시정하도록 필요한 조치를 할 수 있다. 이 경우 관계수급인은 정당한 사유가 없으면 그 조치에 따라야 한다.
② 도급인은 제65조제1항 각 호의 작업을 도급하는 경우에 수급인 또는 수급인 근로자가 도급받은 작업과 관련하여 이 법 또는 이 법에 따른 명령을 위반하면 수급인에게 그 위반행위를 시정하도록 필요한 조치를 할 수 있다. 이 경우 수급인은 정당한 사유가 없으면 그 조치에 따라야 한다.

제3절 건설업 등의 산업재해 예방

제67조【건설공사발주자의 산업재해 예방 조치】 ① 대통령령으로 정하는 건설공사의 건설공사발주자는 산업재해 예방을 위하여 건설공사의 계획, 설계 및 시공 단계에서 다음 각 호의 구분에 따른 조치를 하여야 한다.
1. 건설공사 계획단계 : 해당 건설공사에서 중점적으로 관리하여야 할 유해·위험요인과 이의 감소방안을 포함한 기본안전보건대장을 작성할 것
2. 건설공사 설계단계 : 제1호에 따른 기본안전보건대장을 설계자에게 제공하고, 설계자로 하여금 유해·위험요인의 감소방안을 포함한 설계안전보건대장을 작성하게 하고 이를 확인할 것
3. 건설공사 시공단계 : 건설공사발주자로부터 건설공사를 최초로 도급받은 수급인에게 제2호에 따른 설계안전보건대장을 제공하고, 그 수급인에게 이를 반영하여 안전한 작업을 위한 공사안전보건대장을 작성하게 하고 그 이행 여부를 확인할 것

② 제1항에 따른 건설공사발주자는 대통령령으로 정하는 안전보건 분야의 전문가에게 같은 항 각 호에 따른 대장에 기재된 내용의 적정성 등을 확인받아야 한다.(2021.5.18 본항신설)
③ 제1항에 따른 건설공사발주자는 설계자 및 건설공사를 최초로 도급받은 수급인이 건설현장의 안전을 우선적으로 고려하여 설계·시공 업무를 수행할 수 있도록 적정한 비용과 기간을 계상·설정하여야 한다.(2021.5.18 본항신설)
④ 제1항 각 호에 따른 대장에 포함되어야 할 구체적인 내용은 고용노동부령으로 정한다.

제68조【안전보건조정자】 ① 2개 이상의 건설공사를 도급한 건설공사발주자는 그 2개 이상의 건설공사가 같은 장소에서 행해지는 경우에 작업의 혼재로 인하여 발생할 수 있는 산업재해를 예방하기 위하여 건설공사 현장에 안전보건조정자를 두어야 한다.
② 제1항에 따라 안전보건조정자를 두어야 하는 건설공사의 금액, 안전보건조정자의 자격·업무, 선임방법, 그 밖에 필요한 사항은 대통령령으로 정한다.

제69조【공사기간 단축 및 공법변경 금지】 ① 건설공사발주자 또는 건설공사도급인(건설공사발주자로부터 해당 건설공사를 최초로 도급받은 수급인 또는 건설공사의 시공을 주도하여 총괄·관리하는 자를 말한다. 이하 이 절에서 같다)은 설계도서 등에 따라 산정된 공사기간을 단축해서는 아니 된다.
② 건설공사발주자 또는 건설공사도급인은 공사비를 줄이기 위하여 위험성이 있는 공법을 사용하거나 정당한 사유 없이 정해진 공법을 변경해서는 아니 된다.

제70조【건설공사 기간의 연장】 ① 건설공사발주자는 다음 각 호의 어느 하나에 해당하는 사유로 건설공사가 지연되어 해당 건설공사도급인이 산업재해 예방을 위하여 공사기간의 연장을 요청하는 경우에는 특별한 사유가 없으면 공사기간을 연장하여야 한다.
1. 태풍·홍수 등 악천후, 전쟁·사변, 지진, 화재, 전염병, 폭동, 그 밖에 계약 당사자가 통제할 수 없는 사태의 발생 등 불가항력의 사유가 있는 경우
2. 건설공사발주자에게 책임이 있는 사유로 착공이 지연되거나 시공이 중단된 경우

② 건설공사의 관계수급인은 제1항제1호에 해당하는 사유 또는 건설공사도급인에게 책임이 있는 사유로 착공이 지연되거나 시공이 중단되어 해당 건설공사가 지연된 경우에 산업재해 예방을 위하여 건설공사도급인에게 공사기간의 연장을 요청할 수 있다. 이 경우 건설공사도급인은 특별한 사유가 없으면 공사기간을 연장하거나 건설공사발주자에게 그 기간의 연장을 요청하여야 한다.
③ 제1항 및 제2항에 따른 건설공사 기간의 연장 요청 절차, 그 밖에 필요한 사항은 고용노동부령으로 정한다.

제71조【설계변경의 요청】 ① 건설공사도급인은 해당 건설공사 중에 대통령령으로 정하는 가설구조물의 붕괴 등으로 산업재해가 발생할 위험이 있다고 판단되면 건축·토목 분야의 전문가 등 대통령령으로 정하는 전문가의 의견을 들어 건설공사발주자에게 해당 건설공사의 설계변경을 요청할 수 있다. 다만, 건설공사발주자가 설계를 포함하여 발주한 경우는 그러하지 아니하다.
② 제42조제4항 후단에 따라 고용노동부장관으로부터 공사중지 또는 유해위험방지계획서의 변경 명령을 받은 건설공사도급인은 설계변경이 필요한 경우 건설공사발주자에게 설계변경을 요청할 수 있다.
③ 건설공사의 관계수급인은 건설공사 중에 제1항에 따른 가설구조물의 붕괴 등으로 산업재해가 발생할 위험이 있다고 판단되면 제1항에 따른 전문가의 의견을 들어 건설공사도급인에게 해당 건설공사의 설계변경을 요청할 수 있다. 이 경우 건설공사도급인은 그 요청받은 내용이 기술적으로 적용이 불가능한 명백한 경우가 아니면 이를 반영하여 해당 건설공사의 설계를 변경하거나 건설공사발주자에게 설계변경을 요청하여야 한다.
④ 제1항부터 제3항까지의 규정에 따라 설계변경 요청을 받은 건설공사발주자는 그 요청받은 내용이 기술적으로 적용이 불가능한 명백한 경우가 아니면 이를 반영하여 설계를 변경하여야 한다.
⑤ 제1항부터 제3항까지의 규정에 따른 설계변경의 요청 절차·방법, 그 밖에 필요한 사항은 고용노동부령으로 정한다. 이 경우 미리 국토교통부장관과 협의하여야 한다.

제72조【건설공사 등의 산업안전보건관리비 계상 등】 ① 건설공사발주자가 도급계약을 체결하거나 건설공사의 시공을 주도하여 총괄·관리하는 자(건설공사발주자로부터 건설공사를 최초로 도급받은 수급인은 제외한다)가 건설공사 사업 계획을 수립할 때에는 고용노동부장관이 정하여 고시하는 바에 따라 산업재해 예방을 위하여 사용하는 비용(이하 "산업안전보건관리비"라 한다)을 도

급금액 또는 사업비에 계상(計上)하여야 한다.(2020.6.9 본항개정)
② 고용노동부장관은 산업안전보건관리비의 효율적인 사용을 위하여 다음 각 호의 사항을 정할 수 있다.
1. 사업의 규모별·종류별 계상 기준
2. 건설공사의 진척 정도에 따른 사용비율 등 기준
3. 그 밖에 산업안전보건관리비의 사용에 필요한 사항
③ 건설공사도급인은 산업안전보건관리비를 제2항에서 정하는 바에 따라 사용하고 고용노동부령으로 정하는 바에 따라 그 사용명세서를 작성하여 보존하여야 한다. (2020.6.9 본항개정)
④ 선박의 건조 또는 수리를 최초로 도급받은 수급인은 사업 계획을 수립할 때에는 고용노동부장관이 정하여 고시하는 바에 따라 산업안전보건관리비를 사업비에 계상하여야 한다.
⑤ 건설공사도급인 또는 제4항에 따른 선박의 건조 또는 수리를 최초로 도급받은 수급인은 산업안전보건관리비를 산업재해 예방 외의 목적으로 사용해서는 아니 된다. (2020.6.9 본항개정)

제73조【건설공사의 산업재해 예방 지도】 ① 대통령령으로 정하는 건설공사의 건설공사발주자 또는 건설공사도급인(건설공사발주자로부터 건설공사를 최초로 도급받은 수급인은 제외한다)은 해당 건설공사를 착공하려는 경우 제74조에 따라 지정받은 전문기관(이하 "건설재해예방전문지도기관"이라 한다)과 건설 산업재해 예방을 위한 지도계약을 체결하여야 한다.(2021.8.17 본항개정)
② 건설재해예방전문지도기관은 건설공사도급인에게 산업재해 예방을 위한 지도를 실시하여야 하고, 건설공사도급인은 지도에 따라 적절한 조치를 하여야 한다. (2021.8.17 본항신설)
③ 건설재해예방전문지도기관의 지도업무의 내용, 지도대상 분야, 지도의 수행방법, 그 밖에 필요한 사항은 대통령령으로 정한다.

제74조【건설재해예방전문지도기관】 ① 건설재해예방전문지도기관이 되려는 자는 대통령령으로 정하는 인력·시설 및 장비 등의 요건을 갖추어 고용노동부장관의 지정을 받아야 한다.
② 제1항에 따른 건설재해예방전문지도기관의 지정 절차, 그 밖에 필요한 사항은 대통령령으로 정한다.
③ 고용노동부장관은 건설재해예방전문지도기관에 대하여 평가하고 그 결과를 공개할 수 있다. 이 경우 평가의 기준·방법, 결과의 공개에 필요한 사항은 고용노동부령으로 정한다.
④ 건설재해예방전문지도기관에 관하여는 제21조제4항 및 제5항을 준용한다. 이 경우 "안전관리전문기관 또는 보건관리전문기관"은 "건설재해예방전문지도기관"으로 본다.

제75조【안전 및 보건에 관한 협의체 등의 구성·운영에 관한 특례】 ① 대통령령으로 정하는 규모의 건설공사의 건설공사도급인은 해당 건설공사 현장에 근로자위원과 사용자위원이 같은 수로 구성되는 안전 및 보건에 관한 협의체(이하 "노사협의체"라 한다)를 대통령령으로 정하는 바에 따라 구성·운영할 수 있다.
② 건설공사도급인이 제1항에 따라 노사협의체를 구성·운영하는 경우에는 산업안전보건위원회 및 제64조제1항제1호에 따른 안전 및 보건에 관한 협의체를 각각 구성·운영하는 것으로 본다.
③ 제1항에 따라 노사협의체를 구성·운영하는 건설공사도급인은 제24조제2항 각 호의 사항에 대하여 노사협의체의 심의·의결을 거쳐야 한다. 이 경우 노사협의체에서 의결되지 아니한 사항의 처리방법은 대통령령으로 정한다.
④ 노사협의체는 대통령령으로 정하는 바에 따라 회의를 개최하고 그 결과를 회의록으로 작성하여 보존하여야 한다.
⑤ 노사협의체는 산업재해 예방 및 산업재해가 발생한 경우의 대피방법 등 고용노동부령으로 정하는 사항에 대하여 협의하여야 한다.
⑥ 노사협의체를 구성·운영하는 건설공사도급인·근로자 및 관계수급인·근로자는 제3항에 따라 노사협의체가 심의·의결한 사항을 성실하게 이행하여야 한다.
⑦ 노사협의체에 관하여는 제24조제5항 및 제6항을 준용한다. 이 경우 "산업안전보건위원회"는 "노사협의체"로 본다.

제76조【기계·기구 등에 대한 건설공사도급인의 안전조치】 건설공사도급인은 자신의 사업장에서 타워크레인 등 대통령령으로 정하는 기계·기구 또는 설비 등이 설치되어 있거나 작동하고 있는 경우 또는 이를 설치·해체·조립하는 등의 작업이 이루어지고 있는 경우에는 필요한 안전조치 및 보건조치를 하여야 한다.

제4절 그 밖의 고용형태에서의 산업재해 예방

제77조【특수형태근로종사자에 대한 안전조치 및 보건조치 등】 ① 계약의 형식에 관계없이 근로자와 유사하게 노무를 제공하여 업무상의 재해로부터 보호할 필요가 있음에도 「근로기준법」 등이 적용되지 아니하는 사람으로서 다음 각 호의 요건을 모두 충족하는 사람(이하 "특수형태근로종사자"라 한다)의 노무를 제공받는 자는 특수형태근로종사자의 산업재해 예방을 위하여 필요한 안전조치 및 보건조치를 하여야 한다.(2020.5.26 본문개정)
1. 대통령령으로 정하는 직종에 종사할 것
2. 주로 하나의 사업에 노무를 상시적으로 제공하고 보수를 받아 생활할 것
3. 노무를 제공할 때 타인을 사용하지 아니할 것
② 대통령령으로 정하는 특수형태근로종사자로부터 노무를 제공받는 자는 고용노동부령으로 정하는 바에 따라 안전 및 보건에 관한 교육을 실시하여야 한다.
③ 정부는 특수형태근로종사자의 안전 및 보건의 유지·증진에 사용하는 비용의 일부 또는 전부를 지원할 수 있다.

제78조【배달종사자에 대한 안전조치】 「이동통신단말장치 유통구조 개선에 관한 법률」 제2조제4호에 따른 이동통신단말장치로 물건의 수거·배달 등을 중개하는 자는 그 중개를 통하여 「자동차관리법」 제3조제1항제5호에 따른 이륜자동차로 물건을 수거·배달 등을 하는 사람의 산업재해 예방을 위하여 필요한 안전조치 및 보건조치를 하여야 한다.(2020.5.26 본조개정)

제79조【가맹본부의 산업재해 예방 조치】 ① 「가맹사업거래의 공정화에 관한 법률」 제2조제2호에 따른 가맹본부 중 대통령령으로 정하는 가맹본부는 같은 조 제3호에 따른 가맹점사업자에게 가맹점의 설비나 기계, 원자재 또는 상품 등을 공급하는 경우에 가맹점사업자와 그 소속 근로자의 산업재해 예방을 위하여 다음 각 호의 조치를 하여야 한다.
1. 가맹점의 안전 및 보건에 관한 프로그램의 마련·시행
2. 가맹본부가 가맹점에 설치하거나 공급하는 설비·기계 및 원자재 또는 상품 등에 대하여 가맹점사업자에게 안전 및 보건에 관한 정보의 제공
② 제1항제1호에 따른 안전 및 보건에 관한 프로그램의 내용·시행방법, 같은 항 제2호에 따른 안전 및 보건에 관한 정보의 제공방법, 그 밖에 필요한 사항은 고용노동부령으로 정한다.

제6장 유해·위험 기계 등에 대한 조치

제1절 유해하거나 위험한 기계 등에 대한 방호조치 등

제80조【유해하거나 위험한 기계·기구에 대한 방호조치】 ① 누구든지 동력(動力)으로 작동하는 기계·기구로서 대통령령으로 정하는 것은 고용노동부령으로 정하는 유해·위험 방지를 위한 방호조치를 하지 아니하고는 양도, 대여, 설치 또는 사용에 제공하거나 양도·대여의 목적으로 진열해서는 아니 된다.
② 누구든지 동력으로 작동하는 기계·기구로서 다음 각 호의 어느 하나에 해당하는 것은 고용노동부령으로 정하는 방호조치를 하지 아니하고는 양도, 대여, 설치 또는 사용에 제공하거나 양도·대여의 목적으로 진열해서는 아니 된다.
1. 작동 부분에 돌기 부분이 있는 것
2. 동력전달 부분 또는 속도조절 부분이 있는 것
3. 회전기계에 물체 등이 말려 들어갈 부분이 있는 것
③ 사업주는 제1항 및 제2항에 따른 방호조치가 정상적인 기능을 발휘할 수 있도록 방호조치와 관련되는 장치를 상시적으로 점검하고 정비하여야 한다.
④ 사업주와 근로자는 제1항 및 제2항에 따른 방호조치를 해체하려는 경우 등 고용노동부령으로 정하는 경우에는 필요한 안전조치 및 보건조치를 하여야 한다.

제81조【기계·기구 등의 대여자 등의 조치】 대통령령으로 정하는 기계·기구·설비 또는 건축물 등을 타인에게 대여하거나 대여받는 자는 필요한 안전조치 및 보건조치를 하여야 한다.

제82조【타워크레인 설치·해체업의 등록 등】 ① 타워크레인을 설치하거나 해체를 하려는 자는 대통령령으로 정하는 바에 따라 인력·시설 및 장비 등의 요건을 갖추어 고용노동부장관에게 등록하여야 한다. 등록한 사항 중 대통령령으로 정하는 중요한 사항을 변경할 때에도 또한 같다.
② 사업주는 제1항에 따라 등록한 자로 하여금 타워크레인을 설치하거나 해체하는 작업을 하도록 하여야 한다.
③ 제1항에 따른 등록 절차, 그 밖에 필요한 사항은 고용노동부령으로 정한다.
④ 제1항에 따라 등록한 자에 대해서는 제21조제4항 및 제5항을 준용한다. 이 경우 "안전관리전문기관 또는 보건관리전문기관"은 "제1항에 따라 등록한 자"로, "지정"은 "등록"으로 본다.

제2절 안전인증

제83조【안전인증기준】 ① 고용노동부장관은 유해하거나 위험한 기계·기구·설비 및 방호장치·보호구(이하 "유해·위험기계등"이라 한다)의 안전성을 평가하기 위하여 그 안전인증의 대상이 되는 제조자의 기술 능력 및 생산 체계 등에 관한 기준(이하 "안전인증기준"이라 한다)을 정하여 고시하여야 한다.
② 안전인증기준은 유해·위험기계등의 종류별, 규격 및 형식별로 정할 수 있다.

제84조【안전인증】 ① 유해·위험기계등 중 근로자의 안전 및 보건에 위해(危害)를 미칠 수 있다고 인정되어 대통령령으로 정하는 것(이하 "안전인증대상기계등"이라 한다)을 제조하거나 수입하는 자(고용노동부령으로 정하는 안전인증대상기계등을 설치·이전하거나 주요 구조 부분을 변경하는 자를 포함한다. 이하 이 조 및 제85조부터 제87조까지의 규정에서 같다)는 안전인증대상기계등이 안전인증기준에 맞는지에 대하여 고용노동부장관이 실시하는 안전인증을 받아야 한다.
② 고용노동부장관은 다음 각 호의 어느 하나에 해당하는 경우에는 고용노동부령으로 정하는 바에 따라 제1항에 따른 안전인증의 전부 또는 일부를 면제할 수 있다.
1. 연구·개발을 목적으로 제조·수입하거나 수출을 목적으로 제조하는 경우
2. 고용노동부장관이 정하여 고시하는 외국의 안전인증기관에서 인증을 받은 경우
3. 다른 법령에 따라 안전성에 관한 검사나 인증을 받은 경우로서 고용노동부령으로 정하는 경우
③ 안전인증대상기계등이 아닌 유해·위험기계등을 제조하거나 수입하는 자가 그 유해·위험기계등의 안전에 관한 성능 등을 평가받으려면 고용노동부장관에게 안전인증을 신청할 수 있다. 이 경우 고용노동부장관은 안전인증기준에 따라 안전인증을 할 수 있다.
④ 고용노동부장관은 제1항 및 제3항에 따른 안전인증(이하 "안전인증"이라 한다)을 받은 자가 안전인증기준을 지키고 있는지를 3년 이하의 범위에서 고용노동부령으로 정하는 주기마다 확인하여야 한다. 다만, 제2항에 따라 안전인증의 일부를 면제받은 경우에는 고용노동부령으로 정하는 바에 따라 확인의 전부 또는 일부를 생략할 수 있다.
⑤ 제1항에 따라 안전인증을 받은 자는 안전인증을 받은 안전인증대상기계등에 대하여 고용노동부령으로 정하는 바에 따라 제품명·모델명·제조수량·판매수량 및 판매처 현황 등의 사항을 기록하여 보존하여야 한다.
⑥ 고용노동부장관은 근로자의 안전 및 보건에 필요하다고 인정하는 경우 안전인증대상기계등을 제조·수입 또는 판매하는 자에게 고용노동부령으로 정하는 바에 따라 해당 안전인증대상기계등의 제조·수입 또는 판매에 관한 자료를 공단에 제출하게 할 수 있다.
⑦ 안전인증의 신청 방법·절차, 제4항에 따른 확인의 방법·절차, 그 밖에 필요한 사항은 고용노동부령으로 정한다.

제85조【안전인증의 표시 등】 ① 안전인증을 받은 자는 안전인증을 받은 유해·위험기계등이나 이를 담은 용기 또는 포장에 고용노동부령으로 정하는 바에 따라 안전인증의 표시(이하 "안전인증표시"라 한다)를 하여야 한다.
② 안전인증을 받은 유해·위험기계등이 아닌 것은 안전인증표시 또는 이와 유사한 표시를 하거나 안전인증에 관한 광고를 해서는 아니 된다.
③ 안전인증을 받은 유해·위험기계등을 제조·수입·양도·대여하는 자는 안전인증표시를 임의로 변경하거나 제거해서는 아니 된다.
④ 고용노동부장관은 다음 각 호의 어느 하나에 해당하는 경우에는 안전인증표시나 이와 유사한 표시를 제거할 것을 명하여야 한다.
1. 제2항을 위반하여 안전인증표시나 이와 유사한 표시를 한 경우
2. 제86조제1항에 따라 안전인증이 취소되거나 안전인증표시의 사용 금지 명령을 받은 경우

제86조【안전인증의 취소 등】 ① 고용노동부장관은 안전인증을 받은 자가 다음 각 호의 어느 하나에 해당하면 안전인증을 취소하거나 6개월 이내의 기간을 정하여 안전인증표시의 사용을 금지하거나 안전인증기준에 맞게 시정하도록 명할 수 있다. 다만, 제1호의 경우에는 안전인증을 취소하여야 한다.
1. 거짓이나 그 밖의 부정한 방법으로 안전인증을 받은 경우
2. 안전인증을 받은 유해·위험기계등의 안전에 관한 성능 등이 안전인증기준에 맞지 아니하게 된 경우
3. 정당한 사유 없이 제84조제4항에 따른 확인을 거부, 방해 또는 기피하는 경우
② 고용노동부장관은 제1항에 따라 안전인증을 취소한 경우에는 고용노동부령으로 정하는 바에 따라 그 사실을 관보 등에 공고하여야 한다.
③ 제1항에 따라 안전인증이 취소된 자는 안전인증이 취소된 날부터 1년 이내에는 취소된 유해·위험기계등에 대하여 안전인증을 신청할 수 없다.

제87조【안전인증대상기계등의 제조 등의 금지 등】 ① 누구든지 다음 각 호의 어느 하나에 해당하는 안전인증

대상기계등을 제조·수입·양도·대여·사용하거나 양도·대여의 목적으로 진열할 수 없다.
1. 제84조제1항에 따른 안전인증을 받지 아니한 경우(같은 조 제2항에 따라 안전인증이 전부 면제되는 경우는 제외한다)
2. 안전인증기준에 맞지 아니하게 된 경우
3. 제86조제1항에 따라 안전인증이 취소되거나 안전인증표시의 사용 금지 명령을 받은 경우
② 고용노동부장관은 제1항을 위반하여 안전인증대상기계등을 제조·수입·양도·대여하는 자에게 고용노동부령으로 정하는 바에 따라 그 안전인증대상기계등을 수거하거나 파기할 것을 명할 수 있다.
제88조【안전인증기관】 ① 고용노동부장관은 제84조에 따른 안전인증 업무 및 확인 업무를 위탁받아 수행할 기관을 안전인증기관으로 지정할 수 있다.
② 제1항에 따라 안전인증기관으로 지정받으려는 자는 대통령령으로 정하는 인력·시설 및 장비 등의 요건을 갖추어 고용노동부장관에게 신청하여야 한다.
③ 고용노동부장관은 제1항에 따라 지정받은 안전인증기관(이하 "안전인증기관"이라 한다)에 대하여 평가하고 그 결과를 공개할 수 있다. 이 경우 평가의 기준·방법 및 결과의 공개에 필요한 사항은 고용노동부령으로 정한다.
④ 안전인증기관의 지정 신청 절차, 그 밖에 필요한 사항은 고용노동부령으로 정한다.
⑤ 안전인증기관에 관하여는 제21조제4항 및 제5항을 준용한다. 이 경우 "안전관리전문기관 또는 보건관리전문기관"은 "안전인증기관"으로 본다.

제3절 자율안전확인의 신고

제89조【자율안전확인의 신고】 ① 안전인증대상기계등이 아닌 유해·위험기계등으로서 대통령령으로 정하는 것(이하 "자율안전확인대상기계등"이라 한다)을 제조하거나 수입하는 자는 자율안전확인대상기계등의 안전에 관한 성능이 고용노동부장관이 정하여 고시하는 안전기준(이하 "자율안전기준"이라 한다)에 맞는지 확인(이하 "자율안전확인"이라 한다)하여 고용노동부장관에게 신고(신고한 사항을 변경하는 경우를 포함한다)하여야 한다. 다만, 다음 각 호의 어느 하나에 해당하는 경우에는 신고를 면제할 수 있다.
1. 연구·개발을 목적으로 제조·수입하거나 수출을 목적으로 제조하는 경우
2. 제84조제3항에 따른 안전인증을 받은 경우(제86조제1항에 따라 안전인증이 취소되거나 안전인증표시의 사용 금지 명령을 받은 경우는 제외한다)
3. 다른 법령에 따라 안전성에 관한 검사나 인증을 받은 경우로서 고용노동부령으로 정하는 경우
② 고용노동부장관은 제1항 각 호 외의 부분 본문에 따른 신고를 받은 경우 그 내용을 검토하여 이 법에 적합하면 신고를 수리하여야 한다.
③ 제1항 각 호 외의 부분 본문에 따라 신고를 한 자는 자율안전확인대상기계등이 자율안전기준에 맞는 것임을 증명하는 서류를 보존하여야 한다.
④ 제1항 각 호 외의 부분 본문에 따른 신고의 방법 및 절차, 그 밖에 필요한 사항은 고용노동부령으로 정한다.
제90조【자율안전확인의 표시 등】 ① 제89조제1항 각 호 외의 부분 본문에 따라 신고를 한 자는 자율안전확인대상기계등이나 이를 담은 용기 또는 포장에 고용노동부령으로 정하는 바에 따라 자율안전확인의 표시(이하 "자율안전확인표시"라 한다)를 하여야 한다.
② 제89조제1항 각 호 외의 부분 본문에 따라 신고된 자율안전확인대상기계등이 아닌 것은 자율안전확인표시 또는 이와 유사한 표시를 하거나 자율안전확인에 관한 광고를 해서는 아니 된다.
③ 제89조제1항 각 호 외의 부분 본문에 따라 신고된 자율안전확인대상기계등을 제조·수입·양도·대여하는 자는 자율안전확인표시를 임의로 변경하거나 제거해서는 아니 된다.
④ 고용노동부장관은 다음 각 호의 어느 하나에 해당하는 경우에는 자율안전확인표시나 이와 유사한 표시를 제거할 것을 명하여야 한다.
1. 제2항을 위반하여 자율안전확인표시나 이와 유사한 표시를 한 경우
2. 거짓이나 그 밖의 부정한 방법으로 제89조제1항 각 호 외의 부분 본문에 따른 신고를 한 경우
3. 제91조제1항에 따라 자율안전확인표시의 사용 금지 명령을 받은 경우
제91조【자율안전확인표시의 사용 금지 등】 ① 고용노동부장관은 제89조제1항 각 호 외의 부분 본문에 따라 신고된 자율안전확인대상기계등의 안전에 관한 성능이 자율안전기준에 맞지 아니하게 된 경우에는 같은 항 각 호 외의 부분 본문에 따라 신고한 자에게 6개월 이내의 기간을 정하여 자율안전확인표시의 사용을 금지하거나 자율안전기준에 맞게 시정하도록 명할 수 있다.
② 고용노동부장관은 제1항에 따라 자율안전확인표시의 사용을 금지하였을 때에는 그 사실을 관보 등에 공고하여야 한다.
③ 제2항에 따른 공고의 내용, 방법 및 절차, 그 밖에 필요한 사항은 고용노동부령으로 정한다.
제92조【자율안전확인대상기계등의 제조 등의 금지 등】 ① 누구든지 다음 각 호의 어느 하나에 해당하는 자율안전확인대상기계등을 제조·수입·양도·대여·사용하거나 양도·대여의 목적으로 진열할 수 없다.
1. 제89조제1항 각 호 외의 부분 본문에 따른 신고를 하지 아니한 경우(같은 항 각 호 외의 부분 단서에 따라 신고가 면제되는 경우는 제외한다)
2. 거짓이나 그 밖의 부정한 방법으로 제89조제1항 각 호 외의 부분 본문에 따른 신고를 한 경우
3. 자율안전확인대상기계등의 안전에 관한 성능이 자율안전기준에 맞지 아니하게 된 경우
4. 제91조제1항에 따라 자율안전확인표시의 사용 금지 명령을 받은 경우
② 고용노동부장관은 제1항을 위반하여 자율안전확인대상기계등을 제조·수입·양도·대여하는 자에게 고용노동부령으로 정하는 바에 따라 그 자율안전확인대상기계등을 수거하거나 파기할 것을 명할 수 있다.

제4절 안전검사

제93조【안전검사】 ① 유해하거나 위험한 기계·기구·설비로서 대통령령으로 정하는 것(이하 "안전검사대상기계등"이라 한다)을 사용하는 사업주(근로자를 사용하지 아니하고 사업을 하는 자를 포함한다. 이하 이 조, 제94조, 제95조 및 제98조에서 같다)는 안전검사대상기계등의 안전에 관한 성능이 고용노동부장관이 정하여 고시하는 검사기준에 맞는지에 대하여 고용노동부장관이 실시하는 검사(이하 "안전검사"라 한다)를 받아야 한다. 이 경우 안전검사대상기계등을 사용하는 사업주와 소유자가 다른 경우에는 안전검사대상기계등의 소유자가 안전검사를 받아야 한다.
② 제1항에도 불구하고 안전검사대상기계등이 다른 법령에 따라 안전성에 관한 검사나 인증을 받은 경우로서 고용노동부령으로 정하는 경우에는 안전검사를 면제할 수 있다.
③ 안전검사의 신청, 검사 주기 및 검사합격 표시방법, 그 밖에 필요한 사항은 고용노동부령으로 정한다. 이 경우 검사 주기는 안전검사대상기계등의 종류, 사용연한(使用年限) 및 위험성을 고려하여 정한다.
제94조【안전검사합격증명서 발급 등】 ① 고용노동부장관은 제93조제1항에 따라 안전검사에 합격한 사업주에게 고용노동부령으로 정하는 바에 따라 안전검사합격증명서를 발급하여야 한다.
② 제1항에 따라 안전검사합격증명서를 발급받은 사업주는 그 증명서를 안전검사대상기계등에 붙여야 한다.
(2020.5.26 본항개정)
제95조【안전검사대상기계등의 사용 금지】 사업주는 다음 각 호의 어느 하나에 해당하는 안전검사대상기계등을 사용해서는 아니 된다.
1. 안전검사를 받지 아니한 안전검사대상기계등(제93조제2항에 따라 안전검사가 면제되는 경우는 제외한다)
2. 안전검사에 불합격한 안전검사대상기계등
제96조【안전검사기관】 ① 고용노동부장관은 안전검사 업무를 위탁받아 수행하는 기관을 안전검사기관으로 지정할 수 있다.
② 제1항에 따라 안전검사기관으로 지정받으려는 자는 대통령령으로 정하는 인력·시설 및 장비 등의 요건을 갖추어 고용노동부장관에게 신청하여야 한다.
③ 고용노동부장관은 제1항에 따라 지정받은 안전검사기관(이하 "안전검사기관"이라 한다)에 대하여 평가하고 그 결과를 공개할 수 있다. 이 경우 평가의 기준·방법 및 결과의 공개에 필요한 사항은 고용노동부령으로 정한다.
④ 안전검사기관의 지정 신청 절차, 그 밖에 필요한 사항은 고용노동부령으로 정한다.
⑤ 안전검사기관에 관하여는 제21조제4항 및 제5항을 준용한다. 이 경우 "안전관리전문기관 또는 보건관리전문기관"은 "안전검사기관"으로 본다.
제97조【안전검사기관의 보고의무】 안전검사기관은 제95조 각 호의 어느 하나에 해당하는 안전검사대상기계등을 발견하였을 때에는 이를 고용노동부장관에게 지체 없이 보고하여야 한다.
제98조【자율검사프로그램에 따른 안전검사】 ① 제93조제1항에도 불구하고 같은 항에 따라 안전검사를 받아야 하는 사업주가 근로자대표와 협의(근로자를 사용하지 아니하는 경우는 제외한다)하여 같은 항 전단에 따른 검사기준, 같은 조 제3항에 따른 검사 주기 등을 충족하는 검사프로그램(이하 "자율검사프로그램"이라 한다)을 정하고 고용노동부장관의 인정을 받아 다음 각 호의 어느 하나에 해당하는 사람으로부터 자율검사프로그램에 따라 안전검사대상기계등에 대하여 안전에 관한 성능검사(이하 "자율안전검사"라 한다)를 받으면 안전검사를 받은 것으로 본다.
1. 고용노동부령으로 정하는 안전에 관한 성능검사와 관련된 자격 및 경험을 가진 사람
2. 고용노동부령으로 정하는 바에 따라 안전에 관한 성능검사 교육을 이수하고 해당 분야의 실무 경험이 있는 사람
② 자율검사프로그램의 유효기간은 2년으로 한다.
③ 사업주는 자율안전검사를 받은 경우에는 그 결과를 기록하여 보존하여야 한다.
④ 자율안전검사를 받으려는 사업주는 제100조에 따라 지정받은 검사기관(이하 "자율안전검사기관"이라 한다)에 자율안전검사를 위탁할 수 있다.
⑤ 자율검사프로그램에 포함되어야 할 내용, 자율검사프로그램의 인정 요건, 인정 방법 및 절차, 그 밖에 필요한 사항은 고용노동부령으로 정한다.
제99조【자율검사프로그램 인정의 취소 등】 ① 고용노동부장관은 자율검사프로그램의 인정을 받은 자가 다음 각 호의 어느 하나에 해당하는 경우에는 자율검사프로그램의 인정을 취소하거나 인정받은 자율검사프로그램의 내용에 따라 검사를 하도록 하는 등 시정을 명할 수 있다. 다만, 제1호의 경우에는 인정을 취소하여야 한다.
1. 거짓이나 그 밖의 부정한 방법으로 자율검사프로그램을 인정받은 경우
2. 자율검사프로그램을 인정받고도 검사를 하지 아니한 경우
3. 인정받은 자율검사프로그램의 내용에 따라 검사를 하지 아니한 경우
4. 제98조제1항 각 호의 어느 하나에 해당하는 사람 또는 자율안전검사기관이 검사를 하지 아니한 경우
② 사업주는 제1항에 따라 자율검사프로그램의 인정이 취소된 안전검사대상기계등을 사용해서는 아니 된다.
제100조【자율안전검사기관】 ① 자율안전검사기관이 되려는 자는 대통령령으로 정하는 인력·시설 및 장비 등의 요건을 갖추어 고용노동부장관의 지정을 받아야 한다.
② 고용노동부장관은 자율안전검사기관에 대하여 평가하고 그 결과를 공개할 수 있다. 이 경우 평가의 기준·방법 및 결과의 공개에 필요한 사항은 고용노동부령으로 정한다.
③ 자율안전검사기관의 지정 절차, 그 밖에 필요한 사항은 고용노동부령으로 정한다.
④ 자율안전검사기관에 관하여는 제21조제4항 및 제5항을 준용한다. 이 경우 "안전관리전문기관 또는 보건관리전문기관"은 "자율안전검사기관"으로 본다.

제5절 유해·위험기계등의 조사 및 지원 등

제101조【성능시험 등】 고용노동부장관은 안전인증대상기계등 또는 자율안전확인대상기계등의 안전성능의 저하 등으로 근로자에게 피해를 주거나 줄 우려가 크다고 인정하는 경우에는 대통령령으로 정하는 바에 따라 유해·위험기계등을 제조하는 사업장에서 제품 제조 과정을 조사할 수 있으며, 제조·수입·양도·대여하거나 양도·대여의 목적으로 진열된 유해·위험기계등을 수거하여 안전인증기준 또는 자율안전기준에 적합한지에 대한 성능시험을 할 수 있다.
제102조【유해·위험기계등 제조사업 등의 지원】 ① 고용노동부장관은 다음 각 호의 어느 하나에 해당하는 자에게 유해·위험기계등의 품질·안전성 또는 설계·시공 능력 등의 향상을 위하여 예산의 범위에서 필요한 지원을 할 수 있다.
1. 다음 각 목의 어느 하나에 해당하는 것의 안전성 향상을 위하여 지원이 필요하다고 인정되는 것을 제조하는 자
가. 안전인증대상기계등
나. 자율안전확인대상기계등
다. 그 밖에 산업재해가 많이 발생하는 유해·위험기계등
2. 작업환경 개선시설을 설계·시공하는 자
② 제1항에 따른 지원을 받으려는 자는 고용노동부령으로 정하는 인력·시설 및 장비 등의 요건을 갖추어 고용노동부장관에게 등록하여야 한다.
③ 고용노동부장관은 제2항에 따라 등록한 자가 다음 각 호의 어느 하나에 해당하는 경우에는 그 등록을 취소하거나 1년의 범위에서 제1항에 따른 지원을 제한할 수 있다. 다만, 제1호의 경우에는 등록을 취소하여야 한다.
1. 거짓이나 그 밖의 부정한 방법으로 등록한 경우
2. 제2항에 따른 등록 요건에 적합하지 아니하게 된 경우
3. 제86조제1항제1호에 따라 안전인증이 취소된 경우
④ 고용노동부장관은 제1항에 따라 지원받은 자가 다음 각 호의 어느 하나에 해당하는 경우에는 지원한 금액 또는 지원에 상응하는 금액을 환수하여야 한다. 이 경우 제1호에 해당하면 지원한 금액에 상당하는 액수 이하의 금액을 추가로 환수할 수 있다.
1. 거짓이나 그 밖의 부정한 방법으로 지원받은 경우
2. 제1항에 따른 지원 목적과 다른 용도로 지원금을 사용한 경우

3. 제3항제1호에 해당하여 등록이 취소된 경우
⑤ 고용노동부장관은 제3항에 따라 등록을 취소한 자에 대하여 등록을 취소한 날부터 2년 이내의 기간을 정하여 제2항에 따른 등록을 제한할 수 있다.
⑥ 제1항부터 제5항까지의 규정에 따른 지원내용, 등록 및 등록 취소, 환수 절차, 등록 제한 기준, 그 밖에 필요한 사항은 고용노동부령으로 정한다.

제103조【유해·위험기계등의 안전 관련 정보의 종합관리】 ① 고용노동부장관은 사업장의 유해·위험기계등의 보유현황 및 안전검사 이력 등 안전에 관한 정보를 종합관리하고, 해당 정보를 안전인증기관 또는 안전검사기관에 제공할 수 있다.
② 고용노동부장관은 제1항에 따른 정보의 종합관리를 위하여 안전인증기관 또는 안전검사기관에 사업장의 유해·위험기계등의 보유현황 및 안전검사 이력 등의 필요한 자료를 제출하도록 요청할 수 있다. 이 경우 요청을 받은 기관은 특별한 사유가 없으면 그 요청에 따라야 한다.
③ 고용노동부장관은 제1항에 따른 정보의 종합관리를 위하여 유해·위험기계등의 보유현황 및 안전검사 이력 등 안전에 관한 종합정보망을 구축·운영하여야 한다.

제7장 유해·위험물질에 대한 조치

제1절 유해·위험물질의 분류 및 관리

제104조【유해인자의 분류기준】 고용노동부장관은 고용노동부령으로 정하는 바에 따라 근로자에게 건강장해를 일으키는 화학물질 및 물리적 인자 등(이하 "유해인자"라 한다)의 유해성·위험성 분류기준을 마련하여야 한다.

제105조【유해인자의 유해성·위험성 평가 및 관리】
① 고용노동부장관은 유해인자가 근로자의 건강에 미치는 유해성·위험성을 평가하고 그 결과를 관보 등에 공표할 수 있다.
② 고용노동부장관은 제1항에 따른 평가 결과 등을 고려하여 고용노동부령으로 정하는 바에 따라 유해성·위험성 수준별로 유해인자를 구분하여 관리하여야 한다.
③ 제1항에 따른 유해성·위험성 평가대상 유해인자의 선정기준, 유해성·위험성 평가의 방법, 그 밖에 필요한 사항은 고용노동부령으로 정한다.

제106조【유해인자의 노출기준 설정】 고용노동부장관은 제105조제1항에 따른 유해성·위험성 평가 결과 등 고용노동부령으로 정하는 사항을 고려하여 유해인자의 노출기준을 정하여 고시하여야 한다.

제107조【유해인자 허용기준의 준수】 ① 사업주는 발암성 물질 등 근로자에게 중대한 건강장해를 유발할 우려가 있는 유해인자로서 대통령령으로 정하는 유해인자는 작업장 내의 그 노출 농도를 고용노동부령으로 정하는 허용기준 이하로 유지하여야 한다. 다만, 다음 각 호의 어느 하나에 해당하는 경우에는 그러하지 아니하다.
1. 유해인자를 취급하거나 정화·배출하는 시설 및 설비의 설치나 개선이 현존하는 기술로 가능하지 아니한 경우
2. 천재지변 등으로 시설과 설비에 중대한 결함이 발생한 경우
3. 고용노동부령으로 정하는 임시 작업과 단시간 작업의 경우
4. 그 밖에 대통령령으로 정하는 경우

② 사업주는 제1항 각 호 외의 부분 단서에도 불구하고 유해인자의 노출 농도를 제1항에 따른 허용기준 이하로 유지하도록 노력하여야 한다.

제108조【신규화학물질의 유해성·위험성 조사】 ① 대통령령으로 정하는 화학물질 외의 화학물질(이하 "신규화학물질"이라 한다)을 제조하거나 수입하려는 자(이하 "신규화학물질제조자등"이라 한다)는 신규화학물질에 의한 근로자의 건강장해를 예방하기 위하여 고용노동부령으로 정하는 바에 따라 그 신규화학물질의 유해성·위험성을 조사하고 그 조사보고서를 고용노동부장관에게 제출하여야 한다. 다만, 다음 각 호의 어느 하나에 해당하는 경우에는 그러하지 아니하다.
1. 일반 소비자의 생활용으로 제공하기 위하여 신규화학물질을 수입하는 경우로서 고용노동부령으로 정하는 경우
2. 신규화학물질의 수입량이 소량이거나 그 밖에 위해의 정도가 적다고 인정되는 경우로서 고용노동부령으로 정하는 경우

② 신규화학물질제조자등은 제1항 각 호 외의 부분 본문에 따라 유해성·위험성을 조사한 결과 해당 신규화학물질에 의한 근로자의 건강장해를 예방하기 위하여 필요한 조치를 하여야 하는 경우 이를 즉시 시행하여야 한다.
③ 고용노동부장관은 제1항에 따라 신규화학물질의 유해성·위험성 조사보고서가 제출되면 고용노동부령으로 정하는 바에 따라 그 신규화학물질의 명칭, 유해성·위험성, 근로자의 건강장해 예방을 위한 조치 사항 등을 공표하고 관계 부처에 통보하여야 한다.
④ 고용노동부장관은 제1항에 따라 제출된 신규화학물질의 유해성·위험성 조사보고서를 검토한 결과 근로자의 건강장해 예방을 위하여 필요하다고 인정할 때에는 신규화학물질제조자등에게 시설·설비를 설치·정비하고 보호구를 갖추어 두는 등의 조치를 하도록 명할 수 있다.
⑤ 신규화학물질제조자등이 신규화학물질을 양도하거나 제공하는 경우에는 제4항에 따른 근로자의 건강장해 예방을 위하여 조치하여야 할 사항을 기록한 서류를 함께 제공하여야 한다.

제109조【중대한 건강장해 우려 화학물질의 유해성·위험성 조사】 ① 고용노동부장관은 근로자의 건강장해를 예방하기 위하여 필요하다고 인정할 때에는 고용노동부령으로 정하는 바에 따라 암 또는 그 밖에 중대한 건강장해를 일으킬 우려가 있는 화학물질을 제조·수입하는 자 또는 사용하는 사업주에게 해당 화학물질의 유해성·위험성 조사와 그 결과의 제출 또는 제105조제1항에 따른 유해성·위험성 평가에 필요한 자료의 제출을 명할 수 있다.
② 제1항에 따라 화학물질의 유해성·위험성 조사 명령을 받은 자는 유해성·위험성 조사 결과 해당 화학물질로 인한 근로자의 건강장해가 우려되는 경우 근로자의 건강장해를 예방하기 위하여 시설·설비의 설치 또는 개선 등 필요한 조치를 하여야 한다.
③ 고용노동부장관은 제1항에 따라 제출된 조사 결과 및 자료를 검토하여 근로자의 건강장해를 예방하기 위하여 필요하다고 인정하는 경우에는 해당 화학물질을 제105조제2항에 따라 구분하여 관리하거나 해당 화학물질을 제조·수입한 자 또는 사용하는 사업주에게 근로자의 건강장해 예방을 위한 시설·설비의 설치 또는 개선 등 필요한 조치를 하도록 명할 수 있다.

제110조【물질안전보건자료의 작성 및 제출】 ① 화학물질 또는 이를 포함한 혼합물로서 제104조에 따른 분류기준에 해당하는 것(대통령령으로 정하는 것은 제외한다. 이하 "물질안전보건자료대상물질"이라 한다)을 제조하거나 수입하려는 자는 다음 각 호의 사항을 적은 자료(이하 "물질안전보건자료"라 한다)를 고용노동부령으로 정하는 바에 따라 작성하여 고용노동부장관에게 제출하여야 한다. 이 경우 고용노동부장관은 고용노동부령으로 물질안전보건자료의 기재 사항이나 작성 방법을 정할 때 「화학물질관리법」 및 「화학물질의 등록 및 평가 등에 관한 법률」과 관련된 사항에 대해서는 환경부장관과 협의하여야 한다.(2020.5.26 전단개정)
1. 제품명
2. 물질안전보건자료대상물질을 구성하는 화학물질 중 제104조에 따른 분류기준에 해당하는 화학물질의 명칭 및 함유량
3. 안전 및 보건상의 취급 주의 사항
4. 건강 및 환경에 대한 유해성, 물리적 위험성
5. 물리·화학적 특성 등 고용노동부령으로 정하는 사항

② 물질안전보건자료대상물질을 제조하거나 수입하려는 자는 물질안전보건자료대상물질을 구성하는 화학물질 중 제104조에 따른 분류기준에 해당하지 아니하는 화학물질의 명칭 및 함유량을 고용노동부장관에게 별도로 제출하여야 한다. 다만, 다음 각 호의 어느 하나에 해당하는 경우는 그러하지 아니하다.
1. 제1항에 따라 제출된 물질안전보건자료에 이 항 각 호 외의 부분 본문에 따른 화학물질의 명칭 및 함유량이 전부 포함된 경우
2. 물질안전보건자료대상물질을 수입하려는 자가 물질안전보건자료대상물질을 국외에서 제조하여 우리나라로 수출하려는 자(이하 "국외제조자"라 한다)로부터 물질안전보건자료에 적힌 화학물질 외에는 제104조에 따른 분류기준에 해당하는 화학물질이 없음을 확인하는 내용의 서류를 받아 제출한 경우

③ 물질안전보건자료대상물질을 제조하거나 수입한 자는 제1항 각 호에 따른 사항 중 고용노동부령으로 정하는 사항이 변경된 경우 그 변경 사항을 반영한 물질안전보건자료를 고용노동부장관에게 제출하여야 한다.
④ 제1항부터 제3항까지의 규정에 따른 물질안전보건자료 등의 제출 방법·시기, 그 밖에 필요한 사항은 고용노동부령으로 정한다.

제111조【물질안전보건자료의 제공】 ① 물질안전보건자료대상물질을 양도하거나 제공하는 자는 이를 양도받거나 제공받는 자에게 물질안전보건자료를 제공하여야 한다.
② 물질안전보건자료대상물질을 제조하거나 수입한 자는 이를 양도받거나 제공받은 자에게 제110조제3항에 따라 변경된 물질안전보건자료를 제공하여야 한다.
③ 물질안전보건자료대상물질을 양도하거나 제공한 자(물질안전보건자료대상물질을 제조하거나 수입한 자는 제외한다)는 제110조제3항에 따른 물질안전보건자료를 제공받은 경우 이를 물질안전보건자료대상물질을 양도받거나 제공받은 자에게 제공하여야 한다.
④ 제1항부터 제3항까지의 규정에 따른 물질안전보건자료 또는 변경된 물질안전보건자료의 제공방법 및 내용, 그 밖에 필요한 사항은 고용노동부령으로 정한다.

제112조【물질안전보건자료의 일부 비공개 승인 등】
① 제110조제1항에도 불구하고 영업비밀과 관련되어 같은 항 제2호에 따른 화학물질의 명칭 및 함유량을 물질안전보건자료에 적지 아니하려는 자는 고용노동부령으로 정하는 바에 따라 고용노동부장관에게 신청하여 승인을 받아 해당 화학물질의 명칭 및 함유량을 대체할 수 있는 명칭 및 함유량(이하 "대체자료"라 한다)으로 적을 수 있다. 다만, 근로자에게 중대한 건강장해를 초래할 우려가 있는 화학물질로서 「산업재해보상보험법」 제8조제1항에 따른 산업재해보상보험및예방심의위원회의 심의를 거쳐 고용노동부장관이 고시하는 것은 그러하지 아니하다.
② 고용노동부장관은 제1항 본문에 따른 승인 신청을 받은 경우 고용노동부령으로 정하는 바에 따라 화학물질의 명칭 및 함유량의 대체 필요성, 대체자료의 적합성 및 물질안전보건자료의 적정성 등을 검토하여 승인 여부를 결정하고 신청인에게 그 결과를 통보하여야 한다.
③ 고용노동부장관은 제2항에 따른 승인에 관한 기준을 「산업재해보상보험법」 제8조제1항에 따른 산업재해보상보험및예방심의위원회의 심의를 거쳐 정한다.
④ 제1항에 따른 승인의 유효기간은 승인을 받은 날부터 5년으로 한다.
⑤ 고용노동부장관은 제4항에 따른 유효기간이 만료되는 경우에도 계속하여 대체자료로 적으려는 자가 그 유효기간의 연장승인을 신청하면 유효기간이 만료되는 다음 날부터 5년 단위로 그 기간을 계속하여 연장승인할 수 있다.
⑥~⑦ (2023.8.8 삭제)
⑧ 고용노동부장관은 다음 각 호의 어느 하나에 해당하는 경우에는 제1항, 제5항 또는 제112조의2제2항에 따른 승인 또는 연장승인을 취소할 수 있다. 다만, 제1호의 경우에는 그 승인 또는 연장승인을 취소하여야 한다.
1. 거짓이나 그 밖의 부정한 방법으로 제1항, 제5항 또는 제112조의2제2항에 따른 승인 또는 연장승인을 받은 경우
2. 제1항, 제5항 또는 제112조의2제2항에 따른 승인 또는 연장승인을 받은 화학물질이 제1항 단서에 따른 화학물질에 해당하게 된 경우

(2023.8.8 본항개정)
⑨ 제5항에 따른 연장승인과 제8항에 따른 승인 또는 연장승인의 취소 절차 및 방법, 그 밖에 필요한 사항은 고용노동부령으로 정한다.
⑩ 다음 각 호의 어느 하나에 해당하는 자는 근로자의 안전 및 보건을 유지하거나 직업성 질환 발생 원인을 규명하기 위하여 근로자에게 중대한 건강장해가 발생하는 등 고용노동부령으로 정하는 경우에는 물질안전보건자료대상물질을 제조하거나 수입한 자에게 제1항에 따라 대체자료로 적힌 화학물질의 명칭 및 함유량 정보를 제공할 것을 요구할 수 있다. 이 경우 정보 제공을 요구받은 자는 고용노동부장관이 정하여 고시하는 바에 따라 정보를 제공하여야 한다.
1. 근로자를 진료하는 「의료법」 제2조에 따른 의사
2. 보건관리자 및 보건관리전문기관
3. 산업보건의
4. 근로자대표
5. 제165조제2항제38호에 따라 제141조제1항에 따른 역학조사(疫學調査) 실시 업무를 위탁받은 기관
6. 「산업재해보상보험법」 제38조에 따른 업무상질병판정위원회

제112조의2【물질안전보건자료 일부 비공개 승인 등에 대한 이의신청 특례】 ① 제112조제1항 또는 제5항에 따른 승인 또는 연장승인 결과에 이의가 있는 신청인은 그 결과 통보를 받은 날부터 30일 이내에 고용노동부령으로 정하는 바에 따라 고용노동부장관에게 이의신청을 할 수 있다.
② 고용노동부장관은 제1항에 따른 이의신청을 받은 날부터 14일(「행정기본법」 제36조제2항 단서에 따라 결과 통지기간을 연장한 경우에는 그 연장한 기간을 말한다) 이내에 고용노동부령으로 정하는 바에 따라 승인 또는 연장승인 여부를 결정하고 그 결과를 신청인에게 통지하여야 한다.
③ 고용노동부장관은 제2항에 따른 승인 또는 연장승인 여부를 결정하기 위하여 필요한 경우 외부 전문가의 의견을 들을 수 있다. 이 경우 외부 전문가의 의견을 듣는 데 걸리는 기간은 제2항에 따른 결과 통지기간에 산입(算入)하지 아니한다.
(2023.8.8 본조신설)

제113조【국외제조자가 선임한 자에 의한 정보 제출 등】 ① 국외제조자는 고용노동부령으로 정하는 요건을 갖춘 자를 선임하여 물질안전보건자료대상물질을 수입하는 자를 갈음하여 다음 각 호에 해당하는 업무를 수행하도록 할 수 있다.
1. 제110조제1항 또는 제3항에 따른 물질안전보건자료의 작성·제출
2. 제110조제2항 각 호 외의 부분 본문에 따른 화학물질의 명칭 및 함유량 또는 같은 항 제2호에 따른 확인서류의 제출
3. 제112조제1항에 따른 대체자료 기재 승인, 같은 조 제5항에 따른 유효기간 연장승인 또는 제112조의2에 따른 이의신청(2023.8.8 본호개정)

② 제1항에 따라 선임된 자는 고용노동부장관에게 제110조제1항 또는 제3항에 따른 물질안전보건자료를 제출하는 경우 그 물질안전보건자료를 해당 물질안전보건자료대상물질을 수입하는 자에게 제공하여야 한다.
③ 제1항에 따라 선임된 자는 고용노동부령으로 정하는 바에 따라 국외제조자에 의하여 선임되거나 해임된 사실을 고용노동부장관에게 신고하여야 한다.
④ 제2항에 따른 물질안전보건자료의 제출 및 제공 방법·내용, 제3항에 따른 신고 절차·방법, 그 밖에 필요한 사항은 고용노동부령으로 정한다.

제114조【물질안전보건자료의 게시 및 교육】 ① 물질안전보건자료대상물질을 취급하려는 사업주는 제110조제1항 또는 제3항에 따라 작성하였거나 제111조제1항부터 제3항까지의 규정에 따라 제공받은 물질안전보건자료를 고용노동부령으로 정하는 방법에 따라 물질안전보건자료대상물질을 취급하는 작업장 내에 이를 취급하는 근로자가 쉽게 볼 수 있는 장소에 게시하거나 갖추어 두어야 한다.
② 제1항에 따른 사업주는 물질안전보건자료대상물질을 취급하는 작업공정별로 고용노동부령으로 정하는 바에 따라 물질안전보건자료대상물질의 관리 요령을 게시하여야 한다.
③ 제1항에 따른 사업주는 물질안전보건자료대상물질을 취급하는 근로자의 안전 및 보건을 위하여 고용노동부령으로 정하는 바에 따라 해당 근로자를 교육하는 등 적절한 조치를 하여야 한다.

제115조【물질안전보건자료대상물질 용기 등의 경고표시】 ① 물질안전보건자료대상물질을 양도하거나 제공하는 자는 고용노동부령으로 정하는 방법에 따라 이를 담은 용기 및 포장에 경고표시를 하여야 한다. 다만, 용기 및 포장에 담는 방법 외의 방법으로 물질안전보건자료대상물질을 양도하거나 제공하는 경우에는 고용노동부장관이 정하여 고시한 바에 따라 경고표시 기재 항목을 적은 자료를 제공하여야 한다.
② 사업주는 사업장에서 사용하는 물질안전보건자료대상물질을 담은 용기에 고용노동부령으로 정하는 방법에 따라 경고표시를 하여야 한다. 다만, 용기에 이미 경고표시가 되어 있는 등 고용노동부령으로 정하는 경우에는 그러하지 아니하다.

제116조【물질안전보건자료와 관련된 자료의 제공】 고용노동부장관은 근로자의 안전 및 보건 유지를 위하여 필요하면 물질안전보건자료와 관련된 자료를 근로자 및 사업주에게 제공할 수 있다.

제117조【유해·위험물질의 제조 등 금지】 ① 누구든지 다음 각 호의 어느 하나에 해당하는 물질로서 대통령령으로 정하는 물질(이하 "제조등금지물질"이라 한다)을 제조·수입·양도·제공 또는 사용해서는 아니 된다.
1. 직업성 암을 유발하는 것으로 확인되어 근로자의 건강에 특히 해롭다고 인정되는 물질
2. 제105조제1항 따라 유해성·위험성이 평가된 유해인자나 제109조에 따라 유해성·위험성이 조사된 화학물질 중 근로자에게 중대한 건강장해를 일으킬 우려가 있는 물질
② 제1항에도 불구하고 시험·연구 또는 검사 목적의 경우로서 다음 각 호의 어느 하나에 해당하는 경우에는 제조등금지물질을 제조·수입·양도·제공 또는 사용할 수 있다.
1. 제조·수입 또는 사용을 위하여 고용노동부령으로 정하는 요건을 갖추어 고용노동부장관의 승인을 받은 경우
2. 「화학물질관리법」 제18조제1항 단서에 따른 금지물질의 판매 허가를 받은 자가 같은 항 단서에 따라 판매 허가를 받은 자나 제1호에 따라 사용 승인을 받은 자에게 제조등금지물질을 양도 또는 제공하는 경우
③ 고용노동부장관은 제2항제1호에 따른 승인을 받은 자가 같은 호에 따른 승인요건에 적합하지 아니하게 된 경우에는 승인을 취소하여야 한다.
④ 제2항제1호에 따른 승인 절차, 승인 취소 절차, 그 밖에 필요한 사항은 고용노동부령으로 정한다.

제118조【유해·위험물질의 제조 등 허가】 ① 제117조제1항 각 호의 어느 하나에 해당하는 물질로서 대체물질이 개발되지 아니한 물질 등 대통령령으로 정하는 물질(이하 "허가대상물질"이라 한다)을 제조하거나 사용하려는 자는 고용노동부장관의 허가를 받아야 한다. 허가받은 사항을 변경할 때에도 또한 같다.
② 허가대상물질의 제조·사용설비, 작업방법, 그 밖의 허가기준은 고용노동부령으로 정한다.
③ 제1항에 따라 허가를 받은 자(이하 "허가대상물질제조·사용자"라 한다)는 그 제조·사용설비를 제2항에 따른 허가기준에 적합하도록 유지하여야 하며, 그 기준에 적합한 작업방법으로 허가대상물질을 제조·사용하여야 한다.
④ 고용노동부장관은 허가대상물질제조·사용자의 제조·사용설비 또는 작업방법이 제2항에 따른 허가기준에 적합하지 아니하다고 인정될 때에는 그 기준에 적합하도록 제조·사용설비를 수리·개조 또는 이전하도록 하거나 그 기준에 적합한 작업방법으로 그 물질을 제조·사용하도록 명할 수 있다.
⑤ 고용노동부장관은 허가대상물질제조·사용자가 다음 각 호의 어느 하나에 해당하면 그 허가를 취소하거나 6개월 이내의 기간을 정하여 영업을 정지하게 할 수 있다. 다만, 제1호에 해당할 때에는 그 허가를 취소하여야 한다.
1. 거짓이나 그 밖의 부정한 방법으로 허가를 받은 경우
2. 제2항에 따른 허가기준에 맞지 아니하게 된 경우
3. 제3항을 위반한 경우
4. 제4항에 따른 명령을 위반한 경우
5. 자체검사 결과 이상을 발견하고도 즉시 보수 및 필요한 조치를 하지 아니한 경우
⑥ 제1항에 따른 허가의 신청절차, 그 밖에 필요한 사항은 고용노동부령으로 정한다.

제2절 석면에 대한 조치

제119조【석면조사】 ① 건축물이나 설비를 철거하거나 해체하려는 경우에 해당 건축물이나 설비의 소유주 또는 임차인 등(이하 "건축물·설비소유주등"이라 한다)은 다음 각 호의 사항을 고용노동부령으로 정하는 바에 따라 조사(이하 "일반석면조사"라 한다)한 후 그 결과를 기록하여 보존하여야 한다.
1. 해당 건축물이나 설비에 석면이 포함되어 있는지 여부(2020.5.26 본호개정)
2. 해당 건축물이나 설비 중 석면이 포함된 자재의 종류, 위치 및 면적(2020.5.26 본호개정)
② 제1항에 따른 건축물이나 설비 중 대통령령으로 정하는 규모 이상의 건축물·설비소유주등은 제120조에 따라 지정받은 기관(이하 "석면조사기관"이라 한다)에 다음 각 호의 사항을 조사(이하 "기관석면조사"라 한다)하도록 한 후 그 결과를 기록하여 보존하여야 한다. 다만, 석면함유 여부가 명백한 경우 등 대통령령으로 정하는 사유에 해당하여 고용노동부령으로 정하는 절차에 따라 확인을 받은 경우에는 기관석면조사를 생략할 수 있다.
1. 제1항 각 호의 사항
2. 해당 건축물이나 설비에 포함된 석면의 종류 및 함유량(2020.5.26 본호개정)
③ 건축물·설비소유주등이 「석면안전관리법」 등 다른 법률에 따라 건축물이나 설비에 대하여 석면조사를 실시한 경우에는 고용노동부령으로 정하는 바에 따라 일반석면조사 또는 기관석면조사를 실시한 것으로 본다.
④ 고용노동부장관은 건축물·설비소유주등이 일반석면조사 또는 기관석면조사를 하지 아니하고 건축물이나 설비를 철거하거나 해체하는 경우에는 다음 각 호의 조치를 명할 수 있다.
1. 해당 건축물·설비소유주등에 대한 일반석면조사 또는 기관석면조사의 이행 명령
2. 해당 건축물이나 설비를 철거하거나 해체하는 자에 대하여 제1호에 따른 이행 명령의 결과를 보고받을 때까지의 작업중지 명령
⑤ 기관석면조사의 방법, 그 밖에 필요한 사항은 고용노동부령으로 정한다.

제120조【석면조사기관】 ① 석면조사기관이 되려는 자는 대통령령으로 정하는 인력·시설 및 장비 등의 요건을 갖추어 고용노동부장관의 지정을 받아야 한다.
② 고용노동부장관은 기관석면조사의 결과에 대한 정확성과 정밀도를 확보하기 위하여 석면조사기관의 석면조사 능력을 확인하고, 석면조사기관을 지도하거나 교육할 수 있다. 이 경우 석면조사 능력의 확인, 석면조사기관에 대한 지도 및 교육의 방법, 절차, 그 밖에 필요한 사항은 고용노동부장관이 정하여 고시한다.
③ 고용노동부장관은 석면조사기관에 대하여 평가하고 그 결과를 공개(제2항에 따른 석면조사 능력의 확인 결과를 포함한다)할 수 있다. 이 경우 평가의 기준·방법 및 결과의 공개에 필요한 사항은 고용노동부령으로 정한다.
④ 석면조사기관의 지정 절차, 그 밖에 필요한 사항은 고용노동부령으로 정한다.
⑤ 석면조사기관에 관하여는 제21조제4항 및 제5항을 준용한다. 이 경우 "안전관리전문기관 또는 보건관리전문기관"은 "석면조사기관"으로 본다.

제121조【석면해체·제거업의 등록 등】 ① 석면해체·제거를 업으로 하려는 자는 대통령령으로 정하는 인력·시설 및 장비를 갖추어 고용노동부장관에게 등록하여야 한다.
② 고용노동부장관은 제1항에 따라 등록한 자(이하 "석면해체·제거업자"라 한다)의 석면해체·제거작업의 안전성을 고용노동부령으로 정하는 바에 따라 평가하고 그 결과를 공개할 수 있다. 이 경우 평가의 기준·방법 및 결과의 공개에 필요한 사항은 고용노동부령으로 정한다.
③ 제1항에 따른 등록 절차, 그 밖에 필요한 사항은 고용노동부령으로 정한다.
④ 석면해체·제거업자에 관하여는 제21조제4항 및 제5항을 준용한다. 이 경우 "안전관리전문기관 또는 보건관리전문기관"은 "석면해체·제거업자"로, "지정"은 "등록"으로 본다.

제122조【석면의 해체·제거】 ① 기관석면조사 대상인 건축물이나 설비에 대통령령으로 정하는 함유량과 면적 이상의 석면이 포함되어 있는 경우 해당 건축물·설비소유주등은 석면해체·제거업자로 하여금 그 석면을 해체·제거하도록 하여야 한다. 다만, 건축물·설비소유주등이 인력·장비 등에서 석면해체·제거업자와 동등한 능력을 갖추고 있는 경우 등 대통령령으로 정하는 사유에 해당할 경우에는 스스로 석면을 해체·제거할 수 있다.(2020.5.26 본문개정)
② 제1항에 따른 석면해체·제거는 해당 건축물이나 설비에 대하여 기관석면조사를 실시한 기관이 해서는 아니 된다.
③ 석면해체·제거업자(제1항 단서의 경우에는 건축물·설비소유주등을 말한다. 이하 제124조에서 같다)는 제1항에 따른 석면해체·제거작업을 하기 전에 고용노동부령으로 정하는 바에 따라 고용노동부장관에게 신고하고, 제1항에 따른 석면해체·제거작업에 관한 서류를 보존하여야 한다.
④ 고용노동부장관은 제3항에 따른 신고를 받은 경우 그 내용을 검토하여 이 법에 적합하면 신고를 수리하여야 한다.
⑤ 제3항에 따른 신고 절차, 그 밖에 필요한 사항은 고용노동부령으로 정한다.

제123조【석면해체·제거 작업기준의 준수】 ① 석면이 포함된 건축물이나 설비를 철거하거나 해체하는 자는 고용노동부령으로 정하는 석면해체·제거의 작업기준을 준수하여야 한다.
② 근로자는 석면이 포함된 건축물이나 설비를 철거하거나 해체하는 자가 제1항의 작업기준에 따라 근로자에게 한 조치로서 고용노동부령으로 정하는 조치 사항을 준수하여야 한다.
(2020.5.26 본조개정)

제124조【석면농도기준의 준수】 ① 석면해체·제거업자는 제122조제1항에 따른 석면해체·제거작업이 완료된 후 해당 작업장의 공기 중 석면농도가 고용노동부령으로 정하는 기준 이하가 되도록 하고, 그 증명자료를 고용노동부장관에게 제출하여야 한다.
② 제1항에 따른 공기 중 석면농도를 측정할 수 있는 자의 자격 및 측정방법에 관한 사항은 고용노동부령으로 정한다.
③ 건축물·설비소유주등은 석면해체·제거작업 완료 후에도 작업장의 공기 중 석면농도가 제1항의 기준을 초과한 경우 해당 건축물이나 설비를 철거하거나 해체해서는 아니 된다.

제8장 근로자 보건관리

제1절 근로환경의 개선

제125조【작업환경측정】 ① 사업주는 유해인자로부터 근로자의 건강을 보호하고 쾌적한 작업환경을 조성하기 위하여 인체에 해로운 작업을 하는 작업장으로서 고용노동부령으로 정하는 작업장에 대하여 고용노동부령으로 정하는 자격을 가진 자로 하여금 작업환경측정을 하도록 하여야 한다.
② 제1항에도 불구하고 도급인의 사업장에서 관계수급인 또는 관계수급인의 근로자가 작업을 하는 경우에는 도급인이 제1항에 따른 자격을 가진 자로 하여금 작업환경측정을 하도록 하여야 한다.
③ 사업주(제2항에 따른 도급인을 포함한다. 이하 이 조 및 제127조에서 같다)는 제1항에 따른 작업환경측정을 제126조에 따라 지정받은 기관(이하 "작업환경측정기관"이라 한다)에 위탁할 수 있다. 이 경우 필요한 때에는 작업환경측정 중 시료의 분석만을 위탁할 수 있다.
④ 사업주는 근로자대표(관계수급인의 근로자대표를 포함한다. 이하 이 조에서 같다)가 요구하면 작업환경측정 시 근로자대표를 참석시켜야 한다.
⑤ 사업주는 작업환경측정 결과를 기록하여 보존하고 고용노동부령으로 정하는 바에 따라 고용노동부장관에게 보고하여야 한다. 다만, 제3항에 따라 사업주로부터 작업환경측정을 위탁받은 작업환경측정기관이 작업환경측정을 한 후 그 결과를 고용노동부령으로 정하는 바에 따라 고용노동부장관에게 제출한 경우에는 작업환경측정 결과를 보고한 것으로 본다.
⑥ 사업주는 작업환경측정 결과를 해당 작업장의 근로자(관계수급인 및 관계수급인 근로자를 포함한다. 이하 이 항, 제127조 및 제175조제5항제15호에서 같다)에게 알려야 하며, 그 결과에 따라 근로자의 건강을 보호하기 위하여 해당 시설·설비의 설치·개선 또는 건강진단의 실시 등의 조치를 하여야 한다.
⑦ 사업주는 산업안전보건위원회 또는 근로자대표가 요구하면 작업환경측정 결과에 대한 설명회 등을 개최하여야 한다. 이 경우 제3항에 따라 작업환경측정을 위탁하여 실시한 경우에는 작업환경측정기관에 작업환경측정 결과에 대하여 설명하도록 할 수 있다.

⑧ 제1항 및 제2항에 따른 작업환경측정의 방법·횟수, 그 밖에 필요한 사항은 고용노동부령으로 정한다.

제126조【작업환경측정기관】 ① 작업환경측정기관이 되려는 자는 대통령령으로 정하는 인력·시설 및 장비 등의 요건을 갖추어 고용노동부장관의 지정을 받아야 한다.
② 고용노동부장관은 작업환경측정기관의 측정·분석 결과에 대한 정확성과 정밀도를 확보하기 위하여 작업환경측정기관의 측정·분석능력을 확인하고, 작업환경측정기관을 지도하거나 교육할 수 있다. 이 경우 측정·분석능력의 확인, 작업환경측정기관에 대한 교육의 방법·절차, 그 밖에 필요한 사항은 고용노동부장관이 정하여 고시한다.
③ 고용노동부장관은 작업환경측정의 수준을 향상시키기 위하여 필요한 경우 작업환경측정기관을 평가하고 그 결과(제2항에 따른 측정·분석능력의 확인 결과를 포함한다)를 공개할 수 있다. 이 경우 평가기준·방법 및 결과의 공개, 그 밖에 필요한 사항은 고용노동부령으로 정한다.
④ 작업환경측정기관의 유형, 업무 범위 및 지정 절차, 그 밖에 필요한 사항은 고용노동부령으로 정한다.
⑤ 작업환경측정기관에 관하여는 제21조제4항 및 제5항을 준용한다. 이 경우 "안전관리전문기관 또는 보건관리전문기관"은 "작업환경측정기관"으로 본다.

제127조【작업환경측정 신뢰성 평가】 ① 고용노동부장관은 제125조제1항 및 제2항에 따른 작업환경측정 결과에 대하여 그 신뢰성을 평가할 수 있다.
② 사업주와 근로자는 고용노동부장관이 제1항에 따른 신뢰성을 평가할 때에는 적극적으로 협조하여야 한다.
③ 제1항에 따른 신뢰성 평가의 방법·대상 및 절차, 그 밖에 필요한 사항은 고용노동부령으로 정한다.

제128조【작업환경전문연구기관의 지정】 ① 고용노동부장관은 작업장의 유해인자로부터 근로자의 건강을 보호하고 작업환경관리방법 등에 관한 전문연구를 촉진하기 위하여 유해인자별·업종별 작업환경전문연구기관을 지정하여 예산의 범위에서 필요한 지원을 할 수 있다.
② 제1항에 따른 유해인자별·업종별 작업환경전문연구기관의 지정기준, 그 밖에 필요한 사항은 고용노동부장관이 정하여 고시한다.

제128조의2【휴게시설의 설치】 ① 사업주는 근로자(관계수급인의 근로자를 포함한다. 이하 이 조에서 같다)가 신체적 피로와 정신적 스트레스를 해소할 수 있도록 휴식시간에 이용할 수 있는 휴게시설을 갖추어야 한다.
② 사업주 중 사업의 종류 및 사업장의 상시 근로자 수 등 대통령령으로 정하는 기준에 해당하는 사업장의 사업주는 제1항에 따라 휴게시설을 갖추는 경우 크기, 위치, 온도, 조명 등 고용노동부령으로 정하는 설치·관리기준을 준수하여야 한다.
(2021.8.17 본조신설)

제2절 건강진단 및 건강관리

제129조【일반건강진단】 ① 사업주는 상시 사용하는 근로자의 건강관리를 위하여 건강진단(이하 "일반건강진단"이라 한다)을 실시하여야 한다. 다만, 사업주가 고용노동부령으로 정하는 건강진단을 실시한 경우에는 그 건강진단을 받은 근로자에 대하여 일반건강진단을 실시한 것으로 본다.
② 사업주는 제135조제1항에 따른 특수건강진단기관 또는 「건강검진기본법」 제3조제2호에 따른 건강검진기관(이하 "건강진단기관"이라 한다)에서 일반건강진단을 실시하여야 한다.
③ 일반건강진단의 주기·항목·방법 및 비용, 그 밖에 필요한 사항은 고용노동부령으로 정한다.

제130조【특수건강진단 등】 ① 사업주는 다음 각 호의 어느 하나에 해당하는 근로자의 건강관리를 위하여 건강진단(이하 "특수건강진단"이라 한다)을 실시하여야 한다. 다만, 사업주가 고용노동부령으로 정하는 건강진단을 실시한 경우에는 그 건강진단을 받은 근로자에 대하여 해당 유해인자에 대한 특수건강진단을 실시한 것으로 본다.
1. 고용노동부령으로 정하는 유해인자에 노출되는 업무(이하 "특수건강진단대상업무"라 한다)에 종사하는 근로자
2. 제1호, 제3항 및 제131조에 따른 건강진단 실시 결과 직업병 소견이 있는 근로자로 판정받아 작업 전환을 하거나 작업 장소를 변경하여 해당 판정의 원인이 된 특수건강진단대상업무에 종사하지 아니하는 사람으로서 해당 유해인자에 대한 건강진단이 필요하다는 「의료법」 제2조에 따른 의사의 소견이 있는 근로자
② 사업주는 특수건강진단대상업무에 종사할 근로자의 배치 예정 업무에 대한 적합성 평가를 위하여 건강진단(이하 "배치전건강진단"이라 한다)을 실시하여야 한다. 다만, 고용노동부령으로 정하는 근로자에 대해서는 배치전건강진단을 실시하지 아니할 수 있다.
③ 사업주는 특수건강진단대상업무에 따른 유해인자로 인한 것이라고 의심되는 건강장해 증상을 보이거나 의학적 소견이 있는 근로자 중 보건관리자 등이 사업주에게 건강진단 실시를 건의하는 등 고용노동부령으로 정하는 근로자에 대하여 건강진단(이하 "수시건강진단"이라 한다)을 실시하여야 한다.
④ 사업주는 제135조제1항에 따른 특수건강진단기관에서 제1항부터 제3항까지의 규정에 따른 건강진단을 실시하여야 한다.
⑤ 제1항부터 제3항까지의 규정에 따른 건강진단의 시기·주기·항목·방법 및 비용, 그 밖에 필요한 사항은 고용노동부령으로 정한다.

제131조【임시건강진단 명령 등】 ① 고용노동부장관은 같은 유해인자에 노출되는 근로자들에게 유사한 질병의 증상이 발생한 경우 등 고용노동부령으로 정하는 경우에는 근로자의 건강을 보호하기 위하여 사업주에게 특정 근로자에 대한 건강진단(이하 "임시건강진단"이라 한다)의 실시나 작업전환, 그 밖에 필요한 조치를 명할 수 있다.
② 임시건강진단의 항목, 그 밖에 필요한 사항은 고용노동부령으로 정한다.

제132조【건강진단에 관한 사업주의 의무】 ① 사업주는 제129조부터 제131조까지의 규정에 따른 건강진단을 실시하는 경우 근로자대표가 요구하면 근로자대표를 참석시켜야 한다.
② 사업주는 산업안전보건위원회 또는 근로자대표가 요구할 때에는 직접 또는 제129조부터 제131조까지의 규정에 따른 건강진단을 한 건강진단기관에 건강진단 결과에 대하여 설명하도록 하여야 한다. 다만, 개별 근로자의 건강진단 결과는 본인의 동의 없이 공개해서는 아니 된다.
③ 사업주는 제129조부터 제131조까지의 규정에 따른 건강진단의 결과를 근로자의 건강 보호 및 유지 외의 목적으로 사용해서는 아니 된다.
④ 사업주는 제129조부터 제131조까지의 규정 또는 다른 법령에 따른 건강진단의 결과 근로자의 건강을 유지하기 위하여 필요하다고 인정할 때에는 작업장소 변경, 작업 전환, 근로시간 단축, 야간근로(오후 10시부터 다음 날 오전 6시까지 사이의 근로를 말한다)의 제한, 작업환경측정 또는 시설·설비의 설치·개선 등 고용노동부령으로 정하는 바에 따라 적절한 조치를 하여야 한다.
⑤ 제4항에 따라 적절한 조치를 하여야 하는 사업주로서 고용노동부령으로 정하는 사업주는 그 조치 결과를 고용노동부령으로 정하는 바에 따라 고용노동부장관에게 제출하여야 한다.

제133조【건강진단에 관한 근로자의 의무】 근로자는 제129조부터 제131조까지의 규정에 따라 사업주가 실시하는 건강진단을 받아야 한다. 다만, 사업주가 지정한 건강진단기관이 아닌 건강진단기관으로부터 이에 상응하는 건강진단을 받아 그 결과를 증명하는 서류를 사업주에게 제출하는 경우에는 사업주가 실시하는 건강진단을 받은 것으로 본다.

제134조【건강진단기관 등의 결과보고 의무】 ① 건강진단기관은 제129조부터 제131조까지의 규정에 따른 건강진단을 실시한 때에는 고용노동부령으로 정하는 바에 따라 그 결과를 근로자 및 사업주에게 통보하고 고용노동부장관에게 보고하여야 한다.
② 제129조제1항 단서에 따라 건강진단을 실시한 기관은 사업주가 근로자의 건강보호를 위하여 그 결과를 요청하는 경우 고용노동부령으로 정하는 바에 따라 그 결과를 사업주에게 통보하여야 한다.

제135조【특수건강진단기관】 ① 「의료법」 제3조에 따른 의료기관이 특수건강진단, 배치전건강진단 또는 수시건강진단을 수행하려는 경우에는 고용노동부장관으로부터 건강진단을 할 수 있는 기관(이하 "특수건강진단기관"이라 한다)으로 지정받아야 한다.
② 특수건강진단기관으로 지정받으려는 자는 대통령령으로 정하는 요건을 갖추어 고용노동부장관에게 신청하여야 한다.
③ 고용노동부장관은 제1항에 따른 특수건강진단기관의 진단·분석 결과에 대한 정확성과 정밀도를 확보하기 위하여 특수건강진단기관의 진단·분석능력을 확인하고, 특수건강진단기관을 지도하거나 교육할 수 있다. 이 경우 진단·분석능력의 확인, 특수건강진단기관에 대한 지도 및 교육의 방법, 절차, 그 밖에 필요한 사항은 고용노동부장관이 정하여 고시한다.
④ 고용노동부장관은 특수건강진단기관을 평가하고 그 결과(제3항에 따른 진단·분석능력의 확인 결과를 포함한다)를 공개할 수 있다. 이 경우 평가 기준·방법 및 결과의 공개, 그 밖에 필요한 사항은 고용노동부령으로 정한다.
⑤ 특수건강진단기관의 지정 신청 절차, 업무 수행에 관한 사항, 업무를 수행할 수 있는 지역, 그 밖에 필요한 사항은 고용노동부령으로 정한다.
⑥ 특수건강진단기관에 관하여는 제21조제4항 및 제5항을 준용한다. 이 경우 "안전관리전문기관 또는 보건관리전문기관"은 "특수건강진단기관"으로 본다.

제136조【유해인자별 특수건강진단 전문연구기관의 지정】 ① 고용노동부장관은 작업장의 유해인자에 관한 전문연구를 촉진하기 위하여 유해인자별 특수건강진단 전문연구기관을 지정하여 예산의 범위에서 필요한 지원을 할 수 있다.
② 제1항에 따른 유해인자별 특수건강진단 전문연구기관의 지정 기준 및 절차, 그 밖에 필요한 사항은 고용노동부장관이 정하여 고시한다.

제137조【건강관리카드】 ① 고용노동부장관은 고용노동부령으로 정하는 건강장해가 발생할 우려가 있는 업무에 종사하였거나 종사하고 있는 사람 중 고용노동부령으로 정하는 요건을 갖춘 사람의 직업병 조기발견 및 지속적인 건강관리를 위하여 건강관리카드를 발급하여야 한다.
② 건강관리카드를 발급받은 사람이 「산업재해보상보험법」 제41조에 따라 요양급여를 신청하는 경우에는 건강관리카드를 제출함으로써 해당 재해에 관한 의학적 소견을 적은 서류의 제출을 대신할 수 있다.
③ 건강관리카드를 발급받은 사람은 그 건강관리카드를 타인에게 양도하거나 대여해서는 아니 된다.
④ 건강관리카드를 발급받은 사람 중 제1항에 따라 건강관리카드를 발급받은 업무에 종사하지 아니하는 사람은 고용노동부령으로 정하는 바에 따라 특수건강진단에 준하는 건강진단을 받을 수 있다.
⑤ 건강관리카드의 서식, 발급 절차, 그 밖에 필요한 사항은 고용노동부령으로 정한다.

제138조【질병자의 근로 금지·제한】 ① 사업주는 감염병, 정신질환 또는 근로로 인하여 병세가 크게 악화될 우려가 있는 질병으로서 고용노동부령으로 정하는 질병에 걸린 사람에게는 「의료법」 제2조에 따른 의사의 진단에 따라 근로를 금지하거나 제한하여야 한다.
② 사업주는 제1항에 따라 근로가 금지되거나 제한된 근로자가 건강을 회복하였을 때에는 지체 없이 근로를 할 수 있도록 하여야 한다.

제139조【유해·위험작업에 대한 근로시간 제한 등】
① 사업주는 유해하거나 위험한 작업으로서 높은 기압에서 하는 작업 등 대통령령으로 정하는 작업에 종사하는 근로자에게는 1일 6시간, 1주 34시간을 초과하여 근로하게 해서는 아니 된다.
② 사업주는 대통령령으로 정하는 유해하거나 위험한 작업에 종사하는 근로자에게 필요한 안전조치 및 보건조치 외에 작업과 휴식의 적정한 배분 및 근로시간과 관련된 근로조건의 개선을 통하여 근로자의 건강 보호를 위한 조치를 하여야 한다.

제140조【자격 등에 의한 취업 제한 등】 ① 사업주는 유해하거나 위험한 작업으로서 상당한 지식이나 숙련도가 요구되는 고용노동부령으로 정하는 작업의 경우 그 작업에 필요한 자격·면허·경험 또는 기능을 가진 근로자가 아닌 사람에게 그 작업을 하게 해서는 아니 된다.
② 고용노동부장관은 제1항에 따른 자격·면허의 취득 또는 근로자의 기능 습득을 위하여 교육기관을 지정할 수 있다.
③ 제1항에 따른 자격·면허·경험·기능, 제2항에 따른 교육기관의 지정 요건 및 지정 절차, 그 밖에 필요한 사항은 고용노동부령으로 정한다.
④ 제2항에 따른 교육기관에 관하여는 제21조제4항 및 제5항을 준용한다. 이 경우 "안전관리전문기관 또는 보건관리전문기관"은 "제2항에 따른 교육기관"으로 본다.

제141조【역학조사】 ① 고용노동부장관은 직업성 질환의 진단 및 예방, 발생 원인의 규명을 위하여 필요하다고 인정할 때에는 근로자의 질환과 작업장의 유해요인의 상관관계에 관한 역학조사(이하 "역학조사"라 한다)를 할 수 있다. 이 경우 사업주 또는 근로자대표, 그 밖에 고용노동부령으로 정하는 사람이 요구할 때 고용노동부령으로 정하는 바에 따라 역학조사에 참석하게 할 수 있다.
② 사업주 및 근로자는 고용노동부장관이 역학조사를 실시하는 경우 적극 협조하여야 하며, 정당한 사유 없이 역학조사를 거부·방해하거나 기피해서는 아니 된다.
③ 누구든지 제1항 후단에 따라 역학조사 참석이 허용된 사람의 역학조사 참석을 거부하거나 방해해서는 아니 된다.
④ 제1항 후단에 따라 역학조사에 참석하는 사람은 역학조사 참석과정에서 알게 된 비밀을 누설하거나 도용해서는 아니 된다.
⑤ 고용노동부장관은 역학조사를 위하여 필요하면 제129조부터 제131조까지의 규정에 따른 근로자의 건강진단 결과, 「국민건강보험법」에 따른 요양급여기록 및 건강검진 결과, 「고용보험법」에 따른 고용정보, 「암관리법」에 따른 질병정보 및 사망원인 정보 등을 관련 기관에 요청할 수 있다. 이 경우 자료의 제출을 요청받은 기관은 특별한 사유가 없으면 이에 따라야 한다.
⑥ 역학조사의 방법·대상·절차, 그 밖에 필요한 사항은 고용노동부령으로 정한다.

제9장 산업안전지도사 및 산업보건지도사

제142조【산업안전지도사 등의 직무】 ① 산업안전지도사는 다음 각 호의 직무를 수행한다.
1. 공정상의 안전에 관한 평가·지도
2. 유해·위험의 방지대책에 관한 평가·지도
3. 제1호 및 제2호의 사항과 관련된 계획서 및 보고서의 작성

4. 그 밖에 산업안전에 관한 사항으로서 대통령령으로 정하는 사항
② 산업보건지도사는 다음 각 호의 직무를 수행한다.
1. 작업환경의 평가 및 개선 지도
2. 작업환경 개선과 관련된 계획서 및 보고서의 작성
3. 근로자 건강진단에 따른 사후관리 지도
4. 직업성 질병 진단(「의료법」 제2조에 따른 의사인 산업보건지도사만 해당한다) 및 예방 지도
5. 산업보건에 관한 조사·연구
6. 그 밖에 산업보건에 관한 사항으로서 대통령령으로 정하는 사항
③ 산업안전지도사 또는 산업보건지도사(이하 "지도사"라 한다)의 업무 영역별 종류 및 업무 범위, 그 밖에 필요한 사항은 대통령령으로 정한다.
제143조【지도사의 자격 및 시험】 ① 고용노동부장관이 시행하는 지도사 자격시험에 합격한 사람은 지도사의 자격을 가진다.
② 대통령령으로 정하는 산업 안전 및 보건과 관련된 자격의 보유자에 대해서는 제1항에 따른 지도사 자격시험의 일부를 면제할 수 있다.
③ 고용노동부장관은 제1항에 따른 지도사 자격시험 실시를 대통령령으로 정하는 전문기관에 대행하게 할 수 있다. 이 경우 시험 실시에 드는 비용을 예산의 범위에서 보조할 수 있다.(2020.5.26 전단개정)
④ 제3항에 따라 지도사 자격시험 실시를 대행하는 전문기관의 임직원은 「형법」 제129조부터 제132조까지의 규정을 적용할 때에는 공무원으로 본다.
⑤ 지도사 자격시험의 시험과목, 시험방법, 다른 자격 보유자에 대한 시험 면제의 범위, 그 밖에 필요한 사항은 대통령령으로 정한다.
제144조【부정행위자에 대한 제재】 고용노동부장관은 지도사 자격시험에서 부정한 행위를 한 응시자에 대해서는 그 시험을 무효로 하고, 그 처분을 한 날부터 5년간 시험응시자격을 정지한다.
제145조【지도사의 등록】 ① 지도사가 그 직무를 수행하려는 경우에는 고용노동부령으로 정하는 바에 따라 고용노동부장관에게 등록하여야 한다.
② 제1항에 따라 등록한 지도사는 그 직무를 조직적·전문적으로 수행하기 위하여 법인을 설립할 수 있다.
③ 다음 각 호의 어느 하나에 해당하는 사람은 제1항에 따른 등록을 할 수 없다.
1. 피성년후견인 또는 피한정후견인
2. 파산선고를 받고 복권되지 아니한 사람
3. 금고 이상의 실형을 선고받고 그 집행이 끝나거나(집행이 끝난 것으로 보는 경우를 포함한다) 집행이 면제된 날부터 2년이 지나지 아니한 사람
4. 금고 이상의 형의 집행유예를 선고받고 그 유예기간 중에 있는 사람
5. 이 법을 위반하여 벌금형을 선고받고 1년이 지나지 아니한 사람
6. 제154조에 따라 등록이 취소(이 항 제1호 또는 제2호에 해당하여 등록이 취소된 경우는 제외한다)된 후 2년이 지나지 아니한 사람
④ 제1항에 따라 등록을 한 지도사는 고용노동부령으로 정하는 바에 따라 5년마다 등록을 갱신하여야 한다.
⑤ 고용노동부령으로 정하는 지도실적이 있는 지도사만이 제4항에 따른 갱신등록을 할 수 있다. 다만, 지도실적이 기준에 못 미치는 지도사는 고용노동부령으로 정하는 보수교육을 받은 경우 갱신등록을 할 수 있다.
⑥ 제2항에 따른 법인에 관하여는 「상법」 중 합명회사에 관한 규정을 적용한다.
제146조【지도사의 교육】 지도사 자격이 있는 사람(제143조제2항에 해당하는 사람 중 대통령령으로 정하는 실무경력이 있는 사람은 제외한다)이 직무를 수행하려면 제145조에 따른 등록을 하기 전 1년의 범위에서 고용노동부령으로 정하는 연수교육을 받아야 한다.
제147조【지도사에 대한 지도 등】 고용노동부장관은 공단에 다음 각 호의 업무를 하게 할 수 있다.
1. 지도사에 대한 지도·연락 및 정보의 공동이용체제의 구축·유지
2. 제142조제1항 및 제2항에 따른 지도사의 직무 수행과 관련된 사업주의 불만·고충의 처리 및 피해에 관한 분쟁의 조정
3. 그 밖에 지도사 직무의 발전을 위하여 필요한 사항으로서 고용노동부령으로 정하는 사항
제148조【손해배상의 책임】 ① 지도사는 직무 수행과 관련하여 고의 또는 과실로 의뢰인에게 손해를 입힌 경우에는 그 손해를 배상할 책임이 있다.
② 제145조제1항에 따라 등록한 지도사는 제1항에 따른 손해배상책임을 보장하기 위하여 대통령령으로 정하는 바에 따라 보증보험에 가입하거나 그 밖에 필요한 조치를 하여야 한다.
제149조【유사명칭의 사용 금지】 제145조제1항에 따라 등록한 지도사가 아닌 사람은 산업안전지도사, 산업보건지도사 또는 이와 유사한 명칭을 사용해서는 아니 된다.
제150조【품위유지와 성실의무 등】 ① 지도사는 항상 품위를 유지하고 신의와 성실로써 공정하게 직무를 수행하여야 한다.
② 지도사는 제142조제1항 또는 제2항에 따른 직무와 관련하여 작성하거나 확인한 서류에 기명·날인하거나 서명하여야 한다.
제151조【금지 행위】 지도사는 다음 각 호의 행위를 해서는 아니 된다.
1. 거짓이나 그 밖의 부정한 방법으로 의뢰인에게 법령에 따른 의무를 이행하지 아니하게 하는 행위
2. 의뢰인에게 법령에 따른 신고·보고, 그 밖의 의무를 이행하지 아니하게 하는 행위
3. 법령에 위반되는 행위에 관한 지도·상담
제152조【관계 장부 등의 열람 신청】 지도사는 제142조제1항 및 제2항에 따른 직무를 수행하는 데 필요하면 사업주에게 관계 장부 및 서류의 열람을 신청할 수 있다. 이 경우 그 신청이 제142조제1항 또는 제2항에 따른 직무의 수행을 위한 것이면 열람을 신청받은 사업주는 정당한 사유 없이 이를 거부해서는 아니 된다.
제153조【자격대여행위 및 대여알선행위 등의 금지】 ① 지도사는 다른 사람에게 자기의 성명이나 사무소의 명칭을 사용하여 지도사의 직무를 수행하게 하거나 그 자격증이나 등록증을 대여해서는 아니 된다.
② 누구든지 지도사의 자격을 취득하지 아니하고 그 지도사의 성명이나 사무소의 명칭을 사용하여 지도사의 직무를 수행하거나 자격증·등록증을 대여받아서는 아니되며, 이를 알선하여서도 아니 된다.(2020.3.31 본항신설)
(2020.3.31 본조제목개정)
제154조【등록의 취소 등】 고용노동부장관은 지도사가 다음 각 호의 어느 하나에 해당하는 경우에는 그 등록을 취소하거나 2년 이내의 기간을 정하여 그 업무의 정지를 명할 수 있다. 다만, 제1호부터 제3호까지의 규정에 해당할 때에는 그 등록을 취소하여야 한다.
1. 거짓이나 그 밖의 부정한 방법으로 등록 또는 갱신등록을 한 경우
2. 업무정지 기간 중에 업무를 수행한 경우
3. 업무 관련 서류를 거짓으로 작성한 경우
4. 제142조에 따른 직무의 수행과정에서 고의 또는 과실로 인하여 중대재해가 발생한 경우
5. 제145조제3항제1호부터 제5호까지의 규정 중 어느 하나에 해당하게 된 경우
6. 제148조제2항에 따른 보증보험에 가입하지 아니하거나 그 밖에 필요한 조치를 하지 아니한 경우
7. 제150조제1항을 위반하거나 같은 조 제2항에 따른 기명·날인 또는 서명을 하지 아니한 경우
8. 제151조, 제153조제1항 또는 제162조를 위반한 경우
(2020.3.31 본호개정)

제10장 근로감독관 등

제155조【근로감독관의 권한】 ① 「근로기준법」 제101조에 따른 근로감독관(이하 "근로감독관"이라 한다)은 이 법 또는 이 법에 따른 명령을 시행하기 위하여 필요한 경우 다음 각 호의 장소에 출입하여 사업주, 근로자 또는 안전보건관리책임자 등(이하 "관계인"이라 한다)에게 질문을 하고, 장부, 서류, 그 밖의 물건의 검사 및 안전보건 점검을 하며, 관계 서류의 제출을 요구할 수 있다.
1. 사업장
2. 제21조제1항, 제33조제1항, 제48조제1항, 제74조제1항, 제88조제1항, 제96조제1항, 제100조제1항, 제120조제1항, 제126조제1항 및 제129조제2항에 따른 기관의 사무소
3. 석면해체·제거업자의 사무소
4. 제145조제1항에 따라 등록한 지도사의 사무소
② 근로감독관은 기계·설비등에 대한 검사를 할 수 있으며, 검사에 필요한 한도에서 무상으로 제품·원재료 또는 기구를 수거할 수 있다. 이 경우 근로감독관은 해당 사업주 등에게 그 결과를 서면으로 알려야 한다.
③ 근로감독관은 이 법 또는 이 법에 따른 명령의 시행을 위하여 관계인에게 보고 또는 출석을 명할 수 있다.
④ 근로감독관은 이 법 또는 이 법에 따른 명령을 시행하기 위하여 제1항 각 호의 어느 하나에 해당하는 장소에 출입하는 경우에 그 신분을 나타내는 증표를 지니고 관계인에게 보여 주어야 하며, 출입 시 성명, 출입시간, 출입 목적 등이 표시된 문서를 관계인에게 내주어야 한다.
제156조【공단 소속 직원의 검사 및 지도 등】 ① 고용노동부장관은 제165조제2항에 따라 공단이 위탁받은 업무를 수행하기 위하여 필요하다고 인정할 때에는 공단 소속 직원에게 사업장에 출입하여 산업재해 예방에 필요한 검사 및 지도 등을 하게 하거나, 역학조사를 위하여 필요한 경우 관계자에게 질문하거나 필요한 서류의 제출을 요구하게 할 수 있다.
② 제1항에 따라 공단 소속 직원이 검사 또는 지도업무 등을 하였을 때에는 그 결과를 고용노동부장관에게 보고하여야 한다.
③ 공단 소속 직원이 제1항에 따라 사업장에 출입하는 경우에는 제155조제4항을 준용한다. 이 경우 "근로감독관"은 "공단 소속 직원"으로 본다.
제157조【감독기관에 대한 신고】 ① 사업장에서 이 법 또는 이 법에 따른 명령을 위반한 사실이 있으면 근로자는 그 사실을 고용노동부장관 또는 근로감독관에게 신고할 수 있다.
② 「의료법」 제2조에 따른 의사·치과의사 또는 한의사는 3일 이상의 입원치료가 필요한 부상 또는 질병이 환자의 업무와 관련성이 있다고 판단할 경우에는 「의료법」 제19조제1항에도 불구하고 치료과정에서 알게 된 정보를 고용노동부장관에게 신고할 수 있다.
③ 사업주는 제1항에 따른 신고를 이유로 해당 근로자에 대하여 해고나 그 밖의 불리한 처우를 해서는 아니 된다.

제11장 보 칙

제158조【산업재해 예방활동의 보조·지원】 ① 정부는 사업주, 사업주단체, 근로자단체, 산업재해 예방 관련 전문단체, 연구기관 등이 하는 산업재해 예방사업 중 대통령령으로 정하는 사업에 드는 경비의 전부 또는 일부를 예산의 범위에서 보조하거나 그 밖에 필요한 지원(이하 "보조·지원"이라 한다)을 할 수 있다. 이 경우 고용노동부장관은 보조·지원이 산업재해 예방사업의 목적에 맞게 효율적으로 사용되도록 관리·감독하여야 한다.
② 고용노동부장관은 보조·지원을 받은 자가 다음 각 호의 어느 하나에 해당하는 경우 보조·지원의 전부 또는 일부를 취소하여야 한다. 다만, 제1호 및 제2호의 경우에는 보조·지원의 전부를 취소하여야 한다.
1. 거짓이나 그 밖의 부정한 방법으로 보조·지원을 받은 경우
2. 보조·지원 대상자가 폐업하거나 파산한 경우
3. 보조·지원 대상을 임의매각·훼손·분실하는 등 지원 목적에 적합하게 유지·관리·사용하지 아니한 경우
4. 제1항에 따른 산업재해 예방사업의 목적에 맞게 사용되지 아니한 경우
5. 보조·지원 대상 기간이 끝나기 전에 보조·지원 대상 시설 및 장비를 국외로 이전한 경우
6. 보조·지원을 받은 사업주가 필요한 안전조치 및 보건조치 의무를 위반하여 산업재해를 발생시킨 경우로서 고용노동부령으로 정하는 경우
③ 고용노동부장관은 제2항에 따라 보조·지원의 전부 또는 일부를 취소한 경우, 같은 항 제1호 또는 제3호부터 제5호까지의 어느 하나에 해당하는 경우에는 해당 금액 또는 지원에 상응하는 금액을 환수하되 대통령령으로 정하는 바에 따라 지급받은 금액의 5배 이하의 금액을 추가로 환수할 수 있고, 같은 항 제2호(파산한 경우에는 환수하지 아니한다) 또는 제6호에 해당하는 경우에는 해당 금액 또는 지원에 상응하는 금액을 환수한다.(2021.5.18 본항개정)
④ 제2항에 따라 보조·지원의 전부 또는 일부가 취소된 자에 대해서는 고용노동부령으로 정하는 바에 따라 취소된 날부터 5년 이내의 기간을 정하여 보조·지원을 하지 아니할 수 있다.(2021.5.18 본항개정)
⑤ 보조·지원의 대상·방법·절차, 관리 및 감독, 제2항 및 제3항에 따른 취소 및 환수 방법, 그 밖에 필요한 사항은 고용노동부장관이 정하여 고시한다.
제159조【영업정지의 요청 등】 ① 고용노동부장관은 사업주가 다음 각 호의 어느 하나에 해당하는 산업재해를 발생시킨 경우에는 관계 행정기관의 장에게 관계 법령에 따라 해당 사업의 영업정지나 그 밖의 제재를 할 것을 요청하거나 「공공기관의 운영에 관한 법률」 제4조에 따른 공공기관의 장에게 그 기관이 시행하는 사업의 발주 시 필요한 제한을 해당 사업자에게 할 것을 요청할 수 있다.
1. 제38조, 제39조 또는 제63조를 위반하여 많은 근로자가 사망하거나 사업장 인근지역에 중대한 피해를 주는 등 대통령령으로 정하는 사고가 발생한 경우
2. 제53조제1항 또는 제3항에 따른 명령을 위반하여 근로자가 업무로 인하여 사망한 경우
② 제1항에 따라 요청을 받은 관계 행정기관의 장 또는 공공기관의 장은 정당한 사유가 없으면 이에 따라야 하며, 그 조치 결과를 고용노동부장관에게 통보하여야 한다.
③ 제1항에 따른 영업정지 등의 요청 절차나 그 밖에 필요한 사항은 고용노동부령으로 정한다.
제160조【업무정지 처분을 대신하여 부과하는 과징금 처분】 ① 고용노동부장관은 제21조제4항(제74조제4항, 제88조제5항, 제96조제5항, 제126조제5항 및 제135조제6항에 따라 준용되는 경우를 포함한다)에 따라 업무정지를 명하여야 하는 경우에 그 업무정지가 이용자에게 심한 불편을 주거나 공익을 해칠 우려가 있다고 인정되면 업무정지 처분을 대신하여 10억원 이하의 과징금을 부과할 수 있다.
② 고용노동부장관은 제1항에 따른 과징금을 징수하기 위하여 필요한 경우에는 다음 각 호의 사항을 적은 문서로 관할 세무관서의 장에게 과세 정보 제공을 요청할 수 있다.

1. 납세자의 인적사항
2. 사용 목적
3. 과징금 부과기준이 되는 매출 금액
4. 과징금 부과사유 및 부과기준
③ 고용노동부장관은 제1항에 따른 과징금 부과처분을 받은 자가 납부기한까지 과징금을 내지 아니하면 국세 체납처분의 예에 따라 이를 징수한다.
④ 제1항에 따라 과징금을 부과하는 위반행위의 종류 및 위반 정도 등에 따른 과징금의 금액, 그 밖에 필요한 사항은 대통령령으로 정한다.

제161조【도급금지 등 의무위반에 따른 과징금 부과】 ① 고용노동부장관은 사업주가 다음 각 호의 어느 하나에 해당하는 경우에는 10억원 이하의 과징금을 부과·징수할 수 있다.
1. 제58조제1항을 위반하여 도급한 경우
2. 제58조제2항제2호 또는 제59조제1항을 위반하여 승인을 받지 아니하고 도급한 경우
3. 제60조를 위반하여 승인을 받아 도급받은 작업을 재하도급한 경우
② 고용노동부장관은 제1항에 따른 과징금을 부과하는 경우에는 다음 각 호의 사항을 고려하여야 한다.
1. 도급 금액, 기간 및 횟수 등
2. 관계수급인 근로자의 산업재해 예방에 필요한 조치 이행을 위한 노력의 정도
3. 산업재해 발생 여부
③ 고용노동부장관은 제1항에 따른 과징금을 내야 할 자가 납부기한까지 내지 아니하면 납부기한의 다음 날부터 과징금을 납부한 날의 전날까지의 기간에 대하여 내지 아니한 과징금의 연 100분의 6의 범위에서 대통령령으로 정하는 가산금을 징수한다. 이 경우 가산금을 징수하는 기간은 60개월을 초과할 수 없다.
④ 고용노동부장관은 제1항에 따른 과징금을 내야 할 자가 납부기한까지 내지 아니하면 기간을 정하여 독촉을 하고, 그 기간 내에 제1항에 따른 과징금 및 제3항에 따른 가산금을 내지 아니하면 국세 체납처분의 예에 따라 징수한다.
⑤ 제1항 및 제3항에 따른 과징금 및 가산금의 징수와 제4항에 따른 체납처분 절차, 그 밖에 필요한 사항은 대통령령으로 정한다.

제162조【비밀 유지】 다음 각 호의 어느 하나에 해당하는 자는 업무상 알게 된 비밀을 누설하거나 도용해서는 아니 된다. 다만, 근로자의 건강장해를 예방하기 위하여 고용노동부장관이 필요하다고 인정하는 경우에는 그러하지 아니하다.
1. 제42조에 따라 제출된 유해위험방지계획서를 검토하는 자
2. 제44조에 따라 제출된 공정안전보고서를 검토하는 자
3. 제47조에 따른 안전보건진단을 하는 자
4. 제84조에 따른 안전인증을 하는 자
5. 제89조에 따른 신고 수리에 관한 업무를 하는 자
6. 제93조에 따른 안전검사를 하는 자
7. 제98조에 따른 자율검사프로그램의 인정업무를 하는 자
8. 제108조제1항 및 제109조제1항에 따라 제출된 유해성·위험성 조사보고서 또는 조사 결과를 검토하는 자
9. 제110조제1항부터 제3항까지의 규정에 따라 물질안전보건자료 등을 제출받는 자
10. 제112조제2항·제5항 및 제112조의2제2항에 따라 대체자료의 승인, 연장승인 여부를 검토하는 자 및 제112조제10항에 따라 물질안전보건자료의 대체자료를 제공받은 자(2023.8.8 본호개정)
11. 제129조부터 제131조까지의 규정에 따라 건강진단을 하는 자
12. 제141조에 따른 역학조사를 하는 자
13. 제145조에 따라 등록한 지도사

제163조【청문 및 처분기준】 ① 고용노동부장관은 다음 각 호의 어느 하나에 해당하는 처분을 하려면 청문을 하여야 한다.
1. 제21조제4항(제48조제4항, 제74조제4항, 제88조제5항, 제96조제5항, 제100조제4항, 제120조제5항, 제126조제5항, 제135조제6항 및 제140조제4항에 따라 준용되는 경우를 포함한다)에 따른 지정의 취소
2. 제33조제4항, 제82조제4항, 제102조제3항, 제121조제4항 및 제154조에 따른 등록의 취소
3. 제58조제7항(제59조제2항에 따라 준용되는 경우를 포함한다. 이하 제2항에서 같다), 제112조제8항 및 제117조제3항에 따른 승인의 취소
4. 제86조제1항에 따른 안전인증의 취소
5. 제99조제1항에 따른 자율검사프로그램 인정의 취소
6. 제118조제5항에 따른 허가의 취소
7. 제158조제2항에 따른 보조·지원의 취소
② 제21조제4항(제33조제4항, 제48조제4항, 제74조제4항, 제82조제4항, 제88조제5항, 제96조제5항, 제100조제4항, 제120조제5항, 제121조제4항, 제126조제5항, 제135조제6항 및 제140조제4항에 따라 준용되는 경우를 포함한다), 제58조제7항, 제86조제1항, 제91조제1항, 제99조제1항, 제102조제3항, 제112조제8항, 제117조제3항, 제118조제5항 및 제154조에 따른 취소, 정지, 사용 금지 또는 시정명령의 기준은 고용노동부령으로 정한다.

제164조【서류의 보존】 ① 사업주는 다음 각 호의 서류를 3년(제2호의 경우 2년을 말한다) 동안 보존하여야 한다. 다만, 고용노동부령으로 정하는 바에 따라 보존기간을 연장할 수 있다.
1. 안전보건관리책임자·안전관리자·보건관리자·안전보건관리담당자 및 산업보건의의 선임에 관한 서류
2. 제24조제3항 및 제75조제4항에 따른 회의록
3. 안전조치 및 보건조치에 관한 사항으로서 고용노동부령으로 정하는 사항을 적은 서류
4. 제57조제2항에 따른 산업재해의 발생 원인 등 기록
5. 제108조제1항 본문 및 제109조제1항에 따른 화학물질의 유해성·위험성 조사에 관한 서류
6. 제125조에 따른 작업환경측정에 관한 서류
7. 제129조부터 제131조까지의 규정에 따른 건강진단에 관한 서류
② 안전인증 또는 안전검사의 업무를 위탁받은 안전인증기관 또는 안전검사기관은 안전인증·안전검사에 관한 사항으로서 고용노동부령으로 정하는 서류를 3년 동안 보존하여야 하고, 안전인증을 받은 자는 제84조제5항에 따라 안전인증대상기계등에 대하여 기록한 서류를 3년 동안 보존하여야 하며, 자율안전확인대상기계등을 제조하거나 수입하는 자는 자율안전기준에 맞는 것임을 증명하는 서류를 2년 동안 보존하여야 하고, 제98조제1항에 따라 자율안전검사를 받은 자는 자율검사프로그램에 따라 실시한 검사 결과에 대한 서류를 2년 동안 보존하여야 한다.
③ 일반석면조사를 한 건축물·설비소유주등은 그 결과에 관한 서류를 그 건축물이나 설비에 대한 해체·제거작업이 종료될 때까지 보존하여야 하고, 기관석면조사를 한 건축물·설비소유주등과 석면조사기관은 그 결과에 관한 서류를 3년 동안 보존하여야 한다.
④ 작업환경측정기관은 작업환경측정에 관한 사항으로서 고용노동부령으로 정하는 사항을 적은 서류를 3년 동안 보존하여야 한다.
⑤ 지도사는 그 업무에 관한 사항으로서 고용노동부령으로 정하는 사항을 적은 서류를 5년 동안 보존하여야 한다.
⑥ 석면해체·제거업자는 제122조제3항에 따른 석면해체·제거작업에 관한 서류 중 고용노동부령으로 정하는 서류를 30년 동안 보존하여야 한다.
⑦ 제1항부터 제6항까지의 경우 전산입력자료가 있을 때에는 그 서류를 대신하여 전산입력자료를 보존할 수 있다.

제165조【권한 등의 위임·위탁】 ① 이 법에 따른 고용노동부장관의 권한은 대통령령으로 정하는 바에 따라 그 일부를 지방고용노동관서의 장에게 위임할 수 있다.
② 고용노동부장관은 이 법에 따른 업무 중 다음 각 호의 업무를 대통령령으로 정하는 바에 따라 공단 또는 대통령령으로 정하는 비영리법인 또는 관계 전문기관에 위탁할 수 있다.
1. 제4조제1항제2호부터 제7호까지 및 제9호의 사항에 관한 업무
2. 제11조제3호에 따른 시설의 설치·운영 업무
3. 제13조제2항에 따른 표준제정위원회의 구성·운영
4. 제21조제2항에 따른 기관에 대한 평가 업무
5. 제32조제1항 각 호 외의 부분 본문에 따른 직무와 관련한 안전보건교육
6. 제33조제1항에 따라 제31조제1항 본문에 따른 안전보건교육을 실시하는 기관의 등록 업무
7. 제33조제2항에 따른 평가에 관한 업무
8. 제42조에 따른 유해위험방지계획서의 접수·심사, 제43조제1항 및 같은 조 제2항 본문에 따른 확인
9. 제44조제1항 전단에 따른 공정안전보고서의 접수, 제45조제1항에 따른 공정안전보고서의 심사 및 제46조제2항에 따른 확인
10. 제48조제2항에 따른 안전보건진단기관에 대한 평가 업무
11. 제58조제3항 또는 제5항 후단(제59조제2항에 따라 준용되는 경우를 포함한다)에 따른 안전 및 보건에 관한 평가
12. 제74조제3항에 따른 건설재해예방전문지도기관에 대한 평가 업무
13. 제84조제1항 및 제3항에 따른 안전인증
14. 제84조제4항 본문에 따른 안전인증의 확인
15. 제88조제3항에 따른 안전인증기관에 대한 평가 업무
16. 제89조제1항 각 호 외의 부분 본문에 따른 자율안전확인의 신고에 관한 업무
17. 제93조제1항에 따른 안전검사
18. 제96조제3항에 따른 안전검사기관에 대한 평가 업무
19. 제98조제1항에 따른 자율검사프로그램의 인정
20. 제98조제1항제2호에 따른 안전에 관한 성능검사 교육 및 제100조제2항에 따른 자율안전검사기관에 대한 평가 업무
21. 제101조에 따른 조사, 수거 및 성능시험
22. 제102조제1항에 따른 지원과 같은 조 제2항에 따른 등록
23. 제103조제1항에 따른 유해·위험기계등의 안전에 관한 정보의 종합관리
24. 제105조제1항에 따른 유해성·위험성 평가에 관한 업무
25. 제110조제1항부터 제3항까지의 규정에 따른 물질안전보건자료 등의 접수 업무
26. 제112조제1항·제2항·제5항 및 제112조의2에 따른 물질안전보건자료의 일부 비공개 승인 등에 관한 업무(2023.8.8 본호개정)
27. 제116조에 따른 물질안전보건자료와 관련된 자료의 제공
28. 제120조제2항에 따른 석면조사 능력의 확인 및 석면조사기관에 대한 지도·교육 업무
29. 제120조제3항에 따른 석면조사기관에 대한 평가 업무
30. 제121조제2항에 따른 석면해체·제거작업의 안전성 평가 업무
31. 제126조제2항에 따른 작업환경측정·분석능력의 확인 및 작업환경측정기관에 대한 지도·교육 업무
32. 제126조제3항에 따른 작업환경측정기관에 대한 평가 업무
33. 제127조제1항에 따른 작업환경측정 결과의 신뢰성 평가 업무
34. 제135조제3항에 따른 특수건강진단기관의 진단·분석능력의 확인 및 지도·교육 업무
35. 제135조제4항에 따른 특수건강진단기관에 대한 평가 업무
36. 제136조제1항에 따른 유해인자별 특수건강진단 전문연구기관 지정에 관한 업무
37. 제137조에 따른 건강관리카드에 관한 업무
38. 제141조제1항에 따른 역학조사
39. 제145조제5항 단서에 따른 지도사 보수교육
40. 제146조에 따른 지도사 연수교육
41. 제158조제1항부터 제3항까지의 규정에 따른 보조·지원 및 보조·지원의 취소·환수 업무
③ 제2항에 따라 업무를 위탁받은 비영리법인 또는 관계 전문기관의 임직원은 「형법」 제129조부터 제132조까지의 규정을 적용할 때에는 공무원으로 본다.

제166조【수수료 등】 ① 다음 각 호의 어느 하나에 해당하는 자는 고용노동부령으로 정하는 바에 따라 수수료를 내야 한다.
1. 제32조제1항 각 호의 사람에게 안전보건교육을 이수하게 하려는 사업주
2. 제42조제1항 본문에 따라 유해위험방지계획서를 심사받으려는 자
3. 제44조제1항 본문에 따라 공정안전보고서를 심사받으려는 자
4. 제58조제3항 또는 같은 조 제5항 후단(제59조제2항에 따라 준용되는 경우를 포함한다)에 따라 안전 및 보건에 관한 평가를 받으려는 자
5. 제84조제1항 및 제3항에 따라 안전인증을 받으려는 자
6. 제84조제4항에 따라 확인을 받으려는 자
7. 제93조제1항에 따라 안전검사를 받으려는 자
8. 제98조제1항에 따라 자율검사프로그램의 인정을 받으려는 자
9. 제112조제1항 또는 제5항에 따라 물질안전보건자료의 일부 비공개 승인 또는 연장승인을 받으려는 자
10. 제118조제1항에 따라 허가를 받으려는 자
11. 제140조에 따른 자격·면허의 취득을 위한 교육을 받으려는 사람
12. 제143조에 따른 지도사 자격시험에 응시하려는 사람
13. 제145조에 따라 지도사의 등록을 하려는 자
14. 그 밖에 산업 안전 및 보건과 관련된 자로서 대통령령으로 정하는 자
② 공단은 고용노동부장관의 승인을 받아 공단의 업무 수행으로 인한 수익자로 하여금 그 업무 수행에 필요한 비용의 전부 또는 일부를 부담하게 할 수 있다.

제166조의2【현장실습생에 대한 특례】 제2조제3호에도 불구하고 「직업교육훈련 촉진법」 제2조제7호에 따른 현장실습을 받기 위하여 현장실습산업체의 장과 현장실습계약을 체결한 직업교육훈련생(이하 "현장실습생"이라 한다)에게는 제5조, 제29조, 제38조부터 제41조까지, 제51조부터 제57조까지, 제63조, 제114조제3항, 제131조, 제138조제1항, 제140조, 제155조부터 제157조까지를 준용한다. 이 경우 "사업주"는 "현장실습산업체의 장"으로, "근로"는 "현장실습"으로, "근로자"는 "현장실습생"으로 본다.(2020.3.31 본조신설)

제12장 벌 칙

제167조【벌칙】 ① 제38조제1항부터 제3항까지(제166조의2에서 준용하는 경우를 포함한다), 제39조제1항(제166조의2에서 준용하는 경우를 포함한다) 또는 제63조(제166조의2에서 준용하는 경우를 포함한다)를 위반하여 근로자를 사망에 이르게 한 자는 7년 이하의 징역 또는 1억원 이하의 벌금에 처한다.(2020.3.31 본항개정)

② 제1항의 죄로 형을 선고받고 그 형이 확정된 후 5년 이내에 다시 제1항의 죄를 저지른 자는 그 형의 2분의 1까지 가중한다.(2020.5.26 본항개정)

제168조【벌칙】 다음 각 호의 어느 하나에 해당하는 자는 5년 이하의 징역 또는 5천만원 이하의 벌금에 처한다.
1. 제38조제1항부터 제3항까지(제166조의2에서 준용하는 경우를 포함한다), 제39조제1항(제166조의2에서 준용하는 경우를 포함한다), 제51조(제166조의2에서 준용하는 경우를 포함한다), 제54조제1항(제166조의2에서 준용하는 경우를 포함한다), 제117조제1항, 제118조제1항, 제122조제1항 또는 제157조제3항(제166조의2에서 준용하는 경우를 포함한다)을 위반한 자(2020.3.31 본호개정)
2. 제42조제4항 후단, 제53조제3항(제166조의2에서 준용하는 경우를 포함한다), 제55조제1항(제166조의2에서 준용하는 경우를 포함한다)·제2항(제166조의2에서 준용하는 경우를 포함한다) 또는 제118조제5항에 따른 명령을 위반한 자(2020.6.9 본호개정)

제169조【벌칙】 다음 각 호의 어느 하나에 해당하는 자는 3년 이하의 징역 또는 3천만원 이하의 벌금에 처한다.
1. 제44조제1항 후단, 제63조(제166조의2에서 준용하는 경우를 포함한다), 제76조, 제81조, 제82조제2항, 제84조제1항, 제87조제1항, 제118조제3항, 제123조제1항, 제139조제1항 또는 제140조제1항(제166조의2에서 준용하는 경우를 포함한다)을 위반한 자(2020.3.31 본호개정)
2. 제45조제1항 후단, 제46조제5항, 제53조제1항(제166조의2에서 준용하는 경우를 포함한다), 제87조제2항, 제118조제4항, 제119조제4항 또는 제131조제1항(제166조의2에서 준용하는 경우를 포함한다)에 따른 명령을 위반한 자(2020.3.31 본호개정)
3. 제58조제3항 또는 같은 조 제5항 후단(제59조제2항에 따라 준용되는 경우를 포함한다)에 따른 안전 및 보건에 관한 평가 업무를 제165조제2항에 따라 위탁받은 자로서 그 업무를 거짓이나 그 밖의 부정한 방법으로 수행한 자
4. 제84조제1항 및 제3항에 따른 안전인증 업무를 제165조제2항에 따라 위탁받은 자로서 그 업무를 거짓이나 그 밖의 부정한 방법으로 수행한 자
5. 제93조제1항에 따른 안전검사 업무를 제165조제2항에 따라 위탁받은 자로서 그 업무를 거짓이나 그 밖의 부정한 방법으로 수행한 자
6. 제98조에 따른 자율검사프로그램에 따른 안전검사 업무를 거짓이나 그 밖의 부정한 방법으로 수행한 자

제170조【벌칙】 다음 각 호의 어느 하나에 해당하는 자는 1년 이하의 징역 또는 1천만원 이하의 벌금에 처한다.
1. 제41조제3항(제166조의2에서 준용하는 경우를 포함한다)을 위반하여 해고나 그 밖의 불리한 처우를 한 자(2020.3.31 본호개정)
2. 제56조제3항(제166조의2에서 준용하는 경우를 포함한다)을 위반하여 중대재해 발생 현장을 훼손하거나 고용노동부장관의 원인조사를 방해한 자(2020.3.31 본호개정)
3. 제57조제1항(제166조의2에서 준용하는 경우를 포함한다)을 위반하여 산업재해 발생 사실을 은폐한 자 또는 그 발생 사실을 은폐하도록 교사(敎唆)하거나 공모(共謀)한 자(2020.3.31 본호개정)
4. 제65조제1항, 제80조제1항·제2항·제4항, 제85조제2항·제3항, 제92조제1항, 제141조제4항 또는 제162조를 위반한 자
5. 제85조제4항 또는 제92조제2항에 따른 명령을 위반한 자
6. 제101조에 따른 조사, 수거 또는 성능시험을 방해하거나 거부한 자
7. 제153조제1항을 위반하여 다른 사람에게 자기의 성명이나 사무소의 명칭을 사용하여 지도사의 직무를 수행하게 하거나 자격증·등록증을 대여한 사람
8. 제153조제2항을 위반하여 지도사의 성명이나 사무소의 명칭을 사용하여 지도사의 직무를 수행하거나 자격증·등록증을 대여받거나 이를 알선한 사람

(2020.3.31 7호~8호신설)

제170조의2【벌칙】 제174조제1항에 따라 이수명령을 부과받은 사람이 보호관찰소의 장 또는 교정시설의 장의 이수명령 이행에 관한 지시에 따르지 아니하여 「보호관찰 등에 관한 법률」 또는 「형의 집행 및 수용자의 처우에 관한 법률」에 따른 경고를 받은 후 재차 정당한 사유 없이 이수명령 이행에 관한 지시에 따르지 아니한 경우에는 다음 각 호에 따른다.
1. 벌금형과 병과된 경우는 500만원 이하의 벌금에 처한다.
2. 징역형 이상의 실형과 병과된 경우에는 1년 이하의 징역 또는 1천만원 이하의 벌금에 처한다.

(2020.3.31 본조신설)

제171조【벌칙】 다음 각 호의 어느 하나에 해당하는 자는 1천만원 이하의 벌금에 처한다.
1. 제69조제1항·제2항, 제89조제1항, 제90조제2항·제3항, 제108조제2항, 제109조제2항 또는 제138조제1항(제166조의2에서 준용하는 경우를 포함한다)·제2항을 위반한 자(2020.3.31 본호개정)
2. 제90조제4항, 제108조제4항 또는 제109조제3항에 따른 명령을 위반한 자
3. 제125조제6항을 위반하여 해당 시설·설비의 설치·개선 또는 건강진단의 실시 등의 조치를 하지 아니한 자
4. 제132조제4항을 위반하여 작업장소 변경 등의 적절한 조치를 하지 아니한 자

제172조【벌칙】 제64조제1항제1호부터 제5호까지, 제7호, 제8호 또는 같은 조 제2항을 위반한 자는 500만원 이하의 벌금에 처한다.(2021.8.17 본조개정)

제173조【양벌규정】 법인의 대표자나 법인 또는 개인의 대리인, 사용인, 그 밖의 종업원이 그 법인 또는 개인의 업무에 관하여 제167조제1항 또는 제168조부터 제172조까지의 어느 하나에 해당하는 위반행위를 하면 그 행위자를 벌하는 외에 그 법인에게 다음 각 호의 구분에 따른 벌금형을, 그 개인에게는 해당 조문의 벌금형을 과(科)한다. 다만, 법인 또는 개인이 그 위반행위를 방지하기 위하여 해당 업무에 관하여 상당한 주의와 감독을 게을리하지 아니한 경우에는 그러하지 아니하다.
1. 제167조제1항의 경우 : 10억원 이하의 벌금
2. 제168조부터 제172조까지의 경우 : 해당 조문의 벌금형

제174조【형벌과 수강명령 등의 병과】 ① 법원은 제38조제1항부터 제3항까지(제166조의2에서 준용하는 경우를 포함한다), 제39조제1항(제166조의2에서 준용하는 경우를 포함한다) 또는 제63조(제166조의2에서 준용하는 경우를 포함한다)를 위반하여 근로자를 사망에 이르게 한 사람에게 유죄의 판결(선고유예는 제외한다)을 선고하거나 약식명령을 고지하는 경우에는 200시간의 범위에서 산업재해 예방에 필요한 수강명령 또는 산업안전보건프로그램의 이수명령(이하 "이수명령"이라 한다)을 병과(倂科)할 수 있다.(2020.3.31 본항개정)

② 제1항에 따른 수강명령은 형의 집행을 유예할 경우에 그 집행유예기간 내에서 병과하고, 이수명령은 벌금 이상의 형을 선고하거나 약식명령을 고지할 경우에 병과한다.(2020.3.31 본항신설)

③ 제1항에 따른 수강명령 또는 이수명령은 형의 집행을 유예할 경우에는 그 집행유예기간 내에, 벌금형을 선고하거나 약식명령을 고지할 경우에는 형 확정일부터 6개월 이내에, 징역형 이상의 실형(實刑)을 선고할 경우에는 형기 내에 각각 집행한다.(2020.3.31 본항개정)

④ 제1항에 따른 수강명령 또는 이수명령이 벌금형 또는 형의 집행유예와 병과된 경우에는 보호관찰소의 장이 집행하고, 징역형 이상의 실형과 병과된 경우에는 교정시설의 장이 집행한다. 다만, 징역형 이상의 실형과 병과된 이수명령을 모두 이행하기 전에 석방 또는 가석방되거나 미결구금일수 산입 등의 사유로 형을 집행할 수 없게 된 경우에는 보호관찰소의 장이 남은 이수명령을 집행한다.(2020.3.31 본항개정)

⑤ 제1항에 따른 수강명령 또는 이수명령은 다음 각 호의 내용으로 한다.(2020.3.31 본문개정)
1. 안전 및 보건에 관한 교육
2. 그 밖에 산업재해 예방을 위하여 필요한 사항

⑥ 수강명령 및 이수명령에 관하여 이 법에서 규정한 사항 외의 사항에 대해서는 「보호관찰 등에 관한 법률」을 준용한다.(2020.3.31 본항개정)

제175조【과태료】 ① 다음 각 호의 어느 하나에 해당하는 자에게는 5천만원 이하의 과태료를 부과한다.
1. 제119조제2항에 따라 기관석면조사를 하지 아니하고 건축물 또는 설비를 철거하거나 해체한 자
2. 제124조제3항을 위반하여 건축물 또는 설비를 철거하거나 해체한 자

② 다음 각 호의 어느 하나에 해당하는 자에게는 3천만원 이하의 과태료를 부과한다.
1. 제29조제3항(제166조의2에서 준용하는 경우를 포함한다) 또는 제79조제1항을 위반한 자(2020.3.31 본호개정)
2. 제54조제2항(제166조의2에서 준용하는 경우를 포함한다)을 위반하여 중대재해 발생 사실을 보고하지 아니하거나 거짓으로 보고한 자(2020.3.31 본호개정)

③ 다음 각 호의 어느 하나에 해당하는 자에게는 1천500만원 이하의 과태료를 부과한다.
1. 제47조제3항 전단을 위반하여 안전보건진단을 거부·방해하거나 기피한 자 또는 같은 항 후단을 위반하여 안전보건진단에 근로자대표를 참여시키지 아니한 자
2. 제57조제3항(제166조의2에서 준용하는 경우를 포함한다)에 따른 보고를 하지 아니하거나 거짓으로 보고한 자(2020.3.31 본호개정)

2의2. 제64조제1항제6호를 위반하여 위생시설 등 고용노동부령으로 정하는 시설의 설치 등을 위하여 필요한 장소의 제공을 하지 아니하거나 도급인이 설치한 위생시설 이용에 협조하지 아니한 자(2021.8.17 본호신설)

2의3. 제128조의2제1항을 위반하여 휴게시설을 갖추지 아니한 자(같은 조 제2항에 따른 대통령령으로 정하는 기준에 해당하는 사업장의 사업주로 한정한다)(2021.8.17 본호신설)

3. 제141조제2항을 위반하여 정당한 사유 없이 역학조사를 거부·방해하거나 기피한 자
4. 제141조제3항을 위반하여 역학조사 참석이 허용된 사람의 역학조사 참석을 거부하거나 방해한 자

④ 다음 각 호의 어느 하나에 해당하는 자에게는 1천만원 이하의 과태료를 부과한다.
1. 제10조제3항 후단을 위반하여 관계수급인에 관한 자료를 제출하지 아니하거나 거짓으로 제출한 자
2. 제14조제1항을 위반하여 안전 및 보건에 관한 계획을 이사회에 보고하지 아니하거나 승인을 받지 아니한 자
3. 제41조제2항(제166조의2에서 준용하는 경우를 포함한다), 제42조제1항·제5항·제6항, 제44조제1항 전단, 제45조제2항, 제46조제1항, 제67조제1항·제2항, 제70조제1항, 제70조제2항 후단, 제71조제3항 후단, 제71조제4항, 제72조제1항·제3항·제5항(건설공사도급인만 해당한다), 제77조제1항, 제78조, 제85조제1항, 제93조제1항 전단, 제95조, 제99조제2항 또는 제107조제1항 각 호 외의 부분 본문을 위반한 자(2021.5.18 본호개정)
4. 제47조제1항 또는 제49조제1항에 따른 명령을 위반한 자
5. 제82조제1항 전단을 위반하여 등록하지 아니하고 타워크레인을 설치·해체하는 자
6. 제125조제1항·제2항에 따라 작업환경측정을 하지 아니한 자(2020.6.9 본호개정)

6의2. 제128조의2제2항을 위반하여 휴게시설의 설치·관리기준을 준수하지 아니한 자(2021.8.17 본호신설)

7. 제129조제1항 또는 제130조제1항부터 제3항까지의 규정에 따른 근로자 건강진단을 하지 아니한 자
8. 제155조제1항(제166조의2에서 준용하는 경우를 포함한다) 또는 제2항(제166조의2에서 준용하는 경우를 포함한다)에 따른 근로감독관의 검사·점검 또는 수거를 거부·방해 또는 기피한 자(2020.3.31 본호개정)

⑤ 다음 각 호의 어느 하나에 해당하는 자에게는 500만원 이하의 과태료를 부과한다.
1. 제15조제1항, 제16조제1항, 제17조제1항·제3항, 제18조제1항·제3항, 제19조제1항 본문, 제22조제1항 본문, 제24조제1항·제4항, 제25조제1항, 제26조, 제29조제1항·제2항(제166조의2에서 준용하는 경우를 포함한다), 제31조제1항, 제32조제1항(제1호부터 제4호까지의 경우만 해당한다), 제37조제1항, 제44조제2항, 제49조제2항, 제50조제3항, 제62조제1항, 제66조, 제68조제1항, 제75조제6항, 제77조제2항, 제90조제1항, 제94조제2항, 제122조제2항, 제124조제1항(증명자료의 제출은 제외한다), 제125조제7항, 제132조제2항, 제137조제3항 또는 제145조제1항을 위반한 자(2021.5.18 본호개정)
2. 제17조제4항, 제18조제4항 또는 제19조제3항에 따른 명령을 위반한 자(2021.5.18 본호개정)
3. 제34조 또는 제114조제1항을 위반하여 이 법 및 이 법에 따른 명령의 요지, 안전보건관리규정 또는 물질안전보건자료를 게시하지 아니하거나 갖추어 두지 아니한 자
4. 제53조제2항(제166조의2에서 준용하는 경우를 포함한다)을 위반하여 고용노동부장관으로부터 명령받은 사항을 게시하지 아니한 자(2020.3.31 본호개정)

4의2. 제108조제1항에 따른 유해성·위험성 조사보고서를 제출하지 아니하거나 제109조제1항에 따른 유해성·위험성 조사 결과 또는 유해성·위험성 평가에 필요한 자료를 제출하지 아니한 자(2021.5.18 본호신설)

5. 제110조제1항부터 제3항까지의 규정을 위반하여 물질안전보건자료, 화학물질의 명칭·함유량 또는 변경된 물질안전보건자료를 제출하지 아니한 자
6. 제110조제2항제2호를 위반하여 국외제조자로부터 물질안전보건자료에 적힌 화학물질 외에는 제104조에 따른 분류기준에 해당하는 화학물질이 없음을 확인하는 내용의 서류를 거짓으로 제출한 자
7. 제111조제1항을 위반하여 물질안전보건자료를 제공하지 아니한 자
8. 제112조제1항 본문을 위반하여 승인을 받지 아니하고 화학물질의 명칭 및 함유량을 대체자료로 적은 자
9. 제112조제1항 또는 제5항에 따른 비공개 승인 또는 연장승인 신청 시 영업비밀과 관련되어 보호사유를 거짓으로 작성하여 신청한 자
10. 제112조제10항 각 호 외의 부분 후단을 위반하여 대체자료로 적힌 화학물질의 명칭 및 함유량 정보를 제공하지 아니한 자
11. 제113조제1항에 따라 선임된 자로서 같은 항 각 호의 업무를 거짓으로 수행한 자
12. 제113조제1항에 따라 선임된 자로서 같은 조 제2항에 따라 고용노동부장관에게 제출한 물질안전보건자료를 해당 물질안전보건자료대상물질을 수입하는 자에게 제공하지 아니한 자
13. 제125조제1항 및 제2항에 따른 작업환경측정 시 고용노동부령으로 정하는 작업환경측정의 방법을 준수하지 아니한 사업주(같은 조 제3항에 따라 작업환경측정기관에 위탁한 경우는 제외한다)
14. 제125조제4항 또는 제132조제1항을 위반하여 근로자대표가 요구하였는데도 근로자대표를 참석시키지 아니한 자

15. 제125조제6항을 위반하여 작업환경측정 결과를 해당 작업장 근로자에게 알리지 아니한 자
16. 제155조제3항(제166조의2에서 준용하는 경우를 포함한다)에 따른 명령을 위반하여 보고 또는 출석을 하지 아니하거나 거짓으로 보고한 자(2020.3.31 본호개정)
⑥ 다음 각 호의 어느 하나에 해당하는 자에게는 300만원 이하의 과태료를 부과한다.
1. 제32조제1항(제5호의 경우만 해당한다)을 위반하여 소속 근로자로 하여금 같은 항 각 호 외의 부분 본문에 따른 안전보건교육을 이수하도록 하지 아니한 자
2. 제35조를 위반하여 근로자대표에게 통지하지 아니한 자
3. 제40조(제166조의2에서 준용하는 경우를 포함한다), 제108조제5항, 제123조제2항, 제132조제3항, 제133조 또는 제149조를 위반한 자(2020.3.31 본호개정)
4. 제42조제2항을 위반하여 자격이 있는 자의 의견을 듣지 아니하고 유해위험방지계획서를 작성·제출한 자
5. 제43조제1항 또는 제46조제2항을 위반하여 확인을 받지 아니한 자
6. 제73조제1항을 위반하여 지도계약을 체결하지 아니한 자(2021.8.17 본호개정)
6의2. 제73조제2항을 위반하여 지도를 실시하지 아니한 자 또는 지도에 따라 적절한 조치를 하지 아니한 자(2021.8.17 본호신설)
7. 제84조제6항에 따른 자료 제출 명령을 따르지 아니한 자
8. (2021.5.18 삭제)
9. 제111조제2항 또는 제3항을 위반하여 물질안전보건자료의 변경 내용을 반영하여 제공하지 아니한 자
10. 제114조제3항(제166조의2에서 준용하는 경우를 포함한다)을 위반하여 해당 근로자를 교육하는 등 적절한 조치를 하지 아니한 자(2020.3.31 본호개정)
11. 제115조제1항 또는 같은 조 제2항 본문을 위반하여 경고표시를 하지 아니한 자
12. 제119조제1항에 따라 일반석면조사를 하지 아니하고 건축물이나 설비를 철거하거나 해체한 자
13. 제122조제3항을 위반하여 고용노동부장관에게 신고하지 아니한 자
14. 제124조제1항에 따른 증명자료를 제출하지 아니한 자
15. 제125조제5항, 제132조제5항 또는 제134조제1항·제2항에 따른 보고, 제출 또는 통보를 하지 아니하거나 거짓으로 보고, 제출 또는 통보한 자
16. 제155조제1항(제166조의2에서 준용하는 경우를 포함한다)에 따른 질문에 대하여 답변을 거부·방해 또는 기피하거나 거짓으로 답변한 자(2020.3.31 본호개정)
17. 제156조제1항(제166조의2에서 준용하는 경우를 포함한다)에 따른 검사·지도 등을 거부·방해 또는 기피한 자(2020.3.31 본호개정)
18. 제164조제1항부터 제6항까지의 규정을 위반하여 서류를 보존하지 아니한 자
⑦ 제1항부터 제6항까지의 규정에 따른 과태료는 대통령령으로 정하는 바에 따라 고용노동부장관이 부과·징수한다.

부 칙

제1조【시행일】 이 법은 공포 후 1년이 경과한 날부터 시행한다. 다만, 제14조 및 제175조제4항제2호의 개정규정은 공포 후 1년이 경과한 날이 속한 해의 다음 해 1월 1일부터 시행하고, 제35조제5호, 제110조부터 제116조까지, 제162조제9호 및 제10호, 제163조제1항제3호 및 제2항(제112조제8항에 관한 부분에 한정한다), 제165조제2항제25호부터 제27호까지, 제166조제1항제9호, 제175조제5항제3호(제114조제1항에 관한 부분에 한정한다) 및 제5호부터 제12호까지, 같은 조 제6항제2호(제35조제5호에 관한 부분에 한정한다) 및 제9호부터 제11호까지의 개정규정은 공포 후 2년이 경과한 날부터 시행한다.

제2조【산업재해 발생건수 등의 공표에 관한 적용례】 제10조제2항 및 제3항의 개정규정은 이 법 시행일이 속한 해의 다음 해 1월 1일 이후 발생한 산업재해부터 적용한다.

제3조【건설공사발주자의 산업재해 예방 조치에 관한 적용례】 제67조의 개정규정은 이 법 시행 이후 건설공사발주자가 건설공사의 설계에 관한 계약을 체결하는 경우부터 적용한다.

제4조【타워크레인 설치·해체 작업에 관한 적용례】 제82조제2항의 개정규정은 이 법 시행 이후 사업주가 타워크레인 설치·해체 작업에 관한 계약을 체결하는 경우부터 적용한다.

제5조【건강진단에 따른 조치결과 제출에 관한 적용례】 제132조제5항의 개정규정은 이 법 시행 이후 실시하는 건강진단부터 적용한다.

제6조【역학조사 참석 등에 관한 적용례】 제141조제1항 후단, 같은 조 제3항 및 제4항의 개정규정은 이 법 시행 이후 실시하는 역학조사부터 적용한다.

제7조【물질안전보건자료의 작성·제출에 관한 특례】 부칙 제1조 단서에 따른 시행일 당시 종전의 제41조제1항 또는 제6항에 따라 물질안전보건자료를 작성 또는 변경한 자(대상화학물질을 양도하거나 제공한 자 중 그 대상화학물질을 제조하거나 수입한 자로 한정한다)는 제110조제1항 또는 제2항의 개정규정에도 불구하고 부칙 제1조 단서에 따른 시행일 이후 5년을 넘지 아니하는 범위 내에서 고용노동부령으로 정하는 날까지 물질안전보건자료 및 제110조제2항 본문에 따른 화학물질의 명칭 및 함유량에 관한 자료(같은 항 제2호에 따라 물질안전보건자료에 적힌 화학물질 외에는 제104조에 따른 분류기준에 해당하는 화학물질이 없음을 확인하는 경우에는 그 확인에 관한 서류를 말한다)를 고용노동부장관에게 제출하여야 한다.

제8조【물질안전보건자료의 제공에 관한 특례】 제111조제1항의 개정규정에도 불구하고 부칙 제7조에 따라 고용노동부장관에게 물질안전보건자료를 제출한 자는 부칙 제1조 단서에 따른 시행일 이후 5년을 넘지 아니하는 기간 내에서 고용노동부령으로 정하는 날까지 물질안전보건자료대상물질을 양도받거나 제공받은 자에게 물질안전보건자료를 제공(종전의 제41조제1항 또는 제6항에 따라 제공된 물질안전보건자료의 기재사항에서 변경된 사항이 없는 경우는 제외한다)하여야 한다.

제9조【물질안전보건자료의 일부 비공개 승인에 관한 특례】 부칙 제1조 단서에 따른 시행일 당시 종전의 제41조제2항에 따라 물질안전보건자료에 영업비밀로서 보호할 가치가 있다고 인정되는 화학물질 및 이를 함유한 제제의 사항을 적지 아니하고 같은 조 제1항에 따라 제공한 자(대상화학물질을 양도하거나 제공한 자 중 그 대상화학물질을 제조하거나 수입한 자로 한정한다)는 제112조의 개정규정에도 불구하고 부칙 제1조 단서에 따른 시행일 이후 5년을 넘지 아니하는 범위 내에서 고용노동부령으로 정하는 날까지 대체자료 기재에 관하여 고용노동부장관의 승인을 받아야 한다.

제10조【유해한 작업의 도급금지에 관한 경과조치】 이 법 시행 당시 종전의 규정에 따라 도급인가를 받은 사업주는 그 인가의 남은 기간이 3년을 넘지 아니하는 경우에는 그 남은 기간 동안, 3년을 초과하거나 그 인가기간이 정해지지 아니한 경우에는 이 법 시행 이후 3년까지 제58조제1항의 개정규정에도 불구하고 종전의 규정에 따른다.

제11조【안전보건조정자의 선임에 관한 경과조치】 이 법 시행 전에 건설공사에 관한 도급계약을 체결하여 건설공사가 행해지는 현장의 경우에는 제68조제1항의 개정규정에도 불구하고 종전의 규정에 따른다.

제12조【타워크레인 설치·해체업의 등록 등에 관한 경과조치】 ① 이 법 시행 당시 타워크레인 설치·해체업을 영위하고 있는 자는 이 법 시행일부터 3개월까지는 등록을 하지 아니하고 타워크레인 설치·해체업을 영위할 수 있다.
② 제82조제2항의 개정규정에도 불구하고 사업주는 이 법 시행일부터 3개월까지는 타워크레인 설치·해체업을 등록하지 아니한 자로 하여금 타워크레인을 설치하거나 해체하는 작업을 하도록 할 수 있다.

제13조【안전인증 신청에 관한 경과조치】 이 법 시행 전에 종전의 제34조의3에 따라 안전인증이 취소된 자는 제86조제3항의 개정규정에도 불구하고 종전의 규정에 따른다.

제14조【물질안전보건자료의 작성·비치 등에 관한 경과조치】 이 법 시행 후 물질안전보건자료의 작성·비치 등에 관하여는 제110조부터 제116조까지의 개정규정 시행일 전까지 종전의 제11조제2항제4호, 제41조, 제63조(제41조에 관한 부분에 한정한다), 제65조제2항제12호, 제72조제4항제3호(제41조에 관한 부분에 한정한다), 같은 조 제5항제1호(제41조에 관한 부분에 한정한다) 및 제2호, 같은 조 제6항제1호(제11조제2항제4호에 관한 부분에 한정한다) 및 제8호에 따른다.

제15조【과징금에 관한 경과조치】 이 법 시행 전에 종전의 제15조의3(종전의 제16조제3항, 제30조의2제3항, 제34조의5제4항, 제36조제10항, 제42조제10항 및 제43조제11항에 따라 준용되는 경우를 포함한다)을 위반한 행위에 대하여 과징금에 관한 규정을 적용할 때에는 종전의 규정에 따른다.

제16조【안전관리대행기관 등에 관한 경과조치】 ① 법률 제4220호 산업안전보건법 시행일인 1990년 7월 14일 당시 노동부장관의 지정을 받은 안전관리대행기관 및 보건관리대행기관은 제21조의 개정규정에 따라 고용노동부장관의 지정을 받은 것으로 본다.
② 공단은 법률 제4220호 산업안전보건법에 따라 노동부장관이 지정하도록 되어 있는 지정교육·검사·측정 또는 진단기관으로 지정받은 것으로 본다.

제17조【산업위생지도사에 관한 경과조치】 법률 제11882호 산업안전보건법 일부개정법률 시행일인 2014년 3월 13일 당시 종전의 규정에 따른 산업위생지도사는 이 법에 따른 산업보건지도사로 본다.

제18조【지도사 연수교육에 관한 경과조치】 법률 제11882호 산업안전보건법 일부개정법률 시행일인 2014년 3월 13일 전에 등록한 지도사는 제146조의 개정규정에 따른 연수교육을 받은 것으로 본다.

제19조【벌칙과 과태료에 관한 경과조치】 이 법 시행 전의 행위에 대하여 벌칙이나 과태료에 관한 규정을 적용할 때에는 종전의 규정에 따른다. 다만, 제110조부터 제116조까지의 개정규정 시행 전의 행위에 대하여 제175조제5항제3호(제114조제1항에 관한 부분에 한정한다) 및 제5호부터 제12호까지, 같은 조 제6항제2호(제35조제5호에 관한 부분에 한정한다) 및 제9호부터 제11호까지에 관한 규정을 적용할 때에는 종전의 규정에 따른다.

제20조【다른 법률의 개정】 ①~⑰ ※(해당 법령에 가제정리 하였음)

제21조【다른 법령과의 관계】 이 법 시행 당시 다른 법령에서 종전의 「산업안전보건법」의 규정을 인용하고 있는 경우 이 법 중 그에 해당하는 규정이 있을 때에는 종전의 규정을 갈음하여 이 법의 해당 규정을 인용한 것으로 본다.

부 칙 (2020.3.31)

이 법은 공포한 날부터 시행한다. 다만, 제166조의2, 제167조제1항, 제168조, 제169조, 제170조제1호부터 제3호까지, 제171조제1호, 제174조제1항 본문(제166조의2를 준용하는 부분으로 한정한다) 및 제175조의 개정규정은 공포 후 6개월이 경과한 날부터 시행한다.

부 칙 (2020.5.26)

이 법은 공포한 날부터 시행한다. 다만, 제57조 중 법률 제16272호 산업안전보건법 전부개정법률 제110조제1항 각 호 외의 부분 전단의 개정 부분은 2021년 1월 16일부터 시행한다.(이하 생략)

부 칙 (2020.6.9)

이 법은 공포한 날부터 시행한다. 다만, 제168조제2호와 제175조제4항제6호의 개정규정은 공포 후 3개월이 경과한 날부터 시행하고, 법률 제17187호 산업안전보건법 일부개정법률 제168조제2호의 개정규정은 10월 1일부터 시행한다.

부 칙 (2021.4.13)

이 법은 공포 후 6개월이 경과한 날부터 시행한다.

부 칙 (2021.5.18)

제1조【시행일】 이 법은 공포 후 6개월이 경과한 날부터 시행한다.

제2조【건설공사발주자의 산업재해 예방 조치 등에 관한 적용례】 제67조제2항 및 제3항의 개정규정은 이 법 시행 이후 건설공사발주자가 건설공사의 설계에 관한 계약을 체결하는 경우부터 적용한다.

제3조【산업재해 예방 활동의 보조·지원금 환수에 관한 적용례】 제158조제3항 및 제4항의 개정규정은 이 법 시행 이후 보조·지원을 받은 경우부터 적용한다.

부 칙 (2021.8.17)

제1조【시행일】 이 법은 공포 후 1년이 경과한 날부터 시행한다.

제2조【건설공사의 산업재해 예방지도에 관한 적용례】 제73조제1항·제2항의 개정규정은 이 법 시행 이후 건설산업재해 예방을 위한 지도계약을 체결하는 경우부터 적용한다.

제3조【벌칙에 관한 경과조치】 이 법 시행 전의 위반행위에 대하여 벌칙을 적용할 때에는 제172조 및 제175조제3항제2호의2의 개정규정에도 불구하고 종전의 규정에 따른다.

부 칙 (2023.8.8 법19591호)

제1조【시행일】 이 법은 2024년 5월 17일부터 시행한다.(이하 생략)

부 칙 (2023.8.8 법19611호)

제1조【시행일】 이 법은 공포한 날부터 시행한다.

제2조【이의신청 기간에 관한 적용례】 제112조의2제2항 및 제3항의 개정규정은 이 법 시행 이후 하는 처분부터 적용한다.

산업안전보건법 시행령

(2019년 12월 24일 전부개정대통령령 제30256호)

개정
2020. 3. 3영30509호(규제기한해제)
2020. 8.27영30979호(첨단재생의료및첨단바이오의약품안전및지원에관한법시)
2020. 9. 8영31004호
2021. 1. 5영31380호(법령용어정비)
2021. 1.12영31387호
2021. 3.30영31576호(전기안전관리법시)
2021.10.14영32051호 2021.11.19영32132호
2022. 3. 8영32528호(규제기한해제)
2022. 8.16영32873호 2023. 6.27영33597호
2023.12.12영33913호(행정법제혁신을위한일부개정법령등)

제1장 총 칙

제1조【목적】 이 영은 「산업안전보건법」에서 위임된 사항과 그 시행에 필요한 사항을 규정함을 목적으로 한다.
제2조【적용범위 등】 ① 「산업안전보건법」(이하 "법"이라 한다) 제3조 단서에 따라 법의 전부 또는 일부를 적용하지 않는 사업 또는 사업장의 범위 및 해당 사업 또는 사업장에 적용되지 않는 법 규정은 별표1과 같다.
② 이 영에서 사업의 분류는 「통계법」에 따라 통계청장이 고시한 한국표준산업분류에 따른다.
제3조【산업재해 예방을 위한 시책 마련】 고용노동부장관은 법 제4조제1항제2호에 따른 산업재해 예방 지원 및 지도를 위하여 산업재해 예방기법의 연구 및 보급, 안전·보건 기술의 지원 및 교육에 관한 시책을 마련해야 한다.
제4조【산업 안전 및 보건 경영체제 확립 지원】 고용노동부장관은 법 제4조제1항제4호에 따른 사업주의 자율적인 산업 안전 및 보건 경영체제 확립을 위하여 다음 각 호와 관련된 시책을 마련해야 한다.
1. 사업의 자율적인 안전·보건 경영체제 운영 등의 기법에 관한 연구 및 보급
2. 사업의 안전관리 및 보건관리 수준의 향상

제5조【산업 안전 및 보건 의식을 북돋우기 위한 시책 마련】 고용노동부장관은 법 제4조제1항제5호에 따라 산업 안전 및 보건에 관한 의식을 북돋우기 위하여 다음 각 호와 관련된 시책을 마련해야 한다.
1. 산업 안전 및 보건 교육의 진흥 및 홍보의 활성화
2. 산업 안전 및 보건과 관련된 국민의 건전하고 자주적인 활동의 촉진
3. 산업 안전 및 보건 강조 기간의 설정 및 그 시행

제6조【산업재해에 관한 조사 및 통계의 유지·관리】 고용노동부장관은 산업재해를 예방하기 위하여 법 제4조제1항제7호에 따라 산업재해에 관하여 조사하고 이에 관한 통계를 유지·관리하여 산업재해 예방을 위한 정책수립 및 집행에 적극 반영해야 한다.
제7조【건강증진사업 등의 추진】 고용노동부장관은 법 제4조제1항제9호에 따른 노무를 제공하는 사람의 안전 및 건강의 보호·증진에 관한 사항을 효율적으로 추진하기 위하여 다음 각 호와 관련된 시책을 마련해야 한다.
(2020.9.8 본문개정)
1. 노무를 제공하는 사람의 안전 및 건강 증진을 위한 사업의 보급·확산(2020.9.8 본호개정)
2. 깨끗한 작업환경의 조성
3. 직업성 질병의 예방 및 조기 발견을 위한 사업
(2022.8.16 본호신설)

제8조【사업주 등의 협조】 사업주(이 조에서만 법 제77조에 따른 특수형태근로종사자로부터 노무를 제공받는 자와 법 제78조에 따른 물건의 수거·배달 등을 중개하는 자를 포함한다)와 근로자(이 조에서만 법 제77조에 따른 특수형태근로종사자와 법 제78조에 따른 물건의 수거·배달 등을 하는 사람을 포함한다), 그 밖의 관련 단체는 제3조부터 제7조까지의 규정에 따른 시책 등에 적극적으로 참여하는 등 협조해야 한다.(2020.9.8 본조개정)
제8조의2【협조 요청 대상 정보 또는 자료】 법 제8조제5항제3호에서 "대통령령으로 정하는 정보 또는 자료"란 다음 각 호의 어느 하나에 해당하는 정보를 말한다.
1. 「전기사업법」 제16조제1항에 따른 기본공급약관에서 정하는 사업장별 계약전력 정보(법 제42조제1항에 따른 유해위험방지계획서의 심사를 위하여 필요한 경우로 한정한다)
2. 「화학물질관리법」 제9조제1항에 따른 화학물질확인정보(같은 법 제52조제1항에 따른 자료보호기간 중에 있는 정보는 제외한다)
(2023.6.27 본조개정)

제9조【산업재해 예방 통합정보시스템 구축·운영】 ① 고용노동부장관은 법 제9조제1항에 따라 산업재해 예방 통합정보시스템을 구축·운영하는 경우에는 다음 각 호의 정보를 처리한다.
1. 「산업재해보상보험법」 제6조에 따른 적용 사업 또는 사업장에 관한 정보
2. 산업재해 발생에 관한 정보
3. 법 제93조에 따른 안전검사 결과, 법 제125조에 따른 작업환경측정 결과 등 안전·보건에 관한 정보
4. 그 밖에 산업재해 예방을 위하여 고용노동부장관이 정하여 고시하는 정보

② 제1항에서 정한 사항 외에 산업재해 예방 통합정보시스템의 구축·운영에 관한 연구개발 및 기술지원, 그 밖에 산업재해 예방 통합정보시스템의 구축·운영 등에 필요한 사항은 고용노동부장관이 정한다.
제10조【공표대상 사업장】 ① 법 제10조제1항에서 "대통령령으로 정하는 사업장"이란 다음 각 호의 어느 하나에 해당하는 사업장을 말한다.
1. 산업재해로 인한 사망자(이하 "사망재해자"라 한다)가 연간 2명 이상 발생한 사업장
2. 사망만인율(死亡萬人率 : 연간 상시근로자 1만명당 발생하는 사망재해자 수의 비율을 말한다)이 규모별 같은 업종의 평균 사망만인율 이상인 사업장
3. 법 제44조제1항 전단에 따른 중대산업사고가 발생한 사업장
4. 법 제57조제1항을 위반하여 산업재해 발생 사실을 은폐한 사업장
5. 법 제57조제3항에 따른 산업재해의 발생에 관한 보고를 최근 3년 이내 2회 이상 하지 않은 사업장

② 제1항제1호부터 제3호까지의 규정에 해당하는 사업장은 해당 사업장이 관계수급인의 사업장으로서 법 제63조에 따른 도급인이 관계수급인 근로자의 산업재해 예방을 위한 조치의무를 위반하여 관계수급인 근로자가 산업재해를 입은 경우에는 도급인의 사업장(도급인이 제공하거나 지정한 경우로서 도급인이 지배·관리하는 제11조 각 호에 해당하는 장소를 포함한다. 이하 같다)의 법 제10조제1항에 따른 산업재해발생건수등을 함께 공표한다.
제11조【도급인이 지배·관리하는 장소】 법 제10조제2항에서 "대통령령으로 정하는 장소"란 다음 각 호의 어느 하나에 해당하는 장소를 말한다.
1. 토사(土砂)·구축물·인공구조물 등이 붕괴될 우려가 있는 장소
2. 기계·기구 등이 넘어지거나 무너질 우려가 있는 장소
3. 안전난간의 설치가 필요한 장소
4. 비계(飛階) 또는 거푸집을 설치하거나 해체하는 장소
5. 건설용 리프트를 운행하는 장소
6. 지반(地盤)을 굴착하거나 발파작업을 하는 장소
7. 엘리베이터홀 등 근로자가 추락할 위험이 있는 장소
8. 석면이 붙어 있는 물질을 파쇄하거나 해체하는 작업을 하는 장소
9. 공중 전선에 가까운 장소로서 시설물의 설치·해체·점검 및 수리 등의 작업을 할 때 감전의 위험이 있는 장소
10. 물체가 떨어지거나 날아올 위험이 있는 장소
11. 프레스 또는 전단기(剪斷機)를 사용하여 작업을 하는 장소
12. 차량계(車輛系) 하역운반기계 또는 차량계 건설기계를 사용하여 작업하는 장소
13. 전기 기계·기구를 사용하여 감전의 위험이 있는 작업을 하는 장소
14. 「철도산업발전기본법」 제3조제4호에 따른 철도차량(「도시철도법」에 따른 도시철도차량을 포함한다)에 의한 충돌 또는 협착의 위험이 있는 작업을 하는 장소
15. 그 밖에 화재·폭발 등 사고발생 위험이 높은 장소로서 고용노동부령으로 정하는 장소

제12조【통합공표 대상 사업장 등】 법 제10조제2항에서 "대통령령으로 정하는 사업장"이란 다음 각 호의 어느 하나에 해당하는 사업이 이루어지는 사업장으로서 도급인이 사용하는 상시근로자 수가 500명 이상이고 도급인 사업장의 사고사망만인율(질병으로 인한 사망재해자를 제외하고 산출한 사망만인율을 말한다. 이하 같다)보다 관계수급인의 근로자를 포함하여 산출한 사고사망만인율이 높은 사업장을 말한다.
1. 제조업
2. 철도운송업
3. 도시철도운송업
4. 전기업

제2장 안전보건관리체제 등

제13조【이사회 보고·승인 대상 회사 등】 ① 법 제14조제1항에서 "대통령령으로 정하는 회사"란 다음 각 호의 어느 하나에 해당하는 회사를 말한다.
1. 상시근로자 500명 이상을 사용하는 회사
2. 「건설산업기본법」 제23조에 따라 평가하여 공시된 시공능력(같은 법 시행령 별표1의 종합공사를 시공하는 업종의 건설업종란 제3호에 따른 토목건축공사업에 대한 평가 및 공시로 한정한다)의 순위 상위 1천위 이내의 건설회사

② 법 제14조제1항에 따른 회사의 대표이사(「상법」 제408조의2제1항 후단에 따라 대표이사를 두지 못하는 회사의 경우에는 같은 법 제408조의5에 따른 대표집행임원을 말한다)는 회사의 정관에서 정하는 바에 따라 다음 각 호의 내용을 포함한 회사의 안전 및 보건에 관한 계획을 수립해야 한다.
1. 안전 및 보건에 관한 경영방침
2. 안전·보건관리 조직의 구성·인원 및 역할
3. 안전·보건 관련 예산 및 시설 현황
4. 안전 및 보건에 관한 전년도 활동실적 및 다음 연도 활동계획

제14조【안전보건관리책임자의 선임 등】 ① 법 제15조제2항에 따른 안전보건관리책임자(이하 "안전보건관리책임자"라 한다)를 두어야 하는 사업의 종류 및 사업장의 상시근로자 수(건설공사의 경우에는 건설공사 금액을 말한다. 이하 같다)는 별표2와 같다.
② 사업주는 안전보건관리책임자가 법 제15조제1항에 따른 업무를 원활하게 수행할 수 있도록 권한·시설·장비·예산, 그 밖에 필요한 지원을 해야 한다.
③ 사업주는 안전보건관리책임자를 선임했을 때에는 그 선임 사실 및 법 제15조제1항 각 호에 따른 업무의 수행내용을 증명할 수 있는 서류를 갖추어 두어야 한다.
제15조【관리감독자의 업무 등】 ① 법 제16조제1항에서 "대통령령으로 정하는 업무"란 다음 각 호의 업무를 말한다.
1. 사업장 내 법 제16조제1항에 따른 관리감독자(이하 "관리감독자"라 한다)가 지휘·감독하는 작업(이하 이 조에서 "해당작업"이라 한다)과 관련된 기계·기구 또는 설비의 안전·보건 점검 및 이상 유무의 확인
2. 관리감독자에게 소속된 근로자의 작업복·보호구 및 방호장치의 점검과 그 착용·사용에 관한 교육·지도
3. 해당작업에서 발생한 산업재해에 관한 보고 및 이에 대한 응급조치
4. 해당작업의 작업장 정리·정돈 및 통로 확보에 대한 확인·감독
5. 사업장의 다음 각 목의 어느 하나에 해당하는 사람의 지도·조언에 대한 협조
   가. 법 제17조제1항에 따른 안전관리자(이하 "안전관리자"라 한다) 또는 같은 조 제5항에 따라 안전관리자의 업무를 같은 항에 따른 안전관리전문기관(이하 "안전관리전문기관"이라 한다)에 위탁한 사업장의 경우에는 그 안전관리전문기관의 해당 사업장 담당자
   (2021.11.19 본목개정)
   나. 법 제18조제1항에 따른 보건관리자(이하 "보건관리자"라 한다) 또는 같은 조 제5항에 따라 보건관리자의 업무를 같은 항에 따른 보건관리전문기관(이하 "보건관리전문기관"이라 한다)에 위탁한 사업장의 경우에는 그 보건관리전문기관의 해당 사업장 담당자
   (2021.11.19 본목개정)
   다. 법 제19조제1항에 따른 안전보건관리담당자(이하 "안전보건관리담당자"라 한다) 또는 같은 조 제4항에 따라 안전보건관리담당자의 업무를 안전관리전문기관 또는 보건관리전문기관에 위탁한 사업장의 경우에는 그 안전관리전문기관 또는 보건관리전문기관의 해당 사업장 담당자
   라. 법 제22조제1항에 따른 산업보건의(이하 "산업보건의"라 한다)
6. 법 제36조에 따라 실시되는 위험성평가에 관한 다음 각 목의 업무
   가. 유해·위험요인의 파악에 대한 참여
   나. 개선조치의 시행에 대한 참여
7. 그 밖에 해당작업의 안전 및 보건에 관한 사항으로서 고용노동부령으로 정하는 사항

② 관리감독자에 대한 지원에 관하여는 제14조제2항을 준용한다. 이 경우 "안전보건관리책임자"는 "관리감독자"로, "법 제15조제1항"은 "제1항"으로 본다.
제16조【안전관리자의 선임 등】 ① 법 제17조제1항에 따라 안전관리자를 두어야 하는 사업의 종류와 사업장의 상시근로자 수, 안전관리자의 수 및 선임방법은 별표3과 같다.
② 법 제17조제3항에서 "대통령령으로 정하는 사업의 종류 및 사업장의 상시근로자 수에 해당하는 사업장"이란 제1항에 따른 사업 중 상시근로자 300명 이상을 사용하는 사업장[건설업의 경우에는 공사금액이 120억원(「건설산업기본법 시행령」 별표1의 종합공사를 시공하는 업종의 건설업종란 제1호에 따른 토목공사업의 경우에는 150억원) 이상인 사업장]을 말한다.(2021.11.19 본항개정)
③ 제1항 및 제2항을 적용할 경우 제52조에 따른 사업으로서 도급인의 사업장에서 이루어지는 도급사업의 공사금액 또는 관계수급인의 상시근로자는 각각 해당 사업의 공사금액 또는 상시근로자로 본다. 다만, 별표3의 기준에 해당하는 도급사업의 공사금액 또는 관계수급인의 상시근로자의 경우에는 그렇지 않다.
④ 제1항에도 불구하고 같은 사업주가 경영하는 둘 이상의 사업장이 다음 각 호의 어느 하나에 해당하는 경우에는 그 둘 이상의 사업장에 1명의 안전관리자를 공동으로 둘 수 있다. 이 경우 해당 사업장의 상시근로자 수의 합계는 300명 이내[건설업의 경우에는 공사금액의 합계가 120억원(「건설산업기본법 시행령」 별표1의 종합공사를 시공하는 업종의 건설업종란 제1호에 따른 토목공사업의 경우에는 150억원) 이내]이어야 한다.
1. 같은 시·군·구(자치구를 말한다) 지역에 소재하는 경우
2. 사업장 간의 경계를 기준으로 15킬로미터 이내에 소재하는 경우

⑤ 제1항부터 제3항까지의 규정에도 불구하고 도급인의 사업장에서 이루어지는 도급사업에서 도급인이 고용노동부령으로 정하는 바에 따라 그 사업의 관계수급인 근로자에 대한 안전관리를 전담하는 안전관리자를 선임한 경우에는 그 사업의 관계수급인은 해당 도급사업에 대한 안전관리자를 선임하지 않을 수 있다.
⑥ 사업주는 안전관리자를 선임하거나 법 제17조제5항에 따라 안전관리자의 업무를 안전관리전문기관에 위탁한 경우에는 고용노동부령으로 정하는 바에 따라 선임하거나 위탁한 날부터 14일 이내에 고용노동부장관에게 그 사실을 증명할 수 있는 서류를 제출해야 한다. 법 제17조제4항에 따라 안전관리자를 늘리거나 교체한 경우에도 또한 같다.(2021.11.19 본항개정)

제17조【안전관리자의 자격】 안전관리자의 자격은 별표4와 같다.

제18조【안전관리자의 업무 등】 ① 안전관리자의 업무는 다음 각 호와 같다.
1. 법 제24조제1항에 따른 산업안전보건위원회(이하 "산업안전보건위원회"라 한다) 또는 법 제75조제1항에 따른 안전 및 보건에 관한 노사협의체(이하 "노사협의체"라 한다)에서 심의·의결한 업무와 해당 사업장의 법 제25조제1항에 따른 안전보건관리규정(이하 "안전보건관리규정"이라 한다) 및 취업규칙에서 정한 업무
2. 법 제36조에 따른 위험성평가에 관한 보좌 및 지도·조언
3. 법 제84조제1항에 따른 안전인증대상기계등(이하 "안전인증대상기계등"이라 한다)과 법 제89조제1항 각 호 외의 부분 본문에 따른 자율안전확인대상기계등(이하 "자율안전확인대상기계등"이라 한다) 구입 시 적격품의 선정에 관한 보좌 및 지도·조언
4. 해당 사업장 안전교육계획의 수립 및 안전교육 실시에 관한 보좌 및 지도·조언
5. 사업장 순회점검, 지도 및 조치 건의
6. 산업재해 발생의 원인 조사·분석 및 재발 방지를 위한 기술적 보좌 및 지도·조언
7. 산업재해에 관한 통계의 유지·관리·분석을 위한 보좌 및 지도·조언
8. 법 또는 법에 따른 명령으로 정한 안전에 관한 사항의 이행에 관한 보좌 및 지도·조언
9. 업무 수행 내용의 기록·유지
10. 그 밖에 안전에 관한 사항으로서 고용노동부장관이 정하는 사항

② 사업주가 안전관리자를 배치할 때에는 연장근로·야간근로 또는 휴일근로 등 해당 사업장의 작업 형태를 고려해야 한다.
③ 사업주는 안전관리 업무의 원활한 수행을 위하여 외부전문가의 평가·지도를 받을 수 있다.
④ 안전관리자는 제1항 각 호에 따른 업무를 수행할 때에는 보건관리자와 협력해야 한다.
⑤ 안전관리자에 대한 지원에 관하여는 제14조제2항을 준용한다. 이 경우 "안전보건관리책임자"는 "안전관리자"로, "법 제15조제1항"은 "제1항"으로 본다.

제19조【안전관리자 업무의 위탁 등】 ① 법 제17조제5항에서 "대통령령으로 정하는 사업의 종류 및 사업장의 상시근로자 수에 해당하는 사업장"이란 건설업을 제외한 사업으로서 상시근로자 300명 미만을 사용하는 사업장을 말한다.
② 사업주가 법 제17조제5항 및 이 조 제1항에 따라 안전관리자의 업무를 안전관리전문기관에 위탁한 경우에는 그 안전관리전문기관을 안전관리자로 본다.
(2021.11.19 본조개정)

제20조【보건관리자의 선임 등】 ① 법 제18조제1항에 따라 보건관리자를 두어야 하는 사업의 종류와 사업장의 상시근로자 수, 보건관리자의 수 및 선임방법은 별표5와 같다.
② 법 제18조제3항에서 "대통령령으로 정하는 사업의 종류 및 사업장의 상시근로자 수에 해당하는 사업장"이란 상시근로자 300명 이상을 사용하는 사업장을 말한다.
(2021.11.19 본항개정)
③ 보건관리자의 선임 등에 관하여는 제16조제3항부터 제6항까지의 규정을 준용한다. 이 경우 "별표3"은 "별표5"로, "안전관리자"는 "보건관리자"로, "안전관리"는 "보건관리"로, "법 제17조제5항"은 "법 제18조제5항"으로, "안전관리전문기관"은 "보건관리전문기관"으로 본다.
(2021.11.19 후단개정)

제21조【보건관리자의 자격】 보건관리자의 자격은 별표6과 같다.

제22조【보건관리자의 업무 등】 ① 보건관리자의 업무는 다음 각 호와 같다.
1. 산업안전보건위원회 또는 노사협의체에서 심의·의결한 업무와 안전보건관리규정 및 취업규칙에서 정한 업무
2. 안전인증대상기계등과 자율안전확인대상기계등 중 보건과 관련된 보호구(保護具) 구입 시 적격품 선정에 관한 보좌 및 지도·조언
3. 법 제36조에 따른 위험성평가에 관한 보좌 및 지도·조언
4. 법 제110조에 따라 작성된 물질안전보건자료의 게시 또는 비치에 관한 보좌 및 지도·조언
5. 제31조제1항에 따른 산업보건의의 직무(보건관리자가 별표6 제2호에 해당하는 사람인 경우로 한정한다)
6. 해당 사업장 보건교육계획의 수립 및 보건교육 실시에 관한 보좌 및 지도·조언
7. 해당 사업장의 근로자를 보호하기 위한 다음 각 목의 조치에 해당하는 의료행위(보건관리자가 별표6 제2호 또는 제3호에 해당하는 경우로 한정한다)
가. 자주 발생하는 가벼운 부상에 대한 치료
나. 응급처치가 필요한 사람에 대한 처치
다. 부상·질병의 악화를 방지하기 위한 처치
라. 건강진단 결과 발견된 질병자의 요양 지도 및 관리
마. 가목부터 라목까지의 의료행위에 따르는 의약품의 투여
8. 작업장 내에서 사용되는 전체 환기장치 및 국소 배기장치 등에 관한 설비의 점검과 작업방법의 공학적 개선에 관한 보좌 및 지도·조언
9. 사업장 순회점검, 지도 및 조치 건의
10. 산업재해 발생의 원인 조사·분석 및 재발 방지를 위한 기술적 보좌 및 지도·조언
11. 산업재해에 관한 통계의 유지·관리·분석을 위한 보좌 및 지도·조언
12. 법 또는 법에 따른 명령으로 정한 보건에 관한 사항의 이행에 관한 보좌 및 지도·조언
13. 업무 수행 내용의 기록·유지
14. 그 밖에 보건과 관련된 작업관리 및 작업환경관리에 관한 사항으로서 고용노동부장관이 정하는 사항

② 보건관리자는 제1항 각 호에 따른 업무를 수행할 때에는 안전관리자와 협력해야 한다.
③ 사업주는 보건관리자가 제1항에 따른 업무를 원활하게 수행할 수 있도록 권한·시설·장비·예산, 그 밖의 업무 수행에 필요한 지원을 해야 한다. 이 경우 보건관리자가 별표6 제2호 또는 제3호에 해당하는 경우에는 고용노동부령으로 정하는 시설 및 장비를 지원해야 한다.
④ 보건관리자의 배치 및 평가·지도에 관하여는 제18조제2항 및 제3항을 준용한다. 이 경우 "안전관리자"는 "보건관리자"로, "안전관리"는 "보건관리"로 본다.

제23조【보건관리자 업무의 위탁 등】 ① 법 제18조제5항에 따라 보건관리자의 업무를 위탁할 수 있는 보건관리전문기관은 지역별 보건관리전문기관과 업종별·유해인자별 보건관리전문기관으로 구분한다.(2021.11.19 본항개정)
② 법 제18조제5항에서 "대통령령으로 정하는 사업의 종류 및 사업장의 상시근로자 수에 해당하는 사업장"이란 다음 각 호의 어느 하나에 해당하는 사업장을 말한다.
(2021.11.19 본문개정)
1. 건설업을 제외한 사업(업종별·유해인자별 보건관리전문기관의 경우에는 고용노동부령으로 정하는 사업을 말한다)으로서 상시근로자 300명 미만을 사용하는 사업장
2. 외딴곳으로서 고용노동부장관이 정하는 지역에 있는 사업장

③ 보건관리자 업무의 위탁에 관하여는 제19조제2항을 준용한다. 이 경우 "법 제17조제5항 및 이 조 제1항"은 "법 제18조제5항 및 이 조 제2항"으로, "안전관리자"는 "보건관리자"로, "안전관리전문기관"은 "보건관리전문기관"으로 본다.(2021.11.19 후단개정)

제24조【안전보건관리담당자의 선임 등】 ① 다음 각 호의 어느 하나에 해당하는 사업의 사업주는 법 제19조제1항에 따라 상시근로자 20명 이상 50명 미만인 사업장에 안전보건관리담당자를 1명 이상 선임해야 한다.
1. 제조업
2. 임업
3. 하수, 폐수 및 분뇨 처리업
4. 폐기물 수집, 운반, 처리 및 원료 재생업
5. 환경 정화 및 복원업

② 안전보건관리담당자는 해당 사업장 소속 근로자로서 다음 각 호의 어느 하나에 해당하는 요건을 갖추어야 한다.
1. 제17조에 따른 안전관리자의 자격을 갖추었을 것
2. 제21조에 따른 보건관리자의 자격을 갖추었을 것
3. 고용노동부장관이 정하여 고시하는 안전보건교육을 이수했을 것

③ 안전보건관리담당자는 제25조 각 호에 따른 업무에 지장이 없는 범위에서 다른 업무를 겸할 수 있다.
④ 사업주는 제1항에 따라 안전보건관리담당자를 선임한 경우에는 그 선임 사실 및 제25조 각 호에 따른 업무를 수행했음을 증명할 수 있는 서류를 갖추어 두어야 한다.

제25조【안전보건관리담당자의 업무】 안전보건관리담당자의 업무는 다음 각 호와 같다.
1. 법 제29조에 따른 안전보건교육 실시에 관한 보좌 및 지도·조언
2. 법 제36조에 따른 위험성평가에 관한 보좌 및 지도·조언
3. 법 제125조에 따른 작업환경측정 및 개선에 관한 보좌 및 지도·조언
4. 법 제129조부터 제131조까지의 규정에 따른 각종 건강진단에 관한 보좌 및 지도·조언(2020.9.8 본호개정)
5. 산업재해 발생의 원인 조사, 산업재해 통계의 기록 및 유지를 위한 보좌 및 지도·조언
6. 산업 안전·보건과 관련된 안전장치 및 보호구 구입 시 적격품 선정에 관한 보좌 및 지도·조언

제26조【안전보건관리담당자 업무의 위탁 등】 ① 법 제19조제4항에서 "대통령령으로 정하는 사업의 종류 및 사업장의 상시근로자 수에 해당하는 사업장"이란 제24조제1항에 따라 안전보건관리담당자를 선임해야 하는 사업장을 말한다.
② 안전보건관리담당자 업무의 위탁에 관하여는 제19조제2항을 준용한다. 이 경우 "법 제17조제5항 및 이 조 제1항"은 "법 제19조제4항 및 이 조 제1항"으로, "안전관리자"는 "안전보건관리담당자"로, "안전관리전문기관"은 "안전관리전문기관 또는 보건관리전문기관"으로 본다.
(2021.11.19 후단개정)

제27조【안전관리전문기관 등의 지정 요건】 ① 법 제21조제1항에 따라 안전관리전문기관으로 지정받을 수 있는 자는 다음 각 호의 어느 하나에 해당하는 자로서 별표7에 따른 인력·시설 및 장비를 갖춘 자로 한다.
1. 법 제145조제1항에 따라 등록한 산업안전지도사(건설안전 분야의 산업안전지도사는 제외한다)
2. 안전관리 업무를 하려는 법인

② 법 제21조제1항에 따라 보건관리전문기관으로 지정받을 수 있는 자는 다음 각 호의 어느 하나에 해당하는 자로서 별표8에 따른 인력·시설 및 장비를 갖춘 자로 한다.
1. 법 제145조제1항에 따라 등록한 산업보건지도사
2. 국가 또는 지방자치단체의 소속기관
3. 「의료법」에 따른 종합병원 또는 병원
4. 「고등교육법」 제2조제1호부터 제6호까지의 규정에 따른 대학 또는 그 부속기관
5. 보건관리 업무를 하려는 법인

제28조【안전관리전문기관 등의 지정 취소 등의 사유】 법 제21조제4항제5호에서 "대통령령으로 정하는 사유에 해당하는 경우"란 다음 각 호의 경우를 말한다.
1. 안전관리 또는 보건관리 업무 관련 서류를 거짓으로 작성한 경우
2. 정당한 사유 없이 안전관리 또는 보건관리 업무의 수탁을 거부한 경우
3. 위탁받은 안전관리 또는 보건관리 업무에 차질을 일으키거나 업무를 게을리한 경우
4. 안전관리 또는 보건관리 업무를 수행하지 않고 위탁 수수료를 받은 경우
5. 안전관리 또는 보건관리 업무와 관련된 비치서류를 보존하지 않은 경우
6. 안전관리 또는 보건관리 업무 수행과 관련한 대가 외에 금품을 받은 경우
7. 법에 따른 관계 공무원의 지도·감독을 거부·방해 또는 기피한 경우

제29조【산업보건의의 선임 등】 ① 법 제22조제1항에 따라 산업보건의를 두어야 하는 사업의 종류와 사업장은 제20조 및 별표5에 따라 보건관리자를 두어야 하는 사업으로서 상시근로자 수가 50명 이상인 사업장으로 한다. 다만, 다음 각 호의 어느 하나에 해당하는 경우는 그렇지 않다.
1. 의사를 보건관리자로 선임한 경우
2. 법 제18조제5항에 따라 보건관리전문기관에 보건관리자의 업무를 위탁한 경우(2021.11.19 본호개정)

② 산업보건의는 외부에서 위촉할 수 있다.
③ 사업주는 제1항 또는 제2항에 따라 산업보건의를 선임하거나 위촉했을 때에는 고용노동부령으로 정하는 바에 따라 선임하거나 위촉한 날부터 14일 이내에 고용노동부장관에게 그 사실을 증명할 수 있는 서류를 제출해야 한다.
④ 제2항에 따라 위촉된 산업보건의가 담당할 사업장 수 및 근로자 수, 그 밖에 필요한 사항은 고용노동부장관이 정한다.

제30조【산업보건의의 자격】 산업보건의의 자격은 「의료법」에 따른 의사로서 직업환경의학과 전문의, 예방의학 전문의 또는 산업보건에 관한 학식과 경험이 있는 사람으로 한다.

제31조【산업보건의의 직무 등】 ① 산업보건의의 직무 내용은 다음 각 호와 같다.
1. 법 제134조에 따른 건강진단 결과의 검토 및 그 결과에 따른 작업 배치, 작업 전환 또는 근로시간의 단축 등 근로자의 건강보호 조치
2. 근로자의 건강장해의 원인 조사와 재발 방지를 위한 의학적 조치
3. 그 밖에 근로자의 건강 유지 및 증진을 위하여 필요한 의학적 조치에 관하여 고용노동부장관이 정하는 사항

② 산업보건의에 대한 지원에 관하여는 제14조제2항을 준용한다. 이 경우 "안전보건관리책임자"는 "산업보건의"로, "법 제15조제1항"은 "제1항"으로 본다.

제32조【명예산업안전감독관 위촉 등】 ① 고용노동부장관은 다음 각 호의 어느 하나에 해당하는 사람 중에서 법 제23조제1항에 따른 명예산업안전감독관(이하 "명예산업안전감독관"이라 한다)을 위촉할 수 있다.
1. 산업안전보건위원회 구성 대상 사업의 근로자 또는 노사협의체 구성·운영 대상 건설공사의 근로자 중에서 근로자대표(해당 사업장에 단위 노동조합의 산하 노동

단체가 그 사업장 근로자의 과반수로 조직되어 있는 경우에는 지부·분회 등 명칭이 무엇이든 관계없이 해당 노동단체의 대표자를 말한다. 이하 같다)가 사업주의 의견을 들어 추천하는 사람
2. 「노동조합 및 노동관계조정법」 제10조에 따른 연합단체인 노동조합 또는 그 지역 대표기구에 소속된 임직원 중에서 해당 연합단체인 노동조합 또는 그 지역 대표기구가 추천하는 사람
3. 전국 규모의 사업주단체 또는 그 산하조직에 소속된 임직원 중에서 해당 단체 또는 그 산하조직이 추천하는 사람
4. 산업재해 예방 관련 업무를 하는 단체 또는 그 산하조직에 소속된 임직원 중에서 해당 단체 또는 그 산하조직이 추천하는 사람
② 명예산업안전감독관의 업무는 다음 각 호와 같다. 이 경우 제1항제1호에 따라 위촉된 명예산업안전감독관의 업무 범위는 해당 사업장에서의 업무(제8호는 제외한다)로 한정하며, 제1항제2호부터 제4호까지의 규정에 따라 위촉된 명예산업안전감독관의 업무 범위는 제8호부터 제10호까지의 규정에 따른 업무로 한정한다.
1. 사업장에서 하는 자체점검 참여 및 「근로기준법」 제101조에 따른 근로감독관(이하 "근로감독관"이라 한다)이 하는 사업장 감독 참여
2. 사업장 산업재해 예방계획 수립 참여 및 사업장에서 하는 기계·기구 자체검사 참석
3. 법령을 위반한 사실이 있는 경우 사업주에 대한 개선 요청 및 감독기관에의 신고
4. 산업재해 발생의 급박한 위험이 있는 경우 사업주에 대한 작업중지 요청
5. 작업환경측정, 근로자 건강진단 시의 참석 및 그 결과에 대한 설명회 참여
6. 직업성 질환의 증상이 있거나 질병에 걸린 근로자가 여러 명 발생한 경우 사업주에 대한 임시건강진단 실시 요청
7. 근로자에 대한 안전수칙 준수 지도
8. 법령 및 산업재해 예방정책 개선 건의
9. 안전·보건 의식을 북돋우기 위한 활동 등에 대한 참여와 지원
10. 그 밖에 산업재해 예방에 대한 홍보 등 산업재해 예방업무와 관련하여 고용노동부장관이 정하는 업무
③ 명예산업안전감독관의 임기는 2년으로 하되, 연임할 수 있다.
④ 고용노동부장관은 명예산업안전감독관의 활동을 지원하기 위하여 수당 등을 지급할 수 있다.
⑤ 제1항부터 제4항까지에서 규정한 사항 외에 명예산업안전감독관의 위촉 및 운영 등에 필요한 사항은 고용노동부장관이 정한다.

제33조【명예산업안전감독관의 해촉】 고용노동부장관은 다음 각 호의 어느 하나에 해당하는 경우에는 명예산업안전감독관을 해촉(解囑)할 수 있다.
1. 근로자대표가 사업주의 의견을 들어 제32조제1항제1호에 따라 위촉된 명예산업안전감독관의 해촉을 요청한 경우
2. 제32조제1항제2호부터 제4호까지의 규정에 따라 위촉된 명예산업안전감독관이 해당 단체 또는 그 산하조직으로부터 퇴직하거나 해임된 경우
3. 명예산업안전감독관의 업무와 관련하여 부정한 행위를 한 경우
4. 질병이나 부상 등의 사유로 명예산업안전감독관의 업무 수행이 곤란하게 된 경우

제34조【산업안전보건위원회 구성 대상】 법 제24조제1항에 따라 산업안전보건위원회를 구성해야 할 사업의 종류 및 사업장의 상시근로자 수는 별표9와 같다.

제35조【산업안전보건위원회의 구성】 ① 산업안전보건위원회의 근로자위원은 다음 각 호의 사람으로 구성한다.
1. 근로자대표
2. 명예산업안전감독관이 위촉되어 있는 사업장의 경우 근로자대표가 지명하는 1명 이상의 명예산업안전감독관
3. 근로자대표가 지명하는 9명(근로자인 제2호의 위원이 있는 경우에는 9명에서 그 위원의 수를 제외한 수를 말한다) 이내의 해당 사업장의 근로자
② 산업안전보건위원회의 사용자위원은 다음 각 호의 사람으로 구성한다. 다만, 상시근로자 50명 이상 100명 미만을 사용하는 사업장에서는 제5호에 해당하는 사람을 제외하고 구성할 수 있다.
1. 해당 사업의 대표자(같은 사업으로서 다른 지역에 사업장이 있는 경우에는 그 사업장의 안전보건관리책임자를 말한다. 이하 같다)
2. 안전관리자(제16조제1항에 따라 안전관리자를 두어야 하는 사업장으로 한정하되, 안전관리자의 업무를 안전관리전문기관에 위탁한 사업장의 경우에는 그 안전관리전문기관의 해당 사업장 담당자를 말한다) 1명
3. 보건관리자(제20조제1항에 따라 보건관리자를 두어야 하는 사업장으로 한정하되, 보건관리자의 업무를 보건관리전문기관에 위탁한 사업장의 경우에는 그 보건관리전문기관의 해당 사업장 담당자를 말한다) 1명
4. 산업보건의(해당 사업장에 선임되어 있는 경우로 한정한다)
5. 해당 사업의 대표자가 지명하는 9명 이내의 해당 사업장 부서의 장
③ 제1항 및 제2항에도 불구하고 법 제69조제1항에 따른 건설공사도급인(이하 "건설공사도급인"이라 한다)이 법 제64조제1항제1호에 따른 안전 및 보건에 관한 협의체를 구성한 경우에는 산업안전보건위원회의 위원을 다음 각 호의 사람을 포함하여 구성할 수 있다.
1. 근로자위원 : 도급 또는 하도급 사업을 포함한 전체 사업의 근로자대표, 명예산업안전감독관 및 근로자대표가 지명하는 해당 사업장의 근로자
2. 사용자위원 : 도급인 대표자, 관계수급인의 각 대표자 및 안전관리자

제36조【산업안전보건위원회의 위원장】 산업안전보건위원회의 위원장은 위원 중에서 호선(互選)한다. 이 경우 근로자위원과 사용자위원 중 각 1명을 공동위원장으로 선출할 수 있다.

제37조【산업안전보건위원회의 회의 등】 ① 법 제24조제3항에 따라 산업안전보건위원회의 회의는 정기회의와 임시회의로 구분하되, 정기회의는 분기마다 산업안전보건위원회의 위원장이 소집하며, 임시회의는 위원장이 필요하다고 인정할 때에 소집한다.
② 회의는 근로자위원 및 사용자위원 각 과반수의 출석으로 개의(開議)하고 출석위원 과반수의 찬성으로 의결한다.
③ 근로자대표, 명예산업안전감독관, 해당 사업의 대표자, 안전관리자 또는 보건관리자는 회의에 출석할 수 없는 경우에는 해당 사업에 종사하는 사람 중에서 1명을 지정하여 위원으로서의 직무를 대리하게 할 수 있다.
④ 산업안전보건위원회는 다음 각 호의 사항을 기록한 회의록을 작성하여 갖추어 두어야 한다.
1. 개최 일시 및 장소
2. 출석위원
3. 심의 내용 및 의결·결정 사항
4. 그 밖의 토의사항

제38조【의결되지 않은 사항 등의 처리】 ① 산업안전보건위원회는 다음 각 호의 어느 하나에 해당하는 경우에는 근로자위원과 사용자위원의 합의에 따라 산업안전보건위원회에 중재기구를 두어 해결하거나 제3자에 의한 중재를 받아야 한다.
1. 법 제24조제2항 각 호에 따른 사항에 대하여 산업안전보건위원회에서 의결하지 못한 경우
2. 산업안전보건위원회에서 의결된 사항의 해석 또는 이행방법 등에 관하여 의견이 일치하지 않는 경우
② 제1항에 따른 중재 결정이 있는 경우에는 산업안전보건위원회의 의결을 거친 것으로 보며, 사업주와 근로자는 그 결정에 따라야 한다.

제39조【회의 결과 등의 공지】 산업안전보건위원회의 위원장은 산업안전보건위원회에서 심의·의결된 내용 등 회의 결과와 중재 결정된 내용 등을 사내방송이나 사내보(社內報), 게시 또는 자체 정례조회, 그 밖의 적절한 방법으로 근로자에게 신속히 알려야 한다.

제3장 안전보건교육

제40조【안전보건교육기관의 등록 및 취소】 ① 법 제33조제1항 전단에 따라 법 제29조제1항부터 제3항까지의 규정에 따른 안전보건교육에 대한 안전보건교육기관(이하 "근로자안전보건교육기관"이라 한다)으로 등록하려는 자는 법인 또는 산업 안전·보건 관련 학과가 있는 「고등교육법」 제2조에 따른 학교로서 별표10에 따른 인력·시설 및 장비 등을 갖추어야 한다.
② 법 제33조제1항 전단에 따라 법 제31조제1항 본문에 따른 안전보건교육에 대한 안전보건교육기관으로 등록하려는 자는 법인 또는 산업 안전·보건 관련 학과가 있는 「고등교육법」 제2조에 따른 학교로서 별표11에 따른 인력·시설 및 장비를 갖추어야 한다.
③ 법 제33조제1항 전단에 따라 법 제32조제1항 각 호 외의 부분 본문에 따른 안전보건교육에 대한 안전보건교육기관(이하 "직무교육기관"이라 한다)으로 등록할 수 있는 자는 다음 각 호의 어느 하나에 해당하는 자로 한다.
1. 「한국산업안전보건공단법」에 따른 한국산업안전보건공단(이하 "공단"이라 한다)
2. 다음 각 목의 어느 하나에 해당하는 기관으로서 별표12에 따른 인력·시설 및 장비를 갖춘 기관
가. 산업 안전·보건 관련 학과가 있는 「고등교육법」 제2조에 따른 학교
나. 비영리법인
④ 법 제33조제1항 후단에서 "대통령령으로 정하는 중요한 사항"이란 다음 각 호의 사항을 말한다.
1. 교육기관의 명칭(상호)
2. 교육기관의 소재지
3. 대표자의 성명
⑤ 제1항부터 제3항까지의 규정에 따른 안전보건교육기관에 관하여 법 제33조제4항에 따라 준용되는 법 제21조제4항제5호에서 "대통령령으로 정하는 사유에 해당하는 경우"란 다음 각 호의 경우를 말한다.
1. 교육 관련 서류를 거짓으로 작성한 경우
2. 정당한 사유 없이 교육 실시를 거부한 경우
3. 교육을 실시하지 않고 수수료를 받은 경우
4. 법 제29조제1항부터 제3항까지, 제31조제1항 본문 또는 제32조제1항 각 호 외의 부분 본문에 따른 교육의 내용 및 방법을 위반한 경우

제4장 유해·위험 방지 조치

제41조【제3자의 폭언등으로 인한 건강장해 발생 등에 대한 조치】 법 제41조제2항에서 "업무의 일시적 중단 또는 전환 등 대통령령으로 정하는 필요한 조치"란 다음 각 호의 조치 중 필요한 조치를 말한다.
1. 업무의 일시적 중단 또는 전환
2. 「근로기준법」 제54조제1항에 따른 휴게시간의 연장
3. 법 제41조제2항에 따른 폭언등으로 인한 건강장해 관련 치료 및 상담 지원(2021.10.14 본호개정)
4. 관할 수사기관 또는 법원에 증거물·증거서류를 제출하는 등 법 제41조제2항에 따른 폭언등으로 인한 고소, 고발 또는 손해배상 청구 등을 하는 데 필요한 지원(2021.10.14 본호개정)
(2021.10.14 본조제목개정)

제42조【유해위험방지계획서 제출 대상】 ① 법 제42조제1항제1호에서 "대통령령으로 정하는 사업의 종류 및 규모에 해당하는 사업"이란 다음 각 호의 어느 하나에 해당하는 사업으로서 전기 계약용량이 300킬로와트 이상인 경우를 말한다.
1. 금속가공제품 제조업 ; 기계 및 가구 제외
2. 비금속 광물제품 제조업
3. 기타 기계 및 장비 제조업
4. 자동차 및 트레일러 제조업
5. 식료품 제조업
6. 고무제품 및 플라스틱제품 제조업
7. 목재 및 나무제품 제조업
8. 기타 제품 제조업
9. 1차 금속 제조업
10. 가구 제조업
11. 화학물질 및 화학제품 제조업
12. 반도체 제조업
13. 전자부품 제조업
② 법 제42조제1항제2호에서 "대통령령으로 정하는 기계·기구 및 설비"란 다음 각 호의 어느 하나에 해당하는 기계·기구 및 설비를 말한다. 이 경우 다음 각 호에 해당하는 기계·기구 및 설비의 구체적인 범위는 고용노동부장관이 정하여 고시한다.
1. 금속이나 그 밖의 광물의 용해로
2. 화학설비
3. 건조설비
4. 가스집합 용접장치
5. 근로자의 건강에 상당한 장해를 일으킬 우려가 있는 물질로서 고용노동부령으로 정하는 물질의 밀폐·환기·배기를 위한 설비(2021.11.19 본호개정)
6. (2021.11.19 삭제)
③ 법 제42조제1항제3호에서 "대통령령으로 정하는 크기 높이 등에 해당하는 건설공사"란 다음 각 호의 어느 하나에 해당하는 공사를 말한다.
1. 다음 각 목의 어느 하나에 해당하는 건축물 또는 시설 등의 건설·개조 또는 해체(이하 "건설등"이라 한다) 공사
가. 지상높이가 31미터 이상인 건축물 또는 인공구조물
나. 연면적 3만제곱미터 이상인 건축물
다. 연면적 5천제곱미터 이상인 시설로서 다음의 어느 하나에 해당하는 시설
1) 문화 및 집회시설(전시장 및 동물원·식물원은 제외한다)
2) 판매시설, 운수시설(고속철도의 역사 및 집배송시설은 제외한다)
3) 종교시설
4) 의료시설 중 종합병원
5) 숙박시설 중 관광숙박시설
6) 지하도상가
7) 냉동·냉장 창고시설
2. 연면적 5천제곱미터 이상인 냉동·냉장 창고시설의 설비공사 및 단열공사
3. 최대 지간(支間)길이(다리의 기둥과 기둥의 중심사이의 거리)가 50미터 이상인 다리의 건설등 공사
4. 터널의 건설등 공사
5. 다목적댐, 발전용댐, 저수용량 2천만톤 이상의 용수 전용 댐 및 지방상수도 전용 댐의 건설등 공사
6. 깊이 10미터 이상인 굴착공사

제43조【공정안전보고서의 제출 대상】 ① 법 제44조제1항 전단에서 "대통령령으로 정하는 유해하거나 위험한 설비"란 다음 각 호의 어느 하나에 해당하는 사업을 하는 사업장의 경우에는 그 보유설비를 말하고, 그 외의 사업을 하는 사업장의 경우에는 별표13에 따른 유해·위험물질 중 하나 이상의 물질을 같은 표에 따른 규정량 이상 제조·취급·저장하는 설비 및 그 설비의 운영과 관련된 모든 공정설비를 말한다.

1. 원유 정제처리업
2. 기타 석유정제물 재처리업
3. 석유화학계 기초화학물질 제조업 또는 합성수지 및 기타 플라스틱물질 제조업. 다만, 합성수지 및 기타 플라스틱물질 제조업은 별표13 제1호 또는 제2호에 해당하는 경우로 한정한다.
4. 질소 화합물, 질소·인산 및 칼리질 화학비료 제조업 중 질소질 비료 제조
5. 복합비료 및 기타 화학비료 제조업 중 복합비료 제조(단순혼합 또는 배합에 의한 경우는 제외한다)
6. 화학 살균·살충제 및 농업용 약제 제조업[농약 원제(原劑) 제조만 해당한다]
7. 화약 및 불꽃제품 제조업

② 제1항에도 불구하고 다음 각 호의 설비는 유해하거나 위험한 설비로 보지 않는다.
1. 원자력 설비
2. 군사시설
3. 사업주가 해당 사업장 내에서 직접 사용하기 위한 난방용 연료의 저장설비 및 사용설비
4. 도매·소매시설
5. 차량 등의 운송설비
6. 「액화석유가스의 안전관리 및 사업법」에 따른 액화석유가스의 충전·저장시설
7. 「도시가스사업법」에 따른 가스공급시설
8. 그 밖에 고용노동부장관이 누출·화재·폭발 등의 사고가 있더라도 그에 따른 피해의 정도가 크지 않다고 인정하여 고시하는 설비

③ 법 제44조제1항 전단에서 "대통령령으로 정하는 사고"란 다음 각 호의 어느 하나에 해당하는 사고를 말한다.
1. 근로자가 사망하거나 부상을 입을 수 있는 제1항에 따른 설비(제2항에 따른 설비는 제외한다. 이하 제2호에서 같다)에서의 누출·화재·폭발 사고
2. 인근 지역의 주민이 인적 피해를 입을 수 있는 제1항에 따른 설비에서의 누출·화재·폭발 사고

제44조【공정안전보고서의 내용】 ① 법 제44조제1항 전단에 따른 공정안전보고서에는 다음 각 호의 사항이 포함되어야 한다.
1. 공정안전자료
2. 공정위험성 평가서
3. 안전운전계획
4. 비상조치계획
5. 그 밖에 공정상의 안전과 관련하여 고용노동부장관이 필요하다고 인정하여 고시하는 사항

② 제1항제1호부터 제4호까지의 규정에 따른 사항에 관한 세부 내용은 고용노동부령으로 정한다.

제45조【공정안전보고서의 제출】 ① 사업주는 제43조에 따른 유해하거나 위험한 설비를 설치(기존 설비의 제조·취급·저장 물질이 변경되거나 제조량·취급량·저장량이 증가하여 별표13에 따른 유해·위험물질 규정량에 해당하게 된 경우를 포함한다)·이전하거나 고용노동부장관이 정하는 주요 구조부분을 변경할 때에는 고용노동부령으로 정하는 바에 따라 법 제44조제1항 전단에 따른 공정안전보고서를 작성하여 고용노동부장관에게 제출해야 한다. 이 경우 「화학물질관리법」에 따라 사업주가 환경부장관에게 제출해야 하는 같은 법 제23조에 따른 화학사고예방관리계획서의 내용이 제44조에 따라 공정안전보고서에 포함시켜야 할 사항에 해당하는 경우에는 그 해당 부분에 대한 작성·제출을 같은 법 제23조에 따른 화학사고예방관리계획서 사본의 제출로 갈음할 수 있다.
(2020.9.8 후단개정)

② 제1항 전단에도 불구하고 사업주가 제출해야 할 공정안전보고서가 「고압가스 안전관리법」 제2조에 따른 고압가스를 사용하는 단위공정 설비에 관한 것인 경우로서 해당 사업주가 같은 법 제11조에 따른 안전관리규정과 같은 법 제13조의2에 따른 안전성향상계획을 작성하여 공단 및 같은 법 제28조에 따른 한국가스안전공사가 공동으로 검토·작성한 의견서를 첨부하여 허가 관청에 제출한 경우에는 해당 단위공정 설비에 관한 공정안전보고서를 제출한 것으로 본다.

제46조【안전보건진단의 종류 및 내용】 ① 법 제47조제1항에 따른 안전보건진단(이하 "안전보건진단"이라 한다)의 종류 및 내용은 별표14와 같다.

② 고용노동부장관은 법 제47조제1항에 따라 안전보건진단 명령을 할 경우 기계·화공·전기·건설 등 분야별로 한정하여 진단을 받을 것을 명할 수 있다.

③ 안전보건진단 결과보고서에는 산업재해 또는 사고의 발생원인, 작업조건·작업방법에 대한 평가 등의 사항이 포함되어야 한다.

제47조【안전보건진단기관의 지정 요건】 법 제48조제1항에 따라 안전보건진단기관으로 지정받으려는 자는 법인으로서 제46조제1항 및 별표14에 따른 안전보건진단 종류별로 종합진단기관은 별표15, 안전진단기관은 별표16, 보건진단기관은 별표17에 따른 인력·시설 및 장비 등의 요건을 각각 갖추어야 한다.

제48조【안전보건진단기관의 지정 취소 등의 사유】 법 제48조제4항에 따라 준용되는 법 제21조제4항제5호에서 "대통령령으로 정하는 사유에 해당하는 경우"란 다음 각 호의 경우를 말한다.
1. 안전보건진단 업무 관련 서류를 거짓으로 작성한 경우
2. 정당한 사유 없이 안전보건진단 업무의 수탁을 거부한 경우
3. 제47조에 따른 인력기준에 해당하지 않은 사람에게 안전보건진단 업무를 수행하게 한 경우
4. 안전보건진단 업무를 수행하지 않고 위탁 수수료를 받은 경우
5. 안전보건진단 업무와 관련된 비치서류를 보존하지 않은 경우
6. 안전보건진단 업무 수행과 관련한 대가 외의 금품을 받은 경우
7. 법에 따른 관계 공무원의 지도·감독을 거부·방해 또는 기피한 경우

제49조【안전보건진단을 받아 안전보건개선계획을 수립할 대상】 법 제49조제1항 각 호 외의 부분 후단에서 "대통령령으로 정하는 사업장"이란 다음 각 호의 사업장을 말한다.
1. 산업재해율이 같은 업종 평균 산업재해율의 2배 이상인 사업장
2. 법 제49조제1항제2호에 해당하는 사업장
3. 직업성 질병자가 연간 2명 이상(상시근로자 1천명 이상 사업장의 경우 3명 이상) 발생한 사업장
4. 그 밖에 작업환경 불량, 화재·폭발 또는 누출 사고 등으로 사업장 주변까지 피해가 확산된 사업장으로서 고용노동부령으로 정하는 사업장

제50조【안전보건개선계획 수립 대상】 법 제49조제1항제3호에서 "대통령령으로 정하는 수 이상의 직업성 질병자가 발생한 사업장"이란 직업성 질병자가 연간 2명 이상 발생한 사업장을 말한다.

제5장 도급 시 산업재해 예방

제51조【도급승인 대상 작업】 법 제59조제1항 전단에서 "급성 독성, 피부 부식성 등이 있는 물질의 취급 등 대통령령으로 정하는 작업"이란 다음 각 호의 어느 하나에 해당하는 작업을 말한다.
1. 중량비율 1퍼센트 이상의 황산, 불화수소, 질산 또는 염화수소를 취급하는 설비를 개조·분해·해체·철거하는 작업 또는 해당 설비의 내부에서 이루어지는 작업. 다만, 도급인이 해당 화학물질을 모두 제거한 후 증명자료를 첨부하여 고용노동부장관에게 신고한 경우는 제외한다.
2. 그 밖에 「산업재해보상보험법」 제8조제1항에 따른 산업재해보상보험및예방심의위원회(이하 "산업재해보상보험및예방심의위원회"라 한다)의 심의를 거쳐 고용노동부장관이 정하는 작업

제52조【안전보건총괄책임자 지정 대상사업】 법 제62조제1항에 따른 안전보건총괄책임자(이하 "안전보건총괄책임자"라 한다)를 지정해야 하는 사업의 종류 및 사업장의 상시근로자 수는 관계수급인에게 고용된 근로자를 포함한 상시근로자가 100명(선박 및 보트 건조업, 1차 금속 제조업 및 토사석 광업의 경우에는 50명) 이상인 사업이나 관계수급인의 공사금액을 포함한 해당 공사의 총공사금액이 20억원 이상인 건설업으로 한다.

제53조【안전보건총괄책임자의 직무 등】 ① 안전보건총괄책임자의 직무는 다음 각 호와 같다.
1. 법 제36조에 따른 위험성평가의 실시에 관한 사항
2. 법 제51조 및 제54조에 따른 작업의 중지
3. 법 제64조에 따른 도급 시 산업재해 예방조치
4. 법 제72조제1항에 따른 산업안전보건관리비의 관계수급인 간의 사용에 관한 협의·조정 및 그 집행의 감독
5. 안전인증대상기계등과 자율안전확인대상기계등의 사용 여부 확인

② 안전보건총괄책임자에 대한 지원에 관하여는 제14조제2항을 준용한다. 이 경우 "안전보건관리책임자"는 "안전보건총괄책임자"로, "법 제15조제1항"은 "제1항"으로 본다.

③ 사업주는 안전보건총괄책임자를 선임했을 때에는 그 선임 사실 및 제1항 각 호의 직무의 수행내용을 증명할 수 있는 서류를 갖추어 두어야 한다.

제53조의2【도급에 따른 산업재해 예방조치】 법 제64조제1항제8호에서 "화재·폭발 등 대통령령으로 정하는 위험이 발생할 우려가 있는 경우"란 다음 각 호의 경우를 말한다.
1. 화재·폭발이 발생할 우려가 있는 경우
2. 동력으로 작동하는 기계·설비 등에 끼일 우려가 있는 경우
3. 차량계 하역운반기계, 건설기계, 양중기(揚重機) 등 동력으로 작동하는 기계와 충돌할 우려가 있는 경우
4. 근로자가 추락할 우려가 있는 경우
5. 물체가 떨어지거나 날아올 우려가 있는 경우
6. 기계·기구 등이 넘어지거나 무너질 우려가 있는 경우
7. 토사·구축물·인공구조물 등이 붕괴될 우려가 있는 경우
8. 산소 결핍이나 유해가스로 질식이나 중독의 우려가 있는 경우
(2021.11.19 본조신설)

제54조【질식 또는 붕괴의 위험이 있는 작업】 법 제65조제1항제3호에서 "대통령령으로 정하는 작업"이란 다음 각 호의 작업을 말한다.
1. 산소결핍, 유해가스 등으로 인한 질식의 위험이 있는 장소로서 고용노동부령으로 정하는 장소에서 이루어지는 작업
2. 토사·구축물·인공구조물 등의 붕괴 우려가 있는 장소에서 이루어지는 작업

제55조【산업재해 예방 조치 대상 건설공사】 법 제67조제1항 각 호 외의 부분에서 "대통령령으로 정하는 건설공사"란 총공사금액이 50억원 이상인 공사를 말한다.

제55조의2【안전보건전문가】 법 제67조제2항에서 "대통령령으로 정하는 안전보건 분야의 전문가"란 다음 각 호의 사람을 말한다.
1. 법 제143조제1항에 따른 건설안전 분야의 산업안전지도사 자격을 가진 사람
2. 「국가기술자격법」에 따른 건설안전기술사 자격을 가진 사람
3. 「국가기술자격법」에 따른 건설안전기사 자격을 취득한 후 건설안전 분야에서 3년 이상의 실무경력이 있는 사람
4. 「국가기술자격법」에 따른 건설안전산업기사 자격을 취득한 후 건설안전 분야에서 5년 이상의 실무경력이 있는 사람
(2021.11.19 본조신설)

제56조【안전보건조정자의 선임 등】 ① 법 제68조제1항에 따른 안전보건조정자(이하 "안전보건조정자"라 한다)를 두어야 하는 건설공사는 각 건설공사의 금액의 합이 50억원 이상인 경우를 말한다.

② 제1항에 따라 안전보건조정자를 두어야 하는 건설공사발주자는 제1호 또는 제4호부터 제7호까지에 해당하는 사람 중에서 안전보건조정자를 선임하거나 제2호 또는 제3호에 해당하는 사람 중에서 안전보건조정자를 지정해야 한다.
1. 법 제143조제1항에 따른 산업안전지도사 자격을 가진 사람
2. 「건설기술 진흥법」 제2조제6호에 따른 발주청이 발주하는 건설공사인 경우 발주청이 같은 법 제49조제1항에 따라 선임한 공사감독자
3. 다음 각 목의 어느 하나에 해당하는 사람으로서 해당 건설공사 중 주된 공사의 책임감리자
   가. 「건축법」 제25조에 따라 지정된 공사감리자
   나. 「건설기술 진흥법」 제2조제5호에 따른 감리업무를 수행하는 사람(2020.9.8 본목개정)
   다. 「주택법」 제43조에 따라 지정된 감리자
   라. 「전력기술관리법」 제12조의2에 따라 배치된 감리원
   마. 「정보통신공사업법」 제8조제2항에 따라 해당 건설공사에 대하여 감리업무를 수행하는 사람(2020.9.8 본목개정)
4. 「건설산업기본법」 제8조에 따른 종합공사에 해당하는 건설현장에서 안전보건관리책임자로서 3년 이상 재직한 사람
5. 「국가기술자격법」에 따른 건설안전기술사
6. 「국가기술자격법」에 따른 건설안전기사 자격을 취득한 후 건설안전 분야에서 5년 이상의 실무경력이 있는 사람
7. 「국가기술자격법」에 따른 건설안전산업기사 자격을 취득한 후 건설안전 분야에서 7년 이상의 실무경력이 있는 사람

③ 제1항에 따라 안전보건조정자를 두어야 하는 건설공사발주자는 분리하여 발주되는 공사의 착공일 전날까지 제2항에 따라 안전보건조정자를 선임하거나 지정하여 각각의 공사 도급인에게 그 사실을 알려야 한다.

제57조【안전보건조정자의 업무】 ① 안전보건조정자의 업무는 다음 각 호와 같다.
1. 법 제68조제1항에 따라 같은 장소에서 이루어지는 각각의 공사 간에 혼재된 작업의 파악
2. 제1호에 따른 혼재된 작업으로 인한 산업재해 발생의 위험성 파악
3. 제1호에 따른 혼재된 작업으로 인한 산업재해를 예방하기 위한 작업의 시기·내용 및 안전보건 조치 등의 조정
4. 각각의 공사 도급인의 안전보건관리책임자 간 작업 내용에 관한 정보 공유 여부의 확인

② 안전보건조정자는 제1항의 업무를 수행하기 위하여 필요한 경우 해당 공사의 도급인과 관계수급인에게 자료의 제출을 요구할 수 있다.

제58조【설계변경 요청 대상 및 전문가의 범위】 ① 법 제71조제1항 본문에서 "대통령령으로 정하는 가설구조물"이란 다음 각 호의 어느 하나에 해당하는 것을 말한다.
1. 높이 31미터 이상인 비계
2. 작업발판 일체형 거푸집 또는 높이 5미터 이상인 거푸집 동바리[타설(打設)된 콘크리트가 일정 강도에 이르기까지 하중 등을 지지하기 위하여 설치하는 부재(部材)]
(2021.11.19 본호개정)
3. 터널의 지보공(支保工 : 무너지지 않도록 지지하는 구조물) 또는 높이 2미터 이상인 흙막이 지보공

4. 동력을 이용하여 움직이는 가설구조물
② 법 제71조제1항 본문에서 "건축·토목 분야의 전문가 등 대통령령으로 정하는 전문가"란 공단 또는 다음 각 호의 어느 하나에 해당하는 사람으로서 해당 건설공사도급인 또는 관계수급인에게 고용되지 않은 사람을 말한다.
1. 「국가기술자격법」에 따른 건축구조기술사(토목공사 및 제1항제3호의 구조물의 경우는 제외한다)
2. 「국가기술자격법」에 따른 토목구조기술사(토목공사로 한정한다)
3. 「국가기술자격법」에 따른 토질및기초기술사(제1항제3호의 구조물의 경우로 한정한다)
4. 「국가기술자격법」에 따른 건설기계기술사(제1항제4호의 구조물의 경우로 한정한다)

제59조【기술지도계약 체결 대상 건설공사 및 체결 시기】 ① 법 제73조제1항에서 "대통령령으로 정하는 건설공사"란 공사금액 1억원 이상 120억원(「건설산업기본법 시행령」 별표1의 종합공사를 시공하는 업종의 건설업종란 제1호의 토목공사업에 속하는 공사는 150억원) 미만인 공사와 「건축법」 제11조에 따른 건축허가의 대상이 되는 공사를 말한다. 다만, 다음 각 호의 어느 하나에 해당하는 공사는 제외한다.(2022.8.16 본문개정)
1. 공사기간이 1개월 미만인 공사
2. 육지와 연결되지 않은 섬 지역(제주특별자치도는 제외한다)에서 이루어지는 공사
3. 사업주가 별표4에 따른 안전관리자의 자격을 가진 사람을 선임(같은 광역지방자치단체의 구역 내에서 같은 사업주가 시공하는 셋 이하의 공사에 대하여 공동으로 안전관리자의 자격을 가진 사람 1명을 선임한 경우를 포함한다)하여 제18조제1항 각 호에 따른 안전관리자의 업무만을 전담하도록 하는 공사
4. 법 제42조제1항에 따라 유해위험방지계획서를 제출해야 하는 공사
② 제1항에 따른 건설공사의 건설공사발주자 또는 건설공사도급인(건설공사도급인은 건설공사발주자로부터 건설공사를 최초로 도급받은 수급인은 제외한다)은 법 제73조제1항의 건설 산업재해 예방을 위한 지도계약(이하 "기술지도계약"이라 한다)을 해당 건설공사 착공일의 전날까지 체결해야 한다.(2022.8.16 본항신설)
(2022.8.16 본조제목개정)

제60조【건설재해예방전문지도기관의 지도 기준】 법 제73조제1항에 따른 건설재해예방전문지도기관(이하 "건설재해예방전문지도기관"이라 한다)의 지도업무의 내용, 지도대상 분야, 지도의 수행방법, 그 밖에 필요한 사항은 별표18과 같다.

제61조【건설재해예방전문지도기관의 지정 요건】 법 제74조제1항에 따라 건설재해예방전문지도기관으로 지정받을 수 있는 자는 다음 각 호의 어느 하나에 해당하는 자로서 별표19에 따른 인력·시설 및 장비를 갖춘 자로 한다.
1. 법 제145조에 따라 등록한 산업안전지도사(전기안전 또는 건설안전 분야의 산업안전지도사만 해당한다)
2. 건설 산업재해 예방 업무를 하려는 법인

제62조【건설재해예방전문지도기관의 지정신청 등】 ① 법 제74조제1항에 따라 건설재해예방전문지도기관으로 지정받으려는 자는 고용노동부령으로 정하는 바에 따라 건설재해예방전문지도기관 지정신청서를 고용노동부장관에게 제출해야 한다.
② 건설재해예방전문지도기관에 대한 지정서의 재발급 등에 관하여는 고용노동부령으로 정한다.
③ 법 제74조제4항에 따라 준용되는 법 제21조제4항제5호에서 "대통령령으로 정하는 사유에 해당하는 경우"란 다음 각 호의 경우를 말한다.
1. 지도업무 관련 서류를 거짓으로 작성한 경우
2. 정당한 사유 없이 지도업무를 거부한 경우
3. 지도업무를 게을리하거나 지도업무에 차질을 일으킨 경우
4. 별표18에 따른 지도업무의 내용, 지도대상 분야 또는 지도의 수행방법을 위반한 경우
5. 지도를 실시하고 그 결과를 고용노동부장관이 정하는 전산시스템에 3회 이상 입력하지 않은 경우
6. 지도업무와 관련된 비치서류를 보존하지 않은 경우
7. 법에 따른 관계 공무원의 지도·감독을 거부·방해 또는 기피한 경우

제63조【노사협의체의 설치 대상】 법 제75조제1항에서 "대통령령으로 정하는 규모의 건설공사"란 공사금액이 120억원(「건설산업기본법 시행령」 별표1의 종합공사를 시공하는 업종의 건설업종란 제1호에 따른 토목공사업은 150억원) 이상인 건설공사를 말한다.

제64조【노사협의체의 구성】 ① 노사협의체는 다음 각 호에 따라 근로자위원과 사용자위원으로 구성한다.
1. 근로자위원
가. 도급 또는 하도급 사업을 포함한 전체 사업의 근로자대표
나. 근로자대표가 지명하는 명예산업안전감독관 1명. 다만, 명예산업안전감독관이 위촉되어 있지 않은 경우에는 근로자대표가 지명하는 해당 사업장 근로자 1명
다. 공사금액이 20억원 이상인 공사의 관계수급인의 각 근로자대표
2. 사용자위원
가. 도급 또는 하도급 사업을 포함한 전체 사업의 대표자
나. 안전관리자 1명
다. 보건관리자 1명(별표5 제44호에 따른 보건관리자 선임대상 건설업으로 한정한다)
라. 공사금액이 20억원 이상인 공사의 관계수급인의 각 대표자
② 노사협의체의 근로자위원과 사용자위원은 합의하여 노사협의체에 공사금액이 20억원 미만인 공사의 관계수급인 및 관계수급인 근로자대표를 위원으로 위촉할 수 있다.
③ 노사협의체의 근로자위원과 사용자위원은 합의하여 제67조제2호에 따른 사람을 노사협의체에 참여하도록 할 수 있다.

제65조【노사협의체의 운영 등】 ① 노사협의체의 회의는 정기회의와 임시회의로 구분하여 개최하되, 정기회의는 2개월마다 노사협의체의 위원장이 소집하며, 임시회의는 위원장이 필요하다고 인정할 때에 소집한다.
② 노사협의체 위원장의 선출, 노사협의체의 회의, 노사협의체에서 의결되지 않은 사항에 대한 처리방법 및 회의 결과 등의 공지에 관하여는 각각 제36조, 제37조제2항부터 제4항까지, 제38조 및 제39조를 준용한다. 이 경우 "산업안전보건위원회"는 "노사협의체"로 본다.

제66조【기계·기구 등】 법 제76조에서 "타워크레인 등 대통령령으로 정하는 기계·기구 또는 설비 등"이란 다음 각 호의 어느 하나에 해당하는 기계·기구 또는 설비를 말한다.
1. 타워크레인
2. 건설용 리프트
3. 항타기(해머나 동력을 사용하여 말뚝을 박는 기계) 및 항발기(박힌 말뚝을 빼내는 기계)

제67조【특수형태근로종사자의 범위 등】 법 제77조제1항제1호에 따른 요건을 충족하는 사람은 다음 각 호의 어느 하나에 해당하는 사람으로 한다.
1. 보험을 모집하는 사람으로서 다음 각 목의 어느 하나에 해당하는 사람
가. 「보험업법」 제83조제1항제1호에 따른 보험설계사
나. 「우체국예금·보험에 관한 법률」에 따른 우체국보험의 모집을 전업(專業)으로 하는 사람
2. 「건설기계관리법」 제3조제1항에 따라 등록된 건설기계를 직접 운전하는 사람
3. 「통계법」 제22조에 따라 통계청장이 고시하는 직업에 관한 표준분류(이하 "한국표준직업분류표"라 한다)의 세세분류에 따른 학습지 방문강사, 교육 교구 방문강사, 그 밖에 회원의 가정 등을 직접 방문하여 아동이나 학생 등을 가르치는 사람(2021.11.19 본호개정)
4. 「체육시설의 설치·이용에 관한 법률」 제7조에 따라 직장체육시설로 설치된 골프장 또는 같은 법 제19조에 따라 체육시설업의 등록을 한 골프장에서 골프경기를 보조하는 골프장 캐디
5. 한국표준직업분류표의 세분류에 따른 택배원으로서 택배사업(소화물을 집화·수송 과정을 거쳐 배송하는 사업을 말한다)에서 집화 또는 배송 업무를 하는 사람
6. 한국표준직업분류표의 세분류에 따른 택배원으로서 고용노동부장관이 정하는 기준에 따라 주로 하나의 퀵서비스업자로부터 업무를 의뢰받아 배송 업무를 하는 사람
7. 「대부업 등의 등록 및 금융이용자 보호에 관한 법률」 제3조제1항 단서에 따른 대출모집인
8. 「여신전문금융업법」 제14조의2제1항제2호에 따른 신용카드회원 모집인
9. 고용노동부장관이 정하는 기준에 따라 주로 하나의 대리운전업자로부터 업무를 의뢰받아 대리운전 업무를 하는 사람
10. 「방문판매 등에 관한 법률」 제2조제2호 또는 제8호의 방문판매원이나 후원방문판매원으로서 고용노동부장관이 정하는 기준에 따라 상시적으로 방문판매업무를 하는 사람(2021.11.19 본호신설)
11. 한국표준직업분류표의 세세분류에 따른 대여 제품 방문점검원(2021.11.19 본호신설)
12. 한국표준직업분류표의 세분류에 따른 가전제품 설치 및 수리원으로서 가전제품을 배송, 설치 및 시운전하여 작동상태를 확인하는 사람(2021.11.19 본호신설)
13. 「화물자동차 운수사업법」에 따른 화물차주로서 다음 각 목의 어느 하나에 해당하는 사람
가. 「자동차관리법」 제3조제1항제4호의 특수자동차로 수출입 컨테이너를 운송하는 사람
나. 「자동차관리법」 제3조제1항제4호의 특수자동차로 시멘트를 운송하는 사람
다. 「자동차관리법」 제2조제1호 본문의 피견인자동차나 「자동차관리법」 제3조제1항제3호의 일반형 화물자동차로 철강재를 운송하는 사람
라. 「자동차관리법」 제3조제1항제3호의 일반형 화물자동차나 특수용도형 화물자동차로 「물류정책기본법」 제29조제1항 각 호의 위험물질을 운송하는 사람
(2021.11.19 본호신설)
14. 「소프트웨어 진흥법」에 따른 소프트웨어사업에서 노무를 제공하는 소프트웨어기술자(2021.11.19 본호신설)

제68조【안전 및 보건 교육 대상 특수형태근로종사자】 법 제77조제2항에서 "대통령령으로 정하는 특수형태근로종사자"란 법 제67조제2호, 제4호부터 제6호까지 및 제9호부터 제13호까지의 규정에 따른 사람을 말한다.
(2021.11.19 본조개정)

제69조【산업재해 예방 조치 시행 대상】 법 제79조제1항 각 호 외의 부분에서 "대통령령으로 정하는 가맹본부"란 「가맹사업거래의 공정화에 관한 법률」 제6조의2에 따라 등록한 정보공개서(직전 사업연도 말 기준으로 등록된 것을 말한다)상 업종이 다음 각 호의 어느 하나에 해당하는 경우로서 가맹점의 수가 200개 이상인 가맹본부를 말한다.(2020.9.8 본문개정)
1. 대분류가 외식업인 경우
2. 대분류가 도소매업으로서 중분류가 편의점인 경우

제6장 유해·위험 기계 등에 대한 조치

제70조【방호조치를 해야 하는 유해하거나 위험한 기계·기구】 법 제80조제1항에서 "대통령령으로 정하는 것"이란 별표20에 따른 기계·기구를 말한다.

제71조【대여자 등이 안전조치 등을 해야 하는 기계·기구 등】 법 제81조에서 "대통령령으로 정하는 기계·기구·설비 및 건축물 등"이란 별표21에 따른 기계·기구·설비 및 건축물 등을 말한다.

제72조【타워크레인 설치·해체업의 등록요건】 ① 법 제82조제1항 전단에 따라 타워크레인을 설치하거나 해체하려는 자가 갖추어야 하는 인력·시설 및 장비의 기준은 별표22와 같다.
② 법 제82조제1항 후단에서 "대통령령으로 정하는 중요한 사항"이란 다음 각 호의 사항을 말한다.
1. 업체의 명칭(상호)
2. 업체의 소재지
3. 대표자의 성명

제73조【타워크레인 설치·해체업의 등록 취소 등의 사유】 법 제82조제4항에 따라 준용되는 법 제21조제4항제5호에서 "대통령령으로 정하는 사유에 해당하는 경우"란 다음 각 호의 어느 하나에 해당하는 경우를 말한다.
1. 법 제38조에 따른 안전조치를 준수하지 않아 벌금형 또는 금고 이상의 형의 선고를 받은 경우
2. 법에 따른 관계 공무원의 지도·감독을 거부·방해 또는 기피한 경우

제74조【안전인증대상기계등】 ① 법 제84조제1항에서 "대통령령으로 정하는 것"이란 다음 각 호의 어느 하나에 해당하는 것을 말한다.
1. 다음 각 목의 어느 하나에 해당하는 기계 또는 설비
가. 프레스
나. 전단기 및 절곡기(折曲機)
다. 크레인
라. 리프트
마. 압력용기
바. 롤러기
사. 사출성형기(射出成形機)
아. 고소(高所) 작업대
자. 곤돌라
2. 다음 각 목의 어느 하나에 해당하는 방호장치
가. 프레스 및 전단기 방호장치
나. 양중기용(揚重機用) 과부하 방지장치
다. 보일러 압력방출용 안전밸브
라. 압력용기 압력방출용 안전밸브
마. 압력용기 압력방출용 파열판
바. 절연용 방호구 및 활선작업용(活線作業用) 기구
사. 방폭구조(防爆構造) 전기기계·기구 및 부품
아. 추락·낙하 및 붕괴 등의 위험 방지 및 보호에 필요한 가설기자재로서 고용노동부장관이 정하여 고시하는 것
자. 충돌·협착 등의 위험 방지에 필요한 산업용 로봇 방호장치로서 고용노동부장관이 정하여 고시하는 것
3. 다음 각 목의 어느 하나에 해당하는 보호구
가. 추락 및 감전 위험방지용 안전모
나. 안전화
다. 안전장갑
라. 방진마스크
마. 방독마스크
바. 송기(送氣)마스크
사. 전동식 호흡보호구
아. 보호복
자. 안전대
차. 차광(遮光) 및 비산물(飛散物) 위험방지용 보안경
카. 용접용 보안면
타. 방음용 귀마개 또는 귀덮개

② 안전인증대상기계등의 세부적인 종류, 규격 및 형식은 고용노동부장관이 정하여 고시한다.

제75조【안전인증기관의 지정 요건】 법 제88조제1항에 따른 안전인증기관(이하 "안전인증기관"이라 한다)으로 지정받을 수 있는 자는 다음 각 호의 어느 하나에 해당하는 자로 한다.

1. 공단
2. 다음 각 목의 어느 하나에 해당하는 기관으로서 별표23에 따른 인력·시설 및 장비를 갖춘 기관
   가. 산업 안전·보건 또는 산업재해 예방을 목적으로 설립된 비영리법인
   나. 기계 및 설비 등의 인증·검사, 생산기술의 연구개발·교육·평가 등의 업무를 목적으로 설립된 「공공기관의 운영에 관한 법률」에 따른 공공기관

제76조【안전인증기관의 지정 취소 등의 사유】 법 제88조제5항에 따라 준용되는 법 제21조제4항제5호에서 "대통령령으로 정하는 사유에 해당하는 경우"란 다음 각 호의 경우를 말한다.

1. 안전인증 관련 서류를 거짓으로 작성한 경우
2. 정당한 사유 없이 안전인증 업무를 거부한 경우
3. 안전인증 업무를 게을리하거나 업무에 차질을 일으킨 경우
4. 안전인증·확인의 방법 및 절차를 위반한 경우
5. 법에 따른 관계 공무원의 지도·감독을 거부·방해 또는 기피한 경우

제77조【자율안전확인대상기계등】 ① 법 제89조제1항 각 호 외의 부분 본문에서 "대통령령으로 정하는 것"이란 다음 각 호의 어느 하나에 해당하는 것을 말한다.

1. 다음 각 목의 어느 하나에 해당하는 기계 또는 설비
   가. 연삭기(硏削機) 또는 연마기. 이 경우 휴대형은 제외한다.
   나. 산업용 로봇
   다. 혼합기
   라. 파쇄기 또는 분쇄기
   마. 식품가공용 기계(파쇄·절단·혼합·제면기만 해당한다)
   바. 컨베이어
   사. 자동차정비용 리프트
   아. 공작기계(선반, 드릴기, 평삭·형삭기, 밀링만 해당한다)
   자. 고정형 목재가공용 기계(둥근톱, 대패, 루타기, 띠톱, 모떼기 기계만 해당한다)
   차. 인쇄기
2. 다음 각 목의 어느 하나에 해당하는 방호장치
   가. 아세틸렌 용접장치용 또는 가스집합 용접장치용 안전기
   나. 교류 아크용접기용 자동전격방지기
   다. 롤러기 급정지장치
   라. 연삭기 덮개
   마. 목재 가공용 둥근톱 반발 예방장치와 날 접촉 예방장치
   바. 동력식 수동대패용 칼날 접촉 방지장치
   사. 추락·낙하 및 붕괴 등의 위험 방지 및 보호에 필요한 가설기자재(제74조제1항제2호아목의 가설기자재는 제외한다)로서 고용노동부장관이 정하여 고시하는 것
3. 다음 각 목의 어느 하나에 해당하는 보호구
   가. 안전모(제74조제1항제3호가목의 안전모는 제외한다)
   나. 보안경(제74조제1항제3호차목의 보안경은 제외한다)
   다. 보안면(제74조제1항제3호카목의 보안면은 제외한다)

② 자율안전확인대상기계등의 세부적인 종류, 규격 및 형식은 고용노동부장관이 정하여 고시한다.

제78조【안전검사대상기계등】 ① 법 제93조제1항 전단에서 "대통령령으로 정하는 것"이란 다음 각 호의 어느 하나에 해당하는 것을 말한다.

1. 프레스
2. 전단기
3. 크레인(정격 하중이 2톤 미만인 것은 제외한다)
4. 리프트
5. 압력용기
6. 곤돌라
7. 국소 배기장치(이동식은 제외한다)
8. 원심기(산업용만 해당한다)
9. 롤러기(밀폐형 구조는 제외한다)
10. 사출성형기[형 체결력(型 締結力) 294킬로뉴턴(KN) 미만은 제외한다]
11. 고소작업대(「자동차관리법」 제3조제3호 또는 제4호에 따른 화물자동차 또는 특수자동차에 탑재한 고소작업대로 한정한다)
12. 컨베이어
13. 산업용 로봇

② 법 제93조제1항에 따른 안전검사대상기계등의 세부적인 종류, 규격 및 형식은 고용노동부장관이 정하여 고시한다.

제79조【안전검사기관의 지정 요건】 법 제96조제1항에 따른 안전검사기관(이하 "안전검사기관"이라 한다)으로 지정받을 수 있는 자는 다음 각 호의 어느 하나에 해당하는 자로 한다.

1. 공단
2. 다음 각 목의 어느 하나에 해당하는 기관으로서 별표24에 따른 인력·시설 및 장비를 갖춘 기관
   가. 산업안전·보건 또는 산업재해 예방을 목적으로 설립된 비영리법인
   나. 기계 및 설비 등의 인증·검사, 생산기술의 연구개발·교육·평가 등의 업무를 목적으로 설립된 「공공기관의 운영에 관한 법률」에 따른 공공기관

제80조【안전검사기관의 지정 취소 등의 사유】 법 제96조제5항에 따라 준용되는 법 제21조제4항제5호에서 "대통령령으로 정하는 사유에 해당하는 경우"란 다음 각 호의 경우를 말한다.

1. 안전검사 관련 서류를 거짓으로 작성한 경우
2. 정당한 사유 없이 안전검사 업무를 거부한 경우
3. 안전검사 업무를 게을리하거나 업무에 차질을 일으킨 경우
4. 안전검사·확인의 방법 및 절차를 위반한 경우
5. 법에 따른 관계 공무원의 지도·감독을 거부·방해 또는 기피한 경우

제81조【자율안전검사기관의 지정 요건】 법 제100조제1항에 따른 자율안전검사기관(이하 "자율안전검사기관"이라 한다)으로 지정받으려는 자는 별표25에 따른 인력·시설 및 장비를 갖추어야 한다.

제82조【자율안전검사기관의 지정 취소 등의 사유】 법 제100조제4항에 따라 준용되는 법 제21조제4항제5호에서 "대통령령으로 정하는 사유에 해당하는 경우"란 다음 각 호의 경우를 말한다.

1. 검사 관련 서류를 거짓으로 작성한 경우
2. 정당한 사유 없이 검사업무의 수탁을 거부한 경우
3. 검사업무를 하지 않고 위탁 수수료를 받은 경우
4. 검사 항목을 생략하거나 검사방법을 준수하지 않은 경우
5. 검사 결과의 판정기준을 준수하지 않거나 검사 결과에 따른 안전조치 의견을 제시하지 않은 경우

제83조【성능시험 등】 ① 법 제101조에 따른 제품 제조 과정 조사는 안전인증대상기계등 또는 자율안전확인대상기계등이 법 제83조제1항에 따른 안전인증기준 또는 법 제89조제1항에 따른 자율안전기준에 맞게 제조되었는지를 대상으로 한다.

② 고용노동부장관은 법 제101조에 따라 법 제83조제1항에 따른 유해·위험기계등(이하 "유해·위험기계등"이라 한다)의 성능시험을 하는 경우에는 제조·수입·양도·대여하거나 양도·대여의 목적으로 진열된 유해·위험기계등 중에서 그 시료(試料)를 수거하여 실시한다.

③ 제1항 및 제2항에 따른 제품 제조 과정 조사 및 성능시험의 절차 및 방법 등에 관하여 필요한 사항은 고용노동부령으로 정한다.

제7장 유해·위험물질에 대한 조치

제84조【유해인자 허용기준 이하 유지 대상 유해인자】 법 제107조제1항 각 호 외의 부분 본문에서 "대통령령으로 정하는 유해인자"란 별표26 각 호에 따른 유해인자를 말한다.

제85조【유해성·위험성 조사 제외 화학물질】 법 제108조제1항 각 호 외의 부분 본문에서 "대통령령으로 정하는 화학물질"이란 다음 각 호의 어느 하나에 해당하는 화학물질을 말한다.

1. 원소
2. 천연으로 산출된 화학물질
3. 「건강기능식품에 관한 법률」 제3조제1호에 따른 건강기능식품
4. 「군수품관리법」 제2조 및 「방위사업법」 제3조제2호에 따른 군수품[「군수품관리법」 제3조에 따른 통상품(痛常品)은 제외한다]
5. 「농약관리법」 제2조제1호 및 제3호에 따른 농약 및 원제
6. 「마약류 관리에 관한 법률」 제2조제1호에 따른 마약류
7. 「비료관리법」 제2조제1호에 따른 비료
8. 「사료관리법」 제2조제1호에 따른 사료
9. 「생활화학제품 및 살생물제의 안전관리에 관한 법률」 제3조제7호 및 제8호에 따른 살생물물질 및 살생물제품
10. 「식품위생법」 제2조제1호 및 제2호에 따른 식품 및 식품첨가물
11. 「약사법」 제2조제4호 및 제7호에 따른 의약품 및 의약외품(醫藥外品)
12. 「원자력안전법」 제2조제5호에 따른 방사성물질
13. 「위생용품 관리법」 제2조제1호에 따른 위생용품
14. 「의료기기법」 제2조제1항에 따른 의료기기
15. 「총포·도검·화약류 등의 안전관리에 관한 법률」 제2조제3항에 따른 화약류
16. 「화장품법」 제2조제1호에 따른 화장품과 화장품에 사용하는 원료
17. 법 제108조제3항에 따라 고용노동부장관이 명칭, 유해성·위험성, 근로자의 건강장해 예방을 위한 조치 사항 및 연간 제조량·수입량을 공표한 물질로서 공표된 연간 제조량·수입량 이하로 제조하거나 수입한 물질
18. 고용노동부장관이 환경부장관과 협의하여 고시하는 화학물질 목록에 기록되어 있는 물질

제86조【물질안전보건자료의 작성·제출 제외 대상 화학물질 등】 법 제110조제1항 각 호 외의 부분 전단에서 "대통령령으로 정하는 것"이란 다음 각 호의 어느 하나에 해당하는 것을 말한다.

1. 「건강기능식품에 관한 법률」 제3조제1호에 따른 건강기능식품
2. 「농약관리법」 제2조제1호에 따른 농약
3. 「마약류 관리에 관한 법률」 제2조제2호 및 제3호에 따른 마약 및 향정신성의약품
4. 「비료관리법」 제2조제1호에 따른 비료
5. 「사료관리법」 제2조제1호에 따른 사료
6. 「생활주변방사선 안전관리법」 제2조제2호에 따른 원료물질
7. 「생활화학제품 및 살생물제의 안전관리에 관한 법률」 제3조제4호 및 제8호에 따른 안전확인대상생활화학제품 및 살생물제품 중 일반소비자의 생활용으로 제공되는 제품
8. 「식품위생법」 제2조제1호 및 제2호에 따른 식품 및 식품첨가물
9. 「약사법」 제2조제4호 및 제7호에 따른 의약품 및 의약외품
10. 「원자력안전법」 제2조제5호에 따른 방사성물질
11. 「위생용품 관리법」 제2조제1호에 따른 위생용품
12. 「의료기기법」 제2조제1항에 따른 의료기기

12의2. 「첨단재생의료 및 첨단바이오의약품 안전 및 지원에 관한 법률」 제2조제5호에 따른 첨단바이오의약품 (2020.8.27 본호신설)

13. 「총포·도검·화약류 등의 안전관리에 관한 법률」 제2조제3항에 따른 화약류
14. 「폐기물관리법」 제2조제1호에 따른 폐기물
15. 「화장품법」 제2조제1호에 따른 화장품
16. 제1호부터 제15호까지의 규정 외의 화학물질 또는 혼합물로서 일반소비자의 생활용으로 제공되는 것(일반소비자의 생활용으로 제공되는 화학물질 또는 혼합물이 사업장 내에서 취급되는 경우를 포함한다)
17. 고용노동부장관이 정하여 고시하는 연구·개발용 화학물질 또는 화학제품. 이 경우 법 제110조제1항부터 제3항까지의 규정에 따른 자료의 제출만 제외된다.
18. 그 밖에 고용노동부장관이 독성·폭발성 등으로 인한 위해의 정도가 적다고 인정하여 고시하는 화학물질

제87조【제조 등이 금지되는 유해물질】 법 제117조제1항 각 호 외의 부분에서 "대통령령으로 정하는 물질"이란 다음 각 호의 물질을 말한다.(2020.9.8 본문개정)

1. β-나프틸아민[91-59-8]과 그 염(β-Naphthylamine and its salts)
2. 4-니트로디페닐[92-93-3]과 그 염(4-Nitrodiphenyl and its salts)
3. 백연[1319-46-6]을 포함한 페인트(포함된 중량의 비율이 2퍼센트 이하인 것은 제외한다)(2020.9.8 본호개정)
4. 벤젠[71-43-2]을 포함하는 고무풀(포함된 중량의 비율이 5퍼센트 이하인 것은 제외한다)(2020.9.8 본호개정)
5. 석면(Asbestos ; 1332-21-4 등)
6. 폴리클로리네이티드 터페닐(Polychlorinated terphenyls ; 61788-33-8 등)
7. 황린(黃燐)[12185-10-3] 성냥(Yellow phosphorus match)
8. 제1호, 제2호, 제5호 또는 제6호에 해당하는 물질을 포함한 혼합물(포함된 중량의 비율이 1퍼센트 이하인 것은 제외한다)(2020.9.8 본호개정)
9. 「화학물질관리법」 제2조제5호에 따른 금지물질(같은 법 제3조제1항제1호부터 제12호까지의 규정에 해당하는 화학물질은 제외한다)
10. 그 밖에 보건상 해로운 물질로서 산업재해보상보험및예방심의위원회의 심의를 거쳐 고용노동부장관이 정하는 유해물질

제88조【허가 대상 유해물질】 법 제118조제1항 전단에서 "대체물질이 개발되지 아니한 물질 등 대통령령으로 정하는 물질"이란 다음 각 호의 물질을 말한다.

1. α-나프틸아민[134-32-7] 및 그 염(α-Naphthylamine and its salts)
2. 디아니시딘[119-90-4] 및 그 염(Dianisidine and its salts)
3. 디클로로벤지딘[91-94-1] 및 그 염(Dichlorobenzidine and its salts)
4. 베릴륨(Beryllium ; 7440-41-7)
5. 벤조트리클로라이드(Benzotrichloride ; 98-07-7)
6. 비소[7440-38-2] 및 그 무기화합물(Arsenic and its inorganic compounds)
7. 염화비닐(Vinyl chloride ; 75-01-4)
8. 콜타르피치[65996-93-2] 휘발물(Coal tar pitch volatiles)
9. 크롬광 가공(열을 가하여 소성 처리하는 경우만 해당한다)(Chromite ore processing)
10. 크롬산 아연(Zinc chromates ; 13530-65-9 등)
11. o-톨리딘[119-93-7] 및 그 염(o-Tolidine and its salts)

12. 황화니켈류(Nickel sulfides ; 12035-72-2, 16812-54-7)
13. 제1호부터 제4호까지 또는 제6호부터 제12호까지의 어느 하나에 해당하는 물질을 포함한 혼합물(포함된 중량의 비율이 1퍼센트 이하인 것은 제외한다)(2020.9.8 본호개정)
14. 제5호의 물질을 포함한 혼합물(포함된 중량의 비율이 0.5퍼센트 이하인 것은 제외한다)(2020.9.8 본호개정)
15. 그 밖에 보건상 해로운 물질로서 산업재해보상보험및예방심의위원회의 심의를 거쳐 고용노동부장관이 정하는 유해물질

제89조【기관석면조사 대상】 ① 법 제119조제2항 각 호 외의 부분 본문에서 "대통령령으로 정하는 규모 이상"이란 다음 각 호의 어느 하나에 해당하는 경우를 말한다.
1. 건축물(제2호에 따른 주택은 제외한다. 이하 이 호에서 같다)의 연면적 합계가 50제곱미터 이상이면서, 그 건축물의 철거·해체하려는 부분의 면적 합계가 50제곱미터 이상인 경우
2. 주택(「건축법 시행령」 제2조제12호에 따른 부속건축물을 포함한다. 이하 이 호에서 같다)의 연면적 합계가 200제곱미터 이상이면서, 그 주택의 철거·해체하려는 부분의 면적 합계가 200제곱미터 이상인 경우
3. 설비의 철거·해체하려는 부분에 다음 각 목의 어느 하나에 해당하는 자재(물질을 포함한다. 이하 같다)를 사용한 면적의 합이 15제곱미터 이상 또는 그 부피의 합이 1세제곱미터 이상인 경우
가. 단열재
나. 보온재
다. 분무재
라. 내화피복재(耐火被覆材)
마. 개스킷(Gasket : 누설방지재)
바. 패킹재(Packing material : 틈박이재)
사. 실링재(Sealing material : 액상 메움재)
아. 그 밖에 가목부터 사목까지의 자재와 유사한 용도로 사용되는 자재로서 고용노동부장관이 정하여 고시하는 자재
4. 파이프 길이의 합이 80미터 이상이면서, 그 파이프의 철거·해체하려는 부분의 보온재로 사용된 길이의 합이 80미터 이상인 경우

② 법 제119조제2항 각 호 외의 부분 단서에서 "석면함유 여부가 명백한 경우 등 대통령령으로 정하는 사유"란 다음 각 호의 어느 하나에 해당하는 경우를 말한다.
1. 건축물이나 설비의 철거·해체 부분에 사용된 자재가 설계도서, 자재 이력 등 관련 자료를 통해 석면을 포함하고 있지 않음이 명백하다고 인정되는 경우
2. 건축물이나 설비의 철거·해체 부분에 석면이 중량비율 1퍼센트가 넘게 포함된 자재를 사용하였음이 명백하다고 인정되는 경우

(2020.9.8 1호~2호개정)

제90조【석면조사기관의 지정 요건 등】 법 제120조제1항에 따라 석면조사기관으로 지정받을 수 있는 자는 다음 각 호의 어느 하나에 해당하는 자로서 별표27에 따른 인력·시설 및 장비를 갖추고 법 제120조제2항에 따라 고용노동부장관이 실시하는 석면조사기관의 석면조사 능력 확인에서 적합 판정을 받은 자로 한다.
1. 국가 또는 지방자치단체의 소속기관
2. 「의료법」에 따른 종합병원 또는 병원
3. 「고등교육법」 제2조제1호부터 제6호까지의 규정에 따른 대학 또는 그 부속기관
4. 석면조사 업무를 하려는 법인

제91조【석면조사기관의 지정 취소 등의 사유】 법 제120조제5항에 따라 준용되는 법 제21조제4항제5호에서 "대통령령으로 정하는 사유에 해당하는 경우"란 다음 각 호의 경우를 말한다.
1. 법 제119조제2항의 기관석면조사 또는 법 제124조제1항의 공기 중 석면농도 관련 서류를 거짓으로 작성한 경우
2. 정당한 사유 없이 석면조사 업무를 거부한 경우
3. 제90조에 따른 인력기준에 해당하지 않는 사람에게 석면조사 업무를 수행하게 한 경우
4. 법 제119조제5항에 따라 고용노동부령으로 정하는 조사 방법과 그 밖에 필요한 사항을 위반한 경우
5. 법 제120조제2항에 따라 고용노동부장관이 실시하는 석면조사기관의 석면조사 능력 확인을 받지 않거나 부적합 판정을 받은 경우
6. 법 제124조제2항에 따른 자격을 갖추지 않은 자에게 석면농도를 측정하게 한 경우
7. 법 제124조제2항에 따른 석면농도 측정방법을 위반한 경우
8. 법에 따른 관계 공무원의 지도·감독을 거부·방해 또는 기피한 경우

제92조【석면해체·제거업자의 등록 요건】 법 제121조제1항에 따라 석면해체·제거업자로 등록하려는 자는 별표28에 따른 인력·시설 및 장비를 갖추어야 한다.

제93조【석면해체·제거업자의 등록 취소 등의 사유】 법 제121조제4항에 따라 준용되는 법 제21조제4항제5호에서 "대통령령으로 정하는 사유에 해당하는 경우"란 다음 각 호의 경우를 말한다.
1. 법 제122조제3항에 따른 서류를 거짓이나 그 밖의 부정한 방법으로 작성한 경우
2. 법 제122조제3항에 따른 신고(변경신고는 제외한다) 또는 서류 보존 의무를 이행하지 않은 경우
3. 법 제123조제1항에 따라 고용노동부령으로 정하는 석면해체·제거의 작업기준을 준수하지 않아 벌금형의 선고 또는 금고 이상의 형의 선고를 받은 경우
4. 법에 따른 관계 공무원의 지도·감독을 거부·방해 또는 기피한 경우

제94조【석면해체·제거업자를 통한 석면해체·제거 대상】 ① 법 제122조제1항 본문에서 "대통령령으로 정하는 함유량과 면적 이상의 석면이 포함되어 있는 경우"란 다음 각 호의 어느 하나에 해당하는 경우를 말한다.
1. 철거·해체하려는 벽체재료, 바닥재, 천장재 및 지붕재 등의 자재에 석면이 중량비율 1퍼센트가 넘게 포함되어 있고 그 자재의 면적의 합이 50제곱미터 이상인 경우
2. 석면이 중량비율 1퍼센트가 넘게 포함된 분무재 또는 내화피복재를 사용한 경우
3. 석면이 중량비율 1퍼센트가 넘게 포함된 제89조제1항제3호 각 목의 어느 하나(다목 및 라목은 제외한다)에 해당하는 자재의 면적의 합이 15제곱미터 이상 또는 그 부피의 합이 1세제곱미터 이상인 경우
4. 파이프에 사용된 보온재에서 석면이 중량비율 1퍼센트가 넘게 포함되어 있고 그 보온재 길이의 합이 80미터 이상인 경우

(2020.9.8 본항개정)

② 법 제122조제1항 단서에서 "석면해체·제거업자와 동등한 능력을 갖추고 있는 경우 등 대통령령으로 정하는 사유에 해당할 경우"란 석면해체·제거작업을 스스로 하려는 자가 제92조 및 별표28에 따른 인력·시설 및 장비를 갖추고 고용노동부령으로 정하는 바에 따라 이를 증명하는 경우를 말한다.

제8장 근로자 보건관리

제95조【작업환경측정기관의 지정 요건】 법 제126조제1항에 따라 작업환경측정기관으로 지정받을 수 있는 자는 다음 각 호의 어느 하나에 해당하는 자로서 작업환경측정기관의 유형별로 별표29에 따른 인력·시설 및 장비를 갖추고 법 제126조제2항에 따라 고용노동부장관이 실시하는 작업환경측정기관의 측정·분석능력 확인에서 적합 판정을 받은 자로 한다.
1. 국가 또는 지방자치단체의 소속기관
2. 「의료법」에 따른 종합병원 또는 병원
3. 「고등교육법」 제2조제1호부터 제6호까지의 규정에 따른 대학 또는 그 부속기관
4. 작업환경측정 업무를 하려는 법인
5. 작업환경측정 대상 사업장의 부속기관(해당 부속기관이 소속된 사업장 등 고용노동부령으로 정하는 범위로 한정하여 지정받으려는 경우로 한정한다)

제96조【작업환경측정기관의 지정 취소 등의 사유】 법 제126조제5항에 따라 준용되는 법 제21조제4항제5호에서 "대통령령으로 정하는 사유에 해당하는 경우"란 다음 각 호의 경우를 말한다.
1. 작업환경측정 관련 서류를 거짓으로 작성한 경우
2. 정당한 사유 없이 작업환경측정 업무를 거부한 경우
3. 위탁받은 작업환경측정 업무에 차질을 일으킨 경우
4. 법 제125조제8항에 따라 고용노동부령으로 정하는 작업환경측정 방법 등을 위반한 경우
5. 법 제126조제2항에 따라 고용노동부장관이 실시하는 작업환경측정기관의 측정·분석능력 확인을 1년 이상 받지 않거나 작업환경측정기관의 측정·분석능력 확인에서 부적합 판정을 받은 경우
6. 작업환경측정 업무와 관련된 비치서류를 보존하지 않은 경우
7. 법에 따른 관계 공무원의 지도·감독을 거부·방해 또는 기피한 경우

제96조의2【휴게시설 설치·관리기준 준수 대상 사업장의 사업주】 법 제128조의2제2항에서 "사업의 종류 및 사업장의 상시 근로자 수 등 대통령령으로 정하는 기준에 해당하는 사업장"이란 다음 각 호의 어느 하나에 해당하는 사업장을 말한다.
1. 상시근로자(관계수급인의 근로자를 포함한다. 이하 제2호에서 같다) 20명 이상을 사용하는 사업장(건설업의 경우에는 관계수급인의 공사금액을 포함한 해당 공사의 총공사금액이 20억원 이상인 사업장으로 한정한다)
2. 다음 각 목의 어느 하나에 해당하는 직종(「통계법」 제22조제1항에 따라 통계청장이 고시하는 한국표준직업분류에 따른다)의 상시근로자가 2명 이상인 사업장으로서 상시근로자 10명 이상 20명 미만을 사용하는 사업장(건설업은 제외한다)
가. 전화 상담원
나. 돌봄 서비스 종사원
다. 텔레마케터
라. 배달원
마. 청소원 및 환경미화원
바. 아파트 경비원
사. 건물 경비원

(2022.8.16 본조신설)

제97조【특수건강진단기관의 지정 요건】 ① 법 제135조제1항에 따라 특수건강진단기관으로 지정받을 수 있는 자는 「의료법」에 따른 의료기관으로서 별표30에 따른 인력·시설 및 장비를 갖추고 법 제135조제3항에 따라 고용노동부장관이 실시하는 특수건강진단기관의 진단·분석능력 확인에서 적합 판정을 받은 자로 한다.

② 제1항에도 불구하고 고용노동부장관은 법 제135조제1항에 따른 특수건강진단기관이 없는 시·군(「수도권정비계획법」 제2조제1호에 따른 수도권에 속하는 시는 제외한다) 또는 「제주특별자치도 설치 및 국제자유도시 조성을 위한 특별법」 제10조에 따른 행정시의 경우에는 고용노동부령으로 정하는 유해인자에 대하여 「건강검진기본법」 제3조제2호에 따른 건강검진기관 중 고용노동부령으로 정하는 건강검진기관으로서 해당 기관에 「의료법」에 따른 의사(특수건강진단과 관련하여 고용노동부장관이 정하는 교육을 이수한 의사를 말한다) 및 간호사가 각각 1명 이상 있는 의료기관을 해당 지역의 특수건강진단기관으로 지정할 수 있다.<2023.1.31까지 유효 : 영 제31387호 부칙 제3조 참조>

제98조【특수건강진단기관의 지정 취소 등의 사유】 법 제135조제6항에 따라 준용되는 법 제21조제4항제5호에서 "대통령령으로 정하는 사유에 해당하는 경우"란 다음 각 호의 경우를 말한다.
1. 고용노동부령으로 정하는 검사항목을 빠뜨리거나 검사방법 및 실시 절차를 준수하지 않고 건강진단을 하는 경우
2. 고용노동부령으로 정하는 건강진단의 비용을 줄이는 등의 방법으로 건강진단을 유인하거나 건강진단의 비용을 부당하게 징수한 경우
3. 법 제135조제3항에 따라 고용노동부장관이 실시하는 특수건강진단기관의 진단·분석 능력 확인에서 부적합 판정을 받은 경우
4. 건강진단 결과를 거짓으로 판정하거나 고용노동부령으로 정하는 건강진단 개인표 등 건강진단 관련 서류를 거짓으로 작성한 경우
5. 무자격자 또는 제97조에 따른 특수건강진단기관의 지정 요건을 충족하지 못하는 자가 건강진단을 한 경우
6. 정당한 사유 없이 건강진단의 실시를 거부하거나 중단한 경우
7. 정당한 사유 없이 법 제135조제4항에 따른 특수건강진단기관의 평가를 거부한 경우
8. 법에 따른 관계 공무원의 지도·감독을 거부·방해 또는 기피한 경우

제99조【유해·위험작업에 대한 근로시간 제한 등】 ① 법 제139조제1항에서 "높은 기압에서 하는 작업 등 대통령령으로 정하는 작업"이란 잠함(潛函) 또는 잠수 작업 등 높은 기압에서 하는 작업을 말한다.

② 제1항에 따른 작업에서 잠함·잠수 작업시간, 가압·감압방법 등 해당 근로자의 안전과 보건을 유지하기 위하여 필요한 사항은 고용노동부령으로 정한다.

③ 법 제139조제2항에서 "대통령령으로 정하는 유해하거나 위험한 작업"이란 다음 각 호의 어느 하나에 해당하는 작업을 말한다.
1. 갱(坑) 내에서 하는 작업
2. 다량의 고열물체를 취급하는 작업과 현저히 덥고 뜨거운 장소에서 하는 작업
3. 다량의 저온물체를 취급하는 작업과 현저히 춥고 차가운 장소에서 하는 작업
4. 라듐방사선이나 엑스선, 그 밖의 유해 방사선을 취급하는 작업
5. 유리·흙·돌·광물의 먼지가 심하게 날리는 장소에서 하는 작업
6. 강렬한 소음이 발생하는 장소에서 하는 작업
7. 착암기(바위에 구멍을 뚫는 기계) 등에 의하여 신체에 강렬한 진동을 주는 작업
8. 인력(人力)으로 중량물을 취급하는 작업
9. 납·수은·크롬·망간·카드뮴 등의 중금속 또는 이황화탄소·유기용제, 그 밖에 고용노동부령으로 정하는 특정 화학물질의 먼지·증기 또는 가스가 많이 발생하는 장소에서 하는 작업

제100조【교육기관의 지정 취소 등의 사유】 법 제140조제4항에 따라 준용되는 법 제21조제4항제5호에서 "대통령령으로 정하는 사유에 해당하는 경우"란 다음 각 호의 경우를 말한다.
1. 교육과 관련된 서류를 거짓으로 작성한 경우
2. 정당한 사유 없이 특정인에 대한 교육을 거부한 경우
3. 정당한 사유 없이 1개월 이상의 휴업으로 인하여 위탁받은 교육 업무의 수행에 차질을 일으킨 경우
4. 교육과 관련된 비치서류를 보존하지 않은 경우
5. 교육과 관련한 수수료 외의 금품을 받은 경우
6. 법에 따른 관계 공무원의 지도·감독을 거부·방해 또는 기피한 경우

제9장 산업안전지도사 및 산업보건지도사

제101조【산업안전지도사 등의 직무】 ① 법 제142조제1항제4호에서 "대통령령으로 정하는 사항"이란 다음 각 호의 사항을 말한다.

1. 법 제36조에 따른 위험성평가의 지도
2. 법 제49조에 따른 안전보건개선계획서의 작성
3. 그 밖에 산업안전에 관한 사항의 자문에 대한 응답 및 조언

② 법 제142조제2항제6호에서 "대통령령으로 정하는 사항"이란 다음 각 호의 사항을 말한다.

1. 법 제36조에 따른 위험성평가의 지도
2. 법 제49조에 따른 안전보건개선계획서의 작성
3. 그 밖에 산업보건에 관한 사항의 자문에 대한 응답 및 조언

제102조【산업안전지도사 등의 업무 영역별 종류 등】 ① 법 제145조제1항에 따라 등록한 산업안전지도사의 업무 영역은 기계안전·전기안전·화공안전·건설안전 분야로 구분하고, 같은 항에 따라 등록한 산업보건지도사의 업무 영역은 직업환경의학·산업위생 분야로 구분한다.

② 법 제145조제1항에 따라 등록한 산업안전지도사 또는 산업보건지도사(이하 "지도사"라 한다)의 해당 업무 영역별 업무 범위는 별표31과 같다.

제103조【자격시험의 실시 등】 ① 법 제143조제1항에 따른 지도사 자격시험(이하 "지도사 자격시험"이라 한다)은 필기시험과 면접시험으로 구분하여 실시한다.

② 지도사 자격시험 중 필기시험의 업무 영역별 과목 및 범위는 별표32와 같다.

③ 지도사 자격시험 중 필기시험은 제1차 시험과 제2차 시험으로 구분하여 실시하고 제1차 시험은 선택형, 제2차 시험은 논문형을 원칙으로 하되, 각각 주관식 단답형을 추가할 수 있다.

④ 지도사 자격시험 중 제1차 시험은 별표32에 따른 공통필수 Ⅰ, 공통필수 Ⅱ 및 공통필수 Ⅲ의 과목 및 범위로 하고, 제2차 시험은 별표32에 따른 전공필수의 과목 및 범위로 한다.

⑤ 지도사 자격시험 중 제2차 시험은 제1차 시험 합격자에 대해서만 실시한다.

⑥ 지도사 자격시험 중 면접시험은 필기시험 합격자 또는 면제자에 대해서만 실시하되, 다음 각 호의 사항을 평가한다.

1. 전문지식과 응용능력
2. 산업안전·보건제도에 관한 이해 및 인식 정도
3. 상담·지도능력

⑦ 지도사 자격시험의 공고, 응시 절차, 그 밖에 시험에 필요한 사항은 고용노동부령으로 정한다.

제104조【자격시험의 일부면제】 ① 법 제143조제2항에 따라 지도사 자격시험의 일부를 면제할 수 있는 자격 및 면제의 범위는 다음 각 호와 같다.

1. 「국가기술자격법」에 따른 건설안전기술사, 기계안전기술사, 산업위생관리기술사, 인간공학기술사, 전기안전기술사, 화공안전기술사 : 별표32에 따른 전공필수·공통필수Ⅰ 및 공통필수Ⅱ 과목
2. 「국가기술자격법」에 따른 건설 직무분야(건축 중 직무분야 및 토목 중 직무분야로 한정한다), 기계 직무분야, 화학 직무분야, 전기·전자 직무분야(전기 중 직무분야로 한정한다)의 기술사 자격 보유자 : 별표32에 따른 전공필수 과목
3. 「의료법」에 따른 직업환경의학과 전문의 : 별표32에 따른 전공필수·공통필수Ⅰ 및 공통필수Ⅱ 과목
4. 공학(건설안전·기계안전·전기안전·화공안전 분야 전공으로 한정한다), 의학(직업환경의학 분야 전공으로 한정한다), 보건학(산업위생 분야 전공으로 한정한다) 박사학위 소지자 : 별표32에 따른 전공필수 과목
5. 제2호 또는 제4호에 해당하는 사람으로서 각각의 자격 또는 학위 취득 후 산업안전·산업보건 업무에 3년 이상 종사한 경력이 있는 사람 : 별표32에 따른 전공필수 및 공통필수Ⅱ 과목
6. 「공인노무사법」에 따른 공인노무사 : 별표32에 따른 공통필수Ⅰ 과목
7. 법 제143조제1항에 따른 지도사 자격 보유자로서 다른 지도사 자격 시험에 응시하는 사람 : 별표32에 따른 공통필수Ⅰ 및 공통필수Ⅲ 과목
8. 법 제143조제1항에 따른 지도사 자격 보유자로서 같은 지도사의 다른 분야 지도사 자격 시험에 응시하는 사람 : 별표32에 따른 공통필수Ⅰ, 공통필수Ⅱ 및 공통필수Ⅲ 과목

② 제103조제3항에 따른 제1차 필기시험 또는 제2차 필기시험에 합격한 사람에 대해서는 다음 회의 자격시험에 한정하여 합격한 차수의 필기시험을 면제한다.

③ 제1항에 따른 지도사 자격시험 일부 면제의 신청에 관한 사항은 고용노동부령으로 정한다.

제105조【합격자의 결정 등】 ① 지도사 자격시험 중 필기시험은 매 과목 100점을 만점으로 하여 40점 이상, 전과목 평균 60점 이상 득점한 사람을 합격자로 한다.

② 지도사 자격시험 중 면접시험은 제103조제6항 각 호의 사항을 평가하되, 10점 만점에 6점 이상인 사람을 합격자로 한다.

③ 고용노동부장관은 지도사 자격시험에 합격한 사람에게 고용노동부령으로 정하는 바에 따라 지도사 자격증을 발급하고 관리해야 한다.(2023.6.27 본항신설)

(2023.6.27 본조제목개정)

제106조【자격시험 실시기관】 ① 법 제143조제3항 전단에서 "대통령령으로 정하는 전문기관"이란 「한국산업인력공단법」에 따른 한국산업인력공단(이하 "한국산업인력공단"이라 한다)을 말한다.

② 고용노동부장관은 법 제143조제3항에 따라 지도사 자격시험의 실시를 한국산업인력공단에 대행하게 하는 경우 필요하다고 인정하면 한국산업인력공단으로 하여금 자격시험위원회를 구성·운영하게 할 수 있다.

③ 자격시험위원회의 구성·운영 등에 필요한 사항은 고용노동부장관이 정한다.

제107조【연수교육의 제외 대상】 법 제146조에서 "대통령령으로 정하는 실무경력이 있는 사람"이란 산업안전 또는 산업보건 분야에서 5년 이상 실무에 종사한 경력이 있는 사람을 말한다.

제108조【손해배상을 위한 보증보험 가입 등】 ① 법 제145조제1항에 따라 등록한 지도사(같은 조 제2항에 따라 법인을 설립한 경우에는 그 법인을 말한다. 이하 이 조에서 같다)는 법 제148조제2항에 따라 보험금액이 2천만원(법 제145조제2항에 따른 법인인 경우에는 2천만원에 사원인 지도사의 수를 곱한 금액) 이상인 보증보험에 가입해야 한다.

② 지도사는 제1항의 보증보험금으로 손해배상을 한 경우에는 그 날부터 10일 이내에 다시 보증보험에 가입해야 한다.

③ 손해배상을 위한 보증보험 가입 및 지급에 관한 사항은 고용노동부령으로 정한다.

제10장 보 칙

제109조【산업재해 예방사업의 지원】 법 제158조제1항 전단에서 "대통령령으로 정하는 사업"이란 다음 각 호의 어느 하나에 해당하는 업무와 관련된 사업을 말한다.

1. 산업재해 예방을 위한 방호장치, 보호구, 안전설비 및 작업환경개선 시설·장비 등의 제작, 구입, 보수, 시험, 연구, 홍보 및 정보제공 등의 업무
2. 사업장 안전·보건관리에 대한 기술지원 업무
3. 산업 안전·보건 관련 교육 및 전문인력 양성 업무
4. 산업재해예방을 위한 연구 및 기술개발 업무
5. 법 제11조제3호에 따른 노무를 제공하는 사람의 건강을 유지·증진하기 위한 시설의 운영에 관한 지원 업무(2020.9.8 본호개정)
6. 안전·보건의식의 고취 업무
7. 법 제36조에 따른 위험성평가에 관한 지원 업무
8. 안전검사 지원 업무
9. 유해인자의 노출 기준 및 유해성·위험성 조사·평가 등에 관한 업무
10. 직업성 질환의 발생 원인을 규명하기 위한 역학조사·연구 또는 직업성 질환 예방에 필요하다고 인정되는 시설·장비 등의 구입 업무
11. 작업환경측정 및 건강진단 지원 업무
12. 법 제126조제2항에 따른 작업환경측정기관의 측정·분석 능력의 확인 및 법 제135조제3항에 따른 특수건강진단기관의 진단·분석 능력의 확인에 필요한 시설·장비 등의 구입 업무
13. 산업의학 분야의 학술활동 및 인력 양성 지원에 관한 업무
14. 그 밖에 산업재해 예방을 위한 업무로서 산업재해보상보험및예방심의위원회의 심의를 거쳐 고용노동부장관이 정하는 업무

제109조의2【보조·지원의 취소에 따른 추가 환수】 ① 고용노동부장관이 법 제158조제3항에 따라 추가로 환수할 수 있는 금액은 다음 각 호의 구분에 따른 금액으로 한다.

1. 법 제158조제2항제1호의 경우 : 지급받은 금액의 5배에 해당하는 금액
2. 법 제158조제2항제3호부터 제5호까지의 어느 하나에 해당하는 경우 : 지급받은 금액의 2배에 해당하는 금액
3. 법 제158조제2항제3호부터 제5호까지의 어느 하나에 해당하여 같은 조 제1항에 따른 보조·지원이 취소된 후 5년 이내에 같은 사유로 다시 보조·지원이 취소된 경우 : 지급받은 금액의 5배에 해당하는 금액

② 고용노동부장관은 법 제158조제1항 전단에 따라 보조·지원을 받은 자가 같은 조 제2항제3호부터 제5호까지의 어느 하나에 해당하는 경우로서 그 위반행위가 경미한 부주의로 인한 것으로 인정되는 경우에는 제1항제2호에 따른 추가 환수금액을 2분의 1 범위에서 줄일 수 있다.

(2021.11.19 본조신설)

제110조【제재 요청 대상 등】 법 제159조제1항제1호에서 "많은 근로자가 사망하거나 사업장 인근지역에 중대한 피해를 주는 등 대통령령으로 정하는 사고"란 다음 각 호의 어느 하나를 말한다.

1. 동시에 2명 이상의 근로자가 사망하는 재해
2. 제43조제3항 각 호에 따른 사고

제111조【과징금의 부과기준】 법 제160조제1항에 따라 부과하는 과징금의 부과기준은 별표33과 같다.

제112조【과징금의 부과 및 납부】 ① 고용노동부장관은 법 제160조제1항에 따라 과징금을 부과하려는 경우에는 위반행위의 종류와 해당 과징금의 금액 등을 고용노동부령으로 정하는 바에 따라 구체적으로 밝혀 과징금을 낼 것을 서면으로 알려야 한다.

② 제1항에 따라 통지를 받은 자는 통지받은 날부터 30일 이내에 고용노동부장관이 정하는 수납기관에 과징금을 내야 한다.(2023.12.12 단서삭제)

③ 제2항에 따라 과징금을 받은 수납기관은 납부자에게 영수증을 발급하고, 지체 없이 수납한 사실을 고용노동부장관에게 통보해야 한다.

④ 고용노동부장관이 「행정기본법」 제29조 단서에 따라 과징금의 납부기한을 연기하거나 분할 납부하게 하는 경우 납부기한의 연기는 그 납부기한의 다음 날부터 1년을 초과할 수 없고, 각 분할된 납부기한 간의 간격은 4개월 이내로 하며, 분할 납부의 횟수는 3회 이내로 한다.

(2023.12.12 본항개정)

⑤~⑦ (2023.12.12 삭제)

⑧ 제1항부터 제4항까지에서 규정한 사항 외에 과징금의 부과·징수에 필요한 사항은 고용노동부령으로 정한다.

(2023.12.12 본항개정)

제113조【도급금지 등 의무위반에 따른 과징금 및 가산금】 ① 법 제161조제1항에 따라 부과하는 과징금의 금액은 같은 조 제2항 각 호의 사항을 고려하여 별표34의 과징금 산정기준을 적용하여 산정한다.

② 법 제161조제3항 전단에서 "대통령령으로 정하는 가산금"이란 과징금 납부기한이 지난 날부터 매 1개월이 지날 때마다 체납된 과징금의 1천분의 5에 해당하는 금액을 말한다.

제114조【도급금지 등 의무위반에 따른 과징금의 부과 및 납부】 법 제161조제1항 및 제3항에 따른 과징금 및 가산금의 부과와 납부에 관하여는 제112조를 준용한다.

제115조【권한의 위임】 고용노동부장관은 법 제165조제1항에 따라 다음 각 호의 권한을 지방고용노동관서의 장에게 위임한다.

1. 법 제10조제3항에 따른 자료 제출의 요청
2. 법 제17조제4항, 제18조제4항 또는 제19조제3항에 따른 안전관리자, 보건관리자 또는 안전보건관리담당자의 선임 명령 또는 교체 명령(2021.11.19 본호개정)
3. 법 제21조제1항 및 제4항에 따른 안전관리전문기관 또는 보건관리전문기관(이 영 제23조제1항에 따른 업종별·유해인자별 보건관리전문기관은 제외한다)의 지정, 지정 취소 및 업무정지 명령
4. 법 제23조제1항에 따른 명예산업안전감독관의 위촉
5. 법 제33조제1항 및 제4항에 따른 안전보건교육기관의 등록, 등록 취소 및 업무정지 명령
6. 법 제42조제4항 후단에 따른 작업 또는 건설공사의 중지 및 유해위험방지계획의 변경 명령
7. 법 제45조제1항 후단 및 제46조제4항·제5항에 따른 공정안전보고서의 변경 명령, 공정안전보고서의 이행 상태 평가 및 재제출 명령
8. 법 제47조제1항 및 제4항에 따른 안전보건진단 명령 및 안전보건진단 결과보고서의 접수
9. 법 제48조제1항 및 제4항에 따른 안전보건진단기관의 지정, 지정 취소 및 업무정지 명령
10. 법 제49조제1항에 따른 안전보건개선계획의 수립·시행 명령
11. 법 제50조제1항 및 제2항에 따른 안전보건개선계획서의 접수, 심사, 그 결과의 통보 및 안전보건개선계획서의 보완 명령
12. 법 제53조제1항에 따른 시정조치 명령
13. 법 제53조제3항 및 제55조제1항·제2항에 따른 작업중지 명령
14. 법 제53조제5항 및 제55조제3항에 따른 사용중지 또는 작업중지 해제
15. 법 제57조제3항에 따른 사업주의 산업재해 발생 보고의 접수·처리
16. 법 제58조제2항제2호, 같은 조 제5항·제6항·제7항에 따른 승인, 연장승인, 변경승인과 그 승인·연장승인·변경승인의 취소 및 법 제59조제1항에 따른 도급의 승인
17. 법 제74조제1항 및 제4항에 따른 건설재해예방전문지도기관의 지정, 지정 취소 및 업무정지 명령
18. 법 제82조제1항 및 제4항에 따른 타워크레인 설치·해체업의 등록, 등록 취소 및 업무정지 명령
19. 법 제84조제6항에 따른 자료 제출 명령
20. 법 제85조제4항에 따른 표시 제거 명령
21. 법 제86조제1항에 따른 안전인증 취소, 안전인증표시의 사용 금지 및 시정 명령
22. 법 제87조제2항에 따른 수거 또는 파기 명령
23. 법 제90조제4항에 따른 표시 제거 명령
24. 법 제91조제1항에 따른 사용 금지 및 시정 명령
25. 법 제92조제2항에 따른 수거 또는 파기 명령
26. 법 제99조제1항에 따른 자율검사프로그램의 인정 취소와 시정 명령
27. 법 제100조제1항 및 제4항에 따른 자율안전검사기관의 지정, 지정 취소 및 업무정지 명령
28. 법 제102조제3항에 따른 등록 취소 및 지원 제한

29. 법 제112조제8항에 따른 승인 또는 연장승인의 취소
30. 법 제113조제3항에 따른 선임 또는 해임 사실의 신고 접수·처리
31. 법 제117조제2항제1호 및 같은 조 제3항에 따른 제조 등금지물질의 제조·수입 또는 사용의 승인 및 그 승인의 취소
32. 법 제118조제1항·제4항 및 제5항에 따른 허가대상물질의 제조·사용의 허가와 변경 허가, 수리·개조 등의 명령, 허가대상물질의 제조·사용 허가의 취소 및 영업정지 명령
33. 법 제119조제4항에 따른 일반석면조사 또는 기관석면조사의 이행 명령 및 이행 명령의 결과를 보고받을 때까지의 작업중지 명령
34. 법 제120조제1항 및 제5항에 따른 석면조사기관의 지정, 지정 취소 및 업무정지 명령
35. 법 제121조제1항 및 제4항에 따른 석면해체·제거업의 등록, 등록 취소 및 업무정지 명령
36. 법 제121조제2항에 따른 석면해체·제거작업의 안전성 평가 및 그 결과의 공개
37. 법 제122조제3항 및 제4항에 따른 석면해체·제거작업 신고의 접수 및 수리
38. 법 제124조제1항에 따라 제출된 석면농도 증명자료의 접수
39. 법 제125조제5항에 따른 작업환경측정 결과 보고의 접수·처리
40. 법 제126조제1항 및 제5항에 따른 작업환경측정기관의 지정, 지정 취소 및 업무정지 명령
41. 법 제131조제1항에 따른 임시건강진단 실시 등의 명령
42. 법 제132조제5항에 따른 조치 결과의 접수
43. 법 제134조제1항에 따른 건강진단 실시 결과 보고의 접수
44. 법 제135조제1항 및 제6항에 따른 특수건강진단기관의 지정, 지정 취소 및 업무정지 명령
45. 법 제140조제2항 및 제4항에 따른 교육기관의 지정, 지정 취소 및 업무정지 명령
46. 법 제145조제1항 및 제154조에 따른 지도사의 등록, 등록 취소 및 업무정지 명령
47. 법 제157조제1항 및 제2항에 따른 신고의 접수·처리
48. 법 제160조에 따른 과징금의 부과·징수(위임된 권한에 관한 사항으로 한정한다)
49. 법 제161조에 따른 과징금 및 가산금의 부과·징수
50. 법 제163조제1항에 따른 청문(위임된 권한에 관한 사항으로 한정한다)
51. 법 제175조에 따른 과태료의 부과·징수(위임된 권한에 관한 사항으로 한정한다)
52. 제16조제6항, 제20조제3항 및 제29조제3항에 따른 서류의 접수
52의2. 제105조제3항에 따른 지도사 자격증(고용노동부장관 명의로 된 자격증을 말한다. 이하 같다)의 발급 및 관리(2023.6.27 본호신설)
53. 그 밖에 제1호부터 제52호까지의 규정에 따른 권한을 행사하는 데 따르는 감독상의 조치
(2020.9.8 본조개정)

제116조【업무의 위탁】 ① 고용노동부장관은 법 제165조제2항제2호부터 제4호까지, 제6호부터 제10호까지, 제12호, 제15호, 제16호, 제18호부터 제30호까지, 제32호, 제33호 및 제35호부터 제41호까지의 업무를 공단에 위탁한다.
② 고용노동부장관은 법 제165조제2항제1호, 제11호, 제13호, 제14호, 제17호, 제31호 및 제34호의 업무를 다음 각 호의 법인 또는 기관에 위탁한다.
1. 공단
2. 다음 각 목의 법인 또는 기관 중에서 위탁업무를 수행할 수 있는 인력·시설 및 장비를 갖추어 고용노동부장관이 정하여 고시하는 바에 따라 지정을 받거나 등록한 법인 또는 기관
  가. 산업안전·보건 또는 산업재해 예방을 목적으로 「민법」에 따라 설립된 비영리법인
  나. 법 제21조제1항, 제48조제1항, 제74조제1항, 제120조제1항, 제126조제1항, 제135조제1항 또는 제140조제2항에 따라 고용노동부장관의 지정을 받은 법인 또는 기관
  다. 「고등교육법」 제2조에 따른 학교
  라. 「공공기관의 운영에 관한 법률」에 따른 공공기관
3. 그 밖에 고용노동부장관이 산업재해 예방 업무에 전문성이 있다고 인정하여 고시하는 법인 또는 기관
(2021.11.19 본항개정)
③ 고용노동부장관은 제2항에 따라 공단, 법인 또는 기관에 그 업무를 위탁한 경우에는 위탁기관의 명칭과 위탁업무 등에 관한 사항을 관보 또는 고용노동부 인터넷 홈페이지 등에 공고해야 한다.
④ 공단은 제1항 및 제2항에 따라 위탁받은 업무의 일부를 제2항제2호 또는 제3호에 해당하는 법인 또는 기관에 고용노동부장관의 승인을 받아 재위탁할 수 있다. 이 경우 공단은 재위탁받은 법인 또는 기관과 재위탁 업무의 내용을 인터넷 홈페이지에 게재해야 한다.(2021.11.19 본항신설)

제117조【민감정보 및 고유식별정보의 처리】 고용노동부장관(법 제143조제3항에 따라 지도사 자격시험 실시를 대행하는 자, 법 제165조에 따라 고용노동부장관의 권한을 위임받거나 업무를 위탁받은 자와 이 영 제116조제4항 전단에 따라 재위탁받은 자를 포함한다)은 다음 각 호의 사무를 수행하기 위해 불가피한 경우 「개인정보 보호법」 제23조의 건강에 관한 정보(제1호부터 제6호까지 및 제9호의 사무를 수행하는 경우로 한정한다), 같은 법 시행령 제18조제2호의 범죄경력자료에 해당하는 정보(제7호 및 제8호의 사무를 수행하는 경우로 한정한다) 및 같은 영 제19조제1호·제4호의 주민등록번호·외국인등록번호가 포함된 자료를 처리할 수 있다.(2023.6.27 본문개정)
1. 법 제8조에 따라 고용노동부장관이 협조를 요청한 사항으로서 산업재해 또는 건강진단 관련 자료의 처리에 관한 사무
2. 법 제57조에 따른 산업재해 발생 기록 및 보고 등에 관한 사무
3. 법 제129조부터 제136조까지의 규정에 따른 건강진단에 관한 사무
4. 법 제137조에 따른 건강관리카드 발급에 관한 사무
5. 법 제138조에 따른 질병자의 근로 금지·제한에 관한 지도, 감독에 관한 사무
6. 법 제141조에 따른 역학조사에 관한 사무
7. 법 제143조에 따른 지도사 자격시험에 관한 사무
8. 법 제145조에 따른 지도사의 등록에 관한 사무
9. 제7조제3호에 따른 직업성 질병의 예방 및 조기 발견에 관한 사무(2022.8.16 본호신설)
10. 제105조제3항에 따른 지도사 자격증의 발급 및 관리(2023.6.27 본호신설)

제118조【규제의 재검토】 ① 고용노동부장관은 제96조의2에 따른 휴게시설 설치·관리기준 준수 대상 사업장의 사업주 범위에 대하여 2022년 8월 18일을 기준으로 4년마다(매 4년이 되는 해의 기준일과 같은 날 전까지를 말한다) 그 타당성을 검토하여 개선 등의 조치를 해야 한다.(2022.8.16 본항신설)
② 고용노동부장관은 다음 각 호의 사항에 대하여 다음 각 호의 기준일을 기준으로 3년마다(매 3년이 되는 해의 기준일과 같은 날 전까지를 말한다) 그 타당성을 검토하여 개선 등의 조치를 해야 한다.(2022.3.8 본문개정)
1. 제2조제1항 및 별표1 제3호에 따른 대상사업의 범위 : 2019년 1월 1일
2. 제13조제1항에 따른 이사회 보고·승인 대상 회사 : 2022년 1월 1일(2022.3.8 본호신설)
3. 제14조제1항 및 별표2 제33호에 따른 안전보건관리책임자 선임 대상인 건설업의 건설공사 금액 : 2022년 1월 1일(2022.3.8 본호신설)
4. 제24조에 따른 안전보건관리담당자의 선임 대상사업 : 2019년 1월 1일
5. 제52조에 따른 안전보건총괄책임자 지정 대상사업 : 2020년 1월 1일(2022.3.8 본호개정)
6. 제95조에 따른 작업환경측정기관의 지정 요건 : 2020년 1월 1일
7. 제100조에 따른 자격·면허 취득자의 양성 또는 근로자의 기능 습득을 위한 교육기관의 지정 취소 등의 사유 : 2020년 1월 1일

제11장 벌칙

제119조【과태료의 부과기준】 법 제175조제1항부터 제6항까지의 규정에 따른 과태료의 부과기준은 별표35와 같다.

부칙

제1조【시행일】 이 영은 2020년 1월 16일부터 시행한다. 다만, 제13조 및 별표35 제4호나목의 개정규정은 2021년 1월 1일부터 시행하고, 제86조, 별표35 제4호러목(법 제35조제5호에 관한 부분으로 한정한다) 및 트목부터 지목까지의 개정규정은 2021년 1월 16일부터 시행한다.

제2조【공정안전보고서 제출 대상 등의 적용에 관한 일반적 적용례】 ① 제43조·제45조(별표13과 관련되는 부분으로 한정한다) 및 별표13의 개정규정은 다음 각 호의 구분에 따른 날부터 적용한다.
1. 상시근로자 5명 이상을 사용하는 사업장 : 2021년 1월 16일
2. 상시근로자 5명 미만을 사용하는 사업장 : 2021년 7월 16일
② 제71조(별표21 제24호에 관련되는 부분으로 한정한다) 및 별표21 제24호의 개정규정은 2020년 7월 16일부터 적용한다.
③ 제74조제1항제2호자목 및 제77조제1항제2호의 개정규정은 2021년 1월 16일부터 적용한다.
④ 별표3 제46호의 개정규정은 다음 각 호의 구분에 따른 날부터 적용한다.
1. 공사금액 100억원 이상 공사의 경우 : 2020년 7월 1일
2. 공사금액 80억원 이상 100억원 미만 공사의 경우 : 2021년 7월 1일
3. 공사금액 60억원 이상 80억원 미만 공사의 경우 : 2022년 7월 1일
4. 공사금액 50억원 이상 60억원 미만 공사의 경우 : 2023년 7월 1일

제3조 (2022.8.16 삭제)

제4조【산업재해 발생건수 등의 공표에 관한 적용례 등】 ① 제10조 및 제12조의 개정규정은 이 영 시행일이 속한 해의 다음해 1월 1일 이후 발생하는 산업재해부터 적용한다.
② 제1항에 따라 제10조 및 제12조의 개정규정이 적용되기 전까지는 종전의 「산업안전보건법 시행령」(대통령령 제30256호로 전부개정되기 전의 것을 말한다) 제8조의4를 적용한다.

제5조【건설업의 안전관리자의 선임에 관한 적용례】 ① 대통령령 제16947호 산업안전보건법시행령중개정령 제12조제2항의 개정규정은 2001년 1월 1일 이후 착공하는 건설공사부터 적용한다.
② 대통령령 제19804호 산업안전보건법 시행령 일부개정령 별표3의 개정규정은 2007년 7월 1일 이후 착공하는 건설공사부터 적용한다.
③ 대통령령 제21653호 산업안전보건법 시행령 일부개정령 별표3 비고의 개정규정은 2009년 8월 7일 이후 최초로 계약하는 공사부터 적용한다.
④ 대통령령 제26985호 산업안전보건법 시행령 일부개정령 별표3 제41호의 개정규정은 2016년 8월 18일 이후 착공하는 공사부터 적용한다.

제6조【유해·위험방지계획서 제출에 관한 적용례】 ① 대통령령 제20973호 산업안전보건법 시행령 일부개정령 제33조의2의 개정규정은 2009년 2월 1일 이후 해당 사업과 관계있는 건설물·기계·기구 및 설비 등을 설치·이전하거나 그 주요 구조부분을 변경하기 위한 공사를 시작하는 경우부터 적용한다.
② 대통령령 제23545호 산업안전보건법 시행령 일부개정령 제33조의2제3호부터 제10호까지의 개정규정은 2012년 7월 1일 이후 해당 개정규정에 따른 사업과 관련하여 건설물·기계·기구 및 설비 등을 설치·이전하거나 그 주요 구조부분을 변경하기 위한 작업을 시작하는 경우부터 적용한다.

제7조【대여자 등이 안전조치 등을 해야 하는 기계·기구 등에 관한 적용례】 제71조 및 별표21 제24호의 개정규정은 2020년 7월 16일 이후 고소작업대를 대여하거나 대여받는 자부터 적용한다.

제8조【안전인증대상기계등에 관한 적용례】 제74조제1항제2호자목의 개정규정은 2021년 1월 16일 이후 제조·수입하는 산업용 로봇 방호장치부터 적용한다.

제9조【특수건강진단기관의 지정 취소 등의 사유에 관한 적용례】 제98조제7호의 개정규정은 이 영 시행 이후 정당한 사유 없이 고용노동부장관이 법 제135조제4항에 따라 실시하는 평가를 거부하는 경우부터 적용한다.

제10조【제재요청 등의 대상 확대에 관한 적용례】 대통령령 제18609호 산업안전보건법시행령중개정령 제33조의9제1호의 개정규정은 2006년 1월 1일 이후 해당 산업재해가 발생하는 경우부터 적용한다.

제11조【과징금의 분할 납부 등에 관한 적용례】 제112조제4항부터 제7항까지의 개정규정은 이 영 시행 이후 부과하는 과징금부터 적용한다.

제12조【공공행정 등에서의 도급인의 안전 및 보건 조치에 관한 적용례】 별표1 제4호의 개정규정 중 도급인의 안전 및 보건 조치 관련 부분은 이 영 시행 이후 도급계약을 체결하는 경우부터 적용한다.

제13조【건설업의 안전관리자 선임에 관한 적용례】 별표3 제46호 및 비고의 개정규정은 부칙 제2조제4항 각 호의 구분에 따른 날 이후 착공하는 공사부터 적용한다.

제14조【건설업의 보건관리자 선임에 관한 적용례】 대통령령 제24684호 산업안전보건법 시행령 일부개정령 별표5 제40호의 개정규정은 2015년 1월 1일 이후 착공하는 공사부터 적용한다.

제15조【과징금에 관한 적용례】 대통령령 제23545호 산업안전보건법 시행령 일부개정령 별표4의2의 개정규정은 2012년 1월 26일 이후 최초로 업무정지처분의 사유가 발생하는 경우부터 적용한다.

제16조【유해작업 도급금지에 관한 적용례】 대통령령 제16947호 산업안전보건법시행령중개정령 별표1 제1호·제2호 및 제4호부터 제6호까지의 개정규정에 따라 새로 적용되는 유해작업 도급인가에 관한 「산업안전보건법」(법률 제6315호로 개정되기 전의 것을 말한다) 제28조는 대통령령 제16947호 산업안전보건법시행령중개정령 별표1 제1호·제2호 및 제4호부터 제6호까지의 개정규정에 따른 대상사업이 2000년 8월 5일 이후 도급·하도급하는 작업부터 적용한다.

제17조【공표대상 사업장에 관한 특례】 대통령령 제28368호 산업안전보건법 시행령 일부개정령 제8조의4제3항의 개정규정에도 불구하고 2019년 12월 31일까지는 제12조 각 호 외의 부분 개정규정 중 "500명 이상"을 "1천명 이상"으로 본다.

제18조【재직 중인 안전관리자 등에 관한 경과조치】 ① 대통령령 제13053호 산업안전보건법시행령개정령 시행 당시 종전의 「산업안전보건법 시행령」(대통령령 제13053

호로 전부개정되기 전의 것을 말한다)에 따라 안전관리자 선임을 신고한 사업주는 제16조제6항의 개정규정에 따라 안전관리자 선임을 증명할 수 있는 서류를 제출한 것으로 본다.
② 대통령령 제13053호 산업안전보건법시행령개정령 시행 당시 종전의 「산업안전보건법 시행령」(대통령령 제13053호로 전부개정되기 전의 것을 말한다)에 따라 보건관리자 선임을 신고한 사업주는 제20조제3항의 개정규정에 따라 준용되는 제16조제6항의 개정규정에 따라 보건관리자 선임을 증명할 수 있는 서류를 제출한 것으로 본다.
③ 대통령령 제13053호 산업안전보건법시행령개정령 시행일인 1990년 7월 14일 당시 종전의 「산업안전보건법 시행령」(대통령령 제13053호로 전부개정되기 전의 것을 말한다)에 따라 건강관리보건담당자로 재직하고 있는 사람은 이 영에 따른 자격기준에 따라 신규로 선임될 때까지는 제20조의 개정규정에 따라 선임된 보건관리자로 본다.
제19조【보건관리대행기관 등에 관한 경과조치】 ① 대통령령 제14787호 산업안전보건법시행령중개정령 시행 당시 종전의 「산업안전보건법 시행령」(대통령령 제14787호로 개정되기 전의 것을 말한다)에 따라 보건관리대행기관, 지정측정기관 또는 건설재해예방전문기관으로 지정을 받은 자는 각각 이 영에 따라 보건관리전문기관, 작업환경측정기관 또는 건설재해예방전문지도기관으로 지정받은 것으로 본다.
② 대통령령 제15372호 산업안전보건법시행령중개정령 시행 당시 종전의 「산업안전보건법 시행령」(대통령령 제15372호로 개정되기 전의 것을 말한다)에 따라 지정을 받은 건설재해예방전문기관, 지정교육기관, 근로자 기능습득을 위한 교육기관 또는 안전·보건진단기관은 각각 이 영에 따라 건설재해예방전문지도기관, 근로자안전보건교육기관, 근로자 기능습득을 위한 교육기관 또는 안전보건진단기관으로 지정받은 것으로 본다.
제20조【공정안전보고서 제출 대상에 관한 경과조치】
① 제43조·제45조(별표13과 관련되는 부분으로 한정한다) 및 별표13의 개정규정에도 불구하고 부칙 제2조제1항 각 호의 구분에 따른 날 전에 종전의 「산업안전보건법 시행령」(대통령령 제30256호로 전부개정되기 전의 것을 말한다)에 따라 공정안전보고서 제출 대상이 아니었던 설비를 보유한 사업주가 별표13의 개정규정에 따라 공정안전보고서 제출 대상이 되는 경우에는 부칙 제2조제1항 각 호의 구분에 따른 날부터 3개월 이내에 공정안전보고서를 제출해야 한다.
② 부칙 제2조제1항에 따라 제43조·제45조(별표13과 관련되는 부분으로 한정한다) 및 별표13의 개정규정이 적용되기 전까지는 종전의 「산업안전보건법 시행령」(대통령령 제30256호로 전부개정되기 전의 것을 말한다) 제33조의6·제33조의8(별표10과 관련되는 부분으로 한정한다) 및 별표10을 적용한다.
제21조【안전인증대상기계등에 관한 경과조치】 부칙 제2조제3항에 따라 제77조제1항제2호의 개정규정이 적용되기 전까지는 종전의 「산업안전보건법 시행령」(대통령령 제30256호로 전부개정되기 전의 것을 말한다) 제28조의5제1항제2호를 적용한다.
제22조【석면조사기관 지정취소 등에 관한 경과조치】 대통령령 제23545호 산업안전보건법 시행령 일부개정령 시행 전에 발생한 사유로 석면조사기관의 지정의 취소 등을 할 때에는 종전의 「산업안전보건법 시행령」(대통령령 제23545호로 개정되기 전의 것을 말한다) 제30조의6에 따른다.
제23조【발전업을 하는 사업주의 안전관리자 선임에 관한 경과조치】 이 영 시행 당시 발전업을 하는 사업주(상시근로자 수 500명 이상 1천명 미만의 경우로 한정한다)로서 별표3 제23호의 개정규정에 따른 안전관리자를 선임하고 있지 않은 자는 이 영 시행일부터 6개월 이내에 별표3 제23호의 개정규정에 따라 안전관리자를 선임해야 한다.
제24조【건설업의 안전관리자 선임에 관한 경과조치】 부칙 제2조제4항에 따라 별표3 제46호의 개정규정이 적용되기 전까지는 종전의 「산업안전보건법 시행령」(대통령령 제30256호로 전부개정되기 전의 것을 말한다) 별표3 제41호 및 같은 표 비고를 적용한다.
제25조【육상운송 및 파이프라인 운송업을 하는 사업주의 보건관리자 선임에 관한 경과조치】 이 영 시행 당시 육상운송 및 파이프라인 운송업(도시철도 운송업은 제외한다)을 하는 사업주는 이 영 시행일부터 6개월 이내 별표5 제27호의 개정규정에 따라 보건관리자를 선임해야 한다.
제26조【보건관리자의 자격에 관한 경과조치】 ① 대통령령 제15372호 산업안전보건법시행령중개정령 시행 당시 종전의 「산업안전보건법 시행령」(대통령령 제15372호로 개정되기 전의 것을 말한다)에 따라 보건관리자로 재직하고 있는 자로서 별표6 제6호의 개정규정에 따른 자격기준에 적합하지 않은 사람은 재직 중인 해당 사업장 재직기간 중에만 이 영에 따른 보건관리자로 본다.
② 대통령령 제28368호 산업안전보건법 시행령 일부개정령 시행 당시 종전의 「산업안전보건법 시행령」(대통령령 제28368호로 개정되기 전의 것을 말한다) 별표6에 따라 보건관리자로 선임된 사람은 별표6의 개정규정에 따라 보건관리자 자격을 가진 것으로 본다.
제27조【안전관리전문기관 등에 재직 중인 사람에 관한 경과조치】 ① 이 영 시행 당시 안전관리전문기관에 재직하고 있는 사람으로서 별표7의 개정규정에 따른 인력기준에 적합하지 않은 사람은 해당 기관에 재직하는 기간에 한정하여 별표7의 개정규정에 따른 인력기준에 적합한 사람으로 본다.
② 이 영 시행 당시 보건관리전문기관에 재직하고 있는 사람으로서 별표8의 개정규정에 따른 인력기준에 적합하지 않은 사람은 해당 기관에 재직하는 기간에 한정하여 별표8의 개정규정에 따른 인력기준에 적합한 사람으로 본다.
③ 이 영 시행 당시 종합진단기관에 재직하고 있는 사람으로서 별표15의 개정규정에 따른 인력기준에 적합하지 않은 사람은 해당 기관에 재직하는 기간에 한정하여 별표15의 개정규정에 따른 인력기준에 적합한 사람으로 본다.
④ 이 영 시행 당시 보건진단기관에 재직하고 있는 사람으로서 별표17의 개정규정에 따른 인력기준에 적합하지 않은 사람은 해당 기관에 재직하는 기간에 한정하여 별표17의 개정규정에 따른 인력기준에 적합한 사람으로 본다.
⑤ 이 영 시행 당시 건설재해예방전문지도기관에 재직하고 있는 사람으로서 별표19의 개정규정에 따른 인력기준에 적합하지 않은 사람은 해당 기관에 재직하는 기간에 한정하여 별표19의 개정규정에 따른 인력기준에 적합한 사람으로 본다.
⑥ 이 영 시행 당시 작업환경측정기관에 재직하고 있는 사람으로서 별표29의 개정규정에 따른 인력기준에 적합하지 않은 사람은 해당 기관에 재직하는 기간에 한정하여 별표29의 개정규정에 따른 인력기준에 적합한 사람으로 본다.
⑦ 이 영 시행 당시 특수건강진단기관에 재직하고 있는 사람으로서 별표30의 개정규정에 따른 인력기준에 적합하지 않은 사람은 해당 기관에 재직하는 기간에 한정하여 별표30의 개정규정에 따른 인력기준에 적합한 사람으로 본다.
제28조【안전보건교육기관의 등록요건에 대한 경과조치】 ① 이 영 시행 당시 종전의 「산업안전보건법 시행령」(대통령령 제30256호로 전부개정되기 전의 것을 말한다) 제26조의10에 따라 등록한 안전보건교육위탁기관은 이 영에 따른 근로자안전보건교육기관으로 본다.
② 이 영 시행 당시 종전의 「산업안전보건법 시행령」(대통령령 제30256호로 전부개정되기 전의 것을 말한다)에 따라 등록된 안전보건교육위탁기관은 이 영 시행일부터 3개월 이내에 별표10 제4호의 개정규정에 따라 사무직·비사무직 근로자용 교육교재를 보유해야 한다.
제29조【과징금 부과기준에 관한 경과조치】 대통령령 제28368호 산업안전보건법 시행령 일부개정령 시행 전의 위반행위에 대하여 과징금 부과기준을 적용할 때에는 종전의 「산업안전보건법 시행령」(대통령령 제28368호로 개정되기 전의 것을 말한다) 별표4의2에 따른다.
제30조【과태료 부과기준에 관한 경과조치】 대통령령 제26985호 산업안전보건법 시행령 일부개정령 시행 전의 위반행위에 대하여 과태료 부과기준을 적용할 때에는 종전의 「산업안전보건법 시행령」(대통령령 제26985호로 개정되기 전의 것을 말한다) 별표13 제4호조목 및 초목에 따른다.
제31조【종전 부칙의 적용범위에 관한 경과조치】 종전의 「산업안전보건법 시행령」의 개정에 따라 규정했던 종전의 부칙은 이 영 시행 전에 그 효력이 이미 상실된 경우를 제외하고는 이 영의 규정에 위배되지 않는 범위에서 이 영 시행 이후에도 계속하여 적용한다.
제32조【다른 법령의 개정】 ①~㊵ ※(해당 법령에 가제정리 하였음)
제33조【다른 법령과의 관계】 이 영 시행 당시 다른 법령에서 종전의 「산업안전보건법 시행령」의 규정을 인용하고 있는 경우 이 영 중 그에 해당하는 규정이 있을 때에는 종전의 규정을 갈음하여 이 영의 해당 규정을 인용한 것으로 본다.

부 칙 (2020.3.3)

이 영은 공포한 날부터 시행한다.

부 칙 (2020.8.27)

제1조【시행일】 이 영은 2020년 8월 28일부터 시행한다. (이하 생략)

부 칙 (2020.9.8)

이 영은 공포한 날부터 시행한다. 다만, 다음 각 호의 개정규정은 다음 각 호의 구분에 따른 날부터 시행한다.
1. 제45조제1항 후단의 개정규정 : 2021년 4월 1일
2. 별표35 제4호라목의 개정규정 : 2020년 9월 10일
3. 별표35 제4호(라목은 제외한다)의 개정규정 : 2020년 10월 1일
4. 대통령령 제30256호 산업안전보건법 시행령 전부개정령 별표35 제4호이목의 개정규정 : 2021년 1월 16일

부 칙 (2021.1.5)

이 영은 공포한 날부터 시행한다.(이하 생략)

부 칙 (2021.1.12)

이 영은 공포한 날부터 시행한다.

부 칙 (2021.3.30)

제1조【시행일】 이 영은 2021년 4월 1일부터 시행한다. (이하 생략)

부 칙 (2021.10.14)

이 영은 2021년 10월 14일부터 시행한다.

부 칙 (2021.11.19)

제1조【시행일】 이 영은 2021년 11월 19일부터 시행한다.
제2조【설계변경 요청 대상에 관한 적용례】 제58조제1항제2호의 개정규정은 이 영 시행 이후 착공하는 건설공사부터 적용한다.
제3조【기술지도계약 체결 시 전산시스템 사용에 관한 적용례】 별표18 제2호나목의 개정규정은 이 영 시행 이후 건설재해예방전문지도기관이 기술지도계약을 체결하는 경우부터 적용한다.
제4조【소방시설공사 분야 지도 및 지정 요건에 관한 경과조치】 이 영 시행 전에 법 제74조제1항에 따라 종전의 별표18 제1호의 건설공사 지도 분야의 건설재해예방전문지도기관으로 종전의 별표19 제1호에 따른 지정 요건을 갖추어 지정받은 자가 이 영 시행 당시 소방시설공사 분야의 지도계약에 따라 지도를 수행 중인 경우에는 별표18 제1호나목 및 별표19 제2호의 개정규정에도 불구하고 그 지도계약에 따른 지도가 끝나는 날까지 소방시설공사 분야의 지도를 할 수 있다.

부 칙 (2022.3.8)

이 영은 공포한 날부터 시행한다.

부 칙 (2022.8.16)

제1조【시행일】 이 영은 2022년 8월 18일부터 시행한다.
제2조【휴게시설의 설치·관리기준 적용 사업장에 대한 적용례】 제96조의2의 개정규정은 다음 각 호의 구분에 따른 날부터 적용한다.
1. 상시근로자 50명 이상을 사용하는 사업장(건설업의 경우에는 관계수급인의 공사금액을 포함한 해당 공사의 총공사금액이 50억원 이상인 사업장으로 한정한다) : 2022년 8월 18일
2. 상시근로자 20명 이상 50명 미만을 사용하는 사업장(건설업의 경우에는 관계수급인의 공사금액을 포함한 해당 공사의 총공사금액이 20억원 이상 50억원 미만인 사업장으로 한정한다) : 2023년 8월 18일
3. 제96조의2제2호의 개정규정에 따른 사업장 : 2023년 8월 18일

제3조【안전관리자 선임 수에 관한 적용례】 별표3 제3호·제21호·제23호·제24호 및 제27호의 개정규정은 상시근로자 수가 500명 이상 1천명 미만인 사업장의 경우에는 2023년 2월 19일부터 적용한다.
제4조【석면해체·제거업자에 재직 중인 사람에 관한 경과조치】 이 영 시행 당시 종전의 별표28 제1호 각 목의 구분에 따라 석면해체·제거업자의 석면해체·제거 관련 업무를 전담하는 인력으로 재직하고 있는 사람으로서 별표28 제1호 각 목의 개정규정에 따른 인력기준에 적합하지 않은 사람은 해당 석면해체·제거업자의 석면해체·제거 관련 업무를 전담하는 인력으로 재직하는 기간에 한정하여 다음 각 호의 구분에 따라 별표28 제1호의 개정규정에 따른 인력기준에 적합한 사람으로 본다.
1. 종전의 별표28 제1호가목1)에 해당하는 사람 : 별표28 제1호가목의 개정규정에 따른 인력기준
2. 종전의 별표28 제1호나목에 해당하는 사람 : 별표28 제1호나목의 개정규정에 따른 인력기준

부 칙 (2023.6.27)

이 영은 공포한 날부터 시행한다. 다만, 제105조제3항, 제115조제52호의2 및 제117조제10호의 개정규정은 공포 후 3개월이 경과한 날부터 시행한다.

부 칙 (2023.12.12)

이 영은 공포한 날부터 시행한다.

[별표] ➡ 「法典 別冊」 參照

고용정책 기본법

(2009년 10월 9일
전부개정법률 제9792호)

개정
2010. 5.31법10338호(숙련기술장려법)
2010. 6. 4법10339호(정부조직)
2010. 6. 8법10361호(근로복지기본법)
2011. 7.25법10966호 2012.12.18법11568호
2014. 1.14법12244호(남녀고용평등과일 · 가정양립지원에관한법)
2014. 1.21법12324호 2015. 3.27법13262호
2017. 7.26법14839호(정부조직)
2017.12.19법15270호(장애인복지법)
2018. 3.20법15522호(공무원재해보상법)
2019. 4.30법16412호
2020. 5.26법17326호(법률용어정비)
2021. 1.12법17893호(지방자치)
2021. 5.18법18175호
2021. 6.15법18285호(가사근로자의고용개선등에관한법)
2021. 8.17법18423호 2023. 3.28법19312호
2024. 1. 9법19965호

제1장 총 칙

제1조【목적】 이 법은 국가가 고용에 관한 정책을 수립·시행하여 국민 개개인이 평생에 걸쳐 직업능력을 개발하고 더 많은 취업기회를 가질 수 있도록 하는 한편, 근로자의 고용안정, 기업의 일자리 창출과 원활한 인력 확보를 지원하고 노동시장의 효율성과 인력수급의 균형을 도모함으로써 국민의 삶의 질 향상과 지속가능한 경제성장 및 고용을 통한 사회통합에 이바지함을 목적으로 한다.

제2조【정의】 이 법에서 "근로자"란 사업주에게 고용된 사람과 취업할 의사를 가진 사람을 말한다.

제3조【기본원칙】 국가는 이 법에 따라 고용정책을 수립·시행하는 경우에 다음 각 호의 사항이 실현되도록 하여야 한다.
1. 근로자의 직업선택의 자유와 근로의 권리가 확보되도록 할 것
2. 사업주의 자율적인 고용관리를 존중할 것
3. 구직자(求職者)의 자발적인 취업노력을 촉진할 것
4. 고용정책은 효율적이고 성과지향적으로 수립·시행할 것
5. 고용정책은 노동시장의 여건과 경제정책 및 사회정책을 고려하여 균형 있게 수립·시행할 것
6. 고용정책은 국가·지방자치단체 간, 공공부문·민간부문 간 및 근로자·사업주·정부 간의 협력을 바탕으로 수립·시행할 것

제4조【다른 법률과의 관계】 고용정책에 관한 다른 법률을 제정하거나 개정하는 경우에는 이 법의 목적과 기본원칙에 맞도록 하여야 한다.

제5조【근로자 및 사업주 등의 책임과 의무】 ① 근로자는 자신의 적성과 능력에 맞는 직업을 선택하여 직업생활을 하는 기간 동안 끊임없이 직업에 필요한 능력(이하 "직업능력"이라 한다)을 개발하고, 직업을 통하여 자기발전을 도모하도록 노력하여야 한다.
② 사업주는 사업에 필요한 인력을 스스로 양성하고, 자기가 고용하는 근로자의 직업능력을 개발하기 위하여 노력하며, 근로자가 그 능력을 최대한 발휘하면서 일할 수 있도록 고용관리의 개선, 근로자의 고용안정 촉진 및 고용평등의 증진 등을 위하여 노력하여야 한다.
③ 노동조합과 사업주단체는 근로자의 직업능력개발을 위한 노력과 사업주의 근로자 직업능력개발, 고용관리 개선, 근로자의 고용안정 촉진 및 고용평등의 증진 등을 위한 노력에 적극 협조하여야 한다.
④ 근로자와 사업주, 노동조합과 사업주단체는 제6조에 따른 국가와 지방자치단체의 시책이 원활하게 시행될 수 있도록 적극 협조하여야 한다.
⑤「고용보험법」에 따른 실업급여 수급자,「국민기초생활 보장법」에 따른 근로능력이 있는 수급자, 그 밖에 정부에서 지원하는 취업지원 사업에 참여하는 사람 등은 스스로 취업하기 위하여 적극적으로 노력하여야 하며, 국가와 지방자치단체가 하는 직업소개, 직업지도, 직업능력개발훈련 등에 성실히 따르고 적극 참여하여야 한다.

제6조【국가와 지방자치단체의 시책】 ① 국가는 다음 각 호의 사항에 관하여 필요한 시책을 수립·시행하여야 한다.
1. 국민 각자의 능력과 적성에 맞는 직업의 선택과 인력수급의 불일치 해소를 위한 고용·직업 및 노동시장 정보의 수집·제공에 관한 사항과 인력수급 동향·전망에 관한 조사·공표에 관한 사항
2. 근로자의 전 생애에 걸친 직업능력개발과 산업에 필요한 기술·기능 인력을 양성하기 위한 직업능력개발훈련 및 기술자격 검정에 관한 사항
3. 근로자의 실업 예방, 고용안정 및 고용평등 증진에 관한 사항
4. 산업·직업·지역 간 근로자 이동의 지원에 관한 사항
5. 실업자의 실업기간 중 소득지원과 취업촉진을 위한 직업소개·직업지도·직업훈련, 보다 나은 일자리로 재취업하기 위한 불완전 취업자의 경력개발 및 비경제활동 인구의 노동시장 참여 촉진에 관한 사항
6. 학력·경력의 부족, 고령화, 육체적·정신적 장애, 실업의 장기화, 국외로부터의 이주 등으로 인하여 노동시장의 통상적인 조건에서 취업이 특히 곤란한 사람과「국민기초생활 보장법」에 따른 수급권자 등(이하 "취업취약계층"이라 한다)의 고용촉진에 관한 사항(2020.5.26 본호개정)
7. 사업주의 일자리 창출, 인력의 확보, 고용유지 등의 지원 및 인력부족의 예방에 관한 사항
8. 지역 고용창출 및 지역 노동시장의 활성화를 위한 지역별 고용촉진에 관한 사항
9. 제1호부터 제8호까지의 사항에 관한 시책 추진을 위한 각종 지원금, 장려금, 수당 등 지원에 관한 제도의 효율적인 운영에 관한 사항
10. 제1호부터 제8호까지의 사항에 관한 시책을 효과적으로 시행하기 위하여 하는 구직자 또는 구인자(求人者)에 대한 고용정보의 제공, 직업소개·직업지도 또는 직업능력개발 등 고용을 지원하는 업무(이하 "고용서비스"라 한다)의 확충 및 민간 고용서비스시장의 육성에 관한 사항
11. 그 밖에 노동시장의 효율성 및 건전성을 높이고, 근로자의 고용촉진·고용안정 등을 실현하며, 사업주의 일자리 창출 및 고용유지 등을 지원하기 위하여 필요한 사항(2024.1.9 본호개정)
② 국가는 제1항에 따른 시책을 수립·시행하는 경우에 기업경영기반의 개선, 경제·사회의 균형 있는 발전, 국토의 균형 있는 개발 등의 시책을 종합적으로 고려하여야 하며, 고용기회를 늘리고 지역 간 불균형을 시정하며 중소기업을 우대할 수 있도록 하여야 하고, 차별적 고용관행 등 근로자가 능력을 발휘하는 데에 장애가 되는 고용관행을 개선하도록 노력하여야 한다.
③ 지방자치단체는 제1항에 따라 수립된 국가 시책과 지역 노동시장의 특성을 고려하여 지역주민의 고용촉진과 지역주민에게 적합한 직업의 소개, 직업훈련의 실시 등에 관한 시책을 수립·시행하도록 노력하여야 한다.
④ 국가는 제3항에 따른 시책을 수립·시행하는 지방자치단체에 필요한 지원을 할 수 있다.

제7조【취업기회의 균등한 보장】 ① 사업주는 근로자를 모집·채용할 때에 합리적인 이유 없이 성별, 신앙, 연령, 신체조건, 사회적 신분, 출신지역, 학력, 출신학교, 혼인·임신 또는 병력(病歷) 등(이하 "성별등"이라 한다)을 이유로 차별을 하여서는 아니 되며, 균등한 취업기회를 보장하여야 한다.(2014.1.21 본항개정)
② 고용서비스를 제공하는 자는 그 업무를 수행할 때에 합리적인 이유 없이 성별등을 이유로 구직자를 차별하여서는 아니 된다.
③ 직업능력개발훈련을 실시하는 자는 훈련대상자의 모집, 훈련의 실시 및 취업지원 등을 하는 경우에 합리적인 이유 없이 성별등을 이유로 훈련생을 차별하여서는 아니 된다.

제2장 고용정책의 수립 및 추진체계

제8조【고용정책 기본계획의 수립·시행】 ① 고용노동부장관은 관계 중앙행정기관의 장과 협의하여 5년마다 국가의 고용정책에 관한 기본계획(이하 "기본계획"이라 한다)을 수립하여야 한다.(2010.6.4 본항개정)
② 고용노동부장관은 제1항에 따라 기본계획을 수립할 때에는 제10조제1항에 따른 고용정책심의회의 심의를 거쳐야 하며, 수립된 기본계획은 국무회의에 보고하고 공표하여야 한다.(2010.6.4 본항개정)
③ 기본계획에는 다음 각 호의 사항이 포함되어야 한다.
1. 고용에 관한 중장기 정책목표 및 방향
2. 인력의 수요와 공급에 영향을 미치는 경제, 산업, 교육, 복지 또는 인구정책 등의 동향(動向)에 관한 사항
3. 고용 동향과 인력의 수급 전망에 관한 사항
4. 제6조제1항 각 호의 사항에 관한 시책의 기본 방향에 관한 사항
5. 그 밖의 고용 관련 주요 시책에 관한 사항
④ 관계 중앙행정기관의 장은 고용과 관련된 계획을 수립할 때에는 기본계획과 조화되도록 하여야 한다.
⑤ 고용노동부장관은 기본계획을 세우기 위하여 필요하면 관계 중앙행정기관의 장 및 지방자치단체의 장에게 필요한 자료의 제출을 요청할 수 있다.(2010.6.4 본항개정)

제9조【지역고용정책기본계획의 수립·시행】 ① 특별시장·광역시장·특별자치시장·도지사 및 특별자치도지사(이하 "시·도지사"라 한다)는 제10조제1항에 따른 지역고용심의회의 심의를 거쳐 지역 주민의 고용촉진과 고용안정 등에 관한 지역고용정책기본계획(이하 "지역고용계획"이라 한다)을 수립·시행하여야 한다.(2011.7.25 본항개정)
② 시·도지사는 지역고용계획을 수립할 때에는 기본계획과 조화되도록 하여야 한다.
③ 시·도지사는 지역고용계획을 세우기 위하여 필요하면 관계 중앙행정기관의 장 및 관할 지역의 직업안정기관의 장에게 협조를 요청할 수 있다.
④ 국가는 시·도지사가 지역고용계획을 수립·시행하는 데에 필요한 지원을 할 수 있다.

제9조의2【지역 일자리 창출대책의 수립 등】 ① 시·도지사 및 시장·군수·구청장(자치구의 구청장을 말한다. 이하 같다)은 관할 지역 주민들에게 자신의 임기 중에 추진할 일자리 창출대책을 수립·공표할 수 있다.
② 시·도지사 및 시장·군수·구청장은 제1항에 따라 일자리 창출대책을 추진하기 위하여 관계 중앙행정기관의 장 및 관할 지역의 직업안정기관의 장에게 협조를 요청할 수 있다. 이 경우 협조를 요청받은 관계 중앙행정기관의 장 및 관할 지역의 직업안정기관의 장은 정당한 사유가 없으면 그 요청에 따라야 한다.
③ 고용노동부장관은 제1항에 따른 일자리 창출대책의 추진성과를 확인하여 공표할 수 있고, 이를 위하여 관계 중앙행정기관의 장 및 지방자치단체의 장에게 필요한 자료의 제출 등 협조를 요청할 수 있다.
④ 국가는 시·도지사 및 시장·군수·구청장이 제1항에 따라 일자리 창출대책을 추진하는 데에 필요한 지원을 할 수 있다.
⑤ 고용노동부장관은 일자리 창출대책의 효과를 높이기 위하여 관련 의견을 해당 지방자치단체의 장에게 제시할 수 있다.
⑥ 지역 일자리 창출대책의 운영에 관한 사항은 고용노동부령으로 정한다.
(2011.7.25 본조신설)

제10조【고용정책심의회】 ① 고용에 관한 주요 사항을 심의하기 위하여 고용노동부에 고용정책심의회(이하 "정책심의회"라 한다)를 두고, 특별시·광역시·특별자치시·도 및 특별자치도에 지역고용심의회를 둔다. 이 경우「노사관계 발전 지원에 관한 법률」제3조제1항에 따른 지역 노사민정 간 협력 활성화를 위한 협의체가 특별시·광역시·특별자치시·도 및 특별자치도에 구성되어 있는 경우에는 이를 지역고용심의회로 볼 수 있다.
(2011.7.25 본항개정)
② 정책심의회는 다음 각 호의 사항을 심의한다.
1. 제6조제1항에 따른 시책 및 제8조제1항에 따른 기본계획의 수립에 관한 사항
2. 인력의 공급구조와 산업구조의 변화 등에 따른 고용 및 실업대책에 관한 사항
3. 제13조에 따른 고용영향평가 대상의 선정, 평가방법 등에 관한 사항(2014.1.21 본호개정)
4. 제13조의2에 따른 재정지원 일자리사업의 효율화에 관한 사항(2011.7.25 본호신설)
4의2. 제32조제4항 및 제5항에 따른 특별고용지원업종 또는 고용위기지역의 지정 및 지정 해제에 관한 사항
(2021.8.17 본호신설)
5.「사회적기업 육성법」에 따른 다음 각 목의 사항
가.「사회적기업 육성법」제5조에 따른 사회적기업육성기본계획
나.「사회적기업 육성법」제7조에 따른 사회적기업 인증에 관한 사항(2019.4.30 본목개정)
다. 그 밖에 사회적기업의 지원을 위하여 필요한 사항으로서 대통령령으로 정하는 사항
6.「남녀고용평등과 일·가정 양립 지원에 관한 법률」제17조의8 각 호의 사항(2014.1.14 본호개정)
7.「장애인고용촉진 및 직업재활법」에 따른 다음 각 목의 사항
가.「장애인고용촉진 및 직업재활법」제7조제1항에 따른 장애인의 고용촉진 및 직업재활을 위한 기본계획의 수립에 관한 사항
나. 그 밖에 장애인의 고용촉진 및 직업재활에 관하여 위원장이 회의에 부치는 사항
8.「근로복지기본법」제8조 각 호의 사항(2010.6.8 본호개정)
8의2.「가사근로자의 고용개선 등에 관한 법률」제20조 각 호의 사항(2021.6.15 본호신설)
9. 관계 중앙행정기관의 장이 고용과 관련하여 심의를 요청하는 사항
10. 그 밖에 다른 법령에서 정책심의회의 심의를 거치도록 한 사항 및 대통령령으로 정하는 사항(2010.5.31 본호개정)
③ 정책심의회는 위원장 1명을 포함한 30명 이내의 위원으로 구성하고, 위원장은 고용노동부장관이 되며, 위원은 다음 각 호의 어느 하나에 해당하는 사람 중에서 고용노동부장관이 위촉하는 사람과 대통령령으로 정하는 관계 중앙행정기관의 차관 또는 차관급 공무원이 된다.
(2010.6.4 본문개정)
1. 근로자와 사업주를 대표하는 사람
2. 고용문제에 관하여 학식과 경험이 풍부한 사람
3.「지방자치법」제182조에 따른 전국 시·도지사 협의체에서 추천하는 사람(2021.1.12 본호개정)
④ 정책심의회를 효율적으로 운영하고 정책심의회의 심의 사항을 전문적으로 심의하도록 하기 위하여 정책심의회에 분야별로 전문위원회를 둘 수 있다.
⑤ 전문위원회는 대통령령으로 정하는 바에 따라 정책심의회가 위임한 사항에 관하여 심의한다. 이 경우 전문위원회의 심의는 정책심의회의 심의로 본다.
⑥ 정책심의회, 지역고용심의회 및 전문위원회의 구성·운영과 그 밖에 필요한 사항은 대통령령으로 정한다.

제11조【직업안정기관의 설치 등】 ① 국가는 제6조제1항에 따른 시책을 추진하는 경우에 지역 근로자와 사업주가 편리하게 고용서비스를 받을 수 있도록 지역별로 직업안정기관을 설치·운영하여야 한다.
② 국가는 지방자치단체의 장이 해당 지역의 구직자와 구인기업에 대하여 고용서비스를 제공하는 업무를 담당하는 조직을 운영하는 경우에 그 조직의 운영에 필요한 지원을 할 수 있다.
③ 직업안정기관의 장과 지방자치단체의 장은 고용서비스 제공 업무를 수행하는 경우에 서로 협력하여야 한다.
④ 국가 또는 지방자치단체는 대통령령으로 정하는 바에 따라 취업취약계층에 대한 고용서비스 제공에 필요한 시설을 설치·운영할 수 있다.

제12조【민간에 의한 고용서비스 제공 지원 등】 ① 국가는 민간 고용서비스산업의 발전에 필요한 다음 각 호의 시책을 수립·시행할 수 있다.
1. 고용서비스 전문가의 양성
2. 공공부문과 민간의 고용 관련 정보망의 연계
3. 국가와 지방자치단체에서 하는 고용서비스 제공사업 중 민간의 전문성을 활용할 수 있는 사업의 발굴과 그 사업의 위탁
4. 우수한 고용서비스를 제공하는 민간기관에 대한 인증
② 직업안정기관과 민간기관은 고용서비스 제공에 관한 사업을 공동으로 추진하거나 연계하여 추진하는 등 서로 협력하여 사업을 추진할 수 있다.
③ 고용노동부장관 또는 직업안정기관의 장은 고용서비스를 제공하는 행정기관, 지방자치단체, 그 밖의 민간 고용서비스 제공기관 등에 시설·장비 등 필요한 지원을 할 수 있다.(2010.6.4 본항개정)

제13조【고용영향평가】 ① 중앙행정기관의 장과 지방자치단체의 장은 소관정책이 일자리 증감 및 고용의 질 등에 미치는 영향을 분석·평가(이하 "고용영향평가"라 한다)하고, 그 결과를 정책의 수립·시행에 반영하도록 노력하여야 한다.(2014.1.21 본항개정)
② 중앙행정기관의 장은 다음 각 호의 어느 하나에 해당하는 사업으로서 고용노동부장관이 고용에 미치는 영향, 사업의 규모 및 그 밖에 대통령령으로 정하는 사항을 고려하여 선정한 사업에 대하여 고용노동부령으로 정하는 바에 따라 고용영향평가를 실시하고 그 결과를 고용노동부장관에게 제출하여야 한다.
1. 「국가재정법」 제31조제1항에 따른 예산요구서에 포함된 세출예산사업
2. 「국가재정법」 제66조제5항에 따른 기금운용계획안에 포함된 기금사업
(2019.4.30 본항신설)
③ 고용노동부장관은 중앙행정기관의 장 또는 지방자치단체의 장이 시행할 계획 또는 시행 중이거나 시행이 완료된 정책 중 고용에 미치는 영향이 큰 정책(계획을 포함한다. 이하 이 조에서 같다)으로서 다음 각 호의 어느 하나에 해당하는 경우 고용영향평가를 하고, 그 결과를 소관 중앙행정기관의 장 또는 지방자치단체의 장에게 통보할 수 있다.(2019.4.30 본문개정)
1. 관계 중앙행정기관의 장 또는 지방자치단체의 장이 고용영향평가를 요청하는 정책으로서 고용노동부장관이 고용영향평가가 필요하다고 인정하는 정책
2. 정책심의회에서 고용영향평가를 하기로 심의한 정책
(2019.4.30 1호~2호개정)
3. 고용노동부장관이 직권으로 고용영향평가가 필요하다고 인정하는 정책(2014.1.21 본호신설)
4. 대규모의 예산이 투입되는 정책으로서 대통령령으로 정하는 정책(2014.1.21 본호신설)
④ 고용노동부장관은 고용영향평가를 위하여 필요하다고 인정할 때에는 관계 행정기관, 교육·연구기관 등에 필요한 자료를 요청할 수 있다. 이 경우 자료 요청을 받은 관계 행정기관의 장, 교육·연구기관의 장 등은 특별한 사정이 없으면 이에 따라야 한다.(2014.1.21 본항신설)
⑤ 고용노동부장관은 제3항에 따른 고용영향평가 결과를 공개하여야 한다.(2019.4.30 본항개정)
⑥ 고용노동부장관은 제2항 및 제3항에 따른 고용영향평가의 결과 고용안정 촉진 및 일자리 창출을 위하여 필요하다고 인정하는 경우 관계 중앙행정기관의 장 및 지방자치단체의 장에게 정책에 관하여 제언을 하거나 개선을 권고할 수 있다.(2019.4.30 본항개정)
⑦ 제6항에 따라 정책에 관하여 제언 또는 개선 권고를 받은 관계 중앙행정기관의 장 또는 지방자치단체의 장은 특별한 사정이 있는 경우를 제외하고는 개선 대책을 수립·시행하고 그 결과를 고용노동부장관에게 통보하여야 한다.(2019.4.30 본항개정)
⑧ 제3항, 제6항 및 제7항에 따른 고용영향평가의 요청 절차, 대상의 선정 및 방법, 정책에 관한 제언 또는 개선 권고 및 개선 대책의 수립·시행 등에 관하여 필요한 사항은 대통령령으로 정한다.(2019.4.30 본항개정)
⑨ 고용노동부장관은 대통령령으로 정하는 바에 따라 다음 각 호의 어느 하나에 해당하는 기관에 제3항에 따른 고용영향평가 업무를 대행하도록 할 수 있다. 이 경우 고용노동부장관은 대행에 필요한 비용을 지급하여야 한다.
(2019.4.30 전단개정)
1. 국가나 지방자치단체가 출연한 연구기관(국가나 지방자치단체의 출연기관이 재출연한 연구기관을 포함한다)
2. 민간연구기관
(2014.1.21 본조제목개정)

제13조의2【재정지원 일자리사업의 효율화】 ① 고용노동부장관은 재정지원 일자리사업(중앙행정기관 및 지방자치단체 또는 이들로부터 위탁받은 각종 기관 및 단체가 취업을 지원하기 위하여 재정을 활용하여 시행하는 사업을 말한다. 이하 같다)의 효율화를 위하여 다음 각 호의 사항을 추진하여야 한다.
1. 재정지원 일자리사업의 범위, 분류 및 평가기준의 마련
1의2. 재정지원 일자리사업에 대한 현황조사(2019.4.30 본호신설)
2. 재정지원 일자리사업 간 중복 조정기준의 마련 및 이에 따른 조정
3. 재정지원 일자리사업에 취업취약계층의 우선적 참여를 위한 취업취약계층의 정의 및 사업별 고용비율·고용방법 등 제시
4. 재정지원 일자리사업의 추진체계 개선
5. 재정지원 일자리사업 간 연계성 강화
6. 재정지원 일자리사업에 대한 평가 및 그 평가에 따른 제도개선이나 예산반영에 관한 의견 제시(2019.4.30 본호개정)
7. 재정지원 일자리사업을 통합 관리하는 정보전산망 운영
8. 그 밖에 재정지원 일자리사업의 효율화를 위하여 정책심의회에서 정하는 사항
② 고용노동부장관은 매년 제1항제6호의 평가 결과와 연계하여 제1항제1호의2, 제2호부터 제5호까지의 사항이 포함된 재정지원 일자리사업 효율화 방안을 마련하고, 정책심의회의 심의를 거쳐 기획재정부장관 등 관계 중앙행정기관의 장에게 재정지원 일자리사업 효율화 방안을 통보하여야 한다.(2019.4.30 본항신설)
③ 제2항의 재정지원 일자리사업 효율화 방안을 통보받은 기획재정부장관 등 관계 중앙행정기관의 장은 효율화 방안의 내용을 반영하여 재정지원 일자리사업의 설계·운영 방안을 조정하여야 하며, 고용노동부장관의 요청이 있는 때에는 그 반영 결과를 고용노동부장관에게 통보하여야 한다.(2019.4.30 본항신설)
④ 중앙행정기관의 장 및 지방자치단체의 장은 재정지원 일자리사업이 기존 사업과 유사하거나 중복되지 아니하도록 하고 사업 간의 연계를 강화하는 등 재정지원 일자리사업을 효율적으로 추진하여야 한다.
(2019.4.30 본항신설)
⑤ 재정지원 일자리사업을 수행하는 중앙행정기관의 장 및 지방자치단체의 장 또는 위탁 기관·단체는 재정지원 일자리사업의 효율화를 위하여 고용노동부장관의 요청이 있는 경우 다음 각 호의 사항을 이행하여야 한다.
1. 매년 자신이 수행하는 재정지원 일자리사업의 사업실적, 예산서, 운영지침 등 현황 통보(2019.4.30 본호개정)
2. 고용노동부장관이 제시한 사업개선과 예산반영 의견에 대한 결과의 보고
3. 소관 재정지원 일자리사업의 통합 정보전산망 관리 및 기존 정보전산망과의 연계
4. 정보전산망 등을 이용한 재정지원 일자리사업의 중복참여 여부 확인
5. 그 밖에 재정지원 일자리사업의 효율화를 위하여 정책심의회에서 정하는 사항
⑥ 중앙행정기관의 장 및 지방자치단체의 장은 재정지원 일자리사업을 신설하거나 변경하려는 경우에는 미리 고용노동부장관에게 해당 사업의 내용을 통보하여야 한다.
(2019.4.30 본항신설)
⑦ 제6항에 따라 통보를 받은 고용노동부장관은 해당 사업과 그 밖의 재정지원 일자리사업 간의 중복을 방지하고 해당 사업의 효율성을 높이기 위하여 필요한 경우 중앙행정기관의 장에게 의견을 제시하거나 권고할 수 있다.
(2019.4.30 본항신설)
⑧ 고용노동부장관은 제7항에 따라 제시한 의견 또는 권고의 내용과 그에 따른 결과를 기획재정부장관 등 관계 중앙행정기관의 장에게 통보하여야 한다.(2019.4.30 본항신설)
(2011.7.25 본조신설)

제14조【국제협력】 고용노동부장관은 국제 노동시장의 동향 조사 및 대책 마련, 고용정책 개발 등에 관하여 국제기구, 외국정부 또는 외국기관과 협력사업을 할 수 있다.
(2010.6.4 본조개정)

제3장 고용정보 등의 수집·제공

제15조【고용·직업 정보의 수집·관리】 ① 고용노동부장관은 근로자와 기업에 대한 고용서비스 향상과 노동시장의 효율성 제고를 위하여 다음 각 호의 고용·직업에 관한 정보(이하 "고용·직업 정보"라 한다)를 수집·관리하여야 한다.
1. 구인·구직 정보
2. 고용보험제도 및 고용안정사업의 운영에 필요한 정보
3. 직업의 현황과 전망에 관한 정보 및 직업능력개발 훈련에 필요한 정보
4. 외국인 고용관리에 필요한 정보
5. 재정지원 일자리사업 운영을 위해 필요한 정보
6. 산업별·지역별 고용 동향 및 노동시장 정보
7. 그 밖에 제1호부터 제6호까지의 정보를 이용하여 제공하는 서비스의 향상을 위하여 필요한 정보로서 대통령령으로 정하는 정보
(2019.4.30 본항개정)
② 고용노동부장관은 구직자·구인자, 직업훈련기관, 교육기관 및 그 밖에 고용·직업 정보가 필요한 자가 신속하고 편리하게 이용할 수 있도록 책자를 발간·배포하는 등 필요한 조치를 하여야 한다.(2020.5.26 본항개정)
③ 고용노동부장관은 고용·직업 정보의 수집·관리를 위하여 노동시장의 직업구조를 반영한 고용직업분류표를 작성·고시하여야 한다. 이 경우 미리 관계 행정기관의 장과 협의할 수 있다.(2011.7.25 본항신설)
④ → 제3항으로 이동
⑤~⑦ (2019.4.30 삭제)
(2019.4.30 본조제목개정)
(2010.6.4 본조개정)

제15조의2【고용정보시스템의 구축·운영】 ① 고용노동부장관은 제15조제1항의 업무를 효율적으로 수행하기 위하여 같은 항 각 호의 고용·직업 정보를 대상으로 하는 전자정보시스템(이하 "고용정보시스템")을 구축·운영할 수 있다.
② 고용노동부장관은 제1항에 따른 업무를 수행하기 위하여 법원·법무부·보건복지부·행정안전부·국세청 등 관계 중앙행정기관과 지방자치단체의 장 및 관련 기관·단체의 장에게 자료 제공 및 관계 전산망의 이용을 요청할 수 있다. 이 경우 자료의 제공 등을 요청받은 자는 정당한 사유가 없으면 그 요청에 따라야 한다.
(2023.3.28 전단개정)
③ 고용노동부장관은 제2항에 따라 다음 각 호의 정보를 수집·보유·이용할 수 있다.
1. 사업자등록증
2. 국민건강보험·국민연금·고용보험·산업재해보상보험·보훈급여·공무원연금·공무원재해보상급여·군인연금·사립학교교직원연금·별정우체국연금의 가입여부, 가입종별, 소득정보, 부과액 및 수급액
3. 건물·토지·자동차·건설기계·선박의 공시가격 또는 과세표준액
4. 주민등록등본·초본
5. 가족관계등록부(가족관계증명서, 혼인관계증명서, 기본증명서)
6. 북한이탈주민확인증명서
7. 범죄사실에 관한 정보
8. 출입국 정보
9. 외국인등록 자료 중 체류자격과 체류기간(2023.3.28 본호신설)
10. 장애 정도
11. 사회보장급여 수급 이력
12. 「국가기술자격법」이나 그 밖의 법령에 따른 자격취득 정보
13. 학교교육에 관한 정보
14. 지방자치단체 등이 수집한 고용·직업 정보
④ 고용노동부장관은 제2항 및 제3항에 따른 자료와 관계 전산망의 이용을 위하여 「사회보장기본법」 제37조제2항에 따른 사회보장정보시스템을 연계하여 사용할 수 있다.
⑤ 고용노동부장관은 재정지원 일자리사업 등 일자리 지원 업무를 수행하는 중앙행정기관, 지방자치단체 및 위탁받은 기관·단체(이하 "수행기관"이라 한다)의 장이 사업수행 및 관리를 위하여 개인정보 등의 활용을 요청하는 경우 고용정보시스템을 이용하거나 관할 전산망을 연계하여 개인정보 등을 이용하게 할 수 있다. 이 경우 수행기관으로의 정보 제공 및 이를 위한 정보시스템 운영에 소요되는 비용을 징수할 수 있다.
⑥ 제2항부터 제4항까지에 따른 자료 제공 및 관계 전산망 이용에 관하여는 수수료·사용료 등을 면제한다.
(2019.4.30 본조신설)

제15조의3【개인정보의 보호】 ① 고용노동부장관은 제15조의2제5항에 따라 수행기관이 고용정보시스템을 이용하거나 관할 전산망과 연계하여 이용하게 하는 경우 업무에 필요한 최소한의 정보만 제공하여야 한다. 이 경우 고용노동부장관은 수행기관 및 업무담당자별로 이용 가능한 정보의 범위 및 권한을 지정하여야 한다.
(2019.4.30 본항개정)
② 고용노동부장관은 고용정보시스템의 개인정보 보호를 위하여 필요한 대책을 마련하여야 하며, 수행기관은 제15조의2제5항에 따라 고용노동부장관에게 고용정보시스템의 사용을 요청하는 경우 보안교육 등 일자리사업 참여자의 개인정보에 대한 보호대책을 마련하여야 한다.
(2019.4.30 본항개정)
③ 수행기관은 제15조의2제2항부터 제5항까지에 따른 자료 및 관계 전산망을 이용하고자 하는 경우에는 사전에 정보주체의 동의를 받아야 한다.(2019.4.30 본항개정)
④ 수행기관은 제15조의2제2항부터 제5항까지에 따른 자료 및 관계 전산망을 이용할 때 다음 각 호의 개인정보를 제외한 정보는 참여자의 선발 및 취업의 지원 목적을 달성한 경우 지체 없이 파기하여야 한다.(2020.5.26 본문개정)

1. 재정지원 일자리사업 신청자 및 참여자의 특성
2. 재정지원 일자리사업 참여자의 사업 참여 이력
3. 재정지원 일자리사업 참여자의 사업종료 이후 취업 이력
⑤ 고용정보시스템의 개인정보는 수행기관에서 일자리 지원 업무를 담당하는 사람 중 해당 기관의 장으로부터 개인정보 취급승인을 받은 사람만 취급할 수 있다.
(2020.5.26 본항개정)
⑥ 재정지원 일자리사업 등 일자리 지원 업무에 종사하거나 종사하였던 자는 일자리 지원 업무 수행과 관련하여 알게 된 개인·법인 또는 단체의 정보를 누설하거나 다른 용도로 사용하여서는 아니 된다.(2019.4.30 본항개정)
⑦ 제1항부터 제5항까지에서 정한 수행기관별 이용 가능한 정보의 범위 및 권한 지정, 개인정보 보호대책, 정보주체에 대한 사전 동의 방법, 목적을 달성한 정보의 파기 시기 및 방법, 개인정보 취급승인의 절차, 보안교육 등에 관한 세부적인 사항은 고용노동부장관이 정한다.
(2019.4.30 본항개정)
(2015.3.27 본조신설)

제15조의4【관계기관 등에 대한 정보 제공 및 공개】 ① 고용노동부장관은 정보주체가 동의하는 경우 구인·구직 지원 등에 필요한 개인정보 및 사업장 정보를 고용서비스를 제공하는 행정기관, 지방자치단체 등에 제공할 수 있다.
② 고용노동부장관은 고용정보시스템이 수집·관리하고 있는 정보 중 개인정보를 제외한 고용정보를 통계적 목적 또는 정책수립을 위하여 관계기관·단체 등에 제공할 수 있다.
③ 고용노동부장관은 제1항 및 제2항에 따라 정보를 제공하는 경우 부정하게 정보를 활용하지 않도록 정보 이용 절차와 요건을 정할 수 있고, 이를 위반하는 경우 정보 이용을 제한할 수 있다.
(2019.4.30 본조신설)

제15조의5【재정지원 일자리사업 통합정보전산망의 구축·운영 등】 ① 고용노동부장관은 재정지원 일자리사업 참여자의 선발, 취업의 지원, 각종 급여·수당의 지급 및 환수 등 재정지원 일자리사업의 수행 및 관리에 필요한 각종 자료 또는 정보의 효율적 처리와 기록·관리 업무의 전자화를 위하여 정보시스템(이하 "통합정보전산망"이라 한다)을 구축·운영할 수 있다.
② 제1항에 따른 통합정보전산망의 구축·운영에 관하여는 제15조의2제2항부터 제6항까지를 준용한다. 이 경우 "고용정보시스템"은 "통합정보전산망"으로 본다.
(2019.4.30 본항개정)
③ 통합정보전산망을 구축·운영하는 경우 개인정보 보호에 관해서는 제15조의3을 준용한다. 이 경우 "고용정보시스템"은 "통합정보전산망"으로 본다.(2020.5.26 전단개정)
④~⑤ (2019.4.30 삭제)
(2015.3.27 본조신설)

제15조의6【고용형태 현황 공시】 ① 대통령령으로 정하는 수 이상의 근로자를 사용하는 사업주는 매년 근로자의 고용형태 현황을 공시하여야 한다.
② 제1항에 따른 고용형태, 공시절차 및 그 밖에 필요한 사항은 고용노동부령으로 정한다.
(2012.12.18 본조신설)

제16조【인력의 수급 동향 등에 관한 자료의 작성】 ① 고용노동부장관은 인력의 수급에 영향을 미치는 경제·산업의 동향과 그 전망 등이 포함된 인력의 수급 동향과 전망에 관하여 조사하고 자료를 매년 작성하여 공표하여야 한다.(2010.6.4 본항개정)
② 고용노동부장관은 제1항에 따른 인력의 수급 동향과 전망에 관한 자료를 작성하기 위하여 필요하다고 인정하면 다음 각 호의 기관에 필요한 자료의 제공을 요청할 수 있다.(2010.6.4 본문개정)
1. 관계 행정기관
2. 교육·연구기관
3. 사업주 또는 사업주단체
4. 노동조합
5. 그 밖의 관계 기관
③ 제2항에 따라 자료 제공을 요청받은 자는 특별한 사유가 없으면 그 요청에 따라야 한다.

제17조【고용 관련 통계의 작성·보급 등】 ① 고용노동부장관은 고용정책의 효율적 수립·시행을 위하여 산업별·직업별·지역별 고용구조 및 인력수요 등에 관한 통계를 작성·공표하여 국민들이 이용할 수 있도록 하여야 한다.
② 고용노동부장관은 제1항에 따라 작성된 통계를 국민들이 편리하게 이용할 수 있도록 데이터베이스를 구축하는 등 필요한 조치를 하여야 한다.
(2010.6.4 본조개정)

제18조【한국고용정보원의 설립】 ① 고용정보의 수집·제공과 직업에 관한 조사·연구 등 제40조에 따라 위탁받은 업무와 그 밖에 고용지원에 관한 업무를 효율적으로 수행하기 위하여 한국고용정보원을 설립한다.
② 한국고용정보원은 법인으로 한다.
③ 한국고용정보원은 고용노동부장관의 승인을 받아 분사무소를 둘 수 있다.(2010.6.4 본항개정)
④ 한국고용정보원의 사업은 다음 각 호와 같다.
1. 고용 동향, 직업의 현황 및 전망에 관한 정보의 수집·관리(2014.1.21 본호개정)
2. 인력 수급의 동향 및 전망에 관한 정보의 제공
(2014.1.21 본호신설)
3. 고용정보시스템 구축 및 운영(2019.4.30 본호개정)
4. 직업지도, 직업심리검사 및 직업상담에 관한 기법(技法)의 연구·개발 및 보급
5. 고용서비스의 평가 및 지원
6. 제1호부터 제5호까지의 사업에 관한 국제협력과 그 밖의 부대사업(2014.1.21 본호개정)
7. 그 밖에 고용노동부장관, 다른 중앙행정기관의 장 또는 지방자치단체로부터 위탁받은 사업(2010.6.4 본호개정)
⑤ 정부는 예산의 범위에서 한국고용정보원의 설립·운영에 필요한 경비와 제4항제1호부터 제6호까지의 사업에 필요한 경비를 출연할 수 있다.(2014.1.21 본항개정)
⑥ 한국고용정보원에 관하여 이 법과 「공공기관의 운영에 관한 법률」에 규정된 것 외에는 「민법」 중 재단법인에 관한 규정을 준용한다.
⑦ 한국고용정보원은 업무수행에 필요한 자료의 제공을 국가기관, 지방자치단체, 교육·연구기관, 그 밖의 공공기관에 요청할 수 있다.
⑧ 한국고용정보원의 임직원은 「형법」 제129조부터 제132조까지의 규정을 적용할 때에는 공무원으로 본다.
⑨ 한국고용정보원의 임직원이나 임직원으로 재직하였던 사람은 그 직무상 알게 된 비밀을 누설하거나 다른 용도로 사용하여서는 아니 된다.

제18조의2【한국잡월드의 설립 등】 ① 다음 각 호의 사업을 수행하기 위하여 한국고용정보원 산하에 한국잡월드를 설립한다.
1. 직업 관련 자료·정보의 전시 및 제공
2. 직업체험프로그램 개설·운영
3. 청소년 및 청년 등에 대한 직업교육프로그램 개설·운영(2021.5.18 본호개정)
4. 교사 등에 대한 직업지도 교육프로그램 개설·운영
5. 직업상담 및 직업심리검사 서비스 제공
6. 직업 관련 자료·정보의 전시기법 및 체험프로그램 연구·개발
7. 제1호부터 제6호까지의 사업에 관한 국제협력과 그 밖의 부대사업
8. 그 밖에 고용노동부장관, 다른 중앙행정기관의 장 또는 지방자치단체의 장으로부터 위탁받은 사업
② 한국잡월드는 법인으로 한다.
③ 정부는 한국잡월드의 설립·운영에 필요한 경비와 제1항제1호부터 제7호까지의 사업에 필요한 경비를 예산의 범위에서 출연할 수 있다.(2014.1.21 본항개정)
④ 한국잡월드는 제1항 각 호의 사업수행에 필요한 경비를 조달하기 위하여 입장료·체험관람료 징수 및 광고 등 대통령령으로 정하는 바에 따라 수익사업을 할 수 있다.
⑤ 개인 또는 법인·단체는 한국잡월드의 사업을 지원하기 위하여 한국잡월드에 금전이나 현물, 그 밖의 재산을 출연 또는 기부할 수 있다.
⑥ 한국잡월드의 수입은 다음 각 호의 것으로 한다.
1. 국가나 국가 외의 자로부터 받은 출연금 및 기부금
2. 그 밖에 한국잡월드의 수입금
⑦ 정부는 한국잡월드의 설립 및 운영을 위하여 필요한 경우에는 「국유재산법」, 「물품관리법」에도 불구하고 국유재산 및 국유물품을 한국잡월드에 무상으로 대부 또는 사용하게 할 수 있다.
(2011.7.25 본조신설)

제4장 직업능력개발

제19조【직업능력개발에 관한 시책】 ① 국가는 직업능력개발을 촉진·지원하기 위하여 필요한 다음 각 호의 시책을 수립·시행하여야 한다.
1. 직업능력개발에 관한 표준 설정
2. 직업능력개발훈련 시설·장비의 확충
3. 직업능력개발훈련의 내용 및 훈련 방법의 연구·개발
4. 직업능력개발훈련 교사의 양성·확보 및 자질향상 등
5. 그 밖에 근로자의 직업능력개발을 지원하기 위하여 필요한 사항
② 국가는 다음 각 호의 훈련이 연계되도록 함으로써 산업에 필요한 직업능력을 갖춘 근로자가 양성될 수 있도록 하여야 한다.
1. 교육·연구기관에서 하는 교육·연구
2. 공공직업훈련시설이 하는 직업능력개발훈련
3. 사업주나 그 밖에 개인 또는 단체가 하는 직업능력개발훈련
③ 제1항에 따른 직업능력개발에 필요한 사항은 따로 법률로 정한다.

제20조【직업능력개발의 지원】 ① 사업주는 그가 고용하는 근로자에 대하여 필요한 직업능력개발훈련을 실시하고 근로자는 스스로 직업능력을 개발하도록 노력하여야 한다.
② 국가는 근로자와 사업주에게 직업능력개발에 관한 정보를 제공하고 지도·상담하며 필요한 비용을 지원할 수 있다.
③ 국가는 국민 모두가 전 생애에 걸쳐 직업능력을 개발하고, 경력을 관리할 수 있도록 필요한 지원을 할 수 있다.

제21조【기술·기능 인력의 양성】 국가는 산업발전의 추이(推移)와 노동시장의 인력수급 상황을 조사하여 지속적인 국가경제의 발전에 필요한 기술·기능 인력을 양성하기 위하여 필요한 시책을 수립·시행하여야 한다.

제22조【직업능력평가제도의 확립】 ① 국가는 직업능력평가를 위한 기준을 설정하여 근로자의 지식·기술 및 기능에 대한 검정제도(檢定制度)를 확립하고, 이를 확산하도록 노력하여야 한다.
② 제1항에 따른 검정제도에 관하여 필요한 사항은 따로 법률로 정한다.

제5장 근로자의 고용촉진 및 사업주의 인력확보 지원

제23조【구직자와 구인자에 대한 지원】 ① 직업안정기관의 장은 구직자가 그 적성·능력·경험 등에 맞게 취업할 수 있도록 구직자 개개인의 적성·능력 등을 고려하여 그 구직자에게 적합하도록 체계적인 고용서비스를 제공하여야 한다.
② 직업안정기관의 장은 구인자가 적합한 근로자를 신속히 채용할 수 있도록 구직자 정보의 제공, 상담·조언, 그 밖에 구인에 필요한 지원을 하여야 한다.

제24조【학생 등에 대한 직업지도】 국가는 「초·중등교육법」과 「고등교육법」에 따른 각급 학교의 학생 등에 대하여 장래 직업선택에 관하여 지도·조언하고, 각자의 적성과 능력에 맞는 직업을 가질 수 있도록 직업에 관한 정보를 제공하며, 직업적성검사 등 직업지도를 받을 수 있게 하는 등 필요한 지원을 하여야 한다.

제25조【청년·여성·고령자 등의 고용촉진의 지원】 ① 국가는 청년·여성·고령자 등의 고용을 촉진하기 위하여 이들의 취업에 적합한 직종의 개발, 직업능력개발훈련과 정의 개설, 고용기회 확대를 위한 제도의 마련, 관련 법령의 정비, 그 밖에 필요한 대책을 수립·시행하여야 한다.
② 제1항에 따른 청년·여성·고령자 등의 고용촉진에 필요한 사항은 따로 법률로 정한다.

제26조【취업취약계층의 고용촉진 지원】 ① 국가는 취업취약계층의 고용을 촉진하기 위하여 다음 각 호의 내용이 포함된 취업지원 프로그램에 따라 직업능력을 개발하게 하는 등 필요한 지원을 하여야 한다.
1. 취업취약계층의 능력·적성 등에 대한 진단
2. 취업의욕의 고취 및 직업능력의 증진
3. 집중적인 직업소개 등 지원
② 제1항에 따른 취업취약계층의 고용촉진에 필요한 사항은 따로 법률로 정한다.

제27조【일용근로자 등의 고용안정 지원】 국가는 일용근로자와 파견근로자 등의 고용안정을 위하여 그 근로형태의 특성에 맞는 고용정보의 제공, 직업상담, 직업능력개발 기회의 확대, 그 밖에 필요한 조치를 하여야 한다.

제28조【사회서비스일자리 창출 및 사회적기업 육성】
① 국가는 사회적으로 필요함에도 불구하고 수익성 등으로 인하여 시장에서 충분히 제공되지 못하는 교육, 보건, 사회복지, 환경, 문화 등 사회서비스 부문에서 법인·단체가 일자리를 창출하는 경우에는 이에 필요한 지원을 할 수 있다.
② 국가는 취업취약계층 등에 사회서비스 또는 일자리를 제공하여 지역주민의 삶의 질을 높이는 등의 사회적 목적을 추구하면서 재화 및 서비스의 생산·판매 등 영업활동을 하는 법인·단체를 사회적기업으로 육성하도록 노력하여야 한다.
③ 제2항에 따른 사회적기업의 육성에 필요한 사항은 따로 법률로 정한다.
(2011.7.25 본조제목개정)

제29조【기업의 고용창출 등 지원】 ① 국가는 근로자의 고용기회를 확대하고 기업의 경쟁력을 높이기 위하여 기업의 고용창출, 고용유지 및 인력의 재배치 등 지원에 필요한 대책을 수립·시행하여야 한다.
② 직업안정기관의 장은 근로자의 모집·채용 또는 배치, 직업능력개발, 승진, 임금체계, 그 밖에 기업의 고용관리에 관하여 사업주, 근로자대표 또는 노동조합 등으로부터 지원 요청을 받으면 고용정보 등을 활용하여 상담·지도 등 필요한 지원을 하여야 한다.

제30조【중소기업 인력확보지원계획의 수립·시행】 ① 고용노동부장관은 중소기업의 인력확보를 지원하기 위하여 작업환경의 개선, 복리후생시설의 확충, 그 밖에 고용관리의 개선 등을 지원하기 위한 계획(이하 "중소기업 인력확보지원계획"이라 한다)을 수립·시행할 수 있다.
(2010.6.4 본항개정)
② 고용노동부장관은 중소기업 인력확보지원계획을 수립하려면 미리 관계 중앙행정기관의 장과 협의하여야 한다.
(2010.6.4 본항개정)
③ 중소기업 인력확보지원계획의 수립·시행에 필요한 사항은 대통령령으로 정한다.

제31조【외국인근로자의 도입】 ① 국가는 노동시장에서의 원활한 인력수급을 위하여 외국인근로자를 도입할 수 있다. 이 경우 국가는 국민의 고용이 침해되지 아니하도록 노력하여야 한다.

② 제1항에 따른 외국인근로자의 도입 등에 필요한 사항은 따로 법률로 정한다.

제6장 고용조정지원 및 고용안정대책

제32조【업종별·지역별 고용조정의 지원 등】 ① 고용노동부장관은 국내외 경제사정의 변화 등으로 고용사정이 급격히 악화되거나 악화될 우려가 있는 업종 또는 지역에 대하여 다음 각 호의 사항을 지원할 수 있다.
(2014.1.21 본문개정)
1. 사업주의 고용조정
2. 근로자의 실업 예방
3. 실업자의 재취업 촉진
4. 그 밖에 고용안정과 실업자의 생활안정을 위하여 필요한 지원

② 제1항에 해당하는 업종 중에서 급격한 고용감소 등으로 특별한 지원이 필요하다고 인정되는 업종에 속하는 사업주나 사업주단체·근로자단체 또는 그 단체의 연합체 등은 해당 업종을 특별고용지원업종으로 지정하여 줄 것을 고용노동부장관에게 신청할 수 있다.(2021.8.17 본항개정)
③ 제1항에 해당하는 지역 중에서 급격한 고용감소 등으로 특별한 지원이 필요하다고 인정되는 지역의 지방자치단체의 장은 해당 지역을 고용위기지역으로 지정하여 줄 것을 고용노동부장관에게 신청할 수 있다.(2021.8.17 본항신설)
④ 고용노동부장관은 제2항 및 제3항에 따른 신청을 받은 경우 정책심의회의 심의를 거쳐 해당 업종 또는 지역을 기간을 정하여 특별고용지원업종 또는 고용위기지역으로 지정할 수 있다.(2021.8.17 본항신설)
⑤ 고용노동부장관은 제4항에 따른 지정기간 중이더라도 고용사정이 호전되는 등 특별한 지원의 필요성이 없어진 때에는 정책심의회의 심의를 거쳐 그 지정을 해제할 수 있다.(2021.8.17 본항신설)
⑥ 제1항부터 제4항까지에 따른 지원 조치, 지정기간 및 지정기간의 연장 등에 필요한 사항은 대통령령으로 정한다.(2021.8.17 본항신설)

제32조의2【고용재난지역의 선포 및 지원 등】 ① 고용노동부장관은 대규모로 기업이 도산하거나 구조조정 등으로 지역의 고용안정에 중대한 문제가 발생하여 특별한 조치가 필요하다고 인정되는 지역에 대하여 고용재난지역으로 선포할 것을 대통령에게 건의할 수 있다.
② 제1항에 따라 고용재난지역의 선포를 건의받은 대통령은 국무회의의 심의를 거쳐 해당 지역을 고용재난지역으로 선포할 수 있다.
③ 고용노동부장관은 제1항에 따라 고용재난지역으로 선포할 것을 대통령에게 건의하기 전에 관계 중앙행정기관의 장과 합동으로 고용재난조사단을 구성하여 실업 등 피해상황을 조사할 수 있다.
④ 제2항에 따라 고용재난지역으로 선포하는 경우 정부는 행정상·재정상·금융상의 특별지원이 포함된 종합대책을 수립·시행할 수 있다.
⑤ 제3항에 따른 고용재난조사단의 구성·운영 및 조사에 필요한 사항과 제4항에 따른 지원의 내용은 대통령령으로 정한다.
(2014.1.21 본조신설)

제33조【대량 고용변동의 신고 등】 ① 사업주는 생산설비의 자동화, 신설 또는 증설이나 사업규모의 축소, 조정 등으로 인한 고용량(雇傭量)의 변동이 대통령령으로 정하는 기준에 해당하는 경우에는 그 고용량의 변동에 관한 사항을 고용노동부령으로 정하는 바에 따라 직업안정기관의 장에게 신고하여야 한다. 다만, 「근로기준법」 제24조제4항에 따른 신고를 한 경우에는 그러하지 아니하다.
(2021.5.18 본문개정)
② 직업안정기관의 장은 제1항에 따라 신고를 받으면 구인·구직정보를 확보하여 직업소개를 확대하고, 직업훈련기관으로 하여금 직업훈련을 실시하게 하는 등 실업자의 재취업 촉진 또는 해당 사업의 인력확보에 필요한 조치를 하여야 한다.

제34조【실업대책사업】 ① 고용노동부장관은 산업별·지역별 실업 상황을 조사하여 다수의 실업자가 발생하거나 발생할 우려가 있는 경우나 실업자의 취업촉진 등 고용안정이 필요하다고 인정되는 경우에는 관계 중앙행정기관의 장과 협의하여 다음 각 호의 사항이 포함된 실업대책사업(이하 "실업대책사업"이라 한다)을 실시할 수 있다.(2010.6.4 본문개정)
1. 실업자의 취업촉진을 위한 훈련의 실시와 훈련에 대한 지원
2. 실업자에 대한 생계비, 생업자금, 「국민건강보험법」에 따른 보험료 등 사회보험료, 의료비(가족의 의료비를 포함한다), 학자금(자녀의 학자금을 포함한다), 주택전세자금 및 창업점포임대 등의 지원
3. 실업의 예방, 실업자의 재취업 촉진, 그 밖에 고용안정을 위한 사업을 하는 자에 대한 지원
4. 고용촉진과 관련된 사업을 하는 자에 대한 대부(貸付)
5. 실업자에 대한 공공근로사업
6. 그 밖에 실업의 해소에 필요한 사업

② 고용노동부장관은 대통령령으로 정하는 바에 따라 실업대책사업의 일부를 「산업재해보상보험법」에 따른 근로복지공단(이하 "공단"이라 한다)에 위탁할 수 있다.
(2010.6.4 본항개정)
③ 제1항과 제2항을 적용할 때에 대통령령으로 정하는 무급휴직자(無給休職者)는 실업자로 본다.
④ 실업대책사업의 실시에 필요한 사항은 대통령령으로 정한다.

제35조【실업대책사업의 자금 조성 등】 ① 공단은 제34조제2항에 따라 실업대책사업을 위탁받아 하는 경우에는 다음 각 호의 방법으로 해당 사업에 드는 자금을 조성한다.
1. 정부나 정부 외의 자의 출연(出捐) 또는 보조
2. 제36조에 따른 자금의 차입(借入)
3. 그 밖의 수입금

② 공단은 제1항에 따라 조성된 자금을 「근로복지기본법」 제87조에 따른 근로복지진흥기금의 재원으로 하여 관리·운용하여야 한다.(2010.6.8 본항개정)

제36조【자금의 차입】 공단은 제34조제2항에 따라 위탁받은 실업대책사업을 실시하기 위하여 필요하다고 인정하면 고용노동부장관의 승인을 받아 자금을 차입(국제기구, 외국정부 또는 외국인으로부터의 차입을 포함한다)할 수 있다.(2010.6.4 본조개정)

제37조【관계 기관의 협력】 ① 고용노동부장관은 실업자의 고용안정이나 인력의 수급 조절을 위하여 필요하다고 인정하면 관계 중앙행정기관의 장이나 지방자치단체의 장에게 그 소관 공사(工事)의 개시·정지 또는 근로자의 고용 등에 관하여 협력을 요청할 수 있다.(2010.6.4 본항개정)
② 중앙행정기관 또는 지방자치단체의 장은 제1항에 따른 협력을 요청받은 경우 특별한 사유가 없으면 그 요청에 따라야 한다.

제7장 보 칙

제38조【보고 및 검사】 ① 고용노동부장관은 고용정보의 수집·제공, 고용관리 및 고용조정의 지원 등과 관련하여 필요하다고 인정하면 대통령령으로 정하는 바에 따라 사업주와 이 법에 따른 지원을 받았거나 받으려는 자에게 고용관리의 현황, 지원금의 사용 명세, 지원의 적합 여부 등 필요한 사항을 보고하게 할 수 있다.(2010.6.4 본항개정)
② 고용노동부장관은 고용관리 및 고용조정의 지원과 관련하여 법 위반 사실의 확인 등이 필요하다고 인정하면 관계 공무원에게 사업주의 사무소 또는 사업장에 출입하여 관계자에게 질문하게 하거나 서류를 검사하게 할 수 있다.(2010.6.4 본항개정)
③ 고용노동부장관은 제2항에 따라 검사하려면 해당 사업주에게 검사일시와 검사내용 등 검사에 필요한 사항을 미리 알려야 한다. 다만, 긴급히 처리할 필요가 있거나 미리 알릴 경우 그 목적을 달성할 수 없다고 인정하는 경우에는 그러하지 아니하다.(2010.6.4 본문개정)
④ 제2항에 따라 검사를 하는 관계 공무원은 그 신분을 표시하는 증명서를 지니고 이를 관계자에게 보여주어야 한다.
⑤ 고용노동부장관은 제2항부터 제4항까지의 규정에 따라 검사를 한 경우에는 해당 사업주에게 그 결과를 서면으로 알려야 한다.(2010.6.4 본항개정)

제39조【권한의 위임】 이 법에 따른 고용노동부장관의 권한은 대통령령으로 정하는 바에 따라 그 일부를 시·도지사나 직업안정기관의 장에게 위임할 수 있다.
(2010.6.4 본조개정)

제40조【위탁】 ① 이 법에 따른 고용노동부장관의 업무 중 다음 각 호의 업무는 제18조에 따른 한국고용정보원에 위탁할 수 있다.(2019.4.30 본문개정)
1. 제15조에 따른 고용·직업 정보의 수집·관리 등에 관한 업무
2. 제15조의2에 따른 고용정보시스템의 구축·운영 등에 관한 업무
3. 제15조의5에 따른 통합정보전산망의 구축·운영 등에 관한 업무
4. 제16조에 따른 인력의 수급 동향과 전망에 관한 조사, 자료 작성 및 공표에 관한 업무
5. 제17조에 따른 고용 관련 통계의 작성·공표 및 데이터베이스 구축에 관한 업무

(2019.4.30 1호~5호신설)
② 국가나 지방자치단체는 제11조제4항에 따른 시설의 설치·운영에 관한 업무를 대통령령으로 정하는 비영리법인·단체에 위탁할 수 있다.

제41조【벌칙】 제15조의3제6항 및 제18조제9항을 위반하여 직무상 알게 된 비밀을 누설하거나 다른 용도로 사용한 자는 10년 이하의 징역 또는 1억원 이하의 벌금에 처한다.(2019.4.30 본조개정)

제42조【과태료】 ① 다음 각 호의 어느 하나에 해당하는 자에게는 300만원 이하의 과태료를 부과한다.
1. 제33조제1항을 위반하여 신고를 하지 아니하거나 거짓으로 신고한 자
2. 제38조제1항에 따른 보고를 하지 아니하거나 거짓으로 보고한 자
3. 제38조제2항에 따른 질문에 대하여 답변을 거부·방해 또는 기피하거나 거짓으로 답변한 자 또는 같은 항에 따른 검사를 거부·방해 또는 기피한 자

② 제1항에 따른 과태료는 대통령령으로 정하는 바에 따라 고용노동부장관이 부과·징수한다.(2010.6.4 본항개정)

부 칙

제1조【시행일】 이 법은 2010년 1월 1일부터 시행한다.
제2조【다른 법률의 개정】 ①~⑧ ※(해당 법령에 가제정리 하였음)
제3조【다른 법령과의 관계】 이 법 시행 당시 다른 법령에서 종전의 「고용정책기본법」의 규정을 인용한 경우에 이 법 가운데 그에 해당하는 규정이 있으면 종전의 규정을 갈음하여 이 법의 해당 조문을 인용한 것으로 본다.

부 칙 (2019.4.30)

제1조【시행일】 이 법은 공포한 날부터 시행한다. 다만, 제13조, 제15조, 제15조의2부터 제15조의5까지, 제18조제4항, 제40조제1항 및 제41조의 개정규정은 공포 후 6개월이 경과한 날부터 시행한다.
제2조【고용안정정보망과 고용보험전산망의 구축·운영에 관한 경과조치】 이 법 시행 당시 종전의 제15조제3항에 따라 구축·운영 중인 고용안정정보망과 고용보험전산망은 제15조의2의 개정규정에 따른 고용정보시스템으로 본다.
제3조【다른 법령과의 관계】 이 법 시행 당시 다른 법령에서 종전의 「고용정책 기본법」의 규정을 인용한 경우에 이 법 가운데 그에 해당하는 규정이 있는 때에는 종전의 규정을 갈음하여 이 법의 해당 조항을 인용한 것으로 본다.

부 칙 (2020.5.26)

이 법은 공포한 날부터 시행한다.(이하 생략)

부 칙 (2021.1.12)

제1조【시행일】 이 법은 공포 후 1년이 경과한 날부터 시행한다.(이하 생략)

부 칙 (2021.5.18)

이 법은 공포한 날부터 시행한다.

부 칙 (2021.6.15)

제1조【시행일】 이 법은 공포 후 1년이 경과한 날부터 시행한다.(이하 생략)

부 칙 (2021.8.17)
(2023.3.28)

이 법은 공포 후 6개월이 경과한 날부터 시행한다.

부 칙 (2024.1.9)

이 법은 공포한 날부터 시행한다.

教育·科學·文化編

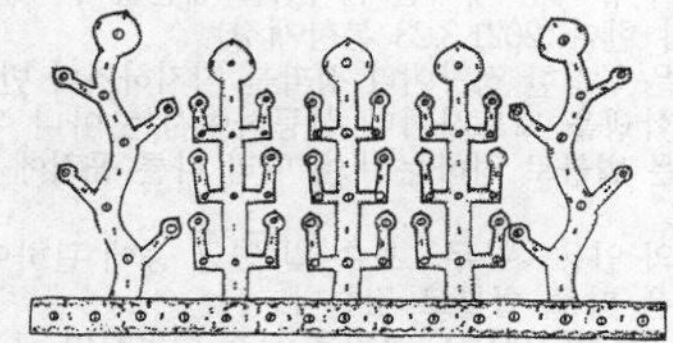

新羅 古墳出土 金冠(紋樣)

교육기본법

(1997년 12월 13일
법 률 제5437호)

개정
2000. 1.28법 6214호
2001. 1.29법 6400호(정부조직)
2002.12. 5법 6738호
2004. 1.20법 7071호
2004.12.30법 7253호(지방교육양여금법폐지법)
2005. 3.24법 7399호
2005.11. 8법 7685호
2007. 5.11법 8415호
2007. 7.27법 8543호
2007.12.21법 8705호
2008. 2.29법 8852호(정부조직)
2008. 3.21법 8915호
2013. 3.23법11690호(정부조직)
2015. 1.20법13003호
2016. 5.29법14150호
2017. 3.21법14601호
2018.12.18법15950호
2021. 3.23법17954호(법률용어정비)
2021. 9.24법18456호
2023. 9.14법19697호
2023. 9.27법19736호
2024년 1월 25일 제412회 국회 본회의 통과→「法典 別册」 보유편 수록

제1장 총 칙
(2007.12.21 본장개정)

제1조【목적】 이 법은 교육에 관한 국민의 권리·의무 및 국가·지방자치단체의 책임을 정하고 교육제도와 그 운영에 관한 기본적 사항을 규정함을 목적으로 한다.

제2조【교육이념】 교육은 홍익인간(弘益人間)의 이념 아래 모든 국민으로 하여금 인격을 도야(陶冶)하고 자주적 생활능력과 민주시민으로서 필요한 자질을 갖추게 함으로써 인간다운 삶을 영위하게 하고 민주국가의 발전과 인류공영(人類共榮)의 이상을 실현하는 데에 이바지하게 함을 목적으로 한다.

제3조【학습권】 모든 국민은 평생에 걸쳐 학습하고, 능력과 적성에 따라 교육 받을 권리를 가진다.

제4조【교육의 기회균등 등】 ① 모든 국민은 성별, 종교, 신념, 인종, 사회적 신분, 경제적 지위 또는 신체적 조건 등을 이유로 교육에서 차별을 받지 아니한다.
② 국가와 지방자치단체는 학습자가 평등하게 교육을 받을 수 있도록 지역 간의 교원 수급 등 교육 여건 격차를 최소화하는 시책을 마련하여 시행하여야 한다.
③ 국가는 교육여건 개선을 위한 학급당 적정 학생 수를 정하고 지방자치단체와 이를 실현하기 위한 시책을 수립·실시하여야 한다.(2021.9.24 본항신설)
(2021.9.24 본조제목개정)

제5조【교육의 자주성 등】 ① 국가와 지방자치단체는 교육의 자주성과 전문성을 보장하여야 하며, 국가는 지방자치단체의 교육에 관한 자율성을 존중하여야 한다.
(2021.9.24 본항신설)
② 국가와 지방자치단체는 관할하는 학교와 소관 사무에 대하여 지역 실정에 맞는 교육을 실시하기 위한 시책을 수립·실시하여야 한다.
③ 국가와 지방자치단체는 학교운영의 자율성을 존중하여야 하며, 교직원·학생·학부모 및 지역주민 등이 법령으로 정하는 바에 따라 학교운영에 참여할 수 있도록 보장하여야 한다.
(2021.9.24 본조개정)

제6조【교육의 중립성】 ① 교육은 교육 본래의 목적에 따라 그 기능을 다하도록 운영되어야 하며, 정치적·파당적 또는 개인적 편견을 전파하기 위한 방편으로 이용되어서는 아니 된다.
② 국가와 지방자치단체가 설립한 학교에서는 특정한 종교를 위한 종교교육을 하여서는 아니 된다.

제7조【교육재정】 ① 국가와 지방자치단체는 교육재정을 안정적으로 확보하기 위하여 필요한 시책을 수립·실시하여야 한다.
② 교육재정을 안정적으로 확보하기 위하여 지방교육재정교부금 등에 관하여 필요한 사항은 따로 법률로 정한다.

제8조【의무교육】 ① 의무교육은 6년의 초등교육과 3년의 중등교육으로 한다.
② 모든 국민은 제1항에 따른 의무교육을 받을 권리를 가진다.

제9조【학교교육】 ① 유아교육·초등교육·중등교육 및 고등교육을 하기 위하여 학교를 둔다.
② 학교는 공공성을 가지며, 학생의 교육 외에 학술 및 문화적 전통의 유지·발전과 주민의 평생교육을 위하여 노력하여야 한다.
③ 학교교육은 학생의 창의력 계발 및 인성(人性) 함양을 포함한 전인적(全人的) 교육을 중시하여 이루어져야 한다.
④ 학교의 종류와 학교의 설립·경영 등 학교교육에 관한 기본적인 사항은 따로 법률로 정한다.

제10조【평생교육】 ① 전 국민을 대상으로 하는 모든 형태의 평생교육은 장려되어야 한다.
② 평생교육의 이수(履修)는 법령으로 정하는 바에 따라 그에 상응하는 학교교육의 이수로 인정될 수 있다.
③ 평생교육시설의 종류와 설립·경영 등 평생교육에 관한 기본적인 사항은 따로 법률로 정한다.
(2021.9.24 본조개정)

제11조【학교 등의 설립】 ① 국가와 지방자치단체는 학교와 평생교육시설을 설립·경영한다.
② 법인이나 사인(私人)은 법률로 정하는 바에 따라 학교와 평생교육시설을 설립·경영할 수 있다.
(2021.9.24 본조개정)

제2장 교육당사자
(2007.12.21 본장개정)

제12조【학습자】 ① 학생을 포함한 학습자의 기본적 인권은 학교교육 또는 평생교육의 과정에서 존중되고 보호된다.(2021.9.24 본항개정)
② 교육내용·교육방법·교재 및 교육시설은 학습자의 인격을 존중하고 개성을 중시하여 학습자의 능력이 최대한으로 발휘될 수 있도록 마련되어야 한다.
③ 학생은 학습자로서의 윤리의식을 확립하고, 학교의 규칙을 지켜야 하며, 교원의 교육·연구활동을 방해하거나 학내의 질서를 문란하게 하여서는 아니 된다.(2023.9.27 본항개정)

제13조【보호자】 ① 부모 등 보호자는 보호하는 자녀 또는 아동이 바른 인성을 가지고 건강하게 성장하도록 교육할 권리와 책임을 가진다.
② 부모 등 보호자는 보호하는 자녀 또는 아동의 교육에 관하여 학교에 의견을 제시할 수 있으며, 학교는 그 의견을 존중하여야 한다.
③ 부모 등 보호자는 교원과 학교가 전문적인 판단으로 학생을 교육·지도할 수 있도록 협조하고 존중하여야 한다.(2023.9.27 본항신설)

제14조【교원】 ① 학교교육에서 교원(敎員)의 전문성은 존중되며, 교원의 경제적·사회적 지위는 우대되고 그 신분은 보장된다.
② 교원은 교육자로서 갖추어야 할 품성과 자질을 향상시키기 위하여 노력하여야 한다.
③ 교원은 교육자로서 지녀야 할 윤리의식을 확립하고, 이를 바탕으로 학생에게 학습윤리를 지도하고 지식을 습득하게 하며, 학생 개개인의 적성을 계발할 수 있도록 노력하여야 한다.(2021.3.23 본항개정)
④ 교원은 특정한 정당이나 정파를 지지하거나 반대하기 위하여 학생을 지도하거나 선동하여서는 아니 된다.
⑤ 교원은 법률로 정하는 바에 따라 다른 공직에 취임할 수 있다.
⑥ 교원의 임용·복무·보수 및 연금 등에 관하여 필요한 사항은 따로 법률로 정한다.

제15조【교원단체】 ① 교원은 상호 협동하여 교육의 진흥과 문화의 창달에 노력하며, 교원의 경제적·사회적 지위를 향상시키기 위하여 각 지방자치단체와 중앙에 교원단체를 조직할 수 있다.
② 제1항에 따른 교원단체의 조직에 필요한 사항은 대통령령으로 정한다.

제16조【학교 등의 설립자·경영자】 ① 학교와 평생교육시설의 설립자·경영자는 법령으로 정하는 바에 따라 교육을 위한 시설·설비·재정 및 교원 등을 확보하고 운용·관리한다.
② 학교의 장 및 평생교육시설의 설립자·경영자는 법령으로 정하는 바에 따라 학습자를 선정하여 교육하고 학습자의 학습성과 등 교육의 과정을 기록하여 관리한다.
③ 학교와 평생교육시설의 교육내용은 학습자에게 미리 공개되어야 한다.
(2021.9.24 본조개정)

제17조【국가 및 지방자치단체】 국가와 지방자치단체는 학교와 평생교육시설을 지도·감독한다.(2021.9.24 본조개정)

제3장 교육의 진흥
(2007.12.21 본장개정)

제17조의2【양성평등의식의 증진】 ① 국가와 지방자치단체는 양성평등의식을 보다 적극적으로 증진하고 학생의 존엄한 성(性)을 보호하며 학생에게 성에 대한 선량한 정서를 함양시키기 위하여 다음 각 호의 사항을 포함한 시책을 수립·실시하여야 한다.
1. 양성평등의식과 실천 역량을 고취하는 교육적 방안
2. 학생 개인의 존엄과 인격이 존중될 수 있는 교육적 방안
3. 체육·과학기술 등 여성의 활동이 취약한 분야를 중점 육성할 수 있는 교육적 방안
4. 성별 고정관념을 탈피한 진로선택과 이를 중점 지원하는 교육적 방안
5. 성별 특성을 고려한 교육·편의 시설 및 교육환경 조성 방안

② 국가 및 지방자치단체와 제16조에 따른 학교 및 평생교육시설의 설립자·경영자는 교육을 할 때 합리적인 이유 없이 성별에 따라 참여나 혜택을 제한하거나 배제하는 등의 차별을 하여서는 아니 된다.
③ 학교의 장은 양성평등의식의 증진을 위하여 교육부장관이 정하는 지침에 따라 성교육, 성인지교육, 성폭력예방교육 등을 포함한 양성평등교육을 체계적으로 실시하여야 한다.
④ 학교교육에서 양성평등을 증진하기 위한 학교교육과정의 기준과 내용 등 대통령령으로 정하는 사항에 관한 교육부장관의 자문에 응하기 위하여 양성평등교육심의회를 둔다.
⑤ 제4항에 따른 양성평등교육심의회 위원의 자격·구성·운영 등에 필요한 사항은 대통령령으로 정한다.
(2021.9.24 본조개정)

제17조의3【학습윤리의 확립】 국가와 지방자치단체는 모든 국민이 학업·연구·시험 등 교육의 모든 과정에 요구되는 윤리의식을 확립할 수 있도록 필요한 시책을 수립·실시하여야 한다.

제17조의4 (2021.9.24 삭제)

제17조의5【안전사고 예방】 국가와 지방자치단체는 학생 및 교직원의 안전을 보장하고 사고를 예방할 수 있도록 필요한 시책을 수립·실시하여야 한다.(2015.1.20 본조신설)

제17조의6【평화적 통일 지향】 국가 및 지방자치단체는 학생 또는 교원이 자유민주적 기본질서를 확립하고 평화적 통일을 지향하는 교육 또는 연수를 받을 수 있도록 필요한 시책을 수립·실시하여야 한다.(2016.5.29 본조신설)

제18조【특수교육】 국가와 지방자치단체는 신체적·정신적·지적 장애 등으로 특별한 교육적 배려가 필요한 사람을 위한 학교를 설립·경영하여야 하며, 이들의 교육을 지원하기 위하여 필요한 시책을 수립·실시하여야 한다.(2021.3.23 본조개정)

제19조【영재교육】 국가와 지방자치단체는 학문·예술 또는 체육 등의 분야에서 재능이 특히 뛰어난 사람의 교육에 필요한 시책을 수립·실시하여야 한다.(2021.3.23 본조개정)

제20조【유아교육】 국가와 지방자치단체는 유아교육을 진흥하기 위하여 필요한 시책을 수립·실시하여야 한다.

제21조【직업교육】 국가와 지방자치단체는 모든 국민이 학교교육과 평생교육을 통하여 직업에 대한 소양과 능력을 계발하기 위한 교육을 받을 수 있도록 필요한 시책을 수립·실시하여야 한다.(2021.9.24 본조개정)

제22조【과학·기술교육】 국가와 지방자치단체는 과학·기술교육을 진흥하기 위하여 필요한 시책을 수립·실시하여야 한다.

제22조의2【기후변화환경교육】 국가와 지방자치단체는 모든 국민이 기후변화 등에 대응하기 위하여 생태전환교육을 받을 수 있도록 필요한 시책을 수립·실시하여야 한다.(2021.9.24 본조신설)

제22조의3【진로교육】 국가와 지방자치단체는 모든 국민이 자신의 소질과 적성을 바탕으로 진로를 탐색·설계할 수 있도록 진로교육에 필요한 시책을 수립·실시하여야 한다.(2023.9.14 본조신설)

제22조의4【학교체육】 국가와 지방자치단체는 학생의 체력 증진과 체육활동 장려에 필요한 시책을 수립·실시하여야 한다.

제23조【교육의 정보화】 ① 국가와 지방자치단체는 정보화교육 및 정보통신매체를 이용한 교육을 지원하고 교육정보산업을 육성하는 등 교육의 정보화에 필요한 시책을 수립·실시하여야 한다.
② 제1항에 따른 정보화교육에는 정보통신매체를 이용하는 데 필요한 타인의 명예·생명·신체 및 재산상의 위해를 방지하기 위한 법적·윤리적 기준에 관한 교육이 포함되어야 한다.
(2018.12.18 본조개정)

제23조의2【학교 및 교육행정기관 업무의 전자화】 국가와 지방자치단체는 학교 및 교육행정기관의 업무를 전자적으로 처리할 수 있도록 필요한 시책을 마련하여야 한다.

제23조의3【학생정보의 보호원칙】 ① 학교생활기록 등의 학생정보는 교육적 목적으로 수집·처리·이용 및 관리되어야 한다.
② 부모 등 보호자는 자녀 등 피보호자에 대한 제1항의 학생정보를 제공받을 권리를 가진다.
③ 제1항에 따른 학생정보는 법률로 정하는 경우 외에는 해당 학생(학생이 미성년자인 경우에는 학생 및 학생의 부모 등 보호자)의 동의 없이 제3자에게 제공되어서는 아니 된다.

제24조【학술문화의 진흥】 국가와 지방자치단체는 학술문화를 연구·진흥하기 위하여 학술문화시설 설치 및 연구비 지원 등의 시책을 수립·실시하여야 한다.

제25조【사립학교의 육성】 국가와 지방자치단체는 사립학교를 지원·육성하여야 하며, 사립학교의 다양하고 특성있는 설립목적이 존중되도록 하여야 한다.

제26조【평가 및 인증제도】 ① 국가는 국민의 학습성과 등이 공정하게 평가되어 사회적으로 통용될 수 있도록 학력평가와 능력인증에 관한 제도를 수립·실시할 수 있다.
② 제1항에 따른 평가 및 인증제도는 학교의 교육과정 등 교육제도와 상호 연계되어야 한다.

제26조의2【교육 관련 정보의 공개】 ① 국가와 지방자치단체는 국민의 알 권리와 학습권을 보장하기 위하여 그 보유·관리하는 교육 관련 정보를 공개하여야 한다.
② 제1항에 따른 교육 관련 정보의 공개에 관한 기본적인 사항은 따로 법률로 정한다.

제26조의3【교육 관련 통계조사】 국가와 지방자치단체는 교육제도의 효율적인 수립·시행과 평가를 위하여 교육 관련 통계조사에 필요한 시책을 마련하여야 한다.
(2017.3.21 본조신설)

제27조【보건 및 복지의 증진】 ① 국가와 지방자치단체는 학생과 교직원의 건강 및 복지를 증진하기 위하여 필요한 시책을 수립·실시하여야 한다.
② 국가 및 지방자치단체는 학생의 안전한 주거환경을 위하여 학생복지주택의 건설에 필요한 시책을 수립·실시하여야 한다.(2008.3.21 본항신설)

제28조【장학제도 등】 ① 국가와 지방자치단체는 경제적 이유로 교육받기 곤란한 사람을 위한 장학제도(奬學制度)와 학비보조제도 등을 수립·실시하여야 한다.
(2021.3.23 본항개정)
② 국가는 다음 각 호의 사람에게 학비나 그 밖에 필요한 경비의 전부 또는 일부를 보조할 수 있다.
1. 교원양성교육을 받는 사람
2. 국가에 특히 필요한 분야를 국내외에서 전공하거나 연구하는 사람
(2021.3.23 본항개정)
③ 제1항 및 제2항에 따른 장학금 및 학비보조금 등의 지급 방법 및 절차, 지급받을 자의 자격 및 의무 등에 관하여 필요한 사항은 대통령령으로 정한다.

제29조【국제교육】 ① 국가는 국민이 국제사회의 일원으로서 갖추어야 할 소양과 능력을 기를 수 있도록 국제화교육에 노력하여야 한다.
② 국가는 외국에 거주하는 동포에게 필요한 학교교육 또는 평생교육을 실시하기 위하여 필요한 시책을 마련하여야 한다.(2021.9.24 본항개정)
③ 국가는 학문연구를 진흥하기 위하여 국외유학에 관한 시책을 마련하여야 하며, 국외에서 이루어지는 우리나라에 대한 이해와 우리 문화의 정체성 확립을 위한 교육·연구활동을 지원하여야 한다.
④ 국가는 외국정부 및 국제기구 등과의 교육협력에 필요한 시책을 마련하여야 한다.

부 칙 (2018.12.18)

이 법은 공포 후 6개월이 경과한 날부터 시행한다.

부 칙 (2021.3.23)

이 법은 공포한 날부터 시행한다.(이하 생략)

부 칙 (2021.9.24)

제1조【시행일】 이 법은 공포 후 6개월이 경과한 날부터 시행한다. 다만, 제5조, 제22조의2 및 제22조의3의 개정규정은 공포한 날부터 시행한다.
제2조【사회교육시설에 관한 경과조치】 이 법 시행 당시 종전의 규정에 따라 설립된 사회교육시설은 이 법에 따른 평생교육시설로 본다.
제3조【남녀평등교육심의회에 관한 경과조치】 이 법 시행 당시 종전의 규정에 따라 설치된 남녀평등교육심의회는 이 법에 따라 설치된 양성평등교육심의회로 본다.

부 칙 (2023.9.14)
(2023.9.27)

이 법은 공포한 날부터 시행한다.

초·중등교육법

(1997년 12월 13일
법 률 제5438호)

개정
1999. 8.31법 6007호 2000. 1.28법 6209호
2001. 1.29법 6400호(정부조직)
2001. 4. 7법 6462호 2002. 8.26법 6714호
2003. 7.25법 6934호 2004. 1.20법 7068호
2004. 1.29법 7120호(유아교육법)
2005. 3.24법 7398호 2005.12. 7법 7701호
2005.12.29법 7802호(사립학교)
2007. 1. 3법 8165호 2007. 8. 3법 8577호
2007.12.14법 8675호
2007.12.14법 8676호(평생교육)
2008. 2.29법 8852호(정부조직)
2008. 3.21법 8917호
2010.12.27법10413호(국립대학법인서울대학교설립·운영에관한법)
2011. 5.19법10639호
2011. 7.21법10866호(고등교육)
2011. 7.25법10914호 2011. 9.30법11065호
2012. 1.17법11147호(국립대학법인인천대학교설립·운영에관한법)
2012. 1.26법11219호 2012. 3.21법11384호
2013. 3.23법11690호(정부조직)
2013.12.30법12129호 2014. 1.28법12338호
2014.12.30법12933호(국민기초생활)
2015. 3.11법13216호(신용정보의이용및보호에관한법)
2015. 3.27법13227호 2016. 1.27법13820호
2016. 2. 3법13943호 2016. 5.29법14158호
2016.12.20법14400호 2017. 3.21법14603호
2018.12.18법15961호 2019.12. 3법16672호
2020. 3.24법17081호 2020.10.20법17496호
2020.12.22법17664호
2021. 3.23법17954호(법률용어정비)
2021. 3.23법17958호
2021. 7.20법18298호(국가교육위원회설치및운영에관한법)
2021. 9.24법18461호 2022.10.18법18993호
2022.12.27법19096호 2023. 9.27법19738호
2023.10.24법19740호

제1장 총 칙

(2012.3.21 본장개정)

제1조【목적】 이 법은 「교육기본법」 제9조에 따라 초·중등교육에 관한 사항을 정함을 목적으로 한다.
제2조【학교의 종류】 초·중등교육을 실시하기 위하여 다음 각 호의 학교를 둔다.
1. 초등학교(2019.12.3 본호개정)
2. 중학교·고등공민학교
3. 고등학교·고등기술학교
4. 특수학교
5. 각종학교

제3조【국립·공립·사립 학교의 구분】 제2조 각 호의 학교(이하 "학교"라 한다)는 설립주체에 따라 다음 각 호와 같이 구분한다.
1. 국립학교 : 국가가 설립·경영하는 학교 또는 국립대학법인이 부설하여 경영하는 학교(2013.12.30 본호개정)
2. 공립학교 : 지방자치단체가 설립·경영하는 학교(설립주체에 따라 시립학교·도립학교로 구분할 수 있다)
3. 사립학교 : 법인이나 개인이 설립·경영하는 학교(국립대학법인이 부설하여 경영하는 학교는 제외한다)
(2013.12.30 본호개정)

제4조【학교의 설립 등】 ① 학교를 설립하려는 자는 시설·설비 등 대통령령으로 정하는 설립 기준을 갖추어야 한다.
② 사립학교를 설립하려는 자는 특별시·광역시·특별자치시·도·특별자치도 교육감(이하 "교육감"이라 한다)의 인가를 받아야 한다.
③ 사립학교를 설립·경영하는 자가 학교를 폐교하거나 대통령령으로 정하는 중요 사항을 변경하려면 교육감의 인가를 받아야 한다.

제5조【학교의 병설】 초등학교·중학교 및 고등학교는 지역의 실정에 따라 상호 병설(竝設)할 수 있다.
제6조【지도·감독】 국립학교는 교육부장관의 지도·감독을 받으며, 공립·사립 학교는 교육감의 지도·감독을 받는다.(2013.3.23 본조개정)
제7조【장학지도】 교육감은 관할 구역의 학교를 대상으로 교육과정 운영과 교수(教授)·학습방법 등에 대한 장학지도를 할 수 있다.
제8조【학교 규칙】 ① 학교의 장(학교를 설립하는 경우에는 그 학교를 설립하려는 자를 말한다)은 법령의 범위에서 학교 규칙(이하 "학칙"이라 한다)을 제정 또는 개정할 수 있다.
② 학칙의 기재 사항과 제정·개정 절차 등에 관하여 필요한 사항은 대통령령으로 정한다.
제9조【학생·기관·학교 평가】 ① 교육부장관은 학교에 재학 중인 학생을 대상으로 학업성취도를 측정하기 위한 평가를 할 수 있다.(2013.3.23 본항개정)
② 교육부장관은 교육행정을 효율적으로 수행하기 위하여 특별시·광역시·특별자치시·도·특별자치도 교육청과 그 관할하는 학교를 평가할 수 있다.(2013.3.23 본항개정)
③ 교육감은 교육행정의 효율적 수행 및 학교 교육능력 향상을 위하여 그 관할하는 교육행정기관과 학교를 평가할 수 있다.
④ 제2항 및 제3항에 따른 평가의 대상·기준·절차 및 평가 결과의 공개 등에 필요한 사항은 대통령령으로 정한다.
⑤ 평가 대상 기관의 장은 특별한 사유가 있는 경우가 아니면 제1항부터 제3항까지의 규정에 따른 평가를 받아야 한다.
⑥ 교육부장관은 교육감이 그 관할 구역에서 제3항에 따른 평가를 실시하려는 경우 필요한 지원을 할 수 있다.
(2013.3.23 본항개정)

제10조【수업료 등】 ① 학교의 설립자·경영자는 수업료와 그 밖의 납부금을 받을 수 있다.
② 제1항에 따른 수업료와 그 밖의 납부금을 거두는 방법 등에 필요한 사항은 국립학교의 경우에는 교육부령으로 정하고, 공립·사립 학교의 경우에는 특별시·광역시·특별자치시·도·특별자치도(이하 "시·도"라 한다)의 조례로 정한다. 이 경우 국민의 교육을 받을 권리를 본질적으로 침해하는 내용을 정하여서는 아니 된다.
(2013.3.23 전단개정)

제10조의2【고등학교 등의 무상교육】 ① 제2조제3호에 따른 고등학교·고등기술학교 및 이에 준하는 각종학교의 교육에 필요한 다음 각 호의 비용은 무상(無償)으로 한다.
1. 입학금
2. 수업료
3. 학교운영지원비
4. 교과용 도서 구입비
② 제1항 각 호의 비용은 국가 및 지방자치단체가 부담하고, 학교의 설립자·경영자는 학생과 보호자로부터 이를 받을 수 없다.
③ 제1항 및 제2항에도 불구하고 대통령령으로 정하는 사립학교의 설립자·경영자는 학생과 보호자로부터 제1항 각 호의 비용을 받을 수 있다.
(2019.12.3 본조신설)

제11조【학교시설 등의 이용】 모든 국민은 학교교육에 지장을 주지 아니하는 범위에서 그 학교의 장의 결정에 따라 국립학교의 시설 등을 이용할 수 있고, 공립·사립 학교의 시설 등은 시·도의 교육규칙으로 정하는 바에 따라 이용할 수 있다.
제11조의2【교육통계조사 등】 ① 교육부장관은 초·중등교육 정책의 효율적인 추진과 초·중등교육 연구에 필요한 학생·교원·직원·학교·교육행정기관 등에 대한 기초자료 수집을 위하여 교육통계조사를 매년 실시하고 그 결과를 공개하여야 한다.
② 교육부장관은 초·중등교육 정책의 효율적인 수립·시행과 평가를 위하여 제1항에 따른 교육통계조사(이하 이 조에서 "교육통계조사"라 한다)로 수집된 자료와 「통계법」 제3조에 따른 통계 및 행정자료 등을 활용하여 교육 관련 지표 및 학생 수 추계 등 예측통계를 작성하여 공개하여야 한다.(2020.3.24 본항신설)
③ 교육부장관은 교육통계조사와 제2항에 따른 교육 관련 지표 및 예측통계의 작성을 위하여 중앙행정기관의 장, 지방자치단체의 장, 교육감 및 「공공기관의 운영에 관한 법률」에 따른 공공기관의 장 등 관계 기관의 장에게 자료의 제공을 요청할 수 있다. 이 경우 자료 제공을 요청받은 기관의 장은 특별한 사유가 없으면 이에 따라야 한다.(2020.3.24 본항개정)
④ 교육감은 제3항에 따른 자료 제출을 위하여 관할 학교 및 교육행정기관의 장 등에게 자료 제출을 요청할 수 있다. 이 경우 자료 제출 요청을 받은 관할 학교 및 교육행정기관의 장 등은 특별한 사유가 없으면 이에 따라야 하며, 교육감은 관할 학교 및 교육행정기관 등의 부담을 최소화하기 위하여 노력하여야 한다.(2020.3.24 본항신설)
⑤ 교육부장관은 교육통계조사와 교육 관련 지표 및 예측통계 작성의 정확성 제고 및 업무 경감을 위하여 관련 자료를 보유한 중앙행정기관의 장, 지방자치단체의 장, 교육감 및 「공공기관의 운영에 관한 법률」에 따른 공공기관의 장 등 관계 기관의 장에게 자료 간 연계를 요청할 수 있다. 이 경우 자료 간 연계를 요청받은 기관의 장은 특별한 사유가 없으면 이에 따라야 한다.(2020.3.24 전단개정)
⑥ 교육부장관은 교육통계조사 시 다음 각 호에 해당하는 사람의 주민등록번호가 포함된 개인정보를 수집할 수 있으며, 이를 제5항에 따라 연계를 요청받은 기관에 통계조사 및 분석, 검증 등을 목적으로 제공하거나 제공받을 수 있다.(2020.3.24 본문개정)

1. 조사대상 학교 및 교육행정기관의 교직원
2. 조사대상 학교의 학생 및 졸업생
⑦ 교육부장관은 교육통계조사에 의하여 수집된 자료를 이용하고자 하는 자에게 이를 제공할 수 있다. 이 경우 「교육관련기관의 정보공개에 관한 특례법」에 따라 공개되는 항목을 제외하고는 특정의 개인이나 법인 또는 단체를 식별할 수 없는 형태로 자료를 제공한다.
⑧ 교육부장관은 교육통계조사 등의 업무를 위하여 대통령령으로 정하는 바에 따라 국가교육통계센터를 지정하여 그 업무를 위탁할 수 있다. 이 경우 교육부장관은 지정이나 업무 위탁에 필요한 경비를 지원할 수 있다.
⑨ 제1항부터 제8항까지에서 규정한 사항 외에 교육통계조사와 교육 관련 지표 및 예측통계 작성의 대상, 절차 및 결과 공개 등에 필요한 사항은 대통령령으로 정한다.
(2020.3.24 본항개정)
(2017.3.21 본조신설)

제2장 의무교육
(2012.3.21 본장개정)

제12조【의무교육】 ① 국가는 「교육기본법」 제8조제1항에 따른 의무교육을 실시하여야 하며, 이를 위한 시설을 확보하는 등 필요한 조치를 강구하여야 한다.
② 지방자치단체는 그 관할 구역의 의무교육대상자를 모두 취학시키는 데에 필요한 초등학교, 중학교 및 초등학교·중학교의 과정을 교육하는 특수학교를 설립·경영하여야 한다.
③ 지방자치단체는 지방자치단체가 설립한 초등학교·중학교 및 특수학교에 그 관할 구역의 의무교육대상자를 모두 취학시키기 곤란하면 인접한 지방자치단체와 협의하여 합동으로 초등학교·중학교 또는 특수학교를 설립·경영하거나, 인접한 지방자치단체가 설립한 초등학교·중학교 또는 특수학교나 국립 또는 사립의 초등학교·중학교 또는 특수학교에 일부 의무교육대상자에 대한 교육을 위탁할 수 있다.
④ 국립·공립 학교의 설립자·경영자와 제3항에 따라 의무교육대상자의 교육을 위탁받은 사립학교의 설립자·경영자는 의무교육을 받는 사람으로부터 제10조의2제1항 각 호의 비용을 받을 수 없다.(2019.12.3 본항개정)
제13조【취학 의무】 ① 모든 국민은 보호하는 자녀 또는 아동이 6세가 된 날이 속하는 해의 다음 해 3월 1일에 그 자녀 또는 아동을 초등학교에 입학시켜야 하고, 초등학교를 졸업할 때까지 다니게 하여야 한다.
② 모든 국민은 제1항에도 불구하고 그가 보호하는 자녀 또는 아동이 5세가 된 날이 속하는 해의 다음 해 또는 7세가 된 날이 속하는 해의 다음 해에 그 자녀 또는 아동을 초등학교에 입학시킬 수 있다. 이 경우에도 그 자녀 또는 아동이 초등학교에 입학한 해의 3월 1일부터 졸업할 때까지 초등학교에 다니게 하여야 한다.
③ 모든 국민은 보호하는 자녀 또는 아동이 초등학교를 졸업한 학년의 다음 학년 초에 그 자녀 또는 아동을 중학교에 입학시켜야 하고, 중학교를 졸업할 때까지 다니게 하여야 한다.
④ 제1항부터 제3항까지의 규정에 따른 취학 의무의 이행과 이행 독려 등에 필요한 사항은 대통령령으로 정한다.
제14조【취학 의무의 면제 등】 ① 질병·발육 상태 등 부득이한 사유로 취학이 불가능한 의무교육대상자에 대하여는 대통령령으로 정하는 바에 따라 제13조에 따른 취학 의무를 면제하거나 유예할 수 있다.
② 제1항에 따라 취학 의무를 면제받거나 유예받은 사람이 다시 취학하려면 대통령령으로 정하는 바에 따라 학습능력을 평가한 후 학년을 정하여 취학하게 할 수 있다.
제15조【고용자의 의무】 의무교육대상자를 고용하는 자는 그 대상자가 의무교육을 받는 것을 방해하여서는 아니 된다.
제16조【친권자 등에 대한 보조】 국가와 지방자치단체는 의무교육대상자의 친권자나 후견인이 경제적 사유로 의무교육대상자를 취학시키기 곤란할 때에는 교육비를 보조할 수 있다.

제3장 학생과 교직원
(2012.3.21 본장제목개정)

제1절 학 생
(2012.3.21 본절제목개정)

제17조【학생자치활동】 학생의 자치활동은 권장·보호되며, 그 조직과 운영에 관한 기본적인 사항은 학칙으로 정한다.(2012.3.21 본조개정)
제18조【학생의 징계】 ① 학교의 장은 교육을 위하여 필요한 경우에는 법령과 학칙으로 정하는 바에 따라 학생을 징계할 수 있다. 다만, 의무교육을 받고 있는 학생은 퇴학시킬 수 없다.(2022.12.27 본문개정)
② 학교의 장은 학생을 징계하려면 그 학생이나 보호자에게 의견을 진술할 기회를 주는 등 적정한 절차를 거쳐야 한다.
(2012.3.21 본조개정)

판례 초·중등교사의 학생에 대한 지도행위가 법령에 의한 정당행위에 해당하기 위한 요건 : 교사가 공개적으로 학생에게 체벌·모욕을 가하는 지도행위라든가, 학생의 신체나 정신건강에 위험한 물건 또는 지도교사의 신체를 이용하여 학생의 신체 중 부상의 위험성이 있는 부위를 때리거나 학생의 성별, 연령, 개인적 사정에서 견디기 어려운 모욕감을 주는 지도행위 등은 특별한 사정이 없는 한 사회통념상 객관적 타당성을 갖춘 정당행위로 보기 어렵다.
(대판 2004.6.10, 2001도5380)
제18조의2【재심청구】 ① 제18조제1항에 따른 징계처분 중 퇴학 조치에 대하여 이의가 있는 학생 또는 그 보호자는 퇴학 조치를 받은 날부터 15일 이내 또는 그 조치가 있음을 알게 된 날부터 10일 이내에 제18조의3에 따른 시·도학생징계조정위원회에 재심을 청구할 수 있다.
② 제18조의3에 따른 시·도학생징계조정위원회는 제1항에 따른 재심청구를 받으면 30일 이내에 심사·결정하여 청구인에게 통보하여야 한다.
③ 제2항의 심사결정에 이의가 있는 청구인은 통보를 받은 날부터 60일 이내에 행정심판을 제기할 수 있다.
④ 제1항에 따른 재심청구, 제2항에 따른 심사 절차와 결정 통보 등에 필요한 사항은 대통령령으로 정한다.
(2012.3.21 본조개정)
제18조의3【시·도학생징계조정위원회의 설치】 ① 제18조의2제1항에 따른 재심청구를 심사·결정하기 위하여 교육감 소속으로 시·도 학생징계조정위원회(이하 "징계조정위원회"라 한다)를 둔다.
② 징계조정위원회의 조직·운영 등에 필요한 사항은 대통령령으로 정한다.
(2007.12.14 본조신설)
제18조의4【학생의 인권보장 등】 ① 학교의 설립자·경영자와 학교의 장은 「헌법」과 국제인권조약에 명시된 학생의 인권을 보장하여야 한다.
② 학생은 교직원 또는 다른 학생의 인권을 침해하는 행위를 하여서는 아니 된다.(2022.12.27 본항신설)
(2022.12.27 본조제목개정)
(2007.12.14 본조신설)
제18조의5【보호자의 의무 등】 ① 보호자는 교직원 또는 다른 학생의 인권을 침해하는 행위를 하여서는 아니 된다.
② 보호자는 제20조의2제1항에 따른 교원의 학생생활지도를 존중하고 지원하여야 한다.
③ 보호자는 교육활동의 범위에서 교원과 학교의 전문적인 판단을 존중하고 교육활동이 원활히 이루어질 수 있도록 적극 협력하여야 한다.
(2023.9.27 본조신설)

제2절 교직원
(2012.3.21 본절개정)

제19조【교직원의 구분】 ① 학교에는 다음 각 호의 교원을 둔다.
1. 초등학교·중학교·고등학교·고등공민학교·고등기술학교 및 특수학교에는 교장·교감·수석교사 및 교사를 둔다. 다만, 학생 수가 100명 이하인 학교나 학급수가 5학급 이하인 학교 중 대통령령으로 정하는 규모 이하의 학교에는 교감을 두지 아니할 수 있다.
(2019.12.3 본문개정)
2. 각종학교에는 제1호에 준하여 필요한 교원을 둔다.
② 학교에는 교원 외에 학교 운영에 필요한 행정직원 등 직원을 둔다.
③ 학교에는 원활한 학교 운영을 위하여 교사 중 교무(校務)를 분담하는 보직교사를 둘 수 있다.
④ 학교에 두는 교원과 직원(이하 "교직원"이라 한다)의 정원에 필요한 사항은 대통령령으로 정하고, 학교급별 구체적인 배치기준은 제6조에 따른 지도·감독기관(이하 "관할청"이라 한다)이 정하며, 교육부장관은 교원의 정원에 관한 사항을 매년 국회에 보고하여야 한다.
(2013.3.23 본항개정)
제19조의2【전문상담교사의 배치 등】 ① 학교에 전문상담교사를 두거나 시·도 교육행정기관에 「교육공무원법」 제22조의2에 따라 전문상담순회교사를 둔다.
② 제1항의 전문상담순회교사의 정원·배치 기준 등에 필요한 사항은 대통령령으로 정한다.
제20조【교직원의 임무】 ① 교장은 교무를 총괄하고, 민원처리를 책임지며, 소속 교직원을 지도·감독하고, 학생을 교육한다.(2023.9.27 본항개정)
② 교감은 교장을 보좌하여 교무를 관리하고 학생을 교육하며, 교장이 부득이한 사유로 직무를 수행할 수 없을 때에는 교장의 직무를 대행한다. 다만, 교감이 없는 학교에서는 교장이 미리 지명한 교사(수석교사를 포함한다)가 교장의 직무를 대행한다.
③ 수석교사는 교사의 교수·연구 활동을 지원하며, 학생을 교육한다.
④ 교사는 법령에서 정하는 바에 따라 학생을 교육한다.
⑤ 행정직원 등 직원은 법령에서 정하는 바에 따라 학교의 행정사무와 그 밖의 사무를 담당한다.
제20조의2【학교의 장 및 교원의 학생생활지도】 ① 학교의 장과 교원은 학생의 인권을 보호하고 교원의 교육활동을 위하여 필요한 경우에는 법령과 학칙으로 정하는 바에 따라 학생을 지도할 수 있다.
② 제1항에 따른 교원의 정당한 학생생활지도에 대해서는 「아동복지법」 제17조제3호, 제5호 및 제6호의 금지행위 위반으로 보지 아니한다.(2023.9.27 본항신설)
(2022.12.27 본조신설)
제20조의3【교원 개인정보의 보호】 학교와 학교의 장은 교원의 전화번호, 주민등록번호 등 개인정보가 「개인정보 보호법」 및 「공공기관의 정보공개에 관한 법률」 등 관계 법률에 따라 보호될 수 있도록 필요한 조치를 하여야 한다.(2023.9.27 본조신설)
제21조【교원의 자격】 ① 교장과 교감은 별표1의 자격기준에 해당하는 사람으로서 대통령령으로 정하는 바에 따라 교육부장관이 검정(檢定)·수여하는 자격증을 받은 사람이어야 한다.
② 교사는 정교사(1급·2급), 준교사, 전문상담교사(1급·2급), 사서교사(1급·2급), 실기교사, 보건교사(1급·2급) 및 영양교사(1급·2급)로 나누되, 별표2의 자격 기준에 해당하는 사람으로서 대통령령으로 정하는 바에 따라 교육부장관이 검정·수여하는 자격증을 받은 사람이어야 한다.
③ 수석교사는 제2항의 자격증을 소지한 사람으로서 15년 이상의 교육경력(「교육공무원법」 제2조제1항제2호 및 제3호에 따른 교육전문직원으로 근무한 경력을 포함한다)을 가지고 교수·연구에 우수한 자질과 능력을 가진 사람 중에서 대통령령으로 정하는 바에 따라 교육부장관이 정하는 연수 이수 결과를 바탕으로 검정·수여하는 자격증을 받은 사람이어야 한다.
(2013.3.23 본조개정)
제21조의2【교사 자격 취득의 결격사유】 다음 각 호의 어느 하나에 해당하는 사람은 제21조제2항에 따른 교사의 자격을 취득할 수 없다.
1. 마약·대마·향정신성의약품 중독자
2. 미성년자에 대한 다음 각 목의 어느 하나에 해당하는 행위로 형 또는 치료감호를 선고받아 그 형 또는 치료감호가 확정된 사람(집행유예를 선고받은 후 그 집행유예기간이 경과한 사람을 포함한다)
   가. 「성폭력범죄의 처벌 등에 관한 특례법」 제2조에 따른 성폭력범죄
   나. 「아동·청소년의 성보호에 관한 법률」 제2조제2호에 따른 아동·청소년대상 성범죄
3. 성인에 대한 「성폭력범죄의 처벌 등에 관한 특례법」 제2조에 따른 성폭력범죄 행위로 100만원 이상의 벌금형이나 그 이상의 형 또는 치료감호를 선고받아 그 형 또는 치료감호가 확정된 사람(집행유예를 선고받은 후 그 집행유예기간이 경과한 사람을 포함한다)
(2020.12.22 본조신설)
제21조의3【벌금형의 분리 선고】 「형법」 제38조에도 불구하고 제21조의2제3호에 해당하는 죄와 다른 죄의 경합범(競合犯)에 대하여 벌금형을 선고하는 경우에는 이를 분리하여 선고하여야 한다.(2020.12.22 본조신설)
제21조의4【교원자격증 대여·알선 금지】 제21조에 따라 받은 자격증은 다른 사람에게 빌려주거나 빌려서는 아니 되며, 이를 알선하여서도 아니 된다.(2020.12.22 본조신설)
제21조의5【자격취소 등】 ① 교육부장관은 제21조에 따라 자격증을 받은 사람이 다음 각 호의 어느 하나에 해당하는 경우에는 그 자격을 취소하여야 한다.
1. 거짓이나 그 밖의 부정한 방법으로 자격증을 받은 경우
2. 제21조의4를 위반하여 자격증을 다른 사람에게 빌려준 경우
② 제1항에 따라 자격이 취소된 후 2년이 지나지 아니한 사람은 제21조에 따른 검정을 받을 수 없다.
(2020.12.22 본조신설)
제22조【산학겸임교사 등】 ① 교육과정을 운영하기 위하여 필요하면 학교에 제19조제1항에 따른 교원 외에 산학겸임교사·명예교사 또는 강사 등을 두어 학생의 교육을 담당하게 할 수 있다. 이 경우 국립·공립 학교는 「교육공무원법」 제10조의3제1항 및 제10조의4를, 사립학교는 「사립학교법」 제54조의3제4항 및 제5항을 각각 준용한다.
② 제1항에 따라 학교에 두는 산학겸임교사 등의 종류·자격기준 및 임용 등에 필요한 사항은 대통령령으로 정한다.

제4장 학 교
(2012.3.21 본장제목개정)

제1절 통 칙
(2012.3.21 본절제목개정)

제23조【교육과정 등】 ① 학교는 교육과정을 운영하여야 한다.
② 국가교육위원회는 제1항에 따른 교육과정의 기준과 내용에 관한 기본적인 사항을 정하며, 교육감은 국가교육위원회가 정한 교육과정의 범위에서 지역의 실정에 맞는 기준과 내용을 정할 수 있다.(2021.7.20 본항개정)
③ 교육부장관은 제1항의 교육과정이 안정적으로 운영될 수 있도록 대통령령으로 정하는 바에 따라 후속지원 계획을 수립·시행한다.(2021.7.20 본항신설)
④ 학교의 교과(教科)는 대통령령으로 정한다.
(2012.3.21 본조개정)
제23조의2【교육과정 영향 사전협의】 ① 중앙행정기관의 장은 제23조에 따른 교육과정에 소관 법령에 따라

교육실시, 교육횟수, 교육시간, 결과보고 등이 의무적으로 부과되는 법정교육을 반영하는 내용의 법령을 제정하거나 개정하려는 경우에는 사전에 국가교육위원회와 협의하여야 한다.
② 제1항에 따른 사전협의의 범위 및 방법 등에 필요한 사항은 대통령령으로 정한다.
(2022.10.18 본조신설)
제24조【수업 등】 ① 학교의 학년도는 3월 1일부터 시작하여 다음 해 2월 말일까지로 한다.
② 수업은 주간(晝間)·전일제(全日制)를 원칙으로 한다. 다만, 법령이나 학칙으로 정하는 바에 따라 야간수업·계절수업·시간제수업 등을 할 수 있다.(2020.10.20 단서개정)
③ 학교의 장은 교육상 필요한 경우에는 다음 각 호에 해당하는 수업을 할 수 있다. 이 경우 수업운영에 관한 사항은 교육부장관이 정하는 범위에서 교육감이 정한다.
1. 방송·정보통신 매체 등을 활용한 원격수업
2. 현장실습 운영 등 학교 밖에서 이루어지는 활동
(2020.10.20 본항신설)
④ 학교의 학기·수업일수·학급편성·휴업일과 반의 편성·운영, 그 밖에 수업에 필요한 사항은 대통령령으로 정한다.
(2012.3.21 본조개정)
제25조【학교생활기록】 ① 학교의 장은 학생의 학업성취도와 인성(人性) 등을 종합적으로 관찰·평가하여 학생지도 및 상급학교(「고등교육법」 제2조 각 호에 따른 학교를 포함한다. 이하 같다)의 학생 선발에 활용할 수 있는 다음 각 호의 자료를 교육부령으로 정하는 기준에 따라 작성·관리하여야 한다.(2013.3.23 본문개정)
1. 인적사항
2. 학적사항
3. 출결상황
4. 자격증 및 인증 취득상황
5. 교과학습 발달상황
6. 행동특성 및 종합의견
7. 그 밖에 교육목적에 필요한 범위에서 교육부령으로 정하는 사항(2013.3.23 본호개정)
② 학교의 장은 제1항에 따른 자료를 제30조의4에 따른 교육정보시스템으로 작성·관리하여야 한다.
③ 학교의 장은 소속 학교의 학생이 전출하면 제1항에 따른 자료를 그 학생이 전입한 학교의 장에게 넘겨주어야 한다.
(2012.3.21 본조개정)
제26조【학년제】 ① 학생의 진급이나 졸업은 학년제로 한다.
② 제1항에도 불구하고 학교의 장은 관할청의 승인을 받아 학년제 외의 제도를 채택할 수 있다.
(2012.3.21 본조개정)
제27조【조기진급 및 조기졸업 등】 ① 초등학교·중학교·고등학교 및 이에 준하는 각종학교의 장은 재능이 우수한 학생에게 제23조·제24조·제26조·제39조·제42조 및 제46조에도 불구하고 수업연한(授業年限)을 단축(수업상의 특례를 포함한다)하여 조기진급 또는 조기졸업을 할 수 있도록 하거나 상급학교 조기입학 자격을 줄 수 있다.
② 제1항에 따라 상급학교 조기입학 자격을 얻어 상급학교에 입학한 경우에는 조기졸업한 것으로 본다.
③ 제1항 및 제2항에 따른 재능이 우수한 학생의 선정(選定)과 조기진급, 조기졸업 및 상급학교 조기입학자격 등에 필요한 사항은 대통령령으로 정한다.
(2012.3.21 본조개정)
제27조의2【학력인정 시험】 ① 제2조에 따른 학교의 교육과정을 마치지 아니한 사람은 대통령령으로 정하는 시험에 합격하여 초등학교·중학교 또는 고등학교를 졸업한 사람과 동등한 학력을 인정받을 수 있다.
② 국가 또는 지방자치단체는 제1항에 따른 시험 중 초등학교와 중학교를 졸업한 사람과 동등한 학력이 인정되는 시험의 실시에 필요한 비용을 부담한다.
③ 초등학교·중학교 및 고등학교를 졸업한 사람과 동등한 학력이 인정되는 시험에 필요한 사항은 교육부령으로 정한다.(2015.3.27 본항개정)
④ 교육감은 상급학교 학생선발을 위하여 필요한 경우 고등학교를 졸업한 사람과 동등한 학력을 인정받는 시험에 합격한 사람의 합격증명과 성적증명 자료를 본인의 동의를 받아 제3자에게 제30조의4에 따른 교육정보시스템으로 제공할 수 있다.(2021.3.23 본항개정)
⑤ 제4항에 따른 자료 제공의 제한에 관하여는 제30조의6을 준용한다. 이 경우 "학교의 장"은 "교육감"으로 본다.
(2015.3.27 본항신설)
(2012.1.26 본조신설)
제28조【학업에 어려움을 겪는 학생에 대한 교육】 ① 국가와 지방자치단체는 다음 각 호의 구분에 따른 학생들(이하 "학업에 어려움을 겪는 학생"이라고 한다)을 위하여 대통령령으로 정하는 바에 따라 수업일수와 교육과정을 신축적으로 운영하는 등 교육상 필요한 시책을 마련하여야 한다.(2022.12.27 본문개정)
1. 성격장애나 지적(知的) 기능의 저하 등으로 인하여 학습에 제약을 받는 학생 중 「장애인 등에 대한 특수교육법」 제15조에 따른 학습장애를 지닌 특수교육대상자로 선정되지 아니한 학생(2016.2.3 본호신설)
2. 학업 중단 학생(2016.2.3 본호신설)
3. 학업 중단의 징후가 발견되거나 학업 중단의 의사를 밝힌 학생 등 학업 중단 위기에 있는 학생(2022.12.27 본호신설)
② 국가 및 지방자치단체는 학업에 어려움을 겪는 학생에 대한 교육의 체계적 실시를 위하여 매년 실태조사를 하여야 한다.(2022.12.27 본항개정)
③ 국가 및 지방자치단체는 제2항에 따른 실태조사를 기초로 학업에 어려움을 겪는 학생의 현황 및 교육 상황에 대한 데이터베이스를 구축·운용할 수 있다.(2022.12.27 본항신설)
④ 국가와 지방자치단체는 학업에 어려움을 겪는 학생에게 균등한 교육기회를 보장하기 위하여 필요한 예산을 지원한다.(2022.12.27 본항개정)
⑤ 교육부장관 및 교육감은 학업에 어려움을 겪는 학생을 위하여 필요한 교재와 프로그램을 개발·보급하여야 한다.(2022.12.27 본항개정)
⑥ 교원은 대통령령으로 정하는 바에 따라 학업에 어려움을 겪는 학생의 학습능력 향상을 위한 관련 연수를 이수하여야 하고, 교육감은 이를 지도·감독 및 지원하여야 한다.(2022.12.27 본항개정)
⑦ 학교의 장은 제1항제3호에 해당하는 학업에 어려움을 겪는 학생에게 학업 중단에 대하여 충분히 생각할 기회를 주어야 한다. 이 경우 학교의 장은 그 기간을 출석으로 인정할 수 있다.(2022.12.27 전단개정)
⑧ 제1항제3호에 해당하는 학업에 어려움을 겪는 학생에 대한 판단기준 및 제7항에 따른 충분히 생각할 기간과 그 기간 동안의 출석일수 인정 범위 등에 필요한 사항은 교육감이 정한다.(2022.12.27 본항개정)
⑨ 교육부장관 및 교육감은 제7항 및 제8항에 따른 기간 동안 학생이 교육과 치유를 위한 다양한 활동을 할 수 있도록 지원하여야 한다.(2022.12.27 본항신설)
⑩ 제3항에 따른 데이터베이스의 구축 및 운용에 필요한 정보 수집 범위, 방법, 절차, 보존기간 등은 대통령령으로 정한다.(2022.12.27 본항신설)
(2022.12.27 본조제목개정)
제28조의2【다문화학생등에 대한 교육 지원】 ① 국가와 지방자치단체는 다음 각 호의 구분에 따른 아동 또는 학생(이하 "다문화학생등"이라 한다)의 동등한 교육기회 보장 등을 위해 교육상 필요한 시책을 마련하여야 한다.
1. 「다문화가족지원법」 제2조제1호에 따른 다문화가족의 구성원인 아동 또는 학생
2. 국내에 거주하는 외국인이면서 제2조 각 호의 학교에 입학 예정이거나 재학 중인 아동 또는 학생
② 교육부장관은 제1항에 따른 시책을 수립·시행하기 위하여 다문화교육 실태조사를 실시할 수 있다. 이 경우 다문화교육 실태조사의 범위와 방법 등에 필요한 사항은 대통령령으로 정한다.
③ 학교의 장은 다문화학생등의 동등한 교육기회를 보장하고 모든 학교 구성원이 다양성을 존중하며 조화롭게 생활하는 학교 환경을 조성하기 위하여 노력하여야 한다.
④ 교육감은 다문화학생등의 한국어교육 등을 위하여 필요한 경우 특별학급을 설치·운영할 수 있다. 이 경우 교육부장관과 교육감은 특별학급의 운영에 필요한 경비와 인력 등을 지원할 수 있다.
⑤ 교육부장관과 교육감은 다문화학생등의 교육지원을 위하여 대통령령으로 정하는 바에 따라 다문화교육지원센터를 설치·운영하거나 지정하여 그 업무를 위탁할 수 있다.
(2023.10.24 본조신설)
제29조【교과용 도서의 사용】 ① 학교에서는 국가가 저작권을 가지고 있거나 교육부장관이 검정하거나 인정한 교과용 도서를 사용하여야 한다.(2013.3.23 본항개정)
② 교과용 도서의 범위·저작·검정·인정·발행·공급·선정 및 가격 사정(査定) 등에 필요한 사항은 대통령령으로 정한다.
(2012.3.21 본조개정)
제30조【학교의 통합·운영】 ① 학교의 설립자·경영자는 효율적인 학교 운영을 위하여 필요하면 지역 실정에 따라 초등학교·중학교, 중학교·고등학교 또는 초등학교·중학교·고등학교의 시설·설비 및 교원 등을 통합하여 운영할 수 있다. 이 경우 해당 학교의 학생 및 학부모의 의견을 수렴하여야 한다.
② 관할청은 학생 및 학부모의 요구가 있는 경우 학교의 통합·운영 여건에 관한 실태조사를 실시하고, 그 결과를 인터넷 홈페이지에 공개할 수 있다.(2020.12.22 본항신설)
③ 제1항에 따라 통합·운영하는 학교의 시설·설비 기준, 교원배치기준, 의견 수렴 절차 및 제2항에 따른 실태조사 실시 기준, 결과 공개 등에 필요한 사항은 대통령령으로 정한다.
(2020.12.22 본조개정)
제30조의2【학교회계의 설치】 ① 국립·공립의 초등학교·중학교·고등학교 및 특수학교에 각 학교별로 학교회계(學校會計)를 설치한다.
② 학교회계는 다음 각 호의 수입을 세입(歲入)으로 한다.
1. 국가의 일반회계나 지방자치단체의 교육비특별회계로부터 받은 전입금
2. 제32조제1항에 따라 학교운영위원회 심의를 거쳐 학부모가 부담하는 경비
3. 제33조의 학교발전기금으로부터 받은 전입금
4. 국가나 지방자치단체의 보조금 및 지원금
5. 사용료 및 수수료
6. 이월금
7. 물품매각대금
8. 그 밖의 수입
③ 학교회계는 학교 운영과 학교시설의 설치 등을 위하여 필요한 모든 경비를 세출(歲出)로 한다.
④ 학교회계는 예측할 수 없는 예산 외의 지출이나 예산 초과지출에 충당하기 위하여 예비비로서 적절한 금액을 세출예산에 계상(計上)할 수 있다.
⑤ 학교회계의 설치에 필요한 사항은 국립학교의 경우에는 교육부령으로, 공립학교의 경우에는 시·도의 교육규칙으로 정한다.(2013.3.23 본항개정)
(2012.3.21 본조개정)
제30조의3【학교회계의 운영】 ① 학교회계의 회계연도는 매년 3월 1일에 시작하여 다음 해 2월 말일에 끝난다.
② 학교의 장은 회계연도마다 학교회계 세입세출예산안을 편성하여 회계연도가 시작되기 30일 전까지 제31조에 따른 학교운영위원회에 제출하여야 한다.
③ 학교운영위원회는 학교회계 세입세출예산안을 회계연도가 시작되기 5일 전까지 심의하여야 한다.
④ 학교의 장은 제3항에 따른 예산안이 새로운 회계연도가 시작될 때까지 확정되지 아니하면 다음 각 호의 경비를 전년도 예산에 준하여 집행할 수 있다. 이 경우 전년도 예산에 준하여 집행된 예산은 해당 연도의 예산이 확정되면 그 확정된 예산에 따라 집행된 것으로 본다.
1. 교직원 등의 인건비
2. 학교교육에 직접 사용되는 교육비
3. 학교시설의 유지관리비
4. 법령상 지급 의무가 있는 경비
5. 이미 예산으로 확정된 경비
⑤ 학교의 장은 회계연도마다 결산서를 작성하여 회계연도가 끝난 후 2개월 이내에 학교운영위원회에 제출하여야 한다.
⑥ 학교회계의 운영에 필요한 사항은 국립학교의 경우에는 교육부령으로, 공립학교의 경우에는 시·도의 교육규칙으로 정한다.(2013.3.23 본항개정)
(2012.3.21 본조개정)
제30조의4【교육정보시스템의 구축·운영 등】 ① 교육부장관과 교육감은 학교와 교육행정기관의 업무를 전자적으로 처리할 수 있도록 교육정보시스템(이하 "정보시스템"이라 한다)을 구축·운영할 수 있다.
② 교육부장관과 교육감은 정보시스템의 운영과 지원을 위하여 정보시스템운영센터를 설치·운영하거나 정보시스템의 효율적 운영을 위하여 필요하다고 인정하면 정보시스템의 운영 및 지원업무를 교육의 정보화를 지원하는 법인이나 기관에 위탁할 수 있다.
③ 정보시스템의 구축·운영·접속방법과 제2항에 따른 정보시스템운영센터의 설치·운영 등에 필요한 사항은 교육부령으로 정한다.
(2013.3.23 본조개정)
제30조의5【정보시스템을 이용한 업무처리】 ① 교육부장관과 교육감은 소관 업무의 전부 또는 일부를 정보시스템을 이용하여 처리하여야 한다.(2013.3.23 본항개정)
② 학교의 장은 제25조에 따른 학교생활기록과 「학교보건법」 제7조의3에 따른 건강검사기록을 정보시스템을 이용하여 처리하여야 하며, 그 밖에 소관 업무의 전부 또는 일부를 정보시스템을 이용하여 처리하여야 한다.
(2012.3.21 본조개정)
제30조의6【학생 관련 자료 제공의 제한】 ① 학교의 장은 제25조에 따른 학교생활기록과 「학교보건법」 제7조의3에 따른 건강검사기록을 해당 학생(학생이 미성년자인 경우에는 학생과 학생의 부모 등 보호자)의 동의 없이 제3자에게 제공하여서는 아니 된다. 다만, 다음 각 호의 어느 하나에 해당하는 경우에는 그러하지 아니하다.
1. 학교에 대한 감독·감사의 권한을 가진 행정기관이 그 업무를 처리하기 위하여 필요한 경우
2. 제25조에 따른 학교생활기록을 상급학교의 학생 선발에 이용하기 위하여 제공하는 경우
3. 통계작성 및 학술연구 등의 목적을 위한 것으로서 자료의 당사자가 누구인지 알아볼 수 없는 형태로 제공하는 경우
4. 범죄의 수사와 공소의 제기 및 유지에 필요한 경우
5. 법원의 재판업무 수행을 위하여 필요한 경우
6. 그 밖에 관계 법률에 따라 제공하는 경우
② 학교의 장은 제1항 단서에 따라 자료를 제3자에게 제공하는 경우에는 그 자료를 받은 자에게 사용목적, 사용방법, 그 밖에 필요한 사항에 대하여 제한을 하거나 그 자료의 안전성 확보를 위하여 필요한 조치를 하도록 요청할 수 있다.
③ 제1항 단서에 따라 자료를 받은 자는 자료를 받은 본래 목적 외의 용도로 자료를 이용하여서는 아니 된다.
(2012.3.21 본조개정)
제30조의7【정보시스템을 이용한 업무처리 등에 대한 지도·감독】 교육부장관과 교육감은 필요하다고 인정하면 제30조의5에 따른 업무처리 및 제27조의2·제30조의6

에 따른 자료 제공 또는 이용에 관한 사항을 지도·감독할 수 있다.(2015.3.27 본조개정)

제30조의8【학생의 안전대책 등】 ① 국립학교의 경우에는 학교의 장이, 공립 및 사립 학교의 경우에는 교육감이 시·도의 교육규칙으로 정하는 바에 따라 학교시설(학교담장을 포함한다)을 설치·변경하는 경우에는 외부인의 무단출입이나 학교폭력 및 범죄의 예방을 위하여 학생 안전대책을 수립하여 시행하여야 한다.
② 학교의 장은 학생의 안전을 위하여 다음 각 호의 사항을 시행하여야 한다.
1. 학교 내 출입자의 신분확인 절차 등의 세부기준수립에 관한 사항
2. 영상정보처리기기의 설치에 관한 사항
3. 학교주변에 대한 순찰·감시 활동계획에 관한 사항
③ 제1항 및 제2항에 따른 학생의 안전대책 등에 필요한 사항은 대통령령으로 정한다.
(2012.1.26 본조신설)

제30조의9【시설·설비·교구의 점검 등】 ① 학교의 장은 학교의 시설·설비·교구가 적절하게 관리되고 있는지를 정기적으로 점검하여야 한다.
② 학교의 장은 제1항에 따른 점검 결과 시설·설비·교구가 노후화되거나 훼손되었을 때에는 지체 없이 보수 또는 교체 등 필요한 조치를 하여야 한다.
③ 국가 및 지방자치단체는 제2항에 따른 조치에 필요한 비용을 지원할 수 있다.
④ 제1항에 따른 점검의 대상, 시기 등 필요한 사항은 교육부령으로 정한다.
(2021.3.23 본조신설)

제2절 학교운영위원회
(2012.3.21 본절제목개정)

제31조【학교운영위원회의 설치】 ① 학교운영의 자율성을 높이고 지역의 실정과 특성에 맞는 다양하고도 창의적인 교육을 할 수 있도록 초등학교·중학교·고등학교·특수학교 및 각종학교에 학교운영위원회를 구성·운영하여야 한다.(2022.10.18 본항개정)
② 국립·공립 학교에 두는 학교운영위원회는 그 학교의 교원 대표, 학부모 대표 및 지역사회 인사로 구성한다.
③ 학교운영위원회의 위원 수는 5명 이상 15명 이하의 범위에서 학교의 규모 등을 고려하여 대통령령으로 정한다.
(2012.3.21 본조개정)

제31조의2【결격사유】 ①「국가공무원법」제33조 각 호의 어느 하나에 해당하는 사람은 학교운영위원회의 위원으로 선출될 수 없다.
② 학교운영위원회의 위원이「국가공무원법」제33조 각 호의 어느 하나에 해당할 때에는 당연히 퇴직한다.
(2012.3.21 본조개정)

제32조【기능】 ① 학교에 두는 학교운영위원회는 다음 각 호의 사항을 심의한다. 다만, 사립학교에 두는 학교운영위원회의 경우 제7호 및 제8호의 사항은 제외하고, 제1호의 사항에 대하여는 자문한다.(2021.9.24 본문개정)
1. 학교헌장과 학칙의 제정 또는 개정
2. 학교의 예산안과 결산
3. 학교교육과정의 운영방법
4. 교과용 도서와 교육 자료의 선정
5. 교복·체육복·졸업앨범 등 학부모 경비 부담 사항
6. 정규학습시간 종료 후 또는 방학기간 중의 교육활동 및 수련활동
7.「교육공무원법」제29조의3제8항에 따른 공모 교장의 공모 방법, 임용, 평가 등
8.「교육공무원법」제31조제2항에 따른 초빙교사의 추천
9. 학교운영지원비의 조성·운용 및 사용
10. 학교급식
11. 대학입학 특별전형 중 학교장 추천
12. 학교운동부의 구성·운영
13. 학교운영에 대한 제안 및 건의 사항
14. 그 밖에 대통령령이나 시·도의 조례로 정하는 사항
② (2021.9.24 삭제)
③ 학교운영위원회는 제33조에 따른 학교발전기금의 조성·운용 및 사용에 관한 사항을 심의·의결한다.
(2012.3.21 본조개정)

제33조【학교발전기금】 ① 제31조에 따른 학교운영위원회는 학교발전기금을 조성할 수 있다.
② 제1항에 따른 학교발전기금의 조성과 운용방법 등에 필요한 사항은 대통령령으로 정한다.
(2012.3.21 본조개정)

제34조【학교운영위원회의 구성·운영】 ① 제31조에 따른 학교운영위원회 중 국립학교에 두는 학교운영위원회의 구성과 운영에 필요한 사항은 대통령령으로 정하고, 공립학교에 두는 학교운영위원회의 구성과 운영에 필요한 사항은 대통령령으로 정하는 범위에서 시·도의 조례로 정한다.
② 사립학교에 두는 학교운영위원회의 위원 구성에 관한 사항은 대통령령으로 정하고, 그 밖에 운영에 필요한 사항은 해당 학교법인의 정관으로 정한다.
(2012.3.21 본조개정)

제34조의2【학교운영위원회 위원의 연수 등】 ① 교육감은 학교운영위원회 위원의 자질과 직무수행능력의 향상을 위한 연수를 실시할 수 있다.
② 교육감은 제1항에 따른 연수를 연수기관 또는 민간기관에 위탁하여 실시할 수 있다.
③ 교육감은 제2항에 따라 연수를 위탁받은 기관에 대하여 행정적·재정적 지원을 할 수 있다.
④ 그 밖에 필요한 사항은 대통령령으로 정한다.
(2007.12.14 본조신설)

제3절 유치원

제35조~제37조 (2004.1.29 삭제)

제4절 초등학교
(2019.12.3 본절제목개정)

제38조【목적】 초등학교는 국민생활에 필요한 기초적인 초등교육을 하는 것을 목적으로 한다.

제39조【수업연한】 초등학교의 수업연한은 6년으로 한다.

제40조 (2019.12.3 삭제)

제5절 중학교·고등공민학교
(2012.3.21 본절제목개정)

제41조【목적】 중학교는 초등학교에서 받은 교육의 기초 위에 중등교육을 하는 것을 목적으로 한다.
(2012.3.21 본조개정)

제42조【수업연한】 중학교의 수업연한은 3년으로 한다.
(2012.3.21 본조개정)

제43조【입학자격 등】 ① 중학교에 입학할 수 있는 사람은 초등학교를 졸업한 사람, 제27조의2제1항에 따라 초등학교를 졸업한 사람과 동등한 학력이 인정되는 시험에 합격한 사람, 그 밖에 법령에 따라 이와 같은 수준 이상의 학력이 있다고 인정된 사람으로 한다.(2021.3.23 본항개정)
② 그 밖에 중학교의 입학 방법과 절차 등에 필요한 사항은 대통령령으로 정한다.
(2012.3.21 본조개정)

제43조의2【방송통신중학교】 ① 중학교 또는 고등학교에 방송통신중학교를 부설할 수 있다.
② 방송통신중학교의 설치·교육방법·수업연한, 그 밖에 운영에 필요한 사항은 대통령령으로 정한다.
(2012.1.26 본조신설)

제44조【고등공민학교】 ① 고등공민학교는 중학교 과정의 교육을 받지 못하고 제13조제3항에 따른 취학연령을 초과한 사람 또는 일반 성인에게 국민생활에 필요한 중등교육과 직업교육을 하는 것을 목적으로 한다.
② 고등공민학교의 수업연한은 1년 이상 3년 이하로 한다.
③ 고등공민학교에 입학할 수 있는 사람은 초등학교를 졸업한 사람, 제27조의2제1항에 따라 초등학교를 졸업한 사람과 동등한 학력이 인정되는 시험에 합격한 사람, 그 밖에 법령에 따라 이와 같은 수준 이상의 학력이 있다고 인정된 사람으로 한다.(2021.3.23 본항개정)
(2012.3.21 본조개정)

제6절 고등학교·고등기술학교
(2012.3.21 본절개정)

제45조【목적】 고등학교는 중학교에서 받은 교육의 기초 위에 중등교육 및 기초적인 전문교육을 하는 것을 목적으로 한다.

제46조【수업연한】 고등학교의 수업연한은 3년으로 한다. 다만, 제49조에 따른 시간제 및 통신제(通信制) 과정의 수업연한은 4년으로 한다.

제47조【입학자격 등】 ① 고등학교에 입학할 수 있는 사람은 중학교를 졸업한 사람, 제27조의2제1항에 따라 중학교를 졸업한 사람과 동등한 학력이 인정되는 시험에 합격한 사람, 그 밖에 법령에 따라 이와 같은 수준 이상의 학력이 있다고 인정된 사람으로 한다.(2021.3.23 본항개정)
② 그 밖에 고등학교의 입학방법과 절차 등에 필요한 사항은 대통령령으로 정한다.

제48조【학과 및 학점제 등】 ① 고등학교에 학과를 둘 수 있다.
② 고등학교의 교과 및 교육과정은 학생이 개인적 필요·적성 및 능력에 따라 진로를 선택할 수 있도록 정하여져야 한다.
③ 고등학교(제55조에 따라 고등학교에 준하는 교육을 실시하는 특수학교를 포함한다)의 교육과정 이수를 위하여 학점제(이하 "고교학점제"라 한다)를 운영할 수 있다.
(2021.9.24 본항신설)
④ 고교학점제를 운영하는 학교의 학생은 취득 학점 수 등이 일정 기준에 도달하면 고등학교를 졸업한다.
(2021.9.24 본항신설)
⑤ 고교학점제의 운영 및 졸업 등에 필요한 사항은 대통령령으로 정한다.(2021.9.24 본항신설)
(2021.9.24 본조제목개정)

제48조의2【고교학점제 지원 등】 ① 교육부장관과 교육감은 고교학점제 운영과 지원을 위하여 고교학점제 지원센터를 설치·운영할 수 있다.
② 교육부장관과 교육감은 고교학점제 지원센터의 효율적 운영을 위하여 필요하다고 인정하면 교육정책을 연구·지원하는 법인이나 기관에 그 업무를 위탁할 수 있다.
③ 국가와 지방자치단체는 고교학점제의 운영을 위하여 필요한 행정적·재정적 지원을 하여야 한다.
④ 제1항부터 제3항까지에 따른 고교학점제 지원센터의 설치·운영, 위탁 및 행정적·재정적 지원 등에 필요한 사항은 대통령령으로 정한다.
(2021.9.24 본조신설)

제49조【과정】 ① 고등학교에 관할청의 인가를 받아 전일제 과정 외에 시간제 또는 통신제 과정을 둘 수 있다.
② 고등학교과정의 설치에 필요한 사항은 대통령령으로 정한다.

제50조【분교】 고등학교의 설립자·경영자는 특별히 필요한 경우에는 관할청의 인가를 받아 분교(分校)를 설치할 수 있다.

제51조【방송통신고등학교】 ① 고등학교에 방송통신고등학교를 부설할 수 있다.
② 방송통신고등학교의 설치, 교육방법, 수업연한, 그 밖에 그 운영에 필요한 사항은 대통령령으로 정한다.

제52조【근로청소년을 위한 특별학급 등】 ① 산업체에 근무하는 청소년이 중학교·고등학교 과정의 교육을 받을 수 있도록 하기 위하여 산업체에 인접한 중학교·고등학교에 야간수업을 주로 하는 특별학급을 둘 수 있다.
② 하나의 산업체에 근무하는 청소년 중에서 중학교 또는 고등학교 입학을 희망하는 인원이 매년 2학급 이상을 편성할 수 있을 정도가 될 것으로 예상되는 경우 그 산업체는 희망하는 청소년이 교육을 받을 수 있도록 하기 위하여 중학교 또는 고등학교(이하 "산업체 부설 중·고등학교"라 한다)를 설립·경영할 수 있다.
③ 둘 이상의 산업체에 근무하는 청소년 중에서 입학을 희망하는 인원이 매년 2학급 이상을 편성할 수 있을 정도가 될 것으로 예상되는 경우에는 제2항에도 불구하고 그 둘 이상의 산업체가 공동으로 하나의 산업체 부설 중·고등학교를 설립·경영할 수 있다.
④ 제1항부터 제3항까지의 규정에 따른 특별학급 및 산업체 부설 중·고등학교의 설립 기준과 입학방법 등에 필요한 사항은 시·도의 조례로 정한다.
⑤ 제1항부터 제3항까지의 규정에 따른 특별학급 또는 산업체 부설 중·고등학교에 다니는 청소년을 고용하는 산업체의 경영자는 시·도의 조례로 정하는 바에 따라 그 교육비의 일부를 부담하여야 한다.
⑥ 지방자치단체는 시·도의 조례로 정하는 바에 따라 제1항부터 제3항까지의 규정에 따른 특별학급 또는 산업체 부설 중·고등학교에 다니는 학생의 교육비 중 일부를 부담할 수 있다.

제53조【취학 의무 및 방해 행위의 금지】 ① 산업체의 경영자는 그 산업체에 근무하는 청소년이 제52조에 따른 특별학급 또는 산업체 부설 중·고등학교에 입학하기를 원하면 그 청소년을 입학시켜야 한다.
② 산업체의 경영자는 그가 고용하는 청소년이 제52조에 따른 특별학급 또는 산업체 부설 중·고등학교에 입학하는 경우에는 그 학생의 등교와 수업에 지장을 주는 행위를 하여서는 아니 된다.

제54조【고등기술학교】 ① 고등기술학교는 국민생활에 직접 필요한 직업기술교육을 하는 것을 목적으로 한다.
② 고등기술학교의 수업연한은 1년 이상 3년 이하로 한다.
③ 고등기술학교에 입학할 수 있는 사람은 중학교 또는 고등공민학교(3년제)를 졸업한 사람, 제27조의2제1항에 따라 중학교를 졸업한 사람과 동등한 학력이 인정되는 시험에 합격한 사람, 그 밖에 법령에 따라 이와 같은 수준 이상의 학력이 있다고 인정된 사람으로 한다.(2021.3.23 본항개정)
④ 고등기술학교에는 고등학교를 졸업한 사람 또는 법령에 따라 이와 같은 수준 이상의 학력이 있다고 인정된 사람에게 특수한 전문기술교육을 하기 위하여 수업연한이 1년 이상인 전공과(專攻科)를 둘 수 있다.
⑤ 공장이나 사업장을 설치·경영하는 자는 고등기술학교를 설립·경영할 수 있다.

제7절 특수학교 등
(2012.3.21 본절개정)

제55조【특수학교】 특수학교는 신체적·정신적·지적 장애 등으로 인하여 특수교육이 필요한 사람에게 초등학교·중학교 또는 고등학교에 준하는 교육과 실생활에 필요한 지식·기능 및 사회적응 교육을 하는 것을 목적으로 한다.

제56조【특수학급】 고등학교 이하의 각급 학교에 특수교육이 필요한 학생을 위한 특수학급을 둘 수 있다.
(2016.2.3 본조개정)

제57조 (2016.2.3 삭제)

제58조【학력의 인정】 특수학교나 특수학급에서 초등학교·중학교 또는 고등학교 과정에 상응하는 교육과정을 마친 사람은 그에 상응하는 학교를 졸업한 사람과 같은 수준의 학력이 있는 것으로 본다.

제59조【통합교육】 국가와 지방자치단체는 특수교육이 필요한 사람이 초등학교·중학교 및 고등학교와 이에 준하는 각종학교에서 교육을 받으려는 경우에는 따로 입학절차, 교육과정 등을 마련하는 등 통합교육을 하는 데에 필요한 시책을 마련하여야 한다.

제8절 각종학교
(2012.3.21 본절개정)

제60조【각종학교】 ① "각종학교"란 제2조제1호부터 제4호까지의 학교와 유사한 교육기관을 말한다.
② 각종학교는 그 학교의 이름에 제2조제1호부터 제4호까지의 학교와 유사한 이름을 사용할 수 없다. 다만, 관계 법령에 따라 학력이 인정되는 각종학교(제60조의2에 따른 외국인학교와 제60조의3에 따른 대안학교를 포함한다)는 그러하지 아니하다.(2014.1.28 단서신설)
③ 각종학교의 수업연한, 입학자격, 학력인정, 그 밖에 운영에 필요한 사항은 교육부령으로 정한다.(2013.3.23 본항개정)

제60조의2【외국인학교】 ① 외국에서 일정기간 거주하고 귀국한 내국인 중 대통령령으로 정하는 사람, 「국적법」 제4조에 따라 국적을 취득한 사람의 자녀 중 해당 학교의 장이 대통령령으로 정하는 기준과 절차에 따라 학업을 지속하기 어렵다고 판단한 사람, 외국인의 자녀를 교육하기 위하여 설립된 학교로서 각종학교에 해당하는 학교(이하 "외국인학교"라 한다)에 대하여는 제7조, 제9조, 제11조, 제11조의2, 제12조부터 제16조까지, 제21조, 제23조부터 제26조까지, 제28조, 제29조, 제30조의2, 제30조의3, 제31조, 제31조의2, 제32조부터 제34조까지 및 제34조의2를 적용하지 아니한다.(2021.3.23 본항개정)
② 외국인학교는 유치원·초등학교·중학교·고등학교의 과정을 통합하여 운영할 수 있다.
③ 외국인학교의 설립기준, 교육과정, 수업연한, 학력인정, 그 밖에 설립·운영에 필요한 사항은 대통령령으로 정한다.

제60조의3【대안학교】 ① 학업을 중단하거나 개인적 특성에 맞는 교육을 받으려는 학생을 대상으로 현장 실습 등 체험 위주의 교육, 인성 위주의 교육 또는 개인의 소질·적성 개발 위주의 교육 등 다양한 교육을 하는 학교로서 각종학교에 해당하는 학교(이하 "대안학교"라 한다)에 대하여는 제21조제1항, 제23조제2항·제3항, 제24조부터 제26조까지, 제29조 및 제30조의4부터 제30조의7까지를 적용하지 아니한다.
② 대안학교는 초등학교·중학교·고등학교의 과정을 통합하여 운영할 수 있다.
③ 대안학교의 설립기준, 교육과정, 수업연한, 학력인정, 그 밖에 설립·운영에 필요한 사항은 대통령령으로 정한다.

제4장의2 교육비 지원 등
(2020.3.24 본장제목개정)

제60조의4【교육비 지원】 ① 국가 및 지방자치단체는 다음 각 호의 어느 하나에 해당하는 학생에게 입학금, 수업료, 급식비 등 대통령령으로 정하는 비용(이하 "교육비"라 한다)의 전부 또는 일부를 예산의 범위에서 지원할 수 있다.
1. 본인 또는 그 보호자가 「국민기초생활 보장법」 제12조제3항 및 제12조의2에 따른 수급권자인 학생
(2014.12.30 본호개정)
2. 「한부모가족지원법」 제5조에 따른 보호대상자인 학생
3. 그 밖에 가구 소득 등을 고려하여 교육비 지원이 필요하다고 인정되는 학생으로서 대통령령으로 정하는 학생
② 제1항에 따른 교육비 지원은 소득 수준과 거주 지역 등에 따라 지원의 내용과 범위를 달리할 수 있다.
③ 「국민기초생활 보장법」, 「한부모가족지원법」 등 다른 법령에 따라 제1항과 동일한 내용의 지원을 받고 있는 경우에는 그 범위에서 제1항에 따른 교육비 지원을 하지 아니한다.

제60조의5【교육비 지원의 신청】 ① 제60조의4제1항에 따른 지원을 받으려는 경우에는 해당 학생 또는 그 학생을 법률상·사실상 보호하고 있는 사람은 교육부장관 또는 교육감에게 교육비 지원을 신청하여야 한다.
(2016.2.3 본항개정)
② 제1항에 따른 신청을 하는 경우에는 다음 각 호의 자료 또는 정보의 제공에 대한 지원 대상 학생 및 그 가구원(해당 학생과 생계 또는 주거를 같이 하는 사람으로서 대통령령으로 정하는 사람을 말한다. 이하 같다)의 동의 서면을 제출하여야 한다.(2016.2.3 본문개정)
1. 「금융실명거래 및 비밀보장에 관한 법률」 제2조제2호에 따른 금융자산 및 제3호에 따른 금융거래의 내용에 대한 자료 또는 정보 중 예금의 평균잔액과 그 밖에 대통령령으로 정하는 자료 또는 정보(이하 "금융정보"라 한다)
2. 「신용정보의 이용 및 보호에 관한 법률」 제2조제1호에 따른 신용정보 중 채무액과 그 밖에 대통령령으로 정하는 자료 또는 정보(이하 "신용정보"라 한다)
3. 「보험업법」 제4조제1항 각 호에 따른 보험에 가입하여 납부한 보험료와 그 밖에 대통령령으로 정하는 보험 관련 자료 또는 정보(이하 "보험정보"라 한다)
③ 제1항에 따른 교육비 지원의 신청 방법·절차 및 제2항에 따른 동의의 방법·절차 등에 필요한 사항은 교육부령으로 정한다.(2013.3.23 본항개정)

제60조의6【금융정보등의 제공】 ① 교육부장관 및 교육감은 제60조의4에 따라 교육비를 지원하는 경우에는 지원 대상 학생 및 그 가구원의 재산을 평가하기 위하여 「금융실명거래 및 비밀보장에 관한 법률」 제4조제1항과 「신용정보의 이용 및 보호에 관한 법률」 제32조제2항에도 불구하고 제60조의5제2항에 따라 제출된 해당 학생 및 그 가구원의 동의 서면을 전자적 형태로 바꾼 문서로 금융회사 등(「금융실명거래 및 비밀보장에 관한 법률」 제2조제1호에 따른 금융회사등과 「신용정보의 이용 및 보호에 관한 법률」 제2조제6호에 따른 신용정보집중기관을 말한다. 이하 같다)의 장에게 금융정보·신용정보 또는 보험정보(이하 "금융정보등"이라 한다)의 제공을 요청할 수 있다.(2016.2.3 본항개정)
② 제1항에 따라 금융정보등의 제공을 요청받은 금융회사 등의 장은 「금융실명거래 및 비밀보장에 관한 법률」 제4조제1항과 「신용정보의 이용 및 보호에 관한 법률」 제32조제1항 및 제3항에도 불구하고 명의인의 금융정보등을 제공하여야 한다.
③ 제2항에 따라 금융정보등을 제공한 금융회사 등의 장은 금융정보등의 제공사실을 명의인에게 통보하여야 한다. 다만, 명의인의 동의가 있는 경우에는 「금융실명거래 및 비밀보장에 관한 법률」 제4조의2제1항과 「신용정보의 이용 및 보호에 관한 법률」 제32조제7항에도 불구하고 통보하지 아니할 수 있다.(2015.3.11 단서개정)
④ 제1항 및 제2항에 따른 금융정보등의 제공요청 및 제공은 「정보통신망 이용촉진 및 정보보호 등에 관한 법률」 제2조제1항제1호에 따른 정보통신망을 이용하여야 한다. 다만, 정보통신망의 손상 등 불가피한 경우에는 그러하지 아니하다.
⑤ 제1항 및 제2항에 따른 업무에 종사하거나 종사하였던 자와 제62조에 따라 권한 등을 위임 또는 위탁받거나 받았던 자는 업무를 수행하면서 취득한 금융정보등을 이 법에서 정한 목적 외의 다른 용도로 사용하거나 다른 사람 또는 기관에 제공하거나 누설하여서는 아니 된다.
⑥ 제1항, 제2항 및 제4항에 따른 금융정보등의 제공요청 및 제공 등에 필요한 사항은 대통령령으로 정한다.

제60조의7【조사·질문】 ① 교육부장관 및 교육감은 제60조의5에 따라 교육비 지원을 신청한 사람(이하 "교육비신청자"라 한다) 또는 지원이 확정된 자에게 교육비 지원 대상 자격확인을 위하여 필요한 서류나 그 밖의 소득 및 재산 등에 관한 자료의 제출을 요구할 수 있으며, 지원 대상 자격확인을 위하여 필요한 자료를 확보하기 곤란하거나 제출한 자료가 거짓 등의 자료라고 판단하는 경우 소속 공무원으로 하여금 관계인에게 필요한 질문을 하게 하거나, 교육비신청자 및 지원이 확정된 자의 동의를 받아 주거 또는 그 밖의 필요한 장소에 출입하여 서류 등을 조사하게 할 수 있다.(2016.2.3 본항개정)
② 교육부장관 및 교육감은 제1항에 따른 업무를 수행하기 위하여 필요한 국세·지방세, 토지·건물 또는 건강보험·국민연금·고용보험·산업재해보상보험·가족관계증명 등에 관한 자료의 제공을 관계 기관의 장에게 요청할 수 있다. 이 경우 관계 기관의 장은 특별한 사유가 없으면 이에 따라야 한다.(2013.3.23 전단개정)
③ 제1항에 따라 출입·조사 또는 질문을 하는 사람은 그 권한을 표시하는 증표를 지니고 이를 관계인에게 내보여야 한다.
④ 교육부장관 및 교육감은 교육비신청자 또는 지원이 확정된 자가 제1항에 따른 서류 또는 자료의 제출을 거부하거나 조사 또는 질문을 거부·방해 또는 기피하는 경우에는 제60조의5제1항에 따른 교육비 지원의 신청을 각하하거나 지원결정을 취소·중지 또는 변경할 수 있다.
(2013.3.23 본항개정)

제60조의8【교육비 지원 업무의 전자화】 ① 교육부장관 및 교육감은 제60조의4에 따른 교육비 지원 업무를 전자적으로 처리하기 위한 정보시스템(이하 "교육비지원정보시스템"이라 한다)을 구축·운영할 수 있다.
(2013.3.23 본항개정)
② 교육부장관 및 교육감은 교육비지원정보시스템을 구축·운영하는 경우 제30조의4제1항에 따른 교육정보시스템을 활용할 수 있다.(2013.3.23 본항개정)
③ 교육비지원정보시스템은 「사회복지사업법」 제6조의2제2항에 따른 정보시스템과 연계하여 활용할 수 있다.

제60조의9【교육비 지원을 위한 자료 등의 수집 등】 교육부장관 및 교육감은 제60조의4에 따른 교육비 지원을 위하여 필요한 자료 또는 정보로서 다음 각 호의 어느 하나에 해당하는 자료 또는 정보를 수집·관리·보유·활용할 수 있다.(2013.3.23 본문개정)
1. 「전자정부법」 제36조제1항에 따라 행정정보의 공동이용을 통하여 제공받은 자료 또는 정보
2. 그 밖에 이 법에 따른 업무를 수행하는 데에 필요한 자료 또는 정보로서 교육부령으로 정하는 자료 또는 정보(2013.3.23 본호개정)

제60조의10【비용의 징수】 ① 속임수나 그 밖의 부정한 방법으로 제60조의4제1항에 따른 교육비를 지원받거나 학생으로 하여금 지원받게 한 경우에는 교육부장관 또는 교육감은 그 교육비의 전부 또는 일부를 교육비를 지원받은 자 또는 지원받게 한 자로부터 징수할 수 있다.
② 제1항에 따라 징수할 금액은 교육비를 지원받은 자 또는 지원받게 한 자에게 통지하여 징수하고, 교육비를 지원받은 자 또는 지원받게 한 자가 이에 따르지 아니하는 경우 국세 또는 지방세 체납처분의 예에 따라 징수한다.
(2021.3.23 본항개정)
(2016.12.20 본조신설)

제60조의11【통학 지원】 ① 교육감은 학생이 안전하고 편리하게 통학할 수 있도록 필요한 지원을 할 수 있다.
② 제1항에 따른 통학 지원에 필요한 사항은 해당 시·도의 조례로 정한다.
(2020.3.24 본조신설)

제5장 보칙 및 벌칙
(2012.3.21 본장개정)

제61조【학교 및 교육과정 운영의 특례】 ① 학교교육제도를 포함한 교육제도의 개선과 발전을 위하여 특히 필요하다고 인정되는 경우에는 대통령령으로 정하는 바에 따라 제21조제1항·제24조제1항·제26조제1항·제29조제1항·제31조·제39조·제42조 및 제46조를 한시적으로 적용하지 아니하는 학교 또는 교육과정을 운영할 수 있다.
② 제1항에 따라 운영되는 학교 또는 교육과정에 참여하는 교원과 학생 등은 이로 인하여 불이익을 받지 아니한다.

제62조【권한의 위임】 ① 이 법에 따른 교육부장관의 권한은 그 일부를 대통령령으로 정하는 바에 따라 교육감에게 위임하거나 국립대학법인 서울대학교 및 국립대학법인 인천대학교에 위탁할 수 있다.
② 이 법에 따른 교육부장관의 권한 중 국립학교의 설립·운영에 관한 권한은 대통령령으로 정하는 바에 따라 관계 중앙행정기관의 장에게 위임할 수 있다.
③ 이 법에 따른 교육부장관 및 교육감의 업무 중 제60조의5부터 제60조의7까지에 따른 교육지원 업무는 대통령령으로 정하는 바에 따라 그 일부를 보건복지부장관 또는 지방자치단체의 장에게 위임할 수 있다.
(2013.3.23 본조개정)

제63조【시정 또는 변경 명령 등】 ① 관할청은 학교가 시설·설비·수업·학사(學事) 및 그 밖의 사항에 관하여 교육 관계 법령 또는 이에 따른 명령이나 학칙을 위반한 경우에는 학교의 설립자·경영자 또는 학교의 장에게 기간을 정하여 그 시정이나 변경을 명할 수 있다.
② 관할청은 학교의 위반행위가 중대하고 명백한 경우로서 범죄의 혐의가 있다고 인정되는 경우 학교의 설립자·경영자 또는 학교의 장을 고발하여야 한다.
(2021.9.24 본항신설)
③ 관할청은 제1항에 따른 시정명령이나 변경명령을 받은 자가 정당한 사유 없이 지정된 기간에 이를 이행하지 아니하면 대통령령으로 정하는 바에 따라 그 위반행위의 취소 또는 정지, 해당 학교의 학생정원의 감축, 학급 또는 학과의 감축·폐지 또는 학생의 모집 정지 등의 조치를 할 수 있다.
④ 관할청은 위반행위가 이미 종료되는 등 위반행위의 성질상 시정·변경할 수 없는 것이 명백한 경우에는 제1항에 따른 시정 또는 변경 명령을 하지 아니하고 제3항에 따른 조치를 할 수 있다.(2021.9.24 본항신설)
⑤ 제1항부터 제3항까지에도 불구하고 관할청은 외국인학교가 허위, 거짓 등 부정한 방법으로 제60조의2제1항을 위반하여 이 법에서 정한 사람 이외의 사람을 입학시킨 경우 그 위반횟수에 따라 제1항에 따른 시정·변경 명령 또는 내국인학생 모집정지를 할 수 있다. 이 경우 위반횟수에 따른 행정처분의 기준은 대통령령으로 정한다.
(2021.9.24 본항개정)
(2021.9.24 본조제목개정)

제64조【휴업명령 및 휴교처분】 ① 관할청은 재해 등의 긴급한 사유로 정상수업이 불가능하다고 인정하는 경우에는 학교의 장에게 휴업을 명할 수 있다.
② 제1항에 따른 명령을 받은 학교의 장은 지체 없이 휴업을 하여야 한다.
③ 관할청은 학교의 장이 제1항에 따른 명령에도 불구하고 휴업을 하지 아니하거나 특별히 긴급한 사유가 있는 경우에는 휴교처분을 할 수 있다.
④ 제2항에 따라 휴업한 학교는 휴업기간 중 수업과 학생의 등교가 정지되며, 제3항에 따라 휴교한 학교는 휴교기간 중 단순한 관리 업무 외에는 학교의 모든 기능이 정지된다.

제65조【학교 등의 폐쇄】 ① 관할청은 학교가 다음 각 호의 어느 하나에 해당하여 정상적인 학사운영이 불가능한 경우에는 학교의 폐쇄를 명할 수 있다.
1. 학교의 장 또는 설립자·경영자가 고의 또는 중과실로 이 법 또는 이 법에 따른 명령을 위반한 경우
2. 학교의 장 또는 설립자·경영자가 이 법 또는 그 밖의 교육 관계 법령에 따른 관할청의 명령을 여러 번 위반한 경우
3. 휴업 및 휴교 기간을 제외하고 계속하여 3개월 이상 수업을 하지 아니한 경우
② 관할청은 제4조제2항에 따른 학교설립인가 또는 제50조에 따른 분교설치인가를 받지 아니하고 학교의 명칭을 사용하거나 학생을 모집하여 시설을 사실상 학교의 형태로 운영하는 자에게 그가 설치·운영하는 시설의 폐쇄를 명할 수 있다.

제66조【청문】 ① 교육부장관은 제21조의5제1항에 따라 자격을 취소하려면 청문을 하여야 한다.(2020.12.22 본항신설)

② 관할청은 제65조에 따라 학교 또는 시설의 폐쇄를 명하려는 경우에는 청문을 하여야 한다.

제67조【벌칙】 ① 제60조의6제5항을 위반하여 금융정보등을 이 법에서 정한 목적 외의 다른 용도로 사용하거나 다른 사람 또는 기관에 제공하거나 누설한 자는 5년 이하의 징역 또는 5천만원 이하의 벌금에 처한다.(2016.5.29 본항개정)

② 다음 각 호의 어느 하나에 해당하는 자는 3년 이하의 징역 또는 3천만원 이하의 벌금에 처한다.(2016.5.29 본문개정)

1. 제4조제2항에 따른 학교설립인가 또는 제50조에 따른 분교설치인가를 받지 아니하고 학교의 명칭을 사용하거나 학생을 모집하여 시설을 사실상 학교의 형태로 운영한 자
2. 제4조제3항을 위반하여 폐교인가나 변경인가를 받지 아니한 자
3. 거짓이나 그 밖의 부정한 방법으로 제4조제2항 또는 제4조제3항에 따른 학교의 설립인가·폐교인가 또는 변경인가를 받거나 제50조에 따른 분교설치인가를 받은 자
4. 제30조의6제1항 또는 제3항을 위반하여 동의권자의 동의 없이 제3자에게 학생 관련 자료를 제공하거나 제공받은 자료를 그 본래의 목적 외의 용도로 이용한 자

③ 다음 각 호의 어느 하나에 해당하는 자는 1년 이하의 징역 또는 1천만원 이하의 벌금에 처한다.(2016.5.29 본문개정)

1. 제21조의4를 위반하여 자격증을 다른 사람에게 빌려주거나 빌린 사람 또는 이를 알선한 사람(2020.12.22 본호신설)
2. 제63조제1항에 따른 시정 또는 변경 명령을 위반한 자
3. 제65조제1항에 따른 폐쇄명령을 위반한 자

④ 속임수나 그 밖의 부정한 방법으로 제60조의4제1항에 따른 교육비를 지원받거나 학생으로 하여금 지원받게 한 자는 1년 이하의 징역, 1천만원 이하의 벌금, 구류 또는 과료에 처한다.(2016.12.20 본항신설)

제68조【과태료】 ① 다음 각 호의 어느 하나에 해당하는 자에게는 100만원 이하의 과태료를 부과한다.

1. 제13조제4항에 따른 취학 의무의 이행을 독려받고도 취학 의무를 이행하지 아니한 자
2. 제15조를 위반하여 의무교육대상자의 의무교육을 방해한 자
3. 제53조를 위반하여 학생을 입학시키지 아니하거나 등교와 수업에 지장을 주는 행위를 한 자

② 제1항에 따른 과태료는 대통령령으로 정하는 바에 따라 해당 교육감이 부과·징수한다.

부 칙 (2005.3.24)

제1조【시행일】 이 법은 공포 후 6월이 경과한 날부터 시행한다. 다만, 제30조의2·제30조의3 및 제32조의 개정규정은 공포한 날부터 시행하고, 제30조의5제2항의 개정규정 중 "「학교보건법」 제7조의3제2항의 규정에 의한 건강검사기록"부분과 제30조의6제1항 각 호외의 부분의 개정규정 중 "「학교보건법」 제7조의3의 규정에 의한 건강검사에 관한 자료"부분은 2006년 1월 1일부터 시행하며, 제60조의3의 개정규정은 공포 후 1년이 경과한 날부터 시행한다.

제2조【수업료 그 밖의 납부금의 징수 등에 관한 경과조치】 수업료 그 밖의 납부금의 징수 등에 관하여는 제10조의 개정규정에 의한 시·도의 조례가 제정되기 전까지는 종전의 규정에 의한다.

제3조【학교시설 등의 이용에 관한 경과조치】 학교시설 등의 이용에 관하여는 제11조의 개정규정에 의한 시·도의 교육규칙이 제정되기 전까지는 종전의 규정에 의한다.

제4조【공립학교의 학교회계의 설치·운영에 관한 경과조치】 공립학교의 학교회계의 설치·운영에 관하여는 제30조의2제5항 및 제30조의3제6항의 개정규정에 의한 시·도의 교육규칙이 제정되기 전까지는 종전의 규정에 의한다.

제5조【근로청소년을 위한 특별학급 등의 설립기준 등에 관한 경과조치】 제52조제1항 및 제2항의 규정에 의한 특별학급 및 산업체부설 중·고등학교에 대한 설립기준, 입학방법, 산업체의 경영자·국가 또는 지방자치단체의 교육비부담에 관한 사항은 제52조제4항 내지 제6항의 개정규정에 의한 시·도의 조례가 제정되기 전까지는 종전의 규정에 의한다.

부 칙 (2012.3.21)

제1조【시행일】 이 법은 공포한 날부터 시행한다. 다만, 특별자치시, 특별자치시 교육청 및 특별자치시 교육감에 관한 부분은 2012년 7월 1일부터 시행하고, 부칙 제2조제1항은 2012년 7월 22일부터 시행하며, 같은 조 제2항은 2013년 1월 18일부터 시행한다.

제2조【다른 법률의 개정】 ①~⑤ ※(해당 법령에 가제정리 하였음)

부 칙 (2015.3.27)

제1조【시행일】 이 법은 공포 후 6개월이 경과한 날부터 시행한다.

제2조【학력인정 시험에 관한 경과조치】 이 법 시행 당시 종전의 규정에 따라 공고된 학력인정 시험에 관하여는 제27조의2제3항의 개정규정에도 불구하고 종전의 규정에 따른다.

부 칙 (2018.12.18)

제1조【시행일】 이 법은 공포 후 6개월이 경과한 날부터 시행한다.

제2조【국제기능올림픽대회 입상자 및 전국기능경기대회 입상자에 대한 적용례】 별표2의 개정규정은 이 법 시행 당시 종전의 국제기능올림픽대회 입상자(동메달 이상으로 한정한다) 및 전국기능경기대회 입상자(동메달 이상으로 한정한다)에 대하여도 적용한다.

부 칙 (2019.12.3)

제1조【시행일】 이 법은 공포한 날부터 시행한다. 다만, 제10조의2의 개정규정은 다음 각 호와 같이 순차적으로 시행한다.

1. 2020학년도 : 고등학교 등 2학년 및 3학년의 무상교육
2. 2021학년도 이후 : 고등학교 등 전학년의 무상교육

제2조【고등공민학교 입학자격에 관한 경과조치】 이 법 시행 전에 종전의 제2조제1호에 따른 공민학교를 졸업한 사람은 제44조제3항의 개정규정에 불구하고 종전의 규정에 따라 고등공민학교에 입학할 수 있다.

제3조【다른 법률의 개정】 ①~② ※(해당 법령에 가제정리 하였음)

부 칙 (2020.12.22)

제1조【시행일】 이 법은 공포 후 6개월이 경과한 날부터 시행한다.

제2조【교사 자격 취득의 결격사유에 관한 적용례】 제21조의2의 개정규정은 이 법 시행 후 교사 자격 검정을 신청한 사람부터 적용한다.

제3조【벌금형의 분리 선고에 관한 적용례】 제21조의3의 개정규정은 이 법 시행 후 제21조의2제3호에 규정된 죄를 저지른 사람부터 적용한다.

제4조【다른 법률의 개정】 ※(해당 법령에 가제정리 하였음)

부 칙 (2021.3.23 법17954호)

이 법은 공포한 날부터 시행한다.(이하 생략)

부 칙 (2021.3.23 법17958호)

이 법은 공포 후 6개월이 경과한 날부터 시행한다.

부 칙 (2021.7.20)

제1조【시행일】 이 법은 공포 후 1년이 경과한 날부터 시행한다.(이하 생략)

부 칙 (2021.9.24)

이 법은 공포 후 6개월이 경과한 날부터 시행한다. 다만, 제32조제1항의 개정규정은 2022년 3월 1일부터 시행한다.

부 칙 (2022.10.18)

제1조【시행일】 이 법은 공포 후 6개월이 경과한 날부터 시행한다.

제2조【법정교육 반영에 관한 적용례】 제23조의2의 개정규정은 이 법 시행 이후 교육과정에 법정교육을 반영하는 내용의 법령을 제정하거나 개정하는 경우부터 적용한다.

부 칙 (2022.12.27)

이 법은 공포 후 6개월이 경과한 날부터 시행한다.

부 칙 (2023.9.27)

이 법은 공포한 날부터 시행한다.

부 칙 (2023.10.24)

이 법은 공포 후 6개월이 경과한 날부터 시행한다.

〔별표〕 ➡ 「法典 別册」 참조

초·중등교육법 시행령

(1998년 2월 24일 대통령령 제15664호)

개정
1998. 4.11영15772호(지방교육자치에관한법시) <중략>
2011. 1.17영22625호(농어업인삶의질향상및농어촌지역개발촉진에관한특별법시)
2011. 3.18영22712호 2011. 6. 7영22955호
2011. 9. 6영23116호(국립대학법인서울대학교설립·운영에관한법시)
2011. 9.30영23184호 2011.10.25영23241호
2011.11.23영23303호
2011.11.23영23314호(전문의의수련및자격인정등에관한규정)
2011.12.28영23396호 2011.12.30영23435호
2012. 3.13영23658호 2012. 4.20영23746호
2012. 7.24영23975호
2012.10.29영24148호(조기진급등에관한규정)
2013. 2.15영24377호
2013. 3.23영24423호(직제)
2013.10.30영24810호
2013.12.30영25050호(행정규제재검토에따른일부개정령)
2014. 2.18영25184호
2014. 6.11영25375호(지방교육자치에관한법시)
2014. 8. 6영25532호(민감정보고유식별정보)
2014.12. 9영25819호
2014.12. 9영25840호(규제기한정비)
2014.12.30영25918호(농업소득의보전에관한법시)
2015. 1. 6영25961호 2015. 9.15영26521호
2015. 9.25영26551호(울산과학기술원법시)
2015.11.30영26683호(기준중위소득도입및맞춤형급여체계개편에따른고등교육법시행령등일부개정령)
2015.12.31영26855호(규제기한설정)
2016. 3.25영27056호(무형문화재보전및진흥에관한법시)
2016. 6.21영27252호(참전유공자예우및단체설립에관한법시)
2016. 8. 2영27424호 2016.10.18영27546호
2016.11.29영27616호(치료감호등에관한법시)
2016.12.30영27751호(규제기한설정)
2017. 1.10영27773호
2017. 3.27영27960호(주민등록번호처리제한일부개정령)
2017. 5. 8영28012호 2017. 6.20영28112호
2017.11.28영28444호 2017.12.29영28516호
2017.12.29영28521호(지방분권강화를위한일부개정령)
2018. 2. 9영28628호(도시및주거환경정비법시)
2018. 2.27영28686호(혁신도시조성및발전에관한특별법시)
2018. 9.18영29180호(공무원재해보상법시)
2018.10. 2영29203호
2018.12.24영29421호(규제기한설정)
2019. 7. 2영29950호(법령용어정비)
2019. 9.24영30088호 2020. 2.25영30439호
2020. 2.28영30494호 2020. 4. 7영30598호
2020. 4.28영30640호(농업·농촌공익기능증진직접지불제도운영에관한법시)
2020. 6. 9영30760호(군인재해보상법시)
2020. 7.14영30829호
2020. 8. 4영30893호(신용정보의이용및보호에관한법시)
2020. 9.22영31021호
2020.11. 3영31138호(무형문화재보전및진흥에관한법시)
2020.12.31영31349호(자치경찰조직운영)
2021. 3.23영31541호 2021. 6.22영31790호
2021.12.31영32293호(지방세시)
2022. 3.22영32547호
2022. 5. 9영32627호(국가교육위원회설치및운영에관한법시)
2022. 8.30영32883호 2023. 4.11영33381호
2023. 6.27영33566호 2024. 1.23영34156호

제1장 총 칙

제1조【목적】 이 영은 「초·중등교육법」에서 위임된 사항과 그 시행에 관하여 필요한 사항을 규정함을 목적으로 한다.(2005.9.29 본조개정)

제2조【학교의 설립기준】 「초·중등교육법」(이하 "법"이라 한다) 제4조제1항의 규정에 의하여 학교를 설립하고자 하는 자가 갖추어야 하는 시설·설비 등 학교의 설립기준에 관한 사항은 따로 대통령령으로 정한다.(2005.9.29 본조개정)

제3조【사립학교의 설립인가 신청】 법 제4조제2항에 따라 사립학교의 설립인가를 받으려는 자는 교육부령으로 정하는 바에 따라 학교의 설립목적·명칭·위치 및 개교예정일 등을 기재한 학교설립 인가신청서에 다음 각 호의 서류(전자문서를 포함한다)를 첨부하여 특별시·광역시·특별자치시·도·특별자치도교육감(이하 "교육감"이라 한다)에게 신청하여야 한다. 이 경우 교육감은 「전자정부법」 제36조제1항에 따른 행정정보의 공동이용을 통하여 교지·실습지의 지적도 및 학교법인의 등기부를 확인하여야 한다.

1. 학칙
2. 경비와 유지방법

3. 교사(체육장을 포함한다)의 배치도·평면도
4. 병설학교 등을 둘 경우에는 그 계획서
5. 설립자가 법인인 경우에는 출연금 등에 관한 서류
6. 설립자가 사인인 경우에는 경비의 지급 및 변제능력에 관한 서류
7. 설비 관련 서류 및 그 밖에 교육부령으로 정하는 서류
(2015.1.6 본조개정)

제4조【사립학교의 폐교인가 신청】 법 제4조제3항에 따라 학교의 폐교인가를 받으려는 사립학교의 설립·경영자는 교육부령으로 정하는 바에 따라 폐교사유 및 폐교연월일 등을 기재한 학교폐교 인가신청서에 다음 각 호의 서류(전자문서를 포함한다)를 첨부하여 교육감에게 신청하여야 한다.
1. 학생 및 학적부 처리에 관한 사항
2. 폐교하는 사립학교의 재산 처리에 관한 사항에 관한 서류 및 그 밖에 교육부령으로 정하는 서류
(2015.1.6 본조개정)

제5조【사립학교의 변경인가 신청】 ① 법 제4조제3항에서 "대통령령으로 정하는 중요 사항"이란 다음 각 호의 사항을 말한다.
1. 학교의 설립자
2. 학교의 설립목적
3. 학교의 명칭
4. 학교의 위치
5. 교지·실습지의 지적도
6. 학교의 경비와 유지방법
7. 교사(체육장을 포함한다)의 평면도
8. 병설학교 등을 둘 경우 그 계획서
② 법 제4조제3항에 따라 변경인가를 받으려는 사립학교의 설립·경영자는 교육부령으로 정하는 바에 따라 변경사유, 변경사항, 변경연월일 등을 기재한 학교변경 인가신청서에 변경에 따른 관련 서류(전자문서를 포함한다)를 첨부하여 교육감에게 신청하여야 한다.
(2015.1.6 본조개정)

제6조 (2005.1.29 삭제)

제7조【병설학교】 법 제5조의 규정에 의한 병설학교의 운영에 관하여 필요한 사항은 법령의 범위안에서 법 제6조의 규정에 의한 지도·감독기관(이하 "관할청"이라 한다)이 정한다.

제8조【장학지도】 교육감은 법 제7조에 따라 장학지도를 하는 경우 매학년도 장학지도의 대상·절차·항목·방법 및 결과처리 등에 관한 세부계획을 수립하여 이를 장학지도 대상학교에 미리 통보하여야 한다.
(2013.10.30 본조개정)

제9조【학교규칙의 기재사항 등】 ① 법 제8조에 따른 학교의 학교규칙(이하 "학칙"이라 한다)에는 다음 각 호의 사항을 기재해야 한다.(2020.2.25 본문개정)
1. 수업연한·학년·학기 및 휴업일
2. 학급편제 및 학생정원
3. 교과·수업일수 및 고사와 과정수료의 인정
4. 입학·재입학·편입학·전학·휴학·퇴학·수료 및 졸업
5. 조기진급, 조기졸업 및 상급학교 조기입학 자격 부여
(2012.10.29 본호개정)
6. 수업료·입학금 기타의 비용징수
7. 학생 포상, 징계, 교육목적상 필요한 지도 방법, 학업 중단 예방 및 학교 내 교육·연구활동 보호에 관한 사항 등 학생의 학교생활에 관한 사항(2022.8.30 본호개정)
8. 학생자치활동의 조직 및 운영
9. 학칙개정절차
10. 그 밖에 법령에서 정하는 사항(2022.8.30 본호개정)
② (2005.1.29 삭제)
③ 다음 각 호의 학교·학과·과정 또는 시설을 설치·운영하는 학교의 학칙에는 제1항 각 호의 사항 외에 각각 그 설치에 관한 사항을 기재하여야 한다.
1. 법 제5조에 따른 병설학교
2. 법 제43조의2에 따른 방송통신중학교 또는 법 제51조에 따른 방송통신고등학교
3. 법 제48조에 따른 학과
4. 법 제49조에 따른 시간제 또는 통신제 과정
5. 기숙사
(2013.2.15 본항개정)
④ 학교의 장은 제1항제7호(학업 중단 예방에 관한 사항은 제외한다)부터 제9호까지의 사항에 관하여 학칙을 제정하거나 개정할 때에는 학칙으로 정하는 바에 따라 미리 학생, 학부모, 교원의 의견을 듣고, 그 의견을 반영하도록 노력해야 한다.(2022.8.30 본항개정)
(2011.3.18 본조제목개정)

제10조【학생의 평가】 법 제9조제1항의 규정에 의한 학생의 학업성취도 평가에 관하여 필요한 사항은 교육부장관이 정한다.(2013.3.23 본조개정)

제11조【평가의 대상 구분】 ① 법 제9조제2항에 따른 특별시·광역시·특별자치시·도 및 특별자치도(이하 "시·도"라 한다) 교육청에 대한 평가(이하 "시·도교육청평가"라 한다)는 지역별 교육여건 등의 차이를 고려하여 특별시·광역시·특별자치시 교육청과 도·특별자치도 교육청을 구분하여 실시할 수 있다.
② 법 제9조제2항 및 제3항에 따른 학교에 대한 평가(이하 "학교평가"라 한다)는 국·공·사립의 초등학교·중학교·고등학교 및 특수학교를 대상으로 하되, 학생 수, 지역의 실정 등 학교 특성에 따라 학교를 구분하여 평가할 수 있다.
③ 법 제9조제3항에 따른 교육감 관할 교육행정기관에 대한 평가(이하 "지방교육행정기관평가"라 한다)는 필요한 경우 다음 각 호와 같이 그 대상을 구분하여 실시할 수 있다.
1. 시·도 교육청 본청
2. 교육지원청
3. 그 밖의 교육감 관할 교육행정기관
(2018.10.2 본항개정)
(2013.2.15 본조개정)

제12조【평가의 기준】 ① 시·도교육청평가 및 지방교육행정기관평가는 다음 각 호의 사항을 기준으로 실시한다.(2018.10.2 본문개정)
1. 예산의 편성 및 운용
2. 관할 학교 및 교육기관 등의 운영·감독(2018.10.2 본호개정)
3. 학교 교육 지원 및 교육 성과
4. 학생 및 교원의 교육 복지
5. 그 밖에 지방자치단체의 교육행정에 관한 사항으로서 교육부장관 또는 교육감이 필요하다고 인정하는 사항
(2013.3.23 본호개정)
② 학교평가는 다음 각 호의 사항을 기준으로 실시한다.
1. 교육과정 운영 및 교수·학습 방법
2. 교육 활동 및 교육 성과
3. 그 밖에 학교운영에 관한 사항으로서 교육부장관 또는 교육감이 필요하다고 인정하는 사항(2013.3.23 본호개정)
(2011.3.18 본조개정)

제13조【평가의 절차·공개 등】 ① 교육부장관은 매학년도 시작 전까지 시·도교육청평가에 관한 기본계획을 수립하고 이를 공표하여야 한다.(2013.3.23 본항개정)
② 교육감은 평가가 실시되는 해의 학년도가 시작되기 전까지 지방교육행정기관평가 및 학교평가에 관한 기본계획을 수립하고 이를 공표하여야 한다.(2018.10.2 본항개정)
③ 시·도교육청평가, 지방교육행정기관평가 및 학교평가는 법 제30조의4에 따른 교육정보시스템에 저장된 자료, 「교육관련기관의 정보공개에 관한 특례법」 제5조에 따른 공시정보 등을 이용한 정량(定量)평가의 방법으로 한다. 다만, 정량평가만으로 정확한 평가가 어렵다고 인정되는 경우에는 서면평가, 설문조사, 관계자 면담 등의 방법을 이용한 정성(定性)평가의 방법을 병행할 수 있다.
(2018.10.2 본문개정)
④ 교육부장관 또는 교육감은 특히 필요하다고 인정하는 경우를 제외하고는 평가결과를 공개하여야 한다.
(2013.3.23 본항개정)
⑤ 이 영에서 규정한 사항 외에 시·도교육청평가에 필요한 사항은 교육부장관이 정하고, 지방교육행정기관평가에 필요한 사항은 교육감이 정한다.(2018.10.2 본항개정)

제13조의2【고등학교 등의 무상교육 예외】 법 제10조의2제3항에서 "대통령령으로 정하는 사립학교"란 법 제10조제2항에 따른 시·도의 조례에서 수업료와 그 밖의 납부금을 해당 학교의 장이 정하도록 한 사립학교를 말한다.(2020.2.25 본조신설)

제13조의3【교육통계조사의 조사내용】 법 제11조의2제1항에 따른 초·중등교육에 관한 교육통계조사(이하 "교육통계조사"라 한다)의 내용은 다음 각 호와 같다.
1. 학교의 명칭, 종류, 소재지 및 시설 등 현황
2. 학생 및 졸업생에 관한 사항
3. 학교의 교원 및 직원에 관한 사항
4. 초·중등교육 관련 교육행정기관의 직원에 관한 사항
5. 초·중등교육 관련 교육행정기관의 재정에 관한 사항
6. 그 밖에 교육통계조사를 위하여 교육부장관이 필요하다고 인정하는 사항
(2017.6.20 본조신설)

제13조의4【교육통계조사의 절차 및 결과 공개 등】 ① 교육통계조사는 정기조사와 수시조사로 구분하여 실시한다.
② 정기조사는 매년 4월 1일과 10월 1일을 기준으로 실시하고, 수시조사는 교육부장관이 필요하다고 인정하는 경우에 실시한다.
③ 교육부장관은 제2항에 따른 정기조사의 조사기준일 전에 표준화된 조사 분류 체계를 포함한 교육통계조사 지침을 확정하여 교육감 및 각급 학교의 장에게 통보하여야 한다.
④ 교육감 및 각급 학교의 장은 제3항에 따른 교육통계조사 지침에 따라 자료를 작성하여 제2항에 따른 조사기준일부터 30일 이내에 교육부장관에게 제출하여야 한다.
⑤ 교육부장관은 제4항에 따라 제출받은 자료의 수정 및 보완이 필요한 경우 교육감 및 각급 학교의 장에게 해당 자료의 수정 및 보완을 요청할 수 있다.
⑥ 교육부장관은 교육통계조사가 완료된 경우에는 그 결과를 교육부 인터넷 홈페이지에 게재하는 등 널리 보급할 수 있는 방법으로 공개해야 한다.(2020.9.22 본항개정)
⑦ 교육부장관은 교육통계에 관한 자료의 수집 및 관리를 위하여 교육통계에 관한 정보를 통합·연계하여 처리·기록 및 관리하는 시스템(이하 "교육통계조사시스템"이라 한다)을 구축·운영할 수 있다.
⑧ 교육부장관은 교육통계의 발전을 위하여 국제기구·외국정부 또는 외국기관 등과 교류·협력할 수 있다.
⑨ 제1항부터 제8항까지에서 규정한 사항 외에 교육통계조사에 관하여 필요한 사항은 교육부장관이 정한다.
(2017.6.20 본조신설)

제13조의5【교육 관련 지표 및 예측통계의 작성 등】 ① 법 제11조의2제2항에 따른 교육 관련 지표 및 예측통계(이하 이 조에서 "교육 관련 지표 및 예측통계"라 한다)에는 다음 각 호의 사항이 포함되어야 한다.
1. 학생 및 졸업생에 관한 지표
2. 학교의 교원 및 직원에 관한 지표
3. 학교의 교육여건에 관한 지표
4. 학생 수 추계 및 예측
5. 그 밖에 초·중등교육 정책의 효율적인 수립·시행과 평가를 위하여 교육부장관이 필요하다고 인정하는 교육 관련 지표 및 예측통계
② 교육부장관은 교육 관련 지표 및 예측통계를 작성하기 전에 해당 지표 및 예측통계 작성에 필요한 계획을 수립해야 한다. 이 경우 해당 계획에는 교육 관련 지표 및 예측통계의 개발·산출·관리·활용·공개 등과 관련한 사항이 포함되어야 한다.
③ 교육부장관은 인적(人的) 사항과 관련한 교육 관련 지표 및 예측통계를 작성할 때에는 성별 상황과 특성을 알 수 있도록 성별로 구분하여 그 결과를 산출해야 한다.
④ 교육부장관은 교육 관련 지표 및 예측통계를 작성한 경우에는 그 결과를 교육부 인터넷 홈페이지에 게재하는 등 널리 보급할 수 있는 방법으로 공개해야 한다.
⑤ 교육부장관 및 교육감은 교육정책을 수립하거나 그 성과를 측정할 때 교육 관련 지표 및 예측통계를 기초자료로 활용해야 한다.
⑥ 교육부장관은 교육 관련 지표 및 예측통계를 효율적으로 관리하고 활용하기 위한 정보시스템을 구축·운영할 수 있다.
⑦ 제1항부터 제6항까지에서 규정한 사항 외에 교육 관련 지표 및 예측통계의 작성에 필요한 사항은 교육부장관이 정한다.
(2020.9.22 본조신설)

제13조의6【국가교육통계센터의 지정 및 업무 위탁】 ① 교육부장관은 법 제11조의2제8항에 따라 「정부출연연구기관 등의 설립·운영 및 육성에 관한 법률」에 따른 한국교육개발원(이하 "한국교육개발원"이라 한다)을 국가교육통계센터로 지정한다.
② 교육부장관은 법 제11조의2제8항에 따라 한국교육개발원에 다음 각 호의 업무를 위탁한다.
1. 법 제11조의2제1항에 따른 교육통계조사 업무
2. 법 제11조의2제2항에 따른 교육 관련 지표 및 예측통계 작성 업무(2020.9.22 본호개정)
3. 제13조의4제7항에 따른 교육통계조사시스템 및 제13조의5제6항에 따른 정보시스템의 구축·운영 업무
(2020.9.22 본호개정)
(2017.6.20 본조신설)

제2장 의무교육

제14조【위탁시의 협의】 ① 교육감은 법 제12조제3항의 규정에 의하여 초등학교·중학교 및 특수학교를 인접한 지방자치단체와 합동으로 설립·경영하거나 의무교육대상자의 일부에 대한 교육을 위탁하고자 할 때에는 학교위치·위탁구역 및 경비분담 기타 필요한 사항에 관하여 관계교육감과 협의하여야 한다. 이 경우 중학교 의무교육의 위탁에 관하여 필요한 경비 및 그 산정에 관한 사항은 교육부장관이 정하는 바에 의한다.
② 제1항 전단의 규정에 의한 협의가 성립되지 아니할 때에는 교육부장관이 이를 결정할 수 있다.
(2013.3.23 본조개정)

제15조【취학아동명부의 작성 등】 ① 읍·면·동의 장은 매년 10월 1일 현재 그 관내에 거주하는 자로서 그 해 1월 1일부터 12월 31일까지 연령이 6세에 달하는 자(법 제13조제2항 전단에 따라 5세가 된 날이 속하는 해의 다음 해에 초등학교에 입학하여 취학 중인 자는 제외한다)를 조사하여 그 해 10월 31일까지 취학아동명부를 작성하여야 한다. 이 경우 제3항에 따라 6세가 되는 날이 속하는 해에 입학연기를 신청하여 취학아동명부에서 제외된 자는 포함하여야 한다.(2023.6.27 본항개정)
② 법 제13조제2항 전단에 따라 5세가 된 날이 속하는 해의 다음 해에 입학을 원하는 자녀 또는 아동의 보호자는 자녀 또는 아동의 연령이 5세에 달하는 날이 속하는 해의 10월 1일부터 12월 31일까지 읍·면·동의 장에게 조기입학신청서를 제출하여야 한다.(2023.6.27 본항개정)
③ 법 제13조제2항 전단에 따라 7세가 되는 날이 속하는 해의 다음 해에 입학을 원하는 자녀 또는 아동의 보호자는 자녀 또는 아동의 연령이 6세가 되는 날이 속하는 해의 10월 1일부터 12월 31일까지 읍·면·동의 장에게 입학연기신청서를 제출하여야 한다.(2023.6.27 본항개정)
④ 제2항 또는 제3항에 따른 조기입학신청서 또는 입학연기신청서를 제출받은 읍·면·동의 장은 조기입학대상자는 취학아동명부에 등재하여야 하고, 입학연기대상자는 취학아동명부에서 제외하여야 한다. 이 경우 입학연기

敎育科學

대상자 명단을 교육장에게 통보하여야 한다.(2016.10.18 후단신설)
⑤ 읍·면·동의 장이 제1항의 규정에 의하여 취학아동명부를 작성한 때에는 10일 이상의 기간을 정하여 아동의 보호자가 이를 열람할 수 있도록 필요한 조치를 하여야 한다.
⑥ 읍·면·동의 장은 다음해 3월 1일에 취학할 아동이 제1항의 규정에 의한 취학아동명부의 작성기준일후 그 관내로 전입한 때에는 지체없이 이를 취학아동명부에 등재하여야 한다.
⑦ 제1항부터 제6항까지의 규정에 따른 취학아동의 조사 및 명부작성에 관하여 필요한 사항은 교육감이 정한다.(2008.5.27 본항개정)

제16조【입학기일 등의 통보】 ① 교육장은 다음 해에 취학할 아동의 입학기일과 통학구역을 결정하고 입학기일이 속한 해의 전해 11월 30일까지 읍·면·동의 장에게 이를 통보하여야 한다. 다만, 교육대학·사범대학 및 종합교원양성대학(이하 이 조에서 "교육대학 등"이라 한다)의 부설초등학교와 사립초등학교의 통학구역은 이를 지정하지 아니한다.(2008.5.27 본항개정)
② 교육대학등의 부설초등학교의 장과 사립초등학교의 장은 입학기일이 속한 해의 전해 12월 10일까지 다음 해 입학허가자명부를 읍·면·동의 장에게 통보하여야 한다.(2008.5.27 본항개정)
③ 교육장은 제1항 본문의 규정에 의하여 통학구역을 결정하는 때에는 학급편제와 통학편의를 고려하여야 하며, 미리 읍·면·동의 장의 의견을 들어야 한다.

제17조【취학의 통지 등】 ① 읍·면·동의 장은 제16조제1항 본문에 따른 통보를 받은 때에는 입학할 학교를 지정하고 입학기일을 명시하여 입학기일이 속한 해의 전해 12월 20일까지 취학할 아동의 보호자에게 취학통지를 하여야 한다.(2008.5.27 본항개정)
② 읍·면·동의 장은 제1항에 따른 취학통지를 하였을 때에는 취학할 아동에 대한 다음 각 호의 사항이 포함된 명부를 작성하여 지체 없이 입학할 학교의 장에게 통보하여야 한다.(2016.10.18 본문개정)
1. 성명·주민등록번호 및 주소
2. 보호자 성명·생년월일·주소 및 연락처
(2016.10.18 1호~2호신설)
③ 읍·면·동의 장은 제2항에 따른 통보를 한 후 아동의 취학에 관하여 변동이 발생한 때에는 지체없이 취학할 아동의 보호자 및 입학할 학교의 장에게 통보하여야 한다.(2008.5.27 본항개정)
④ 읍·면·동의 장은 취학할 아동의 보호자의 부재나 주소불명 등으로 제1항에 따른 취학통지를 할 수 없는 경우에는 해당 아동의 거주지를 관할하는 경찰서의 장에게 아동의 소재 확인에 필요한 협조를 요청할 수 있다. 이 경우 요청을 받은 경찰서의 장은 특별한 사유가 없으면 적극 협조하여야 한다.(2018.10.2 후단신설)

제18조【입학할 학교의 변경】 ① 아동의 보호자가 부득이한 사유로 인하여 지정된 학교가 아닌 초등학교에 그 아동을 입학시키려는 경우에는 그 입학시키려는 학교의 장의 승낙을 받아야 한다.(2013.2.15 본항개정)
② 학교의 장은 제1항에 따라 입학을 승낙한 경우 그 사실을 해당 아동의 거주지를 관할하는 읍·면·동의 장과 원래 지정된 학교에게 통보하여야 한다.(2016.10.18 본항개정)
(2013.2.15 본조제목개정)

제19조【귀국 학생 및 다문화학생 등의 입학 및 전학】 ① 다음 각 호의 어느 하나에 해당하는 아동이나 학생(이하 이 조에서 "귀국학생등"이라 한다)의 보호자는 제17조 및 제21조에 따른 입학 또는 전학 절차를 갈음하여 거주지가 속하는 학구 안에 있는 초등학교의 장에게 귀국학생등의 입학 또는 전학을 신청할 수 있다.(2013.10.30 본문개정)
1. 외국에서 귀국한 아동 또는 학생
2. 재외국민의 자녀인 아동 또는 학생
3. 「북한이탈주민의 보호 및 정착지원에 관한 법률」 제2조제1호에 따른 북한이탈주민인 아동 또는 학생
4. 외국인인 아동 또는 학생
5. 그 밖에 초등학교에 입학하거나 전학하기 전에 국내에 거주하지 않았거나 국내에 학적이 없는 등의 사유로 제17조 및 제21조에 따른 입학 또는 전학 절차를 거칠 수 없는 아동 또는 학생
(2010.12.27 본항개정)
② 제1항의 신청을 받은 초등학교의 장은 「전자정부법」 제36조제1항에 따른 행정정보의 공동이용을 통하여 「출입국관리법」 제88조에 따른 출입국에 관한 사실증명 또는 외국인등록 사실증명의 내용을 확인하여야 한다. 다만, 귀국학생등의 보호자가 그 확인에 동의하지 않을 때에는 다음 각 호의 어느 하나에 해당하는 서류를 첨부하게 하여야 한다.
1. 출입국에 관한 사실이나 외국인등록 사실을 증명할 수 있는 서류
2. 임대차계약서, 거주사실에 대한 인우보증서 등 거주사실을 확인할 수 있는 서류
(2010.12.27 본항신설)
③ 외국에서 귀국한 아동은 제1항에도 불구하고 교육감이 정하는 바에 따라 귀국학생 특별학급이 설치된 초등학교에 입학 또는 전학할 수 있다.(2013.10.30 본항개정)
④ 「다문화가족지원법」 제2조제1호에 따른 다문화가족의 구성원인 아동이나 학생(이하 "다문화학생"이라 한다)은 제17조 및 제21조에도 불구하고 교육감이 정하는 바에 따라 다문화학생 특별학급이 설치된 초등학교에 입학하거나 전학할 수 있다.(2013.10.30 본항신설)
(2013.10.30 본조제목개정)

제20조 (2008.5.27 삭제)

제21조【초등학교의 전학절차】 ① 초등학교의 학생이 주소의 이전으로 전학하려는 경우 그 학생의 보호자는 재학 중인 학교의 장과 해당 학생이 전입한 지역을 관할하는 읍·면·동의 장으로부터 전학할 학교로 지정받은 학교의 장에게 각각 그 사실을 알려야 한다.(2016.10.18 본항개정)
② 제1항에 따른 읍·면·동의 장은 학생이 전학할 학교를 지정한 경우 지체 없이 해당 학생의 전학 사실을 해당 학생이 전학할 학교의 장에게 통보하여야 한다.(2016.10.18 본항신설)
③ 제1항에 따라 학생의 보호자로부터 학생의 전학 사실을 통보받은 전학할 학교의 장은 해당 학생의 주소지 변경을 확인하기 위하여 「전자정부법」 제36조제1항에 따른 행정정보의 공동이용을 통하여 「주민등록법」 제30조제1항에 따른 주민등록전산정보자료를 확인하여야 한다. 다만, 해당 학생의 보호자가 그 확인에 동의하지 아니하는 경우에는 주소지 변경이 확인되는 서류를 제출하게 하여야 한다.(2016.10.18 본항신설)
④ 제3항에 따라 학교의 장이 주민등록전산정보자료를 공동이용하는 경우에는 사용료를 면제한다.(2016.10.18 본항신설)
⑤ 학생이 전학한 때에는 전입학한 학교의 장은 전출한 학교의 장에게 당해 학생의 학교생활기록부(학교생활기록부가 없는 경우에는 이에 갈음하여 활용하는 자료를 말한다)와 건강기록부의 송부를 요청하고, 전출한 학교의 장은 이를 송부하여야 한다.
⑥ 초등학교의 장은 학생의 학교생활 부적응 또는 가정사정 등으로 인하여 학생의 교육환경을 바꾸어 줄 필요가 있다고 인정하는 때에는 학생의 보호자 1인의 동의를 얻어 교육장에게 당해 학생의 전학을 추천할 수 있다. 이 경우 교육장은 제1항의 규정에 불구하고 전학할 학교를 지정하여 전학하게 할 수 있다.
⑦ 초등학교의 장은 제6항에도 불구하고 학생이 다음 각 호의 어느 하나에 해당하여 보호자의 동의를 얻어 전학시키는 것이 곤란하다고 인정하는 경우에는 제25조의2제1항에 따른 의무교육관리위원회의 심의를 거쳐 교육장에게 해당 학생의 전학을 추천할 수 있다. 이 경우 교육장은 전학할 학교를 지정하여 전학하게 할 수 있다.
1. 다른 법률에 따라 학생의 친권자에 대하여 법원에 친권행사의 제한 또는 친권상실의 선고가 청구되고, 그 밖에 친권을 행사하거나 후견인의 임무를 수행할 보호자가 없는 경우
2. 친권자 또는 후견인이 없는 학생에 대하여 다른 법률에 따라 법원에 후견인의 선임이 청구된 경우
3. 학생의 후견인에 대하여 다른 법률에 따라 법원에 후견인의 변경이 청구된 경우
(2016.10.18 본항신설)
⑧ 초등학교의 장 및 교육장은 제6항 또는 제7항에 따라 학생을 전학시키는 경우 전학 조치 사실이 정당한 사유 없이 전학 업무 관계자가 아닌 사람에게 공개되지 아니하도록 관리·감독하여야 한다.(2016.10.18 본항신설)
⑨ 초등학교의 장은 제6항 및 제7항에 따른 전학 절차로 인하여 출석하지 못한 기간을 출석기간으로 인정할 수 있다.(2016.10.18 본항신설)

제22조 (2016.10.18 삭제)

제23조~제24조 (2013.2.15 삭제)

제25조【초등학교 및 중학교의 장의 취학 독촉·경고 및 통보】 ① 초등학교 및 중학교의 장은 해당 학교에 취학할 예정인 아동이나 취학 중인 학생이 다음 각 호의 어느 하나에 해당하는 경우에는 지체 없이 그 보호자 또는 고용자에게 해당 아동이나 학생의 취학 또는 출석을 독촉하거나 의무교육을 받는 것을 방해하지 아니하도록 경고하여야 한다.(2016.10.18 본문개정)
1. 입학·재취학·전학 또는 편입학 기일 이후 2일 이내에 입학·재취학·전학 또는 편입학하지 아니한 경우
(2016.10.18 본호개정)
2. 정당한 사유 없이 계속하여 2일 이상 결석하는 경우
(2016.10.18 본호개정)
3. 학생의 고용자에 의하여 의무교육을 받는 것이 방해당하는 때
② 초등학교 및 중학교의 장은 제1항에 따른 독촉을 위하여 필요한 경우 해당 아동이나 학생의 가정을 방문하거나 그 보호자가 학교로 출석하도록 요청할 수 있다.
(2016.10.18 본항신설)
③ 초등학교 및 중학교의 장은 제2항에 따라 가정을 방문하는 경우에는 해당 아동이나 학생의 거주지를 관할하는 읍·면·동의 장에게 동행을 요청할 수 있으며, 필요하면 해당 아동이나 학생의 거주지를 관할하는 경찰서의 장에게 협조를 요청할 수 있다. 이 경우 요청을 받은 읍·면·동의 장 또는 경찰서의 장은 특별한 사유가 없으면 적극 협조하여야 한다.(2018.10.2 후단신설)
④ 초등학교 및 중학교의 장은 해당 학교에 취학할 예정인 아동이나 취학 중인 학생이 다음 각 호의 어느 하나에 해당하는 경우 그 구분에 따른 사항을 초등학교의 경우에는 해당 아동이나 학생의 거주지를 관할하는 읍·면·동의 장 및 교육장에게, 중학교의 경우에는 교육장에게 각각 통보하여야 한다.
1. 제1항에 따른 독촉 또는 경고 후 3일이 지나거나 독촉 또는 경고를 2회 이상 한 경우에도 그 상태가 계속되는 경우 : 그 경과
2. 제1항 각 호의 어느 하나에 해당하는 아동이나 학생 중 주소지와 실제 거주지가 다른 아동이나 학생이 있는 경우 : 그 성명 및 주민등록번호
(2016.10.18 본항개정)
⑤ 초등학교 및 중학교의 장은 제29조제1항에 따라 정원 외로 학적이 관리되는 학생이 다음 각 호의 구분에 따른 시기에 학교에 출석할 수 있도록 해당 시기에 이르기 한 달 전까지 해당 학생의 보호자에게 통보하여야 한다.
1. 취학 의무를 유예받은 학생의 경우 : 그 유예 기간이 종료될 때
2. 장기결석 학생의 경우 : 학년도가 시작될 때
(2016.10.18 본항신설)
(2016.10.18 본조제목개정)

제25조의2【의무교육관리위원회의 설치】 ① 법 제13조에 따라 취학 의무가 있는 보호자의 자녀 또는 아동(이하 "취학의무대상자"라 한다)에 관한 다음 각 호(중학교의 경우에는 제2호 및 제3호로 한정한다)의 사항을 심의하기 위하여 초등학교 및 중학교에 각각 의무교육관리위원회(이하 "의무교육관리위원회"라 한다)를 둔다.
1. 제21조제7항에 따른 전학의 추천에 관한 사항
2. 제28조제2항·제3항에 따른 취학 의무의 면제·유예 결정에 관한 사항
3. 그 밖에 취학의무대상자의 관리를 위하여 초등학교 또는 중학교의 장이 심의를 요청하는 사항
② 의무교육관리위원회는 위원장인 학교의 장을 포함하여 5명 이상 7명 이하의 위원으로 구성한다. 이 경우 다음 각 호의 어느 하나에 해당하는 외부 전문가가 1명 이상 포함되어야 한다.
1. 해당 학교가 소재하고 있는 지역을 관할하는 경찰서에 소속된 경찰공무원
2. 해당 학교가 소재하고 있는 지역을 관할하는 읍·면·동에 소속된 사회복지전담공무원
3. 해당 학교가 소재하고 있는 지역의 아동보호 기관 관계자
③ 제1항 및 제2항에서 규정한 사항 외에 의무교육관리위원회의 구성 및 운영에 필요한 사항은 학칙으로 정한다.
(2016.10.18 본조신설)

제26조【읍·면·동의 장 및 교육장의 취학 독촉·경고 및 보고】 ① 읍·면·동의 장 및 교육장(중학교의 경우에는 교육장만을 말한다. 이하 이 조에서 같다)은 제25조제4항 각 호 외의 부분에 따라 같은 항 제1호의 사항을 통보받은 경우에는 지체 없이 해당 아동이나 학생의 보호자 또는 고용자에게 해당 아동이나 학생의 취학 또는 출석을 독촉하거나 의무교육을 받는 것을 방해하지 아니하도록 경고하여야 한다.
② 읍·면·동의 장 및 교육장은 제1항에 따른 독촉을 위하여 필요한 경우 해당 아동이나 학생의 가정을 방문할 수 있다.
③ 읍·면·동의 장 및 교육장은 제2항에 따라 가정을 방문하는 경우에는 해당 아동이나 학생이 취학할 예정이거나 취학 중인 학교의 장에게 동행을 요청할 수 있으며, 필요하면 해당 아동이나 학생의 거주지를 관할하는 경찰서의 장에게 협조를 요청할 수 있다. 이 경우 요청을 받은 학교의 장 또는 경찰서의 장은 특별한 사유가 없으면 적극 협조하여야 한다.(2018.10.2 후단신설)
④ 교육장은 제1항에 따른 독촉 또는 경고를 2회 이상 하여도 그 상태가 계속되는 경우에는 그 경과를 교육감에게 지체 없이 보고하여야 한다.
(2016.10.18 본조개정)

제27조【취학독려조치】 ① 교육감은 의무교육에 대한 취학독려상황을 수시로 확인·점검하고 필요한 조치를 하여야 한다.
② 취학독려의 책임자와 경찰공무원은 학령아동으로서 길거리에서 배회하는 자를 발견한 때에는 그 이유를 조사하여 적절한 취학독려 조치를 하여야 한다.

제27조의2【취학관리 전담기구의 설치】 ① 교육감 및 교육장은 취학의무대상자에 대한 취학 관리 업무를 총괄하고, 아동 보호 관련 기관·단체와의 유기적인 협력체계를 구축·운영하기 위하여 「지방교육행정기관의 행정기구와 정원기준 등에 관한 규정」 등 관계 법령에서 정하는 바에 따라 그 소속으로 취학관리 전담기구를 각각 설치한다.
② 제1항에 따라 교육감 및 교육장 소속으로 설치하는 취학관리 전담기구(이하 "전담기구"라 한다)는 다음 각 호(제5호라목의 경우는 교육감 소속으로 설치하는 전담기구에 한정한다)의 업무를 수행한다.
1. 취학의무대상자의 현황 파악
2. 취학 의무 이행 현황에 관한 실태조사

3. 취학 의무 이행을 위한 취학 독촉 상황 확인·점검
4. 법 제14조에 따른 취학 의무 면제·유예 제도의 운영상황 점검 및 개선방향 마련
5. 다음 각 목의 아동이나 학생에 대한 소재·안전 확인 및 취학 관리
가. 제15조제4항 후단에 따라 입학연기대상자로 통보된 아동
나. 제25조제4항 또는 제26조제4항에 따라 미취학 또는 장기결석의 경과가 통보되거나 보고된 아동이나 학생
다. 제28조에 따라 취학 의무가 면제 또는 유예된 아동이나 학생
라. 제92조의2제2항에 따라 장기결석이나 재적·자퇴 또는 퇴학 조치된 사유로 그 경과가 통보된 아동이나 학생
6. 그 밖에 교육감 또는 교육장이 취학의무대상자의 취학 관리를 위하여 필요하다고 인정하는 사항
③ 교육감 또는 교육장은 전담기구가 제2항 각 호의 업무를 수행하기 위하여 필요하다고 인정하는 경우에는 다음 각 호의 기관·단체에 협조를 요청할 수 있다.
1. 취학의무대상자의 거주지를 관할하는 경찰서
2. 「학교 밖 청소년 지원에 관한 법률」 제12조제1항에 따른 학교 밖 청소년 지원센터
3. 「아동복지법」 제45조에 따른 아동보호전문기관
④ 제1항부터 제3항까지에서 규정한 사항 외에 전담기구의 구성 및 운영에 필요한 세부적인 사항은 교육감이 정한다.
(2016.10.18 본조신설)

제28조【취학 의무의 면제·유예】 ① 법 제14조에 따라 취학 의무를 면제 또는 유예받으려는 아동이나 학생의 보호자는 해당 아동이나 학생이 취학할 예정이거나 취학 중인 학교의 장에게 취학 의무의 면제 또는 유예를 신청하여야 한다.
② 제1항에 따라 취학 의무의 면제 또는 유예 신청을 받은 학교의 장은 의무교육관리위원회의 심의를 거쳐 취학 의무의 면제 또는 유예를 결정한다.
③ 제1항에도 불구하고 아동이나 학생의 보호자가 행방불명 등 부득이한 사유로 취학 의무의 면제 또는 유예를 신청할 수 없는 경우에는 해당 아동이나 학생이 취학할 예정이거나 취학 중인 학교의 장이 그 사유를 확인한 후 의무교육관리위원회의 심의를 거쳐 취학 의무의 면제 또는 유예를 결정할 수 있다.
④ 초등학교 및 중학교의 장은 제2항 또는 제3항에 따른 취학 의무의 면제 또는 유예의 결정을 하는 경우에는 교육감이 정하는 질병이나 그 밖의 부득이한 사유가 있는 경우에 한정하여 하여야 한다.
⑤ 초등학교 및 중학교의 장은 제2항 또는 제3항에 따라 취학 의무의 면제 또는 유예를 결정하였을 때에는 초등학교의 경우에는 보호자, 읍·면·동의 장 및 교육장에게, 중학교의 경우에는 보호자 및 교육장에게 각각 그 내용을 통보하여야 한다. 다만, 보호자에 대한 통보의 경우 보호자의 행방불명 등의 사유로 그 내용을 통보할 수 없는 경우에는 그러하지 아니하다.
⑥ 취학 의무의 유예는 1년 이내로 한다. 다만, 특별한 사유가 있는 경우에는 다시 유예하거나 유예기간을 연장할 수 있다.
⑦ 제6항 단서에 따라 다시 유예하거나 유예 기간을 연장하는 경우 유예 절차에 관하여는 제1항부터 제5항까지를 준용한다.
(2016.10.18 본조개정)

제28조의2【행정정보의 공동이용】 ① 초등학교의 장, 중학교의 장, 교육장 및 교육감(의무교육관리위원회를 포함한다)은 제25조·제25조의2·제26조·제27조·제27조의2 또는 제28조에 따른 취학 관리를 위하여 필요하다고 인정하는 경우 「전자정부법」 제36조제1항에 따른 행정정보의 공동이용을 통하여 취학의무대상자에 관한 다음 각 호의 행정정보를 확인할 수 있다.
1. 「주민등록법」 제30조제1항에 따른 주민등록전산정보자료
2. 「출입국관리법」 제88조에 따른 출입국에 관한 사실증명 또는 외국인등록 사실증명
② 제1항에 따라 초등학교의 장 또는 중학교의 장이 같은 항 제1호에 따른 주민등록전산정보자료를 공동이용하는 경우에는 사용료를 면제한다.
(2016.10.18 본조신설)

제29조【유예자의 학적관리 등】 ① 초등학교 및 중학교의 장은 다음 각 호의 어느 하나에 해당하는 학생에 대하여 학칙이 정하는 바에 따라 정원 외로 학적을 관리할 수 있다.(2016.10.18 본문개정)
1. 입학 이후 취학 의무를 유예받은 학생
2. 정당한 사유 없이 해당 학년도 수업일수의 3분의 1 이상 장기 결석한 학생
(2016.10.18 1호~2호신설)
② 초등학교 및 중학교의 장은 다음 각 호의 어느 하나에 해당하는 사람이 다시 학교에 다니거나 취학하려는 경우 「조기진급 등에 관한 규정」 제5조에 따른 조기진급·졸업·진학 평가위원회가 실시하는 교과목별 이수인정평가의 결과에 따라 학년을 정할 수 있다. 다만, 제98조의2제1항제3호 각 목의 어느 하나에도 해당하는 사람에 대하여 교육감이 같은 조 제1항에 따른 학력심의위원회(이하 "학력심의위원회"라 한다)의 평가 및 심의를 거쳐 학년을 정한 경우에는 그에 따라야 한다.
1. 법 제14조제1항에 따라 취학 의무가 면제 또는 유예된 의무교육대상자
2. 제1항제2호에 해당하는 학생 중 학적이 정원 외로 관리되는 학생
(2017.11.28 본항개정)
(2017.11.28 본조제목개정)

제3장 학생 및 교직원

제1절 학 생

제30조【학생자치활동의 보장】 학교의 장은 법 제17조의 규정에 의한 학생의 자치활동을 권장·보호하기 위하여 필요한 사항을 지원하여야 한다.

제31조【학생의 징계 등】 ① 법 제18조제1항 본문의 규정에 의하여 학교의 장은 교육상 필요하다고 인정할 때에는 학생에 대하여 다음 각 호의 어느 하나에 해당하는 징계를 할 수 있다.(2011.3.18 본문개정)
1. 학교내의 봉사
2. 사회봉사
3. 특별교육이수
4. 1회 10일 이내, 연간 30일 이내의 출석정지
(2011.3.18 본호신설)
5. 퇴학처분
② 학교의 장은 제1항의 규정에 의한 징계를 할 때에는 학생의 인격이 존중되는 교육적인 방법으로 하여야 하며, 그 사유의 경중에 따라 징계의 종류를 단계별로 적용하여 학생에게 개전의 기회를 주어야 한다.
③ 학교의 장은 제1항에 따른 징계를 할 때에는 학생의 보호자와 학생의 지도에 관하여 상담을 할 수 있다.
(2011.3.18 본항신설)
④ 교육감은 제1항제3호 및 제4호의 특별교육이수 및 출석정지의 징계를 받은 학생을 교육하는데 필요한 교육방법을 마련·운영하고, 이에 따른 교원 및 시설·설비의 확보 등 필요한 조치를 하여야 한다.(2011.3.18 본항개정)
⑤ 제1항제5호의 퇴학처분은 의무교육과정에 있는 학생 외의 자로서 다음 각 호의 어느 하나에 해당하는 자에 한하여 행하여야 한다.(2011.3.18 본문개정)
1. 품행이 불량하여 개전의 가망이 없다고 인정된 자
2. 정당한 이유없이 결석이 잦은 자
3. 기타 학칙에 위반한 자
⑥ 학교의 장은 퇴학처분을 하기 전에 일정기간동안 가정학습을 하게 할 수 있다.
⑦ 학교의 장은 퇴학처분을 한 때에는 당해 학생 및 보호자와 진로상담을 하여야 하며, 지역사회와 협력하여 다른 학교 또는 직업교육훈련기관 등을 알선하는데 노력하여야 한다.
⑧ (2023.6.27 삭제)

제31조의2【퇴학 조치된 자의 재심청구 등】 ① 법 제18조의2제1항에 따라 학생 또는 그 보호자가 법 제18조의3에 따른 시·도학생징계조정위원회(이하 "징계조정위원회"라 한다)에 재심을 청구할 때에는 다음 각 호의 사항을 적어 서면으로 하여야 한다.
1. 청구인의 이름, 주소 및 연락처
2. 피청구인
3. 퇴학조치가 있음을 안 날
4. 청구의 취지 및 이유
② 징계조정위원회는 청구인이나 피청구인에게 심사에 필요한 자료 또는 정보의 제출을 요구할 수 있고, 청구인이나 피청구인은 특별한 사유가 없는 한 이를 즉시 제출하여야 한다.
③ 징계조정위원회는 직권 또는 신청에 따라 청구인, 피청구인 또는 관련 교원 등을 징계조정위원회에 출석하여 진술하게 할 수 있다.
④ 징계조정위원회는 필요하다고 인정하는 때에는 전문가 등 참고인을 출석하게 하거나 서면으로 의견을 들을 수 있다.
⑤ 징계조정위원회의 회의는 비공개를 원칙으로 한다.
⑥ 징계조정위원회는 재심청구에 대하여 결정을 하였을 경우 지체 없이 다음 각 호의 사항을 적은 결정서의 정본을 청구인 및 피청구인에게 송부하여야 한다.
1. 사건번호 및 사건명
2. 청구인의 이름과 주소
3. 퇴학조치의 원인
4. 결정내용
5. 결정의 이유
6. 결정한 날짜
(2008.2.22 본조신설)

제31조의3【징계조정위원회의 조직 등】 ① 징계조정위원회는 위원장 1명을 포함한 7명 이내의 위원으로 구성한다.
② 징계조정위원회의 위원(이하 이 조 및 제31조의4에서 "위원"이라 한다)은 교육감이 다음 각 호의 어느 하나에 해당하는 자 중에서 임명하거나 위촉한다.
1. 장학관, 교육연구관, 장학사, 교육연구사 또는 교육 경력이 15년 이상인 초등 또는 중등 교원 중 2명
(2016.10.18 본호개정)
2. 해당 지역 시·도경찰청 소속 경찰공무원(2020.12.31 본호개정)
3. 변호사의 자격을 가진 자
4. 대학이나 연구기관에서 조교수 이상 또는 이에 상당한 직에 있는 자
5. 교육감 관할 구역 안의 학교 학부모 또는 교육 관련 비영리민간단체 대표
6. 청소년 관련 단체나 청소년 상담기관의 상담전문가 또는 의료기관의 정신건강의학과 의사(2011.11.23 본호개정)
③ 위원의 임기는 2년으로 하고, 연임할 수 있다.
④ 징계조정위원회의 위원장(이하 이 조 및 제31조의4에서 "위원장"이라 한다)은 위원 중에서 교육감이 지명한다.
(2008.2.22 본조신설)

제31조의4【징계조정위원회의 운영 등】 ① 위원장은 회의를 소집하고, 그 의장이 된다.
② 위원장이 회의를 소집하는 경우에는 회의 개최 5일 전까지 회의개최의 일시, 장소 및 안건을 각 위원에게 서면 또는 정보통신매체 등을 이용하여 통지하여야 한다. 다만, 긴급을 요하는 때에는 그러하지 아니하다.
③ 징계조정위원회는 위원장을 포함한 재적위원 과반수의 출석으로 개의하고, 출석위원 과반수의 찬성으로 의결한다.
④ 징계조정위원회의 사무를 담당하기 위하여 간사 1명을 두되, 간사는 시·도 교육청 소속 공무원 중에서 위원장이 지명한다.
⑤ 위원은 다음 각 호의 어느 하나에 해당하는 경우에는 해당 사건에서 제척된다.
1. 퇴학 조치된 학생 또는 그 보호자와 친족관계에 있거나 있었던 경우
2. 해당 퇴학 조치에 관여한 경우
⑥ 청구인은 위원이 불공정한 결정을 할 우려가 있다고 인정되는 상당한 사유가 있는 때에는 그 사실을 서면으로 소명하고 기피를 신청할 수 있으며, 기피신청이 있는 때에는 징계조정위원회의 의결로 해당 위원의 기피 여부를 결정한다.
⑦ 위원이 제5항 또는 제6항의 사유에 해당하는 경우에는 스스로 해당 사건의 심사·결정에서 회피할 수 있다.
⑧ 회의에 출석한 위원, 전문가에 대하여는 예산의 범위에서 수당과 여비를 지급할 수 있다. 다만, 공무원인 위원이 그 소관 업무와 직접적으로 관련하여 회의에 출석하는 경우에는 그러하지 아니하다.
⑨ 이 조에서 정한 사항 외에 위원회의 운영 등에 필요한 사항은 위원회의 의결을 거쳐 위원장이 정한다.
(2008.2.22 본조신설)

제2절 교직원

제32조 (2005.1.29 삭제)

제33조~제36조 (2013.2.15 삭제)

제36조의2【교감의 미배치】 ① 법 제19조제1항제1호 단서에서 "대통령령으로 정하는 규모 이하의 학교"란 학급 수가 5학급 이하인 학교 중 법 제19조제4항에 따른 교원의 배치기준에 따라 배치된 교원의 수가 최소 배치기준 이하에 해당하는 학교를 말한다.(2013.2.15 본항개정)
② 제1항의 규정에 불구하고 교육감이 교육인력이나 교육재정 등을 고려하여 특히 필요하다고 인정하는 경우에는 교감 1인을 둘 수 있다. 이 경우 교감은 수업을 담당하여야 한다.
(2000.12.27 본조신설)

제36조의3~제36조의4 (2013.2.15 삭제)

제36조의5【학급담당교원】 ① 초등학교·중학교·고등학교 학급에는 학급담당교원을 두되, 학생의 수가 일정 규모 이상이거나 학급관리를 위하여 필요한 경우에는 학급담당교원 1명을 더 둘 수 있다.
② 학급담당교원의 증원에 필요한 구체적인 사항은 교육부장관이 정하는 기준에 따라 관할청이 정한다.(2019.7.2 본항개정)
③ 학급담당교원은 학급을 운영하고 학급에 속한 학생에 대한 교육활동과 그와 관련된 상담 및 생활지도 등을 담당한다.(2013.2.15 본항신설)
④ 수석교사는 학급을 담당하지 아니한다. 다만, 학교 규모 등 학교 여건에 따라 학급을 담당할 수 있다.
(2013.2.15 본항신설)
(2012.3.13 본조신설)

제37조~제39조 (2013.2.15 삭제)

제40조【특수학교 등의 교원】 ① 특수학교에는 법 제19조에 따라 교장 및 교감을 둔다. 다만, 학급 수가 5학급 이하인 학교에는 교감을 두지 아니할 수 있으며, 3학급 이상인 분교장에는 따로 교감을 둘 수 있다.
② 특수학교 등에 두는 특수교육담당 교사의 배치기준은 따로 대통령령으로 정한다.
③ 특수학교에는 전문상담교사 및 사서교사를 둘 수 있다.
(2008.5.26 본조개정)

제40조의2【전문상담순회교사의 배치기준】 법 제19조의2에 따라 시·도 교육청 또는 교육지원청에 전문상담순회교사를 둔다. 이 경우 전문상담순회교사의 세부 배치기준은 교육감이 정한다.(2015.1.6 본조개정)

제40조의3【학생생활지도】 ① 학교의 장과 교원은 법 제20조의2에 따라 다음 각 호의 어느 하나에 해당하는

教育 科學

분야와 관련하여 조언, 상담, 주의, 훈육·훈계 등의 방법으로 학생을 지도할 수 있다. 이 경우 도구, 신체 등을 이용하여 학생의 신체에 고통을 가하는 방법을 사용해서는 안 된다.
1. 학업 및 진로
2. 보건 및 안전
3. 인성 및 대인관계
4. 그 밖에 학생생활과 관련되는 분야
② 교육부장관은 제1항에 따른 지도의 범위, 방식 등에 관한 기준을 정하여 고시한다.
(2023.6.27 본조신설)
제41조【교원의 자격】 ① 법 제21조에 따른 교원의 자격검정과 교원자격검정위원회의 조직·권한 및 운영에 필요한 사항은 따로 대통령령으로 정한다.
② 법 별표2 중 중등학교 정교사(2급) 자격 제9호에 따른 임용권자의 추천 대상자는 학교운영위원회의 심의를 거쳐 정하되, 법 제22조에 따른 산학겸임교사 등(명예교사는 제외한다)의 자격을 갖춘 사람 중 임용 예정학교에서 필요로 하는 분야에 특별한 능력을 보유하고 있어 해당 분야의 교육을 담당할 수 있는 사람으로 한다.
③ 법 별표2 중 중등학교 정교사(2급) 자격 제9호에 따른 교육감의 전형은 서류심사와 역량평가 등의 방법으로 실시한다.
(2011.12.30 본조개정)
제42조【산학겸임교사 등】 ① 법 제22조에 따른 산학겸임교사 등의 종류는 산학겸임교사, 명예교사, 영어회화 전문강사, 다문화언어 강사, 강사로 하고 그 자격기준은 별표2와 같다.(2013.10.30 본항개정)
② 제1항에 따른 산학겸임교사 등은 국·공립학교의 경우에는 학교의 장이, 사립학교의 경우에는 학교법인 또는 사립학교 경영자가 각각 임용한다. 다만, 사립학교의 경우에는 학교법인의 정관 등에서 정하는 바에 따라 그 임용권한을 학교의 장에게 위임할 수 있다.(2009.8.18 본항신설)
③ 제2항에 따라 산학겸임교사 등을 임용하고자 하는 때에는 법 제31조에 따른 학교운영위원회의 심의를 거쳐야 한다. 다만, 학교운영위원회가 구성되지 아니한 학교의 경우에는 그러하지 아니하다.(2009.8.18 본항개정)
④ 산학겸임교사 등에 대하여는 예산의 범위안에서 수당 등을 지급할 수 있다.
⑤ 제1항에 따른 영어회화 전문강사를 기간을 정하여 임용할 때 그 기간은 1년 이내로 하되, 필요한 경우 계속 근무한 기간이 4년을 초과하지 아니하는 범위에서 그 기간을 연장할 수 있다.(2009.8.18 본항신설)
⑥ 다음 각 호의 어느 하나에 해당하는 학교의 장은 해당 학교 교사 정원의 3분의 1 범위에 해당하는 수의 교사를 법 제22조제1항에 따른 산학겸임교사 등으로 대체할 수 있다.
1. 제76조에 따른 특성화중학교
2. 제91조에 따른 특성화고등학교
3. 제91조의3에 따른 자율형 사립고등학교
4. 제91조의4에 따른 자율형 공립고등학교
5. 제105조에 따른 자율학교
(2013.2.15 본항신설)

제4장 학 교

제1절 통 칙

제42조의2【교육과정 후속지원 계획의 수립·시행】
① 법 제23조제3항에 따른 후속지원 계획에는 다음 각 호의 사항이 포함되어야 한다.
1. 학교의 교육과정 운영 지원을 위한 자료 개발 및 보급에 관한 사항
2. 학교의 교육과정 운영 개선을 위한 관계기관 협력 및 지원에 관한 사항
3. 교원의 교육과정 이해 제고를 위한 연수에 관한 사항
4. 그 밖에 후속지원과 관련하여 교육부장관이 필요하다고 인정하는 사항
② 교육부장관은 법 제23조제3항에 따라 후속지원 계획을 수립한 때에는 지체 없이 국가교육위원회 및 교육감에게 통보해야 한다.
(2023.4.11 본조신설)
제43조【교과】 ① 법 제23조제4항에 따른 학교의 교과는 다음 각 호와 같다.
1. 초등학교 및 공민학교 : 국어, 도덕, 사회, 수학, 과학, 실과, 체육, 음악, 미술 및 외국어(영어)와 국가교육위원회가 필요하다고 인정하는 교과
2. 중학교 및 고등공민학교 : 국어, 도덕, 사회, 수학, 과학, 기술·가정, 체육, 음악, 미술 및 외국어와 국가교육위원회가 필요하다고 인정하는 교과
3. 고등학교 : 국어, 도덕, 사회, 수학, 과학, 기술·가정, 체육, 음악, 미술 및 외국어와 국가교육위원회가 필요하다고 인정하는 교과
4. 특수학교 및 고등기술학교 : 국가교육위원회가 정하는 교과
(2022.5.9 본항개정)
② 다음 각 호의 어느 하나에 해당하는 고등학교의 장은 산업계의 수요를 교육에 직접 반영하기 위하여 필요한 경우에는 제1항제3호의 교과와 다르게 자율적으로 교과(제1호에 해당하는 학교의 경우에는 해당 학과의 교과로 한정한다)를 편성·운영할 수 있다.(2017.1.10 본문개정)
1. 제76조의3제1호에 따른 일반고등학교 중 산업분야의 인재 양성을 목적으로 하는 학과로서 교육감이 지정한 학과를 설치·운영하는 고등학교
2. 제90조제1항제10호에 따른 산업수요 맞춤형 고등학교
3. 제91조제1항에 따른 특성화고등학교 중 산업분야의 인재양성을 목적으로 하는 고등학교
(2017.1.10 1호~3호신설)
제43조의2【교육과정 영향 사전협의의 범위 및 방법 등】 ① 중앙행정기관의 장은 법 제23조의2제1항에 따라 교육과정에 교육실시 등이 의무적으로 부과되는 법정교육을 반영하는 내용의 법령을 제정하거나 개정하려는 경우에는 해당 법령안을 입법예고하기 전에 다음 각 호의 사항에 대해 국가교육위원회와 협의해야 한다.
1. 법정교육 내용 및 방법
2. 법정교육 횟수 및 시간
3. 법정교육 결과보고 시기 및 방법
② 중앙행정기관의 장은 제1항에 따라 국가교육위원회에 협의를 요청하기 전에 같은 항 각 호의 사항에 대해 「지방교육자치에 관한 법률」 제42조제1항에 따른 교육감 협의체의 의견을 서면으로 들어야 한다.
③ 국가교육위원회는 제1항에 따른 협의 요청이 있은 날부터 90일 이내에 그 심의·의결 결과를 협의를 요청한 중앙행정기관의 장에게 통보해야 한다. 다만, 부득이한 사유로 그 기간 내에 심의·의결하지 못했을 때에는 60일의 범위에서 그 기간을 연장할 수 있다.
④ 중앙행정기관의 장은 제3항에 따른 국가교육위원회의 심의·의결 결과를 입법예고하는 법령안에 반영하여야 한다.
(2023.4.11 본조신설)
제44조【학기】 ① 법 제24조제3항의 규정에 의한 학교의 학기는 매학년도를 두 학기로 나누되, 제1학기는 3월 1일부터 학교의 수업일수·휴업일 및 교육과정 운영을 고려하여 학교의 장이 정한 날까지, 제2학기는 제1학기 종료일 다음 날부터 다음 해 2월 말일까지로 한다.
(2004.2.17 본항개정)
② 제1항에도 불구하고 제91조의3에 따른 자율형 사립고등학교, 제91조의4에 따른 자율형 공립고등학교 및 제105조에 따른 자율학교(이하 "자율학교등"이라 한다)의 장은 교육부장관이 정하는 바에 따라 제105조의4에 따른 자율학교등 지정·운영위원회의 심의를 거쳐 학기를 달리 정할 수 있다.(2013.3.23 본항개정)
③ 중학교 및 특수학교(중학교의 과정을 교육하는 특수학교로 한정한다)의 장은 제1항에 따른 학기(특수학교의 경우에는 중학교의 과정을 교육하는 학기로 한정한다) 중 한 학기 또는 두 학기를 자유학기로 지정해야 한다. 이 경우 지정 대상 학기의 범위 등 자유학기의 지정에 관한 세부사항은 교육부장관이 정한다.(2020.2.25 전단개정)
제45조【수업일수】 ① 법 제24조제3항에 따른 학교의 수업일수는 다음 각 호의 기준에 따라 학교의 장이 정한다. 다만, 학교의 장은 천재지변, 연구학교의 운영 또는 제105조에 따른 자율학교의 운영 등 교육과정의 운영상 필요한 경우에는 다음 각 호의 기준에서 10분의 1의 범위에서 수업일수를 줄일 수 있으며, 이 경우 다음 학년도 개시 30일 전까지 관할청에 보고하여야 한다.
1. 초등학교·중학교·고등학교·고등기술학교 및 특수학교(유치부는 제외한다) : 매 학년 190일 이상
(2019.9.24 본호개정)
2. 공민학교 및 고등공민학교 : 매 학년 170일 이상
② 초등학교·중학교·고등학교 및 특수학교의 장은 제1항제1호의 기준에 따라 수업일수를 정하려면 법 제31조제1항에 따른 학교운영위원회의 심의를 거쳐야 한다.
(2022.3.22 본항개정)
(2011.10.25 본조개정)
제46조【학급편성】 법 제24조제3항의 규정에 의한 학교의 학급편성은 같은 학년, 같은 학과로 하여야 한다. 다만, 학교의 장은 교육과정의 운영상 특히 필요한 경우에는 2개 학년 이상의 학생을 1학급으로 편성할 수 있다.
제47조【휴업일 등】 ① 법 제24조제4항에 따라 학교의 휴업일은 학교의 장이 매 학년도가 시작되기 전에 법 제31조제1항에 따른 학교운영위원회의 심의를 거쳐 정하며, 토요일, 관공서의 공휴일 및 여름·겨울 휴가가 포함되어야 한다.(2022.3.22 본항개정)
② 학교의 장은 비상재해나 그 밖의 급박한 사정이 발생한 때에는 임시휴업을 할 수 있다.(2022.3.22 본항개정)
③ 학교의 장은 제2항에 따라 임시휴업을 하는 경우에는 지체 없이 관할청에 이를 보고해야 한다.(2022.3.22 본항신설)
④ 제1항에도 불구하고 학교의 장은 토요일 또는 관공서의 공휴일에 체육대회·수학여행 등의 학교 행사를 개최할 수 있다. 이 경우 미리 학생, 학부모 및 교원의 의견을 듣고, 법 제31조제1항에 따른 학교운영위원회의 심의를 거쳐야 한다.(2022.3.22 후단개정)
⑤ 학교의 장은 제4항에 따라 학교 행사가 개최되는 날을 제45조제1항에 따른 수업일수에 포함할 수 있으며, 그 수업일수만큼 제1항에 따른 휴업일을 별도로 정해야 한다.
(2022.8.30 본항개정)
제48조【수업운영방법 등】 ① (2005.1.29 삭제)
② 학교의 장은 교육상 필요한 때에는 학년 또는 학과 등을 달리하는 학생을 병합하여 수업할 수 있다.
③ 학교의 장은 방송프로그램을 수업에 활용할 수 있다.
(2011.3.18 본항개정)
④ 학교의 장은 교육상 필요한 경우에는 원격수업 등 정보통신매체를 이용하여 수업을 운영할 수 있다. 이 경우 교육 대상, 수업 운영 방법 등에 관하여 필요한 사항은 교육감이 정한다.(2013.10.30 본항개정)
⑤ 학교의 장은 교육상 필요한 경우 보호자의 동의를 얻어 교외체험학습을 허가할 수 있다. 이 경우 학교의 장은 교외체험학습을 학칙이 정하는 범위안에서 수업으로 인정할 수 있다.
제48조의2【자유학기의 수업운영방법 등】 ① 중학교 및 특수학교(중학교의 과정을 교육하는 특수학교로 한정한다)의 장은 자유학기에 학생 참여형 수업을 실시하고 학생의 진로탐색 등 다양한 체험을 위한 체험활동을 운영해야 한다.(2020.2.25 본항개정)
② 제1항에 따른 학생 참여형 수업 및 체험활동에 관한 세부 사항은 교육부장관이 정한다.
(2015.9.15 본조신설)
제49조【수업시각】 수업이 시작되는 시각과 끝나는 시각은 학교의 장이 정한다.
제49조의2【학교생활기록 작성을 위한 행정정보의 공동이용】 ① 학교의 장은 법 제25조제1항에 따른 학교생활기록을 작성하기 위하여 「전자정부법」 제36조제1항에 따른 행정정보의 공동이용을 통하여 소속 학교 학생에 관한 다음 각 호의 행정정보를 확인할 수 있다.
1. 「주민등록법」 제30조제1항에 따른 주민등록전산정보자료
2. 「출입국관리법」 제88조에 따른 외국인등록 사실증명
② 제1항에 따라 학교의 장이 같은 항 제1호에 따른 주민등록전산정보자료를 공동이용하는 경우에는 사용료를 면제한다.
(2016.10.18 본조신설)
제50조【수료 및 졸업 등】 ① 학교의 장은 학생의 교육과정의 이수정도 등을 평가하여 학생의 각 학년과정의 수료 또는 졸업을 인정한다.
② 학생의 각 학년과정의 수료에 필요한 출석일수는 제45조의 규정에 의한 수업일수의 3분의 2 이상으로 한다.
③ 학교의 장은 당해 학교의 교육과정을 이수하였다고 인정하는 자에게 졸업장을 수여한다.
제51조【학급수·학생수】 학교의 학급수 및 학급당 학생수는 교육감이 정한다. 이 경우 다음 각호의 1에 해당하는 자는 학생수에 포함하지 아니할 수 있다.
1. 유급생
2. 제82조제3항제2호 및 제3호에 해당하는 자
3. 재입학·전학 또는 편입학하는 자
4. 「국가유공자 등 예우 및 지원에 관한 법률」에 의한 국가유공자의 자녀(2005.9.29 본호개정)
5. 기타 지역실정에 따라 교육감이 정하는 자
제52조【학생배치계획】 교육감은 그가 관할하는 학교에 학생을 적절하게 배치할 수 있도록 학년도별로 학생배치계획을 수립하여야 한다.(2013.10.30 본조개정)
제53조【조기진급·조기졸업 등】 법 제27조제3항의 규정에 의한 조기진급·조기졸업 및 상급학교 조기입학 자격부여 등에 관하여 필요한 사항은 따로 대통령령으로 정한다.
제54조【학업에 어려움을 겪는 학생에 대한 교육 및 시책】 ① 법 제28조제1항 각 호의 구분에 따른 학생들(이하 "학업에 어려움을 겪는 학생"이라 한다)에 대한 판별은 교육감이 정하는 기준에 따라 학교의 장이 한다.
(2023.6.27 본항개정)
② 학교의 장은 학업에 어려움을 겪는 학생에 대하여 교육감이 정하는 수업일수의 범위에서 체험학습 등 필요한 교육을 실시하거나 교육감이 적합하다고 인정하는 교육기관 등에 위탁하여 교육을 실시할 수 있다.(2023.6.27 본항개정)
③ 교육부장관 및 교육감은 학업에 어려움을 겪는 학생에 대하여 다음 각 호의 지원사업을 실시해야 한다.
(2023.6.27 본문개정)
1. 교육·복지·문화 프로그램 등을 제공하는 사업
2. 진단·상담·치유·학습 지원 프로그램 등을 제공하는 사업
(2022.8.30 본항개정)
④ 제3항에 따른 지원사업의 세부내용 및 지원대상의 선정절차 등 지원사업에 관하여 필요한 세부사항은 교육감의 의견을 들어 교육부장관이 정하여 고시한다.
(2022.8.30 본항개정)
⑤~⑥ (2017.5.8 삭제)
⑦~⑧ (2023.6.27 삭제)
(2023.6.27 본조제목개정)
제54조의2【학업에 어려움을 겪는 학생에 대한 데이터베이스의 구축·운용】 ① 교육부장관 및 교육감이 법 제28조제3항에 따라 학업에 어려움을 겪는 학생의 현황 및 교육 상황에 대한 데이터베이스(이하 이 조에서 "데이터베이스"라 한다)를 구축·운용하기 위하여 수집하는 정보는 다음 각 호와 같다.

1. 학생의 성명, 생년월일, 학년(법 제28조제1항제2호의 학생의 경우에는 학업 중단 당시의 학년을 말한다), 성별, 주소 및 연락처
2. 학생의 소속 학교(법 제28조제1항제2호의 학생의 경우에는 학업 중단 당시의 학교를 말한다) 및 관할 교육청(법 제28조제1항제2호의 학생이 학업 중단 후 소속 기관이 있게 된 경우에는 해당 기관의 정보를 포함한다)
3. 학생의 교과목 이수 현황
4. 그 밖에 교육부장관 및 교육감이 학생의 교육 상황을 파악하는 데 필요하다고 인정하는 정보
② 제1항에 따라 수집된 정보의 보존기간은 다음 각 호와 같다.
1. 법 제28조제1항제1호 및 제3호의 학생에 대한 정보 : 고등학교를 졸업한 날부터 3년
2. 법 제28조제1항제2호의 학생에 대한 정보 : 학업을 중단한 날부터 10년. 다만, 고등학교 재학 중에 학업을 중단한 경우에는 5년으로 한다.
③ 교육부장관 및 교육감은 데이터베이스에 있는 정보를 효율적으로 활용할 수 있도록 정보시스템을 구축·운영할 수 있다.
(2023.6.27 본조신설)
제54조의3【학업에 어려움을 겪는 학생의 학습능력 향상을 위한 연수】 ① 교육감은 교원이 법 제28조제6항에 따라 학업에 어려움을 겪는 학생의 학습능력 향상을 위한 연수를 받을 수 있도록 다음 각 호의 내용을 포함하는 연수 계획을 수립하여 시행해야 한다.
1. 연수의 목적 및 내용
2. 연수의 개설 및 운영 기관
3. 연수의 종류
4. 교육과정별 연수 대상 및 인원
5. 연수의 이수기준
6. 그 밖에 연수의 운영 및 연수비의 지급 등에 필요한 사항
② 제1항에 따른 연수의 내용에는 다음 각 호의 사항이 포함되어야 한다.
1. 학업에 어려움을 겪는 학생에 대한 지원사업에 관한 사항
2. 학업에 어려움을 겪는 학생의 판별·진단·지도·예방 및 지원 방법에 관한 사항
3. 학업에 어려움을 겪는 학생에 대한 지도 우수 사례에 관한 사항
4. 그 밖에 학업에 어려움을 겪는 학생의 학습능력 향상에 필요한 사항
(2023.6.27 본조신설)
제55조【교과용도서의 사용】 법 제29조제2항의 규정에 의한 교과용도서의 범위 등에 관하여 필요한 사항은 따로 대통령령으로 정한다.
제56조【학교의 통합운영】 ① 학교의 설립·경영자는 법 제30조제1항의 규정에 의하여 학교를 통합하여 운영하고자 할 때에는 학교의 규모, 학생의 통학거리 및 당해 통합운영대상학교가 소재하는 지역주민의 의사 등 교육여건을 고려하여야 한다.
② 통합운영학교의 시설·설비기준에 관하여 필요한 사항은 따로 대통령령으로 정한다.
③ 통합운영학교에는 법 제19조제4항에 따른 배치기준에도 불구하고 통합운영되는 학교의 특성을 고려하여 교직원을 배치할 수 있으며, 학교의 설립·경영자는 학교운영에 지장이 없는 범위에서 교직원을 겸임하게 할 수 있다.
(2013.2.15 본항개정)
④ 제3항에 따른 교직원 배치기준, 교육과정의 운영, 예산편성·운영, 행정적·재정적 지원, 사무관리나 그 밖에 통합운영학교의 운영에 필요한 사항은 관할청이 정한다.
(2010.12.27 본항개정)
⑤ 법 제30조제1항 후단에 따른 의견 수렴은 다음 각 호의 방법으로 실시해야 한다.
1. 공청회
2. 설문조사
3. 그 밖에 학교의 설립자·경영자가 학교의 장과 협의하여 정하는 방법
(2021.6.22 본항신설)
⑥ 법 제30조제2항에 따른 실태조사에는 다음 각 호의 사항이 포함되어야 한다.
1. 학교의 규모와 재정 현황
2. 학교의 교직원 배치 현황
3. 학교의 각종 시설·설비 현황
4. 학생의 통학거리
5. 그 밖에 통합운영 여건 파악에 필요한 사항
(2021.6.22 본항신설)
⑦ 관할청이 법 제30조제2항에 따라 실태조사를 실시하는 경우에는 학생 및 학부모의 요구가 있은 날부터 60일 이내에 학교의 장과 협의하여 실태조사를 위한 세부기준을 마련해야 한다.(2021.6.22 본항신설)
⑧ 관할청이 법 제30조제2항에 따라 실태조사 결과를 공개하는 경우에는 조사 완료 후 30일 이내에 해야 하며, 공개기간은 14일 이상으로 해야 한다.(2021.6.22 본항신설)
(2013.2.15 본조제목개정)
제57조【분교장】 교육감은 특별한 사정이 있는 때에는 공립의 초등학교·중학교 및 특수학교에 분교장을 설치할 수 있다.
제57조의2【학생의 안전대책 등】 학교의 장이 법 제30조의8제1항 및 제2항에 따른 학생의 안전대책 등을 수립할 때에는 학생, 학부모 및 교직원의 의견을 듣고 법 제31조제1항에 따른 학교운영위원회의 심의를 거쳐야 한다.
(2022.3.22 본조개정)

제2절 학교운영위원회

제58조【국·공립 학교운영위원회의 구성】 ① 법 제31조의 규정에 의한 학교운영위원회(이하 "운영위원회"라 한다)중 국립·공립의 초등학교·중학교·고등학교·특수학교 및 각종학교(이하 제62조까지 "국·공립학교"라 한다)에 두는 학교운영위원회 위원의 정수는 다음 각 호의 구분에 의한 범위안에서 학교의 규모 등을 고려하여 당해 학교의 학교운영위원회규정(이하 이 절에서 "위원회규정"이라 한다)으로 정한다.(2023.4.11 본문개정)
1. 학생수가 200명 미만인 학교 : 5인 이상 8인 이내
2. 학생수가 200명 이상 1천명 미만인 학교 : 9인 이상 12인 이내
3. 학생수가 1천명 이상인 학교 : 13인 이상 15인 이내
(2000.2.28 1호~3호신설)
② 국·공립학교에 두는 운영위원회 위원의 구성비율은 다음 각호의 구분에 의한 범위내에서 위원회규정으로 정한다.
1. 학부모위원(당해 학교의 학부모를 대표하는 자를 말한다. 이하 이 절에서 같다) : 100분의 40 내지 100분의 50
2. 교원위원(당해 학교의 교원을 대표하는 자를 말한다. 이하 이 절에서 같다) : 100분의 30 내지 100분의 40
3. 지역위원(당해 학교가 소재하는 지역을 생활근거지로 하는 자로서 예산·회계·감사·법률 등에 관한 전문가 또는 교육행정에 관한 업무를 수행하는 공무원, 당해 학교가 소재하는 지역을 사업활동의 근거지로 하는 사업자, 당해 학교를 졸업한 자 기타 학교운영에 이바지하고자 하는 자를 말한다. 이하 이 절에서 같다) : 100분의 10 내지 100분의 30(2011.3.18 본호개정)
③ 제2항의 규정에 불구하고 국립·공립의 제90조제1항제10호의 산업수요 맞춤형 고등학교 및 제91조제1항에 따른 특성화고등학교(자연현장실습 등 체험위주의 교육을 전문으로 실시하는 고등학교는 제외한다) 운영위원회 위원의 구성비율은 다음 각호의 구분에 의한 범위내에서 위원회규정으로 정할 수 있다. 이 경우 지역위원중 2분의 1 이상은 제2항제3호의 규정에 의한 사업자로 선출하여야 한다.(2010.6.29 전단개정)
1. 학부모위원 : 100분의 30 내지 100분의 40
2. 교원위원 : 100분의 20 내지 100분의 30
3. 지역위원 : 100분의 30 내지 100분의 50
④ 제2항 및 제3항에도 불구하고 다음 각 호의 구분에 따른 국·공립학교에 두는 운영위원회 위원의 구성비율은 국립학교의 경우에는 학칙으로, 공립학교의 경우에는 시·도의 조례로 정하는 범위에서 위원회규정으로 달리 정할 수 있다. 이 경우 학부모위원, 교원위원 및 지역위원은 각각 1명 이상 포함되어야 한다.(2023.4.11 전단개정)
1. 초등학교·중학교·고등학교 및 특수학교 : 학생 수가 100명 미만인 학교
2. 각종학교 : 학생 수가 100명 미만인 학교 또는 모든 학생을 다른 학교로부터 위탁받아 운영하는 학교
(2023.4.11 1호~2호신설)
(2000.2.28 본조제목개정)
제59조【위원의 선출 등】 ① 국·공립학교의 장은 운영위원회의 당연직 교원위원이 된다.
② 학부모위원은 민주적 대의절차에 따라 학부모 전체회의를 통하여 학부모 중에서 투표로 선출한다. 이 경우 학부모 전체회의에 직접 참석할 수 없는 학부모는 학부모 전체회의의 개최 전까지 가정통신문에 대한 회신, 우편투표, 전자적 방법(「전자문서 및 전자거래 기본법」 제2조제2호에 따른 정보처리시스템을 사용하거나 그 밖에 정보통신기술을 이용하는 방법을 말한다)에 의한 투표 등 위원회규정으로 정하는 방법 및 절차에 따라 후보자에게 투표할 수 있다.(2020.2.25 후단개정)
③ 제2항에도 불구하고 학교의 규모·시설 등을 고려하여 학부모 전체회의를 통하여 학부모위원을 선출하기 곤란하다고 위원회규정으로 정한 사유에 해당하는 경우에는 위원회규정으로 정하는 바에 따라 학급별 대표로 구성된 학부모대표회의에서 학부모위원을 선출할 수 있다.
(2015.9.15 본항신설)
④ 당연직 교원위원을 제외한 교원위원은 교원 중에서 선출하되, 교직원 전체회의에서 무기명투표로 선출한다.
(2020.4.7 본항개정)
⑤ 제2항부터 제4항까지의 규정에도 불구하고 「재난 및 안전관리 기본법」 제3조제1호에 따른 재난이나 그 밖의 불가피한 사유로 학부모 전체회의, 학부모대표회의 또는 교직원 전체회의를 개최하기 어려운 경우에는 제2항 후단에 따른 방법 및 절차에 따라 학부모위원 또는 당연직 교원위원을 제외한 교원위원을 선출할 수 있다.(2020.4.7 본항신설)
⑥ 지역위원은 학부모위원 또는 교원위원의 추천을 받아 학부모위원 및 교원위원이 무기명투표로 선출한다.
⑦ 운영위원회에는 위원장 및 부위원장 각 1인을 두되, 교원위원이 아닌 위원중에서 무기명투표로 선출한다.
⑧ 국·공립학교에 두는 운영위원회 위원이 그 지위를 남용하여 해당 학교와의 거래 등을 통하여 재산상의 권리·이익을 취득하거나 다른 사람을 위하여 그 취득을 알선한 경우에는 운영위원회의 의결로 그 자격을 상실하게 할 수 있다.(2011.3.18 본항신설)
제59조의2【회의 소집】 ① 국·공립학교에 두는 운영위원회의 회의는 위원장이 소집한다.
② 제1항에 따라 위원장이 회의를 소집하려면 회의 일시, 장소 및 안건을 정하여 회의 개최 7일 전까지 각 위원에게 알리고, 회의 개최 전까지 학교 홈페이지에 공개하여야 한다. 다만, 긴급한 사유가 있는 경우에는 그러하지 아니하다.(2016.10.18 본문개정)
③ 국·공립학교에 두는 운영위원회의 위원장은 회의 일시를 정할 때에는 일과 후, 주말 등 위원들이 참석하기 편리한 시간으로 정하여야 한다.
(2011.3.18 본조신설)
제59조의3【회의록 작성 및 공개】 ① 국·공립학교에 두는 운영위원회의 회의를 개최하였을 때에는 회의 일시, 장소, 참석자, 안건, 발언요지, 결정사항 등이 포함된 회의록을 작성하여야 한다.
② 제1항에 따라 작성한 회의록은 학교 홈페이지 등을 통해 공개하여야 한다. 다만, 다음 각 호의 어느 하나에 해당하는 사항은 운영위원회의 의결로 공개하지 아니할 수 있다.
1. 회의록에 포함되어 있는 이름, 주민등록번호 등 개인에 관한 사항으로서 공개될 경우 개인의 사생활의 비밀 또는 자유를 침해할 우려가 있다고 인정하는 사항
2. 공개될 경우 운영위원회 심의의 공정성을 크게 저해할 우려가 있다고 인정하는 사항
3. 학생 교육 또는 교권 보호를 위하여 공개하기에 적당하지 아니하다고 인정하는 사항
(2011.3.18 본조신설)
제59조의4【의견 수렴 등】 ① 국·공립학교에 두는 운영위원회는 다음 각 호의 어느 하나에 해당하는 사항을 심의하려는 경우 국립학교의 경우에는 학칙으로, 공립학교의 경우에는 시·도의 조례로 정하는 바에 따라 미리 학부모의 의견을 수렴해야 한다.(2022.3.22 본문개정)
1. 법 제32조제1항제1호, 제5호, 제6호, 제9호 또는 제10호에 해당하는 사항(2022.3.22 본호개정)
2. 그 밖에 국립학교의 경우에는 학칙으로, 공립학교의 경우에는 시·도의 조례로 미리 학부모의 의견을 수렴하도록 정한 사항(2017.12.29 본호신설)
② 국·공립학교에 두는 운영위원회는 다음 각 호의 어느 하나에 해당하는 사항을 심의하기 위하여 필요하다고 인정하는 경우 학생 대표 등을 회의에 참석하게 하여 의견을 들을 수 있다.(2017.12.29 본문개정)
1. 법 제32조제1항제1호, 제6호 또는 제10호에 해당하는 사항(2022.3.22 본호개정)
2. 그 밖에 학생의 학교생활에 밀접하게 관련된 사항
(2017.12.29 본호신설)
③ 국·공립학교에 두는 운영위원회는 국립학교의 경우에는 학칙으로, 공립학교의 경우에는 시·도의 조례로 정하는 바에 따라 학생 대표가 학생의 학교생활에 관련된 사항에 관하여 학생들의 의견을 수렴하여 운영위원회에 제안하게 할 수 있다.
(2011.3.18 본조신설)
제59조의5【위원의 제척 등】 ① 운영위원회 위원이 다음 각 호의 어느 하나에 해당하는 경우에는 해당 안건의 심의·의결에서 제척(除斥)된다.
1. 운영위원회 위원이나 그 배우자 또는 배우자였던 사람이 해당 안건의 당사자(당사자가 법인·단체 등인 경우에는 그 임원을 포함한다. 이하 이 호 및 제2호에서 같다)이거나 그 안건의 당사자와 공동권리자 또는 공동의무자인 경우
2. 운영위원회 위원이 해당 안건의 당사자와 친족인 경우
3. 운영위원회 위원이 해당 안건에 관하여 증언, 진술, 자문, 연구, 용역 또는 감정을 한 경우
4. 운영위원회 위원이나 운영위원회 위원이 속한 법인·단체 등이 해당 안건 당사자의 대리인이거나 대리인이었던 경우
② 해당 안건의 당사자는 운영위원회 위원에게 공정한 심의를 기대하기 어려운 사정이 있는 경우에는 운영위원회에 기피(忌避) 신청을 할 수 있고, 운영위원회는 의결로 해당 운영위원회 위원의 기피 여부를 결정한다. 이 경우 기피 신청의 대상인 운영위원회 위원은 그 의결에 참여하지 못한다.
③ 운영위원회 위원이 제1항 각 호에 따른 제척 사유에 해당하는 경우에는 스스로 해당 안건의 심의·의결에서 회피(回避)하여야 한다.
(2015.9.15 본조신설)
제60조【심의결과의 시행 등】 ① 국·공립학교의 장은 운영위원회의 심의결과를 최대한 존중하여야 하며, 그 심의결과와 다르게 시행하고자 하는 경우에는 이를 운영위원회와 관할청에 서면으로 보고하여야 한다.
② 국·공립학교의 장은 운영위원회의 심의를 거치는 경우 교육활동 및 학교운영에 중대한 차질이 발생할 우려가 있거나 천재·지변, 그 밖의 불가항력의 사유로 운영위원회를 소집할 여유가 없는 때에는 법 제32조제1항 각

호의 사항에 대하여 운영위원회의 심의를 거치지 않고 이를 시행할 수 있다.(2022.3.22 본항개정)
③ 국·공립학교의 장은 제2항의 규정에 의하여 운영위원회의 심의를 거치지 아니하고 시행한 때에는 관련사항과 그 사유를 지체없이 운영위원회와 관할청에 서면으로 보고하여야 한다.
(2011.3.18 본조제목개정)
제60조의2【소위원회】 ① 학교급식에 관한 사항을 효율적으로 심의하기 위하여 국·공립학교에 두는 운영위원회에 학교급식소위원회를 두며, 그 밖에 필요한 경우 예·결산소위원회 등 분야별 소위원회를 둘 수 있다.
② 제1항에 따른 소위원회의 구성 및 운영에 필요한 사항은 국립학교의 경우에는 학칙으로, 공립학교의 경우에는 시·도의 조례로 정한다.
(2011.3.18 본조신설)
제61조【시정명령】 관할청은 국·공립학교의 장이 정당한 사유없이 법 제32조제1항 및 제3항의 규정에 의한 운영위원회의 심의·의결결과와 다르게 시행하거나 심의·의결결과를 시행하지 아니하는 경우 또는 제60조제2항의 규정에 의한 사유없이 심의를 거쳐야 할 사항을 심의를 거치지 아니하고 시행하는 경우에는 법 제63조의 규정에 의한 시정을 명할 수 있다.(2000.2.28 본조개정)
제62조【조례 등에의 위임】 국·공립학교에 두는 운영위원회의 구성 및 운영에 관하여 이 영에서 규정하지 아니한 사항은 국립학교의 경우에는 학칙으로, 공립학교의 경우에는 시·도의 조례로 정한다.
제63조【사립학교의 운영위원회】 ① 법 제31조제1항에 따라 사립의 초등학교·중학교·고등학교·특수학교 및 각종학교(이하 이 조에서 "사립학교"라 한다)에 두는 운영위원회(이하 "사립학교운영위원회"라 한다)는 해당 학교의 교원위원·학부모위원 및 지역위원으로 구성한다.
(2023.4.11 본항개정)
② 사립학교운영위원회 위원의 정수·선출 등에 관하여는 제58조, 제59조 및 제60조제2항·제3항을 준용하되, 당연직 교원위원을 제외한 교원위원은 정관으로 정한 절차에 따라 교직원 전체회의에서 추천(「재난 및 안전관리 기본법」 제3조제1호에 따른 재난이나 그 밖의 불가피한 사유로 교직원 전체회의를 개최하기 어려운 경우에는 제59조제2항 후단에 따른 방법 및 절차에 따라 추천)한 사람 중에서 학교의 장이 위촉한다. 이 경우 "국·공립학교"는 "사립학교"로, "심의"는 "심의 또는 자문"으로, "학칙" 및 "시·도의 조례"는 "정관"으로 본다.
③ 사립학교의 장은 사립학교운영위원회의 심의 또는 자문 결과를 최대한 존중해야 한다.
④ 관할청은 사립학교의 장이 다음 각 호의 어느 하나에 해당하는 경우에는 법 제63조에 따른 시정을 명할 수 있다.
1. 정당한 사유 없이 법 제32조제3항에 따른 학교발전기금의 조성·운용 및 사용에 관하여 사립학교운영위원회의 심의·의결을 거치지 않은 경우
2. 법 제32조제3항에 따라 사립학교운영위원회의 심의·의결을 거친 학교발전기금의 조성·운영 및 사용에 관한 심의·의결의 결과를 시행하지 않거나 다르게 시행하는 경우
3. 제60조제2항의 사유 없이 사립학교운영위원회의 심의 또는 자문을 거치지 않고 법 제32조제1항 각 호의 사항을 시행하는 경우
⑤ 사립학교운영위원회의 구성에 관하여 이 영에서 규정하지 않은 사항은 정관으로 정한다.
(2022.3.22 본조개정)
제64조【학교발전기금】 ① 법 제33조의 규정에 의한 학교발전기금(이하 "발전기금"이라 한다)은 다음 각호의 방법에 의하여 조성한다.
1. 기부자가 기부한 금품의 접수
2. 학부모등으로 구성된 학교내·외의 조직·단체 등이 그 구성원으로부터 자발적으로 갹출하거나 구성원외의 자로부터 모금한 금품의 접수
② 발전기금은 다음 각호의 목적을 위하여 사용한다.
1. 학교교육시설의 보수 및 확충
2. 교육용 기자재 및 도서의 구입
3. 학교체육활동 기타 학예활동의 지원
4. 학생복지 및 학생자치활동의 지원
③ 운영위원회는 교육부령이 정하는 바에 따라 발전기금을 운영위원회 위원장의 명의로 조성·운용하여야 한다.
(2013.3.23 본항개정)
④ 운영위원회는 발전기금의 관리 및 집행과 그 부수된 업무의 일부를 당해 학교의 장에게 위탁할 수 있다.
⑤ 제4항의 규정에 의하여 업무를 위탁받은 학교의 장은 발전기금을 별도회계를 통하여 관리하고, 매분기마다 발전기금의 집행계획 및 집행내역을 운영위원회에 서면으로 보고하여야 한다.
⑥ 운영위원회는 제5항의 보고를 받은 경우에는 이를 검토하여 그 결과를 학부모에게 통지하여야 한다.
⑦ 운영위원회는 제4항의 규정에 의하여 발전기금에 관한 업무를 당해 학교의 장에게 위탁한 경우에는 발전기금의 집행상황 등에 관하여 감사할 수 있다.
⑧ 운영위원회는 학교 회계연도 종료 후 3개월 이내에 다음 각 호의 업무를 완료하여야 한다.
1. 발전기금에 대한 결산
2. 제1호에 따른 결산 결과의 관할청 보고 및 학부모 통지
(2015.9.15 본항개정)
⑨ 발전기금의 조성·운용 및 회계관리 등에 관하여 기타 필요한 사항은 교육부령으로 정한다.(2013.3.23 본항개정)

제3절 유치원

제65조 (2005.1.29 삭제)

제4절 중학교

제66조【중학교 입학 등의 허가】 ① 중학교 학생의 입학·재취학·전학 및 편입학은 특별한 규정이 없으면 학칙으로 정하는 바에 따라 학교의 장이 한다.
② 제1항에도 불구하고 학생의 지원에 의하여 학생을 선발하는 중학교의 입학·재취학·전학 및 편입학의 방법은 교육감이 정하여 고시하는 기준과 절차에 따라 학교의 장이 정한다.
(2013.2.15 본조개정)
제67조【중학교 입학 시기 등】 중학교 학생의 입학, 재취학 또는 편입학은 해당 학교의 교육과정 이수에 지장이 없는 범위에서 수시로 할 수 있다. 다만, 제77조제2항에 따라 시·도 조례로 정하는 지역에서의 편입학 시기는 교육감이 정할 수 있다.(2015.1.6 본조개정)
제68조【중학교 입학방법】 ① 교육장은 지역별·학교군별 추첨에 의하여 중학교의 입학지원자가 입학할 학교를 배정하되, 거리·교통이 통학상 극히 불편한 지역의 경우에는 교육감이 설정한 중학구에 따라 입학할 학교를 배정한다.
② 추첨에 의하여 중학교를 배정하는 경우 교육감이 정하여 고시하는 지역에 소재하는 중학교 입학지원자는 교육감이 정하는 방법 및 절차에 따라 2 이상의 학교를 선택하여 지원할 수 있으며, 교육장은 그 입학지원자중에서 추첨에 의하여 당해 학교 정원의 전부 또는 일부를 배정할 수 있다.
③ 제1항의 규정에 의한 지역·학교군·중학구 및 추첨방법은 교육감이 시·도의회의 의견을 거쳐 정한다.
(2015.1.6 본항개정)
④ 교육감이 제3항의 규정에 의하여 지역 등을 정한 때에는 이를 고시하여야 한다.
제69조【체육특기자 등의 입학방법】 ① 교육장은 제68조의 규정에 불구하고 체육특기자에 대하여 당해 교육장 관할지역의 당해 학년 입학정원중 교육감이 정하는 범위안에서 입학하게 할 수 있다. 이 경우 체육특기학교와 종목별 정원은 교육장이 지정하여 배정한다.
② 교육장은 제68조에도 불구하고 중학교에 입학할 학생이 다음 각 호의 어느 하나에 해당하는 경우에는 해당 학교군 내의 중학교 중 하나를 지정하여 입학하게 할 수 있다.
1. 지체장애인(2021.3.23 본호개정)
2. 18세 미만의 자녀(가족관계등록부 기록을 기준으로 하고, 양자 및 배우자의 자녀를 포함하되, 입양된 자녀는 친생부모의 자녀 수에는 포함하지 아니한다) 3명 이상을 양육하는 사람의 자녀
(2015.9.15 본항개정)
③ 제1항 및 제2항에 따른 입학 대상자의 구체적인 범위·인정방법과 입학 방법 및 절차 등은 교육장이 정한다.(2015.9.15 본항개정)
제70조【중학교입학추첨관리위원회】 ① 제68조제1항의 규정에 의한 추첨을 실시하기 위하여 교육장소속하에 학교군별로 중학교입학추첨관리위원회를 둔다.
② 제1항의 규정에 의한 중학교입학추첨관리위원회는 교육장이 임명 또는 위촉하는 5인 내지 7인의 위원으로 구성하되, 그 구성 및 운영에 관하여 필요한 사항은 시·도별 교육규칙으로 정한다.
③ 제1항 및 제2항에도 불구하고 중학교입학추첨관리위원회와 성격·기능이 유사한 위원회가 해당 교육장 소속으로 설치되어 있는 경우에는 해당 시·도의 조례로 정하는 바에 따라 그 위원회가 중학교입학추첨관리위원회의 기능을 대신할 수 있다. 다만, 성격·기능이 유사한 위원회의 설치 근거가 되는 법령 또는 조례에서 위원회의 구성·운영 관련 사항을 교육감이 정하도록 하고 있거나 교육규칙으로 정하도록 하고 있는 경우에는 해당 시·도의 교육규칙으로 정하는 바에 따라 대신할 수 있다.(2017.12.29 본항신설)
제71조【중학교 배정원서의 제출】 중학교에 입학하고자 하는 자는 그 출신 초등학교가 속하는 중학교입학추첨관리위원회에 중학교 배정원서를 제출하여야 한다. 다만, 다음 각호의 1의 경우에는 해당 교육장에게 이를 제출하여야 한다.
1. 중학교 거주자 : 거주지를 관할하는 교육장
2. 초등학교 졸업자로서 거주지가 이전된 자 및 제96조 각호의 1에 해당하는 자 : 거주지를 학구로 하는 초등학교를 관할하는 교육장
제72조 (2013.2.15 삭제)
제72조의2【전형료】 학생의 지원에 의하여 학생을 선발하는 중학교의 전형료 기준은 시·도 교육규칙으로 정한다.(2010.6.29 본조신설)
제73조【중학교의 전학 등】 ① 중학교의 전학 또는 편입학은 거주지를 학구로 하는 초등학교가 속하는 학교군 또는 중학구안의 중학교에 한하며, 이 경우 학교군에 있어서는 전·편입학의 신청서류 접수일부터 7일 이내에 교육장이 정하는 방법에 의하여 교육장이 추첨·배정하고, 중학구에 있어서는 그 중학구안의 중학교의 장이 이를 허가한다. 다만, 학교군에 있어서 거주지를 학구로 하는 초등학교가 속하는 학교군안의 중학교에 결원이 없는 경우로서 전학 또는 편입학하고자 하는 자가 원하는 때에는 당해 교육장 관할에 속하는 다른 학교군안의 중학교에 배정할 수 있다.
② 교육장은 제1항에 따라 거주지를 학구로 하는 초등학교가 속하는 학교군에 소재하는 중학교로 전학 또는 편입학하려는 학생의 학교를 배정하였을 때에는 해당 학생이 전학 또는 편입학한다는 사실을 전학 또는 편입학할 학교의 장에게 즉시 알려야 한다.(2016.10.18 본항신설)
③ 교육장은 제1항 본문의 규정에 불구하고 체육특기자의 경우로서 그 특기에 해당하는 체육특기학교에 체육특기자의 결원이 있는 경우에는 추첨에 의하지 아니하고 전학 또는 편입학하게 할 수 있다.
④ 공무원이 연고지가 아닌 도서·벽지로 전보된 경우 그 자녀가 부모와 동거하면서 지정된 학교군 또는 중학구안에 소재하는 중학교에 통학할 수 없을 때에는 제1항의 규정에 불구하고 당해 공무원의 연고지의 학교군 또는 중학구안의 중학교에 정원의 범위안에서 추첨에 의하지 아니하고 전입학하게 할 수 있다.
⑤ 제4항에서 "도서·벽지"란 도서·벽지 근무수당 지급 관계 법령에 따라 도서벽지수당을 지급받을 수 있는 지역을 말하며, "연고지의 학교군 또는 중학구"란 다음 각 호의 어느 하나에 해당하는 학교군 또는 중학구를 말한다.(2016.10.18 본문개정)
1. 당해 공무원이 근무하고 있는 지역을 관할하는 시·도안의 학교군 또는 중학구
2. 도서·벽지로 전보되기 직전의 거주지를 학구로 하는 초등학교가 속하는 학교군 또는 중학구
⑥ 교육장은 중학교의 장이 학생의 교육상 교육환경을 바꾸어 줄 필요가 있다고 인정하여 다른 학교로의 전학, 재취학 또는 편입학을 추천한 사람에 대하여는 제1항 본문에도 불구하고 전학, 재취학 또는 편입학할 학교를 지정하여 배정할 수 있다.(2013.2.15 본항개정)
⑦ 중학교의 장은 교육과정의 이수에 지장이 없는 범위안에서 중학교, 제76조의 규정에 의한 특성화중학교와 학력인정 각종학교간의 전학 및 편입학을 허가할 수 있다.
제74조【편입학】 ① 편입학할 수 있는 자는 편입학하는 학년의 전학년까지의 과정을 수료한 자 및 이와 동등 이상의 학력이 있다고 인정되는 자이어야 한다.
② (2013.2.15 삭제)
(2013.2.15 본조제목개정)
제75조【귀국학생 및 다문화학생 등의 입학·전학 및 편입학】 ① 다음 각 호의 어느 하나에 해당하는 아동이나 학생의 보호자는 제68조 및 제73조제1항에 따른 입학·전학 또는 편입학 절차를 갈음하여 거주지를 학구로 하는 초등학교가 속하는 학교군에 있는 중학교를 관할하는 교육장 또는 중학구에 있는 중학교의 장에게 입학·전학 또는 편입학을 신청할 수 있다.(2020.7.14 본문개정)
1. 제19조제1항제1호부터 제4호까지의 아동 또는 학생
2. 그 밖에 중학교에 입학·전학 또는 편입학하기 전에 국내에 거주하지 않았거나 국내에 학적이 없는 등의 사유로 제68조 및 제73조제1항에 따른 입학·전학 또는 편입학 절차를 거칠 수 없는 아동 또는 학생
② 제1항의 신청을 받은 교육장 또는 중학교의 장은 「전자정부법」 제36조제1항에 따른 행정정보의 공동이용을 통하여 「출입국관리법」 제88조에 따른 출입국에 관한 사실증명 또는 외국인등록 사실증명의 내용을 확인해야 하며, 제1항의 신청을 받은 교육장은 같은 항 각 호에 따른 아동이나 학생이 입학·전학 또는 편입학할 학교를 지정하여 배정한다. 다만, 제1항 각 호에 따른 아동 또는 학생의 보호자가 그 확인에 동의하지 않을 때에는 다음 각 호의 어느 하나에 해당하는 서류를 첨부하게 해야 한다.
(2020.7.14 본문개정)
1. 출입국에 관한 사실이나 외국인등록 사실을 증명할 수 있는 서류
2. 임대차계약서, 거주사실에 대한 인우보증서 등 거주사실을 확인할 수 있는 서류
③ 외국에서 귀국한 학생은 제1항에도 불구하고 교육감이 정하는 바에 따라 귀국학생 특별학급이 설치된 중학교에 입학·전학 또는 편입학할 수 있다.
④ 다문화학생은 제68조 및 제73조제1항에도 불구하고 교육감이 정하는 바에 따라 다문화학생 특별학급이 설치된 중학교에 입학·전학 또는 편입학할 수 있다.
(2013.10.30 본조개정)
제75조의2【방송통신중학교의 설치·운영】 법 제43조의2에 따른 방송통신중학교의 설치와 운영에 필요한 사항은 따로 대통령령으로 정한다.(2013.10.30 본조신설)
제76조【특성화중학교】 ① 교육감은 교육과정의 운영 등을 특성화하기 위한 중학교(이하 "특성화중학교"라 한다)를 지정·고시할 수 있다. 이 경우 미리 교육부장관의 동의를 받아야 한다.(2014.12.9 후단개정)

② 특성화중학교로 지정을 받으려는 법인 또는 학교의 장은 다음 각 호의 사항이 포함된 신청서를 작성하여 교육감에게 제출하여야 한다.
1. 학교운영에 관한 계획
2. 교육과정 운영에 관한 계획
3. 입학전형 실시에 관한 계획
4. 교원배치에 관한 계획
5. 그 밖에 특성화중학교의 운영 등에 관하여 교육감이 정하여 고시하는 사항
(2010.6.29 본항개정)
③ 특성화중학교의 장은 제68조의 규정에 불구하고 학생의 지원에 의하여 학생을 선발할 수 있다.
④ 특성화중학교의 장은 제3항의 규정에 의하여 학생을 선발하는 경우 필기시험에 의한 전형을 실시하여서는 아니된다.
⑤ 교육감은 특성화중학교가 다음 각 호의 어느 하나에 해당하는 경우에는 그 지정을 취소할 수 있다.
1. 거짓이나 그 밖의 부정한 방법으로 회계를 집행한 경우
2. 부정한 방법으로 학생을 선발한 경우
3. 교육과정을 부당하게 운영하는 등 지정 목적을 위반한 중대한 사유가 발생한 경우
4. 지정 목적 달성이 불가능한 사유의 발생 등으로 인하여 학교의 신청이 있는 경우
5. 교육감이 5년마다 시·도 교육규칙으로 정하는 바에 따라 해당 학교 운영 성과 등을 평가하여 지정 목적의 달성이 불가능하다고 인정되는 경우
(2014.2.18 본항개정)
⑥ 교육감이 특성화중학교의 지정을 취소하는 경우에는 미리 교육부장관의 동의를 받아야 한다.(2014.12.9 본항개정)
⑦ 교육부장관은 제1항 후단 또는 제6항에 따른 특성화중학교의 지정 또는 지정 취소에 대한 동의 여부를 결정하려는 경우에는 제105조의3에 따른 특수목적고등학교 등 지정위원회의 심의를 거쳐야 한다.(2014.12.9 본항신설)
⑧ 교육감은 제5항에 따라 특성화중학교의 지정을 취소하는 경우 해당 학교의 장과 협의하여 지정 취소 당시 재학 중인 학생에 대해서는 해당 학교를 졸업할 때까지 당초 계획된 교육과정이 운영되도록 하여야 한다.
(2014.2.18 본항신설)
⑨ 제1항부터 제8항까지에서 규정한 사항 외에 특성화중학교의 지정, 지정 취소 및 운영에 필요한 사항은 교육부령으로 정한다.(2014.12.9 본항개정)

제76조의2【특성화중학교 지정·운영위원회】 ① 교육감의 자문에 응하여 특성화중학교의 지정·운영에 관한 다음 각 호의 사항을 심의하기 위하여 교육감 소속으로 특성화중학교 지정·운영위원회를 둔다.
1. 특성화중학교의 지정·운영 계획에 관한 사항
2. 특성화중학교의 지정 취소에 관한 사항
3. 특성화중학교의 운영 평가에 관한 사항
4. 그 밖에 특성화중학교의 운영 등에 관하여 교육감이 정하는 사항
② 제1항에 따른 특성화중학교 지정·운영위원회의 구성 및 운영에 필요한 사항은 시·도 교육규칙으로 정한다.
③ 제1항 및 제2항에도 불구하고 특성화중학교 지정·운영위원회와 성격·기능이 유사한 위원회가 해당 교육감 소속으로 설치되어 있는 경우에는 해당 시·도의 조례로 정하는 바에 따라 그 위원회가 특성화중학교 지정·운영위원회의 기능을 대신할 수 있다. 다만, 성격·기능이 유사한 위원회의 설치 근거가 되는 법령 또는 조례에서 위원회의 구성·운영 관련 사항을 교육감이 정하도록 하고 있거나 교육규칙으로 정하도록 하고 있는 경우에는 해당 시·도의 교육규칙으로 정하는 바에 따라 대신할 수 있다.(2017.12.29 본항신설)
(2015.9.15 본조신설)

제5절 고등학교

제76조의3【고등학교의 구분】 고등학교는 교육과정 운영과 학교의 자율성을 기준으로 다음 각 호의 학교로 구분한다.
1. 일반고등학교(특정분야가 아닌 다양한 분야에 걸쳐 일반적인 교육을 실시하는 고등학교를 말하되, 제2호부터 제4호까지의 규정에 따른 고등학교에 해당하지 않는 고등학교를 포함한다. 이하 같다)(2011.12.30 본호개정)
2. 제90조에 따른 특수목적고등학교
3. 제91조에 따른 특성화고등학교
4. 자율고등학교(제91조의3에 따른 자율형 사립고등학교 및 제91조의4에 따른 자율형 공립고등학교를 말한다)
(2010.6.29 본조신설)

제77조【고등학교 입학전형의 실시권자】 ① 고등학교의 입학전형은 당해 학교의 장이 실시한다. 이 경우 입학전형방법 등 입학전형에 관하여 필요한 사항은 교육감의 승인을 얻어 당해 학교의 장이 정한다.
② 제1항에도 불구하고 다음 각 호의 요건을 모두 충족하는 지역으로서 시·도 조례로 정하는 지역 안에 소재하는 제80조제1항에 따른 후기학교(제90조제1항제6호에 해당하는 특수목적고등학교 및 제91조의3에 따른 자율형 사립고등학교는 제외한다)의 입학전형은 교육감이 실시한다.
(2017.12.29 본문개정)
1. 학교 간 거리, 교통의 발달 정도 등에 비추어 학생의 통학에 불편이 없을 것
2. 중학교 졸업생 수와 고등학교 입학 정원이 적절한 균형을 이룰 것
3. 다음 각 목의 내용을 포함하는 타당성 조사 결과 교육감이 입학전형을 실시하는 것이 적합할 것
가. 학교군 설정
나. 학생배정방법
다. 학교 간 교육격차 해소계획
라. 비선호 학교 해소계획
마. 단위학교 교육과정의 다양화·특성화 계획
4. 해당 지역에 거주하는 학생·학부모 등을 대상으로 실시한 여론조사 결과가 시·도 조례로 정하는 기준을 충족할 것. 이 경우 여론조사 내용에는 제3호 각 목의 사항이 포함되어야 한다.
(2011.3.18 본항개정)
③ 제2항에 따라 교육감이 입학전형을 실시하는 지역의 지정을 해제하기 위하여 시·도 조례를 개정하려는 경우에는 해당 지역에 거주하는 학생·학부모 등을 대상으로 한 여론조사 결과가 시·도 조례로 정하는 기준을 충족하여야 한다.(2011.3.18 본항신설)
④ 제2항제3호·제4호 및 제3항의 타당성 조사, 여론조사에 필요한 구체적인 내용은 시·도 교육규칙으로 정한다.
(2011.3.18 본항신설)

제78조【입학전형기본계획의 수립 및 공고】 ① 교육감은 고등학교 입학전형의 공정한 관리를 위하여 매년 3월 31일까지 관할지역에 소재하는 고등학교의 다음 학년도 입학전형의 실시절차·방법 및 변경사항 등 입학전형에 관한 기본적인 사항을 정한 입학전형기본계획을 수립하여 공고하여야 한다. 다만, 공고 이후에 제76조의3에 따른 고등학교의 구분이 변경되는 등 특별한 사유가 있을 때에는 입학전형 실시기일 3개월 전까지 변경계획을 수립하여 공고하여야 한다.(2015.9.15 단서개정)
② 입학전형실시권자가 입학전형을 실시하려는 경우에는 제1항에 따른 입학전형기본계획(이하 "입학전형기본계획"이라 한다)의 범위에서 그 실시기일 3개월 전(다음 학년도에 개교예정인 학교의 경우 그 실시기일 30일 전)까지 입학전형일시, 원서접수 및 전형방법 등 입학전형의 실시에 관한 계획을 수립하여 공고하여야 한다.
(2009.3.27 본조개정)

제79조【고등학교입학전형위원회】 ① 교육감의 자문에 응하여 고등학교의 입학전형에 관한 다음 각 호의 사항을 심의하기 위하여 교육감소속하에 고등학교입학전형위원회를 둔다.(2009.3.27 본문개정)
1. 입학전형기본계획 및 입학전형실시계획에 관한 사항
(2009.3.27 본호개정)
2. 선발고사의 출제범위 및 방법과 채점기준에 관한 사항
3. 학교생활기록부의 기록 또는 선발고사 성적에 의한 사정방법에 관한 사항
4. 제91조의3제3항제2호 및 제4호에 관한 사항
(2011.12.30 본호신설)
5. 기타 교육감이 회의에 부치는 입학전형 실시에 관한 사항(2019.7.2 본호개정)
② 고등학교입학전형위원회의 조직 및 운영에 관한 사항은 시·도 교육규칙으로 정한다.
③ 제1항 및 제2항에도 불구하고 고등학교입학전형위원회와 성격·기능이 유사한 위원회가 해당 교육감 소속으로 설치되어 있는 경우에는 해당 시·도의 조례로 정하는 바에 따라 그 위원회가 고등학교입학전형위원회의 기능을 대신할 수 있다. 다만, 성격·기능이 유사한 위원회의 설치 근거가 되는 법령 또는 조례에서 위원회의 구성·운영 관련 사항을 교육감이 정하도록 하고 있거나 교육규칙으로 정하도록 하고 있는 경우에는 해당 시·도의 교육규칙으로 정하는 바에 따라 대신할 수 있다.
(2017.12.29 본항신설)

제80조【선발시기의 구분】 ① 고등학교 신입생의 선발은 전기와 후기로 나누어 행하되, 전기에 선발하는 고등학교 또는 학과(이하 "전기학교"라 한다)는 다음 각 호의 고등학교 또는 학과를 말하며, 후기에 선발하는 고등학교 또는 학과(이하 "후기학교"라 한다)는 전기학교에 해당되지 아니하는 모든 고등학교 또는 학과로 한다.(2011.12.30 본문개정)
1. (2010.6.29 삭제)
2. 일반고등학교 중 예·체능계고등학교(예술·체육 등의 전문교육을 주로 하는 고등학교를 말한다. 이하 같다)(2010.6.29 본호개정)
3. 제90조에 따른 특수목적고등학교. 다만, 제90조제1항제6호에 해당하는 특수목적고등학교는 제외한다.
(2017.12.29 본호개정)
4. 제91조에 따른 특성화고등학교(2011.12.30 본호개정)
5. (2017.12.29 삭제)
6. 일반고등학교에 설치한 학과 중 교육감이 정하는 학과(예술인 및 체육인 양성을 목적으로 설치한 학과 또는 제91조에 따른 특성화고등학교에 상응하여 특정 분야의 인재양성을 목적으로 설치한 학과로 한정한다)
(2011.12.30 본호신설)
② 제1항에도 불구하고 교육부장관이 정하여 고시하는 지역의 학교는 선발시기를 달리하여 신입생을 선발할 수 있다.(2013.3.23 본항개정)

제81조【입학전형의 지원】 ① 고등학교 입학전형에 응시하고자 하는 자는 그가 재학한 중학교가 소재하는 지역의 1개 학교를 선택하여 해당 학교의 입학전형 실시권자에게 지원하여야 한다. 다만, 제1호부터 제3호까지에 해당하는 자는 제89조제4항에 따른 거주지의 입학전형 실시권자에게 지원하여야 하고, 제4호 또는 제5호에 해당하는 자는 그가 재학한 중학교가 소재하는 지역의 1개 학교를 선택하여 해당 학교의 입학전형 실시권자에게 지원하거나 제89조제4항에 따른 거주지의 입학전형 실시권자에게 지원할 수 있다.(2015.1.6 단서개정)
1. 제97조제1항 각호의 1에 해당하는 자
2. 중학교 학구로 인하여 다른 시·도에서 수학한 자
3. 중학교 졸업자로서 거주지가 이전된 자
4. 제76조에 따른 특성화중학교 졸업예정자 및 졸업자
(2007.5.16 본호신설)
5. 제105조제1항에 따른 자율학교로 지정받아 제68조제1항에 따른 지역별·학교군별 추첨 방법 이외의 방법으로 학생을 선발한 중학교 졸업예정자 및 졸업자
(2011.12.30 본호개정)
② 제1항의 규정에도 불구하고 고등학교 입학전형에 응시하고자 하는 자가 거리·교통이 통학상 불편하거나, 그가 재학한 중학교가 소재하는 지역에 지원하려는 전기학교가 소재하지 아니하는 등 교육상 특별한 사유로 인접 시·도에 소재한 고등학교에 입학하는 것이 적절하다고 인정되는 경우에는 관계교육감이 협의하여 정하는 바에 따라 그 인접한 고등학교의 입학전형 실시권자에게 지원할 수 있다.(2009.3.27 본항개정)
③ 제1항의 규정에도 불구하고 전기학교 중 다음 각 호의 어느 하나에 해당하는 고등학교의 입학전형에 응시하려는 자는 그가 재학한 중학교가 소재하는 지역(제1항 각 호의 어느 하나에 해당하는 자는 그가 거주하는 지역)에 관계없이 1개 고등학교를 선택하여 해당 고등학교의 입학전형실시권자에게 지원하여야 한다.
1. 제81조의2에 따른 고등학교
2. 제90조제1항제7호 및 제10호에 해당하는 특수목적고등학교(2011.6.7 본호개정)
3. 제91조에 따른 특성화고등학교 중 교육부장관 또는 교육감이 정하는 학교(2013.3.23 본호개정)
4. (2010.6.29 삭제)
(2009.3.27 본항개정)
④ 주간수업(이하 "주간부"라 한다)과 야간수업(이하 "야간부"라 한다)이 있는 고등학교에 입학하고자 하는 자는 동일학교에 한하여 주간부와 야간부를 동시에 지원할 수 있다.
⑤ 제1항 본문에도 불구하고 제77조제2항에 따라 시·도 조례로 정하는 지역의 후기학교 주간부에 입학하려는 사람은 교육감이 정하는 방법 및 절차에 따라 2개 이상의 학교를 선택하여 지원할 수 있다.(2019.9.24 본항개정)
⑥ 제1항 본문에도 불구하고 「혁신도시 조성 및 발전에 관한 특별법」 제2조제3호에 따른 혁신도시와 「신행정수도 후속대책을 위한 연기·공주지역 행정중심복합도시 건설을 위한 특별법」 제2조제1호에 따른 행정중심복합도시로 이전하는 기관 종사자의 자녀들은 기관이 이전하는 지역을 관할하는 교육감이 정하는 바에 따라 해당 지역에 소재하는 학교의 입학전형 실시권자에게 지원할 수 있다.(2018.2.27 본항개정)
⑦ 제1항 및 제3항에도 불구하고 제90조제1항제10호에 따른 산업수요 맞춤형 고등학교의 입학전형에 지원하여 선발되지 아니한 사람은 다음 각 호의 어느 하나에 해당하는 고등학교 또는 학과의 입학전형 실시권자에게 다시 지원할 수 있다.
1. 제91조제1항에 따른 특성화고등학교 중 특정 분야의 인재양성을 목적으로 하는 교육을 전문적으로 실시하는 고등학교
2. 일반고등학교에 제91조에 따른 특성화고등학교에 상응하여 특정 분야의 인재양성을 목적으로 설치한 학과 중 교육감이 정하는 학과
(2015.1.6 본항신설)
⑧ 제1항 및 제3항에도 불구하고 제82조제8항에 따른 특별입학전형에 지원하여 선발되지 아니한 사람은 제7항에 따른 입학전형 실시권자에게 다시 지원할 수 있다.
(2015.1.6 본항신설)

제81조의2【학생모집의 특례】 다음 각 호의 요건에 모두 해당하는 고등학교의 장은 입학전형실시권자와 교육부장관이 미리 협의하여 정한 범위에서 해당 고등학교가 소재하는 지역 외의 중학교에 재학한 사람(제81조제1항 각 호의 어느 하나에 해당하는 사람은 해당 고등학교가 소재하는 지역 외에 거주하는 사람)을 모집할 수 있다. 이 경우 고등학교의 장은 입학정원의 20퍼센트 이상을 해당 고등학교가 소재하는 지역의 중학교에 재학한 사람(제81조제1항 각 호의 어느 하나에 해당하는 사람은 해당 고등학교가 소재하는 지역에 거주하는 사람)을 대상으로 선발해야 한다.(2024.1.23 본문개정)
1. 국가 또는 지방자치단체로부터 「지방교육재정교부금법 시행령」 별표1에 따른 교직원인건비 및 학교·교육과정운영비를 지급받지 아니할 것
2. 매년 학교법인회계에서 학교회계로 전입되는 금액(이하 "법인전입금"이라 한다)이 교육부장관이 정하는 기준 이상일 것

3. 교육부장관이 교육과정의 편성·운영, 학사운영 및 교수학습방법 등을 평가하여 필요하다고 인정할 것
(2013.3.23 2호~3호개정)
(2009.3.27 본조신설)

제82조【입학전형방법】 ① 전기학교의 입학전형은 교육감이 정하는 바에 따라 학생의 자기주도 학습 능력을 신장시키는 것을 목적으로 중학교의 학교생활기록부 기록(학교생활기록부가 없는 경우에는 이를 갈음하여 활용하는 자료를 말한다)과 다음 각 호의 일부 또는 전부를 반영하되, 중학교 교육과정의 수준과 범위를 벗어나지 아니하는 범위에서 실시한다.(2011.12.30 본문개정)

1. 재학 중이거나 졸업한 중학교의 교원의 추천서
(2011.12.30 본호개정)
2. 면접
3. 그 밖에 실기시험 성적 등 학생의 자기주도 학습 능력을 평가할 수 있는 사항
(2010.6.29 본항개정)

② 후기학교의 입학전형은 중학교의 학교생활기록부(학교생활기록부가 없는 경우에는 이에 갈음하여 활용하는 자료를 말한다)의 기록 또는 선발고사에 의하거나 이를 병합한 방법 또는 제1항에 따른 방법으로 한다. 다만, 다음 각 호에 해당하는 학교의 입학전형은 다음 각 호의 방법에 따른다.(2017.12.29 본문개정)

1. 제90조제1항제6호에 해당하는 특수목적고등학교 : 제1항에 따른 방법(2017.12.29 본호신설)
2. 제91조의3에 따른 자율형 사립고등학교 : 교육부령으로 정하는 방법(2017.12.29 본호신설)

③ 제1항 및 제2항의 규정에 불구하고 다음 각 호의 어느 하나에 해당하는 자에 대하여는 동항의 규정에 의한 방법외의 방법으로 입학전형을 할 수 있다.(2008.2.22 본문개정)

1. 외국 또는 군사분계선 이북지역에서 9년 이상의 학교교육을 이수하거나, 초등학교 및 중학교에 해당하는 학교교육과정을 이수한 자(2010.6.29 본호개정)
2. 다음 각목의 1에 해당하는 자로서 외국의 학교에서 국내의 중학교에 전학 또는 편입학하여 졸업한 자
  가. 외국의 학교에서 2년 이상 재학하고 귀국한 학생(외국에서 부모와 함께 2년 이상 거주한 자에 한한다)
  나. 정부의 초청 또는 추천에 의하여 귀국한 과학기술자 및 교수요원의 자녀
  다. 외국인 학생(부모 또는 부모중 1인이 대한민국 국민인 경우에는 외국에서 2년 이상의 중학교 교육과정을 이수한 학생을 말한다)
3. 「북한이탈주민의 보호 및 정착지원에 관한 법률」 제2조제2호에 의한 보호대상자로서 군사분계선 이북지역의 학교에서 2년 이상 재학하고 군사분계선 이남지역의 중학교에 편입학하여 졸업한 자(2005.9.29 본호개정)
4. 제97조제1항제3호 또는 제98조의3에 따라 중학교 졸업자와 동등한 학력이 있다고 인정을 받은 자(2008.2.22 본호신설)

④ 제3항제2호가목의 규정을 적용함에 있어서 외국학교에의 입학에 소요되는 기간등 부득이한 사유로 재학기간 또는 거주기간이 2년에 미달된 때에는 시·도별로 설치된 고등학교특례입학자격심사위원회의 심사를 거쳐 동호 동목의 재학기간 및 거주기간을 단축하여 적용할 수 있다.(1999.2.27 본항개정)

⑤ 제4항의 규정에 의한 고등학교특례입학자격심사위원회의 설치 및 운영에 관하여 필요한 사항은 교육감이 정한다.(1999.2.27 본항개정)

⑥ 제1항 및 제2항의 규정에도 불구하고 다음 각 호의 요건에 모두 해당하는 고등학교의 경우에는 교육감의 승인을 얻어 입학정원의 일정 비율을 해당 학교의 장이 정하는 방법으로 입학전형을 실시할 수 있다.(2011.3.18 단서삭제)

1. (2009.3.27 삭제)
2. 다음 각 목의 어느 하나에 해당하는 학교일 것
  가. 종업원의 복지증진을 위하여 기업체가 출연하여 설립한 학교법인이 경영하는 학교
  나. 제91조의3에 따른 자율형 사립고등학교 중 「혁신도시 조성 및 발전에 관한 특별법」 제2조제3호의 혁신도시, 「기업도시개발 특별법」 제2조제1호의 기업도시, 「경제자유구역의 지정 및 운영에 관한 특별법」 제2조제1호의 경제자유구역과 그 밖에 법률에 따라 정하여지는 도시 또는 구역 등으로서 교육부령으로 정하는 지역에 위치한 기업이 교육부령으로 정하는 기준과 절차에 따라 단독으로 또는 공동으로 출연하여 지원하는 학교(2018.2.27 본목개정)
  (2010.6.29 본호개정)
3. 국가 및 지방자치단체의 재정보조를 받지 아니할 것
(2001.3.2 본항신설)

⑦ (2017.12.29 삭제)

⑧ 제1항에도 불구하고 다음 각 호의 어느 하나에 해당하는 고등학교 또는 학과의 입학전형 실시권자는 교육감이 정하는 바에 따라 학생의 소질이나 적성 또는 취업의지 등을 고려하여 선발하는 특별입학전형을 제1항에 따른 입학전형을 실시하기 전에 실시할 수 있다. 이 경우 제1항에 따른 입학전형자료의 일부 또는 전부를 반영하되, 소질이나 적성 또는 취업의지 등이 높은 학생을 선발할 수 있도록 전형요소를 구성하여야 한다.

1. 제91조제1항에 따른 특성화고등학교 중 특정 분야의 인재양성을 목적으로 하는 교육을 전문적으로 실시하는 고등학교
2. 일반고등학교에 제91조에 따른 특성화고등학교에 상응하여 특정 분야의 인재양성을 목적으로 설치한 학과 중 교육감이 정하는 학과
(2015.1.6 본항신설)

제82조의2【북한이탈주민의 입학전형에 관한 특례】
① 교육감은 「북한이탈주민의 보호 및 정착지원에 관한 법률」 제2조제2호에 따른 보호대상자로서 중학교를 졸업하였거나 제97조제1항과 제98조의3제1항에 따라 중학교를 졸업한 사람과 동등한 학력이 있다고 인정되는 사람에 대해서는 다음 각 호의 어느 하나에 해당하는 고등학교 또는 학과의 입학전형에 지원할 수 있도록 하는 특별입학전형을 실시할 수 있다.

1. 제90조제1항제10호에 따른 산업수요 맞춤형 고등학교의 입학전형
2. 제91조제1항에 따른 특성화고등학교 중 특정 분야의 인재양성을 목적으로 하는 교육을 전문적으로 실시하는 고등학교의 입학전형
3. 일반고등학교에 제91조에 따른 특성화고등학교에 상응하여 특정 분야의 인재양성을 목적으로 설치한 학과 중 교육감이 정하는 학과의 입학전형

② 제1항에 따른 특별입학전형은 교육감의 승인을 받아 해당 학교의 장이 제1항 각 호에 따른 입학전형의 입학정원 내에 일부 정원을 할당하거나 입학정원 외에 정원을 추가하는 방식으로 실시한다.
(2015.1.6 본조신설)

제83조【선발고사방법】 ① 제82조에 따른 선발고사는 중학교 교육과정의 수준과 범위를 벗어나지 아니하는 범위에서 중학교의 모든 교과에 대하여 실시하되, 입학전형의 실시권자가 학교 설립 또는 지정 목적 및 교육과정운영 등을 위하여 특히 필요하다고 인정하는 경우에는 그 중 일부교과를 제외할 수 있다.(2009.3.27 본항개정)

② 선발고사는 필기고사로 하되, 체육교과에 대해서는 체력고사로 할 수 있다. 다만, 지체장애인에 대한 체육교과 평정은 체력검사 외의 다른 방법으로 한다.(2021.3.23 본항개정)

③ 제2항 단서에 따른 지체장애인의 범위와 지체장애인에 대한 체육교과평정의 방법은 교육감이 정한다.
(2021.3.23 본항개정)

제84조【후기학교의 신입생 선발 및 배정방법】 ① 후기학교의 신입생은 주간부·야간부의 순으로 선발한다.

② 제77조제2항에 따라 시·도 조례로 정하는 지역의 후기학교 주간부 신입생은 고등학교 학교군별로 추첨에 의하여 교육감이 각 고등학교에 배정하되, 제81조제5항에 따라 2 이상의 학교를 선택하여 지원한 경우에는 그 입학지원자 중에서 추첨에 의하여 해당 학교 정원의 전부 또는 일부를 배정할 수 있다. 다만, 제90조제1항제6호에 해당하는 특수목적고등학교 및 제91조의3에 따른 자율형 사립고등학교의 신입생은 해당 학교의 장이 선발한다.
(2017.12.29 본항개정)

③ 제2항 본문에도 불구하고 제77조제2항에 따라 시·도 조례로 정하는 지역의 주간부 후기학교 중 거리·교통이 통학상 극히 불편한 지역에 소재하거나 특별한 사유가 있어 추첨 배정이 곤란한 학교로서 교육감이 지정하는 학교의 신입생은 교육감이 추첨으로 배정하는 대신 해당 학교의 장이 선발할 수 있다.(2017.12.29 본항개정)

④ 제77조제2항에 따라 시·도 조례로 정하는 지역의 후기학교 야간부 신입생은 교육감이 각 학교에 통보한 입학전형에 관한 자료에 따라 당해 학교의 장이 선발한다.
(2011.3.18 본항개정)

⑤ 제2항 본문에 따른 학교군은 시·도별로 학교분포와 지역적 여건을 참작하여 교육감이 시·도의회의 의결을 거쳐 정한다.(2017.12.29 본항개정)

⑥ 교육감은 제5항의 규정에 의하여 학교군을 정한 때에는 이를 고시하여야 한다.

⑦ 제2항 본문에 따른 후기학교의 추첨·배정에 관하여 교육감의 자문에 응하게 하기 위하여 학교군별로 고등학교입학추첨관리위원회를 두며, 그 조직과 운영에 관한 사항은 시·도 교육규칙으로 정한다.(2017.12.29 본항개정)

⑧ 제1항 내지 제4항, 제85조제2항·제86조·제87조의 규정에 의하여 고등학교에 배정된 자가 당해 학교에의 입학을 포기한 경우에는 당해 연도에 다시 다른 학교에 입학배정을 받지 못한다.

제85조【전기학교 지원자의 후기학교 지원】 ① 전기학교의 신입생으로 선발된 자는 후기학교에 입학할 수 없다.

② 전기학교에 지원하여 신입생으로 선발되지 아니한 자가 후기학교에 입학을 원할 때에는 제84조제1항 내지 제4항의 규정에 의하여 교육감이 추첨·배정하거나 당해 학교의 장이 선발한다.

제86조【추가 선발 및 배정】 ① 교육감은 제52조에 따른 학생배치계획상 추가 선발·배정이 필요한 경우 제81조, 제81조의2, 제82조, 제82조의2 및 제83조부터 제85조까지의 규정에 따라 직접 입학전형을 실시하는 고등학교 신입생을 추가로 선발·배정할 수 있다.

② 학생모집 결과 선발인원이 모집정원에 미달하는 고등학교 또는 학과의 경우 해당 고등학교(학교의 장이 입학전형을 실시하는 고등학교로 한정한다)의 장은 제81조의2, 제82조, 제82조의2 및 제83조부터 제85조까지의 규정에 따라 신입생을 추가로 선발할 수 있다.(2017.12.29 본항신설)

③ 제1항 및 제2항에 따른 추가 선발·배정은 해당 학년도 고등학교 입학전형에 합격한 사람을 대상으로 할 수 없다.(2017.12.29 본항신설)
(2017.12.29 본조개정)

제87조【체육특기자 등에 대한 배정】 ① 교육감은 입학전형에 응시한 자중 체육특기자에 대하여는 입학전형결과에 불구하고 그 관할지역의 당해 학년 입학정원중 그가 정하는 범위안에서 입학을 허가하되, 제77조제2항에 따라 시·도 조례로 정하는 지역의 후기학교의 경우에는 교육감이 제84조제1항 및 제2항의 규정에 불구하고 학교군에 제한없이 체육종목별로 체육특기학교와 종목별 정원을 정하고 이에 따라 체육특기자를 배정한다.
(2011.3.18 본항개정)

② 교육감은 입학전형에 응시하여 선발된 지체장애인 중 원활한 통학이 어렵다고 인정하는 사람에 대해서는 제84조제1항 및 제2항에도 불구하고 학교를 지정하여 입학하게 할 수 있다.(2021.3.23 본항개정)

③ 제1항에 따른 체육특기자의 범위 및 제2항에 따른 지체장애인의 인정방법은 교육감이 정한다.(2021.3.23 본항개정)

제88조【전형료】 제81조의 규정에 의하여 입학전형에 응시하고자 하는 자는 시·도 교육규칙이 정하는 바에 의하여 전형료를 납부하여야 한다.

제88조의2 (2015.9.15 삭제)

제89조【고등학교의 전학 등】 ① 고등학교의 장은 교육과정의 이수에 지장이 없는 범위에서 고등학교(고등학교 학력을 인정받는 각종 학교를 포함한다) 간의 전학 또는 편입학을 허가할 수 있다. 다만, 제90조제1항제5호 및 제6호에 따른 특수목적고등학교로의 전학 및 편입학은 교육감이 정하여 고시하는 기준과 절차에 따라야 한다.
(2011.12.30 단서개정)

1.~3. (2011.12.30 삭제)

② 제1항의 규정에 불구하고 일반고등학교 주간부에서 제77조제2항에 따라 시·도 조례로 정하는 지역에 소재하는 일반고등학교 주간부로의 전학의 경우에는 전학하려는 사람의 거주지가 학교군 또는 시·도가 다른 지역에서 이전된 경우에 한정하며, 교육감이 전학할 학교를 배정한다. 이 경우 거주지가 이전된 사람중 당해 학교에 소재하는 학교에 결원이 없고 인근 학교군에 소재하는 학교에 결원이 있는 경우로서 본인이 원하는 때에는 거주지의 인근 학교군에 소재하는 학교로의 전학을 허용할 수 있다.(2015.1.6 본항개정)

③ 제2항에도 불구하고 교육감은 「장애인 등에 대한 특수교육법」 제15조제1항제4호에 해당하는 사람 및 체육특기자에 대해서는 시·도가 같은 지역 안에서 전학을 허용할 수 있다.(2021.3.23 본항개정)

④ 제2항에서 "거주지"라 함은 「민법」 제909조의 규정에 의한 친권자 또는 동법 제928조의 규정에 의한 후견인의 일상생활의 근거지를 말한다. 이 경우 일상생활의 근거지의 여부는 교육감이 결정한다.(2005.9.29 본항개정)

⑤ 제73조제6항은 고등학교의 경우에 이를 준용한다. 이 경우 "교육장"을 "교육감"으로, "제1항 본문"을 "제1항 및 제2항"으로 본다.(2016.10.18 전단개정)

제89조의2【귀국학생 등의 입학·전학 및 편입학】 ① 다음 각 호의 어느 하나에 해당하는 아동이나 학생은 제81조제1항 및 제89조제2항에도 불구하고 학칙으로 정하는 기준과 절차에 따라 고등학교에 입학·전학 또는 편입학할 수 있다.

1. 제19조제1항제1호부터 제3호까지의 아동 또는 학생
2. 그 밖에 고등학교에 입학·전학 또는 편입학하기 전에 국내에 거주하지 않았거나 국내에 학적이 없는 등의 사유로 제81조제1항 및 제89조제2항에 따른 입학·전학 또는 편입학 절차를 거칠 수 없는 아동 또는 학생(다문화학생은 제외한다)
(2022.3.22 본항개정)

② 제19조제1항제4호의 아동 또는 학생과 다문화학생은 제81조제1항 및 제89조제2항에도 불구하고 교육감이 정하는 기준과 절차에 따라 고등학교에 입학·전학 또는 편입학할 수 있다.(2022.3.22 본항신설)

제90조【특수목적고등학교】 ① 교육감은 다음 각 호의 어느 하나에 해당하는 학교중에서 특수분야의 전문적인 교육을 목적으로 하는 고등학교(이하 "특수목적고등학교"라 한다)를 지정·고시할 수 있다. 다만, 제10호의 학교 중 국립의 고등학교는 교육부장관이 지정·고시한다.
(2013.3.23 단서개정)

1.~4. (2010.6.29 삭제)
5. 과학 인재 양성을 위한 과학계열의 고등학교
(2010.6.29 본호개정)
6. 외국어에 능숙한 국제적인 인재양성을 위한 외국어·국제계열의 고등학교(2024.1.23 본호개정)
7. 예술인 양성을 위한 예술계열의 고등학교와 체육인 양성을 위한 체육계열의 고등학교(2010.6.29 본호개정)
8.~9. (2010.6.29 삭제)
10. 산업계의 수요에 직접 연계된 맞춤형 교육과정을 운영하는 고등학교(이하 "산업수요 맞춤형 고등학교"라 한다)(2010.6.29 본호신설)

② 특수목적고등학교로 지정받으려는 법인 또는 학교의 장은 다음 각 호의 사항이 포함된 신청서를 작성하여 교

教育 科學

육부장관 또는 교육감에게 제출하여야 한다.(2013.3.23 본문개정)
1. 학교운영에 관한 계획
2. 교육과정 운영에 관한 계획(산업수요 맞춤형 고등학교는 산학연계에 관한 계획을 포함한다)
3. 학과를 두려는 학교의 경우 학과 설치에 관한 계획
4. 입학전형 실시에 관한 계획
5. 교원배치에 관한 계획
5의2. 교장 공모에 관한 계획(산업수요 맞춤형 고등학교만 해당한다)(2013.10.30 본호신설)
6. 그 밖에 특수목적고등학교의 운영 등에 관하여 교육부장관 또는 교육감이 정하여 고시하는 사항(2013.3.23 본호개정)
(2010.6.29 본항개정)
③ 교육감이 제1항제5호, 제6호 및 제10호(공립·사립의 고등학교만 해당한다)의 특수목적고등학교를 지정·고시하고자 하는 경우에는 미리 교육부장관의 동의를 받아야 한다.(2014.12.9 본항개정)
④ 교육감은 특수목적고등학교가 다음 각 호의 어느 하나에 해당하는 경우에는 그 지정을 취소할 수 있다. 다만, 제1항 각 호 외의 부분 단서에 따라 교육부장관이 지정·고시한 국립학교인 경우에는 교육부장관이 관계 중앙행정기관의 장과 협의하여 지정을 취소할 수 있다.
(2024.1.23 단서개정)
1. 거짓이나 그 밖의 부정한 방법으로 회계를 집행한 경우
2. 부정한 방법으로 학생을 선발한 경우
3. 교육과정을 부당하게 운영하는 등 지정 목적을 위반한 중대한 사유가 발생한 경우
4. 지정 목적 달성이 불가능한 사유의 발생 등으로 인하여 학교의 신청이 있는 경우
5. 교육감이 5년마다 시·도 교육규칙으로 정하는 바에 따라 해당 학교 운영 성과 등을 평가하여 지정 목적의 달성이 불가능하다고 인정되는 경우(2024.1.23 본호개정)
(2014.2.18 본항개정)
⑤ 교육감은 제4항제5호에 따라 학교 운영 성과 등을 평가한 결과 개선이 필요하다고 판단되는 학교에 대해서는 그 개선 계획을 수립하여 시행하도록 요청할 수 있다.
(2024.1.23 본항신설)
⑥ 교육감이 제1항제5호, 제6호 및 제10호(공립·사립의 고등학교만 해당한다)의 특수목적고등학교의 지정을 취소하는 경우에는 미리 교육부장관의 동의를 받아야 한다.
(2014.12.9 본항개정)
⑦ 교육부장관은 제3항 또는 제6항에 따른 특수목적고등학교의 지정 또는 지정 취소에 대한 동의 여부를 결정하려는 경우에는 제105조의3에 따른 특수목적고등학교 등 지정위원회의 심의를 거쳐야 한다.(2024.1.23 본항개정)
⑧ 교육감은 제4항 본문에 따라 특수목적고등학교의 지정을 취소하는 경우 해당 학교의 장과 협의하여 지정 취소 당시 재학 중인 학생에 대해서는 해당 학교를 졸업할 때까지 당초 계획된 교육과정이 운영되도록 하여야 한다. 다만, 해당 학교가 제1항 단서에 따라 교육부장관이 지정·고시한 국립학교인 경우에는 교육부장관이 관계 중앙행정기관의 장 및 해당 학교의 장과 협의하여 당초 계획된 교육과정이 운영되도록 하여야 한다.(2014.2.18 본항신설)
⑨ 교육감이 지정하는 특수목적고등학교의 학급 수, 학생 수 및 시설기준 등 특수목적고등학교의 지정 기준은 교육감이 정하여 고시한다.(2010.6.29 본항신설)
⑩ 제1항부터 제9항까지에서 규정한 사항 외에 특수목적고등학교의 지정, 지정 취소 및 운영에 필요한 사항은 교육부령으로 정한다.(2024.1.23 본항개정)

제90조의2【특수목적고등학교 지정·운영위원회】 ① 교육감의 자문에 응하여 특수목적고등학교의 지정·운영에 관한 다음 각 호의 사항을 심의하기 위하여 교육감 소속으로 특수목적고등학교 지정·운영위원회를 둔다.
1. 특수목적고등학교의 지정·운영 계획에 관한 사항
2. 특수목적고등학교의 지정 취소에 관한 사항
(2011.6.7 본호개정)
3. 특수목적고등학교의 운영 평가에 관한 사항
4. 그 밖에 특수목적고등학교의 운영 등에 관하여 교육감이 정하는 사항
② 제1항에 따른 특수목적고등학교 지정·운영위원회의 구성 및 운영에 필요한 사항은 시·도 교육규칙으로 정한다.
③ 제1항 및 제2항에도 불구하고 특수목적고등학교 지정·운영위원회와 성격·기능이 유사한 위원회가 해당 교육감 소속으로 설치되어 있는 경우에는 해당 시·도의 조례로 정하는 바에 따라 그 위원회가 특수목적고등학교 지정·운영위원회의 기능을 대신할 수 있다. 다만, 성격·기능이 유사한 위원회의 설치 근거가 되는 법령 또는 조례에서 위원회의 구성·운영 관련 사항을 교육감이 정하도록 하고 있거나 교육규칙으로 정하도록 하고 있는 경우에는 해당 시·도의 교육규칙으로 정하는 바에 따라 대신할 수 있다.(2017.12.29 본항신설)
(2010.6.29 본조신설)

제91조【특성화고등학교】 ① 교육감은 소질과 적성 및 능력이 유사한 학생을 대상으로 특정분야의 인재양성을 목적으로 하는 교육 또는 자연현장실습 등 체험위주의 교육을 전문적으로 실시하는 고등학교(이하 "특성화고등학교"라 한다)를 지정·고시할 수 있다.(2001.10.20 본항개정)
② 특성화고등학교 지정 신청서의 제출, 교육감의 해당 학교 평가에 따른 지정 취소에 관하여는 제90조제2항 및 같은 조 제4항제5호를 준용한다. 이 경우 "특수목적고등학교"는 "특성화고등학교"로 본다.(2014.12.9 전단개정)
③ 제1항 및 제2항에서 규정한 사항 외에 특성화고등학교의 지정 및 운영에 필요한 사항은 시·도 교육규칙으로 정한다.(2010.6.29 본항신설)

제91조의2【특성화고등학교 지정·운영위원회】 ① 교육감의 자문에 응하여 특성화고등학교의 지정·운영에 관한 다음 각 호의 사항을 심의하기 위하여 교육감 소속으로 특성화고등학교 지정·운영위원회를 둔다.
1. 특성화고등학교의 지정·운영계획에 관한 사항
2. 특성화고등학교의 지정 취소에 관한 사항(2011.6.7 본호개정)
3. 특성화고등학교의 운영평가에 관한 사항
4. 그 밖에 특성화고등학교의 운영 등에 관하여 교육감이 정하는 사항
② 제1항에 따른 특성화고등학교 지정·운영위원회의 구성 및 운영에 필요한 사항은 시·도 교육규칙으로 정한다.
③ 제1항 및 제2항에도 불구하고 특성화고등학교 지정·운영위원회와 성격·기능이 유사한 위원회가 해당 교육감 소속으로 설치되어 있는 경우에는 해당 시·도의 조례로 정하는 바에 따라 그 위원회가 특성화고등학교 지정·운영위원회의 기능을 대신할 수 있다. 다만, 성격·기능이 유사한 위원회의 설치 근거가 되는 법령 또는 조례에서 위원회의 구성·운영 관련 사항을 교육감이 정하도록 하고 있거나 교육규칙으로 정하도록 하고 있는 경우에는 해당 시·도의 교육규칙으로 정하는 바에 따라 대신할 수 있다.(2017.12.29 본항신설)
(2010.6.29 본조개정)

제91조의3【자율형 사립고등학교】 ① 교육감은 다음 각 호의 요건에 모두 해당하는 사립의 고등학교를 대상으로 법 제61조에 따라 학교 또는 교육과정을 자율적으로 운영할 수 있는 고등학교(이하 "자율형 사립고등학교"라 한다)를 지정·고시할 수 있다. 이 경우 미리 교육부장관의 동의를 받아야 한다.(2014.12.9 후단개정)
1. 국가 또는 지방자치단체로부터 「지방교육재정교부금법 시행령」 별표1에 따른 교직원 인건비(교원의 명예퇴직 수당은 제외한다) 및 학교·교육과정운영비를 지급받지 아니할 것(2013.2.15 본호개정)
2. 교육부령으로 정하는 법인전입금기준 및 교육과정운영기준을 충족할 것(2013.3.23 본호개정)
② 자율형 사립고등학교를 운영하려는 법인 또는 학교의 장은 다음 각 호의 사항이 포함된 신청서를 제출하여야 한다.
1. 건학이념 및 학교운영에 관한 계획
2. 교육과정 운영에 관한 계획
3. 입학전형실시에 관한 계획
4. 교원배치에 관한 계획
5. 그 밖에 자율형 사립고등학교의 운영 등에 관하여 교육감이 정하여 고시하는 사항
③ 자율형 사립고등학교는 입학정원의 20퍼센트 이상을 다음 각 호에 해당하는 사람을 대상으로 선발하여야 한다. 이 경우 교육부장관과 교육감은 제1항제1호에도 불구하고 전단에 따라 선발된 사람의 교육 활동에 필요한 비용을 지원하거나 전단에 따른 모집 정원이 미달된 학교의 재정을 지원할 수 있다.(2013.3.23 후단개정)
1. 「국민기초생활 보장법」 제2조제1호에 따른 수급권자 또는 그 자녀
2. 「국민기초생활 보장법」 제2조제10호에 따른 차상위계층으로서 교육감이 정하는 사람 또는 그 자녀
(2015.11.30 본호개정)
3. 「국가보훈기본법」 제3조제2호의 국가보훈대상자 또는 그 자녀
4. 그 밖에 교육 기회의 균등을 위하여 교육감이 특별히 필요하다고 인정하는 사람
④ 제3항 각 호에 해당하는 사람으로서 자율형 사립고등학교에 지원한 사람의 수가 같은 항 각 호 외의 부분 전단에 따른 모집 정원에 미달하는 학교의 장은 모집 정원에서 그 지원한 사람의 수를 뺀 인원의 50퍼센트의 범위에서 같은 항 각 호에 해당하는 사람 외의 사람을 선발할 수 있다.(2024.1.23 본항신설)
⑤ 대통령령 제21375호 초·중등교육법 시행령 일부개정령 시행 당시 시범운영 중인 자립형 사립고등학교로서 대통령령 제21375호 초·중등교육법 시행령 일부개정령 시행 후 자율형 사립고등학교로 지정을 받은 학교의 장은 자율형 사립고등학교로 계속 지정되는 한 입학정원의 20퍼센트 이상을 해당 고등학교가 소재하는 지역의 중학교에 재학한 사람(제81조제1항 각 호의 어느 하나에 해당하는 사람은 해당 고등학교가 소재하는 지역에 거주하는 사람)을 대상으로 선발해야 한다.(2024.1.23 본항신설)
⑥ 교육감은 자율형 사립고등학교가 다음 각 호의 어느 하나에 해당하는 경우에는 그 지정을 취소할 수 있다.
1. 거짓이나 그 밖의 부정한 방법으로 회계를 집행한 경우
2. 부정한 방법으로 학생을 선발한 경우
3. 교육과정을 부당하게 운영하는 등 지정 목적을 위반한 중대한 사유가 발생한 경우
4. 지정 목적 달성이 불가능한 사유의 발생 등으로 인하여 학교의 신청이 있는 경우
5. 교육감이 5년마다 시·도 교육규칙으로 정하는 바에 따라 해당 학교 운영 성과 등을 평가하여 지정 목적의 달성이 불가능하다고 인정되는 경우(2024.1.23 본호신설)
(2014.2.18 본항개정)
⑦ 교육감은 제6항제5호에 따라 학교 운영 성과 등을 평가한 결과 개선이 필요하다고 판단되는 학교에 대해서는 그 개선 계획을 수립하여 시행하도록 요청할 수 있다.
(2024.1.23 본항신설)
⑧ 교육감이 자율형 사립고등학교의 지정을 취소하는 경우에는 미리 교육부장관의 동의를 받아야 한다.
(2014.12.9 본항개정)
⑨ 교육부장관은 제1항 후단 또는 제8항에 따른 자율형 사립고등학교의 지정 또는 지정 취소에 대한 동의 여부를 결정하려는 경우에는 제105조의3에 따른 특수목적고등학교 등 지정위원회의 심의를 거쳐야 한다.(2024.1.23 본항개정)
⑩ 교육감은 제6항에 따라 자율형 사립고등학교의 지정을 취소하는 경우 해당 학교의 장과 협의하여 지정 취소 당시 재학 중인 학생에 대해서는 해당 학교를 졸업할 때까지 당초 계획된 교육과정이 운영되도록 하여야 한다.
(2024.1.23 본항개정)
⑪ 제1항부터 제10항까지에서 규정한 사항 외에 자율형 사립고등학교의 지정, 지정 취소 및 운영에 필요한 사항은 교육부령으로 정한다.(2024.1.23 본항개정)
(2010.6.29 본조신설)

제91조의4【자율형 공립고등학교】 ① 교육감은 공립의 고등학교를 대상으로 법 제61조에 따라 학교 또는 교육과정을 자율적으로 운영하는 고등학교(이하 "자율형 공립고등학교"라 한다)를 교육부장관이 정하는 절차를 거쳐 지정·고시할 수 있다.(2013.3.23 본항개정)
② 자율형 공립고등학교를 운영하려는 학교의 장은 다음 각 호의 사항이 포함된 신청서를 작성하여 교육감에게 제출하여야 한다.
1. 학교운영에 관한 계획
2. 교육과정 운영에 관한 계획
3. 입학전형실시에 관한 계획
4. 교원배치에 관한 계획
5. 그 밖에 자율형 공립고등학교의 운영 등에 관하여 교육감이 정하여 고시하는 사항
③ 자율형 공립고등학교는 5년 이내로 지정·운영하되, 시·도 교육규칙으로 정하는 바에 따라 5년의 범위에서 연장할 수 있다.(2024.1.23 본항신설)
④ 교육부장관 및 교육감은 자율형 공립고등학교의 특성화된 교육과정 및 프로그램 개발, 교원 연수 등을 위하여 자율형 공립고등학교로 지정된 기간 동안 필요한 재정을 지원할 수 있다.(2013.3.23 본항개정)
⑤ 제1항부터 제4항까지에서 규정한 사항 외에 자율형 공립고등학교의 지정 및 운영에 필요한 사항은 교육부장관이 정하여 고시한다.(2013.3.23 본항개정)
(2010.6.29 본조신설)

제92조【준용】 ① 제66조 및 제67조의 규정은 고등학교 학생의 입학 등에 관하여 각각 이를 준용한다. 이 경우 "중학교"를 "고등학교"로 본다.
② 제74조의 규정은 고등학교 학생의 편입학 등에 관하여 이를 준용한다.
③ (2010.12.27 삭제)

제92조의2【고등학교 학생 등에 대한 취학 관리】 ① 고등학교의 장은 해당 학교에 재학 중인 학생이 정당한 사유 없이 계속하여 2일 이상 결석하는 경우에는 지체 없이 해당 학생 및 그 보호자에게 결석 사유를 확인하여야 한다.
② 고등학교의 장은 다음 각 호의 어느 하나에 해당하는 아동이나 학생의 성명 및 장기결석이나 제적·자퇴 또는 퇴학 조치된 경과를 교육감에게 통보하여야 한다.
1. 해당 학교에 재학 중인 학생으로서 정당한 사유 없이 계속하여 7일 이상 결석한 학생
2. 해당 학교에서 제적·자퇴 또는 퇴학 조치된 아동이나 학생
③ 고등학교의 장 및 제27조의2제1항에 따라 교육감 소속으로 설치하는 전담기구는 취학 관리를 위하여 필요하다고 인정하는 경우에는 「전자정부법」 제36조제1항에 따른 행정정보의 공동이용을 통하여 해당 학교에 재학 중인 학생 또는 해당 학교에서 제적·자퇴 또는 퇴학 조치된 아동이나 학생에 관한 다음 각 호의 행정정보를 확인할 수 있다.
1. 「주민등록법」 제30조제1항에 따른 주민등록전산정보자료
2. 「출입국관리법」 제88조에 따른 출입국에 관한 사실증명 또는 외국인등록 사실증명
④ 제3항에 따라 고등학교의 장 및 제27조의2제1항에 따라 교육감 소속으로 설치하는 전담기구가 제3항제1호에 따른 주민등록전산정보자료를 공동이용하는 경우에는 사용료를 면제한다.
(2016.10.18 본조신설)

제92조의3【학점제의 운영 등】 법 제48조제3항에 따른 고교학점제(이하 "고교학점제"라 한다)의 운영, 고교학점제를 운영하는 학교의 학생이 졸업에 필요한 교과목 이수의 인정 기준과 학점 수 등에 관한 사항은 법 제23조제2항에 따른 교육과정의 범위에서 학칙으로 정한다.
(2022.3.22 본조신설)

제92조의4【고교학점제 지원센터의 설치 및 운영 등】① 법 제48조의2제1항에 따라 교육부장관이 설치하는 고교학점제 지원센터는 다음 각 호의 업무를 수행한다.
1. 고교학점제 관련 정책 개발을 위한 기초 연구
2. 고교학점제 관련 자료 수집 및 분석
3. 고교학점제 관련 연수자료의 연구·개발과 교원 연수의 지원
4. 그 밖에 고교학점제의 원활한 운영 및 개선을 위한 지원 업무
② 법 제48조의2제1항에 따라 교육감이 설치하는 고교학점제 지원센터는 다음 각 호의 업무를 수행한다.
1. 관할 고등학교의 고교학점제 관련 교육과정 운영의 지원
2. 관할 고등학교의 고교학점제 관련 자료 수집 및 분석
3. 그 밖에 관할 고등학교 고교학점제의 원활한 운영 및 개선을 위한 지원 업무
③ 교육부장관 및 교육감은 법 제48조의2제2항에 따라 제1항 각 호 및 제2항 각 호의 업무를 다음 각 호의 법인이나 기관에 위탁할 수 있다.
1. 「정부출연연구기관 등의 설립·운영 및 육성에 관한 법률」 제8조제1항에 따른 한국교육과정평가원, 한국직업능력연구원 및 한국교육개발원
2. 그 밖에 교육정책의 연구 및 지원 업무에 전문성이 있다고 교육부장관 또는 교육감이 인정하는 법인이나 기관
④ 교육부장관 및 교육감은 제3항에 따라 업무를 위탁하는 경우 위탁받는 기관과 위탁업무의 내용을 고시해야 한다.
⑤ 제1항부터 제4항까지에서 규정한 사항 외에 교육부장관이 설치하는 고교학점제 지원센터의 설치·운영 등에 필요한 사항은 교육부장관이 정하고, 교육감이 설치하는 고교학점제 지원센터의 설치·운영 등에 필요한 사항은 교육감이 정한다.
(2022.3.22 본조신설)

제93조【시간제·통신제과정의 설치 등】법 제49조제1항의 규정에 의하여 고등학교에 두는 시간제·통신제과정의 설치 및 운영 등에 관하여 필요한 사항은 따로 대통령령으로 정한다.

제94조【방송통신고등학교의 설치】법 제51조의 규정에 의한 방송통신고등학교의 설치 및 운영 등에 관하여 필요한 사항은 따로 대통령령으로 정한다.

제95조 (2013.2.15 삭제)

제5장 학력 및 자격인정

제1절 학력인정

제96조【초등학교 졸업자와 동등의 학력인정】① 다음 각 호의 어느 하나에 해당하는 사람은 상급학교 입학 시 초등학교를 졸업한 사람과 같은 수준의 학력이 있다고 본다.(2015.9.15 본문개정)
1. 초등학교 졸업학력 검정고시에 합격한 사람 (2015.9.15 본호개정)
2. 제98조의2제1항 각 호의 어느 하나에 해당하는 사람으로서 교육감이 학력심의위원회의 심의를 거쳐 6년 이상의 우리나라 학교교육과정을 마친 사람에 상응한 학력을 가진 것으로 인정한 사람(2017.11.28 본호개정)
3. 종전의 「소년원법」(법률 제7076호 소년원법중개정법률로 개정되기 전의 것을 말한다. 이하 같다) 제29조제4항에 따라 초등학교에 상응하는 교육과정을 마친 사람
4. 「대안학교의 설립·운영에 관한 규정」 제6조에 따라 초등학교 과정 학력인정을 받은 사람
5. 외국에서 6년 이상 또는 초등학교에 해당하는 학교교육과정을 마친 사람
6. 제5호에 따른 학교교육과정 외에 교육부장관이 초등학교에 해당하는 학교교육과정에 상응하는 것으로 인정하는 외국의 교육과정 전부를 마친 사람(2015.1.6 본호신설)
(2013.10.30 본항개정)
② 제1항제1호에 따른 검정고시에 관하여 필요한 사항은 교육부령으로 정한다.(2015.9.15 본항개정)

제97조【중학교 졸업자와 동등의 학력인정】① 다음 각 호의 어느 하나에 해당하는 사람은 상급학교 입학 시 중학교를 졸업한 사람과 같은 수준의 학력이 있다고 본다.(2015.9.15 본문개정)
1. 중학교 졸업학력 검정고시에 합격한 사람(2015.9.15 본호개정)
2. 중학교에 준하여 교육과정을 운영하는 학교로서 설립자, 학생정원, 수업일수, 학교시설·설비 및 수익용기본재산을 고려하여 해당 교육과정을 충실히 운영할 수 있다고 인정되는 학교 중 교육부령으로 정하는 바에 따라 교육감이 지정·고시한 학교를 졸업한 사람(2015.1.6 본호개정)
3. 제98조의2제1항 각 호의 어느 하나에 해당하는 사람으로서 교육감이 학력심의위원회의 심의를 거쳐 9년 이상의 우리나라 학교교육과정을 마친 사람에 상응한 학력을 가진 것으로 인정한 사람(2017.11.28 본호개정)
4. 교육감이 지정한 평생교육시설에서 중학교 교육과정에 상응한 교육과정을 마친 사람
5. 종전의 「소년원법」 제29조제4항에 따라 중학교에 상응하는 교육과정을 마친 사람
6. 「대안학교의 설립·운영에 관한 규정」 제6조에 따라 중학교 과정 학력인정을 받은 사람
7. 외국에서 9년 이상 또는 중학교에 해당하는 학교교육과정을 마친 사람
8. 제7호에 따른 학교교육과정 외에 교육부장관이 중학교에 해당하는 학교교육과정에 상응하는 것으로 인정하는 외국의 교육과정 전부를 마친 사람(2015.1.6 본호신설)
(2013.10.30 본항개정)
② 제1항제1호에 따른 검정고시에 관하여 필요한 사항은 교육부령으로 정한다.(2015.9.15 본항개정)

제98조【고등학교 졸업자와 동등의 학력인정】① 다음 각 호의 어느 하나에 해당하는 사람은 상급학교 입학 시 고등학교를 졸업한 사람과 같은 수준의 학력이 있다고 본다.(2013.10.30 본문개정)
1. 고등학교 졸업학력 검정고시에 합격한 사람 (2015.9.15 본호개정)
2. 고등학교에 준하여 교육과정을 운영하는 학교로서 설립자, 학생정원, 수업일수, 학교시설·설비 및 수익용기본재산을 고려하여 해당 교육과정을 충실히 운영할 수 있다고 인정되는 학교 중 교육부령으로 정하는 바에 따라 교육감이 지정·고시한 학교를 졸업한 사람 (2015.1.6 본호개정)
3. 제98조의2제1항제1호 또는 제2호에 해당하는 사람으로서 교육감이 학력심의위원회의 심의를 거쳐 12년 이상의 우리나라 학교교육과정을 마친 사람에 상응한 학력을 가진 것으로 인정한 사람(2017.11.28 본호개정)
4. 「한국과학기술원 학사규정」 제16조제1항제3호에 해당하는 학생으로서 과학기술대학의 입학전형에 합격하여 등록한 학생, 「광주과학기술원법 시행령」 제30조제1항제3호에 해당하는 학생으로서 광주과학기술원 학사과정의 입학전형에 합격하여 등록한 학생, 「대구경북과학기술원법 시행령」 제29조제1항제3호에 해당하는 학생으로서 대구경북과학기술원 학사과정의 입학전형에 합격하여 등록한 학생 또는 「울산과학기술원법 시행령」 제16조제1항제3호에 해당하는 학생으로서 울산과학기술원 학사과정의 입학전형에 합격하여 등록한 학생 (2015.9.25 본호개정)
5. 교육감이 지정한 평생교육시설에서 고등학교 교육과정에 상응한 교육과정을 마친 사람
6. 종전의 「소년원법」 제29조제4항에 따라 고등학교에 상응하는 교육과정을 마친 사람
7. 종전의 「교육법」(법률 제3054호 교육법중개정법률로 개정되기 전의 것을 말한다)에 따른 실업고등전문학교에서 3학년 이상을 이수한 사람
8. 「대안학교의 설립·운영에 관한 규정」 제6조에 따라 고등학교 과정 학력인정을 받은 사람
9. 외국에서 12년 이상의 학교교육과정을 마친 사람 또는 교육부장관이 고등학교에 해당하는 학교교육과정에 상응하는 것으로 인정하는 외국의 교육과정 전부를 마친 사람
(2013.10.30 5호~9호개정)
② 제1항제1호에 따른 검정고시에 관하여 필요한 사항은 교육부령으로 정한다.(2015.1.6 본항개정)

제98조의2【학력심의위원회의 설치·운영 등】① 다음 각 호의 어느 하나에 해당하는 사람의 학력인정에 관한 사항을 심의하기 위하여 교육감 소속으로 학력심의위원회를 둔다.(2017.11.28 본문개정)
1. 군사분계선이북지역 출신자(2017.11.28 본호신설)
2. 학력 증명이 곤란한 다음 각 목의 어느 하나에 해당하는 사람
가. 다문화학생
나. 외국인인 아동 또는 학생
(2020.7.14 본호개정)
3. 제29조제2항 각 호의 어느 하나에 해당하고, 다음 각 목의 어느 하나에 해당하는 사람
가. 교육감이 인정하는 학교 밖 교육프로그램을 이수한 사람
나. 교육감이 인정하는 학교 밖 학습경험이 있는 사람
(2017.11.28 본호신설)
② 학력심의위원회는 위원장 1명을 포함하여 5명 이상 30명 이내의 위원으로 구성한다.(2020.7.14 본항개정)
③ 학력심의위원회의 위원은 제1항 각 호의 어느 하나에 해당하는 사람(이하 "북한이탈주민등"이라 한다)에 관한 업무를 담당하는 공무원, 교육전문가 및 학력 평가전문가 중에서 교육감이 임명하거나 위촉하고, 위원장은 위원 중에서 호선(互選)한다.(2017.11.28 본항개정)
④ 학력심의위원회의 위원의 임기는 2년으로, 위원장의 임기는 1년으로 하고, 각각 연임할 수 있다.
⑤ 학력심의위원회는 다음 각 호의 사항을 심의한다.
1. 북한이탈주민등의 학교 교육과정 이수 정도, 수학능력 및 나이 등을 고려한 학력인정기준에 관한 사항 (2013.10.30 본호개정)
2. 학력인정 대상 및 시기에 관한 사항
3. 북한이탈주민등 또는 그 보호자가 요청하는 경우 학력인정 및 학년결정에 관한 사항(2013.10.30 본호개정)
4. 제98조의3에 따른 학교의 설정 및 운영에 관한 사항
⑥ 학력심의위원회는 심의에 필요한 경우 북한이탈주민등에 대하여 전문기관을 통한 학습능력 평가 등 학력인정 및 학년결정을 위한 평가를 실시할 수 있다.
(2017.11.28 본항신설)
⑦ 이 영에서 규정한 사항 외에 학력심의위원회의 구성·운영, 학력인정을 위한 평가의 기준·대상·방법·시기 등 필요한 사항은 교육감이 정한다.(2017.11.28 본항개정)
⑧ 제1항부터 제7항까지의 규정에도 불구하고 학력심의위원회와 성격·기능이 유사한 위원회가 해당 교육감 소속으로 설치되어 있는 경우에는 해당 시·도의 조례로 정하는 바에 따라 그 위원회가 학력심의위원회의 기능을 대신할 수 있다. 다만, 성격·기능이 유사한 위원회의 설치 근거가 되는 법령 또는 조례에서 위원회의 구성·운영 관련 사항을 교육감이 정하도록 하고 있거나 교육규칙으로 정하도록 하고 있는 경우에는 해당 시·도의 교육규칙으로 정하는 바에 따라 대신할 수 있다.(2017.12.29 본항신설)
(2008.2.22 본조신설)

제98조의3【학력인정과 학년결정을 할 수 있는 학교 등】① 제96조제1항제2호, 제97조제1항제3호 및 제98조제1항제3호에도 불구하고 교육감은 교육감이 정하는 일정한 수 이상의 학생이 북한이탈주민등(제98조의2제1항제3호에 해당하는 사람은 제외한다. 이하 이 조에서 같다)인 학교의 장이 신청하는 경우에는 그 학교의 장으로 하여금 해당 학교의 북한이탈주민등에 대한 학력인정과 학년결정을 하게 할 수 있다.(2017.11.28 본항개정)
② 제1항에 따라 학력인정과 학년결정을 할 수 있는 학교의 학력인정 및 학년결정에 관하여 필요한 사항은 학칙으로 정한다.
(2008.2.22 본조신설)

제98조의4【고등학교 학년결정 입학】고등학교의 장은 중학교를 졸업한 자 또는 제97조에 따라 이와 동등한 학력을 인정받은 자의 신청이 있는 경우에는 「조기진급 등에 관한 규정」 제5조에 따른 조기진급·졸업·진학 평가위원회가 실시하는 신청인의 학교 외 학습경험에 관한 심의 및 교과목별 이수인정평가의 결과에 따라 학년을 정하여 입학을 하게 할 수 있다.(2012.10.29 본조신설)

제2절 자격인정

제99조【초등학교 졸업자와 동등한 자격인정】다음 각 호의 1에 해당하는 자는 초등학교 졸업자와 동등한 자격이 있다고 본다.
1. 1922년 이전의 보통학교 제4학년 졸업자
2. 1938년 이전의 보통학교 제6학년 졸업자
3. 1941년 이전의 심상소학교 제6학년 졸업자
4. 1942년 이후의 국민학교 제6학년 졸업자

제100조【중학교 제2학년 수료자와 동등한 자격인정】다음 각호의 1에 해당하는 자는 중학교 제2학년 수료자와 동등한 자격이 있다고 본다.
1. 1922년 이전의 간이실업학교 제1학년 졸업자
2. 1938년 이전의 보통학교 고등과 졸업자
3. 1941년 이전의 심상고등소학교 고등과 또는 고등소학교 졸업자
4. 1942년 이후의 국민학교 고등과 졸업자
5. 1923년 이후의 실업보습학교 제2학년 졸업자

제101조【중학교 졸업자와 동등한 자격인정】다음 각 호의 1에 해당하는 자는 중학교 졸업자와 동등한 자격이 있다고 본다.
1. 1922년 이전의 실업학교 제2학년 졸업자
2. 1923년 이후의 실업보습학교 제3학년 졸업자
3. 보통학교·소학교 및 국민학교의 고등과를 졸업한 자를 입학자격으로 한 실업학교 또는 실업보습학교 제1학년 수료자 또는 졸업자

제102조【고등학교 제1학년 수료자와 동등한 자격인정】다음 각호의 1에 해당하는 자는 고등학교 제1학년 수료자와 동등한 자격이 있다고 본다.
1. 1922년 이전의 여자고등보통학교 제3학년 졸업자
2. 1922년 이전의 실업학교 제3학년 졸업자
3. 1922년 이전의 여자고등보통학교 기예과 제3학년 졸업자
4. 1922년 이전의 고등보통학교 교원속성과 졸업자
5. 1924년 이전의 각도 교원양성소 수료자
6. 1944년 이전의 중학교·고등여학교 및 실업학교의 제4학년 수료 또는 졸업자
7. 구 한성사범학교 속성과 및 강습과 수료자
8. 구 도립사범학교 강습과 수료자
9. 구 관립사범학교 특설강습과 수료자
10. 1949년 이전의 공립사범학교 강습과 수료자
11. 1950년과 1951년의 중학교 제4학년 졸업자 또는 수료자

제103조【고등학교 졸업자와 동등한 자격인정】다음 각호의 1에 해당하는 자는 고등학교 졸업자와 동등한 자격이 있다고 본다.
1. 1916년 이전의 경성전수학교 졸업자
2. 1922년 이전의 고등보통학교 보습과 졸업자
3. 1922년 이전의 고등보통학교 제4학년 졸업자
4. 1922년 이전의 실업학교 제4학년 졸업자
5. 1938년 이전의 고등보통학교 제5학년 졸업자
6. 1938년 이전의 여자고등보통학교 제5학년 졸업자

7. 1944년 이전의 실업학교 제5학년 졸업자
8. 1944년 이전의 중학교 또는 고등학교 제5학년 졸업자
9. 1945년과 1946년의 중학교 또는 실업학교 제4학년 졸업자
10. 구 한성사범학교 본과 졸업자
11. 구 경성, 평양, 대구고등보통학교 사범과 졸업자
12. 구 경성고등보통학교 교원양성소 수료자
13. 구 도립사범학교 특과 졸업자
14. 구 관립사범학교 심상과 졸업자
15. 구 관립사범학교 강습과 또는 단기강습과 수료자
16. 구 경성, 평양, 대구사범학교 예과 졸업자
17. 1949년 이전의 공립사범학교 졸업자

제104조【종전의 사범학교 졸업자와 동등한 자격인정】 다음 각호의 1에 해당하는 자는 종전의「교육법」에 의한 사범학교 졸업자와 동등한 자격이 있다고 본다.
(2005.9.29 본문개정)
1. 구 고등보통학교 사범과 졸업자
2. 구 여자고등보통학교 사범과 졸업자
3. 구 도립사범학교 특과 졸업자
4. 구 관립사범학교 심상과 또는 보통과의 졸업자 또는 수료자
5. 구 관립사범학교 강습과 수료자
6. 구 한성사범학교 본과 졸업자
7. 고등보통학교 부설 임시교원양성소 본과 졸업자

제5장의2 교육비 지원
(2013.2.15 본장신설)

제104조의2【교육비 지원 대상 및 기준 등】 ① 법 제60조의4제1항에서 "대통령령으로 정하는 비용"이란 다음 각 호의 비용(이하 "교육비"라 한다)을 말한다.
1. 입학금 및 수업료
2. 학교급식비
3. 학교운영지원비
4. 교과용 도서 구입비
5. 가정에서의 정보통신매체를 이용한 학습을 위한 교육정보화 지원비
5의2. 진로체험 등 진로관련 교육경비(2015.1.6 본호신설)
6. 그 밖에 제1호부터 제5호까지 및 제5호의2의 비용에 준하는 비용으로서 교육부장관 또는 교육감이 정하는 비용(2015.1.6 본호개정)

② 법 제60조의4제1항제3호에서 "대통령령으로 정하는 학생"이란 다음 각 호의 어느 하나에 해당하는 학생을 말한다.
1. 해당 가구의 소득금액(소득과 교육부령으로 정하는 바에 따라 재산을 소득으로 환산한 금액을 합한 금액을 말한다. 이하 같다)이 매년 교육부장관 또는 교육감이 정하는 기준에 해당하는 학생(2013.3.23 본호개정)
2. 보호자가 다음 각 목의 어느 하나에 해당하게 되어 경제적으로 곤란하게 된 학생으로서 해당 학교의 장이 교육비의 지원이 필요하다고 인정하는 학생
   가. 사망 또는 행방불명
   나. 질병, 사고(事故) 또는 장애로 인하여 근로 능력을 상실한 경우
   다. 파산 또는 실직 등으로 경제적 능력을 상실한 경우
   라. 그 밖에 가목부터 다목까지에 준한다고 교육감이 인정하는 사유에 해당하는 경우

③ 제2항제1호에 따른 소득금액에 포함되는 소득의 범위는 다음 각 호와 같다.
1. 근로소득 : 근로를 제공하고 얻는 소득. 다만,「소득세법」에 따라 비과세되는 근로소득은 제외하되, 다음 각 목의 급여는 근로소득에 포함한다.
   가.「소득세법」제12조제3호더목에 따라 비과세되는 급여
   나.「소득세법 시행령」제16조제1항제1호에 따라 비과세되는 보수
2. 사업소득
   가. 농업소득 : 경종업(耕種業), 과수 · 원예업, 양잠업, 종묘업, 특수작물 생산업, 가축 사육업, 종축업(種畜業) 또는 부화업과 이에 딸린 업무에서 얻는 소득
   나. 임업소득 : 영림업(營林業), 임산물 생산업, 야생조수 사육업과 이에 딸린 업무에서 얻는 소득
   다. 어업소득 : 어업과 이에 딸린 업무에서 얻는 소득
   라. 그 밖의 사업소득 : 도매업, 소매업, 제조업 또는 그 밖의 사업에서 얻는 소득
3. 재산소득
   가. 임대소득 : 부동산, 동산, 권리나 그 밖의 재산의 대여로 발생하는 소득
   나. 이자소득 : 예금 · 주식 · 채권의 이자와 배당 또는 할인에 의하여 발생하는 소득 중 교육부장관이 정하는 금액 이상의 소득(2013.3.23 본목개정)
   다. 연금소득 :「소득세법」제20조의3제1항제2호에 따라 발생하는 연금 또는 소득과「보험업법」제4조제1항제1호나목에 따라 발생하는 소득
4. 공적이전소득(公的移轉所得) :「국민연금법」,「공무원연금법」,「공무원 재해보상법」,「군인연금법」,「군인 재해보상법」,「별정우체국법」,「사립학교교직원 연금법」,「고용보험법」,「산업재해보상보험법」,「독립유공자예우에 관한 법률」,「국가유공자 등 예우 및 지원에 관한 법률」,「보훈보상대상자 지원에 관한 법률」,「고엽제후유의증 등 환자지원 및 단체설립에 관한 법률」,「자동차손해배상 보장법」,「참전유공자 예우 및 단체설립에 관한 법률」등 법률에 따라 정기적으로 지급되는 각종 수당 · 연금 · 급여나 그 밖의 금품. 다만, 다음 각 목의 금품은 제외한다.(2020.6.9 본문개정)
   가.「독립유공자예우에 관한 법률」제14조,「국가유공자 등 예우 및 지원에 관한 법률」제14조 및「보훈보상대상자 지원에 관한 법률」제13조에 따른 생활조정수당
   나.「참전유공자 예우 및 단체설립에 관한 법률」제6조에 따른 참전명예수당(2016.6.21 본목개정)
   다.「국가유공자 등 예우 및 지원에 관한 법률」제16조의2에 따른 무공영예수당
   라.「국가유공자 등 예우 및 지원에 관한 법률」제15조 및「보훈보상대상자 지원에 관한 법률」제17조에 따른 간호수당
   마.「자동차손해배상 보장법」제30조제2항 및 같은 법 시행령 제21조 · 제22조에 따른 지원금

④ 제2항제1호에 따른 소득금액에 포함되는 재산의 범위는 다음 각 호와 같다.
1. 일반재산
   가.「지방세법」제104조제1호부터 제5호까지의 규정에 따른 토지, 건축물, 주택, 항공기 및 선박
   나. 주택 · 상가 등에 대한 임차보증금(전세금을 포함한다)
   다. 100만원 이상의 가축, 종묘(種苗) 등 동산(장애인 재활보조기구 등 교육부장관이 정하는 동산은 제외한다) 및「지방세법」제6조제11호에 따른 입목
   (2013.3.23 본목개정)
   라.「지방세법」제6조제14호부터 제18호까지의 규정에 따른 회원권(2016.8.2 본목개정)
   마.「소득세법」제89조제2항에 따른 조합원입주권
   바. 건물이 완성되는 때에 그 건물과 이에 부수되는 토지를 취득할 수 있는 권리(마목에 따른 조합원입주권은 제외한다)
   사.「지방세법」제6조제13호에 따른 어업권
2. 금융재산
   가.「금융실명거래 및 비밀보장에 관한 법률」제2조제2호에 따른 금융자산
   나.「보험업법」제4조제1항에 따른 각종 보험
3.「지방세법」제124조에 따른 자동차. 다만, 다음 각 목의 자동차는 제외하되, 화물자동차 등 교육부장관이 정하는 자동차는 제1호에 따른 일반재산으로 본다.
   (2013.3.23 단서개정)
   가.「장애인복지법」제39조에 따라 장애인이 사용하는 자동차
   나.「국가유공자 등 예우 및 지원에 관한 법률」제4조, 제73조 및 제74조에 따른 국가유공자 등(법률 제11041호로 개정되기 전의「국가유공자 등 예우 및 지원에 관한 법률」제73조의2에 따른 국가유공자 등을 포함한다)으로서 같은 법 제6조의4에 따른 상이등급 판정을 받은 사람 또는「보훈보상대상자 지원에 관한 법률」제2조에 따른 보훈보상대상자로서 같은 법 제6조에 따른 상이등급 판정을 받은 사람이 사용하는 자동차
   다. 그 밖의 자동차 중 교육부장관이 정하는 자동차
   (2013.3.23 본목개정)

⑤ 제4항의 재산 가액은 법 제60조의7에 따른 조사일(이하 "조사일"이라 한다)을 기준으로 다음 각 호의 구분에 따른 방법에 따라 산정한 가액으로 한다. 다만, 재산의 가액을 산정하기 어려운 경우에는 해당 재산의 종류 및 거래상황 등을 고려하여 교육부장관이 정하는 바에 따라 산정한 가액으로 한다.(2013.3.23 단서개정)
1. 제4항제1호가목 :「지방세법」제4조에 따른 시가표준액 등을 고려하여 교육부장관이 정하는 가액
(2021.12.31 본호개정)
2. 제4항제1호나목 : 임대차 계약서상의 보증금 및 전세금
3. 제4항제1호다목 : 동산은 조사일 현재의 시가, 입목은「지방세법 시행령」제4조제1항제5호에 따른 시가표준액
4. 제4항제1호라목 :「지방세법 시행령」제4조제1항제9호에 따른 시가표준액
5. 제4항제1호마목 : 다음 각 목의 구분에 따른 금액
   가. 청산금을 납부한 경우 :「도시 및 주거환경정비법」제74조에 따른 관리처분계획에 따라 정해진 가격(이하 "기존건물평가액"이라 한다)과 납부한 청산금을 합한 금액(2018.2.9 본목개정)
   나. 청산금을 지급받은 경우 : 기존건물평가액에서 지급받은 청산금을 뺀 금액
6. 제4항제1호바목 : 조사일 현재까지 납입한 금액
7. 제4항제1호사목 :「지방세법 시행령」제4조제1항제8호에 따른 시가표준액
8. 제4항제2호 : 제104조의4제3항 및 제5항의 기준에 따른 금융재산별 가액(2016.8.2 본호개정)
9. 제4항제3호 : 차의 종류, 정원, 적재정량, 제조연도별 제조가격(수입하는 경우는 수입가격을 말한다) 및 거래가격 등을 고려하여 교육부장관이 정하는 가액
(2013.3.23 본호개정)

⑥ 제2항제2호 각 목의 사유에 해당하는지에 대한 구체적인 기준은 교육감이 정한다.

제104조의3【교육비 지원 통지 및 지원 내용의 제공 등】 ① 학교의 장은 법 제60조의5제1항에 따라 교육비 지원을 신청한 학생 또는 그 학생을 법률상 · 사실상 보호하고 있는 사람(이하 "교육비신청자"라 한다)에게 교육비 지원 여부를 알려주어야 한다. 이 경우 학교의 장은 문서, 구술, 전자문서 또는 정보통신망을 통하여 알려줄 수 있다.(2016.8.2 전단개정)

② 학교의 장은 교육비를 지원 받은 학생이 전학하거나 상급학교에 진학하는 경우에는 해당 학생이 계속해서 교육비를 지원받을 수 있도록 교육비 지원을 받은 내용 등 관련 자료를 해당 학생이 전학하거나 진학하는 학교의 장에게 제공할 수 있다.

제104조의4【가구원 및 금융정보 등의 범위】 ① 법 제60조의5제2항 각 호 외의 부분에서 "대통령령으로 정하는 사람"이란 다음 각 호의 구분에 따른 사람을 말한다.
1. 지원 대상 학생이 성인(19세 이상이거나 19세가 되는 해의 1월 1일을 맞이한 사람을 말한다. 이하 이 조에서 같다)이 아닌 경우 : 세대별 주민등록표나 가족관계증명서에 지원 대상 학생과 함께 등재된 다음 각 목에 해당하는 사람(2023.6.27 본문개정)
   가. 부모. 다만, 아버지와 어머니가 모두 사망하거나 제2항 각 호의 어느 하나에 해당하는 경우에는 지원 대상 학생과 세대별 주민등록표에 함께 등재된 조부모로 한다.
   나. 형제자매. 다만, 성인인 형제자매는 교육비신청자의 선택에 따라 제외할 수 있다.
2. 지원 대상 학생이 성인인 경우 : 세대별 주민등록표나 가족관계증명서에 지원 대상 학생과 함께 등재된 배우자
(2016.8.2 본항신설)

② 제1항에 해당하는 사람이 다음 각 호의 어느 하나에 해당하는 경우에는 법 제60조의5제2항에 따른 가구원에서 제외된다.
1. 현역 군인 등 법률상 의무를 이행하기 위하여 다른 곳에서 거주하면서 의무 이행과 관련하여 생계를 보장받고 있는 경우
2.「형의 집행 및 수용자의 처우에 관한 법률」및「치료감호 등에 관한 법률」에 따른 교도소, 구치소 또는 치료감호시설 등에 수용 중인 경우(2016.11.29 본호개정)
3. 실종선고 절차가 진행 중인 경우
4. 가출 또는 행방불명으로 경찰서 등 행정관청에 신고된 후 1개월이 지났거나 가출 또는 행방불명 사실을 특별자치시장 · 특별자치도지사 · 시장 · 군수 · 구청장(자치구의 구청장을 말한다. 이하 "시장 · 군수 · 구청장"이라 한다)이 확인한 경우
5.「주민등록법」제20조제6항에 따라 거주불명으로 등록된 경우
6. 그 밖에 지원 대상 학생과 생계 또는 주거를 달리한다고 교육부장관이 인정하는 경우
(2016.8.2 본항신설)

③ 법 제60조의5제2항제1호에서 "예금의 평균잔액과 그 밖에 대통령령으로 정하는 자료 또는 정보"란 다음 각 호의 자료 또는 정보를 말한다.
1. 보통예금, 저축예금, 자유저축예금, 외화예금 등 요구불예금 : 최근 3개월 이내의 평균잔액
2. 정기예금, 정기적금, 정기저축 등 저축성예금 : 예금의 잔액 또는 총 납입액
3. 주식, 수익증권, 출자금, 출자지분, 부동산(연금)신탁 : 최종 시세가액(時勢價額). 이 경우 비상장주식의 가액 평가에 관하여는「상속세 및 증여세법 시행령」제54조제1항을 준용한다.
4. 채권, 어음, 수표, 채무증서, 신주인수권 증서, 양도성예금 증서 : 액면가액
5. 연금저축 : 정기적으로 지급된 금액 또는 최종 잔액

④ 법 제60조의5제2항제2호에서 "채무액과 그 밖에 대통령령으로 정하는 자료 또는 정보"란 다음 각 호의 자료 또는 정보를 말한다.
1. 대출 현황 및 연체 내용
2. 신용카드 미결제금액

⑤ 법 제60조의5제2항제3호에서 "보험료와 그 밖에 대통령령으로 정하는 보험 관련 자료 또는 정보"란 다음 각 호의 자료 또는 정보를 말한다.
1. 보험증권 : 해약하는 경우 지급받게 될 환급금 또는 최근 1년 이내에 지급된 보험금
2. 연금보험 : 해약하는 경우 지급받게 될 환급금 또는 정기적으로 지급되는 금액
(2016.8.2 본조제목개정)

제104조의5【금융정보등의 요청 및 제공】 ① 교육부장관 또는 교육감은 법 제60조의6에 따라 금융회사 등(「금융실명거래 및 비밀보장에 관한 법률」제2조제1호에 따른 금융회사등과「신용정보의 이용 및 보호에 관한 법률」제25조제2항제1호에 따른 종합신용정보집중기관을 말한다. 이하 같다)의 장에게 지원 대상 학생 및 그 가구원에 대한 법 제60조의5제2항제1호부터 제3호까지의 금융정보, 신용정보 및 보험정보(이하 "금융정보등"이라 한다)를 요청하는 경우에는 다음 각 호의 사항을 적은 문서로 하여야 한다.(2020.8.4 본문개정)
1. 지원 대상 학생과 그 가구원의 성명과 주민등록번호
(2016.8.2 본호개정)
2. 제공을 요청하는 금융정보등의 범위와 조회기준일 및 조회기간

② 제1항에 따른 요청을 받은 금융회사 등의 장이 교육부장관 또는 교육감에게 해당 금융정보등을 제공할 때에는 다음 각 호의 사항을 적은 문서로 하여야 한다. (2013.3.23 본문개정)
1. 지원 대상 학생과 그 가구원의 성명과 주민등록번호 (2016.8.2 본호개정)
2. 금융정보등을 제공하는 금융회사 등의 명칭
3. 제공 대상 금융상품명과 계좌번호
4. 금융정보등의 내용
③ 교육부장관 또는 교육감은 금융회사 등이 가입한 협회, 연합회 또는 중앙회의 정보통신망을 이용하여 해당 금융회사 등의 장에게 제1항에 따른 금융정보등을 제공하도록 요청할 수 있다.(2013.3.23 본항개정)
제104조의6【자료의 제공 요청 및 갱신】 ① 교육부장관 또는 교육감이 법 제60조의7제2항 전단에 따라 요청할 수 있는 자료의 구체적인 범위는 다음 각 호와 같다. (2013.3.23 본문개정)
1. 국세·지방세, 토지·건물·선박·차량·주택분양권, 건강보험·고용보험·산업재해보상보험·국민연금·공무원연금·공무원 재해보상·군인연금·사립학교교직원연금·별정우체국연금, 기본형공익직접지불금, 일용근로자 소득명세, 근로장려금, 고용정보, 사업자등록증, 장애 여부 및 장애의 정도 등 소득·재산·근로능력 및 취업상태에 관한 자료(2020.4.28 본호개정)
2. 「국민건강보험법」, 「국민기초생활보장법」, 「장애인복지법」, 「장애인연금법」, 「한부모가족지원법」, 「국가유공자 등 예우 및 지원에 관한 법률」 및 그 밖에 사회보장 관계법령에 따라 제공되는 보호 및 서비스에 관한 자료
3. 주민등록전산정보, 가족관계증명, 출입국, 교정 등 복지 요구의 파악과 서비스 제공을 위하여 필요한 자료
② 교육부장관 또는 교육감은 제1항에 따른 자료를 정기적으로 갱신하여야 한다.(2013.3.23 본항개정)
제104조의7【비용 징수의 통지】 법 제60조의10제2항에 따른 통지는 30일 이상의 납부기한을 정하여 문서로 하여야 한다. 다만, 징수 대상자가 동의한 경우에는 전자문서로 할 수 있다.(2017.5.8 본조신설)

제6장 보 칙

제105조【학교 및 교육과정 운영의 특례】 ① 교육감은 다음 각 호의 어느 하나에 해당하는 국립·공립·사립의 초등학교·중학교·고등학교 및 특수학교를 대상으로 법 제61조에 따라 학교 또는 교육과정을 자율적으로 운영할 수 있는 학교(이하 "자율학교"라 한다)를 지정·운영할 수 있다. 다만, 국립학교를 자율학교로 지정하려는 경우에는 미리 교육부장관과 협의해야 한다.(2021.3.23 단서개정)
1. 학업에 어려움을 겪는 학생에 대한 교육을 실시하는 학교(2023.6.27 본호개정)
2. 개별학생의 적성·능력 개발을 위한 다양하고 특성화된 교육과정을 운영하는 학교
3. 학생의 창의력 계발 또는 인성함양 등을 목적으로 특별한 교육과정을 운영하는 학교
4. 특성화중학교
5. 산업수요 맞춤형 고등학교 및 특성화고등학교
6. 「농어업인 삶의 질 향상 및 농어촌지역 개발촉진에 관한 특별법」 제3조제4호에 따른 농어촌학교(2011.1.17 본호개정)
7. 그 밖에 교육감이 특히 필요하다고 인정하는 학교
② 자율학교를 운영하려는 학교의 장은 다음 각 호의 사항이 포함된 신청서를 작성하여 교육감에게 제출하여야 한다.
1. 학교운영에 관한 계획
2. 교육과정 운영에 관한 계획
3. 입학전형 실시에 관한 계획
4. 교원배치에 관한 계획
5. 그 밖에 자율학교 운영 등에 관하여 교육감이 정하여 고시하는 사항
③ 제2항에도 불구하고 교육감은 학생의 학력향상 등을 위하여 특히 필요하다고 인정되는 공립학교를 직권으로 자율학교로 지정할 수 있다. 이 경우 지정을 받은 학교의 장은 지체 없이 제2항 각 호의 사항을 작성하여 교육감에게 제출하여야 한다.
④ 자율학교는 5년 이내로 지정·운영하되, 교육감이 정하는 바에 따라 연장 운영할 수 있다.
⑤ 교육부장관 또는 교육감은 자율학교의 운영에 필요한 지원을 하여야 한다.(2013.3.23 본항개정)
⑥ 제1항부터 제5항까지에서 규정한 사항 외에 자율학교의 지정 및 운영에 필요한 사항은 교육감이 정하여 고시한다.(2021.3.23 본항개정)
(2010.6.29 본조개정)
제105조의2【공모 교장의 자격 등】 ① 법 제61조에 따라 법 제21조제1항을 적용하지 아니하는 사립 자율학교와 자율형 사립고등학교의 학교유형별 공모 교장의 자격 등에 관한 사항은 「교육공무원임용령」 제12조의5제1항을 준용한다.
② 교육부장관 및 교육감은 「교육공무원법」 제29조의3에 따라 공모 교장으로 임용된 사람 및 제1항에 따라 사립 자율학교와 자율형 사립고등학교의 공모 교장으로 임용된 사람 중 교장자격증 미소지자에 대해서 임용 후 1년 이내에 자격연수를 실시하여야 한다. 이 경우 자격연수의 구체적인 내용, 실시방법 등은 교육부장관이 정한다. (2013.3.23 본항개정)
(2011.12.28 본조개정)
제105조의3【특수목적고등학교 등 지정위원회】 ① 교육부장관의 자문에 응하여 특성화중학교, 특수목적고등학교 및 자율형 사립고등학교의 지정 또는 지정 취소에 관한 다음 각 호의 사항을 심의하기 위하여 교육부장관 소속으로 특수목적고등학교 등 지정위원회를 둔다.
1. 특성화중학교, 특수목적고등학교 및 자율형 사립고등학교의 지정 또는 지정 취소에 관한 사항
2. 특성화중학교, 특수목적고등학교 및 자율형 사립고등학교의 중장기적인 발전에 관한 사항
② 제1항에서 규정한 사항 외에 특수목적고등학교 등 지정위원회의 구성 및 운영에 필요한 사항은 교육부령으로 정한다.
(2014.12.9 본조신설)
제105조의4【자율학교등 지정·운영위원회】 ① 교육감의 자문에 응하여 자율학교 등의 지정·운영에 관한 다음 각 호의 사항을 심의하기 위하여 교육감 소속으로 자율학교등 지정·운영위원회를 둔다.(2010.6.29 본문개정)
1. 자율학교등의 지정·운영계획에 관한 사항
2. 자율학교등의 기간 연장 및 지정 취소에 관한 사항 (2011.6.7 본호개정)
3. 자율학교등의 운영평가에 관한 사항
4. 그 밖에 자율학교등의 운영 등에 관하여 교육감이 정하는 사항
② 제1항에 따른 자율학교등 지정·운영위원회의 구성 및 운영에 필요한 사항은 시·도 교육규칙으로 정한다.
③ 제1항 및 제2항에도 불구하고 자율학교등 지정·운영위원회와 성격·기능이 유사한 위원회가 해당 교육감 소속으로 설치되어 있는 경우에는 해당 시·도의 조례로 정하는 바에 따라 그 위원회가 자율학교등 지정·운영위원회의 기능을 대신할 수 있다. 다만, 성격·기능이 유사한 위원회의 설치 근거가 되는 법령 또는 조례에서 위원회의 구성·운영 관련 사항을 교육감이 정하도록 하고 있거나 교육규칙으로 정하도록 하고 있는 경우에는 해당 시·도의 교육규칙으로 정하는 바에 따라 대신할 수 있다.(2017.12.29 본항신설)
(2009.3.27 본조신설)
제105조의5【자율형 사립고등학교의 학교운영 정상화】 ① 교육부장관은 교육부령으로 정하는 신입생 충원 기준을 충족하지 못하는 자율형 사립고등학교 학교법인의 신청을 받아 해당 학교를 학교운영 정상화 지원 대상 학교(이하 "정상화 지원대상 학교"라 한다)로 지정할 수 있다. (2013.3.23 본항개정)
② 제1항에 따라 정상화 지원대상 학교로 지정된 학교에 대해서는 제91조의3제1항제1호에도 불구하고 학교 운영을 정상화하기 위하여 필요한 재정적 지원을 할 수 있다.
③ 교육부장관은 정상화 지원대상 학교가 지정 다음 학년도에 교육부령으로 정하는 신입생 충원 기준을 충족하지 못하거나 해당 학교법인이 자율형 사립고등학교의 지정 취소를 원하는 경우에는 해당 학교의 관할 교육감에게 자율형 사립고등학교의 지정 취소를 요청할 수 있다. (2015.9.15 본항개정)
④ 제3항에 따른 요청을 받은 교육감은 해당 학교에 대한 자율형 사립고등학교 지정을 취소하여야 한다. 이 경우 제1항에 따른 정상화 지원대상 학교의 지정은 해제된 것으로 본다.
⑤ 제1항부터 제4항까지에서 규정한 사항 외에 정상화 지원 대상학교의 지정 방법 및 절차 등에 관한 구체적인 사항은 교육부령으로 정한다.(2013.3.23 본항개정)
(2011.6.7 본조신설)
제105조의6 (2015.9.15 삭제)
제105조의7【청문】 교육감은 제76조제5항, 제90조제4항, 제91조제2항 및 제91조의3제6항에 따라 특성화중학교, 특수목적고등학교, 특성화고등학교 및 자율형 사립고등학교의 지정을 취소하려면 청문을 하여야 한다. (2024.1.23 본조개정)
제106조【학교의 폐쇄】 학교의 설립·경영자는 관할청이 법 제65조제1항의 규정에 의하여 학교의 폐쇄를 명한 때에는 당해 명령을 받은 날부터 3월 이내에 재학생과 학교기본재산의 처리상황을 기재한 서류와 학적부를 관할청에 제출하여야 한다.
제106조의2【권한의 위임 및 업무의 위탁】 ① 법 제62조제1항에 따라 교육부장관은 다음 각 호의 권한을 교육감에게 위임한다.(2013.3.23 본문개정)
1. 법 제9조제2항에 따른 교육부장관이 관할하는 학교의 평가(2013.3.23 본호개정)
2. 법 제21조제3항에 따른 수석교사의 자격 검정·수여
3. 법 별표1에 따른 교장의 자격인정
4. 법 별표2 중 중등학교 정교사(2급) 자격 제9호에 해당하는 사람에 대한 교원자격 검정·수여
(2011.12.30 2호~4호신설)
② 교육부장관 또는 교육감은 법 제62조제3항에 따라 다음 각 호의 업무를 보건복지부장관에게 위탁한다. (2013.3.23 본문개정)
1. 법 제60조의6에 따른 재산 파악을 위한 금융정보등의 제공 요청
2. 법 제60조의7제2항에 따른 자료의 제공 요청
3. 제104조의6제2항에 따른 자료의 갱신
(2013.2.15 본항신설)
③ 교육부장관 또는 교육감은 법 제62조제3항에 따라 다음 각 호의 업무를 시장·군수·구청장에게 위임 또는 위탁한다.(2016.8.2 본문개정)
1. 법 제60조의5에 따른 교육비 지원 신청의 접수
2. 법 제60조의7제1항에 따른 교육비 지원 대상 자격 확인을 위한 자료제출 요구, 질문 및 조사
3. 법 제60조의7제4항에 따른 교육비 지원의 신청 각하, 지원 결정의 취소·중지 또는 변경
(2013.2.15 본항신설)
(2013.2.15 본조제목개정)
제106조의3【민감정보 및 고유식별정보의 처리】 ① 교육부장관 및 교육감(법 제30조의4제2항, 이 영 제13조의5 또는 제106조의2에 따라 교육부장관 및 교육감의 권한을 위임받거나 업무를 위탁받은 자를 포함한다)은 다음 각 호의 사무를 수행하기 위하여 불가피한 경우 「개인정보 보호법 시행령」 제19조제1호 또는 제4호에 따른 주민등록번호 또는 외국인등록번호가 포함된 자료를 처리할 수 있다.(2020.9.22 본문개정)
1. 법 제11조의2제1항에 따른 교육통계조사에 관한 사무 (2017.6.20 본호신설)
1의2. 법 제27조의2에 따른 초등학교·중학교 또는 고등학교를 졸업한 사람과 동등한 학력이 인정되는 시험 실시에 관한 사무(2014.8.6 본호신설)
2. 법 제60조의5에 따른 교육비 지원 신청의 접수 및 처리에 관한 사무
3. 법 제60조의6에 따른 금융정보등의 제공 요청에 관한 사무
4. 법 제60조의7에 따른 조사 또는 질문 등에 관한 사무
5. 법 제60조의8에 따른 교육비지원정보시스템 구축·운영에 관한 사무
5의2. 법 제60조의10에 따른 비용의 징수에 관한 사무 (2017.5.8 본호신설)
6. 제19조에 따른 귀국학생 및 다문화학생 등의 입학 및 전학에 관한 사무
7. 제21조에 따른 초등학교 전학에 관한 사무
8. 제71조에 따른 중학교 배정에 관한 사무
9. 제73조에 따른 중학교의 전학 등에 관한 사무
10. 제75조에 따른 귀국학생 및 다문화학생 등의 입학·전학 및 편입학에 관한 사무
(2015.1.6 6호~10호신설)
11. 제81조, 제81조의2, 제82조 및 제82조의2에 따른 입학전형에 관한 사무(2024.1.23 본호개정)
12. 제84조에 따른 후기학교의 신입생 선발 및 배정에 관한 사무
13. 제89조에 따른 고등학교의 전학 등에 관한 사무
14. 제89조의2에 따른 귀국학생 등의 입학·전학 및 편입학에 관한 사무
15. 제96조제2항, 제97조제2항 및 제98조제2항에 따른 검정고시의 응시접수, 실시, 처리 및 제 증명 발급 등에 관한 사무
(2015.1.6 11호~15호신설)
② 국·공립학교의 장, 사립학교법인 또는 사립학교 경영자(제42조제2항에 따라 임용권한을 위임받은 자를 포함한다)는 법 제22조에 따른 산학겸임교사 등의 임용에 관한 사무를 수행하기 위하여 불가피한 경우 「개인정보 보호법 시행령」 제19조제1호에 따른 주민등록번호가 포함된 자료를 처리할 수 있다.(2014.8.6 본항신설)
③ 초등학교·중학교·고등학교 및 특수학교의 장은 다음 각 호의 사무를 수행하기 위하여 불가피한 경우 「개인정보 보호법 시행령」 제19조제1호에 따른 주민등록번호가 포함된 자료를 처리할 수 있다.(2015.1.6 본문개정)
1. 법 제31조의2에 따른 학교운영위원회 위원의 결격사유 확인에 관한 사무(2015.1.6 본호신설)
2. 제1항제6호·제7호 및 제9호부터 제14호까지의 규정에 따른 사무(2015.1.6 본호신설)
④ 학력심의위원회는 제98조의2에 따른 학력인정 심의에 관한 사무를 수행하기 위하여 불가피한 경우 「개인정보 보호법 시행령」 제19조제1호에 따른 주민등록번호가 포함된 자료를 처리할 수 있다.(2014.8.6 본항신설)
⑤ 제98조의3에 따라 학력인정과 학년결정을 할 수 있는 학교의 장은 그 사무를 수행하기 위하여 불가피한 경우 「개인정보 보호법 시행령」 제19조제1호에 따른 주민등록번호가 포함된 자료를 처리할 수 있다.(2014.8.6 본항신설)
⑥ 고등학교의 장은 다음 각 호의 사무를 수행하기 위하여 불가피한 경우 「개인정보 보호법 시행령」 제19조제1호 또는 제4호에 따른 주민등록번호 또는 외국인등록번호가 포함된 자료를 처리할 수 있다.(2016.10.18 본문개정)
1. 제92조의2에 따른 고등학교 학생 등의 취학 관리에 관한 사무(2016.10.18 본호신설)
2. 제98조의4에 따른 고등학교 학년결정 및 입학에 관한 사무(2016.10.18 본호신설)
⑦ 초등학교의 장은 제18조에 따른 입학할 학교의 변경에 관한 사무를 수행하기 위하여 불가피한 경우 「개인정보 보호법 시행령」 제19조제1호에 따른 주민등록번호가 포

함된 자료를 처리할 수 있다.(2016.10.18 본항신설)
⑧ 초등학교 및 중학교의 장은 다음 각 호의 사무를 수행하기 위하여 불가피한 경우 「개인정보 보호법 시행령」 제19조제1호 또는 제4호에 따른 주민등록번호 또는 외국인등록번호가 포함된 자료를 처리할 수 있다.
1. 제25조에 따른 취학의 독촉에 관한 사무
2. 제28조제2항 및 제3항에 따른 취학 의무의 면제 또는 유예의 결정에 관한 사무
3. 제29조에 따른 유예자 등의 학적관리에 관한 사무
(2016.10.18 본항신설)
⑨ 학교의 장은 법 제25조제1항에 따른 학교생활기록 작성에 관한 사무를 수행하기 위하여 불가피한 경우 「개인정보 보호법 시행령」 제19조제1호 또는 제4호에 따른 주민등록번호 또는 외국인등록번호가 포함된 자료를 처리할 수 있다.(2016.10.18 본항신설)
⑩ 의무교육관리위원회는 제25조의2제1항 각 호에 따른 사항의 심의에 관한 사무를 수행하기 위하여 불가피한 경우 「개인정보 보호법 시행령」 제19조제1호 또는 제4호에 따른 주민등록번호 또는 외국인등록번호가 포함된 자료를 처리할 수 있다.(2016.10.18 본항신설)
⑪ 읍·면·동의 장은 다음 각 호의 사무를 수행하기 위하여 불가피한 경우 「개인정보 보호법 시행령」 제19조제1호 또는 제4호에 따른 주민등록번호 또는 외국인등록번호가 포함된 자료를 처리할 수 있다.
1. 제15조에 따른 취학아동명부의 작성에 관한 사무
2. 제17조에 따른 취학의 통지에 관한 사무
3. 제26조에 따른 취학의 독촉에 관한 사무
(2016.10.18 본항신설)
⑫ 교육장은 다음 각 호의 사무를 수행하기 위하여 불가피한 경우 「개인정보 보호법 시행령」 제19조제1호 또는 제4호에 따른 주민등록번호 또는 외국인등록번호가 포함된 자료를 처리할 수 있다.
1. 제26조에 따른 취학의 독촉에 관한 사무
2. 제27조의2제2항 각 호에 따른 사무
(2016.10.18 본항신설)
⑬ 교육감은 다음 각 호의 업무를 수행하기 위하여 불가피한 경우 다음 각 호의 구분에 따른 자료를 처리할 수 있다.
1. 법 제4조에 따른 사립학교 설립 인가 업무 : 「개인정보 보호법 시행령」 제18조제2호에 따른 범죄경력자료에 해당하는 정보나 같은 영 제19조에 따른 주민등록번호 또는 외국인등록번호가 포함된 자료
2. 제27조의2제2항 각 호에 따른 업무 : 「개인정보 보호법 시행령」 제19조에 따른 주민등록번호 또는 외국인등록번호가 포함된 자료
(2017.3.27 본항개정)
(2017.3.27 본조제목개정)
제106조의4【규제의 재검토】 ① 교육부장관은 다음 각 호의 사항에 대하여 다음 각 호의 기준일을 기준으로 3년마다(매 3년이 되는 해의 기준일과 같은 날 전까지를 말한다) 그 타당성을 검토하여 개선 등의 조치를 해야 한다.
(2022.3.22 본문개정)
1. (2018.12.24 삭제)
2. 제63조에 따른 사립학교에 두는 운영위원회의 구성, 학교의 장의 운영위원회 심의 또는 자문 결과에 대한 존중 의무 및 학교의 장이 운영위원회의 심의·의결을 거치지 않는 경우 등에 대한 시정명령 : 2016년 1월 1일
(2022.3.22 본호개정)
3. 제91조의3제6항에 따른 자율형 사립고등학교의 지정 취소 사유 : 2016년 1월 1일(2024.1.23 본호개정)
(2015.12.31 본항개정)
② 교육부장관은 제9조제1항에 따른 학교규칙의 기재사항에 대하여 2017년 1월 1일을 기준으로 2년마다(매 2년이 되는 해의 1월 1일 전까지를 말한다) 그 타당성을 검토하여 개선 등의 조치를 하여야 한다.(2016.12.30 본항개정)
제107조【과태료의 부과기준】 법 제68조제1항에 따른 과태료의 부과기준은 별표3과 같다.(2013.2.15 본조신설)

부 칙 (2009.3.27)

제1조【시행일】 이 영은 공포한 날부터 시행한다.
제2조【자율형 사립고등학교 지정에 따른 적용례】 제105조의3의 개정규정에 따라 자율형 사립고등학교로 지정받은 경우 학교 또는 교육과정의 자율적 운영에 관한 사항은 해당 학교가 자율형 사립고등학교로 지정을 받은 이후에 선발하는 신입생부터 적용한다.
제3조【시범운영 중인 자립형 사립고등학교에 대한 절차상 특례】 이 영 시행 당시 교육과학기술부장관의 지정을 받아 시범운영 중인 자립형 사립고등학교가 교육감에게 제105조의3에 따른 자율형 사립고등학교 지정을 신청하는 경우에는 제105조의3제2항을 적용하지 아니한다.
제4조【입학전형 지원 등의 경과조치】 이 영 시행 당시 제105조에 따라 교육감의 지정을 받아 운영 중인 자율학교는 제105조제4항의 개정규정에도 불구하고 종전의 규정에 따른다.
제5조【자립형 사립고등학교 시범운영 기간 종료에 따른 경과 조치】 ① 이 영 시행 당시 시범운영 중인 자립형 사립고등학교로서 이 영 시행 후 자율형 사립고등학교로 지정을 받은 학교의 장은 자율형 사립고등학교로 계속 지정되는 한 제81조 및 제82조에도 불구하고 학생의 지원에 의하여 필기고사 외의 방법으로 학생을 선발할 수 있다.
② 제1항이 적용되는 학교에 대해서는 2024학년도에 입학하는 학생을 선발하는 경우까지는 제105조의3제3항을 적용하지 아니한다.(2024.1.23 본항개정)
(2010.6.29 본조신설)

부 칙 (2010.6.29)

제1조【시행일】 이 영은 공포한 날부터 시행한다.
제2조【학기제에 따른 적용례】 제44조제2항의 개정규정은 2011학년도부터 적용한다.
제3조【전학 등의 허가에 관한 적용례】 ① 제66조제2항의 개정규정은 2010년 9월 1일 이후 최초로 중학교의 장이 입학·재입학·전학 또는 편입학을 허가하는 것부터 적용한다.
② 제89조제1항 단서의 개정규정은 2010년 9월 1일 이후 최초로 고등학교의 장이 전학 또는 편입학을 허가하는 것부터 적용한다.
제4조【특성화중학교 및 특수목적고등학교 지정기간에 관한 적용례】 이 영 시행 당시 제76조에 따라 특성화중학교로 지정·고시된 학교와 종전의 제90조제1항제5호부터 제9호까지의 규정에 따라 특수목적고등학교로 지정·고시된 학교는 각각 이 영 시행일부터 5년간 특성화중학교 또는 특수목적고등학교로 새로 지정·고시된 것으로 보아 제76조제5항 및 제90조제4항의 규정을 적용한다.
제5조【산업수요 맞춤형 고등학교의 특수목적고등학교로의 전환에 관한 경과조치】 이 영 시행 당시 종전의 제91조의2에 따라 산업수요 맞춤형 고등학교로 지정·고시된 학교는 이 영 시행일부터 5년간 제90조제1항제10호의 특수목적고등학교로 새로 지정·고시된 것으로 본다.
제6조【전문계고등학교 등의 특성화고등학교로의 전환에 관한 경과조치】 ① 이 영 시행 당시 종전의 제90조제1항제1호부터 제4호까지의 규정에 따라 특수목적고등학교로 지정된 학교와 종전의 전문계고등학교는 각각 이 영 시행일에 특성화고등학교로 지정·고시된 것으로 본다.
② 교육감은 2015년 2월 28일까지 제1항에 따라 특성화고등학교로 지정·고시된 학교의 운영 성과 등을 평가하여 해당 특성화고등학교의 계속 지정 여부를 결정하여야 한다.
제7조【다른 법령의 개정】 ①~⑨ ※(해당 법령에 가제정리 하였음)
제8조【다른 법령 개정에 따른 경과조치】 이 영 시행 당시 종전의 전문계고등학교를 졸업한 사람은 이 영에 따른 특성화고등학교(자연현장실습 등 체험위주의 교육을 전문으로 실시하는 고등학교는 제외한다)를 졸업한 사람으로 보아 부칙 제7조에 따라 개정되는 법령을 적용한다.
제9조【다른 법령과의 관계】 이 영 시행 당시 다른 법령에서 "일반계고등학교"를 인용한 경우에는 "일반고등학교"를 인용한 것으로, "전문계고등학교"를 인용한 경우에는 "산업수요 맞춤형 고등학교 및 특성화고등학교(자연현장실습 등 체험위주의 교육을 전문으로 실시하는 고등학교는 제외한다)"를 인용한 것으로 본다.

부 칙 (2011.3.18)

제1조【시행일】 이 영은 공포한 날부터 시행한다.
제2조【회의록 작성 및 공개에 관한 적용례】 제59조의3의 개정규정은 이 영 시행 후 최초로 개최되는 운영위원회 회의부터 적용한다.
제3조【출석정지에 관한 경과조치】 제31조제1항의 개정규정에도 불구하고 이 영 시행 전에 발생한 행위에 대한 징계는 종전의 규정에 따른다.
제4조【교육감이 고등학교 입학전형을 실시하는 지역에 관한 경과조치】 ① 제67조제2항 단서, 제77조, 제81조제5항, 제82조제6항, 제84조제2항부터 제4항까지, 제87조제1항 및 제89조제2항의 개정규정에도 불구하고 중학교 편입학 시기, 고등학교의 입학전형 등에 관하여 제77조제2항의 개정규정에 따라 시·도 조례가 제정될 때까지는 종전의 규정에 따른다.
② 제77조제2항의 개정규정에 따라 시·도 조례를 제정하는 경우로서 이 영의 시행 당시 종전의 규정에 따라 교육감이 입학전형을 실시하는 지역을 시·도 조례로 정하는 경우에는 제77조제2항 각 호의 요건을 적용하지 아니하되, 종전의 규정에 따라 교육감이 입학전형을 실시하는 지역을 시·도 조례에서 제외하려는 경우에는 제77조제3항에 따라 여론 조사를 실시하여야 한다.

부 칙 (2013.10.30)

제1조【시행일】 이 영은 공포한 날부터 시행한다. 다만, 제54조제5항 및 제6항의 개정규정은 2014년 1월 1일부터 시행한다.
제2조【다문화언어 강사의 임용에 관한 경과조치】 이 영 시행 당시 제42조에 따른 명예교사 또는 강사로 임용되어 학교에서 다문화언어 교육을 담당하고 있는 사람은 별표2의 개정규정에도 불구하고 제42조제1항의 개정규정에 따른 다문화언어 강사로 임용된 것으로 본다.
제3조【학교수용계획에 관한 경과조치】 이 영 시행 당시 수립되어 있는 학교수용계획은 제52조의 개정규정에 따른 학생배치계획으로 본다.

부 칙 (2015.1.6)

제1조【시행일】 이 영은 공포한 날부터 시행한다. 다만, 제3조부터 제5조까지, 제96조제1항제1호, 제97조제1항제1호 및 제2호, 제98조제1항제2호 및 같은 조 제2항의 개정규정은 2015년 2월 1일부터 시행하고, 제82조의2의 개정규정은 2016년 3월 1일부터 시행한다.
제2조【사립학교의 설립인가 신청 등에 관한 경과조치】 2015년 2월 1일 전에 종전의 규정에 따라 사립학교의 설립·폐교 및 변경 인가를 신청한 경우에는 제3조부터 제5조까지의 개정규정에 따라 설립·폐교 및 변경 인가를 신청한 것으로 본다.
제3조【다른 법령의 개정】 ①~② ※(해당 법령에 가제정리 하였음)

부 칙 (2016.10.18)

제1조【시행일】 이 영은 2017년 3월 1일부터 시행한다.
제2조【초등학교 및 중학교의 장의 취학 독촉·경고 및 통보에 관한 적용례】 ① 제25조제1항제2호의 개정규정은 이 영 시행 당시 취학 중인 학생이 2일 이상 결석하는 경우에 대해서도 적용한다.
② 제25조제4항제1호의 개정규정은 이 영 시행 당시 같은 조 제1항에 따른 독촉 또는 경고 후 3일이 지난 경우에 대해서도 적용한다.
제3조【취학 의무의 면제·유예에 관한 적용례】 제28조제2항·제4항, 같은 조 제5항 본문 및 같은 조 제7항의 개정규정은 이 영 시행 전에 종전의 제28조제1항 본문에 따른 취학 의무의 면제·유예나 같은 조 제4항 단서에 따른 재유예·유예 기간의 연장이 신청되었으나 면제·유예 결정이 이루어지지 아니한 경우에 대해서도 적용한다.

부 칙 (2017.12.29 영28516호)

제1조【시행일】 이 영은 공포한 날부터 시행한다.
제2조【운영위원회의 의견 수렴 등에 관한 적용례】 제59조의4제1항 및 제2항의 개정규정은 2018학년도에 개최되는 운영위원회 회의부터 적용한다.
제3조【고등학교 입학전형 실시권자 등에 관한 적용례】 제77조제2항, 제80조제1항, 제81조제5항, 제82조제2항·제7항 및 제84조의 개정규정은 2019학년도 고등학교 신입생 입학전형부터 적용한다.

부 칙 (2018.10.2)

제1조【시행일】 이 영은 공포한 날부터 시행한다.
제2조【교육감의 관할 교육행정기관 평가에 관한 경과조치】 제11조제3항, 제12조제1항, 제13조제2항·제3항 및 제5항의 개정규정에도 불구하고 2018학년도에 법 제9조제3항에 따라 이루어지는 교육감의 관할 교육행정기관에 대한 평가는 종전의 규정에 따른다.

부 칙 (2019.9.24)

제1조【시행일】 이 영은 공포한 날부터 시행한다.
제2조【학교의 수업일수 및 휴업일 등에 관한 경과조치】 2019학년도 학교의 수업일수 및 휴업일 등에 관하여는 제45조 및 제47조의 개정규정에도 불구하고 종전의 규정에 따른다.

부 칙 (2020.2.25)

이 영은 공포한 날부터 시행한다. 다만, 제13조의2의 개정규정은 다음 각 호와 같이 순차적으로 시행한다.
1. 2020학년도 : 고등학교 등 2학년 및 3학년의 무상교육
2. 2021학년도 이후 : 고등학교 등 전학년의 무상교육

부 칙 (2020.2.28)

제1조【시행일】 이 영은 2024년 2월 1일부터 시행한다. 다만, 제90조제4항제5호, 제91조의3제4항제5호 및 제91조의4제3항의 개정규정은 공포한 날부터 시행한다.
(2024.1.23 본문개정)
제2조～제8조 (2024.1.23 삭제)

부 칙 (2020.4.7)

이 영은 공포한 날부터 시행한다.

부 칙 (2020.7.14)

이 영은 공포 후 1개월이 경과한 날부터 시행한다. 다만, 제98조의2의 개정규정은 공포한 날부터 시행한다.

부　칙 (2020.9.22)

이 영은 2020년 9월 25일부터 시행한다.

부　칙 (2021.3.23)

이 영은 공포한 날부터 시행한다.

부　칙 (2021.6.22)

이 영은 2021년 6월 23일부터 시행한다.

부　칙 (2021.12.31)

제1조【시행일】 이 영은 2023년 1월 1일부터 시행한다.(이하 생략)

부　칙 (2022.3.22)

제1조【시행일】 이 영은 공포한 날부터 시행한다. 다만, 제92조의3 및 제92조의4의 개정규정은 2022년 3월 25일부터 시행하고, 제89조의2의 개정규정은 공포 후 1개월이 경과한 날부터 시행한다.
제2조【다른 법령의 개정】 ①~② ※(해당 법령에 가제정리 하였음)

부　칙 (2022.5.9)

제1조【시행일】 이 영은 2022년 7월 21일부터 시행한다.(이하 생략)

부　칙 (2022.8.30)

제1조【시행일】 이 영은 공포한 날부터 시행한다. 다만, 제54조제3항 및 제4항의 개정규정은 공포 후 3개월이 경과한 날부터 시행한다.
제2조【학칙의 기재사항에 관한 경과조치】 이 영 시행 당시 종전의 규정에 따라 제정 또는 개정된 학칙은 제9조제1항제7호의 개정규정에 적합한 학칙으로 본다. 다만, 학교의 장은 이 영 시행 이후 6개월 이내에 제9조제1항제7호의 개정규정에 따른 학업 중단 예방에 관한 사항이 포함되도록 학칙을 제정 또는 개정해야 한다.

부　칙 (2023.4.11)

이 영은 2023년 4월 19일부터 시행한다.

부　칙 (2023.6.27)

이 영은 2023년 6월 28일부터 시행한다.

부　칙 (2024.1.23)

제1조【시행일】 이 영은 2024년 2월 1일부터 시행한다.
제2조【학생모집의 특례 대상 고등학교 및 자율형 사립고등학교의 학생 선발에 관한 적용례】 제81조의2 각 호 외의 부분 후단, 제91조의3제4항 및 제5항의 개정규정은 해당 고등학교의 장이 2025학년도에 입학하는 학생을 선발하는 경우부터 적용한다.
제3조【학교 운영 성과 등의 평가에 관한 적용례】 제90조제4항제5호 및 제91조의3제6항제5호의 개정규정은 제90조제1항제6호의 개정규정에 따라 지정된 외국어·국제계열의 고등학교(부칙 제4조에 따라 외국어·국제계열의 고등학교로 보는 경우를 포함한다) 및 제91조의3제1항에 따라 지정된 자율형 사립고등학교의 2025학년도의 운영 성과 등을 평가하는 경우부터 적용한다.
제4조【종전의 외국어계열의 고등학교와 국제계열의 고등학교에 관한 경과조치】 이 영 시행 전에 종전의 제90조제1항제6호에 따라 지정된 외국어계열의 고등학교 및 국제계열의 고등학교는 제90조제1항제6호의 개정규정에 따른 외국어·국제계열의 고등학교로 본다.
제5조【다른 법령의 개정】 ※(해당 법령에 가제정리 하였음)

〔별표〕 ➡「www.hyeonamsa.com」 참조

고등교육법

(1997년 12월 13일
법　률　제5439호)

개정
1999. 8.31법 6006호
2001. 1.29법 6400호(정부조직)
2002. 8.26법 6709호　2005.11. 8법 7686호
2005.11.22법 7699호　2006. 7.19법 7961호
2007. 1.19법 8240호　2007. 4.27법 8388호
2007. 5.25법 8483호(장애인등에대한특수교육법)
2007. 7.13법 8497호　2007. 7.27법 8542호
2007.10.17법 8638호
2008. 2.29법 8852호(정부조직)
2008. 3.28법 8988호　2009. 1.30법 9356호
2010. 1.22법 9936호
2010.12.27법 10413호(국립대학법인서울대학교설립·운영에관한법)
2011. 5.19법 10633호　2011. 7.21법 10866호
2011. 9.15법 11043호
2011. 9.30법 11066호(교육공무원)
2012. 1.26법 11212호　2012.12.11법 11526호
2013. 3.23법 11690호(정부조직)
2013. 5.22법 11766호　2013. 8.13법 12036호
2014. 1. 1법 12174호
2015. 3.13법 13217호(국립대학의회계설치및재정운영에관한법)
2015.12.22법 13571호　2015.12.31법 13702호
2016. 1.27법 13819호(교육공무원)
2016. 3. 2법 14054호　2016. 5.29법 14148호
2016.12.20법 14391호　2017. 3.21법 14600호
2017.11.28법 15038호　2017.12.30법 15332호
2018. 4.17법 15552호　2018.12.18법 15948호
2019. 4.23법 16330호　2019.12. 3법 16679호
2019.12.10법 16742호　2020.10.20법 17492호
2020.12.22법 17656호　2021. 3.23법 17951호
2021. 3.23법 17954호(법률용어정비)
2021. 9.24법 18454호　2022.10.18법 18989호
2023. 6. 9법 19430호(지방자치분권및지역균형발전에관한특별법)
2024년 1월 25일 제412회 국회 본회의 통과→「法典 別冊」 보유편 수록

제1장 총 칙
(2011.7.21 본장개정)

제1조【목적】 이 법은 「교육기본법」 제9조에 따라 고등교육에 관한 사항을 정함을 목적으로 한다.
제2조【학교의 종류】 고등교육을 실시하기 위하여 다음 각 호의 학교를 둔다.
1. 대학
2. 산업대학
3. 교육대학
4. 전문대학
5. 방송대학·통신대학·방송통신대학 및 사이버대학(이하 "원격대학"이라 한다)
6. 기술대학
7. 각종학교

제3조【국립·공립·사립 학교의 구분】 제2조 각 호의 학교(이하 "학교"라 한다)는 국가가 설립·경영하거나 국가가 국립대학 법인으로 설립하는 국립학교, 지방자치단체가 설립·경영하는 공립학교(설립주체에 따라 시립학교·도립학교로 구분할 수 있다), 학교법인이 설립·경영하는 사립학교로 구분한다.
제4조【학교의 설립 등】 ① 학교를 설립하려는 자는 시설·설비 등 대통령령으로 정하는 설립기준을 갖추어야 한다.
② 국가 외의 자가 학교를 설립하려는 경우에는 교육부장관의 인가를 받아야 한다.(2013.3.23 본항개정)
③ 공립학교나 사립학교의 설립자·경영자가 학교를 폐지하거나 대통령령으로 정하는 중요 사항을 변경하려는 경우에는 교육부장관의 인가를 받아야 한다.(2013.3.23 본항개정)
제5조【지도·감독】 ① 학교는 교육부장관의 지도(指導)·감독을 받는다.
② 교육부장관은 학교를 지도·감독하기 위하여 필요하면 대통령령으로 정하는 바에 따라 학교의 장에게 관련 자료를 제출하도록 요구할 수 있다.
(2013.3.23 본조개정)
제6조【학교규칙】 ① 학교의 장(학교를 설립하는 경우에는 해당 학교를 설립하려는 자를 말한다)은 법령의 범위에서 학교규칙(이하 "학칙"이라 한다)을 제정하거나 개정할 수 있다.
② 학칙의 기재사항, 제정 및 개정 절차 등 필요한 사항은 대통령령으로 정한다.

판례 교육인적자원부장관의 대학총장들에 대한 학칙시정요구는 동조 제2항, 동법시행령 제4조 제3항에 따른 것으로, 그 법적 성격은 대학총장의 임의적인 협력을 통하여 사실상의 효과를 발생시키는 행정지도의 일종이지만, 그에 따르지 않을 경우 일정한 불이익조치를 예정하고 있어 사실상 상대방에게 그에 따를 의무를 부과하는 것이므로 단순한 행정지도로서의 한계를 넘어 규제적·구속적 성격을 상당히 강하게 갖는 것으로서 헌법소원의 대상이 되는 공권력의 행사라 볼 수 있다.
(헌재결 2003.6.26, 2002헌마337,2003헌마7·8(병합) 전원재판부)

제7조【교육재정】 ① 국가와 지방자치단체는 학교가 그 목적을 달성하거나, 재난 등 급격한 교육환경 변화의 상황에서 교육의 질을 관리 하는 데에 필요한 재원(財源)을 지원하거나 보조할 수 있다.(2020.10.20 본항개정)
② 학교는 교육부령으로 정하는 바에 따라 예산과 결산을 공개하여야 한다.(2013.3.23 본항개정)
③~⑥ (2021.9.24 삭제)
제7조의2【재정지원에 관한 계획 및 협의·조정】 ① 교육부장관은 고등교육에 대한 지원을 확대하고 전략적으로 재원을 투자하기 위하여 관계 중앙행정기관의 장 및 지방자치단체의 장과 협의하여 5년마다 고등교육 재정지원 기본계획을 수립하고, 이를 반영하여 재정지원 투자의 방향과 기준을 포함하는 연도별 지원계획을 수립하여 국무회의에 보고한 후 국회에 제출하여야 한다.
② 재정지원 기본계획에는 다음 각 호의 사항이 포함되어야 한다.
1. 고등교육 재정지원의 중장기 투자 목표 및 방향
2. 고등교육 환경의 변화와 대학의 재정 여건 전망
3. 학교의 역할 및 특성에 따른 재정지원 배분 방향
4. 주요 추진과제 및 추진 방법
5. 고등교육 재정지원 사업의 성과 분석 및 성과관리 계획
6. 지역균형발전을 위한 재정지원 배분 방향(2023.6.9 본호개정)
③ 중앙행정기관의 장은 학교에 재원을 지원하거나 보조하는 사업을 신설·변경하려는 경우 제1항에 따른 기본계획 및 지원계획과의 부합 여부, 중장기 고등교육 정책방향 및 학교에 미치는 영향 등에 대하여 교육부장관과 협의하여야 한다.
④ 교육부장관은 학교에 재원을 지원하거나 보조하는 사업 및 그 성과에 대하여 조사·분석하기 위하여 관계 기관에 자료 제출 요청 및 실태조사를 할 수 있으며, 분석결과를 중앙행정기관의 장에게 통보하여 관련 정책의 추진에 반영하도록 권고할 수 있다.
⑤ 교육부장관은 제1항에 따른 기본계획 및 지원계획 수립 및 제3항에 따른 고등교육 재정지원 사업의 협의·조정에 관한 사항을 심의·조정하기 위하여 관계 기관, 전문가 등이 참여하는 위원회를 운영할 수 있다.
⑥ 제1항에 따른 기본계획 및 지원계획 수립 및 제3항에 따른 고등교육 재정지원 사업에 관한 협의·조정, 제4항에 따른 재정지원 사업 및 그 성과 조사·분석, 제5항에 따른 위원회 구성과 운영에 관하여 필요한 사항은 대통령령으로 정한다.
(2021.9.24 본조신설)
제8조【실험실습비 등의 지급】 국가는 학술 또는 학문 연구와 교육 연구를 진흥시키기 위하여 실험실습비·연구조성비·장학금 지급 등 필요한 조치를 마련하여야 한다.
제9조【학교 간 상호 협조의 지원】 국가와 지방자치단체는 학교 상호간의 교원교류와 연구협력을 활성화하기 위한 지원을 하여야 한다.
제10조【학교협의체】 ① 대학·산업대학·교육대학·전문대학 및 원격대학 등은 고등교육의 발전을 위하여 각 학교의 대표자로 구성하는 협의체(協議體)를 운영할 수 있다.
② 제1항에 따른 협의체의 조직과 운영에 관하여는 따로 법률로 정한다.
제11조【등록금 및 등록금심의위원회】 ① 학교의 설립자·경영자는 수업료와 그 밖의 납부금(이하 "등록금"이라 한다)을 현금 또는 「여신전문금융업법」 제2조에 따른 신용카드, 직불카드, 선불카드에 의한 결제로 납부 받을 수 있다. 이 경우 학생은 학칙으로 정하는 바에 따라 해당 학기에 납부하여야 할 등록금을 2회 이상으로 분할하여 납부할 수 있다.(2019.12.3 후단신설)
② 제1항에도 불구하고 학교(제30조에 따른 대학원대학은 제외한다)의 설립자·경영자는 해당 학교에 입학 또는 편입학하는 사람(제29조에 따라 대학원에 두는 학위과정, 연구과정 및 제29조의3에 따라 통합된 학위과정에 입학 또는 편입학하는 사람은 제외한다)으로부터 입학금을 받을 수 없다.(2019.12.3 본항신설)
③ 각 학교는 등록금을 책정하기 위하여 교직원(사립대학의 경우에는 학교법인이 추천하는 재단인사를 포함한다), 학생, 관련 전문가 등으로 구성되는 등록금심의위원회를 설치·운영하여야 한다. 이 경우 학생 위원은 전체 위원 정수(定數)의 10분의 3 이상, 구성단위별 위원은 10분의 5 미만이 되도록 하고, 관련 전문가 위원을 선임할 때에는 학칙으로 정하는 바에 따라 학교를 대표하는 측과 학생을 대표하는 측이 협의하여야 한다.(2020.10.20 후단개정)
④ 학교는 「재난 및 안전관리 기본법」 제3조제1호에 따른 재난으로 인하여 학교시설의 이용 및 실험·실습이 제한되거나 수업시수가 감소하는 등 학사운영이 정상적으로 이루어지지 아니한 경우 등록금을 면제·감액할 수 있다.
(2020.10.20 본항신설)

⑤ 학교는 특별한 사정이 없으면 등록금심의위원회의 심의결과를 최대한 반영하여야 한다.(2020.10.20 본항개정)
⑥ 제3항의 등록금심의위원회는 「교육관련기관의 정보공개에 관한 특례법」 제6조제1항제8호의2의 등록금 및 학생 1인당 교육비 산정근거, 도시근로자 평균가계소득, 제7조의2제1항의 연도별 지원계획, 등록금 의존율(대학교육비에서 등록금이 차지하는 비율을 말한다) 등을 고려하여 해당 연도의 등록금을 적정하게 산정하여야 한다.(2021.9.24 본항개정)
⑦ 제4항에 따른 등록금의 면제·감액 규모는 등록금심의위원회에서 논의하여야 한다.(2020.10.20 본항신설)
⑧ 등록금심의위원회는 등록금 산정을 위하여 필요한 경우 대통령령으로 정하는 바에 따라 학교의 장에게 관련 자료의 제출을 요청할 수 있다. 이 경우 학교의 장은 정당한 사유가 없으면 요청받은 날부터 7일 이내에 관련 자료를 제출하여야 한다.(2020.10.20 후단개정)
⑨ 등록금심의위원회는 회의의 일시, 장소, 발언 요지 및 결정 사항 등이 기록된 회의록을 작성·보존하고 대통령령으로 정하는 바에 따라 이를 공개하여야 한다. 다만, 개인의 사생활을 현저히 침해할 우려가 있다고 인정되는 사항 등 대통령령으로 정하는 사항에 대하여는 위원 정수의 3분의 2 이상의 의결로 회의록의 전부 또는 일부를 공개하지 아니할 수 있다.(2020.10.20 단서개정)
⑩ 각 학교는 등록금의 인상률이 직전 3개 연도 평균 소비자 물가상승률의 1.5배를 초과하게 하여서는 아니 된다.(2011.9.15 본항개정)
⑪ 제10항에도 불구하고 각 학교가 등록금의 인상률을 직전 3개 연도 평균 소비자 물가상승률의 1.5배를 초과하여 인상한 경우에는 교육부장관은 해당 학교에 행정적·재정적 제재 등 불이익을 줄 수 있다.(2010.10.20 본항개정)
⑫ 제1항의 등록금의 징수, 제3항의 등록금심의위원회의 설치·운영, 제10항의 등록금 인상률의 산정방법 및 제11항의 행정적·재정적 제재 등 필요한 사항은 교육부령으로 정한다.(2020.10.20 본항개정)
제11조의2【평가 등】 ① 학교는 교육부령으로 정하는 바에 따라 해당 기관의 교육과 연구, 조직과 운영, 시설과 설비 등에 관한 사항을 스스로 점검하고 평가하여 그 결과를 공시하여야 한다.(2013.3.23 본항개정)
② 교육부장관으로부터 인정받은 기관(이하 이 조에서 "인정기관"이라 한다)은 학교의 신청에 따라 학교운영의 전반과 교육과정(학부·학과·전공을 포함한다)의 운영을 평가하거나 인증할 수 있다. 다만, 의학·치의학·한의학 또는 간호학에 해당하는 교육과정을 운영하는 학교는 대통령령으로 정하는 절차에 따라 인정기관의 평가·인증을 받아야 한다.(2015.12.22 본항개정)
③ 교육부장관은 관련 평가전문기관, 제10조에 따른 학교협의체, 학술진흥을 위한 기관이나 단체 등을 인정기관으로 지정할 수 있다.(2013.3.23 본항개정)
④ 정부가 대학에 행정적 또는 재정적 지원을 하려는 경우에는 제2항에 따른 평가 또는 인증 결과를 활용할 수 있다.
⑤ 제2항의 평가 또는 인증, 제3항의 인정기관의 지정과 제4항의 평가 또는 인증 결과의 활용에 필요한 사항은 대통령령으로 정한다.
제11조의3【교육통계조사 등】 ① 교육부장관은 고등교육 정책의 효율적인 추진과 고등교육 연구에 필요한 학생·교원·직원·학교·교육행정기관 등에 대한 기초자료 수집을 위하여 교육통계조사를 매년 실시하고 그 결과를 공개하여야 한다.
② 교육부장관은 제1항에 따른 교육통계조사(이하 이 조에서 "교육통계조사"라 한다)를 위하여 고등교육기관의 장에게 자료 제출을 요청할 수 있다. 이 경우 자료 제출 요청을 받은 고등교육기관의 장은 특별한 사유가 없으면 이에 따라야 한다.
③ 교육부장관은 교육통계조사의 정확성 제고 및 조사업무 경감을 위하여 관련 자료를 보유한 중앙행정기관의 장, 교육감 및 「공공기관의 운영에 관한 법률」에 따른 공공기관 등 관계 기관의 장에게 자료 간 연계를 요청할 수 있다. 이 경우 자료 간 연계를 요청받은 기관의 장은 특별한 사유가 없으면 이에 따라야 한다.
④ 교육부장관은 교육통계조사 시 다음 각 호에 해당하는 사람의 주민등록번호가 포함된 개인정보를 수집할 수 있으며, 이를 제3항에 따라 연계를 요청받은 기관에 통계조사 및 분석, 검증 등을 목적으로 제공하거나 제공받을 수 있다.
1. 조사대상 학교 및 교육행정기관의 교직원
2. 조사대상 학교의 학생 및 졸업생
⑤ 교육부장관은 교육통계조사에 의하여 수집된 자료를 이용하고자 하는 자에게 이를 제공할 수 있다. 이 경우 「교육관련기관의 정보공개에 관한 특례법」에 따라 공개되는 항목을 제외하고는 특정의 개인이나 법인 또는 단체를 식별할 수 없는 형태로 자료를 제공한다.
⑥ 교육부장관은 고등교육 정책의 효율적인 수립·시행과 평가를 위하여 교육통계조사로 수집된 자료를 활용하여 교육 관련 지표 및 예측통계 등을 산출할 수 있다.
⑦ 교육부장관은 교육통계조사 등의 업무를 위하여 대통령령으로 정하는 바에 따라 국가교육통계 센터를 지정하여 그 업무를 위탁할 수 있다. 이 경우 교육부장관은 지정이나 업무 위탁에 필요한 경비를 지원할 수 있다.
⑧ 제1항부터 제7항까지에서 규정한 사항 외에 교육통계조사의 조사대상, 절차 및 결과 공개 등에 필요한 사항은 대통령령으로 정한다.
(2017.3.21 본조신설)

제2장 학생과 교직원
(2011.7.21 본장개정)

제1절 학 생

제12조【학생자치활동】 학생의 자치활동은 권장·보호되며, 그 조직과 운영에 관한 기본적인 사항은 학칙으로 정한다.
제13조【학생의 징계】 ① 학교의 장은 교육을 위하여 필요하면 법령과 학칙으로 정하는 바에 따라 학생을 징계할 수 있다.(2021.3.23 본항개정)
② 학교의 장은 학생을 징계하려면 그 학생에게 의견을 진술할 기회를 주는 등 적절한 절차를 거쳐야 한다.

제2절 교직원

제14조【교직원의 구분】 ① 학교(각종학교는 제외한다. 이하 이 조에서 같다)에는 학교의 장으로서 총장 또는 학장을 둔다.
② 학교에 두는 교원은 제1항에 따른 총장이나 학장 외에 교수·부교수·조교수 및 강사로 구분한다.(2012.1.26 본항개정)
③ 학교에는 학교운영에 필요한 행정직원 등 직원과 조교를 둔다.
④ 각종학교에는 제1항부터 제3항까지의 규정에 준하여 필요한 교원, 직원 및 조교(이하 "교직원"이라 한다)를 둔다.
제14조의2【강사】 ① 제14조제2항에 따른 강사는 대통령령으로 정하는 임용기준과 절차, 교수시간에 따라 임용기간, 임금 등 대통령령으로 정하는 사항을 포함한 근무조건을 정하여 서면계약으로 임용하며, 임용기간은 1년 이상으로 하여야 한다. 다만, 다음 각 호의 어느 하나에 해당하는 경우에는 1년 미만으로 임용할 수 있다.
(2018.12.18 본문개정)
1. 원격대학(사이버대학은 제외한다)의 강사로서 교육과정 또는 수업의 효율적 운영을 위하여 필요한 경우
2. 학기 중에 발생한 교원의 6개월 미만의 병가·출산휴가·휴직·파견·징계·연구년(6개월 이하) 또는 교원의 직위해제·퇴직·면직으로 학기 잔여기간에 대하여 긴급하게 대체할 강사가 필요한 경우
(2018.12.18 1호~2호신설)
② 강사는 「교육공무원법」, 「사립학교법」 및 「사립학교교직원 연금법」을 적용할 때에는 교원으로 보지 아니한다. 다만, 국립·공립 및 사립 학교 강사의 임용·신분보장 등에 관하여는 다음 각 호의 규정을 각각 준용한다.
1. 국립·공립 학교의 강사에 대하여는 다음 각 목의 규정
가. 「교육공무원법」 제5조제1항, 제10조, 제10조의3제1항 각 호외의 부분 본문, 제11조의4제7항, 제23조, 제23조의2, 제25조제2항, 제26조, 제43조, 제47조제1항 단서 및 제48조. 이 경우 「교육공무원법」 제10조의3제1항 각 호 외의 부분 본문 중 "파면·해임"은 "면직"으로 보고, 같은 법 제25조제2항 본문 중 "제1항의 교육공무원을 임용제청할 때에는"은 "제26조에 따라 강사를 임용할 때에는"으로 보며, 같은 법 제26조제1항 중 "조교"는 "강사"로 보고, 같은 법 제43조제2항 중 "징계처분"은 "임용계약에서 정한 사유"로 본다.
나. 「국가공무원법」 제33조 및 제69조제1호
(2018.12.18 가목~나목개정)
2. 사립학교의 강사에 대하여는 다음 각 목의 규정
가. 「사립학교법」 제23조제2항·제3항, 제53조의2제1항·제2항·제9항, 제53조의4제1항, 제54조, 제54조의3제6항 본문, 제56조 및 제60조. 이 경우 「사립학교법」 제54조의3제6항 본문 중 "파면·해임"은 "면직"으로 보며, 같은 법 제56조제1항 본문 중 "징계처분"은 "임용계약에서 정한 사유"로 본다.
나. 「국가공무원법」 제33조 및 제69조제1호
(2018.12.18 가목~나목개정)
③ 제1항 및 제2항에서 정한 사항 외에 강사의 임용·재임용 절차(신규임용을 포함하여 3년까지 재임용 절차를 보장하고 그 이후는 신규임용 또는 재임용 등의 절차를 진행한다) 및 그 밖에 필요한 사항은 대통령령으로 정하는 기준에 따라 학칙 또는 학교법인의 정관으로 정한다.
(2018.12.18 본항개정)
④ 강사에게는 방학기간 중에도 임금을 지급한다. 이 경우 임금수준 등 구체적인 사항은 임용계약으로 정한다.
(2018.12.18 본항신설)
⑤ 강사에게는 「교원의 지위 향상 및 교육활동 보호를 위한 특별법」을 적용한다.(2018.12.18 본항신설)
(2012.1.26 본조신설)
제15조【교직원의 임무】 ① 총장 또는 학장은 교무(校務)를 총괄하고, 소속 교직원을 감독하며, 학생을 지도한다.
② 교원은 학생을 교육·지도하고 학문을 연구하되, 필요한 경우 학칙 또는 정관으로 정하는 바에 따라 교육·지도, 학문연구 또는 「산업교육진흥 및 산학연협력촉진에 관한 법률」 제2조제6호에 따른 산학연협력만을 전담할 수 있다.
(2016.12.20 본항개정)
③ 행정직원 등 직원은 학교의 행정사무와 그 밖의 사무를 담당한다.
④ 조교는 교육·연구 및 학사에 관한 사무를 보조한다.
제16조【교원·조교의 자격기준 등】 교원이나 조교가 될 수 있는 사람의 자격기준과 자격인정에 관한 사항은 대통령령으로 정한다.
제17조【겸임교원 등】 ① 학교에는 대통령령으로 정하는 바에 따라 제14조제2항의 교원 외에 명예교수·겸임교원 및 초빙교원 등을 두어 교육이나 연구를 담당하게 할 수 있다.(2018.12.18 본항개정)
② 겸임교원 및 초빙교원 등(이하 "겸임교원등"이라 한다)에게는 제14조의2제1항·제2항(「교육공무원법」 제11조의4제7항 및 「사립학교법」 제53조의2제9항은 제외한다)을 준용한다. 이 경우 "강사"는 "겸임교원등"으로 본다.(2018.12.18 본항신설)
③ 제2항에도 불구하고 다음 각 호의 어느 하나에 해당하는 경우에는 겸임교원등을 1년 미만으로 임용할 수 있다.
1. 학교 외의 기관에서 발주하는 1년 미만의 연구 또는 산학협력에의 참여를 위하여 겸임교원등을 임용하는 경우
2. 교육과정 또는 수업의 효율적 운영을 위하여 국가 또는 지방자치단체(제3조에 따른 국립학교 및 공립학교는 제외한다) 및 「공공기관의 운영에 관한 법률」 제4조에 따른 공공기관에 정규직으로 근무하는 사람을 겸임교원등으로 임용하는 경우(2021.3.23 본호개정)
(2018.12.18 본항신설)

제3장 학 교
(2011.7.21 본장개정)

제1절 통 칙

제18조【학교의 명칭】 ① 학교의 명칭은 국립학교는 대통령령으로 정하고, 공립학교는 해당 지방자치단체의 조례로 정하며, 사립학교는 해당 학교법인의 정관으로 정한다.
② 제1항에 따라 명칭을 정할 때 제2조에 따른 학교의 종류와 다르게 대학 또는 대학교라는 명칭을 사용할 수 있다.
제19조【학교의 조직】 ① 학교는 그 설립목적을 달성하기 위하여 대통령령으로 정하는 범위에서 필요한 조직을 갖추어야 한다.
② 학교의 조직에 관한 기본적 사항은 국립학교는 대통령령과 학칙으로 정하고, 공립학교는 해당 지방자치단체의 조례와 학칙으로 정하며, 사립학교는 해당 학교법인의 정관과 학칙으로 정한다.
제19조의2【대학평의원회의 설치 등】 ① 학교는 다음 각 호의 사항을 심의하기 위하여 교직원과 학생 등으로 구성되는 대학평의원회(이하 "대학평의원회"라 한다)를 설치·운영하여야 한다. 다만, 제2호 및 제3호는 자문사항으로 한다.
1. 대학 발전계획에 관한 사항
2. 교육과정의 운영에 관한 사항
3. 대학헌장의 제정 또는 개정에 관한 사항
4. 학칙의 제정 또는 개정에 관한 사항
5. 다른 법률에 따른 학교법인 임원 또는 개방이사추천위원회 위원 추천에 관한 사항(사립학교에 한정한다)
6. 그 밖에 교육에 관한 중요 사항으로서 학칙 또는 정관으로 정하는 사항
② 대학평의원회는 11명 이상의 평의원으로 구성하여야 하며, 교원, 직원, 조교 및 학생 중에서 각각의 구성단위를 대표할 수 있는 사람으로 구성하되, 동문 및 학교의 발전에 도움이 될 수 있는 사람을 포함할 수 있다. 이 경우 어느 하나의 구성단위에 속하는 평의원의 수가 전체 평의원 정수(定數)의 2분의 1을 초과해서는 아니 된다.
(2021.3.23 전단개정)
③ 대학평의원회에 의장과 부의장 각각 1명을 두며, 평의원 중에서 호선한다. 이 경우 의장은 학생이 아닌 평의원 중에서 호선한다.
④ 평의원의 임기는 2년으로 한다. 다만, 학생인 평의원의 임기는 1년으로 한다.
⑤ 대학평의원회는 제1항 각 호의 사항의 심의에 필요한 경우 대통령령으로 정하는 바에 따라 학교의 장에게 관련 자료의 제출을 요청할 수 있다. 이 경우 그 요청을 받은 학교의 장은 특별한 사유가 없으면 이에 따라야 한다.
⑥ 대학평의원회는 회의의 일시, 장소, 발언 요지 및 결정 사항 등이 기록된 회의록을 작성·보존하고 이를 공개하여야 한다. 다만, 개인의 사생활을 현저히 침해할 우려가 있다고 인정되는 사항 등 대통령령으로 정하는 사항에 대해서는 대학평의원회의 의결로 회의록의 전부 또는 일부를 공개하지 아니할 수 있다.

⑦ 그 밖에 대학평의원회의 구성·운영 등에 필요한 사항은 대통령령으로 정하는 바에 따라 해당 학교법인의 정관 및 학칙으로 정한다.
(2017.11.28 본조신설)

제19조의3【인권센터】 ① 학교는 교직원, 학생 등 학교 구성원의 인권 보호 및 권익 향상과 성희롱·성폭력 피해예방 및 대응을 위하여 인권센터를 설치·운영하여야 한다.
② 제1항에 따른 인권센터는 다음 각 호의 업무를 수행한다.
1. 인권침해행위에 대한 상담, 진정에 대한 조사 및 이와 관련된 시정권고 또는 의견표명
2. 학교 구성원의 인권에 관한 교육 및 홍보
3. 성희롱·성폭력 피해예방 및 대응
4. 그 밖에 학교 구성원의 인권 보호 등을 위하여 필요한 사항
③ 국가 및 지방자치단체는 제1항에 따른 인권센터의 운영에 필요한 재원을 지원하거나 보조할 수 있다.
④ 제1항에 따른 인권센터의 설치·운영 등에 필요한 사항은 대통령령으로 정하는 기준에 따라 학칙 또는 학교법인의 정관으로 정한다.
(2021.3.23 본조신설)

제20조【학년도 등】 ① 학교의 학년도(學年度)는 3월 1일부터 다음 연도 2월 말일까지로 한다. 다만, 학교운영을 위하여 필요한 경우에는 학칙으로 다르게 정할 수 있다.
(2021.3.23 단서개정)
② 학기·수업일수 및 휴업일 등 필요한 사항은 대통령령으로 정하는 범위에서 학칙으로 정한다.

제21조【교육과정의 운영】 ① 학교는 학칙으로 정하는 바에 따라 교육과정을 운영하여야 한다. 다만, 국내대학 또는 외국대학과 공동으로 운영하는 교육과정에 대하여는 대통령령으로 정한다.
② 국내대학은 대통령령으로 정하는 바에 따라 외국대학으로 하여금 국내대학 교육과정을 운영하게 하고, 그 교육과정을 이수한 학생에게 국내대학 학위를 수여할 수 있다.(2017.11.28 본항신설)
③ 교과(教科)의 이수(履修)는 평점과 학점제 등에 의하되, 학점당 필요한 이수시간 등은 대통령령으로 정한다.

제22조【수업 등】 ① 학교의 수업은 학칙으로 정하는 바에 따라 주간수업, 야간수업, 계절수업, 방송·정보통신 매체 등을 활용한 원격수업 및 현장실습수업 등의 방법으로 할 수 있다.(2020.10.20 본항개정)
② 학교는 「재난 및 안전관리 기본법」 제3조제1호에 따른 재난이 발생하는 등 정상적인 수업진행이 어려운 경우에는 학칙으로 정하는 바에 따라 주간수업, 야간수업 및 계절수업을 원격수업으로 대체할 수 있다.(2020.10.20 본항신설)
③ 제1항 및 제2항에 따라 학칙으로 원격수업과 학교 밖에서 이루어지는 수업의 방법, 출석, 평가 등에 관한 사항을 정하려는 경우에는 대통령령으로 정하는 바에 따라야 한다.(2020.10.20 본항개정)
④ 학교는 학생의 현장 적응력을 높이기 위하여 필요하면 학칙으로 정하는 바에 따라 실습학기제(實習學期制)를 운영할 수 있다.

제23조【학점의 인정 등】 ① 학교는 학생이 다음 각 호의 어느 하나에 해당하는 경우(해당 학교에 입학하기 전의 경우를 포함한다)에 대통령령으로 정하는 범위에서 학칙으로 정하는 바에 따라 이를 해당 학교에서 학점을 취득한 것으로 인정할 수 있다.(2017.11.28 단서삭제)
1. 국내외의 다른 학교에서 학점을 취득한 경우
2. 「평생교육법」 제31조제4항, 제32조 또는 제33조제3항에 따른 전문대학 또는 대학졸업자와 동등한 학력·학위가 인정되는 평생교육시설에서 학점을 취득한 경우
(2013.8.13 본호개정)
3. 국내외의 고등학교와 국내의 제2조 각 호의 학교(다른 법률에 따라 설립된 고등교육기관을 포함한다)에서 대학교육과정에 상당하는 교과목을 이수한 경우
4. 「병역법」 제73조제2항에 따라 입영 또는 복무로 인하여 휴학 중인 사람이 원격수업을 수강하여 학점을 취득한 경우(2013.8.13 본호신설)
5. 「학점인정 등에 관한 법률」 제7조제1항 또는 제2항에 따라 교육부장관으로부터 학점을 인정받은 경우
(2013.8.13 본호신설)
6. 국내외의 다른 학교·연구기관 또는 산업체 등에서 학습·연구·실습한 사실이 인정되거나 산업체에서 근무한 사실이 인정되는 경우(2017.11.28 본호개정)
② 학점인정의 기준과 절차 등 제1항제6호에 따라 학점을 인정하는 데 필요한 사항은 대통령령으로 정하는 바에 따라 학칙으로 정한다.(2013.8.13 본항개정)

제23조의2【편입학】 학교는 다음 각 호의 어느 하나에 해당하는 학점을 학칙으로 정하는 기준 이상 취득한 사람에 대하여는 학칙으로 정하는 바에 따라 편입생(編入生)으로 선발할 수 있다.
1. 국내외 학교에서 취득한 학점
2. 「학점인정 등에 관한 법률」에 따라 취득한 학점
3. 「평생교육법」에 따라 취득한 학점

제23조의3【학업·가정의 양립 지원】 ① 국가와 지방자치단체는 학업·가정의 양립을 위한 학생과 학교의 노력을 지원하여야 한다.
② 학교의 장은 학업·가정의 양립을 방해하는 학교 내의 관행과 제도를 개선하고 학업·가정의 양립을 지원할 수 있는 교육환경을 조성하기 위하여 노력하여야 한다.
(2016.3.2 본조신설)

제23조의4【휴학】 학교의 장은 학생이 다음 각 호의 어느 하나에 해당하는 사유로 휴학을 원하면 학칙으로 정하는 바에 따라 휴학하게 할 수 있다. 다만, 제1호에 해당하는 경우에는 휴학하게 한다.
1. 「병역법」 제73조제1항에 따른 입영 또는 복무
2. 신체·정신상의 장애로 장기 요양
3. 만 8세 이하(취학 중인 경우에는 초등학교 2학년 이하를 말한다)의 자녀를 양육하기 위하여 필요하거나 여학생이 임신 또는 출산하게 된 때
4. 그 밖에 학칙으로 정하는 사유
(2016.3.2 본조신설)

제23조의5【학사학위취득의 유예】 ① 학교(제2조제5호부터 제7호까지의 학교는 제외한다. 이하 이 조에서 같다)에서 학칙으로 정하는 학사학위(전문학사학위를 포함한다. 이하 이 조에서 같다)취득에 필요한 모든 과정을 마친 사람은 학칙으로 정하는 바에 따라 학사학위취득의 유예를 신청할 수 있다.
② 학교는 제1항에 따라 학사학위취득을 유예한 학생에게 학점 이수 등 수강을 의무화하여서는 아니 된다.
③ 제1항에 따라 학사학위취득을 유예한 학생은 「교육관련기관의 정보공개에 관한 특례법」에 따른 각종 대학정보공시 등에서 재학생으로 보지 아니한다.
④ 제1항부터 제3항까지에서 규정한 사항 외에 학사학위취득 유예의 운영에 필요한 사항은 대통령령으로 정한다.
(2018.4.17 본조신설)

제24조【분교】 학교의 설립자·경영자는 대통령령으로 정하는 바에 따라 교육부장관의 인가를 받아 국내외에 분교(分校)를 설치할 수 있다.(2013.3.23 본조개정)
[판례] 동조의 '학교의 설립·경영자'란 동법 제3조가 학교의 설립·경영 주체를 국가와 지방자치단체 및 사립학교법에 따른 학교법인으로 규정하고 있는 점에 비추어 볼 때 국내 학교의 설립·경영자를 의미하는 것이고, 외국 학교의 설립·경영자는 포함하지 않는다.(대판 2003.6.27, 2001도3003)

제25조【연구시설 등】 학교에는 연구소 등 그 설립목적을 달성하기 위한 기관을 부설(附設)할 수 있다.

제26조【공개강좌】 학교는 학칙으로 정하는 바에 따라 학생 외의 사람을 대상으로 하는 공개강좌를 둘 수 있다.

제27조【외국박사학위의 신고 등】 ① 외국에서 박사학위를 받은 사람은 대통령령으로 정하는 바에 따라 교육부장관에게 신고하여야 한다.
② 교육부장관은 외국학교의 박사학위과정 설치현황과 학위과정에 대한 해당 국가의 인증 여부 등 외국학교의 학위과정에 대한 정보시스템을 구축하여야 한다.
(2013.3.23 본조개정)

제27조의2【안전관리계획의 수립·시행】 ① 학교의 장은 학교에서 발생하는 재난, 안전사고, 감염병의 확산, 범죄 등 각종 위험으로부터 학생, 교직원 등 학교의 구성원을 안전하게 보호하기 위하여 안전관리계획을 수립·시행하여야 한다.
② 제1항에 따른 안전관리계획은 다음 각 호의 사항을 포함한다.
1. 학교 안전관리의 목표와 기본방향
2. 각종 위험에 대한 예방활동 및 관리
3. 학교의 안전관리조직의 구성 및 운영
4. 안전에 관한 인식제고 및 안전문화 확산을 위한 안전교육
5. 각종 위험 발생 후 사후조치 및 재발방지책 마련
6. 각종 위험 예방을 위한 교내·외 협력체계 구축
7. 안전사고 피해자 보상 및 지원
8. 그 밖에 안전관리를 위하여 필요한 사항
③ 그 밖에 학교의 안전관리계획의 수립·시행에 필요한 사항은 대통령령으로 정한다.
(2020.12.22 본조신설)

제2절 대학 및 산업대학

제1관 대 학

제28조【목적】 대학은 인격을 도야(陶冶)하고, 국가와 인류사회의 발전에 필요한 심오한 학술이론과 그 응용방법을 가르치고 연구하며, 국가와 인류사회에 이바지함을 목적으로 한다.

제29조【대학원】 ① 대학(산업대학·교육대학 및 원격대학을 포함한다. 이하 이 조에서 같다)에 대학원을 둘 수 있다. 다만, 사이버대학은 교육여건과 교육과정의 운영에 대한 평가 등 대통령령으로 정하는 기준을 충족한 경우에 한정한다.(2021.3.23 단서개정)
② 대학원에는 필요에 따라 학위과정 외에 학위를 수여하지 아니하는 연구과정을 둘 수 있다.
③ 대학에 두는 학위과정, 연구과정 및 그 운영에 필요한 사항은 대통령령으로 정한다.

제29조의2【대학원의 종류】 ① 대학원은 그 주된 교육목적에 따라 다음 각 호와 같이 구분한다.
1. 일반대학원 : 학문의 기초이론과 고도의 학술연구를 주된 교육목적으로 하는 대학원
2. 전문대학원 : 전문 직업 분야의 인력양성에 필요한 실천적 이론의 적용과 연구개발을 주된 교육목적으로 하는 대학원
3. 특수대학원 : 직업인 또는 일반 성인을 위한 계속교육을 주된 교육목적으로 하는 대학원
② 대학(제30조에 따른 대학원대학은 제외한다)에는 일반대학원·전문대학원 또는 특수대학원을 둘 수 있고, 산업대학 및 교육대학에는 전문대학원 또는 특수대학원을 둘 수 있으며, 원격대학에는 일반대학원·전문대학원(의학·치의학·한의학 및 법학 전문대학원은 제외한다) 또는 특수대학원을 둘 수 있고, 제30조에 따른 대학원대학에는 전문대학원이나 특수대학원 중 하나의 대학원을 둘 수 있다.(2022.10.18 본항개정)
③ 제1항의 전문대학원 중 법학전문대학원의 설치·운영에 관한 사항은 따로 법률로 정한다.

제29조의3【학위과정의 통합】 ① 대학원을 둔 대학에 학사학위 및 석사학위의 과정이 통합된 과정을 둘 수 있다.
② 박사학위과정이 설치되어 있는 대학원에 석사학위 및 박사학위의 과정이 통합된 과정을 둘 수 있다.
(2011.7.21 본조신설)

제30조【대학원대학】 특정한 분야의 전문인력을 양성하기 위하여 필요하면 제29조제1항에도 불구하고 대학원만을 두는 대학(이하 "대학원대학"이라 한다)을 설립할 수 있다.

제31조【수업연한】 ① 대학 및 대학원의 수업연한(授業年限)은 다음 각 호와 같다.
1. 학사학위과정 : 4년 이상 6년 이하로 하되, 수업연한을 6년으로 하는 경우는 대통령령으로 정한다.
2. 학사학위과정과 석사학위과정의 통합과정 : 6년 이상으로 하되, 학사학위과정과 석사학위과정의 수업연한을 합한 연한 이상으로 한다.
3. 석사학위과정 및 박사학위과정 : 각각 2년 이상
4. 석사학위과정과 박사학위과정의 통합과정 : 4년 이상으로 하되, 석사학위과정과 박사학위과정의 수업연한을 합한 연한 이상으로 한다.
② 학칙으로 정하는 바에 따라 학위취득에 필요한 학점 이상을 취득한 사람에 대하여는 제1항에도 불구하고 대통령령으로 정하는 바에 따라 제1항에 따른 수업연한을 단축할 수 있다.

제32조【학생의 정원】 대학(산업대학·교육대학·전문대학·원격대학·기술대학 및 각종학교를 포함한다)의 학생 정원에 관한 사항은 대통령령으로 정하는 범위에서 학칙으로 정한다.

제33조【입학자격】 ① 대학(산업대학·교육대학·전문대학 및 원격대학을 포함하며, 대학원대학은 제외한다)에 입학할 수 있는 사람은 고등학교를 졸업한 사람이나 법령에 따라 이와 같은 수준 이상의 학력이 있다고 인정된 사람으로 한다.
② 학사학위과정과 석사학위과정의 통합과정에 입학할 수 있는 사람은 제1항에 따른 자격이 있거나 해당 대학에 재학 중인 사람으로서 학칙으로 정하는 기준을 충족하는 사람으로 한다.
③ 대학원의 석사학위과정, 석사학위과정과 박사학위과정의 통합과정에 입학할 수 있는 사람은 학사학위를 가지고 있는 사람이나 법령에 따라 이와 같은 수준 이상의 학력이 있다고 인정된 사람으로 한다.
④ 대학원의 박사학위과정에 입학할 수 있는 사람은 석사학위를 가지고 있는 사람이나 법령에 따라 이와 같은 수준 이상의 학력이 있다고 인정된 사람으로 한다.

제34조【학생의 선발방법 등】 ① 대학(산업대학·교육대학·전문대학 및 원격대학을 포함하며, 대학원대학은 제외한다)의 장은 제33조제1항에 따른 자격이 있는 사람 중에서 일반전형(一般銓衡)이나 특별전형(이하 "입학전형"이라 한다)에 의하여 입학을 허가할 학생을 선발한다.(2019.4.23 본항개정)
② 입학전형의 방법과 학생선발일정 및 그 운영에 필요한 사항은 대통령령으로 정한다.(2019.4.23 본항개정)
③ 교육부장관은 입학전형 자료로 활용하기 위하여 대통령령으로 정하는 시험을 시행할 수 있다.(2013.3.23 본항개정)
④ 교육부장관은 제3항에 따른 시험에서 「장애인복지법」 제2조제1항 및 제2항에 따른 장애인 응시자, 그 밖에 이에 준하는 응시자에게 필요하다고 판단되는 경우 장애인 보조기구 지참 허용, 시험시간 연장, 확대 문제지 및 확대 답안지 제공, 시험실 별도 배정 등을 포함한 편의제공 계획을 마련하여 시행하여야 한다.(2017.11.28 본항신설)
⑤ 제3항에 따른 시험에서 부정행위를 한 사람에 대하여는 그 시험을 무효로 하고, 그 시험의 시행일이 속한 연도의 다음 연도 1년 동안 시험의 응시자격을 정지한다. 다만, 시험의 공정한 관리를 위하여 금지된 물품을 소지 또는 반입하거나 감독관의 지시사항을 지키지 아니하는 등 교

육부장관이 정하는 경미한 부정행위를 한 사람에 대하여는 응시자격을 정지하지 아니한다.(2013.3.23 단서개정)
⑥ 제5항에 따라 응시자격이 정지된 사람은 정지기간 동안에는 제3항에 따른 시험에 응시할 수 없다.(2017.11.28 본항개정)
⑦ 제5항에 따라 응시자격이 정지된 사람이 정지기간이 끝난 후 제3항에 따른 시험에 응시하려면 교육부장관이 정하는 바에 따라 20시간 이내의 인성교육(人性敎育)을 이수하여야 한다.(2017.11.28 본항개정)
⑧ 시·도교육감은 제3항에 따른 시험의 시행에 대비하여 그 시험의 출제기관에 위탁하여 유사한 형태의 모의시험을 시행할 수 있다.(2016.12.20 본항신설)
⑨ 누구든지 제3항 및 제8항에 따른 시험의 문제가 공개되기 전에 그 전부 또는 일부를 유출하거나 유포하여서는 아니 된다.(2017.11.28 본항개정)
(2017.11.28 본조제목개정)

판례 법령에 의하여 국가가 시행 및 관리를 담당하는 대학수학능력시험은 물론 각 대학별 입학전형에서 출제 및 배점, 정답의 결정, 채점이나 면접의 방식, 점수의 구체적인 산정 방법 및 기준, 합격자의 선정 등은 원칙적으로 시험 시행자의 고유한 정책 판단 또는 전형절차 주관자의 자율적 판단에 맡겨진 것으로서 폭넓은 재량에 속하는 사항이며, 다만 방법이나 기준이 헌법이나 법률을 위반하거나 지나치게 합리성이 결여되고 객관적 정당성을 상실한 경우 또는 시험이나 입학전형의 목적, 관계 법령 등의 취지에 비추어 현저하게 불합리하거나 부당하여 재량권을 일탈 내지 남용하였다고 판단되는 경우에 한하여 위법하다고 보아야 한다.
(부산고법 2011.7.13, 2010나3387,3394)

제34조의2【입학사정관 등】 ① 제34조제1항에 따른 대학의 장은 해당 학교에 입학할 학생을 선발하는 경우 같은 조 제3항에 따라 교육부장관이 시행하는 시험의 성적 외에 「초·중등교육법」 제25조의 학교생활기록, 인성·능력·소질·지도성 및 발전가능성과 역경극복 경험 등 학생의 다양한 특성과 경험을 입학전형자료로 생산·활용하여 학생을 선발하는 업무를 전담하는 교원 또는 직원(이하 "입학사정관"이라 한다)을 둘 수 있다.(2021.3.23 본항개정)
② 교육부장관은 제1항에 따른 대학의 학생선발이 초·중등교육의 정상적 운영과 학생들의 전인적 성장에 기여하는 방향에서 이루어질 수 있도록 하기 위하여 대학의 장 및 「사립학교법」 제2조에 따른 학교법인 또는 사립학교경영자에게 입학사정관의 채용 및 운영을 권장할 수 있으며, 국가는 입학사정관의 채용 및 운영에 사용되는 경비의 일부를 지원할 수 있다.
③ 제1항에 따른 대학의 장은 공정한 학생선발을 위하여 입학사정관 본인 또는 그 배우자가 입학전형에 응시한 학생과 4촌 이내의 친족(「민법」 제777조에 따른 친족을 말한다)인 경우에는 해당 입학사정관을 해당 학생의 선발 업무에서 배제하여야 한다.(2019.4.23 본항신설)
④ 입학사정관은 본인 또는 그 배우자나 배우자이었던 사람이 입학전형에 응시한 학생을 「학원의 설립·운영 및 과외교습에 관한 법률」에 따라 교습하거나 과외교습한 경우 등 응시한 학생과 대통령령으로 정하는 특수한 관계에 있는 경우에는 그 사실을 제1항에 따른 대학의 장에게 알려야 한다. 이 경우 대학의 장은 사회통념상 공정한 업무 수행이 어렵다고 인정되면 해당 입학사정관을 해당 학생의 선발과 관련된 업무에서 배제하여야 한다.
(2019.4.23 본항신설)
(2013.3.23 본조개정)

제34조의3【입학사정관의 취업 등 제한】 입학사정관은 퇴직한 날 이후 3년 동안 「학원의 설립·운영 및 과외교습에 관한 법률」 제2조제1호에 따른 학원을 설립하거나 이에 취업을 할 수 없으며, 명칭 여하를 불문하고 입시상담을 전문으로 하는 업체를 설립하거나 이에 취업할 수 없다. 다만, 「교육공무원법」 제5조에 따른 인사위원회 또는 「사립학교법」 제53조의3에 따른 교원인사위원회의 승인을 받은 때에는 그러하지 아니하다.(2012.1.26 본조신설)

제34조의4【입학전형료】 ① 제34조제1항에 따른 대학의 장(이하 이 조에서 "대학의 장"이라 한다)은 같은 항에 따른 입학전형에 응시하는 사람에게 입학전형료를 받을 수 있다.(2019.4.23 본항개정)
② 대학의 장은 전년도 입학전형 관련 수입·지출 내역 및 모집인원 대비 지원인원 등을 고려하여 입학전형료를 정한다. 이 경우 입학전형료 결정의 기준이 되는 입학전형 관련 수입·지출의 항목 및 산정방법은 교육부령으로 정한다.
③ 대학의 장은 입학전형에 응시한 사람 중 국가유공자, 국민기초생활수급자 등 대통령령으로 정하는 사람에 대하여 입학전형료를 면제하거나 감액할 수 있다.
④ 대학의 장은 입학전형에 응시한 사람이 착오로 인하여 입학전형료를 납부하거나 부득이한 사유로 인하여 입학전형에 응시하지 못하는 경우 등 대통령령으로 정하는 사유가 발생한 때에는 대통령령으로 정하는 바에 따라 입학전형료의 전부 또는 일부를 반환하여야 한다.
⑤ 대학의 장은 입학전형을 마친 후 입학전형 관련 수입·지출에 따른 잔액을 대통령령으로 정하는 바에 따라 입학전형에 응시한 사람에게 반환하여야 한다.
(2013.5.22 본조신설)

제34조의5【대학입학 전형계획의 공표】 ① 교육부장관은 다음 각 호의 어느 하나에 해당하는 사항을 정하거나 변경할 경우에는 해당 입학연도의 4년 전 학년도가 개시되는 날 전까지 공표하여야 한다. 다만, 관계 법령의 제정·개정·폐지 또는 「재난 및 안전관리 기본법」 제3조제1호에 따른 재난으로 인한 경우에는 그러하지 아니하다.(2020.10.20 단서개정)
1. 제34조제3항에 따라 교육부장관이 시행하는 시험의 기본방향 및 과목, 평가방법, 출제형식
2. 해당 입학연도에 학생이 대학에 지원할 수 있는 총 횟수
3. 그 밖에 대학 입학과 관련한 것으로서 교육부장관이 필요하다고 인정하는 사항
(2019.4.23 본항신설)
② 교육부장관은 제1항 각 호의 어느 하나에 해당하는 사항을 정하거나 변경하려는 경우 공청회 및 정보통신망 등을 통하여 국민과 관계 전문가의 의견을 충분히 수렴하여야 한다.(2019.4.23 본항신설)
③ 제10조에 따른 학교협의체는 매 입학연도의 2년 전 학년도가 개시되는 날의 6개월 전까지 제1항에 따라 교육부장관이 공표하는 사항을 지키며 입학전형에 관한 기본사항(이하 "대학입학전형기본사항"이라 한다)을 수립·공표하여야 한다.(2022.10.18 본항개정)
④ 제34조제1항에 따른 대학의 장은 입학전형을 공정하게 시행하고 응시생에게 입학에 대한 정보를 제공하기 위하여 매 입학연도의 전 학년도가 개시되는 날의 10개월 전까지 대학입학전형시행계획(입학전형자료별 반영비율을 포함한다)을 수립하여 공표하여야 한다. 이 경우 대학의 장은 대학입학전형기본사항을 지켜야 한다.
(2022.10.18 후단개정)
⑤ 제3항 및 제4항에도 불구하고 대통령령으로 정하는 학교협의체와 대학에 대하여 대통령령으로 정하는 바에 따라 대학입학전형기본사항과 대학입학전형시행계획의 공표시기를 달리 정할 수 있다.
⑥ 제3항 및 제5항에 따라 대학입학전형기본사항을 공표한 학교협의체와 제4항 및 제5항에 따라 대학입학전형시행계획을 공표한 대학의 장은 공표한 대학입학전형기본사항과 대학입학전형시행계획을 변경하여서는 아니된다. 다만, 관계 법령의 제정·개정 등 대통령령으로 정하는 사유가 있는 경우에는 대통령령으로 정하는 바에 따라 대학입학전형기본사항이나 대학입학전형시행계획을 변경할 수 있다.
(2019.4.23 본조개정)

제34조의6【입학허가의 취소】 제34조제1항에 따른 대학의 장은 해당 학교에 입학을 허가한 학생이 입학전형에 위조 또는 변조 등 거짓 자료를 제출하거나 다른 사람을 대리 응시하게 하는 등 대통령령으로 정하는 부정행위가 있는 경우에는 그 입학의 허가를 취소하여야 한다.
(2019.12.10 본조신설)

제34조의7【외국인 학생의 선발 등】 ① 대학의 장은 재외국민, 외국인 대상의 입학 전형 자료로 어학 능력을 활용할 수 있다.
② 교육부장관은 제1항에 따른 어학 능력 중 한국어 능력을 평가하기 위하여 한국어능력시험을 시행할 수 있다.
③ 제2항에 따른 한국어능력시험의 시기, 방법, 부정행위에 대한 조치, 그 밖에 필요한 사항은 대통령령으로 정한다.
(2020.12.22 본조신설)

제34조의8【사회통합전형의 운영】 ① 제34조제1항에 따른 대학(전문대학 및 원격대학은 제외한다. 이하 이 조에서 같다)의 장은 차별 없는 고등교육 기회 제공을 위하여 차등적인 교육적 보상이 필요한 사람을 대상으로 하는 입학전형의 모집인원이 전체 모집인원의 100분의 15의 범위에서 대학 모집인원, 설립목적 등을 고려하여 대통령령으로 정한 비율(이하 이 조에서 "기회균형선발비율"이라 한다) 이상이 되도록 하는 내용을 제34조의5제4항의 대학입학전형시행계획에 포함하여 공표하여야 한다.
② 교육부장관은 기회균형선발비율을 정하거나 변경하려는 경우 공청회 및 정보통신망 등을 통하여 대학과 관계 전문가의 의견을 충분히 수렴하여야 한다.
③ 제34조제1항에 따른 대학 중 「수도권정비계획법」 제2조제1호에 따른 수도권에 소재한 대학의 장은 대학입학전형시행계획의 전체 모집인원 중 지역균형발전을 목적으로 하는 입학전형의 모집인원이 일정 비율 이상이 되도록 노력하여야 한다.
④ 제1항의 전형 대상 및 제3항의 모집비율, 선발방식, 그 밖에 필요한 사항은 대통령령으로 정한다.
(2021.9.24 본조신설)

제35조【학위의 수여】 ① 대학(산업대학·교육대학을 포함하며, 대학원대학은 제외한다)에서 학칙으로 정하는 과정을 마친 사람에게는 학사학위를 수여한다.
② 대학원에서 학칙으로 정하는 과정을 마친 사람에게는 해당 과정의 석사학위나 박사학위를 수여한다.
③ 석사학위와 박사학위의 과정이 통합된 과정에 있는 사람 또는 같은 과정을 수료하거나 중도에 퇴학한 사람 중 박사학위를 취득하지 못한 사람으로서 학칙으로 정하는 석사학위의 수여기준을 충족한 사람에게는 석사학위를 수여할 수 있다.(2017.11.28 본항개정)
④ 학사학위와 석사학위의 과정이 통합된 과정에 있는 사람 또는 같은 과정을 수료하거나 중도에 퇴학한 사람 중 석사학위를 취득하지 못한 사람으로서 학칙으로 정하는 학사학위의 수여기준을 충족한 사람에게는 학사학위를 수여할 수 있다.(2017.11.28 본항개정)
⑤ 박사학위과정이 있는 대학원을 둔 학교에서는 명예박사학위를 수여할 수 있다.
⑥ 학위의 종류와 수여에 필요한 사항은 대통령령으로 정한다.

제36조【시간제 등록】 ① 대학(산업대학, 전문대학 및 원격대학을 포함한다)은 제33조제1항의 입학자격이 있는 사람에게 시간제로 등록하여 그 대학의 수업을 받게 할 수 있다.
② 제1항에 따라 시간제로 등록할 수 있는 사람의 선발방법과 등록인원 등 필요한 사항은 대통령령으로 정한다.

제2관 산업대학

제37조【목적】 산업대학은 산업사회에서 필요한 학술 또는 전문적인 지식이나 기술의 연구와 연마를 위한 교육을 계속하여 받으려는 사람에게 고등교육의 기회를 제공하여 국가와 사회의 발전에 이바지할 산업인력을 양성함을 목적으로 한다.(2021.3.23 본조개정)

제38조【수업연한 등】 산업대학의 수업연한과 재학연한은 제한하지 아니한다.

제39조 (2013.8.13 삭제)

제40조【산업체 위탁교육】 ① 산업대학(전문대학·원격대학을 포함한다. 이하 이 조에서 같다)은 산업체(산업체를 구성원으로 하는 단체를 포함한다. 이하 이 조에서 같다)로부터 위탁받아 교육을 실시하거나 산업체에 위탁하여 교육을 실시할 수 있다.
② 제1항에 따라 산업대학이 위탁받은 교육을 실시하거나 위탁하여 교육을 실시하기 위하여 필요한 사항은 대통령령으로 정한다.

제40조의2【산업대학을 폐지하여 대학을 설립하는 경우의 특례】 이 법 시행 당시 산업대학을 설치·경영하는 국가 또는 학교법인이 산업대학을 폐지하고 대학을 설립하려는 경우 그 시설·설비 등 설립기준은 대통령령으로 정하는 특례요건을 갖추어야 한다.

제3절 교육대학 등

제41조【목적】 ① 교육대학은 초등학교 교원을 양성함을 목적으로 한다.
② 대학의 사범대학(이하 "사범대학"이라 한다)은 중등학교 교원을 양성함을 목적으로 한다.
③ 대학에는 특별한 필요가 있는 경우에 대통령령으로 정하는 바에 따라 교원의 양성을 목적으로 하는 교육과(이하 "교육과"라 한다)를 둘 수 있다.

제42조【교육대학의 설립 및 수업연한】 ① 교육대학은 국가나 지방자치단체가 설립한다.
② 교육대학의 수업연한은 4년으로 한다.

제43조【종합교원양성대학】 ① 국가와 지방자치단체는 특별한 필요가 있는 경우에 대통령령으로 정하는 바에 따라 교육대학과 사범대학의 목적을 동시에 수행할 수 있는 대학(이하 "종합교원양성대학"이라 한다)을 설립할 수 있다.
② 종합교원양성대학에 관하여는 법령에 특별한 규정이 있는 경우 외에는 이 법 중 교육대학에 관한 규정을 준용한다.

제44조【목표】 교육대학·사범대학·종합교원양성대학 및 교육과의 교육은 그 설립목적을 실현하기 위하여 재학생이 다음 각 호의 목표를 달성하도록 이루어져야 한다.
1. 교육자로서의 확고한 가치관과 건전한 교직(敎職) 윤리 확립
2. 교육의 이념과 그 구체적 실천방법 체득(體得)
3. 교육자로서의 자질과 역량을 생애에 걸쳐 스스로 발전시켜 나가기 위한 기초 확립

제45조【부설학교】 ① 교육대학·사범대학 및 종합교원양성대학에는 다음 각 호의 구분에 따라 재학생의 현장연구 및 실습을 위한 학교를 부설한다.
1. 교육대학 : 초등학교
2. 사범대학 : 중학교와 고등학교
3. 종합교원양성대학 : 초등학교, 중학교와 고등학교
② 제1항에도 불구하고 특별한 사정이 있는 경우에는 국립·공립 또는 사립의 초등학교·중학교·고등학교나 특수학교를 부설학교로 대용(代用)할 수 있다.
③ 교육대학·사범대학 및 종합교원양성대학은 필요한 경우 제1항에 따른 부설학교 외에 유치원·초등학교나 특수학교를 부설할 수 있다.
④ 교육대학, 국립·공립의 사범대학 및 종합교원양성대학에 부설하는 유치원·초등학교·중학교 및 고등학교에는 특수교육이 필요한 학생을 위하여 특수학급을 둔다.
⑤ 제4항에 따른 특수학급의 설치기준은 「장애인 등에 대한 특수교육법」 제27조에 따른다.

제46조【임시교원 양성기관 등】 ① 교육부장관은 교원의 수요·공급상 단기간에 교원양성이 필요한 경우에는 대통령령으로 정하는 바에 따라 임시교원 양성기관과 임

시교원 연수기관을 설치하거나 이의 설치를 인가할 수 있다.
② 교육부장관은 교육대학, 사범대학, 종합교원양성대학이 다음 각 호의 요건을 갖추어 신청한 경우 제1항에 따른 임시교원 양성기관 설치를 인가하여야 한다.
1. 해당 기관의 시설, 인력, 교육과정 등이 제4조제1항에 따른 설립기준을 충족하는 경우
2. 자격종, 과목, 지역의 교육수요 등을 고려하여 단기간에 교원을 양성할 필요가 있어 임시교원 양성기관을 설치하기에 적합한 경우
(2016.12.20 본항신설)
(2013.3.23 본조개정)

제4절　전문대학

제47조【목적】 전문대학은 사회 각 분야에 관한 전문적인 지식과 이론을 가르치고 연구하며 재능을 연마하여 국가사회의 발전에 필요한 전문직업인을 양성함을 목적으로 한다.
제48조【수업연한】 ① 전문대학의 수업연한은 다음 각 호와 같다.(2021.3.23 본문개정)
1. 전문학사학위과정 : 2년 이상 3년 이하로 하되, 수업연한을 3년으로 하는 경우는 대통령령으로 정한다.
2. 전문기술석사학위과정 : 2년 이상
(2021.3.23 1호~2호신설)
② 학칙으로 정하는 학점 이상을 취득한 사람에 대하여는 제1항에도 불구하고 대통령령으로 정하는 바에 따라 수업연한을 단축할 수 있다.
제49조【전공심화과정】 전문대학을 졸업한 사람의 계속교육을 위하여 대통령령으로 정하는 바에 따라 전문대학에 전공심화과정을 설치·운영할 수 있다.
제49조의2【전문기술석사과정】 고숙련 기술 전문가의 양성을 위하여 대통령령으로 정하는 바에 따라 전문대학에 전문기술석사과정을 설치·운영할 수 있다.
(2021.3.23 본조신설)
제50조【학위의 수여】 ① 전문대학에서 학칙으로 정하는 과정을 마친 사람에게는 전문학사학위를 수여한다.
② 전문학사학위의 종류와 수여에 필요한 사항은 대통령령으로 정한다.
제50조의2【전공심화과정에 대한 학위수여】 ① 제49조에 따른 전공심화과정에 입학하여 학칙으로 정하는 과정을 이수한 사람에게는 학사학위를 수여할 수 있다.
② 제1항에 따라 학사학위가 수여되는 전공심화과정을 설치·운영하려는 자는 교육부장관의 인가를 받아야 한다.(2013.3.23 본항개정)
③ 제1항에 따른 전공심화과정에 입학할 수 있는 사람은 동일계열의 전문대학을 졸업하고 관련 분야에서 재직한 경력이 있는 사람으로 한다.
④ 제3항에도 불구하고 대통령령으로 정하는 과의 전공심화과정에 한정하여 관련 분야에서 재직한 경력이 없는 사람도 대통령령으로 정하는 요건을 갖춘 경우에는 전공심화과정에 입학할 수 있다.(2021.3.23 본항개정)
⑤ 제4항에 따른 전공심화과정을 운영하기 위하여는 교육여건과 관련하여 대통령령으로 정하는 기준을 갖추어 교육부장관의 지정을 받아야 한다.(2013.3.23 본항개정)
⑥ 교육부장관은 제5항의 지정을 위한 평가를 관련 기관이나 관련 단체에 위탁할 수 있다.(2013.3.23 본항개정)
⑦ 제1항부터 제3항까지의 규정에 따른 학사학위의 종류와 수여에 필요한 사항, 인가의 기준 및 입학자격에 관한 구체적 사항 등은 대통령령으로 정한다.
제50조의3【의료인 양성을 위한 과정의 수업연한 및 학위에 관한 특례】 ① 제48조제1항에도 불구하고 「의료법」 제2조제1항에 따른 의료인을 양성하기 위하여 전문대학에 수업연한을 4년으로 하는 학과를 개설할 수 있다.
(2016.3.2 본항개정)
② 제1항에 따라 수업연한을 4년으로 하는 과정을 운영하기 위하여는 교육여건과 관련하여 대통령령으로 정하는 기준을 갖추어 교육부장관의 지정을 받아야 한다.
(2013.3.23 본항개정)
③ 교육부장관은 제2항의 지정을 위한 평가를 관련 기관이나 관련 단체에 위탁할 수 있다.(2013.3.23 본항개정)
④ 제50조제1항에도 불구하고 제1항의 학과에서 학칙으로 정하는 4년의 과정을 이수한 사람에 대하여는 학사학위를 수여한다.(2016.3.2 본항개정)
⑤ 제4항의 학위의 종류 및 수여에 필요한 사항은 대통령령으로 정한다.
(2016.3.2 본조제목개정)
(2011.5.19 본조신설)
제50조의4【전문기술석사과정에 대한 학위수여】 ① 제49조의2에 따른 전문기술석사과정에 입학하여 학칙으로 정하는 과정을 이수한 사람에게는 전문기술석사학위를 수여할 수 있다.
② 제1항에 따라 전문기술석사학위가 수여되는 전문기술석사과정을 설치·운영하려는 자는 대통령령으로 정하는 바에 따라 교육부장관의 인가를 받아야 한다.
③ 제1항에 따른 전문기술석사과정에 입학할 수 있는 사람은 학사학위를 가지고 있는 사람이나 법령에 따라 이와 같은 수준 이상의 학력이 있다고 인정되는 사람 중에서 관련 분야에 재직한 경력이 있는 사람으로 한다.
④ 교육부장관은 제2항의 인가를 위한 평가를 대통령령으로 정하는 바에 따라 관련 기관이나 관련 단체에 위탁할 수 있다.
⑤ 제1항에 따른 전문기술석사학위를 가지고 있는 사람은 석사학위와 같은 수준의 학력이 있다고 인정되는 것으로 본다.
⑥ 제1항부터 제3항까지의 규정에 따른 전문기술석사학위의 종류와 수여에 필요한 사항, 인가의 기준 및 입학자격에 관한 구체적 사항 등은 대통령령으로 정한다.
(2021.3.23 본조신설)
제51조【편입학】 전문대학을 졸업한 사람이나 법령에 따라 이와 같은 수준 이상의 학력이 있다고 인정되는 사람은 대학, 산업대학 또는 원격대학에 편입학할 수 있다.
제51조의2【유치원 부설】 전문대학(유치원 교사 양성을 위한 과가 개설된 전문대학에 한정한다)은 「유아교육법」 제22조제2항에 따른 교사 양성을 위한 현장연구 및 실습을 위하여 필요한 경우 유치원을 부설할 수 있다.
(2016.3.2 본조신설)

제5절　원격대학

제52조【목적】 원격대학은 국민에게 정보·통신 매체를 통한 원격교육(遠隔敎育)으로 고등교육을 받을 기회를 제공하여 국가와 사회에 필요한 인재를 양성함과 동시에 열린 학습사회를 구현함으로써 평생교육의 발전에 이바지함을 목적으로 한다.(2021.3.23 본조개정)
제53조【원격대학의 과정 및 수업연한】 ① 원격대학에는 대통령령으로 정하는 바에 따라 전문학사학위과정과 학사학위과정을 둘 수 있다.
② 원격대학의 전문학사학위과정의 수업연한은 2년으로 하고, 학사학위과정의 수업연한은 4년으로 한다.
(2013.8.13 본항개정)
③ 원격대학은 학칙으로 정하는 바에 따라 학위취득에 필요한 학점 이상을 취득한 사람에 대하여는 대통령령으로 정하는 바에 따라 제2항에 따른 수업연한을 단축할 수 있다.(2013.8.13 본항신설)
제53조의2【사이버대학의 전공심화과정】 전문학사학위를 취득한 사람의 계속교육을 위하여 대통령령으로 정하는 바에 따라 원격대학 중 전문학사학위과정을 운영하는 사이버대학에 전공심화과정을 설치·운영할 수 있다.
(2022.10.18 본조신설)
제54조【학위의 수여】 ① 원격대학의 학사학위과정에서 학칙으로 정하는 과정을 마친 사람에게는 학사학위를 수여한다.
② 원격대학의 전문학사학위과정에서 학칙으로 정하는 과정을 마친 사람에게는 전문학사학위를 수여한다.
③ 제1항과 제2항에 따른 학위의 종류와 수여에 필요한 사항은 대통령령으로 정한다.
제54조의2【전공심화과정에 대한 학위수여】 ① 제53조의2에 따른 전공심화과정에 입학하여 학칙으로 정하는 과정을 이수한 사람에게는 학사학위를 수여할 수 있다.
② 제1항에 따라 학사학위가 수여되는 전공심화과정을 설치·운영하려는 자는 교육부장관의 인가를 받아야 한다.
③ 제1항에 따른 전공심화과정에 입학할 수 있는 사람은 동일계열의 전문학사학위를 취득하고 관련 분야에서 재직한 경력이 있는 사람으로 한다.
④ 제3항에도 불구하고 대통령령으로 정하는 과의 전공심화과정에 한정하여 관련 분야에서 재직한 경력이 없는 사람도 대통령령으로 정하는 요건을 갖춘 경우에는 전공심화과정에 입학할 수 있다.
⑤ 제4항에 따른 전공심화과정을 운영하기 위하여는 교육여건과 관련하여 대통령령으로 정하는 기준을 갖추어 교육부장관의 지정을 받아야 한다.
⑥ 교육부장관은 제5항의 지정을 위한 평가를 관련 기관이나 관련 단체에 위탁할 수 있다.
⑦ 제1항부터 제3항까지의 규정에 따른 학사학위의 종류와 수여에 필요한 사항, 인가의 기준 및 입학자격에 관한 구체적 사항 등은 대통령령으로 정한다.
(2022.10.18 본조신설)

제6절　기술대학

제55조【목적】 기술대학은 산업체 근로자가 산업현장에서 전문적인 지식·기술의 연구·연마를 위한 교육을 계속하여 받을 수 있도록 함으로써 이론과 실무능력을 고루 갖춘 전문인력을 양성함을 목적으로 한다.
제56조【기술대학의 과정 및 수업연한】 ① 기술대학에는 전문학사학위과정과 학사학위과정을 둔다.
② 제1항에 따른 각 과정의 수업연한은 각각 2년으로 한다.
제57조【입학자격 등】 ① 기술대학의 전문학사학위과정에 입학할 수 있는 사람은 고등학교를 졸업한 사람이나 법령에 따라 이와 같은 수준 이상의 학력이 있다고 인정된 사람으로서 대통령령으로 정하는 기간 이상 산업체에 근무하고 있는 사람으로 한다.
② 기술대학의 학사학위과정에 입학할 수 있는 사람은 전문대학을 졸업한 사람이나 법령에 따라 이와 같은 수준 이상의 학력이 있다고 인정된 사람으로서 대통령령으로 정하는 기간 이상 산업체에 근무하고 있는 사람으로 한다.
③ 기술대학은 제1항과 제2항에 따른 자격이 있는 사람 중에서 학생을 선발하되, 그 선발방법은 대통령령으로 정하는 바에 따라 학칙으로 정한다.
제58조【학위의 수여】 ① 기술대학의 전문학사학위과정에 입학하여 학칙으로 정하는 과정을 마친 사람에게는 전문학사학위를 수여한다.
② 기술대학의 학사학위과정에 입학하여 학칙으로 정하는 과정을 마친 사람에게는 학사학위를 수여한다.
③ 제1항과 제2항에 따른 학위의 종류와 수여에 필요한 사항은 대통령령으로 정한다.

제7절　각종학교

제59조【각종학교】 ① 각종학교란 제2조제1호부터 제6호까지의 학교와 유사한 교육기관을 말한다.
② 각종학교는 제2조제1호부터 제6호까지의 학교와 유사한 명칭을 사용할 수 없다.
③ 교육부장관은 국립 각종학교의 설립·운영에 관한 권한을 대통령령으로 정하는 바에 따라 관계 중앙행정기관의 장에게 위탁할 수 있다.(2013.3.23 본항개정)
④ 대학 및 전문대학에 준하는 각종학교 중 교육부장관의 지정을 받아 상급 학위과정에의 입학학력이 인정되는 각종학교의 학위 수여에 관하여는 제35조제1항·제6항과 제50조를 준용한다.(2013.3.23 본항개정)
⑤ 각종학교에 관하여 그 밖에 필요한 사항은 교육부령으로 정한다.(2013.3.23 본항개정)

제4장　보칙 및 벌칙
(2011.7.21 본장개정)

제60조【시정 또는 변경 명령 등】 ① 교육부장관은 학교가 시설, 설비, 수업, 학사(學事), 그 밖의 사항에 관하여 교육 관계 법령 또는 이에 따른 명령이나 학칙을 위반하면 기간을 정하여 학교의 설립자·경영자 또는 학교의 장에게 그 시정이나 변경을 명할 수 있다.
② 교육부장관은 제1항에 따른 시정 또는 변경 명령을 받은 자가 정당한 사유 없이 지정된 기간에 이를 이행하지 아니하면 대통령령으로 정하는 바에 따라 그 위반행위를 취소 또는 정지하거나 그 학교의 학생정원 감축, 학과 폐지 또는 학생 모집정지 등의 조치를 할 수 있다.
③ 교육부장관은 위반행위가 이미 종료되는 등 위반행위의 성질상 시정·변경할 수 없는 것이 명백한 경우에는 제1항에 따른 시정 또는 변경 명령을 하지 아니하고 제2항에 따른 조치를 할 수 있다.(2013.8.13 본항신설)
(2013.8.13 본조제목개정)
(2013.3.23 본조개정)
제61조【휴업 및 휴교 명령】 ① 교육부장관은 재해 등의 긴급한 사유로 정상수업이 불가능하다고 인정하면 학교의 장에게 휴업을 명할 수 있다.(2013.3.23 본항개정)
② 제1항에 따른 명령을 받은 학교의 장은 지체 없이 휴업을 하여야 한다.
③ 교육부장관은 학교의 장이 제1항에 따른 명령에도 불구하고 휴업을 하지 아니하거나 특별히 긴급한 사유가 있는 경우에는 휴교처분을 할 수 있다.(2013.3.23 본항개정)
④ 제1항과 제2항에 따라 휴업한 학교는 휴업기간 중 수업과 학생의 등교가 정지되며, 제3항에 따라 휴교한 학교는 휴교기간 중 단순한 관리 업무 외에는 학교의 모든 기능이 정지된다.
제62조【학교 등의 폐쇄】 ① 교육부장관은 학교가 다음 각 호의 어느 하나에 해당하여 정상적인 학사운영이 불가능한 경우에는 해당 학교의 학교법인에 대하여 학교의 폐쇄를 명할 수 있다.(2013.3.23 본문개정)
1. 학교의 장이나 설립자·경영자가 고의나 중대한 과실(過失)로 이 법 또는 이 법에 따른 명령을 위반한 경우
2. 학교의 장이나 설립자·경영자가 같은 사유로 이 법 또는 그 밖의 교육 관계 법령에 따른 교육부장관의 명령을 3회 이상 위반한 경우(2016.5.29 본호개정)
3. 휴가기간을 제외하고 계속하여 3개월 이상 수업을 하지 아니한 경우
② 교육부장관은 제4조제2항에 따른 학교설립인가나 제24조에 따른 분교설치인가를 받지 아니하고 학교의 명칭을 사용하거나 학생을 모집하여 시설을 사실상 학교의 형태로 운영하는 자에게는 그 시설의 폐쇄를 명할 수 있다.
(2013.3.23 본항개정)
제63조【청문】 교육부장관은 제62조에 따라 학교나 시설 등의 폐쇄를 명하려면 청문을 하여야 한다.
(2013.3.23 본조개정)
제64조【벌칙】 ① 제34조제9항을 위반하여 시험문제가 공개되기 전에 그 시험문제의 전부 또는 일부를 유출하거나 유포한 자는 5년 이하의 징역 또는 5천만원 이하의 벌금에 처한다.(2017.11.28 본항개정)
② 다음 각 호의 어느 하나에 해당하는 자는 3년 이하의 징역 또는 3천만원 이하의 벌금에 처한다.(2016.5.29 본문개정)

1. 제4조제2항에 따른 학교설립인가나 제24조에 따른 분교설치인가를 받지 아니하고 학교의 명칭을 사용하거나 학생을 모집하여 시설을 사실상 학교의 형태로 운영하는 자
2. 제4조제3항을 위반하여 폐지인가나 변경인가를 받지 아니한 자
3. 거짓이나 그 밖의 부정한 방법으로 제4조제2항에 따른 학교의 설립인가나 제4조제3항에 따른 폐지인가 또는 변경인가를 받거나 제24조에 따른 분교설치인가를 받은 자

③ 다음 각 호의 어느 하나에 해당하는 자는 1년 이하의 징역 또는 1천만원 이하의 벌금에 처한다.(2016.5.29 본문개정)
1. 제33조와 제57조에 해당되지 아니한 사람에게 입학을 허가한 자
2. 제35조제1항(제59조제4항에서 준용하는 경우를 포함한다)부터 제4항까지, 제50조제1항(제59조제4항에서 준용하는 경우를 포함한다), 제54조제1항·제2항 또는 제58조제1항·제2항을 위반하여 학위를 수여한 자
3. 제60조제1항에 따른 시정 명령이나 변경 명령을 위반한 자
4. 제62조제1항에 따른 학교 폐쇄 명령을 위반한 자

판례 구 고등교육법(2016.12.20 법률 제14391호로 개정되기 전의 것) 동조 제1항 제1호의 '학교의 명칭을 사용하거나 학생을 모집하여 시설을 사실상 학교의 형태로 운영한다'고 함은 교육을 위한 인적·물적 설비를 갖추고 학교의 명칭을 사용하여 학생을 모집하여 계획적으로 정비된 교육내용을 가르치는 것을 말하는 것으로서, 이에 해당하는지 여부는 그 설립목적과 명칭, 조직과 학제, 교육내용과 방법, 입학자격과 교수진의 구성, 수업료의 납부와 졸업에 따른 학위수여 여부 등을 종합적으로 고찰하여 판단하여야 할 것이지만 반드시 대학설립·운영규정(대통령령)에서 정한 학교설립인가의 기준을 갖추어야 하는 것은 아니다.(대판 2003.6.27, 2001도3003)

제64조의2【벌칙 적용 시의 공무원 의제】 입학사정관 및 이를 감독하는 자는 「형법」 제129조부터 제132조까지의 규정을 적용할 때에는 공무원으로 본다.(2012.1.26 본조신설)

부　칙 (2007.10.17)

제1조【시행일】 이 법은 공포 후 6개월이 경과한 날부터 시행한다.
제2조【원격대학형태의 평생교육시설에 관한 경과조치】
① 「평생교육법」 제22조제3항에 따라 원격대학형태의 평생교육시설을 설치·운영하고 있는 자가 해당 시설을 이 법에 따른 사이버대학으로 전환하고자 하는 경우에는 교육인적자원부장관에게 신청하여 인가를 받아야 한다.
② 교육인적자원부장관은 제1항에 따라 원격대학형태의 평생교육시설을 이 법에 따라 사이버대학으로의 전환을 인가할 경우에는 해당 원격대학형태의 평생교육시설의 교육여건, 교육과정의 운영 등을 평가하여 그 결과를 반영하여야 한다.
③ 제1항 및 제2항에 따른 전환의 신청, 평가·인가의 절차 등에 필요한 사항은 대통령령으로 정한다.
제3조【졸업자에 대한 경과조치】 부칙 제2조제1항에 따라 인가받은 원격대학형태의 평생교육시설을 졸업한 자는 이 법에 따른 사이버대학을 졸업한 자로 본다.
제4조【학위에 관한 경과조치】 부칙 제2조제1항에 따라 사이버대학으로 전환을 인가받은 원격대학형태의 평생교육시설에서 수여된 전문학사학위·학사학위는 각각 이 법에 따라 수여된 것으로 본다.
제5조【재학생에 대한 경과조치】 부칙 제2조제1항에 따라 사이버대학으로의 전환을 인가받은 원격대학형태의 평생교육시설에 재학 중인 자는 이 법에 따른 사이버대학에 재학 중인 것으로 본다.

부　칙 (2008.3.28)

제1조【시행일】 이 법은 공포한 날부터 시행한다. 다만, 제40조의2의 개정규정은 공포 후 6개월이 경과한 날부터 시행한다.
제2조【산업대학을 폐지하여 대학을 설립하는 경우의 특례의 유효기간】 제40조의2의 개정규정은 이 법 시행일부터 3년간 효력을 가진다.
제3조【종전에 산업대학을 폐지하고 대학을 설립한 경우의 특례】 제40조의2의 개정규정 시행 전에 산업대학을 폐지하고 대학을 설립한 경우 해당 대학을 설치·경영하는 국가 또는 학교법인은 제40조의2의 개정규정의 특례요건에 준하여 2009년 12월 31일까지 교육과학기술부장관에게 정원의 조정을 신청할 수 있다. 이 경우 교육과학기술부장관은 신청일부터 3개월 이내에 그 결과를 통보하여야 한다.(2009.1.30 본조신설)
제4조【폐지되는 산업대학 학생 등에 관한 경과조치】
① 이 법 시행으로 폐지되는 산업대학에 재학 중인 학생에 대하여는 종전의 규정을 적용한다.
② 이 법 시행으로 폐지되는 산업대학은 폐교일부터 6년간 존속하는 것으로 본다.
③ 폐지된 산업대학의 학생 중 정당한 사유로 그 존속기간 내에 학교를 졸업하지 못한 자가 있을 때에는 다른 산업대학이나 산업대학을 폐지하여 설립한 해당 대학에 편입학 할 수 있다.

부　칙 (2011.5.19)

① **【시행일】** 이 법은 공포 후 6개월이 경과한 날부터 시행한다.
② **【의료인 양성을 위한 과의 지정에 관한 적용례】** 제50조의3의 개정규정은 이 법 시행 후 입학한 학생에 대하여 적용하되, 제50조의3제2항에 따라 수업연한을 4년으로 하는 과정을 운영할 수 있도록 지정을 받은 과에 지정 당시 재학 중인 학생에 대하여는 본인의 신청에 의하여 이를 적용할 수 있다.

부　칙 (2011.7.21)

제1조【시행일】 이 법은 공포한 날부터 시행한다. 다만, 제18조제2항의 개정규정은 2011년 11월 20일부터, 제3조의 개정규정은 2011년 12월 28일부터, 제6조제2항, 제21조제1항 및 제29조의3의 개정규정은 공포 후 6개월이 경과한 날부터, 제14조제2항의 개정규정 및 부칙 제3조는 공포 후 1년이 경과한 날부터 각각 시행한다.
제2조【전임강사의 명칭 폐지에 관한 경과조치】 ① 제14조제2항의 개정규정 시행 당시 종전의 규정에 따른 전임강사는 이 법에 따른 조교수로 본다.
② 제14조제2항의 개정규정 시행 당시 종전의 규정에 따른 전임강사 근무경력은 이 법에 따른 조교수 근무경력으로 본다.
제3조【다른 법률의 개정】 ①~㉗ ※(해당 법령에 가제정리 하였음)
제4조【명칭변경에 따른 다른 법령과의 관계】 이 법 시행 당시 다른 법령에서 「고등교육법」에 따른 "전임강사"를 인용한 경우에는 "조교수"를 인용한 것으로 본다.

부　칙 (2013.8.13)

제1조【시행일】 이 법은 공포 후 6개월이 경과한 날부터 시행한다. 다만, 제29조의2의 개정규정은 공포한 날부터 시행한다.
제2조【원격대학의 수업연한 단축에 관한 적용례】 제53조제3항의 개정규정은 이 법 시행 전에 원격대학에서 학위취득에 필요한 학점 이상을 취득한 사람에 대해서도 적용한다.

부　칙 (2014.1.1)

제1조【시행일】 이 법은 공포한 날부터 시행한다. 다만, 제34조의5의 개정규정은 2014년 4월 30일부터 시행한다.
제2조【대학입학 전형계획에 관한 적용례】 제34조의5제1항 및 제2항의 개정규정은 2017학년도 대학입학전형부터 적용한다.
제3조【대학입학 전형계획의 공표에 관한 경과조치】 2016학년도의 경우 제34조의5제1항 및 제2항의 개정규정에도 불구하고 대학입학전형기본사항은 2014년 4월 30일까지, 대학입학전형시행계획은 2014년 7월 31일까지 각각 공표하여야 한다.
제4조【등록금에 관한 특례】 제3조에 따른 국가가 설립·경영하거나 국가가 국립대학 법인으로 설립한 국립학교 및 지방자치단체가 설립·경영하는 공립학교의 2015학년도 등록금에 대해서는 제11조제7항을 적용하지 아니한다.(2015.3.13 본조신설)

부　칙 (2016.3.2)

제1조【시행일】 이 법은 공포한 날부터 시행한다. 다만, 법률 제11212호 고등교육법 일부개정법률 제14조의2제1항 단서의 개정규정은 2019년 8월 1일부터 시행한다.(2018.12.18 단서개정)
제2조【학칙에 관한 경과조치】 제23조의4의 개정규정에 따라 학칙으로 정하도록 위임한 사항은 이 법 시행일부터 1년의 범위에서 해당 학칙이 개정될 때까지는 종전의 학칙에 따른다.

부　칙 (2016.5.29)

제1조【시행일】 이 법은 공포한 날부터 시행한다.
제2조【명령 위반 횟수 산정에 관한 적용례】 이 법 시행 전에 학교의 장이나 설립자·경영자가 이 법 또는 그 밖의 교육 관계 법령에 따른 교육부장관의 명령을 위반한 횟수는 제62조제1항제2호의 개정규정에 따른 위반 횟수 산정 시 포함한다.

부　칙 (2017.11.28)

제1조【시행일】 이 법은 공포 후 6개월이 경과한 날부터 시행한다. 다만, 제7조의 개정규정은 2019년 1월 1일부터 시행한다.
제2조【장애인 응시자 편의제공에 관한 적용례】 제34조제4항의 개정규정은 이 법 시행 후 제34조제3항에 따라 교육부장관이 최초로 시행하는 시험부터 적용한다.

부　칙 (2018.12.18)

제1조【시행일】 이 법은 2019년 1월 1일부터 시행한다. 다만, 제15038호 고등교육법 일부개정법률 제7조제6항의 개정규정은 공포 후 6개월이 경과한 날부터 시행하고, 법률 제11212호, 법률 제13819호 및 법률 제14054호 고등교육법 일부개정법률 제14조의2의 개정규정 및 법률 제11212호 고등교육법 일부개정법률 제17조의 개정규정은 2019년 8월 1일부터 시행한다.
제2조【강사 및 겸임교원등에 관한 적용례】 이 법은 2019년 8월 1일 이후 신규 임용되는 강사와 겸임교원등부터 적용한다.

부　칙 (2019.4.23)

제1조【시행일】 이 법은 공포 후 6개월이 경과한 날부터 시행한다.
제2조【입학사정관의 학생선발 업무 배제에 관한 적용례】 제34조의2제3항 및 제4항의 개정규정은 이 법 시행 후 최초로 실시하는 입학전형부터 적용한다.

부　칙 (2019.12.3)

제1조【시행일】 이 법은 공포 후 6개월이 경과한 날부터 시행한다.
제2조【등록금 분할납부에 관한 적용례】 제11조제1항의 개정규정은 이 법 시행 이후 등록금을 징수하는 경우부터 적용한다.
제3조【입학금 징수 금지에 관한 적용례】 제11조제2항의 개정규정은 2023학년도 이후 학교에 입학 또는 편입학하는 사람부터 적용한다.
제4조【다른 법률의 개정】 ①~② ※(해당 법령에 가제정리 하였음)

부　칙 (2019.12.10)

이 법은 공포 후 6개월이 경과한 날부터 시행한다.

부　칙 (2020.10.20)

이 법은 공포 후 3개월이 경과한 날부터 시행한다. 다만, 제22조의 개정규정은 공포 후 6개월이 경과한 날부터 시행한다.

부　칙 (2020.12.22)

제1조【시행일】 이 법은 공포 후 6개월이 경과한 날부터 시행한다.
제2조【한국어능력시험에 관한 경과조치】 이 법 시행 전에 교육부장관이 실시한 한국어능력시험은 제34조의7의 개정규정에 따른 한국어능력시험으로 본다.

부　칙 (2021.3.23 법17951호)

이 법은 공포 후 6개월이 경과한 날부터 시행한다. 다만, 제19조의3의 개정규정은 공포 후 1년이 경과한 날부터 시행한다.

부　칙 (2021.3.23 법17954호)

이 법은 공포한 날부터 시행한다.(이하 생략)

부　칙 (2021.9.24)

제1조【시행일】 이 법은 2022년 3월 1일부터 시행한다.
제2조【입학전형에 관한 적용례】 제34조의8의 개정규정은 이 법 시행 이후 공표되는 대학입학전형시행계획부터 적용한다.

부　칙 (2022.10.18)

제1조【시행일】 이 법은 공포 후 6개월이 경과한 날부터 시행한다. 다만, 제34조의5의 개정규정은 공포한 날부터 시행한다.
제조【다른 법률의 개정】 ※(해당 법령에 가제정리 하였음)

부　칙 (2023.6.9)

제1조【시행일】 이 법은 공포 후 1개월이 경과한 날부터 시행한다.(이하 생략)

고등교육법 시행령

(1998년 2월 24일
대통령령 제15665호)

개정
1999. 3.26영16196호 2000.11.28영17008호
2001. 1.29영17115호(직제)
2001.12.31영17440호 2002. 5.27영17607호
2002.12.11영17796호 2003. 9. 1영18096호
2005. 3.25영18752호 2006. 1.13영19278호
2006. 6. 7영19500호 2007. 1.24영19842호
2007. 4.12영20003호(초중교육시)
2007. 4.20영20017호 2007.10.16영20327호
2007.10.23영20332호 2007.11.15영20382호
2008. 2.14영20609호
2008. 2.29영20740호(직제)
2008. 6. 5영20797호 2008. 6.11영20809호
2008. 9. 8영20990호 2008. 9.18영21006호
2008.12.31영21214호(직제)
2008.12.31영21215호(행정정보이용감축개정령)
2009. 1.16영21265호 2009.10. 7영21766호
2010. 2.18영22049호
2010. 5. 4영22151호(전자정부법시)
2010. 6.29영22234호(초중교육시)
2010. 9. 1영22368호 2011. 3.15영22707호
2011.10.17영23225호 2011.12.28영23393호
2012. 1. 6영23485호 2012. 1.20영23522호
2012. 3. 2영23650호 2013. 2.15영24375호
2013. 3.23영24423호(직제)
2013.10.22영24802호 2013.11.20영24847호
2014. 2.11영25157호 2014. 4.29영25333호
2014.12. 9영25840호(규제기한정비)
2014.12.16영25850호 2015. 1. 6영25960호
2015.11.18영26638호
2015.11.30영26683호(기준중위소득도입및맞춤형급여체계개편에따른고등교육법시행령등일부개정령)
2015.12.31영26855호(규제기한설정)
2016. 8.29영27456호 2016.10.25영27551호
2016.11.29영27611호
2016.12.30영27751호(규제기한설정)
2017. 1.17영27788호 2017. 5. 8영28014호
2017. 6.20영28113호 2017. 9. 5영28263호
2018. 2.27영28680호
2018. 3.13영28697호(인·허가처리기한도입을위한일부개정령)
2018. 5.28영28900호 2018. 7.31영29068호
2018.10.16영29222호 2018.12.18영29369호
2019. 6.11영29813호 2019. 6.18영29863호
2019.10.22영30131호 2020. 6. 2영30725호
2021. 6.15영31766호 2021. 9.24영31993호
2022. 2.17영32447호(국민평생직업능력개발법시)
2022. 2.28영32507호 2022. 3.22영32548호
2022. 9. 6영32895호
2023. 1.10영33218호(대학설립·운영규정)
2023. 3.28영33366호(유연한규제혁신)
2023. 4.18영33405호
2023. 9.19영33725호(대학설립·운영규정)

제1장 총 칙

제1조【목적】 이 영은 「고등교육법」에서 위임된 사항과 그 시행에 관하여 필요한 사항을 규정함을 목적으로 한다.(2005.3.25 본조개정)

제2조【학교설립 등】 ① 「고등교육법」(이하 "법"이라 한다) 제4조제1항의 규정에 의하여 학교를 설립하고자 하는 자가 갖추어야 하는 시설·설비 등 학교의 설립기준에 관한 사항은 따로 대통령령으로 정한다.
(2005.3.25 본항개정)
② 법 제4조제2항에 따라 학교의 설립인가를 받고자 하는 자는 다음 각 호의 사항이 기재된 서류를 갖추어 교육부장관에게 신청하여야 한다. 다만, 법 제2조제5호에 따른 사이버대학의 설립인가절차에 관하여는 따로 대통령령으로 정한다.(2013.3.23 본문개정)
1. 목적
2. 명칭
3. 위치
4. 학칙
5. 학교헌장
6. 향후 4년간 재정운영계획서
7. 실험실습설비 등 내부시설
8. 교사의 평면도(2008.12.31 본호개정)
9. 개교예정일
10. 부설학교를 두는 때에는 그 계획서(1999.3.26 본호개정)
11. 사립학교의 경우에는 학교법인의 정관 및 출연금에 관한 서류(2008.12.31 본호개정)

③ 제2항에 따라 신청을 받은 교육부장관은 「전자정부법」 제36조제1항에 따른 행정정보의 공동이용을 통하여 다음 각 호의 사항을 확인하여야 한다.(2013.3.23 본문개정)
1. 교지·실습지의 지적도
2. 사립학교의 경우에는 학교법인의 등기사항증명서(2010.9.1 본호개정)

(2008.12.31 본항신설)
④ 법 제4조제3항에 따라 학교의 폐지인가를 받으려는 자는 다음 각 호의 사항이 기재된 서류를 갖추어 교육부장관에게 신청하여야 한다.(2013.3.23 본문개정)
1. 폐지사유
2. 폐지연월일
3. 학생 및 학적부의 처리방법
4. 사립학교를 폐지하려는 경우에는 학교 재산의 처리방법(2013.2.15 본호신설)

⑤ 법 제4조제3항에서 "대통령령으로 정하는 중요사항"이라 함은 학교의 설립·경영자와 제2항제1호부터 제3호까지 및 제10호의 사항을 말한다.(2012.3.2 본항개정)
⑥ 법 제4조제3항의 규정에 의하여 변경인가를 받고자 하는 자는 다음 각호의 사항이 기재된 서류를 갖추어 교육부장관에게 신청하여야 한다.(2013.3.23 본문개정)
1. 변경사유
2. 변경내용
3. 변경연월일

⑦ 교육부장관은 법 제4조제3항에 따른 학교의 폐지인가 또는 변경인가의 신청을 받은 날부터 다음 각 호의 구분에 따른 기간 이내에 인가 여부 또는 처리 지연 사유를 신청인에게 통지하여야 한다.
1. 학교의 폐지 : 60일
2. 학교의 위치 변경 : 60일
3. 학교의 설립·경영자 변경 : 30일
4. 학교의 설립목적, 명칭 또는 부설학교의 설립계획서 변경 : 30일

(2018.3.13 본항신설)

제3조【학교헌장】 제2조제2항제5호의 규정에 의한 학교헌장에는 다음 각호의 사항이 포함되어야 한다.
1. 학교의 건학이념
2. 학사운영에 관한 계획
3. 재정운용에 관한 계획
4. 교육·연구용 시설·설비의 확보에 관한 계획
5. 교직원의 인사운영·복지후생에 관한 계획
6. 학생의 복지후생 및 지도에 관한 계획
7. 대학의 장기발전에 관한 계획

제4조【학칙】 ① 법 제6조에 따른 학교규칙(이하 "학칙"이라 한다)에는 다음 각 호의 사항을 기재하여야 한다.
(2014.12.16 본문개정)
1. 전공의 설치와 학생정원(2006.1.13 본호개정)
2. 수업연한·재학연한, 학기와 수업일수 및 휴업일
3. 입학, 재·편입학, 휴·복학, 모집단위간 이동 또는 전과·자퇴·제적·유급·수료·졸업 및 징계(2006.1.13 본호개정)
4. 학위의 종류 및 수여·취소(2014.12.16 본호개정)
5. 교육과정의 운영, 교과의 이수단위 및 성적의 관리
6. 복수전공 및 학점인정
7. 등록 및 수강 신청
8. 공개강좌(2006.1.13 본호개정)
9. 교원의 교수시간
10. 학생회 등 학생자치활동
11. 장학금지급 등 학생에 대한 재정보조
12. (2006.1.13 삭제)
13. 수업료·입학금 기타의 비용징수
14. 학칙개정절차
15. 대학평의원회에 관한 사항(2018.5.28 본호신설)
16. 교수회가 있는 경우에는 그에 관한 사항(2018.5.28 본호개정)
17. 그 밖에 법령에서 정하는 사항(2018.5.28 본호개정)

② 국립의 교육대학 및 법 제43조제1항에 따른 종합교원양성대학(이하 "교원양성대학교"라 한다)은 「교육공무원법」 제24조제2항에 따른 대학의 장 임용추천위원회가 「교육공무원임용령」 제12조의4제2항에 따라 공모 방식으로 대학의 장 후보자를 선정하는 경우에는 그 선정에 관한 사항을 학칙에 기재하여야 한다.(2012.1.6 본항신설)
③ 법 제6조제1항의 규정에 의하여 학교의 장이 학칙을 제정 또는 개정하고자 하는 때에는 학칙이 정하는 바에 따라 제정안 또는 개정안의 사전공고·심의 및 공포의 절차를 거쳐야 한다.(2006.1.13 본항개정)
④~⑤ (2012.1.20 삭제)

제4조의2【고등교육 재정지원 기본계획 및 지원계획의 수립 절차】 ① 교육부장관은 법 제7조의2제1항에 따라 고등교육 재정지원 기본계획을 수립하기 위하여 기본계획 작성에 필요한 지침을 마련하여 기본계획을 시행하는 해의 전년도 3월 31일까지 관계 중앙행정기관의 장에게 통보해야 한다.
② 관계 중앙행정기관의 장은 제1항의 지침에 따라 소관 업무별 고등교육 재정지원 계획안을 작성하여 고등교육 재정지원 기본계획을 시행하는 해의 전년도 5월 31일까지 교육부장관에게 제출해야 한다.
③ 교육부장관은 제2항에 따라 제출받은 재정지원 계획안을 종합하여 고등교육 재정지원 기본계획을 수립하고, 제4조의5제1항에 따른 고등교육재정지원위원회의 심의를 거쳐 고등교육 재정지원 기본계획을 시행하는 해의 전년도 9월 30일까지 그 계획을 확정해야 한다.
④ 교육부장관은 제3항에 따라 확정된 고등교육 재정지원 기본계획을 관계 중앙행정기관의 장 및 지방자치단체의 장에게 통보해야 한다.
⑤ 법 제7조의2제1항에 따른 고등교육 재정지원 연도별 지원계획의 수립 절차에 관하여는 제1항부터 제4항까지의 규정을 준용한다. 이 경우 "기본계획"은 "연도별 지원계획"으로 본다.
(2022.2.28 본조개정)

제4조의3【고등교육재정지원사업의 신설·변경에 관한 협의 절차】 ① 중앙행정기관의 장은 법 제7조의2제3항에 따라 학교에 재원을 지원하거나 보조하는 사업(이하 "고등교육재정지원사업"이라 한다)을 신설·변경하려는 경우에는 그 사업을 신설·변경하려는 해의 전년도 4월 30일까지 교육부장관에게 협의를 요청해야 한다. 다만, 고등교육의 환경 변화를 고려하여 긴급하게 협의·조정할 필요가 있는 경우에는 4월 30일 후에도 협의를 요청할 수 있다.
② 제1항에 따른 협의 요청 사항에는 다음 각 호의 사항이 포함되어야 한다.
1. 고등교육재정지원사업의 목적, 대상, 내용 및 선정·평가 방식 등 세부 사업계획
2. 고등교육재정지원사업의 신설·변경의 근거
3. 고등교육재정지원사업의 신설·변경에 필요한 단기 및 중장기 예산 계획
4. 법 제7조의2제1항에 따른 고등교육 재정지원 기본계획 및 연도별 지원계획과의 부합 여부
5. 중장기 고등교육 정책 방향 및 학교에 미치는 영향 등 고등교육재정지원사업의 신설·변경에 따라 예상되는 성과와 그 성과관리 계획
6. 그 밖에 고등교육재정지원사업의 신설·변경에 따라 협의가 필요한 사항

③ 교육부장관은 제1항에 따른 협의를 위해 필요한 기준·절차 등을 정하여 관계 중앙행정기관의 장에게 통보할 수 있다.
④ 교육부장관은 제1항에 따른 협의·조정에 필요하다고 인정하는 경우에는 제4조의5제1항에 따른 고등교육재정지원위원회의 심의·조정을 거칠 수 있다.
⑤ 교육부장관은 고등교육재정지원사업의 신설·변경에 관한 협의·조정의 결과를 기획재정부장관에게 통보해야 한다.
⑥ 제5항에 따른 통보를 받은 기획재정부장관은 「국가재정법」 제32조에 따라 예산안을 편성할 때 그 협의·조정의 결과를 고려하여 예산안을 편성할 수 있다.
(2022.2.28 본조신설)

제4조의4【고등교육재정지원사업의 실태조사 등】 ① 법 제7조의2제4항에 따른 실태조사는 정기조사와 수시조사로 구분하여 실시하며, 정기조사는 매년 실시하고 수시조사는 정기조사를 보완하기 위하여 필요한 경우에 실시한다.
② 제1항에 따른 실태조사에는 다음 각 호의 사항이 포함되어야 한다.
1. 관계 중앙행정기관 및 지방자치단체 소관 고등교육재정지원사업의 사업비, 사업내용, 사업성과 및 지원대상 등 기본정보
2. 관계 중앙행정기관 및 지방자치단체 소관 고등교육재정지원사업의 지원대상별 지원 현황
3. 그 밖에 고등교육재정지원사업의 실태를 파악하기 위하여 교육부장관이 필요하다고 인정하는 사항

③ 교육부장관은 제1항에 따른 실태조사를 고등교육 재정에 관한 전문성을 갖춘 연구기관·법인·단체나 관계 전문가에게 의뢰하여 실시할 수 있다.
④ 교육부장관은 법 제7조의2제4항에 따라 다음 각 호의 사업 중에서 심층적 분석이 필요하다고 인정하는 사업에 대해 관계 중앙행정기관의 장에게 관련 자료의 제출을 요청할 수 있다.
1. 법 제7조의2제1항에 따른 고등교육 재정지원 기본계획에 포함된 주요 사업
2. 중앙행정기관 간 연계·조정이 필요한 사업
3. 그 밖에 고등교육에 전략적으로 재원을 투자하기 위하여 교육부장관이 성과를 분석할 필요가 있다고 인정하는 사업

(2022.2.28 본조신설)

제4조의5【고등교육재정지원위원회의 구성 및 운영】 ① 법 제7조의2제5항에 따라 다음 각 호의 사항을 심의·조정하기 위하여 교육부장관 소속으로 고등교육재정지원위원회(이하 "재정지원위원회"라 한다)를 둔다.
1. 법 제7조의2제1항에 따른 고등교육 재정지원 기본계획 및 연도별 지원계획의 수립
2. 고등교육재정지원사업의 협의·조정에 관한 사항
3. 그 밖에 고등교육에 대한 지원 확대 및 전략적 재원 투자에 관한 사항으로서 재정지원위원회의 위원장(이하 이 조에서 "위원장"이라 한다)이 필요하다고 인정하는 사항

② 재정지원위원회는 위원장 1명을 포함하여 20명 이내의 위원으로 구성한다.
③ 위원장은 교육부장관으로 하고, 위원은 다음 각 호의 사람으로 한다.

1. 정부위원 : 기획재정부장관, 과학기술정보통신부장관, 산업통상자원부장관, 고용노동부장관, 중소벤처기업부장관과 그 밖에 위원장이 필요하다고 인정하는 관계 중앙행정기관의 장
2. 위촉위원 : 「한국대학교육협의회법」 제2조제1항에 따른 한국대학교육협의회의 회장, 「한국전문대학교육협의회법」 제2조제1항에 따른 한국전문대학교육협의회의 회장 및 교육 분야 재정 운영 등에 관한 전문지식과 경험이 풍부한 사람으로서 성별을 고려하여 위원장이 위촉하는 사람

④ 제1항부터 제3항까지에서 규정한 사항 외에 재정지원위원회의 구성 및 운영에 필요한 사항은 교육부장관이 정한다.
(2022.2.28 본조신설)

제4조의6【등록금 자료의 제출】 ① 법 제11조제3항에 따른 등록금심의위원회는 법 제11조제6항에 따라 적정하게 등록금을 산정하기 위하여 필요한 경우 학교의 장에게 등록금 산정 근거자료, 학교 회계운영 현황자료 등 관련 자료의 제출을 요청할 수 있다.(2020.6.2 본항개정)
② 제1항에 따라 요청을 받은 학교의 장은 요청받은 자료를 지체 없이 등록금심의위원회에 제출하여야 한다.
③ 등록금심의위원회는 제2항에 따라 제출받은 자료에 누락이 있거나 보완이 필요한 경우 학교의 장에게 자료를 추가하거나 보완하여 제출할 것을 요청할 수 있다.
(2011.12.28 본조신설)

제4조의7【회의록 공개】 ① 법 제11조제7항에 따른 회의록은 회의일 다음 날부터 기산하여 10일 이내에 학교의 인터넷 홈페이지에 공개해야 한다. 다만, 다음 각 호의 어느 하나에 해당하는 사항은 등록금심의위원회의 의결로 공개하지 않을 수 있다.(2020.6.2 본문개정)
1. 회의록에 포함되어 있는 이름, 주민등록번호 등 개인에 관한 사항으로서 공개될 경우 개인의 사생활을 현저히 침해할 우려가 있다고 인정되는 사항
2. 공개될 경우 등록금심의위원회의 심의의 공정성을 크게 저해할 우려가 있다고 인정되는 사항
3. 그 밖에 공개하기에 적당하지 아니하다고 등록금심의위원회가 의결한 사항

② 제1항 단서에 따라 회의록의 일부 또는 전부를 공개하지 않을 때에는 비공개사유 및 비공개기간을 공시하여야 하며, 비공개사유가 해소되거나 비공개기간이 종료되는 시점에 즉시 공개하여야 한다.
(2011.12.28 본조신설)

제4조의8【교육통계조사의 조사내용 등】 ① 법 제11조의3제1항에 따른 고등교육에 관한 교육통계조사(이하 "교육통계조사"라 한다)의 내용은 다음 각 호와 같다.
1. 고등교육기관의 명칭, 종류, 소재지 등 현황
2. 학부, 학과 및 전공 등에 관한 사항
3. 학생, 교원, 직원 및 조교에 관한 사항
4. 졸업생의 진학 및 취업 등 진로에 관한 사항
5. 그 밖에 교육통계조사를 위하여 교육부장관이 필요하다고 인정하는 사항

② 법 제11조의3제2항에 따른 고등교육기관은 다음 각 호의 학교 등으로 한다.
1. 법 제2조에 따른 학교
2. 「평생교육법」 제31조제4항, 제32조 및 제33조에 따른 평생교육시설
3. 「국민 평생 직업능력 개발법」 제2조제5호에 따른 기능대학(2022.2.17 본호개정)
4. 개별 법률에 따라 설치된 고등교육기관
5. 그 밖에 법 제2조에 따른 학교와 동등하거나 이와 같은 수준의 학력이 인정되는 기관

(2017.6.20 본조신설)

제4조의9【교육통계조사의 절차 및 결과 공개 등】 ① 교육통계조사는 정기조사와 수시조사로 구분하여 실시한다.
② 정기조사는 매년 4월 1일과 10월 1일을 기준으로 실시하고, 수시조사는 교육부장관이 필요하다고 인정하는 경우에 실시한다.
③ 교육부장관은 제2항에 따른 정기조사의 조사기준일 전에 표준화된 조사 분류 체계를 포함한 교육통계조사 지침을 확정하여 고등교육기관의 장에게 통보하여야 한다.
④ 고등교육기관의 장은 법 제11조의3제2항에 따라 자료를 제출하는 경우 제3항에 따른 교육통계조사 지침에 따라 자료를 작성하여 제2항에 따른 조사기준일부터 20일 이내에 교육부장관에게 제출하여야 한다.
⑤ 교육부장관은 제4항에 따라 제출받은 자료의 수정 및 보완이 필요한 경우 고등교육기관의 장에게 해당 자료의 수정 및 보완을 요청할 수 있다.
⑥ 교육부장관은 교육통계조사가 완료된 경우 그 결과를 교육부 홈페이지에 게재하는 등 널리 보급할 수 있는 방법으로 공개하여야 한다.
⑦ 교육부장관은 교육통계에 관한 자료의 수집 및 관리를 위하여 교육통계에 관한 정보를 통합·연계하여 처리·기록 및 관리하는 시스템(이하 "교육통계조사시스템"이라 한다)을 구축·운영할 수 있다.
⑧ 교육부장관은 교육통계의 발전을 위하여 국제기구·외국정부 또는 외국기관 등과 교류·협력할 수 있다.
⑨ 제1항부터 제8항까지에서 규정한 사항 외에 교육통계조사에 관하여 필요한 사항은 교육부장관이 정한다.
(2017.6.20 본조신설)

제4조의10【국가교육통계센터의 지정 및 업무 위탁】 ① 교육부장관은 법 제11조의3제7항에 따라 「정부출연연구기관 등의 설립·운영 및 육성에 관한 법률」에 따른 한국교육개발원(이하 "한국교육개발원"이라 한다)을 국가교육통계센터로 지정한다.
② 교육부장관은 법 제11조의3제7항에 따라 한국교육개발원에 다음 각 호의 업무를 위탁한다.
1. 법 제11조의3제1항에 따른 교육통계조사 업무
2. 법 제11조의3제6항에 따른 교육 관련 지표 및 예측통계 등 산출 업무
3. 제4조의9제7항에 따른 교육통계조사시스템의 구축·운영 업무(2022.2.28 본호개정)

(2017.6.20 본조신설)

제2장 교직원

제4조의11【강사의 임용기준과 절차 등】 ① 법 제14조의2제1항에 따라 강사를 임용할 때에는 다음 각 호의 임용기준과 절차에 따른다.
1. 법 제16조 및 「대학교원 자격기준 등에 관한 규정」 제2조에 따른 강사의 자격기준을 충족하는 사람을 대상으로 객관적이고 공정한 심사를 거쳐 공개 임용할 것
2. 제1호에 따른 심사를 하기 위하여 심사위원회를 구성할 것. 이 경우 심사위원회의 위원 임명·위촉 방법, 심사 방법, 그 밖에 심사에 필요한 사항은 학칙 또는 학교법인의 정관으로 정한다.
3. 「교육공무원법」 제5조제1항에 따른 대학인사위원회 또는 「사립학교법」 제53조의4제1항에 따른 교원인사위원회의 심의·의결을 거칠 것. 이 경우 심의·의결 과정에서 제2호에 따른 심사위원회의 심사 결과에 대한 검증을 해야 하며, 서면으로 심의·의결할 수 있다.

② 법 제14조의2제1항 각 호 외의 부분 본문에서 "임용기간, 임금 등 대통령령으로 정하는 사항"이란 다음 각 호의 사항을 말한다.
1. 임용기간
2. 임금(법 제14조의2제4항에 따라 방학기간 중 지급하는 임금을 포함한다)
3. 면직사유
4. 제3항에 따른 재임용 절차
5. 강의시간 및 복무 등 그 밖의 근무조건에 관한 사항

③ 법 제14조의2제3항에 따른 재임용 절차에는 다음 각 호의 사항이 포함되어야 한다.
1. 임용기간 만료사실의 사전통지에 관한 사항
2. 재임용 조건에 관한 사항

④ 제1항부터 제3항까지의 규정에도 불구하고 다음 각 호의 어느 하나에 해당하는 경우에는 학칙 또는 학교법인의 정관으로 정하는 바에 따라 강사를 임용할 수 있다.
1. 법 제14조의2제1항 각 호의 어느 하나에 해당하는 경우
2. 전문대학에서 산업체를 원소속기관으로 하여 정규직으로 3년 이상 근무하고 있는 사람을 강사로 임용하려는 경우

(2019.6.11 본조신설)

제5조【교원 등의 자격기준】 법 제16조의 규정에 의한 교원 및 조교가 될 수 있는 자의 자격기준에 관하여 필요한 사항은 따로 대통령령으로 정한다.

제6조【교원 등의 교수시간】 ① 대학·산업대학·교육대학 및 전문대학의 교원(학교의 장과 강사는 제외한다)의 교수시간은 매학년도 30주를 기준으로 매주 9시간을 원칙으로 한다. 다만, 학교의 장이 필요하다고 인정하는 경우에는 학칙으로 다르게 정할 수 있다.
② 대학·산업대학·교육대학 및 전문대학의 강사와 법 제17조제1항에 따른 겸임교원 및 초빙교원 등(이하 이 항에서 "겸임교원등"이라 한다)의 교수시간은 매학년도 30주를 기준으로 강사와 겸임교원등(겸임교원 및 초빙교원은 제외한다)의 경우에는 매주 6시간 이하를, 겸임교원 및 초빙교원의 경우에는 매주 9시간 이하를 각각 원칙으로 하되, 학교의 장이 특별히 필요하다고 인정하는 경우에는 강사와 겸임교원등(겸임교원 및 초빙교원은 제외한다)의 경우에는 매주 9시간을, 겸임교원 및 초빙교원의 경우에는 매주 12시간을 각각 초과하지 않는 범위에서 학칙으로 다르게 정할 수 있다. 다만, 외국인 초빙교원의 경우에는 예외로 한다.(2019.6.11 본항신설)
(2019.6.11 본조개정)

제7조【명예교수 등】 학교의 장은 법 제17조제1항에 따라 명예교수·겸임교원 및 초빙교원 등을 다음 각 호의 구분에 따라 각각 임용 또는 위촉할 수 있다.
1. 명예교수 : 교육 또는 학술상의 업적이 현저한 사람으로서 교육부령으로 정하는 사람
2. 겸임교원 : 다음 각 목의 요건을 모두 충족하는 사람으로서 순수 학술 이론 과목이 아닌 실무·실험·실기 등 산업체 등의 현장실무 경험을 필요로 하는 교과를 교수하게 하기 위한 사람
   가. 법 제16조 및 「대학교원 자격기준 등에 관한 규정」 제2조에 따른 조교수 이상의 자격기준을 갖춘 사람으로서 관련 분야에 전문지식이 있는 사람
   나. 담당하게 될 교수 및 연구 내용이 원소속기관에서 담당하는 직무 내용과 유사한 사람
   다. 원소속기관에서 상시적으로 근무하고 있는 사람(「기간제 및 단시간근로자 보호 등에 관한 법률」 제2조제1호 및 제2호에 따른 기간제근로자 및 단시간근로자는 제외한다)으로서 근무경력(원소속기관에 소속되기 전에 유사한 분야에서 근무한 경력을 포함한다)이 3년 이상인 사람. 다만, 전일(全日) 근무 형태의 겸임교원을 임용하는 경우에는 원소속기관에서 휴직 중인 사람을 포함한다.
3. 초빙교원 등 : 법 제16조 및 「대학교원 자격기준 등에 관한 규정」 제2조에 따른 조교수 이상의 자격기준을 갖춘 사람 또는 이에 준하는 해당 분야 경력을 보유한 사람으로서 특수한 교과를 교수하게 하기 위한 사람. 이 경우 초빙교원은 다음 각 목의 사항을 모두 충족해야 한다.
   가. 매월 정액으로 보수를 지급받을 것
   나. 「국민건강보험법」에 따라 학교의 직장가입자가 될 것
   다. 임용계약서 또는 고용조건에 퇴직금의 지급이 명시될 것

(2019.6.11 본조개정)

제3장 학 교

제1절 통 칙

제8조【학교의 명칭】 ① (2014.12.9 삭제)
②~③ (2011.10.17 삭제)

제9조【학교의 조직】 ① 학교는 법 제19조의 규정에 의하여 그 조직을 갖추는 때에는 학교의 설립목적에 부합하고 학생의 교육받을 권리를 존중하며 교원의 교육 및 연구를 도모할 수 있도록 하여야 한다.
② 대학에는 학과 또는 학부를 두는 것을 원칙으로 하되, 필요한 경우에는 학칙으로 달리 정할 수 있다.
(2009.1.16 본항개정)
③ (2009.1.16 삭제)

제9조의2【대학평의원회의 자료 요청 등】 ① 대학평의원회는 법 제19조의2제5항 전단에 따라 관련 자료 제출을 요청하는 경우 해당 자료를 명시하여 서면으로 하여야 한다.
② 대학평의원회는 법 제19조의2제5항에 따라 제출받은 자료에 누락이 있거나 보완이 필요한 경우 학교의 장에게 자료의 추가·보완 제출을 서면으로 요청할 수 있다.
③ 대학평의원회는 법 제19조의2제6항 본문에 따라 해당 회의가 있은 날의 다음 날부터 10일 이내에 해당 학교의 인터넷 홈페이지를 통하여 회의록을 공개하여야 한다.
④ 법 제19조의2제6항 단서에서 "대통령령으로 정하는 사항"이란 다음 각 호의 어느 하나에 해당하는 사항을 말한다.
1. 공개될 경우 개인의 사생활을 현저히 침해할 우려가 있다고 인정되는 사항
2. 심의의 공정성을 저해할 우려가 있다고 인정되는 사항
3. 그 밖에 공개가 적당하지 아니하다고 인정되는 사항

⑤ 대학평의원회는 법 제19조의2제6항 단서에 따라 회의록의 전부 또는 일부를 공개하지 아니하는 경우 비공개 사유 및 비공개 기간을 공시하여야 하고, 비공개 사유가 해소되거나 비공개 기간이 종료되는 경우에는 해당 내용을 즉시 공개하여야 한다. 이 경우 공시 및 공개는 해당 학교의 인터넷 홈페이지를 통하여 한다.
⑥ 법 제19조의2제7항에 따라 학교법인의 정관 및 학칙으로 대학평의원회의 구성·운영 등에 필요한 사항을 정하려는 경우에는 교원, 직원, 조교 및 학생 등으로부터 의견을 수렴하여야 한다.
(2018.5.28 본조신설)

제9조의3【인권센터의 설치·운영 등】 ① 학교는 법 제19조의3제1항에 따른 인권센터(이하 "인권센터"라 한다)를 설치·운영할 때에는 업무 수행의 독립성이 보장되도록 해야 한다.
② 인권센터는 다음 각 호의 인력 및 시설 기준을 충족해야 한다.
1. 성희롱·성폭력 피해예방 및 대응 업무를 담당하는 사람과 인권침해행위에 대한 상담 및 조사 업무를 담당하는 사람을 각각 둘 것
2. 인권센터에 접수된 사건에 대한 상담 및 조사 과정에서 발생할 수 있는 폭언, 폭행 등으로부터 상담 및 조사 담당자의 안전을 보장할 수 있도록 폐쇄회로 텔레비전(CCTV), 비상벨 등의 장치가 설치된 공간을 갖출 것

③ 인권센터의 장은 다음 각 호의 사람 중에서 학교의 장이 임명하거나 위촉한다.
1. 인권센터가 설치된 학교에 두는 교원으로서 법 제14조제2항에 따른 부교수 이상의 교원
2. 인권 보호에 관한 학식과 경험이 풍부한 외부 전문가

④ 인권센터의 운영에 관한 주요 사항을 심의하기 위하여 인권센터에 인권센터운영위원회를 설치해야 한다.
⑤ 제4항에 따른 인권센터운영위원회의 위원은 다음 각 호의 사람 중에서 학교의 장이 임명하거나 위촉한다.
1. 교직원

2. 학생
3. 인권 보호에 관한 학식과 경험이 풍부한 전문가
⑥ 제5항제2호 및 제3호에 따라 위촉된 위원(이하 이 조에서 "위촉위원"이라 한다)은 특정 성별의 위원이 위촉위원 수의 10분의 6을 초과하지 않도록 해야 한다.
⑦ 위촉위원 중 학생 위원은 최소 2명 이상으로 하되, 위촉위원 수의 10분의 3 이상이 되도록 해야 한다.
(2022.3.22 본조신설)

제10조【학기】 ① 법 제20조제2항에 따른 학기는 매 학년도 2학기 이상으로 정한다.
② 제1항에 따른 학기는 교육상 필요에 따라 전공, 학년 또는 학위과정별로 달리 정할 수 있다.
(2017.5.8 본조개정)

제11조【수업일수】 ① 법 제20조제2항에 따른 수업일수는 학교의 수업일수와 교과별 수업일수로 구분하여 정한다.
② 제1항에 따른 학교의 수업일수는 매 학년도 30주 이상으로 정한다.
③ 학교의 장은 천재지변 또는 그 밖에 교육과정의 운영상 부득이한 사유로 제2항에 따른 학교의 수업일수를 충족할 수 없는 경우에는 학칙으로 정하는 바에 따라 매 학년도 2주 이내에서 학교의 수업일수를 감축할 수 있다.
④ 제1항에 따른 교과별 수업일수는 제2항 및 제3항에 따른 학교의 수업일수 이내로 정하되, 제14조에 따른 학점당 필요한 이수시간의 이수에 지장이 없도록 정하여야 한다.
(2017.5.8 본조개정)

제12조【휴업일】 ① 법 제20조제2항의 규정에 의한 휴업일은 교육과정의 운영에 지장을 주지 아니하는 범위안에서 정한다.
② 학교의 장은 비상재해, 그 밖에 급박한 사정이 발생한 때에는 임시휴업을 할 수 있다.(2009.1.16 본항개정)

제12조의2【소단위 전공과정】 ① 대학, 산업대학, 교육대학, 전문대학, 기술대학과 방송대학·통신대학·방송통신대학 및 사이버대학(이하 "원격대학"이라 한다), 각종학교 및 대학원대학은 법 제21조제1항에 따른 교육과정을 운영하는 경우 학생이 적은 학점으로 다양한 전공 분야의 과정을 이수할 수 있는 소단위 전공과정을 운영할 수 있다.
② 제1항에 따라 소단위 전공과정을 운영하는 학교는 법 제36조제1항에 따라 시간제로 등록하여 수업을 받는 사람 등 학칙으로 정하는 사람에게도 해당 소단위 전공과정 교육을 실시할 수 있다.
③ 제1항 및 제2항에서 규정한 사항 외에 소단위 전공과정 이수증서의 발급 등 소단위 전공과정의 운영에 필요한 사항은 학칙으로 정한다.
(2023.4.18 본조신설)

제13조【국내대학 및 외국대학과의 교육과정 공동운영】 ① 대학, 산업대학, 교육대학, 전문대학, 기술대학, 원격대학 및 법 제59조제4항에 따라 교육부장관의 지정을 받은 각종학교는 법 제21조제1항 단서에 따라 교육과정을 운영하는 경우 다른 국내대학이나 외국대학(해당 외국 또는 외국이 공인하는 평가인정기구의 평가인정을 받은 외국대학에 한정한다)과 공동으로 다음 각 호의 과정을 운영할 수 있다.(2023.4.18 본문개정)
1. 대학, 산업대학 및 교육대학 : 학사학위과정 또는 대학원 교육과정
2. 원격대학 : 전문학사학위과정, 학사학위과정, 학사학위가 수여되는 전공심화과정(사이버대학으로 한정한다) 또는 대학원 교육과정(2023.4.18 본호개정)
3. 전문대학 : 전문학사학위과정, 학사학위과정, 학사학위가 수여되는 전공심화과정 또는 전문기술석사학위과정(2021.9.24 본호개정)
4. 기술대학 및 법 제59조제4항에 따라 교육부장관의 지정을 받은 각종학교 : 전문학사학위과정 또는 학사학위과정(2013.3.23 본호개정)
② 제1항에 따른 교육과정 공동운영에 따른 각 학교별 학위의 수여는 법 제35조·제50조(법 제59조제4항에서 준용하는 경우를 포함한다), 제50조의2, 제50조의3, 제50조의4, 제54조, 제54조의2 및 제58조에 따른다. 다만, 필요한 경우 국내대학과 교육과정을 공동운영하는 다른 국내대학 또는 외국대학의 공동명의로 학위를 수여할 수 있다.(2023.4.18 본문개정)
(2012.1.20 본조제목개정)
(2009.1.16 본조개정)

제13조의2【외국대학의 국내대학 교육과정 운영】 ① 국내대학은 법 제21조제2항에 따라 외국대학으로 하여금 다음 각 호의 구분에 따라 국내대학 교육과정을 운영하게 할 수 있다. 이 경우 외국대학은 해당 외국의 평가인정 또는 해당 외국이 공인하는 평가인정기구의 평가인정을 받은 외국대학으로 한정한다.
1. 대학, 산업대학 및 교육대학 : 학사학위과정 또는 대학원 교육과정
2. 전문대학 : 전문학사학위과정, 학사학위과정, 학사학위가 수여되는 전공심화과정 또는 전문기술석사학위과정(2021.9.24 본호개정)
3. 원격대학 : 전문학사학위과정, 학사학위과정, 학사학위가 수여되는 전공심화과정(사이버대학으로 한정한다) 또는 대학원 교육과정(2023.4.18 본호개정)
4. 기술대학 및 법 제59조제4항에 따른 교육부장관의 지정을 받은 각종학교 : 전문학사학위과정 또는 학사학위과정
② 제1항 각 호 외의 부분 전단에 따른 교육과정의 내용과 수업방법·학점이수 등 교육과정의 운영에 관하여는 교육부장관이 정하는 기준에 따라 학칙으로 정하여야 한다.
(2018.5.28 본조신설)

제14조【학점당 이수시간】 ① 법 제21조제3항에 따른 학점당 필요한 이수시간은 학교가 교육과정의 특성을 고려하여 교과별로 정하되, 매 학기 최소 15시간 이상으로 한다.(2018.5.28 본항개정)
② 학생의 출석 등 제1항에 따른 학점당 필요한 이수시간의 이수 인정에 필요한 사항은 학칙으로 정한다.
(2017.5.8 본조개정)

제14조의2【수업 등】 법 제22조제1항 및 제2항에 따라 방송·통신에 의한 수업방법 또는 학교 밖에서 이루어지는 수업방법에 관하여 학칙으로 정하려는 경우에는 수업 운영, 학사 관리, 교육 시설·설비 및 그 밖에 교육부장관이 정하는 사항에 관하여 교육부장관이 정하는 기준에 따라야 한다.(2018.5.28 본조개정)

제15조【학점인정의 범위 및 기준 등】 ① 법 제23조제1항 각 호 외의 부분에서 "대통령령으로 정하는 범위"란 다음 각 호의 구분에 따른 범위를 말한다.(2022.2.28 단서삭제)
1. 법 제23조제1항제1호부터 제3호까지 또는 제5호 중 어느 하나 이상에 해당하는 경우 : 다음 각 목의 구분에 따른 범위(2016.10.25 본문개정)
가. 해당 학교가 제13조제1항에 따라 외국대학과 공동으로 운영하는 과정으로서 해당 학교와 외국대학의 학위를 모두 취득할 수 있거나 외국대학과 공동명의로 수여하는 학위를 취득할 수 있는 과정을 이수한 경우 : 졸업에 필요한 학점의 4분의 3 이내(2016.10.25 본목신설)
나. 해당 학교가 제13조의2에 따라 외국대학으로 하여금 운영하게 한 교육과정을 이수한 경우 : 졸업에 필요한 학점 전부(2018.5.28 본목신설)
다. 교육부장관이 첨단산업 분야의 인력을 양성하기 위하여 필요하다고 인정하여 고시하는 교육과정으로서 해당 학교가 국내대학과 공동으로 운영하는 교육과정을 이수한 경우 : 대학 간 협약을 통해 정하는 학점인정의 범위(2022.2.28 본목신설)
라. 가목부터 다목까지의 규정 외의 경우 : 졸업에 필요한 학점의 2분의 1 이내(2022.2.28 본목개정)
2. 법 제23조제1항제4호에 해당하는 경우 : 학기당 6학점 이내, 연(年) 12학점 이내
3. 법 제23조제1항제6호에 해당하는 경우 : 졸업에 필요한 학점의 4분의 1 이내
② 제1항에도 불구하고 제1항제1호(나목은 제외한다) 및 제3호 모두에 해당하는 경우 학점인정의 범위는 다음 각 호의 구분에 따른다.
1. 제1항제1호가목 및 같은 항 제3호 모두에 해당하는 경우 : 졸업에 필요한 학점의 4분의 3 이내
2. 제1항제1호다목 및 같은 항 제3호 모두에 해당하는 경우 : 다음 각 목의 구분에 따른 범위
가. 대학 간 협약을 통해 정하는 학점인정의 범위가 졸업에 필요한 학점의 4분의 1을 초과하는 경우 : 대학 간 협약을 통해 정하는 학점인정의 범위 이내
나. 대학 간 협약을 통해 정하는 학점인정의 범위가 졸업에 필요한 학점의 4분의 1 이하인 경우 : 졸업에 필요한 학점의 4분의 1 이내
3. 제1항제1호라목 및 같은 항 제3호 모두에 해당하는 경우 : 졸업에 필요한 학점의 2분의 1 이내
(2022.2.28 본항신설)
③ 학교의 장이 법 제23조제1항제6호에 따라 학생의 학점취득을 인정하려면 제19조제1항에 따라 해당 학생이 선택한 전공에 따른 교육과정과 국내외의 다른 학교·연구기관 또는 산업체 등에서 학습·연구·실습 또는 근무한 경험 사이에 학칙으로 정하는 바에 따른 관련성이 있어야 한다.(2018.5.28 본항개정)
④~⑤ (2023.3.28 삭제)
(2014.2.11 본조개정)

제15조의2【학사학위취득의 유예】 ① 법 제23조의5에 따른 학사학위취득의 유예기간은 학칙으로 정한 재학연한에서 해당 학생이 등록하여 재학한 기간을 뺀 기간을 초과할 수 없다.
② 법 제23조의5에 따른 학사학위취득의 유예를 한 학생은 학칙으로 정하는 바에 따라 해당 학교의 시설 등을 이용할 수 있다.
(2018.10.16 본조신설)

제16조【분교의 인가】 법 제24조의 규정에 의한 국내·외 분교의 설치인가에 관한 사항은 따로 대통령령으로 정한다.

제17조【외국박사학위의 신고】 외국에서 박사학위를 받은 사람은 법 제27조제1항에 따라 외국박사학위를 신고하려는 경우 다음 각 호의 구분에 따른 기간 이내에 해당 학위논문 및 학위증명서를 첨부하여 교육부장관에게 신고해야 한다.
1. 대한민국 국민으로서 귀국 이전에 박사학위를 받은 경우 : 귀국한 날부터 6개월 이내
2. 대한민국 국민으로서 귀국 후에 박사학위를 받은 경우 : 해당 학위를 받은 날부터 6개월 이내
3. 외국인으로서 외국에서 박사학위를 받은 이후 대한민국 국적을 취득한 경우 : 대한민국 국적을 취득한 날부터 6개월 이내
(2022.9.6 본조개정)

제17조의2【안전관리계획의 수립·시행】 ① 학교의 장은 법 제27조의2제1항에 따라 매년 2월말까지 안전관리계획을 수립·시행해야 한다. 이 경우 미리 학생 및 교직원 등 학교 구성원의 의견을 들어야 한다.
② 학교의 장은 제1항에 따라 수립된 안전관리계획을 지체 없이 인터넷 홈페이지에 게시하고 교육부장관에게 제출해야 한다.
(2021.6.15 본조신설)

제18조【자료의 요구】 교육부장관은 학교의 장에게 재적생의 변동상황 등 국가의 교육정책 수립에 특히 필요한 자료의 제출을 요구할 수 있다.(2013.11.20 본조개정)

제2절 대학 및 산업대학

제19조【학생의 전공이수 등】 ① 대학의 학생은 다음 각 호의 어느 하나에 해당하는 전공 중 하나 또는 둘 이상의 전공을 학칙으로 정하는 바에 따라 선택하여 이수한다.
(2017.5.8 본문개정)
1. 학과 또는 학부가 제공하는 전공(2017.5.8 본호개정)
2. 둘 이상의 학과, 둘 이상의 학부 또는 학과와 학부가 연계·융합하여 제공하는 전공(2017.5.8 본호개정)
3. 대학이 제13조제1항에 따른 교육과정 공동운영을 통하여 국내대학 또는 외국대학과 연계·융합하여 제공하는 전공(2017.5.8 본호신설)
4. 학생이 교육과정을 구성하여 대학의 인정을 받은 전공
② 대학의 장은 학생이 제1항의 규정에 의한 전공을 이수할 수 있도록 학칙으로 전공인정을 위한 최소학점을 정할 수 있다.

제20조【학위과정의 연계운영】 대학은 법 제29조제3항에 따라 그 대학 또는 국내 다른 대학의 학사학위과정과 대학원의 교육과정을 상호 연계하여 운영할 수 있다.
(2023.4.18 본조개정)

제21조 (2007.10.16 삭제)

제22조【대학원의 학위과정】 법 제29조제3항에 따라 대학원에 두는 학위과정은 다음 각 호의 구분에 따른다.
(2013.2.15 본문개정)
1. 일반대학원 : 석사학위과정 및 박사학위과정
2. 전문대학원 : 석사학위과정. 다만, 학칙으로 정하는 바에 따라 박사학위과정을 둘 수 있으며, 「의료법」 제2조제1항의 의료인 중 의사, 치과의사 또는 한의사의 양성을 목적으로 하는 전문대학원(이하 "의학·치의학·한의학전문대학원"이라 한다)의 석사학위과정은 전문학위과정만으로 한다.(2013.2.15 단서개정)
3. 특수대학원 : 석사학위과정

제22조의2【경영등관련전문대학원】 ① 제22조제2호에 따른 전문대학원 중 경영학·금융학 및 물류학을 주된 교육·연구 분야로 하면서 관련 분야의 전문인력의 양성을 목적으로 하는 대학원(이하 "경영등관련전문대학원"이라 한다)의 종류는 그 주된 목적에 따라 다음 각 호와 같이 구분한다.
1. 경영전문대학원 : 경영학을 주된 교육·연구 분야로 하면서 이와 관련된 전문인력의 양성을 목적으로 하는 대학원
2. 금융전문대학원 : 금융학을 주된 교육·연구 분야로 하면서 이와 관련된 전문인력의 양성을 목적으로 하는 대학원
3. 물류전문대학원 : 물류학을 주된 교육·연구 분야로 하면서 이와 관련된 전문인력의 양성을 목적으로 하는 대학원
② 경영등관련전문대학원은 학칙이 정하는 바에 따라 전문인력의 양성을 위한 교과목 및 연수과정 등을 실무와 현장 중심으로 운영하여야 한다.
③ 경영등관련전문대학원의 석사학위과정을 이수하기 위하여 필요한 학점은 45학점 이상으로 하되, 학칙으로 정한다.
④ 경영등관련전문대학원이 전문학위의 석사학위과정에 입학할 자를 선발하는 때에는 학칙이 정하는 바에 따라 관련 분야에 경험이 있는 자를 우선하여 선발할 수 있다.
(2006.6.7 본조신설)

제22조의3【경영등관련전문대학원에 대한 평가】 교육부장관은 경영등관련전문대학원에 대하여 개교일 또는 최근 인증일을 기준으로 5년마다 평가를 실시할 수 있다. 다만, 교육부장관은 경영등관련전문대학원장으로 하여금 법 제11조의2에 따라 교육부장관으로부터 인정받은 국내 기관 또는 외국의 인증기관으로부터 평가 또는 인증을 받게 할 수 있으며, 이 경우 교육부장관의 평가를 받은 것으로 본다.(2013.3.23 본조개정)

제23조【협동과정】 ① 법 제29조제3항의 규정에 의하여 대학원에 두는 학위과정으로 학과 또는 전공외에 2 이상의 학과 또는 전공이 공동으로 설치·운영하는 협동과정(이하 "학과간 협동과정"이라 한다)과 연구기관 또는 산업체와의 계약에 의하여 설치·운영하는 학·연·

산, 학 · 연 또는 학 · 산 협동과정(이하 "학 · 연 · 산 협동과정"이라 한다)을 둘 수 있다.
② 제1항의 규정에 의한 학 · 연 · 산 협동과정의 설치기준 및 운영 등에 관하여 필요한 사항은 교육부장관이 정한다.(2013.3.23 본항개정)

제24조【대학원위원회】 ① 법 제29조제3항에 따른 대학원의 운영에 관한 사항을 심의하기 위하여 대학원을 둔 대학 · 산업대학 · 교육대학 및 원격대학에 각각 대학원위원회를 둔다.(2008.6.5 본항개정)
② 제1항의 규정에 의한 대학원위원회는 다음 각호의 사항을 심의한다.
1. 입학 · 수료 및 학위수여에 관한 사항
2. 학과 또는 전공의 설치 · 폐지와 학생정원에 관한 사항
3. 교육과정에 관한 사항
4. 대학원에 관한 규정의 제 · 개정에 관한 사항
5. 기타 대학원의 운영에 관한 중요사항
③ 제1항의 규정에 의한 대학원위원회는 학교의 장이 지명하는 7인 이상의 위원으로 구성하되, 그 구성 및 운영에 관한 사항은 학칙으로 정한다.

제25조【수업연한 등】 ① 법 제31조제1항제1호에 따라 대학의 의과대학 · 한의과대학 · 치과대학 및 수의과대학 학사학위과정의 수업연한은 6년으로 한다. 이 경우 그 교육과정은 예과를 각각 2년으로, 의학과 · 한의학과 · 치의학과 및 수의학과를 각각 4년으로 운영한다.
② 법 제31조제1항제1호에 따라 대학의 약학대학(한약학과를 제외한다. 이하 이 조에서 같다) 학사학위과정의 수업연한은 6년으로 한다. 이 경우 그 교육과정은 다음 각 호의 교육과정 중 해당 대학이 선택하는 하나로만 운영한다.
1. 다른 학교, 학과 또는 학부 등에서 이수하는 기초 · 소양 교육과정 2년과 약학대학에서 이수하는 전공 교육과정 4년
2. 약학대학에서 이수하는 기초 · 소양 교육과정 2년과 전공 교육과정 4년
③ 제2항 각 호 외의 부분 후단에 따라 교육과정의 변경이 있는 경우 변경 전의 교육과정(같은 항 제1호에 따른 교육과정인 경우에는 전공 교육과정으로 한정한다)을 이수 중인 학생에 대한 약학대학 학사학위과정은 같은 항 각 호 외의 부분 후단에도 불구하고 변경 전의 교육과정으로 운영한다.(2018.7.31 본항신설)
(2018.7.31 본조개정)

제26조【수업연한의 단축】 법 제31조제2항에 따라 단축할 수 있는 수업연한은 다음 각 호의 구분에 따른다.
1. 학사학위과정 : 1년 이내
2. 석사학위과정 : 1년 이내(2017.5.8 본호개정)
3. 박사학위과정 : 6개월 이내(2017.5.8 본호개정)
4. 학사학위과정과 석사학위과정의 통합과정 : 2년 이내(2017.5.8 본호개정)
5. 석사학위과정과 박사학위과정의 통합과정 : 1년 6개월 이내(2017.5.8 본호신설)
(2012.1.20 본조개정)

제27조【학생정원 운영의 원칙】 법 제32조에 따라 대학(산업대학 · 교육대학 · 전문대학 · 기술대학 · 원격대학 및 각종학교를 포함한다. 이하 이 조에서 같다)이 학생정원을 정할 때에는 당해 대학의 교육여건과 사회적 인력수급 전망 등을 반영하여 대학이 특성있게 발전할 수 있도록 정하여야 한다.(2008.6.5 본조개정)

제28조【학생의 정원】 ① 법 제32조에 따른 대학(산업대학 · 교육대학 · 전문대학 · 기술대학 · 원격대학 및 각종학교를 포함하되, 대학원 및 대학원대학을 제외한다)의 학생정원은 입학정원을 기준으로 하여 학칙이 정하는 모집단위(이하 "모집단위"라 한다)별로 학칙으로 정하되, 「대학설립 · 운영 규정」에 따른 교사, 교지, 교원 및 수익용 기본재산에 따라 정해지는 학생수의 범위에서 정하여야 한다. 다만, 사이버대학은 「사이버대학 설립 · 운영 규정」에 따른 교사, 교원, 원격교육설비 및 수익용 기본재산에 따라 정해지는 학생수의 범위에서 정하되, 사이버대학의 입학정원은 해당 학년도 신입학 또는 3학년 편입학으로 학칙에 정하여 모집할 수 있다.(2008.6.5 본항개정)
② (2009.1.16 삭제)
③ 제1항의 규정에 의하여 학칙으로 모집단위별 입학정원을 정함에 있어서 교육부장관이 정하는 다음 각호의 사항에 관하여는 이에 따라야 한다.(2013.3.23 본문개정)
1. 교원의 양성과 관련되는 모집단위별 정원
2. 다음 각목에 해당하는 인력의 양성과 관련되는 모집단위별 정원
   가. 「의료법」 제2조제1항의 규정에 의한 의료인
   나. 「의료기사 등에 관한 법률」 제1조의 규정에 의한 의료기사
   (2005.3.25 가목~나목개정)
   다. 「약사법」 제2조제2호에 따른 약사 및 한약사
   (2010.9.1 본목개정)
   라. 「수의사법」 제2조제1호의 규정에 의한 수의사
   (2006.1.13 본목신설)
3. 「수도권정비계획법」 제18조제3항의 규정에 의하여 총량규제가 적용되는 학교의 정원(2005.3.25 본호개정)
4. 국립학교의 정원
5. 공립학교의 정원

④ 제3항의 규정에 의하여 교육부장관이 제2호 내지 제4호에 관한 사항을 정하는 때에는 관계중앙행정기관의 장과 협의하여야 하며, 제5호에 관한 사항을 정하는 때에는 관계지방자치단체의 장의 의견을 들어야 한다.
(2013.3.23 본항개정)
⑤ 제25조제2항의 규정에 의한 대학의 약학대학 입학정원은 제3항제2호의 규정에 의하여 교육부장관이 약학대학의 모집단위별 전공교육 대상자로 인정하는 정원으로 한다.(2013.3.23 본항개정)

제29조【입학 · 편입학 등】 ① 대학(산업대학 · 교육대학 · 전문대학 · 기술대학 · 원격대학 및 각종학교를 포함하되, 대학원 및 대학원대학을 제외한다)의 장은 제28조제1항에도 불구하고 교육환경 변화에 대응하기 위한 학과 간의 정원 조정이 필요한 경우 등 교육부장관이 정하는 사유가 있는 경우에는 교육부장관이 정하는 기준에 따라 입학정원을 조정한 모집인원의 범위에서 입학(편입학을 포함한다. 이하 이 조에서 같다)을 허가해야 한다.
(2022.2.28 본항개정)
② 다음 각 호의 사람의 입학의 경우에는 제28조제1항에도 불구하고 그 정원이 따로 있는 것으로 본다. 이 경우 제2호 · 제3호 · 제8호 · 제9호 · 제11호 · 제12호 · 제13호 또는 제14호에 해당하는 사람의 총학생수는 별표1의 기준을 따른다.(2023.4.18 후단개정)
1. 제53조의2에 따른 산업체 위탁학생 그 밖에 교육부령이 정하는 위탁학생(2013.3.23 본호개정)
2. 재외국민 및 외국인(제6호와 제7호에 따른 재외국민 및 외국인을 제외한다)(2008.9.18 본호개정)
3. 학사학위를 취득한 사람 또는 이와 같은 수준 이상의 학력이 있다고 인정되는 사람으로서 3학년에 편입학하는 사람. 다만, 대학의 의과대학으로 편입학하는 사람 및 전문대학의 학과 중 수업연한이 3년 이하인 학과로 편입학하는 사람은 제외한다.(2018.10.16 본호개정)
4. 각종 장애 또는 지체로 인하여 특별한 교육적 요구가 있는 자로서 대학의 장이 정하는 자(2008.9.18 본호개정)
5. (2008.2.14 삭제)
6. 북한이탈주민 및 부모가 모두 외국인인 외국인
7. 외국에서 우리나라 초 · 중등교육에 상응하는 교육과정을 전부 이수한 다음 각 목의 사람
   가. 재외국민
   나. 외국인
   다. 「국적법」 제6조제2항에 따라 귀화허가를 받은 사람
   (2014.4.29 본호개정)
8. 대학 · 산업대학 · 교육대학 · 전문대학 · 기술대학 및 원격대학의 졸업자 또는 이와 같은 수준 이상의 학력이 있다고 인정되는 자(전문대학에 입학하는 경우에 한정한다)(2009.10.7 본호개정)
9. 전문학사학위를 취득한 전문대학과 교육과정을 연계하여 운영하는 대학(「수도권정비계획법」 제2조제1호에 따른 수도권에 소재하는 대학은 제외한다), 산업대학 또는 원격대학의 3학년에 편입학하는 사람
(2017.1.17 본호개정)
10. (2008.2.14 삭제)
11. 의료인력(간호사 · 임상병리사 · 방사선사 · 물리치료사 · 작업치료사 · 치과기공사 및 치과위생사를 말한다)의 양성을 위한 관련학과의 전문학사학위를 소지한 자 및 유치원교사의 양성을 위한 관련학과의 전문학사학위를 소지한 자(2006.1.13 본호신설)
12. 전문대학(「수도권정비계획법」 제2조제1호에 따른 수도권에 소재하는 전문대학은 제외한다)에 입학하는 25세 이상인 자 또는 산업체 근무 경력이 2년 이상 있는 자(2007.11.15 본호신설)
12의2. 대학 · 산업대학 · 기술대학(「수도권정비계획법」에 따른 수도권에 소재하는 대학 · 산업대학 · 기술대학은 제외한다)에 입학하는 30세 이상인 사람(2022.2.28 본호신설)
13. 법 제50조의2 및 제54조의2에 따라 학사학위가 수여되는 전공심화과정에 입학하는 자(2023.4.18 본호개정)
14. 고등교육을 받을 기회를 균등하게 제공하기 위하여 소득 · 지역 등의 차이를 고려하여 선발할 필요가 있는 사람으로서 다음 각 목의 사람(2022.2.28 본문개정)
   가. 학교의 장이 정하는 농어촌지역 또는 「도서 · 벽지 교육진흥법」 제2조에 따른 도서 · 벽지의 학생
   (2011.10.17 본목개정)
   나. 「초 · 중등교육법 시행령」 제91조제1항에 따른 특성화고등학교 중 자연현장실습 등 체험위주의 교육을 전문으로 실시하는 고등학교를 제외한 학교(「초 · 중등교육법 시행령」 제76조의2제1호에 따른 일반고등학교에 설치된 학과 중 특성화고등학교에서 제공하는 것과 같은 교육과정으로 운영되는 학과를 포함한다. 이하 "특성화고등학교등"이라 한다)의 졸업자(법 제2조제1호 · 제2호 · 제4호 및 제6호에 따른 학교에 입학하는 경우로서 해당 학교의 장이 졸업자가 이수한 학과와 동일 계열이라고 인정하는 모집단위만 해당한다)(2014.4.29 본목개정)
   다. 다음의 요건을 모두 갖춘 사람으로서 산업체에 재직 중인 사람(법 제2조제1호 · 제2호 · 제4호 및 제6호에 따른 학교에 입학하는 경우로 한정한다)
      1) 다음의 어느 하나에 해당하는 사람일 것
         가) 「초 · 중등교육법 시행령」 제76조의3제1호에 따른 일반고등학교에 재학하는 동안 시 · 도 교육감이 「직업교육훈련 촉진법」에 따른 직업교육훈련기관 중 직업교육훈련위탁기관으로 선정한 기관에서 1년 이상의 직업교육훈련과정을 이수하고 해당 일반고등학교를 졸업한 사람
         나) 「초 · 중등교육법 시행령」 제90조제1항제10호에 따른 산업수요 맞춤형 고등학교를 졸업한 사람
         다) 특성화고등학교등을 졸업한 사람
         라) 「평생교육법」 제31조제2항에 따른 학력인정 평생교육시설 중 특성화고등학교등에서 제공하는 것과 같은 교육과정을 운영하는 평생교육시설에서 해당 교육과정을 이수한 사람
      2) 다음의 어느 하나에 해당하는 산업체 근무 경력 기간의 합이 3년 이상일 것
         가) 1)의 가)부터 라)까지의 규정에 따라 학교를 졸업하거나 평생교육시설의 교육과정을 이수하기 전의 기간으로서 해당 학교나 평생교육시설에 재학하지 않은 기간 중에 산업체에서 근무한 기간
         나) 1)의 가)부터 라)까지의 규정에 따라 학교를 졸업하거나 평생교육시설의 교육과정을 이수하기 직전 학기의 재학 중에 산업체에서 근무한 기간
         다) 1)의 가)부터 라)까지의 규정에 따라 학교를 졸업하거나 평생교육시설의 교육과정을 이수한 후 산업체에서 근무한 기간
   (2022.2.28 본목개정)
   라. 다음의 어느 하나에 해당하는 사람
      1) 「국민기초생활 보장법」 제2조제1호에 따른 수급권자
      2) 「국민기초생활 보장법」 제2조제10호에 따른 차상위계층
      3) 「한부모가족지원법」 제5조 및 제5조의2에 따른 지원대상자
   (2016.8.29 본목개정)
15. 법 제4조제3항에 따른 학교의 폐지 또는 법 제62조제1항에 따른 학교의 폐쇄로 인하여 다른 학교의 동일한 모집단위 또는 유사한 모집단위로 편입학하는 자
(2014.2.11 본호신설)
16. 법 제60조제2항에 따른 학과의 폐지에 따라 제28조제3항제2호 각 목에 해당하는 인력의 양성과 관련되는 모집단위가 폐지되어 다른 학교의 동일한 모집단위로 편입학하는 자(2014.2.11 본호신설)
③ 대학의 장은 제28조제1항에도 불구하고 학칙이 정하는 바에 따라 2학년 이상인 학생이 같은 학년의 다른 모집단위로 옮기는 것을 허가할 수 있다. 다만, 제28조제3항제1호에 해당하는 모집단위로 옮기는 경우에는 그 입학정원의 100분의 20을 초과할 수 없으며, 제28조제3항제2호에 해당하는 모집단위로 옮기는 경우에는 그 입학정원의 범위를 초과할 수 없다.(2017.1.17 본문개정)
④ 대학의 장은 제1항과 제3항에 따라 대학의 약학대학(한약학과를 제외한다)에 편입학하거나 모집단위를 옮기는 것을 허가하고자 하는 경우에는 다른 학과 또는 학부등에서 2년 이상 수료한 자 또는 이와 동등 이상의 학력이 있다고 인정되는 자를 대상으로 하되, 학칙이 정하는 바에 따라야 한다.(2008.9.18 본항개정)
⑤ 산업대학 · 전문대학, 원격대학 및 각종학교의 장은 제28조제1항에도 불구하고 학칙이 정하는 바에 따라 학생이 같은 학년의 다른 모집단위로 옮기는 것을 허가할 수 있다.(2008.6.5 본항개정)
⑥ 제2항제14호다목에 따라 입학한 학생에 대해서는 학칙에서 정하는 바에 따라 교육과정을 별도로 운영할 수 있다.(2011.10.17 본항신설)
⑦ 제28조제1항에도 불구하고 모집단위의 폐지로 폐지된 모집단위의 재적생이 다른 모집단위로 학적을 바꾸는 경우에는 그 모집단위에 계속 재적하는 동안에 그 정원이 따로 있는 것으로 본다.(2022.2.28 본항신설)
(2017.1.17 본조제목개정)

제29조의2【재입학】 ① 대학(산업대학 · 교육대학 · 전문대학 · 기술대학 · 원격대학 및 각종학교를 포함하되, 대학원 및 대학원대학을 제외한다. 이하 이 조에서 같다)의 장은 제28조제1항에 따라 학칙이 정하는 계열별 학생정원을 포함한 학생정원(이하 "총정원"이라 한다)의 범위에서 재입학을 허가할 수 있다. 다만, 교원 및 의료인의 양성과 관련되는 재입학의 경우에는 제28조제3항제1호 및 제2호에 따른 모집단위별 입학정원의 범위에서 재입학을 허가하여야 한다.(2008.6.5 본항개정)
② 대학의 장은 제1항의 규정에 의하여 재입학을 허가하고자 하는 경우에는 모집단위별로 재입학을 허가한다. 다만, 재입학을 허가하고자 하는 모집단위가 폐지된 경우에는 대학의 장은 학칙이 정하는 모집단위에 재입학을 허가할 수 있다.
③ 제1항의 규정에 의한 총정원은 주간과 야간, 본교와 분교 및 정원의 내외로 구분한다.
(2006.1.13 본조신설)

제30조【대학원의 학생정원 등】 ① 법 제32조에 따른 대학원 학위과정의 입학정원은 대학원별로 학칙으로 정하되, 「대학설립 · 운영 규정」에 따른 교사, 교지, 교원 및

수익용 기본재산에 따라 정해지는 학생수의 범위에서 정하여야 한다.(2009.1.16 본항개정)
② 제1항에도 불구하고 사이버대학 대학원의 입학정원은 「사이버대학 설립·운영 규정」에 따른 교사, 교원, 원격교육설비 및 수익용 기본재산에 따라 정해지는 학생수의 범위에서 학칙으로 정하여야 한다.(2015.11.18 본항개정)
③ 제1항에도 불구하고 의학·치의학·한의학전문대학원의 입학정원은 교육부장관이 의료인력 수요 등을 고려하여 관계 중앙행정기관의 장과 협의하여 정한 기준에 따라 학칙으로 정하여야 한다.(2015.11.18 본항개정)
④ 제1항에도 불구하고 다음 각 호의 어느 하나에 해당하는 입학정원은 교육부장관이 정하는 바에 따라 학칙으로 정하여야 한다.
1. 「수도권정비계획법」 제18조제3항에 따라 총량규제가 적용되는 대학원대학의 입학정원
2. 국립대학 대학원의 입학정원
3. 공립대학 대학원의 입학정원
(2018.5.28 본항신설)
⑤ 교육부장관은 제4항제1호 및 제2호에 관한 사항을 정하려는 경우 관계 중앙행정기관의 장과 협의하여야 하고, 같은 항 제3호에 관한 사항을 정하려는 경우 관계 지방자치단체의 장의 의견을 들어야 한다.(2018.5.28 본항신설)
⑥ 제1항 및 제2항에도 불구하고 대학원을 둔 학교의 장은 교육환경 변화에 대응하기 위한 학과 간의 정원 조정이 필요한 경우 등 교육부장관이 정하는 사유가 있는 경우에는 교육부장관이 정하는 기준에 따라 입학정원을 조정한 모집인원의 범위에서 입학(편입학을 포함한다. 이하 이 조에서 같다)을 허가해야 한다.(2022.2.28 본항신설)
⑦ 대학원을 둔 학교의 장은 해당 학년도 입학정원(제6항에 따라 입학정원을 조정한 경우에는 그 조정된 모집인원을 말한다)에서 재학생 수를 뺀 범위에서 편입학 또는 재입학을 허가할 수 있다.(2022.2.28 본항개정)
⑧ 다음 각 호의 어느 하나에 해당하는 학생의 정원은 제1항부터 제4항까지의 규정에 따른 정원 외에 따로 있는 것으로 본다. 이 경우 제3호에 해당하는 입학생의 수는 제3항에 따른 해당 의학·치의학·한의학전문대학원 입학정원의 100분의 5를 초과할 수 없다.(2018.7.31 후단신설)
1. 대학원에 입학·편입학 또는 재입학하는 다음 각 목의 학생
   가. 교육부령으로 정하는 위탁학생(2013.3.23 본목개정)
   나. 북한이탈주민
   다. 부모가 모두 외국인인 외국인
   라. 외국에서 우리나라 초·중등교육과 대학교육에 상응하는 교육과정을 전부 이수한 재외국민 또는 외국인
2. 제13조제1항제1호 또는 제2호에 따라 외국대학과 공동으로 운영하는 대학원 교육과정에 입학하는 학생
3. 교육부장관이 정하는 기준에 따라 대학의 장이 정하는 신체적·경제적 또는 사회적인 배려가 필요한 학생으로서 의학·치의학·한의학전문대학원에 입학하는 학생(2018.7.31 본호신설)
(2013.2.15 본항개정)
⑨ 제1항 및 제2항에도 불구하고 학과 또는 전공의 폐지로 폐지된 학과 또는 전공의 재적생이 학과 또는 전공을 바꾸고 그 학과 또는 전공에 계속 재적하는 동안에는 그 정원이 따로 있는 것으로 본다.(2022.2.28 본항신설)
제30조의2【의학·치의학·한의학 관련 학사학위 및 석사학위의 과정이 통합된 과정의 학생정원】 의학·치의학·한의학전문대학원이 있는 대학(의학·치의학·한의학 관련 학과 또는 학부가 없는 대학만 해당한다)에 법 제29조의3제1항에 따른 의학·치의학·한의학 관련 학사학위 및 석사학위의 과정이 통합된 과정을 두는 경우에 그 통합된 과정의 입학정원은 제30조제1항 및 제3항을 준용하되, 의학·치의학·한의학전문대학원의 석사학위과정 입학정원의 100분의 50의 범위에서 교육부장관이 정하는 기준에 따른다.(2013.3.23 본조개정)
제31조【학생의 선발】 ① 대학(원격대학은 제외한다. 이하 이 조에서 같다)의 장이 법 제34조제1항에 따라 입학자를 선발함에 있어서는 모든 국민이 능력에 따라 균등하게 교육받을 권리를 보장하고 초·중등교육이 교육본래의 목적에 따라 운영되는 것을 도모하도록 하여야 한다. 이 경우 국립대학의 장은 국가의 균형발전을 도모하도록 하는 방안을 함께 강구하여야 한다.(2014.4.29 전단개정)
② 대학의 장은 법 제34조제1항의 규정에 의한 입학전형을 함에 있어서 학생의 소질·적성 및 능력 등이 반영될 수 있도록 그 방법 및 기준을 다양하게 마련하여 시행하여야 한다.
제31조의2【입학사정관】 법 제34조의2제4항 전단에서 "본인 또는 그 배우자나 배우자이었던 사람이 입학전형에 응시한 학생을 「학원의 설립·운영 및 과외교습에 관한 법률」에 따라 교습하거나 과외교습한 경우 등 응시한 학생과 대통령령으로 정하는 특수한 관계에 있는 경우"란 다음 각 호의 어느 하나에 해당하는 경우를 말한다.
1. 본인 또는 그 배우자나 배우자이었던 사람이 입학전형에 응시한 학생을 그 학생이 응시한 입학전형의 입학연도가 개시되는 날부터 직전 3년 이내에 「학원의 설립·운영 및 과외교습에 관한 법률」에 따라 교습하거나 과외교습한 경우
2. 본인 또는 그 배우자나 배우자이었던 사람이 입학전형에 응시한 학생을 그 학생이 응시한 입학전형의 입학연도가 개시되는 날부터 직전 3년 이내에 법, 「초·중등교육법」 및 그 밖의 법령에 따른 학교에서 교육한 경우
3. 본인 또는 그 배우자나 배우자이었던 사람이 입학전형에 응시한 학생과 「민법」 제777조에 따른 친족인 경우
4. 그 밖에 법 제34조의2제1항에 따른 입학사정관의 공정한 업무 수행에 차질을 줄 수 있는지 사전에 검토할 필요가 있는 경우로서 학칙으로 정하는 경우
(2019.10.22 본조신설)
제32조【대학입학전형기본사항의 공표 등】 ① 법 제10조에 따른 학교협의체(이하 "학교협의체"라 한다)는 법 제34조의5제3항에 따라 대학입학전형기본사항을 공표할 때에는 이를 해당 학교협의체의 인터넷 홈페이지에 게재하는 방법으로 해야 한다.(2019.10.22 본항개정)
② 법 제34조의5제6항 단서에서 "관계 법령의 제정·개정 등 대통령령으로 정하는 사유가 있는 경우"란 다음 각 호의 어느 하나에 해당하는 사유로 대학입학전형기본사항을 변경할 필요가 있는 경우를 말한다.(2019.10.22 본문개정)
1. 관계 법령의 제정·개정 또는 폐지가 있는 경우
2. 천재지변 등 교육부장관이 인정하는 부득이한 사유가 있는 경우
(2018.7.31 1호~2호신설)
③ 학교협의체는 법 제34조의5제6항 단서에 따라 대학입학전형기본사항을 변경하려면 학교협의체의 구성원이 대표로 있는 대학(이하 "회원대학"이라 한다)과 협의를 거쳐야 한다.(2019.10.22 본항개정)
④ 학교협의체는 법 제34조의5제6항 단서에 따라 대학입학전형기본사항을 변경할 때에는 이를 학교협의체의 인터넷 홈페이지에 게재하는 방법으로 해야 한다.
(2019.10.22 본항개정)
제33조【대학입학전형시행계획의 공표 등】 ① 다음 각 호의 어느 하나에 해당하는 경우에는 법 제34조의5제5항에 따라 해당 호에서 정하는 기한까지 대학입학전형시행계획을 공표해야 한다.
1. 원격대학의 장이 대학입학전형시행계획을 공표하는 경우 : 매 입학연도가 개시되는 날의 4개월 전까지
2. 법 제4조제2항에 따라 설립인가를 받은 법 제34조제1항에 따른 대학(원격대학은 제외한다. 이하 이 호에서 같다)의 장이 해당 대학의 개교예정일이 속한 입학연도 및 그 입학연도의 다음 입학연도의 대학입학전형시행계획을 공표하는 경우 : 해당 대학의 개교예정일이 속한 입학연도가 개시되는 날의 6개월 전까지
(2019.10.22 본항개정)
② 법 제34조의5제4항 및 제5항에 따라 대학의 장이 대학입학전형시행계획을 공표할 때에는 이를 해당 대학의 인터넷 홈페이지에 게재하는 방법으로 해야 한다.
(2019.10.22 본항개정)
③ 법 제34조의5제6항 단서에서 "관계 법령의 제정·개정 등 대통령령으로 정하는 사유가 있는 경우"란 다음 각 호의 어느 하나에 해당하는 사유로 대학입학전형시행계획을 변경할 필요가 있는 경우를 말한다.(2019.10.22 본문개정)
1. 관계 법령의 제정·개정 또는 폐지가 있는 경우
(2018.7.31 본호개정)
2. 대학 구조개혁을 위한 학과 개편 및 정원 조정이 있는 경우
3. 제32조제2항 및 제3항에 따른 대학입학전형기본사항의 변경이 있는 경우
4. 법 제60조에 따른 시정 또는 변경 명령으로 학생정원 감축, 학과폐지, 학생 모집정지 등의 행정처분이 있는 경우
5. 다른 법령에서 대학입학전형시행계획을 변경할 수 있도록 규정하고 있는 경우
6. 천재지변 등 교육부장관이 인정하는 부득이한 사유가 있는 경우(2018.7.31 본호신설)
④ 대학의 장은 법 제34조의5제6항 단서에 따라 대학입학전형시행계획을 변경하려면 해당 대학의 대표자를 구성원으로 하는 학교협의체의 승인을 받아야 한다. 다만, 해당 대학의 대표자를 구성원으로 하는 학교협의체가 없는 경우에는 교육부장관과 협의해야 한다.(2019.10.22 본항개정)
⑤ 대학의 장이 법 제34조의5제6항 단서에 따라 대학입학전형시행계획을 변경할 때에는 이를 해당 학교의 인터넷 홈페이지에 게재하는 방법으로 해야 한다.(2019.10.22 본항개정)
(2014.4.29 본조개정)
제34조【입학전형의 구분】 ① 법 제34조에 따른 일반전형은 일반학생을 대상으로 보편적인 교육적 기준에 따라 학생을 선발하는 전형으로서 대학(원격대학은 제외한다. 이하 이 조에서 같다)의 교육목적에 적합한 입학전형의 기준 및 방법에 따라 공정한 경쟁에 의하여 공개적으로 시행되어야 한다.
② 법 제34조에 따른 특별전형은 특별한 경력이나 소질 등 대학이 제시하는 기준 또는 차등적인 교육적 보상기준에 의한 전형이 필요한 자를 대상으로 학생을 선발하는 전형으로서 사회통념적 가치기준에 적합한 합리적인 입학전형의 기준 및 방법에 따라 공정한 경쟁에 의하여 공개적으로 시행되어야 한다.
(2014.4.29 본조개정)
제35조【입학전형자료】 ① 대학(교육대학을 포함한다. 이하 이 조에서 같다)의 장은 법 제34조제1항에 따라 입학자를 선발하기 위하여 고등학교 학교생활기록부의 기록, 법 제34조제3항에 따라 교육부장관이 시행하는 시험(이하 "대학수학능력시험"이라 한다)의 성적, 대학별고사(논술 등 필답고사, 면접·구술고사, 신체검사, 실기·실험고사 및 교직적성·인성검사를 말한다)의 성적 등 교과성적 외의 자료(자기소개서는 제외한다) 등을 입학전형자료로 활용할 수 있다.(2022.2.28 본항개정)
② 대학의 장은 제1항에 따라 논술 등 필답고사를 시행하는 경우 초·중등교육이 추구하는 본래의 목적을 훼손하지 아니하도록 운영하여야 한다.(2008.6.11 본항개정)
③ (2008.6.11 삭제)
제36조【대학수학능력시험시행 기본계획】 교육부장관은 대학수학능력시험의 출제, 배점, 성적통지, 시험일정 등을 포함하는 대학수학능력시험시행 기본계획을 작성하여 시험을 실시하는 해의 3월 31일까지 공표하여야 한다.(2013.3.23 본조개정)
제37조【출제위원 등】 교육부장관은 대학교육수학능력의 평가에 관한 전문지식이 있는 사람 중에서 대학수학능력시험의 출제위원을, 교육행정기관 또는 교육연구기관의 직원 중에서 대학수학능력시험의 관리요원을 각각 지정 또는 위촉한다.(2013.3.23 본조개정)
제38조【응시수수료 등】 ① 대학수학능력시험에 응시하려는 사람은 교육부장관이 정하는 응시수수료를 내야 한다.
② 제1항에 따른 응시수수료를 낸 사람이 불가피하게 시험에 응시하지 못하거나 응시수수료를 잘못 내는 등 정당한 사유가 있는 경우에는 교육부장관이 정하는 바에 따라 납부한 응시수수료의 전부 또는 일부를 반환받을 수 있다.
③ 교육부장관은 제37조에 따른 출제위원 및 관리요원 등 대학수학능력시험에 종사하는 사람에게 예산의 범위에서 교육부장관이 정하는 기준에 따라 수당과 여비를 지급할 수 있다.
(2013.3.23 본조개정)
제39조【산업대학의 학생선발방법】 ① 산업대학의 장은 제34조제2항에 따른 특별전형으로 입학자를 선발하는 때에는 다음 각 호의 어느 하나에 해당하는 사람을 우선하여 선발하되, 그 우선순위는 학칙으로 정한다.
1. 산업체에 근무하는 사람으로서 그 사용자가 교육을 위탁한 사람
2. 산업체에 6개월 이상 근무한 경력이 있는 사람
3. 「자격기본법」에 따른 국가자격 또는 국가의 공인을 받은 민간자격을 취득한 사람
4. 「초·중등교육법 시행령」 제90조에 따른 특수목적고등학교 또는 특성화고등학교를 졸업하고 동일 계열 모집단위에 지원한 사람
5. (2014.4.29 삭제)
6. 그 밖에 제1호부터 제4호까지의 규정에 준하는 사람으로서 학칙으로 정하는 사람
(2014.4.29 본항개정)
② 제1항의 규정에 의한 선발의 기준·방법 및 절차와 자격 및 산업체의 범위 등에 관한 사항은 학칙으로 정한다.
③ 제35조제1항의 규정은 산업대학이 일반전형에 의하여 입학자를 선발하는 경우의 전형자료 활용에 관하여 이를 준용한다. 이 경우 "대학(교육대학을 포함한다. 이하 이 조에서 같다)"은 "산업대학"으로 본다.
제39조의2【원격대학의 학생선발】 원격대학의 장은 해당 대학의 교육목적과 특성에 맞게 대학입학전형시행계획을 수립하여 입학자를 선발할 수 있다. 이 경우 원격대학의 장은 평생교육의 목적이 반영될 수 있도록 제34조의 구분에 따라 입학전형의 기준 및 방법을 다양하게 마련하여 대학입학전형시행계획에 반영하여야 한다.
(2014.4.29 본조개정)
제40조【전문대학의 특별전형】 전문대학의 장은 제34조제2항에 따른 특별전형의 방법·기준 등을 정하는 경우 직업·기술교육의 진흥에 필요한 사항을 우선적으로 반영하여야 한다.(2018.10.16 본조개정)
제41조【학생의 선발일정】 ① 대학(산업대학·교육대학·전문대학을 포함한다)의 장은 법 제34조제1항에 따라 학생을 선발함에 있어 수시모집·정시모집 및 추가모집으로 구분하여 선발할 수 있다.
② 학교협의체는 회원대학들 간의 협의를 거쳐 제1항의 모집별 선발 일정을 정하여 공표할 수 있으며, 이 경우 각각의 회원대학의 장은 그 일정을 준수하여야 한다.
(2008.6.11 본조개정)
제42조【입학지원방법 등】 ① 대학(산업대학, 교육대학, 전문대학을 포함한다)에 입학하고자 하는 자는 수시모집, 정시모집 및 추가모집에 지원할 수 있다. 이 경우 정시모집에서 군별모집을 실시하는 대학(교육대학은 포함하되, 산업대학·전문대학은 제외한다. 이하 이 항에서 같다)에 지원하는 경우에는 동일시험 기간군에서는 하나의 대학에만 지원할 수 있다.
② 제1항 전단에 따른 수시모집에 합격한 자는 다른 학기에 실시되는 수시모집과 정시모집 및 추가모집에 지원할 수 없다.
③ 제1항에 따라 대학(교육대학은 포함하되, 산업대학·전문대학은 제외한다. 이하 이 항에서 같다)의 정시모집

에 합격하여 등록한 자는 대학에서 실시하는 추가모집에 지원할 수 없다.
④ 제1항에 따른 모집별로 지원하여 입학할 학기가 같은 2 이상의 대학(산업대학·교육대학·전문대학을 포함한다. 이하 이 항 및 제42조의2에서 같다)에 합격한 자는 하나의 대학에만 등록하여야 한다.
(2008.6.11 본조개정)

제42조의2【입학지원방법 위반자의 처리】 ① 대학의 장은 제42조를 위반하여 대학에 입학한 자를 확인하기 위하여 매 학년도의 개시일부터 30일 이내에 필요한 자료를 학교협의체에 제출하여야 한다.
② 대학의 장은 학교협의체가 제42조를 위반하여 대학에 입학한 자로 해당 입학연도의 말일까지 통보한 경우에는 지체 없이 그의 입학을 무효로 하여야 한다.
(2008.6.11 본조개정)

제42조의3【입학전형료】 ① 대학의 장은 법 제34조의4제3항에 따라 다음 각 호의 어느 하나에 해당하는 사람에 대해서는 입학전형료를 면제하거나 감액할 수 있다.
1. 「국가보훈 기본법」 제3조제2호에 따른 국가보훈대상자
2. 「국민기초생활 보장법」 제2조제2호에 따른 수급자
3. 그 밖에 경제적 사정이 곤란한 사람 등 대학의 장이 입학전형료를 면제하거나 감액할 필요가 있다고 인정하는 사람
② 법 제34조의4제4항에 따른 입학전형료의 반환 사유 및 금액은 다음 각 호의 구분에 따른다.
1. 입학전형에 응시한 사람이 착오로 과납한 경우 : 과납한 금액
2. 대학의 귀책사유로 입학전형에 응시하지 못한 경우 : 납부한 입학전형료 전액
3. 천재지변으로 인하여 입학전형에 응시하지 못한 경우 : 납부한 입학전형료 전액
4. 질병 또는 사고 등으로 의료기관에 입원하거나 본인의 사망으로 입학전형에 응시하지 못한 경우(해당 사항을 증명할 수 있는 경우만 해당한다) : 납부한 입학전형료 전액
5. 단계적으로 실시하는 입학전형에 응시하였으나 최종 단계 전에 불합격한 경우 : 납부한 입학전형료 중 응시하지 못한 단계의 입학전형에 드는 금액
③ 대학의 장은 법 제34조의4제5항에 따라 입학전형 관련 수입·지출에 따른 잔액을 해당 학년도 4월 30일까지 입학전형에 응시한 사람이 납부한 입학전형료에 비례하여 반환하여야 한다.
④ 대학의 장은 제2항 또는 제3항에 따라 입학전형료를 반환하는 경우 둘 이상의 반환 방법을 마련하여 반환 대상자가 선택할 수 있도록 하여야 한다. 이 경우 그 반환 방법에는 학교를 직접 방문하는 방법과 반환 대상자가 지정하는 금융기관의 계좌로 이체하는 방법이 반드시 포함되어야 한다.
⑤ 대학의 장은 제4항에 따른 반환 방법 중 반환 대상자가 금융기관의 계좌로 이체하는 방법을 선택하는 경우에는 반환할 금액에서 금융기관의 전산망을 이용하는 데 드는 비용을 차감하고 반환할 수 있다.
⑥ 대학의 장은 제5항에 따라 반환하는 경우에 금융기관의 전산망을 이용하는 데 드는 비용이 반환할 금액 이상이면 반환하지 아니할 수 있다.
⑦ 대학의 장은 입학전형료의 반환과 관련한 사항을 입학전형에 응시하려는 사람이 확인할 수 있도록 응시원서에 제2항부터 제6항까지의 사항을 구체적으로 밝혀야 한다.
(2013.11.20 본조신설)

제42조의4【입학허가의 취소】 법 제34조의6에서 "입학전형에 위조 또는 변조 등 거짓 자료를 제출하거나 다른 사람을 대리 응시하게 하는 등 대통령령으로 정하는 부정행위가 있는 경우"란 다음 각 호의 어느 하나에 해당하는 경우를 말한다.
1. 입학전형에 위조 또는 변조 등 거짓 자료를 제출한 경우
2. 입학전형에 다른 사람을 대리 응시하게 한 경우
3. 그 밖에 입학전형에서 다른 응시자의 답안지를 보거나 다른 응시자에게 자신의 답안지를 보여주는 등 입학전형을 공정하게 시행·관리하는 데에 부당한 영향을 미치는 행위로서 학칙으로 정하는 부정행위가 있는 경우
(2020.6.2 본조신설)

제42조의5【한국어능력시험】 ① 법 제34조의7제2항에 따른 한국어능력시험(이하 "한국어능력시험"이라 한다)은 국내외에서 매년 1회 이상 시행되어야 한다.
② 교육부장관은 매년 10월말까지 다음 연도의 한국어능력시험 시행계획을 수립·공고해야 한다.
③ 한국어능력시험은 듣기, 읽기, 쓰기 및 말하기 영역으로 구분하여 실시할 수 있다.
④ 한국어능력시험의 부정행위에 대한 조치는 별표1의2와 같다.
⑤ 한국어능력시험에 응시하려는 사람은 교육부장관이 정하여 고시하는 수수료를 내야 한다.
⑥ 제1항부터 제5항까지에서 규정한 사항 외에 한국어능력시험의 시행에 필요한 세부사항은 교육부장관이 정하여 고시한다.
(2021.6.15 본조신설)

제42조의6【사회통합전형의 운영】 ① 법 제34조의8제1항에 따라 차등적인 교육적 보상이 필요한 사람을 대상으로 하는 입학전형은 다음 각 호의 사람을 대상으로 한다.
1. 제29조제2항제4호 및 같은 항 제14호 각 목의 사람
2. 「국가보훈기본법」에 따른 국가보훈대상자
3. 「서해 5도 지원 특별법 시행령」 제11조 각 호의 사람
4. 「아동복지법 시행령」 제38조제2항 각 호의 아동
5. 「북한이탈주민의 보호 및 정착지원에 관한 법률」에 따른 북한이탈주민이나 제3국에서 출생한 북한이탈주민의 자녀
6. 제1호부터 제5호까지의 규정에 준하는 사람으로서 차등적인 교육적 보상이 필요하다고 인정되어 법 제34조의5제3항에 따른 대학입학전형기본사항에서 정하는 사람
② 법 제34조의8제1항에서 "대통령령으로 정한 비율"이란 전체 모집인원의 100분의 10을 말한다.
③ 제2항에 따른 모집인원 비율을 계산할 때 「지방대학 및 지역균형인재 육성에 관한 법률」에 따른 지방대학의 장이 법 제34조의5제4항에 따른 대학입학전형시행계획에 따라 해당 대학이 소재한 지역의 고등학교를 졸업했거나 졸업예정인 사람을 모집하는 경우에는 그 모집인원을 전체 모집인원의 100분의 5의 한도에서 제2항에 따른 모집인원에 포함하여 계산한다.
④ 법 제34조제1항에 따른 대학(전문대학 및 원격대학은 제외한다. 이하 이 조에서 같다) 중 「수도권정비계획법」에 따른 수도권에 소재한 대학의 장이 법 제34조의8제3항에 따라 지역균형발전을 목적으로 하는 입학전형으로 학생을 모집하는 경우에는 그 모집정원이 전체 모집인원의 100분의 10 이상이 되도록 노력해야 한다.
⑤ 제4항에 따라 대학의 장이 학생을 선발할 때에는 「초·중등교육법」에 따른 학교의 장이 추천하는 사람 중에서 선발하되, 같은 법 제25조제1항제5호의 교과학습 발달상황에 대한 자료 중 이수 교과목의 성취도 및 석차 등급을 우선적으로 고려하도록 노력해야 한다.
(2022.2.28 본조신설)

제43조【학위의 종류】 ① 법 제35조제1항의 규정에 의한 학사학위의 종류는 학칙으로 정한다.
② 법 제35조제2항의 규정에 의한 석사학위 및 박사학위는 학술학위와 전문학위로 구분하되, 그 종류 및 표기방법은 교육부령으로 정한다.(2013.3.23 본항개정)

제44조【학위논문의 제출 및 심사】 ① 석사학위 또는 박사학위를 취득하려는 사람은 학칙이 정하는 바에 따라 소정의 학점을 취득하고 일정한 시험에 합격한 후 학위논문을 제출하여야 한다. 다만, 석사학위의 경우에는 학칙이 정하는 바에 따라 다른 방법에 의할 수 있다.
(2017.5.8 본항개정)
② 학위논문의 심사는 교원 또는 학계의 권위자 중에서 제24조의 규정에 의한 대학원위원회의 심의를 거쳐 선정된 심사위원(석사학위의 경우에는 3인 이상, 박사학위의 경우에는 5인 이상)이 행한다.

제45조【학위논문심사료】 대학·산업대학 및 교육대학의 장은 대학원위원회의 심의를 거쳐 석사학위논문 또는 박사학위논문의 제출자로부터 실비에 상당하는 심사료를 징수할 수 있다.

제46조【대학원과정의 학위수여】 일반대학원에서는 학술학위를 수여하고, 전문대학원 및 특수대학원에서는 전문학위를 수여한다. 다만, 전문대학원의 경우(의학·치의학·한의학전문대학원의 석사학위과정의 경우는 제외한다)에는 학문의 특성상 필요한 경우 학칙이 정하는 바에 따라 학술학위를 수여할 수 있다.(2013.2.15 단서개정)

제47조【명예박사학위의 수여】 법 제35조제5항에 따른 명예박사학위는 학술발전에 특별한 공헌을 하였거나 인류문화의 향상에 특별한 공적이 있는 자에 대하여 대학원위원회의 심의를 거쳐 수여할 수 있다.(2014.12.16 본조개정)

제48조【학위의 수여】 법 제35조제1항부터 제4항까지의 규정에 따라 학위를 수여할 때에는 학위증서를 발급해야 한다.(2018.12.18 본조개정)

제49조 (2000.11.28 삭제)

제50조【수료자의 등록 등】 ① 대학원의 학위과정을 수료한 자는 학칙이 정하는 바에 따라 당해 대학원에 논문 준비 등을 위한 등록을 할 수 있다.
② 제1항에서 "학위과정을 수료한 자"라 함은 법 제31조의 규정에 의한 수업연한을 경과하고 학칙이 정하는 소정의 학점을 취득한 자를 말한다.

제51조【박사학위논문의 공표】 박사학위를 받은 자는 그 받은 날부터 1년 이내에 교육부장관이 정하는 바에 따라 박사학위논문을 공표하여야 한다. 다만, 교육부장관이 그 공표가 적당하지 아니하다고 인정하는 때에는 그러하지 아니하다.(2013.3.23 본조개정)

제52조【학위 수여의 취소】 ① 대학(산업대학, 교육대학, 원격대학 및 대학원대학을 포함하되, 원격대학의 경우에는 석사학위 이상의 학위를 수여한 경우로 한정한다. 이하 이 항에서 같다)의 장은 법에 따라 수여한 학위(제13조제2항 단서에 따라 공동명의로 수여한 학위를 포함한다. 이하 이 항에서 같다)를 받은 사람이 해당 학위를 부정한 방법으로 받은 경우 다음 각 호의 구분에 따른 심의를 거쳐 그 학위 수여를 취소할 수 있다. 다만, 해당 대학이 폐지되거나 폐쇄된 경우에는 교육부장관이 해당 학위 수여를 취소할 수 있다.
1. 석사학위 또는 박사학위 : 대학원위원회의 심의
2. 제1호 외의 학위 : 학칙으로 정하는 위원회의 심의
(2018.12.18 본항개정)
② 법 제35조제5항에 따른 명예박사학위를 수여한 학교의 장은 학위를 받은 자가 그 명예를 손상한 경우에는 대학원위원회의 심의를 거쳐 그 학위수여를 취소할 수 있다.
(2014.12.16 본조개정)

제53조【시간제등록생의 선발 등】 ① 대학(산업대학·전문대학 및 원격대학을 포함한다)의 장은 법 제36조제1항에 따라 시간제로 등록하여 수업을 받는 사람(이하 "시간제등록생"이라 한다)을 선발할 때에는 고등학교(졸업시 고등학교 졸업학력과 동등한 학력이 인정되는 학교를 포함한다) 학교생활기록부의 기록, 최종 졸업학교의 성적 또는 고등학교졸업학력검정고시 성적 및 면접고사의 결과 등을 전형자료로 활용할 수 있다.(2017.5.8 본항개정)
② 제1항에 따른 시간제등록생 선발방법의 구체적인 사항은 학칙으로 정한다.(2010.9.1 본항신설)
③ 제1항에 따른 시간제등록생의 선발은 제28조제3항제1호의 교원의 양성 및 같은 항 제2호 각 목에 해당하는 인력의 양성과 관련된 모집단위를 제외한 모집단위로 한다.(2008.9.8 본항신설)
④ 대학(산업대학, 전문대학 및 원격대학을 포함한다)의 장은 시간제등록생을 해당 대학의 학생과 통합하여 수업을 받는 시간제등록생과 시간제등록생만을 대상으로 하는 수업을 받는 시간제등록생으로 분리하여 선발할 수 있다.(2022.9.6 본항개정)
⑤ 해당 대학의 학생과 통합하여 수업을 받는 시간제등록생의 등록인원은 해당 대학(산업대학 및 전문대학을 포함한다. 이하 이 항에서 같다) 총입학정원의 100분의 10의 범위에서 해당 대학의 학칙으로 정한다.(2012.1.6 본항개정)
⑥ 시간제등록생만을 대상으로 하는 수업을 받는 시간제등록생의 등록인원은 해당 대학(산업대학 및 전문대학을 포함한다. 이하 이 항 및 제7항에서 같다) 총입학정원의 100분의 10의 범위에서 대학의 학칙으로 정한다. 다만, 「수도권정비계획법」 제2조제1호에 따른 수도권 소재 대학의 경우에는 제5항에 따른 등록인원을 포함하여 총입학정원의 100분의 10을 초과할 수 없다.(2012.1.6 단서개정)
⑦ 시간제등록생만을 대상으로 하는 수업을 받는 시간제등록생의 교육과정은 해당 대학의 학생을 위하여 개설된 교육과정(제28조제3항제1호의 교원의 양성 및 같은 항 제2호 각 목에 해당하는 인력의 양성과 관련된 교육과정은 제외한다)의 범위에서 개설할 수 있으며, 수업방법 및 교과별 수업일수 등은 대학의 학칙으로 정한다.(2017.5.8 본항개정)
⑧ 원격대학의 경우 해당 대학의 학생과 통합하여 수업을 받는 시간제등록생과 시간제등록생만을 대상으로 하는 수업을 받는 시간제등록생의 등록인원 총수는 해당 대학 총입학정원의 100분의 50의 범위에서 해당 대학의 학칙으로 정한다.(2022.9.6 본항개정)
⑨ 시간제등록생이 신청할 수 있는 학점은 매학기 12학점 및 연간 24학점을 초과할 수 없다.
(2008.9.8 본조개정)

제53조의2【산업체 위탁교육】 ① 법 제40조제2항에 따라 산업대학·전문대학 및 원격대학의 장은 산업체로부터 고등학교졸업 또는 이와 동등 이상의 학력을 가진 자(편입학을 받아 위탁교육을 실시하는 경우에는 전문대학 졸업자 또는 이와 동등 이상의 학력이 있는 자)로서 산업체에서 근무중인 자의 교육을 위탁받은 때에는 당해 산업체와의 계약에 의하여 위탁교육을 실시할 수 있다.
(2008.6.5 본항개정)
② 산업대학, 전문대학 및 원격대학의 장은 제1항에 따라 교육의 위탁을 받은 때에는 교육부장관이 정하는 기간내에 위탁교육의 실시계획 및 그 결과를 교육부장관에게 보고하여야 한다.(2013.3.23 본항개정)
③ 제1항의 규정에 의한 위탁교육의 실시에 관하여 필요한 사항은 교육부장관이 정한다.(2013.3.23 본항개정)

제3절 교육대학 등

제54조【교육과의 설치】 법 제41조제3항의 규정에 의한 대학의 교육과 설치에 관하여 필요한 사항은 교원의 수급상황 등을 고려하여 교육부장관이 정한다.
(2013.3.23 본조개정)

제55조【종합교원양성대학의 설립】 법 제43조제1항의 규정에 의한 종합교원양성대학의 설립에 관하여 필요한 사항은 따로 대통령령으로 정한다.

제56조【임시교원양성기관의 설치】 법 제46조의 규정에 의한 임시교원양성기관은 다음 각호의 1에 해당하는 경우에 설치하거나 이의 설치를 인가할 수 있다.
1. 정규 교원양성기관에서 양성이 어려운 과목의 교원을 양성하고자 하는 경우
2. 한시적으로 양성이 필요한 과목의 교원을 양성하고자 하는 경우
3. 교원수급상 공급인원이 일시적으로 부족하여 단기간에 양성하여 공급할 필요가 있는 경우
4. 현직의 초·중등교원에게 복수자격 취득기회를 제공하기 위하여 필요한 경우

제56조의2【교원양성대학교 발전위원회의 구성·운영】 ① 교원양성대학의 공동 발전에 필요한 다음 각 호의 사항을 심의하기 위하여 교육부 소속으로 교원양성

대학교 발전위원회(이하 "발전위원회"라 한다)를 둔다. (2013.3.23 본문개정)
1. 교원양성대학교의 장 공모 방식 등 대학의 장 임용추천에 관한 사항
2. 초등학교 교원 양성을 위한 학생 정원 조정에 관한 사항
3. 교원양성대학교 특성화 및 상호교류에 관한 사항
4. 교원양성대학교 학생 및 교원의 국제화에 관한 사항
5. 그 밖에 교원양성대학교의 발전을 위하여 교육부장관 또는 위원 3분의 1 이상이 필요하다고 인정하는 사항 (2013.3.23 본호개정)

② 발전위원회는 위원장 1명을 포함한 20명의 위원으로 구성하며, 위원은 다음 각 호의 사람이 된다. 이 경우 위원의 4분의 1은 교원양성대학교 소속이 아닌 사람으로 한다.
1. 각 교원양성대학교 총장
2. 교원양성대학교 교수 대표 1명
3. 교원양성대학교 졸업생 대표 1명
4. 시·도 교육감 대표 1명
5. 교육에 관한 학식과 경험이 풍부한 사람 중 교육부장관이 위촉하는 사람(2013.3.23 본호개정)

③ 제2항제5호에 따라 위촉되는 위원의 임기는 1년으로 한다.
④ 위원장은 위원 중에서 호선(互選)하고, 발전위원회를 대표하며, 발전위원회의 업무를 총괄한다.
⑤ 위원장은 발전위원회의 회의를 소집하고, 그 의장이 된다.
⑥ 발전위원회는 재적의원 과반수의 출석으로 개의(開議)하고, 출석위원 과반수의 찬성으로 의결한다.
⑦ 법 제43조에 따른 종합교원양성대학의 유치원·중등학교 교원 양성에 관한 사항을 심의하기 위하여 발전위원회에 소위원회를 둘 수 있다.
⑧ 발전위원회는 제1항 각 호의 사항을 심의하기 위하여 필요한 경우 교원양성대학교에 관련 자료의 제출을 요청할 수 있다.
⑨ 발전위원회의 사무를 처리하기 위하여 발전위원회에 간사 1명을 두며, 간사는 교육부 소속 공무원 중에서 교육부장관이 지명한다.(2013.3.23 본항개정)
⑩ 제1항부터 제9항까지에서 규정한 사항 외에 발전위원회의 구성 및 운영에 필요한 사항은 위원회의 의결을 거쳐 위원장이 정한다.
(2012.1.6 본조신설 : 발전위원회의 설치일부터 3년간 유효)

제4절 전문대학

제57조【전문대학의 수업연한】 ① 법 제48조에 따라 전문대학의 수업연한을 3년으로 하는 경우는 간호과·방사선과·임상병리과·물리치료과·치기공과·치위생과·작업치료과·어업과 및 기관과로 한다.
② 전문대학의 장은 교육부장관이 정하는 바에 따라 제1항에 따른 과 외의 과의 수업연한을 3년으로 할 수 있다.
(2021.9.24 본조개정)

제57조의2【수업연한의 단축】 법 제48조제2항의 규정에 의하여 단축할 수 있는 전문대학의 수업연한은 동조 제1항의 규정에 의한 수업연한의 4분의 1 이내로 한다.
(2002.12.11 본조신설)

제58조【전문대학 비학위 전공심화과정의 설치·운영 등】 ① 법 제49조에 따라 설치·운영되는 전공심화과정 중 학위가 수여되지 아니하는 과정(이하 "전문대학비학위심화과정"이라 한다)의 수업연한은 1년의 범위에서 학칙으로 정한다.
② 전문대학비학위심화과정에 등록할 수 있는 사람은 전문대학을 졸업한 사람 또는 이와 같은 수준 이상의 학력이 있다고 인정되는 사람으로 한다.
③ 전문대학비학위심화과정의 설치과정·등록인원 및 운영 등에 필요한 사항은 교육부장관이 정한다.
(2023.4.18 본조개정)

제58조의2【학사학위 수여 전문대학 전공심화과정의 설치인가 등】 ① 전문대학의 장이 법 제50조의2제2항에 따라 학사학위가 수여되는 전공심화과정(이하 "전문대학학위심화과정"이라 한다)을 설치하려는 경우에는 별표2에 따른 교원 및 교사확보기준을 갖추어 다음 각 호의 사항을 기재한 운영계획서를 교육부장관에게 제출하여야 한다.(2023.4.18 본문개정)
1. 개설 학과 및 형태
2. 수업연한(2018.10.16 본호개정)
3. 모집인원 및 학급당 학생 수
4. 교원·교사 현황 및 확보 계획
5. 교육과정 운영계획
6. 운영성과에 대한 자체 평가 계획
7. 그 밖에 전문대학학위심화과정 운영에 필요한 사항 (2023.4.18 본호개정)

② 교육부장관은 제1항에 따른 운영계획서를 제출받은 때에는 그 타당성을 검토하여 인가 여부를 결정하고, 그 결과를 전문대학학위심화과정 운영 개시 예정일 2개월 전까지 해당 전문대학의 장에게 통보하여야 한다.
(2023.4.18 본항개정)
③ 법 제50조의2제3항에 따라 전문대학학위심화과정에 입학할 수 있는 사람은 다음 각 호의 어느 하나에 해당하는 사람으로 한다.(2023.4.18 본문개정)
1. 동일계열의 전문대학을 졸업한 사람으로서 전문대학 입학 후 관련 분야 재직경력이 1년 이상인 사람
2. 전문대학학위심화과정 입학 학년도의 전 학년도에 동일계열의 전문대학을 졸업한 사람으로서 전문대학 졸업 후의 관련 분야 재직경력이 9개월 이상인 사람 (2023.4.18 본호개정)
3. 동일계열의 전문대학을 졸업한 사람과 같은 수준 이상의 학력이 있다고 인정되는 사람으로서 전문대학 졸업과 같은 수준 이상의 학력이 인정되는 학력인정과정의 입학·등록 후 관련 분야 재직경력이 1년 이상인 사람
4. 전문대학학위심화과정 입학 학년도의 전 학년도에 동일계열의 전문대학 졸업과 같은 수준 이상의 학력이 인정되는 학력인정과정을 졸업·이수한 사람으로서 해당 과정 졸업·이수 후의 관련 분야 재직경력이 9개월 이상인 사람(2023.4.18 본호개정)
(2018.10.16 본항개정)

④ 법 제50조의2제3항에 따른 동일계열 및 관련 분야는 학문분야 및 직무성격 등을 고려하여 교육부장관이 정한다.(2018.10.16 본항개정)
(2023.4.18 본조제목개정)
(2007.11.15 본조신설)

제58조의3【재직경력이 없는 사람이 입학할 수 있는 전문대학학위심화과정】 ① 법 제50조의2제4항에서 "대통령령으로 정하는 과"란 자연과학, 공학, 예·체능, 인문사회계열에 속하는 과를 말하고, "대통령령으로 정하는 요건"이란 다음 각 호의 어느 하나를 말한다.
1. 법 제50조의2제4항에 따라 전문대학학위심화과정을 설치한 해당 과를 졸업할 것(2023.4.18 본호개정)
2. 제1호의 과와 관련된 과로서 교육부장관이 정하는 과를 졸업할 것

② 법 제50조의2제5항에 따른 "대통령령으로 정하는 기준"이란 별표3에 따른 기준을 말한다.
(2023.4.18 본조제목개정)
(2018.10.16 본조개정)

제58조의4【전문대학학위심화과정의 운영】 ① 전문대학학위심화과정의 교육과정은 학칙으로 정하되, 실무와 현장 중심으로 운영하여야 한다.(2023.4.18 본항개정)
② 전문대학학위심화과정의 수업연한은 다음과 같다.
(2023.4.18 본문개정)
1. 전문대학 수업연한이 2년인 학과 : 2년 이상
2. 전문대학 수업연한이 3년인 학과 : 1년 이상

③ 제2항에 따른 수업연한 외에 전문대학학위심화과정에 따른 학사학위의 종류와 수여에 필요한 사항은 학칙으로 정한다.(2023.4.18 본항개정)
(2023.4.18 본조제목개정)
(2018.10.16 본조개정)

제58조의5【의료인 양성과의 지정 등】 ① 법 제50조의3 제2항에 따라 수업연한을 4년으로 하는 과정을 지정받으려는 전문대학의 장은 다음 각 호의 사항을 적은 운영계획서를 다음 학년도가 개시되는 날의 7개월 전까지 교육부장관에게 제출하여야 한다.(2013.3.23 본문개정)
1. 개설 학과
2. 모집인원 및 학급당 학생 수
3. 교원·교사 확보 현황
4. 교육과정 운영계획
5. 운영성과에 대한 자체 평가 계획

② 법 제50조의3제2항에서 "교육여건과 관련하여 대통령령으로 정하는 기준"은 별표3과 같다.
③ 법 제50조의3제5항에 따른 학사학위의 종류 및 수여에 관하여는 학칙으로 정한다.
(2011.10.17 본조신설)

제58조의6【전문기술석사과정 설치·운영 인가 등】 ① 전문대학의 장이 법 제50조의4제2항에 따라 전문기술석사과정 설치·운영 인가를 받으려는 경우에는 해당 기술 분야에 대한 전문성이 있는 교원을 5명 이상 확보해야 한다.
② 법 제50조의4제2항에 따라 전문기술석사과정 설치·운영 인가를 받으려는 전문대학의 장은 다음 각 호의 사항을 기재한 운영계획서를 전문기술석사과정 운영 개시 예정일 12개월 전까지 교육부장관에게 제출해야 한다.
1. 개설 학과
2. 수업연한
3. 학생정원 및 학생 선발 계획
4. 교육·실습용 시설·설비 현황 및 확보 계획
5. 교원·교사 현황 및 확보 계획
6. 교육과정 운영 계획
7. 운영성과에 대한 자체 평가 계획
8. 전문기술석사과정 설치 이후 3년간 재정운영 계획
9. 그 밖에 전문기술석사과정 운영에 필요한 사항

③ 교육부장관은 제2항에 따른 운영계획서를 제출받은 때에는 그 타당성을 검토하여 인가 여부를 결정하고, 그 결과를 전문기술석사과정 운영 개시 예정일 8개월 전까지 해당 전문대학의 장에게 통보해야 한다.
④ 법 제50조의4제3항에 따라 전문기술석사과정에 입학할 수 있는 사람은 다음 각 호의 요건을 모두 갖춘 사람으로 한다.
1. 학사학위를 가지고 있거나 법령에 따라 이와 같은 수준 이상의 학력이 있다고 인정되는 사람일 것
2. 관련 분야 재직경력(학사학위를 받기 전의 경력이나 법령에 따라 학사학위와 같은 수준 이상의 학력이 있다고 인정되기 전의 경력을 포함한다)이 3년 이상인 사람일 것

⑤ 제4항제2호에 따른 관련 분야는 학문 분야 및 직무성격 등을 고려하여 교육부장관이 정하여 고시한다.
(2021.9.24 본조신설)

제58조의7【전문기술석사과정 운영】 ① 전문기술석사과정의 교육과정은 학칙으로 정한다.
② 제1항에 따른 교육과정에는 고숙련 기술 전문가 양성에 필요한 실습과목이 포함되어야 한다.
③ 전문기술석사학위의 종류와 수여에 필요한 사항은 학칙으로 정한다.
(2021.9.24 본조신설)

제59조【교육과정의 연계운영】 전문대학의 장은 직업교육을 활성화하기 위하여 필요한 경우에는 학칙이 정하는 바에 따라 「초·중등교육법 시행령」 제90조제1항제10호에 따른 산업수요 맞춤형 고등학교, 특성화고등학교등, 대학, 산업대학, 원격대학(학사학위과정을 운영하는 원격대학으로 한정한다) 및 산업체와 상호연계하여 교육과정을 운영할 수 있다.(2016.10.25 본조개정)

제60조【전문학사학위의 종류】 법 제50조제2항의 규정에 의한 전문학사학위의 종류는 학칙으로 정한다.

제61조【준용규정】 전문대학의 경우 학생의 전공이수, 입학전형자료, 학위의 수여 및 그 취소에 관하여는 제19조, 제35조, 제48조 및 제52조제1항을 준용한다.
(2018.12.18 본조개정)

제5절 원격대학
(2008.6.5 본절제목개정)

제62조【원격대학의 과정 설치】 법 제53조제1항에 따른 원격대학의 전문학사학위과정 및 학사학위과정의 설치에 관한 사항은 따로 대통령령으로 정한다.(2008.6.5 본조개정)

제62조의2【학사학위 수여 사이버대학 전공심화과정의 설치인가 등】 ① 전문학사학위과정을 운영하는 사이버대학의 장이 법 제54조의2제2항에 따라 학사학위가 수여되는 전공심화과정(이하 "사이버대학학위심화과정"이라 한다)을 설치하려는 경우에는 별표3의2에 따른 교원 및 교사확보기준을 갖추어 다음 각 호의 사항을 기재한 운영계획서를 교육부장관에게 제출해야 한다.
1. 개설 학과
2. 수업연한
3. 모집인원
4. 교원·교사 현황 및 확보 계획
5. 교육과정 운영계획
6. 운영성과에 대한 자체 평가 계획
7. 그 밖에 사이버대학학위심화과정 운영에 필요한 사항

② 교육부장관은 제1항에 따른 운영계획서를 제출받은 때에는 그 타당성을 검토하여 인가 여부를 결정하고, 그 결과를 사이버대학학위심화과정 운영 개시 예정일 6개월 전까지 해당 사이버대학의 장에게 통보해야 한다.
③ 법 제54조의2제3항에 따라 사이버대학학위심화과정에 입학할 수 있는 사람은 다음 각 호의 어느 하나에 해당하는 사람으로 한다.
1. 동일계열의 전문학사학위를 취득한 사람으로서 전문학사학위과정 입학 후 관련 분야 재직경력이 1년 이상인 사람
2. 사이버대학학위심화과정 입학 학년도의 전 학년도에 동일계열의 전문학사학위를 취득한 사람으로서 전문학사학위 취득 후의 관련 분야 재직경력이 9개월 이상인 사람
3. 동일계열의 전문학사학위를 취득한 사람과 같은 수준 이상의 학력이 있다고 인정되는 사람으로서 전문학사학위 취득과 같은 수준 이상의 학력이 인정되는 학력인정과정의 입학·등록 후 관련 분야 재직경력이 1년 이상인 사람
4. 사이버대학학위심화과정 입학 학년도의 전 학년도에 동일계열의 전문학사학위와 같은 수준 이상의 학력이 인정되는 학력인정과정을 졸업·이수한 사람으로서 해당 과정 졸업·이수 후의 관련 분야 재직경력이 9개월 이상인 사람

④ 법 제54조의2제3항에 따른 동일계열 및 관련 분야는 학문분야 및 직무성격 등을 고려하여 학칙으로 정한다.
(2023.4.18 본조신설)

제62조의3【재직경력이 없는 사람이 입학할 수 있는 사이버대학학위심화과정】 ① 법 제54조의2제4항에서 "대통령령으로 정하는 과"란 자연과학, 공학, 예·체능, 인문사회계열에 속하는 과를 말하고, "대통령령으로 정하는 요건"이란 다음 각 호의 어느 하나를 말한다.
1. 법 제54조의2제4항에 따른 사이버대학학위심화과정을 설치한 해당 과를 졸업할 것
2. 제1호의 과와 관련된 과로서 학칙으로 정하는 과를 졸업할 것

② 법 제54조의2제5항에서 "대통령령으로 정하는 기준"이란 별표3의3에 따른 기준을 말한다.
(2023.4.18 본조신설)

제62조의4【사이버대학학위심화과정의 운영】 ① 사이버대학학위심화과정의 교육과정은 학칙으로 정하되, 실무 중심으로 운영해야 한다.
② 사이버대학학위심화과정의 수업연한은 2년 이상으로 한다.
③ 제2항에 따른 수업연한 외에 사이버대학학위심화과정에 따른 학사학위의 종류와 수여에 필요한 사항은 학칙으로 정한다.
(2023.4.18 본조신설)

제63조【수업의 운영】 원격대학의 수업운영은 방송·통신 등 정보통신매체를 이용한 원격강의, 출석수업, 실험실습, 교재에 의한 학습 및 과제물 지도 등의 방법으로 하되, 기타 수업 운영 및 학업성취도 평가 등에 관하여 필요한 사항은 학칙으로 정한다.(2008.6.5 본조개정)

제64조【준용규정】 원격대학의 전문학사학위과정 및 학사학위과정의 경우 학생의 전공이수, 수업연한의 단축, 학위의 종류, 학위의 수여 및 그 취소에 관하여는 제19조, 제26조제1호, 제43조제1항, 제48조, 제52조제1항, 제57조의2 및 제60조를 준용한다.(2018.12.18 본조개정)

제6절 기술대학

제65조【입학자격】 ① 법 제57조제1항 및 제2항에서 "대통령령으로 정하는 기간"이란 각각 6개월을 말한다.
(2018.12.18 본항개정)
② 제1항에 따른 기간에는 「직업교육훈련 촉진법」 제2조제3호에 따른 직업교육훈련생이 같은 법 제7조 본문에 따라 현장실습을 받은 기간을 포함한다.(2010.9.1 본항개정)

제66조【학생선발방법】 ① 기술대학의 장은 법 제57조제3항의 규정에 의하여 학생을 선발하는 때에는 산업체 근무실적 및 산업체의 장의 추천 등에 의하되, 구체적인 선발방법 및 절차에 관하여 필요한 사항은 학칙으로 정한다.
② 기술대학의 장은 학생선발에 있어서 「직업교육훈련촉진법」 제2조제2호의 규정에 의한 직업교육훈련기관의 교육훈련과정 이수자 및 관련분야의 자격취득자를 우대할 수 있다.(2005.3.25 본항개정)

제67조【준용규정】 기술대학의 경우 학위의 종류, 학위의 수여 및 그 취소에 관하여는 제43조제1항, 제48조, 제52조제1항 및 제60조를 준용한다.(2018.12.18 본조개정)

제7절 각종학교

제68조【각종학교】 법 제59조제3항의 규정에 의한 국립 각종학교의 설립·운영에 관한 권한의 위탁에 관한 사항은 따로 대통령령으로 정한다.

제69조【준용규정】 법 제59조제4항에 따라 상급 학위과정에의 입학학력이 인정되는 각종학교의 경우 학위의 종류, 학위의 수여 및 그 취소에 관하여는 제43조제1항, 제48조, 제52조제1항 및 제60조를 준용한다.(2018.12.18 본조개정)

제4장 학력인정 및 자격인정

제70조【학력인정】 ① 다음 각 호의 어느 하나에 해당하는 사람은 전문대학을 졸업한 사람과 같은 수준의 학력이 있다고 본다.
1. 대학(산업대학·교육대학, 원격대학 및 이에 준하는 학력인정 각종학교를 포함한다. 이하 이 조에서 같다)에서 2학년 또는 3학년 이상의 교육과정을 전부 이수한 사람
1의2. 법 제50조의3에 따라 수업연한을 4년으로 하는 전문대학의 학과에서 2학년 또는 3학년 이상의 교육과정을 전부 이수한 사람(2018.10.16 본호신설)
2. 외국 또는 군사분계선이북지역에서 우리나라의 초·중등교육과 대학 2년의 학교교육에 상응하는 교육과정을 수료한 사람으로서 대학 2년을 수료한 사람과 같은 수준의 학력이 있다고 인정되는 사람
② 외국 또는 군사분계선이북지역에서 우리나라의 초·중등교육과 대학교육에 상응하는 교육과정을 전부 이수한 사람으로서 대학을 졸업한 사람과 같은 수준의 학력이 있다고 인정되는 사람은 대학을 졸업한 사람과 같은 수준의 학력이 있다고 본다.
(2018.10.16 본조개정)

제71조【구 학교 등의 졸업자의 자격인정】 ① 다음 각 호의 어느 하나에 해당하는 사람은 전문대학 졸업자와 동등한 자격이 있다고 본다.(2017.1.17 본문개정)
1. 종전의 관립사범학교 연습과(2년제) 졸업자
2. 종전의 교육부 중등교원양성소 2년 수료자
(2013.3.23 본호개정)
3. 종전의 전문학교 3학년 또는 4학년 졸업자(2017.1.17 본호개정)
4. 종전의 대학 예과 수료자
5. 1922년 이전의 농림학교 전문과 3학년 졸업자
(2017.1.17 본호개정)
6. 종전의 관립사범학교 본과 3학년 졸업자
7. 종전의 대학 전문부 졸업자
8. 종전의 진해고등해원양성소 연습과 수료자
9. 종전의 간호학교 졸업자
10. 1965년 이후 종전의 실업고등전문학교 및 전문학교 졸업자
11. 종전의 초급대학 졸업자
② 1년6월을 수업연한으로 하는 종전의 교육부 중등교원양성소 수료자는 대학 학부(의과대학에 있어서는 예과) 1년 수료자와 동등한 자격이 있다고 본다.(2013.3.23 본항개정)
③ 종전의 대학령에 따른 대학 3학년 또는 4학년을 수료한 사람은 대학졸업자와 동등한 자격이 있다고 본다.
(2017.1.17 본항개정)
④ 종전의 교원교육원령에 의하여 교원교육원 사범대학과정을 수료한 자는 대학졸업자와 동등한 자격이 있다고 본다.

제5장 보 칙

제71조의2【행정처분의 기준】 법 제60조제2항에 따른 학생정원 감축 등 행정처분의 세부기준은 별표4와 같다.
(2012.3.2 본조신설)

제72조【학교의 폐쇄】 학교설립자는 교육부장관이 법 제62조의 규정에 의하여 학교의 폐쇄를 명한 때에는 당해 명령을 받은 날부터 3월 이내에 재학생과 학교기본재산의 처리상황을 기재한 서류와 학적부를 각각 교육부장관에게 제출하여야 한다.(2013.3.23 본조개정)

제73조【고유식별정보의 처리】 ① 교육부장관(제4조의10에 따라 교육부장관의 업무를 위탁받은 자를 포함한다), 대학의 장 및 학교협의체는 다음 각 호의 사무를 수행하기 위하여 불가피한 경우 「개인정보 보호법 시행령」 제19조제1호에 따른 주민등록번호가 포함된 자료를 처리할 수 있다.(2022.2.28 본문개정)
1. 법 제11조의3제1항에 따른 교육통계조사에 관한 사무
(2017.6.20 본호신설)
2. 법 제34조제1항에 따른 학생 선발에 관한 사무
3. 법 제34조제3항에 따른 시험에 관한 사무
3의3. 법 제34조의2제3항에 따른 입학사정관의 학생 선발 업무 배제에 관한 사무(2019.10.22 본호신설)
4. 제42조의2에 따른 입학지원방법 위반자의 처리에 관한 사무
② 학교의 장은 「교육기본법」 제16조제2항에 따른 학적부 작성·관리 등 교육의 과정 기록에 관한 사무를 수행하기 위하여 불가피한 경우 「개인정보 보호법 시행령」 제19조제1호에 따른 주민등록번호가 포함된 자료를 처리할 수 있다.
(2012.1.6 본조신설)

제74조【규제의 재검토】 ① 교육부장관은 다음 각 호의 사항에 대하여 다음 각 호의 기준일을 기준으로 2년마다(매 2년이 되는 해의 기준일과 같은 날 전까지를 말한다) 그 타당성을 검토하여 개선 등의 조치를 하여야 한다.
1. 제23조제2항에 따른 학·연·산 협동과정의 설치기준 및 운영 등에 관하여 필요한 사항 : 2017년 1월 1일
2. 제53조제8항에 따른 원격대학의 시간제등록생 등록인원 제한 : 2017년 1월 1일
(2016.12.30 1호~2호개정)
② 교육부장관은 다음 각 호의 사항에 대하여 다음 각 호의 기준일을 기준으로 3년마다(매 3년이 되는 해의 기준일과 같은 날 전까지를 말한다) 그 타당성을 검토하여 개선 등의 조치를 해야 한다.(2022.2.28 본문개정)
1. 제11조에 따른 수업일수 : 2017년 1월 1일(2016.12.30 본호개정)
2. 제13조제1항에 따른 대학 등이 다른 국내대학이나 외국대학과 공동으로 운영할 수 있는 교육과정의 범위 : 2016년 1월 1일(2016.12.30 본호개정)
2의2. 제13조의2에 따라 국내대학이 외국대학으로 하여금 운영하게 할 수 있는 국내대학 교육과정의 범위 및 그 운영에 관한 기준 : 2022년 1월 1일(2022.2.28 본호개정)
3. 제15조에 따른 학점인정의 범위 및 기준 : 2017년 1월 1일(2016.12.30 본호개정)
3의2. 제29조제2항에 따른 치과대학 및 한의과대학의 정원 외 특별전형 모집단위별 총학생수 기준 : 2022년 1월 1일
3의3. 제30조제4항에 따른 대학원 및 대학원대학의 입학정원 : 2022년 1월 1일
3의4. 제33조제4항에 따른 대학입학전형시행계획 변경의 승인 및 협의 절차 : 2022년 1월 1일
3의5. 제42조의6제2항 및 제3항에 따른 차등적인 교육적 보상이 필요한 사람을 대상으로 하는 입학전형의 모집비율 : 2022년 3월 1일
(2022.2.28 3호의2~3호의5신설)
4. 제53조제1항에 따른 시간제등록생의 선발 방법 : 2016년 1월 1일(2016.12.30 본호개정)
5. 제53조의2제1항에 따른 전문대학의 산업체 위탁교육 실시와 같은 조 제2항에 따른 전문대학의 위탁교육 실시계획 및 그 결과의 보고 : 2016년 1월 1일(2016.12.30 본호개정)
6. 제58조의2에 따른 전문대학학위심화과정의 설치인가 : 2017년 1월 1일(2023.4.18 본호개정)
6의2. 제58조의3에 따른 재직경력이 없는 사람이 입학할 수 있는 전문대학학위심화과정의 지정 기준 : 2023년 1월 1일(2023.4.18 본호신설)
6의3. 제62조의2에 따른 사이버대학학위심화과정의 설치인가 : 2023년 1월 1일(2023.4.18 본호신설)
6의4. 제62조의3에 따른 재직경력이 없는 사람이 입학할 수 있는 사이버대학학위심화과정의 지정 기준 : 2023년 1월 1일(2023.4.18 본호신설)
7. 제65조에 따른 기술대학의 전문학사학위과정 또는 학사학위과정 입학자격 기준 : 2016년 1월 1일(2016.12.30 본호개정)
8. 제71조의2 및 별표4에 따른 학생정원 감축 등 행정처분의 세부기준 : 2017년 1월 1일(2016.12.30 본호개정)
(2014.12.9 본조신설)

부 칙 (2006.1.13)

① **【시행일】** 이 영은 공포한 날부터 시행한다. 다만, 제29조제2항제3호중 의과대학의 학사편입학자에 대한 별도정원인정 제외에 관한 개정규정은 2007년 3월 1일부터 시행하고, 제25조제2항, 제28조제5항, 제29조제2항 후단중 의과대학 정원 외 입학비율에 관한 개정규정 및 제29조제4항의 개정규정은 2009년 3월 1일부터 시행한다.
② **【대학의 약학대학 재적생의 수업연한에 관한 경과조치】** 이 영 시행 당시 대학의 약학대학에 재적중인 자의 수업연한에 대하여는 제25조제2항의 개정규정에 불구하고 종전의 규정에 의한다.
③ **【전문대학원의 설치에 따라 폐지되는 학과의 재입학에 관한 경과조치】** 제21조제1항제2호의 규정에 의한 전문대학원이 설치됨에 따라 입학정원에 대한 배정이 중지되는 의예과·치의예과·의학과 또는 치의학과에 대학의 장이 재입학을 허가하고자 하는 경우에는 제29조의2제1항 단서의 규정에 불구하고 당해 학과가 존속하는 동안은 모집단위별 입학정원이 각각 따로 있는 것으로 본다.

부 칙 (2006.6.7)

① **【시행일】** 이 영은 공포한 날부터 시행한다.
② **【기존의 경영 등과 관련된 분야의 전문대학원에 관한 경과조치】** 이 영 시행 당시 이미 설치되어 있는 경영 등과 관련된 분야의 전문대학원은 제22조의2제2항 및 제3항에 따른 요건을 충족하는 것으로 교육인적자원부장관의 확인을 받은 경우에는 이 영에 의한 경영등관련전문대학원으로 본다.

부 칙 (2007.1.24)

① **【시행일】** 이 영은 공포한 날부터 시행한다.
② **【실업계 고등학교 졸업자의 정원 외 입학 비율에 대한 적용례】** 제29조제2항의 개정규정은 2008학년도 대입전형부터 적용한다.

부 칙 (2007.11.15)

제1조【시행일】 이 영은 2008년 1월 1일부터 시행한다.
제2조【학위심화과정 인가 통보에 대한 적용특례】 교육인적자원부장관은 제58조의2제2항의 개정규정에 불구하고 2008년도 1학기에 학위심화과정을 설치하려는 전문대학의 장에 대한 인가 여부의 통보를 2008년 1월 31일까지 할 수 있다.
제3조【준비행위】 교육인적자원부장관은 이 영 시행 전에 제58조의2의 개정규정의 시행을 위하여 학위심화과정의 시행에 관한 계획을 공고할 수 있다.

부 칙 (2009.10.7)

제1조【시행일】 이 영은 공포한 날부터 시행한다.
제2조【정원 외 특별전형 총학생수 기준에 관한 특례】 별표1의 개정규정에도 불구하고 제29조제2항제14호의 정원 외로 보는 특별전형 총학생수 기준은 2012학년도에 입학(편입학을 포함한다)하는 학생 선발의 경우까지 다음 표에 따른다.

해당 호	학년별·연도별 총학생수	모집단위별 총학생수
7. 제29조제2항제14호	제29조제2항제14호에 해당하는 자의 학년별 총학생수는 해당 학년 입학정원의 100분의 11을 초과할 수 없다. 이 경우 제29조제2항제14호가목·나목 또는 라목에 해당하는 자의 학년별 총학생수는 해당 학년 입학정원의 100분의 9를 초과할 수 없다. -제29조제2항제14호가목에 해당하는 자의 학년별 총학생수는 해당 학년 입학정원의 100분의 4를 초과할 수 없다. -제29조제2항제14호나목에 해당하는 자의 학년별 총학생수는 해당 학년 입학정원의 100분의 5를 초과할 수 없다.	제29조제2항제14호가목 및 나목에 해당하는 자의 모집단위별 총학생수는 각각 해당 학년 모집단위별 입학정원의 100분의 10을 초과할 수 없고, 같은 호 라목에 해당하는 자의 모집단위별 총학생수는 해당 학년 모집단위별 입학정원의 100분의 20을 초과할 수 없다. 다만, 제29조제2항제14호 각 목에 해당하는 자의 의과대학입학의 경우에는 각각 100분의 5를 초과할 수 없고, 교육대학 및 원격대학 입학의 경우에는 각각 100분의 20을 초과할 수 없다.

부　칙 (2010.2.18)

제1조【시행일】이 영은 공포한 날부터 시행한다.
제2조【유효기간】별표1의 개정규정(간호학 관련 모집단위에 관한 사항에 한정한다)은 2010학년도 편입학 전형부터 2014학년도 편입학 전형까지 효력을 가진다.

부　칙 (2012.1.6)

제1조【시행일】이 영은 공포한 날부터 시행한다.
제2조【유효기간】제56조의2의 개정규정은 발전위원회의 설치일부터 3년간 효력을 가진다.

부　칙 (2012.3.2)

제1조【시행일】이 영은 공포한 날부터 시행한다.
제2조【학생정원 감축 등 행정처분에 관한 경과조치】제71조의2 및 별표4의 개정규정에도 불구하고 이 영 시행 전의 위반행위에 대한 학생정원 감축 등의 행정처분은 종전의 예에 따른다.

부　칙 (2013.2.15)

제1조【시행일】이 영은 공포한 날부터 시행한다.
제2조【원격대학의 학생선발 방법에 관한 적용례】제39조의2의 개정규정은 이 영 시행 후에 같은 조 제2항에 따라 대학입학전형시행계획을 공표하는 경우부터 적용한다.

부　칙 (2013.10.22)

제1조【시행일】이 영은 공포한 날부터 시행한다.
제2조【학사학위 취득자 등에 대한 편입학 총학생수에 관한 적용례】별표1 제2호의 개정규정은 2014학년도 편입학 전형부터 적용한다.
제3조【간호학 관련 편입학의 모집단위별 총학생수에 관한 경과조치】간호학 관련 편입학의 모집단위별 총학생수는 별표1 제2호의 개정규정에도 불구하고 2014학년도 편입학 전형까지는 종전의 규정에 따른다.

부　칙 (2014.2.11)

제1조【시행일】이 영은 2014년 2월 14일부터 시행한다.
제2조【학점인정의 범위에 관한 경과조치】이 영 시행 당시 종전의「고등교육법」(법률 제12036호 고등교육법 일부개정법률로 개정되기 전의 것을 말한다. 이하 이 조에서 "종전의 법"이라 한다) 제23조제1항에 따른 학칙(이하 이 조에서 "종전의 학칙"이라 한다)에 따라 종전의 법 제23조제1항 각 호 또는 같은 조 제2항에 해당하는 학생에 대한 학점인정 절차가 진행 중인 학점의 인정 범위에 대해서는 제15조제1항의 개정규정에도 불구하고 종전의 학칙에 따른다.

부　칙 (2014.4.29)

제1조【시행일】이 영은 2014년 4월 30일부터 시행한다. 다만, 제29조제2항제7호 및 제14호의 개정규정은 2015년 7월 1일부터 시행한다.
제2조【정원 외 입학·편입학 대상 확대에 관한 적용례】제29조제2항제7호 및 제14호의 개정규정은 2016학년도 대학입학전형부터 적용한다.

부　칙 (2015.11.18)

제1조【시행일】이 영은 공포한 날부터 시행한다.
제2조【원격대학의 시간제등록생 선발 등에 관한 적용례】제53조제8항 및 별표4 제2호타목4)·5)의 개정규정은 2016학년도 시간제등록생 선발부터 적용한다.

부　칙 (2017.5.8)

제1조【시행일】이 영은 공포한 날부터 시행한다.
제2조【학사학위가 수여되는 전공심화과정의 정원 외 입학에 관한 적용례】별표1 제7호의 개정규정은 2018학년도 학생 모집을 하는 경우부터 적용한다.

부　칙 (2017.9.5)

제1조【시행일】이 영은 공포한 날부터 시행한다.
제2조【치과대학 및 한의과대학의 정원 외 입학 학생 수 제한에 관한 적용례】별표1 제1호, 제4호 및 제8호의 개정규정은 2019학년도 학생모집부터 적용한다.

부　칙 (2018.3.13)

제1조【시행일】이 영은 공포 후 1개월이 경과한 날부터 시행한다.
제2조【「고등교육법 시행령」개정에 관한 적용례】「고등교육법 시행령」제2조제7항의 개정규정은 이 영 시행 이후「고등교육법」제4조제3항에 따른 학교의 폐지인가 또는 변경인가를 신청하는 경우부터 적용한다.
제3조~제4조 (생략)

부　칙 (2018.7.31)

제1조【시행일】이 영은 공포한 날부터 시행한다.
제2조【약학대학 학사학위과정 운영에 관한 적용례】제25조제2항 및 제3항의 개정규정은 2022학년도 약학대학 학사학위과정 운영부터 적용한다.
제3조【약학대학 학사학위과정 운영 등에 관한 특례】2022학년도에 제25조제2항제2호의 개정규정에 따른 교육과정을 선택한 대학은 같은 항 각 호 외의 부분 후단의 개정규정에도 불구하고 2022학년도 및 2023학년도에 한정하여 같은 항 제1호의 개정규정에 따른 약학대학 전공교육과정을 이수할 학생을 별도로 선발하고, 그에 따른 교육과정도 운영한다. 이 경우 별도로 선발하는 학생의 수는 교육부장관이 정하는 바에 따르고, 제28조제1항에도 불구하고 그 정원이 따로 있는 것으로 본다.

부　칙 (2018.10.16)

제1조【시행일】이 영은 2018년 10월 18일부터 시행한다.
제2조【정원 외로 보는 전문대학 편입학 학생 수에 관한 적용례】제29조제2항제3호의 개정규정은 2019학년도 편입학전형을 통하여 편입학하는 학생부터 적용한다.
제3조【비학위심화과정의 등록자격에 관한 적용례】제58조제2항의 개정규정은 2019학년도 비학위심화과정 선발부터 적용한다.
제4조【전문대학 학력인정에 관한 적용례】제70조제1항제1호의2의 개정규정은 법 제50조의3에 따라 수업연한을 4년으로 하는 전문대학 학과에서 이 영 시행 전에 2학년 또는 3학년 이상의 교육과정을 전부 이수한 사람에게도 적용한다.

부　칙 (2018.12.18)

제1조【시행일】이 영은 2019년 1월 1일부터 시행한다.
제2조【학위 수여의 취소에 관한 적용례】제52조제1항의 개정규정(해당 규정을 준용하는 경우를 포함한다)은 이 영 시행 전에 수여한 학위의 취소에도 적용한다.
제3조【기술대학 입학자격에 관한 경과조치】2019학년도에 기술대학의 전문학사학위과정 또는 학사학위과정에 입학하는 경우 그 입학자격에 관하여는 제65조제1항의 개정규정에도 불구하고 종전의 규정에 따른다.

부　칙 (2019.6.11)

제1조【시행일】이 영은 2019년 8월 1일부터 시행한다.
제2조【다른 법령의 개정】①~⑤ ※(해당 법령에 가제정리 하였음)

부　칙 (2020.6.2)

이 영은 2020년 6월 11일부터 시행한다. 다만, 제4조의3제1항 및 제4조의4제1항의 개정규정은 2020년 6월 4일부터 시행한다.

부　칙 (2021.6.15)

제1조【시행일】이 영은 2021년 6월 23일부터 시행한다.
제2조【안전관리계획 수립·시행에 관한 적용례】제17조의2의 개정규정은 2022학년도 안전관리계획을 수립·시행하는 경우부터 적용한다.

부　칙 (2021.9.24)

제1조【시행일】이 영은 2021년 9월 24일부터 시행한다.
제2조【전문기술석사과정 설치·운영 인가에 관한 특례】① 제58조의6제2항의 개정규정에도 불구하고 2022학년도에 전문기술석사과정을 설치·운영하려는 전문대학의 장은 설치·운영 인가를 위한 운영계획서를 2021년 10월 31일까지 교육부장관에게 제출해야 한다.
② 제58조의6제3항의 개정규정에도 불구하고 제1항에 따른 운영계획서를 제출받은 교육부장관은 2021년 12월 31일까지 인가 여부를 해당 전문대학의 장에게 통보해야 한다.

부　칙 (2022.2.17)

제1조【시행일】이 영은 2022년 2월 18일부터 시행한다.(이하 생략)

부　칙 (2022.2.28)

제1조【시행일】이 영은 2022년 3월 1일부터 시행한다. 다만, 제15조, 제29조, 제30조, 제35조제1항, 제74조제2항제2호의2, 같은 항 제3호의2부터 제3호의4까지 및 별표4 제2호의 개정규정은 공포한 날부터 시행한다.
제2조【입학전형자료의 범위에 관한 적용례】제35조제1항의 개정규정은 2024학년도 입학전형부터 적용한다.

부　칙 (2022.3.22)

이 영은 2022년 3월 24일부터 시행한다.

부　칙 (2022.9.6)

제1조【시행일】이 영은 공포한 날부터 시행한다.
제2조【외국인으로서 취득한 외국박사학위 신고에 관한 특례】외국인으로서 외국에서 박사학위를 받은 이후 이 영 시행 전에 대한민국 국적을 취득한 사람은 제17조제3호의 개정규정에도 불구하고 이 영 시행일부터 1년 이내에 신고해야 한다.

부　칙 (2023.1.10)

제1조【시행일】이 영은 공포한 날부터 시행한다.(이하 생략)

부　칙 (2023.3.28)

이 영은 공포한 날부터 시행한다.

부　칙 (2023.4.18)

이 영은 2023년 4월 19일부터 시행한다.

부　칙 (2023.9.19)

제1조【시행일】이 영은 공포한 날부터 시행한다.(이하 생략)

[별표] ➡「法典 別册」참조

취업 후 학자금 상환 특별법

(약칭 : 학자금상환법)

(2010년 1월 22일 법 률 제9935호)

개정
2010. 5.17법10303호(은행법)
2013. 3.23법11690호(정부조직)
2013. 5.10법11760호
2013. 6. 4법11849호(병역)
2014. 5.14법12572호
2014.11.19법12844호(정부조직)
2015. 3.11법13216호(신용정보의이용및보호에관한법)
2015. 6.22법13337호 2016. 5.29법14159호
2017. 7.26법14839호(정부조직)
2018. 3.13법15428호 2018.12.18법15962호
2018.12.31법16101호(부가세)
2019.12.31법16851호(국세기본법)
2020. 2. 4법16957호(신용정보의이용및보호에관한법)
2020.12.22법17653호(부가세)
2020.12.29법17758호(국세징수)
2021. 3.23법17954호(법률용어정비)
2021. 6. 8법18194호
2021. 8.17법18425호(국민평생직업능력개발법)
2022.12.27법19097호
2023. 3. 4법19228호(정부조직)
2023.12.26법19830호→2024년 7월 1일 시행

제1장 총 칙

제1조【목적】 이 법은 취업 후 상환 학자금대출을 실시함으로써 현재의 경제적 여건과 관계없이 누구나 의지와 능력에 따라 원하는 고등교육 기회를 가질 수 있도록 함을 목적으로 한다.(2021.3.23 본조개정)

제2조【관장】 이 법에 따른 취업 후 상환 학자금대출 및 상환 사업은 교육부장관이 관장한다.(2013.3.23 본조개정)

제3조【정의】 이 법에서 사용하는 용어의 정의는 다음과 같다.

1. "취업 후 상환 학자금대출"이란 대학생에게 학자금을 대출하고 그 원리금은 소득이 발생한 후에 소득수준에 따라 상환하도록 하는 대출을 말한다.

1의2. "전환대출"이란 「한국장학재단 설립 등에 관한 법률」 제6조에 따른 한국장학재단(이하 "한국장학재단"이라 한다)이 같은 법 제2조제3호에 따른 일반 상환 학자금대출 또는 같은 조 제4호에 따른 신용보증(이하 "기대출"이라 한다)을 받은 사람에게 이미 대출받은 학자금을 상환하도록 하는 학자금대출을 말한다.
(2014.5.14 본호신설 : 2015.5.13까지 유효)

2. "고등교육기관"이란 다음 각 목을 말한다.
가. 「고등교육법」 제2조에 따른 학교
나. 「평생교육법」 제31조제4항에 따른 전공대학과 같은 법 제33조제3항에 따른 원격대학형태의 평생교육시설
다. 「국민 평생 직업능력 개발법」 제2조제5호에 따른 기능대학(2021.8.17 본목개정)

3. "학자금"이란 고등교육기관에서 교육을 받는 데에 필요한 등록금과 숙식비·교재구입비·어학연수비 및 교통비 등의 생활비를 말한다.

4. "대학생"이란 고등교육기관에 재학(입학 또는 복학 예정인 경우를 포함한다)하고 있는 학생(외국인은 제외한다)으로 전문학사학위 과정·학사학위 과정·전문기술석사학위 과정·석사학위 과정 또는 박사학위 과정을 이수하는 사람 중 대통령령으로 정하는 사람을 말한다.(2021.6.8 본호개정)

5. "금융회사등"이란 「은행법」 제2조제1항제2호에 따른 은행과 그 밖에 대통령령으로 정하는 기관을 말한다.(2010.5.17 본호개정)

6. "채무자"란 취업 후 상환 학자금대출에 대하여 상환의무를 부담하는 자를 말한다.

7. "상환기준소득"이란 채무자가 상환개시(상환유예 후 상환 재개시를 포함한다)의무를 부담하는 기준이 되는 소득금액을 말한다.

8. "최소부담의무상환액"이란 채무자의 소득금액이 상환기준소득 이상일 경우 채무자가 반드시 상환하여야 하는 최소한의 의무상환금액을 말한다.

9. "졸업"이란 학칙으로 정하는 바에 따라 교육과정을 마치는 경우를 말하며, 그 구체적인 기준은 교육부장관이 정하여 고시한다.(2021.6.8 본호개정)

10. "장기미상환자"란 졸업 후 일정 기간이 경과할 때까지의 상환액이 대출원리금의 일정 비율 미만인 채무자를 말하며, 구체적인 경과기간별 대출원리금의 상환비율은 대통령령으로 정한다.(2021.6.8 본호개정)

11. "해외이주"란 「해외이주법」 제4조에 따라 해외로 이주하는 경우를 말한다.

12. "해외유학"이란 외국의 교육기관·연구기관 또는 연수기관에서 6개월 이상의 기간에 걸쳐 수학하거나 학문·기술을 연구 또는 연수하는 것을 말한다.

13. "원천공제의무자"란 「소득세법」 제127조에 따른 원천징수의무자 중 채무자에게 제24조부터 제26조까지의 소득을 지급하는 자로서 그 채무자로부터 취업 후 상환 학자금대출 원리금을 원천공제하여 국세청에 납입하여야 하는 자를 말한다.

제4조【국가의 책무】 국가는 취업 후 상환 학자금대출 및 상환사업이 건전하게 운영되도록 하여야 한다.

제5조【권한 및 업무의 위임·위탁】 ① 교육부장관은 이 법에 따른 다음 각 호의 사항에 관한 권한 및 업무를 한국장학재단 이사장에게 위임한다.(2014.5.14 본문개정)
1. 취업 후 상환 학자금대출
2. 자발적 상환 및 해외이주자 또는 해외유학생에 대한 상환 및 관리

② 교육부장관은 이 법에 따른 다음 각 호의 사항에 관한 권한 및 업무를 국세청장에게 위탁한다.(2013.3.23 본문개정)
1. 소득에 따른 의무적 상환 및 관리
2. 장기미상환자에 대한 상환 및 관리

③ 이 법에 따른 교육부장관의 권한 및 업무의 전부 또는 일부를 대통령령으로 정하는 바에 따라 관계 행정기관의 장 및 그 밖에 대통령령으로 정하는 자에게 위임 또는 위탁할 수 있다.(2013.3.23 본항개정)

④ 제1항부터 제3항까지의 규정에 따라 권한 및 업무를 위임 또는 위탁받은 기관이 장은 해당 사무의 원활한 처리를 위하여 관계 행정기관의 장에게 필요한 행정적·재정적 협조를 요청할 수 있다. 이 경우 해당 행정기관의 장은 특별한 사유가 없으면 최대한 협조하여야 한다.
(2021.3.23 후단개정)

⑤ 제1항부터 제4항까지의 규정에 따른 업무를 담당하는 사람과 해당 기관 소속 임원 및 직원(공무원 및 다른 법률에서 공무원으로 보도록 하는 사람은 제외한다)에 대하여 「형법」이나 그 밖의 법률에 따른 벌칙을 적용할 때에는 공무원으로 본다.

제6조【사업계획서의 제출】 제5조제1항에 따라 권한 및 업무를 위임받은 한국장학재단은 대통령령으로 정하는 바에 따라 위임사항에 관하여 매 사업연도 사업계획서 및 예산서를 작성하여 교육부장관에게 제출하여야 한다. 이를 변경한 때에도 같다.(2013.3.23 전단개정)

제7조【감독 및 명령】 ① 교육부장관은 제5조제1항에 따라 권한 및 업무를 위임받은 한국장학재단이 그 위임에 관한 업무를 행할 때에 지도·감독하고 이에 필요한 명령을 할 수 있다.(2021.3.23 본항개정)

② 교육부장관은 제5조제1항에 따라 권한 및 업무를 위임받은 한국장학재단의 처분이 위법한 때 또는 취업 후 상환 학자금대출 및 상환사업의 시행을 위하여 필요하다고 인정하는 때에는 그 처분의 전부 또는 일부를 취소하거나 그 집행을 정지시킬 수 있다.
(2013.3.23 본조개정)

제2장 취업 후 상환 학자금대출

제8조【취업 후 상환 학자금대출 대상】 취업 후 상환 학자금대출을 받을 수 있는 자는 교육부장관 또는 한국장학재단 이사장과 취업 후 상환 학자금대출에 관한 협약(이하 "협약"이라 한다)을 체결한 고등교육기관의 대학생으로 한다.(2014.5.14 본조제목개정)

제8조의2【전환대출 대상】 전환대출 대상은 기대출을 받은 사람(졸업생을 포함한다)으로 하되, 그 범위는 2009년 12월 31일까지 받은 기대출로 한정한다.
(2014.5.14 본조신설 : 2015.5.13까지 유효)

제9조【자격 요건】 ① 교육부장관이 대학생에 대하여 취업 후 상환 학자금대출을 하고자 하는 때에는 가구소득분위 및 다자녀 가구 해당 여부, 학점, 연령 등의 자격요건을 정하여 고시한 후 그에 따라 대출할 수 있다.
(2021.6.8 본항개정)

② 교육부장관은 전환대출을 받으려는 사람의 가구소득분위 및 다자녀 가구 해당 여부, 학점, 성적 석차, 연령 및 개인신용평점 등의 자격요건과 그 밖에 필요한 세부사항을 정하여 고시한 후 그에 따라 대출할 수 있다.
<2014.5.14 법률 제12572호 부칙 제2조의 규정에 의하여 이 항은 2015.5.13까지 유효>
(2020.2.4 본조개정)

제10조【대출 종류 및 한도】 ① 취업 후 상환 학자금대출은 등록금대출과 생활비대출로 나누어 실행한다.

② 제1항에 따른 등록금대출은 실소요액 전액으로 한다. 다만, 전문기술석사학위 과정·석사학위 과정 및 박사학위 과정의 경우 교육부장관이 정하는 바에 따라 한도를 달리 정할 수 있다.(2021.6.8 본항개정)

③ 제1항에 따른 생활비대출은 교육부장관이 정하는 바에 따라 한도를 달리 정할 수 있다.(2021.6.8 본항신설)

제11조【대출 금리】 ① 취업 후 상환 학자금대출의 금리는 매학기 대출이 시작되기 전까지 교육부장관이 결정하여 고시한다.

② 제1항의 결정을 하는 경우 교육부장관은 매년 물가상승률과 실질금리, 대출원리금의 상환율과 재원 조달 금리 등을 고려하여야 한다. 이 경우 그 금리는 「국채법」에 따라 5년을 상환 기한으로 하는 국채의 매 학기 시작 직전 3년간 평균수익률의 120퍼센트를 초과하여서는 아니 된다.(2021.3.23 전단개정)
(2013.3.23 본조개정)

제12조【대출 신청 및 추천】 ① 취업 후 상환 학자금대출을 받고자 하는 자는 대통령령으로 정하는 방법으로 교육부장관 또는 한국장학재단 이사장에게 신청하여야 한다.(2013.3.23 본항개정)

② 제1항의 대출신청자에 대하여 교육부장관 또는 한국장학재단 이사장은 고등교육기관의 장에게 취업 후 상환 학자금대출 대상자의 추천을 요청할 수 있다.
(2013.3.23 본항개정)

③ 제2항에 따라 추천 요청을 받은 고등교육기관의 장은 대학생의 경제적 여건 및 성적 등을 고려하여 추천할 수 있다.

제13조【설명 의무】 교육부장관 또는 한국장학재단 이사장은 대출신청자에 대하여 대출의 성격과 조건, 대출원리금의 상환액 산정 및 상환방법 등의 대출 내용과 대출에 포함된 위험 및 대출약정체결 방법 등을 대출신청자가 충분히 이해할 수 있도록 설명하여야 하고 이에 관한 확인서를 받아야 한다.(2013.3.23 본조개정)

제14조【대출 승인】 교육부장관 또는 한국장학재단 이사장은 대출신청자에 대하여 제9조에서 정한 요건을 충족하였는지를 심사하여 취업 후 상환 학자금대출 및 전환대출을 승인할 수 있다.(2014.5.14 본조개정)

제3장 상환의무

제15조【채무자의 신고의무】 ① 채무자는 연 1회 이상 본인과 배우자의 주소, 직장, 부동산 등 재산상황 및 금융재산의 정보를 성실하게 신고하고 본인의 대출원리금 및 상환내역을 확인하여야 한다.

② 채무자는 소득이 발생한 경우에는 즉시 소득발생사실, 소득의 종류, 연간 소득 및 사용자 등을 성실하게 신고하여야 한다.

③ 제1항 및 제2항의 신고의무와 관련하여 필요한 사항은 대통령령으로 정한다.

제16조【상환의무의 발생 및 면제】 ① 채무자는 대출시점부터 대출원리금에 대한 상환의무를 부담한다. 다만, 제18조제2항에 따라 납부시기에 이를 때까지 상환을 유예한다.(2021.3.23 단서개정)

② 대출원리금에 대한 상환의무는 채무자가 65세(다만, 전문기술석사학위 과정·석사학위 과정 및 박사학위 과정에서 학자금 대출을 받은 경우에는 대통령령으로 정하는 연령으로 한다) 이상으로서 국민연금소득 외에 다른 소득이 없고 대통령령으로 정하는 소득인정액 이하인 경우에는 이를 면제한다.(2021.6.8 본항개정)

③ 교육부장관은 채무자가 사망하거나 심신장애로 인하여 본인이 대출원리금을 상환할 수 없게 된 경우에는 대통령령으로 정하는 바에 따라 그 대출원리금의 전부 또는 일부의 상환을 면제할 수 있다.(2015.6.22 본항신설)

제16조의2【이자의 면제】 ① 채무자가 「병역법」에 따라 다음 각 호 중 어느 하나로 복무하는 경우 해당 복무기간에 발생하는 학자금대출 이자를 면제한다.
1. 「병역법」 제16조에 따른 현역병
2. 「병역법」 제21조에 따른 상근예비역
3. 「병역법」 제2조에 따른 사회복무요원 및 대체복무요원(2019.12.31 본호개정)

② 채무자가 대출시점에 다음 각 호의 어느 하나에 해당하는 경우 대출시점부터 고등교육기관을 졸업하기 전까지의 기간과 대통령령으로 정하는 연간소득금액(이하 "연간소득금액"이라 한다)이 상환기준소득을 초과하기 전까지의 기간에 발생하는 학자금대출 이자를 면제한다.
(2023.12.26 본문개정)
1. 「국민기초생활 보장법」 제2조제2호에 따른 수급자
2. 「국민기초생활 보장법」 제2조제10호에 따른 차상위계층
3. 대통령령으로 정하는 가구소득분위에 해당하는 사람
4. 제9조에 따라 교육부장관이 고시하는 다자녀 가구의 자녀
(2021.6.8 본항신설)

③ 채무자(제2항 각 호에 해당하는 경우는 제외한다. 이하 이 항에서 같다)가 대출시점에 가구 소득인정액(학자금 지원을 위하여 대통령령으로 정하는 대학생 가구의 소득인정액을 말한다)이 「국민기초생활 보장법」 제2조제11호에 따른 기준 중위소득 이하인 경우 대출시점부터 채무자의 연간소득금액이 최초로 상환기준소득을 초과하기 전까지의 기간에 발생하는 학자금대출 이자를 면제한다. 다만, 채무자가 고등교육기관을 졸업한 후 2년이 지난 이후부터는 그러하지 아니하다.(2023.12.26 본항신설)

④ 채무자가 제18조제7항제2호부터 제5호까지의 어느 하나에 해당하여 대출원리금의 상환을 유예하는 경우 상환유예기간에 발생하는 학자금대출 이자를 면제한다.
(2023.12.26 본항신설)
(2013.5.10 본조신설)

제17조【대출원리금 계산】 ① 채무자가 상환하여야 할 등록금 대출원리금은 등록금 대출잔액과 대출시점부터 상환시점까지 제11조에 따른 대출 금리를 등록금 대출잔액에 매 학기 단리(單利)로 적용한 이자를 합산한 금액으로 한다. 다만, 제18조제2항에 따라 상환이 개시된 경우에는 제30조에 따른 연체금 및 가산금을 포함한 금액으로 한다.

② 제16조제1항 단서에 따라 상환유예 중인 대출원리금의 산정에 관하여는 제1항을 준용한다.

③ 제1항에 따른 매 학기의 기간은 교육부장관이 정하여 고시한다.

④ 채무자가 상환하여야 할 생활비 대출원리금의 계산방법은 교육부장관이 정하여 고시한다.
(2014.5.14 본조개정)

제18조【대출원리금의 상환원칙】 ① 채무자는 수시로 대출금의 원금과 이자를 상환할 수 있다.
② 제1항에도 불구하고 채무자의 연간소득금액이 상환기준소득을 초과하는 경우에는 연간소득금액에서 상환기준소득을 차감한 금액에 100분의 20에서 100분의 40 사이에서 채무자의 학위 과정별 학자금 대출기간과 대출금액 등을 고려하여 대통령령으로 정하는 비율(이하 "상환율"이라 한다)을 곱하여 산정한 금액(이하 "의무상환액"이라 하며, 계산한 금액이 대통령령으로 정하는 최소부담의 무상환액에 미달하는 경우에는 최소부담의무상환액을 말한다)을 상환하여야 한다. 다만, 퇴직소득에 대하여는 퇴직소득금액에 상환율을 곱하여 산정한 금액을 상환하여야 한다.(2023.12.26 본문개정)
③ 제2항에도 불구하고 채무자에게 「상속세 및 증여세법」에 따른 상속재산가액(같은 법 제13조제1항 각 호의 금액은 포함하지 아니한다) 또는 증여재산가액(같은 법 제45조의2의 금액 및 같은 법 제47조제2항의 금액은 포함하지 아니한다)이 있는 경우에는 대통령령으로 정하는 바에 따라 상속세 과세표준(채무자의 상속지분에 상당하는 과세표준 가액을 말한다) 또는 증여세 과세표준에 상환율을 곱하여 산정한 금액을 상환하여야 한다.
④ 제2항을 적용하는 경우 소득의 범위는 「소득세법」 제4조제1항 각 호의 소득으로 한다. 다만, 같은 법 제14조제3항에 따라 종합소득금액에 포함되지 아니하는 금액은 제외한다.(2021.3.23 본문개정)
⑤ 상환기준소득은 교육부장관이 「국민기초생활 보장법」 제2조제11호에 따른 기준 중위소득 및 물가상승률 등을 고려하여 매년 고시한다.(2021.3.23 본항개정)
⑥ 제2항과 제3항의 상환율은 취업 후 상환 학자금대출제도의 건전한 운용을 위하여 학자금 대출사업에 따른 재정 부담 및 재정 전망, 대출원리금 상환실적, 평균 상환기간 등을 고려하여 그 상환율의 100분의 50의 범위에서 대통령령으로 조정할 수 있다.(2021.3.23 본항개정)
⑦ 제2항에도 불구하고 다음 각 호의 어느 하나에 해당하는 채무자가 「소득세법」 제19조제2항에 따른 사업소득금액과 같은 법 제20조제2항에 따른 근로소득금액으로 인하여 제2항에 따른 상환의무를 부담하는 경우에는 대통령령으로 정하는 바에 따라 신청을 받아 그 상환을 유예할 수 있다. 다만, 제2호부터 제5호까지는 경제적 사정이 곤란한 경우에 한정하며, 그 기준은 제4항에서 규정한 소득의 범위에서 「소득세법」 제19조제2항에 따른 사업소득금액과 같은 법 제20조제2항에 따른 근로소득금액을 제외한 소득을 고려하여 대통령령으로 정한다.(2023.12.26 단서개정)
1. 대학생
2. 「부가가치세법」 제8조제8항에 따른 폐업을 신고한 자(2020.12.22 본호개정)
3. 「근로기준법」 제2조제1항제1호에 따른 근로자로서 근무한 후 실직한 자나 「국가공무원법」 제2조 또는 「지방공무원법」 제2조에 따른 공무원으로서 재직한 후 퇴직한 자(2018.3.13 본호신설)
4. 「남녀고용평등과 일·가정 양립 지원에 관한 법률」 제19조, 「국가공무원법」 제71조제2항제4호 또는 「지방공무원법」 제63조제2항제4호에 따라 육아휴직을 한 자
(2018.3.13 본호신설)
5. 「재난 및 안전관리 기본법」 제3조제1호에 따른 재난으로 인하여 같은 법 제36조에 따라 재난사태가 선포되거나 같은 법 제60조에 따라 특별재난지역으로 선포된 지역의 거주자(2023.12.26 본호신설)
(2018.3.13 본항개정)
⑧ 제2항에도 불구하고 다음 각 호의 소득금액이 있는 채무자의 의무상환액은 제2항에 따라 계산한 의무상환액에서 채무자가 해당 소득 귀속연도에 제1항에 따라 상환한 금액(제39조제6항에 따라 반환한 금액은 제외한다)을 차감한 금액으로 할 수 있다. 이 경우 차감할 금액은 다음 각 호의 소득금액에 대하여 제2항에 따라 계산한 의무상환액을 한도로 한다.
1. 「소득세법」 제19조제2항에 따른 사업소득금액
2. 「소득세법」 제20조제2항에 따른 근로소득금액
(2018.3.13 본항신설)
⑨ 의무상환액의 계산 및 그 밖에 상환에 관하여 필요한 사항은 대통령령으로 정한다.

제19조【장기미상환자에 대한 특례】 ① 교육부장관은 장기미상환자(기혼자의 경우 배우자를 포함한다)의 소득 및 재산 등(이하 "재산등"이라 한다)을 조사할 수 있다.
(2013.3.23 본항개정)
② 제1항의 재산등의 조사 결과 장기미상환자의 재산등을 기준으로 소득을 환산한 금액(이하 "소득인정액"이라 한다)이 상환기준소득에 대통령령으로 정하는 일정 배수를 곱한 금액(이하 "상환기준소득인정액"이라 한다)을 초과할 경우에는 그 초과금액에 상환율을 곱하여 산정한 금액(이하 "소득인정액에 따른 의무상환액"이라 한다)을 상환하여야 한다. 다만, 장기미상환자의 재산등에서 부채를 차감한 순재산의 소득인정액이 상환기준소득인정액 이하임을 소명하는 경우에는 그러하지 아니하다.
③ 교육부장관은 장기미상환자가 소득인정액에 따른 의무상환액을 1년 동안 완납하지 아니할 때에는 미납분에 대하여 국세체납처분의 예에 준하여 강제징수할 수 있다.
(2013.3.23 본항개정)
④ 제3항의 경우 장기미상환자는 소득인정액에 따른 의무상환액의 미납분과는 별도로 미상환 대출원리금 전액을 상환하여야 한다. 다만, 원리금 전액을 상환하지 못할 경우에는 장기미상환자로 하여금 그 잔여분에 대하여 원리금균등분할상환방식 또는 원금균등분할상환방식에 따라 상환하도록 하고 담보의 제공을 요구할 수 있다.
(2015.6.22 단서개정)
⑤ 장기미상환자 중 기혼자에 대하여는 부부의 재산등을 합산으로 소득인정액을 산출하되 대출원리금 상환에 대하여는 제1항부터 제4항까지의 규정을 준용한다. 다만, 상환의무와 강제징수는 채무자 본인만이 부담한다.
⑥ 제1항부터 제5항까지의 규정에 따라 장기미상환자에 대하여 재산등의 조사절차가 진행 중에 장기미상환자가 대통령령으로 정하는 경과기간별 대출원리금 상환 비율에 해당하는 금액 이상을 상환하여 장기미상환자에 해당하지 아니하게 된 경우에는 재산등의 조사대상에서 제외하거나 조사가 진행 중인 때에는 조사를 중지할 수 있다.
(2021.6.8 본항개정)
⑦ 제2항의 상환율의 조정에 관하여는 제18조제6항을 준용한다.
⑧ 장기미상환자에 대한 재산등의 조사방법, 재산등의 평가와 소득인정액의 환산방법, 상환기준소득인정액, 순재산의 계산 등 장기미상환자에 대한 대출원리금 회수에 관하여 필요한 사항은 대통령령으로 정한다.

제20조【해외이주자에 대한 특례】 ① 해외이주하려는 채무자는 출국 3개월 전까지 해외이주 계획을 교육부장관에게 신고하여야 한다.(2013.3.23 본항개정)
② 해외이주하려는 채무자는 출국 1개월 전까지 대출원리금 전액을 상환하여야 한다. 다만, 채무자가 대출원리금 전액을 상환하지 못할 경우 교육부장관은 채무자로 하여금 그 잔여분에 대하여 원리금균등분할상환방식 또는 원금균등분할상환방식에 따라 상환하도록 하고 담보의 제공을 요구할 수 있다.(2015.6.22 단서개정)
③ 제1항에 따른 신고를 하지 아니하고 해외이주하거나 출국 후 1년 후까지 귀국하지 아니한 장기미상환자에 대하여는 교육부장관이 정하는 바에 따라 해외이주 또는 미귀국 사실이 밝혀지는 즉시 대출원리금 전액을 상환하도록 하여야 한다. 다만, 채무자가 해외이주와 관련하여 사실과 다름을 소명한 경우에는 대출원리금에 대하여 원리금균등분할상환방식 또는 원금균등분할상환방식에 따라 상환하도록 하고 담보의 제공을 요구할 수 있다.
(2021.3.23 본문개정)
④ 채무자가 해외이주하거나 1년을 초과하여 외국에 체류할 목적으로 출국할 때에는 대통령령으로 정하는 바에 따라 취업 후 상환 학자금대출의 원리금상환증명서를 제출하여야 한다.
⑤ 교육부장관에 의하여 대출원리금의 미상환 해외이주자 또는 출국 후 1년 후까지 미귀국한 장기미상환자로 결정된 채무자가 입국한 경우, 교육부장관은 그 채무자를 상대로 미상환 대출원리금에 대한 상환을 독촉하고 주소 및 거소 등 필요한 정보를 요구할 수 있다.(2013.3.23 본항개정)
⑥ 교육부장관은 정기적으로 해외이주자(채무자에 한정한다)에 대한 정보를 재외동포청장에게 요청할 수 있다. 이 경우 재외동포청장은 요청일부터 10일 이내에 이를 제공하여야 한다.(2023.3.4 본항개정)
⑦ 교육부장관은 채무자의 출입국사실에 대한 정보를 법무부장관에게 요청할 수 있다. 이 경우 법무부장관은 지체 없이 이를 제공하여야 한다.(2013.3.23 전단개정)
⑧ 교육부장관은 채무자의 국외이주신고 및 재외국민용 주민등록증 발급에 관한 정보를 행정안전부장관에게 요청할 수 있다. 이 경우 행정안전부장관은 지체 없이 이를 제공하여야 한다.(2017.7.26 본항개정)
⑨ 그 밖에 해외이주자의 대출원리금 상환에 필요한 사항은 대통령령으로 정한다.

제21조【해외유학생에 대한 특례】 ① 해외유학을 하려는 채무자는 출국 40일 전까지 유학계획 및 원리금 상환계획을 교육부장관에게 신고하여야 한다. 이 경우 교육부장관은 담보의 제공을 요구할 수 있다.(2013.3.23 본항개정)
② 제1항의 채무자가 유학계획기간 종료일부터 1년 후까지 귀국하지 아니할 경우 채무자는 즉시 대출원리금 전액을 상환하여야 한다. 다만, 유학계획기간 종료 후 학업연장 등의 사유로 해외거주기간이 연장되었을 경우 채무자는 그 사실을 교육부장관에게 신고하고 대출원리금의 상환을 유예받을 수 있다.(2013.3.23 단서개정)
③ 제1항의 채무자에게 해외취업 등의 사유로 소득이 발생한 경우 채무자는 그 사실을 교육부장관에게 신고하고 교육부령으로 정하는 취업 후 학자금 상환 해외소득 발생자 상환기준에 따라 상환하여야 한다.(2013.3.23 본항개정)
④ 제1항에 따른 신고를 하지 아니한 해외유학생에 대하여는 제20조제3항부터 제7항까지의 규정을 준용한다.
⑤ 그 밖에 해외유학생의 대출원리금 상환에 관한 내용은 대통령령으로 정한다.

제22조【상환의무의 통지】 교육부장관은 채무자와 원천공제의무자에게 대통령령으로 정하는 바에 따라 상환의무를 통지할 수 있다.(2013.3.23 본조개정)

제4장 소득별 상환방법

제23조【종합소득자의 대출원리금 상환 등】 ① 교육부장관은 채무자에게 「소득세법」 제70조에 따른 전년도 종합소득이 있는 경우에는 「소득세법」 제70조 및 제70조의2에 따른 종합소득과세표준 확정신고기한이 종료된 날부터 3개월 이내에 의무상환액을 결정하여야 한다.
② 교육부장관은 채무자에 대하여 「소득세법」 제80조에 따라 과세표준 등의 결정·경정이 있는 경우에는 그 결정·경정이 있는 날부터 3개월 이내에 의무상환액을 결정하거나 제1항에 따른 결정을 경정하여야 한다.
③ 교육부장관은 제1항 및 제2항에 따른 의무상환액의 결정·경정에 누락 또는 오류가 있는 것이 발견된 때에는 즉시 이를 다시 경정하여야 한다.
④ 제1항부터 제3항까지에 따라 의무상환액을 결정·경정하는 경우 그 의무상환액은 제24조제1항 및 제25조에 따라 이미 통지된 의무상환액에 해당하는 금액을 차감하여 계산한 금액으로 한다.
⑤ 제1항부터 제3항까지에 따른 의무상환액의 결정·경정은 채무자에게 즉시 고지하여야 한다. 이 경우 고지하는 날부터 30일 이내의 납부기한을 지정하여야 한다.
⑥ 채무자는 교육부장관이 결정·경정하여 고지하는 바에 따라 의무상환액을 납부하여야 한다.
⑦ 제1항부터 제6항까지에 따른 의무상환액의 결정·경정 및 납부 등에 관한 구체적인 사항은 대통령령으로 정한다.
(2015.6.22 본조개정)

제24조【근로소득자의 대출원리금 상환 등】 ① 의무상환액이 있는 자로서 「소득세법」 제137조에 따른 전년도 근로소득(같은 법 제144조의2에 따른 전년도 사업소득금액을 포함하되 대통령령으로 정하는 경우에는 그러하지 아니한다. 이하 같다)이 발생한 채무자에 대하여는 대통령령으로 정하는 바에 따라 채무자와 원천공제의무자에게 원천공제 금액 등을 통지한다.
② 제1항의 통지를 받은 원천공제의무자는 대통령령으로 정하는 바에 따라 매월 분의 근로소득을 지급하는 때에 채무자의 의무상환액을 원천공제하여 그 다음달 10일까지 납부하여야 한다.
③ 원천공제의무자가 채무자의 근로소득에서 의무상환액을 공제하였으나 납부하지 아니한 경우에는 채무자에게 대통령령으로 정하는 귀책사유가 없는 한 채무자의 의무상환액 납부를 인정할 수 있다.(2015.6.22 후단삭제)
④ 제2항에 따라 원천공제의무자가 원천공제를 하지 않거나 퇴직 등 대통령령으로 정하는 사유로 원천공제의무자가 없는 경우에는 채무자가 의무상환액을 납부하여야 한다.
⑤ 원천공제의무자는 제2항에 따른 원천공제 납부를 하는 때에 교육부장관이 정하는 바에 따라 상환금명세서를 함께 제출하여야 한다.(2013.3.23 본항개정)
⑥ 교육부장관은 원천공제의무자가 제2항에 따라 원천공제한 의무상환액과 제30조에 따른 연체금을 납부하지 아니한 때에는 국세 체납처분의 예에 따라 원천공제의무자에게 징수한다.(2013.3.23 본항개정)
⑦ 제1항에 따라 원천공제 금액 등을 통지받은 채무자는 원천공제의무자가 제2항에 따라 전년도 근로소득에 대한 원천공제를 개시하기 전에 통지받은 원천공제 금액의 전부를 미리 납부하거나 원천공제 금액의 2분의 1씩 2회로 나누어 납부할 수 있다.(2015.6.22 본항신설)
⑧ 제1항에 따라 원천공제 금액 등을 통지받은 채무자는 원천공제의무자가 제2항에 따라 전년도 근로소득에 대한 원천공제를 개시한 이후에도 제1항에 따른 원천공제 금액 중 남은 금액 전부를 납부할 수 있다.(2015.6.22 본항신설)
⑨ 제7항 및 제8항에 따른 원천공제 및 납부 등에 필요한 구체적인 사항은 대통령령으로 정한다.(2015.6.22 본항신설)

제25조【연금소득이 있는 자의 대출원리금 상환 등】 「소득세법」 제20조의3에 따른 전년도 연금소득이 있는 채무자는 제24조를 준용하여 의무상환액을 납부하여야 한다.
(2015.6.22 본조개정)

제26조【퇴직소득이 있는 자의 대출원리금 상환 등】 「소득세법」 제71조에 따라 퇴직소득이 있는 채무자는 퇴직소득이 발생하는 때에 제24조를 준용하여 의무상환액을 납부하여야 한다. 다만, 퇴직소득금액이 대통령령으로 정하는 금액 이하인 경우에는 그러하지 아니하다.

제27조【양도소득이 있는 자의 대출원리금 상환 등】 ① 교육부장관은 채무자에게 「소득세법」 제92조에 따라 같은 법 제94조제1항제1호에 따른 양도소득(같은 법 제89조에서 정한 비과세 양도소득은 제외한다)에 대한 양도소득과세표준이 있는 경우에는 「소득세법」 제110조에 따른 양도소득과세표준 확정신고기한(채무자가 같은 법 제110조제4항에 따라 양도소득과세표준 확정신고 의무가 없는 경우에는 같은 법 제105조에 따른 양도소득과세표준 예정신고기한을 말한다)이 종료된 날부터 3개월 이내에 의무상환액을 결정하여야 한다.
② 교육부장관은 채무자에 대하여 「소득세법」 제114조에 따라 양도소득과세표준 등의 결정·경정이 있는 경우에는 그 결정·경정이 있는 날부터 3개월 이내에 의무상환액을 결정하거나 제1항에 따른 결정을 경정하여야 한다.

③ 교육부장관은 제1항 및 제2항에 따른 의무상환액의 결정·경정에 누락 또는 오류가 있는 것이 발견된 때에는 즉시 이를 다시 경정하여야 한다.
④ 제1항부터 제3항까지에 따른 의무상환액의 결정·경정은 채무자에게 즉시 고지하여야 한다. 이 경우 고지하는 날부터 30일 이내의 납부기한을 지정하여야 한다.
⑤ 채무자는 교육부장관이 결정·경정하여 고지하는 바에 따라 의무상환액을 납부하여야 한다.
⑥ 제1항부터 제5항까지에 따른 의무상환액의 결정·경정 및 납부 등에 관한 구체적인 사항은 대통령령으로 정한다.
(2015.6.22 본조개정)
제28조【상속재산가액 또는 증여재산가액이 있는 자의 대출원리금 상환 등】 ① 교육부장관은 채무자에게 제18조제3항에 따른 상속재산가액 또는 증여재산가액이 있는 경우에는「상속세 및 증여세법」제67조 및 제68조에 따른 상속세 또는 증여세 과세표준 신고기한이 종료된 날부터 3개월 이내에 의무상환액을 결정하여야 한다.
② 교육부장관은 채무자에 대하여「상속세 및 증여세법」제76조에 따라 과세표준 등의 결정·경정이 있는 경우에는 그 결정·경정이 있는 날부터 3개월 이내에 의무상환액을 결정하거나 제1항에 따른 결정을 경정하여야 한다.
③ 교육부장관은 제1항 및 제2항에 따른 의무상환액의 결정·경정에 누락 또는 오류가 있는 것이 발견된 때에는 즉시 이를 다시 경정하여야 한다.
④ 제1항부터 제3항까지에 따른 의무상환액의 결정·경정은 채무자에게 즉시 고지하여야 한다. 이 경우 고지하는 날부터 30일 이내의 납부기한을 지정하여야 한다.
⑤ 채무자는 교육부장관이 결정·경정하여 고지하는 바에 따라 의무상환액을 납부하여야 한다.
⑥ 제1항부터 제5항까지에 따른 의무상환액의 결정·경정 및 납부 등에 관한 구체적인 사항은 대통령령으로 정한다.
(2015.6.22 본조개정)

제5장 체납처분

제29조【대출원리금 등의 상환 고지】 ① 교육부장관은 원천공제의무자가 제24조제2항 및 제3항, 제25조(제24조제3항이 준용된 경우를 포함한다) 및 제26조(제24조제3항이 준용된 경우를 포함한다)에 따라 원천공제 납부를 하지 아니한 때에는 대통령령으로 정하는 바에 따라 원천공제의무자에게 납부하여야 할 금액을 결정·경정하여 고지한다. 다만, 제24조제4항의 경우에는 채무자에게 납부할 금액을 결정·경정하여 고지한다.(2015.6.22 본문개정)
② 교육부장관은 제19조부터 제21조까지의 규정에 따라 장기미상환자, 해외이주자 및 해외유학생이 납부하여야 할 금액을 대통령령으로 정하는 바에 따라 결정·경정하여 고지한다.
③ 교육부장관은 채무자 또는 원천공제의무자가 제1항·제2항 및 제23조제5항·제27조제4항·제28조제4항에 따라 고지된 납부기한까지 납부하여야 할 금액을 완납하지 아니한 경우에는 채무자 또는 원천공제의무자에게 납부기한이 지난 후 10일 내에 독촉장을 발부하여야 한다. 이 경우「국세징수법」제10조를 준용한다.(2021.3.23 전단개정)
(2013.3.23 본조개정)
제30조【연체금】 ① 교육부장관은 채무자(원천공제의무자를 포함한다. 이하 이 조에서 같다)가 대출원리금을 제23조제5항, 제27조제4항, 제28조제4항, 제29조제1항 또는 제2항에 따른 고지에 의한 납부기한까지 납부하지 아니한 때에는 그 납부기한이 지난 날부터 미납된 대출원리금에 대통령령으로 정하는 율을 곱하여 산정한 금액을 연체금으로 징수한다.(2021.3.23 본항개정)
② 교육부장관은 채무자가 미납된 대출원리금을 납부하지 아니한 때에는 고지에 의한 납부기한이 지난 날부터 1개월이 지날 때마다 미납된 대출원리금에 대통령령으로 정하는 율을 곱하여 산정한 금액을 제1항에 따른 연체금에 가산하여 징수한다. 이 경우 연체금(가산하는 금액을 포함한다)은 미납된 대출원리금의 100의 9를 초과하지 못한다.(2021.3.23 전단개정)
③ 제1항 및 제2항에도 불구하고 천재지변이나 그 밖에 대통령령으로 정하는 부득이한 사유가 있는 경우에는 제1항 및 제2항에 따른 연체금을 징수하지 아니할 수 있다.
④ 제1항 및 제2항에 따른 연체금에 관하여 필요한 사항은 대통령령으로 정한다.
제31조【납부기한 전 징수】 대출원리금 및 연체금의 납부기한 전 징수에 관하여는「국세징수법」제9조를 준용한다.(2020.12.29 본조개정)
제32조【대출원리금 등의 강제징수】 교육부장관은 채무자가 제29조제3항에 따른 독촉에 의한 납부기한까지 대출원리금과 제30조에 따른 연체금을 납부하지 아니하는 때에는 국세 체납처분의 예에 따라 징수할 수 있다.
(2015.6.22 본조개정)
제33조【대출원리금 등의 징수순위】 ① 대출원리금 및 연체금은 채무자의 총재산에 대하여 조세·공과금 및 다른 법률에서 규정한 우선변제권을 가진 채권 외에는 다른 채권에 우선하여 변제되어야 한다. 다만, 대출원리금 및 연체금이 다른 채권보다 나중에 성립한 경우에는 그러하지 아니하다.
② 제1항 본문에도 불구하고 대출원리금 및 연체금의 상환기한 전에 전세권·질권 또는 저당권의 설정을 등기 또는 등록한 사실이 증명되는 재산의 매각에 있어서 그 매각대금 중에서 대출원리금 및 연체금을 징수하는 경우 그 전세권·질권 또는 저당권에 의하여 담보된 채권에 대하여는 그러하지 아니한다. 이 경우 상환기한이란 소득별 상환방법에 따라「국세기본법」제35조제1항제3호의 법정기일을 말한다.

제6장 보 칙

제33조의2【통지 등의 송달 방법 등】 ① 이 법에 따른 통지·고지 및 그 밖의 서류의 송달은 교부송달, 우편송달 또는 정보통신망을 이용한 송달(이하 "전자송달"이라 한다)의 방법으로 한다.
② 이 법에 따른 통지를 우편으로 송달하는 경우 원천공제의무자에게는 등기우편으로, 채무자에게는 등기우편 또는 일반우편으로 송달한다.
③ 전자송달은 대통령령으로 정하는 바에 따라 송달받아야 할 자가 신청한 경우에만 한다.
④ 제3항에도 불구하고 정보통신망의 장애로 전자송달을 할 수 없는 경우나 그 밖에 대통령령으로 정하는 사유가 있는 경우에는 교부송달 또는 우편송달의 방법으로 할 수 있다.
(2015.6.22 본조신설)
제34조【수납 대출원리금의 납입】 국세청장은 제5조제2항에 따라 위탁징수한 대출원리금 및 연체금 등을 대통령령으로 정하는 바에 따라「한국장학재단 설립 등에 관한 법률」제24조의2에 따른 학자금대출계정에 납입한다.
제35조【이의신청】 ① 교육부장관(한국장학재단 이사장, 국세청장을 포함한다. 이하 이 조 및 제37조에서 같다)이 행한 취업 후 상환 학자금대출 및 상환처분에 대하여 이의가 있는 자는 대통령령으로 정하는 바에 따라 이의신청을 할 수 있다.(2013.3.23 본항개정)
② 교육부장관은 제1항에 따른 이의신청이 이유가 있다고 인정할 때에는 이를 즉시 시정하여야 한다.
(2013.3.23 본항개정)
③ 교육부장관은 제2항에 따라 시정을 하거나 이의신청이 이유 없다고 인정할 때에는 지체 없이 그 뜻을 신청인에게 통지하여야 한다.(2013.3.23 본항개정)
④ 취업 후 상환 학자금대출 및 상환처분에 관하여 이의가 있는 자는 제1항에 따른 이의신청 여부와 관계없이「행정심판법」에 따른 행정심판을 청구할 수 있다.
⑤ 취업 후 상환 학자금대출 및 상환처분에 관하여 이의가 있는 자는 제1항에 따른 이의신청 및 제4항에 따른 행정심판 여부와 관계없이「행정소송법」에 따른 행정소송을 제기할 수 있다.
제36조【소멸시효 등】 ① 취업 후 상환 학자금대출 채권은 10년간 행사하지 아니하면 소멸시효가 완성된다.
② 제1항의 소멸시효는 다음 각 호의 어느 하나에 해당하는 사유로 중단된다.
1. 납부고지
2. 독촉 또는 납부최고
3. 교부청구
4. 압류
③ 제2항의 소멸시효의 중단에 관하여는 이 법에 규정이 있는 것을 제외하고는「민법」을 준용한다.
④ (2021.6.8 삭제)
제37조【자료 요청】 ① 교육부장관은 취업 후 상환 학자금대출 및 상환사업을 수행할 때 채무자 본인의 가족관계등록자료 및 주민등록자료, 채무자 본인과 채무자의 부모 또는 배우자의 소득 관련 자료, 부동산 및 금융재산 등 재산 관련 자료 등 필요한 자료를 제출할 것을 다음 각 호의 기관에 요청할 수 있으며, 요청을 받은 기관은 특별한 사유가 없으면 해당 자료를 제출하여야 한다.
(2021.3.23 본문개정)
1. 법원행정처, 행정안전부, 국토교통부 등 관계 국가기관(2017.7.26 본호개정)
2. 지방자치단체
3. 고등교육기관
4. 금융회사등(은행연합회를 포함한다)
5.「국민건강보험법」에 따라 설립된 국민건강보험공단
6. 그 밖에 대통령령으로 정하는 기관 및 단체
② 제1항에 따른 관계 국가기관, 지방자치단체, 그 밖의 공공기관 및 공공단체가 교육부장관에게 제공하는 자료에 대하여는 사용료와 수수료 등을 면제한다.
(2015.6.22 본항개정)
③ 제1항에 따라 제공받은 자료에 대하여는 학자금대출 및 상환사업 등 목적 외의 다른 용도로 사용하거나 다른 사람 또는 기관에 제공하거나 누설하여서는 아니 된다.
④ 제1항에 따라 채무자의 성적, 석차 등 자료요청을 받은 고등교육기관이 이를 제출하지 아니하거나 불성실하게 제출한 경우에는 제8조에 따른 협약을 해지하고 대출대상기관에서 제외할 수 있다.
⑤ 제1항에 따라 요청하는 자료의 종류 및 내용 등에 관하여는 대통령령으로 정한다.
제38조【금융거래정보 등에 대한 조회】 ① 교육부장관(국세청장을 포함한다)은 채무자(채무자의 배우자를 포함한다)의 소득인정액을 산정하기 위하여 채무자의 금융정보·신용정보 및 보험정보(이하 "금융정보등"이라 한다)에 관하여 확인이 필요한 경우에는「금융실명거래 및 비밀보장에 관한 법률」제4조 및「신용정보의 이용 및 보호에 관한 법률」제32조에도 불구하고 대통령령으로 정하는 바에 따라 문서 또는「국세기본법」제2조제18호에 따른 정보통신망(이하 "정보통신망"이라 하며, 금융회사등이 가입한 협회, 연합회 또는 중앙회가 금융정보등에 관한 정보통신망을 관리하는 경우 이를 포함한다)으로 금융회사등의 장에게 금융정보등에 관한 자료를 요구할 수 있으며, 해당 금융회사등의 장은 정보통신망에 의하여 전송하거나 디스켓 또는 자기테이프 등 전자기록매체 등으로 제출하여야 한다.(2015.6.22 본항개정)
② 제1항에 따라 금융정보등의 제공을 요청받은 금융회사등의 장은 금융정보등의 제공사실을 명의인에게 통보하여야 한다. 다만, 명의인의 동의가 있는 경우에는「금융실명거래 및 비밀보장에 관한 법률」제4조의2제1항 및「신용정보의 이용 및 보호에 관한 법률」제32조제5항에도 불구하고 통보하지 아니할 수 있다.(2015.6.22 본항개정)
③ 제1항에 따라 제출받은 자료에 대하여는 제1항의 목적 외의 다른 용도로 사용하거나 다른 사람 또는 기관에 제공하거나 누설하여서는 아니 된다.
(2015.6.22 본조제목개정)
제38조의2【과세정보의 사용】 ① 국세청장은 제5조제2항에 따라 위탁받은 취업 후 학자금 상환 업무의 수행을 위하여「국세기본법」제81조의13제1항에 따른 과세정보를 사용할 수 있다.
② 제1항에 따른 과세정보는 제1항의 목적 외의 다른 용도로 사용하거나 다른 사람 또는 기관에 제공하거나 누설하여서는 아니 된다.
(2015.6.22 본조신설)
제39조【중복 지원의 방지】 ① 교육부장관 및 한국장학재단 이사장은 이 법에 따른 취업 후 학자금 대출사업이 다른 학자금 지원사업과 중복하여 지원되지 아니하도록 필요한 조치를 강구하여야 한다. 다만, 학자금 중복 지원의 범위 및 예외 처리에 관한 사항은 교육부장관이 정하는 바에 따른다.(2016.5.29 본항개정)
② 교육부장관 및 한국장학재단은 학자금 중복 지원을 방지하기 위하여 다음 각 호의 기관에 학자금 지원 현황에 관한 자료를 제출하거나 전자시스템(한국장학재단이 학자금 중복 지원을 방지하기 위하여 관리·운영하는 시스템을 말한다)에 등록할 것을 요청할 수 있으며 요청을 받은 기관은 특별한 사정이 없으면 이에 따라야 한다. 다만, 교육부장관은 학자금 지원기관의 설립 유형 및 학자금 지원 목적에 따라 자료 제출 의무의 전부 또는 일부를 면제할 수 있다.(2016.5.29 본문개정)
1. 행정안전부 등 관계 행정기관(2017.7.26 본호개정)
2. 지방자치단체
3. 공무원연금공단 등 국가로부터 학자금 지원 업무를 위탁받아 수행하는 기관
4.「공익법인의 설립·운영에 관한 법률」제2조에 따른 공익법인으로서 학생에 대하여 학자금 또는 장학금에 관한 사업을 하는 비영리재단법인 중 대통령령으로 정하는 규모 이상의 법인(2016.5.29 본호개정)
5.「공공기관의 운영에 관한 법률」에 따른 공공기관으로서 소속 직원 또는 소속 직원의 자녀에게 학자금을 지원하는 공공기관(2016.5.29 본호개정)
6.「지방공기업법」에 따른 지방직영기업, 지방공사 및 지방공단(2016.5.29 본호신설)
7.「고등교육법」제2조에 따른 대학(2016.5.29 본호신설)
8. 그 밖에 대통령령으로 정하는 기관 및 단체
③ 제2항에 따라 요청받은 자료를 제출하는 기관은 교육부장관 및 한국장학재단에 대하여 제출하는 자료에 대한 사용료, 수수료 등을 면제하여야 한다.(2016.5.29 본항개정)
④ 제2항에 따라 제공받은 자료에 대하여는 학자금대출 및 상환사업 등 목적 외의 다른 용도로 사용하거나 다른 사람 또는 기관에 제공하거나 누설하여서는 아니 된다.
⑤ 제2항 각 호의 자료제출 대상 기관은 학자금 중복 지원 방지를 위하여 다른 기관의 학자금 지원내역을 사전에 확인하는 등 필요한 조치를 하여야 하며, 교육부장관은 이를 게을리하는 기관에 대하여 그 이행을 명할 수 있다.(2016.5.29 본항신설)
⑥ 교육부장관 및 한국장학재단은 이 법에 따른 학자금 대출 및 학자금 무상 지급을 받은 대학생 또는 학부모가 제2항제1호부터 제8호까지의 기관으로부터 학자금의 범위를 초과하여 지원받은 경우 그 초과금액을 반환받을 수 있고, 이를 반환하지 아니한 자에 대해서는 초과금액 반환(학자금 대출 상환을 포함한다) 의무를 부과할 수 있다.(2016.5.29 본항신설)
⑦ 제2항에 따라 요청하는 자료의 종류 및 내용과 제출 의무의 면제, 제6항에 따른 초과금액의 반환 등에 관하여는 대통령령으로 정한다.(2016.5.29 본항개정)
⑧ 교육부장관 및 한국장학재단은 학자금 중복 지원을 방지하기 위하여 상사법인, 민사법인, 특례법에 따라 설립된 법인 및 외국법인 중 소속 직원 또는 소속 직원의 자녀에게 학자금에 관한 지원을 하는 법인에 대하여 학자금 지원 현황에 관한 자료제출의 협조를 요청할 수 있

으며, 요청을 받은 법인은 특별한 사정이 없으면 이에 따라야 한다.(2016.5.29 본항신설)
(2016.5.29 본조제목개정)

제40조【세법 등의 준용】 대출원리금 상환을 위한 부과와 징수에 관하여 이 법 및 다른 법령에서 규정한 것을 제외하고는 「국세기본법」 및 같은 법 제2조제2호에서 정의한 세법을 준용한다.

제7장 벌 칙

제41조【벌칙】 다음 각 호의 어느 하나에 해당하는 자는 3년 이하의 징역 또는 1천만원 이하의 벌금에 처한다.
1. 제37조제3항을 위반하여 개인정보를 목적 외로 사용하거나 누설 또는 권한 없이 처리하거나 타인의 이용에 제공하는 등 부당한 목적으로 사용한 자
2. 제38조제3항을 위반하여 개인정보를 목적 외로 사용하거나 누설 또는 권한 없이 처리하거나 타인의 이용에 제공하는 등 부당한 목적으로 사용한 자
3. 제38조의2제2항을 위반하여 과세정보를 목적 외로 사용하거나 누설 또는 권한 없이 처리하거나 타인의 이용에 제공한 자(2015.6.22 본호신설)

제42조【벌칙】 원천공제의무자가 정당한 사유 없이 그 의무상환액을 초과하는 금액을 원천공제하거나 원천공제한 의무상환액을 납부하지 아니하는 경우에는 1년 이하의 징역 또는 초과징수하였거나 납부하지 아니한 금액에 상당하는 벌금에 처한다.

제43조【벌칙】 제39조제4항을 위반하여 개인정보를 목적 외로 사용하거나 누설 또는 권한 없이 처리하거나 타인의 이용에 제공하는 등 부당한 목적으로 사용한 자는 500만원 이하의 벌금에 처한다.

제44조【과태료】 ① 다음 각 호의 어느 하나에 해당하는 자에게는 500만원 이하의 과태료를 부과할 수 있다.
1. 제24조제2항, 제25조(제24조제2항을 준용하는 경우를 말한다) 및 제26조(제24조제2항을 준용하는 경우를 말한다)를 위반하여 납부하지 아니하거나 원천공제를 하지 아니한 원천공제의무자(2015.6.22 본호개정)
2. 제24조제4항을 위반하여 납부하지 아니한 채무자
3. 제39조제2항을 위반하여 자료를 제공하지 아니하거나 거짓으로 제공한 자(2016.5.29 본호신설)

② 제20조 또는 제21조를 위반하여 신고를 하지 아니하거나 거짓으로 신고한 채무자에게는 300만원 이하의 과태료를 부과할 수 있다.(2022.12.27 본항신설)
③ 제15조를 위반하여 신고를 하지 아니하거나 거짓으로 신고한 채무자에게는 100만원 이하의 과태료를 부과할 수 있다.(2022.12.27 본항개정)
④ 제1항부터 제3항까지에 따른 과태료는 대통령령으로 정하는 바에 따라 교육부장관이 부과·징수한다.
(2022.12.27 본항개정)

부 칙

제1조【시행일】 이 법은 공포한 날부터 시행한다.

제2조【경과조치】 ① 이 법에 따른 취업 후 상환 학자금대출 채무자(제20조 및 제21조의 채무자는 제외한다)에 대하여 2010년 12월 31일까지 상환을 유예한다. 다만, 제18조제1항에 따른 자발적 상환은 가능하다.
② 이 법 시행 당시 이미 2010년 1학기 취업 후 상환 학자금대출이라는 명목으로 실행된 대출은 이 법에 따른 취업 후 상환 학자금대출로 본다.

제3조【다른 법률의 개정】 ※(해당 법령에 가제정리 하였음)

부 칙 (2014.5.14)

제1조【시행일】 이 법은 공포한 날부터 시행한다.

제2조【유효기간】 제3조제1호의2, 제8조의2 및 제9조제2항은 이 법 시행일부터 1년간 효력을 갖는다.

제3조【적용례】 제17조의 개정규정은 이 법 시행 후 최초로 발생되는 이자부터 적용한다.

부 칙 (2015.6.22)

제1조【시행일】 이 법은 공포한 날부터 시행한다.

제2조【종합소득자 등의 의무상환액 결정·경정에 관한 특례】 교육부장관이 제23조제1항·제2항, 제27조제1항·제2항 및 제28조제1항·제2항의 개정규정에 따라 의무상환액을 결정·경정하여야 하는 경우에 결정·경정 기한의 시점(始點)이 이 법 시행 전인 경우에는 제23조제1항·제2항, 제27조제1항·제2항 및 제28조제1항·제2항의 개정규정에도 불구하고 이 법 시행일을 결정·경정 기한의 시점으로 본다.

제3조【해외이주자에 대한 특례 등에 관한 경과조치】 이 법 시행 전에 종전의 제20조제2항 단서 및 제3항 단서(제21조제4항에 따라 준용되는 경우를 포함한다)에 따라 원리금균등분할상환으로 전환한 경우에는 제20조제2항 및 제3항의 개정규정에도 불구하고 종전의 규정에 따른다.

제4조【신고·납부 방식의 변경에 관한 경과조치 등】 이 법 시행 전에 종전의 제23조, 제27조 및 제28조에 따라 의무상환액을 신고·납부한 경우에는 제23조, 제27조부터 제30조까지 및 제32조의 개정규정에도 불구하고 종전의 규정에 따른다.

제5조【다른 법률의 개정】 ※(해당 법령에 가제정리 하였음)

부 칙 (2018.3.13)

제1조【시행일】 이 법은 공포 후 6개월이 경과한 날부터 시행한다.

제2조【의무상환액 산정 특례에 관한 적용례】 제18조제8항의 개정규정은 2017년 귀속 소득에 대한 의무상환액 산정부터 적용한다.

부 칙 (2020.12.22)
(2020.12.29)

제1조【시행일】 이 법은 2021년 1월 1일부터 시행한다.(이하 생략)

부 칙 (2021.3.23)

이 법은 공포한 날부터 시행한다.(이하 생략)

부 칙 (2021.6.8)

제1조【시행일】 이 법은 2022년 1월 1일부터 시행한다.

제2조【취업 후 상환 학자금대출의 이자 면제에 관한 적용례】 제16조의2의 개정규정은 이 법 시행 이후 발생하는 이자부터 적용한다.

제3조【책임 면제에 관한 적용례】 제36조제4항의 개정규정은 이 법 시행 당시 면책허가를 받았으나 상환을 완료하지 아니한 채무자의 취업 후 상환 학자금대출 원리금 청구권에도 적용한다.

부 칙 (2021.8.17)

제1조【시행일】 이 법은 공포 후 6개월이 경과한 날부터 시행한다.(이하 생략)

부 칙 (2022.12.27)

이 법은 공포 후 6개월이 경과한 날부터 시행한다.

부 칙 (2023.3.4)

제1조【시행일】 이 법은 공포 후 3개월이 경과한 날부터 시행한다.(이하 생략)

부 칙 (2023.12.26)

제1조【시행일】 이 법은 2024년 7월 1일부터 시행한다.

제2조【취업 후 상환 학자금대출의 이자 면제에 관한 적용례】 제16조의2제2항부터 제4항까지의 개정규정은 이 법 시행 이후 발생하는 이자부터 적용한다.

법학전문대학원 설치·운영에 관한 법률(약칭 : 법학전문대학원법)

(2007년 7월 27일)
(법 률 제8544호)

개정
2008. 2.29법 8852호(정부조직)
2011. 7.21법10866호(고등교육)
2012. 1.26법11212호(고등교육)
2013. 3.23법11690호(정부조직)
2016. 5.29법14152호
2021. 3.23법17954호(법률용어정비)

제1장 총 칙

제1조【목적】 이 법은 법학전문대학원의 설치·운영 및 교육 등에 관한 사항을 정함으로써 우수한 법조인을 양성함을 목적으로 한다.

제2조【교육이념】 법학전문대학원의 교육이념은 국민의 다양한 기대와 요청에 부응하는 양질의 법률서비스를 제공하기 위하여 풍부한 교양, 인간 및 사회에 대한 깊은 이해와 자유·평등·정의를 지향하는 가치관을 바탕으로 건전한 직업윤리관과 복잡다기한 법적 분쟁을 전문적·효율적으로 해결할 수 있는 지식 및 능력을 갖춘 법조인의 양성에 있다.

제3조【국가 등의 책무】 ① 국가, 「고등교육법」 제2조제1호에 따른 대학(같은 법 제30조에 따른 대학원대학을 포함한다. 이하 "대학"이라 한다), 그 밖에 법조인의 양성과 관련된 기관 또는 단체는 제2조에 따른 교육이념의 취지에 부합하는 법조인을 양성하기 위하여 상호 협력하여야 한다.
② 국가는 법조인의 양성을 위하여 재정적 지원방안을 마련하는 등 필요한 조치를 하여야 한다.

제4조【설치주체】 대학의 설립·경영자(국립대학의 경우에는 국가, 공립대학의 경우에는 지방자치단체, 사립대학의 경우에는 학교법인을 말한다. 이하 같다)는 법조인의 양성에 필요한 전문적인 법률이론 및 실무에 관한 교육 및 연구를 주된 목적으로 하는 법학전문대학원을 설치·운영할 수 있다.

제5조【설치인가 등】 ① 법학전문대학원을 두고자 하는 대학의 설립·경영자는 제16조부터 제20조까지의 규정에 따른 교원(「고등교육법」 제14조제2항에 따른 강사는 제외한다. 이하 같다)·시설 및 교육과정 등 법학전문대학원의 설치기준을 갖추어야 한다.(2012.1.26 본항개정)
② 공립 또는 사립대학의 설립·경영자가 법학전문대학원을 두고자 하는 경우에는 교육부장관의 인가를 받아야 한다. 인가받은 법학전문대학원을 폐지하거나 인가받은 사항 중 대통령령으로 정하는 중요 사항을 변경하는 때에도 또한 같다.(2013.3.23 전단개정)
③ 교육부장관은 제2항에 따른 설치인가 및 폐지·변경인가를 하고자 하는 경우에는 미리 제10조에 따른 법학교육위원회(이하 "법학교육위원회"라 한다)의 심의를 거쳐야 한다.(2013.3.23 본항개정)
④ 국가가 법학전문대학원을 두고자 하는 경우에는 법학교육위원회의 심의를 거쳐야 한다. 법학전문대학원을 폐지하거나 대통령령으로 정하는 중요 사항을 변경하는 때에도 또한 같다.
⑤ 제2항에 따른 설치인가 및 폐지·변경인가의 절차 등에 관하여 필요한 사항은 대통령령으로 정한다.

제6조【설치인가의 기준】 ① 교육부장관은 제5조제2항에 따른 법학전문대학원의 설치인가에 대한 신청이 있는 경우에는 제2조에 따른 교육이념을 달성하기 위한 교육목표 및 교육과정의 타당성과 설치기준의 충족 여부 등을 고려하여 인가할 수 있다.
② 제1항의 설치인가에 관하여 필요한 세부기준은 교육부장관이 정한다.
(2013.3.23 본조개정)

제7조【법학전문대학원의 입학정원】 ① 교육부장관은 국민에 대한 법률서비스의 원활한 제공 및 법조인의 수급상황 등 제반사정을 고려하여 법학전문대학원의 총 입학정원을 정한다. 이 경우 교육부장관은 총 입학정원을 미리 국회 소관 상임위원회에 보고하여야 한다.
② 교육부장관은 제1항에 따라 법학전문대학원의 총 입학정원을 정하는 때에는 법원행정처장, 법무부장관과 협의하여야 한다. 이 경우 「변호사법」 제78조에 따른 대한변호사협회의 장(이하 "대한변호사협회장"이라 한다), 「민법」 제32조 및 「공익법인의 설립·운영에 관한 법률」 제4조에 따라 법무부장관의 허가를 받아 설립된 사단법인 한국법학교수회의 장(이하 "한국법학교수회장"이라 한다) 등은 교육부장관에게 의견을 제출할 수 있다.
③ 법학전문대학원의 개별 입학정원은 각 법학전문대학원의 교원·시설 및 재정을 비롯한 교육여건과 제1항에 따른 총 입학정원 등을 종합적으로 고려하여 교육부장관이 대통령령으로 정하는 범위 안에서 정한다.
(2013.3.23 본조개정)

제8조【학사학위과정의 폐지】 ① 법학전문대학원을 두는 대학은 법학에 관한 학사학위과정을 둘 수 없다.
② 법학전문대학원을 두는 대학은 해당 법학전문대학원의 개원 이전에 법학에 관한 학사학위과정이 설치되어

있는 경우에는 해당 법학전문대학원에 학생이 최초로 입학하는 학년도부터 법학에 관한 학사학위과정의 학생의 입학을 허가하여서는 아니 된다.(2021.3.23 본항개정)
③ 제1항에도 불구하고 법학전문대학원을 두는 대학은 법학전문대학원의 개원 이전에 해당 대학의 법학에 관한 학사학위과정에 입학한 학생의 교육을 위하여 필요한 범위 안에서 학사학위과정을 유지하여야 한다.(2021.3.23 본항개정)
제9조【다른 법률과의 관계】 ① 법학전문대학원에 대하여 이 법에서 정한 경우에는 다른 법률에 우선하여 이 법을 적용한다.
② 법학전문대학원에 대하여 이 법에 특별한 규정이 없는 사항에 관하여는 「고등교육법」 등 대학과 관련한 교육관계법을 적용한다.

제2장 법학교육위원회

제10조【법학교육위원회의 설치 및 기능】 법학전문대학원에 관한 다음 각 호의 사항을 심의하기 위하여 교육부장관 소속으로 법학교육위원회를 둔다.(2013.3.23 본문개정)
1. 법학전문대학원의 설치인가에 관한 사항(국립대학에 두는 법학전문대학원의 설치에 관한 사항을 포함한다)
2. 법학전문대학원의 폐지 및 변경인가에 관한 사항(국립대학에 두는 법학전문대학원의 폐지 및 변경에 관한 사항을 포함한다)
3. 개별 법학전문대학원의 정원에 관한 사항
4. 법학전문대학원 설치인가의 세부기준에 관한 사항
5. 그 밖에 법조인의 양성 및 법학전문대학원의 법학교육에 관하여 교육부장관이 회의에 부치는 사항
(2021.3.23 본호개정)
제11조【법학교육위원회의 구성】 ① 법학교육위원회는 위원장 1인을 포함한 13인의 위원으로 구성한다.
② 위원장은 제3항에 따른 위원 중에서 교육부장관이 임명한다.(2013.3.23 본항개정)
③ 위원은 다음 각 호에 해당하는 사람 중에서 교육부장관이 위촉한다.(2021.3.23 본문개정)
1. 법학교수 또는 부교수 4인
2. 10년 이상의 경력을 가진 판사로서 법원행정처장의 추천을 받은 사람 1인(2021.3.23 본호개정)
3. 10년 이상의 경력을 가진 검사로서 법무부장관의 추천을 받은 사람 1인(2021.3.23 본호개정)
4. 10년 이상의 경력을 가진 변호사로서 대한변호사협회장의 추천을 받은 사람 2인(2021.3.23 본호개정)
5. 10년 이상 교육행정에 종사한 공무원 1인
6. 학식과 덕망이 있는 사람(법학을 가르치는 조교수 이상의 직에 있는 사람 및 변호사 자격을 가진 사람은 제외한다) 4인(2021.3.23 본호개정)
제12조【법학교육위원회 위원의 임기】 ① 위원장 및 위원의 임기는 2년으로 하되, 연임할 수 있다.
② 위원이 임기 중 제11조제3항제1호부터 제5호까지에 규정된 직 또는 자격을 상실하는 경우에는 위원의 신분을 상실한다.
제13조【법학교육위원회 위원의 제척사유】 위원은 다음 각 호의 어느 하나에 해당하는 경우에는 해당 심의에 관여하지 못한다.(2021.3.23 본문개정)
1. 본인 또는 그 배우자가 심의대상인 대학 또는 대학을 설치·경영하는 학교법인에 재직하고 있는 경우
2. 본인 또는 그 배우자가 다음 각 목의 어느 하나에 해당하는 사람과 「민법」 제777조의 친족관계에 있는 경우(2021.3.23 본문개정)
 가. 심의대상인 대학의 장
 나. 심의대상인 대학의 법학과·법학부 또는 법학전문대학원의 교원
 다. 심의대상인 대학의 학교법인의 임원
판례 법학전문대학원의 설치·운영에 관한 법률 제13조 제1호의 규정을 법학교수인 위원 본인과 심의대상 대학에 한정하여 보면 '법학교수인 위원이 심의대상인 대학에 재직하는 경우 당해 심의에 관여하지 못한다'라는 규정이 된다. 여기에서 '당해 심의'는 그 문언상 '법학교수인 위원이 재직하는 대학에 대한 심의'라고 볼 것이지만, 그것을 '법학교수인 위원이 재직하는 대학만을 다른 대학과 분리하여 독립적인 심의의 대상으로 삼은 경우'에 한정할 것은 아니다.(대판 2009.12.10, 2009두8359)
제14조【관계 기관에 대한 협조요청】 법학교육위원회는 제10조 각 호의 사항을 심의하기 위하여 필요한 경우에는 대학 관계자, 관계 공무원 또는 전문가의 의견을 듣거나 대학 또는 관련 기관에 자료 또는 의견의 제출을 요청할 수 있다.
제15조【사실조사 등】 ① 법학교육위원회의 위원장은 제10조 각 호의 사항을 심의하는데 필요한 사실조사를 위하여 조사위원을 임명할 수 있다.
② 법학교육위원회는 제1항의 심의를 위하여 필요한 경우에는 위원 또는 조사위원 중에서 현지조사단을 구성하여 현지조사를 실시할 수 있다.
③ 법학교육위원회의 운영, 조사위원의 임명 및 현지조사단의 구성 등에 관하여 필요한 사항은 대통령령으로 정한다.

제3장 법학전문대학원의 설치기준 및 운영

제16조【교원 등】 ① 법학전문대학원은 편제완성 연도의 학생정원을 교원 1인당 학생수 15인의 범위 안에서 대통령령으로 정하는 학생수로 나눈 수의 교원을 확보하여야 한다.
② 제1항에 따라 법학전문대학원이 확보하여야 하는 교원 수의 5분의 1의 범위 안에서 대통령령으로 정하는 겸임교원 등을 대통령령으로 정하는 바에 따라 환산하여 교원수에 포함할 수 있다.(2021.3.23 본항개정)
③ 제1항에 따라 법학전문대학원이 확보하여야 하는 교원(제2항에 따른 겸임교원 등은 제외한다)수가 20인 미만인 경우에는 20인으로 한다.(2021.3.23 본항개정)
④ 법학전문대학원은 제1항 및 제3항에 따라 확보하여야 하는 교원수의 5분의 1 이상은 변호사 또는 외국변호사의 자격이 있고 5년 이상 관련 분야의 실무에 종사한 경력이 있는 교원(이하 이 항에서 "실무경력교원"이라 한다)으로 확보하여야 한다. 이 경우 교원의 5분의 1에 해당하는 수의 실무경력교원은 제2항에 따른 겸임교원 등으로 확보할 수 없다.
제17조【물적 기준】 ① 법학전문대학원은 충실한 교육을 위하여 대통령령으로 정하는 시설을 갖추어야 한다.
② 법학전문대학원을 두는 대학은 법학전문대학원의 운영에 필요한 재정을 확보하여야 하고, 장학금제도 등 학생에 대한 경제적 지원방안을 마련하여야 한다.
제18조【학위과정 및 수업연한】 ① 법학전문대학원에 석사학위과정을 두며, 학칙으로 정하는 바에 따라 박사학위과정을 둘 수 있다.
② 제1항에 따른 석사학위과정의 수업연한은 3년 이상으로 한다.
③ 제1항에 따른 학위과정을 이수한 사람에 대하여는 대통령령으로 정하는 해당 학위를 수여한다.(2021.3.23 본항개정)
④ 법학전문대학원에 학위를 수여하지 아니하는 연구과정을 둘 수 있다.
⑤ 법학전문대학원에 설치하는 박사학위과정 및 제4항에 따른 학위를 수여하지 아니하는 연구과정의 정원 또는 입학자는 제7조·제10조제3호·제26조 및 제39조제1호에 따른 정원 또는 입학자에는 포함되지 아니한다.
제19조【학점】 ① 법학전문대학원 석사학위과정의 이수에 필요한 학점은 대통령령으로 정하는 학점 이상으로 하되, 학칙으로 정한다.
② 이 법에 따른 다른 법학전문대학원 또는 법학전문대학원에 상응하는 외국 대학의 학위과정에서 취득한 학점은 대통령령으로 정하는 범위 안에서 학칙으로 정하는 바에 따라 해당 법학전문대학원의 학점으로 인정할 수 있다.(2021.3.23 본항개정)
③ 법학전문대학원은 법학에 관한 학사학위 이상의 학위를 취득하여 해당 법학전문대학원에서 필요한 법학지식을 습득한 것으로 인정되는 사람에 대하여는 대통령령으로 정하는 범위 안에서 학칙으로 정하는 바에 따라 해당 법학전문대학원의 학점을 취득한 것으로 인정할 수 있다.(2021.3.23 본항개정)
제20조【교육과정】 ① 법학전문대학원은 제2조의 교육이념의 취지에 부합하는 법조인의 양성에 필요한 교과목을 개설하는 등 체계적인 교육과정을 운영하여야 한다.
② 법학전문대학원이 개설하여야 하는 교과목 등에 관하여 필요한 사항은 대통령령으로 정한다.
제21조【설치기준의 수립·변경에 대한 의견수렴】 교육부장관은 교원·시설·교육과정 등 법학전문대학원의 설치에 관한 중요한 기준을 수립·변경하고자 하는 경우에는 법원행정처장·법무부장관·대한변호사협회장 및 한국법학교수회장 등의 의견을 들어야 한다.
(2013.3.23 본조개정)
제22조【입학자격】 법학전문대학원에 입학할 수 있는 사람은 학사학위를 가지고 있거나 법령에 따라 이와 같은 수준 이상의 학력이 있다고 인정된 사람(이하 "학사학위를 취득한 사람"이라 한다)으로 한다.(2021.3.23 본조개정)
제23조【학생선발】 ① 법학전문대학원은 제22조에 따른 입학자격이 있는 사람 중에서 일반전형 또는 특별전형에 의하여 학생을 선발한다.(2021.3.23 본항개정)
② 법학전문대학원은 지원자의 학사학위과정에서의 성적, 법조인이 될 수 있는 자질에 관한 적성을 측정하기 위한 시험(이하 "적성시험"이라 한다)의 결과 및 외국어능력을 입학전형자료로 활용하여야 하며, 그 밖에 사회활동 및 봉사활동에 대한 경력 등을 입학전형자료로 활용할 수 있다. 이 경우 법학에 관한 지식을 평가하기 위한 시험을 실시하여 그 결과를 입학전형자료로 활용하여서는 아니 된다.
③ 법학전문대학원은 입학자의 공정한 선발을 위하여 대통령령으로 정하는 내용이 포함된 입학전형계획을 수립하여 공표하고, 이를 시행하여야 한다.
④ 제1항에 따른 일반전형 및 특별전형 등에 관하여 필요한 사항은 대통령령으로 정한다.
제24조【적성시험의 시행】 ① 적성시험은 교육부장관이 시행한다. 다만, 교육부장관은 적성시험의 시행에 필요한 조직 및 인력을 갖춘 기관을 지정하여 적성시험을 시행하게 할 수 있다.(2013.3.23 본항개정)
② 교육부장관은 제1항 단서에 따라 지정된 기관(이하 이 조에서 "지정기관"이라 한다)이 다음 각 호의 어느 하나에 해당하는 경우에는 그 지정을 취소할 수 있다. 다만, 제1호에 해당하는 경우에는 그 지정을 취소하여야 한다.
(2013.3.23 본문개정)
1. 거짓이나 그 밖의 부정한 방법으로 지정을 받은 경우
2. 정당한 사유 없이 적성시험의 시행업무를 수행하지 아니한 경우
3. 적성시험의 시행에 필요한 조직과 인력을 갖추지 아니한 경우
③ 교육부장관은 지정기관에 대하여 적성시험의 시행과 관련된 보고 또는 자료의 제출을 명할 수 있다.
(2013.3.23 본항개정)
④ 적성시험에 응시하고자 하는 사람은 교육부장관이 정하는 응시수수료를 납부하여야 한다.(2021.3.23 본항개정)
⑤ 지정기관의 지정 기준 및 절차, 적성시험 응시수수료의 납부방법, 그 밖에 적성시험의 시행에 관하여 필요한 사항은 대통령령으로 정한다.
제25조【편입학】 ① 법학전문대학원의 학생은 학칙으로 정하는 바에 따라 다른 법학전문대학원에 편입학할 수 있다.
② 제1항에 따라 편입학하는 학생이 종전의 법학전문대학원에서 취득한 학점은 학칙으로 정하는 바에 따라 편입학하는 법학전문대학원의 학점으로 인정할 수 있다.
제26조【학생구성의 다양성】 ① 법학전문대학원은 다양한 지식과 경험을 가진 사람을 입학시키도록 노력하여야 한다.
② 법학전문대학원은 입학자 중 법학 외의 분야에서 학사학위를 취득한 사람이 차지하는 비율이 입학자의 3분의 1 이상이 되도록 하여야 한다.
③ 법학전문대학원은 입학자 중 해당 법학전문대학원이 설치된 대학 외의 대학에서 학사학위를 취득한 사람이 차지하는 비율이 입학자의 3분의 1 이상이 되도록 하여야 한다.
(2021.3.23 본조개정)

제4장 법학전문대학원에 대한 평가

제27조【법학전문대학원평가위원회의 평가】 법학전문대학원을 둔 대학은 대통령령으로 정하는 바에 따라 제28조에 따른 법학전문대학원평가위원회(이하 "평가위원회"라 한다)의 평가를 받아야 한다.
제28조【평가위원회의 설치 및 기능】 법학전문대학원의 교육평가에 관한 다음 각 호의 업무를 수행하기 위하여 「변호사법」 제78조에 따른 대한변호사협회 소속으로 법학전문대학원평가위원회를 둔다.
1. 법학전문대학원의 교육·조직·운영 및 시설 등(이하 "교육등"이라 한다)에 대한 평가
2. 적정한 평가를 위한 평가기법의 개발 및 평가기준의 수립
제29조【평가위원회의 구성】 ① 평가위원회는 위원장 1인을 포함한 11인의 위원으로 구성한다.
② 위원장은 제3항에 따른 위원 중에서 대한변호사협회장이 임명한다.
③ 위원은 다음 각 호에 해당하는 사람 중에서 대한변호사협회장이 위촉한다.(2021.3.23 본문개정)
1. 법학교수 또는 부교수로서 교육부장관의 추천을 받은 사람 4인(2021.3.23 본호개정)
2. 10년 이상의 경력을 가진 판사로서 법원행정처장의 추천을 받은 사람 1인(2021.3.23 본호개정)
3. 10년 이상의 경력을 가진 검사로서 법무부장관의 추천을 받은 사람 1인(2021.3.23 본호개정)
4. 10년 이상의 경력을 가진 변호사 1인
5. 10년 이상 교육행정에 종사한 공무원 1인
6. 학식과 덕망이 있는 사람(법학을 가르치는 조교수 이상의 직에 있는 사람 및 변호사의 자격을 가진 사람은 제외한다) 3인(2021.3.23 본호개정)
제30조【평가위원회 위원의 임기】 ① 위원장 및 위원의 임기는 2년으로 하되, 연임할 수 있다.
② 위원은 그 임기 중 제29조제3항제1호부터 제5호까지에 규정된 직 또는 자격을 상실하는 경우에는 위원의 신분을 상실한다.
제31조【평가위원회 위원의 제척사유】 위원은 다음 각 호의 어느 하나에 해당하는 경우에는 해당 평가에 관여하지 못한다.(2021.3.23 본문개정)
1. 본인 또는 그 배우자가 평가대상인 법학전문대학원이 설치된 대학 또는 대학을 설치·경영하는 학교법인에 재직하고 있는 경우
2. 본인 또는 그 배우자가 다음 각 목의 어느 하나에 해당하는 사람과 「민법」 제777조의 친족관계에 있는 경우(2021.3.23 본문개정)
 가. 평가대상인 법학전문대학원이 설치된 대학의 장
 나. 평가대상인 법학전문대학원의 교원
 다. 평가대상인 법학전문대학원이 설치된 대학의 학교법인의 임원
제32조【자체평가】 법학전문대학원을 둔 대학은 해당 법학전문대학원의 교육등에 대하여 대통령령으로 정하는

바에 따라 자체평가를 실시하여 그 결과를 평가위원회에 제출하고, 이를 공표하여야 한다.(2021.3.23 본조개정)

제33조【평가기준】 ① 평가위원회는 교육등을 평가하는 경우 설치기준의 준수 여부, 입학자선발의 공정성, 교육과정의 적정성 및 졸업생의 사회진출현황 등을 종합적으로 평가하여야 한다.(2021.3.23 본항개정)

② 평가위원회는 교육부장관의 승인을 받아 교육등의 평가에 필요한 기준을 정하여야 한다.(2013.3.23 본항개정)

제34조【사실조사 등】 ① 평가위원회의 위원장은 교육등의 평가에 필요한 사실조사를 위하여 조사위원을 임명할 수 있다.

② 평가위원회는 교육등의 평가를 위하여 필요한 경우에는 위원 또는 조사위원 중에서 현지조사단을 구성하여 현지조사를 실시 할 수 있다.

③ 현지조사단의 구성 등에 관하여 필요한 사항은 대통령령으로 정한다.

제35조【평가결과의 통지 등】 ① 평가위원회는 교육등의 평가를 한 경우에는 그 결과를 해당 대학에 통지하고, 교육부장관에게 제출하여야 한다. 이 경우 평가위원회는 평가결과를 공표하여야 한다.

② 평가위원회는 평가실시의 과정에서 해당 대학에 대하여 의견진술의 기회를 부여하여야 한다.

(2021.3.23 본조개정)

제36조【평가위원회의 운영 등】 ① 평가위원회의 사무를 보조하기 위하여 평가위원회에 필요한 기구를 둔다.

② 평가위원회의 위원장은 업무수행을 위하여 필요하다고 인정하는 경우에는 국가기관 또는 관련 기관·단체에 대하여 소속 공무원 또는 임직원의 파견을 요청할 수 있다.

③ 평가위원회는 그 기능을 수행하기 위하여 필요한 경우에는 법학전문대학원의 관계자 또는 관계 공무원·전문가의 의견을 듣거나 법학전문대학원 및 관련 기관에 자료 또는 의견의 제출을 요청할 수 있다.

④ 평가위원회의 운영을 위하여 필요한 경비는 국고에서 지원할 수 있다.

⑤ 그 밖에 평가위원회의 운영 등에 관하여 필요한 사항은 대통령령으로 정한다.

제37조【평가위원회에 대한 자료제출의 요구 등】 ① 교육부장관은 제35조에 따라 평가위원회의 평가결과를 제출받은 후 평가결과에 대한 검토를 위하여 필요하다고 인정하는 경우에는 평가위원회에 대하여 평가와 관련된 자료의 제출을 요청할 수 있다.(2013.3.23 본항개정)

② 교육부장관은 다음 각 호의 어느 하나의 사유가 있는 경우에는 평가위원회의 평가결과에 대하여 재평가를 요청할 수 있다.(2013.3.23 본문개정)

1. 평가위원회 위원 또는 조사위원이 법학전문대학원의 평가와 관련하여 「형법」 제127조, 제129조부터 제132조까지의 죄를 저지른 때(2021.3.23 본호개정)
2. 제31조에 따른 제척사유가 있는 위원이 평가에 참여한 때

③ 평가위원회는 교육부장관으로부터 재평가의 요청이 있는 경우 특별한 사정이 없으면 3개월 이내에 재평가를 하여야 한다.(2021.3.23 본항개정)

④ 평가위원회가 교육부장관의 재평가 요청 이후 정당한 사유 없이 3개월 이상 이를 지연하는 경우에는 교육부장관은 법학교육위원회로 하여금 해당 법학전문대학원의 재평가를 실시하게 할 수 있다.(2021.3.23 본항개정)

제5장 보 칙

제38조【시정명령】 교육부장관은 법학전문대학원이 설치된 대학 또는 해당 법학전문대학원이 제5조제2항 및 제4항, 제7조제3항, 제8조, 제16조, 제17조, 제18조제1항부터 제3항까지, 제19조, 제20조, 제22조, 제23조, 제25조, 제27조 및 제32조를 위반하는 경우에는 일정한 기간을 정하여 법학전문대학원이 설치된 대학의 설립·경영자 또는 대학의 장에게 시정명령을 할 수 있다.(2021.3.23 본조개정)

제39조【감축조치 등】 교육부장관은 제38조에 따른 시정명령을 받은 자가 정당한 사유 없이 지정된 기간 내에 이를 이행하지 아니하여 정상적인 학사운영이 곤란한 경우에는 다음 각 호의 처분을 할 수 있다.(2013.3.23 본문개정)

1. 해당 법학전문대학원의 학생정원의 감축
2. 해당 법학전문대학원의 학생모집 정지

(2021.3.23 1호~2호개정)

제40조【인가취소】 교육부장관은 법학전문대학원이 다음 각 호의 어느 하나에 해당하여 정상적인 학사운영이 불가능한 경우에는 해당 법학전문대학원에 대한 인가를 취소할 수 있다.(2021.3.23 본문개정)

1. 대학의 장 또는 설립·경영자의 고의 또는 중대한 과실로 제38조에 따른 시정명령에 해당하는 사유가 발생한 경우
2. 대학의 장 또는 설립·경영자가 이 법 또는 대학과 관련된 교육 관계 법령에 따른 교육부장관의 명령을 3회 이상 위반한 경우(2013.3.23 본호개정)
3. 휴가기간을 제외하고 계속하여 3개월 이상 수업을 하지 아니한 경우

제41조【폐쇄명령】 ① 교육부장관은 제5조에 따른 법학전문대학원의 설치인가를 받지 아니하고 법학전문대학원의 명칭을 사용하여 시설을 사실상 법학전문대학원의 형태로 운영하는 자에 대하여 그 시설의 폐쇄를 명할 수 있다.

② 교육부장관은 제40조에 따라 인가가 취소된 후에도 계속 법학전문대학원의 형태로 운영하는 자에 대하여 그 시설의 폐쇄를 명할 수 있다.

(2013.3.23 본조개정)

제42조【인가취소 후 학생보호】 ① 제40조에 따라 인가가 취소된 법학전문대학원의 재학생은 다른 법학전문대학원에 편입학할 수 있다. 이 경우 편입학을 허가한 법학전문대학원은 인가가 취소된 법학전문대학원에서 취득한 학점의 전부 또는 일부를 해당 법학전문대학원의 학점으로 인정할 수 있다.(2021.3.23 후단개정)

② 제1항에 따라 편입학한 학생의 수는 제7조, 제10조제3호, 제26조 및 제39조제1호에 따른 정원 또는 입학자에는 포함되지 아니한다.

③ 제40조에 따라 인가가 취소된 자는 인가가 취소된 날부터 3개월 이내에 재학생과 법학전문대학원에 제공된 시설·재원에 대한 처리상황을 교육부장관에게 보고하여야 한다.(2013.3.23 본항개정)

제43조【청문】 교육부장관은 제40조 및 제41조제1항에 따라 법학전문대학원 또는 시설 등의 인가취소 및 폐쇄를 명하고자 하는 경우에는 청문을 실시하여야 한다.

(2013.3.23 본조개정)

제44조【벌칙 적용에서의 공무원 의제】 법학교육위원회와 평가위원회의 위원, 조사위원, 평가위원회의 직원 중 공무원이 아닌 사람은 형법 제127조, 제129조부터 제132조까지의 규정에 따른 벌칙을 적용할 때에는 공무원으로 본다.(2021.3.23 본조개정)

제6장 벌 칙

제45조【벌칙】 다음 각 호의 어느 하나에 해당하는 자는 3년 이하의 징역 또는 3천만원 이하의 벌금에 처한다.

(2016.5.29 본문개정)

1. 제5조제2항 전단에 따른 설치인가를 받지 아니하고 법학전문대학원의 명칭을 사용하여 학생을 모집한 자
2. 제5조제2항 후단을 위반하여 폐지인가 또는 변경인가를 받지 아니하고 법학전문대학원을 폐지하거나 대통령령으로 정하는 중요 사항을 변경한 자
3. 거짓이나 그 밖의 부정한 방법으로 제5조제2항에 따른 설치인가·폐지인가 또는 변경인가를 받은 자
4. 제41조에 따른 폐쇄명령을 위반한 자

제46조【벌칙】 다음 각 호의 어느 하나에 해당하는 자는 1년 이하의 징역 또는 1천만원 이하의 벌금에 처한다.

(2016.5.29 본문개정)

1. 제18조제3항을 위반하여 학위를 수여한 자
2. 제22조에 해당하지 아니한 자에게 입학을 허가한 자
3. 제32조에 따른 자체평가결과를 거짓으로 작성하여 이를 공표한 자
4. 제38조에 따른 시정명령을 위반한 자

부 칙

① **【시행일】** 이 법은 공포 후 2개월이 경과한 날부터 시행한다. 다만, 제27조부터 제37조까지의 규정은 2009년 1월 1일부터 시행한다.

② **【학생의 최초의 입학 시기에 관한 적용례】** 이 법에 따라 설치되는 법학전문대학원은 2009년 3월 1일부터 학생의 입학을 허가할 수 있다.

부 칙 (2016.5.29)

이 법은 공포한 날부터 시행한다.

부 칙 (2021.3.23)

이 법은 공포한 날부터 시행한다.(이하 생략)

사립학교법

(1963년 6월 26일 법 률 제1362호)

개정

1963.12.16법 1621호 1964.11.10법 1664호
1965.12.30법 1735호 1967. 1.16법 1869호
1972.12.28법 2396호 1973. 3.10법 2587호
1973.12.20법 2649호 1975. 7.23법 2775호
1976.12.31법 2961호 1977.12.31법 3057호
1978.12. 5법 3114호 1981. 2.28법 3373호
1981.11.23법 3458호(교육공무원)
1986. 5. 9법 3812호 1990. 4. 7법 4226호
1990.12.27법 4268호(정부조직)
1991. 3. 8법 4347호(지방교육자치에관한법)
1991. 5.31법 4376호(교원지위향상을위한특별법)
1995.12.29법 5069호(교육)
1997. 1.13법 5274호 1997. 8.22법 5345호
1997.12.13법 5438호(초중교육)
1997.12.13법 5453호(행정절차)
1997.12.13법 5454호(정부부처명)
1999. 1.21법 5683호
1999. 5.24법 5982호(정부조직)
1999. 8.31법 6004호 2000. 1.28법 6212호
2000.12.30법 6332호
2001. 1.29법 6400호(정부조직)
2002. 8.26법 6715호 2004. 1.29법 7118호
2004. 1.29법 7120호(유아교육법)
2005. 1.27법 7352호
2005. 1.27법 7354호(교원지위향상을위한특별법)
2005.12.29법 7802호 2007. 7.19법 8529호
2007. 7.27법 8545호 2007.10.17법 8639호
2008. 2.29법 8852호(정부조직)
2008. 3.14법 8888호
2010. 4.15법10258호(성폭력범죄의처벌등에관한특례법)
2011. 4.12법10580호(부등)
2011. 5.19법10637호 2011. 7.21법10871호
2011. 7.25법10906호 2012. 1.26법11216호
2013. 1.23법11622호
2013. 3.23법11690호(정부조직)
2013.12.30법12125호 2015. 3.27법13224호
2015.12.22법13573호
2016. 2. 3법13936호(교원의지위향상및교육활동보호를위한특별법)
2016. 2. 3법13938호
2016. 5.29법14154호 2016.12.27법14468호
2017.10.31법15022호(주식회사등의외부감사에관한법)
2017.11.28법15040호 2018. 4.17법15555호
2018.12.18법15954호 2019. 1.15법16219호
2019. 4.16법16310호 2019. 8.20법16439호
2019.12. 3법16672호(초중교육)
2019.12. 3법16674호
2019.12. 3법16679호(고등교육)
2020. 1.29법16874호 2020. 3.24법17078호
2020.10.20법17493호 2020.12.22법17659호
2021. 8.10법18372호 2021. 9.24법18460호
2022.10.18법18990호(교육공무원)
2022.12.13법19066호
2024. 1. 9법19990호(벤처기업육성에관한특별법)→2024년 7월 10일 시행

제1장 총 칙

제1조【목적】 이 법은 사립학교의 특수성에 비추어 그 자주성을 확보하고 공공성을 높임으로써 사립학교의 건전한 발달을 도모함을 목적으로 한다.(2020.12.22 본조개정)

제2조【정의】 이 법에서 사용하는 용어의 뜻은 다음과 같다.

1. "사립학교"란 학교법인, 공공단체 외의 법인 또는 그 밖의 사인(私人)이 설치하는 「유아교육법」 제2조제2호, 「초·중등교육법」 제2조 및 「고등교육법」 제2조에 따른 학교를 말한다.
2. "학교법인"이란 사립학교만을 설치·경영할 목적으로 이 법에 따라 설립되는 법인을 말한다.
3. "사립학교경영자"란 「유아교육법」, 「초·중등교육법」, 「고등교육법」 및 이 법에 따라 사립학교를 설치·경영하는 공공단체 외의 법인(학교법인은 제외한다) 또는 사인을 말한다.
4. "임용"이란 신규채용, 승진, 전보(轉補), 겸임, 파견, 강임(降任), 휴직, 직위해제, 정직(停職), 강등, 복직, 면직, 해임 및 파면을 말한다.(2021.8.10 본호개정)

(2016.2.3 본조개정)

제3조【학교법인이 아니면 설립할 수 없는 사립학교 등】 학교법인이 아닌 자는 다음 각 호의 어느 하나에 해당하는 사립학교를 설치·경영할 수 없다. 다만, 「초·중등교육법」 제52조제2항에 따라 산업체가 그 고용근로청소년

의 교육을 위하여 중학교 또는 고등학교를 설치·경영하는 경우에는 그러하지 아니하다.
1. 초등학교·중학교·고등학교·특수학교·대학
2. 산업대학·사이버대학·전문대학·기술대학
3. 대학·산업대학·전문대학 또는 기술대학에 준하는 각종학교
(2020.12.22 본조개정)

제4조【관할청】 ① 다음 각 호의 어느 하나에 해당하는 자는 그 주소지를 관할하는 특별시·광역시·특별자치시·도 및 특별자치도(이하 "시·도"라 한다) 교육감의 지도·감독을 받는다.
1. 사립의 초등학교·중학교·고등학교·고등기술학교·고등공민학교·특수학교·유치원 및 이들에 준하는 각종학교
2. 제1호에 따른 사립학교를 설치·경영하는 학교법인 또는 사립학교경영자
② (1991.3.8 삭제)
③ 다음 각 호의 어느 하나에 해당하는 자는 교육부장관의 지도·감독을 받는다.
1. 사립의 대학·산업대학·사이버대학·전문대학·기술대학 및 이들에 준하는 각종학교(이하 "대학교육기관"이라 한다)
2. 제1호에 따른 사립학교를 설치·경영하는 학교법인
3. 제1호에 따른 사립학교와 그 밖의 사립학교를 아울러 설치·경영하는 학교법인
(2020.12.22 본조개정)

제2장　학교법인

제1절　통　칙

제5조【자산】 ① 학교법인은 그가 설치·경영하는 사립학교에 필요한 시설·설비와 그 학교의 경영에 필요한 재산을 갖추어야 한다.
② 제1항에 따른 사립학교에 필요한 시설·설비와 재산에 관한 기준은 대통령령으로 정한다.
(2020.12.22 본조개정)

제6조【사업】 ① 학교법인은 그가 설치한 사립학교의 교육에 지장이 없는 범위에서 그 수익을 사립학교의 경영에 충당하기 위하여 수익을 목적으로 하는 사업(이하 "수익사업"이라 한다)을 할 수 있다.
② (1999.8.31 삭제)
③ 학교법인이 수익사업을 할 때에는 지체 없이 다음 각 호의 사항을 공고하여야 한다.
1. 사업의 명칭과 그 사무소의 소재지
2. 사업의 종류
3. 사업 경영에 관한 자본금
4. 사업 경영의 대표자의 성명·주소
5. 사업의 시기(始期) 및 기간
6. 그 밖에 필요한 사항
④ 수익사업에 관한 회계는 해당 학교법인이 설치·경영하는 사립학교의 경영에 관한 회계와 구분하여 별도 회계로 경리하여야 한다.
(2020.12.22 본조개정)

제7조【주소】 학교법인의 주소는 그 주된 사무소의 소재지로 한다.(2020.12.22 본조개정)

제8조【설립등기】 ① 학교법인은 설립허가를 받았을 때에는 3주일 이내에 다음 각 호의 사항을 등기하여야 한다.
1. 목적
2. 명칭
3. 사무소
4. 설립허가 연월일
5. 존립 시기나 해산 사유를 정한 경우에는 그 시기 또는 사유
6. 자산 총액
7. 출자방법을 정한 경우에는 그 방법
8. 이사의 성명·주소
② 제1항에 따라 등기하여야 할 사항은 등기한 후가 아니면 제3자에게 대항할 수 없다.
③ 법원은 등기한 사항을 지체 없이 공고하여야 한다.
(2020.12.22 본조개정)

제8조의2【재산 이전의 보고】 제8조에 따라 등기한 학교법인은 지체 없이 재산출연을 증명할 수 있는 등기사항증명서 및 금융기관의 증명서 등 대통령령으로 정하는 서류를 첨부하여 관할청에 재산출연 결과를 보고하여야 한다.(2020.12.22 본조개정)

제9조【학교법인의 권리능력 등】 학교법인의 권리능력과 불법행위능력에 관하여는 「민법」 제34조 및 제35조를 준용한다.(2020.12.22 본조개정)

제2절　설　립
(2020.12.22 본절개정)

제10조【설립허가】 ① 학교법인을 설립하려는 자는 일정한 재산을 출연하고, 다음 각 호의 사항을 적은 정관을 작성하여 대통령령으로 정하는 바에 따라 교육부장관의 허가를 받아야 한다. 이 경우 기술대학을 설치·경영하는 학교법인을 설립할 때에는 대통령령으로 정하는 바에 따라 미리 산업체가 일정한 재산을 출연하여야 한다.
1. 목적
2. 명칭
3. 설치·경영하려는 사립학교의 종류와 명칭
4. 사무소 소재지
5. 자산 및 회계에 관한 사항
6. 임원의 정원 및 그 임면(任免)에 관한 사항
7. 이사회에 관한 사항
8. 수익사업을 경영하려는 경우에는 그 사업의 종류, 그 밖에 사업에 관한 사항
9. 정관 변경에 관한 사항
10. 해산에 관한 사항
11. 공고에 관한 사항과 그 방법
12. 그 밖에 이 법에 따라 정관에 적어야 할 사항
② 학교법인의 설립 당초의 임원은 정관으로 정하여야 한다.
③ 제1항제6호의 사항을 정할 때 기술대학을 설치·경영하는 학교법인의 경우에는 대통령령으로 정하는 바에 따라 산업체에 근무하는 사람을 임원으로 포함하여야 한다.

제10조의2【출연자의 정관 기재】 ① 학교법인은 일정한 재산을 출연한 자의 출연 의사를 보호하고 그 명예를 기리기 위하여 제10조제1항 각 호의 사항 외에 다음 각 호의 사항을 정관에 적을 수 있다.
1. 출연자의 성명 및 생년월일
2. 출연재산의 명세와 평가기준·금액
3. 출연자의 출연 의사
② 제1항에 따른 출연자 외에 학교법인의 설립 이후 대통령령으로 정하는 일정 금액 이상의 재산을 출연하거나 기부한 자에 대해서도 당사자의 의사에 따라 제1항 각 호의 사항을 정관에 적을 수 있다.

제11조【정관의 보충】 ① 학교법인을 설립하려는 사람이 제10조제1항 각 호의 사항 중 그 목적과 자산에 관한 사항만을 정하고 사망한 경우 교육부장관은 이해관계인의 청구에 의하여 그 외의 사항을 정할 수 있다.
② 제1항의 경우에 이해관계인이 없거나 그 청구가 없을 때에는 교육부장관이 직권으로 제1항의 사항을 정할 수 있다.

제12조【설립 시기】 학교법인은 그 주된 사무소의 소재지에서 설립등기를 함으로써 성립한다.

제13조【「민법」의 준용】 학교법인의 설립에 관하여는 「민법」 제47조, 제48조, 제50조부터 제52조까지, 제52조의2, 제53조, 제54조 및 제55조제1항을 준용한다.

제3절　기　관
(2020.12.22 본절개정)

제14조【임원】 ① 학교법인에는 임원으로서 7명 이상의 이사와 2명 이상의 감사를 두어야 한다. 다만, 유치원만을 설치·경영하는 학교법인에는 임원으로서 5명 이상의 이사와 1명 이상의 감사를 둘 수 있다.
② 이사 중 1명은 정관으로 정하는 바에 따라 이사장이 된다.
③ 학교법인은 제1항에 따른 이사 정수(定數)의 4분의 1(소수점 이하는 올림한다)에 해당하는 이사(이하 "개방이사"라 한다)를 제4항에 따른 개방이사추천위원회에서 2배수 추천한 인사 중에서 선임하여야 한다.
④ 개방이사추천위원회(이하 "추천위원회"라 한다)는 제26조의2에 따른 대학평의원회(이하 "대학평의원회"라 한다) 또는 「초·중등교육법」 제31조에 따른 학교운영위원회(이하 "학교운영위원회"라 한다)에 두고 그 조직과 운영 및 구성은 정관으로 정하되, 위원 정수는 5명 이상 홀수로 하고 대학평의원회 또는 학교운영위원회에서 추천위원회 위원의 2분의 1을 추천하도록 한다. 다만, 대통령령으로 정하는 종교지도자 양성만을 목적으로 하는 대학 및 대학원 설치·경영 학교법인의 경우에는 해당 종교단체에서 2분의 1을 추천한다.
⑤ 제3항에 따라 추천위원회가 개방이사를 추천할 때에는 30일 이내에 추천을 완료하여야 하며, 그 기간에 추천하지 못하면 관할청이 추천한다.
⑥ 제3항부터 제5항까지의 규정에 따른 개방이사의 추천, 선임방법 및 자격요건과 기준에 관한 구체적인 사항은 대통령령으로 정하는 바에 따라 정관으로 정한다.

제15조【이사회】 ① 학교법인에 이사회를 둔다.
② 이사회는 이사로 구성한다.
③ 이사장은 이사회를 소집하고 그 의장이 된다.
④ 감사는 이사회에 출석하여 발언할 수 있다.

제16조【이사회의 기능】 ① 이사회는 다음 각 호의 사항을 심의·의결한다.
1. 학교법인의 예산·결산·차입금 및 재산의 취득·처분과 관리에 관한 사항
2. 정관 변경에 관한 사항
3. 학교법인의 합병 또는 해산에 관한 사항
4. 임원의 임면에 관한 사항
5. 학교법인이 설치한 사립학교의 장 및 교원의 임용에 관한 사항
6. 학교법인이 설치한 사립학교의 경영에 관한 중요 사항
7. 수익사업에 관한 사항
8. 그 밖에 법령이나 정관에 따라 그 권한에 속하는 사항
② 이사장 또는 이사가 학교법인과 이해관계가 상반될 때에는 그 이사장 또는 이사는 해당 사항에 관한 의결에 참여할 수 없다.

제17조【이사회의 소집】 ① 이사장은 필요하다고 인정할 때에는 이사회를 소집할 수 있다.
② 이사장은 다음 각 호의 어느 하나에 해당하는 소집요구가 있을 때에는 그 소집요구일부터 20일 이내에 이사회를 소집하여야 한다.
1. 재적이사 반수 이상이 회의의 목적을 제시하여 소집을 요구할 때
2. 제19조제4항제4호에 따라 감사가 소집을 요구할 때
③ 이사회를 소집할 때에는 늦어도 회의 7일 전까지 회의의 목적을 밝혀 각 이사에게 통지하여야 한다. 다만, 이사 전원이 모이고 또 그 전원이 이사회 개최를 요구하였을 때는 예외로 한다.
④ 이사회를 소집하여야 할 경우에 그 소집권자가 궐위(闕位)되거나 소집을 기피하여 7일 이상 이사회 소집이 불가능할 때에는 재적이사 과반수의 찬성으로 소집할 수 있다. 다만, 소집권자가 이사회 소집을 기피한 경우에는 관할청의 승인을 받아야 한다.
⑤ 이사장은 제1항 및 제2항에 따라 이사회를 소집할 때에는 미리 대통령령으로 정하는 바에 따라 학교법인이 운영하는 학교의 인터넷 홈페이지 등에 소집 일자, 장소 등을 공지하여야 한다.(2021.9.24 본항신설)

제18조【의사정족수와 의결정족수 등】 ① 이사회는 정관에 특별한 규정이 없으면 재적이사 과반수의 출석으로 개의(開議)하고, 정관으로 정한 이사 정수 과반수의 찬성으로 의결한다.
② 이사회의 회의는 이사가 동영상과 음성이 동시에 송수신되는 장치가 갖추어진 다른 장소에 출석하여 진행하는 원격영상회의의 방식으로 할 수 있다. 이 경우 해당 이사는 이사회에 출석한 것으로 본다.

제18조의2【회의록의 작성 및 공개 등】 ① 이사회는 다음 각 호의 사항을 적은 회의록을 작성하여야 한다. 다만, 이사회 개최 당일에 회의록을 작성하기 어려운 사정이 있을 때에는 안건별로 심의·의결 결과를 기록한 회의조서를 작성할 수 있다.
1. 개의, 회의 중지 및 산회(散會) 일시
2. 안건
3. 의사
4. 출석한 임원과 직원의 성명
5. 표결 수
6. 그 밖에 이사장이 필요하다고 인정하는 사항
② 회의록과 회의조서에는 출석 임원 모두가 그 성명을 알 수 있도록 자필로 서명하고, 그 회의록 또는 회의조서가 2장 이상인 경우에는 각 장 사이에 걸쳐서 서명하여야 한다. 다만, 이사회는 출석 임원 중 3명을 호선(互選)하여 대표로 회의록과 회의조서의 각 장 사이에 걸쳐서 서명하게 하거나 간인(間印)하게 할 수 있다.
③ 제1항 각 호 외의 부분 단서에 따라 회의조서를 작성한 경우에는 조속한 시일 내에 회의록을 작성하여야 한다. 다만, 긴급한 필요가 있을 때에는 회의록을 대신하여 회의조서를 관할청에 제출할 수 있다.
④ 회의록은 공개하여야 한다. 다만, 대통령령으로 정하는 사항에 대해서는 이사회의 의결로 공개하지 아니할 수 있다.
⑤ 회의록의 공개에 관한 기간·절차, 그 밖에 필요한 사항은 대통령령으로 정한다.

제19조【임원의 직무】 ① 이사장은 학교법인을 대표하고 이 법과 정관에 규정된 직무를 수행하며 그 밖에 학교법인 내부의 사무를 총괄한다.
② 이사장이 궐위되거나 부득이한 사유로 직무를 수행할 수 없을 때에는 정관으로 정하는 바에 따르고, 정관에 규정이 없으면 이사회에서 호선한 다른 이사가 이사장의 직무를 대행한다.
③ 이사는 이사회에 출석하여 학교법인의 업무에 관한 사항을 심의·결정하며, 이사회 또는 이사장으로부터 위임받은 사항을 처리한다.
④ 감사는 다음 각 호의 직무를 수행한다.
1. 학교법인의 재산 상황과 회계를 감사하는 일
2. 이사회의 운영과 그 업무에 관한 사항을 감사하는 일
3. 학교법인의 재산 상황 또는 이사회의 운영과 그 업무에 관한 사항을 감사한 결과 부정하거나 불비(不備)한 점을 발견하였을 때 이사회와 관할청에 보고하는 일
4. 제3호의 보고를 하기 위하여 필요한 경우에 이사회 소집을 요구하는 일
5. 학교법인의 재산 상황 또는 이사회의 운영과 그 업무에 관한 사항에 대하여 이사장 또는 이사에게 의견을 진술하는 일

제20조【임원의 선임과 임기】 ① 임원은 정관으로 정하는 바에 따라 이사회에서 선임한다.
② 임원은 관할청의 승인을 받아 취임한다. 이 경우 교육부장관이 정하는 바에 따라 인적사항을 공개하여야 한다.
③ 이사장·이사 및 감사의 임기는 정관으로 정하되, 이사는 5년을 초과할 수 없고 중임(重任)할 수 있으며, 감사는 3년을 초과할 수 없고 한 차례만 중임할 수 있다.

제20조의2【임원 취임의 승인취소】 ① 임원이 다음 각 호의 어느 하나에 해당하는 행위를 하였을 때에는 관할청은 그 취임 승인을 취소할 수 있다.

1. 이 법, 「초·중등교육법」 또는 「고등교육법」을 위반하거나 이에 따른 명령을 이행하지 아니하였을 때
2. 임원 간의 분쟁, 회계 부정 또는 현저히 부당한 행위 등으로 해당 학교 운영에 중대한 장애를 일으켰을 때
3. 학사행정에 관하여 해당 학교의 장의 권한을 침해하였을 때
4. 관할청의 학교의 장 및 교직원에 대한 징계요구에 따르지 아니하였을 때(2021.9.24 본호개정)

② 제1항에 따른 취임 승인의 취소는 관할청이 해당 학교법인에 그 사유를 들어 시정을 요구한 날부터 15일이 지나도 이에 따르지 아니한 경우에만 할 수 있다. 다만, 시정을 요구하여도 시정할 수 없는 것이 명백하거나 회계부정, 횡령, 뇌물 수수 등 비리의 정도가 중대한 경우에는 시정요구 없이 임원 취임의 승인을 취소할 수 있으며, 그 세부적인 기준은 대통령령으로 정한다.

제20조의3【임원의 직무집행정지】 ① 관할청은 다음 각 호의 어느 하나에 해당하는 경우에는 60일의 범위에서 해당 임원의 직무를 정지시킬 수 있으며, 부득이한 사유가 있을 때에는 60일의 범위에서 그 기간을 연장할 수 있다.
1. 제20조의2제1항에 따른 임원 취임 승인의 취소를 위한 조사나 감사가 진행 중일 때
2. 제20조의2제2항에 따른 시정요구 기간 중 해당 임원이 계속 직무를 집행할 경우 법인 또는 학교 운영상 중대한 손해가 생길 우려가 있다고 인정될 때

② 관할청은 제1항에 따른 임원의 직무집행정지 사유가 소멸되었을 때에는 직무집행정지를 즉시 해제하여야 한다.

제21조【임원 선임의 제한】 ① 이사 정수의 반수 이상은 대한민국 국민이어야 한다. 다만, 대학교육기관 중 대통령령으로 정하는 학교를 설치·경영하는 학교법인으로서 대한민국 국민이 아닌 자가 학교법인 기본재산액의 2분의 1 이상에 해당하는 재산을 출연한 학교법인인 경우에는 이사 정수의 3분의 2 미만을 대한민국 국민이 아닌 사람으로 할 수 있다.

② 이사회를 구성할 때 서로 「민법」 제777조에 따른 친족관계인 이사들이 이사 정수의 4분의 1을 초과해서는 아니 된다.

③ 이사 중 적어도 3분의 1 이상은 다음 각 호의 어느 하나에 해당하는 교육경험 또는 합산한 교육경험이 3년 이상인 사람이어야 한다.
1. 「유아교육법」 제2조제2호에 따른 유치원에서 교원으로 근무한 경험
2. 「초·중등교육법」 제2조에 따른 학교에서 교원으로 근무한 경험
3. 「고등교육법」 제2조에 따른 학교에서 교원 또는 같은 법 제17조제1항의 명예교수·겸임교원 및 초빙교원 등으로 근무한 경험
4. 제1호부터 제3호까지의 근무경험에 준하는 것으로서 대통령령으로 정하는 교육경험

④ 감사와 감사 또는 감사와 이사는 서로 「민법」 제777조에 따른 친족이어서는 아니 된다.

⑤ 학교법인에 두는 감사 중 1명은 추천위원회에서 추천하는 사람을 선임한다.

⑥ 대통령령으로 정하는 기준 이상의 학교법인에 두는 감사 중 1명은 공인회계사 자격을 가진 사람이어야 한다.

⑦ 다음 각 호의 어느 하나에 해당하는 사람에 대하여 임원 취임의 승인을 요청하는 경우에는 재적이사 3분의 2 이상의 찬성을 받아야 한다.
1. 제20조의2에 따라 임원 취임 승인이 취소된 날부터 10년이 지난 사람(2021.9.24 본호개정)
2. 제54조의2에 따라 학교의 장의 직위에서 해임된 날부터 6년이 지난 사람(2021.9.24 본호개정)
3. 제61조에 따라 파면된 날부터 10년이 지난 사람(2021.9.24 본호개정)

제22조【임원의 결격사유】 다음 각 호의 어느 하나에 해당하는 사람은 학교법인의 임원이 될 수 없다.
1. 「국가공무원법」 제33조 각 호의 어느 하나에 해당하는 사람
2. 제20조의2에 따라 임원 취임의 승인이 취소된 후 10년이 지나지 아니한 사람(2021.9.24 본호개정)
3. 제54조의2에 따른 해임 요구에 의하여 해임된 후 6년이 지나지 아니한 사람(2021.9.24 본호개정)
4. 제61조에 따라 파면된 후 10년이 지나지 아니한 사람(2021.9.24 본호개정)
5. 4급 이상의 교육행정공무원 또는 4급 상당 이상의 교육공무원으로 재직하다 퇴직한 후 2년이 지나지 아니한 사람

제22조의2【임원의 당연퇴임 사유】 학교법인의 임원이 제22조 각 호의 어느 하나에 해당하는 경우에는 당연히 퇴임된다. 다만, 「국가공무원법」 제33조제5호는 「형법」 제129조부터 제132조까지 및 직무와 관련하여 같은 법 제355조 및 제356조에 규정된 죄를 범한 사람으로서 금고 이상의 형의 선고유예를 받은 경우만 해당하고, 「국가공무원법」 제33조제6호의2를 적용할 때 "공무원"은 "임원"으로 본다.(2021.9.24 본조신설)

제23조【임원의 겸직금지】 ① 이사장은 해당 학교법인이 설치·경영하는 사립학교의 장을 겸할 수 없다.

② 이사는 감사 또는 해당 학교법인이 설치·경영하는 사립학교의 교원이나 그 밖의 직원을 겸할 수 없다. 다만, 학교의 장은 예외로 한다.

③ 감사는 이사장, 이사 또는 학교법인의 직원(그 학교법인이 설치·경영하는 사립학교의 교원이나 그 밖의 직원을 포함한다)을 겸할 수 없다.

제24조【임원의 보충】 이사나 감사 중에 결원이 생겼을 때에는 2개월 이내에 보충하여야 한다.

제24조의2【사학분쟁조정위원회의 설치 및 기능】 ① 제25조에 따른 임시이사의 선임과 제25조의2에 따른 임시이사의 해임 및 제25조의3에 따른 임시이사가 선임된 학교법인의 정상화 등에 관한 중요 사항을 심의하기 위하여 교육부장관 소속으로 사학분쟁조정위원회(이하 "조정위원회"라 한다)를 둔다.

② 조정위원회는 다음 각 호의 사항을 심의한다.
1. 임시이사의 선임에 관한 사항
2. 임시이사의 해임에 관한 사항
3. 임시이사가 선임된 학교법인의 정상화 추진에 관한 사항
4. 그 밖에 관할청이 조정위원회에 심의를 요청한 사항

③ 조정위원회는 제2항 각 호의 사항에 대한 심의 결과를 지체 없이 관할청에 통보하여야 한다.

④ 관할청은 제3항에 따른 심의 결과에 따라야 한다. 다만, 심의 결과에 이의가 있는 경우에는 조정위원회에 재심을 요청할 수 있고, 그 재심 결과를 수용하여야 한다.

제24조의3【조정위원회의 구성 등】 ① 조정위원회는 대통령이 위촉하는 다음 각 호의 위원으로 구성하며, 위원장은 대법원장이 추천하는 사람 중에서 호선한다.
1. 대통령이 추천하는 사람 3명
2. 국회의장이 추천하는 사람 3명
3. 대법원장이 추천하는 사람 5명

② 위원의 임기는 2년으로 하며, 한 차례만 중임할 수 있다.

③ 조정위원회의 조직 및 운영 등에 필요한 사항은 대통령령으로 정한다.

제24조의4【조정위원회 위원의 자격 기준】 ① 위원은 다음 각 호의 어느 하나에 해당하는 사람이어야 한다.
1. 판사·검사·군법무관 또는 변호사로 15년 이상 재직한 사람
2. 대학의 총장·학장 또는 초·중등학교의 교장 경력이 있는 사람으로서 교육 경력이 15년 이상인 사람
3. 대학에서 부교수 이상의 직에 종사하는 사람으로서 교육 경력이 15년 이상인 사람
4. 공인회계사로서 회계업무 경력이 15년 이상인 사람
5. 교육행정기관의 고위공무원 경력이 있는 사람으로서 공무원 경력이 15년 이상인 사람

② 제22조 각 호의 어느 하나에 해당하는 사람은 위원이 될 수 없다.

제25조【임시이사의 선임】 ① 관할청은 다음 각 호의 어느 하나에 해당하는 경우에는 이해관계인의 청구에 의하여 또는 직권으로 조정위원회의 심의를 거쳐 임시이사를 선임하여야 한다.
1. 학교법인이 이사의 결원을 보충하지 아니하여 학교법인의 정상적 운영이 어렵다고 판단되는 경우
2. 제20조의2에 따라 학교법인의 임원 취임 승인을 취소한 경우. 다만, 임원 취임 승인이 취소되어 제18조제1항에 따른 이사회 의결정족수를 충족하지 못하는 경우로 한정한다.(2021.8.10 단서개정)
3. 제25조의2에 따라 임시이사를 해임한 경우

② 임시이사는 조속한 시일 내에 제1항에 따른 사유를 해소할 수 있도록 노력하여야 한다.

③ 임시이사는 제1항에 따른 사유가 해소될 때까지 재임하되, 그 임기는 선임된 날부터 3년을 초과할 수 없다.

④ 임시이사는 제20조에 따른 임원으로 선임될 수 없다.

⑤ 관할청은 임시이사가 선임된 법인에 이사회 소집을 요구할 수 있다.

⑥ 국가나 지방자치단체는 임시이사가 선임된 학교법인 중 재정이 열악한 학교법인의 최소한의 이사회 운영경비, 사무직원 인건비 및 학교법인의 정상화를 위하여 소요되는 대통령령으로 정하는 소송비용을 지원할 수 있다.
(2021.8.10 본항개정)

판례 교수협의회와 총학생회의 이해관계인 적격 여부 : 사립학교법의 임시이사제도는 위기사태에 빠진 학교법인을 조속한 시일 내에 정상화시킴으로써 학생들의 교육받을 권리가 침해되는 것을 방지하려는데 취지가 있고, 사립학교법과 그에 따른 학원 정관이 개방이사의 선임에 관한 규정을 두고 있는 것은, 교직원·학생 등이 갖는 학교운영에 참여할 권리를 보장하려는데 취지가 있다. 학생이나 교원의 법률상 이익을 보호하기 위한 위 법령의 규정들은 대학 자치나 학문의 자유를 실현하기 위한 수단으로서 기능하는 학생회나 교수회의 법률상 이익을 보호하는 역할도 함께 한다고 봐야 한다. 이와 같은 임시이사제도의 취지, 교직원·학생 등의 학교운영에 참여할 기회를 부여하기 위한 개방이사 제도에 관한 법의 규정 내용과 그 입법취지 등을 종합해 보면, 비록 관련 법규에 명시적으로 교원 단체 또는 학생 단체의 참여권을 인정하고 있는 규정은 없지만, 사립학교법은 헌법 제31조제4항에 정한 교육의 자주성과 대학의 자율성에 근거한 교수협의회와 총학생회의 학교운영참여권을 구체화해 이를 보호하고 있다고 해석된다. 따라서 교수협의회와 총학생회는 학원의 이사선임처분을 다툴 법률상 이익을 가진다.(대판 2015.7.23, 2012두19496,19502)

제25조의2【임시이사의 해임】 관할청은 임시이사가 다음 각 호의 어느 하나에 해당하는 경우에는 조정위원회의 심의를 거쳐 임시이사의 전부 또는 일부를 해임할 수 있다.
1. 「국가공무원법」 제33조 각 호의 어느 하나에 해당하게 된 경우
2. 그 직무를 현저히 게을리한 경우
3. 제20조의2제1항 각 호의 어느 하나에 해당하는 행위를 한 경우

제25조의3【임시이사가 선임된 학교법인의 정상화】 ① 관할청은 제20조에도 불구하고 제25조에 따라 선임된 임시이사의 선임 사유가 해소되었다고 인정할 때에는 조정위원회의 심의를 거쳐 지체 없이 임시이사를 해임하고 이사를 선임하여야 한다.

② 임시이사가 선임된 학교법인은 매년 1회 이상 조정위원회에 정상화 추진 실적을 보고하여야 한다.

③ 조정위원회는 제2항의 추진 실적을 평가하여 해당 학교법인의 임시이사 해임 및 정상화 여부에 관한 사항을 관할청에 통보한다.

제26조【임원의 보수 제한】 ① 학교법인의 임원 중 정관으로 정한 상근(常勤) 임원을 제외한 임원에게는 보수를 지급하지 아니한다. 다만, 실비(實費)의 변상은 예외로 한다.

② 학교법인은 그 학교법인 기본재산액의 3분의 1 이상에 해당하는 재산을 그 법인의 기본재산으로 출연하거나 기증한 사람 중 생계가 곤란한 사람에게는 그 학교법인의 수익이 있는 범위에서 생계비·의료비·장례비를 지급할 수 있다. 다만, 제1항에 따라 보수를 받는 사람에 대해서는 그러하지 아니하다.

③ 제2항의 재산을 출연하거나 기증한 사람 중 생계가 곤란한 사람의 기준과 생계비·의료비·장례비의 범위는 대통령령으로 정한다.

제26조의2【대학평의원회】 ① 대학교육기관에 다음 각 호의 사항을 심의하게 하기 위하여 대학평의원회를 둔다. 다만, 제3호 및 제4호는 자문사항으로 한다.
1. 대학의 발전계획에 관한 사항
2. 학칙의 제정 또는 개정에 관한 사항
3. 대학헌장의 제정 또는 개정에 관한 사항
4. 대학교육과정의 운영에 관한 사항
5. 추천위원회 위원의 추천에 관한 사항
6. 그 밖에 교육에 관한 중요 사항으로서 정관으로 정하는 사항

② 대학평의원회의 조직 및 운영 등에 필요한 사항은 대통령령으로 정하는 바에 따라 정관으로 정한다.

제27조【「민법」의 준용】 학교법인의 이사장과 이사에 관하여는 「민법」 제59조제2항, 제61조, 제62조, 제64조 및 제65조를 준용한다. 이 경우 「민법」 제62조 중 "타인"은 "다른 이사"로 본다.

제4절 재산과 회계
(2020.12.22 본절개정)

제28조【재산의 관리 및 보호】 ① 학교법인이 그 기본재산에 대하여 매도·증여·교환·용도변경하거나 담보로 제공하려는 경우 또는 의무를 부담하거나 권리를 포기하려는 경우에는 관할청의 허가를 받아야 한다. 다만, 대통령령으로 정하는 경미한 사항은 관할청에 신고하여야 한다.

② 학교교육에 직접 사용되는 학교법인의 재산 중 대통령령으로 정하는 것은 매도하거나 담보로 제공할 수 없다.

③ 「초·중등교육법」 제10조 및 「고등교육법」 제11조에 따른 수업료와 그 밖의 납부금(입학금 또는 학교운영지원비를 말한다. 이하 같다)을 받을 권리와 제29조제2항에 따라 별도 계좌로 관리되는 수입에 대한 예금채권은 압류할 수 없다.

④ 관할청은 제1항 단서에 따른 신고를 받은 경우 그 내용을 검토하여 이 법에 적합하면 신고를 수리하여야 한다.

⑤ 학교법인은 기본재산에 관한 소송절차가 개시된 때와 완결된 때에는 대통령령으로 정하는 바에 따라 그 사실을 관할청에 신고하여야 한다.(2021.8.10 본항신설)

판례 사립학교법에 의하여 금지되는 '사립유치원 경영자의 재산으로서 매도하거나 담보에 제공할 수 없는 재산'의 범위 : 사립유치원의 경우에 동법 제28조 제2항, 제51조, 동법시행령 제12조 제1항에서 규정하고 있는 '학교교육에 직접 사용되는 사립학교경영자의 재산으로서 매도하거나 담보에 제공할 수 없는 재산' 중 교지·교사·체육장은 유치원 설립인가를 받을 당시의 원지·원사·유원장으로서 실제로 유치원 교육에 직접 사용되는 것 또는 설립인가 이후에 원지·원사·유원장의 변경인가를 받은 경우에는 그 변경인가를 받은 원지·원사·유원장으로서 실제로 유치원 교육에 직접 사용되는 것을 의미한다.
(대판 2004.12.10, 2004도6261)

판례 학교법인의 재산 중 당해 학교법인이 설치·경영하는 사립학교의 교육에 직접 사용되는 교지 등의 재산은 매도 또는 담보에 제공할 수 없도록 규정하고 있는 취지는, 그것이 매매계약의 목적물이 될 수 없다는 데에 그치는 것이 아니고 매매로 인한 소유권이전 가능성을 전부 배제하는 것으로 국세징수법상 체납처분 절차에 의한 매도도 금지하는 것이어서, 이에 대하여는 국세징수법에 의한 압류가 허용되지 아니함이 명백하다.(대판 1996.11.15, 96누4947)

판례 학교법인이 양도되는 경우에 특별한 사정이 없는 한 계약체결 이전에 해당 학교에 근무하다가 해임 또는 면직된 교직원으로서 그 해임 또는 면직처분의 효력을 다투는 교직원과의 근로관계까지 승계하는 것은 아니다.(대판 1994.5.10, 93다21606)

판례 학교법인의 대표자가 교육시설의 확장등 학교의 정상적인 유지운영을 위하여 타인으로부터 금원을 차용하고, 수표를 발행하는 행위는 법인의 대표자의 직무행위라 할 것이고, 또 이는 법인의 사무집행에 관한 행위로서의 객관적인 외형을 갖추었다 할 것이므로, 법인은 위 대표자가 타인으로부터 금원을 차용하고 수표를 발행함에 있어 사립학교법 제16조 및 제28조가 정하는 이사회의 결의를 거치지 아니하고, 감독관청의 허가를 받지 않은 잘못으로 인하여 타인이 입은 손해를 불법행위자로서 배상할 의무가 있다.
(대판 1975.8.19, 75다666)

제29조【회계의 구분 등】 ① 학교법인의 회계는 그가 설치·경영하는 학교에 속하는 회계와 법인의 업무에 속하는 회계로 구분한다.
② 제1항에 따른 학교에 속하는 회계는 교비회계(校費會計)와 부속병원회계(부속병원이 있는 경우로 한정한다)로 구분할 수 있고, 교비회계는 등록금회계와 비등록금회계로 구분하며, 각 회계의 세입·세출에 관한 사항은 대통령령으로 정하되 학교가 받은 기부금 및 수업료와 그 밖의 납부금은 교비회계의 수입으로 하여 별도 계좌로 관리하여야 한다.
③ 제1항에 따른 법인의 업무에 속하는 회계는 일반업무회계와 제6조에 따른 수익사업회계로 구분할 수 있다.
④ 제2항에 따른 학교에 속하는 회계의 예산은 해당 학교의 장이 편성하고, 다음 각 호의 구분에 따른 절차에 따라 확정·집행한다.
1. 대학교육기관 : 대학평의원회에 자문 및 「고등교육법」 제11조제3항에 따른 등록금심의위원회(이하 "등록금심의위원회"라 한다)의 심사·의결을 거친 후 이사회의 심사·의결로 확정하고 학교의 장이 집행한다.
2. 「초·중등교육법」 제2조에 따른 학교 : 학교운영위원회의 심의를 거친 후 이사회의 심사·의결로 확정하고 학교의 장이 집행한다.(2021.9.24 본호개정)
3. 유치원 : 「유아교육법」 제19조의3에 따른 유치원운영위원회에 자문을 거친 후 학교의 장이 집행한다. 다만, 유치원운영위원회를 두지 아니한 경우에는 학교의 장이 집행한다.
⑤ (2005.12.29 삭제)
⑥ 제2항에 따른 교비회계에 속하는 수입이나 재산은 다른 회계로 전출(轉出)·대여하거나 목적 외로 부정하게 사용할 수 없다. 다만, 다음 각 호의 어느 하나에 해당하는 경우에는 그러하지 아니하다.
1. 차입금의 원리금을 상환하는 경우
2. 공공 또는 교육·연구의 목적으로 교육용 기본재산을 국가, 지방자치단체 또는 연구기관에 무상으로 귀속하는 경우. 다만, 대통령령으로 정하는 기준을 충족하는 경우로 한정한다.
⑦ (2007.7.27 삭제)

판례 제29조는 어디까지나 당해 학교법인의 내부관계를 규율함에 불과하고, 대외관계에 있어서도 강행성을 갖는 효력규정이라고는 볼 수 없으므로, 학교회계에 속하지 않는 채무명의로 학교회계에 속하는 재산에 대한 강제집행은 유효하다.
(대판 1974.7.16, 73다1741)

제30조【회계연도】 학교법인의 회계연도는 그가 설치·경영하는 사립학교의 학년도에 따른다.

제31조【예산 및 결산의 제출】 ① 학교법인은 대통령령으로 정하는 바에 따라 매 회계연도가 시작되기 전에는 예산을, 매 회계연도가 끝난 후에는 결산을 관할청에 보고하고 공시하여야 한다.
② 관할청은 제1항의 예산이 회계 관계 법령 등을 위반하여 편성되었다고 인정할 때에는 그 시정을 지도할 수 있다.
③ 학교에 속하는 회계의 결산은 매 회계연도가 끝난 후 다음 각 호의 구분에 따른 절차를 거쳐야 한다. 다만, 유치원의 경우에는 그러하지 아니하다.
1. 대학교육기관 : 대학평의원회에 자문 및 등록금심의위원회의 심사·의결을 거쳐야 한다.
2. 「초·중등교육법」 제2조에 따른 학교 : 학교운영위원회의 심의를 거쳐야 한다.(2021.9.24 본호개정)
④ 학교법인은 제1항에 따라 결산서를 제출할 때에 그 학교법인의 감사 모두가 서명·날인한 감사보고서를 첨부하여야 한다. 이 경우 대학교육기관을 설치·경영하는 학교법인(제5항에 따른 학교법인은 제외한다)은 직접 선임한 학교법인과 독립한 외부감사인(「주식회사 등의 외부감사에 관한 법률」 제2조제7호의 감사인을 말한다. 이하 이 조에서 같다)의 감사보고서(이하 "외부감사보고서"라 한다) 및 부속서류(제4조제1항제1호에 따른 학교의 교비회계 결산은 제외한다)를 첨부하여야 한다.
(2021.8.10 후단개정)
⑤ 대통령령으로 정하는 절차와 기준에 따라 교육부장관이 선정한 대학교육기관을 설치·경영하는 학교법인은 제1항에 따라 결산서를 제출할 때에 다음 각 호에 따른 외부감사인의 외부감사보고서 및 부속서류(제4조제1항제1호에 따른 학교의 교비회계 결산은 제외한다)를 첨부하여야 한다.
1. 연속하는 4개 회계연도 : 대학교육기관을 설치·경영하는 학교법인이 직접 선임한 학교법인과 독립한 외부감사인
2. 제1호에 따른 회계연도 다음 연속하는 2개 회계연도 : 대통령령으로 정하는 바에 따라 교육부장관이 지정하는 외부감사인. 이 경우 동일한 외부감사인으로 지정한다.
(2021.8.10 본항신설)
⑥ 제5항에 따른 학교법인은 같은 항 제2호에 따른 회계연도의 외부감사인을 해당 회계연도 이후 최초로 도래하는 회계연도의 외부감사인으로 선임할 수 없다.
(2021.8.10 본항신설)
⑦ 교육부장관은 제5항제2호에 따른 외부감사인 지정 업무를 대통령령으로 정하는 법인이나 단체에 위탁할 수 있다.(2021.8.10 본항신설)
⑧ 제1항에 따른 공시와 관련하여 필요한 사항은 대통령령으로 정한다.

제31조의2【외부회계감사에 대한 감리】 ① 교육부장관은 필요한 경우 외부감사보고서 및 부속서류를 감리(監理)할 수 있다.(2021.8.10 본항개정)
② 교육부장관은 제1항에 따른 감리 업무의 전부 또는 일부를 대통령령으로 정하는 바에 따라 외부회계감사 및 감리에 관한 전문성을 갖춘 법인이나 단체에 위탁할 수 있다.
③ 제1항 및 제2항에서 규정한 사항 외에 감리 등에 필요한 사항은 대통령령으로 정한다.

제32조【재산목록 등의 비치】 ① 학교법인은 매 회계연도가 끝난 후 2개월 이내에 매 회계연도 말 현재의 재산목록, 재무상태표, 수입·지출 계산서, 그 밖에 필요한 장부나 서류를 작성하여 항상 그 사무소에 갖추어 두어야 한다.
② 제1항에 따라 갖추어 두어야 할 장부나 서류의 종류와 서식은 교육부령으로 정한다.

제32조의2【적립금】 ① 대학교육기관의 장 및 대학교육기관을 설치·경영하는 학교법인의 이사장은 교육시설의 신축·증축 및 개수(改修)·보수(補修), 학생의 장학금 지급 및 교직원의 연구 활동 지원 등에 충당하기 위하여 필요한 적립금(이하 "적립금"이라 한다)을 적립할 수 있다. 다만, 등록금회계로부터의 적립은 해당 연도 건물의 감가상각비 상당액을 교육시설의 신축·증축 및 개수·보수 목적으로 적립하는 경우에만 할 수 있다.
② 적립금은 원금보존적립금과 임의적립금으로 구분하고, 성격에 따라 연구적립금·건축적립금·장학적립금·퇴직적립금 및 그 밖에 구체적인 목적을 정하여 적립하는 특정목적적립금으로 구성한다.
③ 적립금은 기금으로 예치하여 관리하고, 그 적립 목적으로만 사용하여야 한다. 다만, 등록금회계에서 비등록금회계로 전출된 적립금 상당액을 제외한 적립금은 다음 각 호의 어느 하나의 방법으로 법인이 투자할 수 있다.
1. 적립금의 2분의 1 한도에서 「자본시장과 금융투자업에 관한 법률」 제4조제2항 각 호에 따른 증권의 취득
2. 적립금의 10분의 1 한도에서 해당 대학교육기관의 소속 교원 또는 학생이 개발한 신기술 또는 특허 등으로 창업한 「벤처기업육성에 관한 특별법」에 따른 벤처기업에 대한 투자(2024.1.9 본호개정)
④ 대학교육기관의 장 및 대학교육기관을 설치·경영하는 학교법인의 이사장은 제3항 본문에도 불구하고 「재난 및 안전관리 기본법」 제3조제1호에 따른 재난으로 인한 사유로 학생을 지원할 필요가 있는 경우에는 이사회의 의결로 기존 적립금을 학생지원 목적으로 변경하여 사용할 수 있다.(2020.10.20 본항신설)
⑤ 대학교육기관의 장 및 대학교육기관을 설치·경영하는 학교법인의 이사장은 제3항 단서에 따른 적립금 투자 대상이 해당 대학교육기관과 대통령령으로 정하는 특수한 관계에 있는 법인인 경우에는 그 투자결과를 교육부장관에게 보고하여야 한다.(2017.11.28 본항신설)
⑥ 교육부장관은 해당 대학교육기관과 대학교육기관을 설치·경영하는 학교법인의 재정상태 등을 고려하여 적립금의 적립 여부, 적립 규모, 적립 기간 및 투자 등에 필요한 조치를 할 수 있다.(2017.11.28 본항개정)
⑦ 제1항 단서의 감가상각비 산정방법과 제5항에 따른 투자결과의 보고 시기 및 방법 등은 교육부령으로 정한다.(2020.10.20 본항개정)
(2016.12.27 본조개정)

제32조의3【기금운용심의회의 설치 등】 ① 대학교육기관의 장 및 대학교육기관을 설치·경영하는 학교법인의 이사장은 제32조의2제3항에 따른 기금의 관리·운용에 관한 사항을 심의하기 위하여 기금운용심의회를 둔다.
② 기금운용심의회는 위원장 1명을 포함하여 15명 이내의 위원으로 구성하되, 다음 각 호의 사람으로 한다. 이 경우 제1호에 따른 교원, 직원 및 재학생은 각각 2명 이상, 제2호에 따른 외부 전문가는 1명 이상 포함하여야 한다.
(2021.9.24 본문개정)
1. 해당 대학에 재직 중인 교원·직원 및 재학생
2. 회계 또는 재무 관련 외부 전문가
3. 그 밖에 동문 및 학교 발전에 도움이 될 수 있는 사람
(2021.9.24 1호~3호신설)
③ 기금운용심의회의 위원은 직무를 수행할 때 외부의 어떠한 지시나 간섭을 받지 아니한다.
④ 제1항부터 제3항까지에서 규정한 사항 외에 기금운용심의회의 구성 및 운영 등에 필요한 사항은 대통령령으로 정한다.

제32조의4【이월금】 ① 대학교육기관의 장 및 대학교육기관을 설치·경영하는 학교법인의 이사장은 해당 회계연도의 교비회계 예산을 편성·집행할 때에 이월금을 최소화하도록 노력하여야 한다.
② 교육부장관은 대학교육기관의 이월금이 재정 규모에 비하여 과다(過多)한 경우에는 이월금을 줄이기 위하여 시정요구 등 필요한 조치를 할 수 있다.

제33조【회계규칙 등】 학교법인의 회계규칙, 그 밖에 예산 또는 회계에 관하여 필요한 사항은 교육부장관이 정한다.

제5절 해산과 합병
(2020.12.22 본절개정)

제34조【해산 사유】 ① 학교법인은 다음 각 호의 어느 하나에 해당하는 사유로 해산한다.
1. 정관으로 정한 해산 사유의 발생
2. 목적 달성의 불가능
3. 다른 학교법인과의 합병
4. 파산
5. 제47조에 따른 교육부장관의 해산명령
② 제1항제2호의 사유로 인한 해산은 이사 정수의 3분의 2 이상의 동의를 받아 교육부장관의 인가를 받아야 한다.

제35조【잔여재산의 귀속】 ① 학교법인이 정관에 해산에 따른 잔여재산(殘餘財産)의 귀속자에 관한 규정을 두려는 경우 그 귀속자는 학교법인이나 그 밖에 교육사업을 경영하는 자 중에서 선정되도록 하여야 한다.
② 해산한 학교법인의 잔여재산은 합병 및 파산의 경우를 제외하고는 교육부장관에게 청산종결을 신고한 때에 제1항에 따라 정관으로 지정한 자에게 귀속된다.
③ 제1항 및 제2항에도 불구하고 학교법인의 임원 또는 해당 학교법인이 설립한 사립학교를 경영하는 자 등이 이 법 또는 교육 관계 법령을 위반하여 해당 학교법인이 관할청으로부터 회수 등 재정적 보전(補塡)을 필요로 하는 시정요구를 받았으나 이를 이행하지 아니하고 해산되는 경우 정관으로 지정한 자가 다음 각 호의 어느 하나에 해당하는 경우에는 그 지정이 없는 것으로 본다.
1. 해산한 학교법인의 설립자나 임원 또는 이들과 「민법」 제777조의 친족관계인 사람이 학교법인 해산일을 기준으로 10년 이내의 기간 중 정관으로 지정한 자 또는 정관으로 지정한 자가 설립한 사립학교의 다음 각 목의 어느 하나에 해당하는 보직에 있거나 있었던 경우
가. 대표자
나. 임원
다. 대학(「고등교육법」 제2조 각 호의 학교를 말한다)의 총장 또는 부총장
라. 초등학교·중학교·고등학교(「초·중등교육법」 제2조 각 호의 학교를 말한다)의 교장 또는 교감
마. 「유아교육법」 제2조제2호에 따른 유치원의 원장 또는 원감
2. 정관으로 지정한 자의 임원 또는 정관으로 지정한 자가 설립한 사립학교를 경영하는 자 등이 이 법 또는 교육 관계 법령을 위반하여 정관으로 지정한 자가 관할청으로부터 회수 등 재정적 보전을 필요로 하는 시정요구를 받았으나 이를 이행하지 아니한 경우
④ 제2항 및 제3항에 따라 처분되지 아니한 재산 중 대학교육기관을 설치·경영하는 학교법인의 재산은 「한국사학진흥재단법」 제17조제2항에 따른 사학진흥기금의 청산지원계정(이하 "청산지원계정"이라 한다)에 귀속되고, 제4조제1항제1호에 따른 학교를 설치·경영하는 학교법인의 재산은 해당 지방자치단체에 귀속된다.(2021.8.10 본항개정)
⑤ 지방자치단체는 제4항에 따라 지방자치단체에 귀속된 재산을 사립학교 교육의 지원을 위하여 다른 학교법인에 양여·무상대부 또는 보조금으로 지급하거나 그 밖의 교육사업에 사용한다.(2021.8.10 본항개정)
⑥ 제4항에 따라 청산지원계정에 귀속된 재산은 「한국사학진흥재단법」에 따른 한국사학진흥재단이 관리하고, 지방자치단체에 귀속된 재산은 해당 시·도 교육감이 관리하되, 제5항에 따른 처분을 할 때에는 시·도 교육감은 교육부장관의 동의를 받아야 한다.(2021.8.10 본항개정)

제35조의2【해산 및 잔여재산 귀속에 관한 특례】 ① 고등학교 이하 각급 학교를 설치·경영하는 학교법인은 학생 수가 크게 감소하여 그 목적을 달성하기 곤란한 경우에는 제34조제1항에도 불구하고 시·도 교육감의 인가를 받아 해산할 수 있다.
② 제1항에 따라 시·도 교육감의 인가를 받으려는 학교법인은 해산인가신청서에 잔여재산 처분계획서를 첨부하여 시·도 교육감에게 제출하여야 한다.
③ 제1항에 따른 해산과 제2항에 따른 잔여재산 처분계획은 이사 정수의 3분의 2 이상의 동의를 받아야 한다.
④ 국가 또는 지방자치단체는 제1항에 따라 해산하는 학교법인이 원활하게 해산할 수 있도록 다음 각 호의 어느 하나에 해당하는 지원을 할 수 있다.
1. 해산인가 신청 당시 학교법인이 보유하고 있는 기본재산 감정평가액의 100분의 30 이내의 범위에서 해산장려금의 지급
2. 해산인가 신청 당시 학교법인이 보유하고 있는 기본재산 중 학교교육에 직접 사용되었던 재산의 매입
⑤ 제1항에 따른 학교법인의 해산, 제2항에 따른 잔여재산의 처분 및 제4항에 따른 재정지원에 관한 사항을 심사하기 위하여 시·도 교육감 소속으로 사학정비심사위원회를 둔다.
⑥ 제5항에 따른 사학정비심사위원회의 구성 및 운영 등에 관한 사항은 대통령령으로 정한다.
⑦ 제1항부터 제5항까지의 규정에 따라 해산한 학교법인은 그 잔여재산의 전부 또는 일부를 제35조제1항에도 불구하고 제2항에 따른 잔여재산 처분계획서에서 정한 자에게 귀속시키거나 「공익법인의 설립·운영에 관한 법률」 제2조에 따른 공익법인을 설립하기 위한 재산으로 출연할 수 있다.

제36조【합병 절차】 ① 학교법인이 다른 학교법인과 합병하려는 경우에는 이사 정수의 3분의 2 이상의 동의가 있어야 한다.
② 제1항에 따른 합병은 교육부장관의 인가를 받아야 한다.

③ 제2항에 따른 인가를 받으려면 그 인가신청서에 합병 후 존속하는 학교법인 또는 합병으로 설립되는 학교법인의 정관과 그 밖에 대통령령으로 정하는 서류를 첨부하여야 한다.

제37조【합병 절차】 ① 학교법인은 제36조제2항의 인가를 받았을 때에는 그 인가 통지를 받은 날부터 15일 이내에 재산목록과 재무상태표를 작성하여야 한다.

② 학교법인은 제1항의 기간 내에 그 채권자에 대하여 이의가 있으면 일정한 기간 내에 이의를 제기할 것을 공고하고, 알고 있는 채권자에게는 각각 이를 최고(催告)하여야 한다. 이 경우 이의제기 기간은 2개월 이상이어야 한다.

제38조【합병 절차】 ① 채권자가 제37조제2항의 기간 내에 합병에 대하여 이의를 제기하지 아니하면 합병을 승인한 것으로 본다.

② 채권자가 제37조제2항의 기간 내에 이의를 제기하였을 때에는 학교법인은 채무를 갚거나 그에 상응하는 담보를 제공하여야 한다.

제39조【합병 절차】 합병에 의하여 학교법인을 설립할 경우 정관, 그 밖에 학교법인의 설립에 관한 사무는 각 학교법인이 선임한 자가 공동으로 수행하여야 한다.

제40조【합병의 효과】 합병 후 존속하는 학교법인 또는 합병으로 설립된 학교법인은 합병으로 소멸된 학교법인의 권리·의무(그 학교법인이 그가 경영하는 사업에 관하여 교육부장관의 인가나 그 밖의 처분으로 인하여 가지는 권리·의무를 포함한다)를 승계한다.

제41조【합병의 시기】 학교법인의 합병은 합병 후 존속하는 학교법인 또는 합병으로 설립되는 학교법인의 주된 사무소의 소재지에서 등기함으로써 그 효력이 생긴다.

제42조【「민법」 등의 준용】 ① 학교법인의 해산과 청산에 관하여는 「민법」 제79조 및 제81조부터 제95조까지의 규정을 준용한다. 이 경우 「민법」 제79조 중 "이사"는 "이사장"으로 본다.

② 학교법인의 청산인에 관하여는 제18조와 「민법」 제59조제2항, 제61조, 제62조, 제64조 및 제65조를 준용한다.

제6절 지원과 감독

제43조【지원】 ① 국가 또는 지방자치단체는 교육 진흥에 필요하다고 인정할 때에는 사립학교 교육을 지원하기 위하여 대통령령 또는 해당 지방자치단체의 조례로 정하는 바에 따라 보조를 신청한 학교법인 또는 사학지원단체에 보조금을 교부하거나 그 밖의 지원을 할 수 있다.

② 관할청은 제1항 또는 제35조제5항에 따라 지원을 받은 학교법인 또는 사학지원단체에 대하여 다음 각 호의 권한을 가진다.

1. 지원에 필요한 경우에는 해당 학교법인 또는 사학지원단체로부터 그 업무 또는 회계 상황에 관한 보고를 받을 권한
2. 해당 학교법인 또는 사학지원단체의 예산이 지원 목적에 비추어 적당하지 아니하다고 인정할 때에는 그 예산에 대하여 필요한 변경조치를 권고할 권한

③ 국가 또는 지방자치단체는 제1항 또는 제35조제5항에 따라 학교법인 또는 사학지원단체를 지원하는 경우 그 지원성과가 저조하여 계속 지원하는 것이 적당하지 아니하다고 인정하거나 학교법인 또는 사학지원단체가 제2항에 따른 관할청의 권고에 따르지 아니할 때에는 그 후의 지원을 중단할 수 있다.

(2020.12.22 본조개정)

제44조【실업교육의 우선적인 지원】 국가 또는 지방자치단체가 제35조제5항 또는 제43조제1항에 따라 학교법인을 지원하려는 경우에는 실업학교를 설치·경영하는 학교법인에 우선권을 주어야 한다.(2020.12.22 본조개정)

제45조【정관 변경 등】 ① 학교법인의 정관을 변경하려면 이사 정수의 3분의 2 이상의 찬성으로 이사회의 의결을 거쳐야 한다.

② 학교법인이 제1항에 따라 정관을 변경한 경우에는 교육부장관이 정하여 고시하는 서류를 갖추어 14일 이내에 교육부장관에게 보고하여야 한다.

③ 제2항에 따른 보고를 받은 교육부장관은 변경 사항이 법령에 위반된다고 판단하면 30일 이내에 해당 학교법인에 시정 또는 변경을 명할 수 있다.

④ 제3항에 따른 시정 또는 변경 명령을 받은 학교법인은 지체 없이 이를 시정하거나 변경하고, 그 사실을 교육부장관에게 보고하여야 한다.

(2020.12.22 본조개정)

제46조【수익사업의 정지명령】 관할청은 제6조제1항에 따라 수익사업을 하는 학교법인에 다음 각 호의 어느 하나에 해당하는 사유가 있다고 인정할 때에는 해당 학교법인에 그 사업의 정지를 명할 수 있다.

1. 해당 학교법인이 그 사업으로부터 생긴 수익을 그가 설치한 사립학교의 경영 외의 목적에 사용하였을 때
2. 해당 사업을 계속하는 것이 그 학교법인이 설치·경영하는 사립학교의 교육에 지장을 줄 때

(2020.12.22 본조개정)

제47조【해산명령】 ① 교육부장관은 학교법인에 다음 각 호의 어느 하나에 해당하는 사유가 있다고 인정할 때에는 해당 학교법인에 해산을 명할 수 있다.

1. 설립허가 조건을 위반하였을 때
2. 목적 달성이 불가능할 때

② 제1항에 따른 학교법인의 해산명령은 다른 방법으로는 감독의 목적을 달성할 수 없을 때 또는 관할청이 시정을 지시한 후 6개월이 지나도 이에 따르지 아니하였을 때에만 한다.

(2020.12.22 본조개정)

제47조의2【청문】 교육부장관은 제47조에 따라 학교법인의 해산을 명하려는 경우에는 청문을 하여야 한다.

(2020.12.22 본조개정)

제48조【보고징수 등】 관할청은 감독상 필요할 때에는 학교법인 또는 사학지원단체에 보고서 제출을 명하거나, 장부·서류 등을 검사할 수 있으며 이에 따른 필요한 조치를 명할 수 있다.(2020.12.22 본조개정)

제48조의2【해산된 학교법인 등에 대한 기록물 관리】 ① 해산된 학교법인과 폐지·폐쇄된 학교에 관한 효율적인 기록물 관리와 소속 임원, 교직원 및 학생의 권익보호를 위하여 다음 각 호의 자는 학적부, 조직·회계·예산 관련 자료 등 대통령령으로 정하는 보관 중인 기록물을 교육부장관에게 제출하여야 한다.

1. 제34조제2항 또는 제47조에 따라 해산된 학교법인
2. 「고등교육법」 제4조제3항에 따라 학교 폐지의 인가를 받은 학교
3. 「고등교육법」 제62조에 따라 학교 폐쇄의 명령을 받은 학교

② 교육부장관은 제1항에 따라 제출된 기록물을 효율적으로 관리하기 위하여 「한국사학진흥재단법」에 따른 한국사학진흥재단을 전담기관으로 지정할 수 있다.

③ 그 밖에 해산된 학교법인 등의 기록물 이관 및 관리의 방법·절차 등에 관하여 필요한 사항은 대통령령으로 정한다.

(2020.3.24 본조신설)

제3장 사립학교경영자

(2020.12.22 본장개정)

제49조 (1999.8.31 삭제)

제50조【학교법인으로의 조직 변경】 사립학교경영자 중 「민법」에 따른 재단법인은 그 조직을 변경하여 학교법인이 될 수 있다.

제50조의2 (1977.12.31 삭제)

제51조【준용규정】 사립학교경영자에 관하여는 제5조, 제28조제2항, 제29조, 제31조, 제31조의2, 제32조, 제32조의2부터 제32조의4까지, 제33조, 제43조, 제44조 및 제48조를 준용한다. 다만, 제31조, 제31조의2, 제32조, 제32조의2부터 제32조의4까지 및 제33조는 그가 설치·경영하는 사립학교에 관한 부분에 한정하여 준용한다.

제4장 사립학교 교원

제1절 자격·임용·복무

(2016.2.3 본절제목개정)

제52조【자격】 사립학교 교원의 자격에 관하여는 국립학교·공립학교의 교원의 자격에 관한 규정에 따른다.

(2020.12.22 본조개정)

제53조【학교의 장의 임용】 ① 각급 학교의 장은 해당 학교를 설치·경영하는 학교법인 또는 사립학교경영자가 임용한다.

② 제1항에 따라 학교법인이 대학교육기관의 장을 임기 중에 해임하려는 경우에는 이사 정수의 3분의 2 이상의 찬성에 의한 이사회의 의결을 거쳐야 한다.

③ 각급 학교의 장의 임기는 학교법인 및 법인인 사립학교경영자의 경우에는 정관으로 정하고, 사인인 사립학교경영자의 경우에는 규칙으로 정하되, 4년을 초과할 수 없으며, 중임할 수 있다. 다만, 초·중등학교 및 특수학교의 장은 한 차례만 중임할 수 있다.

(2020.12.22 본조개정)

제53조의2【학교의 장이 아닌 교원의 임용】 ① 각급 학교의 교원은 해당 학교법인 또는 사립학교경영자가 임용하되, 다음 각 호의 구분에 따른 방법으로 하여야 한다.

1. 학교법인 및 법인인 사립학교경영자가 설치·경영하는 사립학교의 교원 : 해당 학교의 장의 제청으로 이사회의 의결을 거쳐 임용
2. 사인인 사립학교경영자가 설치·경영하는 사립학교의 교원 : 해당 학교의 장의 제청으로 임용

② 대학교육기관의 교원 임용권과 고등학교 이하 각급학교 교원의 휴직 및 복직에 관한 사항은 해당 학교법인의 정관으로 정하는 바에 따라 학교의 장에게 위임할 수 있다.(2021.8.10 본항개정)

③ 대학교육기관의 교원은 정관으로 정하는 바에 따라 근무기간·급여·근무조건, 업적 및 성과약정 등 계약조건을 정하여 임용할 수 있다. 이 경우 근무기간에 관하여는 국립대학·공립대학의 교원에게 적용되는 관련 규정을 준용한다.

④ 제3항에 따라 임용된 교원의 임용권자는 해당 교원에게 임용기간 만료일 4개월 전까지 임용기간이 만료된다는 사실과 재임용 심의를 신청할 수 있음을 통지(문서에 의한 통지를 말한다. 이하 이 조에서 같다)하여야 한다.

⑤ 제4항에 따라 통지를 받은 교원이 재임용을 받으려는 경우에는 통지받은 날부터 15일 이내에 재임용 심의를 임용권자에게 신청하여야 한다.

⑥ 제5항에 따른 재임용 심의 신청을 받은 임용권자는 제53조의4에 따른 교원인사위원회의 재임용 심의를 거쳐 해당 교원을 재임용할지를 결정하고, 그 사실을 임용기간 만료일 2개월 전까지 해당 교원에게 통지하여야 한다. 이 경우 해당 교원을 재임용하지 아니하기로 결정하였을 때에는 재임용하지 아니하겠다는 의사와 재임용 거부 사유를 구체적으로 밝혀 통지하여야 한다.

⑦ 교원인사위원회가 제6항에 따라 해당 교원의 재임용 여부를 심의할 때에는 다음 각 호의 사항에 관한 평가 등 객관적인 사유로서 학칙에서 정하는 사유에 근거하여야 한다. 이 경우 심의 과정에서 15일 이상의 기간을 정하여 해당 교원에게 지정된 기일에 교원인사위원회에 출석하여 의견을 진술하거나 서면으로 의견을 제출할 기회를 주어야 한다.

1. 학생교육에 관한 사항
2. 학문연구에 관한 사항
3. 학생지도에 관한 사항
4. 「산업교육진흥 및 산학연협력촉진에 관한 법률」 제2조제6호에 따른 산학연협력에 관한 사항

⑧ 교원인사위원회는 교원의 재임용을 심의하는 경우 해당 교원의 평가 등에 제7항 각 호의 사항에 대한 실적과 성과가 「고등교육법」 제15조에 따른 해당 교원의 임무에 비추어 적정하게 반영될 수 있도록 필요한 조치를 하여야 한다.

⑨ 재임용이 거부된 교원이 재임용 거부처분에 대하여 불복하려는 경우에는 그 처분이 있음을 안 날부터 30일 이내에 「교원의 지위 향상 및 교육활동 보호를 위한 특별법」 제7조에 따른 교원소청심사위원회에 심사를 청구할 수 있다.

⑩ 고등학교 이하 각급 학교 교원의 신규채용은 공개전형으로 하며, 담당할 직무에 필요한 자격요건과 공개전형의 실시에 필요한 사항은 대통령령으로 정한다.

⑪ 「초·중등교육법」 제19조에 따른 교원의 임용권자는 제10항에 따른 공개전형을 실시할 때에는 필기시험을 포함하여야 하고, 필기시험은 시·도 교육감에게 위탁하여 실시하여야 한다. 다만, 대통령령으로 정하는 바에 따라 시·도 교육감의 승인을 받은 경우에는 필기시험을 포함하지 아니하거나 시·도 교육감에게 위탁하지 아니할 수 있다.(2021.9.24 본항신설)

(2020.12.22 본조개정)

[판례] 사립학교 교원의 임용계약에 있어 누구를 교원으로 임용할 것인지, 어떠한 기준과 방법으로 보수를 지급할 것인지 여부는 원칙적으로 학교법인의 자유의사 내지 판단에 달려 있다. 사립대학이 교원연봉계약규정을 통해 신입생 모집인원 또는 충원율, 즉 신입생 모집실적을 교원 실적평가의 대상으로 삼았다고 하더라도 이를 두고 해당 사립학교의 정관이나 고등교육법, 사립학교법 등 관련 법령이 정한 강행규정에 위반되어 무효라고 보기 어렵다.

(대판 2018.11.29, 2018다207854)

[판례] 규정된 절차를 거치지 아니한 학교법인 또는 사립학교경영자의 교원 임면의 효력 : 제53조의2 제1항 제1호 규정은 학교법인 및 사립학교경영자의 교원 임면에 학교의 장 및 이사회가 관여하도록 함으로써 교원 임면의 적정성을 확보하려는 데 목적이 있다고 할 것이므로, 위와 같은 절차를 거치지 아니한 학교법인 또는 사립학교경영자의 교원의 임면은 무효이다.(대판 2005.12.22, 2005다44299)

제53조의3【부정행위자에 대한 조치】 제53조의2제10항에 따른 각급 학교 교원의 신규채용을 위한 공개전형 채용시험에서 부정한 행위를 한 사람에 관하여는 「교육공무원법」 제11조의2를 준용한다.(2020.12.22 본조개정)

제53조의4【교원인사위원회】 ① 각급 학교(고등기술학교·고등공민학교·유치원과 이들에 준하는 각종학교는 제외한다)의 교원(학교의 장은 제외한다)의 임용 등 인사에 관한 중요 사항을 심의하기 위하여 해당 학교에 교원인사위원회를 둔다.(2021.8.10 본항개정)

② 교원인사위원회의 조직·기능과 운영에 필요한 사항은 학교법인 및 법인인 사립학교경영자의 경우에는 정관으로 정하고, 사인인 사립학교경영자의 경우에는 규칙으로 정한다.

(2020.12.22 본조개정)

제53조의5【학교의 장이 아닌 대학교육기관 교원의 신규채용 등】 학교의 장이 아닌 대학교육기관 교원의 임용에 관하여는 「교육공무원법」 제11조의3을 준용한다.

(2016.5.29 본조개정)

제54조【임용에 관한 보고 및 해임 등의 요구】 ① 각급 학교의 교원 임용권자는 교원을 임용(각급 학교의 장으로서 임기 만료로 해임된 경우는 제외한다)하였을 때에는 임용한 날부터 7일 이내에 관할청에 보고하여야 한다.

② (1990.4.7 삭제)

③ 관할청은 사립학교의 교원이 이 법에 규정된 면직 사유 및 징계 사유에 해당할 때에는 해당 교원의 임용권자에게 해임 또는 징계를 요구할 수 있다. 이 경우 해임 또는 징계를 요구받은 임용권자는 특별한 사유가 없으면 이에 따라야 한다.

(2020.12.22 본조개정)

제54조의2【해임 요구】 ① 관할청은 각급 학교의 장이 다음 각 호의 어느 하나에 해당할 때에는 임용권자에게 해당 학교의 장의 해임을 요구할 수 있다. 이 경우 해임을 요구받은 임용권자는 특별한 사유가 없으면 이에 따라야 한다.

1. 제58조제1항 각 호의 어느 하나에 해당할 때
2. 학생의 입학(편입학을 포함한다), 수업 및 졸업에 관한 해당 학교의 장의 권한에 속하는 사항으로서 교육관계 법률 또는 그 법률에 따른 명령을 위반하였을 때
3. 이 법, 이 법에 따른 명령 또는 다른 교육 관계 법령을 위반하였을 때
4. 학교에 속하는 회계의 집행에 관하여 부정한 일을 하였거나 현저히 부당한 일을 하였을 때
② 제1항에 따른 해임 요구는 관할청이 해당 학교법인 또는 사립학교경영자에게 그 사유를 밝혀 시정을 요구한 날부터 15일이 지나도 이에 따르지 아니한 경우에만 한다.
(2020.12.22 본조개정)
제54조의3【임명의 제한】 ① 다음 각 호의 어느 하나에 해당하는 사람은 학교의 장에 임명될 수 없다.
1. 제20조의2에 따라 임원 취임의 승인이 취소된 후 5년이 지나지 아니한 사람
2. 제54조의2에 따른 해임 요구에 의하여 해임된 후 3년이 지나지 아니한 사람
3. 제61조에 따라 파면된 후 5년이 지나지 아니한 사람
4. 「교육공무원법」 제10조의4 각 호의 어느 하나에 해당하는 사람
② 제1항제1호부터 제3호까지에 해당하는 사람으로서 그 임명 제한 기간이 지난 사람이 학교의 장으로 취임하려면 재적이사 3분의 2 이상의 찬성이 있어야 한다.
③ 학교법인의 이사장과 다음 각 호의 어느 하나의 관계인 사람은 해당 학교법인이 설치·경영하는 학교의 장에 임명될 수 없다. 다만, 이사 정수의 3분의 2 이상의 찬성과 관할청의 승인을 받은 사람은 그러하지 아니하다.
1. 배우자
2. 직계존속 및 직계비속과 그 배우자
④ 학교의 장으로 임명되어 있는 사람이 학교법인의 이사장의 변경 또는 친족 관계의 변동 등으로 인하여 학교법인의 이사장과 제3항 각 호의 어느 하나의 관계가 된 경우에는 그 사유가 발생한 날부터 3개월 이내에 이사 정수의 3분의 2 이상의 찬성과 관할청의 승인을 받아야 한다.
⑤ 제1항제4호에 해당하는 사람은 교원으로 임명될 수 없다.
⑥ 이 법에 따른 교원(제54조의4에 따른 기간제교원을 포함한다), 국립학교·공립학교의 교원(「교육공무원법」 제32조에 따른 기간제교원을 포함한다), 「유아교육법」 제23조에 따른 강사 등 또는 「초·중등교육법」 제22조에 따른 산학겸임교사 등으로 재직하는 동안 다음 각 호의 어느 하나의 행위로 인하여 파면·해임되거나 금고 이상의 형을 선고받은 사람(집행유예의 형을 선고받은 후 그 집행유예기간이 지난 사람을 포함한다)은 고등학교 이하 각급 학교의 교원으로 임명될 수 없다. 다만, 제62조에 따른 교원징계위원회에서 해당 교원의 반성 정도 등을 고려하여 교원으로서 직무를 수행할 수 있다고 의결한 경우에는 그러하지 아니하다.
1. 금품수수 행위
2. 시험문제 유출 및 성적 조작 등 학생성적 관련 비위(非違) 행위
3. 학생에 대한 신체적 폭력 행위
⑦ 제6항 각 호 외의 부분 단서에 따른 교원징계위원회의 의결은 재적위원 3분의 2 이상의 출석과 출석위원 과반수의 찬성으로 한다.
(2020.12.22 본조개정)
제54조의4【기간제교원】 ① 각급 학교 교원의 임용권자는 다음 각 호의 어느 하나에 해당하는 사유가 있을 때에는 교원자격증을 가진 사람 중에서 기간을 정하여 임용하는 교원(이하 "기간제교원"이라 한다)을 임용할 수 있다. 이 경우 임용권자는 학교법인의 정관 등으로 정하는 바에 따라 그 권한을 학교의 장에게 위임할 수 있다.
1. 교원이 제59조제1항 각 호의 어느 하나에 해당하는 사유로 휴직하여 후임자의 보충이 불가피할 때
2. 교원이 파견·연수·정직·직위해제 또는 휴가 등으로 1개월 이상 직무에 종사할 수 없어 후임자의 보충이 불가피할 때
3. 파면·해임 또는 면직 처분을 받은 교원이 「교원의 지위 향상 및 교육활동 보호를 위한 특별법」 제9조제1항에 따라 교원소청심사위원회에 소청심사를 청구하여 후임자의 보충발령을 하지 못하게 되었을 때
4. 특정 교과를 한시적으로 담당할 교원이 필요할 때
② 기간제교원에 대해서는 제56조, 제58조제2항, 제58조의2, 제59조, 제61조, 제61조의2, 제62조, 제62조의2, 제63조, 제64조, 제64조의2, 제65조, 제66조, 제66조의2, 제66조의3제2항·제3항 및 제66조의4를 적용하지 아니하며, 임용기간이 만료되면 당연히 퇴직된다.
③ 기간제교원의 임용기간은 1년 이내로 하되, 필요한 경우 3년의 범위에서 그 기간을 연장할 수 있다.
④ 기간제교원의 임용에 관하여는 제54조의3제5항 및 제6항을 준용한다.
(2020.12.22 본조개정)
제54조의5 (2019.8.20 삭제)
제55조【복무】 ① 사립학교 교원의 복무에 관하여는 국립학교·공립학교 교원에 관한 규정을 준용한다.
② 제1항에 따라 준용되는 「국가공무원법」 제64조에도 불구하고 의학·한의학 또는 치의학에 관한 학과를 두는 대학의 소속 교원은 학생의 임상교육을 위하여 필요한 경우 대학의 장의 허가를 받아 대통령령으로 정하는 기준을 충족하는 병원에 겸직할 수 있다.
③ 제2항에 따른 겸직 허가의 기준과 절차, 겸직 교원의 직무와 보수 등에 관하여 필요한 사항은 대통령령으로 정한다.
(2020.12.22 본조개정)
제55조의2【연수의 기회균등】 사립학교의 교원에게는 「교육공무원법」 제39조제1항에 따른 연수기관에서 재교육을 받거나 연수할 기회가 균등하게 주어져야 한다.
(2018.4.17 본조신설)
제55조의3【연수기관 및 근무장소 외에서의 연수】 사립학교의 교원은 수업에 지장을 주지 아니하는 범위에서 소속 학교의 장의 승인을 받아 연수기관이나 근무장소 외의 시설 또는 장소에서 연수를 받을 수 있다.
(2018.4.17 본조신설)
제55조의4【연수 실적】 학교의 장은 정기적으로 또는 수시로 그 소속 사립학교의 교원의 재교육 및 연수 실적을 인사관리에 반영할 수 있다.(2018.4.17 본조신설)

제2절 신분보장 및 사회보장
(2020.12.22 본절개정)

제56조【의사에 반한 휴직·면직 등의 금지】 ① 사립학교 교원은 형(刑)의 선고, 징계처분 또는 이 법에서 정하는 사유에 의하지 아니하고는 본인의 의사에 반하여 휴직이나 면직 등 불리한 처분을 받지 아니한다. 다만, 학급이나 학과의 개편 또는 폐지로 인하여 직책이 없어지거나 정원이 초과된 경우에는 그러하지 아니하다.
② 사립학교 교원은 권고에 의하여 사직을 당하지 아니한다.
(2020.12.22 본조개정)
판례 학교법인 또는 사립학교경영자가 그가 채용하고 있는 교원에게 사립학교법 제56조의 규정에 의하지 아니하고, 그 의사에 반하여 부당한 처분을 한 경우에는 그 처분은 무효이다.
(대판 1973.7.24, 71다2508)
판례 담당과목의 교사자격증을 소지하지 못한 것만으로써, 사립학교법 제56조 단서를 적용할 수 없다.(대판 1973.2.28, 72다2099)
판례 사립학교의 교원의 징계처분을 다투는 민사소송에 있어서의 청구원인은 징계사유만으로 이루어져야 하며, 소송과정에서 들고 나온 다른 이유를 포함시킬 수 없다.(대판 1972.12.12, 71다2752)
제57조【당연퇴직의 사유】 ① 사립학교 교원이 「교육공무원법」 제10조의4 각 호의 어느 하나에 해당하게 되면 당연히 퇴직한다. 다만, 「국가공무원법」 제33조제5호는 「형법」 제129조부터 제132조까지 및 직무와 관련하여 같은 법 제355조 및 제356조에 규정된 죄를 범한 사람으로서 금고 이상의 형의 선고유예를 받은 경우만 해당하며, 「국가공무원법」 제33조제6호의2를 적용할 때 "공무원"은 "교원"으로 본다.
② 사립학교 교원 중 대학(「고등교육법」 제2조 각 호의 학교를 말한다)의 교수, 부교수 및 조교수가 교원으로 재직기간 중 직무와 관련하여 「형법」 제347조 또는 제351조(제347조의 상습범에 한정한다)에 규정된 죄를 저질러 300만원 이상의 벌금형을 선고받고 그 형이 확정된 경우에는 당연히 퇴직한다.(2022.12.13 본항신설)
제58조【면직의 사유】 ① 사립학교 교원이 다음 각 호의 어느 하나에 해당할 때에는 해당 교원의 임용권자는 그 교원을 면직시킬 수 있다.
1. 휴직 기간이 끝나거나 휴직 사유가 소멸된 후에도 직무에 복귀하지 아니하거나 직무를 감당할 수 없을 때
2. 근무성적이 매우 불량할 때
3. 정부 파괴를 목적으로 하는 단체에 가입하고 이를 방조(幇助)하였을 때
4. 정치운동을 하거나 집단적으로 수업을 거부하거나 어느 정당을 지지 또는 반대하기 위하여 학생을 지도·선동하였을 때
5. 인사기록에 있어서 부정한 채점·기재를 하거나 거짓 증명 또는 진술을 하였을 때
6. 거짓이나 그 밖의 부정한 방법으로 임용되었을 때
② 제1항제2호부터 제6호까지의 규정에 따른 사유로 면직시키는 경우에는 제62조에 따른 교원징계위원회의 동의를 받아야 한다.
판례 교사가 전교조에 가입한 뒤 탈퇴하지 않았다면 적극적인 활동여부에 관계없이 면직처분은 정당하다.(대판 1997.5.7, 97다355)
제58조의2【직위의 해제】 ① 사립학교 교원이 다음 각 호의 어느 하나에 해당하는 경우에는 그 교원의 임용권자는 직위를 부여하지 아니할 수 있다.
1. 직무수행능력이 부족하거나 근무성적이 매우 불량하거나 교원으로서 근무태도가 매우 불성실한 경우
2. 징계의결이 요구 중인 경우
3. 형사사건으로 기소된 경우(약식명령이 청구된 경우는 제외한다)
4. 금품비위, 성범죄 등 대통령령으로 정하는 비위행위로 인하여 감사원 및 검찰·경찰 등 수사기관에서 조사나 수사 중인 경우로서 비위의 정도가 중대하고 이로 인하여 정상적인 업무수행을 기대하기 현저히 어려운 경우
② 제1항에 따라 직위를 부여하지 아니한 경우에 그 사유가 소멸되면 임용권자는 지체 없이 직위를 부여하여야 한다.
③ 임용권자는 제1항제1호에 따라 직위해제된 사람에게 3개월 이내의 기간대기를 명한다.
④ 임용권자는 제3항에 따라 대기명령을 받은 사람에게 능력 회복이나 태도 개선을 위한 연수 또는 특별한 연구과제의 부과 등 필요한 조치를 하여야 한다.
⑤ 사립학교 교원에게 제1항제1호와 같은 항 제2호·제3호 또는 제4호의 직위해제 사유가 함께 있는 경우에는 같은 항 제2호·제3호 또는 제4호를 사유로 직위해제 처분을 하여야 한다.
판례 [1] 오로지 교원을 학교에서 몰아내려는 의도하에 직위해제처분을 한 경우나, 징계의결이 요구된 사유가 사립학교법의 규정 등에 비추어 파면이나 해임 등을 할 만한 사유에 해당한다고 볼 수 없거나 기소된 형사사건에 대하여 당연퇴직의 사유가 될 정도가 아닌 판결이 선고될 것임이 객관적으로 명백하고, 직위해제처분이 우리의 건전한 사회통념이나 사회상규상 용인될 수 없음이 분명한 경우에는 그 직위해제처분은 재량권의 범위를 일탈하거나 재량권을 남용한 위법한 처분으로서 그 효력이 부정될 뿐만 아니라 위법하게 상대방에게 정신적 고통을 가하는 것으로서 그 교원에 대한 관계에서 불법행위를 구성한다.
[2] 학교법인이 교수에게 비전공과목으로 강의를 배정하여 결국 교수로 하여금 강의를 포기하게 한 것이 교수의 인격적 법익을 침해하는 것인지 여부(한정 적극) : 대학교수는 자신의 전공분야에 대해 강의하고 이를 통해 자신의 학문연구를 보다 발전시키는 것이 그 인격권 실현의 본질적 부분에 해당하므로, 학교법인이 오로지 소속 대학교수를 본연의 업무에서 배제하려는 의도하에 전공분야와 관련 없는 과목의 강의를 배정함으로써 결국 강의할 수 없게 하는 행위는 교원의 인격적 법익을 침해하는 것이 되고, 학교법인은 그로 인하여 그 대학교수가 입게 되는 정신적 고통에 대하여 배상할 의무를 부담한다.
(대판 2008.6.26, 2006다30730)
제59조【휴직의 사유】 ① 사립학교 교원이 다음 각 호의 어느 하나에 해당하는 사유로 휴직을 원하면 그 교원의 임용권자는 휴직을 명할 수 있다. 다만, 제1호부터 제4호까지 및 제11호의 경우에는 본인의 의사와 관계없이 휴직을 명하여야 하고, 제7호 및 제7호의2의 경우에는 본인이 원하면 휴직을 명하여야 한다.
1. 신체·정신상의 장애로 장기요양이 필요한 경우(불임·난임으로 인하여 장기간의 치료가 필요한 경우를 포함한다)
2. 「병역법」에 따른 병역의 복무를 위하여 징집되거나 소집된 경우
3. 천재지변이나 전시·사변 또는 그 밖의 사유로 생사나 소재(所在)를 알 수 없게 된 경우
4. 그 밖에 법률에 따른 의무를 수행하기 위하여 직무를 이탈하게 된 경우
5. 학위취득을 목적으로 해외 유학을 하거나 외국에서 1년 이상 연구 또는 연수를 하게 된 경우
6. 국제기구, 외국기관, 국내외의 대학·연구기관, 국가기관, 재외교육기관(「재외국민의 교육지원 등에 관한 법률」 제2조제2호의 재외교육기관을 말한다) 또는 정관으로 정하는 민간단체에 임시로 고용되는 경우
7. 만 8세 이하 또는 초등학교 2학년 이하의 자녀를 양육하기 위하여 필요하거나 여성 교원이 임신 또는 출산하게 된 경우
7의2. 만 19세 미만의 아동·청소년(제7호에 따른 육아휴직의 대상이 되는 아동은 제외한다)을 입양하는 경우
8. 교육부장관이 지정하는 국내의 연구기관이나 교육기관 등에서 연수하게 된 경우
9. 사고 또는 질병 등으로 장기간 요양이 필요한 부모, 배우자, 자녀 또는 배우자의 부모를 간호하기 위하여 필요한 경우
10. 배우자가 국외 근무를 하게 되거나 제5호에 해당하게 된 경우
11. 「교원의 노동조합 설립 및 운영 등에 관한 법률」 제5조에 따라 노동조합 전임자로 종사하게 된 경우
12. 「사립학교교직원 연금법」 제31조에 따라 계산한 재직기간이 10년 이상인 교원이 자기개발을 위하여 학습·연구 등을 하게 된 경우
13. 그 밖에 정관으로 정하는 사유가 있는 경우
② 제1항제7호의 사유로 인한 휴직기간은 자녀 1명에 대하여 3년 이내로 하되 분할하여 휴직할 수 있고, 같은 항 제7호의2의 사유로 인한 휴직기간은 입양자녀 1명에 대하여 6개월 이내로 한다.
③ 임용권자는 제1항제7호 및 제7호의2에 따른 휴직을 이유로 인사상 불리한 처우를 하여서는 아니 되고, 같은 호의 휴직기간은 근속기간에 포함하며, 그 밖에 같은 호에 따른 휴직자의 신분 및 처우 등에 관하여 필요한 사항은 대통령령으로 정한다.
④ 제1항부터 제3항까지에서 규정한 사항 외에 휴직기간과 휴직자의 신분 및 처우 등에 관하여는 정관(사립학교경영자의 경우에는 그가 정하는 교원의 신분보장 및 징계에 관한 규칙을 말한다. 이하 이 절에서 같다)으로 정한다.
제60조【교원의 불체포특권】 사립학교 교원은 현행범인 경우를 제외하고는 소속 학교장의 동의 없이 학원(學園) 안에서 체포되지 아니한다.
제60조의2【사회보장】 ① 사립학교의 교원 및 사무직원이 질병에 걸리거나 부상·장해 또는 재해를 입거나 퇴직 또는 사망하였을 때에는 본인이나 그 유족에게 법률에서 정하는 바에 따라 적절한 급여를 지급한다.
② 제1항의 법률에는 다음 각 호의 사항이 규정되어야 한다.

1. 상당한 기간 동안 근무하고 퇴직하거나 사망한 경우에 본인이나 그 유족에게 연금이나 일시금을 지급하는 사항
2. 직무로 인한 부상 또는 질병으로 사망하거나 퇴직한 경우에 본인이나 그 유족에게 연금이나 보상금을 지급하는 사항
3. 직무로 인한 부상 또는 질병으로 인한 요양기간 중 소득능력에 장애를 받을 경우에 본인이 받는 손실보상에 관한 사항
4. 직무로 인하지 아니한 사망·장해·부상·질병·출산, 그 밖의 사고에 대한 급여의 지급에 관한 사항

제60조의3【명예퇴직】 ① 사립학교 교원으로서 20년 이상 근속한 사람이 정년 전에 스스로 퇴직하는 경우에는 예산의 범위에서 명예퇴직수당을 지급할 수 있다.
② 제1항의 명예퇴직수당의 지급대상 범위, 지급액, 지급절차, 그 밖에 필요한 사항은 정관으로 정한다.

제3절 징 계

제61조【징계의 사유 및 종류】 ① 사립학교 교원이 다음 각 호의 어느 하나에 해당할 때에는 해당 교원의 임용권자는 징계의결을 요구하여야 하고, 징계의결의 결과에 따라 징계처분을 하여야 한다.
1. 이 법과 그 밖의 교육 관계 법령을 위반하여 교원의 본분에 어긋나는 행위를 하였을 때
2. 직무상의 의무를 위반하거나 직무를 게을리하였을 때
3. 직무 관련 여부에 상관없이 교원으로서의 품위를 손상하는 행위를 하였을 때

② 징계는 파면, 해임, 강등, 정직, 감봉, 견책으로 한다.(2021.8.10 본항개정)
③ 강등은 동종의 직무 내에서 하위의 직위에 임명하고, 신분은 보유하나 3개월간 직무에 종사하지 못하며 그 기간 중 보수의 전액을 감한다. 다만, 「고등교육법」 제14조에 해당하는 교원 및 조교에 대하여는 강등을 적용하지 아니한다.(2021.8.10 본항신설)
④ 정직은 1개월 이상 3개월 이하의 기간으로 하고, 정직처분을 받은 사람은 그 기간 중 교원의 신분은 보유하나 직무에 종사할 수 없으며 보수의 전액을 감한다.
⑤ 감봉은 1개월 이상 3개월 이하의 기간으로 하고, 보수의 3분의 1을 감한다.
⑥ 견책은 전과(前過)에 대하여 훈계하고 뉘우치게 한다.
(2020.12.22 본조개정)

판례 교육공무원 징계 기준을 사립학교 교원에게 적용할 수는 없지만 사립학교 교원징계위원회가 징계양정을 하거나 교원소청심사위원회가 징계양정의 적정 여부를 판단할 때 「교육공무원 징계양정 등에 관한 규칙」을 참작하거나 적어도 교육공무원에 대한 징계와의 형평을 고려하는 것은 충분히 가능하다. 또한 사회통념상 현저히 타당성을 잃은 경우가 아니라면 원칙적으로 징계권자의 재량을 존중해야 한다. 따라서 사립대학교 교수가 여학생들을 대상으로 여러 차례 성희롱과 강제추행을 하여 해임당한 사건에서, 교육공무원의 경우 강제추행은 파면 또는 해임 징계가 가능하다는 사실을 참작하여 사립학교 교원인 해당 교수에게 해임이라는 징계처분을 내린 것은 정당하다.(대판 2022.6.16, 2022두31136)

제61조의2【의원면직을 신청한 교원의 징계 사유 확인 등】 ① 각급 학교 교원의 임용권자는 교원이 의원면직을 신청한 경우 다음 각 호의 사항을 감사원과 검찰·경찰, 그 밖의 수사기관에 확인하여야 한다.
1. 제61조제1항에 따른 징계 사유가 있는지 여부
2. 제4항에 따른 의원면직의 제한대상에 해당하는지 여부

② 제1항제1호에 따른 확인 결과 「국가공무원법」 제79조에 따른 파면·해임·강등·정직에 준하는 정도의 징계(이하 "중징계"라 한다)에 해당하는 징계 사유가 있는 경우 해당 교원의 임용권자는 지체 없이 제62조에 따른 교원징계위원회에 징계의결을 요구하여야 한다. 이 경우 임용권자는 제58조의2제1항제2호에 따라 해당 교원에게 직위를 부여하지 아니할 수 있다.
③ 제62조에 따른 교원징계위원회는 제2항에 따라 징계의결이 요구된 경우 다른 징계사건에 우선하여 징계의결을 하여야 한다.
④ 각급 학교 교원의 임용권자는 의원면직을 신청한 교원이 다음 각 호의 어느 하나에 해당하는 경우 의원면직을 허용해서는 아니 된다. 다만, 제1호·제3호 및 제4호의 경우에는 그 비위 정도가 중징계에 해당하는 경우로 한정한다.
1. 비위와 관련하여 형사사건으로 기소 중인 경우
2. 제62조에 따른 교원징계위원회에 중징계 의결을 요구 중인 경우
3. 감사원·검찰·경찰 및 그 밖의 수사기관에서 비위와 관련하여 조사 또는 수사 중인 경우
4. 관할청의 감사부서 등에서 비위와 관련하여 감사 또는 조사 중인 경우

⑤ 제4항에 따른 의원면직의 제한 및 제한대상의 확인에 필요한 사항은 대통령령으로 정한다.
(2020.12.22 본조개정)

제62조【교원징계위원회의 설치 및 구성 등】 ① 사립학교 교원의 징계사건 및 제54조의3제6항 각 호 외의 부분 단서에 따른 교원의 임명에 관한 사항을 심의·의결하기 위하여 그 임용권자의 구분에 따라 학교법인·사립학교경영자 및 해당 학교에 교원징계위원회를 둔다. 다만, 사립유치원 교원의 징계사건은 「교육공무원법」 제50조에 따라 설치되는 교육공무원 징계위원회에서 심의·의결한다.
② 제1항에 따른 교원징계위원회는 위원장 1명을 포함한 5명 이상 11명 이하의 범위에서 학교의 규모 등을 고려하여 대통령령으로 정하는 수의 위원으로 구성한다.
(2021.9.24 본항개정)
③ 교원징계위원회의 위원은 다음 각 호의 사람 중에서 해당 학교법인이나 사립학교경영자 또는 학교의 장(제53조의2제2항에 따라 교원의 임용권이 학교의 장에게 위임된 경우로 한정한다)이 임명하거나 위촉한다.
1. 해당 학교의 교원 또는 학교법인의 이사
2. 다음 각 목의 어느 하나에 해당하는 사람
 가. 법관, 검사 또는 변호사로 5년 이상 근무한 경력이 있는 사람
 나. 대학에서 법학, 행정학 또는 교육학을 담당하는 조교수 이상으로 재직 중인 사람
 다. 공무원으로 20년 이상 근속하고 퇴직한 사람
 라. 학교운영위원회의 학부모위원(「초·중등교육법」 제2조에 따른 학교에 두는 교원징계위원회의 경우로 한정한다)(2021.9.24 본목신설)
 마. 그 밖에 교육이나 교육행정에 대한 전문지식과 경험이 풍부하다고 인정되는 사람

④ 교원징계위원회는 다음 각 호에서 정한 기준에 따라 구성한다.
1. 제3항제2호에 따라 위촉된 위원(이하 이 조 및 제62조의2에서 "외부위원"이라 한다)을 최소 2명 이상 포함할 것(2021.9.24 본호개정)
2. 외부위원은 해당 학교법인 또는 사립학교경영자가 설치·경영하는 학교에 소속된 사람이 아닐 것
3. 학교법인에 두는 교원징계위원회의 경우에는 해당 학교법인의 이사인 위원 수가 전체 위원 수의 2분의 1을 초과하지 아니할 것
4. 「초·중등교육법」 제2조에 따른 학교의 경우에는 외부위원에 제3항제2호라목에 따라 위촉된 위원을 최소 1명 이상 포함할 것(2021.9.24 본호신설)
5. 특정 성(性)이 위원장을 포함한 위원 수의 10분의 6을 초과하지 아니할 것(2021.9.24 본호신설)

⑤ 교원징계위원회의 조직, 권한 및 심의 절차 등에 관하여 필요한 사항은 대통령령으로 정한다.
(2020.12.22 본조개정)

제62조의2【외부위원의 임기 등】 ① 외부위원의 임기는 3년으로 하며, 한 차례만 연임할 수 있다.
② 학교법인이나 사립학교경영자 또는 학교의 장(제53조의2제2항에 따라 교원의 임용권이 학교의 장에게 위임된 경우에 한정한다)은 외부위원이 다음 각 호의 어느 하나에 해당하는 경우에는 해당 위원을 해촉(解囑)할 수 있다.
1. 심신장애로 직무를 수행할 수 없게 된 경우
2. 직무와 관련된 비위사실이 있는 경우
3. 직무태만, 품위손상이나 그 밖의 사유로 위원으로 적합하지 아니하다고 인정되는 경우
4. 위원 스스로 직무를 수행하는 것이 곤란하다고 의사를 밝히는 경우
5. 제66조의5에 따른 비밀누설금지의무를 위반한 경우
(2020.12.22 본조개정)

제62조의3【징계심의위원회의 설치 및 구성 등】 ① 제66조의2 및 제70조의6에 따른 재심의를 위하여 시·도 교육청에 징계심의위원회를 둔다.
② 제1항에 따른 징계심의위원회는 위원장 1명을 포함한 5명 이상 9명 이하의 위원으로 성별을 고려하여 구성한다.
③ 징계심의위원회의 위원은 다음 각 호의 사람 중에서 시·도 교육감이 위촉한다.
1. 법관, 검사 또는 변호사로 5년 이상 근무한 경력이 있는 사람
2. 대학에서 법학 또는 행정학을 담당하는 부교수 이상으로 재직 중인 사람
3. 공무원으로 20년 이상 근속하고 퇴직한 사람
4. 그 밖에 교육이나 교육행정에 대한 전문지식과 경험이 풍부하다고 인정되는 사람

④ 제3항에 따른 위원의 임기는 3년으로 하며, 한 차례만 연임할 수 있다.
⑤ 징계심의위원회의 조직·권한 및 심의 절차 등에 필요한 사항은 대통령령으로 정한다.
(2021.9.24 본조신설)

제63조【제척 사유】 교원징계위원회 위원은 본인이나 친족에 관한 징계사건의 심의에 관여할 수 없다.
(2020.12.22 본조개정)

제64조【징계의결의 요구】 사립학교 교원의 임용권자는 소속 교원 중에 제61조제1항의 징계 사유에 해당하는 사람이 있을 때에는 미리 충분한 조사를 한 후 해당 징계사건을 관할하는 교원징계위원회에 징계의결을 요구하여야 한다.(2020.12.22 본조개정)

제64조의2【징계의결 요구 사유의 통지】 징계의결 요구권자가 제64조에 따라 징계의결을 요구할 때에는 징계의결 요구와 동시에 징계대상자에게 징계 사유를 적은 설명서를 보내야 한다.(2020.12.22 본조개정)

제65조【진상조사 및 의견진술】 ① 교원징계위원회는 징계사건을 심의할 때 진상을 조사하여야 하며, 징계의결을 하기 전에 본인의 진술을 들어야 한다. 다만, 2회 이상 서면으로 소환하여도 응하지 아니할 때에는 예외로 한다.
② 교원징계위원회는 필요하다고 인정하는 경우에는 관계인 또는 관계 전문가를 출석하게 하여 의견을 들을 수 있다.
(2020.12.22 본조개정)

제66조【징계의결】 ① 교원징계위원회는 제61조제1항 각 호의 어느 하나에 해당하는 행위의 유형, 정도 및 징계의결이 요구된 교원의 근무태도 등을 고려하여 대통령령으로 정하는 징계기준 및 징계의 감경기준 등에 따라 징계의결을 하여야 한다.(2019.4.16 본항신설)
② 교원징계위원회는 징계사건을 심의한 결과 징계를 의결하였을 때에는 주문(主文)과 이유를 적은 징계의결서를 작성하여 임용권자 및 관할청에 보내어 알려야 한다.
(2021.9.24 본항개정)
③ 제1항의 징계의결은 재적위원 3분의 2 이상의 출석과 재적위원 과반수의 찬성으로 하여야 한다.
④ 임용권자가 제2항의 징계의결서를 받았을 때에는 제66조의2제2항에 따라 재심의를 요구받은 경우를 제외하고는 징계의결서를 받은 날부터 15일 이내에 그 의결 내용에 따라 징계처분을 하여야 한다. 이 경우 임용권자는 징계처분의 사유를 적은 결정서를 해당 교원에게 교부하여야 한다.(2019.4.16 본항개정)
⑤ 임용권자는 「성폭력범죄의 처벌 등에 관한 특례법」 제2조에 따른 성폭력범죄 및 「양성평등기본법」 제3조제2호에 따른 성희롱에 해당하는 사유로 제4항에 따라 징계처분의 사유를 적은 결정서를 교부할 때에는 피해자가 요청하는 경우 그 징계처분 결과를 피해자에게 함께 통보하여야 한다.(2021.8.10 본항신설)
(2015.3.27 본조개정)

제66조의2【징계의결의 재심의】 ① 사립학교 교원의 임용권자는 제54조제3항에 따라 징계를 요구받은 사항에 대하여 제66조제2항에 따른 징계의결서를 받았을 때에는 같은 조 제4항에 따라 징계처분을 하기 전에 그 내용을 관할청에 통보하여야 한다.
② 관할청은 제1항에 따라 통보받은 징계의결의 내용이 징계 사유에 비추어 가볍다고 인정되면 해당 교원의 임용권자에게 그 징계처분을 하기 전에 제4조제1항에 따른 관할청의 경우 제62조의3에 따른 징계심의위원회에, 제4조제3항에 따른 관할청의 경우 제62조에 따른 교원징계위원회에 재심의를 요구하도록 할 수 있다.(2021.9.24 본항개정)
③ 임용권자가 관할청으로부터 제2항에 따라 재심의를 요구받은 경우에는 지체 없이 해당 징계심의위원회 또는 교원징계위원회에 재심의를 요구하여야 한다.(2021.9.24 본항개정)
④ 제3항에 따라 재심의를 요구받은 징계심의위원회 또는 교원징계위원회는 징계사건을 재심의한 결과 징계를 의결하였을 때에는 주문과 이유를 적은 징계의결서를 작성하여 관할청과 임용권자에게 각각 통보하여야 한다.
(2021.9.24 본항신설)
⑤ 임용권자가 제4항에 따라 징계의결서를 받았을 때에는 징계의결서를 받은 날부터 15일 이내에 그 의결 내용에 따라 징계처분을 하여야 한다. 이 경우 임용권자는 징계처분의 사유를 적은 결정서를 해당 교원에게 교부하여야 한다.(2021.9.24 본항신설)
⑥ 제4항에 따른 징계사건의 심리·의결에 관하여는 제63조·제65조 및 제66조제1항·제3항을 적용 또는 준용한다. 이 경우 "교원징계위원회"는 "징계심의위원회"로 본다.(2021.9.24 본항신설)
(2021.9.24 본조제목개정)
(2020.12.22 본조개정)

제66조의3【감사원 조사와의 관계 등】 ① 감사원, 검찰·경찰, 그 밖의 수사기관은 사립학교 교원에 대한 조사나 수사를 시작하였을 때와 마쳤을 때에는 10일 이내에 해당 교원의 임용권자에게 그 사실을 통보하여야 한다.
② 감사원에서 조사 중인 사건에 대해서는 제1항에 따른 조사 개시 통보를 받은 날부터 징계의결의 요구나 그 밖의 징계 절차를 진행할 수 없다.
③ 검찰·경찰, 그 밖의 수사기관에서 수사 중인 사건에 대해서는 제1항에 따른 수사 개시 통보를 받은 날부터 징계의결의 요구나 그 밖의 징계 절차를 진행하지 아니할 수 있다.
(2020.12.22 본조개정)

제66조의4【징계 사유의 시효】 ① 사립학교 교원의 임용권자는 징계 사유가 발생한 날부터 3년이 지난 경우에는 제64조에 따른 징계의결을 요구할 수 없다. 다만, 징계 사유가 「국가공무원법」 제78조의2제1항 각 호의 어느 하나에 해당하는 경우에는 그 징계 사유가 발생한 날부터 5년 이내에, 「국가공무원법」 제83조의2제1항제1호 각 목 및 「교육공무원법」 제52조제5호의 어느 하나에 해당하는 경우에는 그 징계 사유가 발생한 날부터 10년 이내에 징계의결을 요구할 수 있다.(2022.10.18 단서개정)
② 제66조의3제2항 또는 제3항에 따라 징계 절차를 진행하지 못하여 제1항의 기간이 지나거나 그 남은 기간이 1개월 미만인 경우에는 제1항의 기간은 제66조의3제1항에 따른 조사나 수사의 종료 통보를 받은 날부터 1개월이 지난 날에 끝나는 것으로 본다.
③ 징계위원회의 구성, 징계의결, 그 밖에 절차상의 하자나 징계양정의 과다를 이유로 「교원의 지위 향상 및 교육활동 보호를 위한 특별법」에 따른 교원소청심사위원회

또는 법원에서 징계처분의 무효 또는 취소의 결정이나 판결을 하였을 때에는 제1항의 기간이 지나거나 그 남은 기간이 3개월 미만인 경우에도 그 결정 또는 판결이 확정된 날부터 3개월 이내에 다시 징계의결을 요구할 수 있다.(2020.12.22 본조개정)

제66조의5【비밀누설의 금지】 교원징계위원회에 참석한 사람은 직무상 알게 된 비밀을 누설해서는 아니 된다.(2016.5.29 본조신설)

제66조의6【보직 등 관리의 원칙】 ① 고등학교 이하 각급 학교의 장은 교원에 대한 징계처분의 사유가 「국가공무원법」 제83조의2제1항제1호 각 목의 어느 하나에 해당하는 등 대통령령으로 정하는 사유에 해당하는 경우에는 해당 교원을 징계처분 이후 5년 이상 10년 이하의 범위에서 대통령령으로 정하는 기간 동안 학급을 담당하는 교원(이하 "학급담당교원"이라 한다)으로 배정할 수 없다.(2022.10.18 본항개정)

② 고등학교 이하 각급학교의 장은 제1항에 따른 기간 동안 해당 교원의 학급담당교원 배정 여부 등 제2조제4호에 따른 대통령령으로 정하는 관한 사항을 관할청에 보고하여야 한다.(2020.12.22 본조신설)

제67조【외국인학교에 대한 특례】 「초·중등교육법」 제60조의2에 따른 외국인학교에 대해서는 제52조, 제53조, 제53조의2부터 제53조의5까지, 제54조, 제54조의2부터 제54조의4까지, 제55조, 제55조의2부터 제55조의4까지, 제56조부터 제58조까지, 제58조의2, 제59조, 제60조, 제60조의2, 제60조의3, 제61조, 제61조의2, 제62조, 제62조의2, 제62조의3, 제63조, 제64조, 제64조의2, 제65조, 제66조, 제66조의2, 제66조의3제2항·제3항, 제66조의4, 제70조의3부터 제70조의7까지 및 제72조의3부터 제72조의5까지를 적용하지 아니한다.(2021.9.24 본조개정)

제67조의2~제69조 (1991.5.31 삭제)

제5장 보 칙

제70조【보고·조사 등】 관할청은 사립학교의 교육에 관하여 조사를 하거나 통계 또는 그 밖에 필요한 사항에 관한 보고를 하게 할 수 있으며, 소속 공무원으로 하여금 장부나 그 밖의 서류 등을 검사하게 하거나 교육의 실시 상황을 조사하게 할 수 있다.(2020.12.22 본조개정)

제70조의2【사무기구 및 직원】 ① 학교법인 또는 사립학교경영자는 그의 사무와 그가 설치·경영하는 학교의 사무를 처리하기 위하여 필요한 사무기구를 두되, 그 설치·운영과 사무직원의 정원·임용·보수·복무 및 신분보장에 관하여는 학교법인 또는 법인인 사립학교경영자의 경우에는 정관으로 정하고, 사인인 사립학교경영자의 경우에는 규칙으로 정한다.

② 각급 학교 소속 사무직원은 학교의 장의 제청으로 학교법인 또는 사립학교경영자가 임용한다.(2020.12.22 본조개정)

제70조의3【사무직원의 임용】 ① 제70조의2제1항에도 불구하고 「초·중등교육법」 제2조에 따른 학교에서 소속 사무직원을 신규채용하는 경우 공개전형에 의하도록 하며, 공개전형의 실시에 필요한 사항은 대통령령으로 정한다.

② 제1항에 따른 사무직원의 신규채용을 위한 공개전형 채용시험에서 부정한 행위를 한 사람에 대하여는 「지방공무원법」 제43조의2를 준용한다.

③ 「지방공무원법」 제31조 각 호의 어느 하나에 해당하는 자는 「초·중등교육법」 제2조에 따른 학교 소속 사무직원으로 임용될 수 없다.(2021.9.24 본항신설)(2021.8.10 본조신설)

제70조의4【사무직원의 당연퇴직】 제70조의2제1항에도 불구하고 같은 조에 따라 임명된 사무직원의 당연퇴직에 관하여는 「지방공무원법」 제61조제1호를 준용한다. 이 경우 "공무원"은 "사무직원"으로 본다.(2021.9.24 본조개정)

제70조의5【사무직원에 대한 징계의결 요구】 ① 제70조의2에 따라 임명된 사무직원이 정관이나 규칙에서 정한 징계 사유에 해당할 때에는 해당 사무직원의 임용권자는 미리 충분한 조사를 한 후 해당 징계사건을 관할하는 징계위원회에 징계의결을 요구하여야 한다. 다만, 사립유치원 사무직원의 징계를 관할하는 징계위원회가 없는 경우 해당 사무직원의 임용권자는 「지방공무원법」 제7조에 따라 설치된 관할청의 인사위원회에 징계의결을 요구하여야 한다.

② 사무직원의 임용권자는 제1항에 따른 징계위원회의 징계의결 결과에 따라 징계처분을 하여야 한다. 이 경우 임용권자는 징계처분의 사유를 적은 결정서를 해당 사무직원에게 교부하여야 한다.

③ 관할청은 제70조의2제1항에도 불구하고 제48조 또는 제70조에 따른 검사·조사 결과 사무직원이 직무를 수행함에 있어 이 법이나 교육관계 법령 또는 해당 정관이나 규칙을 위반한 때에는 임용권자에게 제1항에 따른 관할 징계위원회에 해당 사무직원의 징계의결을 요구하도록 할 수 있다. 이 경우 요구받은 임용권자는 특별한 사유가 없으면 이에 따라야 한다.(2021.9.24 본조신설)

제70조의6【사무직원 징계의결의 재심의 요구】 ① 사무직원의 임용권자는 제70조의5제3항에 따라 요구받은 사항에 대하여는 해당 처분을 하기 전에 그 내용을 관할청에 통보하여야 한다.

② 관할청은 제1항에 따라 통보받은 징계의결의 내용이 징계 사유에 비추어 가볍다고 인정되면 해당 사무직원의 임용권자에게 제4조제1항에 따른 관할청의 경우 제62조의3에 따른 징계심의위원회에, 제4조제3항에 따른 관할청의 경우 제70조의5제1항에 따른 징계위원회에 재심의를 요구하도록 할 수 있다.

③ 사무직원의 임용권자가 관할청으로부터 제2항에 따라 재심의를 요구받은 경우에는 지체 없이 해당 징계심의위원회 또는 징계위원회에 재심의를 요구하여야 한다.

④ 사무직원의 임용권자는 제3항에 따른 징계심의위원회 또는 징계위원회의 재심의 결과를 관할청에 통보하여야 한다.

⑤ 제3항에 따른 징계심의위원회의 심리·의결 등에 관하여는 제63조, 제65조, 제66조제3항 및 제66조의2제4항·제5항을 준용한다. 이 경우 "교원"은 "사무직원"으로 본다.(2021.9.24 본조신설)

제70조의7【사무직원에 대한 해임 요구】 ① 관할청은 제70조의2제1항에도 불구하고 같은 조에 따라 임명된 사무직원이 다음 각 호의 어느 하나에 해당할 때에는 임용권자에게 해당 사무직원의 해임을 요구할 수 있다. 이 경우 해임을 요구받은 임용권자는 특별한 사유가 없으면 이에 따라야 한다.

1. 직무를 수행함에 있어 부정한 일을 하였거나 현저히 부당한 일을 한 경우
2. 제20조의2제1항에 따라 취임 승인이 취소된 임원의 행위에 적극 가담한 경우
3. 제54조의2제1항에 따라 해임된 학교의 장의 행위에 적극 가담한 경우
4. 이 법, 이 법에 따른 명령 또는 다른 교육 관계 법령을 위반한 경우로서 비위의 정도가 중대한 경우
5. 제70조의4에 따른 당연퇴직 사유에 해당하는 법령위반 행위를 하였다고 확인된 경우

② 제1항에 따른 해임 요구는 관할청이 해당 학교법인 또는 사립학교경영자에게 그 사유를 밝혀 시정을 요구한 날부터 15일이 지나도 이에 따르지 아니한 경우에만 한다.(2021.9.24 본조신설)

제71조【권한의 위임】 이 법에 따른 교육부장관의 권한은 그 일부를 대통령령으로 정하는 바에 따라 시·도 교육감에게 위임할 수 있다.(2020.12.22 본조개정)

제72조 (2000.1.28 삭제)

제72조의2【벌칙 적용에서의 공무원 의제】 조정위원회의 위원 중 공무원이 아닌 사람은 「형법」 제129조부터 제132조까지의 규정을 적용할 때에는 공무원으로 본다.(2016.5.29 본조신설)

제72조의3【임원의 친족 교직원 공개】 학교법인은 학교법인 임원과 「민법」 제777조에 따른 친족관계에 있는 교직원을 교육부장관이 정하는 바에 따라 공개하여야 한다.(2021.9.24 본조신설)

제72조의4【청렴의무】 사립학교경영자, 학교법인의 임직원 및 사립학교의 장과 교직원(이하 "사학기관 종사자"라 한다)은 법령을 준수하고 일체의 부패행위와 품위를 손상하는 행위를 하여서는 아니 된다.(2021.9.24 본조신설)

제72조의5【사학기관 행동강령】 ① 제72조의4에 따른 청렴의무를 준수하기 위한 행동강령(이하 "사학기관 행동강령"이라 한다)은 학교법인과 법인인 사립학교경영자의 경우에는 정관으로, 사인인 사립학교경영자의 경우에는 규칙으로 정한다.

② 사학기관 행동강령은 다음 각 호의 사항을 포함하여야 한다.

1. 다음 각 목의 직무관련자로부터 향응·금품 등을 받는 행위의 금지·제한에 관한 사항
   가. 학교법인, 사립학교경영자 또는 학교의 장과 계약을 체결하거나 체결하려는 것이 명백한 개인·법인 또는 단체
   나. 학교법인 또는 사립학교경영자의 정책·사업 등의 결정 또는 집행으로 이익 또는 불이익을 직접적으로 받는 개인·법인 또는 단체
2. 직위를 이용한 인사관여·이권개입·알선·청탁행위의 금지·제한에 관한 사항
3. 사적 이해관계의 신고에 관한 사항. 이 경우 신고 대상의 범위는 대통령령으로 정한다.
4. 사학기관 행동강령 위반에 따른 징계 등의 제재 조치에 관한 사항
5. 그 밖에 사학기관 종사자가 청렴의무를 준수하기 위하여 필요한 사항

③ 사학기관 종사자가 사학기관 행동강령을 위반한 경우 임용권자는 징계 등의 제재 조치를 하여야 한다.

④ 관할청은 학교법인 또는 사립학교경영자가 다음 각 호의 어느 하나에 해당하는 경우에는 기간을 정하여 시정을 명할 수 있다.

1. 학교법인 또는 사립학교경영자가 정관 또는 규칙으로 정한 사학기관 행동강령에 제2항 각 호의 사항이 누락되어 있거나 그 내용이 현저히 미흡한 경우
2. 학교법인 또는 사립학교에 소속된 사학기관 종사자가 사학기관 행동강령을 위반하였음에도 불구하고 제3항에 따른 징계 등의 제재 조치를 하지 아니한 경우

(2021.9.24 본조신설)

제6장 벌 칙

(2020.12.22 본절개정)

제73조【벌칙】 학교법인의 이사장이나 사립학교경영자(법인인 경우에는 그 대표자 또는 이사) 또는 대학교육기관의 장이 제29조제6항(제51조에 따라 준용되는 경우를 포함한다)을 위반한 경우에는 3년 이하의 징역 또는 3천만원 이하의 벌금에 처한다.(2021.9.24 본조개정)

제73조의2【벌칙】 학교법인의 이사장 또는 사립학교경영자(법인인 경우에는 그 대표자 또는 이사)가 다음 각 호의 어느 하나에 해당하는 경우에는 2년 이하의 징역 또는 2천만원 이하의 벌금에 처한다.

1. 제28조제1항부터 제4항까지(제51조에 따라 준용되는 경우를 포함한다)를 위반한 경우(2021.8.10 본호개정)
2. 제46조에 따른 관할청의 명령을 위반하여 사업을 계속한 경우
3. 제48조(제51조에 따라 준용되는 경우를 포함한다)에 따른 관할청의 명령을 위반한 경우

제74조【과태료】 ① 사립학교 교원 또는 제70조의2에 따라 임명된 사무직원의 임용권자가 다음 각 호의 어느 하나에 해당하는 경우에는 1천만원 이하의 과태료를 부과한다.(2021.9.24 본문개정)

1. 제54조제3항 후단을 위반하여 특별한 사유 없이 관할청의 해임 또는 징계 요구를 따르지 아니한 경우
2. 제54조의2제1항 후단을 위반하여 특별한 사유 없이 관할청의 해임 요구를 따르지 아니한 경우
3. 제66조의2제3항을 위반하여 재심의를 요구하지 아니한 경우
4. 제66조의2제5항 전단(제70조의6제5항에서 준용하는 경우를 포함한다)을 위반하여 의결 내용에 따라 징계처분을 하지 아니한 경우
5. 제70조의5제3항 후단을 위반하여 특별한 사유 없이 관할청의 징계의결 요구에 따르지 아니한 경우
6. 제70조의6제3항을 위반하여 재심의를 요구하지 아니한 경우
7. 제70조의7제1항 각 호 외의 부분 후단을 위반하여 특별한 사유 없이 관할청의 해임 요구를 따르지 아니한 경우
8. 제72조의5제4항제2호에 따른 관할청의 시정명령을 특별한 사유 없이 따르지 아니한 경우

(2021.9.24 4호~8호신설)

② 학교법인의 이사장, 감사 또는 청산인이나 사립학교경영자(법인인 경우에는 그 대표자 또는 이사)가 다음 각 호의 어느 하나에 해당하는 경우에는 500만원 이하의 과태료를 부과한다.

1. 이 법에 따른 등기를 하지 아니한 경우
2. 제6조제3항에 따른 공고를 하지 아니하거나 공고하여야 할 사항을 거짓으로 공고하거나 누락하여 공고한 경우
3. 제13조에 따라 준용되는 「민법」 제55조제1항에 따른 재산목록 또는 제32조(제51조에 따라 준용되는 경우를 포함한다) 및 제37조제1항에 따른 재산목록이나 그 밖의 서류를 갖추어 두지 아니하거나 이에 적을 사항을 거짓으로 적거나 누락하여 적은 경우
4. 제19조제4항제3호 또는 제48조(제51조에 따라 준용되는 경우를 포함한다)에 따른 보고를 하지 아니하거나 보고하여야 할 사항을 거짓으로 보고하거나 누락하여 보고한 경우

4의2. 제28조제5항에 따른 신고를 하지 아니한 경우(2021.8.10 본호신설)

5. 제31조(제51조에 따라 준용되는 경우를 포함한다), 제37조제2항 또는 제38조제2항을 위반한 경우
6. 제42조에 따라 준용되는 「민법」 제79조 또는 제93조제1항에 따른 파산선고의 신청을 하지 아니한 경우
7. 제42조에 따라 준용되는 「민법」 제88조제1항 또는 제93조제1항에 따른 공고를 하지 아니하거나 공고할 사항을 거짓으로 공고하거나 누락하여 공고한 경우
8. 제42조에 따라 준용되는 「민법」 제86조 또는 제94조에 따른 신고를 게을리하거나 부실한 신고를 한 경우
9. 제42조에 따라 준용되는 「민법」 제90조를 위반한 경우
10. 제72조의3에 따른 공개를 하지 아니하거나 거짓으로 공개한 경우(2021.9.24 본호신설)

③ 대학교육기관의 장 및 대학교육기관을 설치·경영하는 학교법인의 이사장이 제32조의2제5항에 따른 보고를 하지 아니하거나 보고하여야 할 사항을 거짓으로 보고하거나 누락하여 보고한 경우에는 500만원 이하의 과태료를 부과한다.

④ 사립학교 교원의 임용권자가 제54조제1항에 따른 보고를 하지 아니하거나 거짓으로 보고한 경우에는 500만원 이하의 과태료를 부과한다.

⑤ 제1항부터 제4항까지의 규정에 따른 과태료는 대통령령으로 정하는 바에 따라 관할청이 부과·징수한다.

제74조의2 (1990.4.7 삭제)

부 칙 (2011.5.19)

① **【시행일】** 이 법은 공포한 날부터 시행한다.

② 【교원 등 임명의 제한에 관한 적용례】 제54조의3제5항 및 제54조의4제4항의 개정규정은 이 법 시행 후 제54조의3제5항 각 호의 행위로 인하여 최초로 파면·해임되거나 금고 이상의 형을 선고받은 사람(집행유예의 형을 선고받은 후 그 집행유예기간이 경과한 사람을 포함한다)부터 적용한다.

부　칙 (2015.3.27)

제1조 【시행일】 이 법은 공포한 날부터 시행한다.
제2조 【징계의결의 재심의 요구 등에 관한 적용례】 제66조의2의 개정규정은 이 법 시행 당시 교원징계위원회가 심의 중인 징계사건에 대해서도 적용한다.
제3조 【징계사유의 시효 연장에 관한 적용례】 제66조의4제1항의 개정규정은 이 법 시행 전에 징계사유가 발생하였으나 종전의 규정에 따른 징계시효가 완성되지 아니한 사람에 대해서도 적용한다.
제4조 【유치원회계에 관한 경과조치】 이 법 시행 당시 종전의 규정에 따라 학교의 장이 집행한 유치원회계는 제29조제4항제3호의 개정규정에 따라 자문을 거친 것으로 본다.
제5조 【다른 법률의 개정】 ①~② ※(해당 법령에 가제정리 하였음)

부　칙 (2016.2.3 법13938호)

제1조 【시행일】 이 법은 공포한 날부터 시행한다. 다만, 제54조의5, 제58조의2제1항제4호 및 제58조의2제5항의 개정규정은 공포 후 6개월이 경과한 날부터 시행한다.
제2조 【부정행위자 조치에 관한 적용례】 제53조의3의 개정규정은 이 법 시행 이후 최초로 실시하는 채용시험부터 적용한다.
제3조 【의원면직 제한에 관한 적용례】 제54조의5의 개정규정은 같은 개정규정 시행 당시 같은 조 제1항 각 호의 사유에 해당하는 교원에 대하여 적용한다.
제4조 【직위해제 대상에 관한 적용례】 제58조의2제1항제4호의 개정규정은 같은 개정규정 시행 이후 발생한 비위행위에 대하여 감사원 및 검찰·경찰 등 수사기관에서 조사나 수사 중인 사람부터 적용한다.
제5조 【휴직사유에 관한 적용례】 제59조제1항제7호의2의 개정규정은 이 법 시행 당시 같은 개정규정에 따른 아동을 입양하고 있는 경우에 대하여도 적용한다.

부　칙 (2016.5.29)

제1조 【시행일】 이 법은 공포한 날부터 시행한다. 다만, 제62조제2항부터 제4항까지의 개정규정은 공포 후 3개월이 경과한 날부터 시행한다.
제2조 【학교의 장의 임명 제한에 관한 경과조치】 이 법 시행 당시 학교의 장이 이 법 시행 전에 학교법인의 이사장의 변경 또는 친족 관계의 변동 등으로 인하여 학교법인의 이사장과 제54조의3제3항 각 호의 어느 하나의 관계에 있는 경우에는 제54조의3제4항의 개정규정에도 불구하고 종전의 규정에 따른다.
제3조 【계속 중인 징계사건에 관한 경과조치】 부칙 제1조 단서에 따른 시행일 전에 제64조에 따라 징계의결이 요구되어 계속 중인 징계사건에 대하여는 제62조제2항부터 제4항까지의 개정규정에도 불구하고 종전의 규정에 따른다.
제4조 【다른 법률의 개정】 ※(해당 법령에 가제정리 하였음)

부　칙 (2016.12.27)

제1조 【시행일】 이 법은 공포한 날부터 시행한다. 다만, 제3조제1항제1호의 개정규정은 공포 후 3개월이 경과한 날부터 시행한다.
제2조 【특수학교 설립에 관한 적용례】 제3조제1항제1호의 개정규정은 같은 개정규정 시행 후 최초로 「초·중등교육법」 제4조제2항에 따른 특수학교 설립 인가를 신청한 자부터 적용한다. 다만, 제3조제1항제1호의 개정규정 시행 당시 「초·중등교육법」 제4조제1항에 따른 설립 기준을 갖추려고 관계 법령에 따라 절차를 진행 중인 경우에는 같은 개정규정 시행 이전에 인가를 신청한 것으로 본다.
제3조 【특정목적적립금에 관한 적용례 등】 ① 제32조의2제2항의 개정규정은 이 법 시행 후 최초로 시작하는 회계연도부터 적용한다.
② 이 법 시행 당시 종전의 규정에 따라 기타적립금으로 관리되어온 자금은 이 법 시행 후 최초로 시작하는 회계연도 내에 연구적립금, 건축적립금, 장학적립금, 퇴직적립금 또는 특정목적적립금으로 적립하거나 사용하여야 한다.
제4조 【다른 법률의 개정】 ①~② ※(해당 법령에 가제정리 하였음)

부　칙 (2017.11.28)

제1조 【시행일】 이 법은 공포 후 6개월이 경과한 날부터 시행한다. 다만, 부칙 제4조는 2018년 11월 1일부터 시행한다.
제2조 【적립금 투자결과 보고에 관한 적용례 등】 ① 제32조의2제4항부터 제6항까지의 개정규정은 이 법 시행 후 최초로 시작하는 회계연도부터 적용한다.
② 이 법 시행 당시 종전의 규정에 따라 이루어진 투자결과는 이 법 시행 후 최초로 시작하는 회계연도 내에 제32조의2제4항 및 제6항의 개정규정에 따라 보고되어야 한다.
제3조 【교원의 재임용 평가에 관한 적용례】 제53조의2제7항 및 제8항의 개정규정은 이 법 시행 후 최초로 교원의 재임용을 평가하는 경우부터 적용한다.
제4조 【다른 법률의 개정】 ※(해당 법령에 가제정리 하였음)

부　칙 (2018.4.17)

제1조 【시행일】 이 법은 공포 후 6개월이 경과한 날부터 시행한다. 다만, 제66조의4제1항의 개정규정은 공포한 날부터 시행한다.
제2조 【징계사유의 시효 연장에 관한 적용례】 제66조의4제1항의 개정규정은 이 법 시행 전에 징계사유가 발생하였으나 종전의 규정에 따른 징계시효가 완성되지 아니한 사람에 대해서도 적용한다.

부　칙 (2018.12.18)

제1조 【시행일】 이 법은 공포 후 3개월이 경과한 날부터 시행한다. 다만, 제60조의2제1항 및 같은 조 제2항제4호의 개정규정은 공포한 날부터 시행한다.
제2조 【해임 또는 징계 요구에 관한 적용례】 제54조제3항의 개정규정은 이 법 시행 후 최초로 관할청이 임용권자에게 교원의 해임 또는 징계를 요구한 경우부터 적용한다.

부　칙 (2019.1.15)

제1조 【시행일】 이 법은 공포한 날부터 시행한다.
제2조 【잔여재산의 귀속에 관한 적용례】 제35조의 개정규정은 이 법 시행 당시 청산이 종결되지 아니한 학교법인에도 적용한다.

부　칙 (2019.4.16)

제1조 【시행일】 이 법은 공포 후 6개월이 경과한 날부터 시행한다.
제2조 【징계기준 및 징계의 감경기준 등에 관한 적용례】 제66조의 개정규정은 이 법 시행 후 최초로 임용권자가 교원징계위원회에 징계의결을 요구한 경우부터 적용한다.

부　칙 (2019.8.20)

제1조 【시행일】 이 법은 공포 후 6개월이 경과한 날부터 시행한다.
제2조 【정직처분의 효력에 관한 경과조치】 이 법 시행 전에 발생한 사유로 정직처분을 받는 사람에 대해서는 제61조제3항의 개정규정에도 불구하고 종전의 규정에 따른다.

부　칙 (2019.12.3 법16674호)

제1조 【시행일】 이 법은 공포 후 6개월이 경과한 날부터 시행한다.
제2조 【학교의 장의 임용에 관한 적용례】 제53조제3항의 개정규정은 이 법 시행 이후 임용되는 특수학교의 장부터 적용한다. 다만, 이 법 시행 이전에 특수학교의 장이었던 사람은 1회에 한하여 임용될 수 있고, 현재 재임 중인 특수학교의 장은 임기만료 후 1회에 한하여 중임할 수 있다.

부　칙 (2020.1.29)

제1조 【시행일】 이 법은 공포 후 6개월이 경과한 날부터 시행한다.
제2조 【임원의 겸직금지에 관한 경과조치】 이 법 시행 당시 유치원만을 설치·경영하는 학교법인의 이사장이 유치원장을 겸직하고 있는 경우에는 이 법 시행일부터 3개월 이내에 해당 유치원장의 직을 사직하여야 한다.

부　칙 (2020.3.24)

제1조 【시행일】 이 법은 공포 후 6개월이 경과한 날부터 시행한다. 다만, 제59조의 개정규정 중 「유아교육법」 제2조제2호에 따른 유치원의 교원에 대한 부분은 공포 후 2년이 경과한 날부터 시행한다.
제2조 【육아휴직에 관한 적용례】 제59조제3항의 개정규정은 이 법 시행 전에 휴직하였거나 이 법 시행 당시 휴직 중인 사람에 대해서도 적용한다.
제3조 【이사회의 이사 구성에 관한 경과조치】 ① 이 법 시행 이후 이사를 선임할 당시 제21조제3항의 개정규정을 충족하지 못하는 경우에는 해당 개정규정의 구성요건이 충족될 때까지 같은 개정규정에 따른 교육경험에 관한 요건을 충족하는 사람을 이사로 우선 선임하여야 한다.
② 이사회의 이사 구성에 관하여는 제1항에 따라 제21조제3항의 개정규정을 충족할 때까지는 종전의 규정에 따른다.

부　칙 (2020.10.20)

이 법은 공포 후 6개월이 경과한 날부터 시행한다.

부　칙 (2020.12.22)

제1조 【시행일】 이 법은 공포한 날부터 시행한다. 다만, 제66조의6의 개정규정은 공포 후 6개월이 경과한 날부터 시행하고, 제59조의 개정규정 중 법률 제17078호 사립학교법 일부개정법률 부칙 제1조 단서가 적용되는 부분은 2022년 3월 25일부터 시행하며, 법률 제17493호 사립학교법 일부개정법률 제74조의 개정규정은 2021년 4월 21일부터 시행한다.
제2조 【징계사유의 시효 연장에 관한 적용례】 제66조의4제1항의 개정규정은 이 법 시행 전에 징계사유가 발생하였으나 종전의 규정에 따른 징계시효가 완성되지 아니한 사람에 대해서도 적용한다.

부　칙 (2021.8.10)

제1조 【시행일】 이 법은 공포 후 6개월이 경과한 날부터 시행한다. 다만, 제31조제4항·제5항·제6항·제7항·제8항 및 제31조의2제1항의 개정규정은 공포 후 1년이 경과한 날부터 시행하고, 제35조제4항·제5항·제6항의 개정규정은 2022년 1월 1일부터 시행한다.
제2조 【임시이사 선임에 관한 적용례】 제25조제1항제2호의 개정규정은 이 법 시행 이후 임원 취임 승인이 취소된 경우부터 적용한다.
제3조 【기본재산의 소송절차 신고에 관한 적용례】 제28조제5항의 개정규정은 이 법 시행 이후 학교법인의 기본재산에 관한 소송절차가 개시되는 경우부터 적용한다.
제4조 【외부회계감사에 관한 적용례】 제31조제5항·제6항·제7항의 개정규정은 같은 개정규정의 시행일이 속한 회계연도의 결산서를 제출하는 경우부터 적용하되, 연속하는 4개 회계연도의 산정은 같은 개정규정이 최초로 적용되기 이전의 회계연도를 포함하여 계산한다.
제5조 【잔여재산 귀속에 관한 적용례】 제35조제4항의 개정규정은 같은 개정규정 시행 전에 해산되었으나 처분되지 아니한 학교법인의 재산에도 적용한다.

부　칙 (2021.9.24)

제1조 【시행일】 이 법은 공포 후 6개월이 경과한 날부터 시행한다. 다만, 제20조의2제1항제4호, 제21조제7항, 제22조 및 제22조의2의 개정규정은 공포 후 3개월이 경과한 날부터 시행하고, 법률 제18372호 사립학교법 일부개정법률 제70조의3제3항, 제70조의4, 제73조 및 제73조의2의 개정규정은 2022년 2월 11일부터 시행하며, 제29조제4항 및 제31조제3항의 개정규정은 2022년 3월 1일부터 시행한다.
제2조 【임원의 결격사유 등에 관한 적용례】 제21조제7항 및 제22조의 개정규정은 같은 개정규정 시행 이후 임원을 선임하는 경우부터 적용한다.
제3조 【징계의결서 송부 및 징계의결의 재심의 요구에 관한 적용례】 제66조제2항 및 제66조의2의 개정규정은 이 법 시행 이후 제66조제1항에 따라 교원징계위원회가 징계의결을 하는 경우부터 적용한다.
제4조 【공개전형 중 필기시험 위탁에 관한 적용례 및 경과조치】 ① 제53조의2제11항의 개정규정은 이 법 시행 이후 같은 조 제10항에 따라 교원의 신규채용을 위한 공개전형을 실시하는 경우부터 적용한다.
② 이 법 시행 당시 종전의 규정에 따라 공고된 교원의 신규채용에 관하여는 제53조의2제11항의 개정규정에도 불구하고 종전의 규정에 따른다.
제5조 【임원의 당연퇴임에 관한 경과조치】 제22조의2의 개정규정 시행 당시 임원으로 재임 중인 사람에 대하여는 같은 개정규정에도 불구하고 임기가 종료할 때까지는 종전의 규정에 따른다.
제6조 【기금운용심의회 구성에 관한 경과조치】 ① 이 법 시행 이후 기금운용심의회 위원을 위촉할 당시 제32조의3제2항의 개정규정을 충족하지 못하는 경우에는 같은 개정규정의 요건이 충족될 때까지는 교원, 직원 또는 재학생인 위원을 위촉하여야 한다.
② 기금운용심의회 위원의 구성은 제1항에 따라 제32조의3제2항의 개정규정을 충족할 때까지는 종전의 규정에 따른다.
제7조 【교원징계위원회의 위원 구성에 관한 경과조치】 이 법 시행 이후 위원을 임명하거나 위촉할 당시 제62조제4항의 개정규정을 충족하지 못하는 경우(연임하는 경우는 제외한다)에는 같은 개정규정의 요건을 충족할 때까지는 특정 성(性)의 위원 또는 외부위원으로 임명하거나 위촉하여야 한다.

부　칙 (2022.10.18)

제1조 【시행일】 이 법은 공포 후 6개월이 경과한 날부터 시행한다.(이하 생략)

부　칙 (2022.12.13)

제1조【시행일】 이 법은 공포 후 6개월이 경과한 날부터 시행한다.
제2조【당연퇴직에 관한 적용례】 제57조제2항의 개정규정은 이 법 시행 이후 발생한 범죄행위로 같은 개정규정에 따른 당연퇴직 사유에 해당하는 경우부터 적용한다.

부　칙 (2024.1.9)

제1조【시행일】 이 법은 공포 후 6개월이 경과한 날부터 시행한다.(이하 생략)

사립학교법 시행령

(1969년 12월 4일 대통령령 제4396호)

개정
1976. 1.16영 7952호 <중략>
2000.12.30영17085호
2001. 1.29영17115호(직제)
2002. 3.30영17556호
2002.12.30영17854호(공토법시)
2004. 3.17영18312호(전자적민원처리를위한가석방자관리규정등)
2004. 4. 6영18360호
2005. 1.29영18690호(유아교육법시)
2006. 6.12영19507호(행정정보이용감축개정령)
2006. 6.23영19546호
2007.11. 5영20362호
2008. 2.29영20740호(직제)
2008. 6. 5영20798호
2008.12.31영21215호(행정정보이용감축개정령)
2009. 1.28영21274호
2010. 5. 4영22151호(전자정부법시)
2011. 6. 9영22971호
2012. 7. 4영23928호(위원회공정성일부개정령)
2012. 7. 5영23936호
2012. 7.24영23974호
2013. 3.23영24423호(직제)
2013. 7.22영24665호
2013.12.30영25050호(행정규제재검토에따른일부개정령)
2014. 6.30영25407호
2014. 8. 6영25532호(민감정보고유식별정보)
2014.12. 9영25840호(규제기한정비)
2016. 5.10영27129호(행정기관책임성강화)
2016. 8. 2영27416호
2016. 8.31영27472호(감정평가감정평가사시)
2016.12.30영27751호(규제기한설정)
2018. 3.13영28697호(인·허가처리기한도입을위한일부개정령)
2018. 5.28영28903호
2018. 6. 5영28946호(일본식용어정비)
2018. 6.26영28997호
2018.10.30영29269호(주식회사등의외부감사에관한법시)
2019. 3.19영29623호
2019. 7. 2영29950호(법령용어정비)
2019.10. 8영30108호
2020. 3. 3영30509호(규제기한해제)
2020. 3.10영30514호
2020. 9.25영31049호
2020.11.24영31176호(법정공고방식확대)
2021. 1. 5영31380호(법령용어정비)
2021. 6.22영31787호
2022. 1.21영32352호(감정평가감정평가사시)
2022. 2.11영32410호
2022. 3.22영32546호
2022. 8. 9영32854호
2022. 8. 9영32868호(자격취득등에요구되는실무경력의인정범위확대등을위한일부개정령)
2023. 6.13영33527호

제1조【법인의 관할청과 학교의 관할청의 협조】「사립학교법」(이하 "법"이라 한다) 제4조제1항제2호의 학교법인 또는 사립학교 경영자 및 동조제3항제3호의 학교법인이 그가 설치·경영하는 사립학교에 관한 사항에 대하여 관할청의 허가 또는 인가등을 신청함에 있어서는 교육부장관이 정하는 바에 의하여 당해 사항에 관련되는 사립학교의 관할청을 거쳐야 한다.(2013.3.23 본조개정)
제2조 (2002.3.30 삭제)
제3조【수익사업의 공고방법】 학교법인이 법 제6조제3항에 따라 수익사업에 관한 공고를 하려는 경우에는 전국을 보급대상으로 하는 일간신문 또는 인터넷 홈페이지 등을 통하여 해야 한다.(2020.11.24 본조개정)
제3조의2【재산이전의 보고를 위한 서류 등】 ① 학교법인은 법 제8조의2에 따라 등기한 날부터 3월 안에 다음 각 호의 서류를 첨부하여 관할청에 재산출연의 결과를 보고하여야 한다.
1. 재산목록
2. 출연증서
3. 인감증명
4. 금융기관의 증명서(2008.12.31 본호개정)
② 제1항의 서류를 제출받은 관할청은 「전자정부법」 제36조제1항에 따른 행정정보의 공동이용을 통하여 학교법인의 등기부등본을 확인하여야 한다.(2010.5.4 본항개정)
(2006.6.23 본조신설)
제4조【학교법인의 설립허가신청】 ① 법 제10조제1항에 따른 학교법인의 설립허가신청서에는 다음 각 호의 서류를 첨부해야 한다.(2020.3.10 본문개정)
1. 설립취지서
2. 정관
3. 재산목록
4. 재산출연증서
5. 재산출연자의 인감증명서 또는 「본인서명사실 확인 등에 관한 법률」 제2조제3호에 따른 본인서명사실확인서(2020.3.10 본호개정)
6. 재산의 소유권증명(건물등기부 등본 및 토지등기부 등본 외의 것)(2006.6.12 본호개정)
7. 재산의 평가조서
8. 재산의 수익조서
9. 임원의 이력서
10. 임원의 신원진술서(2020.9.25 본호개정)
11. 임원의 취임승낙서
12. 임원의 가족관계등록부 증명서(2008.12.31 본호신설)
13. 임원상호간의 관계에 있어서 법 제21조제2항 및 동조제4항의 규정에 저촉되지 아니함을 입증하는 각서
14. 수익사업을 하는 경우에는 설립후 3년간의 사업계획서(예산서 첨부)
② 제1항제3호의 재산목록은 기본재산과 보통재산으로 구분하여 작성하되, 기본재산은 교육용 기본재산과 수익용 기본재산으로 구분하여야 한다.(1976.1.16 본항개정)
③ 제1항제7호의 재산평가조서에는 「감정평가 및 감정평가사에 관한 법률」에 따른 감정평가법인등의 감정평가서(이하 "감정평가서"라 한다)를 첨부하여야 한다.(2022.1.21 본항개정)
④ 제1항제8호의 재산수익조서에는 공인된 감정평가기관의 수익증명 또는 수익을 증명할 수 있는 기관의 증빙서류를 첨부하여야 한다.(1990.7.19 본항개정)
⑤ 제1항에 따른 설립허가신청서를 제출받은 교육부장관은 「전자정부법」 제36조제1항에 따른 행정정보의 공동이용을 통하여 재산의 소유권을 증명하는 건물등기부 등본 및 토지등기부 등본을 확인하여야 한다.(2013.3.23 본항개정)
제4조의2【출연 또는 기부 재산의 기준액】 법 제10조의2제2항에서 "대통령령이 정하는 일정금액"이라 함은 「대학설립·운영 규정」 제7조제1항, 「사이버대학 설립·운영 규정」 제7조제1항 및 「고등학교 이하 각급 학교 설립·운영 규정」 제13조제1항에 따라 확보하여야 하는 수익용기본재산의 10퍼센트 이상에 상당하는 금액을 말하며, 이에 관한 구체적인 사항은 정관으로 정한다.(2008.6.5 본조개정)
제5조【재산의 구분】 ① 학교법인의 재산중 다음 각호의 1에 해당하는 재산은 기본재산으로 한다.
1. 부동산
2. 정관에 의하여 기본재산으로 되는 재산
3. 이사회의 결의에 의하여 기본재산에 편입되는 재산
4. 학교법인에 속하는 회계의 매년도 세계잉여금중 적립금
② 학교법인의 자산중 제1항 각호 이외의 재산은 보통재산으로 한다.(1976.1.16 본항개정)
제6조【정관보충의 절차】 ① 교육부장관이 법 제11조의 규정에 의하여 정관의 보충을 하고자 할 때에는 그 뜻을 공고하여야 한다.(2013.3.23 본항개정)
② 제1항의 공고는 전국을 보급대상으로 하는 일간신문에 3회 이상 게재하거나 학교법인이 운영하는 학교의 인터넷 홈페이지 등에 게재하는 방법으로 해야 한다.(2022.2.11 본항개정)
③ 제1항의 공고에는 당해 정관의 보충에 대하여 이의가 있는 자는 공고일로부터 2월 이내에 이의를 제출할 것을 표시하여야 한다.
제7조【행정관청의 허가등을 요하는 사항의 등기】 행정관청의 허가 또는 인가등을 요하는 사항의 등기에 있어서는 당해 허가서 또는 인가서 등의 등본을 그 등기신청서에 첨부하여야 한다.
제7조의2【개방이사의 추천·선임 등】 ① 법 제14조제3항에 따라 개방이사를 학교법인이 선임하고자 하는 때에는 선임사유가 발생한 날부터 15일(재직이사의 경우 임기만료 전 3개월) 안에 이사장이 법 제14조제4항에 따른 개방이사추천위원회(이하 "추천위원회"라 한다)에 추천을 요청하여야 한다.
② 제1항의 요청에 따라 추천위원회가 개방이사를 추천하는 때에는 해당 학교의 건학이념을 구현할 수 있는 자를 추천하여야 한다.
③ 추천위원회는 제1항에 따른 기간 안에 이사장이 개방이사의 추천을 요청하지 아니하는 경우에는 그 사실을 안 날부터 30일 안에 법 제14조제3항에 따른 추천을 할 수 있다.
④ 2 이상의 학교를 설치·경영하고 있는 학교법인의 경우에는 대학평의원회 또는 학교운영위원회가 협의하여 추천위원회를 공동으로 구성할 수 있다.
⑤ 개방이사의 자격요건은 일반이사의 자격요건을 고려하여 정관으로 정한다. 다만, 다음 각 호의 어느 하나에 해당하는 사람은 개방이사가 될 수 없다.
1. 해당 학교법인의 설립자
2. 해당 학교법인의 설립자와 「민법」 제777조의 친족관계에 있는 사람
3. 해당 학교법인의 임원(개방이사는 제외한다)이었던 사람
4. 해당 학교법인이 설치·경영하는 학교의 장이었던 사람
(2020.9.25 본항개정)
⑥ 법 제14조제4항 단서에서 "종교지도자 양성만을 목적으로 하는 대학 및 대학원 설치·경영 학교법인"이란 정관에서 그 설립목적과 해당 종교단체의 관계를 명확히 하고 있는 학교법인으로서 해당 종교단체에서 종교의식의 집행, 신도의 교육, 선교 활동, 종교단체의 운영 등을 지도·담당하는 자의 양성만을 위하여 설립된 대학 및 대학원을 설치·경영하는 학교법인을 말한다.
⑦ 교육부장관은 학교법인의 설립목적과 설치·경영하는 학교의 교육과정 등을 확인하여 제6항에 따른 학교법인을 고시한다.(2013.3.23 본항개정)
⑧ 이 영에서 정하고 있는 사항 외에 개방이사의 추천, 선임방법 및 기준에 관하여 필요한 사항은 정관으로 정한다.
(2007.11.5 본조개정)
제8조【이사회의 소집】 ① 이사장은 법 제17조제1항 및 제2항에 따라 이사회를 소집할 때에는 회의 7일 전까지 학교법인이 설치·경영하는 학교의 인터넷 홈페이지 등에 소집 일자, 장소 등을 공지해야 한다.(2022.3.22 본항신설)
② 법 제17조제4항의 규정에 의한 이사회의 소집승인신청서에는 다음의 서류를 첨부하여야 한다.
1. 이사회의 소집이 불가능한 사유와 이를 입증하는 서류
2. 재적이사 과반수의 찬성을 입증하는 증빙서류
(2019.7.2 본호개정)
3. 이사회를 소집하지 못함으로 인하여 예상되는 손해의 구체적인 사실을 명시한 서류
(2022.3.22 본조제목개정)
제8조의2【이사회 회의록의 비공개 대상】 ① 법 제18조의2제4항에서 "대통령령이 정하는 사항"이라 함은 다음 각 호의 사항을 말한다.
1. 회의록에 기재되어 있는 이름·주민등록번호 등 개인의 신상에 관한 사항으로서 공개될 경우 개인의 사생활의 비밀 또는 자유를 침해할 우려가 있다고 인정되는 사항. 다만, 다음 각 목의 개인에 관한 정보는 그러하지 아니하다.
가. 법령이 정하는 바에 따라 열람할 수 있는 사항
나. 학교법인이 공표를 목적으로 작성하거나 취득한 정보로서 개인의 사생활의 비밀과 자유를 부당하게 침해하지 아니하는 사항
다. 학교법인이 작성하거나 취득한 정보로서 공개하는 것이 공익 또는 개인의 권리구제를 위하여 필요하다고 인정되는 사항
라. 직무를 수행한 임·직원의 성명 및 직위
마. 공익을 위하여 공개가 필요한 경우로서 법령에 따라 국가 또는 지방자치단체로부터 업무의 일부를 위탁받았거나 위촉받은 개인의 성명 및 직업
2. 그 밖에 「공공기관의 정보공개에 관한 법률」 제9조제1항제4호·제5호·제7호 및 제8호에 준하는 사항으로서 당해 학교법인과 직접 관련되어 이사회가 의결한 사항
② 학교법인은 제1항 각 호의 사항이 기간의 경과 등으로 인하여 비공개의 필요성이 없어진 경우에는 당해 사항을 공개대상으로 하여야 한다.
(2006.6.23 본조신설)
제8조의3【회의록의 공개기간 등】 ① 이사회의 회의록은 회의일부터 10일 이내에 해당 학교의 인터넷 홈페이지에 게재하여 1년 동안 공개해야 한다.(2020.9.25 본항개정)
② 학교법인이 설치·경영하는 학교의 교직원·학생 및 학부모는 제1항의 공개기간이 경과한 후에도 다음 각 호의 사항을 기재한 이사회 회의록 공개청구서를 작성·제출하여 회의록의 공개를 청구할 수 있다.
1. 청구인의 이름·주민등록번호·주소 및 연락처(전화번호·전자우편주소 등을 말한다)
2. 공개를 청구하는 정보의 내용 및 공개방법
③ 제2항에 따라 공개청구를 받은 학교법인은 10일 안에 이를 공개하여야 한다.
④ 공개를 청구한 사항이 공개대상과 비공개 대상이 혼재되어 있는 경우로서 공개청구의 취지에 어긋나지 아니하는 범위 안에서 두 부분을 분리할 수 있는 때에는 이를 분리하여 공개대상이 되는 부분만을 공개하여야 한다.
(2006.6.23 본조신설)
제9조【감사의 보고】 학교법인의 감사가 법 제19조제4항제3호의 규정에 의하여 감사결과를 관할청에 보고하고자 할 때에는 그 감사를 종결한 날로부터 15일 이내에 하여야 한다.(1990.7.19 본조개정)
제9조의2【시정요구 없는 임원취임의 승인취소에 대한 세부기준】 ① 법 제20조의2제2항 단서에 따라 시정요구 없이 임원취임의 승인을 취소할 수 있는 경우는 다음 각 호와 같다.
1. 관할청이 시정을 요구하여도 요구기한 내에 시정할 수 없는 것이 명백한 경우
2. 임원이 학교법인 및 학교법인의 회계 등에서 「대학설립·운영 규정」 제7조제1항, 「사이버대학 설립·운영 규정」 제7조제1항 및 「고등학교 이하 각급 학교 설립·운영 규정」 제13조제1항에 따라 확보해야 하는 해당 학교법인의 수익용기본재산의 10퍼센트 이상(고등학교 이하의 학교법인의 경우에는 20퍼센트 이상)에 대하여 회계부정한 사실이 법원의 판결 또는 관할청의 감사에 의하여 명백히 확인된 경우(2020.9.25 본호개정)

3. 임원이 학교법인의 재산이나 업무와 관련하여 1천만원 이상 횡령·배임하거나 교직원 채용 및 시설공사 등과 관련하여 금품을 수수한 사실이 법원의 판결 또는 관할청의 감사에 의하여 명백히 확인된 경우
(2020.9.25 본호개정)
② 법 제20조의2제2항에 따라 관할청이 임원취임의 승인을 취소하는 경우에는 청문을 실시하여야 한다.
(2006.6.23 본조신설)
제9조의3【이사정수의 3분의 2 미만을 외국인으로 할 수 있는 학교】 법 제21조제1항 단서에서 "대통령령이 정하는 학교"라 함은 대학·산업대학·사이버대학 및 이에 준하는 각종학교를 말한다.(2008.6.5 본조개정)
제9조의4【교육경험의 범위】 법 제21조제3항제4호에서 "대통령령으로 정하는 교육경험"이란 다음 각 호의 어느 하나에 해당하는 교육경험을 말한다.
1. 법 제54조의4 또는 「교육공무원법」 제32조에 따른 기간제교원으로 근무한 경험
2. 「초·중등교육법 시행령」 제42조제1항에 따른 산학겸임교사, 영어회화 전문강사 또는 다문화언어 강사로 근무한 경험
3. 「고등교육법」 제14조제2항에 따른 강사로 근무한 경험
(2020.9.25 본조신설)
제9조의5【공인회계사를 감사로 선임하여야 하는 학교법인】 법 제21조제6항에 따라 감사 중 1명을 공인회계사 자격을 가진 사람으로 선임하여야 하는 학교법인은 대학·산업대학·사이버대학 및 이들에 준하는 각종학교로서 그 입학정원이 500명 이상인 학교를 설치·경영하는 학교법인으로 한다.(2013.7.22 본조개정)
제9조의6【사학분쟁조정위원회의 조직】 ① 법 제24조의2제1항에 따른 사학분쟁조정위원회(이하 "조정위원회"라 한다)의 위원장은 조정위원회를 대표하고, 조정위원회의 업무를 총괄한다.
② 위원장은 회의운영을 위하여 필요하다고 인정하는 때에는 소위원회를 구성·운영할 수 있다.
(2007.11.5 본조신설)
제9조의7【조정위원회의 회의】 ① 위원장은 조정위원회의 회의를 소집하고, 그 의장이 된다.
② 조정위원회의 회의는 매월 1회 소집하는 것을 원칙으로 하되, 재적위원 3분의 1 이상의 요구가 있는 때 또는 위원장이 필요하다고 인정하는 때에는 따로 소집한다.
③ 조정위원회는 심의에 필요하다고 인정하는 때에는 해당 학교법인의 임직원, 해당 학교법인이 설치·경영하는 학교의 교직원, 관할청 및 그 밖의 이해관계인 등으로부터 의견을 청취할 수 있다.(2018.6.26 본항개정)
④ 조정위원회는 법 제25조의3제1항에 따른 심의를 하려는 경우 다음 각 호에 해당하는 자로부터 이사 후보자 추천 의견을 청취하여야 한다. 이 경우 구체적인 의견 제출·청취의 절차 및 방법은 조정위원회가 정한다.
1. 다음 각 목의 사람을 다음 각 목의 순서에 따라 포함하여 구성하고, 조정위원회의 인정을 받은 협의체. 이 경우 나목의 사람은 그 퇴직일이 가장 최근인 사람부터 순차적으로 포함하고, 협의체의 총인원수는 해당 학교법인 이사정수의 과반수로 하되, 가목의 사람만으로 인원수가 초과되거나 나목의 사람 중 마지막으로 구성원으로 포함될 사람들의 퇴직일이 동일하여 인원수가 초과되는 경우에는 그 초과된 인원을 포함한 인원수를 협의체의 총인원수로 본다.
가. 해당 학교법인의 이사(임시이사는 제외한다)
나. 가목 외의 사람 중 해당 학교법인의 이사(임시이사는 제외한다)였던 사람
2. 다음 각 목의 어느 하나에 해당하는 기구로서 조정위원회가 인정하는 기구
가. 해당 학교법인이 설치·경영하는 학교의 교직원 대표기구
나. 해당 학교법인이 설치·경영하는 학교의 학생·학부모 대표기구
3. 추천위원회
4. 해당 학교법인(법 제14조제4항 단서에 해당하는 학교법인으로 한정한다)을 설립한 종교단체
5. 관할청
6. 그 밖에 조정위원회가 인정하는 이해관계인
(2018.6.26 본항신설)
⑤ 조정위원회는 제4항 후단에 따라 의견 제출·청취의 절차 및 방법을 정하는 경우 다음 각 호의 기준을 지켜야 한다.
1. 제4항제1호에 따른 협의체의 구성원 중 다음 각 목의 어느 하나에 해당하는 사람이 있는 경우 : 제4항제1호에 따른 협의체에게 추천하도록 하는 후보자 수가 제4항에 따라 추천받는 전체 후보자 수(동일한 후보자가 있더라도 제4항 각 호에 따른 추천 주체가 다른 경우에는 별개로 계산한다)의 과반수 미만이 되도록 할 것
가. 법 제20조의2에 따라 임원취임의 승인이 취소(임원 간의 분쟁을 이유로 취임의 승인이 취소된 경우는 제외한다)된 적이 있는 사람
나. 법 제54조의2에 따라 해임된 적이 있는 사람
다. 법 제61조에 따라 파면의 징계를 받은 적이 있는 사람
라. 그 밖에 해당 학교법인, 다른 학교법인 또는 해당 학교법인이나 다른 학교법인이 설치·경영하는 학교의 운영에 중대한 장애를 야기한 것으로 조정위원회가 인정한 사람
2. 제1호 외의 경우 : 제4항제1호에 따른 협의체에게 추천하도록 하는 후보자의 수가 제4항에 따라 추천받는 전체 후보자 수(동일한 후보자가 있더라도 제4항 각 호에 따른 추천 주체가 다른 경우에는 별개로 계산한다)의 과반수 이상이 되도록 할 것
(2018.6.26 본항신설)
⑥ 조정위원회에 출석하는 위원에 대하여는 수당, 여비 및 그 밖에 필요한 경비를 지급할 수 있다. 다만, 관계 공무원이 소관업무와 직접 관련하여 조정위원회에 출석하는 경우에는 그러하지 아니하다.(2018.6.26 본항개정)
(2007.11.5 본조신설)
제9조의8【위원의 제척·기피·회피】 ① 조정위원회의 위원이 다음 각 호의 어느 하나에 해당하는 경우에는 조정위원회의 심의·의결에서 제척(除斥)된다.
1. 위원 또는 그 배우자나 배우자이었던 사람이 해당 안건의 당사자(당사자가 법인·단체 등인 경우에는 그 임원을 포함한다. 이하 이 호 및 제2호에서 같다)가 되거나 그 안건의 당사자와 공동권리자 또는 공동의무자인 경우
2. 위원이 해당 안건의 당사자와 친족이거나 친족이었던 경우
3. 위원이 해당 안건에 관하여 증언, 진술, 자문, 연구, 용역 또는 감정을 한 경우
4. 위원이나 위원이 속한 법인·단체 등이 해당 안건의 당사자의 대리인이거나 대리인이었던 경우
② 해당 안건의 당사자는 위원에게 공정한 심의·의결을 기대하기 어려운 사정이 있는 경우에는 조정위원회에 기피 신청을 할 수 있고, 조정위원회는 의결로 이를 결정한다. 이 경우 기피 신청의 대상인 위원은 그 의결에 참여하지 못한다.
③ 위원이 제1항 각 호에 따른 제척 사유에 해당하는 경우에는 스스로 해당 안건의 심의·의결에서 회피(回避)하여야 한다.
(2012.7.4 본조신설)
제9조의9【위원의 해촉】 대통령은 조정위원회의 위원이 다음 각 호의 어느 하나에 해당하는 경우에는 해당 위원을 해촉(解囑)할 수 있다.(2018.6.26 본문개정)
1. 심신장애로 인하여 직무를 수행할 수 없게 된 경우
2. 직무와 관련된 비위사실이 있는 경우
3. 직무태만, 품위손상이나 그 밖의 사유로 인하여 위원으로 적합하지 아니하다고 인정되는 경우
4. 제9조의8제1항 각 호의 어느 하나에 해당하는 데에도 불구하고 회피하지 아니한 경우(2020.9.25 본호개정)
5. 위원 스스로 직무를 수행하는 것이 곤란하다고 의사를 밝히는 경우
(2016.5.10 본조신설)
제9조의10【사무기구】 ① 조정위원회에 조정위원회의 업무와 관련된 사무를 처리하기 위하여 사무기구를 둘 수 있다.
② 교육부장관은 제1항에 따른 사무기구에 필요한 인원에 대하여 관계 행정기관의 장에게 소속 공무원의 파견 등을 요청할 수 있다.(2013.3.23 본항개정)
(2007.11.5 본조신설)
제9조의11【운영규정】 이 영에서 규정한 사항 외에 조정위원회의 운영에 필요한 사항은 조정위원회의 의결을 거쳐 위원장이 정한다.(2007.11.5 본조신설)
제9조의12【심의기준】 ① 조정위원회는 학교법인과 학교 운영의 투명성·합리성을 실현하고, 학생들의 학습권을 보장하며, 안정적인 교육환경에 이바지하는 심의가 이루어질 수 있도록 자체 심의기준을 마련하여야 한다.
② 제1항에 따른 심의기준은 조정위원회의 의결을 거쳐 위원장이 정하고, 조정위원회의 홈페이지 등에 공개하여야 한다.
(2018.6.26 본조신설)
제10조【임시이사의 선임 등】 ① 법 제25조제1항에 따라 관할청에 임시이사의 선임을 청구하려는 이해관계인은 청구사유와 이해관계인임을 증명하는 서류를 관할청에 제출해야 한다.
② 국가나 지방자치단체는 법 제25조제6항에 따라 임시이사가 선임된 학교법인 중 재정이 열악한 학교법인에 예산의 범위에서 다음 각 호의 소송비용을 지원할 수 있다.
1. 학교법인이 교직원 인사 등 이사회 운영 관련 분쟁의 소송상대방이 된 경우에 발생하는 소송비용
2. 학교법인이 임원 등의 회계 부정, 횡령 등으로 발생한 학교 운영의 중대한 장애를 해소하기 위하여 관련 소송을 제기한 경우에 발생하는 소송비용
3. 학교법인이 다음 각 목의 소송의 보조 참가인이 된 경우에 발생하는 소송비용
가. 법 제20조의2에 따른 임원 취임의 승인취소 처분에 대한 취소소송
나. 법 제25조제1항에 따른 임시이사 선임 처분에 대한 취소소송
(2022.2.11 본항신설)
(2022.2.11 본조개정)
제10조의2【생계곤란자의 기준】 법 제26조제2항에 규정된 재산을 출연 또는 기증한 자중 생계가 곤란한 자의 기준은 다음과 같다.
1. 건강하고 문화적인 최저생활을 유지할 수 있는 개인적인 재산이나 수입이 없는 자로서 부양의무자가 없거나 부양의무자가 있어도 부양할 능력이 없는 자
2. 학교법인의 이사로 되어 법 제26조제1항의 규정에 의한 보수만으로 생계를 유지하다가 그 직을 사임한 자
(1979.2.24 본조신설)
제10조의3【생계비 등의 범위】 법 제26조제2항에 규정된 생계비·의료비 및 장례비의 범위는 제10조의2에 해당하는 자와 그 배우자 및 18세 미만의 자녀에 대한 것으로 하되, 다음 각호의 금액을 초과하지 아니한 것으로 한다.
1. 월 생계비
당해 학교법인이 설치·경영하는 학교의 장의 최고 호봉 또는 호급에 해당하는 봉급월액의 70퍼센트. 다만, 다른 법령에 의하여 연금·퇴직연금일시금·퇴직일시금 또는 퇴직금을 받거나 기타의 수입이 있는 자의 월 생계비의 한도액은 그 수입을 참작하여 당해 학교법인이 정한다.
(1986.7.9 본호개정)
2. 의료비
의료시설 입원치료비
(2018.6.5 본호개정)
3. 장례비
당해 학교법인이 설치·경영하는 학교의 장의 최고 호봉 또는 호급에 해당하는 봉급 월액의 3배에 상당하는 금액
(1979.2.24 본조신설)
제10조의4 (1983.12.30 삭제)
제10조의5【생계비 등의 지급】 학교법인은 법 제26조제2항의 규정에 의하여 생계비·의료비 또는 장례비를 지급하고자 할 때에는 이사회의 의결을 거쳐야 한다.
(1986.7.9 본조개정)
제10조의6【대학평의원회의 구성】 ① 법 제26조의2제1항에 따른 대학평의원회(이하 "평의원회"라 한다)는 교원·직원·조교 및 학생 중에서 각각의 구성단위를 대표할 수 있는 사람으로 구성하되, 동문 및 학교의 발전에 도움이 될 수 있는 사람을 포함할 수 있다. 다만, 평의원회의 구성단위 중 어느 하나의 구성단위에 속하는 평의원의 수가 전체 평의원 정수의 2분의 1을 초과해서는 안 된다.(2020.9.25 본항개정)
② 평의원회는 의장과 부의장 각 1명을 포함하여 11명 이상의 평의원으로 구성한다.(2022.2.11 본항개정)
③ 평의원회의 의장과 부의장은 평의원 중에서 각각 호선(互選)한다. 이 경우 의장은 학생이 아닌 평의원 중에서 호선한다.(2022.2.11 본항신설)
④ 평의원의 임기는 2년으로 한다. 다만, 학생인 평의원의 임기는 1년으로 한다.(2022.2.11 본항신설)
⑤ 이 영에서 규정한 것 외에 평의원회의 구성·운영 등에 관하여 필요한 사항은 정관으로 정한다.
(2020.9.25 본조제목개정)
(2006.6.23 본조신설)
제10조의7 (2007.11.5 삭제)
제11조【기본재산의 처분】 ① 법 제28조제1항에 따른 학교법인의 기본재산의 매도·증여 또는 교환에 관한 허가신청서 또는 신고서에는 다음의 서류를 첨부하여야 한다.
(2014.6.30 본문개정)
1. 처분재산명세서
2. 「감정평가 및 감정평가사에 관한 법률」에 따른 감정평가법인등의 감정평가서(교환의 경우에는 쌍방의 재산)(2022.1.21 본호개정)
3. 이사회회의록 사본
4. 교환재산 또는 처분대금의 처리에 관한 사항을 기재한 서류(교환 또는 매도의 경우에 한한다)
5. 제12조제2항 각 호에 해당하는 경우에는 그 내용을 증명할 수 있는 서류(2014.6.30 본호신설)
② (1990.7.19 삭제)
③ 법 제28조제1항의 규정에 의한 학교법인의 기본재산의담보제공에관한허가신청서 또는 신고서에는 다음의 서류와 사항을 첨부하여야 한다.(1997.8.9 본문개정)
1. 담보에 제공할 재산목록
2. 피담보액
3. 담보처
4. 상환방법 및 상환계획
5. 이사회회의록 사본
④ 법 제28조제1항에 따른 학교법인의 기본재산의 용도변경, 의무의 부담 또는 권리의 포기 등에 관한 허가신청서 또는 신고서에는 그 사유를 명확하게 적어야 한다.
(2021.1.5 본항개정)
⑤ 법 제28조제1항 단서에서 "대통령령으로 정하는 경미한 사항"이라 함은 다음 각 호의 어느 하나에 해당하는 경우를 말한다. 다만, 법 제28조제1항 본문에 따른 허가를 받지 아니할 목적으로 학교법인의 기본재산을 분할하거나 법·이 영 또는 관계법령에 위반되는 경우에는 그러하지 아니하다.(2023.6.13 본문개정)
1. 「대학설립·운영 규정」 제7조제1항 및 「사이버대학 설립·운영 규정」 제7조제1항에 따른 수익용기본재산을 확보한 대학·산업대학·사이버대학 또는 전문대학을 경영하는 학교법인이 수익증대를 목적으로 다른 수익용기본재산으로 대체취득하기 위하여 수익용기본재산을 매도 또는 교환하는 경우(2023.6.13 본호개정)

2. 「공익사업을 위한 토지 등의 취득 및 보상에 관한 법률」의 규정에 의한 협의 또는 수용에 의하여 기본재산을 처분하는 경우(손실보상금을 당해 기본재산의 용도와 동일하게 사용하는 경우에 한한다)(2006.6.23 본호개정)
3. 제1호 또는 제2호에 해당하지 아니하는 경우로서 기본재산의 매도·증여·교환·용도변경 또는 담보의 제공가액이 5천만원 미만(대학·산업대학·사이버대학 또는 전문대학을 경영하는 학교법인의 경우는 5억원 미만)인 경우(2023.6.13 본호개정)
4. 대학·산업대학·사이버대학 또는 전문대학을 경영하는 학교법인이 법 제29조제2항에 따른 교비회계·부속병원회계 및 법 제29조제3항에 따른 일반업무회계(이하 이 항에서 "교비회계등"이라 한다)의 회계별로 기본금(총자산에서 총부채를 뺀 순자산으로서 법인 및 학교에 계속적으로 투입·운용되는 기본적자산의 가액을 말한다)에 대한 총 차입금(차입하고자 하는 차입금을 포함한다. 이하 같다)의 비율(이하 이 항에서 "차입비율"이라 한다)이 각각 30퍼센트 미만인 범위에서 금융기관(「금융산업의 구조개선에 관한 법률」 제2조제1호 각 목의 금융기관을 말한다)으로부터 차입하는 경우(2023.6.13 본호개정)
5. 대학·산업대학·사이버대학 또는 전문대학을 경영하는 학교법인이 「한국사학진흥재단법」 제17조에 따른 사학진흥기금에서 융자받는 경우(2023.6.13 본호개정)
6. 수익용기본재산에 전세권을 설정하는 경우
(2002.3.30 본호신설)
7. 제4호부터 제6호까지에 해당하지 않는 경우로서 의무의 부담 또는 권리의 포기가액이 다음 각 목의 어느 하나에 해당하는 경우
가. 대학·산업대학·사이버대학 또는 전문대학을 경영하는 학교법인 : 의무의 부담 또는 권리의 포기가액이 5억원 미만인 경우. 이 경우 의무의 부담가액은 해당 부담가액을 포함하여 다음의 어느 하나에 해당하는 경우이어야 한다.
1) 교비회계등의 의무의 부담가액 총 합계액이 200억원 미만인 경우
2) 교비회계등의 회계별 차입비율이 각각 30퍼센트 미만인 경우
나. 가목 외의 학교법인 : 의무의 부담 또는 권리의 포기가액이 5천만원 미만인 경우
(2023.6.13 본호개정)
⑥ 관할청은 법 제28조제1항에 따른 학교법인의 기본재산 매도·증여·교환, 담보제공, 용도변경, 의무의 부담이나 권리의 포기에 관한 허가신청 또는 신고를 받은 날부터 14일 이내에 허가·신고수리 여부 또는 처리 지연 사유를 신청인에게 통지하여야 한다.(2018.3.13 본항신설)

제12조【처분할 수 없는 재산의 범위 등】 ① 법 제28조제2항에 따라 학교법인이 매도하거나 담보로 제공할 수 없는 재산은 해당 학교법인이 설치·경영하는 사립학교의 교육에 직접 사용되는 재산으로서 다음 각 호의 어느 하나에 해당하는 것으로 한다.(2014.6.30 본문개정)
1. 교지
2. 교사(강당을 포함한다)
3. 체육장(실내체육장을 포함한다)
4. 실습 또는 연구시설
5. 기타 교육에 직접 사용되는 시설·설비 및 교재·교구
(1998.11.3 본호개정)
② 제1항에도 불구하고 다음 각 호의 어느 하나에 해당하는 재산은 학교법인이 매도하거나 담보로 제공할 수 있다.
1. 교육환경의 개선을 위하여 교지의 전부와 교육용 기본시설의 일부를 확보한 후 학교를 이전하는 경우로서 이전으로 용도가 폐지되는 재산
2. 교육환경의 개선을 위하여 교지의 전부와 교육용 기본시설의 일부를 확보한 후 학교 간 통폐합(본교와 분교 간 통폐합을 포함한다)하려는 경우로서 통폐합으로 용도가 폐지되는 재산
3. 교육·연구의 경쟁력 강화 및 특성화를 위하여 학교법인 간에 교환의 방법으로 처분하는 재산
4. 법 제29조제6항제2호에 따라 국가, 지방자치단체 또는 연구기관에 무상으로 귀속하는 재산
5. 그 밖에 학생 수의 감소 등 교육여건의 변화를 고려하여 매도하거나 담보로 제공해도 교육에 지장을 주지 않는 경우로서 교육부장관이 정하여 고시하는 기준에 해당하는 재산
(2023.6.13 본항개정)
③ 관할청은 법 제28조제1항에 따라 제2항제1호부터 제3호까지의 규정에 따른 부동산의 매도 또는 담보의 제공을 허가하는 경우 해당 부동산의 명도일 또는 담보의 제공되는 부동산과 관련된 채무의 변제일을 「유아교육법」 제8조제4항 및 같은 법 시행령 제9조제3항, 「초·중등교육법」 제4조제3항 및 같은 법 시행령 제5조제1항 또는 「고등교육법」 제4조제3항 및 같은 법 시행령 제2조제5항에 따른 학교위치 변경인가일 후로 하는 것을 조건으로 허가하여야 한다.(2014.6.30 본항신설)
(2014.6.30 본조제목개정)

제12조의2【기본재산 소송에 관한 신고】 ① 법 제28조제5항에 따라 기본재산에 관한 소송절차의 개시 사실을 신고하려는 학교법인은 법원에 소장을 제출한 날 또는 소장의 부본을 송달받은 날부터 30일 이내에 다음 각 호의 사항을 관할청에 신고해야 한다.
1. 당사자의 성명·명칭 또는 상호와 주소
2. 대리인의 성명과 주소(대리인이 있는 경우만 해당한다)
3. 청구취지 및 이유
4. 사건의 표시
5. 관할 법원
② 법 제28조제5항에 따라 기본재산에 관한 소송절차의 완결 사실을 신고하려는 학교법인은 해당 심급의 종국판결 선고 결과를 통보받은 날부터 30일 이내에 그 결과를 관할청에 신고해야 한다.
(2022.2.11 본조신설)

제13조【교비회계와 부속병원회계의 세입세출】 ① 교비회계의 세입은 다음 각 호의 수입으로 한다.
(2012.7.24 본문개정)
1. 법령 또는 학칙에 의하여 학교가 학생으로부터 징수하는 입학금·수업료 및 입학수험료
2. 학사관계 각종 증명 수수료(2019.7.2 본호개정)
3. 학교시설의 사용료 및 이용료
4. 다른 회계로부터 전입되는 전입금
5. 학생의 실험실습에서 생기는 생산품 등의 판매대금
6. 교비회계의 운용과정에서 생기는 이자수입
7. 교육용 기자재 등의 불용품 매각수입
8. 교비회계의 세출에 충당하기 위한 차입금
8의2. 학교가 학교교육에 사용할 목적으로 받은 기부금
(2012.7.24 본호신설)
9. 기타 학교법인의 수입으로서 다른 회계에 속하지 아니하는 수입
② 교비회계의 세출은 다음 각호의 경비로 한다.
1. 학교운영에 필요한 인건비 및 물건비
2. 학교교육에 직접 필요한 시설·설비를 위한 경비
3. 교원의 연구비, 학생의 장학금, 교육지도비 및 보건체육비
4. 제1항제8호의 차입금의 상환원리금
5. 기타 학교교육에 직접 필요한 경비
③ 부속병원회계의 세입은 다음 각호의 수입으로 한다.
1. 진료수입
2. 일반업무회계로부터 전입되는 전입금
3. 부속병원회계의 운용과정에서 생기는 이자수입
4. 부속병원회계의 세출에 충당하기 위한 차입금
5. 기타 부속병원운영에 따른 제수입
④ 부속병원회계의 세출은 다음 각호의 경비로 한다.
1. 부속병원운영에 필요한 인건비
2. 부속병원관리·운영과 진료에 필요한 물건비
3. 부속병원에 직접 필요한 시설·설비를 위한 경비
4. 교비회계 또는 일반업무회계로의 전출금
5. 제3항제4호의 차입금의 상환원리금
6. 기타 부속병원운영에 필요한 경비
(1981.5.21 본조개정)

제13조의2【교육용 기본재산의 무상 귀속】 ① 학교법인이 법 제29조제6항제2호에 따라 교육용 기본재산을 국가 또는 지방자치단체에 무상으로 귀속하려는 경우에는 다음 각 호의 사항을 충족해야 한다.(2021.6.22 본문개정)
1. 귀속하려는 교육용 기본재산을 제외하고 남은 교육용 기본재산이 다음 각 목에 따른 교지·교사 및 설비의 확보 기준을 충족할 것
가. 「고등학교 이하 각급 학교 설립·운영 규정」 제3조부터 제6조까지의 규정에 따른 기준
나. 「특수학교시설·설비 기준령」 제2조부터 제5조까지의 규정에 따른 기준(2021.6.22 본목개정)
다. 「대안학교의 설립·운영에 관한 규정」 제3조에 따른 기준
라. 「대학설립·운영 규정」 제4조 및 제5조에 따른 기준
(2021.6.22 본목개정)
마. 「사이버대학 설립·운영 규정」 제5조에 따른 기준
바. 「기술대학설립·운영 규정」 제8조에 따른 기준
(2021.6.22 본목개정)
2. 교육용 기본재산 중 교육·연구에 직접 사용되는 재산을 무상으로 귀속하려는 경우에는 다음 각 목의 어느 하나에 해당하는 경우로서 해당 재산을 무상으로 귀속하여도 학교법인이 설치·경영하는 사립학교의 교육·연구에 지장이 없을 것
가. 무상으로 귀속한 이후에도 학교법인이 설치·경영하는 사립학교가 교육·연구 목적으로 해당 재산을 사용할 수 있는 경우
나. 해당 재산을 무상으로 귀속하여도 그 재산을 대체하여 교육·연구에 사용할 수 있는 기존의 다른 재산이 있거나 재산을 추가로 확보하는 경우
다. 향후 해당 재산을 사용할 필요가 없는 경우
② 학교법인이 법 제29조제6항제2호에 따라 교육용 기본재산을 연구기관에 귀속하려는 경우에는 다음 각 호의 사항을 충족하여야 한다.
1. 다음 각 목의 어느 하나에 해당하는 연구기관에 귀속할 것
가. 국공립연구기관
나. 「과학기술분야 정부출연연구기관 등의 설립·운영 및 육성에 관한 법률」에 따라 설립된 연구기관
다. 「정부출연연구기관 등의 설립·운영 및 육성에 관한 법률」에 따라 설립된 연구기관
라. 「특정연구기관 육성법」에 따른 연구기관
2. 제1항제1호 및 제2호의 기준을 충족할 것
(2014.6.30 본조신설)

제14조【예산과 결산의 보고 및 공시】 ① 법 제31조제1항의 규정에 의하여 학교법인이 예산 및 결산을 관할청에 보고하고 공시함에 있어서는 예산의 경우에는 매 회계연도 개시 5일 이전에, 결산의 경우에는 매 회계연도 종료 후 3월 이내에 하여야 한다.(2006.6.23 본항개정)
② 학교법인은 회계연도 중에 예산을 추가하거나 경정(更正)할 때에는 법 제29조제4항에 따른 절차를 통하여 예산이 확정된 날(유치원의 경우에는 편성된 날을 말한다)부터 15일 이내에 해당 예산을 관할청에 보고하여야 한다.(2013.7.22 본항개정)
③ (2013.7.22 삭제)
④ 학교법인은 학교법인의 업무에 속하는 회계와 학교에 속하는 회계의 예산서(「사학기관 재무·회계 규칙」 및 「사학기관 재무·회계 규칙에 대한 특례규칙」에 따른 부속명세서를 포함한다)를 매 회계연도 개시 5일 전까지 당해 학교의 인터넷 홈페이지에 게재하여 1년간 공개하여야 한다.(2006.6.23 본항신설)
⑤ 학교법인은 학교법인의 업무에 속하는 회계와 학교에 속하는 회계의 결산서(「사학기관 재무·회계 규칙」 및 「사학기관 재무·회계 규칙에 대한 특례규칙」에 따른 부속명세서와 감사보고서를 포함한다)를 매 회계연도 종료 후 3월 안에 당해 학교의 인터넷 홈페이지에 게재하여 1년간 공개하여야 한다.(2006.6.23 본항신설)
(2006.6.23 본조제목개정)

제14조의2【지정외부감사대상 학교법인 및 지정외부감사인】 ① 법 제31조제5항 각 호 외의 부분에 따라 교육부장관은 다음 각 호의 학교법인 중에서 법 제31조제5항 각 호에 따른 외부감사인의 외부감사보고서 및 부속서류를 첨부해야 하는 학교법인을 선정해야 한다.
1. 선정하는 날이 속하는 해의 전년도 2월 말일 현재 합산재무상태표[법 제29조제1항에 따른 학교에 속하는 회계(학교법인이 설치·경영하는 대학교육기관이 둘 이상인 경우 각각의 회계를 모두 합한 것으로 한다)와 같은 조 제3항에 따른 일반업무회계를 하나의 회계단위로 작성한 표를 말한다]의 총자산가액이 1천억원 이상인 학교법인
2. 선정하는 날이 속하는 해의 전년도 4월 1일 현재 학교법인이 설치·경영하는 대학교육기관의 총재학생 수(학교법인이 설치·경영하는 대학교육기관이 둘 이상인 경우 각각의 대학교육기관의 재학생 수를 모두 합한 것으로 한다)가 2천명 이상인 학교법인
3. 그 밖에 법 제31조제4항 후단에 따른 외부감사인을 부당하게 교체하는 등 교육부장관이 정하여 고시하는 사유에 해당하는 학교법인
② 교육부장관은 특별한 사정이 없는 한 매년 2월 15일(이하 이 조에서 "선정기준일"이라 한다)까지 제1항에 따른 선정을 마치고, 그 결과를 지체 없이 제1항에 따라 선정된 학교법인(이하 "지정외부감사대상학교법인"이라 한다)에 통지해야 한다.
③ 제1항에도 불구하고 교육부장관은 다음 각 호의 어느 하나에 해당하는 학교법인을 지정외부감사대상학교법인으로 선정하지 않을 수 있다.
1. 선정기준일을 기준으로 4년 이내에 법 제31조의2제1항에 따른 감리 결과 법 제28조제1항 또는 제2항이나 제29조제6항을 위반한 사실이 발견되지 않은 학교법인
2. 그 밖에 대학교육기관의 종류와 경영 상황 등을 고려하여 지정외부감사대상학교법인으로 선정하기 어려운 사정이 있다고 인정되는 경우 등 교육부장관이 정하여 고시하는 사유에 해당하는 학교법인
④ 교육부장관은 외부감사인(「주식회사 등의 외부감사에 관한 법률」에 따른 감사인을 말한다. 이하 같다) 중에서 신청을 받아 법 제31조제5항제2호에 따른 외부감사인을 지정해야 한다.
⑤ 제4항에 따른 지정을 받으려는 자는 선정기준일 3개월 전까지 교육부장관이 정하여 고시하는 신청서류를 교육부장관에게 제출해야 한다.
⑥ 교육부장관은 특별한 사정이 없는 한 매년 선정기준일까지 제4항에 따른 지정을 마치고, 그 결과를 지체 없이 지정외부감사대상학교법인 및 제4항에 따라 지정된 외부감사인(이하 "지정외부감사인"이라 한다)에게 각각 통지해야 한다.
⑦ 제4항에도 불구하고 교육부장관은 다음 각 호의 어느 하나에 해당하는 자를 지정외부감사인으로 지정하지 않을 수 있다.
1. 감사보고서에 기재해야 할 사항을 기재하지 않았거나 거짓으로 기재한 혐의로 공소가 제기된 자
2. 특별한 사유 없이 제10항(제13항에 따라 준용되는 경우를 포함한다)에 따른 기간 내에 감사계약을 체결하지 않은 자
3. 제14조의3제3항제1호의 회계감사기준 또는 같은 항 제2호의 회계기준을 위반한 혐의가 인정되어 금융위원회에 통보된 자
4. 지정외부감사인신청서를 허위로 작성한 자

5. 그 밖에 외부감사인의 지위를 이용하여 감사대상자에게 부당한 비용 부담을 요구하는 경우 등 교육부장관이 정하여 고시하는 사유에 해당하는 자
⑧ 교육부장관은 지정외부감사대상학교법인으로 선정하려는 학교법인과 지정외부감사인으로 지정하려는 외부감사인에게 선정기준일 4주 전까지 그 선정 또는 지정 예정 사실을 각각 문서로 통지해야 한다. 다만, 지정외부감사대상학교법인이나 지정외부감사인을 신속하게 선정하거나 지정할 필요가 있는 경우에는 그 기간을 단축할 수 있다.
⑨ 제8항에 따른 선정 또는 지정 예정 사실을 통지받은 학교법인이나 외부감사인은 통지받은 날부터 2주 이내에 교육부장관에게 의견을 제출할 수 있으며, 교육부장관은 그 의견에 타당한 이유가 있는 경우 그 의견을 반영할 수 있다.
⑩ 제7항에 따른 지정외부감사인 지정 통지를 받은 지정외부감사대상학교법인은 선정기준일부터 2주 이내에 지정외부감사인과 감사계약을 체결해야 한다. 다만, 다음 각 호의 어느 하나에 해당하는 경우에는 지정외부감사인을 다시 지정해 줄 것을 교육부장관에게 요청할 수 있다.
1. 지정외부감사인이 「공인회계사법」 제33조나 그 밖의 법령에 따라 해당 지정외부감사대상학교법인의 외부감사인이 될 수 없는 경우
2. 지정외부감사인이 특별한 사유 없이 선정기준일부터 2주 이내에 감사계약을 체결하지 않은 경우 등 교육부장관이 정하여 고시하는 사유에 해당하는 경우
⑪ 교육부장관은 제10항 각 호 외의 부분 단서에 따른 지정외부감사인 재지정 요청이 타당하다고 인정되는 경우에는 지정외부감사인을 다시 지정할 수 있다.
⑫ 교육부장관은 제11항에 따라 지정외부감사인을 다시 지정한 경우에는 그 사실을 해당 지정외부감사대상학교법인과 새로 지정된 지정외부감사인에게 각각 통지해야 한다.
⑬ 제11항에 따라 지정외부감사인을 다시 지정한 경우의 감사계약 체결 등에 관하여는 제10항을 준용한다. 이 경우 "선정기준일"을 "통지일"로, "2주 이내"를 "4주 이내"로 본다.
⑭ 제10항(제13항에 따라 준용되는 경우를 포함한다)에 따라 감사계약을 체결한 학교법인은 감사계약을 체결한 날부터 2주 이내에 감사계약서 사본을 교육부장관에게 제출해야 한다.
⑮ 교육부장관은 법 제31조제7항에 따라 외부감사인 지정에 관한 업무를 「한국사학진흥재단법」에 따른 한국사학진흥재단(이하 "한국사학진흥재단"이라 한다)에 위탁한다.
⑯ 제1항부터 제14항까지에서 규정한 사항 외에 지정외부감사대상학교법인의 선정 절차, 지정외부감사인의 지정 절차나 그 밖에 지정외부감사대상학교법인의 선정 또는 지정외부감사인의 지정에 필요한 세부사항은 교육부장관이 정하여 고시한다.
(2022.8.9 본조신설)

제14조의3【외부회계감사에 대한 감리】 ① 법 제31조의2 제1항에 따라 교육부장관이 법 제31조제4항 후단 및 같은 조 제5항 각 호 외의 부분에 따른 외부감사보고서 및 부속서류(이하 "외부감사보고서등"이라 한다)에 대한 감리를 실시하는 경우는 다음 각 호와 같다.(2022.8.9 본문개정)
1. 법 제31조제4항에 따라 학교법인이 제출한 결산서에 대하여 법 제33조에 따른 회계규칙을 준수하였는지를 심사한 결과 이를 위반한 사실이 인정되는 경우
2. 계량적 분석 또는 무작위 표본 추출 등 교육부장관이 정하는 바에 따라 감리대상으로 선정된 경우
3. 국가기관으로부터 대학교육기관을 설치·경영하는 학교법인의 회계관련 법령 위반사실을 통보받은 경우
② 교육부장관은 감리를 위하여 필요한 경우에는 외부감사보고서등을 제출한 외부감사인에 대하여 자료의 제출, 의견의 진술 및 보고를 하게 할 수 있다.(2022.8.9 본항개정)
③ 교육부장관은 감리 결과 외부감사보고서등을 제출한 외부감사인이 다음 각 호의 어느 하나에 해당하는 기준을 위반한 혐의가 있다고 인정되는 경우에는 그 외부감사인의 명단과 해당 내용을 금융위원회에 통보해야 한다.(2022.8.9 본문개정)
1. 「주식회사 등의 외부감사에 관한 법률」 제16조에 따른 회계감사기준(2018.10.30 본호개정)
2. 학교법인의 회계감사와 관련하여 교육부장관이 금융위원회와 협의하여 고시로 정하는 기준
④ 제3항에 따라 통보를 받은 금융위원회는 그 외부감사인에 대하여 「공인회계사법」 제39조제1항 또는 제48조제2항에 따라 등록취소, 업무정지 또는 징계를 하는 경우에는 그 내용을 교육부장관에게 통보해야 한다.(2022.8.9 본항개정)
⑤ 제1항부터 제4항까지에서 규정한 사항 외에 감리의 범위·방법 등에 관하여 필요한 사항은 교육부장관이 금융위원회와 협의하여 정하고 이를 고시한다.
(2013.7.22 본조신설)

제14조의4【외부회계감사에 대한 감리 업무의 위탁】 교육부장관은 법 제31조의2제2항에 따라 외부회계감사에 대한 감리 업무를 다음 각 호의 어느 하나에 해당하는 법인 또는 단체에 위탁할 수 있다.
1. 「주식회사 등의 외부감사에 관한 법률」 제2조제7호가목에 따른 회계법인(2018.10.30 본호개정)
2. 한국사학진흥재단(2022.8.9 본호개정)
(2018.5.28 본조신설)

제14조의5【특수한 관계에 있는 법인의 범위】 법 제32조의2제4항에서 "대통령령으로 정하는 특수한 관계에 있는 법인"이란 다음 각 호의 어느 하나에 해당하는 법인을 말한다.
1. 다음 각 목의 어느 하나에 해당하는 사람이 발행주식 총수의 100분의 30 이상의 주식을 보유하거나 출자총액의 100분의 30 이상을 출자한 법인
가. 해당 대학교육기관을 설치·경영하는 학교법인의 임원이거나 임원의 임기가 만료된 후 5년이 지나지 아니한 사람
나. 해당 대학교육기관의 장이거나 해당 대학교육기관의 장에서 퇴직 후 5년이 지나지 아니한 사람
다. 제4조의2에 따른 출연 재산의 기준액 이상을 해당 대학교육기관 또는 해당 대학교육기관을 설치·경영하는 학교법인에 출연한 사람
라. 가목부터 다목까지에 해당하는 사람과 「민법」 제777조에 따른 친족관계에 있는 사람
2. 제1호 각 목의 어느 하나에 해당하는 사람을 통하여 법 제32조의2에 따른 적립금의 운영 방침을 결정하거나 해당 대학교육기관을 설치·경영하는 학교법인의 임원에 대한 임면권을 행사하는 등 대학교육기관 또는 대학교육기관을 설치·경영하는 학교법인의 운영에 대하여 지배적인 영향력을 행사할 수 있는 법인
(2018.5.28 본조신설)

제14조의6【기금운용심의회의 구성】 ① 법 제32조의3 제1항에 따른 기금운용심의회(이하 "기금운용심의회"라 한다)는 대학교육기관 및 대학교육기관을 설치·경영하는 학교법인에 각각 설치하여야 한다.
② 대학교육기관에 두는 기금운용심의회의 위원장은 대학교육기관의 장으로 하고, 대학교육기관을 설치·경영하는 학교법인에 두는 기금운용심의회의 위원장은 학교법인의 이사장으로 한다.
③ 기금운용심의회의 위원은 교원, 직원, 학생, 외부 전문가, 동문 및 학교의 발전에 도움이 될 수 있는 사람 중에서 기금운용심의회의 위원장이 임명 또는 위촉한다.
④ 법 제32조의3제2항제2호의 회계 또는 재무 관련 외부전문가는 다음 각 호의 어느 하나에 해당하는 사람으로 한다.(2022.3.22 본문개정)
1. 「금융산업의 구조개선에 관한 법률」 제2조제1호에 따른 금융기관 또는 「자본시장과 금융투자업에 관한 법률」 제258조에 따른 집합투자기구평가회사에서 자산운용 또는 위험관리·평가 분야에서 5년 이상 재직한 사람
2. 다음 각 목의 어느 하나에 해당하는 법인 또는 기관에서 재정 또는 자산운용을 담당하는 직에 5년 이상 재직한 사람
가. 「자본시장과 금융투자업에 관한 법률」 제9조제15항제3호에 따른 주권상장법인
나. 「정부기업예산법」 제2조에 따른 정부기업
다. 「공공기관의 운영에 관한 법률」 제4조제1항에 따른 공공기관
3. 「고등교육법」 제2조에 따른 학교에서 경제, 경영 또는 금융 관련 학문 분야를 연구하거나 가르치는 조교수 이상의 직에 3년 이상 재직한 사람
4. 경제, 경영 또는 금융 관련 분야의 박사 학위를 취득한 사람으로서 연구기관 또는 공공기관에서 3년 이상 재직한 경력(학위 취득 전의 경력을 포함한다)이 있는 사람(2022.8.9 본호개정)
5. 변호사 또는 공인회계사의 직에 3년 이상 재직한 사람
6. 그 밖에 기금운용심의회의 위원장이 제1호부터 제5호까지에 해당하는 사람과 동등 이상의 학식과 경험이 있다고 인정하는 사람
⑤ 기금운용심의회 위원의 임기는 2년으로 한다.
⑥ 제1항부터 제5항까지에서 규정한 사항 외에 기금운용심의회의 구성에 필요한 사항은 기금운용심의회의 의결을 거쳐 기금운용심의회의 위원장이 정한다.
(2018.5.28 본조신설)

제14조의7【기금운용심의회의 운영】 ① 다음 각 호의 어느 하나에 해당하는 사항은 기금운용심의회의 심의를 거쳐야 한다.
1. 매 회계연도 법 제32조의2제3항에 따른 기금(이하 "기금"이라 한다) 운용의 계획에 관한 사항
2. 기금 운용에 관한 지침의 제정 및 개정
3. 그 밖에 기금운용심의회의 위원장이 기금의 관리·운용과 관련하여 기금운용심의회의 심의가 필요하다고 인정하는 사항
② 기금운용심의회의 회의는 재적위원 과반수의 출석으로 개의하고, 출석위원 과반수의 찬성으로 의결한다.
③ 제1항 및 제2항에서 규정한 사항 외에 기금운용심의회의 운영에 필요한 사항은 기금운용심의회의 의결을 거쳐 기금운용심의회의 위원장이 정한다.
(2018.5.28 본조신설)

제15조【학교법인의 해산인가신청】 ① 법 제34조제2항의 규정에 의한 학교법인의 해산인가신청서에는 다음의 서류를 첨부하여야 한다.
1. 이사회회의록 사본
2. 재산목록
3. 남은 재산의 처분에 관한 사항을 기재한 서류
② 교육부장관은 법 제34조제2항에 따른 학교법인의 해산인가 신청을 받은 날부터 60일 이내에 인가 여부 또는 처리 지연 사유를 신청인에게 통지하여야 한다.
(2018.3.13 본항신설)

제15조의2【해산인가신청서의 작성 등】 ① 법 제35조의2 제2항의 규정에 의한 학교법인의 해산인가신청서에는 다음 각호의 사항이 포함되어야 한다.
1. 해산사유
2. 재학생처리계획
3. 교직원처리계획
4. 이사회회의록 사본
5. 법 제35조의2제4항제1호의 규정에 의한 해산장려금의 지급 또는 동항제2호의 규정에 의한 기본재산의 매입신청(2004.4.6 본호신설)
② 법 제35조의2제2항의 규정에 의한 학교법인의 잔여재산처분계획서에는 다음 각호의 사항이 포함되어야 한다.
1. 재산목록 및 조성경위
2. 재산감정평가내역
3. 잔여재산귀속예정자 및 귀속사유
4. 기본재산중 학교교육에 직접 사용되는 재산 내역(법 제35조의2제4항제2호의 규정에 의하여 국가 또는 지방자치단체가 재산을 매입하는 경우에 한한다)
(2004.4.6 본호신설)
5. 공익법인의 정관(법 제35조의2제7항의 규정에 의하여 공익법인의 설립을 위한 재산으로 잔여재산을 출연하는 경우에 한한다)(2004.4.6 본호개정)
(1997.12.31 본조신설)

제15조의3【사학정비심사위원회의 구성】 ① 법 제35조의2제5항의 규정에 의한 사학정비심사위원회(이하 "위원회"라 한다)는 위원장을 포함한 15인 이내의 위원으로 구성한다.(2004.4.6 본항개정)
② 위원장은 부교육감이 되고, 위원은 다음 각호의 자 중에서 교육감이 지명 또는 위촉한다.
1. 교육감소속 4급 또는 4급상당 공무원 중 5인 이내
2. 변호사·공인회계사·세무사·감정평가사의 자격이 있는 자 또는 법률학·회계학·감정평가 관련 학과목을 담당하는 부교수 이상의 직에 있거나 있었던 자 중 5인 이내
3. 당해 특별시·광역시·도·특별자치도(이하 "시·도"라 한다) 관할구역안에 소재한 사립의 초등학교·중학교 또는 고등학교를 설립·경영하는 학교법인을 대표하는 자로 구성된 단체에서 추천한 인사 5인 이내
(2006.6.23 본호개정)
③ 위원의 임기는 위촉된 날부터 법 제35조의2의 적용시한이 만료되는 날까지로 한다.
(1997.12.31 본조신설)

제15조의4【사학정비심사위원회의 업무 및 운영 등】 ① 위원회는 다음 각호의 사항을 심사한다.
1. 학교법인의 해산의 타당성 여부
2. 잔여재산처분계획의 적정성 여부
3. 법 제35조의2제4항의 규정에 의한 재정지원의 타당성 여부(2004.4.6 본호신설)
4. 기타 학교법인의 해산·잔여재산의 처분 및 재정지원에 관한 사항을 심사하기 위하여 필요한 사항(2004.4.6 본호개정)
② 위원장은 위원회를 대표하고, 위원회의 직무를 통할한다.
③ 위원회는 재적위원 3분의 2 이상의 출석으로 개의하고, 출석위원 과반수의 찬성으로 의결한다.
④ 위원장을 포함한 위원은 본인 또는 직계존비속과 직접 이해관계가 있는 안건에 관하여는 그 심사에 참여할 수 없다.
⑤ 위원회의 안건과 직접 이해관계가 있는 자는 위원회에 의견을 제출할 수 있다.
⑥ 위원회는 업무수행을 위하여 필요한 때에는 이해관계인에게 출석을 요구하고 그 의견을 청취할 수 있다.
⑦ 위원회는 업무수행을 위하여 필요한 때에는 관계공무원 또는 관계전문가에게 출석을 요구하고 그 의견을 듣거나 관계 기관·단체 등에 대하여 필요한 자료 및 의견의 제출 등 협조를 요청할 수 있다.
⑧ 위원회의 위원장·위원 기타 위원회에 출석한 관계공무원 또는 관계전문가에 대하여는 예산의 범위안에서 수당과 여비를 지급할 수 있다. 다만, 공무원이 그 소관업무와 직접 관련하여 출석하는 경우에는 그러하지 아니하다.
⑨ 제15조의3 및 제15조의4에 규정한 것외에 위원회의 운영에 관하여 필요한 사항은 위원회의 의결을 거쳐 위원장이 정한다.
(1997.12.31 본조신설)

제16조【합병인가신청】 ① 법 제36조제3항에 따른 학교법인의 합병인가신청서에는 다음의 서류를 첨부해야 한다.(2022.8.9 본문개정)
1. 합병이유서
2. 법 제36조제1항에 따른 동의를 입증하는 각 학교법인의 이사회회의록 사본(2022.8.9 본호개정)
3. 법 제39조에 따라 각 학교법인이 선임한 자임을 입증하는 서류(2022.8.9 본호개정)
4. 합병약정서
5. 합병 후 존속하는 학교법인 또는 합병으로 인하여 설립되는 학교법인의 정관(2022.8.9 본호개정)

6. (1998.11.3 삭제)
7. 합병 전의 각 학교법인의 재산목록 및 재무상태표(2022.8.9 본호개정)
8. 재산의 소유권을 증명하는 서류
9. 합병 후 존속하는 학교법인 또는 합병으로 인하여 설립되는 학교법인에 대한 제4조제1항제9호부터 제14호까지의 규정에 따른 서류(합병 후 존속하는 학교법인의 임원으로서 계속 재임되는 임원의 경우에는 제4조제1항제9호부터 제12호까지의 규정에 따른 서류를 생략할 수 있다)(2022.8.9 본호개정)

② 제1항에 따른 합병인가 신청에 관하여는 제4조제2항 및 제5항을 준용한다. 이 경우 "제1항제3호"는 "제1항제7호"로, "설립허가신청서"는 "합병인가신청서"로 본다.
(2022.8.9 본항개정)

③ 교육부장관은 법 제36조제3항에 따른 학교법인의 합병인가 신청을 받은 날부터 60일 이내에 인가 여부 또는 처리 지연 사유를 신청인에게 통지해야 한다.(2022.8.9 본항개정)

제17조【국가의 지원대상】 ① 법 제43조제1항의 규정에 의하여 국가가 사립학교교육의 지원을 위하여 행하는 보조 또는 지원은 다음 각호의 1에 해당하는 학교법인에 대하여 행한다.(1990.7.19 본문개정)
1. 실업학교를 설치·경영하는 학교법인
2. 국가가 필요로 하는 특수한 학과 또는 학교를 설치·경영하는 학교법인
3. 천재·지변 기타 재해로 인하여 학교경영에 재정적 곤란을 받는 학교법인
4. 특수학교를 설치·경영하는 학교법인
5. 기타 특히 국가의 지원이 필요하다고 인정되는 학교법인(1990.7.19 본호개정)

② 제1항의 보조 또는 지원에 관하여 필요한 사항은 교육부령으로 정한다.(2013.3.23 본항개정)
(1990.7.19 본조제목개정)

제18조【해산된 학교법인 등에 대한 기록물 관리】 ① 법 제48조의2제1항 각 호 외의 부분에서 "학적부, 조직·회계·예산 관련 자료 등 대통령령으로 정하는 보관 중인 기록물"이란 다음 각 호의 기록물을 말한다.
1. 학적부
2. 조직·회계·예산 관련 자료
3. 그 밖에 업무와 관련하여 생산하거나 접수한 문서·도서·대장·카드·도면·시청각물·전자문서 등의 각종 기록물 중에서 보존할 가치가 있다고 인정되는 기록물

② 제1항제2호 및 제3호에 따른 기록물의 세부 범위는 교육부장관이 정하여 고시한다.

③ 법 제48조의2제1항 각 호의 자는 해당 학교법인의 해산인가·해산명령이나 학교의 폐지인가·폐쇄명령을 받은 날부터 3개월 이내에 제1항 각 호의 기록물을 교육부장관에게 제출해야 한다.

④ 교육부장관은 법 제48조의2제2항에 따라 한국사학진흥재단을 전담기관으로 지정한 경우에는 제3항에 따라 제출받은 기록물을 지체 없이 한국사학진흥재단에 이관해야 한다.

⑤ 한국사학진흥재단은 제4항에 따라 이관된 기록물의 효율적인 관리를 위하여 필요한 내부규정을 마련하여 운영해야 한다. 이 경우 내부규정에는 다음 각 호의 사항이 포함되어야 한다.
1. 기록물의 관리에 관한 주요 사항을 심의하기 위한 기록물관리위원회의 구성 및 운영에 관한 사항
2. 기록물의 분류에 관한 사항
3. 기록물의 보존 기간 및 보존 방법에 관한 사항
4. 기록물의 공개, 열람 및 활용에 관한 사항
5. 기록물의 폐기에 관한 사항
6. 그 밖에 교육부장관이 기록물의 관리를 위하여 필요하다고 인정하는 사항

(2020.9.25 본조신설)

제19조【학교법인으로의 조직변경을 위한 인가신청】 ① 민법에 의한 재단법인이 법 제50조의 규정에 의하여 학교법인으로 조직을 변경하기 위한 인가신청서에는 다음의 서류를 첨부하여야 한다.
1. 조직변경이유서
2. 정관(신·구)
3. 이사회회의록 사본
4. 제4조제1항제3호 내지 제14호의 서류(이 경우에 제14호중 "설립후"는 "조직 변경후"로 한다)

② 제4조제2항 내지 제5항의 규정은 제1항의 경우에 준용한다.(1976.1.16 본항개정)

제20조【조직변경으로 인한 학교법인의 설립등기】 민법에 의한 재단법인이 법 제50조의 규정에 의하여 그 조직을 변경하여 학교법인으로 되는 경우의 그 학교법인의 설립등기에 관하여는 법 제8조의 규정에 의한다. 이 경우에 법 제8조중 "설립허가"를 "조직변경의 인가"로 한다.

제21조【교사의 신규채용】 ① 법 제53조의2제10항에 따른 공개전형은 같은 조 제1항에 따른 교원의 임용권자가 실시한다. 이 경우 임용권자는 해당 학교가 소재하는 교육감에게 그 전형을 위탁하여 실시할 수 있다.
(2018.5.28 전단개정)

② 제1항에 따른 공개전형에 응시할 수 있는 자격에 대해서는 「교육공무원임용령」 제11조의3을 준용한다.
(2021.6.22 본항개정)

③ 임용권자는 교원을 신규로 채용하려는 경우에는 지원 마감일 30일 전까지 일간신문 또는 인터넷 그 밖의 정보통신 매체를 통하여 채용분야·채용인원 및 지원자격 등에 관한 사항을 공고하여야 한다.

④ 제1항에 따른 공개전형은 필기시험·실기시험 및 면접시험 등의 방법으로 하며, 그 밖에 공개전형의 시행에 필요한 사항은 교원인사위원회의 심의를 거쳐 임용권자가 정한다.

⑤ 임용권자는 공개전형에 응시한 사람이 전형결과 등의 공개를 요구할 경우에는 「공공기관의 정보공개에 관한 법률」 제9조제1항에 따라 공개하지 아니할 수 있는 정보를 제외하고는 공개하여야 한다. 이 경우 전형결과 등의 공개에 관한 세부사항은 정관 또는 규칙으로 정할 수 있다.(2022.2.11 후단개정)

⑥ 제4항에도 불구하고 법 제53조의2제11항 본문에 따라 「초·중등교육법」 제19조에 따른 교원의 임용권자가 필기시험을 시·도 교육감에게 위탁하여 실시하는 경우에는 그 필기시험의 시기, 방법 등 시행에 필요한 세부사항을 시·도 교육감과 협의하여 정해야 한다.(2022.3.22 본항신설)

⑦ 법 제53조의2제11항 단서에 따라 「초·중등교육법」 제19조에 따른 교원의 임용권자는 공개전형을 실시할 때 채용과목의 특성, 평가 방법의 타당성 등을 고려하여 필기시험을 다른 방법의 시험으로 대체할 필요가 있다고 인정하는 경우에는 시·도 교육감의 승인을 받아 공개전형에 필기시험을 포함하지 않을 수 있다.(2022.3.22 본항신설)

⑧ 법 제53조의2제11항 단서에 따라 「초·중등교육법」 제19조에 따른 교원의 임용권자는 다음 각 호의 어느 하나에 해당하는 경우에는 시·도 교육감의 승인을 받아 필기시험의 실시를 시·도 교육감에게 위탁하지 않을 수 있다.
1. 학교법인 또는 사립학교경영자가 교원의 인건비에 대하여 국가 또는 지방자치단체로부터 법 제35조제5항 또는 제43조제1항에 따른 보조금을 지원받지 않는 경우
2. 학교법인 또는 사립학교경영자가 「교육공무원임용령」 제11조에 따른 공개전형의 필기시험에 포함되지 않는 과목을 담당하는 교원을 채용하는 경우

(2022.3.22 본항신설)
(2016.8.2 본조개정)

제22조 (1990.7.19 삭제)

제22조의2 (1981.5.21 삭제)

제22조의3【학력평가】 ① 시·도의 교육감은 관할구역내에 소재하는 사립중학교 또는 고등학교의 교사 임용권자에게 편의를 제공하기 위하여 필요하다고 인정할 때에는 당해 사립중학교 또는 고등학교의 교사에 임용될 것을 희망하는 자에 대한 학력평가를 행하고, 그 학력평가 사항을 기재한 명부를 비치할 수 있다.(2006.6.23 본항개정)

② 제1항의 규정에 의한 학력평가의 범위·방법·절차와 명부작성에 관하여 필요한 사항은 교육규칙으로 정한다.
(1990.7.19 본조개정)

제23조【교원의 임용 보고】 법 제54조제1항에 따라 교원의 임용 보고를 할 경우에는 교육부장관이 정하여 고시하는 서식에 따른다. 다만, 고등학교 이하 각급학교 교원의 임용 보고는 관할청이 정하여 고시하는 서류를 첨부하게 할 수 있다.(2016.8.2 본조개정)

제24조【관할청의 교원의 해직 또는 징계의 요구】 사립학교의 관할청이 법 제54조제3항의 규정에 의하여 사립학교교원의 해직 또는 징계를 요구함에 있어서는 다음의 사항을 기재한 서류를 첨부하여야 한다.(1990.7.19 본문개정)
1. 해직 또는 징계요구의 대상자 및 그 인적사항
2. 해직 또는 징계의 구별(징계의 경우에는 그 종류)
3. 해직 또는 징계요구의 사유

(1990.7.19 본조제목개정)

제24조의2【의원면직 제한사유의 통보 등】 ① 법 제62조제1항 본문에 따른 교원징계위원회는 의원면직을 신청한 교원이 법 제61조의2제4항제2호에 해당하는 경우에는 다른 징계사건에 우선하여 징계 여부를 결정해야 한다.

② 감사·조사 및 수사기관의 장은 법 제61조의2제1항제2호에 따라 의원면직의 제한대상에 해당하는지 여부의 확인 요청을 받은 때에는 그 요청을 받은 날부터 10일 이내에 확인 결과를 해당 학교 교원의 임용권자에게 통보해야 한다.
(2022.2.11 본조개정)

제24조의3【겸직 허가의 기준 및 절차】 ① 법 제55조제2항에서 "대통령령으로 정하는 기준을 충족하는 병원"이란 해당 대학의 부속병원이 아닌 병원 중 「대학설립·운영 규정」 제4조제2항제3호 각 목의 구분에 따른 기준을 충족하는 병원을 말한다.

② 법 제55조제3항에 따른 겸직 허가의 기준은 임상교육과정, 겸직 허가 대상 교원의 전공 및 진료과목, 법 제55조제2항에 따른 병원(이하 "협력병원"이라 한다)의 시설 여건 등을 고려하여 대학의 장이 정한다. 이 경우 소속 교원 중 겸직을 허가할 수 있는 교원의 수는 별표1의 기준에 따라 산정한 수 이내로 정하여야 한다.(2018.5.28 후단개정)

③ 대학의 장은 제2항에 따라 겸직 허가의 기준을 정할 때에는 미리 협력병원의 장의 의견을 들어야 한다.

④ 대학의 장은 법 제55조제2항에 따라 겸직 허가를 할 때에는 법 제53조의4에 따른 교원인사위원회의 심의를 거쳐야 하며, 구체적인 심의 기준 및 절차는 정관에서 정하는 바에 따른다.(2016.8.2 본항개정)
(2012.7.24 본조신설)

제24조의4【겸직교원의 직무와 보수】 ① 법 제55조제2항에 따라 협력병원에 겸직하는 교원(이하 "겸직교원"이라 한다)은 협력병원의 정관과 관련 규정을 준수하고 병원업무를 성실하게 수행하여야 한다.

② 협력병원의 장은 겸직교원이 제1항을 위반하거나 법 제61조제1항 각 호의 어느 하나에 해당하는 경우에는 협력병원의 정관 또는 관련 규정에서 정하는 절차를 거쳐 대학의 장에게 겸직해제 등 적절한 조치를 하도록 요구할 수 있다.

③ 겸직교원의 보수는 정관에서 정하는 바에 따라 원 소속기관인 대학에서 지급한다.

④ 협력병원은 겸직교원에 대하여 협력병원의 정관 또는 관련 규정에서 정하는 바에 따라 수당을 지급할 수 있다.
(2012.7.24 본조신설)

제24조의5【직위해제 대상 비위행위】 법 제58조의2제1항제4호에서 "금품비위, 성범죄 등 대통령령으로 정하는 비위행위"란 다음 각 호의 행위를 말한다.
1. 「국가공무원법」 제78조의2제1항제1호에 해당하는 행위
2. 다음 각 목의 어느 하나에 해당하는 것을 횡령(橫領), 배임(背任), 절도, 사기 또는 유용(流用)하는 행위
   가. 「국가공무원법」 제78조의2제1항제2호 각 목의 어느 하나에 해당하는 것
   나. 법 제29조(법 제51조에서 준용하는 경우를 포함한다)에 따른 회계에 속하는 수입이나 재산
   다. 법 제32조의2에 따른 적립금
3. 「성폭력범죄의 처벌 등에 관한 특례법」 제2조에 따른 성폭력범죄 행위
4. 「성매매알선 등 행위의 처벌에 관한 법률」 제4조에 따른 금지행위
5. 교원으로서의 품위를 크게 손상하여 그 직위를 유지하는 것이 부적절하다고 판단되는 행위

(2016.8.2 본조신설)

제24조의6【육아 등의 사유로 휴직하는 교원의 신분 및 처우】 법 제59조제1항제7호 및 제7호의2에 따른 사유로 휴직하는 교원의 신분 및 처우에 관하여는 「교육공무원승진규정」 제11조제1항제1호나목, 「공무원보수규정」 제15조제6호 및 「공무원수당 등에 관한 규정」 제11조의3 등 국립·공립 학교의 교원이 해당 사유로 휴직하는 경우에 적용되는 규정을 준용한다.(2020.9.25 본조신설)

제24조의7【교원징계위원회의 설치 등】 ① 법 제62조제1항에 따른 교원징계위원회(이하 "교원징계위원회"라 한다)는 학교법인 또는 사립학교경영자별로 설치하되, 법 제53조의2제2항에 따라 교원의 임용권이 학교의 장에게 위임된 경우에는 해당 학교에 따로 설치할 수 있다.

② 교원징계위원회의 위원 수는 법 제62조제2항에 따라 학교의 규모별로 다음 각 호의 구분에 따른 범위에서 정해야 한다.
1. 학생 수가 200명 미만인 학교 : 5명 이상 9명 이하
2. 학생 수가 200명 이상인 학교 : 9명 이상 11명 이하

(2022.3.22 본항신설)
(2022.3.22 본조개정)

제24조의8【징계위원회의 위원장】 ① 교원징계위원회의 위원장은 위원중에서 호선한다.(1990.7.19 본항개정)

② 교원징계위원회의 위원장은 위원회를 대표하며, 업무를 총괄한다.(2019.7.2 본항개정)

③ 위원장은 교원징계위원회의 회의를 소집하고 그 의장이 된다.

④ 위원장이 사고가 있을 때에는 위원중에서 연장자가 그 직무를 대행한다.
(1981.5.21 본조신설)

제24조의9【징계심의위원회의 구성 등】 ① 법 제62조의3제1항에 따른 징계심의위원회(이하 "징계심의위원회"라 한다)의 위원장, 징계의결의 기한 및 징계심의위원회 위원의 기피 등에 관하여는 제24조의8, 제24조의10 및 제24조의11의 규정을 준용한다. 이 경우 "교원징계위원회"는 "징계심의위원회"로 본다.

② 제1항에서 규정한 사항 외에 징계심의위원회의 구성 및 운영 등에 필요한 사항은 징계심의위원회의 의결을 거쳐 징계심의위원회의 위원장이 정한다.
(2022.3.22 본조신설)

제24조의10【징계의결의 기한】 ① 교원징계위원회는 법 제64조에 따라 징계의결을 요구받거나 법 제66조의2제3항에 따라 징계의결 재심의를 요구받았을 때에는 그 요구서를 받은 날부터 60일[「국가인권위원회법」 제2조제3호라목에 따른 성희롱 행위 등 성(性) 관련 비위만을 징계사유로 하는 경우에는 30일] 이내에 징계에 관한 의결을 해야 한다. 다만, 부득이한 사유가 있을 때에는 해당 교원징계위원회의 의결로 30일의 범위에서 한 번만 그 기한을 연기할 수 있다.

② 법 제64조에 따라 징계의결이 요구되거나 법 제66조의2제3항에 따라 징계의결의 재심의가 요구된 사건에 대한 징계 절차의 진행이 법 제66조의3에 따라 중지된 경우 그 중지된 기간은 제1항에 따른 징계의결 기간에 포함되지 않는다.
(2022.3.22 본조개정)

제24조의11【위원의 기피 등】 ① 징계대상자는 교원징계위원회 위원이 불공정한 의결을 할 우려가 있다고 인정할 만한 상당한 사유가 있을 때에는 그 사실을 서면으로 소명하고 기피를 신청할 수 있다.
② 제1항의 규정에 의한 기피 신청이 있는 때에는 위원회의 의결로 기피 여부를 결정하여야 한다. 이 경우 기피신청을 받은 자는 그 의결에 참여하지 못한다.
③ 법 제63조에 따른 제척 또는 제1항에 따른 기피로 교원징계위원회의 출석위원이 재적위원의 3분의 2에 미달되어 징계사건을 심리할 수 없게 된 때에는 교원징계위원회의 위원장은 위원의 수가 재적위원 수의 3분의 2 이상이 될 수 있도록 위원의 임명권자 또는 위촉권자에게 임시 위원의 임명 또는 위촉을 요청하여야 한다.(2016.8.2 본항개정)
(2016.8.2 본조제목개정)
(1990.7.19 본조신설)

제25조【교원의 징계의결의 요구 등】 사립학교 교원의 임용권자가 법 제64조에 따라 징계의결을 요구하거나 법 제66조의2제3항에 따라 징계의결 재심의를 요구할 때에는 징계의결 요구서 또는 징계의결 재심의 요구서에 다음 각 호의 서류를 첨부해야 한다.(2022.3.22 본문개정)
1. 징계혐의자의 인적사항을 기재한 서류
2. 징계의 종류와 양을 기재한 서류
3. 징계사유서와 징계요구자의 의견서
4. 징계혐의사실을 입증하는 증거서류
5. 징계혐의자의 이력서
6. 근무성적표
7. 징계 사유가 「교육공무원법」 제52조제1호부터 제4호까지의 행위 또는 「양성평등기본법」 제3조제2호에 따른 성희롱에 해당하는 경우에는 정신건강의학과 의사, 심리학자 등 관련 전문가가 작성한 별지 서식의 전문가 의견서. 다만, 본문에 따른 징계 사유와 관련하여 검찰·경찰 등 수사기관에서 공소장, 혐의자·관련자·관련증인에 대한 신문조서 및 진술서 등 수사기록이 통보된 경우는 제외한다.(2021.6.22 본호신설)
(2022.3.22 본조제목개정)

제25조의2【징계기준】 ① 교원징계위원회는 법 제66조제1항에 따라 징계의결을 할 때에는 법 제61조제1항 각 호의 어느 하나에 해당하는 행위의 유형, 정도, 징계의결이 요구된 교원의 근무태도, 근무성적, 공적(功績), 뉘우치는 정도, 징계요구의 내용, 과실의 경중(輕重), 그 밖의 사정 등을 고려하여 교육부령으로 정하는 기준에 따라야 한다.
② 교원징계위원회가 징계 사건을 의결할 때에는 그 의결 대상이 다음 각 호의 어느 하나에 해당하는 경우 그 비위행위자뿐만 아니라 해당 각 호에서 정한 사람에 대해서도 책임을 물어야 한다.
1. 의결 대상이 직무와 관련한 금품수수 비위 사건인 경우 : 해당 비위와 관련된 감독자 및 그 비위행위의 제안·주선자
2. 의결 대상이 부작위 또는 직무태만으로 학생의 학습권을 침해한 비위 사건인 경우 : 해당 비위와 관련된 감독자
③ 제1항에도 불구하고 비위의 정도가 약하고 과실로 인한 비위로서 다음 각 호의 어느 하나에 해당하는 경우에는 징계를 의결하지 않을 수 있다.
1. 업무처리 절차·방식을 창의적으로 개선하는 등 성실하고 능동적으로 업무를 처리하는 과정에서 발생한 것으로 인정되는 경우
2. 업무를 적극적으로 수행하는 과정에서 발생한 것으로서 업무를 수행할 당시의 여건 또는 그 밖의 사회통념에 비추어 적법하게 처리될 것이라고 기대하기가 극히 곤란했던 것으로 인정되는 경우
3. 제25조의4제2항에 따른 감경 제외 대상이 아닌 비위 중 직무와 관련이 없는 사고로 인한 비위로서 사회통념에 비추어 교원의 품위를 손상하지 않았다고 인정되는 경우
(2019.10.8 본조신설)

제25조의3【비위행위자와 감독자에 대한 문책기준】
① 같은 사건에 관련된 비위행위자와 감독자에 대해서는 업무의 성질 및 업무와의 관련 정도 등을 고려하여 징계를 의결해야 한다. 이 경우 비위행위자와 감독자에 대한 세부적인 문책기준은 교육부령으로 정한다.
② 제1항에도 불구하고 비위행위자 또는 감독자가 다음 각 호의 어느 하나에 해당하는 경우로서 교육부령으로 정하는 경우에는 징계의결을 하지 않을 수 있다.
1. 해당 비위를 발견하여 보고했거나 이를 적법·타당하게 조치한 경우
2. 비위의 정도가 약하고 경과실인 경우
3. 행위 당시의 여건, 그 밖에 사회통념상 적법하게 처리할 것을 기대하기가 극히 곤란하다고 인정되는 경우
4. 감독자가 철저하게 감독했다는 사실이 증명되는 경우
(2019.10.8 본조신설)

제25조의4【징계의 감경기준】 ① 교원징계위원회는 법 제64조에 따라 징계의결이 요구되거나 법 제66조의2제3항에 따라 징계의결 재심의가 요구된 교원에게 다음 각 호의 어느 하나에 해당하는 공적이 있는 경우에는 징계를 감경할 수 있다. 다만, 해당 교원이 징계처분을 받은 사실이 있는 등 교육부령으로 정하는 사유가 있는 경우에는 그 사유가 발생하기 전의 공적은 감경대상 공적에서 제외한다.(2022.3.22 본문개정)
1. 「상훈법」에 따른 훈장 또는 포장을 받은 공적
2. 「정부 표창 규정」에 따라 국무총리 이상의 표창을 받은 공적〔교사의 경우에는 중앙행정기관의 장인 청장(차관급 상당 기관장을 포함한다) 이상 또는 교육감 이상의 표창을 받은 공적〕
② 제1항에도 불구하고 다음 각 호의 어느 하나에 해당하는 경우에는 징계를 감경할 수 없다.
1. 법 제66조의4제1항에 따라 징계의결 요구 시효가 5년인 징계 사유에 해당하는 비위로 징계의 대상이 된 경우
2. 시험문제를 유출하거나 학생의 성적을 조작하는 등 학생 성적과 관련한 비위 및 학교생활기록부 허위사실 기재 또는 부당 정정(訂正) 등 학교생활기록부와 관련한 비위로 징계의 대상이 된 경우
3. 「교육공무원법」 제52조제1호부터 제4호까지의 규정에 따른 성 관련 비위로 징계의 대상이 된 경우
(2022.2.11 본호개정)
4. 「도로교통법」 제44조제1항에 따른 음주운전 또는 같은 조 제2항에 따른 음주측정에 대한 불응의 경우
5. 학생에게 신체적·정신적·정서적 폭력 행위를 하여 징계의 대상이 된 경우
6. 신규채용, 승진, 전보 등 인사와 관련된 비위인 경우
7. 「학교폭력예방 및 대책에 관한 법률」에 따른 학교폭력을 고의로 은폐하거나 대응하지 않은 경우
8. 소속 기관 내의 제3호에 따른 성 관련 비위를 고의로 은폐하거나 대응하지 않아 징계의 대상이 된 경우
9. 제3호에 따른 성 관련 비위의 피해자에게 2차 피해(피해자 신상정보의 유출, 피해자 권리구제의 방해, 피해자에 대한 폭행·폭언, 그 밖에 피해자의 의사에 반하는 일체의 불리한 처우를 말한다)를 입혀 징계의 대상이 된 경우
10. 「공직선거법」상 처벌 대상이 되는 행위로 징계의 대상이 된 경우
11. 부작위 또는 직무태만으로 징계의 대상이 된 경우
③ 교원징계위원회는 법 제64조에 따라 징계의결이 요구되거나 법 제66조의2제3항에 따라 징계의결 재심의가 요구된 사람의 비위가 성실하고 능동적인 업무처리 과정에서 과실로 생긴 것으로 인정되거나, 제2항에 따른 감경 제외 대상이 아닌 비위 중 직무와 관련이 없는 사고로 인한 비위라고 인정될 때에는 그 사정을 고려하여 징계를 감경할 수 있다.(2022.3.22 본항개정)
④ 제1항 및 제3항에 따른 징계 감경의 세부적인 기준은 교육부령으로 정한다.
(2019.10.8 본조신설)

제26조【징계의결서의 작성요령】 법 제66조제2항 또는 제66조의2제4항에 따른 징계의결서의 이유에는 징계의 원인이 된 사실, 증거의 판단과 적용법령을 명시해야 한다.(2022.3.22 본조개정)

제27조【보직 등 관리의 원칙】 ① 법 제66조의6제1항에서 "「교육공무원법」 제52조 각 호의 어느 하나에 해당하는 등 대통령령으로 정하는 사유에 해당하는 경우"란 다음 각 호의 경우를 말한다.
1. 「교육공무원법」 제52조 각 호의 어느 하나에 해당하는 경우
2. 「양성평등기본법」 제3조제2호에 따른 성희롱에 해당하는 경우
② 법 제66조의6제1항에서 "대통령령으로 정하는 기간"이란 다음 각 호의 구분에 따른 기간을 말한다.
1. 파면·해임 : 10년
2. 강등 : 9년(2022.2.11 본호신설)
3. 정직 : 7년
4. 감봉·견책 : 5년
(2021.6.22 본조신설)

제27조의2【사무직원의 신규채용】 ① 법 제70조의3제1항에 따른 공개전형은 법 제70조의2제2항에 따른 사무직원의 임용권자(이하 이 조에서 "사무직원임용권자"라 한다)가 실시한다.
② 사무직원임용권자는 시·도 교육감에게 제1항에 따른 공개전형을 위탁하여 실시할 수 있다.
③ 법 제70조의3제3항에 따라 사무직원으로 임용될 수 없는 사람은 제1항에 따른 공개전형에 응시할 수 없다. 이 경우 응시 결격사유 해당 여부는 해당 공개전형의 최종시험 시행예정일을 기준으로 판단한다.
④ 사무직원임용권자가 제1항에 따른 공개전형을 실시하는 경우에는 채용분야·채용인원 및 지원자격 등에 관한 사항을 지원 마감일 20일 전까지 시·도 교육청 및 학교의 인터넷 홈페이지 등에 공고해야 한다.
⑤ 제1항에 따른 공개전형은 필기시험, 실기시험, 면접시험 및 서류전형 등 채용하려는 직무분야의 능력을 객관적으로 평가할 수 있는 방법으로 한다.
⑥ 사무직원임용권자는 제1항에 따른 공개전형에 응시한 사람이 전형결과 등의 공개를 요구할 경우에는 「공공기관의 정보공개에 관한 법률」 제9조제1항에 따라 공개하지 않을 수 있는 정보를 제외하고는 공개해야 한다. 이 경우 전형결과 등의 공개에 필요한 세부사항은 정관 또는 규칙으로 정할 수 있다.
⑦ 제1항부터 제6항까지에서 규정한 사항 외에 사무직원 공개전형의 실시에 필요한 사항은 사무직원임용권자가 정한다.
(2022.2.11 본조신설)

제28조【권한의 위임】 교육부장관은 법 제71조에 따라 법 제4조제1항제2호에 따른 학교법인에 관한 다음 각 호의 권한을 시·도 교육감에게 위임한다.(2013.3.23 본문개정)
1. 법 제10조제1항에 따른 설립허가
2. 법 제34조제2항에 따른 해산인가
3. 법 제36조제2항에 따른 합병인가
4. 법 제45조제2항에 따른 정관변경 보고의 접수
(2012.7.5 본호개정)
4의2. 법 제45조제3항에 따른 시정 또는 변경 명령
(2012.7.5 본호신설)
5. 법 제47조제1항에 따른 해산명령
6. 법 제47조의2에 따른 청문(제5호에 따라 위임된 사항에 한정한다)
(2011.6.9 본조개정)

제28조의2【사적 이해관계의 신고 대상】 법 제72조의5제2항제3호에 따라 사립학교경영자, 학교법인의 임직원 및 사립학교의 장과 교직원(이하 "사학기관종사자"라 한다)은 다음 각 호의 어느 하나에 해당하는 경우에는 정관 또는 규칙으로 정하는 자에게 해당 사실을 신고해야 한다. 다만, 사학기관종사자가 정관 또는 규칙으로 정하는 단순 업무를 수행하는 경우에는 신고하지 않을 수 있다.
1. 사학기관종사자 자신이 법 제72조의5제2항제1호 각 목의 직무관련자(이하 "직무관련자"라 한다)인 경우
2. 사학기관종사자의 4촌 이내의 친족(「민법」 제767조에 따른 친족을 말한다)이 직무관련자인 경우
3. 사학기관종사자 자신이 2년 이내에 재직했던 법인·단체가 직무관련자인 경우
4. 사학기관종사자 자신 또는 그 가족(「민법」 제779조에 따른 가족을 말한다. 이하 같다)이 임직원 또는 사외이사로 재직하고 있는 법인·단체가 직무관련자인 경우
5. 사학기관종사자 자신 또는 그 가족이 직무관련자를 대리하거나 직무관련자에게 고문·자문 등을 제공하거나 해당 대리·고문·자문 등의 업무를 하는 법인·단체에 소속되어 있는 경우
6. 사학기관종사자 자신 또는 그 가족이 정관 또는 규칙으로 정하는 일정 비율 이상의 주식·지분, 자본금 등을 소유하고 있는 법인·단체가 직무관련자인 경우
7. 그 밖에 정관 또는 규칙으로 정하는 바에 따라 공정한 직무수행이 어려운 관계에 있다고 인정되는 자가 직무관련자인 경우
(2022.3.22 본조신설)

제28조의3【고유식별정보의 처리】 ① 교육부장관, 교육감 및 사립학교 교원의 임용권자는 다음 각 호의 사무를 수행하기 위하여 불가피한 경우 「개인정보 보호법 시행령」 제19조제1호에 따른 주민등록번호가 포함된 자료를 처리할 수 있다.(2016.8.2 본문개정)
1. 법 제54조에 따른 임용에 관한 보고 및 해임 등의 요구에 관한 사무(2016.8.2 본호개정)
2. 법 제54조의3에 따른 임명의 제한에 관한 사무
3. 법 제64조에 따른 징계의결의 요구에 관한 사무
② 교육부장관, 교육감 및 이사회는 법 제22조에 따른 임원의 결격사유 확인에 관한 사무를 수행하기 위하여 불가피한 경우 「개인정보 보호법 시행령」 제19조제1호에 따른 주민등록번호가 포함된 자료를 처리할 수 있다.
(2020.3.10 본항신설)
(2014.8.6 본조신설)

제28조의4【규제의 재검토】 교육부장관은 다음 각 호의 사항에 대하여 다음 각 호의 기준일을 기준으로 3년마다(매 3년이 되는 해의 기준일과 같은 날 전까지를 말한다) 그 타당성을 검토하여 개선 등의 조치를 해야 한다.
(2022.3.22 본문개정)
1. 제7조의2에 따른 개방이사의 추천·선임 등 : 2022년 1월 1일
2. 제9조의2에 따른 시정요구 없는 임원취임의 승인취소에 대한 세부기준 : 2022년 1월 1일
3. 제9조의4에 따른 교육경험의 범위 : 2022년 1월 1일
(2022.3.22 1호~3호신설)
4. 제11조에 따른 기본재산의 처분 등 : 2017년 1월 1일
5. 제12조에 따른 처분할 수 없는 재산의 범위 등 : 2017년 1월 1일
6. 제14조의2제1항에 따른 지정외부감사대상학교법인 선정 기준 : 2023년 1월 1일(2022.8.9 본호신설)
7. 제21조제7항 및 제8항에 따른 교원의 신규채용 시 필기시험 실시의 예외 및 시·도교육감 위탁 실시의 예외 : 2022년 3월 25일(2022.3.22 본호신설)
(2016.12.30 본조개정)

제29조【과태료의 부과기준】 법 제74조제1항부터 제4항까지의 규정에 따른 과태료의 부과기준은 별표2와 같다.(2020.3.10 본조개정)

제30조 (2013.7.22 삭제)

부 칙 (2013.7.22)

제1조【시행일】 이 영은 2013년 7월 24일부터 시행한다.

제2조【공인회계사를 감사로 선임하여야 하는 학교법인의 확대에 관한 경과조치】 이 영 시행 전에 종전의 규정에 따라 공인회계사의 자격을 가진 사람을 감사로 선임

하지 아니한 학교법인에 대해서는 이 영 시행 후 임기만료 등으로 감사를 선임할 때까지는 제9조의4 단서의 개정규정에도 불구하고 종전의 규정에 따른다.

부 칙 (2018.3.13)

제1조【시행일】 이 영은 공포 후 1개월이 경과한 날부터 시행한다.
제2조 (생략)
제3조【「사립학교법 시행령」 개정에 관한 적용례】 ① 「사립학교법 시행령」 제11조제6항의 개정규정은 이 영 시행 이후 「사립학교법」 제28조제1항에 따른 학교법인의 기본재산 매도·증여·교환 또는 담보제공이나 용도변경 또는 의무의 부담이나 권리의 포기에 관한 허가신청·신고를 하는 경우부터 적용한다.
② 「사립학교법 시행령」 제15조제2항의 개정규정은 이 영 시행 이후 「사립학교법」 제34조제2항에 따른 학교법인의 해산인가를 신청하는 경우부터 적용한다.
③ 「사립학교법 시행령」 제16조제3항의 개정규정은 이 영 시행 이후 「사립학교법」 제36조제3항에 따른 학교법인의 합병인가를 신청하는 경우부터 적용한다.
제4조 (생략)

부 칙 (2018.6.26)

제1조【시행일】 이 영은 공포한 날부터 시행한다.
제2조【의견 청취에 관한 적용례】 제9조의6제4항 및 제5항의 개정규정은 이 영 시행 당시 법 제25조의3제1항에 따른 조정위원회의 심의가 계속 중인 경우에도 적용한다.

부 칙 (2019.3.19)

제1조【시행일】 이 영은 2019년 3월 19일부터 시행한다.
제2조【징계의결의 기한에 관한 경과조치 등】 ① 이 영 시행 전에 교원징계위원회가 징계의결 요구를 받은 경우에는 제24조의8제1항 본문의 개정규정에도 불구하고 종전의 제24조의8 본문에 따른다.
② 제24조의8제2항의 개정규정은 이 영 시행 전에 교원징계위원회에 징계의결이 요구된 사건에 대해서도 적용한다.

부 칙 (2019.7.2)

이 영은 공포한 날부터 시행한다.(이하 생략)

부 칙 (2019.10.8)

이 영은 2019년 10월 17일부터 시행한다.

부 칙 (2020.3.3)

이 영은 공포한 날부터 시행한다.

부 칙 (2020.3.10)

제1조【시행일】 이 영은 공포한 날부터 시행한다.
제2조【과태료의 부과기준에 관한 경과조치】 이 영 시행 전의 위반행위로 받은 과태료 부과처분은 별표2 제2호 가목2)·4) 및 같은 호 다목의 개정규정에 따른 위반행위의 횟수 산정에 포함하지 않는다.

부 칙 (2020.9.25)

제1조【시행일】 이 영은 2020년 9월 25일부터 시행한다. 다만, 제4조제1항제10호, 제7조의2제5항, 제8조의3제1항, 제9조의2제1항제2호·제3호 및 제10조의6의 개정규정은 공포한 날부터 시행하고, 제24조의6의 개정규정 중 「유아교육법」 제2조제2호에 따른 유치원의 교원에 대한 부분은 2022년 3월 25일부터 시행한다.
제2조【개방이사의 자격요건에 관한 경과조치】 부칙 제1조 단서에 따른 제7조의2제5항의 개정규정 시행일 전에 선임된 개방이사의 자격요건에 관하여는 같은 개정규정에도 불구하고 해당 개방이사의 임기가 종료될 때까지는 종전의 규정에 따른다.
제3조【회의록의 공개기간에 관한 경과조치】 부칙 제1조 단서에 따른 제8조의3제1항의 개정규정 시행일 전에 이사회의 회의록을 학교의 인터넷 홈페이지에 게재하여 공개한 경우 그 공개기간에 관하여는 같은 개정규정에도 불구하고 종전의 규정에 따른다.
제4조【시정요구 없는 임원취임 승인취소의 세부기준에 관한 경과조치】 부칙 제1조 단서에 따른 제9조의2제1항제2호 및 제3호의 개정규정 시행일 전에 발생한 임원의 회계부정이나 횡령·배임을 사유로 하는 임원취임의 승인취소에 관하여는 같은 개정규정에도 불구하고 종전의 규정에 따른다.

부 칙 (2020.11.24)

제1조【시행일】 이 영은 공포한 날부터 시행한다.
제2조【공고 등의 방법에 관한 일반적 적용례】 이 영은 이 영 시행 이후 실시하는 공고, 공표, 공시 또는 고시부터 적용한다.

부 칙 (2021.1.5)

이 영은 공포한 날부터 시행한다.(이하 생략)

부 칙 (2021.6.22)

제1조【시행일】 이 영은 2021년 6월 23일부터 시행한다.
제2조【전문가 의견서 첨부에 관한 적용례】 제25조제7호의 개정규정은 이 영 시행 이후 징계의결을 요구하는 경우부터 적용한다.

부 칙 (2022.1.21)

제1조【시행일】 이 영은 2022년 1월 21일부터 시행한다.(이하 생략)

부 칙 (2022.2.11)

이 영은 공포한 날부터 시행한다. 다만, 제10조제2항, 제12조의2, 제27조제2항제2호, 제27조의2 및 별표2 제2호가목의 개정규정은 2022년 2월 11일부터 시행한다.

부 칙 (2022.3.22)

이 영은 2022년 3월 25일부터 시행한다.

부 칙 (2022.8.9 영32854호)

제1조【시행일】 이 영은 2022년 8월 11일부터 시행한다.
제2조【지정외부감사대상학교법인의 선정 절차 및 지정외부감사인의 지정 절차에 관한 특례】 2022년 회계연도에 대하여 법 제31조제5항에 따른 외부회계감사를 실시하는 경우 다음 각 호의 사항에 관하여는 제14조의2제2항·제5항·제6항·제8항 및 제10항의 개정규정에도 불구하고 해당 호에서 정하는 바에 따른다.
1. 제14조의2제2항의 개정규정에 따른 지정외부감사대상학교법인 선정기준일 및 같은 조 제6항의 개정규정에 따른 지정외부감사인 지정일 : 2022년 11월 15일
2. 제14조의2제5항의 개정규정에 따른 지정외부감사인 지정 신청서류 제출 기한 : 2022년 9월 15일
3. 제14조의2제8항의 개정규정에 따른 지정외부감사대상학교법인 선정 및 지정외부감사인 지정 예정 사실 통지 기한과 같은 조 제10항의 개정규정에 따른 감사계약 체결 기한 : 제1호에 따른 선정기준일을 기준으로 계산

부 칙 (2022.8.9 영32868호)
(2023.6.13)

이 영은 공포한 날부터 시행한다.

〔별표〕 ➡ 「法典 別册」 참조

〔별지서식〕 ➡ 「www.hyeonamsa.com」 참조

학교시설사업 촉진법

(1982년 12월 31일
법 률 제3634호)

개정
1984. 8. 2법 3740호
1990.12.27법 4268호(정부조직)
1991.12.14법 4429호(수도법)
1995. 1. 5법 4881호
1995.12.29법 5069호(교육)
1997.12.13법 5453호(행정절차)
1997.12.13법 5454호(정부부처명)
1999. 2. 8법 5893호(하천법)
2000. 1.28법 6210호
2001. 1.29법 6400호(정부조직)
2002. 2. 4법 6656호(공토법)
2002.12.30법 6841호(산지관리법)
2005. 8. 4법 7678호(산림자원조성관리)
2006. 9.27법 8014호(하수도법)
2007. 4. 6법 8338호(하천법)
2007. 4.11법 8352호(농지)
2007.12.21법 8709호
2008. 2.29법 8852호(정부조직)
2008. 3.21법 8974호(건축)
2008. 3.21법 8976호(도로법)
2008.12.31법 9313호(자연공원법)
2009. 6. 9법 9763호(산림보호법)
2010. 5.31법 10331호(산지관리법)
2011. 4.14법 10599호(국토이용)
2013. 3.23법 11690호(정부조직)
2014. 1.14법 12248호(도로법)
2020.12.22법 17665호
2022.12.27법 19117호(산림자원조성관리)
2023. 4.18법 19346호

제1조【목적】 이 법은 초등학교·중학교·고등학교 및 특수학교의 시설의 설치·이전 및 확장을 위한 사업 시행에 필요한 절차를 간소화하고, 건축허가 등에 관한 특례를 규정하여 학교시설사업을 쉽게 함으로써 학교환경 개선과 학교교육 발전에 이바지함을 목적으로 한다.
(2007.12.21 본조개정)
제2조【정의】 이 법에서 사용하는 용어의 뜻은 다음과 같다.
1. "학교시설"이란 다음 각 목의 어느 하나에 해당하는 시설을 말한다.
 가. 교사대지(校舍垈地)·체육장 및 실습지
 나. 교사·체육관·기숙사 및 급식시설
 다. 그 밖에 학습 지원을 주된 목적으로 하는 시설로서 대통령령으로 정하는 시설
2. "학교시설사업"이란 학교시설을 설치·이전하거나 확장하는 사업을 말한다.
(2007.12.21 본조개정)
제3조【적용 범위】 이 법의 적용대상이 되는 학교는 초등학교·중학교·고등학교 및 특수학교(이하 "학교"라 한다)로 한다.(2007.12.21 본조개정)
제4조【학교시설사업 시행계획의 승인 등】 ① 학교시설사업을 시행하려는 자(국가와 지방자치단체는 제외한다)는 대통령령으로 정하는 바에 따라 학교시설사업의 시행지·규모 및 재원 등이 포함된 학교시설사업 시행계획(이하 "시행계획"이라 한다)을 작성하여 「초·중등교육법」 제6조에 따른 감독기관(이하 "감독청"이라 한다)의 승인을 받아야 한다. 다만, 이미 학교시설사업을 마치고 제13조제2항에 따른 준공검사에서 합격한 학교시설사업의 시행지 안에서 학교시설의 건축·축조·대수선(大修繕) 또는 용도변경(이하 "건축등"이라 한다)을 하려는 경우의 시행계획에 대하여는 그러하지 아니하다.
② 제1항 본문에 따른 승인을 받은 시행계획을 변경하려는 자는 감독청의 변경승인을 받아야 한다. 다만, 대통령령으로 정하는 경미한 사항을 변경하려는 경우에는 그러하지 아니하다.
③ 감독청은 제1항이나 제2항에 따라 시행계획을 승인하거나 변경승인을 하려면 대통령령으로 정하는 바에 따라 미리 제5조 각 호의 해당 사항의 소관 행정기관의 장과 협의하여야 한다.
④ 국가나 지방자치단체는 학교시설사업을 시행하려면 시행계획을 작성하여 대통령령으로 정하는 바에 따라 미리 제5조 각 호의 해당 사항의 소관 행정기관의 장과 협의하여야 한다. 다만, 이미 학교시설사업을 마친 학교시설사업의 시행지에서 학교시설의 건축등을 하려는 경우의 시행계획에 대하여는 그러하지 아니하다.
⑤ 제1항과 제4항에 따른 시행계획에 포함되어야 할 사항은 대통령령으로 정한다.
⑥ 감독청이 제1항이나 제2항에 따라 시행계획을 승인 또는 변경승인하려고 하거나 국가나 지방자치단체가 제4항에 따라 시행계획을 작성하려는 경우 그 시행지 안에 제10조에 따라 수용 또는 사용이 필요한 토지, 건축물, 그 밖에 토지의 정착물이나 그에 관한 소유권 외의 권리가 있으면 그 토지의 소유자 등 이해관계인의 의견을 들어야 한다.
⑦ 감독청은 제1항이나 제2항에 따라 시행계획을 승인하거나 변경승인한 경우에는 대통령령으로 정하는 바에 따라 지체 없이 제3항과 제6항에 따른 협의기관과 이해관계인에게 각각 통보하고 고시하여야 한다. 국가나 지방자치단체가 제4항에 따른 협의를 마친 경우에도 또한 같다.

⑧ 학교시설사업을 시행하려는 자는 제1항이나 제2항에 따른 시행계획의 승인 또는 변경승인과 제5조의2제1항에 따른 학교시설의 건축등에 관한 승인을 동시에 신청할 수 있다.
(2007.12.21 본조개정)

제5조【다른 법률과의 관계】 학교시설사업을 시행하려는 자가 시행계획에 관하여 제4조제1항 또는 제2항에 따라 승인 또는 변경승인을 받거나 같은 조 제4항에 따라 협의를 마친 경우에는 다음 각 호 중 해당 사항의 결정·허가·인가·승인·지정·동의·협의·신고 또는 해제가 있었던 것으로 본다.
1. 「국토의 계획 및 이용에 관한 법률」 제30조에 따른 도시·군관리계획의 결정(2011.4.14 본호개정)
2. 「국토의 계획 및 이용에 관한 법률」 제56조에 따른 개발행위의 허가, 같은 법 제86조에 따른 도시·군계획시설사업 시행자의 지정 및 같은 법 제88조에 따른 도시·군계획시설사업 실시계획의 작성 및 인가
(2011.4.14 본호개정)
3. 「도로법」 제36조에 따른 도로관리청이 아닌 자에 대한 도로공사 시행의 허가, 같은 법 제61조에 따른 도로관리청이 아닌 자에 대한 도로의 점용 허가 및 같은 법 제107조에 따른 국가사업에 대한 도로관리청과의 협의 또는 승인(2014.1.14 본호개정)
4. 「하수도법」 제16조에 따른 공공하수도공사의 시행허가
5. 「자연공원법」 제23조에 따른 공원구역에서의 행위허가 및 같은 법 제71조제1항에 따른 국가사업의 협의
(2008.12.31 본호개정)
6. 「농지법」 제34조제1항에 따른 농지전용허가
7. 「산지관리법」 제14조 및 제15조에 따른 산지전용허가 및 산지전용신고, 같은 법 제15조의2에 따른 산지일시사용허가·신고, 「산림자원의 조성 및 관리에 관한 법률」 제36조제1항·제5항에 따른 입목벌채등의 허가·신고 및 「산림보호법」 제9조제1항 및 제2항제1호·제2호에 따른 산림보호구역(산림유전자원보호구역은 제외한다)에서의 행위의 허가·신고와 같은 법 제11조제1항제1호에 따른 산림보호구역의 지정해제
(2022.12.27 본호개정)
8. 「사방사업법」 제14조에 따른 사방지(砂防地) 안에서의 벌채 등의 허가 및 같은 법 제20조에 따른 사방지의 지정해제
9. 「도시개발법」 제9조에 따른 토지의 형질변경 등의 허가
10. 「하천법」 제33조에 따른 하천의 점용허가 및 같은 법 제50조에 따른 하천수의 사용허가
(2007.12.21 본조개정)

제5조의2【학교시설의 건축등】 ① 제4조제1항 본문 또는 제2항에 따라 시행계획의 승인 또는 변경승인을 받은 자는 학교시설의 건축등을 하려면 「건축법」 제11조 및 제14조에도 불구하고 대통령령으로 정하는 바에 따라 감독청의 승인을 받거나 감독청에 신고하여야 한다. 제4조제1항 단서에 따라 학교시설의 건축등을 하려는 경우에도 또한 같다.(2008.3.21 본항개정)
② 감독청은 제1항에 따른 신고를 받은 경우 그 내용을 검토하여 이 법에 적합하면 신고를 수리하여야 한다.
(2020.12.22 본항신설)
③ 감독청은 제1항에 따라 승인하거나 제2항에 따라 신고를 수리하면 이에 관한 사항을 해당 특별자치시장·특별자치도지사·시장·군수·구청장(구청장은 자치구의 구청장을 말하며, 이하 "시장·군수·구청장"이라 한다)에게 통보하여야 한다.(2020.12.22 본항개정)
④ 국가나 지방자치단체는 학교시설의 건축등을 하려면 「건축법」 제29조제1항에도 불구하고 이에 관한 사항을 해당 시장·군수·구청장에게 통보하여야 한다.
(2008.3.21 본항개정)
⑤ 제3항이나 제4항에 따라 국가·지방자치단체 또는 감독청이 학교시설의 건축등에 관한 사항을 시장·군수·구청장에게 통보한 경우에는 「건축법」 제11조 또는 제14조에 따른 건축허가 또는 건축신고가 있거나 「건축법」 제29조제1항에 따라 시장·군수·구청장과 협의한 것으로 본다.(2020.12.22 본항개정)
⑥ 제5항에 따라 건축허가 또는 건축신고가 있거나 협의한 것으로 보는 학교시설에 대해서는 「건축법」 제16조, 제17조, 제20조제1항·제2항 및 제3항(한시적 학교시설인 임시교사 축조의 경우를 포함한다), 제21조제1항, 제25조, 제27조, 제79조 및 「건축물관리법」 제30조에도 불구하고 감독청이 그 규정에 따른 허가 등을 한다.
(2023.4.18 본항개정)
⑦ 감독청은 제1항부터 제3항까지의 규정에 따라 승인을 하거나 신고를 수리한 학교시설에 대하여 이 법, 「건축법」 및 「건축물관리법」을 위반하였는지 조사하여 필요하다고 인정하는 경우에는 시정에 필요한 조치를 명하고, 그 결과를 시장·군수·구청장에게 통보하여야 한다.
(2020.12.22 본항개정)

제6조【학교시설 안에서의 행위에 관한 협의】 제4조에 따른 시행계획의 승인(국가나 지방자치단체의 경우에는 협의를 말한다. 이하 같다)을 한 후에 각급 행정기관이 학교시설(제4조에 따라 시행계획의 승인을 받은 학교시설 예정지를 포함한다) 안에서 다음 각 호의 어느 하나에 해당하는 사업을 하거나 그 허가나 그 밖의 처분을 하려면 해당 학교의 감독청과 협의하여야 한다.
1. 도로·상수도·하수도 및 수로와 그 부속물의 설치
2. 지반의 굴착·매립, 그 밖에 토지형질의 변경
(2007.12.21 본조개정)

제7조【공공시설의 우선 설치】 도로·상수도·하수도, 그 밖에 대통령령으로 정하는 공공시설을 주관하는 행정기관은 제4조에 따른 시행계획의 승인이 있으면 학교시설사업이 원활하게 시행될 수 있도록 예산의 범위에서 학교시설사업과 관련되는 공공시설을 우선적으로 설치하도록 하여야 한다.(2007.12.21 본조개정)

제8조【토지에의 출입 등】 ① 제4조에 따른 시행계획의 승인을 받은 자(이하 "사업시행자"라 한다)는 학교시설사업을 시행하기 위하여 타인의 토지에 출입하거나 일시 사용할 수 있으며, 필요하면 입목·토석, 그 밖의 장애물을 변경하거나 제거할 수 있다.
② 제1항의 경우에는 「국토의 계획 및 이용에 관한 법률」 제130조를 준용한다.
(2007.12.21 본조개정)

제9조【손실보상】 ① 사업시행자는 제8조에 따른 행위로 인하여 손실을 받은 자가 있으면 그 손실을 보상하여야 한다.
② 제1항에 따른 손실보상에 관하여는 「국토의 계획 및 이용에 관한 법률」 제131조를 준용한다.
(2007.12.21 본조개정)

제10조【수용 및 사용】 ① 사업시행자는 학교시설사업을 위하여 그 시행지 안의 특정의 토지, 건축물, 그 밖에 토지의 정착물이나 그에 대한 소유권 외의 권리가 필요한 경우에는 그 토지, 건축물, 그 밖에 토지의 정착물이나 그에 관한 소유권 외의 권리를 수용 또는 사용할 수 있다.
② 제1항에 따른 수용 또는 사용에 관하여 이 법에 특별한 규정이 있는 경우 외에는 「공익사업을 위한 토지 등의 취득 및 보상에 관한 법률」을 적용한다.
③ 제2항에 따라 「공익사업을 위한 토지 등의 취득 및 보상에 관한 법률」을 적용할 때에 시행계획의 승인은 같은 법 제20조제1항에 따른 사업인정으로 보고, 제4조제7항에 따른 고시는 같은 법 제22조제1항 및 제2항에 따른 고시로 보며, 재결신청은 같은 법 제23조제1항 및 제28조제1항에도 불구하고 시행계획을 승인할 때에 정한 학교시설사업의 시행기간 내에 하여야 한다.
(2007.12.21 본조개정)

제11조【시행계획 승인의 취소 등】 감독청은 사업시행자(국가나 지방자치단체인 사업시행자는 제외한다)가 다음 각 호의 어느 하나에 해당하면 이 법에 따른 승인을 취소하거나 시행계획의 변경, 그 밖에 필요한 조치를 명할 수 있다.
1. 부정한 수단으로 이 법에 따른 승인을 받은 경우
2. 학교시설사업을 계속 시행하기 어렵다고 인정되거나 사업 시행이 현저히 늦추어질 우려가 있다고 인정되는 경우
(2007.12.21 본조개정)

제11조의2【청문】 감독청은 제11조에 따라 시행계획의 승인을 취소하려면 청문을 실시하여야 한다.
(2007.12.21 본조개정)

제12조【감독 등】 ① 감독청은 감독상 필요하다고 인정하는 경우에는 사업시행자(국가나 지방자치단체인 사업시행자는 제외한다) 또는 제4조제1항 단서에 따라 학교시설의 건축등을 하는 자에게 필요한 보고를 하게 하거나 자료를 제출하도록 명할 수 있으며, 소속 공무원에게 학교시설사업에 관하여 검사하게 할 수 있다.
② 제1항에 따라 검사를 하는 공무원은 그 권한을 표시하는 증표를 지니고 이를 관계인에게 내보여야 한다.
(2007.12.21 본조개정)

제13조【준공검사 등】 ① 사업시행자(국가나 지방자치단체인 사업시행자는 제외한다)는 학교시설사업을 마치면 대통령령으로 정하는 바에 따라 감독청에 신고하고 준공검사를 받아야 하며, 제4조제1항 단서에 따라 학교시설의 건축등을 하는 자가 이를 마치면 감독청으로부터 사용승인을 받아야 한다.
② 감독청은 제1항 전단에 따라 신고를 받으면 준공검사를 실시하고 준공검사에 합격한 학교시설에 대하여는 그 결과를 제5조 각 호의 해당 사항의 소관 행정기관의 장 및 시장·군수·구청장에게 각각 통보하고 이를 고시하여야 하며, 제1항 후단에 따라 사용승인을 한 경우에는 사용승인서를 발급하고 이를 제5조 각 호의 해당 사항의 소관 행정기관의 장 및 시장·군수·구청장에게 각각 통보하여야 한다.
③ 국가나 지방자치단체는 학교시설사업을 마치면 이에 관한 사항을 제5조 각 호의 해당 사항의 소관 행정기관의 장 및 시장·군수·구청장에게 각각 통보하고 고시하여야 한다. 다만, 제4조제1항 단서에 따라 학교시설의 건축등을 완료한 경우에는 이를 고시하지 아니한다.
④ 감독청이 제2항에 따라 준공검사의 결과를 고시하거나 사용승인서를 발급하고 이를 통보하면 해당 학교시설이 「건축법」 제22조에 따른 사용검사에 합격된 것으로 보며, 국가나 지방자치단체가 제3항에 따라 학교시설사업의 완료에 관한 사항을 시장·군수·구청장에게 통보하면 「건축법」 제29조제3항 단서에 따라 통보한 것으로 본다.(2008.3.21 본항개정)
⑤ 시장·군수·구청장은 제2항이나 제3항에 따라 통보를 받으면 건축 관계 법령에 따른 건축물대장 또는 공작물관리대장에 해당 사항을 지체 없이 적어야 한다.
(2007.12.21 본조개정)

제14조【분묘등의 정리】 ① 감독청(국가나 지방자치단체가 사업시행자인 경우에는 해당 사업시행자를 말한다. 이하 이 조에서 같다)은 학교시설사업을 시행하기 위하여 필요하다고 인정하면 학교시설사업 시행지 안의 분묘·비(碑) 및 이에 딸린 시설(이하 "분묘등"이라 한다)에 대하여 그 매장자·소유자 또는 관리인이나 그 연고자(이하 "연고자등"이라 한다)에게 이장(移葬)이나 이전을 명할 수 있다.
② 감독청은 제1항에 따른 분묘등의 연고자등이 이장 또는 이전명령에 따르지 아니하면 「행정대집행법」으로 정하는 바에 따라 대집행(代執行)할 수 있다.
③ 제1항의 경우 연고자등을 알 수 없는 분묘등이 있으면 감독청은 일정 기간 내에 분묘등을 이장하거나 이전할 것을 공고하여야 하며, 기간 내에 분묘등을 이장하거나 이전하지 아니하면 감독청이 이장하거나 이전할 수 있다.
④ 감독청은 제1항에 따른 분묘등의 이장 또는 이전 명령에 따라 이장하거나 이전하는 자에게 그 비용을 지급하여야 한다.
⑤ 제2항에 따른 대집행 비용과 제3항에 따른 이장 또는 이전 비용 및 제4항에 따른 비용은 사업시행자가 부담한다.
⑥ 사업시행자는 분묘등의 정리를 위한 계획을 시행계획에 포함시켜야 한다.
(2007.12.21 본조개정)

제15조【권한의 위임】 이 법에 따른 교육부장관의 권한은 대통령령으로 정하는 바에 따라 그 일부를 교육감에게 위임할 수 있다.(2013.3.23 본조개정)

제16조 (2000.1.28 삭제)

부　칙 (2020.12.22)

이 법은 공포한 날부터 시행한다.

부　칙 (2022.12.27)

제1조【시행일】 이 법은 공포 후 6개월이 경과한 날부터 시행한다.(이하 생략)

부　칙 (2023.4.18)

이 법은 공포한 날부터 시행한다.

학교용지 확보 등에 관한 특례법(약칭 : 학교용지법)

(1995년 12월 29일
법 률 제5072호)

개정
2000. 1.28법 6219호
2002. 2. 4법 6656호(공토법)
2002.12. 5법 6744호
2003. 5.29법 6916호(주택법)
2005. 1.14법 7335호(부동산가격공시감정평가)
2005. 3.24법 7397호 2006. 7.19법 7963호
2007.12.14법 8679호
2008. 3.21법 8970호(도시개발법)
2009. 1.30법 9401호(국유재산)
2009. 5.28법 9743호
2011. 4.14법10599호(국토이용)
2013. 8. 6법11998호(지방세외수입금의징수등에관한법)
2015. 1.20법13006호
2016. 1.19법13782호(감정평가감정평가사)
2016. 1.19법13805호(주택법)
2016.12.27법14468호(사립학교)
2017. 2. 8법14567호(도시및주거환경정비법)
2017. 2. 8법14569호(빈집및소규모주택정비에관한특례법)
2017. 3.21법14604호
2017. 7.26법14839호(정부조직)
2017.12.26법15309호(혁신도시조성및발전에관한특별법)
2020. 3.24법17083호
2020. 3.24법17091호(지방행정제재 · 부과금의징수등에관한법)
2020. 5.19법17255호 2020.12.22법17667호

제1조【목적】 이 법은 공립 유치원 · 초등학교 · 중학교 및 고등학교용 학교용지(學校用地)의 조성 · 개발 · 공급과 관련 경비의 부담 등에 관한 특례를 규정함으로써 학교용지의 확보를 쉽게 하고 학교용지를 확보할 수 없는 경우 가까운 곳에 있는 기존 학교의 증축을 쉽게 함을 목적으로 한다.(2020.5.19 본조개정)

제2조【정의】 이 법에서 사용하는 용어의 뜻은 다음과 같다.
1. "학교용지"란 공립 유치원 · 초등학교 · 중학교 및 고등학교의 교사(校舍) · 체육장 및 실습지, 그 밖의 학교시설을 신설하는 데에 필요한 토지를 말한다.
(2020.5.19 본호개정)
2. "개발사업"이란 다음 각 목의 어느 하나에 해당하는 법률에 따라 시행하는 사업 중 100세대 규모 이상의 주택건설용 토지를 조성 · 개발하거나 공동주택(「주택법」 제2조제4호에 따른 준주택 중 대통령령으로 정하는 규모의 오피스텔을 포함한다. 이하 같다)을 건설하는 사업을 말한다.(2020.12.22 본문개정)
가. 「건축법」
나. 「도시개발법」
다. 「도시 및 주거환경정비법」
라. 「주택법」
마. 「택지개발촉진법」
바. 「산업입지 및 개발에 관한 법률」
사. 「공공주택 특별법」
아. 「신행정수도 후속대책을 위한 연기 · 공주지역 행정중심복합도시 건설을 위한 특별법」
(2017.3.21 가목~아목신설)
자. 「혁신도시 조성 및 발전에 관한 특별법」
(2017.12.26 본목개정)
차. 「경제자유구역의 지정 및 운영에 관한 특별법」
카. 「기업도시개발 특별법」
타. 「도청이전을 위한 도시건설 및 지원에 관한 특별법」
파. 「주한미군 공여구역주변지역 등 지원 특별법」
하. 「민간임대주택에 관한 특별법」
거. 「연구개발특구의 육성에 관한 특별법」
(2017.3.21 차목~거목신설)
너. 「빈집 및 소규모주택 정비에 관한 특례법」
더. 「역세권의 개발 및 이용에 관한 법률」
러. 「도시재생 활성화 및 지원에 관한 특별법」
머. 「지역 개발 및 지원에 관한 법률」
버. 「아시아문화중심도시 조성에 관한 특별법」
서. 「지방소도읍 육성 지원법」
어. 「동 · 서 · 남해안 및 내륙권 발전 특별법」
저. 「친수구역 활용에 관한 특별법」
(2020.5.19 너목~저목신설)
3. "학교용지부담금"이란 개발사업에 대하여 특별시장 · 광역시장 · 특별자치시장 · 도지사 또는 특별자치도지사(이하 "시 · 도지사"라 한다)가 학교용지를 확보하거나, 학교용지를 확보할 수 없는 경우 가까운 곳에 있는 학교를 증축하기 위하여 개발사업을 시행하는 자에게 징수하는 경비(이하 "부담금"이라 한다)를 말한다.
(2017.3.21 본호개정)
(2007.12.14 본조개정)

제3조【학교용지의 조성 · 개발】 ① 300세대(제5조제5항제3호에 해당하는 개발사업은 그 개발사업분을 뺀 세대 수를 대상으로 하고, 「도시 및 주거환경정비법」 제2조제2호다목의 재건축사업 및 「빈집 및 소규모주택 정비에 관한 특례법」 제2조제1항제3호다목의 소규모재건축사업은 기존 세대를 뺀 세대 수를 대상으로 한다) 규모 이상의 개발사업을 시행하는 자(이하 "개발사업시행자"라 한다)는 개발사업을 시행하기 위하여 수립하는 계획에 학교용지의 조성 · 개발에 관한 사항을 포함시켜야 한다. 이 경우 학교용지의 위치와 규모 등은 「국토의 계획 및 이용에 관한 법률」 제43조에 따른 학교시설의 설치기준 등에 관한 규정을 준용한다.(2020.5.19 전단개정)
② 특별시 · 광역시 · 특별자치시 · 도 또는 특별자치도의 교육감(이하 "교육감"이라 한다)은 제1항에 따른 학교시설의 설치기준에 못 미치는 개발사업에 대하여는 개발사업시행자에게 그 개발사업의 규모와 지역 여건을 고려하여 적절한 규모의 학교용지를 확보하도록 한다. 다만, 그 지역이 협소하여 개발사업시행자가 학교용지를 확보할 수 없다고 판단되면 개발사업시행자로 하여금 사업지와 인접한 곳에 학교용지를 확보하도록 할 수 있다.
(2017.3.21 본문개정)
③ 개발사업시행자가 제1항에 따라 학교용지를 개발하거나 제2항에 따라 학교용지를 확보하려는 때에는 교육감의 의견을 들어야 한다. 이 경우 교육감은 제4조제4항에 따라 학교용지 매입비용의 2분의 1을 부담하는 시 · 도지사와 비용부담 등에 대하여 협의하여야 한다.
(2009.5.28 후단신설)
④ 시 · 도지사, 시장 또는 군수는 제1항에 따른 학교용지의 조성 · 개발계획을 포함한 개발사업계획이 허가 · 인가 또는 승인되면 지체 없이 그 학교용지에 대하여 「국토의 계획 및 이용에 관한 법률」 제25조에 따른 도시 · 군관리계획을 입안하여야 한다.(2011.4.14 본항개정)
⑤ 제2항에 따른 적절한 규모의 학교용지 확보에 필요한 사항은 대통령령으로 정한다.
(2007.12.14 본조개정)

제3조의2【사업계획 승인 등의 현황 통보】 ① 제2조제2호 각 목의 어느 하나에 해당하는 법률에 따라 30세대 이상 300세대 미만의 주택건설용 토지를 조성 · 개발하거나 공동주택을 건설하는 사업계획의 허가 · 인가 또는 승인권자는 그 사업계획의 허가 · 인가 또는 승인 현황을 분기별로 해당 교육감에게 통보하여야 한다.
② 제1항에 따른 사업계획의 허가 · 인가 또는 승인 현황에 대한 통보 방법 및 절차 등은 대통령령으로 정한다.
(2020.12.22 본조신설)

제4조【학교용지의 확보 및 경비의 부담】 ① 특별시 · 광역시 · 특별자치시 · 도 또는 특별자치도(이하 "시 · 도"라 한다)인 개발사업시행자는 제3조에 따른 학교용지를 확보하여 시 · 도 교육비특별회계 소관 공유재산(公有財産)으로 하여야 한다.(2017.3.21 본항개정)
② 시 · 도 외의 개발사업시행자는 제3조에 따른 학교용지를 시 · 도에 공급하고, 시 · 도는 학교용지를 확보하여 시 · 도 교육비특별회계 소관 공유재산으로 하여야 한다.
③ 제1항과 제2항에 따른 학교용지의 공급가액은 다음 각 호와 같다.
1. 다음 각 목의 개발사업시행자가 개발사업을 하는 경우에는 학교용지를 무상(「도시 및 주거환경정비법」에 따른 정비사업의 경우 2천세대 규모 이상은 유치원 · 초등학교와 중학교는 학교용지 조성원가의 100분의 50, 고등학교는 학교용지 조성원가의 100분의 70으로 하고, 2천세대 규모 미만인 경우에는 조성원가)으로 공급하여야 한다.(2020.5.19 본문개정)
가. 국가 또는 지방자치단체
나. 「공공기관의 운영에 관한 법률」 제4조에 따른 공공기관
다. 「지방공기업법」 제5조에 따른 지방직영기업
라. 「지방공기업법」 제49조에 따른 지방공사
마. 「지방공기업법」 제76조에 따른 지방공단
2. 제1호 각 목의 개발사업시행자 외의 개발사업시행자가 공급하는 학교용지의 공급가액은 「감정평가 및 감정평가사에 관한 법률」 제2조제2호에 따른 감정평가에 의한 가액으로 한다.(2016.1.19 본호개정)
④ 제1항과 제2항에 따라 시 · 도가 학교용지를 확보하는 데에 드는 경비의 시 · 도의 일반회계와 제5조의4에 따른 학교용지부담금특별회계에서 2분의 1을, 시 · 도 교육비특별회계에서 2분의 1을 각각 부담한다.(2017.3.21 본항개정)
⑤ 시 · 도지사는 제4항에 따라 부담하는 금액을 각각 시 · 도의 일반회계와 제5조의4에 따른 학교용지부담금특별회계 예산에 계상하여 시 · 도 교육비특별회계로 전출하여야 한다.(2017.3.21 본항신설)
⑥ 제3항제1호에서 "학교용지 조성원가"란 제2조제2호에 따른 관계 법률에서 용지 조성원가를 정하고 있는 경우에는 그 용지 조성원가를 말하며, 용지 조성원가를 정하고 있지 아니한 경우에는 「택지개발촉진법」 제18조제3항에 따른 택지 조성원가의 산정방식을 준용하여 산정한 가격을 말한다.
⑦ 개발사업시행자가 학교용지 또는 학교시설을 시 · 도 교육비특별회계 소관 공유재산으로 무상공급하는 경우에는 무상공급에 소요되는 비용을 「개발이익환수에 관한 법률」 제11조제1항에 따른 개발비용에 포함할 수 있다.
(2009.5.28 본항신설)
⑧ 제3항제1호 각 목에 따른 개발사업시행자가 개발사업을 하는 경우에는 개발사업지역 내에 사립학교(유치원 · 초등학교 · 중학교 및 고등학교에 한한다)를 설립 또는 이전하려는 「사립학교법」 제2조제2호의 학교법인에 학교시설(교사 · 체육장 및 실습지를 포함한다)을 신설하는 데 필요한 토지를 학교용지 조성원가 이하로 공급할 수 있다.(2020.5.19 본항개정)
(2007.12.14 본조개정)

제4조의2【학교시설에 관한 특례】 ① 제4조제3항제1호 각 목에 따른 개발사업시행자가 「수도권정비계획법」 제2조제1호에 따른 수도권에서 학교용지를 무상으로 공급하는 개발사업을 하는 경우 소공원 및 조경녹지를 포함한 학교시설을 설치하여 시 · 도 교육비특별회계 소관 공유재산으로 시 · 도 교육청에 무상공급하여야 한다.
② 제1항에 따라 학교시설을 설치하는 개발사업시행자는 학교의 수 · 규모, 학교부지에 설치하는 소공원 및 조경녹지, 개교시기 및 설립비용 등에 관하여 교육감과 협의하여야 한다.
③ 제1항에 따라 학교시설을 설치하는 개발사업시행자는 해당 개발지역에 「도시공원 및 녹지 등에 관한 법률」 제14조제2항에도 불구하고 같은 항에 따른 기준면적에서 개발사업면적의 최대 100분의 1을 뺀 면적을 도시공원 또는 녹지로 확보할 수 있다.
④ 제3항에 따라 도시공원 및 녹지를 축소함에 따라 발생하는 개발이익은 학교시설의 설치비용으로 사용하여야 한다.
⑤ 제1항에 따라 학교시설을 설치하는 경우 그 비용이 제4항에 따른 개발이익보다 많을 경우 제2항에 따른 협의를 통하여 그 차액을 확정하고 교육감이 분담한다.
⑥ 제1항에 따른 학교시설 무상공급 대상에 포함되지 아니하는 개발사업시행자가 학교시설을 설치하여 무상으로 공급하는 경우에는 제2항부터 제4항까지의 규정을 준용한다.
(2009.5.28 본조신설)

제5조【부담금의 부과 · 징수】 ① 시 · 도지사는 개발사업지역에서 단독주택을 건축하기 위한 토지를 개발하여 분양하거나 공동주택을 분양하는 자(이하 이 조에서 "공동주택분양자등"이라 한다)에게 부담금을 부과 · 징수할 수 있다. 다만, 다음 각 호의 어느 하나에 해당하는 개발사업분의 경우에는 그러하지 아니하다.(2017.3.21 본문개정)
1. 「공익사업을 위한 토지 등의 취득 및 보상에 관한 법률」에 따른 이주용(移住用) 택지나 이주용 주택을 분양하는 경우
2. 임대주택을 분양하는 경우
3. 「도시개발법」 제2조제1항제2호에 따른 도시개발사업 시행 결과 해당 도시개발구역 내 세대 수가 증가하지 아니하는 경우(2020.5.19 본호개정)
4. 「도시 및 주거환경정비법」 제2조제2호가목에 따른 주거환경개선사업의 경우
5. 「도시 및 주거환경정비법」 제2조제2호나목부터 다목까지의 규정에 따른 정비사업 및 「빈집 및 소규모주택 정비에 관한 특례법」 제2조제1항제3호나목 · 다목에 따른 소규모주택정비사업 시행 결과 해당 정비구역 및 사업시행구역 내 세대 수가 증가하지 아니하는 경우
(2020.5.19 본호개정)
6. 「주택법」 제2조제11호다목에 따른 리모델링주택조합의 구성원에게 분양하는 경우(2016.1.19 본호개정)
② 공동주택분양자등은 단독주택 건축을 위한 토지 또는 공동주택을 분양한 때에는 분양공급계약자 및 분양공급계약내역 등의 분양자료를 대통령령으로 정하는 기한까지 시 · 도지사에게 제출하여야 한다.(2017.3.21 본항신설)
③ 시 · 도지사는 제2항에 따른 분양자료를 받은 때에는 즉시 부담금의 금액 · 납부기한 · 납부방법 · 납부장소 등을 기재한 납부고지서를 해당 공동주택분양자등에게 발부하여야 한다.(2017.3.21 본항신설)
④ 제3항에 따른 부담금의 납부기한은 고지한 날부터 30일로 한다.(2017.3.21 본항신설)
⑤ 시 · 도지사는 다음 각 호의 어느 하나에 해당하는 경우에는 부담금을 면제할 수 있다. 다만, 제1호 · 제3호 및 제4호의 경우에는 부담금을 면제하여야 한다.
(2009.5.28 단서개정)
1. 개발사업시행자가 제3조제3항에 따른 교육감 의견으로 제시된 학교용지를 시 · 도 교육비특별회계에 기부채납(寄附採納)하는 경우
2. 최근 3년 이상 취학 인구가 지속적으로 감소하여 학교 신설의 수요가 없는 지역에서 개발사업을 시행하는 경우
3. 「노인복지법」 제32조에 따른 노인복지주택 등 취학 수요가 발생하지 아니하는 용도의 개발사업을 시행하는 경우
4. 개발사업시행자가 학교용지 또는 학교시설을 시 · 도 교육비특별회계 소관 공유재산으로 무상공급하는 경우
(2009.5.28 본호신설)
⑥ 제1항부터 제5항까지에서 규정한 사항 외에 부담금 부과 · 징수의 방법 · 절차 등에 관하여 필요한 사항은 대통령령으로 정한다.(2017.3.21 본항개정)
(2007.12.14 본조개정)

제5조의2【부담금의 산정기준】 ① 제5조제1항에 따른 부담금은 공동주택인 경우에는 분양가격을 기준으로 부과하고, 단독주택을 건축하기 위한 토지인 경우에는 단독주택 용지의 분양가격을 기준으로 부과한다.
② 제1항에 따른 부담금은 다음 각 호의 기준에 따라 산정한다.
1. 공동주택 : 세대별 공동주택 분양가격 × 1천분의 8
(2020.5.19 본호개정)
2. 단독주택을 건축하기 위한 토지 : 단독주택지 분양가격 × 1천분의 14(2009.5.28 본호개정)
(2007.12.14 본조개정)

제5조의3【부담금 등의 강제 징수】 ① 시·도지사는 부담금 납부의무자가 납부기한까지 부담금을 내지 아니하면 납부기한이 지난 후 10일 이내에 독촉장을 발급하여야 한다. 이 경우 납부기한은 독촉장 발급일부터 10일로 한다.
② 시·도지사는 납부의무자가 제1항 전단에 따른 납부기한까지 부담금을 내지 아니하면 납부기한이 경과한 날부터 매 1일이 경과할 때마다 체납된 부담금의 1천분의 1에 해당하는 금액을 가산하여 징수할 수 있다. 이 경우 가산금은 체납된 부담금의 1천분의 30을 초과하지 못한다.(2020.3.24 본항개정)
③ 시·도지사는 납부의무자가 독촉장을 받고 지정된 기한까지 부담금과 가산금을 내지 아니하면 「지방행정제재·부과금의 징수 등에 관한 법률」에 따라 징수할 수 있다.(2020.3.24 본항개정)
(2007.12.14 본조개정)

제5조의4【학교용지부담금특별회계의 설치】 ① 시·도는 학교용지 확보 등에 필요한 경비를 조달하고, 부담금을 적정하게 관리하기 위하여 학교용지부담금특별회계(이하 이 조에서 "특별회계"라 한다)를 설치하여야 한다.
② 특별회계는 시·도지사가 관리·운용한다.
③ 특별회계의 세입은 다음 각 호와 같다.
1. 제5조제1항에 따라 부과·징수하는 부담금
2. 제5조의3제2항에 따라 부과·징수하는 가산금
3. 그 밖에 해당 시·도의 조례로 정하는 재원
④ 특별회계의 세출은 다음 각 호와 같다.
1. 제4조제4항에 따라 학교용지를 확보하기 위하여 부담하는 경비
2. 제6조제2항에 따른 학교 증축 경비
3. 부담금의 과오납환급금
4. 부담금의 부과·징수에 소요되는 비용
5. 그 밖에 학교용지의 확보 등에 필요하거나 부담금을 적정하게 관리하기 위하여 필요한 사항으로 해당 시·도의 조례로 정하는 사항
⑤ 시·도지사는 대통령령으로 정하는 바에 따라 특별회계의 운용 상황을 행정안전부장관에게 보고하고, 행정안전부장관은 보고받은 내용을 교육부장관에게 통보하여야 한다.(2017.7.26 본항개정)
⑥ 특별회계의 설치 및 운용·관리 등에 필요한 사항은 해당 시·도의 조례로 정한다.
(2017.3.21 본조신설)

제6조【시·도 부담 경비의 재원】 ① 시·도는 학교용지를 확보하기 위하여 제4조제4항에 따라 시·도의 일반회계가 부담하는 경비를 다음 각 호의 재원으로 조달할 수 있다.(2017.3.21 본문개정)
1. 개발사업이 시행되는 지역에서 부과·징수되는 지방세 중 대통령령으로 정하는 세액
2. 「개발이익환수에 관한 법률」에 따라 개발사업지역에서 부과·징수한 개발부담금 중 대통령령으로 정하는 금액
3. (2017.3.21 삭제)
4. (2009.5.28 삭제)
② 시·도는 제4조제1항 및 제2항에 따라 학교용지를 확보할 수 없는 경우에는 가까운 곳에 있는 학교를 증축하기 위하여 필요한 경비를 제5조의4에 따른 학교용지부담금특별회계에서 부담할 수 있다. 이 경우 학교 증축 경비는 학교용지부담금특별회계 예산에 계상하여 시·도 교육비특별회계로 전출하여야 한다.(2017.3.21 본항개정)
(2007.12.14 본조개정)

제7조【국·공유지의 학교용지로의 조성·개발 등】 ① 국가와 지방자치단체는 개발사업계획 승인 당시에 그 개발사업이 시행되는 지역에 일반재산인 국유지나 공유지가 있는 경우에는 이를 학교용지로 조성·개발·확보하거나 「국유재산법」 제55조와 「공유재산 및 물품관리법」 제40조에도 불구하고 개발사업시행자에게 양여(讓與)할 수 있다.(2020.3.24 본항개정)
② 제1항에 따라 학교용지로 확보하거나 개발사업시행자에게 양여되는 국·공유지의 면적은 학교용지에 필요한 면적으로 하되, 국유지와 공유지의 분담 비율은 개발사업이 시행되는 지역에 있는 일반재산인 국유지와 공유지의 면적 비율로 한다.(2020.3.24 본항개정)
③ 개발사업시행자가 제4조에 따라 학교용지를 확보하거나 공급하는 경우 그 개발사업과 관련하여 제1항에 따른 국·공유지가 있으면 그 국·공유지의 가액을 학교용지를 확보하는 데에 드는 비용이나 공급하는 학교용지의 가액에서 뺀다. 이 경우 국·공유지의 가액은 「공익사업을 위한 토지 등의 취득 및 보상에 관한 법률」 제67조제1항, 제70조, 제71조, 제74조부터 제77조까지, 제78조제5항부터 제7항까지의 규정을 준용하여 산정한다.
(2007.12.14 본조개정)

제7조의2【기존 학교용지의 양여】 지방자치단체는 「수도권정비계획법」 제2조제1호에 따른 수도권에서 제4조제3항제1호에 따라 개발사업시행자가 학교용지를 무상 공급하여야 하는 경우 그 부담한 비용의 범위에서 개발사업지역 내에 있는 기존 공립학교 또는 폐지된 공립학교의 학교용지를 개발사업시행자에게 양여할 수 있다.
(2020.3.24 본조신설)

제8조【학교시설기준 적용 완화】 개발사업 시행지역에 있는 공립 유치원·초등학교·중학교 및 고등학교의 시설기준 등 학교용지의 기준은 그 지역의 여건을 고려하여 대통령령으로 정하는 바에 따라 완화하여 적용할 수 있다.(2020.5.19 본조개정)

제8조의2【장기 미사용 학교용지 용도 해제 등】 ① 개발사업시행자는 개발사업계획에 포함된 학교용지가 장기 미사용되고 주변 지역에서 학생이 추가 유발되지 아니하는 경우 「국토의 계획 및 이용에 관한 법률」 제24조에 따른 도시·군관리계획 입안권자에게 학교용지 용도 해제를 신청할 수 있다.
② 교육부장관은 학교용지 용도 해제와 관련된 업무처리에 필요한 지침을 마련하여 고시할 수 있다.
③ 그 밖에 학교용지 용도 해제 절차 등에 관하여는 「국토의 계획 및 이용에 관한 법률」을 준용한다.
(2020.3.24 본조신설)

제9조【권한의 위임】 ① 시·도지사는 그 시·도의 조례로 정하는 바에 따라 제5조에 따른 부담금의 부과·징수에 관한 업무를 시장·군수·구청장(자치구의 구청장을 말한다)에게 위임할 수 있다.
② 교육감은 해당 교육규칙으로 정하는 바에 따라 제3조에 따른 인접 학교용지의 확보에 관한 업무와 교육감의 의견 표시에 관한 업무를 시·군·구의 교육장에게 위임할 수 있다.
(2007.12.14 본조개정)

제10조【공사중지 요청】 교육감은 개발사업시행자가 제3조에 따른 개발사업계획에 따라 학교용지를 확보하지 아니하여 개발사업계획의 허가·인가 또는 승인 조건을 위반하면 「건축법」 제79조, 「도시개발법」 제75조, 「도시 및 주거환경정비법」 제113조, 「주택법」 제94조, 「택지개발촉진법」 제23조, 「산업입지 및 개발에 관한 법률」 제48조, 「공공주택 특별법」 제55조, 「혁신도시 조성 및 발전에 관한 특별법」 제55조, 「기업도시개발 특별법」 제47조, 「도청이전을 위한 도시건설 및 지원에 관한 특별법」 제38조, 「민간임대주택에 관한 특별법」 제40조, 「빈집 및 소규모주택 정비에 관한 특례법」 제54조, 「역세권의 개발 및 이용에 관한 법률」 제31조, 「지역 개발 및 지원에 관한 법률」 제75조, 「아시아문화중심도시 조성에 관한 특별법」 제50조, 「동·서·남해안 및 내륙권 발전 특별법」 제34조 및 「친수구역 활용에 관한 특별법」 제27조에 따른 공사중지를 그 개발사업계획의 허가·인가 또는 승인권자에게 요청할 수 있다.(2020.5.19 본조개정)

제11조【과태료】 ① 제5조제2항을 위반하여 분양자료를 기한까지 제출하지 아니하거나 거짓으로 제출한 자에게는 500만원 이하의 과태료를 부과한다.
② 제1항에 따른 과태료는 대통령령으로 정하는 바에 따라 시·도지사가 부과·징수한다.
(2017.3.21 본조신설)

부　칙 (2006.7.19)

① 【시행일】 이 법은 공포한 날부터 시행한다.
② 【학교용지의 공급가액에 관한 적용례】 제4조제3항의 개정규정은 이 법 시행 후 「택지개발촉진법」 제18조의 규정에 의하여 최초로 택지의 공급승인을 신청하는 분부터 적용한다.
③ 【성남판교 택지개발예정지구 안의 학교용지의 공급가액에 관한 특례】 제4조제3항 및 부칙 제2항의 개정규정에 불구하고 이 법 시행 당시 「택지개발촉진법」 제3조의 규정에 의하여 건설교통부장관이 2001년 12월 26일 택지개발예정지구로 지정하여 추진 중인 성남판교 택지개발예정지구 안의 초·중학교 학교용지의 공급가액은 학교용지 조성원가의 100분의 25로 하고, 고등학교 학교용지의 공급가액은 학교용지 조성원가의 100분의 70으로 한다.

부　칙 (2009.5.28)

제1조【시행일】 이 법은 공포한 날부터 시행한다.
제2조【학교용지의 공급가액에 관한 적용례】 ① 제4조제3항제1호의 개정규정은 이 법 시행 후 다음 각 호에 해당하는 개발사업부터 적용한다.
1. 「도시개발법」 제17조에 따른 실시계획의 인가를 신청하는 개발사업
2. 「산업입지 및 개발에 관한 법률」 제17조에 따른 국가산업단지개발실시계획, 같은 법 제18조에 따른 일반산업단지개발실시계획, 같은 법 제18조의2에 따른 도시첨단산업단지개발실시계획 및 같은 법 제19조에 따른 농공단지개발실시계획의 승인을 신청하는 개발사업
3. 「택지개발촉진법」 제9조에 따른 택지개발사업실시계획의 승인을 신청하는 개발사업
② 제1항에도 불구하고 2006년 7월 19일부터 이 법 시행일 이전에 제1항 각 호의 인가 등을 신청하거나 인가 등을 받은 개발사업(「도시개발법」 제21조에 따른 환지방식의 도시개발사업은 제외한다) 지역 내 학교용지 중 이 법 시행 후 학교용지 공급계약을 체결하는 초등학교 및 중학교 학교용지의 공급가액은 학교용지 조성원가의 100분의 20으로 하고, 고등학교 학교용지의 공급가액은 학교용지 조성원가의 100분의 30으로 한다.
제3조【부담금의 산정기준에 관한 적용례】 제5조의2제2항제1호의 개정규정은 이 법 시행 후 「주택법」 제38조에 따른 입주자 모집에 관한 승인을 최초로 신청하는 개발사업부터 적용하고, 제5조의2제2항제2호의 개정규정은 이 법 시행 후 부칙 제2조제1항 각 호에 해당하는 개발사업부터 적용한다.

부　칙 (2017.3.21)

제1조【시행일】 이 법은 공포한 날부터 시행한다. 다만, 제5조 및 제11조의 개정규정은 공포 후 6개월이 경과한 날부터 시행한다.
제2조【「공공주택 특별법」 등에 따른 개발사업에 관한 적용례】 제2조제2호의 개정규정에 의한 개발사업의 경우에 제3조, 제4조 및 제4조의2에 따른 학교용지의 조성·개발·확보, 경비의 부담 및 학교시설에 관한 특례는 이 법 시행 후 최초로 「공공주택 특별법」 제17조, 「신행정수도 후속대책을 위한 연기·공주지역 행정중심복합도시 건설을 위한 특별법」 제21조, 「공공기관 지방이전에 따른 혁신도시 건설 및 지원에 관한 특별법」 제12조, 「경제자유구역의 지정 및 운영에 관한 특별법」 제9조, 「기업도시개발 특별법」 제12조, 「도청이전을 위한 도시건설 및 지원에 관한 특별법」 제14조, 「주한미군 공여구역주변지역 등 지원 특별법」 제11조, 「민간임대주택에 관한 특별법」 제28조 또는 「연구개발특구의 육성에 관한 특별법」 제27조에 따라 승인을 얻은 개발사업부터 적용한다.
제3조【부담금 부과·징수에 관한 적용례】 제2조제2호의 개정규정에 의한 개발사업의 경우에 제5조에 따른 부담금의 부과·징수는 이 법 시행 후 최초로 분양공고 승인된 개발사업(사업계획변경에 따라 이 법 적용대상이 된 경우를 포함한다)부터 적용한다.
제4조【학교용지부담금특별회계 등에 관한 적용례】 제4조제4항·제5항, 제5조의4, 제6조제1항제3호 및 같은 조 제2항의 개정규정은 이 법 시행일이 속하는 회계연도의 다음 회계연도 예산안의 편성분부터 적용한다.
제5조【공사중지 요청에 관한 적용례】 제10조의 개정규정에 의한 공사중지 요청은 이 법 시행 후 최초로 「공공주택 특별법」 제17조, 「공공기관 지방이전에 따른 혁신도시 건설 및 지원에 관한 특별법」 제12조, 「기업도시개발 특별법」 제12조, 「도청이전을 위한 도시건설 및 지원에 관한 특별법」 제14조 또는 「민간임대주택에 관한 특별법」 제28조에 따라 승인을 얻은 개발사업부터 적용한다.
제6조【가산금에 관한 경과조치】 이 법 시행 전에 부담금의 납부 독촉을 받은 납부의무자의 가산금 부과기준에 대해서는 제5조의3제2항의 개정규정에도 불구하고 종전의 규정을 따른다.

부　칙 (2020.3.24 법17083호)

제1조【시행일】 이 법은 공포한 날부터 시행한다.
제2조【학교용지 양여에 관한 적용례】 제7조의2의 개정규정은 이 법 시행 후 개발사업에 따라 실시계획의 허가·인가 또는 승인을 최초로 신청하는 사업분부터 적용한다.

부　칙 (2020.3.24 법17091호)

제1조【시행일】 이 법은 공포한 날부터 시행한다.(이하 생략)

부　칙 (2020.5.19)

제1조【시행일】 이 법은 공포한 날부터 시행한다.
제2조【유치원에 관한 적용례】 제4조 및 제8조의 개정규정은 이 법 시행 이후 허가·인가 또는 승인을 받은 유치원의 학교용지 확보와 관련된 개발사업(사업계획변경에 따라 이 법 적용대상이 된 경우를 포함한다)부터 적용한다.
제3조【개발사업에 관한 적용례】 제2조제2호의 개정규정에 따른 개발사업의 경우에 제3조, 제4조, 제4조의2 및 제5조에 따른 학교용지의 조성·개발·확보, 경비의 부담, 학교시설에 관한 특례 및 부담금의 부과·징수는 이 법 시행 이후 제2조제2호의 개정규정에 따른 법률에 따라 허가·인가 또는 승인을 받은 개발사업(사업계획변경에 따라 이 법 적용대상이 된 경우를 포함한다)부터 적용한다.
제4조【공사중지 요청에 관한 적용례】 제10조의 개정규정에 따른 공사중지 요청은 이 법 시행 이후 「빈집 및 소규모주택 정비에 관한 특례법」 제12조 및 제29조, 「역세권의 개발 및 이용에 관한 법률」 제13조, 「지역 개발 및 지원에 관한 법률」 제8조, 「아시아문화중심도시 조성에 관한 특별법」 제32조, 「동·서·남해안 및 내륙권 발전 특별법」 제12조 및 「친수구역 활용에 관한 특별법」 제13조에 따라 인가 또는 승인을 받은 개발사업(사업계획변경에 따라 이 법 적용대상이 된 경우를 포함한다)부터 적용한다.

부　칙 (2020.12.22)

제1조【시행일】 이 법은 공포 후 6개월이 경과한 날부터 시행한다.
제2조【개발사업에 관한 적용례】 제2조제2호의 개정규정에 따른 오피스텔 개발사업의 경우 제3조, 제4조, 제4조의2 및 제5조에 따른 학교용지의 조성·개발·확보, 경비의 부담, 학교시설에 관한 특례 및 부담금의 부과·징수는 이 법 시행 이후 허가·인가 또는 승인을 얻은 개발사업(사업계획변경에 따라 이 법 적용대상이 된 경우를 포함한다)부터 적용한다.

학점인정 등에 관한 법률

(약칭 : 학점인정법)

(1997년 1월 13일 법 률 제5275호)

개정
1997.12.13법 5453호(행정절차)
2001. 1.29법 6400호(정부조직)
2001. 3.28법 6434호
2007. 1. 3법 8167호
2007. 4.11법 8346호(문화재)
2007.12.14법 8676호(평생교육)
2007.12.21법 8712호
2008. 2.29법 8852호(정부조직)
2008. 3.21법 8916호
2010. 2. 4법10000호(문화재)
2013. 3.23법11690호(정부조직)
2015. 3.27법13229호
2015. 3.27법13248호(무형문화재보전및진흥에관한법)
2023. 8. 8법19588호(무형유산의보전및진흥에관한법)

제1조【목적】 이 법은 평가인정을 받은 학습과정(學習課程)을 마친 자 등에게 학점인정을 통하여 학력인정과 학위취득의 기회를 줌으로써 평생교육의 이념을 구현하고 개인의 자아실현과 국가사회의 발전에 이바지함을 목적으로 한다.(2007.12.21 본조개정)

제2조【정의】 이 법에서 사용하는 용어의 뜻은 다음과 같다.
1. "평가인정"이란 교육부장관이 제3조제1항에 따른 학습과정에 대하여 같은 조 제5항의 기준을 갖추었는지를 평가하여 학점인정 학습과정으로 인정하는 행위를 말한다.(2015.3.27 본호개정)
2. "학위"란 「고등교육법」 제35조제1항에 따른 학사학위나 같은 법 제50조제1항에 따른 전문학사학위와 같은 수준의 효력을 가지는 학위를 말한다.
3. "대학"이란 「고등교육법」 제2조제1호부터 제6호까지의 규정에 따른 다음 각 목의 대학을 말한다.
 가. 대학
 나. 산업대학
 다. 교육대학
 라. 전문대학
 마. 방송대학·통신대학·방송통신대학 및 사이버대학
 바. 기술대학

(2007.12.21 본조개정)

제3조【학습과정의 평가인정】 ① 교육부장관은 대통령령으로 정하는 평생교육시설, 직업교육훈련기관 및 군(軍)의 교육·훈련시설 등(이하 "교육훈련기관"이라 한다)이 설치·운영하는 학습과정에 대하여 대통령령으로 정하는 바에 따라 평가인정을 할 수 있다.(2013.3.23 본항개정)
② 제1항에 따른 평가인정을 받으려는 교육훈련기관은 대통령령으로 정하는 바에 따라 교육부장관에게 평가인정을 신청하여야 한다.(2013.3.23 본항개정)
③ 제1항에 따라 평가인정을 받은 학습과정을 설치·운영하는 교육훈련기관은 제5항의 평가인정 기준에 따른 평가인정사항을 변경하려면 제1항 및 제2항에 따라 그 변경사항에 관한 인정을 받아야 한다. 다만, 대통령령으로 정하는 경미한 사항을 변경하려는 경우에는 교육부령으로 정하는 바에 따라 미리 교육부장관에게 신고하여야 한다.(2015.3.27 본항개정)
④ 교육훈련기관이 제1항에 따라 평가인정을 받은 학습과정을 폐지하거나 일시적으로 중단하려는 경우에는 교육부령으로 정하는 바에 따라 미리 교육부장관에게 신고하여야 한다.(2015.3.27 본항신설)
⑤ 제1항에 따른 평가인정에 필요한 교수 또는 강사의 자격, 학습시설·학습설비, 학습과정의 내용 등 평가인정 기준의 내용은 대통령령으로 정한다.(2015.3.27 본항개정)

제4조【평가인정서의 발급】 ① 교육부장관은 제3조제1항에 따라 평가인정을 한 경우에는 평가인정을 증명하는 서류(이하 "평가인정서"라 한다)를 해당 교육훈련기관의 장에게 발급하여야 한다.(2013.3.23 본항개정)
② 제1항에 따른 평가인정서의 기재사항 등에 관하여 필요한 사항은 대통령령으로 정한다.

(2007.12.21 본조개정)

제4조의2【평가인정 학습과정의 운영 등】 ① 교육훈련기관의 장은 대통령령으로 정하는 평가인정 학습과정 운영에 관한 규정을 준수하여야 한다.
② 교육부장관은 평가인정한 학습과정 운영에 대한 사후관리를 위하여 대통령령으로 정하는 바에 따라 재평가계획을 수립하고 이를 시행하여야 한다.
③ 교육부장관은 대통령령으로 정하는 바에 따라 교육훈련기관에 대하여 평가인정 학습과정의 운영과 관련된 사항을 조사·점검할 수 있다.
④ 교육부장관은 제1항에 따른 학습과정 운영에 관한 규정을 위반하여 학습과정 운영의 개선이 필요한 교육훈련기관의 장에게 개선권고, 개선명령 등 필요한 조치를 할 수 있다.

(2015.3.27 본조신설)

제5조【평가인정의 취소 등】 ① 교육부장관은 제3조제1항에 따라 평가인정을 받은 학습과정을 설치·운영하는 교육훈련기관이 다음 각 호의 어느 하나에 해당하면 대통령령으로 정하는 바에 따라 평가인정 취소, 학습과정 운영정지, 평가인정 신청 제한 등의 조치를 할 수 있다. 다만, 제1호에 해당하는 경우에는 평가인정을 취소하여야 한다.(2015.3.27 본문개정)
1. 거짓이나 그 밖의 부정한 방법으로 평가인정을 받은 경우
2. 제3조제3항에 따른 평가인정사항 변경절차에 따르지 아니하고 같은 조 제5항의 평가인정의 기준에 따른 평가인정사항을 변경한 경우(2015.3.27 본호개정)
3. 제3조제5항에 따른 평가인정의 기준에 미달하여 학습과정을 운영한 경우(2015.3.27 본호개정)
4. 제4조의2제1항에 따른 학습과정 운영규정을 준수하지 아니한 경우(2015.3.27 본호신설)
5. 제6조의2제3항에 따른 시정이나 변경 명령을 위반한 경우(2015.3.27 본호신설)

② 교육부장관은 제1항제2호부터 제4호까지에 따라 평가인정을 취소하고자 할 경우에는 상당한 기간을 정하여 교육훈련기관의 장에게 시정을 명하여야 한다. 다만, 위반행위가 이미 종료되는 등 성질상 시정할 수 없는 것이 명백한 경우에는 시정명령을 하지 아니하고 취소할 수 있다.(2015.3.27 본항개정)
③ 제1항에 따른 학습과정 운영정지 및 평가인정 신청 제한의 기간은 각각 3년 이내의 범위에서 대통령령으로 정한다.(2015.3.27 본항신설)

(2015.3.27 본조제목개정)

(2007.12.21 본조개정)

제6조【평가인정 등의 공고】 ① 교육부장관은 제3조제1항·제3항 및 제5조제1항에 따라 학습과정에 대한 평가인정을 하거나 평가인정 취소, 학습과정 운영정지, 평가인정 신청 제한 등의 조치를 한 경우에는 이를 공고하여야 한다.(2015.3.27 본항개정)
② 제1항에 따른 공고의 방법이나 그 밖에 공고에 관하여 필요한 사항은 대통령령으로 정한다.

(2015.3.27 본조제목개정)

(2007.12.21 본조개정)

제6조의2【교육훈련기관의 공시대상정보 등】 ① 평가인정 학습과정을 운영하는 교육훈련기관의 장은 그 기관이 보유·관리하고 있는 다음 각 호의 정보를 매년 1회 이상 공시하여야 한다. 이 경우 그 기관의 장은 공시정보를 교육부장관에게 제출하여야 한다.
1. 기관의 운영규칙, 시설 등 기본현황
2. 평가인정을 받은 학습과정 현황 및 그 운영에 관한 사항
3. 학습자 수 등 학습자 현황에 관한 사항
4. 교수 또는 강사 현황에 관한 사항
5. 학습비 및 회계에 관한 사항
6. 제5조에 따라 평가인정 취소 등을 받은 사항
7. 해당 교육훈련기관의 발전계획 및 특성화계획
8. 그 밖의 교육여건 및 교육훈련기관 운영현황 등에 관한 사항

② 교육부장관은 제1항에 따른 공시정보의 확인을 위하여 해당 교육훈련기관의 장에게 관련 자료의 제출을 요청할 수 있다. 이 경우 자료의 제출을 요청받은 교육훈련기관의 장은 특별한 사유가 없으면 이에 따라야 한다.
③ 교육부장관은 이 법에서 정한 정보를 공시하지 아니하거나 거짓으로 공시하는 교육훈련기관의 장에게 기간을 정하여 시정이나 변경을 명할 수 있다.
④ 정보공시의 구체적인 범위, 공시횟수, 그 시기 및 관련 자료의 제출 등에 필요한 사항은 대통령령으로 정한다.

(2015.3.27 본조신설)

제7조【학점인정】 ① 교육부장관은 제3조제1항에 따라 평가인정을 받은 학습과정을 마친 자에게 그에 상당하는 학점을 인정한다.(2013.3.23 본항개정)
② 교육부장관은 다음 각 호의 어느 하나에 해당하는 자에게 그에 상당하는 학점을 인정할 수 있다.(2013.3.23 본문개정)
1. 대통령령으로 정하는 학교 또는 평생교육시설에서 「고등교육법」, 「평생교육법」 또는 학칙으로 정하는 바에 따라 교육과정을 마친 자
2. 외국이나 군사분계선 이북지역에서 대학교육에 상응하는 교육과정을 마친 자
3. 「고등교육법」 제36조제1항, 「평생교육법」 제32조 또는 제33조에 따라 시간제로 등록하여 수업을 받은 자(2015.3.27 본호개정)
4. 대통령령으로 정하는 자격을 취득하거나 그 자격 취득에 필요한 교육과정을 마친 자
5. 대통령령으로 정하는 시험에 합격하거나 그 시험이 면제되는 교육과정을 마친 자
6. 「무형유산의 보전 및 진흥에 관한 법률」 제17조에 따라 국가무형유산의 보유자로 인정된 사람과 그 전수교육을 받은 사람으로서 대통령령으로 정하는 사람(2023.8.8 본호개정)

③ (2001.3.28 삭제)
④ 거짓이나 그 밖의 부정한 방법으로 제1항 또는 제2항에 따른 학점인정을 받은 경우 교육부장관은 이를 취소할 수 있다.(2013.3.23 본항개정)
⑤ 제1항과 제2항에 따른 학점인정의 기준, 절차, 그 밖에 필요한 사항은 대통령령으로 정한다.

(2007.12.21 본조개정)

제8조【학력인정】 ① 제7조에 따라 일정한 학점을 인정받은 자는 「고등교육법」 제2조제1호에 따른 대학이나 같은 법 제2조제4호에 따른 전문대학을 졸업한 자와 같은 수준 이상의 학력이 있는 것으로 인정한다.
② 제1항에 따른 학력인정의 기준은 대통령령으로 정한다.

(2007.12.21 본조개정)

제9조【학위수여】 ① 교육부장관은 고등학교를 졸업한 자 또는 이와 같은 수준 이상의 학력이 있다고 인정된 자로서 제7조에 따라 일정한 학점을 인정받고 대통령령으로 정하는 요건을 충족한 자에게 학위를 수여한다.(2013.3.23 본항개정)
② 다음 각 호의 어느 하나에 해당하는 자는 고등학교를 졸업한 자 또는 이와 같은 수준 이상의 학력이 있다고 인정된 자로서 제7조에 따라 일정한 학점을 인정받고 학칙으로 정하는 요건을 충족한 자에게 학위를 수여할 수 있다.
1. 대학의 장
2. 「고등교육법」 제59조제4항에 따라 상급 학위과정에의 입학학력이 인정되는 학교로 교육부장관의 지정을 받은 각종학교의 장(2013.3.23 본호개정)
3. 「평생교육법」 제32조에 따른 사내대학형태의 평생교육시설의 장(2015.3.27 본호개정)
4. 「평생교육법」 제33조에 따른 원격대학형태의 평생교육시설의 장(2015.3.27 본호개정)

③ 거짓이나 그 밖의 부정한 방법으로 학위를 받은 자에 대하여는 제1항 또는 제2항에 따라 학위를 수여한 교육부장관 또는 대학의 장 등이 그 학위수여를 취소할 수 있다.(2013.3.23 본항개정)
④ 제1항과 제2항에 따른 학위의 종류, 학위수여 절차, 그 밖에 필요한 사항은 대통령령으로 정한다.

(2007.12.21 본조개정)

제10조【국가 및 지방자치단체의 임무】 국가와 지방자치단체는 이 법에 따라 학점을 인정받으려는 자의 학습을 지원하기 위하여 필요한 시책을 마련하여야 한다.

(2007.12.21 본조개정)

제11조【권한의 위임·위탁】 이 법에 따른 교육부장관의 권한은 대통령령으로 정하는 바에 따라 그 일부를 다음 각 호의 자에게 위임하거나 위탁할 수 있다.(2013.3.23 본문개정)
1. 교육감
2. 교육훈련기관의 장
3. 대통령령으로 정하는 관계 기관의 장

(2007.12.21 본조개정)

제12조【시정명령 등】 ① 교육부장관은 제11조에 따라 권한을 위임받거나 위탁받은 교육감, 교육훈련기관의 장 또는 관계 기관의 장이 수행하는 업무의 처리가 이 법과 관계 법령 또는 이에 따른 명령을 위반한 경우에는 기간을 정하여 해당 교육감, 교육훈련기관의 장 또는 관계 기관의 장에게 대통령령으로 정하는 바에 따라 그 시정을 명하는 등 필요한 조치를 취할 수 있다.(2013.3.23 본항개정)
② 제1항에 따른 시정명령 등을 받은 교육감, 교육훈련기관의 장 또는 관계 기관의 장은 정당한 사유가 없으면 지정된 기간에 그 사항을 이행하여야 한다.

(2007.12.21 본조개정)

제12조의2【청문】 교육부장관은 제5조에 따라 학습과정 평가인정을 취소하려면 청문을 하여야 한다.

(2013.3.23 본조개정)

제12조의3【수수료】 ① 다음 각 호의 어느 하나에 해당하는 자는 교육부령으로 정하는 바에 따라 수수료를 내야 한다.
1. 제3조제2항에 따른 평가인정을 신청하는 자
2. 제7조제1항 또는 제2항에 따른 학점인정을 받으려는 사람
3. 제8조제1항에 따른 학력인정을 받으려는 사람
4. 제9조제1항에 따른 학위수여를 받으려는 사람
5. 제1호부터 제4호까지의 규정에 따른 평가인정·학점인정·학력인정 또는 학위수여를 증명하는 서류의 발급을 신청하는 자

② 제1항에도 불구하고 「국민기초생활 보장법」 제2조제1호에 따른 수급권자에 대해서는 그 신청에 따라 제1항제2호부터 제4호까지의 규정에 해당하는 수수료를 면제한다.

(2015.3.27 본조신설)

제13조【과태료】 ① 제3조제4항을 위반한 자에게는 500만원 이하의 과태료를 부과한다.
② 제1항에 따른 과태료는 대통령령으로 정하는 바에 따라 교육부장관이 부과·징수한다.

(2015.3.27 본조신설)

부 칙 (2015.3.27 법13229호)

제1조【시행일】 이 법은 공포 후 6개월이 경과한 날부터 시행한다. 다만, 제6조의2의 개정규정은 공포 후 1년 6개월이 경과한 날부터 시행한다.

제2조【평가인정사항 변경 등에 관한 적용례】 ① 제3조제3항의 개정규정은 이 법 시행 이후 최초로 평가인정사항을 변경하는 경우부터 적용한다.
② 제3조제4항의 개정규정은 이 법 시행 이후 최초로 평가인정을 받은 학습과정을 폐지하거나 중단하는 경우부터 적용한다.

제3조【행정처분에 관한 경과조치】 이 법 시행 전의 위반행위에 대한 행정처분에 관하여는 종전의 규정에 따른다.

부 칙 (2023.8.8)

제1조【시행일】 이 법은 2024년 5월 17일부터 시행한다. (이하 생략)

독학에 의한 학위취득에 관한 법률(약칭 : 독학학위법)

(1990년 4월 7일 / 법 률 제4227호)

개정
1990.12.27법 4268호(정부조직)
1996.12.30법 5208호
2001. 1.29법 6400호(정부조직)
2004. 1.20법 7073호
2007.12.14법 8676호(평생교육)
2007.12.21법 8707호
2008. 2.29법 8852호(정부조직)
2013. 3.23법11690호(정부조직)
2015. 3.27법13223호

제1조【목적】 이 법은 독학자(獨學者)에게 학사학위(學士學位) 취득의 기회를 줌으로써 평생교육의 이념을 구현하고 개인의 자아실현과 국가·사회의 발전에 이바지하는 것을 목적으로 한다.(2007.12.21 본조개정)

제2조【국가의 임무】 국가는 독학자가 학사학위(이하 "학위"라 한다)를 취득하는 데에 필요한 편의를 제공하여야 한다.(2007.12.21 본조개정)

제3조【시험의 실시기관 등】 ① 교육부장관은 독학자에 대한 학위취득시험(이하 "시험"이라 한다)을 실시한다.
(2013.3.23 본항개정)
② 시험의 실시에 필요한 사항은 대통령령으로 정한다.
(2007.12.21 본조개정)

제4조【응시자격】 ① 시험에 응시할 수 있는 사람은 고등학교 졸업이나 이와 같은 수준 이상의 학력(學力)이 있다고 인정된 사람이어야 한다.
② 제5조제1항에 따른 과정별 인정시험에 관한 응시자격은 대통령령으로 정한다.
(2015.3.27 본조개정)

제5조【시험의 과정 및 과목】 ① 시험은 다음 각 호의 과정별 시험을 거쳐야 하며, 제4호의 학위취득 종합시험에 응시하려는 사람은 제1호부터 제3호까지의 각 과정별 시험을 모두 거쳐야 한다. 다만, 대통령령으로 정하는 바에 따라 일정한 학력(學歷)이나 자격이 있는 사람에 대하여는 제1호부터 제3호까지의 각 과정별 인정시험 또는 시험과목의 전부 또는 일부를 면제할 수 있다.
(2015.3.27 본문개정)
1. 교양과정 인정시험
2. 전공기초과정 인정시험
3. 전공심화과정 인정시험
4. 학위취득 종합시험
② 제1항에 따른 과정별 시험과목은 교육부장관이 정한다.(2013.3.23 본항개정)
③ 제1항에 따른 시험에 응시하는 사람은 교육부령으로 정하는 수수료를 내야 한다.(2015.3.27 본항신설)
(2015.3.27 본조제목개정)
(2007.12.21 본조개정)

제5조의2【부정행위자 등에 대한 조치】 ① 교육부장관은 시험에서 부정한 행위를 한 사람이나 응시원서 등에 응시자격에 관한 사항을 거짓으로 적은 사람에 대하여는 그 시험 또는 시험과목 응시를 정지시키거나 무효로 하고, 그 처분이 있은 날부터 3년의 범위에서 해당 시험 또는 시험과목의 응시자격을 정지할 수 있다.(2015.3.27 본항개정)
② (2015.3.27 삭제)
③ 제1항에 따른 부정행위자 등에 대한 조치에 필요한 세부기준·절차 등은 대통령령으로 정한다.(2015.3.27 본항신설)

제6조【학위 수여 등】 ① 교육부장관은 「고등교육법」 제35조제1항에도 불구하고 제5조제1항제4호에 따른 학위취득 종합시험에 합격한 사람에게는 학위를 수여한다.
(2015.3.27 본항개정)
② 「평생교육법」 제19조에 따른 국가평생교육진흥원장은 제1항에 따른 학위취득 종합시험의 합격증명, 학위증명, 그 밖에 필요한 증명서를 발급하고, 각종 증명서의 발급(발급수수료를 포함한다)에 필요한 사항은 교육부령으로 정한다.(2015.3.27 본항신설)
③ 제1항에 따른 학위 수여와 그 밖의 학사(學事) 관리에 필요한 사항은 대통령령으로 정한다.
(2007.12.21 본조개정)

제7조【권한의 위임】 교육부장관은 대통령령으로 정하는 바에 따라 시험 실시, 학사 관리, 그 밖에 독학에 의한 학위 취득에 관한 업무를 「평생교육법」에 따라 설립된 평생교육진흥원장에게 위탁할 수 있다.(2013.3.23 본조개정)

부 칙 (2015.3.27)

제1조【시행일】 이 법은 공포한 날부터 시행한다. 다만, 제5조제3항, 제5조의2 및 제6조제2항의 개정규정은 공포 후 6개월이 경과한 날부터 시행한다.

제2조【부정행위자 등에 대한 적용례】 제5조의2의 개정규정은 같은 개정규정 시행 후 최초로 시험에서 부정한 행위를 한 사람 또는 응시원서 등에 응시자격에 관한 사항을 거짓으로 적은 사람부터 적용한다.

국외유학에 관한 규정

(약칭 : 국외유학규정)

(1985년 12월 31일 / 전개대통령령 제11826호)

개정
1987. 4. 1영12118호　1988. 4.29영12437호
1990.12. 1영13173호(장애인시)
1991. 2. 1영13282호(직제)
1991. 2. 1영13284호(직제)
1992. 3.28영13623호(직제)
1992. 4.24영13630호
1993. 3. 6영13869호(직제)
1994. 7.23영14338호　1997. 3.27영15316호
1997. 9.30영15486호(국가유공자등예우시)
1997.12.31영15573호
1997.12.31영15598호(행정절차시)
1998.12.31영16041호
1999.12.31영16669호(행정위)
2000.11.17영17002호
2001. 1.29영17115호(직제)
2004. 1.29영18248호　2007.11.30영20425호
2008. 2.29영20740호(직제)
2008. 7. 3영20897호(직제)
2010. 2.18영22050호
2013. 3.23영24423호(직제)
2013.10.10영24787호
2013.12.30영25050호(행정규제재검토에따른일부개정령)
2014. 4. 8영25296호
2014.12. 9영25840호(규제기한정비)
2015.11.30영26683호(기준중위소득도입및맞춤형급여체계개편에따른고등교육법시행령등일부개정령)
2016.12.30영27751호(규제기한설정)
2018. 7.17영29046호
2019.12. 3영30221호(피한정후견인결격조항정비를위한일부개정령)
2023. 3. 7영33313호

제1장 총 칙

제1조【목적】 이 영은 교육기본법 제29조제3항의 규정에 의하여 국외유학에 관하여 필요한 사항을 규정함을 목적으로 한다.(1998.12.31 본조개정)

제2조【정의】 이 영에서 사용하는 용어의 정의는 다음과 같다.
1. "유학"이란 외국의 교육기관, 외국의 연구기관 또는 외국의 연수기관에서 6월이상의 기간에 걸쳐 수학하거나 학문·기술을 연구 또는 연수하는 것을 말한다.
(2014.4.8 본호개정)
2. "국비유학"이라 함은 국고에서 지급하는 장학금에 의하여 유학하는 것을 말한다.
3. "자비유학"이라 함은 국비외의 경비에 의하여 유학하는 것을 말한다.
4. "국비연수"란 국고에서 지급하는 경비에 의하여 외국의 교육기관, 외국의 연구기관, 외국의 연수기관, 산업체 그 밖에 이와 유사한 기관 또는 단체에서 6월미만의 기간에 걸쳐 지식·기술등을 연수하는 것을 말한다.
(2014.4.8 본호개정)
5. "외국의 교육기관"이란 유학 또는 연수하려는 국가의 법령 등에 따라 설립된 기관으로서 각종 교육과정을 설치·운영하는 기관을 말한다.
6. "외국의 연구기관"이란 유학 또는 연수하려는 국가의 법령 등에 따라 설립된 기관으로서 학문적 지식·이론을 연구하는 기관을 말한다.
7. "외국의 연수기관"이란 유학 또는 연수하려는 국가의 법령 등에 따라 설립된 기관으로서 어학 및 기술·기능에 관한 연수과정을 설치·운영하는 기관을 말한다.
(2014.4.8 5호~7호신설)

제3조【적용범위】 유학 및 국비연수에 관하여 다른 법령에 특별한 규정이 있는 경우를 제외하고는 이 영이 정하는 바에 의한다.

제4조 (2000.11.17 삭제)

제2장 자비유학

제5조【자비유학자격】 ① 다음 각 호의 어느 하나에 해당하는 사람으로서 외국의 교육기관, 외국의 연구기관 또는 외국의 연수기관(이하 "외국의 교육기관등"이라 한다)으로부터 입학허가 또는 초청을 받은 사람은 자비유학을 할 수 있다. 이 경우 제2호가목에 해당하는 사람은 예·체능계 학교에, 제2호나목 및 다목에 해당하는 사람은 해당 입상 분야 또는 기술자격 분야와 같은 분야의 학교에, 제2호라목에 해당하는 사람은 해당 특수교육분야의 학교로 한정하여 자비유학을 할 수 있다.
(2014.4.8 전단개정)
1. 중학교 졸업 이상의 학력이 있거나 이와 같은 수준 이상의 학력이 있다고 인정되는 사람
2. 다음 각 목의 어느 하나에 해당하는 사람으로서 해당 학교를 관할하거나 학력인정에 관한 사무를 관장하는 교육장의 유학인정을 받은 사람
가. 예·체능계 중학교(이에 준하는 각종학교를 포함한다. 이하 같다)의 재학생으로서 전공분야의 실기가 뛰어난 것으로 인정되어 해당 학교장이 추천한 사람
나. 중학교의 재학생, 중학교 학적을 가졌던 사람 또는 이와 같은 수준 이상의 학력이 있다고 인정되는 사람으로서 자연과학·기술 및 예·체능 분야의 특별시·광역시·특별자치시·도·특별자치도 규모 이상의 대회에서 입상한 사람
다. 중학교의 재학생, 중학교 학적을 가졌던 사람 또는 이와 같은 수준 이상의 학력이 있다고 인정되는 사람으로서 「국가기술자격법」 제9조제1항제1호에 따른 기술사·기능장·기사 또는 산업기사의 기술자격을 취득한 사람
라. 「장애인 등에 대한 특수교육법」 제2조제3호에 따른 특수교육대상자
3. 다음 각 목의 어느 하나에 해당하는 사람으로서 국립국제교육원장의 유학인정을 받은 사람
가. 외국의 정부·공공단체 또는 장학단체의 장학생으로 선발된 조기교육 대상자
나. 이 영에 따른 유학으로 외국의 학교에서 3년 이상 재학하고 귀국한 사람으로서 해당 외국의 상용어(常用語)를 사용하는 국가에 유학을 하려는 사람
다. 대한민국의 국적을 회복한 교포였던 사람 또는 그 자녀로서 귀국 후 그가 거주하던 외국의 상용어를 사용하는 국가에 유학을 하려는 사람
라. 고아, 다문화가족 자녀, 「국가유공자 등 예우 및 지원에 관한 법률」 제4조제1항에 따른 국가유공자나 그 유족 또는 가족으로서 외국의 정부·단체 또는 친척 등으로부터 초청을 받은 사람(2018.7.17 본목개정)
마. 이 영에 따른 유학 또는 연수로 외국의 교육기관등에서 유학 또는 연수 중 병역의무의 이행, 질병이나 그 밖의 부득이한 사유로 귀국한 후 해당 기관에 복귀하기 위하여 다시 출국하기를 희망하는 사람
(2014.4.8 본목개정)
바. 올림픽대회 또는 아시아경기대회에서 금메달·은메달 또는 동메달을 받은 사람
② 제1항제2호나목에 해당하는 대회의 입상 범위는 교육장이 제13조제1항에 따른 유학자격심사위원회의 심사를 거쳐 교육감의 승인을 받아 정한다.
(2013.10.10 본조개정)

제6조~제12조 (1994.7.23 삭제)

제13조【유학자격심사위원회】 ① 제5조제1항제2호의 규정에 의한 유학자격을 심사하기 위하여 하급교육행정기관에 유학자격심사위원회를 둔다.(2000.11.17 본항개정)
② 제1항의 규정에 의한 유학자격심사위원회의 구성·운영등에 관하여 필요한 사항은 교육부령으로 정한다.
(2013.3.23 본항개정)

제14조【자비유학의 인정신청 등】 ① 제5조제1항제2호 또는 제3호의 규정에 의한 유학인정을 받고자 하는 자는 교육부령이 정하는 바에 의하여 교육장 또는 국립국제교육원장에게 자비유학인정신청을 하여야 한다.
(2013.3.23 본항개정)
② 교육장 또는 국립국제교육원장은 제1항의 신청이 있는 때에는 유학인정을 할 것인지의 여부를 심사한 후 그 결과를 신청인에게 통지하여야 한다.
(2008.7.3 본조개정)

제15조【유학의 특례】 외국에 1년 이상 거주하고 있는 자의 자녀 또는 손자녀등(그 부모·조부모 또는 기타의 부양의무자와 동거할 목적으로 출국한 경우에 한한다. 이하 이 조에서 같다)이 그 부모·조부모 또는 기타의 부양의무자와 함께 체류하여 외국의 교육기관등에 재학중인 경우 그 부모·조부모 또는 기타의 부양의무자가 귀국을 한 때에는 그 자녀 또는 손자녀등을 이 영에 의하여 유학을 하는 자로 본다.(2014.4.8 본조개정)

제16조【유학인정의 취소】 ① 교육장 또는 국립국제교육원장은 제5조제1항제2호 또는 제3호의 규정에 의하여 유학인정을 받은 자가 다음 각 호의 어느 하나에 해당하는 경우에는 유학인정을 취소할 수 있다.(2014.4.8 본문개정)
1. 제출서류에 허위사실을 기재하거나 허위증명을 사용하여 유학인정을 받은 사실이 판명된 경우
2. 유학하는 외국의 교육기관등에서 퇴학을 당한 경우
(2014.4.8 본호개정)
3. (1998.12.31 삭제)
4. (2004.1.29 삭제)
② (1997.12.31 삭제)

제17조【유학안내】 ① (1998.12.31 삭제)
② 교육부장관은 유학의 안내·상담 및 자료수집과 유학생에게 필요한 각종 국내외정보의 제공을 위하여 필요하다고 인정하는 경우에는 관련단체등을 지원·육성할 수 있다.(2013.3.23 본항개정)
(1998.12.31 본조제목개정)

제3장 국비유학

제18조【국비유학생의 선발 및 파견】 ① 국립국제교육원장은 국비유학생을 선발하여 외국의 교육기관등에 파견할 수 있다.(2014.4.8 본항개정)
② 국비유학생의 선발분야 및 분야별 인원은 국비유학생 선발시험을 실시할 때마다 예산을 고려하여 전공분야별·파견국가별로 국립국제교육원장이 정한다.
(2008.7.3 본조개정)

제19조【국비유학의 기간 및 장학금 지급】 ① 국비유학생의 유학기간은 3년 이내로 한다. 다만, 국립국제교육원장이 특히 필요하다고 인정하는 경우에는 2년의 범위안에서 그 기간을 연장할 수 있다.
② 국비유학생에 대하여는 유학에 소요되는 학비 및 생활비의 전액 또는 그 일부를 장학금으로 국고에서 지급하되, 그 지급액은 유학에 필요한 학비 및 생활비를 고려하여 예산의 범위안에서 국립국제교육원장이 정한다.
(2008.7.3 본조개정)

제20조【국비유학생의 선발】 ① 국비유학생은 국립국제교육원장이 실시하는 국비유학생선발시험(이하 이 장에서 "국비유학시험"이라 한다)에 따라 선발한다.
(2013.10.10 본항개정)
② 대학(산업대학, 교육대학, 원격대학 및 기술대학을 포함하되, 전문학사학위과정은 제외한다) 및 그 밖의 관련 법령에 따라 이와 같은 수준 이상의 학력과 학위가 인정되는 시설 및 기관의 우수한 교수요원 확보를 위하여 특히 필요하여 해당 학교의 장이 추천한 사람에 대해서는 교수요원의 수급사정을 고려하여 국립국제교육원장이 정하는 인원의 범위에서 국비유학시험을 따로 실시할 수 있다.(2013.10.10 본항개정)
③ 국립국제교육원장은 국가정책상 필요한 전문인력을 양성하기 위하여 특히 필요하다고 인정하는 경우에는 필요한 분야의 선발인원을 정하여 국비유학시험을 따로 실시할 수 있다.(2013.10.10 본항개정)
④ 국립국제교육원장은 다음 각 호의 어느 하나에 해당하는 사람의 선발인원을 정하여 제1항에 따른 국비유학시험을 따로 실시할 수 있다.
1. 「국민기초생활 보장법」 제2조제1호에 따른 수급권자 및 같은 조 제10호에 따른 차상위계층
2. 그 밖에 경제적 사정을 고려하여 국립국제교육원장이 국비유학시험을 따로 실시할 필요가 있다고 인정하는 사람
(2018.7.17 본항개정)
⑤ 국립국제교육원장은 다음 각 호의 어느 하나에 해당하는 학교를 졸업하고(제1호의 경우에는 해당 학과의 교육과정을 마치고 졸업한 경우를 말한다), 「중소기업기본법」 제2조에 따른 중소기업(이하 "중소기업"이라 한다)에 국립국제교육원장이 정하는 기간 이상 재직하고 있는 사람의 선발인원을 정하여 국비유학시험을 따로 실시할 수 있다.(2018.7.17 본문개정)
1. 「초·중등교육법 시행령」 제76조의3제1호에 따른 일반고등학교 중 특성화고등학교에서 제공하는 것과 같은 교육과정으로 운영되는 학과를 설치한 학교
(2018.7.17 본호개정)
2. 「초·중등교육법 시행령」 제90조제1항제10호에 따른 산업수요 맞춤형 고등학교
3. 「초·중등교육법 시행령」 제91조제1항에 따른 특성화고등학교(자연현장실습 등 체험위주의 교육을 전문으로 실시하는 학교는 제외한다)
(2013.10.10 본항신설)
⑥ 국립국제교육원장은 국비유학시험의 실시에 관한 업무중 일부를 관계전문기관에 위탁할 수 있다.
(2008.7.3 본조개정)

제21조【응시자격】 ① 다음 각 호의 요건을 모두 충족하는 사람은 국비유학시험에 응시할 수 있다.
1. 대학, 산업대학, 교육대학, 원격대학, 기술대학의 졸업자, 졸업 예정자 또는 이와 같은 수준 이상의 학력이 있을 것(원격대학 및 기술대학의 경우 전문학사학위를 받았거나 받을 예정인 사람은 제외한다)
2. (2023.3.7 삭제)
3. 제1호에 따른 학교의 장의 추천을 받았을 것(독학자의 경우는 제외한다)
② 제1항에도 불구하고 제20조제3항에 따른 국비유학시험에 응시할 수 있는 사람은 제1항 각 호의 요건을 모두 갖춘 사람으로서 석사 또는 박사학위를 받은 사람으로 한다.
③ (2023.3.7 삭제)
(2013.10.10 본조개정)

제22조【응시자격의 제한】 다음 각 호의 어느 하나에 해당하는 자는 국비유학시험에 응시할 수 없다.
(2014.4.8 본문개정)
1. 피성년후견인(2019.12.3 본호개정)
2. 파산자로서 복권되지 아니한 자
3. 금고 이상의 실형의 선고를 받고 그 집행이 종료(집행이 종료된 것으로 보는 경우를 포함한다)되거나 집행이 면제된 날부터 2년이 경과되지 아니한 자
4. 금고 이상의 형의 집행유예 선고를 받고 그 유예기간 중에 있는 자
5. 금고 이상의 형의 선고유예를 받고 그 선고유예기간 중에 있는 자
6. 법원의 판결 또는 다른 법률에 의하여 자격이 정지 또는 상실된 자
(2004.1.29 본조개정)

제23조【시험의 과목 및 방법】 ① 국비유학시험은 제1차시험과 제2차시험으로 구분하여 실시한다. 다만, 제20조제3항에 따른 국비유학시험에 응시하는 사람으로서 유학하려는 국가에서 박사학위를 받은 사람에 대해서는 제1차시험을 면제할 수 있다.(2013.10.10 단서개정)
② 제1차 시험은 서류심사로 하고, 서류심사는 다음 각 호의 항목을 평가한다.
1. 외국어 시험 성적
2. 국사 시험 성적
3. 학업 성적
4. 지원전공 관련 대외활동 실적
5. 국외수학 계획서(자기소개서를 포함한다)
(2010.2.18 본항개정)
③ 제2항제1호의 외국어 시험은 유학대상 국가의 상용어 중 1개로 실시하되, 그 국가가 비영어권 국가인 경우에는 해당 국가의 상용어에 대한 시험을 실시하는 것이 적합하지 아니한 경우에만 국립국제교육원장의 결정에 따라 영어시험으로 대체할 수 있다.(2013.10.10 본항개정)
④ 제2항제1호 및 제2호의 시험은 국립국제교육원장이 지정하는 국내외의 시험전문기관에서 실시하는 시험으로 갈음할 수 있다.(2010.2.18 본항개정)
⑤ 제2차 시험은 면접시험으로 하며, 면접시험은 다음 각 호의 항목을 평가한다.
1. 선발분야에 관한 기초 및 전문지식
2. 국가관·사명감 등 정신자세
3. 책임감과 창의력·의지력 및 발전가능성
(2010.2.18 본항개정)
⑥ 국립국제교육원장은 제20조제5항에 따른 국비유학시험 응시자의 시험 과목 및 방법을 따로 정할 수 있다.
(2013.10.10 본항신설)
⑦ 제6항에 따라 국립국제교육원장이 시험 과목 및 방법을 따로 정한 경우에는 이를 공고하여야 한다.
(2013.10.10 본항신설)

제23조의2【시험의 공고】 국립국제교육원장은 국비유학시험을 실시하고자 하는 때에는 그 일시·장소·시험방법·응시자격 기타 시험에 필요한 사항을 시험실시 30일전까지 공고하여야 하며, 공고한 사항을 변경하고자 하는 경우에는 시험실시 10일전까지 그 변경사항을 공고하여야 한다.(2008.7.3 본조개정)

제23조의3【시험위원 등】 ① 국립국제교육원장은 국비유학시험을 실시하는 때마다 당해 시험의 평가에 전문적인 지식이 있는 자중에서 시험위원을 임명 또는 위촉하여야 한다.(2008.7.3 본항개정)
② 시험위원 및 시험감독자에 대하여는 예산의 범위안에서 수당 및 여비를 지급할 수 있다.
(1994.7.23 본조신설)

제23조의4【시험의 출제 및 합격자결정 등】 ① 국비유학시험의 출제·합격자결정 기타 시험에 관하여 필요한 사항은 교육부령으로 정하되, 시험의 출제수준 또는 합격자결정방법등은 유학하고자 하는 분야 또는 국가등에 따라 이를 달리할 수 있다.(2013.3.23 본항개정)
② 국립국제교육원장은 국비유학시험의 합격자가 결정된 때에는 지체없이 이를 공고하여야 한다.(2008.7.3 본항개정)

제23조의5【부정행위자에 대한 조치】 ① 국비유학시험에 있어서 부정행위를 한 응시자에 대하여는 당해 시험을 정지하거나 무효로 한다.
② 제1항의 규정에 해당하는 응시자는 당해 시험이 정지 또는 무효로 된 날부터 5년간 국비유학시험에 응시할 수 없다.
(1994.7.23 본조신설)

제24조【시험합격의 효력】 ① 국비유학시험에 합격한 자는 합격자 공고일에 국비유학인정을 받은 것으로 본다.
② 국비유학시험에 합격한 자가 합격자 공고일이 속하는 해의 다음해 9월말까지 유학하고자 하는 외국의 교육기관등의 입학허가 또는 초청을 받지 못하는 경우에는 시험합격의 효력이 상실된다. 다만, 부득이한 사유가 있다고 인정되는 경우 국립국제교육원장은 1년의 범위안에서 그 기간을 연장할 수 있다.(2014.4.8 본문개정)
(1998.12.31 본조개정)

제25조 (1998.12.31 삭제)

제26조【국비유학인정의 취소】 ① 국립국제교육원장은 국비유학인정을 받은 자가 다음 각 호의 어느 하나에 해당하는 경우에는 국비유학인정을 취소할 수 있다.
(2014.4.8 본문개정)
1. 제16조제1항 각 호의 어느 하나에 해당하는 경우
2. 국립국제교육원장의 승인없이 유학대상국, 유학하는 외국의 교육기관등이나 연구·연수부문을 변경한 경우
3. 유학하고 있는 외국의 교육기관등에서 신체·정신상의 이상으로 인하여 수학할 능력이 없다고 국립국제교육원장에게 통보된 경우
(2014.4.8 1호~3호개정)
4. 제22조의 규정에 의한 결격사유에 해당하게 된 경우
② (1997.12.31 삭제)

제27조~제28조 (1998.12.31 삭제)

제29조【장학금의 환수】 ① 국립국제교육원장은 국비유학생으로서 장학금을 받은 자가 제26조제1항 각 호의 어느 하나에 해당하여 국비유학인정이 취소된 때에는 이미 지급된 장학금을 환수할 수 있다.(2008.7.3 본항개정)
② (1998.12.31 삭제)
③ 국립국제교육원장은 이미 지급된 장학금을 일시에 환수하는 것이 곤란하다고 인정되는 때에는 이를 분할하여 환수할 수 있다.(2008.7.3 본항개정)
④ 국립국제교육원장은 천재·지변, 전시·사변 또는 장학금 상환의무자의 상이·질병등으로 인하여 장학금의 환수가 곤란하다고 인정되는 때에는 그 환수를 유예할 수 있다.(2008.7.3 본항개정)
⑤ 국립국제교육원장은 장학금을 받은 자가 다음 각호의 1에 해당하는 경우에는 장학금을 환수하지 아니할 수 있다.(2008.7.3 본문개정)
1. 사망한 경우
2. 파산선고를 받은 경우
3. 장애의 정도가 중한 장애인이 된 경우(1990.12.1 본호개정)
4. 신체·정신상의 이상으로 수학의 계속이 곤란하여 귀국한 경우
5. 기타 장학금을 환수함이 적합하지 아니하거나 불가능하다고 국립국제교육원장이 인정하는 경우(2008.7.3 본호개정)

제30조 (2007.11.30 삭제)

제31조【자비유학으로의 전환】 국립국제교육원장은 국비유학생이 다음 각호의 1에 해당하는 경우에는 본인의 원에 의하여 자비유학으로 인정할 수 있다.(2008.7.3 본문개정)
1. 제26조제1항제2호·제3호의 규정에 의한 사유로 국비유학인정이 취소된 자가 자비로 유학을 계속하고자 하는 경우(1998.12.31 본호개정)
2. 국비유학기간이 만료되었으나 학위취득을 위하여 자비로 유학을 계속하고자 하는 경우
3. 기타 자비유학이 특히 필요하다고 국립국제교육원장이 인정하는 경우(2008.7.3 본호개정)

제32조 (2007.11.30 삭제)

제33조 (1994.7.23 삭제)

제4장 국비연수

제34조【국비연수생의 선발·파견】 ① 국립국제교육원장은 국비연수생을 선발하여 외국의 교육기관등이나 산업체, 그 밖에 이와 유사한 기관·단체에 파견할 수 있다.
(2014.4.8 본항개정)
② 제1항에 따른 국비연수는 다음 각 호의 어느 하나에 해당하는 사람을 대상으로 한다.
1. 다음 각 목의 어느 하나에 해당하는 학교를 졸업하고(가목의 경우에는 해당 학과의 교육과정을 마치고 졸업한 경우를 말한다), 중소기업에 국립국제교육원장이 정하는 기간 이상 재직하고 있는 사람(2018.7.17 본문개정)
가. 「초·중등교육법 시행령」 제76조의3제1호에 따른 일반고등학교 중 특성화고등학교에서 제공하는 것과 같은 교육과정으로 운영되는 학과를 설치한 학교
(2018.7.17 본목개정)
나. 「초·중등교육법 시행령」 제90조제1항제10호에 따른 산업수요 맞춤형 고등학교
다. 「초·중등교육법 시행령」 제91조제1항에 따른 특성화고등학교(자연현장실습 등 체험위주의 교육을 전문으로 실시하는 학교는 제외한다)
2. 대학(산업대학·교육대학·원격대학·기술대학·전문대학 및 이에 준하는 각종학교를 포함한다. 이하 같다)의 졸업자, 졸업 예정자 또는 이와 같은 수준 이상의 학력이 있다고 인정되는 사람
3. 대학 재학생(국립국제교육원장이 특히 필요하다고 인정하는 경우만 해당한다)
(2013.10.10 본항개정)
③ 국비연수생의 선발은 소속대학의 장의 추천 또는 국비연수생선발시험(이하 이 장에서 "선발시험"이라 한다)에 의한다. 이 경우 국비연수생의 추천기준은 국립국제교육원장이 정한다.
④ 국비연수생의 선발분야 및 인원은 국립국제교육원장이 정한다.
(2008.7.3 본조개정)

제35조【연수기간 및 경비지급】 ① 국비연수생의 연수기간은 6개월 미만으로 한다. 다만, 국립국제교육원장이 특히 필요하다고 인정하는 경우에는 1년의 범위에서 그 기간을 연장할 수 있다.
② 제1항에도 불구하고 제34조제2항제1호에 해당하는 국비연수생의 연수기간은 총 3년의 범위에서 그 기간을 연장할 수 있다.(2013.10.10 본항신설)
③ 국비연수생에게는 연수에 필요한 경비의 전액 또는 일부를 국고에서 지급하되, 그 지급액은 예산의 범위에서 국립국제교육원장이 정한다.
(2013.10.10 본조개정)

제36조【선발시험】 선발시험의 과목·방법·합격기준 기타 선발시험에 관하여 필요한 사항은 국립국제교육원장이 정한다.(2008.7.3 본조개정)

제37조【복무의무】 국립국제교육원장은 국비연수생에 대하여 유학기간 종료후 당해 연수분야와 동일한 분야의

기관을 지정하여 연수기간에 상당하는 기간을 복무하게 할 수 있다.(2008.7.3 본조개정)

제38조【학점인정】 국비연수생이 재학중인 대학의 장은 당해 국비연수생이 외국의 교육기관등에서 학점을 취득한 경우에는 학칙이 정하는 바에 의하여 이를 당해 대학에서 취득한 학점으로 인정할 수 있다.(2014.4.8 본조개정)

제39조【준용규정】 국비연수생에 관하여는 제16조·제23조의2 및 제29조를 준용한다.(2013.10.10 본조개정)

제5장 재외공관장의 지도등

제40조【유학생의 지도등】 ① 재외공관장은 관할지역안의 유학생 및 국비연수생에 대하여 장학지도 및 생활지도를 하고, 그 생활상태를 파악하여야 한다.

② 유학생 및 국비연수생은 제1항의 규정에 의한 재외공관장의 지도사항을 성실히 지켜야 한다.

제41조 (1998.12.31 삭제)

제42조【자료협조】 ① 국립국제교육원장은 외교부장관에게 유학생에 대한 여권발급상황에 관한 자료를 요청할 수 있다.(2013.3.23 본항개정)

② 국립국제교육원장은 재외공관장에게 관할지역안의 유학생에 관한 자료를 요청할 수 있다.

(2008.7.3 본조개정)

제43조【규제의 재검토】 교육부장관은 다음 각 호의 사항에 대하여 다음 각 호의 기준일을 기준으로 3년마다(매 3년이 되는 해의 기준일과 같은 날 전까지를 말한다) 그 타당성을 검토하여 개선 등의 조치를 하여야 한다.

1. 제5조에 따른 자비유학자격 : 2017년 1월 1일
2. 제16조에 따른 유학인정의 취소 : 2017년 1월 1일
3. 제21조에 따른 국비유학시험 응시자격 : 2017년 1월 1일
4. 제26조에 따른 국비유학인정의 취소 : 2017년 1월 1일

(2016.12.30 본조개정)

부 칙 (2014.4.8)

제1조【시행일】 이 영은 공포한 날부터 시행한다.

제2조【금치산자 등에 관한 경과조치】 제22조제1호의 개정규정에 따른 피성년후견인 및 피한정후견인에는 법률 제10429호 민법 일부개정법률 부칙 제2조에 따라 금치산 또는 한정치산 선고의 효력이 유지되는 자를 포함하는 것으로 본다.

부 칙 (2018.7.17)
(2019.12.3)
(2023.3.7)

이 영은 공포한 날부터 시행한다.

유아교육법

(2004년 1월 29일
법 률 제7120호)

개정
2005. 3.24법 7413호(정부조직)
2007.12.14법 8676호(평생교육)
2008. 2.29법 8852호(정부조직)
2010. 1.18법 9932호(정부조직)
2010. 3.24법10176호
2011. 5.19법10638호
2011. 6. 7법10789호(영유아보육법)
2011. 7.14법10854호(금융실명)
2011. 7.25법10913호
2012. 1.26법11218호
2012. 3.21법11382호
2013. 3.23법11690호(정부조직)
2013. 5.22법11769호
2014. 1.28법12336호
2015. 2. 3법13119호
2015. 3.27법13226호
2015.12.22법13574호
2016. 5.29법14155호
2017. 2. 8법14567호(도시및주거환경정비법)
2017. 3.21법14602호
2017.12.19법15232호
2020. 1.29법16875호
2020. 3.24법17080호
2020. 5.26법17311호(도로교통)
2020.12.22법17661호
2021. 3.23법17954호(법률용어정비)
2021. 6. 8법18193호
2021. 7.20법18298호(국가교육위원회설치및운영에관한법)
2023. 9.27법19737호

제1장 총 칙

제1조【목적】 이 법은 「교육기본법」 제9조에 따라 유아교육에 관한 사항을 정함을 목적으로 한다.(2010.3.24 본조개정)

제2조【정의】 이 법에서 사용하는 용어의 뜻은 다음 각 호와 같다.(2012.3.21 본문개정)

1. "유아"란 만 3세부터 초등학교 취학전까지의 어린이를 말한다.
2. "유치원"이란 유아의 교육을 위하여 이 법에 따라 설립·운영되는 학교를 말한다.
3. "보호자"란 친권자·후견인 그 밖의 자로서 유아를 사실상 보호하는 자를 말한다.

4.～5. (2012.3.21 삭제)

6. "방과후 과정"이란 제13조제1항에 따른 교육과정 이후에 이루어지는 그 밖의 교육활동과 돌봄활동을 말한다.(2012.3.21 본호개정)

(2010.3.24 본조개정)

제3조【책임】 국가 및 지방자치단체는 보호자와 더불어 유아를 건전하게 교육할 책임을 진다.

제3조의2【유아교육발전기본계획】 ① 교육부장관은 유아교육의 발전을 위하여 유아교육에 관한 중장기 정책목표 및 방향을 설정하고, 유아교육발전기본계획(이하 "기본계획"이라 한다)을 수립하여 추진하여야 한다.

(2013.3.23 본항개정)

② 교육부장관은 제5조제1항에 따른 중앙유아교육위원회의 심의를 거쳐 5년마다 기본계획을 수립하여야 한다.

(2013.3.23 본항개정)

③ 기본계획의 내용 등에 관한 사항은 대통령령으로 정한다.

④ 교육부장관은 기본계획을 수립하기 위하여 유아교육에 관한 전반적인 실태조사를 5년마다 실시하고 그 결과를 공표하여야 한다.(2015.12.22 본항개정)

⑤ 교육부장관은 제4항에 따른 실태조사를 위하여 관계 중앙행정기관의 장, 지방자치단체의 장, 「공공기관의 운영에 관한 법률」에 따른 공공기관의 장, 그 밖의 관련 법인 및 단체에 대하여 필요한 자료의 제출 또는 의견의 진술을 요청할 수 있다. 이 경우 요청을 받은 자는 정당한 사유가 없으면 이에 협조하여야 한다.(2015.12.22 본항신설)

⑥ 제4항에 따른 실태조사의 방법 등에 필요한 사항은 대통령령으로 정한다.(2015.12.22 본항신설)

⑦ 특별시·광역시·특별자치시·도 및 특별자치도(이하 "시·도"라 한다)의 교육감(이하 "교육감"이라 한다)은 기본계획에 따라 연도별 시행계획을 수립하여 추진하여야 한다.

⑧ 교육부장관은 제1항에 따라 수립한 기본계획의 지난해 추진 실적을 매년 제5조제1항에 따른 중앙유아교육위원회의 심의를 받아야 하며, 시·도교육감은 제7항에 따른 다음해 시행계획 및 지난해 추진실적을 종합하여 매년 제5조제1항에 따른 시·도유아교육위원회의 심의를 받아야 한다.(2015.12.22 본항개정)

(2012.1.26 본조신설)

제4조【유아교육·보육위원회】 ① 유아교육 및 「영유아보육법」 제2조에 따른 보육에 관한 다음 각호의 사항을 심의하기 위하여 국무총리 소속으로 유아교육·보육위원회를 둔다.(2010.3.24 본문개정)

1. 유아교육 및 보육에 관한 기본계획
2. 유치원과 어린이집간의 연계운영(2011.6.7 본호개정)
3. 유아교육 및 보육에 관한 관계 부처 간 협조사항 (2014.1.28 본호신설)
4. 그 밖에 위원장이 회의에 부치는 사항(2010.3.24 본호개정)

② 제1항에 따른 위원회는 위원장을 포함한 11명의 위원으로 구성하되, 위원장은 국무조정실장이 되고 위원은 다음 각 호에 해당하는 사람이 된다.(2013.3.23 본문개정)

1. 기획재정부차관·교육부차관·보건복지부차관 및 여성가족부차관(2013.3.23 본호개정)
2. 제1호의 위원이 추천하여 위원장이 위촉하는 유아교육계·보육계 및 여성계를 대표하는 사람 각 2명 (2012.3.21 본호개정)

③ 제1항에 따른 위원회의 구성 및 운영에 필요한 사항은 대통령령으로 정한다.(2010.3.24 본항개정)

제5조【유아교육위원회】 ① 유아교육에 관한 정책, 사업의 기획·조사 등에 관한 사항을 심의하기 위하여 교육부에 중앙유아교육위원회를 두고, 시·도 교육청에 시·도 유아교육위원회를 둔다.(2013.3.23 본항개정)

② 중앙유아교육위원회와 시·도 유아교육위원회는 유아교육전문가, 유치원대표, 유치원교사(수석교사를 포함한다)대표, 학부모대표 및 관계공무원 등으로 구성한다. (2011.7.25 본항개정)

③ 중앙유아교육위원회와 시·도 유아교육위원회의 조직·운영 등에 필요한 사항은 대통령령으로 정한다. (2010.3.24 본조개정)

제6조【유아교육진흥원】 ① 국가 및 지방자치단체는 유아교육에 관한 연구와 정보제공, 프로그램 및 교재 개발, 유치원교원 연수 및 평가, 유아 체험교육 등을 담당하는 유아교육진흥원을 설치하거나 해당 업무를 교육관련연구기관 등에 위탁할 수 있다.(2012.3.21 본항개정)

② 제1항에 따른 유아교육진흥원의 설치·운영 및 위탁 등에 필요한 사항은 대통령령으로 정한다.

(2010.3.24 본조개정)

제6조의2【교육통계조사 등】 ① 교육부장관은 유아교육 정책의 효율적인 추진과 유아교육 연구에 필요한 원생·교원·직원·유치원·교육행정기관 등에 대한 기초자료 수집을 위하여 교육통계조사를 매년 실시하고 그 결과를 공개하여야 한다.

② 교육부장관은 유아교육 정책의 효율적인 수립·시행과 평가를 위하여 제1항에 따른 교육통계조사(이하 이 조에서 "교육통계조사"라 한다)로 수집된 자료와 「통계법」 제3조에 따른 통계 및 행정자료 등을 활용하여 교육 관련 지표 및 학생 수 추계 등 예측통계를 작성하여 공개하여야 한다.(2020.3.24 본항개정)

③ 교육부장관은 교육통계조사와 제2항에 따른 교육 관련 지표 및 예측통계의 작성을 위하여 중앙행정기관의 장, 지방자치단체의 장, 교육감 및 「공공기관의 운영에 관한 법률」에 따른 공공기관의 장 등 관계 기관의 장에게 자료의 제공을 요청할 수 있다. 이 경우 자료 제공을 요청받은 기관의 장은 특별한 사유가 없으면 이에 따라야 한다.(2020.3.24 본항개정)

④ 교육감은 제3항에 따른 자료 제출을 위하여 관할 유치원 및 교육행정기관의 장 등에게 자료 제출을 요청할 수 있다. 이 경우 자료 제출 요청을 받은 관할 유치원 및 교육행정기관의 장 등은 특별한 사유가 없으면 이에 따라야 하며, 교육감은 관할 유치원 및 교육행정기관 등의 부담을 최소화하기 위하여 노력하여야 한다.(2020.3.24 전단개정)

⑤ 교육부장관은 교육통계조사와 교육 관련 지표 및 예측통계 작성의 정확성 제고 및 업무 경감을 위하여 관련 자료를 보유한 중앙행정기관의 장, 지방자치단체의 장, 교육감 및 「공공기관의 운영에 관한 법률」에 따른 공공기관의 장 등 관계 기관의 장에게 자료 간 연계를 요청할 수 있다. 이 경우 자료 간 연계를 요청받은 기관의 장은 특별한 사유가 없으면 이에 따라야 한다.(2020.3.24 전단개정)

⑥ 교육부장관은 교육통계조사 시 다음 각 호에 해당하는 사람의 주민등록번호가 포함된 개인정보를 수집할 수 있으며, 이를 제5항에 따라 연계를 요청받은 기관에 통계조사 및 분석, 검증 등을 목적으로 제공하거나 제공받을 수 있다. (2020.3.24 본문개정)

1. 조사대상 유치원 및 교육행정기관의 교원·직원
2. 조사대상 유치원의 유아 및 졸업생

⑦ 교육부장관은 교육통계조사에 의하여 수집된 자료를 이용하고자 하는 자에게 이를 제공할 수 있다. 이 경우 「교육관련기관의 정보공개에 관한 특례법」에 따라 공개되는 항목을 제외하고는 특정의 개인이나 법인 또는 단체를 식별할 수 없는 형태로 자료를 제공한다.

⑧ 교육부장관은 교육통계조사 등의 업무를 위하여 대통령령으로 정하는 바에 따라 국가교육통계센터를 지정하여 그 업무를 위탁할 수 있다. 이 경우 교육부장관은 지정이나 업무 위탁에 필요한 경비를 지원할 수 있다.

⑨ 제1항부터 제8항까지에서 규정한 사항 외에 교육통계조사와 교육 관련 지표 및 예측통계 작성의 대상, 절차 및 결과 공개 등에 필요한 사항은 대통령령으로 정한다. (2020.3.24 본항개정)

(2017.3.21 본조신설)

제2장 유치원의 설립 등

제7조【유치원의 구분】 유치원은 다음 각호와 같이 구분한다.

1. 국립유치원 : 국가가 설립·경영하는 유치원
2. 공립유치원 : 지방자치단체가 설립·경영하는 유치원 (설립주체에 따라 시립유치원과 도립유치원으로 구분할 수 있다)

3. 사립유치원 : 법인 또는 사인(私人)이 설립·경영하는 유치원(2010.3.24 본호개정)

제8조【유치원의 설립 등】 ① 유치원을 설립하려는 자는 시설·설비 등 대통령령으로 정하는 설립기준을 갖추어야 한다.(2010.3.24 본항개정)

② 사립유치원을 설립하려는 자는 교육감의 인가를 받아야 한다.(2012.1.26 본항개정)

③ 교육감은 제2항에 따른 인가 신청이 있는 경우에는 다음 각 호의 어느 하나에 해당하는 경우를 제외하고는 유치원 설립을 인가하여야 한다.

1. 제1항에 따른 시설·설비 등 설립기준을 갖추지 아니한 경우
2. 교육감이 대통령령으로 정하는 바에 따라 수립하는 유아배치계획에 적합하지 아니한 경우(2017.12.19 본호개정)
3. 제32조제1항 또는 제3항에 따른 운영정지 명령을 받고 3년이 지나지 아니한 유치원 설립·경영자인 경우(2021.3.23 본호개정)
4. 그 밖에 이 법 또는 다른 법령에 따른 제한에 위반되는 경우

(2012.3.21 본항신설)

④ 사립유치원을 설립·경영하는 자가 유치원을 폐쇄하려는 경우나 대통령령으로 정하는 중요사항을 변경하려는 경우에는 교육감의 인가를 받아야 한다.

(2010.3.24 본조개정)

판례 평생교육기관에서 학교의 정규교육과정인 '유치원' 교육과정을 실시하는 경우 유아교육법 제8조 제2항의 규정에 따른 유치원 설립인가를 받지 아니하고 유치원을 운영한 자에 해당하여 같은 법 제34조 제1항 제1호의 처벌 대상이 될 수 있고, 평생교육기관에서 학교교과교습학원의 교습과정을 실시하는 경우 학원의 설립·운영 및 과외교습에 관한 법률 제6조에 따른 등록을 하지 아니하고 학원을 설립·운영한 자에 해당하여 같은 법 제22조 제1항 제1호의 처벌 대상이 될 수 있다.(대판 2009.12.24, 2009도10952)

제8조의2【결격사유】 다음 각 호의 어느 하나에 해당하는 사람은 유치원을 설립·운영할 수 없다.

1. 미성년자·피성년후견인 또는 피한정후견인
2. 「정신건강증진 및 정신질환자 복지서비스 지원에 관한 법률」 제3조제1호의 정신질환자
3. 「마약류 관리에 관한 법률」 제2조제1호의 마약류에 중독된 사람
4. 파산선고를 받고 복권되지 아니한 사람
5. 금고 이상의 실형을 선고받고 그 집행이 종료(집행이 종료된 것으로 보는 경우를 포함한다)되거나 집행이 면제된 날부터 5년(「아동복지법」 제3조제7호의2에 따른 아동학대관련범죄를 저지른 경우에는 20년)이 지나지 아니한 사람(2021.3.23 본호개정)
6. 금고 이상의 형의 집행유예를 선고받고 그 유예기간 중에 있는 사람. 다만, 「아동복지법」 제3조제7호의2에 따른 아동학대관련범죄로 금고 이상의 형의 집행유예를 선고받은 경우에는 그 집행유예가 확정된 날부터 20년이 지나지 아니한 사람을 말한다.
7. 제32조에 따라 유치원의 폐쇄명령을 받고 5년이 지나지 아니한 사람(2021.3.23 본호개정)
8. 제34조에 따라 300만원 이상의 벌금형이 확정된 날부터 2년이 지나지 아니한 사람 또는 「아동복지법」 제3조제7호의2에 따른 아동학대관련범죄로 벌금형이 확정된 날부터 10년이 지나지 아니한 사람
9. 제8조의3에 따른 교육명령을 이행하지 아니한 사람

(2020.1.29 본조신설)

제8조의3【교육명령】 ① 교육부장관은 「아동복지법」 제3조제7호의2에 따른 아동학대관련범죄로 형 또는 치료감호를 선고받아 그 형 또는 치료감호가 확정된 사람이 제8조의2제5호부터 제8호까지의 결격사유에 해당하지 아니하게 되어 유치원을 설립·운영하려는 경우에는 그 사람에 대하여 사전에 아동학대 방지를 위한 교육을 받도록 명하여야 한다. 이 경우 교육 실시에 드는 비용은 교육을 받는 사람이 부담한다.

② 제1항에 따른 교육명령의 조치와 관련한 절차, 교육기관, 교육 방법·내용 등에 관하여 필요한 사항은 교육부령으로 정한다.

(2020.1.29 본조신설)

제9조【유치원의 병설】 유치원은 「초·중등교육법」 제2조에 따른 초등학교·중학교 및 고등학교에 병설될 수 있다.(2010.3.24 본조개정)

제9조의2【유치원의 설립의무】 ① 교육감은 다음 각 호의 지역의 경우에는 제8조제3항제2호에 따른 유아배치계획을 고려하여 「초·중등교육법」 제2조에 따른 초등학교에 유치원을 병설하거나 별도로 설립하여야 한다.

(2017.12.19 본문개정)

1. 「도시개발법」 제3조에 따른 도시개발구역
2. 「도시 및 주거환경정비법」 제8조에 따른 정비구역(2017.2.8 본호개정)
3. 「택지개발촉진법」 제3조에 따른 택지개발지구
4. 「공공주택 특별법」 제6조에 따른 공공주택지구
5. 제4호에 따른 공공주택지구 외에 저소득층을 대상으로 하는 임대주택을 대통령령으로 정하는 비율 이상 포함하는 주택단지

② 교육감은 제9조에 따라 병설된 유치원의 학급 증설이 필요한 경우 이를 적극 시행하여야 한다.

(2015.12.22 본조신설)

제10조【유치원규칙】 ① 유치원의 장(유치원을 설립하는 경우에는 해당 유치원을 설립하려는 자를 말한다. 이하 "원장"이라 한다)은 법령의 범위에서 유치원규칙을 제정하거나 개정할 수 있다.(2016.5.29 본항개정)

② 유치원규칙의 기재사항 및 제정절차 등에 관하여 필요한 사항은 대통령령으로 정한다.

제11조【입학】 ① 유치원에 입학할 수 있는 사람은 유아로 한다.

② 원장은 교육 목적에 적합한 범위에서 유치원규칙으로 정하는 바에 따라 공정하고 투명한 방법으로 유치원에 입학할 유아를 모집·선발하여야 한다. 다만, 제3항에 따른 조례에서 모집·선발 시기 등을 달리 정한 경우에는 이에 따라야 한다.(2016.5.29 본항신설)

③ 지방자치단체(시·도에 한정한다)는 유아의 교육기회를 균등하게 보장하기 위하여 필요한 경우 유아의 모집·선발 시기, 절차 및 방법 등에 관하여 조례로 정할 수 있다.(2016.5.29 본항신설)

(2016.5.29 본조제목개정)

제12조【학년도 등】 ① 유치원의 학년도는 3월 1일부터 다음해 2월 말일까지로 한다.

② 유치원은 보호자의 요구 및 지역실정에 따라 방과후 과정을 운영할 수 있다.(2012.3.21 본항개정)

③ 유치원의 학기·수업일수·학급편성·휴업일 및 반의 편성·운영 등에 필요한 사항은 대통령령으로 정한다.

(2010.3.24 본항개정)

제13조【교육과정 등】 ① 유치원은 교육과정을 운영하여야 하며, 교육과정 운영 이후에는 방과후 과정을 운영할 수 있다.

② 국가교육위원회는 제1항에 따른 교육과정의 기준과 내용에 관한 기본적인 사항을 정하며, 교육감은 국가교육위원회가 정한 교육과정의 범위에서 지역 실정에 적합한 기준과 내용을 정할 수 있다.(2021.7.20 본항신설)

③ 교육부장관은 제1항에 따른 방과후 과정의 기준과 내용에 관한 기본적인 사항을 정하며, 교육감은 교육부장관이 정한 방과후 과정의 범위에서 지역 실정에 적합한 기준과 내용을 정할 수 있다.(2021.7.20 본항개정)

④ 교육부장관은 유치원의 교육과정 및 방과후 과정 운영을 위한 프로그램 및 교재를 개발하여 보급할 수 있다.

(2013.3.23 본항개정)

(2012.3.21 본조개정)

제14조【유치원생활기록】 원장은 유아의 생활지도 및 초등학교 교육과의 연계지도에 활용할 수 있도록 유아의 발달 등을 종합적으로 관찰하고 평가하여 교육부장관이 정하는 기준에 따라 생활기록부를 작성·관리하여야 한다.(2013.3.23 본조개정)

제15조【특수학교 등】 ① 특수학교는 신체적·정신적·지적 장애 등으로 특수교육이 필요한 유아에게 유치원에 준하는 교육과 실생활에 필요한 지식·기능 및 사회적응 교육을 하는 것을 목적으로 한다.

② 국가 및 지방자치단체는 특수교육이 필요한 유아가 유치원에서 교육을 받으려는 경우에는 따로 입학절차·교육과정 등을 마련하는 등 유치원과의 통합교육 실시에 필요한 시책을 마련하여야 한다.

(2010.3.24 본조개정)

제16조【외국인유치원】 ① "외국인유치원"이란 국내에 체류 중인 외국인의 자녀를 교육하기 위하여 설립된 유치원을 말하며, 외국인유치원에 대하여는 제11조제1항·제2항 단서·제3항, 제12조부터 제14조까지, 제17조, 제18조제2항, 제19조, 제19조의2부터 제19조의8까지, 제22조, 제24조부터 제26조까지 및 제27조를 적용하지 아니한다.

(2016.5.29 본항개정)

② 외국인유치원의 설립기준·교육과정·수업연한·학력인정과 그 밖에 설립·운영에 필요한 사항은 대통령령으로 정한다.

(2010.3.24 본조개정)

제17조【건강검진 및 급식】 ① 원장은 교육하고 있는 유아에 대하여 건강검진을 실시하고, 유아의 건강검진 결과를 제14조에 따른 생활기록부에 기록하여 관리하여야 한다. 다만, 보호자가 「국민건강보험법」 제52조 및 「의료급여법」 제14조에 따른 건강검진을 실시하고 그 건강검진결과 통보서를 제출하거나, 원장이 보호자의 동의를 받아 「전자정부법」 제36조제1항에 따른 행정정보의 공동이용을 통하여 건강검진결과 통보서를 확인한 경우에는 해당 건강검진으로 갈음할 수 있다.(2021.6.8 본항개정)

② 원장은 제1항에 따른 건강검진 결과 치료가 필요한 유아에 대하여는 해당 유아의 보호자와 협의하여 필요한 조치를 하여야 한다.(2021.6.8 본항신설)

③ 원장은 교육하고 있는 해당 유치원의 유아에게 적합한 급식을 할 수 있다.

④ 제1항 및 제2항에 따른 건강검진의 실시시기 및 그 결과처리에 관한 사항과 제3항에 따른 급식 시설·설비 기준 등에 관하여 필요한 사항은 교육부령으로 정한다.

(2021.6.8 본항개정)

(2010.3.24 본조개정)

제17조의2【유아 관련 자료제공의 제한】 ① 원장은 제14조에 따른 유치원생활기록 및 제17조에 따른 건강검진에 관한 자료를 해당 유아의 보호자의 동의 없이 제3자에게 제공하여서는 아니 된다. 다만, 다음 각 호의 어느 하나에 해당하는 경우에는 그러하지 아니하다.

1. 유치원에 대한 감독·검사의 권한을 가진 행정기관이 그 업무를 처리하기 위하여 필요한 경우
2. 통계작성 및 학술연구 등의 목적을 위한 경우로서 특정 개인을 식별할 수 없는 형태로 제공하는 경우
3. 범죄의 수사와 공소의 제기 및 유지에 필요한 경우
4. 법원의 재판업무 수행을 위하여 필요한 경우
5. 그 밖에 관계 법률에 따라 제공하는 경우

② 원장은 제1항 단서에 따라 제3자에게 자료를 제공하는 때에는 해당 자료를 제공받은 자에 대하여 사용목적·사용방법, 그 밖에 필요한 사항에 대하여 제한을 하거나 해당 자료의 안전성 확보를 위하여 필요한 조치를 마련하도록 요청할 수 있다.

③ 제1항에 따라 자료를 제공받은 자는 그 본래의 목적 외의 용도로 이를 이용하여서는 아니 된다.

(2012.3.21 본조신설)

제17조의3【응급조치】 원장(제21조제2항에 따라 원장의 직무를 대행하는 사람을 포함한다)은 보호하는 유아에게 질병·사고나 재해 등으로 인하여 위급한 상태가 발생한 경우 즉시 해당 유아를 「응급의료에 관한 법률」 제2조에 따른 응급의료기관에 이송하여야 한다.

(2013.5.22 본조신설)

제18조【지도·감독】 ① 국립유치원은 교육부장관의 지도·감독을 받으며, 공립·사립유치원은 교육감의 지도·감독을 받는다.(2013.3.23 본항개정)

② 교육감은 유아교육을 충실히 하기 위하여 유치원 교육과정 운영에 대한 장학지도를 할 수 있다.(2012.1.26 본항개정)

제19조【평가】 ① 교육감은 유아교육을 효율적으로 하기 위하여 필요하면 유치원 운영실태 등에 대한 평가를 할 수 있다.

② 교육부장관은 필요한 경우 각 시·도 교육청의 유아교육 전반에 대한 평가를 실시할 수 있다.(2013.3.23 본항개정)

③ 제1항과 제2항에 따른 평가를 실시한 경우 교육부장관 및 교육감은 평가의 결과를 공개하여야 한다.(2020.1.29 본항신설)

④ 제1항과 제2항에 따른 평가의 대상·기준 및 절차와 제3항에 따른 평가결과의 공개 등에 필요한 사항은 대통령령으로 정한다.(2020.1.29 본항개정)

(2012.1.26 본조개정)

제19조의2【유아교육정보시스템의 구축·운영 등】 ① 교육부장관 및 교육감은 유치원 및 교육행정기관의 업무(회계관리를 포함한다)를 전자적으로 처리할 수 있도록 유아교육정보시스템(이하 "정보시스템"이라 한다)을 구축·운영하여야 한다.(2020.1.29 본항개정)

② 교육부장관 및 교육감은 정보시스템의 운영 및 지원을 위하여 정보시스템운영센터를 설치·운영하거나 정보시스템의 효율적 운영을 위하여 필요하다고 인정하는 경우 정보시스템의 운영 및 지원 업무를 교육의 정보화를 지원하는 법인 또는 기관에 위탁할 수 있다. 이 경우 교육부장관 및 교육감은 그 위탁업무의 원활한 수행을 위하여 예산의 범위에서 보조금 및 출연금을 지급할 수 있다.(2013.3.23 본항개정)

③ 제1항에 따른 정보시스템의 구축·운영·접속방법 및 제2항에 따른 정보시스템운영센터의 설치·운영 등에 필요한 사항은 교육부령으로 정한다.(2013.3.23 본항개정)

④ 정보시스템은 「초·중등교육법」 제30조의4제1항에 따른 교육정보시스템 또는 「사회복지사업법」 제6조의2제2항에 따른 정보시스템과 연계하여 활용할 수 있다.

⑤ 유치원은 회계관리 업무를 위하여 정보시스템을 사용하여야 한다.(2020.1.29 본항신설)

(2012.3.21 본조신설)

제19조의3【유치원운영위원회의 설치 등】 ① 유치원 운영의 자율성을 높이고 지역의 실정과 특성에 맞는 다양한 교육을 창의적으로 실시할 수 있도록 하기 위하여 유치원에 유치원운영위원회를 두어야 한다. 다만, 대통령령으로 정하는 규모 미만의 사립유치원은 유치원운영위원회를 두지 아니할 수 있다.(2020.1.29 본항개정)

② 유치원에 두는 유치원운영위원회는 해당 유치원의 교원 대표 및 학부모 대표로 구성한다.

③ 「국가공무원법」 제33조 각 호의 어느 하나에 해당하는 사람은 유치원운영위원회의 위원이 될 수 없다.

(2020.12.22 본항신설)

④ 유치원운영위원회의 위원이 「국가공무원법」 제33조 각 호의 어느 하나에 해당할 때에는 당연히 퇴직한다.

(2020.12.22 본항신설)

⑤ 유치원에 두는 유치원운영위원회의 위원 정수는 5명 이상 11명 이내의 범위에서 유치원의 규모 등을 고려하여 대통령령으로 정한다.

⑥ 제9조에 따라 병설된 유치원의 경우에는 필요하면 유치원운영위원회를 해당 유치원을 병설한 학교의 학교운영위원회와 통합하여 운영할 수 있다. 이 경우 학교운영위원회에는 유치원 교원 대표 및 학부모 대표가 각각 1명 이상 포함되어야 한다.

⑦ 제1항에 따른 유치원운영위원회는 대통령령으로 정하는 바에 따라 회의록을 작성하고 이를 공개하여야 한다.

(2020.1.29 본항신설)

(2020.12.22 본조제목개정)

(2012.3.21 본조신설)

제19조의4【유치원운영위원회의 기능】 ① 국립·공립 유치원에 두는 유치원운영위원회는 다음 각 호의 사항을 심의한다.
1. 유치원규칙의 개정에 관한 사항
2. 유치원 예산 및 결산에 관한 사항
3. 유치원 교육과정의 운영방법에 관한 사항
3의2. 아동학대 예방에 관한 사항(2020.1.29 본호신설)
4. 학부모가 부담하는 경비에 관한 사항
5. 유치원 급식에 관한 사항
6. 방과후 과정 운영에 관한 사항
7. 유치원 운영에 대한 제안 및 건의에 관한 사항
8.「교육공무원법」 제29조의3제8항에 따른 공모 원장의 공모 방법, 임용, 평가 등에 관한 사항
9.「교육공무원법」 제31조제2항에 따른 초빙교사의 추천에 관한 사항
10. 그 밖에 대통령령 및 시·도 조례로 정하는 사항
② 사립유치원의 장은 제1항 각 호의 사항(제8호 및 제9호는 제외한다)에 대하여 유치원운영위원회의 자문을 거쳐야 한다.
(2012.3.21 본조신설)
제19조의5【유치원운영위원회의 구성·운영】 ① 제19조의3에 따른 유치원운영위원회 중 국립유치원에 두는 유치원운영위원회의 구성·운영에 필요한 사항은 대통령령으로 정하고, 공립유치원에 두는 유치원운영위원회의 구성·운영에 필요한 사항은 대통령령으로 정하는 범위에서 시·도의 조례로 정한다.
② 사립유치원에 두는 유치원운영위원회의 위원 구성에 관한 사항은 대통령령으로 정하고, 그 밖에 운영에 필요한 사항은 정관 또는 유치원규칙으로 정한다.
(2012.3.21 본조신설)
제19조의6【유치원운영위원회 위원의 연수 등】 ① 교육감은 유치원운영위원회 위원의 자질과 직무수행능력의 향상을 위한 연수를 실시할 수 있다.
② 교육감은 제1항에 따른 연수를 연수기관 또는 민간기관에 위탁하여 실시할 수 있다.
③ 교육감은 제2항에 따라 연수를 위탁받은 기관에 행정적·재정적 지원을 할 수 있다.
④ 제1항부터 제3항까지에서 규정한 사항 외에 위원의 연수에 필요한 사항은 대통령령으로 정한다.
(2012.3.21 본조신설)
제19조의7【유치원회계의 설치】 ① 국립·공립 유치원에 유치원회계를 설치한다.
② 유치원회계는 다음 각 호의 수입을 세입으로 한다.
1. 국가의 일반회계 또는 지방자치단체의 교육비특별회계로부터의 전입금
2. 제25조에 따른 수업료 등 교육비용과 그 밖의 납부금
3. 국가 또는 지방자치단체의 보조금 및 지원금
4. 사용료 및 수수료
5. 이월금
6. 물품매각대금
7. 그 밖의 수입
③ 유치원회계는 유치원의 운영 및 시설 설치 등을 위하여 필요한 모든 경비를 세출로 한다.(2021.3.23 본항개정)
④ 유치원회계는 예측할 수 없는 예산 외의 지출 또는 예산초과지출에 충당하기 위하여 예비비로서 상당한 금액을 세출예산에 계상할 수 있다.
⑤ 제9조에 따라 병설된 유치원의 경우에는 필요하면 유치원회계를 해당 유치원을 병설한 학교의 학교회계와 통합하여 운영할 수 있다.
⑥ 유치원회계의 설치에 필요한 사항은 국립유치원의 경우에는 교육부령으로, 공립유치원의 경우에는 시·도의 교육규칙으로 정한다.(2013.3.23 본항개정)
(2012.3.21 본조신설)
제19조의8【유치원회계의 운영】 ① 유치원회계의 회계연도는 매년 3월 1일에 시작하여 다음 연도 2월 말일에 종료한다.
② 원장은 회계연도마다 유치원회계세입세출예산안을 편성하여 회계연도 개시 30일 전까지 제19조의3에 따른 유치원운영위원회에 제출하여야 한다.
③ 유치원운영위원회는 유치원회계세입세출예산안을 회계연도 개시 5일 전까지 심의하여야 한다.
④ 원장은 제3항에 따른 예산안이 새로운 회계연도가 개시될 때까지 확정되지 아니한 때에는 다음 각 호의 경비를 전년도 예산에 준하여 집행할 수 있다. 이 경우 전년도 예산에 준하여 집행된 예산은 해당 연도의 예산이 확정되면 그 확정된 예산에 의하여 집행된 것으로 본다.
1. 교직원 등의 인건비
2. 교육에 직접 사용되는 교육비
3. 유치원 시설의 유지관리비
4. 법령상 지급의무가 있는 경비
5. 이미 예산으로 확정된 경비
⑤ 원장은 회계연도마다 결산서를 작성하여 회계연도 종료 후 2개월 이내에 유치원운영위원회에 제출하여야 한다.
⑥ 유치원회계의 운영에 필요한 사항은 국립유치원의 경우에는 교육부령으로, 공립유치원의 경우에는 시·도의 교육규칙으로 정한다.(2013.3.23 본항개정)
(2012.3.21 본조신설)

제3장 교직원

제20조【교직원의 구분】 ① 유치원에는 교원으로 원장·원감·수석교사 및 교사를 두되, 대통령령으로 정하는 일정 규모 이하의 유치원에는 원감을 두지 아니할 수 있다.(2011.7.25 본항개정)
② 유치원에는 교원외에 계약의사, 영양사, 간호사 또는 간호조무사, 행정직원 등을 둘 수 있다.(2021.3.23 본항개정)
③ 유치원에 두는 교원과 직원(이하 "교직원"이라 한다)의 정원·배치기준 등에 관하여 필요한 사항은 대통령령으로 정한다.
제21조【교직원의 임무】 ① 원장은 유치원 업무를 총괄하고 민원 처리를 책임지며, 소속 교직원을 지도·감독하고 해당 유치원의 유아를 교육한다.(2023.9.27 본항개정)
② 원감은 원장을 보좌하여 유치원 업무를 관리하고 해당 유치원의 유아를 교육하며, 원장이 부득이한 사유로 직무를 수행할 수 없을 때에는 그 직무를 대행한다. 다만, 원감을 두지 아니하는 유치원은 원장이 미리 지명한 교사(수석교사를 포함한다)가 그 직무를 대행한다.(2021.3.23 본문개정)
③ 수석교사는 교사의 교수·연구활동을 지원하며, 유아를 교육한다.(2011.7.25 본항신설)
④ 교사는 법령에서 정하는 바에 따라 해당 유치원의 유아를 교육한다.(2010.3.24 본항개정)
⑤ 행정직원 등 직원은 법령에서 정하는 바에 따라 유치원의 행정사무와 그 밖의 사무를 담당한다.(2012.1.26 본항개정)
제21조의2【유아의 인권 보장】 ① 유치원의 설립자·경영자와 원장은 헌법과 국제인권조약에 명시된 유아의 인권을 보장하여야 한다.
② 교직원은 제21조에 따라 유아를 교육하거나 사무를 담당할 때에는 도구, 신체 등을 이용하여 유아의 신체에 고통을 가하거나 고성, 폭언 등으로 유아에게 정신적 고통을 가해서는 아니 된다.(2020.1.29 본항개정)
(2016.5.29 본조신설)
제21조의3【원장 등 교원의 유아생활지도】 ① 원장 등 교원은 유아의 인권을 보호하고 교원의 교육활동과 돌봄활동을 위하여 필요한 경우에는 법령과 유치원규칙으로 정하는 바에 따라 유아를 지도할 수 있다.
② 제1항에 따른 교원의 정당한 유아생활지도에 대해서는 「아동복지법」 제17조제3호, 제5호 및 제6호의 금지행위 위반으로 보지 아니한다.
(2023.9.27 본조신설)
제21조의4【보호자의 의무 등】 ① 보호자는 교직원 또는 다른 유아의 인권을 침해하는 행위를 하여서는 아니 된다.
② 보호자는 제21조의3제1항에 따른 교원의 유아생활지도를 존중하고 지원하여야 한다.
③ 보호자는 교육활동과 돌봄활동의 범위에서 교원과 유치원의 전문적인 판단을 존중하고 교육활동과 돌봄활동이 원활히 이루어질 수 있도록 적극 협력하여야 한다.
(2023.9.27 본조신설)
제21조의5【교원 개인정보의 보호】 유치원과 원장은 교원의 전화번호, 주민등록번호 등 개인정보가 「개인정보 보호법」 및 「공공기관의 정보공개에 관한 법률」 등 관계 법률에 따라 보호될 수 있도록 필요한 조치를 하여야 한다.(2023.9.27 본조신설)
제22조【교원의 자격】 ① 원장 및 원감은 별표1의 자격기준에 해당하는 사람으로서 대통령령으로 정하는 바에 따라 교육부장관이 검정·수여하는 자격증을 받은 사람이어야 한다.
② 교사는 정교사(1급·2급)·준교사로 나누되, 별표2의 자격기준에 해당하는 사람으로서 대통령령으로 정하는 바에 따라 교육부장관이 검정·수여하는 자격증을 받은 사람이어야 한다.
③ 수석교사는 제2항의 자격증을 소지한 사람으로서 15년 이상의 교육경력(「교육공무원법」 제2조제1항제2호 및 제3호에 따른 교육전문직원으로 근무한 경력을 포함한다)을 가지고 교수·연구에 우수한 자질과 능력을 가진 사람 중에서 대통령령으로 정하는 바에 따라 교육부장관이 정하는 연수 이수 결과를 바탕으로 검정·수여하는 자격증을 받은 사람이어야 한다.
④~⑤ (2010.3.24 삭제)
(2013.3.23 본조개정)
제22조의2【교사 자격 취득의 결격사유】 다음 각 호의 어느 하나에 해당하는 사람은 제22조제2항에 따른 교사의 자격을 취득할 수 없다.
1. 마약·대마·향정신성의약품 중독자
2. 미성년자에 대한 다음 각 목의 어느 하나에 해당하는 행위로 형 또는 치료감호를 선고받아 그 형 또는 치료감호가 확정된 사람(집행유예를 선고받은 후 그 집행유예기간이 경과한 사람을 포함한다)
가.「성폭력범죄의 처벌 등에 관한 특례법」 제2조에 따른 성폭력범죄
나.「아동·청소년의 성보호에 관한 법률」 제2조제2호에 따른 아동·청소년대상 성범죄
3. 성인에 대한 「성폭력범죄의 처벌 등에 관한 특례법」 제2조에 따른 성폭력범죄 행위로 100만원 이상의 벌금형이나 그 이상의 형 또는 치료감호를 선고받아 그 형 또는 치료감호가 확정된 사람(집행유예를 선고받은 후 그 집행유예기간이 경과한 사람을 포함한다)
(2020.12.22 본조신설)
제22조의3【벌금형의 분리 선고】「형법」 제38조에도 불구하고 제22조의2제3호에 해당하는 죄와 다른 죄의 경합범(競合犯)에 대하여 벌금형을 선고하는 경우에는 이를 분리하여 선고하여야 한다.(2020.12.22 본조신설)
제22조의4【교원자격증 대여·알선 금지】 제22조에 따라 받은 자격증은 다른 사람에게 빌려주거나 빌려서는 아니 되며, 이를 알선하여서도 아니 된다.(2020.12.22 본조신설)
제22조의5【자격취소 등】 ① 교육부장관은 제22조에 따라 자격증을 받은 사람이 다음 각 호의 어느 하나에 해당하는 경우에는 그 자격을 취소하여야 한다.
1. 거짓이나 그 밖의 부정한 방법으로 자격증을 받은 경우
2. 제22조의4를 위반하여 자격증을 다른 사람에게 빌려준 경우
② 제1항에 따라 자격이 취소된 후 2년이 지나지 아니한 사람은 제22조에 따른 검정을 받을 수 없다.
(2020.12.22 본조신설)
제23조【강사 등】 ① 유치원에는 교육과정 운영에 필요한 경우 제20조제1항에 따른 교원외에 강사, 기간제 교사 또는 명예교사 등을 두어 유아교육을 담당하거나 보조하게 할 수 있다. 이 경우 국립·공립 유치원은 「교육공무원법」 제10조의3제1항 및 제10조의4를, 사립유치원은 「사립학교법」 제54조의3제4항 및 제5항을 각각 준용한다.(2012.1.26 후단개정)
② 제1항에 따라 유치원에 두는 강사 등의 종류·자격기준 및 임용 등에 필요한 사항은 대통령령으로 정한다.
(2010.3.24 본조개정)

제4장 비 용

제24조【무상 교육】 ① 초등학교 취학직전 3년의 유아교육은 무상(無償)으로 실시하되, 무상의 내용 및 범위는 대통령령으로 정한다.(2012.3.21 본항개정)
② 제1항에 따라 무상으로 실시하는 유아교육에 드는 비용은 국가 및 지방자치단체가 부담하되, 유아의 보호자에게 지원하는 것을 원칙으로 한다.
③ 제2항에 따라 국가 및 지방자치단체가 부담하는 비용은 제4항의 표준유아교육비를 기준으로 교육부장관이 예산의 범위에서 관계 행정기관의 장과 협의하여 고시한다.
(2013.3.23 본항개정)
④ 교육부장관은 제5조제1항에 따른 중앙유아교육위원회의 심의를 거쳐 표준유아교육비를 정한다.
(2013.3.23 본항개정)
⑤ 제2항에 따른 지원방법, 제3항에 따른 비용 고시 및 제4항에 따른 표준유아교육비 산정 등에 관하여 필요한 사항은 교육부령으로 정한다.(2013.3.23 본항개정)
(2010.3.24 본조개정)
제25조【유치원 원비】 ① 유치원의 설립·경영자는 교육부령으로 정하는 바에 따라 수업료 등의 교육비용과 그 밖의 납부금(이하 "유치원 원비"라 한다)을 받을 수 있다. 이 경우 다음 각 호의 기준에 따라 유치원 원비를 달리 정할 수 있다.(2015.3.27 본문개정)
1. 제12조제2항에 따른 유치원의 이용형태
2. 교육 대상인 유아가 「국민기초생활 보장법」에 따른 수급권자의 자녀인지 여부
3. 해당 지역이 저소득층 밀집지역 또는 농어촌지역 등 사회적 취약지역인지 여부
② 제1항제3호에 따른 사회적 취약지역의 결정기준은 대통령령으로 정한다.(2015.3.27 본항개정)
③ 각 유치원은 유치원 원비의 인상률이 직전 3개 연도 평균 소비자 물가상승률을 초과하게 하여서는 아니 된다.
(2015.3.27 본항신설)
④ 제3항에도 불구하고 다음 각 호의 사항을 고려하여 교육부장관이 정하는 기준에 해당하는 국립유치원은 제5조제1항에 따른 중앙유아교육위원회의 심의를, 교육감이 정하는 기준에 해당하는 공·사립유치원은 같은 항에 따른 시·도 유아교육위원회의 심의를 각각 거쳐 직전 3개 연도 평균 소비자 물가상승률을 초과하여 유치원 원비를 받을 수 있다.
1. 제24조제2항에 따라 국가 및 지방자치단체가 부담하는 비용
2. 제24조제4항에 따른 표준유아교육비
(2015.3.27 본항신설)
⑤ 그 밖에 유치원 원비 산정 및 징수방법 등에 필요한 사항은 교육부령으로 정한다.(2015.3.27 본항신설)
(2015.3.27 본조제목개정)
(2010.3.24 본조개정)
제26조【비용의 부담 등】 ①~② (2012.3.21 삭제)
③ 국가 및 지방자치단체는 대통령령으로 정하는 바에 따라 사립유치원의 설립 및 유치원교사의 인건비 등 운영에 드는 경비의 전부 또는 일부를 보조한다.
제26조의2~제26조의5 (2012.3.21 삭제)
제27조【방과후 과정 운영 등에 대한 지원】 국가 및 지방자치단체는 방과후 과정을 운영하거나 제12조제3항에 따라 대통령령으로 정하는 수업일수를 초과하여 운영하

는 유치원에 대하여는 대통령령으로 정하는 바에 따라 운영에 드는 경비를 보조할 수 있다.(2012.3.21 본조개정)

제28조【보조금 등의 반환】 ① 국가 및 지방자치단체는 다음 각 호의 어느 하나에 해당하는 경우에는 이미 지급한 보조금·지원금의 전부 또는 일부의 반환을 명할 수 있다.(2020.1.29 본문개정)

1. 유치원 목적외에 보조금·지원금을 사용한 경우
2. 거짓이나 그 밖의 부정한 방법으로 보조금·지원금을 지급받은 경우

(2020.1.29 1호~2호개정)

3. 제22조에 따른 교원자격기준을 갖추지 아니한 사람을 교원으로 임용한 경우
4. 유치원 원비 인상률이 직전 3개 연도 평균 소비자 물가 상승률을 초과한 경우(2015.3.27 본호신설)

② 국가 및 지방자치단체는 유아의 보호자가 거짓이나 그 밖의 부정한 방법으로 제24조제2항에 따른 비용을 지원받은 경우에는 그 비용의 전부 또는 일부의 반환을 명할 수 있다.(2012.3.21 본항신설)

③ 제1항 및 제2항에 따라 보조금 등을 환수하는 경우에 반환할 자가 기한 내에 반환하지 아니한 때에는 국세 체납처분 또는 지방세 체납처분의 예에 따라 징수한다.

(2012.3.21 본항신설)

(2020.1.29 본조제목개정)

(2010.3.24 본조개정)

제5장 보칙 및 벌칙

제28조의2【유치원 명칭의 사용금지】 이 법에 따른 유치원이 아니면 유치원 또는 이와 유사한 명칭을 사용하지 못한다.(2012.3.21 본조신설)

제29조【권한 등의 위임 및 위탁】 ① 이 법에 따른 교육부장관의 권한은 대통령령으로 정하는 바에 따라 그 일부를 교육감에게 위임할 수 있다.

② 이 법에 따른 교육부장관 및 교육감의 업무는 대통령령으로 정하는 바에 따라 그 일부를 보건복지부장관 또는 지방자치단체의 장에게 위탁할 수 있다.

(2013.3.23 본조개정)

제30조【시정 또는 변경 명령】 ① 유치원의 지도·감독기관(국립유치원인 경우에는 교육부장관, 공립·사립 유치원인 경우에는 교육감을 말한다. 이하 "관할청"이라 한다)은 유치원이 시설·설비, 교육과정 운영, 유치원 원비 인상률 및 그 밖의 사항에 관하여 교육관계법령, 「도로교통법」 제53조, 제53조의3 또는 이에 따른 명령이나 유치원규칙을 위반한 경우에는 원장 또는 그 설립·경영자에게 기간을 정하여 그 시정 또는 변경을 명할 수 있다.

(2020.5.26 본항개정)

② 관할청은 제1항에 따른 시정 또는 변경 명령을 받은 자가 정당한 사유 없이 지정된 기간에 이를 이행하지 아니하면 대통령령으로 정하는 바에 따라 해당 유치원의 정원감축, 학급감축 또는 유아모집 정지나 해당 유치원에 대한 차등적인 재정지원 또는 재정지원 배제 등의 조치를 할 수 있다.(2020.1.29 본항개정)

제30조의2【위반사실의 공표】 ① 관할청은 제28조제1항, 제30조 및 제32조에 따른 조치를 한 경우 그 위반행위, 처분 내용, 해당 유치원의 명칭 및 그 밖에 다른 유치원과의 구별이 필요한 사항으로서 대통령령으로 정하는 사항을 인터넷 홈페이지 등에 공개하여야 한다. 다만, 제28조제1항에 따른 처분의 경우에는 교육부령으로 정하는 금액 이상인 경우에 한정하여 공표한다.

② 관할청은 제1항에 따른 공표를 실시하기 전에 공표대상자에게 그 사실을 통지하여 소명자료를 제출하거나 출석하여 의견진술을 할 수 있는 기회를 부여하여야 한다.

③ 제1항에 따른 공표의 절차·방법, 그 밖에 필요한 사항은 대통령령으로 정한다.

(2020.1.29 본조신설)

제31조【휴업 및 휴원 명령】 ① 관할청은 재해 등의 긴급한 사유로 정상적인 교육이 불가능하다고 인정하는 경우에는 원장에게 휴업을 명할 수 있다.

② 제1항에 따른 명령을 받은 원장은 지체 없이 휴업을 하여야 한다.(2010.3.24 본항개정)

③ 관할청은 원장이 제1항에 따른 명령에도 불구하고 휴업을 하지 아니하거나 특별히 긴급한 사유가 있는 경우에는 휴원처분을 할 수 있다.(2010.3.24 본항개정)

④ 제1항과 제2항에 따라 휴업된 유치원은 휴업기간중 해당 유치원에서 교육받는 유아의 등교와 교육이 정지되며, 제3항에 따라 휴원된 유치원은 휴원기간중 단순한 관리업무 외에 유치원의 모든 기능이 정지된다.

(2010.3.24 본항개정)

제32조【유치원의 폐쇄 등】 ① 관할청은 유치원이 다음 각 호의 어느 하나에 해당하여 정상적인 교육과정 운영이 불가능한 경우에는 1년 이내의 운영정지를 명하거나 폐쇄를 명할 수 있다.(2016.5.29 본문개정)

1. 원장 또는 설립·경영자가 고의 또는 중대한 과실로 이 법 또는 이 법에 따른 명령이나 그 밖의 교육 관계 법령을 위반한 경우(2020.1.29 본호개정)
2. 원장 또는 설립·경영자가 이 법 또는 그 밖의 교육관계법령에 따른 관할청의 명령을 3회 이상 위반한 경우

2의2. 원장 또는 설립·경영자가 「아동복지법」 제3조제7호에 따른 아동학대 행위를 한 경우

2의3. 교직원 등 원장 또는 설립·경영자의 관리·감독 하에 있는 자가 「아동복지법」 제3조제7호에 따른 아동학대 행위를 한 경우. 다만, 원장 또는 설립·경영자가 교직원 등의 아동학대 행위를 방지하기 위하여 상당한 주의와 감독을 게을리하지 아니한 경우는 제외한다.

(2016.5.29 2호의2~2호의3신설)

3. 휴업기간을 제외하고 계속하여 3개월 이상 교육과정을 운영하지 아니한 경우(2010.3.24 본호개정)

② 관할청은 제8조제2항에 따른 유치원 설립인가를 받지 아니하고 유치원 또는 이와 유사한 명칭을 사용하거나 유치원을 운영한 자에 대하여 그 시설의 폐쇄를 명할 수 있다.(2012.3.21 본항개정)

③ 관할청은 유치원이 「도로교통법」 제53조제3항을 위반하여 어린이통학버스(같은 법 제52조에 따른 어린이통학버스 신고를 하지 아니한 경우를 포함한다)에 보호자를 함께 태우지 아니한 채 어린이통학버스 운행 중 발생한 교통사고로 해당 어린이통학버스에 탑승(승하차를 포함한다)한 유아가 사망하거나 신체에 교육부령으로 정하는 중상해를 입은 경우 해당 유치원의 폐쇄를 명하거나 1년 이내의 운영정지를 명할 수 있다.(2015.2.3 본항신설)

(2015.2.3 본조제목개정)

제33조【청문】 ① 교육부장관은 제22조의5제1항에 따라 자격을 취소하려면 청문을 하여야 한다.(2020.12.22 본항신설)

② 관할청은 제32조에 따라 유치원 또는 시설의 폐쇄나 운영정지를 명하려면 청문을 하여야 한다.

(2016.5.29 본조개정)

제34조【벌칙】 ① (2012.3.21 삭제)

② 다음 각 호의 어느 하나에 해당하는 자는 3년 이하의 징역 또는 3천만원 이하의 벌금에 처한다.(2016.5.29 본문개정)

1. 제8조제2항에 따른 유치원 설립인가를 받지 아니하고 유치원을 운영한 자
2. 제8조제4항을 위반하여 폐쇄인가 또는 변경인가를 받지 아니한 자(2012.3.21 본호개정)
3. 거짓이나 그 밖의 부정한 방법으로 제8조제2항 또는 제4항에 따른 유치원의 설립인가·폐쇄인가 또는 변경인가를 받은 자(2012.3.21 본호개정)
4. 제17조의2제1항 또는 제3항을 위반하여 보호자의 동의 없이 제3자에게 유아 관련 자료를 제공하거나 제공받은 자료를 그 본래의 목적 외의 용도로 이용한 자(2012.3.21 본호신설)

(2010.3.24 본항개정)

③ 다음 각 호의 어느 하나에 해당하는 자는 1년 이하의 징역 또는 1천만원 이하의 벌금에 처한다.(2016.5.29 본문개정)

1. 제22조의4를 위반하여 자격증을 다른 사람에게 빌려주거나 빌린 사람 또는 이를 알선한 사람(2020.12.22 본호신설)
2. 거짓이나 그 밖의 부정한 방법으로 제24조제2항에 따른 비용을 지원받거나 타인으로 하여금 지원을 받게 한 자(2012.3.21 본호신설)
3. 제30조제1항에 따른 명령을 위반한 자
4. 제32조제1항에 따른 명령을 위반한 자

(2010.3.24 본항개정)

제35조【과태료】 ① 제28조의2를 위반하여 유치원 또는 이와 유사한 명칭을 사용한 자에게는 500만원 이하의 과태료를 부과한다.

② 제17조제1항에 따른 건강검진을 실시하지 아니하거나 제17조의3에 따른 응급조치의무를 이행하지 아니한 자에게는 300만원 이하의 과태료를 부과한다.(2013.5.22 본항신설)

③ 제1항 및 제2항에 따른 과태료는 대통령령으로 정하는 바에 따라 관할청이 부과·징수한다.(2013.5.22 본항개정)

(2012.3.21 본조신설)

부 칙

제1조【시행일】 이 법은 공포후 1년이 경과한 날부터 시행한다.

제2조【폐지법률】 법률 제6400호 유아교육진흥법은 이를 폐지한다.

제3조【유치원에 대한 경과조치】 이 법 시행 당시 종전의 초·중등교육법에 따라 설립된 유치원 및 이에 준하는 각종학교인 외국인학교는 이 법에 의하여 설립된 유치원으로 본다.

제4조【유치원규칙에 관한 경과조치】 이 법 시행 당시 종전의 초·중등교육법에 따른 유치원 및 이에 준하는 각종학교인 외국인학교의 규칙은 이 법에 의한 유치원규칙으로 본다.

제5조【교원자격에 관한 경과조치】 이 법 시행 당시 종전의 초·중등교육법 제21조의 규정에 따라 검정·수여하는 유치원교원의 자격증을 받은 자는 이 법에 따라 검정·수여하는 유치원교원의 자격증을 받은 자로 본다.

제6조【재직 중인 교원에 대한 경과조치】 이 법 시행 당시 종전의 초·중등교육법에 따라 유치원의 원장·원감 또는 교사로 재직 중인 자는 이 법에 따른 유치원의 교원으로 임용된 것으로 본다.

제7조【벌칙에 관한 경과조치】 이 법 시행전의 행위에 대한 벌칙의 적용에 있어서는 종전의 규정에 따른다.

제8조【다른 법률의 개정】 ①~⑪ ※(해당 법령에 가제정리 하였음)

제9조【다른 법령과의 관계】 이 법 시행 당시 다른 법령에서 종전의 유아교육진흥법 또는 초·중등교육법의 규정에 따른 유치원을 인용한 경우에 이 법중 그에 해당하는 조항이 있는 때에는 종전의 규정에 갈음하여 이 법 또는 이 법의 해당 조항을 인용한 것으로 본다.

부 칙 (2012.3.21)

제1조【시행일】 이 법은 공포한 날부터 시행한다. 다만, 다음 각 호의 어느 하나에 해당하는 개정규정은 각 호의 구분에 따른 날부터 시행한다.

1. 제8조, 제28조의2, 제32조, 제34조제2항제2호·제3호 및 제35조의 개정규정은 이 법 공포 후 6개월이 경과한 날
2. 제19조의3부터 제19조의6까지의 개정규정은 2012년 9월 1일. 다만, 제19조의3의 개정규정 중 「교육공무원법」 제29조의3에 관한 부분은 2013년 3월 1일
3. 제19조의2, 제19조의7, 제19조의8, 제24조, 제26조제1항·제2항, 제26조의2부터 제26조의5까지, 제28조 및 제34조제1항·제3항제1호의 개정규정은 2013년 3월 1일
4. 제16조제1항의 개정규정은 해당 조문의 각각의 시행일
5. 부칙 제3조제4항은 2012년 4월 1일

제2조【벌칙에 관한 경과조치】 이 법 시행 전의 행위에 대한 벌칙의 적용에 있어서는 종전의 규정에 따른다.

제3조【다른 법률의 개정】 ①~④ ※(해당 법령에 가제정리 하였음)

부 칙 (2017.12.19)

제1조【시행일】 이 법은 공포한 날부터 시행한다.

제2조【유아배치계획으로의 명칭변경에 따른 경과조치】 이 법 시행 당시 종전의 규정에 따라 수립된 유아수용계획은 제8조제3항제2호 및 제9조의2제1항의 개정규정에 따른 유아배치계획으로 본다.

부 칙 (2020.1.29)

제1조【시행일】 ① 이 법은 공포 후 6개월이 경과한 날부터 시행한다. 다만, 제19조의2의 개정규정은 2020년 3월 1일부터 시행한다.

② 제1항 단서에도 불구하고 제19조의2의 개정규정은 국립·공립 유치원 및 「교육관련기관의 정보공개에 관한 특례법」 제5조의2에 따라 2018년 10월에 공시된 정보를 기준으로 원아의 현원이 200명 이상인 사립유치원에 대해서는 공포한 날부터 시행한다.

제2조【유치원 설립·경영자의 결격사유에 관한 적용례】 제8조의2제5호부터 제9호까지의 개정규정은 같은 개정규정 시행 이후의 행위로 형이 확정되었거나 같은 개정규정 시행 이후에 제32조에 따라 최초로 폐쇄명령을 받은 사람부터 적용한다.

제3조【교육명령에 관한 적용례】 제8조의3의 개정규정은 같은 개정규정 시행 이후의 행위로 「아동복지법」 제3조제7호의2에 따른 아동학대관련범죄로 형 또는 치료감호를 선고받아 그 형 또는 치료감호가 확정된 사람부터 적용한다.

제4조【유치원 설립인가에 관한 경과조치】 제8조의 개정규정 시행 전의 행위로 제32조제1항 또는 제3항에 따른 운영정지 명령을 받은 사람의 경우에는 같은 개정규정에도 불구하고 종전의 규정에 따른다.

부 칙 (2020.3.24)

이 법은 공포 후 6개월이 경과한 날부터 시행한다.

부 칙 (2020.5.26)

제1조【시행일】 이 법은 공포 후 6개월이 경과한 날부터 시행한다.(이하 생략)

부 칙 (2020.12.22)

제1조【시행일】 이 법은 공포 후 6개월이 경과한 날부터 시행한다.

제2조【유치원운영위원회 위원의 결격사유 등에 관한 적용례】 ① 제19조의3제3항의 개정규정은 이 법 시행 이후 유치원운영위원회의 위원이 되려는 경우(연임 또는 중임하려는 경우를 포함한다)부터 적용한다.

② 제19조의3제4항의 개정규정은 이 법 시행 이후의 선고 또는 징계 등으로 「국가공무원법」 제33조 각 호의 어느 하나에 해당하게 되는 경우부터 적용한다.

제3조【교원 자격 취득의 결격사유에 관한 적용례】 제22조의2의 개정규정은 이 법 시행 후 교원 자격 검정을 신청한 사람부터 적용한다.

제4조【벌금형의 분리 선고에 관한 적용례】 제22조의3의 개정규정은 이 법 시행 후 제22조의2제3호에 규정된 죄를 저지른 사람부터 적용한다.

부 칙 (2021.3.23)

이 법은 공포한 날부터 시행한다.(이하 생략)

부 칙 (2021.6.8)

이 법은 공포 후 3개월이 경과한 날부터 시행한다.

부 칙 (2021.7.20)

제1조【시행일】 이 법은 공포 후 1년이 경과한 날부터 시행한다.(이하 생략)

부 칙 (2023.9.27)

이 법은 공포한 날부터 시행한다.

〔별표〕➡「法典 別冊」참조

평생교육법

(2007년 12월 14일 전부개정법률 제8676호)

개정
2008. 2.29법 8852호(정부조직)
2009. 5. 8법 9641호 2011. 7.25법10915호
2013. 3.23법11690호(정부조직)
2013. 5.22법11770호 2013.12.30법12130호
2014. 1.28법12339호 2015. 3.27법13228호
2015. 3.27법13248호(무형문화재보전및진흥에관한법)
2016. 2. 3법13945호 2016. 5.29법14160호
2018.12.18법15964호 2019. 4.23법16337호
2019.12. 3법16677호
2021. 3.23법17954호(법률용어정비)
2021. 6. 8법18195호 2023. 4.18법19345호
2023. 6.13법19431호
2023. 8. 8법19588호(무형유산의보전및진흥에관한법)

제1장 총 칙

제1조【목적】 이 법은「헌법」과「교육기본법」에 규정된 평생교육의 진흥에 대한 국가 및 지방자치단체의 책임과 평생교육제도와 그 운영에 관한 기본적인 사항을 정하고, 모든 국민이 평생에 걸쳐 학습하고 교육받을 수 있는 권리를 보장함으로써 모든 국민의 삶의 질 향상 및 행복추구에 이바지함을 목적으로 한다.(2021.6.8 본조개정)

제2조【정의】 이 법에서 사용하는 용어의 정의는 다음과 같다.
1. "평생교육"이란 학교의 정규교육과정을 제외한 학력보완교육, 성인 문해교육, 직업능력 향상교육, 성인 진로개발역량 향상교육, 인문교양교육, 문화예술교육, 시민참여교육 등을 포함하는 모든 형태의 조직적인 교육활동을 말한다.(2023.6.13 본호개정)
2. "평생교육기관"이란 다음 각 목의 어느 하나에 해당하는 시설·법인 또는 단체를 말한다.
 가. 이 법에 따라 인가·등록·신고된 시설·법인 또는 단체
 나.「학원의 설립·운영 및 과외교습에 관한 법률」에 따른 학원 중 학교교과교습학원을 제외한 평생직업교육을 실시하는 학원
 다. 그 밖에 다른 법령에 따라 평생교육을 주된 목적으로 하는 시설·법인 또는 단체
3. "문해교육"이란 일상생활을 영위하는데 필요한 문자해득(文字解得)능력을 포함한 사회적·문화적으로 요청되는 기초생활능력 등을 갖출 수 있도록 하는 조직화된 교육프로그램을 말한다.(2023.4.18 본호개정)
4. "평생교육사업"이란 국가 및 지방자치단체가 국민과 주민의 평생교육을 위하여 예산 또는 기금으로 조직적인 교육활동을 직·간접적으로 지원하는 사업을 말한다.(2021.6.8 본호신설)
5. "평생교육이용권"이란 평생교육프로그램을 이용할 수 있도록 금액이 기재(전자적 또는 자기적 방법에 따른 기록을 포함한다)된 증표를 말한다.(2021.6.8 본호신설)
6. "성인 진로개발역량 향상교육"(이하 "성인 진로교육"이라 한다)이란 성인이 자신에게 적합한 직업을 찾고 진로를 인식·탐색·준비·결정 및 관리할 수 있도록 진로수업·진로심리검사·진로상담·진로정보·진로체험 및 취업지원 등을 제공하는 활동을 말한다.
(2023.6.13 본호신설)

제3조【다른 법률과의 관계】 ① 평생교육에 관하여 다른 법률에 특별한 규정이 있는 경우를 제외하고는 이 법을 적용한다.
② 평생교육에 관한 법률을 제정하거나 개정할 때에는 이 법의 목적 및 이념에 부합되도록 하여야 한다.
(2023.4.18 본조개정)

제4조【평생교육의 이념】 ① 모든 국민은 평생교육의 기회를 균등하게 보장받는다.
② 평생교육은 학습자의 자유로운 참여와 자발적인 학습을 기초로 이루어져야 한다.
③ 평생교육은 정치적·개인적 편견의 선전을 위한 방편으로 이용되어서는 아니 된다.
④ 일정한 평생교육과정을 이수한 자에게는 그에 상응하는 자격 및 학력인정 등 사회적 대우를 부여하여야 한다.

제5조【국가 및 지방자치단체의 임무】 ① 국가 및 지방자치단체는 모든 국민에게 평생교육 기회가 부여될 수 있도록 평생교육진흥정책과 평생교육사업을 수립·추진하여야 한다.(2021.6.8 본항개정)
② 국가와 지방자치단체는 장애인이 평생교육의 기회를 부여받을 수 있도록 장애인 평생교육에 대한 정책을 수립·시행하여야 한다.(2016.5.29 본항신설)
③ 국가와 지방자치단체는 장애인 평생교육을 체계적이고 지속적으로 실시하기 위하여 유기적인 협조체제를 구축하여야 한다.(2019.4.23 본항신설)
④ 국가 및 지방자치단체는 그 소관에 속하는 단체·시설·사업장 등의 설치자에 대하여 평생교육의 실시를 적극 권장하여야 한다.
⑤ 국가 및 지방자치단체는 모든 국민이 여건과 수요에 적합한 평생교육을 선택하고 참여할 수 있도록 관련 정보를 제공하고 상담 등 지원 활동을 하여야 한다.
(2021.6.8 본항신설)

제6조【교육과정 등】 평생교육의 교육과정·방법·시간 등에 관하여 이 법과 다른 법령에 특별한 규정이 있는 경우를 제외하고는 평생교육을 실시하는 자가 정하되, 학습자의 필요와 실용성을 존중하여야 한다.

제7조【공공시설의 이용】 ① 평생교육을 실시하는 자는 평생교육을 위하여 공공시설을 그 본래의 용도에 지장이 없는 범위 안에서 관련 법령으로 정하는 바에 따라 이용할 수 있다.
② 제1항의 경우 공공시설의 관리자는 특별한 사유가 없으면 그 이용을 허용하여야 한다.(2021.3.23 본항개정)

제8조【학습휴가 및 학습비 지원】 국가·지방자치단체와 공공기관의 장 또는 각종 사업의 경영자는 소속 직원의 평생학습기회를 확대하기 위하여 유급 또는 무급의 학습휴가를 실시하거나 도서비·교육비·연구비 등 학습비를 지원할 수 있다.

제2장 평생교육진흥기본계획 등

제9조【평생교육진흥기본계획의 수립】 ① 교육부장관은 5년마다 평생교육진흥기본계획(이하 "기본계획"이라 한다)을 수립하여야 한다.(2013.3.23 본항개정)
② 기본계획에는 다음 각 호의 사항이 포함되어야 한다.
1. 평생교육진흥의 중·장기 정책목표 및 기본방향에 관한 사항
2. 평생교육의 기반구축 및 활성화에 관한 사항
3. 평생교육진흥을 위한 투자확대 및 소요재원에 관한 사항
4. 평생교육진흥정책에 대한 분석 및 평가에 관한 사항
5. 장애인의 평생교육진흥에 관한 사항
6. 장애인평생교육진흥정책의 평가 및 제도개선에 관한 사항
(2016.5.29 5호~6호신설)
7. 그 밖에 평생교육진흥을 위하여 필요한 사항
③ 교육부장관은 기본계획을 관계 중앙행정기관의 장, 특별시장·광역시장·특별자치시장·도지사·특별자치도지사(이하 "시·도지사"라 한다), 시·도교육감 및 시장·군수·자치구의 구청장에게 통보하여야 한다.
(2021.6.8 본항개정)

제9조의2【평생교육사업에 대한 조사·분석 등】 ① 교육부장관은 매년 국가 및 지방자치단체에서 추진하는 평생교육사업에 대한 조사·분석(이하 "분석등"이라 한다)을 하여야 한다.
② 교육부장관은 평생교육사업의 분석등을 하기 위하여 관계 중앙행정기관, 지방자치단체, 관련 교육·훈련기관 및 평생교육사업에 참여하는 법인이나 단체에 필요한 자료의 제출을 요구할 수 있다. 이 경우 자료 제출을 요구받은 기관·법인 또는 단체는 특별한 사유가 없으면 이에 따라야 한다.
③ 교육부장관은 제1항에 따른 분석등의 결과를 관계 중앙행정기관의 장과 지방자치단체의 장에게 통보하고, 제10조의 평생교육진흥위원회에 제출하여야 한다.
(2021.6.8 본조신설)

제10조【평생교육진흥위원회의 설치】 ① 평생교육진흥정책에 관한 주요사항을 심의하기 위하여 교육부장관 소속으로 평생교육진흥위원회(이하 "진흥위원회"라 한다)를 둔다.(2013.3.23 본항개정)
② 진흥위원회는 다음 각 호의 사항을 심의한다.
1. 기본계획에 관한 사항
2. 제11조제2항에 따른 추진실적 평가에 관한 사항
(2023.4.18 본호신설)
3. 평생교육진흥정책의 평가 및 제도개선에 관한 사항
4. 평생교육지원 업무의 협력과 조정에 관한 사항
5. 그 밖에 평생교육진흥정책을 위하여 대통령령으로 정하는 사항
③ 진흥위원회는 위원장을 포함하여 20인 이내의 위원으로 구성한다.
④ 진흥위원회의 위원장은 교육부장관으로 하고, 위원은 평생교육과 관련된 관계 부처 차관, 평생교육·장애인교육과 관련된 전문가 등 평생교육에 관한 전문지식 및 경험이 풍부한 사람 중에서 위원장이 위촉한다.(2021.3.23 본항개정)
⑤ 진흥위원회의 구성·운영에 필요한 사항은 대통령령으로 정한다.

제11조【연도별 평생교육진흥시행계획의 수립·시행】 ① 관계 중앙행정기관의 장 및 시·도지사는 기본계획에 따라 연도별 평생교육진흥시행계획(이하 "시행계획"이라 한다)을 수립·시행하여야 한다. 이 경우 시·도지사는 시·도교육감과 협의하여야 한다.(2023.4.18 본항개정)
② 관계 중앙행정기관의 장 및 시·도지사는 제1항에 따른 시행계획 및 그 추진실적을 대통령령으로 정하는 바에 따라 매년 교육부장관에게 제출하고, 교육부장관은 진흥위원회의 심의를 거쳐 매년 제출된 추진실적을 평가하여야 한다.(2023.4.18 본항신설)
③ 교육부장관은 제2항에 따른 평가 결과를 관계 중앙행정기관의 장 및 시·도지사에게 통보하여야 한다.
(2023.4.18 본항신설)
④ 시행계획의 수립·시행 및 그 추진실적의 평가 등에 필요한 사항은 대통령령으로 정한다.(2023.4.18 본항개정)

제12조【시·도평생교육협의회】 ① 시행계획의 수립·시행에 필요한 사항을 심의하기 위하여 시·도지사 소속으로 시·도평생교육협의회(이하 "시·도협의회"라 한다)를 둔다.
② 시·도협의회는 의장·부의장을 포함하여 20인 이내의 위원으로 구성한다.
③ 시·도협의회의 의장은 시·도지사로 하고, 부의장은 시·도의 부교육감으로 한다.
④ 시·도협의회 위원은 관계 공무원, 평생교육과 관련된 전문가, 장애인 평생교육 전문가, 평생교육 관계 기관의 운영자 등 평생교육에 관한 전문지식 및 경험이 풍부한 사람 중에서 해당 시·도의 교육감과 협의하여 의장이 위촉한다.(2021.3.23 본항개정)
⑤ 시·도협의회의 구성·운영에 필요한 사항은 해당 지방자치단체의 조례로 정한다.

제13조【관계 행정기관의 장 등의 협조】 ① 교육부장관은 기본계획을 수립하기 위하여 필요하다고 인정하는 때에는 관계 행정기관이나 그 밖의 기관 또는 단체의 장에게 관련 자료를 요청할 수 있다(2013.3.23 본항개정)
② 시·도지사는 시행계획을 수립하기 위하여 필요하다고 인정하는 때에는 관계 행정기관이나 그 밖의 기관 또는 단체의 장에게 관련 자료를 요청할 수 있다.
③ 제1항 및 제2항에 따라 자료를 요청 받은 기관 또는 단체의 장은 특별한 사정이 없으면 협조하여야 한다.
(2021.3.23 본항개정)

제14조【시·군·자치구평생교육협의회】 ① 시·군 및 자치구에는 지역주민을 위한 평생교육의 실시와 관련되는 사업간 조정 및 유관기관 간 협력 증진을 위하여 시·군·자치구평생교육협의회(이하 "시·군·구협의회"라 한다)를 둔다.
② 시·군·구협의회는 의장 1인과 부의장 1인을 포함하여 12인 이내의 위원으로 구성한다.
③ 시·군·구협의회의 의장은 시장·군수 또는 자치구의 구청장으로 하고, 위원은 시·군·자치구 및 지역교육청의 관계 공무원, 평생교육 전문가, 장애인 평생교육 관계자, 관할 지역 내 평생교육 관계 기관의 운영자 중에서 의장이 위촉한다.(2016.5.29 본항개정)
④ 시·군·구협의회의 구성·운영 등에 필요한 사항은 지방자치단체의 조례로 정한다.

제15조【평생학습도시】 ① 국가는 지역사회의 평생교육 활성화를 위하여 특별자치시, 시(「제주특별자치도 설치 및 국제자유도시 조성을 위한 특별법」 제10조제2항에 따른 행정시를 포함한다. 이하 이 조 및 제15조의2에서 같다)·군 및 자치구를 대상으로 평생학습도시를 지정 및 지원할 수 있다. 이 경우 이미 지정된 평생학습도시에 대하여 평가를 거쳐 재지정 여부를 결정할 수 있다.
(2023.4.18 후단신설)
② 제1항에 따른 평생학습도시 간의 연계·협력 및 정보교류의 증진을 위하여 전국평생학습도시협의회를 둘 수 있다.
③ 제2항에 따른 전국평생학습도시협의회의 구성·운영에 필요한 사항은 대통령령으로 정한다.
④ 제1항에 따른 평생학습도시의 지정, 지원 및 평가 등에 필요한 사항은 교육부장관이 정한다.(2023.4.18 본항개정)

제15조의2【장애인 평생학습도시】 ① 국가는 장애인의 평생교육 활성화를 위하여 특별자치시, 시·군 및 자치구를 대상으로 장애인 평생학습도시를 지정 및 지원할 수 있다.
② 제1항에 따른 장애인 평생학습도시 간의 연계·협력 및 정보교류의 증진을 위하여 전국장애인평생학습도시협의회를 둘 수 있다.
③ 제2항에 따른 전국장애인평생학습도시협의회의 구성·운영에 필요한 사항은 대통령령으로 정한다.

④ 제1항에 따른 장애인 평생학습도시의 지정 및 지원에 필요한 사항은 교육부장관이 정한다.
⑤ 국가는 장애인 평생학습도시의 활성화를 위하여 관계 중앙행정기관 및 유관기관 등이 참여하는 협의체를 구성·운영할 수 있으며, 협의체의 구성 및 운영에 필요한 사항은 대통령령으로 정한다.
(2021.6.8 본조신설)
제16조【경비보조 및 지원】 ① 국가 및 지방자치단체는 이 법과 다른 법령으로 정하는 바에 따라 다음 각 호의 어느 하나에 해당하는 평생교육진흥사업을 실시 또는 지원할 수 있다.
1. 평생교육기관의 설치·운영
2. 제24조에 따른 평생교육사의 양성 및 배치
3. 평생교육프로그램의 개발(온라인 기반의 평생교육프로그램의 개발을 포함한다)(2023.4.18 본호개정)
4. 「초·중등교육법」 및 「고등교육법」에 따른 각급학교의 장의 평생교육과정의 운영(2023.4.18 본호신설)
5. 제16조의2에 따른 평생교육이용권의 발급 등 국민의 평생교육의 참여에 따른 비용의 지원(2021.6.8 본호신설)
6. 그 밖에 국민의 평생교육 참여를 촉진하기 위하여 수행하는 사업 등
② 지방자치단체의 장은 해당 지방자치단체의 조례로 정하는 바에 따라 주민을 위한 평생교육진흥사업을 실시하거나 지원할 수 있다. 이 경우 교육감 또는 지역교육장과 협의하여야 한다.
제16조의2【평생교육이용권의 발급 등】 ① 국가 및 지방자치단체는 모든 국민에게 평생교육의 기회를 제공할 수 있도록 신청을 받아 평생교육이용권을 발급할 수 있다.
② 교육부장관은 평생교육소외계층에게 우선적으로 평생교육이용권을 발급할 수 있도록 대통령령으로 신청자의 요건을 정할 수 있다.
③ 국가 및 지방자치단체는 평생교육이용권의 수급자 선정 및 수급자격 유지에 관한 사항을 확인하기 위하여 가족관계 증명·국세 및 지방세 등에 관한 자료 등 대통령령으로 정하는 자료의 제공을 당사자의 동의를 받아 관계 중앙행정기관의 장 또는 지방자치단체의 장에게 요청할 수 있다. 이 경우 요청을 받은 자는 특별한 사유가 없으면 이에 따라야 한다.
④ 국가 및 지방자치단체는 제3항에 따른 자료의 확인을 위하여 「사회보장기본법」 제37조에 따른 사회보장정보시스템을 연계하여 사용할 수 있다.
⑤ 지방자치단체는 평생교육이용권의 발급, 정보시스템의 구축·운영 등 평생교육이용권 업무의 효율적 수행을 위하여 대통령령으로 정하는 바에 따라 전담기관을 지정할 수 있다.
⑥ 그 밖에 평생교육이용권 발급에 필요한 사항은 대통령령으로 정한다.
(2021.6.8 본조신설)
제16조의3【평생교육이용권의 사용 등】 ① 평생교육이용권을 발급받은 사람(이하 이 조에서 "이용자"라 한다)은 평생교육프로그램을 제공하는 자에게 평생교육이용권을 제시하고 평생교육을 제공받을 수 있다.
② 제1항에 따라 평생교육이용권을 제시받은 자는 정당한 사유 없이 평생교육프로그램의 제공을 거부할 수 없다.
③ 누구든지 평생교육이용권을 판매·대여하거나 부정한 방법으로 사용하여서는 아니 된다.
④ 국가 및 지방자치단체는 이용자가 평생교육이용권을 판매·대여하거나 부정한 방법으로 사용한 경우에는 그 평생교육이용권을 회수하거나 평생교육이용권 기재금액에 상당하는 금액의 전부 또는 일부를 환수할 수 있다.
⑤ 그 밖에 평생교육이용권의 사용, 회수 및 환수 등에 필요한 사항은 대통령령으로 정한다.
(2021.6.8 본조신설)
제17조【지도 및 지원】 ① 국가 및 지방자치단체는 평생교육기관의 요청이 있는 때에는 그 기관의 평생교육활동을 지도 또는 지원할 수 있다.
② 국가 및 지방자치단체는 평생교육기관의 요청이 있는 때에는 그 기관에서 평생교육활동에 종사하는 사람의 능력향상에 필요한 연수를 실시할 수 있다.(2021.3.23 본항개정)
제18조【평생교육 통계조사 등】 ① 교육부장관 및 시·도지사는 평생교육의 실시 및 지원에 관한 현황 등 기초자료를 조사하고 이와 관련된 통계를 공개하여야 한다.
(2013.3.23 본항개정)
② 평생교육과 관련된 업무 담당자 및 평생교육기관 운영자 등은 제1항의 조사에 협조하여야 한다.
③ 교육부장관은 평생교육 통계조사의 정확성 제고 및 조사업무 경감을 위하여 관련 자료를 보유한 중앙행정기관의 장, 지방자치단체의 장 및 「공공기관의 운영에 관한 법률」에 따른 공공기관의 장 등 관계 기관의 장(이하 "관계 행정기관등의 장"이라 한다)에게 자료 간 연계를 요청할 수 있다. 이 경우 자료 간 연계를 요청받은 관계 행정기관등의 장은 특별한 사유가 없으면 이에 따라야 한다.
(2021.6.8 본항신설)
④ 교육부장관은 평생교육 통계조사에 의하여 수집된 자료를 이용하고자 하는 자에게 이를 제공할 수 있다. 이 경우 특정의 개인이나 법인 또는 단체를 식별할 수 없는 형태로 자료를 제공하여야 한다.(2021.6.8 본항신설)
⑤ 교육부장관은 평생교육 통계조사 등의 업무를 위하여 대통령령으로 정하는 바에 따라 국가평생교육통계센터를 지정하여 그 업무를 위탁할 수 있다. 이 경우 교육부장관은 위탁받은 업무 수행에 필요한 경비를 지원할 수 있다.(2021.6.8 본항신설)
제18조의2【평생교육 종합정보시스템의 구축·운영 등】
① 교육부장관은 평생교육 관련 정보를 체계적·효율적으로 관리하고 국민의 평생교육 참여 확대를 위하여 평생교육 종합정보시스템을 구축·운영할 수 있다.
② 교육부장관은 평생교육 종합정보시스템의 구축·운영을 위하여 필요한 경우에는 관계 행정기관등의 장에게 필요한 자료의 제공을 요청할 수 있다. 이 경우 자료의 제공을 요청받은 관계 행정기관등의 장은 특별한 사유가 없으면 이에 따라야 한다.
③ 제1항 및 제2항에 따른 정보의 범위와 내용, 평생교육 종합정보시스템의 구축·운영에 필요한 사항은 대통령령으로 정한다.
(2021.6.8 본조신설)

제3장 국가평생교육진흥원 등
(2013.12.30 본장제목개정)

제19조【국가평생교육진흥원】 ① 국가는 평생교육진흥과 관련된 업무를 지원하기 위하여 국가평생교육진흥원(이하 "진흥원"이라 한다)을 설립한다.(2013.12.30 본항개정)
② 진흥원은 법인으로 한다.
③ 진흥원은 주된 사무소의 소재지에서 설립등기를 함으로써 성립한다.
④ 진흥원은 다음 각 호의 업무를 수행한다.
1. 평생교육진흥을 위한 지원 및 조사 업무
2. 진흥위원회가 심의하는 기본계획 수립의 지원
2의2. 평생교육진흥정책의 개발·발전을 위하여 필요한 연구(2023.4.18 본호신설)
3. 평생교육프로그램 개발(온라인 기반의 평생교육프로그램의 개발을 포함한다)의 지원(2023.4.18 본호개정)
4. 제24조에 따른 평생교육사를 포함한 평생교육 종사자의 양성·연수
5. 국내외 평생교육기관·단체 간 연계 및 협력체제의 구축(2023.4.18 본호개정)
6. 제20조에 따른 시·도평생교육진흥원에 대한 지원 및 시·도평생교육진흥원과의 협력(2023.4.18 본호개정)
7. (2021.6.8 삭제)
8. 「학점인정 등에 관한 법률」 및 「독학에 의한 학위취득에 관한 법률」에 따른 학점 또는 학력인정에 관한 사항
9. 제23조에 따른 학습계좌의 통합 관리·운영
10. 문해교육의 관리·운영에 관한 사항(2016.2.3 본호신설)
11. 정보화 및 온라인 기반 관련 평생교육의 관리·운영에 관한 사항(2023.4.18 본호신설)
12. 이 법 또는 다른 법령에 따라 위탁받은 업무
(2013.5.22 본호신설)
13. 그 밖에 진흥원의 목적수행을 위하여 필요한 사업
⑤ 진흥원의 정관에는 다음 각 호의 사항을 기재하여야 한다.
1. 목적
2. 명칭
3. 주된 사무소의 소재지
4. 사업에 관한 사항
5. 임원 및 직원에 관한 주요 사항
6. 이사회에 관한 사항
7. 재산 및 회계에 관한 사항
8. 정관의 변경에 관한 사항
⑥ 제5항에 따른 정관의 내용을 변경하고자 하는 때에는 교육부장관의 인가를 받아야 한다.(2013.3.23 본항개정)
⑦ 국가는 예산의 범위 내에서 진흥원의 설립·운영에 필요한 경비를 출연할 수 있다.
⑧ 진흥원에 관하여 이 법에서 정하는 것을 제외하고는 「민법」 중 재단법인에 관한 규정을 준용한다.
(2013.12.30 본조제목개정)
제19조의2【국가장애인평생교육진흥센터】 ① 국가는 장애인의 평생교육진흥과 관련된 업무를 지원하기 위하여 국가장애인평생교육진흥센터(이하 "장애인평생교육진흥센터"라 한다)를 둔다.
② 장애인평생교육진흥센터는 다음 각 호의 업무를 수행한다.
1. 장애인 평생교육진흥을 위한 지원 및 조사 업무
2. 진흥위원회가 심의하는 기본계획에 관한 사항 중 장애인 평생교육진흥에 관한 사항
3. 장애 유형별 평생교육프로그램 개발의 지원
4. 장애인 평생교육 종사자의 양성·교육 및 연수와 공무원의 장애인 의사소통 교육(2019.4.23 본호개정)
5. 장애인 평생교육기관 간의 연계체제 구축
6. 발달장애인의 평생교육과정의 개발
7. 발달장애인의 의사소통 도구의 개발과 보급
8. 장애인 평생교육프로그램을 운영하는 각급학교와 평생교육기관 양성을 위한 지원
9. 장애 유형별 평생교육 교재·교구의 개발과 보급
10. 그 밖에 장애인평생교육진흥센터의 목적수행을 위하여 필요한 사업
③ 장애인평생교육진흥센터의 설립·운영에 필요한 사항은 대통령령으로 정한다.
(2016.5.29 본조신설)
제19조의3【장애인 평생교육 종사자에 대한 인권교육】
① 장애인 평생교육 종사자는 장애인 인권에 관한 교육을 받아야 한다.
② 제1항에 따른 장애인 인권에 관한 교육은 교육부령으로 정하는 인권교육을 실시하는 기관, 시설, 법인 및 단체가 실시한다.
③ 그 밖에 교육의 내용, 방법 등에 필요한 사항은 대통령령으로 정한다.
(2019.4.23 본조신설)
제20조【시·도평생교육진흥원의 운영 등】 ① 시·도지사는 대통령령으로 정하는 바에 따라 시·도평생교육진흥원을 설치 또는 지정·운영하여야 한다.(2023.4.18 본항개정)
② 시·도평생교육진흥원은 다음 각 호의 업무를 수행한다.
1. 해당 지역의 평생교육기회 및 정보의 제공
2. 평생교육 상담 및 컨설팅 지원(2023.4.18 본호개정)
3. 평생교육프로그램 운영 및 지원(2023.4.18 본호개정)
3의2. 장애인 대상 평생교육프로그램 운영 및 지원
(2023.4.18 본호개정)
4. 해당 지역의 평생교육기관간 연계체제 구축
5. 국가 및 시·군·구 간 협력·연계(2021.6.8 본호신설)
6. 해당 지역의 평생교육 진흥을 위한 조사·연구
7. 시행계획 수립의 지원
8. 평생교육 관계자의 역량강화 지원
(2023.4.18 6호~8호신설)
9. 그 밖에 평생교육진흥을 위하여 시·도지사가 필요하다고 인정하는 사항
③ 제1항에 따른 시·도평생교육진흥원 간의 연계·정보교류 및 사업의 공동 추진을 위하여 전국시·도평생교육진흥원협의회를 둘 수 있다.(2023.4.18 본항신설)
④ 제3항에 따른 전국시·도평생교육진흥원협의회의 구성·운영에 필요한 사항은 대통령령으로 정한다.
(2023.4.18 본항신설)
(2023.4.18 본조제목개정)
제20조의2【장애인평생교육시설 등의 설치】 ① 국가·지방자치단체 및 시·도교육감은 관할 구역 안의 장애인을 대상으로 평생교육프로그램 운영과 평생교육 기회를 제공하기 위하여 장애인평생교육시설을 설치 또는 지정·운영할 수 있다. 이 경우 대통령령으로 정하는 바에 따라 청각장애 등 장애 유형별 맞춤형 평생교육프로그램을 운영하여야 한다.(2023.4.18 후단신설)
② 국가·지방자치단체 및 시·도교육감 외의 자가 제1항에 따른 장애인평생교육시설을 설치하고자 하는 때에는 대통령령으로 정하는 시설과 설비를 갖추어 교육감에게 등록하여야 한다.
③ 제2항에 따라 장애인평생교육시설을 등록한 자가 그 시설을 폐쇄하고자 하는 때에는 대통령령으로 정하는 사항을 갖추어 교육감에게 신고하여야 한다.(2023.4.18 본항신설)
④ 국가 및 지방자치단체는 장애인평생교육시설의 운영에 필요한 경비를 예산의 범위에서 지원할 수 있다.
(2016.5.29 본조신설)
제20조의3【노인평생교육시설 설치 등】 ① 국가·지방자치단체 및 시·도교육감은 관할 구역 안의 노인을 대상으로 평생교육프로그램 운영과 평생교육 기회를 제공하기 위하여 노인평생교육시설을 설치 또는 지정·운영할 수 있다.
② 평생교육기관은 노인의 평생교육 기회의 확대를 위하여 별도의 노인 평생교육과정을 설치·운영할 수 있다.
③ 지방자치단체는 노인평생교육시설의 운영에 필요한 경비를 예산의 범위에서 지원할 수 있다.
(2023.4.18 본조신설)
제21조【시·군·구평생학습관 등의 설치·운영 등】
① 시·도교육감 및 시장·군수·자치구의 구청장은 관할 구역 안의 주민을 대상으로 평생교육프로그램 운영과 평생교육 기회를 제공하기 위하여 평생학습관을 설치 또는 지정·운영하여야 한다.(2023.4.18 본항개정)
② 시·도교육감 및 시장·군수·자치구의 구청장은 평생학습관에 대한 재정적 지원 등 해당 지방자치단체의 평생교육을 진흥하기 위하여 필요한 사업을 실시할 수 있다.(2023.4.18 본항개정)
③ 평생학습관은 다음 각 호의 사업을 수행한다.
1. 평생교육프로그램의 개발·운영
1의2. 장애인 대상 평생교육프로그램의 개발·운영
(2016.5.29 본호신설)
2. 평생교육 상담
3. 평생교육 종사자에 대한 교육·훈련
4. 평생교육 관련 정보의 수집·제공
5. 제21조의3에 따른 읍·면·동 평생학습센터에 대한 운영 지원 및 관리(2016.5.29 본호개정)
6. 그 밖에 평생교육 진흥을 위하여 필요하다고 인정되는 사업
(2014.1.28 본항신설)
④ 제1항 및 제2항에 따른 평생학습관의 설치·운영 등에 필요한 사항은 해당 지방자치단체의 조례로 정한다.

제21조의2【장애인 평생교육과정】 ①「유아교육법」 제2조제2호에 따른 유치원 및 「초·중등교육법」 제2조에 따른 학교의 장은 해당 학교의 교육환경을 고려하여 「장애인복지법」 제2조에 따른 장애인의 계속교육을 위한 장애인 평생교육과정을 설치·운영할 수 있다.
② 평생교육기관은 장애인의 평생교육 기회의 확대를 위하여 별도의 장애인 평생교육과정을 설치·운영할 수 있다.
③ 진흥원은 장애인의 평생교육기회 확대 방안 및 장애인 평생교육프로그램을 개발하여야 한다.
④ 제20조에 따른 시·도평생교육진흥원은 평생교육기관이 장애인 평생교육과정을 설치·운영할 수 있도록 지원하여야 한다.
(2016.5.29 본조신설)
제21조의3【읍·면·동 평생학습센터의 운영】 ① 시장·군수·자치구의 구청장은 읍·면·동별로 주민을 대상으로 하여 평생교육프로그램을 운영하고 상담을 제공하는 평생학습센터를 설치하거나 지정하여 운영하여야 한다.(2023.4.18 본항개정)
② 제1항에 따른 읍·면·동 평생학습센터의 설치 또는 지정 및 운영에 관한 사항은 해당 지방자치단체의 조례로 정한다.
(2014.1.28 본조신설)
제21조의4【자발적 학습모임의 지원 등】 ① 지방자치단체는 지역사회 주민이 평생학습을 주된 목적으로 자발적으로 구성하는 모임(이하 "자발적 학습모임"이라 한다)의 활동을 지원할 수 있다.
② 지방자치단체는 자발적 학습모임이 창출한 성과를 활용하여 사회적 가치를 창출할 수 있도록 노력하여야 하고, 자발적 학습모임이 지역사회의 문제 해결에 참여할 수 있도록 지원하여야 한다.
(2023.4.18 본조신설)
제22조【정보화 관련 평생교육의 진흥】 ① 국가 및 지방자치단체는 각급학교·민간단체·기업 등과 연계하여 교육의 정보화와 이와 관련된 평생교육과정의 개발을 위하여 노력하여야 한다.
② 국가 및 지방자치단체는 각급학교·평생교육기관 등이 필요한 인적자원을 활용할 수 있도록 하기 위하여 대통령령으로 정하는 바에 따라 강사에 관한 정보를 수집·제공하는 제도를 운영할 수 있다.
제23조【학습계좌】 ① 교육부장관은 국민의 평생교육을 촉진하고 인적자원의 개발·관리를 위하여 학습계좌(국민의 개인적 학습경험을 종합적으로 집중 관리하는 제도를 말한다)를 도입·운영할 수 있도록 노력하여야 한다.(2013.3.23 본항개정)
② 교육부장관은 제1항의 학습계좌에서 관리할 학습과정을 대통령령으로 정하는 바에 따라 평가인정할 수 있다.
(2013.3.23 본항개정)
③ 교육부장관은 제2항에 따라 평가인정을 받은 학습과정의 이수결과를 학점이나 학력 또는 자격으로 인정할 수 있다. 이 경우 그 인정 절차 및 방식 등에 필요한 사항은 대통령령으로 정한다.(2023.4.18 본항신설)
④ 교육부장관은 제2항에 따라 평가인정을 받은 학습과정을 설치·운영하는 평생교육기관이 다음 각 호의 어느 하나에 해당하면 그 평가인정을 취소할 수 있다. 다만, 제1호에 해당하는 경우에는 평가인정을 취소하여야 한다.
(2013.3.23 본문개정)
1. 거짓이나 그 밖의 부정한 방법으로 평가인정을 받은 경우
2. 제2항에 따라 평가인정 받은 내용을 위반하여 학습과정을 운영한 경우
3. 제2항에 따른 평가인정의 기준에 이르지 못하게 된 경우
(2009.5.8 본항신설)
⑤ 교육부장관은 제4항제2호 및 제3호에 따라 평가인정을 취소하고자 할 경우에는 대통령령으로 정하는 기간과 절차에 따라 평생교육기관의 장에게 시정을 명하여야 한다.(2023.4.18 본항개정)
⑥ 교육부장관은 제5항에 따라 시정명령을 하는 경우에는 평생교육기관의 장에게 시정명령을 받은 사실을 공표할 것을 명할 수 있다.(2023.4.18 본항개정)
⑦ 교육부장관 및 지방자치단체의 장은 제16조의2에 따른 평생교육이용권으로 수강한 교육이력을 학습계좌를 통해 관리할 수 있다.(2021.6.8 본항신설)
⑧ 교육부장관은 학습계좌의 운영을 위하여 필요한 경우에는 관계 행정기관등의 장에게 필요한 자료의 제공을 요청할 수 있다. 이 경우 자료의 제공을 요청받은 관계 행정기관등의 장은 특별한 사유가 없으면 이에 따라야 한다.(2021.6.8 본항신설)

제4장 평생교육사

제24조【평생교육사】 ① 교육부장관은 평생교육 전문인력을 양성하기 위하여 다음 각 호의 어느 하나에 해당하는 사람에게 평생교육사의 자격을 부여하며, 자격을 부여받은 사람에게는 자격증을 발급하여야 한다.
1. 「고등교육법」 제2조에 따른 학교(이하 "대학"이라 한다) 또는 이와 같은 수준 이상의 학력이 있다고 인정되는 기관에서 교육부령으로 정하는 평생교육 관련 교과목을 일정 학점 이상 이수하고 학위를 취득한 사람
2. 「학점인정 등에 관한 법률」 제3조제1항에 따라 평가인정을 받은 학습과정을 운영하는 교육훈련기관(이하 "학점은행기관"이라 한다)에서 교육부령으로 정하는 평생교육 관련 교과목을 일정 학점 이상 이수하고 학위를 취득한 사람
3. 대학을 졸업한 사람 또는 이와 같은 수준 이상의 학력이 있다고 인정되는 사람으로서 대학 또는 이와 같은 수준 이상의 학력이 있다고 인정되는 기관, 제25조에 따른 평생교육사 양성기관, 학점은행기관에서 교육부령으로 정하는 평생교육 관련 교과목을 일정 학점 이상 이수한 사람
4. 그 밖에 대통령령으로 정하는 자격요건을 갖춘 사람
(2021.3.23 본항개정)
② 평생교육사는 평생교육의 기획·진행·분석·평가 및 교수업무를 수행한다.
③ 다음 각 호의 어느 하나에 해당하는 사람은 평생교육사가 될 수 없다.(2021.3.23 본문개정)
1. 제24조의2에 따라 자격이 취소된 후 그 자격이 취소된 날부터 3년이 지나지 아니한 사람(제28조제2항제1호에 해당하여 자격이 취소된 경우는 제외한다)
2. 제28조제2항제1호부터 제5호까지의 어느 하나에 해당하는 사람
(2016.5.29 1호~2호신설)
④ 평생교육사의 등급, 직무범위, 이수과정, 연수 및 자격증의 교부절차 등에 필요한 사항은 대통령령으로 정한다.
⑤ 제1항에 따라 발급받은 자격증은 다른 사람에게 빌려주거나 빌려서는 아니 되며, 이를 알선하여서도 아니 된다.(2019.12.3 본항신설)
⑥ 교육부장관은 제1항에 따른 평생교육사의 자격증을 교부 또는 재교부 받으려는 사람에게 교육부령으로 정하는 바에 따라 수수료를 받을 수 있다.(2021.3.23 본항개정)
제24조의2【평생교육사의 자격취소】 교육부장관은 평생교육사가 다음 각 호의 어느 하나에 해당하는 경우에는 그 자격을 취소하여야 한다.
1. 거짓이나 그 밖의 부정한 방법으로 평생교육사의 자격을 취득한 경우
2. 다른 사람에게 평생교육사의 명의를 사용하게 한 경우
(2019.12.3 본호개정)
3. 제24조제3항제2호의 결격사유에 해당하게 된 경우
4. 제24조제5항을 위반하여 자격증을 빌려준 경우
(2019.12.3 본호신설)
(2016.5.29 본조신설)
제25조【평생교육사 양성기관】 ① 교육부장관은 평생교육사의 양성과 연수에 필요한 시설·교육과정·교원 등을 고려하여 대통령령이 정하는 바에 따라 평생교육기관을 평생교육사 양성기관으로 지정할 수 있다.
② (2013.5.22 삭제)
(2013.3.23 본조개정)
제26조【평생교육사의 배치 및 채용】 ① 평생교육기관에는 제24조제1항에 따른 평생교육사를 배치하여야 한다.
②「유아교육법」, 「초·중등교육법」 및 「고등교육법」에 따른 유치원 및 학교의 장은 평생교육프로그램 운영에 필요할 때에는 평생교육사를 채용할 수 있다.(2021.3.23 본항개정)
③ 제20조에 따른 시·도평생교육진흥원, 제20조의2에 따른 장애인평생교육시설 및 제21조에 따른 시·군·구 평생학습관에 평생교육사를 배치하여야 한다.(2016.5.29 본항개정)
④ 제1항부터 제3항까지의 규정에 따른 평생교육사의 배치대상기관 및 배치기준은 대통령령으로 정한다.
제26조의2【실태조사】 ① 교육부장관은 평생교육사의 배치 현황, 보수 수준 및 지급 실태 등에 관하여 3년마다 조사하여야 한다.
② 제1항에 따른 조사의 방법과 내용 등에 필요한 사항은 대통령령으로 정한다.
(2023.4.18 본조신설)
제27조【평생교육사 채용에 대한 경비보조】 국가 및 지방자치단체는 제26조제2항에 따른 평생교육프로그램 운영 및 평생교육사 채용에 사용되는 경비 등을 보조할 수 있다.

제5장 평생교육기관

제28조【평생교육기관의 설치자】 ① 평생교육기관의 설치자는 다양한 평생교육프로그램을 실시하여 지역사회 주민을 위한 평생교육에 기여하여야 한다.
② 다음 각 호의 어느 하나에 해당하는 자는 평생교육기관의 설치자가 될 수 없다.
1. 피성년후견인 또는 피한정후견인(2016.5.29 본호개정)
2. 금고 이상의 실형을 선고받고 그 집행이 종료(집행이 종료된 것으로 보는 경우를 포함한다)되거나 집행이 면제된 날부터 3년이 지나지 아니한 자(2021.3.23 본호개정)
3. 금고 이상의 형의 집행유예를 선고받고 그 유예기간 중에 있는 자
4. 법원의 판결 또는 다른 법률에 따라 자격이 정지 또는 상실된 자
5. 제42조에 따라 인가 또는 등록이 취소되거나 평생교육과정이 폐쇄된 후 3년이 지나지 아니한 자(2021.3.23 본호개정)
6. 임원 중 제1호부터 제5호까지의 어느 하나에 해당하는 자가 있는 법인
③ 제2조제2호가목에 따른 평생교육기관의 설치자는 특별시·광역시·특별자치시·도·특별자치도(이하 "시·도"라 한다)의 조례로 정하는 바에 따라 평생교육시설의 운영과 관련하여 그 시설의 이용자에게 발생한 생명·신체상의 손해를 배상할 것을 내용으로 하는 보험가입 또는 공제사업에의 가입 등 필요한 안전조치를 하여야 한다.
(2021.6.8 본항개정)
④ 평생교육기관의 설치·운영자는 학습자의 보호를 위하여 다음 각 호의 어느 하나에 해당하는 경우에는 대통령령으로 정하는 바에 따라 학습비 반환 등의 조치를 하여야 한다.
1. 제42조에 따라 평생교육시설의 설치인가 또는 등록이 취소되거나 평생교육과정이 폐쇄 또는 운영정지된 경우
2. 평생교육기관의 설치·운영자가 교습을 할 수 없게 된 경우
3. 학습자가 본인의 의사로 학습을 포기한 경우
4. 그 밖에 학습자 보호를 위하여 대통령령으로 정하는 경우
(2016.2.3 본항개정)
⑤ 제31조제2항에 따른 학력인정 평생교육시설의 설립주체는 「사립학교법」에 따른 학교법인 또는 「공익법인의 설립·운영에 관한 법률」에 따른 재단법인으로 한다.
제28조의2【평생교육기관의 평가 및 인증】 ① 교육부장관은 평생교육기관의 신청에 따라 기관 및 교육과정의 운영을 평가하거나 인증할 수 있다.
② 교육부장관은 제1항에 따른 평가 또는 인증의 운영·관리에 관한 업무를 관련 전문기관에 위탁할 수 있다.
③ 교육부장관은 제2항에 따라 평가 또는 인증의 운영·관리를 위탁하였을 때에는 그에 드는 비용을 예산의 범위에서 지원할 수 있다.
④ 국가 또는 지방자치단체가 평생교육기관에 행정적 또는 재정적 지원을 하려는 경우에는 제1항에 따른 평가 또는 인증 결과를 활용할 수 있다.
⑤ 제1항부터 제4항까지에 따른 평가 또는 인증의 시행, 전문기관에의 위탁, 평가 또는 인증 결과의 활용 등에 필요한 사항은 대통령령으로 정한다.
(2023.4.18 본조신설)
제29조【학교의 평생교육】 ①「초·중등교육법」 및 「고등교육법」에 따른 각급학교의 장은 평생교육을 실시하는 경우 평생교육의 이념에 따라 교육과정과 방법을 수요자 관점으로 개발·시행하도록 하며, 학교를 중심으로 공동체 및 지역문화 개발에 노력하여야 한다.(2021.3.23 본항개정)
② 각급학교의 장은 해당 학교의 교육여건을 고려하여 학생·학부모와 지역 주민의 요구에 부합하는 평생교육을 직접 실시하거나 지방자치단체 또는 민간에 위탁하여 실시할 수 있다. 다만, 영리를 목적으로 하는 법인 및 단체는 제외한다.
③ 제2항에 따른 학교의 평생교육을 실시하기 위하여 각급학교의 교실·도서관·체육관, 그 밖의 시설을 활용하여야 한다.
④ 제2항 및 제3항에 따라 학교의 장이 학교를 개방할 경우 개방시간 동안의 해당 시설의 관리·운영에 필요한 사항은 해당 지방자치단체의 조례로 정한다.
제29조의2【학점은행기관의 평생교육】 ① 학점은행기관의 장은 교육부장관의 평가인정을 받은 학습과정 운영을 통하여 평생교육을 실시한다.
② 학점은행기관의 장은 제1항에 따른 학습과정을 운영함에 있어 그 질을 유지하거나 개선하기 위하여 노력하여야 한다.
(2019.12.3 본조신설)
제30조【학교 부설 평생교육시설】 ① 각급학교의 장은 학생·학부모와 지역 주민을 대상으로 교양의 증진 또는 직업교육을 위한 평생교육시설을 설치·운영할 수 있다. 평생교육시설을 설치하는 경우 각급학교의 장은 관할청에 보고하여야 한다.
② 대학의 장은 대학생 또는 대학생 외의 사람을 대상으로 자격취득을 위한 직업교육과정 등 다양한 평생교육과정을 운영할 수 있다.(2021.3.23 본항개정)
③ 각급학교의 시설은 다양한 평생교육을 실시하기에 편리한 형태의 구조와 설비를 갖추어야 한다.
제31조【학교형태의 평생교육시설】 ① 학교형태의 평생교육시설을 설치·운영하고자 하는 자는 대통령령으로 정하는 시설·설비를 갖추어 교육감에게 등록하여야 한다.
② 교육감은 제1항에 따른 학교형태의 평생교육시설 중 일정 기준 이상의 요건을 갖춘 평생교육시설에 대하여는 이를 고등학교졸업 이하의 학력이 인정되는 시설로 지정할 수 있다. 다만, 제6항에 따라 지방자치단체로부터 지원받은 보조금을 목적 외 사용, 부당집행하였을 경우에는 그 지정을 취소할 수 있다.(2015.3.27 단서신설)
③ 제2항에 따른 학력인정 평생교육시설에는 「초·중등교육법」 제19조제1항의 교원을 둘 수 있다. 이 경우 교원의 복무·국내연수와 재교육에 관하여는 국·공립학교의 교원에 관한 규정을 준용한다.
④ 「초·중등교육법」 제54조제4항에 따라 전공과를 설치·운영하는 고등기술학교는 교육부장관의 인가를 받

아 전문대학졸업자와 동등한 학력·학위가 인정되는 평생교육시설로 전환·운영할 수 있다. 이 경우 전공대학의 명칭을 사용할 수 있다.(2013.3.23 전단개정)

⑤ 제2항에 따른 학력인정 평생교육시설의 지정 및 지정취소 기준·절차, 입학자격, 교원자격 등과 제4항에 따른 평생교육시설의 인가 기준·절차, 학사관리 등의 운영 방법 등에 필요한 사항은 대통령령으로 정한다.(2015.3.27 본항개정)

⑥ 지방자치단체는 해당 지방자치단체의 조례로 정하는 바에 따라 예산의 범위 내에서 「초·중등교육법」 제2조의 학교에 준하여 제2항에 따른 학력인정 평생교육시설에 필요한 보조금을 교부하거나 그 밖의 지원을 할 수 있다.(2015.3.27 본항개정)

⑦ 제2항 또는 제4항에 따라 학력인정 평생교육시설로 지정 또는 인가를 받은 자가 그 시설을 폐쇄하고자 하는 때에는 재학생 보호방안 등 대통령령으로 정하는 사항을 갖추어 교육부장관 또는 시·도교육감의 인가를 받아야 한다.(2023.4.18 본항개정)

⑧ 제2항에 따른 학력인정 평생교육시설의 재산관리, 회계 및 교원 등의 신규채용에 관한 사항은 각각 「사립학교법」 제28조, 제29조 및 제53조의2제10항을 준용하고, 장학지도 및 학생의 학교생활기록 관리는 각각 「초·중등교육법」 제7조 및 제25조제1항을 준용하며, 보건·위생·학습환경 등에 관한 사항은 각각 「학교보건법」 제4조, 제9조, 제9조의2 및 제12조를 준용한다. 다만, 교비회계에 속하는 예산·결산 및 회계 업무는 교육부령으로 정하는 방식으로 처리하여야 한다.(2023.4.18 본문개정)

제32조【사내대학형태의 평생교육시설】 ① 다음 각 호의 어느 하나에 해당하는 자는 교육부장관의 인가를 받아 전문대학 또는 대학졸업자와 동등한 학력·학위가 인정되는 평생교육시설을 설치·운영하거나 「고등교육법」 제2조에 따른 학교에 위탁하여 운영할 수 있다.(2023.4.18 본문개정)

1. 대통령령으로 정하는 규모 이상의 사업장(공동으로 참여하는 사업장도 포함한다)의 경영자
2. 「산업입지 및 개발에 관한 법률」에 따라 설립된 산업단지 입주기업의 연합체(이하 "산업단지 기업연합체"라 한다). 이 경우 산업단지 기업연합체는 제1호에서 대통령령으로 정하는 규모 이상이어야 한다.
3. 「산업발전법」 제12조제2항에 따라 구성된 산업부문별 인적자원개발협의체(이하 "산업별 협의체"라 한다). 이 경우 산업별 협의체는 제1호에서 대통령령으로 정하는 규모 이상이어야 한다.

(2023.4.18 1호~3호신설)

② 제1항에 따른 사내대학형태의 평생교육시설은 다음 각 호의 어느 하나에 해당하는 사람을 대상으로 한다.

1. 해당 사업장 또는 산업단지 기업연합체에 속한 사업장에 고용된 종업원
2. 해당 사업장 또는 산업단지 기업연합체에 속한 사업장에서 일하는 다른 업체의 종업원
3. 해당 사업장 또는 산업단지 기업연합체에 속한 사업장과 하도급 관계에 있는 업체 또는 부품·재료 공급 등을 통하여 해당 사업장 또는 산업단지 기업연합체에 속한 사업장과 협력관계에 있는 업체의 종업원

(2023.4.18 1호~3호개정)

4. 해당 사업장 또는 산업단지 기업연합체에 속한 사업장과 동종 업종 또는 관련 분야에 속하는 업체의 종업원(2023.4.18 본호신설)
5. 산업별 협의체의 해당 업종 또는 관련 분야에 속하는 업체의 종업원(2023.4.18 본호신설)

(2013.12.30 본항개정)

③ 제1항에 따른 사내대학형태의 평생교육시설에서의 교육에 필요한 비용은 제2항 각 호에 해당하는 사람을 고용한 고용주가 부담하는 것을 원칙으로 한다.(2013.12.30 본항신설)

④ 제1항에 따른 사내대학형태의 평생교육시설의 설치기준·학점제 등 운영에 필요한 사항은 대통령령으로 정한다.

⑤ 제1항에 따른 사내대학형태의 평생교육시설을 폐쇄하고자 하는 경우에는 재학생 보호방안 등 대통령령으로 정하는 사항을 갖추어 교육부장관에게 신고하여야 한다.(2023.4.18 본항개정)

제33조【원격대학형태의 평생교육시설】 ① 누구든지 정보통신매체를 이용하여 특정 또는 불특정 다수인에게 원격교육을 실시하거나 다양한 정보를 제공하는 등의 평생교육을 실시할 수 있다.

② 제1항에 따라 불특정 다수인을 대상으로 학습비를 받고 교육을 실시하고자 하는 경우(「학원의 설립·운영 및 과외교습에 관한 법률」 제2조의2제1항제1호의 학교교과교습학원에 해당하는 경우는 제외한다)에는 대통령령으로 정하는 바에 따라 교육감에게 신고하여야 한다. 이를 폐쇄하고자 하는 경우에는 그 사실을 교육감에게 통보하여야 한다.(2013.12.30 본항개정)

③ 제1항에 따라 전문대학 또는 대학졸업자와 동등한 학력·학위가 인정되는 원격대학형태의 평생교육시설을 설치하고자 하는 경우에는 대통령령으로 정하는 바에 따라 교육부장관의 인가를 받아야 한다. 이를 폐쇄하고자 하는 경우에는 교육부장관에게 신고하여야 한다.(2013.3.23 본항개정)

④ 교육부장관은 제3항에 따라 인가한 원격대학형태의 평생교육시설에 대하여는 평가를 실시하고 그 결과를 공개하여야 한다.(2013.3.23 본항개정)

⑤ 제3항에 따른 원격대학형태의 평생교육시설의 설치기준, 학사관리 등 운영방법과 제4항에 따른 평가에 필요한 사항은 대통령령으로 정한다.

⑥ 제28조제2항 각 호의 어느 하나에 해당하는 자는 원격대학형태의 평생교육시설의 설치자가 될 수 없다.

제34조【준용 규정】 제33조제3항에 따른 원격대학형태의 평생교육시설을 설치·운영하는 자와 그 시설에 대하여는 「사립학교법」 제28조·제29조·제31조·제70조를 각각 준용한다.

제34조의2【평생교육시설의 공시대상정보 등】 ① 제31조제2항에 따라 고등학교졸업 이하의 학력이 인정되는 시설로 지정된 평생교육시설의 장은 그 시설이 보유·관리하고 있는 다음 각 호의 정보를 매년 1회 이상 공시하여야 한다. 이 경우 그 평생교육시설의 장은 공시된 정보(이하 "공시정보"라 한다)를 시·도교육감에게 제출하여야 한다.

1. 학교운영에 관한 규정
2. 교육과정 편성 및 운영 등에 관한 사항
3. 학년·학급당 학생 수 및 전·출입, 학업중단 등 학생변동 상황
4. 교지(校地), 학교 건물 등 시설 현황에 관한 사항
5. 직위·자격별 교원현황에 관한 사항
6. 예·결산 내역 등 평생교육시설의 회계에 관한 사항
7. 급식에 관한 사항
8. 보건관리·환경위생 및 안전관리에 관한 사항
9. 학생의 입학상황 및 졸업생의 진로에 관한 사항
10. 제42조, 제42조의2, 제45조의2 및 제46조에 따른 행정처분, 지도·감독, 벌칙, 과태료 등에 관한 사항
11. 그 밖에 교육여건 및 운영상태 등에 관한 사항

② 제31조제4항, 제32조, 제33조제3항에 따라 전문대학 또는 대학졸업자와 동등한 학력·학위가 인정되는 시설로 교육부장관의 인가를 받은 평생교육시설의 장은 그 시설이 보유·관리하고 있는 다음 각 호의 정보를 매년 1회 이상 공시하여야 한다. 이 경우 그 평생교육시설의 장은 공시정보를 교육부장관에게 제출하여야 한다.

1. 학교운영에 관한 규정
2. 교육과정 편성 및 운영 등에 관한 사항
3. 학생의 선발방법 및 일정에 관한 사항
4. 충원율, 재학생 수 등 학생현황에 관한 사항
5. 졸업 후 진학 및 취업현황 등 학생의 진로에 관한 사항
6. 전임교원 현황에 관한 사항
7. 전임교원의 연구성과에 관한 사항
8. 예·결산 내역 등 평생교육시설의 회계에 관한 사항
9. 등록금 및 학생 1인당 교육비의 산정근거에 관한 사항
10. 제42조, 제42조의2, 제45조의2 및 제46조에 따른 행정처분, 지도·감독, 벌칙, 과태료 등에 관한 사항
11. 평생교육시설의 발전계획 및 특성화 계획
12. 교원의 연구, 학생에 대한 교육 및 산학협력 현황
13. 도서관 및 연구에 대한 지원 현황
14. 그 밖에 교육여건 및 운영상태 등에 관한 사항

③ 제1항 및 제2항에 따른 평생교육시설 외의 평생교육시설의 장은 그 시설이 보유·관리하고 있는 다음 각 호의 정보를 매년 1회 이상 공시하여야 한다. 이 경우 그 평생교육시설의 장은 공시정보를 교육부장관 또는 시·도교육감에게 제출하여야 한다.

1. 평생교육시설의 명칭
2. 평생교육시설의 주소 및 대표 전화번호
3. 교육과정
4. 교육과정별 정원
5. 교육과정별 교육기간 및 총 교육시간
6. 학습비
7. 평생교육시설 설립·운영자 명단, 강사 명단

④ 교육부장관 또는 시·도교육감은 제1항부터 제3항까지에 따른 공시정보의 확인을 위하여 해당 평생교육시설의 장에게 관련 자료의 제출을 요청할 수 있다. 이 경우 자료의 제출을 요청받은 평생교육시설의 장은 특별한 사유가 없으면 이에 따라야 한다.

⑤ 교육부장관 또는 시·도교육감은 이 법에서 공시하도록 정한 정보를 공시하지 아니하거나 거짓으로 공시하는 평생교육시설의 장에게 기간을 정하여 시정이나 변경을 명할 수 있다.

⑥ 교육부장관은 제1항부터 제3항까지에 따른 공시에 필요한 양식을 마련·보급하고, 공시정보를 수집 및 관리하여야 한다.

⑦ 교육부장관은 제6항의 공시정보를 수집·관리하기 위한 총괄 관리기관과 항목별 관리기관을 지정할 수 있다.

⑧ 그 밖에 공시정보의 구체적인 범위, 공시횟수, 그 시기 및 관련 자료의 제출 등에 필요한 사항은 대통령령으로 정한다.

(2023.4.18 본조신설)

제35조【사업장 부설 평생교육시설】 ① 대통령령으로 정하는 규모 이상 사업장의 경영자는 해당 사업장의 고객 등을 대상으로 하는 평생교육시설을 설치·운영할 수 있다.

② 제1항에 따른 사업장 부설 평생교육시설을 설치하고자 하는 자는 대통령령으로 정하는 바에 따라 교육감에게 신고하여야 한다. 이를 폐쇄하고자 하는 경우에는 그 사실을 교육감에게 통보하여야 한다.

제36조【시민사회단체 부설 평생교육시설】 ① 시민사회단체는 상호 유기적인 협조체제를 구축하고 공공시설 및 민간시설 등 유휴시설을 활용하여 해당 시민사회단체의 목적에 부합하는 평생교육과정을 운영하도록 노력하여야 한다.

② 대통령령으로 정하는 시민사회단체는 일반 시민을 대상으로 하는 평생교육시설을 설치·운영할 수 있다.

③ 제2항에 따른 시민사회단체 부설 평생교육시설을 설치하고자 하는 자는 대통령령으로 정하는 바에 따라 교육감에게 신고하여야 한다. 이를 폐쇄하고자 하는 경우에는 그 사실을 교육감에게 통보하여야 한다.

제37조【언론기관 부설 평생교육시설】 ① 신문·방송 등 언론기관을 경영하는 자는 해당 언론매체를 통하여 다양한 평생교육프로그램을 방영하는 등 국민의 평생교육진흥에 기여하여야 한다.

② 대통령령으로 정하는 언론기관을 경영하는 자는 일반 국민을 대상으로 교양의 증진과 능력향상을 위한 평생교육시설을 설치·운영할 수 있다.

③ 제2항에 따른 언론기관 부설 평생교육시설을 설치하고자 하는 자는 대통령령으로 정하는 바에 따라 교육감에게 신고하여야 한다. 이를 폐쇄하고자 하는 경우에는 그 사실을 교육감에게 통보하여야 한다.

제38조【지식·인력개발 관련 평생교육시설】 ① 국가 및 지방자치단체는 지식정보의 제공과 교육훈련을 통한 인력개발을 주된 내용으로 하는 지식·인력개발사업을 진흥·육성하여야 한다.

② 제1항에 따른 지식·인력개발사업을 경영하는 자 중 대통령령으로 정하는 자는 평생교육시설을 설치·운영할 수 있다.

③ 제2항에 따른 지식·인력개발사업과 관련하여 평생교육시설을 설치하고자 하는 자는 대통령령으로 정하는 바에 따라 교육감에게 신고하여야 한다. 이를 폐쇄하고자 하는 경우에는 그 사실을 교육감에게 통보하여야 한다.

판례 평생교육법 제38조 제2항, 같은 법 시행령 제67조 제1항에서 자본금 또는 자산, 전문인력 등의 요건을 두고 있는 입법 취지, 위 법령에서 수익용 기본재산·교원 등 시설기준을 분명히 정하고 있는 다른 형태의 평생교육기관에 관한 규정 형식 및 표현과의 유사성 등을 고려하면, 지식·인력개발 관련 평생교육시설을 설치·운영할 수 있는 자란, 관련 사업 등을 1년 이상 경영한 실적이 있는 자로서 설치·운영하고자 하는 평생교육시설을 위하여 3억 원 이상의 자본금 또는 자산을 갖추고 5명 이상의 전문인력을 확보하고 있는 법인을 의미한다고 해석하여야 하므로, 이미 본점인 평생교육시설을 설치·운영하고 있는 자가 지점인 평생교육시설을 설치·운영하려고 할 때에도 설치·운영하고자 하는 지점인 평생교육시설을 위하여 위와 같은 자본금 또는 자산 요건 및 전문인력 요건 등을 다시 갖추어야 한다.
(대판 2009.12.10, 2009두14101)

제38조의2【평생교육시설의 변경인가·변경등록 등】 ① 제20조의2, 제31조부터 제33조까지, 제35조부터 제38조까지의 규정에 따라 평생교육시설 인가를 받거나 등록·신고를 한 자가 인가 또는 등록·신고한 사항을 변경하고자 하는 때에는 대통령령으로 정하는 바에 따라 변경인가를 받거나 변경등록·변경신고를 하여야 한다.(2023.4.18 본항개정)

② 제1항에 따른 변경인가 및 변경등록·변경신고의 방법·절차 등에 필요한 사항은 교육부령으로 정한다.(2013.12.30 본조신설)

제38조의3【신고 등의 처리절차】 ① 교육부장관은 제32조제5항, 제33조제3항 후단에 따른 신고를 받은 날부터 20일 이내에 신고수리 여부를 신고인에게 통지하여야 한다.

② 교육감은 제33조제2항 전단, 제35조제2항 전단, 제36조제3항 전단, 제37조제3항 전단 또는 제38조제3항 전단에 따른 신고를 받은 날부터 10일 이내에 신고수리 여부를 신고인에게 통지하여야 한다. 제38조의2제1항에 따라 제33조제2항 전단, 제35조제2항 전단, 제36조제3항 전단, 제37조제3항 전단 또는 제38조제3항 전단에 따른 신고사항에 관한 변경신고를 받은 경우에도 또한 같다.

③ 교육부장관 또는 교육감이 제1항 또는 제2항에서 정한 기간 내에 신고수리 여부 또는 민원 처리 관련 법령에 따른 처리기간의 연장 여부를 신고인에게 통지하지 아니하면 그 기간(민원 처리 관련 법령에 따라 처리기간이 연장 또는 재연장된 경우에는 해당 처리기간을 말한다)이 끝난 날의 다음 날에 신고를 수리한 것으로 본다.
(2018.12.18 본조신설)

제6장 문해교육
(2014.1.28 본장제목개정)

제39조【문해교육의 실시 등】 ① 국가 및 지방자치단체는 성인의 사회생활에 필요한 문해능력 등 기초능력을 높이기 위하여 노력하여야 한다.(2023.4.18 본항개정)

② 교육감은 대통령령으로 정하는 바에 따라 관할 구역 안에 있는 초·중학교에 성인을 위한 문해교육 프로그램을 설치·운영하거나 지방자치단체·법인 등이 운영하는 문해교육 프로그램을 지정할 수 있다.(2014.1.28 본항개정)

③ 국가 및 지방자치단체는 문해교육 프로그램을 위하여 대통령령으로 정하는 바에 따라 우선하여 재정적 지원을 할 수 있다.(2014.1.28 본항개정)
(2014.1.28 본조제목개정)
제39조의2【문해교육센터 설치 등】 ① 국가는 문해교육의 활성화를 위하여 진흥원에 국가문해교육센터를 둔다.
② 시·도교육감 및 시·도지사는 시·도문해교육센터를 설치하거나 지정·운영할 수 있다.
③ 국가문해교육센터 및 시·도문해교육센터의 구성, 기능 및 운영, 그 밖에 필요한 사항은 대통령령으로 정한다.
(2016.2.3 본조신설)
제40조【문해교육 프로그램의 교육과정 등】 제39조에 따라 설치 또는 지정된 문해교육 프로그램을 이수한 자에 대하여는 그에 상응하는 학력을 인정하되, 교육과정 편성 및 학력인정 절차 등에 필요한 사항은 대통령령으로 정한다.(2014.1.28 본조개정)
제40조의2【문해교육종합정보시스템 구축·운영 등】
① 교육부장관은 문해교육의 효율적 지원을 위하여 문해교육종합정보시스템을 구축·운영할 수 있다.
② 교육부장관은 문해교육종합정보시스템 운영업무를 국가문해교육센터에 위탁할 수 있다.
③ 제1항에 따른 문해교육정보시스템의 구축·운영과 제2항에 따른 문해교육정보시스템 운영업무의 위탁 등에 필요한 사항은 대통령령으로 정한다.
(2016.2.3 본조신설)

제7장 성인 진로교육
(2023.6.13 본장신설)

제40조의3【성인 진로교육의 실시】 평생교육기관, 대학,「진로교육법」 제15조에 따른 국가진로교육센터 및 같은 법 제16조에 따른 지역진로교육센터는 성인 진로교육을 실시할 수 있다.

제8장 평생학습 결과의 관리·인정

제41조【학점, 학력 등의 인정】 ① 이 법에 따라 학력이 인정되는 평생교육과정 외에 이 법 또는 다른 법령의 규정에 따른 평생교육과정을 이수한 사람은「학점인정 등에 관한 법률」로 정하는 바에 따라 학점 또는 학력을 인정받을 수 있다.(2021.3.23 본항개정)
② 다음 각 호의 어느 하나에 해당하는 사람은「학점인정 등에 관한 법률」로 정하는 바에 따라 그에 상응하는 학점 또는 학력을 인정받을 수 있다.(2021.3.23 본문개정)
1. 각급학교 또는 평생교육시설에서 각종 교양과정 또는 자격취득에 필요한 과정을 이수한 사람(2021.3.23 본호개정)
2. 산업체 등에서 일정한 교육을 받은 후 사내인정자격을 취득한 사람(2021.3.23 본호개정)
3. 국가·지방자치단체·각급학교·산업체 또는 민간단체 등이 실시하는 능력측정검사를 통하여 자격을 인정받은 사람(2021.3.23 본호개정)
4.「무형유산의 보전 및 진흥에 관한 법률」에 따라 인정된 국가무형유산의 보유자와 그 전수교육을 받은 사람(2023.8.8 본호개정)
5. 대통령령으로 정하는 시험에 합격한 사람(2021.3.23 본호개정)
③ 각급학교 및 평생교육시설의 장은 학습자가 제31조에 따라 국내외의 각급학교·평생교육시설 및 평생교육기관으로부터 취득한 학점·학력 및 학위를 상호 인정할 수 있다.

제9장 보 칙

제42조【행정처분】 ① 교육부장관 또는 교육감은 평생교육시설의 설치자가 다음 각 호의 어느 하나에 해당하는 경우에는 그 시설의 설치인가 또는 등록을 취소하거나 평생교육과정을 폐쇄할 수 있고, 1년 이내의 기간을 정하여 평생교육과정의 전부 또는 일부에 대한 운영의 정지를 명할 수 있다. 다만, 제1호 및 제4호의 경우에는 그 인가 또는 등록을 취소하여야 한다.(2013.3.23 본문개정)
1. 거짓이나 그 밖의 부정한 방법으로 인가를 받거나 등록 또는 신고한 경우
2. 인가 또는 등록 시의 기준에 미달하게 된 경우
3. 평생교육시설을 부정한 방법으로 관리·운영한 경우
4. 제28조제2항 각 호의 어느 하나의 결격사유에 해당하는 경우
5. 제34조의2제5항에 따른 시정 또는 변경 명령을 받고도 정당한 사유 없이 지정된 기간 내에 이행하지 아니한 경우(2023.4.18 본호신설)
6. 제38조의2를 위반하여 변경인가를 받지 아니하거나 변경등록·변경신고를 하지 아니하고 평생교육시설을 변경하여 운영한 경우(2013.12.30 본호신설)
② 교육부장관 또는 교육감은 제1항에 따라 평생교육과정의 전부 또는 일부에 대한 운영의 정지를 명하기 전에 1개월 이상의 기간을 정하여 위반사항의 시정 및 개선을 명할 수 있다.(2015.3.27 본항신설)
③ 교육부장관이 제1항에 따라 전문대학 또는 대학졸업자와 동등한 학력·학위가 인정되는 평생교육시설의 인가를 취소하는 경우에 해당 시설의 장은 재학생 보호방안 등 대통령령으로 정하는 사항을 갖추어 교육부장관에게 제출하여야 한다.(2023.4.18 본항신설)
제42조의2【지도·감독】 ① 교육부장관 또는 교육감은 이 법에 따라 설치 인가·지정을 하거나 등록 또는 신고를 받은 평생교육시설의 회계 관리 및 운영 실태 등을 지도·감독할 수 있다.
② 교육부장관 또는 교육감은 제1항에 따른 지도·감독을 위하여 필요하면 대통령령으로 정하는 바에 따라 해당 평생교육시설의 장에게 자료의 제출을 요구하거나 그 밖에 필요한 지시를 할 수 있다.
③ 교육부장관 및 지방자치단체의 장은 다음 각 호의 어느 하나에 해당하는 경우에는 소속 공무원으로 하여금 평생교육프로그램의 제공자 또는 관계인에게 장부 등 서류를 조사하게 할 수 있다.
1. 평생교육이용권의 발급 및 사용의 적정성 여부 확인을 위하여 필요한 경우
2. 그 밖에 평생교육이용권 사업 수행을 위하여 필요한 경우로서 대통령령으로 정하는 경우
(2021.6.8 본항신설)
④ 제3항에 따라 조사를 하는 자는 그 권한을 표시하는 증표 및 조사기간, 조사범위, 조사담당자, 관계 법령 등 교육부령으로 정하는 사항이 기재된 서류를 지니고 이를 관계인에게 내보여야 한다.(2021.6.8 본항신설)
(2015.3.27 본조신설)
제43조【청문】 교육부장관 또는 교육감은 다음 각 호의 어느 하나에 해당하는 처분을 하려는 경우에는 청문을 실시하여야 한다.(2016.5.29 본문개정)
1. 제24조의2에 따른 평생교육사 자격의 취소
2. 제42조제1항에 따른 인가 또는 등록의 취소
(2016.5.29 1호~2호신설)
제44조【권한의 위임 및 위탁】 ① 교육부장관은 이 법에 따른 권한의 일부를 대통령령으로 정하는 바에 따라 교육감에게 위임할 수 있다.
② 교육부장관은 다음 각 호에 따른 업무의 전부 또는 일부를 대통령령으로 정하는 바에 따라 진흥원에 위탁할 수 있다.
1. 제24조에 따른 평생교육사의 양성 및 평생교육사 자격증의 교부·재교부
2. 제25조에 따른 평생교육사 양성기관의 지정
3. 제16조의2 및 제16조의3에 따른 평생교육이용권의 발급 및 사용 관리(2021.6.8 본호신설)
4. 제18조의2에 따른 평생교육 종합정보시스템의 구축·운영(2021.6.8 본호신설)
5. 제30조제1항에 따라「고등교육법」 제2조에 따른 학교의 장이 설치한 평생교육시설의 현황 관리(2023.4.18 본호신설)
(2013.5.22 본항신설)
③ 교육감은 이 법에 따른 권한의 일부를 대통령령으로 정하는 바에 따라 소관 교육장에게 위임할 수 있다.
(2013.5.22 본항신설)
(2013.5.22 본조개정)
제45조【유사 명칭의 사용 금지】 이 법에 따른 진흥위원회·진흥원·평생교육협의회·평생학습관·평생학습센터·국가문해교육센터 및 시·도문해교육센터가 아니면 이와 비슷한 명칭을 사용하지 못한다.(2016.2.3 본조개정)
제45조의2【벌칙】 제31조제2항에 따른 학력인정 평생교육시설을 설치·운영하는 자가 다음 각 호의 어느 하나에 해당하는 경우에는 2년 이하의 징역 또는 2천만원 이하의 벌금에 처한다.
1. 제31조제8항에 따라 준용되는「사립학교법」 제28조를 위반한 경우
2. 제31조제8항에 따라 준용되는「사립학교법」 제29조 제6항을 위반한 경우
(2015.3.27 본조신설)
제45조의3【벌칙】 다음 각 호의 어느 하나에 해당하는 자는 1년 이하의 징역 또는 1천만원 이하의 벌금에 처한다.(2021.6.8 본문개정)
1. 거짓 또는 그 밖의 부정한 방법으로 평생교육이용권을 발급받거나 다른 사람으로 하여금 평생교육이용권을 발급받게 한 자
2. 제16조의3제3항을 위반하여 평생교육이용권을 판매·대여하거나 부정한 방법으로 사용한 자
3. 제24조제5항을 위반하여 자격증을 빌려주거나 빌린 사람 또는 이를 알선한 사람
(2021.6.8 1호~3호신설)
제46조【과태료】 ① 다음 각 호의 어느 하나에 해당하는 자에게는 500만원 이하의 과태료를 부과한다.
1. 제16조의3제2항을 위반하여 정당한 사유 없이 평생교육 프로그램의 제공을 거부한 자(2021.6.8 본호신설)
2. 제18조제2항을 위반하여 자료를 제출하지 아니하거나 거짓의 자료를 제출한 자
3. 제28조제4항을 위반하여 학습비 반환 등의 조치를 하지 아니한 자(2016.2.3 본호신설)
4. 제32조제5항, 제33조제2항·제3항, 제35조제2항, 제36조제3항, 제37조제3항 및 제38조제3항에 따른 신고를 게을리한 자(2021.3.23 본호개정)
5. 제42조제2항에 따른 명령을 위반한 평생교육시설 또는 설치자(2015.3.27 본호신설)
6. 제45조를 위반하여 유사 명칭을 사용한 자
② 제1항에 따른 과태료는 대통령령으로 정하는 바에 따라 관할청이 부과·징수한다.
③~⑤ (2018.12.18 삭제)

부 칙

제1조【시행일】 이 법은 공포 후 2개월이 경과한 날부터 시행한다. 다만, 제33조제4항·제5항과 제34조는 2008년 4월 18일부터 시행한다.
제2조【시행일에 관한 경과조치】 부칙 제1조 단서에 따라 제33조제5항이 시행되기 전까지는 종전의 제22조제4항을 적용한다.
제3조【학력인정시설에 관한 경과조치】 이 법 시행 전 종전의 제20조제2항에 따라 학력이 인정되는 시설로 지정된 평생교육시설에 대하여는 종전의 규정에 따른다.
제4조【시·도교육감의 평생교육업무에 관한 경과조치】 ① 제11조, 제12조, 제13조 및 제18조에도 불구하고 시·도교육감은「지방교육자치에 관한 법률」 제20조제8호에 따라 시·도교육감이 이 법 시행 전부터 수행하여 온 평생교육과 관련된 업무를 계속하여 수행한다.
② 이 법 시행 전 종전의 제14조에 따라 교육인적자원부장관 및 교육감이 지정·운영하던 지역평생교육정보센터의 지정·운영은 종전의 규정에 따른다.
제5조【고등기술학교 전공과를 평생교육시설로 전환하는데 따른 적용례 및 경과조치】 ① 제31조제4항은 이 법 시행 당시「초·중등교육법」 제54조제4항에 따라 전공과를 설치·운영하는 고등기술학교에 한하여 적용한다.
② 제31조제4항에 따라 고등기술학교 전공과 과정이 평생교육시설로 전환되는 경우 해당 과정에 재학 중인 자는 전환되는 평생교육시설에 재학하고 있는 것으로 본다.
제6조【이 법의 시행을 위한 준비행위】 이 법에 따라 평생교육진흥원을 설립하기 위하여 하는 준비행위는 이 법 시행 전에 할 수 있다.
제7조【설립준비】 ① 교육인적자원부장관은 평생교육진흥원의 설립에 관한 사무를 관장하게 하기 위하여 설립준비위원회(이하 “위원회”라 한다)를 구성한다.
② 위원회는 설립준비위원장(이하 “위원장”이라 한다)을 포함하여 5인 이내의 설립준비위원(이하 “위원”이라 한다)으로 구성하며, 위원장과 위원은 교육인적자원부장관이 위촉한다.
③ 위원회는 이 법 시행 전까지 정관을 작성하여 교육인적자원부장관의 인가를 받아야 한다.
④ 위원은 제3항에 따라 인가를 받은 때에는 지체 없이 연명(連名)으로 평생교육진흥원의 설립등기를 한 후 평생교육진흥원장에게 사무를 인계하여야 하며, 위원이 이 규정에 따른 사무인계가 끝난 때에는 해촉된 것으로 본다.
⑤ 설립 당시의 평생교육진흥원장은 교육인적자원부장관이 임명한다.
제8조【공무원의 파견】 교육인적자원부장관은 평생교육진흥원장의 요청이 있는 경우에는 그 소속 공무원을 2009년 12월 31일까지 평생교육진흥원에 파견할 수 있다.
제9조【권리·의무의 승계 등】 ① 이 법 시행 당시 종전의 제13조제1항 및 제2항에 따른 한국교육개발원 평생교육센터와 관련된 한국교육개발원의 권리·의무는 평생교육진흥원의 설립등기와 동시에 평생교육진흥원이 이를 포괄 승계한다.
② 이 법 시행 당시「학점인정 등에 관한 법률」 제11조 및「학점인정 등에 관한 법률 시행령」 제19조에 따른 한국교육개발원 학점은행센터와 관련된 한국교육개발원의 권리·의무는 평생교육진흥원의 설립등기와 동시에 평생교육진흥원이 포괄 승계한다.
③ 이 법 시행 당시「독학에 의한 학위취득에 관한 법률」 제7조 및「독학에 의한 학위취득에 관한 법률 시행령」 제4조에 따른 한국방송통신대학교 독학학위검정원과 관련된 한국방송통신대학교의 권리·의무는 평생교육진흥원의 설립등기와 동시에 평생교육진흥원이 포괄 승계한다.
④ 이 법 시행 당시 제1항, 제2항 및 제3항에 따른 한국교육개발원의 평생교육센터, 학점은행센터 및 한국방송통신대학교의 독학학위검정원의 직원이 평생교육진흥원의 직원으로 임용되고자 원하는 때에는 종전의 소속 기관에서 퇴직하고 평생교육진흥원에 신규 임용되어야 한다. 이 경우 원장은 정원의 범위 안에서 이를 우선적으로 임용하여야 한다.
제10조【사회교육시설에 관한 경과조치】 이 법 시행 당시 종전의「사회교육법」에 따라 설치된 사회교육시설은 이 법에 따라 설치된 평생교육시설로 본다.
제11조【사회교육이수자에 대한 경과조치】 이 법 시행 당시 종전의「사회교육법」에 따라 사회교육과정을 이수한 자는 이 법에 따른 평생교육과정을 이수한 것으로 본다.
제12조【학력인정에 관한 경과조치】 이 법 시행 당시 종전의「사회교육법」에 따른 사회교육과정을 이수하여 중학교 또는 고등학교 졸업자와 동등한 학력이 있다고 인정된 자는 각각 이 법에 따른 평생교육과정을 이수하여 해당 학력이 인정된 자로 본다.
제13조【사회교육전문요원에 관한 경과조치】 이 법 시행 당시 종전의「사회교육법」에 따라 사회교육전문요원

의 자격을 취득한 자는 이 법에 따라 평생교육사의 자격을 취득한 것으로 본다.
제14조【처분 등에 관한 일반적 경과조치】 이 법 시행 당시 종전의 규정에 따른 행정기관의 행위나 행정기관에 대한 행위는 그에 해당하는 이 법에 따른 행정기관의 행위나 행정기관에 대한 행위로 본다.
제15조【다른 법률의 개정】 ①~④ ※(해당 법령에 가제정리 하였음)
제16조【다른 법령과의 관계】 이 법 시행 당시 다른 법령에서 종전의 「평생교육법」을 인용한 경우 이 법 중 그에 해당하는 규정이 있는 때에는 이 법의 해당 규정을 인용한 것으로 본다.

부　칙 (2016.5.29)

제1조【시행일】 이 법은 공포 후 1년이 경과한 날부터 시행한다. 다만, 제24조, 제24조의2 및 제43조의 개정규정은 공포 후 3개월이 경과한 날부터 시행한다.
제2조【금치산자 등에 대한 경과조치】 제28조제2항제1호의 개정규정에 따른 피성년후견인 또는 피한정후견인에는 법률 제10429호 민법 일부개정법률 부칙 제2조에 따라 금치산 또는 한정치산 선고의 효력이 유지되는 사람을 포함하는 것으로 본다.
제3조【장애인평생교육시설에 관한 경과조치】 이 법 시행 당시 종전의 「장애인 등에 대한 특수교육법」 제34조제2항에 따라 교육감에게 등록한 장애인평생교육시설은 제20조의2제2항의 개정규정에 따라 교육감에게 등록한 것으로 본다.
제4조【다른 법률의 개정】 ※(해당 법령에 가제정리 하였음)

부　칙 (2018.12.18)

제1조【시행일】 이 법은 공포 후 1개월이 경과한 날부터 시행한다.
제2조【사내대학형태의 평생교육시설 등의 신고 또는 변경신고에 관한 적용례】 제38조의3의 개정규정은 이 법 시행 후 제32조제5항, 제33조제2항 전단, 제33조제3항 후단, 제35조제2항 전단, 제36조제3항 전단, 제37조제3항 전단, 제38조제3항 전단 또는 제38조의2제1항에 따라 신고 또는 변경신고를 하는 경우부터 적용한다.

부　칙 (2019.4.23)

이 법은 공포 후 6개월이 경과한 날부터 시행한다.

부　칙 (2019.12.3)

이 법은 공포 후 6개월이 경과한 날부터 시행한다. 다만, 제29조의2의 개정규정은 공포한 날부터 시행한다.

부　칙 (2021.3.23)

이 법은 공포한 날부터 시행한다.(이하 생략)

부　칙 (2021.6.8)

제1조【시행일】 이 법은 공포 후 6개월이 경과한 날부터 시행한다.
제2조【장애인 평생학습도시 지정에 관한 경과조치】 이 법 시행 당시 종전의 제15조에 따라 지정된 평생학습도시 중 장애인 평생학습도시는 제15조의2의 개정규정에 따라 지정된 것으로 본다.

부　칙 (2023.4.18)

제1조【시행일】 이 법은 공포 후 1년이 경과한 날부터 시행한다.
제2조【인가취소에 따른 재학생 보호방안 등의 제출의무에 관한 적용례】 제42조제3항의 개정규정은 이 법 시행 이후 인가취소 사유가 발생하는 경우부터 적용한다.

부　칙 (2023.6.13)

이 법은 공포 후 6개월이 경과한 날부터 시행한다.

부　칙 (2023.8.8)

제1조【시행일】 이 법은 2024년 5월 17일부터 시행한다.(이하 생략)

자격기본법

(2007년 4월 27일 전부개정법률 제8390호)

개정
2008. 2.29법 8852호(정부조직)
2008.12.26법 9190호
2010. 3.17법10093호
2010. 6. 4법10339호(정부조직)
2011. 7.25법10907호(산업교육진흥및산학연협력촉진에관한법)
2013. 3.23법11690호(정부조직)
2013. 4. 5법11722호
2016.12.20법14397호
2019. 4.23법16335호
2021. 3.23법17954호(법률용어정비)
2021. 8.17법18425호(국민평생직업능력개발법)
2022.12.27법19095호

제1장 총 칙

제1조【목적】 이 법은 자격에 관한 기본적인 사항을 정함으로써 자격제도의 관리·운영을 체계화하고 평생직업능력 개발을 촉진하여 국민의 사회경제적 지위를 높이고 능력중심사회의 구현에 이바지함을 목적으로 한다.
제2조【정의】 이 법에서 사용하는 용어의 정의는 다음과 같다.
1. "자격"이란 직무수행에 필요한 지식·기술·소양 등의 습득정도가 일정한 기준과 절차에 따라 평가 또는 인정된 것을 말한다.
2. "국가직무능력표준"이란 산업현장에서 직무를 수행하기 위하여 요구되는 지식·기술·소양 등의 내용을 국가가 산업부문별·수준별로 체계화한 것을 말한다.
3. "자격체제"란 국가직무능력표준을 바탕으로 학교교육·직업훈련(이하 "교육훈련"이라 한다) 및 자격이 상호 연계될 수 있도록 한 자격의 수준체계를 말한다.
4. "국가자격"이란 법령에 따라 국가가 신설하여 관리·운영하는 자격을 말한다.
5. "민간자격"이란 국가 외의 자가 신설하여 관리·운영하는 자격을 말한다.
5의2. "등록자격"이란 제17조제2항에 따라 주무부장관에게 등록한 민간자격 중 공인자격을 제외한 자격을 말한다.(2013.4.5 본호신설)
5의3. "공인자격"이란 제19조제1항에 따라 주무부장관이 공인한 민간자격을 말한다.(2013.4.5 본호신설)
6. "국가자격관리자"란 해당 국가자격을 관리·운영하는 중앙행정기관의 장을 말한다.
7. "민간자격관리자"란 해당 민간자격을 관리·운영하는 자를 말한다.
8. "주무부장관"이란 소관 민간자격을 등록받거나 공인하고 이를 지도·감독하는 중앙행정기관의 장을 말한다.(2013.4.5 본호개정)
9. "자격검정"이란 자격을 부여하기 위하여 필요한 직무수행능력을 평가하는 과정을 말한다.
10. "공인"이란 자격의 관리·운영 수준이 국가자격과 같거나 비슷한 민간자격을 이 법에서 정한 절차에 따라 국가가 인정하는 행위를 말한다.(2013.4.5 본호개정)
제3조【자격제도 관리·운영의 기본방향】 국가 및 민간자격관리자는 자격제도를 관리·운영할 때 다음 각 호의 사항을 반영하기 위하여 노력하여야 한다.(2021.3.23 본문개정)
1. 국가직무능력표준에의 부합
2. 자격체제에의 부합
3. 교육훈련과정과의 연계
4. 산업계 수요에의 부응
5. 평생학습·능력중심사회 정착에의 기여
6. 자격 간의 호환성과 국제적 통용성의 확보
제4조【국가의 책무】 ① 국가는 국가직무능력표준을 수립하고 이에 따라 자격이 관리·운영되도록 필요한 시책을 수립·시행하기 위하여 노력하여야 한다.
② 국가는 자격체제를 구축하는데 필요한 시책을 수립·시행하기 위하여 노력하여야 한다.
③ 국가는 교육훈련·자격 및 산업현장의 연계를 위한 시책을 강구하여야 한다.
④ 국가는 자격의 관리 및 운영과정에서 산업계의 의견을 존중하고 그 참여를 보장하여야 한다.
⑤ 국가는 민간자격을 활성화하고 공신력을 높이기 위하여 필요한 시책을 강구하여야 한다.
⑥ 국가는 자격 간의 호환성 및 국제적 통용성의 확보에 필요한 시책을 수립·시행하여야 한다.

제2장 자격관리·운영체제

제5조【국가직무능력표준】 ① 정부는 국제기준 및 산업기술의 변화 등을 고려하여 국가직무능력표준을 개발·개선하여야 한다.
② 국가직무능력표준에는 다음 각 호의 사항이 포함되어야 한다.
1. 직무의 범위·내용·수준
2. 직무수행에 필요한 지식·기술·소양 및 평가의 기준과 방법
3. 그 밖에 직무수행에 필요한 사항
③ 정부는 정부가 정하는 교육훈련과정, 국가자격의 검정 및 출제기준, 민간자격의 공인기준 등이 국가직무능력표준에 따라 마련되도록 노력하여야 한다.
④ 국가직무능력표준의 개발·개선 및 활용에 관한 세부적인 사항은 대통령령으로 정한다.
제6조【자격체제】 ① 정부는 국가직무능력표준을 바탕으로 자격체제를 구축하고 이를 활용한다.
② 자격체제의 구축에 필요한 사항은 대통령령으로 정한다.
제7조【자격관리·운영기본계획】 ① 정부는 제8조에 따른 자격정책심의회의 심의를 거쳐 자격정책을 효율적으로 추진하기 위하여 자격관리·운영기본계획(이하 "기본계획"이라 한다)을 수립하고, 관계 중앙행정기관의 장에게 통보하여야 한다. 기본계획을 변경하고자 하는 때에도 또한 같다.
② 기본계획에는 다음 각 호의 사항이 포함되어야 한다.
1. 국가직무능력표준의 개발·개선 및 활용에 관한 사항
2. 자격체제의 구축에 관한 사항
3. 교육훈련·자격 및 산업현장의 연계에 관한 사항
4. 자격간 호환성의 확보 및 국제적 통용의 촉진에 관한 사항
5. 자격정보 시스템의 구축 등에 관한 사항
6. 자격제도의 운영성과 및 평가에 관한 사항
7. 그 밖에 자격제도의 발전을 위하여 필요한 사항
③ 교육부장관은 기본계획을 수립하기 위하여 국가자격 및 민간자격과 관련한 자격정책 실태조사를 실시할 수 있다.(2022.12.27 본항개정)
④ 교육부장관은 기본계획 수립과 제3항에 따른 실태조사를 위하여 관계 중앙행정기관의 장 및 지방자치단체의 장 등 관련 기관·단체의 장에게 필요한 자료의 제출을 요청할 수 있으며, 요청받은 관련 기관·단체의 장은 특별한 사유가 없으면 이에 따라야 한다.(2019.4.23 본항신설)
⑤ 관계 중앙행정기관의 장은 기본계획에 따라 소관 업무에 관한 연도별 시행계획을 세워 추진하고 다음 해의 시행계획과 지난해의 추진실적을 교육부장관에게 제출하여야 한다. 이 경우 교육부장관은 관계 중앙행정기관의 시행계획과 그 추진실적을 점검·평가하고 그 결과를 다음 기본계획을 수립할 때에 반영하여야 한다.(2019.4.23 본항개정)
⑥ 기본계획 및 시행계획의 수립·추진에 관한 세부적인 사항과 제3항에 따른 실태조사 및 제5항 후단에 따른 추진실적 평가의 방법과 내용 등에 필요한 사항은 대통령령으로 정한다.(2019.4.23 본항개정)
제8조【자격정책심의회 설치 등】 ① 자격에 관한 다음 각 호의 사항을 심의하기 위하여 교육부에 자격정책심의회(이하 "심의회"라 한다)를 둔다.(2013.3.23 본문개정)
1. 자격정책의 기본방향 및 조정에 관한 사항
2. 기본계획의 수립 및 추진에 관한 사항
3. 제11조제3항에 따른 국가자격의 신설·변경 또는 폐지에 관한 사항
4. 제17조제1항에 따라 민간자격으로 운영하는 것이 적합하지 아니한 분야에 관한 사항
5. 민간자격의 공인에 관한 사항
6. 그 밖에 자격에 대한 주요 정책에 관하여 위원장이 필요하다고 인정하여 심의에 부치는 사항
② 심의회는 위원장 및 부위원장을 포함한 20명 이내의 위원으로 구성하되, 위원장은 교육부장관, 부위원장은 고용노동부차관이 되고, 위원은 다음 각 호의 사람이 된다.(2021.3.23 본문개정)
1. 대통령령으로 정하는 관계 중앙행정기관의 차관급 공무원(2010.3.17 본호개정)
2. 교육훈련계·산업계 또는 노동계를 대표하는 사람 중 관계 중앙행정기관의 장의 추천에 따라 위원장이 위촉하는 사람(2021.3.23 본호개정)
③ 위원장은 필요하다고 인정하는 때에는 관계 행정기관의 장으로 하여금 소관 사무와 관련하여 심의회에 출석하여 발언하게 할 수 있다.
④ 위원의 임기는 2년으로 하되, 연임할 수 있다. 다만, 위원장·부위원장 및 제2항제1호의 위원의 임기는 그 직에 재임하는 기간으로 한다.
⑤ 심의회의 심의를 효율적으로 지원하기 위하여 심의회에 실무위원회를 둔다.
⑥ 심의회 및 실무위원회의 구성 및 운영 등에 관하여 필요한 사항은 대통령령으로 정한다.
제9조【교육훈련과 자격과의 연계】 ① 국가자격관리자는 「산업교육진흥 및 산학연협력촉진에 관한 법률」 제2조제2호에 따른 산업교육기관의 교육과정 또는 「국민 평생 직업능력 개발법」 제2조제1호에 따른 직업능력개발훈련의 과정으로서 국가직무능력표준에 따라 운영되는 교육훈련과정을 이수한 자 중 해당 국가자격을 규정하고 있는 법령(이하 "국가자격관련법령"이라 한다)에서 정하는 일정한 요건을 갖춘 자에게 국가자격을 수여할 수 있다.(2021.8.17 본항개정)
② 「산업교육진흥 및 산학연협력촉진에 관한 법률」 제2조제2호에 따른 산업교육기관의 장은 입학지원자가 취득한 자격을 그 종목 및 수준에 따라 선발자료로 활용하거나 학점으로 인정할 수 있다.
(2011.7.25 본조개정)

제10조【자격정보시스템의 구축 등】 ① 정부는 자격취득자 및 자격과 관련된 정보의 수집·관리 등 자격제도의 운영에 필요한 자격정보시스템을 구축·운영할 수 있다.
② 정부는 자격정보시스템을 구축·운영하기 위하여 자격을 관리·운영하는 자에게 필요한 자료의 제출을 요구할 수 있다.
③ 정부는 필요하다고 인정하는 경우 자격정보시스템의 구축·운영에 관한 업무의 전부 또는 일부를 대통령령으로 정하는 바에 따라 관계 전문기관에 위탁할 수 있다.
④ 그 밖에 자격정보시스템의 구축·운영에 필요한 사항은 대통령령으로 정한다.

제3장 국가자격

제11조【국가자격의 신설 등】 ① 중앙행정기관의 장은 다음 각 호의 어느 하나에 해당하는 분야에 대하여 국가자격관련법령으로 국가자격을 신설할 수 있다.
1. 국민의 생명·건강 및 안전에 직결되는 분야
2. 국방·치안·교육 및 국가기간산업 등 공익에 직결되는 분야
3. 자격 취득수요가 적어 민간자격의 운영이 곤란한 분야
4. 그 밖에 국가가 필요하다고 인정하는 분야
② 중앙행정기관의 장은 제19조제1항에 따라 공인된 민간자격(이하 "공인자격"이라 한다)과 동일한 명칭의 국가자격을 신설하지 못한다.
③ 중앙행정기관의 장은 국가자격을 신설·변경 또는 폐지(이하 "신설등"이라 한다)하는 경우 필요하다고 인정할 때에는 대통령령으로 정하는 바에 따라 심의회에 심의를 요청할 수 있다. 다만, 관계 부처간에 의견이 다른 경우에는 심의회에 심의를 요청하여야 한다.(2021.3.23 본문개정)
④ 심의회는 국가자격의 신설등이 필요하다고 인정하는 경우 그 자격과 관련이 있는 중앙행정기관의 장에게 국가자격의 신설등을 권고할 수 있다.
⑤ 제4항에 따라 국가자격의 신설등을 권고하는 경우 심의회는 해당 중앙행정기관의 장에게 필요한 자료를 요청할 수 있다.

제12조【국가자격의 취득】 ① 국가자격을 취득하고자 하는 자는 국가자격관련법령으로 정하는 바에 따라 국가자격을 취득하여야 한다.
② 국가자격관리자는 국가자격관련법령으로 정하는 바에 따라 국가자격의 취득 요건을 갖춘 자에게 국가자격의 취득을 증명하는 증서(이하 "국가자격증"이라 한다)를 교부하여야 한다.
③ 국가자격증의 교부·기재사항, 그 밖에 필요한 사항은 국가자격관련법령에 따른다.

제13조【국가자격 검정의 면제】 국가자격관리자는 다음 각 호의 어느 하나에 해당하는 자가 국가자격을 취득하고자 하는 경우에는 국가자격관련법령으로 정하는 바에 따라 자격검정의 전부 또는 일부를 면제할 수 있다.
1. 관련되는 국가자격 또는 공인자격을 취득한 자
2. 국가자격관리자가 정한 교육훈련과정을 이수한 자
3. 외국에서 관련되는 자격을 취득한 자
4. 군사분계선 이북지역에서 관련되는 자격을 취득한 자
5. 그 밖에 국가자격과 동등한 능력을 갖추었다고 인정되는 자로서 국가자격관련법령으로 정하는 자

제14조【동일명칭의 사용금지】 ① 민간자격관리자는 국가자격의 명칭과 동일한 명칭을 사용하지 못한다.
② 누구든지 국가자격을 취득하지 아니하고는 국가자격의 명칭과 동일한 명칭을 사용하지 못한다.

제15조【국가자격의 정비】 국가자격관리자는 국가자격으로 유지하기에 적합하지 아니한 자격이나 중복되는 자격이 있는 때에는 이를 통합·정비하여야 한다.

제16조【국가자격 관리·운영의 위임·위탁】 국가자격관리자는 국가자격의 관리·운영 등에 관한 권한의 전부 또는 일부를 국가자격관련법령으로 정하는 바에 따라 위임·위탁할 수 있다.

제4장 민간자격

제17조【민간자격의 신설 및 등록 등】 ① 국가 외의 법인·단체 또는 개인은 누구든지 다음 각 호에 해당하는 분야를 제외하고는 민간자격을 신설하여 관리·운영할 수 있다.
1. 다른 법령에서 금지하는 행위와 관련된 분야
2. 국민의 생명·건강·안전 및 국방에 직결되는 분야
3. 선량한 풍속을 해하거나 사회질서에 반하는 행위와 관련되는 분야
4. 그 밖에 민간자격으로 운영하는 것이 적합하지 아니하다고 심의회의 심의를 거쳐 대통령령으로 정하는 분야
② 제1항에 따라 민간자격을 신설하여 관리·운영하려는 자는 대통령령으로 정하는 바에 따라 해당 민간자격을 주무부장관에게 등록하여야 한다.(2013.4.5 본항개정)
③ 제1항에 따른 민간자격의 관리·운영에 필요한 사항은 대통령령으로 정한다.

제17조의2【등록사항의 변경】 제17조제2항에 따라 민간자격을 등록한 민간자격관리자는 그 등록사항 중 자격의 종목 등 교육부령으로 정하는 사항을 변경하려는 경우에는 대통령령으로 정하는 바에 따라 주무부장관에게 변경등록을 하여야 한다.(2016.12.20 본조신설)

제18조【결격사유】 다음 각 호의 어느 하나에 해당하는 자는 민간자격관리자가 될 수 없다.
1. 미성년자·피성년후견인 또는 피한정후견인(민간자격의 관리·운영에 관한 행위능력이 있음을 교육부령으로 정하는 바에 따라 입증한 피한정후견인은 제외한다)(2016.12.20 본호개정)
2. 파산선고를 받은 자로서 복권되지 아니한 자
3. 이 법, 「국가기술자격법」 또는 국가자격관련법령을 위반하여 금고 이상의 실형을 선고받고 그 집행이 끝나거나(끝난 것으로 보는 경우를 포함한다) 집행이 면제된 날부터 3년이 지나지 아니한 사람(2021.3.23 본호개정)
4. 이 법, 「국가기술자격법」 또는 국가자격관련법령을 위반하여 금고 이상의 형의 집행유예를 선고받고 그 유예기간 중에 있는 사람(2021.3.23 본호개정)
5. 제1호부터 제4호까지의 규정에 해당하는 사람이 임원으로 있는 법인 또는 단체〔해당 사유발생일부터 3개월 이내에 그 임원을 교체하는 경우는 제외한다〕(2021.3.23 본호개정)
6. 제18조의3제1항에 따라 등록자격의 등록이 취소(이 조 제1호부터 제4호까지의 규정에 해당하여 취소된 경우는 제외한다)된 후 3년이 지나지 아니한 자(2016.12.20 본호개정)

제18조의2【시정명령】 주무부장관은 등록자격을 관리·운영하는 자(이하 "등록자격관리자"라 한다)가 등록자격의 관리·운영과 관련하여 이 법을 위반한 경우에는 대통령령으로 정하는 바에 따라 등록자격관리자에게 법률 위반사항을 시정할 것을 명할 수 있다.(2013.4.5 본조신설)

제18조의3【등록의 취소 또는 자격검정등의 정지 등】 ① 주무부장관은 등록자격관리자가 다음 각 호의 어느 하나에 해당하는 경우에는 해당 등록자격의 등록을 취소하거나 1년의 범위에서 자격검정 또는 교육훈련과정 운영(이하 "자격검정등"이라 한다)을 정지시킬 수 있다. 다만, 제1호 또는 제2호에 해당하는 경우에는 등록을 취소하여야 한다.
1. 거짓이나 그 밖의 부정한 방법으로 제17조제2항에 따른 등록을 한 경우
2. 제18조 각 호의 어느 하나에 해당하는 경우
3. 제18조의2에 따른 주무부장관의 시정명령에 따르지 아니하는 경우
② 등록자격관리자는 등록자격을 폐지하려는 경우 주무부장관에게 신고하여야 한다.
③ 제1항에 따른 등록취소 및 자격검정등의 정지의 기준과 제2항에 따른 등록자격의 폐지 등에 필요한 사항은 대통령령으로 정한다.
(2013.4.5 본조신설)

제18조의4【등록취소 등의 공고】 주무부장관은 제18조의3에 따른 등록취소, 자격검정등의 정지 및 등록자격의 폐지가 있는 경우에는 20일 이내에 이를 공고하여야 한다.(2013.4.5 본조신설)

제18조의5【지도·감독】 주무부장관은 필요한 경우 등록자격관리자에게 업무에 대하여 보고하게 하거나 자료를 제출하게 하는 등 소관 등록자격 관련 업무의 지도·감독에 필요한 지시를 할 수 있다.(2013.4.5 본조신설)

제19조【민간자격의 공인】 ① 주무부장관은 민간자격에 대한 신뢰를 확보하고 사회적 통용성을 높이기 위하여 심의회의 심의를 거쳐 법인이 관리하는 민간자격을 공인할 수 있다.
② 다음 각 호의 어느 하나에 해당하는 민간자격은 제1항에 따른 민간자격의 공인을 받을 수 없다.
1. 해산절차가 진행 중인 법인이 운영하는 자격
2. 제17조제2항에 따라 등록을 하지 아니한 자격(2013.4.5 본호개정)
3. 제26조제1항에 따라 공인이 취소(제18조제1호 또는 제2호에 해당하여 취소된 경우는 제외한다)된 후 3년이 지나지 아니한 자격(2021.3.23 본호개정)
③ 민간자격의 공인기준·절차 등에 관하여 필요한 사항은 대통령령으로 정한다.

제20조【공인자격의 공인기간 등】 ① 공인자격의 공인기간은 5년의 범위에서 주무부장관이 정하여 고시한다.(2013.4.5 본항개정)
② 주무부장관은 대통령령으로 정하는 바에 따라 제1항에 따른 공인기간을 한 차례만 5년의 범위 내에서 연장할 수 있다. 이 경우 심의회의 심의는 생략한다.(2021.3.23 전단개정)
③ 공인자격을 관리·운영하는 자(이하 "공인자격관리자"라 한다)는 제1항 및 제2항에서 정한 공인기간이 만료되기 전에 재공인을 받을 수 있다.
④ 공인자격의 재공인에 관하여는 민간자격의 공인에 관한 규정을 준용한다.
(2013.4.5 본조제목개정)

제21조【공인자격의 효력】 ① 공인기간 내에 취득한 공인자격은 공인기간의 만료와 관계없이 공인자격으로서의 효력을 가진다. 다만, 공인자격의 유효기간이 만료된 때에는 그러하지 아니하다.(2021.3.23 본문개정)
② 제19조에 따른 민간자격의 공인을 받기 전에 취득한 민간자격은 공인자격으로서의 효력이 없다. 다만, 공인자격관리자가 대통령령으로 정하는 바에 따라 주무부장관의 승인을 받아 시행하는 자격검정에 합격한 사람 또는 대통령령으로 정하는 바에 따라 교육훈련과정을 마친 사람의 경우에는 그러하지 아니하다.(2013.4.5 단서개정)

제22조【공인증서의 교부 등】 ① 주무부장관은 제19조에 따라 공인을 하거나, 제20조에 따라 공인기간의 연장 또는 재공인을 하는 경우 공인자격관리자에게 해당 민간자격의 공인을 증명하는 서류(이하 "공인증서"라 한다)를 교부하여야 한다.(2021.3.23 본항개정)
② 제19조에 따른 민간자격의 공인을 받지 아니한 민간자격관리자는 공인받은 것으로 기재한 자격증을 교부하여서는 아니 된다.
③ 공인증서의 교부 및 기재사항 등에 관하여 필요한 사항은 교육부령으로 정한다.(2013.3.23 본항개정)

제23조【공인자격의 취득 등】 ① 공인자격을 취득하려는 사람은 공인자격관리자가 시행하는 자격검정에 합격하거나 대통령령으로 정하는 바에 따라 주무부장관의 승인을 받은 교육훈련과정을 마쳐야 한다.(2016.12.20 본항개정)
② 공인자격관리자는 제1항에 따라 공인자격을 취득한 사람에게 공인자격의 취득을 증명하는 증서(이하 "공인자격증"이라 한다)를 교부하여야 한다.(2013.4.5 본항개정)
③ 공인자격을 취득한 자는 다른 법령으로 정하는 바에 따라 이에 상응하는 국가자격을 취득한 자와 동등한 대우를 받는다.
④ 누구든지 공인자격을 취득하지 아니하고는 공인자격의 명칭과 동일한 명칭을 사용하지 못한다.
⑤ 공인자격증의 기재사항 등에 관하여 필요한 사항은 교육부령으로 정한다.(2013.3.23 본항개정)

제24조【공인사항의 변경】 ① 공인자격관리자는 공인기간 내에는 공인자격의 명칭을 변경할 수 없다.
② 제19조에 따라 공인받은 사항 중 자격의 검증기준(이하 "검정기준"이라 한다) 등 대통령령으로 정하는 중요한 사항을 변경하고자 하는 경우에는 주무부장관의 승인을 받아야 한다.

제25조【시정명령】 주무부장관은 공인자격관리자가 공인자격의 관리·운영과 관련하여 이 법을 위반한 경우에는 공인자격관리자에게 기간을 정하여 그 시정을 명할 수 있다.

제26조【공인의 취소 또는 자격검정등의 정지 등】 ① 주무부장관은 공인자격관리자가 다음 각 호의 어느 하나에 해당하는 경우에는 해당 공인자격의 공인을 취소하거나 1년의 범위에서 자격검정등을 정지시킬 수 있다. 다만, 제1호부터 제3호까지의 규정에 해당하는 경우에는 취소하여야 한다.(2013.4.5 본문개정)
1. 제18조 각 호의 어느 하나에 해당하는 경우
2. 거짓이나 그 밖의 부정한 방법으로 공인을 받은 경우
3. 제24조제1항을 위반하여 공인자격의 명칭을 변경하는 경우
4. 제25조에 따른 주무부장관의 시정명령에 따르지 아니하는 경우
② 공인자격관리자가 법인의 해산, 그 밖의 부득이한 사유로 공인자격을 폐지하려는 경우에는 주무부장관에게 신고하고 공인증서를 반납하여야 한다.(2013.4.5 본항개정)
③ 제2항에 따라 신고를 받은 주무부장관은 해당 공인자격을 계속 존치시킬 필요가 있다고 인정하는 경우 해당 공인자격의 관리·운영권을 다른 공인자격관리자 또는 민간자격관리자에게 양도하게 할 수 있다.
④ 제1항에 따른 자격검정등의 정지 및 공인 취소의 기준과 제2항에 따른 공인자격의 폐지 등에 관하여 필요한 사항은 대통령령으로 정한다.(2013.4.5 본항개정)
(2013.4.5 본조제목개정)

제27조【공인자격관리자의 책무】 ① 공인자격관리자는 해당 공인자격의 관리·운영의 수준이 관련되는 국가자격의 경우와 같거나 비슷하도록 유지하여야 한다.
(2013.4.5 본항개정)
② 공인자격관리자가 교부받은 공인증서는 이를 다른 사람에게 대여 또는 양도하거나 대여 또는 양도받아서는 아니 된다.
③ 공인자격관리자는 공인자격을 부정한 방법으로 관리·운영하여서는 아니 된다.
④ 공인자격관리자는 공인자격을 공인받은 내용에 따라 관리·운영하여야 한다.

제28조【공인의 공고】 주무부장관은 다음 각 호의 어느 하나에 해당하는 사유가 발생한 경우에는 20일 이내에 이를 공고하여야 한다.
1. 제19조에 따른 민간자격의 공인
2. 제20조에 따른 공인기간 및 공인기간의 연장과 재공인
3. 제24조제2항에 따른 공인사항에 대한 주무부장관의 변경승인
4. 제26조에 따른 공인의 취소, 자격검정등의 정지 및 공인자격의 폐지(2013.4.5 본호개정)
5. 그 밖에 공인자격을 취득한 자의 이해관계에 영향을 미치는 사항

제29조【주무부장관의 지도·감독】 ① 주무부장관은 공인자격의 공신력을 높이기 위하여 매년 1회 소관 공인자격관리자에 대하여 지도·점검을 하여야 한다.
② 주무부장관은 제1항에 따른 정기적인 지도·점검 외에 소관 공인자격관리자가 공인받은 내용과 다르게 운영하는 경우에는 지도·점검을 할 수 있다.

③ 주무부장관은 필요하다고 인정하는 경우에는 소관 공인자격관리자에 대하여 필요한 보고·자료제출 요구, 그 밖에 필요한 지시를 할 수 있다.

제5장 보 칙

제30조【자격취득자에 대한 우대】 ① 국가 및 지방자치단체는 국가자격 및 공인자격의 직무 분야에 관한 영업의 허가·인가·등록 또는 면허를 하거나 이익을 부여하는 경우에는 다른 법령에 어긋나지 아니하는 범위 안에서 그 직무 분야의 국가자격 또는 공인자격을 취득한 자를 우대할 수 있다.

② 사업주는 근로자의 채용·승진·전보, 그 밖에 인사상의 조치를 하는 경우 해당 분야의 국가자격 또는 공인자격을 취득한 자를 우대할 수 있다.

제31조【자격취득자의 성실의무 등】 ① 자격을 취득한 자는 그 자격과 관련된 직무를 성실히 수행하여야 하고, 품위를 손상하여서는 아니 된다.

② 누구든지 자신이 취득한 자격을 다른 사람에게 대여하거나 다른 사람이 취득한 자격을 대여 받아서는 아니 된다.

제32조【자격취득의 취소·정지 등】 국가자격관리자는 거짓이나 그 밖의 부정한 방법으로 국가자격을 취득한 자, 국가자격을 다른 사람에게 대여한 자 및 대여 받은 자에 대하여 국가자격관련법령으로 정하는 바에 따라 자격의 취소 또는 정지, 국가자격시험 응시제한 등의 조치를 할 수 있다.

제33조【표시의무 등】 ① 자격과 관련하여 광고하는 경우에는 다음 각 호의 사항을 표시하여야 한다.

1. 자격의 종류
2. 등록 또는 공인 번호
3. 해당 자격을 관리·운영하는 자
4. 그 밖에 소비자 보호를 위하여 대통령령으로 정하는 사항

② 누구든지 공인받지 아니한 민간자격을 공인받은 것으로 광고하거나 공인에 따른 효력이 있는 것으로 광고하는 등 거짓되거나 과장된 광고를 하여서는 아니 된다.

③ 제2항의 거짓 또는 과장 광고의 유형 및 기준 등에 관하여 필요한 사항은 대통령령으로 정한다.
(2013.4.5 본조개정)

제34조【자격취득자의 정보관리】 ① 자격제도의 효율적 운영과 자격취득자의 권익보호 등을 위하여 국가자격관리자 및 공인자격관리자는 해당 국가자격 및 공인자격을 취득한 자에 관한 자격정보를 체계화하여 관리하여야 한다.

② 공인자격관리자는 제1항에 따라 관리하는 정보를 주기적으로 주무부장관에게 제출하여야 한다.

③ 제1항에 따라 자격정보를 관리하거나 관리하였던 자는 그 업무상 알게 된 개인의 자격정보를 누설하거나 다른 사람의 이용에 제공하는 등 부당한 목적을 위하여 자격정보를 사용하여서는 아니 된다.

④ 제1항에 따라 관리하여야 하는 정보의 내용 및 활용 등 세부적인 사항은 대통령령으로 정한다.

제35조【보수교육】 국가자격관리자 및 공인자격관리자는 해당 국가자격 및 공인자격을 취득한 자의 직무능력의 유지·발전을 위하여 필요한 경우 보수교육을 실시할 수 있다.

제36조【청문】 주무부장관은 다음 각 호의 어느 하나에 해당하는 처분을 하려는 경우에는 청문을 실시하여야 한다.(2013.4.5 본문개정)

1. 제18조제3항제1항에 따른 등록자격의 등록취소 또는 자격검정등의 정지(2013.4.5 본호신설)
2. 제26조제1항에 따른 공인의 취소 또는 자격검정등의 정지(2013.4.5 본호신설)

제37조【수수료】 다음 각 호의 어느 하나에 해당하는 자는 대통령령 또는 국가자격관련법령으로 정하는 바에 따라 수수료를 납부하여야 한다.

1. 국가자격검정을 받고자 하는 자
2. 국가자격증을 교부 또는 재교부를 받고자 하는 자
3. 민간자격의 공인 또는 재공인을 받고자 하는 자
4. 그 밖에 자격과 관련되는 각종 증명서를 발급받고자 하는 자(2021.3.23 본호개정)

제38조【권한의 위임·위탁】 ① 교육부장관은 제4조에 따른 시책의 수립·시행을 위하여 필요한 조사·연구 업무를 대통령령으로 정하는 바에 따라 관계 전문기관에 위탁할 수 있다.(2013.3.23 본항개정)

② 주무부장관은 민간자격의 등록에 관한 권한을 대통령령으로 정하는 바에 따라 소속 기관의 장에게 위임하거나 교육부장관, 다른 행정기관의 장 또는 관계 전문기관에 위탁할 수 있다.(2013.4.5 본항신설)

③ 제2항에 따라 주무부장관의 권한을 위임 또는 위탁받은 소속 기관의 장, 교육부장관 및 다른 행정기관의 장은 그 권한의 일부를 관계 전문기관에 재위탁할 수 있다.(2013.4.5 본항신설)

④ 주무부장관은 민간자격의 공인에 관한 권한의 일부를 대통령령으로 정하는 바에 따라 소속 기관의 장에게 위임하거나 다른 행정기관의 장 또는 관계 전문기관에 위임 또는 위탁할 수 있다.(2013.4.5 본항개정)

⑤ 교육부장관 및 주무부장관은 제1항부터 제4항까지의 규정에 따라 권한을 위임·위탁한 경우 수임·수탁 기관에 관련 업무 수행에 필요한 재정적 지원을 할 수 있다.(2013.4.5 본항신설)

제39조【벌칙】 다음 각 호의 어느 하나에 해당하는 자는 3년 이하의 징역 또는 3천만원 이하의 벌금에 처한다. 다만, 제1호의 경우 국가자격관련법령에 처벌규정이 있는 경우에는 그 규정에 따른다.

1. 제17조제1항에서 금지하고 있는 민간자격을 신설하거나 관리·운영하는 자

1의2. 거짓이나 그 밖의 부정한 방법으로 제17조제2항에 따른 등록을 한 자(2013.4.5 본호신설)

1의3. 제17조제2항을 위반하여 민간자격을 등록하지 아니하고 이를 신설하여 관리·운영한 자(2013.4.5 본호신설)

2. 제22조제2항을 위반하여 공인받은 것으로 기재한 자격증을 교부한 자
3. 제26조제1항제2호에 따른 거짓이나 그 밖의 부정한 방법으로 공인을 받은 자
4. 제33조제2항을 위반하여 공인받지 아니한 민간자격을 공인받은 것으로 광고하거나 공인에 따른 효력이 있는 것으로 광고한 자
5. 제34조제3항을 위반하여 자격정보를 누설하거나 다른 사람의 이용에 제공하는 등 부당한 목적을 위하여 자격정보를 사용한 자

제40조【벌칙】 다음 각 호의 어느 하나에 해당하는 자는 1년 이하의 징역 또는 1천만원 이하의 벌금에 처한다. 다만, 국가자격관련법령에 처벌규정이 있는 경우에는 그 규정을 따른다.

1. 제14조를 위반하여 국가자격의 명칭과 동일한 명칭을 사용한 자
2. 제23조제4항을 위반하여 공인자격을 취득하지 아니하고 공인자격의 명칭과 동일한 명칭을 사용한 자
3. 제25조를 위반하여 주무부장관의 시정명령에 정당한 사유 없이 따르지 아니한 자
4. 제27조제2항을 위반하여 공인증서를 다른 사람에게 대여하거나 양도한 자 또는 대여 받거나 양도받은 자
5. 제31조제2항을 위반하여 취득한 자격을 다른 사람에게 대여한 자 또는 대여받은 자

제41조【벌칙】 제33조제1항을 위반하여 자격과 관련하여 표시사항을 표시하지 아니하거나 같은 조 제2항을 위반하여 거짓 또는 과장 광고를 한 자는 3천만원 이하의 벌금에 처한다. 다만, 다른 법령에 처벌규정이 있는 경우에는 그 규정에 따른다.(2013.4.5 본문개정)

제42조【양벌규정】 법인 또는 단체의 대표자나 법인·단체 또는 개인의 대리인, 사용인, 그 밖의 종업원이 그 법인·단체 또는 개인의 업무에 관하여 제39조, 제40조(제5호는 제외한다) 또는 제41조의 어느 하나의 위반행위를 하면 그 행위자를 벌하는 외에 그 법인·단체 또는 개인에게도 해당 조문의 벌금형을 과(科)한다. 다만, 법인·단체 또는 개인이 그 위반행위를 방지하기 위하여 해당 업무에 관하여 상당한 주의와 감독을 게을리하지 아니한 경우에는 그러하지 아니하다.(2021.3.23 본문개정)

부 칙

① **【시행일】** 이 법은 공포 후 6개월이 경과한 날부터 시행한다. 다만, 제5조와 제6조의 개정규정은 공포 후 1년이 경과한 날부터 시행한다.

② **【민간자격의 공인에 관한 경과조치】** 이 법 시행 당시 종전의 규정에 따라 민간자격의 공인을 받은 자는 이 법에 따라 민간자격의 공인을 받은 것으로 본다.

③ **【벌칙에 관한 경과조치】** 이 법 시행 전의 행위에 대한 벌칙의 적용에 있어서는 종전의 규정에 따른다.

④ **【다른 법률의 개정】** ※(해당 법령에 가제정리 하였음)

⑤ **【다른 법령과의 관계】** 이 법 시행 당시 다른 법령에서 종전의 「자격기본법」의 규정을 인용한 경우 이 법 가운데 그에 해당하는 규정이 있는 때에는 종전의 규정에 갈음하여 이 법의 해당 규정을 인용한 것으로 본다.

부 칙 (2013.4.5)

제1조【시행일】 이 법은 공포 후 6개월이 경과한 날부터 시행한다.

제2조【민간자격 등록에 관한 특례】 이 법 시행 당시 민간자격을 관리·운영하는 자로서 민간자격을 등록하지 아니한 자는 이 법 시행일부터 3개월 이내에 제17조제2항의 개정규정에 따라 주무부장관에게 등록하여야 한다.

제3조【민간자격 등록에 관한 경과조치】 이 법 시행 당시 종전의 규정에 따라 교육부장관이 지정하는 관계 전문기관 또는 단체에 민간자격을 등록한 자는 제17조제2항의 개정규정에 따라 주무부장관에게 등록한 것으로 본다.

부 칙 (2016.12.20)

제1조【시행일】 이 법은 공포 후 6개월이 경과한 날부터 시행한다.

제2조【금치산자 등에 대한 경과조치】 제18조제1호의 개정규정에 따른 피성년후견인 및 피한정후견인에는 법률 제10429호 민법 일부개정법률 부칙 제2조에 따라 금치산 또는 한정치산 선고의 효력이 유지되는 자를 포함하는 것으로 본다.

부 칙 (2019.4.23)

이 법은 공포 후 6개월이 경과한 날부터 시행한다.

부 칙 (2021.3.23)

이 법은 공포한 날부터 시행한다.(이하 생략)

부 칙 (2021.8.17)

제1조【시행일】 이 법은 공포 후 6개월이 경과한 날부터 시행한다.(이하 생략)

부 칙 (2022.12.27)

이 법은 공포 후 6개월이 경과한 날부터 시행한다.

학술진흥법

(2011년 7월 21일 전부개정법률 제10877호)

개정
2013. 3.23법11690호(정부조직)
2015.12.22법13577호
2016. 2. 3법13949호
2016. 5.29법14163호
2020.12.22법17669호
2021. 3.23법17954호(법률용어정비)

제1조【목적】 이 법은 학술진흥에 필요한 사항을 정하여 학술과 관련된 다양한 활동을 지원·관리하고 학술기반을 강화하며 학문의 균형적인 발전을 유도하고 새로운 지식 창출에 이바지함을 목적으로 한다.

제2조【정의】 이 법에서 사용하는 용어의 뜻은 다음과 같다.

1. "학술"이란 학문의 이론과 방법을 탐구하여 지식을 생산·발전시키고, 그 생산·발전된 지식을 발표하며 전달하는 학문의 모든 분야 및 과정을 말한다.
2. "대학"이란 다음 각 목의 어느 하나에 해당하는 기관을 말한다.
   가. 「고등교육법」 제2조 각 호에 따른 학교, 이와 같은 수준 이상의 학교로서 다른 법령에 따라 설치된 학교 및 그 부설연구소
   나. 「평생교육법」 제31조제4항에 따라 전문대학 졸업자와 같은 수준의 학력·학위가 인정되는 평생교육시설
   다. 그 밖에 다른 법률에 따라 법인으로 설치된 대학병원 또는 대학치과병원 및 그 부설연구소
3. "연구기관"이란 다음 각 목의 어느 하나에 해당하는 기관을 말한다.
   가. 국공립 연구기관
   나. 「정부출연연구기관 등의 설립·운영 및 육성에 관한 법률」 또는 「과학기술분야 정부출연연구기관 등의 설립·운영 및 육성에 관한 법률」에 따라 설립된 연구기관
   다. 「특정연구기관 육성법」 제2조에 따른 연구기관 또는 그 밖의 특별법에 따라 설립된 연구기관
   라. 그 밖에 연구 인력·시설 등이 대통령령으로 정하는 기준에 해당하는 연구기관
4. "학술단체"란 다음 각 목의 어느 하나에 해당하는 법인 또는 단체를 말한다.
   가. 「공익법인의 설립·운영에 관한 법률」 또는 「민법」에 따라 설립된 법인 중 학술활동을 목적으로 하는 법인
   나. 「비영리민간단체 지원법」에 따라 등록된 단체 중 학술활동을 목적으로 하는 단체
   다. 그 밖에 학술활동을 목적으로 하는 비영리단체 중 교육부장관이 이 법에 따라 추진하는 사업의 지원 대상으로 인정한 단체(2013.3.23 본목개정)
5. "연구자"란 다음 각 목의 어느 하나에 해당하는 사람을 말한다.
   가. 「고등교육법」 제14조제2항에 따른 교원 및 같은 법 제17조에 따른 겸임교원
   나. 「평생교육법」 제31조에 따른 학교형태의 평생교육시설 교원, 같은 법 제32조에 따른 사내대학(社內大學)형태의 평생교육시설 교원 및 같은 법 제33조에 따른 원격대학형태의 평생교육시설 교원
   다. 제2호가목 및 다목의 부설연구소 및 제3호의 연구기관에 소속된 연구원
   라. 「대한민국학술원법」 제13조 및 「대한민국예술원법」 제12조에 따라 학술활동 또는 예술창작활동의 지원을 받는 과학자 및 예술가
   마. 국내외의 대학·연구기관에 소속되어 연수 중인 박사학위를 소지한 사람
   바. 대학·연구기관에 상응하는 외국의 대학·연구기관에 소속된 교원 및 연구원

사. 그 밖에 교육부장관이 이 법에 따라 추진하는 사업의 지원 대상으로 특별히 인정한 사람(2013.3.23 본목개정)

제3조【정부의 책무】 정부는 학술수준을 향상시키고 건전한 학술풍토를 조성하며, 학술활동의 성과가 적극적으로 활용될 수 있도록 다양한 정책을 추진하고 지원하여야 한다.

제4조【학술진흥정책의 수립 등】 교육부장관은 학술진흥을 위하여 다음 각 호의 사항에 관한 정부의 정책을 수립하고, 이에 수반되는 업무를 수행하며 조정·관리한다.(2013.3.23 본문개정)

1. 학술진흥을 위한 정책의 기본방향
2. 학술진흥을 위한 투자 및 재원 확보
3. 학술진흥을 위한 연구자 지원
4. 학술진흥을 위한 학술활동 지원
5. 학술진흥을 위한 학술 교류 및 협력 촉진
6. 학술진흥을 위한 기반 구축 및 관리
7. 학술진흥을 위한 제도와 법령의 개선
8. 그 밖에 학술진흥을 위한 환경 조성

제5조【학술지원사업의 추진 등】 ① 교육부장관은 제4조에 따른 정책 및 업무를 수행하기 위하여 학술진흥을 위한 사업을 개발하고 추진한다.(2013.3.23 본항개정)

② 교육부장관은 제1항에 따른 사업을 효과적으로 추진하기 위하여 다음 각 호의 기관 또는 단체에 그 사업의 전부 또는 일부를 위탁하고 그에 필요한 비용을 출연금(出捐金)으로 지급할 수 있다.(2013.3.23 본문개정)

1. 제2조제2호부터 제4호까지의 기관 또는 단체
2. 「대한민국학술원법」에 따라 설치된 대한민국학술원
3. 「한국고전번역원법」에 따라 설치된 한국고전번역원
4. 「한국교육학술정보원법」에 따라 설립된 한국교육학술정보원
5. 「한국연구재단법」에 따라 설립된 한국연구재단
6. 「한국학중앙연구원 육성법」에 따른 한국학중앙연구원
7. 「한국대학교육협의회법」에 따라 설치된 한국대학교육협의회
8. 「한국전문대학교육협의회법」에 따라 설치된 한국전문대학교육협의회

③ 제1항에 따른 학술지원사업의 추진과 제2항에 따른 출연금 지급에 필요한 사항은 대통령령으로 정한다.

제6조【학술지원 대상자의 선정 등】 ① 교육부장관은 제5조제1항에 따른 학술지원사업을 추진하기 위하여 대학·연구기관·학술단체(이하 "대학등"이라 한다) 또는 연구자 중 학술지원 대상자를 선정하여 학술활동을 수행하게 할 수 있다.(2013.3.23 본항개정)

② 교육부장관은 제1항에 따른 학술지원 대상자에게 학술활동을 수행하기 위한 학술지원 사업비(이하 "사업비"라 한다)를 지원하고, 필요한 경우 협약을 체결할 수 있다.(2013.3.23 본항개정)

③ 제1항에 따라 학술지원 대상자로 결정된 연구자 또는 대학등은 학술활동을 성실히 수행하여야 하고, 그 결과를 교육부장관에게 보고하여야 한다. 이 경우 교육부장관은 연구자 또는 대학등으로부터 보고받은 결과를 평가하고, 그 평가 결과를 추후 학술지원 대상자 선정에 참고할 수 있다.(2013.3.23 본항개정)

④ 제1항에 따른 학술지원 대상자의 선정, 제2항에 따른 사업비의 지원, 협약의 체결 및 제3항에 따른 결과의 보고·평가에 필요한 사항은 대통령령으로 정한다.

제7조【학문후속세대의 육성】 교육부장관은 대학생, 대학원생, 관련 기술 및 지식을 가진 사람 또는 산업체 근무자 등이 연구자의 학술활동에 적극 참여하고 활용될 수 있도록 노력하며, 우수 연구자로 성장할 수 있도록 지원하고 필요한 조치를 하여야 한다.(2013.3.23 본조개정)

제8조【학술 교류와 협력활동】 ① 교육부장관은 국내외 연구자, 대학등 및 국제기구 상호간 다양한 학술 교류와 협력활동을 촉진하고 장려하여야 한다.(2013.3.23 본항개정)

② 교육부장관은 제1항에 따른 학술 교류와 협력활동을 위한 계획 또는 정책 수립 시 외국정부, 외국의 대학등 및 국제기구와의 학술 교류와 협력활동에 필요한 사항은 관계 중앙행정기관의 장과 협의한다.(2013.3.23 본항개정)

③ 제1항에 따른 학술 교류와 협력활동의 촉진에 필요한 사항은 대통령령으로 정한다.

제9조【학술단체활동의 육성】 ① 교육부장관은 학술대회 개최 및 학술지 발간 지원, 우수 학술지 발굴·육성을 위한 학술지 평가 등을 통하여 학술단체활동을 촉진하고 장려하여야 한다.

② 교육부장관은 제1항에 따른 학술단체활동을 촉진하고 장려하기 위하여 학술단체의 활동과 관련된 정보를 수집·관리할 수 있다.

(2013.3.23 본조개정)

제10조【연구기자재 등의 확충】 ① 교육부장관은 대학등이 학술활동에 필요한 각종 연구기자재 및 연구시설 등을 확충할 수 있도록 지원할 수 있으며, 그 연구기자재 및 연구시설이 적극 활용되도록 노력하여야 한다.

(2013.3.23 본항개정)

② 대학등은 연구기자재와 연구시설 등을 연구자 또는 대학등이 활용할 수 있도록 적극 협조하여야 한다.

제11조【학술자원관리기관의 육성】 ① 교육부장관은 대학등에 설치·운영되는 자료실과 도서관 등의 학술자원관리기관을 육성하기 위하여 학술자료의 축적·활용 및 서비스 개선 등을 지원할 수 있으며, 그 학술자원관리기관이 적극 활용되도록 노력하여야 한다.(2013.3.23 본항개정)

② 대학등은 다른 대학등에 소속된 연구자 및 대학생·대학원생 등이 학술자원관리기관의 자료를 활용할 수 있도록 적극 협조하여야 한다.

제12조【학술표준분류체계의 확립】 ① 교육부장관은 학술 관련 인력, 정보, 사업 등을 효율적으로 관리할 수 있도록 관계 중앙행정기관의 장과 협의하여 학술표준분류체계를 세우고 학술표준분류표를 작성할 수 있다.

(2013.3.23 본항개정)

② 정부는 제1항에 따른 학술표준분류표를 널리 활용하도록 노력하여야 한다.

③ 교육부장관은 학문 분야별 전담기관을 지정하여 학술표준분류표를 지속적으로 보완하고 발전시키도록 하고, 그 운영에 필요한 경비를 지원할 수 있다.(2013.3.23 본항개정)

④ 제1항에 따른 학술표준분류표의 작성, 제3항에 따른 전담기관의 지정과 지정취소에 필요한 사항은 대통령령으로 정한다.

제13조【학술실태조사】 ① 교육부장관은 학술진흥을 위한 정책을 수립·추진하기 위하여 각 분야별 학술 수준 및 동향, 연구자 현황, 학술지 현황, 대학등의 기관별 연구성과와 사업비 실적, 사업비 관리 현황 등 학술활동에 관한 실태조사 및 분석(이하 "학술실태조사"라 한다)을 5년마다 실시하고 그 결과를 공표하여야 한다.(2015.12.22 본항개정)

② 교육부장관은 제1항에 따른 학술실태조사를 위하여 필요한 경우 관계 중앙행정기관·지방자치단체 및 공공기관, 그 밖의 관련 법인 또는 단체에 필요한 자료 제출을 요청할 수 있다. 이 경우 요청을 받은 자는 정당한 사유가 없으면 이에 협조하여야 한다.(2015.12.22 본항개정)

③ 교육부장관은 학술실태조사의 결과를 관계 행정기관, 지방자치단체, 공공단체 및 대학등에 배포하여 학술활동 또는 관련 업무의 수행에 활용할 수 있도록 한다.

④ 제1항에 따른 학술실태조사의 방법 등 필요한 사항은 교육부령으로 정한다.(2015.12.22 본항신설)

(2013.3.23 본조개정)

제14조【학술정보의 축적 등】 ① 교육부장관은 학술 관련 자료를 효율적으로 관리하기 위하여 연구자 정보 및 업적, 연구 성과 및 평가, 학술실태조사 자료 등의 학술정보를 축적·관리할 수 있다.(2013.3.23 본항개정)

② 교육부장관은 제1항에 따라 축적된 학술정보를 공유하여 연구자 및 대학등의 학술활동과 관련 업무에 활용될 수 있도록 정보시스템을 구축하여 운영할 수 있다.

(2013.3.23 본항개정)

③ 교육부장관은 제1항에 따른 학술정보의 체계적인 축적·관리 및 효과적인 유통·활용을 위하여 전문관리기관 및 협력기관을 지정하고 예산의 범위에서 그 운영에 필요한 경비를 지원할 수 있다.(2013.3.23 본항개정)

④ 교육부장관은 학술정보의 활용을 활성화하기 위하여 관계 행정기관, 지방자치단체, 공공단체 및 대학등에 필요한 자료 제출을 요청할 수 있다.(2013.3.23 본항개정)

⑤ 제3항에 따른 전문관리기관과 협력기관의 지정과 지정취소에 필요한 사항은 대통령령으로 정한다.

제15조【연구윤리의 확보】 ① 올바른 연구윤리 확보를 위하여 연구자 및 대학등은 다음 각 호의 연구부정행위(이하 "연구부정행위"라 한다)를 하여서는 아니 된다.

1. 연구자료 또는 연구결과를 위조·변조·표절하거나 저자를 부당하게 표시하는 행위
2. 그 밖에 연구활동의 건전성을 저해하는 행위로서 대통령령으로 정하는 행위

(2020.12.22 본항신설)

② 교육부장관은 학술진흥을 방해하는 연구자의 연구부정행위를 방지하고 건전한 학술연구의 분위기가 조성될 수 있도록 연구윤리 확보를 위한 지침(이하 "연구윤리지침"이라 한다)을 마련하는 등 연구윤리 확보를 위한 시책을 세우고 추진하여야 한다.(2021.3.23 본항개정)

③ 교육부장관은 제2항의 연구윤리 확보를 위한 시책을 효율적으로 추진하기 위하여 대학등의 활동에 필요한 경비의 일부 또는 전부를 지원할 수 있다.(2020.12.22 본항개정)

④ 대학등은 연구윤리지침에 따라 연구부정행위의 방지 및 검증을 위한 자체 연구윤리규정을 마련하여 시행하는 등 필요한 조치를 하여야 한다.(2020.12.22 본항개정)

⑤ 제2항에 따른 연구윤리지침의 작성, 제3항에 따른 정부의 지원 및 제4항에 따른 대학등의 조치에 필요한 사항은 대통령령으로 정한다.(2020.12.22 본항개정)

제16조【학술 성과의 활용】 교육부장관은 연구 결과에 대한 지식재산권의 취득 등 학술 성과를 효율적으로 활용할 수 있도록 관리 및 지원을 하여야 한다.

(2013.3.23 본조개정)

제17조【사업비의 사용 및 관리】 ① 연구자와 대학등의 장은 지원받은 사업비를 지원 목적 및 용도에 맞게 사용하여야 하며, 대학등의 장은 사업비를 별도의 계정을 설정하여 관리하여야 한다.

② 대학등의 장은 지원받은 모든 사업비의 관리를 전담하는 부서를 지정하거나 설치하고, 그 운영에 필요한 조치를 하여야 한다.

③ 제2항에 따른 사업비의 관리에 필요한 사항은 대통령령으로 정한다.

제18조【사업비에 대한 조사】 ① 교육부장관은 사업비를 지원받은 연구자 및 대학등이 법령을 위반하였다고 의심할 만한 사유가 있으면 업무 처리상황을 보고하게 하거나 자료의 제출요구 등 필요한 조사를 할 수 있다. 이 경우 「공인회계사법」에 따른 공인회계사 또는 회계법인에 의뢰하여 관련 서류를 검토하게 할 수 있다.

(2013.3.23 전단개정)

② 제1항에 따른 조사를 실시할 때에는 조사의 일시, 이유 및 내용 등을 포함한 조사계획을 조사 대상자에게 알려야 한다. 다만, 사전 통지를 하면 증거 인멸 등으로 조사의 목적을 달성할 수 없다고 인정하는 경우에는 그러하지 아니한다.

제19조【사업비의 지급 중지 등】 ① 교육부장관은 사업비를 지원받은 연구자 및 대학등이 다음 각 호의 어느 하나에 해당하는 경우에는 사업비 지급을 중지하고 지급한 사업비를 환수하여야 한다.(2013.3.23 본문개정)

1. 거짓이나 그 밖의 부정한 방법으로 제6조제1항에 따른 학술지원 대상자에 선정되거나 사업을 수행한 경우(2016.2.3 본호개정)
2. 정당한 사유 없이 연구의 수행을 포기한 경우
3. 연구부정행위를 한 경우(2020.12.22 본호신설)

② 교육부장관은 사업비를 지원받은 연구자 및 대학등이 다음 각 호의 어느 하나에 해당하는 경우에는 사업비 지급을 중지하거나 이미 지급한 사업비의 전부 또는 일부를 환수할 수 있다.(2013.3.23 본문개정)

1. 사업비를 용도 외에 사용한 경우
2. 제6조제2항에 따른 협약을 위반한 경우
3. 제6조제3항에 따른 결과보고를 하지 아니한 경우

③ 제1항 및 제2항에 따라 사업비를 환수할 때에는 국세 징수의 절차에 준하여 징수한다.

④ 제1항 및 제2항에 따른 사업비 환수의 구체적인 기준, 규모 등에 필요한 사항은 대통령령으로 정한다.

(2016.5.29 본항신설)

제20조【학술지원 대상자 선정 제외】 ① 교육부장관은 연구자나 대학등이 제19조제1항 각 호 또는 제2항 각 호의 어느 하나에 해당하여 사업비 지급이 중지되거나 지급한 사업비의 전부 또는 일부가 환수된 경우에는 대통령령으로 정하는 바에 따라 1년 이상 10년 이하의 범위에서 제6조제1항에 따른 학술지원 대상자 선정에서 제외하여야 한다.(2020.12.22 본항개정)

② 교육부장관은 제1항에 따라 학술지원 대상자 선정을 제한하는 경우에는 그 제한을 한 날부터 15일 이내에 연구자 및 연구자가 소속된 대학등의 장과 관계 중앙행정기관의 장에게 그 제한 사실 및 사유를 통보하여야 한다.

(2013.3.23 본조개정)

제20조의2【제재부가금의 부과·징수】 ① 교육부장관은 제19조제2항제1호에 해당하는 행위가 있을 때에는 연구자나 대학등에 대하여 그 연구용도 외의 용도로 사용한 금액의 5배 이내의 범위에서 제재부가금을 부과·징수한다. 다만, 다음 각 호의 어느 하나에 해당하는 경우에는 제재부가금을 부과하지 아니할 수 있다.

1. 사업비를 불가피하게 연구용도 외의 용도로 사용하였으나, 용도 외로 사용한 사업비를 지체 없이 원상에 회복한 경우로서 대통령령으로 정하는 경우
2. 그 밖에 위반행위에 대하여 제재부가금을 부과할 실익이 크지 아니한 것으로 인정되는 경우로서 대통령령으로 정하는 경우

② 교육부장관은 제1항에 따른 제재부가금의 부과·징수에 관하여 필요하다고 인정하는 때에는 연구자나 대학등을 대상으로 출석, 진술 및 자료의 제출 등을 요구하거나 현장실태조사를 할 수 있다. 이 경우 요청을 받은 해당 연구자나 대학등은 정당한 사유가 없으면 이에 따라야 한다.

③ 교육부장관은 제1항에 따른 제재부가금 부과처분을 받은 자가 제재부가금을 기한까지 납부하지 아니하면 대통령령으로 정하는 바에 따라 가산금을 징수한다.

④ 교육부장관은 제1항에 따른 제재부가금 부과처분을 받은 자가 제재부가금을 기한까지 납부하지 아니하면 기간을 정하여 독촉을 하고, 그 지정된 기간에 제재부가금과 제3항에 따른 가산금을 내지 아니하면 국세 체납처분의 예에 따라 징수한다.

⑤ 그 밖에 제재부가금을 부과하는 위반행위의 종류·정도 등에 따른 제재부가금의 금액 등에 필요한 사항은 대통령령으로 정한다.

(2016.2.3 본조신설)

제21조【이의신청】 ① 이 법에 따른 처분에 이의가 있는 자는 그 처분을 받은 날부터 30일 이내에 대통령령으로 정하는 바에 따라 교육부장관에게 이의신청을 할 수 있다.

② 제1항에 따른 이의신청을 받은 교육부장관은 30일 이내에 이의신청에 대하여 결정하고 신청인에게 지체 없이 그 결과를 통보하여야 한다.

(2013.3.23 본조개정)

제22조【시상】 정부는 학술활동에 관한 업적이 탁월하거나 학술진흥에 기여한 공로가 뚜렷한 자에게 상(賞)을 줄 수 있다.

제23조【과태료】 ① 다음 각 호의 어느 하나에 해당하는 자에게는 1천만원 이하의 과태료를 부과한다.
1. 제18조제1항에 따른 보고를 거부 또는 기피하거나 거짓으로 보고한 경우
2. 제18조제1항에 따른 자료 제출을 거부 또는 기피하거나 거짓 자료를 제출한 경우
3. 제18조제1항에 따른 조사를 거부·방해 또는 기피한 경우
4. 제20조의2제2항에 따른 출석·진술·자료제출 요구에 따르지 아니하거나 거짓으로 진술 또는 자료를 제출한 경우(2016.2.3 본호신설)
5. 제20조의2제2항에 따른 현장실태조사를 거부, 방해하거나 기피한 경우(2016.2.3 본호신설)

② 제1항에 따른 과태료는 교육부장관이 부과·징수한다.(2013.3.23 본항개정)

부 칙

제1조【시행일】 이 법은 공포 후 6개월이 경과한 날부터 시행한다.

제2조【경과조치】 이 법 시행 당시 종전의 「학술진흥 및 학자금대출 신용보증 등에 관한 법률」 제12조의2에 따라 출연금을 받은 기관 또는 단체는 이 법에 따라 출연금을 받은 것으로 본다.

제3조【다른 법령과의 관계】 이 법 시행 당시 다른 법령에서 종전의 「학술진흥 및 학자금대출 신용보증 등에 관한 법률」 또는 그 규정을 인용하고 있는 경우 이 법 중 그에 해당하는 규정이 있으면 종전의 규정을 갈음하여 이 법 또는 이 법의 해당 규정을 인용한 것으로 본다.

부 칙 (2016.2.3)

제1조【시행일】 이 법은 공포 후 6개월이 경과한 날부터 시행한다.

제2조【제재부가금에 관한 적용례】 제20조의2의 개정규정은 이 법 시행 후 최초로 학술지원 대상자로 선정된 경우부터 적용한다.

부 칙 (2016.5.29)

이 법은 공포 후 6개월이 경과한 날부터 시행한다.

부 칙 (2020.12.22)

제1조【시행일】 이 법은 공포 후 6개월이 경과한 날부터 시행한다.

제2조【사업비의 지급 중지 등에 관한 적용례】 제19조제1항의 개정규정은 이 법 시행 이후 학술지원 대상자로 선정된 경우부터 적용한다.

제3조【학술지원대상자 선정 제외에 관한 적용례】 제20조제1항의 개정규정은 이 법 시행 이후 학술지원 대상자로 선정된 경우부터 적용한다.

부 칙 (2021.3.23)

이 법은 2021년 6월 23일부터 시행한다.

장애인 등에 대한 특수교육법

(약칭 : 특수교육법)

(2007년 5월 25일
법 률 제8483호)

개정
2008. 2.29법 8852호(정부조직)
2010. 6. 4법10339호(정부조직)
2011. 6. 7법10789호(영유아보육법)
2011. 7.21법10876호
2012. 3.21법11382호(유아교육법)
2012. 3.21법11384호(초중교육)
2013. 3.23법11690호(정부조직)
2013. 4. 5법11723호 2013.12.30법12127호
2015.12.22법13575호 2016. 2. 3법13941호
2016. 2. 3법13978호(한국수화언어법)
2016. 5.29법14156호
2016. 5.29법14160호(평생교육)
2017.12.19법15234호 2018. 2.21법15367호
2019.12.10법16746호 2020.10.20법17494호
2021. 3.23법17954호(법률용어정비)
2021. 7.20법18298호(국가교육위원회설치및운영에관한법)
2021.12.28법18637호 2022.10.18법18992호

제1장 총 칙

제1조【목적】 이 법은 「교육기본법」 제18조에 따라 국가 및 지방자치단체가 장애인 및 특별한 교육적 요구가 있는 사람에게 통합된 교육환경을 제공하고 생애주기에 따라 장애유형·장애정도의 특성을 고려한 교육을 실시하여 이들이 자아실현과 사회통합을 하는데 기여함을 목적으로 한다.

제2조【정의】 이 법에서 사용하는 용어의 정의는 다음과 같다.
1. "특수교육"이란 특수교육대상자의 교육적 요구를 충족시키기 위하여 특성에 적합한 교육과정 및 제2조에 따른 특수교육 관련서비스 제공을 통하여 이루어지는 교육을 말한다.
2. "특수교육 관련서비스"란 특수교육대상자의 교육을 효율적으로 실시하기 위하여 필요한 인적·물적 자원을 제공하는 서비스로서 상담지원·가족지원·치료지원·지원인력배치·보조공학기기지원·학습보조기기지원·통학지원 및 정보접근지원 등을 말한다.(2021.12.28 본호개정)
3. "특수교육대상자"란 제15조에 따라 특수교육이 필요한 사람으로 선정된 사람을 말한다.(2021.3.23 본호개정)
4. "특수교육교원"이란 「초·중등교육법」 제2조제4호에 따른 특수학교 교원자격증을 가진 사람으로서 특수교육대상자의 교육을 담당하는 교원을 말한다.(2021.3.23 본호개정)
5. "보호자"란 친권자·후견인, 그 밖의 사람으로서 특수교육대상자를 사실상 보호하는 사람을 말한다.
6. "통합교육"이란 특수교육대상자가 일반학교에서 장애유형·장애정도에 따라 차별을 받지 아니하고 또래와 함께 개개인의 교육적 요구에 적합한 교육을 받는 것을 말한다.
7. "개별화교육"이란 각급학교의 장이 특수교육대상자 개인의 능력을 계발하기 위하여 장애유형 및 장애특성에 적합한 교육목표·교육방법·교육내용·특수교육 관련서비스 등이 포함된 계획을 수립하여 실시하는 교육을 말한다.
8. "순회교육"이란 특수교육교원 및 특수교육 관련서비스 담당 인력이 각급학교나 의료기관, 가정 또는 복지시설(장애인복지시설, 아동복지시설 등을 말한다. 이하 같다) 등에 있는 특수교육대상자를 직접 방문하여 실시하는 교육을 말한다.
9. "진로 및 직업교육"이란 특수교육대상자의 학교에서 사회 등으로의 원활한 이동을 위하여 관련 기관의 협력을 통하여 직업재활훈련·자립생활훈련 등을 실시하는 것을 말한다.
10. "특수교육기관"이란 특수교육대상자에게 유치원·초등학교·중학교 또는 고등학교(전공과를 포함한다. 이하 같다)의 과정을 교육하는 특수학교 및 특수학급을 말한다.
11. "특수학급"이란 특수교육대상자의 통합교육을 실시하기 위하여 일반학교에 설치된 학급을 말한다.
12. "각급학교"란 「유아교육법」 제2조제2호에 따른 유치원 및 「초·중등교육법」 제2조에 따른 학교를 말한다.

제3조【의무교육 등】 ① 특수교육대상자에 대하여는 「교육기본법」 제8조에도 불구하고 유치원·초등학교·중학교 및 고등학교 과정의 교육은 의무교육으로 하고, 제24조에 따른 전공과와 만 3세 미만의 장애영아교육은 무상으로 한다.

② 만 3세부터 만 17세까지의 특수교육대상자는 제1항에 따른 의무교육을 받을 권리를 가진다. 다만, 출석일수의 부족 등으로 인하여 진급 또는 졸업을 하지 못하거나, 제19조제3항에 따라 취학의무를 유예하거나 면제받은 사람이 다시 취학할 때의 그 학년이 취학의무를 면제 또는 유예받지 아니하고 계속 취학하였을 때의 학년과 차이가 있는 경우에는 그 해당 연수(年數)를 더한 연령까지 의무교육을 받을 권리를 가진다.(2021.3.23 단서개정)

③ 제1항에 따른 의무교육 및 무상교육에 드는 비용은 대통령령으로 정하는 바에 따라 국가 또는 지방자치단체가 부담한다.

제4조【차별의 금지】 ① 각급학교의 장 또는 대학(「고등교육법」 제2조에 따른 학교를 말한다. 이하 같다)의 장은 특수교육대상자가 그 학교에 입학하고자 하는 경우에는 그가 지닌 장애를 이유로 입학의 지원을 거부하거나 입학전형 합격자의 입학을 거부하는 등 교육 기회의 부여에서 차별을 하여서는 아니 된다.(2021.3.23 본항개정)

② 국가, 지방자치단체, 각급학교의 장 또는 대학의 장은 다음 각 호의 사항에 관하여 장애인의 특성을 고려한 교육시행을 목적으로 함이 명백한 경우 외에는 특수교육대상자 및 보호자를 차별하여서는 아니 된다.
1. 제28조에 따른 특수교육 관련서비스 제공에서의 차별
2. 수업, 학생자치활동, 그 밖의 교내외 활동에 대한 참여 배제(2018.2.21 본호개정)
3. 개별화교육지원팀에의 참여 등 보호자 참여에서의 차별
4. 대학의 입학전형절차에서 장애로 인하여 필요한 수험편의의 내용을 조사·확인하기 위한 경우 외에 별도의 면접이나 신체검사를 요구하는 등 입학전형 과정에서의 차별
5. 입학·전학 및 기숙사 입소 과정에서 비장애학생에게 요구하지 아니하는 보증인 또는 서약서 제출을 요구(2018.2.21 본호신설)
6. 학생 생활지도에서의 「장애인차별금지 및 권리구제 등에 관한 법률」 제4조의 차별(2018.2.21 본호신설)

제2장 국가 및 지방자치단체의 임무

제5조【국가 및 지방자치단체의 임무】 ① 국가 및 지방자치단체는 특수교육대상자에게 적절한 교육을 제공하기 위하여 다음 각 호의 업무를 수행하여야 한다.
1. 장애인에 대한 특수교육종합계획의 수립
2. 특수교육대상자의 조기발견
3. 특수교육대상자의 취학지도
4. 특수교육의 내용, 방법 및 지원체제의 연구·개선
5. 특수교육교원의 양성 및 연수
6. 특수교육기관 배치계획의 수립(2017.12.19 본호개정)
7. 특수교육기관의 설치·운영 및 시설·설비의 확충·정비
8. 특수교육에 필요한 교재·교구의 연구·개발 및 보급
9. 특수교육대상자에 대한 진로 및 직업교육 방안의 강구
10. 장애인에 대한 고등교육 방안의 강구(2016.5.29 본호개정)
11. 특수교육대상자에 대한 특수교육 관련서비스 지원 방안의 강구
12. 그 밖에 특수교육의 발전을 위하여 필요하다고 인정하는 사항

② 국가 및 지방자치단체는 제1항의 업무를 수행하는데 드는 경비를 예산의 범위 안에서 우선적으로 지급하여야 한다.

③ 국가는 제1항의 업무 추진이 부진하거나 제2항의 예산조치가 부족하다고 인정되는 지방자치단체에 대하여는 예산의 확충 등 필요한 조치를 하도록 권고하여야 한다.

④ 교육부장관은 제1항의 업무를 효율적으로 수행하기 위하여 문화체육관광부장관·보건복지부장관·고용노동부장관·여성가족부장관 등 관계 중앙행정기관 간에 협조체제를 구축하여야 한다.(2016.2.3 본항개정)

제6조【특수교육기관의 설립 및 위탁교육】 ① 국가 및 지방자치단체는 특수교육대상자의 취학편의를 고려하여 특수교육기관을 지역별 및 장애영역별로 균형 있게 설치·운영하여야 한다.

② 국가 및 지방자치단체는 국립 또는 공립의 특수교육기관이 부족하거나 특수교육대상자의 의무교육 또는 무상교육을 위하여 필요한 경우에는 사립의 특수교육기관에 그 교육을 위탁할 수 있다.

③ 제2항에 따라 특수교육을 위탁한 경우에는 해당 특수교육기관의 교육여건이 국립 또는 공립 특수교육기관의 수준에 미달하지 아니하도록 지원하여야 한다.

④ 제2항에 따른 위탁교육·제3항에 따른 지원 또는 비용부담 등에 관하여 필요한 사항은 대통령령으로 정한다.

제7조【위탁교육기관의 변경신청】 ① 제6조제2항에 따라 교육을 위탁받은 사립의 특수교육기관에 취학하고 있는 특수교육대상자 또는 그의 보호자는 해당 특수교육기관의 교육활동이 매우 불량하거나 특수교육대상자의 특성에 맞지 아니하여 특수교육대상자의 교육에 현저한 지장을 주고 있다고 판단되는 때에는 교육장 또는 교육감에게 그 사유를 구체적으로 명시하여 취학하고 있는 교육기관 외의 교육기관에 취학할 수 있도록 교육기관 변경을 신청할 수 있다.

② 제1항에 따른 변경신청을 받은 교육장 또는 교육감은 신청 접수일부터 30일 이내에 제10조제1항에 따른 시·군·구특수교육운영위원회 또는 시·도특수교육운영위원회를 열어 신청인·해당 학교의 장 등 이해관계인의 의견을 들은 후 변경 여부를 결정·통보하여야 한다.

제8조【교원의 자질향상】 ① 국가 및 지방자치단체는 특수교육교원의 자질향상을 위한 교육 및 연수를 정기적으로 실시하여야 한다.

② 국가 및 지방자치단체는 특수교육대상자의 통합교육을 지원하기 위하여 일반학교의 교원에 대하여 특수교육 관련 교육 및 연수를 정기적으로 실시하여야 한다.
③ 제1항과 제2항에 따른 교육 및 연수과정에는 특수교육대상자 인권의 존중에 관한 내용이 포함되어야 한다.
(2013.12.30 본항신설)
④ 제1항과 제2항에 따른 교육 및 연수에 필요한 사항은 대통령령으로 정한다.
제9조【특수교육대상자의 권리와 의무의 안내】 국가 및 지방자치단체는 제15조제1항 각 호의 장애를 가지고 있는 사람을 알게 되거나 제15조에 따라 특수교육대상자를 선정한 경우에는 2주일 이내에 보호자에게 해당 사실과 의무교육 또는 무상교육을 받을 권리 및 보호자의 권리·책임 등을 통보하여야 한다.(2021.3.23 본조개정)
제10조【특수교육운영위원회】 ① 제5조에 따른 국가 및 지방자치단체의 업무수행에 관한 주요 사항을 심의하기 위하여 교육부장관 소속으로 중앙특수교육운영위원회를, 교육감 소속으로 시·도특수교육운영위원회를, 교육장 소속으로 시·군·구특수교육운영위원회를 각각 둔다.
(2013.3.23 본항개정)
② 제1항에 따른 중앙특수교육운영위원회의 구성·운영 등에 관하여 필요한 사항은 대통령령으로, 시·도특수교육운영위원회 및 시·군·구특수교육운영위원회의 구성·운영 등에 관하여는 특별시·광역시·특별자치시·도 및 특별자치도(이하 "시·도"라 한다)의 교육규칙으로 각각 정한다.(2019.12.10 본항개정)
제11조【특수교육지원센터의 설치·운영】 ① 교육감은 특수교육대상자의 조기발견, 특수교육대상자의 진단·평가, 정보관리, 특수교육 연수, 교수·학습활동의 지원, 특수교육 관련서비스 지원, 순회교육 등을 담당하는 특수교육지원센터를 시·도 교육청 및 모든 하급교육행정기관에 설치·운영하여야 한다.
② 제1항에 따른 특수교육지원센터는 시·도 교육청, 하급교육행정기관이나 특수학교, 특수학급이 설치된 일반 초·중·고등학교 또는 관할 지역의 관공서(장애인복지관을 포함한다) 등 특수교육대상자를 비롯한 지역주민의 접근이 편리한 곳에 설치하여야 한다.
③ 특수교육지원센터의 설치·운영 등에 필요한 사항은 대통령령으로 정한다.
(2019.12.10 본조개정)
제12조【특수교육에 관한 연차보고서】 ① 교육부장관은 특수교육의 주요 현황과 정책에 관한 보고서를 매년 정기국회 개회 전까지 국회에 제출하여야 한다.
(2021.12.28 본항개정)
② 제1항에 따른 보고서에는 제13조제3항에 따른 특수교육대상자의 인권침해 실태조사 결과가 포함되어야 한다.
(2019.12.10 본항신설)
제13조【특수교육 실태조사】 ① 교육부장관은 특수교육대상자의 배치계획·특수교육교원의 수급계획 등 특수교육정책의 수립을 위한 실태조사를 3년마다 실시하고 그 결과를 공표하여야 한다.(2015.12.22 본항개정)
② 교육부장관은 대학에 취학하는 장애학생의 교육여건을 개선하기 위하여 장애학생의 교육복지 실태조사를 3년마다 실시하고 그 결과를 공표하여야 한다.(2022.10.18 본항개정)
③ 교육감은 특수교육대상자의 인권보호를 위하여 인권침해 실태에 관한 조사를 대통령령으로 정하는 바에 따라 매년 실시하여 그 결과를 교육부장관에게 보고하여야 한다.(2019.12.10 본항신설)
④ 교육부장관 및 교육감은 제1항부터 제3항까지의 규정에 따른 실태조사를 위하여 필요한 경우 관계 중앙행정기관의 장, 지방자치단체의 장 및 「공공기관의 운영에 관한 법률」에 따른 공공기관의 장, 대학의 장, 그 밖의 관련 법인 또는 단체의 장에 대하여 자료의 제출 또는 의견의 진술을 요청할 수 있다. 이 경우 요청을 받은 자는 정당한 사유가 없으면 이에 협조하여야 한다.(2019.12.10 본항개정)
⑤ 제1항부터 제3항까지의 규정에 따른 조사의 내용과 방법, 그 밖에 조사에 필요한 사항은 대통령령으로 정한다.(2019.12.10 본항개정)
제13조의2【인권침해 사건 신고시스템의 구축·운영 등】 ① 특수교육대상자에 대한 인권침해 현장을 보거나 그 사실을 알게 된 자는 학교 등 관계 기관에 이를 즉시 신고하여야 한다.
② 교육감은 특수교육대상자에 대한 인권침해 사건의 신속한 신고 및 발견을 위하여 신고시스템을 구축·운영하여야 한다.
③ 교육감은 제2항에 따른 신고시스템을 통하여 인권침해 사건을 접수한 때에는 소속 공무원으로 하여금 해당 인권침해 사건을 조사하게 할 수 있다. 이 경우 조사의 방법·절차 등은 대통령령으로 정한다.
④ 교육감은 제3항에 따른 인권침해 사건 조사 결과를 교육부장관에게 보고하여야 한다.
(2019.12.10 본조신설)

제3장 특수교육대상자의 선정 및 학교배치 등

제14조【장애의 조기발견 등】 ① 교육장 또는 교육감은 영유아의 장애 및 장애 가능성을 조기에 발견하기 위하여 지역주민과 관련 기관을 대상으로 홍보를 실시하고, 해당 지역 내 보건소와 병원 또는 의원(醫院)에서 선별검사를 무상으로 실시하여야 한다.
② 교육장 또는 교육감은 제1항에 따른 선별검사를 효율적으로 실시하기 위하여 지방자치단체 및 보건소와 병·의원 간에 긴밀한 협조체제를 구축하여야 한다.
③ 보호자 또는 각급학교의 장은 제15조제1항 각 호에 따른 장애를 가지고 있거나 장애를 가지고 있다고 의심되는 영유아 및 학생을 발견한 때에는 교육장 또는 교육감에게 진단·평가를 의뢰하여야 한다. 다만, 각급학교의 장이 진단·평가를 의뢰하는 경우에는 보호자의 사전 동의를 받아야 한다.
④ 교육장 또는 교육감은 제3항에 따라 진단·평가를 의뢰받은 경우 즉시 특수교육지원센터에 회부하여 진단·평가를 실시하고, 그 진단·평가의 결과를 해당 영유아 및 학생의 보호자에게 통보하여야 한다.
⑤ 제1항의 선별검사의 절차와 내용, 그 밖에 검사에 필요한 사항과 제3항의 사전 동의 절차 및 제4항에 따른 통보절차에 필요한 사항은 대통령령으로 정한다.
제15조【특수교육대상자의 선정】 ① 교육장 또는 교육감은 다음 각 호의 어느 하나에 해당하는 사람 중 특수교육이 필요한 사람으로 진단·평가된 사람을 특수교육대상자로 선정한다.(2021.3.23 본문개정)
1. 시각장애
2. 청각장애
3. 지적장애(2016.2.3 본호개정)
4. 지체장애
5. 정서·행동장애
6. 자폐성장애(이와 관련된 장애를 포함한다)
7. 의사소통장애
8. 학습장애
9. 건강장애
10. 발달지체
11. 그 밖에 두 가지 이상의 장애가 있는 경우 등 대통령령으로 정하는 장애(2021.12.28 본호개정)
② 교육장 또는 교육감이 제1항에 따라 특수교육대상자를 선정할 때에는 제16조제1항에 따른 진단·평가결과를 기초로 하여 고등학교 과정은 교육감이 시·도특수교육운영위원회의 심사를 거쳐, 중학교 과정 이하의 각급학교는 교육장이 시·군·구특수교육운영위원회의 심사를 거쳐 이를 결정한다.
제16조【특수교육대상자의 선정절차 및 교육지원 내용의 결정】 ① 특수교육지원센터는 진단·평가가 회부된 후 30일 이내에 진단·평가를 시행하여야 한다.
② 특수교육지원센터는 제1항에 따른 진단·평가를 통하여 특수교육대상자로의 선정 여부 및 필요한 교육지원 내용에 대한 최종의견을 작성하여 교육장 또는 교육감에게 보고하여야 한다.
③ 교육장 또는 교육감은 특수교육지원센터로부터 최종의견을 통지받은 때부터 2주일 이내에 특수교육대상자로의 선정 여부 및 제공할 교육지원 내용을 결정하여 부모 등 보호자에게 서면으로 통지하여야 한다. 교육지원 내용에는 특수교육, 진로 및 직업교육, 특수교육 관련서비스 등 구체적인 내용이 포함되어야 한다.
④ 제1항에 따른 진단·평가의 과정에서는 부모 등 보호자의 의견진술의 기회가 충분히 보장되어야 한다.
제17조【특수교육대상자의 배치 및 교육】 ① 교육장 또는 교육감은 제15조에 따라 특수교육대상자로 선정된 사람을 해당 특수교육운영위원회의 심사를 거쳐 다음 각 호의 어느 하나에 배치하여 교육하여야 한다.(2021.3.23 본문개정)
1. 일반학교의 일반학급
2. 일반학교의 특수학급
3. 특수학교
② 교육장 또는 교육감은 제1항에 따라 특수교육대상자를 배치할 때에는 특수교육대상자의 장애정도·능력·보호자의 의견 등을 종합적으로 판단하여 거주지에서 가장 가까운 곳에 배치하여야 한다.
③ 교육감이 관할 구역 내에 거주하는 특수교육대상자를 다른 시·도에 소재하는 각급학교 등에 배치하고자 할 때에는 해당 시·도 교육감(국립학교의 경우에는 해당 학교의 장을 말한다)과 협의하여야 한다.
④ 제3항에 따라 특수교육대상자의 배치를 요구받은 교육감 또는 국립학교의 장은 대통령령으로 정하는 특별한 사유가 없으면 그 요구를 따라야 한다.(2021.3.23 본항개정)
⑤ 제1항부터 제4항까지의 규정에 따른 특수교육대상자의 배치 등에 관하여 필요한 사항은 대통령령으로 정한다.

제4장 영유아 및 초·중등교육

제18조【장애영아의 교육지원】 ① 만 3세 미만의 장애영아의 보호자는 조기교육이 필요한 경우 교육장에게 교육을 요구할 수 있다.
② 제1항에 따른 요구를 받은 교육장은 특수교육지원센터의 진단·평가결과를 기초로 만 3세 미만의 장애영아를 특수학교의 유치원과정, 영아학급 또는 특수교육지원센터에 배치할 수 있다.
③ 제2항에 따라 배치된 장애영아가 의료기관, 복지시설 또는 가정 등에 있을 경우에는 특수교육교원 및 특수교육 관련서비스 담당 인력 등으로 하여금 순회교육을 제공하도록 할 수 있다.
④ 국가 및 지방자치단체는 장애영아를 위한 교육여건을 개선하고 설비를 정비하기 위하여 노력하여야 한다.
⑤ 그 밖에 장애영아의 교육지원에 필요한 사항은 대통령령으로 정한다.
제19조【보호자의 의무 등】 ① 특수교육대상자의 보호자는 그 보호하는 자녀에 대하여 제3조제1항에 따른 의무교육의 기회를 보호하고 존중하여야 한다.
② 부득이한 사유로 취학이 불가능한 의무교육대상자에 대하여는 대통령령으로 정하는 바에 따라 제1항에 따른 취학의무를 면제하거나 유예할 수 있다. 다만, 만 3세부터 만 5세까지의 특수교육대상자가 「영유아보육법」에 따라 설치된 어린이집 중 대통령령으로 정하는 일정한 교육요건을 갖춘 어린이집을 이용하는 경우에는 제1항에서 정하는 유치원 의무교육을 받고 있는 것으로 본다.
(2011.6.7 단서개정)
③ 제2항에 따라 취학의무를 면제 또는 유예 받은 사람이 다시 취학하고자 하는 경우에는 대통령령으로 정하는 바에 따라 취학하게 할 수 있다.(2021.3.23 본항개정)
제20조【교육과정의 운영 등】 ① 특수교육기관의 유치원·초등학교·중학교·고등학교과정의 교육과정은 장애의 유형 및 정도를 고려하여 국가교육위원회가 정하고, 영아교육과정과 전공과의 교육과정은 교육감의 승인을 받아 학교장이 정한다.(2021.7.20 본항개정)
② 특수교육기관의 장 및 특수교육대상자가 배치된 일반학교의 장은 제1항에 따른 교육과정의 범위 안에서 특수교육대상자 개인의 장애유형과 정도, 연령, 현재 및 미래의 교육요구 등을 고려하여 교육과정의 내용을 조정하여 운영할 수 있다.(2019.12.10 본항개정)
③ 특수학교의 장은 교육감의 승인을 받아 유치원·초등학교·중학교·고등학교과정을 통합하여 운영할 수 있다.
제21조【통합교육】 ① 각급학교의 장은 교육에 관한 각종 시책을 시행하는 경우 통합교육의 이념을 실현하기 위하여 노력하여야 한다.(2021.3.23 본항개정)
② 제17조에 따라 특수교육대상자를 배치받은 일반학교의 장은 교육과정의 조정, 지원인력의 배치, 학습보조기기의 지원, 교원연수 등을 포함한 통합교육계획을 수립·시행하여야 한다.(2021.12.28 본항개정)
③ 일반학교의 장은 제2항에 따라 통합교육을 실시하는 경우에는 제27조의 기준에 따라 특수학급을 설치·운영하고, 대통령령으로 정하는 시설·설비 및 교재·교구를 갖추어야 한다.
제22조【개별화교육】 ① 각급학교의 장은 특수교육대상자의 교육적 요구에 적합한 교육을 제공하기 위하여 보호자, 특수교육교원, 일반교육교원, 진로 및 직업교육 담당 교원, 특수교육 관련서비스 담당 인력 등으로 개별화교육지원팀을 구성한다.
② 개별화교육지원팀은 매 학기 마다 특수교육대상자에 대한 개별화교육계획을 작성하여야 한다.
③ 특수교육대상자가 다른 학교로 전학할 경우 또는 상급학교로 진학할 경우에는 전출학교는 전입학교에 개별화교육계획을 14일 이내에 송부하여야 한다.
④ 특수교육교원은 제1항부터 제3항까지의 규정에 따른 업무를 수행하기 위하여 각 업무를 지원하고 조정한다.
⑤ 제1항에 따른 개별화교육지원팀의 구성, 제2항에 따른 개별화교육계획의 수립·실시 등에 관하여 필요한 사항은 교육부령으로 정한다.(2013.3.23 본항개정)
제23조【진로 및 직업교육의 지원】 ① 중학교 과정 이상의 각급학교의 장은 특수교육대상자의 특성 및 요구에 따른 진로 및 직업교육을 지원하기 위하여 직업평가·직업교육·고용지원·사후관리 등의 직업재활훈련 및 일상생활적응훈련·사회적응훈련 등의 자립생활훈련을 실시하고, 대통령령으로 정하는 자격이 있는 진로 및 직업교육을 담당하는 전문인력을 두어야 한다.
② 중학교 과정 이상의 각급학교의 장은 대통령령으로 정하는 기준에 따라 진로 및 직업교육의 실시에 필요한 시설·설비를 마련하여야 한다.
③ 특수교육지원센터는 특수교육대상자에게 효과적인 진로 및 직업교육을 지원하기 위하여 대통령령으로 정하는 바에 따라 관련 기관과의 협의체를 구성하여야 한다.
제24조【전공과의 설치·운영】 ① 특수교육기관에는 고등학교 과정을 졸업한 특수교육대상자에게 진로 및 직업교육을 제공하기 위하여 수업연한 1년 이상의 전공과를 설치·운영할 수 있다.
② 교육부장관 및 교육감은 지역별 또는 장애유형별로 전공과를 설치할 교육기관을 지정할 수 있다.
(2013.3.23 본항개정)
③ 전공과를 설치한 각급학교는 「학점인정 등에 관한 법률」 제7조에 따라 학점인정을 받을 수 있다.
④ 제1항 및 제2항에 따른 전공과의 시설·설비 기준, 전공과의 운영 및 담당 인력의 배치 기준 등에 관하여 필요한 사항은 대통령령으로 정한다.
제25조【순회교육 등】 ① 교육장 또는 교육감은 일반학교에서 통합교육을 받고 있는 특수교육대상자를 지원하기 위하여 일반학교 및 특수교육지원센터에 특수교육교원 및 특수교육 관련서비스 담당 인력을 배치하여 순회교육을 실시하여야 한다.
② 교육부장관 또는 교육감은 장·단기 결석이 불가피한 특수교육대상자의 교육을 위하여 필요한 경우 순회교육 또는 원격수업을 실시하여야 한다.(2020.10.20 본항개정)

③ 교육부장관 또는 교육감은 이동이나 운동기능의 심한 장애로 인하여 각급학교에서 교육을 받기 곤란하거나 불가능하여 복지시설·의료기관 또는 가정 등에 거주하는 특수교육대상자의 교육을 위하여 필요한 경우 순회교육을 실시하여야 한다.(2020.10.20 본항개정)
④ 교육장 또는 교육감은 제3항에 따른 순회교육의 실시를 위하여 의료기관 및 복지시설 등에 학급을 설치·운영하고 이에 필요한 담당 교원을 배치하는 등 필요한 조치를 강구하며, 학생들이 원만히 학교로 복귀할 수 있도록 심리적·정서적 지원을 하여야 한다.(2021.12.28 본항개정)
⑤ 국가 및 지방자치단체는 제4항에 따라 학급이 설치·운영 중인 의료기관 및 복지시설 등에 대하여 국립 또는 공립 특수교육기관 수준의 교육이 이루어질 수 있도록 대통령령으로 정하는 바에 따라 행정적·재정적 지원을 하여야 한다.(2021.12.28 본항개정)
⑥ 제1항부터 제4항까지의 규정에 따른 순회교육의 수업일수 등 순회교육의 운영과 제2항에 따른 원격수업의 운영에 필요한 사항은 대통령령으로 정한다.(2020.10.20 본항개정)

제26조【방과후 과정을 운영하는 유치원 과정의 교육기관】 ①「유아교육법」 제2조제6호에 따른 방과후 과정을 운영하는 유치원 과정의 교육기관에 특수교육대상자가 배치되는 경우 해당 각급학교의 장은 특수교육대상자에 대한 방과후 과정 운영을 담당할 인력을 학급당 1인 이상 추가로 배치할 수 있다.
② 제1항에 따른 방과후 과정 담당 인력의 자격기준, 운영방법 등에 관하여 필요한 사항은 대통령령으로 정한다.
(2012.3.21 본조개정)

제27조【특수학교의 학급 및 각급학교의 특수학급 설치기준】 ① 특수학교와 각급학교의 장은 다음 각 호의 기준에 따라 학급 및 특수학급을 설치하여야 한다.
1. 유치원 과정의 경우 : 특수교육대상자가 1인 이상 4인 이하인 경우 1학급을 설치하고, 4인을 초과하는 경우 2개 이상의 학급을 설치한다.
2. 초등학교·중학교 과정의 경우 : 특수교육대상자가 1인 이상 6인 이하인 경우 1학급을 설치하고, 6인을 초과하는 경우 2개 이상의 학급을 설치한다.
3. 고등학교 과정의 경우 : 특수교육대상자가 1인 이상 7인 이하인 경우 1학급을 설치하고, 7인을 초과하는 경우 2개 이상의 학급을 설치한다.
② 교육감은 제1항에도 불구하고 두 가지 이상의 장애를 지니면서 장애의 정도가 심한 특수교육대상자가 배치된 학급의 경우에는 2분의 1의 범위에서 학급 설치 기준을 하향 조정할 수 있으며, 순회교육의 경우 장애의 정도와 유형에 따라 학급 설치 기준을 하향 조정할 수 있다.
(2021.12.28 본항개정)
③ 특수학교와 특수학급에 두는 특수교육교원의 배치기준은 대통령령으로 정한다.

제28조【특수교육 관련서비스】 ① 교육감은 특수교육대상자와 그 가족에 대하여 가족상담, 부모교육 등 가족지원을 제공하여야 한다.(2019.12.10 본항개정)
② 교육감은 특수교육대상자에게 필요한 경우 물리치료, 작업치료 등 치료지원을 제공하여야 한다. 이 경우 특수교육대상자의 장애유형과 장애정도를 고려한 맞춤형 치료지원이 제공될 수 있도록 하여야 한다.(2021.12.28 후단신설)
③ 교육감은 각급학교의 장이 특수교육대상자를 위하여 필요한 경우 지원인력을 제공할 수 있도록 지원하여야 한다.(2021.12.28 본항개정)
④ 각급학교의 장은 특수교육대상자의 교육을 위하여 필요한 장애인용 각종 교구, 각종 학습보조기, 보조공학기기 등의 설비를 제공하여야 한다.
⑤ 각급학교의 장은 특수교육대상자의 취학 편의를 위하여 통학차량 지원, 통학비 지원, 통학 지원인력의 배치 등 통학 지원 대책을 마련하여야 한다.(2021.12.28 본항개정)
⑥ 각급학교의 장은 특수교육대상자의 생활지도 및 보호를 위하여 기숙사를 설치·운영할 수 있다. 기숙사를 설치·운영하는 특수학교에는 특수교육대상자의 생활지도 및 보호를 위하여 교육부령으로 정하는 자격이 있는 생활지도원을 두는 외에 간호사 또는 간호조무사를 두어야 한다.(2013.4.5 후단개정)
⑦ 제6항의 생활지도원과 간호사 또는 간호조무사의 배치기준은 국립학교의 경우 교육부령으로, 공립 및 사립학교의 경우에는 시·도 교육규칙으로 각각 정한다.
(2013.4.5 본항신설)
⑧ 각급학교의 장은 각급학교에서 제공하는 각종 정보(교육기관에서 운영하는 인터넷 홈페이지를 포함한다)를 특수교육대상자에게 제공하는 경우 특수교육대상자의 장애유형에 적합한 방식으로 제공하여야 한다.
⑨ 제1항부터 제8항까지의 규정에 따른 특수교육 관련서비스의 제공을 위하여 필요한 사항은 대통령령으로 정한다.(2013.4.5 본항개정)

제5장 고등교육
(2016.5.29 본장제목개정)

제29조【특별지원위원회】 ① 대학의 장은 다음 각 호의 사항을 심의·결정하기 위하여 특별지원위원회(이하 "특별지원위원회"라 한다)를 설치·운영하여야 한다.
(2022.10.18 본문개정)
1. 대학의 장애학생 지원을 위한 계획
2. 심사청구 사건에 대한 심사·결정
3. 그 밖에 장애학생 지원을 위하여 대통령령으로 정하는 사항
② 특별지원위원회의 위원은 장애에 대한 이해와 경험이 풍부한 사람, 관계 교직원 또는 재학 중인 장애학생 중에서 대통령령으로 정하는 바에 따라 대학의 장이 임명한다.(2022.10.18 본항신설)
③ 특별지원위원회의 설치·운영 등에 관하여 필요한 사항은 대통령령으로 정한다.

제30조【장애학생지원센터】 ① 대학의 장은 장애학생의 교육 및 생활에 관한 지원을 총괄·담당하는 장애학생지원센터를 설치·운영하여야 한다. 다만, 장애학생이 재학하고 있지 아니하거나 대통령령으로 정하는 바에 따라 장애학생 수가 일정 인원 이하인 소규모 대학 등은 장애학생 지원부서를 둠으로써 이를 갈음할 수 있다.
(2022.10.18 단서개정)
② 장애학생지원센터(제1항에 따라 장애학생 지원부서로 갈음하는 경우에는 이를 말한다. 이하 같다)는 다음 각 호의 업무를 담당한다.(2022.10.18 본문개정)
1. 장애학생을 위한 각종 지원에 관한 사항
2. 제31조에서 정하는 편의제공에 관한 사항
2의2. 「장애인복지법」 제25조제2항에 따른 대학 내 장애인 인식개선교육 실시에 관한 사항(2022.10.18 본호신설)
3. 교직원·지원인력 등에 대한 교육에 관한 사항
(2021.12.28 본호개정)
4. 장애학생 교육복지의 실태조사에 관한 사항
5. 그 밖에 대학의 장이 회의에 부치는 사항(2021.3.23 본호개정)
③ 장애학생지원센터의 장은 장애인 인권에 대하여 전문적인 지식과 경험이 있는 사람으로서 대통령령으로 정하는 자격을 갖추어야 한다.(2022.10.18 본항신설)
④ 장애학생지원센터의 설치·운영 등에 관하여 필요한 사항은 대통령령으로 정한다.

제30조의2【개인별 교육지원계획】 ① 장애학생지원센터의 장은 장애학생의 개인별 수요를 조사하여 그 결과를 특별지원위원회에 보고하여야 한다.
② 장애학생지원센터의 장은 제1항의 보고사항을 반영하여 매 학기마다 장애학생에 대한 개인별 교육지원계획을 작성하여 대학의 장에게 보고하여야 한다.
③ 대학의 장은 제2항에 따른 개인별 교육지원계획에 따라 장애학생을 지원하여야 한다.
④ 장애학생의 개인별 수요 조사 및 교육지원계획 수립에 관하여 필요한 사항은 대통령령으로 정한다.
(2022.10.18 본조신설)

제31조【편의제공 등】 ① 대학의 장은 해당 학교에 재학 중인 장애학생의 교육활동의 편의를 위하여 다음 각 호의 수단을 적극적으로 강구하고 제공하여야 한다.
1. 각종 학습보조기기 및 보조공학기기 등의 물적 지원
2. 교육지원인력 배치 등의 인적 지원(2021.12.28 본호개정)
3. 취학편의 지원
4. 정보접근 지원
5. 「장애인·노인·임산부 등의 편의증진보장에 관한 법률」 제2조제2호에 따른 편의시설 설치 지원
6. 그 밖에 장애학생의 교육활동에 필요한 것으로서 특별지원위원회에서 정하는 사항에 대한 지원
(2022.10.18 본호신설)
② 대학의 장은 해당 학교의 입학전형절차에서 장애수험생의 수험의 편의를 위하여 「장애인차별금지 및 권리구제 등에 관한 법률」 제14조제1항 각 호의 수단 중 수험편의에 필요한 수단을 적극적으로 강구하고 제공하여야 한다.(2015.12.22 본항신설)
③ 국가 및 지방자치단체는 제1항 및 제2항에 따라 필요한 경비를 예산의 범위 안에서 지원하여야 한다.
(2015.12.22 본항개정)
④ 대학의 장은 제1항제4호에 따른 정보접근 지원을 위하여 수업 중 활용하는 영상물에 장애학생을 위한 화면해설, 폐쇄자막 또는 수어통역 등 대통령령으로 정하는 편의를 제공하여야 한다.(2021.12.28 본항신설)

제32조【학칙 등의 작성】 대학의 장은 이 법에서 정하는 장애학생의 지원 등에 관하여 다음 각 호에 해당하는 내용을 학칙에 규정하여야 한다.(2021.12.28 본문개정)
1. 장애학생의 학습지원에 관한 사항
2. 장애학생의 입학시험을 포함한 입학전형 관리에 관한 사항
3. 수업 중 활용하는 영상물에 장애학생의 정보접근 지원을 위한 편의제공에 관한 사항
4. 그 밖에 장애학생의 교육활동 편의를 위하여 필요한 사항
(2021.12.28 1호~4호신설)

제33조【장애인고등교육지원센터】 ① 교육부장관은 대학에 재학하는 장애학생에 대한 통합적 지원을 위하여 장애인고등교육지원센터(이하 "고등교육센터"라 한다)를 설치하거나 지정하여야 한다.
② 고등교육센터는 다음 각 호의 업무를 수행한다.
1. 장애학생 고등교육 관련 연구·분석
2. 장애학생 고등교육 지원 관련 자료 개발·보급
3. 장애학생의 진로·취업 지원
4. 장애학생 지원에 대한 교직원 등 연수 지원
5. 제13조에 따른 장애학생 교육복지 실태조사 운영 및 컨설팅
6. 제30조에 따른 장애학생지원센터 운영 지원
7. 그 밖에 장애학생 고등교육 지원을 위하여 필요한 사업
③ 국가는 제1항 및 제2항에 따른 고등교육센터의 설치·지정 및 운영에 필요한 경비를 지원할 수 있다.
④ 고등교육센터의 설치·지정 및 운영 등에 필요한 사항은 대통령령으로 정한다.
(2022.10.18 본조신설)

제34조 (2016.5.29 삭제)

제6장 보칙 및 벌칙

제35조【대학의 심사청구 등】 ① 장애학생 및 그 보호자는 대학에 이 법에 따른 각종 지원조치를 제공할 것을 서면으로 신청할 수 있다.
② 대학의 장은 제1항에 따른 신청에 대하여 2주 이내에 지원 여부 및 그 사유를 신청자에게 서면으로 통지하여야 한다.
③ 장애학생 및 그 보호자는 제1항에 따른 신청에 대한 대학의 결정(부작위 및 거부를 포함한다)과 이 법을 위반하는 대학의 장 또는 교직원의 행위에 대하여 특별지원위원회에 심사청구를 할 수 있다.
④ 특별지원위원회는 제3항의 심사청구에 관하여 2주 이내에 결정을 하여야 한다.
⑤ 제3항에 따른 심사에서는 청구인에게 의견진술 기회를 주어야 한다.
⑥ 대학의 장, 교직원, 그 밖의 관계자는 제4항에 따른 결정에 따라야 한다.
⑦ 그 밖에 특별지원위원회에 대한 심사청구에 관하여 필요한 사항은 대통령령으로 정한다.

제36조【고등학교 과정 이하의 심사청구】 ① 특수교육대상자 또는 그 보호자는 다음 각 호의 어느 하나에 해당하는 교육장, 교육감 또는 각급학교의 장의 조치에 대하여 이의가 있을 때에는 해당 시·군·구특수교육운영위원회 또는 시·도특수교육운영위원회에 심사청구를 할 수 있다.
1. 제15조제1항에 따른 특수교육대상자의 선정
2. 제16조제3항에 따른 교육지원 내용의 결정 사항
3. 제17조제1항에 따른 학교에의 배치
4. 제4조를 위반하는 부당한 차별
② 제17조제1항에 따라 특수교육대상자를 배치받은 각급학교의 장은 이에 따를 수 없는 특별한 사유가 있거나 배치받은 특수교육대상자가 3개월 이상 학교생활에의 적응에 상당한 어려움이 있는 경우에는 해당 시·군·구특수교육운영위원회 또는 시·도특수교육운영위원회에 심사청구를 할 수 있다.(2021.3.23 본항개정)
③ 시·군·구특수교육운영위원회 또는 시·도특수교육운영위원회는 제1항과 제2항의 심사청구를 받은 때에는 이를 심사하여 30일 이내에 그 결정을 청구인에게 통보하여야 한다.
④ 제3항의 심사에서는 청구인에게 의견진술의 기회를 주어야 한다.
⑤ 교육장, 교육감, 각급학교의 장, 그 밖의 관계자는 제3항에 따른 결정에 따라야 한다.
⑥ 제3항에서 정하는 심사결정에 이의가 있는 특수교육대상자 또는 그 보호자는 그 통보를 받은 날부터 90일 이내에 행정심판을 제기할 수 있다.
⑦ 제1항부터 제4항까지의 규정에 따른 심사청구의 절차 등에 관하여 필요한 사항은 대통령령으로 정한다.

제37조【권한의 위임과 위탁】 ① 이 법에 따른 교육부장관의 권한은 그 일부를 대통령령으로 정하는 바에 따라 교육감에게 위임할 수 있다.(2013.3.23 본항개정)
② 이 법에 따른 교육감의 권한은 그 일부를 대통령령으로 정하는 바에 따라 교육장에게 위임할 수 있다.

제38조【벌칙】 다음 각 호의 어느 하나에 해당하는 자는 1년 이하의 징역 또는 1천만원 이하의 벌금에 처한다.
1. 제4조제1항을 위반하여 장애를 이유로 특수교육대상자의 입학을 거부하거나 입학전형 합격자의 입학을 거부하는 등의 불이익한 처분을 한 교육기관의 장
2. 제4조제2항제4호를 위반하여 대학의 입학전형절차에서 수험편의의 내용의 확인과 관계없는 별도의 면접이나 신체검사를 요구한 자
(2016.5.29 본조신설)

제38조의2【벌칙】 다음 각 호의 어느 하나에 해당하는 자는 300만원 이하의 벌금에 처한다.
1. (2016.5.29 삭제)
2. 제4조제2항제1호부터 제3호까지의 규정을 위반하여 특수교육 관련서비스의 제공, 수업, 학생자치활동, 그 밖의 교내외 활동에 대한 참여와 개별화교육지원팀에의 보호자 참여에 있어서 차별한 자(2018.2.21 본호개정)

3. (2016.5.29 삭제)
4. 제4조제2항제5호를 위반하여 입학·전학 및 기숙사 입소 과정에서 비장애학생에게 요구하지 아니하는 보증인 또는 서약서 제출을 요구한 자(2018.2.21 본호신설)
5. 제4조제2항제6호를 위반하여 학생 생활지도에 있어서 「장애인차별금지 및 권리구제 등에 관한 법률」 제4조의 차별을 한 자(2018.2.21 본호신설)

부 칙

제1조 【시행일】 이 법은 공포 후 1년이 경과한 날부터 시행한다. 다만, 제3조 중 유치원 및 고등학교 과정에 대한 의무교육의 실시는 국가 및 지방자치단체의 재정여건을 고려하여 대통령령으로 정하는 바에 따라 순차적으로 실시한다.
제2조 【다른 법률의 폐지】 특수교육진흥법은 폐지한다.
제3조 【특수교육대상자에 대한 경과조치】 이 법 시행 당시 종전의 「특수교육진흥법」의 규정에 따라 선정된 특수교육대상자는 이 법에 따라 선정된 특수교육대상자로 본다.
제4조 【벌칙 적용에 관한 경과조치】 이 법 시행 전의 행위에 대한 벌칙의 적용에 있어서는 종전의 「특수교육진흥법」의 규정에 따른다.
제5조 【다른 법률의 개정】 ①~③ ※(해당 법령에 가제정리 하였음)
제6조 【다른 법령과의 관계】 이 법 시행 당시 다른 법령에서 「특수교육진흥법」 및 그 규정을 인용한 경우 이 법 중 그에 해당하는 규정이 있는 때에는 종전의 규정에 갈음하여 이 법 또는 이 법의 해당 조항을 인용한 것으로 본다.

부 칙 (2017.12.19)

제1조 【시행일】 이 법은 공포한 날부터 시행한다.
제2조 【특수교육기관 배치계획으로의 명칭변경에 따른 경과조치】 이 법 시행 당시 종전의 규정에 따라 수립된 특수교육기관 수용계획은 제5조제1항제6호의 개정규정에 따른 특수교육기관 배치계획으로 본다.

부 칙 (2019.12.10)

이 법은 공포한 날부터 시행한다. 다만, 제12조제2항, 제13조제3항부터 제5항까지 및 제13조의2의 개정규정은 공포 후 1년이 경과한 날부터 시행한다.

부 칙 (2020.10.20)

이 법은 공포 후 6개월이 경과한 날부터 시행한다.

부 칙 (2021.3.23)

이 법은 공포한 날부터 시행한다.(이하 생략)

부 칙 (2021.7.20)

제1조 【시행일】 이 법은 공포 후 1년이 경과한 날부터 시행한다.(이하 생략)

부 칙 (2021.12.28)

제1조 【시행일】 이 법은 공포 후 6개월이 경과한 날부터 시행한다. 다만, 제12조의 개정규정은 공포한 날부터 시행한다.
제2조 【보조인력의 명칭변경에 따른 경과조치】 이 법 시행 당시 보조인력은 개정규정에 따른 지원인력으로 본다.

부 칙 (2022.10.18)

이 법은 공포 후 6개월이 경과한 날부터 시행한다.

교육공무원법

(1981년 11월 23일 전개법률 제3458호)

개정
1987.11.28법 3953호
1988. 4. 6법 4009호(교육)
1990.12.27법 4268호(정부조직)
1990.12.31법 4304호
1991. 3. 8법 4347호(지방교육자치에관한법)
1991. 3. 8법 4348호
1991. 5.31법 4376호(교원지위향상을위한특별법)
1993.12.27법 4620호 1994.12.31법 4841호
1995.12.29법 5065호 1996. 8.14법 5158호
1996.12.30법 5207호 1999. 1.29법 5717호
2000. 1.28법 6211호
2001. 1.29법 6400호(정부조직)
2002. 8.26법 6710호 2002.12. 5법 6741호
2003. 7.25법 6932호
2004. 1.29법 7120호(유아교육법)
2004.10.15법 7223호 2005. 1.27법 7353호
2005. 1.27법 7354호(교원지위향상을위한특별법)
2005. 1.27법 7360호(지방공무원)
2005. 5.31법 7537호 2007. 7.13법 8498호
2007. 7.19법 8528호
2007. 8. 3법 8635호(자본시장금융투자업)
2008. 2.29법 8852호(정부조직)
2008. 3.14법 8889호
2010. 4.15법10258호(성폭력범죄의처벌등에관한특례법)
2011. 5.19법10634호
2011. 7.21법10866호(고등교육)
2011. 7.21법10868호 2011. 7.25법10905호
2011. 9.30법11066호 2012. 1.26법11213호
2012. 3.21법11381호
2012. 3.21법11382호(유아교육법)
2012. 3.21법11396호(지방공무원)
2012.12.11법11527호
2013. 3.23법11690호(정부조직)
2013.12.30법12121호 2014. 1.24법12332호
2014. 6.11법12755호(공공단체등위탁선거에관한법)
2015. 3.27법13221호 2016. 1.27법13819호
2016. 2. 3법13936호(교원의지위향상및교육활동보호를위한특별법)
2017.11.28법15039호
2018. 3.20법15522호(공무원재해보상법)
2018. 3.20법15523호(공무원연금)
2018. 4.17법15553호 2018.12.18법15949호
2019. 4.23법16332호 2019. 8.20법16436호
2020. 1.29법16871호 2020.12.22법17657호
2021. 3.23법17954호(법률용어정비)
2021. 7.20법18298호(국가교육위원회설치및운영에관한법)
2021. 9.24법18455호 2022.10.18법18990호
2022.12.13법19065호
2023. 4.11법19341호(국가공무원)

제1장 총 칙
(2011.9.30 본장개정)

제1조 【목적】 이 법은 교육을 통하여 국민 전체에게 봉사하는 교육공무원의 직무와 책임의 특수성에 비추어 그 자격·임용·보수·연수 및 신분보장 등에 관하여 교육공무원에게 적용할 「국가공무원법」 및 「지방공무원법」에 대한 특례를 규정함을 목적으로 한다.
제2조 【정의】 ① 이 법에서 "교육공무원"이란 다음 각 호의 어느 하나에 해당하는 사람을 말한다.
1. 교육기관에 근무하는 교원 및 조교
2. 교육행정기관에 근무하는 장학관 및 장학사
3. 교육기관, 교육행정기관 또는 교육연구기관에 근무하는 교육연구관 및 교육연구사
② 이 법에서 "교육전문직원"이란 제1항제2호 및 제3호에 따른 교육공무원을 말한다.(2012.12.11 본항신설)
③ 이 법에서 "교육기관"이란 다음 각 호의 어느 하나에 해당하는 국립 또는 공립의 학교 또는 기관을 말한다.
1. 「유아교육법」 제2조제2호의 유치원, 「초·중등교육법」 제2조 및 「고등교육법」 제2조의 학교(2015.3.27 본호개정)
2. 제39조제1항에 따른 연수기관
3. 교육 관계 법령이나 교육 관계 조례에 따라 설치된 학생수련기관 등 교육연수기관
④ 이 법에서 "교육행정기관"이란 국가교육위원회, 교육부 및 그 소속 기관과 특별시·광역시·특별자치시·도 또는 특별자치도(이하 "시·도"라 한다)의 교육 관서를 말한다.(2021.7.20 본항개정)
⑤ 이 법에서 "교육연구기관"이란 교육에 관하여 전문적으로 조사·연구를 하기 위하여 설립된 국립 또는 공립의 기관을 말한다.
⑥ 이 법에서 "임용"이란 신규채용, 승진, 승급, 전직(轉職), 전보(轉補), 겸임, 파견, 강임(降任), 휴직, 직위해제, 정직(停職), 복직, 면직, 해임 및 파면을 말한다.
⑦ 이 법에서 "직위"란 1명의 교육공무원에게 부여할 수 있는 직무와 책임을 말한다.
⑧ 이 법에서 "전직"이란 교육공무원의 종류와 자격을 달리하여 임용하는 것을 말한다.
⑨ 이 법에서 "전보"란 교육공무원을 같은 직위 및 자격에서 근무기관이나 부서를 달리하여 임용하는 것을 말한다.
⑩ 이 법에서 "강임"이란 같은 종류의 직무에서 하위 직위에 임용하는 것을 말한다.
⑪ 이 법에서 "복직"이란 휴직, 직위해제 또는 정직 중에 있는 교육공무원을 직위에 복귀시키는 것을 말한다.

제2장 교육공무원 인사위원회
(2011.9.30 본장개정)

제3조 【인사위원회의 설치】 ① 교육공무원(공립대학에 근무하는 교육공무원 및 교육감 소속 교육전문직원은 제외한다. 이하 이 조 및 제4조에서 같다)의 인사에 관한 중요 사항에 관하여 교육부장관이 자문할 수 있도록 교육부에 교육공무원 인사위원회(이하 "인사위원회"라 한다)를 둔다.(2013.3.23 본항개정)
② 인사위원회는 위원장 1명을 포함한 7명의 위원으로 구성한다.
③ 위원장은 교육부차관이 되고, 위원은 7년 이상의 교육경력 또는 교육행정경력이 있고 인사행정에 관한 식견이 풍부한 사람 중에서 교육부장관의 제청으로 대통령이 위촉한다.(2013.3.23 본항개정)
④ 인사위원회의 운영에 필요한 사항은 대통령령으로 정한다.
제4조 【인사위원회의 기능】 교육부장관은 다음 각 호의 사항에 대하여는 인사위원회의 심의를 거쳐야 한다.(2013.3.23 본문개정)
1. 교육공무원의 인사행정에 관한 방침 및 기준의 결정과 기본계획 수립에 관한 사항
2. 교육공무원의 인사에 관한 법령의 제정·개정 또는 폐지에 관한 사항
3. 그 밖에 교육공무원의 인사에 관한 중요한 사항
제5조 【대학인사위원회】 ① 다음 각 호의 사항을 심의하기 위하여 「고등교육법」 제2조 각 호의 학교(이하 "대학"이라 한다. 다만, 제11조의5제3항부터 제5항까지, 제24조, 제24조의2, 제24조의3 및 제25조부터 제27조까지는 제외한다)에 인사위원회(이하 "대학인사위원회"라 한다)를 둔다.(2020.1.29 본문개정)
1. 부총장, 대학원장 및 단과대학장에 대한 보직 동의
2. 교수, 부교수 및 조교수에 대한 임용 동의
3. 그 밖에 대학 교원 인사에 관한 중요 사항
② 대학인사위원회의 구성·기능 및 운영에 필요한 사항은 대통령령으로 정하되, 위원의 일정 비율 이상은 여성으로 한다.

제3장 자 격
(2011.9.30 본장제목개정)

제6조 【교사의 자격】 교사는 「유아교육법」 제22조제2항 및 「초·중등교육법」 제21조제2항에 따른 자격이 있는 사람이어야 한다.(2011.9.30 본조개정)
제6조의2 【수석교사의 자격】 수석교사는 「유아교육법」 제22조제3항 및 「초·중등교육법」 제21조제3항의 자격이 있는 사람이어야 한다.(2011.7.25 본조신설)
제7조 【교장·교감 등의 자격】 교장·교감·원장·원감은 「유아교육법」 제22조제1항 및 「초·중등교육법」 제21조제1항에 따른 자격이 있는 사람이어야 한다.(2011.9.30 본조개정)
제8조 【교수 등의 자격】 교수, 부교수, 조교수 및 조교는 「고등교육법」 제16조에 따른 자격이 있는 사람이어야 한다.(2011.9.30 본조개정)
제9조 【교육전문직원의 자격】 교육전문직원은 별표1의 기준에 따른 자격이 있는 사람이어야 한다.(2012.12.11 본조개정)

제4장 임 용
(2011.9.30 본장제목개정)

제10조 【임용의 원칙】 ① 교육공무원의 임용은 그 자격, 재교육성적, 근무성적, 그 밖에 실제 증명되는 능력에 의하여 한다.
② 교육공무원의 임용은 교원으로서의 자격을 갖추고 임용을 원하는 모든 사람에게 능력에 따른 균등한 임용의 기회가 보장되어야 한다.
(2011.9.30 본조개정)
제10조의2 【외국인 교원】 대학은 교육이나 연구를 위하여 외국인을 교원으로 임용할 수 있다.(2011.9.30 본조개정)
제10조의3 【채용의 제한】 ① 이 법에 따른 교원(제32조에 따른 기간제교원을 포함한다), 「사립학교법」에 따른 사립학교 교원(「사립학교법」 제54조의4에 따른 기간제교원을 포함한다), 「유아교육법」 제23조에 따른 강사 등 또는 「초·중등교육법」 제22조에 따른 산학겸임교사등으로 재직하는 동안 다음 각 호의 어느 하나의 행위로 인하여 파면·해임되거나 금고 이상의 형을 선고받은 사람(집행유예의 형을 선고받은 후 그 집행유예기간이 지난 사람을 포함한다)은 「유아교육법」 제2조제2호의 유치원 및 「초·중등교육법」 제2조의 학교(이하 "고등학교 이하 각급학교"라 한다)의 교원으로 채용될 수 없다. 다만, 제50조제1항에 따른 교육공무원징계위원회에서 해당 교원의 반성 정도 등을 고려하여 교원으로서 직무를 수행할 수 있다고 의결한 경우에는 그러하지 아니하다.
(2022.10.18 본문개정)
1. (2012.1.26 삭제)
2. 금품 수수(授受) 행위(2021.3.23 본호개정)

3. 시험문제 유출 및 성적조작 등 학생성적 관련 비위 행위
4. 학생에 대한 신체적 폭력 행위
② 제1항 단서에 따른 교육공무원징계위원회의 의결은 재적위원 3분의 2 이상의 출석과 출석위원 과반수의 찬성으로 한다.
(2008.3.14 본조신설)
제10조의4【결격사유】 다음 각 호의 어느 하나에 해당하는 사람은 교육공무원으로 임용될 수 없다.
1. 「국가공무원법」 제33조 각 호의 어느 하나에 해당하는 사람
2. 미성년자에 대한 다음 각 목의 어느 하나에 해당하는 행위로 파면·해임되거나 형 또는 치료감호를 선고받아 그 형 또는 치료감호가 확정된 사람(집행유예를 선고받은 후 그 집행유예기간이 지난 사람을 포함한다)
(2021.3.23 본문개정)
가. 「성폭력범죄의 처벌 등에 관한 특례법」 제2조에 따른 성폭력범죄 행위
나. 「아동·청소년의 성보호에 관한 법률」 제2조제2호에 따른 아동·청소년대상 성범죄 행위
(2016.1.27 가목~나목신설)
3. 성인에 대한 「성폭력범죄의 처벌 등에 관한 특례법」 제2조에 따른 성폭력범죄 행위로 파면·해임되거나 100만원 이상의 벌금형이나 그 이상의 형 또는 치료감호를 선고받아 그 형 또는 치료감호가 확정된 사람(집행유예를 선고받은 후 그 집행유예기간이 지난 사람을 포함한다)(2021.3.23 본호개정)
4. 마약·대마 또는 향정신성의약품 중독자(2022.10.18 본호신설)
(2012.1.26 본조신설)
제10조의5【벌금형의 분리 선고】 「형법」 제38조에도 불구하고 교육공무원에게 다음 각 호의 어느 하나에 해당하는 죄와 다른 죄의 경합범(競合犯)에 대한 벌금형을 선고하는 경우에는 이를 분리하여 선고하여야 한다.
1. 「국가공무원법」 제33조제6호의2 또는 제6호의3에 규정된 죄
2. 제10조의4제3호에 규정된 죄
(2018.12.18 본조신설)
제11조【교사의 신규채용 등】 ① 교사의 신규채용은 공개전형으로 한다. 이 경우 임용권자는 별표2에 해당하는 사람에게 제1차 시험성적 만점의 100분의 10 이내의 범위에서 가산점을 줄 수 있다.
② 임용권자는 원활한 결원 보충 및 학교 운영을 위하여 필요한 경우 근무 예정 지역 또는 근무 예정 학교를 미리 정하여 공개전형으로 채용시험을 실시할 수 있다. 이 경우 임용권자는 그 시험에 따라 채용된 교사에 대하여 10년 이내의 범위에서 대통령령으로 정하는 기간 동안 다른 지역 또는 다른 학교로의 전보를 제한할 수 있다.
③ 제1항 및 제2항에 따라 공개전형을 실시하는 경우 국립학교의 장은 그 전형을 해당 학교가 소재하는 시·도의 교육감에게 위탁하여 실시할 수 있다.(2021.3.23 본항개정)
④ 제1항 및 제2항에 따른 공개전형을 하는 경우 담당할 직무 수행에 필요한 자격요건, 공개전형의 절차·방법 및 평가요소 등 공개전형에 필요한 사항은 대통령령으로 정한다.(2022.10.18 본항개정)
(2011.9.30 본조개정)
제11조의2【부정행위자에 대한 조치】 ① 제11조에 따른 교사 공개전형 채용시험에서 부정한 행위를 한 사람에 대해서는 그 시험을 정지 또는 무효로 하고 그 처분이 있은 날부터 5년간 이 법에 따른 시험의 응시자격을 정지한다.(2021.3.23 본항개정)
② 임용권자 및 교육감 등 공개전형 시험을 실시하는 기관의 장은 제1항에 따른 처분을 하였을 때에는 지체 없이 그 이유를 붙여 처분을 받은 사람에게 알리고, 교육부장관 다른 지방교육행정기관에 그 처분을 받은 사람과 그 처분을 한 이유를 보고 또는 통보하여야 한다.
(2021.3.23 본항개정)
③ 부정행위를 한 사람이 공무원인 경우 공개전형 시험을 실시하는 기관의 장은 관할 징계위원회에 징계의결을 요구하거나 그 공무원의 소속 기관의 장에게 징계를 요구하여야 한다.
(2016.1.27 본조신설)
제11조의3【대학 교원의 신규채용 등】 ① 대학의 교원을 신규채용할 때에는 특정 대학에서 학사학위를 취득한 사람이 편중되지 아니하도록 하여야 하며, 그 구체적인 채용 비율 등은 대통령령으로 정한다.
② 대학의 교원을 신규채용할 때에는 심사위원을 임명하거나 위촉하여 객관적이고 공정한 심사를 거쳐야 한다.
③ 제2항에 따른 심사위원의 임명·위촉 방법, 심사단계, 심사방법 및 그 밖에 심사에 필요한 사항은 대통령령으로 정한다.
(2011.9.30 본조개정)
제11조의4【계약제 임용 등】 ① 대학의 교원은 대통령령으로 정하는 바에 따라 근무기간, 급여, 근무조건, 업적 및 성과 약정 등 계약조건을 정하여 임용할 수 있다.
② 제1항에 따라 임용된 교원의 임용권자는 그 교원의 임용기간이 끝나기 4개월 전까지 임용기간이 끝난다는 사실과 재임용 심의를 신청할 수 있음을 그 교원에게 문서로 통지하여야 한다.
③ 제2항에 따라 통지를 받은 교원이 재임용을 받으려면 통지를 받은 날부터 15일 이내에 임용권자에게 재임용 심의를 신청하여야 한다.
④ 제3항에 따른 재임용 심의를 신청받은 임용권자는 대학인사위원회의 재임용 심의를 거쳐 해당 교원을 재임용할지 결정하고 그 사실을 임용기간이 끝나기 2개월 전까지 그 교원에게 문서로 통지하여야 한다. 이 경우 그 교원을 재임용하지 아니하기로 결정하였을 때에는 재임용하지 아니하겠다는 의사와 재임용 거부 사유를 구체적으로 밝혀 통지하여야 한다.
⑤ 대학인사위원회가 제4항에 따라 해당 교원의 재임용에 대하여 심의할 때에는 다음 각 호의 사항에 관한 평가 등 객관적인 사유로서 학칙으로 정하는 사유에 근거하여야 한다. 이 경우 심의 과정에서 15일 이상의 기간을 정하여 해당 교원에게 지정된 날짜에 대학인사위원회에 출석하여 의견을 진술하거나 서면으로 의견을 제출할 기회를 주어야 한다.
1. 학생 교육에 관한 사항
2. 학문 연구에 관한 사항
3. 학생 지도에 관한 사항
4. 「산업교육진흥 및 산학연협력촉진에 관한 법률」 제2조제6호에 따른 산학연협력에 관한 사항(2017.11.28 본호신설)
⑥ 대학인사위원회는 교원의 재임용을 심의하는 경우 해당 교원의 평가 등에 제5항 각 호의 사항에 대한 실적과 성과가 「고등교육법」 제15조에 따른 해당 교원의 임무에 비추어 적정하게 반영될 수 있도록 필요한 조치를 취하여야 한다.(2017.11.28 본항신설)
⑦ 재임용이 거부된 교원이 재임용 거부처분에 불복하려는 경우에는 그 처분이 있음을 안 날부터 30일 이내에 「교원의 지위 향상 및 교육활동 보호를 위한 특별법」 제7조에 따른 교원소청심사위원회에 심사를 청구할 수 있다.
(2016.2.3 본항개정)
(2011.9.30 본조개정)
제11조의5【양성평등을 위한 임용계획의 수립 등】 ① 국가와 지방자치단체는 대학의 교원 임용에서 양성평등을 위하여 필요한 정책을 수립·시행하여야 한다.
② 교육부장관과 지방자치단체의 장은 제1항에 따른 정책을 수립하기 위하여 대학의 교원 임용에서 양성평등 관련 실태조사를 실시할 수 있으며, 실태조사의 방법과 내용 등에 필요한 사항은 대통령령으로 정한다.
(2018.12.18 본항신설)
③ 국가는 국가가 설립·경영하는 전체 대학(「고등교육법」 제2조제1호부터 제3호까지 및 제5호의 학교를 말한다. 이하 제4항 및 제5항에서 같다) 교원 중 특정 성별이 4분의 3을 초과하지 아니하도록 노력하여야 한다. 이 경우 교원의 성별 구성에 관한 연도별 목표 비율은 대통령령으로 정한다.(2020.1.29 본항신설)
④ 지방자치단체는 해당 지방자치단체가 설립·경영하는 전체 대학 교원 중 특정 성별이 4분의 3을 초과하지 아니하도록 노력하여야 한다. 이 경우 교원의 성별 구성에 관한 연도별 목표 비율은 해당 지방자치단체의 조례로 정한다.(2020.1.29 본항신설)
⑤ 대학의 장은 대학의 교원을 임용할 때 특정 성별에 편중되지 아니하도록 3년마다 계열별 임용 목표비율이 제시된 임용계획 등 적극적 조치를 시행하기 위하여 필요한 계획을 교육부장관(지방자치단체가 설립·경영하는 대학의 경우에는 해당 지방자치단체의 장을 말한다. 이하 이 항에서 같다)과 협의하여 수립한 후 시행하여야 한다. 이 경우 그 추진 실적을 매년 교육부장관에게 제출하여야 한다.(2020.1.29 본항개정)
⑥ 국가와 지방자치단체는 제5항에 따른 계획 및 그 추진 실적을 매년 평가하여 공표하여야 하며, 평가결과를 반영하여 행정적·재정적 지원을 할 수 있다.(2020.1.29 본항개정)
⑦ 교육부장관과 지방자치단체의 장은 제1항에 따른 정책 수립과 제2항에 따른 실태조사 및 제6항에 따른 평가를 위하여 관계 중앙행정기관의 장 및 대학의 장 등 관련 기관·단체의 장에게 필요한 자료 요청을 할 수 있으며, 요청받은 관련 기관·단체의 장은 특별한 사유가 없으면 이에 협조하여야 한다.(2020.1.29 본항개정)
⑧ 제5항에 따른 계열별 구분과 계획의 수립 및 제6항에 따른 평가의 방법·절차 등 필요한 사항은 대통령령으로 정한다.(2020.1.29 본항개정)
(2011.9.30 본조개정)
제12조【경력경쟁채용 등】 ① 다음 각 호의 어느 하나에 해당하는 경우에는 대통령령으로 정하는 바에 따라 경력 등 응시요건을 정하여 같은 사유에 해당하는 다수인을 대상으로 경쟁의 방법으로 채용하는 시험(이하 "경력경쟁채용시험"이라 한다)으로 교육공무원을 채용할 수 있다. 다만, 제1호, 제4호 및 제5호의 어느 하나에 해당하는 경우 중 다수인을 대상으로 시험을 실시하는 것이 적당하지 아니하여 대통령령으로 정하는 경우에는 다수인을 대상으로 하지 아니하는 시험으로 교육공무원을 채용할 수 있다.(2022.10.18 본문개정)
1. 제44조제1항제1호의 사유로 인한 휴직기간이 만료되어 퇴직하거나 「국가공무원법」 제70조제1항제3호 또는 「지방공무원법」 제62조제1항제1호의 사유로 퇴직한 교육공무원을 퇴직한 날부터 2년 이내에 퇴직 시에 재직한 직위에 상당하는 직위의 교육공무원으로 임용하는 경우 또는 교육공무원으로 재직하던 중 일반직 국가공무원 또는 지방공무원이 되기 위하여 퇴직한 사람을 퇴직 시에 재직한 직위에 상당하는 직위의 교육공무원으로 임용하는 경우
2. 임용 예정직에 상응하는 연구 실적 또는 근무 실적이 3년 이상인 사람을 임용하는 경우
3. 공개경쟁 채용시험으로 결원을 보충하기 곤란한 도서·벽지 등 특수한 지역에 근무할 사람과 특수한 교과목을 담당할 사람을 임용하는 경우(2022.10.18 본호개정)
4. 교육경력, 교육행정경력 또는 교육연구경력이 있는 공무원으로서 공개경쟁 채용시험으로 임용하는 것이 부적당한 경우(2022.10.18 본호개정)
5. 사립학교에 근무하는 교원을 교육공무원으로 임용하는 경우
② 경력경쟁채용시험 및 제1항 각 호 외의 부분 단서에 따른 시험의 경우에는 「국가공무원법」 제70조제1항제3호 또는 「지방공무원법」 제62조제1항제1호의 사유로 면직된 사람을 대통령령으로 정하는 바에 따라 우선적으로 채용할 수 있다.(2022.10.18 본항개정)
(2022.10.18 본조제목개정)
(2011.9.30 본조개정)
제13조【승진】 교육공무원의 승진임용은 같은 종류의 직무에 종사하는 바로 아래 직급의 사람 중에서 대통령령으로 정하는 바에 따라 경력평정, 재교육성적, 근무성적, 그 밖에 실제 증명되는 능력에 의하여 한다.
(2011.9.30 본조개정)
제14조【승진후보자 명부】 ① 교육공무원의 임용권자 또는 임용제청권자는 제13조 및 대통령령으로 정하는 바에 따라 자격별 승진후보자 명부를 순위에 따라 작성하여 갖추어 두어야 한다.
② 교육공무원을 승진임용하거나 승진임용 제청할 때에는 결원된 직위에 대한 승진후보자 명부에 따른 순위가 결원된 직위 중 승진으로 임용하려는 인원의 3배수 이내인 사람 중에서 하여야 한다. 다만, 대통령령으로 정하는 특수자격이 있는 사람을 승진임용하거나 승진임용을 제청할 때에는 그러하지 아니하다.(2018.12.18 본문개정)
(2011.9.30 본조개정)
제15조【우수 교육공무원 등의 특별 승진】 ① 교육공무원이 다음 각 호의 어느 하나에 해당하고, 상위의 자격증을 취득하거나 자격기준을 갖춘 때에는 제13조와 제14조에도 불구하고 특별 승진임용할 수 있다. 다만, 제4호 또는 제5호에 해당하는 경우에는 상위의 자격증이 없거나 자격기준을 갖추지 아니하여도 특별 승진임용할 수 있다.
1. 교육자로서 지녀야 할 인품과 창의력이 뛰어나며, 청렴하고 투철한 봉사정신으로 직무에 힘써 교육풍토 쇄신에 다른 교육공무원의 귀감이 되는 사람(2021.3.23 본호개정)
2. 교수·지도 및 연구 등 직무 수행 능력이 탁월하여 교육 발전에 큰 공헌을 한 사람
3. 「국가공무원법」 제53조 또는 「지방공무원법」 제78조에 따라 제안이 채택·시행되어 예산을 줄이는 등 행정 운영 발전에 현저한 실적이 있는 사람
4. 재직 중 현저한 공적이 있는 사람이 「국가공무원법」 제74조의2 또는 「지방공무원법」 제66조의2에 따라 명예퇴직할 때
5. 재직 중 현저한 공적이 있는 사람이 공무로 인하여 사망하였을 때
② 제1항의 특별 승진의 요건과 그 밖에 필요한 사항은 대통령령으로 정한다.
(2011.9.30 본조개정)
제16조【신체검사】 교육공무원을 신규채용할 때에는 신체검사를 하여야 하며, 임용권자나 임용제청권자는 신체검사 합격기준에 미달하는 사람을 임용하거나 임용제청하여서는 아니 된다. 이 경우 신체검사에 필요한 사항은 대통령령으로 정한다.(2011.9.30 본조개정)
제17조【보직 등 관리의 원칙】 ① 임용권자나 임용제청권자는 법령에서 따로 정하는 경우를 제외하고는 소속 교육공무원에게 그 자격에 상응하는 일정한 직위를 부여하여야 한다.
② 소속 교육공무원에게 보직을 부여할 때에는 그 교육공무원의 자격, 전공분야, 재교육경력, 근무경력 및 적성 등을 고려하여 적절한 직위에 임용하여야 한다.
③ 고등학교 이하 각급학교의 장은 교원에 대한 징계처분의 사유가 「국가공무원법」 제83조의2제1항제1호 각 목의 어느 하나에 해당하는 등 대통령령으로 정하는 사유에 해당하는 경우에는 해당 교원을 징계처분 이후 5년 이상 10년 이하의 범위에서 대통령령으로 정하는 기간 동안 학급을 담당하는 교원(이하 "학급담당교원"이라 한다)으로 배정할 수 없다.(2022.10.18 본항개정)
④ 고등학교 이하 각급학교의 장은 제3항에 따른 기간 동안 해당 교원의 학급담당교원 배정 여부 등 제2조제6항에 따른 임용에 관한 사항을 교육부장관 또는 관할 교육감에게 보고하여야 한다.(2020.12.22 본항신설)
(2020.12.22 본조제목개정)
(2011.9.30 본조개정)
제18조【겸임】 ① 직위와 직무 내용이 유사하고 담당 직무 수행에 지장이 없다고 인정되는 경우에는 교육공무

원과 일반직공무원, 교육공무원과 다른 교육공무원, 교육공무원과 다른 특정직공무원 또는 교육공무원과 대통령령으로 정하는 관련 교육·연구 기관이나 그 밖의 관련 기관·단체의 임직원을 서로 겸임하게 할 수 있다. 이 경우 겸임에 필요한 사항은 대통령령으로 정한다.
(2022.10.18 전단개정)
② 제1항에 따라 교육공무원을 겸임하게 하려는 경우에는 그 대상자가 제9조 또는 「초·중등교육법」 제21조제1항·제2항 및 「고등교육법」 제16조에 따른 자격기준을 갖추거나 자격증을 취득한 사람이어야 한다.
(2011.9.30 본조개정)
제19조【겸직 금지】 제2조제3항제1호에 따른 학교의 감독청에 재직하는 사람은 대학의 장 또는 부총장, 대학원장, 단과대학장, 교무처장, 학생처장(또는 교학처장), 교무과장, 학생과장, 교장, 교감, 원장 또는 원감 등의 직위를 겸할 수 없다.(2015.3.27 본조개정)
제19조의2【영리업무 및 겸직금지에 관한 특례】 ① 「고등교육법」 제14조제2항에 따른 교수, 부교수 및 조교수는 학생의 교육·지도와 학문의 연구에 지장이 없는 범위안에서 소속학교의 장의 허가를 받아 상업·공업·금융업 그 밖에 영리를 목적으로 하는 사기업체의 사외이사(「자본시장과 금융투자업에 관한 법률」 제9조제3항에 따른 해당 회사의 상무에 종사하지 아니하는 이사를 말한다. 이하 이 조에서 같다)를 겸직할 수 있다.(2021.3.23 본항개정)
② 제1항에 따라 사외이사를 겸직하는 교수·부교수 및 조교수는 그 해에 「상법」 제388조에 따라 해당 사기업체로부터 받은 보수 전부를 소속학교의 장에게 다음 해 1월 31일까지 보고하여야 한다.(2021.3.23 본항개정)
③ 제1항에 따른 허가의 구체적인 기준·방법·절차 및 제2항에 따른 보고의 방법·절차 등은 대통령령으로 정한다.
(2017.11.28 본조개정)
제20조【인사교류】 ① 전문대학과 중등학교에 근무하는 교육공무원은 서로 전직하거나 전보할 수 있다.
② 국가교육위원회의 교육전문직원과 교육부 및 그 소속기관의 교육전문직원 간에는 서로 전직하거나 전보할 수 있다.(2022.12.13 본항신설)
(2011.9.30 본조개정)
제21조【전직 등의 제한】 ① 교육공무원의 임용권자 또는 임용제청권자는 다음 각 호의 경우를 제외하고는 소속 교육공무원이 그 직위에 임용된 날부터 1년 이내에 다른 직위에 임용하거나 근무지를 변경하는 인사조치를 하여서는 아니 된다.
1. 기구의 개편이나 직제의 개정·폐지 또는 정원의 변경이 있는 경우
2. 해당 교육공무원의 승진 또는 강임으로 인한 경우
3. 그 밖에 대통령령으로 정하는 특별한 사유가 있는 경우
② 제1항에도 불구하고 교육공무원의 임용권자 또는 임용제청권자는 제29조의3에 따라 임용된 공모 교장·원장에 대하여는 징계처분을 받은 경우 등 교장·원장으로서 직무를 수행하기 어려운 대통령령으로 정하는 중대한 사유에 해당하는 경우를 제외하고는 임기 중 다른 직위에 임용하거나 근무지를 변경하는 인사조치를 하여서는 아니 된다.(2012.3.21 본항개정)
(2011.9.30 본조개정)
제22조【교육연수기관 등에의 교원 배치】 교육부장관 또는 교육감은 교육이나 교육에 관한 전문적인 조사·연구를 위하여 특히 필요하다고 인정하는 경우에는 교육연구기관과 제2조제3항제3호에 따른 교육연수기관에 교원을 둘 수 있다.(2013.3.23 본조개정)
제22조의2【교육행정기관에의 순회교사 배치】 ① 교육감은 교원의 적정한 배치와 교육과정의 원활한 운영을 위하여 둘 이상의 인근 학교를 순회하면서 학생의 교육을 담당할 교사가 특히 필요하다고 인정하는 경우에는 시·도 교육행정기관에 교사를 둘 수 있다.
② 제1항에 따라 시·도 교육행정기관에 배치되는 교사는 소속 기관의 장이 지정하는 학교에서 교육을 담당하고, 그 학교의 장의 지도·감독을 받는다.
(2011.9.30 본조개정)
제23조【인사기록】 ① 교육기관, 교육행정기관 또는 교육연구기관의 장은 소속 교육공무원의 인사기록을 작성·유지·보관하여야 한다.
② 제1항에 따른 인사기록의 작성·유지·보관에 필요한 사항은 교육부령으로 정한다.(2013.3.23 본항개정)
(2011.9.30 본조개정)
제23조의2【인사관리의 전자화】 ① 교육부장관은 교육공무원의 인사관리를 과학화하기 위하여 교육공무원의 인사기록을 데이터베이스화하여 관리하고 인사 업무를 전자적으로 처리할 수 있는 시스템을 구축하여 운영할 수 있다.(2013.3.23 본항개정)
② 제1항에 따른 시스템의 구축·운영 등에 필요한 사항은 대통령령으로 정한다.
(2011.9.30 본조개정)
제24조【대학의 장의 임용】 ① 대학(「고등교육법」 제2조 각 호의 학교를 말하되, 공립대학은 제외한다. 이하 이 조, 제24조의2, 제24조의3 및 제25조부터 제27조까지에서 같다)의 장은 해당 대학의 추천을 받아 교육부장관의 제청으로 대통령이 임용한다. 다만, 새로 설립되는 대학의 장을 임용하거나 대학의 장의 명칭 변경으로 인하여 학장으로 재직 중인 사람을 해당 대학의 총장으로, 총장으로 재직 중인 사람을 해당 대학의 학장으로 그 임기 중에 임용하는 경우에는 교육부장관의 제청으로 대통령이 임용한다.(2013.3.23 본항개정)
② 제1항 본문에 따른 대학의 장의 임용추천을 위하여 대학에 대학의 장 임용추천위원회(이하 "추천위원회"라 한다)를 둔다.
③ 추천위원회는 해당 대학에서 정하는 바에 따라 다음 각 호의 어느 하나의 방법에 따라 대학의 장 후보자를 선정하여야 한다.
1. 추천위원회에서의 선정
2. 해당 대학 교원, 직원 및 학생의 합의된 방식과 절차에 따른 선정(2021.9.24 본호개정)
④ 추천위원회의 구성·운영 등에 필요한 사항은 대통령령으로 정하되, 위원의 일정 비율 이상은 여성으로 한다.
⑤ 제1항에도 불구하고 대학의 장의 임기가 끝난 후 3개월 이내에 해당 대학이 대학의 장 후보자를 추천하지 아니하는 경우 해당 대학의 장은 교육부장관의 제청으로 대통령이 임용한다.(2013.3.23 본항개정)
⑥ 제1항과 제5항에 따라 교육부장관이 대학의 장을 임용제청하려는 경우에는 인사위원회에 자문을 하여야 한다.
(2013.3.23 본항개정)
⑦ 대학의 교원으로 재직 중에 해당 대학의 장으로 임용된 사람이 제28조제1호의 임기를 마친 경우에는 제25조에도 불구하고 대학의 장의 임기가 끝나는 날의 다음 날에 대학의 장으로 임용되기 직전의 교원으로 임용된 것으로 본다.
(2011.9.30 본조개정)
판례 제24조의 위원회는 해당 대학이 대학의 장 후보자 추천권한을 행사하기 위한 것으로서 청구인들의 권리를 제한하는 규정이라기보다는 추천권행사를 위한 형성적 법률규정에 가깝다고 볼 수 있고, 교수들이나 특히 여성위원들의 참여를 보장하고 있어 청구인들의 기본권이나 대학의 자율을 증진시키는 측면도 있으므로 대학자치의 본질을 침해한다거나, 교육제도 법정주의에 반하여 위헌이라고 보기도 어렵다.
(헌재결 2006.4.27, 2005헌마1047,1048(병합) 전원재판부)
제24조의2【선거운동의 제한】 ① 누구든지 자기 또는 특정인을 대학의 장 후보자로 당선되게 하거나 당선되지 아니하게 할 목적으로 다음 각 호의 어느 하나에 해당하는 행위를 할 수 없다.
1. 선거인(선거인 명부 작성 전에는 선거인 명부에 오를 자격이 있는 사람을 포함한다)에게 대학의 장 후보자 선거일 전 180일부터 선거일까지 금전·물품·향응이나 그 밖의 재산상의 이익 또는 공사(公私)의 직위를 제공하거나 제공할 의사표시를 하거나 제공할 것을 약속하는 행위
2. 대학의 장 후보자 선거에서 후보자가 되려는 사람에게 후보자가 되지 아니하도록 하거나 후보자에게 사퇴를 하게 할 목적으로 하는 제1호에 규정된 행위
3. 제1호 또는 제2호에 규정된 이익이나 직위를 제공받거나 그 제공 의사를 승낙하는 행위 또는 그 제공을 요구하거나 알선하는 행위
② 누구든지 대학의 장 후보자 선거와 관련하여 선거인을 호별(戶別) 방문하거나 방문하게 하는 행위 또는 선거인을 특정 장소에 모이게 하거나 모이게 하도록 하는 행위를 할 수 없다.
③ 누구든지 대학의 장 후보자 선거와 관련하여 연설·벽보 및 그 밖의 방법으로 거짓 사실을 공표하거나 공공연하게 구체적인 사실을 드러내서 후보자를 비방할 수 없다.
④ 누구든지 대학의 장 후보자 선거와 관련하여 다음 각 호의 방법 외의 행위를 할 수 없다.
1. 선전벽보의 부착
2. 선거공보의 배부
3. 소형 인쇄물의 배부
4. 합동연설회 또는 공개토론회의 개최
5. 전화·컴퓨터 통신을 이용한 지지 호소
(2011.9.30 본조개정)
제24조의3【대학의 장 후보자 추천을 위한 선거사무의 위탁】 ① 대학의 장 후보자를 추천할 때 제24조제3항제2호에 따라 해당 대학 교원, 직원 및 학생의 합의된 방식과 절차에 따라 직접선거로 선정하는 경우 해당 대학은 선거관리에 관하여 그 소재지를 관할하는 「선거관리위원회법」에 따른 구·시·군선거관리위원회(이하 "구·시·군선거관리위원회"라 한다)에 선거관리를 위탁하여야 한다.(2021.9.24 본항개정)
② 중앙선거관리위원회는 제1항에 따라 구·시·군선거관리위원회가 대학의 장 후보자 추천 선거를 위탁받아 관리할 때의 후보자 등록, 선거기간, 선거운동, 선거비용, 투표, 개표 등 필요한 사항에 관하여 「공공단체등 위탁선거에 관한 법률」 제79조(시행규칙)에 따라 중앙선거관리위원회규칙으로 정하려는 경우에는 미리 교육부장관과 협의하여야 한다. 이 경우 교육부장관은 각 대학의 의견을 들어야 한다.(2014.6.11 전단개정)
③ 제1항에 따라 구·시·군선거관리위원회가 대학의 장 후보자 추천 선거를 위탁받아 관리하는 경우 이 법의 위반행위에 대한 조사 등에 관하여는 「공공단체등 위탁선거에 관한 법률」 제73조(위반행위에 대한 조사 등)를 적용한다.(2014.6.11 본항개정)
④ 대학의 장 후보자 추천을 위한 선거관리에 드는 비용은 해당 대학에서 부담하게 할 수 있다.
(2011.9.30 본조개정)
제25조【교수 등의 임용】 ① 교수·부교수는 대학의 장의 제청으로 교육부장관을 거쳐 대통령이 임용하고, 조교수는 대학의 장의 제청으로 교육부장관이 임용한다.
(2013.3.23 본항개정)
② 대학의 장이 제1항의 교육공무원을 임용제청할 때에는 해당 대학인사위원회의 동의를 받아야 한다. 다만, 대학인사위원회를 구성할 수 없는 신설 대학은 대학인사위원회가 구성될 때까지 인사위원회의 동의를 받아야 한다.
③ 제1항의 교육공무원의 전보는 해당 대학인사위원회의 동의를 받아 대학의 장의 제청으로 교육부장관이 한다.
(2013.3.23 본항개정)
(2011.9.30 본조개정)
제26조【조교의 임용】 ① 조교는 대학의 장이 임용한다.
② (2011.9.30 삭제)
(2011.9.30 본조개정)
제27조【부총장·대학원장·단과대학장의 보직】 ① 부총장은 교수 중에서, 대학원장·단과대학장은 교수 또는 부교수 중에서 대학의 장의 제청으로 교육부장관이 임명한다.(2013.3.23 본항개정)
② 대학의 장이 교육공무원을 제1항에 따라 임명할 것을 제청할 때에는 해당 대학인사위원회의 동의를 받아야 한다.
(2011.9.30 본조개정)
제28조【대학의 장 등의 임기】 대학의 장 및 부총장·대학원장·단과대학장의 임기는 다음과 같다. 다만, 제24조제1항 단서 또는 제55조제1항 단서에 따라 임용되는 사람의 임기는 제1호에도 불구하고 해당 대학의 장의 임기의 남은 기간으로 한다.
1. 대학의 장 : 4년
2. 부총장·대학원장·단과대학장 : 2년
(2011.9.30 본조개정)
제29조【장학관 등의 임용】 ① 교육부와 그 소속 기관에 근무하는 장학관 및 교육연구관은 교육부장관의 제청으로 대통령이 임용한다.
② 제1항에 따라 대통령이 임용하는 교육전문직원의 전보는 교육부장관이 행한다.
(2013.3.23 본조개정)
제29조의2【교장 등의 임용】 ① 교장·원장은 교육부장관의 제청으로 대통령이 임용한다.(2013.3.23 본항개정)
② 교장·원장의 임기는 4년으로 한다.(2012.3.21 본항개정)
③ 교장·원장은 한 번만 중임할 수 있다. 다만, 제29조의3에 따라 교장·원장으로 재직하는 횟수는 이에 포함하지 아니한다.(2012.3.21 본항개정)
④ 임용권자 또는 임용제청권자는 교장·원장으로 1차 임기를 마친 사람에 대해서는 제47조에 따른 정년까지 남은 기간이 4년 미만인 경우에도 특별한 결격사유가 없으면 제3항에 따라 교장·원장으로 다시 임용하거나 임용제청할 수 있다.(2015.3.27 본항신설)
⑤ 교장·원장의 임기가 학기 중에 끝나는 경우 임기가 끝나는 날이 3월에서 8월 사이에 있으면 8월 31일을, 9월에서 다음 해 2월 사이에 있으면 다음 해 2월 말일을 임기만료일로 한다.(2012.3.21 본항개정)
⑥ 제47조에 따른 정년 전에 임기가 끝나는 교장·원장으로서 교사로 근무할 것을 희망하는 사람(교사자격증을 가진 사람만 해당한다)은 수업 담당 능력과 건강 등을 고려하여 교사로 임용할 수 있다.(2012.3.21 본항개정)
⑦ 제6항에 따라 임용된 교사는 대통령령으로 정하는 바에 따라 원로교사로 우대하여야 한다.(2015.3.27 본항개정)
⑧ 제29조의3에 따라 임용된 공모 교장·원장을 제외한 교장·원장은 임기 중에 전보될 수 있으며, 교장·원장의 전보는 교육부장관이 한다.(2013.3.23 본항개정)
⑨ 제4항에 따른 교장·원장의 재임용과 제6항에 따른 교사의 임용에 필요한 세부 사항은 교육부장관이 정한다.
(2015.3.27 본항신설)
(2012.3.21 본조제목개정)
제29조의3【공모에 따른 교장 임용 등】 ① 고등학교 이하 각급학교의 장은 학교운영위원회 또는 유치원운영위원회의 심의를 거쳐 다음 각 호의 구분에 따른 사람 중에서 공모를 통하여 선발된 사람을 교장 또는 원장으로 임용하여 줄 것을 임용제청권자에게 요청할 수 있다.
(2015.3.27 본문개정)
1. 교장의 경우 : 「초·중등교육법」 제21조제1항에 따른 교장자격증을 받은 사람
2. 원장의 경우 : 「유아교육법」 제22조제1항에 따른 원장자격증을 받은 사람
(2012.3.21 본항개정)
② 제1항에도 불구하고 「초·중등교육법」 제61조에 따른 학교의 장은 학교운영위원회의 심의를 거쳐 해당 학교 교육과정에 관련된 교육기관, 국가기관 등에서 3년 이상 종사한 경력이 있는 사람 또는 「초·중등교육법」 제2조의 학교에서 교원으로서 전임으로 근무한 경력(제2조제1항제2호 및 제3호에 따른 교육전문직원으로 근무한 경력을 포함한다)이 15년 이상인 교육공무원이나 사립학교 교원 중에서 공모를 통하여 선발된 사람을 교장으로 임용하여 줄 것을 임용제청권자에게 요청할 수 있다. 이 경

우 학교유형별 공모 교장의 자격기준 및 적용 범위 등에 관한 사항은 대통령령으로 정한다.(2015.3.27 전단개정)
③ 제1항 및 제2항에도 불구하고 임용제청권자가 교육제도의 개선 등을 위하여 필요하다고 지정하는 고등학교 이하 각급학교의 장은 공모를 통하여 선발된 사람을 교장·원장으로 임용하여 줄 것을 임용제청권자에게 요청하여야 한다.(2015.3.27 본항개정)
④ 제1항부터 제3항까지의 규정에 따라 요청을 받은 임용제청권자는 임용요청된 사람을 해당 학교의 교장·원장으로 임용하여 줄 것을 임용권자에게 제청한다. 다만, 교장·원장 임용 관계 법령 위반 등 특별한 사유가 있는 경우에는 그러하지 아니하다.(2015.3.27 본문개정)
⑤ 제1항부터 제3항까지의 규정에 따라 공모로 임용되는 교장·원장(이하 "공모 교장·원장"이라 한다)의 임기는 4년으로 하되 공모 교장·원장으로 재직하는 횟수를 제한하지 아니한다.(2012.3.21 본항개정)
⑥ 공모 교장·원장의 임기가 끝나는 경우 공모 교장·원장으로 임용될 당시 교육공무원이었던 사람은 공모 교장·원장으로 임용되기 직전의 직위로 복귀한다. 다만, 임용되기 직전의 직위가 교장·원장인 사람으로서 중임한 사람은 교장·원장으로 복귀하지 아니한다.
(2012.3.21 본항개정)
⑦ 임용제청권자는 공모 교장·원장에 대하여 직무 수행, 실적 등을 평가하고 그 결과를 연수 등 인사에 관한 자료로 활용할 수 있다.(2012.3.21 본항개정)
⑧ 제1항부터 제7항까지에서 정한 사항 외에 공모 교장·원장의 공모 방법, 임용, 평가 등 필요한 사항은 대통령령으로 정한다.(2012.3.21 본항개정)
제29조의4【수석교사의 임용 등】 ① 수석교사는 교육부장관이 임용한다.(2013.3.23 본항개정)
② 수석교사는 최초로 임용된 때부터 4년마다 대통령령으로 정하는 업적평가 및 연수실적 등을 반영한 재심사를 받아야 하며, 심사기준을 충족하지 못한 경우 대통령령으로 정하는 바에 따라 수석교사로서의 직무 및 수당 등을 제한할 수 있다.
③ 수석교사는 대통령령으로 정하는 바에 따라 수업부담 경감, 수당 지급 등에 대하여 우대할 수 있다.
④ 수석교사는 임기 중에 교장·원장 또는 교감·원감 자격을 취득할 수 없다.
⑤ 수석교사의 운영 등 그 밖에 필요한 사항은 대통령령으로 정한다.
(2011.7.25 본조신설)
제30조【교감·교사·장학사 등의 임용】 다음 각 호의 교육공무원은 교육부장관이 임용한다.(2013.3.23 본문개정)
1. 제24조, 제25조, 제26조, 제29조의2, 제29조의3 및 제55조에 규정된 사람을 제외한 교원
2. 교육부와 그 소속 기관에 근무하는 장학사와 교육연구사(2013.3.23 본호개정)
(2011.9.30 본조개정)
제31조【초빙교원】 ① 대학은 국가기관, 연구기관, 공공단체 또는 산업체 등에서 근무하거나 외국에 거주하고 있는 사람 또는 외국인 중 「고등교육법」 제16조에 따른 자격이 있는 사람을 초빙교원으로 임용할 수 있다. 다만, 특수한 교과를 교수(敎授)하기 위한 초빙교원으로 임용하는 경우에는 「고등교육법」 제16조를 적용하지 아니할 수 있다.
② 고등학교 이하 각급학교의 장은 교사자격증을 가진 사람 중에서 해당 학교에 특별히 필요한 사람을 교사로 초빙하려는 경우에는 임용권자에게 초빙교사로 임용하여 줄 것을 요청할 수 있다.
③ 제2항에 따라 임용 요청을 받은 임용권자는 임용이 요청된 사람 중에서 해당 학교의 초빙교사를 임용할 수 있다.
④ 초빙교원의 임용·보수·복무 등에 관하여 필요한 사항은 대통령령으로 정한다.
(2011.9.30 본조개정)
제32조【기간제교원】 ① 고등학교 이하 각급학교 교원의 임용권자는 다음 각 호의 어느 하나에 해당하는 경우에는 예산의 범위에서 기간을 정하여 교원 자격증을 가진 사람을 교원으로 임용할 수 있다.
1. 교원이 제44조제1항 각 호의 어느 하나의 사유로 휴직하게 되어 후임자의 보충이 불가피한 경우
2. 교원이 파견·연수·정직·직위해제 등 대통령령으로 정하는 사유로 직무를 이탈하게 되어 후임자의 보충이 불가피한 경우
3. 특정 교과를 한시적으로 담당하도록 할 필요가 있는 경우
4. 교육공무원이었던 사람의 지식이나 경험을 활용할 필요가 있는 경우
5. 유치원 방과후 과정을 담당하도록 할 필요가 있는 경우(2012.3.21 본호개정)
② 제1항에 따라 임용된 교원(이하 "기간제교원"이라 한다)은 정규 교원 임용에서 어떠한 우선권도 인정되지 아니하며, 같은 항 제4호에 따라 임용된 사람을 제외하고는 책임이 무거운 감독 업무의 직위에 임용될 수 없다.
③ 기간제교원에 대하여는 제43조제2항·제3항, 제43조의2, 제44조부터 제47조까지 및 제49조부터 제51조까지, 「국가공무원법」 제16조, 제70조, 제73조, 제73조의2부터 제73조의4까지, 제75조, 제76조, 제78조, 제78조의2, 제79조, 제80조, 제82조, 제83조제1항·제2항 및 제83조의2를 적용하지 아니하며, 임용기간이 끝나면 당연히 퇴직한다.(2018.12.18 본항개정)
④ 기간제교원의 임용에 관하여는 제10조의3제1항 및 제10조의4를 준용한다.(2021.3.23 본항개정)
(2011.9.30 본조개정)
제32조의2【장학금 지급 및 의무복무】 ① 교육감은 교원을 안정적으로 확보하기 위하여 시·도의 조례로 정하는 기준을 충족한 사람을 교육대학의 장에게 교육대학 입학 또는 편입학 대상자로 추천할 수 있다.
② 교육감은 제1항에 따른 추천을 받아 교육대학에 입학하거나 편입학한 사람에게 장학금을 지급할 수 있다.
③ 교육감은 제2항에 따라 장학금을 받는 사람에 대하여 교육대학을 졸업한 후 4년의 범위에서 해당 관할지역에서 실시되는 교사 공개전형에 응시하여 합격한 경우에는 장학금을 받은 기간의 2배의 범위에서 시·도의 조례로 정하는 기간 동안 교육감이 정하는 지역에서 복무하도록 의무를 부과할 수 있다.
④ 교육감은 제2항에 따라 장학금을 받고 있거나 받은 사람이 다음 각 호의 어느 하나에 해당하는 경우에는 시·도의 조례로 정하는 바에 따라 본인에게 장학금의 전부 또는 일부를 반납할 것을 명할 수 있고, 본인이 반납하지 아니할 경우 그의 보증인(「보험업법」에 따라 보증보험증권을 발행한 보험회사를 포함한다)에게 보증채무의 이행을 청구할 수 있으며 반납하지 아니하면 지방세 체납처분의 예에 따라 징수할 수 있다. 다만, 의무복무기간 중 공무상 질병으로 퇴직한 경우 등 시·도의 조례로 정하는 불가피한 사유가 있는 경우에는 그러하지 아니하다.(2022.10.18 본문개정)
1. 퇴학 또는 자퇴하거나 다른 학교로 편입학한 경우
2. 공무원 임용 결격사유에 해당하게 된 경우
3. 재학 중 장학금 수령을 거부한 경우
4. 제3항에 따른 기간 동안 공개전형에 응시하지 아니하거나 의무복무를 이행하지 아니한 경우
(2011.9.30 본조개정)
제33조【임용권의 위임 등】 ① 대통령령으로 정하는 바에 따라 대통령은 그 임용권의 일부를 국가교육위원회위원장 또는 교육부장관에게, 교육부장관은 그 임용권의 일부를 교육기관, 교육행정기관 또는 교육연구기관의 장에게 위임할 수 있다.(2022.10.18 본항개정)
② 「초·중등교육법」 제62조제2항 및 「고등교육법」 제59조제3항에 따라 학교의 설립 및 운영에 관한 권한이 관계 중앙행정기관의 장에게 위탁된 학교의 소속 교원의 임용에 관하여는 제1항에 따른 임용권의 위임 기준에 준하여 대통령령으로 정하는 바에 따라 임용권자를 따로 정할 수 있다.(2012.1.26 본항개정)

제5장 보 수
(2011.9.30 본장개정)

제34조【보수결정의 원칙】 ① 교육공무원의 보수는 우대되어야 한다.
② 교육공무원의 보수는 자격, 경력, 직무의 곤란성 및 책임의 정도에 따라 대통령령으로 정한다.
제35조【보수에 관한 규정】 제34조제2항의 대통령령에는 「국가공무원법」 제47조 및 「지방공무원법」 제45조에 규정된 사항 외에 다음 각 호의 사항을 규정하여야 한다.
1. 대통령령으로 정하는 학교의 교원이나 학과를 담당하는 교원에 대한 특별수당에 관한 사항
2. 기간제교원의 보수에 관한 사항
3. 연구수당에 관한 사항
4. 교직수당에 관한 사항
제36조【명예퇴직】 ① 교육공무원으로 20년 이상 근속한 사람이 정년 전에 스스로 퇴직하는 경우에는 예산의 범위에서 명예퇴직수당을 지급할 수 있다.
② 제1항에 따른 교육공무원 중 교장·원장이 임기가 끝나기 전에 스스로 퇴직하는 경우 그 정년은 제47조에 따른 연령으로 본다.(2012.3.21 본항개정)
③ 제1항의 명예퇴직수당의 지급대상 범위, 지급액 및 지급절차와 그 밖에 필요한 사항은 대통령령으로 정한다.

제6장 연 수
(2011.9.30 본장개정)

제37조【연수의 기회균등】 교육공무원에게는 연수기관에서 재교육을 받거나 연수할 기회가 균등하게 주어져야 한다.
제38조【연수와 교재비】 ① 교육공무원은 그 직책을 수행하기 위하여 끊임없이 연구와 수양에 힘써야 한다.
② 국가나 지방자치단체는 교육공무원의 연수와 그에 필요한 시설 및 연수를 장려할 계획을 수립하여 실시하도록 노력하여야 하며, 대통령령으로 정하는 바에 따라 연수에 필요한 교재비를 지급할 수 있다.
③ 국가나 지방자치단체는 제2항에 따른 연수와 그에 필요한 시설 등을 제공하는 경우 장애인인 교육공무원의 연수활동에 불이익이 없도록 「장애인차별금지 및 권리구제 등에 관한 법률」 제14조에 따라 정당한 편의가 제공될 수 있도록 하여야 한다.(2021.9.24 본항신설)
④ 국가는 제2항에 따라 교재비를 지급하는 지방자치단체에 예산의 범위에서 그 경비의 전부 또는 일부를 보조할 수 있다.
제39조【연수기관의 설치】 ① 교육공무원의 재교육과 연수를 위하여 연수기관을 둔다.
② 제1항의 연수기관 설치 및 운영에 필요한 사항은 대통령령으로 정한다.
제40조【특별연수】 ① 국가나 지방자치단체는 특별연수계획을 수립하여 교육공무원을 국내외의 교육기관 또는 연구기관에서 일정 기간 연수를 받게 할 수 있다.
② 국가나 지방자치단체는 예산의 범위에서 제1항에 따른 특별연수 경비를 지급할 수 있다.
③ 교육부장관은 제1항에 따라 특별연수를 받고 있는 교육공무원이 연수 목적을 성실하게 수행할 수 있도록 지도·감독하여야 하며, 이를 위하여 필요한 사항은 대통령령으로 정한다.(2013.3.23 본항개정)
④ 제1항에 따라 특별연수를 받은 교육공무원에게는 6년의 범위에서 대통령령으로 정하는 바에 따라 일정 기간 복무 의무를 부과할 수 있다.
⑤ 교육부장관은 제1항에 따라 특별연수를 받고 있거나 받은 교육공무원이 다음 각 호의 어느 하나에 해당하는 경우에 본인에게 그 특별연수 경비의 전부 또는 일부를 반납할 것을 명할 수 있고, 본인이 반납하지 아니할 경우 그의 보증인(「보험업법」에 따라 보증보험증권을 발행한 보험회사를 포함한다)에게 보증채무의 이행을 청구할 수 있으며, 반납하지 아니하면 그 특별연수 경비의 재원(財源)에 따라 국세 체납처분 또는 지방세 체납처분의 예에 따라 징수할 수 있다. 이 경우 반납에 필요한 사항은 대통령령으로 정한다.(2022.10.18 전단개정)
1. 제3항에 따른 지도·감독을 위한 지시 사항을 이행하지 아니한 경우
2. 제4항에 따른 복무 의무를 이행하지 아니한 경우
제41조【연수기관 및 근무장소 외에서의 연수】 교원은 수업에 지장을 주지 아니하는 범위에서 소속 기관의 장의 승인을 받아 연수기관이나 근무장소 외의 시설 또는 장소에서 연수를 받을 수 있다.
제42조【연수 실적 및 근무성적의 평정】 ① 교육기관, 교육행정기관 및 교육연구기관의 장은 정기적으로 또는 수시로 그 소속 교육공무원의 재교육 및 연수 실적과 근무성적을 평정하여 인사관리에 반영하여야 한다.
② 제1항의 재교육 및 연수 실적과 근무성적 평정에 필요한 사항은 대통령령으로 정한다.

제7장 신분보장·징계·소청
(2011.9.30 본장개정)

제43조【교권의 존중과 신분보장】 ① 교권(敎權)은 존중되어야 하며, 교원은 그 전문적 지위나 신분에 영향을 미치는 부당한 간섭을 받지 아니한다.
② 교육공무원은 형의 선고나 징계처분 또는 이 법에서 정하는 사유에 의하지 아니하고는 본인의 의사에 반하여 강임·휴직 또는 면직을 당하지 아니한다.
③ 교육공무원은 권고에 의하여 사직을 당하지 아니한다.
제43조의2【당연퇴직】 ① 교육공무원이 제10조의4에 따른 결격사유에 해당하게 된 경우에는 당연히 퇴직한다. 다만, 「국가공무원법」 제33조제5호는 「형법」 제129조부터 제132조까지 및 직무와 관련하여 「형법」 제355조 및 제356조에 규정된 죄를 저지른 사람으로서 금고 이상의 형의 선고유예를 받은 경우만 해당한다.
② 교육공무원 중 교수, 부교수 및 조교수가 공무원으로 재직기간 중 직무와 관련하여 「형법」 제347조 또는 제351조(제347조의 상습범에 한정한다)에 규정된 죄를 저질러 300만원 이상의 벌금형을 선고받고 그 형이 확정된 경우에는 당연히 퇴직한다.(2021.9.24 본항신설)
(2021.3.23 본조개정)
제44조【휴직】 ① 교육공무원이 다음 각 호의 어느 하나에 해당하는 사유로 휴직을 원하면 임용권자는 휴직을 명할 수 있다. 다만, 제1호부터 제4호까지 및 제11호의 경우에는 본인의 의사와 관계없이 휴직을 명하여야 하고, 제7호, 제7호의2 및 제7호의3의 경우에는 본인이 원하면 휴직을 명하여야 한다.(2019.8.20 단서개정)
1. 신체상·정신상의 장애로 장기요양이 필요할 때
(2019.8.20 본호개정)
2. 「병역법」에 따른 병역 복무를 위하여 징집되거나 소집된 경우
3. 천재지변이나 전시·사변 또는 그 밖의 사유로 생사(生死)나 소재(所在)를 알 수 없게 된 경우
4. 그 밖에 법률에 따른 의무를 수행하기 위하여 직무를 이탈하게 된 경우
5. 학위취득을 목적으로 해외유학을 하거나 외국에서 1년 이상 연구 또는 연수를 하게 된 경우
6. 국제기구, 외국기관, 국내외의 대학·연구기관, 다른 국가기관, 재외교육기관(「재외국민의 교육지원 등에 관한 법률」 제2조제2호의 재외교육기관을 말한다) 또는 대통령령으로 정하는 민간단체에 임시로 고용되는 경우
7. 만 8세 이하 또는 초등학교 2학년 이하의 자녀를 양육하기 위하여 필요하거나 여성 교육공무원이 임신 또는 출산하게 된 경우(2016.1.27 본호개정)

7의2. 만 19세 미만의 아동(제7호에 따른 육아휴직의 대상이 되는 아동은 제외한다)을 입양(入養)하는 경우
7의3. 불임·난임으로 인하여 장기간의 치료가 필요한 경우(2019.8.20 본호신설)
8. 교육부장관 또는 교육감이 지정하는 연구기관이나 교육기관 등에서 연수하게 된 경우(2013.3.23 본호개정)
9. 조부모, 부모(배우자의 부모를 포함한다), 배우자, 자녀 또는 손자녀를 부양하거나 돌보기 위하여 필요한 경우. 다만, 조부모나 손자녀의 돌봄을 위하여 휴직할 수 있는 경우는 본인 외에 돌볼 사람이 없는 등 대통령령으로 정하는 요건을 갖춘 경우로 한정한다.
(2022.10.18 본호개정)
10. 배우자가 국외 근무를 하게 되거나 제5호에 해당하게 된 경우
11. 「교원의 노동조합 설립 및 운영 등에 관한 법률」 제5조에 따라 노동조합 전임자로 종사하게 된 경우
12. 「공무원연금법」 제25조에 따른 재직기간 10년 이상인 교원이 자기개발을 위하여 학습·연구 등을 하게 된 경우(2018.3.20 본호개정)
② (2013.12.30 삭제)
③ 대학에 재직 중인 교육공무원이 교육공무원 외의 공무원으로 임용되어 휴직을 원하면 임용권자는 휴직을 명할 수 있다. 이 경우 휴직기간은 그 공무원으로 재임하는 기간으로 한다.
④ 임면권자(任免權者)는 제1항제7호 및 제7호의2에 따른 휴직을 이유로 인사상 불리한 처우를 하여서는 아니 되며, 같은 호의 휴직기간은 근속기간에 포함한다.
(2012.1.26 본항개정)
⑤ 제1항의 휴직제도 운영에 필요한 사항은 대통령령으로 정한다.

제44조의2【직위해제】 ① 임용권자는 다음 각 호의 어느 하나에 해당하는 자에게는 직위를 부여하지 아니할 수 있다.
1. 직무수행 능력이 부족하거나 근무성적이 극히 나쁜 자
2. 파면·해임·강등 또는 정직에 해당하는 징계의결이 요구 중인 자
3. 형사사건으로 기소된 자(약식명령이 청구된 자는 제외한다)
4. 금품비위, 성범죄 등 다음 각 목의 비위행위로 인하여 감사원 및 검찰·경찰 등 수사기관에서 조사나 수사 중인 자로서 비위의 정도가 중대하고 이로 인하여 정상적인 업무수행을 기대하기 현저히 어려운 자
가. 「국가공무원법」 제78조의2제1항 각 호의 행위
나. 「성폭력범죄의 처벌 등에 관한 특례법」 제2조에 따른 성폭력범죄 행위
다. 「성매매알선 등 행위의 처벌에 관한 법률」 제4조에 따른 금지행위
라. 「아동·청소년의 성보호에 관한 법률」 제2조제2호에 따른 아동·청소년대상 성범죄 행위
마. 「아동복지법」 제17조에 따른 금지행위
바. 교육공무원으로서의 품위를 크게 손상하여 그 직위를 유지하는 것이 부적절하다고 판단되는 행위
② 제1항에 따라 직위를 부여하지 아니한 경우 그 사유가 소멸되면 임용권자는 지체 없이 직위를 부여하여야 한다.
③ 임용권자는 제1항제1호에 따라 직위해제된 자에게 3개월의 범위에서 대기를 명한다.
④ 임용권자 또는 임용제청권자는 제3항에 따라 대기명령을 받은 자에게 능력 회복이나 근무성적의 향상을 위한 교육훈련 또는 특별한 연구과제의 부여 등 필요한 조치를 하여야 한다.
⑤ 교육공무원에 대하여 제1항제1호의 직위해제 사유와 같은 항 제2호부터 제4호까지의 직위해제 사유가 경합(競合)할 때에는 같은 항 제2호부터 제4호까지의 직위해제 처분을 하여야 한다.
(2021.9.24 본조신설)

제45조【휴직기간 등】 ① 휴직기간은 다음 각 호와 같다.
1. 제44조제1항제1호 및 제7호의3의 사유로 인한 휴직기간은 1년 이내로 하되, 부득이한 경우 1년의 범위에서 연장할 수 있다. 다만, 「공무원 재해보상법」에 따른 공무상 부상 또는 질병으로 인한 휴직기간은 3년 이내로 하되, 의학적 소견 등을 고려하여 대통령령으로 정하는 바에 따라 2년의 범위에서 연장할 수 있다.(2022.10.18 단서개정)
2. 제44조제1항제2호 및 제4호의 사유로 인한 휴직기간은 그 복무기간이 끝날 때까지로 한다.
3. 제44조제1항제3호의 사유로 인한 휴직기간은 3개월 이내로 한다.
4. 제44조제1항제5호의 사유로 인한 휴직기간은 3년 이내로 한다. 다만, 학위취득을 하려는 경우에는 3년의 범위에서 연장할 수 있다.
5. 제44조제1항제6호의 사유로 인한 휴직기간은 그 고용기간으로 한다.
6. 제44조제1항제7호의 사유로 인한 휴직기간은 자녀 1명에 대하여 3년 이내로 하되 분할하여 휴직할 수 있다.
(2016.1.27 본호개정)
6의2. 제44조제1항제7호의2의 사유로 인한 휴직기간은 입양자녀 1명에 대하여 6개월 이내로 한다.
7. 제44조제1항제8호의 사유로 인한 휴직기간은 3년 이내로 한다.
8. 제44조제1항제9호의 사유로 인한 휴직기간은 1년 이내로 하되 재직기간 중 총 3년을 초과할 수 없다.
9. 제44조제1항제10호의 사유로 인한 휴직기간은 3년 이내로 하되 3년의 범위에서 연장할 수 있다. 다만, 총 휴직기간은 배우자의 국외 근무, 해외 유학·연구 또는 연수 기간을 초과할 수 없다.
10. 제44조제1항제11호의 사유로 인한 휴직기간은 그 전임자로 종사하는 기간으로 한다.
11. 제44조제1항제12호의 사유로 인한 휴직기간은 1년 이내로 하되, 재직기간 중 한 차례에 한정한다.
(2021.3.23 본호개정)
② 대학에 근무하는 교원인 경우에 제1항의 휴직기간은 임용기간 중의 남은 기간을 초과할 수 없다. 다만, 제44조제1항제2호·제4호부터 제7호까지·제7호의2·제8호부터 제10호까지, 같은 조 제2항 및 제3항에 따른 휴직은 그러하지 아니하다.
③ 제1항제6호 또는 제9호에 따라 2년 이상 휴직한 교원은 복직하려면 대통령령으로 정하는 바에 따라 연수를 받아야 한다.

제46조【강임자의 우선승진임용 제한】 「국가공무원법」 제73조의4제2항 또는 「지방공무원법」 제65조의4제2항을 교육공무원에게 적용할 때 본인이 동의하여 강임을 조건으로 임용권자 또는 임용제청권자를 달리하는 기관에 전입된 사람은 우선하여 승진임용할 수 없다.

제47조【정년】 ① 교육공무원의 정년은 62세로 한다. 다만, 「고등교육법」 제14조에 따른 교원인 교육공무원의 정년은 65세로 한다.
② 교육공무원(임기가 있는 교육공무원을 포함한다)은 그 정년에 이른 날이 3월에서 8월 사이에 있는 경우에는 8월 31일에, 9월에서 다음 해 2월 사이에 있는 경우에는 다음 해 2월 말일에 각각 당연히 퇴직한다.

제48조【교원의 불체포특권】 교원은 현행범인인 경우를 제외하고는 소속 학교의 장의 동의 없이 학원 안에서 체포되지 아니한다.

제49조【고충처리】 ① 교육공무원(공립대학에 근무하는 교육공무원은 제외한다. 이하 이 조에서 같다)은 누구나 인사·조직·처우 등 각종 직무조건과 그 밖의 신상문제에 대하여 인사상담이나 고충의 심사를 청구할 수 있으며, 이를 이유로 불이익한 처분이나 대우를 받지 아니한다.
② 제1항에 따라 청구를 받은 임용권자나 임용제청권자(임용추천권자를 포함한다. 이하 같다)는 이를 제3항에 따른 고충심사위원회 회의에 부쳐 심사하게 하거나 소속 공무원으로 하여금 상담하게 하고, 그 결과에 따라 고충의 해소 등 공정한 처리를 위하여 노력하여야 한다.
③ 교육공무원의 고충을 심사하기 위하여 교육부에 교육공무원 중앙고충심사위원회를 두고, 임용권자 또는 임용제청권자 단위로 교육공무원 보통고충심사위원회를 두되 교육공무원 중앙고충심사위원회의 기능은 「교원의 지위 향상 및 교육활동 보호를 위한 특별법」에 따른 교원소청심사위원회에서 관장한다.(2016.2.3 본항개정)
④ 교육공무원 중앙고충심사위원회는 다음 각 호의 사항을 심사한다.
1. 교육공무원 보통고충심사위원회의 심사를 거친 재심청구
2. 다음 각 목에 해당하는 사람의 고충(2022.12.13 본문개정)
가. 부교수 이상의 대학교원(2022.12.13 본목신설)
나. 제29조제1항에 따라 대통령이 임용하는 장학관·교육연구관(2022.12.13 본목신설)
다. 제29조의2제1항에 따라 대통령이 임용하는 교장·원장(2022.12.13 본목신설)
라. 「국가교육위원회 설치 및 운영에 관한 법률」 제20조제4항에 따라 대통령이 임용하는 장학관·교육연구관(2022.12.13 본목신설)
3. 제58조에 따라 교육감이 임용하는 장학관과 교육연구관 중 교육행정기관에 근무하는 과장급 이상의 직위에 해당하는 사람, 교육연수기관의 장, 교육연구기관의 장, 교원연수기관의 장의 고충(2012.12.11 본호신설)
⑤ 교육공무원 보통고충심사위원회는 다음 각 호의 사항을 심사한다.
1. 조교수 이하의 대학교원의 고충
2. 제30조에 따라 교육부장관이 임용하는 교육공무원의 고충(2013.3.23 본호개정)
3. 제58조에 따라 교육감이 임용하는 교육전문직원(제4항제3호에 해당하는 사람은 제외한다)의 고충
(2021.3.23 본호개정)
4. 「국가교육위원회 설치 및 운영에 관한 법률」 제20조제4항에 따라 국가교육위원회 위원장이 임용하는 교육공무원의 고충(2022.12.13 본호신설)
(2012.12.11 본항개정)
⑥ 제5항에도 불구하고 같은 항에 규정된 교육공무원의 고충이 임용권자를 달리하는 둘 이상의 기관에 관련된 경우에는 교육공무원 중앙고충심사위원회에서 심사하고, 원래 소속 기관의 교육공무원 보통고충심사위원회에서 고충을 심사하는 것이 부적당하다고 인정되는 경우에는 바로 위 상급기관의 교육공무원 보통고충심사위원회에서 심사할 수 있다.
⑦ 임용권자나 임용제청권자는 심사 결과 필요하다고 인정할 때에는 처분청 또는 관계 기관의 장에게 그 시정을 요청할 수 있으며, 요청을 받은 처분청 또는 관계 기관의 장은 특별한 사유가 없으면 이를 이행하고, 그 처리결과를 통보하여야 한다. 다만, 부득이한 사유로 이행하지 못할 경우에는 그 사유를 통보하여야 한다.
⑧ 교육공무원 고충심사위원회의 구성·권한·심사절차와 그 밖에 필요한 사항은 대통령령으로 정한다.

제50조【징계위원회의 설치】 ① 교육공무원의 징계처분 및 제10조의3제1항 각 호 외의 부분 단서에 따른 교원의 채용에 관한 사항을 의결하게 하기 위하여 대통령령으로 정하는 교육기관, 교육행정기관, 지방자치단체 및 교육연구기관에 교육공무원 징계위원회(이하 "징계위원회"라 한다)를 둔다.
② 징계위원회의 종류·구성·권한·심의절차, 징계위원회 위원의 제척(除斥)이나 기피(忌避)에 관한 사항 및 징계대상자의 진술권 등 필요한 사항은 대통령령으로 정한다.
③ 징계대상자에게 의견을 진술할 기회를 주지 아니한 징계의 의결은 무효로 한다.

제51조【징계의결의 요구】 ① 교육기관, 교육행정기관, 지방자치단체 또는 교육연구기관의 장은 그 소속 교육공무원이 「국가공무원법」 제78조제1항 각 호의 징계사유 및 「지방공무원법」 제69조제1항 각 호의 징계사유에 해당한다고 인정하는 경우에는 지체 없이 해당 징계사건을 관할하는 징계위원회에 징계의결을 요구하여야 한다. 다만, 해당 징계사건을 관할하는 징계위원회가 상급기관에 설치되어 있는 경우에는 그 상급기관의 장에게 징계의결의 요구를 신청하여야 한다.
② 제1항의 경우에 징계의결 요구권자 자신에 관한 징계사건은 그 바로 위 감독청의 장이 징계의결을 요구한다.

제52조【징계사유의 시효에 관한 특례】 교육공무원에 대한 징계사유가 다음 각 호의 어느 하나에 해당하는 경우에는 「국가공무원법」 제83조의2제1항, 「지방공무원법」 제73조의2제1항에도 불구하고 징계사유가 발생한 날부터 10년 이내에 징계의결을 요구할 수 있다.(2022.10.18 본문개정)
1.~4. (2022.10.18 삭제)
5. 「학술진흥법」 제15조제1항에 따른 연구부정행위 또는 「국가연구개발혁신법」 제31조제1항에 따른 국가연구개발사업 관련 부정행위(2020.12.22 본호신설)
(2015.3.27 본조신설)

제53조【「국가공무원법」과의 관계】 ① 「국가공무원법」 제16조제1항을 교육공무원(공립대학에 근무하는 교육공무원은 제외한다. 이하 이 조에서 같다)인 교원에게 적용할 때 같은 항의 "소청심사위원회"는 "교원소청심사위원회"로 본다.
② 「국가공무원법」 제43조제1항을 교육공무원에 적용하는 경우에는 같은 항 본문 중 "제71조제1항제1호·제3호·제5호·제6호, 제71조제2항 또는 제73조의2"는 "「교육공무원법」 제44조제1항제1호·제2호·제4호부터 제7호까지·제7호의3·제8호부터 제12호까지, 같은 조 제2항 또는 제3항"으로 보고, 같은 조 제2항제1호 중 "제71조제1항제1호"는 "「교육공무원법」 제44조제1항제1호"로 보며, 같은 항 제2호 중 "제71조제2항제4호"는 "「교육공무원법」 제44조제1항제7호"로 본다.(2023.4.11 본항개정)
③ 「국가공무원법」 제70조제1항제3호에서의 직제의 개정 또는 폐지와 같은 법 제73조의4제1항에서의 직제의 변경은 「초·중등교육법」 제2조 및 「고등교육법」 제2조의 학교(공립대학은 제외한다)의 학교·학과 또는 학부의 폐지를 포함하는 것으로 본다.(2021.3.23 본항개정)
④ 「국가공무원법」 제32조의4를 교육공무원에게 적용할 때 같은 조 제1항의 "국가기관의 장"은 "임용권자 또는 임용제청권자"로 본다.
⑤ 「국가공무원법」 제6조, 제17조, 제19조의2, 제21조, 제22조, 제22조의2, 제23조, 제24조, 제28조의2, 제28조의3, 제31조, 제31조의2, 제32조, 제32조의2, 제34조, 제36조, 제36조의2제1항제1호, 제37조부터 제39조까지, 제40조의2, 제41조, 제42조제2항 및 제50조는 교육공무원에게, 같은 법 제76조는 교원(공립대학의 교원은 제외한다)에게 각각 적용하지 아니한다.(2018.12.18 본항개정)

제8장 공립대학의 교육공무원
(2011.9.30 본장개정)

제54조【지방교육공무원 인사위원회】 ① 공립대학에 근무하는 교육공무원(이하 "공립대학 교육공무원"이라 한다)의 인사에 관한 중요 사항에 대하여 지방자치단체의 장이 자문할 수 있도록 지방자치단체에 지방교육공무원 인사위원회를 둔다.
② 제1항에 따른 지방교육공무원 인사위원회(이하 "지방교육공무원 인사위원회"라 한다)는 위원장 1명을 포함한 7명의 위원으로 구성하며, 위원장은 해당 지방자치단체의 부단체장이 된다. 이 경우 부단체장이 2명 이상인 지방자치단체에서는 대통령령으로 정하는 부단체장을 말한다.
③ 위원은 7년 이상의 교육경력, 교육행정경력 또는 행정경력이 있고 인사행정에 관한 식견이 풍부한 사람 중에서 지방자치단체의 장이 임명하거나 위촉한다.
④ 지방자치단체의 장은 다음 각 호의 사항에 관하여는 지방교육공무원 인사위원회의 심의를 거쳐야 한다.
1. 공립대학 교육공무원의 인사행정에 관한 방침 및 기준의 결정과 기본계획의 수립에 관한 사항

2. 공립대학 교육공무원의 인사에 관한 조례 및 규칙의 제정·개정 또는 폐지에 관한 사항
3. 그 밖에 공립대학 교육공무원의 인사에 관한 중요한 사항
⑤ 지방교육공무원 인사위원회의 구성 및 운영에 필요한 사항은 대통령령으로 정한다.
제55조【공립대학의 장 등의 임용】 ① 공립대학의 장은 대통령령으로 정하는 바에 따라 해당 공립대학의 추천을 받아 지방교육공무원 인사위원회에 자문하여 지방자치단체의 장이 임용한다. 다만, 새로 설립되는 공립대학의 장을 임용하거나 공립대학의 장의 명칭 변경으로 인하여 학장으로 재직 중인 사람을 해당 공립대학의 총장으로, 총장으로 재직 중인 사람을 해당 공립대학의 학장으로 그 임기 중에 임용하는 경우에는 지방교육공무원 인사위원회에 자문하여 지방자치단체의 장이 임용한다.
② 교수·부교수·조교수는 공립대학의 장의 제청으로 지방자치단체의 장이 임용하고, 조교는 공립대학의 장이 임용한다.
③ 제2항에 따라 교수·부교수 및 조교수를 임용제청하려는 경우에는 해당 대학인사위원회의 동의를 받아야 하며, 대학인사위원회를 구성할 수 없는 신설 공립대학은 대학인사위원회가 구성될 때까지 지방교육공무원 인사위원회의 동의를 받아야 한다.
④ 부총장은 교수 중에서, 대학원장과 단과대학장은 교수 또는 부교수 중에서 대학인사위원회의 동의를 받아 공립대학의 장이 임명한다.
⑤ 지방자치단체의 장은 제2항에 규정된 권한의 일부를 조례로 정하는 바에 따라 공립대학의 장에게 위임할 수 있다.
⑥ 공립대학의 장의 임용에 관하여는 제24조제7항을 준용한다. 이 경우 "대학"은 "공립대학"으로, "제25조"는 "제55조제2항 및 제3항"으로 본다.
제56조【공립대학 교육공무원의 고충처리】 ① 공립대학 교육공무원은 누구나 인사·조직·처우 등 각종 직무조건과 그 밖의 신상문제에 대하여 인사상담이나 고충의 심사를 청구할 수 있으며, 이를 이유로 불이익한 처분이나 대우를 받지 아니한다.
② 제1항에 따라 청구를 받은 임용권자나 임용제청권자는 이를 제3항에 따른 고충심사위원회의 회의에 부쳐 심사하게 하거나 소속 공무원으로 하여금 상담하게 하고, 그 결과에 따라 고충의 해소 등 공정한 처리를 위하여 노력하여야 한다.
③ 공립대학 교육공무원의 고충을 심사하기 위하여 지방자치단체에 공립대학교육공무원 고충심사위원회(이하 "공립대학고충위원회"라 한다)를 두고, 공립대학에는 공립대학교육공무원 보통고충심사위원회(이하 "공립대학보통고충위원회"라 한다)를 두되, 공립대학고충위원회의 기능은 지방교육공무원 인사위원회에서 관장한다.
④ 공립대학고충위원회는 공립대학보통고충위원회의 심사를 거친 재심청구와 부교수 이상의 공립대학 교육공무원의 고충을 심사한다.
⑤ 공립대학보통고충위원회는 조교수 이하의 공립대학 교육공무원의 고충을 심사한다.
⑥ 제5항에도 불구하고 같은 항에 규정된 공립대학 교육공무원의 고충이 임용권자를 달리하는 둘 이상의 기관에 관련되거나 원래 소속 기관의 공립대학보통고충위원회에서 고충을 심사하는 것이 부적당하다고 인정되는 경우에는 공립대학고충위원회에서 심사할 수 있다.
⑦ 임용권자나 임용제청권자는 심사 결과 필요하다고 인정할 때에는 처분청 또는 관계 기관의 장에게 그 시정을 요청할 수 있으며, 요청을 받은 처분청 또는 관계 기관의 장은 특별한 사유가 없으면 이를 이행하고, 그 처리결과를 통보하여야 한다. 다만, 부득이한 사유로 이행하지 못할 경우에는 그 사유를 통보하여야 한다.
⑧ 공립대학고충위원회의 구성·권한 및 심사절차와 그 밖에 필요한 사항은 조례로 정한다.
제57조【「지방공무원법」과의 관계】 ① 「지방공무원법」 제20조의2를 공립대학 교육공무원인 교원에게 적용할 때 같은 조의 "심사위원회"는 "교원소청심사위원회"로 본다.
② 「지방공무원법」 제41조제1항을 공립대학 교육공무원에게 적용할 때 같은 항 본문 중 "제63조제1항제1호·제2호·제4호·제5호, 제63조제2항 또는 제65조의2"는 "「교육공무원법」 제44조제1항제1호·제2호·제4호부터 제7호까지·제7호의3·제8호부터 제11호까지 또는 같은 조 제2항 및 제3항"으로 보고, 같은 항 단서 중 "제63조제2항제4호"는 "「교육공무원법」 제44조제1항제7호"로 본다.
(2019.8.20 본항개정)
③ 「지방공무원법」 제62조제1항제1호나목에서의 직제의 개정 또는 폐지와 같은 법 제65조의4제1항에서의 직제의 변경은 공립대학의 학교·학과 또는 학부의 폐지를 포함하는 것으로 본다.(2021.3.23 본항개정)
④ 「지방공무원법」 제6조, 제7조부터 제9조까지, 제9조의2, 제10조, 제10조의2, 제10조의3, 제11조, 제22조, 제22조의2, 제23조, 제24조, 제29조의2부터 제29조의5까지, 제30조, 제30조의2, 제32조, 제34조, 제34조의2, 제35조부터 제37조까지, 제39조, 제39조의2, 제40조 및 제74조는 공립대학 교육공무원에게, 같은 법 제67조제2항부터 제7항까지의 규정은 공립대학 교육공무원인 교원에게 각각 적용하지 아니한다.(2012.3.21 본항개정)

제9장 교육감 소속 교육전문직원
(2012.12.11 본장신설)

제58조【교육감 소속 교육전문직원의 임용】 교육감 소속 교육전문직원은 교육감이 임용한다.
제59조【지방교육전문직원 인사위원회】 ① 교육감 소속 교육전문직원의 인사에 관한 중요 사항에 대하여 교육감이 자문할 수 있도록 교육감 소속으로 지방교육전문직원 인사위원회를 둔다.
② 제1항에 따른 지방교육전문직원 인사위원회는 위원장 1명을 포함한 7명의 위원으로 구성하며, 위원장은 부교육감이 된다. 부교육감이 2명인 시·도에서는 대통령령으로 정하는 부교육감을 위원장으로 한다.
③ 위원은 7년 이상의 교육경력 또는 교육행정경력이 있고 인사행정에 관한 식견이 풍부한 사람 중에서 교육감이 임명하거나 위촉한다.
④ 제1항에 따른 지방교육전문직원 인사위원회의 심의사항 등에 관하여는 제54조제4항 및 제5항을 준용한다. 이 경우 "공립대학 교육공무원"은 "교육감 소속 교육전문직원"으로, "지방교육공무원 인사위원회"는 "지방교육전문직원 인사위원회"로 본다.
제60조【교육감 소속 교육전문직원의 채용 및 전직 등】 ① 교육감 소속 교육전문직원과 「유아교육법」 및 「초·중등교육법」에 따른 국립·공립 학교의 교원 간에는 제12조제1항제4호에 따른 채용을 거쳐 상호 전직할 수 있다.(2022.10.18 본항개정)
② 교육부 및 그 소속 기관의 교육전문직원과 교육감 소속 교육전문직원 간에는 「지방공무원법」 제30조의2에도 불구하고 교육공무원 종류 및 교류인원 등을 달리하여 인사교류를 할 수 있다.(2013.3.23 본항개정)
③ 국가교육위원회의 교육전문직원과 교육감 소속의 교육전문직원 간에는 서로 전직하거나 전보할 수 있다.
(2022.12.13 본항신설)
(2022.10.18 본조제목개정)
제61조【「지방공무원법」과의 관계】 ① 「지방공무원법」 제20조의2를 교육감 소속 교육전문직원에게 적용할 때 "심사위원회"는 "교원소청심사위원회"로 본다.
② 「지방공무원법」 제41조제1항을 교육감 소속 교육전문직원에게 적용할 때 같은 항 본문 중 "제63조제1항제1호·제2호·제4호·제5호, 제63조제2항 또는 제65조의2"는 "「교육공무원법」 제44조제1항제1호·제2호·제4호부터 제7호까지·제7호의3·제8호부터 제11호까지 또는 같은 조 제2항 및 제3항"으로 보고, 같은 항 단서 중 "제63조제2항제4호"는 "「교육공무원법」 제44조제1항제7호"로 본다.(2019.8.20 본항개정)
③ 「지방공무원법」 제7조부터 제9조까지, 제9조의2, 제10조, 제10조의2, 제10조의3, 제11조, 제22조, 제22조의2, 제23조, 제24조, 제29조의2, 제29조의4, 제30조, 제32조, 제34조, 제34조의2, 제35조부터 제37조까지, 제39조, 제39조의2, 제67조제2항부터 제7항까지 및 제74조는 교육감 소속 교육전문직원에게 적용하지 아니한다.(2022.10.18 본항개정)

제10장 벌 칙
(2012.12.11 본장제목개정)

제62조【벌칙】 ① 제24조의2제1항을 위반한 사람은 2년 이하의 징역 또는 2천만원 이하의 벌금에 처한다.
② 제24조의2제2항 또는 제4항을 위반한 사람은 1년 이하의 징역 또는 1천만원 이하의 벌금에 처한다.
③ 제24조의3제3항에 따라 적용되는 「공공단체등 위탁선거에 관한 법률」 제73조제3항을 위반하여 출입을 방해하거나 자료 제출 요구에 따르지 아니한 사람 또는 거짓 자료를 제출한 사람은 1년 이하의 징역 또는 1천만원 이하의 벌금에 처한다.(2019.4.23 본항개정)
④ 제24조의2제3항을 위반한 사람은 500만원 이상 3천만원 이하의 벌금에 처한다. 다만, 진실한 사실로서 오로지 공공의 이익에 관한 것일 때에는 처벌하지 아니한다.
⑤ 제1항부터 제4항까지에 규정된 죄의 공소시효는 해당 선거일 후 6개월이 지나면 완성된다. 다만, 범인이 도피한 경우에는 그 기간을 3년으로 한다.
(2011.9.30 본조개정)
제63조【과태료】 ① 제24조의3제3항에 따라 적용되는 「공공단체등 위탁선거에 관한 법률」 제73조제4항에 따른 출석 요구를 정당한 사유 없이 따르지 아니한 사람에게는 100만원 이하의 과태료를 부과한다.(2021.3.23 본항개정)
② 제1항의 과태료는 구·시·군선거관리위원회가 부과·징수한다.
(2011.9.30 본조개정)

부 칙 (2004.10.15)

제1조【시행일】 이 법은 공포한 날부터 시행한다.
제2조【적용시한】 ① 별표2의 개정규정중 제2호 내지 제4호는 다음 각호와 같이 적용한다.
1. 2005학년도 입학생 : 2010년에 공고되는 공개전형까지
2. 2004학년도 입학생 : 2009년에 공고되는 공개전형까지
3. 2003학년도 입학생 : 2008년에 공고되는 공개전형까지
4. 2002학년도 입학생 : 2007년에 공고되는 공개전형까지
5. 2001학년도 이전 입학생 : 2006년에 공고되는 공개전형까지
② 제1항 각호의 1에 해당하는 자중 재학중 또는 졸업후 제11조제1항의 규정에 의한 공개전형에 응시하기 전에 병역법에 의한 병역의무의 이행을 위하여 징집 또는 소집된 자는 그 징집 또는 소집된 기간만큼 연장하여 적용한다.

부 칙 (2011.5.19)

제1조【시행일】 이 법은 공포한 날부터 시행한다.
제2조【교원 등 채용의 제한에 관한 적용례】 제10조의3 제1항 및 제32조제4항의 개정규정은 이 법 시행 후 제10조의3제1항 각 호의 어느 하나의 행위로 인하여 최초로 파면·해임되거나 금고 이상의 형을 선고받은 사람(집행유예의 형을 선고받은 후 그 집행유예기간이 경과한 사람을 포함한다)부터 적용한다.
제3조【공무상 질병 또는 부상으로 인한 휴직기간 확대에 따른 적용례】 제45조제1항제1호의 개정규정은 이 법 시행 전에 공무상 질병 또는 부상으로 휴직하였거나 이 법 시행 당시 휴직 중에 있는 사람에게도 적용한다.

부 칙 (2011.9.30)

제1조【시행일】 이 법은 공포 후 3개월이 경과한 날부터 시행한다. 다만, 부칙 제4조는 2012년 7월 22일부터 시행한다.
제2조【고등학교 이하 각급학교의 초빙교장에 대한 경과조치】 이 법 시행 당시 종전의 규정에 따라 초빙교장으로 재직하였거나 재직 중인 경력은 제29조의2제3항의 개정규정에도 불구하고 교장으로 재직하는 횟수에 포함하지 아니한다.
제3조【초빙교장 등에 대한 경과조치】 ① 이 법 시행 당시 종전의 규정에 따른 초빙교장과 「초·중등교육법」 제61조에 따른 학교의 공모 교장은 이 법에 따른 공모 교장으로 본다.
② 이 법 시행 당시 종전의 규정에 따른 초빙교장의 임용절차 또는 「초·중등교육법」 제61조에 따른 학교의 교장 공모 절차가 진행중인 사람의 임용은 종전의 규정에 따른다.
제4조【다른 법률의 개정】 ※(해당 법령에 가제정리 하였음)

부 칙 (2012.1.26)

제1조【시행일】 이 법은 공포한 날부터 시행한다. 다만, 제33조제2항의 개정규정은 2012년 3월 1일부터 시행한다.
제2조【결격사유에 관한 적용례】 제10조의3 및 제10조의4의 개정규정은 이 법 시행 후 최초로 임용되는 교육공무원부터 적용한다.
제3조【당연퇴직에 관한 적용례】 제43조의2의 개정규정은 이 법 시행 후 최초로 제10조의4의 개정규정에 따른 결격사유에 해당하는 사람부터 적용한다.
제4조【근속기간 산입에 관한 적용례】 제44조제4항의 개정규정은 이 법 시행 전에 임신·출산 또는 자녀양육을 위하여 휴직한 교육공무원의 휴직기간에 대하여도 적용한다.

부 칙 (2014.1.24)

제1조【시행일】 이 법은 2014년 2월 7일부터 시행한다.
제2조【질병 등으로 인한 휴직기간에 관한 적용례】 제45조제1항제1호 본문의 개정규정은 이 법 시행 당시 제44조제1항제1호에 따라 휴직 중인 교육공무원에 대해서도 적용한다.

부 칙 (2015.3.27)

제1조【시행일】 이 법은 공포한 날부터 시행한다.
제2조【징계사유의 시효 연장에 관한 적용례】 제52조의 개정규정은 이 법 시행 전에 징계사유가 발생하였으나 이 법 시행 당시 종전의 규정에 따른 징계시효가 완성되지 아니한 사람에 대해서도 적용한다.
제3조【다른 법률의 개정】 ※(해당 법령에 가제정리 하였음)

부 칙 (2016.1.27)

제1조【시행일】 이 법은 공포한 날부터 시행한다.
제2조【부정행위자 조치에 관한 적용례】 제11조의2의 개정규정은 이 법 시행 이후 최초로 실시하는 채용시험부터 적용한다.
제3조【육아휴직에 관한 적용례】 제45조제1항제6호의 개정규정은 이 법 시행 전에 휴직하였거나 이 법 시행 당시 휴직 중인 사람에 대해서도 적용한다.
제4조【결격사유에 관한 경과조치】 이 법 시행 당시 교육공무원으로 재직 중인 사람이 이 법 시행 전의 행위로 제10조의4제2호의 개정규정에 따른 결격사유에 해당하

게 된 경우에 임용(신규채용 및 특별채용은 제외한다) 및 당연퇴직에 관하여는 같은 개정규정에도 불구하고 종전의 규정에 따른다.
제5조【다른 법률의 개정】 ①~② ※(해당 법령에 가제정리 하였음)

부 칙 (2017.11.28)

제1조【시행일】 이 법은 공포 후 6개월이 경과한 날부터 시행한다.
제2조【교원의 재임용 평가에 관한 적용례】 제11조의4 제5항 및 제6항의 개정규정은 이 법 시행 후 최초로 교원의 재임용을 평가하는 경우부터 적용한다.
제3조【사외이사 보수 제한에 관한 적용례】 제19조의2 제2항의 개정규정은 이 법 시행 후 최초로 상업·공업·금융업, 그 밖에 영리를 목적으로 하는 사기업체의 사외이사 겸직 허가를 받는 경우부터 적용한다.

부 칙 (2018.4.17)

제1조【시행일】 이 법은 공포한 날부터 시행한다.
제2조【징계사유의 시효 연장에 관한 적용례】 제52조의 개정규정은 이 법 시행 전에 징계사유가 발생하였으나 종전의 규정에 따른 징계시효가 완성되지 아니한 사람에 대해서도 적용한다.

부 칙 (2018.12.18)

제1조【시행일】 이 법은 공포한 날부터 시행한다. 다만, 제44조제1항제9호 및 제53조제5항의 개정규정은 공포 후 3개월이 경과한 날부터 시행하며, 제5조제1항 및 제11조의5의 개정규정은 공포 후 6개월이 경과한 날부터 시행한다.
제2조【벌금형의 분리에 관한 적용례】 제10조의5의 개정규정(제1호는 제외한다)은 이 법 시행 후 최초로 제10조의4제3호에 규정된 죄를 저지른 사람부터 적용한다.

부 칙 (2019.8.20)

제1조【시행일】 이 법은 공포 후 6개월이 경과한 날부터 시행한다.
제2조【불임·난임의 질병휴직에 관한 적용례】 제44조제1항제7호의3의 개정규정은 이 법 시행 후 최초로 휴직을 신청하는 경우부터 적용한다.

부 칙 (2020.1.29)

이 법은 공포 후 6개월이 경과한 날부터 시행한다.

부 칙 (2020.12.22)

제1조【시행일】 이 법은 공포 후 6개월이 경과한 날부터 시행한다.
제2조【징계사유의 시효에 관한 적용례】 제52조의 개정규정은 이 법 시행 이후 발생하는 연구부정행위 및 국가연구개발사업 관련 부정행위부터 적용한다.

부 칙 (2021.3.23)

이 법은 공포한 날부터 시행한다.(이하 생략)

부 칙 (2021.7.20)

제1조【시행일】 이 법은 공포 후 1년이 경과한 날부터 시행한다.(이하 생략)

부 칙 (2021.9.24)

제1조【시행일】 이 법은 공포 후 3개월이 경과한 날부터 시행한다. 다만, 제43조의2의 개정규정은 공포 후 6개월이 경과한 날부터 시행한다.
제2조【당연퇴직에 관한 적용례】 제43조의2제2항의 개정규정은 이 법 시행 이후 발생한 범죄행위로 같은 개정규정에 따른 당연퇴직 사유에 해당하게 된 경우부터 적용한다.

부 칙 (2022.10.18)

제1조【시행일】 이 법은 공포 후 6개월이 경과한 날부터 시행한다. 다만, 제11조제4항, 제17조제3항, 제32조의2제4항, 제33조제1항, 제40조제5항 및 제52조의 개정규정은 공포한 날부터 시행한다.
제2조【공무상 부상 또는 질병으로 인한 휴직기간의 연장에 관한 적용례】 제45조제1항제1호 단서의 개정규정은 이 법 시행 당시 종전의 규정에 따라 휴직하였거나 휴직 중인 사람에 대해서도 적용한다.
제3조【진행 중인 시험 및 전직에 관한 경과조치】 이 법 시행 당시 진행 중인 시험 및 전직에 대해서는 제12조 및 제60조의 개정규정에도 불구하고 종전의 규정에 따른다.
제4조【징계사유의 시효에 관한 특례에 관한 경과조치】 부칙 제1조 단서에 따른 시행일 전에 징계사유가 발생한 경우 그 징계시효에 관하여는 제52조의 개정규정에도 불구하고 종전의 규정에 따른다.
제5조【다른 법률의 개정】 ※(해당 법령에 가제정리 하였음)

부 칙 (2022.12.13)

이 법은 공포한 날부터 시행한다.

부 칙 (2023.4.11)

제1조【시행일】 이 법은 공포 후 6개월이 경과한 날부터 시행한다.(이하 생략)

〔별표〕 ➡ 「法典 別册」 참조

교육공무원임용령

(1969년 11월 24일 대통령령 제4303호)

개정
1971.12.31영 5946호 <중략>
2010. 1.11영21986호 2011. 2. 1영22655호
2011. 5.30영22944호(암관리법시)
2011. 9. 6영23115호
2011. 9. 6영23116호(국립대학법인서울대학교설립·운영에관한법시)
2011.10.25영23243호 2011.11.30영23322호
2011.12.28영23395호 2012. 1. 6영23486호
2012. 2.29영23644호(대학교원자격기준등에관한규정)
2012. 5. 7영23767호 2012.12. 4영24215호
2013. 3.23영24423호(직제)
2013. 5.31영24547호
2013.11.20영24852호(공무원임용)
2013.12.30영25050호(행정규제재검토에따른일부개정령)
2014. 8. 6영25532호(민감정보고유식별정보)
2014.11. 4영25682호
2014.11.19영25751호(직제)
2014.12.26영25890호
2015.12.31영26844호(행정기관책임성강화)
2016. 1. 6영26856호 2016. 7.26영27372호
2016. 8. 2영27418호(교원의지위향상및교육활동보호를위한특별법시)
2017. 7.26영28211호(직제)
2018. 3.20영28703호 2018. 5.28영28902호
2018. 9.18영29180호(공무원재해보상법시)
2018.12.11영29367호(공직윤리강화)
2019. 3.19영29624호 2019. 6.18영29861호
2019. 6.25영29930호(공무원의명예퇴직에따른특별승진관리를강화하기위한영)
2019. 7. 2영29950호(법령용어정비)
2019. 9.10영30072호 2019.11. 5영30198호
2020. 5. 4영30657호 2020. 7.21영30856호
2020. 9.22영31024호 2021. 6.22영31786호
2022.10. 4영32932호(행정기관정비일부개정법령등)
2022.12.20영33112호(개인정보침해요인개선을위한일부개정령)
2023. 3. 7영33321호(규제기한정비)
2023. 4.11영33380호
2023. 8.30영33692호(공무원임용)
2023.10.10영33800호

제1장 총 칙

제1조【적용범위】 교육공무원의 임용에 관하여는 다른 법령에 특별한 규정이 있는 경우를 제외하고는 이 영이 정하는 바에 의한다.(1982.3.11 본조개정)
제2조 (1982.3.11 삭제)
제3조【임용권의 위임】 ① 대통령은 「교육공무원법」(이하 "법"이라 한다) 제33조에 따라 다음 각 호의 임용권을 교육부장관에게 위임한다. 다만, 제3호의 임용권 중 국가교육위원회 소속 장학관 및 교육연구관에 대한 임용권은 국가교육위원회위원장에게 위임한다.(2023.4.11 단서신설)
1. 법 제24조제1항의 규정에 의한 대학(산업대학·교육대학·전문대학 및 「고등교육법」 제2조제5호에 따른 원격대학을 포함한다. 이하 같다)의 장의 휴직·직위해제 및 복직(2008.6.5 본호개정)
2. 법 제25조제1항의 규정에 의한 교수 및 부교수의 임용(1999.9.30 본호개정)
3. 법 제29조제1항에 따른 장학관 및 교육연구관의 승급·겸임·휴직·직위해제 및 복직(2007.6.28 본호개정)
3의2. (2013.5.31 삭제)
4. 법 제29조의2제1항에 따른 교장 및 원장의 임용(교장 및 원장으로 임명하는 임용권은 제외한다)(2012.12.4 본호개정)

② 교육부장관은 법 제33조에 따라 다음 각 호의 임용권을 대학의 장에게 위임한다.(2013.3.23 본문개정)
1. 소속부총장·대학원장 및 대학의 장이 아닌 학장의 보직(2003.3.11 본호개정)
2. 조교수 및 교육연구사의 임용(2007.6.28 본호개정)
3. (2007.6.28 삭제)
4. 보직이 없는 소속교육연구관의 당해 학교안에서의 전보(1999.9.30 본호개정)
5. 부설학교 교원(교장 및 원장은 제외한다)의 임용(2012.12.4 본호개정)
6. (2007.6.28 삭제)

③ 교육부장관은 법 제33조의 규정에 의하여 다음의 임용권을 국사편찬위원회위원장에게 위임한다.(2013.3.23 본문개정)
1. 소속장학사 및 교육연구사의 임용(2003.3.11 본호개정)
2. (2007.6.28 삭제)
3. 보직이 없는 소속장학관 및 교육연구관의 당해 기관안에서의 전보(2003.3.11 본호개정)

④ 교육부장관은 법 제33조의 규정에 의하여 다음의 임용권을 국립특수교육원장에게 위임한다.(2013.3.23 본문개정)
1. (2007.6.28 삭제)
2. 소속교육연구사의 임용(2003.3.11 본호개정)

⑤ 교육부장관은 법 제33조에 따라 다음 각 호의 임용권을 해당 교육감에게 위임한다.(2013.3.23 본문개정)
1. 법 제29조의2제8항에 따른 교장 및 원장의 전보(2023.4.11 본호개정)
2. (1999.9.30 삭제)
3. 교감·원감·수석교사 및 교사의 임용(2012.12.4 본호개정)
4.~5. (2013.5.31 삭제)
6. (2007.6.28 삭제)
7.~8. (2013.5.31 삭제)

⑥ 교육부장관은 법 제33조에 따라 다음 각 호의 임용권을 해당 국립의 고등학교(대학의 부설고등학교는 제외한다)·특수학교 및 각종 학교의 교장에게 위임한다.(2021.6.22 본문개정)
1. 소속교사의 임용
2. 소속교감의 승급
(1982.3.11 본조개정)

제3조의2【임용권의 재위임】 ① 교육부장관은 「정부조직법」 제6조제1항 후단에 따라 다음 각 호의 임용권을 대학의 장에게 재위임한다.(2013.3.23 본문개정)
1. 소속교수·부교수의 임용
2. 소속교육연구관의 승급·휴직·직위해제 및 복직
3. 제3조제1항제4호에 따라 위임받은 임용권 중 해당 대학의 부설학교 교장 및 부설유치원 원장의 임용(2012.12.4 본호개정)

② 교육부장관은 「정부조직법」 제6조제1항 후단에 따라 소속장학관 및 교육연구관의 승급·휴직·직위해제 및 복직에 대한 임용권을 국사편찬위원회위원장에게 재위임한다.(2013.3.23 본항개정)

③ 교육부장관은 「정부조직법」 제6조제1항 후단에 따라 소속장학관 및 교육연구관의 승급에 대한 임용권을 국립특수교육원장에게 재위임한다.(2013.3.23 본항개정)

④ 교육부장관은 「정부조직법」 제6조제1항 후단에 따라 다음 각 호의 임용권을 해당 교육감에게 재위임한다.(2013.3.23 본문개정)
1. (2013.5.31 삭제)
2. 제3조제1항제4호에 따라 대통령으로부터 위임받은 교장 및 원장의 임용(제1항제3호에 따른 교장 및 원장의 임용은 제외한다)(2012.12.4 본호개정)
(2007.6.28 본조신설)

제4조【결원의 적기보충】 임용권자 또는 임용제청권자는 당해 기관에 결원이 있는 경우에는 지체없이 결원보충에 필요한 조치를 취하여야 한다.
제4조의2 (1982.3.11 삭제)
제4조의3【대학교원의 신규채용】 ① 대학교원을 신규채용하는 경우에는 법 제11조의3제1항에 따라 특정 대학의 학사학위 소지자가 「고등교육법 시행령」 제28조제1항의 모집단위별 채용인원의 3분의 2를 초과하지 아니하도록 하여야 한다. 다만, 신규채용된 대학교원이 해당 대학에서 학사학위를 취득하였다 하더라도 그 학사학위 전공분야가 그 대학에 채용되어 교육·연구할 전공분야와 다른 경우에는 그 대학에서 학사학위를 취득한 사람으로 계산하지 아니한다.(2023.4.11 본문개정)

② 제1항은 연도 말을 기준으로 그 해까지의 누적 채용인원을 통산하여 적용하되, 연간 채용인원이 3명 미만인 경우에는 누적 채용인원이 3명 이상이 되는 연도의 말까지를 통산하여 적용한다.(2009.1.16 본항개정)

③ 법 제11조의3제2항에 따라 대학교원의 신규채용은 다음 각호의 단계를 거쳐 실시하되, 대학의 장은 필요한 경우에는 각 심사단계를 통합하여 실시할 수 있으며, 그 시행에 필요한 구체적인 사항을 정할 수 있다.(2023.4.11 본문개정)
1. 기초심사 : 채용후보자의 전공과 모집대상 전공분야와의 일치 여부, 채용후보자의 경력·학력과 제출서류와의 일치 여부 등의 심사(2023.4.11 본호개정)
2. 전공심사 : 기초심사를 통과한 채용후보자의 전공에 대한 학문적 우수성 및 교육능력 등의 심사
3. 면접심사 : 전공심사를 통과한 채용후보자에 대한 인성 등의 심사

④ 제3항의 채용심사를 위한 심사위원은 모집대상 전공분야와 관련이 있는 당해 대학소속의 교원이나 학식과 경험이 풍부한 관련 전문가 중에서 대학의 장이 임명 또는 위촉한다. 이 경우 채용후보자의 전공과 모집대상 전공분야와의 일치여부 및 채용후보자의 전공에 대한 학문적 우수성을 심사하는 때에는 심사위원중 3분의 1 이상은 당해 대학소속의 교직원이 아닌 자로 한다.(2001.12.31 후단신설)

⑤ 대학의 장은 대학교원을 신규채용하려는 경우에는 지원 마감일 15일 이상으로 학칙에서 정하는 기간 전까지 채용분야·채용인원·지원자격·심사기준 등에 관한 사항을 일간신문·관보 또는 정보통신망 그 밖의 효과적인 방법으로 공고하여야 한다.(2009.1.16 본항개정)
⑥ 대학교원의 신규채용에 지원한 자가 신규채용에 관한 심사기준 및 지원자별 심사결과 등에 관한 공개를 요구하는 때에는 신규채용되는 자가 확정된 후에 이를 공개한다. 이 경우 공개되는 내용은 특정인을 식별할 수 없도록 하여야 한다.(2001.12.31 본항신설)
(1999.9.30 본조신설)
판례 국·공립 대학교원 임용지원자는 임용권자에게 임용 여부에 대한 응답을 신청할 법규상 또는 조리상 권리가 없다.
(대판 2003.10.23, 2002두12489)

제4조의4【심사위원의 제척·기피·회피】 ① 법 제11조의3제2항 및 이 영 제4조의3제3항에 따른 채용심사를 위한 심사위원이 다음 각 호의 어느 하나에 해당하는 경우에는 그 채용심사에서 제척(除斥)된다.
1. 심사위원이 채용후보자와 친족이거나 친족이었던 경우
2. 심사위원이 채용후보자의 학위논문 지도교수이거나 심사 대상 연구실적물의 공동연구자인 경우
3. 그 밖에 심사위원이 채용후보자와 친분이 있거나 관련이 있다고 인정하는 경우
② 채용후보자는 제1항에 따른 제척사유가 있거나 심사위원에게 공정한 심사를 기대하기 어려운 사정이 있는 경우에는 대학의 장에게 기피 신청을 할 수 있고, 대학의 장은 기피 여부를 결정한다.
③ 심사위원은 제1항 각 호에 따른 제척 사유에 해당하는 경우에는 스스로 심사에서 회피(回避)해야 한다.
(2023.4.11 본조신설)

제5조【임용시기】 ① 교육공무원은 임용장이나 임용통지서에 적힌 일자에 임용된 것으로 보며, 임용일자를 소급해서는 안 된다.
② 사망으로 인한 면직은 사망한 다음 날에 면직된 것으로 본다.(2019.11.5 본항신설)
③ 임용할 때에는 임용일자까지 그 임용장 또는 임용통지서가 임용될 사람에게 도달할 수 있도록 발령해야 한다.
(2019.11.5 본조개정)

제5조의2【대학교원의 계약제 임용 등】 ① 법 제11조의3에 따른 대학교원의 임용은 다음 각 호의 범위에서 계약조건을 정하여 행한다.(2009.1.16 본문개정)
1. 근무기간
가. 교수 : 법 제47조에 따른 정년까지의 기간으로 하되, 본인이 원하는 경우 또는 교수로 최초 임용되는 경우(해당 대학의 부교수가 교수로 임용되는 경우는 제외한다)에는 계약으로 정하는 기간으로 할 수 있다.
(2009.1.16 본목개정)
나. 부교수 : 법 제47조의 규정에 의한 정년까지의 기간 또는 계약으로 정하는 기간
다. 조교수 : 계약으로 정하는 기간(2012.2.29 본목개정)
2. 급여
「공무원보수규정」에 의한 보수 및 「공무원수당 등에 관한 규정」에 의한 수당
(2005.4.15 본호개정)
3. 근무조건
교수시간 및 소속학과 등에 관한 사항
4. 업적 및 성과
연구실적·논문지도·진로상담 및 학생지도 등에 관한 사항
5. 재계약 조건 및 절차
근무기간 종료후 다시 임용되는 조건 및 절차에 관한 사항
6. 그 밖에 대학의 장이 필요하다고 인정하는 사항
② 대학의 장은 필요하다고 인정하는 경우에는 본인의 동의를 얻어 체결한 계약조건을 변경할 수 있다.
③ 대학의 장은 법 제5조에 따른 대학인사위원회(이하 "대학인사위원회"라 한다)의 심의를 거쳐 제1항의 규정에 의한 계약조건에 관한 세부적인 기준을 정한다.
(2018.5.28 본항개정)
④ 조교는 그 근무기간을 1년으로 하여 임용한다.
(2001.12.31 본조개정)

제5조의3【대학교원의 임용기간 계산】 ① 제5조의2의 규정에 의한 임용기간은 제5조의 규정에 의한 임용일을 기준으로 하여 계산하되, 재임 중에 승진·전직 또는 강임된 경우에는 그 때부터 다시 그 기간을 계산한다.
② 제5조의2의 규정에 의한 임용기간이 학기도중에 만료되는 경우에는 그 기간이 만료되는 날이 속하는 학기의 말일을 임용기간의 만료일로 본다.
③ 공무로 국외파견 또는 국외출장 중인 자의 그 파견 또는 출장기간 중에 제5조의2의 규정에 의한 임용기간이 만료되는 때에는 그 파견 또는 출장잔여기간까지를 임용기간으로 본다. 다만, 그 잔여기간은 2년을 초과할 수 없다.
④ 법 제44조제1항제2호·제4호 내지 제9호 또는 법 제44조제2항 및 제3항의 규정에 의한 휴직기간은 제5조의2의 규정에 의한 임용기간에 산입하지 아니한다.(1997.2.25 본항개정)
(1991.8.8 본조신설)

제5조의4【정년보장교원의 심사】 ① 대학에 대학인사위원회의 동의에 앞서 정년까지 임용할 교원을 심사하기 위하여 정년보장교원임용심사위원회(이하 이 조에서 "위원회"라 한다)를 둔다.
② 위원회는 당해 대학이 정하는 정년보장교원심사기준에 따라 해당 교원의 연구실적 등을 심사하여야 한다.
③ 위원회의 구성 및 운영등에 관하여 필요한 사항은 당해 대학의 장이 정한다.
④ 정년까지 임용되는 교원의 정수는 당해 대학의 교원정원의 범위내에서 당해 대학의 장이 정한다.
(1991.8.8 본조신설)

제6조【임용시기의 특례】 제5조제1항에도 불구하고 다음 각 호의 어느 하나에 해당하는 경우에는 다음 각 호의 구분에 따른 일자에 임용된 것으로 본다.
1. 법 제15조제1항제5호에 따라 다음 각 목의 어느 하나에 해당하는 날을 임용일자로 하여 특별 승진임용하는 경우
가. 재직 중 사망한 경우 : 사망일의 전날
나. 퇴직 후 사망한 경우 : 퇴직일의 전날
2. 「국가공무원법」 제70조제1항제4호 또는 「지방공무원법」 제62조제1항제2호에 따라 직권으로 면직시키는 경우 : 휴직기간의 만료일 또는 휴직사유의 소멸일
(2019.11.5 본조개정)

제6조의2～제6조의3 (2022.10.4 삭제)

제6조의4【양성평등조치계획의 평가 등】 ① 법 제11조의5제2항에 따른 양성평등 관련 실태조사(이하 "실태조사"라 한다)에는 다음 각 호의 사항이 포함되어야 한다.
1. 대학의 여성 교원 비율에 관한 사항
2. 대학의 여성 교원 신규채용 현황에 관한 사항
3. 대학의 여성 교원 보직임용에 관한 사항
4. 대학 내 위원회의 여성 교원 비율에 관한 사항
5. 그 밖에 양성평등 관련 정책을 수립하기 위하여 필요하다고 인정되는 사항
(2019.6.18 본항신설)
② 교육부장관과 지방자치단체의 장은 실태조사를 전문적인 연구기관·법인·단체 또는 관계 전문가에게 의뢰하여 실시할 수 있다.(2019.6.18 본항신설)
③ 법 제11조의5제3항 후단에 따른 교원의 성별 구성에 관한 연도별 목표 비율은 별표와 같다.(2020.7.21 본항신설)
④ 법 제11조의5제5항 전단에 따른 대학의 양성평등을 위한 임용계획 등 적극적 조치의 시행을 위하여 필요한 계획(이하 "양성평등조치계획"이라 한다)을 수립할 때 계열별 구분은 「대학설립·운영 규정」 별표1의 계열별 구분에 따른다.(2022.10.4 본항개정)
⑤ 대학(「고등교육법」 제2조제1호부터 제3호까지 및 제5호의 학교를 말한다)의 장은 양성평등조치계획을 수립하여 시행 개시 연도의 전년도 10월 31일까지 교육부장관(지방자치단체가 설립·경영하는 대학의 경우에는 해당 지방자치단체의 장을 말한다. 이하 이 항에서 같다)에게 제출해야 하며, 그 추진실적을 매년 12월 31일까지 교육부장관에게 제출해야 한다.(2020.7.21 본항개정)
⑥ 교육부장관 및 지방자치단체가 양성평등조치계획과 그 추진실적을 평가하는 때에는 서면평가를 원칙으로 하되, 필요한 경우에는 현지방문평가를 병행할 수 있다. 이 경우 평가요소 및 평가결과에 대해서는 다음 각 호의 구분에 따른 위원회의 심의를 거쳐야 한다.(2022.10.4 후단개정)
1. 교육부장관이 평가하는 경우 : 「교육기본법」 제17조의2제4항에 따른 양성평등교육심의회의 심의
2. 지방자치단체가 평가하는 경우 : 제7항에 따른 양성평등관련 위원회의 심의
(2022.10.4 1호～2호신설)
⑦ 지방자치단체가 양성평등조치계획과 그 추진실적을 평가하는 때에는 양성평등관련 위원회를 둔다.
⑧ 제7항에 따른 위원회의 구성 및 운영 그 밖에 지방자치단체의 양성평등조치계획 및 그 추진실적의 평가에 필요한 사항은 해당 지방자치단체의 조례로 정한다.
(2020.7.21 본항개정)
(2003.11.4 본조신설)

제7조【보직 등 관리의 원칙】 ① 임용권자 또는 임용제청권자는 법령에서 따로 정한 경우와 다음 각 호의 어느 하나에 해당하는 경우를 제외하고는 소속 교육공무원을 하나의 직위에 임용해야 한다.(2020.9.22 본문개정)
1. 「국가공무원법」 제43조제1항부터 제4항까지 또는 「지방공무원법」 제41조제1항부터 제3항까지의 규정에 따라 별도정원이 인정되는 휴직자의 복직, 파견된 자의 복귀 또는 파면·해임·면직된 자의 복귀시 당해 기관에 그에 해당하는 직위의 결원이 없어 그 직위의 정원에 최초로 결원이 생길 때까지 당해 직위에 해당하는 교육공무원을 보직없이 근무하게 하는 경우. 이 경우 당해 기관이라 함은 당해 교육공무원에 대한 신규채용권을 가지는 임용권자 또는 임용제청권자를 장으로 하는 교육기관·교육행정기관 또는 교육연구기관을 말한다.
(2023.10.10 전단개정)
2. 제7조의4에 따라 결원보충이 승인된 파견자 중 법 제40조에 따른 1년 이상의 장기특별연수 또는 「국제과학기술협력 규정」에 따른 1년 이상의 장기국외연수를 위한 파견근무의 준비를 위하여 특히 필요하다고 인정하여 2주 이내의 기간 동안 소속 교육공무원을 보직 없이 근무하게 하는 경우(2020.9.22 본호개정)
3. 직제 또는 학교·학과의 신설·개정 또는 폐지 시 2월 이내의 기간 소속교육공무원을 기관의 신설준비등을 위하여 보직없이 근무하게 하는 경우(2019.7.2 본호개정)
② 임용권자 또는 임용제청권자는 소속교육공무원을 보직함에 있어 다음 각호에 의한 직위의 직무요건과 소속교육공무원의 인적요건을 고려하여 임용하여야 한다.
1. 직위의 직무요건
가. 직무의 종류 및 전문성
나. 직무에 필요한 능력수준
다. 직무에 필요한 인격특성
라. 직무의 조직상의 비중
마. 기타 당해 직무수행에 필요한 조건
2. 교육공무원의 인적요건
가. 종별
나. 경력·학력·전공분야·자격
다. 연수실적
라. 정책판단 또는 업무추진능력
마. 통솔능력
바. 성품 및 신망도
사. 청렴도
아. 건강
자. 기타 특기사항
③ 임용권자 또는 임용제청권자는 직무의 곤란성 및 책임도와 소속교육공무원의 경력 및 실적 등에 따라 능력을 적절히 발전시킬 수 있도록 보직하여야 한다.
④ 국외연수·국내 위탁교육 등 특별연수를 받았거나 6월 이상의 연수를 받은 교육공무원은 특별한 사정이 없는 한 그 연수내용과 관련되는 직위에 보직하여야 한다.
⑤ 교육공무원은 그 소지한 자격 또는 자격증과 관련되는 직위에 보직하여야 한다.
⑥ 교육공무원은 특별한 사정이 없으면 배우자 또는 직계존속이 거주하는 지역을 고려하여 보직해야 한다.
(2019.11.5 본항개정)
⑦ 법 제17조제3항에서 "「국가공무원법」 제83조의2제1항제1호 각 목의 어느 하나에 해당하는 등 대통령령으로 정하는 사유에 해당하는 경우"란 「국가공무원법」 제83조의2제1항제1호 각 목의 어느 하나에 해당하는 경우를 말한다.(2023.4.11 본항개정)
⑧ 법 제17조제3항에서 "대통령령으로 정하는 기간"이란 다음 각 호의 구분에 따른 기간을 말한다.
1. 파면·해임 : 10년
2. 강등 : 9년
3. 정직 : 7년
4. 감봉·견책 : 5년
(2021.6.22 본항신설)
(2021.6.22 본조제목개정)
(1982.3.11 본조개정)

제7조의2【겸임】 ① 임용권자 또는 임용제청권자는 다음 각호의 어느 하나에 해당하는 경우에는 법 제18조의 규정에 의하여 겸임시킬 수 있다.(2005.4.15 본문개정)
1. 관련교과나 업무를 담당할 전문인력의 확보를 위하여 필요한 경우
2. 한국방송통신대학교·산업대학의 교원 및 각급연수기관의 교수요원을 임용하는 경우(1999.9.30 본호개정)
② 제1항의 규정에 의한 겸임은 본직의 직무수행에 지장이 없는 범위안에서 다음 각호의 어느 하나에 해당하는 경우에 한한다.(2005.4.15 본문개정)
1. 각종 과학기술직렬 또는 과학기술분야 연구직렬의 일반직공무원(기술직렬 또는 기술분야 연구직렬의 일반직공무원을 포함한다)과 직무내용이 유사한 고등학교 이상의 각급학교의 자연과학계 교육공무원간
(2023.8.30 본호개정)
2. 학예·공안 및 행정직군의 일반직공무원과 직무내용이 유사한 전문대학 이상의 각급 학교의 인문사회과학계 교육공무원간
3. 각급 학교 교원과 직무내용이 유사한 인근학교의 교원간 또는 병설(부설)된 학교와 당해 학교를 병설(부설)한 학교의 교원간
4. 정부투자기관 또는 교육부장관이 정하는 정부출연기관 등 정부산하단체의 임직원과 직무내용이 유사한 교육공무원간(2013.3.23 본호개정)
5. 교육부장관이 정하는 기준에 적합한 산업체의 임·직원과 그 직무내용이 유사한 교육공무원간(2013.3.23 본호개정)
③ 제2항제1호·제2호·제4호 및 제5호의 규정에 의한 겸임기간은 2년 이내로 하되, 특히 필요한 경우 2년의 범위안에서 연장할 수 있다. 다만, 「서울대학교병원 설치법」 제10조 및 「국립대학병원 설치법」 제14조에 따른 대학병원장 및 「서울대학교치과병원 설치법」 제10조 및 「국립대학치과병원 설치법」 제12조에 따른 치과병원장과 「암관리법」 제33조에 따른 국립암센터원장으로서의 겸임기간은 3년 이내로 하되, 특히 필요한 경우 3년의 범위내에서 연장할 수 있다.(2023.10.10 단서개정)
④ 제2항의 규정에 의한 겸임에 있어서는 겸임기관의 장이 본직기관의 장의 동의를 얻어 임용 또는 임용제청하여야 한다.
(1982.3.11 본조신설)

제7조의3【파견근무】 ① 교육기관·교육행정기관 및 교육연구기관의 장은 다음 각 호의 어느 하나에 해당하는

경우에는 「국가공무원법」 제32조의4 또는 「지방공무원법」 제30조의4에 따라 소속 교육공무원을 파견할 수 있다.(2020.9.22 본문개정)
1. 교육기관·교육행정기관 및 교육연구기관외의 기관 또는 단체에서 국가적 사업으로 교육·연구·학술진흥 등의 업무를 수행하기 위하여 특히 필요한 경우
2. 다른 기관의 업무폭주로 인한 행정지원을 위한 경우
3. 업무의 소관이 명백하지 아니하거나 관련기관간의 긴밀한 협조를 요하는 특수업무의 공동수행을 위하여 필요한 경우
4. 「교원 등의 연수에 관한 규정」에 의한 교육공무원의 연수를 위하여 필요한 경우(2005.4.15 본호개정)
5. 법령 또는 조례의 규정에 의한 교육공무원 연수기관의 교수요원으로 선발된 경우
6. 학술진흥과 지역간 교육의 균형발전을 도모하기 위하여 교육기관 상호간, 교육행정기관 상호간, 교육연구기관 상호간 또는 교육기관·교육행정기관·교육연구기관 상호간에 필요한 경우
7. 교육공무원의 능력을 개발하기 위하여 국내외 교육기관 또는 교육연구기관에 파견할 필요가 있는 경우
(1992.8.25 본호개정)
8. 국가간 또는 국제기구와의 협력사업을 수행하기 위하여 외국의 정부, 국제기구 또는 연구기관에 파견할 필요가 있는 경우(2004.8.14 본호개정)
9. 국내의 연구기관, 민간기관 및 단체에서의 관련업무수행·능력개발이나 국가정책수립과 관련된 자료수집 등을 위하여 필요한 경우(2003.3.11 본호개정)
10. 「재외국민의 교육지원 등에 관한 법률」에 따른 한국학교 또는 한국교육원의 효율적인 운영을 지원하기 위하여 필요한 경우(2020.9.22 본호신설)
② 제1항의 파견기간은 다음과 같다.
1. 제1항제1호·제2호·제6호 및 제8호의 규정에 의한 파견기간은 2년 이내로, 동항제3호 및 제5호의 규정에 의한 파견기간은 1년 이내로 하되, 특히 필요한 경우에는 1년의 범위안에서 이를 각각 연장할 수 있다.
(2005.9.14 본호개정)
2. 제1항제4호의 규정에 의한 파견기간은 그 연수를 위하여 필요한 기간으로 한다.
3. 제1항제7호의 규정에 의한 파견기간은 1년6월 이내로 하되, 특히 필요한 경우 6월의 범위안에서 이를 연장할 수 있다.
4. 제1항제9호의 규정에 의한 파견중 대학교원에 대한 파견기간은 2년 이내로, 고등학교 이하 각급학교의 교원에 대한 파견기간은 1년 이내로 하되, 필요한 경우에는 대학교원에 한하여 1년의 범위 안에서 이를 연장할 수 있다.(2005.9.14 본호신설)
5. 제1항제10호에 따른 파견기간은 3년 이내로 하되, 특히 필요한 경우 1년의 범위에서 연장할 수 있다.
(2020.9.22 본호신설)
③ 제1항제1호부터 제3호까지, 제5호 및 제6호에 따라 소속 교육공무원을 파견할 때에는 미리 파견받을 기관의 장의 요청이 있어야 하며, 제1항제1호부터 제3호까지 및 제8호부터 제10호까지의 규정에 따라 소속 교육공무원을 파견하거나 그 파견기간을 연장하려는 경우에 그 교육공무원이 국가기관 소속일 때에는 인사혁신처장과 협의(국립의 교육기관 상호간, 교육행정기관 상호간, 교육연구기관 상호간 또는 교육기관·교육행정기관·교육연구기관 상호간의 파견으로서 교육부로 파견하는 경우를 제외한 파견인 경우와 파견기간이 1년 미만인 경우에는 교육부장관의 승인을 받아야 한다)해야 하고, 특별시·광역시·특별자치시·도 및 특별자치도 교육청 소속일 때에는 교육감의 승인을 받아야 한다.(2020.9.22 본항개정)
④ 파견의 발령은 당해 교육공무원의 전보권 또는 전보제청권을 갖는 기관의 장이 행한다. 다만, 대학교원의 파견의 발령은 전보권을 갖는 기관의 장이 하며, 제1항제4호의 규정에 의한 파견중 기관의 장의 파견 및 제7조의4의 규정에 의하여 별도정원이 인정되는 파견이 아닌 파견의 발령은 소속기관의 장이 행한다.
⑤ 교육부장관은 인사혁신처장과 협의할 필요가 없는 파견의 경우에는 그 사실을 인사혁신처장에게 통보하여야 한다.(2014.11.19 본항개정)
(1982.3.11 본조개정)

제7조의4【파견 등으로 인한 결원보충】 ① 파견기간이 1년 이상인 경우에는 「국가공무원법」 제43조제3항 또는 「지방공무원법」 제41조제2항의 규정에 의하여 정원이 따로 있는 것으로 보고 결원을 보충할 수 있다. 이 경우 1년 이상의 파견(법 제40조의 규정에 의한 1년 이상의 파견을 제외한다)으로 인하여 결원을 보충하고자 하는 때에는 미리 행정안전부장관과 협의하여야 한다.
② 다음 각 호의 어느 하나에 해당하는 경우에는 「국가공무원법」 제43조제2항에 따라 정원이 따로 있는 것으로 보고 결원을 보충할 수 있다.
1. 병가와 연속되는 법 제44조제1항제1호에 따른 휴직(이하 "질병휴직"이라 한다)을 명하는 경우로서 질병휴직을 명한 이후의 병가기간과 질병휴직기간을 합하여 6개월 이상인 경우
2. 출산휴가와 연속되는 법 제44조제1항제7호에 따른 휴직(이하 "육아휴직"이라 한다)을 명하는 경우로서 육아휴직을 명한 이후의 출산휴가기간과 육아휴직기간을 합하여 6개월 이상인 경우
3. 육아휴직과 연속되는 출산휴가를 승인하는 경우로서 출산휴가를 승인한 이후의 육아휴직기간(출산휴가를 승인하면서 이와 연속된 육아휴직을 명하는 경우에는 해당 육아휴직기간을 포함한다)과 출산휴가기간을 합하여 6개월 이상인 경우
(2023.10.10 본조개정)

제7조의5【대학교원의 사외이사 겸직허가 기준 등】 ① 대학의 장은 법 제19조의2제1항에 따라 소속 교원에 대한 사외이사 겸직허가를 하려면 대학인사위원회의 심의를 거쳐 다음 각 호의 사항을 검토하여야 한다.
1. 허가의 필요성
2. 허가 기간의 적절성
3. 허가 대상기업의 적합성
4. 그 밖에 대학의 장이 학생의 교육·지도 및 학문연구에 지장이 없도록 하기 위하여 필요하다고 인정하는 사항
② 사외이사를 겸직하는 교원은 법 제19조의2제2항에 따라 그 해에 해당 사기업체로부터 받은 보수 일체를 보고하는 경우 해당 연도 12월 31일을 기준으로 다음 각 호의 지급 내역이 포함된 서류를 해당 사기업체로부터 발급받아 소속 대학의 장에게 제출하여야 한다.
1. 해당 연도 보수 일체의 월별 지급 내역
2. 교통비 및 회의수당 등 항목별 지급 내역
③ 제1항에 따른 겸직허가의 세부기준은 대학의 장이 정한다.
(2018.5.28 본조개정)

제8조【준용규정】 ① 교육공무원의 신규채용에 있어서의 신체검사에 관하여는 「공무원 채용 신체검사 규정」을 준용한다.(2021.6.22 본항개정)
② 「국가공무원법」 제36조의2제1항제2호 또는 제3호에 해당하는 사람이 제9조제1항에 따른 교사의 신규채용 공개전형에 응시하는 경우 점수의 가산에 관하여는 「공무원임용시험령」 제31조의2를 준용하고, 응시자의 제출서류에 관하여는 같은 영 제34조제3항을 준용한다. 이 경우 「공무원임용시험령」 제31조의2제4항 및 제34조제3항 중 "시험실시기관의 장"은 "교사의 신규채용 공개전형을 실시하는 기관의 장"으로 본다.(2019.9.10 본항신설)
(2005.4.15 본조개정)

제2장 신규채용

제9조【교사의 신규채용】 ① 교사의 신규채용은 공개전형에 의하여 선발된 자로 한다.
② 제1항에 따른 공개전형은 해당 교사의 임용권자가 실시하되, 공개전형의 일부 또는 전부를 다른 임용권자와 공동으로 실시하거나 다음 각 호의 어느 하나에 해당하는 기관에 위탁하여 실시할 수 있으며, 국립학교의 장은 그 전형을 해당 학교가 소재하는 교육감에게 위탁하여 실시할 수 있다. 이 경우 공개전형 실시권자는 장애인(「장애인고용촉진 및 직업재활법」 제2조제1호에 따른 장애인을 말한다. 이하 같다)의 공무원임용을 촉진하기 위하여 필요하다고 인정할 때에는 선발예정인원의 일부분은 장애인만이 응시할 수 있도록 분리하여 실시할 수 있다.
(2020.5.4 본문개정)
1. 「정부출연연구기관 등의 설립·운영 및 육성에 관한 법률」 제8조제1항에 따라 설립된 한국교육과정평가원
2. 그 밖에 교육부장관이 제1항에 따른 공개전형을 실시하기에 적합한 인력과 시설을 갖추었다고 인정하는 기관
(2020.5.4 1호~2호신설)
(1990.12.31 본조개정)

제9조의2【경력경쟁채용 등의 요건 등】 ① 법 제12조제1항 각 호 외의 부분 본문에 따라 다수인을 대상으로 경쟁의 방법으로 교육공무원을 채용할 때에는 다음 각 호의 구분에 따라 해당 각 호에 해당하는 사람이어야 한다.
(2023.4.11 본문개정)
1. 법 제12조제1항제1호의 규정에 의하여 임용할 경우에는 전 재직기관에 전력을 조회하여 그 퇴직사유가 확인된 자(교육공무원이던 자가 일반직공무원으로 되기 위하여 퇴직하였던 자인 경우에는 그 퇴직후 1월 이내에 일반직공무원으로 임용된 자이어야 한다)
2. 법 제12조제1항제2호에 따라 임용할 경우에는 다음 각 목의 요건을 모두 갖춘 사람
가. 임용 예정직의 구분에 따라 「유아교육법」 제22조, 「초·중등교육법」 제21조, 「고등교육법」 제16조 또는 법 제9조에 따른 자격기준에 해당할 것
나. 임용 예정직과 관련성이 있는 직무분야에서 3년 이상의 연구 또는 근무 실적(가목에 따른 자격기준 해당 전의 경력도 포함하되, 임용 예정직과 관련성이 있는 직무분야에서 퇴직한 상태인 경우에는 마지막으로 퇴직한 날이 임용될 날부터 3년 이내여야 한다)이 있을 것. 이 경우 법 제9조 및 별표1에 따라 교육경력만으로 장학관·교육연구관 자격기준에 해당하는 사람을 장학관·교육연구관으로 채용할 때 임용 예정직과 관련성이 있는 직무분야에서 3년 이상의 연구 또는 근무실적이 있는 것으로 인정하려면 그 교육경력에 교장, 원장, 교감 또는 원감으로 1년 이상 재직한 경력(둘 이상의 경력을 합산하여 1년 이상인 경우를 포함한다)이 포함되어야 한다.(2023.4.11 후단개정)
(2016.1.6 본호개정)
3. 법 제12조제1항제3호의 규정에 의하여 임용할 경우에는 「도서·벽지 교육진흥법」 제2조의 규정에 의한 도서·벽지에서 근무할 교사와, 공업계 과목이 표시된 자격증을 소지하고 중등학교에서 실업계 교과목을 담당할 교사 기타 교육부장관이 교원수급상 특히 필요하다고 인정하는 교과목을 담당할 교사(2013.3.23 본호개정)
3의2. 법 제12조제1항제4호 및 법 제60조제1항에 따라 교육감 소속 교육전문직원과 「유아교육법」 또는 「초·중등교육법」에 따른 국립·공립 학교의 교원 간 상호 전직을 위하여 임용하는 경우에는 다음 각 목의 구분에 따른 사람
가. 국립·공립 학교의 교원을 교육감 소속 교육전문직원으로 임용하는 경우 : 임용될 날을 기준으로 교육경력·교육행정경력 또는 교육연구경력이 1년 이상인 교원으로서 법 제9조에 따른 자격이 있는 사람. 이 경우 법 제9조 및 별표1에 따라 교육경력만으로 장학관·교육연구관 자격기준에 해당하는 교원을 장학관·교육연구관으로 채용할 때에는 그 교육경력에 1년 이상의 교장, 원장, 교감 또는 원감 경력(둘 이상의 경력을 합산하여 1년 이상인 경우를 포함한다)이 포함되어야 한다.(2023.4.11 후단개정)
나. 교육감 소속 교육전문직원을 국립·공립 학교의 교원으로 임용하는 경우 : 임용될 날을 기준으로 교육경력·교육행정경력 또는 교육연구경력이 1년 이상인 교육전문직원으로서 「유아교육법」 제22조 또는 「초·중등교육법」 제21조에 따른 자격이 있는 사람
(2013.5.31 본호신설)
4. 법 제12조제1항제4호에 따라 제3호의2에 해당하는 사람 외의 공무원을 교육공무원으로 임용하는 경우에는 다음 각 목의 요건을 모두 갖춘 사람
가. 임용될 날을 기준으로 7급 이상의 직위에 상당하는 국가 또는 지방공무원(고위공무원단에 속하는 공무원을 포함한다)으로서 5년 이상 계속하여 근무하고 있을 것
나. 임용될 날을 기준으로 교육경력·교육행정경력 또는 교육연구경력이 9년 이상일 것
다. 「유아교육법」 제22조, 「초·중등교육법」 제21조, 「고등교육법」 제16조 또는 법 제9조에 따른 자격이 있을 것
(2013.5.31 본호개정)
5. 법 제12조제1항제5호에 따라 사립학교 교원을 교육공무원으로 임용할 경우에는 다음 각 목의 임용 예정직 구분에 따른 사람
가. 교육전문직원 중 장학관 또는 교육연구관 : 임용될 날을 기준으로 사립학교의 근무경력이 3년 이상이고, 교육전문직원, 교장, 원장, 교감 또는 원감으로 재직한 경력이 1년 이상(둘 이상의 경력을 합산하여 1년 이상인 경우를 포함한다)인 사립학교 교원
나. 교육전문직원 중 장학사 또는 교육연구사 : 임용될 날을 기준으로 사립학교의 근무경력이 3년 이상인 사립학교 교원
다. 교육전문직원 외의 교육공무원 : 사립학교의 폐교·폐과 또는 학급 감축으로 퇴직 또는 정원이 초과되는 사립학교 교원(2019.7.2 본목개정)
(2016.1.6 본호개정)
② 제1항에 따른 채용 중 다음 각 호의 채용을 위한 시험은 필기시험을 실시하되, 필요한 경우 면접시험·실기시험 또는 서류전형을 추가로 실시할 수 있다.
1. 법 제12조제1항제2호에 따른 채용(대학에서 근무하는 교육공무원으로 채용하는 경우는 제외한다)
2. 법 제12조제1항제5호에 따른 채용 중 교육전문직원 채용
(2023.4.11 본항개정)
③ 법 제12조제1항 각 호 외의 부분 단서에 따라 다수인을 대상으로 시험을 실시하는 것이 적당하지 않아 다수인을 대상으로 하지 않는 시험으로 교육공무원을 채용할 때에는 다음 각 호의 구분에 따라 해당 각 호에 해당하는 사람이어야 한다.
1. 법 제12조제1항제1호의 경우 중 다수인을 대상으로 하지 않는 시험으로 교육공무원을 채용하려는 경우 : 이 조 제1항제1호에 해당하는 사람
2. 법 제12조제1항제4호 및 제60조제1항에 따라 교육감 소속 교육전문직원과 「유아교육법」 또는 「초·중등교육법」에 따른 국립·공립 학교의 교원 간 상호 전직을 위하여 임용하는 경우 중 다수인을 대상으로 하지 않는 시험으로 교육공무원을 채용하려는 경우 : 다음 각 목의 구분에 따른 사람
가. 국립·공립 학교의 교원을 교육감 소속 교육전문직원으로 임용하는 경우 : 임용될 날을 기준으로 교육전문직원으로 근무한 경력이 1년 이상인 교원으로서 법 제9조에 따른 자격이 있는 사람
나. 교육감 소속 교육전문직원을 국립·공립 학교의 교원으로 임용하는 경우 : 임용될 날을 기준으로 교육전문직원으로 근무한 경력이 1년 이상인 교육전문직원으로서 「유아교육법」 제22조 또는 「초·중등교육법」 제21조에 따른 자격이 있는 사람

3. 법 제12조제1항제5호의 경우 중 다수인을 대상으로 하지 않는 시험으로 교육공무원을 채용하려는 경우 : 이 조 제1항제5호다목에 해당하는 사람
(2023.4.11 본항신설)
(2023.4.11 본조제목개정)
제9조의3【교원경력경쟁채용등위원회】 ① 대학의 장은 법 제12조제1항 각 호 외의 부분 본문 및 단서에 따른 시험으로 교육공무원(조교는 제외한다)을 채용(이하 이 조에서 "경력경쟁채용등"이라 한다)할 때 대학인사위원회의 동의에 앞서 채용 대상자를 심사하기 위하여 대학에 교원경력경쟁채용등위원회(이하 이 조에서 "경력경쟁채용등위원회"라 한다)를 둘 수 있다.
② 경력경쟁채용등위원회는 해당 대학 소속 교원인 위원과 외부인사인 위원으로 구성하되, 외부인사인 위원이 전체 위원의 3분의 1 이상이 되도록 구성한다.
③ 경력경쟁채용등위원회의 위원 중 채용 심사 대상자와 친족관계이거나 친족관계이었던 사람은 그 대상자의 심사에 관여하지 못한다.
④ 채용 심사 대상자는 경력경쟁채용등위원회의 위원이 불공정한 심사를 할 우려가 있다고 인정할 만한 상당한 이유가 있을 때에는 그 사실을 서면으로 밝혀 기피를 신청할 수 있다.
⑤ 제4항에 따른 기피신청이 있는 경우에는 경력경쟁채용등위원회의 의결로 해당 위원의 기피 여부를 결정하여야 한다. 이 경우 기피신청을 받은 위원은 그 의결에 참여하지 못한다.
⑥ 제2항부터 제5항까지에서 규정한 사항 외에 경력경쟁채용등위원회의 구성과 운영에 필요한 사항은 학칙으로 정한다.
(2023.4.11 본조개정)
제9조의4【단과대학장의 임용】 법 제27조제1항 및 이 영 제3조제2항제1호에 따라 대학의 장이 단과대학장을 보할 때에는 그 대상자의 추천을 받거나 선출의 절차를 거치지 아니하고 해당 단과대학 소속 교수 또는 부교수 중에서 직접 지명하여 보한다.(2011.2.1 본조신설)
제9조의5【교장 등의 임용】 ① 교장이나 원장으로 1차 임기를 마친 사람에 대해서는 법 제47조에 따른 정년까지 남은 기간이 4년 미만인 경우에도 특별한 결격사유가 없으면 교장이나 원장으로 다시 임용할 수 있다.
② 교장이나 원장으로 그 임기를 마친 사람이 법 제29조의2제6항에 따라 교사로 임용되기를 원하는 경우에는 특별한 결격사유가 없으면 교사로 임용할 수 있다.
(2023.4.11 본항개정)
③ 제1항과 제2항에 따른 교장·원장 및 교사의 임용에 필요한 사항은 교육부장관이 정한다.(2013.3.23 본항개정)
(2012.12.4 본조개정)
제9조의6【원로교사의 우대 등】 ① 법 제29조의2제7항에서 "원로교사"란 제9조의5제2항에 따라 임용된 교사를 말한다.(2023.4.11 본항개정)
② 제1항에 따른 원로교사에 대해서는 다음 각 호의 우대를 하여야 한다.
1. 수업시간의 경감
2. 당직 근무의 면제
3. 명예퇴직 대상자 선정 시 우선 고려
4. 그 밖에 교내·원내의 각종 행사 등에서의 우대
(2012.12.4 본항개정)
③ 제1항에 따른 원로교사는 소속 학교 또는 유치원의 장이 요청하는 경우에는 다음 각 호의 업무를 수행할 수 있다.
1. 신규임용된 교사에 대한 상담
2. 교내·원내의 장학지도
3. 그 밖에 학교 또는 유치원 운영에 필요한 자문에 대한 조언
(2012.12.4 본항개정)
(2012.12.4 본조제목개정)
제9조의7【수석교사의 임용제한 등】 ① 수석교사의 임용의 제한에 관하여는 제16조를 준용한다. 이 경우 "승진임용"을 "수석교사로 임용"으로, "승진임용제한기간"을 "수석교사임용제한기간"으로 본다.
② 수석교사가 임기를 마친 경우에는 임기가 끝나는 날의 다음 날에 수석교사 임용 직전의 직위로 복귀한다. 다만, 임기가 끝나는 날이 3월에서 8월 사이에 있는 경우에는 8월 31일을, 9월에서 다음 해 2월 사이에 있는 경우에는 다음 해 2월 말일을 임기의 만료일로 한다.
③ 법 제29조의4제2항의 재심사 시 반영하는 업적평가는 매년 업무수행태도, 업무실적, 업무수행능력 및 동료교사 만족도를 대상으로 하고, 연수실적 평가는 매년 직무연수 이수실적을 대상으로 한다.(2012.12.4 본항개정)
④ 법 제29조의4제2항의 재심사 결과 그 기준을 충족한 사람에 대해서는 법 제47조에 따른 정년까지 남은 기간이 4년 미만인 경우에도 특별한 사유가 없으면 수석교사로 다시 임용할 수 있다.(2012.12.4 본항개정)
⑤ 제1항부터 제4항까지에서 규정한 사항 외에 수석교사의 재심사 등에 관한 세부사항은 교육부령으로 정한다.
(2013.3.23 본항개정)
(2011.10.25 본조신설)
제9조의8【수석교사의 우대】 ① 학교의 장은 수석교사의 원활한 활동을 지원하기 위하여 수석교사의 수업시간 수를 해당 학교별 교사 1인당 평균수업시간 수의 2분의 1로 경감하되, 학교 여건 등을 고려하여 조정할 수 있다.
② 수석교사에게는 예산의 범위에서 연구활동비를 지급할 수 있다.
(2011.10.25 본조신설)
제10조【임용후보자 채용순위】 ① 임용권자는 교사임용후보자선정 공개전형에 합격한 자에 대하여 교육부령이 정하는 바에 따라 임용후보자명부를 작성·비치하여야 한다.(2013.3.23 본항개정)
② 교사를 신규채용할 때에는 제1항에 의하여 작성된 임용후보자명부의 고순위자순으로 그 채용예정인원의 3배수의 범위안에서 임용 또는 임용제청하여야 한다.
(1982.3.11 본조개정)
제11조【공개전형의 방법 등】 ① 법 제11조제1항의 규정에 의한 공개전형은 필기시험·실기시험 및 면접시험 등의 방법에 의한다.
② 제1항의 규정에 의한 필기시험성적에는 우수한 교사임용후보자의 선정을 위하여 재학기간 중의 성적 등 필요하다고 인정하는 평가요소를 점수로 환산하여 가산할 수 있다.
③ 제1항의 규정에 의한 공개전형의 실시에 관하여 필요한 사항은 교육부령으로 정한다.(2013.3.23 본항개정)
(1990.12.31 본조개정)
제11조의2 (2005.4.15 삭제)
제11조의3【응시자격】 ① 법 제11조제1항의 규정에 의한 공개전형에 응시할 수 있는 자는 채용 예정직에 해당하는 교사자격증(중등학교 교사의 경우에는 채용 예정직에 해당하는 표시과목이 기재된 교사자격증을 말한다)을 취득한 자(학교 또는 교원양성기관에서 소정의 과정을 이수하여 채용 예정직의 해당 과목에 관한 교사자격증을 취득할 졸업예정자 또는 수료예정자를 포함한다)이어야 한다.
② 법 또는 다른 법령에 따라 교사로 임용될 수 없는 사람은 법 제11조제1항에 따른 공개전형에 응시할 수 없다. 이 경우 응시 결격사유 해당 여부는 해당 공개전형의 최종시험 시행예정일을 기준으로 판단한다.(2020.5.4 본항신설)
(1995.5.29 본조신설)
제11조의4【부정행위자에 대한 조치】 ① 교육공무원임용시험에 있어서 부정한 행위를 한 자에 대하여는 당해 시험을 정지 또는 무효로 하고, 그 처분이 있은 날부터 2년간 이 영에 의한 시험에 응시할 수 없다.
② 다른 법령에 의한 국가공무원 또는 지방공무원의 임용시험에 있어서 부정한 행위를 하여 당해 시험에의 응시자격이 정지 중에 있는 자는 그 기간중 이 영에 의한 시험에 응시할 수 없다.
③ 교육공무원 임용시험실시기관의 장은 제1항 규정에 의한 처분을 한 때에는 지체없이 그 이유를 붙여 처분을 받은 자에게 통지하고, 교육부장관과 다른 지방교육행정기관에 그 처분을 받은 자와 그 처분을 한 이유를 보고 또는 통보하여야 한다.(2013.3.23 본항개정)
④ 부정행위를 한 자가 공무원인 경우에는 교육공무원임용시험실시기관의 장은 관할 징계위원회에 징계의결을 요구하거나 그 공무원이 소속하고 있는 기관의 장에게 이를 요구하여야 한다.
(2000.11.28 본조신설)
제12조【임용후보자명부의 유효기간】 ① 임용후보자명부의 유효기간은 그 명부를 작성한 날로부터 1년으로 한다.
② 임용권자 또는 임용제청권자는 필요하다고 인정할 때에는 교사임용후보자명부의 유효기간을 2년의 범위에서 연장할 수 있다.(2011.9.6 본항개정)

제2장의2 대학의 장의 임용추천

(1994.2.17 본장제목개정)

제12조의2【대학의 장의 추천】 대학은 법 제24조제1항 또는 제55조제1항의 규정에 의하여 대학의 장의 임용추천을 할 때에는 2인 이상의 후보자를 대학의 장의 임기만료일 30일전(대학의 장이 임기 중에 사고 등으로 그 직무를 수행할 수 없는 때에는 그 사유가 발생한 날부터 60일 이내)까지 교육부장관(공립의 대학이 그 장의 임용추천을 하는 경우에는 지방자치단체의 장)에게 추천하여야 한다.(2013.3.23 본조개정)
제12조의3【대학의 장 임용추천위원회의 구성 및 운영】 ① 법 제24조제2항에 따른 대학의 장 임용추천위원회(이하 "추천위원회"라 한다)는 다음 각 호의 사람 중에서 해당 대학의 학칙으로 정하는 바에 따라 10명 이상 50명 이하(교육대학 및 「고등교육법」 제43조제1항에 따른 종합교원양성대학의 경우에는 10명 이상 20명 이하)의 위원으로 구성한다. 다만, 교육부장관이 학생 정원 등 해당 대학의 규모를 고려하여 위원 수를 조정할 필요가 있다고 인정한 대학의 추천위원회는 10명 이상 60명 이하의 위원으로 구성할 수 있다.
1. 해당 대학의 교원
2. 해당 대학의 직원
3. 해당 대학의 재학생
4. 해당 대학의 졸업생
5. 해당 대학의 발전에 기여하였거나 교육·연구 또는 대학 운영에 관한 학식과 경험이 풍부한 사람
② 추천위원회의 위원에는 제1항 각 호에 해당하는 위원이 각 1명 이상 포함되어야 한다.
③ 추천위원회 위원의 구성비율은 다음 각 호의 기준에 따라야 한다.
1. 제1항제1호부터 제3호까지의 각 호별 해당 위원 수가 같은 항 제1호부터 제3호까지에 해당하는 위원 수 합계의 10분의 8을 초과하지 아니할 것
2. 제1항제4호 및 제5호에 해당하는 위원 수의 합계는 전체 위원 수의 10분의 1 이상일 것
3. 여성위원의 수가 전체 위원 수의 10분의 2 이상일 것
④ 추천위원회에는 위원장 1명과 부위원장 1명을 두되, 위원장 및 부위원장은 위원 중에서 각각 호선한다.
⑤ 추천위원회는 법 제24조제3항제1호에 따라 대학의 장 후보자를 선정하는 경우에는 서면 심사, 심층 면접, 정책 평가 또는 정책 토론 등을 실시할 수 있다. 다만, 해당 대학 구성원의 의견을 수렴하는 방식으로 정책 평가를 실시하는 경우에는 그 실시 방법 및 결과 반영 등에 관하여 교육부장관이 정하는 바에 따라야 한다.
⑥ 추천위원회는 대학의 장 후보자를 선정하였을 때에는 지체 없이 그 선정 결과를 해당 대학의 장에게 통보하여야 한다.
⑦ 추천위원회는 추천위원회가 추천한 대학의 장 후보자가 대학의 장으로 임용되는 날까지 존속한다.
⑧ 추천위원회의 운영 등에 필요한 세부사항은 해당 대학의 학칙으로 정한다.
(2016.7.26 본조개정)
제12조의4【대학의 장 후보자 선정의 공정성 확보를 위한 조치】 대학의 장은 추천위원회의 운영 및 대학의 장 후보자 선정의 공정성을 확보하기 위하여 필요한 조치를 마련하여야 한다.(2016.7.26 본조개정)

제2장의3 고등학교 이하 각급학교에서의 교장 등의 공모 및 교원의 초빙

(2012.12.4 본장제목개정)

제12조의5【공모 교장 등의 임용·평가 등】 ① 학교 또는 유치원의 장은 법 제29조의3제1항 또는 제2항에 따라 공모를 통하여 교장이나 원장을 선발하는 경우에는 지원자를 평가하기 위하여 공모교장심사위원회 또는 공모원장심사위원회를 구성하여야 한다. 이 경우 위원의 수는 10명 이상 20명 이하로 구성하되, 학생 수가 100명 미만인 경우에는 5명 이상 10명 이하로 구성할 수 있다.
(2018.3.20 본항개정)
② 제1항에 따른 공모교장심사위원회 또는 공모원장심사위원회의 위원은 다음 각 호의 어느 하나에 해당하는 사람 중에서 학교 또는 유치원의 장이 위촉한다.
1. 「초·중등교육법」 제31조제1항에 따른 학교운영위원회(이하 "학교운영위원회"라 한다) 또는 「유아교육법」 제19조의3제1항에 따른 유치원운영위원회(이하 "유치원운영위원회"라 한다)가 추천하는 해당 학교·유치원의 학부모
2. 교직원 전체회의에서 무기명투표로 선출한 해당 학교·유치원의 교원(교장 및 원장은 제외한다)
3. 제1호 및 제2호에 해당하지 아니하는 사람으로서 학교운영위원회 또는 유치원운영위원회가 추천하는 다음 각 목의 어느 하나에 해당하는 사람
가. 해당 학교·유치원의 졸업생
나. 교육 관련 전문가
다. 그 밖에 학교 운영에 이바지하려는 사람
(2018.3.20 본항개정)
③ 학교 또는 유치원의 장은 제2항에 따라 공모교장심사위원회 또는 공모원장심사위원회의 위원을 위촉하는 경우 다음 각 호의 기준에 따라야 한다. 다만, 학생 수가 100명 미만인 경우 국립인 학교 또는 유치원의 장은 학교 또는 유치원의 장이, 공립인 학교 또는 유치원의 장은 교육감이 정하는 별도의 기준에 따라 위촉할 수 있되, 제2항 각 호의 위원이 각각 1명 이상씩 포함되도록 하여야 한다.
1. 제2항제1호에 해당하는 위원의 수는 전체 위원 수의 40퍼센트 이상 50퍼센트 이하일 것
2. 제2항제2호에 해당하는 위원의 수는 전체 위원 수의 30퍼센트 이상 40퍼센트 이하일 것
3. 제2항제3호에 해당하는 위원의 수는 전체 위원 수의 10퍼센트 이상 30퍼센트 이하일 것
4. 해당 학교운영위원회 또는 유치원운영위원회의 위원인 사람의 수는 전체 위원 수의 50퍼센트 이하일 것
(2018.3.20 본항신설)
④ 제1항에 따른 공모교장심사위원회 및 공모원장심사위원회는 지원자의 경력, 학교 또는 유치원 경영계획서, 상호 토론 및 면접 결과 등을 포함하여 지원자의 적격성을 심사하여야 한다.
⑤ 법 제29조의3제7항에 따라 공모 교장·원장에 대하여 직무 수행, 실적 등을 평가할 때에는 학교 또는 유치원의 운영성과와 학교 또는 유치원 구성원의 만족도 등을 포함하여 종합적으로 평가하여야 한다.
⑥ 임용제청권자는 법 제29조의3제7항에 따른 공립 학교·유치원의 공모 교장·원장에 대한 평가 권한을 해당 교육감에게 위임할 수 있다.
⑦ 제1항부터 제6항까지에서 규정한 사항 외에 공모 교장·원장의 공모 절차, 임용, 평가 등에 필요한 세부 사항은 교육부장관이 정한다.(2018.3.20 본항개정)
(2012.12.4 본조개정)

제12조의6【공모 교장의 자격기준 등】 ① 법 제29조의3 제2항 후단에 따른 학교유형별 공모 교장의 자격기준은 다음 각 호와 같다.

1. 다음 각 목의 학교 중 자율학교로 지정된 학교의 경우에는 그 학교 교육과정에 관련된 교육기관, 교육행정기관, 교육연구기관, 국가기관, 지방자치단체, 공공단체, 국제기구, 외국기관, 산업체 등에서 3년 이상 종사한 경력이 있는 사람
   가. 「초·중등교육법」 제28조에 따른 학습부진아 등에 대한 교육을 실시하는 학교
   나. 특성화중학교
   다. 특수목적고등학교 및 특성화고등학교
   라. 「초·중등교육법 시행령」 제105조제1항제7호에 해당하는 일반고등학교 중 예·체능계 고등학교
2. 다음 각 목의 학교 중 자율학교로 지정된 학교의 경우에는 경력이 15년 이상인 교육공무원 또는 사립학교 교원
   가. 개별 학생의 적성·능력 개발을 위한 다양하고 특성화된 교육과정을 운영하는 학교
   나. 제1호 각 목에 해당하지 아니하는 학교로서 「초·중등교육법 시행령」 제105조제1항제7호에 해당하는 초등학교, 중학교, 고등학교
   다. 학생의 창의력 계발 또는 인성함양 등을 목적으로 특별한 교육과정을 운영하는 학교
   라. 「농어업인 삶의 질 향상 및 농어촌지역 개발촉진에 관한 특별법」 제3조제4호에 따른 농어촌학교
3. 자율형 공립고등학교의 경우에는 제2호와 동일한 경력을 갖춘 사람

② 제1항제2호 각 목의 학교 중 자율학교로 지정된 학교와 제1항제3호의 자율형 공립고등학교의 경우에는 교육감이 사전에 학교의 신청을 받아 제1항제2호에 따른 자격을 갖춘 사람이 교장 공모에 참여할 수 있는 학교를 정하여 공고하여야 한다. 이 경우 교육감은 신청한 학교 중 50퍼센트(신청한 학교가 1개인 경우에는 1개)의 범위에서 제1항제2호에 따른 자격을 갖춘 사람이 교장 공모에 참여할 수 있는 학교를 정하여야 한다.(2018.3.20 후단개정)

③ 제1항제1호에 따라 교장자격증을 소지하지 아니하고 국공립 특수목적고등학교 중 산업수요 맞춤형 고등학교의 장으로 임용된 사람(제1항제1호에 따라 교장자격증을 소지하지 아니하고 국공립 특수목적고등학교 중 산업수요 맞춤형 고등학교의 장으로 임용된 후 「초·중등교육법 시행령」 제105조의2제2항에 따라 교장자격증을 취득한 사람을 포함한다)의 보수는 「공무원보수규정」 제36조 제5항을 준용하여 전문임기제공무원 가급의 보수를 지급한다.(2014.12.26 본항개정)

(2011.12.28 본조신설)

제12조의7【초빙교사의 임용 요청 등】 ① 법 제31조제2항에 따라 고등학교 이하 각급학교의 장이 초빙교사의 임용을 요청할 때에는 학교운영위원회 또는 유치원운영위원회의 심의를 거쳐야 한다.(2012.12.4 본항개정)

② 제1항에 따른 초빙교사의 임용 요청에 필요한 세부 사항은 임용권자가 정한다.(2019.11.5 본항개정)

제3장 기간제교원의 임용

제13조【기간제교원의 임용】 ① 법 제32조제1항제2호에서 "파견·연수·정직·직위해제등 대통령령이 정하는 사유"란 다음 각 호의 어느 하나에 해당하는 경우를 말한다.(2009.7.16 본문개정)

1. 교원이 파견·연수·강등·정직·직위해제·휴가로 인하여 1개월 이상 직무에 종사할 수 없어 후임자의 보충이 불가피한 경우(2009.7.16 본호개정)
2. 교원이 퇴직하여 신규채용하여야 할 사유가 발생하였음에도 교사임용후보자명부에 임용대상자가 없어 신규채용을 할 수 없을 경우
3. 파면·해임 또는 면직처분을 받은 교원이 「교원의 지위 향상 및 교육활동 보호를 위한 특별법」 제9조의 규정에 의하여 교원소청심사위원회에 소청심사를 청구하여 후임자의 보충발령을 하지 못하게 된 경우
(2016.8.2 본호개정)

(1999.9.30 본항개정)

② 법 제32조제1항제3호부터 제5호까지의 규정에 따라 기간제교원을 임용하는 경우 1주당 근무시간을 6시간 이상 35시간 이하의 범위에서 시간제로 근무하게 하는 기간제교원을 임용할 수 있다.(2011.11.30 본항개정)

③ 법 제32조제1항에 따라 임용되는 기간제교원의 임용기간은 1년 이내로 하며, 필요한 경우 3년의 범위에서 연장할 수 있다.(2010.1.11 본항개정)

④ 국가공무원·지방공무원 또는 기간제교원으로 퇴직한 사람을 그 퇴직일부터 6개월 이내에 법 제32조제1항에 따라 기간제교원(신체검사 합격기준이 동일한 기간제교원을 말한다)으로 임용하려는 경우에는 신체검사를 면제할 수 있다.(2023.4.11 본항신설)

제3장의2 전직 및 전보

(1975.11.13 본장신설)

제13조의2【전직등의 제한】 ① 법 제21조제1항제3호에서 "그 밖에 대통령령으로 정하는 특별한 사유가 있는 경우"란 다음 각 호의 어느 하나에 해당하는 경우를 말한다.(2013.5.31 본문개정)

1. 전보권자 또는 전보제청권자를 달리하는 기관간에 전보하는 경우
2. 임용예정직위에 관련된 특수한 연수를 받았거나 임용예정직위에 상응한 근무 또는 연구실적이 있는 자를 당해 직위에 보직하는 경우(1982.3.11 본호개정)
3. 징계처분을 받은 경우
4. 형사사건에 관련된 혐의가 있는 경우
5. 교육공무원을 배우자 또는 직계존속이 거주하는 시·군·자치구 지역의 기관으로 전보하는 경우
(2019.11.5 본호신설)
6. 임신 중인 교육공무원 또는 출산 후 1년이 지나지 않은 교육공무원의 모성보호, 육아 등을 위하여 필요한 경우(2019.11.5 본호신설)
7. 당해 직위나 근무지에 계속하여 근무하는 것이 교육상 심히 부적당하다고 인정되는 사유로서 교육부장관이 정하는 경우(2013.3.23 본호개정)

② (1997.12.5 삭제)

제13조의3【인사교류】 ① 임용권자 또는 임용제청권자는 소속교육공무원의 동일 직위 또는 지역에서의 장기근무로 인한 침체를 방지하고 능률적인 직무수행을 기할 수 있도록 인사교류계획을 수립하여 이를 실시하여야 한다.

② 임용권자 또는 임용제청권자는 제1항의 인사교류계획을 수립 실시함에 있어서 「도서·벽지 교육진흥법」 제2조의 규정에 의한 도서·벽지에 계속하여 3년 이상 근무한 자에 대하여는 본인의 희망을 참작하여 도서·벽지 이외의 지역으로 전보하여야 한다. 다만, 본인이 다른 지역으로 전보를 희망하지 아니하는 경우에는 그러하지 아니하다.(2005.4.15 본문개정)

③ 임용권자 또는 임용제청권자는 제1항의 인사교류계획을 수립 실시함에 있어서 전보희망자가 적은 지역에서 근무하는 교육공무원으로서 근무성적 또는 업적평가결과(수석교사만 해당한다. 이하 같다)가 양호하고, 지역사회발전을 위하여 계속 근무하게 할 필요가 있다고 인정되는 때에는 본인의 희망에 따라 장기근무를 하게 할 수 있다.(2011.10.25 본항개정)

④ 임용권자는 법 제12조제1항제3호에 따라 채용된 교사를 그가 임용된 날로부터 5년간 전직이나 당해 특수지역 또는 근무기관 이외의 기관에 전보할 수 없다.(2023.4.11 본항개정)

⑤ 공립의 고등학교 이하 각급학교의 장은 해당 학교 교육과정의 원활한 운영과 학교 발전을 위하여 필요한 자격이나 능력을 갖춘 교원을 해당 학교에 전보시켜 줄 것을 임용권자에게 요청하거나 해당 학교에 근무 중인 교원을 그 교원의 동의를 받아 다른 기관으로의 전보 유예를 임용권자에게 요청할 수 있다.(2010.1.11 본항신설)

⑥ 국립의 고등학교 이하 각급학교의 장(「고등교육법」 제45조에 따른 부설학교의 경우 대학의 장을 말한다)은 해당 지역을 관할하는 교육감이 정하는 바에 따라 해당 지역의 교육감에게 제5항에 따른 요청을 할 수 있다.
(2010.1.11 본항신설)

⑦ 제5항 또는 제6항에 따라 요청을 받는 임용권자 또는 교육감은 제5항 또는 제6항에 따른 요청의 시행에 필요한 요청 방법 및 절차 등을 각각 정하여 시행하여야 한다.
(2010.1.11 본항신설)

⑧ 제5항 또는 제6항에 따라 요청을 받은 임용권자 또는 교육감은 제5항 또는 제6항에 따라 요청받은 내용을 인사교류에 반영하기 위하여 각각 노력하여야 한다.
(2010.1.11 본항신설)

⑨ 임용권자는 법 제11조제2항에 따라 신규 채용된 교사를 그 사람이 임용된 날부터 8년 동안 전직하거나 해당 지역 또는 근무기관 외의 기관에 전보할 수 없다.
(2011.12.28 본항신설)

제4장 승진 및 강임

제14조【승진임용방법】 ① 임용권자 또는 임용제청권자가 소속교육공무원(대학의 교원 및 수석교사는 제외한다. 이하 이 조부터 제16조까지, 제18조 및 제18조의2에서 같다)을 승진임용하고자 할 때에는 승진후보자명부의 고순위자 순위에 의하여 승진예정인원의 3배수 범위안에서 임용하거나 임용제청하여야 한다.(2023.4.11 본항개정)

② 법 제14조제2항 단서에서 "대통령령으로 정하는 특수자격이 있는 사람"이란 농업계, 공업계, 수산·해운계, 예·체능계의 중등학교 교원자격증 소지자 또는 해당 학과 출신 교육전문직원으로서, 교육부장관이 정하는 과목의 자격증을 소지하거나 해당 학과를 졸업한 사람을 말한다.(2013.5.31 본항개정)

제15조【특별승진임용】 ① 임용권자 또는 임용제청권자는 법 제15조에 따라 교육공무원을 특별승진임용할 때에는 다음 각 호의 어느 하나에 해당하는 교육공무원 중에서 승진임용해야 한다.(2019.6.25 본문개정)

1. 법 제15조제1항제1호의 경우에는 교육부장관이 정하는 포상을 받은 교육공무원(2019.6.25 본호개정)
2. 법 제15조제1항제2호의 규정에 의한 경우에는 교육부장관이 직무수행능력이 탁월하여 교육발전에 지대한 공헌실적이 있다고 인정하는 교육공무원. 이 경우에는 미리 대통령의 승인을 얻어야 한다.(2013.3.23 전단개정)
3. 법 제15조제1항제3호의 규정에 의한 경우에는 창안등급 동상이상을 받은 교육공무원
4. 법 제15조제1항제4호의 규정에 의하여 명예퇴직하는 교육공무원(1994.2.17 본호개정)
5. 법 제15조제1항제5호의 규정에 의한 경우에는 교육부장관이 재직중 특별한 공적이 있다고 인정하는 교육공무원(2013.3.23 본호개정)

② 제1항에 따라 특별승진임용할 때에는 해당 교육공무원이 제16조에 따른 승진임용의 제한을 받지 않는 사람이어야 하며, 제1항제4호에 따라 특별승진임용할 때에는 해당 교육공무원이 재직기간 중 중징계 처분 또는 다음 각 호의 어느 하나에 해당하는 사유로 경징계 처분을 받은 사실이 없어야 한다.

1. 「국가공무원법」 제78조의2제1항 각 호 또는 「지방공무원법」 제69조의2제1항 각 호의 징계 사유
2. 시험문제 유출 또는 학생 성적 조작 등 학생 성적과 관련한 비위 및 학교생활기록부 허위사실 기재 또는 부당 정정(訂正) 등 학교생활기록부와 관련한 비위
3. 「성폭력범죄의 처벌 등에 관한 특례법」 제2조에 따른 성폭력범죄
4. 「아동·청소년의 성보호에 관한 법률」 제2조제2호에 따른 아동·청소년대상 성범죄
5. 「성매매알선 등 행위의 처벌에 관한 법률」 제2조제1항제1호에 따른 성매매
6. 「양성평등기본법」 제3조제2호에 따른 성희롱
7. 「도로교통법」 제44조제1항에 따른 음주운전 또는 같은 조 제2항에 따른 음주측정에 대한 불응
8. 학생에 대한 신체적·정신적·정서적 폭력 행위

(2019.6.25 본항개정)

③ 제1항제1호 내지 제3호의 규정에 의하여 특별승진임용을 함에 있어서는 승진후보자명부의 순위에 불구하고 바로 상위직위로 승진임용할 수 있으며, 상위의 자격기준에 달하였으나 상위의 자격증을 소지하지 아니한 때에는 교육부령이 정하는 바에 의하여 상위의 자격증 취득을 위한 자격연수를 우선적으로 받게 할 수 있다.
(2013.3.23 본항개정)

④ 제1항제4호 및 제5호의 규정에 의하여 특별승진임용을 함에 있어서는 제14조의 규정에 불구하고 승진임용할 수 있다.

⑤ 제1항제4호에 따라 특별승진임용할 때에는 특별한 공적이 있는지에 대해 심사를 거쳐야 한다. 이 경우 심사의 방법 및 절차 등에 관한 사항은 교육부장관이 정한다.
(2019.6.25 본항신설)

⑥ 제1항제4호에 따라 특별승진임용된 사람이 「국가공무원법」 제74조의2제3항제1호·제1호의2·제1호의3 또는 「지방공무원법」 제66조의2제3항제1호·제1호의2·제1호의3에 해당하여 명예퇴직수당을 환수하는 경우에는 특별승진임용을 취소해야 한다. 이 경우 특별승진임용이 취소된 사람은 그 특별승진임용 전의 직급으로 퇴직한 것으로 본다.(2019.6.25 본항신설)

(1982.3.11 본조개정)

제16조【승진임용의 제한】 ① 교육공무원이 다음 각 호의 어느 하나에 해당하는 경우에는 승진임용될 수 없다.
(2009.7.16 본문개정)

1. 징계의결 요구·징계처분·직위해제 또는 휴직(법 제44조제1항제1호에 따른 휴직 중 「공무원 재해보상법」에 따른 공무상 질병 또는 부상으로 인한 휴직자를 제15조제1항제4호 또는 제5호에 따라 특별승진임용하는 경우는 제외한다) 중에 있는 경우(2018.9.18 본호개정)
2. 징계처분의 집행이 끝난 날부터 다음 각 목의 기간[「국가공무원법」 제78조의2제1항 각 호 및 「지방공무원법」 제69조의2제1항 각 호의 어느 하나에 해당하는 사유로 인한 징계처분과 소극행정, 음주운전(음주측정에 응하지 않은 경우를 포함한다), 성폭력, 성희롱, 성매매, 상습폭행, 학생성적 관련 비위에 따른 징계처분의 경우에는 각각 6개월을 더한 기간]이 지나지 않은 경우
(2019.11.5 본문개정)
   가. 강등·정직 : 18개월
   나. 감봉 : 12개월
   다. 견책 : 6개월
   (2009.7.16 본호개정)

② 징계에 관하여 이 영에 따른 교육공무원과는 다른 법률의 적용을 받는 공무원이 이 영에 따른 교육공무원이 된 경우 종전의 신분에서 강등처분을 받은 때에는 그 처분의 집행이 종료된 날부터 18개월, 근신·영창, 그 밖에 이와 유사한 징계처분을 받은 때에는 그 처분의 집행이 종료된 날부터 6개월 동안 승진임용될 수 없다.
(2009.7.16 본항개정)

③ 제1항 또는 제2항에 따른 승진임용제한기간 중에 있는 자가 다시 징계처분을 받은 경우의 승진임용제한기간은 전(前) 처분에 대한 승진임용제한기간이 만료된 날부터 새로운 징계처분에 따른 승진임용제한기간을 기산한다.
(2009.7.16 본항개정)

④ 징계처분으로 승진임용제한기간 중에 있는 자가 휴직하는 경우에 잔여(殘餘) 승진임용제한기간은 복직한 날부터 다시 기산한다.(2009.7.16 본항신설)

⑤ 교육공무원이 징계처분을 받은 이후 당해 직위에서 훈장·포장·모범공무원포상·국무총리이상의 표창 또는 제안의 채택시행으로 포상을 받는 경우에는 그가 받은 가

장 중한 징계처분에 한하여 제1항제2호 및 제2항에서 규정한 승진임용제한기간의 2분의 1을 단축할 수 있다.
(1982.3.11 본조개정)

제17조 (1982.3.11 삭제)

제18조【강임의 순위】 교육공무원을 강임할 때에는 바로 하위의 직위에 임용함을 원칙으로 하며, 근무성적평정·경력평정·재교육성적 및 연수성적 기타 훈련성적의 하순위자로부터 행한다. 다만, 본인이 강임을 원할 때에는 순위에 불구하고 강임할 수 있다.

제18조의2【강임자의 우선승진임용 방법】「국가공무원법」 제73조의4제2항 또는 「지방공무원법」 제65조의4제2항에 따라 우선승진임용을 하는 경우 같은 직위에 강임된 사람이 2명 이상이면 우선승진임용 순위는 강임일 순서에 따르고, 강임일도 같은 경우에는 강임되기 전의 직위의 임용일 순서에 따른다.(2012.12.4 본조개정)

제4장의2 휴직 및 시간선택제 근무

(2014.11.4 본장제목신설)

제19조【질병휴직】 ① 임용권자 또는 임용제청권자는 법 제44조제1항제1호 또는 제7호의3에 따라 휴직 여부를 결정하려는 경우에는 관계 전문가 등으로 질병휴직위원회를 구성하여 휴직의 필요성 등에 대해 자문할 수 있다.
② 임용권자 또는 임용제청권자는 법 제45조제1항제1호 단서에 따른 공무상 부상 또는 질병으로 인하여 휴직(이하 이 조에서 "공무상질병휴직"이라 한다)을 명한 교육공무원에게 당초 휴직 사유와 같은 사유로 그 휴직기간 연장을 명하려는 경우로서 총 휴직기간이 3년을 초과하는 경우에는 질병휴직위원회에 자문해야 한다.
③ 공무상질병휴직을 명할 수 있는 경우는 「공무원 재해보상법 시행령」 제28조에 따른 공무상 요양 승인이나 같은 영 제32조에 따른 재요양 승인(이하 이 조에서 "공무상요양·재요양승인"이라 한다)을 받은 경우로 한정한다.
④ 공무상요양·재요양승인을 받은 기간(연장된 요양기간을 포함한다)이 끝난 후에는 그 사유와 같은 사유로 공무상질병휴직을 새로 명하거나 그 휴직기간의 연장을 명할 수 없다.
⑤ 제1항부터 제4항까지에서 규정한 사항 외에 질병휴직위원회의 구성·운영 등 질병휴직 제도의 운영에 필요한 사항은 교육부장관이 정한다. 다만, 교육부장관이 아닌 임용권자 또는 임용제청권자가 소속 교육공무원의 규모, 기관의 특성 등을 고려하여 달리 정하는 경우에는 그에 따른다.
(2023.4.11 본조신설)

제19조의2【육아휴직】 법 제44조제1항제7호의 사유로 인한 휴직명령은 그 공무원이 원하는 경우 이를 분할하여 할 수 있다.(2007.12.20 본조신설)

제19조의3【고용휴직】 법 제44조제1항제6호에서 "대통령령으로 정하는 민간단체"란 다음 각 호의 어느 하나에 해당하는 법인 또는 기관을 말한다.
1. 「민법」 제32조에 따라 교육부장관 또는 특별시·광역시·특별자치시·도 및 특별자치도 교육감의 허가를 받은 비영리법인(2020.9.22 본호개정)
2. 「고등교육법」 제14조제2항의 교원에 해당하는 교육공무원의 휴직인 경우에는 제1호에 따른 비영리법인, 「상법」에 따라 설립된 합명회사, 합자회사, 유한회사, 주식회사 등 영리목적으로 설립된 법인(같은 법 제614조에 따른 외국회사를 포함한다)으로서 국내에 소재하는 법인과 특별법에 따라 설립된 법인·단체·협회 등으로서 국내에 소재하는 기관
(2009.1.16 본조신설)

제19조의4【가족돌봄휴직】 법 제44조제1항제9호 단서에서 "본인 외에 돌볼 사람이 없는 등 대통령령으로 정하는 요건을 갖춘 경우"란 다음 각 호의 어느 하나에 해당하는 경우를 말한다.
1. 조부모를 돌보는 경우 : 본인 외에는 조부모의 직계비속이 없는 경우. 다만, 다른 직계비속이 있으나 질병, 고령(高齡), 장애 또는 미성년 등의 사유로 본인이 돌볼 수밖에 없는 경우를 포함한다.
2. 손자녀를 돌보는 경우 : 본인 외에는 손자녀의 직계존속 및 형제자매가 없는 경우. 다만, 다른 직계존속 또는 형제자매가 있으나 질병, 고령, 장애 또는 미성년 등의 사유로 본인이 돌볼 수밖에 없는 경우를 포함한다.
(2023.4.11 본조개정)

제19조의5【시간선택제 전환교사의 지정】 ① 고등학교 이하 각급학교 교원의 임용권자(이하 이 조에서 "임용권자"라 한다)는 소속 교사가 원할 때에는 해당 교사를 「국가공무원법」 제26조의2에 따라 통상적인 근무시간보다 짧은 시간을 근무하는 교사로 지정할 수 있다.
② 제1항에 따라 통상적인 근무시간보다 짧은 시간을 근무하는 교사로 지정된 교사(이하 "시간선택제 전환교사"라 한다)의 근무시간은 「국가공무원 복무규정」 제9조에도 불구하고 주당 15시간 이상 25시간 이하의 범위에서 임용권자가 정한다.
③ 임용권자는 소속 시간선택제 전환 교사의 남은 주당 근무시간(통상적인 근무시간에서 시간선택제 전환교사로 전환한 후의 근무시간을 빼고 남은 시간을 말한다)을 합산한 총근무시간의 범위에서 교사를 임용할 수 있다. 이 경우 임용할 수 있는 교사 수는 40시간당 1명으로 산정하되, 「국립의 각급 학교에 두는 공무원의 정원에 관한 규정」과 「지방교육행정기관 및 공립의 각급학교에 두는 국가공무원의 정원에 관한 규정」에서 정하는 정원을 초과하여 임용할 수 있다.
④ 제1항부터 제3항까지에서 규정한 사항 외에 시간선택제 전환교사의 지정 기준 등에 관하여 필요한 사항은 교육부장관이 정한다.
(2014.11.4 본조신설)

제5장 보 칙

제20조【직제의 개정·폐지 등으로 인한 면직순위】 직제의 개정·폐지나 정원의 변동 또는 예산의 감소로 인하여 직위가 없어지거나 정원이 초과되어 교육공무원을 면직하여야 할 때에는 임용권자 또는 임용제청권자는 당해 소속교육공무원중 근무성적평정·업적평가결과·경력평정·재교육성적 및 연수성적 기타 훈련성적·징계처분을 참작한 하순위자로부터 면직 또는 면직제청을 하여야 한다.(2019.7.2 본조개정)

제21조【면직자의 명부제출】 ① 제20조의 규정에 의하여 교육공무원이 면직될 때에는 임용권자 또는 임용제청권이 있는 교육기관·교육행정기관 및 교육연구기관의 장은 당해 교육공무원이 면직된 날로부터 30일 이내에 그 근무성적순위 또는 업적평가결과에 의하여 작성한 명부를 교육부장관에게 제출하여야 한다.(2013.3.23 본항개정)
② 제1항의 명부의 유효기간은 2년으로 한다.
(1978.7.4 본조개정)

제22조【면직자의 우선임용】 임용권자 또는 임용제청권자가 결원을 보충하고자 하는 경우에 제21조의 규정에 의한 명부에 등재된 자가 있을 때에는 다른 임용후보자에 우선하여 이를 임용하거나 임용제청을 할 수 있다. 이 경우의 임용 또는 임용제청은 그 명부의 고순위자 순위에 의하여야 한다.(1982.3.11 본조개정)

제23조【특수지 근무의 범위】 법 별표1의 비고 제2호에 따른 특수지 근무는 재외공관에서의 근무로 한다.
(2013.5.31 본조개정)

제23조의2【민감정보 및 고유식별정보의 처리】 교육부장관(제3조 및 제3조의2에 따라 교육부장관의 권한을 위임·재위임받은 자를 포함한다) 또는 제9조제2항에 따라 교사의 신규채용을 위한 공개전형 실시를 위탁받은 자는 법 및 이 영에 따른 교육공무원의 임용에 필요한 자격, 요건의 확인 등을 위한 사무를 수행하기 위하여 불가피한 경우 「개인정보 보호법」 제23조에 따른 건강에 관한 정보나 같은 법 시행령 제19조제1호에 따른 주민등록번호가 포함된 자료를 처리할 수 있다.(2022.12.20 본조개정)

제24조 (2023.3.7 삭제)

부 칙 (2016.1.6)

제1조【시행일】 이 영은 공포한 날부터 시행한다. 다만, 제9조의2제1항제5호의 개정규정은 2017년 9월 1일부터 시행한다.

제2조【특별채용의 요건에 관한 경과조치】 ① 법 제12조제1항제2호에 따라 이 영 시행 전에 임용 예정직과 관련성이 있는 직무분야에서 퇴직하여 그 직무분야에서 퇴직한 상태에 있는 사람을 교육공무원으로 특별채용하는 경우에는 이 영 시행일을 제9조의2제1항제2호나목의 개정규정에 따른 임용 예정직과 관련성이 있는 직무분야에서 마지막으로 퇴직한 날로 본다.
② 법 제12조제1항제5호에 따른 사립학교 교원의 교육공무원 특별채용 중 채용공고 등 그 특별채용 관련 절차가 2017년 8월 31일 이전에 개시된 특별채용의 경우에는 제9조의2제1항제5호의 개정규정에도 불구하고 종전의 제9조의2제5호에 따른다.

부 칙 (2016.7.26)

제1조【시행일】 이 영은 공포한 날부터 시행한다.

제2조【대학의 장 임용추천위원회의 구성 및 운영에 관한 경과조치】 제12조의3 및 제12조의4의 개정규정에도 불구하고 이 영 시행 당시 법 제24조제2항에 따른 대학의 장의 임용추천을 위한 절차가 진행 중인 경우에는 종전의 규정에 따른다.

부 칙 (2018.12.11)

제1조【시행일】 이 영은 공포한 날부터 시행한다.

제2조【승진임용의 제한에 관한 적용례】 이 영의 개정규정은 이 영 시행 이후 징계사유가 발생하는 경우부터 적용한다.

부 칙 (2019.6.25)

제1조【시행일】 이 영은 2019년 7월 1일부터 시행한다.

제2조【특별승진임용의 제한에 관한 적용례 등】 ① 징계로 인한 특별승진임용, 명예진급(군인에 한정한다) 또는 특별임용(참사관급 외무공무원에 한정한다) 제한에 관한 이 영의 개정규정은 이 영 시행 전에 징계 처분을 받은 사실이 있는 사람에 대해서도 적용한다.
② 이 영 시행 전에 「국가인권위원회법」 제2조제3호라목에 따른 성희롱을 사유로 경징계 처분을 받은 사실이 있는 사람은 이 영의 개정규정에 따라 「양성평등기본법」 제3조제2호에 따른 성희롱을 사유로 경징계 처분을 받은 사실이 있는 것으로 본다.

제3조【특별승진임용 취소에 관한 적용례】 명예퇴직수당의 환수로 인한 특별승진임용, 명예진급(군인에 한정한다) 또는 특별임용(참사관급 외무공무원에 한정한다) 취소에 관한 이 영의 개정규정은 이 영 시행 이후 특별승진임용되는 사람부터 적용한다.

부 칙 (2019.9.10)

제1조【시행일】 이 영은 공포한 날부터 시행한다.

제2조【교사의 신규채용에서 의사상자 등 우대에 관한 적용례】 제8조제2항의 개정규정은 이 영 시행 이후 공고하는 교사의 신규채용을 위한 공개전형 시험부터 적용한다.

부 칙 (2019.11.5)

제1조【시행일】 이 영은 공포한 날부터 시행한다.

제2조【승진임용 제한기간 가산에 관한 적용례】 제16조제1항제2호 각 목 외의 부분의 개정규정은 이 영 시행 이후 징계 사유에 해당하는 위반행위를 하는 경우부터 적용한다.

부 칙 (2020.5.4)

제1조【시행일】 이 영은 공포한 날부터 시행한다.

제2조【공개전형의 응시자격에 관한 적용례】 제11조의3제2항의 개정규정은 이 영 시행 이후 공고하는 교사의 신규채용을 위한 공개전형부터 적용한다.

부 칙 (2020.7.21)

이 영은 2020년 7월 30일부터 시행한다.

부 칙 (2020.9.22)

제1조【시행일】 이 영은 공포한 날부터 시행한다.

제2조【보직관리에 대한 경과조치】 이 영 시행 전에 결원보충이 승인된 파견자에 대해서는 제7조제1항제2호의 개정규정에도 불구하고 종전의 규정에 따른다.

부 칙 (2021.6.22)

이 영은 2021년 6월 23일부터 시행한다.

부 칙 (2022.10.4)

제1조【시행일】 이 영은 공포한 날부터 시행한다.(단서 생략)

제2조【「교육공무원임용령」 및 「양성평등교육심의회 규정」의 개정에 관한 경과조치】 ① 이 영 시행 당시 종전의 「교육공무원임용령」 제6조의2제1항에 따른 대학교원임용양성평등위원회는 「양성평등교육심의회 규정」 제6조의2제1항제3호의 개정규정에 따른 대학교원 임용 양성평등 분과위원회로 본다.
② 이 영 시행 당시 종전의 「교육공무원임용령」 제6조의2제1항에 따른 대학교원임용양성평등위원회의 위원은 「양성평등교육심의회 규정」 제2조 및 제3조의 개정규정에 따른 양성평등교육심의회의 위원 및 「양성평등교육심의회 규정」 제6조의2제1항제3호의 개정규정에 따른 대학교원 임용 양성평등 분과위원회의 위원으로 본다. 이 경우 위촉위원의 임기는 종전 임기의 남은 기간으로 한다.

부 칙 (2022.12.20)
(2023.3.7)

이 영은 공포한 날부터 시행한다.

부 칙 (2023.4.11)

제1조【시행일】 이 영은 2023년 4월 19일부터 시행한다.

제2조【대학교원 신규채용 심사위원의 제척·기피·회피에 관한 적용례】 제4조의4의 개정규정은 이 영 시행 이후 공고되는 신규채용부터 적용한다.

제3조【기간제교원의 신체검사에 관한 적용례】 제13조제4항의 개정규정은 이 영 시행 전에 공고되어 이 영 시행 당시 채용 절차가 진행 중인 경우에 대해서도 적용한다.

부 칙 (2023.8.30)

제1조【시행일】 이 영은 공포한 날부터 시행한다.(이하 생략)

부 칙 (2023.10.10)

이 영은 2023년 10월 12일부터 시행한다.

〔별표〕 ➡ 「法典 別冊」 參照

교육공무원 징계령

(1969년 12월 4일
대통령령 제4394호)

개정
1969.12.23영 4471호 <중략>
1988. 5.10영12449호
1990. 1. 3영12895호(직제)
1991. 2. 1영13282호(직제)
1991. 4.23영13356호(지방교육자치에관한법시)
1992. 3.28영13623호(직제)
1994. 6.24영14287호
1994.12.23영14441호(직제)
1997. 2.25영15289호 1998. 8.11영15865호
2000. 1. 8영16692호
2001. 1.29영17115호(직제)
2005. 7.27영18966호(교원소청에관한규정)
2006. 6.12영19513호(고위공무원단인사규정)
2007. 1.24영19844호
2008. 2.29영20740호(직제)
2008. 6. 5영20797호(고등교육시)
2009. 1.28영21275호
2009. 7.16영21627호(교육공무원임용령)
2010. 4.13영22120호
2012. 2.29영23644호(대학교원자격기준등에관한규정)
2013. 3.23영24423호(직제)
2014.11.19영25751호(직제)
2015.10. 6영26570호 2015.12.15영26711호
2016. 1.22영26922호(제주자치법시)
2017. 4. 3영27975호
2017. 7.26영28211호(직제)
2019. 2.26영29560호
2019. 7. 2영29950호(법령용어정비)
2019. 8. 6영30023호 2020. 7.28영30879호
2022. 9.13영32903호 2023. 3.28영33345호
2023.10.10영33803호(공무원징계령)

제1장 총 칙

제1조【목적】 이 영은 「교육공무원법」 제50조 및 제51조에 따른 교육공무원의 징계와 「국가공무원법」 제78조의2 및 「지방공무원법」 제69조의2에 따른 징계부가금 부과에 필요한 사항을 규정함을 목적으로 한다.(2019.2.26 본조개정)

제1조의2【정의】 이 영에서 사용하는 용어의 정의는 다음과 같다.
1. "중징계"라 함은 파면·해임·강등 또는 정직을 말한다.(2009.7.16 본호개정)
2. "경징계"라 함은 감봉 또는 견책을 말한다.
3. "대학"이라 함은 「고등교육법」 제2조의 규정에 의한 대학·산업대학·교육대학·방송대학·통신대학·방송통신대학·사이버대학 및 각종학교(대학에 준하는 각종학교에 한한다)를 말한다.(2008.6.5 본호개정)

(1988.5.10 본조신설)

제2장 교육공무원의 징계

제2조【징계위원회의 종류 및 관할】 ① 교육공무원(공립의 대학 및 전문대학, 국가교육위원회에 근무하는 교육공무원은 제외한다)의 징계 또는 「국가공무원법」 제78조의2나 「지방공무원법」 제69조의2에 따른 징계부가금 부과(이하 이 장에서 "징계등"이라 한다) 사건을 심의·의결하기 위해 교육공무원징계위원회(이하 "징계위원회"라 한다)를 두되, 대학의장징계위원회·특별징계위원회와 일반징계위원회로 구분한다.(2023.3.28 본항개정)
② 대학의장징계위원회는 대학(공립의 대학은 제외한다. 이하 이 조 및 제3조에서 같다)의 장 및 부총장의 징계등 사건을 심의·의결한다.(2019.2.26 본항개정)
③ 특별징계위원회는 다음 각 호에 해당하는 교육공무원의 징계등 사건을 심의·의결한다.(2019.2.26 본문개정)
1. 대학의 단과대학장, 국립의 전문대학의 장 및 전문대학에 준하는 각종학교의 장(1997.2.25 본호개정)
2. 「교육공무원법」(이하 "법"이라 한다) 제51조제1항에 따라 징계등 의결을 요구한 기관의 장이 「국가공무원법」 제82조제2항 또는 「지방공무원법」 제72조제2항에 따라 청구한 심사 및 재심사 사건의 해당 교육공무원(2019.2.26 본호개정)
3. (2019.2.26 삭제)
4. (1969.12.23 삭제)
5. 교육부와 그 소속기관에 근무하는 교수·부교수·조교수·장학관·교육연구관(2019.2.26 본호개정)
6. 일반징계위원회를 설치하지 아니한 학교 또는 교육행정기관에서 근무하는 교육공무원

④ 일반징계위원회는 제2항 및 제3항에 해당하지 않는 교육공무원의 징계등 사건을 심의·의결한다. 다만, 시(「제주특별자치도 설치 및 국제자유도시 조성을 위한 특별법」 제10조제2항에 따른 행정시를 포함한다. 이하 같다)·군·구(자치구를 말한다. 이하 같다) 교육행정기관에 두는 일반징계위원회는 해당 시·군·구 교육행정기관 소속 교사에 대한 경징계 또는 경징계 관련 징계부가금 부과 사건에 한정하여 심의·의결한다.(2019.2.26 본항개정)
⑤ 상위 직위자와 하위 직위자가 관련된 징계등 사건은 제2항부터 제4항까지의 규정에도 불구하고 그 중 상위 직위에 있는 사람의 관할 징계위원회에서 심의·의결한다. 다만, 상위 직위에 있는 사람의 관할 징계위원회는 하위직위자에 대한 징계등을 분리하여 심의·의결하는 것이 타당하다고 인정할 때에는 의결로써 하위직위자에 대한 징계등 사건을 그 관할 징계위원회에 이송할 수 있다.(2019.2.26 본항개정)

제3조【설치】 ① 대학의장징계위원회와 특별징계위원회는 교육부에 둔다.(2013.3.23 본항개정)
② 일반징계위원회는 대학(국립의 전문대학을 포함하며, 대학의 단과대학은 제외한다)과 특별시·광역시·특별자치시·도·특별자치도(이하 "시·도"라 한다) 교육행정기관 및 시·군·구 교육행정기관에 둔다.(2019.2.26 본항개정)
③ 교육부장관은 특히 필요하다고 인정할 때에는 제2항에도 불구하고 그 소속기관에 일반징계위원회를 설치할 수 있다. 이 경우 교육부장관은 그 운영 등에 필요한 사항을 미리 정해야 한다.(2019.2.26 본항개정)
④ 제2항 및 제3항의 경우에는 징계등 대상이 될 사람보다 상위급류의 공무원이 그 징계위원회의 위원이 될 수 있도록 징계위원회의 관할권을 조정할 수 있다. 이 경우 관할에서 제외된 징계등 대상자는 특별징계위원회의 관할로 한다.(2019.2.26 본항개정)

제4조【구성】 ① 대학의장징계위원회는 위원장 및 부위원장 각 1명을 포함하여 7명의 위원으로 구성하고, 특별징계위원회는 위원장 1명을 포함하여 5명 이상 9명 이내의 위원으로 구성하며, 일반징계위원회는 위원장 1명을 포함하여 9명 이상 15명 이내의 위원으로 구성한다.(2019.2.26 본항개정)
② 대학의장징계위원회의 위원장은 교육부장관이 되고, 부위원장은 교육부차관이 되며, 위원은 과학기술정보통신부 제1차관, 법무부차관, 문화체육관광부장관 제1차관, 인사혁신처차장 및 법제처차장이 된다.(2019.2.26 본항개정)
③ 특별징계위원회의 위원장은 교육부차관이 되고, 위원은 교육부 소속 실장·국장급 공무원과 다음 각 호의 사람 중에서 교육부장관이 임명 또는 위촉한다.(2022.9.13 본문개정)
1. 법관, 검사 또는 변호사로 5년 이상 근무한 경력이 있는 사람
2. 대학에서 법학 또는 행정학을 담당하는 부교수 이상으로 재직 중인 사람
3. 공무원으로서 고위공무원단 직위에 근무하고 퇴직한 사람(퇴직일부터 3년이 지난 사람으로 한정한다)(2019.2.26 본호개정)
4. 교장으로 4년 이상 근무한 경력이 있는 사람(2015.10.6 본항개정)

④ 특별징계위원회는 다음 각 호의 기준에 따라 구성한다.
1. 제3항 각 호의 사람이 위원장을 제외한 위원 수의 10분의 5 이상일 것
2. 특정 성별의 위원이 위원장을 포함한 위원 수의 10분의 6을 초과하지 않을 것

(2022.9.13 본항신설)
⑤ 일반징계위원회의 위원장은 그 설치기관의 장의 차순위자가 되고, 위원은 그 설치기관의 소속 공무원 중 장학관·교육연구관·조교수 이상의 교육공무원 및 5급 이상의 일반직공무원과 다음 각 호의 사람 중에서 그 설치기관의 장이 임명 또는 위촉한다. 다만, 시·군·구 교육행정기관에 두는 일반징계위원회의 경우에는 위원 중 일부를 그 관할구역 안의 학교의 교장 또는 교감으로 임명할 수 있다.(2022.9.13 본문개정)
1. 「초·중등교육법 시행령」 제59조에 따른 학교운영위원회 위원으로서 교원위원이 아닌 사람
2. 법관, 검사 또는 변호사로 5년 이상 근무한 경력이 있는 사람
3. 대학에서 법률학·행정학·교육학을 담당하는 조교수 이상으로 재직 중인 사람. 다만, 대학에 두는 일반징계위원회의 경우 해당 대학 소속인 사람은 제외한다.
4. 공무원으로 20년 이상 근속하고 퇴직한 사람. 다만, 퇴직 전 5년부터 퇴직할 때까지 다음 각 목의 어느 하나에 해당하는 기관에 소속되었던 적이 있는 사람인 경우에는 퇴직일부터 3년이 지난 사람으로 한정한다.(2019.2.26 단서신설)
   가. 일반징계위원회가 설치된 기관
   나. 가목에 따른 기관이 시·도 교육행정기관인 경우에는 다음의 어느 하나에 해당하는 기관
      1) 그 소속기관〔「지방교육행정기관의 행정기구와 정원기준 등에 관한 규정」 제2조제5호에 따른 직속기관을 말한다. 이하 다목2)에서 같다〕
      2) 그 시·도 교육행정기관이 관할하는 시·군·구 교육행정기관과 그 소속기관〔「지방교육행정기관의 행정기구와 정원기준 등에 관한 규정」 제2조제6호에 따른 교육지원청 소속 기관을 말한다. 이하 다목 1) 및 3)에서 같다〕
      3) 그 시·도 교육행정기관이 관할하는 학교
   다. 가목에 따른 기관이 시·군·구 교육행정기관인 경우에는 다음의 어느 하나에 해당하는 기관
      1) 그 소속기관
      2) 그 시·군·구 교육행정기관을 관할하는 시·도 교육행정기관과 그 소속기관
      3) 2)에 따른 시·도 교육행정기관이 관할하는 다른 시·군·구 교육행정기관과 그 소속기관
      4) 2)에 따른 시·도 교육행정기관이 관할하는 학교
   라. 가목에 따른 기관이 교육부 소속기관인 경우에는 교육부 또는 교육부의 다른 소속기관
   (2019.2.26 가목~라목신설)
5. 그 밖에 교육이나 교육행정에 대한 전문지식과 경험이 풍부하다고 인정되는 사람

(2010.4.13 본항개정)
⑥ 일반징계위원회는 다음 각 호의 기준에 따라 구성한다.
1. 제5항 각 호(대학의 경우 제1호는 제외한다)의 사람이 위원장을 제외한 위원 수의 10분의 5 이상일 것
2. 특정 성별의 위원이 위원장을 포함한 위원 수의 10분의 6을 초과하지 않을 것
3. 시·도 교육행정기관 및 시·군·구 교육행정기관에 두는 일반징계위원회의 경우에는 제5항제1호의 사람을 2명 이상 포함하되, 그중 1명 이상은 학부모위원일 것

(2022.9.13 본항신설)
⑦ 일반징계위원회의 회의는 위원장과 위원장이 회의마다 지정하는 6명의 위원으로 구성한다. 이 경우 제5항 각 호(대학의 경우 제1호는 제외한다)의 사람이 4명 이상 포함돼야 한다.(2022.9.13 후단개정)
⑧ 징계 사유가 다음 각 호의 어느 하나에 해당하는 징계사건이 속한 일반징계위원회의 회의를 구성하는 경우에는 피해자와 같은 성별의 위원이 위원장을 제외한 위원 수의 3분의 1 이상 포함되어야 한다.
1. 「성폭력범죄의 처벌 등에 관한 특례법」 제2조에 따른 성폭력범죄
2. 「양성평등기본법」 제3조제2호에 따른 성희롱

(2020.7.28 본항신설)

제4조의2【위원의 임기 등】 ① 제4조제3항부터 제6항까지의 규정에 따라 위촉되는 위원의 임기는 3년으로 하며, 한 차례만 연임할 수 있다.
② 교육부장관은 제4조제3항 및 제4항에 따라 위촉된 위원이 다음 각 호의 어느 하나에 해당하는 경우에는 해당 위원을 해촉할 수 있다.
1. 심신장애로 직무를 수행할 수 없게 된 경우
2. 직무와 관련된 비위사실이 있는 경우
3. 직무태만, 품위손상이나 그 밖의 사유로 위원으로 적합하지 않다고 인정되는 경우
4. 제13조제1항 각 호의 어느 하나에 해당함에도 불구하고 회피하지 않은 경우
5. 위원 스스로 직무를 수행하기 어렵다는 의사를 밝히는 경우

③ 일반징계위원회 설치기관의 장은 제4조제5항 및 제6항에 따라 위촉된 위원이 제2항 각 호의 어느 하나에 해당하는 경우에는 해당 위원을 해촉할 수 있다.
(2022.9.13 본조개정)

제5조【사무직원】 (생략)

제6조【징계등 의결의 요구】 ① 교육기관·교육행정기관 또는 교육연구기관(이하 이 조에서 "교육기관등"이라 한다)의 장은 징계등 의결의 요구 또는 징계등 의결 요구의 신청을 할 때에는 징계등 사유에 대한 충분한 조사를 한 후에 증명에 필요한 다음 각 호의 관계 자료를 관할 징계위원회에 제출하거나 상급기관의 장에게 보내어 관할 징계위원회에 제출하도록 해야 한다. 다만, 겸임기관의 장이 겸임공무원에 대해 징계등 의결의 요구 또는 징계등 의결 요구의 신청을 하는 경우에는 본직기관의 장을 거쳐야 한다.(2019.2.26 본문개정)
1. 별지 제1호서식의 교육공무원 징계 의결 또는 징계부가금 부과 의결 요구(신청)서(2019.2.26 본호개정)
2. 교육공무원인사기록카드 사본
3. 별지 제2호서식의 확인서
4. 혐의내용을 입증할 수 있는 공문서 등 관계 증거자료
5. 혐의내용에 대한 조사기록 또는 수사기록
6. 혐의관련자에 대한 조치사항 및 그에 대한 증거자료
7. 관계 법규·지시문서 등의 발췌문

(1998.8.11 2호~7호신설)
8. 징계등 사유가 법 제52조 각 호의 어느 하나에 해당하는 경우에는 정신건강의학과 의사, 심리학자 등 같은 조 각 호의 행위 및 피해자 보호와 관련된 전문가가 작성한 별지 제2호의2서식의 성폭력 또는 성희롱 비위 사건에 대한 전문가 의견서. 다만, 법 제52조 각 호의 어느 하나에 해당하는 행위와 관련해 검찰·경찰 등 수사기관에서 수사한 사건으로서 제3항제2호에 따른 수사기록이 통보된 경우는 제외한다.(2019.2.26 본호신설)

② 제1항에 따른 징계등 의결의 요구 또는 징계등 의결 요구의 신청을 할 때에는 중징계 또는 경징계로 구분해 요구 또는 신청해야 한다. 다만, 「감사원법」 제32조제1항 및 제10항에 따라 감사원장이 「국가공무원법」 제79조 또는 「지방공무원법」 제70조에 따른 징계의 종류를 구체적으로 지정해 징계요구를 한 경우에는 그렇지 않다.(2019.2.26 본항개정)
③ 교육기관등을 포함한 행정기관의 장은 징계등 의결의 요구권 또는 징계등 의결 요구의 신청권을 갖지 않는 교육공무원에 대해 징계등 사유가 있다고 인정할 때에는 그 교육공무원에 대해 징계등 의결의 요구권 또는 징계등 의결 요구의 신청권을 갖는 교육기관등의 장에게 다음 각 호의 구분에 따라 그 징계등 사유를 증명할 수 있는 관계 자료를 통보해야 한다.(2019.2.26 본문개정)
1. 감사원에서 조사한 사건 : 공무원 징계등 처분 요구서, 혐의자·관련자에 대한 문답서 및 확인서 등 조사기록(2019.2.26 본호개정)

2. 수사기관에서 수사한 사건 : 공무원범죄처분결과통보서, 공소장, 혐의자·관련자·관련증인에 대한 신문조서 및 진술서 등 수사기록
3. 그 밖의 다른 기관의 경우 : 징계등 혐의사실 통보서 및 혐의사실을 입증할 수 있는 자료(2019.2.26 본호개정)
(1998.8.11 본항신설)
④ 제3항에 따라 징계등 사유를 통보받은 교육기관등의 장은 타당한 이유가 없으면 1개월 이내에 관할징계위원회에 징계등 의결을 요구하거나 상급기관의 장에게 징계등 의결의 요구를 신청해야 한다.(2019.2.26 본항개정)
⑤ 제4항에 따라 징계등 의결을 요구 또는 징계등 의결의 요구를 신청한 교육기관등의 장은 제3항에 따라 징계등 사유를 통보한 기관의 장에게 해당 사건의 처리결과를 통보해야 한다.(2019.2.26 본항개정)
⑥ 일반징계위원회가 설치된 시·군·구 교육행정기관의 장은 징계등 사건의 내용이 중대하거나 해당 기관에 설치된 징계위원회에서는 공정한 의결을 하지 못할 우려가 있다고 인정할 때에는 시·도 교육행정기관에 설치된 일반징계위원회에 징계등 의결을 요구할 수 있다.
(2019.2.26 본항개정)
⑦ 징계등 의결 요구권자는 징계등 의결의 요구와 동시에 제1항제1호의 교육공무원 징계 의결 또는 징계부가금 부과 의결 요구(신청)서 사본을 징계등 혐의자에게 송부해야 한다. 다만, 징계등 혐의자가 그 수령을 거부하는 경우에는 그렇지 않다.(2019.2.26 본항개정)
⑧ 징계등 의결 요구권자는 징계등 혐의자가 제1항제1호의 교육공무원 징계 의결 또는 징계부가금 부과 의결 요구(신청)서 사본의 수령을 거부하는 경우에는 관할 징계위원회에 그 사실을 증명하는 서류를 첨부해 문서로 통보해야 한다.(2019.2.26 본항개정)
⑨ (2019.2.26 삭제)
(2019.2.26 본조제목개정)

제7조【징계등 의결의 기한】 ① 징계위원회는 징계등 의결 요구를 받았을 때에는 그 요구서를 접수한 날부터 60일(「양성평등기본법」 제3조제2호에 따른 성희롱 등 성 관련 비위만을 징계등 사유로 하는 경우에는 30일) 이내에 징계등에 관한 의결을 해야 한다. 다만, 부득이한 사유가 있을 때에는 해당 징계위원회의 의결로 30일의 범위에서 그 기한을 연기할 수 있다.(2020.7.28 본문개정)
② 징계등 의결이 요구된 사건에 대한 징계등 절차의 진행이 「국가공무원법」 제83조 또는 「지방공무원법」 제73조에 따라 중지된 경우 그 중지된 기간은 제1항의 징계등 의결기한에 포함되지 않는다.
(2019.2.26 본조개정)

제8조【징계등 혐의자의 출석】 ① 징계위원회는 징계등 혐의자의 출석을 명할 때에는 별지 제3호서식의 출석통지서로 하되, 징계위원회 개최일 3일 전까지 출석통지서가 징계등 혐의자에게 도달되도록 해야 한다. 이 경우 제2항에 따라 출석통지서를 징계등 혐의자의 소속 기관의 장에게 보내어 교부하게 한 경우를 제외하고는 출석통지서의 사본을 징계등 혐의자의 소속 기관의 장에게 보내야 하며, 소속 기관의 장은 징계등 혐의자를 출석시켜야 한다.
② 징계위원회는 징계등 혐의자의 주소를 알 수 없거나 그 밖의 사유로 제1항에 따른 출석통지서를 징계등 혐의자에게 직접 보내는 것이 곤란하다고 인정될 때에는 제1항의 출석통지서를 징계등 혐의자의 소속 기관의 장에게 보내어 교부하게 할 수 있다. 이 경우 출석통지서를 받은 기관의 장은 지체 없이 징계등 혐의자에게 이를 교부한 후 그 교부 상황을 관할 징계위원회에 통보해야 하며, 소속 기관의 장은 징계등 혐의자를 출석시켜야 한다.
③ 징계위원회는 징계등 혐의자가 징계위원회에 출석하여 진술하기를 원하지 않을 때에는 진술권포기서를 제출하게 하여 기록에 첨부하고 서면심사만으로 징계등 의결을 할 수 있다.
④ 징계등 혐의자가 2회 이상의 출석통지에도 불구하고 정당한 사유없이 출석하지 않았을 때에는 출석을 원하지 않는 것으로 보아 그 사실을 기록에 남기고 서면심사로 징계등 의결을 할 수 있다.
⑤ 징계등 혐의자가 해외체재·형사사건으로 인한 구속·여행, 그 밖의 사유로 징계 의결 또는 징계부가금 부과 의결 요구서 접수일부터 50일 이내에 출석할 수 없을 때에는 서면으로 진술하게 하여 징계등 의결을 할 수 있다. 이 경우 서면으로 진술하지 않을 때에는 그 진술 없이 징계등 의결을 할 수 있다.
⑥ 징계등 혐의자가 있는 곳이 분명하지 않을 때에는 관보 또는 공보를 통해 출석통지를 해야 한다. 이 경우 관보 또는 공보에 게재한 날부터 10일이 지나면 그 출석통지서가 송달된 것으로 본다.
⑦ 징계등 혐의자가 출석통지서의 수령을 거부한 경우에는 징계위원회에서의 진술권을 포기한 것으로 본다. 다만, 징계등 혐의자는 출석통지서의 수령을 거부한 경우에도 해당 징계위원회에 출석하여 진술할 수 있다.
⑧ 징계등 혐의자의 소속 기관의 장이 제2항 전단에 따라 출석통지서를 교부할 때 징계등 혐의자가 출석통지서의 수령을 거부하면 제2항 후단에 따라 출석통지서 교부 상황을 통보할 때에 수령을 거부한 사실을 증명하는 서류를 첨부해야 한다.
(2019.2.26 본조개정)

제9조【심문과 진술권】 ① 징계위원회는 제8조제1항에 따라 출석한 징계등 혐의자에게 혐의내용에 관한 심문을 하고 필요하다고 인정할 때에는 관계인의 출석을 요구해 심문할 수 있다.
② 징계위원회는 징계등 혐의자에게 충분한 진술을 할 수 있는 기회를 부여해야 하며, 징계등 혐의자는 별지 제3호의2서식의 의견서 또는 구술로 자기에게 이익이 되는 사실을 진술하며 증거를 제출할 수 있다.(2019.8.6 본항개정)
③ 징계등 혐의자는 증인의 심문을 신청할 수 있다. 이 경우 징계위원회는 증인 채택 여부를 결정해야 한다.
④ 징계등 의결 요구자 및 징계등 의결 요구의 신청자는 징계위원회에 출석하여 의견을 진술하거나 서면으로 의견을 진술할 수 있다. 다만, 중징계 또는 중징계 관련 징계부가금 요구사건의 경우에는 특별한 사유가 없으면 징계위원회에 출석하여 의견을 진술해야 한다.(2020.7.28 본항개정)
⑤ 징계등 의결 요구자 및 징계등 의결 요구의 신청자는 「감사원법」 제32조제1항 및 제10항에 따라 감사원이 파면, 해임, 강등 또는 정직 중 어느 하나의 징계처분을 요구한 사건에 대해서는 징계위원회 개최 일시·장소 등을 감사원에 통보해야 한다.
⑥ 감사원은 제5항에 따른 통보를 받은 경우 소속 공무원의 징계위원회 출석을 관할 징계위원회에 요청할 수 있으며, 관할 징계위원회는 출석 허용 여부를 결정해야 한다.
(2019.2.26 본항신설)
(2019.2.26 본조개정)

제9조의2【피해자의 진술권】 징계위원회는 중징계 또는 중징계 관련 징계부가금 요구사건의 피해자가 신청하는 경우에는 그 피해자에게 징계위원회에 출석하여 해당 사건에 대해 의견을 진술할 기회를 주어야 한다. 다만, 다음 각 호의 어느 하나에 해당하는 경우에는 그렇지 않다.
1. 피해자가 이미 해당 사건에 관하여 징계등 의결의 요구과정에서 충분히 의견을 진술하여 다시 진술할 필요가 없다고 인정되는 경우
2. 피해자의 진술로 징계위원회 절차가 현저하게 지연될 우려가 있는 경우
(2019.8.6 본조신설)

제9조의3【우선심사】 ① 징계등 의결 요구권자는 신속한 징계등 절차 진행이 필요하다고 판단되는 징계등 사건에 대해 관할 징계위원회에 우선심사(다른 징계등 사건에 우선하여 심사하는 것을 말한다. 이하 같다)를 신청할 수 있다.
② 징계등 의결 요구권자는 정년이나 근무기간 만료 등으로 징계등 혐의자의 퇴직 예정일이 2개월 이내에 있는 징계등 사건에 대해서는 관할 징계위원회에 우선심사를 신청해야 한다.(2022.9.13 본항신설)
③ 징계등 혐의자는 혐의사실을 모두 인정하는 경우 관할 징계위원회에 우선심사를 신청할 수 있다.(2022.9.13 본항신설)
④ 제1항부터 제3항까지의 규정에 따라 우선심사를 신청하려는 사람은 별지 제3호의3서식의 우선심사 신청서를 관할 징계위원회에 제출해야 한다.
⑤ 제4항에 따른 우선심사 신청서를 접수한 징계위원회는 특별한 사유가 없으면 해당 징계등 사건을 우선심사해야 한다.
(2022.9.13 본조개정)

제10조【징계등 의결】 ① 징계위원회는 다음 각 호의 구분에 따라 의결하되, 의견이 나누어져 어느 의견도 출석위원 과반수에 미치지 못한 경우에는 출석위원 과반수에 이르기까지 징계등 혐의자에게 가장 불리한 의견에 차례로 유리한 의견을 더하여 그 가장 유리한 의견을 합의된 것으로 본다.
1. 대학의장징계위원회 및 특별징계위원회 : 위원장을 포함한 위원 4명 이상의 출석과 출석위원 과반수의 찬성
2. 일반징계위원회 : 위원장을 포함한 위원 5명 이상의 출석과 출석위원 과반수의 찬성
(2019.2.26 1호~2호신설)
② 제1항에 따른 의결은 별지 제4호서식의 징계 또는 징계부가금 의결서로 하며, 그 이유란에 징계등의 원인이 된 사실, 증거의 판단, 관계 법령 및 징계등 면제 사유 해당 여부를 구체적으로 밝혀야 한다.(2019.8.6 본항개정)
③ 징계위원회는 필요하다고 인정할 때에는 소속 직원으로 하여금 사실조사를 하게 하거나 특별한 학식·경험이 있는 사람에게 검정 또는 감정을 의뢰할 수 있다.
(2019.2.26 본항신설)
④ 징계위원회는 제3항에 따라 소속 직원으로 하여금 사실조사를 하게 하기 위해 필요하다고 인정할 때에는 징계등 혐의자에게 출석을 명할 수 있다.
⑤ 제4항에 따라 징계등 혐의자를 출석하게 하는 경우에는 제8조제1항·제2항 및 제8항을 준용한다.
⑥ 징계위원회는 제1항에도 불구하고 다음 각 호의 어느 하나에 해당하는 사항에 대해서는 서면으로 의결할 수 있다.
1. 제2조제5항 단서에 따른 징계등 사건의 관할 이송에 관한 사항
2. 제7조제1항 단서에 따른 징계등 의결의 기한 연기에 관한 사항
(2020.7.28 본항신설)
(2019.2.26 본조개정)

제10조의2【원격영상회의 방식의 활용】 ① 징계위원회는 위원과 징계등 혐의자, 징계등 의결 요구자, 증인, 피해자 등 법 및 이 영에 따라 회의에 출석하는 사람(이하 이 항에서 "출석자"라 한다)이 동영상과 음성이 동시에 송수신되는 장치가 갖추어진 서로 다른 장소에 출석하여 진행하는 원격영상회의의 방식으로 심의·의결할 수 있다. 이 경우 징계위원회의 위원 및 출석자가 같은 회의장에 출석한 것으로 본다.
② 징계위원회는 제1항에 따라 원격영상회의의 방식으로 심의·의결하는 경우 징계등 혐의자 및 피해자의 신상정보, 회의 내용·결과 등이 유출되지 않도록 보안에 필요한 조치를 해야 한다.
(2020.7.28 본조신설)

제11조【위원장의 직무】 ① 징계위원회의 위원장은 위원회를 대표하며, 업무를 총괄한다.(2019.7.2 본항개정)
② 징계위원회의 회의는 위원장이 이를 소집하고, 그 의장이 된다.
③ 의장은 표결권을 가진다.
(1998.8.11 본조제목개정)

제12조【위원장의 직무대행】 위원장이 부득이한 사유로 그 직무를 수행할 수 없는 때에는 위원장이 미리 지정한 위원, 출석한 위원중 최상위자, 먼저 임명받은 위원의 순서로 그 직무를 대행한다.(1998.8.11 본조개정)

제13조【제척·기피 및 회피】 ① 징계위원회의 위원(이하 이 조에서 "위원"이라 한다)이 다음 각 호의 어느 하나에 해당하는 경우에는 그 징계등 사건의 심의·의결에 관여하지 못한다.
1. 위원 또는 그 배우자나 배우자였던 사람이 징계등 혐의자이거나 징계등 혐의자와 공동권리자 또는 공동의무자인 경우
2. 위원이 징계등 혐의자와 친족이거나 친족이었던 경우
3. 위원이나 위원이 속한 법인이 징계등 혐의자의 대리인이거나 대리인이었던 경우
4. 위원이 징계등 혐의자의 직근 상급자(징계등 사유가 발생한 기간 동안 직근 상급자였던 사람을 포함한다)인 경우
5. 위원이 징계등 사유와 관계가 있는 경우
② 징계등 혐의자는 위원이 다음 각 호의 어느 하나에 해당하는 경우에는 징계위원회에 그 사실을 서면으로 밝히고 해당 위원의 기피를 신청할 수 있다.
1. 제1항 각 호의 어느 하나에 해당하는 경우
2. 불공정한 의결을 할 우려가 있다고 인정할 만한 타당한 사유가 있는 경우
③ 징계위원회는 제2항에 따른 기피 신청을 받은 때에는 해당 징계등 사건을 심의하기 전에 의결로써 해당 위원의 기피 여부를 결정해야 한다. 이 경우 기피 신청의 대상인 위원은 그 의결에 참여하지 못한다.
④ 위원은 제1항 각 호의 어느 하나에 해당하는 경우에는 스스로 그 징계등 사건의 심의·의결을 회피해야 하며, 제2항제2호에 해당하는 경우에는 그 심의·의결을 회피할 수 있다.(2022.9.13 본항신설)
⑤ 일반징계위원회의 위원장은 제1항부터 제4항까지의 규정에 따른 제척·기피 또는 회피로 위원장을 포함한 위원 5명 이상이 출석할 수 없게 된 경우에는 위원 5명 이상이 출석할 수 있도록 그 징계위원회의 설치기관의 장에게 임시위원의 임명을 요청해야 한다. 이 경우 임시위원을 임명할 수 없을 때에는 그 징계등 의결의 요구는 철회된 것으로 보고 그 징계위원회의 설치기관의 장은 교육부장관에게 그 징계등 의결의 요구를 신청해야 한다.
(2022.9.13 본조개정)

제14조【감사원에 대한 통보】 징계위원회가 설치된 기관의 장은 징계위원회에서 징계등 사건을 심의·의결한 결과 해당 교육공무원이 공무로 보관 중인 금전 또는 물품을 잃어버리거나 훼손했다고 인정될 때에는 그 사실을 교육부장관을 거쳐 감사원에 통보해야 한다.(2019.2.26 본조개정)

제15조【징계등의 양정】 징계위원회는 징계등 사건을 의결할 때에는 징계등 혐의자의 혐의 당시 직급, 징계등 요구의 내용, 비위행위가 공직 내외에 미치는 영향, 평소 행실, 공적(功績), 뉘우치는 정도, 그 밖의 사정을 고려해야 한다.(2020.7.28 본조개정)

제15조의2【징계기준 등】 ① 징계기준, 징계의 감경기준 등(이하 "징계기준등"이라 한다)은 교육부령으로 정한다.
② 일반징계위원회가 설치된 기관의 장은 징계기준등의 범위에서 징계양정에 관한 사항을 정할 수 있다. 이 경우 해당 기관의 장은 교육부장관과 미리 협의해야 한다.
(2019.2.26 본조신설)

제16조【의결통보】 징계위원회는 징계등 의결을 했을 때에는 지체 없이 징계 또는 징계부가금 의결서의 정본을 첨부해 징계등 의결 요구자에게 통보해야 한다. 다만, 대통령이 임용권자인 교육공무원에 대한 파면 또는 해임의결을 한 경우를 제외하고는 징계등 의결 요구자와 징계등 처분권자가 다른 경우에는 징계등 처분권자에게도 이를 통보해야 한다.(2019.2.26 본조개정)

제17조【징계등 처분】 ① 징계등 처분권자는 징계 또는 징계부가금 의결서를 받은 날부터 15일 이내에 징계등 처분을 해야 한다.(2019.2.26 본항개정)
② 징계등 처분권자가 제1항에 따라 징계등 처분을 할

때에는 별지 제5호서식의 징계처분 또는 징계부가금 부과처분 사유설명서에 징계 또는 징계부가금 의결서의 사본을 첨부해 징계등 처분의 대상자에게 교부해야 한다. 다만, 대통령이 임용권자인 교육공무원에 대한 파면 또는 해임의 경우에는 임용제청권자가 이를 교부한다.
(2019.2.26 본문개정)
③ 징계등 처분권자는 「성폭력범죄의 처벌 등에 관한 특례법」 제2조에 따른 성폭력범죄 및 「양성평등기본법」 제3조제2호에 따른 성희롱(징계등 처분의 대상자가 국가공무원인 경우에는 「공무원 징계령」 제19조제3항 각 호의 행위를 포함한다)의 피해자에게 「국가공무원법」 제75조제2항 또는 「지방공무원법」 제67조제2항에 따라 징계처분결과를 통보받을 수 있다는 사실을 안내해야 한다.
(2023.10.10 본항개정)
④ 징계등 처분권자는 제3항에 따른 피해자의 요청으로 징계처분결과를 피해자에게 통보하는 경우에는 별지 제5호의2서식의 징계처분결과 통보서에 따른다.(2019.8.6 본항신설)
⑤ 제4항에 따라 징계처분결과를 통보받은 피해자는 그 통보 내용을 공개해서는 안 된다.(2019.8.6 본항신설)
⑥ 제3항부터 제5항까지에서 규정한 사항 외에 징계처분결과의 통보에 관한 사항은 교육부장관이 정한다.
(2019.8.6 본항신설)
(2019.2.26 본조제목개정)

제18조【회의 등의 비공개】 징계위원회 심의·의결의 공정성을 보장하기 위하여 다음 각 호의 사항은 공개하지 아니한다.
1. 징계위원회의 회의
2. 징계위원회의 회의에 참여할 위원 또는 참여한 위원의 명단
3. 징계위원회의 회의에서 위원이 발언한 내용이 적힌 문서(전자적으로 기록된 문서를 포함한다)
4. 그 밖에 공개할 경우 징계위원회의 심의·의결의 공정성을 해칠 우려가 있다고 인정되는 사항
(2017.4.3 본조개정)

제19조【비밀누설금지】 징계위원회의 회의에 참석한 자는 직무상 알게 된 비밀을 누설하여서는 아니된다.
(2015.10.6 본조개정)

제19조의2【회의 참석자의 준수사항】 ① 징계위원회의 회의에 참석하는 사람은 다음 각 호의 어느 하나에 해당하는 물품을 소지할 수 없다.
1. 녹음기, 카메라, 휴대전화 등 녹음·녹화·촬영이 가능한 기기
2. 흉기 등 위험한 물건
3. 그 밖에 징계등 사건의 심의와 관계없는 물건
② 징계위원회의 회의에 참석하는 사람은 다음 각 호의 어느 하나에 해당하는 행위를 해서는 안 된다.
1. 녹음, 녹화, 촬영 또는 중계방송
2. 회의실 내의 질서를 해치는 행위
3. 다른 사람의 생명·신체·재산 등에 위해를 가하는 행위
(2020.7.28 본조신설)

제20조【직권 면직에 대한 동의 등】 「국가공무원법」 제70조제2항 또는 「지방공무원법」 제62조제2항에 따라 직권 면직에 대한 징계위원회의 의견을 들어야 하는 경우에는 이 영에 따른 경징계 요구사건의 징계 관할에 따르고, 징계위원회의 동의를 얻어야 하는 경우에는 이 영에 따른 중징계 요구사건의 징계 관할에 따른다.(2019.2.26 본조개정)

제20조의2【심사 또는 재심사청구】 징계등 의결을 요구한 기관의 장은 「국가공무원법」 제82조제2항 또는 「지방공무원법」 제72조제2항에 따라 심사 또는 재심사를 청구하려면 징계등 의결을 통보받은 날부터 15일 이내에 다음 각 호의 사항을 적은 징계등 의결심사 또는 재심사 청구서에 사건 관계 기록을 첨부해 관할 징계위원회에 제출해야 한다.(2019.2.26 본문개정)
1. 심사 또는 재심사청구의 취지
2. 심사 또는 재심사청구의 이유 및 입증방법
3. 징계 또는 징계부가금 의결서 사본(2019.2.26 본호개정)
4. 제15조에 따른 고려사항(2020.7.28 본호개정)
(1982.5.8 본조신설)

제20조의3【징계등 처리 대장】 각급 징계위원회는 징계등 사건의 접수·처리상황을 관리하기 위해 별지 제6호서식의 징계 또는 징계부가금 처리 대장을 작성해 갖춰 둬야 한다.(2019.2.26 본조개정)

제3장 공립대학교육공무원의 징계

제21조【공립대학징계위원회의 종류 및 관할】 ① 공립의 대학 및 전문대학에 근무하는 교육공무원의 징계 또는 「지방공무원법」 제69조의2에 따른 징계부가금 부과(이하 이 장에서 "징계등"이라 한다) 사건을 심의·의결하기 위해 공립대학교육공무원징계위원회(이하 "공립대학징계위원회"라 한다)를 두되, 공립대학의장징계위원회·공립대학특별징계위원회 및 공립대학일반징계위원회로 구분한다.(2019.2.26 본항개정)
② 공립대학의장징계위원회는 공립의 대학의 장 및 부총장의 징계등 사건을 심의·의결한다.(2019.2.26 본항개정)
③ 공립대학특별징계위원회는 다음 각 호에 해당하는 교육공무원의 징계등 사건을 심의·의결한다.(2019.2.26 본문개정)
1. 공립의 대학의 단과대학장·전문대학의 장
2. (2009.1.28 삭제)
3. 공립대학일반징계위원회를 설치하지 아니한 공립의 대학 및 전문대학에서 근무하는 교육공무원
④ 공립대학일반징계위원회는 제2항 및 제3항에 해당하지 않는 공립의 대학 및 전문대학에 근무하는 교육공무원의 징계등 사건을 심의·의결한다.(2019.2.26 본항개정)
⑤ 상위 직위자와 하위 직위자가 관련된 징계등 사건은 제2항부터 제4항까지의 규정에도 불구하고 그 중 상위 직위에 있는 사람의 관할 징계위원회에서 심의·의결한다. 다만, 상위 직위에 있는 사람의 관할 징계위원회는 하위 직위자에 대한 징계등을 분리해 심의·의결하는 것이 타당하다고 인정할 때에는 의결로써 하위 직위자에 대한 징계등 사건을 그 관할 징계위원회에 이송할 수 있다.
(2019.2.26 본항개정)
(1997.2.25 본조개정)

제22조【공립대학징계위원회의 설치】 ① 공립대학의장징계위원회와 공립대학특별징계위원회는 공립의 대학 및 전문대학을 설치·운영하는 지방자치단체에 둔다.
② 공립대학일반징계위원회는 공립의 대학(전문대학을 포함하며, 대학의 단과대학을 제외한다)에 둔다.
③ 제2항의 경우에는 징계등 대상이 될 사람보다 상위급류의 공무원이 그 징계위원회의 위원이 될 수 있도록 공립대학징계위원회의 관할권을 조정할 수 있다. 이 경우 관할에서 제외된 징계등 대상자는 공립대학특별징계위원회의 관할로 한다.(2019.2.26 본항개정)
(1997.2.25 본조신설)

제23조【공립대학징계위원회의 구성 및 운영】 ① 공립대학의장징계위원회는 위원장 및 부위원장 각 1인을 포함한 7인의 위원으로 구성하고, 공립대학특별징계위원회는 위원장 1인을 포함한 7인의 위원으로 구성하며, 공립대학일반징계위원회는 위원장 1인을 포함한 5인이상 9인 이하의 위원으로 구성한다.
② 공립대학의장징계위원회의 위원장은 당해 지방자치단체의 장이 되고, 부위원장은 당해 지방자치단체의 부단체장〔특별시의 경우에는 행정(1)부시장, 광역시 및 도의 경우에는 행정부시장 및 행정부지사를 말한다. 이하 이 조에서 같다〕이 되며, 위원은 당해 지방자치단체의 지방교육공무원인사위원회의 위원중에서 지방자치단체의 장이 임명 또는 위촉한다.
③ 공립대학특별징계위원회의 위원장은 제2항의 규정에 의한 당해 지방자치단체의 부단체장이 되고, 위원은 당해 지방자치단체의 지방교육공무원인사위원회의 위원이 된다.
④ 공립대학일반징계위원회의 위원장은 그 설치기관의 장의 차순위자가 되고, 위원은 그 설치기관의 소속공무원 중 조교수 이상의 교육공무원 및 5급 이상의 일반직공무원과 다음 각 호의 사람 중에서 그 설치기관의 장이 임명 또는 위촉한다.(2022.9.13 본문개정)
1. 법관, 검사 또는 변호사로 5년 이상 근무한 경력이 있는 사람
2. 대학에서 법학·행정학 또는 교육학을 담당하는 조교수 이상으로 재직 중인 사람. 다만, 해당 대학 소속인 사람은 제외한다.
3. 공무원으로 20년 이상 근속하고 퇴직한 사람. 다만, 퇴직 전 5년부터 퇴직할 때까지 공립대학일반징계위원회가 설치된 기관에 소속되었던 적이 있는 사람인 경우에는 퇴직일부터 3년이 지난 사람으로 한정한다.
(2019.2.26 단서신설)
4. 그 밖에 교육이나 교육행정에 대한 전문지식과 경험이 풍부하다고 인정되는 사람
(2015.10.6 본항개정)
⑤ 공립대학일반징계위원회는 다음 각 호의 기준에 따라 구성한다.
1. 제4항 각 호의 사람이 위원장을 제외한 위원 수의 10분의 5 이상일 것
2. 특정 성별의 위원이 위원장을 포함한 위원 수의 10분의 6을 초과하지 않을 것
(2022.9.13 본항개정)
(1997.2.25 본조개정)

제24조【준용규정】 공립대학징계위원회의 운영 등에 관하여는 제4조의2제1항·제2항, 제5조부터 제9조까지, 제9조의2, 제9조의3, 제10조(제1항제2호는 제외한다), 제10조의2, 제11조부터 제15조까지, 제15조의2제1항, 제16조부터 제19조까지, 제19조의2, 제20조, 제20조의2 및 제20조의3을 준용한다. 이 경우 제4조의2제1항 중 "제4조제3항부터 제6항까지의 규정"과 같은 조 제2항 각 호 외의 부분 중 "제4조제3항 및 제4항"은 각각 "제23조제4항 및 제5항"으로, 제4조의2제2항 각 호 외의 부분 중 "교육부장관"은 "공립대학일반징계위원회 설치기관의 장"으로, 제6조제1항 본문 중 "교육기관·교육행정기관 또는 교육연구기관의 장"은 "지방자치단체의 장"으로, 제10조제1항제1호 중 "대학의장징계위원회 및 특별징계위원회"는 "공립대학징계위원회"로, 제13조제5항 전단 중 "일반징계위원회"는 "공립대학일반징계위원회"로, "5명"은 각각 "4명"으로, 제13조제5항 후단 및 제14조 중 "교육부장관"은 각각 "지방자치단체의 장"으로 본다.(2022.9.13 후단개정)

제4장 국가교육위원회교육공무원의 징계
(2023.3.28 본장신설)

제25조【국가교육위원회 교육공무원 징계위원회의 설치】 국가교육위원회에 근무하는 교육공무원의 징계 또는 「국가공무원법」 제78조의2에 따른 징계부가금 부과 사건을 심의·의결하기 위해 국가교육위원회에 국가교육위원회교육공무원징계위원회(이하 "국가교육위원회징계위원회"라 한다)를 둔다.

제26조【국가교육위원회징계위원회의 구성】 ① 국가교육위원회징계위원회는 위원장 1명을 포함하여 5명 이상 9명 이내의 위원으로 구성한다.
② 국가교육위원회징계위원회의 위원장은 국가교육위원회 사무처장이 되고, 위원은 국가교육위원회 소속 과장급 이상의 교육공무원과 다음 각 호의 사람 중에서 국가교육위원회 위원장이 임명 또는 위촉한다.
1. 법관, 검사 또는 변호사로 5년 이상 근무한 경력이 있는 사람
2. 대학에서 법학 또는 행정학을 담당하는 부교수 이상으로 재직 중인 사람
3. 공무원으로서 고위공무원단 직위에 근무하고 퇴직한 사람(퇴직일부터 3년이 지난 사람으로 한정한다)
4. 교장으로 4년 이상 근무한 경력이 있는 사람
③ 국가교육위원회징계위원회는 다음 각 호의 기준에 따라 구성한다.
1. 제2항 각 호의 사람이 위원장을 제외한 위원 수의 10분의 5 이상일 것
2. 특정 성별의 위원이 위원장을 포함한 위원 수의 10분의 6을 초과하지 않을 것

제27조【준용규정】 국가교육위원회징계위원회의 운영 등에 관하여는 제4조의2(제3항은 제외한다), 제5조부터 제9조까지(제6조제6항은 제외한다), 제9조의2, 제9조의3, 제10조(제1항제2호는 제외한다), 제10조의2, 제11조부터 제15조까지(제13조제5항은 제외한다), 제15조의2제1항, 제16조부터 제19조까지, 제19조의2, 제20조의2 및 제20조의3을 준용한다. 이 경우 제4조의2제1항 중 "제4조제3항부터 제6항까지의 규정"은 "제26조제2항 및 제3항"으로, 제4조의2제2항 중 "교육부장관은 제4조제3항 및 제4항"은 "국가교육위원회 위원장은 제26조제2항 및 제3항"으로, 제5조제1항 중 "각급 징계위원회에 간사 몇 명"은 "국가교육위원회징계위원회에 간사 1명"으로, 제6조제2항 단서 중 "「국가공무원법」 제79조 또는 「지방공무원법」 제70조"는 "「국가공무원법」 제79조"로, 제7조제2항 중 "「국가공무원법」 제83조 또는 「지방공무원법」 제73조"는 "「국가공무원법」 제83조"로, 제10조제1항제1호 중 "대학의장징계위원회 및 특별징계위원회"는 "국가교육위원회징계위원회"로, 제14조 중 "교육부장관을 거쳐 감사원"은 "감사원"으로, 제15조의2제1항 중 "교육부령으로"는 "국가교육위원회 의결을 거쳐 국가교육위원회 위원장이"로, 제17조제3항 중 "「국가공무원법」 제75조제2항 또는 「지방공무원법」 제67조제2항"은 "「국가공무원법」 제75조제2항"으로, 제17조제6항 중 "교육부장관"은 "국가교육위원회 의결을 거쳐 국가교육위원회 위원장"으로, 제20조의2 중 "「국가공무원법」 제82조제2항 또는 「지방공무원법」 제72조제2항"은 "「국가공무원법」 제82조제2항"으로, 제20조의3 중 "각급 징계위원회"는 "국가교육위원회징계위원회"로 본다.

부 칙 (2009.1.28)

제1조【시행일】 이 영은 공포한 날부터 시행한다.
제2조【경과조치】 이 영 시행 당시 종전의 규정에 따라 공립대학특별징계위원회에 징계의결이 요구된 공립의 대학 및 전문대학의 교수에 대한 징계사건에 대하여는 종전의 규정에 따른다.

부 칙 (2015.10.6)

제1조【시행일】 이 영은 2016년 1월 1일부터 시행한다. 다만, 제4조의2, 제19조 및 제24조의 개정규정은 공포한 날부터 시행한다.
제2조【위촉위원의 임기 등에 관한 적용례】 ① 제4조의2제1항의 개정규정은 부칙 제1조 단서에 따른 시행일 전에 제4조제4항에 따라 위촉되어 재임 중인 위원에 대해서도 적용한다. 이 경우 임기의 기산일은 위촉된 날을 기준으로 하고 부칙 제1조 단서에 따른 시행일 당시의 임기를 최초의 임기로 본다.
② 제4조의2제2항의 개정규정은 부칙 제1조 단서에 따른 시행일 전에 제4조제4항에 따라 위촉되어 재임 중인 위원에 대해서도 적용한다.

부 칙 (2015.12.15)

제1조【시행일】 이 영은 공포한 날부터 시행한다.
제2조【계속 중인 징계사건에 관한 경과조치】 이 영 시행 전에 제6조에 따라 징계의결이 요구되어 계속 중인 징계사건에 대해서는 제7조제1항의 개정규정에도 불구하고 종전의 규정에 따른다.

부　칙 (2019.2.26)

제1조【시행일】 이 영은 공포 후 3개월이 경과한 날부터 시행한다.
제2조【전문가 의견서 제출에 관한 적용례】 제6조제1항제8호 및 같은 조 제9항의 개정규정(제24조의 개정규정에 따라 준용되는 경우를 포함한다)은 이 영 시행 이후 징계등 의결을 요구하거나 징계등 의결 요구의 신청을 하는 경우부터 적용한다.
제3조【감사원에 대한 징계위원회 개최 일시 등의 통보에 관한 적용례】 제9조제5항 및 제6항의 개정규정(제24조의 개정규정에 따라 준용되는 경우를 포함한다)은 이 영 시행 이후 감사원이 파면, 해임, 강등 또는 정직 중 어느 하나의 징계처분을 요구하는 경우부터 적용한다.
제4조【우선심사에 관한 적용례】 제9조의2의 개정규정(제24조의 개정규정에 따라 준용되는 경우를 포함한다)은 이 영 시행 이후 징계등 의결이 요구되는 경우부터 적용한다.
제5조【징계위원회의 관할 변경에 관한 경과조치】 이 영 시행 당시 징계등 의결이 요구되었거나 징계등 의결 요구가 신청된 징계등 사건에 대해서는 제2조제3항제3호 및 제5호의 개정규정에도 불구하고 종전의 규정에 따른다.
제6조【징계위원회의 위촉위원에 관한 경과조치】 이 영 시행 당시 종전의 규정에 따라 위촉된 위원에 대해서는 제4조제3항제3호, 같은 조 제4항제4호 및 제23조제4항제3호의 개정규정에도 불구하고 그 위원의 임기가 종료될 때까지는 종전의 규정에 따른다.
제7조【징계위원회의 위원 구성에 관한 경과조치】 ① 이 영 시행 이후 위원을 임명 또는 위촉할 당시 제4조제5항 및 제23조제5항의 개정규정을 충족하지 못하는 경우에는 해당 개정규정의 요건이 충족될 때까지는 특정 성의 위원을 임명 또는 위촉해야 한다.
② 징계위원회의 위원 구성에 관하여는 제1항에 따라 제4조제5항 및 제23조제5항의 개정규정을 충족할 때까지는 종전의 규정에 따른다.

부　칙 (2020.7.28)

제1조【시행일】 이 영은 공포한 날부터 시행한다.
제2조【성폭력범죄 등 사건이 속한 회의의 구성에 관한 적용례】 ① 제4조제7항의 개정규정은 이 영 시행 이후 징계등 의결이 요구된 사건부터 적용한다.
② 제1항에도 불구하고 위원의 성비 구성이 제4조제7항의 개정규정에 따른 회의의 구성 기준을 충족하는 것이 불가능한 일반징계위원회에 관하여는 그 기준을 충족할 수 있을 때까지는 종전의 예에 따른다.
제3조【징계등 의결 요구자 등의 징계위원회 출석에 관한 적용례】 제9조제4항 단서의 개정규정은 이 영 시행 이후 징계등 의결이 요구된 사건부터 적용한다.
제4조【징계위원회의 징계등 사건 의결 시 고려사항에 관한 경과조치】 이 영 시행 전에 징계등 사유가 발생한 경우에는 제15조의 개정규정에도 불구하고 종전의 규정에 따른다.

부　칙 (2022.9.13)

제1조【시행일】 이 영은 공포한 날부터 시행한다.
제2조【징계위원회 위원의 해촉·제척·기피 및 회피에 관한 적용례】 제4조의2제2항제4호, 제13조제1항제1호·제2호(위원이 징계등 혐의자와 친족이었던 경우로 한정한다)·제3호·제4호, 같은 조 제2항제1호 및 같은 조 제4항의 개정규정은 이 영 시행 이후 징계등 의결이 요구되는 사건부터 적용한다.
제3조【우선심사에 관한 적용례】 제9조의3제2항의 개정규정(제24조에 따라 준용되는 경우를 포함한다)은 이 영 시행 이후 징계등 의결이 요구되는 사건부터 적용한다.
제4조【일반징계위원회의 구성에 관한 경과조치】 이 영 시행 당시 종전의 제4조제4항 및 제5항에 따라 구성된 일반징계위원회(시·도 교육행정기관 및 시·군·구 교육행정기관에 두는 일반징계위원회로 한정한다)는 제4조제6항제3호의 개정규정에 따른 기준에 적합하게 구성된 것으로 본다. 다만, 이 영 시행 이후 위원을 위촉하는 경우(연임하는 경우는 제외한다)에는 같은 개정규정에 따른 기준을 충족할 때까지 제4조제5항제1호의 개정규정에 따른 사람을 위촉해야 한다.

부　칙 (2023.3.28)

이 영은 공포한 날부터 시행한다.

부　칙 (2023.10.10)

제1조【시행일】 이 영은 2023년 10월 12일부터 시행한다.(이하 생략)

[별지서식] ➡「www.hyeonamsa.com」참조

(舊 : 교원지위향상을 위한 특별법)

교원의 지위 향상 및 교육활동 보호를 위한 특별법

(약칭 : 교원지위법)

(1991년 5월 31일
법 률 제4376호)

개정
1997.12.13법 5437호(교육기본)
1997.12.13법 5454호(정부부처명)
2001. 1.29법 6400호(정부조직)
2005. 1.27법 7354호
2005.12.29법 7796호(국가공무원)
2006.10. 4법 8019호
2007. 5.11법 8414호
2008. 2.29법 8852호(정부조직)
2008. 3.14법 8890호
2013. 3.23법11690호(정부조직)
2016. 1.27법13819호(교육공무원)
2016. 2. 3법13936호
2019. 4.16법16309호
2019. 4.23법16331호
2019.12. 3법16676호
2019.12.10법16743호
2021. 3.23법17952호
2022.12.27법19094호
2023. 9.27법19735호

제1조【목적】 이 법은 교원에 대한 예우와 처우를 개선하고 신분보장과 교육활동에 대한 보호를 강화함으로써 교원의 지위를 향상시키고 교육 발전을 도모하는 것을 목적으로 한다.(2016.2.3 본조개정)
제2조【교원에 대한 예우】 ① 국가, 지방자치단체, 그 밖의 공공단체는 교원이 사회적으로 존경받고 높은 긍지와 사명감을 가지고 교육활동을 할 수 있는 여건을 조성하도록 노력하여야 한다.
② 국가, 지방자치단체, 그 밖의 공공단체는 교원이 학생에 대한 교육과 지도를 할 때 그 권위를 존중받을 수 있도록 특별히 배려하여야 한다.
③ 국가, 지방자치단체, 그 밖의 공공단체는 그가 주관하는 행사 등에서 교원을 우대하여야 한다.(2016.2.3 본항개정)
④ 제1항부터 제3항까지에서 규정한 사항 외에 교원에 대한 예우에 필요한 사항은 대통령령으로 정한다.
(2016.2.3 본항신설)
(2008.3.14 본조개정)
제3조【교원 보수의 우대】 ① 국가와 지방자치단체는 교원의 보수를 특별히 우대하여야 한다.
②「사립학교법」 제2조에 따른 학교법인과 사립학교 경영자는 그가 설치·경영하는 학교 교원의 보수를 국공립학교 교원의 보수 수준으로 유지하여야 한다.
(2008.3.14 본조개정)
제4조【교원의 불체포특권】 교원은 현행범인인 경우 외에는 소속 학교의 장의 동의 없이 학원 안에서 체포되지 아니한다.(2008.3.14 본조개정)
제5조【학교 안전사고로부터의 보호】 ① 각급학교 교육시설의 설치·관리 및 교육활동 중에 발생하는 사고로부터 교원과 학생을 보호함으로써 교원이 그 직무를 안정되게 수행할 수 있도록 하기 위하여 학교안전공제회를 설립·운영한다.
② 학교안전공제회에 관하여는 따로 법률로 정한다.
(2008.3.14 본조개정)
제6조【교원의 신분보장 등】 ① 교원은 형(刑)의 선고, 징계처분 또는 법률로 정하는 사유에 의하지 아니하고는 그 의사에 반하여 휴직·강임(降任) 또는 면직을 당하지 아니한다.
② 교원은 해당 학교의 운영과 관련하여 발생한 부패행위나 이에 준하는 행위 및 비리 사실 등을 관계 행정기관 또는 수사기관 등에 신고하거나 고발하는 행위로 인하여 정당한 사유 없이 징계조치 등 어떠한 신분상의 불이익이나 근무조건상의 차별을 받지 아니한다.
③ 교원이 「아동학대범죄의 처벌 등에 관한 특례법」 제2조제4호에 따른 아동학대범죄로 신고된 경우 임용권자는 정당한 사유 없이 직위해제 처분을 하여서는 아니 된다.
(2023.9.27 본항신설)
(2008.3.14 본조개정)
제7조【교원소청심사위원회의 설치】 ① 각급학교 교원의 징계처분과 그 밖에 그 의사에 반하는 불리한 처분(「교육공무원법」 제11조의4제4항 및 「사립학교법」 제53조의2제6항에 따른 교원에 대한 재임용 거부처분을 포함한다. 이하 같다)에 대한 소청심사(訴請審査)를 하기 위하여 교육부에 교원소청심사위원회(이하 "심사위원회"라 한다)를 둔다.(2016.1.27 본항개정)
② 심사위원회는 위원장 1명을 포함하여 9명 이상 12명 이내의 위원으로 구성하되 위원장과 대통령령으로 정하는 수의 위원은 상임(常任)으로 한다.(2019.12.3 본항개정)
③ 제2항에 따라 구성된 심사위원회는 교원 또는 교원이었던 위원이 전체 위원 수의 2분의 1을 초과하여서는 아니 된다.(2019.12.3 본항신설)
④ 심사위원회의 조직에 관하여 필요한 사항은 대통령령으로 정한다.
(2008.3.14 본조개정)

판례 갑 학교법인이 운영하는 대학교의 실용음악과 전임강사로 신규임용되어 근무하던 을이 갑 법인으로부터 신규임용이 무효라는 이유로 신규임용을 취소한다는 내용의 통지를 받자 교원소청심사위원회에 소청심사를 청구하여 임용취소통지가 무효임을 확인하는 결정을 받은 사안에서, 임용취소통지는 을의 임용 자체를 소급적으로 무효로 하는 것으로서 제1항의 '그 밖에 교원의 의사에 반하는 불리한 처분'에 해당하므로 교원소청심사의 대상이 된다.
(대판 2012.6.14, 2011두29885)

제8조【위원의 자격과 임명】 ① 심사위원회의 위원(위원장을 포함한다. 이하 같다)은 다음 각 호의 어느 하나에 해당하는 자 중에서 교육부장관의 제청으로 대통령이 임명한다.(2013.3.23 본문개정)
1. 판사, 검사 또는 변호사의 직에 5년 이상 재직 중이거나 재직한 자
2. 교육 경력이 10년 이상인 교원 또는 교원이었던 자
3. 교육행정기관의 3급 이상 공무원 또는 고위공무원단에 속하는 일반직공무원이거나, 3급 이상 공무원 또는 고위공무원단에 속하는 일반직공무원이었던 자
4. 사립학교를 설치·경영하는 법인의 임원이나 사립학교 경영자
5.「교육기본법」 제15조제1항에 따라 중앙에 조직된 교원단체에서 추천하는 자
6. 대학에서 법률학을 담당하는 부교수 이상으로 재직 중이거나 재직한 자(2019.12.3 본호신설)
② 심사위원회 위원의 임기는 3년으로 하되, 1차에 한하여 연임할 수 있다.
③ 심사위원회의 위원장과 상임위원은 대통령령으로 정하는 다른 직무를 겸할 수 없다.
④ 위원은 임기가 만료된 경우 후임자가 임명될 때까지 계속 그 직무를 수행한다.(2022.12.27 본항신설)
(2008.3.14 본조개정)
제8조의2【위원의 결격사유 등】 ① 다음 각 호의 어느 하나에 해당하는 사람은 심사위원회의 공무원이 아닌 위원이 될 수 없다.
1.「국가공무원법」 제33조 각 호의 어느 하나에 해당하는 사람
2.「정당법」에 따른 정당의 당원
3.「공직선거법」에 따라 실시하는 선거에 후보자로 등록한 사람
② 공무원이 아닌 위원이 제1항 각 호의 어느 하나에 해당하게 된 경우에는 당연히 퇴직한다.
(2019.4.23 본조신설)
제8조의3【위원의 신분 보장】 심사위원회의 위원은 장기의 심신미약으로 직무를 수행할 수 없게 된 경우가 아니면 본인의 의사에 반하여 면직되지 아니한다.
(2019.4.23 본조신설)
제8조의4【벌칙 적용에서 공무원 의제】 심사위원회의 공무원이 아닌 위원은 「형법」 제127조 및 제129조부터 제132조까지의 규정을 적용할 때에는 공무원으로 본다.
(2019.4.23 본조신설)
제9조【소청심사의 청구 등】 ① 교원이 징계처분과 그 밖에 그 의사에 반하는 불리한 처분에 대하여 불복할 때에는 그 처분이 있었던 것을 안 날부터 30일 이내에 심사위원회에 소청심사를 청구할 수 있다. 이 경우에 심사청구인은 변호사를 대리인으로 선임(選任)할 수 있다.
② 본인의 의사에 반하여 파면·해임·면직처분을 하였을 때에는 그 처분에 대한 심사위원회의 최종 결정이 있을 때까지 후임자를 보충 발령하지 못한다. 다만, 제1항의 기간 내에 소청심사청구를 하지 아니한 경우에는 그 기간이 지난 후에 후임자를 보충 발령할 수 있다.
(2008.3.14 본조개정)
제10조【소청심사 결정 등】 ① 심사위원회는 소청심사청구를 접수한 날부터 60일 이내에 이에 대한 결정을 하여야 한다. 다만, 심사위원회가 불가피하다고 인정하면 그 의결로 30일을 연장할 수 있다.
② 심사위원회는 다음 각 호의 구분에 따라 결정한다.
1. 심사 청구가 부적법한 경우에는 그 청구를 각하(却下)한다.
2. 심사 청구가 이유 없다고 인정하는 경우에는 그 청구를 기각(棄却)한다.
3. 처분의 취소 또는 변경을 구하는 심사 청구가 이유 있다고 인정하는 경우에는 처분을 취소 또는 변경하거나 처분권자에게 그 처분을 취소 또는 변경할 것을 명한다.
4. 처분의 효력 유무 또는 존재 여부에 대한 확인을 구하는 심사 청구가 이유 있다고 인정하는 경우에는 처분의 효력 유무 또는 존재 여부를 확인한다.
5. 위법 또는 부당한 거부처분이나 부작위에 대하여 의무 이행을 구하는 심사 청구가 이유 있다고 인정하는 경우에는 지체 없이 청구에 따른 처분을 하거나 처분을 할 것을 명한다.
(2019.4.23 본항개정)
③ 처분권자는 심사위원회의 결정서를 송달받은 날부터 30일 이내에 제1항에 따른 결정의 취지에 따라 조치(이하 "구제조치"라 한다)를 하여야 하고, 그 결과를 심사위원회에 제출하여야 한다.(2021.3.23 본항신설)
④ 제1항에 따른 심사위원회의 결정에 대하여 교원, 「사립학교법」 제2조에 따른 학교법인 또는 사립학교 경영자 등 당사자(공공단체는 제외한다)는 그 결정서를 송달받은 날부터 30일 이내에 「행정소송법」으로 정하는 바에 따라 소송을 제기할 수 있다.(2021.3.23 본항개정)
⑤ 제4항에 따른 기간 이내에 행정소송을 제기하지 아니하면 그 결정은 확정된다.(2021.3.23 본항신설)
⑥ 소청심사의 청구·심사 및 결정 등 심사 절차에 관하여 필요한 사항은 대통령령으로 정한다.
(2021.3.23 본조제목개정)
(2008.3.14 본조개정)

제10조의2【결정의 효력】 심사위원회의 결정은 처분권자를 기속한다. 이 경우 제10조제4항에 따른 행정소송 제기에 의하여 그 효력이 정지되지 아니한다.(2021.3.23 본조신설)

제10조의3【구제명령】 교육부장관, 교육감 또는 관계 중앙행정기관의 장은 처분권자가 상당한 기일이 경과한 후에도 구제조치를 하지 아니하면, 그 이행기간을 정하여 서면으로 구제조치를 하도록 명하여야 한다.(2021.3.23 본조개정)

제10조의4【이행강제금】 ① 교육부장관, 교육감 또는 관계 중앙행정기관의 장은 처분권자가 제10조의3에 따른 구제명령(이하 이 조에서 "구제명령"이라 한다)을 이행하지 아니한 경우에는 처분권자에게 2천만원 이하의 이행강제금을 부과한다.

② 제1항에 따른 이행강제금을 부과할 때에는 이행강제금의 액수, 부과사유, 납부기한, 수납기관, 이의제기방법 및 이의제기기관 등을 명시한 문서로써 하여야 한다.

③ 제1항에 따른 이행강제금의 금액산정 기준, 부과·징수된 이행강제금의 반환절차, 그 밖에 필요한 사항은 대통령령으로 정한다.

④ 교육부장관, 교육감 또는 관계 중앙행정기관의 장은 최초의 구제명령을 한 날을 기준으로 매년 2회의 범위에서 구제명령이 이행될 때까지 반복하여 제1항에 따른 이행강제금을 부과·징수할 수 있다. 이 경우 이행강제금은 2년을 초과하여 부과·징수하지 못한다.

⑤ 교육부장관, 교육감 또는 관계 중앙행정기관의 장은 구제명령을 받은 처분권자가 구제명령을 이행하면 새로운 이행강제금을 부과하지 아니하되, 구제명령을 이행하기 전에 이미 부과된 이행강제금은 징수하여야 한다.

⑥ 교육부장관, 교육감 또는 관계 중앙행정기관의 장은 이행강제금 납부의무자가 납부기한까지 이행강제금을 내지 아니하면 기간을 정하여 독촉을 하고 지정된 기간 내에 제1항에 따른 이행강제금을 내지 아니하면 국세강제징수의 예에 따라 징수할 수 있다.
(2021.3.23 본조신설)

제10조의5【위원의 제척·기피·회피】 ① 심사위원회의 위원은 다음 각 호의 어느 하나에 해당하는 경우에는 그 소청사건의 심사·결정에서 제척(除斥)된다.
1. 위원 또는 그 배우자나 배우자이었던 사람이 해당 소청사건의 당사자가 된 경우
2. 위원이 해당 소청사건의 당사자 또는 당사자의 대리인과 친족관계에 있거나 있었던 경우
3. 위원이 해당 소청사건에 관하여 증언이나 검정 또는 감정을 한 경우
4. 위원이 해당 소청사건에 관하여 당사자의 대리인으로서 관여하거나 관여하였던 경우
5. 위원이 해당 소청심사 청구의 대상이 된 처분에 관여한 경우

② 당사자는 심사위원회의 위원에게 심사·결정의 공정을 기대하기 어려운 사정이 있는 경우에는 기피신청을 할 수 있다. 이 경우 심사위원회는 결정으로 기피신청을 받아들일 것인지 여부를 판단하여야 한다.

③ 제2항에 따라 기피신청을 받은 위원은 기피신청에 대한 심사위원회의 의결에 참여하지 못한다.

④ 심사위원회의 위원은 제1항 또는 제2항의 사유에 해당하는 경우에는 스스로 그 소청사건의 심사·결정에서 회피(回避)할 수 있다.
(2019.4.23 본조신설)

제11조【교원의 지위 향상을 위한 교섭·협의】 ①「교육기본법」 제15조제1항에 따른 교원단체는 교원의 전문성 신장과 지위 향상을 위하여 특별시·광역시·특별자치시·도 및 특별자치도(이하 "시·도"라 한다) 교육감이나 교육부장관과 교섭·협의한다.

② 시·도 교육감(이하 "교육감"이라 한다)이나 교육부장관은 제1항에 따른 교섭·협의에 성실히 응하여야 하며, 합의된 사항을 시행하기 위하여 노력하여야 한다.
(2016.2.3 본조개정)

제12조【교섭·협의 사항】 제11조제1항에 따른 교섭·협의는 교원의 처우 개선, 근무조건 및 복지후생과 전문성 신장에 관한 사항을 그 대상으로 한다. 다만, 교육과정과 교육기관 및 교육행정기관의 관리·운영에 관한 사항은 교섭·협의의 대상이 될 수 없다.(2008.3.14 본조개정)

제13조【교원지위향상심의회의 설치】 ① 제11조제1항에 따른 교섭·협의 과정에서 당사자로부터 교섭·협의에 관한 심의요청이 있는 경우 이를 심의하기 위하여 교육부와 시·도에 각각 교원지위향상심의회를 두되 교육부는 7명 이내, 시·도는 5명 이내의 위원으로 구성한다. 다만, 위원장을 제외한 위원의 2분의 1은 교원단체가 추천한 사람으로 한다.(2016.2.3 본항개정)

② 교원지위향상심의회의 운영과 위원의 자격 및 선임에 관하여 필요한 사항은 대통령령으로 정한다.
(2008.3.14 본조개정)

제14조【교원의 교육활동 보호에 관한 종합계획의 수립·시행 등】 ① 국가, 지방자치단체, 그 밖의 공공단체는 교원이 교육활동을 원활하게 수행할 수 있도록 적극 협조하여야 한다.

② 교육부장관은 교원의 교육활동 보호 정책을 효율적으로 추진하기 위하여 관계 중앙행정기관의 장과의 협의를 거쳐 5년마다 교원의 교육활동 보호에 관한 종합계획(이하 "종합계획"이라 한다)을 수립·시행하여야 한다.
(2023.9.27 본항신설)

③ 종합계획에는 다음 각 호의 내용이 포함되어야 한다.
1. 교원의 교육활동 보호 정책의 추진 목표 및 전략
2. 교육활동 침해행위와 관련된 조사·관리 및 교원의 보호조치에 관한 사항
3. 교육활동 보호와 관련된 유아 및 학생 생활지도에 관한 사항
4. 교육활동과 관련된 분쟁의 조정, 교원에 대한 법률 상담 및 변호사 선임 등 소송 지원에 관한 사항
5. 교원에 대한 민원 등의 조사 및 관리에 관한 사항
6. 그 밖에 교원의 교육활동 보호를 위하여 필요하다고 인정되는 사항
(2023.9.27 본항개정)

④ 교육부장관은 교원의 교육활동 여건의 변화 등으로 종합계획을 변경할 필요가 있는 경우에는 관계 중앙행정기관의 장과의 협의를 거쳐 종합계획을 변경할 수 있다. 다만, 대통령령으로 정하는 경미한 사항을 변경하는 경우에는 그러하지 아니하다.(2023.9.27 본항신설)

⑤ 교육부장관은 제2항 및 제4항에 따라 종합계획을 수립하거나 변경하였을 때에는 지체 없이 이를 관계 중앙행정기관의 장 및 교육감에게 통보하여야 한다.(2023.9.27 본항신설)

⑥ 교육부장관은 종합계획을 수립·시행하기 위하여 필요한 경우 관계 중앙행정기관의 장, 교육감, 관계 기관 또는 단체의 장에게 협조를 요청할 수 있다. 이 경우 요청을 받은 중앙행정기관의 장, 교육감, 관계 기관 또는 단체의 장은 정당한 사유가 없으면 이에 협조하여야 한다.
(2023.9.27 본항신설)

⑦ 교육부장관은 매년 제2항에 따른 종합계획의 추진현황 및 실적 등에 관한 보고서를 국회에 제출하여야 한다.
(2023.9.27 본항신설)

⑧ 그 밖에 종합계획의 수립·시행 및 보고서 제출 등에 필요한 사항은 대통령령으로 정한다.(2023.9.27 본항개정)
(2023.9.27 본조제목개정)
(2016.2.3 본조신설)

제15조【시행계획의 수립·시행】 ① 교육감은 제14조제2항의 종합계획에 따라 관할 구역 내 교원의 교육활동 보호에 관한 시행계획(이하 "시행계획"이라 한다)을 매년 수립·시행하여야 한다.

② 교육감은 제1항에 따라 시행계획을 수립하였을 때에는 이를 지체 없이 교육부장관에게 제출하여야 한다.

③ 그 밖에 시행계획의 수립·시행 등에 필요한 사항은 대통령령으로 정한다.
(2023.9.27 본조신설)

판례 부모 등 보호자의 자녀 또는 아동의 교육에 관한 의견 제시의 방식과 한계 : 초등학교 2학년생이 수업 중 물병으로 장난을 치자 담임교사가 학생의 이름을 칠판 레드카드(일종의 벌점제) 옆에 붙이고 방과 후에 10여 분간 청소하게 했다. 이 사실을 알게 된 학생의 부모는 교감을 찾아가 쓰레기를 줍게 한 것이 아동학대라며 항의하고 담임 교체를 요구하며 다음 날부터 자녀를 학교에 보내지 않았다. 이후 해당 교사는 해당 학부모의 지속적인 민원 제기에 우울증세를 호소하며 병가를 냈고, 해당 학부모를 상대로 교육활동 침해 사안 신고서를 제출하였다. 부모 등 보호자는 보호하는 자녀 또는 아동의 교육에 관하여 의견을 제시할 수 있다. 그러나 이러한 의견 제시도 교원의 전문성과 교권을 존중하는 방식으로 이루어져야 한다. 학부모가 정당한 사유 및 절차에 따르지 아니한 채 반복적으로 담임 교체를 요구하는 것은 교사의 정당한 교육활동을 부당하게 간섭하는 행위이며, 정당한 자격을 갖춘 교사의 전문적이고 광범위한 재량에 따른 판단과 교육활동에 대해서 이를 침해하거나 부당하게 간섭해서는 안 된다.
(대판 2023.9.14, 2023두37858)

제16조【실태조사】 ① 교육부장관 및 교육감은 교원의 교육활동에 대한 보호를 강화하기 위하여 제19조에 따른 교육활동 침해행위, 제20조제1항에 따른 피해교원 보호조치, 제25조 및 제26조에 따른 교육활동 침해행위를 한 학생 및 그 보호자 등에 대한 조치 등에 대하여 실태조사를 할 수 있다.

② 교육부장관 및 교육감은 제1항에 따른 실태조사를 실시하기 위하여 필요한 경우 해당 학교의 장, 관계 기관 또는 단체의 장 등에게 관련 자료의 제출을 요청할 수 있다. 이 경우 요청을 받은 학교의 장, 관계 기관 또는 단체의 장 등은 특별한 사유가 없으면 이에 따라야 한다.

③ 제1항에 따른 실태조사의 구체적인 내용, 범위 및 절차 등에 필요한 사항은 대통령령으로 정한다.
(2023.9.27 본조개정)

제17조【아동학대 사안에 대한 교육감의 의견 제출】 ① 교육감은 「유아교육법」 제21조의3제1항에 따른 교원의 정당한 유아생활지도 및 「초·중등교육법」 제20조의2제1항에 따른 교원의 정당한 학생생활지도 행위가 「아동학대범죄의 처벌 등에 관한 특례법」 제2조제4호에 따른 아동학대범죄로 신고되어 소속 교원에 대한 조사 또는 수사가 진행되는 경우에는 해당 시·도, 시·군·구(자치구를 말한다) 또는 수사기관에 해당 사안에 대한 의견을 신속히 제출하여야 한다.

② 제1항에 따른 의견 제출의 기한, 방법, 절차 등에 필요한 사항은 대통령령으로 정한다.
(2023.9.27 본조신설)

제18조【교권보호위원회의 설치·운영】 ①「유아교육법」에 따른 유치원 및 「초·중등교육법」에 따른 학교(이하 "고등학교 이하 각급학교"라 한다) 교원의 교육활동 보호에 관한 다음 각 호의 사항을 심의하기 위하여 시·도 교육청에 교권보호위원회(이하 "시·도교권보호위원회"라 한다)를 둔다.
1. 제15조에 따른 시행계획의 수립
2. 제2항에 따른 지역교권보호위원회에서 조정되지 아니한 분쟁의 조정
3. 그 밖에 교육감이 교원의 교육활동 보호를 위하여 시·도교권보호위원회의 심의가 필요하다고 인정하는 사항

② 고등학교 이하 각급학교 교원의 교육활동 보호에 관한 다음 각 호의 사항을 심의하기 위하여 「지방교육자치에 관한 법률」 제34조 및 「제주특별자치도 설치 및 국제자유도시 조성을 위한 특별법」 제80조에 따른 교육지원청(교육지원청이 없는 경우 해당 시·도의 조례로 정하는 기관으로 한다. 이하 같다)에 지역교권보호위원회(이하 "지역교권보호위원회"라 한다)를 둔다.
1. 교육활동 침해 기준 마련 및 예방 대책 수립
2. 제25조제2항 각 호에 따른 교육활동 침해학생에 대한 조치
3. 제26조제2항 각 호에 따른 교육활동 침해 보호자 등에 대한 조치
4. 교원의 교육활동과 관련된 분쟁의 조정
5. 그 밖에 교육장이 교원의 교육활동 보호를 위하여 지역교권보호위원회의 심의가 필요하다고 인정하는 사항

③ 그 밖에 시·도교권보호위원회와 지역교권보호위원회의 설치·운영 등에 필요한 사항은 대통령령으로 정한다.
(2023.9.27 본조개정)

제19조【교육활동 침해행위】 이 법에서 "교육활동 침해행위"란 고등학교 이하 각급학교에 소속된 학생 또는 그 보호자(친권자, 후견인 및 그 밖에 법률에 따라 학생을 부양할 의무가 있는 자를 말한다. 이하 같다) 등이 교육활동 중인 교원에 대하여 다음 각 호의 어느 하나에 해당하는 행위를 하는 것을 말한다.
1. 다음 각 목의 어느 하나에 해당하는 범죄 행위
  가. 「형법」 제2편제8장(공무방해에 관한 죄), 제11장(무고의 죄), 제25장(상해와 폭행의 죄), 제30장(협박의 죄), 제33장(명예에 관한 죄), 제314조(업무방해) 또는 제42장(손괴의 죄)에 해당하는 범죄 행위
  나. 「성폭력범죄의 처벌 등에 관한 특례법」 제2조제1항에 따른 성폭력범죄 행위
  다. 「정보통신망 이용촉진 및 정보보호 등에 관한 법률」 제44조의7제1항에 따른 불법정보 유통 행위
  라. 그 밖에 다른 법률에서 형사처벌 대상으로 규정한 범죄 행위로서 교원의 교육활동을 침해하는 행위
2. 교원의 교육활동을 부당하게 간섭하거나 제한하는 행위로서 다음 각 목의 어느 하나에 해당하는 행위
  가. 목적이 정당하지 아니한 민원을 반복적으로 제기하는 행위
  나. 교원의 법적 의무가 아닌 일을 지속적으로 강요하는 행위
  다. 그 밖에 교육부장관이 정하여 고시하는 행위
(2023.9.27 본조신설)

제20조【피해교원에 대한 보호조치 등】 ① 고등학교 이하 각급학교의 지도·감독기관(국립의 고등학교 이하 각급학교의 경우에는 교육부장관, 공립·사립의 고등학교 이하 각급학교의 경우에는 교육감을 말한다. 이하 "관할청"이라 한다)과 그 학교의 장은 교육활동 침해행위 사실을 알게 된 경우 즉시 교육활동 침해행위로 피해를 입은 교원(이하 "피해교원"이라 한다)의 치유와 교권 회복에 필요한 다음 각 호의 조치(이하 "보호조치"라 한다)를 하여야 한다.
1. 심리상담 및 조언
2. 치료 및 치료를 위한 요양
3. 그 밖에 치유와 교권 회복에 필요한 조치

② 관할청과 고등학교 이하 각급학교의 장은 교육활동 침해행위 사실을 알게 된 경우 교원의 반대의사 등 특별한 사유가 없으면 즉시 가해자와 피해교원을 분리(이하 "분리조치"라 한다)하여야 한다. 이 경우 분리조치된 가해자가 학생인 경우에는 별도의 교육방법을 마련·운영하여야 한다.

③ 고등학교 이하 각급학교의 장은 제1항 또는 제2항에 따른 조치를 한 경우 지체 없이 관할청에 교육활동 침해행위의 내용과 조치 결과를 보고하여야 하며, 교육감은 대통령령으로 정하는 중대한 사항의 경우에 이를 교육부장관에게 즉시 보고하여야 한다.
1.~2. (2023.9.27 삭제)

④ 제3항에 따라 보고받은 관할청은 교육활동 침해행위가 관계 법률의 형사처벌규정에 해당한다고 판단하면 관할 수사기관에 고발할 수 있다.

⑤ 피해교원의 보호조치에 필요한 비용은 교육활동 침해행위를 한 학생의 보호자 등이 부담하여야 한다. 다만, 피해교원의 신속한 치료를 위하여 피해교원 또는 고등학교 이하 각급학교의 장이 원하는 경우에는 관할청이 부담하고 이에 대한 구상권을 행사할 수 있다.

⑥ 제2항에 따른 특별한 사유 및 분리조치의 방법·기간·장소, 제5항에 따른 보호조치 비용부담 및 구상권의 범위·절차 등에 필요한 사항은 대통령령으로 정한다.
(2023.9.27 본조개정)

제21조【법률지원단의 구성 및 운영】 ① 교육감은 「학교폭력예방 및 대책에 관한 법률」 제2조제1호에 따른 학교폭력이 발생한 경우 또는 교육활동과 관련하여 분쟁이 발생한 경우에 해당 교원에게 법률 상담을 제공하기 위하여 변호사 등 법률전문가가 포함된 법률지원단을 구성·운영하여야 한다.(2023.9.27 본항개정)
② 제1항에 따른 법률지원단의 구성 및 운영에 필요한 사항은 교육부령 또는 시·도의 교육규칙으로 정한다.
(2019.4.16 본조신설)
제22조【교원보호공제사업】 ① 교육감은 교육활동과 관련된 각종 분쟁이나 소송 등으로부터 교원을 보호하기 위하여 공제사업(이하 "교원보호공제사업"이라 한다)을 운영·관리할 수 있다.
② 교원보호공제사업의 범위에는 다음 각 호의 사항이 포함된다.
1. 교원의 교육활동으로 발생한 손해배상금의 지원 및 구상권 행사 지원(교원의 고의 또는 중과실이 있는 경우는 제외한다)
2. 교육활동 침해행위로 발생한 상해·상담·심리치료 비용 지원 및 교원이 위협을 받는 경우 보호 서비스 지원
3. 교원의 정당한 교육활동과 관련하여 발생한 법률적 분쟁에 대한 민사상 또는 형사상 소송비용의 지원
③ 교육감은 「학교안전사고 예방 및 보상에 관한 법률」 제15조에 따른 학교안전공제회 등에 교원보호공제사업의 운영을 위탁하여 수행할 수 있다. 이 경우 교육감은 소속 교원의 의견을 충분히 수렴하여야 한다.
④ 그 밖에 교원보호공제사업의 관리 및 운영에 필요한 사항은 대통령령으로 정한다.
(2023.9.27 본조신설)
제23조【특별휴가】 피해교원은 교육부장관이 정하는 바에 따라 특별휴가를 사용할 수 있다.(2023.9.27 본조개정)
제24조【교육활동 침해행위 예방교육】 ① 고등학교 이하 각급학교의 장은 교직원·학생·학생의 보호자를 대상으로 교육활동 침해행위 예방교육을 매년 1회 이상 실시하여야 한다.
② 고등학교 이하 각급학교의 장은 제1항에 따른 교육프로그램의 구성 및 운영 등을 전문단체 또는 전문가에게 위탁할 수 있다.
③ 고등학교 이하 각급학교의 장은 제1항에 따른 교육프로그램의 구성 및 운영 계획을 교직원·학생·학생의 보호자가 쉽게 확인할 수 있도록 학교 홈페이지에 게시하고, 그 밖에 다양한 방법으로 학부모에게 알릴 수 있도록 노력하여야 한다.
④ 그 밖에 교육활동 침해행위 예방교육의 실시 등에 필요한 사항은 대통령령으로 정한다.
(2019.4.16 본조신설)
제25조【교육활동 침해학생에 대한 조치 등】 ① 고등학교 이하 각급학교의 장은 소속 학생이 교육활동 침해행위를 한 사실을 알게 된 경우에는 지역교권보호위원회에 알려야 한다.(2023.9.27 본항신설)
② 지역교권보호위원회는 제1항 및 제28조에 따라 교육활동 침해행위 사실을 알게 된 경우에는 교육활동 침해행위를 한 학생(이하 "침해학생"이라 한다)에 대하여 다음 각 호의 어느 하나에 해당하는 조치를 할 것을 교육장에게 요청하여야 한다. 다만, 퇴학처분은 의무교육과정에 있는 학생에 대하여는 적용하지 아니한다.(2023.9.27 본문개정)
1. 학교에서의 봉사
2. 사회봉사
3. 학내외 전문가에 의한 특별교육 이수 또는 심리치료
4. 출석정지
5. 학급교체
6. 전학
7. 퇴학처분
(2019.4.16 1호~7호신설)
③ 교육장은 제2항제4호부터 제6호까지의 조치를 받은 학생이 「학교폭력예방 및 대책에 관한 법률」 제17조제3항에 따라 교육감이 정한 기관에서 특별교육을 이수하거나 심리치료를 받도록 하여야 한다. 다만, 제2항제6호에 따른 조치는 특별교육 또는 심리치료 전에 우선적으로 시행한다.(2023.9.27 본항개정)
④ 교육장은 제2항제1호 및 제2호의 조치를 받은 학생이 「학교폭력예방 및 대책에 관한 법률」 제17조제3항에 따라 교육감이 정한 기관에서 특별교육 또는 심리치료를 받게 할 수 있다.(2023.9.27 본항개정)
⑤ 교육장은 제2항부터 제4항까지의 규정에 따른 특별교육 또는 심리치료에 해당 학생의 보호자도 참여하게 하여야 한다. 이 경우 보호자는 학생과 함께 특별교육을 받아야 한다.(2023.9.27 본항개정)
⑥ 지역교권보호위원회는 제2항 각 호의 어느 하나에 해당하는 조치를 교육장에게 요청하기 전에 해당 학생이나 보호자에게 의견을 진술할 기회를 주는 등 적정한 절차를 거쳐야 한다.(2023.9.27 본항개정)
⑦ 교육장은 제2항에 따른 요청을 받은 날부터 14일 이내에 해당 조치를 하여야 한다. 이 경우 고등학교 이하 각급학교의 장은 조치의 이행에 협조하여야 한다.(2023.9.27 본항개정)
⑧ 교육장은 제2항에 따른 조치를 한 때에는 침해학생과 그 보호자에게 이를 통지하여야 하며, 침해학생이 해당 조치를 거부하거나 회피하는 때에는 지역교권보호위원회는 제2항제4호부터 제7호까지의 조치를 가중하여 교육장에게 요청할 수 있다.(2023.9.27 본항신설)
⑨ 침해학생이 제2항제1호부터 제3호까지의 규정에 따른 조치를 받은 경우 또는 제3항 및 제4항에 따른 특별교육 및 심리치료를 받은 경우 이와 관련된 결석은 학교의 장이 인정하는 때에는 이를 출석일수에 산입할 수 있다.
(2023.9.27 본항개정)
⑩ 제2항에 따라 교육장이 한 조치에 대하여 이의가 있는 학생 또는 그 보호자는 「행정심판법」에서 정하는 바에 따라 행정심판을 청구할 수 있다.(2023.9.27 본항개정)
⑪ 그 밖에 조치별 적용 기준 및 절차 등에 필요한 사항은 대통령령으로 정한다.(2019.4.16 본항신설)
(2023.9.27 본조제목개정)
(2019.4.16 본조개정)
제26조【교육활동 침해 보호자 등에 대한 조치】 ① 고등학교 이하 각급학교의 장은 소속 학생의 보호자 등이 교육활동 침해행위를 한 사실을 알게 된 경우에는 지역교권보호위원회에 알려야 한다.
② 지역교권보호위원회는 제1항 및 제28조에 따라 교육활동 침해행위 사실을 알게 된 경우에는 교육활동 침해행위를 한 보호자 등에 대하여 다음 각 호의 어느 하나에 해당하는 조치를 할 것을 교육장에게 요청할 수 있다.
1. 서면사과 및 재발방지 서약
2. 교육감이 정하는 기관에서의 특별교육 이수 또는 심리치료
③ 지역교권보호위원회는 제2항 각 호의 어느 하나에 해당하는 조치를 교육장에게 요청하기 전에 해당 보호자 등에게 의견을 진술할 기회를 주는 등 적정한 절차를 거쳐야 한다.
④ 교육장은 제2항에 따른 요청을 받은 날부터 14일 이내에 해당 조치를 하여야 한다.
(2023.9.27 본조신설)
제27조【교육활동 침해행위의 축소·은폐 금지 등】 ① 고등학교 이하 각급학교의 장은 교육활동 침해행위를 축소하거나 은폐해서는 아니 된다.
② 관할청은 제20조제3항에 따라 보고받은 자료를 해당 학교 또는 해당 학교의 장에 대한 업무 평가 등에 부정적인 자료로 사용해서는 아니 된다.
③ 교육감은 관할 구역에서 교육활동 침해행위가 발생한 때에 해당 학교의 장 또는 소속 교원이 그 경과 및 결과를 보고하면서 축소 또는 은폐를 시도한 경우에는 「교육공무원법」 제50조 및 「사립학교법」 제62조에 따른 징계위원회에 징계의결을 요구하여야 한다.(2023.9.27 본항신설)
(2023.9.27 본조개정)
제28조【교육활동 침해행위에 대한 신고의무】 ① 교육활동 침해행위를 보거나 그 사실을 알게 된 자는 학교 등 관계 기관에 이를 즉시 신고하여야 한다.
② 제1항에 따라 신고를 받은 기관은 이를 침해학생 및 그 보호자 등과 소속 학교의 장에게 통보하여야 한다.
③ 제2항에 따라 통보를 받은 소속 학교의 장은 이를 지역교권보호위원회에 지체 없이 알려야 한다.
④ 누구든지 제1항에 따라 교육활동 침해행위를 신고한 사람에게 그 신고행위를 이유로 불이익을 주어서는 아니 된다.
(2023.9.27 본조신설)
제29조【교육활동보호센터의 지정 등】 ① 관할청은 교육활동 침해행위를 예방하고, 피해교원의 정신적 피해에 대한 치유 지원 등 심리적 회복이 필요한 교원을 지원하기 위하여 전문인력 및 시설 등 대통령령으로 정하는 요건을 갖춘 기관 또는 단체를 교육활동보호센터로 지정할 수 있다.
② 관할청은 제1항에 따른 교육활동보호센터의 운영에 드는 비용의 전부 또는 일부를 예산의 범위에서 지원할 수 있다.
(2023.9.27 본조개정)
제30조【비밀누설 금지 등】 ① 이 법에 따라 교육활동 침해행위 관련 업무, 시·도교권보호위원회 및 지역교권보호위원회 관련 업무를 수행하거나 수행하였던 사람은 그 직무상 알게 된 비밀, 교육활동 침해행위를 한 사람 및 피해교원과 관련된 자료를 누설하여서는 아니 된다.
② 제1항에 따른 비밀의 구체적인 범위는 대통령령으로 정한다.
③ 시·도교권보호위원회 및 지역교권보호위원회의 회의는 공개하지 아니한다. 다만, 피해교원, 침해학생 또는 그 보호자가 회의록의 열람·복사 등 회의록 공개를 신청한 때에는 학생과 그 가족의 성명, 주민등록번호 및 주소, 위원의 성명 등 개인정보에 관한 사항을 제외하고 공개하여야 한다.
(2023.9.27 본조신설)
제31조【교원의 근무환경 실태조사】 ① 관할청은 「도서·벽지 교육진흥법」 제2조에 따른 도서·벽지에서 근무하는 교원의 근무환경 실태를 파악하기 위하여 3년마다 실태조사를 실시하여야 한다.
② 제1항에 따른 실태조사의 내용, 방법 및 절차 등에 관하여 필요한 사항은 대통령령으로 정한다.
(2019.12.10 본조신설)
제32조【「지방교육자치에 관한 법률」에 관한 특례】 교육장은 「지방교육자치에 관한 법률」 제35조에도 불구하고 이 법에 따른 고등학교에서의 교원의 교육활동 보호, 침해학생 또는 그 보호자 등에 대한 조치 및 교원의 교육활동과 관련된 분쟁 조정 등에 관한 사무를 위임받아 수행할 수 있다.(2023.9.27 본조신설)
제33조【권한의 위임】 이 법에 따른 교육부장관의 권한은 그 일부를 대통령령으로 정하는 바에 따라 교육감 및 소속기관의 장에게 위임할 수 있다.(2021.3.23 본조개정)
제34조【벌칙】 다음 각 호의 어느 하나에 해당하는 사람은 1년 이하의 징역 또는 1천만원 이하의 벌금에 처한다.
1. 제10조제5항에 따라 확정되거나 행정소송을 제기하여 확정된 소청심사 결정을 이행하지 아니한 사람
2. 제30조제1항을 위반하여 그 직무상 알게 된 비밀이나 자료를 누설한 사람
(2023.9.27 본조개정)
제35조【과태료】 ① 정당한 사유 없이 제25조제5항 또는 제26조제2항제2호에 따른 특별교육을 받지 아니하거나 심리치료에 참여하지 아니한 보호자 등에게는 300만원 이하의 과태료를 부과한다.(2023.9.27 본항개정)
② 제1항에 따른 과태료는 대통령령으로 정하는 바에 따라 관할청이 부과·징수한다.
(2019.4.16 본조신설)

부 칙 (2016.2.3)

제1조【시행일】 이 법은 공포 후 6개월이 경과한 날부터 시행한다.
제2조【교육활동 침해행위에 대한 조치와 특별교육 등에 관한 적용례】 제15조 및 제18조의 개정규정은 이 법 시행 후 학생 또는 그 보호자 등이 교육활동 침해행위를 한 경우부터 적용한다.
제3조【다른 법률의 개정】 ①~⑧ ※(해당 법령에 가제정리 하였음)
제4조【다른 법령과의 관계】 이 법 시행 당시 다른 법령에서 종전의 「교원지위향상을 위한 특별법」을 인용한 경우에는 이 법 중 그에 해당하는 규정이 있는 때에는 종전의 「교원지위향상을 위한 특별법」 또는 그 규정을 갈음하여 이 법 또는 이 법의 해당 조항을 인용한 것으로 본다.

부 칙 (2019.4.23)

제1조【시행일】 이 법은 공포한 날부터 시행한다.
제2조【심사위원회 위원의 결격사유 등에 관한 적용례】 ① 제8조의2제1항의 개정규정은 이 법 시행 이후 최초로 심사위원회 위원으로 임명하는 경우(연임하는 경우를 포함한다)부터 적용한다.
② 제8조의2제2항의 개정규정은 이 법 시행 이후 최초로 발생하는 사유로 인하여 심사위원회 위원의 결격사유에 해당하게 되는 경우부터 적용한다.
제3조【다른 법률의 개정】 ※(해당 법령에 가제정리 하였음)

부 칙 (2019.12.3)

제1조【시행일】 이 법은 공포 후 6개월이 경과한 날부터 시행한다.
제2조【심사위원회 위원의 임명에 관한 경과조치】 ① 이 법 시행 후 위원을 임명할 당시 제7조제3항의 개정규정을 충족하지 못하는 경우에는 해당 개정규정의 요건이 충족될 때까지는 교원이 아니거나 교원이 아니었던 사람을 위원으로 임명하여야 한다. 다만, 위원이 연임하는 경우는 제외한다.
② 위원의 자격과 임명에 관하여는 제1항에 따라 제7조제3항의 개정규정을 충족할 때까지는 각각 종전의 규정에 따른다.

부 칙 (2021.3.23)

제1조【시행일】 이 법은 공포 후 6개월이 경과한 날부터 시행한다.
제2조【결정의 효력 등에 관한 적용례】 제10조제3항부터 제5항까지, 제10조의2부터 제10조의4까지 및 제21조의 개정규정은 이 법 시행 이후 교원소청심사위원회가 하는 결정부터 적용한다.

부 칙 (2022.12.27)

제1조【시행일】 이 법은 공포한 날부터 시행한다.
제2조【위원의 후임자 임명 전 직무수행에 관한 적용례】 제8조제4항의 개정규정은 이 법 시행 당시 직무를 수행 중인 위원에게도 적용한다.

부 칙 (2023.9.27)

제1조【시행일】 이 법은 공포 후 6개월이 경과한 날부터 시행한다. 다만, 제6조제3항의 개정규정은 공포한 날부터 시행한다.

제2조【교육감의 의견 제출에 관한 적용례】 제17조의 개정규정은 이 법 시행 이후 교원의 유아 및 학생 생활지도 행위가 아동학대범죄로 신고되어 조사 또는 수사가 진행되는 경우부터 적용한다.
제3조【분리조치에 관한 적용례】 제20조제2항 및 제3항의 개정규정은 이 법 시행 이후 관할청 또는 고등학교 이하 각급학교의 장이 교육활동 침해행위를 알게 된 경우부터 적용한다.
제4조【학교교권보호위원회 심의사항에 관한 경과조치】 이 법 시행 당시 학교교권보호위원회(유치원에 두는 교권보호위원회를 포함한다)에서 심의 중인 사항은 제18조제2항의 개정규정에 따라 신설되는 지역교권보호위원회에서 심의한다.
제5조【재심청구에 관한 경과조치】 ① 제25조제10항의 개정규정에도 불구하고 이 법 시행 전에 고등학교 이하 각급학교의 장으로부터 종전의 제18조제1항 각 호의 조치를 받은 경우에는 종전의 규정에 따라 재심을 청구할 수 있다.
② 이 법 시행 당시 종전의 제18조제8항에 따라 재심이 진행 중인 사람에 대하여는 종전의 규정을 적용한다.
제6조【명칭 변경에 따른 경과조치】 이 법 시행 당시 종전의 제17조제1항에 따라 교원치유지원센터로 지정받은 경우에는 제29조제1항의 개정규정에 따른 교육활동보호센터로 지정받은 것으로 본다.

교원자격검정령

(1978년 12월 30일 전개대통령령 제9258호)

개정
1982. 5. 4영10813호
1983. 6. 9영11141호(유아교육진흥법시)
1984.12.22영11562호 1987. 6. 9영12174호
1987. 9.17영12250호 1988. 7. 1영12476호
1991. 2. 1영13282호(직제)
1991. 4.23영13356호(지방교육자치에관한법시)
1992. 2.17영13590호 1993. 2.16영13837호
1993. 6.16영13909호 1994. 1.29영14152호
1995.11.22영14803호
1996. 2.22영14920호(교육시)
1997.12. 5영15530호 1998. 8.11영15866호
1999. 5.10영16293호 2000. 5.16영16812호
2001. 1.29영17115호(직제)
2001.12.19영17427호 2002. 7.30영17690호
2004. 9.17영18545호 2006. 4. 6영19438호
2006. 6.12영19513호(고위공무원단인사규정)
2006. 8.24영19653호 2007.12.20영20455호
2008. 2.29영20740호(직제)
2008. 6. 5영20797호(고등교육시)
2011.10.25영23244호
2011.12. 8영23356호(영유아보육법시)
2011.12.30영23434호 2012.11. 6영24160호
2013. 1.28영24334호
2013. 3.23영24423호(직제)
2014.11. 4영25684호 2015.12.15영26710호
2017. 5. 2영28003호
2017.12.29영28521호(지방분권강화)
2019. 6.18영29860호 2019. 8. 6영30025호
2021. 2. 9영31434호 2021. 6.23영31825호
2024. 1.23영34157호

제1장 총 칙

제1조【목적】 이 영은 「유아교육법」 제22조·제22조의2·제22조의4·제22조의5 및 「초·중등교육법」 제21조·제21조의2·제21조의4·제21조의5에 따라 교원의 자격검정에 관한 사항 등을 규정함을 목적으로 한다.(2024.1.23 본조개정)
제2조【자격검정의 종별】 교원의 자격검정(이하 "자격검정"이라 한다)은 무시험검정과 시험검정으로 구분한다.
제3조【자격증의 수여】 ① 교육부장관은 자격검정에 합격한 자에 대하여는 교육부령이 정하는 교원자격증(이하 "자격증"이라 한다)을 수여한다. 이 경우 사범대학의 졸업자(대학에 설치된 교육과 졸업자 및 교직과정 이수자를 포함한다. 이하 같다)로서 교육부장관이 정하는 학과(학부를 포함한다. 이하 같다) 또는 전공분야를 복수전공(연계전공을 포함한다. 이하 같다)한 자에 대하여는 각각 그 학과 또는 전공분야에 대한 자격증을 수여할 수 있다.(2013.3.23 본항개정)
② 「초·중등교육법」 별표2 중 중등학교 정교사(2급) 자격 제9호에 따른 연수(이하 "교사양성특별과정"이라 한다)를 이수한 사람에게는 해당 분야에 대한 전문 자격증을 수여한다.(2011.12.30 본항신설)
제4조【자격증표시과목】 ① 중등학교 및 특수학교의 정교사 및 준교사와, 실기교사의 자격증에 표시할 담당과목은 교육부령으로 정한다.(2013.3.23 본항개정)
② (2007.12.20 삭제)
③ 제1항에 따라 자격증에 표시할 담당과목은 재학 중 전공과목을 50학점 이상 이수한 자에 한한다. 다만, 특수학교 교사자격증을 받으려는 자가 이수하여야 하는 전공과목의 학점은 교육부령으로 정한다.(2013.3.23 단서개정)
④ 중등학교의 현직교사(특수학교의 중등학교과정을 담당하는 현직교사를 포함한다)로서 다음 각 호의 어느 하나에 해당하는 사람에 대해서는 그 자격증에 그가 이수한 과목을 부전공과목으로 표시할 수 있다.
1. 「교육공무원법」 제38조 또는 제40조에 따른 교원연수계획에 따라 교육감이 지정하는 교육기관(교원연수기관을 포함한다)에서 교육감이 인정하는 교육과정을 30학점 이상 이수한 사람
2. 교육대학원 또는 교육부장관이 지정하는 대학원 교육과에서 교육부장관이 정하는 학점 및 과목을 이수하고 석사학위를 받은 사람
(2021.2.9 본항개정)
⑤ 「초·중등교육법」 별표2에 따라 임시 교원양성기관을 수료하거나 필요한 보수교육을 받고 교사자격증을 취득한 자에 대하여는 그 자격증에 교육부령이 정하는 바에 따라 담당과목을 표시할 수 있다.(2013.3.23 본항개정)
⑥ 교사양성특별과정을 이수한 사람 및 「초·중등교육법」 별표2의 실기교사란 제5호에 따른 교육과정을 이수한 사람의 자격증에 표시할 담당과목은 제1항을 따르되, 표시과목 뒤에 교육감이 정하는 전문 분야의 세부 항목을 병기(倂記)할 수 있다.(2019.6.18 본항개정)
제5조~제6조 (2024.1.23 삭제)
제7조【자격증의 재교부 및 정정】 자격증을 잃어버렸거나 자격증이 헐어 못쓰게 된 때, 성명 기타 자격증의 기재사항에 변동이 있을 때에는 교육부령이 정하는 바에 의하여 자격증의 재교부 또는 정정을 받아야 한다.
(2013.3.23 본조개정)
제8조【교육경력의 범위】 ① 「유아교육법」 제22조제3항, 별표1 및 별표2, 「초·중등교육법」 제21조제3항, 별표1 및 별표2와 이 영에서 "교육경력"이란 다음 각 호의 어느 하나에 해당하는 경력을 말한다.(2013.1.28 본문개정)
1. 「유아교육법」 제2조제2호에 따른 유치원과 「초·중등교육법」 제2조 각 호의 어느 하나 또는 「고등교육법」 제2조 각 호의 어느 하나에 해당하는 학교에서 교원(「교육공무원법」 제22조의2에 따라 둘 이상의 인근 학교를 순회하면서 학생의 교육을 담당하는 교사를 포함한다)으로서 전임으로 근무한 경력. 다만, 「공무원임용령」 제57조의3 또는 「교육공무원임용령」 제19조의5에 따라 통상적인 근무시간보다 짧은 시간을 근무한 교원의 경력은 근무시간에 비례하여 산정한다.(2024.1.23 본문개정)
2. 유치원 교원의 자격이 있는 자로서 「영유아보육법」에 의한 어린이집의 원장 또는 보육교사로서 전임으로 근무한 경력(2011.12.8 본호개정)
2의2. 유치원 교원 자격이 있는 사람이 「유아교육법 시행령」 제29조제1항제3호에 따라 유아교육을 실시하도록 지정받은 기관에서 기관의 장 또는 강사로서 전임으로 근무한 경력(해당 기관이 유아교육을 실시하는 기관으로 지정되기 전의 경력은 제외한다)(2013.1.28 본호신설)
2의3. 「장애아동 복지지원법 시행령」 제5조제1항에 따른 특수교사의 자격을 갖춘 사람이 그 자격을 취득한 이후에 「장애아동 복지지원법」 제32조제2항에 따라 지정된 장애영유아를 위한 어린이집의 특수교사로서 전임으로 근무한 경력(해당 어린이집이 장애영유아를 위한 어린이집으로 지정되기 전에 근무한 경력은 제외한다)(2021.2.9 본호신설)
3. 중등학교 교원의 자격이 있는 사람이 「평생교육법」 제31조제2항에 따라 고등학교 졸업 이하의 학력이 인정되는 평생교육과정의 교원으로서 학교장을 전임으로 교육한 경력(2014.11.4 본호개정)
4. 교육부장관이 정하는 기준에 적합한 외국의 교육기관에서 근무한 경력(「유아교육법」 별표1에 의한 원장 및 「초·중등교육법」 별표1에 의한 교장의 자격인정의 경우에 한한다)(2013.3.23 본호개정)
② 제1항의 경력이 학교의 졸업 또는 자격증의 취득을 조건으로 하는 것인 때에는 그 졸업 또는 자격증을 취득한 이후의 경력이어야 한다.(1982.5.4 본항개정)
제9조【교육행정경력의 범위】 ① 이 영에서 "교육행정경력"이란 다음 각 호의 어느 하나에 해당하는 경력을 말한다.(2017.12.29 본문개정)
1. 교육부와 그 소속기관에서 7급 이상의 국가공무원 또는 고위공무원단에 속하는 일반직공무원으로 근무한 경력(2013.3.23 본호개정)
2. 특별시·광역시·특별자치시·도·특별자치도(이하 "시·도"라 한다)의 교육행정기관과 그 소속기관에서 7급 이상의 국가공무원 또는 고위공무원단에 속하는 일반직공무원 또는 지방공무원으로 근무한 경력
(2017.12.29 본호개정)
3. 교육감·교육장·장학관·교육연구관·장학사·교육연구사로 근무한 경력
② 제8조제2항의 규정은 교육행정경력에 이를 준용한다.
제10조【조사 및 자료수집】 교육부장관은 자격검정에 필요하다고 인정할 때에는 관계 기관에 자격검정 대상자의 학력·경력 및 신분에 관한 자료의 제출을 요구하거나, 소속 공무원을 파견하여 자료를 조사·수집하게 할 수 있다.(2013.3.23 본조개정)
제11조【수수료】 자격검정을 받거나 자격증을 재교부 받고자 하는 자는 교육부령이 정하는 바에 의하여 수수료를 납부하여야 한다.(2013.3.23 본조개정)

제2장 교원양성위원회
(2012.11.6 본장제목개정)

제12조~제17조 (2012.11.6 삭제)
제17조의2【교원양성기관별 교원양성위원회】 ① 교원자격검정 실시 및 교육과정 운영 등에 관한 사항을 심의하기 위하여 「고등교육법」 제2조에 따른 학교의 장과 교육감(이하 "교원양성기관의 장"이라 한다) 소속 하에 교원양성위원회를 둔다.
② 교원양성위원회는 위원장을 포함하여 9명 이내의 위원(위원 중 최소한 한 명 이상의 외부인사가 포함되어야 한다)으로 성별을 고려하여 구성하되, 위원회의 위원장은 시·도교육청의 경우에는 부교육감이, 「고등교육법」 제2조에 따른 학교에서는 교무담당 부서의 장이 각각 되고, 위원은 다음 각 호의 자 중 교원양성기관의 장이 임명하거나 위촉한다. 이 경우 교원양성기관(「고등교육법」 제2조에 따른 학교로서 해당 학교의 졸업생이 있는 학교만 해당한다)의 장은 전단에 따라 외부인사인 위원을 위촉할 때 해당 학교의 졸업생을 우선하여 위촉해야 한다.
(2024.1.23 본문개정)
1. 「교육공무원법」 제2조제1항 각 호에 따른 교육공무원으로서 3년 이상 근무하였거나 근무 중인 교육공무원(조교로서 근무한 경력은 제외한다)(2024.1.23 본호개정)
2. 「고등교육법」 제2조에 따른 학교의 조교수 이상의 전임교원
3. 교육에 관한 학식과 경험이 풍부한 자
③ 교원양성위원회의 위원장 및 위원의 임기는 보직에 의한 당연직의 경우 그 보직의 재임기간으로 하고, 그 밖의 위원 임기는 2년으로 하되, 한번만 연임할 수 있다.
④ 교원양성위원회의 위원장은 위원회를 대표하고, 위원회를 소집하며 그 업무를 총괄한다.
⑤ 위원장이 부득이한 사유로 직무를 수행할 수 없는 때에는 위원장이 미리 지명한 위원이 그 직무를 대행한다.
⑥ 교원양성위원회의 회의는 재적위원 과반수의 출석으로 개의하고, 출석위원 과반수의 찬성으로 의결한다.
⑦ 「고등교육법」 제2조에 따른 학교의 장 소속 하에 두는 교원양성위원회는 교육과정에 관한 사항을 심의할 때에는 해당 교육과정을 이수 중인 재학생의 의견을 미리 들어야 한다.(2024.1.23 본항신설)
⑧ 그 밖에 교원양성위원회의 조직·기능 및 운영 등에 필요한 사항은 교원양성위원회의 의결을 거쳐 교원양성기관의 장이 정한다.
⑨ 제1항부터 제8항까지의 규정에도 불구하고 교원양성위원회와 성격·기능이 유사한 위원회가 해당 교육감 소속으로 설치되어 있는 경우에는 해당 시·도의 조례로 정하는 바에 따라 그 위원회가 교육감 소속으로 두는 교원양성위원회의 기능을 대신할 수 있다. 다만, 성격·기능이 유사한 위원회의 설치 근거가 되는 법령 또는 조례에서 위원회의 구성·운영 관련 사항을 교육감이 정하도록 하고 있거나 교육규칙으로 정하도록 하고 있는 경우에는 해당 시·도의 교육규칙으로 정하는 바에 따라 운영할 수 있다.(2024.1.23 본문개정)
(2007.12.20 본조신설)

제3장 무시험검정

제18조【무시험검정의 대상】 무시험검정의 대상은 다음과 같다.
1. 「유아교육법」 별표1에 의한 원장·원감 및 「초·중등교육법」 별표1에 의한 교장·교감의 자격검정
(2006.4.6 본호개정)
2. 「유아교육법」 제22조제3항 및 「초·중등교육법」 제21조제3항에 따른 수석교사의 자격검정(2011.10.25 본호신설)
3. 「유아교육법」 별표2 및 「초·중등교육법」 별표2에 의한 교사의 자격검정중 제24조의 규정에 의한 시험검정의 대상이 아닌 자의 자격검정(2006.4.6 본호개정)
제19조【무시험검정의 방법 및 합격기준】 ① 제18조제1호 및 제3호의 무시험검정은 「유아교육법」 별표1·별표2 또는 「초·중등교육법」 별표1·별표2의 자격기준에 따라 수시로 서류심사에 의하여 이를 행한다.(2011.10.25 본항개정)
② 제18조제2호의 무시험검정은 「유아교육법」 제22조제3항 및 「초·중등교육법」 제21조제3항의 교육경력, 수석교사로서 갖추어야 할 자질과 능력 및 연수 이수 결과에 대하여 서류심사를 하는 방법으로 한다.(2011.10.25 본항신설)
③ 다음 각 호의 어느 하나에 해당하는 사람이 제18조제3호의 무시험검정에 합격하려면 별표1의 기준을 충족하여야 한다.
1. 교육대학 또는 사범대학을 졸업한 사람
2. 교육대학원 또는 교육부장관이 지정하는 대학원 교육과에서 석사학위를 받은 사람(제3호에 해당하는 사람은 제외한다)(2013.3.23 본호개정)
3. 교육부장관이 지정하는 교육대학원 또는 대학원에서 전문상담교사 양성과정을 이수한 사람(2013.3.23 본호개정)
4. 법률 제7068호 초·중등교육법중개정법률 부칙 제3조에 따라 학교급식시설에서 3년 이상 학교급식을 전담한 교직원 중에서 영양교육과정을 이수한 사람

5. 「유아교육법」 별표2의 준교사, 「초·중등교육법」 별표2의 준교사 또는 실기교사 자격검정을 받으려는 사람
6. 교사양성특별과정을 이수한 사람
(2012.11.6 본항개정)
④ 별표1의 기준 외에 제3항 각 호의 어느 하나에 해당하는 사람이 무시험검정에 합격하기 위한 자격종별 합격기준은 교육부령으로 정한다.(2013.3.23 본항개정)
⑤~⑨ (2012.11.6 삭제)
(1998.8.11 본조제목개정)
제20조【교직과정의 설치 등】 ① 대학, 산업대학, 전문대학, 「고등교육법」 제2조제5호에 따른 원격대학 또는 국군간호사관학교의 장이 자격증의 취득을 위한 교직과정을 설치하고자 할 때에는 교육부장관의 승인을 받아야 한다.(2013.3.23 본항개정)
② 제1항에 따른 교직과정의 설치기준은 교육부령으로 정한다.(2013.3.23 본항개정)
③ 대학·산업대학 및 교육대학의 장 또는 시·도교육감은 제1항의 규정에 의한 교직과정 외에 자격증 취득을 위한 교육·연수과정을 개설하고자 하는 경우(교육대학원 또는 대학원에 과정을 개설하고자 하는 경우를 포함한다)에는 교육부장관의 승인을 받아야 한다.(2013.3.23 본항개정)
④ 제1항 및 제3항에 따른 승인 신청 등에 관한 세부적인 사항은 교육부령으로 정한다.(2013.3.23 본항개정)
⑤ 교원양성기관의 장은 사회적·시대적 변화에 적절한 교육과정을 운영하고, 교육실습 지원학교와의 교류협력을 활성화하여야 한다.(2007.12.20 본항신설)
⑥ 교육감은 해당 교육청에 교육실습 협력부서를 지정·운영하여야 한다.(2007.12.20 본항신설)
⑦ 시·도 교육감은 교육부장관의 승인을 받아 대학 또는 교원연수기관에 교사양성특별과정을 개설하여야 한다.(2013.3.23 본항개정)
(2006.4.6 본조제목개정)
제21조【상급자격증 취득을 위한 재교육 등】 ① 제18조에 따라 무시험검정으로 상급자격증을 취득하기 위하여 받아야 하는 「유아교육법」 별표1·별표2 또는 「초·중등교육법」 별표1·별표2의 자격기준에 따른 재교육 또는 강습은 「교원 등의 연수에 관한 규정」 제6조제1항제2호에 따른 자격연수로 한다.(2015.12.15 본항개정)
② 제1항의 재교육 또는 강습이 교원자격의 취득을 조건으로 하는 때에는 그 자격증을 취득한 이후의 것이라야 한다.
(2015.12.15 본조제목개정)
제22조【실기교사기능】 「초·중등교육법」 별표2의 실기교사의 자격기준 제1호 및 제2호의 규정에 의한 실과계의 기능 또는 그 밖의 기능은 제4조제1항의 규정에 의하여 교육부령으로 정하는 실기교사의 자격증에 표시할 과목을 전공하여 습득한 기능으로 한다.(2013.3.23 본조개정)
제23조【교장·원장의 자격인정】 ① 「유아교육법」 별표1 중 원장의 자격기준란 제2호와 「초·중등교육법」 별표1 중 중등학교의 교장란 제2호, 초등학교의 교장란 제2호 및 특수학교의 교장란 제3호에 따른 자격인정기준은 별표2의 교장 및 원장 자격인정기준으로 한다.
(2012.11.6 본항개정)
② 교육부장관은 제1항의 규정에 의하여 교장 또는 원장 자격을 인정하는 때에는 그 자격증을 교부받은 날부터 6월 이내의 기간안에 임용예정학교에 임용하도록 하고 3년의 범위에서 교육부장관이 정하는 기간동안 임용예정학교에 근무하도록 하면서, 일정 기간 안에 자격연수를 이수하도록 하는 조건을 붙일 수 있다.(2013.3.23 본항개정)

제4장 시험검정

제24조【시험검정의 대상】 시험검정의 대상은 다음과 같다.
1. (1982.5.4 삭제)
2. 「초·중등교육법」 별표2의 중등학교 준교사자격기준 제2호에 의한 자격검정(2006.4.6 본호개정)
3. 「초·중등교육법」 별표2의 초등학교 준교사자격기준 제1호에 의한 자격검정(2006.4.6 본호개정)
4. 「유아교육법」 별표2의 유치원 준교사자격기준 제1호에 의한 자격검정(2006.4.6 본호개정)
5. 「초·중등교육법」 별표2의 특수학교 준교사자격기준에 의한 자격검정(2006.4.6 본호개정)
6. 「초·중등교육법」 별표2의 실기교사 자격기준중 제3호 및 제4호에 의한 자격검정(2006.4.6 본호개정)
7. (1982.5.4 삭제)
제25조【시험검정의 시행】 시험검정은 교사자격의 종별에 따라 교원수급계획상 필요에 의하여 시행한다.
제26조【시험검정의 방법】 시험검정은 학력고사와 실기고사 및 구술고사로 구분하여 실시하되, 학력고사에 합격한 자에 한하여 실기고사 및 구술고사를 받을 수 있다.
제27조【시험검정의 내용】 ① 학력고사는 지원자가 취득하고자 하는 교원자격에 상응한 과목에 관하여 그 학력을 고사한다.
② 실기고사는 지원자가 취득하고자 하는 교원자격에 상응한 실기능력을 고사한다.
③ 구술고사는 교사로서의 인성·적성 및 자질에 대하여 고사한다.(1982.5.4 본항개정)
④ 제1항의 규정에 의한 학력고사의 과목은 교육부령으로 정한다.(2013.3.23 본항개정)
제28조【시험검정의 합격기준】 ① 학력고사는 매과목 100점을 만점으로 하여 매과목 40점 이상, 전과목 평균 60점 이상을 합격으로 한다.
② 실기고사 및 구술고사는 고사별로 100점을 만점으로 하여 매고사 40점 이상을 합격으로 한다.
제29조【시험검정의 응시자격】 제24조제2호 내지 제6호(「초·중등교육법」 별표2의 실기교사 자격기준중 제3호의 자격검정은 제외한다)에 해당하는 시험검정의 응시자격은 교육부령으로 정한다.(2013.3.23 본조개정)
제30조 (2024.1.23 삭제)

제5장 보 칙

(2017.5.2 본장신설)

제31조【민감정보 및 고유식별정보의 처리】 교육부장관(해당 권한이 위임·위탁된 경우에는 그 권한을 위임·위탁받은 자를 포함한다)은 다음 각 호의 사무를 수행하기 위하여 불가피한 경우 「개인정보 보호법」 제23조에 따른 건강에 관한 정보, 같은 법 시행령 제18조제2호에 따른 범죄경력자료에 해당하는 정보, 같은 영 제19조제1호 또는 제4호에 따른 주민등록번호 또는 외국인등록번호가 포함된 자료를 처리할 수 있다.
1. 「초·중등교육법」 제21조 및 제21조의2에 따른 교원의 자격검정에 관한 사무 및 교사 자격 취득의 결격사유 확인에 관한 사무
2. 「유아교육법」 제22조 및 제22조의2에 따른 교원의 자격검정에 관한 사무 및 교사 자격 취득의 결격사유 확인에 관한 사무
(2021.6.23 본조개정)

부 칙 (2015.12.15)

제1조【시행일】 이 영은 공포한 날부터 시행한다. 다만, 별표1 제4호의 개정규정은 2016년 3월 1일부터 시행한다.
제2조【무시험검정 합격기준에 관한 적용례】 별표1 제4호의 개정규정은 부칙 제1조 단서에 따른 시행일 당시 교원양성과정을 이수할 때까지 2학기 이상의 교원양성과정이 남은 사람부터 적용한다. 다만, 부칙 제1조 단서에 따른 시행일 당시 교원양성과정을 이수할 때까지 2학기의 교원양성과정이 남은 사람에 대하여 이 영을 적용할 때에는 별표1 제4호의 개정규정 중 "2회 이상"은 "1회 이상"으로 본다.

부 칙 (2019.8.6)

제1조【시행일】 이 영은 2020년 1월 1일부터 시행한다.
제2조【유치원 원장의 자격인정기준에 관한 경과조치】 ① 이 영 시행 전에 종전의 별표2에 따라 유치원 원장의 자격을 인정받은 경우에는 별표2의 개정규정에 따라 유치원 원장의 자격을 인정받은 것으로 본다.
② 이 영 시행 전에 종전의 별표2에 따라 유치원 원장의 자격을 인정받기 위하여 자격인정에 관한 검정원서를 제출한 경우 자격인정기준에 관하여는 별표2의 개정규정에도 불구하고 종전의 별표2에 따른다.

부 칙 (2021.2.9)

제1조【시행일】 이 영은 공포한 날부터 시행한다.
제2조【중등학교 현직교사의 부전공과목 표시에 관한 적용례】 제4조제4항제1호의 개정규정은 이 영 시행 이후 개설되는 교육과정을 이수하는 사람의 경우부터 적용한다.
제3조【성인지 교육 이수 기준에 관한 적용례】 별표1 제5호의 개정규정은 이 영 시행 당시 교원양성과정을 이수 중인 사람으로서 교원양성과정을 이수할 때까지 2학기를 초과하는 교원양성과정이 남은 사람에게도 적용한다. 이 경우 같은 개정규정 본문 중 "4회"는 "2회"로 본다.

부 칙 (2021.6.23)

이 영은 공포한 날부터 시행한다.

부 칙 (2024.1.23)

제1조【시행일】 이 영은 공포한 날부터 시행한다.
제2조【순회교사의 교육경력에 관한 경과조치】 이 영 시행 전에 「교육공무원법」 제22조의2에 따라 둘 이상의 학교를 순회하면서 학생의 교육을 담당하는 교사로서 전임으로 근무한 경력은 제8조제1항제1호 본문의 개정규정에 따른 경력으로 본다.

〔별표〕 ➡ 「法典 別册」 참조

대학교원 자격기준 등에 관한 규정(약칭 : 대학교원자격규정)

(1969년 12월 4일 전개대통령령 제4395호)

개정
1971.12.31영 5948호 <중략>
1995. 3.25영14553호
1997. 6.17영15396호(기술대학설립·운영규정)
1998. 2.24영15666호 1998.12.19영15942호
2000. 7.10영16901호
2001. 1.29영17115호(직제)
2002. 1.14영17485호 2007. 7. 3영20154호
2008. 2.29영20740호(직제)
2008. 6. 5영20797호(고등교육시)
2012. 2.29영23644호
2012. 4.10영23720호(상법시)
2013. 3.23영24423호(직제)
2013.12.30영25050호(행정규제재검토에따른일부개정령)
2019. 6.11영29814호

제1장 총 칙

제1조【목적】 이 영은 「고등교육법」 제16조에 따라 교수·부교수·조교수·강사 및 조교의 자격기준 및 자격인정에 관한 사항을 규정함을 목적으로 한다.(2019.6.11 본조개정)
제2조【교원 및 조교의 자격】 교수·부교수·조교수·강사(이하 "교원"이라 한다) 또는 조교가 될 수 있는 사람은 다음 각 호의 어느 하나에 해당하는 사람으로 한다.
(2019.6.11 본문개정)
1. 별표의 자격기준에 해당하는 사람
2. 「교육공무원법」 제5조에 따른 대학인사위원회 또는 「사립학교법」 제53조의3에 따른 교원인사위원회(이하 "각 위원회"라 한다)의 인정을 받은 사람(교원의 경우에 한한다)
(2012.2.29 본조개정)
제2조의2【동등자격자의 범위】 ① 별표에 규정된 전문대학(기술대학, 「고등교육법」 제2조제5호에 따른 원격대학의 전문학사학위과정과 종전의 2년제교육대학·초급대학·전문학교·실업고등전문학교를 포함한다. 이하 같다)졸업자와 동등자격자의 범위는 다음과 같다.
(2008.6.5 본문개정)
1. 고등교육법시행령 제71조제1항 각호의 1에 해당하는 자(1998.2.24 본호개정)
2. 1945년이후종전의규정에의한학교졸업자자격인정령 제5조 및 제6조의 규정에 의하여 초급대학졸업자와 동등한 자격자로 인정된 자(1998.2.24 본호개정)
3. 전문대학과 동등정도의 학교로서 교육부장관이 지정하는 학교의 졸업자 및 종전에 교육부장관의 지정을 받았던 학교의 졸업자(2013.3.23 본호개정)
4. 외국에서 14년 이상의 학교교육과정을 이수한 자로서 전문대학 정도의 전공과정을 2년 이상 전공한 자
② 별표에 규정된 대학(산업대학·교육대학·기술대학, 「고등교육법」 제2조제5호에 따른 원격대학의 학사학위과정을 포함한다. 이하 같다)졸업자와 동등자격자의 범위는 다음과 같다.(2008.6.5 본문개정)
1. 고등교육법시행령 제71조제3항 및 제4항에 해당하는 자(1998.2.24 본호개정)
2. 1945년이후종전의규정에의한학교졸업자자격인정령 제5조의 규정에 의한 대학졸업자와 동등한 자격자로 인정된 자
3. 대학과 동등정도의 학교로서 교육부장관이 지정하는 학교의 졸업자 및 종전에 교육부장관의 지정을 받았던 학교의 졸업자(2013.3.23 본호개정)
4. 외국에서 16년 이상의 학교교육과정을 이수한 자로서 대학정도의 전공과정을 3년 이상 전공한 자
③ 교육부장관이 제1항제3호 및 제2항제3호에 의하여 학교를 지정한 때에는 이를 공고하여야 한다.(2013.3.23 본항개정)
제3조【연구실적 및 교육경력의 범위】 ① 별표에 규정된 연구실적은 다음 각 호의 어느 하나에 해당하는 실적 또는 경력으로 한다. 이 경우 그 실적 및 경력은 대학·전문대학 또는 이와 동등정도의 학교를 졸업한 후의 실적 또는 경력으로 하되, 제11조제3항에 해당하는 사람의 경우에는 그러하지 아니하다.
1. 교원이 담당하는 학과목과 관련하여 대학 기타 연구기관에서 연구한 실적
2. 산업체에서 교원이 담당하는 학과목과 관련되는 직무에 근무한 경력
(2012.2.29 본항개정)
② 별표에 규정된 교육경력은 대학·전문대학 또는 이와 동등정도의 학교의 교육경력으로 한다.
(1998.2.24 본조개정)
제4조【연구실적의 환산율】 ① 별표에 규정된 연구실적은 다음 각호의 환산율에 의하여 계산한다.(1998.2.24 본문개정)
1. 대학·전문대학 또는 이와 동등정도의 학교의 장(이하 "학교장"이라 한다)이 인정하는 학술연구(실험·실습을 포함한다. 이하 같다)를 대학·전문대학 또는 이와 동등정도의 학교에서 행한 연구실적은 100퍼센트
(2000.7.10 본호개정)

2. 국가 또는 공공단체가 설치한 연구기관이나 교육부장관이 인정하는 연구기관 또는 시설에서 전임으로 연구에 종사한 실적은 100퍼센트(2013.3.23 본호개정)
3. 국가 또는 공공단체의 기관이나 교육부장관이 정하는 기준에 적합한 기관 또는 시설에서 연구를 주로하거나 전문학식을 필요로 하는 직무에 종사한 실적은 30퍼센트부터 70퍼센트까지. 다만, 그 직무가 순수연구업무와 동일시 될 때에는 100퍼센트까지 인정할 수 있다.(2013.3.23 본문개정)
4. 교육부장관이 정하는 기준에 적합한 산업체에서 전공학과 및 그에 관련되는 학과의 학문분야에 해당하는 직무에 종사한 경력은 70퍼센트부터 100퍼센트까지 (2013.3.23 본호개정)

② 제1항제3호 및 제4호의 환산율의 산출기준은 학교장이 정한다.(2007.7.3 본항개정)

제4조의2【자격인정과 자격기준의 관계】 제14조에 따라 자격인정을 받아 교원으로 임용된 사람은 그 직에서 상위의 직에 임용되는 경우에 그 자격인정을 받은 직에 해당하는 별표의 학력·연구실적 및 교육경력이 있는 것으로 본다.(2012.2.29 본조개정)

제2장　교수자격심사위원회

제5조~제10조 (2000.7.10 삭제)

제3장　자격인정

제11조【자격인정의 대상】 제2조제2호의 규정에 의하여 인정을 받아 교원이 될 수 있는 사람은 다음 각호와 같다.(2012.2.29 본문개정)
1. 대학·전문대학졸업자 또는 이와 동등 이상의 자격을 가진 자로서 그 졸업 또는 자격취득후 별표의 직명별 연구실적과 교육경력의 합계연수의 2분의 1이상의 경력을 가진 자(1998.2.24 본호개정)
2. 대학·전문대학졸업자 또는 이와 동등 이상의 자격을 가진 자로서 그 졸업 또는 자격취득후 별표의 연구실적연수와 대학·전문대학 또는 이와 동등정도의 학교이외의 학교에서 별표의 교육경력연수에 해당하는 연수의 교육경력을 가진 자. 이 경우에 교육학·윤리학 등 학교장이 특히 인정하는 학과목의 교육경력연수는 이를 연구실적연수로 대체할 수 있다.(2000.7.10 본호개정)
3. 국내의 학교교육으로는 이수할 수 없었거나 곤란하였던 학과목을 담당할 자로서 연구실적이 별표의 연구실적연수에 해당하거나 논문·저서 기타 연구실적이 현저하나 학력이 별표의 기준에 해당하지 아니한 자 (1998.2.24 본호개정)
4. 국가공무원법의 규정에 의하여 자연과학계의 연구관 또는 5급 이상의 농촌지도직공무원으로 근무하고 있는 자(1984.8.3 본호개정)

제12조【자격인정의 결격사유】「국가공무원법」 제33조 각 호의 어느 하나에 해당하는 사람은 교원자격의 인정을 받을 수 없다.(2019.6.11 본조개정)

제13조【자격인정의 신청】 교원자격의 인정을 받으려는 사람은 별지 제1호서식에 따른 대학교원자격인정신청서에 다음 각호의 서류를 첨부하여 학교장을 거쳐 각 위원회의 위원장(이하 "위원장"이라 한다)에게 신청하여야 한다.(2012.2.29 본문개정)
1. 논문 또는 저서 7부
2. 연구실적요지서 7부
3. 이력서와 경력증명서(자격인정에 필요한 것에 한함) 각 1부
4. 학력증명서 1부

(1972.7.28 본조개정)

제14조【자격심사】 ① 각 위원장은 교원자격의 인정신청을 받은 때에는 교원 또는 학식과 경험이 풍부한 사람중에서 신청인 1명에 대하여 3명 이상의 예비심사위원을 선정하여 논문 기타 자료의 심사를 위촉한다.(2012.2.29 본항개정)

② 예비심사위원은 지정기일내에 심사를 완결하고 각기 의견을 첨부하여 그 결과를 위원장에게 보고하여야 한다.

③ 각 위원장은 제2항의 예비심사보고를 받은 때에는 각 위원회를 소집하여 인정여부를 결정한다.(2000.7.10 본항개정)

제15조【자료의 조사 등】 각 위원회는 심사상 필요하다고 인정할 때에는 신청인을 각 위원회에 출석하게 하여 보충자료의 제출 또는 실험 등을 명하거나 관계기관에 대하여 그 사실을 조회할 수 있다.(2000.7.10 본조개정)

제16조【의결정족수】 각 위원회의 의사는 위원장·부위원장을 포함한 재적위원 과반수의 출석과 출석위원 과반수의 찬성으로 의결한다. 다만, 자격인정의 결정에 있어서는 출석위원 3분의 2 이상의 찬성으로 행한다. (2000.7.10 본조개정)

제17조【위원의 제척】 ① 제13조의 규정에 의한 신청인과 민법 제777조의 친족관계에 있는 자는 그 신청인에 대한 예비심사 또는 각 위원회의 심의에 관여하지 못한다. (2000.7.10 본항개정)

② 제1항에 의하여 제척된 위원은 제16조의 적용에 있어서 이를 재적위원수에 산입하지 아니한다.(1998.2.24 본항개정)

(1998.2.24 본조제목개정)

제18조【신청직이하의 자격인정】 각 위원회는 신청인의 동의가 있을 때에는 신청한 직이하의 자격을 인정할 수 있다.(2000.7.10 본조개정)

제19조【위원에 대한 실비변상】 각 위원회의 위원에게는 예산의 범위안에서 수당과 여비를 지급할 수 있다. (2000.7.10 본조신설)

제20조【자격인정의 무효 등】 ① 부정한 방법에 의하여 자격인정을 받거나, 또는 받은 자에 대하여는 그 심사를 중지 또는 무효로 한다.

② 제1항의 중지 또는 무효의 결정을 받은 자는 그 결정일로부터 2년 이내에 자격인정을 신청할 수 없다.

제21조【심사결과의 통지】 ① 각 위원회에서 자격인정의 여부가 결정된 때에는 위원장은 학교장을 거쳐 그 결과를 본인에게 통지한다.(2000.7.10 본항개정)

② 제1항에 따라 자격인정이 결정된 사람에게는 별지 제2호서식에 따른 대학교원자격인정서를 발급한다. (2012.2.29 본항개정)

제22조【수수료】 ① 각 위원회는 자격인정에 있어서 그 신청인으로부터 수수료를 받을 수 있다.

② 제1항의 수수료에 관한 사항은 학교장이 정한다. (2000.7.10 본조개정)

제23조【규제의 재검토】 교육부장관은 제2조에 따른 교원 및 조교의 자격에 대하여 2014년 1월 1일을 기준으로 3년마다(매 3년이 되는 해의 1월 1일 전까지를 말한다) 그 타당성을 검토하여 개선 등의 조치를 하여야 한다. (2013.12.30 본조신설)

부　칙 (2012.2.29)

제1조【시행일】 이 영은 공포한 날부터 시행한다. 다만, 제1조·제2조 및 별표의 개정규정 중 전임강사에 관한 부분과 부칙 제2조 및 제3조의 개정규정은 2012년 7월 22일부터 시행한다.

제2조【전임강사 경력에 대한 경과조치】 부칙 제3조제1항, 제15항, 제16항, 제24항, 제25항, 제28항, 제29항, 제30항, 제33항, 제34항, 제37항, 제38항, 제40항, 제41항, 제42항, 제44항, 제45항, 제46항, 제47항, 제50항, 제51항, 제52항 및 제54항의 개정규정에도 불구하고 종전의 규정에 따른 전임강사 경력은 해당 규정에 따른 조교수 경력으로 본다.

제3조【다른 법령의 개정】 ①~㊾ ※(해당 법령에 가제정리 하였음)

제4조【다른 법령과의 관계】 이 영 시행 당시 다른 법령에서 「교수자격기준 등에 관한 규정」 또는 그 규정을 인용하는 경우 이 영 가운데 그에 해당하는 규정이 있을 때에는 종전의 규정을 갈음하여 이 영 또는 이 영의 해당 조항을 인용한 것으로 본다.

부　칙 (2013.12.30)

이 영은 2014년 1월 1일부터 시행한다.(이하 생략)

부　칙 (2019.6.11)

이 영은 2019년 8월 1일부터 시행한다.

[별표·별지서식] ➡ 「www.hyeonamsa.com」 참조

사립학교교직원 연금법

(약칭 : 사학연금법)

(1973년 12월 20일 법 률 제2650호)

개정
1974.12.26법 2737호　1975.12.31법 2832호
1976.12.31법 2983호　1977.12.31법 3058호
1978.12. 5법 3115호　1979.12.28법 3206호
1981. 3.20법 3395호　1982.12.27법 3582호
1983.12.30법 3684호　1984.12.31법 3760호
1987.11.28법 3954호　1988.12.29법 4035호
1990. 4. 7법 4226호(사립학교)
1990.12.27법 4268호(정부조직)
1991.12.27법 4455호　1995.12.29법 5068호
2000. 1.12법 6124호
2000.12.26법 6290호(군인사법)
2000.12.30법 6330호
2001. 1.29법 6400호(정부조직)
2003. 3.12법 6862호
2005. 1.27법 7347호(국고금관리법)
2005. 5.31법 7536호　2006. 3.24법 7889호
2007. 1. 3법 8163호
2008. 2.29법 8852호(정부조직)
2009. 2. 6법 9413호(한국과학기술원법)
2009.12.31법 9908호
2010.12.27법10413호(국립대학법인서울대학교설립·운영에관한법)
2011. 5.19법10636호　2012. 1.26법11215호
2013. 3.23법11690호(정부조직)
2013. 4. 5법11721호　2013. 5.22법11767호
2013.12.30법12124호
2014.11.19법12844호(정부조직)
2015.12.15법13561호　2015.12.22법13572호
2016. 1.28법13934호　2016. 5.29법14153호
2016.12.20법14394호
2017. 7.26법14839호(정부조직)
2018. 3.20법15522호(공무원재해보상법)
2018. 3.20법15523호(공무원연금)
2018. 4.17법15554호　2018. 8.14법15714호
2019.12.10법16744호
2019.12.10법16760호(군인연금)
2019.12.31법16851호(대체역의편입및복무등에관한법)
2020.12.22법17658호
2021. 3.23법17954호(법률용어정비)
2022.10.18법18991호

제1장　총　칙

(2009.12.31 본장개정)

제1조【목적】 이 법은 사립학교 교원 및 사무직원의 퇴직·사망 및 직무로 인한 질병·부상·장해에 대하여 적절한 급여제도를 확립함으로써 교직원 및 그 유족의 경제적 생활안정과 복리향상에 이바지함을 목적으로 한다. (2018.4.17 본조개정)

제2조【정의】 ① 이 법에서 사용하는 용어의 뜻은 다음과 같다.
1. "교직원"이란 「사립학교법」 제54조에 따라 그 임명에 관한 사항이 관할청에 보고된 교원과, 「사립학교법」 제70조의2에 따라 임명된 사무직원을 말한다. 다만, 임시로 임명된 사람, 조건부로 임명된 사람 및 보수를 받지 아니하는 사람은 제외한다.
2. "유족"이란 교직원이거나 교직원이었던 사람이 사망할 당시 그가 부양하고 있던 다음 각 목의 어느 하나에 해당하는 사람을 말한다.
   가. 배우자(재직 당시에 혼인관계에 있던 사람으로 한정하며, 사실상 혼인관계에 있던 사람을 포함한다)
   나. 자녀(퇴직일 이후에 출생하거나 입양한 자녀는 제외하되 퇴직 당시의 태아는 재직 중 출생한 자녀로 본다. 이하 같다)
   다. 부모(퇴직일 이후에 입양된 경우의 부모는 제외한다)
   라. 손자녀(孫子女)(퇴직일 이후에 출생하거나 입양한 손자녀는 제외하되 퇴직 당시의 태아는 재직 중 출생한 손자녀로 본다. 이하 같다)
   마. 조부모(퇴직일 이후에 입양된 경우의 조부모는 제외한다)
3. "퇴직"이란 면직(免職), 사직(辭職), 그 밖의 사망 외의 모든 해직(解職)을 말한다. 다만, 교직원의 신분이 소멸된 날 또는 그 다음 날에 다시 교직원으로 임명되고 이 법에 따른 퇴직급여 및 퇴직수당을 받지 아니한 경우는 예외로 한다.
4. "기준소득월액"이란 부담금 및 급여 산정의 기준이 되는 것으로서 일정기간 재직하고 얻은 소득에서 비과세소득을 제외한 금액의 연지급합계액을 12개월로 평균한 금액을 말한다. 이 경우 소득 및 비과세소득의 범위, 기준소득월액의 결정방법 및 적용기간 등에 관한 사항은 대통령령으로 정한다.
5. "평균기준소득월액"이란 재직기간(제31조제3항 및 제4항에 따라 재직기간에서 제외되는 기간이 있는 경우

에는 해당 기간을 재직기간에 포함한다. 이하 이 조에서 같다) 중 매년 기준소득월액을 공무원보수인상률 등을 고려하여 대통령령으로 정하는 바에 따라 급여의 사유가 발생한 날(퇴직으로 급여의 사유가 발생하거나 퇴직 후에 급여의 사유가 발생한 경우에는 퇴직한 날의 전날을 말한다. 이하 같다)의 현재가치로 환산한 후 합한 금액을 재직기간으로 나눈 금액을 말한다. 다만, 제42조제1항에 따라 준용되는 「공무원연금법」 제43조제1항 및 제2항에 따른 퇴직연금·조기퇴직연금 및 같은 법 제54조제1항에 따른 퇴직유족연금(교직원이었던 사람이 퇴직연금이나 조기퇴직연금을 받다가 사망하여 그 유족이 퇴직유족연금을 받게 되는 경우는 제외한다) 산정의 기초가 되는 평균기준소득월액은 급여의 사유가 발생한 당시의 평균기준소득월액을 공무원보수인상률 등을 고려하여 대통령령으로 정하는 바에 따라 연금 지급이 시작되는 시점의 현재가치로 환산한 금액을 말한다.(2021.3.23 본문개정)

6. "학교경영기관"이란 제3조에 규정된 사립학교를 설치·경영하는 학교법인 또는 사립학교 경영자를 말한다.
7. "부담금"이란 국가부담금·개인부담금·법인부담금 및 재해보상부담금을 합한 금액을 말한다.
8. "개인부담금"이란 급여에 드는 비용으로 교직원이 부담하는 금액을 말한다.
9. "국가부담금"이란 급여에 드는 비용으로 국가가 부담하는 금액을 말한다.
10. "법인부담금"이란 급여에 드는 비용으로 학교경영기관이 부담하는 금액을 말한다.
11. "재해보상부담금"이란 제42조제1항에 따라 준용되는 「공무원 재해보상법」 제8조에 따른 급여 중 제48조의2제3항에 따라 재해보상급여 준비금에서 지급되는 급여에 드는 비용에 충당하기 위하여 학교기관이 이 법에 따라 따로 부담하는 금액을 말한다.(2018.4.17 본호개정)

② 제1항제2호나목에 따른 자녀는 19세 미만인 사람과 대통령령으로 정하는 정도의 장해(제42조제1항에 따라 준용하는 「공무원 재해보상법」 제3조제1항제7호에 따른 장해를 말한다. 이하 같다) 상태에 있는 19세 이상인 사람으로 한정한다.(2018.4.17 본항개정)

③ 제1항제2호라목에 따른 손자녀는 아버지가 없거나 아버지가 대통령령으로 정하는 정도의 장해 상태에 있는 경우로서 다음 각 호의 어느 하나에 해당되는 사람으로 한정한다.(2018.4.17 본문개정)

1. 19세 미만인 사람(2013.4.5 본호개정)
2. 19세 이상인 사람으로서 대통령령으로 정하는 정도의 장해 상태에 있는 사람(2018.4.17 본호개정)

④ 교직원인 사람 또는 교직원이었던 사람의 사망 당시의 태아는 이 법에 따른 급여를 지급할 때에는 이미 출생한 것으로 본다.

제3조【적용범위】 ① 이 법은 다음 각 호에 규정된 학교기관에서 근무하는 교직원에게 적용한다.

1. 「사립학교법」 제3조에 따른 사립학교 및 이를 설치·경영하는 학교경영기관
2. 「초·중등교육법」 제2조의 특수학교 중 사립학교 및 이를 설치·경영하는 학교경영기관
3. 제1호와 제2호에 해당하지 아니하는 사립학교 및 학교경영기관 중 특히 교육부장관이 지정하는 사립학교와 이를 설치·경영하는 학교경영기관

② 제1항에도 불구하고 이 법은 다음 각 호의 어느 하나에 해당하는 사람에 대해서는 적용하지 아니한다.

1. 「공무원연금법」의 적용을 받는 공무원
2. 「군인연금법」의 적용을 받는 군인
3. 2017년 1월 1일 이후 교직원으로 신규 임용(제2조제1항제3호 단서에 따른 경우는 제외한다)되는 경우로서 임용 당시 다음 각 목의 구분에 따른 정년을 초과한 교직원
   가. 교원 : 「교육공무원법」 제47조제1항에 따라 교육공무원에게 적용되는 정년
   나. 사무직원 : 「국가공무원법」 제74조제1항에 따라 일반직공무원에게 적용되는 정년

(2016.5.29 본조개정)

제2장 사립학교교직원연금공단

(2009.12.31 본장개정)

제4조【설립】 다음 각 호의 업무를 관장하기 위하여 사립학교교직원연금공단(이하 "공단"이라 한다)을 설립한다.

1. 부담금 징수
2. 각종 급여의 결정과 지급
3. 자산의 운용
4. 교직원 복지사업의 수행
5. 그 밖에 연금에 관한 업무

제5조【법인격】 ① 공단은 법인으로 한다.

② 공단은 주된 사무소의 소재지에서 설립등기를 함으로써 성립한다.

제6조【사무소】 공단은 정관에서 정하는 바에 따라 주된 사무소와 필요한 곳에 지부를 둘 수 있다.

제7조【정관】 ① 공단의 정관에는 다음 각 호의 사항이 포함되어야 한다.

1. 목적
2. 명칭
3. 사무소의 소재지
4. 조직에 관한 사항
5. 자산과 회계에 관한 사항
6. 임직원에 관한 사항
7. 이사회에 관한 사항
8. 사업에 관한 사항
9. 정관의 변경에 관한 사항
10. 공고방법에 관한 사항

② 공단은 정관을 변경하려면 교육부장관의 인가를 받아야 한다.(2013.3.23 본항개정)

제8조【등기】 ① 공단의 등기에 관한 사항은 대통령령으로 정한다.

② 공단은 등기가 필요한 사항에 관하여는 등기한 후가 아니면 제3자에게 대항하지 못한다.

제9조【해산】 공단의 해산에 관하여는 따로 법률로 정한다.

제10조【임원】 ① 공단에는 임원으로 이사장 1명, 2명 이내의 상임이사, 6명 이내의 비상임이사 및 감사 1명을 둔다. 이 경우 비상임이사 중에는 당연직 비상임이사로 교육부의 고위공무원단에 속하는 일반직공무원 또는 장학관 1명을 두고, 당연직 비상임이사를 제외한 비상임이사 중에는 교직원을 대표하는 사람과 학교경영기관의 장을 대표하는 사람이 포함되어야 한다.(2013.3.23 후단개정)

② 임원의 임면(任免)에 관한 사항은 「공공기관의 운영에 관한 법률」 제26조에 따른다.

제11조【임원의 임기】 ① 이사장의 임기는 3년으로 하고, 상임이사, 비상임이사 및 감사의 임기는 2년으로 하되, 당연직 비상임이사의 임기는 그 재임기간으로 한다.

② 임원은 1년을 단위로 연임될 수 있다.

제12조【임원의 직무】 ① 이사장은 공단을 대표하고 업무를 총괄한다.

② 상임이사는 정관에서 정하는 바에 따라 공단의 업무를 분장(分掌)하고, 이사장이 부득이한 사유로 그 직무를 수행할 수 없을 때에는 정관에서 정하는 순위에 따라 그 직무를 대행한다.

③ 이사는 이사회에 출석하여 안건을 심의하고, 의결에 참여한다.

④ 감사는 공단의 업무와 회계를 감사한다.

제12조의2【대리인의 선임】 이사장은 정관에서 정하는 바에 따라 직원 중에서 공단의 업무에 관한 모든 재판상 또는 재판 외의 행위를 할 수 있는 권한을 가지는 대리인을 선임할 수 있다.

제13조【결격사유】 ① 「국가공무원법」 제33조 각 호의 결격사유 중 어느 하나에 해당하는 사람은 공단의 임원이 될 수 없다.

② 임원이 제1항에 해당하게 되거나 임명 당시 그에 해당한 사람으로 밝혀지면 그 임원은 당연히 퇴직한다.

제14조【이사회】 ① 공단의 중요사항을 심의·의결하기 위하여 공단에 이사회를 둔다.

② 이사회는 이사장과 상임이사와 비상임이사로 구성한다.

③ 이사회의 회의는 이사장이나 재적이사 3분의 1 이상의 요구로 소집하며, 이사장이 그 회의를 주재한다.

④ 이사회는 구성원 과반수의 출석으로 개의하고, 재적이사 과반수의 찬성으로 의결한다.

⑤ 감사는 이사회에 출석하여 의견을 진술할 수 있다.

제15조【벌칙 적용시의 공무원 의제】 공단의 임직원은 「형법」 제129조부터 제132조까지를 적용할 때에는 공무원으로 본다.

제16조【임직원의 겸직 제한】 ① 공단의 임원(비상임이사는 제외한다. 이하 이 조에서 같다)과 직원은 그 직무 외에 영리를 목적으로 하는 업무에 종사하지 못한다.

② 이사장·상임이사 및 감사는 「공공기관의 운영에 관한 법률」 제26조에 따른 임명권자(이하 "임명권자"로 한다)의 허가 없이는 다른 직무를 겸할 수 없으며, 직원은 공단 이사장의 허가 없이는 다른 직무를 겸할 수 없다.

제17조【보수의 제한】 비상임이사에게는 보수를 지급하지 아니하고 실비의 보상만을 할 수 있다.

제18조【직원의 임면】 공단의 직원은 이사장이 임면(任免)한다.

제19조【공단의 권한 등】 ① 공단은 이 법에 따른 급여를 적정하게 하기 위하여 필요하다고 인정될 때에는 급여에 관련된 사람에게 다음 각 호의 사항을 요구하거나 소속 직원에게 장부·서류나 그 밖에 필요한 물건을 검사하게 할 수 있다.

1. 급여와 관련한 보고
2. 장부, 서류, 그 밖의 물건의 제시
3. 일정한 장소에의 출석과 의견의 진술 또는 설명

② 제1항에 따라 검사를 하는 공단의 직원은 그 권한을 표시하는 증표를 관계인에게 내보여야 한다.

③ 이 법에 따라 각종 급여를 받을 권리가 있는 사람 또는 의료기관이 제1항에 따른 요구 및 검사에 정당한 사유 없이 따르지 아니할 때에는 그 요구 및 검사에 따를 때까지 그 급여를 받을 권리가 있는 사람 또는 의료기관에 대하여 급여 지급을 중지할 수 있다.(2021.3.23 본항개정)

④ 공단은 다음 각 호의 사항을 확인하기 위하여 해당 기관 또는 단체에 해당 자료를 제공할 것을 요청할 수 있다. 이 경우 자료 제공을 요청받은 기관 또는 단체는 특별한 사유가 없으면 요청에 따라야 한다.

1. 연금수급자의 주소지 및 가족관계 등을 확인하기 위한 범위 : 시장·군수·구청장에 대하여 주민등록표 등본·초본 및 가족관계증명서
2. 교직원, 연금수급자 및 제39조에 따른 급여 환수 대상자의 과세소득을 확인하기 위한 범위 : 국세청장에 대하여 근로소득자료 및 사업소득자료(2022.10.18 본호개정)
3. 교직원 및 연금수급자의 소득월액을 확인하기 위한 범위 : 국민건강보험공단 이사장에 대하여 보수월액자료
4. 교직원의 직무상 질병·부상 및 장해 여부를 확인하기 위한 범위 : 국민건강보험공단 이사장에 대하여 건강보험 요양급여자료(2018.4.17 본호개정)

4의2. 교직원 및 교직원이었던 사람의 요양급여, 장해급여 및 재해유족급여의 지급심사를 위한 범위 : 의료기관에 대하여 해당 진료에 관한 자료(2021.3.23 본호개정)

5. 연금수급자의 사망 여부를 확인하기 위한 범위 : 국민건강보험공단 이사장에 대하여 건강검진 결과자료
6. 교직원 및 교직원이었던 사람의 주소지, 연금수급자의 사망·주민등록말소·국외이주 여부 등을 확인하기 위한 범위 : 행정안전부장관에 대하여 주민등록사항에 관한 전산정보자료(2021.3.23 본호개정)
7. 연금수급자의 재혼 또는 친족관계 종료 여부를 확인하기 위한 범위 : 법원행정처장에 대하여 가족관계등록사항에 관한 전산정보자료
8. 교직원 및 교직원이었던 사람이 재직 중의 사유로 금고 이상의 형을 선고받았는지 또는 재직 중의 사유로 금고 이상의 형에 처할 범죄행위로 인하여 수사가 진행 중이거나 형사재판이 계속 중인지를 확인하기 위한 범위 : 경찰청장에 대하여 범죄경력자료 및 수사경력자료, 소관 검찰청의 검사장 또는 지청장에 대하여 판결문 사본(2021.3.23 본호개정)
9. 이 법에 따라 급여를 적정하게 산정하고 지급하기 위하여 사실관계를 확인할 필요가 있는 자료 중 제1호부터 제8호까지에 준하는 것으로서 대통령령으로 정하는 자료

(2013.5.22 본항개정)

⑤ 공단은 제4항에 따라 제공받은 자료를 「개인정보 보호법」에 따라 보호하여야 한다.(2013.5.22 본항신설)

⑥ 제4항에 따라 공단이 받는 자료에 대하여는 사용료·수수료 등을 면제한다.

제20조【업무의 위탁】 ① 공단은 필요하다고 인정할 때에는 개인부담금, 법인부담금, 재해보상부담금 및 그 밖의 수입금의 수납에 관한 업무와 급여 및 그 밖의 지출금의 지급, 교직원 후생복지사업을 위한 업무를 체신관서, 지방자치단체, 금융기관 또는 「공공기관의 운영에 관한 법률」 제5조에 따른 공기업, 그 밖의 자에게 위탁할 수 있다.

② 제1항에 따른 업무의 위탁에 필요한 사항은 대통령령으로 정한다.

제21조 (2000.1.12 삭제)

제22조【회계연도】 공단의 회계연도는 정부의 회계연도에 따른다.

제23조【공단의 수입·지출】 ① 공단의 수입과 지출은 다음 각 호의 구분에 따른 각 목의 금액으로 한다.

1. 수입
   가. 부담금
   나. 사립학교교직원 연금기금으로부터의 전입금 및 이입충당금(移入充當金)
   다. 그 밖의 수입금
2. 지출
   가. 이 법에 따른 급여금·적립금·반환금(2021.3.23 본목개정)
   나. 그 밖에 공단 운영을 위한 경비

② 제1항의 사립학교교직원 연금기금으로부터의 전입금은 전년도 기금운용 수익금에 상당하는 금액의 범위에서 공단 이사장이 정한다.

제24조【예산】 ① 이사장은 매 회계연도의 예산을 편성하여 회계연도개시 전까지 교육부장관에게 제출하여 승인을 받아야 한다.(2013.3.23 본항개정)

② 제1항에 따라 제출하는 예산은 예산총칙·추정재무상태표·추정손익계산서·자금계획서를 내용으로 하고 그 내용을 명백하게 함에 필요한 부속서류를 첨부하여야 한다.(2021.3.23 본항개정)

제25조【결산】 이사장은 매 회계연도가 끝난 후 2개월 이내에 해당 연도의 결산서(재무상태표·손익계산서 및 잉여금처분계산서를 말한다)와 그 부속명세서를 작성하여 교육부장관에게 제출하여야 한다.(2021.3.23 본조개정)

제26조 (2000.1.12 삭제)

제27조【잉여금의 처리】 공단은 회계연도마다 결산상 잉여금이 있으면 손실금을 보전(補塡)하고, 나머지는 사립학교교직원 연금기금의 수입으로 하여야 한다.

제28조【공단에 대한 감독】 교육부장관은 공단의 업무를 감독하며 감독을 위하여 필요한 조치를 할 수 있다.(2021.3.23 본조개정)

제29조【임원의 해임】 임명권자는 임원이 다음 각 호의 어느 하나에 해당하면 그 임원을 해임할 수 있다.

1. 이 법 또는 이 법에 따른 명령이나 정관에 위반한 때
2. 심신의 장애로 인하여 직무집행이 곤란하게 된 때

제30조【보고와 검사】 교육부장관은 필요하다고 인정할 때에는 공단에 대하여 보고서를 제출하도록 명하거나 소속공무원으로 하여금 공단의 업무상황 또는 장부·서류나 그 밖의 필요한 물건을 검사하게 할 수 있다.
(2013.3.23 본조개정)

제30조의2【「민법」의 준용】 공단에 관하여 이 법에서 정한 것 외에는 「민법」 중 재단법인에 관한 규정을 준용한다.

제3장 재직기간
(2009.12.31 본장개정)

제31조【재직기간의 계산】 ① 이 법에 따른 급여를 계산할 때 교직원의 재직기간은 교직원으로 임용된 날이 속하는 달부터 퇴직한 날의 전날 또는 사망한 날이 속하는 달까지의 연월수(年月數)로 계산한다. 이 경우 개월을 연(年)으로 환산할 때에는 매 1개월을 12분의 1년으로 계산한다.
② 교직원으로 임용되기 전의 다음 각 호의 복무기간은 본인이 원하는 바에 따라 제1항의 재직기간에 포함시킬 수 있다.(2021.3.23 본문개정)
1. 「병역법」에 따른 현역병 또는 지원하지 아니하고 임용된 부사관으로 복무한 기간(방위소집·상근예비역소집·보충역소집 또는 대체역소집에 의하여 복무한 기간 중 대통령령으로 정하는 복무기간을 포함한다)
(2019.12.31 본호개정)
2. 1979년 1월 1일부터 1992년 5월 31일까지의 기간 중 다음 각 목에 해당하는 법률에 따른 공중보건의사로 복무한 기간
가. 종전의 「국민보건의료를위한특별조치법」(1980년 12월 31일 법률 제3335호로 폐지되기 전의 것을 말한다)
나. 종전의 「농어촌보건의료를위한특별조치법」(1991년 12월 14일 법률 제4430호로 전부개정되기 전의 것을 말한다)
다. 종전의 「농어촌등보건의료를위한특별조치법」(1993년 12월 31일 법률 제4685호로 일부개정되기 전의 것을 말한다)
(2016.12.20 본항개정)
③ 제1항에도 불구하고 다음 각 호의 구분에 따른 기간은 제1항의 재직기간에서 제외한다.(2021.3.23 본문개정)
1. 교원 : 제3조제2항제3호가목에 따른 정년을 초과하여 재직한 기간
2. 사무직원 : 제3조제2항제3호나목에 따른 정년을 초과하여 재직한 기간
(2016.5.29 본항신설)
④ 제3항에 따른 정년의 계산에 관하여는 교원은 「교육공무원법」 제47조제2항을, 사무직원은 「국가공무원법」 제74조제4항을 각각 준용한다.(2016.5.29 본항신설)
⑤ 다음 각 호의 기간은 제42조제1항에 따라 준용되는 「공무원연금법」 제28조제4호에 따른 퇴직수당(이하 "퇴직수당"이라 한다)을 지급할 때에는 제1항의 재직기간에 합산하거나 포함하지 아니한다.(2021.3.23 본문개정)
1. 제2항에 따른 복무기간
2. 제32조제1항에 따라 합산한 재직기간
3. 법률 제3684호 사립학교교원연금법중개정법률 부칙 제2조제1항, 법률 제7536호 사립학교교직원연금법 일부개정법률 부칙 제3항 및 법률 제7889호 사립학교교직원 연금법 일부개정법률 부칙 제2항에 따라 포함된 소급통산 재직기간(2021.3.23 본호개정)
⑥ 퇴직수당 지급시 재직기간을 계산할 때에는 다음 각 호의 사유로 인한 휴직을 제외한 휴직기간, 직위해제기간, 정직기간 및 강등에 따라 직무에 종사하지 못하는 기간은 그 기간의 2분의 1을 각각 뺀다.
1. 직무상 질병 또는 부상으로 인한 휴직
2. 「병역법」에 따른 병역복무를 마치기 위한 휴직
3. 국제기구, 외국기관, 재외국민 교육기관, 국내외 대학 또는 국내외 연구기관에 임시 채용되어 하게 된 휴직
4. 「사립학교법」 제59조제1항제11호 또는 「노동조합 및 노동관계조정법」 제24조제1항에 따른 휴직(2013.5.22 본호개정)
5. 「사립학교법」 제59조제1항제7호 및 제70조의2에 따른 자녀의 양육 또는 여성 교직원의 임신이나 출산으로 인한 휴직
6. 그 밖에 법률에 따른 의무를 수행하기 위한 휴직

제31조의2【임용 전 복무기간의 산입방법】 제31조제2항에 따라 복무기간에 포함시키려는 사람은 복무기간 산입신청서를 공단에 제출하여야 한다.(2021.3.23 본조개정)

제32조【재직기간의 합산】 ① 퇴직한 교직원·공무원 또는 군인(이 법과 「공무원연금법」 또는 「군인연금법」의 적용을 받지 아니하였던 사람은 제외한다)이 교직원으로 임용되고 재직기간 합산을 신청하는 경우에는 대통령령으로 정하는 바에 따라 종전의 해당 연금법에 따른 재직기간 또는 복무기간을 제31조의 재직기간에 합산할 수 있다.
② 제1항에 따라 재직기간을 합산 받으려는 사람이 공단으로부터 그 합산을 인정받은 경우에는 퇴직 당시에 받은 퇴직급여액이나 퇴역급여액(「공무원연금법」 제65조(이 법 제42조제1항에서 준용하는 경우를 포함한다) 또는 「군인연금법」 제38조에 따라 급여액의 제한을 받았을 때에는 그 제한이 없는 경우에 받았어야 할 급여액을 말한다)에 대통령령으로 정하는 이자를 가산하여 공단에 반납하여야 한다. 다만, 재직기간 합산을 인정받은 교직원이 퇴직연금·조기퇴직연금 또는 퇴역연금의 수급권자인 경우에는 연금인 급여는 반납하지 아니한다.
(2019.12.10 본문개정)
③ 공단은 제2항에 따라 반납하여야 할 급여액과 이자(이하 "반납금"이라 한다)를 대통령령으로 정하는 바에 따라 분할하여 내도록 할 수 있다. 이 경우에는 대통령령으로 정하는 이자를 가산한다.
④ 공단은 재직기간 합산을 인정받은 사람이 합산이 인정된 재직기간의 전부 또는 일부의 합산 제외를 신청하거나 반납금을 6개월 이상 체납한 경우에는 합산 제외를 신청한 기간 또는 합산 승인된 재직기간에서 이미 낸 반납금에 상당하는 재직기간을 공제한 기간을 합산에서 제외할 수 있다.

제4장 급여
(2009.12.31 본장개정)

제33조【급여】 교직원의 퇴직·사망·장해(직무로 인한 경우는 제외한다)에 대해서는 「공무원연금법」 제28조에 따른 급여를 지급하고, 교직원의 직무로 인한 부상·질병·장해·사망에 대해서는 「공무원 재해보상법」 제8조에 따른 급여를 지급한다.(2021.3.23 본조개정)

제33조의2【간병급여 등의 지급】 ① 제33조에 따른 급여를 받은 사람이 「공무원 재해보상법」 제22조제2항에 따른 요양기간이 지난 후에도 의학적으로 상시 또는 수시로 간병이 필요한 경우에는 간병급여를 지급하고, 신체상의 장해로 보조기구를 필요로 하는 사람에게는 보조기구나 보조기구 수당을 지급한다.(2021.3.23 본항개정)
② 제1항에 따른 간병급여 등의 지급기준·절차 및 방법 등에 관하여 필요한 사항은 대통령령으로 정한다.
(2018.4.17 본조개정)

제33조의3【재요양】 ① 제33조에 따른 급여를 받은 사람이 치유된 후 요양의 대상이 되었던 직무상의 부상 또는 질병이 재발하거나 치유 당시보다 상태가 악화되어 이를 치유하기 위한 적극적인 치료가 필요하다는 의학적 소견이 있는 경우에는 제33조 및 「공무원 재해보상법」 제22조제1항에 따른 요양(이하 이 조에서 "재요양"이라 한다)을 받을 수 있다.(2018.4.17 본항개정)
② 「공무원 재해보상법」 제28조에 따른 장해연금의 수급권자가 재요양을 받는 경우에는 재요양이 결정된 날이 속하는 달의 다음 달부터 재요양이 종료된 날이 속하는 달까지 장해연금의 지급을 정지한다.(2018.4.17 본항개정)
③ 재요양의 요건 및 절차 등에 필요한 사항은 대통령령으로 정한다.

제34조【급여의 결정】 ① 각종 급여는 그 권리를 가질 사람의 신청을 받아 공단이 결정한다. 다만, 대통령령으로 정하는 종류의 급여를 결정할 때에는 사립학교교직원연금급여심의회(이하 "급여심의회"라 한다)의 심의를 거쳐야 한다.
② 급여를 받을 권리를 가질 사람이 제1항에 따른 급여 중 다음 각 호의 급여를 신청할 때에는 그 교직원이 소속되었던 학교경영기관의 장(학교에 근무하는 교직원의 경우에는 학교의 장)의 확인을 받아야 한다.(2019.12.10 본문개정)
1. 「공무원 재해보상법」 제8조제1호에 따른 요양급여
2. 「공무원 재해보상법」 제8조제3호에 따른 장해급여
3. 「공무원 재해보상법」 제8조제5호나목에 따른 순직유족급여
(2019.12.10 1호~3호신설)
③ 제1항 단서에 따른 급여심의회의 조직과 운영에 관한 사항은 대통령령으로 정한다.

제35조【급여액 산정의 기초】 ① 다음 각 호의 급여의 산정은 급여의 사유가 발생한 날이 속하는 달의 기준소득월액을 기초로 한다. 이 경우 기준소득월액은 「공무원연금법」 제30조제1항 및 「공무원 재해보상법」 제10조제1항에 따른 공무원의 기준소득월액 중 대통령령으로 정하는 금액을 초과할 수 없다.
1. 제42조제1항에 따라 준용되는 「공무원 재해보상법」 제43조제2항에 따른 사망조위금
2. 제42조제1항에 따라 준용되는 「공무원연금법」 제28조에 따른 급여(「공무원연금법」 제43조제1항·제2항에 따른 퇴직연금·조기퇴직연금 및 같은 법 제54조제1항에 따른 퇴직유족연금은 제외한다)
3. 제42조제1항에 따라 준용되는 「공무원 재해보상법」 제28조에 따른 장해급여 및 같은 법 제35조·제36조에 따른 장해유족연금·순직유족연금
(2018.4.17 본항개정)
② 제1항에도 불구하고 제42조제1항에 따라 준용되는 「공무원 재해보상법」 제36조에 따른 유족연금 및 같은 법 제43조제2항에 따른 사망조위금의 경우에는 같은 법 제10조제2항에 따른 금액을 각각 해당 교직원의 기준소득월액으로 한다.(2018.4.17 본항신설)
③ 제42조제1항에 따라 준용되는 「공무원연금법」 제43조제1항·제2항에 따른 퇴직연금·조기퇴직연금 및 같은 법 제54조제1항에 따른 퇴직유족연금의 산정은 다음 각 호의 금액을 기초로 한다. 이 경우 기준소득월액은 「공무원연금법」 제30조제2항제2호 후단에 따라 산정된 금액을 초과할 수 없다.(2018.3.20 본문개정)
1. 다음 각 목에 따라 산정한 금액을 합산하여 3으로 나눈 금액을 공무원보수인상률 등을 고려하여 대통령령으로 정하는 바에 따라 연금의 지급이 시작되는 시점의 현재가치로 환산한 금액
가. 퇴직 3년 전 연도의 공무원 전체의 기준소득월액 평균액을 퇴직 3년 전 연도와 대비한 퇴직 전년도의 전국소비자물가변동률에 따라 환산한 금액
나. 퇴직 2년 전 연도의 공무원 전체의 기준소득월액 평균액을 퇴직 2년 전 연도와 대비한 퇴직 전년도의 전국소비자물가변동률에 따라 환산한 금액
다. 퇴직 전년도의 공무원 전체의 기준소득월액 평균액
2. 평균기준소득월액
(2015.12.15 1호~2호신설)
④ 다음 각 호의 급여의 산정은 「공무원연금법」 제30조제3항 및 「공무원 재해보상법」 제10조제3항에 따라 산정되는 공무원 전체의 기준소득월액의 평균액을 기초로 한다.
1. 제42조제1항에 따라 준용되는 「공무원 재해보상법」 제37조에 따른 순직유족보상금
2. 제42조제1항에 따라 준용되는 「공무원 재해보상법」 제42조에 따른 재난부조금
3. 제42조제1항에 따라 준용되는 「공무원 재해보상법」 제43조제1항에 따른 사망조위금
(2018.4.17 본항개정)

제36조【유족의 우선순위】 급여를 받을 유족의 순위는 상속받는 순위에 따른다.

제37조【동순위자의 경합】 유족 중 동순위자(同順位者)가 2명 이상 있을 때에는 급여를 똑같이 나누어 지급하되, 지급방법은 대통령령으로 정한다.

제38조【유족이 없는 경우의 급여지급의 특례】 ① 교직원이거나 교직원이었던 사람이 사망한 경우에 급여를 받을 유족이 없을 때에는 대통령령으로 정하는 한도의 금액을 그 직계존비속에게 지급한다. 이 경우 직계존비속이 없을 때에는 공단은 관계 학교경영기관의 장의 의견을 들어 그 사망한 사람을 위하여 사용할 수 있다.
② 제1항에 따른 직계존비속에 대한 급여 지급에 관하여는 제36조와 제37조를 준용한다.
(2013.5.22 본조개정)

제39조【급여의 환수】 공단은 다음 각 호의 어느 하나에 해당하는 급여를 수급자(상속인을 포함한다)에게 지급한 경우에는 그 급여액을 환수하여야 한다. 이 경우, 제1호 또는 제2호의 경우에는 급여액에 대통령령으로 정하는 이자 및 환수비용을 가산하여 징수하고, 제3호 또는 제4호의 경우로서 환수금을 내야 할 사람이 기한 내에 내지 아니한 경우에는 대통령령으로 정하는 이자를 가산하여 징수한다.
1. 거짓이나 그 밖의 부정한 방법으로 급여를 받은 경우
2. 이 법에 따라 각종 급여를 받을 권리를 가질 사람이 제34조제1항에 따라 급여를 신청하면서 공단에 급여 제한사유에 대하여 사실과 달리 신고(신고하지 아니한 경우를 포함한다)하거나 급여지급 이후 발생한 급여제한사유 또는 수급권 상실사유를 공단에 사실과 달리 신고(신고하지 아니하거나 늦게 신고한 경우를 포함한다)하여 급여가 잘못 지급된 경우
3. 급여를 받은 후 그 급여의 사유가 소급하여 소멸된 경우
4. 그 밖에 급여가 잘못 지급된 경우

제39조의2【미납금의 공제지급】 ① 교직원 또는 교직원이었던 사람이 퇴직 또는 사망 시까지 다음 각 호의 미납금이나 그 밖에 공단에 대한 채무가 있을 때에는 퇴직급여·퇴직유족급여·재해유족급여 또는 퇴직수당의 금액에서 공제하여 지급한다. 다만, 학교기관의 장의 귀책사유로 미납된 경우에는 그러하지 아니하다.(2018.4.17 본문개정)
1. 제32조제3항에 따른 반납금의 원리금
2. 제39조에 따른 환수금의 원리금
3. 제42조제1항에 따라 준용되는 「공무원연금법」 제50조에 따른 지급정지금액의 정산과 관련된 차액
(2018.4.17 본호개정)
4. 제45조 및 제51조에 따른 개인부담금과 그 연체금
5. 제53조의3제2항제3호에 따라 대여하는 자금의 원리금과 제60조의3에 따라 국가가 공단에 위탁하여 행하는 사업의 원리금(2013.5.22 본호개정)
6. 공단에 대한 그 밖의 채무
② 연금인 급여를 지급받으려는 사람이 제1항에 따른 채무(제1호는 제외한다)가 있을 때에는 연금인 급여 외의 퇴직급여·퇴직유족급여·재해유족급여 또는 퇴직수당에서 우선 공제하여 지급하고 남은 채무가 있을 때에는 해당 연금월액의 2분의 1 이상을 초과하여 공제하지 아니한다.(2018.4.17 본항개정)
③ 교직원 및 교직원이었던 사람이 급여청구 시 제1항의 미납금 및 채무액이 있는 경우에는 그 교직원이 소속되었던 학교경영기관의 장(학교에 근무하는 교직원인 경우

에는 학교의 장)의 확인을 받아야 한다.(2019.12.10 본항개정)

제40조【권리의 보호】 ① 급여를 받을 권리는 다음 각 호의 경우가 아니면 양도 또는 압류하거나 담보로 제공할 수 없다.

1. 연금인 급여를 받을 권리를 대통령령으로 정하는 금융기관에 담보로 제공하는 경우 및 「국세징수법」에 따라 체납처분을 하는 경우
2. 급여를 받을 권리를 공단에 대한 채무의 담보로 제공하는 경우

② 수급권자에게 지급된 급여로서 「민사집행법」 제195조제3호에서 정하는 금액 이하의 급여는 압류할 수 없다.(2013.12.30 본항신설)

제41조【다른 법령에 따른 급여와의 조정】 ① 다른 법령에 따라 학교경영기관의 부담으로 이 법에 따른 급여와 같은 종류의 급여를 받는 사람에게는 그 급여에 상당하는 금액을 이 법에 따른 급여에서 공제하여 지급한다. 이 경우에 공단은 공제한 금액을 학교경영기관에 지급하여야 한다.

② 이 법에 따른 급여의 사유가 제3자의 행위로 인하여 발생한 경우에는 공단은 그 급여 사유에 대하여 이미 지급한 급여액(장해연금 및 비직무상 장해연금의 경우에는 장해일시금 및 5년분의 비직무상 장해연금액에 상당하는 금액으로 산정한 금액)의 범위에서 수급권자가 제3자에 대하여 가지는 손해배상청구권을 취득한다. 다만, 제3자가 다음 각 호의 어느 하나에 해당하는 경우에는 급여심의회의 심의를 거쳐 손해배상청구권의 전부 또는 일부를 행사하지 아니할 수 있다.(2018.3.20 본문개정)

1. 해당 교직원 또는 교직원이었던 사람의 배우자
2. 해당 교직원 또는 교직원이었던 사람의 직계존비속
3. 직무수행 중인 교직원

③ 제2항의 경우에 수급권자가 제3자로부터 같은 사유로 이미 손해배상을 받았을 때에는 그 배상액의 범위에서 급여를 지급하지 아니한다.

제42조【「공무원연금법」 및 「공무원 재해보상법」의 준용】 ① 제33조에 따른 급여의 종류, 급여의 사유, 급여액 및 급여의 제한 등에 관한 사항은 「공무원연금법」 제28조, 제34조부터 제36조까지, 제40조, 제41조, 제43조부터 제52조까지, 제54조부터 제65조까지 및 「공무원 재해보상법」 제8조, 제13조부터 제15조까지, 제19조, 제20조, 제22조, 제24조부터 제33조까지, 제35조부터 제37조까지, 제40조부터 제45조까지 중 해당 규정(위험직무순직유족연금 및 위험직무순직유족보상금에 관한 규정은 제외한다)을 각각 준용한다. 이 경우 "공무원"은 각각 "교직원(「공무원 재해보상법」 제42조제1항의 재난부조금 산정과 같은 법 제43조제3항의 배우자, 부모, 배우자의 부모, 자녀의 사망에 따른 사망조위금 산정, 「공무원연금법」 제50조제1항제2호에 따른 연금의 지급정지 대상의 경우에는 제외한다)"으로, "공무상"은 각각 "직무상"으로, "비공무상"은 각각 "비직무상"으로, "순직공무원"은 각각 "직무상사망교직원"으로, "순직"은 각각 "직무상"으로, "공단" 및 "인사혁신처장"은 각각 "공단"으로, "「사립학교교직원 연금법」"은 "「공무원연금법」"으로, "사립학교교직원"은 "공무원"으로, 「공무원연금법」 제34조제1항 단서 중 "제25조"는 이 법 "제31조"로, 「공무원연금법」 제40조제2항 및 제3항과 같은 법 제43조제3항의 "제26조"는 이 법 "제32조"로, 「공무원연금법」 제52조제5항의 "제31조와 제32조"는 이 법 "제36조와 제37조"로, "기여금"은 각각 "개인부담금"으로, 「공무원연금법」 제63조제4항의 "「공무원 재해보상법」 제6조에 따른 공무원재해보상심의회"는 "급여심의회"로 본다.(2022.10.18 후단개정)

② 제1항에 따라 준용되는 「공무원연금법」 제43조, 제51조, 제54조, 제55조, 제58조 및 제62조의 해당 규정에 따른 급여의 사유, 재직기간, 재직연수 및 공제재직연수를 산정할 때 제31조제3항 각 호의 구분에 따른 정년을 초과하는 기간에 해당하는 재직기간은 계산에서 제외한다.(2021.3.23 본항개정)

③ 제2항에 따른 정년의 계산 방법은 제31조제4항에 따른다.(2016.5.29 본항신설)

④ 제1항의 규정에 따라 준용되는 「공무원연금법」 제43조제1항제2호에 따른 정년 또는 근무상한연령은 대통령령으로 정하는 바에 따른다.(2018.3.20 본항개정)

⑤ (2019.12.10 삭제)

(2018.4.17 본조제목개정)

제42조의2 (1995.12.29 삭제)

제5장 비용부담
(2009.12.31 본장개정)

제43조【비용 부담의 원칙】 급여나 그 밖에 이 법을 운용하기 위하여 필요한 비용은 그 비용의 예상액과 개인부담금, 국가부담금, 법인부담금, 재해보상부담금 및 그 예정운용수익금의 합계액이 장래에 균형이 유지되도록 하여야 한다. 이 경우 급여에 드는 비용은 적어도 5년마다 다시 계산하여야 한다.

제44조【개인부담금】 ① 개인부담금은 교직원이 그가 임명된 날이 속하는 달부터 퇴직한 날의 전날 또는 사망한 날이 속하는 달까지 부담한다.

② 교직원이 퇴직한 달에 다시 교직원으로 임용되었을 경우에는 재임용 후 다시 그 달의 개인부담금을 부담하여야 한다. 다만, 제32조에 따른 재직기간 합산을 받은 경우에는 재임용된 달(1일자로 재임용된 경우의 달은 제외한다)의 개인부담금은 부담하지 아니한다.

③ 제1항과 제2항에도 불구하고 개인부담금 납부기간이 36년을 초과하거나 제3조제2항제3호 각 목의 구분에 따른 정년을 초과하여 재직하는 사람은 개인부담금을 내지 아니한다. 이 경우 정년의 계산 방법은 제31조제4항에 따른다.(2016.5.29 본항개정)

④ 제1항의 개인부담금은 기준소득월액의 1만분의 900에 상당하는 금액으로 한다. 이 경우 기준소득월액은 「공무원연금법」 제67조제2항 후단에 따라 산정된 금액을 초과할 수 없다.(2018.3.20 후단개정)

제45조【개인부담금의 납부】 ① 개인부담금은 해당 학교기관의 장이 매월 보수에서 징수하여 보수지급일부터 3일 이내에 공단에 내야 한다.

② 교직원이 보수의 전부를 지급받지 못할 사유로 보수를 받지 못하는 달에는 개인부담금을 보수 지급일부터 2일 이내에 해당 학교기관의 장에게 내야 한다. 다만, 교직원이 휴직한 경우에는 교직원의 선택에 따라 다음 각 호중 어느 하나의 방법으로 납부하여야 한다.

(2013.5.22 단서개정)

1. 휴직기간 동안 매월 그 달에 해당하는 개인부담금을 계속 납부
2. 복직한 날이 속하는 달의 다음 달부터 휴직기간에 해당하는 기간동안 매월 개인부담금을 추가로 납부. 이 경우 매월 추가로 납부하는 개인부담금은 납부하는 달에 해당하는 개인부담금을 기준으로 산정한다.
3. 복직 후 미납한 기간에 해당하는 개인부담금을 한꺼번에 납부. 이 경우 한꺼번에 납부하는 개인부담금은 납부하는 달에 해당하는 개인부담금을 기준으로 산정한다.

(2013.5.22 1호~3호신설)

③ 학교기관의 장은 제2항에 따라 개인부담금을 받으면 지체 없이 공단에 내야 한다.

제46조【국가부담금】 ① 국가부담금은 다음 각 호의 금액의 합계액으로 한다.

1. 제44조제4항에 따라 교원이 부담하는 개인부담금의 합계액 중 대통령령으로 정하는 금액
2. 제48조의3에 따라 교직원이 내는 소급개인부담금 합계액과 같은 금액
3. 퇴직수당 지급에 드는 비용 중 제47조제3항 단서에 따라 부담하는 금액(2012.1.26 본호개정)

② 국가는 제1항의 부담금을 공단에 내야 한다.

③ 국가부담금을 더 내거나 덜 냈을 때에는 다음 기(期)의 국가부담금을 낼 때에 가감한다.

④ 제3항에 따라 더 내거나 덜 낸 국가부담금을 다음 기의 국가부담금을 낼 때에 정산하지 아니한 경우(해당 회계연도 내에 전액을 공단에 납입하지 아니한 경우를 포함한다)에는 그 금액을 원금으로 하고 대통령령으로 정하는 바에 따라 이자를 가산한 금액으로 정산하여야 한다. 다만, 퇴직수당 지급에 드는 비용에 대한 국가부담액에 대하여는 해당 회계연도 말까지 국가가 납입한 금액이 실제 든 비용보다 적거나 많은 경우에는 대통령령으로 정하는 바에 따라 다음 해 1월 31일까지 정산하여야 하며, 다음 해 1월 31일까지 정산하지 아니한 경우에는 대통령령으로 정하는 바에 따라 이자를 가산한 금액으로 정산하여야 한다.(2021.3.23 단서개정)

제47조【법인부담금】 ① 법인부담금은 학교경영기관이 부담한다. 다만, 학교경영기관이 그 학교에 필요한 법인부담금의 전부 또는 일부를 부담할 수 없을 때에는 그 부족액을 학교에서 부담하게 할 수 있다.(2012.1.26 본항개정)

② 「사립학교법」 제4조제3항제1호에 따른 학교의 학교경영기관이 제1항 단서에 따라 법인부담금의 부족액을 학교가 부담하게 하는 경우에는 교육부장관의 승인을 받아야 한다. 이 경우 교육부장관은 학교경영기관의 재정여건 개선계획을 제출받아 재정상태를 고려하여 기간을 정하여 승인할 수 있다.(2013.3.23 본항개정)

③ 제1항의 법인부담금은 해당 학교 교원이 부담하는 개인부담금의 합계액 중 대통령령으로 정하는 금액 및 그 학교기관의 사무직원이 부담하는 개인부담금 합계액과 같은 금액에 교직원의 퇴직수당 지급에 드는 비용을 합한 금액으로 한다. 다만, 퇴직수당 지급에 드는 비용은 공단이 그 일부를 부담할 수 있으며, 국가는 공단에서 부담하는 비용을 제외한 나머지 비용의 일부 또는 전부를 부담한다.

④ 제3항에 따른 퇴직수당의 지급에 드는 비용의 부담범위 등에 관하여 필요한 사항은 대통령령으로 정한다.

(2012.1.26 본항개정)

⑤ 학교경영기관은 제3항에 따른 법인부담금을 매년 학교기관의 예산에 계상(計上)하여야 한다. 이 경우 학교에 필요한 법인부담금은 학교경영기관의 업무 예산에서 학교회계로 전출하여야 한다. 다만, 제1항에 따라 학교에서 부담하게 된 금액은 그러하지 아니하다.(2012.1.26 전단개정)

제47조의2【책임준비금의 적립】 국가는 사립학교교직원 연금 재정의 안정을 위하여 예산의 범위에서 책임준비금을 사립학교교직원 연금기금에 적립하여야 한다.

제48조【법인부담금의 납부】 법인부담금은 학교기관의 장이 매월 개인부담금과 함께 공단에 내야 한다.

제48조의2【재해보상부담금】 ① 재해보상부담금은 교직원의 개인부담금 합계액의 10,000분의 181 이상 10,000분의 545 이하의 범위에서 대통령령으로 정하는 금액으로 한다. 이 경우 그 부담 및 납부에 관하여는 제47조제1항·제2항 및 제5항과 제48조를 준용한다.(2012.1.26 후단개정)

② 공단은 제1항에 따라 납부된 재해보상부담금을 재해보상급여 준비금으로 적립하여야 한다.

③ 제2항에 따라 적립된 재해보상급여 준비금에서 지급되는 급여는 제42조제1항에 따라 준용하는 「공무원 재해보상법」 제8조에 따른 요양급여, 장해급여, 간병급여, 재해유족급여(위험직무순직유족연금 및 위험직무순직유족보상금은 제외한다) 및 부조급여로 한다.(2018.4.17 본항개정)

④ 재해보상급여 준비금은 공단의 다른 자산과 구분하여 회계처리 하여야 하며, 그 관리·운영에 필요한 사항은 대통령령으로 정한다.

제48조의3【복무기간의 부담금】 제31조제2항에 따라 복무기간이 재직기간에 포함되는 경우에는 해당 교직원은 그 산입기간에 대하여 공단이 산입을 승인한 날이 속하는 달의 다음 달부터 매월 해당 월분의 개인부담금과 같은 금액의 소급개인부담금을 추가로 공단에 내야 한다. 이 경우 해당 교직원이 그 소급개인부담금을 일시에 납부하고자 할 때에는 납부하고자 하는 달의 개인부담금을 기준으로 잔여 소급개인부담금을 계산하여 일시에 납부할 수 있으며, 납부 도중 퇴직하거나 사망한 경우에는 퇴직한 날의 전날 또는 사망 당시의 기준소득월액을 기준으로 잔여 소급개인부담금을 계산하여 이를 해당 퇴직급여·퇴직유족급여·재해유족급여 또는 퇴직수당에서 공제한다.(2021.3.23 전단개정)

제49조【전출 시의 부담금】 교직원이 이 법의 적용을 받는 다른 학교기관으로 전출한 경우에는 전출한 날이 속하는 달의 개인부담금 및 법인부담금은 전출 전의 학교기관의 장이 내야 한다.

제50조【과오납의 정산】 개인부담금과 법인부담금을 잘못 납부하였을 때에는 각각 다음 부담금 납부 시에 가감하여 정산한다.

제51조【연체금】 공단은 개인부담금, 법인부담금 또는 재해보상부담금을 정하여진 날까지 내지 아니하면 대통령령으로 정하는 바에 따라 연체금을 징수한다.

제52조【강제 징수】 ① 공단은 부담금 또는 제39조에 따른 환수금을 내지 아니하면 기한을 정하여 독촉할 수 있다.

② 공단이 제1항에 따라 독촉을 할 때에는 독촉장을 발부하여야 한다.

③ 제1항에 따라 독촉을 받은 사람이 그 기한까지 부담금 또는 환수금을 내지 아니하면 공단은 교육부장관의 승인을 받아 국세 체납처분의 예에 따라 직접 체납처분을 할 수 있다.(2021.3.23 본항개정)

④ 공단은 제1항에 따라 부담금을 징수하거나 급여액을 환수하는 경우 다음 각 호의 어느 하나의 사유가 있으면 결손처분 할 수 있다. 다만, 제1호와 제3호의 경우에는 결손처분을 한 후 압류할 수 있는 재산을 발견하면 지체 없이 그 처분을 취소하고 체납처분의 예에 따라 징수하여야 한다.

1. 체납처분이 종결되고 체납액에 충당된 배분금액이 그 체납액보다 적은 경우
2. 해당 권리에 대한 소멸시효가 완성된 경우
3. 대통령령으로 정하는 바에 따라 징수할 가능성이 없다고 인정되는 경우

⑤ 제3항에 따른 체납처분을 하는 공단의 임직원은 공무원으로 본다.

⑥ 제3항에 따른 체납처분을 할 때에는 공단이 가지는 채권의 변제 순위는 조세(租稅) 다음으로 한다.

제52조의2【연금액의 이체】 ① 「공무원연금법」 또는 「군인연금법」에 따른 퇴직연금·퇴역연금 또는 조기퇴직연금 수급자가 교직원으로 임용되어 제32조제1항에 따른 재직기간 합산을 받은 후 퇴직하거나 사망한 경우에는 공무원연금공단 또는 국방부장관은 그 퇴직한 사람 또는 그 유족(제38조에 따라 급여를 받을 수 있는 사람을 포함한다)이 「공무원연금법」 또는 「군인연금법」에 따라 받을 수 있는 퇴직연금·퇴역연금·조기퇴직연금 또는 퇴직유족연금(제38조에 따라 받을 수 있는 금액과 퇴직유족연금부가금 및 퇴직유족연금특별부가금을 포함한다)에 상당하는 금액을 공단에 이체하여야 한다. 이 경우 이체금액의 산정방법 및 이체기한 등에 관하여는 대통령령으로 정한다.

② 제42조제1항에 따라 준용하는 「공무원연금법」 제41조제4항부터 제6항까지의 규정에 따라 이 법에 따른 급여를 지급하지 아니한 경우 그 지급하지 아니한 금액은 해당 연도의 재해보상부담금 재원으로 이체하여야 한다. 이 경우 재직 중 직무로 사망하거나 직무상 질병 또는 부상으로 사망한 교직원의 유족이 제42조제1항에 따라 준용하는 「공무원연금법」 제54조제1항에 따른 퇴직유족연금의 수급자인 경우에는 퇴직유족연금일시금을 받는 것으로 보아 이체할 금액을 산정한다.(2021.3.23 전단개정)

(2018.3.20 본조개정)

제53조【심사의 청구】 ① 급여에 관한 결정, 개인부담금의 징수, 그 밖의 이 법에 따른 처분 또는 급여에 관하여 이의가 있는 사람은 대통령령으로 정하는 바에 따라

사립학교교직원 연금급여재심위원회에 그 심사를 청구할 수 있다.
② 제1항의 심사 청구는 처분이 있은 날부터 180일, 그 사실을 안 날부터 90일 이내에 하여야 한다. 다만, 그 기간 내에 정당한 사유로 인하여 심사 청구를 할 수 없었던 것을 증명한 경우에는 예외로 한다.
③ 제1항에 규정된 사립학교교직원 연금급여재심위원회는 공단에 두되 그 조직과 운영, 그 밖의 필요한 사항은 대통령령으로 정한다.

제6장 사립학교교직원 연금기금
(2009.12.31 본장개정)

제53조의2【사립학교교직원 연금기금의 설치 및 조성】 ① 이 법에 따른 급여에 충당하기 위한 책임준비금으로서 사립학교교직원 연금기금(이하 "기금"이라 한다)을 둔다.
② 기금은 공단의 예산에 계상된 적립금과 결산상 잉여금 및 기금운용 수익금으로 조성한다.
제53조의3【기금의 관리·운용】 ① 기금은 공단이 관리·운용한다.
② 기금은 다음 각 호의 방법으로 운용한다.
1. 대통령령으로 정하는 금융기관에 대한 예입(預入) 또는 신탁
2. 대통령령으로 정하는 유가증권의 매매(2020.12.22 본호개정)
3. 교직원 및 연금수급자에 대한 자금의 대여
4. 기금 증식과 교직원의 후생복지를 위한 재산의 취득 및 처분
5. 그 밖에 대통령령으로 정하는 기금 증식사업 또는 복지증진을 위한 사업
③ 공단은 제2항제2호에 따른 유가증권을 대여하여서는 아니 된다.(2020.12.22 본항신설)
④ 공단은 기금의 운용에 관한 중요사항에 대하여는 정관으로 정하는 바에 따라 교육부장관의 승인을 받아야 한다.(2021.3.23 본항개정)
제53조의4【사립학교교직원 연금운영위원회】 ① 사립학교교직원 연금에 관한 다음 사항을 심의하기 위하여 공단에 사립학교교직원 연금운영위원회(이하 "운영위원회"라 한다)를 둔다.
1. 사립학교교직원 연금제도에 관한 사항
2. 사립학교교직원 연금 재정계산에 관한 사항
3. 기금운용 계획 및 결산에 관한 사항
4. 기금에 의한 사립학교교직원 후생복지사업에 관한 사항
5. 그 밖에 공단 이사장이 사립학교교직원 연금운영에 필요하다고 인정하는 사항
② 운영위원회는 위원장을 포함하여 15명 이상 20명 이하의 위원으로 구성한다.
③ 운영위원회의 위원장은 공단 이사장이 되고, 위원은 교육부장관이 다음 각 호의 사람 중에서 임명하거나 위촉하는 사람으로 한다.(2013.3.23 본문개정)
1. 기금 관련 중앙행정기관 소속공무원
2. 사립학교교직원 연금업무와 관련한 공단의 임원
3. 교직원 단체가 추천하는 사립학교 교직원
4. 사립학교 설립·경영자
5. 퇴직연금수급자
6. 「비영리민간단체 지원법」 제2조에 따른 비영리민간단체에 소속된 사람
7. 사립학교교직원 연금에 관한 학식과 경험이 풍부한 사람
④ 운영위원회의 조직과 운영에 필요한 사항은 대통령령으로 정한다.
제53조의5【기금에서의 차입 및 이입 충당】 ① 공단은 매 회계연도의 급여에 필요한 자금이 부족한 경우에는 기금에서 일시 차입할 수 있다.
② 제1항의 일시 차입금은 해당 회계연도 내에 상환하여야 한다.
③ 공단은 매 회계연도의 급여 지출이 수입을 초과하는 경우에는 기금에서 이입하여 충당할 수 있다.
제53조의6【회계처리의 원칙】 기금은 기업회계의 원칙에 따라 회계처리 하여야 한다.
제53조의7【국가의 지원】 법률 또는 제도적인 사유로 이 법에 따른 급여를 기금으로 충당할 수 없을 때에는 국가가 그 부족액을 지원할 수 있다.

제7장 보 칙
(2009.12.31 본장개정)

제54조【시효】 ① 이 법에 따른 급여를 받을 권리는 그 급여의 사유가 발생한 날부터 요양급여·간병급여·부조급여는 3년간, 퇴직급여·퇴직유족급여·비직무상장해급여·퇴직수당·장해급여·재해유족급여는 5년간 행사하지 아니하면 시효로 인하여 소멸한다.(2018.3.20 본항개정)
② 제1항에 따라 퇴직급여·퇴직유족급여·비직무상장해급여·퇴직수당·장해급여·재해유족급여를 받을 권리가 시효로 인하여 소멸된 경우에는 부담금을 징수할 권리도 소멸한다.(2018.3.20 본항개정)
③ 잘못 납부한 부담금을 반환 받거나 징수할 권리 및 급여를 환수할 권리는 그 사유가 발생한 날부터 5년간 행사하지 아니하면 시효로 인하여 소멸한다.(2021.3.23 본항개정)
④ 부담금이나 그 밖에 이 법에 따른 환수금 등의 납부 고지 및 독촉, 급여의 지급 청구 또는 잘못 납부한 부담금 등의 반환 청구는 소멸시효 중단의 효력을 가진다.
⑤ 제4항에 따라 중단된 소멸시효는 납부의 고지 또는 독촉에 의한 납부기간이 지난 때부터 새로 진행한다.
제55조【효력발생 기간】 이 법에 따른 급여 또는 심사 청구, 신고 등에 관한 기간을 계산할 때에 그 서류가 우편 발송된 경우 우송에 걸린 일수는 그 기간에서 제외한다.(2021.3.23 본조개정)
제56조【끝자리 수 처리】 부담금의 징수와 급여의 지급 시 끝자리 수 처리는 「국고금관리법」에 따른다.
제57조【학교경영기관의 장의 확인】 ① 학교경영기관의 장은 이 법에 따른 급여 사유의 발생, 개인부담금의 납부, 재직기간의 계산에 필요한 이력사항과 그 밖에 교직원이거나 교직원이었던 사람의 신분에 관한 사항을 조사 확인하여야 한다.
② 학교경영기관의 장은 제1항에 따른 확인 사무를 집행하기 위하여 필요하면 교직원이거나 교직원이었던 사람, 그 밖의 관계인에게 자료의 제출 또는 의견진술을 요구할 수 있다.
제58조【학교기관의 장의 책임】 학교기관의 장은 그 직무를 수행하면서 고의 또는 중대한 과실로 개인부담금을 징수하지 아니하거나 법인부담금 또는 재해보상부담금을 내지 아니하여 공단에 손해를 끼쳤을 때에는 그 손해를 배상하여야 한다. 고의 또는 과실로 이 법 또는 대통령령으로 정하는 신고나 보고를 하지 아니하거나 거짓으로 신고나 보고를 하여 공단에 손해를 끼쳤을 때에도 또한 같다.
제59조【전시·사변의 특례】 전시 또는 사변으로 급여에 드는 비용이 해당 연도의 개인부담금, 국가부담금, 법인부담금, 재해보상부담금 및 운용수익금을 초과하는 경우에는 공단은 교육부장관의 승인을 받아 급여시기를 일시 유예할 수 있다.(2013.3.23 본조개정)
제60조【국고 보조】 국가는 공단의 운영에 필요한 경비의 전부 또는 일부를 보조할 수 있다.
제60조의2【관할청의 업무 협조】 「사립학교법」 제4조에 따른 관할청은 학교의 설립·폐지를 인가하거나 인가를 취소한 경우 또는 학교경영기관의 설립·해산을 인가하거나 인가를 취소한 경우에는 지체 없이 그 사실을 공단에 통보하여야 한다.
제60조의3【국가사업의 위탁 등】 ① 국가는 교직원의 복지증진에 필요한 사업 중 대통령령으로 정하는 사업을 공단에 위탁하여 관리하게 할 수 있다.
② 제1항에 따른 위탁사업에 드는 비용은 국가에서 부담한다.
③ 제1항에 따른 위탁사업의 관리방법은 관계 기관과의 협의를 거쳐 교육부령으로 정한다.(2013.3.23 본항개정)
제60조의4【적용범위의 특례】 ① 법률에 따라 고등학교과정 이하의 학교 또는 대학원을 설치·운영하는 연구기관(이하 "연구기관"이라 한다)으로서 교육부장관이 지정하는 연구기관의 교수요원, 연구요원 및 교직원(「공무원연금법」 또는 「군인연금법」의 적용을 받는 공무원 또는 군인은 제외한다)에 대하여는 제3조에도 불구하고 이 법을 적용한다. 이 경우 교수요원, 연구요원 및 교직원은 제2조제1항제1호에 따른 교직원(이하 이 조에서 "교직원"이라 한다)으로 보고, 연구기관은 제2조제1항제6호에 따른 학교경영기관(이하 이 조에서 "학교경영기관"이라 한다)으로 본다.(2013.3.23 전단개정)
② 「평생교육법」 제31조에 따른 학교형태의 평생교육시설 또는 같은 법 제33조에 따른 원격대학형태의 평생교육시설로서 교육부장관이 지정하는 평생교육시설의 교원 및 사무직원에 대하여는 제3조에도 불구하고 이 법을 적용한다. 이 경우 교원 및 사무직원은 교직원으로 보고, 학교형태의 평생교육시설을 설치·운영하는 사람 또는 원격대학형태의 평생교육시설을 설치하는 법인은 학교경영기관으로 본다.(2013.3.23 전단개정)
③ 이 법에 따라 설립된 공단의 직원은 제3조에도 불구하고 이 법을 적용한다. 이 경우 공단의 직원은 제2조제1항제1호에 따른 사무직원으로 보고, 공단은 학교경영기관으로 본다.(2012.1.26 본항개정)
④ 제1항부터 제3항까지의 규정과 관련하여 다음 각 호의 사항은 교육부장관이 정한다.(2013.3.23 본문개정)
1. 제1항에 따른 교수요원, 연구요원 및 교직원의 범위
2. 제2항에 따른 평생교육시설의 교원 및 사무직원의 범위
3. 제3항에 따른 공단의 직원의 범위(2012.1.26 본호개정)
⑤ 국가가 국립대학법인으로 설치하는 국립대학교의 교원, 직원 및 조교 중 「공무원연금법」을 적용받지 아니하는 교원, 직원 및 조교에 대하여는 제3조에도 불구하고 이 법을 적용한다. 이 경우 교원, 직원 및 조교는 제2조제1항제1호에 따른 교직원으로, 국가가 국립대학법인으로 설치하는 국립대학교는 같은 항 제6호에 따른 학교경영기관으로 본다.(2010.12.27 본항신설)
⑥ 국가가 법인으로 설치한 서울대학교병원 및 서울대학교치과병원의 임상교수요원, 직원(국가나 지방자치단체로부터 수탁을 받아 운영하는 병원에 파견되어 근무하는 경우를 포함한다)에 대하여는 제3조에도 불구하고 이 법을 적용한다. 이 경우 임상교수요원, 직원은 제2조제1항제1호에 따른 교직원으로, 서울대학교병원 및 서울대학교치과병원은 같은 항 제6호에 따른 학교경영기관으로 본다.(2016.1.28 본항신설)
⑦ 국가가 법인으로 설치한 국립대학병원 및 국립대학치과병원의 임상교수요원, 직원(국가나 지방자치단체로부터 수탁을 받아 운영하는 병원에 파견되어 근무하는 경우를 포함한다)에 대하여는 제3조에도 불구하고 이 법을 적용한다. 이 경우 임상교수요원, 직원은 제2조제1항제1호에 따른 교직원으로, 국립대학병원 및 국립대학치과병원은 같은 항 제6호에 따른 학교경영기관으로 본다.(2016.1.28 본항신설)
제61조 (2000.1.12 삭제)

제8장 벌 칙
(2009.12.31 본장개정)

제62조【과태료】 ① 공단의 임직원이 제30조에 따른 검사를 기피·방해 또는 거부하거나 거짓으로 보고하면 100만원 이하의 과태료를 부과한다.
② 제19조제1항을 위반하여 보고를 하지 아니하거나 거짓으로 보고한 사람 또는 검사를 방해하거나 기피한 사람은 30만원 이하의 과태료를 부과한다.
③ 제1항 및 제2항에 따른 과태료는 교육부장관이 부과·징수한다.(2013.3.23 본항개정)

부 칙 (2000.12.30)

제1조【시행일】 이 법은 2001년 1월 1일부터 시행한다. 다만, 제2조제1항제11호 및 제48조의2제3항의 개정규정과 제42조제1항의 규정에 의하여 준용되는 공무원연금법 제38조의 규정(2000.12.30, 법률 제6328호 공무원연금법중개정법률에 의하여 개정된 규정을 말한다)은 2002년 1월 1일부터, 동법 제47조의 규정(2000.12.30, 법률 제6328호 공무원연금법중개정법률에 의하여 개정된 규정을 말한다)은 5년의 범위내에서 대통령령이 정하는 날부터 시행한다.
제2조【급여사유발생에 관한 일반적 경과조치】 이 법 시행전에 급여의 사유가 발생한 자에 대한 급여에 관하여는 종전의 규정에 의한다.
제3조【평균보수월액 적용에 관한 경과조치】 제2조제1항제5호의 개정규정에 의한 평균보수월액은 이 법 시행 이후의 재직기간 및 이 법 시행 이후에 제32조제1항의 규정에 의하여 합산된 재직기간 또는 복무기간을 기초로 산정한다.
제4조【임용전 병역복무기간의 재직기간 산입에 관한 경과조치】 2000년 12월 31일 현재 재직 중인 교직원의 임용전 병역복무기간의 재직기간 산입에 관하여는 제31조제2항의 개정규정에 불구하고 종전의 규정에 의한다.
제5조【재직기간의 합산에 관한 특례】 2000년 12월 31일 현재 재직 중인 교직원으로서 제32조제1항의 규정에 의하여 재직기간 또는 복무기간을 합산할 수 있는 자중 정년 또는 근무상한연령의 단축으로 인하여 정년 또는 근무상한연령까지 근무하여도 재직기간이 20년에 미달하는 자는 제32조제1항의 규정에 불구하고 2001년 12월 31일까지 재직기간에 합산할 수 있다.
제6조【급여액 산정에 관한 경과조치】 제35조제3항의 개정규정 및 부칙 제5조의 규정에 불구하고 제42조제1항의 규정에 의하여 준용되는 공무원연금법 제46조제1항 및 제2항의 규정에 의한 퇴직연금 및 조기퇴직연금과 동법 제56조제1항제1호의 규정에 의한 유족연금의 산정에 있어서 2000년 12월 31일 이전에 승진, 강임이나 강등, 전직, 보직변경 또는 재임용(퇴직한 교직원·공무원·군인이 교직원으로 임용되어 제32조제1항의 규정에 의한 재직기간 또는 복무기간의 합산을 받은 경우를 말한다. 이하 이 조에서 같다)된 후 1년 이내에 퇴직 또는 사망한 경우에는 승진, 강임이나 강등, 전직, 보직변경 또는 재임용되기 전의 보수월액과 퇴직 또는 사망한 당시의 보수월액을 평균한 금액을 급여액 산정의 기초로 한다.
제7조【연금액의 조정에 관한 경과조치】 ① 2000년 12월 31일 현재 연금수급자의 연금액은 2000년 12월 31일 현재의 연금액을 기준으로 제42조제1항의 규정에 의하여 준용되는 공무원연금법 제43조의2의 규정(2000.12.30, 법률 제6328호 공무원연금법중개정법률에 의하여 개정된 규정을 말한다)에 의하여 조정한다.
② 제42조제1항의 규정에 의하여 준용되는 공무원연금법 제43조의2제3항의 규정(2000.12.30, 법률 제6328호 공무원연금법중개정법률에 의하여 개정된 규정을 말한다)에 불구하고 이 법 시행이후 최초의 연금액의 조정은 이 법 시행후 2년이 경과할 때 실시한다.(2003.3.12 본항개정)
제8조【퇴직연금의 지급에 관한 경과조치】 ① 이 법 시행당시 재직기간이 20년 이상인 교직원에 대하여는 제42조제1항의 규정에 의하여 준용되는 공무원연금법 제46조제1항의 규정(2000.12.30, 법률 제6328호 공무원연금법중개정법률에 의하여 개정된 규정을 말한다)에 불구하고 퇴직한 때부터 사망할 때까지 퇴직연금을 지급한다.
② 이 법 시행당시 재직중인 교직원(1995년 12월 31일 이전에 임용되었거나, 1996년 1월 1일 이후에 임용된 교직원으로서 1995년 12월 31일 이전의 교직원·공무원·군

인경력을 합산받은 자를 말한다. 이하 제3항 및 제4항에서 같다)으로서 재직기간이 20년 미만인 자가 이 법 시행 이후 재직기간이 20년 이상이 되어 퇴직한 경우의 퇴직연금은 제42조제1항의 규정에 의하여 준용되는 공무원연금법 제46조제1항제1호 및 제2호의 규정(2000.12.30, 법률 제6328호 공무원연금법중개정법률에 의하여 개정된 규정을 말한다)에 불구하고 다음 각호의 퇴직연도(퇴직한 날의 전날이 속하는 연도 또는 사망한 날이 속하는 연도를 말한다)별로 정한 해당 연령에 도달한 때부터 지급한다. 다만, 제42조제2항의 규정에 의하여 대통령령이 정하는 정년 또는 근무상한연령에 먼저 도달한 때에는 그러하지 아니하다.

1. 2001년부터 2002년 : 50세
2. 2003년부터 2004년 : 51세
3. 2005년부터 2006년 : 52세
4. 2007년부터 2008년 : 53세
5. 2009년부터 2010년 : 54세
6. 2011년부터 2012년 : 55세
7. 2013년부터 2014년 : 56세
8. 2015년부터 2016년 : 57세
9. 2017년부터 2018년 : 58세
10. 2019년부터 2020년 : 59세

③ 제2항의 규정에 불구하고 이 법 시행당시 재직기간이 20년 미만인 교직원이 재직기간이 20년에 도달하고 이 법 시행당시 재직기간이 20년에 미달하였던 기간 이상을 재직하고 퇴직한 때에는 그 때부터 퇴직연금을 지급한다. 다만, 제2항의 규정에 의한 연령에 먼저 도달한 때에는 제2항의 규정을 적용한다.

④ 이 법 시행당시 재직기간이 20년 미만인 교직원이 20년 이상 재직하고 퇴직한 때에는 본인이 원하는 바에 의하여 제2항 각호의 연도별로 정한 해당 연령에 미달하는 연수를 적용하여 제42조제1항의 규정에 의하여 준용되는 공무원연금법 제46조제2항의 규정에 의한 조기퇴직연금을 지급할 수 있다.

⑤ 이 법 시행이후에 제32제1항 및 부칙 제5조의 규정에 의하여 이 법 시행전의 교직원·공무원·군인경력(1995년 12월 31일 이전의 경력이 포함되어야 한다. 이하 이 항에서 같다)을 재직기간에 합산하고 재직기간 20년 이상이 되어 퇴직한 때에는 합산받은 경력을 제1항 내지 제4항의 규정에 의한 이 법 시행당시의 재직기간으로 보아 동 규정에 의한 연금지급의 시점 또는 연령에 달한 때부터 퇴직연금 또는 조기퇴직연금을 지급한다.

제9조【퇴직연금 등의 지급정지에 관한 경과조치】 제42조제1항의 규정에 의하여 준용되는 공무원연금법 제47조(동법 제55조제1항에서 준용하는 경우를 포함한다)의 규정(2000.12.30, 법률 제6328호 공무원연금법중개정법률에 의하여 개정된 규정을 말한다)은 동 규정의 시행일 이전에 급여의 사유가 발생한 자에 대하여도 이를 적용한다.

제10조【장해연금 또는 장해보상금에 관한 경과조치】 이 법 시행당시 퇴직한 교직원이 폐질상태로 된 경우에도 제42조제1항의 규정에 의하여 준용되는 공무원연금법 제51조제1항의 규정(2000.12.30, 법률 제6328호 공무원연금법중개정법률에 의하여 개정된 규정을 말한다)을 적용한다.

부 칙 (2005.5.31)

① **【시행일】** 이 법은 공포한 날부터 시행한다. 다만, 제33조의2 및 제33조의3의 개정규정은 공포 후 3월이 경과한 날부터, 제46조의 개정규정은 2006년 1월 1일부터 시행한다.

② **【간병비 등에 관한 특례】** 이 법 시행 당시 종전의 규정에 따라 장해연금을 받고 있거나 장해보상금을 받은 자도 제33조의2 및 제33조의3의 개정규정에 따라 간병비, 보철구 또는 보철구수당 및 재요양비를 지급받을 수 있다.

③ **【재직기간의 소급통산】** 제60조의4제1항 내지 제3항의 개정규정에 따른 연구기관의 사무직원, 원격대학형태의 평생교육시설의 교원 및 사무직원과 관리공단의 임원 및 직원으로서 1948년 8월 15일부터 연구기관이나 원격대학형태의 평생교육시설로 지정받은 날의 전일(관리공단에 재직 중인 교직원은 이 법 시행 전일) 사이에 교직원으로 근무한 기간이 있는 자가 매월 해당 월분의 개인부담금 및 법인부담금을 따로 소급납부하는 경우에는 그 소급납부한 기간을 재직기간으로 통산할 수 있다. 이 경우 소급통산의 신청절차, 소급부담금의 액 및 납부방법 등에 관한 사항은 법률 제3684호 사립학교교원연금법중개정법률 부칙 제2조제1항 단서 및 각 호·제2항 및 제3조의 규정을 준용한다.(2006.3.24 후단개정)

부 칙 (2006.3.24)

① **【시행일】** 이 법은 공포한 날부터 시행한다.

② **【재직기간의 소급통산】** 제60조의4제2항의 개정규정에 따른 학교형태의 학력인정 평생교육시설의 교원 및 사무직원으로서 1948년 8월 15일부터 학교형태의 학력인정 평생교육시설로 지정받은 전일 사이에 교직원으로 근무한 기간이 있는 자가 매월 해당 월분의 개인부담금 및 법인부담금을 따로 소급납부하는 경우에는 그 소급납부한 기간을 재직기간으로 통산할 수 있다. 이 경우 소급부담금의 액 및 납부방법 등에 관한 사항은 법률 제3684호 사립학교교원연금법중개정법률 부칙 제2조제1항 단서 및 각호·제2항 및 제3조의 규정을 준용한다.

③ (2009.12.31 삭제)

④ **【급여사유발생에 관한 적용례】** 제54조제1항의 개정규정은 이 법 시행일 이후 급여의 지급사유가 발생하는 자부터 적용한다.

부 칙 (2009.12.31)

제1조【시행일】 이 법은 공포한 날이 속하는 달의 다음 달 1일부터 시행한다.(2015.12.22 단서삭제)

제2조【퇴직연금 산정 및 기준소득월액 적용에 관한 특례】 ① 이 법 시행 후 재직기간에 대한 제2조제1항제4호의 개정규정에 따른 급여액 산정을 위한 기준소득월액은 제2조제1항제4호의 개정규정에도 불구하고 기준소득월액에 재직기간별로 대통령령으로 정하는 비율을 곱한 금액으로 한다. 다만, 이 법 시행 후에 제32조제1항의 개정규정에 따라 합산한 기간 중 이 법 시행 전의 재직기간 및 복무기간이 포함되어 재직기간의 변동이 있는 경우에는 그 변동된 재직기간을 기준으로 기준소득월액을 다시 산정한다.

② 제2조제1항제4호 및 제35조의 개정규정에도 불구하고 이 법 시행 당시 재직 중인 교직원이 이 법 시행일 전날이 속하는 달의 보수월액보다 이 법 시행 후 기준소득월액이 적을 경우에는 본인이 희망하고 학교경영기관의 장이 동의하면 대통령령으로 정하는 바에 따라 이 법 시행일 전날이 속하는 달의 보수월액을 기준소득월액으로 할 수 있다.

제3조【부담금에 관한 특례】 부담금의 금액은 제44조제4항의 개정규정에도 불구하고 해당 연도별로 기준소득월액에 다음 각 호의 비율을 곱한 금액으로 한다.

1. 2010년 : 1천분의 63
2. 2011년 : 1천분의 67

제4조【급여지급 및 부담금 산정 등에 관한 경과조치】

① 이 법 시행 전에 지급사유가 발생한 급여의 지급은 종전의 규정에 따른다. 다만, 제42조제1항에 따라 준용되는 「공무원연금법」 제47조제2항의 개정규정은 이 법 시행 전에 급여사유가 발생한 사람에 대하여도 적용한다.(2015.12.15 단서개정)

② 이 법 시행 전의 재직기간(이 법 시행 후에 제32조제1항의 개정규정에 따라 합산한 기간 중 이 법 시행 전의 재직기간 및 복무기간과 제31조제2항의 개정규정에 따라 이 법 시행 전에 산입하여 이 법 시행 전에 부담금을 납부한 기간에 해당하는 임용 전 복무기간을 포함한다. 이하 "종전기간"이라 한다)에 해당하는 급여의 지급과 부담금의 납부는 종전의 규정에 따른다.

③ 이 법 시행 당시 재직 중인 교직원이 법률 제3684호 사립학교교원연금법중개정법률 부칙 제2조제1항과 법률 제7536호 사립학교교직원연금법일부개정법률 부칙 제3항 및 법률 제7889호 사립학교교직원 연금법 일부개정법률 부칙 제2항에 따라 이 법 시행 전에 소급 통산한 재직기간에 대한 부담금을 2010년 12월 31일까지 납부한 경우의 재직기간은 제2항의 종전기간에 포함한다.

④ 제3항에 따라 소급통산한 재직기간에 대한 부담금산정은 이 법 시행일 전날이 속하는 달의 보수월액을 대통령령으로 정하는 바에 따라 부담금인상률 및 공무원보수인상률 등을 반영하여 부담금을 납부하는 달의 현재가치로 환산한 보수월액을 기준으로 산정한다.

⑤ 이 법 시행 전부터 재직 중인 교직원(이 법 시행 후에 이 법 시행 전의 재직기간 또는 복무기간을 제32조제1항의 개정규정에 따라 합산한 사람을 포함한다. 이하 같다)의 퇴직연금 및 조기퇴직연금의 지급연령 및 지급시기는 종전의 규정에 따른다.

⑥ 제2조제1항제5호의 개정규정에 따른 평균기준소득월액은 이 법 시행 후의 재직기간을 기초로 산정한다.

⑦ 제2항에 따른 종전기간에 대한 급여액은 다음 각 호의 방법에 따라 산정한다.

1. 급여산정의 기초가 되는 보수월액 또는 평균보수월액은 이 법 시행일 전날이 속하는 달의 보수월액 또는 이 법 시행일 전날이 속하는 달을 기준으로 산정한 평균보수월액을 대통령령으로 정하는 바에 따라 급여사유가 발생한 날이 속하는 시점의 현재가치로 환산한 금액을 말한다. 다만, 종전 제42조제1항에 따라 준용되는 종전 「공무원연금법」 제46조제1항 및 제2항에 따른 퇴직연금·조기퇴직연금 및 같은 법 제56조제1항제1호에 따른 유족연금(교직원이었던 사람이 퇴직연금 또는 조기퇴직연금을 받다가 사망하여 그 유족이 유족연금을 받게 되는 경우는 제외한다)의 산정의 기초가 되는 평균보수월액은 제2조제1항제5호의 개정규정 단서에 따라 환산한 금액을 말한다.
2. 종전기간이 20년 이하인 경우 종전기간에 대한 연금액은 재직기간 매 1년에 대하여 제1호에 따른 평균보수월액에 1천분의 25를 곱한 금액으로 한다.
3. 종전기간이 20년을 초과하는 경우 종전기간에 대한 연금액은 제1호에 따른 평균보수월액의 1천분의 500에 상당하는 금액에, 20년을 초과하는 재직기간 매 1년에 대하여 제1호에 따른 평균보수월액의 1천분의 20에 상당하는 금액을 가산한 금액으로 한다. 이 경우 종전기간에 대한 퇴직연금의 금액은 제1호에 따른 평균보수월액의 1천분의 760을 초과하지 못한다.

제5조【연금액의 조정에 관한 경과조치】 제42조제1항에 따라 준용하는 「공무원연금법」 제43조의2제3항의 개정규정에도 불구하고 연금인 급여는 2010년부터 2014년까지 조정하되, 매 연도별로 제42조제1항에 따라 준용하는 「공무원연금법」 제43조의2제1항의 개정규정에 따른 전국소비자물가변동률이 공무원보수변동률과 3퍼센트 포인트 이상 차이가 발생한 경우에는 각 연도별로 공무원보수변동률과의 차이가 3퍼센트 포인트를 초과하지 아니하도록 조정한다.

제6조【벌칙 적용에 있어서의 공무원 의제에 관한 경과조치】 제15조의 개정규정에도 불구하고 이 법 시행 전 공단 임원의 「형법」, 그 밖의 법률에 따른 벌칙의 적용에 있어서는 종전의 제15조에 따른다.

제7조【종전 보수월액 적용에 관한 경과조치】 이 법 시행 전에 종전의 제35조제2항에 따른 종전 보수월액 적용사유가 발생한 사람이 이 법 시행 후에 종전 보수월액 적용신청을 하는 경우에는 종전 규정에 따라 이 법 시행일이 속하는 달의 전월까지 감액되기 전의 보수월액에 따른 부담금을 납부하게 할 수 있다.

제8조 (2015.12.15 삭제)

제9조【명칭변경에 따른 경과조치】 ① 이 법 시행 당시 사립학교교직원연금관리공단은 이 법에 따른 사립학교교직원연금공단으로 본다. 이 경우 사립학교교직원연금공단은 이 법 시행 후 3개월 이내에 이 법의 개정규정에 따라 정관을 변경하여 교육과학기술부장관의 인가를 받아야 한다.

② 이 법 시행 당시 사립학교교직원연금관리공단 이사장·상무이사·이사·감사 및 직원은 각각 이 법에 따라 사립학교교직원연금공단의 이사장·상임이사·비상임이사·감사 및 직원으로 임명된 것으로 본다. 이 경우 임원의 임기는 종전의 규정에 따른 임기의 남은 임기로 한다.

③ 이 법 시행 당시 사립학교교직원연금관리공단에 속하였던 모든 재산과 권리·의무는 사립학교교직원연금공단이 이를 승계한다.

제10조【재직기간의 소급통산의 대상기간에 관한 조치】 교직원이 법률 제3684호 사립학교교원연금법중개정법률 부칙 제2조제1항, 법률 제7536호 사립학교교직원연금법일부개정법률 부칙 제3항 및 법률 제7889호 사립학교교직원 연금법 일부개정법률 부칙 제2항에 따라 재직기간을 소급통산 하는 경우에 기존의 재직기간 중 「국민연금법」에 따른 반환일시금(법률 제8541호 국민연금법 전부개정법률 시행 전의 종전규정 제67조제1항에 따른 반환일시금을 포함한다)을 받지 아니한 국민연금 가입기간이 있는 경우에는 이를 소급통산 하는 재직기간에서 제외한다.

제11조【재직기간의 합산에 관한 특례조치】 ① 2006년 1월 1일부터 이 법 시행일 전까지 퇴직한 교직원으로서 제32조제1항의 개정규정에 따라 재직기간을 합산할 수 있는 자 중 정년 또는 근무상한연령까지 근무하여도 재직기간이 연금수급대상 요건인 20년에 미달하는 자는 이 법 시행 이후 1년 이내에 재직기간에 대한 합산 신청을 할 수 있다.

② 1996년 1월 1일부터 2005년 12월 31일까지 퇴직한 교직원으로서 제32조제1항의 개정규정에 따라 재직기간을 합산할 수 있는 자 중 정년 또는 근무상한연령까지 근무하여도 재직기간이 20년에 미달하고 합산을 할 경우 20년 이상이 되는 자(종전의 재직기간 또는 복무기간이 20년 이상인 자는 제외한다)는 이 법 시행 이후 1년 이내에 재직기간에 대한 합산 신청을 할 수 있다.

③ 제2항에 따라 합산을 인정받은 경우에는 20년에 해당하는 퇴직연금 또는 조기퇴직연금과 20년을 초과하는 재직기간에 대한 퇴직연금공제일시금만을 지급한다.

부 칙 (2013.5.22)

제1조【시행일】 이 법은 공포 후 6개월이 경과한 날부터 시행한다. 다만, 제19조제4항, 제31조제4항, 제39조의2제1항 및 제45조의 개정규정은 공포한 날부터 시행한다.

제2조【퇴직수당 산정을 위한 재직기간 계산에 관한 적용례】 제31조제4항제4호의 개정규정은 이 법 시행 후 최초로 퇴직수당을 산정하여 지급하는 경우부터 적용한다.

제3조【유족이 없는 경우의 급여지급의 특례에 관한 적용례】 제38조의 개정규정은 이 법 시행 후 교직원이거나 교직원이었던 자가 사망한 경우에 같은 개정규정의 요건을 충족하는 사람부터 적용한다.

제4조【유족연금, 유족연금부가금 및 유족연금특별부가금에 관한 적용례】 제42조제1항에 따라 준용하는 「공무원연금법」 제56조제1항 및 제57조제1항은 이 법 시행 후 사망하여 같은 규정의 요건을 충족하는 사람부터 적용한다.

제5조【요양 및 재요양에 관한 경과조치】 이 법 시행 당시 종전의 제42조제1항에 따라 준용하는 종전의 「공무원연금법」 제36조에 따른 직무상요양일시금을 받은 사람에 대하여는 해당하는 기간 동안 제42조제1항에 따라 준용하는 「공무원연금법」 제35조제2항 단서에 따라 요양기간을 연장하여 그 요양기간 동안 직무상요양비를 받은 것으로 본다.

부 칙 (2015.12.15)

제1조【시행일】 이 법은 2016년 1월 1일부터 시행한다.

제2조【분할연금 지급에 관한 적용례】 ① 제42조제1항에 따라 준용되는「공무원연금법」제46조의3부터 제46조의5까지의 개정규정에 따른 분할연금은 이 법 시행 후 최초로 지급사유가 발생한 사람부터 지급한다. 이 경우 분할연금액 지급 대상 혼인기간에는 이 법 시행 전에 배우자 또는 배우자였던 사람이 교직원으로서 재직한 기간 중의 혼인기간을 포함한다.

② 제42조제1항에 따라 준용되는「공무원연금법」제46조의3제1항제3호의 개정규정에도 불구하고 분할연금은 제42조제1항에 따라 준용되는「공무원연금법」제46조의3제1항제1호 및 제2호의 개정규정의 요건에 해당한 사람으로서 다음 각 호에서 정한 연도별 연령에 도달한 경우에는 받을 수 있다.

1. 2016년부터 2021년까지 : 60세
2. 2022년부터 2023년까지 : 61세
3. 2024년부터 2026년까지 : 62세
4. 2027년부터 2029년까지 : 63세
5. 2030년부터 2032년까지 : 64세

제3조【비직무상 장해급여 지급에 관한 적용례】 제42조제1항에 따라 준용되는「공무원연금법」제51조제2호의 개정규정은 이 법 시행 후에 최초로 발생한 질병 또는 부상으로 인하여 지급사유가 발생한 경우부터 적용한다.

제4조【유족급여 지급에 관한 적용례】 제42조제1항에 따라 준용되는「공무원연금법」제56조제1항제3호 및 제61조제1항의 개정규정은 이 법 시행 후 사망한 사람부터 적용한다.

제5조【연금액 조정에 관한 특례】 2016년 1월 1일부터 2020년 12월 31일까지는 제42조제1항에 따라 준용되는「공무원연금법」제43조의2를 적용하지 아니한다. 이 경우「국민연금과 직역연금의 연계에 관한 법률」에 따른 연계퇴직연금에 대하여도 또한 같다.

제6조【연금수급요건 완화에 관한 특례】 제42조제1항에 따라 준용되는「공무원연금법」제46조제1항부터 제3항까지, 제48조제1항, 제56조제1항부터 제3항까지 및 제60조제1항의 개정규정은 이 법 시행 당시 재직 중인 교직원부터 적용한다.

제7조【2009년 12월 31일 이전 임용자의 퇴직연금 지급에 관한 특례】 ① 이 법 시행 당시 재직 중인 교직원으로서 1996년 1월 1일부터 2009년 12월 31일 사이에 임용된 교직원(2010년 1월 1일 이후에 임용된 교직원으로서 1996년 1월 1일부터 2009년 12월 31일 이전의 교직원·공무원 및 군인 경력을 합산 받은 사람을 포함한다. 이하 제2항에서 같다)이 이 법 시행 후 퇴직하는 경우의 퇴직연금은 제42조제1항에 따라 준용되는「공무원연금법」제46조제1항제1호 및 법률 제9908호 사립학교교직원 연금법 일부개정법률 부칙 제4조제5항에도 불구하고 다음 각 호의 퇴직연도(퇴직한 날의 전날이 속하는 연도 또는 사망한 날이 속하는 연도를 말한다. 이하 제2항에서 같다)별로 정한 해당 연령에 도달한 때부터 지급한다.

1. 2016년부터 2021년 : 60세
2. 2022년부터 2023년 : 61세
3. 2024년부터 2026년 : 62세
4. 2027년부터 2029년 : 63세
5. 2030년부터 2032년 : 64세
6. 2033년부터 : 65세

② 제1항에도 불구하고 1996년 1월 1일부터 2009년 12월 31일 사이에 임용된 교직원이 법률 제6330호 사립학교교직원연금법중개정법률 제42조제1항에 따라 준용되는 법률 제6328호 공무원연금법중개정법률 제46조제1항제2호부터 제4호(이하 이 항에서 "퇴직사유"라고 한다)에 따라 퇴직하는 경우의 퇴직연금은 다음 각 호의 퇴직연도별로 정한 해당 연령에 도달한 때부터 지급한다. 다만, 제1항에 따른 연령에 먼저 도달한 때에는 해당 연령에 도달한 때부터 퇴직연금을 지급한다.

1. 2016년부터 2021년 : 퇴직사유가 발생한 때
2. 2022년부터 2023년 : 퇴직사유가 발생한 날부터 1년이 경과한 때
3. 2024년부터 2026년 : 퇴직사유가 발생한 날부터 2년이 경과한 때
4. 2027년부터 2029년 : 퇴직사유가 발생한 날부터 3년이 경과한 때
5. 2030년부터 2032년 : 퇴직사유가 발생한 날부터 4년이 경과한 때
6. 2033년부터 : 퇴직사유가 발생한 날부터 5년이 경과한 때

③ 제42조제1항에 따라 준용되는「공무원연금법」제46조제2항의 개정규정, 법률 제6330호 사립학교교직원연금법중개정법률 부칙 제8조제4항 및 법률 제9908호 사립학교교직원 연금법 일부개정법률 부칙 제4조제5항에도 불구하고 교직원이 10년 이상 재직하고 퇴직한 때에는 본인이 원하는 바에 따라 제1항 및 제2항 각 호에서 정한 해당 연령에 미달하는 연수를 적용하여 조기퇴직연금을 지급할 수 있다.

④ 법률 제6330호 사립학교교직원연금법중개정법률 시행 당시 재직 중인 교직원(1995년 12월 31일 이전에 임용되었거나, 1996년 1월 1일 이후에 임용된 교직원으로서 1995년 12월 31일 이전의 교직원·공무원 및 군인 경력을 합산받은 사람을 말한다)에 대하여는 법률 제6330호 사립학교교직원연금법중개정법률 부칙 제8조제1항부터 제5항까지를 우선 적용한다.

제8조【2010년 1월 1일 이후 임용자의 퇴직연금 지급에 관한 특례】 법률 제9908호 사립학교교직원 연금법 일부개정법률 제42조제1항에 따라 준용되는 법률 제9905호 공무원연금법 일부개정법률 제46조에도 불구하고 2010년 1월 1일 이후 임용된 교직원에 대하여는 이 법 부칙 제7조제1항부터 제3항까지를 준용한다.

제9조【연금액 산정에 관한 특례】 ① 제42조제1항에 따라 준용되는「공무원연금법」제46조제4항의 개정규정에도 불구하고 2016년부터 2034년까지 퇴직연금의 금액은 평균기준소득월액에 다음 각 호의 해당 연도의 비율을 곱한 금액으로 한다.

1. 2016년 : 100만분의 18,780
2. 2017년 : 100만분의 18,560
3. 2018년 : 100만분의 18,340
4. 2019년 : 100만분의 18,120
5. 2020년 : 100만분의 17,900
6. 2021년 : 100만분의 17,800
7. 2022년 : 100만분의 17,700
8. 2023년 : 100만분의 17,600
9. 2024년 : 100만분의 17,500
10. 2025년 : 100만분의 17,400
11. 2026년 : 100만분의 17,360
12. 2027년 : 100만분의 17,320
13. 2028년 : 100만분의 17,280
14. 2029년 : 100만분의 17,240
15. 2030년 : 100만분의 17,200
16. 2031년 : 100만분의 17,160
17. 2032년 : 100만분의 17,120
18. 2033년 : 100만분의 17,080
19. 2034년 : 100만분의 17,040

② 제42조제1항에 따라 준용되는「공무원연금법」제46조제4항의 개정규정 및 제1항에도 불구하고 이 법 시행 후 재직기간에 대한 연금액의 산정에 있어 재직기간 매 1년당 평균기준소득월액에 곱하는 수치 중 100분의 1에 대하여는 평균기준소득월액에 다음의 비율을 곱한 금액을 기초로 한다. 다만, 30년을 초과하는 재직기간에 대하여는 그러하지 아니한다.

퇴직 전 3년간 전체공무원 기준소득월액 평균액(제35조제2항제1호의 금액) 대비 평균기준소득월액 비율 구간	적용 비율(%)
0.3 미만	300
0.3 이상 0.4 미만	216.67
0.4 이상 0.5 미만	175
0.5 이상 0.6 미만	150
0.6 이상 0.7 미만	133.33
0.7 이상 0.8 미만	121.43
0.8 이상 0.9 미만	112.5
0.9 이상 1.0 미만	105.56
1.0 이상 1.1 미만	100
1.1 이상 1.2 미만	95.45
1.2 이상 1.3 미만	91.67
1.3 이상 1.4 미만	88.46
1.4 이상 1.5 미만	85.71
1.5 이상 1.6 미만	83.33
1.6 이상	81.25

제10조【부담금에 관한 특례】 제44조제4항의 개정규정에도 불구하고 부담금의 금액은 해당 연도별로 기준소득월액에 다음 각 호의 비율을 곱한 금액으로 한다.

1. 2016년 : 1만분의 800
2. 2017년 : 1만분의 825
3. 2018년 : 1만분의 850
4. 2019년 : 1만분의 875

제11조【재직기간 상한 연장에 관한 경과조치】 제44조제3항, 제42조제1항에 따라 준용되는「공무원연금법」제46조제4항·제5항의 개정규정에도 불구하고 이 법 시행 당시 재직 중인 교직원(이 법 시행 후에 이 법 시행 전의 재직기간을 제32조제1항에 따라 합산한 사람을 포함한다)의 퇴직급여 산정 시 재직기간과 부담금 납부기간은 다음 각 호의 연수를 초과할 수 없다.

1. 이 법 시행 전의 재직기간이 21년 이상인 경우 : 33년
2. 이 법 시행 전의 재직기간이 17년 이상 21년 미만인 경우 : 34년
3. 이 법 시행 전의 재직기간이 15년 이상 17년 미만인 경우 : 35년
4. 이 법 시행 전의 재직기간이 15년 미만인 경우 : 36년

제12조【급여지급에 관한 경과조치】 ① 이 법 시행 전에 지급사유가 발생한 급여의 지급은 종전의 규정에 따른다. 다만 이 법 부칙 제5조 및 제42조제1항에 따라 준용되는「공무원연금법」제47조의 개정규정은 이 법 시행 전에 급여의 사유가 발생한 사람에 대하여도 적용한다.

② 이 법 시행 전의 재직기간(이 법 시행 후에 제32조제1항에 따라 합산한 기간 중 이 법 시행 전의 재직기간 및 복무기간, 제31조제2항에 따라 이 법 시행 전에 산입하여 이 법 시행 전에 부담금을 납부한 기간에 해당하는 임용 전 복무기간, 법률 제3684호 사립학교교원연금법중개정법률 부칙 제2조제1항과 법률 제7536호 사립학교교직원연금법일부개정법률 부칙 제3항 및 법률 제7889호 사립학교교직원 연금법 일부개정법률 부칙 제2항에 따라 이 법 시행 전에 소급 통산하여 이 법 시행 전에 부담금을 납부한 기간에 해당하는 재직기간을 포함한다)에 해당하는 급여의 지급은 종전의 규정에 따른다.

제13조【부칙 삭제에 따른 경과조치】 법률 제9908호 사립학교교직원 연금법 일부개정법률 부칙 제8조의 삭제에도 불구하고 이 법 시행 전에 유족연금을 받고 있던 사람에 대하여는 종전의 규정에 따른다.

부 칙 (2016.5.29)

제1조【시행일】 이 법은 2017년 1월 1일부터 시행한다.

제2조【고용직 사무직원의 재직기간 산정 시 제외되는 정년에 관한 특례 등】 ① 이 법 시행 당시 재직 중인 고용직 사무직원(사무직원의 종류 및 급류·등급의 구분에 관하여 학교기관의 정관이나 규칙에 따라 분류하여 소속 학교기관의 장이 공단에 신고한 사무직원 중 등급별로 분류되지 아니한 사무직원으로서 단순한 노무에 종사하는 사무직원을 말한다. 이하 이 조에서 같다)의 재직기간 산정에서 제외되는 정년은 제31조의 개정규정에도 불구하고 60세로 한다.

② 이 법 시행 당시 재직 중인 고용직 사무직원 중 이 법 시행 전에 제1항에 따른 재직기간 산정에서 제외되는 정년인 60세에 도달한 고용직 사무직원의 재직기간 및 재직연수의 산정, 개인부담금 납부, 퇴직연금일시금의 계산 등에 관하여는 제31조, 제42조 및 제44조의 개정규정에도 불구하고 이 법 시행일 전날까지의 그 초과한 재직기간을 기준으로 산정한다.

제3조【교직원의 재직기간 산정 등에 관한 경과조치】 이 법 시행 당시 재직 중인 교직원 중 이 법 시행 전에 제31조의 개정규정에 따른 정년에 도달한 사람의 재직기간 및 재직연수의 산정, 개인부담금 납부, 퇴직연금일시금의 계산 등에 관하여는 제31조, 제42조 및 제44조의 개정규정에도 불구하고 이 법 시행일 전날까지의 그 초과한 재직기간을 기준으로 산정한다.

부 칙 (2018.4.17)

제1조【시행일】 이 법은 2018년 9월 21일부터 시행한다. 다만, 제35조제2항(직무상유족연금의 급여액을 산정하는 경우만 해당한다)의 개정규정과 제42조제1항의 개정규정 중「공무원 재해보상법」제36조제2항 및 제37조제2항을 준용하는 부분은 2018년 3월 20일부터 시행한다.

제2조【급여액 산정의 기초에 관한 적용례】 ① 제35조제2항의 개정규정 중 최저 보상기준 금액에 관한 규정은 부칙 제1조에 따른 시행일 전에 사망하여 직무상유족연금의 급여 사유가 발생한 사람〔이 법 시행 전에 종전의 제42조제1항에 따라 준용하는 종전의「공무원연금법」(법률 제15523호로 전부개정되기 전의 것을 말한다. 이하 같다) 제56조제1항제3호에 따라 유족연금을 지급받고 있는 사람을 포함한다〕에게도 적용한다.

② 제1항에 따른 급여액은 부칙 제1조 단서에 따른 시행일 이후 도래하는 급여 지급일부터 적용한다.

제3조【직무상유족연금의 지급액에 관한 적용례】 ① 제42조제1항의 개정규정에 따라 준용되는「공무원 재해보상법」제36조제2항은 부칙 제1조 단서에 따른 시행일 전에 직무상유족연금의 급여 사유가 발생한 사람(종전의「공무원연금법」제56조제1항제3호에 따라 유족연금을 지급받고 있는 사람을 포함한다)에게도 적용한다.

② 제1항에 따른 급여액은 부칙 제1조 단서에 따른 시행일 이후 도래하는 급여 지급일부터 적용한다.

제4조【다른 법령 등에 따른 급여의 조정에 관한 적용례】 제42조제1항의 개정규정에 따라 준용하는「공무원연금법」제41조제3항부터 제6항까지의 규정은 이 법 시행 후 급여의 사유가 발생하는 사람부터 적용한다.

제5조【분할연금 지급 및 선청구 등에 관한 적용례】 ① 제42조제1항의 개정규정에 따라 준용하는「공무원연금법」제45조부터 제48조까지의 규정(「공무원연금법」제45조제1항·제4항에 따른 혼인기간 인정기준은 제외한다)은 2016년 1월 1일 이후에 이혼한 사람부터 적용한다. 이 경우 분할연금액 지급 대상 혼인기간에는 2016년 1월 1일 전에 배우자 또는 배우자였던 사람이 교직원으로서 재직한 기간 중의 혼인기간을 포함한다.

② 제42조제1항의 개정규정에 따라 준용하는「공무원연금법」제45조제1항제1호 및 제2호의 요건에 해당하는 사람으로서 다음 각 호에서 정한 연도별로 정한 연령에 도달한 경우에는 같은 법 제45조제1항제3호에도 불구하고 분할연금을 받을 수 있다.

1. 2016년부터 2021년까지 : 60세
2. 2022년부터 2023년까지 : 61세
3. 2024년부터 2026년까지 : 62세
4. 2027년부터 2029년까지 : 63세
5. 2030년부터 2032년까지 : 64세

③ 제42조제1항의 개정규정에 따라 준용하는 「공무원연금법」 제49조는 2016년 1월 1일 이후부터 이 법 시행일 전까지 이혼한 사람이 이 법 시행 후 퇴직연금일시금·퇴직연금공제일시금·퇴직일시금의 분할 지급 및 선청구를 하는 경우에도 적용한다. 이 경우 분할대상 혼인기간에는 이 법 시행 전에 배우자 또는 배우자였던 사람이 교직원으로서 재직한 기간 중의 혼인기간을 포함한다.
제6조【혼인기간의 정의 변경에 따른 적용례】 제42조제1항의 개정규정에 따라 준용하는 「공무원연금법」 제45조제1항 및 제4항에 따른 혼인기간은 이 법 시행 후 최초로 분할연금 지급사유가 발생한 경우부터 적용한다.
제7조【급여제한사유 소멸에 따른 급여 및 이자 지급에 관한 특례】 제42조제1항의 개정규정에 따라 준용하는 「공무원연금법」 제65조제2항은 이 법 시행 전에 급여의 제한사유가 소급하여 소멸한 사람에게도 적용한다. 이 경우 제54조에도 불구하고 이 법 시행 후 5년이 지나면 제42조제1항의 개정규정에 따라 준용하는 「공무원연금법」 제65조제2항에 따른 금액의 지급을 청구할 수 없다.
제8조【재활급여 지급에 관한 적용례】 ① 제42조제1항의 개정규정에 따라 준용하는 「공무원 재해보상법」 제26조 및 제27조는 이 법 시행 전에 종전의 제42조제1항에 따라 준용하는 종전의 「공무원연금법」 제35조에 따라 공무상 요양 결정을 받은 사람에게도 적용한다.
② 제1항에 따른 급여액은 이 법 시행 후 재활운동을 하거나 심리상담을 받는 경우부터 적용한다.
제9조【다른 법률의 개정】 ①~② ※(해당 법령에 가제정리 하였음)

부 칙 (2019.12.10 법16744호)

제1조【시행일】 이 법은 공포한 날부터 시행한다.
제2조【확인에 관한 적용례】 제34조제2항의 개정규정은 이 법 시행 이후 교직원 및 교직원이었던 사람이 급여를 신청하는 경우부터 적용한다.
제3조【「공무원연금법」 준용에 관한 적용례】 제42조제5항의 개정규정은 이 법 시행 이후 사립학교 사무직원이 재직 중의 사유로 금고 이상의 형을 받고 그로 인하여 당연 퇴직되는 경우부터 적용한다.

부 칙 (2019.12.10 법16760호)

제1조【시행일】 이 법은 공포 후 6개월이 경과한 날부터 시행한다.(이하 생략)

부 칙 (2019.12.31)

제1조【시행일】 이 법은 2020년 1월 1일부터 시행한다.(이하 생략)

부 칙 (2020.12.22)

이 법은 공포 후 3개월이 경과한 날부터 시행한다.

부 칙 (2021.3.23)

이 법은 공포한 날부터 시행한다.(이하 생략)

부 칙 (2022.10.18)

제1조【시행일】 이 법은 공포한 날부터 시행한다. 다만, 제19조제4항제2호의 개정규정은 공포 후 3개월이 경과한 날부터 시행한다.
제2조【급여의 제한에 관한 적용례】 ① 제42조제1항의 개정규정에 따라 준용되는 「공무원연금법」 제63조제4항은 이 법 시행 전에 퇴직유족급여 사유가 발생한 사람에 대해서도 적용한다.
② 제1항에 따른 급여의 제한은 이 법 시행 후 최초로 도래하는 급여분부터 적용한다.

청소년 기본법

(2004년 2월 9일 전개법률 제7162호)

개정
2005. 3.24법 7421호
2005. 3.31법 7428호(채무자회생파산)
2005.12.29법 7796호(국가공무원)
2005.12.29법 7799호
2007. 4.11법 8342호(경륜·경정법)
2007. 4.11법 8344호(국민체육진흥법)
2007. 5.11법 8432호(정부출연)
2008. 2.29법 8852호(정부조직)
2010. 1.18법 9932호(정부조직)
2010. 5.17법10298호 2011. 5.19법10658호
2012. 2. 1법11289호
2012. 2. 1법11290호(청소년복지지원법)
2013. 5.28법11835호
2014. 1.21법12329호(청소년활동진흥법)
2014. 3.24법12535호
2014.12.23법12856호(국민체육진흥법)
2015. 2. 3법13180호 2015. 6.22법13370호
2016. 3. 2법14066호 2016.12.20법14445호
2017. 7.26법14839호(정부조직)
2017.12.12법15208호 2018. 4.17법15592호
2018.12.18법15986호 2020. 5.19법17285호
2022.12.27법19130호

제1장 총 칙

제1조【목적】 이 법은 청소년의 권리 및 책임과 가정·사회·국가·지방자치단체의 청소년에 대한 책임을 정하고 청소년정책에 관한 기본적인 사항을 규정함을 목적으로 한다.(2015.2.3 본조개정)
제2조【기본이념】 ① 이 법은 청소년이 사회구성원으로서 정당한 대우와 권익을 보장받음과 아울러 스스로 생각하고 자유롭게 활동할 수 있도록 하며 보다 나은 삶을 누리고 유해한 환경으로부터 보호될 수 있도록 함으로써 국가와 사회가 필요로 하는 건전한 민주시민으로 자랄 수 있도록 하는 것을 기본이념으로 한다.
② 제1항의 기본이념을 구현하기 위한 장기적·종합적 청소년정책을 추진할 때에는 다음 각 호의 사항을 그 추진 방향으로 한다.(2015.2.3 본문개정)
1. 청소년의 참여 보장
2. 창의성과 자율성을 바탕으로 한 청소년의 능동적 삶의 실현
3. 청소년의 성장 여건과 사회 환경의 개선
4. 민주·복지·통일조국에 대비하는 청소년의 자질 향상
(2014.3.24 본조개정)
제3조【정의】 이 법에서 사용하는 용어의 뜻은 다음과 같다.
1. "청소년"이란 9세 이상 24세 이하인 사람을 말한다. 다만, 다른 법률에서 청소년에 대한 적용을 다르게 할 필요가 있는 경우에는 따로 정할 수 있다.
2. "청소년육성"이란 청소년활동을 지원하고 청소년의 복지를 증진하며 근로 청소년을 보호하는 한편, 사회 여건과 환경을 청소년에게 유익하도록 개선하고 청소년을 보호하여 청소년에 대한 교육을 보완함으로써 청소년의 균형 있는 성장을 돕는 것을 말한다.
3. "청소년활동"이란 청소년의 균형 있는 성장을 위하여 필요한 활동과 이러한 활동을 소재로 하는 수련활동·교류활동·문화활동 등 다양한 형태의 활동을 말한다.
4. "청소년복지"란 청소년이 정상적인 삶을 누릴 수 있는 기본적인 여건을 조성하고 조화롭게 성장·발달할 수 있도록 제공되는 사회적·경제적 지원을 말한다.
5. "청소년보호"란 청소년의 건전한 성장에 유해한 물질·물건·장소·행위 등 각종 청소년 유해 환경을 규제하거나 청소년의 접촉 또는 접근을 제한하는 것을 말한다.
6. "청소년시설"이란 청소년활동·청소년복지 및 청소년보호에 제공되는 시설을 말한다.
7. "청소년지도자"란 다음 각 목의 사람을 말한다.
가. 제21조에 따른 청소년지도사
나. 제22조에 따른 청소년상담사
다. 청소년시설, 청소년단체 및 청소년 관련 기관에서 청소년육성에 필요한 업무에 종사하는 사람
8. "청소년단체"란 청소년육성을 주된 목적으로 설립된 법인이나 대통령령으로 정하는 단체를 말한다.
(2014.3.24 본조개정)
제4조【다른 법률과의 관계】 ① 이 법은 청소년육성에 관하여 다른 법률보다 우선하여 적용한다.
② 청소년육성에 관한 법률을 제정하거나 개정할 때에는 이 법의 취지에 맞도록 하여야 한다.
(2014.3.24 본조개정)
제5조【청소년의 권리와 책임】 ① 청소년의 기본적 인권은 청소년활동·청소년복지·청소년보호 등 청소년육성의 모든 영역에서 존중되어야 한다.
② 청소년은 인종·종교·성별·나이·학력·신체조건 등에 따른 어떠한 종류의 차별도 받지 아니한다.
③ 청소년은 외부적 영향에 구애받지 아니하면서 자기 의사를 자유롭게 밝히고 스스로 결정할 권리를 가진다.
④ 청소년은 안전하고 쾌적한 환경에서 자기발전을 추구하고 정신적·신체적 건강을 해치거나 해칠 우려가 있는 모든 형태의 환경으로부터 보호받을 권리를 가진다.
⑤ 청소년은 자신의 능력을 개발하고 건전한 가치관을 확립하며 가정·사회 및 국가의 구성원으로서의 책임을 다하도록 노력하여야 한다.
(2014.3.24 본조개정)
제5조의2【청소년의 자치권 확대】 ① 청소년은 사회의 정당한 구성원으로서 본인과 관련된 의사결정에 참여할 권리를 가진다.
② 국가 및 지방자치단체는 청소년이 원활하게 관련 정보에 접근하고 그 의사를 밝힐 수 있도록 청소년 관련 정책에 대한 자문·심의 등의 절차에 청소년을 참여시키거나 그 의견을 수렴하여야 하며, 청소년 관련 정책의 심의·협의·조정 등을 위한 위원회·협의회 등에 청소년을 포함하여 구성·운영할 수 있다.(2017.12.12 본항개정)
③ 국가 및 지방자치단체는 청소년과 관련된 정책 수립 절차에 청소년의 참여 또는 의견 수렴을 보장하는 조치를 하여야 한다.
④ 국가 및 지방자치단체는 청소년 관련 정책의 수립과 시행과정에 청소년의 의견을 수렴하고 참여를 촉진하기 위하여 청소년으로 구성되는 청소년참여위원회를 운영하여야 한다.(2017.12.12 본항신설)
⑤ 국가 및 지방자치단체는 제4항에 따른 청소년참여위원회에서 제안된 내용이 청소년 관련 정책의 수립 및 시행과정에 반영될 수 있도록 적극 노력하여야 한다.
(2017.12.12 본항신설)
⑥ 제4항에 따른 청소년참여위원회의 구성과 운영에 필요한 사항은 대통령령으로 정한다.(2017.12.12 본항신설)
(2014.3.24 본조개정)
제6조【가정의 책임】 ① 가정은 청소년육성에 관하여 1차적 책임이 있음을 인식하여야 하며, 따뜻한 사랑과 관심을 통하여 청소년이 개성과 자질을 바탕으로 자기발전을 실현하고 국가와 사회의 구성원으로서의 책임을 다하는 다음 세대로 성장할 수 있도록 노력하여야 한다.
② 가정은 학교 및 청소년 관련 기관 등에서 실시하는 교육프로그램에 청소년과 함께 참여하는 등 청소년을 바르게 육성하기 위하여 적극적으로 노력하여야 한다.
③ 가정은 정보통신망을 이용한 유해매체물 접촉을 차단하는 등 청소년 유해환경으로부터 청소년을 보호하기 위하여 필요한 노력을 하여야 한다.
④ 가정의 무관심·방치·억압 또는 폭력 등이 원인이 되어 청소년이 가출하거나 비행(非行)을 저지르는 경우 친권자 또는 친권자를 대신하여 청소년을 보호하는 자는 보호의무의 책임을 진다.
(2014.3.24 본조개정)
제7조【사회의 책임】 ① 모든 국민은 청소년이 일상생활에서 즐겁게 활동하고 더불어 사는 기쁨을 누리도록 도와주어야 한다.
② 모든 국민은 청소년의 사고와 행동양식의 특성을 인식하고 사랑과 대화를 통하여 청소년을 이해하고 지도하여야 하며, 청소년의 비행을 바로잡는 등 그 선도에 최선을 다하여야 한다.
③ 모든 국민은 청소년을 대상으로 하거나 청소년이 쉽게 접할 수 있는 장소에서 청소년의 정신적·신체적 건강에 해를 끼치는 행위를 하여서는 아니 되며, 청소년에게 유해한 환경을 정화하고 유익한 환경이 조성되도록 노력하여야 한다.
④ 모든 국민은 경제적·사회적·문화적·정신적으로 어려운 상태에 있는 청소년들에게 특별한 관심을 가지고 이들이 보다 나은 삶을 누릴 수 있도록 노력하여야 한다.
(2014.3.24 본조개정)
제8조【국가 및 지방자치단체의 책임】 ① 국가 및 지방자치단체는 청소년육성에 필요한 법적·제도적 장치를 마련하여 시행하여야 한다.
② 국가 및 지방자치단체는 근로 청소년을 특별히 보호하고 근로가 청소년의 균형 있는 성장과 발전에 도움이 되도록 필요한 시책을 마련하여야 한다.
③ 국가 및 지방자치단체는 청소년에 대한 가정과 사회의 책임 수행에 필요한 여건을 조성하여야 한다.
④ 국가 및 지방자치단체는 이 법에 따른 업무 수행에 필요한 재원을 안정적으로 확보하기 위한 시책을 수립·실시하여야 한다.
(2014.3.24 본조개정)
제8조의2【교육 및 홍보 등】 ① 국가 및 지방자치단체는 이 법 및 「아동의 권리에 관한 협약」에서 규정한 청소년의 권리와 관련된 내용을 널리 홍보하고 교육하여야 한다.
② 국가 및 지방자치단체는 근로 청소년의 권익보호를 위하여 「근로기준법」 등에서 정하는 근로 청소년의 권리

등에 필요한 교육 및 상담을 청소년에게 실시하여야 하며, 청소년 근로권익 보호정책을 적극적으로 홍보하여야 한다.(2016.3.2 본항신설)
③ 청소년 관련 기관과 청소년단체는 청소년을 대상으로 청소년의 권리에 관한 교육적 조치를 시행하여야 한다.
(2016.3.2 본조제목개정)
(2012.2.1 본조신설)

제2장 청소년정책의 총괄·조정
(2015.2.3 본장제목개정)

제9조【청소년정책의 총괄·조정】 청소년정책은 여성가족부장관이 관계 행정기관의 장과 협의하여 총괄·조정한다.(2015.2.3 본조개정)
제10조【청소년정책위원회】 ① 청소년정책에 관한 주요 사항을 심의·조정하기 위하여 여성가족부에 청소년정책위원회를 둔다.
② 청소년정책위원회는 다음 각 호의 사항을 심의·조정한다.
1. 제13조제1항에 따른 청소년육성에 관한 기본계획의 수립에 관한 사항
2. 청소년정책의 분야별 주요 시책에 관한 사항
3. 청소년정책의 제도개선에 관한 사항
4. 청소년정책의 분석·평가에 관한 사항
5. 둘 이상의 행정기관에 관련되는 청소년정책의 조정에 관한 사항
6. 그 밖에 청소년정책의 수립·시행에 필요한 사항으로서 대통령령으로 정하는 사항
③ 청소년정책위원회는 위원장 1명을 포함하여 30명 이내의 위원으로 구성한다. 이 경우 제4항제15호 및 제16호에 따라 위촉되는 위원이 각각 전체 위원의 5분의 1 이상이어야 한다.(2018.12.18 본항개정)
④ 위원장은 여성가족부장관이 되고, 위원은 다음 각 호의 사람이 된다. 이 경우 복수 차관이 있는 기관은 해당 기관의 장이 지명하는 차관으로 한다.
1. 기획재정부차관
2. 교육부차관
3. 과학기술정보통신부차관(2017.7.26 본호개정)
4. 통일부차관
5. 법무부차관
6. 행정안전부차관(2017.7.26 본호개정)
7. 문화체육관광부차관
8. 산업통상자원부차관
9. 보건복지부차관
10. 고용노동부차관
11. 중소벤처기업부차관(2017.7.26 본호개정)
12. 방송통신위원회부위원장(2017.7.26 본호개정)
13. 경찰청장
14. 그 밖에 대통령령으로 정하는 관계 중앙행정기관의 차관 또는 차관급 공무원
15. 청소년정책에 관하여 학식과 경험이 풍부한 사람 중에서 여성가족부장관이 위촉하는 사람
16. 청소년정책과 관련된 활동실적 등이 풍부한 청소년 중에서 여성가족부장관이 위촉하는 청소년(2018.12.18 본호신설)
⑤ 제4항제15호 및 제16호에 따른 위원의 임기는 2년으로 한다.(2018.12.18 본항개정)
⑥ 청소년정책위원회에서 심의·조정할 사항을 미리 검토하거나 위임된 사항을 처리하는 등 청소년정책위원회의 운영을 지원하기 위하여 청소년정책위원회에 청소년정책실무위원회를 둔다.
⑦ 제1항부터 제6항까지에서 규정한 사항 외에 청소년정책위원회 및 청소년정책실무위원회의 구성, 운영 및 위촉기준 등에 필요한 사항은 대통령령으로 정한다.
(2018.12.18 본항개정)
(2015.2.3 본조개정)
제11조【지방청소년육성위원회의 설치】 ① 청소년육성에 관한 지방자치단체의 주요 시책을 심의하기 위하여 특별시장·광역시장·특별자치시장·도지사·특별자치도지사(이하 "시·도지사"라 한다) 및 시장·군수·구청장(자치구의 구청장을 말한다. 이하 같다)의 소속으로 지방청소년육성위원회를 둔다.
② 지방청소년육성위원회의 구성·조직 및 운영 등에 필요한 사항은 조례로 정한다.
(2014.3.24 본조개정)
제12조【청소년특별회의의 개최】 ① 국가는 범정부적 차원의 청소년정책과제의 설정·추진 및 점검을 위하여 청소년 분야의 전문가와 청소년이 참여하는 청소년특별회의를 해마다 개최하여야 한다.(2015.2.3 본항개정)
② 청소년특별회의의 참석대상·운영방법 등 세부적인 사항은 대통령령으로 정한다.
(2014.3.24 본조개정)
제13조【청소년육성에 관한 기본계획의 수립】 ① 여성가족부장관은 관계 중앙행정기관의 장과 협의한 후 제10조에 따른 청소년정책위원회의 심의를 거쳐 청소년육성에 관한 기본계획(이하 "기본계획"이라 한다)을 5년마다 수립하여야 한다.(2015.2.3 본항개정)
② 기본계획에는 다음 각 호의 사항이 포함되어야 한다.
1. 이전의 기본계획에 관한 분석·평가
2. 청소년육성에 관한 기본방향
3. 청소년육성에 관한 추진목표
4. 청소년육성에 관한 기능의 조정
5. 청소년육성의 분야별 주요 시책
6. 청소년육성에 필요한 재원의 조달방법
7. 그 밖에 청소년육성을 위하여 특히 필요하다고 인정되는 사항
③ 여성가족부장관은 기본계획을 수립한 때에는 지체 없이 이를 국회 소관 상임위원회에 보고하여야 한다.
(2020.5.19 본항신설)
(2014.3.24 본조개정)
제14조【연도별 시행계획의 수립 등】 ① 여성가족부장관 및 관계 중앙행정기관의 장과 지방자치단체의 장은 기본계획에 따라 연도별 시행계획(이하 "시행계획"이라 한다)을 수립·시행하여야 한다.
② 관계 중앙행정기관의 장과 지방자치단체의 장은 다음 연도 시행계획 및 전년도 시행계획에 따른 추진실적을 대통령령으로 정하는 바에 따라 매년 여성가족부장관에게 제출하여야 한다.
③ 여성가족부장관은 전년도 시행계획에 따른 추진실적을 분석·평가하고, 그 결과를 관계 중앙행정기관의 장과 지방자치단체의 장에게 통보한다.
④ 여성가족부장관 및 관계 중앙행정기관의 장과 지방자치단체의 장은 제3항에 따른 분석·평가 결과를 다음 연도 시행계획에 반영하여야 한다.
⑤ 여성가족부장관은 제3항에 따른 추진실적의 분석·평가를 위하여 필요한 경우에는 국공립 연구기관 또는 「정부출연연구기관 등의 설립·운영 및 육성에 관한 법률」에 따른 정부출연연구기관을 청소년정책 분석·평가에 관한 전문지원기관으로 지정하여 분석·평가 업무를 지원하게 할 수 있다.
⑥ 시행계획의 수립, 추진실적의 분석·평가 및 제5항에 따른 전문지원기관의 지정 등에 필요한 사항은 대통령령으로 정한다.
(2015.2.3 본조개정)
제15조【계획 수립의 협조】 ① 여성가족부장관 및 관계 중앙행정기관의 장과 지방자치단체의 장은 기본계획 및 시행계획을 수립·시행하기 위하여 필요한 때에는 관련 기관·법인 및 단체의 장에게 협조를 요청할 수 있다.
(2015.2.3 본항개정)
② 제1항에 따라 협조 요청을 받은 자는 특별한 사정이 없으면 협조하여야 한다.
(2014.3.24 본조개정)
제15조의2【실태조사】 ① 여성가족부장관은 기본계획 등 효율적인 청소년정책을 수립하기 위하여 3년마다 청소년의 의식·태도·생활 등에 관한 실태조사를 실시하고 그 결과를 공표하여야 한다.
② 여성가족부장관은 제1항에 따른 실태조사에 필요한 경우에는 관계 중앙행정기관의 장, 지방자치단체의 장 또는 「공공기관의 운영에 관한 법률」에 따른 공공기관의 장, 그 밖의 관련 법인·단체의 장에게 필요한 자료 제출 또는 의견 진술을 요청할 수 있다. 이 경우 요청을 받은 자는 정당한 사유가 없으면 이에 협조하여야 한다.
③ 제1항에 따른 실태조사의 대상, 방법, 절차 및 결과공표 등에 필요한 사항은 여성가족부령으로 정한다.
(2022.12.27 본조신설)
제16조【청소년의 달】 청소년의 능동적이고 자주적인 주인의식을 드높이고 모든 국민이 청소년육성에 참여하는 분위기를 조성하기 위하여 매년 5월을 청소년의 달로 한다.(2014.3.24 본조개정)

제3장 국가청소년위원회

제16조의2~제16조의8 (2008.2.29 삭제)

제4장 청소년시설

제17조【청소년시설의 종류】 청소년활동에 제공되는 시설, 청소년복지에 제공되는 시설, 청소년보호에 제공되는 시설에 관한 사항은 따로 법률로 정한다.(2014.3.24 본조개정)
제18조【청소년시설의 설치·운영】 ① 국가 및 지방자치단체는 청소년시설을 설치·운영하여야 한다.
② 국가 및 지방자치단체 외의 자는 따로 법률에서 정하는 바에 따라 청소년시설을 설치·운영할 수 있다.
③ 국가 및 지방자치단체는 제1항에 따라 설치한 청소년시설을 청소년단체에 위탁하여 운영할 수 있다.
(2014.3.24 본조개정)
제19조【청소년시설의 지도·감독】 국가 및 지방자치단체는 청소년시설의 적합성·공공성·안전성에 대한 국민의 신뢰를 확보하고, 그 설치와 운영을 지원하기 위하여 필요한 지도·감독을 할 수 있다.

제5장 청소년지도자
(2014.3.24 본장개정)

제20조【청소년지도자의 양성】 ① 국가 및 지방자치단체는 청소년지도자의 양성과 자질 향상을 위하여 필요한 시책을 마련하여야 한다.
② 제1항에 따른 청소년지도자의 양성과 자질 향상을 위한 연수 등에 관한 기본방향과 내용은 대통령령으로 정한다.
제21조【청소년지도사】 ① 여성가족부장관은 청소년지도사 자격검정에 합격하고 청소년지도사 연수기관에서 실시하는 연수과정을 마친 사람에게 청소년지도사의 자격을 부여한다.
② 누구든지 제1항에 따라 발급받은 자격증을 다른 사람에게 빌려주거나 빌려서는 아니 되며, 이를 알선하여서도 아니 된다.(2020.5.19 본항신설)
③ 여성가족부장관은 청소년지도사 자격검정에 합격한 사람의 연수를 위하여 필요한 경우에는 대통령령으로 정하는 바에 따라 청소년지도사 연수기관을 지정할 수 있다.
④ 다음 각 호의 어느 하나에 해당하는 사람은 청소년지도사가 될 수 없다.
1. 미성년자, 피성년후견인 또는 피한정후견인
2. 파산선고를 받고 복권되지 아니한 사람
3. 금고 이상의 형을 선고받고 그 집행이 끝나거나 집행을 받지 아니하기로 확정된 후 3년이 지나지 아니한 사람(2015.6.22 본호개정)
4. 금고 이상의 형을 선고받고 그 집행유예의 기간이 끝나지 아니한 사람
4의2. 제3호 및 제4호에도 불구하고 다음 각 목의 어느 하나에 해당하는 죄를 저지른 사람으로서 형 또는 치료감호를 선고받고 확정된 후 그 형 또는 치료감호의 전부 또는 일부의 집행이 끝나거나(집행이 끝난 것으로 보는 경우를 포함한다) 집행이 유예·면제된 날부터 10년이 지나지 아니한 사람
가. 「아동복지법」 제71조제1항의 죄
나. 「성폭력범죄의 처벌 등에 관한 특례법」 제2조의 성폭력범죄
다. 「아동·청소년의 성보호에 관한 법률」 제2조제2호의 아동·청소년대상 성범죄
(2015.6.22 본호신설)
5. 법원의 판결 또는 법률에 따라 자격이 상실되거나 정지된 사람
⑤ 청소년지도사 자격검정의 최종 합격 발표일을 기준으로 제4항 각 호의 어느 하나에 해당하는 사람은 청소년지도사 자격검정에 응시할 수 없다.(2020.5.19 본항신설)
⑥ 여성가족부장관은 제1항에 따른 자격검정을 대통령령으로 정하는 바에 따라 청소년단체 또는 「한국산업인력공단법」에 따른 한국산업인력공단에 위탁할 수 있다.
(2015.2.3 본항신설)
⑦ 제1항에 따른 청소년지도사의 등급, 자격검정, 연수 및 자격증 발급 절차 등에 필요한 사항은 대통령령으로 정한다.
제21조의2【청소년지도사 자격의 취소】 ① 여성가족부장관은 청소년지도사가 다음 각 호의 어느 하나에 해당하는 경우에는 그 자격을 취소하여야 한다.(2015.6.22 본문개정)
1. 제21조제4항의 결격사유에 해당하게 된 경우
(2020.5.19 본호개정)
2. 거짓이나 그 밖의 부정한 방법으로 자격을 취득한 경우
3. 자격증을 다른 사람에게 빌려주거나 양도한 경우
② 여성가족부장관은 제1항에 따라 자격을 취소하려면 청문을 하여야 한다.(2020.5.19 본항개정)
제21조의3【부정행위자에 대한 제재】 여성가족부장관은 청소년지도사 자격검정에서 부정행위를 한 사람에 대하여는 그 자격검정을 정지시키거나 무효로 하고, 그 처분을 받은 날부터 3년간 자격검정 응시자격을 정지한다.
(2015.6.22 본조신설)
제22조【청소년상담사】 ① 여성가족부장관은 청소년상담사 자격검정에 합격하고 청소년상담사 연수기관에서 실시하는 연수과정을 마친 사람에게 청소년상담사의 자격을 부여한다.
② 제1항에 따른 청소년상담사의 자격검정, 연수 및 결격사유 등에 관하여는 제21조제2항부터 제7항까지, 제21조의2 및 제21조의3을 준용한다.(2020.5.19 본항개정)
제23조【청소년지도사·청소년상담사의 배치 등】 ① 청소년시설과 청소년단체는 대통령령으로 정하는 바에 따라 청소년육성을 담당하는 청소년지도사나 청소년상담사를 배치하여야 한다.
② 국가 및 지방자치단체는 제1항에 따라 청소년단체나 청소년시설에 배치된 청소년지도사와 청소년상담사에게 예산의 범위에서 그 활동비의 전부 또는 일부를 보조할 수 있다.
③ 국가와 지방자치단체는 제1항에 따른 청소년지도사 및 청소년상담사의 보수가 제25조에 따른 청소년육성 전담공무원의 보수 수준에 도달하도록 노력하여야 한다.
(2015.2.3 본항신설)
제24조【청소년지도사·청소년상담사의 채용 등】 ① 「교육기본법」 제9조에 따른 학교(이하 "학교"라 한다)는 청소년육성에 관련되는 업무를 수행할 때에 필요하면 청소년지도사나 청소년상담사를 채용할 수 있다.
② 국가 및 지방자치단체는 제1항에 따라 채용된 청소년지도사나 청소년상담사의 보수 등 채용에 필요한 경비의 전부 또는 일부를 보조할 수 있다.

제24조의2【청소년지도사·청소년상담사의 보수교육】 ① 청소년시설, 청소년단체 및 학교 등에서 각각 그 업무에 종사하는 청소년지도사와 청소년상담사는 자질 향상을 위하여 정기적으로 보수교육을 받아야 한다.
② 청소년시설, 청소년단체 및 학교 등을 운영하는 자는 해당 시설, 단체 및 학교 등에 종사하는 청소년지도사와 청소년상담사에 대하여 제1항에 따른 보수교육을 이유로 불리한 처우를 하여서는 아니 된다.
③ 여성가족부장관은 제1항에 따른 보수교육을 여성가족부령으로 정하는 바에 따라 관계 기관 또는 단체에 위탁할 수 있다.
④ 제1항에 따른 보수교육의 대상·기간·내용·방법 및 절차와 제3항에 따른 위탁 등에 필요한 사항은 여성가족부령으로 정한다.
제25조【청소년육성 전담공무원】 ① 특별시·광역시·특별자치시·도·특별자치도(이하 "시·도"라 한다), 시·군·구(자치구를 말한다. 이하 같다) 및 읍·면·동 또는 제26조에 따른 청소년육성 전담기구에 청소년육성 전담공무원을 둘 수 있다.
② 제1항에 따른 청소년육성 전담공무원은 청소년지도사 또는 청소년상담사의 자격을 가진 사람으로 한다.
③ 청소년육성 전담공무원은 관할구역의 청소년과 청소년지도자 등에 대하여 그 실태를 파악하고 필요한 지도를 하여야 한다.
④ 관계 행정기관, 청소년단체 및 청소년시설의 설치·운영자는 청소년육성 전담공무원의 업무 수행에 협조하여야 한다.
⑤ 제1항에 따른 청소년육성 전담공무원의 임용 등에 필요한 사항은 조례로 정한다.
제26조【청소년육성 전담기구의 설치】 ① 청소년육성에 관한 업무를 효율적으로 운영하기 위하여 시·도 및 시·군·구에 청소년육성에 관한 업무를 전담하는 기구를 따로 설치할 수 있다.
② 제1항에 따른 청소년육성 전담기구의 사무 범위, 조직 등에 필요한 사항은 조례로 정한다.
제27조【청소년지도위원】 ① 특별자치시장·특별자치도지사·시장·군수·구청장은 청소년육성을 담당하게 하기 위하여 청소년지도위원을 위촉하여야 한다.
② 제21조제4항 각 호의 어느 하나에 해당하는 사람은 청소년지도위원이 될 수 없다.(2020.5.19 본항신설)
③ 청소년지도위원이 제21조제4항 각 호의 어느 하나에 해당하게 되는 경우 위원 자격을 상실한다.(2020.5.19 본항신설)
④ 제1항에 따른 청소년지도위원의 자격·위촉절차 등에 필요한 사항은 조례로 정한다.

제6장 청소년단체
(2014.3.24 본장개정)

제28조【청소년단체의 역할】 ① 청소년단체는 다음 각 호의 역할을 수행하기 위하여 최선의 노력을 하여야 한다.
1. 학교교육과 서로 보완할 수 있는 청소년활동을 통한 청소년의 기량과 품성 함양
2. 청소년복지 증진을 통한 청소년의 삶의 질 향상
3. 유해환경으로부터 청소년을 보호하기 위한 청소년보호 업무 수행

② 청소년단체는 제1항에 따른 역할을 수행할 때에 청소년의 의견을 적극 반영하여야 한다.
제28조의2【청소년단체 임원의 결격사유】 ① 청소년단체의 임원은 여성가족부장관으로부터 설립허가를 받은 법인의 임원과 「비영리민간단체지원법」에 따라 등록된 비영리민간단체의 대표자, 관리인 또는 그 밖에 회칙으로 정한 임원으로 한다.
② 다음 각 호의 어느 하나에 해당하는 사람은 청소년단체의 임원이 될 수 없다.
1. 제21조제4항 각 호(제4호의2는 제외한다)의 어느 하나에 해당하는 사람(2020.5.19 본호개정)
2. (2015.6.22 삭제)
3. 제1호 및 제2호에도 불구하고 「아동복지법」 제71조, 「보조금 관리에 관한 법률」 제40조부터 제42조까지 또는 「형법」 제28장·제40장(제360조는 제외한다)의 죄를 범하거나 이 법을 위반하여 다음 각 목의 어느 하나에 해당하는 사람
   가. 100만원 이상의 벌금형을 선고받고 그 형이 확정된 후 5년이 지나지 아니한 사람
   나. 형의 집행유예를 선고받고 그 형이 확정된 후 7년이 지나지 아니한 사람
   다. 징역형을 선고받고 그 집행이 끝나거나(집행이 끝난 것으로 보는 경우를 포함한다) 집행이 면제된 날부터 7년이 지나지 아니한 사람
4. 제1호부터 제3호까지의 규정에도 불구하고 「성폭력범죄의 처벌 등에 관한 특례법」 제2조(제1항제1호는 제외한다)의 성폭력범죄 또는 「아동·청소년의 성보호에 관한 법률」 제2조제2호의 아동·청소년대상 성범죄를 저지른 사람으로서 형 또는 치료감호를 선고받고 확정된 후 그 형 또는 치료감호의 전부 또는 일부의 집행이 끝나거나(집행이 끝난 것으로 보는 경우를 포함한다) 집행이 유예·면제된 날부터 10년이 지나지 아니한 사람

③ 임원이 제2항 각 호의 어느 하나에 해당하게 되었을 때에는 그 자격을 상실한다.
제28조의3【벌금형의 분리 선고】 「형법」 제38조에도 불구하고 청소년단체의 임원에게 제28조의2제2항제3호에서 정한 죄와 다른 죄의 경합범(競合犯)에 대하여 벌금형을 선고하는 경우에는 이를 분리하여 선고하여야 한다.
(2018.4.17 본조신설)
제29조【청소년단체에 대한 지원 등】 ① 국가 및 지방자치단체는 청소년단체의 조직과 활동에 필요한 행정적인 지원을 할 수 있으며, 예산의 범위에서 그 운영·활동 등에 필요한 경비의 일부를 보조할 수 있다.
② 학교 및 「평생교육법」 제2조제2호의 평생교육기관은 청소년단체의 청소년활동에 필요한 지원과 협력을 할 수 있다.
③ 개인·법인 또는 단체는 청소년단체의 시설과 운영을 지원하기 위하여 금전이나 그 밖의 재산을 출연할 수 있다.
④ 제1항에 따른 지원 및 보조의 범위 등에 필요한 사항은 대통령령으로 정한다.
제30조【수익사업】 ① 청소년단체는 정관에서 정하는 바에 따라 청소년육성과 관련한 수익사업을 할 수 있다.
② 제1항에 따른 수익사업의 범위, 수익금의 사용 등에 필요한 사항은 대통령령으로 정한다.
제31조~제39조 (2010.5.17 삭제)
제40조【한국청소년단체협의회】 ① 청소년단체는 청소년육성을 위한 다음 각 호의 활동을 하기 위하여 여성가족부장관의 인가를 받아 한국청소년단체협의회를 설립할 수 있다.
1. 회원단체의 사업과 활동에 대한 협조·지원
2. 청소년지도자의 연수와 권익 증진
3. 청소년 관련 분야의 국제기구활동
4. 외국 청소년단체와의 교류 및 지원
5. 남·북청소년 및 해외교포청소년과의 교류·지원
6. 청소년활동에 관한 조사·연구·지원
7. 청소년 관련 도서 출판 및 정보 지원
8. 청소년육성을 위한 홍보 및 실천 운동
9. 제41조에 따른 지방청소년단체협의회에 대한 협조 및 지원
10. 그 밖에 청소년육성을 위하여 필요한 사업

② 한국청소년단체협의회는 법인으로 한다.
③ 한국청소년단체협의회는 주된 사무소의 소재지에서 설립등기를 함으로써 성립한다.
④ 한국청소년단체협의회에 관하여 이 법에 규정된 것을 제외하고는 「민법」 중 사단법인에 관한 규정을 준용한다.
⑤ 국가는 한국청소년단체협의회의 운영과 활동에 필요한 경비를 지원할 수 있다.
⑥ 한국청소년단체협의회는 설립 목적에 지장이 없는 범위에서 수익사업을 할 수 있으며, 발생한 수익은 한국청소년단체협의회의 운영 또는 한국청소년단체협의회의 시설 운영 외의 목적에 사용할 수 없다.
⑦ 개인·법인 또는 단체는 한국청소년단체협의회의 운영과 사업 등을 지원하기 위하여 금전이나 그 밖의 재산을 출연하거나 기부할 수 있다.
⑧ 한국청소년단체협의회는 제1항에 따른 활동의 일부를 정관에서 정하는 바에 따라 회원단체에 위탁할 수 있다.
제41조【지방청소년단체협의회】 ① 특정지역을 활동 범위로 하는 청소년단체는 청소년육성을 위하여 그 지역을 관할하는 시·도의 조례로 정하는 바에 따라 시·도지사의 인가를 받아 지방청소년단체협의회를 설립할 수 있다.
② 지방자치단체는 예산의 범위에서 해당 지방청소년단체협의회의 운영경비의 전부 또는 일부를 지원할 수 있다.
제42조~제44조 (2012.2.1 삭제)
제45조 (2010.5.17 삭제)
제46조~제46조의2 (2012.2.1 삭제)

제7장 청소년활동 및 청소년복지 등
(2014.3.24 본장개정)

제47조【청소년활동의 지원】 ① 국가 및 지방자치단체는 청소년활동을 지원하여야 한다.
② 제1항에 따른 청소년활동의 지원에 관한 사항은 따로 법률로 정한다.
제48조【학교교육 등과의 연계】 ① 국가 및 지방자치단체는 청소년활동과 학교교육·평생교육을 연계하여 교육적 효과를 높일 수 있도록 하는 시책을 수립·시행하여야 한다.
② 여성가족부장관이 제1항에 따른 시책을 수립할 때에는 미리 관계 기관과 협의하여야 하며, 전문가의 의견을 들어야 한다.
③ 제2항에 따른 협의를 요청받은 관계 기관은 특별한 사유가 없으면 이에 따라야 한다.
제48조의2【청소년 방과 후 활동의 지원】 ① 국가 및 지방자치단체는 학교의 정규교육으로 보호할 수 없는 시간 동안 청소년의 전인적(全人的) 성장·발달을 지원하기 위하여 다양한 교육 및 활동 프로그램 등을 제공하는 종합적인 지원 방안을 마련하여야 한다.
② 제1항의 종합적인 지원 방안 마련에 필요한 사항은 대통령령으로 정한다.
제49조【청소년복지의 향상】 ① 국가는 청소년들의 의식·태도·생활 등에 관한 사항을 정기적으로 조사하고, 이를 개선하기 위하여 청소년의 복지향상 정책을 수립·시행하여야 한다.
② 국가 및 지방자치단체는 기초생활 보장, 직업재활훈련, 청소년활동 지원 등의 시책을 추진할 때에는 정신적·신체적·경제적·사회적으로 특별한 지원이 필요한 청소년을 우선적으로 배려하여야 한다.
③ 국가 및 지방자치단체는 청소년의 삶의 질을 향상하기 위하여 구체적인 시책을 마련하여야 한다.
④ 제1항부터 제3항까지의 규정에 관하여는 따로 법률로 정한다.
제50조 (2012.2.1 삭제)
제51조【청소년 유익환경의 조성】 ① 국가 및 지방자치단체는 청소년이 정보화 능력을 키울 수 있는 환경을 조성하기 위하여 노력하여야 한다.
② 국가 및 지방자치단체는 청소년에게 유익한 매체물의 제작·보급 등을 장려하여야 하며 매체물의 제작·보급 등을 하는 자에게 그 제작·보급 등에 관한 경비 등을 지원할 수 있다.
③ 국가 및 지방자치단체는 주택단지의 청소년시설 배치 등 청소년을 위한 사회환경과 자연환경을 조성하기 위하여 노력하여야 한다.
제52조【청소년 유해환경의 규제】 ① 국가 및 지방자치단체는 청소년에게 유해한 매체물과 약물 등이 유통되지 아니하도록 하여야 한다.
② 국가 및 지방자치단체는 청소년이 유해한 업소에 출입하거나 고용되지 아니하도록 하여야 한다.
③ 국가 및 지방자치단체는 폭력·학대·성매매 등 유해한 행위로부터 청소년을 보호·구제하여야 한다.
④ 제1항부터 제3항까지의 규정에 따른 청소년에게 유해한 매체물·약물·업소·행위 등의 규제에 관하여는 따로 법률로 정한다.
제52조의2【근로 청소년의 보호를 위한 신고의무】 ① 누구든지 청소년의 근로와 관련하여 「근로기준법」, 「최저임금법」 등 노동 관계 법령의 위반 사실을 알게 된 경우에는 그 사실을 고용노동부장관이나 「근로기준법」 제101조에 따른 근로감독관에게 신고할 수 있다.
② 다음 각 호의 어느 하나에 해당하는 사람은 그 직무를 수행하면서 청소년의 근로와 관련하여 「근로기준법」, 「최저임금법」 등 노동 관계 법령의 위반 사실을 알게 된 경우에는 그 사실을 고용노동부장관이나 「근로기준법」 제101조에 따른 근로감독관에게 신고하여야 한다.
1. 「청소년복지 지원법」 제12조제2항에 따른 상담전화, 같은 법 제22조에 따른 한국청소년상담복지개발원, 같은 법 제29조에 따른 청소년상담복지센터, 같은 법 제30조에 따른 이주배경청소년지원센터 및 같은 법 제31조에 따른 청소년복지시설의 장과 그 종사자
2. 「학교 밖 청소년 지원에 관한 법률」 제12조에 따른 학교 밖 청소년 지원센터의 장과 그 종사자
3. 「아동복지법」 제50조에 따른 아동복지시설의 장과 그 종사자

③ 누구든지 제1항 및 제2항에 따른 신고인의 인적 사항 또는 신고인임을 미루어 알 수 있는 사실을 다른 사람에게 알려주거나 공개 또는 보도하여서는 아니 된다.
(2016.12.20 본조신설)
제52조의3【청소년 근로권익 보호 지원】 국가나 지방자치단체는 근로청소년의 부당처우에 대한 해결을 돕는 등 청소년의 근로권익 보호를 위한 사업을 실시하거나 지원할 수 있다.(2020.5.19 본조신설)

제8장 청소년육성기금
(2014.3.24 본장개정)

제53조【기금의 설치 등】 ① 청소년육성에 필요한 재원을 확보하기 위하여 청소년육성기금(이하 "기금"이라 한다)을 설치한다.
② 기금은 여성가족부장관이 관리·운용한다.
③ 여성가족부장관은 기금의 관리·운용에 관한 사무의 전부 또는 일부를 다음 각 호의 기관 중에서 선정하여 위탁할 수 있다.
1. 제40조에 따른 한국청소년단체협의회
2. 「청소년활동 진흥법」 제6조에 따른 한국청소년활동진흥원
3. 「정부출연연구기관 등의 설립·운영 및 육성에 관한 법률」에 따라 설립된 한국청소년정책연구원
4. 「국민체육진흥법」 제36조에 따른 서울올림픽기념국민체육진흥공단

④ 기금의 관리·운용에 필요한 사항은 대통령령으로 정한다.
제54조【기금의 조성】 ① 기금은 다음 각 호의 재원으로 조성한다.
1. 정부의 출연금
2. 「국민체육진흥법」 제22조제4항제1호 및 「경륜·경정법」 제18조제1항제1호에 따른 출연금(2014.12.23 본호개정)
3. 개인·법인 또는 단체가 출연하는 금전·물품이나 그 밖의 재산
4. 기금의 운용으로 생기는 수익금
5. 그 밖에 대통령령으로 정하는 수입금

② 제1항제3호에 따라 출연하는 자는 용도를 지정하여

출연할 수 있다. 다만, 특정단체 또는 개인에 대한 지원을 용도로 지정할 수 없다.

제55조【기금의 사용 등】 ① 기금은 다음 각 호의 사업에 사용한다.
1. 청소년활동의 지원
2. 청소년시설의 설치와 운영을 위한 지원
3. 청소년지도자의 양성을 위한 지원
4. 청소년단체의 운영과 활동을 위한 지원
5. 청소년복지 증진을 위한 지원
6. 청소년보호를 위한 지원
7. 청소년정책의 수행 과정에 관한 과학적 연구의 지원 (2015.2.3 본호개정)
8. 기금 조성 사업을 위한 지원
9. 그 밖에 청소년육성을 위하여 대통령령으로 정하는 사업

② 국가나 지방자치단체는 제53조제2항 및 제3항에 따른 기금의 관리기관(이하 "기금관리기관"이라 한다)의 기금 조성을 지원하기 위하여 기금관리기관에 국유 또는 공유의 시설·물품이나 그 밖의 재산을 그 용도나 목적에 지장을 주지 아니하는 범위에서 무상으로 사용·수익하게 하거나 대부할 수 있다.

③ 기금관리기관은 청소년육성 또는 기금의 조성을 위하여 기금의 일부 또는 기금관리기관의 시설·물품 등 재산의 일부를 청소년단체의 기본재산에 출연하거나 출자할 수 있다.

④ 기금관리기관은 기금 조성의 전망을 고려하여 기금 사용을 조절함으로써 궁극적으로 청소년육성을 위한 재원 확보에 기여할 수 있는 장기계획을 수립하여 시행하여야 한다.

제56조【지방청소년육성기금의 조성】 ① 시·도지사는 관할구역의 청소년활동 지원 등 청소년육성을 위한 사업 지원에 필요한 재원을 확보하기 위하여 지방청소년육성기금을 설치할 수 있다.

② 제1항에 따른 지방청소년육성기금의 조성·용도 등에 필요한 사항은 조례로 정한다.

제9장 보 칙
(2014.3.24 본장개정)

제57조【국유·공유 재산의 대부 등】 ① 국가나 지방자치단체는 청소년시설의 설치, 청소년단체의 육성을 위하여 필요한 경우에는 「국유재산법」 또는 「공유재산 및 물품 관리법」에도 불구하고 그 용도에 지장을 주지 아니하는 범위에서 청소년시설이나 청소년단체에 국유·공유 재산을 무상으로 대부하거나 사용·수익하게 할 수 있다.

② 제1항에 따른 국유·공유 재산의 대부·사용·수익의 내용 및 조건에 관하여는 해당 재산을 사용·수익하려는 자와 해당 재산의 관리청 또는 지방자치단체의 장 사이의 계약에 따른다.

제58조【조세 감면 등】 ① 국가는 다음 각 호의 기관과 그 기관에서 운영하는 청소년시설에 대하여 「조세특례제한법」에서 정하는 바에 따라 조세를 감면할 수 있고, 「부가가치세법」에서 정하는 바에 따라 부가가치세를 감면할 수 있다.
1. 제40조에 따른 한국청소년단체협의회
2. 제41조에 따른 지방청소년단체협의회
3. 「청소년복지 지원법」 제22조에 따른 한국청소년상담복지개발원
4. 「청소년복지 지원법」 제29조에 따른 청소년상담복지센터
5. 「청소년복지 지원법」 제30조에 따른 이주배경청소년지원센터
6. 「정부출연연구기관 등의 설립·운영 및 육성에 관한 법률」에 따라 설립된 한국청소년정책연구원
7. 그 밖의 청소년단체

② 국가는 다음 각 호의 재산 등에 대해서는 「조세특례제한법」에서 정하는 바에 따라 소득계산의 특례를 적용할 수 있다.
1. 제1항 각 호의 기관과 그 기관에서 운영하는 청소년시설에 출연되거나 기부된 재산
2. 제54조에 따라 기금에 출연된 금전이나 그 밖의 재산

③ 국가는 제1항 각 호의 기관과 그 기관에서 운영하는 청소년시설에서 청소년활동에 사용하기 위하여 수입하는 다음 각 호의 어느 하나에 해당하는 용품 등에 대해서는 「관세법」에서 정하는 바에 따라 관세를 감면할 수 있다.
1. 실험·실습·시청각 기자재와 그 밖에 필요한 용품
2. 고도의 정밀성 등으로 수입이 불가피한 청소년 시설·설비

제59조【감독 등】 ① 국가 및 지방자치단체는 청소년육성을 위하여 필요하면 다음 각 호의 기관에 대하여 업무·회계 및 재산에 관한 사항을 보고하게 하거나 소속 공무원으로 하여금 그 장부·서류나 그 밖의 물건을 검사하게 할 수 있다.
1. 청소년시설
2. 제40조에 따른 한국청소년단체협의회
3. 제41조에 따른 지방청소년단체협의회
4. 그 밖의 청소년단체

② 제1항에 따라 검사를 하는 공무원은 그 권한을 표시하는 증표를 지니고 이를 관계인에게 보여주어야 한다.

제60조【포상】 정부는 청소년육성에 관하여 현저한 공로가 있거나 다른 청소년에게 모범이 되는 자에게 포상을 할 수 있다.

제61조【유사명칭의 사용금지】 이 법에 따른 한국청소년단체협의회가 아닌 자는 한국청소년단체협의회 또는 이와 유사한 명칭을 사용하지 못한다.

제62조【수수료 등】 ① 다음 각 호의 어느 하나에 해당하는 사람은 여성가족부령으로 정하는 바에 따라 수수료를 내야 한다.
1. 청소년지도사 자격검정에 응시하거나 연수과정을 이수하는 사람
2. 청소년상담사 자격검정에 응시하거나 연수과정을 이수하는 사람

② 청소년시설을 설치·운영하는 자 및 위탁운영을 하는 단체는 청소년시설을 이용하는 자로부터 이용료를 받을 수 있다.

제63조【권한의 위임·위탁】 여성가족부장관은 이 법에 따른 권한의 일부를 대통령령으로 정하는 바에 따라 시·도지사에게 위임하거나 청소년단체에 위탁할 수 있다.

제63조의2【벌칙 적용에서 공무원 의제】 제21조제6항(제22조제2항에서 준용하는 경우를 포함한다)에 따라 위탁받은 자격검정 업무에 종사하는 사람은 「형법」 제129조부터 제132조까지의 규정을 적용할 때에는 공무원으로 본다.(2020.5.19 본조개정)

제10장 벌 칙

제64조【벌칙】 제30조에 따라 정관에서 정하는 사업 외의 수익사업을 한 자는 2년 이하의 징역 또는 2천만원 이하의 벌금에 처한다.(2014.3.24 본조개정)

제64조의2【벌칙】 다음 각 호의 어느 하나에 해당하는 자는 1년 이하의 징역 또는 1천만원 이하의 벌금에 처한다.(2020.5.19 본문개정)
1. 제21조제2항(제22조제2항에서 준용하는 경우를 포함한다)을 위반하여 자격증을 빌려주거나 빌린 사람 또는 이를 알선한 사람
2. 제52조의2제3항을 위반하여 신고인의 인적 사항 또는 신고인임을 미루어 알 수 있는 사실을 다른 사람에게 알려주거나 공개 또는 보도한 자

(2020.5.19 1호~2호신설)

제65조【양벌규정】 법인의 대표자나 법인 또는 개인의 대리인, 사용인, 그 밖의 종업원이 그 법인 또는 개인의 업무에 관하여 제64조의 위반행위를 하면 그 행위자를 벌하는 외에 그 법인 또는 개인에게도 해당 조문의 벌금형을 과(科)한다. 다만, 법인 또는 개인이 그 위반행위를 방지하기 위하여 해당 업무에 관하여 상당한 주의와 감독을 게을리하지 아니한 경우에는 그러하지 아니하다.(2010.5.17 본조개정)

제66조【과태료】 ① 다음 각 호의 어느 하나에 해당하는 자에게는 500만원 이하의 과태료를 부과한다.
1. 제59조제1항에 따른 보고를 하지 아니하거나 검사를 거부·방해 또는 기피한 자
2. 제61조를 위반한 자

② 제24조의2제1항 및 제2항을 위반한 자에게는 100만원 이하의 과태료를 부과한다.

③ 제1항과 제2항에 따른 과태료는 대통령령으로 정하는 바에 따라 여성가족부장관 또는 지방자치단체의 장이 부과·징수한다.

(2014.3.24 본조개정)

부 칙

제1조【시행일】 이 법은 공포후 1년이 경과한 날부터 시행한다. 다만, 부칙 제2조의 시행을 위한 준비행위는 이 법 시행일전이라도 이를 할 수 있다.

제2조【한국청소년진흥센터의 설립준비】 ① 문화관광부장관은 제31조의 개정규정에 의한 한국청소년진흥센터(이하 "진흥센터"라 한다)의 설립에 관한 사무를 관장하게 하기 위하여 설립준비위원회(이하 "준비위원회"라 한다)를 구성한다.

② 준비위원회는 설립준비위원장(이하 "준비위원장"이라 한다)을 포함한 5인 이내의 설립준비위원(이하 "준비위원"이라 한다)으로 구성한다.

③ 준비위원장과 준비위원은 문화관광부장관이 위촉한다.

④ 준비위원회는 이 법 시행전까지 정관을 작성하여 문화관광부장관의 인가를 받아야 한다.

⑤ 준비위원은 제4항의 규정에 의하여 인가를 받은 때에는 지체 없이 연명으로 진흥센터의 설립등기를 한 후 소장에게 사무를 인계하여야 한다.

⑥ 준비위원장 및 준비위원은 제5항의 규정에 의한 사무인계가 끝난 때에는 해촉된 것으로 본다.

제3조【지방청소년위원회에 대한 경과조치】 이 법 시행당시 종전의 규정에 의한 지방청소년위원회는 제11조의 개정규정에 의한 지방청소년육성위원회로 본다.

제4조【청소년기본계획에 대한 경과조치】 이 법 시행당시 종전의 규정에 의한 청소년육성에 관한 기본계획은 제13조의 개정규정에 의한 기본계획으로 본다.

제5조【청소년수련시설에 대한 경과조치】 이 법 시행당시 종전의 규정에 의한 청소년수련시설은 제17조의 개정규정에 의한 청소년활동시설로 본다.

제6조【사단법인 한국청소년단체협의회의 권리·의무 승계에 관한 경과조치】 ① 이 법 시행당시 사단법인 한국청소년단체협의회는 이 법 시행후 3월 이내에 제40조의 개정규정에 의한 한국청소년단체협의회(이하 "협의회"라 한다)의 정관을 작성하여 문화관광부장관의 설립인가를 받아야 한다.

② 이 법 시행당시 사단법인 한국청소년단체협의회는 제1항의 규정에 의한 설립인가를 받은 때에는 협의회의 설립등기를 하여야 한다.

③ 이 법 시행당시 사단법인 한국청소년단체협의회는 제2항의 규정에 의한 설립등기를 마친 때에는 민법중 해산 및 청산에 관한 규정에 불구하고 해산된 것으로 본다.

④ 협의회는 설립등기일에 사단법인 한국청소년단체협의회의 모든 권리·의무 및 재산을 승계한다.

⑤ 이 법 시행당시 사단법인 한국청소년단체협의회의 임·직원은 협의회의 임·직원으로 임명된 것으로 보며, 임원의 임기는 종전의 임명일부터 기산한다.

부 칙 (2014.3.24)

제1조【시행일】 이 법은 공포한 날부터 시행한다.

제2조【금치산자 등에 대한 경과조치】 제21조제3항제1호의 개정규정에 따른 피성년후견인 또는 피한정후견인에는 법률 제10429호 민법 일부개정법률 부칙 제2조에 따라 금치산 또는 한정치산 선고의 효력이 유지되는 사람을 포함하는 것으로 본다.

부 칙 (2015.6.22)

제1조【시행일】 이 법은 공포 후 3개월이 경과한 날부터 시행한다.

제2조【청소년지도사 및 청소년상담사 결격사유에 관한 적용례】 제21조제3항제4호의2(제22조제2항에서 준용하는 경우를 포함한다)의 개정규정은 이 법 시행 후 최초로 형 또는 치료감호를 선고받고 확정된 사람부터 적용한다.

제3조【부정행위자에 대한 제재에 관한 적용례】 제21조의3(제22조제2항에서 준용하는 경우를 포함한다)의 개정규정은 이 법 시행 후 최초로 시행하는 자격검정에서 부정행위를 한 사람부터 적용한다.

제4조【청소년지도사 및 청소년상담사 결격사유에 관한 경과조치】 제21조제3항제3호(제22조제2항에서 준용하는 경우를 포함한다)의 개정 규정에도 불구하고 이 법 시행 전에 금고 이상의 형을 선고받고 확정된 사람에 대하여는 종전의 규정에 따른다.

제5조【청소년지도사 및 청소년상담사 자격의 취소에 관한 경과조치】 이 법 시행 당시 청소년지도사 및 청소년상담사인 사람이 이 법 시행 전에 발생한 사유로 제21조의2(제22조제2항에서 준용하는 경우를 포함한다)의 개정규정에 따른 자격 취소 사유에 해당하게 된 경우에는 같은 개정규정에도 불구하고 종전의 규정에 따른다.

부 칙 (2018.4.17)

제1조【시행일】 이 법은 공포한 날부터 시행한다.

제2조【벌금형의 분리 선고에 관한 적용례】 제28조의3의 개정규정은 이 법 시행 후 제28조의2제2항제3호에서 정한 죄를 저지른 사람부터 적용한다.

부 칙 (2020.5.19)

제1조【시행일】 이 법은 공포 후 6개월이 경과한 날부터 시행한다.

제2조【청소년육성에 관한 기본계획에 관한 적용례】 제13조제3항의 개정규정은 이 법 시행 후 최초로 여성가족부장관이 수립하는 청소년육성에 관한 기본계획부터 적용한다.

제3조【청소년지도사 자격검정 응시에 관한 적용례】 제21조제5항의 개정규정은 이 법 시행 후 최초로 청소년지도사 자격검정을 실시하는 경우부터 적용한다.

제4조【청소년지도위원의 결격사유 및 자격상실에 관한 적용례】 제27조제2항 및 제3항의 개정규정은 이 법 시행 후 발생하는 사유로 인하여 종전의 제21조제3항 각 호의 어느 하나에 해당하게 되는 경우부터 적용한다.

부 칙 (2022.12.27)

제1조【시행일】 이 법은 공포 후 6개월이 경과한 날부터 시행한다.

제2조【실태조사에 관한 경과조치】 이 법 시행 당시 종전의 「청소년복지 지원법」 제2조의2에 따라 실시한 실태조사는 제15조의2의 개정규정에 따라 실시한 실태조사로 본다.

청소년 보호법

(2011년 9월 15일
전부개정법률 제11048호)

개정
2012. 1.17법11179호 2013. 3.22법11673호
2013. 6. 4법11862호(화학물질관리법)
2013. 8. 6법11998호(지방세외수입금의징수등에관한법)
2014. 3.24법12534호 2014. 5.28법12699호
2015. 6.22법13371호
2016. 1. 6법13726호(옥외광고물등의관리와옥외광고산업진흥에관한법)
2016. 3. 2법14067호 2016.12.20법14446호
2017.12.12법15209호 2018. 1.16법15353호
2018.12.11법15913호 2018.12.18법15987호
2020. 3.24법17091호(지방행정제재·부과금의징수등에관한법)
2020.12.29법17761호(주류면허등에관한법)
2021.12. 7법18550호
2023.12.26법19841호(주민등록법)→2024년 12월 27일 시행이므로「法典別冊」보유편 수록

제1장 총 칙

제1조【목적】 이 법은 청소년에게 유해한 매체물과 약물 등이 청소년에게 유통되는 것과 청소년이 유해한 업소에 출입하는 것 등을 규제하고 청소년을 유해한 환경으로부터 보호·구제함으로써 청소년이 건전한 인격체로 성장할 수 있도록 함을 목적으로 한다.

제2조【정의】 이 법에서 사용하는 용어의 뜻은 다음과 같다.

1. "청소년"이란 만 19세 미만인 사람을 말한다. 다만, 만 19세가 되는 해의 1월 1일을 맞이한 사람은 제외한다.
2. "매체물"이란 다음 각 목의 어느 하나에 해당하는 것을 말한다.
 가. 「영화 및 비디오물의 진흥에 관한 법률」에 따른 영화 및 비디오물
 나. 「게임산업진흥에 관한 법률」에 따른 게임물
 다. 「음악산업진흥에 관한 법률」에 따른 음반, 음악파일, 음악영상물 및 음악영상파일
 라. 「공연법」에 따른 공연(국악공연은 제외한다)
 마. 「전기통신사업법」에 따른 전기통신을 통한 부호·문언·음향 또는 영상정보
 바. 「방송법」에 따른 방송프로그램(보도 방송프로그램은 제외한다)
 사. 「신문 등의 진흥에 관한 법률」에 따른 일반일간신문(주로 정치·경제·사회에 관한 보도·논평 및 여론을 전파하는 신문은 제외한다), 특수일간신문(경제·산업·과학·종교 분야는 제외한다), 일반주간신문(정치·경제 분야는 제외한다), 특수주간신문(경제·산업·과학·시사·종교 분야는 제외한다), 인터넷신문(주로 보도·논평 및 여론을 전파하는 기사는 제외한다) 및 인터넷뉴스서비스(2017.12.12 본목개정)
 아. 「잡지 등 정기간행물의 진흥에 관한 법률」에 따른 잡지(정치·경제·사회·시사·산업·과학·종교 분야는 제외한다), 정보간행물, 전자간행물 및 그 밖의 간행물
 자. 「출판문화산업 진흥법」에 따른 간행물, 전자출판물 및 외국간행물(사목 및 아목에 해당하는 매체물은 제외한다)
 차. 「옥외광고물 등의 관리와 옥외광고산업 진흥에 관한 법률」에 따른 옥외광고물과 가목부터 자목까지의 매체물에 수록·게재·전시되거나 그 밖의 방법으로 포함된 상업적 광고선전물(2016.1.6 본목개정)
 카. 그 밖에 청소년의 정신적·신체적 건강을 해칠 우려가 있어 대통령령으로 정하는 매체물
3. "청소년유해매체물"이란 다음 각 목의 어느 하나에 해당하는 것을 말한다.
 가. 제7조제1항 본문 및 제11조에 따라 청소년보호위원회가 청소년에게 유해한 것으로 결정하거나 확인하여 여성가족부장관이 고시한 매체물
 나. 제7조제1항 단서 및 제11조에 따라 각 심의기관이 청소년에게 유해한 것으로 심의하거나 확인하여 여성가족부장관이 고시한 매체물
4. "청소년유해약물등"이란 청소년에게 유해한 것으로 인정되는 다음 가목의 약물(이하 "청소년유해약물"이라 한다)과 청소년에게 유해한 것으로 인정되는 다음 나목의 물건(이하 "청소년유해물건"이라 한다)을 말한다.
 가. 청소년유해약물
  1) 「주세법」에 따른 주류
  2) 「담배사업법」에 따른 담배
  3) 「마약류 관리에 관한 법률」에 따른 마약류
  4) 「화학물질관리법」에 따른 환각물질(2013.6.4 개정)
  5) 그 밖에 중추신경에 작용하여 습관성, 중독성, 내성 등을 유발하여 인체에 유해하게 작용할 수 있는 약물 등 청소년의 사용을 제한하지 아니하면 청소년의 심신을 심각하게 손상시킬 우려가 있는 약물로서 대통령령으로 정하는 기준에 따라 관계 기관의 의견을 들어 제36조에 따른 청소년보호위원회(이하 "청소년보호위원회"라 한다)가 결정하고 여성가족부장관이 고시한 것
 나. 청소년유해물건
  1) 청소년에게 음란한 행위를 조장하는 성기구 등 청소년의 사용을 제한하지 아니하면 청소년의 심신을 심각하게 손상시킬 우려가 있는 성 관련 물건으로서 대통령령으로 정하는 기준에 따라 청소년보호위원회가 결정하고 여성가족부장관이 고시한 것
  2) 청소년에게 음란성·포악성·잔인성·사행성 등을 조장하는 완구류 등 청소년의 사용을 제한하지 아니하면 청소년의 심신을 심각하게 손상시킬 우려가 있는 물건으로서 대통령령으로 정하는 기준에 따라 청소년보호위원회가 결정하고 여성가족부장관이 고시한 것
  3) 청소년유해약물과 유사한 형태의 제품으로 청소년의 사용을 제한하지 아니하면 청소년의 청소년유해약물 이용습관을 심각하게 조장할 우려가 있는 물건으로서 대통령령으로 정하는 기준에 따라 청소년보호위원회가 결정하고 여성가족부장관이 고시한 것(2016.12.20 신설)
5. "청소년유해업소"란 청소년의 출입과 고용이 청소년에게 유해한 것으로 인정되는 다음 가목의 업소(이하 "청소년 출입·고용금지업소"라 한다)와 청소년의 출입은 가능하나 고용이 청소년에게 유해한 것으로 인정되는 다음 나목의 업소(이하 "청소년고용금지업소"라 한다)를 말한다. 이 경우 업소의 구분은 그 업소가 영업을 할 때 다른 법령에 따라 요구되는 허가·인가·등록·신고 등의 여부와 관계없이 실제로 이루어지고 있는 영업행위를 기준으로 한다.
 가. 청소년 출입·고용금지업소
  1) 「게임산업진흥에 관한 법률」에 따른 일반게임제공업 및 복합유통게임제공업 중 대통령령으로 정하는 것
  2) 「사행행위 등 규제 및 처벌 특례법」에 따른 사행행위영업
  3) 「식품위생법」에 따른 식품접객업 중 대통령령으로 정하는 것
  4) 「영화 및 비디오물의 진흥에 관한 법률」 제2조제16호에 따른 비디오물감상실업·제한관람가비디오물소극장업 및 복합영상물제공업(2013.3.22 개정)
  5) 「음악산업진흥에 관한 법률」에 따른 노래연습장업 중 대통령령으로 정하는 것
  6) 「체육시설의 설치·이용에 관한 법률」에 따른 무도학원업 및 무도장업
  7) 전기통신설비를 갖추고 불특정한 사람들 사이의 음성대화 또는 화상대화를 매개하는 것을 주된 목적으로 하는 영업. 다만, 「전기통신사업법」 등 다른 법률에 따라 통신을 매개하는 영업은 제외한다.
  8) 불특정한 사람 사이의 신체적인 접촉 또는 은밀한 부분의 노출 등 성적 행위가 이루어지거나 이와 유사한 행위가 이루어질 우려가 있는 서비스를 제공하는 영업으로서 청소년보호위원회가 결정하고 여성가족부장관이 고시한 것
  9) 청소년유해매체물 및 청소년유해약물등을 제작·생산·유통하는 영업 등 청소년의 출입과 고용이 청소년에게 유해하다고 인정되는 영업으로서 대통령령으로 정하는 기준에 따라 청소년보호위원회가 결정하고 여성가족부장관이 고시한 것
  10) 「한국마사회법」 제6조제2항에 따른 장외발매소(2018.12.11 개정)
  11) 「경륜·경정법」 제9조제2항에 따른 장외매장(2018.12.11 개정)
 나. 청소년고용금지업소
  1) 「게임산업진흥에 관한 법률」에 따른 청소년게임제공업 및 인터넷컴퓨터게임시설제공업
  2) 「공중위생관리법」에 따른 숙박업, 목욕장업, 이용업 중 대통령령으로 정하는 것
  3) 「식품위생법」에 따른 식품접객업 중 대통령령으로 정하는 것
  4) 「영화 및 비디오물의 진흥에 관한 법률」에 따른 비디오물소극장업
  5) 「화학물질관리법」에 따른 유해화학물질 영업. 다만, 유해화학물질 사용과 직접 관련이 없는 영업으로서 대통령령으로 정하는 영업은 제외한다.(2013.6.4 개정)
  6) 회비 등을 받거나 유료로 만화를 빌려 주는 만화대여업
  7) 청소년유해매체물 및 청소년유해약물등을 제작·생산·유통하는 영업 등 청소년의 고용이 청소년에게 유해하다고 인정되는 영업으로서 대통령령으로 정하는 기준에 따라 청소년보호위원회가 결정하고 여성가족부장관이 고시한 것
6. "유통"이란 매체물 또는 약물 등을 판매·대여·배포·방송·공연·상영·전시·진열·광고하거나 시청 또는 이용하도록 제공하는 행위와 이러한 목적으로 매체물 또는 약물 등을 인쇄·복제 또는 수입하는 행위를 말한다.
7. "청소년폭력·학대"란 폭력이나 학대를 통하여 청소년에게 신체적·정신적 피해를 발생하게 하는 행위를 말한다.
8. "청소년유해환경"이란 청소년유해매체물, 청소년유해약물등, 청소년유해업소 및 청소년폭력·학대를 말한다.

판례 업주의 종업원에 대한 연령확인 의무 : 유흥주점영업의 업주가 당해 유흥업소에 종업원을 고용함에 있어서는 주민등록증이나 이와 유사한 정도로 연령에 관한 공적 증명력이 있는 증거에 의하여 대상자의 연령을 확인하여야 하고, 만일 대상자의 연령 확인이 당장 용이하지 아니한 경우에는 대상자의 연령을 공적 증명에 의하여 확인할 수 있을 때까지는 그 채용을 보류하거나 거부하여야 할 것이다.(대판 2005.11.25, 2005도6455)

판례 주로 주류의 조리·판매를 목적으로 하는 영업을 청소년고용금지업소로 규정한 예 : 식품위생법상의 일반음식점 영업허가를 받은 업소라고 하더라도 실제로는 음식류의 조리·판매보다는 주로 주류를 조리·판매하는 영업행위가 이루어지고 있고, 나아가 일반음식점의 실제의 영업형태 중에서는 주간에는 주로 음식류를 조리·판매하고 야간에는 주로 주류를 조리·판매하는 형태도 있을 수 있는데, 이러한 경우 음식류의 조리·판매보다는 주로 주류를 조리·판매하는 야간의 영업형태에 있어서의 그 업소는 청소년 보호법상의 청소년고용금지업소에 해당한다.
(대판 2004.2.12, 2003도6282)

제3조【가정의 역할과 책임】 ① 청소년에 대하여 친권을 행사하는 사람 또는 친권자를 대신하여 청소년을 보호하는 사람(이하 "친권자등"이라 한다)은 청소년이 청소년유해환경에 접촉하거나 출입하지 못하도록 필요한 노력을 하여야 하며, 청소년이 유해한 매체물 또는 유해한 약물 등을 이용하고 있거나 유해한 업소에 출입하려고 하면 즉시 제지하여야 한다.

② 친권자등은 제1항에 따른 노력이나 제지를 할 때 필요한 경우에는 청소년 보호와 관련된 상담기관과 단체 등에 상담하여야 하고, 해당 청소년이 가출하거나 비행 등을 할 우려가 있다고 인정되면 청소년 보호와 관련된 지도·단속 기관에 협조를 요청하여야 한다.

제4조【사회의 책임】 ① 누구든지 청소년 보호를 위하여 다음 각 호의 조치 등 필요한 노력을 하여야 한다.

1. 청소년이 청소년유해환경에 접할 수 없도록 하거나 출입을 하지 못하도록 할 것
2. 청소년이 유해한 매체물 또는 유해한 약물 등을 이용하고 있거나 청소년폭력·학대 등을 하고 있음을 알게 되었을 때에는 이를 제지하고 선도할 것
3. 청소년에게 유해한 매체물과 유해한 약물 등이 유통되고 있거나 청소년유해업소에 청소년이 고용되어 있거나 출입하고 있음을 알게 되었을 때 또는 청소년이 청소년폭력·학대 등의 피해를 입고 있음을 알게 되었을 때에는 제21조제3항에 따른 관계기관등에 신고·고발하는 등의 조치를 할 것

② 매체물과 약물 등의 유통을 업으로 하거나 청소년유해업소의 경영을 업으로 하는 자와 이들로 구성된 단체 및 협회 등은 청소년유해매체물과 청소년유해약물등이 청소년에게 유통되지 아니하도록 하고 청소년유해업소에 청소년을 고용하거나 청소년이 출입하지 못하도록 하는 등 청소년을 보호하기 위하여 자율적인 노력을 다하여야 한다.

제5조【국가와 지방자치단체의 책무】 ① 국가는 청소년 보호를 위하여 청소년유해환경의 개선에 필요한 시책을 마련하고 시행하여야 하며, 지방자치단체는 해당 지역의 청소년유해환경으로부터 청소년을 보호하기 위하여 필요한 노력을 하여야 한다.

② 국가와 지방자치단체는 전자·통신기술 및 의약품 등의 발달에 따라 등장하는 새로운 형태의 매체물과 약물 등이 청소년의 정신적·신체적 건강을 해칠 우려가 있음을 인식하고, 이들 매체물과 약물 등으로부터 청소년을 보호하기 위하여 필요한 기술개발과 연구사업의 지원, 국가 간의 협력체제 구축 등 필요한 노력을 하여야 한다.

③ 국가와 지방자치단체는 청소년 관련 단체 등 민간의 자율적인 유해환경 감시·고발 활동을 장려하고 이에 필요한 지원을 할 수 있으며 민간의 건의사항을 관련 시책에 반영할 수 있다.

④ 국가와 지방자치단체는 청소년을 보호하기 위하여 청소년유해환경을 규제할 때 그 의무를 충실히 수행하여야 한다.

제6조【다른 법률과의 관계】 이 법은 청소년유해환경의 규제에 관한 형사처벌을 할 때 다른 법률보다 우선하여 적용한다.

제2장 청소년유해매체물의 결정 및 유통 규제

제7조【청소년유해매체물의 심의·결정】 ① 청소년보호위원회는 매체물이 청소년에게 유해한지를 심의하여 청소년에게 유해하다고 인정되는 매체물을 청소년유해매체물로 결정하여야 한다. 다만, 다른 법령에 따라 해당 매체물의 윤리성·건전성을 심의할 수 있는 기관(이하 "각 심의기관"이라 한다)이 있는 경우에는 예외로 한다.

② 청소년보호위원회는 매체물이 청소년에게 유해한지를 각 심의기관에서 심의하지 아니하는 경우 청소년 보호를 위하여 필요하다고 인정할 때에는 심의를 하도록 요청할 수 있다.

③ 청소년보호위원회는 제1항 단서에도 불구하고 다음 각 호의 어느 하나에 해당하는 매체물에 대하여는 청소년에게 유해한지를 심의하여 유해하다고 인정하는 경우에는 그 매체물을 청소년유해매체물로 결정할 수 있다.

1. 각 심의기관이 심의를 요청한 매체물
2. 청소년에게 유해한지에 대하여 각 심의기관의 심의를 받지 아니하고 유통되는 매체물

④ 청소년보호위원회나 각 심의기관은 매체물 심의 결과 그 매체물의 내용이 「형법」 등 다른 법령에 따라 유통이 금지되는 내용이라고 판단하는 경우에는 지체 없이 관계 기관에 형사처벌이나 행정처분을 요청하여야 한다. 다만, 각 심의기관별로 해당 법령에 따로 절차가 있는 경우에는 그 절차에 따른다.
⑤ 청소년보호위원회나 각 심의기관은 다음 각 호의 어느 하나에 해당하는 매체물에 대하여는 신청을 받거나 직권으로 매체물의 종류, 제목, 내용 등을 특정하여 청소년유해매체물로 결정할 수 있다.
1. 제작·발행의 목적 등에 비추어 청소년이 아닌 자를 상대로 제작·발행된 매체물
2. 매체물 각각을 청소년유해매체물로 결정하여서는 청소년에게 유통되는 것을 차단할 수 없는 매체물
⑥ 청소년보호위원회 심의·결정의 절차 등에 필요한 사항은 대통령령으로 정한다.
제8조【등급 구분 등】 ① 청소년보호위원회와 각 심의기관은 제7조에 따라 매체물을 심의·결정하는 경우 청소년유해매체물로 심의·결정하지 아니한 매체물에 대하여는 그 매체물의 특성, 청소년 유해의 정도, 이용시간과 장소 등을 고려하여 이용 대상 청소년의 나이에 따른 등급을 구분할 수 있다.(2015.6.22 후단삭제)
② 제1항에 따른 등급 구분의 종류 및 방법 등에 필요한 사항은 대통령령으로 정한다.(2015.6.22 본항개정)
제9조【청소년유해매체물의 심의 기준】 ① 청소년보호위원회와 각 심의기관은 제7조에 따른 심의를 할 때 해당 매체물이 다음 각 호의 어느 하나에 해당하는 경우에는 청소년유해매체물로 결정하여야 한다.
1. 청소년에게 성적인 욕구를 자극하는 선정적인 것이거나 음란한 것
2. 청소년에게 포악성이나 범죄의 충동을 일으킬 수 있는 것
3. 성폭력을 포함한 각종 형태의 폭력 행위와 약물의 남용을 자극하거나 미화하는 것
4. 도박과 사행심을 조장하는 등 청소년의 건전한 생활을 현저히 해칠 우려가 있는 것
5. 청소년의 건전한 인격과 시민의식의 형성을 저해(沮害)하는 반사회적·비윤리적인 것
6. 그 밖에 청소년의 정신적·신체적 건강에 명백히 해를 끼칠 우려가 있는 것
② 제1항에 따른 기준을 구체적으로 적용할 때에는 사회의 일반적인 통념에 따르며 그 매체물이 가지고 있는 문학적·예술적·교육적·의학적·과학적 측면과 그 매체물의 특성을 함께 고려하여야 한다.
③ 청소년 유해 여부에 관한 구체적인 심의 기준과 그 적용에 필요한 사항은 대통령령으로 정한다.
제10조【심의 결과의 조정】 청소년보호위원회는 청소년 보호와 관련하여 각 심의기관이 동일한 매체물을 심의한 결과에 상당한 차이가 있을 경우 그 심의 결과의 조정을 요구할 수 있으며 요구를 받은 각 심의기관은 특별한 사유가 없으면 그 요구에 따라야 한다.
제11조【청소년유해매체물의 자율 규제】 ① 매체물의 제작자·발행자, 유통행위자 또는 매체물과 관련된 단체는 자율적으로 청소년 유해 여부를 결정하고 결정한 내용의 확인을 청소년보호위원회나 각 심의기관에 요청할 수 있다.
② 제1항에 따른 확인 요청을 받은 청소년보호위원회 또는 각 심의기관은 심의 결과 그 결정 내용이 적합한 경우에는 이를 확인하여야 하며, 청소년보호위원회는 필요한 경우 이를 각 심의기관에 위탁하여 처리할 수 있다.
③ 제2항에 따라 청소년보호위원회나 각 심의기관이 확인을 한 경우에는 해당 매체물에 확인 표시를 부착할 수 있다.
④ 매체물의 제작자·발행자, 유통행위자 또는 매체물과 관련된 단체는 청소년에게 유해하다고 판단하는 매체물에 대하여 제13조에 따른 청소년유해표시에 준하는 표시를 하거나 제14조에 따른 포장에 준하는 포장을 하여야 한다.
⑤ 청소년보호위원회나 각 심의기관은 제4항에 따라 청소년유해표시 또는 포장을 한 매체물을 발견한 경우 청소년 유해 여부를 결정하여야 한다.
⑥ 매체물의 제작자·발행자, 유통행위자 또는 매체물과 관련된 단체가 제4항에 따라 청소년유해표시 또는 포장을 한 매체물은 청소년보호위원회나 각 심의기관의 최종 결정이 있을 때까지 이 법에 따른 청소년유해매체물로 본다.
⑦ 정부는 자율 규제의 활성화를 위하여 매체물의 제작자·발행자, 유통행위자 또는 매체물과 관련된 단체에 청소년유해매체물 심의 기준 등에 관한 교육 및 관련 정보와 자료를 제공할 수 있다.
⑧ 제1항부터 제6항까지에 따른 청소년 유해 여부의 결정과 확인의 절차 및 방법 등에 필요한 사항은 대통령령으로 정한다.
제12조【청소년유해매체물의 재심의】 ① 매체물의 제작자·발행자나 유통행위자는 제7조에 따른 청소년보호위원회의 심의·결정에 이의가 있는 경우 심의·결정의 결과를 통지받은 날부터 30일 이내에 청소년보호위원회에 재심의를 청구할 수 있다.
② 제1항에 따른 재심의 청구는 제7조에 따른 심의·결정의 효력 및 제21조에 따른 청소년유해매체물 고시 절차의 진행에 영향을 주지 아니한다.
③ 청소년보호위원회는 제1항에 따른 재심의 청구를 받은 날부터 30일 이내에 심의·결정하여 그 결과를 청구인에게 통보하여야 한다. 다만, 30일 이내에 재심의 결정을 하기 어려운 경우에는 청소년보호위원회의 의결을 거쳐 30일의 범위에서 그 기간을 연장할 수 있다.(2012.1.17 본항개정)
④ 제1항에 따른 재심의 청구 및 결정 등에 필요한 사항은 여성가족부령으로 정한다.
제13조【청소년유해표시 의무】 ① 다음 각 호의 구분에 따른 자는 청소년유해매체물에 대하여 청소년에게 유해한 것임을 나타내는 표시(이하 "청소년유해표시"라 한다)를 하여야 한다. 다만, 다른 법령에서 청소년유해표시를 하여야 할 자를 따로 정한 경우에는 해당 법령에서 정하는 바에 따른다.
1. 청소년유해매체물이 「영화 및 비디오물의 진흥에 관한 법률」에 따른 영화인 경우 : 「영화 및 비디오물의 진흥에 관한 법률」 제2조제9호라목에 따른 영화상영업자
2. 청소년유해매체물이 「영화 및 비디오물의 진흥에 관한 법률」에 따른 비디오물인 경우 : 해당 비디오물을 제작·수입·복제한 자 또는 제공하는 자
3. 청소년유해매체물이 「게임산업진흥에 관한 법률」에 따른 게임물인 경우 : 해당 게임물을 제작·수입·복제한 자 또는 제공하는 자
4. 청소년유해매체물이 「음악산업진흥에 관한 법률」에 따른 음반, 음악파일, 음악영상물 및 음악영상파일인 경우 : 해당 음반, 음악파일, 음악영상물 및 음악영상파일을 제작·수입·복제한 자 또는 제공하는 자
5. 청소년유해매체물이 「공연법」에 따른 공연(국악공연은 제외한다)인 경우 : 「공연법」 제2조제3호에 따른 공연자 중 공연을 주재(主宰)하는 자
6. 청소년유해매체물이 「전기통신사업법」에 따른 전기통신을 통한 부호·문언·음향 또는 영상 정보인 경우 : 해당 부호·문언·음향 또는 영상 정보를 제공하는 자
7. 청소년유해매체물이 「방송법」에 따른 방송프로그램인 경우 : 「방송법」 제2조제3호에 따른 방송사업자
8. 청소년유해매체물이 「신문 등의 진흥에 관한 법률」에 따른 신문, 인터넷신문인 경우 : 「신문 등의 진흥에 관한 법률」 제2조제7호에 따른 발행인
9. 청소년유해매체물이 「잡지 등 정기간행물의 진흥에 관한 법률」에 따른 잡지, 정보간행물, 전자간행물, 기타간행물인 경우 : 해당 잡지, 정보간행물, 전자간행물, 기타간행물을 제작·수입·발행한 자 또는 제공하는 자
10. 청소년유해매체물이 「출판문화산업 진흥법」에 따른 간행물, 전자출판물, 외국간행물인 경우 : 해당 간행물, 전자출판물, 외국간행물을 제작·수입·발행한 자 또는 제공하는 자
11. 청소년유해매체물이 광고선전물 중 간행물에 포함된 것인 경우 : 해당 간행물의 표시의무자
② 제1항에 따른 청소년유해표시의 종류와 시기·방법, 그 밖에 필요한 사항은 대통령령으로 정한다.
(2013.3.22 본조개정)
제14조【포장 의무】 ① 청소년유해매체물은 포장하여야 한다. 이 경우 매체물의 특성으로 인하여 포장할 수 없는 것은 포장에 준하는 보호조치를 마련하여 시행하여야 한다.
② 제1항에 따라 포장을 하여야 할 매체물의 종류, 포장에 준하는 보호조치, 포장의무자, 포장방법, 그 밖에 포장에 필요한 사항은 대통령령으로 정한다.
제15조【표시·포장의 훼손 금지】 누구든지 제13조에 따른 청소년유해표시와 제14조에 따른 포장을 훼손하여서는 아니 된다.
제16조【판매 금지 등】 ① 청소년유해매체물로서 대통령령으로 정하는 매체물을 판매·대여·배포하거나 시청·관람·이용하도록 제공하려는 자는 그 상대방의 나이 및 본인 여부를 확인하여야 하고, 청소년에게 판매·대여·배포하거나 시청·관람·이용하도록 제공하여서는 아니 된다.
② 제13조에 따라 청소년유해표시를 하여야 할 매체물은 청소년유해표시가 되지 아니한 상태로 판매나 대여를 위하여 전시하거나 진열하여서는 아니 된다.
③ 제14조에 따라 포장을 하여야 할 매체물은 포장을 하지 아니한 상태로 판매나 대여를 위하여 전시하거나 진열하여서는 아니 된다.
④ 제1항에 따른 상대방의 나이 및 본인 여부의 확인방법, 그 밖에 청소년유해매체물의 판매 금지 등에 필요한 사항은 대통령령으로 정한다.
제17조【구분·격리 등】 ① 청소년유해매체물은 청소년에게 유통이 허용된 매체물과 구분·격리하지 아니하고서는 판매나 대여를 위하여 전시하거나 진열하여서는 아니 된다.
② 청소년유해매체물로서 제2조제2호가목부터 다목까지 및 사목부터 자목까지에 해당하는 매체물은 자동기계장치 또는 무인판매장치를 통하여 유통시킬 목적으로 전시하거나 진열하여서는 아니 된다. 다만, 다음 각 호의 어느 하나에 해당하는 경우에는 예외로 한다.
1. 자동기계장치나 무인판매장치를 설치하는 자가 이를 이용하는 청소년의 청소년유해매체물 구입 행위 등을 제지할 수 있는 경우
2. 청소년 출입·고용금지업소 안에 설치하는 경우
③ 제1항 및 제2항에 따른 구분·격리의 방법 등에 필요한 사항은 대통령령으로 정한다.
제18조【방송시간 제한】 청소년유해매체물로서 제2조제2호바목에 해당하는 매체물과 같은 호 차목·카목에 해당하는 매체물 중 방송을 이용하는 매체물은 대통령령으로 정하는 시간에는 방송하여서는 아니 된다.
제19조【광고선전 제한】 ① 청소년유해매체물로서 제2조제2호차목에 해당하는 매체물 중 「옥외광고물 등의 관리와 옥외광고산업 진흥에 관한 법률」에 따른 옥외광고물을 다음 각 호의 어느 하나에 해당하는 장소에 공공연하게 설치·부착 또는 배포하여서는 아니 되며, 상업적 광고선전물을 청소년의 접근을 제한하는 기능이 없는 컴퓨터 통신을 통하여 설치·부착 또는 배포하여서도 아니 된다.(2016.1.6 본문개정)
1. 청소년 출입·고용금지업소 외의 업소
2. 일반인들이 통행하는 장소
② 청소년유해매체물로서 제2조제2호차목에 해당하는 매체물(「옥외광고물 등의 관리와 옥외광고산업 진흥에 관한 법률」에 따른 옥외광고물은 제외한다)은 청소년을 대상으로 판매·대여·배포하거나 시청·관람 또는 이용하도록 제공하여서는 아니 된다.(2016.1.6 본항개정)
③ 제1항과 제2항에 따른 광고선전의 제한 방법과 제한 장소, 그 밖에 광고 제한에 필요한 사항은 대통령령으로 정한다.
제20조【청소년유해매체물의 결정 취소】 청소년보호위원회와 각 심의기관은 청소년유해매체물이 더 이상 청소년에게 유해하지 아니하다고 인정할 때에는 제7조에 따른 청소년유해매체물의 결정을 취소하여야 한다.
제21조【청소년유해매체물 결정 등의 통보·고시】 ① 각 심의기관은 청소년유해매체물의 결정, 확인 또는 결정 취소를 한 경우 청소년유해매체물의 목록과 그 사유를 청소년보호위원회에 통보하여야 한다.
② 여성가족부장관은 청소년보호위원회와 각 심의기관이 결정, 확인 또는 결정 취소한 청소년유해매체물의 목록과 그 사유 및 효력 발생 시기를 구체적으로 밝힌 목록표(이하 "청소년유해매체물 목록표"라 한다)를 고시하여야 한다.
③ 여성가족부장관은 청소년유해매체물 목록표를 각 심의기관, 청소년 또는 매체물과 관련이 있는 중앙행정기관, 지방자치단체, 청소년 보호와 관련된 지도·단속 기관, 그 밖에 청소년 보호를 위한 관련 단체 등(이하 "관계기관등"이라 한다)에 통보하여야 하고, 필요한 경우 매체물의 유통을 업으로 하는 개인·법인·단체에 통보할 수 있으며, 친권자등의 요청이 있는 경우 친권자등에게 통지할 수 있다.
④ 제2항 및 제3항에 따른 청소년유해매체물 목록표의 고시 및 통보 등에 필요한 사항은 여성가족부령으로 정한다.
제22조【외국 매체물에 대한 특례】 누구든지 외국에서 제작·발행된 매체물로서 제9조의 심의 기준에 해당하는 청소년유해매체물(번역, 번안, 편집, 자막삽입 등을 한 경우를 포함한다)을 영리를 목적으로 청소년을 대상으로 유통하게 하거나 이와 같은 목적으로 소지하여서는 아니 된다.
제23조【정보통신망을 통한 청소년유해매체물 제공자 등의 공표】 ① 여성가족부장관은 「정보통신망 이용촉진 및 정보보호 등에 관한 법률」 제2조제1항제1호에 따른 정보통신망을 이용하여 청소년유해매체물을 제작·발행하거나 유통하는 자가 다음 각 호의 어느 하나에 해당하는 경우 해당 청소년유해매체물의 제작자·발행자나 유통행위자 등의 업체명·대표자명·위반행위의 내용 등을 공표할 수 있다.
1. 청소년유해매체물임을 표시하지 아니하고 청소년유해매체물을 청소년에게 제공한 경우
2. 청소년유해매체물의 광고를 청소년에게 전송하거나 청소년 접근을 제한하는 조치 없이 공개적으로 전시한 경우
② 여성가족부장관은 제1항에 따라 정보를 공표하기 전에 정보 공표 대상자에게 의견제출의 기회를 주어야 한다.
③ 제1항에 따른 공표의 방법과 절차 등에 필요한 사항은 대통령령으로 정한다.

제3장 청소년의 인터넷게임 중독·과몰입 예방
(2021.12.7 본장제목개정)

제24조【인터넷게임 이용자의 친권자등의 동의】 ① 「게임산업진흥에 관한 법률」에 따른 게임물 중 「정보통신망 이용촉진 및 정보보호 등에 관한 법률」 제2조제1항제1호에 따른 정보통신망을 통하여 실시간으로 제공되는 게임물(이하 "인터넷게임"이라 한다)의 제공자(「전기통신사업법」 제22조에 따라 부가통신사업자로 신고한 자를 말하며, 같은 조 제1항 후단 및 제4항에 따라 신고한 것으로 보는 경우를 포함한다. 이하 같다)는 회원으로 가입하려는 사람이 16세 미만의 청소년일 경우에는 친권자등의 동의를 받아야 한다.

② 제1항의 친권자등의 동의에 필요한 사항은 「게임산업진흥에 관한 법률」에서 정하는 바에 따른다.

제25조【인터넷게임 제공자의 고지 의무】 ① 인터넷게임의 제공자는 16세 미만의 청소년 회원가입자의 친권자등에게 해당 청소년과 관련된 다음 각 호의 사항을 알려야 한다.

1. 제공되는 게임의 특성·등급(「게임산업진흥에 관한 법률」 제21조에 따른 게임물의 등급을 말한다)·유료화정책 등에 관한 기본적인 사항
2. (2021.12.7 삭제)
3. 인터넷게임 이용 등에 따른 결제정보

② 제1항에 따른 고지에 필요한 사항은 「게임산업진흥에 관한 법률」에서 정하는 바에 따른다.

제26조 (2021.12.7 삭제)

제27조【인터넷게임 중독·과몰입 등의 예방 및 피해청소년 지원】 ① 여성가족부장관은 관계 중앙행정기관의 장과 협의하여 인터넷게임 중독·과몰입(인터넷게임의 지나친 이용으로 인하여 인터넷게임 이용자가 일상생활에서 쉽게 회복할 수 없는 신체적·정신적·사회적 기능 손상을 입은 것을 말한다) 등 매체물의 오용·남용을 예방하고 신체적·정신적·사회적 피해를 입은 청소년과 그 가족에 대하여 상담·교육 및 치료와 재활 등의 서비스를 지원할 수 있다.(2021.12.7 본항개정)

② 제1항에 따른 지원에 관하여 구체적인 사항은 대통령령으로 정한다.

(2021.12.7 본조제목개정)

제4장 청소년유해약물등, 청소년유해행위 및 청소년유해업소 등의 규제

제28조【청소년유해약물등의 판매·대여 등의 금지】 ① 누구든지 청소년을 대상으로 청소년유해약물등을 판매·대여·배포(자동기계장치·무인판매장치·통신장치를 통하여 판매·대여·배포하는 경우를 포함한다)하거나 무상으로 제공하여서는 아니 된다. 다만, 교육·실험 또는 치료를 위한 경우로서 대통령령으로 정하는 경우는 예외로 한다.

② 누구든지 청소년의 의뢰를 받아 청소년유해약물등을 구입하여 청소년에게 제공하여서는 아니 된다.

③ 누구든지 청소년에게 권유·유인·강요하여 청소년유해약물등을 구매하게 하여서는 아니 된다.(2018.12.11 본항신설)

④ 청소년유해약물등을 판매·대여·배포하고자 하는 자는 그 상대방의 나이 및 본인 여부를 확인하여야 한다.(2018.1.16 본항개정)

⑤ 다음 각 호의 어느 하나에 해당하는 자가 청소년유해약물 중 주류나 담배(이하 "주류등"이라 한다)를 판매·대여·배포하는 경우 그 업소(자동기계장치·무인판매장치를 포함한다)에 청소년을 대상으로 주류등의 판매·대여·배포를 금지하는 내용을 표시하여야 한다. 다만, 청소년 출입·고용금지업소는 제외한다.

1. 「주류 면허 등에 관한 법률」에 따른 주류소매업의 영업자(2020.12.29 본호개정)
2. 「담배사업법」에 따른 담배소매업의 영업자
3. 그 밖에 대통령령으로 정하는 업소의 영업자

(2014.3.24 본항신설)

⑥ 여성가족부장관은 청소년유해약물등 목록표를 작성하여 청소년유해약물등과 관련이 있는 관계기관등에 통보하여야 하고, 필요한 경우 약물 유통을 업으로 하는 개인·법인·단체에 통보할 수 있으며, 친권자등의 요청이 있는 경우 친권자등에게 통지할 수 있다.

⑦ 다음 각 호의 어느 하나에 해당하는 자는 청소년유해약물등에 대하여 청소년유해표시를 하여야 한다.

1. 청소년유해약물을 제조·수입한 자
2. 청소년유해물건을 제작·수입한 자

(2013.3.22 본항개정)

⑧ 제6항에 따른 청소년유해약물등 목록표의 작성 방법, 통보 시기, 통보 대상, 그 밖에 필요한 사항은 여성가족부령으로 정한다.(2018.12.11 본항개정)

⑨ 제5항에 따른 표시의 문구, 크기와 제7항에 따른 청소년유해표시의 종류와 시기·방법, 그 밖에 필요한 사항은 대통령령으로 정한다.(2018.12.11 본항개정)

⑩ 청소년유해약물등의 포장에 관하여는 제14조 및 제15조를 준용한다. 이 경우 "청소년유해매체물" 및 "매체물"은 각각 "청소년유해약물등"으로 본다.(2013.3.22 본항신설)

제29조【청소년 고용 금지 및 출입 제한 등】 ① 청소년유해업소의 업주는 청소년을 고용하여서는 아니 된다. 청소년유해업소의 업주가 종업원을 고용하려면 미리 나이를 확인하여야 한다.

② 청소년 출입·고용금지업소의 업주와 종사자는 출입자의 나이를 확인하여 청소년이 그 업소에 출입하지 못하게 하여야 한다.

③ 제2조제5호나목2)의 숙박업을 운영하는 업주는 종사자를 배치하거나 대통령령으로 정하는 설비 등을 갖추어 출입자의 나이를 확인하고 제30조제8호의 우려가 있는 경우에는 청소년의 출입을 제한하여야 한다.(2016.12.20 본항신설)

④ 청소년유해업소의 업주와 종사자는 제1항부터 제3항까지에 따른 나이 확인을 위하여 필요한 경우 주민등록증이나 그 밖에 나이를 확인할 수 있는 증표(이하 이 항에서 "증표"라 한다)의 제시를 요구할 수 있으며, 증표 제시를 요구받고도 정당한 사유 없이 증표를 제시하지 아니하는 사람에게는 그 업소의 출입을 제한할 수 있다.(2016.12.20 본항개정)

⑤ 제2항에도 불구하고 청소년이 친권자등을 동반할 때에는 대통령령으로 정하는 바에 따라 출입하게 할 수 있다. 다만, 「식품위생법」에 따른 식품접객업 중 대통령령으로 정하는 업소의 경우에는 출입할 수 없다.

⑥ 청소년유해업소의 업주와 종사자는 그 업소에 대통령령으로 정하는 바에 따라 청소년의 출입과 고용을 제한하는 내용을 표시하여야 한다.

판례 동조 제1항 '고용'의 의미 : 청소년유해업소인 노래연습장 또는 유흥주점의 각 업주는 청소년을 절대부로 고용할 수 없는바, 여기의 고용에는 시간제로 보수를 받고 근무하는 경우도 포함된다.(대판 2005.7.29, 2005도3801)

판례 동조 제2항 '출입'의 의미 : 동법의 입법목적과 이를 달성하기 위한 제 규정들의 취지, 그리고 동조 제2항이 유해업소의 출입과 이용을 병렬적으로 규제하고 있는 입법형식을 취하고 있는 점 등 제반 사정에 비추어 볼 때, 동조항의 '출입'은 '이용'과는 별개의 개념으로서 위 규정에 의하여 금지되는 '출입'은 청소년이 유해업소의 시설을 이용하기 위한 것인지를 묻지 아니하고 청소년이 법령이 허용하는 경우 이외에 유해업소의 시설에 출입하는 행위 일체를 의미한다.(대판 2002.6.14, 2002도651)

제30조【청소년유해행위의 금지】 누구든지 청소년에게 다음 각 호의 어느 하나에 해당하는 행위를 하여서는 아니 된다.

1. 영리를 목적으로 청소년으로 하여금 신체적인 접촉 또는 은밀한 부분의 노출 등 성적 접대행위를 하게 하거나 이러한 행위를 알선·매개하는 행위
2. 영리를 목적으로 청소년으로 하여금 손님과 함께 술을 마시거나 노래 또는 춤 등으로 손님의 유흥을 돋우는 접객행위를 하게 하거나 이러한 행위를 알선·매개하는 행위
3. 영리나 흥행을 목적으로 청소년에게 음란한 행위를 하게 하는 행위
4. 영리나 흥행을 목적으로 청소년의 장애나 기형 등의 모습을 일반인들에게 관람시키는 행위
5. 청소년에게 구걸을 시키거나 청소년을 이용하여 구걸하는 행위
6. 청소년을 학대하는 행위
7. 영리를 목적으로 청소년으로 하여금 거리에서 손님을 유인하는 행위를 하게 하는 행위
8. 청소년을 남녀 혼숙하게 하는 등 풍기를 문란하게 하는 영업행위를 하거나 이를 목적으로 장소를 제공하는 행위
9. 주로 차 종류를 조리·판매하는 업소에서 청소년으로 하여금 영업장을 벗어나 차 종류를 배달하는 행위를 하게 하거나 이를 조장하거나 묵인하는 행위

판례 동조 제8호 '청소년 이성혼숙'의 의미 : 위 법률의 입법 취지가 청소년을 각종 유해행위로부터 보호함으로써 청소년이 건전한 인격체로 성장할 수 있도록 하기 위한 것인 점 등을 감안하면, 위 법문이 규정하는 '이성혼숙'은 남녀 중 일방이 청소년이면 족하고, 반드시 남녀 쌍방이 청소년임을 요하는 것은 아니다.(대판 2003.12.26, 2003도5980)

제31조【청소년 통행금지·제한구역의 지정 등】 ① 특별자치시장·특별자치도지사·시장·군수·구청장(구청장은 자치구의 구청장을 말하며, 이하 "시장·군수·구청장"이라 한다)은 청소년 보호를 위하여 필요하다고 인정할 경우 청소년의 정신적·신체적 건강을 해칠 우려가 있는 구역을 청소년 통행금지구역 또는 청소년 통행제한구역으로 지정하여야 한다.(2013.3.22 본항개정)

② 시장·군수·구청장은 청소년 범죄 또는 탈선의 예방 등 특별한 이유가 있으면 대통령령으로 정하는 바에 따라 시간을 정하여 제1항에 따라 지정된 구역에 청소년이 통행하는 것을 금지하거나 제한할 수 있다.

③ 제1항과 제2항에 따른 청소년 통행금지구역 또는 통행제한구역의 구체적인 지정기준과 선도 및 단속 방법 등은 조례로 정하여야 한다. 이 경우 관할 경찰관서 및 학교 등 해당 지역의 관계 기관과 지역 주민의 의견을 반영하여야 한다.

④ 시장·군수·구청장 및 관할 경찰서장은 청소년이 제2항을 위반하여 청소년 통행금지구역 또는 통행제한구역을 통행하려고 할 때에는 통행을 막을 수 있으며, 통행하고 있는 청소년은 해당 구역 밖으로 나가게 할 수 있다.

제32조【청소년에 대하여 가지는 채권의 효력 제한】 ① 제30조에 따른 행위를 한 자가 그 행위와 관련하여 청소년에 대하여 가지는 채권은 그 계약의 형식이나 명목에 관계없이 무효로 한다.

② 제2조제5호가목3) 및 나목3)에 따른 업소의 업주가 고용과 관련하여 청소년에 대하여 가지는 채권은 그 계약의 형식이나 명목에 관계없이 무효로 한다.

제5장 청소년 보호 사업의 추진

제33조【청소년보호종합대책의 수립 등】 ① 여성가족부장관은 3년마다 관계 중앙행정기관의 장 및 지방자치단체의 장과 협의하여 청소년유해환경으로부터 청소년을 보호하기 위한 종합대책(이하 이 조에서 "종합대책"이라 한다)을 수립·시행하여야 한다.

② 여성가족부장관은 종합대책의 추진상황을 매년 점검하여야 하고, 이를 위하여 관계 기관 점검회의를 운영할 수 있다.

③ 여성가족부장관은 종합대책 수립 및 제2항에 따른 점검회의의 운영을 위하여 필요한 자료를 관계 기관의 장에게 요청할 수 있다. 이 경우 관계 기관의 장은 정당한 사유가 없으면 이에 따라야 한다.

④ 여성가족부장관은 종합대책의 효과적 수립·시행을 위하여 청소년의 유해환경에 대한 접촉실태 조사를 정기적으로 실시하여야 하고, 관계 중앙행정기관 또는 지방자치단체의 장과 협력하여 청소년유해환경에 대한 종합적인 점검 및 단속 등을 실시할 수 있다.

⑤ 종합대책의 수립·시행과 제2항에 따른 점검회의의 운영 등에 필요한 사항은 대통령령으로 정한다.

제34조【청소년의 유해환경에 대한 대응능력 제고 등】 ① 여성가족부장관은 관계 중앙행정기관의 장과 협의하여 청소년의 유해환경에 대한 대응능력 제고와 청소년의 매체물 오용·남용으로 인한 피해의 예방 및 해소 등을 위하여 다음 각 호의 사업을 추진할 수 있다.

1. 청소년의 유해환경에 대한 대응능력 제고를 위한 교육 및 프로그램의 개발과 보급
2. 청소년의 유해환경에 대한 대응능력 제고와 관련된 전문인력의 양성
3. 청소년의 매체물 이용과 관련한 상담 및 안내
4. 매체물 오용·남용으로 피해를 입은 청소년에 대한 전문적 상담과 치료 등
5. 청소년유해약물 피해 예방 및 피해를 입은 청소년에 대한 치료와 재활

② 여성가족부장관은 제1항 각 호의 사업을 청소년 보호를 목적으로 하는 법인 또는 단체에 위탁하여 실시할 수 있다. 이 경우 여성가족부장관은 예산의 범위에서 사업수행에 필요한 경비의 전부 또는 일부를 지원할 수 있다.

제34조의2【환각물질 중독치료 등】 ① 여성가족부장관은 다음 각 호의 사항을 지원하기 위하여 중독정신의학 또는 청소년정신의학 전문의 등의 인력과 관련 장비를 갖춘 시설 또는 기관을 청소년 환각물질 중독 전문 치료기관(이하 "청소년 전문 치료기관"이라 한다)으로 지정·운영할 수 있다. 이 경우 판별 검사, 치료와 재활에 필요한 비용의 전부 또는 일부를 지원할 수 있다.

1. 환각물질 흡입 청소년의 중독 여부 판별 검사
2. 환각물질 중독으로 판명된 청소년에 대한 치료와 재활

② 여성가족부장관은 환각물질 흡입 청소년에 대하여 본인, 친권자 등 대통령령으로 정하는 사람의 신청, 「소년법」에 따른 법원의 보호처분결정 또는 검사의 조건부기소유예처분 등이 있는 경우 청소년 전문 치료기관에서 중독 여부를 판별하기 위한 검사를 받도록 지원할 수 있다. 이 경우 검사 기간은 1개월 이내로 한다.

③ 여성가족부장관은 환각물질 중독자로 판명된 청소년에 대하여 본인, 친권자 등 대통령령으로 정하는 사람의 신청, 「소년법」에 따른 법원의 보호처분결정 또는 검사의 조건부기소유예처분 등이 있는 경우 청소년 전문 치료기관에서 치료와 재활을 받도록 지원할 수 있다. 이 경우 치료 및 재활 기간은 6개월 이내로 하되, 3개월의 범위에서 연장할 수 있다.

④ 여성가족부장관은 제2항 및 제3항에 따른 결정을 하는 경우에 정신과 전문의 등에게 자문할 수 있다.

⑤ 청소년 전문 치료기관의 장과 그 종사자 또는 그 직에 있었던 사람은 직무상 알게 된 비밀을 누설하여서는 아니 된다.

⑥ 제1항부터 제4항까지의 규정에 따른 청소년 전문 치료기관의 지정·운영, 중독 판별 검사 및 치료와 재활, 친권자 등의 신청 및 자문, 그 밖에 필요한 사항은 대통령령으로 정한다.

(2014.5.28 본조신설)

제35조【청소년 보호·재활센터의 설치·운영】 ① 여성가족부장관은 청소년유해환경으로부터 청소년을 보호하고 피해 청소년의 치료와 재활을 지원하기 위하여 청소년 보호·재활센터(이하 "청소년 보호·재활센터"라 한다)를 설치·운영할 수 있다.

② 여성가족부장관은 청소년 보호·재활센터의 설치·운영을 청소년 보호를 목적으로 하는 법인 또는 단체에 위탁할 수 있다. 이 경우 청소년 보호·재활센터의 설치·운영에 필요한 경비의 전부 또는 일부를 지원할 수 있다.

③ 청소년 보호·재활센터의 설치·운영에 필요한 세부사항은 대통령령으로 정한다.

제6장 청소년보호위원회

제36조【청소년보호위원회의 설치】 다음 각 호의 사항에 관하여 심의·결정하기 위하여 여성가족부장관 소속으로 청소년보호위원회(이하 이 장에서 "위원회"라 한다)를 둔다.

1. 청소년유해매체물, 청소년유해약물등, 청소년유해업소 등의 심의·결정 등에 관한 사항
2. 제54조제1항에 따른 과징금 부과에 관한 사항
3. 여성가족부장관이 청소년보호를 위하여 필요하다고 인정하여 심의를 요청한 사항
4. 그 밖에 다른 법률에서 위원회가 심의·결정하도록 정한 사항

제37조【위원회의 구성】 ① 위원회는 위원장 1명을 포함한 11명 이내의 위원으로 구성하되, 고위공무원단에 속하는 공무원 중 여성가족부장관이 지명하는 청소년 업무 담당 공무원 1명을 당연직 위원으로 한다.
② 위원회의 위원장은 청소년 관련 경험과 식견이 풍부한 사람 중에서 여성가족부장관의 제청으로 대통령이 임명하고, 그 밖의 위원은 다음 각 호의 어느 하나에 해당하는 사람 중에서 위원장의 추천을 받아 여성가족부장관의 제청으로 대통령이 임명하거나 위촉한다.
1. 판사, 검사 또는 변호사로 5년 이상 재직한 사람
2. 대학이나 공인된 연구기관에서 부교수 이상 또는 이에 상당하는 직에 있거나 있었던 사람으로서 청소년 관련 분야를 전공한 사람
3. 3급 또는 3급 상당 이상의 공무원이나 고위공무원단에 속하는 공무원과 공공기관에서 이에 상당하는 직에 있거나 있었던 사람으로서 청소년 관련 업무에 실무 경험이 있는 사람
4. 청소년 시설·단체 및 각급 교육기관 등에서 청소년 관련 업무를 10년 이상 담당한 사람

제38조【위원장의 직무 및 회의】 ① 위원장은 위원회를 대표하고 위원회의 업무를 총괄한다.
② 위원장이 부득이한 사유로 직무를 수행할 수 없을 때에는 위원장이 지명한 위원이 그 직무를 대행한다.
③ 위원장은 위원회의 회의를 소집하고 그 의장이 된다.
④ 위원회의 회의는 재적위원 과반수의 출석으로 개의하고, 출석위원 과반수의 찬성으로 의결한다.

제39조【위원의 임기】 ① 위원의 임기는 2년으로 하며, 연임할 수 있다. 다만, 당연직 위원의 임기는 그 재임기간으로 한다.(2018.12.18 단서신설)
② 당연직 위원이 아닌 위원에 결원이 생겼을 때에는 결원된 날부터 30일 이내에 보궐위원을 임명하거나 위촉하여야 하며, 보궐위원의 임기는 전임자 임기의 남은 기간으로 한다. 다만, 전임자 임기의 남은 기간이 3개월 미만이고 재임 중인 위원의 수가 8명 이상인 경우에는 보궐위원을 선임하지 아니할 수 있다.(2013.3.22 단서신설)

제40조【위원의 직무상 독립과 신분보장】 ① 위원은 직무와 관련하여 외부의 지시나 간섭을 받지 아니한다.
② 위원은 다음 각 호의 어느 하나에 해당하는 경우가 아니면 본인의 의사에 반하여 면직되지 아니한다.
1. 금고 이상의 형을 선고받은 경우
2. 장기간의 심신쇠약으로 직무를 수행할 수 없게 된 경우

제41조【회의 및 운영】 이 법에서 정한 사항 외에 위원회의 운영에 필요한 사항은 대통령령으로 정한다.

제41조의2【유해매체물 심의 분과위원회】 ① 여성가족부장관은 청소년보호위원회의 청소년유해매체물 심의·결정을 지원하기 위하여 유해매체물 심의 분과위원회를 둘 수 있다.
② 제1항에 따른 분과위원회의 구성과 운영 등에 필요한 사항은 대통령령으로 정한다.
(2012.1.17 본조신설)

제7장 보 칙

제42조【보고 등】 여성가족부장관 또는 시장·군수·구청장은 이 법에서 정하고 있는 사항의 이행 및 위반 여부를 확인하기 위하여 필요하다고 인정하면 청소년유해매체물과 청소년유해약물등을 유통하는 자와 청소년유해업소의 업주 등에게 대통령령으로 정하는 바에 따라 필요한 보고와 자료 제출을 요구할 수 있다.

제43조【검사 및 조사 등】 ① 여성가족부장관 또는 시장·군수·구청장은 이 법에서 정하고 있는 사항의 이행 및 위반 여부를 확인하기 위하여 필요하다고 인정하면 소속 공무원으로 하여금 청소년유해매체물 및 청소년유해약물등의 유통과 청소년의 청소년유해업소 고용 및 출입 등에 관련된 장부, 서류, 장소, 그 밖에 필요한 물건을 검사·조사하게 할 수 있으며, 대통령령으로 정하는 장소에서 당사자·이해관계인 또는 참고인의 진술을 듣게 할 수 있다.
② 여성가족부장관 또는 시장·군수·구청장은 필요하다고 인정하면 특별한 학식·경험이 있는 자에게 감정을 의뢰할 수 있다.
③ 제1항에 따라 업무를 수행하는 공무원은 그 권한을 표시하는 증표를 지니고 이를 관계인에게 보여주어야 한다.

제44조【수거·파기】 ① 여성가족부장관 또는 시장·군수·구청장은 청소년유해매체물 및 청소년유해약물등이 다음 각 호의 어느 하나에 해당하면 소유자나 유통에 종사하는 자에게 그 청소년유해매체물 또는 청소년유해약물등의 수거를 명할 수 있다.
1. 제13조제1항 및 제28조제7항에 따른 청소년유해표시가 되어 있지 아니하거나 제14조(제28조제10항에서 준용하는 경우를 포함한다)에 따라 포장되지 아니하고 유통되고 있는 경우(2018.12.11 본호개정)
2. 청소년에게 유해한지에 대하여 각 심의기관의 심의를 받지 아니하고 유통되고 있는 매체물로서 청소년유해매체물로 결정된 경우
② 여성가족부장관 또는 시장·군수·구청장은 제1항에 따른 수거명령을 받을 자를 알 수 없거나 수거명령을 받은 자가 이에 따르지 아니할 경우에는 대통령령으로 정하는 바에 따라 청소년유해매체물 또는 청소년유해약물등을 직접 수거하거나 파기할 수 있다.
③ 여성가족부장관, 시장·군수·구청장 또는 관할 경찰서장은 청소년이 소유하거나 소지하는 청소년유해약물등과 청소년유해매체물을 수거하여 폐기하거나 그 밖에 필요한 처분을 할 수 있다.
④ 여성가족부장관, 시장·군수·구청장 또는 관할 경찰서장은 제3항에 따른 처분을 한 경우에는 그 품명·수량·소유자 또는 소지자 및 그 처분 내용 등을 관계 장부에 적어야 한다.
⑤ 제1항부터 제3항까지에 따른 수거·파기 등에 필요한 사항은 대통령령으로 정한다.

제45조【시정명령】 ① 여성가족부장관 또는 시장·군수·구청장은 다음 각 호의 어느 하나에 해당하는 자에게 그 시정을 명할 수 있다.
1. 제13조제1항 및 제28조제7항을 위반하여 청소년유해매체물 또는 청소년유해약물등에 청소년유해표시를 하지 아니한 자(2018.12.11 본호개정)
2. 제14조(제28조제10항에서 준용하는 경우를 포함한다)를 위반하여 청소년유해매체물 또는 청소년유해약물등을 포장하지 아니한 자(2018.12.11 본호개정)
3. 영리를 목적으로 제16조제2항을 위반하여 청소년유해매체물을 청소년유해표시가 되지 아니한 상태에서 판매나 대여를 위하여 전시하거나 진열한 자
4. 영리를 목적으로 제16조제3항을 위반하여 청소년유해매체물을 포장하지 아니한 상태에서 판매나 대여를 위하여 전시하거나 진열한 자
5. 영리를 목적으로 제17조제1항을 위반하여 청소년유해매체물을 구분·격리하지 아니하고 판매나 대여를 위하여 전시하거나 진열한 자
6. 영리를 목적으로 제17조제2항을 위반하여 청소년유해매체물로서 제2조제2호가목부터 다목까지 및 사목부터 자목까지에 해당하는 매체물을 자동기계장치나 무인판매장치를 통하여 유통시킬 목적으로 전시하거나 진열한 자
7. 제19조제1항을 위반하여 청소년유해매체물로서 제2조제2호차목에 해당하는 매체물 중 「옥외광고물 등의 관리와 옥외광고산업 진흥에 관한 법률」에 따른 옥외광고물을 청소년 출입·고용금지업소 외의 업소나 일반인들이 통행하는 장소에 공공연하게 설치·부착 또는 배포한 자 또는 상업적 광고선전물을 청소년의 접근을 제한하는 기능이 없는 컴퓨터 통신을 통하여 설치·부착 또는 배포한 자(2016.1.6 본호개정)
7의2. 제28조제5항을 위반하여 주류등의 판매·대여·배포를 금지하는 내용을 표시하지 아니한 자
(2018.12.11 본호개정)
8. 제29조제6항을 위반하여 청소년유해업소에 청소년의 출입과 고용을 제한하는 내용을 표시하지 아니한 자
(2016.12.20 본호개정)
② 제1항에 따른 시정명령의 종류·절차 및 그 이행 등에 필요한 사항은 대통령령으로 정한다.

제46조【처분의 이유 명시】 여성가족부장관 또는 시장·군수·구청장은 제44조와 제45조에 따른 처분을 할 때에는 대통령령으로 정하는 바에 따라 처분의 이유를 구체적으로 밝혀야 한다.

제47조【관계 행정기관의 장의 협조】 ① 여성가족부장관은 이 법의 시행을 위하여 필요하다고 인정할 때에는 관계 행정기관의 장의 의견을 들을 수 있다.
② 여성가족부장관은 이 법에 따른 의무를 반드시 이행하도록 하기 위하여 필요하다고 인정할 때에는 관계 행정기관의 장에게 필요한 협조를 의뢰할 수 있다.

제48조【민간단체에 대한 행정적 지원 등】 ① 여성가족부장관 또는 지방자치단체의 장은 청소년유해환경 개선 활동을 수행하는 민간단체에 행정적·재정적 지원을 할 수 있으며, 지방자치단체의 장은 필요한 경우 효율적인 업무 수행을 위하여 대통령령으로 정하는 바에 따라 청소년유해환경으로부터 청소년을 보호하는 활동을 하고 있음을 나타내는 증표를 발급할 수 있다.
② 제1항에 따른 민간단체의 구체적인 종류 등은 여성가족부령으로 정한다.

제49조【신고】 ① 다음 각 호의 어느 하나에 해당하는 경우에는 누구든지 그 사실을 시장·군수·구청장에게 신고하여야 한다.
1. 청소년에게 유해하다고 생각되는 매체물과 약물 등이 청소년에게 유통되고 있는 것을 발견하였을 때
2. 청소년에게 유해한 업소에 청소년이 고용되어 있거나 출입하고 있는 것을 발견하였을 때
3. 그 밖에 이 법을 위반하는 사실이 있다고 인정할 때
② 시장·군수·구청장은 제1항에 따른 신고의 활성화를 위하여 필요한 시책을 시행하여야 하며 필요한 경우 신고자 포상 등을 할 수 있다.

제50조【선도·보호조치 대상 청소년의 통보】 ① 여성가족부장관, 시장·군수·구청장 및 관할 경찰서장은 제16조제1항, 제28조제1항, 제29조제1항·제2항, 제30조제1호부터 제3호까지 및 제7호부터 제9호까지를 위반하는 행위를 적극적으로 유발하게 하거나 나이를 속이는 등 그 위반행위의 원인을 제공한 청소년에 대하여는 친권자등에게 그 사실을 통보하여야 한다.
② 여성가족부장관, 시장·군수·구청장 및 관할 경찰서장은 제1항의 청소년 중 그 내용·정도 등을 고려하여 선도·보호조치가 필요하다고 인정되는 청소년에 대하여는 소속 학교의 장(학생인 경우만 해당한다) 및 친권자등에게 그 사실을 통보하여야 한다.

제51조【지방청소년사무소의 설치 등】 특별시장·광역시장·특별자치시장·도지사 또는 특별자치도지사는 그 관할 구역의 청소년을 보호하기 위하여 조례로 정하는 바에 따라 지방청소년사무소를 설치하거나 그 밖에 필요한 조치를 할 수 있다.(2013.3.22 본조개정)

제52조【권한의 위탁】 여성가족부장관은 이 법에 따른 권한의 일부를 대통령령으로 정하는 바에 따라 청소년 보호, 매체물 또는 약물 등과 관련된 비영리법인 또는 단체에 위탁할 수 있다.

제53조【벌칙 적용 시의 공무원 의제】 청소년보호위원회의 사무에 종사하는 사람 중 공무원이 아닌 위원 또는 직원은 「형법」 제129조부터 제132조까지 및 「특정범죄 가중처벌 등에 관한 법률」 제2조를 적용할 때에는 공무원으로 본다.

제54조【과징금】 ① 여성가족부장관은 제2조제2호사목·아목에 따른 매체물을 발행하거나 수입한 자가 제9조제1항 각 호의 심의 기준에 저촉되는 매체물을 제13조 및 제14조에 준하는 청소년유해표시 또는 포장을 하지 아니하고 해당 청소년유해매체물의 결정·고시 전에 유통하였거나 유통 중일 때에는 그 매체물을 발행하거나 수입한 자에게 2천만원 이하의 과징금을 부과·징수할 수 있다.
② 시장·군수·구청장은 제58조 각 호의 어느 하나 또는 제59조 각 호의 어느 하나에 해당하는 행위로 인하여 이익을 취득한 자에게 대통령령으로 정하는 바에 따라 1천만원 이하의 과징금을 부과·징수할 수 있다. 다만, 다른 법률에 따라 영업허가 취소, 영업소 폐쇄, 영업정지 또는 과징금 부과 등의 처분이 이루어진 경우에는 과징금을 부과·징수하지 아니한다.
③ 시장·군수·구청장은 제58조제1호·제3호·제4호 또는 제59조제6호·제8호에 해당하는 행위로 인하여 이익을 취득한 자에 대하여 과징금을 부과하는 경우 청소년이 위·변조 또는 도용된 신분증을 사용하여 그 행위자로 하여금 청소년인 사실을 알지 못하게 한 사정 또는 행위자에게 폭행 또는 협박을 하여 청소년임을 확인하지 못하게 한 사정이 인정되면 대통령령으로 정하는 바에 따라 과징금을 부과·징수하지 아니할 수 있다.
(2016.3.2 본항신설)
④ 제1항 또는 제2항에 따른 과징금을 기한까지 납부하지 아니한 경우에는 여성가족부장관 또는 시장·군수·구청장이 국세 체납처분의 예 또는 「지방행정제재·부과금의 징수 등에 관한 법률」에 따라 징수한다.(2020.3.24 본항개정)
⑤ 여성가족부장관 또는 시장·군수·구청장은 다음 각 호의 어느 하나에 해당하는 사유로 과징금의 전액을 한꺼번에 납부하기 어렵다고 인정하는 경우에는 그 납부기한을 연장하거나 분할납부하게 할 수 있다.
1. 자연재해 또는 화재 등으로 재산에 큰 손실을 입은 경우
2. 영업에 큰 손실을 입어 중대한 위기에 처한 경우
3. 과징금을 한꺼번에 납부하면 생계가 곤란할 것으로 예상되는 경우
4. 그 밖에 제1호부터 제3호까지에 준하는 사유가 있는 경우
⑥ 제1항, 제2항 및 제4항까지에 따라 과징금으로 징수한 금액은 징수 주체가 사용하되, 다음 각 호의 용도로 사용하여야 한다.(2016.3.2 본문개정)
1. 청소년유해환경 개선을 위한 프로그램의 개발과 보급
2. 청소년에게 유익한 매체물의 제작과 지원
3. 민간의 청소년 선도·보호사업 및 청소년유해환경 개선을 위한 시민운동 지원
4. 그 밖에 청소년 선도·보호를 위한 사업으로서 대통령령으로 정하는 사업
⑦ 제1항, 제2항, 제4항 및 제5항에 따른 과징금의 부과기준, 과징금의 부과 및 납부방법, 그 밖에 과징금의 부과·징수에 필요한 사항은 대통령령으로 정한다.(2016.3.2 본항개정)

제8장 벌 칙

제55조【벌칙】 제30조제1호의 위반행위를 한 자는 1년 이상 10년 이하의 징역에 처한다.

제56조【벌칙】 제30조제2호 또는 제3호의 위반행위를 한 자는 10년 이하의 징역에 처한다.

제57조【벌칙】 제30조제4호부터 제6호까지의 위반행위를 한 자는 5년 이하의 징역에 처한다.

제58조【벌칙】 다음 각 호의 어느 하나에 해당하는 자는 3년 이하의 징역 또는 3천만원 이하의 벌금에 처한다.
(2016.3.2 본문개정)
1. 영리를 목적으로 제16조제1항을 위반하여 청소년에게 청소년유해매체물을 판매·대여·배포하거나 시청·관람·이용하도록 제공한 자
2. 영리를 목적으로 제22조를 위반하여 청소년을 대상으로 청소년유해매체물을 유통하게 한 자
3. 제28조제1항을 위반하여 청소년에게 제2조제4호가목 4)·5)의 청소년유해약물 또는 같은 호 나목1)·2)의 청

소년유해물건을 판매·대여·배포(자동기계장치·무인판매장치·통신장치를 통하여 판매·대여·배포한 경우를 포함한다)한 자(2016.12.20 본호개정)
4. 제29조제1항을 위반하여 청소년을 청소년유해업소에 고용한 자
5. 제30조제7호부터 제9호까지의 위반행위를 한 자
6. 제44조제1항을 위반하여 청소년유해매체물 또는 청소년유해약물등을 수거하지 아니한 자

제59조【벌칙】 다음 각 호의 어느 하나에 해당하는 자는 2년 이하의 징역 또는 2천만원 이하의 벌금에 처한다.(2016.3.2 본문개정)
1. 제13조제1항 및 제28조제7항을 위반하여 청소년유해매체물 또는 청소년유해약물등에 청소년유해표시를 하지 아니한 자(2018.12.11 본호개정)
2. 제14조(제28조제10항에서 준용하는 경우를 포함한다)를 위반하여 청소년유해매체물 또는 청소년유해약물등을 포장하지 아니한 자(2018.12.11 본호개정)
3. 제18조를 위반하여 청소년유해매체물을 방송한 자
4. 제19조제1항을 위반하여 청소년유해매체물로서 제2조제2호차목에 해당하는 매체물 중 「옥외광고물 등의 관리와 옥외광고산업 진흥에 관한 법률」에 따른 옥외광고물을 청소년 출입·고용금지업소 외의 업소나 일반인들이 통행하는 장소에 공공연하게 설치·부착 또는 배포한 자 또는 상업적 광고선전물을 청소년의 접근을 제한하는 기능이 없는 컴퓨터 통신을 통하여 설치·부착 또는 배포한 자(2016.1.6 본호개정)
5. (2021.12.7 삭제)
6. 제28조제1항을 위반하여 청소년에게 제2조제4호가목1)·2)의 청소년유해약물 또는 같은 호 나목3)의 청소년유해물건을 판매·대여·배포(자동기계장치·무인판매장치·통신장치를 통하여 판매·대여·배포한 경우를 포함한다)하거나 영리를 목적으로 무상 제공한 자(2016.12.20 본호개정)
7. 제28조제2항을 위반하여 청소년의 의뢰를 받아 제2조제4호가목1)·2)의 청소년유해약물을 구입하여 청소년에게 제공한 자
7의2. 영리를 목적으로 제28조제3항을 위반하여 청소년에게 청소년유해약물등을 구매하게 한 자(2018.12.11 본호신설)
7의3. 제28조제5항을 위반하여 주류등의 판매·대여·배포를 금지하는 내용을 표시하지 아니한 자(2018.12.11 본호개정)
8. 제29조제2항을 위반하여 청소년을 청소년 출입·고용금지업소에 출입시킨 자
9. 제29조제6항을 위반하여 청소년유해업소에 청소년의 출입과 고용을 제한하는 내용을 표시하지 아니한 자(2016.12.20 본호개정)

판례 [1] '청소년에게 주류를 판매하는 행위'의 의미 및 그 기수시기 : '청소년에게 주류를 판매하는 행위'란 청소년에게 주류를 유상으로 제공하는 행위를 말하고, 청소년에게 주류를 제공하였다고 하려면 청소년이 실제 주류를 마시거나 마실 수 있는 상태에 이르러야 한다.
[2] 유흥주점 운영자가 업소에 들어온 미성년자의 신분을 의심하여 주문 받은 술을 들고 룸에 들어가 신분증의 제시를 요구하고 밖으로 데리고 나온 사안에서, 미성년자가 실제 주류를 마시거나 마실 수 있는 상태에 이르지 않았으므로 술값의 선불지급 여부 등과 무관하게 주류판매에 관한 청소년보호법 위반죄가 성립하지 않는다.
(대판 2008.7.24, 2008도3211)

제60조【벌칙】 제15조(제28조제10항에서 준용하는 경우를 포함한다)를 위반하여 청소년유해매체물이나 청소년유해약물등의 청소년유해표시 또는 포장을 훼손한 자는 500만원 이하의 벌금에 처한다.(2018.12.11 본조개정)

제61조【벌칙】 ① 제34조의2제5항을 위반하여 직무상 알게 된 비밀을 누설한 사람은 2년 이하의 징역 또는 2천만원 이하의 벌금에 처한다.(2015.6.22 본항개정)
② 제43조를 위반하여 관계 공무원의 검사 및 조사를 거부·방해 또는 기피한 사람은 300만원 이하의 벌금에 처한다.
(2014.5.28 본조개정)

제62조【양벌규정】 법인의 대표자나 법인 또는 개인의 대리인, 사용인, 그 밖의 종업원이 그 법인 또는 개인의 업무에 관하여 제55조부터 제57조까지의 어느 하나에 해당하는 위반행위를 하면 그 행위자를 벌하는 외에 그 법인 또는 개인을 5천만원 이하의 벌금에 처하고, 제58조부터 제61조까지의 어느 하나에 해당하는 위반행위를 하면 그 행위자를 벌하는 외에 그 법인 또는 개인에게도 해당 조문의 벌금형을 과(科)한다. 다만, 법인 또는 개인이 그 위반행위를 방지하기 위하여 해당 업무에 관하여 상당한 주의와 감독을 게을리하지 아니한 경우에는 그러하지 아니하다.

제63조【형의 감경】 제59조의 죄를 범한 자가 제45조에 따른 시정명령을 받고 이를 이행하면 그 형을 감경할 수 있다.

제64조【과태료】 ① 제45조제1항제1호·제2호·제7호·제7호의2·제8호에 대한 시정명령을 이행하지 아니한 자에게는 500만원 이하의 과태료를 부과한다.(2014.3.24 본항개정)
② 다음 각 호의 어느 하나에 해당하는 자에게는 100만원 이하의 과태료를 부과한다.
1. 제42조에 따른 보고와 자료 제출을 요구받고도 요구에 따르지 아니한 자 또는 거짓으로 보고하거나 자료를 제출한 자
2. 제45조제1항제3호부터 제6호까지에 따른 시정명령을 이행하지 아니한 자
③ 제1항 및 제2항에 따른 과태료는 대통령령으로 정하는 바에 따라 여성가족부장관 또는 시장·군수·구청장이 부과·징수한다.

부 칙

제1조【시행일】 이 법은 공포 후 1년이 경과한 날부터 시행한다. 다만, 제26조제1항의 개정규정에 따른 인터넷게임 중 심각한 인터넷게임 중독의 우려가 없는 것으로서 대통령령으로 정하는 기기를 이용한 인터넷게임에 대한 심야시간대 제공시간 제한에 관한 부분은 2013년 5월 20일부터 시행한다.

제2조【게임물의 범위 평가에 관한 특례】 이 법 시행 후 최초로 실시하는 심야시간대 인터넷게임의 제공시간 제한 대상 게임물의 범위에 대한 평가는 제26조제2항의 개정규정에도 불구하고 2012년 11월 20일까지 완료하여야 한다.

제3조【벌칙 등에 관한 경과조치】 이 법 시행 전의 행위에 대하여 벌칙이나 과태료의 규정을 적용할 때에는 종전의 규정(종전의 제54조는 제외한다)에 따른다.

제4조【다른 법률의 개정】 ①~⑰ ※(해당 법령에 가제정리 하였음)

제5조【다른 법령과의 관계】 이 법 시행 당시 다른 법령에서 종전의 「청소년보호법」 또는 그 규정을 인용한 경우에 이 법 가운데 그에 해당하는 규정이 있으면 종전의 규정을 갈음하여 이 법 또는 이 법의 해당 규정을 인용한 것으로 본다.

부 칙 (2016.12.20)

제1조【시행일】 이 법은 공포 후 6개월이 경과한 날부터 시행한다.

제2조【벌칙에 관한 경과조치】 이 법 시행 전의 행위에 대하여 벌칙을 적용할 때에는 제58조제3호와 제59조제6호의 개정규정에도 불구하고 종전의 규정에 따른다.

부 칙 (2018.12.11)

이 법은 공포한 날부터 시행한다. 다만, 제2조제5호가목10) 및 11)은 공포 후 1년이 경과한 날부터 시행한다.

부 칙 (2018.12.18)

이 법은 공포한 날부터 시행한다.

부 칙 (2020.3.24)

제1조【시행일】 이 법은 공포한 날부터 시행한다.(이하 생략)

부 칙 (2020.12.29)

제1조【시행일】 이 법은 2021년 1월 1일부터 시행한다.(이하 생략)

부 칙 (2021.12.7)

제1조【시행일】 이 법은 2022년 1월 1일부터 시행한다.

제2조【다른 법률의 개정】 ①~② ※(해당 법령에 가제정리 하였음)

청소년 보호법 시행령

(2012년 9월 14일 전부개정대통령령 제24102호)

개정
2013. 9.17영24754호
2013.12.30영25050호(행정규제검토에따른일부개정령)
2014.12. 9영25836호(화학물질관리법시)
2014.12. 9영25840호(규제기한정비)
2015. 3.17영26151호　2015. 5.26영26250호
2016. 1. 6영26866호　2016. 7.19영27354호
2016.12.30영27751호(규제기한설정)
2017. 6.20영28133호　2018.12.24영29425호
2019. 7. 2영29950호(법령용어정비)
2020.12. 8영31222호(전자서명법시)
2020.12.29영31337호(사법경찰관수사종결)
2021. 1.26영31415호
2021. 2.17영31450호(주류면허등에관한법시)
2022. 4. 5영32567호
2023.12.12영33913호(행정법제혁신을위한일부개정법령등)

제1조【목적】 이 영은 「청소년 보호법」에서 위임된 사항과 그 시행에 필요한 사항을 규정함을 목적으로 한다.

제2조【매체물의 범위】 「청소년 보호법」(이하 "법"이라 한다) 제2조제2호카목에서 "대통령령으로 정하는 매체물"이란 사무실·가정 등 옥내(屋內)에 배포되는 광고용의 전단(傳單) 및 이와 유사한 광고 선전물을 말한다.

제3조【청소년유해약물의 결정기준】 법 제2조제4호가목5)에서 "대통령령으로 정하는 기준"이란 다음 각 호의 어느 하나에 해당하는 것을 말한다.
1. 청소년의 정신기능에 영향을 미쳐 판단력 장애 등 일시적 또는 영구적 정신장애를 초래할 수 있는 약물일 것
2. 청소년의 신체기능에 영향을 미쳐 정상적인 신체발육에 장애를 초래할 수 있는 약물일 것
3. 습관성, 중독성, 내성(耐性) 또는 금단증상 등을 유발함으로써 청소년의 정상적인 심신발달에 장애를 초래할 수 있는 약물일 것

제4조【청소년유해물건의 결정기준】 ① 법 제2조제4호나목1)에서 "대통령령으로 정하는 기준"이란 다음 각 호의 어느 하나에 해당하는 것을 말한다.
1. 청소년이 사용할 경우 성 관련 신체부위의 훼손 등 신체적 부작용을 초래할 우려가 있는 물건일 것
2. 청소년에게 인격 비하, 동물과의 성행위 등 반인륜적 성의식을 조장할 우려가 있는 물건일 것(2019.7.2 본호개정)
3. 청소년에게 음란성이나 비정상적인 성적 호기심을 유발할 우려가 있거나 지나치게 성적 자극에 빠지게 할 우려가 있는 물건일 것
② 법 제2조제4호나목2)에서 "대통령령으로 정하는 기준"이란 다음 각 호의 어느 하나에 해당하는 것을 말한다.
1. 물건의 형상·구조·기능 등이 청소년의 사용을 제한하지 아니하면 청소년의 생명·신체·재산에 해를 끼칠 우려가 있는 물건일 것
2. 물건의 형상·구조·기능 등이 청소년에게 포악성 또는 범죄의 충동을 일으킬 수 있는 것 또는 성적인 욕구를 지나치게 자극하는 선정적이거나 음란한 것으로서 청소년의 건전한 심신발달에 장애를 초래할 우려가 있는 물건일 것(2018.12.24 본호개정)
③ 법 제2조제4호나목3)에서 "대통령령으로 정하는 기준"이란 다음 각 호의 어느 하나에 해당하는 것을 말한다.
1. 해당 물건을 매개로 청소년유해약물을 이용할 우려가 있을 것
2. 청소년유해약물과 형상·구조·기능이 유사하여 해당 물건의 반복적 이용이 청소년유해약물의 이용으로 이어질 우려가 있을 것
(2017.6.20 본항신설)

제5조【청소년 출입·고용금지업소의 범위】 ① 법 제2조제5호가목1)에서 "대통령령으로 정하는 것"이란 다음 각 호의 어느 하나에 해당하는 영업을 말한다.
1. 일반게임제공업
2. 복합유통게임제공업. 다만, 둘 이상의 업종(1개의 기기에서 게임, 노래연습, 영화감상 등 다양한 콘텐츠를 제공하는 경우는 제외한다)을 같은 장소에서 영업하는 경우로서 제1호의 업소 및 법 제2조제5호가목2)부터 9)까지의 청소년 출입·고용금지업소가 포함되지 아니한 업소는 청소년의 출입을 허용한다.
② 법 제2조제5호가목3)에서 "대통령령으로 정하는 것"이란 단란주점영업 및 유흥주점영업을 말한다.
③ 법 제2조제5호가목5)에서 "대통령령으로 정하는 것"이란 노래연습장업을 말한다. 다만, 청소년실을 갖춘 노래연습장업의 경우에는 청소년실에 한정하여 청소년의 출입을 허용한다.
④ 법 제2조제5호가목9)에서 "청소년의 출입과 고용이 청소년에게 유해하다고 인정되는 영업으로서 대통령령으로 정하는 기준"이란 다음 각 호의 어느 하나에 해당하는 것을 말한다.
1. 영업의 형태나 목적이 주로 성인을 대상으로 한 술·노래·춤의 제공 등 유흥접객행위가 이루어지는 영업일 것
2. 주로 성인용의 매체물을 유통하는 영업일 것
3. 청소년유해매체물·청소년유해약물등을 제작·생산·유통하는 영업 중 청소년의 출입·고용이 청소년의 심신발달에 장애를 초래할 우려가 있는 영업일 것

제6조【청소년고용금지업소의 범위】 ① 법 제2조제5호나목2)에서 "대통령령으로 정하는 것"이란 다음 각 호의 어느 하나에 해당하는 영업을 말한다.
1. 숙박업. 다만, 가목부터 다목까지의 규정에 따른 숙박업은 제외하며, 라목 및 마목에 따른 숙박업의 경우에는 「산업현장 일학습병행 지원에 관한 법률」 제3조제4호에 따른 학습근로계약을 체결하여 청소년을 고용하거나 「직업교육훈련 촉진법」 제2조제7호에 따른 현장실습을 실시한 업소에서 해당 현장실습을 받은 청소년을 고용하는 경우에 한정하여 제외한다.
가. 「관광진흥법」 제3조제1항제2호나목에 따른 휴양 콘도미니엄업
나. 「국제회의산업 육성에 관한 법률」을 적용받는 숙박시설에 의한 숙박업
다. 「농어촌정비법」을 적용받는 숙박시설에 의한 숙박업
라. 「제주특별자치도 설치 및 국제자유도시 조성을 위한 특별법」 제251조에 따른 휴양펜션업
마. 「관광진흥법」을 적용받는 숙박시설에 의한 숙박업(가목은 제외한다)
(2021.1.26 본호개정)
2. 목욕장업 중 안마실을 설치하여 영업을 하거나 개별실(個別室)로 구획하여 하는 영업
3. 이용업. 다만, 다른 법령에 따라 취업이 금지되지 아니한 남자 청소년을 고용하는 경우는 제외한다.
② 법 제2조제5호나목3)에서 "대통령령으로 정하는 것"이란 다음 각 호의 어느 하나에 해당하는 영업을 말한다.
1. 휴게음식점영업으로서 주로 차 종류를 조리·판매하는 영업 중 종업원에게 영업장을 벗어나 차 종류 등을 배달·판매하게 하면서 소요 시간에 따라 대가를 받게 하거나 이를 조장 또는 묵인하는 형태로 운영되는 영업
2. 일반음식점영업 중 음식류의 조리·판매보다는 주로 주류의 조리·판매를 목적으로 하는 소주방·호프·카페 등의 형태로 운영되는 영업
③ 법 제2조제5호나목5)에서 "대통령령으로 정하는 영업"이란 「화학물질관리법」 제27조제5호에 따른 유해화학물질 사용업 중 유해화학물질을 직접 사용하지 아니하는 장소에서 이루어지는 영업을 말한다.(2014.12.9 본항개정)
④ 법 제2조제5호나목7)에서 "대통령령으로 정하는 기준"이란 다음 각 호의 어느 하나에 해당하는 것을 말한다.
1. 청소년유해매체물 또는 청소년유해약물등을 제작·생산·유통하는 영업으로서 청소년이 고용되어 근로할 경우에 청소년유해매체물 또는 청소년유해약물등에 쉽게 접촉되어 고용 청소년의 건전한 심신발달에 장애를 초래할 우려가 있는 영업일 것
2. 외관상 영업행위가 성인·청소년 모두를 대상으로 하지만 성인 대상의 영업이 이루어짐으로써 고용 청소년에게 유해한 근로행위를 요구할 것이 우려되는 영업일 것

제7조【청소년유해매체물의 심의·결정 및 통보】 ① 법 제36조에 따른 청소년보호위원회(이하 "청소년보호위원회"라 한다) 및 법 제7조제1항 단서에 따른 다른 법령에 따라 해당 매체물의 윤리성·건전성을 심의할 수 있는 기관(이하 "각 심의기관"이라 한다)은 법 제7조제1항·제3항 및 제5항에 따라 매체물을 청소년유해매체물로 결정하였을 때에는 지체 없이 그 이유를 명시하여 법 제13조제1항에 따른 청소년유해표시를 하여야 할 의무자와 제14조제2항에 따라 청소년유해매체물을 포장하여야 할 의무자에게 각각 그 사실을 통보하여야 한다. 이 경우 통보는 우편으로 하는 것을 원칙으로 하되, 주소불명 등으로 우편에 의한 통보가 불가능한 경우에는 청소년유해매체물의 결정 내용을 여성가족부 또는 각 심의기관의 인터넷 홈페이지에 게시하여야 한다.(2013.9.17 전단개정)
② 청소년보호위원회는 법 제7조제2항에 따라 심의를 요청하는 경우에 해당 매체물이 둘 이상의 기관에 관계되는 매체물인 경우에는 관계되는 각 심의기관의 의견을 들어 주로 관련되는 심의기관에 심의를 요청하여야 한다.
③ 다음 각 호의 어느 하나에 해당하는 자는 청소년에게 유해한 매체물이 유통되고 있다고 인정하는 경우에는 여성가족부령으로 정하는 바에 따라 해당 매체물을 청소년유해매체물로 결정하여 줄 것을 청소년보호위원회 또는 각 심의기관에 신청할 수 있다. 이 경우 청소년보호위원회는 해당 매체물이 각 심의기관의 소관에 속하는 것이면 각 심의기관에 그 결정을 의뢰하여야 한다.
1. 법 제21조제3항에 따른 관계기관등
2. 해당 매체물이 청소년에게 유해하다고 인정하는 30명 이상의 서명을 받은 자
3. 매체물의 소비자 또는 이용자를 보호하기 위한 목적으로 국가 또는 지방자치단체에 허가·등록·신고 등을 한 비영리민간단체
④ 제3항에 따라 신청을 받은 청소년보호위원회 또는 각 심의기관은 해당 매체물이 청소년유해매체물인지 여부를 신속히 결정하여 신청인에게 그 결과를 지체 없이 서면으로 통지하여야 한다.

제8조【등급 구분의 종류·방법】 ① 청소년보호위원회와 각 심의기관은 법 제8조제1항에 따라 청소년유해매체물로 심의·결정되지 아니한 매체물에 대하여 다음 각 호의 구분에 따라 매체물의 등급을 구분할 수 있다. 다만, 각 심의기관에서 소관 매체물에 대하여 별도로 등급을 구분하고 있는 경우에는 그러하지 아니하다.
1. 9세 이상 가 : 9세 이상 청소년이 이용할 수 있는 매체물
2. 12세 이상 가 : 12세 이상 청소년이 이용할 수 있는 매체물
3. 15세 이상 가 : 15세 이상 청소년이 이용할 수 있는 매체물
② 제1항에 따른 등급 구분의 기준은 청소년보호위원회 또는 각 심의기관이 정한다.
③ (2016.1.6 삭제)

제9조【청소년유해매체물의 심의 기준】 법 제9조제3항에 따른 청소년 유해매체물의 구체적인 심의 기준은 별표2와 같다.

제10조【유해매체물의 자율규제】 ① 법 제11조제1항·제4항 및 제6항의 규정에 따른 매체물과 관련된 단체는 다음 각 호와 같다.
1. 매체물의 창작·제작 및 유통과 관련된 단체·협회 또는 이들로 구성된 협의체
2. 그 밖에 매체물의 유해 여부를 심의할 수 있는 자체 심의기구를 두고 있는 법인 또는 단체
② 법 제11조제1항에 따른 매체물의 제작자·발행자, 유통행위자 또는 매체물과 관련된 단체(이하 "자율규제단체등"이라 한다)가 청소년 유해 여부의 확인을 요청하려는 경우에는 여성가족부령으로 정하는 신청서에 관계 서류를 첨부하여 청소년보호위원회 또는 각 심의기관에 제출하여야 한다.
③ 제2항에 따라 매체물에 대한 청소년 유해 여부의 확인 요청을 받은 청소년보호위원회 또는 각 심의기관은 해당 매체물에 대하여 청소년유해매체물 여부에 관한 확인을 하였을 때에는 지체 없이 그 이유를 명시하여 법 제13조제1항에 따른 청소년유해표시 의무자와 제14조에 따른 포장의무자에게 그 사실을 통보하여야 한다. 이 경우 통보의 방법에 관하여는 제7조제1항 후단을 준용한다.(2013.9.17 전단개정)
④ 법 제11조제6항에서 "청소년보호위원회나 각 심의기관의 최종 결정이 있을 때"란 청소년보호위원회 또는 각 심의기관이 청소년유해매체물로 결정 또는 확인하고 여성가족부장관이 법 제21조에 따라 청소년유해매체물로 고시한 날을 말한다.

제11조【자율규제단체등의 지원】 청소년보호위원회와 각 심의기관은 자율규제단체등의 자율심의를 활성화하고 그 전문성을 높이기 위하여 필요한 경우에는 자율규제단체등에 대하여 다음 각 호의 지원을 할 수 있다.(2016.1.6 본문개정)
1. 자율규제단체등이 적용할 심의 기준 및 방법 등에 관한 교육·홍보(2016.1.6 본호신설)
2. 자율규약의 제정·개정(2016.1.6 본호신설)
3. 그 밖에 자율심의 활성화와 전문성 강화를 위하여 필요하다고 인정하는 사항(2016.1.6 본호신설)

제12조 (2013.9.17 삭제)

제13조【청소년유해표시의 종류·방법】 ① 법 제13조제1항에 따른 청소년유해표시 의무자는 법 제21조제2항에 따른 청소년유해매체물의 고시가 있으면 지체 없이 별표4에서 정하는 바에 따라 누구나 쉽게 알아볼 수 있는 방법으로 청소년유해표시를 하여야 한다. 다만, 다른 법령에서 유해표시방법을 정하고 있는 경우에는 그 법령에서 정하는 바에 따른다.
② 청소년유해표시가 되지 아니한 청소년유해매체물을 유통의 목적으로 소지하고 있는 자는 법 제13조제1항에 따른 청소년유해표시 의무자에게 지체 없이 청소년유해표시를 하여 줄 것을 요구하거나 직접 청소년유해표시를 하여 유통시킬 수 있다.
(2013.9.17 본조개정)

제14조【청소년유해매체물의 포장】 ① 법 제14조제1항 전단에 따라 포장하여야 할 청소년유해매체물은 다음 각 호의 어느 하나에 해당하는 것으로 한다. 다만, 해당 매체물을 대여하여 반환받는 것에 대해서는 그러하지 아니하다.
1. 법 제2조제2호사목에 해당하는 것(인터넷신문 및 인터넷뉴스서비스는 제외한다)
2. 법 제2조제2호아목에 해당하는 것(전자간행물은 제외한다)
3. 법 제2조제2호자목에 해당하는 것(전자출판물은 제외한다)
② 제1항에 따른 청소년유해매체물을 포장하여야 할 의무자는 이를 발행하거나 제작·수입한 자로 한다.
③ 제2항에 따른 포장의무자는 법 제21조에 따른 청소년유해매체물의 고시가 있는 경우에는 지체 없이 청소년유해매체물을 포장하여야 한다.
④ 청소년유해매체물의 포장은 포장에 이용된 용지 등을 뜯거나 훼손하지 아니하고는 그 내용물을 열람할 수 없는 방법으로 하여야 한다. 이 경우 청소년보호위원회 및 각 심의기관이 매체물의 겉표지가 법 제9조에 따른 심의기준에 따라 청소년에게 유해한 것으로 따로 결정하여 여성가족부장관이 고시하는 매체물에 대해서는 명칭을 제외한 겉표지의 내용이 보이지 아니하도록 불투명한 용지를 사용하여 포장하여야 한다.(2019.7.2 후단개정)
⑤ 포장이 되어 있지 아니한 청소년유해매체물을 유통의 목적으로 소지하고 있는 자는 제2항에 따른 포장의무자에게 지체 없이 포장을 하여 줄 것을 요구하거나 직접 포장을 하여 유통시킬 수 있다.

제15조【포장에 준하는 보호조치】 ① 법 제14조제1항 후단에 따라 포장에 준하는 보호조치를 하여야 할 청소년유해매체물은 법 제2조제2호마목에 따른 매체물, 같은 호 사목에 따른 인터넷신문·인터넷뉴스서비스, 같은 호 아목에 따른 전자간행물 및 같은 호 자목에 따른 전자출판물 등 전자적 형태로 정보통신망을 통하여 유통되는 것을 말한다.
② 제1항에 따른 청소년유해매체물에 법 제14조제1항 후단에 따른 포장에 준하는 보호조치를 하여야 하는 자는 영리를 목적으로 「전기통신사업법」 제2조제8호에 따른 전기통신사업자가 제공하는 전기통신역무를 이용하여 전자적 형태의 청소년유해매체물을 제공하거나 제공을 매개하는 자로 한다.
③ 법 제14조제1항 후단에 따른 포장에 준하는 보호조치는 법 제16조제1항에 따라 매체물 이용자의 나이 및 본인 여부를 확인하기 전에 제공되는 매체물의 정보를 통하여 청소년에게 유해한 부호·문언·음향 또는 영상정보 등이 제공되지 않도록 하는 것으로 한다.

제16조【판매 금지 등】 법 제16조제1항에 따라 청소년에게 판매·대여·배포하거나 시청·관람·이용(이하 "판매등"이라 한다)에 제공하는 것이 금지되는 청소년유해매체물은 법 제2조제2호가목부터 마목까지 및 사목부터 카목까지의 규정에 해당하는 청소년유해매체물을 말한다.

제17조【나이 및 본인 여부 확인방법】 ① 법 제16조제1항에 따라 청소년유해매체물을 판매등에 제공하는 경우에는 다음 각 호의 어느 하나에 해당하는 수단이나 방법으로 그 상대방의 나이 및 본인 여부를 확인하여야 한다.
1. 대면(對面)을 통한 신분증 확인이나 팩스 또는 우편으로 수신한 신분증 사본 확인
2. 「전자서명법」 제2조제6호에 따른 인증서(서명자의 실지명의를 확인할 수 있는 것으로 한정한다)(2020.12.8 본호개정)
3. 「정보통신망 이용촉진 및 정보보호 등에 관한 법률」 제23조의2제2항에 따른 주민등록번호를 사용하지 아니하고 본인을 확인하는 방법
4. 「개인정보 보호법」 제24조의2제3항에 따라 주민등록번호를 사용하지 않고 회원으로 가입할 수 있는 방법(2021.1.26 본호개정)
5. 신용카드를 통한 인증
6. 휴대전화를 통한 인증. 이 경우 휴대전화를 통한 문자전송, 음성 자동응답 등의 방법을 추가하여 나이 및 본인 여부를 확인하여야 한다.
7. 그 밖에 제1호부터 제6호까지의 규정에 따른 수단이나 방법과 유사한 것으로서 여성가족부장관이 정하여 고시하는 것(2021.1.26 본호신설)
② 제1항에도 불구하고 정보통신망(「정보통신망 이용촉진 및 정보보호 등에 관한 법률」 제2조제1항제1호에 따른 정보통신망을 말한다)을 통하여 전자적 형태의 청소년유해매체물을 판매등에 제공하는 인터넷 사이트 등에 회원으로 가입한 상대방에 대하여 제1항에 따라 그 상대방의 나이 및 본인 여부를 확인한 경우에는 그 확인 후 1년까지는 해당 인터넷 사이트 등에 가입된 회원임을 확인하는 방법으로 제1항에 따른 확인을 갈음할 수 있다.(2016.1.6 본항신설)

제18조【구분·격리 방법】 ① 법 제17조제1항에 따라 청소년유해매체물을 구분·격리하여야 하는 자는 청소년유해매체물이 구분·격리된 장소 또는 시설에 별표5에 따른 방법으로 청소년에 대하여 해당 매체물의 판매나 대여가 금지된 것임을 나타내는 표시를 부착하여야 한다.
② 청소년유해매체물을 구분·격리하여 전시·진열할 장소 또는 시설은 그 업소에서 영업자가 맨눈으로 확인할 수 있으면서 청소년의 이용을 통제하기 가장 쉬운 곳이어야 한다.(2019.7.2 본항개정)

제19조【청소년 시청 보호시간대】 ① 법 제18조에 따라 청소년유해매체물을 방송해서는 아니 되는 방송시간은 평일은 오전 7시부터 오전 9시까지와 오후 1시부터 오후 10시까지로 하고, 토요일과 「관공서의 공휴일에 관한 규정」 제2조에 따른 공휴일 및 여성가족부장관이 정하여 고시하는 「초·중등교육법」 제2조에 따른 초등학교·중학교·고등학교의 방학기간에는 오전 7시부터 오후 10시까지로 한다. 다만, 「방송법」에 따른 방송 중 시청자와의 계약에 의하여 채널별로 대가를 받고 제공하는 방송의 경우에는 오후 6시부터 오후 10시까지로 한다.
② 제1항에 따른 방송시간에 방송되는 청소년유해매체물의 예고 방송에는 법 제9조제1항 각 호에 따른 내용을 포함해서는 아니 된다.

제20조【정보통신망을 통한 청소년유해매체물 제공자 등의 공표】 ① 여성가족부장관이 법 제23조제1항에 따라 청소년유해매체물의 제작자·발행자 또는 유통행위자 등의 업체명·대표자명·위반행위의 내용 등을 공표하려는 경우에는 청소년보호위원회의 심의·의결을 거쳐야 한다.
② 제1항에 따른 공표는 관보에 게재하거나 여성가족부 인터넷 홈페이지에 게시하는 방법으로 한다.
③ 여성가족부장관은 제1항에 따른 청소년보호위원회의 심의·의결을 하기 20일 전까지 정보 공표 대상자에게 해당 공표에 대한 의견을 제출할 것을 통지하여야 하고, 정보 공표 대상자는 통지를 받은 날부터 10일 이내에 서면으로 의견을 제출하여야 한다.

제21조～제22조 (2022.4.5 삭제)

제23조【인터넷게임 중독·과몰입 등의 예방 및 피해 청소년 지원】 ① 여성가족부장관은 법 제27조제1항에 따라 다음 각 호의 사업을 할 수 있다.

1. 청소년의 인터넷게임 중독·과몰입 여부 진단
2. 청소년의 인터넷게임 중독·과몰입 예방을 위한 교육·상담 및 프로그램 개발·운영
3. 인터넷게임 중독·과몰입 청소년과 그 가족의 치료·재활을 위한 프로그램의 개발·운영
4. 인터넷게임 중독·과몰입 청소년과 그 가족의 치료·재활을 위하여 협력하는 병원의 지정
5. 「청소년기본법」 제22조에 따른 청소년상담사 등에 대한 인터넷게임 중독·과몰입 전문상담 교육

(2022.4.5 1호～5호개정)

② 여성가족부장관은 제1항 각 호의 사업을 수행하기 위하여 관련 기관 및 단체의 장에게 자료의 제출 등 협조를 요청할 수 있다.

③ 여성가족부장관은 제1항 각 호의 사업을 「청소년기본법」 제3조제8호에 따른 청소년단체 중 청소년 보호를 주된 사업으로 하는 단체에 위탁할 수 있다.

(2022.4.5 본조제목개정)

제24조【청소년유해약물등의 판매·대여 등】 법 제28조제1항 단서에서 "대통령령으로 정하는 경우"란 다음 각 호의 경우를 말한다.

1. 청소년의 친권자·후견인·교사, 직장의 감독자 그 밖에 해당 청소년을 보호·감독할 수 있는 실질적인 지위에 있는 자가 청소년유해약물등을 교육 또는 실험용으로 사용할 것임을 전화 등을 통하여 확인한 경우
2. 「의료법」 제18조에 따라 의사나 치과의사로부터 발급받은 처방전에 청소년유해약물등이 포함되어 있는 경우

제25조【청소년유해약물등의 청소년유해표시】 ① 법 제28조제5항 각 호 외의 부분 본문에 따른 주류 또는 담배의 판매·대여·배포 금지내용의 표시문구 및 크기 등은 별표6과 같다.

② 법 제28조제7항에 따른 청소년유해표시 의무자는 별표7에서 정하는 바에 따라 누구나 쉽게 알아볼 수 있는 방법으로 청소년유해표시를 하여야 한다. 다만, 다른 법령에서 유해표시방법을 정하고 있는 경우에는 그 법령에 따른다.

③ 청소년유해표시가 되지 아니한 청소년유해약물등을 유통의 목적으로 소지하고 있는 자는 법 제28조제7항에 따른 청소년유해표시 의무자에게 지체 없이 청소년유해표시를 하여 줄 것을 요구하거나 직접 청소년유해표시를 하여 유통시킬 수 있다.

(2021.1.26 본조개정)

제26조【청소년유해약물등의 포장】 ① 법 제28조제10항에 따라 포장하여야 할 청소년유해약물등은 법 제2조제4호나목1)에 해당하는 청소년유해물건으로 한다.

(2021.1.26 본항개정)

② 제1항에 따른 청소년유해물건을 포장하여야 하는 의무자는 이를 제작하거나 수입한 자로 한다.

③ 청소년유해물건의 포장은 포장에 이용되는 용지 등을 뜯거나 훼손하지 아니하고는 그 내용물을 알 수 없는 방법으로 하여야 한다.

④ 포장이 되어 있지 아니한 청소년유해약물등을 유통의 목적으로 소지하고 있는 자는 제2항에 따른 포장의무자에게 지체 없이 포장을 하여 줄 것을 요구하거나 직접 포장을 하여 유통시킬 수 있다.

제27조【친권자등을 동반한 청소년의 출입 허용 등】 ① 법 제29조제3항에서 "대통령령으로 정하는 설비"란 다음 각 호의 어느 하나에 해당하는 신분증으로 출입자의 나이를 확인하고, 해당 신분증의 진위여부를 지문대조, 안면대조 등의 전자식별방식으로 확인할 수 있는 설비를 말한다.

1. 「주민등록법」에 따른 주민등록증
2. 「도로교통법」에 따른 자동차 운전면허증
3. 「여권법」에 따른 여권
4. 「출입국관리법」에 따른 외국인등록증
5. 「장애인복지법」에 따른 장애인등록증

(2017.6.20 본항신설)

② 법 제29조제5항 본문에 따라 청소년이 청소년에 대하여 친권을 행사하는 사람 또는 친권자를 대신하여 청소년을 보호하는 사람(이하 "친권자등"이라 한다)을 동반한 경우에는 청소년 출입·고용금지업소의 업주 및 종사자는 청소년과 친권자등과의 관계를 확인하여야 한다.

③ 법 제29조제5항 단서에서 "대통령령으로 정하는 업소"란 단란주점영업소 및 유흥주점영업소를 말한다.

(2017.6.20 본조개정)

제28조【청소년 출입·고용 제한 표시】 법 제29조제6항에 따라 청소년 출입·고용금지업소(청소년실을 갖춘 노래연습장업소를 제외한다)의 업주 및 종사자는 해당 업소의 출입구 중 가장 잘 보이는 곳에 별표8에 따른 방법으로 청소년의 출입·이용과 고용을 제한하는 내용의 표지를 부착하여야 한다.(2017.6.20 본조개정)

제29조【청소년 통행금지구역 등의 설정】 법 제31조에 따른 청소년 통행금지구역은 청소년의 통행을 24시간 금지하는 구역으로 하고, 청소년 통행제한구역은 청소년의 통행을 일정 시간 제한하는 구역으로 한다. 다만, 친권자, 후견인, 교사 그 밖에 해당 청소년을 보호할 수 있는 보호자를 동반하는 때에는 통행할 수 있다.

제30조【청소년보호종합대책의 수립·시행】 ① 법 제33조제1항에 따른 청소년 유해환경으로부터 청소년을 보호하기 위한 대책(이하 "종합대책"이라 한다)에는 다음 각 호의 사항이 포함되어야 한다.

1. 청소년유해매체물·청소년유해약물등의 규제, 청소년유해업소로부터 청소년의 보호 등 청소년유해환경의 개선에 관한 사항
2. 인터넷의 건전성 확보 및 인터넷 중독 예방·치료와 재활에 관한 사항
3. 청소년폭력·학대 등 청소년을 대상으로 한 유해행위 예방에 관한 사항
4. 청소년유해환경에 대한 점검·단속에 관한 사항
5. 그 밖에 청소년 보호를 위해 여성가족부장관이 필요하다고 인정하는 사항

② 여성가족부장관은 법 제33조제3항에 따라 종합대책을 수립하기 위하여 필요한 경우 관계 중앙행정기관의 장 및 지방자치단체의 장에게 소관별 대책을 수립하고 이를 제출하여 줄 것을 요청할 수 있다.

③ 여성가족부장관, 관계 중앙행정기관의 장 및 지방자치단체의 장은 종합대책에 따른 연도별 시행계획을 수립·시행하고, 여성가족부장관은 관계 중앙행정기관의 장 및 지방자치단체의 장에게 연도별 시행계획 및 전년도 추진실적을 통보하여 줄 것을 요청할 수 있다.

제31조【청소년보호종합대책 점검회의의 구성 및 운영 등】 ① 여성가족부장관은 법 제33조제2항에 따라 종합대책을 효과적으로 추진하고 관계 기관 간의 협력을 도모하기 위하여 매년 1회 이상 점검회의를 소집한다.

② 제1항에 따른 점검회의의 위원장은 여성가족부차관이 되고, 위원은 관계 중앙행정기관의 장이 소속 고위공무원단에 속하는 공무원 중에서 지명하는 사람과 특별시장·광역시장·특별자치시장·도지사·특별자치도지사가 소속 국장급 공무원 중에서 지명하는 사람으로 한다.

(2013.9.17 본항개정)

제31조의2【청소년 전문 치료기관의 지정】 ① 여성가족부장관은 법 제34조의2제1항에 따라 다음 각 호의 인력, 장비 및 시설을 갖춘 의료기관(「의료법」 제3조에 따른 의료기관을 말한다. 이하 같다)을 청소년 환각물질 중독 전문 치료기관(이하 "청소년 전문 치료기관"이라 한다)으로 지정할 수 있다.

1. 중독정신의학 전문의 또는 청소년정신의학 전문의
2. 심리검사에 필요한 인력
3. 혈청분석기 및 뇌파검사기
4. 그 밖에 환각물질 중독 청소년의 치료와 재활에 필요한 것으로서 여성가족부장관이 정하여 고시하는 시설 및 장비

② 여성가족부장관은 제1항에 따라 청소년 전문 치료기관을 지정하려는 경우에는 지정계획을 수립하여 공고하여야 한다.

③ 청소년 전문 치료기관으로 지정받으려는 의료기관은 여성가족부령으로 정하는 지정신청서에 다음 각 호의 서류를 첨부하여 여성가족부장관에게 제출하여야 한다.

1. 청소년 환각물질 중독 치료·재활 관련 사업계획서
2. 제1항 각 호의 인력, 장비 및 시설의 보유현황을 확인할 수 있는 서류

④ 여성가족부장관은 제3항에 따라 지정신청을 한 의료기관을 청소년 전문 치료기관으로 지정하는 경우에는 여성가족부령으로 정하는 지정서를 발급하여야 한다.

⑤ 제4항에 따른 지정의 유효기간은 3년으로 한다.

⑥ 제4항에 따라 청소년 전문 치료기관으로 지정받은 의료기관이 재지정을 받으려는 경우에는 제5항에 따른 유효기간이 만료되기 3개월 전까지 여성가족부장관에게 재지정을 신청하여야 한다. 이 경우 재지정의 기준·절차 및 유효기간에 관하여는 제1항 및 제3항부터 제5항까지의 규정을 준용한다.

⑦ 여성가족부장관은 청소년 전문 치료기관으로 지정받은 의료기관에 대하여 재지정을 받으려면 유효기간이 만료되기 3개월 전까지 재지정을 신청하여야 한다는 사실을 유효기간이 만료되기 6개월 전까지 알려 주어야 한다.

(2015.5.26 본조신설)

제31조의3【청소년 전문 치료기관의 지정 취소】 ① 여성가족부장관은 청소년 전문 치료기관으로 지정받은 의료기관이 다음 각 호의 어느 하나에 해당하는 경우에는 그 지정을 취소할 수 있다. 다만, 제1호에 해당하는 경우에는 지정을 취소하여야 한다.

1. 거짓이나 그 밖의 부정한 방법으로 지정을 받은 경우
2. 제31조의2제1항에 따른 지정기준에 적합하지 아니하게 된 경우

② 청소년 전문 치료기관의 장은 제1항에 따라 지정이 취소된 경우에는 지정서를 여성가족부장관에게 반납하여야 한다.

(2015.5.26 본조신설)

제31조의4【환각물질 중독 판별 검사】 ① 법 제34조의2제2항 전단에서 "본인, 친권자 등 대통령령으로 정하는 사람"이란 다음 각 호의 어느 하나에 해당하는 사람을 말한다.

1. 본인
2. 친권자
3. 직계존속
4. 미성년후견인

② 제1항에 따른 사람은 법 제34조의2제2항 전단에 따라 환각물질 중독 여부 판별 검사를 신청하려는 경우에는 여성가족부령으로 정하는 판별 검사 신청서를 여성가족부장관에게 제출하여야 한다.

③ 법원 또는 검사는 법 제34조의2제2항 전단에 따라 「소년법」에 따른 법원의 보호처분결정 또는 검사의 조건부 기소유예처분 등을 받은 청소년에 대하여 필요하다고 인정되는 경우에는 여성가족부장관에게 환각물질 중독 여부 판별 검사를 의뢰할 수 있다.

④ 여성가족부장관은 제2항에 따른 신청을 받거나 제3항에 따른 의뢰를 받은 경우에는 판별 검사 실시 여부를 결정하고, 그 결과를 신청인 또는 의뢰인에게 알려야 한다.

⑤ 여성가족부장관은 제4항에 따라 판별 검사를 실시하기로 결정한 경우에는 청소년 전문 치료기관의 장에게 해당 청소년에 대한 환각물질 중독 여부 판별 검사를 실시하여 줄 것을 요청하여야 한다.

⑥ 청소년 전문 치료기관의 장은 제5항에 따른 요청을 받은 경우에는 해당 청소년에 대한 환각물질 중독 여부 판별 검사를 실시하여야 하며, 그 결과를 판별 검사 완료일부터 7일 이내에 여성가족부장관에게 보고하고 신청인 또는 의뢰인에게 알려야 한다.

(2015.5.26 본조신설)

제31조의5【환각물질 중독 치료 및 재활】 ① 법 제34조의2제3항 전단에서 "본인, 친권자 등 대통령령으로 정하는 사람"이란 다음 각 호의 어느 하나에 해당하는 사람을 말한다.

1. 본인
2. 친권자
3. 직계존속
4. 미성년후견인

② 제1항에 따른 사람은 법 제34조의2제3항 전단에 따라 환각물질 중독 치료 및 재활을 신청하려는 경우에는 여성가족부령으로 정하는 환각물질 중독 치료 및 재활 신청서를 여성가족부장관에게 제출하여야 한다.

③ 법원 또는 검사는 법 제34조의2제3항 전단에 따라 「소년법」에 따른 법원의 보호처분결정 또는 검사의 조건부 기소유예처분 등을 받은 청소년에 대하여 필요하다고 인정되는 경우에는 여성가족부장관에게 환각물질 중독 치료 및 재활을 의뢰할 수 있다.

④ 여성가족부장관은 제2항에 따른 신청을 받거나 제3항에 따른 의뢰를 받은 경우에는 치료 및 재활 실시 여부를 결정하고, 그 결과를 신청인 또는 의뢰인에게 알려야 한다.

⑤ 여성가족부장관은 제4항에 따라 치료 및 재활을 실시하기로 결정한 경우에는 청소년 전문 치료기관의 장에게 해당 청소년에 대한 치료 및 재활을 실시하여 줄 것을 요청하여야 한다.

⑥ 청소년 전문 치료기관의 장은 제5항의 요청에 따라 환각물질 중독 청소년에 대하여 치료 및 재활을 실시한 경우에는 그 결과를 치료 및 재활 기간(제8항 및 제9항에 따라 치료 및 재활 기간을 연장한 경우에는 연장한 기간을 말한다. 이하 이 항에서 같다)이 끝나기 10일 전까지 여성가족부장관에게 보고하고 신청인 또는 의뢰인에게 알려야 한다.

⑦ 제6항에도 불구하고 청소년 전문 치료기관의 장은 치료 및 재활 기간이 끝나기 전에 해당 청소년이 완치되었다고 인정하는 경우에는 그 결과를 치료 및 재활이 종료된 날부터 10일 이내에 여성가족부장관에게 보고하고 신청인 또는 의뢰인에게 알려야 한다.

⑧ 청소년 전문 치료기관의 장은 법 제34조의2제3항 후단에 따라 치료 및 재활 기간을 연장할 필요가 있는 경우에는 그 기간이 끝나기 10일 전까지 여성가족부령으로 정하는 치료 및 재활 기간 연장 요청서를 여성가족부장관에게 제출하여야 한다.

⑨ 여성가족부장관은 제8항에 따른 요청서를 제출받은 경우에는 치료 및 재활 기간 연장 여부를 결정하고, 그 결과를 청소년 전문 치료기관의 장과 신청인 또는 의뢰인에게 알려야 한다.

(2015.5.26 본조신설)

제32조【청소년 보호·재활센터의 사업】 법 제35조제1항에 따른 청소년 보호·재활센터는 다음 각 호의 사업을 시행한다.

1. 학습·정서·행동상의 장애를 가진 청소년에 대한 보호·상담 및 치료·재활 지원
2. 약물 또는 인터넷 중독 청소년에 대한 보호·상담 및 치료·재활 지원
3. 청소년유해환경으로 인한 피해 청소년 실태 파악 및 지원을 위한 조사·연구, 치료 프로그램 개발 및 자료 구축·관리
4. 그 밖에 청소년유해환경으로 인한 피해 예방, 상담 및 치료·재활을 위해 필요하다고 여성가족부장관이 인정하는 사항

제33조【청소년보호위원회의 운영 등】 ① 청소년보호위원회 위원장은 위원회를 소집하고 그 의장이 된다.

② 제1항에 따라 청소년보호위원회 위원장이 회의를 소집하려는 경우에는 회의 개최 5일 전까지 회의의 일시·장소 및 안건을 각 위원에게 문서(전자문서를 포함한다)로 통지하여야 한다. 다만, 긴급한 경우에는 그러하지 아니하다.

③ 이해관계인 및 관련 전문가 등의 의견 청취, 의결서 작성 등 청소년보호위원회 심의·결정의 전문성과 효율성을 높이기 위하여 필요한 사항은 청소년보호위원회 위원장이 청소년보호위원회의 의결을 거쳐 정할 수 있다.
④ 청소년보호위원회의 회의는 공개한다. 다만, 청소년보호위원회가 필요하다고 인정하는 경우에는 공개하지 아니할 수 있다.
⑤ 위원회에 출석하는 위원에게는 예산의 범위에서 수당과 여비를 지급할 수 있다. 다만, 공무원인 위원이 그 소관 업무와 직접적으로 관련되어 출석하는 경우에는 그러하지 아니하다.

제34조【유해매체물 심의분과위원회의 구성 및 운영 등】 ① 법 제41조의2에 따른 유해매체물 심의 분과위원회(이하 "심의분과위원회"라 한다)는 매체물별로 둘 수 있다.
② 심의분과위원회는 위원장 1명을 포함하여 13명 이내의 위원으로 구성한다.
③ 심의분과위원회의 위원은 해당 매체물 또는 청소년 분야에 관하여 전문지식과 식견을 갖춘 사람 중에서 여성가족부장관이 위촉하고, 위원장은 위원 중에서 호선(互選)한다.
④ 심의분과위원회 위원의 임기는 2년으로 한다.
⑤ 심의분과위원회 회의는 재적위원 과반수의 출석으로 개의(開議)하고, 출석위원 과반수의 찬성으로 의결한다.
⑥ 제1항부터 제5항까지에서 규정한 사항 외에 심의분과위원회의 구성 및 운영 등에 필요한 사항은 심의분과위원회의 의결을 거쳐 위원장이 정한다.

제35조【위원의 해촉】 여성가족부장관은 심의분과위원회의 위원이 다음 각 호의 어느 하나에 해당하는 경우 그 위원을 해촉할 수 있다.
1. 심신 장애로 인하여 직무를 수행할 수 없게 된 경우
2. 직무와 관련한 형사 사건으로 기소된 경우
3. 직무 태만, 품위 손상, 그 밖의 사유로 위원으로서 직무를 수행하기에 적합하지 아니하다고 인정하는 경우

제36조【보고 등】 여성가족부장관 또는 시장·군수·구청장(자치구의 구청장을 말한다. 이하 같다)이 법 제42조에 따라 보고 또는 자료 제출을 요구할 때에는 다음 각 호의 사항이 기재된 서면으로 하여야 한다.
1. 법 제42조에 따라 확인하려는 사항과 관련하여 보고 또는 제출하여야 할 내용 및 자료의 내역
2. 보고 또는 자료 제출의 일시
3. 보고 또는 제출하여야 할 자료

제37조【검사 및 조사의 장소】 법 제43조제1항에서 "대통령령으로 정하는 장소"란 사업자 또는 사업자 단체의 사무소·사업장과 여성가족부장관 또는 시장·군수·구청장이 지정하는 장소를 말한다.

제38조【수거 의무자 등】 ① 여성가족부장관 또는 시장·군수·구청장은 법 제44조제1항에 따라 청소년유해매체물 및 청소년유해약물등에 대한 수거를 명할 때에는 해당 청소년유해매체물 및 청소년유해약물등의 소유자에게 그 수거를 명하되, 소유자를 알 수 없는 경우에는 유통 행위자에게 명하여야 한다.
② 여성가족부장관 또는 시장·군수·구청장은 제1항에 따른 수거명령을 할 때에는 다음 각 호의 사항을 기재한 서면으로 하여야 한다.
1. 위반행위의 내용
2. 수거하는 사유
3. 수거방법 및 수거기간
4. 수거하지 아니할 경우에는 여성가족부장관 또는 시장·군수·구청장이 직접 수거하거나 파기할 수 있다는 사실
③ 여성가족부장관 또는 시장·군수·구청장은 법 제44조제2항에 따라 청소년유해매체물 및 청소년유해약물등을 파기하려면 해당 청소년유해매체물 및 청소년유해약물등을 영치하고 7일 이상의 공고 절차를 거쳐야 한다.

제39조【시정명령의 종류 등】 ① 여성가족부장관 또는 시장·군수·구청장은 법 제45조에 따라 시정명령을 할 때에는 다음 각 호의 사항을 명시한 서면으로 하여야 한다.
1. 위반행위의 내용
2. 시정명령의 내용
3. 시정명령을 하는 사유
4. 시정기간
② 제1항에 따른 시정명령의 종류는 별표9와 같다.

제40조【증표 발급】 지방자치단체의 장은 법 제48조제1항에 따라 청소년유해환경 개선활동을 수행하는 민간의 감시·고발 단체에 청소년유해환경 감시활동을 하고 있음을 나타내는 증표로서 여성가족부령으로 정하는 청소년유해환경감시단 운영기관 지정서를 발급할 수 있다.

제41조【신고방법】 ① 법 제49조에 따른 신고는 서면·구두 또는 그 밖의 방법으로 할 수 있으며, 다음 각 호의 사항이 포함되어야 한다.
1. 신고인의 성명·주소와 전화번호
2. 피신고인의 주소 또는 업소의 명칭 및 위치
3. 피신고인의 위반행위 내용
4. 그 밖에 위반행위의 내용을 명백히 할 수 있는 사항
② 제1항에 따른 신고를 접수한 공무원은 신고 접수대장에 신고 내용을 기록하여야 하며, 신고 내용을 외부에 누설해서는 아니 된다.

제42조【선도·보호조치 대상 청소년의 통보 등】 ① 법 제50조제1항에 따라 여성가족부장관, 시장·군수·구청장 및 관할 경찰서장이 법 위반사실을 친권자등에게 통보하여야 하는 청소년은 다음 각 호와 같다.
1. 청소년유해업소의 업주 또는 종사자 등 법 준수 의무자를 강박(强迫)하는 방법으로 위반행위의 원인을 제공한 청소년
2. 신분증 위조·변조 등의 방법으로 나이를 속이는 등 적극적인 방법으로 위반행위의 원인을 제공한 청소년
② 여성가족부장관, 시장·군수·구청장 및 관할 경찰서장은 법 제50조제2항에 따라 선도·보호조치가 필요하다고 인정되는 청소년(이하 "선도·보호조치 대상 청소년"이라 한다)을 결정하는 경우 청소년지도자, 청소년상담가, 의사, 변호사 등 청소년 관련 전문가의 의견을 들을 수 있다.
③ 법 제50조에 따라 여성가족부장관, 시장·군수·구청장 및 관할 경찰서장이 위반행위의 원인을 제공한 청소년 또는 선도·보호조치 대상 청소년(이하 "통보대상 청소년"이라 한다)을 친권자등이나 소속 학교의 장(학생인 경우만 해당한다)에게 통보하는 경우에는 다음 각 호의 사항을 포함하여야 한다.
1. 통보대상 청소년의 성명·주소와 전화번호
2. 통보대상 청소년이 법 위반행위의 원인을 제공한 사실을 증명할 수 있는 사항
3. 선도·보호조치 대상 청소년의 경우에는 선도·보호조치가 필요하다고 인정된 사실
④ 제3항에 따라 통보를 받은 친권자등 또는 소속 학교의 장은 통보대상 청소년의 인권을 침해할 수 있는 조치를 하여서는 아니 된다.
⑤ 통보대상 청소년을 통보한 여성가족부장관, 시장·군수·구청장 및 관할 경찰서장, 통보를 받은 친권자등 또는 소속 학교의 장은 통보대상 청소년의 인적 사항이 외부에 공개되지 아니하도록 하여야 한다.

제43조【지방청소년사무소의 업무 협조】 여성가족부장관은 법 제51조에 따른 지방청소년사무소에 대하여 청소년 보호 사무처리의 기본방침을 통보하여야 하며, 업무상 필요한 경우에는 자료 제출 그 밖에 필요한 사항의 협조를 요청할 수 있다.

제44조【과징금의 부과기준】 ① 법 제54조제1항에 따라 과징금을 부과하는 위반행위의 종류에 따른 과징금의 금액은 별표10과 같다.
② 법 제54조제2항에 따라 과징금을 부과하는 위반행위의 종류에 따른 과징금의 금액은 별표11과 같다.
③ 여성가족부장관 또는 시장·군수·구청장은 위반행위의 내용·정도·기간, 위반행위로 인하여 얻은 이익 등을 고려하여 제1항 또는 제2항에 따른 과징금 금액의 2분의 1의 범위에서 이를 감경할 수 있다.
④ 시장·군수·구청장이 법 제54조제3항에 따라 과징금을 부과·징수하지 아니할 수 있는 경우는 과징금 부과·징수 대상자가 청소년의 신분증 위조·변조 또는 도용으로 청소년인 사실을 알지 못하였거나 폭행 또는 협박으로 인하여 청소년임을 확인하지 못한 사정이 인정되어 불송치 또는 불기소(불송치 또는 불기소를 받은 이후 해당 사건에 대하여 다시 수사절차가 진행 중인 경우 또는 해당 사건에 대하여 공소가 제기되어 형사재판이 진행 중인 경우는 제외한다)를 받거나 선고유예 판결을 받은 경우로 한다.(2020.12.29 본항개정)

제45조【과징금의 부과 및 납부】 ① 여성가족부장관 또는 시장·군수·구청장(이하 "과징금 부과권자"라 한다)은 법 제54조에 따라 과징금을 부과할 때에는 위반행위의 종류와 과징금의 금액을 분명하게 적은 서면으로 알려야 한다.
② 제1항에 따라 통지를 받은 자는 통지를 받은 날부터 20일 이내에 과징금을 내야 한다.(2023.12.12 단서삭제)
③ 제2항에 따라 과징금을 받은 수납기관은 영수증을 납부자에게 내주어야 한다.
④ 과징금의 수납기관은 제2항에 따라 과징금을 받았을 때에는 지체 없이 그 사실을 과징금 부과권자에게 통보하여야 한다.
⑤ 과징금의 징수절차는 여성가족부령으로 정한다.

제46조【과징금 납부기한의 연장 또는 분할납부】 ① 법 제54조제5항에 따라 과징금 납부기한을 연장하거나 분할납부하려는 자는 그 납부기한의 10일 전까지 여성가족부령으로 정하는 바에 따라 과징금 납부기한의 연장 또는 분할납부 신청서에 그 사유를 증명하는 서류를 첨부하여 과징금 부과권자에게 제출하여야 한다.(2016.7.19 본항개정)
② 과징금 부과권자는 제1항에 따른 납부기한의 연장 또는 분할납부를 신청받은 경우에는 신청을 받은 날부터 7일 이내에 여성가족부령으로 정하는 바에 따라 납부기한의 연장 또는 분할납부의 허용 여부를 신청인에게 통지하여야 한다.
③ 법 제54조제5항에 따른 과징금 납부기한의 연장은 그 납부기한의 다음 날부터 1년을 초과할 수 없다.(2016.7.19 본항개정)
④ 법 제54조제5항에 따라 분할납부를 하는 경우에는 분할된 납부기한간의 간격은 3개월을 초과할 수 없으며, 분할 횟수는 4회를 초과할 수 없다.(2016.7.19 본항개정)
⑤ 과징금 부과권자는 법 제54조제5항에 따라 납부기한이 연장되거나 분할납부가 허용된 과징금 납부의무자가 다음 각 호의 어느 하나에 해당하게 된 때에는 그 납부기한의 연장 또는 분할납부 결정을 취소하고 한꺼번에 징수할 수 있다.(2016.7.19 본문개정)
1. 분할납부하기로 결정된 과징금을 그 납부기한까지 내지 아니하였을 때
2. 강제집행이나 경매가 개시된 경우, 파산선고를 받은 경우, 법인이 해산된 경우, 국세 체납처분 또는 지방세 체납처분을 받은 경우 등 즉시 징수하지 아니하면 과징금의 전부 또는 나머지를 징수할 수 없다고 인정될 때

제47조【과징금의 용도】 법 제54조제6항제4호에서 "대통령령으로 정하는 사업"이란 다음 각 호의 사업을 말한다.(2016.7.19 본문개정)
1. 법 제35조제1항에 따른 청소년 보호·재활센터의 운영
2. 청소년유해환경 신고자에 대한 포상
3. 그 밖에 과징금 부과권자가 인정하는 청소년 보호사업

제47조의2【규제의 재검토】 여성가족부장관은 다음 각 호의 사항에 대하여 다음 각 호의 기준일을 기준으로 5년마다(매 5년이 되는 해의 기준일과 같은 날 전까지를 말한다) 그 타당성을 검토하여 개선 등의 조치를 하여야 한다.
1.~2. (2018.12.24 삭제)
3. 제5조에 따른 청소년 출입·고용금지업소의 범위 : 2015년 7월 1일
4. 제6조에 따른 청소년 고용금지업소의 범위 : 2015년 7월 1일
5. (2018.12.24 삭제)
(2016.12.30 본조개정)

제48조【과태료의 부과기준】 법 제64조제3항에 따른 과태료의 부과기준은 별표12와 같다.

부　칙

제1조【시행일】 이 영은 2012년 9월 16일부터 시행한다. 다만, 제5조제1항제2호의 개정규정은 2012년 12월 16일부터 시행한다.
제2조【과징금에 관한 적용례】 별표10 및 별표11의 개정규정은 이 영 시행 후 발생한 위반행위부터 적용한다.
제3조【다른 법령의 개정】 ①~⑧ ※(해당 법령에 가제정리 하였음)
제4조【다른 법령과의 관계】 이 영 시행 당시 다른 법령에서 종전의「청소년보호법 시행령」의 규정을 인용한 경우에 이 영 가운데 그에 해당하는 규정이 있으면 종전의 규정을 갈음하여 이 영의 해당 규정을 인용한 것으로 본다.

부　칙 (2014.12.9 영25840호)

제1조【시행일】 이 영은 2015년 1월 1일부터 시행한다.
제2조~제13조 (생략)
제14조【「청소년 보호법 시행령」의 개정에 관한 경과조치】 이 영 시행 전의 위반행위에 대하여 과태료의 부과기준을 적용할 때에는「청소년 보호법 시행령」별표12 제2호자목의 개정규정에도 불구하고 종전의 규정에 따른다. (이하 생략)

부　칙 (2019.7.2)

이 영은 공포한 날부터 시행한다.(이하 생략)

부　칙 (2020.12.8)

제1조【시행일】 이 영은 2020년 12월 10일부터 시행한다.(이하 생략)

부　칙 (2020.12.29)

제1조【시행일】 이 영은 2021년 1월 1일부터 시행한다.
제2조【일반적 적용례】 이 영은 이 영 시행 당시 사법경찰관이 수사 중인 사건에 대해서도 적용한다.

부　칙 (2021.1.26)

제1조【시행일】 이 영은 공포한 날부터 시행한다.
제2조【청소년고용금지업소에서 제외되는 숙박업의 범위에 관한 적용례】 제6조제1항제1호 각 목 외의 부분 단서 및 같은 호 라목 및 마목의 개정규정은 이 영 시행 전에「직업교육훈련 촉진법」제2조제7호에 따른 현장실습을 받은 청소년을 이 영 시행 이후에 해당 숙박업에 고용하는 경우에도 적용한다.

부　칙 (2021.2.17)

제1조【시행일】 이 영은 공포한 날부터 시행한다.(이하 생략)

부　칙 (2022.4.5)
(2023.12.12)

이 영은 공포한 날부터 시행한다.

〔별표〕➡「法典 別册」참조

아동·청소년의 성보호에 관한 법률(약칭 : 청소년성보호법)

(2012년 12월 18일 전부개정법률 제11572호)

개정
2012.12.18법11574호(형법)
2013. 3.23법11690호(정부조직)
2014. 1.21법12329호(청소년활동진흥법)
2014. 1.28법12361호(아동)
2016. 1.19법13805호(주택법)
2016. 5.29법14236호　2018. 1.16법15352호
2018. 3.13법15452호
2019. 1.15법16248호(아동)
2019. 1.15법16275호　2019.11.26법16622호
2020. 2. 4법16923호(전자장치부착등에관한법)
2020. 2.18법17007호(권한지방이양)
2020. 5.19법17282호　2020. 6. 2법17338호
2020. 6. 9법17352호(전기통신사업법)
2020.12. 8법17574호(도로명주소법)
2020.12. 8법17641호
2020.12.22법17689호(국가자치경찰)
2021. 1.12법17893호(지방자치)
2021. 3.23법17972호　2023. 4.11법19337호

제1장 총 칙

제1조【목적】 이 법은 아동·청소년대상 성범죄의 처벌과 절차에 관한 특례를 규정하고 피해아동·청소년을 위한 구제 및 지원절차를 마련하며 아동·청소년대상 성범죄자를 체계적으로 관리함으로써 아동·청소년을 성범죄로부터 보호하고 아동·청소년이 건강한 사회구성원으로 성장할 수 있도록 함을 목적으로 한다.

제2조【정의】 이 법에서 사용하는 용어의 뜻은 다음과 같다.
1. "아동·청소년"이란 19세 미만의 자를 말한다. 다만, 19세에 도달하는 연도의 1월 1일을 맞이한 자는 제외한다.
2. "아동·청소년대상 성범죄"란 다음 각 목의 어느 하나에 해당하는 죄를 말한다.
가. 제7조, 제7조의2, 제8조, 제8조의2, 제9조부터 제15조까지 및 제15조의2의 죄(2021.3.23 본목개정)
나. 아동·청소년에 대한 「성폭력범죄의 처벌 등에 관한 특례법」 제3조부터 제15조까지의 죄
다. 아동·청소년에 대한 「형법」 제297조, 제297조의2 및 제298조부터 제301조까지, 제301조의2, 제302조, 제303조, 제305조, 제339조 및 제342조(제339조의 미수범에 한정한다)의 죄(2018.1.16 본목개정)
라. 아동·청소년에 대한 「아동복지법」 제17조제2호의 죄(2014.1.28 본목개정)
3. "아동·청소년대상 성폭력범죄"란 아동·청소년대상 성범죄에서 제11조부터 제15조까지 및 제15조의2의 죄를 제외한 죄를 말한다.(2021.3.23 본호개정)
3의2. "성인대상 성범죄"란 「성폭력범죄의 처벌 등에 관한 특례법」 제2조에 따른 성폭력범죄를 말한다. 다만, 아동·청소년에 대한 「형법」 제302조 및 제305조의 죄는 제외한다.(2018.1.16 본호신설)
4. "아동·청소년의 성을 사는 행위"란 아동·청소년, 아동·청소년의 성(性)을 사는 행위를 알선한 자 또는 아동·청소년을 실질적으로 보호·감독하는 자 등에게 금품이나 그 밖의 재산상 이익, 직무·편의제공 등 대가를 제공하거나 약속하고 다음 각 목의 어느 하나에 해당하는 행위를 아동·청소년을 대상으로 하거나 아동·청소년으로 하여금 하게 하는 것을 말한다.
가. 성교 행위
나. 구강·항문 등 신체의 일부나 도구를 이용한 유사 성교 행위
다. 신체의 전부 또는 일부를 접촉·노출하는 행위로서 일반인의 성적 수치심이나 혐오감을 일으키는 행위
라. 자위 행위
5. "아동·청소년성착취물"이란 아동·청소년 또는 아동·청소년으로 명백하게 인식될 수 있는 사람이나 표현물이 등장하여 제4호 각 목의 어느 하나에 해당하는 행위를 하거나 그 밖의 성적 행위를 하는 내용을 표현하는 것으로서 필름·비디오물·게임물 또는 컴퓨터나 그 밖의 통신매체를 통한 화상·영상 등의 형태로 된 것을 말한다.(2021.3.23 본호개정)
6. "피해아동·청소년"이란 제2호나목부터 라목까지, 제7조, 제7조의2, 제8조, 제8조의2, 제9조부터 제15조까지 및 제15조의2의 죄의 피해자가 된 아동·청소년(제13조제1항의 죄의 상대방이 된 아동·청소년을 포함한다)을 말한다.(2021.3.23 본호개정)
6의2. "성매매 피해아동·청소년"이란 피해아동·청소년 중 제13조제1항의 죄의 상대방 또는 제13조제2항·제14조·제15조의 죄의 피해자가 된 아동·청소년을 말한다.(2020.5.19 본호신설)
7. (2020.5.19 삭제)
8. (2020.6.9 삭제)
9. "등록정보"란 법무부장관이 「성폭력범죄의 처벌 등에 관한 특례법」 제42조제1항의 등록대상자에 대하여 같은 법 제44조제1항에 따라 등록한 정보를 말한다.

제3조【해석상·적용상의 주의】 이 법을 해석·적용할 때에는 아동·청소년의 권익을 우선적으로 고려하여야 하며, 이해관계인과 그 가족의 권리가 부당하게 침해되지 아니하도록 주의하여야 한다.

제4조【국가와 지방자치단체의 의무】 ① 국가와 지방자치단체는 아동·청소년대상 성범죄를 예방하고, 아동·청소년을 성적 착취와 학대 행위로부터 보호하기 위하여 필요한 조사·연구·교육 및 계도와 더불어 법적·제도적 장치를 마련하며 필요한 재원을 조달하여야 한다.
② 국가는 아동·청소년에 대한 성적 착취와 학대 행위가 국제적 범죄임을 인식하고 범죄 정보의 공유, 범죄 조사·연구, 국제사법 공조, 범죄인 인도 등 국제협력을 강화하는 노력을 하여야 한다.

제5조【사회의 책임】 모든 국민은 아동·청소년이 이 법에서 정한 범죄의 피해자가 되거나 이 법에서 정한 범죄를 저지르지 아니하도록 사회 환경을 정비하고 아동·청소년을 보호·지원·교육하는 데에 최선을 다하여야 한다.(2020.5.19 본조개정)

제6조【홍보영상의 제작·배포·송출】 ① 여성가족부장관은 아동·청소년대상 성범죄의 예방과 계도, 피해자의 치료와 재활 등에 관한 홍보영상을 제작하여 「방송법」 제2조제23호의 방송편성책임자에게 배포하여야 한다.
② 여성가족부장관은 「방송법」 제2조제3호가목의 지상파방송사업자(이하 "방송사업자"라 한다)에게 같은 법 제73조제4항에 따라 대통령령으로 정하는 비상업적 공익광고 편성비율의 범위에서 제1항의 홍보영상을 채널별로 송출하도록 요청할 수 있다.
③ 방송사업자는 제1항의 홍보영상 외에 독자적인 홍보영상을 제작하여 송출할 수 있다. 이 경우 여성가족부장관에게 필요한 협조 및 지원을 요청할 수 있다.

제2장 아동·청소년대상 성범죄의 처벌과 절차에 관한 특례

제7조【아동·청소년에 대한 강간·강제추행 등】 ① 폭행 또는 협박으로 아동·청소년을 강간한 사람은 무기 또는 5년 이상의 징역에 처한다.(2023.4.11 본항개정)
② 아동·청소년에 대하여 폭행이나 협박으로 다음 각 호의 어느 하나에 해당하는 행위를 한 자는 5년 이상의 유기징역에 처한다.
1. 구강·항문 등 신체(성기는 제외한다)의 내부에 성기를 넣는 행위
2. 성기·항문에 손가락 등 신체(성기는 제외한다)의 일부나 도구를 넣는 행위
③ 아동·청소년에 대하여 「형법」 제298조의 죄를 범한 자는 2년 이상의 유기징역 또는 1천만원 이상 3천만원 이하의 벌금에 처한다.
④ 아동·청소년에 대하여 「형법」 제299조의 죄를 범한 자는 제1항부터 제3항까지의 예에 따른다.
⑤ 위계(僞計) 또는 위력으로써 아동·청소년을 간음하거나 아동·청소년을 추행한 자는 제1항부터 제3항까지의 예에 따른다.
⑥ 제1항부터 제5항까지의 미수범은 처벌한다.

제7조의2【예비, 음모】 제7조의 죄를 범할 목적으로 예비 또는 음모한 사람은 3년 이하의 징역에 처한다.(2020.6.2 본조신설)

제8조【장애인인 아동·청소년에 대한 간음 등】 ① 19세 이상의 사람이 13세 이상의 장애 아동·청소년(「장애인복지법」 제2조제1항에 따른 장애인으로서 신체적인 또는 정신적인 장애로 사물을 변별하거나 의사를 결정할 능력이 미약한 아동·청소년을 말한다. 이하 같다)을 간음하거나 13세 이상의 장애 아동·청소년으로 하여금 다른 사람을 간음하게 하는 경우에는 3년 이상의 유기징역에 처한다.
② 19세 이상의 사람이 13세 이상의 장애 아동·청소년을 추행한 경우 또는 13세 이상의 장애 아동·청소년으로 하여금 다른 사람을 추행하게 하는 경우에는 10년 이하의 징역 또는 5천만원 이하의 벌금에 처한다.(2021.3.23 본항개정)
(2020.12.8 본조개정)

제8조의2【13세 이상 16세 미만 아동·청소년에 대한 간음 등】 ① 19세 이상의 사람이 13세 이상 16세 미만인 아동·청소년(제8조에 따른 장애 아동·청소년으로서 16세 미만인 자는 제외한다. 이하 이 조에서 같다)의 궁박(窮迫)한 상태를 이용하여 해당 아동·청소년을 간음하거나 해당 아동·청소년으로 하여금 다른 사람을 간음하게 하는 경우에는 3년 이상의 유기징역에 처한다.
② 19세 이상의 사람이 13세 이상 16세 미만인 아동·청소년의 궁박한 상태를 이용하여 해당 아동·청소년을 추행한 경우 또는 해당 아동·청소년으로 하여금 다른 사람을 추행하게 하는 경우에는 10년 이하의 징역 또는 5천만원 이하의 벌금에 처한다.(2021.3.23 본항개정)
(2019.1.15 본조신설)

제9조【강간 등 상해·치상】 제7조의 죄를 범한 사람이 다른 사람을 상해하거나 상해에 이르게 한 때에는 무기 또는 7년 이상 등 징역에 처한다.(2023.4.11 본조개정)

제10조【강간 등 살인·치사】 ① 제7조의 죄를 범한 사람이 다른 사람을 살해한 때에는 사형 또는 무기징역에 처한다.
② 제7조의 죄를 범한 사람이 다른 사람을 사망에 이르게 한 때에는 사형, 무기 또는 10년 이상의 징역에 처한다.(2023.4.11 본항개정)

제11조【아동·청소년성착취물의 제작·배포 등】 ① 아동·청소년성착취물을 제작·수입 또는 수출한 자는 무기 또는 5년 이상의 징역에 처한다.(2023.4.11 본항개정)
② 영리를 목적으로 아동·청소년성착취물을 판매·대여·배포·제공하거나 이를 목적으로 소지·운반·광고·소개하거나 공연히 전시 또는 상영한 자는 5년 이상의 유기징역에 처한다.(2023.4.11 본항개정)
③ 아동·청소년성착취물을 배포·제공하거나 이를 목적으로 광고·소개하거나 공연히 전시 또는 상영한 자는 3년 이상의 유기징역에 처한다.(2023.4.11 본항개정)
④ 아동·청소년성착취물을 제작할 것이라는 정황을 알면서 아동·청소년을 아동·청소년성착취물의 제작자에게 알선한 자는 3년 이상의 유기징역에 처한다.(2023.4.11 본항개정)
⑤ 아동·청소년성착취물을 구입하거나 아동·청소년성착취물임을 알면서 이를 소지·시청한 자는 1년 이상의 유기징역에 처한다.(2023.4.11 본항개정)
⑥ 제1항의 미수범은 처벌한다.
⑦ 상습적으로 제1항의 죄를 범한 자는 그 죄에 대하여 정하는 형의 2분의 1까지 가중한다.(2020.6.2 본항신설)
(2020.6.2 본조제목개정)

제12조【아동·청소년 매매행위】 ① 아동·청소년의 성을 사는 행위 또는 아동·청소년성착취물을 제작하는 행위의 대상이 될 것을 알면서 아동·청소년을 매매 또는 국외에 이송하거나 국외에 거주하는 아동·청소년을 국내에 이송한 자는 무기 또는 5년 이상의 징역에 처한다.(2023.4.11 본항개정)
② 제1항의 미수범은 처벌한다.

제13조【아동·청소년의 성을 사는 행위 등】 ① 아동·청소년의 성을 사는 행위를 한 자는 1년 이상 10년 이하의 징역 또는 2천만원 이상 5천만원 이하의 벌금에 처한다.
② 아동·청소년의 성을 사기 위하여 아동·청소년을 유인하거나 성을 팔도록 권유한 자는 3년 이하의 징역 또는 3천만원 이하의 벌금에 처한다.(2021.3.23 본항개정)
③ 16세 미만의 아동·청소년 및 장애 아동·청소년을 대상으로 제1항 또는 제2항의 죄를 범한 경우에는 그 죄에 정한 형의 2분의 1까지 가중처벌한다.(2020.12.8 본항개정)

제14조【아동·청소년에 대한 강요행위 등】 ① 다음 각 호의 어느 하나에 해당하는 자는 5년 이상의 유기징역에 처한다.
1. 폭행이나 협박으로 아동·청소년으로 하여금 아동·청소년의 성을 사는 행위의 상대방이 되게 한 자
2. 선불금(先拂金), 그 밖의 채무를 이용하는 등의 방법으로 아동·청소년을 곤경에 빠뜨리거나 위계 또는 위력으로 아동·청소년으로 하여금 아동·청소년의 성을 사는 행위의 상대방이 되게 한 자
3. 업무·고용이나 그 밖의 관계로 자신의 보호 또는 감독을 받는 것을 이용하여 아동·청소년으로 하여금 아동·청소년의 성을 사는 행위의 상대방이 되게 한 자
4. 영업으로 아동·청소년을 아동·청소년의 성을 사는 행위의 상대방이 되도록 유인·권유한 자
② 제1항제1호부터 제3호까지의 죄를 범한 자가 그 대가의 전부 또는 일부를 받거나 이를 요구 또는 약속한 때에는 7년 이상의 유기징역에 처한다.
③ 아동·청소년의 성을 사는 행위의 상대방이 되도록 유인·권유한 자는 7년 이하의 징역 또는 5천만원 이하의 벌금에 처한다.
④ 제1항과 제2항의 미수범은 처벌한다.

제15조【알선영업행위 등】 ① 다음 각 호의 어느 하나에 해당하는 자는 7년 이상의 유기징역에 처한다.
1. 아동·청소년의 성을 사는 행위의 장소를 제공하는 행위를 업으로 하는 자
2. 아동·청소년의 성을 사는 행위를 알선하거나 정보통신망(「정보통신망 이용촉진 및 정보보호 등에 관한 법률」 제2조제1항제1호의 정보통신망을 말한다. 이하 같다)에서 알선정보를 제공하는 행위를 업으로 하는 자(2021.3.23 본호개정)
3. 제1호 또는 제2호의 범죄에 사용되는 사실을 알면서 자금·토지 또는 건물을 제공한 자
4. 영업으로 아동·청소년의 성을 사는 행위의 장소를 제공·알선하는 업소에 아동·청소년을 고용하도록 한 자
② 다음 각 호의 어느 하나에 해당하는 자는 7년 이하의 징역 또는 5천만원 이하의 벌금에 처한다.
1. 영업으로 아동·청소년의 성을 사는 행위를 하도록 유인·권유 또는 강요한 자
2. 아동·청소년의 성을 사는 행위의 장소를 제공한 자
3. 아동·청소년의 성을 사는 행위를 알선하거나 정보통신망에서 알선정보를 제공한 자
4. 영업으로 제2호 또는 제3호의 행위를 약속한 자
③ 아동·청소년의 성을 사는 행위를 하도록 유인·권유 또는 강요한 자는 5년 이하의 징역 또는 3천만원 이하의 벌금에 처한다.

제15조의2【아동·청소년에 대한 성착취 목적 대화 등】 ① 19세 이상의 사람이 성적 착취를 목적으로 정보통신망

을 통하여 아동·청소년에게 다음 각 호의 어느 하나에 해당하는 행위를 한 경우에는 3년 이하의 징역 또는 3천만원 이하의 벌금에 처한다.
1. 성적 욕망이나 수치심 또는 혐오감을 유발할 수 있는 대화를 지속적 또는 반복적으로 하거나 그러한 대화에 지속적 또는 반복적으로 참여시키는 행위
2. 제2조제4호 각 목의 어느 하나에 해당하는 행위를 하도록 유인·권유하는 행위
② 19세 이상의 사람이 정보통신망을 통하여 16세 미만인 아동·청소년에게 제1항 각 호의 어느 하나에 해당하는 행위를 한 경우 제1항과 동일한 형으로 처벌한다.
(2021.3.23 본조신설)
제16조【피해자 등에 대한 강요행위】 폭행이나 협박으로 아동·청소년대상 성범죄의 피해자 또는 「아동복지법」 제3조제3호에 따른 보호자를 상대로 합의를 강요한 자는 7년 이하의 징역에 처한다.(2023.4.11 본조개정)
제17조 (2020.6.9 삭제)
제18조【신고의무자의 성범죄에 대한 가중처벌】 제34조제2항 각 호의 기관·시설 또는 단체의 장과 그 종사자가 자기의 보호·감독 또는 진료를 받는 아동·청소년을 대상으로 성범죄를 범한 경우에는 그 죄에 정한 형의 2분의 1까지 가중처벌한다.
제19조【「형법」상 감경규정에 관한 특례】 음주 또는 약물로 인한 심신장애 상태에서 아동·청소년대상 성폭력범죄를 범한 때에는 「형법」 제10조제1항·제2항 및 제11조를 적용하지 아니할 수 있다.
제20조【공소시효에 관한 특례】 ① 아동·청소년대상 성범죄의 공소시효는 「형사소송법」 제252조제1항에도 불구하고 해당 성범죄로 피해를 당한 아동·청소년이 성년에 달한 날부터 진행한다.
② 제7조의 죄는 디엔에이(DNA)증거 등 그 죄를 증명할 수 있는 과학적인 증거가 있는 때에는 공소시효가 10년 연장된다.
③ 13세 미만의 사람 및 신체적인 또는 정신적인 장애가 있는 아동·청소년에 대하여 다음 각 호의 죄를 범한 경우에는 제1항과 제2항에도 불구하고 「형사소송법」 제249조부터 제253조까지 및 「군사법원법」 제291조부터 제295조까지에 규정된 공소시효를 적용하지 아니한다.
(2023.4.11 본문개정)
1. 「형법」 제297조(강간), 제298조(강제추행), 제299조(준강간, 준강제추행), 제301조(강간등 상해·치상), 제301조의2(강간등 살인·치사) 또는 제305조(미성년자에 대한 간음, 추행)의 죄(2020.5.19 본호개정)
2. 제9조 및 제10조의 죄
3. 「성폭력범죄의 처벌 등에 관한 특례법」 제6조제2항, 제7조제2항·제5항, 제8조, 제9조의 죄(2019.1.15 본호개정)
④ 다음 각 호의 죄를 범한 경우에는 제1항과 제2항에도 불구하고 「형사소송법」 제249조부터 제253조까지 및 「군사법원법」 제291조부터 제295조까지에 규정된 공소시효를 적용하지 아니한다.
1. 「형법」 제301조의2(강간등 살인·치사)의 죄(강간등 살인에 한정한다)
2. 제10조제1항 및 제11조제1항의 죄(2021.3.23 본호개정)
3. 「성폭력범죄의 처벌 등에 관한 특례법」 제9조제1항의 죄
제21조【형벌과 수강명령 등의 병과】 ① 법원은 아동·청소년 대상 성범죄를 범한 「소년법」 제2조의 소년에 대하여 형의 선고를 유예하는 경우에는 반드시 보호관찰을 명하여야 한다.
② 법원은 아동·청소년대상 성범죄를 범한 자에 대하여 유죄판결을 선고하거나 약식명령을 고지하는 경우에는 500시간의 범위에서 재범예방에 필요한 수강명령 또는 성폭력 치료프로그램의 이수명령(이하 "이수명령"이라 한다)을 병과(倂科)하여야 한다. 다만, 수강명령 또는 이수명령을 부과할 수 없는 특별한 사정이 있는 경우에는 그러하지 아니하다.(2018.1.16 본문개정)
③ 아동·청소년대상 성범죄를 범한 자에 대하여 제2항의 수강명령은 형의 집행을 유예할 경우에 그 집행유예기간 내에서 병과하고, 이수명령은 벌금 이상의 형을 선고하거나 약식명령을 고지할 경우에 병과한다. 다만, 이수명령은 아동·청소년대상 성범죄자가 「전자장치 부착 등에 관한 법률」 제9조의2제1항제4호에 따른 성폭력 치료 프로그램의 이수명령을 부과받은 경우에는 병과하지 아니한다.(2020.2.4 단서개정)
④ 법원이 아동·청소년대상 성범죄를 범한 사람에 대하여 형의 집행을 유예하는 경우에는 제2항에 따른 수강명령 외에 그 집행유예기간 내에서 보호관찰 또는 사회봉사 중 하나 이상의 처분을 병과할 수 있다.
⑤ 제2항에 따른 수강명령 또는 이수명령은 형의 집행을 유예할 경우에는 그 집행유예기간 내에, 벌금형을 선고할 경우에는 형 확정일부터 6개월 이내에, 징역형 이상의 실형(實刑)을 선고할 경우에는 형기 내에 각각 집행한다. 다만, 수강명령 또는 이수명령은 아동·청소년대상 성범죄를 범한 사람이 「성폭력범죄의 처벌 등에 관한 특례법」 제16조에 따른 수강명령 또는 이수명령을 부과받은 경우에는 병과하지 아니한다.
⑥ 제2항에 따른 수강명령 또는 이수명령이 형의 집행유예 또는 벌금형과 병과된 경우에는 보호관찰소의 장이 집행하고, 징역형 이상의 실형과 병과된 경우에는 교정시설의 장이 집행한다. 다만, 징역형 이상의 실형과 병과된 수강명령 또는 이수명령을 모두 이행하기 전에 석방 또는 가석방되거나 미결구금일수 산입 등의 사유로 형을 집행할 수 없게 된 경우에는 보호관찰소의 장이 남은 수강명령 또는 이수명령을 집행한다.
⑦ 제2항에 따른 수강명령 또는 이수명령은 다음 각 호의 내용으로 한다.
1. 일탈적 이상행동의 진단·상담
2. 성에 대한 건전한 이해를 위한 교육
3. 그 밖에 성범죄를 범한 사람의 재범예방을 위하여 필요한 사항
⑧ 보호관찰소의 장 또는 교정시설의 장은 제2항에 따른 수강명령 또는 이수명령 집행의 전부 또는 일부를 여성가족부장관에게 위탁할 수 있다.
⑨ 보호관찰, 사회봉사, 수강명령 및 이수명령에 관하여 이 법에 규정한 사항 외의 사항에 대하여는 「보호관찰 등에 관한 법률」을 준용한다.
제21조의2【재범여부 조사】 ① 법무부장관은 제21조제2항에 따라 수강명령 또는 이수명령을 선고받아 그 집행을 마친 사람에 대하여 그 효과를 평가하기 위하여 아동·청소년대상 성범죄 재범여부를 조사할 수 있다.
② 법무부장관은 제1항에 따른 재범여부 조사를 위하여 수강명령 또는 이수명령의 집행을 마친 때부터 5년 동안 관계 기관의 장에게 그 사람에 관한 범죄경력자료 및 수사경력자료를 요청할 수 있다.
(2016.5.29 본조신설)
제22조【판결 전 조사】 ① 법원은 피고인에 대하여 제21조에 따른 보호관찰, 사회봉사, 수강명령 또는 이수명령을 부과하거나 제56조에 따른 취업제한 명령을 부과하기 위하여 필요하다고 인정하면 그 법원의 소재지 또는 피고인의 주거지를 관할하는 보호관찰소의 장에게 피고인의 신체적·심리적 특성 및 상태, 정신성적 발달과정, 성장배경, 가정환경, 직업, 생활환경, 교우관계, 범행동기, 병력(病歷), 피해자와의 관계, 재범위험성 등 피고인에 관한 사항의 조사를 요구할 수 있다.(2018.1.16 본항개정)
② 제1항의 요구를 받은 보호관찰소의 장은 지체 없이 이를 조사하여 서면으로 해당 법원에 알려야 한다. 이 경우 필요하다고 인정하면 피고인이나 그 밖의 관계인을 소환하여 심문하거나 소속 보호관찰관에게 필요한 사항을 조사하게 할 수 있다.
③ 법원은 제1항의 요구를 받은 보호관찰소의 장에게 조사진행상황에 관한 보고를 요구할 수 있다.
제23조【친권상실청구 등】 ① 아동·청소년대상 성범죄 사건을 수사하는 검사는 그 사건의 가해자가 피해아동·청소년의 친권자나 후견인인 경우에 법원에 「민법」 제924조의 친권상실선고 또는 같은 법 제940조의 후견인 변경 결정을 청구하여야 한다. 다만, 친권상실선고 또는 후견인 변경 결정을 하여서는 아니 될 특별한 사정이 있는 경우에는 그러하지 아니하다.
② 다음 각 호의 기관·시설 또는 단체의 장은 검사에게 제1항의 청구를 하도록 요청할 수 있다. 이 경우 청구를 요청받은 검사는 요청받은 날부터 30일 내에 해당 기관·시설 또는 단체의 장에게 그 처리 결과를 통보하여야 한다.
1. 「아동복지법」 제10조의2에 따른 아동권리보장원 또는 같은 법 제45조에 따른 아동보호전문기관
(2019.1.15 본호개정)
2. 「성폭력방지 및 피해자보호 등에 관한 법률」 제10조의 성폭력피해상담소 및 같은 법 제12조의 성폭력피해자보호시설
3. 「청소년복지 지원법」 제29조제1항에 따른 청소년상담복지센터 및 같은 법 제31조제1호에 따른 청소년쉼터
③ 제2항 각 호 외의 부분 후단에 따라 처리 결과를 통보받은 기관·시설 또는 단체의 장은 그 처리 결과에 대하여 이의가 있을 경우 통보받은 날부터 30일 내에 직접 법원에 제1항의 청구를 할 수 있다.
제24조【피해아동·청소년의 보호조치 결정】 법원은 아동·청소년대상 성범죄 사건의 가해자에게 「민법」 제924조에 따라 친권상실선고를 하는 경우에는 피해아동·청소년을 다른 친권자 또는 친족에게 인도하거나 제45조 또는 제46조의 기관·시설 또는 단체에 인도하는 등의 보호조치를 결정할 수 있다. 이 경우 그 아동·청소년의 의견을 존중하여야 한다.
제25조【수사 및 재판 절차에서의 배려】 ① 수사기관과 법원 및 소송관계인은 아동·청소년대상 성범죄를 당한 피해자의 나이, 심리 상태 또는 후유장애의 유무 등을 신중하게 고려하여 조사 및 심리·재판 과정에서 피해자의 인격이나 명예가 손상되거나 사적인 비밀이 침해되지 아니하도록 주의하여야 한다.
② 수사기관과 법원은 아동·청소년대상 성범죄의 피해자를 조사하거나 심리·재판할 때 피해자가 편안한 상태에서 진술할 수 있는 환경을 조성하여야 하며, 조사 및 심리·재판 횟수는 필요한 범위에서 최소한으로 하여야 한다.
③ 수사기관과 법원은 제2항에 따른 조사나 심리·재판을 할 때 피해아동·청소년이 13세 미만이거나 신체적인 또는 정신적인 장애로 의사소통이나 의사표현에 어려움이 있는 경우 조력을 위하여 「성폭력범죄의 처벌 등에 관한 특례법」 제36조부터 제39조까지를 준용한다. 이 경우 "성폭력범죄"는 "아동·청소년대상 성범죄"로, "피해자"는 "피해아동·청소년"으로 본다.(2020.12.8 본항신설)
제25조의2【아동·청소년대상 디지털 성범죄의 수사 특례】 ① 사법경찰관리는 다음 각 호의 어느 하나에 해당하는 범죄(이하 "디지털 성범죄"라 한다)에 대하여 신분을 비공개하고 범죄현장(정보통신망을 포함한다) 또는 범인으로 추정되는 자들에게 접근하여 범죄행위의 증거 및 자료 등을 수집(이하 "신분비공개수사"라 한다)할 수 있다.
1. 제11조 및 제15조의2의 죄
2. 아동·청소년에 대한 「성폭력범죄의 처벌 등에 관한 특례법」 제14조제2항 및 제3항의 죄
② 사법경찰관리는 디지털 성범죄를 계획 또는 실행하고 있거나 실행하였다고 의심할 만한 충분한 이유가 있고, 다른 방법으로는 그 범죄의 실행을 저지하거나 범인의 체포 또는 증거의 수집이 어려운 경우에 한정하여 수사 목적을 달성하기 위하여 부득이한 때에는 다음 각 호의 행위(이하 "신분위장수사"라 한다)를 할 수 있다.
1. 신분을 위장하기 위한 문서, 도화 및 전자기록 등의 작성, 변경 또는 행사
2. 위장 신분을 사용한 계약·거래
3. 아동·청소년성착취물 또는 「성폭력범죄의 처벌 등에 관한 특례법」 제14조제2항의 촬영물 또는 복제물(복제물의 복제물을 포함한다)의 소지, 판매 또는 광고
③ 제1항에 따른 수사의 방법 등에 필요한 사항은 대통령령으로 정한다.
(2021.3.23 본조신설)
제25조의3【아동·청소년대상 디지털 성범죄 수사 특례의 절차】 ① 사법경찰관리가 신분비공개수사를 진행하고자 할 때에는 사전에 상급 경찰관서 수사부서의 장의 승인을 받아야 한다. 이 경우 그 수사기간은 3개월을 초과할 수 없다.
② 제1항에 따른 승인의 절차 및 방법 등에 필요한 사항은 대통령령으로 정한다.
③ 사법경찰관리는 신분위장수사를 하려는 경우에는 검사에게 신분위장수사에 대한 허가를 신청하고, 검사는 법원에 그 허가를 청구한다.
④ 제3항의 신청은 필요한 신분위장수사의 종류·목적·대상·범위·기간·장소·방법 및 해당 신분위장수사가 제25조의2제2항의 요건을 충족하는 사유 등의 신청사유를 기재한 서면으로 하여야 하며, 신청사유에 대한 소명자료를 첨부하여야 한다.
⑤ 법원은 제3항의 신청이 이유 있다고 인정하는 경우에는 신분위장수사를 허가하고, 이를 증명하는 서류(이하 "허가서"라 한다)를 신청인에게 발부한다.
⑥ 허가서에는 신분위장수사의 종류·목적·대상·범위·기간·장소·방법 등을 특정하여 기재하여야 한다.
⑦ 신분위장수사의 기간은 3개월을 초과할 수 없으며, 그 수사기간 중 수사의 목적이 달성되었을 경우에는 즉시 종료하여야 한다.
⑧ 제7항에도 불구하고 제25조의2제2항의 요건이 존속하여 그 수사기간을 연장할 필요가 있는 경우에는 사법경찰관리는 소명자료를 첨부하여 3개월의 범위에서 수사기간의 연장을 검사에게 신청하고, 검사는 법원에 그 연장을 청구한다. 이 경우 신분위장수사의 총 기간은 1년을 초과할 수 없다.
(2021.3.23 본조신설)
제25조의4【아동·청소년대상 디지털 성범죄에 대한 긴급 신분위장수사】 ① 사법경찰관리는 제25조의2제2항의 요건을 구비하고, 제25조의3제3항부터 제8항까지에 따른 절차를 거칠 수 없는 긴급을 요하는 때에는 법원의 허가 없이 신분위장수사를 할 수 있다.
② 사법경찰관리는 제1항에 따른 신분위장수사 개시 후 지체 없이 검사에게 허가를 신청하여야 하고, 사법경찰관리는 48시간 이내에 법원의 허가를 받지 못한 때에는 즉시 신분위장수사를 중지하여야 한다.
③ 제1항 및 제2항에 따른 신분위장수사 기간에 대해서는 제25조의3제7항 및 제8항을 준용한다.
(2021.3.23 본조신설)
제25조의5【아동·청소년대상 디지털 성범죄에 대한 신분비공개수사 또는 신분위장수사로 수집한 증거 및 자료 등의 사용제한】 사법경찰관리가 제25조의2부터 제25조의4까지에 따라 수집한 증거 및 자료 등은 다음 각 호의 어느 하나에 해당하는 경우 외에는 사용할 수 없다.
1. 신분비공개수사 또는 신분위장수사의 목적이 된 디지털 성범죄나 이와 관련되는 범죄를 수사·소추하거나 그 범죄를 예방하기 위하여 사용하는 경우
2. 신분비공개수사 또는 신분위장수사의 목적이 된 디지털 성범죄나 이와 관련되는 범죄로 인한 징계절차에 사용하는 경우
3. 증거 및 자료 수집의 대상자가 제기하는 손해배상청구소송에서 사용하는 경우
4. 그 밖에 다른 법률의 규정에 의하여 사용하는 경우
(2021.3.23 본조신설)
제25조의6【국가경찰위원회와 국회의 통제】 ① 「국가경찰과 자치경찰의 조직 및 운영에 관한 법률」 제16조제1항에 따른 국가수사본부장(이하 "국가수사본부장"이라 한다)은 신분비공개수사가 종료된 즉시 대통령령으로 정하는 바에 따라 같은 법 제7조제1항에 따른 국가경찰위원

회에 수사 관련 자료를 보고하여야 한다.
② 국가수사본부장은 대통령령으로 정하는 바에 따라 국회 소관 상임위원회에 신분비공개수사 관련 자료를 반기별로 보고하여야 한다.
(2021.3.23 본조신설)

제25조의7【비밀준수의 의무】 ① 제25조의2부터 제25조의6까지에 따른 신분비공개수사 또는 신분위장수사에 대한 승인·집행·보고 및 각종 서류작성 등에 관여한 공무원 또는 그 직에 있었던 자는 직무상 알게 된 신분비공개수사 또는 신분위장수사에 관한 사항을 외부에 공개하거나 누설하여서는 아니 된다.
② 제1항의 비밀유지에 관하여 필요한 사항은 대통령령으로 정한다.
(2021.3.23 본조신설)

제25조의8【면책】 ① 사법경찰관리가 신분비공개수사 또는 신분위장수사 중 부득이한 사유로 위법행위를 한 경우 그 행위에 고의나 중대한 과실이 없는 경우에는 벌하지 아니한다.
② 제1항에 따른 위법행위가 「국가공무원법」 제78조제1항에 따른 징계 사유에 해당하더라도 그 행위에 고의나 중대한 과실이 없는 경우에는 징계 요구 또는 문책 요구 등 책임을 묻지 아니한다.
③ 신분비공개수사 또는 신분위장수사 행위로 타인에게 손해가 발생한 경우라도 사법경찰관리는 그 행위에 고의나 중대한 과실이 없는 경우에는 그 손해에 대한 책임을 지지 아니한다.
(2021.3.23 본조신설)

제25조의9【수사 지원 및 교육】 상급 경찰관서 수사부서의 장은 신분비공개수사 또는 신분위장수사를 승인하거나 보고받은 경우 사법경찰관리에게 수사에 필요한 인적·물적 지원을 하고, 전문지식과 피해자 보호를 위한 수사방법 및 수사절차 등에 관한 교육을 실시하여야 한다.(2021.3.23 본조신설)

제26조【영상물의 촬영·보존 등】 ① 아동·청소년대상 성범죄 피해자의 진술내용과 조사과정은 비디오녹화기 등 영상물 녹화장치로 촬영·보존하여야 한다.
② 제1항에 따른 영상물 녹화는 피해자 또는 법정대리인이 이를 원하지 아니하는 의사를 표시한 때에는 촬영을 하여서는 아니 된다. 다만, 가해자가 친권자 중 일방인 경우는 그러하지 아니하다.
③ 제1항에 따른 영상물 녹화는 조사의 개시부터 종료까지의 전 과정 및 객관적 정황을 녹화하여야 하고, 녹화가 완료된 때에는 지체 없이 그 원본을 피해자 또는 변호사 앞에서 봉인하고 피해자로 하여금 기명날인 또는 서명하게 하여야 한다.
④ 검사 또는 사법경찰관은 피해자가 제1항의 녹화장소에 도착한 시각, 녹화를 시작하고 마친 시각, 그 밖에 녹화과정의 진행경과를 확인하기 위하여 필요한 사항을 조서 또는 별도의 서면에 기록한 후 수사기록에 편철하여야 한다.
⑤ 검사 또는 사법경찰관은 피해자 또는 법정대리인이 신청하는 경우에는 영상물 촬영과정에서 작성한 조서의 사본을 신청인에게 교부하거나 영상물을 재생하여 시청하게 하여야 한다.
⑥ 제1항부터 제4항까지의 절차에 따라 촬영한 영상물에 수록된 피해자의 진술은 공판준비기일 또는 공판기일에 피해자 또는 조사과정에 동석하였던 신뢰관계에 있는 자의 진술에 의하여 그 성립의 진정함이 인정된 때에는 증거로 할 수 있다.
⑦ 누구든지 제1항에 따라 촬영한 영상물을 수사 및 재판의 용도 외에 다른 목적으로 사용하여서는 아니 된다.

제27조【증거보전의 특례】 ① 아동·청소년대상 성범죄의 피해자, 그 법정대리인 또는 경찰은 피해자가 공판기일에 출석하여 증언하는 것에 현저히 곤란한 사정이 있을 때에는 그 사유를 소명하여 제26조에 따라 촬영된 영상물 또는 그 밖의 다른 증거물에 대하여 해당 성범죄를 수사하는 검사에게 「형사소송법」 제184조제1항에 따른 증거보전의 청구를 할 것을 요청할 수 있다.
② 제1항의 요청을 받은 검사는 그 요청이 상당한 이유가 있다고 인정하는 때에는 증거보전의 청구를 하여야 한다.

제28조【신뢰관계에 있는 사람의 동석】 ① 법원은 아동·청소년대상 성범죄의 피해자를 증인으로 신문하는 경우에 검사, 피해자 또는 법정대리인이 신청하는 경우에는 재판에 지장을 줄 우려가 있는 등 부득이한 경우가 아니면 피해자와 신뢰관계에 있는 사람을 동석하게 하여야 한다.
② 제1항은 수사기관이 제1항의 피해자를 조사하는 경우에 관하여 준용한다.
③ 제1항 및 제2항의 경우 법원과 수사기관은 피해자와 신뢰관계에 있는 사람이 피해자에게 불리하거나 피해자가 원하지 아니하는 경우에는 동석하게 하여서는 아니 된다.

제29조【서류·증거물의 열람·등사】 아동·청소년대상 성범죄의 피해자, 그 법정대리인 또는 변호사는 재판장의 허가를 받아 소송계속 중의 관계 서류 또는 증거물을 열람하거나 등사할 수 있다.

제30조【피해아동·청소년 등에 대한 변호사선임의 특례】 ① 아동·청소년대상 성범죄의 피해자 및 그 법정대리인은 형사절차상 입을 수 있는 피해를 방어하고 법률적 조력을 보장하기 위하여 변호사를 선임할 수 있다.
② 제1항에 따른 변호사에 관하여는 「성폭력범죄의 처벌 등에 관한 특례법」 제27조제2항부터 제6항까지를 준용한다.

제31조【비밀누설 금지】 ① 아동·청소년대상 성범죄의 수사 또는 재판을 담당하거나 이에 관여하는 공무원 또는 그 직에 있었던 사람은 피해아동·청소년의 주소·성명·연령·학교 또는 직업·용모 등 그 아동·청소년을 특정할 수 있는 인적사항이나 사진 등 또는 그 아동·청소년의 사생활에 관한 비밀을 공개하거나 타인에게 누설하여서는 아니 된다.(2020.5.19 본항개정)
② 제45조 및 제46조의 기관·시설 또는 단체의 장이나 이를 보조하는 자 또는 그 직에 있었던 자는 직무상 알게 된 비밀을 타인에게 누설하여서는 아니 된다.
③ 누구든지 피해아동·청소년의 주소·성명·연령·학교 또는 직업·용모 등 그 아동·청소년을 특정하여 파악할 수 있는 인적사항이나 사진 등을 신문 등 인쇄물에 싣거나 「방송법」 제2조제1호에 따른 방송(이하 "방송"이라 한다) 또는 정보통신망을 통하여 공개하여서는 아니 된다.(2020.5.19 본항개정)
④ 제1항부터 제3항까지를 위반한 자는 7년 이하의 징역 또는 5천만원 이하의 벌금에 처한다. 이 경우 징역형과 벌금형은 병과할 수 있다.

제32조【양벌규정】 법인의 대표자나 법인 또는 개인의 대리인, 사용인, 그 밖의 종업원이 그 법인 또는 개인의 업무에 관하여 제14조제3항, 제15조제2항·제3항 또는 제31조제3항의 어느 하나에 해당하는 위반행위를 하면 그 행위자를 벌하는 외에 그 법인 또는 개인에게도 해당 조문의 벌금형을 과(科)하고, 제11조제1항부터 제6항까지, 제12조, 제14조제1항·제2항·제4항 또는 제15조제1항의 어느 하나에 해당하는 위반행위를 하면 그 행위자를 벌하는 외에 그 법인 또는 개인을 5천만원 이하의 벌금에 처한다. 다만, 법인 또는 개인이 그 위반행위를 방지하기 위하여 해당 업무에 관하여 상당한 주의와 감독을 게을리하지 아니한 경우에는 그러하지 아니하다.
(2023.4.11 본문개정)

제33조【내국인의 국외범 처벌】 국가는 국민이 대한민국 영역 외에서 아동·청소년대상 성범죄를 범하여 「형법」 제3조에 따라 형사처벌하여야 할 경우에는 외국으로부터 범죄정보를 신속히 입수하여 처벌하도록 노력하여야 한다.

제3장 아동·청소년대상 성범죄의 신고·응급조치와 피해아동·청소년의 보호·지원
(2020.5.19 본장제목개정)

제34조【아동·청소년대상 성범죄의 신고】 ① 누구든지 아동·청소년대상 성범죄의 발생 사실을 알게 된 때에는 수사기관에 신고할 수 있다.
② 다음 각 호의 어느 하나에 해당하는 기관·시설 또는 단체의 장과 그 종사자는 직무상 아동·청소년대상 성범죄의 발생 사실을 알게 된 때에는 즉시 수사기관에 신고하여야 한다.
1. 「유아교육법」 제2조제2호의 유치원
2. 「초·중등교육법」 제2조의 학교, 같은 법 제28조와 같은 법 시행령 제54조에 따른 위탁 교육기관 및 「고등교육법」 제2조의 학교(2020.12.8 본호개정)
2의2. 특별시·광역시·특별자치시·도·특별자치도 교육청 또는 「지방교육자치에 관한 법률」 제34조에 따른 교육지원청이 「초·중등교육법」 제28조에 따라 직접 설치·운영하거나 위탁하여 운영하는 학생상담지원시설 또는 위탁 교육시설(2020.12.8 본호신설)
2의3. 「제주특별자치도 설치 및 국제자유도시 조성을 위한 특별법」 제223조에 따라 설립된 국제학교(2020.12.8 본호신설)
3. 「의료법」 제3조의 의료기관
4. 「아동복지법」 제3조제10호의 아동복지시설 및 같은 법 제37조에 따른 통합서비스 수행기관(2020.12.8 본호개정)
5. 「장애인복지법」 제58조의 장애인복지시설
6. 「영유아보육법」 제2조제3호의 어린이집, 같은 법 제7조에 따른 육아종합지원센터 및 같은 법 제26조의2에 따른 시간제보육서비스지정기관(2023.4.11 본호개정)
7. 「학원의 설립·운영 및 과외교습에 관한 법률」 제2조제1호의 학원 및 같은 조 제2호의 교습소
8. 「성매매방지 및 피해자보호 등에 관한 법률」 제9조의 성매매피해자등을 위한 지원시설 및 같은 법 제17조의 성매매피해상담소(2020.12.8 본호개정)
9. 「한부모가족지원법」 제19조에 따른 한부모가족복지시설
10. 「가정폭력방지 및 피해자보호 등에 관한 법률」 제5조의 가정폭력 관련 상담소 및 같은 법 제7조의 가정폭력피해자 보호시설
11. 「성폭력방지 및 피해자보호 등에 관한 법률」 제10조의 성폭력피해상담소 및 같은 법 제12조의 성폭력피해자보호시설
12. 「청소년활동 진흥법」 제2조제2호의 청소년활동시설(2014.1.21 본호개정)
13. 「청소년복지 지원법」 제29조제1항에 따른 청소년상담복지센터 및 같은 법 제31조제1호에 따른 청소년쉼터
13의2. 「학교 밖 청소년 지원에 관한 법률」 제12조에 따른 학교 밖 청소년 지원센터(2020.12.8 본호신설)
14. 「청소년 보호법」 제35조의 청소년 보호·재활센터
15. 「국민체육진흥법」 제2조제9호가목 및 나목의 체육단체(2019.11.26 본호신설)
16. 「대중문화예술산업발전법」 제2조제7호에 따른 대중문화예술기획업자가 같은 조 제6호에 따른 대중문화예술기획업 중 같은 조 제3호에 따른 대중문화예술인에 대한 훈련·지도·상담 등을 하는 영업장(이하 "대중문화예술기획업소"라 한다)(2020.12.8 본호신설)
③ 다른 법률에 규정이 있는 경우를 제외하고는 누구든지 신고자 등의 인적사항이나 사진 등 그 신원을 알 수 있는 정보나 자료를 출판물에 게재하거나 방송 또는 정보통신망을 통하여 공개하여서는 아니 된다.

제35조【신고의무자에 대한 교육】 ① 관계 행정기관의 장은 제34조제2항 각 호의 기관·시설 또는 단체의 장과 그 종사자의 자격취득 과정에 아동·청소년대상 성범죄 예방 및 신고의무와 관련된 교육내용을 포함시켜야 한다.
② 여성가족부장관은 제34조제2항 각 호의 기관·시설 또는 단체의 장과 그 종사자에 대하여 성범죄 예방 및 신고의무와 관련된 교육을 실시할 수 있다.
③ 제2항의 교육에 필요한 사항은 대통령령으로 정한다.

제36조【피해아동·청소년의 보호】 아동·청소년대상 성범죄를 저지른 자가 피해아동·청소년과 「가정폭력범죄의 처벌 등에 관한 특례법」 제2조제2호의 가정구성원인 관계에 있는 경우로서 피해아동·청소년을 보호할 필요가 있는 때에는 같은 법 제5조, 제8조, 제29조 및 제49조부터 제53조까지의 규정을 준용한다.

제37조【피해아동·청소년 등의 상담 및 치료】 ① 국가는 피해아동·청소년 등의 신체적·정신적 회복을 위하여 제46조의 상담시설 또는 「성폭력방지 및 피해자보호 등에 관한 법률」 제27조의 성폭력 전담의료기관으로 하여금 다음 각 호의 사람에게 상담이나 치료프로그램(이하 "상담·치료프로그램"이라 한다)을 제공하도록 요청할 수 있다.
1. 피해아동·청소년
2. 피해아동·청소년의 보호자 및 형제·자매
3. 그 밖에 대통령령으로 정하는 사람
② 제1항에 따라 상담·치료프로그램 제공을 요청받은 기관은 정당한 이유 없이 그 요청을 거부할 수 없다.

제38조【성매매 피해아동·청소년에 대한 조치 등】 ① 「성매매알선 등 행위의 처벌에 관한 법률」 제21조제1항에도 불구하고 제13조제1항의 죄의 상대방이 된 아동·청소년에 대하여는 보호를 위하여 처벌하지 아니한다.
② 검사 또는 사법경찰관은 성매매 피해아동·청소년을 발견한 경우 신속하게 사건을 수사한 후 지체 없이 여성가족부장관 및 제47조의2에 따른 성매매 피해아동·청소년 지원센터를 관할하는 특별시장·광역시장·특별자치시장·도지사·특별자치도지사(이하 "시·도지사"라 한다)에게 통지하여야 한다.
③ 여성가족부장관은 제2항에 따른 통지를 받은 경우 해당 성매매 피해아동·청소년에 대하여 다음 각 호의 어느 하나에 해당하는 조치를 하여야 한다.
1. 제45조에 따른 보호시설 또는 제46조에 따른 상담시설과의 연계(2020.5.19 본호신설)
2. 제47조의2에 따른 성매매 피해아동·청소년 지원센터에서 제공하는 교육·상담 및 지원 프로그램 등의 참여(2020.5.19 본호신설)
④ (2020.5.19 삭제)
(2020.5.19 본조개정)

제39조~제40조 (2020.5.19 삭제)

제41조【피해아동·청소년 등을 위한 조치의 청구】 검사는 성범죄의 피해를 받은 아동·청소년을 위하여 지속적으로 위해의 배제와 보호가 필요하다고 인정하는 경우 법원에 제1호의 보호관찰과 함께 제2호부터 제5호까지의 조치를 청구할 수 있다. 다만, 「전자장치 부착 등에 관한 법률」 제9조의2제1항제2호 및 제3호에 따라 가해자에게 특정지역 출입금지 등의 준수사항을 부과하는 경우에는 그러하지 아니하다.(2020.2.4 단서개정)
1. 가해자에 대한 「보호관찰 등에 관한 법률」에 따른 보호관찰
2. 피해를 받은 아동·청소년의 주거 등으로부터 가해자를 분리하거나 퇴거하는 조치
3. 피해를 받은 아동·청소년의 주거, 학교, 유치원 등으로부터 100미터 이내에 가해자 또는 가해자의 대리인의 접근을 금지하는 조치(2020.12.8 본호개정)
4. 「전기통신기본법」 제2조제1호의 전기통신이나 우편물을 이용하여 가해자가 피해를 받은 아동·청소년 또는 그 보호자와 접촉을 하는 행위의 금지
5. 제45조에 따른 보호시설에 대한 보호위탁결정 등 피해를 받은 아동·청소년의 보호를 위하여 필요한 조치

제42조【피해아동·청소년 등에 대한 보호처분의 판결 등】 ① 법원은 제41조에 따른 보호처분의 청구가 이유 있다고 인정할 때에는 6개월의 범위에서 기간을 정하여 판결로 보호처분을 선고하여야 한다.
② 제41조 각 호의 보호처분은 병과할 수 있다.
③ 검사는 제1항에 따른 보호처분 기간의 연장이 필요하다고 인정하는 경우 법원에 그 기간의 연장을 청구할 수 있다. 이 경우 보호처분 기간의 연장 횟수는 3회 이내로 하고, 연장기간은 각각 6개월 이내로 한다.

④ 보호처분 청구사건의 관결은 아동·청소년대상 성범죄 사건의 관결과 동시에 선고하여야 한다.
⑤ 피해자 또는 법정대리인은 제41조제1호 및 제2호의 보호처분 후 주거 등을 옮긴 때에는 관할 법원에 보호처분 결정의 변경을 신청할 수 있다.
⑥ 법원은 제1항에 따른 보호처분을 결정한 때에는 검사, 피해자, 가해자, 보호관찰관 및 보호처분을 위탁받아 행하는 보호시설의 장에게 각각 통지하여야 한다. 다만, 보호시설이 민간에 의하여 운영되는 기관인 경우에는 그 시설의 장으로부터 수탁에 대한 동의를 받아야 한다.
⑦ 보호처분 결정의 집행에 관하여 필요한 사항은 「가정폭력범죄의 처벌 등에 관한 특례법」 제43조를 준용한다.
제43조【피해아동·청소년 등에 대한 보호처분의 변경과 종결】① 검사는 제42조에 따른 보호처분에 대하여 그 내용의 변경 또는 종결을 법원에 청구할 수 있다.
② 법원은 제1항에 따른 청구가 있는 경우 해당 보호처분이 피해를 받은 아동·청소년의 보호에 적절한지 여부에 대하여 심사한 후 보호처분의 변경 또는 종결이 필요하다고 인정하는 경우에는 이를 변경 또는 종결하여야 한다.
제44조【가해아동·청소년의 처리】① 10세 이상 14세 미만의 아동·청소년이 제2조제2호나목 및 다목의 죄와 제7조의 죄를 범한 경우에 수사기관은 신속히 수사하고, 그 사건을 관할 법원 소년부에 송치하여야 한다.
② 14세 이상 16세 미만의 아동·청소년이 제1항의 죄를 범하여 그 사건이 관할 법원 소년부로 송치된 경우 송치받은 법원 소년부 판사는 그 아동·청소년에게 다음 각 호의 어느 하나에 해당하는 보호처분을 할 수 있다.
1. 「소년법」 제32조제1항 각 호의 보호처분
2. 「청소년 보호법」 제35조의 청소년 보호·재활센터에 선도보호를 위탁하는 보호처분
③ 사법경찰관은 제1항에 따른 가해아동·청소년을 발견한 경우 특별한 사정이 없으면 그 사실을 가해아동·청소년의 법정대리인 등에게 통지하여야 한다.
④ 판사는 제1항 및 제2항에 따라 관할 법원 소년부에 송치된 가해아동·청소년에 대하여 「소년법」 제32조제1항제4호 또는 제5호의 처분을 하는 경우 재범예방에 필요한 수강명령을 하여야 한다.
⑤ 검사는 가해아동·청소년에 대하여 소년부 송치 여부를 검토한 결과 소년부 송치가 적절하지 아니한 경우 가해아동·청소년으로 하여금 재범예방에 필요한 교육과정이나 상담과정을 마치게 하여야 한다.
⑥ 제5항에 따른 교육과정이나 상담과정에 관하여 필요한 사항은 대통령령으로 정한다.
제45조【보호시설】「성매매방지 및 피해자보호 등에 관한 법률」 제9조제1항제2호의 청소년 지원시설, 「청소년복지 지원법」 제29조제1항에 따른 청소년상담복지센터 및 같은 법 제31조제1호에 따른 청소년쉼터 또는 「청소년 보호법」 제35조의 청소년 보호·재활센터는 다음 각 호의 업무를 수행할 수 있다.(2020.5.19 본문개정)
1. 제46조제1항 각 호의 업무
2. 성매매 피해아동·청소년의 보호·자립지원(2020.5.19 본호개정)
3. 장기치료가 필요한 성매매 피해아동·청소년의 다른 기관과의 연계 및 위탁(2020.5.19 본호개정)
제46조【상담시설】①「성매매방지 및 피해자보호 등에 관한 법률」 제17조의 성매매피해상담소 및 「청소년복지 지원법」 제29조제1항에 따른 청소년상담복지센터는 다음 각 호의 업무를 수행할 수 있다.(2020.5.19 본문개정)
1. 제7조부터 제18조까지의 범죄 신고의 접수 및 상담
2. 성매매 피해아동·청소년과 병원 또는 관련 시설과의 연계 및 위탁(2020.5.19 본호개정)
3. 그 밖에 아동·청소년 성매매 등과 관련한 조사·연구
②「성폭력방지 및 피해자보호 등에 관한 법률」 제10조의 성폭력피해상담소 및 같은 법 제12조의 성폭력피해자보호시설은 다음 각 호의 업무를 수행할 수 있다.
1. 제7조, 제8조, 제8조의2, 제9조부터 제11조까지 및 제16조의 범죄에 대한 신고의 접수 및 상담(2020.5.19 본호개정)
2. 아동·청소년대상 성폭력범죄로 인하여 정상적인 생활이 어렵거나 그 밖의 사정으로 긴급히 보호를 필요로 하는 피해아동·청소년을 병원이나 성폭력피해자보호시설로 데려다 주거나 일시 보호하는 업무
3. 피해아동·청소년의 신체적·정신적 안정회복과 사회복귀를 돕는 업무
4. 가해자에 대한 민사상·형사상 소송과 피해배상청구 등의 사법처리절차에 관하여 대한변호사협회·대한법률구조공단 등 관계 기관에 필요한 협조와 지원을 요청하는 업무
5. 아동·청소년대상 성폭력범죄의 가해아동·청소년과 그 법정대리인에 대한 교육·상담 프로그램의 운영
6. 아동·청소년 관련 성보호 전문가에 대한 교육
(2020.5.19 5호~6호신설)
7. 아동·청소년대상 성폭력범죄의 예방과 방지를 위한 홍보
8. 아동·청소년대상 성폭력범죄 및 그 피해에 관한 조사·연구
9. 그 밖에 피해아동·청소년의 보호를 위하여 필요한 업무

제47조【아동·청소년대상 성교육 전문기관의 설치·운영】① 국가와 지방자치단체는 아동·청소년의 건전한 성가치관 조성과 성범죄 예방을 위하여 아동·청소년대상 성교육 전문기관(이하 "성교육 전문기관"이라 한다)을 설치하거나 해당 업무를 전문단체에 위탁할 수 있다.
② 제1항에 따른 위탁 관련 사항, 성교육 전문기관에 두는 종사자 등 직원의 자격 및 설치기준과 운영에 관하여 필요한 사항은 대통령령으로 정한다.
제47조의2【성매매 피해아동·청소년 지원센터의 설치】① 여성가족부장관 또는 시·도지사 및 시장·군수·구청장(자치구의 구청장을 말한다. 이하 같다)은 성매매 피해아동·청소년의 보호를 위하여 성매매 피해아동·청소년 지원센터(이하 "성매매 피해아동·청소년 지원센터"라 한다)를 설치·운영할 수 있다.
② 성매매 피해아동·청소년 지원센터는 다음 각 호의 업무를 수행한다.
1. 제12조부터 제15조까지의 범죄에 대한 신고의 접수 및 상담
2. 성매매 피해아동·청소년의 교육·상담 및 지원
3. 성매매 피해아동·청소년을 병원이나 「성매매방지 및 피해자보호 등에 관한 법률」 제9조에 따른 지원시설로 데려다 주거나 일시 보호하는 업무
4. 성매매 피해아동·청소년의 신체적·정신적 치료·안정회복과 사회복귀를 돕는 업무
5. 성매매 피해아동·청소년의 법정대리인을 대상으로 한 교육·상담프로그램 운영
6. 아동·청소년 성매매 등에 관한 조사·연구
7. 그 밖에 성매매 피해아동·청소년의 보호 및 지원을 위하여 필요한 업무로서 대통령령으로 정하는 업무
③ 국가와 지방자치단체는 제2항에 따른 성매매 피해아동·청소년 지원센터의 업무에 대하여 예산의 범위에서 그 경비의 일부를 보조하여야 한다.
④ 성매매 피해아동·청소년 지원센터의 운영은 여성가족부령으로 정하는 바에 따라 비영리법인 또는 단체에 위탁할 수 있다.
(2020.5.19 본조신설)
제48조 (2020.5.19 삭제)

제4장 성범죄로 유죄판결이 확정된 자의 신상정보 공개와 취업제한 등

제49조【등록정보의 공개】① 법원은 다음 각 호의 어느 하나에 해당하는 자에 대하여 판결로 제4항의 공개정보를 「성폭력범죄의 처벌 등에 관한 특례법」 제45조제1항의 등록기간 동안 정보통신망을 이용하여 공개하도록 하는 명령(이하 "공개명령"이라 한다)을 등록대상 사건의 판결과 동시에 선고하여야 한다. 다만, 피고인이 아동·청소년인 경우, 그 밖에 신상정보를 공개하여서는 아니 될 특별한 사정이 있다고 판단되는 경우에는 그러하지 아니하다.(2019.11.26 본문개정)
1. 아동·청소년대상 성범죄를 저지른 자(2020.5.19 본호개정)
2. 「성폭력범죄의 처벌 등에 관한 특례법」 제2조제1항제3호·제4호, 같은 조 제2항(제1항제3호·제4호에 한정한다), 제3조부터 제15조까지의 범죄를 저지른 자
3. 제1호 또는 제2호의 죄를 범하였으나 「형법」 제10조제1항에 따라 처벌할 수 없는 자로서 제1호 또는 제2호의 죄를 다시 범할 위험성이 있다고 인정되는 자
② 제1항에 따른 등록정보의 공개기간(「형의 실효 등에 관한 법률」 제7조에 따른 기간을 초과하지 못한다)은 판결이 확정된 때부터 기산한다.(2019.11.26 단서삭제)
③ 다음 각 호의 기간은 제1항에 따른 공개기간에 넣어 계산하지 아니한다.
1. 공개명령을 받은 자(이하 "공개대상자"라 한다)가 신상정보 공개의 원인이 된 성범죄로 교정시설 또는 치료감호시설에 수용된 기간. 이 경우 신상정보 공개의 원인이 된 성범죄와 다른 범죄가 「형법」 제37조(판결이 확정되지 아니한 수개의 죄를 경합범으로 하는 경우로 한정한다)에 따라 경합되어 같은 법 제38조에 따라 형이 선고된 경우에는 그 선고형 전부를 신상정보 공개의 원인이 된 성범죄로 인한 선고형으로 본다.
2. 제1호에 따른 기간 이전의 기간으로서 제1호에 따른 기간과 이어져 공개대상자가 다른 범죄로 교정시설 또는 치료감호시설에 수용된 기간
3. 제1호에 따른 기간 이후의 기간으로서 제1호에 따른 기간과 이어져 공개대상자가 다른 범죄로 교정시설 또는 치료감호시설에 수용된 기간
(2019.11.26 본항신설)
④ 제1항에 따라 공개하도록 제공되는 등록정보(이하 "공개정보"라 한다)는 다음 각 호와 같다.
1. 성명
2. 나이
3. 주소 및 실제거주지(「도로명 주소법」 제2조제3호에 따른 도로명 및 같은 조 제5호에 따른 건물번호까지로 한다)(2020.12.8 본호개정)
4. 신체정보(키와 몸무게)
5. 사진
6. 등록대상 성범죄 요지(판결일자, 죄명, 선고형량을 포함한다)
7. 성폭력범죄 전과사실(죄명 및 횟수)
8. 「전자장치 부착 등에 관한 법률」에 따른 전자장치 부착 여부(2020.2.4 본호개정)
⑤ 공개정보의 구체적인 형태와 내용에 관하여는 대통령령으로 정한다.
⑥ 공개정보를 정보통신망을 이용하여 열람하고자 하는 자는 실명인증 절차를 거쳐야 한다.
⑦ 실명인증, 공개정보 유출 방지를 위한 기술 및 관리에 관한 구체적인 방법과 절차는 대통령령으로 정한다.
제50조【등록정보의 고지】① 법원은 공개대상자 중 다음 각 호의 어느 하나에 해당하는 자에 대하여 판결로 제49조에 따른 공개명령 기간 동안 제4항에 따른 고지정보를 제5항에 규정된 사람에 대하여 고지하도록 하는 명령(이하 "고지명령"이라 한다)을 등록대상 성범죄 사건의 판결과 동시에 선고하여야 한다. 다만, 피고인이 아동·청소년인 경우, 그 밖에 신상정보를 고지하여서는 아니 될 특별한 사정이 있다고 판단하는 경우에는 그러하지 아니하다.
1. 아동·청소년대상 성범죄를 저지른 자(2020.5.19 본호개정)
2. 「성폭력범죄의 처벌 등에 관한 특례법」 제2조제1항제3호·제4호, 같은 조 제2항(제1항제3호·제4호에 한정한다), 제3조부터 제15조까지의 범죄를 저지른 자
3. 제1호 또는 제2호의 죄를 범하였으나 「형법」 제10조제1항에 따라 처벌할 수 없는 자로서 제1호 또는 제2호의 죄를 다시 범할 위험성이 있다고 인정되는 자
② 고지명령을 선고받은 자(이하 "고지대상자"라 한다)는 공개명령을 선고받은 자로 본다.
③ 고지명령은 다음 각 호의 기간 내에 하여야 한다.
1. 집행유예를 선고받은 고지대상자는 신상정보 최초 등록일부터 1개월 이내
2. 금고 이상의 실형을 선고받은 고지대상자는 출소 후 거주할 지역에 전입한 날부터 1개월 이내
3. 고지대상자가 다른 지역으로 전출하는 경우에는 변경정보 등록일부터 1개월 이내
④ 제1항에 따라 고지하여야 하는 고지정보는 다음 각 호와 같다.
1. 고지대상자가 이미 거주하고 있거나 전입하는 경우에는 제49조제4항의 공개정보. 다만, 제49조제4항제3호에 따른 주소 및 실제거주지는 상세주소를 포함한다.(2019.11.26 본호개정)
2. 고지대상자가 전출하는 경우에는 제1호의 고지정보와 그 대상자의 전출 정보
⑤ 제4항의 고지정보는 고지대상자가 거주하는 읍·면·동의 아동·청소년이 속한 세대의 세대주와 다음 각 호의 자에게 고지한다.(2023.4.11 본문개정)
1. 「영유아보육법」에 따른 어린이집의 원장 및 육아종합지원센터·시간제보육서비스지정기관의 장
2. 「유아교육법」에 따른 유치원의 장
3. 「초·중등교육법」 제2조에 따른 학교의 장
4. 읍·면사무소와 동 주민센터의 장(경계를 같이 하는 읍·면 또는 동을 포함한다)
5. 「학원의 설립·운영 및 과외교습에 관한 법률」 제2조제2호에 따른 교습소의 장, 같은 조 제3호에 따른 개인과외교습자 및 제2조의2에 따른 학교교과교습학원의 장
6. 「아동복지법」 제52조제1항에 따른 아동복지시설 중 다음 각 목의 시설의 장
가. 아동양육시설
나. 아동일시보호시설
다. 아동보호치료시설
라. 공동생활가정
마. 지역아동센터
7. 「청소년복지 지원법」 제31조에 따른 청소년복지시설의 장
8. 「청소년활동 진흥법」 제10조제1호에 따른 청소년수련시설의 장
(2023.4.11 1호~8호신설)
제51조【고지명령의 집행】① 고지명령의 집행은 여성가족부장관이 한다.
② 법원은 고지명령의 판결이 확정되면 판결문 등본을 판결이 확정된 날부터 14일 이내에 법무부장관에게 송달하여야 하며, 법무부장관은 제50조제3항에 따른 기간 내에 고지명령이 집행될 수 있도록 최초등록 및 변경등록 시 고지대상자, 고지기간 및 같은 조 제4항 각 호에 규정된 고지정보를 지체 없이 여성가족부장관에게 송부하여야 한다.
③ 법무부장관은 고지대상자가 출소하는 경우 출소 1개월 전까지 다음 각 호의 정보를 여성가족부장관에게 송부하여야 한다.
1. 고지대상자의 출소 예정일
2. 고지대상자의 출소 후 거주지 상세주소
④ 여성가족부장관은 제50조제4항에 따른 고지정보를 관할구역에 거주하는 아동·청소년이 속한 세대의 세대주와 다음 각 호의 자에게 우편·이동통신단말장치 등 여성가족부령으로 정하는 바에 따라 송부하고, 읍·면 또는 동(경계를 같이 하는 읍·면 또는 동을 포함한다) 주민센터 게시판에 30일간 게시하는 방법으로 고지명령을 집행한다.(2023.4.11 본문개정)

1.「영유아보육법」에 따른 어린이집의 원장 및 육아종합지원센터·시간제보육서비스지정기관의 장
2.「유아교육법」에 따른 유치원의 장
3.「초·중등교육법」 제2조에 따른 학교의 장
4. 읍·면사무소와 동 주민센터의 장(경계를 같이 하는 읍·면 또는 동을 포함한다)
5.「학원의 설립·운영 및 과외교습에 관한 법률」 제2조제2호에 따른 교습소의 장, 제2조제3호에 따른 개인과외교습자 및 제2조의2에 따른 학교교과교습학원의 장
6.「아동복지법」 제52조제1항에 따른 아동복지시설 중 다음 각 목의 시설의 장
가. 아동양육시설
나. 아동일시보호시설
다. 아동보호치료시설
라. 공동생활가정
마. 지역아동센터
7.「청소년복지 지원법」 제31조에 따른 청소년복지시설의 장
8.「청소년활동 진흥법」 제10조제1호에 따른 청소년수련시설의 장
(2023.4.11 1호～8호신설)
⑤ 여성가족부장관은 제4항에 따른 고지명령의 집행 이후 관할구역에 출생신고·입양신고·전입신고가 된 아동·청소년이 속한 세대의 세대주와 관할구역에 설립·설치된 다음 각 호의 자로서 고지대상자의 고지정보를 송부받지 못한 자에 대하여 제50조제4항에 따른 고지정보를 우편·이동통신단말장치 등 여성가족부령으로 정하는 바에 따라 송부한다.(2023.4.11 본문개정)
1.「영유아보육법」에 따른 어린이집의 원장 및 육아종합지원센터·시간제보육서비스지정기관의 장
2.「유아교육법」에 따른 유치원의 장
3.「초·중등교육법」 제2조에 따른 학교의 장
4.「학원의 설립·운영 및 과외교습에 관한 법률」 제2조제2호에 따른 교습소의 장, 제2조제3호에 따른 개인과외교습자 및 제2조의2에 따른 학교교과교습학원의 장
5.「아동복지법」 제52조제1항에 따른 아동복지시설 중 다음 각 목의 시설의 장
가. 아동양육시설
나. 아동일시보호시설
다. 아동보호치료시설
라. 공동생활가정
마. 지역아동센터
6.「청소년복지 지원법」 제31조에 따른 청소년복지시설의 장
7.「청소년활동 진흥법」 제10조제1호에 따른 청소년수련시설의 장
(2023.4.11 1호～7호신설)
⑥ 여성가족부장관은 고지명령의 집행에 관한 업무 중 제4항 및 제5항에 따른 송부 및 게시판 게시 업무를 고지대상자가 실제 거주하는 읍·면사무소의 장 또는 동 주민센터의 장에게 위임할 수 있다.(2023.4.11 본항개정)
⑦ 제6항에 따른 위임을 받은 읍·면사무소의 장 또는 동 주민센터의 장은 송부 및 게시판 게시 업무를 집행하여야 한다.(2023.4.11 본항개정)
⑧ (2023.4.11 삭제)
⑨ 고지명령의 집행 및 고지절차 등에 필요한 사항은 여성가족부령으로 정한다.

제51조의2 (2023.4.11 삭제)

제52조【공개명령의 집행】 ① 공개명령은 여성가족부장관이 정보통신망을 이용하여 집행한다.
② 법원은 공개명령의 판결이 확정되면 판결문 등본을 판결이 확정된 날부터 14일 이내에 법무부장관에게 송달하여야 하며, 법무부장관은 제49조제2항에 따른 공개기간 동안 공개명령이 집행될 수 있도록 최초등록 및 변경등록 시 공개대상자, 공개기간 및 같은 조 제4항 각 호에 규정된 공개정보를 지체 없이 여성가족부장관에게 송부하여야 한다.(2019.11.26 본항개정)
③ 공개명령의 집행·공개절차·관리 등에 관한 세부사항은 대통령령으로 정한다.

제52조의2【고지정보 및 공개정보의 정정 등】 ① 누구든지 제51조에 따라 집행된 고지정보 또는 제52조에 따라 집행된 공개정보에 오류가 있음을 발견한 경우 여성가족부장관에게 그 정정을 요청할 수 있다.
② 여성가족부장관은 제1항에 따른 정정 요청을 받은 경우 법무부장관에게 그 사실을 통보하고, 법무부장관은 해당 정보의 진위와 변경 여부를 확인하기 위하여 고지대상자 또는 공개대상자의 주소지를 관할하는 경찰관서의 장에게 직접 대면 등의 방법으로 진위와 변경 여부를 확인하도록 요구할 수 있다.
③ 법무부장관은 제2항에 따라 고지정보 또는 공개정보에 오류가 있음을 확인한 경우 대통령령으로 정하는 바에 따라 변경정보를 등록한 후 여성가족부장관에게 그 결과를 송부하고, 여성가족부장관은 제51조제4항 또는 같은 조 제5항에 따른 방법으로 집행된 고지정보나 제52조제1항에 따른 방법으로 집행된 공개정보에 정정 사항이 있음을 알려야 한다.
④ 여성가족부장관은 제3항에 따른 처리 결과를 제1항에 따라 고지정보 또는 공개정보의 정정을 요청한 자에게 알려야 한다.
⑤ 제1항에 따른 고지정보 또는 공개정보의 정정 요청의 방법 및 절차, 제2항에 따른 법무부장관에 대한 통보, 조회 또는 정보 제공의 요청, 확인 요구 방법 및 절차, 제4항에 따른 처리 결과 통지 방법 등에 필요한 사항은 대통령령으로 정한다.
(2023.4.11 본조신설)

제53조【계도 및 범죄정보의 공표】 ① 여성가족부장관은 아동·청소년 대상 성범죄의 발생추세와 동향, 그 밖에 계도에 필요한 사항을 연 2회 이상 공표하여야 한다.
② 여성가족부장관은 제1항에 따른 성범죄 동향 분석 등을 위하여 성범죄로 유죄판결이 확정된 자에 대한 자료를 관계 행정기관에 요청할 수 있다.

제53조의2【아동·청소년성착취물 관련 범죄 실태조사】 ① 여성가족부장관은 아동·청소년성착취물과 관련한 범죄 예방과 재발 방지 등을 위하여 정기적으로 아동·청소년성착취물 관련 범죄에 대한 실태조사를 하여야 한다.
② 제1항에 따른 실태조사의 주기, 방법과 내용 등에 관하여 필요한 사항은 여성가족부령으로 정한다.
(2020.12.8 본조신설)

제54조【비밀준수】 등록대상 성범죄자의 신상정보의 공개 및 고지 업무에 종사하거나 종사하였던 자는 직무상 알게 된 등록정보를 누설하여서는 아니 된다.

제55조【공개정보의 악용금지】 ① 공개정보는 아동·청소년 등을 등록대상 성범죄로부터 보호하기 위하여 성범죄 우려가 있는 자를 확인할 목적으로만 사용되어야 한다.
② 공개정보를 확인한 자는 공개정보를 활용하여 다음 각 호의 행위를 하여서는 아니 된다.
1. 신문·잡지 등 출판물, 방송 또는 정보통신망을 이용한 공개
2. 공개정보의 수정 또는 삭제
③ 공개정보를 확인한 자는 공개정보를 등록대상 성범죄로부터 보호할 목적 외에 다음 각 호와 관련된 목적으로 사용하여 공개대상자를 차별하여서는 아니 된다.
1. 고용(제56조제1항의 아동·청소년 관련기관등에의 고용은 제외한다)(2018.1.16 본호개정)
2. 주택 또는 사회복지시설의 이용
3. 교육기관의 교육 및 직업훈련

제56조【아동·청소년 관련기관등에의 취업제한 등】 ① 법원은 아동·청소년대상 성범죄 또는 성인대상 성범죄(이하 "성범죄"라 한다)로 형 또는 치료감호를 선고하는 경우에는 판결(약식명령을 포함한다. 이하 같다)로 그 형 또는 치료감호의 전부 또는 일부의 집행을 종료하거나 집행이 유예·면제된 날(벌금형을 선고받은 경우에는 그 형이 확정된 날)부터 일정기간(이하 "취업제한 기간"이라 한다) 동안 다음 각 호에 따른 시설·기관 또는 사업장(이하 "아동·청소년 관련기관등"이라 한다)을 운영하거나 아동·청소년 관련기관등에 취업 또는 사실상 노무를 제공할 수 없도록 하는 명령(이하 "취업제한 명령"이라 한다)을 성범죄 사건의 판결과 동시에 선고(약식명령의 경우에는 고지)하여야 한다. 다만, 재범의 위험성이 현저히 낮은 경우, 그 밖에 취업을 제한하여서는 아니 되는 특별한 사정이 있다고 판단하는 경우에는 그러하지 아니하다.(2020.6.2 본문개정)
1.「유아교육법」 제2조제2호의 유치원
2.「초·중등교육법」 제2조의 학교, 같은 법 제28조와 같은 법 시행령 제54조에 따른 위탁 교육기관 및「고등교육법」 제2조의 학교(2018.1.16 본호개정)
2의2. 특별시·광역시·특별자치시·도·특별자치도 교육청 또는「지방교육자치에 관한 법률」 제34조에 따른 교육지원청이「초·중등교육법」 제28조에 따라 직접 설치·운영하거나 위탁하여 운영하는 학생상담지원시설 또는 위탁 교육시설(2018.1.16 본호신설)
2의3.「제주특별자치도 설치 및 국제자유도시 조성을 위한 특별법」 제223조에 따라 설립된 국제학교(2019.11.26 본호신설)
3.「학원의 설립·운영 및 과외교습에 관한 법률」 제2조제1호의 학원, 같은 조 제2호의 교습소 및 같은 조 제3호의 개인과외교습자(아동·청소년의 이용이 제한되지 아니하는 학원·교습소로서 교육부장관이 지정하는 학원·교습소 및 아동·청소년을 대상으로 하는 개인과외교습자를 말한다)(2013.3.23 본호개정)
4.「청소년 보호법」 제35조의 청소년 보호·재활센터
5.「청소년활동 진흥법」 제2조제2호의 청소년활동시설(2014.1.21 본호개정)
6.「청소년복지 지원법」 제29조제1항에 따른 청소년상담복지센터, 같은 법 제30조제1항에 따른 이주배경청소년지원센터 및 같은 법 제31조에 따른 청소년복지시설(2023.4.11 본호개정)
6의2.「학교 밖 청소년 지원에 관한 법률」 제12조의 학교 밖 청소년 지원센터(2019.11.26 본호신설)
7.「영유아보육법」 제2조제3호의 어린이집, 같은 법 제7조에 따른 육아종합지원센터 및 같은 법 제26조의2에 따른 시간제보육서비스지정기관(2023.4.11 본호개정)
8.「아동복지법」 제3조제10호의 아동복지시설, 같은 법 제37조에 따른 통합서비스 수행기관 및 같은 법 제44조의2에 따른 다함께돌봄센터(2023.4.11 본호개정)
9.「성매매방지 및 피해자보호 등에 관한 법률」 제9조의 성매매피해자등을 위한 지원시설 및 같은 법 제17조의 성매매피해상담소(2023.4.11 본호개정)
9의2. 성교육 전문기관 및 성매매 피해아동·청소년 지원센터(2023.4.11 본호신설)
10.「주택법」 제2조제3호의 공동주택의 관리사무소. 이 경우 경비업무에 직접 종사하는 사람에 한정한다.(2018.1.16 본호개정)
11.「체육시설의 설치·이용에 관한 법률」 제3조에 따라 설립된 체육시설 중 아동·청소년의 이용이 제한되지 아니하는 체육시설로서 문화체육관광부장관이 지정하는 체육시설(2018.1.16 본호개정)
12.「의료법」 제3조의 의료기관(같은 법 제2조의 의료인, 같은 법 제80조의 간호조무사 및「의료기사 등에 관한 법률」 제2조의 의료기사로 한정한다)(2023.4.11 본호개정)
13.「게임산업진흥에 관한 법률」에 따른 다음 각 목의 영업을 하는 사업장
가.「게임산업진흥에 관한 법률」 제2조제7호의 인터넷컴퓨터게임시설제공업
나.「게임산업진흥에 관한 법률」 제2조제8호의 복합유통게임제공업
14.「경비업법」 제2조제1호의 경비업을 행하는 법인. 이 경우 경비업무에 직접 종사하는 사람에 한정한다.(2018.1.16 본호개정)
15. 영리의 목적으로「청소년기본법」 제3조제3호의 청소년활동의 기획·주관·운영을 하는 사업장(이하 "청소년활동기획업소"라 한다)
16. 대중문화예술기획업소(2020.12.8 본호개정)
17. 아동·청소년의 고용 또는 출입이 허용되는 다음 각 목의 어느 하나에 해당하는 기관·시설 또는 사업장(이하 이 호에서 "시설등"이라 한다)으로서 대통령령으로 정하는 유형의 시설등
가. 아동·청소년과 해당 시설등의 운영자·근로자 또는 사실상 노무 제공자 사이에 업무상 또는 사실상 위력 관계가 존재하거나 존재할 개연성이 있는 시설등
나. 아동·청소년이 선호하거나 자주 출입하는 시설등으로서 해당 시설등의 운영 과정에서 운영자·근로자·사실상 노무 제공자에 의한 아동·청소년대상 성범죄의 발생이 우려되는 시설등
18. 가정을 방문하거나 아동·청소년이 찾아오는 방식 등으로 아동·청소년에게 직접교육서비스를 제공하는 사람을 모집하거나 채용하는 사업장(이하 "가정방문 등 학습교사 사업장"이라 한다). 이 경우 아동·청소년에게 직접교육서비스를 제공하는 업무에 종사하는 사람에 한정한다.(2018.1.16 본호개정)
19.「장애인 등에 대한 특수교육법」 제11조의 특수교육지원센터 및 같은 법 제28조에 따라 특수교육 관련서비스를 제공하는 기관·단체(2018.1.16 본호신설)
20.「지방자치법」 제161조에 따른 공공시설 중 아동·청소년이 이용하는 시설로서 행정안전부장관이 지정하는 공공시설(2021.1.12 본호개정)
21.「지방교육자치에 관한 법률」 제32조에 따른 교육기관 중 아동·청소년을 대상으로 하는 교육기관(2018.3.13 본호신설)
22.「어린이 식생활안전관리 특별법」 제21조제1항의 어린이급식관리지원센터(2019.11.26 본호신설)
23.「아이돌봄 지원법」 제11조에 따른 서비스제공기관
24.「건강가정기본법」 제35조에 따른 건강가정지원센터
25.「다문화가족지원법」 제12조에 따른 다문화가족지원센터
(2023.4.11 23호～25호신설)
② 제1항에 따른 취업제한 기간은 10년을 초과하지 못한다.(2018.1.16 본항신설)
③ 법원은 제1항에 따라 취업제한 명령을 선고하려는 경우에는 정신건강의학과 의사, 심리학자, 사회복지학자, 그 밖의 관련 전문가로부터 취업제한 명령 대상자의 재범 위험성 등에 관한 의견을 들을 수 있다.(2018.1.16 본항신설)
④ 제1항 각 호(제10호는 제외한다)의 아동·청소년 관련기관등의 설치 또는 설립 인가·신고를 관할하는 지방자치단체의 장, 교육감 또는 교육장은 아동·청소년 관련기관등을 운영하려는 자에 대한 성범죄 경력 조회를 관계기관의 장에게 요청하여야 한다. 다만, 아동·청소년 관련기관등을 운영하려는 자가 성범죄 경력 조회 회신서를 지방자치단체의 장, 교육감 또는 교육장에게 직접 제출한 경우에는 성범죄 경력 조회를 한 것으로 본다.(2018.1.16 본항개정)
⑤ 아동·청소년 관련기관등의 장은 그 기관에 취업 중이거나 사실상 노무를 제공 중인 자 또는 취업하려 하거나 사실상 노무를 제공하려는 자(이하 "취업자등"이라 한다)에 대하여 성범죄의 경력을 확인하여야 하며, 이 경우 본인의 동의를 받아 관계 기관의 장에게 성범죄의 경력 조회를 요청하여야 한다. 다만, 취업자등이 성범죄 경력 조회 회신서를 아동·청소년 관련기관등의 장에게 직접 제출한 경우에는 성범죄 경력 조회를 한 것으로 본다.(2018.1.16 본항개정)
⑥ 제4항 및 제5항에 따라 성범죄 경력 조회 요청을 받은 관계 기관의 장은 성범죄 경력 조회 회신서를 발급하여야 한다.(2018.1.16 본항신설)

⑦ 제1항제7호의 육아종합지원센터 및 같은 항 제22호의 어린이급식관리지원센터의 장이 제5항에 따라 취업자등에 대하여 성범죄 경력 조회를 한 경우, 그 취업자등이 직무를 집행함에 있어서 다른 아동·청소년 관련기관등에 사실상 노무를 제공하는 경우에는 제5항에도 불구하고 다른 아동·청소년 관련기관등의 장이 성범죄 경력 조회를 한 것으로 본다.(2023.4.11 본항개정)
⑧ 제5항에도 불구하고 교육감 또는 교육장은 다음 각 호의 아동·청소년 관련기관등의 취업자등에 대하여는 본인의 동의를 받아 성범죄의 경력을 확인할 수 있다. 이 경우 아동·청소년 관련기관등의 장이 성범죄 경력 조회를 한 것으로 본다.
1. 제1항제1호의 유치원
2. 제1항제2호의 학교 및 위탁 교육기관
3. 제1항제2호의2의 학생상담지원시설 및 위탁 교육시설
4. 제1항제19호의 특수교육지원센터 및 특수교육 관련서비스를 제공하는 기관·단체
5. 제1항제21호의 아동·청소년을 대상으로 하는 교육기관
(2023.4.11 본항신설)
⑨ 제4항부터 제6항까지에 따른 성범죄경력 조회의 요청 절차·범위 등에 관하여 필요한 사항은 대통령령으로 정한다.(2018.1.16 본항개정)
(2018.1.16 본조제목개정)
제57조【성범죄의 경력자 점검·확인】 ① 여성가족부장관 또는 관계 중앙행정기관의 장은 다음 각 호의 구분에 따라 성범죄로 취업제한 명령을 선고받은 자가 아동·청소년 관련기관등을 운영하거나 아동·청소년 관련기관등에 취업 또는 사실상 노무를 제공하고 있는지를 직접 또는 관계 기관 조회 등의 방법으로 연 1회 이상 점검·확인하여야 한다.
1. 교육부장관 : 제56조제1항제2호의 기관 중 「고등교육법」 제2조의 학교
2. 행정안전부장관 : 제56조제1항제20호의 공공시설
3. 여성가족부장관 : 제56조제1항제4호의 청소년 보호·재활센터, 같은 항 제6호의 이주배경청소년지원센터 및 같은 항 제18호의 가정방문 등 학습교사 사업장
(2023.4.11 본호개정)
4. (2023.4.11 삭제)
5. 경찰청장 : 제56조제1항제14호의 경비업을 행하는 법인
② 제1항 각 호에 해당하지 아니하는 아동·청소년 관련기관등으로서 교육부, 행정안전부, 문화체육관광부, 보건복지부, 여성가족부, 국토교통부 등 관계 중앙행정기관이 설치하여 운영하는 아동·청소년 관련기관등의 경우에는 해당 중앙행정기관의 장이 제1항에 따른 점검·확인을 하여야 한다.
③ 시·도지사 또는 시장·군수·구청장은 성범죄로 취업제한 명령을 선고받은 자가 다음 각 호의 아동·청소년 관련기관등을 운영하거나 아동·청소년 관련기관등에 취업 또는 사실상 노무를 제공하고 있는지를 직접 또는 관계 기관 조회 등의 방법으로 연 1회 이상 점검·확인하여야 한다. 다만, 제2항에 해당하는 아동·청소년 관련기관등의 경우에는 그러하지 아니하다.(2020.5.19 본문개정)
1. 제56조제1항제5호의 청소년활동시설
2. 제56조제1항제6호의 청소년상담복지센터 및 청소년복지시설(2023.4.11 본호개정)
2의2. 제56조제1항제6호의2의 학교 밖 청소년 지원센터
(2023.4.11 본호신설)
3. 제56조제1항제7호의 어린이집, 육아종합지원센터 및 시간제보육서비스지정기관(2023.4.11 본호개정)
4. 제56조제1항제8호의 아동복지시설, 통합서비스 수행기관 및 다함께돌봄센터(2023.4.11 본호개정)
5. 제56조제1항제9호의 성매매피해자등을 위한 지원시설 및 성매매피해상담소(2023.4.11 본호개정)
5의2. 제56조제1항제9호의2의 아동·청소년대상 성교육 전문기관 및 성매매 피해아동·청소년 지원센터
(2023.4.11 본호신설)
6. 제56조제1항제10호의 공동주택의 관리사무소
7. 제56조제1항제11호의 체육시설
8. 제56조제1항제12호의 의료기관
9. 제56조제1항제13호 각 목의 인터넷컴퓨터게임시설제공업 또는 복합유통게임제공업을 하는 사업장
10. 제56조제1항제15호의 청소년활동기획업소
11. 대중문화예술기획업소(2020.12.8 본호개정)
12. 제56조제1항제17호의 아동·청소년의 고용 또는 출입이 허용되는 시설등으로서 대통령령으로 정하는 유형의 시설등
13. (2023.4.11 삭제)
14. 제56조제1항제22호의 어린이급식관리지원센터
15. 제56조제1항제23호의 서비스제공기관
16. 제56조제1항제24호의 건강가정지원센터
17. 제56조제1항제25호의 다문화가족지원센터
(2023.4.11 14호~17호신설)
④ 교육감은 성범죄로 취업제한 명령을 선고받은 자가 다음 각 호의 아동·청소년 관련기관등을 운영하거나 아동·청소년 관련기관등에 취업 또는 사실상 노무를 제공하고 있는지를 직접 또는 관계 기관 조회 등의 방법으로 연 1회 이상 점검·확인하여야 한다. 다만, 제2항에 해당하는 아동·청소년 관련기관등의 경우에는 그러하지 아니하다.
1. 제56조제1항제1호의 유치원
2. 제56조제1항제2호의 기관 중 「초·중등교육법」 제2조의 학교 및 같은 법 제28조에 따른 위탁 교육기관
3. 제56조제1항제2호의2의 학생상담지원시설 및 위탁 교육시설
4. 제56조제1항제2호의3의 국제학교
5. 제56조제1항제3호의 학원, 교습소 및 개인과외교습자
6. 제56조제1항제19호의 특수교육지원센터 및 특수교육 관련서비스를 제공하는 기관·단체
7. 제56조제1항제21호의 아동·청소년을 대상으로 하는 교육기관
⑤ 제1항 각 호 및 제2항에 따른 중앙행정기관의 장, 시·도지사, 시장·군수·구청장 또는 교육감은 제1항부터 제4항까지의 규정에 따른 점검·확인을 위하여 필요한 경우에는 아동·청소년 관련기관등의 장 또는 관련 감독기관에 해당 자료의 제출을 요구할 수 있다.
⑥ 여성가족부장관, 관계 중앙행정기관의 장, 시·도지사, 시장·군수·구청장 또는 교육감은 제1항부터 제4항까지의 규정에 따른 점검·확인 결과를 대통령령으로 정하는 바에 따라 인터넷 홈페이지 등을 이용하여 공개하여야 한다.
(2020.2.18 본조개정)
제58조【취업자의 해임요구 등】 ① 제57조제1항 각 호 및 같은 조 제2항에 따른 중앙행정기관의 장, 시·도지사, 시장·군수·구청장 또는 교육감은 제56조제1항에 따른 취업제한 기간 중에 아동·청소년 관련기관등에 취업하거나 사실상 노무를 제공하는 자가 있으면 아동·청소년 관련기관등의 장에게 그의 해임을 요구할 수 있다.
(2020.2.18 본항개정)
② 제57조제1항 각 호 및 같은 조 제2항에 따른 중앙행정기관의 장, 시·도지사, 시장·군수·구청장 또는 교육감은 제56조제1항에 따른 취업제한 기간 중에 아동·청소년 관련기관등을 운영 중인 아동·청소년 관련기관등의 장에게 운영 중인 아동·청소년 관련기관등의 폐쇄를 요구할 수 있다.(2020.2.18 본항개정)
③ 제57조제1항 각 호 및 같은 조 제2항에 따른 중앙행정기관의 장, 시·도지사, 시장·군수·구청장 또는 교육감은 아동·청소년 관련기관등의 장이 제2항의 폐쇄요구를 정당한 사유 없이 거부하거나 1개월 이내에 요구사항을 이행하지 아니하는 경우에는 관계 행정기관의 장에게 해당 아동·청소년 관련기관등의 폐쇄, 등록·허가 등의 취소를 요구할 수 있다.(2020.2.18 본항개정)
④ 제3항에 따른 폐쇄, 등록·허가 등의 취소요구에 대하여는 대통령령으로 정하는 바에 따른다.
제59조【포상금】 ① 여성가족부장관은 제8조, 제8조의2, 제11조제1항·제2항·제4항 및 제13조부터 제15조까지에 해당하는 범죄를 저지른 사람을 수사기관에 신고한 사람에 대하여는 예산의 범위에서 포상금을 지급할 수 있다.(2020.6.2 본항개정)
② 제1항에 따른 포상금의 지급 기준, 방법과 절차 및 구체적인 지급액 등에 필요한 사항은 대통령령으로 정한다.
제60조【권한의 위임】 ① 제57조제1항 각 호 및 같은 조 제2항에 따른 중앙행정기관의 장(교육부장관은 제외한다)은 제67조에 따른 권한의 일부를 대통령령으로 정하는 바에 따라 시·도지사 또는 시장·군수·구청장에게 위임할 수 있다.(2020.5.19 본항개정)
② 제67조에 따른 교육부장관 또는 교육감의 권한은 대통령령으로 정하는 바에 따라 그 일부를 교육감·교육장에게 위임할 수 있다.(2020.2.18 본항개정)
③ 제57조, 제58조 및 제67조에 따른 식품의약품안전처장의 권한은 대통령령으로 정하는 바에 따라 그 일부를 지방식품의약품안전청장에게 위임할 수 있다.(2019.11.26 본항신설)
④ 제57조, 제58조 및 제67조에 따른 경찰청장의 권한은 대통령령으로 정하는 바에 따라 그 일부를 시·도경찰청장에게 위임할 수 있다.(2020.12.22 본항개정)

제5장 보호관찰

제61조【보호관찰】 ① 검사는 아동·청소년대상 성범죄를 범하고 재범의 위험성이 있다고 인정되는 사람에 대하여는 형의 집행이 종료한 때부터 「보호관찰 등에 관한 법률」에 따른 보호관찰을 받도록 하는 명령(이하 "보호관찰명령"이라 한다)을 법원에 청구하여야 한다. 다만, 검사가 「전자장치 부착 등에 관한 법률」 제21조의2에 따른 보호관찰명령을 청구한 경우에는 그러하지 아니하다.
(2020.2.4 단서개정)
② 법원은 공소가 제기된 아동·청소년대상 성범죄 사건을 심리한 결과 보호관찰명령을 선고할 필요가 있다고 인정하는 때에는 검사에게 보호관찰명령의 청구를 요청할 수 있다.
③ 법원은 아동·청소년대상 성범죄를 범한 사람이 금고 이상의 선고형에 해당하고 보호관찰명령 청구가 이유있다고 인정하는 때에는 2년 이상 5년 이하의 범위에서 기간을 정하여 보호관찰명령을 병과하여 선고하여야 한다.
④ 법원은 보호관찰을 명하기 위하여 필요한 때에는 피고인의 주거지 또는 소속 법원(지원을 포함한다. 이하 같다) 소재지를 관할하는 보호관찰소(지소를 포함한다. 이하 같다)의 장에게 범죄 동기, 피해자와의 관계, 심리상태, 재범의 위험성 등 피고인에 관하여 필요한 사항의 조사를 요청할 수 있다. 이 경우 보호관찰소의 장은 지체 없이 이를 조사하여 서면으로 해당 법원에 통보하여야 한다.
⑤ 보호관찰 기간은 보호관찰을 받을 자(이하 "보호관찰 대상자"라 한다)의 형의 집행이 종료한 날부터 기산하되, 보호관찰 대상자가 가석방된 경우에는 가석방된 날부터 기산한다.
제62조【보호관찰 대상자의 보호관찰 기간 연장 등】 ① 보호관찰 대상자가 보호관찰 기간 중에 「보호관찰 등에 관한 법률」 제32조에 따른 준수사항을 위반하는 등 재범의 위험성이 증대한 경우에 법원은 보호관찰소의 장의 신청에 따른 검사의 청구로 제61조제3항에 따른 5년을 초과하여 보호관찰의 기간을 연장할 수 있다.
② 제1항의 준수사항은 재판장이 재판정에서 설명하고 서면으로도 알려 주어야 한다.
제63조【보호관찰 대상자의 신고 의무】 ① 보호관찰 대상자는 출소 후의 거주 예정지, 근무 예정지, 교우(交友)관계, 그 밖에 보호관찰을 위하여 필요한 사항으로서 대통령령으로 정하는 사항을 출소 전에 미리 교도소·소년교도소·구치소·군교도소 또는 치료감호시설의 장에게 신고하여야 한다.
② 보호관찰 대상자는 출소 후 10일 이내에 거주지, 직업 등 보호관찰을 위하여 필요한 사항으로서 대통령령으로 정하는 사항을 보호관찰관에게 서면으로 신고하여야 한다.
제64조【보호관찰의 종료】 「보호관찰 등에 관한 법률」에 따른 보호관찰 심사위원회는 보호관찰 대상자의 관찰성적이 양호하여 재범의 위험성이 없다고 판단하는 경우 보호관찰 기간이 끝나기 전이라도 보호관찰의 종료를 결정할 수 있다.

제6장 벌 칙

제65조【벌칙】 ① 다음 각 호의 어느 하나에 해당하는 자는 5년 이하의 징역 또는 5천만원 이하의 벌금에 처한다.
1. 제25조의7을 위반하여 직무상 알게 된 신분비공개수사 또는 신분위장수사에 관한 사항을 외부에 공개하거나 누설한 자(2021.3.23 본호신설)
2. 제54조를 위반하여 직무상 알게 된 등록정보를 누설한 자
3. 제55조제1항 또는 제2항을 위반한 자
4. 정당한 권한 없이 등록정보를 변경하거나 말소한 자
② 제42조에 따른 보호처분을 위반한 자는 2년 이하의 징역 또는 2천만원 이하의 벌금에 처한다.
③ 제21조제2항에 따라 징역형 이상의 실형과 이수명령이 병과된 자가 보호관찰소의 장 또는 교정시설의 장의 이수명령 이행에 관한 지시에 불응하여 「보호관찰 등에 관한 법률」 또는 「형의 집행 및 수용자의 처우에 관한 법률」에 따른 경고를 받은 후 재차 정당한 사유 없이 이수명령 이행에 관한 지시에 불응한 경우에는 1년 이하의 징역 또는 1천만원 이하의 벌금에 처한다.
④ 다음 각 호의 어느 하나에 해당하는 자는 1년 이하의 징역 또는 500만원 이하의 벌금에 처한다.
1. 제34조제3항을 위반하여 신고자 등의 신원을 알 수 있는 정보나 자료를 출판물에 게재하거나 방송 또는 정보통신망을 통하여 공개한 자
2. 제55조제3항을 위반한 자
⑤ 제21조제2항에 따라 벌금형과 이수명령이 병과된 자가 보호관찰소의 장의 이수명령 이행에 관한 지시에 불응하여 「보호관찰 등에 관한 법률」에 따른 경고를 받은 후 재차 정당한 사유 없이 이수명령 이행에 관한 지시에 불응한 경우에는 1천만원 이하의 벌금에 처한다.
제66조【벌칙】 보호관찰 대상자가 제62조제1항에 따른 제재조치를 받은 이후 재차 정당한 이유 없이 준수사항을 위반하면 3년 이하의 징역 또는 1천만원 이하의 벌금에 처한다.
제67조【과태료】 ① (2020.6.9 삭제)
② 다음 각 호의 어느 하나에 해당하는 자에게는 1천만원 이하의 과태료를 부과한다.
1. 제37조제2항을 위반하여 상담·치료프로그램의 제공을 정당한 이유 없이 거부한 상담시설 또는 의료기관의 장
2. 제58조에 따른 해임요구를 정당한 사유 없이 거부하거나 1개월 이내에 이행하지 아니하는 아동·청소년 관련기관등의 장(2018.1.16 본호개정)
③ 아동·청소년 관련기관등의 장이 제56조제5항을 위반하여 그 기관에 취업 중이거나 사실상 노무를 제공 중인 사람 또는 취업하려 하거나 사실상 노무를 제공하려는 사람에 대하여 성범죄의 경력을 확인하지 아니하는 경우에는 500만원 이하의 과태료를 부과한다.(2018.1.16 본항개정)
④ 제34조제2항 각 호의 어느 하나에 해당하는 기관·시설 또는 단체의 장과 그 종사자가 직무상 아동·청소년대상 성범죄 발생 사실을 알고 수사기관에 신고하지 아니하거나 거짓으로 신고한 경우에는 300만원 이하의 과태료를 부과한다.

⑤ 제2항부터 제4항까지의 규정에 따른 과태료는 대통령령으로 정하는 바에 따라 제57조제1항 각 호 및 같은 조 제2항에 따른 중앙행정기관의 장, 시·도지사, 시장·군수·구청장 또는 교육감이 부과·징수한다.(2020.6.9 본항개정)

부 칙

제1조【시행일】 이 법은 공포 후 6개월이 경과한 날부터 시행한다.

제2조【「형법」상 감경규정에 관한 특례에 관한 적용례】 제19조의 개정규정은 이 법 시행 후 최초로 아동·청소년대상 성범죄를 범한 자부터 적용한다.

제3조【공소시효 진행에 관한 적용례】 제20조의 개정규정은 이 법 시행 전에 행하여진 아동·청소년대상 성범죄로 아직 공소시효가 완성되지 아니한 것에 대하여도 적용한다.

제4조【형벌과 수강명령 등의 병과에 관한 적용례】 제21조의 개정규정은 이 법 시행 후 최초로 유죄판결, 형의 선고유예 또는 집행유예를 받은 자부터 적용한다.

제5조【등록정보 공개명령 및 집행에 관한 적용례】 ① 부칙 제1조에도 불구하고 이 법 시행 당시 법률 제7801호 靑少年의性保護에관한法律 일부개정법률 또는 법률 제8634호 청소년의 성보호에 관한 법률 전부개정법률을 위반하고 확정판결을 받지 아니한 자에 대한 공개명령에 관하여는 제49조의 개정규정에 따른다.
② 제49조제3항 및 제52조의 개정규정은 법률 제7801호 靑少年의性保護에관한法律 일부개정법률 제22조부터 제24조까지의 규정에 따라 국가청소년위원회가 등록대상자로 결정한 자(예비등록대상자로 통보한 자를 포함한다) 및 법률 제8634호 청소년의 성보호에 관한 법률 전부개정법률 제37조에 따라 열람명령을 받은 자에 대하여도 적용한다.(2020.12.8 본항개정)
③ 제2항의 경우 검사는 여성가족부장관의 요청을 받아 같은 항에 규정된 사람에 대하여 제1심판결을 한 법원에 공개명령을 청구한다.
④ 검사는 제3항에 따른 공개명령의 청구를 할 때에는 청구 대상자의 인적사항(성명, 생년월일 및 주소), 청구의 원인이 되는 사실 등을 기재하여야 한다. 이 경우 청구의 서식 등 필요한 사항은 여성가족부령으로 정한다.
⑤ 법원은 제3항의 청구에 대하여 공개명령을 결정한 경우에는 14일 이내에 결정의 확정일자와 결정문 등본을 법무부장관에게 송달하여야 한다.
⑥ 법무부장관은 등록 후 지체 없이 여성가족부장관에게 공개대상자, 공개기간 및 공개정보를 송부하여야 하며, 여성가족부장관은 제52조의 개정규정에 따라 공개명령을 집행하여야 한다.
⑦ (2020.12.8 삭제)
⑧ 제2항에 따라 공개명령된 자의 신상정보가 종전의 법률에 따라 열람에 제공되고 있는 때에는 공개기간을 그 잔여 열람기간으로 한다.
⑨ 법률 제8634호 청소년의 성보호에 관한 법률 전부개정법률 제32조, 제35조 및 제37조는 같은 법의 시행일인 2008년 2월 4일 이후 최초로 청소년대상 성범죄를 범하고 유죄판결이 확정된 자부터 적용한다.
⑩ 법률 제7801호 靑少年의性保護에관한法律 일부개정법률 제20조에 따른 신상공개, 제22조부터 제25조까지의 신상정보 등록에 관하여는 같은 법 시행 당시의 규정을 적용한다. 다만, 법률 제7801호 靑少年의性保護에관한法律 일부개정법률 제20조제3항 및 제5항의 "국가청소년위원회"는 "「청소년 보호법」 제36조의 청소년보호위원회"로 본다.

제6조【등록정보의 고지에 관한 적용례】 제50조제5항 및 제51조제4항의 개정규정은 이 법 시행 당시 종전의 규정에 따라 고지명령을 받은 자[법률 제7801호 靑少年의性保護에관한法律 일부개정법률 제22조부터 제24조까지의 규정에 따라 국가청소년위원회가 등록대상자로 결정한 자(예비등록대상자로 통보한 자를 포함한다) 및 법률 제8634호 청소년의 성보호에 관한 법률 전부개정법률 제37조에 따라 열람명령을 받은 자를 포함한다]에 대하여도 적용하되, 이 법 시행 후 고지명령 집행분부터 적용한다.

제7조【아동·청소년 관련기관 등에의 취업제한 등에 관한 적용례】 제56조의 개정규정은 이 법 시행 후 최초로 아동·청소년대상 또는 성인대상 성범죄를 범하고 형이 확정된 자부터 적용한다. 다만, 이 법 시행 전의 범죄에 대한 취업제한은 종전의 규정에 따른다.

제8조【등록정보의 고지 등에 관한 특례】 ① 제50조제1항, 제51조의 개정규정은 2008년 4월 16일부터 2010년 12월 31일 사이에 제2조제2호의 개정규정의 아동·청소년대상 성범죄(제11조제5항의 개정규정의 죄는 제외한다)를 범하고 유죄판결(벌금형은 제외한다)이 확정되어 종전의 규정에 따라 공개명령을 받은 사람에 대하여도 적용하되, 공개기간이 종료된 자는 제외한다.
② 이 경우 검사는 여성가족부장관의 요청을 받아 제1항에 규정된 사람에 대하여 제1심판결을 한 법원에 고지명령을 청구한다.
③ 검사는 제2항에 따른 고지명령의 청구를 할 때에는 청구 대상자의 인적사항(성명, 생년월일 및 주소), 청구의 원인이 되는 사실 등을 기재하여야 한다. 이 경우 청구의 서식 등 필요한 사항은 여성가족부령으로 정한다.
④ 법원은 제2항의 청구에 대하여 고지명령을 결정한 경우에는 14일 이내에 결정의 확정일자와 결정문 등본을 법무부장관에게 송달하여야 한다.
⑤ 법무부장관은 등록 후 지체 없이 여성가족부장관에게 고지대상자, 고지기간 및 고지정보를 송부하여야 하며, 여성가족부장관은 제51조의 개정규정에 따라 고지명령을 집행하되, 제1항에 따른 공개가 종료되는 날 고지명령의 집행을 함께 종료한다.

제9조【피해자의 의사에 관한 경과조치】 이 법 시행 전에 행하여진 아동·청소년을 대상으로 한 법률 제11162호 성폭력범죄의 처벌 등에 관한 특례법 일부개정법률 제11조 및 제12조의 죄에 대하여는 종전의 「아동·청소년의 성보호에 관한 법률」 제16조를 적용한다.

제10조【다른 법률의 개정】 ①~⑨ ※(해당 법령에 가제정리 하였음)

부 칙 (2016.5.29)

제1조【시행일】 이 법은 공포 후 6개월이 경과한 날부터 시행한다.

제2조【재범여부 조사에 관한 적용례】 제21조의2의 개정규정은 이 법 시행 후 최초로 수강명령 또는 이수명령의 집행을 마친 사람부터 적용한다.

제3조【등록정보의 공개기간에 관한 적용례】 제49조제2항의 개정규정은 이 법 시행 후 최초로 등록대상 성범죄로 유죄 판결이 확정된 사람부터 적용한다.

제4조【아동·청소년 관련기관 등에의 취업제한 등에 관한 적용례】 제56조의 개정규정은 이 법 시행 후 최초로 아동·청소년대상 또는 성인대상 성범죄를 범하고 형이 확정된 사람부터 적용한다. 다만, 이 법 시행 전의 범죄에 대한 취업제한은 종전의 규정에 따른다.

부 칙 (2018.1.16)

제1조【시행일】 이 법은 공포 후 6개월이 경과한 날부터 시행한다.

제2조【강도강간미수범에 관한 적용례】 제2조제2호다목의 개정규정에 따라 아동·청소년대상 성범죄가 된 강도강간미수범에 대한 제49조 및 제50조에 따른 등록정보의 공개·고지 및 제56조에 따른 아동·청소년 관련기관 등에의 취업제한 등은 이 법 시행 후 강도강간미수범으로 유죄판결이 확정되는 경우부터 적용한다.

제3조【아동·청소년 관련기관등에의 취업제한 등에 관한 적용례】 제56조의 개정규정은 이 법 시행 전에 성범죄를 범하고 확정판결을 받지 아니한 사람에 대해서도 적용한다.

제4조【종전의 규정에 따라 성범죄를 범하고 확정판결을 받은 사람의 취업제한 기간에 관한 특례】 ① 법률 제7801호 청소년의 성보호에 관한 법률 일부개정법률 제28조제1항, 법률 제8634호 청소년의 성보호에 관한 법률 전부개정법률 제42조제1항, 법률 제9765호 아동·청소년의 성보호에 관한 법률 전부개정법률 제44조제1항, 법률 제10260호 아동·청소년의 성보호에 관한 법률 일부개정법률 제44조제1항, 법률 제11287호 아동·청소년의 성보호에 관한 법률 일부개정법률 제44조제1항 또는 법률 제11572호 아동·청소년의 성보호에 관한 법률 전부개정법률 제56조제1항, 법률 제14236호 아동·청소년의 성보호에 관한 법률 일부개정법률 제56조제1항(이하 "종전의 규정"이라 한다)에 따라 취업제한을 받는 사람(이하 이 조에서 "취업제한대상자"라 한다)의 취업제한 기간은 종전의 규정에도 불구하고 다음 각 호의 구분에 따른 기간으로 한다. 다만, 종전의 규정을 적용하는 것이 성범죄를 범하고 확정판결을 받은 사람에게 유리한 경우에는 종전의 규정에 따른다.

1. 법률 제7801호 청소년의 성보호에 관한 법률 일부개정법률 제28조제1항에 따라 취업제한 등을 받는 사람
   가. 3년 초과의 징역 또는 금고형을 선고받아 그 형이 확정된 사람 : 그 형이 확정된 날부터 5년
   나. 3년 이하의 징역 또는 금고형을 선고받아 그 형이 확정된 사람 : 그 형이 확정된 날부터 3년
   다. 벌금형을 선고받아 그 형이 확정된 사람 : 그 형이 확정된 날부터 1년
2. 법률 제8634호 청소년의 성보호에 관한 법률 전부개정법률 제42조제1항에 따라 취업제한 등을 받는 사람
   가. 3년 초과의 징역 또는 금고형을 선고받아 그 형이 확정된 사람 : 그 형이 확정된 날부터 5년
   나. 3년 이하의 징역 또는 금고형을 선고받아 그 형이 확정된 사람 : 그 형이 확정된 날부터 3년
   다. 벌금형을 선고받아 그 형이 확정된 사람 : 그 형이 확정된 날부터 1년
3. 법률 제9765호 아동·청소년의 성보호에 관한 법률 전부개정법률 제44조제1항, 법률 제10260호 아동·청소년의 성보호에 관한 법률 일부개정법률 제44조제1항, 법률 제11287호 아동·청소년의 성보호에 관한 법률 일부개정법률 제44조제1항, 법률 제11572호 아동·청소년의 성보호에 관한 법률 전부개정법률 제56조제1항, 법률 제14236호 아동·청소년의 성보호에 관한 법률 일부개정법률 제56조제1항에 따라 취업제한 등을 받는 사람
   가. 3년 초과의 징역 또는 금고형이나 치료감호를 선고받아 그 형이 확정된 사람 : 그 형 또는 치료감호의 전부 또는 일부의 집행을 종료하거나 집행이 유예·면제된 날부터 5년
   나. 3년 이하의 징역 또는 금고형이나 치료감호를 선고받아 그 형이 확정된 사람 : 그 형 또는 치료감호의 전부 또는 일부의 집행을 종료하거나 집행이 유예·면제된 날부터 3년
   다. 벌금형을 선고받아 그 형이 확정된 사람 : 그 형이 확정된 날부터 1년

② 이 법 시행 후 취업제한대상자 또는 그 법정대리인은 제1심판결을 한 법원에 제1항에 따른 취업제한 기간이 현저히 부당하거나 취업제한을 하여서는 아니 되는 특별한 사정이 있음을 이유로 제1항에 따른 취업제한 기간의 변경 또는 취업제한의 면제를 신청할 수 있다.
③ 취업제한대상자 또는 그 법정대리인은 제2항에 따른 신청을 할 때에는 취업제한대상자의 인적사항(성명, 생년월일 및 주소), 신청의 원인이 되는 사실 등을 기재하여야 한다.
④ 법원은 제2항의 신청에 대하여 결정을 하기 전에 검사의 의견을 물을 수 있다.
⑤ 법원은 제2항의 신청이 이유 없다고 인정하는 때에는 신청을 기각하는 결정을 고지하여야 한다.
⑥ 법원은 제2항의 신청이 이유 있다고 인정하는 때에는 제1항 각 호의 기간을 초과하지 아니하는 범위에서 취업제한 기간을 새로이 정하거나 취업제한을 면제하는 결정을 고지하고, 검사에게 결정문 등본을 송부하여야 한다.
⑦ 검사, 취업제한대상자 또는 그 법정대리인은 제5항 또는 제6항의 결정이 법령을 위반하거나 현저히 부당한 경우 결정을 고지받은 날부터 7일 이내에 항고할 수 있다.
⑧ 항고할 때에는 항고장을 원심법원에 제출하여야 하며, 항고장을 제출받은 법원은 3일 이내에 의견서를 첨부하여 기록을 항고법원에 송부하여야 한다.
⑨ 항고법원은 항고 절차가 법률에 위반되거나 항고가 이유 없다고 인정한 경우에는 결정으로써 항고를 기각하여야 한다.
⑩ 항고법원은 항고가 이유 있다고 인정한 경우에는 원결정을 파기하고 스스로 결정을 하거나 다른 관할 법원에 이송하여야 한다.
⑪ 항고법원의 결정에 대하여는 그 결정이 법령에 위반된 때에만 대법원에 재항고를 할 수 있다.
⑫ 재항고의 제기기간은 항고기각 결정을 고지받은 날부터 7일로 한다.
⑬ 항고와 재항고는 결정의 집행을 정지하는 효력이 없다.
⑭ 법원은 제6항의 결정이 확정된 날부터 14일 이내에 결정의 확정일자를 결정문 등본에 첨부하여 여성가족부장관에게 송달하여야 한다.

제5조【헌법재판소 위헌결정 후 이 법 시행일 전까지 성범죄로 형 또는 치료감호를 선고받아 그 형이 확정된 사람의 취업제한 기간 등에 관한 특례】 다음 각 호의 어느 하나에 해당하는 사람은 부칙 제4조제1항제3호 각 목의 구분에 따른 기간 동안 다음 각 호의 구분에 따른 시설·기관 또는 사업장을 운영하거나 그 시설·기관 또는 사업장에 취업 또는 사실상 노무를 제공할 수 없다.

1. 2016년 3월 31일부터 이 법 시행일 전까지 성인대상 성범죄로 형을 선고받아 그 형이 확정된 사람 : 제56조제1항제12호에 따른 의료기관
2. 2016년 4월 28일부터 이 법 시행일 전까지 아동·청소년대상 성범죄로 형 또는 치료감호를 선고받아 그 형 또는 치료감호가 확정된 사람 : 아동·청소년 관련기관등
3. 2016년 7월 28일부터 이 법 시행일 전까지 성인대상 성범죄로 형을 선고받아 그 형 또는 치료감호가 확정된 사람 : 제56조제1항제3호에 따른 학원 등
4. 2016년 10월 27일부터 이 법 시행일 전까지 성인대상 성범죄 중 「성폭력범죄의 처벌 등에 관한 특례법」 제12조의 범죄(성적 목적을 위한 다중이용장소 침입행위)로 형을 선고받아 그 형이 확정된 사람 : 제56조제1항제1호부터 제11호까지, 제13호부터 제17호까지

제6조【성범죄의 경력자 점검·확인에 관한 특례】 제57조제1항의 개정규정은 이 법 시행 전에 성범죄를 범하고 유죄판결이 확정된 사람으로서 부칙 제4조 및 부칙 제5조에 따라 취업제한 등을 받는 사람에 대해서도 적용한다.

부 칙 (2018.3.13)

제1조【시행일】 이 법은 공포 후 6개월이 경과한 날부터 시행한다.

제2조【아동·청소년 관련기관등에의 취업제한 등에 관한 적용례】 제56조의 개정규정은 이 법 시행 후 최초로 아동·청소년대상 또는 성인대상 성범죄를 범하고 형이 확정된 사람부터 적용한다. 다만, 이 법 시행 전의 범죄에 대한 취업제한은 종전의 규정에 따른다.

부 칙 (2019.1.15 법16275호)

제1조【시행일】 이 법은 공포 후 6개월이 경과한 날부터 시행한다.

제2조【공소시효 특례에 관한 적용례】 제20조제3항제3호의 개정규정은 이 법 시행 전에 행하여진 아동·청소년대상 성범죄로 아직 공소시효가 완성되지 아니한 것에 대하여도 적용한다.

부 칙 (2019.11.26)

제1조【시행일】 이 법은 공포 후 6개월이 경과한 날부터 시행한다.
제2조【취업제한에 관한 적용례】 제56조제1항제2호의3, 제6호의2 및 제22호의 개정규정은 이 법 시행 후 취업제한을 적용받거나 취업제한 명령이 확정되는 사람 및 이 법 시행 당시 취업제한 기간 중에 있는 사람에게 적용한다.

부 칙 (2020.2.18)

제1조【시행일】 이 법은 2021년 1월 1일부터 시행한다. (이하 생략)
제2조【사무이양을 위한 사전조치】 ① 관계 중앙행정기관의 장은 이 법에 따른 중앙행정권한 및 사무의 지방 일괄 이양에 필요한 인력 및 재정 소요 사항을 지원하기 위하여 필요한 조치를 마련하여 이 법에 따른 시행일 3개월 전까지 국회 소관 상임위원회에 보고하여야 한다.
② 「지방자치분권 및 지방행정체제개편에 관한 특별법」 제44조에 따른 자치분권위원회는 제1항에 따른 인력 및 재정 소요 사항을 사전에 전문적으로 조사·평가할 수 있다.
제3조【행정처분 등에 관한 일반적 경과조치】 이 법 시행 당시 종전의 규정에 따라 행정기관이 행한 처분 또는 그 밖의 행위는 이 법의 규정에 따라 행정기관이 행한 처분 또는 그 밖의 행위로 보고, 종전의 규정에 따라 행정기관에 대하여 행한 신청·신고, 그 밖의 행위는 이 법의 규정에 따라 행정기관에 대하여 행한 신청·신고, 그 밖의 행위로 본다.
제4조 (생략)

부 칙 (2020.5.19)

제1조【시행일】 이 법은 공포 후 6개월이 경과한 날부터 시행한다. 다만, 부칙 제4조는 2021년 1월 1일부터 시행한다.
제2조【공소시효 특례에 관한 적용례】 제20조제3항제1호의 개정규정은 이 법 시행 전에 행하여진 아동·청소년대상 성범죄로 아직 공소시효가 완성되지 아니한 것에 대해서도 적용한다.
제3조【등록정보의 공개 및 고지에 관한 적용례】 제49조제1항제1호 및 제50조제1항제1호의 개정규정은 이 법 시행 후 아동·청소년대상 성범죄를 저지른 자부터 적용한다.
제4조【다른 법률의 개정】 ※(해당 법령에 가제정리 하였음)

부 칙 (2020.6.9)

제1조【시행일】 이 법은 공포 후 6개월이 경과한 날부터 시행한다.(단서 생략)
제2조부터 **제5조**까지 생략
제6조【「아동·청소년의 성보호에 관한 법률」 제17조 삭제에 따른 경과조치】 이 법 시행 전의 종전의 「아동·청소년의 성보호에 관한 법률」에 따른 온라인서비스제공자가 같은 법 제17조제1항 또는 제2항을 위반한 행위에 대하여 벌칙이나 과태료를 적용할 때에는 종전의 「아동·청소년의 성보호에 관한 법률」의 규정에 따른다.

부 칙 (2020.12.8 법17574호)

제1조【시행일】 이 법은 공포 후 6개월이 경과한 날부터 시행한다.(이하 생략)

부 칙 (2020.12.8 법17641호)

이 법은 공포 후 6개월이 경과한 날부터 시행한다. 다만, 제25조제3항의 개정규정 및 법률 제11572호 아동·청소년의 성보호에 관한 법률 전부개정법률 부칙 제5조제2항 및 제7항의 개정규정은 공포한 날부터 시행한다.

부 칙 (2020.12.22)

제1조【시행일】 이 법은 2021년 1월 1일부터 시행한다. (이하 생략)

부 칙 (2021.1.12)

제1조【시행일】 이 법은 공포 후 1년이 경과한 날부터 시행한다.(이하 생략)

부 칙 (2021.3.23)

제1조【시행일】 이 법은 공포 후 6개월이 경과한 날부터 시행한다.

제2조【공소시효 특례에 관한 적용례】 제20조제4항제2호의 개정규정은 이 법 시행 전에 행하여진 아동·청소년대상 성범죄로 아직 공소시효가 완성되지 아니한 것에 대하여도 적용한다.

부 칙 (2023.4.11)

제1조【시행일】 이 법은 공포 후 6개월이 경과한 날부터 시행한다.
제2조【등록정보의 고지 등에 관한 적용례】 제50조제5항 및 제51조제4항·제5항의 개정규정은 이 법 시행 전에 고지명령을 선고받고 이 법 시행 이후 고지명령이 집행되거나 이 법 시행 당시 고지명령이 집행 중인 사람에게도 적용한다.
제3조【아동·청소년 관련기관등에의 취업제한 등에 관한 적용례】 제56조제1항제6호, 제7호부터 제9호까지, 제9호의2, 제12호, 제23호부터 제25호까지의 개정규정은 이 법 시행 전에 취업제한 명령을 선고받고 이 법 시행 이후 취업이 제한되거나 이 법 시행 당시 취업제한 기간 중에 있는 사람에게도 적용한다.

아동·청소년의 성보호에 관한 법률 시행령

(2013년 5월 31일 전부개정대통령령 제24567호)

개정
2014.12.30영25932호 2015. 4.20영26209호
2016. 1.22영26922호(제주자치법시)
2016. 6. 8영27215호 2016.11.29영27639호
2017. 3.27영27960호(주민등록번호처리제한일부개정령)
2018. 7.16영29044호
2020. 8. 5영30908호(전자장치부착등에관한법시)
2020.11.17영31163호 2020.12.29영31325호
2020.12.31영31349호(자치경찰조직운영)
2021. 1. 5영31379호(지정·위탁의실적요건정비를위한일부개정령)
2021. 4.20영31625호(보호소년등의처우에관한법시)
2021. 6. 8영31726호(도로명주소법시)
2021. 9.24영32008호 2022. 8. 9영32866호
2023. 9.26영33762호

제1장 총 칙

제1조【목적】 이 영은 「아동·청소년의 성보호에 관한 법률」에서 위임된 사항과 그 시행에 필요한 사항을 규정함을 목적으로 한다.
제2조 (2020.12.29 삭제)

제2장 아동·청소년대상 성범죄의 처벌, 수사 절차와 신고·응급조치 등

제3조~제4조 (2020.12.29 삭제)
제5조【수사절차에서의 보호 조치】 「아동·청소년의 성보호에 관한 법률」(이하 "법"이라 한다) 제25조에 따라 수사기관은 아동·청소년대상 성범죄의 수사절차에서 다음 각 호의 보호 조치를 해야 한다.(2020.12.29 본문개정)
1. 피해자의 권리에 대한 고지
2. 피해자에 대한 조사의 최소화
3. 피해자와 가해자의 대질신문 최소화
4. 긴급하지 않은 수사에서 피해자의 학습권 보장
5. 특별한 사정이 없으면 성범죄 수사 전문교육을 받은 인력이 피해자를 전담하여 조사
6. 「성폭력방지 및 피해자보호 등에 관한 법률」 제10조·제12조·제18조·제27조, 「가정폭력방지 및 피해자보호 등에 관한 법률」 제4조의6 또는 「성매매방지 및 피해자보호 등에 관한 법률」 제9조제1항제2호 및 제17조에 따라 운영되는 피해자 지원기관 등과의 연락 및 협조(2020.11.17 본호개정)

제5조의2【아동·청소년대상 디지털 성범죄의 수사 특례에 따른 사법경찰관리의 준수사항】 사법경찰관리는 법 제25조의2제1항에 따른 신분비공개수사(이하 "신분비공개수사"라 한다) 또는 같은 조 제2항에 따른 신분위장수사(이하 "신분위장수사"라 한다)를 할 때 다음 각 호의 사항을 준수해야 한다.
1. 수사 관계 법령을 준수하고, 본래 범의(犯意)를 가지지 않은 자에게 범의를 유발하는 행위를 하지 않는 등 적법한 절차와 방식에 따라 수사할 것
2. 피해아동·청소년에게 추가 피해가 발생하지 않도록 주의할 것
3. 법 제25조의2제2항제3호에 따른 행위를 하는 경우에는 피해아동·청소년이나 「성폭력방지 및 피해자보호 등에 관한 법률」 제2조제3호의 성폭력피해자에 관한 자료가 유포되지 않도록 할 것
(2021.9.24 본조신설)

제5조의3【신분비공개수사의 방법】 ① 법 제25조의2제1항에 따른 신분 비공개는 경찰관임을 밝히지 않거나 부인(법 제25조의2제2항제1호에 이르지 않는 행위로서 경찰관 외의 신분을 고지하는 방식을 포함한다)하는 방법으로 한다.
② 법 제25조의2제1항에 따른 접근은 대화의 구성원으로서 관찰하는 등 대화에 참여하거나 아동·청소년성착취물, 「성폭력범죄의 처벌 등에 관한 특례법」 제14조제2항의 촬영물 또는 복제물(복제물의 복제물을 포함한다)을 구입하거나 무상으로 제공받는 등의 방법으로 한다.
(2021.9.24 본조신설)

제5조의4【신분비공개수사의 승인 절차 및 방법 등】 ① 신분비공개수사를 하려는 사법경찰관리는 법 제25조의3에 따라 바로 위 상급 경찰관서의 수사부서의 장에게 서면으로 승인을 받아야 한다.
② 사법경찰관리는 제1항에 따른 승인을 받으려면 신분비공개수사의 필요성·대상·범위·기간·장소 및 방법 등을 소명해야 한다.
③ 사법경찰관리는 신분비공개수사를 종료한 때에는 종료 일시 및 종료 사유 등을 바로 위 상급 경찰관서의 수사부서의 장에게 보고해야 한다.
(2021.9.24 본조신설)

제5조의5【신분비공개수사에 대한 통제】 ① 법 제25조의6제1항에 따른 국가경찰위원회에 대한 보고사항은 종료된 신분비공개수사의 승인요청 경찰관서, 승인기간, 종료일시, 종료사유, 수사대상, 수사방법, 사건요지 및 필요성으로 한다.
② 법 제25조의6제2항에 따른 국회 소관 상임위원회에 대한 보고사항은 종료된 신분비공개수사의 승인요청 경찰관서, 승인기간, 종료일시, 종료사유 및 승인건수로 한다.
③ 제1항 및 제2항에 따른 보고는 전자적 파일을 「정보통신망 이용촉진 및 정보보호 등에 관한 법률」 제2조제1항제1호에 따른 정보통신망(이하 "정보통신망"이라 한다)을 이용하여 전송하거나, 그 내용을 기록·보관·출력할 수 있는 전자적 정보저장매체에 기록하여 제출하는 방법으로 할 수 있다.
(2021.9.24 본조신설)

제6조【신고의무자 교육】 ① 관계 행정기관의 장은 법 제35조제1항에 따른 아동·청소년대상 성범죄 예방 및 신고의무와 관련된 교육내용에 대하여 여성가족부장관과 협의하여야 한다.
② 여성가족부장관은 법 제35조제2항에 따른 교육을 실시하는 경우 교육대상 및 교육시간 등을 관계 행정기관의 장 및 법 제34조제2항 각 호의 기관·시설 또는 단체의 장과 협의할 수 있다.

제7조【그 밖의 상담 및 치료의 대상】 법 제37조제1항제3호에서 "대통령령으로 정하는 사람"이란 다음 각 호의 사람을 말한다.
1. 피해아동·청소년과 같은 시설에서 보호받고 있는 아동·청소년
2. 피해아동·청소년과 같은 학교에 다니는 아동·청소년으로서 정신적 피해가 우려되는 사람
3. 법 제37조제1항제2호에 따른 사람 외에 피해아동·청소년과 함께 거주하는 가족으로서 상담 및 치료를 필요로 하는 사람

제3장 피해아동·청소년의 보호·지원 등

(2020.11.17 본장제목개정)

제8조~제10조 (2020.11.17 삭제)
제11조【수강명령 위탁 대상기관 등 추천】 여성가족부장관은 법 제44조제4항에 따른 가해아동·청소년에 대한 수강명령을 집행하는 보호관찰관이 「보호관찰 등에 관한 법률」 제61조제1항 단서에 따라 그 수강명령의 집행을 위탁하려는 경우 그 대상기관 또는 단체를 추천할 수 있다.(2020.11.17 본조개정)

제12조【가해아동·청소년에 대한 교육과정 등의 이수명령】 ① 검사는 법 제44조제5항에 따라 가해아동·청소년에 대한 교육과정이나 상담과정(이하 "교육과정등"이라 한다)의 이수명령을 하는 경우 100시간 이내에서 교육 또는 상담시간을 정해야 한다.(2020.11.17 본항개정)
② 검사는 교육과정등을 다음 각 호의 어느 하나에 해당하는 시설에서 집행하도록 할 수 있다.
1. 「보호관찰 등에 관한 법률」 제14조에 따른 보호관찰소나 보호관찰지소
2. 「보호소년 등의 처우에 관한 법률」 제3조에 따른 소년원이나 소년분류심사원, 그 밖의 소년 관련 시설 (2021.4.20 본호개정)
3. 여성가족부장관이 추천하는 시설
③ 여성가족부장관은 제2항제3호에 따라 여성가족부장관이 추천한 시설에서 교육과정등을 집행하는 경우에는 예산의 범위에서 해당 시설에 교육과정등의 운영에 필요한 비용을 지원할 수 있다.

제13조【교육과정등의 결과 통지】 ① 제12조제2항에 따라 교육과정등을 집행한 자(여성가족부장관이 추천한 시설에서 집행한 경우는 여성가족부장관을 말한다)는 교육과정등의 이수 결과보고서를 작성하여 검사에게 통지하여야 한다.
② 검사는 교육과정등의 이수명령을 받은 아동·청소년이 이수 시 지켜야 할 사항을 위반하는 등 재범예방의 목적을 달성할 수 없다고 판단되는 경우에는 교육과정등

의 이수명령을 취소하고, 해당 아동·청소년을 가정법원 소년부 또는 지방법원 소년부로 송치할 수 있다.
제14조【보호시설 등의 변호사 선임권 안내 등】 법 제45조에 따른 보호시설 및 법 제46조에 따른 상담시설은 피해아동·청소년 등에게 법 제30조제1항에 따른 변호사 선임과 「성폭력방지 및 피해자보호 등에 관한 법률」 제31조제1항제4호, 제11조제5호, 제13조제1항제4호 또는 「성매매방지 및 피해자보호 등에 관한 법률」 제11조제1항제5호에 따른 법률구조에 대하여 안내하고 지원하는 등 형사절차에서 피해아동·청소년 등이 입을 수 있는 피해를 방지하고 법률적으로 지원하기 위하여 노력해야 한다.
(2022.8.9 본조개정)
제14조의2【가해아동·청소년과 법정대리인에 대한 교육·상담 지원】 여성가족부장관은 법 제46조제2항제5호에 따라 아동·청소년대상 성폭력범죄의 가해아동·청소년과 그 법정대리인에 대한 교육·상담 프로그램을 운영하는 시설에 대해서는 그 운영에 필요한 사항을 지원할 수 있다.(2020.11.17 본조신설)
제15조【아동·청소년대상 성교육 전문기관의 설치·운영의 위탁 등】 ① 국가와 지방자치단체는 법 제47조제1항에 따른 아동·청소년대상 성교육 전문기관(이하 "성교육 전문기관"이라 한다)의 설치·운영에 관한 업무를 다음 각 호의 어느 하나에 해당하는 전문단체에 위탁할 수 있다.
1. 「성폭력방지 및 피해자보호 등에 관한 법률」 제10조에 따른 성폭력피해상담소를 설치·운영하는 단체
2. 「청소년활동진흥법」 제10조제1호가목부터 다목까지의 규정에 따른 청소년수련관, 청소년수련원 또는 청소년문화의집을 설치·운영하는 단체
3. 「청소년기본법」 제3조제8호에 따른 청소년단체
4. 성교육을 주된 업무로 하는 단체
(2021.1.5 3호~4호개정)
② 국가와 지방자치단체는 제1항제3호 및 제4호에 따른 단체에 성교육 전문기관의 설치·운영에 관한 업무를 위탁할 때에는 다음 각 호의 구분에 따른 사항을 고려할 수 있다.
1. 제1항제3호의 단체 : 청소년육성, 청소년활동, 청소년복지 또는 청소년보호 관련 업무에 대한 사업실적
2. 제1항제4호의 단체 : 아동·청소년 대상 성교육 실적
(2021.1.5 본항신설)
③ 성교육 전문기관에 두는 종사자 등 직원의 자격기준은 별표2와 같다.
④ 성교육 전문기관의 설치·운영 기준은 별표3과 같다.
제16조【운영실적의 제출】 ① 제15조제1항에 따라 위탁을 받은 전문단체의 장은 매 반기(半期) 종료 후 다음 달 10일까지 성교육 전문기관의 반기별 운영실적을 관할 특별자치시장·특별자치도지사·시장·군수·구청장(자치구의 구청장을 말한다. 이하 같다)에게 제출하여야 한다.
② 제1항에 따라 반기별 운영실적을 제출받은 시장·군수·구청장은 매 반기 종료 후 다음 달 20일까지 그 운영실적을 특별시장·광역시장·도지사에게 제출하고, 특별시장·광역시장·특별자치시장·도지사·특별자치도지사(이하 "시·도지사"라 한다)는 매 반기 종료 후 다음 달 말일까지 그 운영실적을 여성가족부장관에게 제출하여야 한다.
(2014.12.30 본조개정)
제17조【성매매 피해아동·청소년 지원센터의 업무】 법 제47조의2제2항제7호에서 "대통령령으로 정하는 업무"란 다음 각 호의 업무를 말한다.
1. 진로 상담 및 지원
2. 진학 상담 및 지원
3. 직업훈련 상담 및 지원
(2020.11.17 본조개정)
제18조 (2020.11.17 삭제)

제4장 성범죄로 유죄판결이 확정된 자의 신상정보 공개와 취업제한 등

제19조【공개정보 전용 웹사이트 운영 등】 ① 여성가족부장관은 법 제49조제1항 및 제52조제1항에 따라 공개명령의 집행을 위하여 법 제49조제3항에 따른 공개정보(이하 "공개정보"라 한다)를 열람할 수 있는 전용 웹사이트(이하 "전용 웹사이트"라 한다)를 구축·운영하여야 한다.
② 여성가족부장관은 전용 웹사이트에 등록된 공개정보의 유출을 방지하기 위하여 공개정보의 단계적 접근, 공개정보 이용자에 의한 입력 및 출력 금지, 보안 등 기술적 조치를 하고, 이를 상시 감시하여야 한다.
제20조【공개정보의 내용 등】 ① 법 제49조제4항에 따른 공개정보의 구체적인 형태와 내용은 다음 각 호와 같다.
1. 성명 : 한글과 한자(한자 성명이 있는 경우만 해당한다)로 표기하되, 외국인인 경우 한글과 영문으로 표기한다.
2. 나이 : 주민등록표상의 나이. 다만, 외국인은 여권이나 외국인등록증의 나이로 표기한다.
3. 주소 및 실제 거주지 : 다음 각 목의 구분에 따라 표기하되, 「도로명주소법」 제2조제3호의 도로명 및 같은 조 제5호의 건물번호까지 표기한다.(2021.6.8 본문개정)
가. 내국인 및 재외국민의 경우 : 「주민등록법」에 따라 신고한 주소와 실제 거주지 주소(2016.6.8 본목개정)
나. 외국인의 경우 : 「출입국관리법」 제32조에 따라 등록한 국내 체류지와 실제 거주지 주소
다. 외국국적동포의 경우 : 「재외동포의 출입국과 법적 지위에 관한 법률」 제6조에 따라 신고한 국내거소와 실제 거주지 주소(2016.6.8 본목개정)
4. 신체정보 : 키와 몸무게를 표기하되, 키는 센티미터로, 몸무게는 킬로그램으로 각각 표기한다.
5. 사진 : 등록된 사진을 게재한다.
6. 등록대상 성범죄의 요지 : 판결일자, 죄명, 선고형량 및 해당 사건의 범죄사실 요지를 표기하되, 피해자를 알 수 있는 내용은 표기하지 아니한다.
7. 성폭력범죄 전과사실 : 등록대상 사건의 확정 판결일 이전에 유죄판결이 확정된 성폭력범죄의 죄명과 횟수를 표기한다.
8. 「전자장치 부착 등에 관한 법률」에 따른 전자장치 부착 여부 : 전자장치 부착 여부와 그 부착 기간을 표기한다.(2020.8.5 본호개정)
② 여성가족부장관은 법 제52조제2항에 따라 공개정보를 송부받으면 제1항의 공개정보를 내용으로 하는 성범죄자 공개정보 원부를 작성하여야 한다.
③ 제2항에 따른 성범죄자 공개정보 원부의 서식과 작성방식 등에 관한 구체적인 사항은 여성가족부령으로 정한다.
제21조【실명인증 및 열람정보 관리】 ① 법 제49조제6항에 따라 전용 웹사이트를 이용하여 공개정보를 열람하려는 사람은 성명과 주민등록번호 입력 등의 방법으로 실명인증을 받아야 한다.(2023.9.26 본항개정)
② 여성가족부장관은 제1항에 따라 공개정보를 열람한 사람의 신상정보와 접속정보를 일정 기간 동안 보관·관리하는 등의 조치를 하여야 한다.
제22조【게시판 게시 업무의 위임】 여성가족부장관은 법 제51조제6항에 따라 같은 조 제4항에 따른 게시판 게시 업무를 고지대상자가 실제 거주하는 읍·면사무소의 장 또는 동 주민센터의 장에게 위임한다.(2023.9.26 본조개정)
제22조의2【고지정보 및 공개정보의 정정 요청 등】 ① 법 제51조에 따라 집행된 고지정보 또는 법 제52조에 따라 집행된 공개정보의 정정을 법 제52조의2제1항에 따라 요청하려는 경우에는 법 제52조제1항에 따른 정보통신망이나 등기우편·팩스 등을 이용하여 할 수 있다.
(2023.9.26 본항개정)
② 여성가족부장관은 제1항에 따라 고지정보 또는 공개정보의 정정을 요청 받은 경우 7일 이내에 법무부장관에게 그 사실을 통보하여야 한다.(2023.9.26 본항개정)
③ 법 제52조의2제2항에 따라 법무부장관으로부터 고지정보 또는 공개정보의 진위와 변경 여부 확인을 요구받은 관할 경찰관서의 장은 그 결과를 지체 없이 법무부장관에게 송부하여야 한다.(2023.9.26 본항개정)
④ 법무부장관은 제3항에 따라 송부받은 결과를 확인한 결과 고지정보 또는 공개정보에 오류가 있는 경우에는 해당 정보를 정정하고, 그 변경된 정보를 「성폭력범죄의 처벌 등에 관한 특례법 시행령」 제5조제1항에 따른 성범죄자 등록정보 원부(이하 "등록정보원부"라 한다)에 등록하여야 한다.(2023.9.26 본항개정)
⑤ 법무부장관은 제4항에 따라 변경된 정보를 등록정보원부에 등록한 후 7일 이내에 행정기관의 정보통신망 등을 이용하여 여성가족부장관에게 송부하여야 한다.
⑥ 여성가족부장관은 제5항에 따라 송부받은 날부터 14일 이내에 제4항에 따라 변경된 정보를 법 제52조제1항에 따른 정보통신망을 통하여 고지정보 또는 공개정보의 정정을 요청한 자가 열람할 수 있도록 하여야 한다. 다만, 고지정보 또는 공개정보의 정정을 요청한 자가 등기우편, 팩스 등 별도의 방법으로 요청한 경우에는 그에 따라 통지할 수 있다.(2023.9.26 본항개정)
⑦ 제1항부터 제6항까지에서 규정한 사항 외에 고지정보 및 공개정보의 정정 요청, 정정 요청 처리 결과 통보 등에 필요한 사항은 여성가족부령으로 정한다.(2023.9.26 본항개정)
(2023.9.26 본조제목개정)
(2018.7.16 본조신설)
제23조【자료제출의 요청】 여성가족부장관은 법 제53조에 따라 아동·청소년대상 성범죄 발생추세와 동향(動向), 그 밖에 계도(啓導)에 필요한 사항을 공표하기 위하여 관계 행정기관에 자료를 요청할 수 있다.
제24조【아동·청소년 관련기관 등의 범위】 법 제56조제1항제17호 및 제57조제3항제12호에서 "대통령령으로 정하는 유형의 시설등"이란 다음 각 호의 기관·시설 또는 사업장(이하 이 조에서 "시설등"이라 한다)을 말한다.
1. 「게임산업진흥에 관한 법률」 제2조제6호의2가목에 따른 청소년게임제공업을 하는 시설등
2. 「음악산업진흥에 관한 법률」 제2조제13호에 따른 노래연습장업(청소년실을 갖춘 노래연습장업을 말한다)을 하는 시설등
(2020.12.29 본조개정)
제25조【성범죄의 경력 조회】 ① 법 제56조제4항, 제5항 및 제8항에 따라 성범죄의 경력조회를 요청하려는 다음 각 호의 자는 경찰관서의 장에게 요청하여야 한다. 이 경우 경찰관서가 운영하는 정보통신망을 이용하여 요청할 수 있다.(2023.9.26 전단개정)
1. 지방자치단체의 장, 교육감 또는 교육장
2. 법 제56조제1항 각 호에 따른 시설·기관 또는 사업장(이하 "아동·청소년 관련기관등"이라 한다)의 장 또는 아동·청소년 관련기관등을 운영하려는 자
3. 아동·청소년 관련기관등에 취업 중이거나 사실상 노무를 제공 중인 사람 또는 취업하려 하거나 사실상 노무를 제공하려는 사람(이하 "취업자등"이라 한다)
(2016.11.29 1호~3호신설)
② 교육감, 교육장 또는 아동·청소년 관련기관등의 장은 제1항에 따라 성범죄의 경력 조회를 요청하는 경우 취업자등의 동의서를 함께 제출하거나, 경찰관서가 운영하는 정보통신망에 취업자등이 동의 여부를 표시하도록 하여야 한다.(2023.9.26 본항개정)
③ 제1항에 따라 성범죄의 경력 조회를 요청받은 경찰관서의 장은 아동·청소년 관련기관등을 운영하려는 자 또는 취업자등이 법 제56조제1항에 따라 운영 또는 취업이 제한되는 사람(이하 "취업제한대상자"라 한다)인지 여부만을 확인하여 제1항 각 호의 자에게 회신하여야 한다. 이 경우 경찰관서가 운영하는 정보통신망을 이용하여 회신할 수 있다.(2016.11.29 전단개정)
④ 제1항에 따른 성범죄의 경력 조회, 제2항에 따른 동의서 및 제3항에 따른 회신의 서식 등에 관한 사항은 여성가족부령으로 정한다.
제26조【자료제출의 요구】 법 제57조제1항 각 호 및 같은 조 제2항에 따른 중앙행정기관의 장, 시·도지사, 시장·군수·구청장 또는 교육감은 같은 조 제5항에 따라 자료제출을 요구할 때에는 다음 각 호의 사항을 구체적으로 밝혀야 한다.(2020.12.29 본문개정)
1. 자료제출 요구의 사유
2. 자료제출의 일시
3. 제출하여야 할 자료의 내용
제27조【성범죄의 경력자 점검·확인 결과 공개】 ① 법 제57조제1항 각 호 및 같은 조 제2항에 따른 중앙행정기관의 장, 시·도지사, 시장·군수·구청장 또는 교육감은 같은 조 제6항에 따른 점검·확인(이하 "점검·확인"이라 한다) 결과를 그 점검·확인이 끝난 날부터 2개월 이내에 여성가족부장관이 구축·운영하는 전용 웹사이트를 통해 공개해야 한다. 이 경우 공개기간은 3개월 이상으로 한다.(2020.12.29 전단개정)
② 법 제57조제6항에 따라 공개해야 하는 점검·확인 결과는 다음 각 호와 같다.(2020.12.29 본문개정)
1. 아동·청소년 관련기관등의 총 수, 점검·확인 기간 및 점검·확인 기관·인원 수에 대한 점검·확인 현황
2. 취업제한대상자가 운영하거나 취업하고 있는 아동·청소년 관련기관등의 수 및 해당 기관별 취업제한대상자의 수
3. 아동·청소년 관련기관등을 운영하거나 취업하고 있는 취업제한대상자에 대하여 필요한 조치 또는 조치한 내용
4. 취업제한대상자가 운영하거나 취업하고 있는 아동·청소년 관련기관등의 명칭 및 주소〔주소는 시(「제주특별자치도 설치 및 국제자유도시 조성을 위한 특별법」 제10조에 따른 행정시를 포함한다)·군·구(자치구를 말한다. 이하 같다)까지로 한다〕
(2016.11.29 1호~4호개정)
제28조【해임요구 및 폐쇄요구 등】 ① 법 제57조제1항 각 호 및 같은 조 제2항에 따른 중앙행정기관의 장, 시·도지사, 시장·군수·구청장 또는 교육감은 법 제58조에 따라 취업제한대상자의 해임을 요구하거나 아동·청소년 관련기관등의 폐쇄를 요구하는 경우에는 법 위반사실, 요구내용 및 이행시한 등을 명시한 서면으로 해야 한다.
② 법 제57조제1항 각 호 및 같은 조 제2항에 따른 중앙행정기관의 장, 시·도지사, 시장·군수·구청장 또는 교육감은 법 제58조제1항에 따라 취업 중인 취업제한대상자의 해임을 요구하는 경우에는 해당 취업제한대상자에게도 그 사실을 알려야 한다.
③ 법 제58조제1항 또는 제2항에 따라 해임요구 또는 폐쇄요구를 받은 아동·청소년 관련기관등의 장과 제2항에 따라 해임요구를 통지받은 취업제한대상자는 해임·폐쇄 요구 또는 해임요구를 통지받은 날부터 10일 이내에 법 제57조제1항 각 호 및 같은 조 제2항에 따른 중앙행정기관의 장, 시·도지사, 시장·군수·구청장 또는 교육감에게 이의신청을 할 수 있다.
④ 법 제57조제1항 각 호 및 같은 조 제2항에 따른 중앙행정기관의 장, 시·도지사, 시장·군수·구청장 또는 교육감은 제3항에 따른 이의신청을 받으면 2주일 이내에 심사하여 그 결과를 해당 아동·청소년 관련기관등의 장과 취업제한대상자에게 알려야 한다.
(2020.12.29 본조개정)
제29조【포상금의 지급 기준】 ① 법 제59조에 따른 신고(고소·고발을 포함한다. 이하 같다)에 대한 포상금은 범죄를 저지른 것으로 신고된 사람이 해당 범죄로 기소되거나 기소유예 처분을 받은 경우에 지급한다.
② 제1항에도 불구하고 다음 각 호의 어느 하나에 해당하는 경우에는 포상금을 지급하지 아니한다.
1. 법 제34조제2항에 따라 수사기관에 신고할 의무가 있는 사람이 신고한 경우

2. 법 제59조제1항에 따른 신고 대상 범죄의 실행과 관련된 사람이 신고하는 등 포상금을 지급하는 것이 적절하지 않다고 인정되는 경우
3. 범죄의 단속 사무에 종사하는 공무원이 직무와 관련하여 신고한 경우

제30조【포상금의 지급 절차】 ① 제29조에 따른 포상금을 지급받으려는 사람은 포상금 지급 사유의 발생을 안 날부터 1년 이내에 여성가족부령으로 정하는 바에 따라 포상금 지급 신청서를 여성가족부장관에게 제출하여야 한다.
② 여성가족부장관은 포상금을 지급할 때에는 여성가족부령으로 정하는 바에 따라 포상금 지급조서 및 지급대장을 작성하여야 한다.

제31조【포상금의 지급액 등】 ① 제29조에 따른 포상금은 예산의 범위에서 100만원 이내로 하되, 그 세부적인 지급액은 여성가족부령으로 정한다.
② 제1항에도 불구하고 신고자가 해당 범죄의 신고와 관련하여 「성매매알선 등 행위의 처벌에 관한 법률」 제28조에 따른 보상금 또는 「청소년 보호법」 제49조에 따른 포상금을 지급받은 경우에는 다음 각 호의 구분에 따라 지급한다.
1. 지급받은 금액이 제1항에 따른 포상금보다 큰 경우 : 포상금을 지급하지 아니한다.
2. 지급받은 금액이 제1항에 따른 포상금보다 적은 경우 : 지급받은 금액을 빼고 지급한다.

제32조【포상금의 환수】 여성가족부장관은 제29조에 따른 포상금을 지급한 후에도 다음 각 호의 어느 하나에 해당하는 경우에는 그 포상금을 환수할 수 있다.
1. 거짓이나 그 밖의 부정한 방법으로 포상금을 지급받은 경우
2. 제29조제2항 각 호의 사유가 확인된 경우
3. 제31조제2항에 해당하는 경우(제31조제2항제2호의 경우에는 감액분만 환수한다)

제33조【권한의 위임】 경찰청장은 법 제60조제4항에 따라 법 제56조제1항제14호에 따른 경비업을 행하는 법인에 대한 다음 각 호의 권한을 지방경찰청장에게 위임한다.
1. 법 제57조에 따른 다음 각 목의 권한
 가. 법 제57조제1항에 따른 점검 · 확인
 나. 법 제57조제5항에 따른 자료의 제출 요구
2. 법 제58조에 따른 다음 각 목의 권한
 가. 법 제58조제1항에 따른 해임 요구
 나. 법 제58조제2항에 따른 폐쇄 요구
 다. 법 제58조제3항에 따른 폐쇄 요구 또는 등록 · 허가 등의 취소 요구
 라. 제28조제3항 및 제4항에 따른 이의신청의 접수 · 처리 및 통지
3. 법 제67조에 따른 과태료의 부과 · 징수
(2023.9.26 본조개정)

제34조【보호관찰명령의 청구 및 집행지휘】 ① 검사는 법 제61조제1항에 따른 보호관찰명령을 청구할 때에는 그 청구서에 다음 각 호의 사항을 적어야 한다.
1. 보호관찰명령 청구대상자의 성명, 주민등록번호, 직업, 주거, 등록기준지 및 죄명
2. 청구의 원인이 되는 사실
3. 적용 법조
② 검사가 공소 제기와 동시에 보호관찰명령을 청구할 경우에는 공소장에 제1항제2호 및 제3호를 추가하여 적는 것으로 보호관찰명령 청구서를 대신할 수 있다.
③ 검사는 보호관찰명령의 판결이 확정되면 지체 없이 보호관찰명령을 선고받은 사람의 주거지를 관할하는 보호관찰소의 장에게 판결문 등본을 첨부하여 보호관찰명령 집행을 지휘하는 서면을 보내야 한다.

제35조【조사】 ① 법원은 법 제61조제4항에 따라 보호관찰소(지소를 포함한다. 이하 같다)의 장에게 조사를 요청할 때에는 피고인의 인적사항 및 범죄사실의 요지를 통보하여야 한다. 이 경우 필요하면 참고자료를 함께 보낼 수 있다.
② 제1항에 따른 조사 요청을 받은 보호관찰소의 장은 교도소 · 소년교도소 · 구치소 · 군교도소의 장, 경찰서장에게 조사에 필요한 협조를 요청할 수 있다. 이 경우 요청을 받은 기관의 장은 특별한 사유가 없으면 이에 협조하여야 한다.

제36조【보호관찰 기간 연장 신청】 ① 보호관찰소의 장은 법 제62조제1항에 따라 보호관찰 기간의 연장을 신청하는 경우에는 다음 각 호의 사항을 적은 문서로 하여야 한다.
1. 보호관찰명령을 받은 사람(이하 "보호관찰 대상자"라 한다)의 성명, 주민등록번호, 주거 및 직업
2. 신청의 취지
3. 보호관찰 기간의 연장이 필요한 사유
② 보호관찰소의 장은 제1항에 따른 신청을 할 때에는 신청 사유를 증명할 수 있는 자료를 함께 제출하여야 한다.
③ 제1항 및 제2항에서 규정한 사항 외에 보호관찰 기간 연장에 관하여는 「전자장치 부착 등에 관한 법률 시행령」 제18조의2제3항을 준용한다.(2020.8.5 본항개정)

제37조【보호관찰 대상자의 신고 의무】 ① 법 제63조제1항에서 "대통령령으로 정하는 사항"이란 다음 각 호의 사항을 말한다.
1. 주소 및 연락처
2. 직업 관계
3. 가족 관계
② 법 제63조제2항에서 "대통령령으로 정하는 사항"이란 다음 각 호의 사항을 말한다.
1. 주거
2. 직업
3. 생활계획
4. 그 밖에 보호관찰 대상자에 대한 지도 · 감독에 필요한 사항
③ 보호관찰 대상자로부터 법 제63조제1항에 따른 신고를 받은 교도소 · 소년교도소 · 구치소 · 군교도소 또는 치료감호시설의 장은 신고서 사본을 보호관찰 대상자가 출소하기 5일 전까지 보호관찰 대상자의 주거지를 관할하는 보호관찰소의 장에게 송부하여야 한다.

제38조【보호관찰의 종료】 ① 법 제64조에 따른 보호관찰 심사위원회는 직권으로 또는 보호관찰소의 장의 신청에 따라 보호관찰의 종료를 결정할 수 있다.
② 제1항에서 규정한 사항 외에 보호관찰 종료의 신청, 심사 및 결정에 관하여는 「전자장치 부착 등에 관한 법률 시행령」 제16조제1항 및 제17조제1항 · 제2항 · 제4항을 준용한다. 이 경우 "부착명령의 임시해제"는 "보호관찰의 종료"로 본다.(2022.8.9 후단개정)

제39조【민감정보 및 고유식별정보의 처리】 ① 법 제57조제1항 각 호 및 같은 조 제2항에 따른 중앙행정기관의 장(제33조에 따라 그 권한을 위임받은 자를 포함한다), 시 · 도지사, 시장 · 군수 · 구청장 또는 교육감(해당 권한이 위임 · 위탁된 경우에는 그 권한을 위임 · 위탁받은 자를 포함한다)은 다음 각 호의 사무를 수행하기 위하여 불가피한 경우 「개인정보 보호법 시행령」 제18조제2호에 따른 범죄경력자료에 해당하는 정보(이하 이 조에서 "범죄경력정보"라 한다), 같은 영 제19조제1호, 제2호 또는 제4호에 따른 주민등록번호, 여권번호 또는 외국인등록번호(이하 이 조에서 "주민등록번호등"이라 한다)가 포함된 자료를 처리할 수 있다.(2020.12.29 본문개정)
1. 법 제57조제1항부터 제4항까지의 규정에 따른 점검 · 확인에 관한 사무(2020.12.29 본호개정)
2. 법 제57조제6항에 따른 점검 · 확인 결과 공개에 관한 사무(2020.12.29 본호개정)
3. 법 제58조에 따른 해임 요구, 아동 · 청소년 관련기관 등의 폐쇄 요구 및 등록 · 허가 등의 취소 요구에 관한 사무(2020.12.29 본호개정)
4. 법 제67조에 따른 과태료 부과 · 징수에 관한 사무(주민등록번호등으로 한정한다)
② 법무부장관은 다음 각 호의 사무를 수행하기 위하여 불가피한 경우 범죄경력정보 및 주민등록번호등이 포함된 자료를 처리할 수 있다.
1. 법 제51조제2항 및 제3항에 따른 고지명령 집행을 위한 송부에 관한 사무
2. 법 제52조제2항에 따른 공개명령 집행을 위한 송부에 관한 사무
3. 법 제63조제1항에 따른 보호관찰 대상자의 신고에 관한 사무(2017.3.27 본호신설)
③ 여성가족부장관(제22조에 따라 여성가족부장관의 게시판 게시업무를 위임받은 읍 · 면사무소의 장 또는 동 주민센터의 장을 포함한다)은 다음 각 호의 사항에 관한 사무를 수행하기 위해 불가피한 경우 범죄경력정보 및 주민등록번호등이 포함된 자료를 처리할 수 있다.
(2023.9.26 본문개정)
1. 법 제51조에 따른 고지명령의 집행
2. 법 제52조에 따른 공개명령의 집행
3. 법 제59조에 따른 포상금의 지급
4. 제13조제1항에 따른 가해아동 · 청소년에 대한 교육과정등의 이수 결과보고서 통지(제12조제2항제3호에 따라 여성가족부장관이 추천한 시설에서 집행한 경우만 해당한다)
5. 제19조에 따른 공개정보 전용 웹사이트의 운영 · 관리(2020.12.29 본항개정)
④ (2020.12.29 삭제)
⑤ 검사는 다음 각 호의 사무를 수행하기 위하여 불가피한 경우 주민등록번호등이 포함된 자료를 처리할 수 있다.
1. (2020.11.17 삭제)
2. 법 제41조에 따른 피해아동 · 청소년 등을 위한 조치 청구에 관한 사무
3. 법 제43조제1항에 따른 보호처분의 변경 및 종결 청구에 관한 사무
4. 법 제44조제5항에 따른 가해아동 · 청소년에 대한 교육과정등 이수명령 발령에 관한 사무
5.~6. (2020.11.17 삭제)
7. 제13조제1항에 따른 가해아동 · 청소년에 대한 교육과정등의 이수 결과보고서 통지 수리에 관한 사무
8. 제13조제2항에 따른 가해아동 · 청소년에 대한 이수명령의 취소에 관한 사무
⑥ 아동 · 청소년 관련기관등의 설치 또는 설립 인가 · 신고를 관할하는 지방자치단체의 장, 교육감과 아동 · 청소년 관련기관등의 장 및 경찰관서의 장은 법 제56조제4항, 제5항 및 제8항에 따른 성범죄 경력 조회 및 회신에 관한 사무를 수행하기 위하여 불가피한 경우 범죄경력정보 및 주민등록번호등이 포함된 자료를 처리할 수 있다.(2023.9.26 본항개정)
⑦ 제12조제2항제1호 및 제2호에 따라 교육과정등을 집행한 자는 제13조제1항에 따른 가해아동 · 청소년에 대한 교육과정등의 이수 결과보고서 통지에 관한 사무를 수행하기 위하여 불가피한 경우 주민등록번호등이 포함된 자료를 처리할 수 있다.

제40조【과태료의 부과기준】 법 제67조에 따른 과태료의 부과기준은 별표4와 같다.

부 칙

제1조【시행일】 이 영은 2013년 6월 19일부터 시행한다.
제2조【보호관찰 대상자의 신고사항에 관한 적용례】 제37조제2항의 개정규정은 이 영 시행 전에 출소한 자로서 이 영 시행 이후 법 제63조제2항에 따른 신고를 하는 자에 대해서도 적용한다.
제3조【과태료에 관한 경과조치】 이 영 시행 전의 행위에 대하여 과태료의 부과기준을 적용할 때에는 종전의 규정에 따른다.

부 칙 (2020.8.5)

제1조【시행일】 이 영은 2020년 8월 5일부터 시행한다.
(이하 생략)

부 칙 (2020.11.17)

이 영은 2020년 11월 20일부터 시행한다. 다만, 제3조부터 제5조까지, 제14조, 제33조제7항, 제39조제1항 및 별표1의 개정규정은 공포한 날부터 시행한다.

부 칙 (2020.12.29)

이 영은 2021년 1월 1일부터 시행한다. 다만, 제2조부터 제5조까지, 별표1 및 별표4 제2호의 개정규정은 공포한 날부터 시행한다.

부 칙 (2020.12.31)

제1조【시행일】 이 영은 2021년 1월 1일부터 시행한다.
(이하 생략)

부 칙 (2021.1.5)

제1조【시행일】 이 영은 공포한 날부터 시행한다.
제2조【지정 또는 위탁 요건에 관한 일반적 적용례】 이 영은 이 영 시행 이후 이 영에 의하여 개정되는 법령에 따른 지정 또는 위탁을 하기 위하여 그 지정 또는 위탁의 절차를 시작하는 경우부터 적용한다.

부 칙 (2021.4.20)

제1조【시행일】 이 영은 2021년 4월 21일부터 시행한다.(이하 생략)

부 칙 (2021.6.8)

제1조【시행일】 이 영은 2021년 6월 9일부터 시행한다.
(이하 생략)

부 칙 (2021.9.24)

이 영은 2021년 9월 24일부터 시행한다.

부 칙 (2022.8.9)

이 영은 공포한 날부터 시행한다.

부 칙 (2023.9.26)

이 영은 2023년 10월 12일부터 시행한다.

〔별표〕 ➡ 「法典 別冊」 참조

학교폭력예방 및 대책에 관한 법률(약칭 : 학교폭력예방법)

(2008년 3월 14일 전부개정법률 제8887호)

개정
2009. 5. 8법 9642호
2010. 1.18법 9932호(정부조직)
2011. 5.19법10642호 2012. 1.26법11223호
2012. 3.21법11388호
2013. 3.23법11690호(정부조직)
2013. 7.30법11948호
2014.11.19법12844호(정부조직)
2015.12.22법13576호 2016. 5.29법14162호
2017. 4.18법14762호
2017. 7.26법14839호(정부조직)
2017.11.28법15044호 2019. 8.20법16441호
2020.12.22법17668호
2020.12.22법17689호(국가자치경찰)
2021. 3.23법17954호(법률용어정비)
2023. 3.14법19234호(개인정보보호법)
2023.10.24법19741호 2024. 1. 9법19942호

제1조【목적】 이 법은 학교폭력의 예방과 대책에 필요한 사항을 규정함으로써 피해학생의 보호, 가해학생의 선도·교육 및 피해학생과 가해학생 간의 분쟁조정을 통하여 학생의 인권을 보호하고 학생을 건전한 사회구성원으로 육성함을 목적으로 한다.

제2조【정의】 이 법에서 사용하는 용어의 정의는 다음 각 호와 같다.
1. "학교폭력"이란 학교 내외에서 학생을 대상으로 발생한 상해, 폭행, 감금, 협박, 약취·유인, 명예훼손·모욕, 공갈, 강요·강제적인 심부름 및 성폭력, 따돌림, 사이버폭력 등에 의하여 신체·정신 또는 재산상의 피해를 수반하는 행위를 말한다.(2023.10.24 본호개정)
1의2. "따돌림"이란 학교 내외에서 2명 이상의 학생들이 특정인이나 특정집단의 학생들을 대상으로 지속적이거나 반복적으로 신체적 또는 심리적 공격을 가하여 상대방이 고통을 느끼도록 하는 모든 행위를 말한다.(2021.3.23 본호개정)
1의3. "사이버폭력"이란 정보통신망(「정보통신망 이용촉진 및 정보보호 등에 관한 법률」 제2조제1항제1호의 정보통신망을 말한다)을 이용하여 학생을 대상으로 발생한 따돌림과 그 밖에 신체·정신 또는 재산상의 피해를 수반하는 행위를 말한다.(2023.10.24 본호개정)
2. "학교"란 「초·중등교육법」 제2조에 따른 초등학교·중학교·고등학교·특수학교 및 각종학교와 같은 법 제61조에 따라 운영하는 학교를 말한다.
3. "가해학생"이란 가해자 중에서 학교폭력을 행사하거나 그 행위에 가담한 학생을 말한다.
4. "피해학생"이란 학교폭력으로 인하여 피해를 입은 학생을 말한다.
5. "장애학생"이란 신체적·정신적·지적 장애 등으로 「장애인 등에 대한 특수교육법」 제15조에서 규정하는 특수교육이 필요한 학생을 말한다.(2021.3.23 본호개정)

제3조【해석·적용의 주의의무】 이 법을 해석·적용하는 경우 국민의 권리가 부당하게 침해되지 아니하도록 주의하여야 한다.(2021.3.23 본조개정)

제4조【국가 및 지방자치단체의 책무】 ① 국가 및 지방자치단체는 학교폭력을 예방하고 근절하기 위하여 조사·연구·교육·계도 등 필요한 법적·제도적 장치를 마련하여야 한다.
② 국가 및 지방자치단체는 청소년 관련 단체 등 민간의 자율적인 학교폭력 예방활동과 피해학생의 보호 및 가해학생의 선도·교육활동을 장려하여야 한다.
③ 국가 및 지방자치단체는 제2항에 따른 청소년 관련 단체 등 민간이 건의한 사항에 대하여는 관련 시책에 반영하도록 노력하여야 한다.
④ 국가 및 지방자치단체는 제1항부터 제3항까지의 규정에 따른 책무를 다하기 위하여 필요한 행정적·재정적 지원을 하여야 한다.(2012.3.21 본항개정)

제5조【다른 법률과의 관계】 ① 학교폭력의 규제, 피해학생의 보호 및 가해학생에 대한 조치에 관하여 다른 법률에 특별한 규정이 있는 경우를 제외하고는 이 법을 적용한다.(2021.3.23 본항개정)
② 제2조제1호 중 성폭력은 다른 법률에 규정이 있는 경우에는 이 법을 적용하지 아니한다.

제6조【기본계획의 수립 등】 ① 교육부장관은 이 법의 목적을 효율적으로 달성하기 위하여 학교폭력의 예방 및 대책에 관한 정책 목표·방향을 설정하고, 이에 따른 학교폭력의 예방 및 대책에 관한 기본계획(이하 "기본계획"이라 한다)을 제7조에 따른 학교폭력대책위원회의 심의를 거쳐 수립·시행하여야 한다.(2013.3.23 본항개정)
② 기본계획은 다음 각 호의 사항을 포함하여 5년마다 수립하여야 한다. 이 경우 교육부장관은 관계 중앙행정기관 등의 의견을 수렴하여야 한다.(2013.3.23 후단개정)
1. 학교폭력의 근절을 위한 조사·연구·교육 및 계도
2. 피해학생에 대한 치료·재활 등의 지원
3. 학교폭력 관련 행정기관 및 교육기관 상호 간의 협조·지원
4. 제14조제1항에 따른 전문상담교사의 배치 및 이에 대한 행정적·재정적 지원(2012.3.21 본호신설)
5. 학교폭력의 예방과 피해학생 및 가해학생의 치료·교육을 수행하는 청소년 관련 단체(이하 "전문단체"라 한다) 또는 전문가에 대한 행정적·재정적 지원
6. 그 밖에 학교폭력의 예방 및 대책을 위하여 필요한 사항
③ 교육부장관은 학교에서 학교폭력에 효과적으로 대응할 수 있도록 학교폭력 사안처리 및 예방교육 등에 관한 안내서를 개발·보급하여야 한다.(2023.10.24 본항신설)
④ 교육부장관은 대통령령으로 정하는 바에 따라 특별시·광역시·특별자치시·도 및 특별자치도(이하 "시·도"라 한다) 교육청의 학교폭력 예방 및 대책과 그에 대한 성과를 평가하고, 이를 공표하여야 한다.(2013.3.23 본항개정)

제6조의2【학교폭력 대응 전문교육기관 및 센터 운영 등】 ① 국가는 학생 치유·회복을 위한 보호시설 운영, 연구 및 교육 등을 수행하는 전문교육기관을 설치·운영할 수 있다.
② 국가는 학교폭력의 효과적인 예방 및 대응을 위한 센터(이하 "학교폭력 예방센터"라 한다)를 지정·운영할 수 있다.
③ 제1항에 따른 전문교육기관의 설치·운영과 제2항에 따른 학교폭력 예방센터의 지정·운영에 관한 사항은 대통령령으로 정한다.
(2023.10.24 본조신설)

제7조【학교폭력대책위원회의 설치·기능】 학교폭력의 예방 및 대책에 관한 다음 각 호의 사항을 심의하기 위하여 국무총리 소속으로 학교폭력대책위원회(이하 "대책위원회"라 한다)를 둔다.(2012.3.21 본문개정)
1. 학교폭력의 예방 및 대책에 관한 기본계획의 수립 및 시행에 대한 평가
2. 학교폭력과 관련하여 관계 중앙행정기관 및 지방자치단체의 장이 요청하는 사항
3. 학교폭력과 관련하여 교육청, 제9조에 따른 학교폭력대책지역위원회, 제10조의2에 따른 학교폭력대책지역협의회, 제12조에 따른 학교폭력대책심의위원회, 전문단체 및 전문가가 요청하는 사항(2019.8.20 본호개정)
(2012.3.21 본조제목개정)

제8조【대책위원회의 구성】 ① 대책위원회는 위원장 2명을 포함하여 20명 이내의 위원으로 구성한다.
② 위원장은 국무총리와 학교폭력 대책에 관한 전문지식과 경험이 풍부한 전문가 중에서 대통령이 위촉하는 사람이 공동으로 되고, 위원장 모두가 부득이한 사유로 직무를 수행할 수 없을 때에는 국무총리가 지명한 위원이 그 직무를 대행한다.
③ 위원은 다음 각 호의 사람 중에서 대통령이 위촉하는 사람으로 한다. 다만, 제1호의 경우에는 당연직 위원으로 한다.
1. 기획재정부장관, 교육부장관, 과학기술정보통신부장관, 법무부장관, 행정안전부장관, 문화체육관광부장관, 보건복지부장관, 여성가족부장관, 방송통신위원회 위원장, 경찰청장(2017.7.26 본호개정)
2. 학교폭력 대책에 관한 전문지식과 경험이 풍부한 전문가 중에서 제1호의 위원이 각각 1명씩 추천하는 사람
3. 관계 중앙행정기관에 소속된 3급 공무원 또는 고위공무원단에 속하는 공무원으로서 청소년 또는 의료 관련 업무를 담당하는 사람
4. 대학이나 공인된 연구기관에서 조교수 이상 또는 이에 상당한 직에 있거나 있었던 사람으로서 학교폭력 문제 및 이에 따른 상담 또는 심리에 관하여 전문지식이 있는 사람
5. 판사·검사·변호사
6. 전문단체에서 청소년보호활동을 5년 이상 전문적으로 담당한 사람
7. 의사의 자격이 있는 사람
8. 학교운영위원회 활동 및 청소년보호활동 경험이 풍부한 학부모
④ 위원장을 포함한 위원의 임기는 2년으로 하되, 한 차례에 한정하여 연임할 수 있다.(2021.3.23 본항개정)
⑤ 위원회의 효율적 운영 및 지원을 위하여 간사 1명을 두되, 간사는 교육부장관이 된다.(2013.3.23 본항개정)
⑥ 위원회에 상정할 안건을 미리 검토하는 등 안건 심의를 지원하고, 위원회가 위임한 안건을 심의하기 위하여 대책위원회에 학교폭력대책실무위원회(이하 "실무위원회"라 한다)를 둔다.
⑦ 그 밖에 대책위원회의 운영과 실무위원회의 구성·운영에 필요한 사항은 대통령령으로 정한다.
(2012.3.21 본조개정)

제9조【학교폭력대책지역위원회의 설치】 ① 지역의 학교폭력 문제를 해결하기 위하여 시·도에 학교폭력대책지역위원회(이하 "지역위원회"라 한다)를 둔다.
(2012.1.26 본항개정)
② 특별시장·광역시장·특별자치시장·도지사 및 특별자치도지사는 지역위원회의 운영 및 활동에 관하여 시·도의 교육감(이하 "교육감"이라 한다)과 협의하여야 하며, 그 효율적인 운영을 위하여 실무위원회를 둘 수 있다.
(2012.1.26 본항개정)
③ 지역위원회는 위원장 1인을 포함한 11인 이내의 위원으로 구성한다.
④ 지역위원회 및 제2항에 따른 실무위원회의 구성·운영에 필요한 사항은 대통령령으로 정한다.

제10조【학교폭력대책지역위원회의 기능 등】 ① 지역위원회는 기본계획에 따라 지역의 학교폭력 예방대책을 매년 수립한다.
② 지역위원회는 해당 지역에서 발생한 학교폭력에 대하여 교육감 및 시·도경찰청장에게 관련 자료를 요청할 수 있다.(2020.12.22 본항개정)
③ 교육감은 지역위원회의 의견을 들어 제16조제1항제1호부터 제3호까지나 제17조제1항제5호에 따른 상담·치료 및 교육을 담당할 상담·치료·교육 기관을 지정하여야 한다.(2012.1.26 본항개정)
④ 교육감은 제3항에 따른 상담·치료·교육 기관을 지정한 때에는 해당 기관의 명칭, 소재지, 업무를 인터넷 홈페이지에 게시하고, 그 밖에 다양한 방법으로 학부모에게 알릴 수 있도록 노력하여야 한다.(2012.1.26 본항신설)
(2012.1.26 본조제목개정)

제10조의2【학교폭력대책지역협의회의 설치·운영】 ① 학교폭력예방 대책을 수립하고 기관별 추진계획 및 상호 협력·지원 방안 등을 협의하기 위하여 시·군·구에 학교폭력대책지역협의회(이하 "지역협의회"라 한다)를 둔다.
② 지역협의회는 위원장 1명을 포함한 20명 내외의 위원으로 구성한다.
③ 그 밖에 지역협의회의 구성·운영에 필요한 사항은 대통령령으로 정한다.
(2012.3.21 본조신설)

제11조【교육감의 임무】 ① 교육감은 시·도교육청에 학교폭력의 예방·대책 및 법률지원을 포함한 통합지원을 담당하는 전담부서를 설치·운영하여야 한다.
(2023.10.24 본항개정)
② 교육감은 관할 구역 안에서 학교폭력이 발생한 때에는 해당 학교의 장 및 관련 학교의 장에게 그 경과 및 결과의 보고를 요구할 수 있다.
③ 교육감은 관할 구역 안의 학교폭력이 관할 구역 외의 학교폭력과 관련이 있는 때에는 그 관할 교육감과 협의하여 적절한 조치를 취하여야 한다.
④ 교육감은 학교의 장으로 하여금 학교폭력의 예방 및 대책에 관한 실시계획을 수립·시행하도록 하여야 한다.
⑤ 교육감은 제12조에 따른 심의위원회가 처리한 학교의 학교폭력빈도를 학교의 장에 대한 업무수행 평가에 부정적 자료로 사용하여서는 아니 된다.(2019.8.20 본항개정)
⑥ 교육감은 제17조제1항제8호에 따른 전학의 경우 그 실현을 위하여 필요한 조치를 취하여야 하며, 제17조제1항제9호에 따른 퇴학처분의 경우 해당 학생의 건전한 성장을 위하여 다른 학교 재입학 등의 적절한 대책을 강구하여야 한다.(2012.3.21 본항개정)
⑦ 교육감은 대책위원회 및 지역위원회에 관할 구역 안의 학교폭력의 실태 및 대책에 관한 사항을 보고하고 공표하여야 한다. 관할 구역 밖의 학교폭력 관련 사항 중 관할 구역 안의 학교와 관련된 경우에도 또한 같다.
(2012.3.21 전단개정)
⑧ 교육감은 학교폭력의 실태를 파악하고 학교폭력에 대한 효율적인 예방대책을 수립하기 위하여 학교폭력 실태조사를 연 2회 이상 실시하고 그 결과를 공표하여야 한다.
(2015.12.22 본항개정)
⑨ 교육감은 학교폭력 등에 관한 조사, 상담, 치유프로그램 운영, 학생 치유·회복을 위한 보호시설 운영, 법률지원을 포함한 통합지원 등을 위한 전문기관을 설치·운영하여야 한다.(2023.10.24 본항개정)
⑩ 교육감은 제14조제3항에 따른 전담기구 구성원의 학교폭력 관련 전문성 향상을 위한 교육 등을 실시할 수 있다.(2023.10.24 본항신설)
⑪ 교육감은 관할 구역에서 학교폭력이 발생한 때에 해당 학교의 장 또는 소속 교원이 그 경과 및 결과를 보고하면서 축소 및 은폐를 시도한 경우에는 「교육공무원법」 제50조 및 「사립학교법」 제62조에 따른 징계위원회에 징계의결을 요구하여야 한다.(2021.3.23 본항개정)
⑫ 교육감은 관할 구역에서 학교폭력의 예방 및 대책 마련에 기여한 바가 큰 학교 또는 소속 교원에게 상훈을 수여하거나 소속 교원의 근무성적 평정에 가산점을 부여할 수 있다.(2012.3.21 본항신설)
⑬ 교육감은 학교의 장 및 교감을 대상으로 학교폭력 예방 및 대책 등에 관한 교육을 매년 1회 이상 실시하여야 한다.(2023.10.24 본항신설)
⑭ 제1항에 따라 설치되는 전담부서의 구성과 제8항에 따라 실시하는 학교폭력 실태조사, 제9항에 따른 전문기관의 설치 및 제13항에 따른 교육의 실시에 필요한 사항은 대통령령으로 정한다.(2023.10.24 본항개정)

제11조의2【학교폭력 조사·상담 등】 ① 교육감은 학교폭력 예방과 사후조치 등을 위하여 다음 각 호의 조사·상담 등을 수행할 수 있다.
1. 학교폭력 피해학생 상담 및 가해학생 조사
2. 필요한 경우 가해학생 학부모 조사
3. 학교폭력 예방 및 대책에 관한 계획의 이행 지도
4. 관할 구역 학교폭력서클 단속
5. 학교폭력 예방을 위하여 민간 기관 및 업소 출입·검사
6. 그 밖에 학교폭력 등과 관련하여 필요한 사항
(2021.3.23 본호개정)

② 교육감은 제1항의 조사·상담 등의 업무를 대통령령으로 정하는 기관 또는 단체에 위탁할 수 있다.
③ 교육감 및 제2항에 따른 위탁 기관 또는 단체의 장은 제1항에 따른 조사·상담 등의 업무 수행에 필요한 경우 관계 기관의 장에게 협조를 요청할 수 있다.(2021.3.23 본항개정)
④ 제1항에 따라 조사·상담 등을 하는 관계 직원은 그 권한을 표시하는 증표를 지니고 이를 관계인에게 보여주어야 한다.
⑤ 제1항제1호 및 제4호의 조사 등의 결과는 학교의 장 및 보호자에게 통보하여야 한다.
(2012.3.21 본조신설)

제11조의3【관계 기관과의 협조 등】 ① 교육부장관, 교육감, 지역 교육장, 학교의 장은 학교폭력과 관련한 개인정보 등을 경찰청장, 시·도경찰청장, 관할 경찰서장 및 관계 기관의 장에게 요청할 수 있다.(2020.12.22 본항개정)
② 제1항에 따라 정보제공을 요청받은 경찰청장, 시·도경찰청장, 관할 경찰서장 및 관계 기관의 장은 특별한 사정이 없으면 그 요청을 따라야 한다.(2021.3.23 본항개정)
③ 제1항 및 제2항에 따른 관계 기관과의 협조 사항 및 절차 등에 필요한 사항은 대통령령으로 정한다.
(2012.3.21 본조신설)

제11조의4【학교폭력 업무 담당자에 대한 지원 및 면책】 ① 학교의 장은 제14조제3항에 따른 책임교사의 활동을 지원하기 위하여 수업시간을 조정하는 등 필요한 조치를 하여야 한다.
② 교육부장관 및 교육감은 학교폭력 예방 및 대응 업무를 수행하는 교원의 활동을 지원하기 위하여 「교원의 지위 향상 및 교육활동 보호를 위한 특별법」 제14조의2에 따른 법률지원단을 통하여 학교폭력과 관련된 상담 및 민사소송이나 형사 고소·고발 등을 당한 경우 이에 대한 상담 등 필요한 법률서비스를 제공할 수 있다.
③ 학교의 장 및 교원이 학교폭력 예방 및 대응을 위하여 「초·중등교육법」 등 관계 법령에 따라 학생생활지도를 실시하는 경우 해당 학생생활지도가 관계 법령 및 학칙을 준수하여 이루어진 정당한 학교폭력사건 처리 또는 학생생활지도에 해당하는 때에는 학교의 장 및 교원은 그로 인한 민사상·형사상 책임을 지지 아니한다.
(2023.10.24 본조신설)

제12조【학교폭력대책심의위원회의 설치·기능】 ① 학교폭력의 예방 및 대책에 관련된 사항을 심의하기 위하여 「지방교육자치에 관한 법률」 제34조 및 「제주특별자치도 설치 및 국제자유도시 조성을 위한 특별법」 제80조에 따른 교육지원청(교육지원청이 없는 경우 해당 시·도 조례로 정하는 기관으로 한다. 이하 같다)에 학교폭력대책심의위원회(이하 "심의위원회"라 한다)를 둔다. 다만, 심의위원회 구성에 있어 대통령령으로 정하는 사유가 있는 경우에는 교육감 보고를 거쳐 둘 이상의 교육지원청이 공동으로 심의위원회를 구성할 수 있다.(2019.8.20 본항개정)
② 심의위원회는 학교폭력의 예방 및 대책 등을 위하여 다음 각 호의 사항을 심의한다.(2019.8.20 본문개정)
1. 학교폭력의 예방 및 대책(2019.8.20 본호개정)
2. 피해학생의 보호
3. 가해학생에 대한 교육, 선도 및 징계(2019.8.20 본호개정)
4. 피해학생과 가해학생 간의 분쟁조정
5. 그 밖에 대통령령으로 정하는 사항
③ 심의위원회는 해당 지역에서 발생한 학교폭력에 대하여 조사할 수 있고 학교장 및 관할 경찰서장에게 관련 자료를 요청할 수 있다.(2019.8.20 본항개정)
④ 심의위원회의 설치·기능 등에 필요한 사항은 지역 및 교육지원청의 규모 등을 고려하여 대통령령으로 정한다.(2019.8.20 본항개정)
(2019.8.20 본조제목개정)

제13조【심의위원회의 구성·운영】 ① 심의위원회는 10명 이상 50명 이내의 위원으로 구성하되, 전체위원의 3분의 1 이상을 해당 교육지원청 관할 구역 내 학교(고등학교를 포함한다)에 소속된 학생의 학부모로 위촉하여야 한다.(2019.8.20 본항개정)
② 심의위원회의 위원장은 다음 각 호의 어느 하나에 해당하는 경우에 회의를 소집하여야 한다.(2019.8.20 본문개정)
1. 심의위원회 재적위원 4분의 1 이상이 요청하는 경우(2019.8.20 본호개정)
2. 학교의 장이 요청하는 경우
3. 피해학생 또는 그 보호자가 요청하는 경우
4. 학교폭력이 발생한 사실을 신고받거나 보고받은 경우
5. 가해학생이 협박 또는 보복한 사실을 신고받거나 보고받은 경우(2012.3.21 본호신설)
6. 그 밖에 위원장이 필요하다고 인정하는 경우
(2011.5.19 본항신설)
③ 심의위원회는 회의의 일시, 장소, 출석위원, 토의내용 및 의결사항 등이 기록된 회의록을 작성·보존하여야 한다.(2019.8.20 본항개정)
④ 제2항에 따라 회의가 소집되는 경우 교육장(교육지원청이 없는 경우 해당 시·도 조례로 정하는 기관의 장)은 가해학생·피해학생 및 그 보호자에게 다음 각 호의 사항을 통지하여야 한다.
1. 회의 일시·장소와 안건
2. 조치 요청사항 등 회의 결과
(2024.1.9 본항신설)
⑤ 심의위원회는 심의 과정에서 소아청소년과 의사, 정신건강의학과 의사, 심리학자, 그 밖의 아동심리와 관련된 전문가를 출석하게 하거나 서면 등의 방법으로 의견을 청취할 수 있고, 피해학생이 상담·치료 등을 받은 경우 해당 전문가 또는 전문의 등으로부터 의견을 청취할 수 있다. 다만, 심의위원회는 피해학생 또는 그 보호자의 의사를 확인하여 피해학생 또는 그 보호자의 요청이 있는 경우에는 반드시 의견을 청취하여야 한다.(2020.12.22 본항신설)
⑥ 그 밖에 심의위원회의 구성·운영에 필요한 사항은 대통령령으로 정한다.(2019.8.20 본항개정)
(2019.8.20 본조제목개정)

제13조의2【학교의 장의 자체해결】 ① 제13조제2항제4호 및 제5호에도 불구하고 다음 각 호에 모두 해당하는 경미한 학교폭력에 대하여 피해학생 및 그 보호자가 심의위원회의 개최를 원하지 아니하는 경우 학교의 장은 학교폭력사건을 자체적으로 해결할 수 있다. 이 경우 학교의 장은 지체 없이 이를 심의위원회에 보고하여야 한다.(2023.10.24 전단개정)
1. 2주 이상의 신체적·정신적 치료가 필요한 진단서를 발급받지 않은 경우(2021.3.23 본호개정)
2. 재산상 피해가 없는 경우 또는 재산상 피해가 즉각 복구되거나 복구 약속이 있는 경우(2023.10.24 본호개정)
3. 학교폭력이 지속적이지 않은 경우
4. 학교폭력에 대한 신고, 진술, 자료제공 등에 대한 보복행위(정보통신망을 이용한 행위를 포함한다)가 아닌 경우(2023.10.24 본호개정)
② 학교의 장은 제1항에 따라 사건을 해결하려는 경우 다음 각 호에 해당하는 절차를 모두 거쳐야 한다.
1. 피해학생과 그 보호자의 심의위원회 개최 요구 의사의 서면 확인
2. 학교폭력의 경중에 대한 제14조제3항에 따른 전담기구의 서면 확인 및 심의
③ 학교의 장은 제1항에 따른 경미한 학교폭력에 대하여 피해학생 및 그 보호자가 심의위원회의 개최를 원하는 경우 피해학생과 가해학생 사이의 관계회복을 위한 프로그램(이하 "관계회복 프로그램"이라 한다)을 권유할 수 있다.(2023.10.24 본항신설)
④ 국가 및 지방자치단체는 관계회복 프로그램의 개발·보급 및 운영을 위하여 필요한 경우 행정적·재정적 지원을 할 수 있다.(2023.10.24 본항신설)
⑤ 그 밖에 학교의 장이 학교폭력을 자체적으로 해결하는 데에 필요한 사항은 대통령령으로 정한다.
(2019.8.20 본조신설)

제14조【전문상담교사 배치 및 전담기구 구성】 ① 학교의 장은 학교에 대통령령으로 정하는 바에 따라 상담실을 설치하고, 「초·중등교육법」 제19조의2에 따라 전문상담교사를 둔다.
② 전문상담교사는 학교의 장 및 심의위원회의 요구가 있는 때에는 학교폭력에 관련된 피해학생 및 가해학생과의 상담결과를 보고하여야 한다.(2019.8.20 본항개정)
③ 학교의 장은 교감, 전문상담교사, 보건교사 및 책임교사(학교폭력문제를 담당하는 교사를 말한다), 학부모 등으로 학교폭력문제를 담당하는 전담기구(이하 "전담기구"라 한다)를 구성한다. 이 경우 학부모는 전담기구 구성원의 3분의 1 이상이어야 한다.(2019.8.20 본항개정)
④ 학교의 장은 학교폭력 사태를 인지한 경우 지체 없이 전담기구 또는 소속 교원으로 하여금 가해 및 피해 사실 여부를 확인하도록 하고, 전담기구로 하여금 제13조의2에 따른 학교의 장의 자체해결 부의 여부를 심의하도록 한다.(2019.8.20 본항신설)
⑤ 전담기구는 학교폭력에 대한 실태조사(이하 "실태조사"라 한다)와 학교폭력 예방 프로그램을 구성·실시하며, 학교의 장 및 심의위원회의 요구가 있는 때에는 학교폭력에 관련된 조사결과 등 활동결과를 보고하여야 한다.(2019.8.20 본항개정)
⑥ 피해학생 또는 피해학생의 보호자는 피해사실 확인을 위하여 전담기구에 실태조사를 요구할 수 있다.
(2012.3.21 본항개정)
⑦ 국가 및 지방자치단체는 실태조사에 관한 예산을 지원하고, 관계 행정기관은 실태조사에 협조하여야 하며, 학교의 장은 전담기구에 행정적·재정적 지원을 할 수 있다.(2012.3.21 본항개정)
⑧ 전담기구는 성폭력 등 특수한 학교폭력사건에 대한 실태조사의 전문성을 확보하기 위하여 필요한 경우 전문기관에 그 실태조사를 의뢰할 수 있다. 이 경우 그 의뢰는 심의위원회 위원장의 심의를 거쳐 학교의 장 명의로 하여야 한다.(2019.8.20 후단개정)
⑨ 그 밖에 전담기구 운영 등에 필요한 사항은 대통령령으로 정한다.(2012.3.21 본항개정)

제15조【학교폭력 예방교육 등】 ① 학교의 장은 학생의 육체적·정신적 보호와 학교폭력의 예방을 위한 학생들에 대한 교육(학교폭력의 개념·실태 및 대처방안 등을 포함하여야 한다)을 학기별로 1회 이상 실시하여야 한다.
(2012.1.26 본항개정)
② 학교의 장은 학교폭력의 예방 및 대책 등을 위한 교직원 및 학부모에 대한 교육을 학기별로 1회 이상 실시하여야 한다.(2012.3.21 본항개정)
③ 학교의 장은 학교폭력을 예방하기 위하여 교사·학생·학부모 등 학교구성원이 학교폭력에 대한 책임을 인식하고 실천할 수 있도록 필요한 사항을 정하여 운영할 수 있다.(2023.10.24 본항신설)
④ 학교의 장은 제1항에 따른 학교폭력 예방교육 프로그램의 구성 및 그 운용 등을 전담기구와 협의하여 전문단체 또는 전문가에게 위탁할 수 있다.
⑤ 교육장은 제1항, 제2항 및 제4항에 따른 학교폭력 예방교육 프로그램의 구성과 운용계획을 학부모가 쉽게 확인할 수 있도록 휴대전화를 이용한 문자메시지 전송, 인터넷 홈페이지 게시 및 그 밖에 다양한 방법으로 학부모에게 홍보하여 참여가 활성화될 수 있도록 노력하여야 한다.(2023.10.24 본항개정)
⑥ 교육부장관은 학교폭력 예방 및 대책 등에 관한 홍보영상을 제작하여 「방송법」 제2조제3호에 따른 방송사업자에게 배포하고 송출을 요청할 수 있다.(2023.10.24 본항신설)
⑦ 그 밖에 학교폭력 예방교육의 실시와 관련한 사항은 대통령령으로 정한다.
(2011.5.19 본조제목개정)

제16조【피해학생의 보호】 ① 심의위원회는 피해학생의 보호를 위하여 필요하다고 인정하는 때에는 피해학생에 대하여 다음 각 호의 어느 하나에 해당하는 조치(수개의 조치를 동시에 부과하는 경우를 포함한다)를 할 것을 교육장(교육장이 없는 경우 제12조제1항에 따라 조례로 정한 기관의 장으로 한다. 이하 같다)에게 요청할 수 있다. 다만, 학교의 장은 학교폭력사건을 인지한 경우 피해학생의 반대의사 등 대통령령으로 정하는 특별한 사정이 없으면 지체 없이 가해자(교사를 포함한다)와 피해학생을 분리하여야 하며, 피해학생이 긴급보호를 요청하는 경우에는 제1호부터 제3호까지 및 제6호의 조치를 할 수 있다. 이 경우 학교의 장은 심의위원회에 즉시 보고하여야 한다.(2023.10.24 단서개정)
1. 학내외 전문가에 의한 심리상담 및 조언(2017.4.18 본호개정)
2. 일시보호
3. 치료 및 치료를 위한 요양(2012.3.21 본호개정)
4. 학급교체
5. (2012.3.21 삭제)
6. 그 밖에 피해학생의 보호를 위하여 필요한 조치
② 심의위원회는 제1항에 따른 조치를 요청하기 전에 피해학생 및 그 보호자에게 의견진술의 기회를 부여하는 등 적정한 절차를 거쳐야 한다.(2019.8.20 본항개정)
③ 제1항에 따른 요청이 있는 때에는 교육장은 피해학생의 보호자의 동의를 받아 7일 이내에 해당 조치를 하여야 한다.(2019.8.20 본항개정)
④ 제1항의 조치 등 보호가 필요한 학생에 대하여 학교의 장이 인정하는 경우 그 조치에 필요한 결석을 출석일수에 포함하여 계산할 수 있다.(2021.3.23 본항개정)
⑤ 학교의 장은 성적 등을 평가하는 경우 제3항에 따른 조치로 인하여 학생에게 불이익을 주지 아니하도록 노력하여야 한다.(2021.3.23 본항개정)
⑥ 피해학생이 전문단체나 전문가로부터 제1항제1호부터 제3호까지의 규정에 따른 상담 등을 받는 데에 사용되는 비용은 가해학생의 보호자가 부담하여야 한다. 다만, 피해학생의 신속한 치료를 위하여 학교의 장 또는 피해학생의 보호자가 원하는 경우에는 「학교안전사고 예방 및 보상에 관한 법률」 제15조에 따른 학교안전공제회 또는 시·도교육청이 부담하고 이에 대한 상환청구권을 행사할 수 있다.(2021.3.23 단서개정)
1.～2. (2012.3.21 삭제)
⑦ 학교의 장 또는 피해학생의 보호자는 필요한 경우 「학교안전사고 예방 및 보상에 관한 법률」 제34조의 공제급여를 학교안전공제회에 직접 청구할 수 있다.
(2012.1.26 본항신설)
⑧ 피해학생의 보호 및 제6항에 따른 지원범위, 상환청구범위, 지급절차 등에 필요한 사항은 대통령령으로 정한다.(2021.3.23 본항개정)

제16조의2【장애학생의 보호】 ① 누구든지 장애 등을 이유로 장애학생에게 학교폭력을 행사하여서는 아니 된다.
② 심의위원회는 피해학생 또는 가해학생이 장애학생인 경우 심의과정에 「장애인 등에 대한 특수교육법」 제2조제4호에 따른 특수교육교원 등 특수교육 전문가 또는 장애인 전문가를 출석하게 하거나 서면 등의 방법으로 의견을 청취할 수 있다.(2020.12.22 본항개정)
③ 심의위원회는 학교폭력으로 피해를 입은 장애학생의 보호를 위하여 장애인전문 상담가의 상담 또는 장애인전문 치료기관의 요양 조치를 학교의 장에게 요청할 수 있다.
(2019.8.20 본항개정)
④ 제3항에 따른 요청이 있는 때에는 학교의 장은 해당 조치를 하여야 한다. 이 경우 제16조제6항을 준용한다.
(2020.12.22 전단개정)
(2009.5.8 본조신설)

제16조의3【피해학생 지원 조력인】 ① 교육감 또는 교육장은 피해학생 지원을 위하여 피해학생이 필요로 하는 법률, 상담, 보호 등을 위한 서비스 및 지원기관을 연계하는 조력인(이하 "피해학생 지원 조력인"이라 한다)을 지정할 수 있다.

② 교육감 또는 교육장은 피해학생 지원 조력인의 운영을 위한 행정적·재정적 지원을 하여야 한다.
③ 피해학생 지원 조력인의 지정 및 운영에 관한 사항은 대통령령으로 정한다.
(2023.10.24 본조신설)
제16조의4【사이버폭력의 피해자 지원】 ① 국가는 사이버폭력에 해당하는 촬영물, 음성물, 복제물, 편집물, 개인정보, 허위사실 등(이하 이 조에서 "촬영물등"이라 한다)이 정보통신망에 유포되어 피해(촬영물등의 대상자가 되어 입은 피해를 말한다)를 입은 학생에 대하여 촬영물등의 삭제를 위한 지원을 할 수 있다.
② 제1항에 따른 피해학생, 그 보호자 또는 피해학생이나 보호자가 지정하는 대리인은 국가에 촬영물등의 삭제를 위한 지원을 요청할 수 있다. 이 경우 피해학생이나 그 보호자가 지정하는 대리인은 대통령령으로 정하는 요건을 갖추어 삭제지원을 요청하여야 한다.
③ 제1항에 따른 촬영물등 삭제지원에 소요되는 비용은 사이버폭력의 가해학생 또는 그 보호자가 부담한다.
④ 국가가 제1항에 따라 촬영물등 삭제지원에 소요되는 비용을 지출한 경우 사이버폭력의 가해학생 또는 그 보호자에게 상환청구권을 행사할 수 있다.
⑤ 제1항 및 제2항에 따른 촬영물등 삭제지원의 내용·방법, 제4항에 따른 상환청구권 행사의 절차·방법 등에 필요한 사항은 대통령령으로 정한다.
(2023.10.24 본조신설)
제17조【가해학생에 대한 조치】 ① 심의위원회는 피해학생의 보호와 가해학생의 선도·교육을 위하여 가해학생에 대하여 다음 각 호의 어느 하나에 해당하는 조치(수 개의 조치를 동시에 부과하는 경우를 포함한다)를 할 것을 교육장에게 요청하여야 하며, 각 조치별 적용 기준은 대통령령으로 정한다. 다만, 퇴학처분은 의무교육과정에 있는 가해학생에 대하여는 적용하지 아니한다.(2021.3.23 본문개정)
1. 피해학생에 대한 서면사과
2. 피해학생 및 신고·고발 학생에 대한 접촉, 협박 및 보복행위(정보통신망을 이용한 행위를 포함한다)의 금지(2023.10.24 본호개정)
3. 학교에서의 봉사(2012.1.26 본호개정)
4. 사회봉사(2012.1.26 본호개정)
5. 학내외 전문가, 교육감이 정한 기관에 의한 특별 교육이수 또는 심리치료(2023.10.24 본호개정)
6. 출석정지(2012.3.21 본호개정)
7. 학급교체(2012.1.26 본호개정)
8. 전학(2012.1.26 본호개정)
9. 퇴학처분
② 제1항에 따라 심의위원회가 교육장에게 가해학생에 대한 조치를 요청할 때 그 이유가 피해학생이나 신고·고발 학생에 대한 협박 또는 보복행위(정보통신망을 이용한 행위를 포함한다)일 경우에는 같은 항 제6호부터 제9호까지의 조치를 동시에 부과하거나 조치 내용을 가중할 수 있다.(2023.10.24 본항개정)
③ 제1항제2호부터 제4호까지 및 제6호부터 제8호까지의 처분을 받은 가해학생은 교육감이 정한 기관(대안교육기관을 포함한다)에서 특별교육을 이수하거나 심리치료를 받아야 하며, 그 기간은 심의위원회에서 정한다.
(2023.10.24 본항개정)
④ 학교의 장은 학교폭력을 인지한 경우 지체 없이 제1항제2호의 조치를 하여야 한다.(2023.10.24 본항신설)
⑤ 학교의 장은 피해학생의 보호와 가해학생의 선도·교육이 긴급하다고 인정할 경우 우선 제1항제1호, 제3호, 제5호부터 제7호까지의 조치를 각각 또는 동시에 부과할 수 있다. 이 경우 심의위원회에 즉시 보고하여 추인을 받아야 한다.(2023.10.24 전단개정)
⑥ 학교의 장은 피해학생 및 그 보호자가 요청할 경우 전담기구 심의를 거쳐 제1항제6호 또는 제7호의 조치를 할 수 있다. 이 경우 심의위원회에 즉시 보고하여 추인을 받아야 한다.(2023.10.24 본항신설)
⑦ 제5항 및 제6항에 따라 학교의 장이 부과하는 제1항제6호 조치의 기간은 심의위원회 조치결정시까지로 정할 수 있다.(2023.10.24 본항신설)
⑧ 심의위원회는 제1항 또는 제2항에 따른 조치를 요청하기 전에 가해학생 및 보호자에게 의견진술의 기회를 부여하는 등 적정한 절차를 거쳐야 한다.(2019.8.20 본항개정)
⑨ 제1항에 따른 요청이 있는 때에는 교육장은 14일 이내에 해당 조치를 하여야 한다.(2019.8.20 본항개정)
⑩ 학교의 장이 제4항부터 제6항까지에 따른 조치를 한 때에는 가해학생과 그 보호자에게 이를 통지하여야 하며, 가해학생이 이를 거부하거나 회피하는 때에는 학교의 장은 「초·중등교육법」 제18조에 따라 징계하여야 한다.
(2023.10.24 본항개정)
⑪ 제1항제2호의 처분을 받은 가해학생의 보호자는 가해학생이 해당 조치를 적절히 이행할 수 있도록 노력하여야 한다.(2023.10.24 본항신설)
⑫ 가해학생이 제1항제3호부터 제5호까지의 규정에 따른 조치를 받은 경우 이와 관련된 결석은 학교의 장이 인정하는 때에는 이를 출석일수에 포함하여 계산할 수 있다.
(2021.3.23 본항개정)
⑬ 심의위원회는 가해학생이 특별교육을 이수할 경우 해당 학생의 보호자도 함께 교육을 받게 하여야 하며, 피해학생이 장애학생일 경우 장애인식개선 교육내용을 포함하여야 한다.(2023.10.24 본항개정)
⑭ 가해학생이 다른 학교로 전학을 간 이후에는 전학 전의 피해학생 소속 학교로 다시 전학을 수 없도록 하여야 한다.(2012.1.26 본항신설)
⑮ 제1항제2호부터 제9호까지의 처분을 받은 학생이 해당 조치를 거부하거나 기피하는 경우 심의위원회는 제7항에도 불구하고 대통령령으로 정하는 바에 따라 추가로 다른 조치를 할 것을 교육장에게 요청할 수 있다.
(2019.8.20 본항개정)
⑯ 피해학생 및 그 보호자는 제9항, 제10항 및 제15항에 따른 조치 또는 징계가 지연되거나 이행되지 아니할 경우 교육감에게 신고할 수 있으며, 신고하는 경우 교육감은 지체 없이 사실 여부를 확인하기 위하여 대통령령으로 정하는 바에 따라 교육장 또는 학교의 장을 조사하여야 한다.(2024.1.9 본항신설)
⑰ 가해학생에 대한 조치 및 제11조제6항에 따른 재입학 등에 관하여 필요한 사항은 대통령령으로 정한다.
(2012.3.21 본항신설)
제17조의2【행정심판】 ① 교육장이 제16조제1항 및 제17조제1항에 따라 내린 조치에 대하여 이의가 있는 피해학생 또는 그 보호자는 「행정심판법」에 따른 행정심판을 청구할 수 있다.
② 교육장이 제17조제1항에 따라 내린 조치에 대하여 이의가 있는 가해학생 또는 그 보호자는 「행정심판법」에 따른 행정심판을 청구할 수 있다.
③ 행정심판위원회는 피해학생 또는 그 보호자 및 피·가해학생의 소속 학교에 제2항에 따른 행정심판의 청구 사실을 통지하고 「행정심판법」 제20조에 따른 심판참가에 관한 사항을 문서로 안내하여야 한다.(2023.10.24 본항신설)
④ 제1항 및 제2항에 따른 행정심판청구에 필요한 사항은 「행정심판법」을 준용한다.
⑤~⑥ (2019.8.20 삭제)
(2019.8.20 본조개정)
제17조의3【행정소송】 ① 교육장이 제16조제1항 및 제17조제1항에 따라 내린 조치에 대하여 이의가 있는 피해학생 또는 그 보호자는 「행정소송법」에 따른 행정소송을 제기할 수 있다.
② 교육장이 제17조제1항에 따라 내린 조치에 대하여 이의가 있는 가해학생 또는 그 보호자는 「행정소송법」에 따른 행정소송을 제기할 수 있다.
③ 교육장은 피·가해학생 또는 그 보호자 및 피·가해학생의 소속 학교에 제1항 및 제2항에 따른 행정소송의 제기 사실을 통지하고 「행정소송법」 제16조에 따른 소송참가에 관한 사항을 문서로 안내하여야 한다.
④ 제1항 및 제2항에 따른 행정소송 제기에 필요한 사항은 「행정소송법」을 준용한다.
(2023.10.24 본조신설)
제17조의4【집행정지】 ① 행정심판위원회 및 법원이 제17조제1항에 따른 조치에 대하여 「행정심판법」 제30조 또는 「행정소송법」 제23조에 따른 집행정지 결정을 하려는 경우에는 피해학생 또는 그 보호자의 의견을 청취하여야 한다. 다만, 피해학생 또는 그 보호자가 의견진술의 기회를 포기한다는 뜻을 명백히 표시한 경우 등에는 의견청취를 아니할 수 있다.
② 교육감 또는 교육장은 행정심판위원회 또는 법원으로부터 집행정지 신청 사실 및 그 결과를 통보받은 경우 피해학생 또는 그 보호자 및 피·가해학생의 소속 학교에 그 사실 및 결과를 통지하여야 한다.
③ 제17조제1항에 따른 조치에 대한 집행정지 신청이 인용된 경우, 피해학생 및 그 보호자는 학교의 장에게 가해학생과의 분리를 요청할 수 있고, 학교의 장은 전담기구 심의를 거쳐 가해학생과 피해학생을 분리하여야 한다.
④ 제1항에 따른 의견청취의 절차, 방법, 예외 등에 필요한 사항은 「행정심판법」 제30조에 따른 집행정지의 경우에는 대통령령으로 정하고, 「행정소송법」 제23조에 따른 집행정지의 경우에는 대법원규칙으로 정한다.
(2023.10.24 본조신설)
제17조의5【재판기간에 관한 규정】 교육장이 제17조제1항에 따라 내린 조치에 대하여 이의가 있는 가해학생 또는 그 보호자가 「행정소송법」에 따른 행정소송을 제기한 경우 그 행정소송 사건의 재판은 다른 재판에 우선하여 신속히 하여야 하며, 그 판결의 선고는 제1심에서는 소가 제기된 날부터 90일 이내에, 제2심 및 제3심에서는 전심의 판결의 선고가 있은 날부터 각각 60일 이내에 하여야 한다.(2023.10.24 본조신설)
제18조【분쟁조정】 ① 심의위원회는 학교폭력과 관련하여 분쟁이 있는 경우에는 그 분쟁을 조정할 수 있다.
(2019.8.20 본항개정)
② 제1항에 따른 분쟁의 조정기간은 1개월을 넘지 못한다.
③ 학교폭력과 관련한 분쟁조정에는 다음 각 호의 사항을 포함한다.
1. 피해학생과 가해학생간 또는 그 보호자 간의 손해배상에 관련된 합의조정
2. 그 밖에 심의위원회가 필요하다고 인정하는 사항
(2019.8.20 본호개정)
④ 심의위원회는 분쟁조정을 위하여 필요하다고 인정하는 때에는 관계 기관의 협조를 얻어 학교폭력과 관련한 사항을 조사할 수 있다.(2019.8.20 본항개정)
⑤ 심의위원회가 분쟁조정을 하고자 할 때에는 이를 피해학생·가해학생 및 그 보호자에게 통보하여야 한다.
(2019.8.20 본항개정)
⑥ 시·도교육청 관할 구역 안의 소속 교육지원청이 다른 학생 간에 분쟁이 있는 경우에는 교육감이 직접 분쟁을 조정한다. 이 경우 제2항부터 제5항까지의 규정을 준용한다.(2019.8.20 전단개정)
⑦ 관할 구역을 달리하는 시·도교육청 소속 학교의 학생 간에 분쟁이 있는 경우에는 피해학생을 감독하는 교육감이 가해학생을 감독하는 교육감과의 협의를 거쳐 직접 분쟁을 조정한다. 이 경우 제2항부터 제5항까지의 규정을 준용한다.(2019.8.20 전단개정)
제19조【학교의 장의 의무】 ① 학교의 장은 제16조, 제16조의2, 제17조에 따른 조치의 이행에 협조하여야 한다.
② 학교의 장은 학교폭력을 축소 또는 은폐해서는 아니된다.
③ 학교의 장은 교육감에게 학교폭력이 발생한 사실과 제13조의2에 따라 학교의 장의 자체해결로 처리된 사건, 제16조, 제16조의2, 제17조 및 제18조에 따른 조치 및 그 결과를 보고하고, 관계 기관과 협력하여 교내 학교폭력 단체의 결성예방 및 해체에 노력하여야 한다.
④ 학교의 장은 학교폭력 예방을 위하여 필요한 경우 해당 학교의 학교폭력 현황을 조사하는 등 학교폭력 조기발견 및 대처를 위하여 노력하여야 한다.(2023.10.24 본항신설)
(2019.8.20 본조개정)
제20조【학교폭력의 신고의무】 ① 학교폭력 현장을 보거나 그 사실을 알게 된 자는 학교 등 관계 기관에 이를 즉시 신고하여야 한다.
② 제1항에 따라 신고를 받은 기관은 이를 가해학생 및 피해학생의 보호자와 소속 학교의 장에게 통보하여야 한다.(2009.5.8 본항개정)
③ 제2항에 따라 통보받은 소속 학교의 장은 이를 심의위원회에 지체 없이 통보하여야 한다.(2019.8.20 본항개정)
④ 누구라도 학교폭력의 예비·음모 등을 알게 된 자는 이를 학교의 장 또는 심의위원회에 고발할 수 있다. 다만, 교원이 이를 알게 되었을 경우에는 학교의 장에게 보고하고 해당 학부모에게 알려야 한다.(2019.8.20 본문개정)
⑤ 누구든지 제1항부터 제4항까지에 따라 학교폭력을 신고한 사람에게 그 신고행위를 이유로 불이익을 주어서는 아니 된다.(2012.3.21 본항신설)
제20조의2【긴급전화의 설치 등】 ① 국가 및 지방자치단체는 학교폭력을 수시로 신고받고 이에 대한 상담에 응할 수 있도록 긴급전화를 설치하여야 한다.
② 국가와 지방자치단체는 제1항에 따른 긴급전화의 설치·운영을 대통령령으로 정하는 기관 또는 단체에 위탁할 수 있다.(2012.1.26 본항신설)
③ 제1항과 제2항에 따른 긴급전화의 설치·운영·위탁에 필요한 사항은 대통령령으로 정한다.(2012.1.26 본항개정)
(2009.5.8 본조신설)
제20조의3 (2023.10.24 삭제)
제20조의4【정보통신망의 이용 등】 ① 국가·지방자치단체 또는 교육감은 학교폭력 예방 업무 등을 효과적으로 수행하기 위하여 필요한 경우 정보통신망을 이용할 수 있다.
② 국가·지방자치단체 또는 교육감은 제1항에 따라 정보통신망을 이용하여 학교 또는 학생(학부모를 포함한다)이 학교폭력 예방 업무 등을 수행하는 경우 다음 각 호의 어느 하나에 해당하는 비용의 전부 또는 일부를 지원할 수 있다.
1. 학교 또는 학생(학부모를 포함한다)이 전기통신설비를 구입하거나 이용하는 데 소요되는 비용
2. 학교 또는 학생(학부모를 포함한다)에게 부과되는 전기통신역무 요금
③ 그 밖에 정보통신망의 이용 등에 관하여 필요한 사항은 대통령령으로 정한다.
(2012.3.21 본조신설)
제20조의5【학생보호인력의 배치 등】 ① 국가·지방자치단체 또는 학교의 장은 학교폭력을 예방하기 위하여 학교 내에 학생보호인력을 배치하여 활용할 수 있다.
② 다음 각 호의 어느 하나에 해당하는 사람은 학생보호인력이 될 수 없다.
1. 「국가공무원법」 제33조 각 호의 어느 하나에 해당하는 사람
2. 「아동·청소년의 성보호에 관한 법률」에 따른 아동·청소년대상 성범죄 또는 「성폭력범죄의 처벌 등에 관한 특례법」에 따른 성폭력범죄를 저질러 벌금형을 선고받고 그 형이 확정된 날부터 10년이 지나지 아니하였거나, 금고 이상의 형이나 치료감호를 선고받고 그 집행이 끝나거나 집행이 유예·면제된 날부터 10년이 지나지 아니한 사람(2021.3.23 본호개정)
3. 「청소년 보호법」 제2조제5호가목3) 및 같은 목 7)부터 9)까지의 청소년 출입·고용금지업소의 업주나 종사자
(2013.7.30 본항신설)
③ 국가·지방자치단체 또는 학교의 장은 제1항에 따른 학생보호인력의 배치 및 활용 업무를 관련 전문기관 또는 단체에 위탁할 수 있다.
④ 제3항에 따라 학생보호인력의 배치 및 활용 업무를 위탁받은 전문기관 또는 단체는 그 업무를 수행하는 경우 학교의 장과 충분히 협의하여야 한다.(2021.3.23 본항개정)

⑤ 국가·지방자치단체 또는 학교의 장은 학생보호인력으로 배치하고자 하는 사람의 동의를 받아 경찰청장에게 그 사람의 범죄경력을 조회할 수 있다.(2013.7.30 본항신설)
⑥ 제3항에 따라 학생보호인력의 배치 및 활용 업무를 위탁받은 전문기관 또는 단체는 해당 업무를 위탁한 국가·지방자치단체 또는 학교의 장에게 학생보호인력으로 배치하고자 하는 사람의 범죄경력을 조회할 것을 신청할 수 있다.(2013.7.30 본항신설)
⑦ 학생보호인력이 되려는 사람은 국가·지방자치단체 또는 학교의 장에게 제2항 각 호의 어느 하나에 해당하지 아니한다는 확인서를 제출하여야 한다.(2013.7.30 본항신설)
(2012.3.21 본조신설)

제20조의6【학교전담경찰관】 ① 국가는 학교폭력 예방 및 근절을 위하여 학교폭력 업무 등을 전담하는 경찰관을 둘 수 있다.
② 제1항에 따른 학교전담경찰관의 운영에 필요한 사항은 대통령령으로 정한다.
(2017.11.28 본조신설)

제20조의7【영상정보처리기기의 통합 관제】 ① 국가 및 지방자치단체는 학교폭력 예방 업무를 효과적으로 수행하기 위하여 교육감과 협의하여 학교 내외에 설치된 영상정보처리기기(「개인정보 보호법」 제2조제7호에 따른 고정형 영상정보처리기기를 말한다. 이하 이 조에서 같다)를 통합하여 관제할 수 있다. 이 경우 국가 및 지방자치단체는 통합 관제 목적에 필요한 범위에서 최소한의 개인정보만을 처리하여야 하며, 그 목적 외의 용도로 활용하여서는 아니 된다.(2023.3.14 본항개정)
② 제1항에 따라 영상정보처리기기를 통합 관제하려는 국가 및 지방자치단체는 공청회·설명회의 개최 등 대통령령으로 정하는 절차를 거쳐 관계 전문가 및 이해관계인의 의견을 수렴하여야 한다.
③ 제1항에 따라 학교 내외에 설치된 영상정보처리기기가 통합 관제되는 경우 해당 학교의 영상정보처리기기운영자는 「개인정보 보호법」 제25조제4항에 따른 조치를 통하여 그 사실을 정보주체에게 알려야 한다.
④ 통합 관제에 관하여 이 법에서 규정한 것을 제외하고는 「개인정보 보호법」을 적용한다.
⑤ 그 밖에 영상정보처리기기의 통합 관제에 필요한 사항은 대통령령으로 정한다.
(2012.3.21 본조신설)

제21조【비밀누설금지 등】 ① 이 법에 따라 학교폭력의 예방 및 대책과 관련된 업무를 수행하거나 수행하였던 사람은 그 직무로 인하여 알게 된 비밀 또는 가해학생·피해학생 및 제20조에 따른 신고자·고발자와 관련된 자료를 누설하여서는 아니 된다.(2021.3.23 본항개정)
② 제1항에 따른 비밀의 구체적인 범위는 대통령령으로 정한다.
③ 제16조, 제16조의2, 제17조, 제17조의2, 제18조에 따른 심의위원회의 회의는 공개하지 아니한다. 다만, 피해학생·가해학생 또는 그 보호자가 회의록의 열람·복사 등 회의록 공개를 신청한 때에는 학생과 그 가족의 성명, 주민등록번호 및 주소, 위원의 성명 등 개인정보에 관한 사항을 제외하고 공개하여야 한다.(2019.8.20 본문개정)

제21조의2【「지방교육자치에 관한 법률」에 관한 특례】 교육장은 「지방교육자치에 관한 법률」 제35조에도 불구하고 이 법에 따른 고등학교에서의 학교폭력 피해학생 보호, 가해학생 선도·교육 및 피해학생과 가해학생 간의 분쟁조정 등에 관한 사무를 위임받아 수행할 수 있다.
(2019.8.20 본조신설)

제22조【벌칙】 제21조제1항을 위반한 자는 1년 이하의 징역 또는 1천만원 이하의 벌금에 처한다.(2017.11.28 본조개정)

제23조【과태료】 ① 제17조제13항에 따른 심의위원회의 교육 이수 조치를 따르지 아니한 보호자에게는 300만원 이하의 과태료를 부과한다.(2023.10.24 본항개정)
② 제1항에 따른 과태료는 대통령령으로 정하는 바에 따라 교육감이 부과·징수한다.
(2017.11.28 본조신설)

부 칙 (2012.1.26)

제1조【시행일】 이 법은 2012년 5월 1일부터 시행한다. 다만, 제17조제5항의 개정규정은 공포한 날부터 시행하고, 제2조, 제13조제2항, 제15조제1항 및 제4항, 제16조, 제17조(제5항은 제외한다), 제20조제4항의 개정규정은 2012년 4월 1일부터 시행한다.(2012.3.21 본조개정)

제2조【재심청구에 관한 적용례】 제17조제1항제8호의 개정규정에 대한 재심청구는 이 법 시행 후 최초로 전학조치를 받은 학생부터 적용한다.

부 칙 (2012.3.21)

제1조【시행일】 이 법은 2012년 5월 1일부터 시행한다. 다만, 제2조, 제4조제4항, 제13조제2항, 제15조제2항, 제16조, 제16조의2, 제17조, 제20조제5항, 제20조의3의 개정규정 및 법률 제11223호 학교폭력예방 및 대책에 관한 법률 일부개정법률 부칙 제1조의 개정규정은 2012년 4월 1일부터 시행한다.

제2조【학교안전공제회 등의 비용부담 및 구상권 행사에 관한 적용례】 제16조제6항의 개정규정은 학교폭력으로 피해를 받아 같은 개정규정 시행 당시 치료 등을 받고 있는 사람부터 적용한다.

부 칙 (2013.7.30)

제1조【시행일】 이 법은 공포 후 6개월이 경과한 날부터 시행한다.

제2조【학생보호인력에 대한 적용례】 제20조의5제2항 및 제5항부터 제7항까지의 개정규정은 이 법 시행 후 최초로 배치하는 학생보호인력부터 적용한다.

부 칙 (2019.8.20)

제1조【시행일】 이 법은 2020년 3월 1일부터 시행한다. 다만, 제13조의2의 개정규정은 2019년 9월 1일부터 시행한다.

제2조【자치위원회 이관에 따른 특례】 ① 2020년 3월 1일 전에 제13조의2의 개정규정을 적용하는 경우 "심의위원회"는 "자치위원회"로 본다.
② 이 법 시행 전에 자치위원회를 구성하는 경우 대통령령으로 정하는 바에 따라 전체위원의 3분의 1 이상을 학부모전체회의에서 직접 선출된 학부모대표로 위촉할 수 있다.

제3조【자치위원회 심의사항에 대한 경과조치】 이 법 시행 당시 자치위원회에서 심의 중인 사항은 제12조의 개정규정에도 불구하고 종전의 규정에 따라 자치위원회에서 심의한다. 이 경우 학부모위원은 학생의 졸업에도 불구하고 학부모위원 자격을 유지한다.

제4조【재심청구에 관한 경과조치】 ① 제17조의2의 개정규정에도 불구하고 이 법 시행 전에 학교의 장으로부터 제16조제1항 각 호 및 제17조제1항 각 호의 조치를 받은 경우에는 종전의 규정에 따라 재심을 청구할 수 있다.
② 이 법 시행 당시 종전의 제17조의2에 따라 재심이 진행 중인 사람에 대하여는 종전의 규정을 적용한다.

부 칙 (2020.12.22 법17668호)

제1조【시행일】 이 법은 공포 후 6개월이 경과한 날부터 시행한다.

제2조【아동심리와 관련된 전문가 등의 출석 또는 의견 청취에 관한 적용례】 제13조제4항의 개정규정은 이 법 시행 후 발생한 학교폭력사건을 심의하는 경우부터 적용한다.

제3조【학교의 장의 분리 조치에 관한 적용례】 제16조제1항의 개정규정은 이 법 시행 후 학교의 장이 학교폭력사건을 인지한 경우부터 적용한다.

부 칙 (2020.12.22 법17689호)

제1조【시행일】 이 법은 2021년 1월 1일부터 시행한다. (이하 생략)

부 칙 (2021.3.23)

이 법은 공포한 날부터 시행한다.(이하 생략)

부 칙 (2023.3.14)

제1조【시행일】 이 법은 공포 후 6개월이 경과한 날부터 시행한다.(이하 생략)

부 칙 (2023.10.24)

제1조【시행일】 이 법은 2024년 3월 1일부터 시행한다.

제2조【교원의 면책에 관한 적용례】 제11조의4제3항의 개정규정은 이 법 시행 이후 학교폭력사건 처리와 관련하여 민사소송이나 형사 고소·고발 등을 당한 경우부터 적용한다.

제3조【학교의 장 자체해결에 관한 적용례】 제13조의2 제1항, 제3항 및 제4항의 개정규정은 이 법 시행 이후 신고된 학교폭력의 경우부터 적용한다.

제4조【가해학생에 대한 조치의 적용례】 제17조의 개정규정은 이 법 시행 이후 신고된 학교폭력의 경우부터 적용한다.

제5조【피해학생의 분리 요청에 관한 적용례】 제17조제6항의 개정규정은 이 법 시행 이후 발생하는 학교폭력에 대하여 피해학생이 분리를 요청하는 경우부터 적용한다.

제6조【피해학생의 진술권 보장 등에 관한 적용례】 제17조의2제3항, 제17조의3제3항 및 제17조의4의 개정규정은 이 법 시행 이후 가해학생 또는 그 보호자가 제17조제1항에 따라 내린 조치에 대하여 이의를 제기하여 「행정심판법」에 따른 행정심판 청구 및 집행정지 신청을 하거나 「행정소송법」에 따른 행정소송 제기 및 집행정지 신청을 하는 경우부터 적용한다.

부 칙 (2024.1.9)

이 법은 2024년 3월 1일부터 시행한다.

도서관법

(2021년 12월 7일
전부개정법률 제18547호)

개정
2022. 1.18법18763호
2023. 8. 8법19592호(법률용어정비)

제1장 총 칙

제1조【목적】 이 법은 도서관 지식정보에 관한 국민의 알 권리 보장과 국가 및 지방자치단체의 책임 등을 정하고 도서관의 운영과 서비스, 사회적 역할에 관한 기본적 사항을 규정함으로써 국가 및 사회의 문화발전에 기여함을 목적으로 한다.

제2조【기본이념】 이 법은 도서관이 국민의 정보기본권 신장과 사회의 문화발전에 기여하여 지식문화 선진국을 창조하는 데 중요한 기반시설 중의 하나임을 인식하고, 도서관의 가치가 사회전반에 확산될 수 있도록 국가 및 지방자치단체가 그 역할을 다하며, 국민의 자유롭고 평등한 접근과 이용을 위하여 도서관의 공공성과 공익성을 보장하는 것을 기본이념으로 한다.

제3조【정의】 이 법에서 사용하는 용어의 뜻은 다음과 같다.
1. "도서관"이란 국민에게 필요한 도서관자료를 수집·정리·보존·제공함으로써 정보이용·교양습득·학습활동·조사연구·평생학습·독서문화진흥 등에 기여하는 시설을 말한다.
2. "도서관자료"란 인쇄자료, 필사자료, 시청각자료, 마이크로형태자료, 전자자료, 그 밖에 장애인을 위한 특수자료 등 지식정보자원 전달을 목적으로 정보가 축적된 모든 자료(온라인 자료를 포함한다)로서 도서관이 수집·정리·보존하는 자료를 말한다.
3. "도서관서비스"란 도서관이 도서관자료와 시설을 활용하여 공중에게 제공하거나 지원하는 대출·열람·참고서비스, 각종 시설과 정보기기의 이용서비스, 자료입수 및 정보해득력 강화를 위한 이용지도교육, 독서활동 지원 등 모든 유·무형 서비스를 말한다.
(2023.8.8 본호개정)
4. "사서"란 제43조제2항에 따른 자격요건을 갖추고 도서관 또는 제9조에 해당하는 시설에서 근무하는 사람을 말한다.
5. "납본"이란 도서관자료를 발행하거나 제작한 자가 일정 부수를 법령으로 정하는 기관에 의무적으로 제출하는 것을 말한다.
6. "온라인 자료"란 정보통신망(「정보통신망 이용촉진 및 정보보호 등에 관한 법률」 제2조제1항제1호의 정보통신망을 말한다. 이하 같다)을 통하여 공중송신(「저작권법」 제2조제7호의 공중송신을 말한다. 이하 같다)되는 자료를 말한다.
7. "온라인 자료 제공자"란 온라인 자료를 정보통신망을 통하여 공중송신하는 자를 말한다.
8. "기술적 보호조치"란 「저작권법」에 따라 보호되는 저작권 등의 권리에 대한 침해행위를 효과적으로 방지 또는 억제하기 위하여 그 권리자나 권리자의 동의를 얻은 자가 적용하는 기술적 조치를 말한다.

제4조【도서관의 구분】 ① 도서관은 그 설립·운영 주체에 따라 다음 각 호와 같이 구분한다.
1. 국립 도서관 : 국가가 설립·운영하는 도서관
2. 공립 도서관 : 지방자치단체 및 「지방교육자치에 관한 법률」 제32조에 따라 교육감이 설립·운영하는 도서관
3. 사립 도서관 : 「민법」, 「상법」, 그 밖의 법률에 따라 설립된 법인·단체 또는 개인이 설립·운영하는 도서관

② 도서관은 그 설립목적 및 대상에 따라 다음 각 호와 같이 구분한다.
1. 공공도서관 : 공중의 정보이용·독서활동·문화활동 및 평생학습을 주된 목적으로 하는 도서관을 말하며, 다음 각 목의 시설을 포함한다.
   가. 주민의 참여와 자치를 기반으로 지역사회의 생활친화적 도서관문화의 향상을 주된 목적으로 하는 작은도서관
   나. 어린이, 장애인, 노인, 다문화가족 등에게 도서관서비스를 제공하는 것을 주된 목적으로 하는 도서관
2. 대학도서관 : 「고등교육법」 제2조 각 호에 따른 학교 및 다른 법률의 규정에 따라 설립된 대학교육과정 이상의 교육기관에서 교원과 학생 및 직원에게 도서관서비스를 제공하는 것을 주된 목적으로 하는 도서관
3. 학교도서관 : 「초·중등교육법」 제2조 각 호에 따른 학교에서 교원과 학생 및 직원에게 도서관서비스를 제공하는 것을 주된 목적으로 하는 도서관
4. 전문도서관 : 법인·단체 또는 개인이 소관 업무와 관련하여 소속 직원, 공중에게 특정 분야의 전문적인 도서관서비스를 제공하는 것을 주된 목적으로 하는 도서관
5. 특수도서관 : 특수한 환경에 처한 사람에게 도서관서비스를 제공하는 시설로서, 다음 각 목의 도서관을 말한다.

가. 의료기관에 입원 중인 사람이나 그 보호자 등에게 도서관서비스를 제공하는 것을 주된 목적으로 하는 병원도서관
나. 육군·해군·공군 등 각급 부대의 장병에게 도서관서비스를 제공하는 것을 주된 목적으로 하는 병영도서관
다. 교도소·보호감호소·치료감호소 등에 수용된 사람에게 도서관서비스를 제공하는 것을 주된 목적으로 하는 교정시설도서관

제5조【국가 및 지방자치단체의 책무】 ① 국가 및 지방자치단체는 국민의 지식정보 접근권을 보장하고 지식정보격차를 해소하여 자유롭고 평등하게 지식정보에 접근·이용할 수 있도록 도서관 발전을 지원하여야 하며 이에 필요한 시책을 강구하여야 한다.
② 국가 및 지방자치단체는 지식정보 및 창조기반의 역할수행을 위하여 사서 등 전문인력 양성에 필요한 시책을 강구하여야 한다.

제6조【지식정보격차 해소 지원】 ① 국가 및 지방자치단체는 장애인 등 대통령령으로 정하는 지식정보 취약계층(이하 "지식정보 취약계층"이라 한다)의 지식정보 접근권 보장 및 지식정보격차 해소를 위하여 다음 각 호의 시책을 수립·시행하여야 한다.
1. 도서관자료의 확충·제공 및 공동 활용체계의 구축에 관한 사항
2. 도서관 편의시설의 확충과 전문인력의 양성에 관한 사항
3. 그 밖에 지식정보 접근권 보장 및 지식정보격차 해소를 위한 사항
② 국가 및 지방자치단체는 지식정보 취약계층의 지식정보 접근권 보장 및 지식정보격차 해소를 위하여 도서관이 추진하는 사업에 필요한 재원의 전부 또는 일부를 지원할 수 있다.
③ 국가 및 지방자치단체는 지식정보 취약계층이 도서관자료를 이용하는 경우 「저작권법」 제31조제5항에 따라 저작재산권자에게 지급하여야 하는 보상금에 대하여 예산의 범위에서 그 전부 또는 일부를 보조할 수 있다.
④ 국가 및 지방자치단체는 장애인의 도서관 시설과 서비스 이용에 필요한 「장애인차별금지 및 권리구제 등에 관한 법률」에 따른 정당한 편의 제공을 위한 비용의 전부 또는 일부를 보조할 수 있다.

제7조【도서관의 책무】 ① 도서관은 국민에게 필요한 도서관자료를 수집·정리·보존·제공하고 정보이용·교양습득·학습활동·조사연구·평생학습·독서문화 진흥 등에 기여하여야 한다.
② 도서관은 국민이 신체적·지역적·경제적·사회적 여건과 관계없이 공평한 도서관서비스를 제공받는 데 필요한 모든 조치를 하여야 한다.(2023.8.8 본항개정)
③ 도서관은 지식정보 취약계층의 지식정보 접근권 보장 및 지식정보격차 해소를 위하여 다음 각 호의 조치를 하여야 한다.
1. 도서관자료의 확충, 제공 및 공동 활용체제 구축
2. 평생학습 및 문화 프로그램의 확충·제공
3. 편의시설 확충, 이용편의 제공 및 전문인력 배치
4. 다른 도서관 및 관련 단체와의 협력
5. 그 밖에 지식정보 접근권 보장 및 지식정보격차 해소를 위하여 필요한 사항

제8조【도서관의 협력 등】 ① 도서관은 도서관자료의 관리 및 이용 등에 관한 업무의 효율성을 높이고 도서관자료의 공동이용을 활성화하기 위하여 다른 도서관과 협력하여야 한다.
② 도서관은 공중에게 다양한 서비스를 제공하기 위하여 박물관·미술관·문화원·문학관·학습관 등 각종 문화·교육시설, 행정기관, 관련 단체 및 지역사회와 협력하여야 한다.
③ 대학도서관·학교도서관·전문도서관 등은 그 설립목적의 수행에 지장이 없는 범위에서 공중이 이용할 수 있도록 시설 및 도서관자료를 제공할 수 있다.

제9조【적용범위】 이 법은 정보관·정보원·정보센터·자료센터·자료실·지식센터 및 이와 유사한 명칭과 기능이 있는 시설 중 대통령령으로 정하는 시설에 대하여도 적용한다.

제10조【다른 법률과의 관계】 도서관에 관하여는 다른 법률에 특별한 규정이 있는 경우를 제외하고는 이 법에서 정하는 바에 따른다.

제2장 도서관발전종합계획의 수립 등

제11조【국가도서관위원회의 설치】 ① 도서관정책에 관한 주요 사항을 수립·심의·조정하기 위하여 대통령 소속으로 국가도서관위원회를 둔다.
② 국가도서관위원회는 다음 각 호의 사항을 수립·심의·조정한다.
1. 제14조에 따른 도서관발전종합계획의 수립·시행 등에 관한 사항
2. 도서관 관련 제도 및 운영체계 개선에 관한 사항
3. 도서관 운영평가에 관한 사항
4. 도서관 및 도서관자료의 접근·이용 격차 해소에 관한 사항
5. 도서관 전문인력 양성에 관한 사항
6. 그 밖에 도서관정책을 위하여 대통령령으로 정하는 사항
③ 국가도서관위원회의 사무를 지원하기 위하여 국가도서관위원회에 사무기구를 두고, 제2항에 따른 기능을 수행하기 위하여 문화체육관광부에 기획단을 둔다.
④ 위원장은 사무기구의 업무수행을 위하여 필요한 경우에는 관계 중앙행정기관의 공무원 또는 관련 단체의 임직원의 파견을 요청할 수 있다. 이 경우 요청을 받은 기관의 장은 특별한 사유가 없으면 이에 따라야 한다.
⑤ 국가도서관위원회의 사무기구 및 기획단의 설치·운영 등에 필요한 사항은 대통령령으로 정한다.

제12조【국가도서관위원회의 구성】 ① 국가도서관위원회는 위원장 1명과 부위원장 1명을 포함한 30명 이내의 위원으로 구성한다.
② 위원장은 도서관과 국민의 지식정보 증진에 관한 전문지식과 경험이 풍부한 사람 중에서 대통령이 위촉하고, 부위원장은 문화체육관광부장관이 된다.
③ 위원은 다음 각 호의 사람이 된다.
1. 대통령령으로 정하는 관계 중앙행정기관의 장
2. 도서관 또는 국민의 지식정보 증진에 관한 전문지식과 경험이 풍부한 사람 중 위원장이 위촉하는 사람
④ 위원장은 회의를 소집·주재한다.
⑤ 위원장은 필요한 경우에 부위원장으로 하여금 직무를 대행하게 할 수 있다.
⑥ 위원장 및 제3항제2호에 따른 위원의 임기는 2년으로 하되, 한 차례만 연임할 수 있다.
⑦ 위원이 사고로 직무를 수행할 수 없거나 궐위된 때에는 지체 없이 새로운 위원을 위촉하여야 한다. 이 경우 보임된 위원의 임기는 전임위원의 잔여기간으로 한다.
⑧ 그 밖에 국가도서관위원회의 운영에 필요한 사항은 대통령령으로 정한다.

제13조【위원의 해촉】 국가도서관위원회 위원장은 제12조제3항제2호의 위원이 다음 각 호의 어느 하나에 해당하는 경우에는 해당 위원을 해촉(解囑)할 수 있다.
1. 심신장애로 인하여 직무를 수행할 수 없게 된 경우
2. 직무와 관련된 비위사실이 있는 경우
3. 직무태만, 품위손상, 그 밖의 사유로 인하여 위원으로 적합하지 아니하다고 인정되는 경우
4. 위원 스스로 직무를 수행하는 것이 곤란하다고 의사를 밝히는 경우

제14조【도서관발전종합계획의 수립】 ① 국가도서관위원회 위원장은 도서관 발전을 위하여 5년마다 도서관발전종합계획(이하 "종합계획"이라 한다)을 수립하여야 한다.
② 종합계획에는 다음 각 호의 사항이 포함되어야 한다.
1. 도서관정책의 기본방향에 관한 사항
2. 도서관정책의 추진목표와 방법에 관한 다음 각 목의 사항
가. 도서관의 역할강화 및 환경개선에 관한 사항
나. 지식정보 취약계층에 대한 도서관서비스 증진에 관한 사항
다. 도서관의 협력체계 활성화에 관한 사항
라. 그 밖에 도서관정책의 주요 시책에 관한 사항
3. 주요 추진과제 및 관계 중앙행정기관 등의 협조에 관한 사항
4. 도서관의 감염병 등에 대한 안전·위생·방역 관리에 관한 사항(2022.1.18 본호신설)

제15조【연도별 시행계획의 수립 등】 ① 관계 중앙행정기관의 장과 특별시장·광역시장·특별자치시장·도지사 및 특별자치도지사(이하 "시·도지사"라 한다)는 종합계획에 기초하여 매년 연도별 시행계획(이하 "시행계획"이라 한다)을 수립·추진하여야 한다. 이 경우 시·도지사는 필요하다고 인정하는 경우 해당 지역의 교육감과 협의할 수 있다.
② 관계 중앙행정기관의 장과 시·도지사는 해당 연도의 시행계획 및 전년도 추진실적을 대통령령으로 정하는 바에 따라 매년 국가도서관위원회 위원장에게 제출하여야 한다.
③ 국가도서관위원회 위원장은 제2항에 따라 제출받은 추진실적을 종합하여 평가하여야 한다.
④ 그 밖에 시행계획의 수립·시행 및 추진실적의 평가 등에 필요한 사항은 대통령령으로 정한다.

제16조【재원의 조달】 ① 국가 및 지방자치단체는 종합계획 및 시행계획의 추진을 위하여 필요한 재원을 확보하여야 한다.
② 도서관발전을 위하여 필요한 재원의 전부 또는 일부를 「문화예술진흥법」 제16조에 따른 문화예술진흥기금에서 출연 또는 보조할 수 있다.

제17조【광역도서관위원회의 설치 등】 ① 특별시·광역시·특별자치시·도 및 특별자치도(이하 "시·도"라 한다)는 관할지역 내에 있는 도서관(이하 "지역도서관"이라 한다)의 균형발전과 지식정보 접근권 보장 및 지식정보격차 해소에 관한 주요 사항을 심의하기 위하여 광역도서관위원회를 둔다.
② 광역도서관위원회는 다음 각 호의 사항을 심의한다.
1. 지역도서관의 균형발전에 관한 사항
2. 지역도서관의 지식정보 접근권 보장 및 지식정보격차 해소에 관한 사항
3. 그 밖에 지역도서관 정책을 위하여 광역도서관위원회에서 필요하다고 인정하는 사항
③ 광역도서관위원회는 위원장 1명과 부위원장 1명을 포함한 15명 이내의 위원으로 구성한다.
④ 위원장은 부시장·부지사(해당 시·도에 부시장 또는 부지사가 2명 이상인 경우에는 해당 시·도지사가 지명하는 사람을 말한다)가 되고, 부위원장은 제25조에 따른 광역대표도서관의 장이 되며, 위원은 도서관에 관한 전문지식과 경험이 풍부한 사람 중 위원장이 위촉하는 사람이 된다.(2023.8.8 본항개정)
⑤ 위원장은 회의를 소집·주재한다.
⑥ 위원장은 필요한 경우에 부위원장으로 하여금 직무를 대행하게 할 수 있다.
⑦ 그 밖에 광역도서관위원회의 운영에 필요한 사항은 해당 지방자치단체의 조례로 정한다.

제18조【도서관 관련 단체의 설립】 ① 문화체육관광부장관은 도서관 상호 간의 도서관자료 교환, 업무협력과 운영·관리에 관한 연구, 관련 국제단체와의 상호협력, 도서관서비스 진흥 및 도서관의 발전, 직원의 자질향상과 공동이익의 증진을 위하여 필요한 경우에 도서관 관련 단체의 법인 설립을 허가할 수 있다.
② 국가 및 지방자치단체는 제1항에 따른 관련 단체의 운영에 필요한 경비를 보조할 수 있다.
③ 제1항에 따른 관련 단체에 관하여 이 법에 규정된 것을 제외하고는 「민법」 중 비영리법인의 규정을 준용한다.

제3장 국립중앙도서관 및 국립장애인도서관

제19조【국립중앙도서관의 설치 등】 ① 국가를 대표하는 도서관으로 문화체육관광부장관 소속으로 국립중앙도서관을 둔다.
② 국립중앙도서관은 국가를 대표하는 도서관으로서 효율적인 업무처리 및 지역 간 도서관의 균형발전을 위하여 필요한 경우에 지역별·분야별 분관을 둘 수 있다.
③ 그 밖에 국립중앙도서관의 조직 및 운영 등에 필요한 사항은 대통령령으로 정한다.

제20조【업무】 ① 국립중앙도서관은 다음 각 호의 업무를 수행한다.
1. 종합계획에 따른 관련 시책의 시행
2. 국내외 도서관자료의 수집·제공·보존관리
3. 국가 서지(書誌) 작성 및 표준화
4. 정보화를 통한 국가문헌정보체계 구축
5. 도서관 직원의 교육훈련 등 국내 도서관에 대한 지도·지원 및 협력
6. 외국 도서관과의 교류 및 협력
7. 도서관 발전을 위한 조사 및 연구
8. 「독서문화진흥법」에 따른 독서 진흥 활동을 위한 지원 및 협력
9. 그 밖에 국가를 대표하는 도서관으로서 기능을 수행하는 데 필요한 업무
② 제1항에 따른 업무수행에 필요한 사항은 대통령령으로 정한다.
③ 제1항제7호의 업무수행을 위하여 국립중앙도서관에 자료보존연구센터를 둔다.
④ 제3항에 따른 자료보존연구센터의 설립·운영 및 업무에 관한여는 대통령령으로 정한다.
⑤ 국립중앙도서관은 그 업무를 효율적으로 수행하기 위하여 국회도서관 등과 협력하여야 한다.

제21조【도서관자료의 납본】 ① 누구든지 도서관자료(온라인 자료는 제외한다. 다만, 온라인 자료 중 제23조에 따라 국제표준자료번호를 부여받은 온라인 자료는 포함한다. 이하 이 조에서 같다)를 발행 또는 제작한 경우 그 발행일 또는 제작일부터 30일 이내에 그 도서관자료를 국립중앙도서관에 납본하여야 한다. 수정증보판인 경우에도 또한 같다.(2023.8.8 전단개정)
② 국가, 지방자치단체 및 그 밖에 대통령령으로 정하는 공공기관이 제1항에 따라 도서관자료를 국립중앙도서관에 납본하는 경우에는 대통령령으로 정하는 바에 따라 디지털파일 형태로도 납본하여야 한다.
③ 국립중앙도서관은 제1항 및 제2항에 따라 도서관자료를 납본한 자에게 지체 없이 납본 증명서를 발급하여야 하며 납본한 도서관자료의 전부 또는 일부가 판매용인 경우에는 그 도서관자료에 대하여 정당한 보상을 하여야 한다.
④ 납본 대상 도서관 자료의 선정·종류·형태·부수와 납본 절차 및 보상 등에 필요한 사항은 대통령령으로 정한다.

제22조【온라인 자료의 수집】 ① 국립중앙도서관은 대한민국에서 서비스되는 온라인 자료 중에서 보존가치가 높은 온라인 자료를 선정하여 수집·보존하여야 한다.
② 국립중앙도서관은 온라인 자료가 기술적 보호조치 등에 따라 수집이 제한되는 경우 해당 온라인 자료 제공자에게 협조를 요청할 수 있다. 요청을 받은 온라인 자료 제공자는 특별한 사유가 없으면 이에 따라야 한다.
③ 수집된 온라인 자료에 본인의 개인정보가 포함된 사실을 알게 된 사람은 대통령령으로 정하는 절차에 따라 국립중앙도서관장에게 해당 정보의 정정 또는 삭제 등을 청구할 수 있다.
④ 제3항에 따른 청구에 대하여 국립중앙도서관장이 행한 처분 또는 부작위로 인하여 권리 또는 이익의 침해를 받은 사람은 「행정심판법」에서 정하는 바에 따라 행정심

판을 청구하거나 「행정소송법」에서 정하는 바에 따라 행정소송을 제기할 수 있다.
⑤ 국립중앙도서관은 제1항에 따라 수집하는 온라인 자료의 전부 또는 일부가 판매용인 경우에는 그 온라인 자료에 대하여 정당한 보상을 하여야 한다.
⑥ 수집대상 온라인 자료의 선정 · 종류 · 형태와 수집 절차 및 보상 등에 필요한 사항은 대통령령으로 정한다.
제23조【국제표준자료번호】 ① 도서 또는 연속간행물(온라인으로 발행 또는 제작되는 도서 및 연속간행물을 포함한다)을 발행 또는 제작하고자 하는 공공기관, 개인 및 단체는 그 도서 또는 연속간행물에 대하여 국립중앙도서관으로부터 국제표준자료번호(이하 "자료번호"라 한다)를 부여받아야 한다.
② 국립중앙도서관은 제1항에 따른 업무를 효율적으로 수행하기 위하여 출판 등 관련 전문기관 · 단체 등과 상호 협력하여야 한다.
③ 자료번호의 부여에 필요한 사항은 대통령령으로 정한다.
제24조【국립장애인도서관의 설치 등】 ① 지식정보 취약계층 중 장애인에 대한 도서관서비스를 지원하기 위하여 문화체육관광부장관 소속으로 국립장애인도서관을 둔다.
② 국립장애인도서관은 다음 각 호의 업무를 수행한다.
1. 장애인을 위한 도서관서비스 시책 수립 및 총괄
2. 장애인을 위한 도서관서비스 기준 및 지침의 제정
3. 장애인을 위한 도서관자료의 수집 · 정리 · 보존 · 제작 · 제작지원 및 이용서비스 제공
4. 도서관자료에 대한 장애인의 접근 보장 및 이용 편의 제공
5. 장애인을 위한 도서관자료의 표준 제정 · 평가 · 검정 및 보급 등에 관한 사항
6. 장애인을 위한 도서관자료의 공유 시스템 구축 및 공동 활용
7. 장애인을 위한 도서관서비스 및 특수설비의 연구 · 개발 및 보급
8. 장애인인 아동 · 청소년을 위한 도서관서비스의 연구 · 개발 및 보급
9. 장애인의 지식정보 이용을 위한 교육 및 문화 프로그램에 관한 사항
10. 장애인의 도서관서비스를 담당하는 전문직원 교육
11. 장애인의 도서관서비스를 위한 국내외 도서관 및 관련 단체와의 협력
12. 그 밖에 장애인에게 필요한 도서관서비스에 관한 업무
③ 국립장애인도서관은 제2항제3호의 업무를 수행하기 위하여 필요한 경우 도서관자료를 발행 또는 제작한 자에게 이를 디지털파일 형태의 도서관자료로 제출할 것을 요청할 수 있다. 이 경우 요청을 받은 자는 대통령령으로 정하는 정당한 사유가 없으면 요청받은 날부터 30일 이내에 국립장애인도서관에 디지털파일 형태의 도서관자료를 제출하여야 한다.
④ 국립장애인도서관은 제3항에 따라 디지털파일 형태의 도서관자료를 제출한 자에게 지체 없이 증명서를 발급하여야 하며, 제출한 도서관자료의 전부 또는 일부가 판매용인 경우 그 도서관자료에 대하여 정당한 보상을 하여야 한다.
⑤ 그 밖에 국립장애인도서관의 조직 및 운영, 제3항에 따른 제출, 제4항에 따른 증명서 발급 및 보상 등에 필요한 사항은 대통령령으로 정한다.

제4장　공공도서관

제1절　광역대표도서관

제25조【광역대표도서관의 설치 등】 ① 시 · 도는 관할지역의 도서관시책을 수립 · 시행하고 관련 서비스를 체계적으로 지원하기 위하여 공립 공공도서관 중에서 광역대표도서관을 지정 또는 설립하여 운영하여야 한다.
② 광역대표도서관은 관할지역의 중심도서관으로서의 업무수행에 적합한 인력, 시설, 장서 등을 갖추어야 한다.
③ 제1항에 따른 지정 · 설립 · 운영 및 제2항에 따른 인력 · 시설 · 장서 등의 기준에 필요한 사항은 대통령령으로 정한다.
제26조【광역대표도서관의 업무】 광역대표도서관은 다음 각 호의 업무를 수행한다.
1. 지역도서관 발전 및 도서관서비스 강화를 위한 시책 수립 · 시행
2. 시 · 도 단위의 종합적인 도서관자료의 수집 · 정리 · 보존 및 제공
3. 지역도서관 지원 및 협력사업 수행
4. 지역도서관 업무 및 운영개선에 관한 조사 · 연구
5. 지역도서관의 자료수집 활동 지원 및 다른 도서관으로부터 이관받은 도서관자료의 보존관리
6. 지역도서관 협력네트워크 구축 및 운영
7. 국립중앙도서관의 도서관자료 수집 활동 및 도서관 협력사업 등 지원
8. 그 밖에 광역대표도서관으로서 기능을 수행하는 데 필요한 업무
제27조【광역대표도서관의 건립비 등 보조】 ① 국가는 광역대표도서관을 설립하고자 하는 시 · 도에 대하여 그 건립비의 일부를 지원할 수 있다.
② 국가는 도서관 협력체계의 효율적 운영을 위하여 광역대표도서관을 설치한 시 · 도에 대하여 그 사업비의 일부를 보조할 수 있다.
제28조【광역대표도서관을 위한 도서관자료 제출】 ① 지방자치단체가 도서관자료를 발행 또는 제작한 경우에는 그 발행일 또는 제작일부터 30일 이내에 그 도서관자료를 관할지역 안에 있는 광역대표도서관에 제출하여야 한다. 수정증보판인 경우에도 또한 같다.
② 제출대상 도서관자료의 종류 · 부수 및 제출 절차 등에 필요한 사항은 대통령령으로 정한다.

제2절　국 · 공립 및 사립 공공도서관

제29조【공공도서관의 설치 등】 ① 국가 또는 지방자치단체는 대통령령으로 정하는 바에 따라 국 · 공립 공공도서관을 설립 · 육성하여야 한다.
② 국가 또는 지방자치단체는 제1항에 따라 공립 공공도서관을 설립할 때 생활환경이 열악하고 재정 여력이 부족한 시 · 군 · 구(자치구인 구를 말한다)에 우선적으로 설립될 수 있도록 노력하여야 한다.
③ 제1항에 따라 설립된 국 · 공립 공공도서관은 "도서관"이라는 명칭을 사용하여야 한다.
④ 지방자치단체는 공립 공공도서관을 설립 · 운영하는 경우 체계적인 시스템을 구축하여 도서관 운영의 효율성 및 편의성을 도모하여야 한다.
⑤ 누구든지 사립 공공도서관을 설립 · 운영할 수 있다.
제30조【국립 공공도서관의 설립 협의】 ① 중앙행정기관의 장은 소관 업무와 관련하여 국립 공공도서관을 설립하려면 미리 문화체육관광부장관과 협의를 하여야 한다.
② 제1항의 협의에 필요한 사항은 대통령령으로 정한다.
제31조【공립 공공도서관의 설립타당성 사전평가】 ① 지방자치단체의 장 또는 시 · 도교육감은 공립 공공도서관을 설립하려면 미리 공공도서관 설립 · 운영계획을 수립하여 문화체육관광부장관으로부터 설립타당성에 관한 사전평가를 받아야 한다.
② 제1항에 따른 사전평가의 절차, 방법 등에 필요한 사항은 대통령령으로 정한다.
제32조【공공도서관의 업무】 공공도서관은 공중의 정보이용, 문화활동, 평생학습 등의 기능을 발휘할 수 있도록 다음 각 호의 업무를 수행한다.
1. 공중을 위한 도서관자료의 수집 · 정리 · 보존 및 제공
2. 공중의 문화활동 및 평생학습에 필요한 프로그램의 제공 및 장려
3. 독서의 생활화를 위한 계획의 수립 및 실시
4. 다른 도서관과의 긴밀한 협력 및 도서관자료의 상호대차(相互貸借, 도서관 간에 도서관자료를 서로의 이용자에게 빌려주는 것을 말한다)
5. 지역 특성에 따른 분관 등의 설립 및 운영
6. 그 밖에 공공도서관으로서 기능을 수행하는 데 필요한 업무
제33조【국 · 공립 공공도서관의 운영 및 지원 등】 ① 국가 및 지방자치단체는 도서관의 설립 · 운영 및 도서관자료의 수집에 필요한 경비의 일부를 보조하는 등 국 · 공립 공공도서관의 균형발전과 효율적인 운영을 지원할 수 있다.
② 지방자치단체가 설립 · 운영하는 공립 공공도서관에 대하여는 해당 지방자치단체의 일반회계에서 그 운영비를 부담하여야 한다.
③ 「지방교육자치에 관한 법률」 제32조에 따라 교육감이 설립 · 운영하는 공립 공공도서관에 대하여는 해당 지방자치단체의 일반회계에서 그 운영비의 일부를 부담하여야 한다.
④ 국가 및 지방자치단체는 국 · 공립 공공도서관의 기능 및 서비스 활성화와 도서관문화의 발전을 위하여 도서관 상호 간의 도서관자료 및 업무 등을 협력하여야 한다.
제34조【공립 공공도서관의 관장 및 도서관운영위원회 등】 ① 공립 공공도서관의 관장은 사서직으로 임명한다.
② 공립 공공도서관은 해당 도서관의 효율적인 운영을 도모하고 각종 문화시설과 긴밀하게 협조하기 위하여 도서관운영위원회를 두어야 한다.
③ 제2항에 따른 도서관운영위원회의 구성 및 운영에 필요한 사항은 해당 지방자치단체의 조례로 정한다.
제35조【사립 공공도서관의 지원】 ① 국가는 제36조제1항에 따라 등록한 사립 공공도서관의 균형 있는 발전을 위하여 필요한 지원을 할 수 있다.
② 지방자치단체는 제36조제1항에 따라 등록한 사립 공공도서관의 효율적 운영에 필요한 경우 운영비나 그 밖에 필요한 사항을 지원할 수 있다.
③ 지방자치단체의 장은 사립 공공도서관의 조성 및 운영에 필요하다고 인정하는 경우 「공유재산 및 물품 관리법」에도 불구하고 공유재산을 무상으로 사용하게 하거나 대부할 수 있다.

제3절　공공도서관의 등록 등

제36조【등록 등】 ① 공공도서관을 설립 · 운영하려는 자(이하 "설립자"라 한다)는 그 설립 목적을 달성하기 위하여 필요한 사서와 도서관자료 및 시설을 갖추어 대통령령으로 정하는 바에 따라 국립 공공도서관은 문화체육관광부장관에게, 공립 공공도서관은 관할 시 · 도지사나 시 · 도교육감에게 등록하여야 한다. 다만, 사립 공공도서관은 관할 특별자치시장 · 특별자치도지사 · 시장 · 군수 · 구청장(구청장은 자치구의 구청장을 말하며, 이하 "시장 · 군수 · 구청장"이라 한다)에게 등록할 수 있다.
② 제1항에 따라 등록하려는 자(이하 "신청인"이라 한다)는 대통령령으로 정하는 요건을 갖추어 등록 신청을 하여야 한다. 등록한 사항을 변경(문화체육관광부령으로 정하는 경미한 사항의 변경은 제외한다)하려는 때에도 또한 같다.
③ 제1항 및 제2항에도 불구하고 다른 법령에 따라 설립 또는 설치되거나 대통령령으로 정하는 일정 규모 이하의 공공도서관의 경우에는 그러하지 아니하다.
④ 문화체육관광부장관, 시 · 도지사나 시 · 도교육감 또는 시장 · 군수 · 구청장은 제2항에 따라 등록 신청을 받은 경우 신청일부터 30일 이내에 등록심의를 거쳐 그 결과를 신청인에게 통보하고 등록증을 발급하여야 한다.
⑤ 제1항에 따라 등록한 공공도서관의 설립자가 해당 도서관을 폐관하고자 할 때에는 문화체육관광부령으로 정하는 바에 따라 문화체육관광부장관, 시 · 도지사나 시 · 도교육감 또는 시장 · 군수 · 구청장에게 신고하고, 등록증을 반납하여야 한다.
⑥ 그 밖에 등록에 필요한 사항은 대통령령으로 정한다.
제37조【공공도서관의 운영평가】 ① 문화체육관광부장관, 시 · 도지사나 시 · 도교육감 또는 시장 · 군수 · 구청장은 등록된 공공도서관의 시설과 인력 및 도서관자료 등의 운영에 관한 사항을 평가하고 그 결과를 공개할 수 있다.
② 문화체육관광부장관, 시 · 도지사나 시 · 도교육감 또는 시장 · 군수 · 구청장은 제1항의 평가 결과에 따라 우수한 공공도서관에 대해서는 예산 지원 및 포상 등 필요한 조치를 할 수 있다.
③ 제1항에 따른 공공도서관의 평가에 관한 기준 · 절차 · 방법 등에 관하여 필요한 사항은 대통령령으로 정한다.
제38조【등록의 취소 등】 ① 문화체육관광부장관, 시 · 도지사나 시 · 도교육감 또는 시장 · 군수 · 구청장은 제36조제1항에 따라 등록한 공공도서관이 다음 각 호의 어느 하나에 해당하면 그 등록을 취소할 수 있으며, 필요한 경우 기한을 정하여 시정을 요구하거나 6개월 이내의 기간을 정하여 운영정지를 명할 수 있다. 다만, 제1호에 해당하면 등록을 취소하여야 한다.
1. 거짓이나 그 밖의 부정한 방법으로 또는 영리를 목적으로 등록을 한 경우
2. 제36조제2항 전단에 따른 등록 요건을 유지하지 못하여 도서관으로서 역할을 수행할 수 없다고 인정되는 경우
3. 제36조제2항 후단에 따른 변경 등록을 하지 아니한 경우
4. 이 법에 따른 도서관의 설립목적을 위반하여 관리 · 운영한 경우
② 제1항에 따른 행정처분의 세부기준, 그 밖에 필요한 사항은 대통령령으로 정한다.

제5장　대학 · 학교도서관 및 전문 · 특수도서관

제39조【대학도서관의 설치 등】 ① 「고등교육법」 제2조 각 호에 따른 학교 및 다른 법률의 규정에 따라 설립된 대학교육과정 이상의 교육기관에는 대학도서관을 설치하여야 한다.
② 제1항에 따른 대학도서관의 설치 · 운영에 관하여는 별도의 법률로 정한다.
제40조【학교도서관의 설치 등】 ① 「초 · 중등교육법」 제2조 각 호에 따른 학교에는 학교도서관을 설치하여야 한다.
② 학교도서관은 다음 각 호의 업무와 역할을 수행한다.
1. 학교교육에 필요한 도서관자료의 수집 · 정리 · 보존 및 이용서비스 제공
2. 학교 소장 교육 자료의 통합관리 및 이용 제공
3. 시청각자료 및 멀티미디어 자료의 개발 · 제작 및 이용 제공
4. 정보관리시스템과 통신망을 이용한 정보공유체제의 구축 및 이용 제공
5. 도서관 이용의 지도 및 독서교육, 협동수업 등을 통한 정보 활용의 교육
6. 그 밖에 학교도서관으로서 하여야 할 기능수행에 필요한 업무
③ 제1항에 따른 학교도서관의 설치 · 운영에 관하여는 별도의 법률로 정한다.
제41조【전문도서관 · 특수도서관의 설치 등】 ① 국가, 지방자치단체, 법인, 단체 또는 개인은 전문도서관 또는 특수도서관을 설립할 수 있다.
② 전문도서관은 다음 각 호의 업무와 역할을 수행한다.
1. 전문적인 학술 및 연구 활동에 필요한 도서관자료의 수집 · 정리 · 보존 및 이용서비스 제공
2. 다른 도서관과의 도서관자료 공유를 비롯한 다양한 협력활동
3. 그 밖에 전문도서관으로서 기능을 수행하는 데 필요한 업무
③ 특수도서관은 다음 각 호의 업무와 역할을 수행한다.

1. 병원, 병영, 교정시설 등 각각 특수한 환경에 처한 사람의 학습과 독서, 여가 등에 필요한 서비스 제공
2. 그 밖에 특수도서관으로서 기능을 수행하는 데 필요한 업무

제6장 도서관 인력·시설 등

제42조【도서관의 날】 ① 도서관에 대한 국민의 이해와 관심을 높이고 이용을 촉진하기 위하여 매년 4월 12일을 도서관의 날로 정하며, 도서관의 날부터 1주간을 도서관 주간으로 한다.
② 국가와 지방자치단체는 도서관의 날 취지에 적합한 기념행사를 개최할 수 있다.
③ 제2항에 따른 도서관의 날 기념행사에 필요한 사항은 대통령령으로 정한다.
제43조【사서】 ① 문화체육관광부장관은 도서관 및 문헌정보에 관한 학력 및 경력을 갖춘 사람에게 사서의 자격증을 발급하고, 이를 관리하여야 한다.
② 제1항에 따른 사서 자격의 구분 및 자격요건과 양성 등 필요한 사항은 대통령령으로 정한다.
③ 국가 및 지방자치단체는 도서관직원의 전문적 업무수행 능력향상을 위하여 노력하고 이에 따른 교육기회를 제공하여야 한다.
제44조【자격취소】 문화체육관광부장관은 제43조제1항에 따라 자격증을 발급받은 사람이 다음 각 호의 어느 하나에 해당하는 경우에는 그 자격을 취소하여야 한다.
1. 거짓이나 그 밖의 부정한 방법으로 자격을 취득한 경우
2. 제43조제1항에 따라 발급받은 자격증을 다른 사람에게 대여한 경우
제45조【도서관 인력·시설 및 도서관자료 등】 ① 도서관은 대통령령으로 정하는 바에 따라 도서관 운영에 필요한 사서, 「초·중등교육법」 제21조제2항에 따른 사서교사 및 실기교사를 두어야 하며, 도서관 운영에 필요한 전산직원 등 전문직원을 둘 수 있다.
② 도서관은 도서관자료의 수집·정리·보존과 이용편의를 위하여 적합한 시설 및 도서관자료와 도서관 운영기준을 갖추어야 한다.
③ 도서관은 도서관자료의 효율적인 보존과 체계적인 관리를 위하여 교환·이관·폐기 및 제적을 할 수 있다.
④ 제1항에 따른 사서의 배치기준, 제2항에 따른 도서관 시설·도서관자료의 기준 및 제3항에 따른 도서관자료의 교환·이관·폐기·제적의 기준 및 범위에 관한 사항은 대통령령으로 정한다.
제46조【도서관 이용자의 개인정보보호】 도서관은 이용자의 개인정보 보호를 위하여 다음 각 호의 사항에 대한 시책을 강구하여야 한다.
1. 이용자의 정보수집과 관리, 공개 등에 관한 규정의 제정에 관한 사항
2. 도서관 직원에 대한 관련 교육의 실시에 관한 사항
3. 그 밖에 이용자의 개인정보보호와 관련하여 도서관장이 필요하다고 판단한 사항
제47조【금전 등의 기부】 ① 누구든지 도서관의 설립 및 운영을 지원하기 위하여 금전 또는 그 밖의 재산을 도서관에 기부할 수 있다.
② 국가 또는 지방자치단체가 설립한 도서관은 제1항에 따른 기부가 있을 때에는 「기부금품의 모집 및 사용에 관한 법률」 제5조제2항 각 호 외의 부분 본문에도 불구하고 자발적으로 기탁되는 금품을 접수할 수 있다.
③ 제1항 및 제2항에 따른 기부 및 접수의 절차, 관리·운영 방법 등은 문화체육관광부령으로 정한다.

제7장 보 칙

제48조【이용료】 ① 공공도서관은 그 이용자에게 이용료 등을 받을 수 있다.
② 제1항에 따라 공공도서관이 이용자로부터 받을 수 있는 이용료 등의 범위는 대통령령으로 정한다.
제49조【보고 등】 ① 제36조제1항에 따라 등록한 국립 공공도서관의 장, 시·도지사나 시·도교육감 또는 시장·군수·구청장은 매년 대통령령으로 정하는 바에 따라 해당 국립 공공도서관 또는 관할 등록 공공도서관의 관리·운영 현황을 다음 해 1월 20일까지 문화체육관광부장관에게 보고하여야 한다.
② 시·도지사나 시·도교육감 또는 시장·군수·구청장은 제36조제1항에 따른 공공도서관 등록이나 제38조제1항에 따른 등록취소 처분을 하면 그 처분한 날부터 7일 이내에 문화체육관광부장관에게 그 사실을 보고하여야 한다.
③ 문화체육관광부장관은 제1항에 따라 보고받은 등록 공공도서관의 관리·운영 현황을 공개하여야 한다.
제50조【청문】 문화체육관광부장관, 시·도지사나 시·도교육감 또는 시장·군수·구청장은 다음 각 호의 어느 하나에 해당하는 경우에는 청문을 실시하여야 한다.
1. 제38조제1항에 따라 등록을 취소하거나 운영정지를 명하려는 경우
2. 제44조에 따라 사서의 자격을 취소하려는 경우

제51조【권한의 위임·위탁】 ① 문화체육관광부장관은 이 법에 따른 권한의 일부를 대통령령으로 정하는 바에 따라 시·도지사 및 시·도교육감 또는 소속 기관의 장에게 위임하거나 중앙행정기관의 장에게 위탁할 수 있다.
② 중앙행정기관의 장 또는 시·도지사 및 시·도교육감은 이 법에 따른 업무의 일부를 관련 기관 또는 단체에 위탁하여 실시할 수 있으며, 이 경우 필요한 경비를 보조할 수 있다.
제52조【유사명칭의 사용금지】 이 법에 따른 사서가 아니면 사서와 유사한 명칭을 사용할 수 없다. 이 경우 동일명칭의 사용금지에 관한 사항은 「자격기본법」에서 정하는 바에 따른다.
제53조【도서관의 해외 보급 지원】 국가는 국제개발협력을 위하여 도서관의 해외 보급에 필요한 행정적·재정적 지원을 할 수 있다.
제54조【국회 보고】 국가도서관위원회 위원장은 종합계획, 해당 연도 시행계획 및 전년도 추진실적을 확정한 후 지체 없이 국회 소관 상임위원회에 보고하여야 한다.

제8장 벌 칙

제55조【과태료】 ① 제21조제1항을 위반한 자에게는 해당 도서관자료 정가(그 자료가 비매자료인 경우에는 발행 원가)의 10배에 해당하는 금액 이하의 과태료를 부과한다.
② 제52조를 위반하여 유사명칭을 사용한 자에게는 500만원 이하의 과태료를 부과한다.
③ 제1항 및 제2항에 따른 과태료는 대통령령으로 정하는 바에 따라 문화체육관광부장관이 부과·징수한다.

부 칙

제1조【시행일】 이 법은 공포 후 1년이 경과한 날부터 시행한다.
제2조【공공도서관 폐관 신고에 관한 적용례】 제36조제5항의 개정 규정은 이 법 시행 후 공공도서관의 폐관 신고를 하는 경우부터 적용한다.
제3조【국·공립 공공도서관의 등록에 관한 경과조치】 이 법 시행 당시 설립 후 등록하지 아니한 국·공립 공공도서관은 이 법 시행 후 2년 이내에 제36조의 개정규정에 따라 등록하여야 한다.
제4조【사립 공공도서관 등록에 관한 경과조치】 이 법 시행 당시 종전의 규정에 따라 등록한 사립 공공도서관은 이 법에 따라 등록한 사립 공공도서관으로 본다. 다만, 이 법 시행 이후 2년 이내에 이 법에 따른 요건을 갖추어야 한다.
제5조【국가도서관위원회의 설치에 관한 경과조치】 이 법 시행 당시 종전의 규정에 따라 설치된 도서관정보정책위원회는 이 법에 따라 설치된 국가도서관위원회로 본다.
제6조【광역도서관위원회의 설치에 관한 경과조치】 이 법 시행 당시 종전의 규정에 따라 설치된 지방도서관정보서비스위원회는 이 법에 따라 설치된 광역도서관위원회로 본다.
제7조【도서관협회 등에 대한 경과조치】 법률 제8029호 圖書館및讀書振興法 전부개정법률 시행 당시 종전의 규정에 따라 설립된 협회등은 이 법에 따라 설립된 단체로 본다.
제8조【행정처분 등에 대한 경과조치】 법률 제8029호 圖書館및讀書振興法 전부개정법률 시행 당시 종전의 규정에 따라 문화관광부장관 등의 행정기관이 행한 등록, 그 밖의 행정기관의 행위 또는 각종 신고, 그 밖의 행정기관에 대한 행위는 그에 해당하는 이 법에 따른 행정기관의 행위 또는 행정기관에 대한 행위로 본다.
제9조【다른 법률의 개정】 ①~⑭ ※(해당 법령에 가제정리 하였음)
제10조【다른 법령과의 관계】 이 법 시행 당시 다른 법령에서 종전의 「도서관법」의 규정을 인용한 경우에 이 법 가운데 그에 해당하는 규정이 있으면 종전의 규정을 갈음하여 이 법의 해당 규정을 인용한 것으로 본다.

부 칙 (2022.1.18)

이 법은 공포 후 6개월이 경과한 날부터 시행한다. 다만, 법률 제18547호 도서관법 전부개정법률 제14조제2항제4호의 개정규정은 2022년 12월 8일부터 시행한다.

부 칙 (2023.8.8)

이 법은 공포한 날부터 시행한다.

학원의 설립·운영 및 과외교습에 관한 법률(약칭 : 학원법)

(1995년 8월 4일 전개법률 제4964호)

개정
1995.12.29법 5069호(교육)
1997. 1.13법 5272호(교육)
1997.12.13법 5453호(행정절차)
1997.12.24법 5474호(근로자직업훈련촉진법)
1999. 1.18법 5634호
2001. 1.26법 6392호(도로교통)
2001. 1.29법 6400호(정부조직)
2001. 4. 7법 6463호
2004. 3.22법 7194호
2005. 3.31법 7428호(채무자회생파산)
2006. 9.22법 7974호
2007. 5.25법 8483호(장애인등에대한특수교육법)
2007.12.21법 8711호
2008. 2.29법 8852호(정부조직)
2008. 3.28법 8989호
2011. 7.25법10916호
2012. 1.26법11212호(고등교육)
2013. 3.23법11690호(정부조직)
2015. 2. 3법13120호
2015. 7.24법13426호(제주자치법)
2016. 1.19법13805호(주택법)
2016. 5.29법14164호
2016.12.20법14403호
2017.12.19법15235호
2018. 6.12법15625호
2018.12.18법15967호
2020. 5.26법17311호(도로교통)
2021. 3.23법17954호(법률용어정비)
2021. 8.17법18425호(국민평생직업능력개발법)
2023. 4.18법19347호

제1조【목적】 이 법은 학원의 설립과 운영에 관한 사항을 규정하여 학원의 건전한 발전을 도모함으로써 평생교육 진흥에 이바지함과 아울러 과외교습에 관한 사항을 규정함을 목적으로 한다.(2007.12.21 본조개정)
제2조【정의】 이 법에서 사용하는 용어의 뜻은 다음과 같다.
1. "학원"이란 사인(私人)이 대통령령으로 정하는 수 이상의 학습자 또는 불특정다수의 학습자에게 30일 이상의 교습과정(교습과정의 반복으로 교습일수가 30일 이상이 되는 경우를 포함한다. 이하 같다)에 따라 지식·기술(기능을 포함한다. 이하 같다)·예능을 교습(상급학교 진학에 필요한 컨설팅 등 지도를 하는 경우와 정보통신기술 등을 활용하여 원격으로 교습하는 경우를 포함한다. 이하 같다)하거나 30일 이상 학습장소로 제공되는 시설을 말한다. 다만, 다음 각 목의 어느 하나에 해당하는 시설은 제외한다.(2011.7.25 본문개정)
가. 「유아교육법」, 「초·중등교육법」, 「고등교육법」, 그 밖의 법령에 따른 학교
나. 도서관·박물관 및 과학관
다. 사업장 등의 시설로서 소속 직원의 연수를 위한 시설
라. 「평생교육법」에 따라 인가·등록·신고 또는 보고된 평생교육시설
마. 「국민 평생 직업능력 개발법」에 따른 직업능력개발훈련시설이나 그 밖에 평생교육에 관한 다른 법률에 따라 설치된 시설(2021.8.17 본목개정)
바. 「도로교통법」에 따른 자동차운전학원
사. 「주택법」 제2조제3호에 따른 공동주택에 거주하는 자가 공동으로 관리하는 시설로서 「공동주택관리법」 제14조에 따른 입주자대표회의의 의결을 통하여 영리를 목적으로 하지 아니하고 입주민을 위한 교육을 하기 위하여 설치하거나 사용하는 시설(2023.4.18 본목개정)
2. "교습소"란 제4호에 따른 과외교습을 하는 시설로서 학원 및 제1호 각 목의 시설이 아닌 시설을 말한다.(2011.7.25 본호개정)
3. "개인과외교습자"란 다음 각 목의 시설에서 교습비등을 받고 과외교습을 하는 자를 말한다.
가. 학습자의 주거지 또는 교습자의 주거지로서 「건축법」 제2조제2항에 따른 단독주택 또는 공동주택
나. 제1호사목에 따른 시설
(2011.7.25 본호개정)
4. "과외교습"이란 초등학교·중학교·고등학교 또는 이에 준하는 학교의 학생이나 학교 입학 또는 학력 인정에 관한 검정을 위한 시험 준비생에게 지식·기술·예능을 교습하는 행위를 말한다. 다만, 다음 각 목의 어느 하나에 해당하는 행위는 제외한다.
가. 제1호가목부터 바목까지의 시설에서 그 설치목적에 따라 행하는 교습행위(2011.7.25 본목개정)
나. 같은 등록기준지 내의 친족이 하는 교습행위
다. 대통령령으로 정하는 봉사활동에 속하는 교습행위
5. "학습자"란 다음 각 목의 자를 말한다.
가. 학원이나 교습소에서 교습을 받는 자
나. 30일 이상 학습장소로 제공되는 시설을 이용하는 자
다. 개인과외교습자로부터 교습을 받는 자
6. "교습비등"이란 학습자가 다음 각 목의 자에게 교습이나 학습장소 이용의 대가로 납부하는 수강료·이용료 또는 교습료 등(이하 "교습비"라 한다)과 그 외에 추가로 납부하는 모든 경비(이하 "기타경비"라 한다)를 말한다.(2021.3.23 본문개정)

가. 학원을 설립·운영하는 자(이하 "학원설립·운영자"라 한다)
나. 교습소를 설립·운영하는 자(이하 "교습자"라 한다)
다. 개인과외교습자
(2011.7.25 본호신설)
(2007.12.21 본조개정)

제2조의2【학원의 종류】 ① 학원의 종류는 다음 각 호와 같다.
1. 학교교과교습학원 : 「초·중등교육법」 제23조에 따른 학교교육과정을 교습하거나 다음 각 목의 사람을 대상으로 교습하는 학원
가. 「유아교육법」 제2조제1호에 따른 유아
나. 「장애인 등에 대한 특수교육법」 제15조제1항 각 호의 어느 하나에 해당하는 장애가 있는 사람
다. 「초·중등교육법」 제2조에 따른 학교의 학생. 다만, 직업교육을 목적으로 하는 직업기술분야의 학원에서 취업을 위하여 학습하는 경우는 제외한다.
(2011.7.25 본호개정)
2. 평생직업교육학원 : 제1호에 따른 학원 외에 평생교육이나 직업교육을 목적으로 하는 학원
② 제1항에 따른 학원의 종류별 교습과정의 분류는 대통령령으로 정한다.
(2007.12.21 본조개정)

제3조【교원의 과외교습 제한】 「초·중등교육법」 제2조, 「고등교육법」 제2조, 그 밖의 법률에 따라 설립된 학교에 소속된 교원(「고등교육법」 제14조제2항에 따른 강사는 제외한다)은 과외교습을 하여서는 아니 된다.
(2012.1.26 본조개정)

제4조【학원설립·운영자 등의 책무】 ① 학원설립·운영자는 자율과 창의로 학원을 운영하며, 학습자에 대한 편의제공, 적정한 교습비등의 징수를 통한 부담경감 및 교육기회의 균등한 제공 등을 위하여 노력하는 등 평생교육 담당자로서의 책무를 다하여야 한다.(2011.7.25 본항개정)
② 교습자와 개인과외교습자는 과외교습을 할 때 학습자에 대한 편의제공, 적정한 교습비등의 징수를 통한 부담경감 및 교육기회의 균등한 제공 등을 위하여 노력하는 등 교습을 담당하는 자로서의 책무를 다하여야 한다.
(2011.7.25 본항개정)
③ 학원설립·운영자 및 교습자는 특별시·광역시·특별자치시·도 및 특별자치도(이하 "시·도"라 한다)의 조례로 정하는 바에 따라 학원·교습소의 운영과 관련하여 학원·교습소의 수강생에게 발생한 생명·신체상의 손해를 배상할 것을 내용으로 하는 보험이나 공제사업에 가입하는 등 필요한 안전조치를 취하여야 한다.
(2016.12.20 본항개정)

판례 유치원이나 학교 교사 등의 보호·감독의무가 미치는 범위는 유치원과 학교에서의 교육활동 및 이와 밀접·불가분의 관계에 있는 생활관계로 한정되고, 또 보호·감독의무를 소홀히 하여 학생이 사고를 당한 경우에도 그 사고가 통상 발생할 수 있다고 예상할 수 있는 것에 한하여 교사 등의 책임을 인정할 수 있다. 이러한 법리는 학원의 설립·운영자 및 교습자의 경우라고 하여 다르지 않을 것인바, 대체로 나이가 어려 책임능력과 의사능력이 없거나 부족한 유치원생 또는 초등학교 저학년생에 대하여는 보호·감독의무가 미치는 생활관계의 범위와 사고발생에 대한 예견가능성이 더욱 넓게 인정되어야 한다.
(대판 2008.1.17, 2007다40437)

제5조【교육환경의 정화 등】 ① 학원설립·운영자 또는 교습자는 학원이나 교습소의 교육환경과 위생시설을 깨끗하게 유지·관리하여야 한다.
② 학교교과교습학원을 설립·운영하는 자 또는 교습자는 교육환경을 해칠 우려가 있는 영업소(이하 "유해업소"라 한다)와 동일한 건축물 안에서 학교교과교습학원이나 교습소를 설립·운영하여서는 아니 된다.(2011.7.25 본항개정)
③ 학교교과교습학원이나 교습소와 동일한 건축물 안에 유해업소를 설치하는 경우 그 영업에 관하여 허가·인가 등을 하는 행정기관의 장은 미리 관할 교육감과 협의하여야 한다.(2011.7.25 본항개정)
④ 제2항 및 제3항에 따른 유해업소의 종류는 「교육환경 보호에 관한 법률」 제9조 각 호의 어느 하나에 해당하는 행위를 하거나 시설(「게임산업진흥에 관한 법률」 제2조 제7호에 따른 인터넷컴퓨터게임시설제공업을 하는 영업소 및 같은 조 제8호에 따른 복합유통게임제공업 중 인터넷컴퓨터게임시설제공업과 「식품위생법」 제36조제1항 제3호의 식품접객업 가운데 음식류를 조리·판매하면서 음주행위가 허용되지 아니하는 영업 중 대통령령으로 정하는 영업을 동일한 장소에서 함께 영위하는 영업소에 한정하여 제외한다)을 갖춘 영업소를 말한다.
(2023.4.18 본항개정)
⑤ 제2항 및 제3항은 연면적 1천650제곱미터 이상의 건축물에 대하여는 다음 각 호의 경우를 제외하고는 적용하지 아니한다.
1. 학원이 유해업소로부터 수평거리 20미터 이내의 같은 층에 있는 경우
2. 학원이 유해업소로부터 수평거리 6미터 이내의 바로 위층 또는 바로 아래 층에 있는 경우
(2011.7.25 본항신설)
(2007.12.21 본조개정)

제5조의2【감염병에 관한 조치】 학원설립·운영자는 의사의 진단 결과 감염병에 감염 또는 감염된 것으로 의심되거나 감염될 우려가 있는 학습자 및 강사를 교육부령으로 정하는 바에 따라 학원으로부터 격리시키는 등 필요한 조치를 할 수 있다.(2018.12.18 본조신설)

제6조【학원 설립·운영의 등록】 ① 학원을 설립·운영하려는 자는 제8조에 따른 시설과 설비를 갖추어 대통령령으로 정하는 바에 따라 설립자의 인적사항, 교습과정, 강사명단, 교습비등, 시설·설비 등을 학원설립·운영등록신청서에 기재하여 교육감에게 등록하여야 한다. 등록한 사항 중 교습과정, 강사명단, 교습비등, 그 밖에 대통령령으로 정하는 사항을 변경하려는 경우에도 또한 같다.
(2011.7.25 본항개정)
② 숙박시설을 갖춘 학교교과교습학원의 등록은 대통령령으로 정하는 범위에서 관할 지역의 교육여건과 수강생의 안전 및 숙박시설의 필요성 등을 고려하여 시·도의 조례로 정하는 기준에 맞는 경우에만 할 수 있다.
③ 교육감은 제1항에 따라 등록한 자에게 교육부령으로 정하는 바에 따라 등록증명서를 발급하여야 한다.
(2016.5.29 본항신설)
④ 학원설립·운영자는 제3항에 따라 발급받은 등록증명서를 학원에 게시하여야 한다.(2016.5.29 본항신설)
⑤ 학원설립·운영자가 제3항에 따라 발급받은 등록증명서를 잃어버리거나 그 등록증명서가 못 쓰게 된 경우에는 교육부령으로 정하는 바에 따라 교육감에게 재발급을 신청하여야 한다.(2016.5.29 본항신설)
⑥ 교육감은 다음 각 호의 어느 하나에 해당하는 경우 제1항에 따른 등록을 거부할 수 있다.
1. 제17조제1항에 따른 등록말소처분이 있은 날부터 1년 이내에 해당 장소에서 동일한 교습과정을 교습하는 학원의 설립·운영을 등록하려는 경우
2. 제17조제1항에 따른 교습정지처분의 정지 기간 내에 해당 장소에서 동일한 교습과정을 교습하는 학원의 설립·운영을 등록하려는 경우
(2016.5.29 본항신설)
(2007.12.21 본조개정)

제7조【조건부 설립등록】 ① 교육감은 제6조에 따른 학원 설립·운영의 등록을 수리(受理)할 때에 대통령령으로 정하는 기간에 제8조에 따른 시설과 설비를 갖출 것을 조건으로 하여 학원 설립·운영의 등록을 수리할 수 있다.
② 교육감은 제1항에 따라 등록을 한 자가 정당한 사유 없이 그 기간에 시설과 설비를 갖추지 아니하면 등록을 말소하여야 한다.
(2007.12.21 본조개정)

제8조【시설기준】 학원에는 교습과정별로 시·도의 조례로 정하는 단위시설별 기준에 따라 교습과 학습에 필요한 시설과 설비를 갖추고 유지하여야 한다. 다만, 학원의 소방시설은 소방 관계 법령으로 정하는 바에 따른다.
(2007.12.21 본조개정)

제9조【결격사유 등】 ① 다음 각 호의 어느 하나에 해당하는 자는 제6조에 따른 학원 설립·운영의 등록을 할 수 없다.
1. 피성년후견인·피한정후견인(2018.6.12 본호개정)
2. 파산선고를 받은 자로서 복권되지 아니한 자
3. 금고 이상의 형을 선고받고 그 집행이 끝나거나 그 집행을 받지 아니하기로 확정된 후 3년이 지나지 아니한 자 또는 그 집행유예기간 중에 있는 자
4. 이 법을 위반하여 벌금형을 선고받은 후 1년이 지나지 아니한 자
5. 법원의 판결에 따라 자격이 정지되거나 상실된 자
6. 제17조제1항에 따라 학원 등록이 말소된 날부터 1년이 지나지 아니한 자(법인의 경우에는 그 대표자를 포함한다)(2016.5.29 본호개정)
6의2. 제17조제1항에 따라 교습정지처분을 받은 후 그 정지 기간이 지나지 아니한 자(법인의 경우에는 그 대표자를 포함한다)(2016.5.29 본호신설)
7. 법인으로서 그 임원 중에 제1호부터 제6호까지, 제6호의2에 해당하는 자가 있는 경우(2016.5.29 본호개정)
② 학원설립·운영자가 제1항 각 호의 사유에 해당하게 되면 그 등록은 효력을 잃는다. 다만, 다음 각 호의 경우에는 그러하지 아니하다.(2018.6.12 단서개정)
1. 제1항제4호의 경우
2. 제1항제7호의 경우로서 해당 법인이 그 사유가 발생한 날부터 3개월 이내에 해당 임원을 바꾸어 선임하는 경우
(2018.6.12 1호~2호신설)
(2007.12.21 본조개정)

제10조【휴원 및 폐원 등의 신고】 ① 학원설립·운영자는 그 학원을 1개월 이상 휴원(休院)하거나 폐원하려면 교육부령으로 정하는 바에 따라 지체 없이 교육감에게 신고하여야 한다.
② 교육감은 학원설립·운영자가 「부가가치세법」 제8조에 따라 관할 세무서장에게 폐업신고를 하거나 관할 세무서장이 사업자등록을 말소한 경우에는 등록 사항을 직권으로 말소할 수 있다.(2017.12.19 본항신설)
③ 교육감은 제2항의 직권 말소를 위하여 필요한 경우 관할 세무서장에게 학원설립·운영자의 폐업여부에 대한 정보 제공을 요청할 수 있다. 이 경우 요청을 받은 관할 세무서장은 「전자정부법」 제36조제1항에 따라 학원설립·운영자의 폐업여부에 대한 정보를 제공하여야 한다.
(2017.12.19 본항신설)
④ 학원설립·운영자는 제17조제1항에 따른 행정처분 기간과 그 처분을 위한 절차가 진행 중인 기간(「행정절차법」 제21조에 따른 처분의 사전 통지 시점부터 처분이 확정되기 전까지의 기간을 말한다) 중에는 제1항에 따른 폐원신고를 할 수 없다.(2023.4.18 본항신설)
(2013.3.23 본조개정)

제11조 (1999.1.18 삭제)

제12조【교습과정】 학원의 교습과정은 학원설립·운영자가 학습자의 필요와 실용성을 존중하여 정한다.
(2007.12.21 본조개정)

제13조【강사 등】 ① 학원에서 교습을 담당하는 강사는 대통령령으로 정하는 자격을 갖춘 자이어야 한다.
② 학원설립·운영자는 강사의 연령·학력·전공과목 및 경력 등에 관한 인적 사항을 교육부령으로 정하는 바에 따라 게시하여야 한다.(2013.3.23 본항개정)
③ (2016.12.20 삭제)
(2007.12.21 본조개정)

제13조의2【외국인강사의 채용】 학원설립·운영자는 외국어교습을 담당하게 하기 위하여 외국인강사(대한민국 국민이 아닌 사람으로서 학원에서 교습을 담당하는 강사를 말한다. 이하 같다)를 채용하려는 경우에는 강사가 되고자 하는 사람으로부터 다음 각 호의 서류를 제출받아 그에 대한 검증 후 채용하여야 한다. 다만, 「출입국관리법」 제18조에 따라 취업활동을 할 수 있는 체류자격을 받은 사람 중 회화지도 체류자격을 받은 사람에 대하여는 제1호의 범죄경력조회서를 제출받지 아니할 수 있다.(2016.12.20 본문개정)
1. 범죄경력조회서
2. 건강진단서(1개월 이내에 받은 것으로서 대마 및 약물 검사 결과를 포함한다)
3. 학력증명서
4. 그 밖에 대통령령으로 정하는 서류
(2011.7.25 본조신설)

제14조【교습소 설립·운영의 신고 등】 ① 교습소를 설립·운영하려는 자는 대통령령으로 정하는 바에 따라 신고자 및 교습자의 인적사항, 교습소의 명칭 및 위치, 교습과목, 교습비등을 교습소설립·운영신고서에 기재하여 교육감에게 신고하여야 한다. 신고한 사항 중 교습자의 인적사항, 교습소의 명칭 및 위치, 교습과목, 교습비등, 그 밖에 대통령령으로 정하는 사항을 변경하려는 경우에도 또한 같다.
② 교육감은 제1항에 따른 신고 또는 변경신고를 받은 날부터 8일 이내에 신고수리 여부를 신고인에게 통지하여야 한다.(2018.12.18 본항신설)
③ 교육감이 제2항에서 정한 기간 내에 신고수리 여부 또는 민원 처리 관련 법령에 따른 처리기간의 연장 여부를 신고인에게 통지하지 아니하면 그 기간(민원 처리 관련 법령에 따라 처리기간이 연장 또는 재연장된 경우에는 해당 처리기간을 말한다)이 끝난 날의 다음 날에 신고를 수리한 것으로 본다.(2018.12.18 본항신설)
④ 교육감은 제1항에 따른 신고를 수리한 경우에는 교육부령으로 정하는 바에 따라 신고증명서를 발급하여야 한다.(2018.12.18 본항개정)
⑤ 교습자는 제4항에 따라 발급받은 신고증명서를 교습소에 게시하여야 한다.(2018.12.18 본항개정)
⑥ 교습자가 제4항에 따라 발급받은 신고증명서를 잃어버리거나 그 신고증명서가 못쓰게 된 경우에는 교육부령으로 정하는 바에 따라 교육감에게 재발급을 신청하여야 한다.(2018.12.18 본항개정)
⑦ 교습소는 교습자 1명이 한 장소에서 1과목만을 교습하여야 한다.
⑧ 교습자의 자격, 교습소의 장소·시설·설비, 학습자의 수, 그 밖에 필요한 사항은 대통령령으로 정한다.
(2011.7.25 본항신설)
⑨ 교습자는 교습소를 폐소하거나 1개월 이상 휴소(休所)하려면 교육부령으로 정하는 바에 따라 지체 없이 교육감에게 신고하여야 한다.(2013.3.23 본항개정)
⑩ 제17조제2항에 따라 교습소의 폐지처분을 받은 자는 그 처분을 받은 날부터 1년 이내 또는 교습정지처분을 받은 자는 그 정지 기간이 지나지 아니한 경우에는 교육부령으로 정하는 바에 따라 같은 종류의 교습소를 신고할 수 없다.(2016.5.29 본항개정)
⑪ 교육감은 교습자가 「부가가치세법」 제8조에 따라 관할 세무서장에게 폐업신고를 하거나 관할 세무서장이 사업자등록을 말소한 경우에는 신고 사항을 직권으로 말소할 수 있다.(2017.12.19 본항신설)
⑫ 교육감은 제11항의 직권말소를 위하여 필요한 경우 관할 세무서장에게 교습자의 폐업여부에 대한 정보 제공을 요청할 수 있다. 이 경우 요청을 받은 관할 세무서장은 「전자정부법」 제36조제1항에 따라 교습자의 폐업여부에 대한 정보를 제공하여야 한다.(2018.12.18 전단개정)

⑬ 교습자는 제17조제2항에 따른 행정처분 기간과 그 처분을 위한 절차가 진행 중인 기간(「행정절차법」 제21조에 따른 처분의 사전 통지 시점부터 처분이 확정되기 전까지의 기간을 말한다) 중에는 제9항에 따른 폐소신고를 할 수 없다.(2023.4.18 본항신설)
(2011.7.25 본조개정)

제14조의2 【개인과외교습자의 신고 등】 ① 개인과외교습을 하려는 자는 대통령령으로 정하는 바에 따라 주소지 관할 교육감에게 교습자의 인적 사항, 교습과목, 교습장소 및 교습비등을 신고하여야 한다. 신고한 사항 중 대통령령으로 정하는 사항을 변경하려는 경우에도 또한 같다. 다만, 「고등교육법」 제2조 또는 개별 법률에 따라 설립된 대학(대학원을 포함한다) 및 이에 준하는 학교에 재적(在籍) 중인 학생(휴학생은 제외한다)은 그러하지 아니하다.(2011.7.25 전단개정)
② 교육감은 제1항에 따른 신고 또는 변경신고를 받은 날부터 5일 이내에 신고수리 여부를 신고인에게 통지하여야 한다.(2018.12.18 본항신설)
③ 교육감이 제2항에서 정한 기간 내에 신고수리 여부 또는 민원 처리 관련 법령에 따른 처리기간의 연장 여부를 신고인에게 통지하지 아니하면 그 기간(민원 처리 관련 법령에 따라 처리기간이 연장 또는 재연장된 경우에는 해당 처리기간을 말한다)이 끝난 날의 다음 날에 신고를 수리한 것으로 본다.(2018.12.18 본항신설)
④ 교육감은 제1항에 따른 개인과외교습자의 신고를 수리한 경우에는 교육부령으로 정하는 바에 따라 신고증명서를 발급하여야 한다.(2018.12.18 본항개정)
⑤ 교습장소가 개인과외교습자의 주거지인 경우 개인과외교습자는 신고증명서를 교습장소에 게시하여야 하고, 교습장소가 학습자의 주거지인 경우 학습자 또는 그 학부모가 요청하면 신고증명서를 제시하여야 한다.
(2016.5.29 본항개정)
⑥ 개인과외교습자가 제4항에 따라 발급받은 신고증명서를 잃어버리거나 그 신고증명서가 못쓰게 된 경우에는 교육부령으로 정하는 바에 따라 교육감에게 재발급을 신청하여야 한다.(2018.12.18 본항개정)
⑦ 개인과외교습자가 과외교습을 하지 아니하면 그 사실을 교육감에게 통보하여야 한다.
⑧ 교육감은 제1항에 따른 신고나 변경신고를 수리한 경우(제3항에 따라 신고를 수리한 것으로 보는 경우를 포함한다)에 개인과외교습장소가 그 교육감의 관할 지역이 아니면 교습장소를 관할하는 교육감에게 그 사실을 통보하여야 한다.(2018.12.18 본항개정)
⑨ 제17조제3항에 따른 과외교습 중지명령을 받은 자는 그 중지기간이 지나지 아니한 경우에는 과외교습을 할 수 없다.(2016.5.29 본항개정)
⑩ 개인과외교습자가 그 주거지에서 과외교습하는 경우 교육부령으로 정하는 바에 따라 교습장소 외부에 개인과외교습을 하는 장소임을 알 수 있는 표지를 붙여야 한다.
(2021.3.23 본항개정)
⑪ 개인과외교습자의 교습장소가 그 주거지인 경우 개인과외교습자를 1명만 신고할 수 있다. 다만, 같은 등록기준지 내의 친족인 경우 추가로 신고할 수 있다.(2016.5.29 본항신설)
⑫ 개인과외교습자는 제17조제3항에 따른 행정처분 기간과 그 처분을 위한 절차가 진행 중인 기간(「행정절차법」 제21조에 따른 처분의 사전 통지 시점부터 처분이 확정되기 전까지의 기간을 말한다) 중에는 제7항에 따른 통보를 할 수 없다.(2023.4.18 본항신설)
(2007.12.21 본조개정)

제15조 【교습비등】 ① 학원설립·운영자, 교습자 또는 개인과외교습자는 학습자로부터 교습비등을 받을 수 있으며, 교습비등을 받는 경우 교육부령으로 정하는 바에 따른 영수증을 발급하여야 한다.(2013.3.23 본항개정)
② 학원설립·운영자, 교습자 또는 개인과외교습자는 교습내용과 교습시간 등을 고려하여 교습비를 정하고, 기타경비는 실비로 정한다.
③ 학원설립·운영자, 교습자 또는 개인과외교습자는 시·도의 교육규칙으로 정하는 바에 따라 제1항에 따른 교습비등과 그 반환에 관한 사항을 학습자가 보기 쉬운 장소에 게시하여야 하며, 학습자를 모집할 목적으로 인쇄물·인터넷 등을 통하여 광고를 하는 경우에는 교습비등, 등록증명서 또는 신고증명서 내용 중 대통령령으로 정하는 사항을 표시하여야 한다. 이 경우 학습자 또는 학부모의 요구가 있을 때에는 교육부령으로 정하는 바에 따라 게시 또는 표시된 교습비등의 내역을 서면으로 고지하여야 한다.(2016.5.29 전단개정)
④ 학원설립·운영자, 교습자 또는 개인과외교습자는 교습비등을 거짓으로 표시·게시·고지하거나, 표시·게시·고지한 교습비등 또는 교육감에게 등록·신고한 교습비등을 초과한 금액을 징수하여서는 아니 된다.
(2016.5.29 본항개정)
⑤ (2016.5.29 삭제)
⑥ 교육감은 제2항에 따라 정한 학교교과교습학원, 교습소 또는 개인과외교습자의 교습비등이 과다하다고 인정하면 대통령령으로 정하는 바에 따라 교습비등의 조정을 명할 수 있다.(2016.5.29 본항개정)
(2011.7.25 본조개정)

제15조의2 【학원 및 교습소의 명칭 표시】 ① 학원의 명칭은 고유명칭 다음에 "학원"을 붙여 표시한다.
② 교습소의 명칭은 고유명칭 다음에 교습과목과 "교습소"를 붙여 표시한다.
(2016.12.20 본조신설)

제15조의3 【장부 또는 서류의 비치】 학원설립·운영자, 교습자 및 개인과외교습자는 학원 등의 운영 및 교습과 관련한 장부 또는 서류를 교육부령으로 정하는 바에 따라 비치·관리하여야 한다.(2016.12.20 본조신설)

제15조의4 【학원설립·운영자 등에 대한 연수】 교육감은 학원설립·운영자, 강사 및 교습자가 갖추어야 할 사회교육 담당자로서의 자질을 향상시키기 위하여 필요하면 대통령령으로 정하는 바에 따라 이들의 연수에 관한 계획을 수립·시행할 수 있다. 이 경우 외국인강사에 대해서는 한국 문화 적응을 지원하고 사회교육 담당자로서의 자질을 향상시키기 위하여 입국 후 한 번 이상 연수를 실시하여야 한다.(2016.12.20 본조신설)

제15조의5 【정보의 공개】 ① 교육감은 국민의 알권리를 보장하고 학원과 교습소 운영의 투명성을 높이기 위하여 교육감에게 등록 또는 신고한 교습비등을 학원 종류별, 교습과정별, 지역교육청별 또는 시(「제주특별자치도 설치 및 국제자유도시 조성을 위한 특별법」 제10조제2항에 따른 행정시를 포함한다)·군·구별로 분류하여 시·도교육청 홈페이지 등에 공개하여야 한다.
(2015.7.24 본항개정)
② 제1항에 따른 정보공개의 범위는 학원 또는 교습소의 명칭, 위치, 교습과정, 교습과목, 정원, 교습기간, 교습시간 및 교습비등에 관한 사항을 포함하여 대통령령으로 정한다.
(2011.7.25 본조신설)

제16조 【지도·감독 등】 ① 교육감은 학원의 건전한 발전과 교습소 및 개인과외교습자가 하는 과외교습의 건전성을 확보하기 위하여 적절한 지도·감독을 하여야 한다.
② 교육감은 학교의 수업과 학생의 건강 등에 미치는 영향을 고려하여 시·도의 조례로 정하는 범위에서 학교교과교습학원, 교습소 또는 개인과외교습자의 교습시간을 정할 수 있다. 이 경우 교육감은 학부모 및 관련 단체 등의 의견을 들어야 한다.(2016.5.29 전단개정)
③ 교육감은 필요하다고 인정하면 학원설립·운영자 및 교습자에 대하여 시설·설비, 교습비등, 교습에 관한 사항과 「도로교통법」 제53조, 제53조의3 및 제53조의5 준수 여부에 관한 사항 또는 각종 통계자료를 보고하게 하거나 관계 공무원에게 해당 시설에 출입하여 그 시설·설비, 장부, 그 밖의 서류를 검사하게 할 수 있으며, 시설·설비의 개선명령이나 그 밖에 필요한 명령을 할 수 있다.
(2020.5.26 본항개정)
④ 교육감은 필요하다고 인정하면 개인과외교습자의 교습비등 각종 신고사항을 확인하거나 그 밖에 필요한 조치를 취할 수 있다.(2011.7.25 본항개정)
⑤ 제3항에 따라 출입·검사를 하는 관계 공무원은 그 권한을 표시하는 증표를 지니고 관계인에게 내보여야 한다.
⑥ 교육감은 미등록·미신고 교습, 교습비등 초과 징수, 그 밖에 이 법을 위반한 사항에 대한 신고 접수 및 처리를 위하여 그 소속으로 불법사교육신고센터를 설치·운영할 수 있으며, 이러한 위반 사항을 신고한 사람에 대하여 대통령령으로 정하는 바에 따라 포상금을 지급할 수 있다.(2011.7.25 본항신설)
(2007.12.21 본조개정)

판례 학원법조항은 학원 등의 교습시간 지정에 관하여 조례의 시행을 예정하면서 교습시간 지정이 필요한지 여부부터 지정할 경우 교습시간의 범위 등에 이르기까지 교육감에게 재량권을 부여하고 있다. 청구인들이 주장하는 기본권 침해의 법률효과는 조례 또는 교육감의 교습시간 지정행위에 의하여 비로소 발생하는 것이지, 학원법조항에 의하여 곧바로 발생하는 것이 아니므로 학원법조항에 대한 기본권 침해의 직접성이 인정되지 않는다. 학원조례조항은 학원 심야교습을 제한함으로써 학생들의 건강과 안전을 지키면서 자습능력을 향상시키고 학교교육을 정상화하며, 비정상적인 과외교습경쟁으로 인한 학부모의 경제적 부담을 덜어주어 사교육기회의 차별을 최소화하고, 비정상적인 교육투자로 인한 인적, 물적 낭비를 줄이는 것을 그 목적으로 하므로 그 입법목적은 정당하다. 따라서 심판대상조항은 헌법에 위배되지 않는다.(헌재결 2016.5.26, 2014헌마374)

제17조 【행정처분】 ① 교육감은 학원이 다음 각 호의 어느 하나에 해당하면 그 등록을 말소하거나 1년 이내의 기간을 정하여 교습과정의 전부 또는 일부에 대한 교습의 정지를 명할 수 있다. 다만, 제1호에 해당하는 경우에는 그 등록을 말소하여야 한다.
1. 거짓이나 그 밖의 부정한 방법으로 제6조에 따른 등록을 한 경우
2. 숙박시설을 갖춘 학교교과교습학원이 제6조제2항에 따른 기준에 미달하게 된 경우
3. 제8조에 따른 시설기준에 미달하게 된 경우
4. 정당한 사유 없이 개원(開院) 예정일부터 2개월이 지날 때까지 개원하지 아니한 경우
5. 정당한 사유 없이 계속하여 2개월 이상 휴원한 경우
6. 등록한 사항에 관하여 변경등록을 하지 아니하고 변경하는 등 부정한 방법으로 학원을 운영한 경우
7. 제15조제4항을 위반하여 교습비등을 징수한 경우
(2011.7.25 본호개정)
8. 제15조제6항에 따른 교습비등의 조정명령을 위반한 경우(2011.7.25 본호신설)
8의2. 제15조의2제1항을 위반하여 명칭 표시를 할 경우
(2016.12.20 본호신설)
9. 학습자를 모집할 때 과대 또는 거짓 광고를 한 경우
10. 그 밖에 이 법 또는 이 법에 따른 명령을 위반한 경우
11. 「도로교통법」 제53조제3항을 위반하여 어린이통학버스(같은 법 제52조에 따른 신고를 하지 아니한 경우를 포함한다) 운행 중 발생한 교통사고로 해당 어린이통학버스에 탑승(승하차를 포함한다)한 어린이가 사망하거나 신체에 교육부령으로 정하는 중상해를 입은 경우(2023.4.18 본호개정)
12. 학습자에 대한 「아동복지법」 제3조제7호에 따른 아동학대 행위가 확인된 경우. 다만, 학원설립·운영자가 아동학대 행위를 방지하기 위하여 상당한 주의와 감독을 게을리하지 아니한 경우는 제외한다.(2016.5.29 본호신설)
② 교육감은 교습소가 다음 각 호의 어느 하나에 해당하면 그 교습소의 폐지를 명하거나 6개월 이내의 기간을 정하여 교습의 정지를 명할 수 있다. 다만, 제1호에 해당하는 경우에는 그 교습소의 폐지를 명하여야 한다.
1. 거짓이나 그 밖의 부정한 방법으로 제14조제1항에 따른 신고를 한 경우
2. 신고한 사항에 관하여 변경신고를 하지 아니하고 변경하는 등 부정한 방법으로 교습소를 운영한 경우
3. 제15조제4항을 위반하여 교습비등을 징수한 경우
(2011.7.25 본호신설)
4. 제15조제6항에 따른 교습비등의 조정명령을 위반한 경우(2011.7.25 본호신설)
4의2. 제15조의2제2항을 위반하여 명칭 표시를 할 경우
(2016.12.20 본호신설)
5. 그 밖에 이 법 또는 이 법에 따른 명령을 위반한 경우
6. 학습자에 대한 「아동복지법」 제3조제7호에 따른 아동학대 행위가 확인된 경우. 다만, 교습자가 아동학대 행위를 방지하기 위하여 상당한 주의와 감독을 게을리하지 아니한 경우는 제외한다.(2016.5.29 본호신설)
7. 「도로교통법」 제53조제3항을 위반하여 어린이통학버스(같은 법 제52조에 따른 신고를 하지 아니한 경우를 포함한다) 운행 중 발생한 교통사고로 해당 어린이통학버스에 탑승(승하차를 포함한다)한 어린이가 사망하거나 신체에 교육부령으로 정하는 중상해를 입은 경우(2023.4.18 본호신설)
③ 교육감은 개인과외교습자가 다음 각 호의 어느 하나에 해당하는 경우 1년 이내의 기간을 정하여 과외교습 중지를 명할 수 있다. 다만, 제1호에 해당하는 경우에는 과외교습 중지를 명하여야 한다.(2016.5.29 본문개정)
1. 거짓이나 그 밖의 부정한 방법으로 제14조의2제1항에 따른 신고를 한 경우
2. 신고한 사항에 관하여 변경신고를 하지 아니하고 이를 변경하는 등 부정한 방법으로 과외교습을 한 경우
3. 제15조제4항을 위반하여 교습비등을 징수한 경우
4. 제15조제6항에 따른 교습비등의 조정명령을 위반한 경우
(2016.5.29 3호~4호개정)
5. 그 밖에 이 법 또는 이 법에 따른 명령을 위반한 경우
6. 학습자에 대한 「아동복지법」 제3조제7호에 따른 아동학대 행위를 한 경우
(2016.5.29 5호~6호신설)
(2008.3.28 본항신설)
④ 제1항부터 제3항까지에 따른 행정처분의 기준과 그 밖에 필요한 사항은 조례로 정한다.(2016.5.29 본항신설)
(2007.12.21 본조개정)

제18조 【교습비등의 반환 등】 ① 학원설립·운영자, 교습자 및 개인과외교습자는 학습자가 수강을 계속할 수 없는 경우 또는 학원의 등록말소, 교습소 폐지 등으로 교습을 계속할 수 없는 경우에는 학습자로부터 받은 교습비등을 반환하는 등 학습자를 보호하기 위하여 필요한 조치를 하여야 한다.
② 제1항에 따른 교습비등의 반환사유, 반환금액, 그 밖에 필요한 사항은 대통령령으로 정한다.
(2011.7.25 본조개정)

제19조 【학원 등에 대한 폐쇄 등】 ① 교육감은 다음 각 호의 어느 하나에 해당하면 학원이나 교습소를 폐쇄하거나 교습 등을 중지시킬 수 있다.
1. 제6조제1항 또는 제14조제1항에 따른 등록이나 신고를 하지 아니하고 학원이나 교습소를 설립·운영하는 경우
2. 제10조제2항 또는 제14조제11항에 따라 교육감이 등록 사항 또는 신고 사항을 직권으로 말소한 경우
(2018.12.18 본호개정)
3. 제17조에 따라 교습의 정지 처분을 받은 학원설립·운영자 또는 교습자가 계속하여 교습하거나 학습장소를 제공하는 경우(2017.12.19 본호신설)
4. 제17조에 따라 학원의 등록말소 또는 교습소 폐지의 처분을 받은 경우(2017.12.19 본호신설)
(2017.12.19 본항개정)

② 교육감은 제1항에 따른 학원이나 교습소의 폐쇄 또는 교습 등의 중지를 위하여 관계 공무원에게 다음 각 호의 조치를 하게 할 수 있다.
1. 해당 학원이나 교습소의 간판 또는 그 밖의 표지물을 제거하거나 학습자의 출입을 제한하기 위한 시설물의 설치
2. 해당 학원이나 교습소가 등록 또는 신고를 하지 아니한 시설이거나 제17조에 따른 행정처분을 받은 시설임을 알리는 게시문의 부착
(2017.12.19 본항신설)
③ 제1항에 따른 조치는 그 목적을 달성하기 위하여 필요한 최소한의 범위에서 하여야 한다.
④ 제1항에 따른 조치를 하는 관계 공무원은 그 권한을 표시하는 증표를 지니고 관계인에게 내보여야 한다.
(2017.12.19 본조제목개정)
(2007.12.21 본조개정)
제20조【청문】 교육감은 다음 각 호의 어느 하나에 해당하는 처분을 하려면 청문을 하여야 한다.
1. 제17조제1항에 따른 학원의 등록말소
2. 제17조제2항에 따른 교습소의 폐지명령
(2007.12.21 본조개정)
제21조【권한의 위임·위탁】 ① 이 법에 따른 교육감의 권한은 대통령령으로 정하는 바에 따라 그 일부를 교육장에게 위임할 수 있다.
② (2001.1.26 삭제)
③ 교육감은 제15조의4에 따른 학원설립·운영자, 강사 및 교습자에 대한 연수계획의 시행에 관한 업무의 일부를 대통령령으로 정하는 바에 따라 학원 및 교습소와 관련된 기관 또는 법인에 위탁할 수 있다.(2016.12.20 본항개정)
(2007.12.21 본조개정)
제22조【벌칙】 ① 다음 각 호의 어느 하나에 해당하는 자는 1년 이하의 징역 또는 1천만원 이하의 벌금에 처한다.(2016.5.29 본문개정)
1. 제6조에 따른 등록을 하지 아니하고 학원을 설립·운영한 자
2. 거짓이나 그 밖의 부정한 방법으로 제6조에 따른 등록을 한 자
3. 제14조제1항에 따른 신고를 하지 아니하고 교습소를 설립·운영하거나, 거짓이나 그 밖의 부정한 방법으로 신고하고 교습소를 설립·운영한 자(2011.7.25 본호개정)
4. 제14조의2제1항에 따른 신고를 하지 아니하거나 거짓이나 그 밖의 부정한 방법으로 신고하고 과외교습을 한 자(2008.3.28 본호신설)
② 제3조를 위반하여 과외교습을 한 자는 1년 이하의 금고 또는 1천만원 이하의 벌금에 처한다.(2016.5.29 본항개정)
③ 제19조제2항 각 호에 따른 간판이나 그 밖의 표지물의 제거 또는 시설물의 설치를 거부·방해 또는 기피하거나 게시문을 허락받지 아니하고 제거하거나 못쓰게 만든 자는 200만원 이하의 벌금에 처한다.(2017.12.19 본항개정)
(2007.12.21 본조개정)
제23조【과태료】 ① 다음 각 호의 어느 하나에 해당하는 자에게는 300만원 이하의 과태료를 부과한다.
(2011.7.25 본문개정)
1. 제4조제3항에 따른 안전조치를 취하지 아니한 자
1의2. 제6조제4항을 위반하여 등록증명서를 게시하지 아니한 자(2016.5.29 본호신설)
2. 제10조제1항 또는 제14조제9항에 따른 신고를 하지 아니한 자(2018.12.18 본호개정)
3. 제13조제2항에 따른 강사의 연령·학력·전공과목 및 경력 등에 관한 인적 사항을 게시하지 아니한 자
3의2. 제13조의2에 따른 검증을 하지 아니하고 외국인강사를 채용한 자(2011.7.25 본호신설)
4. 제14조제5항 또는 제14조의2제5항을 위반하여 신고증명서를 게시 또는 제시하지 아니한 자(2018.12.18 본호개정)
5. 제14조제6항 또는 제14조의2제6항의 사유가 발생한 날부터 1개월 이내에 신고증명서의 재발급을 신청하지 아니한 자(2018.12.18 본호개정)
6. (2016.5.29 삭제)
6의2. 제15조제1항에 따른 영수증을 발급하지 아니한 자(2011.7.25 본호신설)
6의3. 제14조의2제10항에 따른 표지를 붙이지 아니한 자(2021.3.23 본호개정)
7. 제15조제3항을 위반하여 교습비등과 그 반환에 관한 사항을 표시·게시·고지하지 아니하거나 같은 조 제4항을 위반하여 교습비등을 거짓으로 표시·게시·고지한 자(2011.7.25 본호개정)
7의2. 제15조제4항을 위반하여 교습비등을 징수한 자(2016.5.29 본호개정)
7의3. 제15조제6항에 따른 교습비등의 조정명령을 위반한 자(2016.5.29 본호신설)
7의4. 제15조의3을 위반하여 장부 또는 서류를 비치·관리하지 아니한 자(2016.12.20 본호신설)
8. 제16조제3항에 따른 보고를 하지 아니하거나 거짓으로 보고를 한 자
9. 제16조제3항에 따른 관계 공무원의 출입·검사를 거부·방해 또는 기피한 자
10. 제18조에 따른 교습비등을 반환하지 아니한 자(2011.7.25 본호개정)
② 제1항에 따른 과태료는 대통령령으로 정하는 바에 따라 교육감이 부과·징수한다.
③~⑤ (2011.7.25 삭제)
(2007.12.21 본조개정)
제24조【적용의 배제】 제2조제1호에 따라 원격으로 교습하는 학원에 대하여는 제4조제3항, 제5조, 제7조, 제8조 및 제16조제2항을 적용하지 아니한다.(2016.12.20 본조개정)

부 칙 (2011.7.25)

제1조【시행일】 이 법은 공포한 날부터 시행한다. 다만, 제13조, 제13조의2, 제14조, 제15조제1항·제3항, 제15조의2, 제16조제6항 및 제18조의 개정규정은 공포 후 3개월이 경과한 날부터 시행한다.
제2조【상급학교 진학에 필요한 컨설팅 등 지도를 하는 학원에 대한 시행일의 특례】 부칙 제1조에도 불구하고 제2조제1호의 개정규정에 따라 학원으로 볼 수 있게 된 상급학교 진학에 필요한 컨설팅 등 지도를 하는 학원에 대하여는 이 법 공포 후 3개월이 경과한 날부터 적용한다.
제3조【외국인강사 연수에 대한 적용례】 제13조제3항의 개정규정은 같은 개정규정 시행 후 최초로 입국하는 외국인강사부터 적용한다.
제4조【교습비등 관련 규정의 적용례】 제15조제4항의 개정규정은 이 법 시행일 전에 교습비등을 등록 또는 신고한 학원설립·운영자 및 교습자에 대하여도 적용한다.
제5조【원격으로 교습하는 학원에 대한 경과조치】 이 법 시행 당시 「평생교육법」 제33조제2항에 따라 신고된 원격대학형태의 평생교육시설 중 제2조제1호의 개정규정에 따라 학원으로 볼 수 있는 시설은 제6조의 개정규정에 따라 등록한 학원으로 본다. 다만, 이 법 시행일부터 6개월 이내에 제6조의 개정규정에 따라 등록하여야 하고, 같은 기한 내에 등록하지 아니한 학원은 기한 종료일 다음 날부터 등록하지 아니한 것으로 본다.
제6조【외국어를 교습하는 외국인강사에 대한 경과조치】 제13조의2의 개정규정 시행 당시 같은 개정규정에 따른 외국인강사로 재직 중인 사람은 같은 개정규정 시행 후 1개월 이내에 같은 개정규정에 따른 서류를 제출하여야 한다.
제7조【벌칙에 관한 경과조치】 이 법 시행 전의 행위에 대한 벌칙의 적용은 종전의 규정에 따른다.

부 칙 (2015.2.3)

제1조【시행일】 이 법은 공포 후 6개월이 경과한 날부터 시행한다.
제2조【학원의 행정처분에 관한 적용례】 제17조제1항제11호의 개정규정은 이 법 시행 후 최초로 발생하는 교통사고로 어린이가 사망하거나 신체에 교육부령으로 정한 중상해를 입은 경우부터 적용한다.

부 칙 (2016.5.29)

제1조【시행일】 이 법은 공포 후 6개월이 경과한 날부터 시행한다.
제2조【등록거부에 관한 적용례】 제6조제6항제1호 및 제2호의 개정규정은 이 법 시행 후의 행위로 제17조제1항에 따른 등록말소 또는 교습정지처분을 받은 경우부터 적용한다.
제3조【결격사유에 관한 적용례】 제9조제1항제6호의2의 개정규정은 이 법 시행 이후의 행위로 제17조제1항에 따라 최초로 교습정지처분을 받은 경우부터 적용한다.
제4조【교습소 신고에 관한 적용례】 제14조제8항의 개정규정은 이 법 시행 후의 행위로 제17조제2항에 따라 최초로 교습정지처분을 받은 경우부터 적용한다.
제5조【행정처분에 관한 경과조치】 이 법 시행 전의 위반행위에 대한 행정처분에 관하여는 종전의 규정에 따른다.
제6조【교습장소가 동일한 개인과외교습자에 대한 경과조치】 이 법 시행 당시 종전의 규정에 따라 개인과외교습자로 신고한 사람 중 교습장소가 그 주거지인 경우로서 해당 장소를 2명 이상이 교습장소로 신고한 경우에는 이 법 시행일부터 6개월 이내에 제14조의2제10항의 개정규정에 적합하도록 하여야 한다.

부 칙 (2018.6.12)

제1조【시행일】 이 법은 공포한 날부터 시행한다.
제2조【금치산자 등의 결격사유에 관한 경과조치】 제9조제1항제1호의 개정규정에도 불구하고 이 법 시행 당시 법률 제10429호 민법 일부개정법률 부칙 제2조에 따라 금치산 또는 한정치산 선고의 효력이 유지되는 사람에 대하여는 종전의 규정에 따른다.

부 칙 (2018.12.18)

제1조【시행일】 이 법은 공포 후 1개월이 경과한 날부터 시행한다. 다만, 제5조의2의 개정규정은 공포 후 6개월이 경과한 날부터 시행한다.
제2조【교습소 설립·운영 등의 신고 또는 변경신고에 관한 적용례】 제14조제2항·제3항 또는 제14조의2제2항·제3항의 개정규정은 이 법 시행 후 제14조제1항 또는 제14조의2제1항에 따라 신고 또는 변경신고를 하는 경우부터 적용한다.

부 칙 (2020.5.26)

제1조【시행일】 이 법은 공포 후 6개월이 경과한 날부터 시행한다.(이하 생략)

부 칙 (2021.3.23)

이 법은 공포한 날부터 시행한다.(이하 생략)

부 칙 (2021.8.17)

제1조【시행일】 이 법은 공포 후 6개월이 경과한 날부터 시행한다.(이하 생략)

부 칙 (2023.4.18)

제1조【시행일】 이 법은 공포 후 6개월이 경과한 날부터 시행한다. 다만, 제2조제1호사목의 개정규정은 공포한 날부터 시행한다.
제2조【폐원신고, 폐소신고 및 개인과외교습 중지 통보 제한에 관한 적용례】 제10조제4항, 제14조제13항 및 제14조의2제12항의 개정규정은 같은 개정규정 시행 이후 행정처분을 하는 경우부터 적용한다.
제3조【교습소의 행정처분에 관한 적용례】 제17조제2항제7호의 개정규정은 같은 개정규정 시행 이후 발생하는 교통사고로 어린이가 사망하거나 신체에 교육부령으로 정하는 중상해를 입은 경우부터 적용한다.

학원의 설립·운영 및 과외교습에 관한 법률 시행령

(1995년 12월 30일
전개대통령령 제14883호)

개정
1996. 2.22영14920호(교육시)
1997.12.31영15598호(행정절시)
1999. 5.10영16294호
2001. 1.29영17115호(직제)
2001. 6.29영17260호(도로교통시)
2001. 7. 7영17296호 2004. 6. 5영18409호
2006.10.27영19717호(게임산업진흥에관한법시)
2007. 3.23영19953호
2008. 2.29영20740호(직제)
2011. 4. 5영22840호 2011.10.25영23250호
2012. 9. 5영24086호
2012. 9.14영24102호(청소년보호법시)
2013. 3.23영24423호(직제)
2013.12.30영25050호(행정규제재검토에따른일부개정령)
2014. 6.11영25375호(지방교육자치에관한법시)
2014.12. 9영25840호(규제기한정비)
2016. 1.22영26922호(제주자치법시)
2016. 3.25영27056호(무형문화재보전및진흥에관한법시)
2016.11.29영27612호
2017. 2. 3영27830호(교육환경보호에관한법시)
2017. 3.20영27938호 2018.12.18영29370호
2018.12.24영29421호(규제기한설정)
2020. 3. 3영30509호(규제기한해제)
2020. 3.31영30547호
2021. 3. 2영31516호(규제기한해제)
2021. 6. 1영31711호 2023.10.10영33786호
2023.11.16영33860호

제1조【목적】 이 영은「학원의 설립·운영 및 과외교습에 관한 법률」에서 위임된 사항과 그 시행에 필요한 사항을 규정함을 목적으로 한다.(2011.10.25 본조개정)

제2조【정의 등】 ① 이 영에서 사용하는 용어의 뜻은 다음과 같다.
1. "계열"이란 서로 유사하거나 관련이 있는 교습과정의 집합을 말한다.
2. "교습과정"이란 학원에서 교습하는 교습과목의 집합을 말한다.
3. "교습과목"이란 교습하는 단위 교과를 말한다.
4. "독서실"이란 학습장소로 제공되는 학원인 시설을 말한다.

②「학원의 설립·운영 및 과외교습에 관한 법률」(이하 "법"이라 한다) 제2조제1호에서 "대통령령으로 정하는 수"란 같은 시간에 교습을 받거나 학습장소로 이용할 수 있는 인원 10명(「장애인 등에 대한 특수교육법」 제15조제1항 각 호의 어느 하나에 해당하는 장애가 있는 사람을 대상으로 하는 경우는 1명)을 말한다.
(2011.10.25 본조개정)

제2조의2 (2021.6.1 삭제)

제3조【과외교습에 해당하지 아니하는 교습행위】 법 제2조제4호다목에서 "대통령령으로 정하는 봉사활동에 속하는 교습행위"란 다음 각 호의 어느 하나에 해당하는 교습행위를 말한다.
1. 근로청소년에 대한 교습행위
2. 장애인의 재활을 위한 교습행위
3. 그 밖에 교육부령으로 정하는 봉사활동에 속하는 교습행위(2013.3.23 본호개정)

(2011.10.25 본조개정)

제3조의2【기타경비의 범위 등】 법 제2조제6호의 "기타경비"의 범위는 별표1과 같다.(2011.10.25 본조신설)

제3조의3【교습과정의 분류 등】 ① 법 제2조의2제2항에 따른 학원의 종류별 교습과정의 분류는 별표2와 같다.
② 교습과정의 등록은 교습내용이 별표2에 따른 분류와 가장 유사하거나 같은 교습내용을 포함할 수 있는 교습과정으로 하여야 한다.
③ 학원을 설립·운영하는 자(이하 "학원설립·운영자"라 한다)는 한 학원에서 둘 이상의 교습과정을 등록·운영할 수 있다.
(2011.10.25 본조개정)

제4조【교육환경의 정화 등】 법 제5조제3항에 따라 행정관청의 협의 요청이 있는 경우 교육감은 협의에 앞서 미리「교육환경 보호에 관한 법률」 제5조제8항에 따른 지역교육환경보호위원회의 심의를 거쳐야 한다.
(2017.2.3 본조개정)

제4조의2【유해업소에서 제외되는 시설의 영업】 법 제5조제4항에서 "대통령령으로 정하는 영업"이란「식품위생법 시행령」 제21조제8호가목에 따른 휴게음식점영업을 말한다.(2023.10.10 본조신설)

제5조【학원 설립·운영의 등록】 ① (1999.5.10 삭제)
② 법 제6조에 따른 학원 설립·운영의 등록을 하려는 자는 교육부령으로 정하는 학원설립·운영등록신청서에 다음 각 호의 사항을 적고, 원칙(院則) 및 교육부령으로 정하는 서류를 첨부하여 교육감에게 제출하여야 한다.
(2013.3.23 본문개정)
1. 학원설립·운영자의 성명, 주민등록번호 및 주소
2. 학원의 명칭과 위치
3. 학원의 종류 및 교습과정
4. 정원
5. 강사명단
6. 교습비등
7. 시설과 설비
8. 개강 예정 연월일

③ 제2항의 원칙에는 다음 각 호의 사항이 포함되어야 한다.
1. 학원의 명칭 및 설립목적과 위치에 관한 사항
2. 수강자의 교습과정별 정원에 관한 사항
3. 교습과정 및 교습일시에 관한 사항
4. 과정 수료의 인정에 관한 사항
5. 교습기간 및 휴강일에 관한 사항
6. 교습비등에 관한 사항
7. 그 밖에 학원의 운영에 필요한 사항

④ 교습과정이 이론 교습과목과 실험·실습 또는 실기 교습과목으로 구성되는 경우에는 이를 분리하여 학원을 설립할 수 없다.
⑤ 교육감은 제2항에 따른 학원 설립·운영등록신청의 내용이 시설기준과 교육환경에 적합한 경우에는 등록을 수리(受理)하여야 한다.
⑥ (2016.11.29 삭제)
(2011.10.25 본조개정)

제5조의2【숙박시설을 갖춘 학교교과교습학원의 등록】 ① 법 제6조제2항에 따른 숙박시설을 갖춘 학교교과교습학원의 등록요건은 다음 각 호와 같다.
1. 별표2 중 학원의 교습과정 중 학교교과교습학원의 보통교과계열에 속하는 교습과정을 운영하는 학원일 것
2. 특별시·광역시·특별자치시·도 및 특별자치도(이하 "시·도"라 한다)의 조례에서 정하는 유치원, 초등학교, 중학교 및 고등학교 또는 이에 준하는 학교에 재학하는 학생에 대한 교습 제한기준을 충족할 것 (2017.3.20 본호개정)
3. 숙박시설을 학원의 시설로 하고, 학원과 동일한 건물이나 학원 건물로부터 300미터 이내에 설치하며, 학원 수강생만 이용할 수 있도록 할 것
4. 숙박시설에 급식시설과 수강생의 안전 및 보건·위생에 적합한 환경과 시설·설비 등을 갖출 것
5. 숙박시설에「국민영양관리법」 제15조에 따른 영양사 면허를 받은 사람(이하 "영양사"라 한다)과 제12조제2항에 따른 강사 자격기준을 갖춘 생활지도 담당인력을 배치할 것

② 제1항에 따른 숙박시설의 위치, 환경기준, 시설·설비기준, 영양사 및 생활지도 담당인력 배치기준 등에 관한 사항은 지역적 여건과 학원의 규모 등을 고려하여 시·도 조례로 정한다.
(2011.10.25 본조개정)

제6조【학원 설립·운영의 조건부등록】 ① 법 제7조에 따라 학원 설립·운영의 조건부등록을 신청하려는 자는 교육부령으로 정하는 학원설립·운영등록신청서에 제5조제2항 각 호의 사항을 적고, 원칙 및 교육부령으로 정하는 서류를 첨부하여 교육감에게 제출하여야 한다.
(2013.3.23 본항개정)
② 교육감은 제1항에 따른 조건부등록신청의 내용이 교육환경에 적합하고 시설기준을 갖출 수 있다고 인정하는 경우에는 1년 이내에 시설과 설비를 갖출 것을 조건으로 하여 등록을 수리할 수 있다. 이 경우 교육감은 조건부 기간 내에 시설과 설비를 갖출 수 없는 부득이한 사유가 있다고 인정하는 경우에는 6개월의 범위에서 그 기간을 연장할 수 있다.
③ 학원 설립·운영의 조건부등록을 한 자는 제2항에 따른 기간 내에 시설과 설비를 갖추어 개강 예정일 10일 전까지 교육감에게 보고하여야 한다.
④ 교육감은 제3항에 따라 보고를 받았을 때에는 시설과 설비의 확보 여부를 조사·확인하고 교육부령으로 정하는 바에 따라 등록증명서를 발급하여야 한다.(2016.11.29 본항개정)
(2011.10.25 본조개정)

제7조【등록사항의 변경】 ① 법 제6조제1항 후단에서 "대통령령으로 정하는 사항"이란 다음 각 호의 사항을 말한다.
1. 학원설립·운영자
2. 학원의 위치
3. 시설과 설비

② 학원설립·운영자가 제1항에 따라 변경등록하여야 할 사항 외의 사항을 변경한 경우에는 지체 없이 교육감에게 통보하여야 한다.
③ 제1항에 따른 변경등록의 절차에 관하여는 제5조를 준용한다. 이 경우 "등록"은 "변경등록"으로 본다.
(2011.10.25 본조개정)

제7조의2~제9조 (2007.3.23 삭제)

제10조【일시 수용능력 초과 교습의 금지 등】 ① 학원설립·운영자는 같은 시간에 해당 시설의 일시 수용능력을 초과하여 교습을 하거나 학습장소로 제공해서는 아니 된다.
② (1999.5.10 삭제)
③ 제1항에도 불구하고 실험·실습 또는 실기 교습이 필요한 학원에서 같은 교습과목을 같은 시간에 같은 장소에서 교습받을 수 있는 학습자의 수는 시·도의 조례로 정한다.
(2011.10.25 본조개정)

제11조 (1999.5.10 삭제)

제12조【강사】 ① 학원설립·운영자는 교습을 담당하는 강사와 학습자의 생활지도에 필요한 인원을 학습자의 학습능률을 극대화할 수 있도록 적정하게 배치하여야 한다.
② 법 제13조제1항에 따른 학원강사의 자격기준은 별표3과 같다.
(2011.10.25 본조개정)

제12조의2【외국인강사의 채용】 ① 법 제13조의2제4호에서 "대통령령으로 정하는 서류"란 다음 각 호의 구분에 따른 서류를 말한다.
1. 국내에서 교습하는 외국인강사를 채용하는 경우 : 다음 각 목의 서류
   가. 여권 및 사증(査證) 사본
   나. 외국인등록증 사본 또는 외국인등록사실증명
2. 별표2 중 국제화 분야에 해당하는 교습과정을 외국에서 원격으로 교습하는 외국인강사를 채용하는 경우 : 여권, 운전면허증 등 신원을 확인할 수 있는 신분증명서 사본

(2023.10.10 본항개정)
② 법 제13조의2에 따라 학원설립·운영자가 검증하여야 하는 서류의 요건 및 검증기준은 교육부령으로 정한다.
(2013.3.23 본항개정)

제13조【교습소 설립·운영의 신고】 ① 법 제14조제1항에 따라 교습소를 설립·운영하려는 사람은 교육부령으로 정하는 교습소설립·운영신고서에 다음 각 호의 사항을 적고, 교육부령으로 정하는 서류를 첨부하여 교육감에게 제출하여야 한다.(2013.3.23 본문개정)
1. 교습자의 성명, 주민등록번호, 주소, 학력, 경력 및 직업
2. 교습소의 명칭 및 위치
3. 교습과목
4. 교습비등

② 교육감은 제1항에 따른 신고내용이 제15조 및 제16조에 적합한 경우에는 교육부령으로 정하는 교습소설립·운영신고증명서를 발급하여야 한다.(2013.3.23 본항개정)
(2011.10.25 본조개정)

제14조【교습소 신고사항의 변경】 법 제14조제1항 후단에 따른 변경신고의 절차에 관하여는 제13조를 준용한다. 이 경우 "신고"는 "변경신고"로 본다.(2011.10.25 본조개정)

제15조【교습자의 자격 등】 ① 법 제14조제8항에 따른 교습자의 자격에 관하여는 제12조제2항을 준용한다.
(2020.3.31 본항개정)
② 교습소에는 강사를 둘 수 없다. 다만, 교습자가 출산 또는 질병 등의 사유로 직접 교습할 수 없는 경우에는 교육감이 정하는 바에 따라 임시교습자를 둘 수 있다.
③ 교습소에는 학습자에 대한 편의제공을 위하여 보조요원 1명을 둘 수 있다.
(2011.10.25 본조개정)

제16조【교습소의 장소 등】 법 제14조제8항에 따른 교습소의 장소·시설·설비 및 학습자의 수는 다음 각 호와 같다.(2020.3.31 본문개정)
1. 교습소에서 같은 시간에 교습 받는 인원은 9명(피아노 교습의 경우에는 5명) 이하일 것
2. 교습소 강의실의 1제곱미터당 수용인원은 0.3명 이하일 것

(2011.10.25 본조개정)

제16조의2【개인과외교습자의 신고 등】 ① 법 제14조의2제1항에 따라 개인과외교습을 하려는 사람은 교육부령으로 정하는 개인과외교습자신고서에 다음 각 호의 사항을 적고, 교육부령으로 정하는 서류를 첨부하여 교육감에게 제출하여야 한다.(2013.3.23 본문개정)
1. 개인과외교습자의 성명, 주민등록번호, 주소, 학력, 전공, 자격 및 경력
2. 교습과목
3. 교습비등
4. 교습장소

② 개인과외교습자는 제1항제1호부터 제4호까지의 사항 중 어느 하나의 사항이 변경된 경우에는 그 사유가 발생한 날부터 15일 이내에 교육부령으로 정하는 변경신고서를 교육감에게 제출하여야 한다.(2013.3.23 본항개정)
(2011.10.25 본조개정)

제16조의3【광고 표시 사항】 법 제15조제3항 전단에서 "등록증명서 또는 신고증명서 내용 중 대통령령으로 정하는 사항"이란 다음 각 호의 사항을 말한다.
1. 등록 또는 신고 번호
2. 학원 또는 교습소 명칭
3. 교습과정 또는 교습과목

(2016.11.29 본조신설)

제17조【교습비등조정위원회】 ① 법 제15조제6항에 따라 교육감은 교습비등의 조정에 관한 사항을 심의하기 위하여「지방교육자치에 관한 법률」 제34조제1항에 따른 교육지원청별로 교습비등조정위원회(이하 "조정위원회"라 한다)를 설치한다.(2016.11.29 본항개정)

② 조정위원회는 위원장 1명을 포함한 7명 이상 11명 이하의 위원으로 구성하며, 위원장은 제3항제1호, 제2호 또는 제5호에 해당하는 위원 중에서 호선(互選)한다.
(2012.9.5 본항개정)
③ 조정위원회의 위원은 다음 각 호의 어느 하나에 해당하는 사람 중에서 교육감이 위촉하거나 임명한다.
1. 다음 각 목의 어느 하나에 해당하는 사람 1명
가. 교육지원청이 소재하는 지방자치단체(「제주특별자치도 설치 및 국제자유도시 조성을 위한 특별법」 제10조제2항에 따른 행정시를 포함한다. 이하 나목에서 같다) 소속의 소비자 물가에 관한 업무를 담당하는 공무원(2016.1.22 본목개정)
나. 교육지원청이 소재하는 지방자치단체를 관할하는 세무관서 소속의 세무공무원(2014.6.11 본목개정)
2. 교육지원청 소속의 학원 업무를 관장하는 과장급 이상 공무원 1명(2014.6.11 본호개정)
3. 학부모 또는 학부모·소비자 관련 단체 관계자 2명 이상
4. 학원설립·운영자, 교습자 또는 개인과외교습자 2명
5. 다음 각 목의 어느 하나에 해당하는 사람 1명 이상
가. 공인회계사 또는 세무사
나. 「고등교육법」 제2조에 따른 대학의 경제학, 경영학, 회계학 또는 교육학 관련 전공 조교수 이상의 교수 또는 해당 전공과 관련된 연구기관의 연구원
다. 그 밖에 교육에 관한 전문지식과 경험이 풍부하다고 교육감이 인정하는 사람
(2012.9.5 본항개정)
④ 조정위원회의 회의에 출석한 위원에게는 예산의 범위에서 수당과 여비를 지급할 수 있다. 다만, 공무원인 위원이 그 소관 업무와 직접적으로 관련되어 출석하는 경우에는 그러하지 아니하다.
⑤ 조정위원회는 필요하다고 인정하면 해당 학원설립·운영자, 교습자 또는 개인과외교습자를 조정위원회에 출석하게 하여 의견을 들을 수 있다.
⑥ 제1항부터 제5항까지에서 규정한 사항 외에 조정위원회의 구성·운영 등에 관한 구체적인 사항은 시·도 교육규칙으로 정한다.
(2011.10.25 본조개정)

제17조의2【교습비등의 조정명령】 ① 교육감은 법 제15조제6항에 따라 학원설립·운영자, 교습자 및 개인과외교습자로부터 다음 각 호의 서류를 제출받아 해당 교육지원청 조정위원회의 심의를 거쳐 교습비등의 조정을 명할 수 있다.(2016.11.29 본문개정)
1. 수입 및 지출 증명자료(2018.12.18 본호개정)
2. 수강생대장 및 교습비등 영수증
3. 강사의 연말정산 자료
4. 세금계산서, 거래명세서, 원가계산서 등 기타경비가 실비임을 증명할 수 있는 서류
5. 그 밖에 교습비등의 적정성을 판단하기 위하여 필요한 서류
② 교육감은 조정명령을 하기 위하여 필요하다고 인정하면 해당 교육지원청 조정위원회의 심의를 거쳐 물가인상률, 전년도 대비 교습비등의 상승률, 교습시간, 지역의 특수성 및 학원의 종류·규모·시설수준 등을 고려한 조정기준을 정할 수 있다.(2014.6.11 본항개정)
(2011.10.25 본조신설)

제17조의3【연수계획】 교육감이 법 제15조의4에 따라 수립·시행하는 연수계획에는 다음 각 호의 사항이 포함되어야 한다.
1. 연수 대상과 인원 등에 관한 사항
2. 연수 과정과 기간 등에 관한 사항
3. 연수와 관련된 지원 등에 관한 사항
4. 그 밖에 연수 운영에 필요한 사항
(2017.3.20 본조신설)

제17조의4【정보공개의 범위】 법 제15조의5제2항에 따른 정보공개의 범위는 다음 각 호와 같다.(2017.3.20 본문개정)
1. 학원 또는 교습소의 명칭
2. 학원 또는 교습소의 주소 및 대표 전화번호
3. 교습과정
4. 교습과목별 정원
5. 교습과목별 교습기간 및 총교습시간
6. 교습비 및 별표1에 따른 항목별 기타경비
7. 학원설립·운영자 명단, 강사명단
8. 교습자 명단
(2011.10.25 본조신설)

제17조의5【포상금의 지급사유 등】 ① 법 제16조제6항에 따른 포상금은 다음 각 호의 어느 하나에 해당하는 행위를 신고한 사람에게 예산의 범위에서 지급한다.
1. 법 제6조에 따른 등록을 하지 아니하고 한 교습행위(보통교과 또는 외국어 교습행위로 한정한다)
2. 법 제14조제1항에 따른 신고를 하지 아니하고 한 교습행위(보통교과 또는 외국어 교습행위로 한정한다)
3. 법 제14조의2제1항에 따른 신고를 하지 아니하고 한 교습행위
4. 법 제15조제4항을 위반하여 표시·게시·고지하거나 교육감에게 등록·신고한 교습비등을 초과하여 징수(학원설립·운영자 또는 교습자인 경우에는 보통교과 또는 외국어 교습비등을 초과하여 징수한 경우로 한정한다)한 행위(2016.11.29 본호개정)
5. (2016.11.29 삭제)
6. 법 제16조제2항에 따라 교육감이 정한 교습시간을 따르지 아니하고 한 교습행위(보통교과 또는 외국어 교습행위로 한정한다)
② 제1항의 신고자가 다음 각 호의 어느 하나에 해당하는 경우에는 포상금을 지급하지 않는다.
1. 미성년자
2. 학원·교습소·개인과외교습자를 지도·감독하는 관계 공무원(해당 업무를 보조하는 공무원이 아닌 사람을 포함한다)
3. 소비자단체의 임직원
(2023.11.16 본항개정)
③ 교육감은 포상금 지급에 필요한 예산을 확보하여야 한다.
④ 포상금의 지급기준, 지급절차 등 그 밖에 필요한 사항은 교육부령으로 정한다.(2013.3.23 본항개정)
(2011.10.25 본조신설)

제18조【교습비등의 반환 등】 ① (2011.10.25 삭제)
② 법 제18조제2항에 따른 교습비등의 반환사유(이하 "반환사유"라 한다)는 다음 각 호와 같다.
1. 법 제5조의2에 따라 학습자가 학원으로부터 격리된 경우(2020.3.31 본호신설)
1의2. 법 제17조제1항 및 제2항에 따라 학원의 등록이 말소되거나 교습소가 폐지된 경우 또는 교습의 정지명령을 받은 경우
2. 학원설립·운영자, 교습자 또는 개인과외교습자가 교습을 할 수 없거나 학습장소를 제공할 수 없게 된 경우(2020.3.31 본호개정)
3. 학습자가 본인의 의사로 수강 또는 학습장소 사용을 포기한 경우
③ 제2항 각 호에 따른 반환사유가 발생한 경우에는 별표4의 반환기준에 따라 반환사유 발생일부터 5일 이내에 교습비등을 반환하여야 한다.
④ 학원설립·운영자 또는 교습자는 해당 학원 또는 교습소의 운영에 지장이 없는 범위에서 교습비등을 감면할 수 있다.
(2011.10.25 본조개정)

제19조【고유식별정보의 처리】 교육감은 다음 각 호의 사무를 수행하기 위하여 필요한 경우 「개인정보 보호법 시행령」 제19조에 따른 주민등록번호, 여권번호, 운전면허의 면허번호 또는 외국인등록번호가 포함된 자료를 제출받아 처리할 수 있다.(2016.11.29 본문개정)
1. 법 제6조에 따른 학원 설립·운영의 등록 및 변경등록에 관한 사무
2. 법 제7조에 따른 학원의 조건부 설립등록에 관한 사무
3. 법 제10조에 따른 학원의 휴원(休院) 또는 폐원의 신고에 관한 사무
4. 법 제14조에 따른 교습소 설립·운영의 신고, 변경신고 및 폐소·휴소(休所)의 신고에 관한 사무
5. 법 제14조의2에 따른 개인과외교습자의 신고 및 변경신고에 관한 사무
(2011.10.25 본조신설)

제20조【권한의 위임·위탁】 ① 교육감은 법 제21조제1항에 따라 다음 각 호의 권한을 교육장에게 위임한다.
1. 법 제5조제3항에 따른 관계 행정기관의 장과의 협의
2. 법 제6조에 따른 학원 설립·운영의 등록 및 변경등록의 수리
3. 법 제7조에 따른 학원 설립·운영의 조건부등록의 수리 및 조건부등록의 말소
4. 법 제10조에 따른 휴원 및 폐원에 관한 신고의 수리
5. 법 제14조에 따른 교습소 설립·운영에 관한 신고 및 변경신고의 수리
6. 법 제14조제9항에 따른 교습소의 휴소 및 폐소에 관한 신고의 수리(2020.3.31 본호개정)
7. 법 제14조의2에 따른 개인과외교습을 하려는 자의 신고의 수리 및 개인과외교습자의 변경신고의 수리 등
8. 법 제15조제6항에 따른 교습비등에 대한 조정명령(2016.11.29 본호개정)
9. 법 제16조제1항·제3항 및 제4항에 따른 학원, 교습소 및 개인과외교습자에 대한 지도·감독
10. 법 제16조제6항에 따른 포상금의 지급
11. 법 제17조에 따른 학원, 교습소 및 개인과외교습자에 대한 행정처분
12. 법 제19조제1항에 따른 학원 또는 교습소의 폐쇄 등을 위한 조치
13. 법 제20조에 따른 청문
14. 법 제23조에 따른 과태료의 부과·징수
15. 제7조제2항에 따른 변경통보의 접수
16. 제17조제3항에 따른 조정위원회 위원의 위촉 또는 임명(2012.9.5 본호개정)
17. 제17조의2에 따른 교습비등의 조정기준 설정과 조정명령
② (2001.6.29 삭제)
③ 교육감은 법 제21조제3항에 따라 법 제15조의4에 따른 학원설립·운영자, 강사 및 교습자에 대한 연수 및 연수와 관련된 조사·연구 등의 업무의 일부를 사단법인 한국학원총연합회 및 교육감이 지정·고시하는 연수기관에 위탁한다. 다만, 연수를 위탁할 경우 교육감은 예산의 범위에서 필요한 예산을 지원할 수 있다.(2017.3.20 본문개정)
(2011.10.25 본조개정)

제20조의2【규제의 재검토】 교육부장관은 다음 각 호의 사항에 대하여 다음 각 호의 기준일을 기준으로 3년마다(매 3년이 되는 해의 기준일과 같은 날 전까지를 말한다) 그 타당성을 검토하여 개선 등의 조치를 해야 한다.
1. 제5조에 따른 학원 설립·운영의 등록 : 2014년 1월 1일
2. 제12조 및 별표3에 따른 학원강사의 자격기준 : 2014년 1월 1일
3. 제16조의2에 따른 개인과외교습자의 신고 및 변경신고 : 2014년 1월 1일
(2021.3.2 본조개정)

제21조【과태료의 부과기준】 법 제23조에 따른 과태료의 부과기준은 별표5와 같다.(2011.10.25 본조개정)

부 칙 (2011.4.5)

제1조【시행일】 이 영은 공포한 날부터 시행한다.
제2조【과태료에 관한 경과조치】 ① 이 영 시행 전의 위반행위에 대하여 과태료의 부과기준을 적용할 때에는 별표4의 개정규정에도 불구하고 종전의 예에 따른다.
② 이 영 시행 전의 위반행위로 받은 과태료 부과처분은 별표4의 개정규정에 따른 위반행위의 횟수 산정에 포함하지 아니한다.

부 칙 (2012.9.5)

제1조【시행일】 이 영은 공포한 날부터 시행한다.
제2조【조정위원회 위원 구성 변경에 따른 종전 위원의 임기에 관한 경과조치】 이 영 시행 전에 종전의 제17조제3항에 따라 조정위원회 위원으로 위촉된 사람은 이 영 시행일에 그 임기가 만료된 것으로 본다.

부 칙 (2018.12.18)

이 영은 공포 후 1년이 경과한 날부터 시행한다. 다만, 제17조의2제1항제1호의 개정규정은 공포한 날부터 시행한다.

부 칙 (2018.12.24)

이 영은 2019년 1월 1일부터 시행한다.

부 칙 (2020.3.3)

이 영은 공포한 날부터 시행한다.

부 칙 (2020.3.31)

제1조【시행일】 이 영은 공포한 날부터 시행한다.
제2조【교습비등의 반환기준에 관한 경과조치】 이 영 시행 전에 제18조제2항제3호에 따른 반환사유가 발생한 경우 교습비등의 반환기준에 관하여는 별표4 제3호의 개정규정에도 불구하고 종전의 규정에 따른다.

부 칙 (2021.3.2)
(2021.6.1)

이 영은 공포한 날부터 시행한다.

부 칙 (2023.10.10)

이 영은 2023년 10월 19일부터 시행한다.

부 칙 (2023.11.16)

제1조【시행일】 이 영은 2024년 1월 1일부터 시행한다.
제2조【포상금 지급에 관한 경과조치】 이 영 시행 전에 제17조의5제1항 각 호의 어느 하나에 해당하는 행위를 신고한 사람에게 이 영 시행 이후 포상금을 지급하는 경우에는 같은 조 제2항의 개정규정에도 불구하고 종전의 규정에 따른다.

[별표] ➡「法典 別冊」참조

디지털 기반의 원격교육 활성화 기본법(약칭 : 원격교육법)

(2021년 9월 24일
법 률 제18459호)

제1장 총 칙

제1조【목적】 이 법은 원격교육에 관한 기본적 사항과 원격교육 시 교육기관의 책무 및 이에 대한 국가 등의 지원에 관한 사항을 정함으로써 교육기관에서 양질의 원격교육이 운영될 수 있도록 하며, 원격교육을 활용한 디지털 기반의 교육 혁신을 지원하여 미래교육의 변화를 이끌어 가는 데 기여하는 것을 목적으로 한다.

제2조【정의】 이 법에서 사용하는 용어의 뜻은 다음과 같다.

1. "교육기관"이란 다음 각 목의 어느 하나에 해당하는 학교 등을 말한다.
가. 「유아교육법」 제2조제2호에 따른 유치원
나. 「초·중등교육법」 제2조에 따른 학교
다. 「고등교육법」 제2조에 따른 학교
라. 「평생교육법」 제31조제2항 및 제4항에 따른 학력·학위가 인정되는 평생교육시설
마. 다른 법령에 따라 설치된 각급학교
2. "정보통신매체"란 유선·무선·광선 또는 그 밖의 방식으로 정보의 검색·수집·저장·가공·처리·송신·수신 및 서비스 제공을 하기 위한 수단으로서 「전기통신사업법」 제2조제2호에 따른 전기통신설비, 「방송통신발전 기본법」 제2조제3호에 따른 방송통신설비, 컴퓨터 또는 우편물 등을 말한다.
3. "원격교육"이란 교육기관이 지능정보기술(「지능정보화 기본법」 제2조제4호에 따른 지능정보기술을 말한다)과 정보통신매체를 이용하여 시간적·공간적 제약에 구애받지 아니하고 실시하는 일체의 교육활동(다수의 교육기관이 공동으로 운영하는 것을 포함한다)을 말한다.
4. "원격교육콘텐츠"란 원격교육을 위하여 사용하는 부호·문자·도형·색채·음성·음향·이미지·영상 및 그 복합체와 관련된 자료 또는 정보를 말한다.

제3조【기본원칙】 ① 교육기관의 장은 교육 목적상 필요한 경우 원격교육을 운영할 수 있다.
② 교육기관의 장은 원격교육을 단독으로 운영하거나 대면(對面)교육과 병행함에 있어 학생에게 양질의 교육이 이루어질 수 있도록 노력하여야 한다.
③ 교육기관의 장은 원격교육을 운영할 때 다음 각 호의 사항이 실현되도록 하여야 한다.
1. 학생이 신체적·정신적 장애, 생활수준 또는 국적 등을 이유로 차별받지 아니하도록 할 것
2. 원격교육 운영과 관련하여 학생 또는 부모 등 보호자가 의견을 제시할 수 있도록 할 것
3. 원격교육 운영과 관련한 교원의 전문성을 존중할 것

제4조【국가와 지방자치단체의 책무】 ① 국가와 지방자치단체[특별시·광역시·특별자치시·도·특별자치도·시·군·구(자치구를 말한다. 이하 같다) 및 특별시·광역시·특별자치시·도·특별자치도의 교육청을 말한다. 이하 같다]는 원격교육에 관한 정책을 수립·시행하며 원격교육의 질을 향상시키기 위한 정책을 추진하기 위하여 필요한 예산상의 조치를 하여야 한다.
② 국가와 지방자치단체는 「장애인 등에 대한 특수교육법」에 따른 장애학생, 「국민기초생활 보장법」에 따른 수급자의 자녀 등 대통령령으로 정하는 원격교육 취약계층 학생이 원격교육에 참여할 수 있도록 필요한 지원을 하여야 한다.
③ 국가와 지방자치단체는 미래 변화에 대응하여 디지털 기반의 원격교육의 효과와 필요성에 대한 국민의 인식을 제고하고 생애주기별 디지털 역량 개발을 위하여 노력하여야 한다.

제5조【다른 법률과의 관계】 원격교육에 관한 다른 법률을 제정 또는 개정하는 경우에는 이 법에 부합되도록 하여야 한다.

제2장 학교등의 원격교육

제6조【학교등의 원격교육 운영 기준】 ① 다음 각 호의 어느 하나에 해당하는 교육기관(이하 "학교등"이라 한다)의 장은 원격교육을 운영할 때 교육부장관이 정하는 범위에서 교육감이 정하는 운영 기준에 따라야 한다.
1. 제2조제1호가목 및 나목의 교육기관
2. 제2조제1호라목의 교육기관 중 「평생교육법」 제31조제2항에 따른 평생교육시설
3. 제2조제1호마목의 교육기관 중 「유아교육법」 및 「초·중등교육법」에 따른 학교교육을 실시하기 위하여 설립된 교육기관
② 교육부장관 또는 교육감은 「재난 및 안전관리 기본법」 제3조제1호에 따른 재난이나 그 밖에 대통령령으로 정하는 사유가 발생하는 경우 원격교육을 운영할 것을 학교등의 장에게 명할 수 있다.
③ 제2항에 따른 명령을 받은 학교등의 장은 특별한 사유가 없으면 원격교육을 운영하여야 한다.

제7조【학교등의 원격교육 인프라】 ① 교육부장관 및 교육감은 학교등의 원격교육 인프라 구축을 위하여 대통령령으로 정하는 바에 따라 다음 각 호의 사항을 지원할 수 있다.
1. 디지털 정보통신매체를 이용한 원격교육시스템의 구축·운영
2. 원격교육콘텐츠의 개발·보급
3. 교육용 정보통신기기 등 원격교육에 필요한 교구·장비 및 정보통신망 등 시설(유지관리비용을 포함한다)
4. 원활한 원격교육을 위한 지원인력의 배치
5. 그 밖에 학교등의 원격교육을 위하여 필요한 사항
② 교육부장관 및 교육감은 제1항에 따른 학교등의 원격교육 인프라 구축에 필요한 예산 또는 교구·장비 및 시설의 지원 등을 위하여 관계 중앙행정기관의 장 또는 특별시장·광역시장·특별자치시장·도지사·특별자치도지사·시장·군수·구청장(자치구의 구청장을 말한다)과 협의할 수 있다.
③ 교육부장관은 학교등의 원격교육을 위하여 필요한 경우 관계 중앙행정기관의 장과 협의하여 제1항제3호에 따른 교육용 정보통신기기에 대한 권장 기준을 정하여 공표할 수 있다.

제8조【학교등의 교육과의 연계】 ① 학교등의 장은 원격교육 인프라를 이용하여 학교등 내에서 디지털 기반의 다양한 교육과정을 운영할 수 있다.
② 교육부장관 및 교육감은 제1항에 따른 교육과정을 활성화할 수 있도록 필요한 정책을 수립·시행할 수 있다.

제9조【대체학습 등 지원】 ① 학교등의 장은 학생이 원격교육에 참여할 수 있도록 노력하여야 하며, 학생이 원격교육에 참여할 수 없는 불가피한 사정이 있는 경우에는 대체학습을 지원하여야 한다.
② 학교등의 장은 원격교육 운영과 관련하여 교육 목적상 필요한 경우 보충학습 등 별도의 교육적 지원을 할 수 있다.

제10조【디지털 미디어 문해 교육 등】 ① 학교등의 장은 학생이 원격교육에 자기주도적으로 참여할 수 있도록 다음 각 호의 사항을 포함하는 디지털 미디어 문해 교육 등을 실시하여야 한다.
1. 디지털 미디어에 대한 접근 및 활용 능력 향상
2. 디지털 미디어에 대한 이해 및 비판 능력 향상
3. 디지털 미디어를 통한 사회참여 능력 향상
4. 디지털 미디어를 통한 민주적 소통 능력 향상
② 국가와 지방자치단체는 학생이 정보통신매체 또는 정보통신기기에 신체적·정신적으로 과도하게 의존하지 아니하도록 「지능정보화 기본법」 제54조에 따른 예방 교육을 실시할 수 있다.

제11조【교과 및 특기·적성 원격교육 과정】 학교등(제2조제1호가목의 교육기관은 제외한다)의 장은 정규 교육과정 이외의 교과 및 특기·적성 프로그램 등을 원격으로 운영할 수 있다.

제3장 대학등의 원격교육

제12조【대학등의 원격교육 운영 기준】 다음 각 호의 어느 하나에 해당하는 교육기관(이하 "대학등"이라 한다)의 원격교육 운영 기준은 교육부장관이 정하는 범위에서 학칙으로 정한다.
1. 제2조제1호다목의 교육기관
2. 제2조제1호라목 및 마목의 교육기관 중 학위를 수여하는 교육기관

제13조【대학등의 원격교육 협력 의무】 ① 대학등의 장은 다른 국내외 대학등의 장과 원격교육과 관련된 정보교환, 원격교육콘텐츠 공동 개발, 학점 교류 및 제15조제1항에 따른 인프라의 공유 등을 위하여 노력하여야 한다.
② 대학등의 장은 평생교육을 활성화하여 사회에 기여할 수 있도록 다양한 원격교육 과정을 공개강좌로 운영할 수 있다.

제14조【대학등의 원격교육관리위원회】 ① 대학등의 장은 원격교육의 원활한 운영·관리를 위하여 교원, 학생, 전문가 등으로 구성된 원격교육관리위원회를 두어야 한다.
② 제1항에 따른 원격교육관리위원회의 구성·운영에 관하여 필요한 사항은 대통령령으로 정한다.

제15조【대학등의 원격교육 인프라】 ① 대학등의 장은 원격교육의 질을 향상시키기 위하여 대통령령으로 정하는 바에 따라 교구·장비 및 시설 등 원격교육 인프라의 구축·운영에 필요한 조치를 하여야 한다.
② 국가 및 지방자치단체는 대학등의 원격교육을 위하여 다음 각 호의 사항을 지원할 수 있다.
1. 원격교육콘텐츠 및 관련 기술 개발
2. 원격교육콘텐츠 개발에 필요한 시설 구축
3. 그 밖에 대통령령으로 정하는 사항
③ 국가 및 지방자치단체는 예산의 범위에서 제2항에 따른 대학등의 원격교육 지원에 필요한 경비를 출연할 수 있다.

제16조【대학등의 원격연구 지원】 교육부장관은 대학등에 소속된 교원(연구자를 포함한다)이 원격으로 학문을 연구할 수 있도록 필요한 지원을 할 수 있다.

제4장 원격교육 활성화 여건 조성

제17조【원격교육콘텐츠 품질 관리】 ① 교육기관의 장은 해당 교육기관이 운영하는 원격교육콘텐츠의 안정적 품질 관리 및 적정한 품질 수준의 확보를 위하여 노력하여야 한다.
② 교육부장관은 원격교육콘텐츠의 품질 관리를 위하여 품질 진단·평가, 개선 지원 등 필요한 정책을 수립·추진할 수 있다.

제18조【원격교육 통계조사 등】 ① 교육부장관은 원격교육 정책의 효율적인 추진과 원격교육 연구를 위한 기초자료 수집을 위하여 원격교육 통계조사를 매년 실시하고 그 결과를 공개하여야 한다.
② 제1항에 따른 원격교육 통계조사와 관련하여 「유아교육법」 제6조의2제2항부터 제8항까지, 「초·중등교육법」 제11조의2제2항부터 제8항까지 및 「고등교육법」 제11조의3제2항부터 제7항까지를 준용한다.
③ 제1항에 따른 원격교육 통계조사의 대상, 절차 및 결과 공개 등에 필요한 사항은 대통령령으로 정한다.

제19조【원격교육 데이터의 처리】 ① 교육부장관 및 교육감은 다음 각 호의 목적을 위하여 필요한 경우 제7조제1항제1호에 따른 원격교육시스템, 「유아교육법」 제19조의2에 따른 유아교육정보시스템 및 「초·중등교육법」 제30조의4에 따른 교육정보시스템 등에서 취득·생산·활용되는 데이터를 대통령령으로 정하는 바에 따라 처리할 수 있다.
1. 학생의 성취수준을 향상시킬 수 있도록 하는 맞춤형 학습 지원
2. 교육기관의 원격교육 질 향상을 위한 교육과정 개발 및 교수·학습방법 개선
3. 그 밖에 교육정책의 수립·개선과 교육행정의 효율적인 집행 및 관리 등을 위하여 필요한 경우로서 대통령령으로 정하는 경우
② 제1항에 따라 처리할 수 있는 원격교육 데이터는 다음 각 호와 같다.
1. 원격교육 과정에서의 학생의 학습량·학습시간·진도율
2. 원격교육 과정에서 학생이 수행한 과제 및 그 과제에 대한 평가 결과
3. 그 밖에 원격교육 과정에서의 학생의 학습에 관한 사항으로서 대통령령으로 정하는 사항
③ 제2항에 따라 처리되는 데이터는 익명처리가 가능한 경우에는 익명처리하거나, 익명처리로 목적을 달성할 수 없는 경우에는 「개인정보 보호법」 제2조제1호의2에 따른 가명처리한 경우에만 정보주체의 동의 없이 이용할 수 있다.
④ 제1항부터 제3항까지에 따른 원격교육 데이터의 수집 절차, 관리 주체, 이용 범위 등에 필요한 사항은 대통령령으로 정한다.

제20조【개인정보 등의 보호】 ① 국가와 지방자치단체, 「공공기관의 운영에 관한 법률」 제4조에 따른 공공기관, 법인·단체 및 개인이 원격교육 과정에서 조사하거나 제공받은 개인 또는 법인·단체의 정보는 이 법과 관련 법률에 근거하지 아니하고 처리되어서는 아니 된다.
② 교육부장관 및 교육감은 원격교육의 운영 과정에서 교원 및 학생의 개인정보를 보호하기 위하여 필요한 정책을 마련하여야 한다.

제21조【교원의 원격교육 전념을 위한 환경 조성】 교육부장관·교육감 및 대학등의 장은 교육기관의 교원이 질 높은 원격교육을 위하여 전념할 수 있도록 필요한 지원을 할 수 있다.

제22조【원격교육 전문기관의 지정·운영】 ① 교육부장관은 이 법에 따른 업무를 효율적으로 수행하기 위하여 대통령령으로 정하는 바에 따라 원격교육 전문기관(이하 이 조에서 "전문기관"이라 한다)을 지정하여 그 업무를 위탁할 수 있다.
② 전문기관은 다음 각 호에 따른 업무의 전부 또는 일부를 수행한다.
1. 제4조제2항에 따른 원격교육 취약계층의 지원에 관한 사항
2. 교육기관의 원격교육 인프라 지원에 관한 사항
3. 원격교육콘텐츠의 품질 관리에 관한 사항
4. 원격교육 통계조사에 관한 사항
5. 원격교육 데이터의 처리 및 분석에 관한 사항
6. 교원 및 학생의 개인정보 보호 등에 관한 사항
7. 그 밖에 교육부장관이 지정 또는 요청하는 업무
③ 교육부장관은 제1항에 따라 위탁한 업무의 수행에 필요한 경비를 지원할 수 있다.
④ 교육부장관은 전문기관이 다음 각 호의 어느 하나에 해당하는 경우에는 그 지정을 취소할 수 있다. 다만, 제1호에 해당하는 경우에는 지정을 취소하여야 한다.
1. 거짓이나 그 밖의 부정한 방법으로 지정을 받은 경우
2. 제6항에 따른 지정 기준에 적합하지 아니하게 된 경우
⑤ 교육부장관은 제4항에 따라 지정을 취소하려는 경우에는 청문을 하여야 한다.
⑥ 제1항에 따른 전문기관의 지정 기준, 지정 절차 및 그 밖에 필요한 사항은 대통령령으로 정한다.

제23조【민간 및 국제 협력】 ① 교육부장관은 원격교육과 관련한 민간 및 다른 국가(국제기구를 포함한다)와의 협력을 통하여 다음 각 호의 업무 등을 추진할 수 있다.
1. 원격교육 기술 정보와 인력의 교류 지원(교육훈련을 포함한다)
2. 원격교육 전문기술의 조사 및 연구
3. 원격교육 산업 생태계 조성을 위한 관련 기술의 개발·응용 및 운영 지원
4. 원격교육 관련 공동 사업의 추진 및 협력체계 구축
5. 그 밖에 원격교육 활성화를 위하여 필요한 민간 및 국제 협력에 관한 사항

② 교육부장관은 예산의 범위에서 제1항에 따른 협력 업무를 추진하는 데 필요한 비용의 전부 또는 일부를 지원할 수 있다.

제5장 보 칙

제24조【관계 행정기관 등의 협조 요청】 ① 교육부장관은 이 법의 시행을 위하여 필요하면 관계 행정기관의 장이나 그 밖의 관계 기관·단체의 장에게 자료 제공 및 의견 제출 등의 협조를 요청할 수 있다.
② 제1항에 따른 협조를 요청받은 자는 특별한 사정이 없으면 이에 따라야 한다.
제25조【권한의 위임 및 위탁】 ① 이 법에 따른 교육부장관의 권한은 대통령령으로 정하는 바에 따라 그 일부를 교육감에게 위임하거나 관계 중앙행정기관의 장에게 위탁할 수 있다.
② 이 법에 따른 교육부장관 또는 교육감의 업무는 그 일부를 대통령령으로 정하는 바에 따라 관련 기관·법인이나 단체에 위탁할 수 있다.

부 칙

이 법은 공포 후 6개월이 경과한 날부터 시행한다.

학교보건법

(1967년 3월 30일
법 률 제1928호)

개정
1977. 7.23법 3006호 <중략>
2007. 4.11법 8366호(의료법)
2007. 4.27법 8391호
2007. 5.17법 8466호(수질수생태계보전)
2007. 8. 3법 8578호 2007.12.14법 8678호
2008. 2.29법 8852호(정부조직)
2008. 3.21법 8912호
2009. 6. 9법 9770호(소음·진동관리법)
2009.12.29법 9847호(감염병)
2010. 1.18법 9932호(정부조직)
2011. 9.15법 11048호(청소년보호법)
2011.12.31법 11141호(국민보험)
2012. 1.26법 11220호
2012. 3.21법 11384호(초중교육)
2012. 3.21법 11386호
2013. 3.23법 11690호(정부조직)
2013.12.30법 12131호
2016. 1.27법 13879호(수질수생태계보전)
2016. 2. 3법 13946호 2016. 3. 2법 14055호
2016.12.20법 14402호
2017. 1.17법 14532호(물환경보전법)
2017. 7.26법 14839호(정부조직)
2017.11.28법 15043호
2018. 3.27법 15534호(감염병)
2018.12.18법 15965호 2019. 4. 2법 16304호
2019. 4.23법 16339호 2019.12.10법 16748호
2020. 8.11법 17472호(정부조직)
2020.10.20법 17497호
2021. 3.23법 17954호(법률용어정비)
2021. 6. 8법 18196호 2021. 9.24법 18462호
2021.12.28법 18640호

제1조【목적】 이 법은 학교의 보건관리에 필요한 사항을 규정하여 학생과 교직원의 건강을 보호·증진함을 목적으로 한다.(2016.2.3 본조개정)
제2조【정의】 이 법에서 사용하는 용어의 뜻은 다음과 같다.
1. "건강검사"란 신체의 발달상황 및 능력, 정신건강 상태, 생활습관, 질병의 유무 등에 대하여 조사하거나 검사하는 것을 말한다.(2012.1.26 본호개정)
2. "학교"란 「유아교육법」 제2조제2호, 「초·중등교육법」 제2조 및 「고등교육법」 제2조에 따른 각 학교를 말한다.
3. "관할청"이란 다음 각 목의 구분에 따른 지도·감독기관을 말한다.
가. 「유아교육법」 제7조제1호에 따른 국립유치원 및 「초·중등교육법」 제3조제1호에 따른 국립학교 : 교육부장관
나. 「유아교육법」 제7조제2호·제3호에 따른 공립유치원·사립유치원 및 「초·중등교육법」 제3조제2호·제3호에 따른 공립학교·사립학교 : 교육감
다. 「고등교육법」 제2조에 따른 학교 : 교육부장관
(2020.10.20 본호신설)
(2007.12.14 본조개정)
제2조의2【국가와 지방자치단체의 의무】 국가와 지방자치단체는 학생과 교직원의 건강을 보호·증진하기 위한 기본계획을 수립·시행하고, 이에 필요한 시책을 마련하여야 한다.(2007.12.14 본조개정)
제2조의3【학생건강증진 기본계획의 수립·시행】 ① 교육부장관은 5년마다 학생의 신체 및 정신건강 증진을 위한 기본계획(이하 "기본계획"이라 한다)을 수립·시행하여야 한다.
② 기본계획에는 다음 각 호의 사항이 포함되어야 한다.
1. 학생의 건강증진을 위한 기본방향 및 목표
2. 학생의 건강증진을 위한 주요 추진과제 및 추진방법
3. 그 밖에 학생의 건강증진을 위하여 필요한 사항

③ 교육부장관은 기본계획의 수립·시행에 필요한 자료의 제공 등을 관계 중앙행정기관의 장 및 그 밖의 기관·단체의 장에게 요청할 수 있다. 이 경우 자료의 제공 등을 요청받은 관계 중앙행정기관의 장 및 그 밖의 기관·단체의 장은 특별한 사유가 없으면 이에 따라야 한다.
④ 그 밖에 기본계획의 수립·시행에 필요한 사항은 대통령령으로 정한다.
(2021.9.24 본조신설)
제3조【보건시설 등】 학교의 설립자·경영자는 대통령령으로 정하는 바에 따라 보건실을 설치하고 학교보건에 필요한 시설과 기구(器具) 및 용품을 갖추어야 한다.
(2018.12.18 본조개정)
제4조【학교의 환경위생 및 식품위생】 ① 학교의 장은 교육부령으로 정하는 바에 따라 학교시설〔교사대지(校舍垈地)·체육장, 교사·체육관·기숙사 및 급식시설, 교사대지 또는 체육장 안에 설치되는 강당 등을 말한다. 이하 같다〕에서의 환기·채광·조명·온도·습도의 조절과 유해중금속 등 유해물질의 예방 및 관리, 상하수도·화장실의 설치 및 관리, 오염공기·석면·폐기물·소음·휘발성유기화합물·세균·먼지 등의 예방 및 처리 등 환경위생과 식기·식품·먹는 물의 관리 등 식품위생을 적절히 유지·관리하여야 한다.(2019.4.23 본항개정)
② 학교의 장은 제1항에 따라 학교시설에서의 환경위생 및 식품위생을 적절히 유지·관리하기 위하여 교육부령으로 정하는 바에 따라 연 2회 이상 점검하고, 그 결과를 기록·보존 및 보고하여야 한다. 이 경우 환경위생 점검을 위한 공기 질 점검 시 학교운영위원회 위원 또는 학부모가 참관을 요청하는 경우에는 이를 허용하여야 한다.(2021.12.28 전단개정)
③ 학교의 장은 제2항에 따른 점검에 관한 업무를 교육부령으로 정하는 바에 따라 「환경분야 시험·검사 등에 관한 법률」 제16조에 따른 측정대행업자에게 위탁하거나 교육감에게 전문인력 등의 지원을 요청하여 수행할 수 있다.
④ 학교의 장은 제2항과 제3항에 따른 점검 결과가 교육부령으로 정하는 기준에 맞지 아니한 경우에는 지체 없이 시설의 보완 등 필요한 조치를 하고 이를 교육부장관 및 교육감에게 보고하여야 한다.(2021.12.28 본항개정)
⑤ 교육부장관이나 교육감은 제1항에 따른 환경위생과 식품위생을 적절히 유지·관리하기 위하여 필요하다고 인정하면 관계 공무원에게 학교에 출입하여 제2항에 따른 점검을 하거나 점검 결과의 기록 등을 확인하게 할 수 있으며, 개선이 필요한 경우에는 행정적·재정적 지원을 할 수 있다.
⑥ 학교의 장은 제2항 및 제4항에 따른 환경위생 및 식품위생 점검 결과 및 보완 조치를 학교의 인터넷 홈페이지 또는 교육부장관이 운영하는 공시 관련 홈페이지를 통하여 공개하여야 한다. 이 경우 측정된 수치는 최초측정과 재측정 이력을 포함하여야 한다.(2019.4.2 본항개정)
⑦ 학교의 장은 제2항에 따른 학교시설의 환경위생 점검을 실시하여 심각한 유해물질의 지속적 발생의 가능성이 확인된 경우 관할 교육감에게 특별점검을 요청하여야 하고, 교육감은 이에 특별점검을 실시하고 대책을 수립·실행하여야 한다.(2019.4.23 본항신설)
(2013.3.23 본조개정)
제4조의2【공기 질의 유지·관리 특례】 ① 학교의 장은 제4조제2항에 따른 공기 질의 위생점검을 상·하반기에 각각 1회 이상 실시하여야 한다.
② 학교의 장은 제4조제2항 및 제3항에 따라 교사 안에서의 공기 질을 측정하는 장비에 대하여 교육부령으로 정하는 바에 따라 매년 2회 이상 정기적으로 점검을 실시하여야 한다.(2021.12.28 본항개정)
(2019.4.2 본조신설)
제4조의3【공기정화설비 등 설치】 학교(「고등교육법」 제2조에 따른 학교는 제외한다)의 장은 교사 안에서의 공기 질 관리를 위하여 교육부령으로 정하는 바에 따라 각 교실에 공기를 정화하는 설비 및 미세먼지를 측정하는 기기를 설치하여야 한다.(2019.4.2 본조신설)
제5조【대기오염대응매뉴얼의 작성 등】 ① 교육부장관은 대기오염에 효과적으로 대응하기 위하여 환경부장관과의 협의를 거쳐 「대기환경보전법」 제7조의2의 대기오염도 예측결과에 따른 대응 매뉴얼(이하 "대기오염대응매뉴얼"이라 한다)을 작성·배포하여야 한다.
② 대기오염대응매뉴얼에는 대응 단계별 전파요령, 실외수업에 대한 점검 및 조치, 실내 공기질 관리를 위한 조치사항 등 대통령령으로 정하는 내용이 포함되어야 한다.
③ 학교의 장은 대기오염대응매뉴얼에 따라 학생 및 교직원의 세부 행동요령을 수립하고 학생 및 교직원에게 세부 행동요령에 관한 교육을 실시하여야 한다.
④ 그 밖에 대기오염대응매뉴얼의 작성·배포, 세부 행동요령의 수립에 필요한 사항은 대통령령으로 정한다.
(2018.12.18 본조신설)
제6조~제6조의3 (2016.2.3 삭제)
제7조【건강검사 등】 ① 학교의 장은 학생과 교직원에 대하여 건강검사를 하여야 한다. 다만, 교직원에 대한 건강검사는 「국민건강보험법」 제52조에 따른 건강검진으로 갈음할 수 있다.(2011.12.31 단서개정)
② 학교의 장은 제1항에 따라 건강검사를 할 때에 질병의 유무 등을 조사하거나 검사하기 위하여 다음 각 호의 어느 하나에 해당하는 학생에 대하여는 「국민건강보험법」 제52조에 따른 건강검진 실시 기관에 의뢰하여 교육부령으로 정하는 사항에 대한 건강검사를 한다.(2013.3.23 본문개정)
1. 「초·중등교육법」 제2조제1호의 학교와 이에 준하는 특수학교·각종학교의 1학년 및 4학년 학생. 다만, 구강검진은 전 학년에 대하여 실시하되, 그 방법과 비용 등에 관한 사항은 지역실정에 따라 교육감이 정한다.
(2012.3.21 본문개정)
2. 「초·중등교육법」 제2조제2호·제3호의 학교와 이에 준하는 특수학교·각종학교의 1학년 학생(2012.3.21 본호개정)
3. 그 밖에 건강을 보호·증진하기 위하여 교육부령으로 정하는 학생(2013.3.23 본호개정)

③ 학교의 장은 제2항에 따른 건강검사 외에 학생의 건강을 보호·증진하기 위하여 필요하다고 인정하면 교육부령으로 정하는 바에 따라 그 학생을 별도로 검사할 수 있다.(2013.3.23 본항개정)
④ 학교의 장은 제1항과 제2항에도 불구하고 천재지변 등 부득이한 사유로 관할 교육감 또는 교육장의 승인을 받은 경우에는 교육부령으로 정하는 바에 따라 건강검사를 연기하거나 건강검사의 전부 또는 일부를 생략할 수 있다.(2013.3.23 본항개정)
⑤ 제2항에 따라 건강검사를 한 검진기관은 교육부령으로 정하는 바에 따라 그 검사결과를 해당 학생 또는 학부모와 해당 학교의 장에게 알려야 한다.(2013.3.23 본항개정)
⑥ 학교의 장은 제2조제1호의 정신건강 상태 검사를 실시할 때 필요한 경우에는 학부모의 동의 없이 실시할 수 있다. 이 경우 학교의 장은 지체 없이 해당 학부모에게 검사 사실을 통보하여야 한다.(2021.3.23 전단개정)
⑦ 제1항과 제2항에 따른 건강검사의 시기, 방법, 검사항목 및 절차 등에 관하여 필요한 사항은 교육부령으로 정한다.(2013.3.23 본항개정)
제7조의2【학생건강증진 시행계획의 수립·시행 등】 ① 교육감은 기본계획에 따라 매년 지역의 여건 및 특색을 고려하여 학생의 신체 및 정신건강 증진을 위한 학생건강증진 시행계획을 수립·시행하여야 한다.(2021.9.24 본항개정)
② 제1항에 따른 계획에는 제11조에 따른 학교의 장의 조치를 행정적 또는 재정적으로 지원하는 방안을 포함하여야 한다.(2013.12.30 본항신설)
③ 학교의 장은 제7조에 따른 건강검사의 결과를 평가하여 이를 바탕으로 학생건강증진계획을 수립·시행하여야 한다.
④ 학교의 장은 제3항에 따라 건강검사의 결과를 평가하고, 학생정신건강증진계획을 수립하기 위하여 제15조제1항에 따른 학교의사 또는 학교약사에게 자문을 할 수 있다.
(2021.9.24 본조제목개정)
(2013.12.30 본조개정)
제7조의3【건강검사기록】 ① 학교의 장은 제7조에 따라 건강검사를 하였을 때에는 그 결과를 교육부령으로 정하는 기준에 따라 작성·관리하여야 한다.(2013.3.23 본항개정)
② 학교의 장이 제1항에 따라 건강검사 결과를 작성·관리할 때에 「초·중등교육법」 제30조의4에 따른 교육정보시스템을 이용하여 처리하여야 하는 자료는 다음과 같다.
1. 인적사항
2. 신체의 발달상황 및 능력
3. 그 밖에 교육목적을 이루기 위하여 필요한 범위에서 교육부령으로 정하는 사항(2013.3.23 본호개정)

③ 학교의 장은 소속 학교의 학생이 전출하거나 고등학교까지의 상급학교에 진학할 때에는 그 학교의 장에게 제1항에 따른 자료를 넘겨 주어야 한다.
(2007.12.14 본조개정)
제8조【등교 중지】 ① 학교의 장은 제7조에 따른 건강검사의 결과나 의사의 진단 결과 감염병에 감염되었거나 감염된 것으로 의심되거나 감염될 우려가 있는 학생 또는 교직원에 대하여 대통령령으로 정하는 바에 따라 등교를 중지시킬 수 있다.
② 교육부장관은 감염병으로 인하여 「재난 및 안전관리 기본법」 제38조제2항에 따른 주의 이상의 위기경보가 발령되는 경우 다음 각 호의 어느 하나에 해당하는 학생 또는 교직원에 대하여 질병관리청장과 협의하여 등교를 중지시킬 것을 학교의 장에게 명할 수 있다. 이 경우 해당 학교의 관할청을 경유하여야 한다.
1. 「검역법」 제2조제7호에 따른 검역관리지역 또는 같은 조 제8호에 따른 중점검역관리지역에 체류하거나 그 지역을 경유한 사람으로서 같은 조 제1호에 따른 검역감염병의 감염이 우려되는 사람

2. 감염병 발생지역에 거주하는 사람 또는 그 지역에 출입하는 사람으로서 감염병에 감염되었을 것으로 의심되는 사람
3. 「감염병의 예방 및 관리에 관한 법률」 제42조제2항제1호에 따라 자가(自家) 또는 시설에 격리된 사람의 가족 또는 그 동거인
4. 그 밖에 학교 내 감염병의 차단과 확산 방지 등을 위하여 등교 중지가 필요하다고 인정되는 사람
(2020.10.20 본항신설)
③ 제2항에 따른 명을 받은 학교의 장은 해당 학생 또는 교직원에 대하여 지체 없이 등교를 중지시켜야 한다.
(2020.10.20 본항신설)
(2020.10.20 본조개정)

제8조의2【등교 중지를 위한 개인정보의 처리 등】 교육부장관, 관계 중앙행정기관(그 소속기관을 포함한다)의 장, 교육감 및 학교의 장은 제8조제2항에 따른 등교 중지를 위하여 필요한 경우 「개인정보 보호법」 제24조에 따른 고유식별정보를 처리할 수 있다. 이 경우 개인정보의 보호에 관한 사항은 「개인정보 보호법」에 따른다.
(2020.10.20 본조신설)

제9조【학생의 보건관리】 학교의 장은 학생의 신체발달 및 체력증진, 질병의 치료와 예방, 음주·흡연과 마약류를 포함한 약물 오용(誤用)·남용(濫用)의 예방, 성교육, 이동통신단말장치 등 전자기기의 과의존 예방, 도박 중독의 예방 및 정신건강 증진 등을 위하여 보건교육을 실시하고 필요한 조치를 하여야 한다.(2021.12.28 본조개정)

제9조의2【보건교육 등】 ① 교육부장관은 「유아교육법」 제2조제2호에 따른 유치원 및 「초·중등교육법」 제2조에 따른 학교에서 모든 학생들을 대상으로 심폐소생술 등 응급처치에 관한 교육을 포함한 보건교육을 체계적으로 실시하여야 한다. 이 경우 보건교육의 실시 시간, 도서 등 그 운영에 필요한 사항은 교육부장관이 정한다.
② 「유아교육법」 제2조제2호에 따른 유치원의 장 및 「초·중등교육법」 제2조에 따른 학교의 장은 교육부령으로 정하는 바에 따라 매년 교직원을 대상으로 심폐소생술 등 응급처치에 관한 교육을 실시하여야 한다.
③ 「유아교육법」 제2조제2호에 따른 유치원의 장 및 「초·중등교육법」 제2조에 따른 학교의 장은 제2항에 따른 응급처치에 관한 교육과 연관된 프로그램의 운영 등을 관련 전문기관·단체 또는 전문가에게 위탁할 수 있다.(2016.12.20 본항신설)
(2016.12.20 본조개정)

제10조【예방접종 완료 여부의 검사】 ① 초등학교와 중학교의 장은 학생이 새로 입학한 날부터 90일 이내에 시장·군수 또는 구청장(자치구의 구청장을 말한다. 이하 같다)에게 「감염병의 예방 및 관리에 관한 법률」 제27조에 따른 예방접종증명서를 발급받아 같은 법 제24조 및 제25조에 따른 예방접종을 모두 받았는지를 검사한 후 이를 교육정보시스템에 기록하여야 한다.(2016.2.3 본항개정)
② 초등학교와 중학교의 장은 제1항에 따른 검사결과 예방접종을 모두 받지 못한 입학생에게는 필요한 예방접종을 받도록 지도하여야 하며, 필요하면 관할 보건소장에게 예방접종 지원 등의 협조를 요청할 수 있다.
(2007.12.14 본조개정)

제11조【치료 및 예방조치 등】 ① 학교의 장은 제7조에 따른 건강검사의 결과 질병에 감염되었거나 감염될 우려가 있는 학생에 대하여 질병의 치료 및 예방에 필요한 조치를 하여야 한다.
② 학교의 장은 제7조제1항에 따라 학생에 대하여 제2조제1호의 정신건강 상태를 검사한 결과 필요하면 학생 정신건강 증진을 위한 다음 각 호의 조치를 하여야 한다.
1. 학생·학부모·교직원에 대한 정신건강 증진 및 이해 교육
2. 해당 학생에 대한 상담 및 관리
3. 해당 학생에 대한 전문상담기관 또는 의료기관 연계
4. 그 밖에 학생 정신건강 증진을 위하여 필요한 조치
(2013.12.30 본항신설)
③ 교육감은 검사비, 치료비 등 제2항 각 호의 조치에 필요한 비용을 지원할 수 있다.(2013.12.30 본항신설)
④ 학교의 장은 제1항 및 제2항의 조치를 위하여 필요하면 보건소장에게 협조를 요청할 수 있으며 보건소장은 정당한 이유 없이 이를 거부할 수 없다.(2013.12.30 본항개정)
(2013.12.30 본조제목개정)
(2007.12.14 본조개정)

제12조【학생의 안전관리】 학교의 장은 학생의 안전사고를 예방하기 위하여 학교의 시설·장비의 점검 및 개선, 학생에 대한 안전교육, 그 밖에 필요한 조치를 하여야 한다.(2007.12.14 본조개정)

제13조【교직원의 보건관리】 학교의 장은 제7조제1항에 따른 건강검사 결과 필요하거나 건강검사를 갈음하는 건강검진의 결과 필요하면 교직원에 대하여 질병 치료와 근무여건 개선 등 필요한 조치를 하여야 한다.
(2007.12.14 본조개정)

제14조【질병의 예방】 ① 학교의 장은 감염병 예방과 학교의 보건에 필요하면 휴업을 할 수 있다.
② 관할청은 감염병 예방과 학교의 보건에 필요하면 해당 학교에 대하여 다음 각 호의 어느 하나에 해당하는 조치를 명할 수 있다. 다만, 교육부장관은 제2조제3호가목의 학교의 경우에는 그 권한을 교육감에게 위임할 수 있다.
1. 학년 또는 학교 전체에 대한 휴업 또는 등교수업일 조정
2. 휴교(휴원을 포함한다)
③ 제1항 및 제2항에도 불구하고 감염병으로 인하여 「재난 및 안전관리 기본법」 제38조제2항에 따른 주의 이상의 위기경보가 발령되어 제1항 또는 제2항에 따른 조치를 하는 경우 학교의 장은 관할청의 동의를, 교육감은 교육부장관의 동의를 받아야 한다.
(2020.10.20 본조개정)

제14조의2【감염병 예방접종의 시행】 시장·군수 또는 구청장이 「감염병의 예방 및 관리에 관한 법률」 제24조 및 제25조에 따라 학교의 학생 또는 교직원에게 감염병의 필수 또는 임시 예방접종을 할 때에는 그 학교의 학교의사 또는 보건교사(간호사 면허를 가진 보건교사로 한정한다. 이하 같다)를 접종요원으로 위촉하여 그들로 하여금 접종하게 할 수 있다. 이 경우 보건교사에 대하여는 「의료법」 제27조제1항을 적용하지 아니한다.
(2018.3.27 전단개정)

제14조의3【감염병예방대책의 마련 등】 ① 교육부장관은 감염병으로부터 학생과 교직원을 보호하기 위하여 다음 각 호의 사항이 포함된 대책(이하 "감염병예방대책"이라 한다)을 마련하여야 한다. 이 경우 행정안전부장관 및 질병관리청장과 협의하여야 한다.(2020.8.11 후단개정)
1. 감염병의 예방·관리 및 후속조치에 관한 사항
2. 감염병 대응 관련 매뉴얼에 관한 사항
3. 감염병과 관련한 학교의 보건·위생에 관한 사항
4. 그 밖에 감염병과 관련하여 대통령령으로 정하는 사항
② 교육부장관은 제1항에 따라 감염병예방대책을 마련한 때에는 특별시장·광역시장·특별자치시장·도지사·특별자치도지사, 교육감 및 학교에 알려야 한다.
③ 교육감은 교육부장관의 감염병예방대책을 토대로 지역 실정에 맞는 감염병 예방 세부 대책을 마련하여야 한다.
④ 교육부장관과 질병관리청장은 학교에서 감염병을 예방하기 위하여 긴밀한 협력 체계를 구축하고 감염병 발생 현황에 관한 정보 등 대통령령으로 정하는 정보(이하 "감염병정보"라 한다)를 공유하여야 한다.(2020.8.11 본항개정)
⑤ 학교의 장은 해당 학교에 감염병에 걸렸거나 의심이 되는 학생 및 교직원이 있는 경우 즉시 교육감을 거쳐 교육부장관에게 보고하여야 한다.(2021.3.23 본항개정)
⑥ 교육부장관은 제4항에 따른 공유를 하였거나 제5항에 따른 보고를 받은 경우 감염병의 확산을 방지하기 위하여 감염병정보를 신속히 공개하여야 한다.
⑦ 제4항부터 제6항까지에 따른 공유, 보고 및 공개의 방법과 절차는 교육부령으로 정한다.
(2016.3.2 본조신설)

제14조의4【감염병대응매뉴얼의 작성 등】 ① 교육부장관은 학교에서 감염병에 효과적으로 대응하기 위하여 질병관리청장과의 협의를 거쳐 감염병 유형에 따른 대응 매뉴얼(이하 "감염병대응매뉴얼"이라 한다)을 작성·배포하여야 한다.(2020.8.11 본항개정)
② 감염병대응매뉴얼의 작성·배포 등에 필요한 사항은 대통령령으로 정한다.
(2016.3.2 본조신설)

제15조【학교에 두는 의료인·약사 및 보건교사】 ① 학교에는 대통령령으로 정하는 바에 따라 학생과 교직원의 건강관리를 지원하는 「의료법」 제2조제1항에 따른 의료인과 「약사법」 제2조제2호에 따른 약사를 둘 수 있다.
(2012.1.26 본항개정)
② 학교(「고등교육법」 제2조 각 호에 따른 학교는 제외한다. 이하 이 조 및 제15조의2에서 같다)에 제9조의2에 따른 보건교육과 학생들의 건강관리를 담당하는 보건교사를 두어야 한다. 다만, 대통령령으로 정하는 일정 규모 이하의 학교에는 순회 보건교사를 둘 수 있다.(2021.6.8 본문개정)
③ 제2항에 따라 보건교사를 두는 경우 대통령령으로 정하는 일정 규모 이상의 학교에는 2명 이상의 보건교사를 두어야 한다.(2021.6.8 본항신설)
(2012.1.26 본조제목개정)

제15조의2【응급처치 등】 ① 학교의 장은 사전에 학부모의 동의와 전문의약품을 처방한 의사의 자문을 받아 제15조제2항 및 제3항에 따른 보건교사 또는 순회 보건교사(이하 이 조에서 "보건교사등"이라 한다)로 하여금 제1형 당뇨로 인한 저혈당쇼크 또는 아나필락시스 쇼크로 인하여 생명이 위급한 학생에게 투약행위 등 응급처치를 제공하게 할 수 있다. 이 경우 보건교사등에 대하여는 「의료법」 제27조제1항을 적용하지 아니한다.(2021.6.8 전단개정)
② 보건교사등이 제1항에 따라 생명이 위급한 학생에게 응급처치를 제공하여 발생한 재산상 손해와 사상(死傷)에 대하여 고의 또는 중대한 과실이 없는 경우 해당 보건교사등은 민사책임과 상해(傷害)에 대한 형사책임을 지지 아니하며 사망에 대한 형사책임은 감경하거나 면제할 수 있다.
③ 학교의 장은 질병이나 장애로 인하여 특별히 관리·보호가 필요한 학생을 위하여 보조인력을 둘 수 있다. 이 경우 보조인력의 역할, 요건 등에 관하여는 교육부령으로 정한다.
(2017.11.28 본조신설)

제16조【보건기구의 설치 등】 교육감 및 교육장 소속으로 대통령령으로 정하는 바에 따라 학교의 보건 관리에 필요한 기구(機構)와 공무원을 둘 수 있다.(2007.12.14 본조개정)

제16조의2【학생건강증진 전문기관의 설립 등】 ① 교육부장관은 교육감과 협의하여 학생의 신체 및 정신건강 증진을 지원하기 위하여 다음 각 호의 업무를 수행하기 위한 전문기관(이하 "학생건강증진 전문기관"이라 한다)을 설립하거나 지정할 수 있다.
1. 기본계획 수립의 지원
2. 국내외 학생의 신체 및 정신건강에 관한 정보·자료의 수집·분석, 통계 작성 및 간행물 발간
3. 학생의 신체 및 정신건강에 대한 교육자료 개발
4. 학생의 신체 및 정신건강을 위한 교직원 및 관계자, 학부모 등에 대한 교육훈련 및 지원
5. 학생의 건강증진과 관련한 정보시스템 구축·운영
6. 그 밖에 학생의 건강증진을 위하여 교육부장관이 필요하다고 인정한 업무
② 교육감은 다음 각 호의 업무를 수행하기 위하여 관할 지역에 학생건강증진센터를 설치·운영할 수 있다.
1. 학생의 신체발달 상황 및 생활습관, 정신건강 상태 등의 실태조사
2. 학생의 건강증진 개선을 위한 프로그램의 개발·운영
3. 학생의 신체 및 정신건강 증진을 위한 상담
4. 건강이 취약한 학생에 대한 지원
5. 그 밖에 학생의 건강증진을 위하여 교육감이 필요하다고 정하는 사항
③ 국가 또는 지방자치단체는 예산의 범위에서 학생건강증진 전문기관과 학생건강증진센터의 설립·운영 등에 필요한 경비를 출연할 수 있다.
④ 학생건강증진 전문기관과 학생건강증진센터의 설립·지정 및 운영 등에 필요한 사항은 대통령령으로 정한다.
(2021.9.24 본조신설)

제17조【학교보건위원회】 ① 제2조의2에 따른 기본계획 및 학교보건의 중요 시책을 심의하기 위하여 교육감 소속으로 시·도학교보건위원회를 둔다.
② 시·도학교보건위원회는 학교의 보건에 경험이 있는 15명 이내의 위원으로 구성한다.
③ 시·도학교보건위원회의 기능·운영과 그 밖에 필요한 사항은 대통령령으로 정한다.
(2012.1.26 본조개정)

제18조【경비 보조】 국가나 지방자치단체는 제3조에 따른 시설과 기구 및 용품 구매, 제4조의3에 따른 공기를 정화하는 설비 및 미세먼지를 측정하는 기기 설치, 제7조제1항에 따른 건강검사에 드는 경비의 전부 또는 일부를 보조한다.(2019.4.2 본조개정)

제18조의2【비밀누설금지 등】 이 법에 따라 교직원 및 학생에 대한 건강검사와 관련된 업무를 수행하거나 수행하였던 사람은 그 직무상 알게 된 비밀을 다른 사람에게 누설하거나 직무상 목적 외의 용도로 이용하여서는 아니 된다.(2021.3.23 본조개정)

제19조【벌칙】 ① 제18조의2를 위반하여 직무상 알게 된 비밀을 다른 사람에게 누설하거나 직무상 목적 외의 용도로 이용한 사람은 3년 이하의 징역 또는 3천만원 이하의 벌금에 처한다.(2021.3.23 본항개정)
② (2016.2.3 삭제)

제20조 (1998.12.31 삭제)

부 칙 (2005.3.24)

① **【시행일】** 이 법은 공포한 날부터 시행한다. 다만, 제2조제1호·제2조의2·제4조·제7조·제7조의2·제7조의3·제8조·제11조제1항·제13조 및 제17조의 개정규정과 제18조의 개정규정 중 "건강검사"부분은 2006년 1월 1일부터 시행한다.
② **【경륜장 등에 관한 경과조치】** 이 법 시행 당시 학교환경위생정화구역 안에 설치된 시설로서 제6조제1항제13호의 개정규정에 해당하는 시설은 2009년 12월 31일까지 이전 또는 폐쇄하여야 한다. 다만, 2005년 12월 31일까지 제6조제1항 단서의 규정에 따라 교육감 또는 교육감이 위임한 자의 인정을 받은 경우에는 그러하지 아니하다.
③ **【신체검사에 관한 경과조치】** 이 법 시행 당시 종전의 규정에 따른 신체검사는 제7조의 개정규정에 따른 건강검사로 본다.

부 칙 (2007.4.27)

① **【시행일】** 이 법은 공포 후 1년이 경과한 날부터 시행한다.
② **【기존 학교설립예정지에 대한 정화구역의 설정에 관한 경과조치】** 이 법 시행 당시 「국토의 계획 및 이용에 관한 법률」 제30조에 따라 도시관리계획으로 결정되어 고시된 학교용지와 「유아교육법」 제8조 및 「초·중등교육법」 제4조에 따라 유치원 및 특수학교를 설립하기 위하여 확보된 용지(사립의 경우에는 설립인가를 받은 용지를 말한다)에 대하여는 이 법 시행 후 30일 이내에 제5조제1항의 개정규정에 따른 학교환경위생정화구역을 설정·고시하여야 한다.
③ **【기존 시설 등에 관한 경과조치】** 이 법 시행 당시 학교설립예정지의 학교환경위생정화구역 안에 설치된 시

설로서 제6조제1항제1호부터 제15호까지의 규정에 해당하는 시설은 해당 학교의 개교일 전까지 이전하거나 폐쇄하여야 한다. 다만, 제6조제1항 단서에 따라 교육감 또는 교육감이 위임한 자의 인정을 받은 경우에는 그러하지 아니하며, 학교의 개교일까지 이전하거나 폐쇄하기가 현저히 곤란하다고 인정되는 시설이 있을 때에는 그 학교의 개교일부터 5년의 범위 내에서 교육감이 별도의 계획을 수립하여 이전 또는 폐쇄하게 할 수 있다.

부　칙 (2007.8.3)

① 【시행일】 이 법은 공포 후 1년이 경과한 날부터 시행한다.
② 【기존 시설 등에 관한 경과조치】 이 법 시행 당시 학교환경위생정화구역 안에 설치된 시설로서 제6조제1항제13호의3에 해당하는 게임물 시설은 이 법 시행 전에 이전하거나 폐쇄하여야 한다. 다만, 제6조제1항 단서에 따라 교육감 또는 교육감이 위임한 자의 인정을 받은 경우에는 그러하지 아니한다.

부　칙 (2016.2.3)

제1조 【시행일】 이 법은 공포 후 1년이 경과한 날부터 시행한다.
제2조 【벌칙에 관한 경과조치】 이 법 시행 전의 행위에 대하여 벌칙을 적용할 때에는 종전의 규정에 따른다.

부　칙 (2019.4.2)

제1조 【시행일】 이 법은 공포 후 3개월이 경과한 날부터 시행한다.
제2조 【측정된 수치에 관한 적용례】 제4조제6항 후단의 개정규정은 이 법 시행 후 측정된 수치부터 적용한다.

부　칙 (2019.4.23)
(2019.12.10)

이 법은 공포 후 6개월이 경과한 날부터 시행한다.

부　칙 (2020.8.11)

제1조 【시행일】 이 법은 공포 후 1개월이 경과한 날부터 시행한다.(이하 생략)

부　칙 (2020.10.20)

이 법은 공포한 날부터 시행한다.

부　칙 (2021.3.23)

이 법은 공포한 날부터 시행한다.(이하 생략)

부　칙 (2021.6.8)
(2021.9.24)
(2021.12.28)

이 법은 공포 후 6개월이 경과한 날부터 시행한다.

학교급식법

(2006년 7월 19일 전부개정법률 제7962호)

개정
2007. 4.11법 8354호(축산법)
2007.10.17법 8655호(한부모가족지원법)
2008. 2.29법 8852호(정부조직)
2008. 3.21법 8914호
2009. 2. 6법 9432호(식품위생)
2009. 6. 9법 9759호(농산물품질관리법)
2010. 3.17법10070호
2010. 5.25법10310호(축산물위생관리법)
2010. 7.23법10386호(농어업인삶의질향상및농어촌지역개발촉진에관한특별법)
2011. 7.21법10885호(농수산물품질관리법)
2012. 3.21법11384호(초중교육)
2013. 3.23법11690호(정부조직)
2013. 5.22법11771호
2019.12.10법16747호
2021. 3.23법17954호(법률용어정비)
2021.11.30법18525호(농수산물의원산지표시등에관한법)
2021.12.28법18639호
2019. 4.23법16338호
2020. 1.29법16876호

제1장 총　칙

제1조 【목적】 이 법은 학교급식 등에 관한 사항을 규정함으로써 학교급식의 질을 향상시키고 학생의 건전한 심신의 발달과 국민 식생활 개선에 기여함을 목적으로 한다.
제2조 【정의】 이 법에서 사용하는 용어의 정의는 다음과 같다.
1. "학교급식"이라 함은 제1조의 목적을 달성하기 위하여 제4조의 규정에 따른 학교 또는 학급의 학생을 대상으로 학교의 장이 실시하는 급식을 말한다.
2. "학교급식공급업자"라 함은 제15조의 규정에 따라 학교의 장과 계약에 의하여 학교급식에 관한 업무를 위탁받아 행하는 자를 말한다.
3. "급식에 관한 경비"라 함은 학교급식을 위한 식품비, 급식운영비 및 급식시설·설비비를 말한다.

제3조 【국가·지방자치단체의 임무】 ① 국가와 지방자치단체는 양질의 학교급식이 안전하게 제공될 수 있도록 행정적·재정적으로 지원하여야 하며, 영양교육을 통한 학생의 올바른 식생활 관리능력 배양과 전통 식문화의 계승·발전을 위하여 필요한 시책을 강구하여야 한다.
② 특별시·광역시·도·특별자치도의 교육감(이하 "교육감"이라 한다)은 매년 학교급식에 관한 계획을 수립·시행하여야 한다.
제4조 【학교급식 대상】 학교급식은 대통령령으로 정하는 바에 따라 다음 각 호의 어느 하나에 해당하는 학교 또는 학급에 재학하는 학생을 대상으로 실시한다.(2021.3.23 본문개정)
1. 「유아교육법」 제2조제2호에 따른 유치원. 다만, 대통령령으로 정하는 규모 이하의 유치원은 제외한다.(2020.1.29 본호신설)
2. 「초·중등교육법」 제2조제1호부터 제4호까지의 어느 하나에 해당하는 학교(2012.3.21 본호개정)
3. 「초·중등교육법」 제52조의 규정에 따른 근로청소년을 위한 특별학급 및 산업체부설 중·고등학교
4. 「초·중등교육법」 제60조의3에 따른 대안학교(2019.12.10 본호신설)
5. 그 밖에 교육감이 필요하다고 인정하는 학교

제5조 【학교급식위원회 등】 ① 교육감은 학교급식에 관한 다음 각 호의 사항을 심의하기 위하여 그 소속하에 학교급식위원회를 둔다.
1. 제3조제2항의 규정에 따른 학교급식에 관한 계획
2. 제9조의 규정에 따른 급식에 관한 경비 및 식재료 등의 지원(2021.12.28 본호개정)
3. 그 밖에 학교급식의 운영 및 지원에 관한 사항으로서 교육감이 필요하다고 인정하는 사항
② 제1항의 규정에 따른 학교급식위원회의 구성·운영 등에 관하여 필요한 사항은 대통령령으로 정한다.
③ 특별시장·광역시장·도지사·특별자치도지사 및 시장·군수·자치구의 구청장은 제8조제4항의 규정에 따른 학교급식 지원에 관한 중요사항을 심의하기 위하여 그 소속하에 학교급식지원심의위원회를 둘 수 있다.
④ 특별자치도지사·시장·군수·자치구의 구청장은 우수한 식자재 공급 등 학교급식을 지원하기 위하여 그 소속하에 학교급식지원센터를 설치·운영할 수 있다.
⑤ 제3항의 규정에 따른 학교급식지원심의위원회의 구성·운영과 제4항의 규정에 따른 학교급식지원센터의 설치·운영에 관하여 필요한 사항은 해당 지방자치단체의 조례로 정한다.

제2장 학교급식 시설·설비 기준 등

제6조 【급식시설·설비】 ① 학교급식을 실시할 학교는 학교급식을 위하여 필요한 시설과 설비를 갖추어야 한다. 다만, 둘 이상의 학교가 인접하여 있는 경우에는 학교급식을 위한 시설과 설비를 공동으로 할 수 있다.(2021.3.23 단서개정)
② 제1항의 규정에 따른 시설·설비의 종류와 기준은 대통령령으로 정한다.

제7조 【영양교사의 배치 등】 ① 제6조의 규정에 따라 학교급식을 위한 시설과 설비를 갖춘 학교는 「초·중등교육법」 제21조제2항의 규정에 따른 영양교사와 「식품위생법」 제53조제1항에 따른 조리사를 둔다. 다만, 제4조제1호에 따른 유치원에 두는 영양교사의 배치기준 등에 관하여 필요한 사항은 대통령령으로 정한다.(2020.1.29 단서신설)
② 교육감은 학교급식에 관한 업무를 전담하게 하기 위하여 그 소속하에 학교급식에 관한 전문지식이 있는 직원을 둘 수 있다.
③ 교육감은 제1항 단서의 영양교사의 배치기준 등에 따른 유치원 중 일정 규모 이하 유치원에 대한 급식관리를 지원하기 위하여 특별시·광역시·특별자치시·도 및 특별자치도의 교육청 또는 「지방교육자치에 관한 법률」 제34조 및 「제주특별자치도 설치 및 국제자유도시 조성을 위한 특별법」 제80조에 따른 교육지원청에 영양교사를 둘 수 있다.(2021.12.28 본항신설)
④ 제3항에 따라 영양교사가 급식관리를 지원하는 유치원의 규모 및 지원의 범위 등에 필요한 사항은 대통령령으로 정한다.(2021.12.28 본항신설)
제8조 【경비부담 등】 ① 학교급식의 실시에 필요한 급식시설·설비비는 해당 학교의 설립·경영자가 부담하되, 국가 또는 지방자치단체가 지원할 수 있다.(2021.3.23 본항개정)
② 급식운영비는 해당 학교의 설립·경영자가 부담하는 것을 원칙으로 하되, 대통령령으로 정하는 바에 따라 보호자(친권자, 후견인 그 밖에 법률에 따라 학생을 부양할 의무가 있는 자를 말한다. 이하 같다)가 그 경비의 일부를 부담할 수 있다.(2021.3.23 본항개정)
③ 학교급식을 위한 식품비는 보호자가 부담하는 것을 원칙으로 한다.
④ 특별시장·광역시장·도지사·특별자치도지사 및 시장·군수·자치구의 구청장은 학교급식에 품질이 우수한 농수산물 사용 등 급식의 질 향상과 급식시설·설비의 확충을 위하여 식품비 및 시설·설비비 등 급식에 관한 경비를 지원할 수 있다.(2019.4.23 본항개정)
제9조 【급식에 관한 경비의 지원】 ① 국가 또는 지방자치단체는 제8조의 규정에 따라 보호자가 부담할 경비의 전부 또는 일부를 지원할 수 있다.
② 제1항의 규정에 따라 보호자가 부담할 경비를 지원하는 경우에는 다음 각 호의 어느 하나에 해당하는 학생을 우선적으로 지원한다.
1. 학생 또는 그 보호자가 「국민기초생활 보장법」 제2조에 따른 수급권자이거나 차상위계층에 속하는 학생, 「한부모가족지원법」 제5조의 규정에 따른 보호대상자인 학생(2021.3.23 본호개정)
2. 「도서·벽지 교육진흥법」 제2조의 규정에 따른 도서벽지에 있는 학교와 그에 준하는 지역으로서 대통령령으로 정하는 지역의 학교에 재학하는 학생(2021.3.23 본호개정)
3. 「농어업인 삶의 질 향상 및 농어촌지역 개발촉진에 관한 특별법」 제3조제4호에 따른 농어촌학교와 그에 준하는 지역으로서 대통령령으로 정하는 지역의 학교에 재학하는 학생(2021.3.23 본호개정)
4. 그 밖에 교육감이 필요하다고 인정하는 학생
③ 교육감은 「재난 및 안전관리 기본법」 제3조제1호에 따른 재난이 발생하여 학교급식이 어려운 경우에는 제5조제1항에 따른 학교급식위원회의 심의를 거쳐 대통령령으로 정하는 바에 따라 학생의 가정에 식재료 등을 지원할 수 있다. 이 경우 지원 범위는 제8조제4항 및 제9조제1항에 따라 국가 또는 지방자치단체가 지원한 급식에 관한 경비에 한정한다.(2021.12.28 본항신설)

제3장 학교급식 관리·운영

제10조 【식재료】 ① 학교급식에는 품질이 우수하고 안전한 식재료를 사용하여야 한다.
② 식재료의 품질관리기준 그 밖에 식재료에 관하여 필요한 사항은 교육부령으로 정한다.(2013.3.23 본항개정)
제11조 【영양관리】 ① 학교급식은 학생의 발육과 건강에 필요한 영양을 충족하고 올바른 식생활습관 형성에 도움을 줄 수 있도록 다양한 식품으로 구성되어야 한다.
② 학교급식의 영양관리기준은 교육부령으로 정하고, 식품구성기준은 필요한 경우 교육감이 정한다.(2021.12.28 본조개정)
제12조 【위생·안전관리】 ① 학교급식은 식단작성, 식재료 구매·검수·보관·세척·조리, 운반, 배식, 급식기구 세척 및 소독 등 모든 과정에서 위해한 물질이 식품에 혼입되거나 식품이 오염되지 아니하도록 위생과 안전관리를 철저히 하여야 한다.(2021.3.23 본항개정)
② 학교급식의 위생·안전관리기준은 교육부령으로 정한다.(2013.3.23 본항개정)
제13조 【식생활 지도 등】 학교의 장은 올바른 식생활습관의 형성, 식량생산 및 소비에 관한 이해 증진 및 전통 식문화의 계승·발전을 위하여 학생에게 식생활 관련 교육 및 지도를 하며, 보호자에게는 관련 정보를 제공한다.(2021.12.28 본조개정)
제14조 【영양상담】 학교의 장은 식생활에서 기인하는 영양불균형을 시정하고 질병을 사전에 예방하기 위하여 저체중 및 성장부진, 빈혈, 과체중 및 비만학생 등을 대상으로 영양상담과 필요한 지도를 실시한다.

제15조【학교급식의 운영방식】 ① 학교의 장은 학교급식을 직접 관리·운영하되, 「유아교육법」 제19조의3에 따른 유치원운영위원회 및 「초·중등교육법」 제31조에 따른 학교운영위원회의 심의·자문을 거쳐 일정한 요건을 갖춘 자에게 학교급식에 관한 업무를 위탁하여 이를 행하게 할 수 있다. 다만, 식재료의 선정 및 구매·검수에 관한 업무는 학교급식 여건상 불가피한 경우를 제외하고는 위탁하지 아니한다.(2020.1.29 본문개정)
② 제1항의 규정에 따라 의무교육기관에서 업무위탁을 하고자 하는 경우에는 미리 관할청의 승인을 얻어야 한다.
③ 제1항의 규정에 따른 학교급식에 관한 업무위탁의 범위, 학교급식공급업자가 갖추어야 할 요건 그 밖에 업무위탁에 관하여 필요한 사항은 대통령령으로 정한다.
제16조【품질 및 안전을 위한 준수사항】 ① 학교의 장과 그 학교의 학교급식 관련 업무를 담당하는 관계 교직원(이하 "학교급식관계교직원"이라 한다) 및 학교급식공급업자는 학교급식의 품질 및 안전을 위하여 다음 각 호의 어느 하나에 해당하는 식재료를 사용하여서는 아니된다.
1. 「농수산물의 원산지 표시 등에 관한 법률」 제5조제1항에 따른 원산지 표시를 거짓으로 적은 식재료
(2021.11.30 본호개정)
2. 「농수산물 품질관리법」 제56조에 따른 유전자변형농수산물의 표시를 거짓으로 적은 식재료(2011.7.21 본호개정)
3. 「축산법」 제40조의 규정에 따른 축산물의 등급을 거짓으로 기재한 식재료(2007.4.11 본호개정)
4. 「농수산물 품질관리법」 제5조제2항에 따른 표준규격품의 표시, 같은 법 제14조제3항에 따른 품질인증의 표시 및 같은 법 제34조제3항에 따른 지리적표시를 거짓으로 적은 식재료(2011.7.21 본호개정)
② 학교의 장과 그 소속 학교급식관계교직원 및 학교급식공급업자는 다음 사항을 지켜야 한다.
1. 제10조제2항의 규정에 따른 식재료의 품질관리기준, 제11조제2항의 규정에 따른 영양관리기준 및 제12조제2항의 규정에 따른 위생·안전관리기준
2. 그 밖에 학교급식의 품질 및 안전을 위하여 필요한 사항으로서 교육부령으로 정하는 사항(2021.3.23 본호개정)
③ 학교의 장과 그 소속 학교급식관계교직원 및 학교급식공급업자는 학교급식에 알레르기를 유발할 수 있는 식재료가 사용되는 경우에는 이 사실을 급식 전에 급식 대상 학생에게 알리고, 급식 시에 표시하여야 한다.
(2013.5.22 본항신설)
④ 알레르기를 유발할 수 있는 식재료의 종류 등 제3항에 따른 공지 및 표시와 관련하여 필요한 사항은 교육부령으로 정한다.(2013.5.22 본항신설)
제17조【생산품의 직접사용 등】 학교에서 작물재배·동물사육 그 밖에 각종 생산활동으로 얻은 생산품이나 그 생산품의 매각대금은 다른 법률의 규정에도 불구하고 학교급식을 위하여 직접 사용할 수 있다.(2021.3.23 본조개정)

제4장 보 칙

제18조【학교급식 운영평가】 ① 교육부장관 또는 교육감은 학교급식 운영의 내실화와 질적 향상을 위하여 학교급식의 운영에 관한 평가를 실시할 수 있다.
(2013.3.23 본항개정)
② 제1항의 규정에 따른 평가의 방법·기준 그 밖에 학교급식 운영평가에 관하여 필요한 사항은 대통령령으로 정한다.
제19조【출입·검사·수거 등】 ① 교육부장관 또는 교육감은 필요하다고 인정하는 때에는 식품위생 또는 학교급식 관계 공무원으로 하여금 학교급식 관련 시설에 출입하여 식품·시설·서류 또는 작업상황 등을 검사 또는 열람을 하게 할 수 있으며, 검사에 필요한 최소량의 식품을 무상으로 수거하게 할 수 있다.(2013.3.23 본항개정)
② 제1항의 규정에 따라 출입·검사·열람 또는 수거를 하고자 하는 공무원은 그 권한을 표시하는 증표를 지니고 이를 관계인에게 내보여야 한다.
③ 제1항의 규정에 따른 검사 등의 결과 제16조제2항제1호·제2호 또는 같은 조 제3항의 규정을 위반한 때에는 교육부장관 또는 교육감은 해당 학교의 장 또는 학교급식공급업자에게 시정을 명할 수 있다.(2013.5.22 본항개정)
제20조【권한의 위임】 이 법에 의한 교육부장관 또는 교육감의 권한은 그 일부를 대통령령으로 정하는 바에 따라 교육감 또는 교육장에게 위임할 수 있다.(2021.3.23 본조개정)
제21조【행정처분 등의 요청】 ① 교육부장관 또는 교육감은 「식품위생법」·「농수산물 품질관리법」·「축산법」·「축산물위생관리법」의 규정에 따라 허가 및 신고·지정 또는 인증을 받은 자가 제19조의 규정에 따른 검사 등의 결과 각 해당 법령을 위반한 경우에는 관계 행정기관의 장에게 행정처분 등의 필요한 조치를 할 것을 요청할 수 있다.
② 제1항의 규정에 따라 요청을 받은 관계 행정기관의 장은 특별한 사유가 없으면 그 요청을 따라야 하며, 그 조치결과를 교육부장관 또는 해당 교육감에게 알려야 한다.(2021.3.23 본항개정)
(2013.3.23 본조개정)
제22조【징계】 학교급식의 적정한 운영과 안전성 확보를 위하여 징계의결 요구권자는 관할 학교의 장 또는 그 소속 교직원 중 다음 각 호의 어느 하나에 해당하는 자에 대하여 해당 징계사건을 관할하는 징계위원회에 그 징계를 요구하여야 한다.(2021.3.23 본문개정)
1. 고의 또는 과실로 식중독 등 위생·안전상의 사고를 발생하게 한 자
2. 학교급식 관련 계약상의 계약해지 사유가 발생하였음에도 불구하고 정당한 사유 없이 계약해지를 하지 아니한 자
3. 제19조제3항의 규정에 따라 교육부장관 또는 교육감으로부터 시정명령을 받았음에도 불구하고 정당한 사유 없이 이를 이행하지 아니한 자(2013.3.23 본호개정)
4. 학교급식과 관련하여 비리가 적발된 자

제5장 벌 칙

제23조【벌칙】 ① 제16조제1항제1호 또는 제2호의 규정을 위반한 학교급식공급업자는 7년 이하의 징역 또는 1억원 이하의 벌금에 처한다.(2008.3.21 본항개정)
② 제16조제1항제3호의 규정을 위반한 학교급식공급업자는 5년 이하의 징역 또는 5천만원 이하의 벌금에 처한다.
(2008.3.21 본항개정)
③ 다음 각 호의 어느 하나에 해당하는 자는 3년 이하의 징역 또는 3천만원 이하의 벌금에 처한다.
1. 제16조제1항제4호의 규정을 위반한 학교급식공급업자
2. 제19조제1항의 규정에 따른 출입·검사·열람 또는 수거를 정당한 사유 없이 거부하거나 방해 또는 기피한 자
제24조【양벌규정】 법인의 대표자나 법인 또는 개인의 대리인, 사용인, 그 밖의 종업원이 그 법인 또는 개인의 업무에 관하여 제23조의 위반행위를 하면 그 행위자를 벌하는 외에 그 법인 또는 개인에게도 해당 조문의 벌금형을 과(科)한다. 다만, 법인 또는 개인이 그 위반행위를 방지하기 위하여 해당 업무에 관하여 상당한 주의와 감독을 게을리하지 아니한 경우에는 그러하지 아니하다.
(2010.3.17 본조개정)
제25조【과태료】 ① 제16조제2항제1호의 규정을 위반하여 제19조제3항의 규정에 따른 시정명령을 받았음에도 불구하고 정당한 사유 없이 이를 이행하지 아니한 학교급식공급업자에게는 500만원 이하의 과태료를 부과한다.
(2021.3.23 본항개정)
② 제16조제2항제2호 또는 같은 조 제3항의 규정을 위반하여 제19조제3항의 규정에 따른 시정명령을 받았음에도 불구하고 정당한 사유 없이 이를 이행하지 아니한 학교급식공급업자에게는 300만원 이하의 과태료를 부과한다.(2021.3.23 본항개정)
③ 제1항 및 제2항의 규정에 따른 과태료는 대통령령으로 정하는 바에 따라 교육부장관 또는 교육감이 부과·징수한다.(2021.3.23 본항개정)
④~⑥ (2010.3.17 삭제)

부 칙

제1조【시행일】 이 법은 공포 후 6개월이 경과한 날부터 시행한다.
제2조【학교급식을 실시하는 학교에 대한 경과조치】 이 법 시행 당시 종전의 규정에 따라 교육인적자원부장관이 필요하다고 인정하여 학교급식을 실시하고 있는 학교는 제4조제3호의 개정규정에 따라 교육감이 인정하여 실시하는 것으로 본다.
제3조【학교급식전담직원의 배치에 관한 경과조치】 이 법 시행 당시 종전의 규정에 따라 학교급식시설에 배치된 학교급식전담직원은 제7조제1항의 개정규정에 따라 영양교사가 배치될 때까지 근무할 수 있다.
제4조【위탁급식에 관한 경과조치】 이 법 시행 당시 종전의 「학교급식법」 제10조의 규정에 따라 위탁급식을 실시하고 있는 학교는 이 법 시행일부터 3년간 효력을 가진다.
제5조【다른 법령과의 관계】 이 법 시행 당시 다른 법령에서 종전의 「학교급식법」 또는 그 규정을 인용한 경우에는 이 법 중 그에 해당하는 규정이 있는 때에는 종전의 「학교급식법」 또는 그 규정에 갈음하여 이 법 또는 이 법의 해당 규정을 인용한 것으로 본다.

부 칙 (2019.4.23)

이 법은 공포 후 3개월이 경과한 날부터 시행한다.

부 칙 (2019.12.10)

이 법은 공포 후 1년이 경과한 날부터 시행한다.

부 칙 (2020.1.29)

제1조【시행일】 이 법은 공포 후 1년이 경과한 날부터 시행한다.
제2조【영양교사의 배치에 관한 경과조치】 이 법 시행 당시 유치원에 「국민영양관리법」 제15조제1항에 따른 영양사를 배치한 경우 제4조 및 제7조의 개정규정에도 불구하고 영양교사를 배치한 것으로 본다.

부 칙 (2021.3.23)

이 법은 공포한 날부터 시행한다.(이하 생략)

부 칙 (2021.11.30)

제1조【시행일】 이 법은 2022년 1월 1일부터 시행한다.(이하 생략)

부 칙 (2021.12.28)

이 법은 공포 후 6개월이 경과한 날부터 시행한다.

국민체육진흥법

(2007년 4월 11일 전부개정법률 제8344호)

개정
2008. 2.29법 8852호(정부조직)
2009. 3.18법 9490호　2010. 1.27법 9976호
2011. 4. 5법10557호　2012. 2.17법11309호
2013. 3.23법11690호(정부조직)
2014. 1.28법12348호　2014. 5.28법12690호
2014.12.23법12856호　2015. 3.27법13246호
2015. 5.18법13302호　2016. 2. 3법13959호
2016. 5.29법14202호　2016.12.20법14426호
2017. 3.21법14624호　2017.12.19법15261호
2019. 1.15법16225호　2020. 2. 4법16931호
2020. 6. 9법17400호　2020. 8.18법17480호
2020.12. 8법17580호
2020.12. 8법17592호(피후견인결격정비)
2021. 8.10법18378호
2021. 8.10법18380호(스포츠기본법)
2022. 1.18법18760호　2022. 2. 3법18808호
2023. 3.14법19234호(개인정보보호법)
2023. 6.20법19479호
2023. 8. 8법19592호(법률용어정비)
2023. 9.14법19701호
2024. 2. 6법20193호→2024년 8월 7일 시행하는 부분은 가제 수록 하였고 2025년 1월 1일 시행하는 부분은 「法典 別冊」 보유편 수록

제1장 총 칙

제1조【목적】 이 법은 국민체육을 진흥하여 국민의 체력을 증진하고, 체육활동으로 연대감을 높이며, 공정한 스포츠 정신으로 체육인 인권을 보호하고, 국민의 행복과 자긍심을 높여 건강한 공동체의 실현에 이바지함을 목적으로 한다.(2020.8.18 본조개정)
제2조【정의】 이 법에서 사용하는 용어의 뜻은 다음과 같다.
1. "체육"이란 운동경기·야외 운동 등 신체 활동을 통하여 건전한 신체와 정신을 기르고 여가를 선용하는 것을 말한다.
2. "전문체육"이란 선수들이 행하는 운동경기 활동을 말한다.
3. "생활체육"이란 건강과 체력 증진을 위하여 행하는 자발적이고 일상적인 체육 활동을 말한다.
4. "선수"란 경기단체에 선수로 등록된 자를 말한다.
4의2. "국가대표선수"란 대한체육회, 대한장애인체육회 또는 경기단체가 국제경기대회(친선경기대회는 제외한다)에 우리나라의 대표로 파견하기 위하여 선발·확정한 사람을 말한다.(2020.12.8 본호개정)
5. "학교"란 「초·중등교육법」 제2조 및 「고등교육법」 제2조에 따른 학교를 말한다.
6. "체육지도자"란 학교·직장·지역사회 또는 체육단체 등에서 체육을 지도할 수 있도록 이 법에 따라 다음 각 목의 어느 하나에 해당하는 자격을 취득한 사람을 말한다.
가. 스포츠지도사
나. 건강운동관리사
다. 장애인스포츠지도사
라. 유소년스포츠지도사
마. 노인스포츠지도사
(2012.2.17 본호개정)
7. "체육동호인조직"이란 같은 생활체육 활동에 지속적으로 참여하는 자의 모임을 말한다.
8. "운동경기부"란 선수로 구성된 국가, 지방자치단체, 학교나 직장 등의 운동부를 말한다.(2022.1.18 본호개정)
9. "체육단체"란 체육에 관한 활동이나 사업을 목적으로 설립된 다음 각 목의 어느 하나에 해당하는 법인이나 단체를 말한다.(2019.1.15 본문개정)
가. 제5장에 따른 대한체육회, 시·도체육회 및 시·군·구체육회(이하 "지방체육회"라 한다), 대한장애인체육회, 시·도장애인체육회 및 시·군·구장애인체육회(이하 "지방장애인체육회"라 한다), 한국도핑방지위원회, 서울올림픽기념국민체육진흥공단
(2020.12.8 본목개정)
나. 제11호에 따른 경기단체

다. 「태권도 진흥 및 태권도공원 조성 등에 관한 법률」 제19조에 따른 국기원 및 같은 법 제20조에 따른 태권도진흥재단
라. 「전통무예진흥법」 제5조에 따른 전통무예단체
마. 「스포츠산업 진흥법」 제20조에 따른 사업자단체
바. 「체육시설의 설치 · 이용에 관한 법률」 제34조에 따른 체육시설업협회
사. 국내대회, 국제대회 등 대회 개최를 위하여 설립된 대회조직위원회
아. 그 밖의 체육활동 법인 또는 단체
(2019.1.15 나목~아목신설)
10. "도핑"이란 선수의 운동능력을 강화시키기 위하여 문화체육관광부장관이 고시하는 금지 목록에 포함된 약물 또는 방법을 복용하거나 사용하는 것을 말한다.
(2008.2.29 본호개정)
11. "경기단체"란 특정 경기 종목에 관한 활동과 사업을 목적으로 설립되고 대한체육회나 대한장애인체육회에 가맹된 법인이나 단체 또는 문화체육관광부장관이 지정하는 프로스포츠 단체를 말한다.(2020.12.8 본호개정)
11의2. "스포츠비리"란 체육의 공정성을 저해하는 다음 각 목의 어느 하나에 해당하는 행위를 말한다.
가. 체육단체의 운영 중 발생하는 회계부정, 배임, 횡령 및 뇌물수수 등 체육단체의 투명하고 민주적인 운영을 저해하는 행위
나. 운동경기 활동 중 발생하는 승부조작, 편파판정 등 운동경기의 공정한 운영을 저해하는 행위
(2020.2.4 본호신설)
12. "체육진흥투표권"이란 운동경기 결과를 적중시킨 자에게 환급금을 내주는 표(票)로서 투표 방법과 금액, 그 밖에 대통령령으로 정하는 사항이 적혀 있는 것을 말한다.(2023.8.8 본호개정)

제3조【체육 진흥 시책과 권장】 국가와 지방자치단체는 국민체육 진흥에 관한 시책을 마련하고 국민의 자발적인 체육 활동을 권장 · 보호 및 육성하여야 한다.

제4조【기본 시책의 수립 등】 ① 문화체육관광부장관은 국민체육 진흥에 관한 기본 시책을 수립 · 시행한다.
(2008.2.29 본항개정)
② 지방자치단체의 장은 제1항의 기본 시책에 따라 그 지방자치단체의 체육 진흥 계획을 수립 · 시행하여야 한다.

제5조【지역체육진흥협의회】 ① 지방자치단체의 체육 진흥 계획을 수립하고 그 밖에 체육 진흥에 관한 중요 사항을 협의하기 위하여 지방자치단체에 지역체육진흥협의회(이하 "협의회"라 한다)를 둔다.
② 협의회는 지방자치단체의 장, 지방체육회의 회장을 포함한 7명 이상 15명 이하의 위원으로 구성하며, 그 밖에 협의회의 조직과 운영에 필요한 사항은 해당 지방자치단체의 조례로 정한다.
(2020.12.8 본조개정)

제6조【협조】 제4조에 따른 기본 시책과 체육 진흥 계획의 수립 · 시행에 관하여 문화체육관광부장관이나 지방자치단체의 장이 요청하면 관계 기관과 단체는 이에 협조하여야 한다.(2008.2.29 본조개정)

제2장 체육 진흥을 위한 조치

제7조 (2021.8.10 삭제)

제8조【지방 체육의 진흥】 ① 지방자치단체는 지역 주민의 건강과 체력 증진을 위하여 건전한 체육 활동을 생활화할 수 있도록 시설 등 여건을 조성하고 지원하여야 한다.
② 지방자치단체는 그 행정구역 단위로 연 1회 이상 체육대회를 직접 개최하거나 체육단체로 하여금 이를 개최하도록 지원하여야 한다.
③ 지방자치단체는 직장인 체육대회를 연 1회 이상 개최하여야 한다.

제9조【학교 체육의 진흥】 학교는 학생의 체력 증진과 체육 활동 육성에 필요한 조치를 마련하여야 한다.

제10조【직장 체육의 진흥】 ① 국가와 지방자치단체는 직장 체육 진흥에 필요한 시책을 마련하여야 한다.
② 직장의 장은 대통령령으로 정하는 바에 따라 체육동호인조직과 체육진흥관리위원회를 설치하는 등 직장인의 체력 증진과 체육 활동 육성에 필요한 조치를 마련하여야 한다.
③ 대통령령으로 정하는 직장에는 직장인의 체력 증진과 체육 활동 지도 · 육성을 위하여 체육지도자를 두어야 한다.(2012.2.17 본항개정)
④ 「공공기관의 운영에 관한 법률」에 따른 공공기관 중 대통령령으로 정하는 기관(이하 "공공기관"이라 한다)과 대통령령으로 정하는 직장에는 한 종목 이상의 운동경기부를 설치 · 운영하고 체육지도자를 두어야 한다.
(2012.2.17 본항개정)
⑤ 제2항부터 제4항까지의 규정에 따른 직장 체육에 관한 업무는 시장 · 군수 · 구청장(자치구의 구청장을 말한다. 이하 같다)이 지도 · 감독한다.(2020.12.8 본항개정)

제10조의2【노인 체육의 진흥】 ① 국가와 지방자치단체는 노인 체육 진흥에 필요한 시책을 마련하여야 한다.
② 국가와 지방자치단체는 노인 건강의 유지 및 증진을 위한 맞춤 체육활동 프로그램을 운영하거나 그 운영에 필요한 비용 및 시설을 지원할 수 있다.
(2020.6.9 본조신설)

제10조의3【표준계약서의 작성 등】 ① 국가는 직장에 설치 · 운영되는 운동경기부(이하 "직장운동경기부"라 한다)가 소속된 기관 및 단체의 장과 직장운동경기부 선수가 대등한 입장에서 공정하게 계약을 체결할 수 있도록 표준계약서를 개발하고 이를 보급하여야 한다.
② 직장운동경기부가 소속된 기관 및 단체의 장은 직장운동경기부 선수와 계약을 체결할 경우 계약 당사자의 권리 및 의무에 관한 사항, 분쟁해결에 관한 사항 등 표준계약서상 필수 기재사항을 포함하여 계약을 체결하여야 한다.
③ 지방자치단체의 장은 제2항에 따른 계약의 체결 현황, 내용 등 문화체육관광부령으로 정하는 사항을 문화체육관광부장관에게 매년 보고하여야 한다.
④ 문화체육관광부장관은 제3항에 따라 보고된 계약이 불공정하다고 인정할 때에는 그 직장운동경기부가 소속된 기관 및 단체의 장에게 시정을 요구할 수 있다.
⑤ 제2항 및 제3항에 따른 구체적인 내용은 문화체육관광부령으로 정한다.
(2020.8.18 본조신설)

제10조의4【합숙소의 관리】 ① 직장운동경기부가 소속된 기관 및 단체의 장은 상시 합숙훈련을 실시하는 때에는 소속 선수의 합숙소에서의 사생활의 자유와 합숙훈련 참가 여부에 대한 개인 선택의 자유가 보장되도록 노력하여야 한다.
② 직장운동경기부가 소속된 기관 및 단체의 장은 원거리에 거주하는 선수에게 편의를 제공하기 위하여 합숙소를 운영하는 경우에는 문화체육관광부령으로 정하는 바에 따라야 한다.
(2020.12.8 본조신설)

제10조의5【운영규정의 마련 및 준수】 ① 직장운동경기부가 소속된 기관 및 단체의 장은 다음 각 호의 사항을 포함한 운영규정을 작성하고, 시장 · 군수 · 구청장에게 그 내용을 보고하여야 한다.
1. 선수단 구성원의 자격에 관한 사항
2. 합숙소 운영 · 관리에 관한 사항
3. 선수 인권보호를 위한 조치에 관한 사항
4. 그 밖에 직장운동경기부의 운영을 위하여 필요한 사항으로서 문화체육관광부령으로 정하는 사항
② 직장운동경기부가 소속된 기관 및 단체의 장은 제1항에 따른 운영규정의 준수 여부 등 문화체육관광부령으로 정하는 사항을 매년 시장 · 군수 · 구청장에게 보고하여야 한다.
(2020.12.8 본조신설)

제11조【체육지도자의 양성】 ① 국가는 국민체육 진흥을 위한 체육지도자의 양성과 자질 향상을 위하여 필요한 시책을 마련하여야 한다.
② 문화체육관광부장관은 대통령령으로 정하는 자격 요건을 갖춘 사람으로서 체육지도자 자격검정(이하 "자격검정"이라 한다)에 합격하고 체육지도자 연수과정(이하 "연수과정"이라 한다)을 이수한 사람에게 문화체육관광부령으로 정하는 바에 따라 체육지도자의 자격증을 발급한다. 다만, 학교체육교사 및 선수(문화체육관광부장관이 지정하는 프로스포츠단체에 등록된 프로스포츠선수를 포함한다) 등 대통령령으로 정하는 사람에게는 대통령령으로 정하는 바에 따라 자격검정이나 연수과정의 일부(제3항에 따른 성폭력 등 폭력 예방교육은 제외한다)를 면제할 수 있다.(2020.2.4 단서개정)
③ 연수과정에는 성폭력 등 폭력 예방교육 등 문화체육관광부령으로 정하는 사항이 포함되어야 한다.(2020.8.18 본항개정)
④ 제2항에 따라 자격검정이나 연수를 받거나 자격증을 발급 또는 재발급 받으려는 사람은 문화체육관광부령으로 정하는 바에 따라 수수료를 납부하여야 한다.
(2012.2.17 본항신설)
⑤ 체육지도자의 종류 · 등급 · 검정 및 자격 부여 등에 필요한 사항은 대통령령으로 정한다.

제11조의2【자격검정기관 및 연수기관의 지정 등】 ① 문화체육관광부장관은 효율적이고 전문적인 자격검정과 연수를 위하여 「고등교육법」 제2조에 따른 학교, 체육단체 또는 경기단체 등을 체육지도자 자격검정기관 및 연수기관으로 각각 지정할 수 있다.
② 제1항에 따라 지정된 자격검정기관 및 연수기관(이하 "지정기관"이라 한다)은 문화체육관광부령으로 정하는 바에 따라 체육지도자 자격검정계획 및 연수계획을 각각 수립하여 문화체육관광부장관에게 제출하여야 한다. 제출한 계획을 변경하려는 경우에는 미리 변경계획서를 제출하여야 한다.
③ 지정기관의 지정기준, 자격검정 및 연수 계획과 그 시행 등에 관하여 필요한 사항은 대통령령으로 정한다.
(2012.2.17 본조신설)

제11조의3【지정기관에 대한 평가】 문화체육관광부장관은 체육지도자의 양성체계 수준의 향상을 위하여 문화체육관광부령으로 정하는 바에 따라 지정기관을 평가할 수 있다.(2012.2.17 본조신설)

제11조의4【지정의 취소 등】 ① 문화체육관광부장관은 지정기관이 다음 각 호의 어느 하나에 해당하는 경우에는 그 지정을 취소하거나 6개월의 범위에서 그 기간을 정하여 업무의 전부 또는 일부를 정지할 수 있다. 다만, 제1호 또는 제2호에 해당하는 경우에는 그 지정을 취소하여야 한다.
1. 거짓이나 그 밖의 부정한 방법으로 지정을 받은 경우
2. 업무정지기간 중에 자격검정 또는 연수과정을 시행한 경우
3. 제11조의2제2항에 따라 제출한 자격검정계획 및 연수계획을 임의로 변경하거나 자격검정 및 연수과정을 부실하게 운영하는 경우
4. 제11조의2제3항에 따른 지정기준에 미달하게 되는 경우
5. 제11조의3에 따른 평가 결과 지정기관으로서 적절하지 아니하다고 판단되는 경우
② 제1항에 따른 위반행위별 처분 기준은 그 사유와 위반 정도를 고려하여 문화체육관광부령으로 정한다.
(2012.2.17 본조신설)

제11조의5【체육지도자의 결격사유】 다음 각 호의 어느 하나에 해당하는 사람은 체육지도자가 될 수 없다.
1. 피성년후견인(2020.12.8 본호개정)
2. 금고 이상의 형을 선고받고 그 집행이 종료되거나 집행이 면제된 날부터 2년이 지나지 아니한 사람
(2020.2.4 본호개정)
3. 금고 이상의 형의 집행유예를 선고받고 그 유예기간 중에 있는 사람
4. 다음 각 목의 어느 하나에 해당하는 죄를 저지른 사람으로서 금고 이상의 형 또는 치료감호를 선고받고 그 집행이 종료되거나 집행이 유예 · 면제된 날부터 20년이 지나지 아니하거나 벌금형이 확정된 날부터 10년이 지나지 아니한 사람
가. 「성폭력범죄의 처벌 등에 관한 특례법」 제2조에 따른 성폭력범죄
나. 「아동 · 청소년의 성보호에 관한 법률」 제2조제2호에 따른 아동 · 청소년대상 성범죄
(2020.2.4 본호신설)
5. 선수를 대상으로 「형법」 제2편제25장 상해와 폭행의 죄를 저지른 체육지도자(제12조제1항에 따라 자격이 취소된 사람을 포함한다)로서 금고 이상의 형을 선고받고 그 집행이 종료되거나 집행이 유예 · 면제된 날부터 10년이 지나지 아니한 사람(2020.2.4 본호신설)
6. 제12조제1항제1호부터 제4호까지에 따라 자격이 취소(이 조 제1호에 해당하여 자격이 취소된 경우는 제외한다)되거나 같은 조 제3항에 따라 자격검정이 중지 또는 무효로 된 후 3년이 경과되지 아니한 사람(2020.2.4 본호개정)
(2012.2.17 본조신설)

판례 체육지도자에 대한 금고 이상의 형의 집행유예선고가 확정되었다면 그 이후 특별사면 · 복권이 단행되었더라도 문화체육관광부는 해당 체육지도자에 대해 자격취소처분을 할 수 있다. 체육지도자가 금고 이상의 형의 집행유예를 선고받은 경우 행정청은 원칙적으로 체육지도자의 자격을 취소해야 하고, 집행유예 기간이 경과하는 등의 사유로 자격취소처분 이전에 결격사유가 해소되었다고 해서 달리 볼 것은 아니다.(대판 2022.7.14, 2021두62287)

제11조의6【체육지도자의 재교육】 ① 체육단체 및 학교 등에서 체육 지도 업무에 종사하는 체육지도자는 윤리 및 인권의식 향상을 위하여 매 2년마다 제11조제3항에 따른 성폭력 등 폭력 예방교육 등의 내용이 포함된 재교육을 받아야 한다.
② 체육단체 및 학교 등을 운영하는 자는 해당 단체 및 학교 등에 종사하는 체육지도자에 대하여 제1항에 따른 재교육을 이유로 불리한 처우를 하여서는 아니 된다.
③ 문화체육관광부장관은 제1항에 따른 재교육을 문화체육관광부령으로 정하는 바에 따라 관계 기관 또는 단체에 위탁할 수 있다.
④ 제1항에 따른 재교육의 대상 · 기간 · 내용 · 방법 · 절차 및 제3항에 따른 위탁 등에 필요한 사항은 문화체육관광부령으로 정한다.
(2020.12.8 본조신설)

제12조【체육지도자의 자격취소 등】 ① 문화체육관광부장관은 체육지도자가 다음 각 호의 어느 하나에 해당하면 제12조의2에 따른 체육지도자 자격운영위원회의 의결에 따라 그 자격을 취소하거나 5년의 범위에서 자격을 정지할 수 있다. 다만, 제1호부터 제4호까지의 어느 하나에 해당하면 그 자격을 취소하여야 한다.(2020.12.8 본문개정)
1. 거짓이나 그 밖의 부정한 방법으로 체육지도자의 자격을 취득한 경우
2. 자격정지 기간 중에 업무를 수행한 경우
3. 체육지도자 자격증을 타인에게 대여한 경우
4. 제11조의5 각 호의 어느 하나에 해당하는 경우
5. 선수의 신체에 폭행을 가하거나 상해를 입히는 행위를 한 경우
6. 선수에게 성희롱 또는 성폭력에 해당하는 행위를 한 경우
7. 제11조의6제1항에 따른 재교육을 받지 아니한 경우
(2020.12.8 본호신설)
8. 그 밖에 직무수행 중 부정이나 비위 사실이 있는 경우
(2020.2.4 본항개정)
② (2020.2.4 삭제)
③ 자격검정을 받는 사람이 그 검정과정에서 부정행위를 한 때에는 현장에서 그 검정을 중지시키거나 무효로 한다.
④ 제1항에 따라 체육지도자 자격이 취소된 사람은 문화체육관광부령으로 정하는 바에 따라 체육지도자 자격증을 문화체육관광부장관에게 반납하여야 한다.

⑤ 제1항에 따른 행정처분의 세부적인 기준 및 절차는 그 사유와 위반 정도를 고려하여 문화체육관광부령으로 정한다.(2020.2.4 본항개정)
(2012.2.17 본조개정)

제12조의2【체육지도자 자격운영위원회】 ① 다음 각 호의 사항을 심의·의결하기 위하여 문화체육관광부에 체육지도자 자격운영위원회(이하 "운영위원회"라 한다)를 둔다.
1. 제12조에 따른 체육지도자의 자격취소 및 자격정지에 관한 사항
2. 제12조의3에 따른 명단 공개에 관한 사항
3. 그 밖에 체육지도자의 자격 등과 관련하여 문화체육관광부장관이 회의에 부치는 사항
② 운영위원회는 위원장 1명을 포함한 9명의 위원으로 구성한다.
③ 운영위원회의 위원장은 문화체육관광부의 고위공무원단에 속하는 일반직공무원 중에서 문화체육관광부장관이 지명하는 사람으로 하고, 그 밖의 위원은 다음 각 호의 어느 하나에 해당하는 사람 중에서 문화체육관광부장관이 임명 또는 위촉하는 사람으로 한다.
1. 문화체육관광부 소속 과장급 이상 공무원
2. 「고등교육법」 제2조에 따른 대학(산업대학, 교육대학, 전문대학 및 원격대학을 포함한다)에서 체육 또는 법학을 가르치는 조교수 이상으로 재직하고 있거나 재직하였던 사람
3. 변호사의 자격이 있는 사람
4. 그 밖에 체육에 대한 학식과 경험이 풍부한 사람
④ 제1항부터 제3항까지에서 규정한 사항 외에 운영위원회의 구성·운영 등에 필요한 사항은 대통령령으로 정한다.
(2020.12.8 본조신설)

제12조의3【체육계 인권침해 및 스포츠비리 관련 명단 공개】 ① 문화체육관광부장관은 체육지도자 및 체육단체의 책임이 있는 자가 체육계 인권침해 및 스포츠비리와 관련하여 유죄판결이 확정되는 경우에는 운영위원회의 심의·의결을 거쳐 그 인적사항 및 비위 사실 등을 공개할 수 있다.
② 제1항에 따른 공개의 구체적인 내용 및 절차 등에 관하여 필요한 사항은 대통령령으로 정한다.
(2020.12.8 본조신설)

제13조【체육시설의 설치 등】 ① 국가와 지방자치단체는 국민의 체육 활동에 필요한 시설의 적정한 확보와 이용에 필요한 시책을 마련하여야 한다.
② 국가와 지방자치단체는 장애인 체육 활동에 필요한 시설의 설치와 운영에 필요한 시책을 마련하여야 하며, 장애인이 체육시설을 우선적으로 이용할 수 있도록 필요한 조치를 할 수 있다.(2016.12.20 본항개정)
③ 국가와 지방자치단체는 노인 체육 활동에 필요한 시설의 적정한 확보와 그 운영에 필요한 시책을 마련하여야 한다.(2023.9.14 본항신설)
④ 직장의 장은 종업원의 체육 활동에 필요한 시설을 설치·운영하여야 하며, 학교의 체육시설은 학교 교육에 지장이 없는 범위에서 지역 주민에게 개방·이용되어야 한다.(2012.2.17 본항개정)
⑤ 국가와 지방자치단체는 민간의 체육시설 설치를 권장하고 건전하게 운영되도록 하여야 한다.
⑥ 제1항부터 제5항까지에 따른 체육시설의 설치·이용 등에 필요한 사항은 따로 법률로 정한다.(2023.9.14 본항개정)

제13조의2【체육 행사 개최 시 안전관리조치】 ① 대통령령으로 정하는 일정 규모 이상의 인원이 밀집하는 체육 행사를 개최하려는 자는 해당 체육 행사가 안전하게 진행될 수 있도록 체육 행사 안전관리계획을 수립하고 안전교육·점검을 시행하는 등 안전관리에 필요한 조치를 하여야 한다.
② 제1항에 따른 체육 행사 안전관리계획의 내용, 수립절차 및 안전교육·점검 방식 등에 관한 사항은 대통령령으로 정한다.
(2023.9.14 본조신설)

제14조【선수 등의 육성】 ① 국가와 지방자치단체는 선수와 체육지도자에 대하여 필요한 육성을 하여야 한다.(2020.2.4 본항개정)
② 국가와 지방자치단체는 우수 선수와 체육지도자 육성을 위하여 필요한 표창제도를 마련하여야 한다.
③ 국가, 지방자치단체, 공공기관, 그 밖에 대통령령으로 정하는 단체는 대통령령으로 정하는 우수 선수에게 아마추어 경기 생활을 할 수 있게 하기 위하여 문화체육관광부장관이 요청하면 우수 선수와 체육지도자를 고용하여야 한다.(2009.3.18 본항개정)
④ (2021.8.10 삭제)
⑤~⑥ (2020.2.4 삭제)
(2020.2.4 본조제목개정)

제14조의2 (2021.8.10 삭제)

제14조의3【선수 등의 금지행위】 ① 전문체육에 해당하는 운동경기의 선수·감독·코치·심판 및 경기단체의 임직원(이하 "전문체육선수등"이라 한다)은 운동경기에 관하여 부정한 청탁을 받고 재물이나 재산상의 이익을 받거나 요구 또는 약속하여서는 아니 된다.
② 전문체육선수등은 운동경기에 관하여 부정한 청탁을 받고 제3자에게 재물이나 재산상의 이익을 제공하거나 제공할 것을 요구 또는 약속하여서는 아니 된다.
(2022.1.18 본조개정)

제14조의4【출전금지 등】 대한체육회, 지방체육회, 대한장애인체육회, 지방장애인체육회 및 경기단체는 전문체육선수등이 제47조제1호, 제48조제1호 또는 같은 조 제2호에 따른 죄를 범하여 유죄의 판결이 확정된 경우 해당 전문체육선수등이 각종 국내외 운동경기대회에 출전 등 활동을 할 수 없도록 필요한 조치를 하여야 한다.
(2022.1.18 본조신설)

제15조【도핑 방지 활동】 ① 국가는 스포츠 활동에서 약물 등으로부터 선수를 보호하고 공정한 경쟁을 통한 스포츠 정신을 높이기 위하여 도핑 방지를 위한 시책을 수립하여야 한다.
② 국가는 도핑을 예방하기 위하여 선수와 체육지도자를 대상으로 교육과 홍보를 실시하여야 하고, 체육단체 및 경기단체의 도핑 방지 활동을 지도·감독하여야 한다.

제16조【여가 체육의 육성】 ① 국가와 지방자치단체는 국민이 여가를 선용할 수 있도록 하기 위하여 여가 체육 활동의 육성·지원에 필요한 시책을 마련하여야 한다.
② 국가와 지방자치단체는 레크리에이션 보급과 프로 경기의 건전한 육성을 위하여 노력하여야 하며, 경마와 경륜·경정 등 국민 여가 체육 활동이 건전하게 시행되도록 지도하여야 한다.

제16조의2【생활체육 활동 및 체력 인증】 ① 국가 및 지방자치단체는 생활체육에 관한 국민들의 자발적 참여를 유도하고 과학적 체력관리를 지원하기 위하여 생활체육 활동 및 체력에 대한 인증에 필요한 시책을 마련하여야 한다.
② 문화체육관광부장관은 인증 업무의 전문성과 신뢰성을 확보하기 위하여 대통령령으로 정하는 지정 기준에 따라 인증기관을 지정할 수 있다.
③ 문화체육관광부장관은 제2항에 따른 인증기관에 대하여 인증 업무 수행 및 운영에 필요한 경비를 예산의 범위에서 지원할 수 있다.
④ 문화체육관광부장관은 제2항에 따라 인증기관으로 지정받은 기관이 다음 각 호에 해당하면 그 지정을 취소하거나 1년 이내의 기간을 정하여 해당 업무의 전부 또는 일부의 정지를 명할 수 있다. 다만, 제1호 및 제2호에 해당하는 경우에는 그 지정을 취소하여야 한다.
1. 거짓이나 그 밖의 부정한 방법으로 인증기관의 지정을 받은 경우
2. 업무정지 기간 중에 인증 업무를 한 경우
3. 정당한 사유 없이 인증 업무를 수행하지 아니한 경우
4. 제2항에 따른 인증기관 지정 기준에 적합하지 아니하게 된 경우
⑤ 제1항에 따른 인증의 대상, 종류, 기준, 절차 및 방법 등 제도운영에 필요한 사항과 제4항에 따른 지정 취소 및 업무정지 등에 필요한 사항은 문화체육관광부령으로 정한다.
(2014.5.28 본조신설)

제17조【체육 용구의 생산 장려 등】 ① 국가와 지방자치단체는 국민체육 진흥을 위하여 대통령령으로 정하는 체육 용구·기자재(이하 "체육용구등"이라 한다)의 생산 장려에 필요한 조치를 마련하여야 한다.
② 문화체육관광부장관은 국민체육진흥을 위하여 특히 필요하다고 인정하면 제1항의 체육용구등을 생산하는 업체 중 우수 업체를 지정하여 서울올림픽기념국민체육진흥공단으로 하여금 국민체육진흥기금의 국민체육진흥계정에서 그 자금을 융자하게 할 수 있다.(2017.12.19 본항개정)
③ 문화체육관광부장관은 체육시설의 설치를 위하여 필요하다고 인정되는 경우와 체육과 관련된 용역을 제공하는 업종으로서 다음 각 호의 어느 하나에 해당하는 산업의 육성을 위하여 필요하다고 인정되는 경우에는 서울올림픽기념국민체육진흥공단으로 하여금 그 자금을 융자하게 할 수 있다.(2008.2.29 본문개정)
1. 운동경기의 개최 및 지원과 관련된 경기 전문 종사업
2. 체육 행사의 기획, 수익사업의 대리 및 선수 등의 계약 대리와 관련된 업(業)
3. 체육 관련 정보를 생산하거나 제공하는 업
4. 그 밖에 대통령령으로 정하는 업종
④ 정부는 고도의 정밀성 등으로 어쩔 수 없이 수입하여야만 하는 체육용구등에 대하여 「조세특례제한법」으로 정하는 바에 따라 조세 감면 조치를 할 수 있다.
⑤ 제2항에 따라 우수 업체로 지정을 받으려는 자는 문화체육관광부장관에게 신청하여야 한다.(2009.3.18 본항개정)
⑥ 제5항에 따른 신청을 받은 문화체육관광부장관은 우수 업체를 지정하고자 할 때에는 산업통상자원부장관과 미리 협의하여야 한다. 이 경우 산업통상자원부장관은 특별한 사유가 없으면 협의요청을 받은 날부터 20일 이내에 문화체육관광부장관에게 의견을 제시하여야 한다.
(2023.8.8 후단개정)
⑦ 문화체육관광부장관은 제2항에 따라 우수 업체로 지정받은 자가 국민체육진흥기금의 국민체육진흥계정에서 융자받은 자금을 융자 목적 외에 사용한 때에는 그 지정을 취소할 수 있다.(2017.12.19 본항개정)
⑧ 지방자치단체는 제1항에 따른 체육용구등의 생산 장려에 필요한 조치에 관한 사항을 조례로 정할 수 있다.

제18조【지방자치단체와 학교 등에 대한 보조】 ① 국가는 회계연도마다 예산의 범위에서 지방자치단체와 학교 등에 대하여 체육 진흥에 필요한 경비의 일부를 보조한다.
② 국가와 지방자치단체는 대한체육회, 지방체육회, 대한장애인체육회, 지방장애인체육회, 한국도핑방지위원회, 서울올림픽기념국민체육진흥공단, 스포츠윤리센터, 그 밖의 체육단체와 체육 과학 연구기관에 대하여 필요한 경비나 연구비의 일부를 보조한다.(2020.12.8 본항개정)
③ 지방자치단체는 지방체육회와 지방장애인체육회에 예산의 범위에서 운영비를 지원하여야 한다. 이 경우 지원에 필요한 사항은 조례로 정한다.(2022.2.3 전단개정)
(2016.2.3 본조개정)

제2장의2 선수 등 체육인 보호를 위한 조치
(2020.2.4 본장신설)

제18조의2【선수 등 체육인 보호 시책의 마련 등】 ① 국가와 지방자치단체는 체육계 인권침해 및 스포츠비리로부터 선수 등 체육인을 보호하기 위한 시책을 마련하여야 한다.
② 문화체육관광부장관은 성폭력 등 체육계의 폭력을 방지하기 위하여 현장 점검 및 지도·감독을 강화하여야 한다. 이 경우 점검방법 등 구체적인 사항은 문화체육관광부장관이 정한다.(2020.8.18 본항신설)
③ 문화체육관광부장관은 대한체육회, 지방체육회, 대한장애인체육회, 지방장애인체육회, 경기단체 및 운동경기부에 소속된 선수, 체육지도자, 심판 및 임직원의 인적사항, 소속 이력, 수상 정보, 경기실적 및 제18조의13에 따른 징계정보시스템에 등록된 징계 이력 등에 관한 세부인적 정보를 효율적으로 관리하기 위하여 통합정보시스템을 구축·운영하여야 한다. 이 경우 문화체육관광부장관은 통합정보시스템의 구축·운영을 관계 기관이나 단체에 위탁할 수 있다.(2020.12.8 본항신설)
(2020.8.18 본조개정)

제18조의3【스포츠윤리센터의 설립】 ① 체육의 공정성 확보와 체육인의 인권보호를 위하여 스포츠윤리센터를 설립한다.
② 스포츠윤리센터는 법인으로 한다.
③ 스포츠윤리센터는 다음 각 호의 사업을 한다.
1. 다음 각 목에 해당하는 체육계 인권침해 및 스포츠비리 등에 대한 신고 접수와 조사
가. 선수에 대한 체육지도자 등의 성폭력 등 폭력에 관한 사항
나. 승부조작 또는 편파판정 등 불공정에 관한 사항
다. 체육 관련 입시비리에 관한 사항
라. 체육단체·경기단체 및 그 임직원의 횡령·배임 및 뇌물수수 및 「보조금 관리에 관한 법률」 제22조에 따른 보조금 및 「지방재정법」 제32조의4에 따른 지방보조금의 용도 외 사용 금지 위반에 관한 사항
마. 그 밖에 체육계 인권침해 및 스포츠비리에 해당된다고 인정되는 사항
(2020.8.18 본호개정)
2. 신고자 및 피해자에 대한 치료 및 상담, 법률 지원, 임시보호 및 연계(2020.8.18 본호개정)
3. 긴급보호가 필요한 신고자 및 피해자를 위한 임시보호시설 운영(2020.8.18 본호신설)
4. 체육계 현장의 인권침해 조사·조치 상황 등을 상시 점검할 수 있는 인권감시관 운영(2020.8.18 본호신설)
5. 스포츠비리 및 체육계 인권침해에 대한 실태조사 및 예방을 위한 연구(2022.1.18 본호개정)
6. 스포츠비리 및 체육계 인권침해 방지를 위한 예방교육
7. 그 밖에 체육의 공정성 확보 및 체육인의 인권보호를 위하여 필요한 사업
④ 스포츠윤리센터의 운영, 이사회의 구성 및 권한, 임원의 선임, 감독 등 스포츠윤리센터의 정관에 기재할 사항은 대통령령으로 정한다.(2020.8.18 본항개정)
⑤ 스포츠윤리센터의 장은 업무 수행에 필요하다고 인정될 때에는 문화체육관광부장관의 승인을 받아 관계 행정기관 소속 공무원이나 관계 기관·단체 소속 임직원의 스포츠윤리센터 파견 또는 지원을 요청할 수 있다.
(2020.8.18 본항신설)
⑥ 스포츠윤리센터가 아닌 자는 스포츠윤리센터 또는 이와 비슷한 명칭을 사용하지 못한다.
⑦ 스포츠윤리센터는 문화체육관광부장관이 감독한다. 이 경우 문화체육관광부장관은 스포츠윤리센터가 제3항 각 호의 사업을 독립적으로 수행할 수 있도록 필요한 시책을 강구하고 보장하여야 한다.(2020.8.18 후단신설)
⑧ 스포츠윤리센터에 관하여 이 법에서 정한 것을 제외하고는 「민법」 중 재단법인에 관한 규정을 준용한다.

제18조의4【체육계 인권침해 및 스포츠비리의 신고】 ① 누구든지 체육계 인권침해 및 스포츠비리에 해당하는 사항이 발생하였음을 알게 된 경우에는 스포츠윤리센터 또는 수사기관에 신고할 수 있다.
② 체육지도자, 선수, 제18조의14에 따른 선수관리 담당자 및 시장·군수·구청장 등 문화체육관광부령으로 정하는 사람은 체육계 인권침해 및 스포츠비리를 알게 된 경우나 그 의심이 있을 경우 스포츠윤리센터 또는 수사기관에 즉시 신고하여야 한다.(2020.12.8 본항개정)

③ 누구든지 제2항에 따른 신고자의 인적사항 또는 신고자임을 미루어 알 수 있는 사실을 다른 사람에게 알려주거나 공개 또는 보도하여서는 아니 된다.
(2020.8.18 본조신설)

제18조의5【인권침해 등의 조사】 ① 스포츠윤리센터는 다음 각 호에서 정한 방법으로 신고 접수된 사건에 관하여 조사할 수 있다.
1. 신고자·피해자·피신고자(이하 "당사자"라 한다) 또는 관계자에 대한 출석 요구 또는 진술 청취
2. 당사자, 관계자 또는 관계 기관 등에 조사와 관련이 있다고 인정되는 자료 등의 제출 요구
3. 조사와 관련이 있다고 인정되는 장소, 시설 또는 자료 등에 대한 현장조사 또는 감정

② 제1항에 따라 조사를 받는 당사자, 관계자 또는 관계기관 등은 조사에 성실히 임하여야 하고, 특별한 사유 없이 조사를 거부·방해하거나 기피하여서는 아니된다.
(2024.2.6 본항개정)
③ 제1항제3호에 따라 조사에 임하는 사람은 그 권한을 표시하는 증표를 지니고 이를 그 장소 또는 시설을 관리하는 장 또는 직원에게 내보여야 한다.
④ 스포츠윤리센터는 체육계 인권침해 및 스포츠비리에 해당하는 위법 또는 부당한 사항이 발생하였다고 인정할 때에는 직권으로 조사할 수 있다. 이 경우 조사의 방법, 절차 등 필요한 사항에 대해서는 제1항부터 제3항까지의 규정을 준용한다.
⑤ 스포츠윤리센터는 제18조의3제3항제1호가목에 해당하는 신고를 받으면 곧바로 신고자 및 피해자 보호를 위하여 긴급보호 등 필요한 조치를 하고 조사하여야 한다.
⑥ 스포츠윤리센터는 제1항 및 제4항에 따른 조사를 효율적으로 실시하기 위하여 필요하면 수사기관에 협조를 요청할 수 있다.
⑦ 조사의 기간, 절차 등에 관하여 필요한 사항은 문화체육관광부령으로 정한다.
(2020.8.18 본조신설)

제18조의6【불이익조치 등의 금지】 ① 누구든지 신고자와 피해자 및 신고와 관련된 조사 등에서 진술·증언하거나 자료를 제공한 사람(이하 "신고자등" 이라 한다)에 대하여 「공익신고자 보호법」 제2조제6호 각 목의 어느 하나에 해당하는 불이익조치를 하면 아니 된다.
② 누구든지 신고와 신고에 대한 조사 등에서 진술·증언하거나 자료를 제공하는 것(이하 "신고등"이라 한다)을 방해하거나 신고등을 취소하도록 강요하면 아니 된다.
(2020.8.18 본조신설)

제18조의7【신고자등의 보호】 스포츠윤리센터의 장은 조사가 개시되는 경우 인권침해가 계속되고 있다는 상당한 개연성이 있고, 이를 방치할 경우 회복하기 어려운 피해가 발생할 우려가 있다고 인정하면 신고자 또는 피해자의 신청에 의하여 또는 직권으로 피신고자, 그 소속 기관 등의 장에게 다음 각 호의 어느 하나의 조치를 하도록 권고할 수 있다.
1. 신고자등과 피신고자의 물리적 공간을 분리
2. 피신고자의 직위를 해제하거나 직무를 정지하는 등의 조치
3. 피신고자가 신고자등의 의사에 반하여 신고자등에게 접촉하는 것을 금지하는 조치
(2020.8.18 본조신설)

제18조의8【위반행위 등에 대한 조치】 스포츠윤리센터의 장은 선수, 체육지도자, 체육단체의 임직원 등이 다음 각 호의 어느 하나에 해당하는 경우 문화체육관광부장관에게 해당 선수, 체육지도자, 체육단체의 임직원 등 관련자들의 소속 기관·단체의 장으로 하여금 시정 또는 책임자의 징계 등을 하도록 요청할 수 있다. 이 경우 문화체육관광부장관은 시정 또는 징계가 필요하다고 인정되면 해당 소속 기관·단체에 필요한 조치를 요구할 수 있고, 요구를 받은 기관·단체는 정당한 사유가 없으면 이에 따라야 한다.
1. 제18조의6제1항을 위반하여 신고자등에게 신고등을 이유로 불이익조치를 한 경우
2. 제18조의6제2항을 위반하여 신고등을 하지 못하도록 방해하거나 신고등을 취소하도록 강요하는 경우
3. 정당한 사유 없이 스포츠윤리센터가 요구하는 보고서 또는 자료를 거짓으로 작성하거나 제출하지 아니한 경우
4. 정당한 사유 없이 스포츠윤리센터의 조사 업무의 수행을 거부·방해하거나 기피한 경우
5. 제18조의4제3항을 위반하여 같은 조 제2항에 따른 신고자의 인적사항 또는 신고자임을 미루어 알 수 있는 사실을 다른 사람에게 알려주거나 공개 또는 보도한 경우
(2020.8.18 본조신설)

제18조의9【고발 및 징계요구】 ① 스포츠윤리센터는 신고·상담 및 조사내용과 관련하여 범죄혐의가 있다고 인정할 만한 상당한 이유가 있을 때에는 관할 수사기관에 고발할 수 있다.(2020.8.18 본항개정)
② 문화체육관광부장관은 스포츠비리 및 체육계 인권침해에 대하여 체육단체에 책임이 있는 자를 징계할 것을 요구할 수 있다. 이 경우 요구를 받은 체육단체는 정당한 사유가 없으면 이에 따라야 하고, 요구를 받은 날부터 90일 이내에 그 결과를 문화체육관광부장관에게 보고하여야 한다. 다만, 문화체육관광부장관은 징계 요구를 받은 체육단체가 부득이한 사유로 기한 내에 처리할 수 없어 기한의 연장을 요청하는 경우에는 30일의 범위에서 그 기한을 연장할 수 있다.(2024.2.6 본항개정)
③ 스포츠윤리센터는 조사내용과 관련하여 필요한 경우 문화체육관광부장관에게 제2항에 따른 징계요구, 제12조제1항에 따른 체육지도자 자격취소 등을 하도록 요청할 수 있다.

제18조의10【신고·상담 및 임시보호 시설의 설치 등】 ① 지방자치단체는 폭행, 협박 또는 부당한 행위 강요 등으로부터 선수와 체육지도자를 보호하기 위하여 신고·상담 및 임시보호 시설을 설치하거나 그 사업을 대통령령으로 정하는 기관 또는 단체에 위탁할 수 있다.
② 제1항에 따른 신고·상담 및 임시보호 시설의 설치·운영 등에 필요한 사항은 대통령령으로 정한다.
③ 스포츠윤리센터 및 제1항에 따른 시설에서 신고·상담 업무에 종사하거나 종사하였던 사람은 직무상 알게 된 비밀을 누설하거나 자료를 제공해서는 아니 된다.
(2020.8.18 본조개정)

제18조의11【성폭력 등 폭력 예방교육의 실시】 ① 문화체육관광부장관은 체육계의 성폭력 등 폭력 방지를 위하여 예방교육을 실시하여야 한다.
② 제1항에 따른 성폭력 등 폭력 예방교육의 내용 및 방법, 대상, 기간 등 필요한 사항은 문화체육관광부령으로 정한다.

제18조의12 (2021.8.10 삭제)

제18조의13【징계정보시스템의 구축·운영 등】 ① 문화체육관광부장관은 대한체육회, 지방체육회, 대한장애인체육회, 지방장애인체육회, 경기단체 및 운동경기부(「학교체육 진흥법」 제2조제3호에 따른 학교운동부를 포함한다. 이하 이 조에서 "체육회등"이라 한다)에 소속된 선수(「학교체육 진흥법」 제2조제4호에 따른 학생선수를 포함한다. 이하 이 조에서 같다), 체육지도자, 심판 및 임직원의 징계에 관한 정보(「학교폭력예방 및 대책에 관한 법률」 제17조제1항에 따른 조치를 포함한다. 이하 이 조에서 같다)를 효율적으로 관리하기 위하여 징계정보시스템을 구축·운영하여야 한다.(2022.1.18 본항개정)
② 문화체육관광부장관은 징계정보시스템을 구축·운영하기 위하여 필요한 자료를 관계 중앙행정기관의 장, 지방자치단체의 장, 교육감 및 체육단체 등에 요청할 수 있다. 이 경우 요청을 받은 자는 특별한 사유(개인정보 보호에 관한 사유는 제외한다)가 없으면 요청에 따라야 한다.
(2022.1.18 본항개정)
③ 체육회등의 장(운동경기부의 경우 소속된 기관 및 단체의 장을 말한다. 이하 제4항에서 같다)은 소속된 선수, 체육지도자, 심판 및 임직원을 징계하는 경우 제1항에 따른 징계정보시스템에 관련 정보를 게재하여야 한다.
(2020.12.8 본항신설)
④ 체육회등의 장은 선수, 체육지도자, 심판 및 임직원과 채용 계약(재계약을 포함한다)을 체결할 때에는 선수, 체육지도자, 심판 및 임직원에게 제1항에 따른 징계정보시스템을 통한 징계 관련 증명서를 제출받아 징계 이력을 확인하여야 한다.(2022.1.18 본항개정)
⑤ 제1항에 따른 징계정보시스템의 구축·운영, 제2항에 따른 자료의 요청, 제3항에 따른 정보 게재 및 제4항에 따른 징계 관련 증명서 확인 등에 필요한 사항은 문화체육관광부령으로 정한다.(2020.12.8 본항개정)

제18조의14【선수관리 담당자의 등록의무】 ① 체육지도자 외에 선수들의 체력 및 건강을 위하여 선수를 관리하는 자(이하 "선수관리 담당자"라 한다)를 별도로 둘 경우 이를 대한체육회의 회원인 단체로서 해당 종목을 대표하는 단체 또는 지방체육회에 등록하여야 한다.
(2020.12.8 본항개정)
② 선수관리 담당자의 자격요건, 범위 및 등록 등에 필요한 사항은 문화체육관광부령으로 정한다.
(2020.8.18 본조신설)

제18조의15【고정형 영상정보처리기기의 설치·관리】
① 국가와 지방자치단체 및 체육단체 등은 대통령령으로 정하는 바에 따라 선수 등 체육인에 대한 폭력, 성폭력 등 인권침해의 우려가 있는 주요 지점에 「개인정보 보호법」 제2조제7호에 따른 고정형 영상정보처리기기를 설치·관리할 수 있다.
② 제1항에 따라 고정형 영상정보처리기기를 설치·관리하는 자는 정보주체의 인권이 침해되지 아니하도록 하여야 한다.
③ 이 법에서 정한 것 외에 고정형 영상정보처리기기의 설치·관리 등에 관한 사항은 「개인정보 보호법」에 따른다.
(2023.3.14 본조개정)

제18조의16【체육계 인권침해 및 스포츠비리 실태조사】 ① 문화체육관광부장관은 매년 체육계 인권침해 및 스포츠비리에 대한 실태조사를 실시하여 그 결과를 발표하고, 이를 체육계 인권침해 및 스포츠비리를 예방하기 위한 정책수립의 기초자료로 활용하여야 한다.
② 제1항에 따른 체육계 인권침해 및 스포츠비리 실태조사의 방법과 내용 등에 관하여 필요한 사항은 문화체육관광부령으로 정한다.
(2020.8.18 본조신설)

제18조의17【통합신고관리시스템의 구축·운영 등】
① 문화체육관광부장관은 이 법에 따른 체육계 인권침해 및 스포츠비리 등과 관련된 신고의 접수·처리·조치 등 상황을 효율적으로 관리하기 위하여 통합신고관리시스템을 구축·운영하여야 한다.
② 문화체육관광부장관은 통합신고관리시스템을 구축·운영하기 위하여 필요한 자료를 체육단체 등에 요청할 수 있다. 이 경우 요청을 받은 체육단체 등은 특별한 사유가 없으면 요청에 따라야 한다.
③ 그 밖에 통합신고시스템의 구축·운영 등에 필요한 사항은 문화체육관광부령으로 정한다.
(2020.12.8 본조신설)

제3장 국민체육진흥기금

제19조【기금의 설치 등】 ① 다음 각 호에 필요한 경비를 지원하기 위하여 국민체육진흥기금(이하 "기금"이라 한다)을 설치한다.
1. 체육 진흥에 필요한 시설 비용
2. 체육인의 복지 향상
3. 체육단체 육성
4. 학교 체육 및 직장 체육 육성
5. 체육·문화예술 전문인력 양성
6. 취약분야 육성
7. 스포츠산업 진흥
8. 사행산업 또는 불법사행산업으로 인한 중독 및 도박 문제의 예방·치유
9. 그 밖에 국민체육 진흥 등을 위하여 대통령령으로 정하는 사항
(2017.12.19 1호~9호신설)

② 기금은 국민체육진흥계정 및 사행산업중독예방치유계정으로 구분한다.(2017.12.19 본항신설)
③ 국민체육진흥계정은 서울올림픽기념국민체육진흥공단이, 사행산업중독예방치유계정은 「사행산업통합감독위원회법」 제4조에 따른 사행산업통합감독위원회가 각각 독립된 회계로 관리·운용한다.
④ 그 밖에 기금의 관리·운용에 필요한 사항은 대통령령으로 정한다.
(2017.12.19 본조개정)

제20조【기금의 조성】 ① 국민체육진흥계정은 다음 각 호의 재원으로 조성하며, 사행산업중독예방치유계정은 「사행산업통합감독위원회법」 제14조의4에서 정하는 바에 따른다.(2017.12.19 본문개정)
1. 정부와 정부 외의 자의 출연금(出捐金)
2. 문화체육관광부장관이 승인하는 광고 사업의 수입금
(2008.2.29 본호개정)
3. 골프장(회원제로 운영하는 골프장을 말한다. 이하 같다) 시설의 입장료에 대한 부가금
<2019.12.27 헌법재판소 위헌결정으로 이 호는 헌법에 위반>
4. 국민체육진흥계정의 운용으로 생기는 수익금
(2017.12.19 본호개정)
5. 「복권 및 복권기금법」 제23조제1항에 따라 배분된 복권수익금
6. 제22조제4항제3호부터 제5호까지의 규정에 따른 출자 등에 따른 수익금(2016.5.29 본호개정)
7. 제29조제2항에 따른 출연금(2014.12.23 본호개정)
8. 그 밖에 대통령령으로 정하는 수입금

② 정부는 제1항제1호의 출연금을 회계연도마다 세출예산에 계상(計上)하여야 한다.
③ 제1항제1호에 따라 정부 외의 자가 출연하는 경우 그 용도를 지정하여 출연할 수 있다. 다만, 특정 개인에 대한 지원을 용도로 지정할 수 없다.
④ 제19조제3항에 따른 계정의 관리·운용 주체는 계정의 운용을 위하여 필요한 때에는 각 계정의 부담으로 자금을 차입(국제기구, 외국 또는 외국인으로부터의 차입을 포함한다)하거나 물자를 도입할 수 있다.(2017.12.19 본항신설)

제21조【올림픽 휘장 사업】 ① 올림픽을 상징하는 오륜(五輪)과 오륜을 포함하고 있는 모든 표지·도안·표어 또는 이와 비슷한 것을 영리를 목적으로 사용하려는 자는 대한올림픽위원회의 승인을 받아야 한다.
② 대한올림픽위원회는 제1항의 승인에 관한 권한을 서울올림픽기념국민체육진흥공단으로 하여금 대행하게 할 수 있다.
③ 제1항에 따른 사용 승인을 받은 자는 대통령령으로 정하는 바에 따라 그 사용료를 내야 한다.

제22조【기금의 사용 등】 ① 국민체육진흥계정은 다음 각 호의 사업이나 지원 등을 위하여 사용하고, 사행산업중독예방치유계정은 「사행산업통합감독위원회법」 제14조의4에서 정하는 바에 따라 사용한다.(2017.12.19 본문개정)
1. 국민체육 진흥을 위한 연구·개발 및 그 보급 사업
2. 국민체육시설 확충을 위한 지원 사업
3. 선수와 체육지도자 양성을 위한 사업
4. 「체육인 복지법」에 따른 지원 사업 등 체육인의 복지 향상을 위한 사업(2021.8.10 본호개정)
5. 광고나 그 밖에 국민체육진흥계정 조성을 위한 사업
(2017.12.19 본호개정)

6. (2021.8.10 삭제)
7. 제17조제2항 및 제3항에 따른 자금의 융자
8. 제24회 서울올림픽대회와 제8회 서울장애인올림픽대회를 기념하기 위한 사업
9. (2014.12.23 삭제)
10. 대한체육회, 지방체육회, 대한장애인체육회, 지방장애인체육회, 한국도핑방지위원회, 생활체육 관련 체육단체와 체육 과학 연구기관, 스포츠윤리센터 및 체육인재육성 관련 단체의 운영·지원(2020.12.8 본호개정)
11. 저소득층의 체육 활동 지원(2012.2.17 본호신설)
11의2. 「스포츠산업 진흥법」 제2조제2호에 따른 스포츠산업 진흥을 위한 지원 사업(2016.5.29 본호신설)
11의3. 체육계의 성폭력 등 폭력 예방 및 신고자·피해자 지원(2020.8.18 본호개정)
12. 그 밖에 체육 진흥을 위한 사업으로서 대통령령으로 정하는 사업

② 제1항에도 불구하고 제29조제2항에 따라 국민체육진흥계정에 출연되어 조성된 재원 중 대통령령으로 정하는 배분 비율에 해당하는 금액에 대해서는 다음 각 호의 목적에 사용할 수 있다. 이 경우 그 시기 및 방법에 대해서는 대통령령으로 정한다.(2017.12.19 전단개정)
1. 대통령령으로 정하는 지방자치단체의 공공체육시설의 개수·보수 지원. 이 경우 개수·보수에 사용되는 총 재원 중 국민체육진흥계정의 지원 비율은 대통령령으로 정한다.(2017.12.19 후단개정)
2. 체육진흥투표권 발행 대상 운동경기를 주최하는 단체의 지원, 체육진흥투표권 비발행 대상 종목의 육성과 스포츠 공정성 제고를 위한 사업의 지원. 이 경우 지원 대상사업은 문화체육관광부령으로 정한다.
3. 다음 각 목에 해당하는 체육·문화예술 사업의 지원
가. 학교 체육 활성화를 위한 사업
나. 학교 및 직장 운동경기부 활성화를 위한 사업
다. 심판 양성 및 지원을 위한 사업
라. 체육·문화예술 분야 전문인력 양성 사업
마. 문화예술 취약분야 육성을 위한 사업
바. 그 밖에 체육·문화예술 진흥을 위하여 특별히 지원이 필요한 사업

(2014.12.23 본항신설)

③ 제19조제3항에 따라 국민체육진흥계정을 관리하는 기관(이하 "계정관리기관"이라 한다)이 국민체육진흥계정을 관리·운용하는 경우에 국가나 지방자치단체는 국민체육진흥계정 조성을 지원하기 위하여 계정관리기관에 국유 또는 공유의 시설·물품, 그 밖의 재산을 그 용도나 목적에 지장을 주지 아니하는 범위에서 무상으로 사용·수익하게 하거나 대부할 수 있다.(2017.12.19 본항개정)

④ 계정관리기관은 국민체육 진흥, 청소년 육성, 스포츠산업 진흥 또는 기금 조성을 위하여 국민체육진흥계정의 일부나 계정관리기관의 시설·물품, 그 밖의 재산의 일부를 다음의 기금이나 사업 등에 출연하거나 출자할 수 있다. 다만, 제5호의 경우 문화체육관광부장관이 스포츠산업에 대한 투자분을 인정한 경우에만 출자할 수 있다.(2017.12.19 본문개정)
1. 「청소년기본법」에 따른 청소년육성기금
2. 경기단체의 기본 재산
3. 경륜·경정 사업과 종합 유선 방송 사업
4. 제36조제1항제3호에 따른 체육시설의 설치·관리·운영
5. 「스포츠산업 진흥법」 제16조에 따른 조합 또는 회사(2016.5.29 본호신설)

제22조의2【자료제공의 요청 및 전산망의 이용】 ① 계정관리기관은 제22조제1항제11호에 따른 지원대상 자격 및 자격유지의 적정성을 확인하기 위하여 필요한 경우 가족관계증명·국세·지방세·토지·건물·건강보험 및 국민연금에 관한 자료 등 대통령령으로 정하는 자료를 관계 기관의 장에게 요청할 수 있고, 해당 기관의 장은 특별한 사유가 없으면 요청에 따라야 한다. 다만, 「전자정부법」 제36조제1항에 따른 행정정보 공동이용을 통하여 확인할 수 있는 사항은 예외로 한다.(2021.8.10 본문개정)

② 계정관리기관은 제1항에 따른 자료의 확인을 위하여 「사회복지사업법」 제6조의2제2항에 따른 정보시스템을 연계하여 사용할 수 있다.

(2017.12.19 본조개정)

제22조의3【성과의 평가】 ① 문화체육관광부장관은 전년도 제22조 사업에 대한 국민체육진흥계정 사용의 성과를 측정·평가하여 그 결과를 매년 3월 말까지 확정하여야 한다.

② 문화체육관광부장관은 제1항에 따른 성과 측정·평가를 효율적으로 수행하기 위하여 계정관리기관에 그 업무를 위탁할 수 있다.

③ 문화체육관광부장관은 제1항에 따른 성과 측정·평가 업무를 제2항에 따라 계정관리기관에 위탁할 경우 계정관리기관과 협의하여 성과 목표 및 평가 기준을 정하여야 한다.

④ 문화체육관광부장관은 제1항에 따른 국민체육진흥계정 사용의 성과평가 결과를 다음 연도 기금운용계획안에 반영하도록 노력하여야 한다.

⑤ 그 밖에 성과평가 결과에 대한 이의신청 등 성과평가의 방법 및 절차에 관하여 필요한 사항은 대통령령으로 정한다.

(2022.2.3 본조신설)

제23조【부가금의 징수】 ① 계정관리기관이 제20조제1항제3호에 따른 부가금을 징수하려면 미리 문화체육관광부장관의 승인을 받아야 한다.(2017.12.19 본항개정)

② 제1항에 따른 부가금은 골프장 시설 입장료의 10분의 1을 초과할 수 없다.

③ 계정관리기관은 제1항에 따른 승인을 받으면 골프장 시설의 운영자에게 그 승인 내용을 통보하여야 하며, 그 내용을 통보받은 해당 골프장 시설의 운영자는 그 시설 이용자로부터 제1항에 따른 부가금을 수납하여 계정관리기관에 내야 한다.(2017.12.19 본항개정)

④ 제3항에 따른 부가금의 징수 대상이 되는 골프장 시설의 운영자가 수납한 부가금을 내는 때에는 부가금 수납부 사본 등 부가금 수납과 관련된 서류를 계정관리기관에 제출하여야 한다.(2017.12.19 본항개정)

⑤ 부가금의 징수 방법, 납부 시기 및 부가금 수납 관련 서류 등에 필요한 사항은 대통령령으로 정한다.

제4장 체육진흥투표권의 발행

제24조【체육진흥투표권의 발행사업 등】 ① 서울올림픽기념국민체육진흥공단은 국민의 여가 체육 육성 및 체육 진흥 등에 필요한 재원 조성을 위하여 체육진흥투표권 발행 사업을 할 수 있다.

② 체육진흥투표권의 종류, 투표 방법, 단위 투표 금액, 대상 운동경기 및 각종 국내외 운동경기대회, 그 밖에 필요한 사항은 대통령령으로 정한다. 다만, 체육진흥투표권의 연간 발매회차는 서울올림픽기념국민체육진흥공단과 제25조에 따른 수탁사업자가 매년 협의하여 정하되, 문화체육관광부장관의 승인을 받아야 한다.(2011.4.5 본항개정)

③ 제1항에 따른 체육진흥투표권의 발행 사업에 대하여는 「사행행위 등 규제 및 처벌특례법」을 적용하지 아니한다.

제25조【체육진흥투표권 발행 사업의 위탁 등】 ① 서울올림픽기념국민체육진흥공단은 체육진흥투표권 발행 사업을 효율적으로 수행하기 위하여 대통령령으로 정하는 바에 따라 문화체육관광부장관의 승인을 받아 서울올림픽기념국민체육진흥공단이 발행주식의 총수를 소유하고 있는 「상법」에 따른 주식회사(이하 "수탁사업자"라 한다)에게 체육진흥투표권 발행사업을 위탁하여 운영하도록 한다.(2022.1.18 본항개정)

② 제1항에 따라 체육진흥투표권 발행 사업의 위탁 승인 대상이 되는 수탁사업자는 다음 각 호의 모든 요건을 갖추어야 한다.(2022.1.18 본문개정)
1. 체육진흥투표권 발행 사업 수행에 필요한 경제적·기술적 능력이 있을 것
2. 국내외에서 거짓이나 그 밖의 부정한 체육진흥투표권 발행 사업, 그 밖에 비슷한 사업 수행으로 처벌받은 사실이 없을 것
3. 그 밖에 대통령령으로 정하는 사항

제26조【유사행위의 금지 등】 ① 서울올림픽기념국민체육진흥공단과 수탁사업자가 아닌 자는 체육진흥투표권 또는 이와 비슷한 것을 발행(정보통신망에 의한 발행을 포함한다)하여 결과를 적중시킨 자에게 재물이나 재산상의 이익을 제공하는 행위(이하 "유사행위"라 한다)를 하여서는 아니 된다.

② 누구든지 다음 각 호의 어느 하나에 해당하는 행위를 하여서는 아니 된다.
1. 「정보통신망 이용촉진 및 정보보호 등에 관한 법률」 제2조제1항제1호에 따른 정보통신망을 이용하여 체육진흥투표권이나 이와 비슷한 것을 발행하는 시스템을 설계·제작·유통 또는 공중이 이용할 수 있도록 제공하는 행위
2. 유사행위를 위하여 해당 운동경기 관련 정보를 제공하는 행위
3. 유사행위를 홍보하거나 체육진흥투표권 또는 이와 비슷한 것의 구매를 중개 또는 알선하는 행위

③~④ (2014.1.28 삭제)

(2012.2.17 본조개정)

제27조【환급금】 ① 수탁사업자는 체육진흥투표권을 구매하고 운동경기 결과를 적중시킨 자에 대하여 대통령령으로 정하는 바에 따라 그 체육진흥투표권 발매 금액 중 100분의 50 이상을 환급금으로 내주어야 한다.

② 제1항에 따른 환급금의 채권은 그 지급 개시일부터 1년간 행사하지 아니하면 소멸시효가 완성되며, 소멸시효가 완성된 환급금은 국민체육진흥계정에 귀속된다.

(2017.12.19 본항개정)

제28조【운영비】 ① 서울올림픽기념국민체육진흥공단은 체육진흥투표권의 발매 금액에 대하여 문화체육관광부장관이 정하는 비율의 금액을 체육진흥투표권 발행 사업 시행에 따른 경비 및 수탁사업자에게 지급하는 위탁운영비로 취득할 수 있다. 이 경우 취득 금액은 발매 금액의 100분의 10을 초과할 수 없다.

② 제1항에 따른 운영비 산정 등에 필요한 사항은 문화체육관광부령으로 정한다.(2022.1.18 본항신설)

(2022.1.18 본조개정)

제29조【수익금의 사용】 ① 수탁사업자는 매 사업연도 체육진흥투표권 발행 사업의 총매출액 중 제27조에 따른 환급금과 제28조에 따른 위탁 운영비를 제외한 금액에 대하여는 문화체육관광부령으로 정하는 바에 따라 서울올림픽기념국민체육진흥공단으로 넘겨준다.

(2008.2.29 본항개정)

② 서울올림픽기념국민체육진흥공단은 제1항에 따라 수탁사업자로부터 넘겨받은 금액을 국민체육진흥계정에 출연하고, 그 결과를 문화체육관광부장관에게 보고하여야 한다.(2017.12.19 본항개정)

③~④ (2014.12.23 삭제)

제30조【체육진흥투표권의 판매 및 구매 제한 등】 ① 수탁사업자는 「청소년보호법」 제2조제1호에 따른 청소년에게 체육진흥투표권을 판매하거나 환급금을 내주어서는 안 된다.(2011.4.5 본항개정)

② 다음 각 호의 어느 하나에 해당하는 자는 체육진흥투표권을 구매·알선하거나 양도받아서는 아니 된다.
1. 체육진흥투표권 발행사업자와 수탁사업자
2. 체육진흥투표권 발행 사업에 대하여 감독하는 지위에 있는 자
3. 체육진흥투표권 발행 대상 운동경기의 선수·감독·코치·심판 및 경기단체의 임직원
4. 체육진흥투표권 발행 대상 운동경기를 주최하는 단체의 임직원
5. 그 밖에 체육진흥투표권 발행 사업에 종사하는 자

③ 수탁사업자는 제2항 각 호의 어느 하나에 해당하는 자(이하 이 조에서 "환급금 지급 금지 대상자"라 한다)에게 제27조에 따른 환급금을 내주어서는 아니 된다.

(2023.6.20 본항개정)

④ 수탁사업자는 「소득세법」 제84조제1호에 규정된 금액 이상의 환급금을 지급받을 자가 환급금 지급 금지 대상자인지 확인하기 위하여 필요한 경우 다음 각 호의 자에게 환급금 지급 금지 대상자의 성명, 「주민등록법」 제7조의2제1항에 따른 주민등록번호 또는 「출입국관리법」 제31조제5항에 따른 외국인등록번호에 관한 자료의 제출을 요청할 수 있다.(2023.6.20 본문개정)
1. 문화체육관광부장관(2023.6.20 본호신설)
2. 발행사업자(2023.6.20 본호신설)
3. 경기단체 및 체육진흥투표권 발행 대상 운동경기를 주최하는 단체(2023.6.20 본호신설)

⑤ 수탁사업자(환급금 지급 업무를 수탁·대행하는 자를 포함한다)는 「소득세법」 제84조제1호에 규정된 금액 이상의 환급금을 지급받을 사람이 환급금 지급 금지 대상자인지 확인하기 위하여 「주민등록법」 제7조의2제1항에 따른 주민등록번호 또는 「출입국관리법」 제31조제5항에 따른 외국인등록번호에 관한 자료를 처리할 수 있다.

(2023.6.20 본항신설)

⑥ 수탁사업자(계약에 따라 체육진흥투표권을 판매하는 자를 포함한다)는 체육진흥투표권 구매자 1명에게 발행회차별로 총투표금액 20만원의 범위에서 대통령령으로 정하는 금액을 초과하여 체육진흥투표권을 판매하여서는 아니 된다.(2022.1.18 본항신설)

⑦ 체육진흥투표권 구매자는 제6항을 위반하여 판매되는 체육진흥투표권을 구매하여서는 아니 된다.(2023.6.20 본항개정)

⑧ 제2항제2호 및 제5호에 해당하는 자의 범위는 대통령령으로 정한다.

(2022.1.18 본조제목개정)

제30조의2【체육진흥투표권 판매 관련 위반행위 조사】 ① 특별자치시장·특별자치도지사 또는 시장·군수·구청장(구청장은 자치구의 구청장을 말하며, 이하 "시장·군수·구청장"이라 한다)은 제30조제6항의 위반행위에 대한 조사를 할 수 있다.(2023.6.20 본항개정)

② 시장·군수·구청장은 제1항에 따른 조사를 하기 위하여 필요하다고 인정하는 경우에는 체육진흥투표권을 판매하는 자에게 관계 서류·장부·사업보고서 등의 자료 또는 그 사본의 제출을 요구하거나 관계 공무원으로 하여금 체육진흥투표권을 판매하는 시설 및 장소에 출입하여 그 설비, 장부, 그 밖의 서류를 조사하게 할 수 있다.

③ 제2항에 따라 출입·조사를 하는 관계 공무원은 그 권한을 표시하는 증표를 지니고 이를 관계인에게 보여주어야 한다.

(2022.1.18 본조신설)

제31조【사업 계획의 승인과 감독 등】 ① 서울올림픽기념국민체육진흥공단은 다음 연도 체육진흥투표권 발행 사업의 운영 계획과 수입 지출 예산서를 수탁사업자로부터 제출받아 매 연도 말까지 문화체육관광부장관의 승인을 받아야 한다. 이를 변경하려는 때에도 또한 같다.

② 수탁사업자는 매 사업연도가 끝난 후 2개월 이내에 사업 실적과 결산 보고서를 서울올림픽기념국민체육진흥공단을 거쳐 문화체육관광부장관에게 제출하여야 한다.

③ 문화체육관광부장관은 이 법을 시행하기 위하여 필요하다고 인정하면 수탁사업자에게 감독을 위하여 필요한 명령이나 처분을 할 수 있다.(2023.8.8 본항개정)

(2008.2.29 본조개정)

제32조【체육진흥투표권 발매의 무효 등】 ① 체육진흥투표권을 발매한 후 그 투표 대상 운동경기의 개최 기간

중에 일정 수의 운동경기가 개최되지 아니하거나 개최되더라도 그 결과를 확정할 수 없는 경우에는 대통령령으로 정하는 바에 따라 그 체육진흥투표권 발매를 무효로 하거나 그 운동경기의 결과에 대한 적중 특례를 둘 수 있다.
② 제1항에 따라 발매가 무효로 된 체육진흥투표권을 가진 자는 수탁사업자에게 구매 금액의 반환을 청구할 수 있다.
③ 제2항에 따른 구매 금액의 반환청구권은 발매가 무효로 된 날의 다음날부터 1년간 행사하지 아니하면 시효로 소멸하며, 그 구매 금액은 국민체육진흥계정에 귀속된다.
(2017.12.19 본항개정)

제5장 체육단체의 육성

제33조【대한체육회】 ① 체육 진흥에 관한 다음 각 호의 사업과 활동을 하게 하기 위하여 문화체육관광부장관의 인가를 받아 대한체육회(이하 "체육회"라 한다)를 설립한다.(2020.12.8 본문개정)
1. 체육회에 가맹된 경기단체와 생활체육종목단체 등의 사업과 활동에 대한 지도와 지원(2015.3.27 본호개정)
2. 체육대회의 개최와 국제 교류(2015.3.27 본호개정)
3. 선수 양성과 경기력 향상 등 전문체육 진흥을 위한 사업
4. 체육인의 복지 향상
5. 국가대표 은퇴선수 지원사업(2009.3.18 본호신설)
5의2. 생활체육 프로그램 개발 및 보급
5의3. 스포츠클럽 및 체육동호인조직의 활동 지원
5의4. 생활체육 진흥에 관한 조사 및 연구
5의5. 전문체육과 생활체육과의 연계 사업
(2015.3.27 5호의2~5호의5신설)
6. 그 밖에 체육 진흥을 위하여 필요한 사업
② 체육회는 제1항에 따른 목적 달성에 필요한 경비를 마련하기 위하여 대통령령으로 정하는 바에 따라 수익사업을 할 수 있다.
③ 체육회는 법인으로 한다.
④ 체육회는 정관으로 정하는 바에 따라 지부·지회 또는 해외의 지회를 둘 수 있다.
⑤ 체육회의 회원과 회비 징수에 필요한 사항은 정관으로 정한다.
⑥ 체육회의 임원 중 회장은 정관으로 정하는 바에 따라 투표로 선출하되, 문화체육관광부장관의 승인을 받아 취임한다.(2015.5.18 본항개정)
⑦ 체육회는 제6항에 따른 회장 선출에 대한 선거관리를 정관으로 정하는 바에 따라 「선거관리위원회법」에 따른 중앙선거관리위원회에 위탁하여야 한다.(2015.5.18 본항신설)
⑧ 체육회에 관하여 이 법에서 규정한 것 외에는 「민법」 중 사단법인에 관한 규정을 준용한다.
(2020.12.8 본조제목개정)

제33조의2【지방체육회】 ① 지역사회의 체육 진흥에 관한 다음 각 호의 사업과 활동을 하게 하기 위하여 관할 지방자치단체의 장의 인가를 받아 지방체육회를 설립한다.
1. 지방체육회에 가맹된 체육단체와 생활체육종목단체 등의 사업과 활동에 대한 지도와 지원
2. 지역 체육대회의 개최와 국내외 교류
3. 체육회가 개최하는 체육대회의 참가
4. 선수 양성과 경기력 향상 등 지역 전문체육 진흥을 위한 사업
5. 지역 체육인의 복지 향상
6. 지역 생활체육 프로그램의 개발 및 보급
7. 지역 스포츠클럽 및 체육동호인조직의 활동 지원
8. 지역생활체육 진흥에 관한 조사 및 연구
9. 지역의 학교체육, 전문체육 및 생활체육의 진흥 및 연계사업
10. 지역 체육시설의 관리 및 운영
11. 지역 체육역사 발굴, 확산 등 체육문화사업
12. 그 밖에 지역 체육 진흥을 위하여 필요한 사업
② 지방체육회는 법인으로 한다.
③ 지방체육회의 명칭은 해당 지방체육회를 설립한 지방자치단체의 명칭에 "체육회"를 붙여 사용한다.
④ 지방체육회 중 시·도체육회는 체육회의 정관으로 정하는 바에 따라 체육회의 회원이 될 자격을 가지며, 시·군·구체육회는 시·도체육회의 정관으로 정하는 바에 따라 시·도체육회의 회원이 될 자격을 가진다.
⑤ 지방체육회의 회원과 회비 징수에 필요한 사항은 정관으로 정한다.
⑥ 지방체육회의 임원 중 회장은 정관으로 정하는 바에 따라 투표로 선출한다.
⑦ 지방체육회는 제6항에 따른 회장 선출에 대한 선거관리를 정관으로 정하는 바에 따라 「선거관리위원회법」에 따른 시·도 및 시·군·구 선거관리위원회에 위탁하여야 한다.
⑧ 지방체육회에 관하여는 이 법에서 규정한 것 외에는 「민법」 중 사단법인에 관한 규정을 준용한다.
(2020.12.8 본조신설)

제34조【대한장애인체육회】 ① 장애인 체육 진흥에 관한 다음 각 호의 사업과 활동을 하게 하기 위하여 문화체육관광부장관의 인가를 받아 대한장애인체육회(이하 "장애인체육회"라 한다)를 설립한다.(2008.2.29 본문개정)
1. 장애인 경기단체의 사업과 활동에 대한 지도와 지원
2. 장애인 체육경기대회 개최와 국제 교류
3. 장애인 선수 양성과 경기력 향상 등 장애인 전문체육 진흥을 위한 사업
4. 장애인 생활체육의 육성과 보급
5. 장애인 선수, 장애인 체육지도자와 장애인 체육계 유공자의 복지 향상
6. 그 밖에 장애인 체육 진흥을 위하여 필요한 사업
② 장애인체육회는 제1항에 따른 목적 달성에 필요한 경비를 마련하기 위하여 대통령령으로 정하는 바에 따라 수익사업을 할 수 있다.
③ 장애인체육회는 법인으로 한다.
④ 장애인체육회는 정관으로 정하는 바에 따라 지부·지회인 장애인체육회 또는 해외의 지회를 둘 수 있다. 이 경우 지방장애인체육회의 명칭은 해당 지방장애인체육회가 설치된 지방자치단체의 명칭에 "장애인체육회"를 붙여 사용한다.(2020.12.8 본항개정)
⑤ 장애인체육회의 회원과 회비 징수에 필요한 사항은 정관으로 정한다.
⑥ 장애인체육회는 임원으로서 회장·부회장·이사 및 감사를 둔다.
⑦ 제6항에 따른 임원의 정원, 임기 및 선출 방법 등은 정관으로 정한다. 다만, 회장은 정관으로 정하는 바에 따라 투표로 선출하되, 문화체육관광부장관의 승인을 받아 취임한다.(2015.5.18 본항개정)
⑧ 장애인체육회는 제7항 단서에 따른 회장 선출에 대한 선거관리를 정관으로 정하는 바에 따라 「선거관리위원회법」에 따른 중앙선거관리위원회에 위탁하여야 한다.
(2015.5.18 본항신설)
⑨ 장애인체육회에 관하여 이 법에서 규정한 것 외에는 「민법」 중 사단법인에 관한 규정을 준용한다.

제35조【한국도핑방지위원회의 설립】 ① 도핑과 관련된 다음 각 호의 사업과 활동을 하게 하기 위하여 문화체육관광부장관의 인가를 받아 한국도핑방지위원회(이하 "도핑방지위원회"라 한다)를 설립한다.(2008.2.29 본문개정)
1. 도핑 방지를 위한 교육, 홍보, 정보 수집 및 연구
2. 도핑 검사 계획의 수립과 집행
3. 도핑 검사 결과의 관리와 그 결과에 따른 제재
4. 도핑 방지를 위한 국내외 교류와 협력
5. 치료 목적으로 제2조제10호의 약물이나 방법을 예외적으로 사용하는 것에 대한 허용 기준의 수립과 그 시행
6. 그 밖에 도핑 방지를 위하여 필요한 사업과 활동
② 도핑방지위원회는 법인으로 한다.
③ 도핑방지위원회는 위원장 1명과 부위원장 1명을 포함한 11명 이내의 위원으로 구성하고, 위원의 임기와 선출 방법 등은 정관으로 정한다.
④ 도핑방지위원회는 제1항에 따른 사업과 활동에 필요한 경비를 마련하기 위하여 대통령령으로 정하는 바에 따라 수익사업을 할 수 있다.
⑤ 도핑방지위원회에 관하여 이 법에 정한 것 외에는 「민법」 중 재단법인에 관한 규정을 준용한다.
⑥ 도핑방지위원회는 그 업무를 수행하기 위하여 필요하면 관계 행정기관의 소속 공무원이나 관계 기관·단체 등의 임직원의 파견을 요청할 수 있다.

제35조의2【선수의 도핑 검사】 경기단체에 등록된 선수는 문화체육관광부령으로 정하는 바에 따라 도핑방지위원회의 도핑 검사를 받아야 한다. 이 경우 도핑 검사의 대상자 선정기준 및 선정방법은 도핑방지위원회가 정한다.(2015.5.18 본조신설)

제36조【서울올림픽기념국민체육진흥공단】 ① 제24회 서울올림픽대회를 기념하고 국민체육 진흥을 위한 다음의 사업을 하게 하기 위하여 문화체육관광부장관의 인가를 받아 서울올림픽기념국민체육진흥공단(이하 "진흥공단"이라 한다)을 설립한다.(2008.2.29 본문개정)
1. 제24회 서울올림픽대회 기념사업
2. 국민체육진흥계정의 조성, 운용 및 관리와 이에 딸린 사업(2017.12.19 본호개정)
3. 체육시설의 설치·관리 및 이에 따른 부동산의 취득·임대 등 운영 사업
4. 체육 과학의 연구
5. 체육분야(체육인을 포함한다) 전반의 복지사업
(2021.8.10 본호신설)
6. 그 밖에 문화체육관광부장관이 인정하는 사업
(2008.2.29 본호개정)
② 진흥공단은 법인으로 한다.
③ 진흥공단에 관하여 이 법 및 「공공기관의 운영에 관한 법률」에서 규정한 것 외에는 「민법」 중 재단법인에 관한 규정을 준용한다.(2014.12.23 본항개정)
④ 진흥공단은 제1항제3호에 따른 체육시설 중 제24회 서울올림픽대회를 위하여 설치된 체육시설의 유지·관리에 드는 경비를 충당하기 위하여 그 체육시설에 입장하는 자로부터 입장료를 받을 수 있다.
⑤ (2022.1.18 삭제)

제37조【임원】 진흥공단에는 이사장 1명을 포함한 15명 이내의 이사와 감사 1명을 둔다.(2014.12.23 본조개정)

제38조 (2014.12.23 삭제)

제39조【회계 감독 등】 ① 진흥공단은 대통령령으로 정하는 바에 따라 매 회계연도의 사업 계획과 예산에 대하여 문화체육관광부장관의 승인을 받아야 한다.
② 진흥공단은 매 회계연도가 끝난 후 2개월 이내에 사업 실적과 결산 보고서를 문화체육관광부장관에게 제출하여야 한다.
③ 문화체육관광부장관은 진흥공단에 대하여 사업이나 재산 상태를 검사하거나 감독을 위하여 필요한 명령을 할 수 있다.(2023.8.8 본항개정)
(2008.2.29 본조개정)

제40조【자금 차입 등】 체육회, 장애인체육회, 도핑방지위원회 또는 진흥공단은 사업 목적을 달성하기 위하여 필요하면 문화체육관광부장관의 승인을 받아 자금을 차입(국제기관, 외국 정부 또는 외국인 등으로부터 차입하는 경우를 포함한다)하거나 물자를 도입할 수 있다.
(2008.2.29 본조개정)

제41조【조세 감면 등】 ① 정부는 체육회와 진흥공단에 대하여 「조세특례제한법」으로 정하는 바에 따라 조세를 감면한다.
② 체육회에 기부되거나 진흥공단에 출연 또는 기부된 재산에 대하여는 「조세특례제한법」으로 정하는 바에 따라 소득 계산의 특례를 적용한다.
③ 체육회, 장애인체육회, 도핑방지위원회 또는 진흥공단이 그 운영과 활동을 위하여 동산이나 부동산의 취득 등을 하는 경우에 관계 법령에 따라 매입하여야 할 각종 채권 등의 매입 의무는 국가 기관의 예에 준하여 면제한다.

제42조【유사 명칭의 사용 금지】 체육회, 지방체육회, 장애인체육회, 지방장애인체육회, 도핑방지위원회나 진흥공단이 아닌 자는 대한체육회, 지방체육회, 대한장애인체육회, 지방장애인체육회, 한국도핑방지위원회나 서울올림픽기념국민체육진흥공단 또는 이와 비슷한 명칭을 사용하지 못한다.(2020.12.8 본조개정)

제43조【감독】 ① 체육회, 장애인체육회, 도핑방지위원회 및 진흥공단은 문화체육관광부장관이 감독한다.
② 지방체육회는 설립을 인가한 지방자치단체의 장이 감독한다.(2020.12.8 본항신설)
(2008.2.29 본조개정)

제43조의2【체육단체의 장의 겸직 금지】 제2조제9호가목부터 바목까지에 해당하는 체육단체(대한장애인체육회 및 지방장애인체육회는 제외한다)의 장은 지방자치단체의 장, 교육감 또는 지방의회 의원의 직을 겸할 수 없다.
(2023.9.14 본조개정)

제6장 보 칙

제44조【보고·검사 등】 ① 문화체육관광부장관이나 지방자치단체의 장은 이 법의 시행을 위하여 필요하면 이 법의 적용을 받는 체육회, 지방체육회, 장애인체육회, 진흥공단, 수탁사업자, 그 밖에 체육단체나 직장에 대하여 그 업무에 관한 보고를 명하거나 소속 공무원에게 그 사업소·사업장 등에 출입하여 장부·서류, 그 밖의 물건을 검사하게 할 수 있다.(2020.12.8 본항개정)
② 제1항에 따라 검사를 하는 공무원은 그 권한을 표시하는 증표를 지니고 이를 관계인에게 내보여야 한다.

제45조【청문】 문화체육관광부장관은 다음 각 호의 어느 하나에 해당하는 경우에는 청문을 하여야 한다.
1. 제11조의4제1항에 따라 지정기관의 지정을 취소하려는 경우
2. (2020.12.8 삭제)
3. 제16조의2제4항에 따라 인증기관의 지정을 취소하려는 경우(2014.5.28 본호신설)
4. 제17조제7항에 따라 우수 업체 지정을 취소하려는 경우
(2012.2.17 본조개정)

제45조의2【포상금 지급】 ① 진흥공단은 다음 각 호의 어느 하나에 해당하는 자를 관계 행정기관, 진흥공단, 수탁사업자 또는 수사기관에 신고하거나 고발한 자에게 포상금을 지급할 수 있다.
1. 제14조의3제1항을 위반하여 재물이나 재산상의 이익을 받은 전문체육선수등(「초·중등교육법」 제2조에 따른 학교의 학생선수는 제외한다)(2022.1.18 본호개정)
2. 제26조제1항 또는 제2항을 위반한 자
3. 제26조제1항에서 금지하는 행위를 이용하여 도박을 한 자
4. 제30조제1항 또는 제2항을 위반한 자
5. 속임수나 위력(威力)을 사용하여 체육진흥투표권 발행 대상 운동경기의 공정한 시행을 방해한 자
② 제1항에 따른 포상금 지급의 기준·방법과 절차, 구체적인 지급액 등에 관하여 필요한 사항은 문화체육관광부령으로 정한다.
(2012.2.17 본조신설)

제45조의3【관계 기관 등의 협조】 ① 문화체육관광부장관은 제11조제2항에 따른 자격증의 발급, 제12조제1항에 따른 자격의 취소·정지 및 제14조의4에 따른 전문체육선수등의 출전 등 활동 금지 등을 위하여 경찰청장에게 「형의 실효 등에 관한 법률」 제6조에 따른 범죄경력조회를 요청할 수 있다.(2022.1.18 본항개정)
② 문화체육관광부장관은 제1항에 따른 업무를 수행하기 위하여 체육단체 등 관계 기관의 장에게 필요한 자료의 제공을 요청할 수 있다.

③ 제1항 또는 제2항의 요청을 받은 관계 기관의 장 등은 정당한 사유 없이 이를 거부해서는 아니 된다.
(2020.2.4 본조신설)

제46조【권한의 위임・위탁】 문화체육관광부장관은 대통령령으로 정하는 바에 따라 이 법에 따른 권한의 일부를 특별시장・광역시장・도지사・특별자치도지사나 특별시・광역시・도・특별자치도의 교육감에게 위임하거나 관계 행정기관이나 단체에 위탁할 수 있다.
(2012.2.17 본조개정)

제46조의2【규제의 재검토】 문화체육관광부장관은 제28조제1항 후단에 따른 취득 금액 제한에 대하여 2015년 1월 1일을 기준으로 3년마다(매 3년이 되는 해의 1월 1일 전까지를 말한다) 그 타당성을 검토하여 개선 등의 조치를 하여야 한다.(2022.1.18 본조개정)

제46조의3【벌칙 적용에서 공무원 의제】 다음 각 호의 어느 하나에 해당하는 사람은 「형법」 제127조 및 제129조부터 제132조까지의 규정을 적용할 때에는 공무원으로 본다.
1. 스포츠윤리센터의 임직원 중 공무원이 아닌 사람
2. 제18조의10제1항에 따라 위탁받은 업무에 종사하는 사람 중 공무원이 아닌 사람
3. 제46조에 따라 위탁받은 업무에 종사하는 사람 중 공무원이 아닌 사람
(2020.8.18 본조신설)

제47조【벌칙】 다음 각 호의 어느 하나에 해당하는 자는 7년 이하의 징역이나 7천만원 이하의 벌금에 처한다.
1. 제14조의3제1항을 위반하여 부정한 행위를 한 전문체육선수등(「초・중등교육법」 제2조에 따른 학교의 학생선수는 제외한다)(2022.1.18 본호개정)
2. 제26조제1항을 위반한 자
(2012.2.17 본조개정)

제48조【벌칙】 다음 각 호의 어느 하나에 해당하는 자는 5년 이하의 징역이나 5천만원 이하의 벌금에 처한다.
1. 제14조의3의 재물이나 재산상의 이익을 약속・제공 또는 제공할 의사를 표시한 자(「초・중등교육법」 제2조에 따른 학교의 학생선수는 제외한다)(2014.1.28 본호개정)
2. 제14조의3을 위반한 전문체육선수등(「초・중등교육법」 제2조에 따른 학교의 학생선수는 제외한다)
(2022.1.18 본호개정)
3. 제26조제1항의 금지행위를 이용하여 도박을 한 자
4. 제26조제2항제1호에 해당하는 행위를 한 자
5. 제30조제2항을 위반한 자
6. 속임수나 위력을 사용하여 체육진흥투표권 발행 대상 운동경기의 공정한 시행을 방해한 자
(2012.2.17 본조개정)

제49조【벌칙】 다음 각 호의 어느 하나에 해당하는 자는 3년 이하의 징역이나 3천만원 이하의 벌금에 처한다.
1. 제26조제2항제2호부터 제3호에 해당하는 행위를 한 자
2. 제30조제1항을 위반한 자
(2012.2.17 본조개정)

제49조의2【벌칙】 제18조의10제3항을 위반하여 직무상 알게 된 비밀을 다른 사람에게 누설하거나 자료를 제공한 자는 1년 이하의 징역이나 1천만원 이하의 벌금에 처한다.(2020.8.18 본조개정)

제50조 (2012.2.17 삭제)

제51조【몰수・추징】 ① 제47조제2호에 따라 처벌받은 자가 유사행위를 하기 위하여 소유・소지한 기기 및 장치 등 물건과 유사행위를 통하여 얻은 재물은 몰수한다.
(2014.1.28 본항개정)
② 제47조제1호 및 제48조제1호・제2호에 따른 재물은 몰수한다.(2014.1.28 본항개정)
③ 제1항 및 제2항에 따른 물건과 재물을 몰수하기 불가능하거나 재산상의 이익을 취득한 경우에는 그 가액(價額)을 추징한다.
(2012.2.17 본조개정)

제52조【자격정지의 병과】 제47조제1호 및 제48조제1호・제2호에 따른 죄에는 10년 이하의 자격정지를 병과(倂科)할 수 있다.(2014.1.28 본조개정)

제53조【징역과 벌금의 병과】 제47조부터 제49조까지의 규정에 해당하는 죄를 저지른 자에게는 징역과 벌금을 병과할 수 있다.(2023.8.8 본조개정)

제54조【양벌규정】 법인의 대표자나 법인 또는 개인의 대리인, 사용인, 그 밖의 종업원이 그 법인 또는 개인의 업무에 관하여 제47조제2호의 위반행위를 하면 그 행위자를 벌하는 외에 그 법인 또는 개인에게도 해당 조문의 벌금형을 과(科)한다. 다만, 법인 또는 개인이 그 위반행위를 방지하기 위하여 해당 업무에 관하여 상당한 주의와 감독을 게을리하지 아니한 경우에는 그러하지 아니하다.
(2014.1.28 본문개정)

제55조【과태료】 ① 다음 각 호의 어느 하나에 해당하는 자에게는 1천만원 이하의 과태료를 부과한다.
(2022.1.18 본문개정)
1. 제18조의13제2항을 위반하여 필요한 자료를 제출하지 아니하거나 같은 조 제3항을 위반하여 징계 관련 정보를 게재하지 아니하거나 거짓으로 게재한 자
2. 제30조의2제2항을 위반하여 관계 자료나 그 사본을 제출하지 아니하거나 거짓으로 제출한 자 또는 관계 공무원의 출입・조사를 거부・방해 또는 기피한 자
(2022.1.18 1호~2호신설)
② 다음 각 호의 어느 하나에 해당하는 자에게는 500만원 이하의 과태료를 부과한다.(2022.1.18 본문개정)
1. 제18조의5제2항을 위반하여 특별한 사유 없이 조사를 거부・방해하거나 기피한 자(2024.2.6 본호신설)
2. 정당한 사유 없이 제23조제4항을 위반하여 부가금 납부 관련 서류를 계정관리기관에 제출하지 아니하거나 거짓으로 제출한 자(2022.1.18 본호신설)
3. 제30조제6항을 위반하여 판매 한도를 초과하여 체육진흥투표권을 판매한 자(2023.6.20 본호개정)
③ 제10조제3항, 제21조제1항, 제29조제1항, 제31조제1항 또는 제2항을 위반한 자에게는 200만원 이하의 과태료를 부과한다.
④ 다음 각 호의 어느 하나에 해당하는 자에게는 100만원 이하의 과태료를 부과한다.
1. 제11조의6제2항을 위반하여 체육지도자에게 불리한 처우를 한 자(2020.12.8 본호신설)
2. 제42조를 위반한 자
3. 제44조제1항에 따른 보고를 하지 아니하거나 거짓으로 보고한 자
4. 제44조제1항에 따른 검사를 거부・방해 또는 기피한 자
⑤ 제1항부터 제4항까지의 규정에 따른 과태료는 대통령령으로 정하는 바에 따라 문화체육관광부장관이나 지방자치단체의 장이 부과・징수한다.(2020.8.18 본항개정)
⑥~⑦ (2012.2.17 삭제)

부　칙

제1조【시행일】 이 법은 공포한 날부터 시행한다. 다만, 제2조제10호, 제11조제2항, 제12조, 제15조, 제18조제2항, 제22조제1항제10호, 제35조, 제40조, 제41조제3항, 제42조, 제43조, 제44조제1항의 개정규정은 2007년 4월 27일부터 시행한다.

제2조【시행일에 관한 경과조치】 부칙 제1조 단서에 따라 제18조제2항, 제22조제1항제10호, 제40조, 제41조제3항, 제42조, 제43조, 제44조제1항의 개정규정이 시행되기 전까지는 그에 해당하는 종전의 제17조제2항, 제20조제1항제10호, 제25조, 제26조제3항, 제27조, 제28조, 제29조제1항을 적용한다.

제3조【감사의 임기에 관한 적용례】 법률 제7234호 국민체육진흥법중개정법률 제24조의2제3항의 개정규정은 그 규정의 시행 당시 재임 중인 감사부터 적용한다. 이 경우 같은 법 시행 당시 종전의 규정에 따라 재직한 기간을 합산하여 계산한다.

제4조【한국도핑방지위원회에 대한 경과조치】 ① 법률 제8276호 국민체육진흥법 일부개정법률의 시행일인 2007년 4월 27일 당시 「민법」 제32조에 따라 문화관광부장관의 허가를 받아 설립된 재단법인 한국도핑방지위원회는 법률 제8276호 국민체육진흥법 일부개정법률 시행 후 2개월이 되는 날인 2007년 6월 26일까지 같은 법률에 따른 한국도핑방지위원회의 정관을 작성하여 문화관광부장관의 인가를 받아야 한다.
② 재단법인 한국도핑방지위원회는 제1항에 따른 인가를 받으면 법률 제8276호 국민체육진흥법 일부개정법률에 따른 한국도핑방지위원회의 설립등기를 하여야 한다.
③ 재단법인 한국도핑방지위원회는 제2항에 따라 한국도핑방지위원회의 설립등기를 마치면 「민법」 중 법인의 해산 및 청산에 관한 규정에도 불구하고 해산된 것으로 본다.
④ 법률 제8276호 국민체육진흥법 일부개정법률에 따른 한국도핑방지위원회는 설립등기일에 재단법인 한국도핑방지위원회의 모든 권리와 의무 및 재산을 승계한다.
⑤ 법률 제8276호 국민체육진흥법 일부개정법률의 시행일인 2007년 4월 27일 당시 재단법인 한국도핑방지위원회의 임직원은 같은 법에 따른 한국도핑방지위원회의 임직원으로 보며, 임원의 임기는 종전의 임명일부터 기산한다.

제5조【지역체육진흥협의회 등에 대한 경과조치】 이 법 시행 당시 종전의 규정에 따른 지역체육진흥협의회, 국민체육진흥기금, 체육진흥투표권, 대한체육회 및 서울올림픽기념국민체육진흥공단은 각각 이 법에 따른 지역체육진흥협의회, 국민체육진흥기금, 체육진흥투표권, 대한체육회 및 서울올림픽기념국민체육진흥공단으로 본다.

제6조【처분 등에 관한 일반적 경과조치】 이 법 시행 당시 종전의 규정에 따른 행정기관의 행위나 행정기관에 대한 행위는 그에 해당하는 이 법에 따른 행정기관의 행위나 행정기관에 대한 행위로 본다.

제7조【벌칙이나 과태료에 관한 경과조치】 이 법 시행 전의 행위에 대하여 벌칙이나 과태료 규정을 적용할 때에는 종전의 규정에 따른다.

제8조【다른 법률의 개정】 ①~⑥ ※(해당 법령에 가제정리 하였음)

제9조【다른 법령과의 관계】 이 법 시행 당시 다른 법령에서 종전의 「국민체육진흥법」 또는 그 규정을 인용한 경우에 이 법 가운데 그에 해당하는 규정이 있으면 종전의 규정을 갈음하여 이 법 또는 이 법의 해당 규정을 인용한 것으로 본다.

부　칙 (2010.1.27)

① **【시행일】** 이 법은 공포한 날부터 시행한다.
② **【유효기간】** 제29조제2항제1호의 개정규정은 2014년 12월 31일까지 효력을 가진다.

부　칙 (2015.3.27)

제1조【시행일】 이 법은 공포 후 1년이 경과한 날부터 시행한다.

제2조【통합체육회의 설립준비】 ① 문화체육관광부장관은 이 법 공포일부터 3개월 이내에 통합체육회의 설립에 관한 사무를 처리하기 위하여 준비위원회(이하 "준비위원회"라 한다)를 구성하여야 한다.
② 준비위원회는 문화체육관광부장관이 임명 또는 위촉하는 15명 이내의 준비위원으로 구성하며, 준비위원회 위원장은 준비위원 중에서 호선한다.

제3조【통합체육회의 설립절차】 ① 준비위원회는 이 법 공포 후 1년이 경과하기 전까지 통합체육회의 정관을 작성하여 문화체육관광부장관의 인가를 받아야 한다.
② 설립 당시의 통합체육회의 회장은 정관에 대하여 문화체육관광부장관의 인가를 받은 후 정관으로 정하는 바에 따라 선출하되 문화체육관광부장관의 승인을 받아야 하며, 회장 선출에 대한 선거관리는 준비위원회에서 담당한다.
③ 준비위원회는 제1항에 따라 인가를 받은 때에는 지체 없이 연명(連名)으로 통합체육회의 설립등기를 한 후 제2항에 따른 회장에게 그 사무를 인계하여야 한다.
④ 준비위원회는 제3항에 따른 사무인계가 끝났을 때에는 해산된 것으로 보며, 준비위원은 해촉된 것으로 본다.

제4조【대한체육회 및 국민생활체육회에 대한 경과조치】 ① 이 법 시행 당시 대한체육회와 「생활체육진흥법」 제7조에 따라 설립된 국민생활체육회(이하 "국민생활체육회"라 한다)는 준비위원회가 부칙 제3조제3항에 따라 통합체육회의 설립등기를 한 때에 제33조의 개정규정에 따라 설립된 통합체육회로 본다. 이 경우 대한체육회와 국민생활체육회는 각각의 정관 및 「민법」 중 법인의 해산 및 청산에 관한 규정에도 불구하고 해산된 것으로 보며, 대한체육회와 국민생활체육회의 모든 권리・의무・재산 및 회원은 통합체육회가 포괄 승계한다.
② 제1항에 따라 통합체육회에 승계될 재산의 가액은 제1항에 따른 설립등기일 전일의 장부가액으로 한다.
③ 이 법 시행 당시 대한체육회와 국민생활체육회의 등기부, 그 밖의 공부상의 명의는 통합체육회의 명의로 본다.

제5조【임직원에 대한 경과조치】 ① 이 법 시행 당시 대한체육회 및 국민생활체육회의 임원은 부칙 제4조에 따라 해산된 것으로 보는 때에 그 임기가 종료된 것으로 본다.
② 이 법 시행 당시 대한체육회 및 국민생활체육회의 직원은 이 법에 따른 통합체육회의 직원으로 임용된 것으로 본다.

제6조【대한체육회 및 국민생활체육회에 파견된 공무원 또는 임직원에 대한 경과조치】 이 법 시행 당시 국가・지방자치단체・법인 또는 그 밖의 단체에서 대한체육회 및 국민생활체육회에 파견된 공무원 또는 임직원은 이 법에 따른 통합체육회에 파견된 공무원 또는 임직원으로 본다.

제7조【종전의 행위에 관한 경과조치】 이 법 시행 당시 대한체육회 및 국민생활체육회가 행한 행위는 이 법에 따른 통합체육회가 행한 행위로 본다.

제8조【다른 법률의 개정】 ①~② ※(해당 법령에 가제정리 하였음)

제9조【다른 법령과의 관계】 이 법 시행 당시 다른 법령에서 종전의 「국민체육진흥법」 중 대한체육회 또는 그 규정을 인용한 경우에 이 법 가운데 그에 해당하는 규정이 있으면 종전의 규정을 갈음하여 이 법 또는 이 법의 해당 규정을 인용한 것으로 본다.

부　칙 (2017.3.21)

제1조【시행일】 이 법은 공포한 날부터 시행한다.

제2조【금치산자 등의 결격사유에 관한 경과조치】 이 법 시행 당시 이미 금치산 또는 한정치산의 선고를 받고 법률 제10429호 민법 일부개정법률 부칙 제2조에 따라 금치산 또는 한정치산 선고의 효력이 유지되는 사람에 대해서는 제11조의5제1호의 개정규정에도 불구하고 종전의 규정에 따른다.

부　칙 (2017.12.19)

제1조【시행일】 이 법은 2018년 1월 1일부터 시행한다.

제2조【국민체육진흥기금운용계획안 작성 등에 관한 적용례】 제19조의 개정규정에 따른 기금의 기금운용계획안 작성 및 제출 등은 2018회계년도분부터 적용한다.

제3조【국민체육진흥기금에 관한 경과조치】 이 법 시행 당시 종전의 기금에 속하는 자산과 채권・채무 및 그 밖의 권리・의무는 제19조제2항의 개정규정에 따른 국민체육진흥계정이 이를 승계한다.

부　칙 (2019.1.15)

이 법은 공포한 날부터 시행한다. 다만, 제43조의2의 개정규정은 공포 후 1년이 경과한 날부터 시행한다.

부 칙 (2020.2.4)

제1조【시행일】 이 법은 공포 후 6개월이 경과한 날부터 시행한다.

제2조【스포츠윤리센터의 설립 준비】 ① 문화체육관광부장관은 이 법 시행 전에 제18조의3의 개정규정에 따른 스포츠윤리센터의 설립을 위하여 필요한 준비를 할 수 있다.

② 문화체육관광부장관은 스포츠윤리센터의 설립에 관한 사무를 처리하기 위하여 스포츠윤리센터설립추진단(이하 "설립추진단"이라 한다)을 설치한다.

③ 설립추진단은 문화체육관광부장관이 위촉하는 5명 이내의 설립위원으로 구성하여 운영한다.

④ 설립추진단은 스포츠윤리센터의 정관을 작성하여 문화체육관광부장관의 인가를 받아 지체 없이 설립위원의 연명(連名)으로 스포츠윤리센터의 설립등기를 한 후 스포츠윤리센터의 장에게 사무를 인계하여야 한다.

⑤ 설립추진단 및 설립위원은 제4항에 따른 사무인계가 끝난 때에는 해산되거나 해촉된 것으로 본다.

제3조【체육지도자의 결격사유에 관한 적용례】 제11조의5제4호 및 제5호의 개정규정은 이 법 시행 후 형 또는 치료감호가 확정된 사람부터 적용한다.

제4조【체육지도자의 자격취소 등에 관한 적용례】 제12조제1항의 개정규정은 이 법 시행 후 발생하는 자격취소 또는 자격정지 사유부터 적용한다.

제5조【장려금의 환수에 관한 적용례】 제18조의7의 개정규정은 이 법 시행 후 지급하는 장려금부터 적용한다.

부 칙 (2020.6.9)
(2020.8.18)

이 법은 공포 후 6개월이 경과한 날부터 시행한다.

부 칙 (2020.12.8 법17580호)

제1조【시행일】 이 법은 공포 후 6개월이 경과한 날부터 시행한다.

제2조【지방체육회의 설립준비】 ① 이 법 시행 당시 제33조제5항의 체육회 정관에 따른 시·도체육회 및 시·군·구체육회의 장은 이 법 공포일로부터 30일 이내에 지방체육회의 설립에 관한 사무를 처리하기 위하여 준비위원회(이하 "준비위원회"라 한다)를 구성하여야 한다.

② 준비위원회는 시·도체육회 및 시·군·구체육회의 장이 임명 또는 위촉하는 5명 이내의 준비위원으로 구성한다.

③ 준비위원회는 지방체육회의 정관을 작성하고 기명날인하거나 서명하여 관할 지방자치단체의 장의 인가를 받아야 한다. 이 경우 지방자치단체의 장은 인가를 하기 전에 특별시장, 광역시장, 특별자치시장, 도지사 및 특별자치도지사(이하 "시·도지사"라 한다)는 문화체육관광부장관과, 시장·군수·구청장은 관할 시·도지사와 협의하여야 한다.

④ 준비위원회는 제3항에 따른 인가를 받은 때에는 지체 없이 연명으로 지방체육회의 설립등기를 하여야 한다.

⑤ 준비위원회는 제4항에 따른 설립등기를 한 후 지체 없이 그 사무를 시·도체육회 및 시·군·구체육회의 장에게 인계하여야 한다.

⑥ 준비위원회 및 준비위원은 제5항에 따른 사무인계가 끝난 때에는 해산되거나 해촉된 것으로 본다.

제3조【사단법인 체육회의 설립준비】 ① 이 법 시행 당시 「민법」 제32조에 따라 주무관청의 허가를 받아 각각 설립된 사단법인인 시·도체육회 또는 시·군·구체육회(이하 이 조에서 "사단법인 체육회"라 한다)는 각 총회의 결의로써 이 법 공포일부터 6개월 이내에 지방체육회의 정관을 작성하여 지방자치단체의 장의 인가를 받아야 한다.

② 사단법인 체육회는 제1항에 따른 인가를 받은 때에는 지방체육회의 설립등기를 하여야 한다.

③ 사단법인 체육회가 제2항에 따라 설립등기를 마친 때에는 「민법」 중 법인의 해산 및 청산에 관한 규정에도 불구하고 해산된 것으로 본다.

④ 제3항에 따라 해산의제된 사단법인 체육회의 모든 권리·의무 및 재산은 각각 해당 지방체육회가 승계한다.

제4조【체육지도자의 자격취소 등에 관한 적용례】 제12조제1항의 개정규정은 이 법 시행 이후 체육지도자의 자격취소 또는 자격정지 사유가 발생하는 경우부터 적용한다.

제5조【명칭 변경에 관한 경과조치】 ① 이 법 시행 당시 통합체육회는 이 법에 따른 대한체육회로 본다.

② 이 법 시행 당시 대한장애인체육회의 지부·지회는 각각 지방장애인체육회로 본다.

③ 이 법 시행 당시 통합체육회의 등기부, 그 밖의 공부상의 명의는 대한체육회의 명의로 본다.

제6조【종전의 행위에 관한 경과조치】 ① 이 법 시행 당시 통합체육회가 행한 행위는 이 법에 따른 대한체육회가 행한 행위로 본다.

② 이 법 시행 당시 대한장애인체육회의 지부·지회가 행한 행위는 각각 이 법에 따른 지방장애인체육회가 행한 행위로 본다.

제7조【지방체육회에 관한 경과조치】 ① 이 법 시행 당시 체육회의 지부·지회의 임직원은 이 법에 따른 지방체육회의 임직원으로 보며, 임원의 임기는 종전의 임명일부터 기산한다.

② 이 법 시행 당시 체육회의 지부·지회가 행한 행위는 이 법에 따른 지방체육회가 행한 행위로 본다.

제8조【다른 법률의 개정】 ①~③ ※(해당 법령에 가제정리 하였음)

제9조【다른 법령과의 관계】 이 법 시행 당시 다른 법령에서 종전의 "통합체육회" 또는 그에 해당하는 규정을 인용하고 있는 경우에는 "대한체육회" 또는 이 법의 해당 규정을 인용한 것으로 본다.

부 칙 (2020.12.8 법17592호)

이 법은 공포한 날부터 시행한다.

부 칙 (2021.8.10 법18378호)

이 법은 공포 후 1년이 경과한 날부터 시행한다.

부 칙 (2021.8.10 법18380호)

제1조【시행일】 이 법은 공포 후 6개월이 경과한 날부터 시행한다.(이하 생략)

부 칙 (2022.1.18)

제1조【시행일】 이 법은 2022년 8월 11일부터 시행한다.

제2조【출전금지 등에 관한 적용례】 제14조의4의 개정규정은 이 법 시행 이후의 행위로 유죄의 판결이 확정된 경우부터 적용한다.

제3조【기존 수탁사업자에 대한 경과조치】 이 법 시행 당시 종전의 규정에 따라 체육진흥투표권 발행 사업을 위탁받아 운영하던 수탁사업자는 제25조제1항의 개정규정에도 불구하고 위탁계약에 명시된 기간 동안 체육진흥투표권 발행 사업을 할 수 있다.

부 칙 (2022.2.3)

이 법은 2022년 8월 11일부터 시행한다.

부 칙 (2023.3.14)

제1조【시행일】 이 법은 공포 후 6개월이 경과한 날부터 시행한다.

부 칙 (2023.6.20)

이 법은 공포 후 2개월이 경과한 날부터 시행한다.

부 칙 (2023.8.8)

이 법은 공포한 날부터 시행한다.

부 칙 (2023.9.14)

제1조【시행일】 이 법은 공포 후 6개월이 경과한 날부터 시행한다. 다만, 제43조의2의 개정규정은 공포한 날부터 시행한다.

제2조【체육 행사 개최 시 안전관리조치에 관한 적용례】 제13조의2의 개정규정은 이 법 시행 이후 체육 행사를 개최하는 경우부터 적용한다.

부 칙 (2024.2.6)

제1조【시행일】 이 법은 공포 후 6개월이 경과한 날부터 시행한다. 다만, 제11조제2항 및 제3항, 제11조의6제1항, 제30조제1항 및 제7항의 개정규정은 2025년 1월 1일부터 시행한다.

제2조【체육지도자 연수과정 및 재교육에 관한 적용례】 제11조제2항 및 제3항, 제11조의6제1항의 개정규정은 이 법 시행 이후 체육지도자 연수과정을 실시하는 경우 및 체육지도자의 재교육을 실시하는 경우부터 적용한다.

제3조【체육단체의 결과 보고에 관한 적용례】 제18조의9 제2항의 개정규정은 이 법 시행 이후 문화체육관광부장관이 징계를 요구하는 경우부터 적용한다.

경륜·경정법

(2007년 4월 11일
전부개정법률 제8342호)

개정
2008. 2.29법 8852호(정부조직)
2009. 4. 1법 9581호
2009. 5.21법 9685호(중소기업판로지원)
2011. 4. 5법10553호　2011. 7.21법10880호
2014. 5.28법12688호　2016. 5.29법14200호
2017.12.19법15260호　2018.10.16법15811호
2018.12.24법16046호
2018.12.31법16172호(중소기업진흥)
2019.11.26법16587호　2020. 6. 9법17397호
2020.12. 8법17579호
2020.12. 8법17592호(피후견인결격정비)
2021. 6.15법18245호　2022. 5. 3법18854호
2023. 8. 8법19592호(법률용어정비)

제1장 총 칙

제1조【목적】 이 법은 경륜(競輪) 및 경정(競艇)을 공정하게 시행하고 원활하게 보급하여 국민의 여가 선용과 국민 체육 진흥을 도모하고, 청소년의 건전육성과 지방재정 확충을 위한 재원을 마련하며, 자전거 및 모터보트 경기의 수준 향상에 이바지함을 목적으로 한다.(2020.12.8 본조개정)

제2조【정의】 이 법에서 사용하는 용어의 뜻은 다음과 같다.
1. "경륜"이란 자전거 경주에 대한 승자투표권(勝者投票權)을 발매하고 경주 결과를 맞힌 사람에게 환급금을 내주는 행위를 말한다.(2019.11.26 본호개정)
2. "경정"이란 모터보트 경주에 대한 승자투표권을 발매하고 경주 결과를 맞힌 사람에게 환급금을 내주는 행위를 말한다.(2019.11.26 본호개정)
3. "승자투표권"이란 경륜 또는 경정에서 경주 결과를 맞혀 환급금을 교부받기를 원하는 사람의 청구에 따라 경륜사업자 또는 경정사업자가 발매[「정보통신망 이용촉진 및 정보보호 등에 관한 법률」 제2조제1항제1호에 따른 정보통신망(이하 "정보통신망"이라 한다)을 이용한 발매를 포함한다. 이하 같다]하는 승자투표 방법·선수 번호 및 금액 등이 적혀 있는 표(전자적 형태를 포함한다)를 말한다.(2021.6.15 본호개정)
4. "환급금"이란 경륜선수 또는 경정선수의 도착 순위가 확정되었을 때 경륜사업자나 경정사업자가 승자투표권 발매 금액 중에서 발매이익금(發賣利益金) 및 각종 세금 등을 뺀 후 경주 결과를 맞힌 사람 또는 승자투표권을 구매한 사람에게 내주는 금액을 말한다.(2023.8.8 본호개정)
5. "단위투표금액"이란 승자투표권 발매의 기본단위로서 최저발매금액을 말한다.
6. "구매권"이란 승자투표권과 교환할 수 있도록 금액, 고유번호 및 소멸시효 등을 기재하여 경륜사업자 또는 경정사업자가 발행한 표를 말한다.(2016.5.29 본호신설)

제3조【다른 법률과의 관계】 승자투표권의 발매에 관하여는 「사행행위 등 규제 및 처벌특례법」을 적용하지 아니한다.

제2장 경륜 및 경정의 시행 등

제4조【경륜 및 경정의 시행】 ① 경륜이나 경정(이하 "경주"라 한다)은 지방자치단체 또는 「국민체육진흥법」에 따라 설립된 서울올림픽기념국민체육진흥공단(이하 "진흥공단"이라 한다)이 문화체육관광부장관의 허가를 받아 시행한다.

② 제1항에 따라 경주의 시행허가를 받은 자(이하 "경주사업자"라 한다)는 매년 경주개최계획서를 작성하여 문화체육관광부장관의 승인을 받아야 한다.
(2008.2.29 본조개정)

제5조【경주장의 설치 등】 ① 경주사업자는 경륜장 또는 경정장(이하 "경주장"이라 한다)을 설치하려면 대통령령으로 정하는 요건을 갖추어 문화체육관광부장관의 허가를 받아야 한다. 허가받은 사항 중 문화체육관광부령으로 정하는 사항을 변경하려는 경우에도 같다.

② 문화체육관광부장관은 경주장의 설비가 적합하지 아니하여 경주장의 질서유지나 경주의 공정성 확보에 지장이 있다고 인정하면 경주사업자에게 설비의 변경이나 그 밖에 필요한 설치를 명할 수 있다.

③ 제1항에 따라 경주장 설치를 허가받은 자가 허가를 받은 날부터 1년 이내에 정당한 사유 없이 그 경주장 설치를 시작하지 아니하면 문화체육관광부장관은 그 허가를 취소할 수 있다.
(2008.2.29 본조개정)

제6조【청문】 문화체육관광부장관은 제5조제3항에 따라 경주장 설치허가를 취소하려면 청문을 하여야 한다.
(2008.2.29 본조개정)

제7조【선수·심판 및 용구의 등록 등】 ① 경주에 선수로 출전하거나 심판으로 종사하려는 사람은 진흥공단에 등록하여야 한다. 다만, 다음 각 호의 어느 하나에 해당하는 사람은 등록할 수 없다.(2023.8.8 본문개정)

1. 피성년후견인 또는 파산선고를 받고 복권되지 아니한 사람(2023.8.8 본호개정)
2. 이 법을 위반하여 벌금 이상의 형을 선고받은 사람(2023.8.8 본호개정)
3. 금고 이상의 실형을 선고받고 그 집행이 끝나거나(집행이 끝난 것으로 보는 경우를 포함한다) 집행이 면제된 날부터 5년이 지나지 아니한 사람(2022.5.3 본호개정)
4. 금고 이상의 형의 집행유예를 선고받고 그 유예기간 중에 있는 사람(2022.5.3 본호신설)

② 경주에 선수로 출전하거나 심판으로 종사하려는 사람의 자격·선발·등록 및 훈련 등에 필요한 사항은 대통령령으로 정한다.(2023.8.8 본항개정)

③ 경주에 사용하는 자전거 및 모터보트는 진흥공단에 등록하여야 한다.

④ 경주에 사용하는 자전거 및 모터보트의 종류·규격·용구·검사 및 등록 등에 필요한 사항은 문화체육관광부령으로 정한다.(2008.2.29 본항개정)

⑤ 진흥공단은 제1항 및 제3항에 따라 등록을 하는 자에게 문화체육관광부령으로 정하는 바에 따라 수수료를 징수할 수 있다.(2008.2.29 본항개정)

제7조의2【선수의 도핑 검사】 제7조제1항에 따라 경주에 출전하기 위하여 진흥공단에 등록한 선수는 문화체육관광부령으로 정하는 바에 따라 「국민체육진흥법」 제35조에 따른 한국도핑방지위원회의 도핑 검사를 받아야 한다. 이 경우 도핑 검사의 대상자 선정기준 및 선정방법은 한국도핑방지위원회가 정한다.(2018.10.16 본조신설)

제8조【입장료】 ① 경주사업자는 경주를 개최하면 경주장 또는 제9조에 따른 장외매장에 입장하는 자에게 입장료를 징수할 수 있다.(2011.7.21 본항개정)

② 제1항에 따른 입장료의 징수 대상 및 금액 등에 필요한 사항은 문화체육관광부령으로 정한다.(2008.2.29 본항개정)

제9조【승자투표권의 발매】 ① 경주사업자는 경주를 개최할 때 승자투표권을 발매할 수 있다.

② 경주사업자는 경주장 외의 장소에 승자투표권의 발매, 환급금 및 반환금의 지급사무 등을 처리하기 위한 시설(이하 "장외매장"이라 한다)을 설치하려면 문화체육관광부장관의 허가를 받아야 한다. 장외매장을 이전하려는 경우에도 또한 같다.(2008.2.29 전단개정)

③ 승자투표권의 단위투표금액·발매방법 및 장외매장의 시설기준 등에 필요한 사항은 대통령령으로 정한다.

제9조의2【정보통신망을 이용한 승자투표권의 발매 등】 ① 경주사업자는 정보통신망을 이용하여 전자적 형태의 승자투표권(이하 이 조에서 "전자적 형태의 승자투표권"이라 한다)을 발매할 수 있다.

② 경주사업자는 전자적 형태의 승자투표권을 발매하려는 경우 다음 각 호의 사항을 제4조제2항에 따른 경주개최계획서에 포함하여 문화체육관광부장관의 승인을 받아야 한다.
1. 전자적 형태의 승자투표권 발매 규모 등에 관한 사항
2. 「사행산업통합감독위원회법」 제5조에 따라 사행산업통합감독위원회가 조정·권고한 매출액 규모의 총량(이하 이 조에서 "매출총량"이라 한다) 준수에 관한 사항
3. 제4항에 따른 중독 및 과몰입 예방을 위한 조치에 관한 사항
4. 경주의 공정성 및 건전성 확보 방안으로서 문화체육관광부장관이 정하는 사항

③ 경주사업자는 매출총량을 초과할 것으로 예상되거나 문화체육관광부장관이 사행산업통합감독위원회로부터 「사행산업통합감독위원회법」 제17조제1항에 따른 권고를 받은 경우에는 전자적 형태의 승자투표권 발매를 일시 중단하는 등 매출총량 준수를 위하여 필요한 조치를 하여야 한다.

④ 경주사업자는 전자적 형태의 승자투표권의 지나친 구매행위를 방지하기 위하여 다음 각 호에 따른 중독 및 과몰입 예방을 위한 조치를 하여야 한다.
1. 전자적 형태의 승자투표권을 구매하려는 사람의 실명·연령 및 본인 여부에 대한 확인
2. 제10조에 따른 경고문구의 게시
3. 사전 중독예방교육 시행
4. 그 밖에 중독 및 과몰입 예방을 위하여 필요한 사항

(2021.6.15 본조신설)

제9조의3【구매권】 ① 경주사업자는 승자투표권을 구매하려는 사람이 요청하는 경우에 구매권을 발매할 수 있다.

② 구매권은 승자투표권 교환 외의 목적에는 사용할 수 없다.

③ 구매권을 가진 사람이 구매권의 환매(還賣)를 요구하는 경우에는 경주사업자는 이에 따라야 한다.

(2016.5.29 본조신설)

제10조【경고문구의 표기】 ① 경주사업자는 승자투표권의 지나친 구매행위가 가져올 수 있는 개인적·사회적 폐해 등에 관한 내용의 경고 문구를 승자투표권의 앞면과 뒷면 및 대통령령으로 정하는 광고에 표기하여야 한다.

② 제1항에 따른 경고 문구의 표시 내용 및 방법 등에 필요한 사항은 문화체육관광부령으로 정한다.

(2008.2.29 본항개정)

제11조【승자투표 방법】 ① 경주의 승자투표 방법은 다음 각 호에 따른다.
1. 단승식 : 결승선에 첫 번째로 도착한 선수를 승자로 하는 승자투표 방법
2. 복승식 : 순위와 관계없이 결승선에 첫 번째 및 두 번째로 도착한 선수를 한 조로 하여 승자로 하는 승자투표 방법(2023.8.8 본호개정)
3. 연승식 : 승자투표권 발매를 시작할 때에 출전한 선수가 5명 이상 7명 이하일 경우에는 결승선에 첫 번째 및 두 번째로 도착한 선수를, 출전한 선수가 8명 이상일 경우에는 첫 번째, 두 번째 및 세 번째로 도착한 선수를 승자로 하는 승자투표 방법
4. 쌍승식 : 결승선에 순위대로 첫 번째 및 두 번째로 도착한 선수를 한 조로 하여 승자로 하는 승자투표 방법
5. 특별승식 : 승자로 하는 선수를 결정하는 방법을 제1호부터 제4호까지와 달리하는 승자투표 방법

② 제1항제5호에 따른 특별승식의 종류와 그 종류별 승자의 결정 방법은 문화체육관광부령으로 정한다.

(2016.5.29 본조개정)

제12조【환급금】 ① 경주사업자는 경주 결과를 맞힌 사람에게 대통령령으로 정하는 바에 따라 해당 경주의 승자투표권 발매 금액에서 환급금을 내주어야 한다.

(2019.11.26 본항개정)

② 제1항에 따른 환급 금액이 승자투표권에 표시된 금액에 못 미치는 경우에는 그 표시된 금액을 환급 금액으로 한다.

③ 경주 결과를 맞힌 사람이 없는 경우 승자투표권 발매금은 대통령령으로 정하는 바에 따라 승자투표권을 구매한 자에게 환급하여야 한다.(2019.11.26 본항개정)

④ 제1항과 제3항에 따라 환급금을 지급할 때 10원 미만의 끝자리 수가 있는 경우 5원 미만은 계산하지 아니하고, 5원 이상은 10원으로 계산한다.

⑤ 제4항에 따라 처리한 결과 이익이 있는 경우에는 이를 경주사업자의 수입으로, 손실이 있는 경우에는 이를 경주사업자의 지출로 한다.

제13조【투표의 무효】 ① 승자투표권을 발매한 후 해당 경주에 다음 각 호의 어느 하나에 해당하는 사유가 발생하면 그 경주에 대한 투표는 무효로 한다.
1. 출전한 선수가 1명이 되거나 없게 된 경우
2. 경주가 성립되지 아니한 경우

② 제11조제1항에 따른 승자투표 방법 중 해당 승자가 없으면 그 승자투표 방법에 따른 투표는 무효로 한다.

③ 발매된 승자투표권에 표시된 번호의 선수가 출전하지 아니하면 그 선수에 대한 투표는 무효로 한다.

④ 제3항에 따라 투표가 무효로 되는 선수의 범위는 각 승자투표 방법별로 대통령령으로 정한다.

⑤ 제1항부터 제3항까지의 규정에 따라 무효로 되는 승자투표권을 소지한 자는 경주사업자에게 구매 금액의 반환을 청구할 수 있다.

제14조【소멸시효】 ① 제9조의3에 따라 구매권을 승자투표권으로 교환하거나 환매할 수 있는 권리는 1년간 행사하지 아니하면 시효로 인하여 소멸한다.(2021.6.15 본항개정)

② 제12조에 따른 환급금의 채권과 제13조제5항에 따른 구매 금액의 반환청구권은 승자투표권 발매일부터 1년간 행사하지 아니하면 시효로 인하여 소멸한다.

③ 제1항에 따른 구매권의 미사용 금액과 제2항에 따른 환급금 및 구매 금액은 경주사업자가 진흥공단이면 「국민체육진흥법」에 따른 국민체육진흥기금에 귀속되며, 경주사업자가 지방자치단체이면 제17조에 따른 사업준비금에 귀속된다.(2016.5.29 본항개정)

제15조【발매이익금】 ① 경주사업자는 승자투표권의 발매 금액에 대하여 문화체육관광부장관이 정하는 비율의 금액을 경주 개최에 따른 운영경비·수익금·손실보전준비금 및 사업준비금으로 거두어들일 수 있다. 이 경우 거두어들인 금액은 발매 금액의 100분의 20을 초과할 수 없다.(2016.5.29 전단개정)

② 관계 법령에 따라 경주장 건설사업을 지원하기 위하여 승자투표권 발매 금액에 관한 조세가 감면되는 경우 경주사업자는 그 감면되는 비율에 해당하는 금액을 합산하여 거두어들일 수 있다. 이 경우 거두어들이는 금액 중 경주장 건설사업을 지원하기 위한 조세감면분은 제18조에도 불구하고 경주장 건설사업 외에는 사용할 수 없다.

(2019.11.26 본조제목개정)

제16조【손실보전준비금】 ① 경주사업자는 승자투표권 발매 금액의 1천분의 5를 초과하지 아니하는 범위에서 대통령령으로 정하는 바에 따라 손실보전준비금을 적립하여야 한다.

② 경주사업자는 제1항에 따른 손실보전준비금을 손실보전에 충당하려고 할 때에는 문화체육관광부장관의 승인을 받아야 한다.(2008.2.29 본항개정)

③ 제1항에 따른 손실보전준비금은 경주사업자가 진흥공단이면 문화체육관광부장관의 승인을 받아 제18조제1항제1호에 따른 국민체육진흥기금에 출연할 수 있으며, 경주사업자가 지방자치단체이면 문화체육관광부장관의 승인을 받아 같은 항 제2호에 따른 지방 체육 진흥을 위한 재원으로 사용할 수 있다.(2008.2.29 본항개정)

제17조【사업준비금】 ① 경주사업자는 승자투표권 발매 금액의 1천분의 15를 초과하지 아니하는 범위에서 대통령령으로 정하는 바에 따라 사업준비금을 적립하여야 한다.

② 제1항에 따른 사업준비금은 대통령령으로 정하는 바에 따라 관람·편의시설의 확충 등에 사용하여야 하며, 경주사업자가 사업준비금을 사용하려면 문화체육관광부장관의 승인을 받아야 한다.

③ 제1항에 따른 사업준비금은 경주사업자가 진흥공단이면 문화체육관광부장관의 승인을 받아 제18조제1항제1호에 따른 국민체육진흥기금에 출연할 수 있으며, 경주사업자가 지방자치단체이면 문화체육관광부장관의 승인을 받아 같은 항 제2호에 따른 지방 체육 진흥을 위한 재원으로 사용할 수 있다.

(2016.5.29 본조개정)

제18조【수익금의 사용】 ① 경주사업자는 경주의 시행에 따른 제15조제1항의 수익금을 다음 각 호의 목적으로 사용하여야 한다.
1. 「국민체육진흥법」에 따른 국민체육진흥기금·「청소년기본법」에 따른 청소년육성기금·「문화예술진흥법」에 따른 문화예술진흥기금 및 「중소기업진흥에 관한 법률」에 따른 중소벤처기업창업 및 진흥기금에의 출연. 다만, 「중소기업진흥에 관한 법률」에 따른 중소벤처기업창업 및 진흥기금에의 출연금은 자전거 및 모터보트 산업을 육성하기 위한 용도에 우선 사용하여야 하고, 「국민체육진흥법」에 따른 국민체육진흥기금에의 출연금은 자전거 및 모터보트 선수육성을 위한 용도에 우선 사용하여야 한다.(2018.12.31 본호개정)
2. 지방 체육 진흥 등을 위한 지방재정 확충 지원
3. (2017.12.19 삭제)

② 경주사업자는 제1항제1호에 따른 기금에의 출연 결과를 문화체육관광부장관에게 보고하여야 한다.

(2017.12.19 본항신설)

③ 제1항에 따른 수익금의 배분 및 사용 등에 필요한 사항은 대통령령으로 정한다.

제19조【경주사업의 위탁】 ① 경주사업자는 필요하다고 인정하면 문화체육관광부장관의 승인을 받아 경주사업을 대통령령으로 정하는 단체 또는 개인에게 위탁할 수 있다.(2008.2.29 본항개정)

② 경주사업자는 제1항에 따라 경주사업을 위탁하는 경우 경주사업을 위탁받은 자(이하 "수탁사업자"라 한다)에게 대통령령으로 정하는 기준에 해당하는 금액의 위탁운영경비를 지급하여야 한다.

③ 수탁사업자는 매년 경주사업의 운영 계획과 수입·지출계획을 경주사업자에게 제출하여야 한다.

제20조【경주운영위원】 경주사업자(제19조의 수탁사업자를 포함한다. 이하 같다)는 경주에 관한 사무를 집행시키기 위하여 대통령령으로 정하는 바에 따라 경주운영위원을 두어야 한다.

제3장 보 칙

제21조【경주장의 단속 등】 ① 경주사업자는 경주의 공정한 운영과 경주장의 질서유지 등을 위하여 필요한 조치를 하여야 한다.

② 제1항의 조치에 필요한 사항은 대통령령으로 정한다.

제22조【선수 및 심판의 복지 등】 ① 경주사업자는 경주에 출전하는 선수나 심판, 그 밖에 경주에 종사하는 사람의 복지와 안전을 위하여 필요한 조치를 하여야 한다. 이 경우 경주사업자는 선수와 심판 등의 의견을 들을 수 있다.(2023.8.8 전단개정)

② 제1항의 복지 및 안전조치 등에 필요한 사항은 대통령령으로 정한다.

제23조【명령·처분 및 검사】 ① 문화체육관광부장관은 이 법을 시행하기 위하여 필요하다고 인정하면 경주사업자에게 감독을 위하여 필요한 명령 또는 처분을 할 수 있다.(2023.8.8 본항개정)

② 문화체육관광부장관은 필요하다고 인정하면 경주사업자에게 경주사업에 관하여 보고하게 하거나 소속 공무원에게 경주사업자의 사무소 또는 경주장 등에 출입하여 장부나 서류, 그 밖의 물건을 검사하게 할 수 있다.

(2008.2.29 본항개정)

③ 제2항에 따라 검사를 하는 공무원은 권한을 표시하는 증표를 지니고 이를 관계인에게 내보여야 한다.

제24조【유사행위 등의 금지】 ① 경주사업자가 아닌 자는 다음 각 호의 어느 하나에 해당하는 행위를 하여서는 아니 된다.
1. 경주를 시행하는 행위
2. 경주사업자가 시행하는 경주를 대상으로 승자투표권 발매나 이와 비슷한 행위를 하여 경주 결과를 맞힌 사람에게 재물 또는 재산상의 이익을 제공하는 행위

(2019.11.26 1호~2호신설)

② 누구든지 다음 각 호의 어느 하나에 해당하는 행위를 하여서는 아니 된다.
1. 외국에서 시행하는 자전거 또는 모터보트 경주를 대상으로 국내에서 승자투표권 발매나 이와 비슷한 행위를 하여 경주 결과를 맞힌 사람에게 재물 또는 재산상의 이익을 제공하는 행위
2. 영리 목적으로 승자투표권이나 이와 비슷한 것의 구매를 대행 또는 알선하거나 승자투표권을 양도하는 행위

(2019.11.26 본항신설)

③ 누구든지 다음 각 호의 어느 하나에 해당하는 행위를 하여서는 아니 된다.

1. 제1항 또는 제2항의 행위를 위하여 경주사업자가 제공하는 경주의 배당률, 경주화면 및 음성, 컴퓨터 프로그램저작물(경주정보에 관한 전자문서를 포함한다) 등을 복제·개작 또는 전송하는 행위
2. 제1항 또는 제2항의 행위를 위하여 정보통신망을 이용하여 승자투표권이나 이와 비슷한 것을 발행하는 시스템을 설계·제작·유통하거나 공중이 이용할 수 있도록 제공하는 행위(2021.6.15 본호개정)
3. 제1항 또는 제2항의 행위를 홍보하는 행위
(2019.11.26 본항신설)
(2019.11.26 본조개정)

제25조【승자투표권의 구매 제한 등】 ① 경주사업자는 미성년자에게 승자투표권을 발매하여서는 아니 된다.
② 다음 각 호의 어느 하나에 해당하는 자는 승자투표권을 구매·주선하거나 양도받아서는 아니 된다.
1. 경주사업 감독기관 소속 공무원으로서 경주사업 관련 업무를 담당하는 자
2. 제4조제1항에 따라 경주시행허가를 받은 지방자치단체 및 진흥공단(제19조에 따라 지방자치단체 및 진흥공단으로부터 경주사업을 위탁받은 자를 포함한다)의 경주사업 관장부서의 공무원과 임직원
3. 제7조제1항에 따라 선수 또는 심판으로 등록한 자
4. 미성년자
5. 제2호에 규정된 자 외에 경주사업장에 근무하는 자
(2019.11.26 1호~5호개정)
③ (2019.11.26 삭제)

제4장 벌 칙

제26조【벌칙】 ① 다음 각 호의 어느 하나에 해당하는 자는 7년 이하의 징역 또는 7천만원 이하의 벌금에 처한다.
(2019.11.26 본문개정)
1. 제24조제1항·제2항 또는 같은 조 제3항제1호를 위반하여 유사행위 등을 한 자(2019.11.26 본호개정)
2. 이 법에 따른 경주에 관하여 영리를 목적으로 도박을 한 자 또는 이를 방조한 자
3. 제25조제2항 각 호(같은 항 제4호는 제외한다)의 어느 하나에 해당하는 자로서 이 항 제2호에 따른 행위의 상대가 된 자(2019.11.26 본호개정)
② 제1항의 미수범은 처벌한다.

제27조【벌칙】 다음 각 호의 어느 하나에 해당하는 자는 5년 이하의 징역 또는 5천만원 이하의 벌금에 처한다.
(2018.12.24 본문개정)
1. 위계(僞計) 또는 위력(威力)을 사용하여 경주의 공정(公正)을 해치거나 공정한 시행을 방해한 자
2. 경기장 안으로 무단 진입하거나 이물질(異物質) 등을 던져 원활한 경주시행을 방해한 자 또는 선수·심판 등 경주종사자의 안전을 위협한 자
3. 제24조제1항 또는 제2항에 따른 유사행위 등의 상대가 된 자(2019.11.26 본호신설)
4. 제24조제3항제2호를 위반하여 시스템을 설계·제작·유통 또는 제공한 자(2019.11.26 본호신설)
5. 제25조제2항을 위반하여 승자투표권을 구매·주선 또는 양도받은 자(2019.11.26 본호신설)

제28조【벌금의 병과】 제26조제1항, 제27조제3호·제4호, 제34조제1호의 경우에 징역형과 벌금형은 병과(倂科)할 수 있다.(2021.6.15 본조개정)

제29조【벌칙】 ① 선수나 심판이 그 업무에 관하여 부정한 청탁을 받고 재물 또는 재산상의 이익을 수수(收受)·요구 또는 약속한 경우에는 5년 이하의 징역 또는 5천만원 이하의 벌금에 처한다.
② 선수나 심판이 제1항의 죄를 저질러 부정한 행위를 한 경우에는 7년 이하의 징역 또는 7천만원 이하의 벌금에 처한다.
(2023.8.8 본조개정)

제30조【벌칙】 선수 또는 심판이 그 업무에 관하여 부정한 청탁을 받고 제3자에게 재물 또는 재산상의 이익을 제공하게 하거나 이익의 제공을 요구 또는 약속한 경우에는 5년 이하의 징역 또는 5천만원 이하의 벌금에 처한다.(2018.12.24 본조개정)

제31조【벌칙】 제29조 및 제30조에서 규정한 재물 또는 재산상의 이익을 약속·제공하거나 제공의 의사를 표시한 자는 5년 이하의 징역 또는 5천만원 이하의 벌금에 처한다.(2023.8.8 본조개정)

제32조【몰수와 추징】 제26조제1항 및 제29조부터 제31조까지의 규정에 따른 재물은 몰수한다. 다만, 재물을 몰수하는 것이 불가능하거나 재산상의 이익을 취득한 경우에는 병과가액(倂科價額)을 추징한다.(2019.11.26 본문개정)

제33조【자격정지의 병과】 제29조부터 제31조까지의 규정에 따른 죄에는 10년 이하의 자격정지를 병과(倂科)할 수 있다.

제34조【벌칙】 다음 각 호의 어느 하나에 해당하는 자는 3년 이하의 징역 또는 3천만원 이하의 벌금에 처한다.
(2019.11.26 본문개정)
1. 제24조제3항제3호를 위반하여 홍보를 한 자
2. 제25조제1항을 위반하여 미성년자에게 승자투표권을 발매한 자
(2019.11.26 1호~2호신설)

제35조【과태료】 ① 다음 각 호의 어느 하나에 해당하는 자에게는 100만원 이하의 과태료를 부과한다.
1. 제4조제1항, 제5조제1항 또는 제9조제2항에 따라 문화체육관광부장관의 허가를 받아야 할 사항에 대하여 허가를 받지 아니한 자(2008.2.29 본호개정)
2. 제4조제2항, 제16조제2항 또는 제19조제1항에 따라 문화체육관광부장관의 승인을 받아야 할 사항에 대하여 승인을 받지 아니한 자(2008.2.29 본호개정)
3. 제5조제2항 또는 제23조제1항에 따른 명령을 위반한 자
4. 제23조제2항에 따른 보고를 하지 아니하거나 거짓된 보고를 한 자 또는 검사를 거부·방해 또는 기피한 자
② 제1항에 따른 과태료는 대통령령으로 정하는 바에 따라 문화체육관광부장관이 부과·징수한다.(2016.5.29 본항개정)
③~⑤ (2016.5.29 삭제)

부 칙

①【시행일】 이 법은 공포한 날부터 시행한다.
②【처분 등에 관한 일반적 경과조치】 이 법 시행 당시 종전의 규정에 따른 행정기관의 행위나 행정기관에 대한 행위는 그에 해당하는 이 법에 따른 행정기관의 행위나 행정기관에 대한 행위로 본다.
③【벌칙이나 과태료에 관한 경과조치】 이 법 시행 전의 행위에 대하여 벌칙이나 과태료 규정을 적용할 때에는 종전의 규정에 따른다.
④【다른 법률의 개정】 ※(해당 법령에 가제정리 하였음)
⑤【다른 법령과의 관계】 이 법 시행 당시 다른 법령에서 종전의 「경륜·경정법」 또는 그 규정을 인용한 경우에 이 법 가운데 그에 해당하는 규정이 있으면 종전의 규정을 갈음하여 이 법의 해당 규정을 인용한 것으로 본다.

부 칙 (2017.12.19)

제1조【시행일】 이 법은 2018년 1월 1일부터 시행한다.
제2조【수익금의 사용에 관한 경과조치】 이 법 시행 당시 종전의 제18조제1항제3호에 따라 배분된 수익금의 적립액은 「국민체육진흥법」에 따른 국민체육진흥기금에 출연한다. 다만, 경주사업자가 지방자치단체인 경우의 적립액은 제18조제1항제2호에 따른 지방 체육 진흥 등을 위한 지방재정 확충 지원에 사용한다.

부 칙 (2019.11.26)

제1조【시행일】 이 법은 공포 후 6개월이 경과한 날부터 시행한다.
제2조【발매수득금에 관한 경과조치】 이 법 시행 당시 종전의 규정에 따른 발매수득금은 이 법에 따른 발매이익금으로 본다.
제3조【벌칙에 관한 경과조치】 이 법 시행 전의 행위에 대한 벌칙을 적용할 때에는 종전의 규정에 따른다.

부 칙 (2020.6.9)

이 법은 공포 후 6개월이 경과한 날부터 시행한다.

부 칙 (2020.12.8 법17579호)
(2020.12.8 법17592호)

이 법은 공포한 날부터 시행한다.

부 칙 (2021.6.15)

이 법은 2021년 8월 1일부터 시행한다.

부 칙 (2022.5.3)
(2023.8.8)

이 법은 공포한 날부터 시행한다.

체육시설의 설치·이용에 관한 법률(약칭 : 체육시설법)

(2007년 4월 11일 전부개정법률 제8349호)

개정
2007. 4. 6법 8338호(하천법)
2008. 2.29법 8852호(정부조직)
2008. 3.21법 8974호(건축)
2008. 3.21법 8976호(도로법)
2009. 3.18법 9494호
2009. 6. 9법 9770호(소음·진동관리법)
2010. 3.31법10219호(지방세기본법)
2010. 5.31법10331호(산지관리법)
2011. 4. 5법10559호 2012. 1.17법11169호
2014. 1.14법12248호(도로법)
2015. 2. 3법13128호 2016. 2. 3법13976호
2016.12.27법14476호(지방세징수법)
2017. 1.17법14532호(물환경보전법)
2017. 3.21법14635호 2018. 9.18법15767호
2018.10.16법15825호 2020. 5.19법17267호
2020.12. 8법17591호 2020.12.22법17720호
2021. 4.13법18015호 2021. 5.18법18166호
2022. 1.18법18781호 2022. 5. 3법18860호
2022.12.27법19117호(산림자원조성관리)
2023. 3.21법19252호
2023. 5.16법19411호(행정법제혁신을위한일부개정법령등)
2023. 8. 8법19592호(법률용어정비)
2023. 8. 8법19598호

제1장 총 칙

제1조【목적】 이 법은 체육시설의 설치·이용을 장려하고, 체육시설업을 건전하게 발전시켜 국민의 건강 증진과 여가 선용(善用)에 이바지하는 것을 목적으로 한다.

제2조【정의】 이 법에서 사용하는 용어의 뜻은 다음과 같다.
1. "체육시설"이란 체육 활동에 지속적으로 이용되는 시설(정보처리 기술이나 기계장치를 이용한 가상의 운동경기 환경에서 실제 운동경기를 하는 것처럼 체험하는 시설을 포함한다. 다만, 「게임산업진흥에 관한 법률」 제2조제1호에 따른 게임물은 제외한다)과 그 부대시설을 말한다.(2018.9.18 본호개정)
2. "체육시설업"이란 영리를 목적으로 체육시설을 설치·경영하거나 체육시설을 이용한 교습행위를 제공하는 업(業)을 말한다.(2020.5.19 본호개정)
3. "체육시설업자"란 제19조제1항·제2항 또는 제20조에 따라 체육시설업을 등록하거나 신고한 자를 말한다.
4. "회원"이란 1년 이상의 기간을 정하여 체육시설업의 시설 또는 그 시설을 활용한 교습행위를 일반이용자보다 유리한 조건으로 우선적으로 이용하기로 체육시설업자(제12조에 따른 사업계획 승인을 받은 자를 포함한다)와 약정한 자를 말한다.(2022.1.18 본호개정)
5. "일반이용자"란 1년 미만의 일정 기간을 정하여 체육시설의 이용 또는 그 시설을 활용한 교습행위의 대가(이하 "이용료"라 한다)를 내고 체육시설을 이용하거나 그 시설을 활용한 교습을 받기로 체육시설업자와 약정한 사람을 말한다.(2022.1.18 본호개정)

제3조【체육시설의 종류】 체육시설의 종류는 운동 종목과 시설 형태에 따라 대통령령으로 정한다.

제4조【국가와 지방자치단체 등의 의무】 ① 국가와 지방자치단체는 국민의 체육 활동에 필요한 체육시설의 적정한 설치·운영과 체육시설업의 건전한 육성을 위하여 필요한 시책을 강구하고 적절한 지도와 지원을 하여야 한다.
② 국가와 지방자치단체는 체육시설에 대한 「감염병의 예방 및 관리에 관한 법률」상 방역 및 예방조치와 관련하여 체육시설의 종류, 이용자의 연령 등 체육시설의 특성을 합리적으로 고려하여 원활하게 체육시설이 이용될 수 있도록 노력하여야 한다.(2021.5.18 본항신설)
③ 국가와 지방자치단체는 체육시설의 안전을 위하여 필요한 제도적 장치를 마련하고 이에 필요한 재원을 확보하도록 노력하여야 한다.(2015.2.3 본항신설)
④ 체육시설을 설치·운영하는 자 및 체육시설을 위탁받아 운영·관리하는 자는 해당 체육시설의 기능 및 안전성이 지속적으로 유지되도록 체육시설에 대한 유지·관리를 하여야 한다.(2015.2.3 본항신설)
(2015.2.3 본조제목개정)

제4조의2【체육시설 안전관리에 관한 기본계획 등 수립】 ① 문화체육관광부장관은 체육시설(공공체육시설 및 등록·신고체육시설에 한정한다. 이하 제4조의7까지 같다)의 안전한 이용 및 체계적인 관리를 위하여 5년마다 체육시설 안전관리에 관한 기본계획(이하 "기본계획"이라 한다)을 수립·시행하여야 한다.(2020.12.8 본항개정)
② 기본계획에는 다음 각 호의 사항이 포함되어야 한다.
1. 체육시설에 대한 중기·장기 안전관리 정책에 관한 사항
2. 체육시설 안전관리 제도 및 업무의 개선에 관한 사항
3. 체육시설과 관련된 사고를 예방하기 위한 교육·홍보 및 안전점검에 관한 사항
3의2. 체육시설 이용 관련 어린이(13세 미만의 사람을 말한다. 이하 같다) 안전사고 예방 및 안전관리에 관한 사항(2023.8.8 본호신설)
4. 체육시설 안전관리와 관련된 전산시스템의 구축 및 관리

5. 체육시설의 감염병 등에 대한 위생·방역 관리에 관한 사항(2020.12.22 본호신설)
6. 그 밖에 대통령령으로 정하는 사항
③ 문화체육관광부장관은 기본계획에 따라 매년 안전관리계획(이하 "관리계획"이라 한다)을 수립·시행하여야 한다.
④ 문화체육관광부장관은 기본계획 및 관리계획의 수립·변경 또는 시행을 위하여 필요한 경우에는 관계 중앙행정기관의 장, 특별시장·광역시장·특별자치시장·도지사·특별자치도지사(이하 "시·도지사"라 한다) 또는 「공공기관의 운영에 관한 법률」 제4조에 따른 공공기관(이하 "공공기관"이라 한다)의 장에 대하여 관련 자료의 제출이나 협력을 요청할 수 있다. 이 경우 요청을 받은 자는 특별한 사유가 없으면 이에 따라야 한다.
⑤ 문화체육관광부장관은 기본계획 및 관리계획을 수립 또는 변경한 경우에는 관계 중앙행정기관의 장, 시·도지사 및 공공기관(체육시설 안전에 관한 업무를 수행하는 공공기관에 한정한다)의 장에게 통보하고, 인터넷 홈페이지 등을 통하여 공고하여야 한다.
(2015.2.3 본조신설)

제4조의3【체육시설 안전점검】 문화체육관광부장관은 대통령령으로 정하는 바에 따라 체육시설 안전관리와 관련된 안전점검을 정기적으로 실시하여야 한다.(2020.12.8 본조신설)

제4조의4【체육시설 안전점검 등의 위임·위탁】 ① 문화체육관광부장관은 체육시설 안전관리를 위하여 수립된 기본계획 및 관리계획의 업무 수행을 위하여 다음 각 호의 업무를 「재난 및 안전관리 기본법」에 따른 재난관리책임기관에 위임·위탁할 수 있다.
1. 체육시설과 관련된 사고를 예방하기 위한 교육 및 홍보 활동
2. 체육시설 안전관리와 관련된 안전점검
3. 체육시설 안전관리와 관련된 전산시스템의 구축 및 관리
4. 그 밖에 대통령령으로 정하는 사항
② 제1항에 따라 업무를 위임·위탁받은 재난관리책임기관은 위임·위탁받은 업무의 수행 결과를 대통령령으로 정하는 바에 따라 문화체육관광부장관에게 보고하여야 한다.(2020.12.8 본항신설)
(2020.12.8 본조제목개정)
(2015.2.3 본조신설)

제4조의5【안전점검 실시결과의 이행】 ① 문화체육관광부장관은 제4조의3에 따라 실시한 체육시설의 안전점검 결과를 공개하여야 하며, 이를 체육시설의 소유자(체육시설을 위탁받아 운영·관리하는 자를 포함한다. 이하 같다)와 체육시설업자, 시·도지사, 시장·군수 또는 구청장(자치구의 구청장에 한정한다. 이하 같다)에게 지체 없이 통보하여야 한다.(2020.12.8 본항개정)
② 제1항에 따라 안전점검 결과를 통보받은 체육시설의 소유자와 체육시설업자는 대통령령으로 정하는 중대한 결함이 있는 경우에는 시설물의 보수·보강 등 필요한 조치를 하여야 한다.
③ 문화체육관광부장관 및 지방자치단체의 장은 체육시설의 소유자와 체육시설업자가 제2항에 따른 시설물의 보수·보강 등 필요한 조치를 하지 아니한 경우 이에 대하여 이행 및 시정을 명할 수 있다.
④ 제1항에 따른 안전점검 결과의 공개범위, 공개방법 등에 필요한 사항은 대통령령으로 정한다.(2018.10.16 본항신설)
(2015.2.3 본조신설)

제4조의6【체육시설정보관리종합시스템 운영】 문화체육관광부장관으로부터 제4조의4제1항에 따라 업무를 위임·위탁받은 기관은 체육시설의 안전관리를 위하여 다음 각 호의 정보를 체육시설정보관리종합시스템으로 관리·운영한다.(2020.12.8 본문개정)
1. 제4조의2에 따른 체육시설 안전관리에 관한 기본계획 및 관리계획
2. 제4조의3에 따른 체육시설 안전점검 결과
3. 제4조의5에 따른 체육시설 안전점검 실시결과의 통보·이행 및 이에 대한 결과(2020.12.8 본호개정)
4. 그 밖에 체육시설의 안전 및 유지·관리에 관련되는 사항과 체육시설의 정보로 관리할 필요가 있다고 인정되어 문화체육관광부령으로 정하는 사항
(2015.2.3 본조신설)

제4조의7【체육시설 안전관리 포상】 문화체육관광부장관은 제4조의3에 따른 체육시설 안전점검 결과 안전관리가 우수한 체육시설의 체육시설소유자 및 체육시설업자를 선정하여 문화체육관광부령으로 정하는 바에 따라 포상을 할 수 있다.(2015.2.3 본조신설)

제2장 공공체육시설

제5조【전문체육시설】 ① 국가와 지방자치단체는 국내·외 경기대회의 개최와 선수 훈련 등에 필요한 운동장이나 체육관 등 체육시설을 대통령령으로 정하는 바에 따라 설치·운영하여야 한다.
② 제1항에 따른 체육관은 체육, 문화 및 청소년 활동 등 필요한 용도로 활용될 수 있도록 설치되어야 한다.
③ 제1항에 따른 체육시설의 사용을 촉진하기 위하여 지방자치단체는 「공유재산 및 물품 관리법」, 그 밖의 다른 법률의 규정에도 불구하고 그 사용료의 전부나 일부를 대통령령으로 정하는 바에 따라 감면할 수 있다.
(2012.1.17 본항신설)

제6조【생활체육시설】 ① 국가와 지방자치단체는 국민이 거주지와 가까운 곳에서 쉽게 이용할 수 있는 생활체육시설을 대통령령으로 정하는 바에 따라 설치·운영하여야 한다.
② 제1항에 따른 생활체육시설을 운영하는 국가와 지방자치단체는 장애인이 생활체육시설을 쉽게 이용할 수 있도록 시설이나 기구를 마련하는 등의 필요한 시책을 강구하여야 한다.
③ 제1항에 따른 체육시설의 사용을 촉진하기 위하여 지방자치단체는 「공유재산 및 물품 관리법」, 그 밖의 다른 법률의 규정에도 불구하고 그 사용료의 전부나 일부를 대통령령으로 정하는 바에 따라 감면할 수 있다.
(2012.1.17 본항신설)

제7조【직장체육시설】 ① 직장의 장은 직장인의 체육활동에 필요한 체육시설을 설치·운영하여야 한다.
② 제1항에 따른 직장의 범위와 체육시설의 설치 기준은 대통령령으로 정한다.

제8조【체육시설의 개방과 이용】 ① 제5조 및 제6조에 따른 체육시설은 경기대회 개최나 시설의 유지·관리 등에 지장이 없는 범위에서 지역 주민이 이용할 수 있도록 개방하여야 한다.(2009.3.18 본항개정)
② 제7조제1항에 따른 체육시설을 설치·운영하는 공공기관은 기관의 업무나 시설의 유지·관리 등에 지장이 없는 범위에서 해당 체육시설을 개방하여 지역 주민이 이용할 수 있도록 노력하여야 한다.(2020.12.8 본항신설)
③ 제1항 및 제2항에 따른 체육시설의 개방 및 이용에 관하여 필요한 사항은 문화체육관광부령으로 정한다.
(2020.12.8 본항개정)

제9조【체육시설의 위탁 운영】 국가나 지방자치단체는 제5조제1항 및 제6조에 따른 체육시설과 제7조제1항에 따른 직장체육시설 중 국가나 지방자치단체가 설치한 체육시설의 전문적 관리와 이용을 촉진하기 위하여 필요하면 그 체육시설의 운영과 관리를 개인이나 단체에 위탁할 수 있다.

제3장 체육시설업

제10조【체육시설업의 구분·종류】 ① 체육시설업은 다음과 같이 구분한다.
1. 등록 체육시설업 : 골프장업, 스키장업, 자동차 경주장업
2. 신고 체육시설업 : 요트장업, 조정장업, 카누장업, 빙상장업, 승마장업, 종합 체육시설업, 수영장업, 체육도장업, 골프 연습장업, 체력단련장업, 당구장업, 썰매장업, 무도학원업, 무도장업, 야구장업, 가상체험 체육시설업, 체육교습업, 인공암벽장업(2020.12.8 본호개정)
② 제1항 각 호에 따른 체육시설업(골프장업은 제외한다)은 그 종류별 범위와 회원 모집, 시설 규모, 운영 형태 등에 따라 그 세부 종류를 대통령령으로 정할 수 있다.
(2022.5.3 본항개정)

제10조의2【골프장업의 세부 종류】 ① 골프장업의 세부 종류는 다음 각 호와 같다.
1. 회원제 골프장업 : 회원을 모집하여 경영하는 골프장업
2. 비회원제 골프장업 : 회원을 모집하지 아니하고 경영하는 골프장업
② 문화체육관광부장관은 국민체육진흥을 위하여 제1항제2호에 따른 비회원제 골프장(이하 "비회원제 골프장"이라 한다) 중에서 대통령령으로 정하는 바에 따라 이용료 등의 요건을 충족하는 골프장을 대중형 골프장으로 지정할 수 있다.
③ 국가와 지방자치단체는 제2항에 따라 지정된 대중형 골프장에 대하여 필요한 지원을 할 수 있다.
(2022.5.3 본조신설)

제11조【시설 기준 등】 ① 체육시설업자는 체육시설업의 종류에 따라 문화체육관광부령으로 정하는 시설 기준에 맞는 시설을 설치하고 유지·관리하여야 한다.
② 문화체육관광부장관은 제10조에 따른 체육시설업의 건전한 육성을 위하여 필요하다고 인정하면 대통령령으로 정하는 바에 따라 체육시설의 이용 및 운영에 지장이 없는 범위에서 시설물의 설치 및 부지 면적을 제한할 수 있다.
(2008.2.29 본조개정)

제12조【사업계획의 승인】 제10조제1항제1호에 따른 등록 체육시설업을 하려는 자는 제11조에 따른 시설을 설치하기 전에 대통령령으로 정하는 바에 따라 체육시설업의 종류별로 사업계획서를 작성하여 시·도지사의 승인을 받아야 한다. 그 사업계획을 변경(대통령령으로 정하는 경미한 사항에 관한 사업계획의 변경은 제외한다)하려는 경우에도 또한 같다.(2015.2.3 전단개정)

제13조【사업계획 승인의 제한】 ① 시·도지사는 국토의 효율적 이용, 지역간 균형 개발, 재해 방지, 자연환경보전 및 체육시설업의 건전한 육성 등 공공복리를 위하여 필요하면 대통령령으로 정하는 바에 따라 제12조에 따른 사업계획의 승인 또는 변경승인을 제한할 수 있다.
② 시·도지사는 제31조제1항에 따라 사업계획의 승인이 취소된 후 6개월이 지나지 아니한 때에는 같은 장소에서 그 사업계획의 승인이 취소된 자에게 그 취소된 체육시설업과 같은 종류의 체육시설업에 대한 사업계획의 승인을 할 수 없다. 다만, 회원을 모집하는 체육시설업에 대한 사업계획의 승인이 취소된 경우 같은 장소에서 회원을 모집하지 아니하는 체육시설업에 대한 사업계획을 승인하는 경우에는 그러하지 아니하다.(2023.5.16 본문개정)

제14조~제15조 (2023.3.21 삭제)

제16조【등록 체육시설업의 시설 설치 기간】 ① 제12조에 따라 등록 체육시설업에 대한 사업계획의 승인을 받은 자(이하 "사업계획의 승인을 받은 자"라 한다)는 그 사업계획의 승인을 받은 날부터 4년 이내에 그 사업시설 설치 공사를 착수하여야 하며, 그 사업계획의 승인을 받은 날부터 6년 이내에 그 사업시설 설치 공사를 준공하여야 한다. 다만, 천재지변이나 소송의 진행 등 대통령령으로 정하는 사유로 설치 공사를 착수하거나 준공할 수 없는 경우에는 그러하지 아니하다.(2016.2.3 본항개정)
② 제1항 단서에 따른 설치 기간의 연장에 필요한 사항은 대통령령으로 정한다.

제17조【회원 모집】 ① 체육시설업자 또는 그 사업계획의 승인을 받은 자는 회원을 모집할 수 있으며, 회원을 모집하려면 회원 모집을 시작하는 날 15일 전까지 시·도지사, 시장·군수 또는 구청장에게 회원모집계획서를 작성·제출하여야 한다.(2015.2.3 본항개정)
② 제1항에 따른 회원을 모집하려는 자가 대통령령으로 정하는 관광사업 시설과 통합하여 회원을 모집하기 위하여 회원모집계획서를 제출한 경우에는 「관광진흥법」 제20조에도 불구하고 이 법에 따른 회원 모집으로 본다.
③ 제1항에 따른 회원의 종류, 회원의 수, 모집 시기, 모집 방법, 모집 절차 및 회원모집계획서의 작성·제출 등에 관하여 필요한 사항은 대통령령으로 정한다.

제18조【회원의 보호】 제17조제1항에 따라 회원을 모집한 체육시설업자 또는 그 사업계획의 승인을 받은 자는 회원자격의 양도(讓渡)·양수(讓受), 입회금액의 반환, 회원증의 확인·발급 및 회원 대표기구의 구성·역할 등에서 회원의 권익 보호를 위하여 대통령령으로 정하는 사항을 지켜야 한다.

제19조【체육시설업의 등록】 ① 제12조에 따른 사업계획의 승인을 받은 자가 제11조에 따른 시설을 갖춘 때에는 영업을 시작하기 전에 대통령령으로 정하는 바에 따라 시·도지사에게 그 체육시설업의 등록을 하여야 한다. 등록 사항(문화체육관광부령으로 정하는 경미한 등록 사항은 제외한다)을 변경하려는 때에도 또한 같다.
(2023.8.8 후단개정)
② 시·도지사는 골프장업 또는 스키장업에 대한 사업계획의 승인을 받은 자가 그 승인을 받은 사업시설 중 대통령령으로 정하는 규모 이상의 시설을 갖추었을 때에는 제1항에도 불구하고 문화체육관광부령으로 정하는 기간에 나머지 시설을 갖출 것을 조건으로 그 체육시설업을 등록하게 할 수 있다.
(2008.2.29 본조개정)

제20조【체육시설업의 신고】 ① 제10조제1항제2호에 따른 체육시설업을 하려는 자는 제11조에 따른 시설을 갖추어 문화체육관광부령으로 정하는 바에 따라 특별자치시장·특별자치도지사·시장·군수 또는 구청장에게 신고하여야 한다.(2016.2.3 본항개정)
② 제1항에 따라 체육시설업의 신고를 한 자가 신고 사항을 변경한 때에는 문화체육관광부령으로 정하는 바에 따라 특별자치시장·특별자치도지사·시장·군수 또는 구청장에게 신고하여야 한다.(2016.2.3 본항신설)
③ 특별자치시장·특별자치도지사·시장·군수 또는 구청장은 제1항에 따른 신고를 받은 경우에는 신고를 받은 날부터 7일 이내에, 제2항에 따른 변경신고를 받은 경우에는 변경신고를 받은 날부터 5일 이내에 신고수리 여부를 신고인에게 통지하여야 한다.(2017.3.21 본항신설)
④ 특별자치시장·특별자치도지사·시장·군수 또는 구청장이 제3항에서 정한 기간 내에 신고수리 여부나 민원 처리 관련 법령에 따른 처리기간의 연장 여부를 신고인에게 통지하지 아니하면 그 기간이 끝난 날의 다음 날에 신고를 수리한 것으로 본다.(2017.3.21 본항신설)

제20조의2【체육교습업 신고의 특례】 제19조 또는 제20조에 따라 체육교습업이 아닌 체육시설업을 등록 또는 신고한 자는 체육교습업을 신고하지 아니하고 그 체육시설에서 교습을 할 수 있다.(2020.5.19 본조신설)

제21조【체육시설의 이용 질서】 ① 제10조의2제1항제1호에 따른 회원제 골프장업자는 비회원제 골프장을 함께 운영할 경우 이용 방법과 이용료 등 그 운영에 관하여 해당 회원제 골프장과 분리하여야 한다.(2022.5.3 본항개정)
② 비회원제 골프장을 운영하는 자는 예약 순서대로 예약자가 골프장을 이용하도록 하되, 예약자가 없는 경우에는 이용자의 도착 순서에 따라 골프장을 이용하게 하여야 한다.(2022.5.3 본항개정)
③ 비회원제 골프장을 운영하는 자는 다음 각 호의 어느 하나에 해당하는 행위를 하여서는 아니 된다.(2022.5.3 본문개정)
1. 회원을 모집하는 행위
2. 이용 우선권을 제공하거나 판매하는 행위
(2022.1.18 본항신설)

제21조의2【체육시설 이용권등의 부정판매 금지 등】 ① 문화체육관광부장관은 체육시설의 이용권 또는 할인권·교환권 등(이하 "이용권등"이라 한다)의 부정판매(상습 또는 영업으로 자신이 예약한 체육시설 이용권등을 웃돈을 받고 다른 사람에게 판매하거나 알선하는 행위를 말한다. 이하 같다)를 방지하기 위하여 노력하여야 한다.
② 누구든지 「정보통신망 이용촉진 및 정보보호 등에 관한 법률」 제2조제1항제1호에 따른 정보통신망에 지정된 명령을 자동으로 반복·입력하는 프로그램을 이용하여 예약한 체육시설 이용권등을 부정판매하여서는 아니 된다.
(2023.8.8 본조신설)

제22조【체육시설업자의 준수 사항】 ① 체육시설업자는 다음 각 호의 사항을 지켜야 한다.
1. 「소음·진동관리법」 등 개별법의 규정을 초과하는 소음·진동으로 지역 주민의 주거 환경을 해치지 아니하도록 할 것(2009.6.9 본호개정)
2. 체육시설 업소 안에서 하는 도박이나 그 밖의 사행행위(射倖行爲)를 조장하거나 묵인하지 아니할 것
3. 이용약관 등 회원 및 일반이용자와 약정한 사항을 지킬 것
4. 다음 각 목의 어느 하나에 해당하는 경우로서 이용료 반환사유 및 반환금액에 관하여 일반이용자와 약정하지 아니한 때에는 대통령령으로 정하는 반환기준에 따라 일반이용자로부터 받은 이용료를 반환할 것
   가. 일반이용자가 본인의 사정상 체육시설을 이용할 수 없게 된 경우
   나. 체육시설업자가 체육시설업의 폐업, 휴업 등으로 영업을 계속할 수 없는 경우
   (2016.2.3 본호신설)
5. 제17조, 제18조 및 제21조 외에 회원의 운영 및 일반이용자의 공정한 체육시설 이용에 관하여 대통령령으로 정하는 사항을 준수할 것(2022.1.18 본호신설)

② 무도학원업자·무도장업자 및 체육교습업자는 제1항 각 호의 규정 외에 시설 및 운영 기준 등 대통령령으로 정하는 사항을 지켜야 한다.(2020.5.19 본항개정)

제23조【체육지도자의 배치】 ① 체육시설업자는 문화체육관광부령으로 정하는 일정 규모 이상의 체육시설에 체육지도자를 배치하여야 한다.
② 제1항에 따른 체육지도자의 배치 기준에 관하여 필요한 사항은 문화체육관광부령으로 정한다.
(2008.2.29 본조개정)

제24조【안전·위생 기준 등】 ① 체육시설업자는 이용자가 체육시설을 안전하고 쾌적하게 이용할 수 있도록 안전관리요원 배치와 임무, 수질 관리, 보호 장구의 구비(具備) 및 어린이 안전사고 예방수칙 등 문화체육관광부령으로 정하는 안전·위생 기준을 지켜야 한다.
(2023.8.8 본항개정)
② 체육시설업의 시설을 이용하는 자는 제1항의 안전·위생 기준에 따른 보호 장구를 착용하여야 한다.
③ 체육시설업자는 체육시설업의 시설을 이용하는 자가 제2항의 보호 장구 착용 의무를 준수하지 아니한 경우에는 그 체육시설 이용을 거절하거나 중지하게 할 수 있다.
(2022.1.18 본조제목개정)

제24조의2【검사 등】 ① 문화체육관광부장관, 시·도지사, 시장·군수 또는 구청장은 체육시설업자에 대하여 제21조에 따른 체육시설의 이용 질서 및 제22조에 따른 준수 사항 위반 여부를 확인하기 위하여 관련 자료를 제출하게 하거나 소속공무원이 사무소나 체육시설 등에 출입하여 장부·서류 또는 그 밖에 필요한 사항을 검사하게 할 수 있다. 이 경우 체육시설업자는 정당한 사유 없이 이를 거부할 수 없다.
② 제1항에 따라 검사를 하는 공무원은 그 권한을 표시하는 증표를 지니고 이를 관계인에게 내보여야 한다.
(2022.1.18 본조신설)

제25조 (2011.4.5 삭제)

제26조【보험 가입】 체육시설업자는 체육시설의 설치·운영과 관련되거나 그 체육시설 안에서 발생한 피해를 보상하기 위하여 문화체육관광부령으로 정하는 바에 따라 보험에 가입하여야 한다. 다만, 문화체육관광부령으로 정하는 소규모 체육시설업자인 경우에는 그러하지 아니하다.(2008.2.29 본조개정)

제27조【체육시설업 등의 승계】 ① 체육시설업자가 사망하거나 그 영업을 양도한 때 또는 법인인 체육시설업자가 합병한 때에는 그 상속인, 영업을 양수한 자 또는 합병 후 존속하는 법인이나 합병(合倂)에 따라 설립되는 법인은 그 체육시설업의 등록 또는 신고에 따른 권리·의무(제17조에 따라 회원을 모집한 경우에는 그 체육시설업자와 회원 간에 약정한 사항을 포함한다)를 승계한다.
② 다음 각 호의 어느 하나에 해당하는 절차에 따라 문화체육관광부령으로 정하는 체육시설업의 시설 기준에 따른 필수시설을 인수한 자에게는 제1항을 준용한다.
(2008.2.29 본문개정)
1. 「민사집행법」에 따른 경매
2. 「채무자 회생 및 파산에 관한 법률」에 따른 환가(換價)(2023.8.8 본호개정)
3. 「국세징수법」·「관세법」 또는 「지방세징수법」에 따른 압류 재산의 매각(2016.12.27 본호개정)
4. 그 밖에 제1호부터 제3호까지의 규정에 준하는 절차

③ 제12조에 따른 사업계획 승인의 승계에 관하여는 제1항과 제2항을 준용한다.

판례 체육시설에 관한 담보신탁계약이 체결된 다음 그 계약에서 정한 공매나 수의계약으로 체육필수시설이 일괄하여 이전되는 경우, 체육시설의 인수인은 체육시설업자와 회원 간에 약정한 사항을 포함하여 그 체육시설업의 등록 또는 신고에 따른 권리·의무를 승계한다. 따라서 회원제 골프장이 채무를 갚지 못하여 공매 등으로 넘어간 경우, 인수인은 기존 회원에 대한 골프장 입회보증금 반환채무도 승계한다.(대판 2018.10.18, 2016다220143)

제28조【다른 법률에 따른 인가·허가 등의 의제】 ① 제12조에 따라 등록 체육시설업에 대한 사업계획의 승인 또는 변경승인을 받으면 다음 각 호의 인가·허가 등에 관하여 시·도지사가 인가·허가 등의 관계 행정기관의 장과 미리 협의한 사항에 대해서는 해당 인가·허가 등을 받거나 신고를 한 것으로 본다.(2023.5.16 본문개정)
1. 「농지법」 제34조제1항에 따른 농지전용허가
2. 「산지관리법」 제14조 및 제15조에 따른 산지전용허가 및 산지전용신고, 같은 법 제15조의2에 따른 산지일시사용허가·신고, 「산림자원의 조성 및 관리에 관한 법률」 제36조제1항·제5항에 따른 입목벌채등의 허가·신고. 다만, 사업계획 구역 내 형질 변경을 하지 아니하고 보전하는 산지의 경우에는 그러하지 아니하다.
(2022.12.27 본문개정)
3. 「사방사업법」 제20조에 따른 사방지 지정의 해제
4. 「초지법」 제23조에 따른 초지전용허가
5. 「하천법」 제33조에 따른 하천의 점용허가 및 같은 법 제50조에 따른 하천수의 사용허가(2007.4.6 본호개정)
6. 「공유수면 관리 및 매립에 관한 법률」 제8조에 따른 공유수면의 점용·사용허가(2016.2.3 본호개정)
7. 「사도법」 제4조에 따른 사도개설(私道開設)의 허가
8. 「도로법」 제61조에 따른 도로 점용의 허가
(2014.1.14 본호개정)
9. 「국유림의 경영 및 관리에 관한 법률」 제21조에 따른 국유림의 사용허가 또는 대부
10. 「건축법」 제83조제1항에 따른 공작물 축조의 신고
(2008.3.21 본호개정)
11. 「수도법」 제52조 및 제54조에 따른 전용상수도 및 전용공업용수도 설치의 인가
12. 「장사 등에 관한 법률」 제27조제1항에 따른 분묘 개장(改葬)의 허가(2009.3.18 본호개정)
13. 「대기환경보전법」 제23조, 「물환경보전법」 제33조, 「소음·진동관리법」 제8조 및 「가축분뇨의 관리 및 이용에 관한 법률」 제11조에 따른 배출시설의 설치 허가 또는 신고(2017.1.17 본호개정)
14. 「공간정보의 구축 및 관리 등에 관한 법률」 제86조제1항에 따른 사업의 착수 및 변경 사실의 신고(2018.10.16 본호신설)

② 시·도지사는 제12조에 따라 등록 체육시설업에 대한 사업계획의 승인 또는 변경승인을 하려면 제1항 각 호의 해당 사항 소관 행정기관의 장과 미리 협의하여야 한다. 다만, 제12조 단서에 따른 경미한 사업계획의 변경인 경우에는 그러하지 아니하다.
③ 제1항 및 제2항에서 규정한 사항 외에 제1항에 따른 인가·허가 등 의제의 기준 및 효과 등에 관하여는 「행정기본법」 제24조부터 제26조까지를 준용한다.(2023.5.16 본항개정)
(2023.5.16 본조제목개정)

제29조【휴업 또는 폐업 통보 등】 ① 제20조제1항에 따른 체육시설업자가 3개월 이상 휴업하거나 폐업한 경우에는 휴업 또는 폐업한 날부터 30일 이내에 문화체육관광부령으로 정하는 바에 따라 그 사실을 특별자치시장·특별자치도지사·시장·군수 또는 구청장에게 통보하여야 한다.
② 특별자치시장·특별자치도지사·시장·군수 또는 구청장은 체육시설업자가 제1항에 따른 기간에 휴업 또는 폐업 사실을 통보하지 아니하면 문화체육관광부령으로 정하는 바에 따라 휴업 또는 폐업 처리를 할 수 있다.
(2016.2.3 본조개정)

제30조【시정명령】 시·도지사, 시장·군수 또는 구청장은 체육시설업자 또는 사업계획의 승인을 받은 자가 다음 각 호의 어느 하나에 해당하면 기간을 정하여 그 시정을 명할 수 있다.
1. 제11조제1항에 따른 시설 기준을 위반한 때
2. 제12조에 따른 사업계획의 변경승인을 받지 아니하고 사업계획을 변경하여 시설을 설치한 때
3. 제17조에 따른 회원 모집에 관한 사항을 위반한 때
4. 제18조에 따른 회원 보호에 관한 사항을 위반한 때
5. 제21조에 따른 체육시설의 이용 질서를 위반한 때
(2022.1.18 본호개정)
6. 제22조에 따른 체육시설업자의 준수 사항을 위반한 때
7. 제24조제1항에 따른 안전·위생 기준을 위반한 때
8. 제26조에 따른 보험에 가입하지 아니한 때

제31조【사업계획 승인의 취소】 ① 시·도지사는 사업계획의 승인을 받은 자가 제19조제1항 또는 제2항에 따른 체육시설업의 등록 전에 다음 각 호의 어느 하나에 해당할 때에는 그 체육시설업에 대한 사업계획의 승인을 취소할 수 있다.(2016.2.3 본문개정)
1. 거짓이나 그 밖의 부정한 방법으로 제12조에 따른 사업계획의 승인 또는 변경승인을 받은 경우
2. 제16조제1항에 따른 기간에 사업시설의 설치 공사를 착수하거나 준공하지 아니한 경우(2016.2.3 본호개정)
3. 제19조제1항 또는 제2항에 따라 등록을 하지 아니하고 영업을 시작한 경우

② 시·도지사는 제1항에 따라 사업계획의 승인을 취소한 때에는 제28조제2항에 따라 협의한 인가·허가 등의 관계 행정기관의 장에게 지체 없이 이를 통보하여야 한다.(2023.5.16 본항신설)

제32조【등록취소 등】 ① 시·도지사는 등록 체육시설업자가 제19조제2항에 따른 등록조건을 정당한 사유 없이 이행하지 아니하면 그 등록을 취소하여야 한다.
② 시·도지사, 시장·군수 또는 구청장은 체육시설업자가 다음 각 호의 어느 하나에 해당하면 그 등록취소 또는 영업 폐쇄명령을 하거나 6개월 이내의 기간을 정하여 영업정지를 명할 수 있다.
1. 제4조의5제3항에 따른 시설물의 보수·보강 등 필요한 조치에 대한 이행 및 시정 명령을 준수하지 아니한 경우
(2020.12.8 본호개정)
2. (2023.3.21 삭제)
3. 거짓이나 그 밖의 부정한 방법으로 제19조제1항·제2항 또는 제20조에 따른 체육시설업의 등록이나 신고를 한 경우
4. 제19조제1항 후단 또는 제20조제2항에 따라 변경등록이나 변경신고를 하지 아니한 경우(2016.2.3 본호개정)
4의2. 제24조의2제1항을 위반하여 자료를 제출하지 아니하거나 허위로 제출한 경우 또는 관계 공무원의 출입·검사를 거부·방해 또는 기피한 경우(2022.1.18 본호신설)
5. 영업정지 처분을 받고 그 기간에 영업을 한 경우
6. 제30조에 따른 시정명령을 받고 이를 이행하지 아니한 경우
7. 「도로교통법」 제53조제3항을 위반하여 어린이통학버스(같은 법 제52조에 따른 어린이통학버스 신고를 하지 아니한 경우를 포함한다)에 보호자를 함께 태우지 아니한 채 어린이통학버스 운행 중 발생한 교통사고로 해당 어린이통학버스에 탑승(승하차를 포함한다)한 어린이가 사망하거나 신체에 문화체육관광부령으로 정하는 중상해를 입은 경우(2015.2.3 본호신설)

③ 제2항에 따른 행정처분의 세부 기준은 그 처분 사유와 위반 정도 등을 고려하여 문화체육관광부령으로 정한다.
(2008.2.29 본항개정)

제32조의2【어린이통학버스 등의 사고 정보의 공개】 ① 특별자치시장·특별자치도지사·시장·군수 또는 구청장은 제32조제2항제7호에 해당하는 사고가 발생한 경우 그 사고 내용과 해당 체육시설의 정보를 일반에 공개할 수 있다.
② 제1항에 따른 사고 정보 공개의 구체적 기준·방법 및 절차 등에 필요한 사항은 문화체육관광부령으로 정한다.
(2015.2.3 본조신설)

제32조의3【행정제재처분 효과의 승계】 ① 제27조에 따라 체육시설업자 또는 사업계획의 승인을 받은 자의 지위가 승계된 경우에는 종전의 체육시설업자 또는 사업계획의 승인을 받은 자에게 한 제30조 또는 제32조제2항에 따른 행정제재처분의 효과는 그 처분이 있은 날부터 1년간 지위승계를 받은 자에게 승계되며, 행정제재처분을 위한 절차가 진행 중일 때에는 지위승계를 받은 자에 대하여 그 절차를 계속 진행할 수 있다. 다만, 지위승계를 받은 자(상속에 의하여 승계를 받은 자는 제외한다)가 승계를 받은 때에 그 처분 또는 위반 사실을 알지 못하였음을 증명하는 경우에는 그러하지 아니하다.
② 체육시설업자가 체육시설업을 폐업한 후에 종전의 체육시설업자, 그 배우자, 형제자매 또는 직계혈족(이하 "친족등"이라 한다)이 같은 장소에서 종전에 폐업한 체육시설업과 같은 종류의 체육시설업을 할 때에는 종전의 체육시설업자에게 한 제30조 또는 제32조제2항에 따른 행정제재처분의 효과는 그 처분이 있은 날부터 1년간 친족등에게 승계되며, 행정제재처분을 위한 절차가 진행 중일 때에는 친족등에 대하여 그 절차를 계속 진행할 수 있다. 다만, 친족등이 체육시설업을 등록하거나 신고한 때에 그 처분 또는 위반 사실을 알지 못하였음을 증명하는 경우에는 그러하지 아니하다.
(2016.2.3 본조신설)

제33조【청문】 시·도지사, 시장·군수 또는 구청장은 다음 각 호의 어느 하나에 해당하는 처분을 하려면 청문을 하여야 한다.
1. 제31조제1항에 따른 사업계획의 승인취소(2023.5.16 본호개정)
2. 제32조제1항에 따른 등록취소
3. 제32조제2항에 따른 등록취소 또는 영업 폐쇄명령

제34조【체육시설업협회】 ① 체육시설업자는 체육시설업의 건전한 발전을 위하여 체육시설업의 종류별로 협회를 설립할 수 있다.
② 협회는 법인으로 한다.
③ 협회는 정관으로 정하는 바에 따라 지회(支會) 또는 분회(分會)를 둘 수 있다.
④ 협회에 관하여는 이 법에서 규정한 것 외에는 「민법」 중 사단법인에 관한 규정을 준용한다.

제4장 보 칙

제35조【보조】 ① 국가나 지방자치단체는 회계연도마다 예산의 범위에서 다음 각 호의 체육시설에 대하여 설치비용 일부를 보조할 수 있다.

1. 지방자치단체가 제5조제1항 및 제6조에 따라 설치하는 공공체육시설
2. 체육시설업의 보호와 육성을 위하여 대통령령으로 정하는 시설 기준에 맞는 각종 체육시설
② 국가나 지방자치단체는 지역주민에게 개방·이용되는 학교 및 직장의 체육시설에 대하여 그 관리·보수(補修)에 필요한 경비를 보조할 수 있다.
③ 국가와 지방자치단체는 감염병 확산 및 방역조치 등으로 체육시설을 운영하는 자에게 경영상 중대한 위기가 발생한 경우 필요한 지원을 할 수 있다.(2021.5.18 본항신설)
제36조【시책 수립에 필요한 사항 등의 보고】 시·도지사, 시장·군수 또는 구청장은 문화체육관광부령으로 정하는 바에 따라 체육시설의 설치·이용에 관한 시책 수립에 필요한 사항과 이 법의 시행에 관한 사항을 문화체육관광부장관에게 보고하여야 한다.(2008.2.29 본조개정)
제37조【수수료】 다음 각 호의 어느 하나에 해당하는 자는 특별시·광역시·특별자치시·도·특별자치도 또는 시·군·자치구의 조례로 정하는 수수료를 내야 한다.(2016.2.3 본문개정)
1. 제12조에 따라 체육시설업에 대한 사업계획의 승인이나 변경승인을 신청하는 자
2. 제19조에 따라 체육시설업의 등록이나 변경등록을 신청하는 자
3. 제20조에 따라 체육시설업의 신고나 변경신고를 하는 자

제5장 벌 칙

제38조【벌칙】 ① 다음 각 호의 어느 하나에 해당하는 자는 3년 이하의 징역 또는 3천만원 이하의 벌금에 처한다.(2018.10.16 본문개정)
1. 제12조에 따른 사업계획의 승인을 받지 아니하고 등록 체육시설업의 시설을 설치한 자
2. 제19조제1항 또는 제2항에 따른 등록(변경등록은 제외한다)을 하지 아니하고 체육시설업의 영업을 한 자
② 다음 각 호의 어느 하나에 해당하는 자는 1년 이하의 징역 또는 1천만원 이하의 벌금에 처한다.(2018.10.16 본문개정)
1. 제20조제1항에 따른 신고를 하지 아니하고 체육시설업(문화체육관광부령으로 정하는 소규모 업종은 제외한다)의 영업을 한 자(2016.2.3 본호개정)
1의2. 제21조의2제2항을 위반하여 예약한 체육시설 이용권등을 부정판매한 자(2023.8.8 본호신설)
2. 제24조제1항에 따른 안전·위생 기준을 위반한 자
3. 제32조제2항에 따른 영업 폐쇄명령 또는 정지명령을 받고 그 체육시설업(제1호에 따라 문화체육관광부령으로 정하는 소규모 업종은 제외한다)의 영업을 한 자(2008.2.29 본호개정)
③ 제1항 및 제2항에 따른 징역과 벌금은 병과(併科)할 수 있다.
제39조【양벌규정】 법인의 대표자나 법인 또는 개인의 대리인, 사용인, 그 밖의 종업원이 그 법인 또는 개인의 업무에 관하여 제38조의 위반행위를 하면 그 행위자를 벌하는 외에 그 법인 또는 개인에게도 해당 조문의 벌금형을 과(科)한다. 다만, 법인 또는 개인이 그 위반행위를 방지하기 위하여 해당 업무에 관하여 상당한 주의와 감독을 게을리하지 아니한 경우에는 그러하지 아니하다.(2009.3.18 본조개정)
제40조【과태료】 ① 다음 각 호의 어느 하나에 해당하는 자에게는 100만원 이하의 과태료를 부과한다.
1. 제4조의5제3항에 따른 시설물의 보수·보강 등 필요한 조치에 대한 이행 및 시정 명령을 준수하지 아니한 체육시설의 소유자와 체육시설업자(2020.12.8 본호개정)
2. 제19조제1항에 따른 변경등록을 하지 아니하고 영업을 한 자
3. 제23조에 따른 체육지도자를 배치하지 아니하거나 체육지도자 자격이 없는 자를 배치한 자
4. 제26조에 따른 보험에 가입하지 아니한 자
5. 제20조제1항에 따른 신고를 하지 아니하고 제38조제2항제1호에 따라 문화체육관광부령으로 정하는 소규모 업종의 체육시설업의 영업을 한 자(2016.2.3 본호개정)
6. 제32조제2항에 따른 영업 폐쇄명령 또는 정지명령을 받고 제38조제2항제1호에 따라 문화체육관광부령으로 정하는 소규모 업종의 체육시설업의 영업을 한 자(2008.2.29 본호개정)
② 제1항에 따른 과태료는 대통령령으로 정하는 바에 따라 시·도지사, 시장·군수 또는 구청장이 부과·징수한다.
③~⑤ (2009.3.18 삭제)

부 칙

제1조【시행일】 이 법은 공포한 날부터 시행한다.
제2조【등록체육시설업의 시설설치기간에 관한 적용례】 법률 제7913호 체육시설의 설치·이용에 관한 법률 일부개정법률 제16조제2항의 개정규정에 따른 시설설치기간의 기산은 법률 제7913호 체육시설의 설치·이용에 관한 법률 일부개정법률 시행일인 2006년 9월 25일 이후에 최초로 같은 법 제12조의 개정규정에 따라 등록체육시설업에 대한 사업계획의 승인을 받은 날부터 시행한다.
제3조 (2023.3.21 삭제)
제4조【회원모집에 관한 경과조치】 ① 법률 제4719호 체육시설의설치·이용에관한법률개정법률 시행 당시 종전의 규정에 따라 골프장업자 또는 종합체육시설업자(그 사업계획의 승인을 받은 자를 포함한다)가 회원모집에 관하여 시·도지사의 승인을 받은 때에는 법률 제4719호 체육시설의설치·이용에관한법률개정법률 제19조의 개정규정에 따라 회원모집계획서를 작성·제출한 것으로 본다.
② 법률 제7629호 체육시설의설치·이용에관한법률 일부개정법률 시행 당시 종전의 규정에 따라 요트장업·조정장업·카누장업·빙상장업·승마장업·종합체육시설업의 회원모집계획 승인을 받은 자에 대한 회원모집에 관한 사항은 법률 제7629호 체육시설의 설치·이용에 관한 법률 일부개정법률 제10조의 개정규정에도 불구하고 종전의 규정에 따른다.
③ 법률 제7913호 체육시설의 설치·이용에 관한 법률 일부개정법률 시행 당시 종전의 규정에 따라 회원을 모집한 자는 법률 제7913호 체육시설의 설치·이용에 관한 법률 일부개정법률 제2조제4호의 개정규정에 따라 회원을 모집한 것으로 본다.
제5조【처분 등에 관한 경과조치】 ① 법률 제4719호 체육시설의설치·이용에관한법률개정법률 시행 당시 종전의 규정에 따라 문화체육부장관·시·도지사등 행정기관이 행한 승인이나 기타 행정기관의 행위 또는 각종 등록이나 기타 행정기관에 대한 행위는 그에 해당하는 법률 제4719호 체육시설의설치·이용에관한법률개정법률에 따른 행정기관의 행위 또는 행정기관에 대한 행위로 본다.
② 법률 제7629호 체육시설의설치·이용에관한법률 일부개정법률 시행 당시 종전의 규정에 따라 시·도지사등 행정기관이 행한 승인이나 그 밖의 행정기관의 행위 또는 각종 등록이나 그 밖의 행정기관에 대한 행위는 그에 해당하는 법률 제7629호 체육시설의설치·이용에관한법률 일부개정법률에 따른 행정기관의 행위 또는 행정기관에 대한 행위로 본다.
③ 법률 제7913호 체육시설의 설치·이용에 관한 법률 일부개정법률 시행 당시 종전의 규정에 따라 시·도지사, 시장·군수 또는 구청장이 행한 승인·처분, 그 밖의 행정기관의 행위 또는 등록·신고, 그 밖의 행정기관에 대한 행위는 그에 해당하는 법률 제7913호 체육시설의 설치·이용에 관한 법률 개정법률에 따른 행정기관의 행위 또는 행정기관에 대한 행위로 본다.
④ 이 법 시행 당시 종전의 규정에 따른 행정기관의 행위나 행정기관에 대한 행위는 그에 해당하는 이 법에 따른 행정기관의 행위나 행정기관에 대한 행위로 본다.
제6조【벌칙이나 과태료에 관한 경과조치】 ① 법률 제7913호 체육시설의 설치·이용에 관한 법률 일부개정법률 시행 전의 행위에 대한 벌칙의 적용에 있어서는 종전의 규정에 따른다.
② 이 법 시행 전의 행위에 대한 벌칙이나 과태료의 적용에 있어서는 종전의 규정에 따른다.
제7조【다른 법률의 개정】 ①~④ ※(해당 법령에 가제정리 하였음)
제8조【다른 법률과의 관계】 이 법 시행 당시 다른 법령에서 종전의 「체육시설의 설치·이용에 관한 법률」 또는 그 규정을 인용한 경우에 이 법 가운데 그에 해당하는 규정이 있으면 종전의 규정을 갈음하여 이 법 또는 이 법의 해당 규정을 인용한 것으로 본다.

부 칙 (2016.2.3)

제1조【시행일】 이 법은 공포 후 6개월이 경과한 날부터 시행한다.
제2조【체육시설업의 변경신고에 관한 적용례】 제20조제2항의 개정규정은 이 법 시행 후 신고 사항을 변경한 경우부터 적용한다.
제3조【체육시설업자의 준수사항에 관한 적용례】 제22조제1항제4호의 개정규정은 이 법 시행 후 체육시설의 이용에 관하여 약정한 경우부터 적용한다.
제4조【행정제재처분의 승계에 관한 적용례】 제32조의3의 개정규정은 이 법 시행 후 제30조 또는 제32조제2항의 개정규정에 따른 행정제재처분의 대상이 되는 위반행위를 하는 경우부터 적용한다.
제5조【등록 체육시설업의 사업시설 설치 공사 기한에 관한 경과조치】 이 법 시행 당시 등록 체육시설업에 대한 사업계획의 승인을 받은 자에 대해서는 제16조제1항 및 제31조제2호의 개정규정에도 불구하고 종전의 규정에 따른다.
제6조【등록취소 등에 관한 경과조치】 이 법 시행 당시 종전의 제20조 후단에 따라 변경신고를 하지 아니하고 신고 사항을 변경한 자에 대해서는 제20조제2항 및 제32조제2항제4호의 개정규정에도 불구하고 종전의 규정에 따른다.

부 칙 (2018.10.16)

제1조【시행일】 이 법은 공포 후 6개월이 경과한 날부터 시행한다. 다만, 제38조제1항 및 제2항의 개정규정은 공포 후 3개월이 경과한 날부터 시행한다.
제2조【안전점검 실시결과 공개에 관한 적용례】 제4조의4제1항의 개정규정은 이 법 시행 후 최초로 실시한 안전점검부터 적용한다.
제3조【다른 법률에 따른 인·허가 등의 의제에 관한 적용례】 제28조제1항제14호의 개정규정은 이 법 시행 후 최초로 시·도지사가 사업계획을 승인 또는 변경승인하는 경우부터 적용한다.

부 칙 (2020.5.19)

제1조【시행일】 이 법은 공포 후 6개월이 경과한 날부터 시행한다.
제2조【체육교습업의 신고에 관한 경과조치】 이 법 시행 당시 체육교습업을 하고 있는 자는 제10조제1항제2호의 개정규정에도 불구하고 이 법 시행일부터 1년까지는 제20조에 따른 신고를 하지 아니하고 체육교습업을 할 수 있다.

부 칙 (2020.12.8)

제1조【시행일】 이 법은 공포 후 6개월이 경과한 날부터 시행한다. 다만, 제8조제2항 및 제3항의 개정규정은 공포 후 1년이 경과한 날부터 시행한다.
제2조【다른 법률의 개정】 ※(해당 법령에 가제정리 하였음)

부 칙 (2020.12.22)

이 법은 공포 후 6개월이 경과한 날부터 시행한다.

부 칙 (2021.4.13)
(2021.5.18)

이 법은 공포한 날부터 시행한다.

부 칙 (2022.1.18)
(2022.5.3)

이 법은 공포 후 6개월이 경과한 날부터 시행한다.

부 칙 (2022.12.27)

제1조【시행일】 이 법은 공포 후 6개월이 경과한 날부터 시행한다.(이하 생략)

부 칙 (2023.3.21)

이 법은 공포 후 1개월이 경과한 날부터 시행한다.

부 칙 (2023.5.16)

제1조【시행일】 이 법은 공포한 날부터 시행한다.
제2조【이의신청에 관한 일반적 적용례】 이의신청에 관한 개정규정은 이 법 시행 이후 하는 처분부터 적용한다.
제3조부터 제5조까지 생략
제6조【「체육시설의 설치·이용에 관한 법률」의 개정에 관한 적용례】 다른 법률에 따른 인가·허가 등의 의제를 위한 행정청 간 협의기간 및 협의 간주에 관한 사항은 이 법 시행 이후 인가·허가 등의 의제에 관한 협의를 요청하는 경우부터 적용한다.
제7조 생략

부 칙 (2023.8.8 법19592호)

이 법은 공포한 날부터 시행한다.

부 칙 (2023.8.8 법19598호)

제1조【시행일】 이 법은 공포 후 6개월이 경과한 날부터 시행한다.
제2조【기본계획에 관한 적용례】 제4조의2제2항제3호의2의 개정규정은 이 법 시행 이후 기본계획을 수립하는 경우부터 적용한다.
제3조【체육시설 이용권등의 부정판매에 관한 적용례】 제21조의2의 개정규정은 이 법 시행 이후 체육시설 이용권등을 부정판매한 경우부터 적용한다.

학교안전사고 예방 및 보상에 관한 법률(약칭 : 학교안전법)

(2007년 1월 26일 법 률 제8267호)

개정
2007. 4.11법 8366호(의료법)
2007. 7.27법 8566호(특수임무수행자지원및단체설립에관한법)
2008. 2.29법 8852호(정부조직)
2010. 3.17법10090호 2011. 5.19법10641호
2011. 8. 4법11029호(특수임무유공자예우및단체설립에관한법)
2011. 9.15법11042호(보훈보상대상자지원에관한법)
2011.12.31법11141호(국민보험)
2012. 1.26법11221호 2012. 3.21법11387호
2013. 3.23법11690호(정부조직)
2014. 5.14법12573호 2015. 1.20법13005호
2016. 2. 3법13947호 2016. 5.29법14161호
2018.12.18법15966호 2019. 4.23법16340호
2019.12. 3법16678호(교육시설등의안전및유지관리등에관한법)
2021. 1. 5법17883호(5·18민주유공자예우및단체설립에관한법)
2021. 3.23법17954호(법률용어정비)
2021. 9.24법18463호

제1장 총 칙

제1조【목적】 이 법은 학교안전사고를 예방하고, 학생·교직원 및 교육활동참여자가 학교안전사고로 인하여 입은 피해를 신속·적정하게 보상하기 위한 학교안전사고 보상공제 사업의 실시에 관하여 필요한 사항을 규정함을 목적으로 한다.

제2조【정의】 이 법에서 사용하는 용어의 정의는 다음과 같다.
1. "학교"라 함은 다음 각 목의 어느 하나에 해당하는 기관 또는 시설을 말한다.
가. 「유아교육법」 제2조제2호의 규정에 따른 유치원(이하 "유치원"이라 한다)
나. 「초·중등교육법」 제2조의 규정에 따른 학교(이하 "초·중등학교"라 한다)
다. 「평생교육법」 제20조제2항의 규정에 따라 고등학교 졸업 이하의 학력이 인정되는 평생교육시설(이하 "평생교육시설"이라 한다)
라. 「재외국민의 교육지원 등에 관한 법률」 제2조제3호에 따른 한국학교(2012.1.26 본목신설)
2. "학생"이라 함은 학교에 입학하여 수학하고 있는 사람을 말한다.(2021.3.23 본호개정)
3. "교직원"이라 함은 고용형태 및 명칭을 불문하고 학교에서 학생의 교육 또는 학교의 행정을 담당하거나 보조하는 교원 및 직원 등을 말한다.
4. "교육활동"이라 함은 다음 각 목의 어느 하나에 해당하는 활동을 말한다.
가. 학교의 교육과정 또는 학교의 장(이하 "학교장"이라 한다)이 정하는 교육계획 및 교육방침에 따라 학교의 안팎에서 학교장의 관리·감독하에 행하여지는 수업·특별활동·재량활동·과외활동·수련활동·수학여행 등 현장체험활동 또는 체육대회 등의 활동(2015.1.20 본목개정)
나. 등·하교 및 학교장이 인정하는 각종 행사 또는 대회 등에 참가하여 행하는 활동
다. 그 밖에 대통령령으로 정하는 시간 중의 활동으로서 가목 및 나목과 관련된 활동(2021.3.23 본목개정)
5. "교육활동참여자"란 학생 또는 교직원이 아닌 사람으로서 다음 각 목의 어느 하나에 해당하는 사람을 말한다.
가. 학교장의 승인 또는 학교장의 요청에 따라 교직원의 교육활동을 보조하거나 학생 또는 교직원과 함께 교육활동을 하는 사람
나. 「비영리민간단체 지원법」 제4조제1항에 따라 등록된 비영리민간단체에서 학생의 등교·하교 시 교통지도활동 참여에 관하여 미리 서면으로 학교장에게 통지하여 학교장의 승인을 받거나 학교장의 요청에 따라 그 단체의 회원으로서 교통지도활동에 참여하는 사람(2011.5.19 본호개정)
6. "학교안전사고"라 함은 교육활동 중에 발생한 사고로서 학생·교직원 또는 교육활동참여자의 생명 또는 신체에 피해를 주는 모든 사고 및 학교급식 등 학교장의 관리·감독에 속하는 업무가 직접 원인이 되어 학생·교직원 또는 교육활동참여자에게 발생하는 질병으로서 대통령령으로 정하는 것을 말한다.(2021.3.23 본호개정)

제3조【국가 또는 지방자치단체의 지원 등】 국가 또는 지방자치단체는 예산의 범위 안에서 학교안전사고 예방 사업 및 이 법에 따른 학교안전사고보상공제 사업의 운영에 소요되는 경비를 지원할 수 있다.

제2장 학교안전사고 예방

제4조【학교안전사고 예방계획의 수립·시행】 ① 교육부장관은 3년마다 학교안전사고 예방에 관한 기본계획(이하 "기본계획"이라 한다)을 수립·시행하여야 한다.
② 기본계획에는 다음 각 호의 사항이 포함되어야 한다.
1. 학교 안팎의 안전사고 예방정책의 기본방향 및 목표
2. 학교안전사고를 예방하기 위한 학교 안팎의 교육활동 운영의 기본지침에 관한 사항
3. 학교안전사고 예방 및 재난대비 훈련 등 학교안전교육에 관한 사항
4. (2019.12.3 삭제)
5. 학교 안전문화 확산에 관한 사항
6. 그 밖에 학교안전사고 예방을 위하여 필요한 사항
③ 교육부장관은 제1항에 따라 수립한 기본계획을 제4조의2에 따른 학교안전사고예방위원회의 심의를 거쳐 공표하여야 한다. 이를 변경하려는 경우에도 또한 같다.
④ 교육부장관은 기본계획을 수립하기 위하여 필요한 경우 관계 중앙행정기관의 장에게 관련 자료의 제출을 요청할 수 있다. 이 경우 요청받은 관계 중앙행정기관의 장은 특별한 사유가 없으면 이에 따라야 한다.
⑤ 교육감은 매년 기본계획에 따라 학교안전사고 예방에 관한 지역계획(이하 "지역계획"이라 한다)을 수립·시행하여야 한다.
⑥ 학교장은 기본계획과 지역계획을 바탕으로 학교의 교육과정 또는 학교장이 정하는 교육계획에 따라 매년 학교안전사고 예방에 관한 학교계획(이하 "학교계획"이라 한다)을 학교운영위원회의 심의를 거쳐 수립·시행하여야 한다.
⑦ 교육감은 매년 해당 연도의 학교계획 및 지난해의 학교계획에 따른 추진실적을 대통령령으로 정하는 바에 따라 평가하여 교육부장관에게 제출하여야 한다.
⑧ 그 밖에 계획 수립·시행 및 평가 등에 필요한 사항은 대통령령으로 정한다.
(2015.1.20 본조신설)

제4조의2【학교안전사고예방위원회 구성】 ① 교육부장관은 다음 각 호의 사항을 심의하기 위하여 교육부장관 소속으로 학교안전사고예방위원회(이하 "예방위원회"라 한다)를 둔다.
1. 기본계획의 수립 및 시행에 대한 평가
2. 학교안전교육 프로그램 및 교재 개발
3. 학교안전사고 예방 관련 사업 추진
4. 그 밖에 학교안전사고 예방과 관련하여 위원장이 회의에 부치는 사항
② 예방위원회는 위원장을 포함한 21명 이내의 위원으로 구성한다.
③ 예방위원회의 위원장은 위원 중에서 호선하고, 위원은 학교안전사고 예방과 관련된 전문지식과 경험이 풍부한 사람 중에서 교육부장관이 임명하거나 위촉하되, 다음 각 호의 어느 하나에 해당하는 사람이 각 1명 이상 포함되어야 한다.
1. 학부모 대표
2. 「교육기본법」 제15조제1항에 따른 교원단체가 추천한 사람
3. 「비영리민간단체지원법」 제2조에 따른 비영리민간단체가 추천하는 사람
4. 대통령령으로 정하는 관계 중앙행정기관 소속 공무원
④ 예방위원회의 업무를 효율적으로 수행하기 위하여 예방위원회에 분야별로 분과위원회를 둘 수 있다.
⑤ 예방위원회 및 분과위원회의 운영 등에 필요한 사항은 대통령령으로 정한다.
(2015.1.20 본조신설)

제4조의3【실태조사】 ① 교육부장관 및 교육감은 기본계획과 시행계획을 효율적으로 수립·시행하기 위하여 학교안전사고 예방에 대한 실태조사를 할 수 있다.
② 교육부장관 및 교육감은 학교안전사고 예방에 대한 실태조사를 위하여 필요한 때에는 학교장 및 관계 기관 또는 단체의 장에게 관련 자료를 요청할 수 있다.
③ 교육부장관 및 교육감은 제1항에 따른 실태조사를 외부 전문기관에 위탁하여 실시할 수 있다.
④ 제1항에 따른 실태조사의 방법 등에 필요한 사항은 대통령령으로 정한다.
(2015.1.20 본조신설)

제5조【학교안전사고의 예방에 관한 책무】 ① 교육부장관, 특별시·광역시·특별자치시·도 및 특별자치도(이하 "시·도"라 한다. 이하 같다)의 교육감(이하 "교육감"이라 한다), 학교장 및 「사립학교법」의 규정에 따라 사립학교를 설치·경영하는 자(이하 "학교장등"이라 한다)는 학교안전사고를 예방하고 학교시설을 안전하게 관리·유지하기 위하여 노력하여야 한다.
② 교육부장관 및 교육감은 학교안전사고의 예방을 위하여 필요한 시설물을 설치하고 학교안전사고의 발생 위험성이 있는 시설물을 보수·관리하는데 필요한 예산을 우선 지원하는 등 학교안전사고의 예방을 위하여 필요한 조치를 하여야 한다.
(2013.3.23 본조개정)

제6조~제7조 (2019.12.3 삭제)

제8조【학교안전교육의 실시】 ① 학교장은 학교안전사고를 예방하기 위하여 교육부령으로 정하는 바에 따라 학생·교직원 및 교육활동참여자에게 학교안전사고 예방 등에 관한 다음 각 호의 교육(이하 "안전교육"이라 한다)을 실시하고 그 결과를 학기별로 교육감에게 보고하여야 한다.(2021.3.23 본문개정)
1. 「아동복지법」 제31조에 따른 교통안전교육, 감염병 및 약물의 오남용 예방 등 보건위생관리교육 및 재난대비 안전교육
2. 「학교폭력 예방 및 대책에 관한 법률」 제15조에 따른 학교폭력예방교육
3. 「성폭력방지 및 피해자보호 등에 관한 법률」 제5조에 따른 성폭력 예방에 필요한 교육
4. 「성매매방지 및 피해자보호 등에 관한 법률」 제5조에 따른 성매매 예방교육
5. 「초·중등교육법」 제23조에 따른 교육과정이 체험중심 교육활동으로 운영되는 경우 이에 관한 안전사고 예방교육
6. 그 밖에 안전사고 관련 법률에 따른 안전교육
(2016.2.3 1호~6호신설)
② (2015.1.20 삭제)
③ 교육부장관 및 교육감은 다음 각 호의 사항이 포함된 안전교육에 필요한 교재와 프로그램을 개발·보급하고, 학교장의 요청이 있는 경우 교육부령으로 정하는 안전교육을 담당할 강사를 알선하는 등 안전교육에 필요한 지원을 하여야 한다.
1. 안전사고 예방 및 대책에 관한 사항
2. 재난대비 훈련 및 안전에 관한 사항
3. 그 밖에 교육부장관이 필요하다고 인정하는 사항
(2015.1.20 1호~3호신설)
④ 학교장은 필요에 따라 안전교육을 이론교육과 실습교육으로 병행하여 실시하되, 안전교육을 효율적으로 실시하기 위하여 교원 또는 교육활동참여자로 하여금 담당하게 하거나 교육부령으로 정하는 바에 따라 전문교육기관·단체 또는 전문가에 위탁하여 실시할 수 있다.
(2015.1.20 본조개정)

제8조의2【학교장의 교육활동 안전대책 점검·확인 의무】 ① 학교장은 교육활동을 직접 실시하는 경우 학교안전사고 예방을 위하여 안전대책을 점검·확인하는 등 필요한 조치를 강구하여야 한다.
② 학교장은 교육활동을 관련 기관 또는 단체 등에 위탁하여 실시하는 경우 학교안전사고 예방을 위하여 다음 각 호의 사항을 점검·확인하여야 한다.
1. 위탁받은 기관 또는 단체 등의 설립 인가·허가 등의 여부
2. 교육활동 중에 발생하는 사고로 인한 손해배상 책임을 담보하기 위한 보험 등의 가입 여부
3. 「청소년활동 진흥법」 제10조제1호에 따른 청소년수련시설의 경우 같은 법 제36조에 따라 인증을 받은 청소년수련활동 프로그램을 실시하는지의 여부
4. 「청소년활동 진흥법」 제10조제1호에 따른 청소년수련시설의 경우 같은 법 제18조, 제18조의2, 제18조의3, 제19조 및 제19조의2에 따른 안전점검 및 안전교육 실시, 종합평가 결과 및 이에 따른 개선조치 이행 등의 여부
5. 그 밖에 관계 법령에 따라 실시되는 교육활동 프로그램의 안전점검, 안전대책 등의 여부
③ 제2항에 따른 학교장의 점검·확인 요청을 받은 기관 또는 단체의 장, 지방자치단체의 장 등은 이에 따라야 한다.
④ 제1항부터 제3항까지의 규정에 따른 학교장의 교육활동 안전대책 점검·확인의 절차, 방법, 범위, 그 밖에 필요한 사항은 대통령령으로 정한다.
(2014.5.14 본조신설)

제8조의3【학교안전사고 예방·대책 전담부서】 교육감은 시·도교육청에 학교안전사고 예방 및 대책을 담당하는 전담부서를 설치·운영하여야 한다.(2015.1.20 본조신설)

제9조【명예학교안전요원 위촉】 학교장은 학부모 또는 지역 주민 등을 명예학교안전요원으로 위촉하여 학교안전사고의 예방을 위한 순찰, 교통지도 등의 활동을 하게 할 수 있다.

제10조【안전조치 및 안전사고관리 지침 등】 ①~② (2019.12.3 삭제)
③ 교육부장관은 학교 안팎의 교육활동 중에 발생한 사고와 위급상황에 효율적으로 대처하게 하기 위하여 교육활동에 따른 안전사고관리 지침을 제정하여 시·도교육청 및 학교에 보급하여야 한다.(2015.1.20 본항신설)
④ 학교장 및 인솔교사는 교육활동 중 발생한 사고 및 위급상황에 대하여 안전사고관리 지침에 따라 즉시 안전조치를 취한 후 교육부장관 또는 교육감에게 즉시 보고하여야 하고, 교육부장관 또는 교육감은 지원 대책을 신속하게 수립·시행하여야 한다.(2015.1.20 본항신설)
(2015.1.20 본조제목개정)

제10조의2【학교안전사고 예방활동 단체에 대한 지원】 ① 교육부장관 및 교육감은 「비영리민간단체 지원법」 제4조제1항에 따라 등록된 비영리민간단체 중 학생의 등교·하교 시 교통지도활동 등 학교안전사고 예방활동에 참여하는 비영리민간단체(이하 이 조에서 "단체"라 한다)에 대하여 그 활동에 필요한 예산을 지원할 수 있다.(2015.1.20 본항개정)
② 학교장은 교육부장관이 정하는 바에 따라 단체로부터 학생들의 안전사고 예방과 관련한 의견을 정기적으로 들어야 하며, 그 내용을 학교운영에 반영하여야 한다.
(2013.3.23 본항개정)

③ 학교장은 제2항에 따라 시장·군수·구청장 또는 관할 경찰서장의 협조가 필요하다는 의견을 들은 경우 해당 기관에 협조를 요청하여야 한다.
④ 제3항에 따라 요청을 받은 해당 기관의 장은 특별한 사유가 없으면 협조하여야 한다.(2021.3.23 본항개정)
(2012.1.26 본조신설)

제10조의3【상담 지원 등】 ① 교육부장관 및 교육감은 학교안전사고로 피해를 입은 학생·교직원 및 교육활동참여자, 그 가족에 대하여 심리적 안정과 사회 적응을 위한 상담 및 심리적 치료 등의 필요한 지원을 제공하여야 한다.
② 제1항에 따른 지원대상의 범위 등 지원에 필요한 사항은 대통령령으로 정한다.
(2015.1.20 본조신설)

제3장 학교안전사고보상공제 사업

제11조【학교안전사고보상공제 사업의 실시】 ① 교육감은 학교안전사고로 인하여 생명·신체에 피해를 입은 학생·교직원 및 교육활동참여자에 대한 보상을 하기 위하여 학교안전사고보상공제(이하 "학교안전공제"라 한다) 사업을 실시한다. 다만, 제2조제1호라목의 한국학교에 대하여는 교육부장관이 학교안전공제사업을 실시한다.
(2013.3.23 단서개정)
② 학교안전공제의 사업연도는 정부의 회계연도에 따른다.
③ 제15조의 규정에 따라 설립된 학교안전공제회는 학교안전공제 사업의 사업자가 된다. 다만, 제2조제1호라목의 한국학교에 대한 학교안전공제사업의 사업자는 제28조 따라 설립된 학교안전공제중앙회로 한다.(2012.1.26 단서신설)

제12조【학교안전공제의 가입자】 제2조제1호의 규정에 따른 학교의 학교장은 학교안전공제의 가입자가 된다. 다만, 「초·중등교육법」 제60조의2의 규정에 따른 외국인학교의 학교장은 제15조의 규정에 따른 학교안전공제회의 승인을 얻어 학교안전공제에 가입할 수 있다.

제13조【학교안전공제에서의 탈퇴】 ① 제12조 단서의 규정에 따라 학교안전공제에 가입한 외국인학교의 학교장은 제15조의 규정에 따른 학교안전공제회의 승인을 얻어 학교안전공제에서 탈퇴할 수 있다.
② 제1항의 규정에 따른 탈퇴의 효력은 학교안전공제회의 탈퇴 승인을 받은 날이 속하는 사업연도가 종료된 때 또는 해당 학교가 폐쇄된 때에 발생한다.(2018.12.18 본항개정)

제14조【학교안전공제의 피공제자】 ① 다음 각 호의 어느 하나에 해당하는 사람은 각각 그 사유가 발생하는 때에 학교안전공제의 피공제자가 된다. 다만, 제12조 단서의 규정에 따른 외국인학교에 재학·재직중인 학생·교직원은 해당 학교가 같은 조의 규정에 따라 학교안전공제에 가입한 때에 학교안전공제의 피공제자가 된다.
(2021.3.23 본문개정)
1. 학생 : 학교안전공제에 가입한 학교에 입학(전입학을 포함한다)한 때
2. 교직원 : 학교안전공제에 가입한 학교에 임용되거나 전보된 때
3. 교육활동참여자 : 학교안전공제에 가입한 학교의 교육활동에 참여하게 된 때. 다만, 학교장의 명시적인 의사에 반하여 교육활동에 참여한 경우는 제외한다.
(2021.3.23 단서개정)

② 제1항의 규정에 따른 피공제자는 다음 각 호의 어느 하나에 해당하는 때에는 피공제자의 자격을 잃는다. 다만, 제13조제1항의 규정에 따라 학교안전공제에서 탈퇴하는 학교에 재학·재직중인 학생·교직원은 같은 조 제2항의 규정에 따른 탈퇴의 효력이 발생한 때에 피공제자의 자격을 잃는다.
1. 피공제자가 사망한 때
2. 피공제자인 학생이 학교를 졸업(자퇴 또는 퇴학을 포함한다)하거나 다른 학교로 전학한 때
3. 피공제자인 교직원이 학교에서 퇴직하거나 다른 학교 또는 교육기관 등으로 전보된 때
4. 교육활동참여자가 교육활동에의 참여를 마친 때

제4장 학교안전공제회

제15조【학교안전공제회의 설립 등】 ① 교육감은 학교안전공제 사업을 실시하기 위하여 해당 시·도에 학교안전공제회(이하 "공제회"라 한다)를 설립한다.
② 공제회는 법인으로 한다.
③ 공제회는 주된 사무소의 소재지에서 설립등기함으로써 성립된다.

제16조【명칭】 공제회의 명칭에는 교육감이 관할하는 지방자치단체를 표시하는 문자를 사용하여야 한다.

제17조【정관】 ① 공제회의 정관에는 다음 각 호의 사항을 기재하여야 한다.
1. 목적
2. 명칭
3. 주된 사무소의 소재지
4. 사업에 관한 사항
5. 이사회에 관한 사항
6. 임원 및 직원의 임면에 관한 사항
7. 조직에 관한 사항
8. 자산 및 회계에 관한 사항
9. 정관 변경에 관한 사항
10. 내부 규정의 제정·개정 및 폐지에 관한 사항
11. 공고에 관한 사항
② 공제회의 정관은 교육감의 인가를 받아야 한다. 이를 변경하고자 하는 때에도 또한 같다.

제18조【공제회의 사업】 ① 공제회는 다음 각 호의 사업을 수행한다.
1. 공제가입자에 대한 공제료의 부과 및 징수
2. 제34조의 규정에 따른 공제급여의 지급 및 이에 관련된 업무
2의2. 「학교폭력예방 및 대책에 관한 법률」 제16조제6항에 따른 학교폭력 피해학생의 치료비 등의 지급, 구상권 행사 및 이에 관련된 업무(2012.3.21 본호신설)
3. 학교안전사고의 예방과 관련된 사업
4. 학교안전사고 예방 및 학교안전공제 사업에 대한 교육·홍보
5. 제58조의 규정에 따른 학교안전공제보상심사위원회의 운영
6. 학교안전공제에 관하여 교육감이 위탁하는 사업
7. 학교안전사고와 관련된 공제가입자 또는 교직원 등의 지원에 관한 사업
8. 그 밖에 학교안전사고 예방 사업 및 학교안전공제 사업을 수행하기 위하여 필요한 사업
② 공제회는 학교안전사고 예방 등 그 목적을 달성하기 위하여 대통령령으로 정하는 범위에서 수익사업을 할 수 있다.(2012.3.21 본항신설)

제19조【공제회의 임원 등】 ① 공제회의 임원으로 이사장 1인을 포함한 7인 이상 15인 이내의 이사와 2인 이내의 감사를 두되, 임원은 비상임으로 한다.
② 공제회의 이사장은 공제회를 대표하고, 공제회의 업무를 총괄한다.(2021.3.23 본항개정)
③ 공제회의 감사(監事)는 공제회의 업무와 회계를 감사(監査)한다.
④ 감사는 제3항에 따른 감사 결과 부정 또는 미비한 사항이 있는 것을 발견한 때에는 이사회에 보고하여야 하며, 교육감에게 회계감사 또는 직무감사를 요청할 수 있다.
(2021.3.23 본항개정)
(2012.1.26 본조제목개정)

제20조【공제회 임원의 임명 등】 ① 공제회의 이사장은 이사 중에서 교육감이 임명한다.
② 공제회의 이사는 공제가입자의 추천을 받은 사람과 피공제자 또는 피공제자의 친권자·후견인 그 밖에 다른 법률에 따라 피공제자를 부양할 의무가 있는 사람(이하 "보호자등"이라 한다) 등을 대표하는 사람 및 다음 각 호의 어느 하나에 해당하는 사람 중에서 교육감이 임명한다.
1. 4급 이상의 국가공무원(「국가공무원법」 제2조의2의 규정에 따른 고위공무원단(이하 "고위공무원단"이라 한다)에 속하는 공무원 및 장학관을 포함한다) 또는 지방공무원으로 재직하였거나 재직하고 있는 사람
2. 변호사 또는 공인회계사의 자격이 있는 사람
3. 「의료법」 제77조의 규정에 따른 전문의(이하 "전문의"라 한다)의 자격이 있는 사람
4. 「고등교육법」 제2조의 규정에 따른 대학, 산업대학, 교육대학, 전문대학, 방송·통신대학, 기술대학 및 각종학교(이하 "대학"이라 한다)에서 부교수 이상의 직에 재직하였거나 재직하고 있는 사람
(2021.3.23 본항개정)
③ 공제회의 감사는 제2항 각 호의 어느 하나에 해당하는 사람 중에서 교육감이 임명한다.(2021.3.23 본항개정)
④ 제2항의 규정에 따른 공제가입자의 추천 등 이사의 임명에 관하여 필요한 사항은 공제회의 정관으로 정한다.
⑤ 이사장·이사 및 감사의 임기는 3년으로 하되, 연임할 수 있다.

제21조【공제회 임원의 결격사유 등】 ① 「국가공무원법」 제33조제1항 각 호의 어느 하나에 해당하는 사람은 공제회의 임원이 될 수 없다.(2021.3.23 본항개정)
② 공제회의 임원이 「국가공무원법」 제33조제1항 각 호의 어느 하나에 해당하게 된 때에는 당연히 퇴임한다.
③ 교육감은 공제회의 임원이 다음 각 호의 어느 하나에 해당하게 된 때에는 그 임원을 해임할 수 있다.
1. 신체 또는 정신상의 장애로 직무를 수행할 수 없다고 인정되는 때
2. 공제회의 업무와 관련하여 직무상의 의무를 위반한 때

제22조【이사회】 ① 공제회에 이사장 및 이사로 구성하는 이사회를 둔다.
② 이사회는 다음 각 호의 사항을 심의·의결한다.
1. 공제회의 사업과 활동을 지원하기 위한 기본계획 등의 수립·변경 및 집행에 관한 사항
2. 공제회의 정관 및 규정의 제정·개정 및 폐지에 관한 사항
3. 제52조의 규정에 따른 학교안전공제및사고예방기금의 관리·운용에 관한 사항
4. 그 밖에 이사회가 공제회의 사업을 위하여 필요하다고 인정하는 사항
③ 이사장은 이사회를 소집하고 그 의장이 된다.
④ 이사회는 재적이사 과반수의 출석과 출석이사 과반수의 찬성으로 의결한다.
⑤ 감사는 이사회에 출석하여 발언할 수 있으며, 공제회의 회계 또는 업무집행에 부정 또는 미비한 사항이 있음을 발견한 때에는 이사장에게 이사회 소집을 요구할 수 있다. 이 경우 이사장은 7일 이내에 이사회를 소집하여야 한다.(2021.3.23 전단개정)
⑥ 제1항부터 제5항까지의 규정 외에 이사회의 운영 등에 관하여 필요한 사항은 공제회의 정관으로 정한다.
(2021.3.23 본항개정)

제23조【공제회 직원의 임면】 이사장은 공제회의 정관으로 정하는 바에 따라 직원을 임면한다.(2021.3.23 본조개정)

제24조【공제회의 재정】 공제회의 재정은 제52조의 규정에 따른 학교안전공제및사고예방기금으로부터의 전입금과 그 밖의 수입으로 충당한다.

제25조【지도·감독】 ① 공제회는 매 사업연도 개시 1개월 전에 해당 사업연도의 사업계획서와 예산서를 교육감에게 제출하여야 한다.(2018.12.18 본항개정)
② 공제회는 사업연도 종료일부터 3개월 이내에 해당 사업연도 결산서를 작성하여 교육감에게 제출하여야 한다.
(2018.12.18 본항개정)
③ 교육감은 공제회에 대하여 그 사업에 관한 보고를 명하거나 사업 또는 재산상황을 검사할 수 있고, 필요하다고 인정하는 때에는 정관의 변경을 명하는 등 필요한 조치를 할 수 있다.

제26조【유사명칭 사용금지】 공제회가 아닌 자는 학교안전공제회 또는 이와 유사한 명칭을 사용하지 못한다.

제27조【「민법」의 준용】 공제회에 관하여 이 법에 규정된 것을 제외하고는 「민법」 중 재단법인에 관한 규정을 준용한다.

제5장 학교안전공제중앙회

제28조【학교안전공제중앙회의 설립】 교육부장관은 학교안전사고 예방 사업과 학교안전공제 사업을 효율적으로 수행하기 위하여 학교안전공제중앙회(이하 "공제중앙회"라 한다)를 설립한다.(2013.3.23 본조개정)

제29조【공제중앙회의 사업】 ① 공제중앙회는 다음 각 호의 사업을 수행한다.
1. 학교안전사고 예방정책의 수립을 위한 조사·연구
2. 제62조의 규정에 따른 학교안전공제보상재심사위원회의 운영
3. 학교안전공제 제도에 대한 조사·연구
4. 학교안전공제 공제급여의 지급기준 등에 대한 조사·연구
5. 제2조제1호라목의 한국학교에 대한 학교안전공제사업
(2012.1.26 본호신설)
5의2. 「고등교육법」 제2조에 따른 학교에 대한 안전사고 보상공제 사업(2021.9.24 본호신설)
6. 그 밖에 학교안전사고 예방 및 학교안전공제 사업의 수행과 관련하여 공제회의 업무를 지원하는데 필요한 사업
② 공제중앙회는 학교안전사고 예방 등 그 목적을 달성하기 위하여 대통령령으로 정하는 범위에서 수익사업을 할 수 있다.(2012.3.21 본항신설)

제30조【공제중앙회의 임원 등】 ① 공제중앙회에 임원으로 이사장 1인을 포함한 19인 이내의 이사와 2인 이내의 감사를 두되, 임원은 비상임으로 한다.
② 이사장은 공제중앙회를 대표하고 공제중앙회의 업무를 총괄한다.(2021.3.23 본항개정)
③ 감사(監事)는 공제중앙회의 업무와 회계를 감사(監査)한다.

제31조【임원의 선임 및 임기】 ① 공제중앙회의 이사장 및 감사는 대통령령으로 정하는 임원추천심사위원회가 추천하는 사람 중에서 교육부장관이 임명한다.(2021.3.23 본항개정)
② 이사장을 제외한 공제중앙회의 이사는 교육부장관이 임명하되, 각 시·도공제회별로 추천하는 사람이 1인씩 총 16인이 포함되어야 한다.(2021.3.23 본항개정)
③ 제1항 및 제2항의 규정에 따른 공제중앙회 임원의 추천에 관하여 필요한 사항은 대통령령으로 정한다.
④ 이사장·이사 및 감사의 임기는 3년으로 하되, 연임할 수 있다.

제32조【공제중앙회의 재정】 ① 공제중앙회의 재정은 공제회의 분담금 및 그 밖의 수입으로 충당한다.
② 제1항의 규정에 따른 공제회의 분담금 납부 및 그 밖의 필요한 사항은 대통령령으로 정한다.

제33조【준용규정】 제15조제2항·제3항, 제17조, 제21조부터 제23조까지, 제26조 및 제27조의 규정은 공제중앙

회에 관하여 이를 준용한다. 이 경우 "공제회"는 각각 "공제중앙회"로, "학교안전공제회"는 "학교안전공제중앙회"로, "교육감"은 각각 "교육부장관"으로 본다.(2021.3.23 전단개정)

제6장 공제급여

제34조【공제급여의 종류】 공제회가 지급하는 공제급여의 종류는 다음 각 호와 같다.
1. 요양급여
2. 장해급여
3. 간병급여
4. 유족급여
5. 장례비(2021.3.23 본호개정)

제35조【공제급여액의 결정】 ① 공제회는 공제급여의 종류별로 제36조부터 제40조까지의 규정에 따라 공제급여액을 결정한다.
② 제1항에도 불구하고 법원의 판결 등으로 학교안전사고로 인하여 피공제자가 입은 피해에 대하여 공제가입자 또는 피공제자가 지급하여야 할 보상액 또는 배상액이 확정되는 경우 그 확정된 보상액 또는 배상액(지연배상금을 포함한다)은 이 법에 따른 공제급여액으로 보아 공제회가 이를 부담한다.
(2021.3.23 본조개정)

제36조【요양급여】 ① 요양급여는 학교안전사고로 인하여 피공제자가 부상을 당하거나 질병에 걸린 경우에 피공제자 또는 그 보호자등에게 지급한다.
② 요양급여는 학교안전사고로 인하여 피공제자가 입은 부상 또는 질병의 치료에 소요된 비용 중 「국민건강보험법」 제44조에 따라 피공제자 또는 그 보호자등이 부담한 금액으로 한다. 다만, 법원의 판결 등으로 「국민건강보험법」 제58조에 따라 공단의 구상권 행사에 따른 손해배상액이 확정된 경우 학교의 장이 부담할 부분은 공제회가 부담한다.(2012.3.21 단서신설)
③ 제2항의 규정에 따른 요양급여의 범위는 다음 각 호와 같다.
1. 진찰 · 검사
2. 약제 · 치료재료의 지급
3. 처치 · 수술 그 밖의 치료
4. 재활치료
5. 입원
6. 간호
7. 호송
8. (2021.9.24 삭제)
④ 제1항부터 제3항까지의 규정에도 불구하고 다음 각 호의 비용은 이 법에 따른 요양급여로 보아 공제회가 이를 부담한다.
1. 「학교폭력예방 및 대책에 관한 법률」 제2조제1호에 따른 행위로 인하여 같은 법 제16조제1항제1호부터 제3호까지의 조치를 이행하는 데 필요한 비용
2. 인공팔다리 · 틀니, 안경 · 보청기 등 「장애인복지법」 제65조제1항에 따른 장애인보조기구의 처방 및 구입 비용
3. 요양 중인 피공제자의 부상 · 질병 상태가 의학적으로 다른 사람의 간병이 필요하다고 인정되는 경우의 간병료
(2021.9.24 본항개정)
⑤ 피공제자의 보호자등이 제4항제3호에 따른 간병을 하는 경우에는 같은 호에도 불구하고 간병에 소요되는 부대경비를 지급한다.(2021.9.24 본항신설)
⑥ 제1항부터 제5항까지의 규정에 따른 요양급여 및 부대경비의 지급기준 등에 관하여 필요한 사항은 대통령령으로 정한다.(2021.9.24 본항개정)

제37조【장해급여】 ① 장해급여는 제36조의 규정에 따른 요양급여를 받은 피공제자가 요양을 종료한 후에도 장해가 있는 때에는 「국가배상법」 제3조제2항제3호에서 정한 금액 및 같은 법 제3조제5항에서 정한 위자료를 피공제자 또는 그 보호자등에게 지급한다.
② 제1항의 규정에 따른 장해정도의 판정기준 · 장해급여액의 산정 및 지급방법 등에 관하여 필요한 사항은 대통령령으로 정한다.

제38조【간병급여】 ① 간병급여는 제36조의 규정에 따른 요양급여를 받은 사람이 치료를 받은 후에도 의학적으로 상시 또는 수시로 간병이 필요한 경우에 실제로 간병을 받는 피공제자 또는 그 보호자등에게 지급한다.
(2021.3.23 본항개정)
② 제1항의 규정에 따른 간병급여의 지급기준 등에 관하여 필요한 사항은 대통령령으로 정한다.

제39조【유족급여】 ① 유족급여는 피공제자가 학교안전사고로 인하여 사망한 경우에 「국가배상법」 제3조제1항제1호에서 정한 금액 및 같은 법 제3조제5항에서 정한 위자료를 피공제자의 상속인에게 지급하되, 사실상 혼인관계에 있던 사람을 포함하여 지급한다.(2021.3.23 본문개정)
1.~2. (2012.1.26 삭제)
② 제1항의 규정에 따른 유족급여의 지급기준 등에 관하여 필요한 사항은 대통령령으로 정한다.

제40조【장례비】 ① 장례비는 피공제자가 학교안전사고로 인하여 사망한 경우에 「국가배상법」 제3조제1항제2호에서 정한 평균임금의 100일분을 그 장례를 행하는 자에게 지급한다.
② 제1항의 규정에 따른 장례비의 지급기준 등에 관하여 필요한 사항은 대통령령으로 정한다.
(2021.3.23 본조개정)

제40조의2【위로금】 ① 공제회는 피공제자인 학생이 교육활동 중에 학교안전사고 이외의 원인을 알 수 없는 사유로 사망한 경우에는 대통령령으로 정하는 위로금을 지급하여야 한다.
② 제1항에 따른 위로금은 제39조제1항에 따른 상속인에게 지급한다.
(2012.3.21 본조신설)

제41조【공제급여의 청구 및 지급 등】 ① 제36조부터 제40조까지의 규정에 따른 공제급여를 지급받고자 하는 자는 교육부령으로 정하는 절차와 방식에 따라 공제회에 공제급여의 지급을 청구하여야 한다.(2021.3.23 본항개정)
② 제1항의 규정에 따라 청구를 받은 공제회는 공제급여를 청구 받은 날부터 14일 이내에 공제급여의 지급 여부를 결정하여야 한다. 다만, 제42조의 규정에 따른 조사의 필요성 등 정당한 사유가 있어 14일 이내에 공제급여의 지급 여부 결정이 어려운 때에는 14일을 연장할 수 있다.
③ 제2항의 규정에 따라 공제급여에 대한 지급 여부의 결정기간을 연장한 때에는 최초 지급 여부 결정기간이 만료되기 전까지 그 사유를 명시하여 공제급여의 지급을 청구한 자에게 통지하여야 한다.
④ 공제회가 공제급여를 지급하기로 결정한 경우에는 지체 없이 공제급여의 지급을 청구한 자에게 공제급여를 지급하여야 한다. 다만, 공제급여의 지급을 청구한 자의 신청이 있거나 공제회가 필요하다고 인정하는 경우에는 지급결정일 전이라도 공제급여의 전부 또는 일부를 먼저 지급할 수 있다.
⑤ 공제회는 제43조의 규정에 따라 공제급여의 전부 또는 일부를 지급하지 아니하기로 결정한 때에는 공제가입자와 공제급여의 지급을 청구한 자에게 지체 없이 그 이유를 통지하여야 한다. 이 경우 공제회는 공제급여의 지급을 청구한 자에게 제57조의 규정에 따라 심사 청구를 할 수 있다는 사실과 심사청구 절차 및 기간 등을 알려야 한다.

제42조【학교안전사고의 조사 등】 ① 공제회는 공제급여의 지급 여부를 결정하기 위하여 필요하다고 인정하는 경우에는 소속 직원으로 하여금 학교안전사고의 발생 장소를 방문하여 사고경위 등을 조사하게 하거나 사고관계자로 하여금 필요한 서류를 제출하게 하는 등의 조사를 할 수 있다.
② 공제회는 공제급여의 지급 여부를 결정하기 위하여 필요하다고 인정하는 경우에는 「국민건강보험법」 제42조의 규정에 따른 요양기관(이하 "요양기관"이라 한다)에 대하여 관계 진료기록의 열람 또는 필요한 자료의 제출을 요청할 수 있다.(2011.12.31 본항개정)
③ 제1항의 규정에 따라 조사를 하고자 하는 경우 공제회는 조사의 목적 및 내용 등을 학교안전사고가 발생한 장소의 관리자, 공제가입자, 해당 피공제자 그 밖의 사고관계자 등에게 미리 알려야 하고, 사고 발생 장소를 방문하는 공제회 소속 직원은 신분증을 제시하여야 한다.
(2018.12.18 본항개정)
④ 학교안전사고가 발생한 장소의 관리자, 공제가입자, 해당 피공제자, 요양기관 또는 그 밖의 사고관계자 등은 정당한 사유 없이 제1항 또는 제2항의 규정에 따른 조사를 방해하거나 자료의 제출을 거부하여서는 아니 된다.
(2018.12.18 본항개정)

제43조【공제급여의 제한】 ① 공제회는 다음 각 호의 어느 하나에 해당하는 경우에는 이 법에 따른 공제급여의 전부 또는 일부를 지급하지 아니할 수 있다. 다만, 제3호에 해당하는 경우에는 공제급여를 지급하지 아니한다.
1. 피공제자의 자해 · 자살. 다만, 학교안전사고가 원인이 되어 자해 · 자살한 경우에는 공제급여의 전부를 지급한다.
2. 학교안전사고로 인하여 피해를 입은 피공제자 또는 그 보호자등이 정당한 사유 없이 요양기관의 지시를 따르지 아니하여 피공제자의 부상 · 질병 또는 장해의 상태가 악화되었거나 요양기관의 치료를 방해한 것이 명백한 경우
3. 학교안전사고와 관련하여 제36조부터 제40조까지의 규정에 따른 공제급여를 받을 권리가 있는 자(이하 "수급권자"라 한다)가 「자동차손해배상 보장법」의 규정에 따른 손해배상을 받은 경우(2021.3.23 본호개정)
② 공제회는 제35조에 따라 공제급여액을 결정할 때 피공제자에게 이미 존재하던 질병, 부상 또는 신체장애 등이 학교안전사고로 인하여 악화된 경우에는 이미 존재하던 질병, 부상 또는 신체장애 등의 치료에 필요한 비용을 제외하고 공제급여를 지급할 수 있다.(2021.9.24 본항신설)
③ 공제회는 제37조부터 제39조까지의 규정에 따른 장해급여, 간병급여 및 유족급여를 산정할 때에는 피공제자에게 과실이 있으면 이를 상계할 수 있다.(2021.9.24 본항신설)
④ 공제회는 제12조 단서의 규정에 따라 공제회에 가입한 공제가입자가 교육부령으로 정하는 기간 이상 제49조의 규정에 따른 공제료를 체납하고, 그 체납이 피공제자의 귀책사유로 인한 경우에는 그 금액을 모두 납부할 때까지 공제급여를 지급하지 아니할 수 있다.(2021.3.23 본항개정)
⑤ 제2항 및 제3항에 따른 공제급여 지급제한 대상 및 기준 등 필요한 사항은 대통령령으로 정한다.(2021.9.24 본항신설)

제44조【피공제자 등에 대한 공제급여금의 청구 등】 ① 학교안전사고가 다음 각 호의 어느 하나에 해당하는 사유로 발생하고, 공제회가 수급권자에게 공제급여를 지급한 경우 공제회는 수급권자에게 지급한 공제급여에 상당하는 금액의 지급을 학교안전사고를 일으킨 자 또는 그 보호자등에게 청구할 수 있다.
1. 피공제자의 고의 또는 중대한 과실로 인하여 학교안전사고가 발생한 경우
2. 피공제자 또는 공제가입자가 아닌 자의 고의 · 과실로 인하여 학교안전사고가 발생한 경우
② 공제가입자는 학교안전사고가 발생한 때에는 이를 지체 없이 공제회에 통지하여야 한다.

판례 학교안전법 제44조 제1항에 따른 학교안전공제회의 청구는 공제급여 지급 당시 수급권자가 학교안전사고를 일으킨 자에 대하여 손해배상청구권을 가지고 있음을 전제로 하는 것이고, 손해배상청구권이 소멸한 후에는 학교안전공제회가 공제급여를 지급하였더라도 수급권자의 손해배상청구권을 대위취득할 수 없으므로 학교안전사고를 일으킨 자에 대하여 공제급여에 상당한 금액의 지급을 청구하지 못한다.(대판 2016.12.15, 2013다82401)

제45조【다른 보상 · 배상과의 관계】 ① 학교안전사고로 인하여 발생한 피해에 대하여 수급권자가 이 법에 따른 공제급여를 받은 경우에는 학교안전사고로 인하여 발생한 피해에 대한 보상 또는 배상의 책임이 있는 국가 · 지방자치단체 · 공제가입자 또는 피공제자는 그 공제급여 금액의 범위 안에서 다른 법령에 따른 보상 또는 배상의 책임을 면한다.
② 수급권자가 다른 법령에 따라 이 법의 공제급여에 상당하는 보상 또는 배상을 받은 경우 공제회는 그 보상 또는 배상의 범위 안에서 이 법에 따른 공제급여를 지급하지 아니한다.

제46조【부당이득의 환수】 ① 공제회는 공제급여가 다음 각 호의 어느 하나에 해당하는 사유로 지급된 경우에는 그 공제급여액에 상당하는 금액을 환수하여야 한다.
1. 거짓이나 그 밖의 부정한 방법으로 공제급여를 받은 경우(2021.3.23 본호개정)
2. 요양기관의 거짓 진단에 따라 공제급여가 부당하게 지급된 경우
3. 그 밖에 공제급여가 잘못 지급된 경우
② 제1항제2호의 규정에 해당하는 경우 수급권자와 해당 요양기관은 연대하여 공제급여 상당액을 반환하여야 한다.(2018.12.18 본항개정)

제47조【수급권의 보호】 ① 수급권자의 공제급여를 받을 권리는 피공제자의 사망, 학교안전공제에 가입한 학교에서의 졸업 · 퇴학 등 신분관계의 변동으로 인하여 소멸되지 아니한다.
② 수급권자의 공제급여를 받을 권리는 이를 양도 또는 압류할 수 없다.

제48조【비용의 보전】 ① 공제회는 교직원과 교직원의 업무를 보조하는 자 중 대통령령으로 정하는 자가 학교안전사고와 관련하여 비용을 지출한 경우 이에 대한 비용을 보전할 수 있다.(2021.3.23 본항개정)
② 제1항의 규정에 따른 비용을 보전하는 경우 그 지급기준 · 절차 및 보전비용의 산정 등에 관하여 필요한 사항은 교육부령으로 정한다.(2013.3.23 본항개정)

제7장 공제료

제49조【공제료】 ① 공제가입자는 공제료를 공제회에 납부하여야 한다. 이 경우 공제가입자는 대통령령으로 정하는 바에 따라 피공제자에게 공제료에 충당하기 위한 금액의 전부 또는 일부를 징수할 수 있다.(2021.3.23 후단개정)
② 공제회는 제1항의 규정에 따라 징수한 공제료를 제52조의 규정에 따른 학교안전공제및사고예방기금의 수입으로 계상하여야 한다.
③ 교육부장관은 대통령령으로 정하는 바에 따라 매 사업연도마다 전전년도 이전 최근 3년 간의 학교안전사고의 발생 추이와 공제급여 지급 실적, 전전년도의 공제 사업 및 예방 사업 등의 운영경비와 물가 상승률 등을 반영하여 공제료 산정기준을 정하고 이를 고시하여야 한다.
(2021.3.23 본항개정)
④ 공제회는 제3항의 규정에 따라 고시된 공제료 산정기준에 근거하여 관할 구역 내 학교안전사고의 발생 추이와 공제급여의 지급 실적, 학교의 종류 및 규모 등을 고려하여 공제료를 산정하고 이를 공제가입자에게 통보하여야 한다.
⑤ 제4항의 규정에 따라 산정된 공제료를 통보 받은 공제가입자는 통보된 공제료에 대하여 이의가 있을 경우 교육부령으로 정하는 절차와 방식에 따라 공제회에 이의를 신청할 수 있다.(2021.3.23 본항개정)
⑥ 교육부장관 또는 교육감은 제1항에 따른 공제료 납부

의무를 이행하지 아니한 공제가입자에 대하여 대통령령으로 정하는 바에 따라 공제료 납부명령 등 그 위반행위의 시정에 필요한 조치를 할 수 있다.(2015.1.20 본항신설)

제50조【공제료의 납부고지】 ① 공제회는 제49조의 규정에 따라 산정된 공제료의 납부를 교육부령으로 정하는 절차와 방식에 따라 공제가입자에게 고지하여야 한다.(2021.3.23 본항개정)

② 제1항의 규정에 따른 공제료의 납부고지서에는 다음 각 호의 사항을 기재하여야 한다.

1. 공제료의 금액
2. 납부기한
3. 납부장소

③ 공제료의 납부기한·납부방법·납부절차 등 공제료의 수납에 관하여 필요한 사항은 교육부령으로 정한다.(2013.3.23 본항개정)

제51조【국가 등의 공제료 부담】 ① 다음 각 호의 어느 하나에 해당하는 피공제자(제1호 및 제2호의 경우에는 학생인 피공제자를 말한다)에 대한 공제료는 이를 국가 또는 지방자치단체가 부담한다.(2011.5.19 본문개정)

1. 「국민기초생활 보장법」 제12조의 규정에 따른 교육급여를 받는 수급자와 그 자녀인 피공제자 및 같은 법 제24조의 규정에 따른 차상위계층으로 조사된 사람과 그 자녀인 피공제자(2021.3.23 본호개정)
2. 「독립유공자예우에 관한 법률」 제15조의 규정에 따라 교육보호를 받는 사람, 「국가유공자 등 예우 및 지원에 관한 법률」 제22조제1항에 따른 교육지원 대상자, 「보훈보상대상자 지원에 관한 법률」 제25조제1항에 따른 교육지원 대상자, 「5·18민주유공자예우 및 단체설립에 관한 법률」 제12조의 규정에 따른 교육지원대상자 및 「특수임무유공자 예우 및 단체설립에 관한 법률」 제11조의 규정에 따른 교육지원대상자인 피공제자(2021.3.23 본호개정)
3. 제2조제5호에 따른 교육활동참여자(2011.5.19 본호신설)

② 국가 또는 지방자치단체는 예산의 범위 안에서 학생인 피공제자에 대한 공제료를 부담할 수 있다.

③ 제18조제1항제2호의2에 따른 학교폭력 피해학생의 치료비 등의 소요경비는 국가 또는 지방자치단체가 부담한다.(2012.3.21 본항신설)

제8장 학교안전공제및사고예방기금

제52조【기금의 설치 및 조성】 ① 교육감은 학교안전공제 사업 및 학교안전사고의 예방 사업에 필요한 재원을 확보하고, 공제급여에 충당하기 위하여 학교안전공제및사고예방기금(이하 "기금"이라 한다)을 설치한다.

② 기금은 공제료 수입, 국가 및 지방자치단체의 보조금, 기금의 운용수익, 적립금, 결산상 잉여금, 차입금, 기부금과 그 밖의 수입금을 재원으로 하여 이를 조성한다.

제53조【기금의 용도】 ① 기금은 다음 각 호의 용도에 사용한다.

1. 공제급여의 지급
2. 공제회의 재정 지원
3. 차입금 및 이자의 상환
4. 학교안전공제제도의 조사·연구·홍보 및 학교안전사고의 예방·교육지원 사업
5. 제18조제1항제2호의2에 따른 학교폭력 피해학생 치료비 등과 관련한 경비의 지급(2012.3.21 본호신설)
6. 그 밖에 학교안전사고의 예방 및 학교안전공제와 관련하여 대통령령으로 정하는 사업(2021.3.23 본호개정)

② 제1항제5호에 대한 집행 기준, 절차 및 방법 등은 교육부령으로 정한다.(2013.3.23 본항개정)

제54조【기금의 관리·운용】 ① 기금은 공제회가 관리·운용한다.

② 공제회는 다음 각 호의 방법에 따라 기금을 관리·운용하여야 한다.

1. 금융기관 또는 체신관서에의 예입 및 금전신탁
2. 투자신탁 등의 수익증권 매입
3. 국가·지방자치단체 또는 금융기관이 직접 발행하거나 채무이행을 보증하는 유가증권의 매입
4. 그 밖에 기금 증식을 위하여 대통령령으로 정하는 사업(2021.3.23 본호개정)

③ 공제회는 기업회계의 원칙에 따라 기금을 회계처리하여야 한다.(2018.12.18 본항개정)

제55조【기금의 운용계획】 공제회는 매 사업연도마다 교육부장관이 정하는 바에 따라 기금운용계획을 수립하여 교육감의 승인을 얻어야 한다.(2013.3.23 본조개정)

제56조【잉여금·손실금·차입금】 ① 기금의 결산상 잉여금이 생긴 때에는 이를 적립금으로 계상하고, 결산상 손실금이 생긴 때에는 적립금을 사용할 수 있다.

② 교육감은 기금을 운용하면서 일시적으로 자금의 부족 등이 생긴 때에는 대통령령으로 정하는 절차와 방식에 따라 금융기관 등으로부터 차입 또는 일시 차입을 할 수 있다. 이 경우 일시차입금은 해당 사업연도 내에 상환하여야 한다.(2021.3.23 전단개정)

제9장 심사청구 및 재심사청구

제57조【심사청구의 제기】 ① 공제회의 공제급여 결정에 대하여 불복하는 자는 제58조의 규정에 따른 학교안전공제보상심사위원회에 심사청구를 할 수 있다.(2021.3.23 본항개정)

② 제1항의 규정에 따른 심사청구는 공제급여에 관한 결정이 있음을 안 날부터 90일 이내에 하여야 한다. 다만, 천재·지변·전쟁·사변 그 밖의 불가항력적인 사유로 심사를 청구할 수 없는 기간은 심사청구기간에서 제외한다.(2021.3.23 단서개정)

③ 제1항의 규정에 따른 심사청구에 관하여 필요한 사항은 대통령령으로 정한다.

제58조【학교안전공제보상심사위원회】 ① 제57조의 규정에 따른 심사청구를 심리·결정하게 하기 위하여 공제회에 학교안전공제보상심사위원회(이하 "심사위원회"라 한다)를 둔다.

② 심사위원회는 위원장 1인을 포함하여 9인 이상 15인 이내의 위원으로 구성한다.

③ 심사위원회의 위원장은 위원 중에서 교육감이 지명하는 사람이 되고, 위원은 다음 각 호의 어느 하나에 해당하는 사람 중에서 교육감이 임명 또는 위촉한다.(2021.3.23 본문개정)

1. 5급 이상의 국가공무원(고위공무원단에 속하는 공무원 및 장학관을 포함한다) 또는 지방공무원으로 재직하였거나 재직하고 있는 사람
2. 변호사의 자격이 있는 사람
3. 전문의의 자격이 있는 사람
4. 손해사정사 등 보험 업무 분야에서 5년 이상 실무에 종사한 경력이 있는 사람
5. 고등학교 이하의 각급 학교에 재직하고 있는 사람으로서 10년 이상의 교육경력이 있는 사람
6. 대학에서 조교수 이상의 직에 재직하였거나 재직하고 있는 사람

(2021.3.23 1호~6호개정)

7. 학부모 대표
8. 그 밖에 제1호부터 제5호까지에 준하는 자격이 있는 사람으로서 교육부령으로 정하는 사람(2021.3.23 본호개정)

④ 심사위원회 위원의 임기는 2년으로 하되, 연임할 수 있다.

⑤ 심사위원회의 운영 등에 관하여 필요한 사항은 대통령령으로 정한다.

제59조【심사청구에 대한 심리·결정】 ① 심사위원회는 제57조의 규정에 따라 심사청구를 받은 날부터 60일 이내에 심사청구에 대한 결정을 하여야 한다. 다만, 부득이한 사유로 인하여 그 기간 내에 결정을 할 수 없는 때에는 한 차례만 1개월을 넘지 아니하는 범위 안에서 그 기간을 연장할 수 있다.(2021.3.23 단서개정)

② 심사위원회는 심사청구의 심리를 위하여 필요하다고 인정하는 경우에는 심사청구인의 신청 또는 직권에 따라 다음 각 호의 행위를 할 수 있다.

1. 심사청구인 또는 관계인을 지정장소에 출석하게 하여 질문하거나 의견을 진술하게 하는 것
2. 심사청구인 또는 관계인에게 증거가 될 수 있는 문서 또는 그 밖의 물건을 제출하게 하는 것
3. 전문적인 지식이나 경험을 가진 사람으로 하여금 감정 또는 진단을 하게 하는 것(2021.3.23 본호개정)

제60조【결정의 효력】 심사위원회가 결정을 행한 경우에 심사청구인이 제61조제2항의 규정에 따른 기간 내에 재심사청구 또는 공제급여와 관련된 소송을 제기하지 아니하거나 제기된 재심사청구 또는 소송을 취하한 때에는 공제회와 심사청구인 간에 해당 결정의 내용과 동일한 합의가 성립된 것으로 본다.(2018.12.18 본조개정)

제61조【재심사청구의 제기】 ① 제59조제1항의 규정에 따른 심사청구에 대한 결정에 불복하는 자는 제62조의 규정에 따른 학교안전공제보상재심사위원회에 재심사청구를 할 수 있다.

② 제1항의 규정에 따른 재심사청구는 심사청구에 대한 결정서 정본이 심사청구인에게 송달된 날부터 90일 이내에 제기하여야 한다. 이 경우 천재·지변·전쟁·사변 그 밖에 불가항력 등 재심사 청구인의 책임 없는 사유로 재심사를 청구할 수 없는 기간은 재심사청구기간에서 제외한다.

(2021.3.23 본조개정)

제62조【학교안전공제보상재심사위원회】 ① 제61조의 규정에 따른 재심사청구를 심리·재결하기 위하여 공제중앙회에 학교안전공제보상재심사위원회(이하 "재심위원회"라 한다)를 둔다.

② 재심위원회는 위원장 1인을 포함하여 9인 이상 15인 이내의 위원으로 구성한다.

③ 재심위원회의 위원장은 위원 중에서 교육부장관이 지명하는 사람이 되고, 재심위원회 위원은 다음 각 호의 어느 하나에 해당하는 사람 중에서 교육부장관이 임명 또는 위촉한다.(2021.3.23 본문개정)

1. 3급 이상의 국가공무원(고위공무원단에 속하는 공무원 및 장학관을 포함한다) 또는 지방공무원으로 재직하였거나 재직하고 있는 사람
2. 변호사의 자격이 있는 사람
3. 전문의의 자격이 있는 사람
4. 손해사정사 등 보험 업무 분야에서 10년 이상 실무에 종사한 경력이 있는 사람
5. 고등학교 이하의 각급 학교에 재직하고 있는 사람으로서 15년 이상의 교육경력이 있는 사람
6. 대학에서 부교수 이상의 직에 재직하였거나 재직하고 있는 사람

(2021.3.23 1호~6호개정)

7. 학부모 대표
8. 그 밖에 제1호부터 제5호까지에 준하는 자격이 있는 사람으로서 교육부령으로 정하는 사람(2021.3.23 본호개정)

④ 위원의 임기는 2년으로 하되, 연임할 수 있다.

⑤ 재심위원회의 운영 등에 관하여 필요한 사항은 대통령령으로 정한다.

제63조【재심사청구에 대한 심리·재결】 제59조의 규정은 재심사청구에 대한 심리·재결에 관하여 이를 준용한다. 이 경우 "심사위원회"는 각각 "재심위원회"로, "심사청구"는 각각 "재심사청구"로, "심사청구인"은 각각 "재심사청구인"으로, "결정"은 "재결"로 본다.

제64조【재결의 효력】 제63조에 따른 재심사청구에 대한 재결에 불복하는 자가 재심위원회의 재결서 정본을 송달받은 날부터 60일 이내에 공제급여와 관련된 소송을 제기하지 아니하거나 제기한 소송을 취하한 경우에는 공제회와 재심사청구인 간에 해당 재결 내용과 동일한 합의가 성립된 것으로 본다.(2021.3.23 본조개정)

제10장 보 칙

제65조【시효】 ① 공제료의 징수 및 수급권자의 공제급여를 받을 권리는 3년간 행사하지 아니하면 소멸시효가 완성된다.

② 제1항의 규정에 따른 소멸시효에 관하여는 이 법에서 정한 사항 외에는 「민법」의 규정에 따른다.(2021.3.23 본항개정)

제66조【서류의 송달】 「국세기본법」 제8조부터 제12조까지의 규정은 공제료 그 밖에 이 법에 따른 징수금에 관한 서류의 송달에 관하여 이를 준용한다.(2021.3.23 본조개정)

제67조【자료의 제공 요청】 ① 공제회는 학교장 및 요양기관 등에 대하여 학교안전공제 사업을 운영하기 위하여 필요한 자료의 제공을 요청할 수 있다.

② 제1항의 규정에 따라 자료의 제공을 요청받은 학교장 및 요양기관 등은 성실히 그 요청을 따라야 한다.(2021.3.23 본항개정)

제68조【진찰요구】 공제회는 공제급여의 결정 등에 관하여 필요하다고 인정하는 때에는 피공제자에 대하여 공제회가 정하는 의료기관에서 진찰을 받도록 할 수 있다.

제69조【비밀의 유지】 다음 각 호에 규정된 직에 종사하는 사람 및 그 직에 종사하였던 사람은 그 업무상 알게 된 비밀을 누설하여서는 아니된다.(2021.3.23 본문개정)

1. 공제회·공제중앙회의 임원 및 직원
2. 심사위원회 및 재심사위원회의 위원

제11장 벌 칙

제70조【벌칙 적용에서의 공무원 의제】 공제회 및 공제중앙회의 임원·직원과 심사위원회와 재심위원회의 위원은 「형법」 제129조부터 제132조까지의 규정을 적용할 때에는 공무원으로 본다.(2021.3.23 본조개정)

제71조【벌칙】 ① 제69조의 규정을 위반한 자는 1년 이하의 징역 또는 1천만원 이하의 벌금에 처한다.

② 거짓이나 그 밖의 부정한 방법으로 제41조에 따라 공제급여를 받은 자는 2년 이하의 징역 또는 2천만원 이하의 벌금에 처한다.(2016.2.3 본항신설)

제72조【과태료】 ① 제26조(제33조에 따라 준용되는 경우를 포함한다)를 위반하여 학교안전공제회·학교안전공제중앙회 또는 이와 유사한 명칭을 사용한 자에게는 500만원 이하의 과태료를 부과한다.

② 다음 각 호의 어느 하나에 해당하는 자에게는 50만원 이하의 과태료를 부과한다.

1. 제42조제4항을 위반하여 조사를 방해하거나 자료의 제출을 거부한 자
2. 제44조제2항에 따른 통지를 하지 아니하거나 거짓으로 통지를 한 자
3. 제67조제1항에 따른 자료의 제공 요청을 정당한 사유 없이 거부하거나 제공하지 아니한 자

③ 제1항과 제2항에 따른 과태료는 대통령령으로 정하는 바에 따라 교육감이 부과·징수한다.

(2018.12.18 본조개정)

제73조 (2018.12.18 삭제)

부 칙

제1조【시행일】 이 법은 2007년 9월 1일부터 시행한다.

제2조【공제회의 설립준비】 ① 교육감은 이 법 시행 전에 5인 이내의 설립위원을 위촉하여 공제회의 설립에 관한 사무를 처리하게 하여야 한다.

② 설립위원은 이 법 시행 전까지 공제회의 정관을 작성하여 교육감의 인가를 받아야 한다.

③ 설립위원은 제2항의 규정에 따라 정관의 인가를 받은 때에는 지체 없이 연명으로 설립등기한 후 공제회의 이사장에게 사무를 인계하여야 한다.

④ 공제회의 설립 당시 이사는 제20조제2항의 규정에 불구하고 학교장, 학부모 대표 및 같은 항 각 호의 어느 하나에 해당하는 자 중에서 교육감이 임명한다.

⑤ 설립위원은 제3항의 규정에 따라 공제회의 이사장에게 사무를 인계한 때에 해촉된 것으로 본다.

제3조【학교안전공제 가입자에 대한 경과조치】 이 법 시행 당시 「민법」의 규정에 따라 설립되어 교육감이 각 관할 구역별로 운영하고 있는 사단법인 학교안전공제회(이하 "사단법인 학교안전공제회"라 한다)의 회원으로 가입한 학교장등은 이 법에 따른 학교안전공제에 가입한 것으로 본다.

제4조【사단법인 학교안전공제회에 대한 경과조치】 ① 사단법인 학교안전공제회는 이 법 시행 전에 이사회의 의결을 거쳐 해산한다. 다만, 해산의 효력은 공제회의 설립과 동시에 발생한다.

② 제1항의 규정에 따라 해산된 사단법인 학교안전공제회의 모든 권리·의무는 공제회가 포괄 승계한다.

③ 제1항의 규정에 따라 해산된 사단법인 학교안전공제회의 직원은 이 법에 따른 공제회의 직원으로 본다.

④ 제1항의 규정에 따라 해산되는 사단법인 학교안전공제회에 대하여는 「민법」 제77조·제78조·제80조·제82조·제85조 및 제86조의 규정을 적용하지 아니한다.

제5조【공제료의 산정에 관한 특례】 제49조제3항의 규정에 불구하고 교육인적자원부장관은 이 법 시행 후 4년간 공제료 산정기준을 정함에 있어서 사단법인 학교안전공제회의 공제급여 지급 실적 및 운영경비 등을 반영할 수 있다.

부 칙 (2012.3.21)

제1조【시행일】 이 법은 2012년 4월 1일부터 시행한다.

제2조【「국민건강보험법」 제58조에 관한 경과조치】 제36조제2항 단서 중 "「국민건강보험법」 제58조"는 2012년 8월 31일까지는 "「국민건강보험법」 제53조"로 본다.

부 칙 (2021.1.5)

제1조【시행일】 이 법은 공포 후 3개월이 경과한 날부터 시행한다.(이하 생략)

부 칙 (2021.3.23)

이 법은 공포한 날부터 시행한다.(이하 생략)

부 칙 (2021.9.24)

제1조【시행일】 이 법은 공포 후 6개월이 경과한 날부터 시행한다.

제2조【간병료 및 부대경비 지급에 관한 특례】 제36조제4항제3호 및 같은 조 제5항의 개정규정은 이 법의 공포일부터 시행일까지의 간병에 따른 간병료 및 부대경비에 대하여도 적용한다.

과학기술기본법

(2001년 1월 16일
법 률 제6353호)

개정
2002.12.26법 6815호(과학기술인공제회법)
2003.12.30법 7015호
2004. 1.29법 7159호(복권및복권기금법)
2004. 9.23법 7218호
2005.12.30법 7805호
2006. 9.27법 7989호
2007. 4.27법 8389호(인적자원개발기본법)
2008. 2.29법 8852호(정부조직)
2008. 6. 5법 9088호
2008. 6. 5법 9089호(국가교육과학기술자문회의법)
2010. 2. 4법 9992호
2010.12.27법 10412호
2011. 3. 9법 10445호(기초연구진흥및기술개발지원에관한법)
2011. 7.21법 10878호
2013. 1.23법 11620호(과학관의설립·운영및육성에관한법)
2013. 3.23법 11713호
2014. 5.28법 12673호
2014.11.19법 12844호(정부조직)
2014.12.30법 12869호
2015. 6.22법 13339호
2015.12. 1법 13511호
2015.12.22법 13578호
2015.12.22법 13579호(과학기술유공자예우및지원에관한법)
2016. 3.29법 14122호(기술보증기금법)
2017. 7.26법 14839호(정부조직)
2018. 1.16법 15344호
2018. 4.17법 15556호
2019. 8.27법 16526호
2020. 6. 9법 17340호
2020. 6. 9법 17343호(국가연구개발혁신법)
2020. 6. 9법 17347호(법률용어정비)
2020.12.22법 17671호
2021. 4.20법 18069호
2021.12.28법 18642호
2022. 1.11법 18727호
2022. 6.10법 18863호
2023. 8. 8법 19574호
2024. 1. 9법 19990호(벤처기업육성에관한특별법)→2024년 7월 10일 시행

제1장 총 칙

(2010.2.4 본장개정)

제1조【목적】 이 법은 과학기술발전을 위한 기반을 조성하여 과학기술을 혁신하고 국가경쟁력을 강화함으로써 국민경제의 발전을 도모하며 나아가 국민의 삶의 질을 높이고 인류사회의 발전에 이바지함을 목적으로 한다.

제2조【기본이념】 이 법은 과학기술혁신이 인간의 존엄을 바탕으로 자연환경 및 사회윤리적 가치와 조화를 이루고 경제·사회 발전의 원동력이 되도록 하며, 과학기술인의 자율성과 창의성이 존중받도록 하고, 자연과학과 인문·사회과학이 서로 균형적으로 연계하여 발전하도록 함을 기본이념으로 한다.

제3조【다른 법률과의 관계】 과학기술에 관한 다른 법률을 제정하거나 개정할 때에는 이 법의 목적과 기본이념에 맞도록 하여야 한다.

제4조【국가 등의 책무와 과학기술인의 윤리】 ① 국가는 과학기술혁신과 이를 통한 경제·사회 발전을 위하여 종합적인 시책을 세우고 추진하여야 한다.

② 지방자치단체는 국가의 시책과 지역적 특성을 고려하여 지방과학기술진흥시책을 세우고 추진하여야 한다.

③ 국가와 지방자치단체는 과학기술에 관한 법령 또는 조례를 제정하거나 개정하는 경우에는 이 법의 목적에 부합되도록 하여야 한다.(2019.8.27 본항신설)

④ 기업, 교육기관, 연구기관 및 과학기술 관련 기관·단체 등은 과학기술 활동을 적극적으로 수행하고 그 성과가 유용하게 활용될 수 있도록 최대한 노력하여야 한다.(2014.5.28 본항신설)

⑤ 과학기술인은 자율을 바탕으로 과학기술 활동을 수행하되 과학기술이 미치는 사회적·윤리적 영향을 고려하여 진실성 있게 수행하여야 하며, 경제와 사회의 발전을 위하여 과학기술의 역할이 매우 크다는 점을 인식하고 자신의 능력과 창의력을 발휘하여 이 법의 기본이념을 구현하고 과학기술의 발전에 이바지하여야 한다.(2014.5.28 본항개정)

제5조【과학기술정책의 중시와 개방화 촉진】 ① 정부는 과학기술정책의 수립과 추진을 통하여 과학기술이 국가의 경제적·사회적 문제를 해결하고 미래전략을 달성하는 중추적인 역할을 할 수 있도록 필요한 자원을 최대한 동원하여 창의적 연구개발과 개방형 과학기술혁신활동을 적극적으로 지원하여야 한다.(2014.5.28 본항개정)

② 정부는 정책형성 및 정책집행의 과학화와 전자화를 촉진하기 위하여 필요한 시책을 세우고 추진하여야 한다.

③ 정부는 과학기술정책의 투명성과 합리성을 높이기 위하여 과학기술정책을 형성하고 집행하는 과정에 민간 전문가나 관련 단체 등이 폭넓게 참여하게 하고 일반 국민의 다양한 의견을 모을 수 있는 방안을 마련하여야 한다.(2010.12.27 본조제목개정)

제6조【국가과학기술혁신체제의 구축】 ① 정부는 기업, 교육기관, 연구기관 및 과학기술 관련 기관·단체가 지식기반경제사회에 부응하는 과학기술을 혁신하기 위한 활동을 적극 수행할 수 있도록 효과적인 국가과학기술혁신체제를 구축하여야 한다.

② 정부는 제1항에 따른 국가과학기술혁신체제를 구축하기 위한 환경과 기반을 만들어야 하고, 기업, 교육기관, 연구기관 및 과학기술 관련 기관·단체 또는 그 구성원들이 서로 인력, 지식, 정보 등을 원활하게 교류하고 연계하며 공유할 수 있도록 필요한 시책을 세우고 추진하여야 한다.

(2014.5.28 본조개정)

제2장 과학기술정책의 수립 및 추진체제

(2010.2.4 본장개정)

제7조【과학기술기본계획】 ① 정부는 이 법의 목적을 효율적으로 달성하기 위하여 과학기술발전에 관한 중·장기 정책목표와 방향을 설정하고 「국가과학기술자문회의법」에 따른 국가과학기술자문회의(이하 "과학기술자문회의"라 한다)의 심의를 거쳐 확정하여야 한다.(2018.1.16 본항개정)

② 과학기술정보통신부장관은 5년마다 제1항에 따른 과학기술발전에 관한 중·장기 정책목표와 방향을 반영하고 관계 중앙행정기관의 과학기술 관련 계획과 시책 등을 종합하여 과학기술기본계획(이하 "기본계획"이라 한다)을 세우고 과학기술자문회의의 심의를 거쳐 확정하여야 한다.(2018.1.16 본항개정)

③ 기본계획에는 다음 각 호의 사항이 포함되어야 한다.

1. 과학기술의 발전목표 및 정책의 기본방향
2. 과학기술혁신 관련 산업정책, 인력정책 및 지역기술혁신정책 등의 추진방향
3. 과학기술투자의 확대
4. 과학기술 연구개발의 추진 및 협동·융합연구개발 촉진(2014.5.28 본호개정)
4의2. 미래유망기술의 확보(2014.5.28 본호신설)
5. 기업, 교육기관, 연구기관 및 과학기술 관련 기관·단체 등의 과학기술혁신 역량의 강화(2014.5.28 본호개정)
6. 연구개발성과의 확산, 기술이전 및 실용화의 촉진, 기술창업의 활성화(2014.5.28 본호개정)
6의2. 과학기술에 기반을 둔 성장동력의 발굴·육성(2014.5.28 본호신설)
6의3. 과학기술을 활용한 삶의 질 향상, 경제적·사회적 현안 및 범지구적 문제의 해결(2014.5.28 본호신설)
7. 기초연구의 진흥(2011.3.9 본호개정)
8. 과학기술교육의 다양화 및 질적 고도화
9. 과학기술인력의 양성 및 활용 증진
10. 과학기술지식과 정보자원의 확충·관리 및 유통체제의 구축
11. 지방과학기술의 진흥
12. 과학기술의 국제화 촉진
13. 남북 간 과학기술 교류협력의 촉진
14. 과학기술문화의 창달 촉진
15. 민간부문의 과학기술혁신 촉진(2014.5.28 본호개정)
15의2. 과학기술혁신의 촉진을 위한 제도나 규정의 개선(2014.5.28 본호신설)
15의3. 과학기술에 기반을 둔 지식재산의 창출·보호·활용의 촉진과 그 기반의 조성(2014.5.28 본호신설)
15의4. 성별 등 특성을 고려하고 사회적 가치를 증진하기 위한 과학기술의 구현(2021.4.20 본호신설)
16. 그 밖에 대통령령으로 정하는 과학기술진흥에 관한 중요 사항

④ 관계 중앙행정기관의 장과 지방자치단체의 장은 기본계획에 따라 연도별 시행계획을 세우고 추진하여야 한다.

⑤ 과학기술정보통신부장관은 매년 제4항에 따른 해당 연도 시행계획과 전년도 추진실적을 종합하고 점검하여 과학기술자문회의의 심의를 거쳐야 하며, 이에 관한 세부 사항은 대통령령으로 정한다.(2019.8.27 본항개정)

⑥ 중앙행정기관의 장과 지방자치단체의 장은 과학기술 관련 계획을 세울 때에는 기본계획에 따라야 한다.(2014.5.28 본항개정)

⑦ 과학기술정보통신부장관은 제1항에 따른 중·장기 정책목표와 방향을 설정하거나 기본계획을 세우기 위하여 필요하면 관계 중앙행정기관의 장, 지방자치단체의 장, 기업·교육기관·연구기관의 장, 과학기술 관련 기관·단체의 장에게 필요한 자료의 제출을 요청할 수 있다.(2017.7.26 본항개정)

⑧ 과학기술정보통신부장관은 기본계획을 국회에 보고하여야 한다.(2019.8.27 본항신설)

제7조의2【국가연구개발 중장기 투자전략】 ① 과학기술정보통신부장관은 제12조의2에 따른 국가연구개발사업 예산의 전략적 투자를 위하여 기본계획에 따라 관계 중앙행정기관의 장과 협의하여 5년 단위의 국가연구개발 중장기 투자전략(이하 "중장기투자전략"이라 한다)을 세우고 과학기술자문회의의 심의를 거쳐 확정하여야 한다.

② 중장기투자전략에는 다음 각 호의 사항이 포함되어야 한다.

1. 국가연구개발의 중장기 투자 목표 및 방향
2. 국가연구개발의 분야 및 추진단계별 투자재원 배분 방향
3. 국가연구개발사업과 민간의 연구개발사업 간의 역할 분담 방안
4. 그 밖에 대통령령으로 정하는 국가연구개발사업 예산의 전략적 투자에 관한 사항

③ 과학기술정보통신부장관은 중장기투자전략에 따라 국가연구개발투자의 방향과 기준을 포함하여 연도별 시행계획을 세우고 추진하여야 한다.

④ 정부는 정부 재정규모 조정 등 특별한 경우를 제외하고는 중장기투자전략을 과학기술분야의 정책의 수립, 사업의 추진 및 예산의 조정에 반영하여야 한다.

⑤ 중장기투자전략 및 제3항에 따른 시행계획의 수립과 추진에 필요한 사항은 대통령령으로 정한다.
(2020.6.9 본조신설)

제8조【지방과학기술진흥종합계획】 ① 과학기술정보통신부장관은 지방의 과학기술진흥을 촉진하기 위하여 5년마다 과학기술자문회의의 심의를 거쳐 지방과학기술진흥종합계획을 세우고 지방자치단체의 장에게 알려야 한다.(2018.1.16 본항개정)
② 제1항에 따른 지방과학기술진흥종합계획(이하 "지방과학기술진흥종합계획"이라 한다)에는 다음 각 호의 사항이 포함되어야 한다.(2010.12.27 본문개정)
1. 연구개발사업의 지원
2. 과학기술기반 구축의 지원
3. 지방과학기술진흥 성과의 확산 및 산업화 촉진
3의2. 지방의 기업, 교육기관, 연구기관 및 과학기술 관련 기관·단체 등의 과학기술혁신 역량의 강화에 관한 사항(2014.5.28 본호신설)
4. 지방의 과학기술인력과 산업인력의 양성 및 과학기술 정보 유통체제 구축 등에 대한 지원
5. 그 밖에 지방과학기술의 진흥을 위하여 필요한 사항
③ 과학기술정보통신부장관은 지방과학기술진흥종합계획의 연도별 시행계획을 세우고 추진하여야 한다.
(2017.7.26 본항개정)
④ 정부는 예산의 범위에서 지방자치단체와 지방에 있는 기업, 교육기관, 연구기관 및 과학기술 관련 기관·단체 등이 수행하는 제2항 각 호의 사업에 드는 비용의 전부 또는 일부를 출연하거나 보조할 수 있다.(2014.5.28 본항개정)

제8조의2【연차보고서의 작성】 ① 과학기술정보통신부장관은 기본계획, 중장기투자전략 및 지방과학기술진흥종합계획의 시행계획과 추진실적에 관한 연차보고서를 작성하여 매년 정기국회 개회 전까지 국회에 제출하여야 한다.(2020.6.9 본항개정)
② 제1항의 연차보고서에는 다음 각 호의 내용이 포함되어야 한다.
1. 기본계획의 주요 내용
2. 제7조제5항에 따라 종합된 전년도 추진실적 및 해당 연도 시행계획(2019.8.27 본호개정)
2의2. 중장기투자전략의 주요 내용
2의3. 제7조의2제3항에 따른 연도별 시행계획
2의4. 제2호의3에 따른 연도별 시행계획의 전년도 추진실적
(2020.6.9 2호의2~2호의4신설)
3. 지방과학기술진흥종합계획의 주요 내용
4. 제8조제3항에 따른 연도별 시행계획
5. 제4호에 따른 연도별 시행계획의 전년도 주요 추진실적
6. 제2호·제2호의3·제4호·제5호에 따른 시행계획 및 추진실적에 대한 점검 결과(2020.6.9 본호개정)
7. 그 밖에 대통령령으로 정하는 과학기술발전에 관한 사항으로 국회 보고가 필요한 사항
(2015.12.1 본조신설)

제8조의3【조례의 제정】 지방자치단체는 지방과학기술진흥을 촉진하기 위한 시책의 수립·추진 등에 필요한 사항을 조례로 정할 수 있다.(2019.8.27 본조신설)

제8조의4【과학기술전문 자문기구의 설치】 ① 중앙행정기관의 장 및 지방자치단체의 장은 과학기술 정책을 원활하게 수립·추진하기 위하여 필요한 경우 과학기술과 관련된 전문기관·단체 등으로 구성된 자문기구(이하 "과학기술전문 자문기구"라 한다)를 설치·운영할 수 있다.
② 국가는 지방자치단체에 구성된 과학기술전문 자문기구가 원활하게 운영될 수 있도록 필요한 행정적·재정적 지원을 할 수 있다.
③ 중앙행정기관의 장이 설치·운영하는 과학기술전문 자문기구의 구성 및 운영 등에 필요한 사항은 대통령령으로 정하고, 지방자치단체의 장이 설치·운영하는 과학기술전문 자문기구의 구성 및 운영 등에 필요한 사항은 대통령령으로 정하는 범위에서 해당 지방자치단체의 조례로 정한다.
(2022.6.10 본조신설)

제2장의2 국가과학기술심의회
(2018.1.16 본장제목삭제)

제9조～제9조의2 (2018.1.16 삭제)
제9조의3～제9조의9 (2013.3.23 삭제)
제9조의10 (2018.1.16 삭제)
제9조의11～제9조의12 (2013.3.23 삭제)
제10조 (2018.1.16 삭제)

제3장 과학기술 연구개발 추진 및 연구개발성과의 활용
(2014.5.28 본장제목개정)

제11조【국가연구개발사업의 추진】 ① 중앙행정기관의 장은 기본계획에 따라 맡은 분야의 국가연구개발사업과 그 시책을 세워 추진하여야 한다.(2014.5.28 본항개정)
②～⑤ (2020.6.9 삭제)
제11조의2～제11조의4 (2020.6.9 삭제)
제11조의5 (2014.5.28 삭제)

제12조【국가연구개발사업에 대한 조사·분석·평가】 ① 과학기술정보통신부장관은 매년 국가연구개발사업에 대한 조사·분석 및 평가(이하 "평가등"이라 한다)를 하여야 한다. 이 경우 평가에 관한 사항은 「국가연구개발사업 등의 성과평가 및 성과관리에 관한 법률」에서 정하는 바에 따른다.(2017.7.26 전단개정)
② 과학기술정보통신부장관은 제1항 전단에도 불구하고 대통령령으로 정하는 국방 분야의 국가연구개발사업에 대한 조사와 분석을 하지 아니할 수 있다.(2017.7.26 본항개정)
③ 과학기술정보통신부장관은 국가연구개발사업의 평가등을 하기 위하여 관계 중앙행정기관, 지방자치단체, 관련 교육·연구기관 및 국가연구개발사업에 참여하는 법인이나 단체에 필요한 자료의 제출을 요구할 수 있으며, 자료 제출을 요구받은 기관·법인 또는 단체는 특별한 사유가 없으면 이에 따라야 한다.(2017.7.26 본항개정)
④ 관계 중앙행정기관의 장은 소관 국가연구개발사업을 추진할 때에는 평가등의 결과를 반영하여 연구개발투자가 최대한 효율적으로 이루어지도록 노력하여야 한다.
⑤ 제1항 전단에 따른 조사와 분석의 범위·방법 및 절차 등에 관하여 필요한 사항은 대통령령으로 정한다.
⑥～⑦ (2010.12.27 삭제)
(2010.2.4 본조개정)

제12조의2【국가연구개발사업 예산의 배분·조정 등】 ① 국가연구개발사업과 관련된 중앙행정기관의 장은 해당 기관의 다음다음 연도 국가연구개발사업의 투자우선순위에 대한 의견을 매년 10월 31일까지 기획재정부장관과 과학기술정보통신부장관에게 제출하여야 한다.
(2020.6.9 본항개정)
② 관계 중앙행정기관의 장은 「국가재정법」 제28조에 따라 기획재정부장관에게 제출하는 해당 회계연도부터 5회계연도 이상의 기간 동안 예정된 신규사업 및 기획재정부장관이 정하는 주요 계속사업 중 국가연구개발사업 관련 중기사업계획서를 매년 1월 31일까지 과학기술정보통신부장관에게 제출하여야 한다.(2017.7.26 본항개정)
③ 과학기술정보통신부장관은 제2항에 따른 중기사업계획서를 검토하고, 과학기술자문회의의 심의를 거쳐 제7조의2제3항에 따른 국가연구개발투자의 방향과 기준을 매년 3월 15일까지 기획재정부장관 및 관계 중앙행정기관의 장에게 알려야 한다.(2020.6.9 본항개정)
④ 관계 중앙행정기관의 장은 「국가재정법」 제31조제1항에 따라 기획재정부장관에게 제출하는 해당 기관의 예산요구서 중 국가연구개발사업 관련 예산요구서를 매년 5월 31일까지 과학기술정보통신부장관에게 제출하여야 한다.(2017.7.26 본항개정)
⑤ 과학기술정보통신부장관은 제1항·제2항 및 제4항에 따라 관계 중앙행정기관의 장이 각각 제출한 국가연구개발사업의 투자우선순위에 대한 의견과 국가연구개발사업 관련 중기사업계획서 및 예산요구서에 대하여 제12조에 따른 국가연구개발사업의 조사·분석·평가와 연계하여 대통령령으로 정하는 바에 따라 다음 각 호의 사항을 마련하고, 과학기술자문회의의 심의를 거쳐 그 결과를 매년 6월 30일까지 기획재정부장관에게 알려야 한다.
(2018.1.16 본문개정)
1. 국가연구개발사업의 목표 및 추진방향
2. 국가연구개발사업의 분야별·사업별 투자우선순위
3. 국가연구개발사업 예산의 배분방향 및 대통령령으로 정하는 주요 국가연구개발사업 예산의 배분·조정 내역(2010.12.27 본호개정)
3의2. 「과학기술분야 정부출연연구기관 등의 설립·운영 및 육성에 관한 법률」에 따른 국가과학기술연구회 및 과학기술분야 정부출연연구기관, 「특정연구기관 육성법」에 따른 특정연구기관, 「한국해양과학기술원법」에 따른 한국해양과학기술원과 그 밖에 대통령령으로 정하는 연구기관의 운영에 필요한 경비를 포함하는 예산의 배분·조정내역(2018.1.16 본호신설)
4. 유사하거나 중복되는 국가연구개발사업 간의 조정 및 연계
5. 대형 국가연구개발사업의 투자적정성, 중점추진방향 및 개선방향
6. 다수 부처 관련 국가연구개발사업의 부처별 역할 분담
7. 기초연구와 지방과학기술의 진흥에 관한 사항
(2011.3.9 본호개정)
8. 중소기업의 기술혁신 지원에 관한 사항(2014.5.28 본호신설)
9. 그 밖에 국가연구개발사업의 투자효율성을 높이기 위하여 필요한 사항
⑥ 과학기술정보통신부장관은 제5항 각 호의 사항을 국가연구개발사업의 분야별로 효율적으로 마련하기 위하여 필요한 경우에는 대통령령으로 정하는 바에 따라 이를 전문적으로 지원하는 기관을 지정할 수 있다. 이 경우 과학기술정보통신부장관은 그 지원업무를 수행하는 데 드는 경비의 전부 또는 일부를 지원할 수 있다.
(2021.12.28 본항신설)
⑦ 제2항과 제4항에도 불구하고 국방 분야의 국가연구개발사업 관련 중기사업계획서와 예산요구서 중 국방부장관이 과학기술정보통신부장관과 협의하여 정하는 중기사업계획서와 예산요구서는 제출하지 아니할 수 있다.
(2017.7.26 본항개정)
⑧ 기획재정부장관은 정부 재정규모 조정 등 특별한 경우를 제외하고는 제5항에 따른 과학기술자문회의의 심의 결과를 반영하여 다음 연도 예산을 편성하여야 한다.
(2018.1.16 본항개정)
(2013.3.23 본조제목개정)
(2010.2.4 본조개정)

제12조의3【예비타당성조사 대상사업 선정을 위한 의견 제출】 ① 과학기술정보통신부장관은 대통령령으로 정하는 국가연구개발사업으로서 「국가재정법」 제38조제2항에 따라 중앙행정기관의 장이 예비타당성조사 대상사업 선정을 신청한 국가연구개발사업에 대하여는 기획재정부장관이 예비타당성조사 대상사업을 선정하기 전에 해당 국가연구개발사업의 기술성을 평가하여 적합 여부에 관한 의견을 기획재정부장관에게 제출할 수 있다.
② 기획재정부장관은 제1항에 따른 기술성 평가 대상 국가연구개발사업에 대하여는 과학기술정보통신부장관이 기술성을 평가하여 적합하다는 의견을 제출한 국가연구개발사업 중에서 예비타당성조사 대상사업을 선정하여야 한다.
③ 제1항에 따른 기술성 평가의 기준, 방법 및 그 밖에 필요한 사항은 기획재정부장관이 과학기술정보통신부장관과 협의하여 정하는 바에 따른다.
(2017.7.26 본조개정)

제13조【과학기술예측】 ① 정부는 주기적으로 과학기술의 발전 추세와 그에 따른 미래사회의 변화를 예측하여 그 결과를 과학기술정책에 반영하여야 한다.
② 정부는 제1항에 따른 예측(이하 "과학기술예측"이라 한다)의 결과를 바탕으로 새로운 기술을 발굴하고 개발할 수 있도록 노력하여야 한다.
③ 과학기술정보통신부장관은 과학기술예측을 위하여 필요하면 관계 중앙행정기관의 장, 지방자치단체의 장, 기업·교육기관·연구기관의 장, 과학기술 관련 기관·단체의 장에게 필요한 자료의 제출을 요청할 수 있다.
(2017.7.26 본항개정)
(2014.5.28 본조개정)

제14조【기술영향평가 및 기술수준평가】 ① 정부는 새로운 과학기술의 발전이 경제·사회·문화·윤리·환경 등에 미치는 영향을 사전에 평가(이하 "기술영향평가"라 한다)하고 그 결과를 정책에 반영하여야 한다.
② 정부는 과학기술의 발전을 촉진하기 위하여 국가적으로 중요한 핵심기술에 대한 기술수준을 평가(이하 "기술수준평가"라 한다)하고 해당 기술수준의 향상을 위한 시책을 세우고 추진하여야 한다.
③ 정부는 기술영향평가를 실시하는 경우 대상기술의 성격을 고려하여 성별 등 특성분석이 반영될 수 있도록 하여야 한다.(2021.4.20 본항신설)
④ 기술영향평가와 기술수준평가의 범위 및 절차 등에 관하여 필요한 사항은 대통령령으로 정한다.
(2010.2.4 본조개정)

제15조【기초연구의 진흥】 정부는 과학기술혁신의 바탕이 되는 기초연구를 진흥시키기 위하여 대학과 정부가 출연하는 연구기관의 연구 및 상호 연계·협력을 활성화하고 안정적인 연구비를 지원하는 등 종합적인 시책을 세우고 추진하여야 한다.(2014.5.28 본조개정)

제15조의2【도전적 연구개발의 촉진】 ① 정부는 과학기술혁신을 위하여 도전적 연구개발을 적극적으로 촉진·지원하여야 하고, 필요한 재원(財源)을 우선적으로 확보하기 위하여 노력하여야 한다.
② 정부는 창의적인 연구수행방식의 장려, 연구의 파급효과를 중심으로 한 선정평가 및 성과평가 등 도전적 연구개발 문화를 활성화하기 위한 시책을 수립·시행하여야 한다.
③ 정부는 도전적 연구개발을 촉진하기 위하여 동일한 연구주제에 대해 복수의 연구기관 또는 연구자가 경쟁하는 방식으로 국가연구개발사업을 추진할 수 있다.
④ 정부는 연구개발비를 사전에 지급하지 아니하고 도전적 연구개발 목표를 공모하여 성과평가 결과가 우수한 연구기관 또는 연구자에게 예산의 범위에서 연구개발비 또는 포상금을 지급하는 방식으로 국가연구개발사업을 추진할 수 있다.
⑤ 정부는 중장기적인 투자를 필요로 하는 국가연구개발사업 중 도전성 또는 혁신성이 높은 사업에 대하여 「국가재정법」 제23조에 따라 그 경비의 총액과 연부액을 정하여 미리 국회의 의결을 얻은 범위에서 수년도에 걸쳐서 지출할 수 있다.
⑥ 제2항부터 제5항까지의 규정에 따른 도전적 연구개발 촉진을 위한 국가연구개발사업의 추진 및 창의적 연구수행방식 등에 필요한 사항은 대통령령으로 정한다.
(2020.12.22 본조신설)

제16조【민간의 과학기술혁신 지원】 ① 정부는 기업 등 민간의 연구개발을 지원하고 기업 간 기술 공유와 공동활용을 장려하며, 기술의 실용화 등을 촉진하기 위하여 인력 공급, 세제·금융 지원, 우선구매, 신기술·신제품 인증 등 다양한 시책을 세우고 추진하여야 한다.
② 정부는 기술집약형 중소기업과 기술창업기업에 대하여 제1항의 시책을 우선적으로 추진하여야 한다.
(2014.5.28 본조개정)

제16조의2【연구개발성과의 보호 및 보안】 ① 정부는 보호할 가치가 있는 국가연구개발사업 및 민간연구개발의 성과(이하 "연구개발성과"라 한다)에 대하여는 지식

재산권의 설정 등을 통하여 보호될 수 있도록 적극 지원하여야 한다.
②~③ (2020.6.9 삭제)
(2014.5.28 본조신설)
제16조의3【연구개발성과의 확산, 기술이전 및 실용화】 ① 정부는 연구개발성과의 확산, 기술이전 및 실용화를 촉진하기 위하여 다음 각 호의 사항에 관한 시책을 세우고 추진하여야 한다.
1. 연구개발성과의 확산, 기술이전 및 실용화에 관한 정보의 관리·유통
2. 연구개발성과의 확산, 기술이전 및 실용화 관련 기관·단체와 교육기관·연구기관에 설치된 조직의 육성
3. 전문인력의 양성
4. 기업, 교육기관, 연구기관 및 과학기술 관련 기관·단체 간의 인력·기술·인프라 등에 관한 교류·협력
5. 기술평가 활성화 및 기술금융 지원
6. 그 밖에 연구개발성과의 확산, 기술이전 및 실용화를 촉진하기 위하여 필요한 사항
② 중앙행정기관의 장은 제1항의 시책에 따른 사업을 추진할 수 있으며, 기업, 교육기관, 연구기관 및 과학기술 관련 기관·단체 등에 관련 사업을 수행하게 하고 해당 사업 수행에 드는 비용의 전부 또는 일부를 출연하거나 보조할 수 있다.
③ 중앙행정기관의 장은 제2항에 따른 사업의 효율적 추진을 위하여 전문기관을 지정하여 사업의 기획등에 관한 업무를 대행하게 하고 그 업무 수행에 드는 비용의 전부 또는 일부를 출연하거나 보조할 수 있다.
(2014.5.28 본조신설)
제16조의4【기술창업 활성화 등】 ① 정부는 창의적인 아이디어, 신기술, 과학기술 및 정보통신기술에 기반하여 문화 등 다양한 부문과의 융합을 촉진함으로써 기술창업을 활성화하고, 중소·벤처기업의 과학기술혁신 역량을 강화하기 위하여 필요한 시책을 세우고 추진하여야 한다.
(2015.12.22 본항개정)
② 제1항의 시책에 따른 사업의 추진에 관하여는 제16조의3제2항 및 제3항을 준용한다.
③ 중앙행정기관의 장은 제1항의 시책을 지역에 효과적으로 정착시키기 위하여 관련 업무를 종합적으로 지원하는 전담기관을 각 지역별로 지정할 수 있다.(2015.12.22 본항신설)
④ 정부와 지방자치단체는 예산의 범위에서 제3항에 따른 전담기관의 운영 및 사업 수행에 필요한 비용의 일부 또는 전부를 출연하거나 보조할 수 있다.(2015.12.22 본항신설)
⑤ 제3항에 따른 전담기관의 지정·운영 등에 관하여 필요한 사항은 대통령령으로 정한다.(2015.12.22 본항신설)
(2014.5.28 본조신설)
제16조의5【성장동력의 발굴·육성】 ① 정부는 과학기술에 기반을 둔 성장동력을 발굴·육성하기 위하여 필요한 시책을 세우고 추진하여야 한다.
② 정부는 제1항에 따른 시책을 세울 때 다음 각 호에 관한 사항을 포함하여야 한다.
1. 성장동력 분야별 핵심기술의 개발·사업화
2. 성장동력 분야별 전문인력의 확보 및 육성
3. 성장동력 분야별 일자리 및 시장창출 방안
4. 성장동력에 대한 기업 등 민간의 투자를 촉진하기 위한 관련 제도나 규정의 개선
5. 그 밖에 성장동력을 발굴·육성하기 위하여 필요한 사항
(2014.5.28 본조신설)
제16조의6【과학기술을 활용한 사회문제의 해결】 ① 정부는 과학기술을 활용한 삶의 질 향상, 경제적·사회적 현안 및 범지구적 문제 등의 해결을 위하여 필요한 시책을 세우고 추진하여야 한다.
② 제1항에 따른 시책을 세우고 추진하는 데 필요한 사항은 대통령령으로 정한다.
(2014.5.28 본조신설)
제16조의7【과학기술의 역기능 방지】 정부는 연구개발 성과 또는 과학기술 활동이 국가·사회·개인에게 해를 끼치거나 윤리적 가치를 침해하지 아니하도록 필요한 조치를 강구하여야 한다.(2014.5.28 본조신설)
제16조의8【산학연협력 촉진】 정부는 국가·지방자치단체·기업·교육기관·연구기관 상호간의 협력을 촉진하기 위하여 필요한 시책을 세우고 추진하여야 한다.
(2014.5.28 본조신설)
제17조【협동·융합연구개발의 촉진】 ① 정부는 기업, 교육기관, 연구기관 및 과학기술 관련 기관·단체 간 또는 이들 상호간의 협동연구개발을 촉진하고 북돋우기 위한 시책을 세우고 추진하여야 한다.(2014.5.28 본항개정)
② 정부는 민·군 간의 협동연구개발을 장려하고 민·군 기술협력을 촉진하기 위한 시책을 세우고 추진하여야 한다.(2014.5.28 본항개정)
③ 과학기술정보통신부장관은 국가적으로 중요한 연구개발과제의 협동·융합연구개발을 위하여 필요하다고 인정하면 관련 기관의 장의 요청에 따라 협동·융합연구개발 관련 기관 간에 과학기술인이 서로 교류하는 것을 권고하거나 알선할 수 있다.(2017.7.26 본항개정)
④ 정부는 신기술 상호간 또는 신기술과 학문·문화·예술 및 산업 간의 융합연구개발을 촉진하기 위한 시책을 세우고 추진하여야 한다.(2014.5.28 본항개정)
제17조의2【연구개발과 인력양성 간 연계 촉진】 정부는 국가연구개발 투자의 효율성을 제고하고 연구경쟁력을 강화하기 위하여 연구개발과 인력양성을 상호 연계하여 추진할 수 있는 방안을 마련하고 필요한 시책을 강구하여야 한다.(2014.5.28 본조개정)
제18조【과학기술의 국제화 촉진】 ① 정부는 국제사회에 공헌하고 국내 과학기술 수준을 향상시킬 수 있도록 외국정부, 국제기구 또는 외국의 연구개발 관련 기관·단체 등과 과학기술분야의 국제협력을 촉진하기 위하여 다음 각 호의 사항에 관한 시책을 세우고 추진하여야 한다.
(2018.4.17 본문개정)
1. 국제공동연구개발의 활성화
2. 과학기술인력의 국제교류 및 국외 우수 과학기술인력의 유치·활용
3. 국내 연구기관의 해외진출 및 외국 연구기관의 국내유치
4. 연구개발 시설·장비, 과학기술지식·정보의 공동 활용 촉진
(2014.5.28 1호~4호신설)
5. 개발도상국의 발전과 복지증진을 위한 과학기술 관련 정책·제도 전수 등 과학기술분야 국제협력(2018.4.17 본호개정)
6. 국내 과학기술인력의 국제기구 진출 확대, 과학기술 관련 국제기구 및 국제행사의 국내 유치 지원
7. 국제기구를 통한 다자간 과학기술협력
(2014.5.28 6호~7호신설)
② 과학기술정보통신부장관은 제1항에 따른 과학기술협력에 관한 시책을 효율적으로 추진하기 위하여 이를 전문적으로 지원할 기관을 지정하고 그 지원업무 수행에 필요한 경비의 전부 또는 일부를 출연하거나 보조할 수 있다.(2017.7.26 본항개정)
③ 제2항에 따른 전문기관의 지정과 국제공동연구의 추진 등 과학기술협력에 필요한 사항은 대통령령으로 정한다.
(2010.2.4 본조개정)
제19조【남북 간 과학기술의 교류협력】 ① 정부는 남북 간 과학기술부문의 상호교류 및 협력을 증진시키는 데에 필요한 시책을 추진하여야 한다.
② 정부는 제1항의 시책 추진을 위하여 북한의 과학기술 관련 정책·제도 및 현황 등에 관하여 조사·연구하여야 한다.
③ 정부는 대통령령으로 정하는 바에 따라 제1항과 제2항에 따른 교류협력사업과 조사·연구 등을 담당할 전문기관을 지정하고 그 사업에 필요한 경비의 전부 또는 일부를 출연할 수 있다.
(2010.2.4 본조개정)
제20조【한국과학기술기획평가원의 설립】 ① 과학기술 정책의 수립·조정 및 국가연구개발사업의 평가 등을 지원하기 위하여 한국과학기술기획평가원(이하 "기획평가원"이라 한다)을 설립한다.(2014.5.28 본항개정)
② 기획평가원은 법인으로 한다.
③ 기획평가원은 그 주된 사무소가 있는 곳에서 설립등기를 함으로써 성립한다.
④ 기획평가원은 다음 각 호의 사업을 수행한다.
(2014.5.28 본문개정)
1. 과학기술자문회의가 심의하는 주요 정책 및 계획의 수립·조정에 대한 지원(2018.1.16 본호개정)
2. 과학기술자문회의가 심의하는 국가연구개발사업 예산의 배분·조정에 대한 지원(2018.1.16 본호개정)
3. 제12조에 따른 국가연구개발사업에 대한 평가등에 대한 지원
4. 과학기술예측(2014.5.28 본호개정)
5. 제14조에 따른 기술영향평가 및 기술수준평가
6. 제1호부터 제5호까지의 사업을 위하여 대통령령으로 정하는 국가연구개발사업에 대한 연구기획·평가 및 관리에 관한 사항
⑤ 기획평가원은 관계 중앙행정기관 및 지방자치단체와 그 산하기관, 정부가 출연하는 연구기관 등에 대하여 중립성과 객관성을 확립하여야 한다.
⑥ 정부는 예산의 범위에서 기획평가원의 설립·운영에 필요한 경비와 사업 수행에 드는 비용의 전부 또는 일부를 출연할 수 있다.(2014.5.28 본항개정)
⑦ 기획평가원에 관하여 이 법 및 「공공기관의 운영에 관한 법률」에서 정하는 것을 제외하고는 「민법」 중 재단법인에 관한 규정을 준용한다.
(2010.2.4 본조개정)
제20조의2【부설기관】 기획평가원은 과학기술정보통신부장관의 인가를 받아 정관으로 정하는 바에 따라 부설기관을 둘 수 있다.(2020.6.9 본조신설)

제4장 과학기술투자 및 인력자원의 확충
(2010.2.4 본장개정)

제21조【과학기술투자의 확대】 ① 정부는 과학기술발전을 촉진하는 데에 필요한 재원을 지속적이고 안정적으로 확보하여야 한다.(2015.12.22 본항개정)
② 정부는 제1항에 따라 필요한 재원을 마련하기 위하여 제7조의2제3항에 따른 국가연구개발투자의 목표치와 추진계획을 기본계획 및 중장기투자전략에 반영하여야 한다.(2020.6.9 본항개정)
③ 지방자치단체의 장은 매년 소관 지방자치단체예산에서 연구개발예산의 비율이 지속적으로 높아지도록 노력하여야 한다.
④ 정부는 기업 등 민간이 적극적으로 연구개발에 투자할 수 있도록 필요한 조치를 마련하여야 한다.
(2014.5.28 본항신설)
⑤ 정부는 연구개발의 추진단계 등을 종합적으로 고려하여 투자재원을 효율적으로 집행하도록 노력하여야 한다.
제22조【과학기술진흥기금】 ① 과학기술정보통신부장관은 과학기술의 진흥과 과학기술문화의 창달을 효율적으로 지원하기 위하여 과학기술진흥기금(이하 "기금"이라 한다)을 설치한다.(2017.7.26 본항개정)
② 기금은 다음 각 호의 재원으로 마련한다.
1. 정부의 출연금 및 융자금
2. 정부가 아닌 자의 출연금
3. 기금운용수익금
4. 「복권 및 복권기금법」 제23조제1항에 따라 배분된 복권수익금
5. 「공공자금관리기금법」에 따른 공공자금관리기금으로부터의 예수금(豫受金)
6. 기금에서 지원하는 국가연구개발사업으로부터 발생하는 기술료(2019.8.27 본호개정)
7. 개인, 법인 또는 단체의 기부금품(2011.7.21 본호신설)
8. 그 밖에 대통령령으로 정하는 수입금
③ 기금은 다음 각 호의 어느 하나에 해당하는 용도에 사용한다.
1. 과학기술에 관한 연구·학술활동과 인력 양성 및 국제교류 등 과학기술의 진흥을 위한 사업의 지원
2. 과학기술 연구개발을 수행하거나 연구개발 성과를 실용화하려는 관련 기업, 교육기관, 연구기관 및 과학기술 관련 기관·단체 등에 대한 지원으로서 대통령령으로 정하는 출연·투자 또는 융자(2014.5.28 본호개정)
3. 기금의 운용자금 중 대통령령으로 정하는 범위에서 「벤처기업육성에 관한 특별법」 제2조제1항에 따른 벤처기업 또는 「기술보증기금법」 제2조제1호에 따른 신기술사업자에 대한 투자(2024.1.9 본호개정)
4. 과학기술의 진흥·개발과 과학기술문화의 창달 및 과학기술인의 복지 증진에 이바지할 목적으로 설립된 법인·단체 또는 「과학관의 설립·운영 및 육성에 관한 법률」에 따라 등록된 과학관에 대한 지원(2013.1.23 본호개정)
5. 국공립 과학관의 건설 및 전시시설, 전시용 장비, 관련 부대시설의 확보를 위한 지원
6. 제8조제2항제1호부터 제4호까지의 규정에 따른 사업에 대한 지원
7. 「공공자금관리기금법」에 따른 공공자금관리기금으로부터의 예수금에 대한 원리금 상환
8. 기금의 조성·운용 및 관리를 위한 경비의 지출
9. 「과학기술유공자 예우 및 지원에 관한 법률」에 따른 과학기술유공자에 대한 지원(2015.12.22 본호신설)
④ 기금은 과학기술정보통신부장관이 운용·관리하되, 과학기술정보통신부장관은 기금의 운용·관리에 관한 업무의 전부 또는 일부를 대통령령으로 정하는 바에 따라 과학기술진흥 관련 업무를 수행하는 법인 등에 위탁할 수 있다.(2017.7.26 본항개정)
⑤ 제4항에 따라 기금을 운용·관리하는 경우 환경·사회·지배구조 등의 요소를 고려할 수 있다.(2023.8.8 본항신설)
⑥ 제2항제7호에 따라 기부하는 자는 특정 개인, 법인 또는 단체에 대한 지원 등 그 용도를 정하여 기부할 수 있다.
(2011.7.21 본항신설)
⑦ 그 밖에 기금의 운용·관리에 필요한 사항은 대통령령으로 정한다.
제23조【과학기술인력의 양성·활용】 ① 정부는 과학기술의 변화와 발전에 대응할 수 있도록 창의력 있고 다양한 재능을 가진 과학기술 인력자원을 양성·개발하고 과학기술인의 활동여건을 개선하기 위하여 다음 각 호의 조치를 하여야 한다.
1. 과학기술인력의 중·장기 수요·공급 전망의 수립
2. 과학기술인력의 양성·공급계획 수립
3. 과학기술인력에 대한 기술훈련 및 재교육의 촉진
4. 과학기술교육의 질적 강화방안 수립
5. 고급 과학기술인력 양성을 위한 고등교육기관의 확충
② 과학기술정보통신부장관은 과학기술인력의 활용과 교류를 촉진하기 위한 방안을 마련하고, 과학기술인력 정보에 대한 데이터베이스를 구축하여 수요자가 손쉽게 활용할 수 있도록 하여야 한다.(2017.7.26 본항개정)
③ 중앙행정기관의 장은 제1항제3호에 따른 과학기술인력의 기술훈련 및 재교육 실시기관을 지정하고 그 사업 수행에 드는 경비의 전부 또는 일부를 출연하거나 보조할 수 있다.(2014.5.28 본항개정)
제24조【여성 과학기술인의 양성】 정부는 국가과학기술역량을 높이기 위하여 여성 과학기술인의 양성 및 활용 방안을 마련하고, 여성 과학기술인이 그 자질과 능력을 충분히 발휘할 수 있도록 필요한 시책을 세우고 추진하여야 한다.(2014.5.28 본조개정)
제25조【과학영재의 발굴 및 육성】 ① 과학기술정보통신부장관은 과학영재를 조기에 발굴하고 체계적으로 육성하기 위하여 과학영재의 발굴 및 육성계획을 세우고 필요한 조치를 마련하여야 한다.(2017.7.26 본항개정)

② 과학기술정보통신부장관은 제1항에 따른 과학영재의 조기발굴과 육성을 위하여 이를 전문적으로 지원할 기관을 지정하고 그 지원업무 수행에 필요한 경비의 전부 또는 일부를 지원할 수 있다.(2017.7.26 본항개정)
③ 제2항에 따른 전문기관의 지정에 관하여 필요한 사항은 대통령령으로 정한다.

제5장 과학기술기반 강화 및 혁신환경 조성
(2010.2.4 본장개정)

제26조【과학기술지식 · 정보 등의 관리 · 유통】 ① 정부는 과학기술 및 국가연구개발사업 관련 지식 · 정보의 생산 · 유통 · 관리 및 활용을 촉진할 수 있도록 다음 각 호의 시책을 세우고 추진하여야 한다.
1. 과학기술 및 국가연구개발사업 관련 지식 · 정보의 수집 · 분석 · 가공 및 데이터베이스의 구축
2. 과학기술 및 국가연구개발사업 관련 지식 · 정보망의 구축 및 운영
3. 과학기술 및 국가연구개발사업 관련 지식 · 정보의 관리 · 유통기관의 육성 등
② 정부는 과학기술 및 국가연구개발사업 관련 지식 · 정보가 원활하게 관리 · 유통될 수 있도록 지식재산권 보호제도 등 지식가치를 평가하고 보호하는 데에 필요한 시책을 세우고 추진하여야 한다.
③ 정부는 제1항의 과학기술 및 국가연구개발사업 관련 지식 · 정보를 효율적으로 관리 · 유통하기 위하여 필요하면 대통령령으로 정하는 바에 따라 이를 지원할 기관을 지정하고 그 운영에 필요한 경비를 지원할 수 있다.
제26조의2【과학기술통계와 지표의 조사 · 분석】 ① 정부는 과학기술 관련 정책을 추진하는 데 활용하기 위하여 국내외 과학기술 활동 및 연구개발성과 등의 과학기술통계와 지표를 조사 · 분석하여야 한다.
② 정부는 제1항에 따른 과학기술통계와 지표의 개선을 위한 시책을 세우고 추진하여야 한다.
③ 정부는 제1항에 따라 과학기술통계와 지표를 조사 · 분석하는 경우 개별 과학기술통계와 지표의 특성을 고려하여 성별 등 특성분석이 반영될 수 있도록 하여야 한다.(2021.4.20 본항신설)
④ 과학기술정보통신부장관은 과학기술통계와 지표를 조사 · 분석하기 위하여 필요하면 관계 중앙행정기관의 장, 지방자치단체의 장, 기업 · 교육기관 · 연구기관의 장, 과학기술 관련 기관 · 단체의 장에게 필요한 자료의 제출을 요청할 수 있다.(2017.7.26 본항개정)
⑤ 과학기술정보통신부장관은 기술무역통계에 관한 조사 · 분석을 위하여 필요하면 기획재정부장관에게 대통령령으로 정하는 자료의 제출을 요청할 수 있다. 이 경우 기획재정부장관은 「외국환거래법」 제21조 및 제22조에도 불구하고 요청받은 자료를 제공할 수 있다.(2017.7.26 전단개정)
⑥ 제1항에 따른 조사 · 분석의 대상과 방법에 관하여 필요한 사항은 대통령령으로 정한다.
(2014.5.28 본조신설)
제27조【국가과학기술표준분류체계의 확립】 ① 과학기술정보통신부장관은 과학기술 관련 정보 · 인력 · 연구개발사업 등을 효율적으로 관리할 수 있도록 관계 중앙행정기관의 장과 협의하여 과학기술에 관한 국가표준분류체계를 세우고 국가과학기술표준분류표를 만들어 시행하여야 한다.(2017.7.26 본항개정)
② 정부는 제1항에 따른 국가과학기술표준분류표를 널리 활용하도록 노력하여야 한다.
③ 과학기술정보통신부장관은 전담기관을 지정하여 국가과학기술표준분류표를 지속적으로 보완하여 발전시키도록 하고, 그 운영에 필요한 경비를 지원할 수 있다.(2017.7.26 본항개정)
④ 제1항부터 제3항까지의 규정에 따른 국가과학기술표준분류표의 제정 절차 및 전담기관의 지정 등에 필요한 사항은 대통령령으로 정한다.
제27조의2【지식재산의 창출 · 보호 · 활용 촉진 및 기반 조성】 정부는 과학기술에 기반을 둔 지식재산의 창출 · 보호 · 활용 및 그 기반 조성을 위하여 노력하여야 한다.(2014.5.28 본조신설)
제28조【연구개발 시설 · 장비의 구축, 확충 · 고도화 및 관리 · 활용】 ① 정부는 효율적이고 균형 있는 연구개발을 추진하기 위하여 필요한 연구개발 시설과 장비 등을 구축, 확충 · 고도화하고 관리 · 운영 · 공동활용 및 처분하기 위한 시책을 세우고 추진하여야 한다.(2022.1.11 본항개정)
② 정부는 제1항에 따른 연구개발 시설 · 장비의 구축, 확충 · 고도화, 관리 · 운영 · 공동활용 및 처분을 추진하기 위하여 필요한 때에는 대통령령으로 정하는 바에 따라 이를 지원할 기관을 지정하고 그 운영에 필요한 경비를 지원할 수 있다.(2022.1.11 본항개정)
③ 과학기술정보통신부장관은 관계 중앙행정기관의 장과 협의하여 제1항에 따른 연구개발 시설 · 장비의 구축, 관리 · 운영 · 공동활용 및 처분에 대한 표준지침을 정하여 고시하여야 한다.(2022.1.11 본항개정)
④ 제3항에 따른 표준지침의 적용 대상, 수립 절차 등에 필요한 사항은 대통령령으로 정한다.(2015.6.22 본항신설)
(2022.1.11 본조제목개정)

제29조【과학연구단지 등의 조성 및 지원】 ① 정부는 산업계 · 학계 · 연구계가 한 곳에 모여 서로 유기적으로 연계하는 데에 따른 효율을 높이고, 국내외 첨단 벤처기업을 유치하거나 육성하기 위하여 과학연구단지를 만들거나 그 조성을 지원할 수 있다.
② 중앙행정기관의 장은 예산의 범위에서 지방자치단체가 주관하는 과학연구단지 조성사업에 드는 비용의 전부 또는 일부를 지원할 수 있다.(2014.5.28 본항개정)
제30조【과학기술문화의 창달 및 창의적 인재육성】 ① 교육부장관과 과학기술정보통신부장관은 과학기술에 대한 국민의 이해와 지식 수준을 높이고 과학기술이 국민생활 및 사회전반에 널리 이용되며 국민의 창의성을 발휘할 수 있도록 과학기술문화를 창달하고 창의적 인재를 육성하기 위한 시책을 세우고 추진하여야 한다.
(2017.7.26 본항개정)
② 교육부장관과 과학기술정보통신부장관은 제1항의 목적을 효과적으로 달성하기 위하여 과학기술문화활동 및 창의적 인재 육성을 담당하는 다음 각 호의 기관과 단체를 육성 · 지원한다.(2017.7.26 본문개정)
1. 「과학관의 설립 · 운영 및 육성에 관한 법률」에 따라 등록된 과학관(2013.1.23 본호개정)
2. 제30조의2제1항에 따라 설립된 한국과학창의재단(2014.5.28 본호개정)
3. 그 밖에 과학기술정보통신부장관이 정하는 과학기술문화활동 관련 기관 또는 단체(2017.7.26 본호개정)
③ 교육부장관과 과학기술정보통신부장관은 제2항 각 호의 기관 또는 단체의 사업 수행에 드는 비용의 전부 또는 일부를 출연하거나 보조할 수 있다.(2017.7.26 본항개정)
④~⑧ (2014.5.28 삭제)
제30조의2【한국과학창의재단의 설립】 ① 과학기술정보통신부장관은 과학기술문화의 창달과 창의적 인재육성 체제의 구축을 지원하기 위하여 한국과학창의재단(이하 "재단"이라 한다)을 설립한다.(2017.7.26 본항개정)
② 재단은 법인으로 한다.
③ 재단은 그 주된 사무소가 있는 곳에서 설립등기를 함으로써 성립한다.
④ 재단은 다음 각 호의 사업을 수행한다.
1. 과학기술문화 창달 및 창의적 인재육성 지원을 위한 조사 · 연구 및 정책 개발
2. 국민의 과학기술 이해 증진 및 확산사업
3. 과학교육과정 및 창의적 인재육성 프로그램 개발
4. 창의적 인재 교육 전문가 육성 · 연수 지원
5. 과학기술 창달 및 창의적 인재육성과 관련된 과학문화 · 예술 융합프로그램 개발 지원
6. 그 밖에 교육부장관과 과학기술정보통신부장관이 지정하거나 위탁하는 사업(2017.7.26 본호개정)
⑤ 과학기술정보통신부장관은 예산의 범위에서 재단의 설립과 운영에 필요한 경비를 출연할 수 있다.(2017.7.26 본항개정)
⑥ 정부는 제4항 각 호의 사업을 추진하기 위하여 필요하면 재단에 「국유재산법」의 규정에도 불구하고 대통령령으로 정하는 바에 따라 국유재산을 무상(無償)으로 양여(讓與)하거나 대여할 수 있다.
⑦ 재단에 관하여 이 법 및 「공공기관의 운영에 관한 법률」에 규정된 것을 제외하고는 「민법」 중 재단법인에 관한 규정을 준용한다.
(2014.5.28 본조신설)
제31조【과학기술인의 우대 등】 ① 정부는 과학기술인이 존중 · 우대받는 사회 분위기를 만들고 안정적인 과학기술 활동을 할 수 있는 여건을 마련하는 등 과학기술인의 사기를 북돋우기 위하여 노력하여야 한다.(2020.6.9 본항개정)
② 정부는 대한민국을 빛낸 과학기술인과 그 업적을 항구적으로 기리고 보존할 수 있도록 필요한 조치를 마련하여야 한다.
③ 정부는 과학기술인이 이룬 우수한 연구개발성과에 대하여 적절히 보상하고 그 성과의 실용화를 촉진하기 위한 시책을 세우고 추진하여야 한다.(2014.5.28 본항개정)
④ 과학기술정보통신부장관은 과학기술인을 우대하고 고용기회를 확대하기 위하여 일정한 자격기준을 충족하는 과학기술인을 대통령령으로 정하는 바에 따라 자율적으로 등록하게 할 수 있다.(2017.7.26 본항개정)
제32조【정부출연연구기관 등의 육성】 ① 정부는 국가연구개발사업을 효율적으로 추진하기 위하여 정부가 출연하는 연구기관, 연구지원기관 및 교육 · 연구기관 등(이하 "정부출연연구기관등"이라 한다)을 적극 육성하여야 한다.(2014.5.28 본항개정)
② 정부는 정부출연연구기관등이 설립 목적에 따른 연구개발을 자율적이고 안정적인 분위기에서 수행할 수 있도록 여건을 조성하고 필요한 지원을 하여야 한다.
(2014.5.28 본항신설)
③ 관계 중앙행정기관의 장은 「과학기술분야 정부출연연구기관 등의 설립 · 운영 및 육성에 관한 법률」 제18조에 따른 연구회(이하 이 조에서 "연구회"라 한다)와 대통령령으로 정하는 산하 정부출연연구기관등에 대하여 평가하고 그 결과를 과학기술정보통신부장관에게 제출하여야 한다. 다만, 연구회 소관 정부출연연구기관에 대해서는 연구회가 평가하고 그 결과를 제출하여야 한다.
(2017.7.26 본문개정)
④ (2010.12.27 삭제)

⑤ 제3항에 따른 평가의 대상 · 범위 · 방법 및 절차 등에 관하여 필요한 사항은 대통령령으로 정한다.(2014.5.28 본항개정)
제33조【과학기술 관련 비영리법인 · 단체의 육성】 ① 정부는 과학기술의 진흥과 학술활동을 수행하거나 지원할 목적으로 설립된 비영리법인이나 단체를 육성하여야 한다.(2014.5.28 본항개정)
② 정부는 제1항의 법인이나 단체가 사업을 추진하는 데에 필요한 경비의 전부 또는 일부를 출연하거나 보조할 수 있다.
③ 제1항에 따른 육성 대상 법인 또는 단체는 대통령령으로 정한다.
(2014.5.28 본조제목개정)
제34조【연구 안전환경의 조성】 정부는 대학이나 연구기관 등에 설치된 과학기술분야 연구실의 안전한 환경을 확보하기 위하여 필요한 시책을 세우고 추진하여야 한다.
(2014.5.28 본조신설)
제35조【과학기술 관련 규제 등의 개선】 ① 정부는 과학기술혁신에 지장을 초래하는 불필요한 규제를 완화하거나 없애기 위하여 과학기술에 관한 규제를 점검하고 개선하여야 한다.(2020.6.9 본항개정)
② 정부는 과학기술과 관련된 국내외 환경변화에 맞게 제도나 규정을 마련하여야 한다.
(2014.5.28 본조신설)
제36조【벌칙 적용에서 공무원 의제】 제20조에 따른 한국과학기술기획평가원의 임원 및 직원은 「형법」 제129조부터 제132조까지의 규정을 적용할 때에는 공무원으로 본다.(2015.12.22 본조신설)

부 칙 (2018.1.16)

제1조【시행일】 이 법은 공포 후 3개월이 경과한 날부터 시행한다.
제2조【심의사항에 관한 경과조치】 이 법 시행 당시 종전의 규정에 따라 국가과학기술심의회의 심의를 거친 사항은 이 법의 개정규정에도 불구하고 「국가과학기술자문회의법」에 따른 국가과학기술자문회의의 심의를 거친 것으로 본다.
제3조【다른 법률의 개정】 ①~⑳ ※(해당 법령에 가제정리 하였음)
제4조【다른 법령과의 관계】 이 법 시행 당시 다른 법령에서 국가과학기술심의회를 인용하고 있는 경우에는 종전의 규정을 갈음하여 국가과학기술자문회의를 인용한 것으로 본다.

부 칙 (2018.4.17)

제1조【시행일】 이 법은 공포 후 3개월이 경과한 날부터 시행한다.
제2조【기획평가원의 부설기관 설립에 관한 경과조치】 이 법 시행 당시 종전의 규정에 따라 설립된 부설기관은 제20조의2의 개정규정에 따라 과학기술정보통신부장관의 인가를 받은 것으로 본다.

부 칙 (2019.8.27)

제1조【시행일】 이 법은 공포한 날부터 시행한다.
제2조【기본계획의 국회 보고에 관한 적용례】 제7조제8항의 개정규정은 이 법 시행 후 최초로 과학기술정보통신부장관이 확정하는 기본계획부터 적용한다.

부 칙 (2020.6.9 법17340호)

이 법은 공포 후 6개월이 경과한 날부터 시행한다.

부 칙 (2020.6.9 법17343호)

제1조【시행일】 이 법은 2021년 1월 1일부터 시행한다.
(이하 생략)

부 칙 (2020.6.9 법17347호)

이 법은 공포한 날부터 시행한다.

부 칙 (2020.12.22)
(2021.4.20)
(2021.12.28)
(2022.1.11)
(2022.6.10)
(2023.8.8)

이 법은 공포 후 6개월이 경과한 날부터 시행한다.

부 칙 (2024.1.9)

제1조【시행일】 이 법은 공포 후 6개월이 경과한 날부터 시행한다.(이하 생략)

국가기술자격법

(2004년 2월 9일 전부개정법률 제7171호)

개정
2005.12.30법 7830호
2007. 4.27법 8406호
2010. 5.31법10336호
2010. 6. 4법10339호(정부조직)
2014. 5.20법12625호
2016. 1.27법13899호
2016.12.27법14497호
2020.12. 8법17600호
2021. 5.18법18189호(정부출연)
2021. 8.17법18425호(국민평생직업능력개발법)
2022. 6.10법18925호

제1조【목적】 이 법은 국가기술자격제도를 효율적으로 운영하여 산업현장의 수요에 적합한 자격제도를 확립함으로써 기술인력의 직업능력을 개발하고, 기술인력의 사회적 지위 향상과 국가의 경제발전에 이바지함을 목적으로 한다.(2010.5.31 본조개정)

제2조【정의】 이 법에서 사용하는 용어의 뜻은 다음과 같다.
1. "국가기술자격"이란 「자격기본법」에 따른 국가자격 중 산업과 관련이 있는 기술·기능 및 서비스 분야의 자격을 말한다.
2. "국가기술자격의 등급"이란 기술인력이 보유한 직무수행능력의 수준에 따라 차등적으로 부여되는 국가기술자격의 단계를 말한다.
3. "국가기술자격의 직무분야"란 산업현장에서 요구되는 직무 수행능력의 내용에 따라 국가기술자격을 분류한 것으로서 고용노동부령으로 정하는 것을 말한다.
(2010.6.4 본호개정)
4. "국가기술자격의 종목"이란 국가기술자격의 등급을 직종별로 구분한 것으로 국가기술자격 취득의 기본단위를 말한다.
(2010.5.31 본조개정)

제3조【국가 등의 책무】 ① 국가는 산업현장에서 필요한 직무 수행능력 등을 국가기술자격제도에 효과적으로 반영하고, 국가기술자격제도가 교육·훈련 및 고용과 연계될 수 있도록 필요한 시책을 마련하여야 한다.
② 국가는 국가기술자격과 관련되는 다른 국가자격 간의 호환성과 국가기술자격의 국제적 통용성(通用性)을 확보하기 위하여 필요한 시책을 마련하여야 한다.
③ 국가 및 지방자치단체는 국가기술자격 취득자의 경제적·사회적 지위를 유지 또는 향상시키고, 그 취업 및 신분을 보장하는 데 필요한 시책을 마련하여야 한다.
(2010.5.31 본조개정)

제4조【사업주 등의 협조】 사업주, 사업주단체 및 근로자단체는 국가기술자격이 산업현장의 수요를 효과적으로 반영할 수 있도록 국가기술자격제도의 운영에 참여하는 등 국가기술자격제도의 발전에 적극 협조하여야 한다.
(2010.5.31 본조개정)

제5조【국가기술자격제도발전기본계획의 수립】 ① 고용노동부장관은 국가기술자격제도를 효율적으로 관리하기 위하여 국가기술자격제도발전기본계획(이하 "기본계획"이라 한다)을 5년마다 수립·시행하여야 한다.
(2010.6.4 본항개정)
② 기본계획에는 다음 각 호의 사항이 포함되어야 한다.
1. 국가기술자격제도의 중장기 정책목표 및 방향
2. 기술인력의 수급(需給) 동향 및 전망에 관한 사항
3. 산업현장에서 필요한 직무수행능력의 표준화 및 활용에 관한 사항
4. 국가기술자격의 종목의 신설·변경 및 폐지에 관한 사항
5. 국가기술자격제도 운영의 성과 및 평가에 관한 사항
6. 국가기술자격 취득자의 활용증진에 관한 사항
7. 제3조에 따른 국가 등의 책무에 관한 사항
8. 제7조에 따른 국가기술자격 정보체계의 구축에 관한 사항
9. 그 밖에 국가기술자격제도를 운영하기 위하여 고용노동부장관이 필요하다고 인정하는 사항(2014.5.20 본호개정)
③ 고용노동부장관은 기본계획을 수립할 때에는 관계 중앙행정기관의 장과의 협의를 거친 후 제6조에 따른 국가기술자격 정책심의위원회의 심의를 거쳐야 한다.
(2010.6.4 본항개정)
④ 고용노동부장관은 기본계획을 수립하였을 때에는 국무회의에 보고하고 공표하여야 한다.(2010.6.4 본항개정)
⑤ 고용노동부장관은 관계 중앙행정기관 및 관계 기관·단체(이하 "관계중앙행정기관등"이라 한다)에 기본계획을 수립하는 데 필요한 자료의 제출을 요청할 수 있으며, 관계중앙행정기관등은 특별한 사정이 없으면 이에 협조하여야 한다.(2010.6.4 본항개정)
(2010.5.31 본조개정)

제6조【국가기술자격 정책심의위원회】 ① 국가기술자격제도에 관한 중요한 사항을 심의하기 위하여 고용노동부에 국가기술자격 정책심의위원회(이하 "정책심의회"라 한다)를 둔다.(2010.6.4 본문개정)
② 정책심의회는 다음 각 호의 사항을 심의한다.
1. 기본계획의 수립에 관한 사항
2. 제3조에 따른 국가 등의 책무 중 주요 시책에 관한 사항
3. 제7조에 따른 국가기술자격 정보체계의 구축 등에 관한 사항
3의2. 제10조에 따른 교육·훈련과정 이수 및 평가를 통하여 국가기술자격을 취득할 수 있는 자격종목의 선정 및 교육·훈련과정의 지정에 관한 사항(2014.5.20 본호신설)
4. 국가기술자격의 등급·직무분야 및 종목의 신설·변경 및 폐지에 관한 사항
5. 국가만이 검정(檢定)할 수 있는 국가기술자격의 종목의 확정 등에 관한 사항
6. 국가기술자격의 국가 간 상호 인정에 관한 사항
7. 제23조제2항에 따른 권한의 위탁에 관한 사항
8. 제24조에 따른 수탁기관에 대한 평가에 관한 사항
9. 그 밖에 국가기술자격제도를 효율적으로 운영하기 위하여 고용노동부장관이 필요하다고 인정하는 사항
(2010.6.4 본호개정)
③ 정책심의회의 위원장은 고용노동부장관이 되며, 위원은 다음 각 호의 사람이 된다.(2010.6.4 본문개정)
1. 대통령령으로 정하는 관계 중앙행정기관의 차관급 공무원
2. 과학기술, 직업교육, 직업훈련 및 자격제도에 관한 학식과 경험이 풍부한 사람으로서 고용노동부장관이 위촉하는 사람(2010.6.4 본호개정)
3. 사업주단체 또는 근로자단체의 관계자 중 고용노동부장관이 위촉하는 사람(2010.6.4 본호개정)
④ 정책심의회를 효율적으로 운영하기 위하여 필요하다고 인정하는 경우에는 정책심의회에 분야별로 전문위원회를 둘 수 있다.
⑤ 정책심의회는 의결을 거쳐 제2항제4호 및 제5호에 해당하는 심의사항을 제4항에 따른 전문위원회에 위임할 수 있다.(2016.12.27 본항신설)
⑥ 전문위원회는 제5항에 따라 정책심의회로부터 위임받은 사항에 관하여 심의하여야 하며, 그 심의는 정책심의회의 심의로 본다. 이 경우 전문위원회는 심의 결과를 정책심의회에 보고하여야 한다.(2016.12.27 본항신설)
⑦ 정책심의회 및 전문위원회의 구성·기능·운영에 관한 사항과 그 밖에 필요한 사항은 대통령령으로 정한다.
(2010.5.31 본조개정)

제7조【국가기술자격 정보체계의 구축 등】 ① 고용노동부장관은 국가기술자격 취득자의 경력(다른 법령에 따라 경력 정보가 관리되는 국가기술자격 취득자의 경력은 제외한다)과 국가기술자격에 관련된 정보 등 국가기술자격제도의 운영에 필요한 정보를 관리하는 국가기술자격 정보체계(이하 "정보체계"라 한다)를 구축·운영할 수 있다.(2010.6.4 본항개정)
② 고용노동부장관은 정보체계를 구축·운영하기 위하여 관계중앙행정기관등과 국가기술자격 취득자에게 대통령령으로 정하는 바에 따라 필요한 자료의 제출을 요청할 수 있으며, 관계중앙행정기관등은 특별한 사정이 없으면 이에 협조하여야 한다.(2010.6.4 본항개정)
③ 고용노동부장관은 필요하다고 인정하는 경우에는 정보체계의 구축·운영에 관한 업무의 전부 또는 일부를 대통령령으로 정하는 자에게 대행하게 할 수 있다.
(2010.6.4 본항개정)
④ 고용노동부장관은 제3항에 따라 업무를 대행하게 하는 경우에는 그에 필요한 경비를 지원할 수 있다.
(2010.6.4 본항개정)
⑤ 그 밖에 정보체계의 구축·운영에 필요한 사항은 대통령령으로 정한다.
(2010.5.31 본조개정)

제8조【국가기술자격의 조사·연구】 ① 고용노동부장관은 국가기술자격제도를 효율적으로 운영하기 위하여 필요한 조사와 연구사업 등을 할 수 있다.(2010.6.4 본항개정)
② 고용노동부장관은 국가기술자격의 종목이 산업현장에 적합한지 등에 대하여 정기적으로 조사·연구하고 그 결과를 공개할 수 있다.(2010.6.4 본항개정)
③ 고용노동부장관은 필요하다고 인정하는 경우에는 제1항과 제2항에 따른 업무의 일부를 대통령령으로 정하는 자에게 대행하게 할 수 있다.(2010.6.4 본항개정)
④ 고용노동부장관은 제3항에 따라 업무를 대행하게 하는 경우에는 그에 필요한 경비를 지원할 수 있다.
(2010.6.4 본항개정)
⑤ 제1항과 제2항에 따른 조사와 연구사업 등을 원활하게 수행하기 위하여 필요한 사항은 대통령령으로 정한다.
(2010.5.31 본조개정)

제8조의2【국가기술자격의 운영분야】 ① 국가는 다음 각 호의 어느 하나에 해당하는 분야에 대하여 국가기술자격을 운영할 수 있다.
1. 국민의 생명·건강 및 안전에 직결되는 분야
2. 사회질서 또는 선량한 풍속의 유지를 위하여 국가적인 관리가 필요하거나 고도의 윤리성이 요구되는 분야
3. 국가의 기간(基幹)·전략산업 유지·발전 및 신산업(「산업발전법」 제4조제2항제3호에 따른 신산업을 말한다) 육성을 위하여 국가적인 인력양성과 직무 수행능력의 인정이 필요한 분야
4. 전 산업에 공통되는 기초직무로서 국가적인 직무 수행능력의 인정이 필요한 분야
② 국가기술자격의 종목은 고용노동부령으로 정한다.
(2014.5.20 본항개정)
③ 국가기술자격의 종목의 신설·변경 및 폐지의 기준과 절차는 대통령령으로 정한다.
(2010.5.31 본조신설)

제9조【국가기술자격의 등급】 국가기술자격의 등급은 다음 각 호의 구분에 따른다.
1. 기술·기능 분야 : 기술사, 기능장, 기사, 산업기사 및 기능사
2. 서비스 분야 : 국가기술자격의 종목별로 3등급의 범위에서 대통령령으로 정하는 등급
(2014.5.20 본조개정)

제10조【국가기술자격의 취득 등】 ① 국가기술자격을 취득하려는 사람은 해당 국가기술자격에 관한 사항을 관장하는 중앙행정기관의 장(이하 "주무부장관"이라 한다)이 시행하는 국가기술자격 검정에 합격하거나 정책심의회의 심의를 거쳐 주무부장관이 다음 각 호의 기관 중에서 지정하는 교육·훈련과정을 이수하고 대통령령으로 정하는 합격기준을 충족하여야 한다. 다만, 다른 법령에 따른 자격으로서 이 법에 따른 국가기술자격에 상당하다고 고용노동부령으로 정하는 자격을 취득한 사람은 이 법에 따른 국가기술자격을 취득한 사람으로 본다.
(2014.5.20 본문개정)
1. 「초·중등교육법」 제2조제3호에 따른 고등학교·고등기술학교 및 이에 준하는 각종학교
2. 「고등교육법」 제2조 각 호에 따른 학교
(2014.5.20 1호~2호신설)
3. 「국민 평생 직업능력 개발법」 제2조제3호에 따른 직업능력개발훈련시설(2021.8.17 본호개정)
4. 「국민 평생 직업능력 개발법」 제24조제1항에 따라 고용노동부장관으로부터 인정을 받은 시설 또는 기관
(2021.8.17 본호개정)
5. 「학원의 설립·운영 및 과외교습에 관한 법률」 제2조의2제1항제2호에 따른 평생직업교육학원
6. 「평생교육법」 제2조제2호에 따른 평생교육기관
(2014.5.20 5호~6호신설)
② 제1항에 따른 교육·훈련과정을 지정받으려는 자는 다음 각 호의 사항에 대하여 대통령령으로 정하는 기준을 갖추어야 한다.
1. 교수진
2. 실험·실습 시설 및 장비
3. 교과 과정 및 내용
4. 교육·훈련생 평가체계
5. 그 밖에 교육·훈련을 충실히 수행하기 위하여 필요하다고 인정하여 대통령령으로 정하는 사항
(2014.5.20 본항신설)
③ 국가기술자격 검정별 소관 주무부장관과 국가기술자격 검정의 기준, 방법, 절차 및 응시자격에 관하여 필요한 사항은 대통령령으로 정한다.(2014.5.20 본항개정)
④ 교육·훈련과정의 지정 방법·절차, 교육훈련생의 교육훈련과정 이수기준, 그 밖에 교육·훈련과정의 지정·운영에 필요한 사항은 대통령령으로 정한다.
(2014.5.20 본항신설)
⑤ 주무부장관이 국가기술자격 검정을 시행하려는 경우에는 고용노동부장관과 협의하여야 한다.(2010.6.4 본항개정)
⑥ 주무부장관은 국가기술자격의 검정에서 고용노동부령으로 정하는 부정행위를 한 응시자에 대하여는 그 검정을 정지하거나 무효로 한다.(2014.5.20 본항개정)

제10조의2【과정이수 및 평가를 통한 국가기술자격 취득종목의 선정】 ① 주무부장관은 제10조에 따라 교육·훈련과정 이수 및 평가를 통하여 국가기술자격을 취득할 수 있는 자격종목을 선정하는 경우에는 관련 협회 등 이해관계자와 협의를 한 후 정책심의회의 심의를 거쳐야 한다.
② 주무부장관이 제1항에 따른 자격종목을 선정할 때에는 다음 각 호의 사항을 고려하여야 한다.
1. 국가기술자격 검정의 방식보다 정확하게 능력을 측정할 수 있는지 여부
2. 국민의 생명·건강 및 안전을 해할 가능성
3. 산업의 인력수급에 미치는 영향
4. 그 밖에 대통령령으로 정하는 사항
(2014.5.20 본조신설)

제10조의3【과정이수 및 평가를 통한 국가기술자격 취득종목의 관리】 ① 고용노동부장관은 과정이수 및 평가를 통한 국가기술자격 취득에 관하여 연도별 시행계획을 수립하여야 한다.
② 연도별 시행계획에는 다음 각 호의 사항이 포함되어야 한다.
1. 제10조의2에 따른 자격종목에 해당하는 지정 교육·훈련과정의 수
2. 제1호의 교육·훈련과정에서 실시되는 평가의 난이도
3. 그 밖에 대통령령으로 정하는 사항
③ 고용노동부장관은 제1항에 따른 연도별 시행계획을 수립하려는 경우에는 관계 중앙행정기관의 장과 협의를 한 후 정책심의회의 심의를 거쳐야 한다.
④ 고용노동부장관은 연도별 시행계획의 이행, 지정 교육·훈련과정의 운영 결과 등을 포함한 시행 결과를 매년 정책심의회에 보고하여야 한다.
(2014.5.20 본조신설)

제11조【응시의 제한】 다음 각 호의 어느 하나에 해당하는 사람은 국가기술자격 검정에 응시할 수 없다.

1. 제10조제6항에 따라 국가기술자격 검정의 정지처분 또는 무효처분을 받고 그 처분을 받은 날부터 3년이 지나지 아니한 사람(2014.5.20 본호개정)
2. 제16조제1항에 따라 국가기술자격의 취소처분을 받은 후 그 처분을 받은 날부터 3년 이내에 동일한 국가기술자격의 종목에 응시하려는 사람
3. 제16조제1항에 따라 국가기술자격의 정지처분을 받은 사람으로서 그 정지기간에 동일한 국가기술자격의 종목에 응시하려는 사람

(2010.5.31 본조개정)

제11조의2【지정교육·훈련과정 이수자의 자격취득제한】 다음 각 호의 어느 하나에 해당하는 사람은 제10조에 따라 주무부장관의 지정을 받은 교육·훈련과정(이하 "지정교육·훈련과정"이라 한다)을 이수하더라도 국가기술자격을 취득할 수 없다.
1. 제10조제6항에 따라 국가기술자격 검정의 정지처분 또는 무효처분을 받고 그 처분을 받은 날부터 3년이 지나지 아니한 사람
2. 제16조제1항에 따라 국가기술자격의 취소처분을 받고 그 처분을 받은 날부터 3년이 지나지 아니한 사람
3. 제16조제1항에 따라 국가기술자격의 정지처분을 받고 그 정지 기간에 있는 사람

(2014.5.20 본조신설)

제12조【국가기술자격 검정 과목의 면제】 ① 주무부장관은 다음 각 호의 어느 하나에 해당하는 사람이 국가기술자격 검정을 받으려는 경우에는 대통령령으로 정하는 바에 따라 검정 과목의 전부 또는 일부를 면제할 수 있다.
1. 국가기술자격 취득자로서 취득한 국가기술자격의 종목과 동일한 직무분야 및 등급에 해당하는 다른 국가기술자격의 종목의 검정을 받으려는 사람
2. 외국과의 협약에 따라 국가 간에 상호 인정되는 관련 외국자격을 취득한 사람
3. 검정받으려는 국가기술자격과 관련되는 다른 법령에 따른 자격을 취득한 사람
4. 「자격기본법」에 따라 국가의 공인을 받은 관련 민간자격을 취득한 사람
5. 검정받으려는 국가기술자격과 관련되는 자격을 군사분계선 이북지역에서 취득한 사람
6. 그 밖에 국가기술자격과 동등한 수준 이상을 갖추었다고 인정되는 사람으로서 대통령령으로 정하는 사람

② 검정 과목 면제의 범위·기준 및 절차 등에 관하여 필요한 사항은 대통령령으로 정한다.

(2010.5.31 본조개정)

제13조【국가기술자격증】 ① 주무부장관은 제10조제1항 본문에 따라 국가기술자격을 취득한 사람에게 국가기술자격증을 발급한다.(2014.5.20 본항개정)

② 국가기술자격증을 발급받은 사람이 국가기술자격증을 잃어버린 경우, 헐어 못 쓰게 된 경우 또는 국가기술자격증의 기재사항이 변경된 경우에는 주무부장관에게 재발급을 신청할 수 있다.

③ 국가기술자격증의 발급·재발급 및 관리에 필요한 사항은 대통령령으로 정한다.

(2010.5.31 본조개정)

제14조【국가기술자격 취득자에 대한 우대】 ① 국가 및 지방자치단체는 국가기술자격의 직무분야에 관한 영업의 허가·인가·등록 또는 면허를 하거나 그 밖의 이익을 부여하는 경우에는 다른 법령에 어긋나지 아니하는 범위에서 그 직무분야의 국가기술자격 취득자를 우대하여야 한다.

② 국가기술자격 취득자를 해당 직무분야의 근로자로 고용하는 사업주는 대통령령으로 정하는 바에 따라 그 근로자를 우대하여야 한다.

③ 국가기술자격 취득자는 고용노동부령으로 정하는 바에 따라 그 국가기술자격과 같은 종류로서 동등한 수준의 다른 법령에 따른 자격을 취득한 사람과 그 법령상 같은 대우를 받는다.(2010.6.4 본항개정)

④ 제1항부터 제3항까지의 규정은 제16조에 따라 국가기술자격의 정지처분을 받아 그 국가기술자격이 정지되어 있는 사람에 대하여는 적용하지 아니한다.

(2010.5.31 본조개정)

제15조【국가기술자격 취득자의 의무 등】 ① 국가기술자격 취득자는 성실하게 업무를 수행하여야 하며, 품위를 손상하여서는 아니 된다.

② 제13조에 따라 발급받은 국가기술자격증은 다른 사람에게 빌려 주거나 빌려서는 아니 되며, 대여를 알선하여서도 아니 된다.

(2010.5.31 본조개정)

제15조의2【국가기술자격 취득자의 교육훈련】 ① 고용노동부장관은 국가기술자격 취득자의 직무 수행능력을 향상시키기 위하여 국가기술자격 취득자에 대한 교육훈련을 실시할 수 있다.

② 제1항에 따른 교육훈련의 대상이 되는 국가기술자격의 종목 및 교육훈련의 절차 등에 관하여 필요한 사항은 관계 중앙행정기관의 장과 협의를 거쳐 고용노동부령으로 정한다.

(2010.6.4 본조개정)

제15조의3【국가기술자격증 대여 및 대여 알선 조사】 ① 주무부장관 또는 고용노동부장관(이하 이 조에서 "주무부장관등"이라 한다)은 국가기술자격증의 대여 및 대여 알선 금지를 규정한 제15조제2항의 위반 여부에 대한 조사가 필요한 경우에는 소속 직원(다른 법률에 따라 국가기술자격 취득자를 관리하는 업무를 주무부장관등으로부터 위임·위탁받은 기관의 직원을 포함한다)으로 하여금 국가기술자격 취득자를 고용하고 있거나 고용하였던 사업주의 사업장에 출입하여 관계인에게 질문하거나 장부 등 서류를 조사하게 할 수 있다.(2014.5.20 본항개정)

② 주무부장관등은 제1항의 조사를 위하여 필요한 경우 관계 중앙행정기관·지방자치단체, 그 밖의 공공단체에 국가기술자격 취득자의 취업상황 및 소속 사업장에 관한 자료 제출을 요청할 수 있다.

③ 주무부장관등이 제1항에 따라 조사를 하는 경우에는 그 사업주 등에게 미리 조사 일시, 조사 내용 등 필요한 사항을 알려야 한다. 다만, 긴급한 경우 또는 미리 알리면 그 목적을 달성할 수 없다고 인정되는 경우에는 그러하지 아니하다.

④ 제1항에 따라 조사를 하는 직원은 그 신분을 나타내는 증표를 지니고 이를 관계인에게 보여주어야 한다.

⑤ 주무부장관등은 제1항에 따른 조사 결과를 그 사업주 등에게 서면으로 알려야 한다.

(2010.5.31 본조신설)

제15조의4【포상금의 지급】 ① 주무부장관 또는 고용노동부장관은 제15조제2항을 위반하여 국가기술자격증을 다른 사람에게 빌려주거나 빌려서 사용한 자, 대여를 알선한 자를 신고한 사람에게 예산의 범위에서 포상금을 지급할 수 있다.

② 제1항에 따른 부정행위의 신고 및 포상금의 지급에 필요한 사항은 고용노동부령으로 정한다.

(2014.5.20 본조신설)

제16조【국가기술자격의 취소 등】 ① 주무부장관은 국가기술자격 취득자가 다음 각 호의 어느 하나에 해당하는 경우에는 그 국가기술자격을 취소하거나 3년의 범위에서 정지시킬 수 있다. 다만, 제1호 또는 제3호에 해당하는 경우에는 그 국가기술자격을 취소하여야 한다.(2016.1.27 본문개정)
1. 거짓이나 그 밖의 부정한 방법으로 국가기술자격을 취득한 경우
2. 제15조제1항을 위반하여 업무를 성실히 수행하지 아니하거나 품위를 손상시켜 공익을 해치거나 타인에게 손해를 입힌 경우
3. 제15조제2항을 위반하여 국가기술자격증을 다른 사람에게 빌려 준 경우

② 제1항에 따른 국가기술자격의 취소 또는 정지에 관한 기준은 그 처분의 사유와 위반 정도 등을 고려하여 고용노동부령으로 정한다.(2010.6.4 본항개정)

(2010.5.31 본조개정)

제17조【청문】 주무부장관은 다음 각 호의 어느 하나에 해당하는 처분을 하려면 청문을 하여야 한다.
1. 제16조제1항에 따른 국가기술자격의 취소 또는 정지
2. 제24조의5제1항에 따른 지정교육·훈련과정의 지정 취소

(2014.5.20 본조개정)

제18조【명칭의 사용금지】 누구든지 국가기술자격을 취득하지 아니하고는 국가기술자격의 등급 및 종목에 따르는 명칭을 사용하지 못한다.

제19조【유사 자격 등의 검정의 금지】 ① 국가가 아닌 자는 제8조의2제1항제1호 또는 제2호의 분야에 해당하는 자격 및 이와 유사한 자격의 검정을 하여서는 아니 된다.

② 제1항에 따라 국가만이 검정할 수 있는 국가기술자격의 종목은 정책심의회의 심의를 거쳐 고용노동부령으로 정한다.(2010.6.4 본항개정)

(2010.5.31 본조개정)

제20조【민간기술자격의 공인 협의】 주무부장관 및 고용노동부장관은 「정부출연연구기관 등의 설립·운영 및 육성에 관한 법률」에 따라 설립된 한국직업능력연구원의 원장으로부터 「자격기본법」에 따라 민간자격의 공인을 위한 협의를 요청받은 경우에는 그 민간기술자격(「자격기본법」에 따른 민간자격 중 기술 분야의 자격을 말한다)의 검정 수준 또는 교육·훈련과정의 이수 기준 등이 이 법에 따른 국가기술자격 검정 수준 또는 교육·훈련과정의 이수 기준에 적합한지를 검토하여야 한다.

(2021.5.18 본조개정)

제21조【국가기술자격의 국가 간 상호 인정】 ① 국가는 외국자격이나 국제적으로 통용되는 자격이 국가기술자격과 같은 종류이고 동등한 수준이며 해당 자격 취득자가 이 법에 따른 국가기술자격 취득자(다른 법령에 따라 국가기술자격 취득자와 같은 자격을 갖춘 것으로 인정되는 사람을 포함한다)와의 업무 교류 등이 가능하다고 판단되는 경우에는 국가 간 협약 등에 따라 외국자격이나 국제적으로 통용되는 자격을 인정할 수 있다.

② 제1항에 따른 국가기술자격의 상호 인정에 필요한 사항은 대통령령으로 정한다.

(2010.5.31 본조개정)

제22조【수수료】 다음 각 호의 어느 하나에 해당하는 사람은 고용노동부령으로 정하는 바에 따라 수수료를 내야 한다.(2010.6.4 본문개정)
1. 제10조에 따라 국가기술자격 검정을 받으려는 사람
2. 제13조에 따라 국가기술자격증을 발급받거나 재발급받으려는 사람
3. 국가기술자격과 관련된 증명서를 발급받으려는 사람

(2010.5.31 본조개정)

제23조【권한의 위임·위탁】 ① 주무부장관은 대통령령으로 정하는 바에 따라 이 법에 따른 권한의 일부를 소속 기관의 장, 특별시장, 광역시장, 특별자치시장, 도지사 또는 특별자치도지사에게 위임하거나 다른 행정기관의 장에게 위탁할 수 있다.(2022.6.10 본항개정)

② 주무부장관은 대통령령으로 정하는 위탁 기준을 충족하는 관련 전문기관 또는 단체에 검정업무 또는 지정교육·훈련과정 지정 업무 중 대통령령으로 정하는 일부 업무를 고용노동부령으로 정하는 절차에 따라 위탁할 수 있다.(2014.5.20 본항개정)

③ 고용노동부장관은 제15조의2제1항에 따른 교육훈련에 관한 업무를 대통령령으로 정하는 관련 전문기관 또는 단체에 위탁할 수 있다.(2010.6.4 본항개정)

④ 주무부장관 또는 고용노동부장관은 제2항 또는 제3항에 따라 업무를 위탁하는 경우에는 업무를 위탁받은 기관 또는 단체에 위탁 업무의 처리 및 운영에 필요한 경비를 지원할 수 있다.(2010.6.4 본항개정)

⑤ 고용노동부장관은 제2항에 따라 검정 또는 지정교육·훈련과정 지정 업무를 위탁받은 기관 또는 단체(이하 "수탁기관"이라 한다)에 대통령령으로 정하는 바에 따라 위탁 업무의 처리에 필요한 기술지원을 할 수 있다.

(2014.5.20 본항개정)

(2010.5.31 본조개정)

제24조【수탁기관에 대한 평가】 ① 고용노동부장관은 국가기술자격 검정 및 지정교육·훈련과정 지정 업무의 질적 수준을 높이기 위하여 수탁기관에 대하여 다음 각 호의 사항을 평가하고 그 결과를 공개할 수 있다. 이 경우 제2호 및 제3호는 검정업무 수탁기관의 평가에만 적용하고, 제3호의2는 지정교육·훈련과정 지정 업무 수탁기관의 평가에만 적용한다.(2014.5.20 본문개정)
1. 국가기술자격 검정 또는 지정교육·훈련과정 지정 업무의 수행능력에 관한 사항(2014.5.20 본호개정)
2. 검정 시설 및 장비의 적절한 보유 및 운영에 관한 사항
3. 검정시행계획, 출제, 채점, 시험의 보안 등 국가기술자격 검정의 관리·운영에 관한 사항

3의2. 교육·훈련과정 평가 등 지정교육·훈련과정 지정 업무의 운영에 관한 사항(2014.5.20 본호신설)

4. 국가기술자격 취득자의 관리에 관한 사항
5. 그 밖에 수탁기관의 질적 수준을 향상시키기 위하여 고용노동부장관이 필요하다고 인정하는 사항 (2010.6.4 본호개정)

② 고용노동부장관은 제1항에 따른 평가 결과를 주무부장관에게 통보하여야 한다.(2010.6.4 본항개정)

③ 고용노동부장관은 필요하다고 인정하는 경우에는 제1항에 따른 평가업무의 전부 또는 일부를 대통령령으로 정하는 자에게 대행하게 할 수 있다.(2010.6.4 본항개정)

④ 고용노동부장관은 제3항에 따라 업무를 대행하게 하는 경우에는 그에 필요한 경비를 지원할 수 있다.

(2010.6.4 본항개정)

⑤ 제1항에 따른 평가방법 등에 관하여 필요한 사항은 대통령령으로 정한다.

(2010.5.31 본조개정)

제24조의2【수탁기관에 대한 위탁 취소 등】 ① 주무부장관은 수탁기관이 다음 각 호의 어느 하나에 해당하는 경우에는 시정명령을 하거나 제23조제2항에 따른 검정 또는 지정교육·훈련과정 지정 업무의 위탁을 취소할 수 있다. 다만, 제1호에 해당하는 경우에는 해당 업무의 위탁을 취소하여야 한다.(2014.5.20 본문개정)
1. 거짓이나 그 밖의 부정한 방법으로 검정 또는 지정교육·훈련과정 지정 업무를 위탁받은 경우(2014.5.20 본호개정)
2. 제23조제2항에 따른 위탁기준을 충족하지 못하게 된 경우
3. 제24조제2항에 따라 고용노동부장관으로부터 통보받은 평가 결과 개선조치가 필요하다고 인정되는 경우 (2010.6.4 본호개정)
4. 위탁받은 검정 또는 지정교육·훈련과정 지정 업무를 거짓이나 그 밖의 부정한 방법으로 처리한 경우 (2014.5.20 본호개정)

② 고용노동부장관은 수탁기관이 제1항 각 호의 어느 하나에 해당한다고 판단되는 경우에는 제1항에 따른 조치를 할 것을 주무부장관에게 권고할 수 있다.(2010.6.4 본항개정)

③ 주무부장관은 제1항에 따라 업무의 위탁을 취소할 때에는 그 사실을 고용노동부장관에게 통보하여야 하고, 고용노동부장관은 해당 업무의 위탁이 취소된 사실을 공고하여야 한다.(2014.5.20 본항개정)

④ 주무부장관은 제1항에 따라 업무의 위탁이 취소되는 경우에는 수탁기관이 새로 지정될 때까지 해당 업무를 대통령령으로 정하는 기관 또는 단체로 하여금 대행하게 할 수 있다.(2014.5.20 본항개정)

(2010.5.31 본조개정)

제24조의3【국가기술자격 검정 시설 등의 확보】 ① 주무부장관 및 고용노동부장관은 산업현장의 수요 및 기술변화에 따르는 국가기술자격의 검정 시행을 위하여 필요한 시설 또는 장비를 확보하여야 한다.(2010.6.4 본항개정)

② 주무부장관 또는 고용노동부장관은 국가기술자격의 검정 시행을 위하여 고용노동부령으로 정하는 기업, 교육훈련기관 등의 시설·장비를 사용할 수 있다. 이 경우 해당 기업 또는 기관 등에 필요한 비용을 지원할 수 있다.
(2010.6.4 전단개정)

③ 제2항 후단에 따른 비용의 지원 요건, 지원 금액 및 지원 절차 등에 관하여 필요한 사항은 고용노동부령으로 정한다.(2010.6.4 본항개정)

제24조의4【지정교육·훈련과정 운영 기관에 대한 조사 등】 ① 주무부장관 또는 고용노동부장관은 다음 각 호의 사항을 확인하기 위하여 관계 공무원으로 하여금 해당 지정교육·훈련과정을 운영하는 교육·훈련기관에 출입하여 관계인에 대하여 질문하거나 장부 등 서류를 조사하게 할 수 있다.
1. 지정교육·훈련과정의 지정 관련 사항
2. 지정교육·훈련과정을 이수하여 국가기술자격을 취득한 사람의 과정이수에 관한 사항

② 주무부장관 또는 고용노동부장관은 제1항의 조사를 위하여 필요한 경우 지정교육·훈련과정을 운영하는 교육·훈련기관에 자료의 제출을 요구할 수 있다.

③ 제1항에 따른 조사의 절차 및 방법 등에 관하여는 제15조의3제3항부터 제5항까지의 규정을 준용한다. 이 경우 제15조의3제3항 및 제5항 중 "사업주 등"은 "해당 지정교육·훈련과정을 운영하는 교육·훈련기관의 장 등"으로 본다.
(2014.5.20 본조신설)

제24조의5【지정교육·훈련과정 지정의 취소 등】 ① 주무부장관은 지정교육·훈련과정을 운영하는 교육·훈련기관이 다음 각 호의 어느 하나에 해당하는 경우에는 시정명령을 하거나 지정교육·훈련과정의 지정을 취소할 수 있다. 다만, 제1호 또는 제4호에 해당하는 경우에는 지정교육·훈련과정의 지정을 취소하여야 한다.
1. 거짓이나 그 밖의 부정한 방법으로 지정교육·훈련과정의 지정을 받은 경우
2. 제10조제2항에 따른 지정 기준을 충족하지 못하게 된 경우
3. 제10조제2항에 따라 지정받은 내용과 다르게 교육·훈련을 실시한 경우
4. 거짓 또는 그 밖의 부정한 방법으로 교육·훈련생의 교육·훈련과정 이수 처리를 한 경우

② 제1항에 따른 시정명령 및 지정 취소에 관하여는 제24조의2제2항 및 제3항을 준용한다. 이 경우 제24조의2제2항 중 "수탁기관"은 "지정교육·훈련과정을 운영하는 교육·훈련기관"으로 보고, 같은 조 제3항 중 "업무의 위탁"은 "지정교육·훈련과정의 지정"으로 본다.

③ 제1항에 따른 시정명령 및 지정 취소의 세부기준 등에 관하여 필요한 사항은 고용노동부령으로 정한다.
(2014.5.20 본조신설)

제25조【벌칙 적용 시의 공무원 의제】 제23조제2항에 따라 위탁받은 업무에 종사하는 수탁기관의 임직원은 「형법」 제129조부터 제132조까지의 규정을 적용할 때에는 공무원으로 본다.(2014.5.20 본조개정)

제25조의2【비밀 엄수의 의무】 ① 제23조제2항에 따라 업무를 위탁받은 수탁기관의 임직원이거나 임직원이었던 사람은 그 직무상 알게 된 비밀을 누설하여서는 아니 된다.(2014.5.20 본항개정)

② 국가기술자격 검정업무 수행과 관련하여 수탁기관의 위촉을 받아 시험문제의 출제 및 검토·인쇄를 담당한 사람, 면접시험을 담당한 사람, 실기시험 관리 및 시험감독을 담당한 사람은 그 직무상 알게 된 비밀을 누설하여서는 아니 된다.
(2010.5.31 본조신설)

제25조의3【검정 방해행위 금지】 누구든지 검정에 관하여 고의로 방해하거나 부당한 영향을 주는 행위를 하여서는 아니 된다.(2020.12.8 본조신설)

제25조의4【서류의 보존】 ① 지정교육·훈련과정을 운영하는 자는 교육·훈련과정의 지정 및 운영 등과 관련하여 고용노동부령으로 정하는 서류를 3년간 보존하여야 한다.

② 제1항에 따른 서류는 전자문서로 작성·보존할 수 있다.
(2014.5.20 본조신설)

제26조【벌칙】 ① 다음 각 호의 어느 하나에 해당하는 자는 2년 이하의 징역 또는 2천만원 이하의 벌금에 처한다.
(2020.12.8 본문개정)
1. 제19조제1항을 위반하여 검정을 한 자
2. 제25조의2를 위반하여 직무상 알게 된 비밀을 누설한 사람
3. 제25조의3을 위반하여 검정에 관하여 고의로 방해하거나 부당한 영향을 주는 행위를 한 사람

(2020.12.8 1호~3호신설)

② 다음 각 호의 어느 하나에 해당하는 자는 1년 이하의 징역 또는 1천만원 이하의 벌금에 처한다.(2014.5.20 본문개정)
1. 제15조제2항을 위반하여 국가기술자격증을 빌려 주거나 빌린 사람 또는 대여를 알선한 사람
2. 제18조를 위반하여 국가기술자격의 등급 및 종목에 따르는 명칭을 사용한 자

(2010.5.31 본조개정)

제26조의2【과태료】 ① 다음 각 호의 어느 하나에 해당하는 자에게는 300만원 이하의 과태료를 부과한다.
1. 제15조의3 및 제24조의4에 따른 조사를 정당한 사유 없이 거부·방해·기피하거나 거짓의 진술서 또는 자료를 제출한 자
2. 제25조의4에 따른 교육·훈련과정의 지정 및 운영 등과 관련한 서류를 보존하지 아니한 자

② 제1항에 따른 과태료는 대통령령으로 정하는 바에 따라 주무부장관 또는 고용노동부장관이 부과·징수한다.
(2014.5.20 본조개정)

제27조【양벌규정】 법인의 대표자나 법인 또는 개인의 대리인, 사용인, 그 밖의 종업원이 그 법인 또는 개인의 업무에 관하여 제26조제2항제1호의 위반행위를 하면 그 행위자를 벌하는 외에 그 법인 또는 개인에게도 해당 조문의 벌금형을 과(科)한다. 다만, 법인 또는 개인이 그 위반행위를 방지하기 위하여 해당 업무에 관하여 상당한 주의와 감독을 게을리하지 아니한 경우에는 그러하지 아니하다.(2020.12.8 본문개정)

부 칙

제1조【시행일】 이 법은 2005년 1월 1일부터 시행한다.

제2조【기본계획에 관한 적용례】 이 법 시행후 최초의 기본계획은 2006년 12월 31일까지 수립하여야 한다.

제3조【응시제한에 관한 적용례】 제11조제2호의 개정규정은 이 법 시행후 최초로 국가기술자격취소처분을 받는 자부터 적용한다.

제4조【국가기술자격 검정과목의 면제에 관한 적용례】 제12조제1항제1호의 개정규정은 2006년 1월 1일 이후 시행되는 국가기술자격검정을 받고자 하는 자부터 적용한다.

제5조【기술자격취득자에 대한 경과조치】 이 법 시행당시 종전의 제4조의 규정에 의하여 기술자격을 취득한 자는 이 법에 의한 국가기술자격을 취득한 것으로 본다.

제6조【다른 법령에 의한 자격취득자에 대한 경과조치】 이 법 시행 당시 종전의 제14조의 규정에 의하여 기술자격을 취득한 것으로 보는 자는 이 법에 의한 국가기술자격을 취득한 자로 본다.

제7조【국가기술자격 검정업무의 위탁에 관한 경과조치】 이 법 시행 당시 국가기술자격 검정을 위탁받은 자에 대하여는 이 법 시행일부터 3년간 제23조제2항의 개정규정에 의한 위탁기준을 충족한 것으로 본다.

제8조【다른 법률의 개정】 ①~⑤ ※(해당 법령에 가제정리 하였음)

제9조【다른 법령과의 관계】 이 법 시행 당시 다른 법령에서 종전의 국가기술자격법 또는 그 규정을 인용한 경우에는 이 법중 그에 해당하는 규정이 있는 때에는 종전의 국가기술자격법 또는 그 규정에 갈음하여 이 법 또는 이 법의 해당 조항을 인용한 것으로 본다.

부 칙 (2014.5.20)

제1조【시행일】 이 법은 공포 후 6개월이 경과한 날부터 시행한다. 다만, 제15조의4의 개정규정은 2015년 1월 1일부터 시행한다.

제2조【청문에 관한 적용례】 제17조의 개정규정은(제1호의 경우에는 국가기술자격을 정지하는 경우만 해당한다) 이 법 시행 후 최초로 국가기술자격을 정지하거나 지정교육·훈련과정의 지정을 취소하려는 경우부터 적용한다.

부 칙 (2016.1.27)

제1조【시행일】 이 법은 공포 후 3개월이 경과한 날부터 시행한다.

제2조【자격증 대여로 인한 국가기술자격 취소에 관한 적용례】 제16조제1항의 개정규정은 이 법 시행 후 최초로 자격증을 대여한 경우부터 적용한다.

부 칙 (2020.12.8)

이 법은 공포 후 1년이 경과한 날부터 시행한다.

부 칙 (2021.5.18)

제1조【시행일】 이 법은 공포한 날부터 시행한다.(이하 생략)

부 칙 (2021.8.17)

제1조【시행일】 이 법은 공포 후 6개월이 경과한 날부터 시행한다.(이하 생략)

부 칙 (2022.6.10)

이 법은 공포한 날부터 시행한다.

기술사법

(1992년 11월 25일
법 률 제4500호)

개정
1997.12.13법 5453호(행정절차)
2001.12.31법 6567호
2004. 2. 9법 7171호(국가기술자격법)
2005. 3.31법 7428호(채무자회생파산)
2007. 1.26법 8268호
2008. 2.29법 8852호(정부조직)
2010. 3.17법10085호
2010. 5.31법10337호(근로자직업능력개발법)
2011. 6. 7법10771호
2013. 3.23법11690호(정부조직)
2014. 5.28법12676호 2015.12. 1법13514호
2016. 1. 6법13705호
2017. 7.26법14839호(정부조직)
2017.12.19법15240호
2020. 6. 9법17347호(법률용어정비)
2020.12.22법17674호
2021. 8.17법18425호(국민평생직업능력개발법)

제1조【목적】 이 법은 기술사의 직무수행과 그 관리에 관한 사항을 규정함으로써 산업기술 분야에서의 기술사 활용을 장려하고, 아울러 과학기술의 진흥과 공공의 안전 확보 및 국민경제의 발전에 이바지함을 목적으로 한다.
(2016.1.6 본조개정)

제2조【정의】 이 법에서 "기술사"란 해당 기술 분야에 관한 고도의 전문지식과 실무경험에 입각한 응용능력을 보유한 사람으로서 「국가기술자격법」 제10조에 따라 기술사 자격을 취득한 사람을 말한다.(2011.6.7 본조개정)

제3조【기술사의 직무】 ① 기술사는 과학기술에 관한 전문적 응용능력이 필요한 사항에 대하여 계획·연구·설계·분석·조사·시험·시공·감리·평가·진단·시험운전·사업관리·기술판단(기술감정을 포함한다)·기술중재 또는 이에 관한 기술자문과 기술지도를 그 직무로 한다.(2020.6.9 본항개정)

② 정부, 지방자치단체 및 「공공기관의 운영에 관한 법률」 제5조에 따른 공기업과 준정부기관은 제1항에 따른 기술사 직무와 관련된 공공사업을 발주하는 경우에는 공공의 안전 확보를 위하여 기술사를 우선적으로 사업에 참여하게 할 수 있다.(2016.1.6 본항개정)

③ 기술사의 직무에 관하여 다른 법률에 특별한 규정이 있는 경우를 제외하고는 이 법에 따른다.

④ 제1항에 규정된 과학기술에 관한 전문적 응용능력이 필요한 사항의 종류 및 범위는 대통령령으로 정한다.
(2020.6.9 본항개정)
(2011.6.7 본조개정)

제3조의2【기술사제도발전심의위원회】 ① 기술사제도에 관한 중요 사항을 심의하기 위하여 과학기술정보통신부에 기술사제도발전심의위원회(이하 "위원회"라 한다)를 둔다.(2017.7.26 본항개정)

② 위원회는 다음 각 호에 관한 사항을 심의한다.
1. 제3조제1항에 따른 기술사 직무의 조정
2. 제5조에 따른 기술사제도발전 기본계획의 수립
3. 제5조의5에 따른 기술사 종합정보시스템의 구축·운영
4. 국가 간 협약 등에 따른 기술사자격의 상호 인정에 필요한 자격의 심사 등에 관한 사항
5. 그 밖에 기술사제도의 발전에 관한 사항으로서 과학기술정보통신부장관이 필요하다고 인정하는 사항
(2017.7.26 본호개정)

③ 위원회는 위원장 1명을 포함한 30명 이내의 위원으로 구성한다.

④ 위원회의 위원장은 과학기술정보통신부차관이 되며, 위원은 다음 각 호의 사람이 된다.(2017.7.26 본문개정)
1. 대통령령으로 정하는 관계 중앙행정기관의 고위공무원단에 속하는 공무원이나 이에 상당하는 공무원 : 15명 이내
2. 과학기술과 기술사제도에 관한 학식과 경험이 풍부한 사람으로서 대통령령으로 정하는 바에 따라 과학기술정보통신부장관이 위촉하는 사람 : 9명 이내(2017.7.26 본호개정)
3. 제14조에 따른 기술사회의 회장이 추천하는 사람 중에서 과학기술정보통신부장관이 위촉하는 사람 : 5명 이내(2017.7.26 본호개정)

⑤ 제4항제2호 및 제3호에 따른 위원의 임기는 3년으로 하며, 연임할 수 있다. 다만, 위원의 사임 등으로 새로 위촉된 위원의 임기는 전임위원의 남은 임기로 한다.

⑥ 위원회를 효율적으로 운영하기 위하여 필요한 경우에는 위원회에 분야별로 전문위원회를 둘 수 있다.

⑦ 위원회 및 전문위원회의 구성·기능·운영과 그 밖에 필요한 사항은 대통령령으로 정한다.
(2011.6.7 본조신설)

제4조【성실의무 등】 기술사는 법령에 따라 직무를 성실히 수행하여야 하며, 품위를 손상하는 행위를 하여서는 아니 된다.(2007.1.26 본조개정)

제5조【기술사제도발전 기본계획의 수립】 ① 정부는 기술사의 과학기술에 관한 전문지식이 산업기술발전에 이바지할 수 있도록 하기 위하여 다음 각 호에 관한 내용이 포함된 기술사제도발전 기본계획을 3년마다 수립하여 시행하여야 한다.

1. 기술사에 대한 장기·단기 수요와 공급
2. 기술사 활용의 장려
3. 기술사 육성과 기술능력 향상
4. 기술사 종목의 신설·변경 및 폐지
5. 기술사의 업무영역 설정을 위한 시책의 마련
6. 그 밖에 기술사제도의 발전을 위하여 과학기술정보통신부장관이 필요하다고 인정하는 사항(2017.7.26 본호개정)

② 제1항에 따른 기술사제도발전 기본계획의 수립 및 시행에 필요한 사항은 대통령령으로 정한다.
(2011.6.7 본조개정)

제5조의2【국제기술사자격인정증명서의 발급 등】 ① 기술사는 과학기술정보통신부장관에게 국가 간 협약 등에 따른 기술사자격의 상호 인정에 필요한 자격 요건을 갖추었는지에 대한 심사를 요청할 수 있다.
② 과학기술정보통신부장관은 제1항에 따른 심사 요청을 받았을 때에는 위원회의 심의를 거쳐 그 자격의 요건을 갖추었는지를 심사하여야 한다.
③ 과학기술정보통신부장관은 제1항 및 제2항에 따른 심사 결과 그 자격 요건이 인정될 때에는 국제기술사자격인정증명서를 발급하여야 한다.
⑤ 제3항에 따른 국제기술사자격인정증명서의 발급절차 등에 관한 세부적인 사항은 과학기술정보통신부령으로 정한다.
(2017.7.26 본조개정)

제5조의3【기술사의 교육훈련】 ① 과학기술정보통신부장관은 기술사가 직무에 관한 전문지식과 기술능력을 유지·향상시키고, 국가 간 기술사자격의 상호 인정에 필요한 교육훈련 요건을 충족할 수 있도록 교육훈련을 실시하여야 한다.(2017.7.26 본항개정)
② 기술사는 제1항에 따라 과학기술정보통신부장관이 실시하는 교육훈련을 받아야 한다. 다만, 기술사가 다른 법령에 따라 이수한 교육훈련이 대통령령으로 정하는 기준에 해당하는 경우에는 제1항에 따른 교육훈련을 이수한 것으로 본다.(2017.7.26 본문개정)
③ 제2항에 따라 교육훈련을 받아야 할 기술사를 고용하고 있는 사용자는 기술사가 교육훈련을 받는 데에 필요한 경비를 부담하여야 하며, 경비 부담을 이유로 그 기술사에게 불이익을 주어서는 아니 된다.
④ 제1항에 따른 교육훈련의 대상·방법·기준·절차 및 교육기관과 그 밖에 필요한 사항은 대통령령으로 정한다.
(2011.6.7 본조개정)

제5조의4【근무처와 경력 등의 신고와 관리】 ① 기술사는 근무처·경력 및 학력 등(이하 "근무처등"이라 한다)의 관리에 필요한 사항을 과학기술정보통신부장관에게 신고할 수 있다. 신고 사항을 변경할 때에도 또한 같다.
(2017.7.26 전단개정)
② 과학기술정보통신부장관은 제1항에 따른 신고를 받았을 때에는 기술사의 근무처등에 관한 기록을 대통령령으로 정하는 바에 따라 유지·관리하여야 하며, 기술사가 신청할 경우에는 기술사의 근무처등에 관한 증명서(이하 "기술사경력증명서"라 한다)를 발급하여야 한다.
(2017.7.26 본항개정)
③ 과학기술정보통신부장관은 다음 각 호의 어느 하나에 해당하는 기관이나 업체의 장에게 제1항에 따라 신고받은 근무처등의 확인을 요청할 수 있다. 이 경우 확인 요청을 받은 기관이나 업체의 장은 특별한 사유가 없으면 요청에 따라야 한다.(2017.7.26 전단개정)
1. 중앙행정기관
2. 지방자치단체
3. 「공공기관의 운영에 관한 법률」 제5조에 따른 공기업과 준정부기관
4. 「초·중등교육법」 제2조 및 「고등교육법」 제2조에 따른 학교
5. 「한국과학기술원법」에 따른 한국과학기술원, 「광주과학기술원법」에 따른 광주과학기술원, 「대구경북과학기술원법」에 따른 대구경북과학기술원, 「울산과학기술원법」에 따른 울산과학기술원 및 「국민 평생 직업능력 개발법」 제2조제5호에 따른 기능대학(2021.8.17 본호개정)
6. 신고한 기술사가 소속된 업체
④ 기술사가 제1항에 따른 신고나 변경신고를 할 때에는 근무처등을 거짓으로 신고하여서는 아니 된다.
⑤ 제1항 및 제2항에 따른 기술사의 근무처등의 신고, 기술사경력증명서의 발급 및 관리 등에 필요한 사항은 과학기술정보통신부령으로 정한다.(2017.7.26 본항개정)
(2011.6.7 본조개정)

제5조의5【기술사 종합정보시스템의 구축·운영】 ① 과학기술정보통신부장관은 기술사의 효율적인 활용·관리와 국가 간 기술사자격 상호인정업무의 원활한 수행을 위하여 기술사의 근무처·경력·학력 및 교육훈련 등에 관한 기술사 종합정보시스템(이하 "종합정보시스템"이라 한다)을 구축하여 운영할 수 있다.(2017.7.26 본항개정)
② 과학기술정보통신부장관은 종합정보시스템을 구축·운영하기 위하여 관계 중앙행정기관이나 기술사 관련 협회 등(이하 "관계중앙행정기관등"이라 한다)의 장에게 대통령령으로 정하는 바에 따라 필요한 자료의 제출을 요청할 수 있다. 이 경우 그 요청을 받은 관계중앙행정기관등의 장은 특별한 사유가 없으면 요청에 따라야 한다.
(2017.7.26 전단개정)
③ 제1항과 제2항에서 규정한 사항 외에 종합정보시스템의 구축·운영에 필요한 사항은 대통령령으로 정한다.
(2011.6.7 본조개정)

제5조의6【기술사 직무수행의 대가】 국가·지방자치단체 및 「공공기관의 운영에 관한 법률」 제5조에 따른 공기업과 준정부기관은 기술사가 제3조에 따른 직무와 관련하여 설계도서(設計圖書)·평가서·감정서·시험제품·주형물(鑄型物) 및 소프트웨어 등(이하 "설계도서등"이라 한다)을 작성하거나 제작하는 경우에는 그 품질을 보장할 수 있도록 적정한 대가를 지급하도록 노력하여야 한다.(2011.6.7 본조개정)

제5조의7【등록 및 등록 갱신】 ① 이 법 또는 다른 법률에 따라 기술사의 직무를 수행하고자 하는 사람은 수행하고자 하는 직무의 종류 및 범위를 과학기술정보통신부장관에게 등록하여야 한다.(2017.7.26 본항개정)
② 과학기술정보통신부장관은 제1항에 따라 등록한 기술사에게 과학기술정보통신부령으로 정하는 바에 따라 등록증을 발급하여야 한다.(2017.7.26 본항개정)
③ 제2항에 따라 등록증을 발급받은 기술사는 다른 사람에게 그 등록증을 빌려주어서는 아니 된다.
④ 제1항에 따라 수행하고자 하는 직무의 종류 및 범위를 등록한 기술사는 3년 이상의 범위에서 대통령령으로 정하는 바에 따라 등록을 갱신하여야 한다.
⑤ 제1항에 따른 등록 및 제4항에 따른 등록 갱신의 절차, 구비서류, 그 밖에 필요한 사항은 대통령령으로 정한다.
(2014.5.28 본조신설)

제5조의8【등록 및 등록 갱신의 거부】 ① 과학기술정보통신부장관은 제5조의7에 따른 등록 또는 등록 갱신을 신청한 사람이 다음 각 호의 어느 하나에 해당하는 경우에는 그 등록 및 등록 갱신을 거부하여야 한다.(2017.7.26 본문개정)
1. 제7조제2호부터 제4호까지의 어느 하나에 해당하는 경우(2020.12.22 본호개정)
2. 제5조의9에 따라 등록 및 갱신된 등록이 취소된 날부터 2년이 지나지 아니한 경우. 다만, 다음 각 목의 어느 하나에 해당하는 경우는 제외한다.(2020.12.22 단서신설)
  가. 제5조의9제1항제3호에 해당하여 등록 및 갱신된 등록이 취소된 후 그 취소사유가 해소되었다고 인정되는 경우(2020.12.22 본목신설)
  나. 제7조제2호에 해당하여 등록 및 갱신된 등록이 취소된 후 복권된 경우(2020.12.22 본목신설)
3. 제5조의3에 따른 교육훈련을 받지 아니한 경우

② 과학기술정보통신부장관은 제1항에 따라 등록 또는 등록 갱신을 거부한 경우에는 지체 없이 그 사유를 구체적으로 밝혀 신청인에게 알려야 한다.(2017.7.26 본항개정)
(2014.5.28 본조신설)

제5조의9【등록 및 갱신된 등록의 취소】 ① 과학기술정보통신부장관은 제5조의7에 따른 등록 및 등록 갱신을 한 사람이 다음 각 호의 어느 하나에 해당하는 경우에는 그 등록 및 갱신된 등록을 취소하여야 한다.(2017.7.26 본문개정)
1. 제7조제2호부터 제4호까지의 어느 하나에 해당하는 경우(2020.12.22 본호개정)
2. 등록 및 갱신된 등록의 취소를 신청한 경우
3. 정신적 제약으로 해당 기술사의 직무를 수행할 수 없다고 인정되는 경우(2020.12.22 본호신설)

② 제1항에 따라 등록 및 갱신된 등록이 취소된 사람은 취소된 날부터 15일 내에 등록증을 과학기술정보통신부장관에게 반납하여야 한다.(2017.7.26 본항개정)
③ 제1항에 따라 등록 및 갱신된 등록이 취소된 사람은 취소된 날부터 2년이 지날 때까지는 제5조의7에 따른 등록을 신청할 수 없다. 다만, 다음 각 호의 어느 하나에 해당하는 경우는 제외한다.(2020.12.22 단서신설)
1. 제1항제3호에 해당하여 등록 및 갱신된 등록이 취소된 후 그 취소사유가 해소되었다고 인정되는 경우
2. 제7조제2호에 해당하여 등록 및 갱신된 등록이 취소된 후 복권된 경우
(2020.12.22 1호~2호신설)
(2014.5.28 본조신설)

제6조【기술사사무소의 개설등록 등】 ① 기술사가 개업하기 위하여 사무소를 개설하려면 과학기술정보통신부장관에게 등록을 하여야 한다. 이 경우 2명 이상의 기술사가 합동기술사사무소(이하 "합동사무소"라 한다)를 개설할 수 있다.(2017.7.26 전단개정)
② 제1항에 따라 기술사사무소(합동사무소를 포함한다. 이하 같다)의 등록이 된 경우에는 과학기술정보통신부장관은 그 등록사실을 「국가기술자격법」 제10조에 따른 해당 기술사의 관련 주무부장관(이하 "주무부장관"이라 한다)에게 통보하여야 한다.(2017.7.26 본항개정)
③ 기술사는 둘 이상의 기술사사무소를 개설할 수 없다.
④ 제1항에 따라 합동사무소를 개설할 때에는 다음 각 호의 요건을 모두 갖추어야 한다.
1. 「국가기술자격법」 제10조에 따라 국가기술자격을 취득한 기술사, 기사 등 대통령령으로 정하는 보조 인력을 3명 이상 확보할 것
2. 합동사무소의 운영에 관한 규약을 작성할 것

⑤ 기술사사무소의 등록절차, 제4항제2호에 따른 규약의 작성과 기재 사항, 그 밖에 합동사무소의 개설에 필요한 사항은 대통령령으로 정한다.
(2011.6.7 본조개정)

제6조의2 (2015.12.1 삭제)

제7조【등록거부】 과학기술정보통신부장관은 다음 각 호의 어느 하나에 해당하는 사람이 제6조에 따른 기술사사무소의 개설등록을 신청하면 그 등록을 거부하여야 한다.
(2017.7.26 본문개정)
1. (2020.12.22 삭제)
2. 파산선고를 받은 사람으로서 복권되지 아니한 사람
3. 제21조에 따라 징역형을 선고받고 그 집행이 끝나거나(집행이 끝난 것으로 보는 경우를 포함한다) 집행을 받지 아니하기로 확정된 후 2년이 지나지 아니한 사람
4. 제21조에 따라 징역형의 집행유예를 선고받고 그 유예기간 중에 있는 사람
5. 등록신청서에 거짓 사실을 적은 사람
6. 제12조에 따른 기술사사무소의 등록취소처분을 받고 그 취소된 날부터 1년이 지나지 아니한 사람. 다만, 다음 각 목의 어느 하나에 해당하는 사람은 제외한다.
(2020.12.22 단서신설)
  가. 제2호에 해당하여 기술사사무소의 등록이 취소된 후 복권된 사람
  나. 제12조제4호에 해당하여 기술사사무소의 등록이 취소된 후 그 취소사유가 해소되었다고 인정되는 사람
(2020.12.22 가목~나목신설)
7. 둘 이상의 기술사사무소 개설등록을 신청한 사람
(2011.6.7 본조개정)

제8조【등록 사항의 변경 또는 휴업·폐업의 신고】 ① 제6조제1항에 따라 기술사사무소의 개설등록을 한 기술사(이하 "사무소등록기술사"라 한다)가 그 등록한 사항을 변경하거나 휴업 또는 폐업한 때에는 이를 과학기술정보통신부장관에게 신고하여야 한다.(2017.7.26 본항개정)
② 제1항의 경우에는 제6조제2항을 준용한다.
(2011.6.7 본조개정)

제9조【비밀엄수 의무】 기술사와 기술사였던 사람 또는 그 직무보조자와 직무보조자였던 사람은 다른 법률에 특별한 규정이 없으면 직무상 알게 된 비밀을 누설하여서는 아니 된다.(2011.6.7 본조개정)

제10조【유사명칭의 사용금지】 사무소등록기술사가 아닌 자는 기술사사무소 또는 이와 유사한 명칭을 사용하지 못한다.(2011.6.7 본조개정)

제11조【서명날인】 ① 기술사가 설계도서등을 작성하거나 제작한 경우에는 그 설계도서등에 서명날인하여야 한다. 설계도서등의 일부를 변경한 경우에도 또한 같다.
② 기술사가 제1항에 따라 서명날인할 때에는 제5조의7에 따라 등록한 직무의 종류 및 범위를 명시하여야 한다.
(2014.5.28 본항개정)
(2011.6.7 본조개정)

제11조의2【기술사사무소 실적의 신고 등】 ① 사무소등록기술사는 제3조에 따른 기술사의 직무와 관련하여 기술사사무소가 수행한 실적을 관리하는 데에 필요한 사항을 과학기술정보통신부장관에게 신고할 수 있다. 신고 사항을 변경할 때에도 또한 같다.(2017.7.26 전단개정)
② 과학기술정보통신부장관은 제1항에 따른 신고를 받았을 때에는 기술사사무소의 실적에 관한 기록을 대통령령으로 정하는 바에 따라 유지·관리하여야 하며, 그 기록이 필요한 자가 신청할 경우에는 기술사사무소의 실적에 관한 증명서(이하 "기술사사무소실적증명서"라 한다)를 발급하여야 한다.(2020.6.9 본항개정)
③ 과학기술정보통신부장관은 제3조에 따른 직무를 기술사사무소에 의뢰한 자에게 제1항에 따라 신고받은 내용의 확인을 요청할 수 있다. 이 경우 확인 요청을 받은 자는 특별한 사유가 없으면 요청에 따라야 한다.(2017.7.26 전단개정)
④ 사무소등록기술사는 제1항에 따른 신고나 변경신고를 할 때에는 그 실적을 거짓으로 신고하여서는 아니 된다.
⑤ 제1항 및 제2항에 따른 기술사사무소의 실적의 신고, 기술사사무소실적증명서의 발급 및 관리 등에 필요한 사항은 과학기술정보통신부령으로 정한다.(2017.7.26 본항개정)
(2011.6.7 본조개정)

제12조【등록취소】 과학기술정보통신부장관은 사무소등록기술사가 다음 각 호의 어느 하나에 해당하면 해당 기술사사무소의 등록을 취소할 수 있다. 다만, 제1호, 제3호 또는 제4호에 해당하는 경우에는 그 등록을 취소하여야 한다.(2020.12.22 단서개정)
1. 거짓이나 그 밖의 부정한 방법으로 제6조제1항에 따른 등록을 한 경우
2. 제6조제4항에 따른 등록기준에 미치지 못하게 된 경우. 다만, 1개월 이내에 그 등록기준을 갖춘 경우는 제외한다.
3. 제7조제2호에 따른 등록거부 사유에 해당하는 경우
(2020.12.22 본호개정)
4. 정신적 제약으로 해당 사무소등록기술사의 직무를 수행할 수 없다고 인정되는 경우(2020.12.22 본호신설)
(2011.6.7 본조개정)

제13조【기술사의 관리에 관한 협의】 과학기술정보통신부장관은 기술사 관리업무를 효율적으로 수행하기 위하여 다음 각 호의 사항에 관하여 주무부장관과 협의하여야 한다.(2017.7.26 본문개정)

1. 기술사사무소의 등록 및 관리에 관한 중요 사항
2. 기술사의 육성 및 활용에 관한 사항
3. 그 밖에 기술사의 관리와 관련하여 필요한 사항
(2011.6.7 본조개정)

제13조의2【수수료】 ① 다음 각 호의 어느 하나에 해당하는 자는 과학기술정보통신부령으로 정하는 바에 따라 수수료를 내야 한다. 다만, 제20조제1항에 따라 권한이 위탁되는 경우에는 해당 수탁기관이 정하는 수수료를 그 수탁기관에 내야 한다.(2017.7.26 본문개정)
1. 제5조의2제3항에 따라 국제기술사자격인정증명서를 발급받으려는 사람
2. 제5조의4제2항에 따라 기술사경력증명서를 발급받으려는 사람
3. 제11조의2제2항에 따라 기술사사무소실적증명서를 발급받으려는 자
② 제1항에 따른 수수료는 특별한 사유가 있는 경우에는 감액하거나 면제할 수 있다.
③ 제1항 본문 및 제2항에 따른 수수료의 금액, 감액 및 면제 기준에 관하여 필요한 사항은 과학기술정보통신부령으로 정한다.(2017.7.26 본항개정)
④ 제1항 단서에 따라 수탁기관이 수수료를 정할 때에는 기준을 정하여 과학기술정보통신부장관의 승인을 받아야 한다. 승인받은 기준을 변경할 경우에도 또한 같다.
(2017.7.26 전단개정)
(2011.6.7 본조개정)

제14조【기술사회의 설립】 ① 기술사는 그 직무의 개선, 기술능력의 향상 및 품위의 보전을 도모하기 위하여 과학기술정보통신부장관의 인가를 받아 기술사회를 설립할 수 있다.(2017.7.26 본항개정)
② 기술사회는 법인으로 한다.
③ 기술사회는 그 사무소의 소재지에서 설립등기를 함으로써 성립한다.
④ 기술사회가 정관을 변경하려면 과학기술정보통신부장관의 인가를 받아야 한다.(2017.7.26 본항개정)
⑤ 기술사회의 정관에 기재할 사항은 대통령령으로 정한다.
⑥ 정부는 제16조에 따른 기술사회의 업무에 대하여 지원·육성 시책을 마련하고 그 자율적 운영을 장려하여야 한다.
⑦ 기술사회에 관하여 이 법에 규정된 것을 제외하고는 「민법」 중 사단법인에 관한 규정을 준용한다.
(2011.6.7 본조개정)

제15조 (2015.12.1 삭제)

제16조【기술사회의 업무】 기술사회는 다음 각 호의 업무를 수행한다.
1. 기술향상에 관한 조사·연구
2. 산업기술 지도 및 정보교환
3. 기술사의 직무개발과 자질향상을 위한 교육
4. 기술사의 품위 보전
5. 기술사의 복지 증진 및 권익 옹호
6. 주무부장관이 위탁하는 업무
7. 그 밖에 제1호부터 제6호까지의 업무에 부대되는 업무로서 정관으로 정하는 업무
(2011.6.7 본조개정)

제17조【기술사회의 감독】 과학기술정보통신부장관은 기술사회의 업무를 지도·감독한다.(2017.7.26 본조개정)

제18조【보고·검사 등】 ① 과학기술정보통신부장관은 사무소등록기술사에 대하여 필요한 사항을 보고하게 하거나, 소속 공무원으로 하여금 장부와 그 밖의 서류를 검사하게 할 수 있다.(2017.7.26 본항개정)
② 제1항에 따라 검사하는 공무원은 그 권한을 표시하는 증표를 지니고 이를 관계인에게 보여주어야 한다.
(2011.6.7 본조개정)

제19조【청문】 과학기술정보통신부장관은 제12조에 따라 기술사사무소의 등록을 취소하려면 청문을 하여야 한다.(2017.7.26 본조개정)

제20조【권한의 위탁】 ① 과학기술정보통신부장관은 다음 각 호에 관한 권한이나 업무를 제14조에 따른 기술사회나 기술사 관련 업무를 수행하는 기관 또는 단체로서 대통령령으로 정하는 기관 또는 단체의 장에게 위탁할 수 있다.(2017.7.26 본문개정)
1. 제5조의3에 따른 교육훈련의 실시
2. 제5조의4에 따른 근무처등의 신고의 수리
3. 제5조의5에 따른 종합정보시스템의 구축·운영
4. 제6조에 따른 기술사사무소의 개설등록
5. 제8조에 따른 등록 사항의 변경, 휴업 또는 폐업 신고의 수리
6. 제11조의2에 따른 사무소등록기술사의 실적관리
7. 그 밖에 대통령령으로 정하는 업무
② 과학기술정보통신부장관은 제1항에 따라 권한이나 업무를 위탁받는 자에 대하여 예산의 범위에서 그 위탁업무 수행에 필요한 경비의 전부 또는 일부를 지원할 수 있다.(2017.7.26 본항개정)
(2011.6.7 본조개정)

제21조【벌칙】 다음 각 호의 어느 하나에 해당하는 사람은 1년 이하의 징역 또는 1천만원 이하의 벌금에 처한다.
1. 거짓이나 그 밖의 부정한 방법으로 제5조의7에 따른 기술사의 등록 또는 등록 갱신을 한 사람 및 제6조제1항에 따른 기술사사무소의 개설등록을 한 사람
2. 제5조의7제3항을 위반하여 다른 사람에게 기술사 등록증을 빌려준 사람 및 그 상대방
3. 제5조의7을 위반하여 등록 및 등록 갱신을 하지 아니하고 기술사 직무를 수행한 사람
4. 제9조를 위반하여 직무상 알게 된 비밀을 누설한 사람
(2014.5.28 본조개정)

제22조【과태료】 ① 다음 각 호의 어느 하나에 해당하는 자에게는 300만원 이하의 과태료를 부과한다.
1. 제10조를 위반하여 기술사사무소 또는 이와 유사한 명칭을 사용한 자
2. 제11조를 위반하여 설계도서등에 서명날인을 하지 아니하거나 해당 종류 및 범위를 명시하지 아니한 기술사
(2014.5.28 본호개정)
② 다음 각 호의 어느 하나에 해당하는 자에게는 100만원 이하의 과태료를 부과한다.
1. 제5조의3제3항에 따른 경비를 부담하지 아니한 자
2. 제5조의4제4항을 위반하여 근무처등을 거짓으로 신고한 기술사
3. 제5조의9제2항을 위반하여 등록증을 반납하지 아니한 기술사
(2014.5.28 1호~3호개정)
4. 제8조제1항에 따른 신고를 하지 아니하거나 거짓으로 신고한 사무소등록기술사
5. 제11조의2제4항을 위반하여 실적을 거짓으로 신고한 사무소등록기술사
6. 제18조제1항에 따른 보고를 하지 아니하거나 거짓으로 보고한 사무소등록기술사
7. 제18조제1항에 따른 관계 공무원의 검사를 거부·방해하거나 기피한 사무소등록기술사
③ 제1항 및 제2항에 따른 과태료는 대통령령으로 정하는 바에 따라 과학기술정보통신부장관이 부과·징수한다.
(2017.7.26 본항개정)
(2011.6.7 본조개정)

부 칙 (2014.5.28)

제1조【시행일】 이 법은 공포 후 6개월이 경과한 날부터 시행한다. 다만, 제7조제1호의 개정규정은 공포한 날부터 시행하고, 제21조제3호의 개정규정은 공포 후 1년이 경과한 날부터 시행한다.

제2조【기술사 등록에 대한 경과조치】 이 법 시행 당시 「건설기술 진흥법」 제21조에 따라 건설기술자로 신고한 기술사, 「소프트웨어산업 진흥법」 제24조의3에 따라 소프트웨어기술자로 신고한 기술사, 「엔지니어링산업 진흥법」 제26조에 따라 엔지니어링기술자로 신고한 기술사, 「전기공사업법」 제17조의2에 따라 전기공사기술자로 인정된 기술사, 「전기사업법」 제73조의5에 따라 전기안전관리업무를 대행하려는 자로 신고한 기술사, 「전력기술관리법 시행령」 제9조에 따라 전력기술인 경력을 신고한 기술사, 「정보통신공사업법」 제39조에 따라 정보통신기술자로 인정된 기술사는 제5조의7제1항의 개정규정에 따라 미래창조과학부장관에게 등록한 것으로 본다.

제3조【금치산자 등에 대한 경과조치】 제7조제1호의 개정규정에도 불구하고 같은 개정규정 시행 당시 이미 금치산 또는 한정치산의 선고를 받고 법률 제10429호 민법 일부개정법률 부칙 제2조에 따라 금치산 또는 한정치산 선고의 효력이 유지되는 사람에 대해서는 종전의 규정에 따른다.

부 칙 (2017.12.19)
(2020.6.9)
(2020.12.22)

이 법은 공포한 날부터 시행한다.

부 칙 (2021.8.17)

제1조【시행일】 이 법은 공포 후 6개월이 경과한 날부터 시행한다.(이하 생략)

표준시에 관한 법률(약칭 : 표준시법)

(2011년 5월 19일
전부개정법률 제10640호)

표준시(標準時)는 동경 135도의 자오선(子午線)을 표준자오선으로 하여 정한다. 다만, 대통령령으로 정하는 바에 따라 일광절약시간제(日光節約時間制)를 실시하기 위하여 연중 일정 기간의 시간을 조정할 수 있다.

부 칙

이 법은 공포한 날부터 시행한다.

(舊 : 소프트웨어산업 진흥법)

소프트웨어 진흥법

(약칭 : 소프트웨어산업법)

(2020년 6월 9일
전부개정법률 제17348호)

개정
2020.12.29법17799호(독점)
2023. 4.18법19349호
2024. 1. 9법19990호(벤처기업육성에관한특별법)→2024년 7월 10일 시행
2024. 1.23법20061호→2024년 7월 24일 시행

제1장 총 칙

제1조【목적】 이 법은 소프트웨어 진흥에 필요한 사항을 정하여 국가 전반의 소프트웨어 역량을 강화하고 소프트웨어산업 발전의 기반을 조성함으로써 국가경쟁력의 확보, 국민생활의 향상 및 국민경제의 건전하고 지속적인 발전에 이바지함을 목적으로 한다.

제2조【정의】 이 법에서 사용하는 용어의 뜻은 다음과 같다.
1. "소프트웨어"란 컴퓨터, 통신, 자동화 등의 장비와 그 주변장치에 대하여 명령·제어·입력·처리·저장·출력·상호작용이 가능하게 하는 지시·명령(음성이나 영상정보 등을 포함한다)의 집합과 이를 작성하기 위하여 사용된 기술서(記述書)나 그 밖의 관련 자료를 말한다.
2. "소프트웨어산업"이란 소프트웨어의 개발, 제작, 생산, 유통, 운영 및 유지·관리 등과 그 밖에 소프트웨어와 관련된 서비스를 제공하는 산업을 말한다.
3. "소프트웨어사업"이란 소프트웨어산업과 관련된 경제활동을 말한다.
4. "소프트웨어사업자"란 소프트웨어사업을 하는 자를 말한다.
5. "소프트웨어프로세스"란 소프트웨어를 개발하고 유지·관리하는 방법, 절차 및 활동 등을 말한다.
6. "소프트웨어융합"이란 소프트웨어와 다른 분야 간 기술 또는 서비스의 결합이나 복합을 통하여 새로운 사회적·시장적 가치를 창출하는 창의적이고 혁신적인 활동 및 현상을 말한다.
7. "소프트웨어개발보안"이란 소프트웨어를 개발하거나 변경할 때 소프트웨어의 보안 취약점을 최소화하기 위한 일련의 보안 활동을 말한다.
8. "소프트웨어안전"이란 외부로부터의 침해행위가 없는 상태에서 소프트웨어의 내부적인 오작동 및 안전기능(사전 위험분석 등을 통하여 위험발생을 방지하는 기능을 말한다) 미비 등으로 인하여 발생할 수 있는 사고로부터 사람의 생명이나 신체에 대한 위험에 충분한 대비가 되어 있는 상태를 말한다.
9. "소프트웨어교육"이란 소프트웨어의 활용 및 구현을 통하여 창의적 문제해결 능력을 키우고 소프트웨어의 가치를 인식하게 하며, 올바른 소프트웨어 활용 문화를 확산하는 것을 목적으로 하는 모든 형태의 교육을 말한다.
10. "소프트웨어기술자"란 다음 각 목의 어느 하나에 해당하는 사람을 말한다.
가. 「국가기술자격법」에 따라 정보기술 분야의 국가기술자격을 취득한 사람
나. 소프트웨어 분야에서 대통령령으로 정하는 학력이나 경력을 가진 사람
11. "상용(商用)소프트웨어"란 상업적 목적으로 개발되어 완성된 형태로 판매·제공되는 소프트웨어를 말한다.
12. "도급"이란 원도급, 하도급, 위탁 등 명칭에 관계없이 소프트웨어사업을 완성할 것을 약정하고, 상대방이 그 일의 결과에 대하여 대가를 지급할 것을 약정하는 계약을 말한다.
13. "하도급"이란 도급받은 소프트웨어사업을 다시 도급하기 위하여 수급인이 다른 소프트웨어사업자와 체결하는 계약을 말한다.
14. "수급인"이란 발주자로부터 소프트웨어사업을 도급받은 소프트웨어사업자를 말한다.
15. "하수급인"이란 수급인으로부터 소프트웨어사업을 하도급받은 소프트웨어사업자를 말한다.

제3조【국가와 지방자치단체의 책무】 국가와 지방자치단체는 소프트웨어산업을 진흥시키고 국가 전반의 소프트웨어 역량을 강화하는 데 필요한 각종 시책을 수립·시행하여야 한다.

제4조【다른 법률과의 관계】 소프트웨어에 관하여 다른 법률에 특별한 규정이 있는 경우를 제외하고는 이 법에서 정하는 바에 따른다.

제2장 소프트웨어 진흥시책

제5조【기본계획의 수립 등】 ① 과학기술정보통신부장관은 소프트웨어 진흥을 위하여 관계 중앙행정기관의 장과 협의를 거쳐 소프트웨어 진흥 기본계획(이하 "기본계획"이라 한다)을 수립·시행하여야 한다.

② 기본계획에는 다음 각 호의 사항이 포함되어야 한다.
1. 소프트웨어산업 진흥을 위한 시책의 기본방향
2. 소프트웨어산업 부문별 육성시책
3. 소프트웨어산업 기반 조성
4. 소프트웨어교육 및 인력 양성
5. 소프트웨어 기술의 연구개발 및 보급
6. 소프트웨어의 이용 촉진 및 유통 활성화
7. 소프트웨어사업 또는 소프트웨어융합 사업의 창업(이하 "소프트웨어창업"이라 한다) 지원
8. 소프트웨어산업의 국제협력 및 해외시장 진출
9. 소프트웨어 자산관리 활성화
10. 소프트웨어융합의 활성화
11. 지역별 특성에 기반한 소프트웨어산업의 진흥 및 지역 산업과의 융합 촉진
12. 소프트웨어안전 관리
13. 그 밖에 소프트웨어 진흥을 위하여 필요한 사항
③ 과학기술정보통신부장관은 기본계획에 따라 소프트웨어 진흥 시행계획(이하 "시행계획"이라 한다)을 수립·시행하여야 한다.
④ 제1항부터 제3항까지에서 규정한 사항 외에 기본계획 및 시행계획의 수립·시행에 필요한 사항은 대통령령으로 정한다.

제6조【실태조사】 ① 과학기술정보통신부장관은 기본계획 및 시행계획의 효율적인 수립·추진을 위하여 소프트웨어기술자 현황, 소프트웨어사업자 현황, 소프트웨어산업 현황 및 소프트웨어융합 현황 등(이하 "소프트웨어산업정보"라 한다)에 대한 조사를 하고 그 결과를 공표할 수 있다.
② 과학기술정보통신부장관은 제1항에 따른 실태조사를 위하여 필요한 경우에는 소프트웨어사업자, 소프트웨어융합 사업자, 소프트웨어 관련 사업자단체(둘 이상의 소프트웨어사업자 또는 소프트웨어융합 사업자로 구성되어 소프트웨어산업 분야에서 활동하는 단체를 말한다. 이하 "사업자단체"라 한다) 또는 제61조에 따른 소프트웨어공제조합에 필요한 자료의 제출을 요청할 수 있다.
③ 제2항에 따른 요청을 받은 자는 특별한 사정이 없으면 요청에 따라야 한다. 다만, 요청받은 자료가 다음 각 호의 어느 하나에 해당하는 경우에는 그러하지 아니하다.
1. 국가안보에 관한 사항
2. 소프트웨어사업자, 소프트웨어융합 사업자, 사업자단체 또는 제61조에 따른 소프트웨어공제조합의 정당한 이익을 침해할 우려가 있는 영업비밀(「부정경쟁방지 및 영업비밀보호에 관한 법률」 제2조제2호에 따른 영업비밀을 말한다)에 관한 사항
④ 제2항에 따른 자료 제출에 필요한 사항은 대통령령으로 정한다.

제7조【소프트웨어산업정보 관리 등】 과학기술정보통신부장관은 대통령령으로 정하는 바에 따라 소프트웨어산업정보를 종합적으로 관리하고 공개할 수 있다.

제3장 소프트웨어산업 기반 조성

제1절 소프트웨어산업 지원

제8조【소프트웨어산업 진흥 전담기관 등】 ① 과학기술정보통신부장관은 소프트웨어산업의 진흥·발전을 효율적으로 지원하기 위하여 「정보통신산업 진흥법」 제26조에 따른 정보통신산업진흥원을 소프트웨어산업 진흥 전담기관으로 지정한다.
② 과학기술정보통신부장관은 소프트웨어 연구를 효율적으로 지원하기 위하여 소프트웨어정책연구소(이하 "연구소"라 한다)를 운영할 수 있다.
③ 연구소는 다음 각 호의 사업을 수행한다.
1. 소프트웨어 정책연구
2. 소프트웨어산업 관련 통계 및 정보의 분석·제공·공유
3. 소프트웨어 신사업 발굴 및 기획
4. 그 밖에 대통령령으로 정하는 사업
④ 정부는 연구소의 운영 등에 필요한 경비를 예산의 범위에서 출연할 수 있다.

제9조【지역별 소프트웨어산업 진흥】 ① 과학기술정보통신부장관은 지역별 특성에 기반한 소프트웨어산업 진흥을 지원하고 지역 산업과의 융합을 촉진하여야 한다.
② 과학기술정보통신부장관은 제1항에 따른 업무를 효과적으로 시행하기 위하여 대통령령으로 정하는 요건을 갖춘 기관을 지역별 소프트웨어산업 진흥기관(이하 이 조에서 "지역산업진흥기관"이라 한다)으로 지정하여 업무를 위탁할 수 있다.
③ 과학기술정보통신부장관은 제2항에 따라 지역산업진흥기관으로 지정받은 자가 다음 각 호의 어느 하나에 해당하는 경우에는 지정을 취소할 수 있다. 다만, 제1호에 해당하는 경우에는 지정을 취소하여야 한다.
1. 거짓이나 그 밖의 부정한 방법으로 지정을 받은 경우
2. 제2항에 따른 지정 요건을 계속하여 3개월 이상 갖추지 못한 경우
3. 그 밖에 업무수행능력이 현저히 부족하다고 과학기술정보통신부장관이 인정하는 경우
④ 제1항부터 제3항까지에서 규정한 사항 외에 지역산업진흥기관의 지정 및 위탁 업무의 수행에 필요한 사항은 대통령령으로 정한다.

제10조【한국소프트웨어산업협회】 ① 소프트웨어사업자는 소프트웨어산업의 건전한 발전과 소프트웨어사업자의 공동이익을 도모하기 위하여 한국소프트웨어산업협회(이하 이 조에서 "협회"라 한다)를 설립할 수 있다.
② 협회는 법인으로 한다.
③ 협회는 다음 각 호의 업무를 수행한다.
1. 소프트웨어산업의 현황 및 관련 통계의 조사
2. 소프트웨어산업 진흥을 위한 제도의 연구 및 개선 건의
3. 소프트웨어 기술·시장정보의 수집, 분석 및 제공
4. 소프트웨어사업에 대한 적절한 대가기준의 연구
5. 소프트웨어 유통 촉진 및 사용자 지원
6. 소프트웨어사업자의 지식재산권 보호활동 지원
7. 그 밖에 협회의 설립 목적 달성에 필요한 사업
④ 협회에 관하여 이 법에서 규정한 것을 제외하고는 「민법」 중 사단법인에 관한 규정을 준용한다.

제11조【소프트웨어진흥시설 지정 등】 ① 과학기술정보통신부장관은 소프트웨어사업자와 그 지원시설 등을 집단적으로 유치함으로써 소프트웨어사업자의 영업활동을 지원하기 위하여 대통령령으로 정하는 요건을 갖춘 시설물을 소프트웨어진흥시설(이하 "진흥시설"이라 한다)로 지정할 수 있다.
② 진흥시설의 지정을 받으려는 자(지방자치단체를 포함한다)는 제1항에 따른 요건을 갖추어 대통령령으로 정하는 절차에 따라 과학기술정보통신부장관에게 신청하여야 한다.
③ 과학기술정보통신부장관은 제2항에 따른 지정신청을 받으면 다음 각 호의 어느 하나에 해당하는 경우를 제외하고는 진흥시설로 지정하여야 한다.
1. 제1항에 따른 지정 요건을 갖추지 못한 경우
2. 다른 법령에 따른 제한사항을 위반한 경우
④ 과학기술정보통신부장관은 제1항 및 제3항에 따라 진흥시설을 지정하는 경우에는 진흥시설의 발전에 필요한 조건을 붙일 수 있다. 이 경우 그 조건은 공공의 이익을 증진하기 위하여 필요한 최소한도의 것이어야 하며 부당한 의무를 부과하는 것이어서는 아니 된다.
⑤ 제1항 및 제3항에 따라 지정된 진흥시설은 「벤처기업육성에 관한 특별법」 제18조에 따른 벤처기업집적시설로 지정된 것으로 본다.(2024.1.9 본항개정)
⑥ 과학기술정보통신부장관은 제1항 및 제3항에 따라 지정받은 진흥시설이 다음 각 호의 어느 하나에 해당하는 경우에는 대통령령으로 정하는 바에 따라 지정을 취소할 수 있다. 다만, 제1호에 해당하는 경우에는 지정을 취소하여야 한다.
1. 거짓이나 그 밖의 부정한 방법으로 지정을 받은 경우
2. 제1항에 따른 지정 요건을 갖추지 못한 경우
3. 다른 법령에 따른 제한사항을 위반한 경우
4. 제4항에 따른 지정 조건을 이행하지 아니한 경우

제12조【소프트웨어진흥단지 지정·조성 등】 ① 과학기술정보통신부장관은 소프트웨어사업자와 그 지원시설 등을 집단적으로 유치함으로써 소프트웨어사업자의 영업활동을 지원하기 위하여 대통령령으로 정하는 요건을 갖춘 지역을 소프트웨어진흥단지(이하 "진흥단지"라 한다)로 지정하거나 직접 조성하여 진흥단지로 지정할 수 있다.
② 진흥단지의 지정을 받으려는 자(지방자치단체를 포함한다)는 제1항에 따른 요건을 갖추어 대통령령으로 정하는 절차에 따라 과학기술정보통신부장관에게 신청하여야 한다.
③ 과학기술정보통신부장관은 제1항에 따라 진흥단지를 지정하는 경우에는 진흥단지의 발전에 필요한 조건을 붙일 수 있다. 이 경우 그 조건은 공공의 이익을 증진하기 위하여 필요한 최소한도의 것이어야 하며 진흥단지의 지정을 받은 자에게 부당한 의무를 부과하는 것이어서는 아니 된다.
④ 과학기술정보통신부장관은 다음 각 호의 어느 하나에 해당하는 경우에는 대통령령으로 정하는 바에 따라 진흥단지의 지정을 취소할 수 있다. 다만, 제1호에 해당하는 경우에는 지정을 취소하여야 한다.
1. 진흥단지의 지정을 받은 자가 거짓이나 그 밖의 부정한 방법으로 지정을 받은 경우
2. 진흥단지가 제1항에 따른 지정 요건을 갖추지 못한 경우
3. 진흥단지의 지정을 받은 자가 다른 법령에 따른 제한사항을 위반한 경우
4. 진흥단지의 지정을 받은 자가 제3항에 따른 지정 조건을 이행하지 아니한 경우

제13조【진흥시설 등에 대한 지원】 ① 과학기술정보통신부장관은 진흥시설 또는 진흥단지에 대한 지원을 위하여 필요한 시책을 마련할 수 있다.
② 과학기술정보통신부장관은 진흥시설 또는 진흥단지에 자금 및 설비 등을 지원할 수 있다.
③ 지방자치단체는 소프트웨어산업 진흥을 위하여 필요한 경우 진흥시설 또는 진흥단지를 지정받으려는 자에게 출연(出捐)하거나 출자할 수 있다.

제14조【소프트웨어창업 활성화】 ① 과학기술정보통신부장관은 소프트웨어창업의 촉진 및 창업자의 성장·발전을 위하여 다음 각 호의 사업을 추진할 수 있다.
1. 제22조에 따른 소프트웨어인력의 우수 기술에 대한 사업화 지원
2. 소프트웨어 기술의 가치평가 및 금융지원
3. 소프트웨어 기업의 인수·합병 활성화
4. 그 밖에 소프트웨어창업의 촉진을 위하여 필요한 사업
② 지방자치단체는 소프트웨어창업을 지원하는 공공단체 등에 출연하거나 출자할 수 있다.

제15조【국유재산의 무상 사용】 과학기술정보통신부장관은 소프트웨어창업을 촉진하기 위하여 「국유재산법」 제34조제1항제3호에 따라 국유재산을 무상으로 사용하도록 허가를 받은 공공단체로 하여금 같은 법 제30조제2항에도 불구하고 소프트웨어사업을 창업하려는 자 등 대통령령으로 정하는 자에게 그 국유재산을 빌려주어 사용하도록 할 수 있다.

제16조【국제협력 및 해외진출 지원】 정부는 소프트웨어산업의 국제협력 및 해외시장 진출을 촉진하기 위하여 다음 각 호의 사업을 지원할 수 있다.
1. 국내외 기술협력 및 인력의 교류
2. 국제전시회 참여
3. 소프트웨어 관련 국제표준화
4. 소프트웨어의 국제공동연구개발
5. 소프트웨어의 해외 현지화
6. 그 밖에 국제협력 및 해외진출을 위하여 필요한 사업

제17조【소프트웨어 지식재산권 보호】 ① 정부는 소프트웨어 및 관련 산업을 보호하고 육성하기 위하여 소프트웨어 지식재산권 보호시책을 마련하여야 한다.
② 과학기술정보통신부장관은 소프트웨어 지식재산권을 보호하기 위하여 필요한 경우 관련 제도의 개선 및 운영 합리화 등에 관하여 관계 중앙행정기관의 장에게 협조를 요청할 수 있다.

제18조【세제지원 등】 ① 정부는 소프트웨어산업 진흥을 위하여 세제, 금융, 그 밖에 행정상 필요한 조치를 마련하여야 한다.
② 국가와 지방자치단체는 소프트웨어산업 진흥을 위하여 「조세특례제한법」, 「지방세특례제한법」, 그 밖의 관계 법률에서 정하는 바에 따라 소득세, 법인세, 취득세, 재산세 및 등록면허세 등을 감면할 수 있다.

제2절 표준화와 품질인증

제19조【소프트웨어 표준화 추진】 과학기술정보통신부장관은 소프트웨어의 효율적 개발 및 품질 향상과 호환성 확보 등을 위하여 소프트웨어 표준화를 추진하고 소프트웨어사업자에게 이를 권고할 수 있다.

제20조【소프트웨어 품질인증 등】 ① 과학기술정보통신부장관은 소프트웨어의 품질 확보 및 유통 촉진을 위하여 소프트웨어 품질인증을 할 수 있다.
② 과학기술정보통신부장관은 소프트웨어 품질인증을 하기 위하여 대통령령으로 정하는 지정 요건을 충족하는 기관을 인증기관으로 지정하여 업무를 위탁할 수 있으며, 예산의 범위에서 그 경비의 전부 또는 일부를 지원할 수 있다.
③ 제2항에 따라 지정받은 인증기관은 소프트웨어 품질인증의 신청을 받은 경우 대통령령으로 정하는 인증기준에 맞다고 인정하면 소프트웨어 품질인증을 하여야 한다.
④ 과학기술정보통신부장관은 소프트웨어 품질인증을 받은 제품(「중소기업제품 구매촉진 및 판로지원에 관한 법률」 제2조제1호에 따른 중소기업자가 개발한 제품으로 한정한다)에 대하여 중앙행정기관의 장에게 「중소기업제품 구매촉진 및 판로지원에 관한 법률」 제13조에 따른 공공기관 등에 대한 우선구매조치를 요구하도록 요청할 수 있다.
⑤ 과학기술정보통신부장관은 제2항에 따라 인증기관으로 지정받은 자가 다음 각 호의 어느 하나에 해당하는 경우에는 지정을 취소할 수 있다. 다만, 제1호에 해당하는 경우에는 지정을 취소하여야 한다.
1. 거짓이나 그 밖의 부정한 방법으로 지정을 받은 경우
2. 제2항에 따른 지정 요건을 계속하여 3개월 이상 갖추지 못한 경우
3. 제3항에 따른 인증기준에 맞지 아니한 소프트웨어에 대하여 소프트웨어 품질인증을 한 경우
⑥ 제1항부터 제5항까지에서 규정한 사항 외에 소프트웨어 품질인증의 절차 등 소프트웨어 품질인증에 필요한 사항은 대통령령으로 정한다.

제21조【소프트웨어프로세스 품질인증】 ① 과학기술정보통신부장관은 소프트웨어의 개발·유지 및 관리 활동 등의 품질 향상과 신뢰성 확보를 위하여 소프트웨어프로세스 품질인증을 할 수 있다. 이 경우 소프트웨어프로세스 품질인증의 유효기간은 인증을 받은 날부터 3년으로 하되, 대통령령으로 정하는 바에 따라 그 기간을 연장할 수 있다.(2023.4.18 후단신설)
② 과학기술정보통신부장관은 소프트웨어프로세스 품질인증을 하기 위하여 대통령령으로 정하는 지정 요건을

충족하는 기관을 인증기관으로 지정하여 업무를 위탁할 수 있으며, 예산의 범위에서 경비의 전부 또는 일부를 지원할 수 있다.
③ 제2항에 따라 지정받은 인증기관은 소프트웨어프로세스 품질인증의 신청을 받은 경우 대통령령으로 정하는 인증기준에 맞다고 인정하면 소프트웨어프로세스 품질인증을 하여야 한다.
④ 국가기관, 지방자치단체, 국가 또는 지방자치단체가 투자하거나 출연한 법인·단체 등으로서 대통령령으로 정하는 기관(이하 "국가기관등"이라 한다)의 장은 소프트웨어사업을 추진하는 경우 소프트웨어 산출물의 품질 제고를 위하여 대통령령으로 정하는 바에 따라 소프트웨어프로세스 품질인증을 받은 자를 우대할 수 있다.
⑤ 과학기술정보통신부장관은 제2항에 따라 인증기관으로 지정받은 자가 다음 각 호의 어느 하나에 해당하는 경우에는 지정을 취소할 수 있다. 다만, 제1호에 해당하는 경우에는 지정을 취소하여야 한다.
1. 거짓이나 그 밖의 부정한 방법으로 지정받은 경우
2. 제2항에 따른 지정 요건을 계속하여 3개월 이상 갖추지 못한 경우
3. 제3항에 따른 인증기준에 맞지 아니한 소프트웨어프로세스에 대하여 품질인증을 한 경우
⑥ 제1항부터 제5항까지에서 규정한 사항 외에 소프트웨어프로세스 품질인증의 절차 및 연장신청 등 소프트웨어프로세스 품질인증에 필요한 사항은 대통령령으로 정한다.(2023.4.18 본항개정)

제3절 인력양성과 기술진흥

제22조【소프트웨어인력 양성】 ① 과학기술정보통신부장관은 소프트웨어 및 소프트웨어융합과 관련한 전문적인 기술, 지식 등을 가진 인력(이하 "소프트웨어인력"이라 한다)을 양성하고 지속적인 자질 향상을 지원하기 위하여 다음 각 호의 사항에 관한 시책을 수립·시행할 수 있다.
1. 소프트웨어인력 양성을 위한 교육 및 훈련(재교육을 포함한다)
2. 소프트웨어인력 양성을 위한 산업체, 학계 및 연구기관과의 협력 강화
3. 소프트웨어인력의 경력개발 지원
4. 소프트웨어산업의 인력수급 분석 및 소프트웨어인력의 관련 업계 진출기회 확대
5. 그 밖에 소프트웨어인력 양성을 위하여 필요한 사항
② 과학기술정보통신부장관은 학교나 연구소, 그 밖의 기관이나 단체 중 대통령령으로 정하는 요건을 갖춘 자를 소프트웨어인력 양성기관으로 지정하여 필요한 예산을 지원할 수 있다.
③ 과학기술정보통신부장관은 제2항에 따라 소프트웨어인력 양성기관으로 지정된 자가 다음 각 호의 어느 하나에 해당하는 경우에는 지정을 취소할 수 있다. 다만, 제1호에 해당하는 경우에는 지정을 취소하여야 한다.
1. 거짓이나 그 밖의 부정한 방법으로 지정을 받은 경우
2. 제2항에 따른 지정 요건을 계속하여 3개월 이상 갖추지 못한 경우
3. 제1항제1호에 따른 교육 및 훈련을 이수하지 아니한 사람을 이수한 것으로 처리한 경우
④ 제1항부터 제3항까지에서 규정한 사항 외에 소프트웨어인력 양성 등에 필요한 사항은 대통령령으로 정한다.
제23조【소프트웨어 전문교육기관 설치·운영】 ① 과학기술정보통신부장관은 체계적인 소프트웨어 실기 교육을 실시하고 소프트웨어인력 양성에 필요한 업무를 수행하는 소프트웨어 전문교육기관을 설치·운영할 수 있다.
② 제1항에 따른 전문교육기관의 운영 등에 필요한 사항은 대통령령으로 정한다.
제24조【소프트웨어기술자의 경력 등 확인】 ① 과학기술정보통신부장관은 소프트웨어기술자의 경력관리를 지원하기 위하여 소프트웨어기술자의 근무처, 경력, 학력 및 자격 등(이하 "경력등"이라 한다)에 관한 기록을 유지·관리할 수 있다.
② 제1항에 따른 경력관리를 받으려는 소프트웨어기술자는 경력등에 관한 기록을 과학기술정보통신부장관에게 제출하여야 한다.
③ 과학기술정보통신부장관은 제2항에 따라 기록을 제출한 소프트웨어기술자가 신청하면 소프트웨어기술자의 경력등에 관한 증명서(이하 "소프트웨어기술자 경력증명서"라 한다)를 발급하여야 한다.
④ 과학기술정보통신부장관은 제3항에 따라 소프트웨어기술자 경력증명서를 발급(재발급을 포함한다)하는 경우에는 신청인으로부터 실제 비용의 범위에서 수수료를 받을 수 있다.
⑤ 과학기술정보통신부장관은 제2항에 따라 받은 기록의 진실성과 정확성을 확보하기 위하여 필요한 경우에는 국가기관등의 장이나 소프트웨어기술자와 관련되는 업체·기관의 장에게 대통령령으로 정하는 자료의 제출을 요청할 수 있다. 이 경우 요청을 받은 업체·기관의 장은 특별한 사유가 없으면 요청에 따라야 한다.
⑥ 과학기술정보통신부장관은 소프트웨어기술자가 경력등을 거짓으로 제출한 경우에는 그 경력등을 삭제하는 등 필요한 조치를 하여야 한다.
⑦ 제2항부터 제4항까지의 규정에 따른 경력등 제출 절차, 소프트웨어기술자 경력증명서 발급 절차 및 수수료 산정 등에 필요한 사항은 과학기술정보통신부령으로 정한다.
제25조【소프트웨어 연구 및 기술개발 촉진 등】 ① 정부는 소프트웨어 기술경쟁력 강화를 위하여 소프트웨어 분야의 기초연구를 진흥하여야 한다.
② 정부는 소프트웨어 분야의 국가연구개발사업을 하는 경우 다음 각 호의 방법으로 소프트웨어 연구개발이 활성화되도록 노력하여야 한다.
1. 소프트웨어의 원시코드(source code)를 공개하여 소프트웨어의 개발·유지 및 관리 과정에 해당 소프트웨어 개발자 외의 자도 참여하도록 하는 개발 방식의 활용
2. 국가연구개발사업의 결과물을 공개소프트웨어(저작권자가 원시코드를 공개하여 활용·복제·수정 및 재배포가 자유로운 소프트웨어를 말한다)로 배포
③ 정부는 소프트웨어와 관련된 기술의 개발을 촉진하기 위하여 기술개발사업을 하는 소프트웨어사업자에게 필요한 자금의 전부 또는 일부를 출연하거나 보조할 수 있다.
제26조【연구활동의 지원 등】 ① 과학기술정보통신부장관은 소프트웨어 분야의 연구를 활성화하기 위하여 다음 각 호의 어느 하나에 해당하는 사람 중 연구활동 지원 대상자를 선정하여 연구활동을 지원할 수 있다.
1. 「고등교육법」 제2조 각 호(제7호는 제외한다)의 학교 또는 이에 준하는 연구기관으로서 대통령령으로 정하는 연구기관에 소속된 교원 및 연구원
2. 그 밖에 제1호에 따른 교원 및 연구원에 상응하는 연구역량을 갖추었다고 과학기술정보통신부장관이 인정하는 사람
② 과학기술정보통신부장관은 제1항에 따라 선정된 연구활동 지원 대상자에게 연구활동을 수행하기 위한 연구활동 사업비를 지원할 수 있으며, 필요한 경우 협약을 체결할 수 있다.
③ 제1항에 따라 연구활동 지원 대상자로 선정된 사람은 연구활동을 성실히 수행하여야 하고, 그 결과를 과학기술정보통신부장관에게 보고하여야 한다. 이 경우 과학기술정보통신부장관은 보고받은 결과를 평가하고, 그 평가 결과를 추후 연구활동 지원 대상자 선정에 참고할 수 있다.
④ 제1항에 따른 연구활동 지원 대상자의 선정, 제2항에 따른 연구활동 사업비의 지원 및 협약의 체결, 제3항에 따른 연구활동 결과보고·평가의 절차 및 방법 등에 관하여 필요한 사항은 대통령령으로 정한다.
제27조【소프트웨어공학 기술 연구개발 등】 ① 과학기술정보통신부장관은 소프트웨어사업자의 생산성을 높이고 품질경쟁력을 강화하기 위하여 소프트웨어공학 기술을 발전·확산시키려는 노력을 하여야 한다.
② 과학기술정보통신부장관은 소프트웨어공학 기술의 연구개발 및 이용·보급 등에 관한 시범사업을 하고, 소프트웨어기술자 교육 등을 지원할 수 있다.

제4장 소프트웨어융합 및 소프트웨어교육

제1절 소프트웨어융합 촉진 및 소프트웨어안전 확보

제28조【소프트웨어융합 촉진】 ① 정부는 관계 법령에 따라 소프트웨어융합을 활성화하여 다른 산업 분야의 혁신을 촉진하고 경쟁력을 강화할 수 있도록 노력하여야 한다.
② 과학기술정보통신부장관은 소프트웨어융합을 촉진하기 위하여 시범사업을 하거나, 연구개발 및 수출 등을 지원할 수 있다.
제29조【소프트웨어개발보안 진흥】 과학기술정보통신부장관은 소프트웨어개발보안 분야를 진흥하기 위하여 다음 각 호의 사업을 추진할 수 있다.
1. 소프트웨어개발보안 기술 연구, 인력 양성 등 기반 조성
2. 「중소기업기본법」 제2조에 따른 중소기업인 소프트웨어사업자의 소프트웨어개발보안 활성화를 위한 지원
3. 그 밖에 소프트웨어개발보안을 활성화하기 위하여 대통령령으로 정하는 사업
제30조【소프트웨어안전 확보】 ① 정부는 소프트웨어 안전 확보를 위한 시책을 마련할 수 있다.
② 과학기술정보통신부장관은 다음 각 호의 사항을 포함하는 소프트웨어안전 확보를 위한 지침을 정하여 고시하여야 한다.
1. 소프트웨어안전 관련 위험 분석
2. 소프트웨어안전 확보를 위한 설계 및 구현 방법
3. 소프트웨어안전 검증 방법
4. 운영 단계의 소프트웨어안전 확보 방안
5. 그 밖에 소프트웨어안전 확보에 필요하다고 인정되는 사항
③ 중앙행정기관의 장은 소관 분야의 소프트웨어안전에 관한 기술기준을 수립하는 경우 제2항에 따른 지침 또는 국제표준 등을 고려하여야 한다.
제31조【소프트웨어안전 산업 진흥 등】 과학기술정보통신부장관은 소프트웨어안전 산업을 진흥하고 국가 전반의 소프트웨어안전을 확보하기 위하여 다음 각 호의 사업을 추진할 수 있다.
1. 소프트웨어안전 기술 연구
2. 소프트웨어안전 인력 양성
3. 소프트웨어안전 산업 기반 조성
4. 소프트웨어안전 관리 지원 및 안전사고 대응 지원
5. 소프트웨어안전 정보 축적 및 활용
6. 그 밖에 대통령령으로 정하는 사업

제2절 소프트웨어교육 및 소프트웨어 문화 조성

제32조【소프트웨어교육 활성화】 과학기술정보통신부장관은 소프트웨어에 대한 국민의 이해도를 높이고 소프트웨어 활용을 확산하기 위하여 소프트웨어교육과 관련한 다음 각 호의 사업을 추진할 수 있다.
1. 소프트웨어교육의 내용·방법 등에 관한 연구
2. 소프트웨어교육 콘텐츠의 개발
3. 지역별 소프트웨어교육 활성화
4. 올바른 소프트웨어 활용 문화 확산
5. 소프트웨어교육에 관한 국제협력
6. 소프트웨어 강사 등의 양성 및 활동 지원
7. 그 밖에 소프트웨어교육 활성화에 필요한 사업
제33조【초·중등학교 소프트웨어교육 진흥】 ① 국가와 지방자치단체는 「초·중등교육법」 제2조 각 호의 학교(이하 이 조에서 "초·중등학교"라 한다)의 소프트웨어교육을 진흥하기 위하여 노력하여야 한다.
② 국가와 지방자치단체는 초·중등학교의 소프트웨어교육 진흥을 위하여 관련 법인 또는 단체에 예산의 범위에서 필요한 비용의 전부 또는 일부를 지원할 수 있다.
제34조【소프트웨어 영재 발굴 및 육성】 과학기술정보통신부장관은 소프트웨어 영재를 조기에 발굴하고 체계적으로 육성하기 위하여 소프트웨어 영재의 발굴 및 육성방안을 세우고 필요한 조치를 마련하여야 한다.
제35조【소프트웨어 역량 검정】 ① 과학기술정보통신부장관은 국민의 소프트웨어에 대한 관심을 확산시키고, 소프트웨어를 활용한 창의적 문제해결 능력을 육성하기 위하여 소프트웨어 역량을 검정할 수 있다.
② 제1항에 따른 소프트웨어 역량 검정의 방법·절차·내용·대상 및 시기에 관하여 필요한 사항은 대통령령으로 정한다.
제36조【소프트웨어 문화 조성】 ① 국가와 지방자치단체는 소프트웨어에 대한 국민의 이해와 지식수준을 높이고 소프트웨어가 국민생활 및 사회 전반에 널리 이용될 수 있도록 노력하여야 한다.
② 과학기술정보통신부장관은 개방과 공유, 협력을 바탕으로 한 소프트웨어 개발 문화가 확산되도록 노력하여야 한다.
제37조【소프트웨어기술자 우대】 정부는 소프트웨어기술자가 존중·우대받는 사회 분위기를 만들고 안정적으로 소프트웨어를 개발할 수 있는 여건을 마련하는 등 소프트웨어기술자의 사기 진작을 위하여 노력하여야 한다.

제5장 소프트웨어사업 선진화

제1절 통 칙

제38조【공정계약의 원칙】 ① 소프트웨어사업에 관한 계약(하도급계약 및 재하도급계약을 포함한다. 이하 이 조에서 같다)의 당사자는 대등한 입장에서 합의에 따라 공정하게 계약을 체결하고 신의에 따라 성실하게 계약을 이행하여야 한다.
② 소프트웨어사업에 관한 계약의 당사자는 계약을 체결할 때 계약의 목적과 범위, 계약기간, 그 밖에 대통령령으로 정하는 사항을 계약서에 분명하게 적어야 하고, 서명(「전자서명법」 제2조제2호에 따른 전자서명을 포함한다)하거나 기명날인한 계약서를 주고받아 보관하여야 한다.
③ 소프트웨어사업에 관한 계약 내용이 한쪽 당사자에게 현저하게 불공정한 경우로서 다음 각 호의 어느 하나에 해당하는 경우에는 그 부분에 한정하여 무효로 한다.
1. 계약 체결 이후 과업내용의 변경 및 경제상황의 변동에 따라 발생하는 계약금액과 계약기간의 변경을 상당한 이유 없이 인정하지 아니하거나 그 부담을 상대방에게 전가하는 경우
2. 계약의 내용 등 관련된 모든 사정에 비추어 계약 체결 당시 예상하기 어려운 내용에 대하여 상대방에게 책임을 전가하는 경우
3. 계약 내용에 대하여 구체적으로 정하지 아니하였거나 당사자 간 이견이 있을 경우 계약 내용을 한쪽의 의사에 따라 정함으로써 상대방의 정당한 이익을 침해한 경우
4. 계약 불이행에 따른 당사자의 손해배상책임을 과도하게 경감하거나 가중하여 정함으로써 상대방의 정당한 이익을 침해한 경우

5.「민법」등 관계 법령에서 인정하고 있는 상대방의 권리를 상당한 이유 없이 배제하거나 제한하는 경우
④ 과학기술정보통신부장관은 소프트웨어사업의 공정한 거래질서를 구축하기 위하여 행정안전부장관, 문화체육관광부장관 및 공정거래위원회위원장과의 협의를 거쳐 소프트웨어사업에 관한 표준계약서를 마련하고 그 사용을 권장하여야 한다.
⑤ 제4항에 따른 표준계약서 또는「약관의 규제에 관한 법률」제19조의3에 따른 표준약관을 사용하는 경우에는 제1항 및 제2항에 따른 계약으로 본다.

제39조【불이익행위등의 금지】 ① 발주자는 수급인이 발주자의 이 법 위반에 대한 신고를 했다는 이유로 그 수급인에 대하여 수주(受注) 기회를 제한하거나 거래의 정지, 그 밖에 불이익을 주는 행위(이하 이 조에서 "불이익행위등"이라 한다)를 하여서는 아니 된다.
② 수급인은 발주자의 불이익행위등을 과학기술정보통신부장관에게 대통령령으로 정하는 바에 따라 신고할 수 있다.
③ 수급인의 하수급인에 대한 불이익행위등 및 하수급인의 재하수급인에 대한 불이익행위등에 대해서는 제1항 및 제2항을 준용한다.
④ 과학기술정보통신부장관은 제1항 또는 제3항에 따른 불이익행위등이「하도급거래 공정화에 관한 법률」제19조에서 금지하는 행위에 해당한다고 인정하는 경우 같은 법 제25조에 따라 공정거래위원회에 필요한 조치를 해 줄 것을 요청할 수 있다.

제40조【민간투자형 소프트웨어사업】 ① 국가기관등의 장은 국민생활의 편익을 증진하기 위하여 민간의 자본과 기술을 활용하여 공공부문과 민간부문이 협력하는 소프트웨어사업(이하 "민간투자형 소프트웨어사업"이라 한다)을 추진할 수 있다.
② 민간투자형 소프트웨어사업은 다음 각 호의 어느 하나에 해당하는 방식으로 추진하여야 한다.
1. 소프트웨어의 개발 후 일정 기간 동안 소프트웨어사업자가 해당 소프트웨어를 사용·수익하는 방식(제2호에 해당하는 경우는 제외한다)
2. 소프트웨어의 개발 후 일정 기간 동안 소프트웨어사업자가 국가기관등의 장으로부터 해당 소프트웨어에 대한 수익을 얻는 방식
3. 그 밖에 국가기관등의 장이 소프트웨어를 직접 구매하는 방식 등 대통령령으로 정하는 방식

(2024.1.23 본항신설)
③ 제2항제1호 및 제2호에 따른 민간투자형 소프트웨어사업의 소프트웨어 지식재산권 등은 국가기관등의 장과 소프트웨어사업자가 공동으로 소유하는 것을 원칙으로 하되, 대통령령으로 달리 정할 수 있다.(2024.1.23 본항신설)
④ 제1항 및 2항에 따른 사업의 요건 및 추진 방식 등에 관하여 필요한 사항은 대통령령으로 정한다.
(2024.1.23 본조개정)

제40조의2【민간투자형 소프트웨어사업의 총한도액등 국회 의결】 ① 정부는 다음 연도에 실시할 제40조제2항제2호에 따른 민간투자형 소프트웨어사업(이하 "임대형 민자 소프트웨어사업"이라 한다)의 총한도액, 대상사업별 한도액 및 사업추진 과정에서의 예측할 수 없는 지출에 충당하기 위한 예비한도액(이하 "총한도액등"이라 한다)을 회계연도 개시 120일 전까지 국회에 제출하고, 국회는 회계연도 개시 30일 전까지 의결하여야 한다.
② 정부는 미리 국회의 의결을 받아 제1항에 따른 총한도액을 변경할 수 있다.
③ 국회는 정부가 제출한 임대형 민자 소프트웨어사업 총한도액을 증액하거나 새로운 대상사업을 추가하려면 미리 정부의 동의를 받아야 한다.
④ 임대형 민자 소프트웨어사업의 예비한도액 금액, 총한도액등 국회 제출 및 총한도액 변경에 관하여는「사회기반시설에 대한 민간투자법」제7조의2제2항·제3항 및 제7조의3제2항을 준용한다.
⑤ 그 밖에 임대형 민자 소프트웨어사업의 총한도액등에 관하여 필요한 사항은 대통령령으로 정한다.
(2024.1.23 본조신설)

제40조의3【임대형 민자 소프트웨어사업 정부지급금 추계서의 작성】 ① 정부는 임대형 민자 소프트웨어사업에 대하여 해당 회계연도부터 10회계연도 이상의 기간에 대한 정부지급금 규모를 연도별로 주무부처별·대상사업별 등으로 전망한 임대형 민자 소프트웨어사업 정부지급금추계서(이하 이 조에서 "정부지급금추계서"라 한다)를 매년 작성하여야 한다.
② 정부지급금추계서를 작성하는 때에는 정부지급금 규모의 증감 원인 등을 분석하고 이를 추계서에 포함하여야 한다.
③ 그 밖에 정부지급금추계서의 작성 등에 필요한 사항은 대통령령으로 정한다.
(2024.1.23 본조신설)

제41조【소프트웨어사업의 수요 예보】 ① 국가기관등의 장은 연 2회 이상 소관 기관의 상용소프트웨어 구매수요 정보와 소프트웨어사업의 추진계획을 과학기술정보통신부장관에게 제출하여야 한다.
② 과학기술정보통신부장관은 제1항에 따라 제출된 상용소프트웨어 구매수요 정보 및 소프트웨어사업 추진계획을 연 2회 이상 소프트웨어사업자에게 공개하여야 한다.
③ 제1항 및 제2항에 따른 제출 및 공개의 구체적인 횟수·시기·방법·절차 등에 관하여 필요한 사항은 대통령령으로 정한다.

제42조【발주기술 지원】 ① 정부는 발주자가 소프트웨어사업을 원활하게 추진하는 데 필요한 기술적 지원방안을 마련하고 시행하여야 한다.
② 정부는 발주자의 자질을 향상시키기 위하여 발주기술 교육 등 필요한 교육과정을 개발하고 시행할 수 있다.
③ 정부는 제1항 및 제2항에 따른 업무의 원활한 수행을 위하여 소프트웨어사업자, 소프트웨어융합 사업자, 사업자단체 또는 그 밖의 단체 등에 필요한 자료를 요청할 수 있다.

제2절 소프트웨어사업 추진

제43조【소프트웨어사업 영향평가】 ① 국가기관등의 장은 소프트웨어사업을 추진하는 경우 대통령령으로 정하는 기한까지 민간 소프트웨어 시장에 미치는 영향을 분석하는 소프트웨어사업 영향평가를 하여야 한다. 다만, 상용소프트웨어 구매 등 대통령령으로 정하는 소프트웨어사업을 추진하는 경우는 제외한다.(2023.4.18 본문개정)
② 국가기관등의 장은 제1항에 따른 소프트웨어사업 영향평가의 결과를 공시하여야 한다. 다만, 국가안보와 관련된 사업의 경우에는 공시하지 아니할 수 있다.
③ 소프트웨어사업자는 국가기관등의 장이 공시한 소프트웨어사업 영향평가 결과에 대하여 이의가 있을 때에는 재평가를 요청할 수 있다. 이 경우 국가기관등의 장은 대통령령으로 정하는 사유가 없으면 재평가하고 그 결과를 공시하여야 한다.
④ 과학기술정보통신부장관은 제1항에 따른 소프트웨어사업 영향평가 결과 및 제3항 후단에 따른 재평가 결과를 검토한 후 민간 소프트웨어 시장의 침해 가능성이 예상되는 경우에는 해당 국가기관등의 장에게 이를 개선하기 위한 조치를 하도록 요청할 수 있다. 이 경우 과학기술정보통신부장관은 미리 해당 국가기관등의 장과 개선조치에 대하여 협의하여야 한다.(2023.4.18 본항신설)
⑤ 제4항에 따라 과학기술정보통신부장관과의 협의를 거쳐 개선조치를 요청받은 국가기관등의 장은 대통령령으로 정하는 특별한 사유가 없는 한 이를 개선하기 위한 조치를 강구하여야 한다.(2023.4.18 본항신설)
⑥ 제1항부터 제5항까지에 따른 소프트웨어사업 영향평가의 기준 및 절차, 공시 방법, 재평가 절차, 과학기술정보통신부장관의 검토 절차 등에 관하여 필요한 사항은 대통령령으로 정한다.(2023.4.18 본항개정)

제44조【소프트웨어사업의 과업 범위】 ① 국가기관등의 장은 소프트웨어사업을 기획하고 예산을 편성하는 경우 과학기술정보통신부장관이 행정안전부장관과 협의하여 고시하는 기준에 따라 과업의 내용과 범위를 명확하게 하여야 한다.
② 국가기관등의 장은 소프트웨어사업을 발주하는 경우 소프트웨어사업자가 과업 규모를 산정할 수 있도록 과학기술정보통신부장관이 행정안전부장관과 협의하여 고시하는 기준에 따라 요구사항을 상세하게 작성·공개하여야 한다.
③ 국가기관등의 장은 제2항에 따라 상세한 요구사항을 작성하기 위하여 외부전문기관 등을 활용하거나 별도로 분석 또는 설계사업을 분리하여 발주할 수 있다.

제45조【적정 사업기간 산정 등】 ① 국가기관등의 장은 소프트웨어사업을 추진하는 경우 과학기술정보통신부장관이 행정안전부장관과 협의하여 고시하는 기준에 따라 사업 수행에 필요한 적정 사업기간을 산정하여야 하며, 그 내용을 계약에 반영하여야 한다.
② 국가기관등의 장은 제1항에 따라 산정한 적정 사업기간이 1년을 초과하는 경우에는「국가를 당사자로 하는 계약에 관한 법률」제21조제2항에 따른 장기계속계약을 체결하여야 한다. 이 경우 각 회계연도 예산의 범위에서 해당 계약을 이행하게 하여야 한다.
③ 국가기관등의 장은 제1항에 따라 계약을 체결한 결과 사업종료 시점이 다음 회계연도에 속하는 경우에는「국가재정법」제48조제2항,「지방재정법」제50조제2항 또는 관계 법령에 따라 해당 예산을 이월하여 사용할 수 있다.

제46조【적정 대가 지급 등】 ① 국가기관등은 소프트웨어사업의 계약을 체결하는 경우 소프트웨어산업의 발전과 소프트웨어의 품질 보장을 위하여 적정한 수준의 대가를 지급하도록 노력하여야 한다.
② 과학기술정보통신부장관은 국가기관등의 장이 제1항에 따라 적정 대가를 지급하도록 하기 위하여 다음 각 호의 소프트웨어사업 정보를 수집·분석하여 국가기관등에 제공하여야 한다.
1. 소프트웨어사업 수행 환경
2. 소프트웨어사업 수행 도구
3. 소프트웨어사업 비용·일정·규모
4. 소프트웨어사업 품질특성 정보
5. 그 밖에 소프트웨어사업 대가 기준 산정에 필요한 정보

③ 과학기술정보통신부장관은 제2항에 따른 소프트웨어사업 정보를 종합적으로 관리하기 위하여 국가기관등의 장에게 대통령령으로 정하는 절차에 따라 필요한 자료의 제출을 요청할 수 있다. 이 경우 국가기관등의 장은 특별한 사유가 없으면 이에 협조하여야 한다.
④ 제1항에 따른 적정 대가 지급을 위한 소프트웨어기술자의 인건비 기준 등에 관하여 필요한 사항은 대통령령으로 정한다.

제47조【소프트웨어사업 추진 시 사전협의】 ① 국가기관등의 장은 다음 각 호의 소프트웨어사업을 추진하는 경우에는「전자정부법」제2조제4호에 따른 중앙사무관장기관의 장과 사전협의를 하여야 한다. 다만, 시장·군수·구청장(자치구의 구청장을 말한다)이 다음 각 호의 소프트웨어사업을 추진하는 경우에는 특별시장·광역시장 및 도지사와 사전협의를 하여야 한다.
1.「전자정부법」제67조에 따른 사전협의 대상인 소프트웨어사업
2. 그 밖에 대통령령으로 정하는 요건에 해당하는 사업

② 제1항에 따른 중앙사무관장기관의 장 또는 특별시장·광역시장 및 도지사는 제1항에 따라 사전협의를 할 때에는 다음 각 호의 사항을 사전협의 내용에 포함시켜야 한다.
1. 소프트웨어사업의 요구사항 작성수준이 제44조제1항·제2항에 부합하는지 여부
2. 산정된 사업기간이 제45조제1항에 부합하는지 여부

제48조【중소 소프트웨어사업자의 사업 참여 지원】 ① 정부는 중소 소프트웨어사업자 육성을 통한 소프트웨어산업의 건전한 발전을 위하여 국가기관등이 발주하는 소프트웨어사업에 대통령령으로 정하는 중소 소프트웨어사업자의 참여를 확대할 수 있는 조치를 마련하여야 한다.
② 국가기관등의 장은 소프트웨어사업 발주 시 과학기술정보통신부장관이 정하여 고시하는 사업금액 미만의 사업에 대해서는 대통령령으로 정하는 대기업(이하 이 조에서 "대기업"이라 한다)인 소프트웨어사업자의 참여(대기업인 소프트웨어사업자가 하수급인 및 재하수급인으로 참여하는 경우를 포함한다. 이하 이 조에서 같다)를 제한하여야 한다. 이 경우 사업금액은 둘 이상의 소프트웨어사업을 일괄 발주하는 경우에는 각 사업금액 중 낮은 금액을, 소프트웨어 유지 및 관리 사업이 1년 이상의 장기계약인 경우에는 해당 계약기간 동안의 평균 연차별 금액을 말한다.
③ 국가기관등의 장은 제2항 전단에도 불구하고 다음 각 호의 어느 하나에 해당하는 경우에는 대기업(제5호의 경우에는 해당 공공기관인 대기업만 해당한다)인 소프트웨어사업자를 참여시킬 수 있다.
1. 소프트웨어사업자를 선정하지 못하여 다시 발주하는 경우. 이 경우 국가기관등이「조달사업에 관한 법률」에 따라 조달청에 의뢰하여 발주하는 경우로 한정한다.
2. 국방·외교·치안·전력(電力), 그 밖에 국가안보 등과 관련된 사업으로서 대기업인 소프트웨어사업자의 참여가 불가피하다고 과학기술정보통신부장관이 인정하여 고시하는 사업인 경우
3.「사회기반시설에 대한 민간투자법」제8조의2에 따라 민간투자대상사업으로 지정되어 관보에 고시된 사업에 포함된 소프트웨어사업인 경우
4. 제40조에 따른 민간투자형 소프트웨어사업으로 과학기술정보통신부장관이 인정하여 고시하는 사업인 경우
5. 과학기술정보통신부장관이 정하여 고시하는 공공기관(「공공기관의 운영에 관한 법률」제4조에 따른 공공기관을 말한다)인 대기업이 과학기술정보통신부장관이 정하여 고시하는 사업범위에 해당하는 사업을 하는 경우

④ 국가기관등의 장은「독점규제 및 공정거래에 관한 법률」제31조에 따라 지정된 상호출자제한기업집단에 속하는 회사에 대해서는 제2항에도 불구하고 사업금액에 관계없이 입찰참여를 제한하여야 한다. 다만, 제3항 각 호의 어느 하나에 해당하는 경우에는 참여시킬 수 있다.
(2020.12.29 본문개정)
⑤ 국가기관등의 장은 소프트웨어사업을 발주할 때 불가피한 사유로 제2항 또는 제4항 본문을 적용하지 아니하는 경우에는 과학기술정보통신부장관에게 그 사유를 사전에 통지하여야 한다. 이 경우 과학기술정보통신부장관은 그 사유가 적절한지 평가하고 부적절하다고 인정하는 경우에는 국가기관등의 장에게 시정을 요청하여야 한다.

제49조【국가기관등의 소프트웨어사업 계약 등】 ① 국가기관등의 장은 소프트웨어사업의 계약을 체결하려는 경우「국가를 당사자로 하는 계약에 관한 법률」제10조제2항제3호 또는「지방자치단체를 당사자로 하는 계약에 관한 법률」제13조제2항제4호에 따라 입찰자를 낙찰자로 하는 계약 방식 중 대통령령으로 정하는 방식을 우선적으로 적용하여 계약을 체결하여야 한다. 다만, 계약을 체결하려는 소프트웨어사업의 특성상 필요하다고 판단되는 경우에는 다른 방식으로 계약을 체결할 수 있다.
② 과학기술정보통신부장관은 소프트웨어사업자의 기술성을 평가하는 기준을 정하여 고시하고, 국가기관등의 장이 계약 체결 시 그 기준을 적용하여 소프트웨어사업자의 기술성을 평가하도록 권장할 수 있다.

③ 국가기관등의 장은 소프트웨어 유지·관리를 제외한 소프트웨어사업을 발주할 때 소프트웨어사업자가 사업수행 장소를 제안할 수 있도록 하여야 한다. 이 경우 국가기관등의 장은 정보 보안에 관한 사항 등 사업수행 장소에 대한 요건을 제시할 수 있다.
④ 제1항 및 제3항에 따른 소프트웨어사업에 관한 계약체결의 세부 절차와 기준은 과학기술정보통신부장관이 정하여 고시한다.
제50조【소프트웨어사업 과업심의위원회】 ① 국가기관등의 장은 소프트웨어사업의 추진에 관한 다음 각 호의 사항을 심의하기 위하여 소프트웨어사업 과업심의위원회(이하 "과업심의위원회"라 한다)를 두어야 한다.
1. 과업내용의 확정
2. 과업내용 변경의 확정 및 이에 따른 계약금액·계약기간 조정
② 국가기관등의 장은 특별한 사정이 없으면 제1항에 따른 심의결과를 계약 등에 반영하여야 한다.
③ 국가기관등의 장과 소프트웨어사업의 계약을 체결한 사업자는 과업내용 변경으로 인한 계약내용 변경이 필요한 경우 국가기관등의 장에게 과업심의위원회의 개최를 요청할 수 있다. 이 경우 국가기관등의 장은 특별한 사정이 없으면 요청을 수용하여야 한다.
④ 제1항 및 제3항에 따른 과업심의위원회의 구성·운영, 과업내용의 확정·변경 및 개최 요청 절차 등에 관하여 필요한 사항은 대통령령으로 정한다.
제51조【하도급 제한 등】 ① 소프트웨어사업자는 국가기관등의 장과 소프트웨어사업 계약을 체결하는 경우 물품(상용소프트웨어를 포함한다. 이하 같다) 구매금액을 제외한 소프트웨어사업금액의 100분의 50을 초과하여 하도급할 수 없다.
② 제1항에도 불구하고 소프트웨어사업금액 중 다음 각 호의 어느 하나에 해당하는 사업에 필요한 금액이 물품구매금액을 제외한 소프트웨어사업금액의 100분의 50을 초과하는 경우에는 소프트웨어사업의 전부를 하도급하지 아니하는 범위에서 각 호의 사업을 하도급할 수 있다.
1. 물품의 설치 및 유지·관리
2. 대통령령으로 정하는 신기술 또는 전문기술이 필요한 사업
③ 제1항 및 제2항에 따라 하도급받은 소프트웨어사업자는 그 사업을 다시 하도급할 수 없다. 다만, 다음 각 호의 어느 하나에 해당하는 경우에는 대통령령으로 정하는 바에 따라 다시 하도급할 수 있다.
1. 신기술 또는 전문기술이 필요한 경우로서 대통령령으로 정하는 경우
2. 그 밖에 하도급받은 사업의 수행을 위하여 필요한 경우로서 대통령령으로 정하는 경우
④ 제3항 단서 각 호에 따라 다시 하도급받은 소프트웨어사업자는 그 사업을 또다시 하도급할 수 없다.
⑤ 소프트웨어사업자가 제1항 및 제2항에 따라 하도급하려는 경우와 제3항 단서 각 호에 따라 다시 하도급하려는 경우에는 미리 국가기관등의 장으로부터 승인을 받아야 한다.
⑥ 국가기관등의 장은 입찰공고 시 전체 소프트웨어사업금액 대비 입찰자가 하도급하려는 사업금액 비율이 대통령령으로 정하는 사업금액 비율 이상인 경우에는 입찰자로 하여금 특별한 사유가 없는 한 하수급인과 공동수급체로 참여하도록 요구할 수 있다.
⑦ 국가기관등의 장은 하도급 제한규정 준수 여부를 지속적으로 관리·감독하여야 하고, 제1항부터 제5항까지의 규정을 위반한 소프트웨어사업자에게 시정을 요구하여야 한다.
⑧ 제5항 및 제7항에 따른 하도급 승인 방법 및 절차, 하도급 관리·감독 방법 등에 관하여 필요한 사항은 과학기술정보통신부령으로 정한다.
제52조【소프트웨어사업 제안서 보상】 ① 국가기관등의 장은 소프트웨어사업을 추진하는 경우 낙찰자로 결정되지 아니한 자 중 제안서 평가에서 우수한 평가를 받은 자에게는 예산의 범위에서 제안서 작성비용의 일부를 보상할 수 있다.
② 제1항에 따른 제안서 보상의 기준 및 절차 등에 관하여 필요한 사항은 과학기술정보통신부장관이 정하여 고시한다.

제3절 상용소프트웨어 활용 촉진

제53조【상용소프트웨어 유통 활성화】 ① 정부는 소프트웨어산업의 진흥을 위하여 상용소프트웨어의 유통을 활성화하도록 노력하여야 한다.
② 과학기술정보통신부장관은 상용소프트웨어의 유통활성화 및 적정 대가 산정 지원을 위하여 다음 각 호의 사업을 할 수 있다.
1. 상용소프트웨어 제품정보의 수집·분석 및 제공
2. 상용소프트웨어 활용 촉진을 위한 품질의 검증 및 기술 지원
3. 상용소프트웨어 품질성능의 비교평가
4. 상용소프트웨어 기술개발 및 표준화 지원
5. 상용소프트웨어 시험장비 및 시험시설 지원
6. 그 밖에 상용소프트웨어의 유통을 활성화하기 위하여 필요한 사업
③ 과학기술정보통신부장관은 제2항제1호에 따른 상용소프트웨어 제품정보를 종합적으로 관리하기 위하여 국가기관등의 장 또는 소프트웨어사업자에게 필요한 자료의 제출을 요청할 수 있다.
제54조【국가기관등의 상용소프트웨어 구매】 ① 국가기관등의 장은 상용소프트웨어를 구매하는 경우 정품 상용소프트웨어 구매를 위한 예산을 확보하여야 한다. 이 경우 상용소프트웨어를 서비스 형태로 제공받아 이용하는 계약에 대한 예산을 우선 편성하도록 노력하여야 한다.
② 국가기관등의 장은 상용소프트웨어가 사용되는 소프트웨어사업을 추진하는 경우 과학기술정보통신부장관이 고시하는 기준에 따라 상용소프트웨어를 직접 구매하여야 하고, 상용소프트웨어 구매와 사용에 관하여 부당한 계약을 체결하여서는 아니 된다.
제55조【상용소프트웨어 품질성능 평가시험】 ① 국가기관등의 장은 제54조제2항에 따라 상용소프트웨어를 직접 구매하려는 경우 품질성능 평가시험을 직접 하거나 대통령령으로 정하는 요건을 갖춘 기관 중 과학기술정보통신부장관이 지정하는 시험기관에 품질성능 평가시험을 대행하게 할 수 있고, 그 결과를 제품구매에 반영하여야 한다.
② 제1항에 따라 품질성능 평가시험을 대행하는 시험기관은 국가기관등의 장 및 상용소프트웨어 제품을 공급하려는 자의 의견을 들어 평가기준을 정하고, 그 평가기준에 따라 품질성능 평가시험을 하여야 한다.
③ 제1항에 따라 품질성능 평가시험을 하는 경우 국가기관등의 장이나 시험기관은 비용의 일부를 상용소프트웨어 제품을 공급하려는 자에게 부담하게 할 수 있다. 이 경우 비용부담에 관한 사항은 과학기술정보통신부장관이 정하여 고시한다.
④ 과학기술정보통신부장관은 제1항에 따라 시험기관으로 지정받은 자가 다음 각 호의 어느 하나에 해당하게 된 때에는 지정을 취소할 수 있다. 다만, 제1호에 해당하는 경우에는 지정을 취소하여야 한다.
1. 거짓이나 그 밖의 부정한 방법으로 지정을 받은 경우
2. 제1항에 따른 지정 요건을 계속하여 3개월 이상 갖추지 못한 경우
3. 고의 또는 중대한 과실로 사실과 다르게 품질성능 평가시험의 결과를 산출한 경우
⑤ 제1항 및 제2항에 따른 품질성능 평가시험의 대상 및 시험기관의 지정 요건, 품질성능 평가시험의 대행 절차 등 평가시험 실시에 필요한 사항은 대통령령으로 정한다.

제4절 소프트웨어사업 관리

제56조【소프트웨어사업 품질관리 등】 ① 국가기관등의 장은 소프트웨어사업을 추진하는 경우 계약당사자 간 합의된 과업내용에 기초하여 사업이 적절하게 수행되는지 여부와 소프트웨어 산출물의 품질 등을 관리·감독하여야 한다.
② 국가기관등의 장은 소프트웨어사업의 계약 현황 등 대통령령으로 정하는 정보를 매년 공개하고, 이를 과학기술정보통신부장관에게 통보하여야 한다.
제57조【소프트웨어사업 관리·감독 및 개선권고】 ① 과학기술정보통신부장관은 국가기관등의 장이 소프트웨어사업을 추진하는 경우 이 법 또는 관련 법령을 준수하였는지를 확인하고, 그 결과를 공개할 수 있다.
② 과학기술정보통신부장관은 제1항에 따른 확인결과 국가기관등의 장이 이 법 또는 관련 법령을 위반하였다고 인정하는 경우에는 개선을 권고할 수 있다.
③ 국가기관등의 장은 제2항에 따라 개선 권고를 받은 때에는 그 권고를 받은 날부터 1개월 이내에 조치 결과를 과학기술정보통신부장관에게 통보하여야 한다.
④ 과학기술정보통신부장관은 제1항에 따른 확인을 위하여 국가기관등의 장에게 소프트웨어사업에 관한 자료의 제출을 요청할 수 있다. 이 경우 국가기관등의 장은 특별한 사유가 없으면 이에 협조하여야 한다.
⑤ 과학기술정보통신부장관은 행정안전부장관과 협의하여 제1항의 확인 대상, 기준 및 방법 등을 정하여 고시할 수 있다.
제58조【소프트웨어사업자 실적 등 관리】 ① 과학기술정보통신부장관은 소프트웨어산업 진흥을 위하여 소프트웨어사업자로 하여금 기술인력, 사업수행 실적 등의 자료를 제출하게 할 수 있다.
② 과학기술정보통신부장관은 제1항에 따라 제출받은 자료를 유지·관리하여야 한다.
③ 과학기술정보통신부장관은 제1항에 따라 제출받은 자료의 진실성과 정확성을 확보하기 위하여 국가기관등의 장에게 대통령령으로 정하는 자료 제출을 요청할 수 있으며, 요청을 받은 국가기관등의 장은 특별한 사유가 없으면 이에 협조하여야 한다.
④ 제1항에 따른 제출 내용 및 절차에 관하여 필요한 사항은 과학기술정보통신부령으로 정한다.
제59조【소프트웨어 산출물의 활용 보장】 ① 국가기관등의 장은 계약상대자가 지식재산권을 행사하기 위하여 해당 계약상대자와 추진한 소프트웨어사업에 따른 소프트웨어 산출물의 반출을 요청하는 경우 국가 안보에 관한 사항으로서 대통령령으로 정하는 사유가 없으면 이를 승인하여야 한다.
② 제1항에 따른 반출 대상 및 절차 등에 관하여 필요한 사항은 과학기술정보통신부장관이 행정안전부장관과 협의하여 고시한다.
제60조【소프트웨어사업의 하자담보책임】 ① 소프트웨어사업자는 국가기관등과 소프트웨어사업 계약을 체결한 경우 사업을 종료한 날(사업에 대한 시험 및 검사를 수행하여 최종 소프트웨어 산출물을 인도한 날을 말한다)부터 1년 이내에 발생한 하자에 대하여 담보책임이 있다. 다만, 국가기관등이 제44조제3항에 따라 소프트웨어사업을 분리발주한 경우 하자담보책임을 계약당사자 간에 달리 정할 수 있다.
② 소프트웨어사업자는 제1항에도 불구하고 다음 각 호의 어느 하나에 해당하는 사유로 발생한 하자에 대해서는 담보책임이 없다. 다만, 발주자가 제공한 물품 또는 발주자의 지시가 적절하지 아니하다는 것을 알고도 그 사실을 발주자에게 알리지 아니한 경우에는 그러하지 아니하다.
1. 발주자가 제공한 물품의 품질이나 규격 등이 기준에 맞지 아니하는 경우
2. 발주자의 지시에 따라 정보시스템을 구축한 경우

제6장 소프트웨어공제조합

제61조【소프트웨어공제조합의 설립】 ① 소프트웨어사업자는 상호협동과 자율적인 경제활동을 도모하고 소프트웨어산업의 건전한 발전을 위하여 과학기술정보통신부장관의 인가를 받아 각종 자금대여와 보증 등의 사업을 하는 소프트웨어공제조합(이하 "공제조합"이라 한다)을 설립할 수 있다.
② 공제조합은 법인으로 한다.
③ 공제조합의 설립인가 절차, 정관 기재사항, 운영 및 감독 등에 필요한 사항은 대통령령으로 정한다.
④ 공제조합의 출자금 총액의 변경등기는 「민법」 제52조에도 불구하고 매 회계연도 말 현재를 기준으로 하여 회계연도가 끝난 후 3개월 이내에 등기할 수 있다.
⑤ 공제조합에 관하여 이 법에서 규정한 것을 제외하고는 「민법」 중 사단법인에 관한 규정을 준용한다.
제62조【공제조합의 사업】 공제조합은 다음 각 호의 사업(이하 "공제사업"이라 한다)을 한다.
1. 소프트웨어 개발 및 기술 향상과 경영 안정에 필요한 자금의 대여 및 투자
2. 소프트웨어 개발 및 기술 향상과 경영 안정에 필요한 자금을 금융기관으로부터 차입하려는 경우 그 채무에 대한 보증
3. 소프트웨어사업에 따른 의무 이행에 필요한 이행보증
4. 「중소기업제품 구매촉진 및 판로지원에 관한 법률」 제18조에 따른 성능보험사업
5. 그 밖에 대통령령으로 정하는 사업
제63조【기본재산의 조성】 ① 공제조합의 기본재산은 공제사업을 효율적으로 운영하기 위하여 다음 각 호의 재원(財源)으로 조성하되, 정부는 예산의 범위에서 출연하거나 보조할 수 있다.
1. 조합원의 출자금·공제부금(共濟賦金)·예탁금 또는 출연금
2. 그 밖에 대통령령으로 정하는 재원
② 제1항의 기본재산 중 출연금은 자본금으로 회계처리한다.
제64조【공제규정】 ① 공제조합은 공제사업을 하려면 공제규정을 정하여야 한다.
② 제1항의 공제규정에는 공제사업의 종류·대상, 공제부금, 준비금 및 적립금 등과 기본재산의 조성·운영 등에 필요한 사항이 포함되어야 한다.
③ 공제조합은 제2항에 따라 공제규정에 포함되어야 할 사항 중 공제사업의 종류·대상과 그 밖에 대통령령으로 정하는 중요한 사항에 관하여는 과학기술정보통신부장관의 승인을 받아야 한다. 승인을 받은 사항을 변경하려는 경우에도 또한 같다.
제65조【손실보전준비금의 적립 등】 ① 공제조합은 공제사업에 따른 손실을 보전(補塡)하기 위하여 공제이용자로 하여금 손실보전준비금(이하 이 조에서 "준비금"이라 한다)을 부담하게 할 수 있으며, 이를 별도의 준비금계정으로 적립하여 운용할 수 있다.
② 제1항에 따른 준비금의 적립·운용에 필요한 사항은 대통령령으로 정한다.
제66조【공제조합의 책임】 ① 공제조합은 보증한 사항에 관하여 법령, 계약서 등에서 정하는 바에 따라 보증금을 지급할 사유가 발생하였을 때에는 그 보증금을 보증채권자에게 지급하여야 한다.
② 제1항에 따라 보증채권자가 공제조합에 대하여 가지는 보증금에 관한 권리는 보증기간 만료일부터 2년간 행사하지 아니하면 시효의 완성으로 소멸한다.
제67조【지분의 양도 등】 ① 조합원 또는 조합원이었던 자는 대통령령으로 정하는 바에 따라 그의 지분을 다른 조합원이나 조합원이 되려는 자에게 양도할 수 있다.

② 제1항에 따라 지분을 양수한 자는 그 지분에 관한 양도인의 권리와 의무를 승계한다.
③ 지분의 양도 및 질권설정은 「상법」에 따른 주식의 양도 및 질권설정의 방법으로 한다.
④ 지분은 공제조합에 대한 채무의 담보로 제공하는 경우 외에는 담보의 목적으로 사용할 수 없다.
⑤ 민사집행 절차나 국세 등의 체납처분 절차에 따른 지분의 가압류 또는 압류는 「민사집행법」에 따른 지시채권(指示債權)의 가압류 또는 압류의 방법으로 한다.
제68조【공제조합의 지분취득 등】 ① 공제조합은 다음 각 호의 어느 하나에 해당하는 사유가 있을 때에만 조합원 또는 조합원이었던 자의 지분을 취득할 수 있다. 다만, 제1호 또는 제3호에 해당할 때에는 그 지분을 취득하여야 한다.
1. 자본금을 감소하려는 경우
2. 공제조합이 조합원에 대하여 권리자로서 담보권을 실행하기 위하여 필요한 경우
3. 조합원 또는 공제조합에서 제명(除名)되거나 탈퇴한 자가 출자금을 회수하기 위하여 공제조합에 그 지분 취득을 요구한 경우
② 제1항에 따라 공제조합이 지분을 취득하였을 때에는 지체 없이 다음 각 호의 구분에 따른 조치를 이행하여야 한다.
1. 제1항제1호의 사유로 취득한 경우 : 자본금의 감소 절차
2. 제1항제2호 또는 제3호의 사유로 취득한 경우 : 다른 조합원 또는 조합원이 되려는 자에게 처분
③ 제1항에 따라 공제조합이 지분을 취득할 때의 취득가액은 그 출자증권의 지분가액을 초과할 수 없다.
제69조【대리인의 선임】 공제조합은 임원 또는 직원 중에서 공제조합의 업무에 관한 재판상 또는 재판 외의 모든 행위를 할 수 있는 대리인을 선임할 수 있다.
제70조【이익금 등의 처리】 ① 공제조합의 이익금 처리는 다음 각 호의 순서에 따른다.
1. 이월손실금의 보전
2. 손실보전준비금의 적립
3. 이익준비금의 적립
4. 사업준비금의 적립
5. 이익금의 배당
② 공제조합이 해산하는 경우 남은 재산은 「민법」 제80조에 따라 처리한다. 다만, 남은 재산 중 조합원의 출자금은 총회의 결의에 따라 처리한다.
③ 제1항제5호에 따른 이익금 배당에 관하여는 「상법」 중 주식회사의 회계에 관한 규정을 준용하되, 그 밖에 필요한 사항은 정관으로 정한다.
제71조【배상책임 등】 ① 공제조합의 임원이 법령 또는 정관을 위반하거나 임무를 게을리하여 공제조합에 손해를 입혔을 때에는 그 임원은 공제조합에 대하여 연대하여 손해를 배상할 책임을 진다.
② 공제조합의 업무에 종사하는 사람이 업무처리와 관련하여 공제조합에 손해를 입혔을 때에는 고의 또는 중대한 과실이 있는 경우에만 손해를 배상할 책임을 진다. 이 경우 고의로 손해를 입힌 경우를 제외하고는 그 책임을 경감할 수 있다.

제7장 보 칙

제72조【업무의 위탁】 과학기술정보통신부장관은 소프트웨어 진흥을 위하여 필요한 경우 이 법에 따른 업무의 일부를 대통령령으로 정하는 바에 따라 법인 또는 단체에 위탁할 수 있다.
제73조【청문】 과학기술정보통신부장관은 다음 각 호의 어느 하나에 해당하는 처분을 하려면 청문을 하여야 한다.
1. 제9조제3항에 따른 지역별 소프트웨어산업 진흥기관의 지정취소
2. 제11조제6항에 따른 소프트웨어진흥시설의 지정취소
3. 제12조제4항에 따른 소프트웨어진흥단지의 지정취소
4. 제20조제5항에 따른 소프트웨어 품질인증기관의 지정취소
5. 제21조제5항에 따른 소프트웨어프로세스 품질인증기관의 지정취소
6. 제22조제3항에 따른 소프트웨어인력 양성기관의 지정취소
7. 제55조제4항에 따른 소프트웨어 품질성능 평가시험기관의 지정취소
제74조【출연금 환수】 ① 다음 각 호에 따라 지원된 출연금이 다른 목적으로 사용된 경우에는 국가 또는 지방자치단체의 장은 그 금액의 전부를 환수하여야 한다.
1. 제13조제3항에 따른 진흥시설 및 진흥단지의 지원
2. 제14조제2항에 따른 소프트웨어창업을 지원하는 공공단체 등의 지원
3. 제25조제3항에 따른 소프트웨어기술개발 촉진을 위한 자금 지원
4. 제63조제1항에 따른 공제조합 운영 지원
② 국가 및 지방자치단체의 장은 제1항에 따라 출연금 환수를 결정한 때에는 지체 없이 해당 사업자, 단체 또는 기관의 장에게 그 사실을 통지하여야 한다. 이때, 통지를 받은 자는 통지를 받은 날부터 30일 이내에 해당 금액을 국가 또는 지방자치단체에 납부하여야 한다.
③ 국가 또는 지방자치단체의 장은 제1항에 따라 출연금을 환수할 경우에는 현금으로 환수하여야 한다.
④ 국가 또는 지방자치단체의 장은 제1항에 따른 출연금 환수 처분을 받은 자가 환수금을 기한 내에 납부하지 아니하면 기한을 정하여 독촉하고, 그 지정된 기간에도 납부하지 아니하면 국세 체납처분의 예에 따라 징수할 수 있다.
⑤ 국가 또는 지방자치단체의 장은 제1항부터 제4항에 따른 출연금 환수에 관한 업무를 대통령령으로 정하는 법인 또는 단체에 위탁할 수 있다.
제75조【벌칙 적용에서 공무원 의제】 다음 각 호의 어느 하나에 해당하는 기관·법인 또는 단체의 임직원 및 위원은 「형법」 제129조부터 제132조까지의 규정을 적용할 때에는 공무원으로 본다.
1. 제9조제2항에 따른 지역별 소프트웨어산업 진흥기관
2. 제11조제1항에 따른 진흥시설
3. 제12조제1항에 따른 진흥단지의 지정을 받은 자
4. 제20조제2항에 따른 소프트웨어 품질인증 기관
5. 제21조제2항에 따른 소프트웨어프로세스 품질인증 기관
6. 제22조제2항에 따른 소프트웨어인력 양성기관
7. 제23조제1항에 따른 소프트웨어 전문교육기관
8. 제50조제1항에 따른 과업심의위원회
9. 제55조제1항에 따른 상용소프트웨어 품질성능 평가시험기관
10. 제72조에 따라 과학기술정보통신부장관이 이 법에 따른 업무의 일부를 위탁한 기관 또는 단체
11. 제74조제5항에 따라 국가 또는 지방자치단체의 장이 출연금 환수업무를 위탁한 기관 또는 단체
제76조【비밀 누설의 금지】 제75조 각 호의 어느 하나에 해당하는 기관·법인·단체의 임직원 및 위원 또는 그 직에 있었던 사람은 업무 수행 과정에서 알게 된 비밀을 누설하여서는 아니 된다.

제8장 벌 칙

제77조【벌칙】 ① 제76조를 위반한 자는 3년 이하의 징역 또는 3천만원 이하의 벌금에 처한다.
② 제20조제3항 또는 제21조제3항에 따른 인증을 받지 아니하고 인증 표시 또는 이와 유사한 표시를 한 자는 500만원 이하의 벌금에 처한다.
제78조【양벌규정】 법인·단체의 대표자나 법인·단체 또는 개인의 대리인, 사용인, 그 밖의 종업원이 그 법인·단체 또는 개인의 업무에 관하여 제77조의 위반행위를 하면 그 행위자를 벌하는 외에 그 법인·단체 또는 개인에게도 해당 조문의 벌금형을 과(科)한다. 다만, 법인·단체 또는 개인이 그 위반행위를 방지하기 위하여 해당 업무에 관하여 상당한 주의와 감독을 게을리하지 아니한 경우에는 그러하지 아니하다.

부 칙

제1조【시행일】 이 법은 공포 후 6개월이 경과한 날부터 시행한다.
제2조【소프트웨어사업 영향평가에 관한 적용례】 제43조의 개정규정은 이 법 시행 이후 입찰공고하는 사업부터 적용한다.
제3조【벌칙에 관한 적용례】 제77조 및 제78조의 개정규정은 이 법 시행 후의 행위에 대하여 적용한다.
제4조【한국소프트웨어산업협회에 관한 경과조치】 이 법 시행 당시 종전의 「소프트웨어산업 진흥법」 제26조에 따라 설립된 한국소프트웨어산업협회는 제10조의 개정규정에 따라 설립된 한국소프트웨어산업협회로 본다.
제5조【진흥시설에 관한 경과조치】 이 법 시행 당시 종전의 「소프트웨어산업 진흥법」 제5조에 따라 지정된 진흥시설은 제11조의 개정규정에 따라 지정된 진흥시설로 본다.
제6조【진흥단지에 관한 경과조치】 이 법 시행 당시 종전의 「소프트웨어산업 진흥법」 제6조에 따라 지정·조성된 진흥단지는 제12조의 개정규정에 따라 지정·조성된 진흥단지로 본다.
제7조【소프트웨어 품질인증 등에 관한 경과조치】 ① 이 법 시행 당시 종전의 「소프트웨어산업 진흥법」 제13조제1항에 따라 품질인증을 받은 소프트웨어는 제20조제1항의 개정규정에 따라 품질인증을 받은 것으로 본다.
② 이 법 시행 당시 종전의 「소프트웨어산업 진흥법」 제13조제2항에 따라 소프트웨어 품질인증기관으로 지정받은 기관은 제20조제2항의 개정규정에 따라 소프트웨어 품질인증기관으로 지정받은 것으로 본다.
제8조【소프트웨어프로세스 품질인증 등에 관한 경과조치】 ① 이 법 시행 당시 종전의 「소프트웨어산업 진흥법」 제23조제1항에 따라 소프트웨어프로세스 품질인증을 인증받은 자는 제21조제1항의 개정규정에 따라 소프트웨어프로세스 품질인증을 받은 것으로 본다.
② 이 법 시행 당시 종전의 「소프트웨어산업 진흥법」 제23조제2항에 따라 소프트웨어프로세스 품질인증기관으로 지정받은 기관은 제21조제2항의 개정규정에 따라 소프트웨어프로세스 품질인증기관으로 지정받은 것으로 본다.
제9조【전문인력 양성기관 지정에 관한 경과조치】 이 법 시행 당시 종전의 「소프트웨어산업 진흥법」 제10조에 따라 전문인력 양성기관으로 지정받은 기관은 제22조제2항의 개정규정에 따라 소프트웨어인력 양성기관으로 지정받은 것으로 본다.
제10조【소프트웨어기술자 자료 제출 등에 관한 경과조치】 ① 이 법 시행 당시 종전의 「소프트웨어산업 진흥법」 제24조의3제1항에 따라 신고한 소프트웨어기술자는 제24조제2항의 개정규정에 따라 근무처, 경력, 학력 및 자격 등에 관한 기록을 제출한 것으로 본다.
② 이 법 시행 당시 종전의 「소프트웨어산업 진흥법」 제24조의3제4항에 따라 발급한 소프트웨어기술경력증은 제24조제3항의 개정규정에 따라 발급한 소프트웨어기술자 경력증명서로 본다.
제11조【과업변경심의위원회에 관한 경과조치】 이 법 시행 당시 종전의 「소프트웨어산업 진흥법」 제20조의2에 따라 설치된 과업변경심의위원회는 제50조의 개정규정에 따라 설치된 과업심의위원회로 본다.
제12조【하도급 제한 등에 관한 경과조치】 이 법 시행 전에 입찰공고된 사업에 대해서는 제51조의 개정규정에도 불구하고 종전의 「소프트웨어산업 진흥법」 제20조의3 및 제20조의4에 따른다.
제13조【품질성능 평가시험기관 지정에 관한 경과조치】 이 법 시행 당시 종전의 「소프트웨어산업 진흥법」 제13조의2에 따라 품질성능 평가시험기관으로 지정받은 기관은 제55조제1항의 개정규정에 따라 품질성능 평가시험기관으로 지정받은 것으로 본다.
제14조【다른 법률의 개정】 ①~⑩ ※(해당 법령에 가제정리 하였음)
제15조【다른 법령과의 관계】 이 법 시행 당시 다른 법령에서 종전의 「소프트웨어산업 진흥법」 또는 그 규정을 인용한 경우 이 법 중 그에 해당하는 규정이 있을 때에는 종전의 「소프트웨어산업 진흥법」 또는 그 규정을 갈음하여 이 법 또는 이 법의 해당 조항을 인용한 것으로 본다.

부 칙 (2020.12.29)

제1조【시행일】 이 법은 공포 후 1년이 경과한 날부터 시행한다.(이하 생략)

부 칙 (2023.4.18)

이 법은 공포 후 6개월이 경과한 날부터 시행한다.

부 칙 (2024.1.9)

제1조【시행일】 이 법은 공포 후 6개월이 경과한 날부터 시행한다.(이하 생략)

부 칙 (2024.1.23)

이 법은 공포 후 6개월이 경과한 날부터 시행한다.

원자력시설 등의 방호 및 방사능 방재 대책법(약칭 : 방사능방재법)

(2003년 5월 15일
법 률 제6873호)

개정
2005.12.30법 7806호(원자력법)
2006.12.26법 8077호(과학기술분야정부출연연구기관등의설립·운영및육성에관한법)
2006.12.26법 8078호(방사선및방사성동위원소이용진흥법)
2007. 5.11법 8420호(민방위기본법)
2008. 2.29법 8852호(정부조직)
2010. 1.18법 9932호(정부조직)
2010. 3.17법10074호 2011. 7.25법10910호
2013. 3.23법11715호(원자력안전위원회의설치및운영에관한법)
2013. 8. 6법11994호(재난및안전관리기본법)
2014. 5.21법12665호
2014.11.19법12844호(정부조직)
2015. 1.20법13077호 2015. 6.22법13388호
2015.12. 1법13544호
2017. 3.21법14609호(군인사법)
2017. 7.26법14839호(정부조직)
2017.12.19법15280호 2019. 8.27법16574호
2020. 6. 9법17347호(법률용어정비)
2020.12. 8법17639호 2021. 4.20법18144호
2021. 6. 8법18238호 2021.12.28법18664호

제1장 총 칙
(2010.3.17 본장개정)

제1조【목적】 이 법은 핵물질과 원자력시설을 안전하게 관리·운영하기 위하여 물리적방호체제 및 방사능재난 예방체제를 수립하고, 국내외에서 방사능재난이 발생한 경우 효율적으로 대응하기 위한 관리체계를 확립함으로써 국민의 생명과 재산을 보호함을 목적으로 한다.
(2014.5.21 본조개정)

제2조【정의】 ① 이 법에서 사용하는 용어의 뜻은 다음과 같다.
1. "핵물질"이란 우라늄, 토륨 등 원자력을 발생할 수 있는 물질과 우라늄광, 토륨광, 그 밖의 핵연료물질의 원료가 되는 물질 중 대통령령으로 정하는 것을 말한다.
2. "원자력시설"이란 발전용 원자로, 연구용 원자로, 핵연료 주기시설, 방사성폐기물의 저장·처리·처분시설, 핵물질 사용시설, 그 밖에 대통령령으로 정하는 원자력 이용과 관련된 시설을 말한다.
3. "물리적방호"란 핵물질과 원자력시설에 대한 안팎의 위협을 사전에 방지하고, 위협이 발생한 경우 신속하게 탐지하여 적절한 대응조치를 하며, 사고로 인한 피해를 최소화하기 위한 모든 조치를 말한다.
4. "불법이전"이란 정당한 권한 없이 핵물질을 수수(授受)·소지·소유·보관·사용·운반·개조·처분 또는 분산하는 것을 말한다.
5. "사보타주"란 정당한 권한 없이 방사성물질을 배출하거나 방사선을 노출하여 사람의 건강·안전 및 재산 또는 환경을 위태롭게 할 수 있는 다음 각 목의 어느 하나에 해당하는 행위를 말한다.
  가. 핵물질 또는 원자력시설을 파괴·손상하거나 그 원인을 제공하는 행위
  나. 원자력시설의 정상적인 운전을 방해하거나 방해를 시도하는 행위
5의2. "원자력시설 컴퓨터 및 정보시스템"이란 원자력시설의 전자적 제어·관리시스템 및 「정보통신망 이용촉진 및 정보보호 등에 관한 법률」 제2조제1항제1호에 따른 정보통신망을 말한다.(2015.12.1 본호신설)
5의3. "전자적 침해행위"란 사용·저장 중인 핵물질의 불법이전과 원자력시설 및 핵물질의 사보타주를 야기하기 위하여 해킹, 컴퓨터바이러스, 논리·메일폭탄, 서비스거부 또는 고출력 전자기파 등의 방법으로 원자력시설 컴퓨터 및 정보시스템을 공격하는 행위를 말한다.
(2015.12.1 본호신설)
6. "위협"이란 다음 각 목의 어느 하나에 해당하는 것을 말한다.
  가. 사보타주
  나. 전자적 침해행위(2015.12.1 본목신설)
  다. 사람의 생명·신체를 해치거나 재산·환경에 손해를 끼치기 위하여 핵물질을 사용하는 것
  라. 사람, 법인, 공공기관, 국제기구 또는 국가에 대하여 어떤 행위를 강요하기 위하여 핵물질을 취득하는 것
7. "방사선비상"이란 방사성물질 또는 방사선이 누출되거나 누출될 우려가 있어 긴급한 대응 조치가 필요한 상황을 말한다.
8. "방사능재난"이란 방사선비상이 국민의 생명과 재산 및 환경에 피해를 줄 수 있는 상황으로 확대되어 국가적 차원의 대처가 필요한 재난을 말한다.
9. "방사선비상계획구역"이란 원자력시설에서 방사선비상 또는 방사능재난이 발생할 경우 주민 보호 등을 위하여 비상대책을 집중적으로 마련할 필요가 있어 제20조의2에 따라 설정된 구역으로서 다음 각 목의 구역을 말한다.(2014.5.21 본문개정)
  가. 예방적보호조치구역 : 원자력시설에서 방사선비상이 발생할 경우 사전에 주민을 소개(疏開)하는 등 예방적으로 주민보호 조치를 실시하기 위하여 정하는 구역
  나. 긴급보호조치계획구역 : 원자력시설에서 방사선비상 또는 방사능재난이 발생할 경우 방사능영향평가 또는 환경감시 결과를 기반으로 하여 구호와 대피 등 주민에 대한 긴급보호 조치를 위하여 정하는 구역
(2014.5.21 가목~나목신설)
10. "원자력사업자"란 다음 각 목의 어느 하나에 해당하는 자를 말한다.
  가. 「원자력안전법」 제10조에 따라 발전용 원자로 및 관계시설의 건설허가를 받은 자
  나. 「원자력안전법」 제20조에 따라 발전용 원자로 및 관계시설의 운영허가를 받은 자
(2011.7.25 가목~나목개정)
  다. 「원자력안전법」 제30조에 따라 연구용 또는 교육용 원자로 및 관계시설의 건설허가를 받은 자(2020.12.8 본목개정)
  라. 「원자력안전법」 제30조의2에 따라 연구용 또는 교육용 원자로 및 관계시설의 운영허가를 받은 자
(2020.12.8 본목신설)
  마. 「원자력안전법」 제31조에 따라 대한민국의 항구에 입항(入港) 또는 출항(出港)의 신고를 한 외국원자력선운항자
  바. 「원자력안전법」 제35조제1항에 따라 핵원료물질 또는 핵연료물질의 정련사업(精鍊事業) 또는 가공사업의 허가를 받은 자
  사. 「원자력안전법」 제35조제2항에 따라 사용후 핵연료 처리사업의 지정을 받은 자
  아. 「원자력안전법」 제45조에 따라 핵연료물질의 사용 또는 소지 허가를 받은 자 중에서 「원자력안전위원회의 설치 및 운영에 관한 법률」 제3조에 따른 원자력안전위원회(이하 "원자력안전위원회"라 한다)가 정하여 고시하는 자
  자. 「원자력안전법」 제63조에 따라 방사성폐기물의 저장·처리·처분시설 및 그 부속시설의 건설·운영허가를 받은 자
(2011.7.25 마목~자목개정)
  차. 그 밖에 방사성물질, 핵물질 또는 원자력시설의 방호와 재난대책을 수립·시행할 필요가 있어 대통령령으로 정하는 자
② 이 법에서 사용하는 용어의 뜻은 제1항에서 규정한 것을 제외하고는 「원자력안전법」에서 정하는 바에 따른다.(2011.7.25 본항개정)

제2장 핵물질 및 원자력시설의 물리적방호
(2010.3.17 본장개정)

제3조【물리적방호시책의 마련】 ① 정부는 핵물질 및 원자력시설(이하 "원자력시설등"이라 한다)에 대한 물리적방호를 위한 시책(이하 "물리적방호시책"이라 한다)을 마련하여야 한다.
② 물리적방호시책에는 다음 각 호의 사항이 포함되어야 한다.
1. 핵물질의 불법이전에 대한 방호
2. 분실되거나 도난당한 핵물질을 찾아내고 회수하기 위한 대책
3. 원자력시설등에 대한 사보타주의 방지
3의2. 전자적 침해행위의 방지(2015.12.1 본호신설)
4. 원자력시설등에 대한 사보타주에 따른 방사선 영향에 대한 대책
5. 전자적 침해행위에 따른 방사선 영향에 대한 대책
(2015.12.1 본호신설)

제4조【물리적방호체제의 수립 등】 ① 정부는 물리적방호시책을 이행하기 위하여 정기적으로 원자력시설등에 대한 위협을 평가하여 물리적방호체제를 수립하여야 한다. 이 경우 원자력시설등에 대한 위협 평가 및 물리적방호체제의 수립에 필요한 사항은 대통령령으로 정한다.
② 원자력안전위원회는 제1항에 따른 물리적방호체제의 수립에 필요하다고 인정하면 관계 중앙행정기관의 장에게 협조를 요청할 수 있다.(2011.7.25 본항개정)
③ 원자력안전위원회는 제1항에 따른 물리적방호체제의 수립에 필요하다고 인정하면 다음 각 호의 자에게 방호 관련 시설·장비의 확보 및 운영 관리 등 대통령령으로 정하는 필요한 조치를 요구하거나 명할 수 있다.
(2011.7.25 본문개정)
1. 방사선비상계획구역의 전부 또는 일부를 관할하는 특별시장·광역시장·특별자치시장·도지사·특별자치도지사(이하 "시·도지사"라 한다)(2014.5.21 본호개정)
2. 방사선비상계획구역의 전부 또는 일부를 관할하는 시장·군수·구청장(자치구의 구청장을 말한다. 이하 같다)
3. 원자력사업자
4. 대통령령으로 정하는 공공기관, 공공단체 및 사회단체(이하 "지정기관"이라 한다)의 장
④ 제2항과 제3항에 따른 요청이나 요구를 받은 기관의 장과 사업자는 특별한 사유가 없으면 이에 따라야 한다.

제5조【원자력시설등의 물리적방호협의회】 ① 원자력시설등의 물리적방호에 관한 국가의 중요 정책을 심의하기 위하여 원자력안전위원회 소속으로 원자력시설등의 물리적방호협의회(이하 "방호협의회"라 한다)를 둔다.
(2011.7.25 본항개정)
② 방호협의회의 의장은 원자력안전위원회 위원장이 되고, 방호협의회의 위원은 기획재정부, 과학기술정보통신부, 국방부, 행정안전부, 농림축산식품부, 산업통상자원부, 보건복지부, 환경부, 국토교통부, 해양수산부의 고위공무원단에 속하는 일반직공무원 또는 이에 상당하는 공무원〔국방부의 경우에는 이에 상당하는 장성급(將星級) 장교를 포함한다〕 중에서 해당 기관의 장이 지명하는 각 1명과 대통령령으로 정하는 중앙행정기관의 공무원 또는 관련 기관·단체의 장이 된다.(2017.7.26 본항개정)
③ 방호협의회의 운영 등에 필요한 사항은 대통령령으로 정한다.

제6조【방호협의회의 기능】 방호협의회는 다음 각 호의 사항을 심의한다.
1. 물리적방호에 관한 중요 정책
2. 물리적방호체제의 수립
3. 물리적방호체제의 이행을 위한 관계 기관 간 협조 사항
4. 물리적방호체제의 평가
5. 그 밖에 물리적방호와 관련하여 의장이 필요하다고 인정하여 회의에 부치는 사항

제7조【지역방호협의회】 ① 대통령령으로 정하는 원자력시설등이 있는 지방자치단체에 소관 원자력시설등의 물리적방호에 관한 사항을 심의하기 위하여 시·도지사 소속으로 시·도 방호협의회를 두고, 시장·군수·구청장 소속으로 시·군·구 방호협의회를 둔다.
② 시·도 방호협의회의 의장은 시·도지사가 되고, 시·군·구 방호협의회의 의장은 시장·군수·구청장이 된다.
③ 시·도 방호협의회 및 시·군·구 방호협의회(이하 "지역방호협의회"라 한다)는 다음 각 호의 사항을 심의한다.
1. 해당 지역의 물리적방호에 관한 중요 정책
2. 해당 지역의 물리적방호체제 수립
3. 해당 지역의 물리적방호체제 이행을 위한 관계 기관 간 협조사항
4. 해당 지역의 물리적방호체제 평가
5. 그 밖에 해당 지역의 물리적방호와 관련하여 의장이 필요하다고 인정하여 회의에 부치는 사항
④ 지역방호협의회의 구성·운영 등에 필요한 사항은 대통령령으로 정한다.

제8조【물리적방호 대상 핵물질의 분류 등】 ① 물리적방호의 대상이 되는 핵물질은 잠재적 위험의 정도를 고려하여 대통령령으로 정하는 바에 따라 등급Ⅰ, 등급Ⅱ 및 등급Ⅲ으로 분류한다.(2014.5.21 본항개정)
② 원자력시설등의 물리적방호에 관한 다음 각 호의 요건은 대통령령으로 정한다.(2014.5.21 본문개정)
1. 불법이전에 대한 방호 요건
2. 사보타주에 대한 방호 요건
3. 전자적 침해행위에 대한 방호 요건(2015.12.1 본호신설)

제9조【물리적방호에 대한 원자력사업자의 책임】 ① 원자력사업자는 대통령령으로 정하는 바에 따라 다음 각 호의 사항에 대하여 원자력안전위원회의 승인을 받아야 하고, 이를 변경하려는 경우에도 또한 같다. 다만, 총리령으로 정하는 경미한 사항을 변경하려는 경우에는 원자력안전위원회에 신고하여야 한다.(2013.3.23 단서개정)
1. 제3조제2항 각 호의 사항을 위한 물리적방호 시설·설비 및 그 운영체제
2. 원자력시설등의 물리적방호를 위한 규정(이하 "물리적방호규정"이라 한다)
3. 핵물질의 불법이전 및 원자력시설등의 위협에 대한 조치계획(이하 "방호비상계획"이라 한다)
4. 전자적 침해행위에 대한 원자력시설 컴퓨터 및 정보시스템 보안규정(이하 "정보시스템 보안규정"이라 한다)
(2015.12.1 본호신설)
② 제1항 각 호의 사항에 대한 작성지침 등 세부기준은 총리령으로 정한다.(2013.3.23 본항개정)

제9조의2【물리적방호 교육】 ① 원자력사업자의 종업원 및 원자력안전위원회가 정하여 고시하는 물리적방호와 관련된 단체 또는 기관의 직원은 대통령령으로 정하는 바에 따라 원자력안전위원회가 실시하는 물리적방호에 관한 교육(원자력시설 컴퓨터 및 정보시스템 보안교육을 포함한다)을 받아야 한다.(2015.12.1 본항개정)
② 원자력안전위원회는 제1항에 따른 교육을 담당할 교육기관을 지정할 수 있다.
③ 제1항에 따른 물리적방호 교육의 내용·이수·유예·평가 등에 관한 사항은 총리령으로 정하고, 제2항에 따른 교육기관의 지정기준 및 지정취소의 기준 등에 관한 사항은 대통령령으로 정한다.(2020.12.8 본항개정)
(2014.5.21 본조신설)

제9조의3【물리적방호 훈련】 ① 원자력사업자는 총리령으로 정하는 바에 따라 물리적방호 훈련계획을 수립하여 원자력안전위원회의 승인을 받은 후 이를 시행하여야 한다.

② 원자력사업자는 제1항에 따른 물리적방호 훈련을 실시한 후 그 결과를 원자력안전위원회에 보고하여야 한다. 이 경우 원자력안전위원회는 제1항에 따라 실시하는 물리적방호 훈련에 대하여 평가할 수 있다.
③ 원자력안전위원회는 제2항 후단에 따른 평가 결과 필요하다고 인정하면 원자력사업자에게 물리적방호규정의 보완 등 필요한 조치를 명할 수 있다. 이 경우 원자력사업자는 이에 대한 이행계획 및 조치 결과를 원자력안전위원회에 보고하여야 한다.
(2014.5.21 본조신설)
제10조【군부대 등의 지원 요청】 ① 원자력사업자는 원자력시설등에 대한 위협이 있거나 그러한 우려가 있다고 판단되면 그 원자력시설등의 방호 또는 분실되거나 도난당한 핵물질의 회수를 위하여 관할 군부대, 경찰관서 또는 그 밖의 행정기관의 장에게 지원을 요청할 수 있다.
(2014.5.21 본항개정)
② 제1항의 지원 요청을 받은 군부대, 경찰관서 또는 그 밖의 행정기관의 장은 특별한 사유가 없으면 요청에 따라야 한다.
제11조【보고 등】 원자력사업자는 원자력시설등에 대하여 위협을 받았을 때 또는 제10조제1항에 따라 관할 군부대, 경찰관서 또는 그 밖의 행정기관의 장에게 지원을 요청하였을 때에는 총리령으로 정하는 바에 따라 원자력안전위원회에 보고하고, 관할 시·도지사 및 시장·군수·구청장에게 이를 알려야 한다.(2014.5.21 본조개정)
제12조【검사 등】 ① 원자력사업자는 원자력시설등의 물리적방호에 대하여 대통령령으로 정하는 바에 따라 원자력안전위원회의 검사를 받아야 한다.(2011.7.25 본항개정)
② 원자력안전위원회는 제1항에 따른 검사 결과 다음 각 호의 어느 하나에 해당할 때에는 원자력사업자에게 그 시정을 명할 수 있다.(2011.7.25 본문개정)
1. 제8조제2항에 따른 방호 요건을 위반한 사실이 있을 때
2. 제9조제1항제1호에 따른 물리적방호를 위한 시설·설비 또는 그 운영체제가 총리령으로 정하는 기준에 미치지 못할 때(2013.3.23 본호개정)
3. 물리적방호규정을 위반하였을 때
4. 방호비상계획에 따른 조치가 미흡할 때
4의2. 정보시스템 보안규정을 위반하였을 때(2015.12.1 본호신설)
5. 물리적방호규정, 방호비상계획 및 정보시스템 보안규정의 보완이 필요할 때(2015.12.1 본호개정)
6. 제9조의2제1항에 따른 교육을 받지 아니하였을 때
7. 제9조의3제1항에 따른 물리적방호 훈련을 승인된 계획에 따라 실시하지 아니하였거나 같은 조 제3항에 따른 이행계획에 따라 보완조치를 하지 아니하였을 때
(2014.5.21 6호~7호신설)
제13조【핵물질의 국제운송방호】 ① 「핵물질 및 원자력시설의 물리적 방호에 관한 협약」의 요건에 따라 국제운송 중인 핵물질이 방호될 것이라는 보장을 관련 국가로부터 받지 아니한 자는 핵물질을 수출하거나 수입할 수 없다.
② 핵물질을 국제운송하려는 원자력사업자 또는 핵물질의 국제운송을 위탁받은 자는 대통령령으로 정하는 바에 따라 핵물질의 국제운송에 대한 물리적방호를 위한 계획(이하 "국제운송방호계획"이라 한다)에 대하여 원자력안전위원회의 승인을 받아야 하며, 이를 변경하려는 경우에도 또한 같다. 다만, 총리령으로 정하는 경미한 사항을 변경하려는 경우에는 원자력안전위원회에 신고하여야 한다.(2020.12.8 본항신설)
③ 국제운송방호계획의 작성에 관한 세부기준은 총리령으로 정한다.(2020.12.8 본항신설)
(2020.12.8 본조개정)
제13조의2【국제운송방호의 검사 등】 ① 제13조제2항 본문에 따라 국제운송방호계획의 승인을 받은 자(이하 "국제운송자"라 한다)는 핵물질의 국제운송방호에 대하여 대통령령으로 정하는 바에 따라 원자력안전위원회의 검사를 받아야 한다.
② 원자력안전위원회는 제1항에 따른 검사 결과가 다음 각 호의 어느 하나에 해당할 때에는 검사를 받은 국제운송자에게 그 시정을 명할 수 있다.
1. 제8조제2항에 따른 방호 요건을 위반한 사실이 있을 때
2. 국제운송방호계획에 따른 조치가 미흡할 때
3. 국제운송방호계획의 보완이 필요할 때
(2020.12.8 본조신설)
제13조의3【국제협력 등】 ① 외교부장관은 제47조에 따른 범죄의 실행 또는 준비에 대하여 알게 된 정보가 명백하고 그 범죄의 정도가 객관적으로 중대하다고 인정되는 경우에는 「핵테러행위의 억제를 위한 국제협약」, 「핵물질 및 원자력시설의 물리적 방호에 관한 협약」 및 그 밖의 국제협약 또는 양자 간 협정에 따라 해당 국제기구 및 관련 국가에 그 내용을 알려야 한다.
② 제1항에도 불구하고 외교부장관은 제1항에 따른 통보가 다른 법률에 위배되거나 대한민국 또는 다른 국가의 안전을 저해할 우려가 있다고 인정하는 경우에는 통보를 하지 아니할 수 있다.
(2014.5.21 본조신설)
제14조【기록과 비치】 원자력사업자는 원자력시설등의 물리적방호에 관한 사항을 총리령으로 정하는 바에 따라 기록하여 그 사업소마다 갖추어 두어야 한다.
(2013.3.23 본조개정)
제15조【비밀누설 금지 등】 제3조부터 제14조까지의 규정에 따른 직무에 종사하거나 종사하였던 방호협의회(지역방호협의회를 포함한다)의 위원, 공무원 또는 관련 종사자는 그 직무상 알게 된 물리적방호에 관한 비밀을 누설하거나 이 법 시행을 위한 목적 외의 용도로 이용하여서는 아니 된다.
제16조【적용 범위】 이 장의 규정은 평화적 목적에 사용되는 국내의 원자력시설등과 대한민국으로부터 또는 대한민국으로 국제운송 중인 핵물질에 적용한다.
(2020.12.8 본조개정)

제3장 방사능 방재대책
(2010.3.17 본장개정)

제1절 방사능재난 관리 및 대응체제

제17조【방사선비상의 종류】 ① 원자력시설등의 방사선비상의 종류는 사고의 정도와 상황에 따라 백색비상, 청색비상 및 적색비상으로 구분한다.
② 제1항의 방사선비상의 종류에 대한 기준, 각 종류별 대응 절차 및 그 밖에 필요한 사항은 대통령령으로 정한다.
제18조【국가방사능방재계획의 수립 등】 ① 원자력안전위원회는 대통령령으로 정하는 바에 따라 방사선비상 및 방사능재난(이하 "방사능재난등"이라 한다) 업무에 관한 계획(이하 "국가방사능방재계획"이라 한다)을 수립하여 국무총리에게 제출하고, 국무총리는 이를 「재난 및 안전관리 기본법」 제9조에 따른 중앙안전관리위원회의 심의를 거쳐 확정한 후 관계 중앙행정기관의 장에게 통보하여야 한다.
② 원자력안전위원회는 제1항에 따라 확정된 국가방사능방재계획을 방사선비상계획구역의 전부 또는 일부를 관할하는 시·도지사, 시장·군수·구청장에게 통보하여야 한다.
③ 원자력안전위원회와 관계 중앙행정기관의 장은 국가방사능방재계획 중 맡은 사항에 대하여 지정기관의 장에게 통보하여야 한다.
(2011.7.25 본조개정)
제19조【지역방사능방재계획 등의 수립 등】 ① 방사선비상계획구역의 전부 또는 일부를 관할하는 시·도지사 및 시장·군수·구청장은 제18조제2항에 따라 통보받은 국가방사능방재계획에 따라 관할구역에 있는 지정기관의 방사능재난등 관리업무에 관한 계획을 종합하여 시·도 방사능방재계획 및 시·군·구 방사능방재계획(이하 "지역방사능방재계획"이라 한다)을 각각 수립한다.
② 지역방사능방재계획을 수립한 시·도지사 및 시장·군수·구청장은 이를 원자력안전위원회에 제출하고 관할구역의 지정기관의 장에게 알려야 한다.(2011.7.25 본항개정)
③ 원자력안전위원회는 제2항에 따라 받은 지역방사능방재계획에 대하여 행정안전부장관에게 의견을 요청할 수 있다.(2021.6.8 본항신설)
④ 원자력안전위원회는 제2항에 따라 받은 지역방사능방재계획이 방사능재난등의 대응·관리에 충분하지 아니하다고 인정할 때에는 해당 지방자치단체의 장에게 그 시정 또는 보완을 요구할 수 있다.(2011.7.25 본항개정)
제20조【원자력사업자의 방사선비상계획】 ① 원자력사업자는 원자력시설등에 방사능재난등이 발생할 경우에 대비하여 대통령령으로 정하는 바에 따라 방사선비상계획(이하 "방사선비상계획"이라 한다)을 수립하여 원자력시설등의 사용을 시작하기 전에 원자력안전위원회의 승인을 받아야 하고, 이를 변경하려는 경우에도 또한 같다. 다만, 총리령으로 정하는 경미한 사항을 변경하려는 경우에는 이를 원자력안전위원회에 신고하여야 한다.
(2013.3.23 단서개정)
② 원자력사업자는 방사선비상계획을 수립하거나 변경하려는 경우에는 미리 그 내용을 방사선비상계획구역의 전부 또는 일부를 관할하는 시·도지사, 시장·군수·구청장 및 지정기관의 장에게 알려야 한다. 이 경우 해당 시·도지사, 시장·군수·구청장 및 지정기관의 장은 해당 원자력사업자의 방사선비상계획에 대한 의견을 원자력안전위원회에 제출할 수 있다. 다만, 총리령으로 정하는 경미한 사항을 변경하려는 경우에는 그러하지 아니하다.(2013.3.23 단서개정)
③ 원자력안전위원회는 제1항 단서에 따른 신고를 받은 경우 그 내용을 검토하여 이 법에 적합하면 신고를 수리하여야 한다.(2017.12.19 본항신설)
④ 방사선비상계획의 수립에 관한 세부기준은 총리령으로 정한다.(2013.3.23 본항개정)
제20조의2【방사선비상계획구역 설정 등】 ① 원자력안전위원회는 원자력시설별로 방사선비상계획구역 설정의 기초가 되는 지역(이하 "기초지역"이라 한다)을 정하여 고시하여야 한다. 이 경우 원자력시설이 발전용 원자로 및 관계시설인 경우에는 다음 각 호의 기준에 따라야 한다.
1. 예방적보호조치구역 : 발전용 원자로 및 관계시설이 설치된 지점으로부터 반지름 3킬로미터 이상 5킬로미터 이하
2. 긴급보호조치계획구역 : 발전용 원자로 및 관계시설이 설치된 지점으로부터 반지름 20킬로미터 이상 30킬로미터 이하
② 원자력사업자는 원자력안전위원회가 고시한 기초지역을 기준으로 해당 기초지역을 관할하는 시·도지사와 협의를 거쳐 다음 각 호의 사항을 고려하여 방사선비상계획구역을 설정하여야 한다.
1. 인구분포, 도로망 및 지형 등 그 지역의 고유한 특성
2. 해당 원자력시설에서 방사선비상 또는 방사능재난이 발생할 경우 주민보호 등을 위한 비상대책의 실효성
③ 원자력사업자가 방사선비상계획구역을 설정하려는 경우에는 원자력안전위원회의 승인을 받아야 한다. 이를 변경 또는 해제하려는 경우에도 또한 같다.
④ 원자력사업자는 제2항에 따라 설정된 방사선비상계획구역을 제20조에 따른 방사선비상계획의 수립에 반영하여야 한다.
⑤ 제1항에 따른 원자력안전위원회의 고시 및 제2항에 따른 협의 절차 등에 필요한 사항은 대통령령으로 정한다.
(2014.5.21 본조신설)
제21조【원자력사업자의 의무 등】 ① 원자력사업자는 방사능재난등의 예방, 그 확산 방지 및 수습을 위하여 다음 각 호의 조치를 하여야 한다. 다만, 대통령령으로 정하는 소규모 원자력사업자에게는 제2호와 제6호를 적용하지 아니한다.
1. 방사선비상이 발생한 경우 해당 방사선비상계획으로 정한 절차에 따라 원자력안전위원회, 관할 시·도지사 및 시장·군수·구청장에게 보고(2011.7.25 본호개정)
2. 방사능재난등에 대비하기 위한 기구의 설치·운영
3. 발생한 방사능재난등에 관한 정보의 공개
4. 방사선사고 확대 방지를 위한 응급조치 및 응급조치요원 등의 방사선 피폭을 줄이기 위하여 필요한 방사선방호조치
5. 제27조에 따른 지역방사능방재대책본부의 장과 지정기관의 장의 요청이 있는 경우 방재요원의 파견, 기술적 사항의 자문, 방사선측정장비 등의 대여 등 지원
6. 방사능재난등에 대비한 업무를 전담하기 위한 인원과 조직의 확보(2014.5.21 본호개정)
7. 그 밖에 방사능재난등의 대처에 필요하다고 인정하여 대통령령으로 정하는 사항
② 제1항 각 호의 사항을 시행하기 위한 기술기준 등에 관하여 필요한 사항은 총리령으로 정한다.(2013.3.23 본항개정)
제22조【방사능사고의 신고 등】 ① 누구든지 원자력시설 외의 장소에서 방사성물질 운반차량·선박 등의 화재·사고 또는 방사성물질이나 방사성물질로 의심되는 물질을 발견하였을 때에는 지체 없이 원자력안전위원회, 지방자치단체, 소방관서, 경찰관서 또는 인근 군부대 등에 신고하여야 한다.(2011.7.25 본항개정)
② 제1항에 따라 신고를 받은 원자력안전위원회 외의 기관장은 지체 없이 이를 원자력안전위원회에 보고하여야 한다.(2011.7.25 본항개정)
③ 제1항에 따른 신고 또는 제2항에 따른 보고를 한 경우에는 「재난 및 안전관리기본법」 제19조에 따른 신고 또는 통보를 각각 마친 것으로 본다.(2013.8.6 본항개정)
제22조의2【긴급조치】 ① 원자력안전위원회는 방사능사고 및 방사능오염확산 또는 그 가능성으로부터 국민의 생명과 건강 또는 환경을 보호하기 위하여 긴급한 조치가 필요하다고 인정하는 경우에는 방사능오염원의 제거, 방사능오염의 확산방지 등을 위하여 필요한 조치를 취할 수 있다.
② 원자력안전위원회는 중앙행정기관, 지정기관 및 관련 법인·개인에게 제1항에 따른 긴급조치를 위하여 필요한 사항을 요청하거나 명할 수 있다.
③ 제2항에 따라 원자력안전위원회로부터 요청 또는 요구를 받은 자는 특별한 사유가 없으면 이에 따라야 한다.
④ 제1항에 따른 긴급조치를 수행하는 자는 그 권한을 나타내는 증표를 지니고 이를 관계인에게 보여주어야 한다.
⑤ 원자력안전위원회는 제1항에 따른 긴급조치를 수행하는 자의 업무를 필요한 범위로 한정하여 함부로 타인의 권리를 제한하거나 정당한 업무를 방해하여서는 아니 된다.
(2011.7.25 본조신설)
제23조【방사능재난의 선포 및 보고】 ① 원자력안전위원회는 다음 각 호의 어느 하나에 해당하는 방사능재난이 발생하였을 때에는 지체 없이 방사능재난이 발생한 것을 선포하여야 한다.(2011.7.25 본문개정)
1. 측정 또는 평가한 피폭방사선량이 대통령령으로 정하는 기준 이상인 경우(2014.5.21 본호개정)
2. 측정한 공간방사선량률 또는 오염도가 대통령령으로 정하는 기준 이상인 경우
3. 그 밖에 원자력안전위원회가 방사능재난의 발생을 선포할 필요가 있다고 인정하는 경우(2011.7.25 본호개정)
② 원자력안전위원회는 제1항에 따른 방사능재난의 발생을 선포한 경우에는 지체 없이 국무총리를 거쳐 대통령에게 다음 각 호의 사항을 보고하여야 한다.(2011.7.25 본문개정)

1. 방사능재난 상황의 개요
2. 방사능재난 긴급대응조치를 하여야 하는 구역
3. 방사능재난에 대한 긴급대응 조치사항

제24조【방사능재난의 발생 통보】 ① 원자력안전위원회는 제21조제1항제1호에 따른 보고를 받거나 제23조제1항에 따라 방사능재난 발생을 선포한 경우에는 국가방사능방재계획에 따라 이를 관련 기관에 지체 없이 통보하여야 한다.
② 원자력안전위원회는 방사능재난의 발생을 선포한 경우에는 대통령령으로 정하는 바에 따라 관할 시·도지사 및 시장·군수·구청장으로 하여금 방사선영향을 받거나 받을 우려가 있는 지역의 주민에게 즉시 방사능재난의 발생상황을 알리게 하고 필요한 대응을 하게 하여야 한다. (2011.7.25 본조개정)

제25조【중앙방사능방재대책본부의 설치】 ① 원자력안전위원회는 방사능방재에 관한 긴급대응조치를 하기 위하여 그 소속으로 중앙방사능방재대책본부(이하 "중앙본부"라 한다)를 설치하여야 한다.(2011.7.25 본항개정)
② 중앙본부의 장(이하 "중앙본부장"이라 한다)은 원자력안전위원회 위원장이 되며, 중앙본부의 위원은 기획재정부차관, 교육부차관, 과학기술정보통신부차관, 외교부차관, 국방부차관, 행정안전부차관, 농림축산식품부차관, 산업통상자원부차관, 보건복지부차관, 환경부차관, 국토교통부차관, 해양수산부차관, 국무조정실 차장, 식품의약품안전처장, 경찰청장, 소방청장, 기상청장, 해양경찰청장, 행정안전부의 재난안전관리사무를 담당하는 본부장과 대통령령으로 정하는 중앙행정기관의 공무원 또는 관련 기관·단체의 장이 된다.(2017.7.26 본항개정)
③ 제2항에도 불구하고 「재난 및 안전관리 기본법」 제14조제4항에 따라 국무총리가 중앙대책본부장의 권한을 행사하는 경우에는 중앙본부장은 국무총리가 되고, 중앙본부의 위원은 원자력안전위원회 위원장과 제2항에 따른 위원이 소속된 중앙행정기관 및 기관·단체의 장이 된다. (2021.6.8 본항신설)
④ 중앙본부에 간사 1명을 두되, 원자력안전위원회 소속 공무원 중에서 중앙본부장이 지명하는 사람이 된다. (2011.7.25 본항개정)
⑤ 중앙본부의 운영 등에 필요한 사항은 대통령령으로 정한다.

제26조【중앙본부장의 권한】 중앙본부장은 방사능재난을 효율적으로 수습하기 위하여 다음 각 호의 권한을 가진다.
1. 제28조에 따른 현장방사능방재지휘센터의 장에 대한 지휘
2. 제32조에 따른 방사능방호기술지원본부, 방사선비상의료지원본부 및 주민보호지원본부의 장에 대한 지휘 (2021.6.8 본호개정)
3. 「재난 및 안전관리 기본법」 제15조에 따른 중앙대책본부장의 권한(2021.6.8 본호개정)
4. 그 밖에 방사능재난의 수습을 위하여 대통령령으로 정하는 권한

제27조【지역방사능방재대책본부의 설치】 ① 방사선비상계획구역의 전부 또는 일부를 관할하는 시·도지사 및 시장·군수·구청장은 제21조제1항제1호에 따른 방사선비상의 보고를 받거나 제24조제1항에 따라 방사능재난의 발생을 통보받은 경우에는 시·도 방사능방재대책본부 및 시·군·구 방사능방재대책본부(이하 "지역본부"라 한다)를 각각 설치하여야 한다.
② 제1항에 따른 지역본부의 본부장(이하 "지역본부장"이라 한다)은 각각 시·도지사 또는 시장·군수·구청장이 된다.
③ 지역본부의 구성·운영 등에 필요한 사항은 대통령령으로 정한다.

제28조【현장방사능방재지휘센터의 설치】 ① 원자력안전위원회는 방사능재난등의 신속한 지휘 및 상황 관리, 재난정보의 수집과 통보를 위하여 발전용 원자로나 그 밖에 대통령령으로 정하는 원자력시설이 있는 인접 지역에 현장방사능방재지휘센터(이하 "현장지휘센터"라 한다)를 설치하여야 한다.(2011.7.25 본항개정)
② 현장지휘센터의 장은 원자력안전위원회 소속 공무원 중에서 원자력안전위원회가 지명하며, 현장지휘센터에는 대통령령으로 정하는 중앙행정기관, 지방자치단체 및 지정기관의 공무원 또는 임직원(이하 "관계관"이라 한다)을 파견한다.(2011.7.25 본항개정)
③ 현장지휘센터에는 다음 각 호의 기관을 설치·운영한다. 다만, 현장지휘센터가 운영되기 전까지는 원자력안전위원회에 제1호의 연합정보센터를 설치·운영한다.
1. 방사능재난등의 정보를 정확하고 통일적으로 제공하기 위한 연합정보센터(2021.6.8 본호신설)
2. 환경 방사선 및 방사능 감시를 위한 합동방사선감시센터(2021.6.8 본호신설)
3. 현장 방사선 비상진료 활동을 위한 합동방사선비상진료센터(2021.6.8 본호신설)
(2021.6.8 본항개정)
④ 제1항에 따른 현장지휘센터와 제3항 각 호에 따른 연합정보센터, 합동방사선감시센터 및 합동방사선비상진료센터의 구성·운영 등에 필요한 사항은 대통령령으로 정한다.(2021.6.8 본항개정)

제29조【현장지휘센터의 장의 권한】 ① 현장지휘센터의 장은 방사능재난등의 수습에 관하여 다음 각 호의 권한을 가진다.
1. 방사능재난등에 관하여 제27조에 따른 시·군·구 방사능방재대책본부의 장에 대한 지휘
2. 제28조제2항에 따라 중앙행정기관, 지방자치단체 및 지정기관에서 파견된 관계관에 대한 임무 부여
3. 대피, 소개(疏開), 음식물 섭취 제한, 갑상샘 방호 약품 배포·복용지시 등 긴급 주민 보호 조치의 결정 (2021.4.20 본호개정)
4. 방사능재난등이 발생한 지역의 식료품과 음료품, 농·축·수산물의 반출 또는 소비 통제 등의 결정
5. 「재난 및 안전관리기본법」 제40조부터 제42조까지의 규정에 따른 권한사항에 대한 결정
6. 「재난 및 안전관리기본법」 제51조제4항에 따른 회전익항공기의 운항 결정
7. 「재난 및 안전관리기본법」 제52조에 따른 방사능재난 현장에서의 긴급구조통제단의 긴급구조활동에 필요한 방사선방호조치
② 제28조제2항에 따라 현장지휘센터에 파견되어 방재활동을 하는 관계관은 제1항에 따른 현장지휘센터의 장의 지휘에 따른다. 다만, 방사능재난 현장에서 긴급구조활동을 하는 사람은 「재난 및 안전관리기본법」 제52조에 따라 현장지휘를 하는 각급 통제단장의 지휘에 따라야 한다.
③ 제1항제3호·제4호 및 제7호의 조치에 대한 기술기준과 현장지휘에 관한 세부사항은 총리령으로 정한다. (2013.3.23 본항개정)

제30조【합동방재대책협의회】 ① 현장지휘센터의 장이 제29조제1항제3호·제4호 및 제5호에 대한 사항을 결정하려면 관계 중앙행정기관, 지방자치단체 및 지정기관의 관계관으로 구성된 합동방재대책협의회(이하 "합동협의회"라 한다)의 의견을 들어 결정하여야 한다. 이 경우 지역본부장은 결정사항을 시행하여야 한다.
② 합동협의회의 구성·운영 등에 필요한 사항은 대통령령으로 정한다.

제31조【문책 등】 ① 현장지휘센터의 장은 제29조제2항 본문에 따른 지휘에 따르지 아니하거나 부과된 임무를 게을리한 관계관의 명단을 그 소속 기관의 장에게 통보할 수 있다.
② 제1항에 따라 통보받은 소속 기관의 장은 관계관의 문책 등 적절한 조치를 하여야 한다.

제32조【방사능 방재 기술 지원 등】 ① 방사능재난이 발생하였을 때에 방사능재난의 수습에 필요한 기술적 사항을 지원하기 위하여 「한국원자력안전기술원법」에 따른 한국원자력안전기술원의 장 소속으로 방사능방호기술지원본부(이하 "기술지원본부"라 한다)를 둔다. (2014.5.21 본항개정)
② 방사능재난으로 인하여 발생한 방사선 상해자 또는 상해 우려자에 대한 의료상의 조치를 위하여 「방사선 및 방사성동위원소 이용진흥법」 제13조의2에 따른 한국원자력의학원의 장 소속으로 방사선비상의료지원본부(이하 "의료지원본부"라 한다)를 둔다.
③ 제30조제1항 후단에 따른 결정사항의 시행에 필요한 지원을 하기 위하여 행정안전부장관 소속으로 주민보호지원본부를 둔다. 이 경우 주민보호지원본부의 구성·운영에 필요한 사항은 대통령령으로 정한다.(2021.6.8 본항신설)
④ 제1항에 따른 한국원자력안전기술원의 장은 방사능재난등이 발생할 경우에 대비하여 방사능영향평가 등에 필요한 정보시스템을 구축·운영하여야 한다.(2017.12.19 본항신설)
⑤ 기술지원본부와 의료지원본부의 구성·운영 및 제4항에 따른 정보시스템의 구축·운영 등에 필요한 사항은 총리령으로 정한다.(2021.6.8 본항개정)

제33조【방사능재난상황의 해제】 ① 중앙본부장은 방사능재난이 수습되면 기술지원본부의 장의 의견을 들어 방사능재난상황을 해제할 수 있다.
② 제1항에 따라 방사능재난상황을 해제하였으면 중앙본부장 및 지역본부장은 중앙본부 및 지역본부를 해체한다.

제34조【민방위기본계획 등과의 관계】 ① 이 법에 따른 국가방사능방재계획, 시·도 방사능방재계획 또는 시·군·구 방사능방재계획은 각각 「민방위기본법」 제11조에 따른 기본 계획, 같은 법 제13조에 따른 시·도계획 또는 같은 법 제14조에 따른 시·군·구 계획 중 방사능재난 분야의 계획으로 본다.
② 이 법에 따른 국가방사능방재계획, 시·도 방사능방재계획 또는 시·군·구 방사능방재계획은 각각 「재난 및 안전관리기본법」 제22조에 따른 국가안전관리기본계획, 같은 법 제24조에 따른 시·도안전관리계획 또는 같은 법 제25조에 따른 시·군·구안전관리계획 중 방사능재난 분야의 계획으로 본다.
③ 이 법에 따른 중앙본부는 「재난 및 안전관리기본법」 제14조에 따른 중앙재난안전대책본부, 지역본부는 같은 법 제16조에 따른 지역재난안전대책본부로 본다.

제2절 방사능재난 대비태세의 유지

제35조【방사능재난 대응시설 등】 ① 원자력사업자는 다음 각 호에 해당하는 시설 및 장비를 확보하여야 한다. 다만, 대통령령으로 정하는 소규모 원자력사업자에게는 제4호와 제5호를 적용하지 아니한다.
1. 방사선 또는 방사능 감시 시설
2. 방사선 방호장비
3. 방사능오염 제거 시설 및 장비
4. 방사성물질의 방출량 감시 및 평가 시설
5. 주제어실, 비상기술지원실, 비상운영지원실, 비상대책실 등 비상대응 시설
6. 관련 기관과의 비상통신 및 경보 시설
7. 그 밖에 방사능재난의 대처에 필요하다고 인정하여 원자력안전위원회가 정하는 시설(2011.7.25 본호개정)
② 제1항에 따른 시설·장비의 기준에 관하여 필요한 사항은 총리령으로 정한다.(2013.3.23 본항개정)

제35조의2【갑상샘 방호 약품 비축·관리 등】 ① 원자력안전위원회와 방사선비상계획구역의 전부 또는 일부를 관할하는 시·도지사 및 시장·군수·구청장은 국내외 방사능재난등에 대비하여 갑상샘 방호 약품을 비축·관리하여야 한다.
② 방사선비상계획구역의 전부 또는 일부를 관할하는 시·도지사 및 시장·군수·구청장은 방사능재난등으로부터의 주민보호조치 신속성, 갑상샘 방호 약품 관리의 효율성, 오용 가능성 및 부작용 등을 고려하여 필요하다고 인정하는 경우에는 제29조제1항 및 제30조제1항에도 불구하고 원자력안전위원회와의 협의를 거쳐 총리령으로 정하는 특정 지역·연령의 주민 또는 약국 등의 기관을 대상으로 갑상샘 방호 약품을 사전에 배포할 수 있다.
③ 제2항에 따라 갑상샘 방호 약품을 사전에 배포하려는 경우 해당 지방자치단체의 장은 배포 대상자에게 갑상샘 방호 약품의 보관방법, 부작용, 교환·반납기준 및 방법 등을 설명·안내하고 해당 내용이 기재된 자료를 갑상샘 방호 약품과 함께 배포하여야 한다.
④ 원자력안전위원회는 제1항부터 제3항까지에 따른 갑상샘 방호 약품의 비축·관리, 사전배포 및 설명·안내에 필요한 지침을 작성하여 해당 지방자치단체의 장 및 제39조제2항에 따른 국가방사선비상진료센터 등에 배포하여야 한다.
⑤ 방사선비상계획구역의 전부 또는 일부를 관할하는 시·도지사 및 시장·군수·구청장은 갑상샘 방호 약품 비축·관리 및 사전배포 현황 등에 관한 사항을 총리령으로 정하는 바에 따라 기록·보관하고 원자력안전위원회에 보고하여야 한다.
⑥ 제1항부터 제3항까지에 따른 갑상샘 방호 약품의 비축·관리, 사전배포 및 설명·안내 등에 필요한 세부사항은 총리령으로 정한다.
⑦ 제1항부터 제3항까지 및 제6항에 따른 갑상샘 방호 약품의 비축·관리, 사전배포, 설명·안내, 제30조제1항 후단에 따른 지역본부장의 결정사항 시행 및 제46조제1항제1호에 따른 지방자치단체 등에 관한 지원에 대하여는 「약사법」 제23조·제44조·제48조 및 제50조를 적용하지 아니한다.
(2021.4.20 본조신설)

제36조【방사능방재 교육】 ① 원자력사업자의 종업원, 방사선비상계획구역의 전부 또는 일부를 관할하는 시·도지사 및 시장·군수·구청장이 지정한 방사능방재요원, 제39조제2항에 따른 1차 및 2차 방사선비상진료기관의 장이 지정한 방사선비상진료요원 및 원자력안전위원회가 정하여 고시하는 단체 또는 기관의 직원은 대통령령으로 정하는 바에 따라 원자력안전위원회가 실시하는 방사능방재에 관한 교육을 받아야 한다.(2011.7.25 본항개정)
② 원자력안전위원회는 제1항에 따른 교육을 담당할 교육기관을 지정할 수 있다.(2011.7.25 본항개정)
③ 제1항에 따른 방사능방재요원 및 방사선비상진료요원의 지정에 필요한 사항과 제2항에 따른 교육기관의 지정기준 및 지정취소의 기준 등에 관한 사항은 대통령령으로 정한다.(2021.6.8 본항개정)

제37조【방사능방재훈련】 ① 원자력안전위원회는 매년 대통령령으로 정하는 바에 따라 관계 중앙행정기관이 함께 참여하는 방사능방재훈련을 실시하여야 한다. (2021.6.8 본항개정)
② 방사선비상계획구역의 전부 또는 일부를 관할하는 시·도지사 및 시장·군수·구청장은 대통령령으로 정하는 바에 따라 방사능방재훈련을 실시하여야 한다.
③ 원자력사업자는 총리령으로 정하는 바에 따라 방사능방재훈련계획을 수립하여 원자력안전위원회의 승인을 받아 시행하여야 한다.(2013.3.23 본항개정)
④ 방사선비상계획구역의 전부 또는 일부를 관할하는 시·도지사 및 시장·군수·구청장은 제2항에 따른 방사능방재훈련을 실시하고, 원자력사업자는 제3항에 따른 방사능방재훈련을 실시한 후 그 결과를 원자력안전위원회에 보고하여야 한다.(2021.6.8 후단삭제)
⑤ 원자력안전위원회는 제2항 및 제3항에 따라 실시하는 방사능방재훈련에 대하여 평가할 수 있다. 이 경우 제2항

에 따른 방사능방재훈련에 대하여 평가할 때에는 대통령령으로 정하는 바에 따라 행정안전부장관과 합동으로 평가를 실시하여야 한다.(2021.6.8 본항신설)
⑥ 원자력안전위원회는 제1항에 따른 방사능방재훈련의 결과 및 제5항에 따른 평가 결과 필요하다고 인정하면 해당 시·도지사, 시장·군수·구청장 및 지정기관의 장과 원자력사업자에게 방사능방재계획의 보완 등 필요한 조치를 요구하거나 명할 수 있다. 이 경우 요구 또는 명령을 받은 시·도지사 등은 이를 이행하고, 그 결과를 원자력안전위원회에 보고하여야 한다.(2021.6.8 전단개정)
제38조【검사】 ① 원자력안전위원회는 원자력사업자에 대하여 제21조 및 제35조부터 제37조까지에 규정된 사항을 검사할 수 있다.(2011.7.25 본항개정)
② 원자력안전위원회는 제1항에 따른 검사의 결과가 다음 각 호의 어느 하나에 해당할 때에는 해당 원자력사업자에게 시정을 명할 수 있다.(2011.7.25 본문개정)
1. 제21조제1항 각 호의 사항이 같은 조 제2항에 따른 기준에 미치지 못할 때
2. 제35조제1항 각 호에 따른 시설 및 장비가 같은 조 제2항에 따른 기준에 미치지 못할 때
3. 원자력사업자의 종업원이 제36조제1항에 따른 방사능방재에 관한 교육을 받지 아니하였을 때
4. 제37조제3항에 따른 방사능방재훈련을 승인된 계획에 따라 실시하지 아니하였을 때
제39조【국가방사선비상진료체제의 구축】 ① 정부는 방사선피폭환자의 응급진료 등 방사선비상 진료 능력을 높이기 위하여 국가방사선비상진료체제를 구축하여야 한다.
② 제1항의 국가방사선비상진료체제는 「방사선 및 방사성동위원소 이용진흥법」 제13조의2에 따른 한국원자력의학원에 설치하는 국가방사선비상진료센터(이하 "비상진료센터"라 한다)와 원자력안전위원회가 전국의 권역별로 지정하는 1차 및 2차 방사선비상진료기관으로 구성된다.(2011.7.25 본항개정)
③ 제2항에 따른 비상진료센터와 방사선비상진료기관의 기능·운영, 지정기준과 그에 대한 지원 및 지정취소의 기준 등에 관한 사항은 대통령령으로 정한다.(2021.6.8 본항개정)
제40조【국제협력 등】 원자력안전위원회는 방사능재난 상황이 발생하였을 때에는 「핵사고의 조기통보에 관한 협약」, 「핵사고 또는 방사능긴급사태 시 지원에 관한 협약」 및 그 밖의 국제협약 또는 양자 간 협정에 따라 국제원자력기구 및 관련 국가에 방사능재난 발생의 내용을 알리고 필요하면 긴급원조를 요청하여야 한다.
(2011.7.25 본조개정)

제3절 사후 조치 등

제41조【중장기 방사능영향평가 및 피해복구계획 등】
① 지역본부장은 제33조제2항에 따라 지역본부를 해체할 때에는 기술지원본부의 장과 협의하여 방사능재난이 발생한 지역의 중장기 방사능영향을 평가하여 피해복구계획을 수립하여야 한다.
② 지역본부장은 제1항의 피해복구계획을 수립할 때 중앙본부장과 협의하여야 한다.
제42조【방사능재난 사후대책의 실시 등】 ① 시·도지사, 시장·군수·구청장, 지정기관의 장, 원자력사업자 및 방사능재난의 수습에 책임이 있는 기관의 장은 제33조에 따라 방사능재난상황이 해제되었을 때에는 대통령령으로 정하는 바에 따라 사후대책을 수립하고 시행하여야 한다.
② 제1항에 따른 사후대책에는 다음 각 호의 사항이 포함되어야 한다.
1. 방사능재난 발생구역이나 그 밖에 필요한 구역의 방사성물질 농도 또는 방사선량 등에 대한 조사
2. 거주자 등의 건강진단과 심리적 영향을 고려한 건강상담과 그 밖에 필요한 의료 조치
3. 방사성물질에 따른 영향 및 피해 극복 방안의 홍보(2014.5.21 본호개정)
4. 그 밖에 방사능재난의 확대방지 또는 피해 복구를 위한 조치 등 총리령으로 정하는 사항(2013.3.23 본호개정)
제43조【재난 조사 등】 ① 원자력안전위원회는 방사능재난이 발생한 경우에는 관련된 중앙행정기관, 지방자치단체 및 원자력사업자와 합동으로 방사능재난조사위원회(이하 "조사위원회"라 한다)를 구성하여 재난상황에 대한 조사를 하도록 할 수 있다.
② 조사위원회는 위원장 1명을 포함한 6명 이상 9명 이하의 위원으로 구성한다.(2021.12.28 본항신설)
③ 조사위원회의 위원장은 원자력안전위원회 위원 중에서 원자력안전위원회 위원장이 지명하는 사람으로 하며, 그 밖의 위원은 다음 각 호의 사람으로 한다.
1. 원자력안전위원회 위원장이 지명하는 원자력안전위원회 소속 공무원
2. 행정안전부장관이 지명하는 행정안전부 소속 공무원
3. 관련 시·도 지사가 지명하는 해당 지방자치단체 소속 공무원
4. 관련 원자력사업자가 지명하는 소속 임직원
5. 방사능재난에 관하여 학식과 경험이 풍부한 사람 중에서 원자력안전위원회 위원장이 위촉하는 사람
(2021.12.28 본항신설)
④ 조사위원회는 재난상황에 대한 조사를 위하여 필요하면 관계 중앙행정기관, 관련 지방자치단체, 원자력사업자, 지정기관을 대상으로 관계 자료의 열람 및 자료제출 등을 요청할 수 있다. 이 경우 요청을 받은 자는 특별한 사유가 없으면 이에 따라야 한다.(2021.12.28 본항신설)
⑤ 조사위원회는 재난상황에 대한 조사가 완료되면 그 결과를 원자력안전위원회에 보고하여야 한다.
(2021.12.28 본항신설)
⑥ 조사위원회의 구성·운영 등에 필요한 사항은 대통령령으로 정한다.
(2021.12.28 본조개정)

제4장 보 칙
(2010.3.17 본장개정)

제44조【보고·검사 등】 ① 원자력안전위원회는 이 법의 시행을 위하여 필요하다고 인정하면 다음 각 호의 자에게 그 업무에 관한 보고 또는 서류의 제출, 제출된 서류의 보완을 명하거나 업무 지도 및 감독을 할 수 있다.
(2011.7.25 본문개정)
1. 시·도지사 또는 시장·군수·구청장
2. 지정기관의 장
3. 원자력사업자
4. 제39조제2항에 따른 비상진료센터 및 방사선비상진료기관의 장
5. 물리적방호 및 방사능재난에 관한 업무를 수행하는 기관의 장(2014.5.21 본호개정)
6. 「원자력안전법」 제15조에 따른 국제규제물자 중 핵물질을 취급하거나 관련 연구를 수행하는 사람 중 대통령령으로 정하는 사람(2011.7.25 본호개정)
② 원자력안전위원회는 다음 각 호의 어느 하나에 해당하는 경우에는 소속 공무원에게 그 사업소, 서류, 시설 및 그 밖에 필요한 물건을 검사하게 하거나 관계인에게 질문하게 할 수 있으며, 검사를 위한 최소량의 시료(試料)를 수거하게 할 수 있다.(2011.7.25 본문개정)
1. 제1항에 따른 보고나 서류의 사실 확인을 위하여 필요한 경우
2. 물리적방호체제의 이행 및 방사능재난의 예방을 위하여 필요하다고 인정하는 경우(2014.5.21 본호개정)
3. 이 법에 따른 각종 검사를 하기 위하여 필요한 경우
③ 원자력안전위원회는 제2항에 따라 검사와 질문을 한 결과 이 법, 「핵물질 및 원자력시설의 물리적 방호에 관한 협약」, 「핵사고의 조기통보에 관한 협약」, 「핵사고 또는 방사능긴급사태 시 지원에 관한 협약」 및 그 밖의 국제협약 또는 양자 간 협정을 위반하는 사항이 있을 때에는 그 시정을 명할 수 있다.(2014.5.21 본항개정)
④ 제2항에 따라 검사와 질문을 하는 사람은 그 권한을 나타내는 증표를 지니고 이를 관계인에게 보여 주어야 한다.
제45조【업무의 위탁】 ① 원자력안전위원회는 이 법에 따른 업무 중 다음 각 호의 업무를 대통령령으로 정하는 바에 따라 「과학기술분야 정부출연연구기관 등의 설립·운영 및 육성에 관한 법률」에 따른 한국원자력연구원, 「방사선 및 방사성동위원소 이용진흥법」 제13조의2에 따른 한국원자력의학원, 「한국원자력안전기술원법」에 따른 한국원자력안전기술원, 「원자력안전법」에 따른 한국원자력통제기술원 또는 그 밖의 관련 전문기관에 위탁할 수 있다.(2011.7.25 본문개정)
1. 제4조제1항에 따른 원자력시설등에 대한 위협의 평가
2. 제9조제1항, 제9조의3제1항, 제13조제2항, 제20조제1항, 제20조의2제3항 및 제37조제3항에 따른 승인에 관련된 심사(2021.6.8 본호개정)
3. 제9조의2제1항 및 제36조제1항에 따른 교육(2014.5.21 본호개정)
4. 제9조의3제2항 및 제37조제5항에 따른 훈련 평가(2021.6.8 본호개정)
5. 제12조제1항, 제13조의2제1항 및 제38조제1항에 따른 검사(2020.12.8 본호개정)
6. 제28조제1항에 따른 현장지휘센터 시설·장비의 구축 및 관리(2020.12.8 본호신설)
7. 제35조의2제1항에 따른 원자력안전위원회의 갑상샘 방호 약품 비축·관리 및 같은 조 제4항에 따른 지침의 작성·보완
8. 제46조제1항제1호에 따른 지방자치단체에 대한 갑상샘 방호 약품의 확보·폐기 지원
9. 제46조제1항제2호에 따른 지방자치단체에 대한 갑상샘 방호 약품에 관한 설명·안내 지원
(2021.4.20 7호~9호신설)
② (2021.6.8 삭제)
③ (2015.6.22 삭제)
④ 원자력안전위원회가 제1항에 따라 위탁한 업무에 종사하는 기관 또는 관련 전문기관의 임원 및 직원은 「형법」이나 그 밖의 법률에 따른 벌칙을 적용할 때에는 공무원으로 본다.(2011.7.25 본항개정)
⑤ 원자력안전위원회는 제1항 각 호에 따른 업무수행에 필요한 경비의 전부 또는 일부를 업무를 위탁받은 기관에 출연할 수 있다.(2020.12.8 본항신설)
⑥ 제1항에 따라 업무를 위탁받은 기관의 장은 대통령령으로 정하는 바에 따라 위탁받은 업무의 효율적인 수행을 위한 수탁업무처리규정을 정하여 원자력안전위원회의 승인을 받아야 한다. 이를 변경하려는 경우에도 또한 같다.(2020.12.8 본항신설)
제45조의2【원자력안전관리부담금 등】 ① 원자력안전위원회는 제45조제1항 각 호의 업무를 원활하게 수행하기 위하여 다음 각 호의 자(이하 "원자력관계사업자등"이라 한다)에게 원자력안전관리부담금(이하 "부담금"이라 한다)을 부과·징수할 수 있다.
1. 제13조제2항의 승인에 관련된 심사 또는 제13조의2제1항의 검사를 받는 핵물질의 국제운송을 위탁받은 자
2. 제45조제1항제1호부터 제5호까지에 따른 심사·검사·교육 및 평가를 받는 원자력사업자
② 부담금의 규모, 산정기준은 원자력관계사업자등이 발생시키는 관련 시설의 방호 및 방사능 방재 수요를 고려하여 대통령령으로 정한다.
③ 그 밖에 부담금의 납부방법 및 납부시기 등에 관한 사항은 대통령령으로 정한다.
④ 원자력안전위원회는 부담금의 규모, 산정기준, 납부방법 및 납부시기 등에 관하여 필요한 사항을 변경하고자 할 때에는 관계 중앙행정기관의 장과 협의하여야 한다.
(2021.6.8 본조신설)
제45조의3【강제징수】 ① 원자력안전위원회는 원자력관계사업자등이 부담금을 납부기한 내에 납부하지 아니한 경우에는 납부기한 경과 후 7일 이내에 부담금의 납부를 독촉하여야 한다.
② 부담금 및 체납된 부담금을 납부기한 내에 납부하지 아니한 경우에는 「국세기본법」 제47조의4를 준용하여 가산금을 징수한다.
③ 제1항에 따라 독촉장을 발부한 때에는 10일 이상 60일 이내의 납부기한을 주어야 한다.
④ 제1항에 따라 독촉장을 받은 자가 그 기한 내에 부담금 및 제2항에 따른 가산금을 납부하지 아니한 때에는 원자력안전위원회가 국세 체납처분의 예에 따라 이를 징수할 수 있다.
(2021.6.8 본조신설)
제46조【지방자치단체 등에 대한 지원】 ① 원자력안전위원회는 다음 각 호의 사항에 관하여 필요한 지원을 할 수 있다.(2021.4.20 본문개정)
1. 지방자치단체가 제35조의2제1항에 따라 비축·관리하여야 하는 갑상샘 방호 약품의 확보·폐기
2. 지방자치단체가 제35조의2제3항에 따라 배포하는 갑상샘 방호 약품에 관한 설명·안내
3. 지방자치단체가 제36조에 따라 시행하는 방사능방재교육
4. 지방자치단체가 제37조에 따라 시행하는 방사능방재훈련
5. 제39조제2항에 따른 방사선비상진료기관의 운영
(2021.4.20 1호~5호신설)
② 원자력발전소와 폐기시설 등이 있는 지역을 관할하는 시·도지사 및 시장·군수·구청장은 「발전소주변지역 지원에 관한 법률」 제13조에 따라 지원되는 지원금의 일부를 대통령령으로 정하는 바에 따라 제36조제1항과 제37조제2항에 따른 교육 또는 훈련에 필요한 시설 및 장비 등의 구입·관리에 사용할 수 있다.
제46조의2【벌칙 적용에서 공무원 의제】 조사위원회의 위원 중 공무원이 아닌 위원은 「형법」 제127조 및 제129조부터 132조까지의 규정을 적용할 때에는 공무원으로 본다.(2021.12.28 본조신설)

제5장 벌 칙
(2010.3.17 본장개정)

제47조【벌칙】 ① 정당한 권한 없이 방사성물질, 핵물질, 핵폭발장치, 방사성물질비산장치 또는 방사선방출장치를 수수·소지·소유·보관·제조·사용·운반·개조·처분 또는 분산하여 사람의 생명·신체를 위험하게 하거나 재산·환경에 위험을 발생시킨 사람은 무기 또는 1년 이상의 징역에 처한다.(2014.5.21 본항개정)
② 방사성물질, 핵물질, 핵폭발장치, 방사성물질비산장치 또는 방사선방출장치에 대하여 「형법」 제329조·제333조·제347조·제350조 및 제355조제1항의 죄를 저지른 사람은 같은 법 해당 조에서 정한 형의 2분의 1까지 가중한다.(2020.6.9 본항개정)
③ 사보타주 또는 전자적 침해행위를 한 사람은 1년 이상 10년 이하의 징역에 처한다.(2015.12.1 본항개정)
④ 사람, 법인, 공공기관, 국제기구 또는 국가로 하여금 의무 없는 행위를 하게 하거나 권한행사를 방해할 목적으로 다음 각 호의 어느 하나에 해당하는 행위를 한 사람은 다음 각 호의 구분에 따라 처벌한다.
1. 방사성물질, 핵물질, 핵폭발장치, 방사성물질비산장치 또는 방사선방출장치를 사용하는 행위를 한 사람은 2년 이상의 유기징역에 처한다.

2. 원자력시설 또는 방사성물질 관련 시설(방사성물질을 생산·저장·처리·처분·운송하기 위한 시설 및 수단을 말한다)을 사용하거나 손상시켜서 방사성물질을 유출하는 행위를 한 사람은 무기 또는 3년 이상의 징역에 처한다.
(2014.5.21 본항신설)
⑤ 공중(公衆)을 위협할 목적으로 제1항·제3항 또는 제4항에 따른 범죄를 행할 것이라고 사람을 협박한 사람은 7년 이하의 징역 또는 7천만원 이하의 벌금에 처한다.
(2019.8.27 본항개정)
⑥ 제1항 및 제3항부터 제5항까지의 규정에 따른 범죄를 목적으로 한 단체 또는 집단을 구성하거나 그러한 단체 또는 집단에 가입하거나 그 구성원으로 활동한 사람은 다음 각 호의 구분에 따라 처벌한다.
1. 수괴(首魁)는 사형, 무기 또는 10년 이상의 징역에 처한다.
2. 간부는 무기 또는 7년 이상의 징역에 처한다.
3. 그 밖의 사람은 2년 이상의 유기징역에 처한다.
(2014.5.21 본항신설)
⑦ 제1항 및 제3항부터 제5항까지의 규정에 따른 범죄에 제공할 목적으로 방사성물질, 핵물질, 핵폭발장치, 방사성물질비산장치 또는 방사선방출장치를 소지 또는 제조한 사람은 10년 이하의 징역에 처한다.(2014.5.21 본항신설)
⑧ 제1항·제3항 또는 제4항에 따른 죄를 저질러 사람에게 상해를 입혔을 때에는 무기 또는 3년 이상의 징역에 처한다. 사망에 이르게 하였을 때에는 사형·무기 또는 5년 이상의 징역에 처한다.(2020.6.9 전단개정)
⑨ 제1항부터 제4항까지의 규정에 따른 죄의 미수범은 처벌한다.(2014.5.21 본항개정)
⑩ 제1항이나 제3항에 따른 죄를 저지를 목적으로 예비하거나 음모한 사람은 5년 이하의 징역에 처한다. 다만, 자수하였을 때에는 형을 감경하거나 면제한다.(2020.6.9 본문개정)

제48조【벌칙】 다음 각 호의 어느 하나에 해당하는 사람은 10년 이하의 징역에 처한다.(2014.5.21 본문개정)
1. 제13조제1항을 위반하여 핵물질을 수출하거나 수입한 자(2020.12.8 본호개정)
2. 제15조를 위반하여 비밀을 누설하거나 목적 외의 용도로 이용한 자

제49조【벌칙】 다음 각 호의 어느 하나에 해당하는 자는 3년 이하의 징역 또는 3천만원 이하의 벌금에 처한다.
1. 제9조제1항 본문, 제13조제2항 본문, 제20조제1항 본문 또는 제37조제3항을 위반하여 승인 또는 변경승인을 받지 아니한 자(2020.12.8 본호개정)
2. 제11조, 제21조제1항제1호, 제37조제4항, 같은 조 제6항 후단 또는 제44조제1항을 위반하여 보고를 하지 아니하거나 거짓으로 보고한 자(2021.6.8 본호개정)
3. 제12조제1항 또는 제13조의2제1항을 위반하여 검사를 받지 아니하거나 제38조제1항 또는 제44조제2항에 따른 검사를 거부·방해·기피하거나 거짓으로 진술한 자(2020.12.8 본호개정)

제50조【벌칙】 다음 각 호의 어느 하나에 해당하는 자는 1년 이하의 징역 또는 1천만원 이하의 벌금에 처한다.
1. 제4조제3항, 제12조제2항, 제13조의2제2항, 제37조제6항 전단, 제38조제2항 또는 제44조제1항·제3항에 따른 명령을 위반한 원자력사업자 또는 핵물질의 국제운송을 위탁받은 자(2021.6.8 본호개정)
2. 제21조제1항제4호를 위반하여 응급조치를 수행하지 아니하거나 방사선방호조치를 하지 아니한 원자력사업자

제51조【양벌규정】 법인의 대표자나 법인 또는 개인의 대리인, 사용인, 그 밖의 종업원이 그 법인 또는 개인의 업무에 관하여 제49조 또는 제50조의 위반행위를 하면 그 행위자를 벌하는 외에 그 법인 또는 개인에게도 해당 조문의 벌금형을 과(科)한다. 다만, 법인 또는 개인이 그 위반행위를 방지하기 위하여 해당 업무에 관하여 상당한 주의와 감독을 게을리하지 아니한 경우에는 그러하지 아니하다.

제52조【과태료】 ① 다음 각 호의 어느 하나에 해당하는 자에게는 1천만원 이하의 과태료를 부과한다.
1. 제9조제1항 단서, 제13조제2항 단서 또는 제20조제1항 단서를 위반하여 신고를 하지 아니하거나 거짓으로 신고한 자(2020.12.8 본호개정)
2. 제14조를 위반하여 기록하지 아니하거나 거짓으로 기록한 자
3. 제20조제2항 전단을 위반하여 해당 시·도지사, 시장·군수·구청장 및 지정기관의 장에게 알리지 아니하고 방사선비상계획을 수립하거나 변경한 자
4. 제21조제1항제6호 또는 제35조제1항을 위반하여 방사능방재전담조직·인력 또는 방사능재난 대응시설 및 장비를 확보하지 아니한 원자력사업자
② 제1항에 따른 과태료는 대통령령으로 정하는 바에 따라 원자력안전위원회, 시·도지사 또는 시장·군수·구청장이 부과·징수한다.(2011.7.25 본항개정)

부 칙 (2014.5.21)

제1조【시행일】 이 법은 공포 후 3개월이 경과한 날부터 시행한다. 다만, 제2조제1항제9호 및 제20조의2의 개정규정은 공포 후 6개월이 경과한 날부터 시행하고, 제48조의 개정규정은 공포한 날부터 시행하며, 제13조, 제13조의2 제1항 및 제44조제3항의 개정규정 중 「핵테러행위의 억제를 위한 국제협약」과 「핵물질 및 원자력시설의 물리적 방호에 관한 협약」 부분은 「핵테러행위의 억제를 위한 국제협약」<2014.6.28 발효>과 「핵물질 및 원자력시설의 물리적 방호에 관한 협약」<2016.5.8 발효>이 각각 대한민국에서 발효되는 날부터 시행한다.

제2조【방사선비상계획구역 설정에 관한 경과조치】 제2조제1항제9호 및 제20조의2의 개정규정 시행 당시 종전의 규정에 따라 설정된 방사선비상계획구역은 제20조의2의 개정규정에 따라 설정된 방사선비상계획구역으로 보되, 이 법 시행 후 6개월 이내에 이 법에 따라 방사선비상계획구역을 설정하여야 한다.

부 칙 (2017.12.19)

제1조【시행일】 이 법은 공포한 날부터 시행한다. 다만, 제32조제3항 및 제4항의 개정규정은 공포 후 6개월이 경과한 날부터 시행한다.

제2조【신고의 처리에 관한 적용례】 제20조제3항의 개정규정은 이 법 시행 후 최초로 하는 신고부터 적용한다.

부 칙 (2020.12.8)

제1조【시행일】 이 법은 공포 후 6개월이 경과한 날부터 시행한다. 다만, 제45조제1항제6호 및 같은 조 제5항의 개정규정은 공포한 날부터 시행한다.

제2조【현장방사능방재지휘센터 구축에 관한 경과조치】 제45조제1항제6호의 개정규정 시행 당시 구축 중인 현장방사능방재지휘센터에 대하여는 구축이 완료될 때까지 「한국원자력안전기술원법」에 따른 한국원자력안전기술원에 같은 호의 업무가 위탁된 것으로 본다.

부 칙 (2021.4.20)

이 법은 공포 후 6개월이 경과한 날부터 시행한다.

부 칙 (2021.6.8)

제1조【시행일】 이 법은 공포 후 6개월이 경과한 날부터 시행한다.

제2조【다른 법률의 개정】 ①~② ※(해당 법령에 가제정리 하였음)

부 칙 (2021.12.28)

이 법은 공포 후 6개월이 경과한 날부터 시행한다.

우주항공청의 설치 및 운영에 관한 특별법

(2024년 1월 26일
법 률 제20144호)

제1조【목적】 이 법은 우주항공기술의 개발을 통하여 혁신 기술을 확보하고 우주항공산업을 진흥하며 우주위험으로부터 국민을 보호하기 위한 정책 및 사업 등을 효과적으로 추진하기 위하여 우주항공청을 설치하고, 그 조직 및 운영 등에 필요한 사항을 규정하는 것을 목적으로 한다.

제2조【정의】 이 법에서 사용하는 용어의 뜻은 다음과 같다.
1. "우주"란 「우주개발 진흥법」 제2조제1호나목의 우주공간을 말한다.
2. "항공"이란 항공기(「항공우주산업개발 촉진법」 제2조제2호에 따른 항공기를 말한다)를 이용하여 공중을 비행하는 활동을 말한다. 다만, 다음 각 목의 활동은 제외한다.
  가. 「항공안전법」 제2조제5호의 항공업무에 관한 활동
  나. 「항공안전법」 제46조에 따른 항공기 조종연습
  다. 「항공안전법」 제47조에 따른 항공교통관제연습
3. "우주항공산업"이란 「항공우주산업개발 촉진법」 제2조제1호에 따른 항공우주산업을 말한다.
4. "우주항공기술"이란 「항공우주산업개발 촉진법」 제2조제6호에 따른 항공우주과학기술을 말한다.
5. "우주위험"이란 「우주개발 진흥법」 제2조제6호에 따른 우주위험을 말한다.

제3조【운영원칙】 우주항공청장은 전문성에 기반한 조직의 유연한 구성과 운영을 위하여 노력한다.

제4조【국가 및 지방자치단체의 책무】 국가 및 지방자치단체는 우주항공기술 개발, 우주항공산업 기반 조성 및 경쟁력 강화 등을 위하여 필요한 시책을 마련하고 추진하여야 한다.

제5조【다른 법률과의 관계】 이 법은 우주항공청의 조직 및 그 소속 공무원의 임용, 면직, 공직윤리 등에 관하여 다른 법률에 우선하여 적용한다.

제6조【우주항공청의 설치 등】 ① 우주항공기술의 확보, 우주항공산업의 진흥 및 우주위험에의 대비에 관한 사무를 수행하기 위하여 과학기술정보통신부장관 소속으로 우주항공청을 둔다.
② 우주항공청은 「정부조직법」 제2조에 따른 중앙행정기관으로서 그 소관 사무를 수행한다.
③ 우주항공청에 청장 1명과 차장 1명을 두되, 청장은 정무직으로 하고, 차장은 고위공무원단에 속하는 일반직공무원(「국가공무원법」 제26조의5에 따른 임기제공무원(이하 "임기제공무원"이라 한다)을 포함한다)으로 보(補)한다.
④ 우주항공청에 대통령령으로 정하는 바에 따라 우주항공기술의 연구개발 및 우주항공산업의 육성·진흥 관련 사업을 담당하는 본부를 둔다.

제7조【소관 사무】 우주항공청의 소관 사무는 다음 각 호와 같다.
1. 우주항공 관련 정책의 수립과 조정에 관한 사항
2. 우주항공 분야 연구개발 및 핵심기술 확보에 관한 사항
3. 우주자원의 개발 및 활용에 관한 사항
4. 우주항공산업의 육성 및 진흥에 관한 사항
5. 우주항공 관련 민군(民軍)협력 및 국제협력에 관한 사항
6. 우주항공 분야 인재 육성과 저변 확대에 관한 사항
7. 천문현상 및 우주환경의 관측과 연구에 관한 사항
8. 태양 흑점, 지구자기장 등 우주환경의 변화로 발생하는 재난과 우주공간에 있는 우주물체의 추락, 충돌 등에 따른 위험에의 대비에 관한 사항
9. 「우주개발 진흥법」 제6조제1항에 따른 국가우주위원회의 운영 및 지원에 관한 사항
10. 우주자산의 관리 및 우주안보에 관한 사항으로서 우주항공청장이 관계 중앙행정기관의 장과 협의하여 정하는 사항(국가안보 관련 외교 사항과 순수 국방 목적 관련 사항은 제외한다)
11. 그 밖에 이 법 또는 다른 법률에서 우주항공청의 사무로 정한 사항

제8조【조직의 구성에 관한 특례】 ① 「정부조직법」 제2조제4항 및 같은 조 제5항에도 불구하고 신속하고 효율적인 우주항공기술 개발을 위하여 필요한 경우 대통령령으로 정하는 범위에서 우주항공청에 두는 과 또는 과에 상당하는 보좌기관의 설치와 사무분장은 우주항공청장이 정할 수 있다.
② 「정부조직법」 제2조제8항에도 불구하고 우주항공청의 일반직공무원으로 보하는 직위 중 전문성이 특히 필요하다고 인정되는 대통령령으로 정하는 직위는 100분의 20을 초과하여 임기제공무원으로 보할 수 있다.

제9조【임용에 관한 특례】 ① 우주항공청 소속 고위공무원단에 속하는 일반직공무원으로 임기제공무원을 채용하려는 경우에는 「국가공무원법」 제2조의2제3항에 따른 평가 및 같은 법 제28조의6제3항에 따른 심사를 생략한다.

② 「국가공무원법」 제4조에도 불구하고 우주항공청 소속 임기제공무원의 계급 구분이나 직군 및 직렬의 분류를 대통령령으로 달리 정할 수 있다.
③ 「국가공무원법」 제26조의3에도 불구하고 다음 각 호를 제외한 분야에 외국인이나 복수국적자(「국적법」 제11조의2제1항에 따른 복수국적자를 말한다)를 임기제공무원으로 임용할 수 있다.
1. 우주안보와 관련되는 우주항공 정책의 수립 및 조정 분야
2. 그 밖에 국가의 안보 및 이익에 중대한 영향을 미칠 수 있는 분야로서 외국인이나 복수국적자가 수행하기에 부적합하다고 인정하여 우주항공청장이 정하는 분야
④ 「국가공무원법」 제26조의5 및 제28조제1항·제2항에도 불구하고 우주항공청 소속 임기제공무원의 임용에 관한 다음 각 호의 사항을 대통령령으로 달리 정할 수 있다.
1. 임용요건
2. 임용절차
3. 응시요건
4. 시험 방법
⑤ 우주항공청 소속 임기제공무원에 대해서는 「국가공무원법」 제28조의4를 적용하지 아니한다.
⑥ 「국가공무원법」 제32조제1항에도 불구하고 우주항공청 소속 임기제공무원은 우주항공청장이 임용한다.
⑦ 우주항공청장은 임기제공무원을 임용할 때에는 다음 각 호의 사항을 약정(約定)하여야 한다.
1. 임용예정 직위의 직무 내용
2. 임용 기간
3. 성과 목표
4. 제12조제1항제2호부터 제5호까지에 따른 면직에 관한 사항
5. 제14조제8항에 따른 재산상 이익의 환수에 관한 사항 [「공직자윤리법」 제10조제1항에 따른 재산공개대상자인 우주항공청 소속 임기제공무원(이하 "재산공개대상임기제공무원"이라 한다)만 해당한다]

제10조【보수 책정에 관한 특례】 우주항공청장은 「국가공무원법」 제46조제4항 및 제47조제1항·제2항에도 불구하고 직위의 직무 내용과 책임의 정도를 고려하여 우주항공청 소속 임기제공무원의 보수 기준을 예산의 범위에서 달리 정할 수 있다.

제11조【파견 및 겸직에 관한 특례】 ① 우주항공청장은 「국가공무원법」 제3조제4항에도 불구하고 같은 법 제32조의4제1항에 따라 소관 업무를 효율적으로 수행하기 위하여 필요한 경우에는 우주항공청 소속 임기제공무원을 다른 국가기관, 공공단체, 「공공기관의 운영에 관한 법률」 제4조에 따른 공공기관, 국내외의 교육기관·연구기관 또는 그 밖의 기관에 일정 기간 파견하여 근무하게 할 수 있다. 다만, 「공무원 인재개발법」에 따른 교육훈련으로서 6개월을 초과하는 경우에는 그러하지 아니하다.
② 우주항공청장은 「국가공무원법」 제64조에도 불구하고 다음 각 호의 요건을 모두 충족하는 경우에는 우주항공청 소속 임기제공무원이 영리를 목적으로 하는 다른 직무를 겸하는 것을 대통령령으로 정하는 기간의 범위에서 허가할 수 있다.
1. 임기제공무원이 임용될 당시에 「국가연구개발혁신법」 제2조제2호에 따른 연구개발과제에 참여 중이고 해당 연구개발과제를 계속 수행하기 위하여 필요할 것
2. 제1호의 연구개발과제 수행이 직무 능률을 저해하거나 이해충돌(「공직자의 이해충돌 방지법」 제2조제4호에 따른 이해충돌을 말한다)을 야기할 가능성이 없을 것
③ 제1항에 따른 파견의 대상·기준·기간 및 제2항에 따른 겸직 허가의 구체적인 방법·절차에 관하여 필요한 사항은 대통령령으로 정한다.

제12조【임기제공무원의 면직에 관한 특례】 ① 우주항공청장은 「국가공무원법」 제68조 및 제70조제1항에도 불구하고 우주항공청 소속 임기제공무원이 다음 각 호의 어느 하나에 해당하는 경우에는 같은 법 제70조제4항에 따른 심사위원회의 심의·의결을 거쳐 그 임기제공무원을 직권으로 면직시킬 수 있다.
1. 「국가공무원법」 제70조제1항제3호부터 제5호까지 및 제7호부터 제9호까지에 해당하는 경우
2. 제9조제7항제1호의 대상 직무가 소멸된 경우
3. 업무 실적의 저조 등의 이유로 제9조제7항제3호에 따른 성과 목표에 미달하였다고 판단되는 경우
4. 임기제공무원의 직위에 요구되는 전문지식·기술의 부족 등 대통령령으로 정하는 사유에 해당하여 직무를 계속하여 수행하기 곤란하다고 인정되는 경우
5. 연구개발과제(「국가연구개발혁신법」 제2조제2호에 따른 연구개발과제로서 우주항공청장이 정하는 과제를 말한다) 관련 자료 또는 연구개발성과(「국가연구개발혁신법」 제2조제5호의 연구개발성과를 말한다. 이하 같다)를 위조·변조·표절하는 등 우주항공청이 추진하는 연구개발사업과 관련하여 대통령령으로 정하는 중대한 부정행위를 한 경우
② 「국가공무원법」 제70조제2항에도 불구하고 우주항공청장이 제1항제1호에 따른 면직(「국가공무원법」 제70조제1항제3호부터 제5호까지, 제7호 및 제8호에 따른 경우로 한정한다)에 대하여 「국가공무원법」 제70조제2항에 따라 징계위원회의 의견을 듣거나 동의를 받아야 하는 경우 그 관할 징계위원회는 우주항공청에 두는 징계위원회로 한다.

제13조【우주항공청윤리위원회】 ① 다음 각 호의 사항을 심의하기 위하여 우주항공청에 우주항공청윤리위원회(이하 "윤리위원회"라 한다)를 둔다.
1. 제14조제1항에 따른 주식 보유의 필요성 및 주식 매각이 어려운 사유에 해당하는지 여부의 결정
2. 제15조제1항에 따른 취업제한 여부의 확인 또는 취업승인
3. 제15조제2항에 따른 취급승인
② 윤리위원회는 위원장과 부위원장 각 1명을 포함한 13명 이내의 위원으로 구성하되, 위원장을 포함한 9명의 위원은 판사, 검사, 변호사, 교육자 또는 학식과 덕망이 있는 사람 중에서 선임하여야 한다.
③ 윤리위원회 위원의 자격, 임기, 선임 및 그 밖에 윤리위원회의 운영에 필요한 사항은 대통령령으로 정한다.

제14조【주식의 매각 또는 신탁에 대한 특례】 ① 우주항공청장은 재산공개대상임기제공무원에 대하여 주식 보유의 필요성 및 주식 매각이 어려운 사유가 소명된 경우에는 「공직자윤리법」 제14조의4부터 제14조의14까지를 적용하지 아니할 수 있다.
② 제1항에 따라 「공직자윤리법」 제14조의4부터 제14조의14까지를 적용하지 아니하려는 경우에는 윤리위원회의 심의를 거쳐야 한다.
③ 재산공개대상임기제공무원은 재직기간 동안 본인 또는 그 이해관계자(「공직자윤리법」 제4조제1항제2호 또는 제3호에 해당하는 사람을 말하되, 같은 항 제3호의 사람 중 같은 법 제12조제4항에 따라 재산신고사항의 고지를 거부한 사람은 제외한다. 이하 같다)가 보유하고 있는 주식과 관련하여 해당 주식을 발행한 기업의 경영 또는 재산상 권리에 영향을 미칠 수 있는 직무에 결재, 지시, 의견표명 등의 방법을 통하여 관여하여서는 아니 된다. 다만, 법령에서 해당 직무를 직접 수행하도록 규정하고 있는 경우 등 직무에 관여하지 아니하는 것이 불가능한 경우는 제외한다.
④ 재산공개대상임기제공무원은 제3항 본문에 따라 직무를 회피하기 위하여 필요한 경우에는 해당 직무를 다른 사람으로 하여금 처리하게 하는 등의 조치를 하여야 한다.
⑤ 재산공개대상임기제공무원이 제3항 단서에 따라 본인 또는 그 이해관계자가 보유하고 있는 주식과 관련한 직무에 관여한 경우에는 분기별로 해당 주식과 관련한 직무에 직접적 또는 간접적으로 관여한 내용을 해당 분기가 끝나는 날부터 10일이 되는 날까지 우주항공청장에게 신고하여야 한다.
⑥ 우주항공청장은 제5항에 따라 신고받은 내용을 관보에 게재하여야 한다.
⑦ 우주항공청장은 재산공개대상임기제공무원이 제3항을 위반하여 해당 주식과 관련한 직무에 관여하였거나 제5항을 위반하여 신고를 하지 아니한 경우에는 「국가공무원법」 제81조에 따른 관할 징계위원회에 징계 의결을 요구하여야 한다.
⑧ 우주항공청장은 재산공개대상임기제공무원이 제3항의 금지의무 또는 제5항의 신고의무를 위반하여 수행한 직무가 위법한 것으로 확정된 경우에는 그 직무를 통하여 본인 또는 그 이해관계자가 얻은 재산상 이익을 환수하여야 한다.
⑨ 제5항에 따른 신고의 방법, 절차 등에 관하여 필요한 사항은 우주항공청장이 정한다.

제15조【퇴직공무원의 취업제한 및 업무취급 제한의 특례】 ① 「공직자윤리법」 제17조제1항 각 호 외의 부분 단서 및 제18조에도 불구하고 같은 법 제17조제1항 각 호 외의 부분 본문에 따른 취업심사대상자인 우주항공청 소속 임기제공무원에 대한 같은 법 제17조제1항 각 호 외의 부분 단서의 확인 또는 취업승인은 윤리위원회의 심의를 거쳐 우주항공청장이 한다.
② 「공직자윤리법」 제18조의2제3항에도 불구하고 다음 각 호의 어느 하나에 해당하는 경우 해당 업무의 취급승인은 윤리위원회의 심의를 거쳐 우주항공청장이 한다.
1. 우주항공청 소속 임기제공무원이 재직 중에 직접 처리한 「공직자윤리법」 제17조제2항 각 호의 업무를 퇴직 후에 취급하려는 경우
2. 「공직자윤리법」 제17조제3항에 따른 기관업무기준 취업심사대상자인 우주항공청 소속 임기제공무원이 퇴직 후 취업한 같은 법 제17조제1항 각 호의 기관에 대하여 우주항공청이 처리하는 같은 법 제17조제2항 각 호의 업무를 퇴직한 날부터 2년이 경과하기 전에 취급하려는 경우
③ 우주항공청장은 제1항에 따른 확인, 취업승인 또는 제2항에 따른 취급승인을 한 경우에는 「공직자윤리법」 제9조에 따른 관할 공직자윤리위원회에 이를 지체 없이 통보하여야 한다.

제16조【예산의 전용】 ① 우주항공청장은 제7조 각 호의 사무를 수행하기 위하여 필요한 경우에는 회계연도마다 기획재정부장관과 사전에 협의하여 정한 범위에서 「국가재정법」 제46조에도 불구하고 기획재정부장관의 승인을 얻지 아니하고 각 세항 또는 목의 금액을 전용(轉用)할 수 있다.
② 우주항공청장은 제1항에 따라 예산을 전용한 경우에는 과목별 금액 및 이유를 명시한 명세서를 기획재정부장관 및 감사원에 각각 송부하여야 한다.
③ 제1항에 따른 전용의 제한 및 절차 등에 관하여는 「국가재정법」 제46조제3항·제5항·제6항을 준용한다.

제17조【우주항공진흥기금의 설치】 ① 우주항공청장은 우주항공기술 개발의 촉진과 우주항공산업의 진흥을 효율적으로 지원하는 데 필요한 재원(財源)을 확보하기 위하여 우주항공진흥기금(이하 "기금"이라 한다)을 설치할 수 있다.
② 기금은 다음 각 호의 재원으로 조성한다.
1. 정부의 출연금 및 융자금
2. 정부가 아닌 자의 출연금
3. 기금의 운용으로 생기는 수익금
4. 기금에서 지원하는 국가연구개발사업으로부터 발생하는 기술료(「국가연구개발혁신법」 제2조제9호의 기술료를 말한다. 이하 같다)
5. 개인, 법인 또는 단체의 기부금품
6. 「공공자금관리기금법」에 따른 공공자금관리기금으로부터 받은 예수금(豫受金)
7. 다른 회계 및 다른 기금으로부터의 전입금
8. 그 밖에 대통령령으로 정하는 수입금
③ 기금은 다음 각 호의 어느 하나에 해당하는 용도에 사용한다.
1. 우주항공기술에 관한 연구·학술활동, 인력 양성, 국제교류 등 우주항공기술의 진흥을 위한 사업의 지원
2. 우주항공기술 연구개발을 수행하거나 연구개발성과를 실용화하려는 기업, 교육기관, 연구기관 및 우주항공 관련 기관·단체 등을 지원하기 위한 대통령령으로 정하는 출연·출자 및 투자 또는 융자
3. 제7조제2호부터 제8호까지에 따라 우주항공청이 추진하는 사업
4. 정부의 융자금에 대한 원리금 상환
5. 「공공자금관리기금법」에 따른 공공자금관리기금으로부터 받은 예수금에 대한 원리금 상환
6. 기금의 조성·운용 및 관리를 위한 경비의 지출
④ 기금은 우주항공청장이 운용·관리하되, 우주항공청장은 기금의 운용·관리에 관한 업무의 전부 또는 일부를 대통령령으로 정하는 바에 따라 우주항공 관련 업무를 수행하는 법인 등에 위탁할 수 있다.
⑤ 우주항공청장은 제2항제5호에 따른 기부금품의 접수 여부에 대하여 「기부금품의 모집 및 사용에 관한 법률」 제5조제3항제2호에 따라 행정안전부에 설치된 기부심사위원회의 심사를 거쳐야 한다.
⑥ 제1항부터 제5항까지에서 규정한 사항 외에 기금의 운용·관리에 필요한 사항은 대통령령으로 정한다.
(2026.1.1 시행)

제18조【보안 및 재난 대책】 우주항공청장은 제7조 각 호의 사무와 관련된 기술의 유출을 방지하고 시설 및 직원을 보호하기 위한 보안 및 재난 대책을 대통령령으로 정하는 바에 따라 수립·시행하여야 한다.

제19조【한국항공우주연구원의 설립】 ① 우주항공청장은 항공우주과학기술의 연구개발을 위하여 한국항공우주연구원(이하 "항공우주연구원"이라 한다)을 설립한다.
② 항공우주연구원은 법인으로 한다.
③ 항공우주연구원은 그 주된 사무소의 소재지에서 설립등기를 함으로써 성립한다.
④ 항공우주연구원의 주된 사무소를 이전하려는 경우에는 국회 소관 상임위원회의 동의를 받아야 한다.
⑤ 항공우주연구원에 관하여 이 법 및 「공공기관의 운영에 관한 법률」에서 규정한 것 외에는 「민법」 중 재단법인에 관한 규정을 준용한다.
⑥ 이 법에 따른 항공우주연구원이 아닌 자는 한국항공우주연구원 또는 이와 유사한 명칭을 사용하지 못한다.

제20조【한국천문연구원의 설립】 ① 우주항공청장은 천문우주과학기술의 연구개발을 위하여 한국천문연구원(이하 "천문연구원"이라 한다)을 설립한다.
② 천문연구원은 법인으로 한다.
③ 천문연구원은 그 주된 사무소의 소재지에서 설립등기를 함으로써 성립한다.
④ 천문연구원의 주된 사무소를 이전하려는 경우에는 국회 소관 상임위원회의 동의를 받아야 한다.
⑤ 천문연구원에 관하여 이 법 및 「공공기관의 운영에 관한 법률」에서 규정한 것 외에는 「민법」 중 재단법인에 관한 규정을 준용한다.
⑥ 이 법에 따른 천문연구원이 아닌 자는 한국천문연구원 또는 이와 유사한 명칭을 사용하지 못한다.

제21조【항공우주연구원 및 천문연구원의 운영재원】 ① 항공우주연구원 및 천문연구원은 정부의 출연금과 그 밖의 수익금으로 운영한다.
② 정부는 항공우주연구원 및 천문연구원의 설립·운영에 드는 경비에 충당하기 위하여 예산의 범위에서 항공우주연구원 및 천문연구원에 출연금을 지급할 수 있다. 이 경우 정부는 항공우주연구원 및 천문연구원의 지속적이고 안정적인 운영을 위하여 필요한 재원이 마련될 수 있도록 노력하여야 한다.
③ 지방자치단체의 요청에 따라 항공우주연구원 및 천문연구원이 해당 지방자치단체에 지역조직을 설립·운영할 경우 지방자치단체는 이에 필요한 경비에 충당하기 위하여 예산의 범위에서 항공우주연구원 및 천문연구원에 출연금을 지급할 수 있다.

제22조【권한 또는 업무의 위임 및 위탁】 ① 이 법에 따른 우주항공청장의 권한은 대통령령으로 정하는 바에 따라 그 일부를 특별시장·광역시장·특별자치시장·도지사 또는 특별자치도지사에게 위임할 수 있다.
② 우주항공청장은 우주항공기술 개발 및 우주항공산업 진흥을 위하여 필요한 경우 이 법에 따른 업무의 일부를 대통령령으로 정하는 바에 따라 항공우주연구원, 천문연구원, 「과학기술분야 정부출연연구기관 등의 설립·운영 및 육성에 관한 법률」에 따라 설립된 기관, 그 밖의 법인 또는 단체에 위탁할 수 있다.

제23조【벌칙 적용에서 공무원 의제】 다음 각 호의 사람은 「형법」 제127조 및 제129조부터 제132조까지를 적용할 때에는 공무원으로 본다.
1. 우주항공청의 공무원이 아닌 직원(제7조 각 호의 업무를 하는 사람으로 한정한다)
2. 윤리위원회의 공무원이 아닌 위원
3. 항공우주연구원 및 천문연구원의 임직원
4. 우주항공청장으로부터 위탁받은 업무에 종사하는 기관, 그 밖의 법인 또는 단체의 임직원(위탁받은 업무에 관한 경우로 한정한다)

제24조【과태료】 ① 제19조제6항 또는 제20조제6항을 위반한 자에게는 300만원 이하의 과태료를 부과한다.
② 제1항에 따른 과태료는 대통령령으로 정하는 바에 따라 우주항공청장이 부과·징수한다.

부 칙

제1조【시행일】 이 법은 공포 후 4개월이 경과한 날부터 시행한다. 다만, 제17조는 2026년 1월 1일부터 시행한다.

제2조【우주항공청, 항공우주연구원 및 천문연구원 설립에 관한 준비행위】 ① 우주항공청 소속 임기제공무원의 임용 등 우주항공청의 설립에 필요한 행위, 항공우주연구원·천문연구원의 설립에 필요한 행위 및 그 밖에 이 법 시행을 위하여 필요한 준비행위는 이 법 시행 전에 할 수 있다.
② 제19조제1항·제5항, 제20조제1항·제5항 및 「민법」 제43조에도 불구하고 이 법 시행 당시 항공우주연구원 및 천문연구원의 정관은 과학기술정보통신부장관이 작성한다.

제3조【해산 및 청산의 특례】 「과학기술분야 정부출연연구기관 등의 설립·운영 및 육성에 관한 법률」에 따른 한국항공우주연구원과 한국천문연구원(이하 "종전기관"이라 한다)은 이 법에 따른 항공우주연구원과 천문연구원의 설립과 동시에 「과학기술분야 정부출연연구기관 등의 설립·운영 및 육성에 관한 법률」 중 연구기관의 해산 등에 관한 규정과 「민법」 중 법인의 해산 및 청산에 관한 규정에도 불구하고 해산된 것으로 본다.

제4조【소관 사무 및 공무원 등에 관한 경과조치】 ① 이 법 시행 당시 다음 각 호의 법률에 따른 과학기술정보통신부장관의 사무 및 산업통상자원부장관의 사무 중 제7조 각 호의 사무는 우주항공청장이 승계한다.
1. 「우주개발 진흥법」
2. 「우주손해배상법」
3. 「전파법」(이 법 부칙 제10조제5항에 따른 개정부분으로 한정한다)
4. 「천문법」
5. 「한국과학우주청소년단 육성에 관한 법률」
6. 「항공우주산업개발 촉진법」
② 이 법 시행 당시 과학기술정보통신부 및 산업통상자원부 소속 공무원 중 대통령령으로 정하는 공무원은 우주항공청 소속 공무원으로 본다.
③ 이 법 시행 당시 제1항 각 호의 법률에 따른 과학기술정보통신부장관의 사무 및 산업통상자원부장관의 사무와 관련된 부령은 우주항공청장의 소관 사무에 관한 부령으로 본다.

제5조【종전의 법률에 따른 고시·처분 및 계속 중인 행위에 관한 경과조치】 이 법 시행 전에 부칙 제10조에서 개정되는 법률에 따라 행정기관이 한 고시·행정처분, 그 밖의 행정기관의 행위와 행정기관에 대한 신청·신고, 그 밖의 행위는 각각 부칙 제10조에서 개정되는 법률에 따라 해당 사무를 승계하는 우주항공청의 행위 또는 우주항공청에 대한 행위로 본다.

제6조【항공우주연구원·천문연구원의 원장 및 직원에 관한 경과조치】 종전기관의 원장 및 직원은 각각 항공우주연구원과 천문연구원의 원장 및 직원으로 본다. 다만, 원장의 임기는 「과학기술분야 정부출연연구기관 등의 설립·운영 및 육성에 관한 법률」 제12조제3항에 따른 임기의 남은 기간으로 한다.

제7조【항공우주연구원·천문연구원 설립 당시의 예산에 관한 경과조치】 ① 항공우주연구원과 천문연구원은 설립 당시 항공우주연구원과 천문연구원의 예산이 확정되기 전까지는 각각 종전기관 소관 예산을 종전의 예에 따라 집행할 수 있다.
② 제1항에 따라 집행되는 경비는 항공우주연구원과 천문연구원의 예산이 성립되면 그 성립된 예산에 따라 집행된 것으로 본다.

제8조【항공우주연구원·천문연구원의 권리·의무의 승계 등에 관한 경과조치】 ① 이 법 시행 당시 종전기관에 속하는 부설기관 등 모든 재산과 권리·의무는 항공우주연구원과 천문연구원의 설립과 동시에 항공우주연구원과 천문연구원이 각각 포괄 승계한다.
② 등기부와 그 밖의 공부에 표시된 「과학기술분야 정부출연연구기관 등의 설립·운영 및 육성에 관한 법률」에 따른 한국항공우주연구원의 명의는 항공우주연구원의 명의로, 「과학기술분야 정부출연연구기관 등의 설립·운영 및 육성에 관한 법률」에 따른 한국천문연구원의 명의는 천문연구원의 명의로 본다.
③ 항공우주연구원과 천문연구원에 승계된 재산의 가액은 각각 항공우주연구원과 천문연구원 설립일 전일의 장부가액으로 본다.

제9조【벌칙에 관한 경과조치】 이 법 시행 전의 행위로서 종전의 「과학기술분야 정부출연연구기관 등의 설립·운영 및 육성에 관한 법률」의 벌칙 규정이 적용되는 행위에 대하여는 종전의 규정을 적용한다.

제10조【다른 법률의 개정】 ①~⑧ ※(해당 법령에 가제정리 하였음)

제11조【다른 법률의 개정에 따른 경과조치】 ① 부칙 제10조제1항에 따라 개정되는 「과학기술분야 정부출연연구기관 등의 설립·운영 및 육성에 관한 법률」의 개정 규정에도 불구하고 이 법 시행 당시 종전의 「과학기술분야 정부출연연구기관 등의 설립·운영 및 육성에 관한 법률」 제7조는 항공우주연구원 및 천문연구원에 대하여도 적용되는 것으로 본다. 이 경우 항공우주연구원 및 천문연구원은 「과학기술분야 정부출연연구기관 등의 설립·운영 및 육성에 관한 법률」 제3조에 따른 연구기관으로 본다.
② 이 법 시행 당시 종전의 「항공우주산업개발 촉진법」 제19조제3항에 따라 과학기술정보통신부장관으로부터 권한을 위탁받아 수행하고 있는 기관은 이 법 제22조제2항에 따라 업무를 위탁받은 기관, 법인 또는 단체로 본다.

제12조【다른 법령과의 관계】 ① 이 법 시행 당시 다른 법령(이 법 시행 전에 공포되었으나 시행일이 도래하지 아니한 법령을 포함한다)에서 부칙 제4조에 따라 우주항공청장이 승계하는 제7조 각 호의 사무와 관련하여 "과학기술정보통신부" 또는 "산업통상자원부"를 인용한 경우에는 "우주항공청"을, "과학기술정보통신부장관" 또는 "산업통상자원부장관"을 인용한 경우에는 "우주항공청장"을 각각 인용한 것으로 본다.
② 이 법 시행 당시 다른 법령에서 종전의 「과학기술분야 정부출연연구기관 등의 설립·운영 및 육성에 관한 법률」에 따른 한국항공우주연구원을 인용한 경우에는 이 법에 따른 항공우주연구원을 인용한 것으로 본다.
③ 이 법 시행 당시 다른 법령에서 종전의 「과학기술분야 정부출연연구기관 등의 설립·운영 및 육성에 관한 법률」에 따른 한국천문연구원을 인용한 경우에는 이 법에 따른 천문연구원을 인용한 것으로 본다.
④ 다른 법령에서 정부출연연구기관 또는 「과학기술분야 정부출연연구기관 등의 설립·운영 및 육성에 관한 법률」에 따라 설립된 연구기관 등을 인용하고 있는 경우에는 각각 이 법에 따라 설립되는 항공우주연구원 및 천문연구원을 포함하는 것으로 보아 해당 법령을 적용한다.

공연법

(1999년 2월 8일 전개법률 제5924호)

개정
2001. 5.24법 6473호(음비)
2001.12.31법 6568호
2002. 1.26법 6632호(영화진흥법)
2005. 1.27법 7364호(문화예술진흥)
2006. 4.28법 7943호(영화및비디오물의진흥에관한법)
2006. 9.27법 7991호
2007. 4.11법 8345호(문화예술진흥)
2008. 2.29법 8852호(정부조직)
2010. 3.17법10111호 2011. 5.25법10723호
2011. 9.15법11048호(청소년보호법)
2013.12.30법12133호 2015. 5.18법13298호
2016. 1. 6법13726호(옥외광고물등의관리와옥외광고산업진흥에관한법)
2016. 2. 3법13957호 2017.11.28법15055호
2018.12.24법16048호 2019.11.26법16588호
2020. 6. 9법17398호 2020.12.22법17702호
2022. 1.18법18758호 2022. 5. 3법18855호
2022. 9.27법18981호 2023. 3.21법19245호
2023. 8. 8법19592호(법률용어정비)
2023.10.31법19792호

제1장 총 칙

제1조【목적】 이 법은 예술의 자유를 보장하고, 공연자 및 공연예술 작업자의 안전한 창작환경 조성과 건전한 공연활동의 진흥을 위하여 공연에 관한 사항을 규정함을 목적으로 한다.(2022.1.18 본조개정)

제2조【정의】 이 법에서 사용하는 용어의 뜻은 다음과 같다.
1. "공연"이란 음악·무용·연극·뮤지컬·연예·국악·곡예 등 예술적 관람물을 실연(實演)에 의하여 공중(公衆)에게 관람하도록 하는 행위를 말한다. 다만, 상품 판매나 선전에 따르는 공연은 제외한다.(2023.8.8 단서개정)
2. "선전물"이란 「옥외광고물 등의 관리와 옥외광고산업 진흥에 관한 법률」에 따른 옥외광고물과 초대권을 말한다.(2016.1.6 본호개정)
3. "공연자"란 공연을 주재(主宰)하거나 직접 하는 자를 말한다.
4. "공연장"이란 공연을 주된 목적으로 설치하여 운영하는 시설로서 대통령령으로 정하는 것을 말한다.
5. "공연연습장"이란 공연연습을 주된 목적으로 설치하여 운영하는 시설을 말한다.
6. "청소년"이란 「청소년 보호법」 제2조제1호에 따른 청소년을 말한다.(2023.10.31 본호개정)
(2011.5.25 본조개정)

제3조【공연예술진흥기본계획 등】 ① 국가와 지방자치단체는 공연예술 진흥을 위하여 필요한 계획을 수립하여 시행하여야 한다.
② 문화체육관광부장관은 제1항에 따라 다음 각 호의 사항이 포함되는 공연예술진흥기본계획을 5년마다 수립하여 시행하여야 하며, 공연예술의 지역적 균형발전을 도모하기 위하여 지방자치단체의 장은 문화체육관광부장관이 요청할 경우 그 기본계획의 수립과 시행에 필요한 자료를 제출하여야 한다.(2022.9.27 본문개정)
1. 공연예술인(장애 공연예술인을 포함한다) 육성·지원에 관한 사항(2022.9.27 본호개정)
2. 공연기획·무대기계·무대조명·무대미술·무대음향 등과 관련된 공연예술 지원 인력의 양성 및 배치에 관한 사항
3. 공연장 등 공연시설 확충에 관한 사항
4. 체육시설·교육시설 등의 공연장 활용 및 그 지원·장려에 관한 사항
5. 공연예술의 해외진출에 관한 사항
6. 공연산업의 육성에 관한 사항
7. 공연장 등의 안전관리에 관한 사항(2022.1.18 본호신설)
8. 그 밖에 대통령령으로 정하는 공연예술 진흥에 관한 주요 사항
③ 지방자치단체의 장은 제2항의 기본계획에 따라 해당 지방자치단체의 공연예술진흥세부계획을 매년 수립하여 시행하여야 하며, 시장·군수 또는 구청장(자치구의 구청장을 말한다. 이하 같다)은 그 계획 및 시행결과를 해당 특별시장·광역시장·도지사에게 보고하고, 특별시장·광역시장·도지사는 이를 종합하여 문화체육관광부장관에게 보고하여야 한다. 다만, 특별자치시·특별자치도의 경우에는 특별자치시장·특별자치도지사가 그 계획 및 시행결과를 문화체육관광부장관에게 보고하여야 한다.
(2022.9.27 본문개정)
(2011.5.25 본조개정)

제2장 공 연

(2011.5.25 본장개정)

제4조【공연예술통합전산망】 ① 문화체육관광부장관은 공중이 전산시스템을 이용하여 공연의 관람자 수 등을 신속하고 정확하게 알 수 있도록 하기 위하여 공연예술 통합전산망을 운영하여야 한다.

② 다음 각 호의 어느 하나에 해당하는 자는 제1항에 따른 공연예술통합전산망을 통하여 공연 명칭·시간 및 기간, 공연 예매 및 결제금액 등 문화체육관광부령으로 정하는 공연 관련 정보(이하 "공연정보"라 한다)를 제공하여야 한다. 다만, 입장권 판매의 전부 위탁이 있는 경우에는 그 입장권 판매를 수탁받은 자에 한정한다.
1. 공연장운영자
2. 공연 입장권을 판매하는 자
3. 공연을 기획 또는 제작하는 자
③ 제2항에 따라 공연정보를 제공할 의무가 있는 자(입장권 판매의 위탁이 있는 경우에는 그 입장권 판매를 수탁받은 자를 말한다)는 공연정보를 고의적인 누락이나 조작 없이 공연예술통합전산망에 전송하여야 한다. 다만, 전산예매시스템에 의하여 발권되지 아니한 경우에는 그러하지 아니하다.
④ 문화체육관광부장관은 공연예술통합전산망의 효율적인 운영을 위하여 전담인력·조직 등 대통령령으로 정하는 요건을 충족하는 기관을 전담기관(이하 "공연예술통합전산망운영자"라 한다)으로 지정할 수 있으며, 공연장 등의 전산예매시스템 구축·운영 등에 필요한 경비를 지원할 수 있다.
⑤ 그 밖에 공연예술통합전산망의 운영 및 공연정보의 제공·전송 등에 필요한 사항은 대통령령으로 정한다.
(2018.12.24 본조신설)

제4조의2【입장권등의 부정판매 금지 등】 ① 문화체육관광부장관은 공연의 입장권·관람권 또는 할인권·교환권 등(이하 "입장권등"이라 한다)의 부정판매(입장권등을 판매하거나 그 판매를 위탁받은 자의 동의를 받지 않은 자가 다른 사람에게 입장권등을 상습 또는 영업으로 자신이 구입한 가격을 넘은 금액으로 판매하거나 알선하는 행위를 말한다. 이하 같다)를 방지하기 위하여 노력하여야 한다.
② 누구든지 「정보통신망 이용촉진 및 정보보호 등에 관한 법률」 제2조제1항제1호에 따른 정보통신망에 지정된 명령을 자동으로 반복 입력하는 프로그램을 이용하여 입장권등을 부정판매하여서는 아니 된다.(2023.3.21 본항신설)
(2023.3.21 본조개정)

제4조의3【온라인 공연예술의 지원】 국가와 지방자치단체는 온라인 공연예술을 장려하기 위하여 예산의 범위에서 필요한 비용을 지원할 수 있다.(2022.5.3 본조신설)

제5조【청소년 유해 공연물 등】 ① 누구든지 「청소년 보호법」 제9조의 기준에 따른 청소년 유해 공연물을 청소년에게 관람시킬 수 없다.(2023.10.31 본항개정)
② 「청소년 보호법」 제9조에 해당하는 선전물은 공중이 통행하는 장소에 공공연히 설치하거나 붙이거나 배포할 수 없고, 같은 내용으로 관람을 권유하는 등 광고를 할 수 없다.(2023.8.8 본항개정)
③ 공연자는 「영화 및 비디오물의 진흥에 관한 법률」에 따른 영상물등급위원회(이하 "위원회"라 한다)에 제1항의 공연물 및 제2항의 선전물의 청소년 유해성 여부에 대하여 확인을 요청할 수 있다.(2023.10.31 본항개정)
(2023.10.31 본조제목개정)

제6조【외국인의 국내 공연 추천】 ① 국내에서 공연하려는 외국인이나 외국인을 국내에 초청하여 공연하려는 자는 위원회의 추천을 받아야 한다. 추천받은 사항을 변경하려는 때에도 또한 같다.
② 제1항에 따른 위원회의 추천을 받지 아니한 외국인의 공연물은 다음 각 호의 어느 하나에 해당하는 경우를 제외하고는 국내에서 공연할 수 없다.(2016.2.3 본문개정)
1. 국가나 지방자치단체가 외국인을 국내에 초청하여 공연하게 하려는 경우
2. 외국의 단체 또는 개인이 종교의식·친목 또는 연구발표를 목적으로 국내에서 공연하려는 경우
3. 국내의 단체 또는 개인이 종교의식·친목 또는 연구발표를 목적으로 외국인을 국내에 초청하여 공연하게 하려는 경우
4. 「공익법인의 설립·운영에 관한 법률」에 따라 설립된 공익법인이 사회 일반의 이익에 이바지할 목적으로 외국인을 국내에 초청하여 공연하게 하려는 경우
(2016.2.3 1호~4호신설)
③ 제1항에 따른 추천 또는 변경추천에 필요한 사항은 대통령령으로 정한다.
④ 위원회는 제1항에 따른 추천을 할 때에는 관람객의 안전이나 공연질서 유지에 필요한 조건을 붙일 수 있다.

제7조【외국공연물의 공연제한】 ① 위원회는 제6조에 따라 외국인 공연 추천신청서를 받은 경우에 공연내용이나 그 출연자가 다음 각 호의 어느 하나에 해당할 때에는 추천하지 아니할 수 있다.
1. 국가이익을 해칠 우려가 있을 때
2. 공공의 질서와 선량한 풍속을 해칠 우려가 있을 때
3. 국내의 공연질서를 문란하게 하거나 해칠 우려가 있을 때
4. 그 밖에 대통령령으로 정하는 기준에 해당할 때
② 위원회는 제6조에 따라 외국인 공연 추천을 받은 자가 다음 각 호의 어느 하나에 해당할 때에는 그 추천을 취소할 수 있다. 다만, 제1호에 해당하는 경우에는 그 추천을 취소하여야 한다.
1. 거짓이나 그 밖의 부정한 방법으로 추천을 받았을 때
2. 제6조제1항에 따른 변경추천을 받지 아니하고 공연을 하였을 때
3. 제5조제1항 또는 제2항을 위반하였을 때
4. 제6조제4항에 따른 공연 추천 조건을 위반하였을 때
③ 위원회가 제6조에 따라 외국인의 국내 공연을 추천 또는 변경추천하거나 제1항 또는 제2항에 따라 추천하지 아니하거나 추천을 취소한 경우에는 문화체육관광부령으로 정하는 바에 따라 그 결과를 문화체육관광부장관에게 제출하여야 한다.

제3장 공연장의 설치·운영 등
(2011.5.25 본장개정)

제8조【공공 공연장 및 공연연습장】 ① 국가와 지방자치단체는 공연예술의 육성을 위하여 공연장 및 공연연습장을 설치하여 운영할 수 있다.
② 국가나 지방자치단체는 제1항에 따른 공연장 및 공연연습장 운영의 전문성과 효율성을 높이기 위하여 개인이나 단체에 위탁하여 운영할 수 있다.
③ 국가나 지방자치단체가 제2항에 따라 공연장 및 공연연습장을 위탁하여 운영할 경우 그 활동과 운영에 필요한 경비를 보조할 수 있으며, 국가나 지방자치단체는 「국유재산법」 및 「공유재산 및 물품 관리법」에도 불구하고 그 공연장 및 공연연습장의 원활한 운영에 필요한 재산 및 시설을 무상으로 사용·수익하게 할 수 있다.

제8조의2【공공 공연장의 설치 및 운영에 관한 종합계획】 ① 국가와 지방자치단체는 공연장을 설치하여 운영하려는 경우 공연장의 설치 및 운영에 관한 종합계획을 수립하여야 한다.
② 제1항에 따른 종합계획에는 다음 각 호의 사항이 포함되어야 한다.
1. 공연장의 설치목적
2. 공연 프로그램 운영계획
3. 공연장의 재정 확보계획
4. 그 밖에 공연장의 설치·운영에 관하여 필요한 것으로서 대통령령으로 정하는 사항
③ 제1항에 따른 종합계획의 수립에 관하여 필요한 사항은 대통령령으로 정한다.
(2013.12.30 본조신설)

제9조【공연장의 등록 및 폐업】 ① 공연장을 설치하여 운영하려는 자(국가와 지방자치단체를 포함한다. 이하 "공연장운영자"라 한다)는 문화체육관광부령으로 정하는 시설 기준을 갖추어 공연장 소재지를 관할하는 특별자치시장·특별자치도지사·시장·군수·구청장에게 등록하여야 한다.
② 공연장운영자는 문화체육관광부령으로 정하는 등록 변경 사유가 있을 때에는 특별자치시장·특별자치도지사·시장·군수·구청장에게 변경등록을 하여야 한다.
③ 제1항에 따라 공연장의 등록을 한 자가 영업을 폐지한 경우에는 폐지한 날부터 30일 이내에 문화체육관광부령으로 정하는 바에 따라 관할 특별자치시장·특별자치도지사·시장·군수·구청장에게 폐업신고를 하여야 한다.
(2018.12.24 본항신설)
④ 특별자치시장·특별자치도지사·시장·군수·구청장은 제3항에 따라 폐업신고를 하여야 하는 자가 폐업신고를 하지 아니하면 문화체육관광부령으로 정하는 바에 따라 폐업한 사실을 확인한 후 그 등록사항을 직권으로 말소할 수 있다.(2018.12.24 본항신설)
(2018.12.24 본조제목개정)
(2015.5.18 본조개정)

제10조【공연자 지원 및 공연장 설치·경영의 장려 등】 ① 국가나 지방자치단체는 공연예술의 발전을 위하여 필요하다고 인정하면 공연자에게 보조금을 지급하는 등 필요한 지원을 할 수 있다.
② 문화체육관광부장관은 민간의 공연장 설치 또는 경영을 장려하기 위하여 필요하다고 인정하면 국고를 보조하거나 「문화예술진흥법」 제20조에 따른 한국문화예술위원회로 하여금 같은 법 제16조에 따른 문화예술진흥기금을 융자하는 등 지원하게 할 수 있다.
③ 제1항 및 제2항에 따른 보조금의 지급 등 필요한 지원에 관한 사항은 대통령령으로 정한다.

제10조의2【안전한 창작환경에서 활동할 권리】 ① 공연자와 공연예술 작업자(무대시설의 설치, 운영 등을 위하여 공연 현장에서 일하는 자를 말한다. 이하 같다)는 안전한 창작환경에서 공연예술에 필요한 활동을 수행할 권리를 가진다.
② 공연장운영자 및 공연장 외의 장소에서 공연을 하려는 자(이하 "공연장운영자등"이라 한다)는 제1항에 따른 공연자와 공연예술 작업자의 권리를 보장하도록 노력하여야 한다.
(2022.1.18 본조신설)

제11조【재해예방조치】 ① 공연장운영자는 화재나 그 밖의 재해를 예방하기 위하여 그 공연장 종업원의 임무·배치 등 재해대처계획을 수립하여 매년 관할 특별자치시장·특별자치도지사·시장·군수·구청장에게 신고하여야 한다. 이 경우 특별자치시장·특별자치도지사·시장·군수·구청장은 신고받은 재해대처계획을 관할 소방서장에게 통보하여야 한다.(2015.5.18 본항개정)
② 관할 특별자치시장·특별자치도지사·시장·군수·구청장은 제1항 전단에 따라 신고를 받은 재해대처계획을 검토하여 적합하다고 인정하는 경우에는 신고를 수리하여야 한다. 이 경우 신고된 재해대처계획의 내용이 미흡하다고 인정할 때에는 보완을 요구할 수 있다.
(2019.11.26 본항개정)
③ 제2항 후단에 따라 재해대처계획의 보완을 요구받은 공연장운영자는 정당한 사유가 없으면 그 요구에 따라 보완하여 관할 특별자치시장·특별자치도지사·시장·군수·구청장에게 다시 신고하여야 한다.(2019.11.26 본항신설)
④ 공연장 외의 장소에서 대통령령으로 정하는 규모의 관람자가 있을 것으로 예상되는 공연을 하려는 자의 재해예방조치에 관하여는 제1항을 준용한다.(2015.5.18 후단삭제)
⑤ 제1항 및 제4항에 따른 재해대처계획에는 제11조의2부터 제11조의5까지에 해당하는 안전관리비, 안전관리조직, 안전교육 및 피난안내에 관한 사항이 포함되어야 한다.(2020.12.22 본항개정)
⑥ 그 밖에 공연장의 재해예방조치에 필요한 사항은 대통령령으로 정한다.(2015.5.18 본항개정)

제11조의2【안전관리비】 ① 공연장운영자등은 공연장 및 공연의 안전관리에 필요한 비용(이하 "안전관리비"라 한다)을 대통령령으로 정하는 바에 따라 공연장운영 또는 공연비용에 계상하여야 한다. 다만, 대통령령으로 정하는 기준에 미달하는 공연장운영자등은 안전관리비를 계상하지 아니할 수 있다.(2022.1.18 본문개정)
② 공연장 및 공연의 규모, 종류 등에 따른 안전관리비의 사용방법 등에 관한 기준은 대통령령으로 정한다.
(2015.5.18 본조신설)

제11조의3【안전관리조직】 ① 제11조에 따라 재해대처계획을 수립하는 공연장운영자등은 다음 각 호의 사람으로 구성된 안전관리조직을 두어야 한다. 다만, 대통령령으로 정하는 기준에 미달하는 공연장운영자등은 안전관리조직을 설치하지 아니할 수 있다.
1. 공연의 안전에 관한 업무를 총괄하여 관리하는 안전총괄책임자
2. 공연 현장에서 안전관리를 담당하는 안전관리담당자
② 제1항 본문에 따른 안전관리조직의 설치기준, 구성, 직무 등에 관한 사항은 대통령령으로 정한다.
(2015.5.18 본조신설)

제11조의4【안전교육】 ① 제11조에 따라 재해대처계획을 수립하는 공연장운영자등은 공연의 안전관리를 위하여 공연에 참여하는 공연자, 안전총괄책임자, 안전관리담당자 등에게 안전교육을 실시하여야 한다.
② 제1항에 따른 안전교육의 시기 및 방법 등은 대통령령으로 정한다.
(2015.5.18 본조신설)

제11조의5【피난안내】 ① 공연장운영자는 화재 등 재해나 그 밖의 위급한 상황의 발생 시 관람자가 안전하게 피난할 수 있도록 공연장에 피난계단·피난통로, 피난설비 등이 표시되어 있는 피난안내도를 갖추어 두거나 피난 절차, 노약자·장애인 등 거동이 불편한 관람자의 피난 방법, 공연의 특수상황, 그 밖에 비상시에 대비하기 위하여 관람자가 알고 있어야 할 사항을 공연 시작 전 관람자에게 주지시켜야 한다.
② 공연장 외의 장소에서 대통령령으로 정하는 규모의 관람자가 있을 것으로 예상되는 공연을 하려는 자의 피난안내조치에 관하여는 제1항을 준용한다.(2022.1.18 본항신설)
③ 제1항 및 제2항에 따라 피난안내도를 갖추어 두거나 피난안내에 관한 사항을 주지시켜야 하는 대상, 피난안내도의 위치, 피난안내 시 포함되어야 할 내용과 그 밖에 필요한 사항은 문화체육관광부령으로 정한다.
(2022.1.18 본조개정)

제11조의6【사고보고의무 등】 ① 제11조에 따라 재해대처계획을 수립하는 공연장운영자등은 공연과 관련하여 대통령령으로 정하는 인명·시설피해 등 중대한 사고가 발생한 때에는 지체 없이 공연장의 사용중지 등 재해대처계획에 따라 필요한 재해예방조치를 취하고 문화체육관광부령으로 정하는 바에 따라 특별자치시장·특별자치도지사·시장·군수·구청장에게 보고하여야 한다.
② 제1항에 따라 보고를 받은 특별자치시장·특별자치도지사·시장·군수·구청장은 사고 내용을 문화체육관광부장관에게 통보하고, 사고조사에 필요하다고 판단되는 경우에는 대통령령으로 정하는 바에 따라 공연장운영자등에게 자료의 제출을 요청할 수 있다. 이 경우 자료의 제출을 요청받은 공연장운영자등은 정당한 사유가 없으면 이에 따라야 한다.
③ 누구든지 특별자치시장·특별자치도지사·시장·군수·구청장이 실시하는 사고조사와 관련하여 다음 각 호의 행위를 하여서는 아니 된다.
1. 정당한 사유 없이 조사를 거부·방해 또는 회피하는 행위
2. 거짓으로 진술하거나 거짓 자료를 제출하는 행위
3. 고의적으로 사실을 누락·은폐하는 행위
(2022.1.18 본조신설)

제11조의7【방화막의 설치】 ① 공연장운영자는 공연장 무대에 방화막(화재로 인한 화염 및 연기의 관람석 확산을 막기 위하여 설치하는 내화성의 막을 말한다. 이하 같다)을 설치하여야 한다. 다만, 공연장의 규모·형태 및 구조 등 대통령령으로 정하는 기준에 미달하는 공연장의 공연장운영자는 제외한다.

② 제1항에 따른 방화막의 성능기준 등 설치에 필요한 사항은 문화체육관광부령으로 정한다.
(2022.5.3 본조신설)

제12조【무대시설의 안전진단 등】 ① 공연장을 설치하여 운영하려는 자는 제12조의2제1항에 따라 지정받은 무대시설 안전진단 전문기관(이하 "무대시설 안전진단 전문기관"이라 한다)으로부터 다음 각 호의 검토 및 검사를 받아야 한다. 다만, 제1호에 따른 설계검토는 대통령령으로 정하는 규모 이상의 공연장에 한정한다.(2015.5.18 본문개정)
1. 공연장 설치 공사 시작 전 무대시설(방화막을 포함한다. 이하 같다)에 대한 설계검토(2022.5.3 본호개정)
2. 공연장 등록 전 무대시설에 대한 안전검사(이하 "등록 전 안전검사"라 한다)

② 공연장운영자는 다음 각 호의 어느 하나에 해당하는 경우에는 무대시설 안전진단 전문기관으로부터 무대시설에 대한 정기 안전검사를 받아야 한다.
1. 등록한 날부터 3년이 지난 경우(2023.8.8 본호개정)
2. 정기 안전검사를 받은 날부터 3년이 지난 경우 (2023.8.8 본호개정)
3. 제4항에 따른 자체 안전검사 결과 공연장운영자 또는 무대시설 안전진단 전문기관이 특별히 필요하다고 인정하는 경우

(2018.12.24 본항개정)

③ 공연장운영자는 다음 각 호의 어느 하나에 해당하는 경우에는 무대시설 안전진단 전문기관으로부터 무대시설에 대한 정밀안전진단을 받아야 한다. 이 경우 정밀안전진단을 받으면 동시에 제2항에 따른 정기 안전검사를 받은 것으로 본다.(2018.12.24 본문개정)
1. 등록한 날부터 대통령령으로 정하는 기간이 지난 경우 (2023.8.8 본호개정)
2. 정밀안전진단을 받은 날부터 대통령령으로 정하는 기간이 지난 경우(2023.8.8 본호개정)
3. 제2항에 따른 정기 안전검사 결과 무대시설 안전진단 전문기관이 특별히 필요하다고 인정하는 경우

(2015.5.18 본항신설)

④ 공연장운영자는 매년 무대시설에 대한 검사계획을 수립하여 자체 안전검사를 실시하여야 한다. 이 경우 공연장운영자는 무대시설 안전진단 전문기관에 검사를 의뢰할 수 있다.

⑤ 공연장운영자가 제1항제2호·제2항 및 제3항에 따라 등록 전 안전검사 등을 받은 경우에는 그 결과를 지체 없이 특별자치시장·특별자치도지사·시장·군수·구청장에게 제출하여야 한다.(2017.11.28 본항개정)

⑥ 제5항에 따라 등록 전 안전검사 등의 결과를 제출받은 특별자치시장·특별자치도지사·시장·군수·구청장은 공연장운영자에게 무대시설에 대한 보완이나 개선 또는 보수를 요구할 수 있다. 이 경우 공연장운영자는 정당한 사유가 없으면 이에 따라야 하며, 보완이나 개선 또는 보수의 결과를 지체 없이 특별자치시장·특별자치도지사·시장·군수·구청장에게 제출하여야 한다.
(2023.8.8 본항개정)

⑦ 무대시설에 대한 설계검토, 등록 전 안전검사, 정기 안전검사, 정밀안전진단 및 자체 안전검사의 절차와 방법·시기 등에 관하여 필요한 사항은 대통령령으로 정한다.(2015.5.18 본항개정)

제12조의2【안전진단기관의 지정 등】 ① 문화체육관광부장관은 제12조에 따른 설계검토, 등록 전 안전검사, 정기 안전검사, 정밀안전진단 및 자체 안전검사(이하 "안전검사등"이라 한다)를 위하여 무대시설 안전진단 전문기관(이하 "안전진단기관"이라 한다)을 2개 이상 지정하여야 한다.

② 제1항에 따라 안전진단기관으로 지정을 받으려는 자는 기술 인력과 안전진단 장비 등 대통령령으로 정하는 지정 요건을 갖추어 문화체육관광부장관에게 신청하여야 한다.

③ 안전진단기관의 지정 방법 및 절차 등에 관하여 필요한 사항은 문화체육관광부령으로 정한다.
(2011.5.25 본조신설)

제12조의3【안전진단기관의 지정 취소】 ① 문화체육관광부장관은 안전진단기관이 다음 각 호의 어느 하나에 해당하는 경우에는 그 지정을 취소하거나 1년 이내의 기간을 정하여 업무의 전부 또는 일부의 정지를 명할 수 있다. 다만, 제1호 또는 제2호에 해당하는 경우에는 그 지정을 취소하여야 한다.
1. 거짓이나 그 밖의 부정한 방법으로 안전진단기관으로 지정을 받은 경우
2. 업무정지 기간 중에 안전검사등을 한 경우
3. 정당한 사유 없이 안전검사등을 거부한 경우
4. 제12조의2제2항에 따른 지정 요건을 갖추지 못하게 된 경우
5. 고의 또는 중대한 과실로 사실과 다르게 안전검사등을 한 경우

② 제1항에 따른 지정 취소, 업무 정지의 기준 및 절차 등에 관하여 필요한 사항은 문화체육관광부령으로 정한다.
(2011.5.25 본조신설)

제12조의4【안전검사등의 결과에 대한 확인 등】 ① 문화체육관광부장관은 안전검사등의 기술 수준을 향상시키고 부실 검사를 방지하기 위하여 필요한 경우에는 안전진단기관에 대하여 안전검사등의 결과 확인 및 평가를 할 수 있으며, 이에 필요한 자료의 제출을 요구하거나 소속 공무원으로 하여금 현장을 확인하게 할 수 있다.

② 제1항에 따른 평가의 기준, 절차 등에 필요한 사항은 대통령령으로 정한다.
(2011.5.25 본조신설)

제12조의5【공연안전지원센터】 ① 문화체육관광부장관은 제11조에 따른 재해예방조치와 제12조에 따른 무대시설 안전진단의 체계적인 지원 등을 위하여 인력, 시설 및 전문성 등을 고려하여 대통령령으로 정하는 요건을 충족하는 기관을 전담기관(이하 "공연안전지원센터"라 한다)으로 지정할 수 있으며, 예산의 범위에서 그 운영에 필요한 경비를 지원할 수 있다.

② 제1항에 따라 지정된 공연안전지원센터는 다음 각 호의 업무를 수행할 수 있다.
1. 제11조에 따른 공연장운영자등의 재해대처계획 수립 지원
2. 제11조의4에 따른 공연장운영자등의 안전교육 지원
3. 제12조에 따른 무대시설 안전진단 지원 및 기술 지원
4. 제12조의4에 따른 안전검사등의 결과에 대한 확인 지원
5. 제12조의7에 따른 공연장안전정보시스템 구축·운영 지원
6. 그 밖에 공연의 안전관리를 위하여 필요한 업무로서 대통령령으로 정하는 업무

(2022.1.18 본조신설)

제12조의6【공연안전지원센터의 지정 취소】 ① 문화체육관광부장관은 공연안전지원센터가 다음 각 호의 어느 하나에 해당하는 경우에는 그 지정을 취소하거나 1년 이내의 기간을 정하여 업무의 전부 또는 일부의 정지를 명할 수 있다. 다만, 제1호 또는 제2호에 해당하는 경우에는 그 지정을 취소하여야 한다.
1. 거짓이나 그 밖의 부정한 방법으로 공연안전지원센터로 지정을 받은 경우
2. 업무정지 기간 중에 제12조의5제2항에 따른 업무를 수행한 경우
3. 제12조의5제1항에 따른 지정 요건을 갖추지 못하게 된 경우
4. 제12조의5제2항에 따른 업무를 부실하게 하여 그 업무를 적정하게 수행할 수 없다고 인정되는 경우

② 제1항에 따른 지정 취소, 업무정지의 기준 및 절차 등에 관하여 필요한 사항은 문화체육관광부령으로 정한다.
(2022.1.18 본조신설)

제12조의7【공연장안전정보시스템】 ① 문화체육관광부장관은 공연장의 안전과 관련한 다음 각 호의 정보를 종합적으로 수집·관리하기 위하여 공연장안전정보시스템을 구축·운영할 수 있다.
1. 제9조에 따른 공연장의 등록 정보 및 등록 현황
2. 제11조에 따른 공연장의 재해대처계획
3. 제11조의4에 따른 공연자, 안전총괄책임자 및 안전관리담당자 등의 안전교육 수료 정보 및 현황
4. 제11조의6에 따른 사고보고의 내용
5. 안전검사등의 결과
6. 안전진단기관의 지정 현황
7. 그 밖에 공연장의 안전관리에 필요한 것으로서 문화체육관광부령으로 정하는 정보

② 문화체육관광부장관은 공연장안전정보시스템을 통하여 다음 각 호의 사항을 포함한 공연장에 대한 안전정보를 공개할 수 있다.
1. 공연장의 명칭 및 소재지
2. 안전검사등을 실시한 안전진단기관 및 안전검사등의 실시 기간
3. 안전검사등의 결과와 유효기간
4. 다른 법령에 따른 공연장에 대한 안전진단·검사·점검 등의 결과
5. 그 밖에 공연장의 안전관리를 위하여 필요한 정보로서 문화체육관광부령으로 정하는 정보

③ 문화체육관광부장관은 공연장운영자, 안전진단기관, 공연안전지원센터, 관계 행정기관 등에 대하여 공연장안전정보시스템 구축·운영에 필요한 자료를 제출 또는 등록하도록 요청할 수 있으며, 해당 요청을 받은 자는 정당한 사유가 없으면 이에 따라야 한다.

④ 그 밖에 공연장안전정보시스템의 구축·운영 등에 필요한 사항은 문화체육관광부령으로 정한다.
(2022.1.18 본조신설)

제4장 무대예술 전문인의 양성
(2011.5.25 본장개정)

제13조【국가 등의 의무】 국가와 지방자치단체는 무대예술 전문인 양성과 자질향상을 위하여 필요한 시책을 마련하여야 한다.

제14조【무대예술 전문인의 자격】 ① 문화체육관광부장관은 대통령령으로 정하는 응시기준을 갖추고 제15조에 따라 지정된 무대예술 전문인 검정기관이 실시하는 검정에 합격한 사람에게 무대예술 전문인 자격증을 발급한다.
(2019.11.26 본항개정)

② 무대예술 전문인은 다른 사람에게 그 명의를 사용하게 하거나 그 자격증을 대여하여서는 아니 된다.
(2020.6.9 본항신설)

③ 누구든지 무대예술 전문인의 자격을 취득하지 아니하고 그 명의를 사용하거나 자격증을 대여받아서는 아니 되며, 명의의 사용이나 자격증의 대여를 알선하여서도 아니 된다.(2020.6.9 본항신설)

④ 무대예술 전문인은 무대기계·무대조명·무대음향 등의 종류별로 1급부터 3급까지로 구분하며, 구체적인 자격의 종류 및 자격검정, 그 밖에 자격증의 발급 절차 등에 관하여 필요한 사항은 대통령령으로 정한다.

제14조의2【자격 취소 등】 ① 문화체육관광부장관은 제14조에 따른 무대예술 전문인의 자격을 부정한 방법으로 취득하거나 발급받은 자격증을 다른 사람에게 대여한 사람에 대하여는 그 자격을 취소하여야 한다.(2019.11.26 본항개정)

② 제14조제1항에 따른 무대예술 전문인 자격검정을 받는 사람이 그 검정에서 부정행위를 하였을 때에는 현장에서 그 검정을 중지시키거나 무효로 한다.

③ 제1항에 따라 자격이 취소된 사람이나 제2항에 따라 검정이 중지되거나 무효로 된 사람은 그 취소·중지 또는 무효로 된 날부터 3년간 무대예술 전문인 자격검정을 받을 수 없다.
(2019.11.26 본조제목개정)

제15조【무대예술 전문인 검정기관】 ① 문화체육관광부장관은 제14조에 따른 무대예술 전문인의 자격검정을 위하여 대통령령으로 정하는 바에 따라 무대예술 전문인 검정기관을 지정할 수 있다.

② 국가는 제1항에 따라 지정한 무대예술 전문인 검정기관에 대하여 필요한 비용의 일부를 예산의 범위에서 보조할 수 있으며, 지정된 기관은 문화체육관광부장관의 승인을 받아 검정에 필요한 경비를 징수할 수 있다.

③ 무대예술 전문인 검정기관의 지정 요건 등에 관하여 필요한 사항은 대통령령으로 정한다.

제15조의2【검정기관의 지정 취소】 제15조제1항에 따라 지정을 받은 무대예술 전문인 검정기관이 거짓이나 그 밖의 부정한 방법으로 지정을 받았을 때에는 그 지정을 취소하여야 하며, 검정을 부실하게 하여 그 업무를 적정하게 수행할 수 없다고 인정될 때에는 지정을 취소할 수 있다.

제15조의3【장부 및 서류의 보존·관리】 무대예술 전문인 검정기관은 문화체육관광부령으로 정하는 바에 따라 검정에 관한 장부 및 서류를 보존·관리하여야 한다.

제16조【무대예술 전문인의 배치 등】 ① 제8조제1항 및 제2항에 따른 공공 공연장과 그 밖에 대통령령으로 정하는 공연장에는 제14조제1항에 따른 무대예술 전문인을 배치하여야 한다.

② 제1항에 따른 무대예술 전문인의 배치 기준은 대통령령으로 정한다.

제5장 영상물등급위원회

제17조～제30조 (2001.5.24 삭제)

제6장 공연장 등에 대한 지도·감독
(2011.5.25 본장개정)

제31조【공연자 또는 공연장의 감독】 특별자치시장·특별자치도지사·시장·군수·구청장은 다음 각 호의 어느 하나에 해당하는 사항의 확인에 필요한 경우에는 소속 공무원으로 하여금 공연자나 공연장운영자의 장부 및 서류를 검사·열람하게 할 수 있다.(2019.11.26 본문개정)
1. 제5조에 따른 청소년 유해 공연물에 관한 사항 (2023.10.31 본호개정)
2. 제6조에 따른 외국인의 국내 공연 또는 제7조에 따른 외국공연물에 관한 사항
3. 제9조에 따른 공연장 등록에 관한 사항
4. 제11조에 따른 재해예방조치에 관한 사항
5. 제11조의2에 따른 안전관리비의 계상 등에 관한 사항
6. 제11조의5에 따른 피난안내에 필요한 사항
7. 제12조에 따른 무대시설의 안전진단 등에 관한 사항
8. 제33조에 따른 행정처분의 이행에 관한 사항

(2019.11.26 1호～8호신설)

제32조【폐기명령 등】 특별자치시장·특별자치도지사·시장·군수·구청장은 제5조제2항 및 제3항에 따라 확인을 받지 아니한 선전물이 청소년에게 유해하다고 판단할 경우 위원회의 확인을 받아 그 제작자와 제작을 의뢰한 자에게 그 선전물을 수거하여 폐기할 것을 명하거나 관계 공무원에게 수거·압류하거나 폐기하게 할 수 있다.
(2023.10.31 본조개정)

제33조【행정처분】 ① 특별자치시장·특별자치도지사·시장·군수·구청장은 다음 각 호의 어느 하나에 해당하는 자에 대하여는 6개월 이내의 기간을 정하여 공연 활동 또는 공연장 운영의 정지를 명할 수 있다.(2015.5.18 본문개정)
1. 제5조제1항 또는 제2항을 위반한 자
2. 제6조제1항 또는 제2항을 위반한 자
3. 제7조제2항 각 호의 어느 하나에 해당하는 자
4. 제9조를 위반한 자(2015.5.18 본호신설)
5. 제11조제1항 전단, 제3항 또는 제4항을 위반한 자 (2019.11.26 본호개정)

5의2. 제11조에 따른 재해대처계획에 따라 필요한 재해예방조치를 취하지 아니한 자(2015.5.18 본호신설)
5의3. 제11조의7에 따른 방화막을 설치하지 아니한 자 (2022.5.3 본호신설)

6. 제12조제1항부터 제6항까지의 규정을 위반한 자 (2015.5.18 본호개정)
7. 그 밖에 제40조제1호·제2호 또는 제41조제2호·제6호에 규정된 죄를 지어 형을 선고받고 3개월 이내에 같은 위반행위를 한 자(2023.3.21 본호개정)
② 제1항에 따른 행정처분은 해당 위반행위가 있었던 날부터 2개월 이내에 하여야 하며, 행정처분의 세부적인 기준은 문화체육관광부령으로 정한다.

제34조【폐쇄조치 등】 ① 특별자치시장·특별자치도지사·시장·군수·구청장은 제33조제1항에 따른 공연 활동 또는 공연장 운영의 정지명령을 받고도 계속하여 공연 활동 또는 공연장 운영을 할 때에는 관계 공무원으로 하여금 다음 각 호의 조치를 하게 할 수 있다.
1. 공연 활동 또는 공연장 운영과 관련된 간판이나 그 밖의 표지물의 제거·삭제
2. 공연 활동 또는 공연장 운영이 위법한 것임을 알리는 게시물 등의 부착
3. 공연을 위하여 필요한 기구나 시설물을 사용할 수 없게 하는 봉인
(2015.5.18 본항개정)
② 특별자치시장·특별자치도지사·시장·군수·구청장은 제1항제2호 및 제3호의 게시물 등의 부착이나 봉인을 계속할 필요가 없다고 인정할 경우 직권으로 또는 신청에 의하여 이를 철거하거나 해제할 수 있다.(2015.5.18 본항개정)
③ 제1항 각 호의 조치를 할 때에는 필요한 최소한의 범위에 그쳐야 하며, 미리 당사자에게 서면이나 구두로 알려주어야 한다.

제35조【증표휴대】 제12조의4·제31조·제32조 또는 제34조에 따라 현장확인·검사·압류 또는 폐쇄조치 등을 하는 관계 공무원은 공무원증이나 그 권한을 증명하는 공문서를 휴대하고 이를 관계인에게 보여주어야 한다.

제36조【청문】 문화체육관광부장관 또는 특별자치시장·특별자치도지사·시장·군수·구청장은 다음 각 호의 어느 하나에 해당하는 처분 등을 하려면 청문을 하여야 한다.(2015.5.18 본문개정)
1. 제12조의3에 따른 안전진단기관의 지정 취소
2. 제14조의2제1항에 따른 자격 취소
3. 제15조의2에 따른 지정 취소
4. 제34조제1항제1호 및 제3호에 따른 폐쇄조치 등

제7장 보 칙
(2011.5.25 본장개정)

제37조【권한의 위임·위탁】 이 법에 따른 문화체육관광부장관의 권한은 대통령령으로 정하는 바에 따라 그 일부를 특별시장·광역시장·특별자치시장·도지사·특별자치도지사에게 위임하거나 위원회에 위탁할 수 있다.(2015.5.18 본조개정)

제38조【벌칙 적용에서 공무원 의제】 안전진단기관의 임직원으로서 다음 각 호의 어느 하나에 해당하는 업무에 종사하는 사람은 「형법」 제129조부터 제132조까지의 규정을 적용할 때에는 공무원으로 본다.
1. 제12조제1항제1호에 따른 설계검토 업무
2. 제12조제1항제2호에 따른 등록 전 안전검사 업무
3. 제12조제2항에 따른 정기 안전검사 업무
4. 제12조제3항에 따른 정밀안전진단 업무
(2018.12.24 본조신설)

제39조【수수료】 ① 위원회나 안전진단기관은 다음 각 호의 경우에 문화체육관광부장관의 인가를 받아 수수료 등을 받을 수 있다.
1. 제5조제3항에 따른 청소년 유해성 확인(2023.10.31 본호개정)
2. 제6조제1항에 따른 외국인 국내 공연의 추천 또는 변경추천
3. 제12조에 따른 안전검사등
② 특별자치시장·특별자치도지사·시장·군수·구청장은 특별자치시·특별자치도·시·군·자치구의 조례로 정하는 바에 따라 제9조제1항 및 제2항에 따른 공연장의 등록 또는 변경등록 수수료를 받을 수 있다.(2015.5.18 본항개정)

제8장 벌 칙
(2011.5.25 본장개정)

제40조【벌칙】 다음 각 호의 어느 하나에 해당하는 자는 3년 이하의 징역 또는 3천만원 이하의 벌금에 처한다.(2015.5.18 본문개정)
1. 제5조제1항을 위반한 자
2. 제6조제1항 또는 제2항을 위반하여 위원회의 추천을 받지 아니하고 외국인의 공연물을 국내에서 공연한 자(2016.2.3 본호개정)
3. 제7조제2항에 따라 외국인 공연의 추천이 취소된 후 그 공연을 한 자
4. 거짓이나 그 밖의 부정한 방법으로 제12조제1항제1호·제2호, 같은 조 제2항 및 제3항에 따른 안전진단 등의 업무를 한 자(2018.12.24 본호신설)
5. 거짓이나 그 밖의 부정한 방법으로 안전진단기관의 지정을 받은 자(2018.12.24 본호신설)
6. 제33조제1항에 따른 행정처분을 받고 해당 기간에 공연 활동이나 공연장 운영을 계속한 자

제41조【벌칙】 다음 각 호의 어느 하나에 해당하는 자는 1년 이하의 징역 또는 1천만원 이하의 벌금에 처한다.
1. 제4조의2제2항을 위반한 자(2023.3.21 본호신설)
2. 제5조제2항을 위반한 자
3. 거짓이나 그 밖의 부정한 방법으로 제14조제1항에 따른 무대예술 전문인의 자격을 취득한 사람
4. 제14조제2항을 위반하여 다른 사람에게 무대예술 전문인의 명의를 사용하게 하거나 그 자격증을 대여한 사람
5. 제14조제3항을 위반하여 무대예술 전문인의 명의를 사용하거나 그 자격증을 대여받은 사람 또는 명의의 사용이나 자격증의 대여를 알선한 사람
(2020.6.9 3호~5호신설)
6. 제34조제1항제2호·제3호의 게시물 등 또는 봉인을 임의로 철거하거나 해제한 자

제42조【양벌규정】 법인의 대표자나 법인 또는 개인의 대리인, 사용인, 그 밖의 종업원이 그 법인 또는 개인의 업무에 관하여 제40조 또는 제41조제2호·제6호의 위반행위를 하면 그 행위자를 벌하는 외에 그 법인 또는 개인에게도 해당 조문의 벌금형을 과(科)한다. 다만, 법인 또는 개인이 그 위반행위를 방지하기 위하여 해당 업무에 관하여 상당한 주의와 감독을 게을리하지 아니한 경우에는 그러하지 아니하다.(2023.3.21 본문개정)

제43조【과태료】 ① 다음 각 호의 어느 하나에 해당하는 자에게는 2천만원 이하의 과태료를 부과한다.
1. 제11조제1항 전단, 같은 조 제3항 또는 제4항을 위반하여 재해대처계획을 수립, 신고 또는 보완하지 아니한 자(2019.11.26 본호개정)
2. 제11조에 따른 재해대처계획에 따라 필요한 재해예방조치를 취하지 아니한 자
3. 제11조의7에 따른 방화막을 설치하지 아니한 자 (2022.5.3 본호신설)
(2015.5.18 본항개정)
② 다음 각 호의 어느 하나에 해당하는 자에게는 1천만원 이하의 과태료를 부과한다.(2015.5.18 본문개정)
1. 제9조제1항 및 제2항을 위반한 자
1의2. 제11조의2제1항을 위반하여 안전관리비를 공연장 운영 또는 공연비용에 계상하지 아니한 자 또는 같은 조 제2항을 위반하여 안전관리비를 사용한 자 (2015.5.18 본호신설)
2. 제12조제1항부터 제6항까지의 규정을 위반한 자 (2015.5.18 본호개정)
3. 제12조의4에 따른 자료제출을 거부하거나 거짓 자료를 제출한 자 또는 관계 공무원의 현장확인을 거부·방해 또는 기피한 자
4. 제32조에 따른 수거·폐기 명령에 따르지 아니한 자
③ 다음 각 호의 어느 하나에 해당하는 자에게는 500만원 이하의 과태료를 부과한다.(2022.1.18 본문개정)
1. 제4조제3항을 위반하여 공연정보를 고의적으로 누락하거나 조작하여 공연예술통합전산망에 전송한 자
2. 제11조의3을 위반하여 안전관리조직을 설치하지 아니한 자
3. 제11조의4를 위반하여 안전교육을 실시하지 아니한 공연장운영자등
4. 제11조의6제1항을 위반하여 사고보고를 하지 아니한 자
5. 제11조의6제2항을 위반하여 정당한 사유 없이 자료제출 요청에 따르지 아니한 자
6. 제11조의6제3항을 위반하여 사고조사와 관련하여 같은 항 각 호의 행위를 한 자
(2022.1.18 1호~6호신설)
④ 다음 각 호의 어느 하나에 해당하는 자에게는 300만원 이하의 과태료를 부과한다.(2017.11.28 본문개정)
1. 제11조의5제1항을 위반하여 피난안내도를 갖추어 두거나 피난안내에 관한 사항을 주지시키는 것 중에 어느 하나를 하지 아니한 자(2017.11.28 본호신설)
2. 제16조제1항을 위반하여 무대예술 전문인을 배치하지 아니한 자(2017.11.28 본호신설)
⑤ 제1항부터 제4항까지의 규정에 따른 과태료는 대통령령으로 정하는 바에 따라 문화체육관광부장관이나 특별자치시장·특별자치도지사·시장·군수·구청장이 부과·징수한다.(2018.12.24 본항개정)

부 칙

제1조【시행일 등】 ① 이 법은 공포후 3월이 경과한 날부터 시행한다. 다만, 제12조(제8조제4항에서 준용하는 경우를 포함한다)의 규정은 2000년 7월 1일부터 시행하고, 제16조(제8조제5항에서 준용하는 경우를 포함한다)의 규정은 2005년 1월 1일부터 시행한다.(2001.12.31 단서개정)
② 종전의 公演法 제3조 내지 제6조의2의 규정에 의한 공연자의 등록 등에 관한 사항은 이 법 공포일에 실효된다.

제2조【영상물등급위원회의 구성】 ① 위원회는 이 법 시행일부터 1월 이내에 구성하여야 한다.
② 위원회가 구성될 때까지는 종전의 公演法 제25조의3의 규정에 의한 한국공연예술진흥협의회가 위원회의 업무를 대행한다.

제3조【권리·의무 및 재산의 승계】 위원회는 그 설치일에 종전의 公演法 제25조의3의 규정에 의한 한국공연예술진흥협의회가 가진 모든 권리·의무 및 재산을 포괄승계한다.

제4조【처분의 승계】 ① 위원회가 구성되기 전에 종전의 公演法 제25조의3제4항의 규정에 의하여 한국공연예술진흥협의회가 행한 행위는 위원회가 행한 행위로 본다.
② 시장·군수 또는 구청장이 종전의 公演法 제17조의 규정에 의하여 행한 행정처분은 제33조의 규정에 의한 행정처분으로 본다.

제5조【공연장업등록·신고 등에 관한 경과조치】 이 법의 시행당시 종전의 규정에 의하여 시장, 군수 또는 구청장으로부터 공연장 설치허가를 받은 자 또는 공연신고를 한 자는 이 법에 의하여 시장·군수·구청장에게 공연장업자로 등록 또는 공연신고를 한 것으로 본다.

제6조【외국인의 국내공연에 관한 경과조치】 이 법 시행당시 종전의 규정에 의하여 허가를 받은 외국인의 국내공연은 이 법에 의한 추천을 받은 것으로 본다.

제7조【벌칙에 관한 경과조치】 이 법 시행전에 公演法을 위반한 행위에 대한 벌칙의 적용에 있어서는 종전의 규정에 의한다.

제8조【다른 법령과의 관계】 이 법 시행당시 다른 법령에서 종전의 公演法의 규정을 인용하고 있는 경우에 이 법중 그에 해당하는 규정이 있는 때에는 종전의 규정에 갈음하여 이 법의 해당조항을 인용한 것으로 본다.

부 칙 (2018.12.24)

제1조【시행일】 이 법은 공포 후 6개월이 경과한 날부터 시행한다.

제2조【무대시설의 안전진단 등에 관한 적용례】 제12조제2항 및 제3항의 개정규정은 이 법 시행 전에 받은 정기안전검사 및 정밀안전진단의 경우에도 적용한다.

부 칙 (2019.11.26)

제1조【시행일】 이 법은 공포한 날부터 시행한다. 다만, 제14조의2의 개정규정은 공포 후 6개월이 경과한 날부터 시행한다.

제2조【공연장운영자의 재해대처계획 수립 신고 등에 관한 적용례】 제11조의 개정규정은 이 법 시행 후 공연장운영자가 재해대처계획을 신고하는 경우부터 적용한다.

부 칙 (2020.12.22)

제1조【시행일】 이 법은 공포 후 6개월이 경과한 날부터 시행한다.

제2조【재해대처계획 수립에 관한 적용례】 제11조제5항의 개정규정은 이 법 시행 이후 공연장운영자가 제11조에 따라 신고하는 재해대처계획부터 적용한다.

부 칙 (2022.1.18)

이 법은 공포 후 6개월이 경과한 날부터 시행한다. 다만, 제1조·제2조제1호·제3조제2항·제10조의2 및 제11조의2의 개정규정은 공포한 날부터 시행한다.

부 칙 (2022.5.3)

제1조【시행일】 이 법은 공포 후 1년이 경과한 날부터 시행한다.

제2조【방화막의 설치에 관한 적용례】 제11조의7의 개정규정은 이 법 시행 이후 공연장을 설치하기 위하여 「건축법」 제11조에 따른 건축허가를 신청하거나 같은 법 제14조에 따른 건축신고를 하는 경우부터 적용한다.

제3조【국가 또는 지방자치단체의 방화막 설치에 관한 경과조치】 부칙 제2조에도 불구하고 이 법 시행 당시 국가 또는 지방자치단체가 설치·운영(「건축법」 제11조에 따른 건축허가를 신청하거나 같은 법 제14조에 따른 건축신고를 한 경우를 포함한다)하는 공연장에 대하여는 이 법 시행 이후 3년 이내에 제12조제1항제1호의 개정규정에 따른 설계검토를 거쳐 제11조의7의 개정규정에 따른 방화막을 설치하여야 한다.

부 칙 (2022.9.27)

이 법은 공포 후 6개월이 경과한 날부터 시행한다.

부 칙 (2023.3.21)

이 법은 공포 후 1년이 경과한 날부터 시행한다.

부 칙 (2023.8.8)

이 법은 공포한 날부터 시행한다.

부 칙 (2023.10.31)

이 법은 2024년 1월 1일부터 시행한다.

영화 및 비디오물의 진흥에 관한 법률(약칭 : 영화비디오법)

(2006년 4월 28일
법 률 제7943호)

개정
2007. 1.26법 8280호
2008. 2.29법 8852호(정부조직)
2008. 3.28법 9004호 2008. 6. 5법 9096호
2009. 5. 8법 9657호 2009. 5.21법 9676호
2010. 3.17법10109호
2010. 3.31법10219호(지방세기본법)
2012. 2.17법11314호
2013. 3.23법11690호(정부조직)
2013. 7.16법11902호
2013. 8. 6법11998호(지방세외수입금의징수등에관한법)
2014. 1.28법12353호 2014.12.23법12857호
2015. 5.18법13306호 2016. 2. 3법13969호
2016. 2. 3법13978호(한국수화언어법)
2016.12.20법14430호
2016.12.27법14476호(지방세징수법)
2018. 3.13법15439호 2018.10.16법15820호
2018.12.24법16061호 2019.12. 3법16691호
2020. 3.24법17091호(지방행정제재 · 부과금의징수등에관한법)
2020. 6. 9법17413호
2020.12.29법17799호(독점)
2021. 5.18법18161호 2021. 7.20법18305호
2021.12.28법18659호 2022. 9.27법18985호
2023. 5.16법19410호(행정법제혁신을위한일부개정법령등)
2023. 8. 8법19592호(법률용어정비)
2023.10.31법19800호

제1장 총 칙

제1조【목적】 이 법은 영화 및 비디오물의 질적 향상을 도모하고 영상문화 및 영상산업의 진흥을 촉진함으로써 국민의 문화생활 향상과 민족문화의 창달에 이바지함을 목적으로 한다.(2016.2.3 본조개정)

제2조【정의】 이 법에서 사용하는 용어의 정의는 다음과 같다.
1. "영화"라 함은 연속적인 영상이 필름 또는 디스크 등의 디지털 매체에 담긴 저작물로서 영화상영관 등의 장소 또는 시설에서 공중(公衆)에게 관람하게 할 목적으로 제작한 것을 말한다.
2. "영화산업"이라 함은 영화의 제작·활용·유통·보급·수출·수입 등에 관련된 산업을 말한다.
3. "한국영화"란 국내에 주된 사업소를 둔 자(법인을 포함한다)가 제작한 영화와 제27조에 따라 한국영화로 인정받은 영화를 말한다.(2023.8.8 본호개정)
4. "공동제작영화"라 함은 한국영화제작업자와 외국영화제작업자가 공동으로 제작한 영화 중 문화체육관광부령으로 정하는 바에 따라 공동으로 제작비용을 출자하여 제작한 영화를 말한다.(2023.8.8 본호개정)
5. "애니메이션(animation) 영화"라 함은 실물의 세계 또는 상상의 세계를 가공하여 현실과 유사한 동적 감각을 느낄 수 있도록 인력 또는 기술력을 이용하여 표현한 영화를 말한다.
6. "소형영화"라 함은 16밀리미터 이하의 필름을 사용하여 제작한 영화 및 디지털 매체를 사용하여 제작한 영화로서 문화체육관광부령으로 정하는 영화를 말한다.
(2023.8.8 본호개정)
7. "단편영화"라 함은 상영시간이 40분을 넘지 아니하는 영화를 말한다.
8. "상영"이라 함은 영화를 공중에게 관람하도록 하는 행위를 말한다.
9. "영화업자"라 함은 영리를 목적으로 하는 자로서 다음 각 목의 어느 하나에 해당하는 자를 말한다.
가. 영화제작업자 : 영화제작을 업으로 하는 자
나. 영화수입업자 : 영화수입을 업으로 하는 자
다. 영화배급업자 : 영화배급을 업으로 하는 자
라. 영화상영업자 : 영화상영을 업으로 하는 자
10. "영화상영관"이라 함은 영리를 목적으로 영화를 상영하는 장소 또는 시설을 말한다. 다만, 연간 영화상영일수가 대통령령으로 정하는 일수의 범위 이내인 장소 또는 시설(이하 "비상설상영장"이라 한다)은 제외한다.
(2023.8.8 단서개정)
11. "제한상영관"이라 함은 영화상영관 중 제29조제2항제5호에 따른 제한상영가(制限上映可) 영화를 상영하는 영화상영관을 말한다.(2023.8.8 본호개정)
12. "비디오물"이라 함은 연속적인 영상이 테이프 또는 디스크 등의 디지털 매체나 장치에 담긴 저작물로서 기계·전기·전자 또는 통신장치에 의하여 재생되어 볼 수 있거나 보고 들을 수 있도록 제작된 것을 말한다. 다만, 다음 각 목의 어느 하나에 해당하는 것은 제외한다.
가. 「게임산업진흥에 관한 법률」 제2조제1호에 따른 게임물
나. 컴퓨터프로그램에 의한 것(영화가 수록되어 있지 아니한 것에 한정한다)
(2023.8.8 본호개정)
12의2. "온라인비디오물"이란 「정보통신망 이용촉진 및 정보보호 등에 관한 법률」 제2조제1항제1호에 따른 정보통신망(이하 "정보통신망"이라 한다)을 통하여 시청에 제공할 수 있도록 제작된 비디오물을 말한다.
(2022.9.27 본호신설)
13. "비디오산업"이라 함은 비디오물의 제작·활용·유통·공급·수출·수입 등에 관련된 산업을 말한다.
14. "비디오물제작업"이라 함은 비디오물을 제작하거나 복제하는 영업을 말한다.
15. "비디오물배급업"이라 함은 비디오물을 수입(원판수입을 포함한다)하거나 그 저작권을 소유·관리하여 비디오물을 판매하거나 대여하는 업을 하는 자에게 공급하는 영업을 말한다.
16. "비디오물시청제공업"이라 함은 다음 각 목의 어느 하나에 해당하는 영업을 말한다.
가. 비디오물감상실업 : 다수의 구획된 시청실과 비디오물 시청기자재를 갖추고 비디오물을 공중의 시청에 제공(이용자가 직접 시청시설을 작동하여 이용하는 경우를 포함한다)하는 영업
나. 비디오물소극장업 : 영사막 및 다수의 객석과 비디오물 시청기자재를 갖추고 비디오물만을 전용으로 공중의 시청에 제공하는 영업
다. 제한관람가비디오물소극장업 : 영사막 및 다수의 객석과 비디오물 시청기자재를 갖추고 제한관람가 등급의 비디오물만을 전용으로 공중의 시청에 제공하는 영업(2009.5.8 본목신설)
라. 복합영상물제공업 : 비디오물감상실업을 하면서 부수적으로 게임물을 이용할 수 있는 시설 또는 노래를 할 수 있는 시설을 갖추어 공중에 제공하는 영업
(2012.2.17 본목신설)
마. 그 밖의 비디오물시청제공업 : 공중이 숙박·휴게 등의 목적으로 이용하는 장소 또는 시설에서 비디오물 시청기자재를 갖추고 비디오물을 공중의 시청에 제공하는 영업
17. "비디오물영업자"라 함은 제14호부터 제16호까지의 영업을 하는 자를 말한다.(2023.8.8 본호개정)
18. "청소년"이란 「청소년 보호법」 제2조제1호에 따른 청소년을 말한다.(2023.10.31 본호개정)
19. "디지털시네마"란 영상저작물을 디지털파일 형태로 가공·처리하고 이를 디스크 등의 디지털매체나 정보통신망을 통하여 디지털영사기 및 전기통신기자재로 공중에게 상영하거나 이용자에게 제공하는 것을 말한다.(2022.9.27 본호개정)
20. "내용정보"란 영화·비디오물의 내용에 대한 주제, 선정성, 폭력성, 대사, 공포, 약물, 모방위험 등의 정도, 그 밖에 이에 관련된 정보를 말한다.(2009.5.8 본호신설)
21. "영화근로자"란 영화산업에 종사하는 사람으로서 대통령령으로 정하는 사람을 말한다.(2023.8.8 본호개정)
22. "영화업자단체"란 노동관계에 관하여 그 구성원인 영화업자에 대하여 조정 또는 규제할 수 있는 권한을 가진 영화업자의 단체를 말한다.
23. "영화근로자조합"이란 영화근로자가 주체가 되어 자주적으로 단결하여 근로조건의 유지·개선, 그 밖에 영화근로자의 경제적·사회적 지위의 향상을 도모함을 목적으로 조직하는 단체 또는 그 연합체를 말한다.
(2015.5.18 22호～23호신설)

제2장 영 화

제1절 영화진흥기본계획의 수립·시행 및 공정환경 조성
(2015.5.18 본절제목개정)

제3조【영화진흥기본계획 및 시행계획】 ① 문화체육관광부장관은 영상문화의 창달과 영상산업의 진흥을 위하여 제4조에 따른 영화진흥위원회(이하 "영화진흥위원회"라 한다) 및 제34조에 따른 한국영상자료원(이하 "한국영상자료원"이라 한다)의 의견을 들어 영화진흥기본계획 및 시행계획을 수립·시행하여야 한다.(2023.8.8 본항개정)
② 제1항에 따른 영화진흥기본계획에는 다음 각 호의 사항이 포함되어야 한다.(2023.8.8 본문개정)
1. 한국영화 진흥의 기본방향
2. 영화제작의 진흥을 위한 조사·연구, 제작기반 확충, 기술개발
3. 영화배급 및 상영의 진흥을 위한 조사·연구 및 개발
4. 한국영화의 수출과 국제적 진출
5. 영화자료의 수집과 보존
6. 영화인력의 양성 및 영화근로자의 근로환경 개선
(2015.5.18 본호개정)
6의2. 영화산업에서 인권존중 의식 및 양성평등 문화의 확산(2021.5.18 본호신설)
6의3. 예술영화·독립영화의 육성 및 지원(2018.3.13 본호신설)
7. 영화진흥에 필요한 재정적 기반확충을 위한 재원의 확보 및 효율적인 운용방안
8. 영화의 국제교류 및 협력
9. 디지털시네마 진흥 기본방향, 디지털시네마 산업기반 조성, 재원의 확보 및 효율적인 운용방안(2008.6.5 본호개정)
10. 영상기술 개발·표준, 디지털시네마 품질인증 및 영화상영관 등의 시설기준(2008.6.5 본호신설)
11. 영상문화의 다양성·공공성 증진(2012.2.17 본호신설)
11의2. 지역 영상문화 진흥(2016.2.3 본호신설)
12. 영화상영관의 감염병 등에 대한 안전·위생·방역 관리에 관한 사항(2021.12.28 본호신설)
13. 그 밖에 영화예술의 진흥을 위하여 필요한 사항
(2008.6.5 본호신설)
③ 문화체육관광부장관은 디지털시네마 발전을 위하여 제2항제10호와 관련된 기술표준, 품질인증, 시설기준 등에 관한 사항을 정하여 영화업자 등 관련 사업자에게 권고할 수 있다. 다만, 기술표준을 정하고자 하는 경우에는 산업통상자원부장관과 협의하여야 한다.(2013.3.23 단서개정)

제3조의2【영화노사정협의회】 영화근로자조합과 영화업자 또는 영화업자단체 및 정부를 대표하는 자는 영화산업의 진흥과 영화근로자의 근로환경 개선을 위하여 영화노사정협의회를 구성할 수 있다.(2015.5.18 본조신설)

제3조의3【표준보수에 관한 지침】 ① 문화체육관광부장관은 제3조의2에 따른 영화노사정협의회와 협의하여 영화근로자의 표준보수(보수란 영화근로자가 역무를 제공하는 반대급부로 지급받는 모든 대가를 의미한다. 이하 이 조에서 같다)에 관한 지침(이하 "표준보수지침"이라 한다)을 마련하고, 이를 보급·권장하여야 한다.
② 영화업자와 영화근로자는 표준보수지침을 준수하여야 한다.
③ 문화체육관광부장관은 영화진흥위원회로 하여금 표준보수지침에 관한 실태조사 및 연구 업무를 수행하게 할 수 있다. 이 경우 실태조사를 위한 자료의 제출을 요구받은 자는 특별한 사유가 없으면 이에 따라야 한다.
(2015.5.18 본조신설)

제3조의4【근로조건의 명시】 영화업자는 영화근로자와 계약을 체결할 때 영화근로자의 임금, 근로시간 및 그 밖의 근로조건을 구체적으로 밝혀야 한다.(2015.5.18 본조신설)

제3조의5【표준계약서의 사용 및 확산】 ① 문화체육관광부장관은 영화업자 또는 영화업자단체에 표준계약서의 작성 및 사용을 권장할 수 있다.
② 문화체육관광부장관과 영화진흥위원회는 제1항에 따른 표준계약서를 사용하는 영화업자 또는 영화업자단체에 대하여 제23조에 따른 영화발전기금 지원 등 영화·비디오물산업에 관한 재정지원(「문화산업진흥 기본법」 제8조 및 제9조에 따라 같은 법상의 지원을 받은 투자조합의 문화산업에 관한 투자를 포함한다)을 하는 경우 우대할 수 있다.(2023.8.8 본항개정)
(2015.5.18 본조신설)

제3조의6【안전사고로부터의 보호】 ① 영화업자는 영화 촬영 중에 발생하는 안전사고로부터 영화근로자를 보호하기 위한 적절한 조치를 취하여야 한다.
② 국가는 제1항에 따른 조치를 위하여 예산의 범위에서 필요한 지원을 할 수 있다.
(2015.5.18 본조신설)

제3조의7【성폭력 예방교육 등 방지조치】 ① 영화제작업자는 영화 촬영 전에 촬영에 참여하는 자들이 성폭력 예방교육을 받도록 하는 등 성폭력을 예방하기 위하여 필요한 조치를 하여야 한다.
② 영화진흥위원회는 제1항에 따른 조치를 위하여 성폭력 예방교육 프로그램의 개발 및 강사 양성 등 필요한 지원을 할 수 있다.
③ 국가는 제1항에 따른 조치 및 제2항에 따른 지원에 필요한 비용을 예산의 범위에서 보조할 수 있다.
(2021.5.18 본조신설)

제3조의8【직업훈련의 실시】 ① 문화체육관광부장관은 직업훈련을 희망하는 영화근로자에게 직업훈련을 실시할 수 있다.
② 문화체육관광부장관은 제1항에 따른 직업훈련의 효율성을 높이기 위하여 직업교육훈련기관 또는 직업교육훈련을 실시할 능력이 있다고 인정되는 자에게 직업훈련의 실시를 위탁할 수 있다. 이 경우 직업훈련의 위탁 등에 필요한 사항은 「직업교육훈련 촉진법」을 준용한다.
③ 국가는 제1항에 따른 직업훈련의 실시에 필요한 재정적 지원을 할 수 있으며, 직업훈련에 참여하는 영화근로자에게 예산의 범위에서 직업훈련수당을 지급할 수 있다.
(2015.5.18 본조신설)

제3조의9【임금체불 등에 관한 제재】 문화체육관광부장관과 영화진흥위원회는 영화업자가 영화 제작기간 동안 영화근로자에 대한 임금을 체불하거나 제3조의4를 위반한 경우 또는 제3조의5제1항의 표준계약서를 사용하지 아니한 경우에 제23조에 따른 영화발전기금 지원 등 영화·비디오물산업에 관한 재정지원(「문화산업진흥 기본법」 제8조 및 제9조에 따라 같은 법상의 지원을 받은 투자조합의 문화산업에 대한 투자를 포함한다)으로 수행되는 사업에서 배제할 수 있다.(2015.5.18 본조신설)

제3조의10【실태조사】 ① 문화체육관광부장관은 영화산업의 진흥 또는 영화근로자의 근로환경 개선을 위하여 실태조사를 실시할 수 있다.
② 문화체육관광부장관은 제1항에 따른 실태조사를 위하여 필요한 경우 관계 공공기관 또는 관련 법인·단체·개인에게 자료의 제출을 요구할 수 있다. 이 경우 자료의 제출을 요구받은 자는 특별한 사유가 없으면 이에 따라야 한다.
③ 제1항에 따른 실태조사의 내용, 범위 및 절차 등에 관하여 필요한 사항은 대통령령으로 정한다.
(2021.5.18 본조신설)

제2절 영화진흥위원회

제4조【설치】 영화의 질적 향상을 도모하고 한국영화 및 영화산업의 진흥을 위하여 문화체육관광부 산하에 영화진흥위원회를 둔다.(2008.2.29 본조개정)

제5조【법인격】 영화진흥위원회는 법인으로 한다.

제6조【정관】 ① 영화진흥위원회의 정관에는 다음 각 호의 사항을 기재한다.

1. 목적
2. 명칭
3. 주된 사무소에 관한 사항
4. 임원(영화진흥위원회의 위원장 및 부위원장을 포함한 위원과 감사를 말한다. 이하 이 항에서 같다) 및 직원에 관한 사항(2012.2.17 본호개정)
5. 임원의 보수기준에 관한 사항(2012.2.17 본호신설)
6. 사업 범위 및 내용과 그 집행에 관한 사항 (2012.2.17 본호신설)
7. 재산 및 회계에 관한 사항
8. 조직 및 기구에 관한 사항(2012.2.17 본호개정)
9. 정관의 변경에 관한 사항
10. 해산에 관한 사항(2012.2.17 본호신설)
11. 그 밖에 위원회의 운영에 필요한 사항(2012.2.17 본호신설)

② 위원회가 정관을 작성하거나 변경할 때에는 문화체육관광부장관의 인가를 받아야 한다.(2012.2.17 본항신설)

제7조【등기】 ① 영화진흥위원회는 주된 사무소의 소재지에서 설립등기를 함으로써 성립한다.

② 영화진흥위원회의 설립등기에 관하여 필요한 사항은 대통령령으로 정한다.

제8조【영화진흥위원회의 구성】 ① 영화진흥위원회는 위원장 1인 및 부위원장 1인을 포함한 9인의 위원으로 구성한다.

② 영화진흥위원회의 위원은 영화예술 및 영화산업 등에 관하여 전문성과 경험이 풍부한 사람 중에서 문화체육관광부장관이 임명하되, 성(性)과 연령, 전문성 등을 균형있게 고려하여 구성하여야 한다. 다만, 위원 중 영화업자가 3인 이상 포함되어서는 아니 된다.(2023.8.8 본문개정)

③ 영화진흥위원회의 위원장과 부위원장은 위원 중에서 호선한다.(2020.6.9 본항개정)

④ 영화진흥위원회의 위원 선임기준 등 그 구성·운영에 관하여 필요한 사항은 대통령령으로 정한다.

제9조【위원장의 직무 등】 ① 영화진흥위원회의 위원장은 영화진흥위원회를 대표하고, 그 업무를 총괄한다.

② 영화진흥위원회의 위원장이 부득이한 사유로 직무를 수행할 수 없을 때에는 부위원장이 그 직무를 대행하고, 위원장과 부위원장이 모두 직무를 수행할 수 없을 때에는 위원 중 연장자의 순으로 그 직무를 대행한다.

③ 영화진흥위원회의 위원장을 제외한 위원은 비상임으로 한다.

제10조【위원의 임기】 ① 영화진흥위원회 위원장을 포함한 위원의 임기는 3년으로 한다.(2020.6.9 본항개정)

② 영화진흥위원회 위원장과 위원은 한 차례만 연임할 수 있다.(2020.6.9 본항개정)

③ 문화체육관광부장관은 영화진흥위원회 위원의 결원이 생겼을 때에는 보궐위원을 임명하여야 한다. 이 경우 보궐위원의 임기는 전임자 임기의 남은 기간으로 한다. (2020.6.9 본항개정)

④ 영화진흥위원회의 위원장과 부위원장을 포함한 위원은 제1항에 따라 임기가 만료된 때에 그 후임자가 선임되지 아니한 경우에는 그 후임자가 선임될 때까지 직무를 행한다.(2023.8.8 본항개정)

제11조 (2012.2.17 삭제)

제12조【위원의 결격사유】 다음 각 호의 어느 하나에 해당하는 사람은 영화진흥위원회의 위원이 될 수 없다. (2023.8.8 본문개정)

1. 공무원(「교육공무원법」에 의한 교육공무원 및 법관은 제외한다)(2023.8.8 본호개정)
2. 「정당법」에 의한 당원
3. 「국가공무원법」 제33조 각 호의 어느 하나에 해당하는 사람(2023.8.8 본호개정)
4. (2013.7.16 삭제)
5. 제57조제1항 또는 제58조제1항에 따라 신고 또는 등록한 비디오물영업자(2012.2.17 본호개정)
6. 「공공기관의 운영에 관한 법률」 제34조제1항제2호에 해당하는 사람(2012.2.17 본호신설)

제12조의2【관여 금지】 영화진흥위원회의 위원은 본인 또는 「민법」 제777조에 따른 친족관계인 사람의 이해와 관련있는 사항에 관하여는 심의·의결에 관여할 수 없다. (2012.2.17 본조신설)

제13조【위원의 직무상 독립과 신분보장】 ① 영화진흥위원회 위원은 임기 중 직무상 어떠한 지시나 간섭을 받지 아니한다.

② 영화진흥위원회의 위원은 다음 각 호의 어느 하나에 해당하는 경우를 제외하고는 그의 의사에 반하여 면직되지 아니한다.

1. 제12조 각 호의 결격사유에 해당하는 경우
2. 장기간의 심신상의 장애로 직무를 수행할 수 없게 된 경우

제14조【영화진흥위원회의 기능】 ① 영화진흥위원회는 다음 각 호의 사항을 심의·의결한다.

1. 영화진흥기본계획 등의 수립·변경에 관한 의견제시
2. 영화진흥위원회 운영계획의 수립·시행
3. 영화진흥위원회 정관 및 규정의 제정·개정 및 폐지
4. 영상제작 관련 시설의 관리·운영
5. 제23조의 규정에 따른 영화발전기금의 관리·운용 (2007.1.26 본호개정)
6. 한국영화 진흥 및 영화산업 육성 등을 위한 조사·연구·교육·연수
7. 영화의 유통배급 지원

7의2. 디지털시네마와 관련된 영상기술의 개발과 표준 제정·보급, 품질인증 및 영화상영관 등의 시설기준 등에 관한 사항(2008.6.5 본호신설)

8. 한국영화의 해외진출 및 국제교류
9. 예술영화, 독립영화, 애니메이션영화, 소형영화 및 단편영화의 진흥(2018.3.13 본호개정)
10. 영화관객의 불만 및 진정사항의 관리
11. 영화산업에서 인권존중 의식 및 양성평등 문화의 확산(2021.5.18 본호신설)
12. 제27조에 따른 공동제작영화의 한국영화 인정
13. 제39조에 따른 영화상영관입장권 통합전산망의 운영
14. 제40조에 따른 한국영화의무상영제도의 운영 및 개선 (2023.8.8 12호~14호개정)

14의2. 지역 영상문화 진흥(2016.2.3 본호신설)

15. 비디오산업 진흥시책의 추진
16. 표준계약서 확산 및 영화산업 내 근로환경 개선 (2021.5.18 본호신설)
17. 그 밖에 영화진흥위원회가 필요하다고 인정하는 사항

② 영화진흥위원회가 제1항제5호의 규정에 따라 영화발전기금의 관리·운용에 관한 중요한 사항을 심의하는 경우에는 영화진흥위원회를 「국가재정법」 제74조제1항의 규정에 따른 기금운용심의회로 본다.(2007.1.26 본항신설)

제15조【의결정족수】 영화진흥위원회는 재적위원 과반수의 찬성으로 의결한다.(2012.2.17 본조개정)

제16조【회의공개 등】 ① 영화진흥위원회의 회의는 영화진흥위원회규정으로 정하는 바에 따라 공개한다. 다만, 영화진흥위원회가 업무의 공정한 수행 등을 위하여 특히 필요하다고 인정하여 비공개를 의결한 경우에는 공개하지 아니할 수 있다.

② 영화진흥위원회는 영화진흥위원회규정으로 정하는 바에 따라 회의록을 작성하여야 한다. (2023.8.8 본조개정)

제17조【소위원회 등】 ① 영화진흥위원회는 제14조에 따른 직무를 수행하기 위하여 소위원회를 구성·운영할 수 있으며 그 구성과 운영에 관하여 필요한 사항은 영화진흥위원회규정으로 정한다.(2023.8.8 본항개정)

② 영화업자에 해당하는 영화진흥위원회 위원은 제2조제9호 각 목에 따른 분류 중 스스로가 업으로 하고 있는 분야와 직접 관련되는 소위원회의 위원이 될 수 없다. (2013.7.16 본항신설)

③ 영화진흥위원회는 제14조제1항제6호의 직무를 수행하게 하기 위하여 연구기관을 설립·운영할 수 있으며 그 설립·운영에 관하여 필요한 사항은 영화진흥위원회규정으로 정한다.(2007.1.26 본항개정)

제18조【예산편성 등】 ① 영화진흥위원회는 대통령령으로 정하는 바에 따라 매년도 예산편성의 기본방향과 그 규모에 관하여 문화체육관광부장관의 승인을 얻어야 한다.(2023.8.8 본항개정)

② 문화체육관광부장관은 영화진흥위원회의 사업계획 및 예산·결산과 관련하여 필요한 자료의 제출을 영화진흥위원회에 요청할 수 있다. (2008.2.29 본조개정)

제19조【감사】 ① 영화진흥위원회의 업무 및 회계에 관한 사항을 감사하기 위하여 영화진흥위원회에 감사 1인을 둔다.

② 감사는 문화체육관광부장관이 임명하며 비상임으로 한다.(2020.6.9 본항개정)

③ 감사의 임기는 3년으로 하되, 한 차례만 연임할 수 있다.(2020.6.9 본항개정)

제20조【사무국】 ① 영화진흥위원회의 사무를 보조하기 위하여 영화진흥위원회에 사무국을 둔다.

② 사무국에 사무국장 1인을 두되, 영화진흥위원회의 위원장이 영화진흥위원회의 동의를 얻어 임명한다.

제21조【영화진흥위원회규정의 제정과 개정 등】 영화진흥위원회는 영화진흥위원회규정을 제정·개정 또는 폐지하고자 하는 때에는 20일 이상 인터넷 등에 예고하여야 하며, 같은 규정을 제정·개정 또는 폐지한 때에는 지체 없이 이를 인터넷 등에 공고하여야 한다.(2023.8.8 본조개정)

제22조【국고지원】 영화진흥위원회의 운영에 필요한 경비는 국고에서 보조할 수 있다.

제3절 영화발전기금

(2007.1.26 본절제목개정)

제23조【기금의 설치 등】 ① 영화예술의 질적 향상과 한국영화 및 영화·비디오물산업의 진흥·발전을 위하여 영화발전기금(이하 "기금"이라 한다)을 설치한다.

② 기금은 제4조의 규정에 따른 영화진흥위원회가 관리·운용하되, 독립된 회계로 따로 처리하여야 한다. (2018.10.16 본항개정)

③ 기금의 관리·운용에 관하여 필요한 사항은 대통령령으로 정한다. (2007.1.26 본조개정)

제24조【기금의 조성】 기금은 다음 각 호의 재원으로 조성한다.

1. 정부의 출연금
2. 개인 또는 법인으로부터의 기부금품
3. 제25조의2의 규정에 따른 영화상영관 입장권에 대한 부과금
4. 기금의 운용으로 생기는 수익금
5. 그 밖에 대통령령으로 정하는 수입금(2023.8.8 본호개정)

(2007.1.26 본조개정)

제25조【기금의 용도】 ① 기금은 다음 각 호의 어느 하나에 해당하는 사업을 위하여 사용하여야 한다. (2007.1.26 본문개정)

1. 한국영화의 창작·제작 진흥 관련 지원
2. 영상 전문투자조합 출자(2007.1.26 본호신설)
3. 한국영화의 수출 및 국제교류 지원
4. 소형영화·단편영화의 제작 지원

4의2. 제38조제1항에 따른 전용상영관의 지원(2018.3.13 본호신설)

5. 영화상영관 시설의 보수·유지 및 개선 지원

5의2. 영화산업 종사자의 복지향상을 위한 사업 지원 (2012.2.17 본호신설)

5의3. 영화산업에서 인권존중 의식 및 양성평등 문화의 확산을 위한 사업 지원(2021.5.18 본호신설)

6. 영화진흥위원회가 인정하는 영화 관련 단체 및 시민단체의 영화 관련 사업 지원

6의2. 영화 관련 교육·연수 등과 관련된 사업 지원 (2012.2.17 본호신설)

7. 예술영화·독립영화의 발전과 관련한 사업 지원 (2018.3.13 본호개정)
8. 영상문화의 다양성·공공성 증진과 관련한 사업 지원 (2007.1.26 본호신설)

8의2. 영상기술의 개발과 관련된 사업 지원(2008.6.5 본호신설)

8의3. 지역 영상문화 진흥과 관련된 사업 지원 (2016.2.3 본호신설)

9. 비디오산업의 진흥과 관련한 사업 지원
10. 장애인 등 소외계층의 영화향유권 신장을 위한 사업 지원(2023.8.8 본호개정)

10의2. 남북 간 영화교류 활성화를 위한 사업 지원 (2012.2.17 본호신설)

11. 기금의 조성·운용 및 관리에 필요한 경비 (2007.1.26 본호신설)
12. 그 밖에 영화산업 및 비디오산업의 진흥을 위한 사업으로서 영화진흥위원회에서 필요하다고 의결한 사업 지원(2007.1.26 본호개정)

② 제1항제12호의 사업에 집행될 수 있는 기금의 액수는 연간 기금 집행 액수의 100분의 15를 초과할 수 없다. (2007.1.26 본항개정)

(2007.1.26 본조제목개정)

제25조의2【부과금의 징수】 ① 영화진흥위원회는 한국영화의 발전 및 영화·비디오물산업의 진흥을 위하여 영화상영관(비상설상영장을 포함한다. 이하 이 조에서 같다)에 입장하는 관람객에 대하여 입장권 가액의 100분의 5 이하의 범위에서 대통령령으로 정하는 부과금을 징수할 수 있다. 다만, 다음 각 호의 어느 하나에 해당하는 영화상영관에 입장하는 관람객에 대해서는 그러하지 아니하다.(2015.5.18 본문개정)

1. 직전 연도에 제38조제1항제2호에 해당하는 영화를 연간 상영일수의 100분의 60 이상 상영한 영화상영관
2. 직전 연도의 입장권 판매액(2개 이상의 영화상영관을 경영하는 경우에는 각 영화상영관별 입장권 판매액의 합계를 말하며, 직전 연도의 영업 기간이 1년 미만인 경우에는 그 기간 동안의 입장권 판매액을 연간 판매액으로 환산한 금액을 말한다)이 대통령령으로 정하는 금액보다 적은 영화상영관

(2015.5.18 1호~2호신설)

3. 「감염병의 예방 및 관리에 관한 법률」 제2조제1호에 따른 감염병의 발생으로 입장권의 월 판매액이 감염병 발생 연도 직전 3개년간(영업기간이 3개년 미만인 경우에는 영업기간 동안) 같은 달의 평균 입장권 판매액보다 대통령령으로 정하는 비율 이상 감소한 영화상영관(2개 이상의 영화상영관을 경영하는 경우에는 각 영화상영관별 입장권 판매액의 합계를 기준으로 한다). 다만, 감염병 발생 연도 직전 3개년간 같은 달의 영업일이 1개월 미만인 경우에는 그 달의 입장권 판매액을 월 판매액으로 환산한 금액을 기준으로 하고, 같은 달의 영업일이 없는 경우에는 감염병 발생 직전 연도까지 영업기간 동안의 월평균 입장권 판매액을 기준으로 한다. (2021.7.20 본호신설)

② 영화상영관 경영자는 관람객으로부터 제1항의 규정에 따른 부과금을 수납하여 대통령령으로 정하는 납부기한까지 해당 부과금을 영화진흥위원회에 납부하여야 한다. (2015.5.18 본항개정)

③ 제2항에 따라 영화상영관 경영자가 수납한 부과금을 납부하는 때에는 부과금수납부 사본 등 부과금 수납과 관련된 자료를 영화진흥위원회에 제출하여야 한다. 다만, 영화진흥위원회가 제39조제1항에 따른 영화상영관입장권 통합전산망을 통하여 영화상영관 경영자가 수납하여야 할 부과금 금액을 확인할 수 있는 경우에는 부과금 수납과 관련된 자료를 제출하지 아니할 수 있다.
(2015.5.18 본항개정)
④ 영화진흥위원회는 영화상영관 경영자가 제2항에 따라 관람객으로부터 수납한 부과금을 납부기한까지 납부하지 아니하였을 때에는 체납된 금액의 100분의 3에 상당하는 금액을 가산금으로 부과할 수 있다.(2015.5.18 본항신설)
⑤ 영화진흥위원회는 영화상영관 경영자가 제2항의 부과금 및 제4항의 가산금을 납부기한까지 납부하지 아니하였을 때에는 국세 체납처분의 예에 따라 이를 징수할 수 있다.(2015.5.18 본항신설)
⑥ 부과금·가산금의 징수방법, 납부기한 및 부과금 수납 관련 자료 제출 등에 관하여 필요한 사항은 대통령령으로 정한다.(2015.5.18 본항개정)
⑦ 영화진흥위원회는 문화체육관광부장관의 승인을 얻어 제2항에 따른 영화상영관 경영자의 부과금 수납에 대한 위탁 수수료를 지급할 수 있다. 이 경우 수수료는 제1항에 따른 부과금 징수액의 100분의 3을 초과할 수 없다.
(2014.12.23 본항신설)
<2028.12.31까지 유효>

제25조의3【성과의 평가】 ① 문화체육관광부장관은 제25조제1항 각 호의 사업에 대한 기금 사용의 성과를 측정·평가하여 그 결과를 다음 연도 3월 31일까지 영화진흥위원회에 통보하여야 한다.(2023.8.8 본항개정)
② 문화체육관광부장관은 제1항의 규정에 따른 성과를 측정·평가하기 위하여 영화진흥위원회와 협의하여 성과목표 및 평가기준을 정하여야 한다.(2008.2.29 본항개정)
③ 문화체육관광부장관은 제1항의 규정에 따른 성과 평가결과 시정이 필요한 사항이 있다고 인정하는 때에는 영화진흥위원회에 시정을 요구할 수 있다.(2023.8.8 본항개정)
④ 성과의 평가방법 및 절차 등에 관하여 필요한 사항은 대통령령으로 정한다.
(2007.1.26 본조신설)

제4절 영화업자의 신고 등

제26조【영화업자의 신고 등】 ① 영화업자가 되려는 자는 특별자치시장·특별자치도지사·시장·군수·구청장(구청장은 자치구의 구청장을 말하며, 이하 "시장·군수·구청장"이라 한다)에게 신고하여야 한다. 신고한 사항을 변경할 때에도 또한 같다.(2015.5.18 본항개정)
② 시장·군수·구청장은 제1항에 따른 신고 또는 변경신고를 받은 경우 그 내용을 검토하여 이 법에 적합하면 신고 또는 변경신고를 수리하여야 한다.(2018.12.24 본항신설)
③ 제1항에 따른 신고·변경신고의 절차, 신고증의 교부 및 재교부 등에 관하여 필요한 사항은 문화체육관광부령으로 정한다.(2023.8.8 본항개정)

제27조【공동제작영화의 한국영화 인정】 ① 공동제작영화를 제작하는 자는 해당 영화의 제작에 참여하거나 활용하는 인적·물적 요소나 해당 영화의 예술적·기술적 특성이 한국영화의 인정기준에 적합한 때에는 공동제작영화를 한국영화로 인정받을 수 있다.(2018.10.16 본항개정)
② 제1항의 규정에 따라 한국영화로 인정을 받고자 하는 자는 영화진흥위원회에 인정을 신청하여야 한다.
③ 제1항 및 제2항에 따른 인정절차·방법 및 한국영화 인정기준 등에 관하여 필요한 사항은 대통령령으로 정한다.(2023.8.8 본항개정)
④ 영화진흥위원회는 한국영화로 인정한 공동제작영화가 그 제작이 완료된 후에 제1항에 따른 한국영화의 인정기준에 적합하지 아니하게 된 경우에는 한국영화의 인정을 취소할 수 있다.(2023.8.8 본항개정)

제28조【영화의 공급 및 유통】 ① 영화업자가 다른 영화업자에게 영화를 공급하는 때에는 공정하고 합리적인 시장가격으로 차별 없이 공급하여야 한다.
② 문화체육관광부장관은 영화의 유통질서가 「독점규제 및 공정거래에 관한 법률」 제5조제1항·제40조제1항·제45조제1항·제46조 또는 제51조제1항에 위배된다고 판단되는 경우에는 그 사실을 공정거래위원회에 통보하여야 한다.(2020.12.29 본항개정)
③ 문화체육관광부장관은 영화업자의 저작재산권 및 「저작권법」에 따라 보호되는 권리가 영화의 제작·상영 및 유통 과정에서 침해되지 아니하도록 노력하여야 한다.
(2010.3.17 본항신설)

제28조의2【영화업의 폐업신고 및 직권말소】 ① 제26조에 따라 신고한 자가 폐업을 하였을 때에는 폐업한 날부터 30일 이내에 문화체육관광부령으로 정하는 바에 따라 관할 시장·군수·구청장에게 폐업신고를 하여야 한다.
(2021.12.28 본항개정)
② 시장·군수·구청장은 제1항에 따라 폐업신고를 하여야 하는 자가 폐업신고를 하지 아니하면 문화체육관광부령으로 정하는 바에 따라 폐업 사실을 확인한 후 신고사항을 직권으로 말소할 수 있다.
(2015.5.18 본조신설)

제28조의3【영상물 촬영을 위한 지원】 ① 국가 및 지방자치단체는 영상산업의 진흥을 위하여 필요한 경우에는 국내 현지 촬영 장소의 제공 등 영상물 촬영에 필요한 지원을 할 수 있다.
② 지방자치단체의 장은 제1항의 영상물 촬영 지원을 위하여 관계 행정기관의 장에게 협조를 요청할 수 있다. 이 경우 요청받은 관계 행정기관의 장은 특별한 사유가 없으면 협조하여야 한다.
③ 문화체육관광부장관은 관계 행정기관의 장과 협의하여 영상물 촬영을 위한 협조기준을 정하여 고시할 수 있다.
④ 제1항에 따른 지원 및 제2항에 따른 협조 요청에 필요한 사항은 대통령령으로 정하는 기준에 따라 해당 지방자치단체의 조례로 정한다.
(2015.5.18 본조신설)

제28조의4【영상위원회】 ① 다음 각 호의 업무를 수행하기 위하여 특별시·광역시·특별자치시·도·특별자치도(이하 "시·도"라 한다)에 영상위원회를 둘 수 있다.
1. 영상제작 및 촬영 유치·지원
2. 영상제작 관련 시설 운영
3. 영상촬영지 및 관련 정보의 제공
4. 지역 영상문화·산업의 진흥
5. 영상 관련 시설 및 촬영지의 관광자원 활용
6. 그 밖에 해당 시·도의 조례로 정하는 사항
② 지방자치단체는 영상위원회의 운영에 필요한 비용을 예산의 범위에서 보조할 수 있다.
③ 영상위원회의 조직·운영에 필요한 사항은 문화체육관광부령으로 정하는 바에 따라 해당 시·도의 조례로 정한다.
(2015.5.18 본조신설)

제28조의5【국제영화제】 ① 지방자치단체는 영상 문화·산업 및 지역경제 발전을 위하여 국제영화제를 개최하거나 국제영화제를 개최·운영하는 관련 법인 또는 단체에 다음 각 호의 사업에 필요한 지원을 할 수 있다.
1. 국내외 영화의 국제영화제 초청·상영
2. 국내외 영화 제작
3. 국제영화제의 국내외 영화 시상
4. 지역 영상 관련 시설 및 촬영지의 활용
5. 그 밖에 해당 지방자치단체의 조례로 정하는 사항
② 국가와 지방자치단체는 국제영화제의 개최·운영에 필요한 비용을 예산의 범위에서 보조할 수 있다.
③ 국제영화제의 개최·운영 및 지원에 필요한 사항은 문화체육관광부령으로 정하는 바에 따라 해당 지방자치단체의 조례로 정한다.
(2021.12.28 본조신설)

제5절 상영등급분류 및 광고·선전 제한

제29조【상영등급분류】 ① 영화업자는 제작 또는 수입한 영화(예고편 및 광고영화를 포함한다)에 대하여 그 상영 전까지 제71조에 따른 영상물등급위원회(이하 "영상물등급위원회"라 한다)로부터 상영등급을 분류 받아야 한다. 다만, 다음 각 호의 어느 하나에 해당하는 영화에 대하여는 그러하지 아니하다.(2023.8.8 본문개정)
1. 대가를 받지 아니하고 특정한 장소에서 청소년이 포함되지 아니한 특정인에게만 상영하는 소형영화·단편영화(2023.8.8 본호개정)
2. 영화진흥위원회가 추천하는 영화제에서 상영하는 영화
3. 국제적 문화교류의 목적으로 상영하는 영화 등 문화체육관광부장관이 등급분류가 필요하지 아니하다고 인정하는 영화(2008.2.29 본호개정)
② 제1항 본문에 따른 영화의 상영등급은 영화의 내용 및 영상 등의 표현 정도에 따라 다음 각 호와 같이 분류한다. 다만, 영화 상영 전후에 상영하는 광고영화는 제1호에 해당하는 경우에만 상영등급을 분류받을 수 있고, 예고편 영화는 제1호 또는 제4호에 따라 상영등급을 분류하고 청소년 관람불가 예고편영화는 청소년 관람불가 영화의 상영 전후에만 상영할 수 있다.(2023.8.8 본문개정)
1. 전체관람가 : 모든 연령에 해당하는 사람이 관람할 수 있는 영화(2023.8.8 본호개정)
2. 12세 이상 관람가 : 12세 이상의 사람이 관람할 수 있는 영화(2023.8.8 본호개정)
3. 15세 이상 관람가 : 15세 이상의 사람이 관람할 수 있는 영화(2023.8.8 본호개정)
4. 청소년 관람불가 : 청소년은 관람할 수 없는 영화
5. 제한상영가 : 선정성·폭력성·사회적 행위 등의 표현이 과도하여 인간의 보편적 존엄, 사회적 가치, 선량한 풍속 또는 국민 정서를 현저하게 해할 우려가 있어 상영 및 광고·선전에 일정한 제한이 필요한 영화(2009.5.8 본호개정)
③ 누구든지 제1항 및 제2항의 규정을 위반하여 상영등급을 분류 받지 아니한 영화를 상영하여서는 아니 된다.
④ 누구든지 제2항제2호 또는 제3호에 따른 상영등급에 해당하는 영화의 경우에는 해당 영화를 관람할 수 있는 연령에 도달하지 아니한 사람을 입장시켜서는 아니 된다. 다만, 부모 등 보호자를 동반하여 관람하는 경우에는 그러하지 아니하다.(2023.8.8 본문개정)
⑤ 누구든지 제2항제4호 또는 제5호에 따른 상영등급에 해당하는 영화의 경우에는 청소년을 입장시켜서는 아니 된다.(2023.8.8 본항개정)
⑥ 누구든지 제1항에 따라 분류 받은 상영등급을 변조하거나 상영등급을 분류 받은 영화의 내용을 변경하여 영화를 상영하여서는 아니 된다.(2023.8.8 본항개정)
⑦ 제2항 각 호의 상영등급에 대한 구체적인 분류기준은 다음 각 호의 사항을 고려하여 대통령령으로 정한다.
1. 「대한민국헌법」의 민주적 기본질서의 유지와 인권존중에 관한 사항
2. 건전한 가정생활과 아동 및 청소년 보호에 관한 사항
3. 사회윤리의 존중에 관한 사항
4. 국가정체성 및 외교관계의 유지에 관한 사항
5. 주제 및 내용의 폭력성·선정성·반사회적 행위 등에 관한 사항
6. 인간의 보편적 존엄과 사회적 가치, 선량한 풍속 및 국민정서에 관한 사항
(2009.5.8 본항신설)
⑧ 영상물등급위원회는 제1항에 따른 상영등급을 분류하는 경우에는 내용정보 제공에 관한 사항을 심의하여야 한다.(2009.5.8 본항신설)
⑨ 영상물등급위원회는 영화의 상영등급을 분류한 경우에는 다음 각 호의 서류를 신청인에게 교부하여야 한다.
1. 영화의 상영등급과 내용정보를 기재한 등급분류증명서(2018.10.16 본호개정)
2. 등급분류에 따른 의무사항을 기재한 서류
(2009.5.8 본항신설)
⑩ 제1항·제8항 및 제9항에 따른 상영등급분류 절차·방법, 내용정보 제공의 절차·방법 및 등급분류증명서의 교부절차 등에 필요한 사항은 영상물등급위원회규정으로 정한다.(2018.10.16 본항개정)

제30조 (2009.5.8 삭제)

제31조【상영등급의 재분류】 ① 제29조에 따라 분류 받은 상영등급에 이의가 있는 영화업자는 상영등급을 분류받은 날부터 30일 이내에 구체적인 사유를 명시하여 영상물등급위원회에 이의를 신청하여 등급분류를 다시 받을 수 있다.(2023.8.8 본항개정)
② 영상물등급위원회는 제1항에 따른 이의신청을 심사하여 그 신청에 이유가 있는 경우에는 신청을 받은 날부터 15일 이내에 상영등급을 다시 분류하여 신청인 또는 대리인에게 통지하여야 하고, 그 신청에 이유가 없는 경우에는 이유 없음을 통지하여야 한다. 이 경우 그 결과 통지기간은 연장할 수 없다.(2023.5.16 본항개정)
③ 제1항 및 제2항에 따른 이의신청의 절차·방법 및 통지 등에 필요한 사항은 영상물등급위원회규정으로 정한다.(2023.5.16 본항개정)

제32조【광고·선전물의 배포·게시 등의 제한】 ① 영화에 관한 광고(영상물 형태의 광고를 포함한다)나 선전물을 배포·게시하거나 이를 정보통신망을 이용하여 공중의 시청에 제공하고자 하는 자는 미리 영상물등급위원회로부터 청소년에 대한 유해성 여부를 확인받아야 한다. 다만, 제한상영가 영화에 관한 광고·선전물은 그러하지 아니하다.(2012.2.17 본문개정)
② 제1항에 따라 청소년에 대한 유해성이 있는 것으로 확인받은 광고나 선전물은 이를 배포·게시하여서는 아니 된다. 다만, 정보통신망을 이용한 광고나 선전물의 경우에는 「정보통신망 이용촉진 및 정보보호 등에 관한 법률」 제42조의2의 규정에 따라야 한다.(2023.8.8 본문개정)
③ 제1항에 따른 청소년 유해성 여부의 확인절차 및 방법에 관하여 필요한 사항은 영상물등급위원회규정으로 정한다.(2023.8.8 본항개정)

제33조【제한상영가 영화의 광고·선전 제한】 제한상영가 영화에 관한 광고 또는 선전을 하는 자는 그 광고 또는 선전물을 제한상영관 안에 게시하여야 한다. 이 경우 해당 게시물이 제한상영관 밖에서 보이도록 하여서는 아니 된다.(2018.10.16 후단개정)

제6절 한국영상자료원 및 영화필름 등의 보존
(2015.5.18 본절제목개정)

제34조【한국영상자료원의 설치 등】 ① 영화 및 비디오물과 그 관계 문헌·음향자료 등 영상자료의 수집·보존·전시와 영화 및 비디오물의 예술적·역사적·교육적인 발전을 위하여 문화체육관광부 산하에 한국영상자료원을 둔다.(2008.2.29 본항개정)
② 한국영상자료원은 법인으로 한다.
③ 한국영상자료원에는 정관으로 정하는 바에 따라 임원 및 직원을 둔다.(2023.8.8 본항개정)
④ 한국영상자료원은 다음 각 호의 사업을 행한다.
1. 제35조의 규정에 따라 제출되는 영화필름등의 보존과 보상
2. 국내외 영화 및 비디오물과 그 관계 문헌·음향자료 등 영상자료의 수집
3. 수집된 영화 및 비디오물과 그 관계 문헌·음향자료 등 영상자료의 보존과 복원
4. 영상문화 발전을 위한 영화 및 비디오물과 그 관계 문헌·음향자료 등 영상자료의 활용 및 전시
5. 영상정보화 및 콘텐츠 활용 사업
6. 그 밖에 한국영상자료원의 설립목적 달성에 필요한 사업
⑤ 한국영상자료원에 관하여 이 법에서 규정한 것을 제외하고는 「민법」 중 재단법인에 관한 규정을 준용한다.
(2023.8.8 본항개정)

⑥ 제4항에 따른 사업 중 영상자료의 수집·보존·활용 및 한국영상자료원의 운영에 필요한 경비는 국고에서 지원할 수 있다.(2023.8.8 본항개정)

제35조【영화필름등의 제출】 ① 영화제작업자는 제29조제1항의 규정에 따라 상영등급을 분류 받은 때에는 해당 영화의 원판필름·디스크 등 또는 그 복사본과 대본(臺本)(이하 "영화필름등"이라 한다)을 대통령령으로 정하는 바에 따라 한국영상자료원에 제출하여야 한다.
(2023.8.8 본항개정)
② 외국영화 또는 제29조제1항 각 호에 해당하는 영화를 수입 또는 제작한 자가 해당 영화가 보존되기를 원하는 경우에는 해당 영화필름등을 한국영상자료원에 제출할 수 있다.(2018.10.16 본항개정)
③ 한국영상자료원은 제1항 및 제2항에 따라 영화필름등을 제출한 자에 대하여 대통령령으로 정하는 바에 따라 정당한 보상을 하여야 한다. 이 경우 영화필름등에 대한 보상에 필요한 재원은 국고에서 부담한다.(2023.8.8 전단개정)

제7절 영화의 상영

제36조【영화상영관의 등록】 ① 영화상영관을 설치·경영하려는 자는 문화체육관광부령으로 정하는 시설을 갖추어 그 시설의 소재지를 관할하는 시장·군수·구청장에게 등록하여야 한다. 등록사항을 변경할 때에도 또한 같다.(2009.5.8 본항개정)
② 문화체육관광부장관은 대통령령으로 정하는 바에 따라 제한상영관을 설치할 수 없는 지역 또는 시설을 지정·고시할 수 있다.(2023.8.8 본항개정)
③ 제1항에 따른 영화상영관의 등록, 변경등록의 절차 및 등록증의 교부 그 밖의 등록에 관하여 필요한 사항은 대통령령으로 정한다.(2023.8.8 본항개정)

제37조【재해예방조치】 ① 제36조제1항에 따라 영화상영관을 설치·경영하고자 등록을 한 자(이하 "영화상영관 경영자"라 한다)는 화재 그 밖의 재해예방계획과 화재 그 밖의 재해발생시의 해당 영화상영관 종사자의 임무와 배치계획 등이 포함된 재해대처계획을 수립하여 매년 이를 관할 시장·군수·구청장에게 신고하여야 한다. 이 경우 시장·군수·구청장은 신고받은 재해대처계획을 즉시 관할 소방서장에게 통보하여야 한다.(2023.8.8 전단개정)
② 시장·군수·구청장은 제1항 전단에 따라 신고를 받은 재해대처계획을 검토하여 적합하다고 인정하는 경우에는 신고를 수리하여야 한다. 이 경우 신고된 재해대처계획의 내용이 미흡하다고 인정할 때에는 보완을 요구할 수 있다.(2018.12.24 본항개정)
③ 제2항 후단에 따라 재해대처계획의 보완을 요구받은 영화상영관 경영자는 정당한 사유가 없으면 그 요구에 따라 보완하여 시장·군수·구청장에게 다시 신고하여야 한다.(2018.12.24 본항신설)
④ 영화상영관 경영자는 제2항 전단 또는 제3항에 따른 재해대처계획에 따라 필요한 재해예방조치를 취하여야 한다.(2018.12.24 본항개정)
⑤ 그 밖에 영화상영관의 재해예방조치에 관하여 필요한 사항은 대통령령으로 정한다.

제38조【전용상영관에 대한 지원】 ① 문화체육관광부장관은 청소년 관객의 보호와 영화예술의 확산 등을 위하여 다음 각 호의 어느 하나에 해당하는 영화를 연간 상영일수의 100분의 60 이상 상영하는 영화상영관(이하 "전용상영관"이라 한다)을 지원할 수 있다.(2014.1.28 본문개정)
1. 한국영화
2. 애니메이션영화·소형영화·단편영화 또는 영화진흥위원회가 인정하는 예술영화·독립영화(2018.3.13 본호개정)
3. 청소년관람가영화(제29조제2항제1호부터 제3호까지에 해당하는 영화를 말한다)(2023.8.8 본호개정)

② 문화체육관광부장관은 장애인의 문화향유권 보장을 위하여 제1항에 따른 전용상영관 중 한국수어·자막·화면해설 등을 이용한 영화를 연간 상영일수의 100분의 30 이상 상영하는 전용상영관을 지원할 수 있다.(2016.2.3 본항개정)
③ 전용상영관의 지원에 관하여 필요한 사항은 대통령령으로 정한다.

제38조의2【지역 영화 향유 환경 개선 등】 ① 문화체육관광부와 영화진흥위원회는 지역 영화 향유권 향상을 위하여 지역 영화상영관 지원, 원활한 영화 배급, 공공 상영 및 영상문화교육시설 구축 등에 대하여 지원할 수 있다.
② 문화체육관광부와 영화진흥위원회는 지역 영상문화 진흥을 위하여 직접 영화를 제작하는 지역 주민이나 지역 영화 관련 단체의 사업과 활동을 지원할 수 있다.
(2016.2.3 본항신설)
(2016.2.3 본조제목개정)
(2014.12.23 본조신설)

제38조의3【공공 영화상영관】 ① 국가와 지방자치단체는 지역 영화 향유권 향상을 위하여 지역 주민을 위한 영화상영관을 설치 또는 운영할 수 있다.
② 국가와 지방자치단체는 제1항에 따라 영화상영관을 설치 또는 운영하는 경우 그 업무의 전부 또는 일부를 개인이나 단체에 위탁할 수 있다.
③ 국가와 지방자치단체는 제1항에 따른 영화상영관의 설치 또는 운영에 필요한 지원을 할 수 있다.
(2018.3.13 본조신설)

제38조의4【장애인의 영화 향유권】 영화업자는 장애인의 영화 향유권 향상을 위하여 장애인이 장애인이 아닌 사람과 동등하게 영화에 접근하여 이용할 수 있도록 폐쇄자막, 한국수어 통역, 화면해설 등을 제공하기 위하여 노력하여야 한다.(2021.12.28 본조신설)

제39조【영화상영관입장권 통합전산망】 ① 영화진흥위원회는 공중이 전산시스템을 이용하여 영화상영관의 관객 수 그 밖의 영화상영관에 관한 사항을 신속하고 정확하게 알 수 있도록 하기 위하여 영화상영관입장권 통합전산망을 운영하여야 한다.(2015.5.18 본항개정)
② 영화상영관 경영자는 영화진흥위원회가 운영하는 영화상영관입장권 통합전산망에 가입하여야 한다.
(2010.3.17 본항신설)
③ 제2항에 따라 영화상영관입장권 통합전산망에 가입한 자는 해당 영화상영관의 입장객 수, 입장권 판매액 등 문화체육관광부령으로 정하는 사항에 관한 자료를 고의적인 누락이나 조작 없이 영화상영관입장권 통합전산망에 전송하여야 한다.(2015.5.18 본항개정)
④ 제1항부터 제3항까지에서 규정한 사항 외에 영화상영관입장권 통합전산망의 운영, 가입 등에 필요한 사항은 대통령령으로 정한다.(2015.5.18 본항신설)
(2015.5.18 본조제목개정)

제40조【한국영화의 상영의무】 영화상영관 경영자는 연간 대통령령으로 정하는 일수 이상 한국영화를 상영하여야 한다.(2023.8.8 본조개정)

제41조【영화상영의 신고】 ① 영화상영관 경영자 및 비상설상영장을 설치·경영하는 자는 영화(제29조제1항 각 호에 따른 영화는 제외한다. 이하 이 조에서 같다)를 상영하고자 하거나 상영 중인 영화를 다른 영화로 변경하여 상영하고자 하는 때에는 영화제목, 상영기간 등 문화체육관광부령으로 정하는 사항을 시장·군수·구청장에게 신고하여야 한다. 해당 영화의 상영을 중지 또는 재개하거나 상영기간을 단축 또는 연장하고자 하는 때에도 또한 같다.
② 제1항에도 불구하고 제39조에 따라 영화진흥위원회가 운영하는 영화상영관입장권 통합전산망에 가입한 영화상영관 경영자에 대하여는 제1항의 신고를 면제한다. 이 경우 영화진흥위원회가 제1항에 따른 신고사항을 해당 시장·군수·구청장에게 통보하여야 한다.
③ 제1항 및 제2항에 따른 신고나 통보의 절차 및 방법에 관하여 필요한 사항은 문화체육관광부령으로 정한다.
(2023.8.8 본조개정)

제42조【영화상영의 제한】 시장·군수·구청장은 다음 각 호의 어느 하나에 해당하는 영화에 대하여는 그 상영을 금지하거나 상영 중인 영화를 정지시켜야 한다.
1. 제29조제1항 및 제2항의 규정을 위반하여 상영등급을 분류 받지 아니한 영화
2. 거짓이나 그 밖의 부정한 방법으로 상영등급을 분류 받은 영화(2023.8.8 본호개정)
3. 분류 받은 상영등급을 변조 또는 위반하여 상영하는 영화
4. 상영등급을 분류 받은 영화의 내용을 다르게 하여 상영하는 영화
5. 제41조의 규정을 위반하여 신고를 하지 아니한 영화

제43조【제한상영가 영화의 상영 및 유통 제한】 ① 누구든지 제한상영관이 아닌 장소 또는 시설에서 제한상영가 영화를 상영하여서는 아니 된다.
② 누구든지 제한상영가 영화와 동일한 영화를 비디오물 등 다른 영상물로 제작하거나 그 제작된 영상물을 상영·판매·전송·대여하거나 시청에 제공하여서는 아니 된다.
③ 제한상영관에서는 제29조제2항제1호부터 제4호까지에 따른 영화를 상영하여서는 아니 된다.(2023.8.8 본항개정)

제44조【영사 자격자】 영화상영관 경영자는 대통령령으로 정하는 바에 따라 영사(映寫) 관련 국가기술자격을 취득한 사람으로 하여금 그 영화를 상영하게 하여야 한다. 다만, 소형영화 등 대통령령으로 정하는 영화의 경우에는 그러하지 아니하다.(2023.8.8 본조개정)

제45조【영화상영관의 영업정지 및 등록취소】 ① 시장·군수·구청장은 영화상영관 경영자가 다음 각 호의 어느 하나에 해당하는 때에는 대통령령으로 정하는 바에 따라 3개월 이내의 기간을 정하여 영업의 정지를 명하거나 영화상영관의 등록을 취소할 수 있다. 다만, 제1호 또는 제8호에 해당하는 경우에는 그 등록을 취소하여야 한다.
(2023.8.8 본문개정)
1. 거짓이나 그 밖의 부정한 방법으로 등록을 한 때
2. 제29조제3항부터 제6항까지를 위반한 때
(2023.8.8 1호～2호개정)
3. 제33조의 규정을 위반하여 광고 또는 선전물을 게시하거나 제한상영관 밖으로 보이도록 한 때
4. 제36조제1항에 따른 시설기준에 미달한 때(2023.8.8 본호개정)
4의2. 제37조제4항에 따른 재해예방조치를 취하지 아니한 때(2018.12.24 본호개정)
5. 한국영화의 상영일수가 제40조에 따른 기준일수에 미달한 때(2023.8.8 본호개정)
6. 제42조에 따른 영화상영의 금지 또는 정지명령에 따르지 아니한 때(2023.8.8 본호개정)
7. 1년에 3회 이상 영업정지처분을 받은 때
8. 영업정지기간 중 영업을 한 때

② 시장·군수·구청장은 제1항에 따라 등록을 취소하고자 하는 때에는 청문을 실시하여야 한다.(2023.8.8 본항개정)
③ 제1항에 따라 등록이 취소된 자 중 제한상영관의 등록이 취소된 자는 취소된 날부터 3년 이내에는 같은 장소에서 제한상영관의 등록을 할 수 없다.(2023.8.8 본항개정)

제46조【영업 등의 승계】 ① 영화상영관 경영자가 그 영업을 양도하거나 사망한 경우 또는 다른 법인과 합병한 경우에 그 양수인·상속인 또는 합병으로 설립되거나 합병 후 존속하는 법인이 종전의 영화상영관 경영자의 지위를 승계하려는 경우에는 그 양도일, 상속일 또는 합병일부터 30일 이내에 문화체육관광부령으로 정하는 바에 따라 그 사실을 관할 시장·군수·구청장에게 신고하여야 한다.
② 다음 각 호의 어느 하나에 해당하는 절차에 따라 영화상영관을 인수한 자가 종전의 영화상영관 경영자의 지위를 승계하려는 경우에는 그 인수일부터 30일 이내에 문화체육관광부령으로 정하는 바에 따라 그 사실을 관할 시장·군수·구청장에게 신고하여야 한다.
1. 「민사집행법」에 따른 경매
2. 「채무자 회생 및 파산에 관한 법률」에 따른 환가
3. 「국세징수법」, 「관세법」 또는 「지방세징수법」에 따른 압류재산의 매각
4. 그 밖에 제1호부터 제3호까지의 규정에 준하는 절차

③ 시장·군수·구청장은 제1항 또는 제2항에 따른 신고를 받은 경우 그 내용을 검토하여 이 법에 적합하면 신고를 수리하여야 한다.
④ 제1항 또는 제2항에 따른 신고가 수리된 경우에는 양수인, 상속인, 합병으로 설립되거나 합병 후 존속하는 법인 또는 영화상영관을 인수한 자는 그 양수일, 상속일, 합병일 또는 인수일부터 종전의 영화상영관 경영자의 지위를 승계한다.
⑤ 제1항에 따른 신고가 수리되어 영화상영관 경영자의 지위를 승계하는 경우 종전의 영화상영관 경영자에 대하여 제45조제1항 각 호의 위반을 사유로 행한 행정제재처분의 효과는 그 행정제재처분일부터 1년간 그 양수인·상속인 또는 합병 후 신설되거나 존속하는 법인에 승계되며, 행정제재처분의 절차가 진행 중인 때에는 양수인·상속인 또는 합병 후 신설되거나 존속하는 법인에 대하여 행정제재처분의 절차를 속행할 수 있다. 다만, 양수인·상속인 또는 합병 후 신설되거나 존속하는 법인이 양수 또는 합병 시에 그 처분 또는 위반사실을 알지 못한 경우에는 행정제재처분의 절차를 속행할 수 없다.
(2018.12.24 본조개정)

제46조의2【영화상영관의 폐업신고 및 직권말소】 ① 제36조에 따라 등록을 한 자가 폐업을 하였을 때에는 폐업한 날부터 30일 이내에 대통령령으로 정하는 바에 따라 관할 시장·군수·구청장에게 폐업신고를 하여야 한다.
(2021.12.28 본항개정)
② 시장·군수·구청장은 제1항에 따라 폐업신고를 하여야 하는 자가 폐업신고를 하지 아니하면 대통령령으로 정하는 바에 따라 폐업 사실을 확인한 후 등록사항을 직권으로 말소할 수 있다.
(2015.5.18 본조신설)

제47조【시민감시 활동 지원】 ① 영화진흥위원회는 영화의 상영 및 전용상영관의 운영 등과 관련하여 관람객의 권익보호를 위한 감시활동을 하는 시민단체 등에 대하여 필요한 지원을 할 수 있다.
② 제1항에 따른 지원 등에 관하여 필요한 사항은 영화진흥위원회규정으로 정한다.(2023.8.8 본항개정)

제3장 비디오물

제1절 비디오산업의 진흥

제48조【비디오산업 진흥시책의 수립·시행】 ① 문화체육관광부장관은 비디오산업의 진흥을 위하여 필요한 시책(이하 "진흥시책"이라 한다)을 수립·시행하여야 한다.
(2008.2.29 본항개정)
② 진흥시책에는 비디오물과 관련된 다음 각 호의 사항이 포함되어야 한다.
1. 진흥시책의 기본방향
2. 창작활동의 활성화
3. 수출촉진과 관련 산업의 고용창출
4. 비디오물 관련 기술의 개발 및 기술수준의 향상
5. 유통시설의 확충, 유통업체의 전문화 및 유통구조의 개선
6. 비디오산업의 진흥을 위한 재원확보 및 운영
7. 전문인력의 양성
8. 비디오물 관련 분야의 기반 구축 및 집적지(集積地)의 조성·운영
9. 이 법을 위반하여 제작·수입·배급·판매·대여 또는 시청에 제공하는 비디오물(이하 "불법비디오물"이라 한다)의 지도·단속
10. 불법비디오물에 대한 자율감시활동을 하는 단체로서 「비영리민간단체 지원법」 제2조에 따른 비영리민간단체(이하 "비영리민간단체"라 한다)에 대한 지원
(2023.8.8 본호개정)
11. 그 밖에 비디오산업의 발전에 관한 사항

제49조【비디오산업진흥위원회의 설치·운영】 ① 비디오산업의 진흥시책을 효율적으로 추진하기 위하여 영화진흥위원회 안에 비디오산업진흥위원회를 둔다.
② 비디오산업진흥위원회는 위원장을 포함한 7인 이내의 위원으로 구성한다.
③ 비디오산업진흥위원회의 위원장은 위원 중에서 호선하고 비디오산업진흥위원회의 위원은 영화진흥위원회 위원과 비디오산업분야에 관하여 전문지식과 경험이 풍부한 사람 중에서 영화진흥위원회의 위원장이 위촉한다.(2023.8.8 본항개정)
④ 제1항에 따른 비디오산업진흥위원회의 구성·운영 등에 관하여 필요한 사항은 영화진흥위원회규정으로 정한다.(2023.8.8 본항개정)
제49조의2【장애인의 비디오물 향유권】 비디오물영업자는 장애인의 비디오물 향유권 향상을 위하여 장애인이 장애인 아닌 사람과 동등하게 비디오물에 접근하여 이용할 수 있도록 폐쇄자막, 한국수어 통역, 화면해설 등을 제공하기 위하여 노력하여야 한다.(2021.12.28 본조신설)

제2절 등급분류

제50조【등급분류】 ① 비디오물을 제작 또는 배급(수입을 포함한다. 이하 같다)하는 자는 해당 비디오물을 공급하기 전에 해당 비디오물의 내용에 관하여 영상물등급위원회로부터 등급분류를 받아야 한다. 다만, 다음 각 호의 어느 하나에 해당하는 비디오물의 경우에는 그러하지 아니하다.(2018.10.16 본문개정)
1. 대가를 받지 아니하고 특정한 장소에서 청소년이 포함되지 아니한 특정인을 대상으로 하여 시청에 제공하는 비디오물
2. 대가를 받지 아니하고 공중의 시청에 제공하는 온라인비디오물. 다만, 「음악산업 진흥에 관한 법률」 제2조제8호부터 제11호까지에 해당하는 영업을 하는 자가 제작·유통하거나 공중의 시청에 제공하는 음악영상파일은 제외한다.(2022.9.27 본문개정)
3. 문화체육관광부장관 또는 관계 중앙행정기관의 장이 추천하는 영상물 대회, 전시회 등에서 시청에 제공하는 비디오물(2008.2.29 본호개정)
4. 등급분류를 받은 영화(제한상영가 영화는 제외한다)를 동일한 내용으로 제작하는 비디오물. 이 경우 해당 영화의 상영등급을 비디오물의 등급으로 본다.(2023.8.8 전단개정)
5. 그 밖에 비디오물의 제작 주체, 유통 형태 등에 비추어 보아 등급분류가 필요하지 아니한 비디오물로서 대통령령으로 정하는 것(2023.8.8 본호개정)
② 영상물등급위원회는 제1항에 따라 비디오물의 등급분류를 신청하는 자가 그 비디오물의 제작 또는 배급에 관한 정당한 권리를 갖추었음을 확인하여야 한다. 다만, 정보통신망을 이용하여 시청에 제공할 목적으로 제작 또는 수입된 비디오물에 대하여 정당한 권리에 관한 사항을 대통령령으로 정하는 전자적 방법으로 표시하는 경우에는 그러하지 아니하다.(2022.9.27 본항개정)
③ 제1항에 따른 비디오물의 등급은 비디오물의 내용, 영상 및 대사 등의 표현 정도에 따라 다음 각 호와 같이 분류한다.(2023.8.8 본문개정)
1. 전체관람가 : 모든 연령의 사람이 시청할 수 있는 비디오물(2023.8.8 본호개정)
2. 12세 이상 관람가 : 12세 이상의 사람이 시청할 수 있는 비디오물(2023.8.8 본호개정)
3. 15세 이상 관람가 : 15세 이상의 사람이 시청할 수 있는 비디오물(2023.8.8 본호개정)
4. 청소년관람불가 : 청소년은 시청할 수 없는 비디오물
5. 제한관람가 : 선정성·폭력성·사회적 행위 등의 표현이 과도하여 인간의 보편적 존엄, 사회적 가치, 선량한 풍속 또는 국민 정서를 현저하게 해할 우려가 있어 시청제공·유통 등에 일정한 제한이 필요한 비디오물(2009.5.8 본호신설)
④ (2009.5.8 삭제)
⑤ 제3항 각 호의 등급에 대한 구체적인 분류 기준은 제29조제7항 각 호의 사항을 고려하여 대통령령으로 정한다.(2009.5.8 본항개정)
⑥ 영상물등급위원회는 등급분류 결정을 한 경우에 다음 각 호의 서류를 신청인에게 교부하여야 한다.
1. 비디오물의 등급과 내용정보를 기재한 등급분류증명서(2018.10.16 본호개정)
2. 등급분류에 따른 의무사항을 기재한 서류
(2009.5.8 본항개정)
⑦ 제1항·제2항 및 제6항에 따른 등급분류 절차·방법, 등급분류증명서의 교부절차 등에 관하여 필요한 사항은 영상물등급위원회규정으로 정한다.(2018.10.16 본항개정)
제50조의2【자체등급분류사업자의 등급분류】 ① 제50조제1항에도 불구하고 제50조의3제1항에 따라 지정받은 자체등급분류사업자(이하 "자체등급분류사업자"라 한다)는 이용자로부터 대가를 받고 제공하는 온라인비디오물의 내용에 관하여 그 온라인비디오물의 제공 전에 자체적으로 등급분류를 할 수 있다. 다만, 제50조제3항제5호에 해당하는 온라인비디오물은 영상물등급위원회로부터 등급분류를 받아야 한다.
② 자체등급분류사업자는 제1항에 따라 자체적으로 등급분류하여 제공하는 온라인비디오물을 공급하는 자가 그 비디오물의 제작 또는 배급에 관한 정당한 권리를 갖추었음을 확인하여야 한다. 다만, 대통령령으로 정하는 전자적 방법으로 정당한 권리에 관한 사항을 표시한 경우에는 그러하지 아니하다.
③ 자체등급분류사업자는 자체등급분류 결정을 하기 어렵다고 판단하는 경우에는 영상물등급위원회에 등급분류를 요청하여 그 결과로 자체등급분류 결정을 대체할 수 있다.
(2022.9.27 본조신설)
제50조의3【자체등급분류사업자의 지정 및 재지정】 ① 문화체육관광부장관은 제2항에 따른 요건을 갖춘 사업자 중 다음 각 호의 사항을 심사하여 자체적으로 등급분류를 할 수 있는 자체등급분류사업자로 5년 이내의 기간을 정하여 지정할 수 있다.
1. 자체등급분류 업무운영 계획의 적정성
2. 청소년 및 이용자 보호 계획의 적정성
② 제1항에 따라 지정을 받을 수 있는 사업자의 요건은 다음 각 호와 같다.
1. 다음 각 목의 어느 하나에 해당하는 사업자일 것
가. 온라인비디오물을 시청에 제공하는 사업을 영위하고 「전기통신사업법」 제22조에 따라 부가통신사업의 신고를 한 법인
나. 「방송법」에 따른 종합유선방송사업자, 위성방송사업자 또는 「인터넷 멀티미디어 방송사업법」에 따른 인터넷 멀티미디어 방송 제공사업자
2. 최근 5년간 제50조의6제1항에 따른 지정취소 또는 업무정지가 확정된 사실이 없을 것
③ 자체등급분류사업자가 제1항에 따른 지정기간의 만료 후 계속하여 자체등급분류 업무를 하려는 경우에는 문화체육관광부장관의 재지정을 받아야 한다.
④ 문화체육관광부장관은 다음 각 호의 사항을 심사하여 5년 이내의 범위에서 제3항에 따른 재지정을 할 수 있다.
1. 제1항 각 호의 계획에 대한 이행 여부 및 향후 계획의 적정성
2. 최근 5년간 제50조의6제1항에 따른 업무정지가 확정된 사실이 없을 것
3. 제50조의8제4항에 따른 평가 결과 및 개선조치의 이행 여부
⑤ 제1항에 따른 지정 및 제4항에 따른 재지정에 필요한 세부기준과 절차에 관한 사항은 대통령령으로 정한다.
(2022.9.27 본조신설)
제50조의4【자체등급분류사업자의 준수사항】 자체등급분류사업자는 다음 각 호의 사항을 준수하여야 한다.
1. 제50조제5항에 따른 비디오물 등급분류 기준에 따라 자체적으로 등급분류를 할 것
2. 제1호에 따라 등급분류한 온라인비디오물에 대하여 제65조에 따라 등급과 내용정보 등을 표시하고 이를 영상물등급위원회에 통보할 것
3. 문화체육관광부령으로 정하는 바에 따라 등급분류책임자를 지정하고 해당 등급분류책임자는 영상물등급위원회가 실시하는 등급분류 업무에 필요한 교육을 받을 것
4. 자체등급분류 업무와 관련된 영상물등급위원회의 자료제출 요청에 따를 것
5. 그 밖에 자체등급분류 업무의 적정성 유지 등에 관하여 필요한 사항으로서 문화체육관광부령으로 정하는 사항을 준수할 것
(2022.9.27 본조신설)
제50조의5【자체등급분류의 효력】 ① 제50조의2제1항에 따라 자체등급분류사업자로부터 등급분류를 받은 온라인비디오물은 그 자체등급분류사업자가 공급 및 제공하는 범위에서 제50조제1항에 따라 영상물등급위원회로부터 등급분류를 받은 것으로 본다.
② 자체등급분류사업자는 다른 자체등급분류사업자가 한 등급분류 결과를 이용할 수 있다.
(2022.9.27 본조신설)
제50조의6【자체등급분류사업자에 대한 지정취소 등】 ① 문화체육관광부장관은 자체등급분류사업자가 다음 각 호의 어느 하나에 해당하는 경우에는 지정을 취소하거나 6개월 이내의 기간을 정하여 제50조의2제1항 본문에 따른 업무의 정지를 명할 수 있다. 다만, 제1호에 해당하는 경우에는 지정을 취소하여야 한다.
1. 거짓이나 부정한 방법으로 지정을 받은 경우
2. 제50조의4에 따른 준수사항을 위반한 경우
3. 제50조의7제4항에 따른 조치를 취하지 아니한 경우
4. 업무정지 명령을 위반하여 업무를 계속한 경우
② 문화체육관광부장관은 제1항제2호의 사유가 발생한 경우 지정취소 또는 업무정지 명령에 앞서 자체등급분류사업자에게 시정방안을 정하여 10일 이내에 이를 수락할 것을 권고할 수 있으며, 자체등급분류사업자가 시정방안에 따른 조치를 한 경우에는 제1항의 지정취소 또는 업무정지 명령을 하지 아니할 수 있다.
③ 문화체육관광부장관은 제1항에 따라 지정을 취소하거나 업무를 정지하는 경우에는 「행정절차법」에 따른 청문을 실시하여야 한다.
④ 제1항에 따른 지정취소는 자체등급분류사업자가 지정취소 이전에 한 등급분류의 효력에 영향을 미치지 아니한다. 다만, 같은 항 제1호의 사유로 지정취소된 경우에는 그러하지 아니하다.
⑤ 제1항에 따른 지정취소 및 업무정지 명령에 필요한 절차와 세부적인 적용 기준은 대통령령으로 정한다.
(2022.9.27 본조신설)
제50조의7【직권등급재분류 등】 ① 영상물등급위원회는 자체등급분류사업자가 등급분류한 온라인비디오물이 제50조제3항제4호 또는 제5호에 해당한다고 판단하는 경우 문화체육관광부장관의 요청에 따라 또는 직권으로 새로 등급분류 결정을 하거나 자체등급분류사업자의 등급분류 결정을 취소할 수 있다.
② 영상물등급위원회는 자체등급분류사업자의 등급분류 결과가 등급분류 기준에 현저히 위배되거나 자체등급분류사업자 간의 등급분류 결과가 상이한 경우 자체등급분류사업자에게 등급을 조정하도록 요구할 수 있다.
③ 영상물등급위원회는 제1항에 따라 등급분류 결정 또는 취소 결정을 한 경우 이를 자체등급분류사업자에게 지체 없이 통보하여야 한다.
④ 자체등급분류사업자는 제2항에 따른 요구 및 제3항에 따른 통보를 받은 날부터 지체 없이 이에 따른 조치를 취하여야 한다.
(2022.9.27 본조신설)
제50조의8【영상물등급위원회의 지원업무】 ① 영상물등급위원회는 자체등급분류 업무의 효율적 수행을 지원하기 위하여 다음 각 호에서 정하는 사업을 할 수 있다.
1. 온라인비디오물의 등급정보에 관한 데이터베이스의 구축 및 제공
2. 온라인비디오물의 신속한 등급분류 절차를 위한 정보통신 시스템 구축 및 운영
3. 제50조의4제1호 및 제2호의 준수 여부 확인을 위한 온라인 사후관리시스템의 구축 및 운영
4. 제50조의4제3호에 따른 등급분류책임자에 대한 온라인 교육시스템과 대면 교육체계 구축 및 운영
5. 「중소기업기본법」 제2조제2항에 따른 소기업에 해당하는 자체등급분류사업자에 대한 등급분류 업무 지원
6. 자체등급분류 정보 이용자의 수용능력 향상을 위한 온라인 교육시스템과 대면 교육체계 구축 및 운영
7. 자체등급분류 정보 이용자의 권익보호를 위한 제도개선 및 협력체계 구축
② 영상물등급위원회는 영상물등급위원회규정으로 정하는 바에 따라 제1항 각 호에서 정하는 사업의 효과적 수행을 위하여 자체등급분류지원분과위원회를 구성·운영할 수 있다.
③ 영상물등급위원회는 제50조의4제2호에 따라 자체등급분류사업자로부터 통보받은 사항을 공중에 공개할 수 있다.
④ 영상물등급위원회는 자체등급분류 업무의 적정성 유지를 위하여 문화체육관광부령으로 정하는 바에 따라 매년 제50조의4에서 정하는 사항 및 제50조의7제4항의 조치의무에 대한 준수 여부를 평가한 후 평가 결과를 자체등급분류사업자에게 통보하고, 평가 결과에 따라 업무 개선을 권고할 수 있다.
(2022.9.27 본조신설)
제51조【복제 등의 확인】 ① 등급분류를 받은 비디오물을 동일한 내용의 다른 비디오물로 복제하거나 이를 배급하고자 하는 자(이하 이 조에서 "제작자등"이라 한다)는 그 복제 또는 배급에 관한 정당한 권리를 가진 자임을 증명하는 서류를 갖추어 등급분류를 받은 비디오물과 동일한 내용인지의 여부를 영상물등급위원회로부터 확인받아야 한다. 다만, 제작자등이 등급분류를 받은 비디오물을 동일한 내용의 다른 비디오물로 복제하거나 배급할 권리가 있음을 제50조제1항에 따른 등급분류신청 시에 영상물등급위원회로부터 확인받은 경우에는 그러하지 아니하다.(2023.8.8 단서개정)
② 영상물등급위원회는 제1항의 규정에 따라 정당한 권리자이며 동일한 내용인 것을 확인한 경우에는 제작자등에게 확인증명서를 발급하여야 한다.(2018.10.16 본항개정)
③ 제1항 및 제2항에 따른 확인절차, 확인증명서의 발급 및 재발급 등에 관하여 필요한 사항은 영상물등급위원회규정으로 정한다.(2023.8.8 본항개정)
제52조【등급분류 등의 취소】 ① 영상물등급위원회는 거짓이나 그 밖의 부정한 방법으로 제50조제1항 또는 제50조의2제3항에 따른 등급분류 또는 제51조제1항에 따른 확인을 받거나 정당한 권리자가 아닌 자가 등급분류 또는 확인을 받은 경우에는 해당 등급분류 또는 확인을 취소하여야 한다.
② 영상물등급위원회가 제1항에 따라 등급분류 또는 확인을 취소한 때에는 취소처분을 받은 자는 그 취소를 통보받은 날부터 7일 이내에 제50조제5항에 따른 등급분류증명서 또는 제51조제2항에 따른 확인증명서를 각각 영상물등급위원회에 반납하여야 한다.
(2023.8.8 본조개정)
제53조【불법비디오물의 판매 등의 금지】 ① 누구든지 다음 각 호의 어느 하나에 해당하는 비디오물을 제작하거나 공급·판매·대여(이하 "유통"이라 한다) 또는 시청에 제공하거나 이를 위하여 진열·보관하여서는 아니 된다.
1. 제50조제1항 또는 제50조의2제1항을 위반하여 등급분류를 받지 아니한 비디오물(2022.9.27 본호개정)
2. 제51조제1항의 규정을 위반하여 확인을 받지 아니하고 복제하거나 배급한 비디오물
3. 제50조의7제1항 또는 제52조제1항에 따라 등급분류 또는 확인이 취소된 해당 비디오물(2022.9.27 본호개정)

4. 제57조제1항의 규정을 위반하여 신고를 하지 아니한 자가 제작하거나 수입 또는 배급한 비디오물
5. 등급분류를 받은 내용을 변경하거나 등급을 변경한 비디오물
② 누구든지 등급분류를 받은 비디오물을 제50조제3항에 따른 등급구분을 위반하여 시청에 제공하여서는 아니 된다. 다만, 자체등급분류사업자의 경우 문화체육관광부령으로 정하는 바에 따른 친권자 등 법정대리인이 시청 지도를 할 수 있는 수단을 제공하면 그러하지 아니하다.(2023.8.8 본문개정)
③ 제50조제5항 및 제51조제2항에 따라 교부되는 등급분류증명서 및 확인증명서는 제63조에 따른 영업의 승계의 경우를 제외하고는 이를 매매 또는 증여하여서는 아니 된다.(2023.8.8 본항개정)

제53조의2【제한관람가 비디오물의 시청제공 및 유통제한】 ① 누구든지 제한관람가비디오물소극장이 아닌 장소 또는 시설에서 제한관람가 비디오물을 시청제공하여서는 아니 된다.
② 누구든지 제한관람가 비디오물을 유통하여서는 아니 된다.
③ 제한관람가비디오물소극장에서는 제50조제3항제1호부터 제4호까지의 규정에 따른 비디오물을 공중의 시청에 제공하여서는 아니 된다.
(2009.5.8 본조신설)

제54조【등급의 재분류】 ① 제50조 또는 제50조의2제3항에 따른 등급분류에 이의가 있는 자는 그 결정의 통지를 받은 날부터 30일 이내에 구체적인 사유를 명시하여 영상물등급위원회에 이의를 신청하여 등급분류를 다시 받을 수 있다.(2023.8.8 본항개정)
② 영상물등급위원회는 제1항에 따른 이의신청을 심사하여 그 신청에 이유가 있는 경우에는 신청을 받은 날부터 15일 이내에 등급을 다시 분류하여 신청인 또는 대리인에게 통지하여야 하고, 그 신청에 이유가 없는 경우에는 이유 없음을 통지하여야 한다. 이 경우 그 결과 통지 기간은 연장할 수 없다.(2023.5.16 본항개정)
③ 제1항 및 제2항에 따른 이의신청의 절차·방법 및 통지 등에 필요한 사항은 영상물등급위원회규정으로 정한다.(2023.5.16 본항개정)
(2023.5.16 본조제목개정)

제55조【등급분류 등의 통지】 영상물등급위원회는 다음 각 호의 어느 하나에 해당하는 결정을 한 때에는 비디오물에 대한 지도·단속권한이 있는 대통령령으로 정하는 행정기관의 장과 제87조에 따른 비디오물단체(이하 "비디오물단체"라 한다)에 통지하고 정보통신망 등을 이용하여 이를 공고하여야 한다.
1. 제50조제1항 및 제3항에 따른 등급분류에 관한 결정
2. 제54조에 따른 이의신청에 대한 결정
(2023.8.8 본조개정)

제56조【자료제출의 요청】 영상물등급위원회는 제50조, 제50조의2제3항 및 제54조에 따른 업무수행을 위하여 필요한 경우에는 등급분류 등을 신청한 자에 대하여 등급심사에 필요한 관련 자료의 제출을 요구할 수 있다.(2023.8.8 본조개정)

제3절 영업의 신고·등록·운영

제57조【비디오물제작업 등의 신고】 ① 비디오물제작업 또는 비디오물배급업을 하려는 자는 시장·군수·구청장에게 신고하여야 한다. 다만, 다음 각 호의 어느 하나에 해당하는 경우에는 신고하지 아니하고 이를 할 수 있다.(2009.5.8 본문개정)
1. 국가 또는 지방자치단체가 제작하는 경우
2. 법령에 의하여 설립된 교육기관 또는 연수기관이 자체교육 또는 연수의 목적으로 사용하기 위하여 제작하는 경우
3. 「방송법」에 의한 방송사업자가 방송의 목적에 사용하기 위하여 제작하는 경우
4. 「공공기관의 운영에 관한 법률」에 따른 공공기관이 그 사업의 홍보에 사용하기 위하여 제작하는 경우
(2009.5.8 본호개정)
5. 관혼상제 또는 종교의식 등의 행사를 기념으로 남기기 위한 목적으로 제작하는 경우. 다만, 공중에게 유통시키거나 시청에 제공하는 경우는 제외한다.(2023.8.8 단서개정)
6. 정보통신망만을 이용하여 시청에 제공할 목적으로 제작·배급하는 경우
7. 불특정 다수인을 대상으로 유통하거나 시청에 제공할 목적 외의 다른 목적으로 제작하는 경우
8. 제50조제1항 각 호의 규정에 해당하는 비디오물을 제작하는 경우
② 시장·군수·구청장은 제1항 본문에 따른 신고를 받은 경우 그 내용을 검토하여 이 법에 적합하면 신고를 수리하여야 한다.(2018.12.24 본항신설)
③ 제1항 및 제2항에 따른 신고의 절차 및 방법 등에 관하여 필요한 사항은 문화체육관광부령으로 정한다.
(2018.12.24 본항개정)

제58조【비디오물시청제공업의 등록】 ① 비디오물시청제공업을 영위하고자 하는 자는 문화체육관광부령으로 정하는 시설을 갖추어 시장·군수·구청장에게 등록하여야 한다. 다만, 다음 각 호의 어느 하나에 해당하는 경우에는 등록하지 아니하고 이를 할 수 있다.(2023.8.8 본문개정)
1. 「게임산업진흥에 관한 법률」에 의한 인터넷컴퓨터게임시설제공업에 해당하는 경우
2. 정보통신망만을 이용하여 비디오물을 시청에 제공하는 경우
② 문화체육관광부장관은 대통령령으로 정하는 바에 따라 제한관람가비디오물소극장을 설치할 수 없는 지역 또는 시설을 지정·고시할 수 있다.(2009.5.8 본항신설)
③ 제1항에 따른 등록의 절차 및 방법 등에 관하여 필요한 사항은 문화체육관광부령으로 정한다.(2023.8.8 본항개정)

제59조【영업의 제한】 제57조 및 제58조에 따라 신고 또는 등록을 하고자 하는 자가 다음 각 호의 어느 하나에 해당하는 때에는 제57조 또는 제58조에 따른 신고 또는 등록을 할 수 없다.
1. 제67조제1항 또는 제2항에 따라 영업의 폐쇄명령 또는 등록의 취소처분을 받은 후 1년이 지나지 아니하거나 영업정지처분을 받은 후 그 기간이 종료되지 아니한 자(법인의 경우에는 그 대표자 또는 임원을 포함한다)가 같은 업종을 다시 영위하고자 하는 때
2. 제67조제1항 또는 제2항에 따라 영업의 폐쇄명령 또는 등록의 취소처분을 받은 후 1년이 지나지 아니하거나 영업정지처분을 받은 후 그 기간이 종료되지 아니한 장소에서 같은 장소에서 같은 업종을 영위하고자 하는 때(비디오물제작업은 제외한다)
(2023.8.8 본조개정)

제60조【신고증·등록증의 교부】 시장·군수·구청장은 제57조제2항에 따라 신고를 수리한 경우 또는 제58조에 따라 등록을 한 경우에는 문화체육관광부령으로 정하는 바에 따라 신청인에게 신고증 또는 등록증을 교부하여야 한다.(2018.12.24 본조개정)

제61조【신고 또는 등록사항의 변경】 ① 제57조 또는 제58조에 따라 신고 또는 등록을 한 자가 문화체육관광부령으로 정하는 중요사항을 변경하려는 경우에는 시장·군수·구청장에게 변경신고 또는 변경등록을 하여야 한다.(2009.5.8 본항개정)
② 시장·군수·구청장은 제1항에 따른 변경신고를 받은 경우 그 내용을 검토하여 이 법에 적합하면 변경신고를 수리하여야 한다.(2018.12.24 본항신설)
③ 시장·군수·구청장은 제1항에 따라 변경등록을 하거나 제2항에 따라 변경신고를 수리한 경우에는 문화체육관광부령으로 정하는 바에 따라 등록증 또는 신고증을 갱신하여 교부하여야 한다.(2018.12.24 본항개정)
④ 제1항부터 제3항까지의 규정에 따른 변경신고·변경등록의 절차·방법 및 신고증·등록증 갱신 등에 관하여 필요한 사항은 문화체육관광부령으로 정한다.
(2018.12.24 본항개정)

제62조【비디오물시청제공업자의 준수사항】 비디오물시청제공업을 영위하는 자는 다음 각 호의 사항을 지켜야 한다.
1. 영업소 안에 화재 또는 안전사고 예방을 위한 조치를 할 것
2. 비디오물소극장업의 경우에는 대통령령으로 정하는 출입시간에 한정하여 청소년을 출입시킬 것. 다만, 부모 등 보호자를 동반하거나 그의 출입동의서를 받은 경우 그 밖에 대통령령으로 정하는 경우에는 그러하지 아니하다.(2023.8.8 본호개정)
3. 비디오물감상실업 및 복합영상물제공업의 경우에는 다음 각 목에 해당하는 행위를 하지 아니할 것
(2012.2.17 본문개정)
가. 주류를 판매·제공하는 행위
나. 접대부(남녀를 불문한다)를 고용·알선하는 행위
다. (2009.5.8 삭제)
4. 비디오물감상실업, 제한관람가비디오물소극장업 및 복합영상물제공업의 경우에는 출입자의 연령을 확인하고 청소년의 출입을 금지시킬 것(2012.2.17 본호개정)
5. 문화체육관광부령으로 정하는 바에 따라 영업소에 등록증을 게시할 것(2023.8.8 본호개정)

제63조【영업의 승계】 ① 제57조 또는 제58조에 따라 신고 또는 등록을 한 비디오물제작업자, 비디오물배급업자 또는 비디오물시청제공업자(이하 "비디오물제작업자등"이라 한다)가 그 영업을 양도하거나 사망한 경우 또는 다른 법인과 합병한 경우에 그 양수인·상속인 또는 합병으로 설립되거나 합병 후 존속하는 법인이 종전의 비디오물제작업자등의 지위를 승계하려는 경우에는 그 양도일, 상속일 또는 합병일부터 30일 이내에 문화체육관광부령으로 정하는 바에 따라 그 사실을 관할 시장·군수·구청장에게 신고하여야 한다.
② 다음 각 호의 어느 하나에 해당하는 절차에 따라 비디오물제작업자등의 비디오물에 관한 영업시설·기구(대통령령으로 정하는 주요시설·기구를 말한다. 이하 같다)의 전부를 인수한 자가 종전의 비디오물제작업자등의 지위를 승계하려는 경우에는 그 인수일부터 30일 이내에 문화체육관광부령으로 정하는 바에 따라 그 사실을 관할 시장·군수·구청장에게 신고하여야 한다.
1. 「민사집행법」에 따른 경매
2. 「채무자 회생 및 파산에 관한 법률」에 따른 환가
3. 「국세징수법」, 「관세법」 또는 「지방세징수법」에 따른 압류재산의 매각
4. 그 밖에 제1호부터 제3호까지의 규정에 준하는 절차
③ 시장·군수·구청장은 제1항 또는 제2항에 따른 신고를 받은 경우 그 내용을 검토하여 이 법에 적합하면 신고를 수리하여야 한다.
④ 제1항 또는 제2항에 따른 신고가 수리된 경우에는 양수인, 상속인, 합병으로 설립되거나 합병 후 존속하는 법인 또는 비디오물에 관한 영업시설·기구의 전부를 인수한 자는 그 양수일, 상속일, 합병일 또는 인수일부터 종전의 비디오물제작업자등의 지위를 승계한다.
⑤ 제64조에 따른 폐업신고에 의하여 폐업하거나 등록이 말소된 비디오물제작업자등이 1년 이내에 폐업한 장소에서 같은 업종으로 다시 신고 또는 등록을 하는 경우 해당 비디오물제작업자등은 폐업신고 전의 비디오물제작업자등의 지위를 승계한다.
(2018.12.24 본조개정)

제64조【비디오물제작업, 비디오물배급업 또는 비디오물시청제공업의 폐업신고 및 직권말소】 ① 제57조에 따른 신고 또는 제58조에 따른 등록을 한 자가 폐업을 하였을 때에는 폐업한 날부터 30일 이내에 문화체육관광부령으로 정하는 바에 따라 관할 시장·군수·구청장에게 폐업신고를 하여야 한다.(2023.8.8 본항개정)
② 시장·군수·구청장은 제1항에 따라 폐업신고를 하여야 하는 자가 폐업신고를 하지 아니하면 문화체육관광부령으로 정하는 바에 따라 폐업 사실을 확인한 후 신고사항 또는 등록사항을 직권으로 말소할 수 있다.
(2015.5.18 본조개정)

제4절 비디오물의 표시 및 광고

제65조【표시의무】 ① 영리의 목적으로 비디오물을 제작 또는 수입하거나 이를 복제하는 자는 해당 비디오물마다 제작·수입 또는 복제한 자의 상호(도서에 부수되는 비디오물의 경우에는 출판사의 상호를 말한다), 제50조제1항 또는 제50조의2제1항에 따라 분류된 등급, 내용정보, 그 밖에 문화체육관광부령으로 정하는 사항을 표시하여야 한다.(2022.9.27 본항개정)
② 제1항에 따른 등급 및 내용정보의 표시 방법에 관하여 필요한 사항은 대통령령으로 정한다.(2023.8.8 본항개정)

제66조【광고·선전의 제한 등】 ① 비디오물(제50조제3항제1호부터 제3호까지에 따른 비디오물은 제외한다)에 관한 광고나 선전물을 배포·게시하거나 이를 정보통신망을 이용하여 공중의 시청에 제공하고자 하는 자는 영상물등급위원회로부터 청소년에 대한 유해성 여부를 확인받아야 한다. 다만, 제한관람가 비디오물에 관한 광고·선전물은 그러하지 아니하다.(2023.8.8 본문개정)
② 제1항에 따라 청소년에 대한 유해성이 있는 것으로 확인받은 광고나 선전물은 이를 배포·게시하여서는 아니 된다.(2023.8.8 본항개정)
③ 제2항에도 불구하고 정보통신망을 이용한 광고나 선전물의 경우에는 「정보통신망 이용촉진 및 정보보호 등에 관한 법률」 제42조의2의 규정에 따라 청소년을 제외한 공중의 시청에 제공할 수 있다. 다만, 영상물등급위원회에서 그 광고선전물의 내용이 제50조제3항제5호에 해당하는 것으로 확인하는 경우에는 그러하지 아니하다.
(2023.8.8 본문개정)
④ 누구든지 등급분류를 받은 비디오물의 내용 또는 등급과 다른 내용이나 등급을 표시한 광고·선전물을 배포·게시하여서는 아니 된다.
⑤ 제한관람가 비디오물에 관한 광고 또는 선전을 하는 자는 그 광고 또는 선전물을 제한관람가비디오물소극장 안에 게시하여야 한다. 이 경우 해당 게시물이 제한관람가비디오물소극장 밖에서 보이도록 하여서는 아니 된다.
(2009.5.8 본항신설)
⑥ 제1항에 따른 유해성 여부의 확인절차에 관하여 필요한 사항은 영상물등급위원회규정으로 정한다.(2023.8.8 본항개정)

제5절 등록취소 등 행정조치

제67조【행정처분 등】 ① 시장·군수·구청장은 비디오물제작업 또는 비디오물배급업의 신고를 한 자가 다음 각 호의 어느 하나에 해당하는 때에는 6개월 이내의 기간을 정하여 영업정지를 명하거나 영업폐쇄를 명할 수 있다. 다만, 제1호 또는 제4호에 해당하는 때에는 영업폐쇄를 명하여야 한다.(2023.8.8 본문개정)
1. 거짓이나 그 밖의 부정한 방법으로 신고한 때(2023.8.8 본호개정)
2. 제53조제1항의 규정을 위반한 때
3. 제61조제1항에 따른 변경신고를 하지 아니한 때
(2023.8.8 본호개정)
4. 영업정지명령을 위반하여 영업을 계속한 때
② 시장·군수·구청장은 비디오물시청제공업을 영위하는 자가 다음 각 호의 어느 하나에 해당하는 때에는 6개월 이내의 기간을 정하여 영업정지를 명하거나 등록을 취소할 수 있다. 다만, 제1호 또는 제7호에 해당하는 때에는 등록을 취소하여야 한다.(2023.8.8 본문개정)

1. 거짓이나 그 밖의 부정한 방법으로 등록한 때(2023.8.8 본호개정)
2. 제53조제1항 또는 제2항의 규정을 위반한 때
3. 제58조제1항에 따른 시설기준을 갖추지 못한 때
4. 제61조제1항에 따른 변경등록을 하지 아니한 때
5. 제62조에 따른 준수사항을 지키지 아니한 때
(2023.8.8 3호~5호개정)
6. 「성매매알선 등 행위의 처벌에 관한 법률」 제2조제1항에 따른 성매매 등의 행위를 하거나 이를 알선 또는 제공하는 행위를 한 때(2009.5.8 본호신설)
7. 영업정지명령을 위반하여 영업을 계속한 때
③ 시장·군수·구청장은 제1항 및 제2항에 따라 영업의 폐쇄명령 또는 등록의 취소를 하려는 경우에는 청문을 실시하여야 한다.(2009.5.8 본항개정)
④ 제1항 또는 제2항에 따라 영업의 폐쇄명령 또는 등록의 취소처분을 받은 자는 그 처분의 통지를 받은 날부터 7일 이내에 신고증 또는 등록증을 반납하여야 한다.
(2023.8.8 본항개정)
⑤ 제1항 및 제2항에 따른 행정처분의 세부적인 기준은 그 위반행위의 유형과 위반의 정도 등을 고려하여 문화체육관광부령으로 정한다.(2023.8.8 본항개정)
제68조 【과징금 부과】 ① 시장·군수·구청장은 비디오물제작업자 또는 비디오물배급업자가 제61조제1항에 따른 변경신고를 하지 아니하여 영업정지처분을 하여야 하는 때에는 대통령령으로 정하는 바에 따라 그 영업정지처분을 갈음하여 3천만원 이하의 과징금을 부과할 수 있다.(2021.12.28 본항신설)
② 시장·군수·구청장은 비디오물시청제공업자가 다음 각 호의 어느 하나에 해당하여 영업정지처분을 하여야 하는 때에는 대통령령으로 정하는 바에 따라 그 영업정지처분을 갈음하여 3천만원 이하의 과징금을 부과할 수 있다.
1. 제58조제1항에 따른 시설기준을 갖추지 못한 때
2. 제62조제2호·제4호 또는 제5호에 따른 준수사항을 위반한 때
(2023.8.8 본항개정)
③ 시장·군수·구청장은 제1항 또는 제2항에 따른 과징금을 납부하여야 할 자가 납부기한까지 이를 납부하지 아니하는 때에는 「지방행정제재·부과금의 징수 등에 관한 법률」에 따라 징수한다.(2021.12.28 본항개정)
④ 제1항부터 제3항까지의 규정에 따라 과징금으로 징수한 금액에 상당하는 금액을 다음 각 호의 용도에 사용하여야 한다.(2021.12.28 본문개정)
1. 건전한 비디오물의 제작 및 유통
2. 비디오물의 유해환경 개선
⑤ 제1항 또는 제2항에 따라 과징금을 부과하는 위반행위의 종별·정도 등에 따른 과징금의 금액 및 제4항에 따른 과징금의 운용계획 등에 필요한 사항은 대통령령으로 정한다.(2021.12.28 본항개정)
제69조 【행정제재처분의 효과승계】 ① 제63조제1항에 따른 신고가 수리되어 비디오물제작업자등의 지위를 승계하는 경우 종전의 비디오물제작업자등에 대하여 제67조제1항 각 호 또는 제2항 각 호의 위반을 사유로 행한 행정제재처분의 효과는 그 행정처분일부터 1년간 그 양수인·상속인 또는 합병 후 신설되거나 존속하는 법인에 승계되며 행정제재처분의 절차가 진행 중인 때에는 양수인·상속인 또는 합병 후 신설되거나 존속하는 법인에 대하여 행정제재처분의 절차를 속행할 수 있다. 다만, 양수인·상속인 또는 합병 후 신설되거나 존속하는 법인이 양수 또는 합병시에 그 처분 또는 위반사실을 알지 못한 경우에는 행정제재처분의 절차를 속행할 수 없다.
② 제63조제5항에 따라 비디오물제작업자등의 지위를 승계하는 경우 폐업신고 전에 제67조제1항 각 호 또는 제2항 각 호의 위반을 사유로 행한 행정제재처분의 효과는 그 행정처분일부터 1년간 비디오물제작업자등의 지위를 승계받은 자에게 승계되며 행정제재처분의 절차가 진행 중인 때에는 비디오물제작업자등의 지위를 승계받은 자에게 행정제재처분의 절차를 속행할 수 있다.
(2018.12.24 본조개정)
제70조 【폐쇄 및 수거】 ① 시장·군수·구청장은 제57조 또는 제58조에 따른 신고 또는 등록을 하지 아니하고 영업을 하는 자와 제67조제1항 또는 제2항에 따른 영업의 폐쇄명령 또는 등록의 취소처분을 받고 계속 영업을 하는 자에 대하여는 관계공무원으로 하여금 그 영업소를 폐쇄하기 위하여 다음 각 호의 조치를 하게 할 수 있다.
(2009.5.8 본문개정)
1. 해당 영업 또는 영업소의 간판 및 그 밖의 영업표지물의 제거(2018.10.16 본호개정)
2. 해당 영업 또는 영업소가 위법한 것임을 알리는 게시물의 부착(2018.10.16 본호개정)
3. 영업을 위하여 필요한 기구 또는 시설물을 사용할 수 없게 하는 봉인
② 제1항의 조치를 하는 경우 미리 해당 비디오물영업자 또는 그 대리인에게 서면으로 이를 알려 주어야 한다. 다만, 공공의 안전 또는 복리를 위하여 긴급히 처분을 할 필요가 있는 경우에는 그러하지 아니하다.(2023.8.8 본문개정)
③ 문화체육관광부장관, 특별시장·광역시장·특별자치시장·도지사·특별자치도지사(이하 "시·도지사"라 한다) 또는 시장·군수·구청장은 제53조제1항 각 호의 규정에 해당하는 비디오물을 발견한 때에는 관계 공무원으로 하여금 이를 수거하여 폐기하게 할 수 있다.
(2015.5.18 본항개정)
④ 제3항에 따라 관계 공무원이 해당 비디오물을 수거한 때에는 그 소유자 또는 점유자에게 수거증을 교부하여야 한다. 다만, 수거증의 인수를 거부한 경우에는 그러하지 아니하다.(2023.8.8 본문개정)
⑤ 문화체육관광부장관, 시·도지사 또는 시장·군수·구청장은 제3항에 따라 관계 공무원이 수거·폐기를 하는 경우 필요한 때에는 비디오물단체에 협조를 요청할 수 있다.(2023.8.8 본항개정)
⑥ 제1항 및 제3항에 따라 게시물의 부착·봉인·수거·폐기 등의 처분을 하는 관계 공무원 및 비디오물단체의 임·직원은 그 권한을 표시하는 증표를 지니고 이를 관계인에게 내보여야 한다.(2023.8.8 본항개정)
⑦ 문화체육관광부장관은 온라인비디오물이 제53조제1항 각 호의 어느 하나에 해당하는 경우 방송통신위원회에 「정보통신망 이용촉진 및 정보보호 등에 관한 법률」 제2조제1항제3호의 정보통신서비스 제공자 또는 같은 항 제9호의 게시판을 관리·운영하는 자로 하여금 그 취급을 거부·정지 또는 제한하게 하는 등의 시정을 명할 것을 요청할 수 있다. 이 경우 사전에 영상물등급위원회의 심의를 거쳐야 한다.(2022.9.27 본항신설)
⑧ 영상물등급위원회는 제7항 후단에 따른 심의 후 「방송통신위원회의 설치 및 운영에 관한 법률」 제18조에 따른 방송통신심의위원회에 대하여 같은 법 제21조제4호에 따라 심의 및 시정요구를 할 것을 요청할 수 있다.
(2022.9.27 본항신설)

제4장 영상물등급위원회

제71조 【영상물등급위원회】 영화 및 비디오물과 그 광고·선전물(이하 "영상물등"이라 한다)의 윤리성 및 공공성을 확보하고 청소년을 보호하기 위하여 영상물등급위원회를 둔다.
제72조 【직무】 영상물등급위원회는 다음 각 호의 사항을 심의·의결한다.
1. 영상물등의 등급분류 및 내용정보, 청소년 유해성 확인에 관한 사항(2009.5.8 본호개정)
2. 영상물등의 제작·유통 또는 시청제공의 실태조사 및 관리에 관한 사항
2의2. 제50조의4제1호 및 제2호의 준수 여부 확인 등 자체등급분류의 사후관리에 관한 사항(2022.9.27 본호신설)
3. 영상물등급위원회규정의 제정·개정 및 폐지에 관한 사항
4. 제74조제2항에 따른 위원의 기피신청에 관한 사항
(2023.8.8 본호개정)
5. 영상물등의 등급분류의 객관성 확보를 위한 조사, 연구, 국제협력 및 교육홍보에 관한 사항
5의2. 등급분류책임자 및 온라인비디오물 이용자 교육에 관한 사항(2022.9.27 본호신설)
5의3. 온라인비디오물 이용자의 권익보호에 관한 사항
(2022.9.27 본호신설)
6. 그 밖에 이 법 또는 다른 법령에 의하여 영상물등급위원회의 업무 또는 권한으로 규정되거나 위탁받은 사항
제73조 【구성】 ① 영상물등급위원회는 위원장 및 부위원장 각 1인을 포함한 9인 이내의 위원으로 구성한다.
② 영상물등급위원회의 위원은 문화예술·영상물등·청소년·법률·교육·언론 분야 또는 비영리민간단체 등에서 종사하고 전문성과 경험이 있는 사람 중에서 「대한민국예술원법」에 의한 대한민국예술원회장의 추천에 의하여 문화체육관광부장관이 위촉한다.(2023.8.8 본항개정)
③ 영상물등급위원회의 위원은 성과 연령을 균형있게 고려하여 구성하여야 하며 위원의 선임기준에 관하여 구체적인 사항은 대통령령으로 정한다.(2009.5.8 본항개정)
④ 그 밖에 영상물등급위원회의 구성·운영에 관하여 필요한 사항은 영상물등급위원회규정으로 정한다.
(2009.5.8 본항신설)
제74조 【위원의 제척·기피 및 회피】 ① 영상물등급위원회의 위원은 다음 각 호의 어느 하나에 해당하는 사항에 대한 심의·의결에서 제척된다.
1. 위원 또는 그 배우자나 배우자이었던 사람이 제29조제1항에 따른 영화의 상영등급분류신청, 제50조제1항 및 제50조의2제3항에 따른 비디오물의 등급분류신청 등 이 법에 따라 영상물등급위원회에 신청(이하 이 조에서 "신청"이라 한다)을 한 사항(2023.8.8 본호개정)
2. 위원 또는 그 배우자나 배우자이었던 사람과 공동권리자 또는 공동의무자의 관계에 있는 자가 신청한 사항
(2023.8.8 본호개정)
3. 위원과 가족관계에 있거나 그러한 관계에 있었던 사람이 신청한 사항(2023.8.8 본호개정)
② 신청을 한 자는 위원이 불공정한 의결을 할 우려가 있다고 인정할 만한 상당한 이유가 있을 때에는 그 사실을 서면으로 소명하고 기피신청을 할 수 있다.
③ 위원은 제1항 각 호의 어느 하나에 해당하는 사유 또는 제2항의 사유에 해당하는 경우에는 스스로 그 사항의 심의·의결을 회피할 수 있다.
④ 제1항부터 제3항까지에 따른 위원의 제척·기피 및 회피에 관하여 필요한 사항은 영상물등급위원회규정으로 정한다.(2023.8.8 본항개정)
제75조 【위원장 등】 ① 영상물등급위원회의 위원장 및 부위원장은 영상물등급위원회의 위원 중에서 호선한다.
② 영상물등급위원회의 위원장은 영상물등급위원회를 대표하고 그 업무를 총괄한다.
③ 영상물등급위원회의 위원장이 부득이한 사유로 직무를 수행할 수 없을 때에는 부위원장이 그 직무를 대행하며 위원장과 부위원장이 모두 그 직무를 수행할 수 없을 때에는 위원 중 연장자의 순으로 그 직무를 대행한다.
④ 영상물등급위원회의 위원장을 제외한 위원은 비상임으로 한다.
제76조 【위원의 임기】 ① 영상물등급위원회의 위원장 및 부위원장을 포함한 위원의 임기는 3년으로 한다.
② 영상물등급위원회 위원의 결원이 생긴 때에는 제73조에 따른 절차에 따라 보궐위원을 위촉하여야 하며 보궐위원의 임기는 전임자 임기의 남은 기간으로 한다.(2023.8.8 본항개정)
③ 영상물등급위원회의 위원장·부위원장을 포함한 위원은 제1항에 따라 임기가 만료된 때에 그 후임자가 선임되지 아니한 경우에는 후임자가 선임될 때까지 그 직무를 행한다.(2023.8.8 본항개정)
제77조 【의결정족수】 영상물등급위원회는 재적위원 과반수의 출석과 출석위원 과반수의 찬성으로 의결한다. 다만, 제72조제3호의 사항은 재적위원 과반수의 찬성으로 의결한다.
제78조 【회의공개】 ① 영상물등급위원회의 회의는 영상물등급위원회규정으로 정하는 바에 따라 공개한다. 다만, 영업비밀의 보호 등 특별한 사정이 있는 경우에는 영상물등급위원회의 의결로써 공개하지 아니할 수 있다.
② 영상물등급위원회는 영상물등급위원회규정으로 정하는 바에 따라 회의록을 작성하여야 한다.
(2023.8.8 본조개정)
제79조 【소위원회 등】 ① 영상물등급위원회는 제72조제1호에 따른 직무수행과 관련하여 영상물등급위원회에서 위임한 사항을 수행하게 하기 위하여 소위원회를 둘 수 있다.(2023.8.8 본항개정)
② 영상물등급위원회는 제72조제2호 및 제2호의2에 따른 업무를 수행하기 위하여 사후관리위원회를 둔다.
(2022.9.27 본항개정)
③ 소위원회 및 사후관리위원회의 구성·운영에 관하여 필요한 사항은 영상물등급위원회규정으로 정한다.
제80조 【위원의 대우 및 겸직금지】 ① 영상물등급위원회의 위원 중 상임위원에 대하여는 예산의 범위 안에서 영상물등급위원회규정으로 정하는 바에 따라 보수를 지급하고 비상임위원은 명예직으로 하되, 영상물등급위원회규정으로 정하는 바에 따라 직무수행경비 등 실비를 지급할 수 있다.
② 영상물등급위원회의 상임위원은 영상물등급위원회규정으로 정하는 경우를 제외하고는 영리를 목적으로 하는 다른 직무를 겸직할 수 없다.
(2023.8.8 본조개정)
제81조 【위원의 결격사유】 제12조제1호부터 제3호까지에 해당하는 사람은 영상물등급위원회 위원이 될 수 없다.(2023.8.8 본조개정)
제82조 【위원의 직무상 독립과 신분보장 등】 ① 영상물등급위원회의 위원은 임기 중 직무상 어떠한 지시나 간섭을 받지 아니한다.
② 영상물등급위원회의 위원은 다음 각 호의 어느 하나에 해당하는 경우를 제외하고는 그의 의사에 반하여 해촉되거나 신분상 불이익을 받지 아니한다.
1. 제81조의 결격사유에 해당하게 된 경우
2. 장기간 심신상의 장애로 직무를 수행할 수 없게 된 경우
③ 영상물등급위원회의 위원이 제2항제1호에 해당하게 된 경우에는 당연히 면직되며 같은 항 제2호에 해당하게 된 경우에는 영상물등급위원회의 위원장이 영상물등급위원회의 의결을 거쳐 문화체육관광부장관에게 해촉을 건의할 수 있다.(2023.8.8 본항개정)
제83조 【영상물등급위원회의 등급분류 관련 업무 등】 ① 영상물등급위원회는 영상물등의 등급분류에 대한 국민여론을 정기적으로 조사하여 그 결과를 등급분류 등의 업무 수행에 반영하여야 한다.
② 영상물등급위원회는 제72조제2호에 따른 등급분류와 관련한 업무를 수행하기 위하여 필요한 경우에는 영화업자 및 비디오물영업자에게 관련 자료의 제출을 요구할 수 있으며 위반사항이 있는 경우에는 필요한 조치를 관계기관에 건의하여야 한다.(2023.8.8 본항개정)
③ 제2항에 따른 자료의 제출에 관하여 필요한 사항은 영상물등급위원회규정으로 정한다.(2009.5.8 본항신설)
제84조 【사무국】 ① 영상물등급위원회의 사무를 보조하기 위하여 영상물등급위원회에 사무국을 둔다.
② 사무국에 사무국장 1인을 두되, 영상물등급위원회의 위원장이 영상물등급위원회의 동의를 얻어 임명한다.
③ 사무국의 조직 및 운영에 관하여 필요한 사항은 영상물등급위원회규정으로 정한다.
제85조 【영상물등급위원회 규정의 제정·개정·폐지】 ① 영상물등급위원회는 영상물등급위원회규정을 제정·개정 또는 폐지하고자 하는 때에는 제정·개정·폐지안을 20일 이상 관보 등에 예고하여야 하며, 그 규정을 제

정·개정 또는 폐지한 때에는 이를 관보 등에 게재·공포하여야 한다.
② 영상물등급위원회는 제50조제6항에 따라 등급분류의 기준을 정하거나 이를 변경하고자 하는 경우에는 청소년단체·비영리민간단체·학계 또는 산업계 등의 의견을 수렴하여야 한다.(2023.8.8 본항개정)
제86조【국고지원】 ① 영상물등급위원회의 운영에 필요한 경비는 국고에서 보조할 수 있다.
② 영상물등급위원회는 국고 예산이 수반되는 영상물등급위원회의 사업계획 등에 대하여 미리 문화체육관광부장관과 협의하여야 한다.(2008.2.29 본항개정)

제5장 보 칙

제87조【비디오물단체의 설립】 ① 비디오물영업자는 영업의 건전한 발전을 위하여 비디오물단체를 설립할 수 있다.
② 비디오물단체는 법인으로 한다.
③ 비디오물단체를 설립하고자 하는 자는 문화체육관광부장관의 허가를 받아야 한다.(2008.2.29 본항개정)
④ 비디오물단체는 비디오물의 제작 및 유통질서가 건전하게 유지될 수 있도록 노력하여야 한다.
⑤ 비디오물단체에 대하여 이 법에 규정되지 아니한 사항에 관하여는 「민법」 중 사단법인에 관한 규정을 준용한다.
제88조【비디오물 유통질서에 관한 교육】 시장·군수·구청장은 비디오물의 건전한 유통질서 확립을 위하여 필요하다고 인정할 경우에는 비디오물시청제공업자에 대하여 연 3시간 이내의 범위에서 대통령령으로 정하는 바에 따라 교육을 실시할 수 있다.(2023.8.8 본조개정)
제89조【모범적인 비디오물영업자에 대한 지원】 ① 시장·군수·구청장은 비디오물의 건전한 유통질서 확립을 위하여 필요하다고 인정하는 경우에는 모범적인 비디오물시청제공업자를 지정하여 필요한 지원을 할 수 있다.
② 제1항에 따른 지정기준 및 절차 등에 관하여 필요한 사항은 문화체육관광부령으로 정한다.(2023.8.8 본항개정)
제90조【수수료】 ① (2015.5.18 삭제)
② 다음 각 호의 어느 하나에 해당하는 자는 영상물등급위원회가 문화체육관광부장관의 승인을 얻어 정한 수수료를 영상물등급위원회에 납부하여야 한다. 다만, 제1호 또는 제4호에 해당하는 자로서 영리를 목적으로 하지 아니하는 경우에는 그 수수료를 면제한다.(2012.2.17 단서신설)
1. 제29조제1항에 따른 영화의 상영등급분류를 신청하는 자(2023.8.8 본호개정)
2. 제31조에 따른 이의신청을 하는 자(2023.8.8 본호개정)
3. 제32조에 따른 영화 광고·선전물의 청소년 유해성의 확인을 신청하는 자(2023.8.8 본호개정)
4. 제50조제1항에 따른 비디오물 등급분류를 신청하는 자(2023.8.8 본호개정)
4의2. 제50조의2제3항에 따라 등급분류를 요청하는 자(2022.9.27 본호신설)
5. 제51조에 따른 비디오물 복제 등의 확인을 신청하는 자 또는 확인증명서의 재발급을 신청하는 자
6. 제54조제1항에 따른 등급의 재분류를 신청하는 자
7. 제66조제1항에 따른 비디오물 광고·선전물의 청소년 유해성 여부의 확인을 신청하는 자
(2023.8.8 5호~7호개정)
③ 다음 각 호의 어느 하나에 해당하는 자는 시·군·구(자치구를 말한다)의 조례로 정하는 바에 따라 수수료를 납부하여야 한다.(2023.8.8 본문개정)
1. 제36조제1항에 따른 등록 또는 변경등록을 신청하는 자(2023.8.8 본호개정)
1의2. 제26조제1항에 따라 영화업자의 신고 또는 변경신고를 하는 자(2009.5.8 본호신설)
1의3. 제26조제3항에 따라 신고증의 재교부를 신청하는 자(2018.12.24 본호개정)
2. 제57조제1항에 따라 비디오물제작업 또는 비디오물배급업의 신고를 하는 자(2023.8.8 본호개정)
3. 제58조제1항에 따라 비디오물시청제공업의 등록을 신청하는 자(2023.8.8 본호개정)
4. 제61조제1항에 따라 변경신고 또는 변경등록을 하는 자(2023.8.8 본호개정)
④ 영상물등급위원회는 제2항에 따른 수수료를 정하려는 경우에는 미리 관련 사업자의 의견을 수렴하여야 한다.(2015.5.18 본항신설)
제91조【벌칙 적용에서의 공무원 의제】 다음 각 호에 해당하는 사람은 「형법」 제129조부터 제132조까지에 따른 벌칙을 적용할 때에는 공무원으로 본다.(2023.8.8 본문개정)
1. 영화진흥위원회의 위원과 그 사무국의 직원
2. 영상물등급위원회의 위원과 그 사무국의 직원
3. 영상물등급위원회 소위원회의 위원·사후관리위원회의 위원
4. 제92조제2항 및 제3항에 따라 위탁받은 업무에 종사하는 사람(2023.8.8 본호개정)
제92조【권한의 위임 및 위탁】 ① 문화체육관광부장관은 이 법에 따른 권한의 일부를 대통령령으로 정하는 바에 따라 시·도지사 또는 시장·군수·구청장에게 위임할 수 있다.(2009.5.8 본항개정)
② 문화체육관광부장관은 대통령령으로 정하는 바에 따라 그 업무의 일부를 영화진흥위원회, 한국영상자료원, 영상물등급위원회 또는 영상문화 및 영상산업과 관련된 전문기관·단체 등에 위탁할 수 있다.(2022.9.27 본항신설)
③ 영화진흥위원회는 대통령령으로 정하는 바에 따라 그 업무의 일부를 영상문화 및 영상산업 진흥을 목적으로 설립된 기관 또는 단체에 위탁할 수 있다.(2023.8.8 본항개정)

제6장 벌 칙

제93조【벌칙】 제70조제1항 각 호에 따른 조치를 받고 이를 위반하여 영업을 한 자는 5년 이하의 징역 또는 5천만원 이하의 벌금에 처한다.(2023.8.8 본조개정)
제94조【벌칙】 다음 각 호의 어느 하나에 해당하는 자는 3년 이하의 징역 또는 3천만원 이하의 벌금에 처한다.
1. 제29조제3항의 규정을 위반하여 상영등급을 분류받지 아니한 영화를 상영한 자
2. 제29조제5항의 규정을 위반하여 제한상영가 영화를 관람할 수 없는 청소년을 입장시킨 자
3. 제43조제1항의 규정을 위반하여 제한상영가 영화를 제한상영관이 아닌 장소 또는 시설에서 상영한 자
4. 제43조제2항의 규정을 위반하여 제한상영가 영화를 다른 영상물로 제작하거나 그 제작된 영상물을 상영·판매·전송·대여 또는 시청에 제공한 자
5. 제53조의2제1항을 위반하여 제한관람가 비디오물을 제한관람가비디오물소극장이 아닌 장소 또는 시설에서 시청에 제공한 자(2009.5.8 본호신설)
6. 제53조의2제2항을 위반하여 제한관람가 비디오물을 유통한 자(2009.5.8 본호신설)
7. 제62조제4호를 위반하여 비디오물감상실, 제한관람가비디오물소극장 또는 복합영상물제공업소에 청소년 출입을 허용한 자(2015.5.18 본호개정)
제95조【벌칙】 다음 각 호의 어느 하나에 해당하는 자는 2년 이하의 징역 또는 2천만원 이하의 벌금에 처한다.
1. 제29조제6항의 규정을 위반하여 영화를 상영한 자
2. 제33조의 규정을 위반하여 제한상영가 영화의 광고 또는 선전물을 게시하거나 제한상영관 밖에서 보이도록 한 자
3. 제43조제3항의 규정을 위반하여 제한상영관에서 제29조제2항제1호부터 제4호까지에 따른 영화를 상영한 자
4. 제45조에 따른 영업정지명령을 이행하지 아니한 자
5. 비디오물에 관한 정당한 권리를 가지지 아니한 자가 거짓이나 그 밖에 부정한 방법으로 제50조제1항에 따른 등급분류를 받거나 제51조제1항에 따른 복제·배급 등의 확인을 받은 자
(2023.8.8 3호~5호개정)
6. 제53조제1항의 규정을 위반하여 불법비디오물을 제작·유통·시청에 제공하거나 이를 위하여 진열·보관한 자
7. 제53조제3항의 규정을 위반하여 등급분류증명서 또는 확인증명서를 매매 또는 증여한 자(2018.10.16 본호개정)
8. 제53조의2제3항을 위반하여 제한관람가비디오물소극장에서 제50조제3항제1호부터 제4호까지의 규정에 따른 비디오물을 공중의 시청에 제공한 자(2009.5.8 본호신설)
9. 제58조제1항의 규정을 위반하여 등록을 하지 아니하고 비디오물시청제공업을 영위한 자
10. 제62조제2호 또는 제3호의 규정을 위반하여 준수사항을 지키지 아니한 자
11. 제66조제5항을 위반하여 제한관람가 비디오물의 광고 또는 선전물을 제한관람가비디오물소극장 안 이외의 장소에 게시하거나 제한관람가비디오물소극장 밖에서 보이도록 한 자(2009.5.8 본호신설)
12. 제67조제2항에 따른 영업의 정지명령을 위반하여 영업을 계속한 자(2023.8.8 본호개정)
제96조【벌칙】 다음 각 호의 어느 하나에 해당하는 자는 1천만원 이하의 벌금에 처한다.
1. 제57조의 규정을 위반하여 신고를 하지 아니하고 영업을 한 자
2. 제67조제1항에 따른 영업의 정지명령을 위반하여 영업을 계속한 자(2023.8.8 본호개정)
3. 제70조제1항 또는 제3항에 따른 관계 공무원의 조치를 거부·방해 또는 기피한 자(2023.8.8 본호개정)
제96조의2【벌칙】 제3조의4를 위반하여 근로계약을 체결한 자는 500만원 이하의 벌금에 처한다.(2015.5.18 본조신설)
제97조【양벌규정】 법인의 대표자나 법인 또는 개인의 대리인, 사용인, 그 밖의 종업원이 그 법인 또는 개인의 업무에 관하여 제93조부터 제96조까지 및 제96조의2의 어느 하나에 해당하는 위반행위를 하면 그 행위자를 벌하는 외에 그 법인 또는 개인에게도 해당 조문의 벌금형을 과(科)한다. 다만, 법인 또는 개인이 그 위반행위를 방지하기 위하여 해당 업무에 관하여 상당한 주의와 감독을 게을리하지 아니한 경우에는 그러하지 아니하다.
(2015.5.18 본문개정)
제98조【과태료】 ① 다음 각 호의 어느 하나에 해당하는 자에게는 5천만원 이하의 과태료를 부과한다.
(2015.5.18 본문개정)
1. 제29조제4항 또는 제5항의 규정을 위반하여 같은 조 제2항제2호부터 제4호까지의 상영등급에 해당하는 영화를 관람할 수 없는 자를 입장시킨 자(2023.8.8 본호개정)
2. 제32조제1항의 규정을 위반하여 청소년 유해성 여부를 확인받지 아니한 광고나 선전물을 배포·게시하거나 정보통신망을 이용하여 공중의 시청에 제공한 자
3. 제32조제2항의 규정을 위반하여 청소년에게 유해하다고 확인된 광고나 선전물을 배포·게시한 자
3의2. 제50조의6제1항에 따른 업무정지 명령을 이행하지 아니한 자(2022.9.27 본호신설)
4. 제53조제2항의 규정을 위반하여 비디오물을 시청에 제공한 자
5. 제66조제1항의 규정을 위반하여 청소년에 대한 유해성 여부를 확인 받지 아니한 자
6. 제66조제2항의 규정을 위반하여 청소년에게 유해하다고 확인된 광고나 선전물을 배포·게시한 자
② 다음 각 호의 어느 하나에 해당하는 자에게는 1천만원 이하의 과태료를 부과한다.(2015.5.18 본문개정)
1. (2015.5.18 삭제)
1의2. 제26조제1항의 규정을 위반하여 신고를 하지 아니하고 영화제작·수입·배급 또는 상영업을 영위한 자
2. 제35조제1항의 규정을 위반하여 영화필름등을 제출하지 아니한 자
3. 제36조제1항의 규정을 위반하여 등록을 하지 아니하고 영화상영관을 설치·경영한 자
4. 제37조제1항 전단 또는 같은 조 제2항을 위반하여 재해대처계획을 수립, 신고 또는 보완하지 아니한 자
(2016.12.20 본호개정)
4의2. 제37조제4항을 위반하여 재해예방조치를 취하지 아니한 자(2018.12.24 본호개정)
5. 제39조제3항을 위반하여 입장객 수, 입장권 판매액 등 문화체육관광부령으로 정하는 사항에 관한 자료를 고의적으로 누락하거나 조작하여 영화상영관입장권 통합전산망에 전송한 자(2015.5.18 본호신설)
6. 제41조의 규정을 위반하여 신고를 하지 아니하거나 허위로 신고한 자
7. 제44조의 규정을 위반하여 영사관련 국가기술자격을 취득하지 아니한 자로 하여금 영화를 상영하게 한 자
8. 제61조제1항의 규정을 위반하여 변경신고 또는 변경등록을 하지 아니한 자
9. 제65조제1항 또는 제2항의 규정을 위반하여 등급 또는 내용정보 표시를 하지 아니하거나 표시방법과 다르게 표시한 자(2009.5.8 본호개정)
③ 다음 각 호의 어느 하나에 해당하는 자에게는 300만원 이하의 과태료를 부과한다.(2015.5.18 본문개정)
1. 제26조제1항 후단의 규정을 위반하여 변경신고를 하지 아니한 자
2. 제36조제1항 후단의 규정을 위반하여 영화상영관 변경등록을 하지 아니한 자
3. 제46조제1항·제2항 또는 제63조제1항·제2항을 위반하여 신고를 하지 아니한 자(2018.12.24 본호개정)
제99조【과태료의 부과】 제98조에 따른 과태료는 대통령령으로 정하는 바에 따라 문화체육관광부장관 또는 시장·군수·구청장이 부과·징수한다.(2009.5.8 본조개정)

부 칙

제1조【시행일】 이 법은 공포 후 6개월이 경과한 날부터 시행한다.
제2조 (2009.5.21 삭제)
제3조【다른 법률의 폐지 등】 「영화진흥법」 및 「음반·비디오물 및 게임물에 관한 법률」은 각각 이를 폐지한다. 다만, 「음반·비디오물 및 게임물에 관한 법률」 제42조제3항 내지 제6항, 제50조 내지 제52조의 규정 중 정당한 권리를 가지지 아니한 자가 영리를 목적으로 복제 제작한 음반·비디오물·게임물의 수거·폐기 및 그 벌칙에 관한 규정은 2006년 12월 31일까지 이를 적용한다.
제4조【영화필름등의 제출에 관한 적용례】 제35조제1항의 규정은 이 법 시행 후 최초로 제29조제1항의 규정에 의하여 상영등급을 분류 받은 영화분부터 적용한다.
제5조【비디오물에 관한 경과조치】 이 법에 의하여 새로이 비디오물에 포함된 디스크 등의 디지털 매체나 장치에 담긴 저작물로서 이 법 시행 당시 이미 제작·수입·배급되거나 유통 중인 것에 대하여는 종전의 규정에 의한다.
제6조【영화진흥위원회 및 한국영상자료원에 대한 경과조치】 ① 이 법 시행 당시 종전의 「영화진흥법」 제7조 및 제24조의3의 규정에 의하여 설치된 영화진흥위원회 및 한국영상자료원은 각각 이 법에 의하여 설립된 것으로 본다.
② 이 법 시행 당시 재임 중인 영화진흥위원회 및 한국영상자료원의 위원은 이 법에 의하여 위촉된 것으로 보되, 그 임기는 종전의 「영화진흥법」에 의하여 위촉된 날부터 기산한다.
제7조【영화진흥금고에 대한 경과조치】 이 법 시행 당시 종전의 「영화진흥법」 제33조의 규정에 의하여 설치된 영화진흥금고는 이 법에 의하여 설치된 것으로 본다.
제8조【공동제작영화의 한국영화인정에 관한 경과조치】 이 법 시행 당시 공동제작영화를 제작한 자로서 종전의 「영화진흥법」 제5조의 규정에 의하여 한국영화의

인정을 받은 자는 이 법에 의하여 한국영화로 인정받은 것으로 본다.

제9조【영상물등급위원회 등에 대한 경과조치】 ① 이 법 시행 당시 종전의 「음반·비디오물 및 게임물에 관한 법률」 제5조의 규정에 의하여 설치된 영상물등급위원회는 이 법에 의하여 설립된 것으로 본다.
② 이 법 시행 당시 설치된 영상물등급위원회의 위원 수는 제73조제1항의 규정에 불구하고 종전의 규정에 의한다.
③ 이 법 시행 당시 재임 중인 영상물등급위원회의 위원은 이 법에 의하여 위촉된 것으로 보되, 그 임기는 종전의 「음반·비디오물 및 게임물에 관한 법률」에 의하여 위촉된 날부터 기산한다.
④ 이 법 시행 당시 재직 중인 영상물등급위원회의 직원은 이 법에 의한 영상물등급위원회의 직원으로 본다.
⑤ 이 법 시행 당시 종전의 영상물등급위원회가 행한 등급분류 등의 행위 또는 영상물등급위원회에 대하여 행한 신청 등의 행위는 이 법에 의한 영상물등급위원회의 행위 또는 영상물등급위원회에 대한 신청 등으로 본다.

제10조【신고 및 등록에 관한 경과조치】 ① 이 법 시행 당시 종전의 「영화진흥법」 제4조의 규정에 의하여 신고한 영화업자 또는 「음반·비디오물 및 게임물에 관한 법률」 제26조의 규정에 의하여 신고한 비디오물제작업을 영위하는 자 및 비디오물배급업을 영위하는 자는 각각 이 법에 의한 신고를 한 것으로 본다.
② 이 법 시행 당시 종전의 「영화진흥법」 제26조의 규정에 의하여 등록한 자 또는 「음반·비디오물 및 게임물에 관한 법률」 제27조 및 제28조의 규정에 의하여 등록 또는 신고한 자는 각각 이 법에 의하여 등록 또는 신고한 것으로 본다.

제11조【18세관람가 영화 또는 비디오물에 관한 경과조치】 이 법 시행 당시 종전의 「영화진흥법」 및 「음반·비디오물 및 게임물에 관한 법률」의 규정에 의하여 18세관람가 영화 또는 비디오물로 분류된 것은 이 법에 의하여 청소년관람불가 영화 또는 비디오물로 분류된 것으로 본다.

제12조【협회 또는 단체에 대한 경과조치】 (생략)

제13조【행정처분 등에 관한 경과조치】 ① 이 법 시행 전에 「영화진흥법」 또는 「음반·비디오물 및 게임물에 관한 법률」(비디오물에 관련된 사항에 한한다)의 규정에 의하여 행하여진 처분·신청·신고 그 밖의 행정기관에 대한 행위는 이 법의 규정에 의하여 행한 처분·신청·신고 그 밖의 행정기관에 대한 행위로 본다.
② 이 법 시행 전의 「영화진흥법」 또는 「음반·비디오물 및 게임물에 관한 법률」(비디오물에 관련된 사항에 한한다)을 위반한 행위에 대한 행정처분의 적용에 있어서는 종전의 규정에 의한다.

제14조【다른 법률의 개정】 ①~⑤ ※(해당 법령에 가제정리 하였음)

제15조【다른 법령과의 관계】 이 법 시행 당시 다른 법령에서 「영화진흥법」 또는 「음반·비디오물 및 게임물에 관한 법률」의 규정을 인용하고 있는 경우에 이 법 중 그에 해당하는 규정이 있는 때에는 종전의 규정에 갈음하여 이 법 또는 이 법의 해당 규정을 인용한 것으로 본다.

부 칙 (2007.1.26)

제1조【시행일】 이 법은 공포 후 3개월이 경과한 날부터 시행한다. 다만, 이 법 시행 전에 제23조의 개정규정에 따른 영화발전기금의 설치·운영에 필요한 준비를 할 수 있으며, 제25조의2의 개정규정은 2007년 7월 1일부터 시행한다.

제2조【유효기간】 제25조의2의 개정규정은 2028년 12월 31일까지 효력을 가진다.(2021.12.28 본조개정)

제3조【영화진흥금고에 관한 경과조치】 이 법 시행 당시 종전의 규정에 따라 영화진흥위원회가 관리·운용하고 있는 영화진흥금고의 채권·채무 그 밖의 권리·의무는 이 법에 따라 영화진흥위원회가 관리·운용하는 영화발전기금에 귀속된다. 다만, 부칙 제1조의 규정에 불구하고 부칙 제5조제2항의 규정에 따라 기금운용계획안을 국회에 제출하여 심의·의결되기 전까지는 종전의 규정에 따른 영화진흥금고를 관리·운용할 수 있다.

제4조【재해대처계획 신고에 관한 경과조치】 이 법 시행 당시 종전의 규정에 따라 재해대처계획을 신고한 자는 제37조제1항의 개정규정에 따라 신고한 것으로 본다.

제5조【영화발전기금의 2007년도 기금운용계획안의 수립시기에 대한 특례】 ① 영화진흥위원회는 이 법 공포 후 지체 없이 2007년도 기금운용계획안을 수립하고 문화관광부장관을 거쳐 기획예산처장관에게 제출하여야 한다.
② 정부는 제1항의 규정에 따라 마련된 2007년도 기금운용계획안을 이 법 공포 후 60일 이내에 국회에 제출하여야 한다. 이 경우 국회는 「국회법」 제84조의2의 규정에 불구하고 2007년도 기금운용계획안이 국회에 제출된 날부터 60일 이내에 심의·의결하여야 한다.

제6조【다른 법률의 개정】 ①~② ※(해당 법령에 가제정리 하였음)

부 칙 (2013.7.16)

법률 제11902호는 「대한민국헌법」 제53조제7항에 따라 20일이 경과한 날(2013.8.6)부터 효력이 발생됨.

부 칙 (2018.12.24)

제1조【시행일】 이 법은 공포한 날부터 시행한다.

제2조【영화상영관 경영자의 재해대처계획 수립 신고 등에 관한 적용례】 ① 제37조제2항의 개정규정은 이 법 시행 후 영화상영관 경영자가 재해대처계획 수립 신고를 하는 경우부터 적용한다.
② 제46조 및 제63조의 개정규정은 이 법 시행 후 영화상영관 경영자 또는 비디오물제작업자등이 지위 승계 신고를 하는 경우부터 적용한다.

부 칙 (2020.3.24)

제1조【시행일】 이 법은 공포한 날부터 시행한다.(이하 생략)

부 칙 (2020.6.9)

제1조【시행일】 이 법은 공포 후 3개월이 경과한 날부터 시행한다.

제2조【영화진흥위원회의 위원장, 위원 및 감사에 관한 경과조치】 이 법 시행 당시 종전의 제8조, 제10조 및 제19조에 따라 임명된 영화진흥위원회의 위원장, 위원 및 감사는 그 임기가 만료되는 때까지 이 법 개정규정 따라 임명된 것으로 본다.

부 칙 (2020.12.29)

제1조【시행일】 이 법은 공포 후 1년이 경과한 날부터 시행한다.(이하 생략)

부 칙 (2021.5.18)

제1조【시행일】 이 법은 공포 후 3개월이 경과한 날부터 시행한다.

제2조【영화진흥기본계획에 관한 적용례】 제3조제2항제6호의2의 개정규정은 이 법 시행 이후 제3조제1항에 따라 영화진흥기본계획을 수립하는 경우부터 적용한다.

부 칙 (2021.7.20)

이 법은 공포 후 3개월이 경과한 날부터 시행한다.

부 칙 (2021.12.28)

제1조【시행일】 이 법은 공포 후 6개월이 경과한 날부터 시행한다. 다만, 법률 제8280호 영화 및 비디오물의 진흥에 관한 법률 일부개정법률 부칙 제2조의 개정규정은 공포한 날부터 시행한다.

제2조【폐업신고에 관한 적용례】 제28조의2, 제46조의2 및 제64조의 개정규정은 이 법 시행 이후 폐업을 하는 경우부터 적용한다.

제3조【과징금 부과에 관한 적용례】 제68조제1항의 개정규정은 이 법 시행 이후 영업정지처분의 사유가 발생한 경우부터 적용한다.

부 칙 (2022.9.27)

제1조【시행일】 이 법은 공포 후 6개월이 경과한 날부터 시행한다.

제2조【다른 법률의 개정】 ※(해당 법령에 가제정리 하였음)

부 칙 (2023.5.16)

제1조【시행일】 이 법은 공포한 날부터 시행한다.(단서 생략)

제2조【이의신청에 관한 일반적 적용례】 이의신청에 관한 개정규정은 이 법 시행 이후 하는 처분부터 적용한다.

제3조부터 **제6조**까지 생략

부 칙 (2023.8.8)

이 법은 공포한 날부터 시행한다.

부 칙 (2023.10.31)

이 법은 공포 후 6개월이 경과한 날부터 시행한다.

음악산업진흥에 관한 법률

(약칭 : 음악산업법)

(2006년 4월 28일 법 률 제7942호)

개정
2008. 2.29법 8852호(정부조직)
2009. 3.18법 9493호 2010. 3.17법10115호
2010. 3.31법10219호(지방세기본법)
2010. 6.10법10369호(콘텐츠산업진흥법)
2011. 5.19법10629호(지식재산기본법)
2013. 8. 6법11998호(지방세외수입금의징수등에관한법)
2015. 5.18법13306호(영화및비디오물의진흥에관한법)
2016. 3.22법14082호
2016.12.27법14476호(지방세징수법)
2018. 2.21법15379호 2018.12.24법16062호
2019.12. 3법16692호
2020. 2.18법17007호(권한지방이양)
2020. 3.24법17091호(지방행정제재·부과금의징수등에관한법)
2020.12.22법17717호
2022. 9.27법18985호(영화및비디오물의진흥에관한법)
2022. 9.27법18986호
2023. 8. 8법19592호(법률용어정비)
2023.10.31법19801호

제1장 총 칙

제1조【목적】 이 법은 음악산업의 진흥에 필요한 사항을 정하여 관련 산업의 발전을 촉진함으로써 국민의 문화적 삶의 질을 높이고 국민경제의 발전에 이바지함을 목적으로 한다.

제2조【정의】 이 법에서 사용하는 용어의 정의는 다음과 같다.
1. "음악"이라 함은 소리를 소재로 박자·선율·화성·음색 등을 일정한 법칙과 형식으로 종합하여 사상과 감정을 나타낸 것을 말한다.
2. "음악산업"이라 함은 음악의 창작·공연·교육, 음반·음악파일·음악영상물·음악영상파일의 제작·유통·수출·수입, 악기·음향기기 제조 및 노래연습장업 등과 이와 관련된 산업을 말한다.
3. "음원"이라 함은 음 또는 음의 표현으로서 유형물에 고정시킬 수 있거나 전자적 형태로 수록할 수 있는 것을 말한다.
4. "음반"이라 함은 음원이 유형물에 고정되어 재생하여 들을 수 있도록 제작된 것을 말한다.
5. "음악파일"이라 함은 음원이 복제·전송·송신·수신될 수 있도록 전자적 형태로 제작되거나 전자적 기기에 수록된 것을 말한다.
6. "음악영상물"이라 함은 음원의 내용을 표현하기 위하여 해당 음원에 영상이 포함되어 제작된 것을 말하며 음악의 실연(實演)에 대한 영상물을 포함한다.(2019.12.3 본호개정)
7. "음악영상파일"이라 함은 음악영상물이 복제·전송·송신·수신될 수 있도록 전자적 형태로 제작되거나 전자적 기기에 수록된 것을 말한다.
8. "음반·음악영상물제작업"이라 함은 음반, 음악파일, 음악영상물, 음악영상파일(이하 "음반등"이라 한다)을 기획제작하거나 복제제작하는 영업을 말한다.
9. "음반·음악영상물배급업"이라 함은 음반등을 수입(원판수입을 포함한다)하거나 그 저작권을 소유·관리하여 음반·음악영상물판매업자 또는 온라인음악서비스제공업자에게 공급하는 영업을 말한다.
10. "음반·음악영상물판매업"이라 함은 음반 및 음악영상물을 소비자에게 직접 판매하는 영업을 말한다.
11. "온라인음악서비스제공업"이라 함은 「정보통신망 이용촉진 및 정보보호 등에 관한 법률」 제2조제1항제1호의 규정에 따른 정보통신망을 이용하여 음악파일·음악영상파일을 소비자의 이용에 제공하는 영업을 말한다.
12. "식별표시"라 함은 음반등의 유통통계·검색·검증 등에 활용하기 위하여 「콘텐츠산업 진흥법」 제23조에 따라 문화체육관광부장관이 음반 등에 부여한 식별번호·기호 등을 말한다.(2010.6.10 본호개정)
13. "노래연습장업"이라 함은 연주자를 두지 아니하고 반주에 맞추어 노래를 부를 수 있도록 하는 영상 또는 무영상 반주장치 등의 시설을 갖추고 공중의 이용에 제공하는 영업을 말한다.
14. "청소년"이란 「청소년 보호법」 제2조제1호에 따른 청소년을 말한다.(2023.10.31 본호개정)

제3조【음악산업진흥종합계획의 수립·시행 등】 ① 문화체육관광부장관은 음악산업의 진흥을 위하여 필요한 종합적인 계획(이하 "종합계획"이라 한다)을 수립·시행하여야 한다. 이 경우 필요한 때에는 관계 중앙행정기관의 장과 협의할 수 있다.(2008.2.29 본항개정)
② 종합계획에는 다음 각 호의 사항이 포함되어야 한다.
1. 중장기 기본계획의 수립에 관한 사항 및 법령·제도의 개선에 관한 사항
2. 창작활동 활성화에 관한 사항
3. 수출촉진과 고용창출에 관한 사항
4. 기술의 개발 및 보급에 관한 사항
5. 유통의 전문화 및 유통구조의 개선에 관한 사항
6. 창업지원 등 산업육성에 관한 사항

7. 전문인력의 양성에 관한 사항
8. 인프라 구축에 관한 사항
9. 국제협력에 관한 사항
10. 위법하게 제작되거나 판매·배포(이하 "유통"이라 한다) 또는 이용에 제공되는 음반등의 지도·단속에 관한 사항
11. 위법하게 제작·유통 또는 이용에 제공되는 음반등에 대한 「비영리민간단체 지원법」 제2조의 규정에 따른 비영리민간단체(이하 "비영리민간단체"라 한다)의 자율감시활동의 지원에 관한 사항
12. 그 밖에 관련 업소의 건전한 발전 및 육성에 관한 사항

③ 문화체육관광부장관은 제1항 및 제2항의 종합계획에 따라 세부시행계획을 수립·시행하여야 한다. 이 경우 필요한 사항은 대통령령으로 정한다.(2008.2.29 전단개정)

제2장 음악산업의 진흥

제4조【창업 및 제작 등의 지원】 ① 문화체육관광부장관은 음악산업에 관한 창업을 활성화하고 창업자의 안정적인 성장·발전을 위하여 필요한 지원을 할 수 있다.(2008.2.29 본항개정)

② 문화체육관광부장관은 음악산업의 경쟁력을 강화하고 우수 음악상품의 개발을 촉진하기 위하여 음악창작자 및 음반·음악영상물제작자에게 필요한 재원의 전부 또는 일부를 융자하거나 그 밖의 지원을 할 수 있다.(2008.2.29 본항개정)

③ 제1항 및 제2항의 규정에 따른 지원절차 등에 관하여 필요한 사항은 대통령령으로 정한다.

제5조【음악산업 자료의 관리 등】 ① 문화체육관광부장관은 음악산업의 진흥을 위하여 음반등의 관련 자료, 음악산업의 기술수준·연구동향·시장동향 및 사업자현황 등 국내외 음악산업 전반에 관한 자료·정보 및 통계 등을 수집·조사·보존·제공하여야 한다. 이를 위하여 관련 기관·단체에 자료의 제출 등 필요한 조치를 할 수 있으며, 자료 등의 제출을 요구받은 관련 기관·단체는 정당한 사유가 없으면 이에 적극 협조하여야 한다.(2023.8.8 후단개정)

② 문화체육관광부장관은 제1항의 업무를 추진하기 위하여 음악산업 관련 자료 및 정보를 전문적으로 관리하는 기관을 지정 또는 설립·운영할 수 있다.(2008.2.29 본항개정)

③ 제1항 및 제2항의 규정에 따른 사항을 추진하기 위하여 필요한 사항은 대통령령으로 정한다.

제6조【전문인력의 양성】 ① 문화체육관광부장관은 음악산업의 기반조성에 필요한 전문인력의 양성을 위하여 다음 각 호의 시책을 강구하여야 한다.(2008.2.29 본문개정)
1. 음악산업 인력수급의 균형 및 우수 전문인력 확보
2. 산·학·관의 협력기능 강화
3. 전문인력의 연수·해외교류 기회 확대
4. 학계의 연구기반 및 교육역량 강화
5. 전문인력의 관련업계 진출기회 확대
6. 그 밖에 음악산업 인력의 양성에 관한 사항

② 제1항의 규정에 따른 사항을 추진하기 위하여 필요한 사항은 대통령령으로 정한다.

제7조【기술개발의 추진】 문화체육관광부장관은 음악관련 기술개발을 위한 중장기 기본계획을 수립하고 음악산업의 기반조성에 필요한 기술개발과 기술수준의 향상을 위하여 다음 각 호의 사항을 추진하여야 한다.(2008.2.29 본문개정)
1. 기술동향 및 수요조사, 기술의 연구개발·평가·활용에 관한 사항
2. 기술협력·지도와 이전 및 기술정보의 원활한 유통에 관한 사항
3. 음악기술 관련 기관의 연계 및 효율적인 기술개발환경 조성에 관한 사항
4. 그 밖에 음악기술개발과 관련하여 문화체육관광부령으로 정하는 사항(2008.2.29 본호개정)

제8조【협동개발 및 연구】 ① 문화체육관광부장관은 음반등의 개발·연구를 위하여 인력·시설·기자재·자금 및 정보 등의 공동 활용을 통한 협동개발과 연구를 촉진시킬 수 있도록 노력하여야 한다.

② 문화체육관광부장관은 제1항의 규정에 따른 협동개발과 연구를 추진하는 자에 대하여 그 소요되는 경비의 전부 또는 일부를 지원할 수 있다.
(2008.2.29 본조개정)

제9조【표준화 추진】 ① 문화체육관광부장관은 음반등의 효율적인 개발·품질향상 및 범용성 확보 등을 위하여 음반등의 표준화를 추진하며, 표준화의 범위 등에 관하여 필요한 사항을 문화체육관광부령으로 정하여 이를 권고할 수 있다.

② 문화체육관광부장관은 제1항의 규정에 따른 표준화사업을 추진하기 위하여 필요한 경우에는 음악산업에 관한 전문기관 및 단체를 지정하여 표준화사업을 실시하도록 하고, 해당 기관 또는 단체에 표준화사업을 위한 비용의 전부 또는 일부를 지원할 수 있다.(2019.12.3 본항개정)
(2008.2.29 본조개정)

제10조【유통활성화】 문화체육관광부장관은 음반등의 유통을 건전화하기 위하여 음반등에 식별표시를 붙이도록 하고 이에 필요한 시책을 수립·시행하여야 한다.
(2023.8.8 본조개정)

제11조【노래연습장업자의 교육】 ① 특별자치시장·특별자치도지사·시장·군수·구청장(구청장은 자치구의 구청장을 말하며, 이하 "시장·군수·구청장"이라 한다)은 다음 각 호의 경우에는 특별자치시·특별자치도·시·군·구의 조례로 정하는 바에 따라 노래연습장업자에 대하여 준수사항, 재난예방, 제도변경사항 등에 관한 교육을 실시하여야 한다.(2020.2.18 본문개정)
1. 노래연습장업을 신규등록하는 경우
2. 노래연습장업의 운영 및 재난방지방법 등 관련 제도가 변경된 경우
3. 그 밖에 시장·군수·구청장이 필요하다고 인정하는 경우(2020.2.18 본호개정)

② 시장·군수·구청장은 제1항의 규정에도 불구하고 제1항제1호의 경우에는 노래연습장업자에 대한 교육을 실시하여야 한다. 이 경우 교육은 월별 또는 분기별로 통합하여 실시할 수 있다.(2023.8.8 전단개정)

제12조【국제협력 및 해외진출 지원】 ① 문화체육관광부장관은 음악산업의 국제협력 및 교류 활성화와 국제적 위상을 강화하기 위한 기반을 조성하여야 한다.

② 문화체육관광부장관은 음악공연 및 음반등의 해외시장 진출을 활성화하기 위하여 외국과의 공동제작, 해외마케팅·홍보활동 지원, 외국인의 투자유치, 국제음반전시회 개최 등 수출 관련 협력체계의 구축에 관한 사업을 지원할 수 있다.(2020.12.22 본항개정)

③ 문화체육관광부장관은 제1항 및 제2항의 규정에 따른 사항을 효율적으로 추진하기 위하여 현지에 사무소를 설치·운영할 수 있다.
(2008.2.29 본조개정)

제13조【음악공연의 활성화】 문화체육관광부장관은 음악공연의 활성화를 위하여 공연시설의 설치·운영 및 공연을 주관하는 자에 대하여 소요되는 자금의 일부를 지원할 수 있다.(2008.2.29 본조개정)

제14조【지식재산권의 보호】 ① 문화체육관광부장관은 음반등의 창작활동을 보호하고 육성하기 위하여 음반등의 지식재산권 보호시책을 강구하여야 한다.(2023.8.8 본항개정)

② 문화체육관광부장관은 음반등의 불법복제·유통 등을 방지하기 위하여 다음 각 호의 사항을 지원할 수 있다.(2008.2.29 본문개정)
1. 음반등의 기술적 보호조치 및 권리관리 정보의 부착
2. 음반등의 분야의 저작권 등 지식재산권 관련 교육 및 홍보(2011.5.19 본호개정)
3. 그 밖에 지식재산권 보호와 관련된 사항(2011.5.19 본호개정)

③ 문화체육관광부장관은 제2항의 규정에 따른 사항을 추진하기 위하여 대통령령으로 정하는 바에 따라 관련 전문기관 또는 단체를 지정하여 위탁할 수 있다.(2023.8.8 본항개정)

④ 문화체육관광부장관은 음반등의 지식재산권을 보호하기 위하여 필요한 경우 관련 제도의 개선 및 운영합리화 등에 관하여 관계 중앙행정기관의 장에게 협조를 요청할 수 있다.(2018.2.21 본항신설)
(2011.5.19 본조제목개정)

제15조【이용자의 권익보호 등】 ① 문화체육관광부장관은 음악산업을 진흥할 때 이용자의 권익보호를 위하여 다음 각 호의 시책을 강구하여야 한다.(2023.8.8 본문개정)
1. 건전한 음반등의 이용을 위한 홍보 및 교육
2. 음반등의 이용자 보호를 위한 음악산업 관련자들의 사회적 책임
3. 음반등의 이용자의 불만 및 피해에 대한 구제조치
4. 그 밖에 음반등의 이용자의 보호와 관련된 사항

② 음반등의 제작·유통 또는 이용에 제공하는 업에 종사하는 자는 제1항의 규정에 따른 음반등의 이용자의 보호시책 추진에 적극 협력하여야 한다.

제3장 영업의 신고·등록 및 음반등의 유통 등

제1절 영업의 신고·등록·운영 등

제16조【음반·음악영상물제작업 등의 신고】 ① 음반·음악영상물제작업 또는 음반·음악영상물배급업을 영위하고자 하는 자는 시장·군수·구청장에게 신고하여야 한다. 다만, 다음 각 호의 어느 하나에 해당하는 경우에는 신고하지 아니하고 이를 할 수 있다.(2020.2.18 본문개정)
1. 국가 또는 지방자치단체가 제작하는 경우
2. 법령에 따라 설립된 교육기관 또는 연수기관이 자체교육 또는 연수의 목적으로 사용하기 위하여 제작하는 경우
3. 「방송법」에 따른 방송사업자가 방송의 목적에 사용하기 위하여 제작하는 경우
4. 「공공기관의 운영에 관한 법률」에 따른 공공기관이 그 사업의 홍보에 사용하기 위하여 제작하는 경우(2009.3.18 본호개정)
5. 관혼상제 또는 종교의식 등의 행사를 기념하기 위한 목적으로 제작하는 경우. 다만, 공중에게 유통하거나 시청 또는 이용에 제공하는 경우는 제외한다.
6. 그 밖에 대통령령으로 정하는 경우
(2023.8.8 5호~6호개정)

② 온라인음악서비스제공업을 영위하고자 하는 자는 시장·군수·구청장에게 신고하여야 한다. 다만, 대통령령으로 정하는 온라인음악서비스제공업의 경우에는 그러하지 아니하다.(2020.2.18 본문개정)

③ 시장·군수·구청장은 제1항 본문 또는 제2항 본문에 따른 신고를 받은 날부터 7일 이내에 신고수리 여부를 신고인에게 통지하여야 한다.(2020.2.18 본항개정)

④ 시장·군수·구청장이 제3항에서 정한 기간 내에 신고수리 여부 또는 민원 처리 관련 법령에 따른 처리기간의 연장을 신고인에게 통지하지 아니하면 그 기간(민원 처리 관련 법령에 따라 처리기간이 연장 또는 재연장된 경우에는 해당 처리기간을 말한다)이 끝난 날의 다음 날에 신고를 수리한 것으로 본다.(2020.2.18 본항개정)

⑤ 제1항에 따라 신고한 음악영상물·음악영상파일제작업자와 음악영상물·음악영상파일배급업자는 「영화 및 비디오물의 진흥에 관한 법률」 제57조의 규정에 따른 비디오물제작업 또는 비디오물배급업의 신고를 한 것으로 본다.(2018.12.24 본항개정)

⑥ 제1항부터 제4항까지의 규정에 따른 신고의 절차·방법 및 운영 등에 관하여 필요한 사항은 문화체육관광부령으로 정한다.(2018.12.24 본항개정)

제17조【음악영상물 등의 등급분류 등】 ① 음악영상물과 음악영상파일을 제작 또는 배급(수입을 포함한다)하는 자는 해당 음악영상물과 음악영상파일을 공급하기 전에 그 내용에 관하여 「영화 및 비디오물의 진흥에 관한 법률」 제71조의 규정에 따른 영상물등급위원회로부터 등급분류를 받아야 한다.(2019.12.3 본항개정)

② 음악영상물·음악영상파일의 등급분류 및 판매(온라인음악서비스제공업자의 서비스제공행위를 포함한다)와 관련하여 「영화 및 비디오물의 진흥에 관한 법률」 제50조·제50조의2부터 제50조의8까지·제51조부터 제56조까지·제65조·제66조·제95조제5호부터 제7호까지·제97조·제98조제1항제3호의2·제4호부터 제6호까지·제98조제2항제9호 및 제99조의 규정을 준용한다. 이 경우 "비디오물"을 "음악영상물·음악영상파일"로, "온라인비디오물"을 "음악영상파일"로 본다.(2023.8.8 전단개정)

제18조【노래연습장업의 등록】 ① 노래연습장업을 영위하고자 하는 자는 문화체육관광부령으로 정하는 노래연습장 시설을 갖추어 시장·군수·구청장에게 등록하여야 한다.(2020.2.18 본항개정)

② 제1항의 규정에 따른 등록의 절차·방법 및 운영 등에 관하여 필요한 사항은 문화체육관광부령으로 정한다.
(2008.2.29 본조개정)

제19조【영업의 제한】 제16조 및 제18조에 따라 신고 또는 등록하고자 하는 자가 다음 각 호의 어느 하나에 해당하는 때에는 제16조 및 제18조의 규정에 따른 신고 또는 등록을 할 수 없다.
1. 제27조제1항의 규정에 따라 영업의 폐쇄명령 또는 등록의 취소처분을 받은 후 1년이 지나지 아니하거나 영업정지처분을 받은 후 그 기간이 종료되지 아니한 자(법인의 경우에는 그 대표자 또는 임원을 포함한다)가 같은 업종을 다시 영위하고자 하는 때
2. 노래연습장업자가 제27조제1항의 규정에 따라 영업의 폐쇄명령 또는 등록의 취소처분을 받은 후 1년이 지나지 아니하거나 영업정지처분을 받은 후 그 기간이 종료되지 아니한 경우에 같은 장소에서 같은 업종을 다시 영위하고자 하는 때
(2023.8.8 1호~2호개정)

제20조【신고증·등록증의 교부】 시장·군수·구청장은 제16조의 규정에 따른 신고를 수리한 경우 또는 제18조에 따라 등록을 한 경우에는 문화체육관광부령으로 정하는 바에 따라 신청인에게 신고증 또는 등록증을 교부하여야 한다.(2023.8.8 본조개정)

제21조【신고 또는 등록사항의 변경】 ① 제16조 및 제18조에 따라 신고 또는 등록을 한 자가 문화체육관광부령으로 정하는 중요사항을 변경하고자 하는 경우에는 문화체육관광부령으로 정하는 바에 따라 시장·군수·구청장에게 변경신고 또는 변경등록을 하여야 한다.(2023.8.8 본항개정)

② 시장·군수·구청장은 제1항에 따른 변경신고를 받은 날부터 7일 이내에 변경신고수리 여부를 신고인에게 통지하여야 한다.

③ 시장·군수·구청장이 제2항에서 정한 기간 내에 변경신고수리 여부 또는 민원 처리 관련 법령에 따른 처리기간의 연장을 신고인에게 통지하지 아니하면 그 기간(민원 처리 관련 법령에 따라 처리기간이 연장 또는 재연장된 경우에는 해당 처리기간을 말한다)이 끝난 날의 다음 날에 변경신고를 수리한 것으로 본다.

④ 시장·군수·구청장은 제1항에 따른 변경신고를 수리한 경우(제3항에 따라 변경신고를 수리한 것으로 보는 경우를 포함한다) 또는 변경등록을 한 경우에는 문화체육관광부령으로 정하는 바에 따라 신고증 또는 등록증을 갱신하여 교부하여야 한다.(2023.8.8 본항개정)
(2020.2.18 본조개정)

제22조【노래연습장업자의 준수사항 등】 ① 노래연습장업자는 다음 각 호의 사항을 지켜야 한다.
1. 영업소 안에 화재 또는 안전사고 예방을 위한 조치를 할 것

2. 해당 영업장소에 대통령령으로 정하는 출입시간외에 청소년이 출입하지 아니하도록 할 것. 다만, 부모 등 보호자를 동반하거나 그의 출입동의서를 받은 경우 그 밖에 대통령령으로 정하는 경우에는 그러하지 아니하다. (2023.8.8 본호개정)
3. 주류를 판매·제공하지 아니할 것
4. 접대부(남녀를 불문한다)를 고용·알선하거나 호객행위를 하지 아니할 것
5. 「성매매알선 등 행위의 처벌에 관한 법률」 제2조제1항의 규정에 따른 성매매 등의 행위를 하게 하거나 이를 알선·제공하는 행위를 하지 아니할 것
6. 건전한 영업질서의 유지 등에 관하여 대통령령으로 정하는 사항을 준수할 것(2023.8.8 본호개정)
② 누구든지 영리를 목적으로 노래연습장에서 손님과 함께 술을 마시거나 노래 또는 춤으로 손님의 유흥을 돋우는 접객행위를 하거나 타인에게 그 행위를 알선하여서는 아니 된다.

제23조【영업의 승계 등】 ① 제16조 또는 제18조에 따라 신고 또는 등록을 한 영업자가 그 영업을 양도하려고 하거나 다른 법인과 합병하려는 경우에는 문화체육관광부령으로 정하는 바에 따라 시장·군수·구청장에게 신고하여야 한다.(2020.2.18 본항개정)
② 다음 각 호의 어느 하나에 해당하는 절차에 따라 영업자의 시설·기구(대통령령으로 정하는 주요시설·기구를 말한다. 이하 같다)의 전부를 인수한 자는 문화체육관광부령으로 정하는 바에 따라 시장·군수·구청장에게 신고하여야 한다.(2020.2.18 본문개정)
1. 「민사집행법」에 따른 경매
2. 「채무자 회생 및 파산에 관한 법률」에 따른 환가
3. 「국세징수법」, 「관세법」 또는 「지방세징수법」에 따른 압류재산의 매각
4. 그 밖에 제1호부터 제3호까지의 규정에 준하는 절차
③ 영업자가 사망한 경우 상속인이 음반·음악영상물제작업, 음반·음악영상물배급업, 온라인음악서비스제공업 또는 노래연습장업을 계속하려면 피상속인이 사망한 날부터 30일 이내에 문화체육관광부령으로 정하는 바에 따라 시장·군수·구청장에게 신고하여야 한다. (2020.2.18 본항개정)
④ 시장·군수·구청장은 제1항부터 제3항까지의 규정에 따른 신고를 받은 날부터 7일 이내에 신고수리 여부를 신고인에게 통지하여야 한다.(2020.2.18 본항개정)
⑤ 시장·군수·구청장이 제4항에서 정한 기간 내에 신고수리 여부 또는 민원처리 관련 법령에 따른 처리기간의 연장을 신고인에게 통지하지 아니하면 그 기간(민원처리 관련 법령에 따라 처리기간이 연장 또는 재연장된 경우에는 해당 처리기간을 말한다)이 끝난 날의 다음 날에 신고를 수리한 것으로 본다.(2020.2.18 본항개정)
⑥ 제1항 또는 제2항에 따른 신고가 수리된 경우(제5항에 따라 신고를 수리한 것으로 보는 경우를 포함한다)에 양수인, 합병으로 설립되거나 합병 후 존속하는 법인 또는 영업자의 시설·기구의 전부를 인수한 자는 그 양수일, 합병일 또는 인수일부터 종전의 영업자의 지위를 승계한다.
⑦ 제3항에 따른 신고가 수리된 경우(제5항에 따라 신고를 수리한 것으로 보는 경우를 포함한다)에 상속인은 피상속인의 영업자로서의 지위를 승계하며, 피상속인이 사망한 날부터 신고가 수리된 날(제5항에 따라 신고를 수리한 것으로 보는 날을 포함한다)까지의 기간 동안은 피상속인에 대한 음반·음악영상물제작업, 음반·음악영상물배급업, 온라인음악서비스제공업 또는 노래연습장업의 등록 또는 신고를 상속인에 대한 음반·음악영상물제작업, 음반·음악영상물배급업, 온라인음악서비스제공업 또는 노래연습장업의 등록 또는 신고로 본다.
⑧ 제1항부터 제7항까지의 규정에 따라 영업자의 지위를 승계하는 경우 종전의 영업자에게 제27조제1항 각 호의 위반을 사유로 행한 행정제재처분의 효과는 그 행정제재처분일부터 1년간 영업자의 지위를 승계 받은 자에게 승계되며, 행정제재처분의 절차가 진행 중인 때에는 영업자의 지위를 승계 받은 자에게 행정제재처분의 절차를 속행할 수 있다. 다만, 영업자의 지위를 승계 받은 자가 승계 시에 그 처분 또는 위반사실을 알지 못한 경우에는 행정제재처분의 절차를 속행할 수 없다.
⑨ 영업자가 그 영업을 폐지한 후에 종전의 영업자, 그 배우자 또는 직계혈족(이하 "친족등"이라 한다)이 그 영업장소에서 같은 업종을 영위하는 때에는 종전의 영업자에게 제27조제1항 각 호의 위반사유로 행한 행정제재처분의 효과는 그 행정제재처분일부터 1년간 친족등에게 승계되며, 행정제재처분의 절차가 진행 중인 때에는 친족등에 대하여 행정제재처분의 절차를 속행할 수 있다. 다만, 친족등이 그 영업을 영위하는 때에 그 처분 또는 위반사실을 알지 못한 경우에는 행정제재처분의 절차를 속행할 수 없다.
(2018.12.24 본조개정)

제24조【폐업 및 직권말소】 ① 제16조 또는 제18조의 규정에 따라 신고 또는 등록을 한 자가 영업을 폐지한 때에는 폐지한 날부터 7일 이내에 문화체육관광부령으로 정하는 바에 따라 관할 시장·군수·구청장에게 폐업신고를 하여야 한다.
② 시장·군수·구청장은 제1항의 규정에 따라 폐업신고를 하지 아니하는 자에 대하여는 문화체육관광부령으로 정하는 바에 따라 폐업한 사실을 확인한 후 신고 또는 등록 사항을 직권으로 말소할 수 있다.
(2023.8.8 본조개정)

제2절 음반등의 유통 및 표시

제25조【표시의무】 ① 영리의 목적으로 음반등을 제작 또는 수입하거나 이를 복제하는 자는 해당 음반등마다 제작 또는 수입하거나 이를 복제한 자의 상호(도서와 함께 제공되는 음반등의 경우에는 출판사의 상호를 말한다) 등을 표시하여야 한다.(2023.8.8 본항개정)
② 제1항의 규정에 따라 표시하여야 할 사항 및 표시방법 등에 관하여 필요한 사항은 대통령령으로 정한다.

제26조【음반등의 유통질서 확립 및 지원】 ① 제2조제8호부터 제11호까지의 규정에 따른 영업을 영위하는 자 또는 음반등의 「저작권법」에 따른 저작자 및 저작인접권자(이하 "음반·음악영상물관련업자등"이라 한다)는 다음 각 호의 행위를 하여서는 아니 된다.
1. 음반·음악영상물관련업자등이 제작·수입 또는 유통하는 음반등의 판매량을 올릴 목적으로 해당 음반등을 부당하게 구입하거나 관련된 자로 하여금 부당하게 구입하게 하는 행위
2. 음반·음악영상물관련업자등이 제1호의 행위를 하는 사실을 알면서도 해당 음반등의 판매량을 공개적으로 발표하는 행위
3. 그 밖에 음반등의 건전한 유통질서를 방해하는 행위로 문화체육관광부령으로 정하는 사항
② 문화체육관광부장관은 음반등의 건전한 유통문화를 조성하기 위하여 관련 기관·단체 또는 개인에게 필요한 경비를 지원할 수 있다.
③ 문화체육관광부장관 또는 특별시장·광역시장·특별자치시장·도지사·특별자치도지사(이하 "시·도지사"라 한다)는 음반등의 건전한 유통질서를 확립하기 위하여 필요하다고 인정하면 음반·음악영상물관련업자등에 대하여 다음 각 호의 조치를 할 수 있다.(2020.2.18 본문개정)
1. 업무에 관한 보고명령
2. 관계 자료의 제출명령
3. 음반등의 판매집계 제외명령
4. 그 밖에 음반등의 건전한 유통질서를 확립하기 위하여 필요한 조치로서 대통령령으로 정하는 조치
(2016.3.22 본조개정)

제3절 등록취소 등 행정조치

제27조【등록취소 등】 ① 시장·군수·구청장은 제2조제8호부터 제11호까지 및 제13호의 규정에 따른 영업을 영위하는 자가 다음 각 호의 어느 하나에 해당하는 때에는 그 영업의 폐쇄명령, 등록의 취소처분, 6개월 이내의 영업정지명령, 시정조치 또는 경고조치를 할 수 있다. 다만, 제1호 또는 제2호에 해당하는 때에는 영업을 폐쇄하거나 등록을 취소하여야 하고, 제5호에 해당하는 경우로서 제22조제1항제2호 또는 제6호에 따른 준수사항 위반 중 청소년의 신분증 위조·변조 또는 도용으로 노래연습장업자가 청소년인 사실을 알지 못하였거나 폭행 또는 협박으로 노래연습장업자에게 청소년임을 확인하지 못한 사정이 있다고 인정되는 때에는 문화체육관광부령으로 정하는 바에 따라 해당 행정처분을 면제할 수 있다. (2023.8.8 본문개정)
1. 거짓이나 그 밖의 부정한 방법으로 신고 또는 등록을 한 때(2023.8.8 본호개정)
2. 영업의 정지명령을 위반하여 영업을 계속한 때
3. 제18조의 규정에 따른 시설기준을 위반한 때
4. 제21조의 규정에 따른 변경신고 또는 변경등록을 하지 아니한 때
5. 제22조의 규정에 따른 노래연습장업자 준수사항을 위반한 때
6. 제29조제3항에 해당하는 음반등을 제작·유통 또는 이용에 제공하거나 이를 위하여 진열·보관 또는 전시한 때
② 제1항의 규정에 따라 영업의 폐쇄명령 또는 등록의 취소처분을 받은 자는 그 처분의 통지를 받은 날부터 7일 이내에 신고증 또는 등록증을 반납하여야 한다.
③ 제1항의 규정에 따른 행정처분의 기준 등에 관하여 필요한 사항은 문화체육관광부령으로 정한다.
(2008.2.29 본항개정)

제28조【과징금 부과】 ① 시장·군수·구청장은 노래연습장업자가 다음 각 호의 어느 하나에 해당하여 영업정지처분을 하여야 하는 때에는 대통령령으로 정하는 바에 따라 그 영업정지처분을 갈음하여 3천만원 이하의 과징금을 부과할 수 있다. 이 경우 시장·군수·구청장은 과징금의 부과·징수에 관한 사항을 기록·관리하여야 한다. (2023.8.8 전단개정)
1. 제18조의 규정에 따른 시설기준을 갖추지 못한 때
2. 제22조제1항제2호 또는 제6호의 규정을 위반한 때
② 시장·군수·구청장은 제1항의 규정에 따라 과징금으로 징수한 금액에 상당하는 금액을 다음 각 호의 용도에 사용하여야 하며 매년 다음 연도의 과징금 운용계획을 수립·시행하여야 한다.(2020.2.18 본문개정)
1. 노래연습장업의 건전한 운영
2. 노래연습장업자의 교육 및 자율지도
③ 시장·군수·구청장은 제1항의 규정에 따른 과징금을 납부하여야 할 자가 납부기한까지 이를 납부하지 아니하는 때에는 「지방행정제재·부과금의 징수 등에 관한 법률」에 따라 징수한다.(2020.3.24 본항개정)
④ 제1항의 규정에 따라 과징금을 부과하는 위반행위의 종별·정도 등에 따른 과징금의 금액 및 부과절차 등에 관하여 필요한 사항은 대통령령으로 정한다.

제29조【영업소폐쇄 및 음반등의 수거·폐기】 ① 시장·군수·구청장은 제16조 및 제18조의 규정에 따른 신고 또는 등록을 하지 아니하고 영업을 하는 자와 제27조제1항의 규정에 따른 영업의 폐쇄명령 또는 등록의 취소처분을 받고 계속하여 영업을 하는 자에 대하여는 관계 공무원으로 하여금 그 영업소를 폐쇄하기 위하여 다음 각 호의 조치를 하게 할 수 있다.(2020.2.18 본문개정)
1. 해당 영업 또는 영업소의 간판 그 밖의 영업표지물의 제거·삭제(2019.12.3 본호개정)
2. 해당 영업 또는 영업소가 위법한 것임을 알리는 게시물의 부착(2019.12.3 본호개정)
3. 영업을 위하여 필요한 기구 또는 시설물을 사용할 수 없게 하는 봉인
4. 해당 영업을 위하여 필요한 인터넷 주소 및 서버 등의 사용 중지 또는 압류(2019.12.3 본호개정)
② 제1항의 조치를 하는 경우 미리 해당 영업자 또는 그 대리인에게 서면으로 이를 알려 주어야 한다. 다만, 대통령령으로 정하는 급박한 사유가 있는 경우에는 그러하지 아니하다.(2023.8.8 본문개정)
③ 시장·군수·구청장은 제16조의 규정에 따른 신고를 하지 아니한 자가 영리목적으로 제작한 음반등을 발견한 때에는 관계 공무원 등으로 하여금 이를 수거하여 삭제 또는 폐기하게 할 수 있다.(2020.2.18 본항개정)
④ 제3항의 규정에 따라 관계 공무원 등이 해당 음반등을 수거한 때에는 그 소유자 또는 점유자에게 수거증을 교부하여야 한다. 다만, 수거증의 인수를 거부한 경우에는 그러하지 아니하다.(2019.12.3 본문개정)
⑤ 시장·군수·구청장은 제3항의 규정에 따라 관계 공무원 등이 수거·폐기 등을 하는 경우 필요한 때에는 관련 협회 또는 단체에 협조를 요청할 수 있다.(2023.8.8 본항개정)
⑥ 제1항 및 제3항의 규정에 따라 게시물의 부착·봉인·수거·폐기 등의 처분을 하는 관계 공무원이나 협회 또는 단체의 임·직원은 그 권한을 표시하는 증표를 지니고 이를 관계인에게 내보여야 한다.

제30조【청문】 시장·군수·구청장은 다음 각 호의 어느 하나에 해당하는 처분을 하려면 청문을 실시하여야 한다.
1. 제27조에 따른 영업의 폐쇄명령 또는 등록의 취소
2. 제29조제1항제4호에 따른 조치
(2020.2.18 본조개정)

제4장 보 칙

제31조【수수료】 다음 각 호의 어느 하나에 해당하는 신고 또는 등록을 하는 자는 특별자치시·특별자치도·시·군·구의 조례로 정하는 바에 따라 수수료를 납부하여야 한다.(2020.2.18 본문개정)
1. 제16조제1항의 규정에 따른 음반·음악영상물제작업 또는 음반·음악영상물배급업의 신고
2. 제16조제2항의 규정에 따른 온라인음악서비스제공업의 신고
3. 제18조제1항의 규정에 따른 노래연습장업의 등록
4. 제21조제1항의 규정에 따른 음반·음악영상물제작업, 음반·음악영상물배급업, 온라인음악서비스제공업 및 노래연습장업의 변경신고 또는 변경등록

제32조【권한의 위임·위탁】 ① 문화체육관광부장관 또는 시·도지사는 이 법의 규정에 따른 권한의 일부를 대통령령으로 정하는 바에 따라 시·도지사 또는 시장·군수·구청장에게 위임할 수 있다.
② 이 법의 규정에 따른 문화체육관광부장관, 시·도지사, 시장·군수·구청장의 권한은 대통령령으로 정하는 바에 따라 관련 협회 또는 단체에 위탁할 수 있다.
(2023.8.8 본조개정)

제33조【벌칙 적용에서의 공무원 의제】 제32조제2항의 규정에 따라 문화체육관광부장관 등이 위탁한 업무에 종사하는 관련 협회 또는 단체의 임·직원은 「형법」 제129조부터 제132조까지에 따른 벌칙을 적용할 때에는 공무원으로 본다.(2023.8.8 본조개정)

제5장 벌 칙

제34조【벌칙】 ① 제29조제1항 각 호의 규정에 따른 조치를 위반하여 영업을 한 자는 5년 이하의 징역 또는 5천만원 이하의 벌금에 처한다.
② 제22조제1항제4호 또는 제5호의 규정을 위반한 노래연습장업자는 3년 이하의 징역 또는 3천만원 이하의 벌금에 처한다.

③ 다음 각 호의 어느 하나에 해당하는 자는 2년 이하의 징역 또는 2천만원 이하의 벌금에 처한다.
1. 제18조제1항의 규정을 위반하여 등록을 하지 아니하고 노래연습장업을 영위한 자
2. 제22조제1항제2호 또는 제3호의 규정을 위반하여 청소년을 출입하게 하거나 주류를 판매·제공한 노래연습장업자
2의2. 제26조제1항을 위반하여 금지행위를 한 자 또는 같은 조 제3항에 따른 명령을 이행하지 아니한 자 (2016.3.22 본호신설)
3. 제27조제1항의 규정에 따른 영업정지명령을 위반하여 영업을 계속한 자(제18조제1항의 규정에 따라 영업등록을 한 자에 한정한다)(2023.8.8 본호개정)
4. 제29조제3항의 규정에 해당하는 음반등을 제작·유통 또는 이용에 제공하거나 그 목적으로 진열·보관 또는 전시한 자
④ 제22조제2항의 규정을 위반한 자는 1년 이하의 징역 또는 300만원 이하의 벌금에 처한다.
⑤ 다음 각 호의 어느 하나에 해당하는 자는 1천만원 이하의 벌금에 처한다.
1. 제16조의 규정을 위반하여 신고를 하지 아니하고 영업을 한 자
2. 제27조제1항의 규정에 따른 영업정지명령을 위반하여 영업을 계속한 자(제16조의 규정에 따른 영업의 신고를 한 자에 한정한다)(2023.8.8 본호개정)
3. 제29조제1항 또는 제3항의 규정에 따른 관계 공무원의 조치를 거부·방해 또는 기피한 자

제35조【양벌규정】 법인의 대표자나 법인 또는 개인의 대리인, 사용인, 그 밖의 종업원이 그 법인 또는 개인의 업무에 관하여 제34조의 위반행위를 하면 그 행위자를 벌하는 외에 그 법인 또는 개인에게도 해당 조문의 벌금형을 과(科)한다. 다만, 법인 또는 개인이 그 위반행위를 방지하기 위하여 해당 업무에 관하여 상당한 주의와 감독을 게을리하지 아니한 경우에는 그러하지 아니하다. (2010.3.17 본조개정)

제36조【과태료】 ① 다음 각 호의 어느 하나에 해당하는 자에게는 1천만원 이하의 과태료를 부과한다. (2023.8.8 본문개정)
1. 제11조의 규정을 위반하여 교육을 받지 아니한 노래연습장업자
2. 제21조제1항의 규정을 위반하여 변경신고 또는 변경등록을 하지 아니한 자
2의2. 제23조제1항부터 제3항까지의 규정을 위반하여 영업의 승계신고를 하지 아니한 자(2018.12.24 본호신설)
3. 제25조제1항의 규정을 위반하여 상호 등을 표시하지 아니한 자
② 제1항의 규정에 따른 과태료는 대통령령으로 정하는 바에 따라 시장·군수·구청장이 부과·징수한다. (2023.8.8 본항개정)
③~⑤ (2018.2.21 삭제)

부 칙

제1조【시행일】 이 법은 공포 후 6개월이 경과한 날부터 시행한다.

제2조【신고 및 등록업에 관한 경과조치】 ① 이 법 시행 당시 종전의 「음반·비디오물 및 게임물에 관한 법률」 제26조의 규정에 따라 신고한 음반제작업자, 음반배급업자는 이 법 제16조제1항의 규정에 따른 음반·음악영상물제작업자, 음반·음악영상물배급업자로 신고한 것으로 본다.
② 이 법 시행 당시 종전의 「음반·비디오물 및 게임물에 관한 법률」 제27조의 규정에 따라 등록한 노래연습장업자는 이 법 제18조제1항의 규정에 따라 등록한 것으로 본다.

제3조【벌칙 등에 관한 경과조치】 이 법 시행 전의 행위에 대한 벌칙 또는 과태료의 적용에 있어서는 종전의 「음반·비디오물 및 게임물에 관한 법률」의 규정에 따른다.

제4조【온라인음악서비스제공업의 신고에 관한 경과조치】 이 법 시행 당시 온라인음악서비스제공업을 영위하고 있는 자는 이 법 시행일부터 3개월 이내에 제16조제2항의 규정에 따라 시장·군수·구청장에게 신고하여야 한다.

제5조【다른 법령과의 관계】 이 법 시행 당시 다른 법령에서 「음반·비디오물 및 게임물에 관한 법률」이나 그 규정을 인용하고 있는 경우에 이 법 중 그에 해당하는 규정이 있는 때에는 종전의 규정에 갈음하여 이 법 또는 이 법의 해당 조항을 인용한 것으로 본다.

부 칙 (2018.12.24)

제1조【시행일】 이 법은 공포 후 1개월이 경과한 날부터 시행한다.

제2조【음반·음악영상물제작업 등의 신고 또는 변경신고 등에 관한 적용례】 ① 제16조제3항·제4항 및 제21조제2항·제3항의 개정규정은 이 법 시행 후 음반·음악영상물제작업, 음반·음악영상물배급업 또는 온라인음악서비스제공업의 신고 또는 변경신고를 하는 경우부터 적용한다.
② 제23조의 개정규정은 이 법 시행 후 음반·음악영상물제작업자, 음반·음악영상물배급업자, 온라인음악서비스제공업자 또는 노래연습장업자가 지위 승계신고를 하는 경우부터 적용한다.

부 칙 (2019.12.3)

이 법은 공포한 날부터 시행한다.

부 칙 (2020.2.18)

제1조【시행일】 이 법은 2021년 1월 1일부터 시행한다. (이하 생략)

제2조【사무이양을 위한 사전조치】 ① 관계 중앙행정기관의 장은 이 법에 따른 중앙행정권한 및 사무의 지방일괄 이양에 필요한 인력 및 재정 소요 사항을 지원하기 위하여 필요한 조치를 마련하여 이 법에 따른 시행일 3개월 전까지 국회 소관 상임위원회에 보고하여야 한다.
② 「지방자치분권 및 지방행정체제개편에 관한 특별법」 제44조에 따른 자치분권위원회는 제1항에 따른 인력 및 재정 소요 사항을 사전에 전문적으로 조사·평가할 수 있다.

제3조【행정처분 등에 관한 일반적 경과조치】 이 법 시행 당시 종전의 규정에 따라 행정기관이 행한 처분 또는 그 밖의 행위는 이 법의 규정에 따라 행정기관이 행한 처분 또는 그 밖의 행위로 보고, 종전의 규정에 따라 행정기관에 대하여 행한 신청·신고, 그 밖의 행위는 이 법의 규정에 따라 행정기관에 대하여 행한 신청·신고, 그 밖의 행위로 본다.

제4조 (생략)

부 칙 (2020.3.24)

제1조【시행일】 이 법은 공포한 날부터 시행한다.(이하 생략)

부 칙 (2020.12.22)

이 법은 공포 후 3개월이 경과한 날부터 시행한다.

부 칙 (2022.9.27 법18985호)

제1조【시행일】 이 법은 공포 후 6개월이 경과한 날부터 시행한다.(이하 생략)

부 칙 (2022.9.27 법18986호)

제1조【시행일】 이 법은 공포 후 6개월이 경과한 날부터 시행한다.

제2조【노래연습장업자에 대한 행정처분의 면제에 관한 적용례】 제27조제1항의 개정규정은 이 법 시행 이후 제22조제1항제2호 또는 제6호를 위반한 경우부터 적용한다.

부 칙 (2023.8.8)

이 법은 공포한 날부터 시행한다.

부 칙 (2023.10.31)

이 법은 2024년 1월 1일부터 시행한다.

게임산업진흥에 관한 법률

(약칭 : 게임산업법)

(2006년 4월 28일 법 률 제7941호)

개정
2007. 1.19법 8247호 2007.12.21법 8739호
2008. 2.29법 8852호(정부조직)
2010. 1. 1법 9928호
2010. 3.31법10219호(지방세기본법)
2011. 4. 5법10554호
2011. 5.19법10629호(지식재산기본법)
2011. 7.21법10879호
2011. 9.15법11048호(청소년보호법)
2011.12.31법11139호
2012. 2.17법11315호(이스포츠(전자스포츠)진흥에관한법)
2013. 3.23법11690호(정부조직)
2013. 5.22법11785호
2013. 8. 6법11998호(지방세외수입금의징수등에관한법)
2014.11.19법12844호(정부조직)
2016. 2. 3법13955호 2016. 5.29법14199호
2016.12.20법14424호
2016.12.27법14476호(지방세징수법)
2017. 7.26법14839호(정부조직)
2018. 2.21법15378호 2018. 6.12법15637호
2018.12.11법15859호
2018.12.24법16019호(전기통신사업법)
2018.12.24법16045호 2019.11.26법16586호
2020. 3.24법17091호(지방행정제재·부과금의징수등에관한법)
2020. 6. 9법17396호 2020.12. 8법17578호
2021. 7.20법18298호(국가교육위원회설치및운영에관한법)
2021.12. 7법18550호(청소년보호법)
2023. 3.21법19242호
2023. 5.16법19410호(행정법제혁신을위한일부개정법령등)
2023. 8. 8법19592호(법률용어정비)

제1장 총 칙

제1조【목적】 이 법은 게임산업의 기반을 조성하고 게임물의 이용에 관한 사항을 정하여 게임산업의 진흥 및 국민의 건전한 게임문화를 확립함으로써 국민경제의 발전과 국민의 문화적 삶의 질 향상에 이바지함을 목적으로 한다.

제2조【정의】 이 법에서 사용하는 용어의 정의는 다음과 같다.
1. "게임물"이라 함은 컴퓨터프로그램 등 정보처리 기술이나 기계장치를 이용하여 오락을 할 수 있게 하거나 이에 부수하여 여가선용, 학습 및 운동효과 등을 높일 수 있도록 제작된 영상물 또는 그 영상물의 이용을 주된 목적으로 제작된 기기 및 장치를 말한다. 다만, 다음 각 목의 어느 하나에 해당하는 것은 제외한다.(2023.8.8 단서개정)
가. 사행성게임물(2007.1.19 본목신설)
나. 「관광진흥법」 제3조에 따른 관광사업의 규율대상이 되는 것. 다만, 게임물의 성격이 섞여 있는 유기시설(遊技施設) 또는 유기기구(遊技機具)는 제외한다.
다. 게임물과 게임물이 아닌 것이 섞여 있는 것으로서 문화체육관광부장관이 정하여 고시하는 것
(2023.8.8 나목~다목개정)
1의2. "사행성게임물"이라 함은 다음 각 목에 해당하는 게임물로서, 그 결과에 따라 재산상 이익 또는 손실을 주는 것을 말한다.
가. 베팅이나 배당을 내용으로 하는 게임물
나. 우연적인 방법으로 결과가 결정되는 게임물
다. 「한국마사회법」에서 규율하는 경마와 이를 모사한 게임물
라. 「경륜·경정법」에서 규율하는 경륜·경정과 이를 모사한 게임물
마. 「관광진흥법」에서 규율하는 카지노와 이를 모사한 게임물
바. 그 밖에 대통령령으로 정하는 게임물(2023.8.8 본목개정)
(2007.1.19 본호신설)
2. "게임물내용정보"라 함은 게임물의 내용에 대한 폭력성·선정성(煽情性) 또는 사행성(射倖性)의 여부 또는 그 정도와 그 밖에 게임물의 운영에 관한 정보를 말한다.
3. "게임산업"이라 함은 게임물 또는 게임상품(게임물을 이용하여 경제적 부가가치를 창출하는 유·무형의 재화·서비스 및 그의 복합체를 말한다. 이하 같다)의 제작·유통·이용제공 및 이에 관한 서비스와 관련된 산업을 말한다.
4. "게임제작업"이라 함은 게임물을 기획하거나 복제하여 제작하는 영업을 말한다.
5. "게임배급업"이라 함은 게임물을 수입(원판수입을 포함한다)하거나 그 저작권을 소유·관리하면서 게임제공업을 하는 자 등에게 게임물을 공급하는 영업을 말한다.
6. "게임제공업"이라 함은 공중이 게임물을 이용할 수 있도록 이를 제공하는 영업을 말한다. 다만, 다음 각 목의 어느 하나에 해당하는 경우는 제외한다.(2023.8.8 단서개정)
가. 「관광진흥법」에 의한 카지노업을 하는 경우
나. 「사행행위 등 규제 및 처벌특례법」에 의한 사행기구를 갖추어 사행행위를 하는 경우
다. 제4호부터 제6호까지, 제6호의2, 제7호 및 제8호에서 규정한 영업 외의 영업을 하면서 고객의 유치 또는

광고 등을 목적으로 해당 영업소의 고객이 게임물을 이용할 수 있도록 하는 경우로서 대통령령으로 정하는 종류 및 방법 등에 의하여 게임물을 제공하는 경우
라. 제7호에 따른 인터넷컴퓨터게임시설제공업의 경우(2023.8.8 다목~라목개정)
마. 제22조제2항의 규정에 따라 사행성게임물에 해당되어 등급분류 거부결정을 받은 게임물을 제공하는 경우(2007.1.19 본목개정)
바. 제1호나목 단서에 따른 게임물로서 「관광진흥법」에 따른 유기시설 또는 유기기구를 이용에 제공하는 경우. 다만, 안전성 관리 필요성이 크지 아니한 유기시설 또는 유기기구로서 문화체육관광부장관이 정하여 고시하는 것은 제외한다.(2018.6.12 본목신설)

6의2. 제6호의 게임제공업 중 일정한 물리적 장소에서 필요한 설비를 갖추고 게임물을 제공하는 영업은 다음 각 호와 같다.
가. 청소년게임제공업 : 제21조의 규정에 따라 등급분류된 게임물 중 전체이용가 게임물을 설치하여 공중의 이용에 제공하는 영업
나. 일반게임제공업 : 제21조의 규정에 따라 등급분류된 게임물 중 청소년이용불가 게임물과 전체이용가 게임물을 설치하여 공중의 이용에 제공하는 영업
(2007.1.19 본호신설)

7. "인터넷컴퓨터게임시설제공업"이라 함은 컴퓨터 등 필요한 기자재를 갖추고 공중이 게임물을 이용하게 하거나 부수적으로 그 밖의 정보제공물을 이용할 수 있도록 하는 영업을 말한다. 다만, 제4호부터 제6호까지, 제6호의2, 제7호 및 제8호에서 규정한 영업 외의 영업을 하면서 고객의 유치 또는 광고 등을 목적으로 컴퓨터 등 필요한 기자재를 갖추고 당해 영업소의 고객이 게임물을 이용하게 하거나 부수적으로 정보제공물을 이용할 수 있도록 하는 경우로서 대통령령으로 정하는 종류 및 방법 등에 따라 게임물을 제공하는 경우는 제외한다.(2023.8.8 단서개정)
8. "복합유통게임제공업"이라 함은 청소년게임제공업 또는 인터넷컴퓨터게임시설제공업과 이 법에 의한 다른 영업 또는 다른 법률에 의한 영업을 동일한 장소에서 함께 영위하는 영업을 말한다.(2016.2.3 본호개정)
9. "게임물 관련사업자"라 함은 제4호부터 제6호까지, 제6호의2, 제7호 및 제8호의 영업을 하는 자를 말한다. 다만, 제6호다목 및 제7호 단서에 따른 영업을 하는 자는 제28조의 적용에 한정하여 게임물 관련사업자로 본다.(2023.8.8 본호개정)
10. "청소년"이란 「청소년 보호법」 제2조제1호에 따른 청소년을 말한다.(2023.3.21 본호개정)
11. "확률형 아이템"이란 게임물 이용자가 직접적·간접적으로 유상으로 구매하는 게임아이템[유상으로 구매하는 게임아이템(게임의 진행을 위하여 게임 내에서 사용되는 도구를 말한다. 이하 같다)과 무상으로 얻는 게임아이템을 결합하여 얻는 게임아이템을 포함한다] 중 구체적 종류, 효과 및 성능 등이 우연적 요소에 의하여 결정되는 것을 말한다.(2023.3.21 본호신설)

제3조【게임산업진흥종합계획의 수립·시행】 ① 문화체육관광부장관은 관계 중앙행정기관의 장과 협의하여 게임산업의 진흥을 위한 종합계획(이하 "종합계획"이라 한다)을 수립·시행하여야 한다.(2008.2.29 본항개정)
② 종합계획에는 다음 각 호의 사항이 포함되어야 한다.
1. 종합계획의 기본방향
2. 게임산업과 관련된 제도와 법령의 개선
3. 게임문화 및 창작활동의 활성화
4. 게임산업의 기반조성과 균형 발전
5. 게임산업의 국제협력 및 해외시장 진출
6. 위법하게 제작·유통되거나 이용에 제공되는 게임물의 지도·단속
7. 게임산업의 건전한 발전과 이용자보호
8. 그 밖에 게임산업의 진흥을 위하여 필요한 사항으로서 대통령령으로 정하는 사항(2023.8.8 본호개정)
③ 지방자치단체의 장이 제2항제3호부터 제5호까지의 규정에 해당하는 사업을 추진하고자 하는 경우에는 미리 문화체육관광부장관과 협의하여야 한다.(2023.8.8 본항개정)

제2장 게임산업의 진흥

제4조【창업 등의 활성화】 ① 정부는 게임산업과 관련한 창업을 활성화하고 우수게임상품의 개발 및 게임물 관련시설의 현대화를 위하여 창업자나 우수게임상품을 개발한 자 등에게 필요한 지원을 할 수 있다.
② 정부는 게임산업의 활성화를 위하여 비영리 목적의 아마추어 게임물 제작자의 활동을 지원할 수 있다.(2011.12.31 본항신설)
③ 제1항 및 제2항에 따른 지원의 절차와 방법에 필요한 사항은 대통령령으로 정한다.(2011.12.31 본항개정)

제5조【전문인력의 양성】 ① 국가 또는 지방자치단체는 게임산업에 관한 전문인력의 양성을 위하여 다음 각 호의 사항에 관한 계획을 수립·시행하여야 한다.(2013.5.22 본문개정)
1. 게임산업에 관한 전문인력의 수급분석 및 인적자원 개발
2. 게임산업에 관한 전문인력의 양성을 위한 학계, 산업체 및 공공기관과의 협력 강화
② 정부는 게임산업 전문인력의 양성을 위하여 대통령령으로 정하는 바에 따라 대학·연구기관 그 밖의 전문기관을 전문인력 양성기관으로 지정하고 교육 및 훈련에 필요한 비용의 전부 또는 일부를 지원할 수 있다.(2023.8.8 본항개정)
③ 정부는 제2항에 따라 지정된 전문인력 양성기관이 다음 각 호의 어느 하나에 해당하는 때에는 그 지정을 취소할 수 있다. 다만, 제1호에 해당하는 경우에는 그 지정을 취소하여야 한다.
1. 거짓이나 그 밖의 부정한 방법으로 지정을 받은 경우
2. 정당한 사유 없이 1년 이상 계속하여 인력양성 교육훈련을 하지 아니한 경우
3. 지정기준에 적합하지 아니하게 된 경우
(2020.6.9 본항신설)
④ 정부는 제3항에 따라 지정을 취소하는 경우에는 「행정절차법」에 따른 청문을 실시하여야 한다.(2020.6.9 본항신설)

제6조【기술개발의 추진】 정부는 게임산업과 관련된 기술개발과 기술수준의 향상을 위하여 다음 각 호의 사업을 추진할 수 있다.
1. 게임산업 동향 및 수요 조사
2. 게임응용기술의 연구개발·평가 및 활용
3. 게임기술이전 및 정보교류
4. 게임 보안기술의 연구개발·평가 및 활용(2023.3.21 본호신설)

제7조【협동개발 및 연구】 ① 정부는 게임물 또는 게임상품의 개발·연구를 위하여 인력·시설·기자재·자금 및 정보 등의 공동 활용을 통한 협동개발과 연구를 촉진시킬 수 있는 제도적 기반을 구축하도록 노력하여야 한다.
② 정부는 제1항에 따른 협동개발과 연구를 추진하는 자에 대하여 협동개발 및 연구에 소요되는 비용의 전부 또는 일부를 지원할 수 있다.(2023.8.8 본항개정)

제8조【표준화 추진】 ① 정부는 게임물 관련사업자에 대하여 「산업표준화법」에서 정한 것을 제외한 게임물의 규격 등 대통령령으로 정하는 사항에 관하여 표준화를 권고할 수 있다.
② 정부는 제1항에 따른 표준화사업을 추진하기 위하여 필요한 경우에는 게임물에 관한 전문기관 및 단체를 지정하여 표준화사업을 실시하도록 하고 해당 기관 또는 단체에 표준화사업을 위한 비용의 전부 또는 일부를 지원할 수 있다.
(2023.8.8 본조개정)

제9조【유통질서의 확립】 ① 정부는 게임물 및 게임상품의 건전한 유통질서 확립에 노력하여야 한다.
② 정부는 게임물 및 게임상품의 품질향상과 불법복제품 및 사행성게임물의 유통방지를 위한 시책을 수립·추진하여야 한다.(2007.1.19 본항개정)
③ 특별자치시장·특별자치도지사·시장·군수·구청장(자치구의 구청장을 말한다. 이하 같다)은 게임물 및 게임상품의 건전한 유통질서 확립과 건전한 게임문화의 조성을 위하여 게임물 관련사업자를 대상으로 연 3시간 이내의 범위에서 대통령령으로 정하는 바에 따라 교육을 실시할 수 있다.(2023.8.8 본항개정)
④ 특별자치시장·특별자치도지사·시장·군수·구청장은 건전한 게임문화의 조성을 위하여 문화체육관광부령으로 정하는 바에 따라 영업질서 및 영업환경 등이 우수한 게임제공영업소를 모범영업소로 지정하고 이를 지원할 수 있으며, 지정요건에 해당하지 아니한 경우에는 지정을 취소하고 그 지원을 중단할 수 있다.(2023.8.8 본항개정)

제10조【국제협력 및 해외진출 지원】 ① 정부는 게임물 및 게임상품의 해외시장 진출을 위하여 다음 각 호의 사업을 추진할 수 있다.
1. 국제게임전시회의 국내개최
2. 해외마케팅 및 홍보활동, 외국인의 투자유치
3. 해외진출에 관한 정보제공
② 정부는 제1항 각 호의 사업을 추진하는 자에게 비용의 전부 또는 일부를 지원할 수 있다.

제11조【실태조사】 ① 정부는 게임산업 관련정책의 수립·시행을 위하여 게임산업에 관한 실태조사를 실시하여야 한다.(2007.1.19 본항개정)
② 제1항의 규정에 따른 실태조사의 대상·방법 등에 관하여 필요한 사항은 대통령령으로 정한다.(2007.1.19 본항신설)

제3장 게임문화의 진흥

제12조【게임문화의 기반조성】 ① 정부는 건전한 게임문화의 기반을 조성하기 위하여 다음 각 호의 사업을 추진하여야 한다.(2007.1.19 본문개정)
1. 게임과몰입이나 사행화·폭력성·선정성 조장 등 게임의 역기능을 예방하기 위한 정책개발 및 시행(2007.1.19 본호개정)
2. 게임문화 체험시설 또는 상담·교육시설 등 공공목적의 게임문화시설의 설치·운영
3. 건전한 게임문화조성을 위한 사업이나 활동을 하는 단체에 대한 지원
② 문화체육관광부장관은 청소년의 게임문화 기반을 조성하기 위하여 제21조제2항제4호의 청소년이용불가 게임물 외의 게임물을 제공하는 게임물 관련사업자에 대한 지원시책을 추진할 수 있다.(2008.2.29 본항개정)
③ 제1항 및 제2항에 따른 사업추진 및 지원 등에 관하여 필요한 사항은 대통령령으로 정한다.(2023.8.8 본항개정)

제12조의2【게임과몰입의 예방 등】 ① 정부는 게임과몰입이나 게임물의 사행성·선정성·폭력성 등(이하 "게임과몰입등"이라 한다)의 예방 등을 위해 다음 각 호의 정책을 수립·시행하여야 한다.
1. 게임과몰입등의 예방과 치료를 위한 기본계획의 수립·시행
2. 게임과몰입등에 대한 실태조사 및 정책대안의 개발
3. 게임과몰입등의 예방을 위한 상담, 교육 및 홍보활동의 시행
4. 게임과몰입등의 예방을 위한 전문인력의 양성 지원
5. 게임과몰입등의 예방을 위한 전문기관 및 단체에 대한 지원
6. 그 밖에 게임과몰입등의 예방을 위하여 필요한 정책으로 대통령령으로 정하는 사항(2023.8.8 본호개정)
② 문화체육관광부장관은 제1항에서 정한 사항의 수행을 위하여 대통령령으로 정하는 바에 따라 게임과몰입 예방 등을 위한 전문기관을 설립, 지원할 수 있다.(2023.8.8 본항개정)
③ 문화체육관광부장관은 게임과몰입의 예방 등을 위해 필요한 경우 관계 중앙행정기관, 지방자치단체, 그 밖에 관련 법인 및 단체, 게임물 관련사업자 등에게 협조를 요청할 수 있으며, 협조요청을 받은 기관·단체 등은 특별한 이유가 없으면 이에 협조하여야 한다.(2023.8.8 본항개정)
④ 게임물 관련사업자는 게임과몰입의 예방 등을 위해 제1항에서 정한 정책의 수립·시행에 협력하여야 한다.
(2007.1.19 본조신설)

제12조의3【게임과몰입 예방조치 등】 ① 게임물 관련사업자[「정보통신망 이용촉진 및 정보보호 등에 관한 법률」 제2조제1항제1호의 정보통신망(이하 "정보통신망"이라 한다)을 통하여 공중이 게임물을 이용할 수 있도록 서비스하는 자에 한한다. 이하 이 조에서 같다]는 게임물 이용자의 게임과몰입을 예방하기 위하여 다음 각 호의 내용을 포함하여 과도한 게임물 이용 방지 조치(이하 "예방조치"라 한다)를 하여야 한다.(2023.3.21 본문개정)
1. 게임물 이용자의 회원가입 시 실명·연령 확인 및 본인 인증
2. 청소년의 회원가입 시 친권자 등 법정대리인의 동의 확보
3. 청소년 본인 또는 법정대리인의 요청 시 게임물 이용방법, 게임물 이용시간 등 제한
4. 제공되는 게임물의 특성·등급·유료화정책 등에 관한 기본적인 사항과 게임물 이용시간 및 결제정보 등 게임물 이용내역의 청소년 본인 및 법정대리인에 대한 고지
5. 과도한 게임물 이용 방지를 위한 주의문구 게시
6. 게임물 이용화면에 이용시간 경과 내역 표시
7. 그 밖에 게임물 이용자의 과도한 이용 방지를 위하여 대통령령으로 정하는 사항
② (2021.12.7 삭제)
③ 제1항의 예방조치를 위한 게임물의 범위, 방법 및 절차 등에 필요한 사항은 대통령령으로 정한다.(2021.12.7 본항개정)
④ 문화체육관광부장관은 대통령령으로 정하는 바에 따라 게임물 관련사업자에게 예방조치와 관련한 자료의 제출 및 보고를 요청할 수 있다. 이 경우 요청을 받은 자는 특별한 사유가 없으면 이에 따라야 한다.(2023.8.8 후단개정)
⑤ 문화체육관광부장관은 제4항에 따라 게임물 관련사업자로부터 제출 또는 보고받은 내용을 평가한 결과 예방조치가 충분하지 아니하다고 인정하면 해당 게임물 관련사업자에게 시정을 명할 수 있다.
⑥ 게임물 관련사업자는 제5항에 따른 시정명령을 받은 때에는 10일 이내에 조치결과를 문화체육관광부장관에게 보고하여야 한다.
⑦ 문화체육관광부장관은 제5항에 따라 예방조치를 평가하는 경우 관계 중앙행정기관의 장, 전문가, 청소년, 학부모 관련 단체로부터 의견을 들을 수 있으며, 평가 결과를 공표할 수 있다.
(2023.3.21 본조제목개정)
(2011.7.21 본조신설)

제12조의4【게임물 이용 교육 지원 등】 ① 정부는 게임물의 올바른 이용에 관한 교육에 필요한 지원을 할 수 있다.
② 정부는 학교교육에서 게임물의 올바른 이용을 위한 교육을 실시하도록 노력하여야 한다.
③ 문화체육관광부장관은 올바른 게임물 이용에 관한 교육의 내용을 「유아교육법」 제13조 및 「초·중등교육법」 제23조에 따른 교육과정에 포함할 수 있도록 국가교육위원회에 협력을 요청할 수 있다.(2021.7.20 본항개정)
④ 문화체육관광부장관은 게임물 이용에 관한 교육을 해당 사업과 관련된 기관 또는 단체에 위탁할 수 있다.
(2011.7.21 본조신설)

제13조【지식재산권의 보호】 ① 정부는 게임의 창작활동을 보호하고 육성하기 위하여 게임물의 지식재산권 보호시책을 강구하여야 한다.(2011.5.19 본항개정)
② 정부는 게임물의 지식재산권 보호를 위하여 다음 각 호의 사업을 추진할 수 있다.(2011.5.19 본문개정)

1. 게임물의 기술적 보호
2. 게임물 및 게임물 제작자를 식별하기 위한 정보 등 권리관리정보의 표시활성화
3. 게임분야의 저작권 등 지식재산권에 관한 교육·홍보 (2011.5.19 본호개정)

③ 정부는 대통령령으로 정하는 바에 따라 지식재산권 분야의 전문기관 또는 단체를 지정하여 제2항 각 호의 사업을 추진하게 할 수 있다.(2023.8.8 본항개정)

④ 문화체육관광부장관은 게임물의 지식재산권을 보호하기 위하여 필요한 경우 관련 제도의 개선 및 운영합리화 등에 관하여 관계 중앙행정기관의 장에게 협조를 요청할 수 있다.(2016.12.20 본항신설)

(2011.5.19 본조제목개정)

제14조【이용자의 권익보호】 ① 정부는 게임물을 이용하는 자의 권익을 보호하기 위하여 다음 각 호의 사업을 추진하여야 한다.

1. 건전한 게임이용문화의 정착을 위한 교육·홍보
2. 게임물의 이용자가 입을 수 있는 피해의 예방 및 구제
3. 유해한 게임물로부터의 청소년 보호

② 게임물 관련사업자는 제1항 각 호의 사업 추진에 적극 협력하여야 한다.(2020.12.8 본항신설)

제15조 (2012.2.17 삭제)

제4장 등급분류

제16조【게임물관리위원회】 ① 게임물의 윤리성 및 공공성을 확보하고 사행심 유발 또는 조장을 방지하며 청소년을 보호하고 불법 게임물의 유통을 방지하기 위하여 게임물관리위원회(이하 "위원회"라 한다)를 둔다.
(2013.5.22 본항개정)

② 위원회는 다음 각 호의 사항을 심의·의결한다.
(2013.5.22 본문개정)

1. 게임물의 등급분류에 관한 사항
2. 청소년 유해성 확인에 관한 사항
3. 게임물의 사행성 확인에 관한 사항(2007.1.19 본호개정)
4. 게임물의 등급분류에 따른 제작·유통 또는 이용제공 여부의 확인 등 등급분류의 사후관리에 관한 사항
5. 게임물의 등급분류의 객관성 확보를 위한 조사·연구에 관한 사항

5의2. 제21조의3제1항제7호에 따른 교육 및 게임물 이용자와 게임물 관련 사업자 교육에 관한 사항(2016.5.29 본호신설)

6. 위원회규정의 제정·개정 및 폐지에 관한 사항 (2013.5.22 본호개정)
7. 제17조의2제2항의 규정에 따른 위원의 기피신청에 관한 사항(2007.1.19 본호신설)
8. 정보통신망을 통하여 제공되는 게임물 또는 광고·선전물 등이 제38조제7항의 시정권고 대상이 되는지의 여부에 관한 사항(2011.4.5 본호개정)

③ 위원회는 위원장 1명을 포함한 9명 이내의 위원으로 구성하되, 위원장은 상임으로 한다.(2013.5.22 본항개정)

④ 위원회의 위원은 문화예술·문화산업·청소년·법률·교육·언론·정보통신·역사 분야에 종사하거나 「비영리민간단체 지원법」에 따른 비영리민간단체에서 활동하는 사람으로서 게임산업·아동 또는 청소년에 대한 전문성과 경험이 있는 사람 중에서 성별 등 대통령령으로 정하는 사항을 고려하여 대통령령으로 정하는 단체의 장이 추천하는 사람을 문화체육관광부장관이 위촉하며, 위원장은 위원 중에서 호선한다.(2023.3.21 본항개정)

⑤ 위원장 및 위원의 임기는 3년으로 한다.

⑥ 위원회의 업무를 효율적으로 수행하기 위하여 필요한 경우 분과위원회를 둘 수 있다.(2013.5.22 본항개정)

⑦ 위원회의 구성·운영에 관하여 필요한 사항은 위원회규정으로 정한다.(2013.5.22 본항개정)

(2013.5.22 본조제목개정)

제16조의2【위원회의 법인격 등】 ① 위원회는 법인으로 한다.

② 위원회는 문화체육관광부 장관의 인가를 받아 주된 사무소의 소재지에서 설립등기를 함으로써 성립한다.

③ 위원회의 위원을 이사로 본다.

④ 위원회에 관한 규정 중 이 법 및 「공공기관의 운영에 관한 법률」에서 정한 것을 제외하고는 「민법」 중 재단법인에 관한 사항을 준용한다.

(2013.5.22 본조신설)

제17조【감사】 ① 위원회의 업무 및 회계에 관한 사항을 감사하기 위하여 위원회에 감사 1인을 둔다.
(2013.5.22 본항개정)

② 감사는 문화체육관광부장관이 임명하며, 상임으로 한다.(2013.5.22 본항개정)

③ 감사의 임기는 3년으로 한다.

제17조의2【위원의 제척·기피 및 회피】 ① 위원회의 위원은 다음 각 호의 어느 하나에 해당하는 사항에 대한 심의·의결에서 제척된다.(2013.5.22 본문개정)

1. 위원 또는 그 배우자나 배우자이었던 자가 제21조제1항의 규정에 따른 게임물의 등급분류신청 등 이 법에 따라 위원회에 신청(이하 이 조에서 "신청"이라 한다)한 사항(2013.5.22 본호개정)
2. 위원 또는 그 배우자나 배우자이었던 자와 공동권리자 또는 공동의무자의 관계에 있는 자가 신청한 사항
3. 위원과 친족관계에 있거나 친족관계에 있었던 자가 신청한 사항

② 신청을 한 자는 위원이 불공정한 의결을 할 우려가 있다고 인정할 만한 상당한 이유가 있는 때에는 그 사실을 서면으로 소명하고 기피신청을 할 수 있다.

③ 위원은 제1항 각 호의 어느 하나에 해당하는 사유 또는 제2항의 규정에 따라 기피신청을 할 수 있는 사유에 해당하는 경우에는 스스로 그 사항의 심의·의결을 회피할 수 있다.

④ 제1항부터 제3항까지에 따른 위원의 제척·기피 및 회피에 관하여 필요한 사항은 위원회규정으로 정한다.
(2023.8.8 본항개정)

(2007.1.19 본조신설)

제17조의3【회의록】 ① 위원회는 위원회규정으로 정하는 바에 따라 회의록을 작성하여야 한다.(2023.8.8 본항개정)

② 제1항의 회의록은 위원회규정으로 정하는 바에 따라 공개한다. 다만, 영업비밀의 보호 등 특별한 사정이 있는 경우에는 위원회의 의결로써 공개하지 아니할 수 있다.
(2023.8.8 본문개정)

③ 제1항 및 제2항의 규정에 따른 공개의 범위·방법과 절차 등에 관하여 필요한 사항은 위원회규정으로 정한다.
(2013.5.22 본조개정)

제18조【사무국】 ① 위원회의 사무 보조 및 등급분류 사후관리에 관한 사항 점검 등을 위하여 위원회에 사무국을 둔다.

② 사무국에 사무국장 1인을 두며, 위원장이 위원회의 동의를 얻어 임명한다.

③ 사무국의 등급분류의 사후관리 업무에 필요한 사항은 대통령령으로 정하고, 조직과 운영에 필요한 사항은 위원회규정으로 정한다.

(2013.5.22 본조개정)

제19조【위원회규정의 제정과 개정 등】 ① 위원회규정을 제정 또는 개정 등을 하고자 할 때에는 제정·개정안 등을 20일 이상 관보 등에 예고하여야 하며, 그 규정을 제정·개정 등을 한 때에는 이를 관보 등에 게재·공포하여야 한다.

② 위원회는 제21조제7항에 따라 등급분류의 기준을 정하거나 이를 변경하고자 하는 경우에는 청소년단체, 비영리단체, 학계 또는 산업계의 의견을 수렴하여야 한다.
(2023.8.8 본항개정)

(2013.5.22 본조개정)

제20조【지원】 ① 위원회의 운영에 필요한 경비는 국고에서 보조할 수 있다.

② 국고예산이 수반되는 위원회의 사업계획 등은 미리 문화체육관광부장관과 협의하여야 한다.

(2013.5.22 본조개정)

제21조【등급분류】 ① 게임물을 유통시키거나 이용에 제공하게 할 목적으로 게임물을 제작 또는 배급하고자 하는 자는 해당 게임물을 제작 또는 배급하기 전에 위원회 또는 제21조의2제1항에 따라 지정을 받은 사업자로부터 그 게임물의 내용에 관하여 등급분류를 받아야 한다. 다만, 다음 각 호의 어느 하나에 해당하는 게임물의 경우에는 그러하지 아니하다.(2016.12.20 본문개정)

1. 중앙행정기관의 장이 추천하는 게임대회 또는 전시회 등에 이용·전시할 목적으로 제작·배급하는 게임물
2. 교육·학습·종교 또는 공익적 홍보활동 등의 용도로 제작·배급하는 게임물로서 대통령령으로 정하는 것 (2023.8.8 본호개정)
3. 게임물 개발과정에서 성능·안전성·이용자만족도 등을 평가하기 위한 시험용 게임물로서 대통령령으로 정하는 대상·기준과 절차 등에 따른 게임물(2023.8.8 본호개정)
4. 영리를 목적으로 하지 아니하고 제작·배급하는 게임물로서 대통령령으로 정하는 것. 다만, 제2항제4호에 따른 청소년이용불가 등급의 기준에 해당하는 내용을 포함하는 게임물은 제외한다.(2020.12.8 본호신설)

② 게임물의 등급은 다음 각 호와 같다.

1. 전체이용가 : 누구나 이용할 수 있는 게임물
2. 12세이용가 : 12세 미만은 이용할 수 없는 게임물
3. 15세이용가 : 15세 미만은 이용할 수 없는 게임물
4. 청소년이용불가 : 청소년은 이용할 수 없는 게임물

(2007.1.19 본항개정)

③ 제2항에도 불구하고 청소년게임제공업과 일반게임제공업에 제공되는 게임물은 전체이용가와 청소년이용불가 게임물로 분류한다.(2023.8.8 본항개정)

④ 위원회는 등급분류를 신청한 게임물에 대하여 사행성 게임물 여부를 확인하여야 한다.(2013.5.22 본항개정)

⑤ 등급분류를 받은 게임물의 내용을 수정한 경우에는 문화체육관광부령으로 정하는 바에 따라 24시간 이내에 이를 위원회에 신고하여야 한다. 이 경우 위원회는 신고된 내용이 등급의 변경이 필요할 정도로 수정된 경우에는 신고를 받은 날부터 7일 이내에 등급 재분류 대상임을 통보하여야 하며, 통보받은 게임물은 새로운 게임물로 간주하여 위원회규정으로 정하는 절차에 따라 새로이 등급분류를 받도록 조치하여야 한다.(2023.8.8 본항개정)

⑥ 제5항의 규정에 따라 등급의 변경이 필요할 정도의 수정에 해당하면서 새로이 등급분류를 받지 아니하거나 등급분류를 받은 내용과 다르게 제공할 경우 위원회에서 직권으로 조사하거나 게임물제공업자 또는 게임물배급업자의 신청에 의하여 등급을 재분류 할 수 있다.
(2023.8.8 본항개정)

⑦ 제1항 및 제2항에 따른 등급분류 기준과 제4항에 따른 사행성 확인 기준 등에 관하여 필요한 사항은 문화체육관광부령으로 정한다.(2013.5.22 본항개정)

⑧ 위원회는 게임물의 사행성 여부 등을 확인하기 위하여 대통령령으로 정하는 바에 따라 기술심의를 할 수 있다.(2023.8.8 본항개정)

⑨ 제24조의2에 따라 등급분류 업무를 위탁받은 기관(이하 "등급분류기관"이라 한다)의 등급분류 결정이 제7항의 등급분류 기준에 적합하지 아니한 경우 위원회는 직권으로 등급분류를 할 수 있다.(2013.5.22 본항개정)

⑩~⑪ (2016.5.29 삭제)

제21조의2【자체등급분류사업자의 지정】 ① 문화체육관광부장관은 제2항이 정하는 요건을 갖춘 사업자 중에서 다음 각 호의 사항을 심사하여 자체적으로 등급분류를 할 수 있는 사업자로 3년 이내의 기간을 정하여 지정할 수 있다. 이 경우 문화체육관광부장관은 업무운영에 관한 조건을 부과하여 지정할 수 있다.

1. 자체등급분류 업무운영 계획의 적정성
2. 게임산업 발전 및 건전 게임문화 조성에 대한 기여 계획의 적정성

② 제1항에 따라 지정을 받을 수 있는 사업자의 요건은 다음 각 호와 같다.

1. 다음 각 목의 어느 하나에 해당하는 법인일 것
   가. 게임제작업, 게임배급업 또는 게임제공업을 영위하는 자로서 최근 3년간 평균 매출액이 문화체육관광부령으로 정하는 금액 이상일 것
   나. 게임산업 및 게임문화 진흥에 관한 업무를 수행하는 「공공기관의 운영에 관한 법률」에 따른 공공기관 또는 비영리 법인일 것
   다. 「방송법」에 따른 종합유선방송사업자, 위성방송사업자이거나 「인터넷 멀티미디어 방송사업법」에 따른 인터넷 멀티미디어 방송 제공사업자일 것
2. 자체등급분류를 할 수 있는 등급분류책임자(지정받고자 하는 법인의 임원 또는 등급분류와 관련된 업무를 담당하는 부서의 장에 해당하는 지위에 있는 자를 말한다)와 전담인력(업무위탁 계약을 맺은 자를 포함한다)을 둘 것
3. 제3항제2호에 해당하는 게임물에 대한 등급분류의 적정성에 관한 자문의견을 제시하는 소속 직원이 아닌 2인 이상의 전문가를 위촉할 것
4. 자체등급분류 업무의 수행을 위한 온라인 업무처리 시스템(위원회의 시스템과 연계되는 기능을 포함한다)을 구축할 것
5. 최근 3년간 이 법을 위반하여 영업정지 이상의 행정제재 또는 벌금 이상의 형이 확정된 사실이 없을 것

③ 제1항에 따라 지정을 받은 사업자(이하 "자체등급분류사업자"라 한다)가 등급분류를 할 수 있는 게임물은 다음 각 호와 같다. 다만, 제21조제2항제4호에 해당하거나 청소년게임제공업과 일반게임제공업에 제공되는 게임물은 제외한다.

1. 게임물을 제공하거나 중개하는 계약(이하 "중개계약"이라 한다. 가입자 정보만을 공유하는 계약은 제외한다)을 맺고 서비스하는 게임물(「클라우드컴퓨팅 발전 및 이용자 보호에 관한 법률」 제2조제3호의 클라우드컴퓨팅서비스로 제공되는 게임물을 포함한다)
2. 자체등급분류사업자가 제작한 게임물

④ 자체등급분류사업자가 수행할 수 있는 등급분류 업무는 다음 각 호와 같다.

1. 제21조제1항 각 호 외의 부분 본문에 따른 등급분류 결정 및 통보
2. 제21조제5항에 따른 내용 수정 신고 수리, 등급 재분류 대상 통보 및 조치

⑤ 제1항에 따른 지정(제21조의6에 따른 재지정을 포함한다)에 필요한 절차에 관한 사항과 제2항제2호부터 제5호까지의 규정에 따른 사업자 요건에 관한 세부적인 사항은 문화체육관광부령으로 정한다.

(2016.5.29 본조신설)

제21조의3【자체등급분류사업자 등의 준수사항】 ① 자체등급분류사업자는 다음 각 호의 사항을 준수하여야 한다.

1. 제21조제7항에 따른 등급분류기준 또는 위원회와 협약한 별도의 기준(등급표시방법을 포함한다)에 따라 자체적으로 등급분류를 할 것. 다만, 제21조제7항으로 정하는 등급분류기준에 따른 같은 조 제2항제4호에 해당하는 게임물은 제외한다.
2. 제1호에 따른 등급분류 결과를 중개계약을 맺은 사업자로 하여금 표시하게 할 것. 다만, 제21조의5제1항에 따른 등급분류의 경우에는 이를 적용하지 아니한다.
3. 제22조제2항에서 정하는 사유에 해당하는 게임물에 대하여는 등급분류 서비스를 제공하지 아니하고 그 사실을 위원회에 통보할 것
4. 제1호에 따른 등급표시 및 이에 따른 서비스 적합성 여부를 중개계약의 종료일까지 확인하고 중개계약 종료 시 이 사실을 종료일로부터 5영업일 이내에 위원회에 통보할 것

5. 제21조제1항에 따른 등급분류 결정(게임물내용정보에 관한 사항을 포함한다) 및 같은 조 제5항에 따른 내용수정 신고사항이 위원회에 5영업일 이내에 통보될 수 있도록 제21조의2제2항제4호에 따른 시스템 연계를 유지할 것
6. 제21조의8제3항 및 제21조의9제2항에 따른 조치를 이행하고 조치결과를 위원회에 통보할 것
7. 등급분류책임자 및 전담인력은 문화체육관광부령으로 정하는 바에 따라 위원회가 실시하는 등급분류 업무에 필요한 교육을 연 4회 이상 받을 것
8. 등급분류 업무와 관련된 위원회의 자료요청에 따를 것
9. 제21조의2제2항제3호에 따라 위촉한 전문가의 활동보고서를 제10호에 따른 평가 실시 1개월 전에 위원회에 제출할 것
10. 자체등급분류 업무수행의 적정성에 관하여 문화체육관광부령으로 정하는 바에 따라 위원회의 평가를 연 1회 이상 받고 이에 따른 개선조치를 이행할 것
(2023.8.8 본호개정)
11. 제21조의2제4항의 업무를 수행할 때 같은 조 제3항제1호의 게임물과 같은 항 제2호의 게임물을 차별하지 아니할 것
12. 그 밖에 자체등급분류 업무의 적정성 유지 등에 관하여 필요한 사항으로서 문화체육관광부령으로 정하는 사항을 준수할 것
② 중개계약을 맺은 게임물 관련사업자는 다음 각 호의 사항을 준수하여야 한다.
1. 제1항제1호부터 제4호까지, 제6호, 제8호, 제10호 및 제12호의 사항을 준수하기 위한 자체등급분류사업자의 조치에 대하여 협력할 것
2. 제1항제1호에 따라 등급분류된 게임물을 자체등급분류사업자가 아닌 자가 유통하는 경우에 이 사실을 위원회에 통보할 것
③ 위원회는 중개계약이 종료되거나 제2항제2호에 따라 유통되는 게임물에 대하여 등급표시 및 이에 따른 서비스 적합성 여부를 확인하여야 한다.
④ 중개계약 종료 후 자체등급분류사업자가 아닌 자를 통하여 제1항제1호에 따라 등급분류된 게임물을 유통하는 경우 게임물 내용의 수정이 발생하면 위원회에 제21조제5항에 따른 신고를 하여야 한다. 이 경우 위원회는 내용수정신고된 게임물을 새로운 게임물로 간주하여 위원회규정으로 정하는 절차에 따라 새로이 등급분류를 받도록 조치하여야 한다.(2023.8.8 후단개정)
(2016.5.29 본조신설)

제21조의4【자체등급분류의 효력】 ① 자체등급분류사업자로부터 등급분류를 받은 게임물은 위원회의 등급분류를 받은 것으로 본다. 다만, 자체등급분류사업자가 등급분류한 게임물을 다른 자체등급분류사업자가 유통하고자 하는 경우에는 새로이 등급분류를 하여야 한다.
② 자체등급분류사업자 간 등급분류 결과가 서로 다른 게임물을 자체등급분류사업자가 아닌 자가 유통하는 경우 제2조제10호에서 정하는 청소년 기준 연령과의 차이가 적은 연령으로 표시한 등급으로 유통하여야 한다.
(2023.8.8 본항개정)
③ 정보통신 플랫폼(게임물 이용을 위한 것으로서 정보처리 능력을 가진 전자적 장치 또는 체계를 말한다)의 변경을 위하여 게임물의 내용수정이 이루어진 경우 등급의 변경이 필요하지 아니할 정도에 한정하여 제21조의3제1항제1호에 따른 등급분류의 효력을 유지한다. 다만, 청소년게임제공업과 일반게임제공업에 제공되는 게임물의 경우는 제외한다.(2023.8.8 본문개정)
(2016.5.29 본조신설)

제21조의5【해외 게임물의 이용제공】 ① 자체등급분류사업자는 다음 각 호의 요건을 모두 갖춘 경우에 국내에 유통하는 것을 주된 목적으로 하지 아니한 게임물(이하 "해외 게임물"이라 한다)을 이용자에게 제공할 수 있다. 다만, 제21조제2항제4호에 해당하거나 청소년게임제공업과 일반게임제공업에 제공되는 게임물은 제외한다.
1. 자체등급분류사업자는 해외 유통사업자와 해외 게임물의 국내 이용제공에 관한 계약을 체결할 것
2. 자체등급분류사업자는 해외 게임물을 등급분류 할 것
3. 자체등급분류사업자는 이용자가 해외 게임물 이용 시 등급분류 결과를 용이하게 인지할 수 있도록 할 것
4. 자체등급분류사업자는 해외 게임물에 대한 등급분류 결과를 5영업일 이내에 위원회에 통보할 것
② 제1항에 따라 자체등급분류사업자가 등급분류한 해외 게임물은 다른 사업자가 이를 이용자에게 제공할 수 없다.
(2016.5.29 본조신설)

제21조의6【자체등급분류사업자의 재지정】 ① 자체등급분류사업자가 지정기간의 만료 후 계속하여 자체등급분류 업무를 하고자 하는 경우 문화체육관광부장관의 재지정을 받아야 한다.
② 문화체육관광부장관은 다음 각 호의 사항을 심사하여 3년 이내의 범위에서 제1항에 따른 재지정을 할 수 있다.
1. 제21조의2제1항 각 호의 계획에 대한 이행 여부 및 향후 계획의 적정성
2. 제21조의2제2항제1호에서 정하는 기준의 충족 여부
(2023.8.8 본호개정)
3. 제21조의2제2항제2호부터 제4호까지의 운영실적 및 향후 계획의 적정성
4. 제21조의2제2항제5호에서 정하는 요건의 해당 여부
(2023.8.8 본호개정)
5. 제21조의3제1항제10호의 개선조치 이행 여부
(2016.5.29 본조신설)

제21조의7【자체등급분류사업자의 지정취소 등】 ① 문화체육관광부장관은 자체등급분류사업자가 다음 각 호의 어느 하나에 해당하는 경우에는 그 지정을 취소하거나 6개월 이내의 기간을 정하여 제21조의2제4항에 해당하는 업무의 정지를 명할 수 있다. 다만, 제1호에 해당하는 경우에는 지정을 취소하여야 한다.
1. 거짓이나 부정한 방법으로 지정을 받은 경우
2. 제21조의2제2항에 따른 지정요건을 갖추지 아니한 경우
3. 제21조의3제1항에 따른 준수사항을 위반한 경우
② 문화체육관광부장관은 제1항에 따라 지정을 취소하거나 업무를 정지하는 경우에는 「행정절차법」에 따른 청문을 실시하여야 한다.
③ 제1항에 따른 지정취소는 자체등급분류사업자가 지정취소 이전에 한 등급분류의 효력에 영향을 미치지 아니한다. 다만, 제1항제1호의 사유로 지정취소된 경우에는 그러하지 아니하다.
④ 문화체육관광부장관은 제1항제2호 및 제3호에서 정하는 사유가 발생한 경우 지정취소 또는 업무정지 명령에 앞서 자체등급분류사업자에게 시정방안을 정하여 10일 이내에 이를 수락할 것을 권고할 수 있다.(2023.8.8 본항개정)
⑤ 문화체육관광부장관은 자체등급분류사업자가 제4항의 시정방안에 따른 조치를 한 경우에는 제1항의 지정취소 또는 업무정지 명령을 하지 아니할 수 있다.
(2016.5.29 본조신설)

제21조의8【직권등급재분류 등】 ① 자체등급분류사업자가 등급분류한 게임물이 제21조제2항제4호에 해당하거나 제22조제2항에 따른 등급분류 거부 대상이 된다고 판단하는 경우에 위원회는 문화체육관광부장관의 요청 또는 직권으로 등급분류 결정을 하거나 자체등급분류사업자의 등급분류 결정을 취소할 수 있다.
② 위원회는 제1항에 따라 등급분류 결정 또는 취소결정을 한 경우 이를 자체등급분류사업자에게 지체 없이 통보하여야 한다.
③ 자체등급분류사업자는 제2항에 따른 통보를 받은 날부터 지체 없이 이에 따른 조치를 취하여야 한다.
④ 문화체육관광부장관은 자체등급분류사업자가 제3항의 조치를 이행하지 아니한 경우 이의 시정을 명할 수 있다.
(2016.5.29 본조신설)

제21조의9【등급조정조치 등】 ① 위원회는 자체등급분류사업자가 등급분류한 결과가 등급분류기준에 현저히 위배되거나 자체등급분류사업자 간의 등급분류결과가 서로 다른 경우 자체등급분류사업자에게 등급을 조정하도록 요구할 수 있다.(2023.8.8 본항개정)
② 자체등급분류사업자는 제1항의 요구에 따른 조치를 하여야 한다.
③ 문화체육관광부장관은 자체등급분류사업자가 제2항의 조치를 이행하지 아니한 경우 이의 시정을 명할 수 있다.
(2016.5.29 본조신설)

제21조의10【등급분류 절차의 간소화】 ① 위원회는 게임물을 유통시키거나 이용에 제공하고자 하는 자가 제21조제1항에 따른 등급분류를 신청하는 경우 위원회 및 등급분류기관이 구축한 온라인 업무처리 시스템 또는 이와 연계된 시스템(이하 "등급분류 시스템"이라 한다)을 통하여 등급분류를 하도록 할 수 있다. 다만, 제21조제2항제4호에 해당하거나 청소년게임제공업과 일반게임제공업에 제공되는 게임물은 제외한다.
② 제1항에 따라 등급분류 시스템을 통하여 등급분류를 신청한 자(이하 "시스템등급분류신청자"라 한다)는 등급분류 시스템에 해당 게임물의 주요 내용, 등급 관련 자료 및 등급분류 결과를 입력하여야 한다.
③ 위원회 및 등급분류기관은 시스템등급분류신청자의 등급분류 결과가 제21조제7항의 등급분류 기준에 적합하지 아니하거나 제22조제2항에 따른 등급분류 거부 대상이 된다고 판단하는 경우 직권으로 등급분류 결정을 하거나 그 등급분류 결과를 취소할 수 있다.
④ 위원회 및 등급분류기관은 제3항에 따라 직권으로 등급분류 결정을 하거나 그 등급분류 결과를 취소한 경우 이를 시스템등급분류신청자에게 지체 없이 통보하여야 한다.
⑤ 위원회 및 등급분류기관은 제2항에 따라 입력된 자료의 추가·보완이 필요하거나 제3항에 따른 등급분류 기준에의 적합 여부 등의 검토를 위하여 필요하다고 인정하는 경우 시스템등급분류신청자에게 관련 자료의 제출을 요구할 수 있다.
⑥ 제3항에 따른 직권에 의한 등급분류 결정 또는 취소의 절차, 제4항에 따른 통보의 절차, 제5항에 따른 자료 제출 요구에 필요한 사항은 문화체육관광부령으로 정한다.
(2020.12.8 본조신설)

제21조의11【시스템등급분류신청자의 준수사항】 시스템등급분류신청자는 다음 각 호의 사항을 준수하여야 한다.
1. 등급분류 시스템에 따른 등급분류 기준에 따라 등급분류를 할 것
2. 등급분류 및 사후관리와 관련된 위원회 및 등급분류기관의 자료 요구에 따를 것
3. 그 밖에 등급분류 및 사후관리에 필요한 사항으로서 문화체육관광부령으로 정하는 사항을 준수할 것
(2020.12.8 본조신설)

제22조【등급분류 거부 및 통지 등】 ① 위원회는 제16조제2항제1호부터 제4호까지의 규정에 따른 업무의 수행을 위하여 필요한 경우에는 등급분류를 신청한 자에게 등급심사에 필요한 자료의 제출을 요구할 수 있다.
(2013.5.22 본항개정)
② 위원회는 「사행행위 등 규제 및 처벌특례법」, 「형법」 등 다른 법률의 규정 또는 이 법에 의하여 규제 또는 처벌대상이 되는 행위 또는 기기에 대하여 등급분류를 신청한 자, 정당한 권원을 갖추지 아니하였거나 거짓이나 그 밖의 부정한 방법으로 등급분류를 신청한 자 또는 사행성게임물에 해당되는 게임물에 대하여 등급분류를 신청한 자에 대하여 등급분류를 거부할 수 있다.(2023.8.8 본항개정)
③ 위원회는 등급분류 결정을 한 경우에는 다음 각 호의 서류를 신청인에게 교부하고, 사행성게임물에 해당되어 등급분류를 거부결정한 경우에는 결정의 내용 및 그 이유를 기재한 서류를 지체 없이 신청인에게 교부하여야 한다.(2013.5.22 본문개정)
1. 게임물의 해당 등급을 기재한 등급분류증명서
(2018.12.11 본호개정)
2. 등급분류에 따른 의무사항을 기재한 서류
3. 게임물내용정보를 기재한 서류
④ 위원회는 등급분류를 받은 게임물이 제2항의 규정에 따른 등급분류 거부 대상인 사실을 알게 된 때에는 지체 없이 등급분류 결정을 취소하여야 한다.(2013.5.22 본항개정)
⑤ 제1항부터 제3항까지에 따른 자료제출요구의 기준·절차·방법, 등급분류 결정, 등급분류 거부결정 및 사행성게임물 결정의 절차, 등급분류증명서의 교부와 게임물내용정보에 포함될 사항 등에 관하여 필요한 사항은 문화체육관광부령으로 정한다.(2023.8.8 본항개정)

제23조【등급의 재분류 등】 ① 위원회 또는 등급분류기관의 제21조에 따른 등급분류 결정 또는 제22조에 따른 등급분류 거부결정에 대하여 이의가 있는 자는 그 결정의 통지를 받은 날부터 30일 이내에 구체적인 사유를 명시하여 위원회에 이의를 신청하여 등급분류를 다시 받을 수 있다.(2013.5.22 본항개정)
② 위원회는 제1항에 따른 이의신청을 받은 때에는 이를 심사하여 그 신청에 이유가 있는 경우에는 신청서 접수일부터 15일 이내에 등급분류를 다시 하고 그 결과를 신청인 또는 대리인에게 통지하여야 하며, 이유가 없는 경우에는 이유없음을 통지하여야 한다.(2023.8.8 본항개정)
③ 제1항 및 제2항에 따른 신청의 절차 및 결정통지 등에 관하여 필요한 사항은 문화체육관광부령으로 정한다.
(2023.8.8 본항개정)
④ 제1항부터 제3항까지에서 규정한 사항 외에 이의신청에 관한 사항은 「행정기본법」 제36조(제2항 단서는 제외한다)에 따른다.(2023.5.16 본항신설)

제24조【등급분류의 통지 등】 위원회는 다음 각 호의 어느 하나에 해당하는 결정 또는 취소를 하거나 제24조의3제1호에 따라 등급분류기관으로부터 등급분류 결정 또는 등급분류 취소 결정을 통보받은 경우에는 대통령령으로 정한 행정기관의 장과 제39조에 따른 협회 또는 단체(이하 "협회등"이라 한다) 그 밖에 필요하다고 인정되는 기관·단체에 서면으로 통지하고, 그 내용을 문화체육관광부령으로 정하는 바에 따라 공표하여야 한다.
1. 제21조제2항에 따른 등급분류 결정 또는 제22조제2항의 규정에 따른 사행성게임물의 등급분류 거부결정
2. 제22조제4항에 따른 등급분류 결정의 취소
3. 제23조제2항에 따른 이의신청에 대한 결정
(2023.8.8 본조개정)

제24조의2【등급분류 업무의 위탁 등】 ① 위원회는 제21조제2항제1호부터 제3호까지에 해당하는 게임물에 대한 다음 각 호의 업무를 대통령령으로 정하는 인력 및 시설 등을 갖춘 법인으로서 문화체육관광부장관이 지정하는 등급분류기관에 5년 이내의 기간을 정하여 위탁할 수 있다.(2013.5.22 본문개정)
1. 제21조제1항 본문에 따른 등급분류 결정
2. 제21조제5항에 따른 내용 수정 신고 수리, 등급 재분류 대상 통보 및 조치
3. 제22조제1항에 따른 자료(제16조제2항제1호 및 제2호에 따른 업무의 수행을 위하여 필요한 자료로 한정한다) 제출 요구
4. 제22조제2항에 따른 등급분류 거부결정(사행성게임물에 해당되는 게임물은 제외한다)
5. 제22조제3항에 따른 등급분류 결정 관련 서류의 교부
6. 제22조제4항에 따른 등급분류 결정 취소
② 문화체육관광부장관은 제1항에 따른 위탁기간이 만료하기 6개월 전에 등급분류기관의 업무수행이 적정한지를 대통령령으로 정하는 바에 따라 평가하여야 한다.
(2023.8.8 본항개정)

③ 위원회는 제2항에 따른 평가에서 적정판정을 받은 등급분류기관에 대하여 5년 이내의 기간을 정하여 업무를 재위탁할 수 있다.(2013.5.22 본항신설)
(2013.5.22 본조제목개정)
(2011.12.31 본조신설)

제24조의3【등급분류기관의 준수사항】 등급분류기관은 다음 각 호의 사항을 준수하여야 한다.
1. 제21조제1항 본문에 따라 등급분류 결정을 하거나 제22조제4항에 따라 등급분류 결정을 취소한 경우 10일 이내에 그 내용을 위원회에 통보할 것(2013.5.22 본호개정)
1의2. 제21조의10제2항에 따라 등급분류 결과가 입력되거나 같은 조 제3항에 따른 직권에 의한 등급분류 결정 또는 등급분류 결과의 취소를 한 경우 10일 이내에 그 내용을 위원회에 통보할 것(2020.12.8 본호신설)
2. 게임물 등급별 등급분류 신청 현황, 등급분류 결정과 등급분류 거부결정 현황, 등급분류 거부결정 시 그 사유 및 게임물별 등급분류 소요기간 등이 포함된 연도별 활동 보고서를 매년 2월 말까지 위원회에 제출할 것
3. 등급분류기관의 임직원은 매년 10시간의 범위에서 위원회가 실시하는 게임물 등급분류 업무에 필요한 교육을 받을 것
4. 등급분류 업무와 관련된 위원회의 자료요청에 특별한 사정이 없으면 따를 것
(2013.5.22 2호~4호개정)
(2011.12.31 본조신설)

제24조의4【등급분류기관의 지정취소】 문화체육관광부장관은 등급분류기관이 다음 각 호의 어느 하나에 해당하는 경우에는 그 지정을 취소하거나 6개월 이내의 기간을 정하여 업무정지를 명할 수 있다. 다만, 제1호에 해당하는 경우에는 지정을 취소하여야 한다.
1. 거짓이나 부정한 방법으로 지정을 받은 경우
2. 제24조의2제1항에 따른 지정요건을 갖추지 아니한 경우(2013.5.22 본호개정)
3. 제24조의2제2항에 따른 평가에서 부적정판정을 받은 경우(2013.5.22 본호신설)
4. 제24조의3에 따른 준수사항을 위반한 경우
(2011.12.31 본조신설)

제5장 영업질서 확립

제1절 영업의 신고·등록·운영

제25조【게임제작업 등의 등록】 ① 게임제작업 또는 게임배급업을 영위하고자 하는 자는 문화체육관광부령으로 정하는 바에 따라 특별자치시장·특별자치도지사·시장·군수·구청장에게 등록하여야 한다. 다만, 다음 각 호의 어느 하나에 해당하는 경우에는 등록하지 아니하고 이를 할 수 있다.(2023.8.8 본문개정)
1. 국가 또는 지방자치단체가 제작하는 경우
2. 법령에 의하여 설립된 교육기관 또는 연수기관이 자체 교육 또는 연수의 목적으로 사용하기 위하여 제작하는 경우
3. 「공공기관의 운영에 관한 법률」 제4조에 따른 공공기관이 그 사업의 홍보에 사용하기 위하여 제작하는 경우(2018.2.21 본호개정)
4. 그 밖에 게임기기 자체만으로는 오락을 할 수 없는 기기를 제작하는 경우 등 대통령령으로 정하는 경우(2023.8.8 본호개정)

② 제1항에 따라 등록한 자가 문화체육관광부령으로 정하는 중요사항을 변경하고자 하는 경우에는 변경등록을 하여야 한다.(2023.8.8 본항개정)
③ 특별자치시장·특별자치도지사·시장·군수·구청장은 제2항에 따른 변경등록의 신청을 받은 날부터 15일 이내에 변경등록 여부를 신청인에게 통지하여야 한다.(2018.12.11 본항신설)
④ 특별자치시장·특별자치도지사·시장·군수·구청장이 제3항에서 정한 기간 내에 변경등록 여부 또는 민원 처리 관련 법령에 따른 처리기간의 연장을 신청인에게 통지하지 아니하면 그 기간(민원 처리 관련 법령에 따라 처리기간이 연장 또는 재연장된 경우에는 해당 처리기간을 말한다)이 끝난 날의 다음 날에 변경등록을 한 것으로 본다.(2018.12.11 본항신설)
⑤ 특별자치시장·특별자치도지사·시장·군수·구청장은 제1항 또는 제2항에 따른 등록 또는 변경등록을 받은 경우에는 신청인에게 등록증을 교부하여야 한다.(2023.8.8 본항개정)
⑥ 제1항부터 제5항까지의 규정에 따른 등록 및 변경등록의 절차 및 방법, 등록증의 교부 등에 관하여 필요한 사항은 문화체육관광부령으로 정한다.(2018.12.11 본항개정)
(2007.1.19 본조제목개정)

제26조【게임제공업 등의 허가 등】 ① 일반게임제공업을 영위하고자 하는 자는 허가의 기준·절차 등에 관하여 대통령령으로 정하는 바에 따라 특별자치시장·특별자치도지사·시장·군수·구청장의 허가를 받아 영업을 할 수 있다. 다만, 「국토의 계획 및 이용에 관한 법률」 제36조제1항제1호가목의 주거지역에 위치하여서는 아니된다.(2023.8.8 본문개정)
② 청소년게임제공업 또는 인터넷컴퓨터게임시설제공업을 영위하고자 하는 자는 문화체육관광부령으로 정하는 시설을 갖추어 특별자치시장·특별자치도지사·시장·군수·구청장에게 등록하여야 한다. 다만, 정보통신망을 통하여 게임물을 제공하는 자로서 「전기통신사업법」에 따라 신고 또는 등록을 한 경우에는 이 법에 의하여 등록한 것으로 본다.(2023.8.8 본문개정)
③ 복합유통게임제공업을 영위하고자 하는 자는 문화체육관광부령으로 정하는 바에 따라 특별자치시장·특별자치도지사·시장·군수·구청장에게 등록하여야 한다. 다만, 제2항에 따라 청소년게임제공업 또는 인터넷컴퓨터게임시설제공업의 등록을 한 자가 복합유통게임제공업을 영위하고자 하는 때에는 특별자치시장·특별자치도지사·시장·군수·구청장에게 신고하여야 한다.
(2023.8.8 본문개정)
④ 제1항부터 제3항까지에 따라 허가를 받거나 등록 또는 신고를 한 자가 문화체육관광부령으로 정하는 중요사항을 변경하고자 하는 경우에는 변경허가를 하거나 변경등록 또는 변경신고를 하여야 한다.(2023.8.8 본항개정)
⑤ 특별자치시장·특별자치도지사·시장·군수·구청장은 제3항 단서에 따른 신고 또는 제4항에 따른 변경허가·변경등록의 신청을 받거나 변경신고를 받은 날부터 15일 이내에 신고수리 또는 변경허가·변경등록·변경신고수리 여부를 신청인에게 통지하여야 한다.
(2018.12.11 본항신설)
⑥ 특별자치시장·특별자치도지사·시장·군수·구청장이 제5항에서 정한 기간 내에 신고수리 또는 변경허가·변경등록·변경신고수리 여부나 민원 처리 관련 법령에 따른 처리기간의 연장을 신청인에게 통지하지 아니하면 그 기간(민원 처리 관련 법령에 따라 처리기간이 연장 또는 재연장된 경우에는 해당 처리기간을 말한다)이 끝난 날의 다음 날에 신고수리 또는 변경허가·변경등록·변경신고수리를 한 것으로 본다.(2018.12.11 본항신설)
⑦ 특별자치시장·특별자치도지사·시장·군수·구청장은 제1항부터 제4항까지의 규정에 따른 허가·변경허가를 하거나 등록·변경등록 또는 신고·변경신고를 받은 경우(제6항에 따라 신고수리 또는 변경허가·변경등록·변경신고수리를 한 것으로 보는 경우를 포함한다)에는 문화체육관광부령으로 정하는 바에 따라 신청인에게 허가증 또는 등록증·신고증을 교부하여야 한다.
(2018.12.11 본항개정)
(2007.1.19 본조제목개정)

제27조【영업의 제한】 제25조 및 제26조에 따른 허가를 받거나 등록 또는 신고를 하고자 하는 자가 다음 각 호의 어느 하나에 해당하는 경우에는 제25조 또는 제26조의 규정에 따른 허가를 받거나 등록 또는 신고를 할 수 없다.
1. 제35조제1항부터 제3항까지 및 제38조제1항에 따라 영업폐쇄명령 또는 허가·등록 취소처분이나 폐쇄 및 수거 등 조치를 받은 후 1년이 지나지 아니하거나 영업정지처분을 받은 후 그 기간이 종료되지 아니한 자(법인의 경우에는 그 대표자 또는 임원을 포함한다)가 같은 업종을 다시 영위하고자 하는 경우
2. 제35조제1항부터 제3항까지 및 제38조제1항에 따라 영업폐쇄명령 또는 허가·등록 취소처분이나 폐쇄 및 수거 등 조치를 받은 후 1년이 지나지 아니하거나 영업정지처분을 받은 후 그 기간이 종료되지 아니한 경우에 같은 장소에서 그 영업과 같은 업종을 영위하고자 하는 경우
3. 「청소년 보호법」 제2조제5호가목에 따른 청소년 출입·고용금지업소를 영위하는 자가 복합유통게임제공업을 하고자 하는 경우
(2023.8.8 본조개정)

제28조【게임물 관련사업자의 준수사항】 게임물 관련사업자는 다음 각 호의 사항을 지켜야 한다.
1. 제9조제3항에 따른 유통질서 등에 관한 교육을 받을 것(2023.8.8 본호개정)
2. 게임물을 이용하여 도박 그 밖의 사행행위를 하게 하거나 이를 하도록 내버려 두지 아니할 것
2의2. 게임머니의 화폐단위를 한국은행에서 발행되는 화폐단위와 동일하게 하는 등 게임물의 내용구현과 밀접한 관련이 있는 운영방식 또는 기기·장치 등을 통하여 사행성을 조장하지 아니할 것(2011.4.5 본호신설)
3. 경품 등을 제공하여 사행성을 조장하지 아니할 것. 다만, 청소년게임제공업의 전체이용가 게임물에 대하여 대통령령으로 정하는 경품의 종류(완구류 및 문구류 등. 다만, 현금, 상품권 및 유가증권은 제외한다)·지급기준·제공방법 등에 의한 경우에는 그러하지 아니하다.(2023.8.8 단서개정)
4. 제2조제6호의2가목의 규정에 따른 청소년게임제공업을 영위하는 자는 청소년이용불가 게임물을 제공하지 아니할 것(2007.1.19 본호개정)
5. 제2조제6호의2나목의 규정에 따른 일반게임제공업 또는 제2조제8호에 따른 복합유통게임제공업(「청소년 보호법」에 따라 청소년 출입을 허용하는 경우는 제외한다)을 영위하는 자는 게임장에 청소년을 출입시키지 아니할 것(2016.2.3 본호개정)
5의2. 인터넷컴퓨터게임시설제공업을 영위하는 자는 이용자가 제21조제2항 각 호의 등급구분을 위반하여 게임물을 이용하지 아니하도록 할 것(2023.3.21 본호신설)
6. 게임물 및 컴퓨터 설비 등에 문화체육관광부장관이 고시하는 음란물 및 사행성게임물 차단 프로그램 또는 장치를 설치할 것. 다만, 음란물 및 사행성게임물 차단 프로그램 또는 장치를 설치하지 아니하여도 음란물 및 사행성게임물을 접속할 수 없게 되어 있는 경우에는 그러하지 아니하다.(2008.2.29 본문개정)
7. 대통령령으로 정하는 영업시간 및 청소년의 출입시간을 준수할 것(2023.8.8 본호개정)
8. 그 밖에 영업질서의 유지 등에 관하여 필요한 사항으로서 대통령령으로 정하는 사항을 준수할 것(2023.8.8 본호개정)

제29조【영업의 승계】 ① 제25조 또는 제26조에 따라 허가를 받은 영업자 또는 등록·신고를 한 영업자가 그 영업을 양도하거나 사망한 때 또는 그 법인의 합병이 있는 때에는 그 양수인·상속인 또는 합병 후 존속하는 법인이나 합병에 의하여 설립되는 법인은 그 영업자의 지위를 승계한다.(2023.8.8 본항개정)
② 제30조에 따른 폐업신고에 의하여 허가가 취소되거나 등록 또는 신고가 말소된 자가 1년 이내에 폐업한 장소에서 같은 업종으로 다시 허가를 받거나 등록 또는 신고를 하고자 하는 경우에는 해당 영업자는 폐업신고 전의 영업자의 지위를 승계한다.(2023.8.8 본항개정)
③ 「민사집행법」에 의한 경매, 「채무자 회생 및 파산에 관한 법률」에 의한 환가나 「국세징수법」·「관세법」 또는 「지방세징수법」에 의한 압류재산의 매각 그 밖에 이에 준하는 절차에 따라 영업자의 시설·기구(대통령령으로 정하는 주요시설 및 기구를 말한다)의 전부를 인수한 자는 그 영업자의 지위를 승계한다.(2023.8.8 본항개정)
④ 제1항부터 제3항까지에 따라 영업자의 지위를 승계받은 자는 관할 특별자치시장·특별자치도지사·시장·군수·구청장에게 신고하여야 한다.(2023.8.8 본항개정)
⑤ 특별자치시장·특별자치도지사·시장·군수·구청장은 제4항에 따른 신고를 받은 날부터 15일 이내에 신고수리 여부를 신고인에게 통지하여야 한다.(2018.12.11 본항신설)
⑥ 특별자치시장·특별자치도지사·시장·군수·구청장이 제5항에서 정한 기간 내에 신고수리 여부 또는 민원 처리 관련 법령에 따른 처리기간의 연장을 신고인에게 통지하지 아니하면 그 기간(민원 처리 관련 법령에 따라 처리기간이 연장 또는 재연장된 경우에는 해당 처리기간을 말한다)이 끝난 날의 다음 날에 신고를 수리한 것으로 본다.(2018.12.11 본항신설)

제30조【폐업 및 직권말소】 ① 제25조 또는 제26조에 따라 허가를 받거나 등록 또는 신고를 한 자가 영업을 폐지한 때에는 폐지한 날부터 7일 이내에 문화체육관광부령으로 정하는 바에 따라 관할 특별자치시장·특별자치도지사·시장·군수·구청장에게 폐업신고를 하여야 한다.
② 특별자치시장·특별자치도지사·시장·군수·구청장은 제1항의 규정에 따라 폐업신고를 하지 아니하는 자에 대하여는 문화체육관광부령으로 정하는 바에 따라 폐업한 사실을 확인한 후 허가 또는 등록·신고사항을 직권으로 말소할 수 있다.
(2023.8.8 본조개정)

제31조【사후관리】 ① 문화체육관광부장관은 게임물의 공정한 등급분류, 유통 및 이용제공의 건전한 영업질서 확립을 위하여 위원회의 게임물 유통과 관련된 사후관리 업무, 등급분류기관 및 게임물 관련사업자에 대하여 이 법의 준수 여부에 관한 사항을 문화체육관광부령으로 정하는 바에 따라 주기적으로 조사하고 관리하여야 한다.
(2023.8.8 본항개정)
② 문화체육관광부장관, 특별시장·광역시장·특별자치시장·도지사·특별자치도지사(이하 "시·도지사"라 한다) 또는 시장·군수·구청장은 다음 각 호의 목적을 위하여 필요하다고 인정되는 때에는 게임물 관련사업자에 대하여 필요한 보고를 하게 하거나 관계 공무원으로 하여금 게임제공업 또는 인터넷컴퓨터게임시설제공업의 영업소 등에 출입하여 필요한 조사를 하게 하거나 서류를 열람하게 할 수 있다.(2018.2.21 본문개정)
1. 게임물의 유통질서 확립
2. 게임물의 사행행위에의 이용 방지
3. 게임물의 사행성 조장 방지
(2011.4.5 본항개정)
③ 시·도지사 및 시장·군수·구청장은 대통령령으로 정하는 바에 따라 게임물 관련사업자 실태보고서를 문화체육관광부장관, 행정안전부장관, 경찰청장 및 대통령령에서 정하는 관계 행정기관의 장에게 주기적으로 제출하여야 한다.(2023.8.8 본항개정)
④ 제2항의 규정에 따라 출입·검사를 하는 관계 공무원은 그 권한을 표시하는 증표를 지니고 이를 관계인에게 내보여야 한다.

제2절 게임물의 유통 및 표시

제32조【불법게임물 등의 유통금지 등】 ① 누구든지 게임물의 유통질서를 저해하는 다음 각 호의 행위를 하여서는 아니 된다. 다만, 제4호의 경우 「사행행위 등 규제 및 처벌특례법」에 따라 사행행위영업을 하는 자는 제외한다.(2023.8.8 단서개정)

1. 제21조제1항 또는 제21조의10제1항에 따라 등급을 받지 아니한 게임물을 유통 또는 이용에 제공하거나 이를 위하여 진열·보관하는 행위
2. 제21조제1항 또는 제21조의10제1항에 따라 등급을 받은 내용과 다른 내용의 게임물을 유통 또는 이용에 제공하거나 이를 위하여 진열·보관하는 행위

(2023.8.8 1호~2호개정)

3. 등급을 받은 게임물을 제21조제2항 각 호의 등급구분을 위반하여 이용에 제공하는 행위
4. 제22조제2항의 규정에 따라 사행성게임물에 해당되어 등급분류가 거부된 게임물을 유통시키거나 이용에 제공하는 행위 또는 유통·이용제공의 목적으로 진열·보관하는 행위(2007.1.19 본호개정)
5. 제22조제3항제1호에 따른 등급분류증명서를 매매·증여 또는 대여하는 행위(2023.8.8 본호개정)
6. 제33조제1항 또는 제3항을 위반하여 등급 및 게임물내용정보 등의 표시사항을 표시하지 아니한 게임물 또는 게임물의 운영에 관한 정보를 표시하는 장치를 부착하지 아니한 게임물을 유통시키거나 이용에 제공하는 행위(2023.3.21 본호개정)
7. 누구든지 게임물의 이용을 통하여 획득한 유·무형의 결과물(점수, 경품, 게임 내에서 사용되는 가상의 화폐로서 대통령령으로 정하는 게임머니 및 대통령령으로 정하는 이와 유사한 것을 말한다)을 환전 또는 환전 알선하거나 재매입을 업으로 하는 행위(2023.8.8 본호개정)
8. 게임물의 정상적인 운영을 방해할 목적으로 게임물 관련사업자가 제공 또는 승인하지 아니한 컴퓨터프로그램이나 기기 또는 장치를 배포하거나 배포할 목적으로 제작하는 행위(2011.4.5 본호신설)
9. 게임물 관련사업자가 제공 또는 승인하지 아니한 게임물을 제작, 배급, 제공 또는 알선하는 행위(2016.12.20 본호신설)
10. 제9호에 따른 불법행위를 할 목적으로 컴퓨터프로그램이나 기기 또는 장치를 제작 또는 유통하는 행위(2016.12.20 본호신설)
11. 게임물 관련사업자가 승인하지 아니한 방법으로 게임물의 점수·성과 등을 대신 획득하여 주는 용역의 알선 또는 제공을 업으로 함으로써 게임물의 정상적인 운영을 방해하는 행위(2018.12.24 본호신설)

② 누구든지 다음 각 호에 해당하는 게임물을 제작 또는 반입하여서는 아니 된다.

1. 반국가적인 행동을 묘사하거나 역사적 사실을 왜곡함으로써 국가의 정체성을 현저히 손상시킬 우려가 있는 것
2. 존비속에 대한 폭행·살인 등 가족윤리의 훼손 등으로 미풍양속을 해칠 우려가 있는 것
3. 범죄·폭력·음란 등을 지나치게 묘사하여 범죄심리 또는 모방심리를 부추기는 등 사회질서를 문란하게 할 우려가 있는 것

제33조【표시의무】 ① 게임물을 유통시키거나 이용에 제공할 목적으로 게임물을 제작 또는 배급하는 자는 해당 게임물마다 제작 또는 배급하는 자의 상호(도서에 부수되는 게임물의 경우에는 출판사의 상호를 말한다), 등급 및 게임물내용정보를 표시하여야 한다.(2016.12.20 본항개정)

② 게임물을 유통시키거나 이용에 제공할 목적으로 게임물을 제작, 배급 또는 제공하는 자는 해당 게임물과 그 인터넷 홈페이지 및 광고·선전물마다 해당 게임물 내에서 사용되는 확률형 아이템의 종류와 종류별 공급 확률정보 및 그 밖에 대통령령으로 정하는 사항을 표시하여야 한다.(2023.3.21 본항신설)

③ 게임물을 유통시키거나 이용에 제공할 목적으로 게임물을 제작 또는 배급하는 자는 대통령령으로 정하는 게임물에 대하여 게임물의 운영에 관한 정보를 표시하는 장치를 부착하여야 한다.(2023.8.8 본항개정)

④ 제1항부터 제3항까지에 따른 표시의무 대상 게임물의 범위 및 표시의 방법 등에 관하여 필요한 사항은 대통령령으로 정한다.(2023.3.21 본항개정)

제34조【광고·선전의 제한】 ① 누구든지 다음 각 호의 행위를 하여서는 아니 된다.

1. 등급을 받은 게임물의 내용과 다른 내용의 광고를 하거나 그 선전물을 배포·게시하는 행위
2. 등급분류를 받은 게임물의 등급과 다른 등급을 표시한 광고·선전물을 배포·게시하는 행위
3. 게임물내용정보를 다르게 표시하여 광고하거나 그 선전물을 배포·게시하는 행위
4. 게임물에 대하여 내용정보 외에 경품제공 등 사행심을 조장하는 내용을 광고하거나 선전물을 배포·게시하는 행위(2007.1.19 본호개정)

② 게임제공업, 인터넷컴퓨터게임시설제공업 또는 복합유통게임제공업을 하는 자는 사행행위와 도박이 이루어지는 장소로 오인할 수 있는 광고물로서 대통령령으로 정하는 광고물을 설치 또는 게시하여서는 아니 된다.(2023.8.8 본항개정)

제3절 등록취소 등 행정조치

제35조【허가취소 등】 ① 특별자치시장·특별자치도지사·시장·군수·구청장은 제25조제1항에 따라 게임제작업 또는 게임배급업의 등록을 한 자가 다음 각 호의 어느 하나에 해당하는 때에는 6월 이내의 기간을 정하여 영업정지를 명하거나 영업폐쇄를 명할 수 있다. 다만, 제1호 또는 제2호에 해당하는 때에는 영업폐쇄를 명하여야 한다.(2023.8.8 본문개정)

1. 거짓이나 그 밖의 부정한 방법으로 등록한 때(2023.8.8 본호개정)
2. 영업정지명령을 위반하여 영업을 계속한 때
3. 제25조제2항의 규정을 위반하여 변경등록을 하지 아니한 때(2007.1.19 본호개정)
4. 제28조에 따른 준수사항을 위반한 때(2023.8.8 본호개정)
5. 제32조에 따른 불법게임물 등의 유통금지의무 등을 위반한 때(2023.8.8 본호개정)

② 특별자치시장·특별자치도지사·시장·군수·구청장은 제26조에 따라 게임제공업·인터넷컴퓨터게임시설제공업 또는 복합유통게임제공업의 허가를 받거나 등록 또는 신고를 한 자(제26조제2항에 따라 정보통신망을 통한 게임제공업 등록을 한 자는 제외한다)가 다음 각 호의 어느 하나에 해당하는 때에는 6월 이내의 기간을 정하여 영업정지를 명하거나 허가·등록취소 또는 영업폐쇄를 명할 수 있다. 다만, 제1호 또는 제2호에 해당하는 때에는 허가·등록취소 또는 영업폐쇄를 명하여야 하고, 제5호 중 인터넷컴퓨터게임시설제공업을 영위하는 자가 제28조제5호의2에 따른 준수사항을 위반하여 제1항제4호에 해당하는 경우로서 청소년의 신분증 위조·변조 또는 도용으로 청소년의 연령을 알지 못하였거나 폭행 또는 협박으로 연령을 확인하지 못한 사정이 인정되는 때에는 문화체육관광부령으로 정하는 바에 따라 해당 행정처분을 면제할 수 있다.(2023.8.8 본문개정)

1. 거짓이나 그 밖의 부정한 방법으로 허가를 받거나 등록 또는 신고를 한 때(2023.8.8 본호개정)
2. 영업정지명령을 위반하여 영업을 계속한 때
3. 제26조제1항부터 제3항까지에 따른 허가·등록기준을 갖추지 아니한 때(2023.8.8 본호개정)
4. 제26조제4항에 따른 변경허가를 받지 아니하거나 변경등록·변경신고를 하지 아니한 때(2023.8.8 본호개정)
5. 제1항제4호 및 제5호에 해당한 때

③ 특별자치시장·특별자치도지사·시장·군수·구청장은 제26조제2항에 따라 정보통신망을 통한 게임제공업 등록을 한 자가 다음 각 호의 어느 하나에 해당하는 때에는 6월 이내의 기간을 정하여 그 영업의 전부 또는 일부의 정지를 명하거나 등록취소 또는 영업폐쇄를 명하여야 한다. 다만, 제1호 또는 제2호에 해당하는 때에는 등록취소 또는 영업폐쇄를 명하여야 한다.

1. 거짓이나 그 밖의 부정한 방법으로 등록한 때
2. 영업정지명령을 위반하여 영업을 계속한 때
3. 제26조제2항에 따른 등록기준을 갖추지 아니한 때
4. 제26조제4항에 따른 변경등록을 하지 아니한 때
5. 제1항제4호 및 제5호에 해당한 때

(2019.11.26 본항신설)

④ 제1항부터 제3항까지에 따라 영업의 폐쇄명령 또는 허가·등록의 취소처분을 받은 자는 그 처분의 통지를 받은 날부터 7일 이내에 허가증 또는 등록증·신고증을 반납하여야 한다.(2023.8.8 본항개정)

⑤ 제1항부터 제3항까지에 따른 행정처분의 세부기준은 그 위반행위의 유형과 위반의 정도 등을 고려하여 문화체육관광부령으로 정한다.(2023.8.8 본항개정)

(2007.1.19 본조제목개정)

제36조【과징금 부과】 ① 특별자치시장·특별자치도지사·시장·군수·구청장은 게임물 관련사업자가 다음 각 호의 어느 하나에 해당하여 영업정지처분을 하여야 하는 때에는 대통령령으로 정하는 바에 따라 그 영업정지처분에 갈음하여 10억원 이하의 과징금을 부과할 수 있다. 다만, 제3호는 제26조제2항에 따라 정보통신망을 통한 게임제공업 등록을 한 자에 한정하여 적용한다.(2023.8.8 본문개정)

1. 제26조제1항·제2항 또는 제3항 본문의 규정에 따른 허가기준·등록기준을 갖추지 아니한 때
2. 제28조제4호, 제5호, 제5호의2 및 제6호부터 제8호까지에 따른 준수사항을 위반한 때(2023.3.21 본호개정)
3. 제32조제1항제2호에 따른 유통금지의무 등을 위반한 때(2019.11.26 본호신설)

(2007.1.19 본항개정)

② 특별자치시장·특별자치도지사·시장·군수·구청장은 제1항에 따라 과징금으로 징수한 금액에 상당하는 금액을 다음 각 호의 용도에 사용하여야 하며 매년 다음 연도의 과징금운용계획을 수립·시행하여야 한다.(2023.8.8 본문개정)

1. 건전한 게임물의 제작 및 유통
2. 게임장의 건전화 및 유해환경 개선
3. 모범영업소의 지원
4. 불법게임물 및 불법영업소의 지도·단속활동에 따른 지원
5. 압수된 불법게임물의 보관장소 확보 및 폐기

(2007.1.19 본호신설)

③ 특별자치시장·특별자치도지사·시장·군수·구청장은 제1항에 따른 과징금을 납부하여야 할 자가 납부기한까지 이를 납부하지 아니하는 때에는 「지방행정제재·부과금의 징수 등에 관한 법률」에 따라 징수한다.(2023.8.8 본항개정)

④ 제1항에 따라 과징금을 부과하는 위반행위의 종별·정도 등에 따른 과징금의 금액과 그 부과절차 등에 관하여 필요한 사항은 문화체육관광부령으로 정한다.(2023.8.8 본항개정)

제37조【행정제재처분의 효과승계】 ① 제29조제1항에 따라 영업자의 지위를 승계하는 경우 종전의 영업자에게 제35조제1항 각 호, 제2항 각 호 또는 제3항 각 호의 위반을 사유로 행한 행정제재처분의 효과는 그 행정처분일부터 1년간 영업자의 지위를 승계받은 자에게 승계되며 행정제재처분의 절차가 진행 중인 때에는 영업자의 지위를 승계받은 자에게 행정제재처분의 절차를 속행할 수 있다. 다만, 양수인·상속인 또는 합병 후 존속하는 법인이 양수 또는 합병 시에 그 처분 또는 위반사실을 알지 못한 경우에는 그러하지 아니하다.

② 제29조제2항에 따라 영업자의 지위를 승계하는 경우 폐업신고 전에 제35조제1항 각 호, 제2항 각 호 또는 제3항 각 호의 위반을 사유로 행한 행정제재처분의 효과는 그 행정처분일부터 1년간 영업자의 지위를 승계받은 자에게 승계되며 행정제재처분의 절차가 진행 중인 때에는 영업자의 지위를 승계받은 자에게 행정제재처분의 절차를 속행할 수 있다.

(2023.8.8 본조개정)

제38조【폐쇄 및 수거 등】 ① 특별자치시장·특별자치도지사·시장·군수·구청장은 제25조 또는 제26조의 규정에 따른 허가를 받지 아니하거나 등록 또는 신고를 하지 아니하고 영업을 하는 자와 제35조제1항부터 제3항까지에 따라 영업폐쇄명령을 받거나 허가·등록 취소처분을 받고 계속하여 영업을 하는 자에 대하여는 관계 공무원으로 하여금 그 영업소를 폐쇄하기 위하여 다음 각 호의 조치를 하게 할 수 있다.(2023.8.8 본문개정)

1. 해당 영업 또는 영업소의 간판 그 밖의 영업표지물의 제거·삭제(2016.12.20 본호개정)
2. 해당 영업 또는 영업소가 위법한 것임을 알리는 게시물의 부착(2016.12.20 본호개정)
3. 영업을 위하여 필요한 기구 또는 시설물을 사용할 수 없게 하는 봉인

② 제1항의 조치를 함에 있어서는 미리 해당 영업자 또는 그 대리인에게 서면으로 이를 알려 주어야 한다. 다만, 대통령령으로 정하는 급박한 사유가 있는 경우에는 그러하지 아니하다.(2023.8.8 단서개정)

③ 문화체육관광부장관, 시·도지사 또는 시장·군수·구청장은 유통되거나 이용에 제공되는 게임물 또는 광고·선전물 등이 다음 각 호의 어느 하나에 해당하는 때에는 이를 수거하거나 폐기 또는 삭제할 수 있다. 다만, 제2호의 경우 「사행행위 등 규제 및 처벌특례법」에 의한 사행행위영업을 하는 경우를 제외한다.(2008.2.29 본문개정)

1. 등급분류를 받지 아니하거나 등급분류를 받은 것과 다른 내용의 게임물

1의2. 시험용 게임물로서 제21조제1항제3호의 대통령령으로 정하는 대상·기준과 절차 등을 위반한 게임물(2023.8.8 본호개정)

2. 사행성게임물에 해당되어 등급분류가 거부된 게임물(2007.1.19 본호개정)

2의2. 제2조제6호다목의 대통령령으로 정하는 종류 및 방법 등을 위반하여 제공된 게임물(2023.8.8 본호개정)

3. 제25조에 따라 등록을 하지 아니한 자가 영리의 목적으로 제작하거나 배급한 게임물(2023.8.8 본호개정)
4. 제34조의 규정을 위반하여 배포·게시한 광고·선전물
5. 게임물의 기술적 보호조치를 무력하게 하기 위하여 제작된 기기·장치 및 프로그램

④ 제3항에 따라 관계 공무원이 해당 게임물 등을 수거한 때에는 그 소유자 또는 점유자에게 수거증을 교부하여야 한다. 다만, 수거증의 인수를 거부한 경우에는 그러하지 아니하다.(2023.8.8 본문개정)

⑤ 문화체육관광부장관, 시·도지사 또는 시장·군수·구청장은 제3항 각 호의 게임물 등에 대한 단속을 함에 있어서 필요한 때에는 협회등에 협조를 요청할 수 있으며 협조요청을 받은 협회등은 이에 따라 필요한 협조를 하여야 한다.(2008.2.29 본항개정)

⑥ 제1항 및 제3항에 따라 게시물의 부착·봉인·수거·폐기 등의 처분을 하는 관계 공무원이나 협회등의 임직원은 그 권한을 표시하는 증표를 지니고 이를 관계인에게 내보여야 한다.(2023.8.8 본항개정)

⑦ 문화체육관광부장관은 정보통신망을 통하여 제공되는 게임물 또는 광고·선전물 등이 제3항 각 호의 어느 하나에 해당하는 경우 「정보통신망 이용촉진 및 정보보호 등에 관한 법률」 제2조제1항제3호의 정보통신서비스 제공자 또는 같은 항 제9호의 게시판을 관리·운영하는 자로 하여금 그 취급을 거부·정지 또는 제한하는 등의

시정을 명할 수 있다. 이 경우 사전에 위원회의 심의 및 시정권고의 절차를 거쳐야 한다.(2013.5.22 후단개정)
⑧ 문화체육관광부장관은 제28조제2호의2를 위반하여 게임물의 내용구현과 밀접한 관련이 있는 운영방식 또는 기기·장치 등을 통하여 사행성을 조장하는 자에 대하여 그 운영방식을 개선하거나 그 기기·장치 등을 개선 또는 삭제하도록 하는 등의 시정을 명할 수 있다. 시정명령 이전에 문화체육관광부장관은 시정 방안을 정하여 이에 따를 것을 권고할 수 있다.(2011.4.5 본항신설)
⑨ 문화체육관광부장관은 제33조제2항을 위반하여 확률형 아이템의 종류 및 종류별 공급 확률정보 등을 표시하지 아니하거나 거짓으로 표시한 게임물을 유통시키거나 이용에 제공한 자에 대하여 시정을 명할 수 있다. 이 경우 시정을 명하기 전에 문화체육관광부장관은 시정 방안을 정하여 이에 따를 것을 권고할 수 있다.(2023.3.21 본항신설)
⑩ 제7항부터 제9항까지에 따라 시정권고나 시정명령을 받은 자는 7일 이내에 조치를 완료하고 그 결과를 게임물관리위원회위원장 또는 문화체육관광부장관에게 통보하여야 한다.(2023.3.21 본항개정)
⑪ 게임물관리위원회위원장 또는 문화체육관광부장관은 제7항부터 제9항까지에 따른 시정권고나 시정명령의 대상이 되는 자에게 사전에 의견제출의 기회를 주어야 한다. 다만, 다음 각 호의 어느 하나에 해당하는 경우에는 그러하지 아니하다.(2023.3.21 본문개정)
1. 공공의 안전 또는 복리를 위하여 긴급한 경우
2. 의견청취가 현저히 곤란하거나 명백히 불필요한 경우
3. 명백한 의사로 의견제출을 포기하거나, 정당한 이유 없이 의견제출을 지연하는 경우
(2007.12.21 본항신설)

제6장 보 칙

제39조【협회등의 설립】 ① 게임물 관련사업자는 게임물에 관한 영업의 건전한 발전과 게임물 관련사업자의 공동이익을 도모하기 위하여 협회등을 설립할 수 있다.
② 제1항에 따른 협회등은 법인으로 한다.(2023.8.8 본항개정)
③ 제1항에 따라 설립된 협회등은 게임물의 제작 및 유통질서가 건전하게 유지될 수 있도록 노력하여야 한다.
(2023.8.8 본항개정)
제39조의2【포상금】 ① 정부는 다음 각 호의 어느 하나에 해당하는 자를 관계 행정기관 또는 수사기관에 신고 또는 고발하거나 검거한 자에 대하여 예산의 범위 안에서 포상금을 지급할 수 있다.
1. 제28조제2호의 규정을 위반하여 도박 그 밖의 사행행위를 하게 하거나 이를 하도록 내버려둔 자(2023.8.8 본호개정)
2. 제28조제3호의 규정을 위반하여 사행성을 조장한 자
3. 제32조의 규정에 따른 불법게임물 등의 유통금지의무 등을 위반한 자
4. 제34조제1항 각 호의 어느 하나의 행위를 한 자
② 제1항의 규정에 따른 포상금 지급의 기준·방법 및 절차 등에 관하여 필요한 사항은 대통령령으로 정한다.
(2007.1.19 본조신설)
제40조【청문】 특별자치시장·특별자치도지사·시장·군수·구청장은 제35조제1항부터 제3항까지에 따라 영업폐쇄명령, 허가취소 또는 등록취소를 하고자 하는 경우에는 청문을 실시하여야 한다.(2023.8.8 본조개정)
제41조【수수료】 ① 다음 각 호의 어느 하나에 해당하는 자는 시·군·구(자치구를 말한다)의 조례로 정하는 바에 의하여 수수료를 납부하여야 한다.
1. 제25조에 따라 게임제작업 또는 게임배급업을 등록하거나 변경등록을 하는 자
2. 제26조에 따라 게임제공업, 인터넷컴퓨터게임시설제공업 또는 복합유통게임제공업의 허가·변경허가를 받거나 등록·변경등록 또는 변경신고를 하고자 하는 자
(2023.8.8 본항개정)
② 다음 각 호의 어느 하나에 해당하는 자는 위원회가 문화체육관광부장관의 승인을 얻어 정하는 수수료를 납부하여야 한다.(2013.5.22 본문개정)
1. 제21조제1항 또는 제21조의10제1항에 따른 등급분류를 신청하는 자(2023.8.8 본호개정)
2. 제23조에 따른 이의신청을 하는 자(2023.8.8 본호개정)
3. 제21조의 규정에 따라 기술심의를 받아야 하는 자
(2007.1.19 본호신설)
4. 제21조제1항제3호에 따른 시험용 게임물의 확인을 신청하는 자(2007.12.21 본호신설)
5. 제21조제5항에 따른 게임물의 내용수정을 신고하여 등급재분류 대상인 자(2007.12.21 본호신설)
③ 등급분류기관에 제21조제1항 또는 제21조의10제1항에 따른 등급분류를 신청하려는 자는 등급분류기관이 문화체육관광부장관의 승인을 받아 정하는 수수료를 납부하여야 한다.(2020.12.8 본항신설)
제42조【권한의 위임·위탁】 ① 문화체육관광부장관 또는 시·도지사는 이 법에 따른 권한의 일부를 대통령령으로 정하는 바에 따라 시·도지사 또는 시장·군수·구청장에게 위임할 수 있다.
② 이 법의 규정에 따른 문화체육관광부장관, 시·도지사 또는 시장·군수·구청장의 권한은 대통령령으로 정하는 바에 의하여 위원회 및 협회등에 위탁할 수 있다.
(2023.8.8 본조개정)
제43조【벌칙 적용에서의 공무원 의제】 제16조부터 제18조까지의 규정에 따른 위원회 및 사무국의 임직원, 제24조의2와 제42조제2항에 따라 위탁한 업무에 종사하는 등급분류기관 및 협회등의 임직원은 「형법」 제129조부터 제132조까지의 규정에 따른 벌칙의 적용에서는 공무원으로 본다.(2013.5.22 본조개정)

제7장 벌 칙

제44조【벌칙】 ① 다음 각 호의 어느 하나에 해당하는 자는 5년 이하의 징역 또는 5천만원 이하의 벌금에 처한다.
1. 제28조제2호의 규정을 위반하여 도박 그 밖의 사행행위를 하게 하거나 이를 하도록 내버려둔 자(2023.8.8 본호개정)
1의2. 제28조제3호의 규정을 위반하여 사행성을 조장한 자(2007.1.19 본호신설)
2. 제32조제1항제1호·제4호·제7호·제9호 또는 제10호에 해당하는 행위를 한 자(2016.12.20 본호개정)
3. 제38조제1항 각 호에 따른 조치를 받고도 계속하여 영업을 하는 자(2023.8.8 본호개정)
② 제1항의 규정에 해당하는 자가 소유 또는 점유하는 게임물, 그 범죄행위에 의하여 생긴 수익(이하 이 항에서 "범죄수익"이라 한다)과 범죄수익에서 유래한 재산은 몰수하고, 이를 몰수할 수 없는 때에는 그 가액을 추징한다.
③ 제2항에서 규정한 범죄수익 및 범죄수익에서 유래한 재산의 몰수·추징과 관련되는 사항은 「범죄수익은닉의 규제 및 처벌 등에 관한 법률」 제8조부터 제10조까지를 준용한다.(2023.8.8 본항개정)
제45조【벌칙】 다음 각 호의 어느 하나에 해당하는 자는 2년 이하의 징역 또는 2천만원 이하의 벌금에 처한다.
1. 제12조의3제5항에 따른 문화체육관광부장관의 시정명령을 따르지 아니한 자(2011.7.21 본호신설)
1의2. 제22조제4항에 따른 정당한 권원을 가지지 아니하거나 거짓이나 그 밖의 부정한 방법으로 게임물의 등급분류를 받은 자(2023.8.8 본호개정)
1의3. 제21조의8제4항에 따른 문화체육관광부장관의 명령을 이행하지 아니한 자(2016.5.29 본호신설)
2. 제25조 또는 제26조제1항·제2항·제3항 본문의 규정을 위반하여 허가를 받지 아니하거나 등록을 하지 아니하고 영업을 한 자(2007.1.19 본호개정)
3. (2007.1.19 삭제)
3의2. 제28조제4호의 규정을 위반하여 청소년이용불가 게임물을 제공한 자(2007.1.19 본호신설)
4. 제32조제1항제2호의 규정을 위반하여 등급분류를 받은 게임물과 다른 내용의 게임물을 유통 또는 이용제공 및 전시·보관한 자
5. 제32조제1항제5호의 규정을 위반하여 등급분류증명서를 매매·증여 또는 대여한 자(2018.12.11 본호개정)
5의2. 제32조제1항제11호를 위반하여 게임물의 정상적인 운영을 방해한 자(2018.12.24 본호신설)
6. 제32조제2항 각 호의 규정을 위반하여 게임물을 제작 또는 반입한 자
7. 제32조제1항제6호 및 제33조제1항·제3항을 위반하여 표시의무를 이행하지 아니한 게임물을 유통시키거나 이용에 제공한 자(2023.3.21 본호개정)
8. 제35조제1항제1호·제2항제1호 및 제3항제1호에 따른 거짓이나 그 밖의 부정한 방법으로 허가를 받거나 등록 또는 신고를 한 자(2023.8.8 본호개정)
9. 제35조제2항제2호 및 제3항제2호에 따른 영업정지명령을 위반하여 영업한 자(2023.8.8 본호개정)
10. 제38조제3항제3호 또는 제4호의 규정에 해당하는 게임물 및 게임상품 등을 제작·유통·시청 또는 이용에 제공하거나 그 목적으로 전시·보관한 자
11. 제38조제9항 전단에 따른 문화체육관광부장관의 명령을 이행하지 아니한 자(2023.3.21 본호신설)
제46조【벌칙】 다음 각 호의 어느 하나에 해당하는 자는 1년 이하의 징역 또는 1천만원 이하의 벌금에 처한다.
1. 제26조제3항 단서의 규정을 위반하여 신고를 하지 아니하고 영업을 한 자(2007.1.19 본호개정)
2. 제28조제7호에 따른 청소년의 출입시간을 위반하여 청소년을 출입시킨 자(2023.8.8 본호개정)
3. 제32조제1항제3호에 따른 제21조제2항제4호의 등급구분을 위반하여 게임물을 제공한 자(2023.8.8 본호개정)
3의2. 제32조제1항제8호를 위반하여 게임물 관련사업자가 제공 또는 승인하지 아니한 컴퓨터프로그램이나 기기 또는 장치를 배포하거나 배포할 목적으로 제작하는 행위를 한 자(2011.4.5 본호신설)
4. (2007.1.19 삭제)
5. 제35조제1항제2호에 따른 영업정지명령을 위반하여 영업한 자(2023.8.8 본호개정)
6. 제38조제7항 및 제8항에 따른 문화체육관광부장관의 명령을 이행하지 아니한 자(2013.3.23 본호개정)
제47조【양벌규정】 법인의 대표자나 법인 또는 개인의 대리인·사용인 그 밖의 종업원이 그 법인 또는 개인의 업무에 관하여 제44조부터 제46조까지에 따른 위반행위를 한 때에는 행위자를 벌하는 외에 그 법인 또는 개인에 대하여도 각 해당 조의 벌금형을 과한다. 다만, 법인 또는 개인이 그 위반행위를 방지하기 위하여 해당 업무에 관하여 상당한 주의와 감독을 게을리하지 아니한 경우에는 그러하지 아니하다.(2023.8.8 본문개정)
제48조【과태료】 ① 다음 각 호의 어느 하나에 해당하는 자에게는 1천만원 이하의 과태료를 부과한다.
(2023.8.8 본문개정)
1. 제12조의3제4항에 따른 문화체육관광부장관의 자료 제출 또는 보고 요청에 따르지 아니한 자(2011.7.21 본호신설)
1의2. 제12조의3제6항에 따른 보고를 하지 아니한 자
(2011.7.21 본호신설)
1의3. 제25조제2항의 규정을 위반하여 변경등록을 하지 아니한 자(2007.1.19 본호개정)
2. 제26조제4항의 규정을 위반하여 변경허가를 받지 아니하거나 변경등록 또는 변경신고를 하지 아니한 자
(2007.1.19 본호개정)
2의2. 제21조제5항의 규정을 위반하여 변경신고를 하지 아니한 자(2007.1.19 본호신설)
2의3. 제21조의3제2항제1호를 위반하여 협력의무를 준수하지 아니한 자(2016.5.29 본호신설)
2의4. 제21조의3제2항제2호를 위반하여 위원회에 통보하지 아니한 자(2016.5.29 본호신설)
2의5. 제21조의5제2항을 위반하여 해외 게임물을 이용자에게 제공한 자(2016.5.29 본호신설)
2의6. 제21조의9제3항에 따른 문화체육관광부장관의 명령을 이행하지 아니한 자(2016.5.29 본호신설)
2의7. 제21조의11제2호를 위반하여 자료 요구에 따르지 아니한 자(2020.12.8 본호신설)
3. 제28조제1호의 규정을 위반하여 교육을 받지 아니한 자
4. 제28조제5호의 규정을 위반하여 일반게임장 또는 복합유통게임장(「청소년 보호법」에 따라 청소년 출입을 허용하는 경우는 제외한다)에 청소년을 출입시킨 자
(2016.2.3 본호개정)
5. 제28조제6호의 규정을 위반하여 음란물 및 사행성게임물 차단 프로그램 또는 장치를 설치하지 아니한 자
(2007.1.19 본호개정)
6. 제29조제4항의 규정을 위반하여 신고를 하지 아니한 자
7. 제31조제2항에 따른 보고를 하지 아니하거나 관계 공무원의 출입·조사 또는 서류열람을 거부·방해 또는 기피한 자(2023.8.8 본호개정)
7의2. 제32조제1항제3호에 따른 제21조제2항제2호 및 제3호의 등급구분을 위반하여 위원회로부터 시정조치를 받고 이를 이행하지 아니한 상태로 게임물을 제공한 자
(2016.5.29 본호신설)
8. 제34조의 규정을 위반한 자
② 제1항에 따른 과태료는 대통령령으로 정하는 바에 따라 문화체육관광부장관, 시·도지사 또는 시장·군수·구청장(이하 "부과권자"라 한다)이 부과·징수한다.
(2023.8.8 본항개정)
③~⑤ (2018.2.21 삭제)

부 칙

제1조【시행일】 이 법은 공포 후 6개월이 경과한 날부터 시행한다.
제2조 (2013.5.22 삭제)
제3조【등급분류기관 등급위원회 변경에 따른 준비】 문화관광부장관은 이 법 시행 전에 등급위원회 설립 등 등급분류업무 체제의 변경에 따른 준비에 필요한 사무를 행할 수 있다.
제4조【멀티미디어 문화콘텐츠 설비제공업에 관한 경과조치】 이 법 시행 당시 종전의 「음반·비디오물 및 게임물에 관한 법률」의 규정에 의한 멀티미디어 문화콘텐츠 설비제공업은 이 법에 의한 인터넷컴퓨터게임시설제공업으로 본다.
제5조【게임물의 등급분류에 관한 경과조치】 ① 이 법 시행 당시 종전의 「음반·비디오물 및 게임물에 관한 법률」의 규정에 따라 12세이용가 또는 15세이용가 등급을 부여받은 게임물은 이 법 제21조제2항의 개정규정에 따른 12세이용가 또는 15세이용가 등급을 부여받은 것으로 본다. 다만, 18세이용가 등급을 부여받은 게임물은 이 법 시행 후 6개월 이내에 제16조의 규정에 따른 등급위원회에서 등급분류를 받아야 한다.
② 등급위원회는 제1항의 규정에 따라 등급의 재분류를 신청하는 자에게 재분류에 필요한 소정의 수수료를 부과할 수 있다.
(2007.1.19 본조개정)
제6조【신고·등록영업에 관한 경과조치】 ① 이 법 시행 당시 종전의 「음반·비디오물 및 게임물에 관한 법률」의 규정에 의하여 게임물제작업 및 배급업의 신고를 한 자는 이 법에 의하여 신고한 것으로 본다. 다만, 이 법 시행 후 3개월 이내에 문화관광부령이 정하는 바에 의하여 신고증을 재교부받아야 한다.
② 이 법 시행 당시 종전의 「음반·비디오물 및 게임물에 관한 법률」의 규정에 의하여 등록한 게임제공업자 및 복합유통제공업자는 이 법에 의하여 등록한 것으로 본다. 다만, 이 법 시행 후 3개월 이내에 문화관광부령이 정하는 바에 의하여 등록증을 재교부받아야 한다.

제7조【게임물의 운영에 관한 정보표시 장치에 관한 경과조치】 이 법 시행 당시 종전의 「음반·비디오물 및 게임물에 관한 법률」의 규정에 의하여 등급을 부여받은 모든 게임물은 이 법 시행 후 6개월 이내에 제33조제2항에 의한 게임물의 운영에 관한 정보표시 장치를 부착하여야 한다.

제8조【행정처분 및 영업 등의 제한에 관한 경과조치】 이 법 시행 당시 종전의 「음반·비디오물 및 게임물에 관한 법률」의 규정에 의하여 행정처분, 과징금처분 또는 영업의 제한을 받았거나 받고 있는 자는 이 법의 규정에 의하여 행정처분, 과징금처분 또는 영업의 제한을 받았거나 받고 있는 것으로 본다.

제9조【벌칙 등에 관한 경과조치】 이 법 시행 전의 행위에 대한 벌칙 또는 과태료의 적용에 있어서는 종전의 「음반·비디오물 및 게임물에 관한 법률」의 규정에 의한다.

제10조【다른 법률의 개정】 ①~④ ※(해당 법령에 가제정리 하였음)

제11조【다른 법령과의 관계】 이 법 시행 당시 다른 법령에서 종전의 「음반·비디오물 및 게임물에 관한 법률」이나 그 규정을 인용하고 있는 경우에 이 법 중 그에 해당하는 규정이 있는 때에는 종전의 규정에 갈음하여 이 법 또는 이 법의 해당 조항을 인용한 것으로 본다.

부 칙 (2013.5.22)

제1조【시행일】 이 법은 공포 후 6개월이 경과한 날부터 시행한다. 다만, 법률 제7941호 게임산업진흥에 관한 법률 부칙 제2조의 개정규정 및 부칙 제2조는 공포한 날부터 시행한다.

제2조【게임물관리위원회의 설립준비】 ① 문화체육관광부장관은 게임물관리위원회의 설립에 관한 사무를 관장하게 하기 위하여 게임물관리위원회 설립추진단(이하 "설립추진단"이라 한다)을 구성한다.

② 설립추진단은 문화체육관광부장관이 임명하거나 위촉하는 5명 이내의 설립추진위원으로 구성된다.

③ 설립추진단은 이 법 시행 전에 게임물관리위원회의 정관을 작성하고, 이 법 시행 후 문화체육관광부장관의 인가를 받아 설립등기를 한다.

④ 설립추진단은 게임물관리위원회 설립 후 지체 없이 그 사무를 게임물관리위원회에 인계하여야 하며, 사무인계가 끝난 때에 설립추진위원은 해임되거나 해촉된 것으로 본다.

⑤ 공무원이 아닌 설립추진위원은 그 업무에 관하여 「형법」 제129조부터 제132조까지의 규정을 적용할 때에는 공무원으로 본다.

⑥ 게임물관리위원회의 설립에 관하여 필요한 경비는 게임물등급위원회가 부담한다.

제3조【업무의 대행】 게임물관리위원회가 설립될 때까지 게임물등급위원회가 게임물관리위원회의 업무를 대행한다.

제4조【권리·의무 및 재산의 승계 등】 ① 게임물관리위원회의 설립과 동시에 종전의 게임물등급위원회는 폐지된 것으로 보며, 게임물관리위원회는 그 설립일부터 종전의 게임물등급위원회가 가진 모든 권리·의무 및 재산을 승계한다.

② 종전의 게임물등급위원회에서 받은 등급분류는 이 법에 따라 게임물관리위원회에서 받은 등급분류로 본다.

부 칙 (2016.5.29)

제1조【시행일】 이 법은 2017년 1월 1일부터 시행한다.

제2조【종전 사업자에 대한 경과조치】 ① 이 법 시행 당시 종전의 제21조제9항에 따라 위원회와 협의한 사업자(이하 "종전 사업자"라 한다)는 이 법의 시행일부터 2년 동안 종전의 제21조제1항제4호 및 같은 조 제9항부터 제11항까지에 따라 게임물을 유통할 수 있다.

② 종전 사업자가 제21조의2제1항의 개정규정에 따라 자체적으로 등급분류를 할 수 있는 사업자로 지정된 경우에는 부칙 제2조제1항을 적용하지 아니한다.

제3조【벌칙 및 과태료에 관한 경과조치】 이 법 시행 전의 행위에 대한 벌칙 및 과태료의 적용은 종전의 규정에 따른다.

부 칙 (2016.12.20)

이 법은 공포 후 6개월이 경과한 날부터 시행한다. 다만, 제2조제6호다목, 제8조제2항, 제29조제2항, 제33조제1항, 제38조제1항제1호·제2호, 같은 조 제2항 및 제4항의 개정규정과 법률 제14199호 게임산업진흥에 관한 법률 일부개정법률 제21조제1항의 개정규정은 2017년 1월 1일부터 시행한다.

부 칙 (2018.6.12)

제1조【시행일】 이 법은 공포 후 6개월이 경과한 날부터 시행한다.

제2조【종전 사업자에 대한 경과조치】 이 법 시행 당시 게임제공업을 영위하고 있는 자가 제2조제6호바목의 개정규정에 따른 안전성검사 대상 유기시설 또는 유기기구를 이용에 제공하고 있는 경우에는 이 법 시행일부터 6개월 이내에 이용 제공을 중지하여야 한다.

부 칙 (2018.12.11)

제1조【시행일】 이 법은 공포 후 1개월이 경과한 날부터 시행한다. 다만, 제22조제3항·제5항, 제32조제1항제5호 및 제45조제5호의 개정규정은 공포한 날부터 시행한다.

제2조【게임제작업·게임배급업의 변경등록 등에 관한 적용례】 ① 제25조제3항·제4항의 개정규정은 이 법 시행 후 게임제작업·게임배급업의 변경등록 신청을 하는 경우부터 적용한다.

② 제26조제5항·제6항의 개정규정은 이 법 시행 후 일반게임제공업의 변경허가 및 청소년게임제공업·인터넷컴퓨터게임시설제공업·복합유통게임제공업의 변경등록 신청을 하거나 청소년게임제공업·인터넷컴퓨터게임시설제공업의 등록을 한 자가 복합유통게임제공업의 신고·변경신고를 하는 경우부터 적용한다.

③ 제29조제5항·제6항의 개정규정은 이 법 시행 후 영업자 지위 승계 신고를 하는 경우부터 적용한다.

부 칙 (2018.12.24 법16045호)

이 법은 공포 후 6개월이 경과한 날부터 시행한다.

부 칙 (2019.11.26)

제1조【시행일】 이 법은 공포 후 6개월이 경과한 날부터 시행한다.

제2조【적용례】 제35조제2항 및 제3항의 개정규정은 이 법 시행 이후 최초로 영업정지 등의 처분을 하는 경우부터 적용한다.

부 칙 (2020.3.24)

제1조【시행일】 이 법은 공포한 날부터 시행한다.(이하 생략)

부 칙 (2020.6.9)

이 법은 공포 후 6개월이 경과한 날부터 시행한다.

부 칙 (2020.12.8)

이 법은 공포 후 1년이 경과한 날부터 시행한다.

부 칙 (2021.7.20)

제1조【시행일】 이 법은 공포 후 1년이 경과한 날부터 시행한다.(이하 생략)

부 칙 (2021.12.7)

제1조【시행일】 이 법은 2022년 1월 1일부터 시행한다.(이하 생략)

부 칙 (2023.3.21)

제1조【시행일】 이 법은 공포 후 1년이 경과한 날부터 시행한다. 다만, 제2조제10호의 개정규정은 2024년 1월 1일부터 시행한다.

제2조【인터넷컴퓨터시설제공업을 영위하는 자에 대한 행정처분 면제에 관한 적용례】 제35조제2항 각 호 외의 부분 단서의 개정규정은 이 법 시행 이후 제28조제5호의2의 개정규정을 위반한 경우부터 적용한다.

부 칙 (2023.5.16)

제1조【시행일】 이 법은 공포한 날부터 시행한다.(단서 생략)

제2조【이의신청에 관한 일반적 적용례】 이의신청에 관한 개정규정은 이 법 시행 이후 하는 처분부터 적용한다.

제3조부터 **제6조**까지 생략

부 칙 (2023.8.8)

이 법은 공포한 날부터 시행한다.

신문 등의 진흥에 관한 법률

(약칭 : 신문법)

(2009년 7월 31일 전부개정법률 제9785호)

개정
2010. 1.25법 9974호(공선)
2013. 3.23법11690호(정부조직)
2013. 8. 6법11998호(지방세외수입금의징수등에관한법)
2014. 3.11법12408호
2015. 5.18법13305호
2016. 1.27법13854호(외국인투자)
2016. 2. 3법13968호
2017. 3.21법14631호
2019.11.26법16599호
2020. 3.24법17091호(지방행정제재·부과금의징수등에관한법)
2020.12.29법17799호(독점)
2021. 5.18법18159호
2023. 8. 8법19592호(법률용어정비)

제1장 총 칙

제1조【목적】 이 법은 신문 등의 발행의 자유와 독립 및 그 기능을 보장하고 사회적 책임을 높이며 신문산업을 지원·육성함으로써 언론의 자유 신장과 민주적인 여론형성에 기여함을 목적으로 한다.

제2조【정의】 이 법에서 사용하는 용어의 정의는 다음과 같다.

1. "신문"이란 정치·경제·사회·문화·산업·과학·종교·교육·체육 등 전체 분야 또는 특정 분야에 관한 보도·논평·여론 및 정보 등을 전파하기 위하여 같은 명칭으로 월 2회 이상 발행하는 간행물로서 다음 각 목의 것을 말한다.
   가. 일반일간신문 : 정치·경제·사회·문화 등에 관한 보도·논평 및 여론 등을 전파하기 위하여 매일 발행하는 간행물
   나. 특수일간신문 : 산업·과학·종교·교육 또는 체육 등 특정 분야(정치는 제외한다)에 국한된 사항의 보도·논평 및 여론 등을 전파하기 위하여 매일 발행하는 간행물(2023.8.8 본목개정)
   다. 일반주간신문 : 정치·경제·사회·문화 등에 관한 보도·논평 및 여론 등을 전파하기 위하여 매주 1회 발행하는 간행물(주 2회 또는 월 2회 이상 발행하는 것을 포함한다)
   라. 특수주간신문 : 산업·과학·종교·교육 또는 체육 등 특정 분야(정치는 제외한다)에 국한된 사항의 보도·논평 및 여론 등을 전파하기 위하여 매주 1회 발행하는 간행물(주 2회 또는 월 2회 이상 발행하는 것을 포함한다)(2023.8.8 본목개정)
2. "인터넷신문"이란 컴퓨터 등 정보처리능력을 가진 장치와 통신망을 이용하여 정치·경제·사회·문화 등에 관한 보도·논평 및 여론·정보 등을 전파하기 위하여 간행하는 전자간행물로서 독자적 기사 생산과 지속적인 발행 등 대통령령으로 정하는 기준을 충족하는 것을 말한다.
3. "신문사업자"란 신문을 발행하는 자를 말한다.
4. "인터넷신문사업자"란 인터넷신문을 전자적으로 발행하는 자를 말한다.
5. "인터넷뉴스서비스"란 신문, 인터넷신문, 「뉴스통신진흥에 관한 법률」에 따른 뉴스통신, 「방송법」에 따른 방송 및 「잡지 등 정기간행물의 진흥에 관한 법률」에 따른 잡지 등의 기사를 인터넷을 통하여 계속적으로 제공하거나 매개하는 전자간행물을 말한다. 다만, 제2호의 인터넷신문 및 「인터넷 멀티미디어 방송사업법」 제2조제1호에 따른 인터넷 멀티미디어 방송, 그 밖에 대통령령으로 정하는 것은 제외한다.(2023.8.8 단서개정)
6. "인터넷뉴스서비스사업자"란 제5호에 따른 전자간행물을 경영하는 자를 말한다.
7. "발행인"이란 신문을 발행하거나 인터넷신문을 전자적으로 발행하는 대표자를 말한다.
8. "편집인"이란 신문의 편집 또는 인터넷신문의 공표에 관하여 책임을 지는 사람을 말한다.(2023.8.8 본호개정)
9. "기사배열책임자"란 인터넷뉴스서비스의 기사배열에 관하여 책임을 지는 사람을 말한다.(2023.8.8 본호개정)
10. "인쇄인"이란 신문사업자가 선임한 자 또는 신문사업자와 인쇄계약을 체결한 자로서 그 신문의 인쇄에 관하여 책임을 지는 자를 말한다.
11. "지사" 또는 "지국"이란 기사취재 등을 목적으로 신문의 발행소 소재지 외의 지역에 설치된 사무소를 말한다.
12. "독자"란 신문을 유상 또는 무상으로 공급받는 자와 인터넷신문 또는 인터넷뉴스서비스를 유상 또는 무상으로 이용하는 자를 말한다.

제3조【신문 등의 자유와 책임】 ① 신문 및 인터넷신문에 대한 언론의 자유와 독립은 보장된다.

② 신문 및 인터넷신문은 제1항의 언론자유의 하나로서 정보원에 대하여 자유로이 접근할 권리와 그 취재한 정보를 자유로이 공표할 자유를 갖는다.

③ 신문 및 인터넷신문은 인간의 존엄과 가치 및 민주적 기본질서를 존중하여야 한다.

제4조【편집의 자유와 독립】 ① 신문 및 인터넷신문의 편집의 자유와 독립은 보장된다.

② 신문사업자 및 인터넷신문사업자는 편집인의 자율적인 편집을 보장하여야 한다.

제5조【편집위원회】 일반일간신문사업자는 편집위원회를 둘 수 있다.

제6조【독자의 권리보호】 ① 신문사업자 · 인터넷신문사업자 및 인터넷뉴스서비스사업자는 편집 또는 제작의 기본방침이 독자의 이익에 충실하도록 노력하여야 한다.

② 신문사업자 · 인터넷신문사업자 및 인터넷뉴스서비스사업자는 독자의 권익을 보호하기 위한 자문기구로 독자권익위원회를 둘 수 있다.

③ 신문 · 인터넷신문의 편집인 및 인터넷뉴스서비스의 기사배열책임자는 독자가 기사와 광고를 혼동하지 아니하도록 명확하게 구분하여 편집하여야 한다.

제7조【불공정거래행위의 금지 등】 ① 신문사업자는 구독자의 의사에 반하여 구독계약을 체결 · 연장 · 해지하거나 불공정거래행위에 해당하는 무가지 및 무상의 경품을 제공하여서는 아니 된다.

② 제1항에 따른 불공정거래행위의 여부 및 그 처리 등에 관하여는 「독점규제 및 공정거래에 관한 법률」에서 정하는 바에 따른다.

제8조【연수에 대한 지원】 신문사업자 · 인터넷신문사업자 및 인터넷뉴스서비스사업자가 공동으로 종사자의 능력과 자질을 향상시키기 위한 연수기구를 설치 · 운영하는 경우 제34조에 따른 언론진흥기금에서 이를 지원할 수 있다.(2016.2.3 본조개정)

제2장 신문사업 운영 등

제9조【등록】 ① 신문을 발행하거나 인터넷신문 또는 인터넷뉴스서비스를 전자적으로 발행하려는 자는 대통령령으로 정하는 바에 따라 다음 각 호의 사항을 주사무소 소재지를 관할하는 특별시장 · 광역시장 · 특별자치시장 · 도지사 또는 특별자치도지사(이하 "시 · 도지사"라 한다)에게 등록하여야 한다. 등록된 사항이 변경된 때에도 또한 같다. 다만, 국가 또는 지방자치단체가 발행 또는 관리하거나 법인이나 그 밖의 단체 또는 기관이 그 소속원에게 보급할 목적으로 발행하는 경우와 대통령령으로 정하는 경우에는 그러하지 아니하다.(2016.2.3 전단개정)

1. 신문 및 인터넷신문의 명칭(신문 및 인터넷신문에 한정한다)
2. 인터넷뉴스서비스의 상호 및 명칭(인터넷뉴스서비스에 한정한다)
3. 종별 및 간별(신문에 한정한다)
4. 신문사업자와 신문의 발행인 · 편집인(외국신문의 내용을 변경하지 아니하고 국내에서 그대로 인쇄 · 배포하는 경우는 제외한다. 이하 같다) 및 인쇄인의 성명 · 생년월일 · 주소(신문사업자 또는 인쇄인이 법인이나 단체인 경우에는 그 명칭, 주사무소의 소재지와 그 대표자의 성명 · 생년월일 · 주소)(2023.8.8 본호개정)
5. 인터넷신문사업자와 인터넷신문의 발행인 및 편집인의 성명 · 생년월일 · 주소(인터넷신문사업자가 법인이나 단체인 경우에는 그 명칭, 주사무소의 소재지와 그 대표자의 성명 · 생년월일 · 주소)
6. 인터넷뉴스서비스사업자와 기사배열책임자의 성명 · 생년월일 · 주소(인터넷뉴스서비스사업자가 법인이나 단체인 경우에는 그 명칭, 주사무소의 소재지와 그 대표자의 성명 · 생년월일 · 주소)
7. 발행소의 소재지
8. 발행목적과 발행내용
9. 주된 보급대상 및 보급지역(신문에 한정한다)
10. 발행 구분(무가 또는 유가)
11. 인터넷 홈페이지 주소 등 전자적 발행에 관한 사항

② 제1항에 따라 등록을 하려는 자(인터넷뉴스서비스사업자는 제외한다)가 법인 또는 단체인 경우 대표이사 또는 대표자를 발행인으로 하여야 한다. 다만, 대표이사 또는 대표자를 발행인으로 할 수 없는 정당한 사유가 있는 경우에는 이사회의 의결을 거쳐 다른 이사나 임원을 발행인으로 할 수 있다.(2023.8.8 본문개정)

③ 제1항에 따라 신문을 등록하려는 자는 등록사항 중 간별을 다음 각 호의 구분에 따라 명시하여야 한다.

1. 일간(격일 또는 주 3회 이상 발행하는 것을 포함한다)
2. 주간(주 2회 또는 월 2회 이상 발행하는 것을 포함한다)

④ 제1항에 따라 신문 · 인터넷신문 또는 인터넷뉴스서비스를 등록한 때에는 시 · 도지사는 지체 없이 등록증을 내주어야 한다.

⑤ 이미 등록된 신문 · 인터넷신문 · 인터넷뉴스서비스, 「잡지 등 정기간행물의 진흥에 관한 법률」에 따라 등록 또는 신고된 정기간행물 또는 「뉴스통신진흥에 관한 법률」에 따라 등록된 뉴스통신의 명칭과 같은 명칭의 신문 · 인터넷신문 또는 인터넷뉴스서비스는 등록할 수 없다. 다만, 해당 사업자가 명칭 사용을 허용하는 경우에는 그러하지 아니하다.

제9조의2【청소년보호책임자의 지정 등】 ① 인터넷신문사업자와 인터넷뉴스서비스사업자는 인터넷신문과 인터넷뉴스서비스의 음란 · 폭력정보 등 청소년에게 해로운 정보(이하 "청소년유해정보"라 한다)로부터 청소년을 보호하기 위하여 청소년보호책임자(이하 "청소년보호책임자"라 한다)를 지정하여야 한다. 다만, 「정보통신망 이용촉진 및 정보보호 등에 관한 법률」 제42조의3제1항에 따라 청소년보호책임자를 지정하여야 하는 자는 그러하지 아니하다.

② 인터넷신문사업자와 인터넷뉴스서비스사업자는 제1항 본문 또는 「정보통신망 이용촉진 및 정보보호 등에 관한 법률」 제42조의3제1항에 따라 청소년보호책임자를 지정한 경우에는 지정된 청소년보호책임자를 대통령령으로 정하는 바에 따라 공개하여야 한다.

③ 청소년보호책임자는 해당 사업자의 임원 또는 청소년보호와 관련된 업무를 담당하는 부서의 장에 해당하는 지위에 있는 사람(부서의 장에 해당하는 지위에 있는 사람이 없는 경우는 청소년보호와 관련된 업무를 담당하는 사람을 말한다) 중에서 지정한다.

④ 청소년보호책임자는 해당 인터넷신문 또는 인터넷뉴스서비스의 청소년유해정보를 차단 · 관리하는 등 청소년보호업무를 하여야 한다.

⑤ 그 밖에 청소년보호책임자의 지정 및 업무에 필요한 사항은 대통령령으로 정한다.

(2015.5.18 본조신설)

제10조【인터넷뉴스서비스사업자의 준수사항】 ① 인터넷뉴스서비스사업자는 기사배열의 기본방침이 독자의 이익에 충실하도록 노력하여야 하며, 그 기본방침과 기사배열의 책임자를 대통령령으로 정하는 바에 따라 공개하여야 한다.

② 인터넷뉴스서비스사업자는 독자적으로 생산하지 아니한 기사의 제목 · 내용 등을 수정하려는 경우 해당 기사를 공급한 자의 동의를 받아야 한다.

③ 인터넷뉴스서비스사업자는 제공 또는 매개하는 기사와 독자가 생산한 의견 등을 혼동되지 아니하도록 대통령령으로 정하는 바에 따라 구분하여 표시하여야 한다.

④ 인터넷뉴스서비스사업자는 제공 또는 매개하는 기사의 제목 · 내용 등의 변경이 발생하여 이를 재전송받은 경우 인터넷뉴스서비스사업자의 인터넷홈페이지에 재전송받은 기사로 즉시 대체하여야 한다.

제11조【폐업 및 직권말소】 ① 제9조에 따라 등록을 한 자가 영업을 폐쇄한 경우에는 폐쇄한 날부터 1개월 이내에 대통령령으로 정하는 바에 따라 시 · 도지사에게 폐업신고를 하여야 한다.

② 시 · 도지사는 제1항을 위반하여 폐업신고를 하지 아니한 자에 대하여는 대통령령으로 정하는 바에 따라 폐업한 사실을 확인한 후 등록사항을 직권으로 말소할 수 있다.

제12조【등록사항 등의 제출】 제9조에 따른 등록 또는 제11조에 따른 폐업신고를 받은 시 · 도지사는 매 분기마다 등록(변경등록을 포함한다) 및 폐업신고 사항을 문화체육관광부장관에게 제출하여야 한다.

제13조【결격사유 등】 ① 다음 각 호의 어느 하나에 해당하는 사람은 신문 및 인터넷신문의 발행인 또는 편집인이 되거나 인터넷뉴스서비스의 기사배열책임자가 될 수 없다.(2023.8.8 본문개정)

1. 대한민국의 국민이 아닌 사람
2. 「잡지 등 정기간행물의 진흥에 관한 법률」, 「뉴스통신진흥에 관한 법률」, 「방송법」, 「인터넷 멀티미디어 방송사업법」, 「저작권법」을 위반하거나 「형법」 제87조부터 제90조까지 · 제92조 · 제101조, 「군형법」 제5조부터 제8조까지 · 제9조제2항 · 제11조부터 제16조까지 또는 「국가보안법」 제3조부터 제9조까지의 규정에 따른 죄를 저질러 금고 이상의 실형을 선고받고 그 집행이 종료(집행이 종료된 것으로 보는 경우를 포함한다)되거나 집행을 받지 아니하기로 확정된 후 1년이 지나지 아니하거나 금고 이상의 형의 집행유예를 선고받고 그 유예기간 중에 있는 사람(2023.8.8 본호개정)
3. 「잡지 등 정기간행물의 진흥에 관한 법률」, 「뉴스통신진흥에 관한 법률」, 「방송법」, 「인터넷 멀티미디어 방송사업법」, 「저작권법」을 위반하거나 「형법」 제87조부터 제90조까지 · 제92조 · 제101조, 「군형법」 제5조부터 제8조까지 · 제9조제2항 · 제11조부터 제16조까지 또는 「국가보안법」 제3조부터 제9조까지의 규정에 따른 죄를 저질러 금고 이상의 형의 선고유예를 받고 그 유예기간 중에 있는 사람(2023.8.8 본호개정)
4. 「보안관찰법」에 따른 보안관찰처분이나 「치료감호법」에 따른 치료감호의 집행 중에 있는 사람
5. 이 법을 위반하여 벌금 이상의 형을 선고받고 그 형의 집행이 종료되거나 형을 받지 아니하기로 확정된 날부터 1년이 지나지 아니한 사람
6. 이 법을 위반하여 등록이 취소된 신문 · 인터넷신문 및 인터넷뉴스서비스의 발행인 · 편집인 또는 기사배열책임자로서 그 등록이 취소된 날부터 2년이 지나지 아니한 사람(2023.8.8 본호개정)
7. 미성년자 · 피성년후견인 또는 피한정후견인 (2017.3.21 본호개정)
8. 파산선고를 받고 복권되지 아니한 사람

② 제9조에 따라 등록한 신문 · 인터넷신문 또는 인터넷뉴스서비스의 발행인 · 편집인 또는 기사배열책임자가 제1항에 따른 결격사유에 해당하게 된 때에는 그 사유가 발생한 날부터 1개월 이내에 발행인 · 편집인 또는 기사배열책임자의 변경등록을 하여야 한다.

③ 법인이 아닌 자는 일간신문이나 일반주간신문을 발행할 수 없다.

④ 다음 각 호의 어느 하나에 해당하는 자는 신문을 발행할 수 없다. 다만, 그 소속원에게만 보급할 목적으로 발행하는 경우에는 그러하지 아니하다.

1. 외국정부 또는 외국의 법인이나 단체
2. 대한민국의 국민이 아닌 사람이 그 대표자로 되어 있는 법인 또는 단체
3. 외국인 또는 외국의 법인이나 단체가 다음 각 목의 어느 하나에 해당하는 비율 이상의 주식 또는 지분을 소유하고 있는 자
   가. 일간신문의 경우에는 100분의 30
   나. 일간신문을 제외한 신문의 경우에는 100분의 50

제14조【사업의 승계】 ① 신문사업자 또는 인터넷신문사업자가 그 사업을 양도하거나 사망한 때 또는 법인의 합병 등이 있는 때에는 그 양수인 · 상속인 또는 합병 후 존속하는 법인이나 합병에 의하여 설립되는 법인 등은 그 사업자의 지위를 승계한다.

② 「민사집행법」에 따른 경매, 「채무자 회생 및 파산에 관한 법률」에 따른 환가, 「국세징수법」 · 「관세법」 또는 「지방세법」에 따른 압류재산의 매각, 그 밖에 이에 준하는 절차에 따라 신문 또는 인터넷신문을 인수한 자는 그 사업자의 지위를 승계한다.

③ 제1항 및 제2항에 따라 신문사업자 또는 인터넷신문사업자의 지위를 승계한 자는 대통령령으로 정하는 바에 따라 관할 시 · 도지사에게 신고하여야 한다.

제15조【외국자금의 출자】 신문 또는 인터넷신문을 발행하거나 발행하려는 자가 외국인 또는 외국의 법인이나 단체로부터 재산의 출자를 받을 때에는 「외국인투자 촉진법」 제5조에 따라 산업통상자원부장관에게 신고한 사실을 입증하는 서류를 제9조에 따라 등록할 때나 신고한 날부터 15일 이내에 시 · 도지사에게 제출하여야 한다. (2016.1.27 본조개정)

제16조【일간신문의 주식발행】 일간신문을 경영하는 법인이 주식을 발행하는 경우에는 기명식으로 하여야 한다.

제17조【여론집중도조사 등】 ① 문화체육관광부장관은 신문, 인터넷신문, 인터넷뉴스서비스, 「방송법」 제2조제1호에 따른 텔레비전방송, 라디오방송, 이동멀티미디어방송 등을 대상으로 여론집중도를 대통령령으로 정하는 바에 따라 조사하여 이를 공표할 수 있다. 이 경우 문화체육관광부장관은 미리 방송통신위원회위원장과 협의하여야 한다.

② 문화체육관광부장관은 제1항의 여론집중도조사를 위하여 필요한 자료를 개인, 단체 및 기관에 요청할 수 있다. 이 경우 요청을 받은 개인, 단체 및 기관은 이에 따라야 한다.

제18조【대기업의 일반일간신문 소유제한 등】 ① 「독점규제 및 공정거래에 관한 법률」 제2조제11호에 따른 기업집단 중 자산총액 등 대통령령으로 정하는 기준에 해당하는 기업집단에 속하는 회사(이하 "대기업"이라 한다)와 그 계열회사(대통령령으로 정하는 특수한 관계에 있는 자를 포함한다)는 일반일간신문을 경영하는 법인이 발행한 주식 또는 지분의 2분의 1을 초과하여 취득 또는 소유할 수 없다.(2020.12.29 본항개정)

② 일반일간신문을 경영하는 법인의 이사(합명회사의 경우에는 업무집행사원, 합자회사의 경우에는 무한책임사원을 말한다) 중 그 상호 간에 「민법」 제777조에 따른 친족관계에 있는 자가 그 총수의 3분의 1을 넘지 못한다.

제19조【소유제한 위반 시 조치 등】 ① 제18조를 위반하여 주식 또는 지분을 취득 또는 소유한 자는 그 초과분에 대한 의결권을 행사할 수 없다.

② 시 · 도지사는 제18조를 위반하여 주식 또는 지분을 취득 또는 소유한 자에 대하여 6개월 이내의 기간을 정하여 이를 시정할 것을 명하여야 한다.

③ 시 · 도지사는 제18조에 따른 소유제한 사실을 확인하기 위하여 대통령령으로 정하는 바에 따라 신문사업자에게 필요한 자료의 제출을 요청할 수 있다. 이 경우 해당 사업자는 이에 따라야 한다.

제20조【디지털 뉴스 분류체계 표준화 등】 ① 문화체육관광부장관은 신문사업자 · 인터넷신문사업자 및 인터넷뉴스서비스사업자에 대하여 디지털 뉴스의 분류체계, 형식 등 대통령령으로 정하는 사항에 관한 표준을 제정할 수 있다.

② 문화체육관광부장관은 제1항에 따른 표준의 제정을 위하여 필요한 경우에는 디지털 뉴스에 관한 전문기관 또는 단체를 지정하여 표준을 제정하도록 할 수 있다.

③ 문화체육관광부장관은 제2항에 따라 지정한 기관 또는 단체에 표준의 제정에 필요한 비용의 전부 또는 일부를 지원할 수 있다.

제21조【필요적 게재사항】 신문사업자 및 인터넷신문사업자는 해당 신문 및 인터넷신문에 그 명칭 · 주사무소 또는 발행소의 전화번호 · 등록번호 · 등록연월일 · 제호 · 간별 · 발행인 · 편집인 · 인쇄인 · 발행소 및 발행연월일을 독자가 알아보기 쉽게 게재 또는 공표하여야 하며, 편집인이 여럿 있는 경우에는 그 책임분야와 함께 각자의 성명을 게재 또는 공표하여야 한다. 다만, 인터넷신문의 경우 간별 및 인쇄인에 관한 사항은 그러하지 아니하다.(2017.3.21 본문개정)

제22조【신문등의 발행정지 및 등록취소의 심판청구】 ① 시 · 도지사는 제9조제1항에 따라 신문 · 인터넷신문 또는 인터넷뉴스서비스(이하 이 조 및 제23조부터 제26조까지의 규정에서 "신문등"이라 한다)의 등록을 한 자가 다음 각 호의 어느 하나에 해당하는 경우 3개월 이내의 기간을 정하여 해당 신문등의 발행정지(기사의 제공 · 매개 정지를 포함한다. 이하 같다)를 명할 수 있다.

1. 제9조제1항에 따라 등록된 사항을 변경등록하지 아니하고 임의로 변경하여 그 신문등을 발행한 경우
2. 발행인·편집인 또는 기사배열책임자가 제13조에 따른 결격사유에 해당된 경우

② 시·도지사는 제9조제1항에 따라 신문등을 등록한 자가 다음 각 호의 어느 하나에 해당하는 경우 6개월 이내의 기간을 정하여 해당 신문등의 발행정지를 명하거나 법원에 신문등의 등록취소의 심판을 청구할 수 있다.
1. 거짓이나 그 밖의 부정한 방법으로 등록한 사실이 있는 경우
2. 신문등의 내용이 등록된 발행목적이나 발행내용을 현저하게 반복하여 위반한 경우
3. 음란한 내용의 신문등을 발행하여 공중도덕이나 사회윤리를 현저하게 침해한 경우

③ 제2항에 따른 심판청구에 대한 제1심 재판은 신문사업자·인터넷신문사업자 또는 인터넷뉴스서비스사업자의 보통재판적 소재지를 관할하는 지방법원합의부의 관할로 한다. 법원은 심판청구를 접수한 날부터 3개월 이내에 재판하여야 한다. 등록취소심판사건의 청구·심리·재판, 그 밖에 필요한 사항은 대법원규칙으로 정한다.
④ 등록취소심판사건에 대하여는 「비송사건절차법」을 준용한다.

제23조【직권등록취소】 시·도지사는 제9조제1항에 따라 신문등을 등록한 자가 다음 각 호의 어느 하나에 해당하는 경우에는 해당 신문등의 등록을 취소할 수 있다.
1. 정당한 사유 없이 등록 후 6개월 이내에 해당 신문등을 발행하지 아니한 경우
2. 정당한 사유 없이 1년 이상 해당 신문등의 발행을 중단한 경우

제24조【등록취소심의위원회】 ① 제22조제2항에 따른 발행정지의 명령·등록취소심판의 청구 및 제23조에 따른 등록취소처분의 공정하고 객관적인 심의를 위하여 시·도지사 소속으로 등록취소심의위원회를 둔다.
② 제1항에 따른 등록취소심의위원회의 구성·심의절차, 그 밖에 필요한 사항은 대통령령으로 정한다.

제25조【청문】 시·도지사는 제23조에 따라 신문등의 등록을 취소하고자 하는 경우 청문을 실시하여야 한다.

제26조【신문등 명칭의 사용제한】 제11조에 따라 직권말소되거나 제22조제2항부터 제4항까지의 규정에 따른 등록취소심판사건에 대한 법원의 판결 또는 제23조에 따라 등록이 취소된 때에는 등록이 말소 또는 취소된 신문등의 발행인 및 그와 대통령령으로 정하는 가족관계 등 특수한 관계에 있는 자는 그 말소 또는 취소된 날부터 2년 이내에는 그 말소 또는 취소된 신문등의 명칭으로 신문등을 발행 및 등록할 수 없다.(2016.2.3 본조개정)

제27조【과징금 부과】 ① 시·도지사는 신문사업자·인터넷신문사업자 또는 인터넷뉴스서비스사업자가 제22조에 해당하여 발행정지처분을 하여야 하는 경우로서 그 발행정지처분이 독자에게 심한 불편을 주거나 그 밖에 공익을 해할 우려가 있는 경우에는 그 발행정지를 갈음하여 10억원 이하의 과징금을 부과·징수할 수 있다.
② 제1항에 따라 과징금을 부과하는 위반행위의 종별·정도 등에 따른 과징금의 금액과 그 부과절차 등에 필요한 사항은 대통령령으로 정한다.
③ 시·도지사는 과징금을 납부하여야 할 자가 납부기한까지 이를 납부하지 아니한 경우에는 「지방행정제재·부과금의 징수 등에 관한 법률」에 따라 징수한다.(2020.3.24 본항개정)
④ 시·도지사는 제1항에 따라 징수한 과징금은 제34조에 따른 언론진흥기금으로 출연하여야 한다.

제28조【외국신문의 지사 등의 설치】 ① 외국신문의 지사 또는 지국을 국내에 설치하려는 자는 대통령령으로 정하는 바에 따라 문화체육관광부장관에게 등록하여야 한다.
② 문화체육관광부장관은 제1항에 따라 등록한 자가 다음 각 호의 어느 하나에 해당하는 경우에는 그 등록을 취소할 수 있다.
1. 거짓이나 그 밖의 부정한 방법으로 등록한 사실이 있는 경우
2. 지사 또는 지국이 그 설치목적을 현저히 위반한 경우
3. 해당 외국신문이 국헌을 문란하게 하거나 국가안보를 현저히 해한 기사를 게재한 경우

제3장 한국언론진흥재단

제29조【한국언론진흥재단의 설치 등】 ① 신문 및 인터넷신문의 건전한 발전과 읽기문화 확산 및 신문 산업의 진흥을 위하여 한국언론진흥재단을 둔다.
② 한국언론진흥재단은 법인으로 한다.
③ 한국언론진흥재단은 문화체육관광부장관의 인가를 받아 주된 사무소의 소재지에서 설립등기를 함으로써 성립한다.
④ 한국언론진흥재단에 대하여 이 법에서 규정한 것 외에는 「민법」 중 재단법인에 관한 규정을 준용한다.
(2023.8.8 본항개정)

제30조【임원】 ① 한국언론진흥재단에는 이사장 1인과 상임이사 3인을 포함한 9인 이내의 이사와 비상임 감사 1인을 둔다.
② 한국언론진흥재단의 이사장은 문화체육관광부장관이 임면하고, 상임이사는 이사장이 이사회의 추천을 받은 사람 중에서 문화체육관광부장관의 승인을 받아 임면하며, 이사장 및 상임이사를 제외한 이사의 선임에 대하여는 한국언론진흥재단 정관으로 정한다.(2023.8.8 본항개정)
③ 이사장·상임이사·이사 및 감사의 임기는 3년으로 하되, 1회에 한정하여 연임할 수 있다.
④ 이사장은 한국언론진흥재단을 대표하고, 한국언론진흥재단의 업무를 총괄한다.
⑤ 이사장이 부득이한 사유로 직무를 수행할 수 없을 때에는 정관으로 정하는 순서에 따라 상임이사가 그 직무를 대행한다.
⑥ 감사는 한국언론진흥재단의 업무 및 회계를 감사한다.
⑦ 「국가공무원법」 제33조 각 호의 어느 하나에 해당하는 사람은 제1항에 따른 한국언론진흥재단의 임원이 될 수 없다.(2023.8.8 본항개정)

제31조【한국언론진흥재단의 직무】 한국언론진흥재단은 다음 각 호의 직무를 수행한다.
1. 언론산업 진흥에 필요한 사업
2. 신문의 발행·유통 등의 발전을 위한 사업
3. 한국 언론매체의 해외진출 및 국제교류 지원
4. 제34조에 따른 언론진흥기금의 조성과 관리·운용
5. 언론산업 진흥 등을 위한 조사·연구·교육·연수
6. 문화체육관광부장관이 위탁하는 사업
7. 그 밖에 한국언론진흥재단의 목적 수행을 위하여 필요한 사업

제32조【운영재원 등】 ① 한국언론진흥재단의 운영재원은 제34조에 따른 언론진흥기금 등으로 하되, 국가는 한국언론진흥재단에 출연하거나 예산의 범위에서 보조금을 지급할 수 있다.
② 한국언론진흥재단은 대통령령으로 정하는 바에 따라 매년 예산편성의 기본방향과 그 규모에 관하여 문화체육관광부장관의 승인을 받아야 한다. 승인받은 사항을 변경하려는 경우에도 또한 같다.(2019.11.26 후단신설)
③ 한국언론진흥재단은 사업연도가 끝난 후 2개월 이내에 전년도의 사업실적과 대차대조표 등 대통령령으로 정하는 서류를 포함한 결산보고서를 문화체육관광부장관에게 제출하여야 한다.(2019.11.26 본항신설)

제33조【신문유통 지원 기구】 ① 한국언론진흥재단은 신문의 원활한 유통을 지원하기 위한 기구를 설립·운영할 수 있다.
② 신문유통 지원 기구의 설립·운영에 필요한 사항은 한국언론진흥재단 정관으로 정한다.

제4장 언론진흥기금

제34조【언론진흥기금의 설치 및 조성】 ① 신문·인터넷신문·인터넷뉴스서비스 및 「잡지 등 정기간행물의 진흥에 관한 법률」에 따른 잡지(이하 "잡지"라 한다)의 진흥을 위하여 한국언론진흥재단에 언론진흥기금을 설치한다.
② 언론진흥기금은 다음 각 호의 재원으로 조성한다.
1. 정부의 출연금
2. 다른 기금으로부터의 전입금
3. 개인 또는 법인으로부터의 출연금 및 기부금품
4. 언론진흥기금의 운용으로 생기는 수익금
5. 그 밖에 대통령령으로 정하는 수입금

제35조【언론진흥기금의 용도 등】 ① 언론진흥기금은 다음 각 호의 사업에 사용된다.
1. 신문·인터넷신문·인터넷뉴스서비스 및 잡지의 진흥을 위한 지원
2. 신문·인터넷신문·인터넷뉴스서비스 및 잡지 관련 인력양성, 조사·연구, 정보화 사업 지원
3. 신문 및 잡지의 유통구조 개선을 위한 지원
4. 독자 권익 및 언론공익사업 지원
5. 한국언론진흥재단의 운영
6. 신문사업자, 인터넷신문사업자 및 잡지사업자에 대한 융자
7. 해외 한국어 신문·인터넷신문·인터넷뉴스서비스 및 잡지 지원(2014.3.11 본호신설)
8. 그 밖에 대통령령으로 정하는 사업

② 무료로 제공할 목적으로 발행되는 신문사업자에 대하여는 기금을 지원할 수 없다.
③ 한국언론진흥재단은 언론진흥기금의 지원기준과 지원대상 등을 매년 공고하여야 한다.

제36조【언론진흥기금의 관리·운용】 ① 언론진흥기금은 한국언론진흥재단이 관리·운용한다.
② 언론진흥기금의 관리·운용에 관한 종합적인 사항을 심의하게 하기 위하여 한국언론진흥재단에 언론진흥기금관리위원회를 둔다.
③ 언론진흥기금의 조성방법·관리·운용 및 언론진흥기금관리위원회의 구성·운영 등에 필요한 사항은 대통령령으로 정한다.

제37조【성과의 평가】 ① 문화체육관광부장관은 제31조 각 호의 사업에 대한 기금 사용의 성과를 측정·평가하여 그 결과를 다음 연도 3월 31일까지 한국언론진흥재단에 통보하여야 한다.(2023.8.8 본항개정)
② 문화체육관광부장관은 제1항에 따른 성과를 측정·평가하기 위하여 한국언론진흥재단과 협의하여 성과목표 및 평가기준을 정하여야 한다.
③ 문화체육관광부장관은 제1항에 따른 성과 평가결과 시정이 필요한 사항이 있다고 인정할 때에는 한국언론진흥재단에 시정을 요구할 수 있다.(2023.8.8 본항개정)
④ 성과의 평가방법 및 절차 등에 필요한 사항은 대통령령으로 정한다.

제5장 보 칙

제38조【자료 제공의 요청】 시·도지사는 다음 각 호의 사실을 확인하기 위하여 필요한 경우에는 「가족관계의 등록 등에 관한 법률」 제11조제4항에 따른 가족관계 등록사항에 관한 전산정보자료의 제공을 법원행정처장에게 요청할 수 있다. 이 경우 요청을 받은 법원행정처장은 특별한 사유가 없으면 협조하여야 한다.
1. 제18조에 따른 소유제한 등 위반 여부의 확인
2. 제26조에 따른 신문등 명칭의 사용제한 위반 여부의 확인
(2016.2.3 본조신설)

제38조의2【권한의 위임 등】 ① 문화체육관광부장관은 이 법에 따른 권한의 일부를 대통령령으로 정하는 바에 따라 시·도지사 또는 한국언론진흥재단 이사장에게 위임 또는 위탁할 수 있다.
② 시·도지사는 이 법에 따른 권한의 일부를 대통령령으로 정하는 바에 따라 시장·군수 또는 구청장에게 위임할 수 있다.

제38조의3【규제의 재검토】 문화체육관광부장관은 제13조제1항에 따른 결격사유에 대하여 2016년 1월 1일을 기준으로 2년마다(매 2년이 되는 해의 1월 1일 전까지를 말한다) 그 타당성을 검토하여 개선 등의 조치를 하여야 한다.(2016.2.3 본조신설)

제6장 벌 칙

제39조【과태료】 ① 다음 각 호의 어느 하나에 해당하는 자에게는 2천만원 이하의 과태료를 부과한다.
1. 제9조제1항에 따른 등록 또는 변경등록을 하지 아니하고 신문·인터넷신문 또는 인터넷뉴스서비스를 발행하거나 공표한 자
2. 거짓이나 그 밖의 부정한 방법으로 제9조제1항에 따른 등록 또는 변경등록을 하여 신문·인터넷신문 또는 인터넷뉴스서비스를 발행하거나 공표한 자
3. 제18조를 위반하여 주식 또는 지분을 소유한 자
4. 제22조제1항 또는 제2항에 따른 발행정지 처분을 위반하여 신문·인터넷신문 또는 인터넷뉴스서비스를 발행하거나 공표한 자
5. 제28조제1항에 따른 등록을 하지 아니하고 국내에 외국신문의 지사 또는 지국을 설치한 자
(2021.5.18 본항신설)

② 다음 각 호의 어느 하나에 해당하는 자에게는 1천만원 이하의 과태료를 부과한다.(2021.5.18 본문개정)
1. 제9조의2제1항을 위반하여 청소년보호책임자를 지정하지 아니한 자(2021.5.18 본호개정)
2. 제10조를 위반하여 준수사항을 이행하지 아니한 자
3. 제11조를 위반하여 폐업신고를 하지 아니한 자
4. 제13조제1항 각 호의 어느 하나에 해당하는 자로서 발행인·편집인 또는 기사배열책임자로 취임한 자
5. 제13조제1항 각 호의 어느 하나에 해당하는 자를 발행인·편집인 또는 기사배열책임자로 선임한 자
6. 제14조제3항을 위반하여 신고를 하지 아니한 자
7. 제15조를 위반하여 해당 서류를 제출하지 아니한 자
8. 제17조제2항 및 제19조제3항에 따른 자료제출 요구를 받고 이를 제출하지 아니한 자
9. 제21조에 따른 필요적 게재사항을 게재 또는 공표하지 아니한 자(2021.5.18 본호신설)

10.~13. (2021.5.18 삭제)

③ 제1항 및 제2항에 따른 과태료는 대통령령으로 정하는 바에 따라 문화체육관광부장관 또는 시·도지사가 부과·징수한다.(2015.5.18 본항개정)

부 칙

제1조【시행일】 이 법은 공포 후 6개월이 경과한 날부터 시행한다.

제2조【설립준비】 부칙 제1조에도 불구하고 한국언론진흥재단설립추진단의 설치, 한국언론진흥재단의 정관 작성·정관인가 및 설립등기 등 한국언론진흥재단의 설립에 필요한 사항은 이 법 시행 전에 부칙 제3조에 따라 할 수 있다.

제3조【한국언론진흥재단의 설립절차 등】 ① 문화체육관광부장관은 한국언론진흥재단의 설립에 관한 사무를 처리하게 하기 위하여 한국언론진흥재단설립추진단(이하 "설립추진단"이라 한다)을 설치한다.
② 설립추진단은 문화체육관광부장관이 위촉하는 5인 이내의 설립위원으로 구성하여 운영한다.
③ 설립추진단은 한국언론진흥재단의 정관을 작성하여 문화체육관광부장관의 인가를 받아야 한다.
④ 설립추진단이 제3항에 따른 인가를 받은 경우에는 지체 없이 한국언론진흥재단의 설립등기를 하여야 한다.

⑤ 제4항에 따라 한국언론진흥재단의 설립등기를 마친 경우에는 설립추진단을 이 법에 따른 한국언론진흥재단으로 본다.
⑥ 이 법 시행 전까지 한국언론진흥재단이 설립되지 아니한 경우에는 이 법 시행일부터 한국언론진흥재단이 설립될 때까지는 설립추진단이 한국언론진흥재단의 업무를 대행한다.
제4조【종전 신문유통원 및 한국언론재단 등의 권리·의무 승계 등】 ① 종전의 제37조에 따른 신문유통원 및 「민법」에 따라 설립한 재단법인 한국언론재단은 부칙 제3조에 따라 한국언론진흥재단의 설립등기를 완료한 경우에는 「민법」 중 법인의 해산 및 청산에 관한 규정에도 불구하고 해산된 것으로 본다.
② 한국언론진흥재단은 설립등기일에 종전의 제27조에 따른 신문발전위원회, 종전의 제37조에 따른 신문유통원 및 재단법인 한국언론재단의 모든 권리·의무 및 재산을 포괄 승계한다. 다만, 종전의 제33조에 따른 신문발전기금은 언론진흥기금에 귀속된다.
제5조【인터넷뉴스서비스 및 외국신문 등록에 관한 경과조치】 ① 이 법 시행 당시 인터넷뉴스서비스를 경영하는 인터넷뉴스서비스사업자는 이 법 시행 후 3개월 이내에 제9조에 따른 등록을 하여야 한다.
② 이 법 시행 전에 종전의 제26조에 따라 허가를 받은 경우에는 이 법에 따라 등록한 것으로 본다.
제6조【벌칙 등에 관한 경과조치】 이 법 시행 전의 행위에 대한 벌칙 또는 과태료의 적용에 있어서는 종전의 규정에 따른다.
제7조【언론진흥기금의 2010년도 기금운용계획안의 수립시기에 관한 특례】 ① 한국언론진흥재단은 이 법 공포 후 지체 없이 2010년도 언론진흥기금운용계획안을 수립하고 문화체육관광부장관을 거쳐 기획재정부장관에게 제출하여야 한다.
② 정부는 제1항에 따라 마련된 2010년도 언론진흥기금운용계획안을 이 법 공포 후 60일 이내에 국회에 제출하여야 한다. 이 경우 국회는 「국회법」 제84조의2에도 불구하고 2010년도 언론진흥기금운용계획안이 국회에 제출된 날부터 60일 이내에 심의·의결하여야 한다.
③ 한국언론진흥재단은 「국가재정법」에도 불구하고 2010년도 언론진흥기금운용계획안이 국회의 의결을 거치기 전까지 부득이한 경우 문화체육관광부장관의 승인을 받아 언론진흥기금의 일부를 사용할 수 있다.
제8조【다른 법률의 개정】 ①~⑭ ※(해당 법령에 가제정리 하였음)
제9조【다른 법령과의 관계】 이 법 시행 당시 다른 법령에서 종전의 「신문 등의 자유와 기능보장에 관한 법률」 또는 그 규정을 인용한 경우 이 법 중 그에 해당하는 규정이 있을 때에는 종전의 규정을 갈음하여 이 법 또는 이 법의 해당 규정을 인용한 것으로 본다.

부 칙 (2017.3.21)

제1조【시행일】 이 법은 공포한 날부터 시행한다. 다만, 제21조의 개정규정은 공포 후 3개월이 경과한 날부터 시행한다.
제2조【금치산자 등의 결격사유에 관한 경과조치】 이 법 시행 당시 이미 금치산 또는 한정치산의 선고를 받고 법률 제10429호 민법 일부개정법률 부칙 제2조에 따라 금치산 또는 한정치산 선고의 효력이 유지되는 사람에 대해서는 제13조제1항제7호의 개정규정에도 불구하고 종전의 규정에 따른다.

부 칙 (2020.3.24)

제1조【시행일】 이 법은 공포한 날부터 시행한다.(이하 생략)

부 칙 (2020.12.29)

제1조【시행일】 이 법은 공포 후 1년이 경과한 날부터 시행한다.(이하 생략)

부 칙 (2021.5.18)

제1조【시행일】 이 법은 공포 후 6개월이 경과한 날부터 시행한다.
제2조【과태료 부과에 관한 경과조치】 이 법 시행 전의 위반행위에 대하여 과태료를 부과할 때에는 제39조의 개정규정에도 불구하고 종전의 규정에 따른다.

부 칙 (2023.8.8)

이 법은 공포한 날부터 시행한다.

출판문화산업 진흥법(약칭 : 출판법)

(2002년 8월 26일
법 률 제6721호)

개정
2005. 1.27법 7366호
2005. 3.24법 7421호(청소년기본법)
2005.12.29법 7799호(청소년기본법)
2006. 4.28법 7941호(게임산업진흥에관한법)
2007. 7.19법 8533호
2008. 2.29법 8852호(정부조직)
2009. 3.25법 9530호
2010. 1.18법 9932호(정부조직)
2010. 3.17법10108호
2011. 9.15법11048호(청소년보호법)
2012. 1.26법11229호　2014. 1.28법12355호
2014. 5.20법12603호　2015. 5.18법13308호
2016. 2. 3법13961호(문학진흥법)
2017. 3.21법14636호　2018.12.24법16065호
2019.12. 3법16693호　2021. 8.10법18382호
2021.12. 7법18547호(도서관법)
2023. 8. 8법19592호(법률용어정비)
2023. 8. 8법19599호

제1장 총 칙
(2009.3.25 본장개정)

제1조【목적】 이 법은 출판에 관한 사항 및 출판문화산업의 지원·육성과 간행물의 심의 및 건전한 유통질서의 확립에 필요한 사항을 규정함을 목적으로 한다.
제2조【정의】 이 법에서 사용하는 용어의 뜻은 다음과 같다.
1. "출판"이란 저작물 등을 종이나 전자적 매체에 실어 편집·복제하여 간행물(전자적 매체를 이용하여 발행하는 경우에는 전자출판물만 해당한다)을 발행하는 행위를 말한다.
2. "출판사"란 출판을 업(業)으로 하는 인적·물적 시설을 말한다.
3. "간행물"이란 종이나 전자적 매체에 실어 읽거나 보거나 들을 수 있게 만든 것으로 저자, 발행인, 발행일, 그 밖에 대통령령으로 정하는 기록 사항을 표시한 것을 말한다.
4. "전자출판물"이란 이 법에 따라 신고한 출판사가 저작물 등의 내용을 전자적 매체에 실어 이용자가 컴퓨터 등 정보처리장치를 이용하여 그 내용을 읽거나 보거나 들을 수 있게 발행한 전자책 등의 간행물을 말한다.
5. "외국간행물"이란 외국(북한을 포함한다. 이하 같다)에서 출판된 간행물을 말한다.
6. "배포"란 일반인에게 대가를 받거나 받지 아니하고 간행물을 양도(讓渡)하거나 빌려 주거나 전시하는 것을 말한다.
7. "출판문화산업"이란 간행물의 출판·유통산업 및 그에 밀접히 연관된 산업을 말한다.
8. "유해간행물"이란 국가의 안전이나 공공질서 또는 인간의 존엄성을 뚜렷이 해치는 등 반국가적·반사회적·반윤리적인 내용의 유해한 간행물로서 제17조에 따른 간행물윤리위원회가 제19조제1항에 따라 심의·결정한 것을 말한다.(2012.1.26 본호개정)
9. "서점"이란 간행물을 최종소비자에게 판매하는 상행위를 업으로 하는 장소·시설 또는 정보통신설비를 이용하여 재화 등을 거래할 수 있도록 설정된 가상의 영업장을 말한다.(2021.8.10 본호신설)
제3조【적용 범위】 이 법은 모든 출판 및 간행물에 대하여 적용하되, 다음 각 호의 어느 하나에 해당하는 것에는 적용하지 아니한다.
1. 「음악산업진흥에 관한 법률」 제2조제4호에 따른 음반
2. 「영화 및 비디오물의 진흥에 관한 법률」 제2조제12호에 따른 비디오물
3. 「게임산업진흥에 관한 법률」 제2조제1호에 따른 게임물
4. 「잡지 등 정기간행물의 진흥에 관한 법률」 제2조제1호에 따른 정기간행물 및 「신문 등의 진흥에 관한 법률」 제2조제1호·제2호에 따른 신문·인터넷신문. 다만, 이 법에 정기간행물, 신문 및 인터넷신문에 관하여 특별한 규정이 있는 경우에는 이 법을 적용한다.(2012.1.26 본호개정)

제2장 출판문화산업의 진흥
(2009.3.25 본장개정)

제4조【출판문화산업 진흥계획의 수립·시행】 ① 문화체육관광부장관은 출판문화산업의 진흥에 필요한 기본계획(이하 "진흥계획"이라 한다)을 5년마다 수립·시행하여야 한다.
② 진흥계획에는 다음 각 호의 사항이 포함되어야 한다.
1. 전문인력 양성의 지원
2. 양서(良書) 출판의 장려·지원
3. 국내외 우수저작물의 번역 지원
4. 출판시설 및 간행물 유통의 현대화 지원
5. 전자출판의 육성·지원
6. 국제교류·협력 및 수출시장 확대의 지원
7. 만화산업의 육성·지원
8. 서점(書店) 및 제본업(製本業) 등의 지원
9. 그 밖에 출판문화산업의 지원에 관한 사항
③ 문화체육관광부장관이 진흥계획을 수립하려면 미리 관계 중앙행정기관의 장과 협의하여야 하며, 출판문화산업 관련 단체의 의견을 들어야 한다.
④ 문화체육관광부장관은 진흥계획을 수립·시행하기 위하여 필요하면 특별시장·광역시장·특별자치시장·도지사 또는 특별자치도지사(이하 "시·도지사"라 한다)에게 협조를 요청하거나 시·도지사를 지원할 수 있다.(2012.1.26 본항개정)
제5조【전문인력 양성의 지원】 ① 문화체육관광부장관은 출판문화산업을 진흥하기 위하여 필요한 관련 분야 전문인력의 양성을 지원하여야 한다.
② 제1항에 따른 전문인력 양성에 관하여는 「문화산업진흥 기본법」 제16조를 준용한다. 이 경우 "문화산업"은 "출판문화산업"으로 본다.
제6조【국제교류의 지원 등】 ① 문화체육관광부장관은 출판문화산업을 진흥하기 위하여 국제교류가 활성화될 수 있도록 지원하여야 한다.
② 제1항에 따른 국제교류 활성화의 지원 대상·방법 및 절차 등에 관하여 필요한 사항은 대통령령으로 정한다.
제7조【시설·유통의 현대화 지원 등】 ① 문화체육관광부장관은 출판사의 시설 및 유통 현대화를 지원하기 위하여 필요한 노력을 하여야 한다.
② 간행물을 출판하는 자는 「도서관법」 제23조에 따른 국제표준자료번호를 부여받아 해당 출판물에 표시하여야 한다.(2021.12.7 본항개정)
③ 제1항에 따른 시설 및 유통 현대화 지원의 대상·방법 및 절차 등에 관하여 필요한 사항은 대통령령으로 정한다.
제7조의2【지역서점 활성화 지원 등】 ① 국가와 지방자치단체는 다음 각 호의 요건을 갖춘 서점(이하 "지역서점"이라 한다)이 활성화될 수 있도록 정책을 수립하고 이에 필요한 지원을 하여야 한다. 다만, 지방자치단체는 지역 실정에 따라 지역서점의 요건을 조례로 달리 정할 수 있다.
1. 관할 지역에 주소와 매장을 두고 불특정 다수가 이용할 수 있을 것
2. 「부가가치세법」 제8조에 따라 서적 소매업으로 사업자 등록을 하였을 것
3. 「중소기업기본법」 제2조에 따른 중소기업자가 경영할 것
② 문화체육관광부장관은 제1항에 따른 지역서점 활성화 정책의 수립 및 지원에 필요한 기초자료로 활용하기 위하여 지역서점에 관한 실태조사를 실시할 수 있다. 이 경우 실태조사 결과 지역서점이 없는 지역에 대하여는 해당 지방자치단체의 장과 협의하여 별도의 지원책을 마련하여야 한다.
③ 문화체육관광부장관은 제1항에 따른 지역서점 활성화 정책의 수립을 위하여 필요한 경우 지방자치단체의 장에게 관련 자료를 요청할 수 있다.
④ 지방자치단체는 지역서점 활성화에 필요한 사항을 조례로 정할 수 있다.
⑤ 지방자치단체의 장은 교육감과 협력하여 관할 지역의 도서관(「도서관법」 제3조에 따른 도서관을 말한다)이 도서를 구매하는 경우 지역서점을 이용하도록 독려하여야 한다.(2021.12.7 본항개정)
⑥ 제2항에 따른 지역서점에 관한 실태조사의 방법 및 절차 등에 필요한 사항은 대통령령으로 정한다.
(2021.8.10 본조신설)
제8조【출판문화산업의 기반시설 등 확충】 ① 국가와 지방자치단체는 출판문화산업의 기반시설을 확충하거나 그 단지를 조성하는 등 출판문화산업의 기반시설을 확보하기 위하여 노력하여야 한다.
② 제1항에 따라 출판문화산업의 기반시설을 확보하려는 경우에는 「문화산업진흥 기본법」 제21조부터 제28조까지, 제28조의2, 제28조의3, 제29조 및 제30조를 준용한다.
제8조의2【표준계약서의 제정·보급】 ① 문화체육관광부장관은 계약의 당사자가 대등한 입장에서 저작물 등의 창작·편집 또는 간행물의 발행·판매 등 출판 관련 계약을 공정하게 체결할 수 있도록 표준계약서를 마련하고 이를 보급하여야 한다.
② 문화체육관광부장관은 제1항에 따른 표준계약서를 제정 또는 개정하는 경우 공정거래위원회와 협의하여야 하고, 관련 사업자단체 등 이해관계자와 전문가의 의견을 들어야 한다.
(2023.8.8 본조신설)

제3장 출판사의 신고 등
(2009.3.25 본장개정)

제9조【신고】 ① 출판사를 경영하려는 자는 미리 그 출판사가 있는 곳을 관할하는 특별자치시장·특별자치도지사·시장·군수·구청장(이하 자치구의 구청장을 말한다. 이하 "시장등"이라 한다)에게 다음 각 호의 사항을 신고하여야 한다. 신고한 사항을 변경[경영자(법인이나 단체인 경우에는 그 대표자)의 주소를 변경할 경우는 제외한다]할 때에도 미리 신고하여야 한다.(2018.12.24 후단개정)
1. 출판사의 이름 및 소재지
2. 경영자(법인 또는 단체인 경우에는 그 대표자)의 성명 및 주소

② 시장등은 제1항에 따른 신고 또는 변경신고를 받은 날부터 10일 이내에 신고수리 여부를 신고인에게 통지하여야 한다.(2017.3.21 본항신설)
③ 시장등이 제2항에서 정한 기간 내에 신고수리 여부나 민원 처리 관련 법령에 따른 처리기간의 연장 여부를 신고인에게 통지하지 아니하면 그 기간이 끝난 날의 다음 날에 신고를 수리한 것으로 본다.(2017.3.21 본항신설)
④ 시장등은 제1항에 따른 신고(이하 "신고"라 한다)를 한 자에게 신고확인증을 내주어야 한다.(2017.3.21 본항개정)
⑤ 시장등은 신고를 받으면 그 신고 사항을 시·도지사(특별자치시 및 특별자치도의 경우는 제외한다)를 거쳐 문화체육관광부장관에게 보고하여야 한다.(2017.3.21 본항개정)
제10조 (2009.3.25 삭제)
제11조【폐업 및 직권말소】 ① 제9조에 따라 신고를 한 자가 영업을 폐업한 경우에는 폐업한 날부터 7일 이내에 문화체육관광부령으로 정하는 바에 따라 관할 시장등에게 폐업신고를 하여야 한다.(2018.12.24 본항개정)
② 시장등은 제1항에 따라 폐업신고를 받거나 제3항에 따라 신고사항을 직권으로 말소한 경우에는 그 사실을 시·도지사(특별자치시 및 특별자치도의 경우는 제외한다)를 거쳐 문화체육관광부장관에게 보고하여야 한다.(2018.12.24 본항개정)
③ 시장등은 출판사를 경영하는 자가 「부가가치세법」 제8조에 따라 관할 세무서장에게 폐업신고를 하거나 관할 세무서장이 사업자등록을 말소한 경우에는 신고사항을 직권으로 말소할 수 있다.
④ 시장등은 출판사를 경영하는 자가 신고한 출판사 영업을 폐업하였는지를 확인하기 위하여 필요하면 관할 세무서장에게 필요한 자료의 제공을 요청할 수 있다. 이 경우 자료의 제공을 요청받은 관할 세무서장은 정당한 사유 없이 거부하여서는 아니 된다.
(2018.12.24 본조제목개정)
(2017.3.21 본조개정)

제4장 외국간행물의 수입 추천 등

제12조~제15조 (2012.1.26 삭제)

제5장 한국출판문화산업진흥원 등
(2012.1.26 본장제목개정)

제16조【한국출판문화산업진흥원의 설치 등】 ① 출판문화산업의 진흥·발전을 효율적으로 지원하기 위하여 한국출판문화산업진흥원(이하 "진흥원"이라 한다)을 둔다.
② 진흥원은 법인으로 한다.
③ 진흥원은 문화체육관광부장관의 인가를 받아 주된 사무소의 소재지에서 설립등기를 함으로써 성립한다.
④ 진흥원에 관하여 이 법 및 「공공기관의 운영에 관한 법률」에서 정한 것을 제외하고는 「민법」 중 재단법인에 관한 규정을 준용한다.
(2012.1.26 본조개정)
제16조의2【진흥원의 정관】 진흥원의 정관에는 다음 각 호의 사항이 포함되어야 한다.
1. 목적
2. 명칭
3. 주된 사무소에 관한 사항
4. 임원 및 직원에 관한 사항
5. 이사회의 운영에 관한 사항
6. 제17조에 따른 간행물윤리위원회에 관한 사항
7. 직무에 관한 사항
8. 재산 및 회계에 관한 사항
9. 정관의 변경에 관한 사항
10. 내부규정의 제정 및 개정·폐지에 관한 사항
(2012.1.26 본조신설)
제16조의3【진흥원의 임원】 ① 진흥원에는 원장 1명을 포함한 9명 이내의 이사와 감사 1명을 두고, 원장을 제외한 이사 및 감사는 비상임으로 하며, 원장은 이사회의 의장이 된다.
② 원장은 문화체육관광부장관이 임면(任免)한다.
③ 원장의 임기는 3년으로 한다.
④ 원장은 진흥원을 대표하고, 진흥원의 업무를 총괄한다.
⑤ 원장이 부득이한 사유로 직무를 수행할 수 없을 때에는 정관으로 정하는 순서에 따라 이사가 그 직무를 대행한다.
⑥ 「국가공무원법」 제33조 각 호의 어느 하나에 해당하는 사람은 제1항에 따른 진흥원의 임원이 될 수 없다.
(2012.1.26 본조신설)
제16조의4【진흥원의 직무】 진흥원은 다음 각 호의 직무를 수행한다.
1. 출판문화산업 진흥을 위한 정책 및 제도의 연구·조사·기획
2. 출판문화산업의 실태조사 및 통계 작성
3. 출판문화산업 관련 교육 및 전문 인력 양성 지원
4. 출판문화산업 발전을 위한 제작 활성화, 유통 선진화 및 지역서점 활성화 지원(2021.8.10 본호개정)
5. 양서 권장 및 독서 진흥 등 출판수요 진작을 위한 사업
6. 전자출판의 육성·지원
7. 출판문화산업 활성화를 위한 지원시설의 설치 등 기반 조성
8. 출판문화산업의 국외진출 지원
9. 간행물의 유해성 여부 심의(제18조에 따른 위원회 기능을 말한다)
10. 그 밖에 진흥원의 목적 수행을 위하여 필요한 사업
(2012.1.26 본조신설)
제17조【간행물윤리위원회의 설치 등】 ① 간행물의 윤리적·사회적 책임을 구현하고 간행물의 유해성 여부를 심의하기 위하여 진흥원에 간행물윤리위원회(이하 "위원회"라 한다)를 둔다.(2012.1.26 본항신설)
② 위원회는 위원장 1명과 부위원장 1명을 포함한 10명 이상 20명 이하의 위원으로 구성한다.
③ 위원회의 위원장 및 부위원장은 위원 중에서 호선(互選)한다.
④ 위원회의 위원은 예술, 언론, 교육, 문화, 법률, 청소년, 출판 및 인쇄 등에 관하여 학식과 경험이 풍부한 사람 중에서 문화체육관광부장관이 대통령령으로 정하는 바에 따라 관련 협회 또는 단체의 추천을 받아 위촉한다.
⑤ 위원회 위원의 임기는 3년으로 하되, 연임할 수 있다.
⑥ 그 밖에 위원회의 구성과 운영에 필요한 사항은 대통령령으로 정한다.(2012.1.26 본항신설)
(2012.1.26 본조제목개정)
(2009.3.25 본조개정)
제18조【위원회의 기능】 위원회는 다음 각 호의 기능을 수행한다.
1. 소설, 만화, 사진집 및 화보집과 그 밖에 대통령령으로 정하는 간행물의 유해성 심의
2. 제19조의3에 따른 간행물의 심의(2012.1.26 본호개정)
3. 「청소년 보호법」 제2조제2호사목·아목 및 자목에 따른 정기간행물의 유해성 심의(2011.9.15 본호개정)
4. (2012.1.26 삭제)
5. 다른 법령에서 규정한 사항
(2009.3.25 본조개정)
제19조【간행물의 유해성 심의】 ① 위원회는 간행물의 유해성을 심의한 결과 간행물이 다음 각 호의 어느 하나에 해당하면 유해간행물로 결정하여야 한다.
1. 자유민주주의 체제를 전면 부정하거나 체제 전복 활동을 고무(鼓舞)하거나 선동하여 국가의 안전이나 공공질서를 뚜렷이 해치는 것
2. 음란한 내용을 노골적으로 묘사하여 사회의 건전한 성도덕을 뚜렷이 해치는 것
3. 살인, 폭력, 전쟁, 마약 등 반사회적 또는 반인륜적 행위를 과도하게 묘사하거나 조장하여 인간의 존엄성과 건전한 사회질서를 뚜렷이 해치는 것
② 위원회는 제1항에 따른 심의 결과 간행물이 「청소년 보호법」 제9조제1항 각 호의 어느 하나에 해당하면 청소년유해간행물로 결정하고, 그 사실을 지체 없이 여성가족부에 통보하여야 한다.(2011.9.15 본항개정)
③ 위원회 위원장은 위원회의 심의 결과 간행물을 유해간행물로 결정하면 지체 없이 그 결정 사실을 그 간행물의 발행인·수입자 또는 세관장에게 알리고, 문화체육관광부장관에게 보고하여야 한다. 다만, 주소불명 등으로 수입자에게 통보가 불가능한 경우에는 해당 간행물의 유해간행물 결정사실을 위원회 홈페이지에 게시하여야 한다.(2012.1.26 본항개정)
④ 간행물의 유해성 심의기준에 따른 세부 심의기준에 관하여 필요한 사항은 대통령령으로 정한다.
(2009.3.25 본조개정)
제19조의2【고시 및 통보 등】 ① 문화체육관광부장관은 제19조제3항에 따라 위원회 위원장이 보고한 결정 사실에 따라 지체 없이 해당 간행물을 유해간행물로 고시하여야 한다.
② 문화체육관광부장관은 제1항에 따라 유해간행물을 고시할 때에는 그 사유와 효력 발생시기를 구체적으로 밝혀야 한다.
③ 문화체육관광부장관은 제1항에 따라 유해간행물을 고시하였을 때에는 그 고시 사항을 시·도지사 및 시장·군수·구청장에게 통보하여야 한다.
④ 문화체육관광부장관은 필요하면 간행물의 유통을 업으로 하는 개인·법인·단체에도 제1항의 고시 사항을 알릴 수 있다.
⑤ 제1항에 따른 고시에 필요한 사항은 문화체육관광부령으로 정한다.
(2009.3.25 본조개정)
제19조의3【의견문의】 ① 제1호에 해당하는 간행물의 발행인 및 제1호·제2호에 해당하는 외국간행물을 수입하는 자는 그 간행물이 유해간행물 또는 「청소년 보호법」에 따른 청소년유해간행물에 해당되는지를 알 수 없으면 이를 미리 확인하기 위하여 위원회에 문의할 수 있다.
1. 소설, 만화, 사진집, 화보집 및 잡지와 그 밖에 대통령령으로 정하는 간행물
2. 북한이나 반국가단체가 출판한 간행물(「남북교류협력에 관한 법률」에 따라 북한으로부터 들여오는 간행물은 제외한다)(2023.8.8 본호개정)
② 세관장은 수입되는 외국간행물 중 제1항제1호 또는 제2호에 해당하는 간행물이 유해간행물에 해당되는지에 관하여 의문이 있으면 그 외국간행물을 통관시키기 전에 위원회에 문의할 수 있다.
③ 위원회 위원장이 제1항 또는 제2항에 따른 문의를 받은 때에는 문의를 한 자에게 그 의견을 통보하여야 한다. 다만, 문의 간행물이 다음 각 호의 어느 하나에 해당하면 위원회의 심의를 거쳐 결과를 통보하여야 한다.
1. 「청소년 보호법」에 따른 청소년유해간행물에 해당할 우려가 있는 간행물
2. 유해간행물에 해당할 우려가 있는 간행물
④ 제1항부터 제3항까지의 문의 및 심의 절차 등에 관하여 필요한 사항은 문화체육관광부령으로 정한다.
(2012.1.26 본조신설)
제20조【소위원회】 ① 위원회의 심의를 효율적이고 전문적으로 수행하기 위하여 필요한 경우에는 분야별로 소위원회를 둘 수 있다.
② 제1항에 따른 분야별 소위원회의 구성 및 운영에 필요한 사항은 대통령령으로 정한다.
(2012.1.26 본조개정)
제20조의2 (2016.2.3 삭제)
제21조【경비 보조】 정부는 예산의 범위에서 진흥원의 운영 또는 사업에 필요한 경비를 보조할 수 있다.
(2016.2.3 본조개정)
제21조의2【감독】 문화체육관광부장관은 출판문화산업 진흥을 위하여 필요하면 진흥원의 업무·회계 및 재산에 관한 사항을 보고하게 하거나 소속 공무원에게 검사하게 할 수 있다.(2016.2.3 본조개정)

제6장 간행물의 유통 등
(2009.3.25 본장개정)

제22조【간행물 정가 표시 및 판매】 ① 출판사가 판매를 목적으로 간행물을 발행할 때에는 소비자에게 판매하는 가격(이하 "정가"라 한다)을 정하여 대통령령으로 정하는 바에 따라 해당 간행물에 표시하여야 한다.
(2014.5.20 후단삭제)
② 발행일부터 12개월이 지난 간행물은 대통령령으로 정하는 바에 따라 정가(定價)를 변경할 수 있다. 이 경우 정가표시는 제1항을 준용한다.(2021.8.10 전단개정)
③ 제1항 및 제2항에도 불구하고 전자출판물의 경우에는 출판사가 정가를 서지정보에 명확하게 적고 전자출판물을 판매하는 자는 출판사가 서지정보에 명확하게 적은 정가를 구매자가 식별할 수 있도록 판매사이트에 표시하여야 한다.(2023.8.8 본항개정)
④ 간행물을 판매하는 자는 이를 정가대로 판매하여야 한다.(2014.5.20 본항개정)
⑤ 제4항에도 불구하고 간행물을 판매하는 자는 독서 진흥과 소비자 보호를 위하여 정가의 15퍼센트 이내에서 가격할인과 경제상의 이익을 자유롭게 조합하여 판매할 수 있다. 이 경우 가격할인은 10퍼센트 이내로 하여야 한다.(2014.5.20 본항신설)
⑥ 제5항에도 불구하고 국가, 지방자치단체, 「공공기관의 운영에 관한 법률」에 따른 공공기관 및 「도서관법」 제4조제2항제1호에 따른 공공도서관에 간행물을 판매하는 자는 정가의 10퍼센트 이내의 가격할인만 제공할 수 있다.
(2021.12.7 본항개정)
⑦ 다음 각 호의 어느 하나에 해당하는 간행물에 대하여는 제4항 및 제5항을 적용하지 아니한다.(2014.5.20 본문개정)
1. (2014.5.20 삭제)
2. 사회복지시설에 판매하는 간행물(2014.5.20 본호개정)
3. 저작권자에게 판매하는 간행물
4. (2014.5.20 삭제)
5. 그 밖에 대통령령으로 정하는 간행물
⑧ 제5항에서 "경제상의 이익"이란 간행물의 거래에 부수하여 소비자에게 제공되는 다음 각 호의 어느 하나에 해당하는 것을 말한다.
1. 물품
2. 마일리지(판매가의 일정 비율에 해당하는 점수 등을 말한다)
3. 할인권
4. 상품권
5. 제1호부터 제4호까지에서 규정한 것 외에 소비자가 일반적으로 대가를 지급하지 아니하고는 취득할 수 없는 것이라고 인정되는 것(2023.8.8 본호개정)
(2014.5.20 본항신설)
제23조【간행물의 유통질서】 ① 간행물의 유통질서를 유지하기 위하여 간행물의 저자, 출판 및 유통에 관련된 자로서 다음 각 호에 해당하는 자는 다음 각 호의 행위를 하여서는 아니 된다.(2014.1.28 본문개정)
1. 간행물의 저자 또는 출판사의 대표자나 대리인, 사용인, 그 밖의 종업원이 간행물의 판매량을 올릴 목적으로 그 간행물을 부당하게 구입하거나 그 간행물의 저자 또는 그 출판사와 관련된 자에게 그 간행물을 부당하게 구입하게 하는 행위
2. 서점 등 소매상이 간행물의 저자 또는 출판사의 대표자 등이 제1호의 행위를 하는 사실을 알면서도 그 간행물의 판매량을 공개적으로 발표하는 행위
(2014.1.28 1호~2호개정)

3. 그 밖에 간행물의 유통질서를 유지하기 위하여 문화체육관광부령으로 정하는 사항을 위반하는 행위
② 문화체육관광부장관 또는 시·도지사는 출판된 간행물의 건전한 유통질서를 확립하기 위하여 필요하다고 인정하면 출판사, 인쇄사, 출판된 간행물의 유통에 관련된 사업자, 그 밖에 대통령령으로 정하는 자에 대하여 다음 각 호의 조치를 할 수 있다.(2014.1.28 본문개정)
1. 업무에 관한 보고명령(2014.1.28 본호신설)
2. 간행물의 발행·인쇄 내역, 납품·출고 내역, 거래·판매 내역 등 출판 및 유통 관련 자료와 그 밖에 간행물 유통질서 유지를 위하여 필요한 자료의 제출명령(2019.12.3 본호개정)
3. 간행물의 도서판매집계 제외명령
4. 소속 공무원의 현장출입 또는 서류검사
5. 그 밖에 간행물의 건전한 유통질서를 확립하기 위하여 필요한 조치로서 대통령령으로 정하는 조치
(2014.1.28 3호~5호신설)
③ 문화체육관광부장관은 제2항에 따른 업무를 대통령령으로 정하는 법인 또는 단체에 위탁할 수 있다. 이 경우 위탁받은 업무를 수행하는 사람은 공무원으로 본다.
(2014.1.28 본항신설)
④ 제2항제4호에 따라 현장출입 또는 서류검사를 하는 사람은 그 권한을 표시하는 증표를 지니고 이를 관계인에게 내보여야 한다.(2014.1.28 본항신설)
제24조 (2009.3.25 삭제)
제25조【불법복제간행물등의 수거·폐기 등】 ① 문화체육관광부장관, 시·도지사, 시장·군수·구청장은 소속 관계 공무원(이하 "관계공무원"이라 한다)이 다음 각 호의 어느 하나에 해당하는 간행물(이하 "불법복제간행물등"이라 한다)을 발견하였을 때에는 그 불법복제간행물등을 배포한 자에 대하여 그 불법복제간행물등을 즉시 수거하거나 폐기할 것을 명하게 할 수 있다. 이 경우 수거 또는 폐기 명령을 받은 자가 즉시 그 명령을 이행하지 아니하면 관계공무원이 직접 불법복제간행물등을 수거하거나 폐기하게 할 수 있다.
1. 「저작권법」에 따른 저작권자 또는 출판권자의 동의나 그 밖에 정당한 권리 없이 불법복제한 간행물
2. 유해간행물
② 관계공무원은 제1항에 따른 업무를 하기 위하여 필요하면 불법복제간행물등을 배포하는 자의 영업장소에 출입하거나 검사·질문을 할 수 있다.
③ 제1항 각 호 외의 부분 후단에 따라 관계공무원이 직접 불법복제간행물등을 수거 또는 폐기한 때에는 즉시 그 사실의 확인서를 불법복제간행물등의 배포자에게 내주어야 한다.
④ 제1항에 따라 불법복제간행물등에 대한 수거 또는 폐기 명령이나 수거 또는 폐기 조치를 하는 관계공무원은 그 권한을 표시하는 증표를 지니고 이를 관계인에게 보여주어야 한다.
⑤ 문화체육관광부장관, 시·도지사, 시장·군수·구청장은 제1항 각 호 외의 부분 후단에 따라 관계공무원이 직접 수거·폐기를 할 때 필요하면 대통령령으로 정하는 법인 또는 단체에 협조를 요청할 수 있다.
제25조의2【포상금】 ① 문화체육관광부장관은 제23조제1항제1호의 행위를 한 자를 관계 행정기관 또는 수사기관에 신고하거나 고발한 자에 대하여 예산의 범위에서 포상금을 지급할 수 있다.
② 제1항에 따른 포상금 지급의 기준·방법 및 절차 등에 필요한 사항은 대통령령으로 정한다.
(2014.1.28 본조신설)
제26조【권한의 위임·위탁】 이 법에 따른 문화체육관광부장관의 권한은 그 일부를 대통령령으로 정하는 바에 따라 시·도지사에게 위임하거나 진흥원 또는 관련 법인이나 단체에 위탁할 수 있다.(2012.1.26 본조개정)
제27조【벌칙 적용 시의 공무원 의제】 다음 각 호의 사람은 「형법」 제129조부터 제132조까지 및 「특정범죄가중처벌 등에 관한 법률」 제2조를 적용할 때에는 공무원으로 본다.
1. 위원회 위원 및 심의 업무에 종사하는 직원(2012.1.26 본호개정)
2. 제20조에 따른 소위원회 위원(2012.1.26 본호개정)
3. 제26조에 따라 위탁한 업무에 종사하는 법인 또는 단체의 임직원
제27조의2【규제의 재검토】 문화체육관광부장관은 제22조에 따른 간행물의 정가표시 및 판매(할인율을 포함한다) 제도에 관하여는 3년마다 그 타당성을 검토하여 폐지, 강화·완화 또는 유지 등의 조치를 하여야 한다.
(2021.8.10 본조개정)

제7장 벌 칙
(2009.3.25 본장개정)

제27조의3【벌칙】 제23조제1항제1호의 금지행위를 한 자는 2년 이하의 징역 또는 2천만원 이하의 벌금에 처한다.(2014.1.28 본조신설)
제27조의4【양벌규정】 법인의 대표자나 법인 또는 개인의 대리인, 사용인, 그 밖의 종업원이 그 법인 또는 개인의 업무에 관하여 제27조의3의 위반행위를 하면 그 행위자를 벌하는 외에 그 법인 또는 개인에게도 해당 조문의 벌금형을 과(科)한다. 다만, 법인 또는 개인이 그 위반행위를 방지하기 위하여 해당 업무에 관하여 상당한 주의와 감독을 게을리하지 아니한 경우에는 그러하지 아니하다.(2014.5.20 본문개정)
제28조【과태료】 ① 다음 각 호의 어느 하나에 해당하는 자에게는 500만원 이하의 과태료를 부과한다.
1. 제22조제1항 또는 제2항을 위반하여 정가를 간행물에 표시하지 아니한 자 또는 같은 조 제3항을 위반하여 정가를 서지정보에 명확하게 적지 아니하거나 판매사이트에 표시하지 아니한 자(2023.8.8 본호개정)
2. 제22조제4항·제5항 또는 제6항을 위반하여 간행물을 판매한 자
② 다음 각 호의 어느 하나에 해당하는 자에게는 300만원 이하의 과태료를 부과한다.
1. 제9조제1항을 위반하여 신고를 하지 아니하고 출판사의 영업행위를 한 자
2. 제23조제1항제2호 또는 제3호를 위반하여 금지행위를 한 자 또는 같은 조 제2항에 따른 유통과 관련한 명령을 이행하지 아니한 자
3. 제25조제1항 전단에 따른 불법복제간행물등의 수거 또는 폐기 명령을 이행하지 아니한 자
(2021.8.10 본항신설)
③ 제1항 및 제2항에 따른 과태료는 대통령령으로 정하는 바에 따라 문화체육관광부장관이 부과·징수한다. 다만, 제1항제1호·제2호 및 제2항제1호에 따른 과태료는 관할 시장등이 부과·징수하고, 제2항제3호에 따른 과태료는 문화체육관광부장관, 시·도지사 또는 시장·군수·구청장이 부과·징수한다.
(2021.8.10 본조개정)

부 칙

제1조【시행일】 이 법은 공포후 6월이 경과한 날부터 시행한다.
제2조 (2007.7.19 삭제)
제3조【다른 법률의 폐지 등】 ① 출판사및인쇄소의등록에관한법률은 이를 폐지한다.
② 외국간행물수입배포에관한법률은 이를 폐지한다.
③ (생략)
제4조【출판사 및 인쇄사의 신고에 관한 경과조치】 이 법 시행 당시 종전의 규정에 의하여 등록한 출판사 또는 인쇄소는 이 법에 의한 출판사 또는 인쇄사로 신고한 것으로 본다.
제5조【간행물의 수입추천행위 등에 관한 경과조치】 ① 이 법 시행 당시 종전의 규정에 의한 문화관광부장관의 수입추천행위 또는 문화관광부장관에 대한 수입추천신청 등의 행위는 이 법에 의한 문화관광부장관의 행위 또는 문화관광부장관에 대한 행위로 본다.
② 이 법 시행 당시 종전의 규정에 의하여 문화관광부장관에게 외국간행물의 수입추천 신청을 한 경우에는 종전의 규정에 의한다.
제6조【한국간행물윤리위원회의 설치 등에 관한 경과조치】 ① 이 법 시행 당시 청소년보호법 제45조의 규정에 의하여 설치한 한국간행물윤리위원회(이하 이 조에서 "종전위원회"라 한다)는 이를 제16조의 규정에 의한 한국간행물윤리위원회(이하 이 조에서 "신설위원회"라 한다)로 본다.
② 이 법 시행 당시 재임 중인 종전위원회의 위원 및 임원은 이 법에 의한 신설위원회의 위원 및 임원으로 위촉 또는 임명된 것으로 보고, 위원 및 임원의 임기는 종전의 임기 개시일부터 기산하며, 종전위원회의 위원장 및 부위원장은 이 법에 의하여 신설위원회의 위원장 및 부위원장으로 호선된 것으로 본다.
③ 이 법 시행전에 종전의 청소년보호법 제45조의 규정에 의하여 종전위원회가 행한 심의행위 또는 종전위원회에 대한 심의신청 등의 행위는 이를 이 법에 의한 신설위원회의 행위 또는 신설위원회에 대한 행위로 본다.
제7조【벌칙에 관한 경과조치】 이 법 시행전의 행위에 대한 벌칙의 적용에 있어서는 종전의 규정에 의한다.
제8조【다른 법률과의 관계】 이 법 시행 당시 다른 법률에서 종전의 출판사및인쇄소의등록에관한법률 또는 외국간행물수입배포에관한법률이나 그 규정을 인용하고 있는 경우 이 법 또는 이 법중 그에 해당하는 규정이 있는 때에는 종전의 법 또는 그 규정에 갈음하여 이 법 또는 이 법중 그에 해당하는 규정을 인용한 것으로 본다.

부 칙 (2007.7.19)

제1조【시행일】 이 법은 공포 후 6개월이 경과한 날부터 시행한다. 다만, 제22조제2항·제3항, 제28조제1항제5호 및 법률 제6721호 출판및인쇄진흥법 부칙 제2조의 개정규정은 공포 후 3개월이 경과한 날부터 시행한다.
제2조【출판사 신고에 관한 경과조치】 이 법 시행 당시 종전의 「출판 및 인쇄진흥법」에 따라 신고한 출판사는 이 법에 따른 출판사로 신고한 것으로 본다.
제3조【한국간행물윤리위원회 및 출판유통심의위원회에 대한 경과조치】 ① 이 법 시행 당시 종전의 「출판 및 인쇄진흥법」 제16조 및 제24조에 따라 설치된 한국간행물윤리위원회 및 출판유통심의위원회는 각각 이 법에 따라 설립된 것으로 본다.
② 이 법 시행 당시 재임 중인 한국간행물윤리위원회 및 출판유통심의위원회의 위원은 이 법에 따라 위촉된 것으로 보되, 그 임기는 종전의 「출판 및 인쇄진흥법」에 따라 위촉된 날부터 기산한다.
제4조【출판·인쇄문화산업진흥계획에 관한 경과조치】 이 법 시행 당시 종전의 「출판 및 인쇄진흥법」 제4조에 따라 수립된 출판·인쇄문화산업진흥계획 중 출판과 관련된 부분은 이 법에 따라 수립된 출판문화산업진흥계획으로 본다.
제5조【다른 법률의 개정】 ※(해당 법령에 가제정리 하였음)
제6조【다른 법률과의 관계】 이 법 시행 당시 다른 법령에서 종전의 「출판 및 인쇄진흥법」이나 그 규정을 인용하고 있는 경우에 이 법 중 그에 해당하는 규정이 있는 때에는 종전의 규정에 갈음하여 이 법 또는 이 법의 해당 조항을 인용한 것으로 본다.

부 칙 (2010.3.17)

제1조【시행일】 이 법은 공포 후 3개월이 경과한 날부터 시행한다.
제2조【한국문학번역원에 관한 경과조치】 이 법 시행 당시 종전의 「문화예술진흥법」 제38조에 따라 설립된 한국문학번역원은 제20조의2의 개정규정에 따라 설립된 한국문학번역원으로 본다.
제3조【다른 법률의 개정】 ※(해당 법령에 가제정리 하였음)

부 칙 (2014.1.28)

제1조【시행일】 이 법은 공포 후 6개월이 경과한 날부터 시행한다.
제2조【포상금 지급에 관한 적용례】 제25조의2의 개정규정은 이 법 시행 후 최초로 위반행위를 신고한 자부터 적용한다.
제3조【과태료에 관한 경과조치】 이 법 시행 전의 행위에 대하여 과태료 규정을 적용할 때에는 종전의 규정에 따른다.

부 칙 (2015.5.18)

제1조【시행일】 이 법은 공포 후 6개월이 경과한 날부터 시행한다.
제2조【신고사항 직권 말소에 관한 적용례】 제11조의 개정규정은 이 법 시행 후 최초로 「부가가치세법」 제8조에 따라 관할 세무서장에게 폐업신고를 하거나 관할 세무서장이 사업자등록을 말소한 경우부터 적용한다.

부 칙 (2017.3.21)

제1조【시행일】 이 법은 공포 후 1개월이 경과한 날부터 시행한다.
제2조【출판업 신고 등에 관한 적용례】 제9조제2항 및 제3항의 개정규정은 이 법 시행 이후 신고 또는 변경신고를 하는 경우부터 적용한다.

부 칙 (2018.12.24)

이 법은 공포 후 6개월이 경과한 날부터 시행한다.

부 칙 (2019.12.3)

이 법은 공포 후 3개월이 경과한 날부터 시행한다.

부 칙 (2021.8.10)

이 법은 공포 후 6개월이 경과한 날부터 시행한다.

부 칙 (2021.12.7)

제1조【시행일】 이 법은 공포 후 1년이 경과한 날부터 시행한다.(이하 생략)

부 칙 (2023.8.8 법19592호)

이 법은 공포한 날부터 시행한다.

부 칙 (2023.8.8 법19599호)

이 법은 공포 후 6개월이 경과한 날부터 시행한다.

언론중재 및 피해구제 등에 관한 법률(약칭 : 언론중재법)

(2005년 1월 27일 법 률 제7370호)

개정
2008. 2.29법 8852호(정부조직)
2009. 2. 6법 9425호
2010. 3.22법10165호(방송통신발전기본법)
2011. 4.14법10587호 2018.12.24법16060호
2023. 8. 8법19592호(법률용어정비)

제1장 총 칙

(2011.4.14 본장개정)

제1조【목적】 이 법은 언론사 등의 언론보도 또는 그 매개(媒介)로 인하여 침해되는 명예 또는 권리나 그 밖의 법익(法益)에 관한 다툼이 있는 경우 이를 조정하고 중재하는 등의 실효성 있는 구제제도를 확립함으로써 언론의 자유와 공적(公的) 책임을 조화함을 목적으로 한다.

제2조【정의】 이 법에서 사용하는 용어의 뜻은 다음과 같다.

1. "언론"이란 방송, 신문, 잡지 등 정기간행물, 뉴스통신 및 인터넷신문을 말한다.
2. "방송"이란 「방송법」 제2조제1호에 따른 텔레비전방송, 라디오방송, 데이터방송 및 이동멀티미디어방송을 말한다.
3. "방송사업자"란 「방송법」 제2조제3호에 따른 지상파방송사업자, 종합유선방송사업자, 위성방송사업자 및 방송채널사용사업자를 말한다.
4. "신문"이란 「신문 등의 진흥에 관한 법률」 제2조제1호에 따른 신문을 말한다.
5. "신문사업자"란 「신문 등의 진흥에 관한 법률」 제2조제3호에 따른 신문사업자를 말한다.
6. "잡지 등 정기간행물"이란 「잡지 등 정기간행물의 진흥에 관한 법률」 제2조제1호가목 및 라목에 따른 잡지 및 기타간행물을 말한다.
7. "잡지 등 정기간행물사업자"란 「잡지 등 정기간행물의 진흥에 관한 법률」 제2조제2호에 따른 정기간행물사업자 중 잡지 및 기타간행물을 발행하는 자를 말한다.
8. "뉴스통신"이란 「뉴스통신 진흥에 관한 법률」 제2조제1호에 따른 뉴스통신을 말한다.
9. "뉴스통신사업자"란 「뉴스통신 진흥에 관한 법률」 제2조제3호에 따른 뉴스통신사업자를 말한다.
10. "인터넷신문"이란 「신문 등의 진흥에 관한 법률」 제2조제2호에 따른 인터넷신문을 말한다.
11. "인터넷신문사업자"란 「신문 등의 진흥에 관한 법률」 제2조제4호에 따른 인터넷신문사업자를 말한다.
12. "언론사"란 방송사업자, 신문사업자, 잡지 등 정기간행물사업자, 뉴스통신사업자 및 인터넷신문사업자를 말한다.
13. "언론사등의 대표자"란 제14조제1항에 따른 언론사등의 경영에 관하여 법률상 대표권이 있는 자 또는 그와 같은 지위에 있는 자를 말한다. 다만, 외국 신문 또는 외국 잡지 등 정기간행물로서 국내에 지사 또는 지국이 있는 경우에는 「신문 등의 진흥에 관한 법률」 제28조에 따라 등록을 한 자 또는 「잡지 등 정기간행물의 진흥에 관한 법률」 제29조에 따라 등록을 한 자를 말한다.
14. "사실적 주장"이란 증거에 의하여 그 존재 여부를 판단할 수 있는 사실관계에 관한 주장을 말한다.
15. "언론보도"란 언론의 사실적 주장에 관한 보도를 말한다.
16. "정정보도"란 언론의 보도 내용의 전부 또는 일부가 진실하지 아니한 경우 이를 진실에 부합되게 고쳐서 보도하는 것을 말한다.
17. "반론보도"란 언론의 보도 내용의 진실 여부와 관계없이 그와 대립되는 반박적 주장을 보도하는 것을 말한다. (2023.8.8 본호개정)
18. "인터넷뉴스서비스"란 언론의 기사를 인터넷을 통하여 계속적으로 제공하거나 매개하는 전자간행물을 말한다. 다만, 인터넷신문 및 인터넷 멀티미디어 방송, 그 밖에 대통령령으로 정하는 것은 제외한다.
19. "인터넷뉴스서비스사업자"란 제18호에 따른 전자간행물을 경영하는 자를 말한다.
20. "인터넷 멀티미디어 방송"이란 「인터넷 멀티미디어 방송사업법」 제2조제1호에 따른 인터넷 멀티미디어 방송을 말한다.
21. "인터넷 멀티미디어 방송사업자"란 「인터넷 멀티미디어 방송사업법」 제2조제5호에 따른 인터넷 멀티미디어 방송사업자를 말한다.

제3조【언론의 자유와 독립】 ① 언론의 자유와 독립은 보장된다.
② 누구든지 언론의 자유와 독립에 관하여 어떠한 규제나 간섭을 할 수 없다.
③ 언론은 정보원(情報源)에 대하여 자유로이 접근할 권리와 그 취재한 정보를 자유로이 공표할 자유를 갖는다.
④ 제1항부터 제3항까지의 자유와 권리는 헌법과 법률에 의하지 아니하고는 제한받지 아니한다.

제4조【언론의 사회적 책임 등】 ① 언론의 보도는 공정하고 객관적이어야 하고, 국민의 알권리와 표현의 자유를 보호·신장하여야 한다.
② 언론은 인간의 존엄과 가치를 존중하여야 하고, 타인의 명예를 훼손하거나 타인의 권리나 공중도덕 또는 사회윤리를 침해하여서는 아니 된다.
③ 언론은 공적인 관심사에 대하여 공익을 대변하며, 취재·보도·논평 또는 그 밖의 방법으로 민주적 여론형성에 이바지함으로써 그 공적 임무를 수행한다.

제5조【언론등에 의한 피해구제의 원칙】 ① 언론, 인터넷뉴스서비스 및 인터넷 멀티미디어 방송(이하 "언론등"이라 한다)은 타인의 생명, 자유, 신체, 건강, 명예, 사생활의 비밀과 자유, 초상(肖像), 성명, 음성, 대화, 저작물 및 사적(私的) 문서, 그 밖의 인격적 가치 등에 관한 권리(이하 "인격권"이라 한다)를 침해하여서는 아니 되며, 언론등이 타인의 인격권을 침해한 경우에는 이 법에서 정한 절차에 따라 그 피해를 신속하게 구제하여야 한다.
② 인격권 침해가 사회상규(社會常規)에 반하지 아니하는 한도에서 다음 각 호의 어느 하나에 해당하는 경우에는 법률에 특별한 규정이 없으면 언론등은 그 보도 내용과 관련하여 책임을 지지 아니한다.
1. 피해자의 동의를 받아 이루어진 경우
2. 언론등의 보도가 공공의 이익에 관한 것으로서, 진실한 것이거나 진실하다고 믿는 데에 정당한 사유가 있는 경우

제5조의2【사망자의 인격권 보호】 ① 제5조제1항의 타인에는 사망한 사람을 포함한다.
② 사망한 사람의 인격권을 침해하였거나 침해할 우려가 있는 경우에는 이에 따른 구제절차를 유족이 수행한다.
③ 제2항의 유족은 다른 법률에 특별한 규정이 없으면 사망한 사람의 배우자와 직계비속으로 한정하되, 배우자와 직계비속이 모두 없는 경우에는 직계존속이, 직계존속도 없는 경우에는 형제자매가 그 유족이 되며, 같은 순위의 유족이 2명 이상 있는 경우에는 각자가 단독으로 청구권을 행사한다.
④ 사망한 사람에 대한 인격권 침해에 대한 동의는 제3항에 따른 같은 순위의 유족 전원이 하여야 한다.
⑤ 다른 법률에 특별한 규정이 없으면 사망 후 30년이 지났을 때에는 제2항에 따른 구제절차를 수행할 수 없다.

제6조【고충처리인】 ① 종합편성 또는 보도에 관한 전문편성을 하는 방송사업자, 일반일간신문(「신문 등의 진흥에 관한 법률」 제2조제1호가목에 따른 일반일간신문을 말한다)을 발행하는 신문사업자 및 뉴스통신사업자는 사내(社內)에 언론피해의 자율적 예방 및 구제를 위한 고충처리인을 두어야 한다.
② 고충처리인의 권한과 직무는 다음 각 호와 같다.
1. 언론의 침해행위에 대한 조사
2. 사실이 아니거나 타인의 명예, 그 밖의 법익을 침해하는 언론보도에 대한 시정권고
3. 구제가 필요한 피해자의 고충에 대한 정정보도, 반론보도 또는 손해배상의 권고
4. 그 밖에 독자나 시청자의 권익보호와 침해구제에 관한 자문
③ 제1항에 규정된 언론사는 고충처리인의 자율적 활동을 보장하여야 하고, 정당한 사유가 없으면 고충처리인의 권고를 받아들이도록 노력하여야 한다.
④ 제1항에 규정된 언론사는 취재 및 편집 또는 제작 종사자의 의견을 들어 고충처리인의 자격, 지위, 신분, 임기 및 보수 등에 관한 사항을 정하고, 이를 공표하여야 한다. 이를 변경할 때에도 또한 같다.
⑤ 제1항에 규정된 언론사는 고충처리인의 의견을 들어 고충처리인의 활동사항을 매년 공표하여야 한다.

제2장 언론중재위원회

(2011.4.14 본장개정)

제7조【언론중재위원회의 설치】 ① 언론등의 보도 또는 매개(이하 "언론보도등"이라 한다)로 인한 분쟁의 조정·중재 및 침해사항을 심의하기 위하여 언론중재위원회(이하 "중재위원회"라 한다)를 둔다.
② 중재위원회는 다음 각 호의 사항을 심의한다.
1. 중재부의 구성에 관한 사항
2. 중재위원회규칙의 제정·개정 및 폐지에 관한 사항
3. 제11조제2항에 따른 사무총장의 임명 동의
4. 제32조에 따른 시정권고의 결정 및 그 취소결정
5. 그 밖에 중재위원회 위원장이 회의에 부치는 사항
③ 중재위원회는 40명 이상 90명 이내의 중재위원으로 구성하며, 중재위원은 다음 각 호의 사람 중에서 문화체육관광부장관이 위촉한다. 이 경우 제1호부터 제3호까지의 위원은 각각 중재위원 정수의 5분의 1 이상이 되어야 한다.
1. 법관의 자격이 있는 사람 중에서 법원행정처장이 추천한 사람
2. 변호사의 자격이 있는 사람 중에서 「변호사법」 제78조에 따른 대한변호사협회의 장이 추천한 사람
3. 언론사의 취재·보도 업무에 10년 이상 종사한 사람
4. 그 밖에 언론에 관하여 학식과 경험이 풍부한 사람
④ 중재위원회에 위원장 1명과 2명 이내의 부위원장 및 2명 이내의 감사를 두며, 각각 중재위원 중에서 호선(互選)한다.
⑤ 위원장·부위원장·감사 및 중재위원의 임기는 각각 3년으로 하며, 한 차례만 연임할 수 있다.
⑥ 위원장은 중재위원회를 대표하고 중재위원회의 업무를 총괄한다.
⑦ 부위원장은 위원장을 보좌하며, 위원장이 부득이한 사유로 직무를 수행할 수 없을 때에는 중재위원회규칙으로 정하는 바에 따라 그 직무를 대행한다.
⑧ 감사는 중재위원회의 업무 및 회계를 감사한다.
⑨ 중재위원회의 회의는 재적위원 과반수의 출석과 출석위원 과반수의 찬성으로 의결한다.
⑩ 중재위원은 명예직으로 한다. 다만, 대통령령으로 정하는 바에 따라 수당과 실비보상을 받을 수 있다.
⑪ 중재위원회의 구성·조직 및 운영에 필요한 사항은 중재위원회규칙으로 정한다.

제8조【중재위원의 직무상 독립과 결격사유】 ① 중재위원은 법률과 양심에 따라 독립하여 직무를 수행하며, 직무상 어떠한 지시나 간섭도 받지 아니한다.
② 다음 각 호의 어느 하나에 해당하는 사람은 중재위원이 될 수 없다.
1. 「국가공무원법」 제2조 및 「지방공무원법」 제2조에 따른 공무원(법관의 자격이 있는 사람과 교육공무원은 제외한다)
2. 「정당법」에 따른 정당의 당원
3. 「공직선거법」에 따라 실시되는 선거에 후보자로 등록한 사람
4. 언론사의 대표자와 그 임직원(2018.12.24 본호개정)
5. 「국가공무원법」 제33조 각 호의 어느 하나에 해당하는 사람
③ 중재위원이 제2항 각 호의 어느 하나에 해당하게 된 때에는 당연히 그 직(職)에서 해촉(解囑)된다.

제9조【중재부】 ① 중재는 5명 이내의 중재위원으로 구성된 중재부에서 하며, 중재부의 장은 법관 또는 변호사의 자격이 있는 중재위원 중에서 중재위원회 위원장이 지명한다.
② 중재부는 중재부의 장을 포함한 과반수의 출석과 출석위원 과반수의 찬성으로 의결한다.

제10조【중재위원의 제척 등】 ① 중재위원회의 위원이 다음 각 호의 어느 하나에 해당하는 경우에는 그 직무의 집행에서 제척(除斥)된다.
1. 중재위원 또는 그 배우자나 배우자였던 사람이 해당 분쟁사건(이하 "사건"이라 한다)의 당사자가 되는 경우
2. 중재위원이 해당 사건의 당사자와 친족관계이거나 친족관계였던 경우
3. 중재위원이 해당 사건에 관하여 당사자의 대리인으로서 관여하거나 관여하였던 경우
4. 중재위원이 해당 사건의 원인인 보도 등에 관여한 경우
② 사건을 담당한 중재위원에게 제척의 원인이 있을 때에는 그 중재위원이 속한 중재부는 직권으로 또는 당사자의 신청을 받아 제척의 결정을 한다.
③ 당사자는 사건을 담당한 중재위원에게 공정한 직무집행을 기대하기 어려운 사정이 있는 경우에는 사건을 담당한 중재부에 기피신청을 할 수 있다.
④ 기피신청에 관한 결정은 중재위원회 위원장이 지명하는 중재부가 하고, 해당 중재위원 및 당사자 양쪽은 그 결정에 불복하지 못한다.
⑤ 중재위원은 제1항 또는 제3항의 사유에 해당하는 경우에는 해당 사건의 직무집행에서 회피하여야 한다. 이 경우 중재부의 허가를 필요로 하지 아니한다.
⑥ 제3항에 따른 기피신청이 있으면 해당 중재위원이 속한 중재부는 그 신청에 대한 결정이 있을 때까지 조정 또는 중재 절차를 중지하여야 한다.
⑦ 조정 또는 중재 절차에 관여하는 직원에 대하여는 제1항부터 제6항까지의 규정을 준용한다.
⑧ 제척·기피 또는 회피에 따라 중재부에 중재위원의 결원이 생긴 경우에는 중재위원회 위원장이 중재위원을 지명하여 그 중재부를 보충한다.

제11조【사무처】 ① 중재위원회의 사무를 지원하고, 피해구제제도에 관한 조사·연구 등을 하기 위하여 중재위원회에 사무처를 둔다.
② 사무처에 사무총장 1명을 두며, 사무총장은 중재위원회 위원장이 중재위원회의 동의를 받아 임명하고, 그 임기는 3년으로 한다.
③ (2009.2.6 삭제)
④ 사무처의 조직·운영에 관한 사항과 그 직원의 보수, 그 밖에 필요한 사항은 중재위원회규칙으로 정한다.

제11조의2【중재위원회의 활동 보고】 중재위원회는 매년 그 활동 결과를 다음 연도 2월 말까지 국회에 보고하여야 하며, 국회는 필요한 경우 중재위원회 위원장 또는 사무총장의 출석을 요구하여 그 의견을 들을 수 있다.

제12조【중재위원회의 운영 재원】 중재위원회의 운영 재원(財源)은 「방송통신발전 기본법」 제24조에 따른 방송통신발전기금으로 하되, 국가는 예산의 범위에서 중재위원회에 보조금을 지급할 수 있다.

제13조【벌칙 적용 시의 공무원 의제】 중재위원 및 직원은 「형법」이나 그 밖의 법률에 따른 벌칙을 적용할 때에는 공무원으로 본다.

제3장 침해에 대한 구제

(2011.4.14 본장개정)

제1절 언론사등에 대한 정정보도 청구 등

제14조【정정보도 청구의 요건】 ① 사실적 주장에 관한

언론보도등이 진실하지 아니함으로 인하여 피해를 입은 자(이하 "피해자"라 한다)는 해당 언론보도등이 있음을 안 날부터 3개월 이내에 언론사, 인터넷뉴스서비스사업자 및 인터넷 멀티미디어 방송사업자(이하 "언론사등"이라 한다)에게 그 언론보도등의 내용에 관한 정정보도를 청구할 수 있다. 다만, 해당 언론보도등이 있은 후 6개월이 지났을 때에는 그러하지 아니하다.
② 제1항의 청구에는 언론사등의 고의·과실이나 위법성을 필요로 하지 아니한다.
③ 국가·지방자치단체, 기관 또는 단체의 장은 해당 업무에 대하여 그 기관 또는 단체를 대표하여 정정보도를 청구할 수 있다.
④「민사소송법」상 당사자능력이 없는 기관 또는 단체라도 하나의 생활단위를 구성하고 보도 내용과 직접적인 이해관계가 있을 때에는 그 대표자가 정정보도를 청구할 수 있다.

제15조【정정보도청구권의 행사】 ① 정정보도 청구는 언론사등의 대표자에게 서면으로 하여야 하며, 청구서에는 피해자의 성명·주소·전화번호 등의 연락처를 적고, 정정의 대상인 언론보도등의 내용 및 정정을 청구하는 이유와 청구하는 정정보도문을 명시하여야 한다. 다만, 인터넷신문 및 인터넷뉴스서비스의 언론보도등의 내용이 해당 인터넷 홈페이지를 통하여 계속 보도 중이거나 매개 중인 경우에는 그 내용의 정정을 함께 청구할 수 있다.
② 제1항의 청구를 받은 언론사등의 대표자는 3일 이내에 그 수용 여부에 대한 통지를 청구인에게 발송하여야 한다. 이 경우 정정의 대상인 언론보도등의 내용이 방송이나 인터넷신문, 인터넷뉴스서비스 및 인터넷 멀티미디어 방송의 보도과정에서 성립한 경우에는 해당 언론사등이 그러한 사실이 없었음을 입증하지 아니하면 그 사실의 존재를 부인하지 못한다.
③ 언론사등이 제1항의 청구를 수용할 때에는 지체 없이 피해자 또는 그 대리인과 정정보도의 내용·크기 등에 관하여 협의한 후, 그 청구를 받은 날부터 7일 내에 정정보도문을 방송하거나 게재(인터넷신문 및 인터넷뉴스서비스의 경우 제1항 단서에 따른 해당 언론보도등 내용의 정정을 포함한다)하여야 한다. 다만, 신문 및 잡지 등 정기간행물의 경우 이미 편집 및 제작이 완료되어 부득이할 때에는 다음 발행 호에 이를 게재하여야 한다.
④ 다음 각 호의 어느 하나에 해당하는 사유가 있는 경우에는 언론사등은 정정보도 청구를 거부할 수 있다.
1. 피해자가 정정보도청구권을 행사할 정당한 이익이 없는 경우
2. 청구된 정정보도의 내용이 명백히 사실과 다른 경우
3. 청구된 정정보도의 내용이 명백히 위법한 내용인 경우
4. 정정보도의 청구가 상업적인 광고만을 목적으로 하는 경우
5. 청구된 정정보도의 내용이 국가·지방자치단체 또는 공공단체의 공개회의와 법원의 공개재판절차의 사실보도에 관한 것인 경우
⑤ 언론사등이 하는 정정보도에는 원래의 보도 내용을 정정하는 사실적 진술, 그 진술의 내용을 대표할 수 있는 제목과 이를 충분히 전달하는 데에 필요한 설명 또는 해명을 포함하되, 위법한 내용은 제외한다.
⑥ 언론사등이 하는 정정보도는 공정한 여론형성이 이루어지도록 그 사실공표 또는 보도가 이루어진 같은 채널, 지면(紙面) 또는 장소에서 같은 효과를 발생시킬 수 있는 방법으로 하여야 하며, 방송의 정정보도문은 자막(라디오방송은 제외한다)과 함께 보통의 속도로 읽을 수 있게 하여야 한다.(2023.8.8 본항개정)
⑦ 방송사업자, 신문사업자, 잡지 등 정기간행물사업자 및 뉴스통신사업자는 공표된 방송보도(재송신은 제외한다) 및 방송프로그램, 신문, 잡지 등 정기간행물, 뉴스통신 보도의 원본 또는 사본을 공표 후 6개월간 보관하여야 한다.
⑧ 인터넷신문사업자 및 인터넷뉴스서비스사업자는 대통령령으로 정하는 바에 따라 인터넷신문 및 인터넷뉴스서비스 보도의 원본이나 사본 및 그 보도의 배열에 관한 전자기록을 6개월간 보관하여야 한다.

제16조【반론보도청구권】 ① 사실적 주장에 관한 언론보도등으로 인하여 피해를 입은 자는 그 보도 내용에 관한 반론보도를 언론사등에 청구할 수 있다.
② 제1항의 청구에는 언론사등의 고의·과실이나 위법성을 필요로 하지 아니하며, 보도 내용의 진실 여부와 상관없이 그 청구를 할 수 있다.
③ 반론보도 청구에 관하여는 따로 규정된 것을 제외하고는 정정보도 청구에 관한 이 법의 규정을 준용한다.

제17조【추후보도청구권】 ① 언론등에 의하여 범죄혐의가 있거나 형사상의 조치를 받았다고 보도 또는 공표된 자는 그에 대한 형사절차가 무죄판결 또는 이와 동등한 형태로 종결되었을 때에는 그 사실을 안 날부터 3개월 이내에 언론사등에 이 사실에 관한 추후보도의 게재를 청구할 수 있다.
② 제1항에 따른 추후보도에는 청구인의 명예나 권리 회복에 필요한 설명 또는 해명이 포함되어야 한다.
③ 추후보도청구권에 관하여는 제1항 및 제2항에 규정된 것을 제외하고는 정정보도청구권에 관한 이 법의 규정을 준용한다.
④ 추후보도청구권은 특별한 사정이 있는 경우를 제외하고는 이 법에 따른 정정보도청구권이나 반론보도청구권의 행사에 영향을 미치지 아니한다.

제17조의2【인터넷뉴스서비스에 대한 특칙】 ① 인터넷뉴스서비스사업자는 제14조제1항에 따른 정정보도 청구, 제16조제1항에 따른 반론보도 청구 또는 제17조제1항에 따른 추후보도 청구(이하 "정정보도청구등"이라 한다)를 받은 경우 지체 없이 해당 기사에 관하여 정정보도청구등이 있음을 알리는 표시를 하고 해당 기사를 제공한 언론사등(이하 "기사제공언론사"라 한다)에 그 청구내용을 통보하여야 한다.
② 제1항에 따라 정정보도청구등이 있음을 통보받은 경우에는 기사제공언론사도 같은 내용의 청구를 받은 것으로 본다.
③ 기사제공언론사가 제15조제2항(제16조제3항 및 제17조제3항에 따라 준용되는 경우를 포함한다)에 따라 청구에 대하여 그 청구의 수용 여부를 청구인에게 통지하는 경우에는 해당 기사를 매개한 인터넷뉴스서비스사업자에게도 통지하여야 한다.

제2절 조 정

제18조【조정신청】 ① 이 법에 따른 정정보도청구등과 관련하여 분쟁이 있는 경우 피해자 또는 언론사등은 중재위원회에 조정을 신청할 수 있다.
② 피해자는 언론보도등에 의한 피해의 배상에 대하여 제14조제1항의 기간 이내에 중재위원회에 조정을 신청할 수 있다. 이 경우 피해자는 손해배상액을 명시하여야 한다.
③ 정정보도청구등과 손해배상의 조정신청은 제14조제1항(제16조제3항에 따라 준용되는 경우를 포함한다) 또는 제17조제1항의 기간 이내에 서면 또는 구술이나 그 밖에 대통령령으로 정하는 바에 따라 전자문서 등으로 하여야 하며, 피해자가 먼저 언론사등에 정정보도청구등을 한 경우에는 피해자와 언론사등 사이에 협의가 불성립된 날부터 14일 이내에 하여야 한다.
④ 제3항에 따른 조정신청을 구술로 하려는 신청인은 중재위원회의 담당 직원에게 조정신청의 내용을 진술하고 이의 대상인 보도 내용과 정정보도청구등을 요청하는 정정보도문 등을 제출하여야 하며, 담당 직원은 신청인의 조정신청 내용을 적은 조정신청조서를 작성하여 신청인에게 이를 확인하게 한 다음, 그 조정신청조서에 신청인 및 담당 직원이 서명 또는 날인하여야 한다.
⑤ 중재위원회는 중재위원회규칙으로 정하는 바에 따라 조정신청에 대하여 수수료를 징수할 수 있다.
⑥ 신청인은 조정절차 계속 중에 정정보도청구등과 손해배상청구 상호간의 변경을 포함하여 신청취지를 변경할 수 있고, 이들을 병합하여 청구할 수 있다.

제19조【조정】 ① 조정은 관할 중재부에서 한다. 관할구역을 같이 하는 중재부가 여럿일 경우에는 중재위원회 위원장이 중재부를 지정한다.
② 조정은 신청 접수일부터 14일 이내에 하여야 하며, 중재부의 장은 조정신청을 접수하였을 때에는 지체 없이 조정기일을 정하여 당사자에게 출석을 요구하여야 한다.
③ 제2항의 출석요구를 받은 신청인이 2회에 걸쳐 출석하지 아니한 경우에는 조정신청을 취하한 것으로 보며, 피신청 언론사등이 2회에 걸쳐 출석하지 아니한 경우에는 조정신청 취지에 따라 정정보도등을 이행하기로 합의한 것으로 본다.
④ 제2항의 출석요구를 받은 자가 천재지변이나 그 밖의 정당한 사유로 출석하지 못한 경우에는 그 사유가 소멸한 날부터 3일 이내에 해당 중재부에 이를 소명(疏明)하여 기일 속행신청을 할 수 있다. 중재부는 속행신청이 이유 없다고 인정하는 경우에는 이를 기각(棄却)하고, 이유 있다고 인정하는 경우에는 다시 조정기일을 정하고 절차를 속행하여야 한다.
⑤ 조정기일에 중재위원은 조정 대상인 분쟁에 관한 사실관계와 법률관계를 당사자들에게 설명·조언하거나 절충안을 제시하는 등 합의를 권유할 수 있다.
⑥ 변호사 아닌 자가 신청인이나 피신청인의 대리인이 되려는 경우에는 미리 중재부의 허가를 받아야 한다.
⑦ 신청인의 배우자·직계혈족·형제자매 또는 소속 직원은 신청인의 명시적인 반대의사가 없으면 제6항에 따른 중재부의 허가 없이도 대리인이 될 수 있다. 이 경우 대리인이 신청인과의 신분관계 및 수권관계(授權關係)를 서면으로 증명하거나 신청인이 중재부에 출석하여 대리인을 선임하였음을 확인하여야 한다.
⑧ 조정은 비공개를 원칙으로 하되, 참고인의 진술청취가 필요한 경우 등 필요하다고 인정되는 경우에는 중재위원회규칙으로 정하는 바에 따라 참석이나 방청을 허가할 수 있다.
⑨ 조정절차에 관하여는 이 법에서 규정한 것을 제외하고는「민사조정법」을 준용한다.
⑩ 조정의 절차와 중재부의 구성방법, 그 관할, 구술신청의 방식과 절차, 그 밖에 필요한 사항은 중재위원회규칙으로 정한다.

제20조【증거조사】 ① 중재부는 정정보도청구등 또는 손해배상 분쟁의 조정에 필요하다고 인정하는 경우 당사자 양쪽에게 조정 대상 표현물이나 그 밖의 관련 자료의 제출을 명하거나 증거조사를 할 수 있다.
② 제1항의 증거조사에 관하여는 조정의 성질에 반하지 아니하는 한도에서「민사소송법」제2편제3장을 준용하며, 중재부는 필요한 경우 그 위원이나 사무처 직원으로 하여금 증거자료를 수집·보고하게 하고, 조정기일에 그에 관하여 진술을 하도록 명할 수 있다.
③ 중재부의 장은 신속한 조정을 위하여 필요한 경우 제1회 조정기일 전이라도 제1항 및 제2항에 따른 자료의 제출이나 증거자료의 수집·보고를 명할 수 있다.
④ 중재부는 증거조사에 필요한 비용을 당사자 어느 한쪽이나 양쪽에게 부담하게 할 수 있으며, 이에 관하여는「민사소송비용법」을 준용한다. 이 경우「민사소송비용법」의 규정 중 "법원"은 "중재부"로, "법관"은 "중재위원"으로, "법원서기"는 "중재위원회 직원"으로 본다.

제21조【결정】 ① 중재부는 조정신청이 부적법할 때에는 이를 각하(却下)하여야 한다.
② 중재부는 신청인의 주장이 이유 없음이 명백할 때에는 조정신청을 기각할 수 있다.
③ 중재부는 당사자 간 합의 불능 등 조정에 적합하지 아니한 현저한 사유가 있다고 인정될 때에는 조정절차를 종결하고 조정불성립결정을 하여야 한다.

제22조【직권조정결정】 ① 당사자 사이에 합의(제19조제3항에 따라 합의한 것으로 보는 경우를 포함한다)가 이루어지지 아니한 경우 또는 신청인의 주장이 이유 있다고 판단되는 경우 중재부는 당사자들의 이익이나 그 밖의 모든 사정을 고려하여 신청취지에 반하지 아니하는 한도에서 직권으로 조정을 갈음하는 결정(이하 "직권조정결정"이라 한다)을 할 수 있다. 이 경우 그 결정은 제19조제2항에도 불구하고 조정신청 접수일부터 21일 이내에 하여야 한다.
② 직권조정결정서에는 주문(主文)과 결정 이유를 적고 이에 관여한 중재위원 전원이 서명·날인하여야 하며, 그 정본을 지체 없이 당사자에게 송달하여야 한다.
③ 직권조정결정에 불복하는 자는 결정 정본을 송달받은 날부터 7일 이내에 불복 사유를 명시하여 서면으로 중재부에 이의신청을 할 수 있다. 이 경우 그 결정은 효력을 상실한다.
④ 제3항에 따라 직권조정결정에 관하여 이의신청이 있는 경우에는 그 이의신청이 있은 때에 제26조제1항에 따른 소(訴)가 제기된 것으로 보며, 피해자를 원고로 하고 상대방인 언론사등을 피고로 한다.

제23조【조정에 의한 합의 등의 효력】 다음 각 호의 어느 하나의 경우에는 재판상 화해와 같은 효력이 있다.
1. 조정 결과 당사자 간에 합의가 성립한 경우
2. 제19조제3항에 따라 합의가 이루어진 것으로 보는 경우
3. 제22조제1항에 따른 직권조정결정에 대하여 이의신청이 없는 경우

제3절 중 재

제24조【중재】 ① 당사자 양쪽은 정정보도청구등 또는 손해배상의 분쟁에 관하여 중재부의 종국적 결정에 따르기로 합의하고 중재를 신청할 수 있다.
② 제1항의 중재신청은 조정절차 계속 중에도 할 수 있다. 이 경우 조정절차에 제출된 서면 또는 주장·입증은 중재절차에서 제출한 것으로 본다.
③ 중재절차에 관하여는 그 성질에 반하지 아니하는 한도에서 조정절차에 관한 이 법의 규정과「민사소송법」제34조, 제35조, 제39조 및 제41조부터 제45조까지의 규정을 준용한다.

제25조【중재결정의 효력 등】 ① 중재결정은 확정판결과 동일한 효력이 있다.
② 중재결정에 대한 불복과 중재결정의 취소에 관하여는「중재법」제36조를 준용한다.

제4절 소 송

제26조【정정보도청구등의 소】 ① 피해자는 법원에 정정보도청구등의 소를 제기할 수 있다.
② 피해자는 정정보도청구등의 소를 병합하여 제기할 수 있고, 소송계속(訴訟繫屬) 중 정정보도청구등의 소 상호간에 이를 변경할 수 있다.
③ 제1항의 소는 제14조제1항(제16조제3항에 따라 준용되는 경우를 포함한다) 및 제17조제1항에 따른 기간 이내에 제기하여야 한다. 피해자는 제1항의 소와 동시에 그 인용(認容)을 조건으로「민사집행법」제261조제1항에 따른 간접강제의 신청을 병합하여 제기할 수 있다.
④ 제1항은「민법」제764조에 따른 권리의 행사에 영향을 미치지 아니한다.
⑤ 제1항에 따른 소에 대한 제1심 재판은 피고의 보통재판적(普通裁判籍)이 있는 곳의 지방법원 합의부가 관할한다.
⑥ 정정보도 청구의 소에 대하여는「민사소송법」의 소송절차에 관한 규정에 따라 재판하고, 반론보도 청구 및 추후보도 청구의 소에 대하여는「민사집행법」의 가처분절차에 관한 규정에 따라 재판한다. 다만,「민사집행법」제277조 및 제287조는 적용하지 아니한다.
⑦ 법원은 청구가 이유 있는 경우에는 제15조제3항·제5항·제6항에 따른 방법으로 정정보도·반론보도 또는 추후보도의 방송·게재 또는 공표를 명할 수 있다.

⑧ 정정보도청구등의 소의 재판에 필요한 사항은 대법원 규칙으로 정한다.

판례 정정보도청구의 소에서, 승패의 관건인 "사실적 주장에 관한 언론보도가 진실하지 아니함"이라는 사실의 입증에 대하여, 통상의 본안절차에서 반드시 요구하고 있는 증명을 배제하고 그 대신 간이한 소명으로 이를 대체하는 것인데 이것은 소송을 당한 언론사의 방어권을 심각하게 제약하므로 공정한 재판을 받을 권리를 침해한다. 또한 정정보도청구를 가처분절차에 따라 소명만으로 인용할 수 있게 하는 것은 언론의 자유를 매우 위축시킨다. 진실에 부합하지 않을 개연성이 있다는 소명만으로 정정보도 책임을 지게 되므로 언론사로서는 사실주장에 관한 보도를 주저하게 될 것이다. 이러한 언론의 위축효과는 중요한 사회적 관심사에 대한 신속한 보도를 자제하는 결과를 초래하고 그로 인한 피해는 민주주의의 기초인 자유언론의 공적 기능이 저하된다는 것이다. 이와 같이 피해자의 보호만을 우선하여 언론의 자유를 합리적인 이유 없이 지나치게 제한하는 것은 위헌이다.
(헌재결 2006.6.29, 2005헌마165·314·555·807,2006헌가3(병합) 전원재판부)

제27조【재판】 ① 정정보도청구등의 소는 접수 후 3개월 이내에 판결을 선고하여야 한다.
② 법원은 정정보도청구등이 이유 있다고 인정하여 정정보도·반론보도 또는 추후보도를 명할 때에는 방송·게재 또는 공표할 정정보도·반론보도 또는 추후보도의 내용, 크기, 시기, 횟수, 게재 위치 또는 방송 순서 등을 정하여 명하여야 한다.
③ 법원이 제2항의 정정보도·반론보도 또는 추후보도의 내용 등을 정할 때에는 청구취지에 적힌 정정보도문·반론보도문 또는 추후보도문을 고려하여 청구인의 명예나 권리를 최대한 회복할 수 있도록 정하여야 한다.

제28조【불복절차】 ① 정정보도청구등을 인용한 재판에 대하여는 항소하는 것 외에는 불복을 신청할 수 없다.
② 제1항의 불복절차에서 심리한 결과 정정보도청구등의 전부 또는 일부가 기각되었어야 함이 밝혀진 경우에는 이를 인용한 재판을 취소하여야 한다.(2023.8.8 본항개정)
③ 제2항의 경우 언론사등이 이미 정정보도·반론보도 또는 추후보도의 의무를 이행하였을 때에는 언론사등의 청구에 따라 취소재판의 내용을 보도할 수 있음을 선고하고, 언론사등의 청구에 따라 상대방으로 하여금 언론사등이 이미 이행한 정정보도·반론보도 또는 추후보도와 취소재판의 보도를 위하여 필요한 비용 및 일반적인 지면게재 사용료 또는 방송 사용료로서 적정한 손해의 배상을 하도록 명하여야 한다. 이 경우 배상액은 해당된 지면 사용료 또는 방송의 일반적인 광고비를 초과할 수 없다.(2023.8.8 본항개정)

제29조【언론보도등 관련 소송의 우선 처리】 법원은 언론보도등에 의하여 피해를 받았음을 이유로 하는 재판은 다른 재판에 우선하여 신속히 하여야 한다.

제30조【손해의 배상】 ① 언론등의 고의 또는 과실로 인한 위법행위로 인하여 재산상 손해를 입거나 인격권 침해 또는 그 밖의 정신적 고통을 받은 자는 그 손해에 대한 배상을 언론사등에 청구할 수 있다.
② 법원은 제1항에 따른 손해가 발생한 사실은 인정되나 손해액의 구체적인 금액을 산정(算定)하기 곤란한 경우에는 변론의 취지 및 증거조사의 결과를 고려하여 그에 상당하다고 인정되는 손해액을 산정하여야 한다.
③ 제1항에 따른 피해자는 인격권을 침해하는 언론사등에 침해의 정지를 청구할 수 있으며, 그 권리를 명백히 침해할 우려가 있는 언론사등에 침해의 예방을 청구할 수 있다.
④ 제1항에 따른 피해자는 제3항에 따른 청구를 하는 경우 침해행위에 제공되거나 침해행위에 의하여 만들어진 물건의 폐기나 그 밖에 필요한 조치를 청구할 수 있다.

판례 신문기사의 제목은 일반적으로 본문의 내용을 간략하게 단적으로 표시하여 독자의 주의를 환기시켜 본문을 읽게 하려는 의도로 붙여지는 것이므로, 신문기사의 명예훼손 여부를 판단함에 있어서는 제목이 본문의 내용으로부터 현저히 일탈하고 있어 그 자체만으로 별개의 독립된 기사로 보지 않을 수 없는 경우 등과 같은 특별한 사정이 없는 한 제목만을 따로 떼어 본문과 별개로 다루어서는 아니 되고, 제목과 본문을 포함한 기사 전체의 취지를 전체적으로 파악하여야 한다.(대판 2009.1.30, 2006다60908)

제31조【명예훼손의 경우의 특칙】 타인의 명예를 훼손한 자에 대하여는 법원은 피해자의 청구에 의하여 손해배상을 갈음하여 또는 손해배상과 함께, 정정보도의 공표 등 명예회복에 적당한 처분을 명할 수 있다.

제5절 시정권고

제32조【시정권고】 ① 중재위원회는 언론의 보도 내용에 의한 국가적 법익, 사회적 법익 또는 타인의 법익 침해사항을 심의하여 필요한 경우 해당 언론사에 서면으로 그 시정을 권고할 수 있다.
② 중재위원회는 시정권고의 기준을 정하여 공표하여야 한다.
③ 시정권고는 언론사에 대하여 권고적 효력을 가지는 데에 그친다.
④ 중재위원회는 각 언론사별로 시정권고한 내용을 외부에 공표할 수 있다.
⑤ 시정권고에 불복하는 언론사는 시정권고 통보를 받은 날부터 7일 이내에 중재위원회에 재심을 청구할 수 있다.
⑥ 언론사는 재심절차에 출석하여 발언하고 관련 자료를 제출할 수 있다.
⑦ 중재위원회는 재심 청구가 정당하다고 인정될 때에는 시정권고를 취소하여야 한다.
⑧ 제1항에 따른 시정권고의 방법·절차와 그 밖에 필요한 사항은 대통령령으로 정한다.

제33조 (2009.2.6 삭제)

제4장 벌 칙
(2011.4.14 본장개정)

제34조【과태료】 ① 다음 각 호의 어느 하나에 해당하는 자에게는 3천만원 이하의 과태료를 부과한다.
1. 제6조제1항 또는 제4항을 위반하여 고충처리인을 두지 아니하거나 고충처리인에 관한 사항을 제정하지 아니한 자
2. 제15조제3항(다른 규정에 따라 준용되는 경우를 포함한다)을 위반하여 정정보도문 등을 방송 또는 게재하지 아니한 자
3. 제15조제7항을 위반하여 공표된 보도의 원본 또는 사본을 보관하지 아니한 자
4. 제15조제8항을 위반하여 보도의 원본이나 사본 및 그 보도의 배열에 관한 전자기록을 보관하지 아니한 자

② 제1항에 따른 과태료는 대통령령으로 정하는 바에 따라 문화체육관광부장관이 부과·징수한다.

부 칙

제1조【시행일】 이 법은 공포 후 6월이 경과한 날부터 시행한다.

제2조【시행 전 언론보도에 관한 경과조치】 이 법은 이 법 시행 전에 행하여진 언론 보도에 대하여도 이를 적용한다. 다만, 언론사에 대한 정정보도·반론보도·추후보도의 청구기간, 언론중재위원회에 대한 조정 또는 중재신청기간에 관한 제14조제1항, 제16조제3항, 제17조제1항 및 제18조제3항의 규정은 적용하지 아니하고 종전의 규정에 의한다.

판례 언론중재법 부칙 제2조 본문은 언론중재법의 시행 전에 행하여진 언론보도에 대하여도 동법을 적용하도록 규정하고 있다. 이에 따라 정정보도청구권의 성립요건과 정정보도청구소송의 심리절차에 관하여 언론중재법이 소급하여 적용됨으로써 언론사의 종전의 법적 지위가 새로이 변경되었다. 이것은 이미 종결된 과거의 법률관계를 소급하여 새로이 규율하는 것이기 때문에 소위 진정 소급입법에 해당한다. 진정 소급입법은 헌법적으로 허용되지 않는 것이 원칙이고 이를 예외적으로 허용할 특단의 사정도 이 부칙조항에 대해 인정되지 않으므로 부칙 제2조 중 '제14조 제2항, 제26조 제6항 본문 전단 중 정정보도청구 부분, 제31조 후문' 부분은 헌법에 위반된다.
(헌재결 2006.6.29, 2005헌마165·314·555·807,2006헌가3(병합) 전원재판부)

제3조【언론중재위회 및 법원에 계류 중인 사건에 관한 경과조치】 이 법 시행 전 종전의 정기간행물의등록등에관한법률의 규정에 따라 언론중재위원회 또는 법원에 계류 중인 사건에 대하여는 종전의 규정에 따른다.

제4조【중재위원회에 관한 경과조치】 ① 이 법 시행 당시 정기간행물의등록등에관한법률의 규정에 의한 언론중재위원회는 이 법에 의하여 설치된 것으로 본다.
② 이 법 시행 당시 정기간행물의등록등에관한법률에 의하여 위촉 또는 임명된 중재위원 및 언론중재위원회 사무총장은 그 임기만료시까지 이 법에 의하여 위촉 또는 임명된 것으로 본다.

제5조【다른 법률의 개정】 ※(해당 법령에 가제정리 하였음)

제6조【다른 법령과의 관계】 이 법 시행 당시 다른 법령에서 정기간행물의등록등에관한법률, 방송법의 규정 중 이 법에서 규정한 내용에 해당하는 규정을 인용한 경우에는 이 법 중 해당하는 규정을 인용한 것으로 본다.

부 칙 (2009.2.6)

① **【시행일】** 이 법은 공포 후 6개월이 경과한 날부터 시행한다.
② **【인터넷멀티미디어방송 및 인터넷뉴스서비스의 보도·매개에 대한 적용례】** 인터넷멀티미디어방송 및 인터넷뉴스서비스에 대한 이 법의 적용은 이 법 시행일 이후 최초로 보도·매개하는 것부터 적용한다.
③ **【다른 법률의 개정】** ※(해당 법령에 가제정리 하였음)

부 칙 (2018.12.24)

이 법은 공포 후 3개월이 경과한 날부터 시행한다.

부 칙 (2023.8.8)

이 법은 공포한 날부터 시행한다.

방송법

(2000年 1月 12日
法 律 第6139號)

改正
2002. 4.20法 6690號 2002.12.18法 6803號
2003. 5.10法 6869號
2003. 5.29法 6905號(뉴스통신진흥에관한법)
2004. 3.11法 7188號(재난및안전관리기본법)
2004. 3.12法 7190號(정당법)
2004. 3.22法 7213號
2005. 1.27法 7370號(언론중재및피해구제등에관한법)
2005. 5.18法 7498號
2005. 8. 4法 7655號(치료감호법)
2005.12.30法 7815號(전파법)
2006.10. 4法 8050號(국가재정법)
2006.10.27法 8060號
2006.12.28法 8101號(저작)
2007. 1.26法 8301號 2007. 7.27法 8568號
2008. 2.29法 8867號(방송통신위원회의설치및운영에관한법)
2008.12.31法 9280號(정부기업예산법)
2009. 7.31法 9785號(신문등의진흥에관한법)
2009. 7.31法 9786號
2010. 3.22法10165號(방송통신발전기본법)
2010. 3.22法10166號(전기통신사업법)
2010. 6. 8法10363號 2011. 7.14法10856號
2012. 1.17法11199號
2012. 2.22法11373號(방송광고판매대행등에관한법)
2013. 3.23法11710號 2013. 8.13法12033號
2013. 8.13法12093號(한국교육방송공사법)
2014. 5.28法12677號
2014. 6. 3法12743號(지역방송발전지원특별법)
2015. 3.13法13220號 2015. 6.22法13341號
2015.12. 1法13519號(전파법)
2015.12.22法13580號 2016. 1.27法13821號
2016. 2. 3法13978號(한국수화언어법)
2017. 3.14法14598號
2017. 7.26法14839號(정부조직)
2018. 3.13法15468號 2018.12.24法16014號
2019.12.10法16750號
2020. 6. 9法17347號(법률용어정비)
2020.12. 8法17632號
2020.12.29法17799號(독점)
2021. 6. 8法18225號 2021.10.19法18516號
2021.12.28法18648號 2022. 1.11法18732號
2022. 6.10法18866號 2023. 4. 6法19326號
2024. 1.23法20059號→2024년 7월 24일 시행
2024. 1.30法20147號→2025년 1월 31일 시행

第1章 總 則

第1條【目的】 이 法은 放送의 자유와 독립을 보장하고 放送의 公的 責任을 높임으로써 視聽者의 權益保護와 민주적 輿論形成 및 國民文化의 향상을 도모하고 放送의 발전과 公共福利의 증진에 이바지함을 목적으로 한다.

第2條【정의】 이 법에서 사용하는 용어의 뜻은 다음과 같다.(2022.1.11 본문개정)
1. "방송"이라 함은 방송프로그램을 기획·편성 또는 제작하여 이를 공중(개별계약에 의한 수신자를 포함하며, 이하 "시청자"라 한다)에게 전기통신설비에 의하여 송신하는 것으로서 다음 각목의 것을 말한다.
   가. 텔레비전방송 : 정지 또는 이동하는 사물의 순간적 영상과 이에 따르는 음성·음향 등으로 이루어진 방송프로그램을 송신하는 방송
   나. 라디오방송 : 음성·음향 등으로 이루어진 방송프로그램을 송신하는 방송
   다. 데이터방송 : 방송사업자의 채널을 이용하여 데이터(문자·숫자·도형·도표·이미지 그 밖의 정보체계를 말한다)를 위주로 하여 이에 따르는 영상·음성·음향 및 이들의 조합으로 이루어진 방송프로그램을 송신하는 방송(인터넷 등 통신망을 통하여 제공하거나 매개하는 경우는 제외한다. 이하 같다)(2020.6.9 본목개정)
   라. 이동멀티미디어방송 : 이동중 수신을 주목적으로 다채널을 이용하여 텔레비전방송·라디오방송 및 데이터방송을 복합적으로 송신하는 방송
   (2004.3.22 본호개정)
2. "放送事業"이라 함은 放送을 행하는 다음 各目의 事業을 말한다.
   가. 地上波放送事業 : 放送을 목적으로 하는 地上의 無線局을 관리·운영하며 이를 이용하여 방송을 행하는 사업
   나. 종합유선방송사업 : 종합유선방송국(다채널방송을 행하기 위한 유선방송국설비와 그 종사자의 총체를 말한다. 이하 같다)을 관리·운영하며 전송·선로설비를 이용하여 방송을 행하는 사업

다. 衛星放送事業 : 人工衛星의 無線設備를 所有 또는 임차하여 無線局을 관리·운영하며 이를 이용하여 방송을 행하는 사업
(2004.3.22 가목~다목개정)
라. 放送채널使用事業 : 地上波放送事業者·綜合有線放送事業者 또는 衛星放送事業者와 특정채널의 전부 또는 일부 시간에 대한 專用使用契約을 체결하여 그 채널을 사용하는 事業
3. "放送事業者"라 함은 다음 各目의 者를 말한다.
가. 地上波放送事業者 : 地上波放送事業을 하기 위하여 제9조제1항에 따라 許可를 받은 者(2020.6.9 본목개정)
나. 綜合有線放送事業者 : 綜合有線放送事業을 하기 위하여 제9조제2항에 따라 許可를 받은 者(2020.6.9 본목개정)
다. 衛星放送事業者 : 衛星放送事業을 하기 위하여 제9조제2항에 따라 許可를 받은 者(2013.3.23 본목개정)
라. 放送채널使用事業者 : 放送채널使用事業을 하기 위하여 제9조제5항에 따라 登錄을 하거나 승인을 얻은 者(2020.6.9 본목개정)
마. 공동체라디오방송사업자 : 안테나공급전력 10와트 이하로 공익목적으로 라디오방송을 하기 위하여 제9조제11항에 따라 허가를 받은 자(2020.6.9 본목개정)
4. "중계유선방송"이란 지상파방송(방송을 목적으로 하는 지상의 무선국을 이용하여 하는 방송을 말한다. 이하 같다) 등을 수신하여 중계송신(방송편성을 변경하지 아니하는 녹음·녹화를 포함한다. 이하 같다)하는 것을 말한다.(2015.3.13 본호개정)
5. "中繼有線放送事業"이라 함은 中繼有線放送을 행하는 事業을 말한다.
6. "中繼有線放送事業者"라 함은 中繼有線放送事業을 하기 위하여 제9조제2항에 따라 許可를 받은 者를 말한다. (2020.6.9 본호개정)
7. "音樂有線放送"이라 함은 「음악산업진흥에 관한 법률」에 따라 판매·배포되는 음반에 수록된 음악을 送信하는 것을 말한다.(2011.7.14 본호개정)
8. "音樂有線放送事業"이라 함은 音樂有線放送을 행하는 事業을 말한다.
9. "音樂有線放送事業者"라 함은 音樂有線放送事業을 하기 위하여 제9조제5항에 따라 登錄을 한 者를 말한다. (2020.6.9 본호개정)
10. "電光板放送"이라 함은 상시 또는 일정기간 계속하여 電光板에 報道를 포함하는 放送프로그램을 표출하는 것을 말한다.
11. "電光板放送事業"이라 함은 電光板放送을 행하는 事業을 말한다.
12. "電光板放送事業者"라 함은 電光板放送事業을 하기 위하여 제9조제5항에 따라 登錄을 한 者를 말한다. (2020.6.9 본호개정)
13. "傳送網事業"이라 함은 放送프로그램을 綜合有線放送局으로부터 視聽者에게 傳送하기 위하여 有·無線 傳送·線路設備를 설치·운영하는 事業을 말한다.
14. "傳送網事業者"라 함은 傳送網事業을 하기 위하여 제9조제10항에 따라 登錄을 한 者를 말한다.(2020.6.9 본호개정)
15. "放送編成"이라 함은 放送되는 사항의 종류·내용·분량·시각·배열을 정하는 것을 말한다.
16. "放送分野"라 함은 報道·教養·娛樂 등으로 放送프로그램의 영역을 분류한 것을 말한다.
17. "放送프로그램"이라 함은 放送編成의 단위가 되는 放送내용물을 말한다.
18. "綜合編成"이라 함은 報道·教養·娛樂 등 다양한 放送分野 상호간에 조화를 이루도록 放送프로그램을 編成하는 것을 말한다.
19. "專門編成"이라 함은 특정 放送分野의 放送프로그램을 전문적으로 編成하는 것을 말한다.
20. "유료방송"이란 시청자와의 계약에 따라 여러 개의 채널단위·채널별 또는 방송프로그램별로 대가를 받고 제공하는 방송을 말한다.(2022.1.11 본호개정)
20의2. "채널"이라 함은 동일한 주파수 대역을 통해서 연속적인 흐름 또는 정보체계의 형태로 제공되어지는 텔레비전방송, 라디오방송 또는 데이터방송의 단위를 말한다.(2004.3.22 본호신설)
21. "放送廣告"라 함은 廣告를 목적으로 하는 放送내용물을 말한다.
22. "協贊告知"라 함은 타인으로부터 放送프로그램의 製作에 직접적·간접적으로 필요한 경비·물품·용역·인력 또는 장소 등을 제공받고 그 타인의 명칭 또는 상호등을 告知하는 것을 말한다.
23. "放送編成責任者"라 함은 放送編成에 대하여 결정을 하고 責任을 지는 者를 말한다.
24. "보도"라 함은 국내외 정치·경제·사회·문화 등의 전반에 관하여 시사적인 취재보도·논평·해설 등의 방송프로그램을 편성하는 것을 말한다.(2006.10.27 본호신설)
25. "보편적 시청권"이라 함은 국민적 관심이 매우 큰 체육경기대회 그 밖의 주요행사 등에 관한 방송을 일반 국민이 시청할 수 있는 권리를 말한다.(2007.1.26 본호신설)
26. "기술결합서비스"란 지상파방송사업·종합유선방송사업 및 위성방송사업 상호간 또는 이들 방송사업과 「인터넷 멀티미디어 방송사업법」 제2조제4호가목에 따른 인터넷 멀티미디어 방송 제공사업 간의 전송방식을 혼합사용하여 제공하는 서비스를 말한다.(2015.12.22 본호신설)
27. "외주제작사"란 「문화산업진흥 기본법」 제2조제20호에 따른 방송영상독립제작사, 같은 조 제21호에 따른 문화산업전문회사 등 방송사업자에게 제공할 목적으로 방송프로그램을 제작하는 자를 말한다.(2016.1.27 본호신설)
(2022.1.11 본조제목개정)

판례 방송위원회의 승인을 얻어야 하는 방송채널사용사업자는 지상파방송사업자·종합유선방송사업자 또는 위성방송사업자의 특정채널을 사용하여 종합편성이나 보도 또는 상품소개와 판매에 관한 전문편성을 행하는 방송채널사용사업을 하고자 하는 자에 한정된다.(대판 2003.10.10, 2003도3982)

第3條【視聽者의 權益保護】 放送事業者는 視聽者가 放送프로그램의 企劃·編成 또는 製作에 관한 의사결정에 참여할 수 있도록 하여야 하고, 放送의 결과가 視聽者의 이익에 합치하도록 하여야 한다.

第4條【放送編成의 자유와 독립】 ① 放送編成의 자유와 독립은 보장된다.
② 누구든지 放送編成에 관하여 이 法 또는 다른 法律에 의하지 아니하고는 어떠한 규제나 간섭도 할 수 없다.
③ 放送事業者는 放送編成責任者를 선임하고, 그 姓名을 放送시간내에 매일 1회 이상 公表하여야 하며, 放送編成責任者의 자율적인 放送編成을 보장하여야 한다.
④ 綜合編成 또는 報道에 관한 專門編成을 행하는 放送事業者는 放送프로그램製作의 자율성을 보장하기 위하여 취재 및 製作 종사자의 의견을 들어 放送編成規約을 제정하고 이를 公表하여야 한다.

第5條【放送의 公的 責任】 ① 放送은 인간의 존엄과 가치 및 민주적 基本秩序를 존중하여야 한다.
② 放送은 國民의 화합과 조화로운 國家의 발전 및 민주적 輿論形成에 이바지하여야 하며 지역간·세대간·계층간·성별간의 갈등을 조장하여서는 아니된다.
③ 放送은 타인의 名譽를 훼손하거나 權利를 침해하여서는 아니된다.
④ 放送은 범죄 및 부도덕한 행위나 사행심을 조장하여서는 아니된다.
⑤ 放送은 건전한 가정생활과 아동 및 청소년의 선도에 나쁜 영향을 끼치는 음란·퇴폐 또는 폭력을 조장하여서는 아니된다.

第6條【放送의 공정성과 公益性】 ① 放送에 의한 報道는 공정하고 객관적이어야 한다.
② 放送은 성별·연령·직업·종교·신념·계층·지역·인종 등을 이유로 放送編成에 차별을 두어서는 아니된다. 다만, 종교의 선교에 관한 專門編成을 행하는 放送事業者가 그 放送分野의 범위 안에서 放送을 하는 경우에는 그러하지 아니하다.
③ 放送은 國民의 윤리적·정서적 감정을 존중하여야 하며, 國民의 기본권 옹호 및 국제친선의 증진에 이바지하여야 한다.
④ 放送은 國民의 알권리와 표현의 자유를 보호·신장하여야 한다.
⑤ 放送은 상대적으로 소수이거나 이익추구의 실현에 불리한 집단이나 계층의 이익을 충실하게 반영하도록 노력하여야 한다.
⑥ 放送은 지역사회의 균형있는 발전과 민족문화의 창달에 이바지하여야 한다.
⑦ 放送은 사회교육기능을 신장하고, 유익한 생활정보를 확산·보급하며, 國民의 문화생활의 질적 향상에 이바지하여야 한다.
⑧ 放送은 표준말의 보급에 이바지하여야 하며 언어순화에 힘써야 한다.
⑨ 放送은 政府 또는 특정 집단의 정책 등을 공표하는 경우 의견이 다른 집단에 균등한 기회가 제공되도록 노력하여야 하고, 또한 각 정치적 이해당사자에 관한 放送프로그램을 편성하는 경우에도 균형성이 유지되도록 하여야 한다.(2020.6.9 본항개정)

第7條【적용범위】 放送에 관하여는 다른 法律에 특별한 規定이 있는 경우를 제외하고는 이 법에서 정하는 바에 의한다.(2020.6.9 본조개정)

第2章　放送事業者 등

第8條【소유제한 등】 ① 放送事業者가 株式을 발행하는 경우에는 記名式으로 하여야 한다.
② 누구든지 대통령령으로 정하는 특수한 관계에 있는 者(이하 "特殊關係者"라 한다)가 所有하는 株式 또는 持分을 포함하여 지상파방송사업자 및 종합편성 또는 보도에 관한 전문편성을 행하는 방송채널사용사업자의 株式 또는 持分 총수의 100분의 40을 초과하여 所有할 수 없다. 다만, 다음 각 호의 어느 하나에 해당하는 경우에는 그러하지 아니하다.(2020.6.9 본문개정)
1. 國家 또는 地方自治團體가 放送事業者의 株式 또는 持分을 所有하는 경우
2. 「방송문화진흥회법」에 의하여 설립된 방송문화진흥회가 방송사업자의 주식 또는 지분을 소유하는 경우
(2006.10.27 본호개정)
3. 종교의 선교를 목적으로 하는 放送事業者에 出資하는 경우
③ 제2항에도 불구하고 「독점규제 및 공정거래에 관한 법률」 제2조제11호에 따른 기업집단중 자산총액 등 대통령령으로 정하는 기준에 해당하는 기업집단에 속하는 회사(이하 "대기업"이라 한다)와 그 계열회사(특수관계자를 포함한다) 또는 「신문 등의 진흥에 관한 법률」에 따른 일간신문(이하 "일간신문"이라 한다)이나 「뉴스통신 진흥에 관한 법률」에 따른 뉴스통신(이하 "뉴스통신"이라 한다)을 경영하는 法人(特殊關係者를 포함한다)은 지상파방송사업자의 주식 또는 지분 총수의 100분의 10을 초과하여 소유할 수 없으며, 종합편성 또는 보도에 관한 전문편성을 행하는 방송채널사용사업자의 주식 또는 지분총수의 100분의 30을 초과하여 소유할 수 없다.
(2020.12.29 본항개정)
④ 지상파방송사업자, 종합편성 또는 보도에 관한 전문편성을 행하는 방송채널사용사업자의 주식 또는 지분을 소유하고자 하는 일간신문을 경영하는 법인(특수관계자를 포함한다)은 경영의 투명성을 위하여 대통령령으로 정하는 바에 따라 전체 발행부수, 유가 판매부수 등의 자료를 방송통신위원회에 제출하여 공개하여야 하며, 제3항에도 불구하고 일간신문의 구독률(대통령령으로 정하는 바에 따라 전체 가구 중 일정 기간 동안 특정 일간신문을 유료로 구독하는 가구가 차지하는 비율을 말한다. 이하 같다)이 100분의 20 이상인 경우에는 지상파방송사업 및 종합편성 또는 보도에 관한 전문편성을 행하는 방송채널사용사업을 겸영하거나 주식 또는 지분을 소유할 수 없다.
(2009.7.31 본항신설)
⑤ 일간신문이나 뉴스통신을 경영하는 법인(각 특수관계자를 포함한다)은 종합유선방송사업자 및 위성방송사업자의 주식 또는 지분 총수의 100분의 49를 초과하여 소유할 수 없다.(2016.1.27 본항개정)
⑥ 地上波放送事業者·綜合有線放送事業者 및 衛星放送事業者는 市場占有率 또는 事業者數 등을 고려하여 대통령령으로 정하는 범위를 초과하여 상호 겸영하거나 그 株式 또는 持分을 所有할 수 없다.(2020.6.9 본항개정)
⑦ 지상파방송사업자·종합유선방송사업자·위성방송사업자·방송채널사용사업자 및 전송망사업자는 시장점유율, 방송분야 또는 事業者數 등을 고려하여 대통령령으로 정하는 범위를 초과하여 상호 겸영하거나 그 株式 또는 持分을 所有할 수 없다.(2020.6.9 본항개정)
⑧ 지상파방송사업자·종합유선방송사업자 또는 위성방송사업자는 시장점유율 또는 사업자수 등을 고려하여 대통령령으로 정하는 범위를 초과하여 지상파방송사업자는 다른 지상파방송사업, 종합유선방송사업자는 다른 종합유선방송사업, 위성방송사업자는 다른 위성방송사업을 겸영하거나 그 주식 또는 지분을 소유할 수 없다. 다만, 「방송문화진흥회법」에 따라 설립된 방송문화진흥회가 최다출자자인 지상파방송사업자가 이 법 시행 당시 계열회사 관계에 있는 다른 지상파방송사업자의 주식 또는 지분을 소유하는 경우에는 그러하지 아니하다.
(2020.6.9 본문개정)
⑨ 放送채널使用事業者는 市場占有率 또는 事業者數 등을 고려하여 대통령령으로 정하는 범위를 초과하여 다른 放送채널使用事業을 겸영하거나 그 株式 또는 持分을 所有할 수 없다.(2020.6.9 본항개정)
⑩ 정당은 放送事業者의 株式 또는 持分을 所有할 수 없다.(2004.3.12 본항개정)
⑪ 제6항부터 제9항까지의 規定에 의한 겸영금지 및 所有制限 대상자에는 그의 特殊關係者를 포함한다.
(2009.7.31 본항개정)
⑫ 제2항부터 제10항까지의 規定을 위반하여 株式 또는 持分을 所有한 者는 그 所有分 또는 超過分에 대한 議決權을 행사할 수 없다.(2020.6.9 본항개정)
⑬ 과학기술정보통신부장관 또는 방송통신위원회는 다음 각 호의 구분에 따라 해당 규정을 위반한 자에게 6개월 이내의 기간을 정하여 위반 사항을 시정할 것을 명할 수 있다.(2017.7.26 본문개정)
1. 과학기술정보통신부장관(2017.7.26 본문개정)
가. 제5항을 위반한 자
나. 제6항부터 제9항까지의 규정을 위반한 자(제14조제6항제2호에 해당하는 방송사업자 외의 방송사업자와 전송망사업자로 한정한다)
2. 방송통신위원회
가. 제2항부터 제4항까지의 규정, 제10항, 제14항 및 제15항을 위반한 자
나. 제6항부터 제9항까지의 규정을 위반한 자(제14조제6항제2호에 해당하는 방송사업자로 한정한다)
(2013.3.23 본항개정)
⑭ 다음 각 호의 어느 하나에 해당하는 자는 공동체라디오방송사업자가 될 수 없다.
1. 대한민국 정부
2. 지방자치단체
3. 종교단체
4. 정당
5. 영리를 목적으로 공동체라디오방송사업을 영위하려는 자
(2006.10.27 본항신설)
⑮ 공동체라디오방송사업자는 1개를 초과하여 방송국을 소유할 수 없다.(2006.10.27 본항신설)

⑯ 특정 종합유선방송사업자는 해당 사업자와 특수관계자인 다음 각 호의 방송사업자를 합산하여 종합유선방송, 위성방송, 「인터넷 멀티미디어 방송사업법」 제2조제1호에 따른 인터넷 멀티미디어 방송을 포함한 전체 유료방송사업자 가입자 수의 3분의 1을 초과하여 서비스를 제공할 수 없다.
1. 종합유선방송사업자
2. 위성방송사업자<2018.6.27까지 유효>
3. 「인터넷 멀티미디어 방송사업법」 제2조제5호가목에 따른 인터넷 멀티미디어 방송 제공사업자<2018.6.27까지 유효>
(2015.6.22 본항신설)
⑰ 특정 위성방송사업자는 해당 사업자와 특수관계자인 다음 각 호의 방송사업자를 합산하여 종합유선방송, 위성방송, 「인터넷 멀티미디어 방송사업법」 제2조제1호에 따른 인터넷 멀티미디어 방송을 포함한 전체 유료방송사업자 가입자 수의 3분의 1을 초과하여 서비스를 제공할 수 없다.
1. 종합유선방송사업자
2. 위성방송사업자
3. 「인터넷 멀티미디어 방송사업법」 제2조제5호에 따른 인터넷 멀티미디어 방송사업자
(2015.6.22 본항신설 : 2018.6.27까지 유효)
⑱ 과학기술정보통신부장관은 도서산간 등 위성방송 수신만 가능한 지역은 제16항 및 제17항에 따른 가입자 수 산정에서 배제할 수 있는 예외지역으로 지정할 수 있다.(2017.7.26 본항개정)
⑲ 제16항 및 제17항에 따른 가입자 수의 산정 및 검증 등에 필요한 사항은 대통령령으로 정한다.(2015.6.22 본항신설)
(2022.1.11 본조제목개정)

第9條【허가·승인·등록 등】 ① 지상파방송사업을 하고자 하는 자는 방송통신위원회의 허가를 받아야 한다. 이 경우 방송통신위원회는 과학기술정보통신부장관에게 「전파법」에 따른 무선국 개설과 관련된 기술적 심사를 의뢰하고, 과학기술정보통신부장관으로부터 송부 받은 심사 결과를 허가에 반영하여야 한다.(2017.7.26 후단개정)
② 위성방송사업을 하고자 하는 자는 「전파법」으로 정하는 바에 따라 과학기술정보통신부장관의 방송국 허가를 받아야 하고, 종합유선방송사업 또는 중계유선방송사업을 하고자 하는 자는 대통령령으로 정하는 기준에 적합하게 시설과 기술을 갖추어 과학기술정보통신부장관의 허가를 받아야 한다. 이 경우 과학기술정보통신부장관은 미리 방송통신위원회의 동의를 받아야 한다.(2017.7.26 본항개정)
③ 제2항에도 불구하고 대통령령으로 정하는 기준에 해당하는 中繼有線放送事業者가 綜合有線放送事業을 하고자 할 경우에는 과학기술정보통신부장관의 승인을 얻어야 한다.(2020.6.9 본항개정)
④ 제3항에 따라 승인을 얻은 者는 승인을 얻은 때부터 제2조제3호나목에 따른 綜合有線放送事業者로 許可를 받은 것으로 본다.(2020.6.9 본항개정)
⑤ 放送채널使用事業·電光板放送事業 또는 音樂有線放送事業을 하고자 하는 者는 과학기술정보통신부장관에게 登錄하여야 한다. 다만, 종합편성이나 보도에 관한 전문편성을 행하는 방송채널사용사업을 하려는 자는 방송통신위원회의 승인을 받아야 하고, 상품소개와 판매에 관한 전문편성을 행하는 방송채널사용사업을 하려는 자는 과학기술정보통신부장관의 승인을 받아야 한다. 이 경우 데이터방송을 하기 위하여 등록을 하거나 승인을 얻은 자는 등록을 하거나 승인을 얻은 날부터 7일 이내에 「전기통신사업법」 제22조에 따른 부가통신사업의 신고를 하여야 한다.(2020.6.9 후단개정)
⑥ 外國 人工衛星의 無線設備(國內에서 수신될 수 있는 것에 한정한다)를 이용하여 衛星放送을 행하는 事業을 하고자 하는 者는 과학기술정보통신부장관의 승인을 얻어야 한다.(2020.6.9 본항개정)
⑦ 제6항에 따라 승인을 얻은 者에 대하여는 第2條第3號다目의 衛星放送事業者에 대하여 적용되는 規定을 準用한다.(2020.6.9 본항개정)
⑧ 外國 人工衛星의 無線局(國內에서 수신될 수 있는 것에 한정한다)의 특정 채널의 전부 또는 일부 시간에 대한 전용사용계약을 체결하여 그 채널을 사용하고자 하는 者는 과학기술정보통신부장관의 승인을 얻어야 한다.
(2020.6.9 본항개정)
⑨ 제8항에 따라 승인을 얻은 者에 대하여는 第2條第3號라目의 放送채널使用事業者에 대하여 적용되는 規定을 準用한다.(2020.6.9 본항개정)
⑩ 전송망사업을 하려는 자는 과학기술정보통신부장관에게 등록하여야 한다. 이 경우 과학기술정보통신부장관은 등록 신청이 다음 각 호의 어느 하나에 해당하는 경우를 제외하고는 등록을 거부하지 못한다.(2017.7.26 본문개정)
1. 재정능력 및 기술인력 등 대통령령으로 정하는 등록요건을 갖추지 못한 경우
2. 등록을 신청한 자가 제13조제1항에 위반되는 경우
3. 등록을 신청한 법인의 대표자가 제13조제3항제1호부터 제6호까지의 어느 하나에 해당하는 경우
4. 그 밖에 이 법 또는 다른 법령에 따른 제한에 위반되는 경우
(2015.3.13 본항개정)
⑪ 공동체라디오방송사업을 하고자 하는 자는 방송통신위원회의 허가를 받아야 한다. 이 경우 방송통신위원회는 과학기술정보통신부장관에게 「전파법」에 따른 무선국 개설과 관련된 기술적 심사를 의뢰하고, 과학기술정보통신부장관으로부터 송부 받은 심사 결과를 허가에 반영하여야 한다. 이 외의 공동체라디오방송사업자의 편성, 재원 등 운영에 필요한 세부사항은 대통령령으로 정한다.
(2017.7.26 후단개정)
⑫ 제1항부터 제11항까지의 규정에 따른 허가·승인 및 등록의 절차 등에 관하여 필요한 사항은 大統領令으로 정한다.(2020.6.9 본항개정)
(2008.2.29 본조제목개정)
판례 방송법은 중계유선방송사업의 허가요건, 기준, 절차에 관하여 엄격하게 규정함으로써 중계유선방송사업의 합리적인 관리를 통하여 중계유선방송사업의 건전한 발전과 이용의 효율화를 기함으로써 공공복리를 증진하려는 목적과 함께 엄격한 요건을 통과한 사업자에 대하여는 사실상 독점적 지위에서 영업할 수 있는 지역사업권을 부여하여 무허가업자의 경업이나 허가를 받은 업자간 과당경쟁으로 인한 유선방송사업 경영의 불합리를 방지함으로써 사익을 보호하려는 목적도 있다고 할 것이므로, 허가를 받은 중계유선방송사업자의 사업상 이익은 단순한 반사적 이익에 그치는 것이 아니라 방송법에 의하여 보호되는 법률상 이익이라고 보아야 한다.(대판 2007.5.11, 2004다11162)
판례 방송위원회가 중계유선방송사업자에게 한 종합유선방송사업으로의 전환승인처분은 재량권의 일탈·남용이라 할 수 없다.(대판 2005.1.14, 2003두13045)

第9條의2【방송채널사용사업의 등록요건】 ① 제9조제5항 본문에 따라 방송채널사용사업의 등록을 하려는 자는 다음 각 호의 요건을 갖추어야 한다.
1. 납입자본금과 실질자본금(해당 방송채널사용사업만을 위한 자본금을 말한다)이 각각 5억원 이상일 것. 이 경우 "자본금"은 주식회사 외의 법인의 경우에는 "출자금"으로 본다.
2. 주조정실(방송프로그램의 편성 및 송출 등을 종합조정하는 장소를 말한다), 부조정실(개별 방송프로그램의 제작을 조정하는 장소를 말한다), 종합편집실(음성·영상·음향 등을 편집하여 개별 방송프로그램을 완성하는 장소를 말한다) 및 송출시설을 갖출 것
3. 해당 방송채널사용사업을 영위할 수 있는 사무실을 보유할 것
4. 방송사업자가 사용하고 있는 다른 채널명과 동일한 채널명 또는 시청자가 동일한 채널로 오인할 수 있는 채널명을 사용하지 아니할 것
② 동일인이 여러 개의 방송채널사용사업을 겸영(兼營)하는 경우에 제1항제1호에 따른 자본금 요건의 적용 기준 등에 관하여 필요한 사항은 대통령령으로 정한다.
(2007.7.27 본조신설)

第9條의3【기술결합서비스의 신고 등】 ① 지상파방송사업자(공동체라디오방송사업자는 제외한다. 이하 제5항, 제18조제2항 및 제19조제2항에서 같다)·종합유선방송사업자·위성방송사업자 또는 「인터넷 멀티미디어 방송사업법」 제2조제5호가목에 따른 인터넷 멀티미디어 방송 제공사업자(이하 "인터넷 멀티미디어 방송 제공사업자"라 한다)는 기술결합서비스를 제공하려는 경우 다음 각 호의 구분에 따라 신고하여야 한다. 신고한 기술결합서비스의 내용을 변경하려는 경우에도 또한 같다.
1. 지상파방송사업자 : 방송통신위원회에 신고
2. 종합유선방송사업자·위성방송사업자 또는 인터넷 멀티미디어 방송 제공사업자 : 과학기술정보통신부장관에게 신고
② 과학기술정보통신부장관 또는 방송통신위원회는 제1항에 따른 신고를 받은 경우 그 내용이 시청자의 권익보호와 공정경쟁의 촉진 등 대통령령으로 정하는 기준을 충족하면 제1항에 따른 신고를 받은 날부터 대통령령으로 정하는 기한 이내에 신고를 수리하여야 한다.
③ 방송통신위원회는 제1항에 따른 신고를 받은 경우 과학기술정보통신부장관에게 「전파법」에 따른 무선국과 관련된 기술적 심사를 의뢰하고 과학기술정보통신부장관으로부터 송부받은 심사결과를 신고 수리에 반영하여야 한다.
④ 제1항·제2항에 따른 신고 및 수리에 관한 절차 등 세부 사항은 대통령령으로 정한다.
⑤ 지상파방송사업자·종합유선방송사업자·위성방송사업자 또는 인터넷 멀티미디어 방송 제공사업자는 기술결합서비스의 제공을 중지하거나 중단하려는 경우 다음 각 호의 구분에 따라 신고하여야 한다.
1. 지상파방송사업자 : 방송통신위원회규칙으로 정하는 바에 따라 방송통신위원회에 신고
2. 종합유선방송사업자·위성방송사업자 또는 인터넷 멀티미디어 방송 제공사업자 : 과학기술정보통신부령으로 정하는 바에 따라 과학기술정보통신부장관에게 신고
⑥ 과학기술정보통신부장관 또는 방송통신위원회는 제5항에 따른 신고를 받은 경우 그 내용을 검토하여 이 법에 적합하면 해당 신고를 수리하여야 한다.
(2022.1.11 본조개정)

第9條의4【기술중립 서비스 제공을 위한 특례】 ① 종합유선방송사업자, 위성방송사업자 또는 인터넷 멀티미디어 방송 제공사업자는 과학기술정보통신부령으로 정하는 바에 따라 상호 간에 다른 사업자의 전송방식을 이용하여 서비스를 제공할 수 있다.
② 종합유선방송사업자, 위성방송사업자 또는 인터넷 멀티미디어 방송 제공사업자가 제1항에 따라 다른 사업자의 전송방식으로 서비스를 제공하려는 경우에는 과학기술정보통신부령으로 정하는 바에 따라 과학기술정보통신부장관에게 신고하여야 한다.
③ 과학기술정보통신부장관은 제2항에 따른 신고를 받은 경우 시청자의 권익보호와 공정경쟁의 촉진 등 대통령령으로 정하는 기준을 충족하면 신고를 수리하여야 한다.
(2022.6.10 본조신설)

第10條【審査基準·節次】 ① 과학기술정보통신부장관 또는 방송통신위원회는 제9조제1항, 제2항 및 제11항에 따른 허가, 같은 조 제3항, 제5항, 제6항 및 제8항에 따른 승인을 할 때에는 다음 各號의 사항을 審査하여 그 결과를 公表하여야 한다.(2017.7.26 본문개정)
1. 放送의 公的 責任·공정성·公益性의 실현 가능성
2. 放送프로그램의 企劃·編成 및 製作計劃의 적절성
3. 지역적·사회적·문화적 필요성과 타당성
4. 조직 및 인력운영 등 경영계획의 적정성
5. 재정 및 기술적 능력
6. 放送發展을 위한 지원계획
7. 그 밖에 사업수행에 필요한 사항(2020.6.9 본호개정)
② 과학기술정보통신부장관 또는 방송통신위원회는 제1항에 따른 審査를 할 때에는 視聽者의 의견을 공개적으로 청취하고, 그 의견의 반영 여부를 公表하여야 한다.
(2020.6.9 본항개정)
③ 과학기술정보통신부장관은 종합유선방송사업을 하고자 하는 자를 허가할 때에는 特別市長·廣域市長 또는 道知事(이하 "市·道知事"라 한다)의 의견을 들어야 한다.(2017.7.26 본항개정)

第11條【放送分野 등의 告示】 과학기술정보통신부장관은 放送프로그램의 전문성과 채널의 다양성이 구현될 수 있도록 하기 위하여 專門編成의 放送分野와 放送프로그램의 종류에 따른 編成比率 등을 告示할 수 있다.
(2017.7.26 본조개정)

第12條【地域事業權】 ① 과학기술정보통신부장관은 제9조제2항에 따라 종합유선방송사업 또는 중계유선방송사업을 허가할 때에는 일정한 放送區域안에서 事業을 운영하는 권리(이하 "地域事業權"이라 한다)를 부여할 수 있다. 제9조제3항에 따라 綜合有線放送事業을 승인할 때에도 또한 같다.(2020.6.9 후단개정)
② 제1항에 따른 放送區域과 音樂有線放送의 事業區域은 行政區域을 중심으로 지역주민의 생활권 및 지리적 여건과 電氣通信設備 등을 참작하여 관계 中央行政機關의 長 및 市·道知事와 협의하여 과학기술정보통신부장관이 告示한다.(2020.6.9 본항개정)
③ (2005.5.18 삭제)

第13條【결격사유】 ① 다음 각 호의 어느 하나에 해당하는 자는 방송사업 또는 전송망사업을 할 수 없다.
1. 국가·지방자치단체 또는 법인이 아닌 자
2. 제18조에 따라 허가·승인 또는 등록이 취소(제13조제3항제2호 또는 제3호에 해당하여 허가·승인 또는 등록이 취소된 경우는 제외한다)된 후 3년이 지나지 아니한 법인
② 다음 각 호의 어느 하나에 해당하는 자는 중계유선방송사업·음악유선방송사업을 할 수 없다.
1. 외국인 또는 외국의 정부나 단체
2. 미성년자 또는 피성년후견인
3. 파산선고를 받은 자로서 복권되지 아니한 자
4. 이 법을 위반하여 벌금 이상의 형을 선고받고 그 집행이 종료되거나 그 집행을 받지 아니하기로 확정된 후 3년이 지나지 아니한 자 또는 그 집행유예기간 중에 있는 자
5. 제18조에 따라 중계유선방송사업·음악유선방송사업의 허가 또는 등록이 취소(제13조제2항제2호 또는 제3호에 해당하여 허가 또는 등록이 취소된 경우는 제외한다)된 후 2년이 지나지 아니한 자
③ 다음 각 호의 어느 하나에 해당하는 자는 제9조제1항·제2항·제3항·제5항·제6항·제8항·제10항 또는 제11항에 따라 허가 또는 승인을 받거나 등록을 한 법인의 대표자나 방송편성책임자가 될 수 없다.
1. 외국인
2. 미성년자 또는 피성년후견인
3. 파산선고를 받은 자로서 복권되지 아니한 자
4. 이 법을 위반하여 벌금 이상의 형을 선고받고 그 집행이 종료되거나 그 집행을 받지 아니하기로 확정된 후 3년이 지나지 아니한 자 또는 그 집행유예기간 중에 있는 자
5. 「형법」 제87조부터 제90조까지, 제92조, 제101조, 「군형법」 제5조부터 제8조까지, 제9조제2항, 제11조부터 제16조까지 또는 「국가보안법」 제3조부터 제9조까지의 규정에 따른 죄를 저질러 금고 이상의 실형의 선고를 받고 그 형의 집행이 종료되지 아니하거나 집행을 받지 아니하기로 확정되지 아니한 자 또는 그 집행유예기간 중에 있는 자
6. 「보안관찰법」에 따른 보안관찰처분, 종전의 「사회보호법」(법률 제7656호로 폐지되기 전의 것을 말한다)에 따른 보호감호 또는 「치료감호법」에 따른 치료감호의 집행 중에 있는 자

7. 외국의 법인 또는 단체의 대표자(전송망사업의 경우는 제외한다)
(2022.1.11 본조개정)

第14條【外國資本의 出資 및 出捐】 ① 지상파방송사업자 또는 공동체라디오방송사업자는 다음 各號에 해당하는 者로부터 재산상의 出資 또는 出捐을 받을 수 없다. 다만, 방송통신위원회의 승인을 얻은 경우에는 교육·체육·종교·자선이나 그 밖의 국제적 친선을 목적으로 하는 외국의 團體로부터 재산상의 出捐을 받을 수 있다.(2020.6.9 단서개정)
1. 外國의 政府나 團體
2. 外國人
3. 外國의 政府나 團體 또는 外國人이 대통령령으로 정하는 비율을 초과하여 株式 또는 持分을 所有하고 있는 法人(2020.6.9 본호개정)

② 종합편성을 행하는 방송채널사용사업자 또는 중계유선방송사업자는 해당 법인의 주식 또는 지분 총수의 100분의 20을, 보도에 관한 전문편성을 행하는 방송채널사용사업자는 해당 법인의 주식 또는 지분 총수의 100분의 10을 초과하여 제1항 각 호에 해당하는 자로부터 재산상의 출자 또는 출연을 받을 수 없다.(2009.7.31 본항개정)
③ 종합유선방송사업자·위성방송사업자·방송채널사용사업자(종합편성 또는 보도에 관한 전문편성을 하는 자는 제외한다) 또는 전송망사업자는 해당 法人의 株式 또는 持分 총수의 100分의 49를 초과하여 第1項 各號에 해당하는 者로부터 재산상의 出資 또는 出捐을 받을 수 없다. 다만, 방송채널사용사업자(종합편성이나 보도에 관한 전문편성 또는 상품소개와 판매에 관한 전문편성을 하는 자는 제외한다)의 경우 대한민국이 외국과 양자간(兩者間) 또는 다자간(多者間)으로 체결하여 발효된 자유무역협정 중 과학기술정보통신부장관이 정하여 고시하는 자유무역협정 체결 상대국의 정부나 단체 또는 외국인이 주식 또는 지분을 소유하고 있는 법인은 제1항제3호의 요건을 갖춘 경우에도 같은 호에 해당하는 자로 보지 아니한다.(2020.6.9 본문개정)
④ 제2항 및 제3항을 적용할 때 제1항 각호에 해당하는 자가 소유하고 있는 주식 또는 지분을 합산한다.
(2020.6.9 본항개정)
⑤ 방송사업자·중계유선방송사업자 또는 전송망사업자가 제1항부터 제3항까지의 규정을 위반하게 된 경우에 위반의 원인을 제공한 주식 또는 지분의 소유자는 그 소유분 또는 초과분에 대한 의결권을 행사할 수 없다.
(2020.6.9 본항개정)
⑥ 과학기술정보통신부장관 또는 방송통신위원회는 방송사업자·중계유선방송사업자 또는 전송망사업자가 제1항부터 제3항까지의 규정을 위반하게 된 경우에는 다음 각 호의 구분에 따른 자에게 6개월 이내의 기간을 정하여 해당 사항을 시정할 것을 명할 수 있다.(2017.7.26 본문개정)
1. 과학기술정보통신부장관 : 제2호에 해당하는 방송사업자 외의 방송사업자, 중계유선방송사업자 또는 전송망사업자나 위반의 원인을 제공한 주식·지분의 소유자(2017.7.26 본호개정)
2. 방송통신위원회 : 지상파방송사업자, 공동체라디오방송사업자 또는 종합편성이나 보도에 관한 전문편성을 행하는 방송채널사용사업자나 위반의 원인을 제공한 주식·지분의 소유자(2013.3.23 본호신설)

第15條【變更許可 등】 ① 放送事業者·中繼有線放送事業者·音樂有線放送事業者 및 電光板放送事業者는 다음 各號의 사항을 변경하고자 하는 때에는 과학기술정보통신부장관 또는 방송통신위원회로부터 변경허가 또는 변경승인을 얻거나 變更登錄을 하여야 한다. 이 경우 그 절차는 제9조제1항, 제2항, 제3항, 제5항, 제6항, 제8항, 제10항 및 제11항을 準用한다.(2017.7.26 전단개정)
1. 해당 法人의 합병 및 분할. 다만, 종합유선방송사업자 및 위성방송사업자가 「독점규제 및 공정거래에 관한 법률」 제2조제12호에 따른 계열회사인 법인을 합병하려는 경우에는 대통령령으로 정하는 바에 따라 과학기술정보통신부장관에게 신고하여야 한다.(2024.1.23 단서신설)
2. 개인이 영위하는 사업의 법인사업으로의 전환
(2002.12.18 본호신설)
3. (2006.10.27 삭제)
4. 개인이 영위하는 사업의 양도(2002.12.18 본호신설)
5. 放送分野의 변경
6. 放送구역의 변경
7. 그 밖에 대통령령으로 정하는 중요한 시설의 변경
(2020.6.9 본호개정)
② 지상파방송사업자 또는 공동체라디오방송사업자가 다음 각호의 사항을 변경한 때에는 이를 지체없이 방송통신위원회에 신고하여야 한다.(2013.3.23 본문개정)
1. 대표자
2. 방송편성책임자(2013.3.23 본호개정)
3. 법인명 또는 상호
4. 주된 사무소의 소재지
(2002.12.18 본항개정)
③ 방송사업자(지상파방송사업자 및 공동체라디오방송사업자는 제외한다)·중계유선방송사업자·음악유선방송사업자 또는 전광판방송사업자가 다음 각호의 사항을 변경한 때에는 이를 지체없이 과학기술정보통신부장관에게 신고하여야 한다. 다만, 종합편성이나 보도에 관한 전문편성을 행하는 방송채널사용사업자는 방송통신위원회에 신고하여야 한다.(2020.6.9 본문개정)
1. 대표자
2. 방송편성책임자(방송사업자에 한정한다)(2013.3.23 본호개정)
3. 법인명 또는 상호
4. 주된 사무소의 소재지
(2002.12.18 본항개정)
④ 과학기술정보통신부장관은 제1항제1호 단서에 따른 신고를 받은 경우 그 내용을 검토하여 신고 내용의 사실 여부 등 대통령령으로 정하는 기준에 부합하는 경우 해당 신고를 수리하여야 한다. 이 경우 수리에 관한 절차 등 세부사항은 대통령령으로 정한다.(2024.1.23 본항신설)

第15條의2【최다액출자자 등 변경승인 등】 ① 방송사업자 또는 중계유선방송사업자의 주식 또는 지분의 취득 등을 통하여 해당 사업자의 최다액출자자(해당 사업자의 출자자 본인과 그의 특수관계자의 주식 또는 지분을 합하여 의결권이 있는 주식 또는 지분의 비율이 가장 많은 자를 말한다. 이하 같다)가 되고자 하는 자와 경영권을 실질적으로 지배하고자 하는 자는 다음 각 호의 구분에 따라 과학기술정보통신부장관 또는 방송통신위원회의 승인을 얻어야 한다. 다만, 제9조제5항 본문에 따라 등록을 한 방송채널사용사업자의 최다액출자자가 되고자 하는 자와 경영권을 실질적으로 지배하고자 하는 자는 이를 과학기술정보통신부장관에게 신고하여야 한다.(2020.6.9 단서개정)
1. 제14조제6항제1호에 해당하는 방송사업자와 중계유선방송사업자의 최다액 출자자가 되려는 자와 경영권을 실질적으로 지배하려는 자 : 과학기술정보통신부장관
(2017.7.26 본호개정)
2. 제14조제6항제2호에 해당하는 방송사업자의 최다액출자자가 되려는 자와 경영권을 실질적으로 지배하려는 자 : 방송통신위원회(2013.3.23 본호신설)
② 과학기술정보통신부장관 또는 방송통신위원회는 제1항 본문에 따른 승인을 하고자 할 때에는 다음 각 호의 사항을 심사하여야 한다.(2020.6.9 본문개정)
1. 방송의 공적 책임·공정성 및 공익성의 실현가능성
2. 사회적 신용 및 재정적 능력
3. 시청자의 권익보호
4. 그 밖에 사업수행에 필요한 사항
③ 제1항 본문에 따른 승인을 얻지 아니하고 최다액출자자가 되거나 경영권을 실질적으로 지배하게 된 자는 승인을 얻지 아니하고 취득한 주식 또는 지분에 대한 의결권을 행사할 수 없으며, 과학기술정보통신부장관 또는 방송통신위원회는 6개월 이내의 기간을 정하여 해당 주식 또는 지분을 취득한 자에 대하여 주식 또는 지분의 처분 등 시정에 필요한 명령을 할 수 있다.(2020.6.9 본항개정)
④ 과학기술정보통신부장관은 제1항 단서에 따른 신고를 받은 경우 그 내용을 검토하여 이 법에 적합하면 해당 신고를 수리하여야 한다. 이 경우 신고의 효력은 「행정기본법」 제34조에도 불구하고 해당 방송채널사용사업자의 주식 또는 지분의 취득 등 신고대상 행위가 있었던 날로 소급하여 발생한다.(2022.1.11 본항신설)
⑤ 제1항 및 제3항에 따른 경영권을 실질적으로 지배하는 자에 해당하는 경우와 승인 및 신고의 절차 등에 관하여 필요한 사항은 대통령령으로 정한다.(2020.6.9 본항개정)
(2022.1.11 본조제목개정)
(2006.10.27 본조신설)

第16條【허가 및 승인 유효기간】 제9조제2항의 규정에 따라 허가받은 종합유선방송사업 및 중계유선방송사업과 제9조제5항 단서의 규정에 따라 승인을 얻은 방송채널사용사업의 허가 또는 승인의 유효기간은 7년을 초과하지 아니하는 범위 내에서 대통령령으로 정한다.(2016.1.27 본조개정)

第17條【再許可 등】 ① 放送事業者(放送채널使用事業者는 제외한다) 및 中繼有線放送事業者가 許可有效期間의 만료 후 계속 放送을 행하고자 하는 때에는 과학기술정보통신부장관 또는 방송통신위원회의 再許可를 받아야 한다. 이 경우 제9조제1항, 제2항 및 제11항을 준용한다.(2017.7.26 전단개정)
② 제9조제5항 단서에 따라 승인을 얻은 放送채널使用事業者가 承認有效期間 만료 후 계속 放送을 행하고자 하는 때에는 과학기술정보통신부장관 또는 방송통신위원회의 再承認을 얻어야 한다.(2020.6.9 본항개정)
③ 과학기술정보통신부장관 또는 방송통신위원회가 제1항 및 제2항에 따라 재허가 또는 再承認을 할 때에는 第10條第1項 各號 및 다음 各號의 사항을 審査하고 그 결과를 公表하여야 한다.(2020.6.9 본문개정)
1. 제31조제1항에 따른 방송평가(2013.3.23 본호개정)
2. 이 법에 따른 시정명령의 횟수와 시정명령에 대한 불이행 사례(2013.3.23 본호개정)
2의2. 방송의 공적 책임을 고려하여 대통령령으로 정하는 법령의 위반 여부(2018.12.24 본호신설)
3. 視聽者委員會의 放送프로그램 評價
4. 지역사회발전에 이바지한 정도
5. 放送發展을 위한 지원계획의 이행 여부
5의2. 「방송광고판매대행 등에 관한 법률」 제20조제2항에 따른 네트워크 지역지상파방송사업자와 중소지상파방송사업자에 대한 방송광고 판매 지원 이행 정도
(2012.2.22 본호신설)
6. 그 밖에 許可 또는 승인 당시의 放送事業者 준수사항 이행 여부(2020.6.9 본호개정)
④ 第10條第2項 및 第3項의 規定은 第1項의 재허가 또는 제2항에 따른 再承認의 경우에 이를 準用한다.
(2020.6.9 본항개정)

第18條【허가·승인·등록의 취소 등】 ① 방송사업자·중계유선방송사업자·음악유선방송사업자·전광판방송사업자 또는 전송망사업자가 다음 각 호의 어느 하나에 해당하는 경우에는 과학기술정보통신부장관 또는 방송통신위원회가 소관 업무에 따라 허가·승인 또는 등록을 취소하거나 6개월 이내의 기간을 정하여 그 업무의 전부 또는 일부를 정지하거나 광고의 중단 또는 제16조에 따른 허가·승인의 유효기간 단축을 명할 수 있다. 다만, 제13조제3항의 각 호의 어느 하나에 해당하는 자가 법인의 대표자 또는 방송편성책임자가 된 경우로서 3개월 이내에 그 임원을 변경하는 때에는 허가·승인 또는 등록의 취소, 업무정지, 광고의 중단 또는 허가·승인의 유효기간 단축을 명하지 아니한다.(2022.1.11 본문개정)
1. 거짓이나 그 밖의 부정한 방법으로 許可·變更許可·再許可를 받거나 승인·변경승인·再承認을 얻거나 登錄·變更登錄을 한 때(2020.6.9 본호개정)
2. 第8條의 規定에 위반하여 株式 또는 持分을 所有한 때
3. 第13條의 缺格事由에 해당하게 된 때
4. 第14條의 規定에 위반하여 재산상의 出資 또는 出捐을 받은 때
5. 이 法에 의한 許可를 받거나 승인을 얻거나 登錄한 날부터 2年 이내에 放送 또는 事業을 개시하지 아니한 때
6. 제15조제1항을 위반하여 변경허가 또는 변경승인을 받지 아니하거나 변경등록을 하지 아니한 때(2007.7.27 본호개정)
7. 제77조제7항에 따른 약관변경명령 또는 재통지명령 등을 이행하지 아니한 때(2022.1.11 본호개정)
8. (2016.1.27 삭제)
8의2. 제91조의7제1항에 따른 방송의 유지·재개 명령을 이행하지 아니한 때(2015.12.22 본호신설)
9. 제99조제1항에 따른 시정명령을 이행하지 아니하거나 같은 조 제2항에 따른 시설개선명령을 이행하지 아니한 때(2007.7.27 본호신설)
10. 제100조제1항에 따른 제재조치명령을 이행하지 아니한 때(2007.7.27 본호신설)
11. 제69조의2제5항에 따른 명령을 이행하지 아니한 때
(2009.7.31 본호신설)
12. 방송사업자가 내부·외부의 부당한 간섭으로 불공정하게 채널을 구성한 때(2013.3.23 본호신설)
13. 과학기술정보통신부장관이 제85조의2제2항 후단에 따라 방송통신위원회로부터 통보받은 때(2017.7.26 본호개정)
② 지상파방송사업자·종합유선방송사업자·위성방송사업자 또는 인터넷 멀티미디어 방송 제공사업자가 허위, 그 밖의 부정한 방법으로 제9조의3제2항에 따른 신고수리를 받은 경우에는 과학기술정보통신부장관 또는 방송통신위원회가 신고수리를 취소하거나 6개월 이내의 기간을 정하여 그 업무의 전부 또는 일부를 정지하거나 광고의 중단을 명할 수 있다.(2022.1.11 본항개정)
③ 과학기술정보통신부장관은 제9조제5항 본문에 따라 등록한 방송채널사용사업자가 다음 각 호의 어느 하나에 해당하는 경우에는 등록을 취소할 수 있다.
1. 5년 이상 계속하여 방송을 행하지 아니한 경우
2. 제84조제2항에 따른 신고수리를 받지 아니하고 폐업한 경우(2022.1.11 본호개정)
(2019.12.10 본항신설)
④ 제1항 및 제2항에 따른 명령의 기준·절차, 제3항 각 호의 사항을 확인하기 위한 방법 등에 필요한 사항은 大統領令으로 정한다.(2019.12.10 본항개정)
⑤ 과학기술정보통신부장관 또는 방송통신위원회는 제1항에 따라 허가·승인 또는 등록을 취소하는 경우 또는 제17조에 따른 재허가·재승인을 받지 못한 경우 대통령령으로 정하는 바에 따라 해당 사업자에게 대하여 그 사업을 승계하는 자가 방송을 개시할 때까지 12개월의 범위 내에서 기간을 정하여 방송을 계속하도록 할 수 있다.
(2018.3.13 본항개정)
(2022.1.11 본조제목개정)

第19條【課徵金 처분】 ① 과학기술정보통신부장관 또는 방송통신위원회는 放送事業者·中繼有線放送事業者·音樂有線放送事業者·電光板放送事業者 또는 傳送網事業者가 第18條第1項 각 호의 어느 하나에 해당하여 업무정지처분을 하여야 할 경우로서 그 업무정지처분이 視聽者에게 심한 불편을 주거나 그 밖에 公益을 해할 우려가 있는 때에는 그 업무정지처분을 갈음하여 1億원 이하의 課徵金을 賦課할 수 있다.(2020.6.9 본항개정)
② 과학기술정보통신부장관 또는 방송통신위원회는 지상파방송사업자·종합유선방송사업자·위성방송사업자 또는 인터넷 멀티미디어 방송 제공사업자가 제18조제2항에 해당하여 업무정지처분을 하여야 할 경우로서 그 업무정지처분이 시청자에게 심한 불편을 주거나 그 밖에 공익을 해할 우려가 있는 때에는 그 업무정지처분을 갈음하여 1억원 이하의 과징금을 부과할 수 있다.
(2017.7.26 본항개정)
③~④ (2006.10.27 삭제)

第3章 소속위원회 등
(2013.3.23 본장제목개정)

第20條～第30條 (2008.2.29 삭제)

第31條【放送評價委員會】 ① 방송통신위원회는 放送事業者의 放送프로그램 내용 및 編成과 운영 등에 관하여 종합적으로 評價할 수 있다.
② 방송통신위원회는 第1項의 評價業務를 효율적으로 수행하기 위하여 放送評價委員會를 둘 수 있다.
③ 放送評價委員會 委員은 방송통신위원회 委員長이 방송통신위원회의 同意를 얻어 위촉하며, 구성과 운영에 관하여 필요한 사항은 방송통신위원회규칙으로 정한다.
(2008.2.29 본조개정)

第32條【放送의 공정성 및 공공성 審議】 방송통신심의위원회는 放送·中繼有線放送 및 電光板放送의 내용과 그 밖에 電氣通信回線을 통하여 공개를 목적으로 유통되는 情報중 放送과 유사한 것으로서 대통령령으로 정하는 情報의 내용이 공정성과 공공성을 유지하고 있는지의 여부와 公的 責任을 준수하고 있는지의 여부를 放送 또는 유통된 후 審議·議決한다. 이 경우 매체별·채널별 특성을 고려하여야 한다.(2020.6.9 전단개정)

第33條【審議規程】 ① 방송통신심의위원회는 放送의 공정성 및 공공성을 審議하기 위하여 放送審議에 관한 規程(이하 "審議規程"이라 한다)을 제정·公表하여야 한다.(2008.2.29 본항개정)
② 第1項의 審議規程에는 다음 各號의 사항이 포함되어야 한다.
1. 憲法의 민주적 基本秩序의 유지와 인권존중에 관한 사항
2. 건전한 가정생활 보호에 관한 사항
3. 아동 및 청소년의 보호와 건전한 인격형성에 관한 사항
4. 공중도덕과 사회윤리에 관한 사항
5. 兩性平等에 관한 사항
6. 국제적 友誼 증진에 관한 사항
7. 장애인 등 放送소외계층의 권익증진에 관한 사항
8. 인종, 민족, 지역, 종교 등을 이유로 한 차별 금지에 관한 사항(2014.5.28 본호신설)
9. 민족문화의 창달과 민족의 주체성 함양에 관한 사항
10. 報道·論評의 공정성·공공성에 관한 사항
11. 언어순화에 관한 사항
12. 자연환경 보호에 관한 사항
13. 건전한 소비생활 및 시청자의 권익보호에 관한 사항
(2009.7.31 12호～13호신설)
14. 자살예방 및 생명존중문화 조성에 관한 사항
(2019.12.10 본호신설)
15. 법령에 따라 방송광고가 금지되는 품목이나 내용에 관한 사항
16. 방송광고 내용의 공정성·공익성에 관한 사항
(2009.7.31 15호～16호신설)
17. 그 밖에 이 法의 規定에 의한 방송통신심의위원회의 審議業務에 관한 사항(2020.6.9 본호개정)
③ 방송사업자·중계유선방송사업자·전광판방송사업자 및 외주제작사는 심의규정을 준수하여야 한다.
(2016.1.27 본항신설)
④ 放送事業者는 아동과 청소년을 보호하기 위하여 放送프로그램의 폭력성 및 음란성 등의 유해정도, 視聽者의 연령 등을 고려하여 放送프로그램의 等級을 분류하고 이를 放送 중에 표시하여야 한다.(2020.6.9 본항개정)
⑤ 방송통신심의위원회는 제4항에 따른 放送프로그램 等級分類와 관련하여 분류기준등 필요한 사항을 방송통신심의위원회규칙으로 정하여 公表하여야 한다. 이 경우 분류기준은 放送매체와 放送分野別 특성 등을 고려하여 차등을 둘 수 있다.(2016.1.27 전단개정)
⑥ 방송통신심의위원회는 제4항에 따라 방송사업자가 자율적으로 부여한 방송프로그램의 등급에 대하여 적절하지 아니하다고 판단되는 경우 해당 방송사업자에게 해당 방송프로그램의 등급분류를 조정하도록 요구할 수 있다.
(2019.12.10 본항개정)

第34條 (2008.2.29 삭제)

第35條【시청자권익보호위원회】 ① 방송통신위원회는 방송 및 「인터넷 멀티미디어 방송사업법」 제2조제1호에 따른 인터넷 멀티미디어 방송(이하 "인터넷 멀티미디어 방송"이라 한다)에 관한 시청자의 의견을 수렴하고 시청자의 정당한 권익 침해 등 시청자불만 및 청원사항에 관한 심의를 효율적으로 수행하기 위하여 시청자권익보호위원회를 둔다.(2015.12.22 본항개정)
② 시청자권익보호위원회 委員은 방송통신위원회 委員長이 방송통신위원회의 同意를 얻어 위촉한다.
③ 시청자권익보호위원회의 구성과 운영, 시청자불만처리의 절차와 분쟁의 조정 등에 관하여 필요한 사항은 방송통신위원회규칙으로 정한다.(2015.12.22 본항개정)
(2011.7.14 본조개정)

第35條의2 (2010.3.22 삭제)

第35條의3【방송분쟁조정위원회 구성 및 운영】 ① 방송통신위원회는 다음 각 호에 해당하는 자들 사이에서 발생한 방송에 관한 분쟁을 효율적으로 조정하기 위하여 방송분쟁조정위원회를 둘 수 있다. 다만, 분쟁조정의 주된 대상이 저작권에 관련된 경우에는 「저작권법」에 따른다.
1. 방송사업자
2. 중계유선방송사업자
3. 음악유선방송사업자
4. 전광판방송사업자
5. 전송망사업자
6. 「인터넷 멀티미디어 방송사업법」 제2조제5호에 따른 인터넷 멀티미디어 방송사업자(이하 "인터넷 멀티미디어 방송사업자"라 한다)
7. 「전기통신사업법」 제2조제8호에 따른 전기통신사업자
8. 외주제작사
② 방송분쟁조정위원회는 방송통신위원회 위원장이 지명하는 위원장 1명을 포함한 5명 이상 7명 이하의 위원으로 구성한다.(2016.1.27 본항신설)
③ 방송분쟁조정위원회 위원은 다음 각 호의 어느 하나에 해당하는 사람 중에서 방송통신위원회위원장이 방송통신위원회의 동의를 얻어 위촉한다. 이 경우 문화체육관광부장관이 추천하는 1명이 포함되어야 한다.
1. 판사·검사 또는 변호사로 5년 이상 재직한 사람
2. 공인회계사로 5년 이상 재직한 사람
3. 법률·행정·경영·회계·신문방송 관련 학과의 대학교수로 5년 이상 재직한 사람
4. 그 밖에 방송에 관한 지식과 경험이 풍부한 사람
④ 방송분쟁조정위원회 위원의 임기는 2년으로 하되, 한 차례만 연임할 수 있다. 다만, 보궐위원의 임기는 전임자 임기의 남은 기간으로 한다.(2016.1.27 본항신설)
⑤ 방송분쟁조정위원회 위원은 다음 각 호의 어느 하나에 해당하는 경우에는 방송분쟁조정위원회에 신청된 분쟁조정사건(이하 이 조에서 "사건"이라 한다)의 심의·의결에서 제척된다.
1. 방송분쟁조정위원회 위원 또는 그 배우자나 배우자였던 사람이 그 사건의 당사자가 되거나 그 사건에 관하여 공동의 권리자 또는 의무자의 관계에 있는 경우
2. 방송분쟁조정위원회 위원이 그 사건의 당사자와 친족관계에 있거나 있었던 경우
3. 방송분쟁조정위원회 위원이 그 사건에 관하여 당사자의 대리인으로서 관여하거나 관여하였던 경우
4. 방송분쟁조정위원회 위원이 그 사건에 관하여 증언, 감정, 법률자문을 한 경우
(2016.1.27 본항신설)
⑥ 분쟁당사자는 방송분쟁조정위원회 위원에게 공정한 심의·의결을 기대하기 어려운 사정이 있는 경우에는 방송분쟁조정위원회 위원장에게 기피신청을 할 수 있다. 이 경우 위원장은 기피신청에 대하여 방송분쟁조정위원회의 의결을 거치지 아니하고 결정한다.(2016.1.27 본항신설)
⑦ 방송분쟁조정위원회 위원이 제5항 또는 제6항의 사유에 해당하는 경우에는 스스로 그 사건의 심의·의결에서 회피할 수 있다.(2016.1.27 본항신설)
⑧ 외주제작사가 분쟁의 당사자인 경우에는 분쟁 당사자 일방 또는 쌍방의 신청에 따라 제1항에 따른 방송분쟁조정위원회 또는 「콘텐츠산업 진흥법」 제29조제1항 본문에 따른 콘텐츠분쟁조정위원회가 분쟁을 조정할 수 있다.
(2016.1.27 본항신설)
⑨ 그 밖에 방송분쟁조정위원회의 구성과 운영, 분쟁의 조정 등에 관하여 필요한 사항은 대통령령으로 정한다.
(2016.1.27 본조개정)

第35條의4【미디어다양성위원회】 ① 방송통신위원회는 방송의 여론 다양성을 보장하기 위하여 미디어다양성위원회를 둔다.
② 미디어다양성위원회위원은 방송통신위원회위원장이 방송통신위원회의 의결을 거쳐 위촉한다.
③ 미디어다양성위원회의 직무는 다음 각 호와 같다.
1. 제69조의2에 따른 방송사업자의 시청점유율 조사 및 산정
2. 매체간 합산 영향력지수 개발
3. 여론 다양성 증진을 위한 조사·연구
4. 그 밖에 여론 다양성 보장을 위하여 필요한 사항으로서 대통령령으로 정하는 사항
④ 제3항제2호의 매체간 합산 영향력지수는 2012년 12월 31일까지 개발을 완료한다.
⑤ 미디어다양성위원회의 구성과 운영 등에 필요한 사항은 대통령령으로 정한다.
(2009.7.31 본조신설)

第35條의5【방송시장경쟁상황평가위원회】 ① 방송통신위원회는 방송시장(인터넷 멀티미디어 방송을 포함한다)의 효율적인 경쟁체제 구축과 공정한 경쟁 환경을 조성하기 위하여 방송시장경쟁상황평가위원회를 둔다.
② 방송시장경쟁상황평가위원회의 위원은 9명으로 하며, 방송통신위원회 위원장이 방송통신위원회의 동의를 받아 위촉한다.
③ 방송시장경쟁상황평가위원회는 방송사업자 및 「인터넷 멀티미디어 방송사업법」 제2조제5호에 따른 인터넷 멀티미디어 방송사업자(이하 "인터넷 멀티미디어 방송사업자"라 한다)에 대하여 제1항에 따른 경쟁상황 평가를 위하여 필요한 자료의 제출을 요청할 수 있다.
(2015.12.22 본항개정)
④ 방송통신위원회는 매년 방송시장의 경쟁상황 평가를 실시하고 평가가 종료된 후 3개월 이내에 국회에 보고하여야 한다.
⑤ 경쟁상황 평가를 위한 구체적인 평가기준·절차·방법, 방송시장경쟁상황평가위원회의 구성 및 운영 등에 관하여 필요한 사항은 대통령령으로 정한다.
(2011.7.14 본조신설)

第36條～第40條 (2010.3.22 삭제)

第41條～第42條 (2008.2.29 삭제)

第42條의2【지역방송발전위원회의 설치】 방송통신위원회에 지역방송발전위원회를 둔다.(2014.6.3 본조개정)

第42條의3～第42條의4 (2014.6.3 삭제)

第4章 韓國放送公社

第43條【設置 등】 ① 공정하고 건전한 放送文化를 정착시키고 國內外 放送을 효율적으로 실시하기 위하여 國家基幹放送으로서 韓國放送公社(이하 이 章에서 "公社"라 한다)를 설립한다.
② 公社는 法人으로 한다.
③ 公社의 주된 事務所의 소재지는 定款으로 정한다.
④ 公社는 업무수행을 위하여 필요한 때에는 理事會의 議決을 거쳐 地域放送局을 둘 수 있다.
⑤ 公社의 資本金은 3千億원으로 하고 그 전액을 政府가 出資한다.
⑥ 第5項의 資本金 납입의 시기와 방법은 기획재정부장관이 정하는 바에 따른다.(2008.2.29 본항개정)
⑦ 公社는 주된 事務所의 소재지에서 設立登記를 함으로써 성립한다.
⑧ 제7항에 따른 設立登記와 地域放送局의 設置登記, 移轉登記, 변경등기, 그 밖에 公社의 登記에 관하여 필요한 사항은 大統領令으로 정한다.(2020.6.9 본항개정)

第44條【公社의 公的 責任】 ① 公社는 放送의 목적과 公的 責任, 放送의 공정성과 公益性을 실현하여야 한다.
② 公社는 國民이 지역과 주변 여건과 관계없이 양질의 放送서비스를 제공받을 수 있도록 노력하여야 한다.
(2020.6.9 본항개정)
③ 公社는 視聽者의 公益에 기여할 수 있는 새로운 放送프로그램·放送서비스 및 放送기술을 연구하고 개발하여야 한다.
④ 公社는 國內外를 대상으로 민족문화를 창달하고, 민족의 동질성을 확보할 수 있는 放送프로그램을 개발하여 放送하여야 한다.
⑤ 공사는 방송의 지역적 다양성을 구현하고 지역사회의 균형 있는 발전에 이바지할 수 있는 양질의 방송프로그램을 개발하여 방송하여야 한다.(2022.1.11 본항신설)

第45條【定款의 기재사항】 ① 公社의 定款에는 다음 各號의 사항을 기재하여야 한다.
1. 목적
2. 명칭
3. 주된 사무소의 소재지
4. 公社의 조직과 理事長·理事·執行機關 및 職員에 관한 사항
5. 理事會의 운영에 관한 사항
6. 업무와 그 집행에 관한 사항
7. 視聽者불만처리 및 視聽者보호에 관한 사항
8. 定款의 변경에 관한 사항
9. 社債發行 및 차입에 관한 사항
10. 株式 또는 出資證券에 관한 사항
11. 損益金의 처리 등 會計에 관한 사항
12. 公告방법에 관한 사항
13. 그 밖에 대통령령으로 정하는 사항(2020.6.9 본호개정)
② 公社가 定款을 변경하고자 할 때에는 방송통신위원회의 認可를 받아야 한다.(2008.2.29 본항개정)
③ 방송통신위원회는 제2항에 따른 인가의 신청을 받은 날부터 30일 이내에 인가 여부를 공사에 통지하여야 한다.(2020.12.8 본항신설)
④ 방송통신위원회가 제3항에서 정한 기간 내에 인가 여부 또는 민원 처리 관련 법령에 따른 처리기간의 연장을 공사에 통지하지 아니하면 그 기간(민원 처리 관련 법령에 따라 처리기간이 연장 또는 재연장된 경우에는 해당 처리기간을 말한다)이 끝난 날의 다음 날에 인가를 한 것으로 본다.(2020.12.8 본항신설)

第46條【理事會의 設置 및 운영 등】 ① 公社는 公社의 독립성과 공공성을 보장하기 위하여 公社 경영에 관한 最高議決機關으로 理事會를 둔다.
② 理事會는 理事長을 포함한 이사 11人으로 구성한다.
③ 理事는 각 분야의 대표성을 고려하여 방송통신위원회에서 추천하고 大統領이 任命한다.(2008.2.29 본항개정)
④ 理事長은 理事會에서 互選한다.
⑤ 理事長을 포함한 理事는 非常任으로 한다.
⑥ 理事長은 理事會를 소집하고 그 會議의 議長이 된다.
⑦ 理事會는 在籍理事 過半數의 찬성으로 議決한다.
⑧ 理事長이 부득이한 사유로 직무를 수행할 수 없을 때에는 정관으로 정하는 바에 따라 다른 理事가 그 직무를 代行한다.(2020.6.9 본항개정)
⑨ 이사회의 회의는 공개한다. 다만, 다음 각 호의 어느 하나에 해당하는 경우에는 이사회의 의결로 공개하지 아니할 수 있다.
1. 다른 법령에 따라 비밀로 분류되거나 공개가 제한된 내용이 포함되어 있는 경우

2. 공개하면 개인 · 법인 및 단체의 명예를 훼손하거나 정당한 이익을 해칠 우려가 있다고 인정되는 경우
3. 감사 · 인사관리 등에 관한 사항으로 공개하면 공정한 업무수행에 현저한 지장을 초래할 우려가 있는 경우
(2014.5.28 본항신설)
(2014.5.28 본조제목개정)
第47條【理事의 任期】 ① 理事의 任期는 3年으로 한다.
② 理事의 결원이 생겼을 때에는 결원된 날부터 30日이내에 제46조에 따라 그 補闕理事를 任命하여야 하며, 補闕理事의 任期는 전임자 임기의 남은 기간으로 한다.
(2020.6.9 본항개정)
③ 任期가 만료된 理事는 그 후임자가 任命될 때까지 그 직무를 행한다.
第48條【이사의 결격사유】 ① 다음 각 호의 어느 하나에 해당하는 사람은 공사의 이사가 될 수 없다.
1. 대한민국 국적을 가지지 아니한 사람
2. 「정당법」 제22조에 따른 당원 또는 당원의 신분을 상실한 날부터 3년이 지나지 아니한 사람(2020.6.9 본호개정)
3. 「국가공무원법」 제33조 각 호의 어느 하나에 해당하는 사람
4. 「공직선거법」 제2조에 따른 선거에 의하여 취임하는 공직에서 퇴직한 날부터 3년이 지나지 아니한 사람
5. 「공직선거법」 제2조에 따른 대통령선거에서 후보자의 당선을 위하여 방송, 통신, 법률, 경영 등에 대하여 자문이나 고문의 역할을 한 날부터 3년이 지나지 아니한 사람
6. 「대통령직 인수에 관한 법률」 제6조에 따른 대통령직 인수위원회 위원의 신분을 상실한 날부터 3년이 지나지 아니한 사람
(2020.6.9 4호~6호개정)
② 제1항제5호에 따른 자문이나 고문의 역할을 한 사람의 구체적인 범위는 대통령령으로 정한다.
(2014.5.28 본조개정)
第49條【理事會의 機能】 ① 理事會는 다음 各號의 사항을 審議 · 議決한다.
1. 公社가 행하는 放送의 公的 責任에 관한 사항
2. 公社가 행하는 放送의 기본운영계획
3. 豫算 · 자금계획
4. 豫備費의 사용 및 豫算의 移越
5. 決算
6. 公社의 경영평가 및 公表
7. 社長 · 監事의 任命提請 및 副社長 任命同意
8. 地域放送局의 設置 및 폐지
9. 기본재산의 취득 및 처분
10. 長期借入金의 借入 및 사채의 발행과 그 償還計劃
11. 損益金의 처리
12. 다른 企業體에 대한 出資
13. 定款의 변경
14. 정관으로 정하는 規程의 제정 · 개정 및 폐지
15. 그 밖에 理事會가 특히 필요하다고 인정하는 사항
(2020.6.9 14호~15호개정)
② 理事會는 특히 필요하다고 인정하는 경우에는 監事에게 公社에 대한 監査를 요청할 수 있다.
第50條【執行機關】 ① 公社에 執行機關으로서 社長 1人, 2人이내의 副社長, 8人이내의 本部長 및 監事 1人을 둔다.
② 社長은 理事會의 提請으로 大統領이 任命한다. 이 경우 사장은 국회의 인사청문을 거쳐야 한다.(2014.5.28 후단신설)
③ 理事會가 제2항에 따라 社長을 提請하는 때에는 그 提請基準과 提請事由를 제시하여야 한다.(2020.6.9 본항개정)
④ 監事는 理事會의 提請으로 방송통신위원회에서 任命한다.(2008.2.29 본항개정)
⑤ 副社長과 本部長은 社長이 任命한다. 다만, 副社長을 任命할 경우에는 理事會의 同意를 얻어야 한다.
⑥ 執行機關의 任期 및 缺格事由에 대하여는 第47條 및 第48條의 理事에 관한 規定을 준용한다.
第51條【執行機關의 직무등】 ① 社長은 公社를 代表하고, 公社의 업무를 총괄하며, 경영성과에 대하여 責任을 진다.
② 社長이 부득이한 사유로 그 직무를 수행할 수 없을 때에는 副社長이 그 직무를 대행하고 副社長이 부득이한 사유로 그 직무를 수행할 수 없을 때에는 정관으로 정하는 者가 그 직무를 대행한다.(2020.6.9 본항개정)
③ 社長은 정관으로 정하는 바에 의하여 職員중에서 公社의 업무에 관한 모든 재판상 또는 재판외의 행위를 할 수 있는 권한을 가진 代理人을 선임할 수 있다.(2020.6.9 본항개정)
④ 監事는 公社의 업무 및 會計에 관한 사항을 監査한다.
⑤ 社長과 監事는 理事會에 출석하여 의견을 진술할 수 있다.
第52條【職員의 任免】 公社의 職員은 정관으로 정하는 바에 따라 社長이 任免한다.(2020.6.9 본조개정)
第53條【이사 · 집행기관과 職員의 직무상 의무】 ① 공사의 이사 · 집행기관은 공사와 거래를 할 수 없으며, 이사는 본인 또는 「민법」 제777조에 규정된 친족관계에 있는 자의 이해와 관련된 사항에 대하여는 이사회의 심의 · 의결에 관여할 수 없다.(2007.1.26 본항신설)
② 公社의 執行機關 및 職員은 그 직무외의 영리를 목적으로 하는 직무에 종사하지 못한다.
③ 公社의 執行機關 또는 職員이나 그 職에 있었던 사람은 그 직무상 알게 된 公社의 秘密을 누설하거나 도용하여서는 아니된다.(2020.6.9 본항개정)
(2007.1.26 본조제목개정)
第54條【業務】 ① 公社는 다음 各號의 업무를 행한다.
1. 라디오放送의 실시
2. 텔레비전放送의 실시
3. 衛星放送등 새로운 放送매체를 통한 放送의 실시
4. 放送施設의 設置 · 운영 및 관리
5. 국가에 필요한 對外放送(국제친선 및 이해증진과 문화 · 경제교류등을 목적으로 하는 放送)과 社會敎育放送(외국에 거주하는 한민족을 대상으로 민족의 동질성을 증진할 목적으로 하는 放送)의 실시(2020.6.9 본호개정)
6. 「한국교육방송공사법」에 의한 韓國敎育放送公社가 행하는 放送의 송신 지원(2013.8.13 본호개정)
7. 視聽者 불만처리와 視聽者 보호를 위한 기구의 設置 및 운영
8. 전속단체의 운영 · 관리
9. 放送文化行事의 수행 및 放送文化의 국제교류
10. 放送에 관한 조사 · 연구 및 발전
11. 제1호부터 제10호까지의 업무에 부대되는 收益事業
(2020.6.9 본호개정)
② 國家는 第1項第5號에 해당하는 업무에 대하여 補助金을 지원할 수 있다.
③ 公社는 理事會의 議決을 거쳐 第1項 各號에 해당하는 업무 또는 이와 유사한 업무를 행하는 法人에 대하여 그 資本金의 전부 또는 일부를 出資할 수 있다.
第55條【會計處理】 ① 公社의 會計年度는 政府의 會計年度에 의한다.
② 公社의 會計處理의 기준과 절차등에 관하여는 企業會計基準 및 「정부기업예산법」을 準用한다.(2008.12.31 본항개정)
第55條의2【이사 · 집행기관의 보수 등의 공개】 이사회는 다음 각 호의 사항을 대통령령으로 정하는 바에 따라 분기별로 홈페이지 등을 통하여 공개하여야 한다.
1. 이사 · 집행기관의 보수, 각종 수당 내역
2. 이사 · 집행기관의 업무추진비 수령 및 집행 내역
3. 그 밖에 대통령령으로 정하는 사항
(2021.10.19 본조신설)
第56條【財源】 公社의 경비는 제64조에 따른 텔레비전放送受信料로 충당하되, 목적업무의 적정한 수행을 위하여 필요한 경우에는 放送廣告收入 등 대통령령으로 정하는 수입으로 충당할 수 있다.(2020.6.9 본조개정)
第57條【豫算의 編成】 ① 公社의 豫算은 社長이 編成하고 理事會의 議決로 확정된다. 豫算이 확정된 후 발생한 운영계획의 변경, 그 밖의 불가피한 사유로 인하여 豫算을 변경하는 경우에도 또한 같다.
② 公社의 社長은 천재 · 지변이나 그 밖의 부득이한 사유로 會計年度 개시전까지 豫算이 확정되지 아니한 경우에는 前年度 豫算에 準하여 豫算을 운영할 수 있다. 이 경우 準豫算에 의하여 執行된 豫算은 이를 해당연도의 豫算에 의하여 執行된 것으로 본다.
(2020.6.9 본조개정)
第58條【運營計劃의 수립】 ① 公社의 社長은 제57조에 따라 豫算이 확정된 때에는 지체없이 理事會의 議決을 거쳐 해당연도의 豫算에 따른 운영계획을 수립하여야 한다.
② 公社의 社長은 제1항에 따라 수립한 해당연도의 운영계획을 豫算이 확정된 후 2개월 이내에 방송통신위원회에 제출하여야 한다.
(2020.6.9 본조개정)
第59條【決算書의 제출】 ① 公社의 社長은 매 會計年度 종료후 2개월 이내에 전 會計年度의 決算書를 방송통신위원회에 제출하여야 한다.(2020.6.9 본항개정)
② 第1項의 決算書에는 다음 各號의 書類를 첨부하여야 한다.
1. 재무제표와 그 부속서류
2. 그 밖에 決算의 내용을 명확하게 함에 필요한 서류로서 대통령령으로 정하는 서류(2013.8.13 본호개정)
③ 방송통신위원회는 매년 3월 31일까지 제1항에 따른 결산서와 제2항의 서류(이하 이 조에서 "결산서등"이라 한다)를 監査院에 제출하여야 한다.(2018.3.13 본항개정)
④ 감사원은 제3항에 따라 제출받은 결산서등을 검사하고 그 결과를 5월 20일까지 방송통신위원회에 송부하여야 한다.(2018.3.13 본항개정)
⑤ 방송통신위원회는 제3항에 따른 결산서등에 제4항에 따른 감사원의 검사 결과를 첨부하여 5월 31일까지 국회에 제출하여야 한다.(2018.3.13 본항개정)
⑥ 공사의 결산은 국회의 승인을 받아 확정되고, 공사의 사장은 이를 공표하여야 한다.(2013.8.13 본항신설)
(2013.8.13 본조제목개정)
第60條【부동산의 취득 등의 보고】 公社가 부동산을 취득하거나 취득할 당시의 목적을 변경하였을 때에는 지체없이 방송통신위원회에 보고하여야 한다.
(2008.2.29 본조개정)
第61條【補助金 등】 國家는 豫算의 범위안에서 대통령령으로 정하는 바에 의하여 公社의 업무에 필요한 비용의 일부를 보조하거나 財政資金을 융자할 수 있으며 公社의 社債를 인수할 수 있다.(2020.6.9 본조개정)
第62條【物品購買 및 工事契約의 委託】 公社의 社長은 필요하다고 인정할 때에는 公社의 수요물자의 구매나 施設工事契約의 체결을 調達廳長에게 委託할 수 있다.
第63條【監査】 ① 公社의 監査는 內部監査와 外部監査로 구분한다.
② 內部監査는 정관으로 정하는 바에 따라 公社의 監事가 이를 실시한다.(2020.6.9 본항개정)
③ 公社의 外部監査는 「감사원법」에서 정하는 바에 따라 監査院이 이를 실시한다.(2020.6.9 본항개정)
第64條【텔레비전수상기의 登錄과 受信料 납부】 텔레비전放送을 수신하기 위하여 텔레비전수상기(이하 "수상기"라 한다)를 소지한 者는 대통령령으로 정하는 바에 따라 公社에 그 수상기를 登錄하고 텔레비전放送受信料(이하 "受信料"라 한다)를 납부하여야 한다. 다만, 대통령령으로 정하는 수상기에 대하여는 그 登錄을 면제하거나 受信料의 전부 또는 일부를 감면할 수 있다.(2020.6.9 본조개정)

판례 대한민국 공군 제11전투비행단은 군 영내에 관사, 독신자숙소, 외래자숙소를 비롯한 주거시설, 상업시설을 운영하면서 TV방송을 수신하기 위해 TV수상기(이하 '수상기')를 소지하고 있다. 한국전력은 해당 비행단 영내 독신자숙소 및 외래자숙소에 있는 수상기에 대하여 TV수신료를 부과했다. 그러나 방송법 제64조 단서와 방송법 시행령 제39조제10호에 따르면 군 및 의무경찰대 영내에 갖추고 있는 수상기는 등록이 면제된다. 이는 수상기가 위치한 장소만을 요건으로 구분해 규율하는 방식을 취하고 있으므로 군 영내에 있는 수상기라면 그 사용 목적과는 관계없이 등록의무가 면제된다. 따라서 군 영내 독신자숙소와 외래자숙소에 비치된 TV수상기에 관해 한국전력공사가 TV방송수신료를 부과할 수 없다.
(대판 2023.09.21, 2023두39724)

第65條【受信料의 決定】 受信料의 금액은 理事會가 審議 · 議決한 후 방송통신위원회를 거쳐 國會의 승인을 얻어 확정되고, 公社가 이를 賦課 · 徵收한다.(2008.2.29 본조개정)
第66條【受信料등의 徵收】 ① 公社는 제65조에 따라 受信料를 징수하는 경우 受信料를 납부하여야 할 者가 그 납부기간내에 이를 납부하지 아니한 때에는 그 受信料의 100分의 5의 범위안에서 대통령령으로 정하는 비율에 상당하는 금액을 가산금으로 徵收한다.
② 公社는 제64조에 따른 登錄을 하지 아니한 수상기의 소지자에 대하여 1年分의 受信料에 해당하는 追徵金을 賦課 · 徵收할 수 있다.
③ 公社는 第65條의 受信料와 第1項 및 第2項의 가산금 또는 追徵金을 징수할 때 체납이 있는 경우에는 방송통신위원회의 승인을 얻어 國稅滯納處分의 예에 의하여 이를 徵收할 수 있다.
(2020.6.9 본조개정)

판례 수신료는 재산권보장과 방송자유의 측면에서 국민의 기본권 실현에 관련된 영역에 속하는 것이고, 수신료 금액의 결정은 납부자의 범위, 징수절차 등과 함께 수신료에 관한 본질적이고도 중요한 사항이므로, 입법자인 국회가 스스로 행하여야 할 것이다.(헌재결 1999.5.27, 98헌바70 전원재판부)

第67條【수상기 登錄 및 徵收의 委託】 ① 公社는 제66조에 따른 受信料의 徵收業務를 市 · 道知事에게 委託할 수 있다.(2020.6.9 본항개정)
② 公社는 수상기의 생산자 · 판매인 · 수입판매인 또는 公社가 지정하는 者에게 수상기의 登錄業務 및 受信料의 徵收業務를 委託할 수 있다.
③ 公社가 第1項 및 제2항에 따라 受信料 徵收業務를 委託한 경우에는 대통령령으로 정하는 바에 따라 수수료를 지급하여야 한다.(2020.6.9 본항개정)
第68條【受信料의 사용】 公社는 第65條 및 제66조에 따라 徵收된 受信料를 대통령령으로 정하는 바에 따라 「한국교육방송공사법」에 의한 韓國敎育放送公社의 財源으로 지원할 수 있다.(2020.6.9 본조개정)

第5章 放送事業의 운영 등

第69條【放送프로그램의 編成 등】 ① 放送事業者는 放送프로그램을 편성할 때 공정성 · 공공성 · 다양성 · 균형성 · 사실성 등에 적합하도록 하여야 한다.(2020.6.9 본항개정)
② 綜合編成을 행하는 放送事業者는 정치 · 경제 · 사회 · 문화 등 각 분야의 사항이 균형있게 표현될 수 있도록 하여야 한다.
③ 綜合編成을 행하는 放送事業者는 방송프로그램을 편성할 때 대통령령으로 정하는 기준에 따라 報道 · 敎養 및 娛樂에 관한 放送프로그램을 포함하여야 하고, 그 放送프로그램 상호간에 조화를 이루도록 編成하여야 한다. 이 경우 대통령령으로 정하는 主視聽時間帶(이하 "主視聽時間帶"라 한다)에는 특정 放送分野의 放送프로그램이 편중되어서는 아니된다.(2020.6.9 본항개정)
④ 專門編成을 행하는 放送事業者는 許可를 받거나 승인을 얻거나 登錄을 한 주된 放送分野가 충분히 반영될 수 있도록 대통령령으로 정하는 기준에 따라 放送프로그램을 編成하여야 한다.(2020.6.9 본항개정)

⑤ 전문편성을 행하는 방송사업자가 허가를 받거나 승인을 얻거나 등록을 한 주된 방송분야 이외에 부수적으로 편성할 수 있는 방송프로그램의 범위와 종류는 대통령령으로 정한다.(2006.10.27 본항신설)
⑥ 韓國放送公社 및 特別法에 의한 放送事業者, 放送文化振興會法에 의한 放送文化振興會가 出資한 放送事業者 및 그 放送事業者가 出資한 放送事業者를 제외한 地上波放送事業者는 다른 한 放送事業者의 製作物을 대통령령으로 정하는 비율 이상 編成하여서는 아니된다.(2020.6.9 본항개정)
⑦ 韓國放送公社는 대통령령으로 정하는 바에 의하여 視聽者가 직접 製作한 視聽者 참여프로그램을 編成하여야 한다.(2020.6.9 본항개정)
⑧ 방송사업자는 장애인의 시청을 도울 수 있도록 한국수어·폐쇄자막·화면해설 등을 이용한 방송(이하 "장애인방송"이라 한다)을 하여야 한다. 이 경우 방송통신위원회는 방송사업자가 장애인방송을 하는 데 필요한 경비 및 장애인방송을 시청하기 위한 수신기의 보급에 필요한 경비의 전부 또는 일부를 「방송통신발전 기본법」 제24조에 따른 방송통신발전기금에서 지원할 수 있다.
(2016.2.3 전단개정)
⑨ 제8항에 따라 장애인방송을 하여야 하는 방송사업자의 범위, 장애인방송의 대상이 되는 방송프로그램의 종류와 그 이행에 필요한 사항은 대통령령으로 정한다.
(2011.7.14 본항신설)
⑩ 공동체라디오방송사업자는 청취자 참여프로그램을 매월 전체 방송시간의 100분의 50 범위 안에서 대통령령으로 정하는 비율 이상 편성하여야 한다.(2020.6.9 본항개정)
⑪ 공동체라디오방송사업자가 다른 공동체라디오방송사업자의 제작물을 편성할 수 있는 방송시간은 매월 전체 방송시간의 100분의 50 범위에서 대통령령으로 정하는 비율 이상 편성하여서는 아니 된다.(2015.12.22 본항신설)
⑫ 방송사업자는 우리말의 보존과 보호를 위하여 외국어 영화·애니메이션 등의 방송프로그램을 방송할 때에는 외국어로 된 대사를 한국어 음성으로 제공하도록 노력하여야 한다. 이 경우 방송통신위원회는 이에 소요되는 경비를 「방송통신발전 기본법」 제24조에 따른 방송통신발전기금에서 지원할 수 있다.(2024.1.30 본항신설 : 2025.1.31 시행)

第69條의2【시청점유율 제한】 ① 방송사업자의 시청점유율(전체 텔레비전 방송에 대한 시청자의 총 시청시간 중 특정 방송채널에 대한 시청시간이 차지하는 비율을 말한다. 이하 같다)은 100분의 30을 초과할 수 없다. 다만, 정부 또는 지방자치단체가 전액 출자한 경우에는 그러하지 아니하다.
② 제1항에 따른 방송사업자의 시청점유율은 해당 방송사업자의 시청점유율에 특수관계자 등의 시청점유율(해당 방송사업자의 특수관계자의 시청점유율 및 해당 방송사업자가 주식 또는 지분을 소유하고 있는 다른 방송사업자의 시청점유율을 말한다. 이하 같다)을 합산하여 산정한다. 이 경우 특수관계자 등의 시청점유율은 가중치를 다르게 부여하여 산정할 수 있고, 일간신문을 경영하는 법인(특수관계자를 포함한다)이 방송사업을 겸영하거나 주식 또는 지분을 소유하는 경우에는 그 일간신문의 구독률을 대통령령으로 정하는 바에 따라 일정한 비율의 시청점유율로 환산하여 해당 방송사업자의 시청점유율에 합산한다.
③ 제1항 및 제2항에 따른 시청점유율 산정의 구체적인 기준·방법 등 필요한 사항은 대통령령으로 정하는 바에 따라 미디어다양성위원회의 심의를 거쳐 방송통신위원회가 고시로 정한다.
④ 과학기술정보통신부장관 또는 방송통신위원회는 제2항에 따라 산정한 시청점유율을 제9조에 따른 허가·승인, 제15조의2에 따른 변경승인, 제17조에 따른 재허가 등의 심사에 반영하여야 한다.(2017.7.26 본항개정)
⑤ 방송통신위원회는 제1항에 따른 시청점유율을 초과하는 사업자에 대하여는 방송사업 소유제한, 방송광고시간 제한, 방송시간의 일부양도 등 필요한 조치를 명할 수 있다. 이 경우 필요한 조치의 구체적인 내용은 대통령령으로 정한다.
(2009.7.31 본조신설)

第70條【채널의 구성과 運用】 ① 이동멀티미디어방송을 행하는 지상파방송사업자·종합유선방송사업자 및 위성방송사업자는 특정 放送分野에 편중되지 아니하고 다양성이 구현되도록 대통령령으로 정하는 바에 의하여 채널을 구성·운용하여야 한다.(2020.6.9 본항개정)
② 이동멀티미디어방송을 행하는 지상파방송사업자·종합유선방송사업자 및 위성방송사업자는 대통령령으로 정하는 범위를 초과하여 放送채널을 직접 사용하거나 특정 放送事業者의 特殊關係者 또는 특정 放送채널使用事業者에게 채널을 임대하여서는 아니된다.(2020.6.9 본항개정)
③ 綜合有線放送事業者 및 위성방송사업자(이동멀티미디어방송을 행하는 위성방송사업자는 제외한다)는 대통령령으로 정하는 바에 의하여 國家가 공공의 목적으로 이용할 수 있는 채널(이하 "공공채널"이라 한다), 종교의 선교목적을 지닌 채널 및 장애인의 복지를 위한 채널을 두어야 한다.(2020.6.9 본항개정)
④ 綜合有線放送事業者는 대통령령으로 정하는 바에 의하여 지역정보 및 放送프로그램 안내와 공지사항 등을 製作·編成 및 送信하는 지역채널을 운용하여야 한다.
(2023.4.6 단서삭제)
⑤ 中繼有線放送事業者는 과학기술정보통신부령으로 정하는 바에 의하여 放送프로그램 안내와 공지사항 등을 製作·編成 및 送信하는 공지채널을 운용할 수 있다. 다만, 공지채널의 경우에는 報道·논평 또는 廣告에 관한 사항은 송출할 수 없다.(2017.7.26 본문개정)
⑥ 중계유선방송사업자가 운용할 수 있는 채널은 다음 각 호의 방송을 중계송신하는 채널로 한정한다. 다만, 하나의 중계유선방송사업자가 운용하는 전체 채널은 31개를 초과할 수 없으며, 녹음·녹화채널은 전체 운용채널의 5분의 1을 초과할 수 없다.
1. 지상파방송(텔레비전방송만 해당한다)
2. 공공채널에서 하는 방송
3. 종교의 선교목적을 지닌 채널에서 하는 방송
4. 장애인의 복지를 위한 채널에서 하는 방송
5. 제8항에 따른 공익채널에서 하는 방송
6. 국가기관·공익법인 또는 비영리법인이 하는 방송으로서 해당 방송분야의 공익성 및 사회적 필요성을 고려하여 과학기술정보통신부장관이 방송통신위원회와 협의하여 고시하는 채널에서 하는 방송(2017.7.26 본호개정)
(2015.3.13 본항신설)
⑦ 綜合有線放送事業者 및 衛星放送事業者는 과학기술정보통신부령으로 정하는 바에 의하여 視聽者가 자체 製作한 放送프로그램의 放送을 요청하는 경우에는 특별한 사유가 없으면 이를 방송하여야 한다.(2020.6.9 본항개정)
⑧ 종합유선방송사업자, 위성방송사업자(이동멀티미디어방송을 행하는 위성방송사업자는 제외한다)는 해당 방송분야의 공익성 및 사회적 필요성을 고려하여 방송통신위원회가 고시한 방송분야에 속하는 채널(이하 "공익채널"이라 한다)을 운용하여야 한다. 이 경우 공익채널의 선정절차, 선정기준, 운용범위 그 밖의 필요한 사항은 대통령령으로 정한다.(2019.12.10 전단개정)
⑨ 제4항에 따른 지역채널에서는 지역보도 외의 보도, 특정 사안에 대한 해설·논평을 금지한다. 다만, 공공채널의 보도나 해설·논평, 그 밖의 방송프로그램을 편성·송신하는 경우에는 그러하지 아니하다.(2023.4.6 본항신설)

第70條의2【디지털 방송프로그램의 음량기준 등】 ① 과학기술정보통신부장관은 방송사업자가 디지털 방송프로그램(방송광고를 포함한다. 이하 이 조에서 같다)의 음량을 일정하게 유지하여 채널을 운용하도록 표준 음량기준을 정하여 고시하여야 한다.
② 과학기술정보통신부장관은 디지털 방송프로그램의 음량이 제1항에 따른 표준 음량기준에 적합하지 아니한 경우에는 이의 시정이나 그 밖에 필요한 조치를 명할 수 있다.
(2017.7.26 본조개정)

第71條【國內 放送프로그램의 編成】 ① 放送事業者는 해당 채널의 전체 放送프로그램중 國內에서 製作된 放送프로그램을 대통령령으로 정하는 바에 따라 일정한 비율 이상 編成하여야 한다.(2020.6.9 본항개정)
② 放送事業者는 연간 放送되는 영화·애니메이션 및 대중음악중 國內에서 製作된 영화·애니메이션 및 대중음악을 대통령령으로 정하는 바에 따라 일정한 비율 이상 編成하여야 한다.(2020.6.9 본항개정)
③ 지상파방송사업자·종합편성을 행하는 방송채널사용사업자 및 연간 전체 방송시간 중 대통령령으로 정하는 비율 이상 애니메이션을 편성하는 방송채널사용사업자는 해당 채널에서 연간 방송되는 전체 프로그램 중 국내에서 제작된 애니메이션을 시청률, 매출액 등을 고려하여 대통령령으로 정하는 바에 따라 일정한 비율 이상 신규로 편성하여야 한다. 다만, 대통령령으로 정하는 지역을 방송구역으로 하는 지상파방송사업자는 제외한다.
(2012.1.17 본항신설)
④ 放送事業者는 다양한 국제문화 수용을 보장하기 위하여 연간 방송되는 외국 수입 영화·애니메이션 및 대중음악중 한 國家에서 製作한 영화·애니메이션 및 대중음악이 대통령령으로 정하는 바에 따라 일정한 비율 이상을 초과하지 아니하도록 編成하여야 한다.(2020.6.9 본항개정)
⑤ 방송사업자가 국내에서 제작된 애니메이션을 주시청시간대에 편성한 경우 제2항에 따른 편성비율을 산정할 때 대통령령으로 정하는 바에 따라 가중치를 둘 수 있다.
(2012.1.17 본항신설)
⑥ 제1항부터 제4항까지의 규정에 따른 국내에서 제작된 방송프로그램 등의 구별기준은 대통령령으로 정하고, 편성비율은 방송매체와 방송분야별 특성 등을 고려하여 차등을 둘 수 있다.(2012.1.17 본항개정)

第72條【순수외주제작 방송프로그램의 편성】 ① 放送事業者는 해당 채널의 전체 放送프로그램중 國內에서 해당 방송사업자나 그 특수관계자가 아닌 자가 製作한 放送프로그램(이하 "순수외주제작 방송프로그램"이라 한다)을 대통령령으로 정하는 바에 따라 일정한 비율 이상 編成하여야 한다.
② (2015.6.22 삭제)
③ 綜合編成을 행하는 放送事業者는 순수외주제작 방송프로그램을 主視聽時間帶에 대통령령으로 정하는 바에 따라 일정한 비율 이상 編成하여야 한다.
④ 제1항에 따른 순수외주제작 방송프로그램의 編成比率은 放送매체와 放送分野別 특성 등을 고려하여 차등을 둘 수 있다.
(2020.6.9 본조개정)

第73條【放送廣告 등】 ① 방송사업자는 방송광고와 방송프로그램이 혼동되지 아니하도록 명확하게 구분하여야 하며, 어린이를 주 시청대상으로 하는 방송프로그램의 방송광고시간 및 전후 토막광고시간에는 대통령령으로 정하는 바에 따라 반드시 광고임을 밝히는 자막을 표기하여 어린이가 방송프로그램과 방송광고를 구분할 수 있도록 하여야 한다.(2020.6.9 본항개정)
② 방송광고의 종류는 다음 각 호와 같고, 방송광고의 허용범위·시간·횟수 또는 방법 등에 관하여 필요한 사항은 대통령령으로 정한다.
1. 방송프로그램광고 : 방송프로그램의 전후(방송프로그램 시작타이틀을 고지 후부터 본방송프로그램 시작 전까지 및 본방송프로그램 종료 후부터 방송프로그램 종료타이틀을 고지 전까지를 말한다)에 편성되는 광고
2. 중간광고 : 1개의 동일한 방송프로그램이 시작한 후부터 종료되기 전까지 사이에 그 방송프로그램을 중단하고 편성되는 광고
3. 토막광고 : 방송프로그램과 방송프로그램 사이에 편성되는 광고
4. 자막광고 : 방송프로그램과 관계없이 문자 또는 그림으로 나타내는 광고
5. 시보광고 : 현재시간 고지 시 함께 방송되는 광고
6. 가상광고 : 방송프로그램에 컴퓨터 그래픽을 이용하여 만든 가상의 이미지를 삽입하는 형태의 광고
(2009.7.31 본호신설)
7. 간접광고 : 방송프로그램 안에서 상품, 상표, 회사나 서비스의 명칭이나 로고 등을 노출시키는 형태의 광고
(2016.1.27 본호개정)
(2005.5.18 본항개정)
③ 상품소개 및 판매에 관한 專門編成을 행하는 放送의 경우에는 해당 상품소개 및 판매에 관한 放送내용물은 이를 放送廣告로 보지 아니한다.(2019.12.10 본항개정)
④ 放送事業者 및 電光板放送事業者는 공공의 이익을 증진시킬 목적으로 製作된 비상업적 公益廣告를 대통령령으로 정하는 비율 이상 編成하여야 한다.(2020.6.9 본항개정)
⑤ 외주제작사는 방송프로그램을 제작하는 경우에 간접광고를 판매할 수 있다.(2016.1.27 본항신설)
⑥ 방송사업자와 외주제작사는 제5항에 따른 간접광고가 제2항 및 제33조제1항의 심의규정과 제86조에 따른 자체심의 기준을 위반하는지에 관하여 대통령령으로 정한 절차 등에 따라 간접광고 판매 위탁 또는 판매 계약 체결 전까지 합의하고, 합의된 내용을 준수하여야 한다.
(2016.1.27 본항신설)
⑦ 외주제작사는 제86조에 따른 방송사업자의 자체심의에 필요한 기간 전까지 방송사업자에게 간접광고가 포함된 방송프로그램을 제출하여야 한다.(2016.1.27 본항신설)
⑧ 외주제작사가 제작한 방송프로그램이 「방송광고판매대행 등에 관한 법률」 제5조제1항 및 제2항에 따른 방송광고판매대행사업자(이하 "광고판매대행자"라 한다)가 위탁하는 방송광고만 할 수 있는 방송사업자의 채널에 편성될 경우 외주제작사는 대통령령으로 정하는 바에 따라 광고판매대행자에게 간접광고 판매를 위탁하여야 한다.(2016.1.27 본항신설)

第73條의2【방송광고 매출현황 자료 제출】 방송통신위원회는 이 법 또는 「방송광고판매대행 등에 관한 법률」 위반 여부에 대한 조사 또는 제재를 위하여 방송사업자(광고판매대행자에게 방송광고 판매를 위탁한 방송사업자의 경우 광고판매대행자를 말한다)에게 다음 각 호의 내용을 포함하는 방송광고 매출현황 자료의 제출을 요구할 수 있다. 자료 제출 요구를 받은 방송사업자 및 광고판매대행자는 이에 따라야 한다.
1. 연간 방송광고 매출현황
2. 방송광고의 광고주별, 종류별, 방송프로그램별 연간 매출액
3. 그 밖에 방송통신위원회가 고시하는 사항
(2016.1.27 본조신설)

第74條【協贊告知】 ① 放送事業者는 대통령령으로 정하는 범위안에서 協贊告知를 할 수 있다.(2020.6.9 본항개정)
② 協贊告知의 세부기준 및 방법 등에 관하여 필요한 사항은 방송통신위원회규칙으로 정한다.(2008.2.29 본항개정)
③ 방송사업자와 외주제작사는 협찬고지 대상 방송프로그램을 제작하는 경우에는 제2항에 따른 협찬고지 규칙을 준수하여야 한다.(2016.1.27 본항신설)

第75條 (2010.3.22 삭제)

第76條【방송프로그램의 공급 및 보편적 시청권 등】 ① 放送事業者는 다른 放送事業者에게 放送프로그램을 공급할 때에는 공정하고 합리적인 市場價格으로 차별없이 제공하여야 한다.
② 방송통신위원회는 제76조의2의 규정에 따른 보편적시청권보장위원회의 심의를 거쳐 국민적 관심이 매우 큰 체육경기대회 그 밖의 주요 행사(이하 "국민관심행사등"이라고 한다)를 고시하여야 한다. 이 경우 방송통신위원회는 문화체육관광부장관, 방송사업자 및 시청자의 의견을 들어야 한다.(2008.2.29 본항개정)

③ 국민관심행사등에 대한 중계방송권자 또는 그 대리인(이하 "중계방송권자등"이라 한다)은 일반국민이 이를 시청할 수 있도록 중계방송권을 다른 방송사업자에게도 공정하고 합리적인 가격으로 차별 없이 제공하여야 한다.(2007.1.26 본항신설)

④ 방송사업자는 제1항 및 제3항의 규정을 위반하는 행위에 관하여 방송통신위원회에 서면으로 신고할 수 있다.(2008.2.29 본항개정)

⑤ 방송통신위원회는 제4항의 규정에 따른 신고를 접수한 경우에는 제35조의3의 규정에 따른 방송분쟁조정위원회의 심의를 거쳐 60일 이내에 그 결과를 통보하여야 한다.(2008.2.29 본항개정)

(2007.1.26 본조제목개정)

第76條의2【보편적시청권보장위원회】 ① 제76조제2항의 규정에 따른 국민관심행사등의 고시 등에 관한 업무의 원활한 수행을 위하여 방송통신위원회에 보편적시청권보장위원회를 둔다.

② 보편적시청권보장위원회 위원은 방송통신위원회 위원장이 방송통신위원회의 동의를 얻어 7인 이내로 위촉한다.

③ 보편적시청권보장위원회의 구성과 운영에 관하여 필요한 사항은 방송통신위원회규칙으로 정한다.

(2008.2.29 본조개정)

第76條의3【보편적 시청권 보장을 위한 조치 등】 ① 방송사업자 및 중계방송권자등은 제76조제3항의 규정에 따른 일반국민의 보편적 시청권을 보장하기 위하여 다음 각 호의 어느 하나에 해당하는 행위(이하 이 조에서 "금지행위"라 한다)를 하거나 제3자로 하여금 이를 하도록 하여서는 아니 된다.(2016.1.27 본문개정)

1. 중계방송권자등으로서 국민 전체가구 중 대통령령으로 정하는 비율 이상의 가구가 국민관심행사등을 시청할 수 있는 방송수단(이하 "보편적 방송수단"이라 한다)을 확보하지 아니하는 행위
2. 중계방송권을 확보하였음에도 불구하고 정당한 사유 없이 국민관심행사등을 보편적 방송수단을 통하여 실시간으로 방송하지 아니하는 행위
3. 정당한 사유 없이 중계방송권의 판매 또는 구매를 거부하거나 지연시키는 행위
4. 정당한 사유 없이 국민관심행사등에 대한 뉴스보도나 해설 등을 위한 자료화면을 방송사업자와 인터넷 멀티미디어 방송사업자 등에게 제공하지 아니하는 행위

(2016.1.27 1호~4호신설)

② 방송통신위원회는 금지행위를 하였거나 제3자로 하여금 이를 하도록 한 방송사업자 및 중계방송권자등에 대하여 금지행위의 중지 등 필요한 시정조치를 명할 수 있다. 이 경우 방송통신위원회는 시정조치를 명하기 전에 당사자에게 기간을 정하여 의견진술의 기회를 주어야 한다. 다만, 당사자가 정당한 사유 없이 이에 응하지 아니하는 때에는 그러하지 아니하다.(2016.1.27 전단개정)

③ 방송통신위원회는 금지행위를 하였거나 제3자로 하여금 이를 하도록 하였는지에 대한 사실관계의 조사를 위하여 필요한 경우 대통령령으로 정하는 바에 따라 방송사업자 및 중계방송권자등에게 자료제출을 요청할 수 있고, 소속 공무원으로 하여금 방송사업자 및 중계방송권자등의 사무소 또는 사업장에 출입하여 조사를 하게 할 수 있다.(2020.6.9 본항개정)

④ 방송통신위원회는 방송사업자 및 중계방송권자등이 정당한 사유 없이 제2항의 규정에 따른 시정조치를 이행하지 아니하는 때에는 해당 중계방송권의 총계약금액에 100분의 5를 곱한 금액을 초과하지 아니하는 범위 안에서 과징금을 부과할 수 있다.(2019.12.10 본항개정)

⑤ 제3항의 규정에 따라 조사를 하는 공무원은 그 권한을 표시하는 증표를 지니고 이를 관계인에게 내보여야 한다.(2013.3.23 본항개정)

⑥ 금지행위의 세부적인 유형 및 기준에 관하여 필요한 사항은 대통령령으로 정한다.(2016.1.27 본항신설)

第76條의4【중계방송권의 공동계약 권고】 방송통신위원회는 국민관심행사등에 대한 보편적 시청권을 보장하고 중계방송권 확보에 따른 과도한 경쟁을 방지하기 위하여 중계방송권 계약과 관련하여 방송사업자 및 중계방송권자등에게 공동계약을 권고할 수 있다.(2020.6.9 본조개정)

第76條의5【중계방송의 순차편성 권고 등】 ① 방송사업자는 국민관심행사등에 대한 중계방송권을 사용하는 경우 과다한 중복편성으로 인하여 시청자의 권익을 침해하지 아니하도록 하여야 하며, 채널별·매체별로 순차적으로 편성하기 위하여 노력하여야 한다.(2020.6.9 본항개정)

② 방송통신위원회는 제1항의 채널별·매체별 순차편성이 효율적으로 이루어질 수 있도록 방송사업자에 대하여 권고할 수 있다.(2008.2.29 본항개정)

第77條【유료방송의 이용약관 신고 등】 ① 유료방송을 하려는 방송사업자·중계유선방송사업자 및 음악유선방송사업자는 이용요금·이용조건에 관한 약관(이하 "이용약관"이라 한다)을 정하여 과학기술정보통신부장관에게 신고하여야 하며, 신고한 이용약관을 변경하려는 경우에도 또한 같다.

② 이용약관은 다음 각 호의 요건을 모두 갖추어야 한다.

1. 이용요금을 명확하게 규정할 것
2. 제85조의2제1항제3호 및 제4호를 위반하는 내용이 없을 것

③ 과학기술정보통신부장관은 제1항에 따른 이용약관의 신고 또는 변경신고를 받은 경우 그 내용을 검토하여 제2항 각 호에 따른 요건을 갖추었는지 확인한 후 해당 신고를 수리하여야 한다.

④ 제1항에도 불구하고 다음 각 호의 어느 하나에 해당하는 이용요금의 경우에는 해당 이용약관에 대하여 과학기술정보통신부장관의 승인을 받아야 하며, 승인을 받은 이용약관을 변경하려는 경우에도 또한 같다.

1. 이용약관에서 정하는 최소채널상품(방송사업자·중계유선방송사업자 및 음악유선방송사업자가 제공하는 여러 개의 채널단위로 대가를 받는 유료방송 상품 중 가장 낮은 요금의 상품을 말한다. 이하 같다)의 요금
2. 방송사업자·중계유선방송사업자 및 음악유선방송사업자가 유료방송과 「전기통신사업법」 제2조제11호에 따른 기간통신역무를 제공하는 서비스를 묶어서 판매하는 상품의 요금

⑤ 과학기술정보통신부장관은 제4항에 따른 이용약관의 승인 또는 변경승인을 하려는 경우에는 다음 각 호의 기준을 충족하는지를 고려하여야 한다.

1. 이용약관에서 정하는 최소채널상품이 특정 방송 분야에 편중되지 아니할 것
2. 이용요금이 공급비용, 수익, 서비스 제공방식에 따른 비용절감, 공정한 경쟁 환경에 미치는 영향 등을 고려하여 합리적으로 산정되었을 것

⑥ 유료방송을 하는 방송사업자·중계유선방송사업자 및 음악유선방송사업자가 제1항 또는 제4항에 따라 이용약관을 변경한 경우에는 대통령령으로 정하는 바에 따라 변경된 사실을 이용자에게 통지하여야 한다.

⑦ 과학기술정보통신부장관은 이용약관이 현저히 부당하거나 제6항에 따른 이용약관 변경 통지를 소홀히 하여 시청자의 이익을 저해한다고 판단하는 경우에는 유료방송을 하는 방송사업자·중계유선방송사업자 및 음악유선방송사업자에게 상당한 기간을 정하여 그 이용약관의 변경 또는 재통지 등을 명할 수 있다.

⑧ 제1항부터 제7항까지의 규정에 따른 신고·변경신고·승인·변경승인의 절차·방법 및 기준 등에 관한 세부 사항은 대통령령으로 정한다.

(2022.1.11 본조개정)

第78條【再送信】 ① 綜合有線放送事業者·위성방송사업자(이동멀티미디어방송을 행하는 위성방송사업자는 제외한다) 및 中繼有線放送事業者는 韓國放送公社 및 「한국교육방송공사법」에 의한 韓國敎育放送公社가 행하는 地上波放送(라디오방송은 제외한다)을 수신하여 그 放送프로그램에 변경을 가하지 아니하고 그대로 동시에 再送信(이하 "同時再送信"이라 한다)하여야 한다. 다만, 地上波放送을 행하는 해당 放送事業者의 放送區域안에 해당 綜合有線放送事業者 및 中繼有線放送事業者의 放送區域이 포함되지 아니하는 경우에는 그러하지 아니하다.(2020.6.9 본문개정)

② 제1항에 따른 地上波放送事業者가 여러 개의 地上波放送 채널을 운용하는 경우, 제1항 본문에도 불구하고 동시재송신하여야 하는 地上波放送은 과학기술정보통신부장관이 地上波放送事業者별로 방송편성 내용 등을 고려하여 지정·고시하는 1개의 地上波放送 채널에 한정한다.(2020.6.9 본항개정)

③ 제1항에 따른 同時再送信의 경우에는 「저작권법」 제85조의 同時中繼放送權에 관한 規定은 이를 적용하지 아니한다.(2020.6.9 본항개정)

④ 종합유선방송사업자, 중계유선방송사업자 및 위성방송사업자는 다음 각 호의 구분에 따른 지상파방송 동시재송신을 하려면 과학기술정보통신부장관의 승인을 받아야 한다.(2017.7.26 본문개정)

1. 종합유선방송사업자 및 중계유선방송사업자 : 해당 방송구역 외에서 허가받은 지상파방송사업자의 지상파방송 동시재송신
2. 위성방송사업자 : 지상파방송의 방송구역 외에서의 해당 지상파방송 동시재전송(제1항 및 제2항에 따른 동시재송신은 제외한다)

(2015.3.13 본항개정)

⑤ (2007.7.27 삭제)

⑥ 제4항에 따른 재송신의 유형 및 승인의 요건·절차·유효기간 등에 관하여 필요한 사항은 大統領令으로 정한다.(2007.7.27 본항개정)

⑦ (2015.12.22 삭제)

第78條의2【외국방송사업자의 국내 재송신 승인 등】 ① 외국방송사업자(외국에 설치된 방송 송출설비 또는 외국 인공위성의 무선설비를 이용하여 국내에서 수신되는 방송을 행하는 외국인을 말하며, 조약에 따라 이 법에 따른 방송을 할 수 있는 외국인을 포함한다. 이하 같다)가 그가 행하는 방송을 국내에서 방송사업자를 통하여 재송신하려면 과학기술정보통신부장관의 승인을 받아야 한다. 이 경우 특정 방송프로그램을 일시적으로 중계 송신하는 등 대통령령으로 정하는 기준에 해당하는 경우에는 재송신으로 보지 아니한다.(2017.7.26 전단개정)

② 과학기술정보통신부장관은 제1항에 따라 외국방송사업자의 승인 신청을 받은 경우에는 다음 각 호의 사항을 종합적으로 심사하여야 한다.(2017.7.26 본문개정)

1. 방송의 공정성·공익성의 실현 가능성
2. 국내 방송 및 영상산업에 미치는 영향
3. 국내 방송 및 영상산업 발전에 대한 기여 정도
4. 문화적 다양성 및 사회적 필요성
5. 국내 지사, 국내 사무소 또는 국내 대리인이 있는지 여부 및 그 국내 지사 등이 외국방송사업자로부터 재송신에 관하여 위임받은 권리와 의무에 관한 사항
6. 국제친선과 상호 이해 증진에 대한 기여 정도
7. 방송 내용이 제33조에 따른 심의규정, 그 밖에 「형법」, 「저작권법」 등 다른 법률의 규정에 위반될 가능성

③ 제1항에 따라 승인받은 외국방송사업자는 재송신하는 방송의 내용이 제33조에 따른 심의규정에 적합하게 하여야 한다.

④ 과학기술정보통신부장관은 직무수행을 위하여 필요하면 외국방송사업자(국내 지사, 국내 사무소 및 국내 대리인을 포함한다)에게 관련 자료의 제출을 요구할 수 있다.(2017.7.26 본항개정)

⑤ 과학기술정보통신부장관은 제1항에 따라 승인을 받은 외국방송사업자가 다음 각 호의 어느 하나에 해당하면 제1항에 따른 승인을 취소할 수 있다.(2017.7.26 본문개정)

1. 방송 내용이 제3항에 위반되는 때
2. 승인조건을 이행하지 아니한 때
3. 방송 내용이 「형법」, 「저작권법」 등 다른 법률의 규정에 위반되는 때

⑥ 제1항에 따라 승인받은 외국방송사업자의 방송을 재송신하는 방송사업자를 제외하고는 누구든지 외국방송사업자의 방송을 재송신하여서는 아니 된다.

⑦ 방송사업자가 제1항에 따라 승인을 받은 외국방송사업자의 방송을 재송신할 수 있는 범위와 기준은 대통령령으로 정한다.

⑧ 제1항 및 제5항에 따른 승인과 승인 취소의 절차 등에 관하여 필요한 사항은 대통령령으로 정한다.

(2007.7.27 본조신설)

第79條【유선방송국설비 등에 관한 기술기준 등】 ① 과학기술정보통신부장관은 有線放送局設備(綜合有線放送局 및 中繼有線放送·音樂有線放送을 행하기 위한 設備를 포함한다. 이하 같다)의 設置 및 유지에 관한 사항과 傳送·線路設備의 분계점 등에 필요한 기술기준(이하 "기술기준"이라 한다)을 정하여 告示하여야 한다.(2017.7.26 본항개정)

② 종합유선방송사업자·중계유선방송사업자 및 음악유선방송사업자는 대통령령으로 정하는 기한까지 기술기준이 정하는 바에 따라 유선방송국설비를 설치하여야 한다.(2022.1.11 본항개정)

③ 綜合有線放送事業者·中繼有線放送事業者 및 音樂有線放送事業者는 傳送·線路設備를 자체적으로 設置하거나 傳送網事業者의 傳送·線路設備 또는 「전기통신사업법」에 따른 基幹通信事業者의 電氣通信設備를 이용할 수 있으며, 綜合有線放送事業者와 中繼有線放送事業者는 傳送·線路設備를 상호 이용할 수 있다.(2010.3.22 본항개정)

④ 綜合有線放送事業者·中繼有線放送事業者 및 音樂有線放送事業者는 천재·지변이나 그 밖의 불가피한 사유로 대통령령으로 정하는 기한까지 有線放送局設備를 設置할 수 없는 때에는 대통령령으로 정하는 바에 의하여 과학기술정보통신부장관에게 設備設置期限의 연기를 요청할 수 있다.(2020.6.9 본항개정)

(2022.1.11 본조제목개정)

第80條【傳送·線路設備 設置의 확인】 綜合有線放送事業者·中繼有線放送事業者 및 音樂有線放送事業者가 傳送·線路設備를 자체적으로 設置하는 때 또는 傳送網事業者나 基幹通信事業者가 綜合有線放送事業者나 中繼有線放送事業者와 傳送·線路設備의 이용계약을 체결한 때에는 기술기준이 정하는 바에 의하여 傳送·線路設備를 設置하고 과학기술정보통신부장관의 확인을 받아야 한다. 設置한 傳送·線路設備를 변경한 때에도 또한 같다.(2017.7.26 전단개정)

第81條～第82條 (2016.1.27 삭제)

第83條【放送內容의 記錄·보존】 ① 放送事業者·中繼有線放送事業者·電光板放送事業者 및 音樂有線放送事業者는 放送日誌에 방송내용(방송프로그램 및 방송광고를 포함한다)을 기록하여 비치하여야 하며, 특별한 사유가 없으면 放送 실시결과를 放送후 1개월 이내에 다음 각 호의 구분에 따라 과학기술정보통신부장관 또는 방송통신위원회에 제출하여야 한다.(2020.6.9 본문개정)

1. 제14조제6항제1호에 해당하는 방송사업자·중계유선방송사업자·전광판방송사업자 및 음악유선방송사업자 : 과학기술정보통신부장관(2017.7.26 본호개정)
2. 제14조제6항제2호에 해당하는 방송사업자 : 방송통신위원회(2013.3.23 본호신설)

② 放送事業者는 放送(재송신은 제외한다)된 방송프로그램(예고방송을 포함한다. 이하 같다) 및 방송광고의 원본 또는 사본을 放送후 6개월간 보존하여야 한다.(2020.6.9 본항개정)

③ 제1항에 따른 放送日誌의 記錄 및 放送실시결과의 제출시기 등과 제2항에 따른 事業者別 방송프로그램 및 방송광고의 원본 또는 사본의 보존등에 관하여 필요한 사항은 소관 업무에 따라 과학기술정보통신부령 또는 방송통신위원회규칙으로 정한다.(2020.6.9 본항개정)

第84條【폐업 및 휴업의 신고 등】 ① 放送事業者·중계유선방송사업자·음악유선방송사업자 및 전광판방송사

업자가 그 업무를 廢業하거나 休業하고자 하는 때에는 다음 각 호의 구분에 따라 과학기술정보통신부장관 또는 방송통신위원회에 申告하여야 한다.(2017.7.26 본문개정)
1. 지상파방송사업자, 공동체라디오방송사업자 및 종합편성이나 보도에 관한 전문편성을 행하는 방송채널사용사업자 : 방송통신위원회(2013.3.23 본호신설)
2. 제1호의 방송사업자를 제외한 방송사업자, 중계유선방송사업자, 음악유선방송사업자 및 전광판방송사업자 : 과학기술정보통신부장관(2017.7.26 본호개정)
② 과학기술정보통신부장관 또는 방송통신위원회는 제1항에 따른 폐업신고 또는 휴업신고를 받은 경우 그 내용을 검토하여 이 법에 적합하면 해당 신고를 수리하여야 한다.(2022.1.11 본항신설)
③ 放送事業者·中繼有線放送事業者 및 音樂有線放送事業者는 天災·地變 등 불가피한 사유가 있는 경우에만 休業할 수 있다.(2020.6.9 본항개정)
④ 제1항부터 제3항까지의 규정에 따른 폐업 및 휴업의 신고절차 등에 필요한 사항은 소관 업무에 따라 과학기술정보통신부령 또는 방송통신위원회규칙으로 정한다.(2022.1.11 본항개정)
(2022.1.11 본조제목개정)

第85條【放送프로그램별 有料放送등의 適用排除】 放送프로그램별 有料放送을 행하는 放送事業者에 대하여는 제71조부터 제74조까지의 규정을 적용하지 아니한다.(2010.3.22 본조개정)

第85條의2【금지행위】 ① 방송사업자·중계유선방송사업자·음악유선방송사업자·전광판방송사업자·전송망사업자(이하 "방송사업자등"이라 한다)는 사업자 간의 공정한 경쟁 또는 시청자의 이익을 저해하거나 저해할 우려가 있는 다음 각 호의 어느 하나에 해당하는 행위(이하 "금지행위"라 한다)를 하거나 제3자로 하여금 이를 하게 하여서는 아니 된다.
1. 정당한 사유 없이 채널·프로그램의 제공 또는 다른 방송사업자등의 서비스 제공에 필수적인 설비에 대한 접근을 거부·중단·제한하거나 채널 편성을 변경하는 행위
2. 다른 방송사업자등에게 적정한 수익배분을 거부·지연·제한하는 행위
3. 부당하게 다른 방송사업자등의 방송시청을 방해하거나 서비스 제공계약의 체결을 방해하는 행위
4. 부당하게 시청자를 차별하여 현저하게 유리하거나 불리한 요금 또는 이용조건으로 방송 서비스를 제공하는 행위
5. 이용약관을 위반하여 방송서비스를 제공하거나 이용계약과 다른 내용으로 이용요금을 청구하는 행위
6. 방송서비스의 제공 과정에서 알게 된 시청자의 정보를 부당하게 유용하는 행위
7. 상품소개와 판매에 관한 전문편성을 하는 방송채널사용사업자가 납품업자에 대하여 방송편성을 조건으로 상품판매방송의 일자, 시각, 분량 및 제작비용을 불공정하게 결정·취소 또는 변경하는 행위(2015.3.13 본호신설)
8. 방송사업자의 임직원 이외의 자의 요청에 의하여, 방송프로그램에 출연을 하려는 사람과 방송사업자 이외의 자 사이의 가처분 결정, 확정판결, 조정, 중재 등의 취지에 위반하여 방송프로그램 제작과 관계없는 사유로 방송프로그램에 출연을 하려는 사람을 출연하지 못하게 하는 행위(2015.12.22 본호신설)
② 방송통신위원회는 방송사업자등이 금지행위를 한 경우 해당 사업자에게 금지행위의 중지, 계약조항의 삭제 또는 변경, 금지행위로 인하여 시정조치를 명령받은 사실의 공표 등 필요한 시정조치를 명할 수 있다. 이 경우 제1항제7호에 해당하는 때에는 과학기술정보통신부장관에게 그 사실을 통보하여야 한다.(2017.7.26 후단개정)
③ 방송통신위원회는 공정거래위원회와 협의하여 방송사업자등이 금지행위를 한 경우 해당 사업자에게 대통령령으로 정하는 매출액에 100분의 2를 곱한 금액을 초과하지 아니하는 범위에서 과징금을 부과할 수 있다. 다만, 사업의 미개시나 사업 중단 등으로 인하여 매출액이 없거나 매출액 산정이 어려운 경우로서 대통령령으로 정하는 경우에는 5억원 이하의 금액을 과징금으로 부과할 수 있다.
④ 방송통신위원회는 금지행위의 위반 여부에 관한 사실관계의 조사를 위하여 필요한 경우 대통령령으로 정하는 바에 따라 방송사업자등에게 자료의 제출을 요청할 수 있다.
⑤ 금지행위의 세부적인 유형 및 기준에 필요한 사항은 대통령령으로 정한다.
⑥ 제1항을 위반한 방송사업자등의 행위에 대하여 방송통신위원회가 제2항에 따라 시정조치를 명하였거나 제3항에 따라 과징금을 부과한 경우에는 그 방송사업자등의 동일한 행위에 대하여 동일한 사유로 「독점규제 및 공정거래에 관한 법률」 및 「대규모유통업에서의 거래 공정화에 관한 법률」에 따른 시정조치를 명하거나 과징금을 부과할 수 없다.(2015.3.13 본항개정)
(2011.7.14 본조신설)

第6章 視聽者의 權益保護

第86條【자체심의】 ① 방송사업자는 자체적으로 방송프로그램을 심의할 수 있는 기구를 두고, 방송프로그램(보도에 관한 방송프로그램은 제외한다)이 방송되기 전에 이를 심의하여야 한다. 다만, 공동체라디오방송사업자의 경우에는 방송권역 청취자가 참여하는 방송평가회를 연 1회 이상 실시하여야 한다.(2020.6.9 본문개정)
② 방송사업자는 허위, 과장 등 시청자가 오인할 수 있는 내용이 담긴 방송광고를 방송하여서는 아니 된다.(2009.7.31 본항신설)
③ 방송사업자는 방송광고가 방송되기 전에 자체적으로 심의하거나 방송통신위원회에 신고한 방송 관련 기관 또는 단체에 위탁하여 심의할 수 있다.(2009.7.31 본항신설)
(2006.10.27 본조개정)

第87條【視聽者委員會】 ① 다음 각 호의 어느 하나에 해당하는 放送事業者는 視聽者의 권익을 보호하기 위하여 視聽者委員會를 두어야 한다.(2017.3.14 본문개정)
1. 종합편성을 행하는 방송사업자
2. 보도전문편성을 행하는 방송사업자
3. 상품소개와 판매에 관한 전문편성을 행하는 방송사업자
(2017.3.14 1호~3호신설)
② 제1항에 따른 放送事業者는 각계의 視聽者를 대표할 수 있는 者중에서 방송통신위원회규칙이 정하는 團體의 추천을 받아 視聽者委員會의 委員을 위촉한다.(2020.6.9 본항개정)
③ 視聽者委員會의 구성 및 운영에 관하여 필요한 사항은 大統領令으로 정한다.

第88條【視聽者委員會의 權限과 직무】 ① 視聽者委員會의 權限과 직무는 다음과 같다.
1. 放送編成에 관한 의견제시 또는 시정요구
2. 放送事業者의 自體審議規程 및 放送프로그램 내용에 관한 의견제시 또는 시정요구
3. 視聽者評價員의 선임
4. 그 밖에 視聽者의 權益保護와 침해구제에 관한 업무(2020.6.9 본호개정)
② 視聽者委員會의 代表者는 방송통신위원회에 출석하여 의견을 진술할 수 있다.(2008.2.29 본항개정)

第89條【視聽者 評價프로그램】 ① 綜合編成 또는 報道專門編成을 행하는 放送事業者는 해당 放送事業者의 放送운영과 放送프로그램에 관한 視聽者의 의견을 수렴하여 週當 60分 이상의 視聽者 評價프로그램을 編成하여야 한다.(2019.12.10 본항개정)
② 視聽者 評價프로그램에는 視聽者委員會가 선임하는 1人의 視聽者評價員이 직접 出演하여 의견을 진술할 수 있다.
③ 정부는 視聽者評價員의 원활한 업무수행을 위하여 「방송통신발전 기본법」 제24조에 따른 방송통신발전기금에서 경비를 지원할 수 있다.(2013.3.23 본항개정)

第90條【放送事業者의 義務】 ① 다음 각 호의 어느 하나에 해당하는 放送事業者는 第88條第1項第1號 및 제2호에 따른 視聽者委員會의 의견제시 또는 시정요구를 받은 경우에는 특별한 사유가 없으면 이를 수용하여야 한다.(2020.6.9 본문개정)
1. 종합편성을 행하는 방송사업자
2. 보도전문편성을 행하는 방송사업자
3. 상품소개와 판매에 관한 전문편성을 행하는 방송사업자
(2017.3.14 1호~3호신설)
② 視聽者委員會는 放送事業者가 視聽者委員會의 의견제시 또는 시정요구의 수용을 부당하게 거부하는 경우에는 방송통신위원회에 視聽者 불만처리를 요청할 수 있다.(2008.2.29 본항개정)
③ 제1항 각 호의 어느 하나에 해당하는 放送事業者는 視聽者委員會가 제88조제1항 각 호에 따른 직무를 수행하기 위하여 필요한 資料의 제출 또는 관계자의 출석·답변을 요청하는 경우에는 특별한 사유가 없으면 그 요청에 따라야 한다.(2020.6.9 본항개정)
④ 제1항 각 호의 어느 하나에 해당하는 放送事業者는 視聽者委員會의 審議結果 및 그 처리에 관한 사항을 방송통신위원회에 보고하여야 한다. 이 경우 방송통신위원회는 상품소개와 판매에 관한 전문편성을 행하는 방송사업자로부터 보고받은 사항을 과학기술정보통신부장관에게 통지하여야 한다.(2017.7.26 후단개정)
⑤ 제1항 각 호의 어느 하나에 해당하는 放送事業者는 대통령령으로 정하는 바에 의하여 視聽者가 요구하는 放送事業에 관한 정보를 공개하여야 한다.(2020.6.9 본항개정)

第90條의2【시청자미디어재단】 ① 방송통신위원회는 시청자의 방송참여와 권익증진 등을 위하여 시청자미디어재단을 설립한다.(2015.12.22 본문개정)
1.~4. (2014.5.28 삭제)
② 시청자미디어재단은 법인으로 한다.(2015.12.22 본항개정)
③ 시청자미디어재단은 정관으로 정하는 바에 따라 임원과 필요한 직원을 둔다.(2015.12.22 본항개정)
④ 시청자미디어재단은 다음 각 호의 사업을 한다.(2015.12.22 본문개정)
1. 미디어에 관한 교육·체험 및 홍보
2. 시청자 제작 방송프로그램의 지원
3. 각종 방송제작 설비의 이용 지원
4. 그 밖에 시청자의 방송참여 및 권익증진을 위한 사업
5. 이 법이나 다른 법령에서 시청자미디어재단의 업무로 규정하거나 위탁한 사업(2015.12.22 본호개정)
6. 국가나 지방자치단체로부터 위탁받은 사업(2014.5.28 본항신설)
⑤ 시청자미디어재단은 제4항에 따른 사업을 수행하기 위하여 정관으로 정하는 바에 따라 필요한 곳에 시청자미디어센터를 둘 수 있다.(2015.12.22 본항신설)
⑥ 시청자미디어재단에 관하여 이 법에서 규정한 것 외에는 「민법」 중 재단법인에 관한 규정을 준용한다.(2015.12.22 본항개정)
⑦ 국가 및 지방자치단체는 시청자미디어재단의 설립 및 운영에 필요한 경비의 전부 또는 일부를 출연할 수 있다.(2015.12.22 본항개정)
⑧ 제1항에 따른 시청자미디어재단의 설립기준 및 운영 등에 필요한 사항은 대통령령으로 정한다.(2015.12.22 본항개정)
(2015.12.22 본조제목개정)

第90條의3【유료방송 서비스의 품질 평가】 ① 과학기술정보통신부장관은 유료방송 서비스의 품질을 개선하고 시청자의 편익을 증진하기 위하여 종합유선방송사업자 또는 위성방송사업자가 제공하는 유료방송 서비스의 품질(이하 "유료방송 서비스품질"이라 한다)을 평가할 수 있다.
② 과학기술정보통신부장관은 제1항에 따른 유료방송 서비스품질의 평가를 위하여 종합유선방송사업자 또는 위성방송사업자에게 필요한 자료의 제출을 요청할 수 있다. 이 경우 자료 제출 요청을 받은 종합유선방송사업자 또는 위성방송사업자는 특별한 사유가 없으면 그 요청에 따라야 한다.
③ 과학기술정보통신부장관은 제1항에 따라 유료방송 서비스품질을 평가한 경우 그 결과를 공개하여야 한다.
④ 제1항에 따른 유료방송 서비스품질의 평가, 제2항에 따른 자료의 제출 방법·절차 및 제3항에 따른 유료방송 서비스품질 평가 결과의 공개에 관한 세부 사항은 대통령령으로 정한다.
(2022.1.11 본조신설)

第6章의2 방송분쟁의 해결
(2015.12.22 본장신설)

第1節 조정(調停)

第91條【조정의 개시】 ① 제35조의3제1항에 규정된 자들 상호 간에 다음 각 호의 어느 하나에 해당하는 분쟁이 발생한 경우 각 사업자는 제35조의3에 따른 방송분쟁조정위원회(이하 "방송분쟁조정위원회"라 한다)에 조정을 신청할 수 있다.
1. 방송프로그램, 채널 및 인터넷 멀티미디어 방송용 콘텐츠의 공급 및 수급과 관련된 분쟁
2. 방송 및 인터넷 멀티미디어 방송의 송출에 필요한 전기통신설비의 사용과 관련된 분쟁
3. 방송구역과 관련된 분쟁
4. 중계방송권 등 재산권적 이해와 관련된 분쟁
5. 방송사업자 또는 인터넷 멀티미디어 방송사업자의 공동사업에 관한 분쟁. 다만, 「독점규제 및 공정거래에 관한 법률」 제40조제1항 각 호의 어느 하나에 해당하는 사항은 제외한다.(2020.12.29 단서개정)
6. 그 밖에 방송사업 및 인터넷 멀티미디어 방송사업의 운영에 관한 분쟁
② 방송분쟁조정위원회는 제1항에 따른 조정 신청을 받은 날부터 조정절차를 개시한다.
③ 제1항에 따른 신청 시 신청서의 기재 사항은 대통령령으로 정한다.

第91條의2【합의 권고】 ① 방송분쟁조정위원회는 제91조제1항에 따라 조정이 개시되는 경우 일정한 기간을 정하여 당사자에게 합의를 권고할 수 있다.
② 제1항에 따른 권고는 조정절차의 진행에 영향을 미치지 아니한다.

第91條의3【조정의 거부 및 중지】 ① 방송분쟁조정위원회는 다음 각 호의 어느 하나에 해당하는 경우에는 제91조제1항에 따라 신청된 조정을 거부할 수 있다.
1. 제91조제1항에 해당하지 아니하는 사업자가 조정 신청을 한 경우
2. 제91조제1항 각 호의 조정 대상이 아닌 사안에 관하여 조정 신청을 한 경우
3. 신청인이 같은 사안에 대하여 같은 취지로 2회 이상 조정 신청을 한 경우
4. 신청의 내용이 부적법하거나 부당한 목적으로 신청하였다고 인정되는 경우
5. 그 밖에 이에 준하는 경우로서 대통령령으로 정하는 경우
② 방송분쟁조정위원회는 제91조제1항에 따라 개시된 조정절차의 진행 중에 한 쪽 당사자가 조정의 대상인 분쟁을 원인으로 하는 소를 제기하거나 조정 개시 전에 이미 소가 제기된 사실을 확인한 경우에는 조정절차를 중지하고 이를 당사자에게 통지하여야 한다. 다만, 소가 취하된 경우 방송분쟁조정위원회는 조정절차를 속개할 수 있다.

第91條의4【조정절차】 ① 방송분쟁조정위원회는 당사자 또는 이해관계인이 의견을 진술하려는 경우에는 특별한 사유가 없으면 의견진술의 기회를 주어야 한다.
② 방송분쟁조정위원회는 분쟁의 조정을 위하여 필요하다고 인정하는 경우에는 당사자, 이해관계인 및 관계 행정기관 등에 필요한 자료의 제출을 요구할 수 있다.

③ 방송분쟁조정위원회는 조정절차를 개시한 날부터 60일 이내에 조정사건을 심사하여 조정안을 작성하여야 한다. 다만, 부득이한 사정이 있는 경우에는 한 차례만 30일의 범위에서 분쟁조정위원회의 의결로 처리기간을 연장할 수 있다.
④ 방송분쟁조정위원회는 제3항에 따른 조정안을 작성한 후 지체 없이 당사자에게 통지하여야 한다.
⑤ 제1항부터 제4항까지에서 규정한 사항 외에 조정의 절차와 방법 등에 관하여 필요한 사항은 대통령령으로 정한다.

第91條의5【조정의 효력 등】 ① 제91조의4제4항에 따라 조정안의 통지를 받은 당사자는 통지를 받은 날부터 15일 이내에 조정안에 대한 수락 여부를 방송분쟁조정위원회에 통보하여야 한다. 이 경우 기간 내에 당사자가 수락의 의사를 표시하지 아니한 경우에는 조정을 거부한 것으로 본다.
② 조정은 제91조의4제4항에 따라 통지받은 조정안을 전원이 제1항에 따라 수락한 때에 성립하고 방송분쟁조정위원회 위원장이 지체 없이 조정조서를 작성하여 전원에게 송달하여야 한다.
③ 조정이 성립되면 재판상 화해와 같은 효력을 갖는다.

第91條의6【조정의 종결】 ① 조정은 다음 각 호의 어느 하나에 해당하는 경우에 종결된다.
1. 제91조의2에 따른 합의 권고를 통하여 합의가 이루어진 경우
2. 제91조의3제1항에 따라 방송분쟁조정위원회가 조정을 거부한 경우
3. 당사자가 제91조의5제1항 후단에 따라 지정 기간 내에 조정안에 대한 수락의 의사를 표시하지 아니하거나 수락 거부의 의사를 표시한 경우
4. 제91조의5제2항에 따라 조정이 성립된 경우
5. 조정의 대상인 분쟁을 원인으로 하는 소송의 판결이 확정된 경우

② 방송분쟁조정위원회는 제1항에 따라 조정이 종결되었을 때에는 종결 사실과 그 이유를 적시하여 당사자에게 통지하여야 한다.

第2節 그 밖의 조치

第91條의7【방송의 유지·재개 명령】 ① 방송통신위원회는 다음 각 호의 어느 하나에 해당하는 경우로서 시청자의 이익이 현저히 저해되거나 저해될 우려가 있는 때에는 방송사업자, 중계유선방송사업자 또는 인터넷 멀티미디어 방송사업자에게 30일 이내의 범위에서 방송통신위원회가 정하는 기간 동안 방송프로그램·채널의 공급 또는 송출을 유지하거나 재개할 것을 명할 수 있다. 다만, 그 기간이 지난 후에도 방송프로그램·채널의 공급 또는 송출을 유지하거나 재개할 필요가 있는 경우에는 한 차례만 30일 이내의 범위에서 그 기간을 연장할 수 있다.(2020.6.9 본문개정)
1. 제76조제2항에 따른 국민관심행사등에 관한 실시간 방송프로그램의 공급 또는 송출이 중단되거나 중단될 것으로 사업자 또는 시청자에게 통보된 경우
2. 제78조제1항 및 제2항에 따른 동시재송신 채널 외의 지상파방송 채널의 공급 또는 송출이 중단되거나 중단될 것으로 사업자 또는 시청자에게 통보된 경우

② 방송분쟁조정위원회는 조정절차 진행 중인 분쟁사건이 제1항에 해당한다고 판단되는 경우에는 방송통신위원회에 해당 사업자에 대하여 제1항에 따른 명령을 하도록 건의할 수 있다.
③ 제1항에 따른 명령은 제91조 및 제91조의2부터 제91조의6까지의 규정에 따른 조정 절차에 영향을 미치지 아니한다.

第7章 放送發展의 支援

第92條【放送發展의 지원】 ① 政府는 國民이 다양한 放送을 균등하게 향유할 수 있도록 하고, 放送문화의 발전 및 振興을 위하여 노력하여야 한다.
② 문화체육관광부장관은 放送映像産業의 振興을 위하여 필요한 정책을 수립·施行하여야 한다.(2008.2.29 본항개정)
③ 과학기술정보통신부장관은 放送技術 및 시설에 관하여 필요한 정책을 수립·施行하여야 한다.(2017.7.26 본항개정)

第92條의2【애니메이션 제작 세제지원】 정부는 방송사업자가 애니메이션 방송프로그램을 제작하는 경우에는 「조세특례제한법」 등 조세 관계 법률에서 정하는 바에 따라 조세를 감면할 수 있다.(2012.1.17 본조신설)

第92條의3【중소종합유선방송사업자의 지원】 정부는 지역 시청자의 권익보호와 다른 방송사업자와의 공정한 경쟁을 위하여 「중소기업기본법」 제2조에 따른 중소기업에 해당하는 중소종합유선방송사업자에 대하여 대통령령으로 정하는 바에 따라 지역채널 등에 관하여 필요한 지원을 할 수 있다.(2021.12.28 본조신설)

第93條【放送프로그램의 보관 및 활용】 放送事業者는 放送프로그램의 효율적인 수집·보관·유통 및 활용 등을 위하여 放送프로그램보관소를 공동으로 설립·운영할 수 있다.

第94條【放送專門人力의 養成 등】 政府는 放送專門人力을 양성하기 위하여 전문교육기관 및 放送關聯學科 등에 대한 지원 등에 필요한 시책을 수립할 수 있다.

第95條【放送製作團地 造成·지원】 ① 政府는 放送事業者가 공동으로 放送製作團地를 조성하는 때에는 필요한 지원을 할 수 있다.
② 政府는 제1항에 따른 放送製作團地가 情報通信團地 또는 映像製作團地 등과 연계·운영되도록 할 수 있다.(2020.6.9 본항개정)

第96條【放送프로그램 유통 등 지원】 ① 문화체육관광부장관은 영상·비디오 등 영상물이 放送프로그램으로 製作되어 放送매체별로 다단계로 유통·활용 또는 수출될 수 있도록 지원할 수 있다.(2008.2.29 본항개정)
② 과학기술정보통신부장관은 放送技術 및 시설의 개발·활용 및 수출이 촉진될 수 있도록 지원할 수 있다.(2017.7.26 본항개정)

第97條【放送의 國際協力】 政府 또는 방송통신위원회는 外國의 放送관련기관·團體와의 국제교류, 放送프로그램의 공동製作, 放送전문인력의 상호교류 및 放送技術의 공동개발 등 국제협력을 촉진할 수 있는 事業을 지원할 수 있다.(2008.2.29 본조개정)

第8章 補 則

第98條【資料提出】 ① 政府 또는 방송통신위원회는 직무수행을 위하여 필요한 경우에는 放送事業者·中繼有線放送事業者·電光板放送事業者·음악유선방송사업자·전송망사업자 또는 외주제작사에 관련자료의 제출을 요구할 수 있다.(2016.1.27 본항개정)
② (2015.12.22 삭제)
③ 방송통신위원회는 시청률, 시청점유율 등의 조사 및 산정에 필요한 자료를 해당 개인, 법인·단체 또는 기관에 요청할 수 있다.(2009.7.31 본항신설)

第98條의2【재산상황의 공표】 ① 방송시장의 투명한 회계정보 제공을 위하여 매년 방송사업자 및 인터넷 멀티미디어 방송사업자는 해당 법인의 재산상황을 방송통신위원회에 제출하여야 한다. 다만, 직전 사업연도의 방송사업매출액이 1억원 미만인 사업자 중 대통령령으로 정하는 사업자는 그러하지 아니하다.
② 방송통신위원회는 제1항에 따른 사업자의 재산상황을 공표하여야 한다.
③ 재산상황 제출 자료 및 시기 등 제1항에 따른 사업자가 재산상황을 제출하기 위하여 필요한 구체적인 사항은 대통령령으로 정한다.
(2015.12.22 본조신설)

第99條【是正命令 등】 ① 과학기술정보통신부장관 또는 방송통신위원회는 소관 업무에 따라 放送事業者·中繼有線放送事業者·電光板放送事業者 또는 音樂有線放送事業者가 다음 각 호의 어느 하나에 해당하는 때에는 是正을 명할 수 있다.(2017.7.26 본문개정)
1. 정당한 사유 없이 방송을 중단하는 등 시청자의 이익을 현저히 저해하고 있다고 인정될 때(2007.7.27 본호개정)
2. 이 法 또는 許可條件·承認條件·登錄要件을 위반하고 있다고 인정될 때

② 과학기술정보통신부장관은 放送事業者(방송채널사용사업자는 제외한다)·傳送網事業者·中繼有線放送事業者 또는 音樂有線放送事業者가 設置한 시설이 이 法 또는 許可條件·登錄要件을 위반하고 있다고 인정될 때에는 그 시설의 개선을 명할 수 있다.(2020.6.9 본항개정)

第100條【제재조치 등】 ① 방송통신위원회는 放送事業者·중계유선방송사업자·전광판방송사업자 또는 외주제작사가 제33조의 심의규정 및 제74조제2항에 의한 협찬고지 규칙을 위반한 경우에는 5천만원 이하의 과징금을 부과하거나 위반의 사유, 정도 및 횟수 등을 고려하여 다음 各號의 제재조치를 명할 수 있다. 제35조에 따른 시청자불만처리의 결과에 따라 제재를 할 필요가 있다고 인정되는 경우에도 또한 같다. 다만, 방송통신심의위원회는 심의규정 등의 위반정도가 경미하여 제재조치를 명할 정도에 이르지 아니한 경우에는 해당 사업자·해당 방송프로그램 또는 해당 방송광고의 책임자나 관계자에 대하여 권고를 하거나 의견을 제시할 수 있다.(2016.1.27 본문개정)
1. (2013.3.23 삭제)
2. 해당 방송프로그램 또는 해당 방송광고의 정정·수정 또는 중지(2009.7.31 본호개정)
3. 방송편성책임자·해당 방송프로그램 또는 해당 방송광고의 관계자에 대한 懲戒(2009.7.31 본호개정)
4. 주의 또는 경고(2006.10.27 본호신설)

② 제1항에 따른 제재조치가 해당 방송프로그램의 출연자로 인하여 이루어진 경우 해당 방송사업자는 방송출연자에 대하여 경고, 출연제한 등의 적절한 조치를 취하여야 한다.(2020.6.9 본항개정)
③ 제1항에도 불구하고 위반의 정도가 중대하다고 인정되는 다음 각 호의 경우에 한정하여 방송통신위원회는 1억원 이하의 과징금을 부과할 수 있다.(2020.6.9 본문개정)
1. 음란, 퇴폐 및 폭력 등에 관한 심의규정을 위반하는 경우
2. 「마약류관리에 관한 법률」 제2조제1호에 따른 마약류 복용·투약·흡입 및 음주 후 방송출연 등으로 인한 심의규정을 위반하는 경우(2020.6.9 본호개정)
3. 제1항제1호부터 제3호까지의 제재조치를 받았음에도 불구하고 대통령령으로 정하는 바에 따라 동일한 사유로 반복적으로 심의규정을 위반하는 경우(2020.6.9 본호개정)
(2006.10.27 본항신설)

④ 放送事業者·중계유선방송사업자·전광판방송사업자 및 외주제작사는 제1항 및 제3항에 따른 과징금처분 또는 제재조치명령을 받은 경우 지체 없이 그에 관한 방송통신위원회의 결정사항전문을 방송(외주제작사는 제외한다)하고, 제재조치명령은 이를 받은 날부터 7일 이내에 이행하여야 하며, 그 이행결과를 방송통신위원회에 보고하여야 한다.(2016.1.27 본항개정)
⑤ 상품소개와 판매에 관한 전문편성을 행하는 방송채널사용사업자는 허위, 과장 등 시청자가 오인할 수 있는 내용으로서 제33조에 따른 심의규정으로 정하는 사항을 위반하여 제1항 및 제3항에 따른 과징금처분 또는 제재조치명령을 받은 경우 그에 관한 방송통신위원회의 결정사항전문을 대통령령으로 정하는 기준·방법에 따라 자사(自社)가 운영하는 인터넷 홈페이지에 게시하거나 우편, 전자우편 등을 이용하여 해당 상품을 구매한 소비자에게 통지하여야 한다. 이 경우 상품소개와 판매에 관한 전문편성을 행하는 방송채널사용사업자는 이를 7일 이내에 이행하여야 하며, 그 이행결과를 방송통신위원회에 보고하여야 한다.(2018.3.13 본항신설)
⑥ 방송통신위원회는 제1항 및 제3항에 따라 과징금처분 또는 제재조치명령을 하는 경우 미리 당사자 또는 그 代理人에게 의견을 진술할 기회를 주어야 한다. 다만, 당사자 또는 그 代理人이 정당한 사유없이 이에 응하지 아니한 때에는 그러하지 아니하다.(2009.7.31 본문개정)
⑦ 제1항 및 제3항에 따른 과징금처분 또는 제재조치명령에 異議가 있는 者는 해당 제재조치명령을 받은 날부터 30日 이내에 방송통신위원회에 재심을 청구할 수 있다.(2019.12.10 본항개정)
⑧ 방송통신위원회는 제7항에 따른 방송통신위원회의 재심결과를 당사자 또는 그 代理人에게 통지하여야 한다.(2018.3.13 본항개정)

第101條【聽聞】 과학기술정보통신부장관 또는 방송통신위원회는 다음 각 호의 어느 하나에 해당하는 경우에는 聽聞을 실시하여야 한다.(2017.7.26 본문개정)
1. 제17조에 따른 재허가 또는 再承認을 거부하는 경우
2. 제18조에 따른 許可·승인 또는 登錄을 취소하는 경우
(2020.6.9 1호~2호개정)
3. 제78조의2제5항에 따라 승인을 취소하는 경우
(2007.7.27 본호신설)

第102條【수수료】 이 법에 따른 허가·승인·등록, 변경허가·변경승인·변경등록, 재허가·재승인의 신청을 하는 자는 대통령령으로 정하는 바에 따라 수수료를 납부하여야 한다.(2022.1.11 본조개정)

第103條【權限의 위임·委託】 ① 이 법에 따른 과학기술정보통신부장관 또는 방송통신위원회의 권한은 그 일부를 대통령령으로 정하는 바에 따라 그 소속 기관의 장 또는 시·도지사에게 위임할 수 있다.
② 이 법에 따른 과학기술정보통신부장관 또는 방송통신위원회의 업무는 그 일부를 대통령령으로 정하는 바에 따라 「전파법」에 따른 한국방송통신전파진흥원에 위탁할 수 있다.
(2021.6.8 본조개정)

第103條의2【규제의 재검토】 과학기술정보통신부장관은 제90조의3제2항에 따른 유료방송 서비스품질의 평가를 위한 자료의 제출에 대하여 2021년 1월 1일부터 매 5년이 되는 시점까지 그 타당성을 검토하여 필요한 조치를 하여야 한다.(2022.1.11 본조신설)

第104條【벌칙 적용에서 공무원 의제】 ① 제35조의3제1항에 따른 방송분쟁조정위원회의 위원 중 공무원이 아닌 사람은 「형법」 제127조 및 제129조부터 제132조까지의 규정에 따른 벌칙을 적용할 때에는 공무원으로 본다.
② 제103조에 따라 권한을 위탁받은 사무에 종사하는 사람은 형법이나 그 밖의 법률에 따른 벌칙을 적용할 때에는 이를 공무원으로 본다.
(2020.6.9 본조개정)

第9章 罰 則

第105條【벌칙】 다음 각 호의 어느 하나에 해당하는 자는 2년 이하의 징역 또는 3천만원 이하의 벌금에 처한다.
(2022.1.11 본문개정)
1. 第4條第2項의 規定에 위반하여 放送編成에 관하여 規制나 간섭을 한 者
2. 거짓이나 그 밖의 부정한 방법으로 제9조 또는 제17조에 따른 허가 또는 재허가를 받거나 승인 또는 재승인을 받거나 등록을 하여 방송사업·중계유선방송사업·음악유선방송사업·전광판방송사업·전송망사업을 한 자
3. 제9조 또는 제17조에 따른 허가 또는 재허가를 받지 아니하거나 승인 또는 재승인을 받지 아니하거나 등록

을 하지 아니하고 방송사업·중계유선방송사업·음악유선방송사업·전광판방송사업·전송망사업을 한 자(2022.1.11 2호~3호개정)
4. 제53조제3항을 위반하여 직무상 알게 된 공사의 비밀을 누설하거나 도용한 자(2014.5.28 본호신설)
(2022.1.11 본조제목개정)

第106條【罰則】 ① 다음 각 호의 어느 하나에 해당하는 者는 1年이하의 懲役 또는 3千萬원 이하의 罰金에 處한다.(2020.6.9 본문개정)
1. 第4條第4項의 規定에 위반하여 放送編成規約을 제정하지 아니하거나 公表하지 아니한 者
2. 제8조제13항에 따른 시정명령을 위반한 자
3. 제14조제6항에 따른 시정명령을 위반한 자
4. 거짓이나 그 밖의 부정한 방법으로 제15조제1항에 따른 變更許可를 받거나 변경승인을 얻거나 變更登錄을 한 者
5. 제15조제1항에 따른 變更許可를 받지 아니하거나 변경승인을 얻지 아니하거나 變更登錄을 하지 아니한 者(2020.6.9 2호~5호개정)
6. 제15조의2제3항의 규정에 따른 시정명령을 위반한 자(2006.10.27 본호신설)
② 다음 각 호의 어느 하나에 해당하는 者는 3千萬원 이하의 罰金에 處한다.
1. (2014.5.28 삭제)
2. 제100조제1항에 따른 방송통신위원회의 制裁措置命令을 이행하지 아니한 者
(2020.6.9 본항개정)

第107條【양벌규정】 법인의 대표자나 법인 또는 개인의 대리인, 사용인, 그 밖의 종업원이 그 법인 또는 개인의 업무에 관하여 제105조 또는 제106조의 위반행위를 하면 그 행위자를 벌하는 외에 그 법인 또는 개인에게도 해당 조문의 벌금형을 과(科)한다. 다만, 법인 또는 개인이 그 위반행위를 방지하기 위하여 해당 업무에 관하여 상당한 주의와 감독을 게을리하지 아니한 경우에는 그러하지 아니하다.(2010.6.8 본조개정)

第108條【과태료】 ① 다음 각 호의 어느 하나에 해당하는 자에게는 3천만원 이하의 과태료를 부과한다.
(2015.12.22 본문개정)
1. 第4條第3項의 規定에 위반하여 放送編成責任者의 姓名을 放送시간내에 매일 1回 이상 公表하지 아니한 者
1의2. 제9조의3제2항에 따른 신고수리 또는 변경신고수리를 받지 아니하고 기술결합서비스를 제공한 자
(2022.1.11 본호신설)
1의3. 제9조의3제6항에 따른 신고수리를 받지 아니하고 기술결합서비스를 중지하거나 중단한 자(2022.1.11 본호개정)
2. 제15조제1항제1호 단서에 따른 신고를 하지 아니한 자
(2024.1.23 본호신설)
2의2. 제15조제2항 및 제3항에 따른 申告를 하지 아니한 者(2020.6.9 본호개정)
2의3. 제15조의2제1항 단서에 따른 신고를 하지 아니한 자
(2020.6.9 본호개정)
3. 제33조제4항을 위반하여 방송프로그램의 등급을 표시하지 아니한 자(2016.1.27 본호개정)
3의2. 제35조의5제3항에 따른 자료를 제출하지 아니한 자
(2011.7.14 본호신설)
4. 제69조제3항부터 제6항까지의 규정을 위반하여 放送프로그램을 編成한 者(2020.6.9 본호개정)
5. 제70조제1항부터 제4항까지 또는 제9항을 위반하여 채널을 구성·운용한 者(2023.4.6 본호개정)
6. 제70조제5항 단서 또는 같은 조 제6항을 위반하여 채널을 운용한 자(2015.3.13 본호개정)
7. 第70條第7項의 規定에 위반하여 특별한 이유없이 視聽者가 자체제작한 放送프로그램을 放送하지 아니한 者
7의2. 제70조제8항을 위반하여 채널을 구성·운용한 자
(2015.3.13 본호개정)
7의3. 제70조의2제2항에 따른 명령을 위반한 자
(2015.3.13 본호신설)
8. 제71조제1항부터 제4항까지의 규정을 위반하여 放送프로그램을 編成한 者(2020.6.9 본호개정)
9. 제72조제1항 및 제3항에 따른 編成比率을 위반하여 放送프로그램을 編成한 者(2020.6.9 본호개정)
10. 제73조제1항·제2항 또는 제4항을 위반하여 방송광고를 한 자(2016.1.27 본호개정)
10의2. 제73조제6항에 따라 정당한 사유 없이 합의를 하지 아니한 방송사업자 또는 같은 항에 따른 합의 없이 간접광고를 판매한 외주제작사
10의3. 제73조제8항을 위반하여 간접광고를 판매한 자
10의4. 제73조의2를 위반하여 방송광고 매출현황 자료를 제출하지 아니하거나 거짓으로 제출한 자
(2016.1.27 10호의2~10호의4신설)
11. 第74條第1項 및 제2항의 規定에 위반하여 協贊告知를 한 者(2006.10.27 본호개정)
11의2. (2010.3.22 삭제)
12. 제77조제3항 또는 제4항을 위반하여 이용약관의 신고수리 또는 변경신고수리를 받지 아니하거나 이용약관의 승인 또는 변경승인을 받지 아니하고 유료방송을 한 자(2022.1.11 본호개정)
12의2. 제77조제6항을 위반하여 이용자에게 약관 변경을 통지하지 아니한 자(2022.1.11 본호개정)
13. 第78條第1項의 規定에 위반하여 同時再送信을 하지 아니한 者
14. 제78조제4항에 위반하여 재송신을 한 자 및 放送事業者로부터 업무를 위탁받아 放送을 위한 설비를 설치·운용하는 자로서 제78조제4항에 위반한 재송신을 가능하게 한 자(2007.7.27 본호개정)
14의2. 외국방송사업자로서 다음 각 목의 어느 하나에 해당하는 자
가. 제78조의2제1항을 위반하여 승인받지 아니하고 재송신을 한 자
나. 제78조의2제3항을 위반하여 재송신을 한 자
다. 제78조의2제4항에 따른 자료제출 요구에 따르지 아니하거나 거짓으로 자료를 제출한 자(2020.6.9 본목개정)
(2007.7.27 본호신설)
14의3. 제78조의2제6항을 위반하여 재송신을 하거나 같은 조 제7항에 따른 재송신의 범위와 기준을 초과하여 재송신을 한 자(2007.7.27 본호신설)
15. 제80조를 위반하여 확인을 받지 아니한 자(2022.1.11 본호개정)
16. (2016.1.27 삭제)
17. 제83조제1항에 따른 放送日誌를 記錄하지 아니하거나 허위로 記錄한 者 또는 放送實施結果를 제출하지 아니한 者(2020.6.9 본호개정)
18. 第83條第2項의 規定에 위반하여 방송프로그램 및 방송광고의 원본 또는 사본을 보존하지 아니한 者
(2009.7.31 본호개정)
19. 제84조제2항에 따른 신고수리를 받지 아니하고 폐업하거나 휴업한 자. 다만, 제9조제5항 본문에 따라 등록한 방송채널사용사업자는 제외한다.(2022.1.11 본호개정)
19의2. 제85조의2제4항을 위반하여 자료제출을 거부하거나 거짓자료를 제출한 자(2011.7.14 본호신설)
20. 제86조제1항의 規定에 위반하여 自體審議機構를 두지 아니하거나 放送프로그램을 審議하지 아니하거나 같은 조 제2항을 위반하여 허위, 과장 등 시청자가 오인할 수 있는 내용이 담긴 방송광고를 방송한 자
(2009.7.31 본호개정)
21. 第87條第1項의 規定에 위반하여 視聽者委員會를 두지 아니한 者
22. 第89條第1項의 規定에 위반하여 視聽者 評價프로그램을 編成하지 아니한 者
23. 第90條第3項의 規定에 위반하여 필요한 資料의 제출 또는 관계자의 출석·답변을 거부한 者
24. 第90條第4項의 規定에 위반하여 視聽者委員會의 審議結果 및 그 처리에 관한 사항을 방송통신위원회에 보고하지 아니한 者(2008.2.29 본호개정)
25. (2005.1.27 삭제)
25의2. 제98조제1항의 규정을 위반하여 자료제출을 하지 아니하거나 거짓으로 자료를 제출한 자(2004.3.22 본호신설)
25의3. 제98조제3항에 따른 자료제출을 하지 아니하거나 거짓으로 자료를 제출한 자(2009.7.31 본호신설)
26. 제98조의2제1항을 위반하여 재산상황을 제출하지 아니하거나 거짓으로 재산상황을 제출한 자(2015.12.22 본호개정)
26의2. 제100조제2항의 규정을 위반한 방송출연자에 대한 경고, 출연제한 등의 조치를 취하지 아니한 자
(2006.10.27 본호신설)
27. 제100조제4항의 規定에 위반하여 방송통신위원회의 결정사항전문을 放送하지 아니하거나 그 결과를 방송통신위원회에 보고하지 아니한 者(2008.2.29 본호개정)
28. 제100조제5항을 위반하여 방송통신위원회의 결정사항전문을 자사가 운영하는 인터넷 홈페이지에 게시하지 아니하거나 해당 상품을 구매한 소비자에게 통지하지 아니한 자 또는 그 결과를 방송통신위원회에 보고하지 아니한 자(2018.3.13 본호신설)
② 제90조의3제2항을 위반하여 특별한 사유 없이 자료를 제출하지 아니한 자에게는 1천만원 이하의 과태료를 부과한다.(2022.1.11 본항신설)
③ 제1항 및 제2항에 따른 과태료는 대통령령으로 정하는 바에 따라 과학기술정보통신부장관 또는 방송통신위원회(이하 "부과권자"라 한다)가 부과·징수한다.
(2022.1.11 본항개정)
④~⑤ (2015.12.22 삭제)
(2022.1.11 본조제목개정)

第109條【과징금 부과 및 징수】 ① 과학기술정보통신부장관 또는 방송통신위원회는 이 법의 규정에 의한 과징금을 부과하는 경우 다음 각 호의 사항을 참작하여야 한다.(2020.6.9 본문개정)
1. 위반행위의 내용 및 정도
2. 위반행위의 기간 및 횟수
3. 위반행위로 인하여 취득한 이익의 규모 등
② 과학기술정보통신부장관 또는 방송통신위원회는 이 법의 규정을 위반한 방송사업자의 합병이 있는 경우에는 해당 법인이 행한 위반행위는 합병 후 존속하거나 합병에 의해 설립된 법인이 행한 행위로 보아 과징금을 부과·징수할 수 있다.(2019.12.10 본항개정)
③ 과징금을 부과받은 해당 방송사업자가 분할 또는 분할합병되는 경우(부과일에 분할 또는 분할합병되는 경우를 포함한다) 그 과징금은 다음 각 호의 법인이 연대하여 납부할 책임을 진다.(2019.12.10 본문개정)
1. 분할되는 법인
2. 분할 또는 분할합병으로 인하여 설립되는 법인
3. 분할되는 회사의 일부가 다른 회사와 합병하여 그 다른 회사가 존속하는 경우의 그 다른 법인
④ 과징금을 부과받은 방송사업자가 분할 또는 분할합병으로 인하여 해산되는 경우(부과일에 해산되는 경우를 포함한다) 그 과징금은 다음 각 호의 법인이 연대하여 납부할 책임을 진다.
1. 분할 또는 분할합병으로 인하여 설립되는 법인
2. 분할되는 법인의 일부가 다른 법인과 합병하여 그 다른 법인이 존속하는 경우의 그 다른 법인
⑤ 과학기술정보통신부장관 또는 방송통신위원회는 과징금 납부의무자가 납부기한까지 과징금을 납부하지 아니한 때에는 기간을 정하여 독촉을 하고, 그 지정한 기간 내에 과징금을 납부하지 아니한 때에는 국세체납처분의 예에 따라 이를 징수할 수 있다.(2020.6.9 본항개정)
⑥ 제1항에 따른 과징금의 부과기준 및 과징금의 징수에 관하여 필요한 사항은 대통령령으로 정한다.(2020.6.9 본항개정)
(2006.10.27 본조신설)

附　則

第1條【施行日】 이 法은 公布후 2月이 경과한 날부터 施行하되, 附則 第4條第2項의 規定은 公布한 날부터 施行한다.

第2條【다른 法律의 廢止】 다음 各號의 法律은 이를 廢止한다.
1. 放送法
2. 綜合有線放送法
3. 韓國放送公社法
4. 有線放送管理法

第3條【放送委員會등에 관한 經過措置】 ① 이 法 第20條의 規定에 의한 放送委員會는 이 法의 施行日 30日전까지 구성하여야 한다.
② 이 法에 의한 放送委員會가 구성된 경우에는 종전의 放送法에 의한 放送委員會 또는 綜合有線放送法에 의한 綜合有線放送委員會는 해체된 것으로 본다.
③ 이 法 公布 당시 종전의 放送法에 의한 放送委員會의 委員은 이 法 施行전에 任期가 만료되더라도 이 法에 의한 放送委員會가 구성될 때까지 그 직무를 행한다.
④ 第1項의 規定에 의한 放送委員會가 구성된 경우에는 이 法 施行日전까지 종전의 放送法에 의한 放送委員會 또는 종전의 綜合有線放送法에 의한 綜合有線放送委員會의 직무는 放送委員會가 행한다.

第4條【韓國放送公社의 定款등에 관한 經過措置】 ① 이 法 施行당시 종전의 韓國放送公社法에 의한 韓國放送公社는 이 法에 의한 韓國放送公社로 본다. 이 경우 이 法 施行후 3月 이내에 定款을 변경하여 放送委員會의 認可를 받아야 한다.
② 1999年 12月 31日 당시 종전의 韓國放送公社法에 의한 受信料의 금액은 2000年 1月 1日부터 이 法 第65條에 의한 國會의 승인을 얻은 것으로 본다.
③ 이 法에 의한 韓國放送公社는 종전의 韓國放送公社法에 의한 韓國放送公社의 모든 권리와 의무를 승계한다.

第5條【韓國放送公社의 理事會·執行機關의 구성에 관한 經過措置】 ① 韓國放送公社의 理事會 및 執行機關은 이 法 施行후 3月내에 이 法의 規定에 의하여 구성되어야 한다.
② 이 法 施行 당시의 韓國放送公社의 理事長을 포함한 理事는 이 法에 의한 후임자가 선임될 때까지 그 직무를 행한다.
③ 이 法 施行 당시의 韓國放送公社의 社長, 副社長 및 監事는 이 法에 의한 후임자가 선임 또는 임명될 때까지 그 직무를 행한다.

第6條【公益資金 및 公益資金管理委員會에 관한 經過措置】 ① 이 法 施行 당시 韓國放送廣告公社法에 의한 韓國放送廣告公社가 조성 및 관리·운용하고 있는 公益資金은 이 法에 의하여 放送委員會가 조성 및 관리·운용하는 放送發展基金으로 본다.
② 이 法에 의한 放送發展基金管理委員會가 구성된 경우에는 종전의 韓國放送廣告公社法에 의한 公益資金管理委員會는 해체된 것으로 본다.

第7條【일반적 經過措置】 ① 이 法 施行 당시 종전의 放送法·綜合有線放送法·有線放送管理法 또는 韓國放送公社法에 의하여 行政處分등 行政機關·放送委員會·綜合有線放送委員會의 행위와 각종 申告등 行政機關·放送委員會·綜合有線放送委員會에 대한 행위는 이 法에 의한 행위로 본다.
② 放送委員會는 이 法 第9條第3項의 規定에 의한 綜合有線放送事業의 승인을 別表에서 정하는 기간동안 猶豫할 수 있다.
③ 綜合有線放送事業者는 第2項의 猶豫期間동안 地上波放送事業者가 행하는 放送을 녹음·녹화하여 再送信하여서는 아니된다.

④ 第9條第5項에 의한 登錄을 하여야 하는 放送채널使用事業者의 경우 2000年 12月 31日까지는 放送委員會의 승인을 얻어야 한다. 이 경우 승인의 요건과 절차에 관한 사항은 放送委員會規則으로 정한다.

第8條【放送事業 許可 등에 관한 經過措置】 ① 이 法 施行 당시 電波法에 의하여 放送局 許可를 받은 者는 이 法 第9條第1項의 規定에 의하여 許可를 받은 者로 본다.

② 이 法 施行 당시 종전의 綜合有線放送法에 의하여 綜合有線放送局 許可를 받은 者는 이 法 第9條第2項의 規定에 의하여 許可를 받은 者로, 프로그램공급업 許可를 받은 者는 이 法 第9條第5項의 規定에 의하여 승인을 얻거나 登錄을 한 者로, 傳送網事業 지정을 받은 者는 이 法 第9條第10項의 規定에 의하여 登錄한 者로 본다.

③ 이 法 施行 당시 종전의 有線放送管理法에 의하여 有線放送事業者로 許可를 받은 者는 이 法 第9條第2項의 規定에 의하여 中繼有線放送事業의 許可를 받은 者로, 音樂有線放送事業者로 許可를 받은 者는 第9條第5項의 規定에 의하여 音樂有線放送事業者로 登錄한 者로 본다.

④ 이 法 施行 당시 電光板放送을 행하고 있는 者는 이 法 第9條第5項의 規定에 의하여 電光板放送事業者로 登錄한 者로 본다. 다만, 이 法 施行후 6月 이내에 登錄證을 교부받아야 한다.

第9條【放送事業者의 所有制限에 관한 特例】 ① 이 法 施行 당시 定期刊行物登錄등에관한法律에 의한 日刊新聞을 경영하는 法人(特殊關係者를 포함한다)으로서 종전의 綜合有線放送法에 의한 報道프로그램공급업을 행하는 法人의 株式 또는 持分을 所有하고 있는 경우에는 이 法 第8條第3項의 規定에 불구하고 그 法人이 所有하고 있는 株式 또는 持分의 한도안에서 株式 또는 持分을 계속 所有할 수 있다.

② 이 法 施行 당시 종전의 放送法 또는 綜合有線放送法에 의하여 放送事業의 許可를 받거나 그 株式 또는 持分을 所有하고 있는 者가 大企業과 그 系列會社(特殊關係者를 포함한다)에 해당되게 되는 경우에는 이 法 第8條第3項 및 第4項의 規定에 불구하고 그 者가 所有하고 있는 株式 또는 持分의 한도안에서 株式 또는 持分을 계속 所有할 수 있다.

③ 이 法 施行 당시 法律 第5529號 放送法 附則 第3條의 規定에 의하여 이 法 第8條第2項의 規定에 의한 所有限度를 초과하여 放送事業者의 株式 또는 持分을 所有하고 있는 者는 그가 所有하고 있는 株式 또는 持分의 범위안에서 株式 또는 持分을 계속하여 所有할 수 있다.

第10條【衛星放送事業者에 대한 基金의 徵收】 이 法 第37條第3項의 規定에 의한 衛星放送事業者에 대한 基金의 徵收時期는 衛星放送事業者의 경영상황을 고려하여 大統領令으로 정한다.

第11條【罰則의 적용에 관한 經過措置】 이 法 施行전의 행위에 관한 罰則의 적용에 있어서는 종전의 放送法·綜合有線放送法·韓國放送公社法 또는 有線放送管理法의 規定에 의한다.

第12條【다른 法律의 改正】 ①~② ※(해당 법령에 가제정리 하였음)

第13條【다른 法律과의 관계】 이 法 施行 당시 다른 法律에서 종전의 放送法·綜合有線放送法·韓國放送公社法 또는 有線放送管理法의 규정을 인용하고 있는 경우에 이 法 중 그에 해당하는 규정이 있는 경우에는 종전의 규정에 갈음하여 이 法의 해당규정을 인용한 것으로 본다.

附 則 (2007.1.26)

① **【시행일】** 이 법은 공포 후 3개월이 경과한 날부터 시행한다.

② **【유효기간】** 제70조제6항의 개정규정은 2010년 6월 30일까지 효력을 가진다.

附 則 (2014.5.28)

第1條【시행일】 이 법은 공포 후 3개월이 경과한 날부터 시행한다. 다만, 부칙 제2조는 공포한 날부터 시행하고, 제18조·제70조의2제1항·제77조·제90조의2·제108조제1항제12호의2의 개정규정은 공포 후 6개월이 경과한 날부터 시행하며, 제70조의2제2항 및 제108조제1항제7호의2의 개정규정은 공포 후 2년이 경과한 날부터 시행한다.

第2條【시청자미디어센터 설립을 위한 준비행위】 ① 방송통신위원회 위원장은 제90조의2의 개정규정에 따른 시청자미디어센터의 설립에 필요한 사무를 처리하기 위하여 시청자미디어센터 설립위원회(이하 "설립위원회"라 한다)를 설치한다.

② 설립위원회는 방송통신위원회 위원장이 위촉하는 5명 이내의 위원으로 구성하며, 설립위원회 위원장은 설립위원회 위원 중에서 방송통신위원회 위원장이 지명한다. 설립위원회 업무 보좌를 위하여 필요한 직원을 둘 수 있다.

③ 설립위원회는 시청자미디어센터의 정관을 작성하여 방송통신위원회 위원장의 인가를 받은 후 지체 없이 시청자미디어센터의 설립등기를 하여야 한다.

④ 설립위원회 설치에 필요한 경비는 국가가 부담한다.

⑤ 설립위원회는 시청자미디어센터의 설립등기 후 시청자미디어센터의 장에게 지체 없이 업무를 인계하여야 하며, 인계가 끝난 때에는 설립위원회는 해산되고 설립위원회 위원은 해촉된 것으로 본다.

⑥ 제3항에 따른 설립등기가 완료된 때에는 종전의 방송통신위원회와 한국방송통신전파진흥원 간에 체결된 시청자미디어센터 운영 등 시청자 지원 사업 관련 위탁 협약은 해약된 것으로 본다. 이 경우 협약 사업비 잔액과 그 협약에 따라 형성된 자산 및 인력 등에 대한 권리·의무는 시청자미디어센터가 승계한다.

第3條【공사의 이사 및 집행기관의 결격사유에 관한 경과조치】 이 법 시행 당시 공사의 이사 또는 집행기관인 사람이 이 법 시행 전에 발생한 사유로 제48조제1항의 개정규정 및 제50조제6항의 준용규정에 해당하게 된 경우에는 제48조제1항의 개정규정 및 제50조제6항의 준용규정에도 불구하고 종전의 규정에 따른다.

第4條【사장의 국회 인사청문에 관한 적용례】 제50조제2항의 개정규정은 이 법 시행 후 최초로 임명되는 사장부터 적용한다.

第5條【다른 법률의 개정】 ①~② ※(해당 법령에 가제정리 하였음)

附 則 (2015.6.22)

第1條【시행일】 이 법은 공포 후 3개월이 경과한 날부터 시행한다. 다만, 제72조 및 제108조제1항제9호의 개정규정은 공포 후 9개월이 경과한 날부터 시행한다.

第2條【유효기간】 제8조제16항제2호 및 제3호, 같은 조 제17항은 2018년 6월 27일까지 효력을 가진다.

附 則 (2015.12.22)

第1條【시행일】 이 법은 공포 후 6개월이 경과한 날부터 시행한다. 다만, 제98조 및 제98조의2의 개정규정은 2016년 1월 1일부터 시행하고, 제35조제1항·제3항, 제85조의2제1항제8호, 제90조의2, 제100조제1항 및 제108조제3항부터 제5항까지의 개정규정은 공포한 날부터 시행한다.

第2條【경과조치】 이 법 시행 당시 종전의 제90조의2에 따라 설립된 법인은 제90조의2의 개정규정에 따라 설립된 시청자미디어재단으로 본다.

第3條【다른 법률의 개정】 ※(해당 법령에 가제정리 하였음)

附 則 (2018.3.13)

第1條【시행일】 이 법은 공포한 날부터 시행한다. 다만, 제100조제5항 및 제108조제1항제28호의 개정규정은 공포 후 6개월이 경과한 날부터 시행한다.

第2條【결산서 제출 등에 관한 적용례】 제59조의 개정규정은 2017회계연도 결산부터 적용한다.

第3條【인터넷 홈페이지 게시 등에 관한 적용례】 제100조제5항의 개정규정은 상품소개와 판매에 관한 전문편성을 행하는 방송채널사용사업자가 이 법 시행 후 최초로 허위, 과장 등 시청자가 오인할 수 있는 내용으로서 제33조에 따른 심의규정으로 정하는 사항을 위반하여 과징금을 부과받거나 제재조치명령을 받은 경우부터 적용한다.

附 則 (2018.12.24)

第1條【시행일】 이 법은 공포 후 6개월이 경과한 날부터 시행한다.

第2條【재허가·재승인의 심사사항에 관한 적용례】 제17조제3항의 개정규정은 이 법 시행 후 최초로 방송사업자·중계유선방송사업자 또는 방송채널사용사업자에 대하여 재허가 또는 재승인을 하는 경우부터 적용한다.

附 則 (2019.12.10)

第1條【시행일】 이 법은 공포한 날부터 시행한다. 다만, 제33조제2항제14호의 개정규정은 공포 후 3개월이 경과한 날부터 시행하고, 제18조제3항 및 제4항의 개정규정은 공포 후 6개월이 경과한 날부터 시행한다.

第2條【등록취소에 관한 적용례】 제18조제3항의 개정규정은 같은 개정규정 시행일부터 5년 이상 계속하여 방송을 행하지 아니하거나, 같은 개정규정 시행일 이후에 제84조제1항에 따른 신고를 하지 아니하고 폐업한 경우부터 적용한다.

第3條【방송사업자의 소유제한에 관한 특례】 제18조제3항의 개정규정 시행 당시 종전의 규정에 따라 다른 방송사업을 겸영하거나 그 주식 또는 지분을 소유하고 있는 방송사업자는 제8조제7항에도 불구하고 같은 개정규정 시행 당시 그가 소유하고 있는 주식 또는 지분의 범위에서 그 주식 또는 지분을 계속하여 소유할 수 있다.

第4條【과태료의 적용에 관한 경과조치】 이 법 시행 전의 위반행위에 대하여 과태료를 적용할 때에는 종전의 규정에 따른다.

附 則 (2020.6.9)

이 법은 공포한 날부터 시행한다.

附 則 (2020.12.8)

第1條【시행일】 이 법은 공포한 날부터 시행한다.

第2條【정관의 변경인가에 관한 적용례】 제45조제3항 및 제4항의 개정규정은 이 법 시행 이후 정관의 변경인가를 신청하는 경우부터 적용한다.

附 則 (2020.12.29)

第1條【시행일】 이 법은 공포 후 1년이 경과한 날부터 시행한다.(이하 생략)

附 則 (2021.6.8)
(2021.10.19)
(2021.12.28)

이 법은 공포 후 6개월이 경과한 날부터 시행한다.

附 則 (2022.1.11)

第1條【시행일】 이 법은 공포 후 6개월이 경과한 날부터 시행한다.

第2條【이용약관의 신고에 관한 적용례】 제77조제2항의 개정규정은 이 법 시행 이후 방송사업자·중계유선방송사업자 및 음악유선방송사업자가 이용약관을 신고하거나 변경신고하는 경우부터 적용한다.

第3條【유선방송국설비의 준공검사 제도 폐지에 관한 적용례】 제79조제2항의 개정규정은 이 법 시행 전에 유선방송국설비를 설치하여 준공검사를 받아야 하거나 준공검사 절차가 진행 중인 경우에도 적용한다.

第4條【기술결합서비스의 승인 등에 관한 경과조치】 ① 이 법 시행 전에 과학기술정보통신부장관 또는 방송통신위원회가 종전의 제9조의3제1항 또는 제5항에 따라 기술결합서비스의 승인 또는 재승인을 한 경우에는 제9조의3제2항의 개정규정에 따라 기술결합서비스의 신고를 수리한 것으로 본다.

② 이 법 시행 전에 지상파방송사업자 등이 종전의 제9조의3제1항 또는 제5항에 따라 기술결합서비스의 승인 또는 재승인을 신청하여 승인·재승인 절차가 진행 중인 경우에는 제9조의3제1항의 개정규정에 따라 이 법 시행일에 기술결합서비스의 신고를 한 것으로 보고, 그 수리 여부를 결정한다.

③ 이 법 시행 전에 거짓이나 그 밖의 부정한 방법으로 종전의 제9조의3에 따른 승인 또는 재승인을 받아 기술결합서비스를 제공한 자에 대한 벌칙은 제105조제2호의 개정규정에도 불구하고 종전의 제105조제2호에 따른다.

④ 이 법 시행 전에 종전의 제9조의3에 따른 승인 또는 재승인을 받지 아니하고 기술결합서비스를 제공한 자에 대한 벌칙은 제105조제3호 및 제108조제1항제1호의2의 개정규정에도 불구하고 종전의 제105조제3호에 따른다.

부 칙 (2022.6.10)

이 법은 공포 후 6개월이 경과한 날부터 시행한다.

부 칙 (2023.4.6)

이 법은 공포한 날부터 시행한다.

부 칙 (2024.1.23)

이 법은 공포 후 6개월이 경과한 날부터 시행한다.

부 칙 (2024.1.30)

이 법은 공포 후 1년이 경과한 날부터 시행한다.

[별표] ➡ 「法典 別冊」 참조

인터넷 멀티미디어 방송사업법(약칭 : 인터넷방송법)

(2008년 1월 17일
법 률 제8849호)

개정
2008. 2.29법 8867호(방송통신위원회의설치및운영에관한법)
2009. 5.21법 9700호
2009. 7.31법 9785호(신문등의진흥에관한법)
2009. 7.31법 9787호
2010. 3.22법10165호(방송통신발전기본법)
2010. 3.22법10166호(전기통신사업법)
2011. 7.14법10857호
2013. 3.23법11690호(정부조직)
2014. 6. 3법12725호
2014.12.30법12874호
2015. 3.27법13232호
2015.12.22법13585호
2016. 1. 6법13708호
2017. 7.26법14839호(정부조직)
2020. 6. 9법17344호(지능정보화기본법)
2020. 6. 9법17347호(법률용어정비)
2020. 6. 9법17359호(피후견인결격조항정비를위한일부개정법률)
2020.12.29법17799호(독점)
2022. 1.11법18735호
2024. 1.23법20066호→2024년 7월 24일 시행

제1장 총 칙

제1조【목적】 이 법은 방송과 통신이 융합되어 가는 환경에서 인터넷 멀티미디어 등을 이용한 방송사업의 운영을 적정하게 함으로써 이용자의 권익보호, 관련 기술과 산업의 발전, 방송의 공익성 보호 및 국민문화의 향상을 도모하고 나아가 국가경제의 발전과 공공복리의 증진에 이바지하는 것을 목적으로 한다.(2020.6.9 본조개정)

제2조【정의】 이 법에서 사용하는 용어의 뜻은 다음과 같다.
1. "인터넷 멀티미디어 방송"이란 광대역통합정보통신망등(자가 소유 또는 임차 여부를 불문하고, 「전파법」 제10조제1항제1호에 따라 기간통신사업을 영위하기 위하여 할당받은 주파수를 이용하는 서비스에 사용되는 전기통신회선설비는 제외한다)을 이용하여 양방향성을 가진 인터넷 프로토콜 방식으로 일정한 서비스 품질이 보장되는 가운데 텔레비전 수상기 등을 통하여 이용자에게 실시간 방송프로그램을 포함하여 데이터·영상·음성·음향 및 전자상거래 등의 콘텐츠를 복합적으로 제공하는 방송을 말한다.
2. "광대역통합정보통신망등"이란 「지능정보화 기본법」 제2조제9호에 따른 초연결지능정보통신망과 「전기통신사업법」 제2조제3호에 따른 전기통신회선설비를 말한다.(2020.6.9 본호개정)
3. "실시간 방송프로그램"이란 인터넷 멀티미디어 방송 콘텐츠사업자 또는 「방송법」 제2조제3호에 따른 방송사업자가 편성하여 송신 또는 제공하는 방송프로그램으로서 그 내용과 편성에 변경을 가하지 아니하고 동시에 제공하는 것을 말한다.
4. "인터넷 멀티미디어 방송사업"이란 다음 각 목의 사업을 말한다.
   가. 인터넷 멀티미디어 방송 제공사업 : 인터넷 멀티미디어 방송에 제공하기 위하여 제18조제1항에 따라 콘텐츠를 공급받은 인터넷 멀티미디어 방송 제공사업자가 해당 콘텐츠를 이용자에게 제공하는 사업
   나. 인터넷 멀티미디어 방송 콘텐츠사업 : 인터넷 멀티미디어 방송 제공사업자에게 인터넷 멀티미디어 콘텐츠를 공급하는 사업
5. "인터넷 멀티미디어 방송사업자"란 다음 각 목의 사업자를 말한다.
   가. 인터넷 멀티미디어 방송 제공사업자 : 인터넷 멀티미디어 방송 제공사업을 하기 위하여 제4조제1항에 따른 허가를 받은 자
   나. 인터넷 멀티미디어 방송 콘텐츠사업자 : 인터넷 멀티미디어 방송 콘텐츠사업을 하기 위하여 제18조제2항에 따라 신고·등록하거나 승인을 받은 자

제3조【다른 법률과의 관계】 인터넷 멀티미디어 방송사업에 대하여는 다른 법률에 우선하여 이 법을 적용한다.

제2장 사업의 허가

제4조【인터넷 멀티미디어 방송 제공사업의 허가 등】
① 인터넷 멀티미디어 방송 제공사업을 하고자 하는 자는 과학기술정보통신부장관의 허가를 받아야 한다.
(2017.7.26 본항개정)
② 제1항에 따른 허가 대상자는 법인에 한정한다.
(2020.6.9 본항개정)
③ 제1항에 따른 허가를 받고자 하는 자는 다음 사항을 포함한 허가 신청서를 과학기술정보통신부장관에게 제출하여야 한다.(2017.7.26 본문개정)
1. 법인명, 주소 및 대표자의 성명
2. 콘텐츠 수급계획을 포함한 사업계획서
3. 재정 및 기술능력을 입증하는 서류
4. 시설계획서(주요 시설의 임차 시는 임차계획을 포함한다)
5. 그 밖에 대통령령으로 정하는 사항

④ 과학기술정보통신부장관은 인터넷 멀티미디어 방송 제공사업을 허가하는 경우 다음 각 호의 사항을 심사하여 그 결과를 공표하여야 한다.(2020.6.9 본문개정)
1. 방송의 공적 책임·공정성·공익성의 실현 가능성
2. 콘텐츠 수급계획의 적절성 및 방송영상 산업 발전에 대한 기여도
3. 유료 방송시장에서의 공정경쟁 확보 계획의 적정성
4. 조직 및 인력운영 등 경영계획의 적정성
5. 재정 및 기술능력
6. 신청인이 설립 중인 법인인 경우에는 해당 법인의 설립이 확실한지 여부
7. 시설계획이 적정한지 여부
8. 그 밖에 사업 수행에 필요한 사항
⑤ (2008.2.29 삭제)
⑥ 과학기술정보통신부장관은 허가를 할 때 특별한 결격사유가 없으면 3개월 이내에 하여야 한다.(2020.6.9 본항개정)
⑦ 제1항에 따른 인터넷 멀티미디어 방송 제공사업의 허가에 필요한 절차, 심사기준에 대한 배점, 그 밖에 필요한 사항은 대통령령으로 정한다.(2008.2.29 본항개정)

제5조【허가의 유효기간】 제4조제1항에 따른 인터넷 멀티미디어 방송 제공사업 허가의 유효기간은 7년의 범위에서 대통령령으로 정한다.(2014.12.30 본조개정)

제5조의2【재허가】 ① 인터넷 멀티미디어 방송 제공사업자가 허가 유효기간의 만료 후 계속 인터넷 멀티미디어 방송 제공사업을 하고자 하는 경우 과학기술정보통신부장관의 재허가를 받아야 한다.(2017.7.26 본항개정)
② 과학기술정보통신부장관이 제1항에 따라 재허가를 할 때에는 제4조제4항 각 호 및 다음 각 호의 사항을 심사하고 그 결과를 공표하여야 한다.(2017.7.26 본문개정)
1. 이전(以前) 허가 당시의 사업계획, 허가조건 및 그 밖의 준수사항의 이행 여부
2. 방송통신위원회 또는 과학기술정보통신부장관의 시정명령, 과징금·과태료 부과처분의 내용·횟수와 그 이행 여부(2017.7.26 본호개정)
③ 제1항의 재허가에 관하여는 제4조제2항·제3항·제6항 및 제7항을 준용한다.
(2009.5.21 본조신설)

제6조【사업권역】 ① 인터넷 멀티미디어 방송 제공사업은 전국을 하나의 사업권역으로 한다. 다만, 제4조제1항에 따른 사업허가 시 「중소기업기본법」 제2조제1항에 따른 중소기업자의 요청이 있고 과학기술정보통신부장관이 특별히 필요하다고 인정하는 때에는 그러하지 아니하다.
② 「전기통신사업법」 제39조제3항제1호 및 제2호에 따른 기간통신사업자가 제4조제1항에 따른 허가를 받은 경우에는 허가를 받은 날부터 대통령령으로 정하는 기간 이내에 「방송법」 제12조제2항에 따라 과학기술정보통신부장관이 고시한 모든 방송구역에서 서비스를 개시하여야 한다. 다만, 천재지변이나 그 밖의 부득이한 사유로 인하여 본문의 기간 이내에 서비스를 시작할 수 없을 때에는 과학기술정보통신부장관은 대통령령으로 정하는 기간 내에서 한 차례에 한정하여 본문의 기간을 연장할 수 있다.(2020.6.9 단서개정)
(2017.7.26 본조개정)

제7조【결격사유】 ① 다음 각 호의 어느 하나에 해당하는 자는 제4조제1항에 따른 인터넷 멀티미디어 방송 제공사업을 할 수 없다.
1. 국가 또는 지방자치단체
2. 제8조 및 제9조에 따른 주식 또는 지분의 소유 제한을 초과한 법인
3. 제24조제1항에 따라 허가가 취소된 후 3년이 지나지 아니한 자(2020.6.9 본호개정)
② 다음 각 호의 어느 하나에 해당하는 자는 제4조제1항에 따라 허가를 받은 법인의 임원이 될 수 없다.
1. 미성년자 또는 피성년후견인(2020.6.9 본호개정)
2. (2015.12.22 삭제)
3. 이 법, 「방송법」, 「전기통신기본법」, 「전기통신사업법」 및 「정보통신망 이용촉진 및 정보보호 등에 관한 법률」을 위반하여 벌금 이상의 형을 선고받고 그 집행이 종료(집행이 종료된 것으로 보는 경우를 포함한다)되거나 그 집행이 면제된 날부터 3년이 지나지 아니한 자
(2020.6.9 본호개정)
4. 「형법」 제87조부터 제90조까지, 제92조, 제101조, 「군형법」 제5조부터 제8조까지, 제9조제2항, 제11조부터 제16조까지 또는 「국가보안법」 제3조부터 제9조까지의 규정에 따른 죄를 저질러 금고 이상의 실형을 선고받고 그 형의 집행이 종료되지 아니 하거나 집행을 받지 아니하기로 확정되지 아니한 자 또는 집행 유예기간 중에 있는 자(2020.6.9 본호개정)
5. 「보안관찰법」에 따른 보안관찰처분이나 「치료감호법」에 따른 치료감호의 집행 중에 있는 자
③ 다음 각 호의 어느 하나에 해당하는 자는 제4조제1항에 따라 허가를 받은 법인의 대표자가 될 수 없다.
(2015.12.22 본문개정)
1. 외국인이나 외국의 법인 또는 단체의 대표자
2. 파산선고를 받고 복권되지 아니한 자
(2015.12.22 1호~2호신설)

제8조【겸영금지 등】 ① 인터넷 멀티미디어 방송 제공사업자가 주식을 발행하는 경우에는 기명식으로 하여야 한다.
② 「신문 등의 진흥에 관한 법률」에 따른 신문 또는 「뉴스통신진흥에 관한 법률」에 따른 뉴스통신을 경영하는 법인(대통령령으로 정하는 특수관계자를 포함한다)은 인터넷 멀티미디어 방송 제공사업자의 주식 또는 지분 총수의 100분의 49를 초과하여 소유할 수 없다.
(2009.7.31 본항개정)
③ 「독점규제 및 공정거래에 관한 법률」 제2조제11호에 따른 기업집단 중 자산총액 등 대통령령으로 정하는 기준에 해당하는 기업집단에 속하는 회사와 그 계열회사(대통령령으로 정하는 특수관계자를 포함한다) 또는 「신문 등의 진흥에 관한 법률」에 따른 신문이나 「뉴스통신진흥에 관한 법률」에 따른 뉴스통신을 경영하는 법인(대통령령으로 정하는 특수관계자를 포함한다)은 종합편성 또는 보도에 관한 전문편성을 행하는 인터넷 멀티미디어 방송 콘텐츠사업자의 주식 또는 지분 총수의 100분의 49를 초과하여 소유할 수 없다.(2020.12.29 본항개정)
④ 인터넷 멀티미디어 방송 제공사업자는 「방송법」 제2조 및 같은 법 시행령 제1조의2에 따른 텔레비전방송채널사용사업·라디오방송채널사용사업 및 데이터방송채널사용사업별로 각각 전체 사업자수의 5분의 1을 초과하여 방송채널사용사업을 경영(겸영하거나 주식 또는 지분 총수의 100분의 5 이상을 소유하는 경우를 말한다)할 수 없다.

제9조【외국인의 주식소유 제한 등】 ① 다음 각 호의 어느 하나에 해당하는 자는 다른 하나에 해당하는 자와 합산하여 인터넷 멀티미디어 방송 제공사업자의 주식(의결권 있는 주식에 한정하며 주식예탁증서 등 의결권을 가진 주식의 등가물 및 출자지분을 포함한다. 이하 같다) 또는 지분을 총 발행주식 또는 지분의 100분의 49를 초과하여 소유하지 못한다.(2020.6.9 본문개정)
1. 외국의 정부나 단체
2. 외국인
3. 외국의 정부나 단체 또는 외국인(「자본시장과 금융투자업에 관한 법률」 제9조제1항제1호에 따른 특수관계인을 포함한다. 이하 이 호 및 제2항제3호에서 같다)이 최대주주인 법인으로서 발행주식 총수의 100분의 15 이상을 그 외국정부나 단체 또는 외국인이 소유하고 있는 법인(해당 인터넷 멀티미디어 방송 제공사업자의 발행주식 또는 지분 총수의 100분의 1 미만을 소유한 법인은 제외한다)(2014.12.30 본호개정)
② 다음 각 호의 어느 하나에 해당하는 자는 다른 하나에 해당하는 자와 합산하여 인터넷 멀티미디어 방송 콘텐츠사업자(종합편성이나 보도에 관한 전문편성을 하는 인터넷 멀티미디어 방송 콘텐츠사업자는 제외한다)의 주식 또는 지분을 총 발행주식 또는 지분의 100분의 49를 초과하여 소유하지 못한다. 다만, 인터넷 멀티미디어 방송 콘텐츠사업자(종합편성이나 보도에 관한 전문편성 또는 상품소개와 판매에 관한 전문편성을 하는 인터넷 멀티미디어 방송 콘텐츠사업자는 제외한다)의 경우 대한민국이 외국과 양자간(兩者間) 또는 다자간(多者間)으로 체결하여 발효된 자유무역협정 중 과학기술정보통신부장관이 정하여 고시하는 자유무역협정 체결 상대국의 정부나 단체 또는 외국인이 주식 또는 지분을 소유하고 있는 법인은 제3호의 요건을 갖춘 경우에도 같은 호에 해당하는 자로 보지 아니한다.(2017.7.26 단서개정)
1. 외국의 정부나 단체
2. 외국인
3. 외국의 정부나 단체 또는 외국인이 소유하고 있는 해당 법인의 주식 또는 지분의 합이 해당 법인의 주식 또는 지분 총수의 100분의 50을 초과하는 법인(외국의 정부나 단체 또는 외국인이 최다액출자자인 경우를 포함한다)
(2014.12.30 본항신설)
③ 제2항 각 호의 어느 하나에 해당하는 자는 종합편성 또는 보도에 관한 전문편성을 행하는 인터넷 멀티미디어 방송 콘텐츠사업자의 주식 또는 지분 총수의 100분의 20을 초과하여 소유할 수 없다.(2014.12.30 본항개정)

제10조【초과소유 주주 등에 관한 제한 등】 ① 제8조 또는 제9조를 위반한 경우 위반의 원인을 제공한 주식 또는 지분을 소유한 자는 그 소유분 또는 초과분에 대한 의결권을 행사할 수 없다.
② 과학기술정보통신부장관은 제8조 또는 제9조를 위반한 자나 그 위반의 원인을 제공한 주식 또는 지분의 소유자에 대하여 6개월 이내의 기간을 정하여 해당 사항을 시정할 것을 명할 수 있다.(2017.7.26 본항개정)
③ 제2항에 따라 시정명령을 받은 자는 그 기간 이내에 해당 사항을 시정하여야 한다.

제11조【변경허가】 ① 제4조제1항에 따라 인터넷 멀티미디어 방송 제공사업의 허가를 받은 자가 허가사항 중 다음 각 호의 어느 하나에 해당하는 사항을 변경하고자 하는 때에는 변경허가를 받아야 한다.(2014.6.3 본문개정)
1. 인터넷 멀티미디어 방송 제공사업자의 합병 및 분할. 다만, 「독점규제 및 공정거래에 관한 법률」 제2조제12호에 따른 계열회사인 법인을 합병하려는 경우에는 대통령령으로 정하는 바에 따라 과학기술정보통신부장관에게 신고하여야 한다.(2024.1.23 단서신설)
2. 인터넷 멀티미디어 방송 제공사업의 전부 또는 일부의 양도. 이 경우 그 사업의 양수자는 제4조에 따른 인터넷 멀티미디어 방송 제공사업의 허가를 함께 받아야 한다.
3. 사업권역의 변경
(2014.6.3 2호~3호신설)

② 변경허가의 절차 및 심사 내용 등에 대하여는 제4조를 준용한다.
③ 제4조제1항에 따라 인터넷 멀티미디어 방송 제공사업의 허가를 받은 자가 다음 각 호의 사항을 변경한 때에는 이를 지체 없이 과학기술정보통신부장관에게 신고하여야 한다.(2017.7.26 본문개정)
1. 대표자
2. 방송편성책임자
3. 법인명 또는 상호
4. 주된 사무소의 소재지
(2014.6.3 본항신설)
④ 과학기술정보통신부장관은 제1항제1호 단서에 따른 신고를 받은 경우 그 내용을 검토하여 신고 내용의 사실 여부 등 대통령령으로 정하는 기준에 부합하는 경우 해당 신고를 수리하여야 한다. 이 경우 수리에 관한 절차 등 세부사항은 대통령령으로 정한다.(2024.1.23 본항신설)
(2014.6.3 본조제목개정)

제3장 공정경쟁의 보장 및 촉진

제12조【공정경쟁의 촉진】 ① 정부는 인터넷 멀티미디어 방송 제공사업의 효율적인 경쟁체제 구축과 공정한 경쟁 환경 조성을 위하여 노력하여야 하고 다른 사업에서의 지배력이 인터넷 멀티미디어 방송 제공사업으로 부당하게 전이되지 아니하도록 하여야 한다.
② 제1항에 따른 효율적인 경쟁체제 구축과 공정한 경쟁환경의 조성을 위한 경쟁정책 수립을 위하여 인터넷 멀티미디어 방송 제공사업에 대한 경쟁상황 평가를 실시하여야 한다.(2011.7.14 본항개정)
③ 제2항에 따른 경쟁상황 평가는 「방송법」 제35조의5제1항에 따른 방송시장경쟁상황평가위원회가 실시한다.
(2011.7.14 본항개정)
④ 다른 사업에서의 지배력이 인터넷 멀티미디어 방송 제공사업으로 부당하게 전이되지 아니하도록 하기 위한 구체적인 방법 등에 대하여는 대통령령으로 정한다.
(2011.7.14 본항개정)
⑤ (2011.7.14 삭제)
제13조【시장점유율 제한 등】 ① 특정 인터넷 멀티미디어 방송 제공사업자는 해당 사업자와 특수관계자인 다음 각 호의 방송사업자를 합산하여 인터넷 멀티미디어 방송, 종합유선방송, 위성방송을 포함한 전체 유료방송사업 가입자 수의 3분의 1을 초과하여 서비스를 제공할 수 없다.
(2015.3.27 본문개정)
1. 인터넷 멀티미디어 방송 제공사업자
2. 「방송법」 제2조제3호나목에 따른 종합유선방송사업자
3. 「방송법」 제2조제3호다목에 따른 위성방송사업자
(2015.3.27 1호~3호신설)
<제2호 및 제3호는 2018.6.27까지 유효>
② 과학기술정보통신부장관은 인터넷 멀티미디어 방송 제공사업자가 제1항을 위반하게 된 경우에 해당 사업자에 대하여 6개월 이내의 기간을 정하여 해당 사항을 시정할 것을 명할 수 있다.(2017.7.26 본항개정)
③ 제2항에 따라 시정명령을 받은 사업자는 그 기간 이내에 해당 사항을 시정하여야 한다.
④ 과학기술정보통신부장관은 도서산간 등 위성방송 수신만 가능한 지역은 제1항에 따른 가입자 수 산정에서 배제할 수 있는 예외지역으로 지정할 수 있다.(2017.7.26 본항개정)
⑤ 제1항에 따른 가입자 수의 산정 및 검증 등에 필요한 사항은 대통령령으로 정한다.(2015.3.27 본항신설)
제14조【전기통신설비의 동등제공】 ① 인터넷 멀티미디어 방송 제공사업자는 인터넷 멀티미디어 방송 제공사업을 하고자 하는 자로부터 해당 서비스의 제공에 필수적인 전기통신설비에의 접근 및 이용에 관한 요청이 있는 경우 자기 보유설비의 부족, 영업비밀의 보호 등 합리적이고 정당한 사유 없이 이를 거절하지 못한다.
② 인터넷 멀티미디어 방송 제공사업자는 합리적이고 정당한 사유 없이 다른 인터넷 멀티미디어 방송 제공사업자가 사용 중인 자기 보유설비의 사용 등을 중단하거나 제한하지 못한다.
③ 인터넷 멀티미디어 방송 제공사업자는 자기 보유설비를 다른 인터넷 멀티미디어 방송 제공사업자에게 부당하게 차별적인 대가와 조건으로 제공하여서는 아니 된다.
④ 제1항부터 제3항까지의 규정에 따른 전기통신설비의 범위, 설비제공의 거절·중단·제한 사유, 설비제공의 방법·절차 및 설비 이용대가의 산정원칙 등에 관하여 필요한 사항은 대통령령으로 정한다.
제14조의2【기술기준의 고시】 과학기술정보통신부장관은 인터넷 멀티미디어 방송 제공사업자의 방송국 설비의 설치 및 유지에 관한 사항과 전송·선로설비 등에 관한 기술기준을 정하여 고시하여야 한다.(2017.7.26 본조개정)
제15조【이용약관의 신고 등】 ① 인터넷 멀티미디어 방송 제공사업자는 제공하려는 서비스의 이용요금·이용조건에 관한 약관(이하 "이용약관"이라 한다)을 정하여 과학기술정보통신부장관에게 신고하여야 하며, 신고한 이용약관을 변경하려는 경우에도 또한 같다.
② 이용약관은 다음 각 호의 요건을 모두 갖추어야 한다.
1. 이용요금을 명확하게 규정할 것
2. 제17조제1항제4호 및 제6호를 위반하는 내용이 없을 것
③ 제1항에도 불구하고 다음 각 호의 어느 하나에 해당하는 이용요금의 경우에는 해당 이용약관에 대하여 과학기술정보통신부장관의 승인을 받아야 하며, 승인을 받은 이용약관을 변경하려는 경우에도 또한 같다.
1. 이용약관에서 정하는 최소채널상품(여러 개의 채널단위로 대가를 받는 유료방송 상품 중 가장 낮은 요금의 상품을 말한다. 이하 같다)의 요금
2. 인터넷 멀티미디어 방송과 「전기통신사업법」 제2조제11호에 따른 기간통신역무를 제공하는 서비스를 묶어서 판매하는 상품의 요금
④ 제3항에 따라 이용약관의 승인 또는 변경승인을 받으려는 자는 가입비, 기본료, 사용료, 부가서비스료, 실비 등을 포함한 요금산정의 근거자료(변경할 경우에는 신·구 내용 대비표를 포함한다)를 과학기술정보통신부장관에게 제출하여야 한다.
⑤ 과학기술정보통신부장관은 제3항에 따른 이용약관의 승인 또는 변경승인을 하려는 경우 다음 각 호의 기준을 충족하는지를 고려하여야 한다.
1. 이용약관에서 정하는 최소채널상품이 특정 방송 분야에 편중되지 아니할 것
2. 이용요금이 공급비용, 수익, 서비스 제공방식에 따른 비용절감, 공정한 경쟁 환경에 미치는 영향 등을 고려하여 합리적으로 산정되었을 것
⑥ 제1항부터 제5항까지의 규정에 따른 신고·변경신고·승인·변경승인의 절차 등에 관한 세부 사항은 대통령령으로 정한다.
(2022.1.11 본조개정)
제16조【이용자 보호】 ① 인터넷 멀티미디어 방송 제공사업자는 자신이 제공하는 서비스에 관하여 이용자로부터 제기되는 정당한 의견이나 불만을 즉시 처리하여야 한다.
② 인터넷 멀티미디어 방송 제공사업자는 서비스나 전기통신설비의 제공 과정에서 취득한 개별 이용자에 관한 정보를 보호하기 위한 조치를 취하여야 하며, 취득한 개인 정보를 공개하여서는 아니 된다. 다만, 본인의 동의가 있거나 다른 법률의 규정에 따른 적법한 절차에 따른 경우에는 그러하지 아니하다.
③ 인터넷 멀티미디어 방송 제공사업자는 제2항에 따른 개별 이용자 정보의 부당한 제공으로 이용자에게 손해를 입힌 경우에는 정당한 배상을 하여야 한다.
제16조의2【인터넷 멀티미디어 방송 서비스의 품질 평가】 ① 과학기술정보통신부장관은 인터넷 멀티미디어 방송 서비스의 품질을 개선하고 시청자의 편익을 증진하기 위하여 인터넷 멀티미디어 방송사업자가 제공하는 서비스의 품질(이하 "서비스품질"이라 한다)을 평가할 수 있다.
② 과학기술정보통신부장관은 제1항에 따른 서비스품질의 평가를 위하여 인터넷 멀티미디어 방송사업자에게 필요한 자료의 제출을 요청할 수 있다. 이 경우 자료 제출 요청을 받은 인터넷 멀티미디어 방송사업자는 특별한 사유가 없으면 그 요청에 따라야 한다.
③ 과학기술정보통신부장관은 제1항에 따라 서비스품질을 평가한 경우 그 결과를 공개하여야 한다.
④ 제1항에 따른 서비스품질의 평가, 제2항에 따른 자료의 제출 방법·절차 및 제3항에 따른 서비스품질 평가 결과의 공개에 관한 세부 사항은 대통령령으로 정한다.
(2022.1.11 본조신설)
제16조의3【한국수어·폐쇄자막·화면해설 등의 제공】 ① 인터넷 멀티미디어 방송사업자는 자신이 제공하는 서비스를 위하여 콘텐츠를 자체제작하는 경우 장애인의 원활한 이용을 돕기 위하여 한국수어·폐쇄자막·화면해설 등을 제공하여야 한다.
② 정부는 인터넷 멀티미디어 방송사업자가 제1항에 따른 한국수어·폐쇄자막·화면해설 등을 제공하는 데 필요한 경비를 지원할 수 있다.
(2024.1.23 본조신설)
제17조【금지행위】 ① 인터넷 멀티미디어 방송 제공사업자는 사업자 간의 공정한 경쟁 또는 이용자의 이익을 저해하거나 저해할 우려가 있는 다음 각 호의 어느 하나에 해당하는 행위를 하거나 제3자로 하여금 이를 행하도록 하여서는 아니 된다.
1. 정당한 사유 없이 인터넷 멀티미디어 방송 서비스의 제공을 거부하는 행위
2. 이용약관의 내용과 다르게 인터넷 멀티미디어 방송 서비스를 제공하거나 이용계약과 다른 내용으로 이용요금을 청구하는 행위
3. 인터넷 멀티미디어 방송 서비스의 제공 과정에서 알게 된 이용자의 정보를 부당하게 유용하는 행위
4. 부당하게 이용자를 차별하여 현저하게 유리하거나 불리한 이용요금 또는 이용조건으로 인터넷 멀티미디어 방송 서비스를 제공하는 행위
5. 우월적 지위를 이용하여 인터넷 멀티미디어 방송 콘텐츠사업자에게 부당한 계약을 강요하거나 적정한 수익배분을 거부하는 행위
6. 다른 방송사업자의 방송 시청을 부당하게 방해하거나 서비스제공계약의 체결을 방해하는 행위
7. 정당한 사유 없이 다른 방송사업자의 서비스 제공에 필수적인 전주, 관로, 통신구 등 전기통신설비의 사용 또는 접근을 거절·중단하거나 제한하는 행위
② 방송통신위원회는 공정거래위원회와 협의하여 인터넷 멀티미디어 방송 제공사업자가 제1항 각 호의 어느 하나에 해당하는 행위를 하는 경우에는 해당 인터넷 멀티미디어 방송 제공사업자에게 위반행위의 내용 및 정도, 위반행위의 기간 및 횟수, 위반행위로 인하여 취득한 이익의 규모 등을 고려하여 매출액 100분의 2 이하에서 대통령령으로 정하는 과징금을 부과할 수 있다. 다만, 매출액이 없거나 매출액의 산정이 곤란한 경우로서 대통령령으로 정하는 때에는 5억원 이하의 과징금을 부과할 수 있다.(2008.2.29 본문개정)
③ 방송통신위원회는 제2항에 따라 과징금 부과 처분을 받은 자가 납부기한까지 과징금을 납부하지 아니한 때에는 국세 체납처분의 예에 따라 징수한다.(2020.6.9 본항개정)
④ 제1항 각 호에 따른 행위의 세부적인 유형 및 기준에 필요한 사항은 대통령령으로 정한다.

제4장 인터넷 멀티미디어 방송 콘텐츠

제18조【콘텐츠의 공급 등】 ①「방송법」 제2조제3호에 따른 방송사업자, 「전기통신사업법」 제22조에 따른 부가통신사업자, 다른 법률의 규정에 따라 콘텐츠를 제작·공급하는 사업을 하는 자 및 콘텐츠를 제작·공급하는 자는 누구든지 인터넷 멀티미디어 방송용 콘텐츠를 인터넷 멀티미디어 방송 제공사업자에게 공급할 수 있다.
(2014.6.3 본항개정)
② 제1항에 따라 콘텐츠를 공급하고자 하는 자는 과학기술정보통신부장관에게 신고 또는 등록하여야 한다. 다만, 인터넷 멀티미디어 방송 제공사업자에게 보도를 전문으로 하거나 보도·교양·오락 등 다양한 분야를 종합적으로 편성한 콘텐츠를 제공하고자 하는 자는 방송통신위원회의 승인을 받아야 하며, 상품 소개와 판매를 전문으로 하는 콘텐츠를 제공하고자 하는 자는 과학기술정보통신부장관의 승인을 받아야 한다.(2017.7.26 본항개정)
③ 다음 각 호에 해당하는 자는 제2항에 따른 신고·등록을 하거나 승인을 받은 것으로 본다.
1. 「방송법」 제2조제3호에 따른 방송사업자(종합유선방송사업자와 위성방송사업자의 경우에는 직접사용채널을 통하여 공급하는 콘텐츠에 한정한다)
2. 「전기통신사업법」 제22조에 따른 부가통신사업자
(2014.6.3 본항신설)
④ 제2항의 신고, 등록 및 승인에 필요한 구체적인 절차 및 방법에 관한 사항은 대통령령으로 정한다.
제18조의2【등록요건】 제18조제2항 본문에 따라 인터넷 멀티미디어 방송 콘텐츠사업자로 등록하고자 하는 자의 등록요건에 관하여는 「방송법」 제9조의2를 준용한다. 이 경우 "방송채널사용사업"은 "인터넷 멀티미디어 방송 콘텐츠사업"으로 본다.(2014.6.3 본조신설)
제19조【콘텐츠사업 발전시책 등】 정부는 다른 법률에서 따로 정하고 있는 경우를 제외하고는 인터넷 멀티미디어 방송 제공사업자에게 공급되는 콘텐츠 간의 공정경쟁과 관련 산업의 진흥을 위하여 필요한 재원의 마련 등 콘텐츠사업 발전을 위한 시책을 별도로 수립·시행하여야 한다.
제20조【콘텐츠 동등접근】 ① 제18조제2항에 따라 신고·등록하거나 승인을 받은 인터넷 멀티미디어 방송 콘텐츠사업자가 제공하는 방송프로그램을 과학기술정보통신부장관이 대통령령으로 정하는 기준에 따라 고시한 경우(이하 "주요방송프로그램"이라 한다) 일반 국민이 이를 시청할 수 있도록 다른 인터넷 멀티미디어 방송 제공사업자에게도 공정하고 합리적인 가격으로 차별 없이 제공하여야 하며 주요방송프로그램의 계약 행위 등에서 시청자의 이익 및 공정거래질서를 저해하여서는 아니 된다.
(2020.6.9 본항개정)
② 과학기술정보통신부장관은 제1항의 주요방송프로그램을 고시하는 경우 문화체육관광부장관, 방송통신위원회, 방송사업자 및 시청자의 의견을 들어야 한다.
(2020.6.9 본항개정)
③ 과학기술정보통신부장관은 제1항을 위반한 인터넷 멀티미디어 방송 콘텐츠사업자에 대하여 금지행위의 중지 등 필요한 시정조치를 명할 수 있다. 이 경우 과학기술정보통신부장관은 시정조치를 명하기 전에 당사자에게 기간을 정하여 의견진술의 기회를 주어야 한다. 다만, 당사자가 정당한 사유 없이 이에 응하지 아니하는 때에는 그러하지 아니한다.
(2017.7.26 본조개정)
제21조【방송프로그램의 구성과 운용】 ① 인터넷 멀티미디어 방송 제공사업자는 직접사용채널을 운용할 수 없다.
② 인터넷 멀티미디어 방송 콘텐츠사업자가 제공하는 실시간 방송프로그램의 내용심의에 대하여는 「방송법」 제32조, 제33조 및 제100조를 준용한다.
③ 인터넷 멀티미디어 방송 제공사업자가 제공하는 실시간 방송프로그램에 관하여는 「방송법」 제70조제1항부터 제3항까지 및 제8항의 규정을 준용한다. 이 경우 "종합유선방송사업자"는 "인터넷 멀티미디어 방송 제공사업자"로, "채널"은 "인터넷 멀티미디어 방송 제공사업자가 제공하는 실시간 방송프로그램의 단위"로 본다.
(2014.12.30 전단개정)

④「방송법」 제69조, 제71조부터 제74조까지, 제76조, 제76조의3, 제76조의5, 제78조제1항부터 제4항까지, 제78조의2 및 제83조는 콘텐츠사업자의 프로그램 편성, 국내방송프로그램의 편성, 외주 제작 방송프로그램의 편성, 광고, 협찬고지, 프로그램의 공급, 보편적 시청권 보장을 위한 조치, 중계방송의 순차편성 권고, 재송신, 방송내용의 기록 및 보존에 관하여 이를 준용한다. 이 경우 "방송사업자"는 "인터넷 멀티미디어 방송 제공사업자 또는 인터넷 멀티미디어 방송 콘텐츠사업자"로 본다.(2014.12.30 전단개정)
⑤ 제4항 전단에 따라 준용되는 「방송법」 제83조제1항에 따른 방송 실시결과의 제출은 과학기술정보통신부장관에게 하여야 한다.(2017.7.26 본항개정)
⑥ 재난방송에 대하여는 「방송통신발전 기본법」 제40조를 준용한다.(2013.3.23 본항개정)

제5장 보 칙

제22조【사업의 휴업 또는 폐업】 ① 인터넷 멀티미디어 방송 제공사업자가 그 사업의 전부 또는 일부를 휴업 또는 폐업하려는 때에는 그 휴업 또는 폐업 예정일 30일 전까지 그 내용을 해당 서비스 이용자에게 통보하고 과학기술정보통신부장관에게 신고하여야 한다.
② 인터넷 멀티미디어 방송 콘텐츠사업자가 그 사업의 전부 또는 일부를 휴업 또는 폐업하려는 때에는 그 내용을 과학기술정보통신부장관 또는 방송통신위원회에 신고하여야 한다.
(2020.6.9 본조개정)
제23조 (2010.3.22 삭제)
제24조【허가취소 및 사업정지】 ① 과학기술정보통신부장관은 인터넷 멀티미디어 방송 제공사업자가 다음 각 호의 어느 하나에 해당하는 때에는 이 법에 따른 해당 사업의 허가를 취소하거나 1년 이내의 기간을 정하여 사업의 정지를 명할 수 있다. 다만, 제1호에 해당하는 때에는 그 허가를 취소하여야 한다.(2017.7.26 본문개정)
1. 거짓이나 그 밖의 부정한 방법으로 제4조제1항에 따른 허가를 받은 때
2. 제4조제1항에 따른 허가를 받은 날부터 1년 이내에 사업을 개시하지 아니하거나 1년 이상 계속하여 휴업한 때
3. 제10조제2항 및 제13조제2항에 따른 명령을 이행하지 아니한 때
② 제1항에 따른 처분의 기준, 절차, 그 밖에 필요한 사항은 대통령령으로 정한다.
제24조의2【청문】 과학기술정보통신부장관은 제24조제1항에 따라 인터넷 멀티미디어 방송 제공사업의 허가를 취소하려는 경우에는 청문을 실시하여야 한다.
(2017.7.26 본조개정)
제25조【과징금】 ① 과학기술정보통신부장관은 인터넷 멀티미디어 방송 제공사업자가 제24조제1항 각 호의 어느 하나에 해당하는 때로서 그 허가의 취소나 사업의 정지가 해당 사업의 이용자 등에게 심한 불편을 주거나 그 밖에 공익을 해할 우려가 있는 경우에는 그 사업의 정지 또는 허가의 취소 처분을 갈음하여 인터넷 멀티미디어 방송 제공사업 매출액의 100분의 3 이하에 해당하는 금액의 범위 내에서 그 사업의 정지나 허가의 취소 사유 및 위반행위로 인하여 취득한 이익의 규모 등을 고려하여 과징금을 부과할 수 있다.(2020.6.9 본항개정)
② 과학기술정보통신부장관은 제1항에 따라 과징금 부과처분을 받은 자가 납부기한까지 과징금을 납부하지 아니한 때에는 국세 체납처분의 예에 따라 징수한다.
(2020.6.9 본항개정)
③ 제1항에 따라 과징금을 부과하는 위반행위의 종별과 과징금의 금액, 그 밖에 필요한 사항은 대통령령으로 정한다.
제26조【시정명령 등】 ① 과학기술정보통신부장관 또는 방송통신위원회는 각각 소관 업무에 따라 인터넷 멀티미디어 방송사업자가 다음 각 호의 어느 하나에 해당하는 때에는 그 시정을 명하여야 한다. 다만, 제17조제1항을 위반한 경우는 제외한다.(2017.7.26 본문개정)
1. 업무처리절차가 현저히 이용자의 이익을 저해한다고 인정되는 때
2. 사고 등에 의하여 인터넷 멀티미디어 방송 제공에 지장이 발생한 경우에 필요한 조치를 신속하게 실시하지 아니하는 때
3. 그 밖에 이 법 또는 이 법에 따른 명령을 위반한 때
② 과학기술정보통신부장관은 제4조제1항에 따른 허가를 받지 아니하고 인터넷 멀티미디어 방송 제공사업을 경영한 자에게 해당 서비스 제공의 중지를 명할 수 있다.
(2017.7.26 본항개정)
③ 과학기술정보통신부장관 또는 방송통신위원회는 각각 소관 업무에 따라 제18조제2항에 따른 신고 또는 등록을 하지 아니하거나 승인을 받지 아니하고 인터넷 멀티미디어 방송 콘텐츠사업을 한 자에게 해당 서비스 제공의 중지를 명할 수 있다.(2017.7.26 본항개정)
④ 방송통신위원회는 제17조제1항을 위반하는 행위가 있을 때에는 해당 사업자에게 위반행위의 중지, 이용약관의 변경, 계약조항의 삭제 등 시정에 필요한 조치를 명할 수 있다.(2008.2.29 본항개정)
제26조의2【권한의 위임】 이 법에 따른 과학기술정보통신부장관의 권한은 그 일부를 대통령령으로 정하는 바에 따라 소속 기관의 장에게 위임할 수 있다.(2017.7.26 본조개정)
제26조의3【규제의 재검토】 과학기술정보통신부장관은 제16조의2제2항에 따른 서비스품질의 평가를 위한 자료의 제출에 대하여 2021년 1월 1일부터 매 5년이 되는 시점까지 그 타당성을 검토하여 필요한 조치를 하여야 한다.
(2022.1.11 본조신설)

제6장 벌 칙

제27조【벌칙】 ① 다음 각 호의 어느 하나에 해당하는 자는 2년 이하의 징역 또는 3천만원 이하의 벌금에 처한다.
1. 제4조제1항에 따른 허가(변경허가를 포함한다)를 받지 아니하고 인터넷 멀티미디어 방송 제공사업을 경영한 자
2. 제14조제1항을 위반하여 필수적인 전기통신설비에의 접근 및 이용에 관한 요청을 합리적이고 정당한 사유 없이 거절한 자
3. 제14조제2항을 위반하여 다른 인터넷 멀티미디어 방송 제공사업자가 사용 중인 자기 보유설비의 사용 등을 합리적이고 정당한 사유 없이 중단하거나 제한한 자
4. 제14조제3항을 위반하여 자기 보유설비를 다른 인터넷 멀티미디어 방송 제공사업자에게 부당하게 차별적인 대가와 조건으로 제공한 자
5. 제16조제2항을 위반하여 정보를 공개한 자
6. 제24조제1항에 따른 사업정지명령을 위반한 자
② 법인의 대표자, 법인 또는 개인의 대리인·사용인 및 그 밖의 종업원이 그 법인 또는 개인의 업무에 관하여 제1항제2호부터 제4호까지의 위반행위를 한 때에는 행위자를 벌하는 외에 그 법인 또는 개인에 대하여도 각 해당 호의 벌금형을 과(科)한다. 다만, 법인 또는 개인이 그 위반행위를 방지하기 위하여 해당 업무에 관하여 상당한 주의와 감독을 게을리하지 아니한 때에는 그러하지 아니하다.
제28조【과태료】 ① 다음 각 호의 어느 하나에 해당하는 자에게는 1천만원 이하의 과태료를 부과한다.
1. 제11조제1항제1호 단서에 따른 신고를 하지 아니한 자
(2024.1.23 본호신설)
1의2. 제12조제4항에 따른 자료를 제출하지 아니한 자
2. 제15조제1항 또는 제3항을 위반하여 이용약관의 신고 또는 변경신고를 하지 아니하거나 이용약관의 승인 또는 변경승인을 받지 아니하고 인터넷 멀티미디어 방송 제공사업을 한 자(2022.1.11 본호개정)
3. 제15조제4항을 위반하여 자료를 제출하지 아니한 자
(2022.1.11 본호개정)
4. 제16조제2항에 따른 이용자에 관한 정보 보호를 위한 조치를 취하지 아니한 자
4의2. 제16조의2제2항을 위반하여 특별한 사유 없이 필요한 자료를 제출하지 아니한 자(2022.1.11 본호신설)
5. 제22조에 따른 신고를 하지 아니한 자
6. 제26조에 따른 시정명령 등을 이행하지 아니한 자
② 제1항에 따른 과태료는 대통령령으로 정하는 바에 따라 과학기술정보통신부장관 또는 방송통신위원회(이하 "부과권자"라 한다)가 각각 소관 업무에 따라 부과·징수한다.(2017.7.26 본항개정)
③~⑤ (2015.12.22 삭제)

부 칙

① **【시행일】** 이 법은 공포 후 3개월이 경과한 날부터 시행한다.
②~③ (2008.2.29 삭제)
④ **【소유제한에 관한 경과조치】** 이 법 시행 당시 제8조제3항에 따른 법인이 「방송법」에 따른 보도에 관한 전문편성을 행하는 방송채널사용사업을 행하는 법인의 주식 또는 지분을 소유하고 있는 경우에 당해 방송채널사용사업자가 보도에 관한 전문편성을 행하는 인터넷 멀티미디어 방송 콘텐츠사업을 하고자 하는 때에는 제8조제3항에도 불구하고 그 법인이 소유하고 있는 주식 또는 지분의 한도 내에서 주식 또는 지분을 계속 소유할 수 있다.
⑤ (2008.2.29 삭제)

부 칙 (2020.6.9 법17347호)
(2020.6.9 법17359호)

이 법은 공포한 날부터 시행한다.

부 칙 (2022.1.11)

제1조【시행일】 이 법은 공포 후 6개월이 경과한 날부터 시행한다.
제2조【이용약관의 신고에 관한 적용례】 제15조제2항의 개정규정은 이 법 시행 이후 인터넷 멀티미디어 방송 사업자가 이용약관을 신고하거나 변경신고를 하는 경우부터 적용한다.

부 칙 (2024.1.23)

이 법은 공포 후 6개월이 경과한 날부터 시행한다.

지식재산 기본법

(2011년 5월 19일
법 률 제10629호)

개정
2017.12.19법15245호 2022. 6.10법18873호

제1장 총 칙

제1조【목적】 이 법은 지식재산의 창출·보호 및 활용을 촉진하고 그 기반을 조성하기 위한 정부의 기본 정책과 추진 체계를 마련하여 우리 사회에서 지식재산의 가치가 최대한 발휘될 수 있도록 함으로써 국가의 경제·사회 및 문화 등의 발전과 국민의 삶의 질 향상에 이바지하는 것을 목적으로 한다.
제2조【기본이념】 정부는 지식재산 관련 정책을 다음 각 호의 기본이념에 따라 추진하여야 한다.
1. 저작자, 발명가, 과학기술자 및 예술가 등 지식재산 창출자가 창의적이고 안정적으로 활동할 수 있도록 함으로써 우수한 지식재산의 창출을 촉진한다.
2. 지식재산을 효과적이고 안정적으로 보호하고, 그 활용을 촉진하는 동시에 합리적이고 공정한 이용을 도모한다.
3. 지식재산이 존중되는 사회환경을 조성하고 전문인력과 관련 산업을 육성함으로써 지식재산의 창출·보호 및 활용을 촉진하기 위한 기반을 마련한다.
4. 지식재산에 관한 국내규범과 국제규범 간의 조화를 도모하고 개발도상국의 지식재산 역량 강화를 지원함으로써 국제사회의 공동 발전에 기여한다.
제3조【정의】 이 법에서 사용하는 용어의 뜻은 다음과 같다.
1. "지식재산"이란 인간의 창조적 활동 또는 경험 등에 의하여 창출되거나 발견된 지식·정보·기술, 사상이나 감정의 표현, 영업이나 물건의 표시, 생물의 품종이나 유전자원(遺傳資源), 그 밖에 무형적인 것으로서 재산적 가치가 실현될 수 있는 것을 말한다.
2. "신지식재산"이란 경제·사회 또는 문화의 변화나 과학기술의 발전에 따라 새로운 분야에서 출현하는 지식재산을 말한다.
3. "지식재산권"이란 법령 또는 조약 등에 따라 인정되거나 보호되는 지식재산에 관한 권리를 말한다.
4. "공공연구기관"이란 다음 각 목의 어느 하나에 해당하는 기관을 말한다.
가. 국가 또는 지방자치단체가 직접 설립·운영하는 연구기관
나. 「고등교육법」 제2조에 따른 학교
다. 「정부출연연구기관 등의 설립·운영 및 육성에 관한 법률」 제2조에 따른 정부출연연구기관
라. 「과학기술분야 정부출연연구기관 등의 설립·운영 및 육성에 관한 법률」 제2조에 따른 과학기술분야 정부출연연구기관
마. 「지방자치단체출연 연구원의 설립 및 운영에 관한 법률」 제2조에 따른 지방자치단체출연연구원
바. 「특정연구기관 육성법」 제2조에 따른 특정연구기관
사. 「산업기술혁신 촉진법」 제42조에 따른 전문생산기술연구소
아. 「공익법인의 설립·운영에 관한 법률」 제2조에 따른 공익법인 중 지식재산의 창출이나 활용과 관련된 업무를 수행하는 기관
자. 「공공기관의 운영에 관한 법률」 제4조에 따라 공공기관으로 지정된 기관 중 지식재산의 창출이나 활용과 관련된 업무를 수행하는 기관
5. "사업자등"이란 공공연구기관 외의 자로서 지식재산과 관련된 사업을 하거나 연구·지원 등의 업무를 수행하는 자를 말한다.
제4조【국가 등의 책무】 ① 국가는 이 법의 목적과 기본이념에 따라 지식재산의 창출·보호 및 활용을 촉진하고 그 기반을 조성하기 위한 종합적인 시책을 마련하여 추진하여야 한다.
② 지방자치단체는 제1항에 따른 국가의 시책과 지역적 특성을 고려하여 지역별 지식재산 시책을 마련하여 추진하여야 한다.
③ 공공연구기관과 사업자등은 우수한 지식재산의 창출과 적극적인 활용 및 소속 연구자와 창작자의 처우 개선을 위하여 노력하여야 하며, 그 성과에 대한 정당한 보상이 이루어지도록 하여야 한다.
④ 국가, 지방자치단체, 공공연구기관 및 사업자등은 지식재산의 창출·보호 및 활용 촉진과 그 기반 조성을 위한 정부의 시책이 효과적으로 추진될 수 있도록 서로 협력하여야 한다.
제5조【다른 법률과의 관계】 ① 지식재산과 관련되는 다른 법률을 제정하거나 개정하는 경우에는 이 법의 목적과 기본이념에 맞도록 하여야 한다.
② 지식재산 정책의 추진에 관하여 다른 법률에 특별한 규정이 있는 경우를 제외하고는 이 법에서 정하는 바에 따른다.

제2장 지식재산 정책의 수립 및 추진 체계

제6조【국가지식재산위원회의 설치 및 기능】 ① 지식재산에 관한 정부의 주요 정책과 계획을 심의·조정하고 그 추진상황을 점검·평가하기 위하여 대통령 소속으로 국가지식재산위원회(이하 "위원회"라 한다)를 둔다.
② 위원회는 다음 각 호의 사항을 심의·조정한다.
1. 제8조에 따른 국가지식재산 기본계획 및 제9조에 따른 국가지식재산 시행계획의 수립·변경에 관한 사항
2. 제10조에 따른 기본계획 및 시행계획의 추진상황에 대한 점검·평가에 관한 사항
3. 지식재산 관련 재원의 배분방향 및 효율적 운용에 관한 사항
4. 이 법에 따른 지식재산의 창출·보호 및 활용 촉진과 그 기반 조성을 위한 시책에 관한 사항
5. 그 밖에 지식재산의 창출·보호 및 활용 촉진과 그 기반 조성을 위하여 위원장이 필요하다고 인정하거나 관계 중앙행정기관의 장 또는 특별시장·광역시장·도지사·특별자치도지사(이하 "시·도지사"라 한다)가 요청하는 사항
③ 위원회는 위원회가 심의·조정하려는 사항이 다른 법률에 따라 수립된 정책이나 계획과 관련된 경우에는 미리 해당 정책이나 계획을 주관하는 기관과 협의하여야 한다.

제7조【국가지식재산위원회의 구성 및 운영】 ① 위원회는 위원장 2명을 포함한 40명 이내의 위원으로 구성한다.
② 위원장은 국무총리와 제3항제2호의 위원 중에서 대통령이 지명하는 사람이 된다.
③ 위원은 다음 각 호의 사람이 된다.
1. 관계 중앙행정기관의 장 및 정무직 공무원 중에서 대통령령으로 정하는 사람
2. 지식재산에 관한 학식과 경험이 풍부한 사람 중에서 대통령이 위촉하는 사람
④ 제3항제2호의 위원의 임기는 2년으로 하며, 한 차례만 연임할 수 있다. 다만, 위원의 사임 등으로 새로 위촉된 위원의 임기는 전임(前任)위원 임기의 남은 기간으로 한다.
⑤ 위원장은 각자 위원회를 대표하며, 국무총리인 위원장은 위원회의 회의를 소집하고 그 의장이 되며, 국무총리인 위원장이 부득이한 사유로 직무를 수행할 수 없을 때는 제2항에 따라 대통령이 지명한 위원장이 그 직무를 대행한다.
⑥ 위원회의 업무를 효율적으로 수행하기 위하여 위원회에 분야별 전문위원회를 둘 수 있다.
⑦ 그 밖에 위원회와 전문위원회의 구성 및 운영에 필요한 사항은 대통령령으로 정한다.

제8조【국가지식재산 기본계획의 수립】 ① 정부는 이 법의 목적을 효율적으로 달성하기 위하여 5년마다 지식재산에 관한 중장기 정책 목표 및 기본방향을 정하는 국가지식재산 기본계획(이하 "기본계획"이라 한다)을 수립하여야 한다.
② 정부는 기본계획을 수립하거나 변경하려는 경우에는 위원회의 심의를 거쳐 확정하고, 지체 없이 이를 공고하여야 한다. 다만, 대통령령으로 정하는 경미한 사항을 변경하려는 경우에는 그러하지 아니하다.
③ 기본계획에는 다음 각 호의 사항이 포함되어야 한다.
1. 지식재산 정책의 목표와 기본방향
2. 지식재산 및 신지식재산의 창출·보호 및 활용 전략
3. 산업계, 학계, 연구계, 문화예술계 등의 지식재산 창출 역량 강화 방안
4. 외국에서의 대한민국 국민(국내법에 따라 설립된 법인·단체를 포함한다. 이하 같다)의 지식재산 보호에 관한 사항
5. 지식재산 침해행위로 인한 국민의 안전 등에 대한 위해(危害) 방지 방안
6. 지식재산의 공정한 이용 방안
7. 지식재산 친화적 사회환경 조성에 관한 사항
8. 지식재산의 국제표준화에 관한 사항
9. 지식재산 관련 정보의 수집·분석 및 제공에 관한 사항
10. 중소기업, 농어업인 등의 지식재산 역량 강화 방안
11. 경제적·사회적 소외 계층의 지식재산 접근 지원에 관한 사항
12. 지식재산 전문인력의 양성 방안
13. 지식재산 관련 제도의 국제화 방안
14. 지식재산 정책의 추진을 위한 정부예산 투입 계획
15. 지식재산 관련 문화·교육·금융 제도 등의 개선을 위한 법령 정비 계획
16. 그 밖에 지식재산의 창출·보호 및 활용 촉진과 그 기반 조성에 필요한 사항
④ 기본계획의 수립과 변경에 관한 세부 절차는 대통령령으로 정한다.

제9조【국가지식재산 시행계획의 수립】 ① 정부는 관계 중앙행정기관의 장과 시·도지사로부터 제8조의 기본계획에 따른 추진계획을 제출받아 매년 국가지식재산 시행계획(이하 "시행계획"이라 한다)을 수립하여야 한다.
② 정부는 시행계획을 수립하거나 변경하려는 경우에는 위원회의 심의를 거쳐 확정한다. 다만, 대통령령으로 정하는 경미한 사항을 변경하려는 경우에는 그러하지 아니하다.
③ 시행계획의 수립과 변경에 관한 세부 절차는 대통령령으로 정한다.

제10조【추진상황의 점검 및 평가】 ① 위원회는 기본계획과 시행계획의 추진상황을 점검·평가하여야 한다.
② 위원회는 기본계획과 시행계획의 원활한 추진을 위하여 필요한 경우에는 관계 중앙행정기관의 장이나 시·도지사에게 제1항에 따른 점검·평가 결과를 반영한 개선의견을 통보할 수 있다.
③ 제2항에 따라 개선의견을 통보받은 관계 중앙행정기관의 장이나 시·도지사는 그 개선에 필요한 계획을 수립하여 위원회에 제출하여야 하며, 위원회는 해당 기관이 제출한 계획의 이행 상황을 점검하여야 한다.
④ 그 밖에 기본계획 및 시행계획의 추진상황을 점검·평가하기 위하여 필요한 사항은 대통령령으로 정한다.

제11조【국가지식재산위원회의 사무기구】 ① 위원회의 업무를 지원하기 위하여 위원회에 사무기구를 둘 수 있다.
② 위원회는 위원회의 업무를 효율적으로 수행하기 위하여 필요한 경우에는 중앙행정기관, 지방자치단체, 그 밖의 관계 기관·단체 등의 장에게 그 소속 공무원 또는 임직원의 파견 또는 겸임을 요청할 수 있다.
③ 제1항에 따른 사무기구의 구성 및 운영에 필요한 사항은 대통령령으로 정한다.

제12조【지식재산정책책임관의 지정】 관계 중앙행정기관의 장과 시·도지사는 해당 기관의 지식재산 정책을 효율적으로 수립·시행하기 위하여 소속 공무원 중에서 지식재산정책책임관을 지정할 수 있다.

제13조【관계 법령의 제정·개정 등의 통보】 ① 중앙행정기관의 장과 시·도지사는 지식재산과 관계된 법령 및 조례를 제정 또는 개정하려거나, 주요 정책 및 계획(이하 이 조에서 "주요정책등"이라 한다)을 수립 또는 변경하려는 경우에는 위원회에 그 내용을 통보하여야 한다.
② 위원회는 제1항에 따라 통보받은 법령, 조례 또는 주요정책등에 대하여 의견을 제시할 수 있으며, 중앙행정기관의 장이나 시·도지사는 위원회의 의견이 반영될 수 있도록 노력하여야 한다.
③ 제1항의 통보 및 제2항의 의견 제시에 관한 세부 절차는 대통령령으로 정한다.

제14조【관계 기관 등에 대한 협조 요청】 위원회는 위원회의 업무 수행을 위하여 필요한 경우에는 중앙행정기관, 지방자치단체, 그 밖의 관계 기관·단체나 전문가에게 자료 또는 의견의 제출을 요청하거나 조사 또는 연구를 의뢰할 수 있다. 이 경우 위원회는 예산의 범위에서 필요한 경비를 지급할 수 있다.

제15조【연차보고서】 ① 정부는 매 회계연도 경과 후 3개월 이내에 해당 회계연도의 시행계획 추진실적에 대한 연차보고서를 작성하여 국회에 제출하여야 한다.
② 제1항에 따른 연차보고서의 작성 등에 필요한 사항은 대통령령으로 정한다.

제3장 지식재산의 창출·보호 및 활용의 촉진

제1절 지식재산의 창출 촉진

제16조【지식재산의 창출 촉진】 정부는 우수한 지식재산의 창출을 촉진하기 위하여 다음 각 호의 사항을 포함하는 시책을 마련하여 추진하여야 한다.
1. 지식재산 관련 통계 및 지표의 조사·분석
2. 미래 지식재산의 발전 추세 및 관련 산업·시장에 대한 전망
3. 공공연구기관 및 사업자등의 지식재산 역량을 강화하기 위한 지원
4. 연구자, 창작자 및 지식재산 관리자의 역량을 강화하기 위한 교육
5. 우수한 지식재산의 창출을 촉진하기 위한 법·제도 개선
6. 공공연구기관 및 사업자등의 국내외 공동연구개발 활성화 지원
7. 그 밖에 우수한 지식재산의 창출을 촉진하기 위하여 필요한 사항

제17조【연구개발과 지식재산 창출의 연계】 ① 정부는 연구개발 결과가 우수한 지식재산의 창출로 이어질 수 있도록 지원하여야 한다.
② 정부는 연구개발의 기획, 관리, 평가 등의 전 과정에서 관련 지식재산 정보가 활용될 수 있도록 지원하여야 한다.
③ 정부는 연구개발에 대한 평가가 지식재산 창출 성과를 기준으로 이루어질 수 있도록 필요한 조치를 하여야 한다.

제18조【신지식재산 창출 등 지원】 ① 정부는 신지식재산의 창출·보호 및 활용을 촉진하여야 한다.
② 정부는 신지식재산의 창출·보호 및 활용 촉진을 위하여 신지식재산의 현황을 조사·분석하여야 한다.
③ 정부는 신지식재산이 적절히 보호될 수 있도록 관계 법령을 정비하고, 이와 관련된 기술적 보호수단의 개발과 이용 활성화를 위한 지원 등 필요한 조치를 하여야 한다.

제19조【지식재산 창출자에 대한 보상】 정부는 지식재산을 창출한 개인이 정당한 보상을 받을 수 있는 사회적 환경과 기반을 마련하고, 이에 필요한 시책을 수립하여야 한다.

제2절 지식재산의 보호 강화

제20조【지식재산의 권리화 및 보호 촉진】 정부는 지식재산이 신속·정확하게 권리로 확정되고 효과적으로 보호될 수 있도록 다음 각 호의 사항을 포함하는 시책을 마련하여 추진하여야 한다.
1. 지식재산의 심사·심판·등록 체계 등의 정비 방안
2. 지식재산의 보호를 위한 법적·행정적 조치 강화 방안
3. 지식재산의 보호를 위한 보안 체계와 정보시스템 구축 등 기술적 조치 강화 방안
4. 국내외 지식재산 보호 관계 기관·단체와의 협력 방안
5. 지식재산의 권리화 및 보호 관련 전문인력 확보 방안
6. 그 밖에 지식재산의 권리화 및 보호 촉진을 위하여 필요한 사항

제21조【소송 체계의 정비 등】 ① 정부는 지식재산 관련 분쟁이 신속하고 공정하게 해결되어 권리 구제가 충실히 이루어질 수 있도록 소송 절차를 간소화하는 등 제도 개선에 노력하여야 한다.
② 정부는 지식재산 관련 분쟁해결의 전문성을 확보하기 위하여 소송 체계를 정비하고 관련 인력의 전문성을 강화하여야 한다.

제22조【재판 외 분쟁해결 절차 활성화】 정부는 지식재산 관련 분쟁이 신속하고 원만하게 해결될 수 있도록 조정·중재 등 재판 외의 간단하고 편리한 분쟁해결 절차를 활성화하고, 전문성을 제고하며, 쉽게 이용될 수 있도록 안내와 홍보를 강화하는 등 필요한 조치를 하여야 한다.

제23조【지식재산권 침해행위에 대한 대응】 ① 정부는 지식재산권을 침해하는 행위에 대한 단속, 점검 등 집행활동을 강화하기 위하여 다음 각 호의 사항을 포함하는 대응방안을 마련하여 추진하여야 한다.
1. 지식재산 불법 유출과 지식재산권 침해를 방지하기 위한 방안
2. 지식재산권 침해 물품을 제조·유통 또는 수출입하는 행위를 근절하기 위한 방안
3. 지식재산권 침해를 방지하기 위한 관계 기관 간의 협력 방안
4. 그 밖에 지식재산권 침해행위에 대응하기 위하여 필요한 사항
② 위원회와 관계 중앙행정기관의 장은 제1항의 대응방안을 마련하기 위하여 정보·수사 기관의 장에게 필요한 정보나 자료의 수집·제공, 그 밖의 협조를 요청할 수 있다.

제24조【외국에서의 지식재산 보호】 ① 정부는 대한민국 국민이 보유하는 지식재산이 외국에서 적절하게 보호될 수 있도록 노력하여야 한다.
② 정부는 대한민국 국민이 보유하는 지식재산이 외국에서 적절하게 보호받지 못하는 경우 직권 또는 당사자의 요청에 따라 그에 대한 현황 조사, 해당 외국정부에 대한 조치 요구, 국제기구 및 관련 단체와의 협력 등 필요한 조치를 하여야 한다.

제3절 지식재산의 활용 촉진

제25조【지식재산의 활용 촉진】 ① 정부는 지식재산의 이전(移轉), 거래, 사업화 등 지식재산의 활용을 촉진하기 위하여 다음 각 호의 사항을 포함하는 시책을 마련하여 추진하여야 한다.
1. 지식재산을 활용한 창업 활성화 방안
2. 지식재산의 수요자와 공급자 간의 연계 활성화 방안
3. 지식재산의 발굴, 수집, 융합, 추가 개발, 권리화 등 지식재산의 가치 증대 및 그에 필요한 자본 조성 방안
4. 지식재산의 유동화(流動化) 촉진을 위한 제도 정비 방안
5. 지식재산에 대한 투자, 융자, 신탁, 보증, 보험 등의 활성화 방안
6. 그 밖에 지식재산 활용 촉진을 위하여 필요한 사항
② 정부는 국가, 지방자치단체 또는 공공연구기관이 보유·관리하는 지식재산의 활용을 촉진하기 위하여 노력하여야 한다.

제26조【지식재산서비스산업의 육성】 ① 정부는 지식재산 관련 정보의 분석·제공, 지식재산의 평가·거래·관리, 지식재산 경영전략의 수립·자문 등 지식재산에 관련된 서비스 산업(이하 "지식재산서비스산업"이라 한다)을 육성하여야 한다.
② 정부는 지식재산서비스산업에 대하여 창업 지원, 인력 양성, 정보 제공 등 필요한 지원을 할 수 있다.
③ 정부는 우수한 지식재산 서비스를 제공할 수 있는 역량과 실적을 보유한 사업자등을 선정하여 포상하고, 관련 정부사업의 참여에 대한 혜택을 제공하는 등 필요한 지원을 할 수 있다.

④ 정부는 지식재산서비스산업에 대한 분류 체계를 마련하고, 관련 통계를 수집·분석하여야 한다.

제27조【지식재산의 가치 평가 체계 확립 등】① 정부는 지식재산에 대한 객관적인 가치 평가를 촉진하기 위하여 지식재산 가치의 평가 기법 및 평가 체계를 확립하여야 한다.
② 정부는 제1항에 따른 평가 기법 및 평가 체계가 지식재산 관련 거래·금융 등에 활용될 수 있도록 지원하여야 한다.
③ 정부는 지식재산의 가치 평가를 활성화하기 위하여 관련 인력을 양성하여야 한다.

제28조【지식재산의 공정한 이용 질서 확립】① 정부는 지식재산의 공정한 이용을 촉진하고, 지식재산권의 남용을 방지하기 위하여 노력하여야 한다.
② 정부는 공동의 노력으로 창출된 지식재산이 당사자 간에 공정하게 배분될 수 있도록 필요한 조치를 하여야 한다.
③ 정부는 대기업과 중소기업 간의 불공정한 지식재산의 거래를 방지하고 서로 간의 협력을 촉진하여야 한다.

제4장 지식재산의 창출·보호 및 활용 촉진을 위한 기반 조성

제29조【지식재산 친화적 사회환경 조성】① 정부는 지식재산이 존중되는 사회환경을 조성하기 위하여 교육, 홍보, 문화행사 등 지식재산에 대한 국민의 인식 제고를 위한 시책을 마련하여 추진하여야 한다.
② 정부는 각 지역의 지식재산 경쟁력을 높이기 위하여 지역별 지식재산의 창출·보호 및 활용 촉진을 위한 시책을 마련하여 추진하여야 한다.

제29조의2【지식재산의 날】① 지식재산의 창출·보호 및 활용에 대한 국민의 이해와 관심을 높이기 위하여 매년 9월 4일을 지식재산의 날로 정한다.
② 정부는 지식재산의 날의 취지에 적합한 기념행사를 개최할 수 있다.
(2017.12.19 본조신설)

제30조【지식재산의 국제표준화】① 정부는 연구개발 사업에서 창출 중이거나 창출된 지식재산이 「국가표준기본법」 제3조제2호에 따른 국제표준과 연계될 수 있도록 연구의 기획 단계에서부터 표준의 획득에 이르는 전 과정에 걸쳐 필요한 지원시책을 마련하여 추진하여야 한다.
② 정부는 지식재산의 국제표준화를 지원하기 위하여 국제표준 관련 동향 정보를 수집·분석·제공하여야 한다.

제31조【지식재산 정보의 수집·분석 및 제공 등】① 정부는 지식재산 정보의 생산·유통 및 활용을 촉진하기 위하여 다음 각 호의 사항을 포함하는 시책을 마련하여 추진하여야 한다.
1. 지식재산 정보의 수집·분석·가공 및 데이터베이스의 구축 방안
2. 지식재산 정보의 분류 체계 마련 및 지식재산 분류표의 작성·보완 등에 관한 사항
3. 지식재산 정보망의 구축 및 지식재산 전문 도서관의 설립 등 정보에 대한 접근성 제고 방안
4. 지식재산 정보의 수집·분석 및 제공 활성화를 위하여 필요한 연구개발 방안
5. 지식재산 정보의 관리·유통 전문 기관 육성 방안
6. 그 밖에 지식재산 정보의 수집·분석 및 제공을 위하여 필요한 사항

② 정부는 제1항에 따른 시책을 추진할 때에 개인정보나 국가기밀 등이 보호될 수 있도록 필요한 조치를 하여야 한다.

제32조【경제적·사회적 약자에 대한 지원】① 정부는 중소기업, 농어업인, 개인 등의 지식재산 창출·보호 및 활용 역량을 강화하기 위하여 필요한 지원을 하여야 한다.
② 정부는 지식재산의 창출·보호 및 활용 촉진에 있어서 전략적인 경영활동을 모범적으로 수행하고 있는 중소기업을 대상으로 대통령령으로 정하는 바에 따라 지식재산 경영인증을 할 수 있다.
③ 정부는 장애인, 노인 등 지식재산에 접근하기 어려운 사람들이 지식재산을 쉽게 이용할 수 있도록 필요한 지원을 하여야 한다.

제33조【지식재산 교육 강화】① 정부는 국민의 지식재산에 대한 인식과 지식재산 창출 및 활용 역량을 높이기 위하여 지식재산에 관한 교육을 강화하여야 한다.
② 정부는 「초·중등교육법」 제2조 및 「고등교육법」 제2조에 따른 학교의 정규 교육과정에 지식재산에 관한 내용이 반영되도록 하여야 한다.
③ 정부는 지식재산에 특성화된 학교를 육성하고, 지식재산 관련 학과나 강좌가 개설될 수 있도록 하여야 한다.
④ 정부는 「평생교육법」 제2조에 따른 평생교육기관의 교육과정에 지식재산에 관한 이해와 관심을 넓힐 수 있는 내용이 포함될 수 있도록 하여야 한다.

제34조【지식재산 전문인력 양성】① 정부는 지식재산의 창출·보호 및 활용과 그 기반 조성에 필요한 전문인력을 양성하여야 한다.
② 정부는 여성 지식재산 전문인력의 양성 및 활용방안을 마련하고 여성이 지식재산 부문에서 그 자질과 능력을 충분히 발휘할 수 있도록 하여야 한다.
③ 정부는 지식재산 전문인력을 양성하기 위하여 산업계, 학계, 연구계 및 문화예술계 등과 협력하여야 한다.
④ 정부는 지식재산 전문인력을 양성하기 위하여 공공연구기관이나 사업자등에 대하여 교육설비, 교재개발, 교육시행 등에 필요한 비용의 전부 또는 일부를 지원할 수 있다.

제35조【지식재산 연구기관 등의 육성】① 정부는 지식재산 관련 제도나 정책을 전문적으로 조사·연구하는 연구기관을 육성하여야 한다.
② 정부는 지식재산의 창출·보호·활용, 진흥·학술활동과 그 기반 조성을 목적으로 설립된 법인이나 단체를 육성하여야 한다.(2022.6.10 본항개정)
③ 정부는 제1항의 연구기관이나 제2항의 법인·단체에 대하여 그 운영이나 사업추진에 필요한 경비의 전부 또는 일부를 출연하거나 보조할 수 있다.(2022.6.10 본항개정)
④ 제1항에 따른 연구기관과 제2항에 따른 육성 대상 법인 또는 단체의 범위 등에 관하여 필요한 사항은 대통령령으로 정한다.(2022.6.10 본항신설)

제36조【지식재산 제도의 국제화】① 정부는 국내외에서의 지식재산의 창출·보호 및 활용이 효과적으로 이루어질 수 있도록 국내의 지식재산 제도가 국제적 합의사항 및 규범과 조화를 이루는 데 필요한 시책을 마련하여 추진하여야 한다.
② 정부는 국제적으로 조화될 수 있는 지식재산 제도를 마련하기 위하여 외국정부, 국제기구 등과 협력하여야 한다.
③ 정부는 외국정부, 국제기구 등과의 조약·협약 등 국제적 합의가 국내의 지식재산 관련 제도·정책이나 시장에 미칠 수 있는 영향을 조사·분석하여 적절한 대책을 마련하여야 한다.

제37조【개발도상국에 대한 지원】정부는 개발도상국의 빈곤퇴치, 경제성장 및 문화발전에 기여하기 위하여 개발도상국의 지식재산 창출·활용 역량을 높이는 데 필요한 지원을 할 수 있다.

제38조【남북 간 지식재산 교류협력】정부는 북한의 지식재산 관련 제도·정책이나 현황 등에 대한 조사·연구 활동을 추진함으로써 남북 간 지식재산 분야의 상호교류와 협력을 증진할 수 있도록 노력하여야 한다.

제5장 보 칙

제39조【비밀 누설의 금지】위원회 및 전문위원회의 위원 또는 사무기구의 직원이나 그 직에 있었던 사람, 파견·위촉·위탁 등에 의하여 위원회의 업무를 수행하거나 수행하였던 사람은 업무처리 중 알게 된 비밀을 누설하여서는 아니 된다.

제40조【벌칙 적용에서의 공무원 의제】위원회 및 전문위원회의 위원, 사무기구의 직원 중에서 공무원이 아닌 사람은 「형법」 제129조부터 제132조까지의 규정을 적용할 때에는 공무원으로 본다.

부 칙

제1조【시행일】이 법은 공포 후 2개월이 경과한 날부터 시행한다. 다만, 부칙 제2조제9항은 2012년 6월 11일부터 시행한다.

제2조【다른 법률의 개정】①~㉒ ※(해당 법령에 가제정리 하였음)

부 칙 (2017.12.19) (2022.6.10)

이 법은 공포 후 6개월이 경과한 날부터 시행한다.

저작권법

(2006년 12월 28일 전부개정법률 제8101호)

개정
2008. 2.29법 8852호(정부조직)
2009. 3.25법 9529호
2009. 4.22법 9625호
2009. 7.31법 9785호(신문등의진흥에관한법)
2011. 6.30법10807호
2011.12. 2법11110호
2013. 7.16법11903호
2013.12.30법12137호
2016. 2. 3법13978호(한국수화언어법)
2016. 3.22법14083호
2016.12.20법14432호
2017. 3.21법14634호
2018.10.16법15823호
2019.11.26법16600호
2020. 2. 4법16933호
2020.12. 8법17588호
2020.12. 8법17592호(피후견인결격정비)
2021. 5.18법18162호
2021.12. 7법18547호(도서관법)
2023. 5.16법19410호(행정법제혁신을위한일부개정법령등)
2023. 8. 8법19592호(법률용어정비)
2023. 8. 8법19597호

제1장 총 칙

제1조【목적】이 법은 저작자의 권리와 이에 인접하는 권리를 보호하고 저작물의 공정한 이용을 도모함으로써 문화 및 관련 산업의 향상발전에 이바지함을 목적으로 한다.(2009.4.22 본조개정)

제2조【정의】이 법에서 사용하는 용어의 뜻은 다음과 같다.(2009.4.22 본문개정)
1. "저작물"은 인간의 사상 또는 감정을 표현한 창작물을 말한다.
2. "저작자"는 저작물을 창작한 자를 말한다.
3. "공연"은 저작물 또는 실연(實演)·음반·방송을 상연·연주·가창·구연·낭독·상영·재생 그 밖의 방법으로 공중에게 공개하는 것을 말하며, 동일인의 점유에 속하는 연결된 장소 안에서 이루어지는 송신(전송은 제외한다)을 포함한다.(2023.8.8 본호개정)
4. "실연자"는 저작물을 연기·무용·연주·가창·구연·낭독 그 밖의 예능적 방법으로 표현하거나 저작물이 아닌 것을 이와 유사한 방법으로 표현하는 실연을 하는 자를 말하며, 실연을 지휘, 연출 또는 감독하는 자를 포함한다.
5. "음반"은 음(음성·음향을 말한다. 이하 같다)이 유형물에 고정된 것(음을 디지털화한 것을 포함한다)을 말한다. 다만, 음이 영상과 함께 고정된 것은 제외한다.(2023.8.8 단서개정)
6. "음반제작자"는 음반을 최초로 제작하는 데 있어 전체적으로 기획하고 책임을 지는 자를 말한다.(2016.3.22 본호개정)
7. "공중송신"은 저작물, 실연·음반·방송 또는 데이터베이스(이하 "저작물등"이라 한다)를 공중이 수신하거나 접근하게 할 목적으로 무선 또는 유선통신의 방법에 의하여 송신하거나 이용에 제공하는 것을 말한다.
8. "방송"은 공중송신 중 공중이 동시에 수신하게 할 목적으로 음·영상 또는 음과 영상 등을 송신하는 것을 말한다.
8의2. "암호화된 방송 신호"란 방송사업자나 방송사업자의 동의를 받은 자가 정당한 권한 없이 방송(유선 및

위성 통신의 방법에 의한 방송으로 한정한다)을 수신하는 것을 방지하거나 억제하기 위하여 전자적으로 암호화한 방송 신호를 말한다.(2021.5.18 본호개정)
9. "방송사업자"는 방송을 업으로 하는 자를 말한다.
10. "전송(傳送)"은 공중송신 중 공중의 구성원이 개별적으로 선택한 시간과 장소에서 접근할 수 있도록 저작물등을 이용에 제공하는 것을 말하며, 그에 따라 이루어지는 송신을 포함한다.
11. "디지털음성송신"은 공중송신 중 공중으로 하여금 동시에 수신하게 할 목적으로 공중의 구성원의 요청에 의하여 개시되는 디지털 방식의 음의 송신을 말하며, 전송은 제외한다.(2023.8.8 본호개정)
12. "디지털음성송신사업자"는 디지털음성송신을 업으로 하는 자를 말한다.
13. "영상저작물"은 연속적인 영상(음의 수반여부는 가리지 아니한다)이 수록된 창작물로서 그 영상을 기계 또는 전자장치에 의하여 재생하여 볼 수 있거나 보고 들을 수 있는 것을 말한다.
14. "영상제작자"는 영상저작물의 제작에 있어 그 전체를 기획하고 책임을 지는 자를 말한다.
15. "응용미술저작물"은 물품에 동일한 형상으로 복제될 수 있는 미술저작물로서 그 이용된 물품과 구분되어 독자성을 인정할 수 있는 것을 말하며, 디자인 등을 포함한다.
16. "컴퓨터프로그램저작물"은 특정한 결과를 얻기 위하여 컴퓨터 등 정보처리능력을 가진 장치(이하 "컴퓨터"라 한다) 내에서 직접 또는 간접으로 사용되는 일련의 지시·명령으로 표현된 창작물을 말한다.(2009.4.22 본호개정)
17. "편집물"은 저작물이나 부호·문자·음·영상 그 밖의 형태의 자료(이하 "소재"라 한다)의 집합물을 말하며, 데이터베이스를 포함한다.
18. "편집저작물"은 편집물로서 그 소재의 선택·배열 또는 구성에 창작성이 있는 것을 말한다.
19. "데이터베이스"는 소재를 체계적으로 배열 또는 구성한 편집물로서 개별적으로 그 소재에 접근하거나 그 소재를 검색할 수 있도록 한 것을 말한다.
20. "데이터베이스제작자"는 데이터베이스의 제작 또는 그 소재의 갱신·검증 또는 보충(이하 "갱신등"이라 한다)에 인적 또는 물적으로 상당한 투자를 한 자를 말한다.
21. "공동저작물"은 2명 이상이 공동으로 창작한 저작물로서 각자의 이바지한 부분을 분리하여 이용할 수 없는 것을 말한다.(2021.5.18 본호개정)
22. "복제"는 인쇄·사진촬영·복사·녹음·녹화 그 밖의 방법으로 일시적 또는 영구적으로 유형물에 고정하거나 다시 제작하는 것을 말하며, 건축물의 경우에는 그 건축을 위한 모형 또는 설계도서에 따라 이를 시공하는 것을 포함한다.(2011.12.2 본호개정)
23. "배포"는 저작물등의 원본 또는 그 복제물을 공중에게 대가를 받거나 받지 아니하고 양도 또는 대여하는 것을 말한다.
24. "발행"은 저작물 또는 음반을 공중의 수요를 충족시키기 위하여 복제·배포하는 것을 말한다.
25. "공표"는 저작물을 공연, 공중송신 또는 전시 그 밖의 방법으로 공중에게 공개하는 경우와 저작물을 발행하는 경우를 말한다.
26. "저작권신탁관리업"은 저작재산권자, 배타적발행권자, 출판권자, 저작인접권자 또는 데이터베이스제작자의 권리를 가진 자를 위하여 그 권리를 신탁받아 이를 지속적으로 관리하는 업을 말하며, 저작물등의 이용과 관련하여 포괄적으로 대리하는 경우를 포함한다.
(2011.12.2 본호개정)
27. "저작권대리중개업"은 저작재산권자, 배타적발행권자, 출판권자, 저작인접권자 또는 데이터베이스제작자의 권리를 가진 자를 위하여 그 권리의 이용에 관한 대리 또는 중개행위를 하는 업을 말한다.(2011.12.2 본호개정)
28. "기술적 보호조치"란 다음 각 목의 어느 하나에 해당하는 조치를 말한다.
가. 저작권, 그 밖에 이 법에 따라 보호되는 권리의 행사와 관련하여 이 법에 따라 보호되는 저작물등에 대한 접근을 효과적으로 방지하거나 억제하기 위하여 그 권리자나 권리자의 동의를 받은 자가 적용하는 기술적 조치
나. 저작권, 그 밖에 이 법에 따라 보호되는 권리에 대한 침해 행위를 효과적으로 방지하거나 억제하기 위하여 그 권리자나 권리자의 동의를 받은 자가 적용하는 기술적 조치
(2011.6.30 본호개정)
29. "권리관리정보"는 다음 각 목의 어느 하나에 해당하는 정보나 그 정보를 나타내는 숫자 또는 부호로서 각 정보가 저작권, 그 밖에 이 법에 따라 보호되는 권리에 의하여 보호되는 저작물등의 원본이나 그 복제물에 붙여지거나 그 공연·실행 또는 공중송신에 수반되는 것을 말한다.(2023.8.8 본문개정)
가. 저작물등을 식별하기 위한 정보
나. 저작권, 그 밖에 이 법에 따라 보호되는 권리를 가진 자를 식별하기 위한 정보(2011.12.2 본목개정)
다. 저작물등의 이용 방법 및 조건에 관한 정보
30. "온라인서비스제공자"란 다음 각 목의 어느 하나에 해당하는 자를 말한다.
가. 이용자가 선택한 저작물등을 그 내용의 수정 없이 이용자가 지정한 지점 사이에서 정보통신망(「정보통신망 이용촉진 및 정보보호 등에 관한 법률」 제2조제1항제1호의 정보통신망을 말한다. 이하 같다)을 통하여 전달하기 위하여 송신하거나 경로를 지정하거나 연결을 제공하는 자
나. 이용자들이 정보통신망에 접속하거나 정보통신망을 통하여 저작물등을 복제·전송할 수 있도록 서비스를 제공하거나 그를 위한 설비를 제공 또는 운영하는 자
(2011.6.30 본호개정)
31. "업무상저작물"은 법인·단체 그 밖의 사용자(이하 "법인등"이라 한다)의 기획하에 법인등의 업무에 종사하는 자가 업무상 작성하는 저작물을 말한다.
32. "공중"은 불특정 다수인(특정 다수인을 포함한다)을 말한다.
33. "인증"은 저작물등의 이용허락 등을 위하여 정당한 권리자임을 증명하는 것을 말한다.
34. "프로그램코드역분석"은 독립적으로 창작된 컴퓨터프로그램저작물과 다른 컴퓨터프로그램과의 호환에 필요한 정보를 얻기 위하여 컴퓨터프로그램저작물코드를 복제 또는 변환하는 것을 말한다.(2009.4.22 본호신설)
35. "라벨"이란 그 복제물이 정당한 권한에 따라 제작된 것임을 나타내기 위하여 저작물등의 유형적 복제물·포장 또는 문서에 부착·동봉 또는 첨부되거나 그러한 목적으로 고안된 표지를 말한다.
36. "영화상영관등"이란 영화상영관, 시사회장, 그 밖에 공중에게 영상저작물을 상영하는 장소로서 상영자에 의하여 입장이 통제되는 장소를 말한다.
(2011.12.2 35호~36호신설)

판례 다수의 권리자로부터 저작물에 대한 이용허락뿐만 아니라 침해에 대한 민·형사상 조치에 대해서도 일체의 권한을 위임받고, 나아가 '독점적 이용허락'에 기대어 저작물에 대한 홍보·판매 및 가격 등을 스스로 결정하고 다수의 고객들로부터 사용료를 징수하며, 스스로 다수의 저작권침해자들을 상대로 민·형사상 법적조치를 취하고 합의금을 받아 사진공급업체나 저작권자에게 각 일정 부분을 송금하였다면 이러한 행위는 저작권법에서 규정한 '저작물등의 이용과 관련하여 포괄적으로 대리하는 경우'에 해당한다. 따라서 허가없이 이와 같은 행위를 하였다면 무허가 저작권신탁관리업을 운영하였다고 보아야 한다.(대판 2019.7.24, 2015도1885)

판례 인터넷 링크(Internet link)는 인터넷에서 링크하고자 하는 웹페이지나, 웹사이트 등의 서버에 저장된 개개의 저작물 등의 웹 위치 정보 내지 경로를 나타낸 것에 불과하여, 인터넷 이용자가 링크 부분을 클릭함으로써 링크된 웹페이지나 개개의 저작물에 직접 연결하더라도, 이는 저작권법 제2조 제22호에 규정된 '유형물에 고정하거나 유형물로 다시 제작하는 것'에 해당하지 아니하고, 같은 법 제19조에서 말하는 '유형물을 진열하거나 게시하는 것'에도 해당하지 아니한다. 또한 위와 같은 인터넷 링크의 성질에 비추어 보면 인터넷 링크는 링크된 웹페이지나 개개의 저작물에 새로운 창작성을 인정할 수 있을 정도로 수정·증감을 가하는 것에 해당하지 아니하므로 2차적저작물 작성에도 해당하지 아니한다. 이러한 법리는 모바일 애플리케이션(Mobile application)에서 인터넷 링크와 유사하게 제3자가 관리·운영하는 모바일 웹페이지로 이동하도록 연결하는 경우에도 마찬가지이다.
(대판 2016.5.26, 2015도16701)

판례 이른바 인터넷 링크(Internet link)는 인터넷에서 링크하고자 하는 웹페이지나, 웹사이트 등의 서버에 저장된 개개의 저작물 등의 웹 위치 정보나 경로를 나타낸 것에 불과하여, 비록 인터넷 이용자가 링크 부분을 클릭함으로써 링크된 웹페이지나 개개의 저작물에 직접 연결된다 하더라도 링크를 하는 행위는 저작권법이 규정하는 복제 및 전송에 해당하지 아니한다.
(대판 2015.3.12, 2012도13748)

판례 저작권법에 의하여 보호되는 저작물이기 위하여는 인간의 사상 또는 감정을 표현한 창작물이어야 할 것인바, 만화, 텔레비전, 영화, 신문, 잡지 등 대중이 접하는 매체를 통하여 등장하는 인물, 동물 등의 형상과 명칭을 뜻하는 캐릭터의 경우 그 인물, 동물 등의 생김새, 동작 등의 시각적 표현에 작성자의 창조적 개성이 드러나 있으면 원저작물과 별개로 저작권법에 의하여 보호되는 저작물이 될 수 있다.(대판 2010.2.11, 2007다63409)

제2조의2【저작권 보호에 관한 시책 수립 등】 ① 문화체육관광부장관은 이 법의 목적을 달성하기 위하여 다음 각 호의 시책을 수립·시행할 수 있다.
1. 저작권의 보호 및 저작물의 공정한 이용 환경 조성을 위한 기본 정책에 관한 사항
2. 저작권 인식 확산을 위한 교육 및 홍보에 관한 사항
3. 저작물등의 권리관리정보 및 기술적보호조치의 정책에 관한 사항
② 제1항에 따른 시책의 수립·시행에 필요한 사항은 대통령령으로 정한다.
(2009.4.22 본조신설)

제3조【외국인의 저작물】 ① 외국인의 저작물은 대한민국이 가입 또는 체결한 조약에 따라 보호된다.
② 대한민국 내에 상시 거주하는 외국인(무국적자 및 대한민국 내에 주된 사무소가 있는 외국법인을 포함한다)의 저작물과 맨 처음 대한민국 내에서 공표된 외국인의 저작물(외국에서 공표된 날부터 30일 이내에 대한민국 내에서 공표된 저작물을 포함한다)은 이 법에 따라 보호된다.(2023.8.8 본항개정)
③ 제1항 및 제2항에 따라 보호되는 외국인(대한민국 내에 상시 거주하는 외국인 및 무국적자는 제외한다. 이하 이 조에서 같다)의 저작물이라도 그 외국에서 대한민국 국민의 저작물을 보호하지 아니하는 경우에는 그에 상응하게 조약 및 이 법에 따른 보호를 제한할 수 있다.
(2011.6.30 본항개정)
④ 제1항 및 제2항에 따라 보호되는 외국인의 저작물이라도 그 외국에서 보호기간이 만료된 경우에는 이 법에 따른 보호기간을 인정하지 아니한다.(2011.6.30 본항신설)

제2장 저작권

제1절 저작물

제4조【저작물의 예시 등】 ① 이 법에서 말하는 저작물을 예시하면 다음과 같다.
1. 소설·시·논문·강연·연설·각본 그 밖의 어문저작물
2. 음악저작물
3. 연극 및 무용·무언극 그 밖의 연극저작물
4. 회화·서예·조각·판화·공예·응용미술저작물 그 밖의 미술저작물
5. 건축물·건축을 위한 모형 및 설계도서 그 밖의 건축저작물
6. 사진저작물(이와 유사한 방법으로 제작된 것을 포함한다)
7. 영상저작물
8. 지도·도표·설계도·약도·모형 그 밖의 도형저작물
9. 컴퓨터프로그램저작물
② (2009.4.22 삭제)

제5조【2차적저작물】 ① 원저작물을 번역·편곡·변형·각색·영상제작 그 밖의 방법으로 작성한 창작물(이하 "2차적저작물"이라 한다)은 독자적인 저작물로서 보호된다.
② 2차적저작물의 보호는 그 원저작물의 저작자의 권리에 영향을 미치지 아니한다.

판례 '2차적 저작물'로서 보호받기 위한 요건 : 저작권법 제5조제1항 소정의 2차적 저작물로 보호받기 위하여는 원저작물을 기초로 하되 원저작물과 실질적 유사성을 유지하고 이것에 사회통념상 새로운 저작물이 될 수 있을 정도의 수정·증감을 가하여 새로운 창작성을 부가하여야 하는 것이며, 저작권법이 보호하는 것은 문학·학술 또는 예술에 관한 사상·감정을 말·문자·음·색 등에 의하여 구체적으로 외부에 표현하는 창작적인 표현형식이므로, 2차적 저작권의 침해 여부를 가리기 위하여 두 저작물 사이에 실질적 유사성이 있는가의 여부를 판단함에 있어서는 원저작물에 새롭게 부가한 창작적인 표현형식에 해당하는 것만을 가지고 대비하여야 한다.(대판 2004.7.8, 2004다18736)

제6조【편집저작물】 ① 편집저작물은 독자적인 저작물로서 보호된다.
② 편집저작물의 보호는 그 편집저작물의 구성부분이 되는 소재의 저작권 그 밖에 이 법에 따라 보호되는 권리에 영향을 미치지 아니한다.

판례 편집물이 저작물로서 보호받기 위한 요건 : 편집물이 저작물로서 보호를 받으려면 일정한 방침 혹은 목적을 가지고 소재를 수집·분류·선택하고 배열하여 편집물을 작성하는 행위에 창작성이 있어야 하는바, 그 창작성은 작품이 저자 자신의 작품으로서 남의 것을 복제한 것이 아니라는 것과 최소한도의 창작성이 있는 것을 의미하므로 반드시 작품의 수준이 높아야 하는 것은 아니지만 저작권법에 의한 보호를 받을 가치가 있는 정도의 최소한의 창작성은 있어야 하고, 누가 하더라도 같거나 비슷할 수밖에 없는 성질의 것이라면 거기에 창작성이 있다고 할 수 없다. 따라서 일지형태의 법조수첩은 그 소재의 선택 또는 배열에 창작성이 있는 편집물이라고 할 수 없다.(대판 2003.11.28, 2001다9359)

제7조【보호받지 못하는 저작물】 다음 각 호의 어느 하나에 해당하는 것은 이 법에 의한 보호를 받지 못한다.
1. 헌법·법률·조약·명령·조례 및 규칙
2. 국가 또는 지방자치단체의 고시·공고·훈령 그 밖에 이와 유사한 것
3. 법원의 판결·결정·명령 및 심판이나 행정심판절차 그 밖에 이와 유사한 절차에 의한 의결·결정 등
4. 국가 또는 지방자치단체가 작성한 것으로서 제1호부터 제3호까지에 규정된 것의 편집물 또는 번역물(2023.8.8 본호개정)
5. 사실의 전달에 불과한 시사보도

판례 '사실의 전달에 불과한 시사보도'를 저작권법의 보호대상에서 제외한 취지 : 저작권법 제7조제5호에 '사실의 전달에 불과한 시사보도'를 열거하고 있는바, 이는 원래 저작권법의 보호대상이 되는 것은 외부로 표현된 창작적인 표현 형식일 뿐 그 표현의 내용이 된 사상이나 사실 자체가 아니고, 시사보도는 여러 가지 정보를 정확하고 신속하게 전달하기 위하여 간결하고 정형적인 표현을 사용하는 것이 보통이어서 창작적인 요소가 개입될 여지가 적다는 점 등을 고려하여, 독창적이고 개성 있는 표현 수준에 이르지 않고 단순히 '사실의 전달에 불과한 시사보도'의 정도에 그친 것은 저작권법에 의한 보호대상에서 제외한 것이다.
(대판 2006.9.14, 2004도5350)

제2절 저작자

제8조【저작자 등의 추정】 ① 다음 각 호의 어느 하나에 해당하는 자는 저작자로서 그 저작물에 대한 저작권을 가지는 것으로 추정한다.(2011.6.30 본문개정)
1. 저작물의 원본이나 그 복제물에 저작자로서의 실명 또는 이명(예명·아호·약칭 등을 말한다. 이하 같다)으로서 널리 알려진 것이 일반적인 방법으로 표시된 자
2. 저작물을 공연 또는 공중송신하는 경우에 저작자로서의 실명 또는 저작자의 널리 알려진 이명으로서 표시된 자

② 제1항 각 호의 어느 하나에 해당하는 저작자의 표시가 없는 저작물의 경우에는 발행자·공연자 또는 공표자로 표시된 자가 저작권을 가지는 것으로 추정한다.
(2009.4.22 본항개정)

제9조【업무상저작물의 저작자】 법인등의 명의로 공표되는 업무상저작물의 저작자는 계약 또는 근무규칙 등에 다른 정함이 없는 때에는 그 법인등이 된다. 다만, 컴퓨터프로그램저작물(이하 "프로그램"이라 한다)의 경우 공표될 것을 요하지 아니한다.(2009.4.22 단서신설)

제10조【저작권】 ① 저작자는 제11조부터 제13조까지에 따른 권리(이하 "저작인격권"이라 한다)와 제16조부터 제22조까지에 따른 권리(이하 "저작재산권"이라 한다)를 가진다.(2023.8.8 본항개정)
② 저작권은 저작물을 창작한 때부터 발생하며 어떠한 절차나 형식의 이행을 필요로 하지 아니한다.

제3절 저작인격권

제11조【공표권】 ① 저작자는 그의 저작물을 공표하거나 공표하지 아니할 것을 결정할 권리를 가진다.
② 저작자가 공표되지 아니한 저작물의 저작재산권을 제45조에 따른 양도, 제46조에 따른 이용허락, 제57조에 따른 배타적발행권의 설정 또는 제63조에 따른 출판권의 설정을 한 경우에는 그 상대방에게 저작물의 공표를 동의한 것으로 추정한다.(2011.12.2 본항개정)
③ 저작자가 공표되지 아니한 미술저작물·건축저작물 또는 사진저작물(이하 "미술저작물등"이라 한다)의 원본을 양도한 경우에는 그 상대방에게 저작물의 원본의 전시방식에 의한 공표를 동의한 것으로 추정한다.
④ 원저작자의 동의를 얻어 작성된 2차적저작물 또는 편집저작물이 공표된 경우에는 그 원저작물도 공표된 것으로 본다.
⑤ 공표하지 아니한 저작물을 저작자가 제31조의 도서관등에 기증한 경우 별도의 의사를 표시하지 아니하면 기증한 때에 공표에 동의한 것으로 추정한다.(2023.8.8 본항개정)

제12조【성명표시권】 ① 저작자는 저작물의 원본이나 그 복제물에 또는 저작물의 공표 매체에 그의 실명 또는 이명을 표시할 권리를 가진다.
② 저작물을 이용하는 자는 그 저작자의 특별한 의사표시가 없는 때에는 저작자가 그의 실명 또는 이명을 표시한 바에 따라 이를 표시하여야 한다. 다만, 저작물의 성질이나 그 이용의 목적 및 형태 등에 비추어 부득이하다고 인정되는 경우에는 그러하지 아니하다.

제13조【동일성유지권】 ① 저작자는 그의 저작물의 내용·형식 및 제호의 동일성을 유지할 권리를 가진다.
② 저작자는 다음 각 호의 어느 하나에 해당하는 변경에 대하여는 이의(異議)할 수 없다. 다만, 본질적인 내용의 변경은 그러하지 아니하다.
1. 제25조의 규정에 따라 저작물을 이용하는 경우에 학교교육 목적을 위하여 부득이하다고 인정되는 범위 안에서의 표현의 변경(2023.8.8 본호개정)
2. 건축물의 증축·개축 그 밖의 변형
3. 특정한 컴퓨터 외에는 이용할 수 없는 프로그램을 다른 컴퓨터에 이용할 수 있도록 하기 위하여 필요한 범위에서의 변경
4. 프로그램을 특정한 컴퓨터에 보다 효과적으로 이용할 수 있도록 하기 위하여 필요한 범위에서의 변경
(2009.4.22 3호~4호신설)
5. 그 밖에 저작물의 성질이나 그 이용의 목적 및 형태 등에 비추어 부득이하다고 인정되는 범위 안에서의 변경

제14조【저작인격권의 일신전속성】 ① 저작인격권은 저작자 일신에 전속한다.
② 저작자의 사망 후에 그의 저작물을 이용하는 자는 저작자가 생존하였더라면 그 저작인격권의 침해가 될 행위를 하여서는 아니 된다. 다만, 그 행위의 성질 및 정도에 비추어 사회통념상 그 저작자의 명예를 훼손하는 것이 아니라고 인정되는 경우에는 그러하지 아니하다.

제15조【공동저작물의 저작인격권】 ① 공동저작물의 저작인격권은 저작자 전원의 합의에 의하지 아니하고는 이를 행사할 수 없다. 이 경우 각 저작자는 신의에 반하여 합의의 성립을 방해할 수 없다.
② 공동저작물의 저작자는 그들 중에서 저작인격권을 대표하여 행사할 수 있는 자를 정할 수 있다.
③ 제2항의 규정에 따라 권리를 대표하여 행사하는 자의 대표권에 가하여진 제한이 있을 때에 그 제한은 선의의 제3자에게 대항할 수 없다.

제4절 저작재산권

제1관 저작재산권의 종류

제16조【복제권】 저작자는 그의 저작물을 복제할 권리를 가진다.
판례 대상 저작물이 기존의 저작물과 무관하게 독립적으로 창작되었다고 볼 여지가 있음에도 불구하고, 대상 저작물이 기존의 저작물에 의거하여 작성된 것인지의 여부에 관하여 심리·판단하지 아니한 채 양자가 실질적으로 유사하다는 이유만으로 복제권이 침해되었다고 보기는 어렵다.(대판 2007.12.13, 2005다35707)

제17조【공연권】 저작자는 그의 저작물을 공연할 권리를 가진다.

제18조【공중송신권】 저작자는 그의 저작물을 공중송신할 권리를 가진다.

제19조【전시권】 저작자는 미술저작물등의 원본이나 그 복제물을 전시할 권리를 가진다.

제20조【배포권】 저작자는 저작물의 원본이나 그 복제물을 배포할 권리를 가진다. 다만, 저작물의 원본이나 그 복제물이 해당 저작재산권자의 허락을 받아 판매 등의 방법으로 거래에 제공된 경우에는 그러하지 아니하다.
(2009.4.22 단서개정)

제21조【대여권】 제20조 단서에도 불구하고 저작자는 상업적 목적으로 공표된 음반(이하 "상업용 음반"이라 한다)이나 상업적 목적으로 공표된 프로그램을 영리를 목적으로 대여할 권리를 가진다.(2016.3.22 본조개정)

제22조【2차적저작물작성권】 저작자는 그의 저작물을 원저작물로 하는 2차적저작물을 작성하여 이용할 권리를 가진다.
판례 회복저작물을 원저작물로 하는 2차적저작물 이용행위의 허용범위 : 1975년 A사는 일본 출판사와 정식 계약 없이 일본 전국시대의 무장 도쿠가와 이에야스의 일대기를 그린 동명 소설을 『대망』이라는 이름으로 번역해 국내에 출간했다. 이후 1995년 세계무역기구(WTO) 무역 관련 지적재산권협정(TRIPs)이 발효됨에 따라 국내 저작권법이 개정되었으나 "조약 발효일 이전에 발행된 외국인의 저작물(이하 회복저작물)을 원저작물로 하는 2차적저작물로서 1995년 1월 1일 이전에 작성된 것은 이 법 시행 후에도 이를 계속하여 이용할 수 있다"고 예외 규정을 두었기 때문에 A사의 1975년판 『대망』은 여전히 판매가 가능했다. 2005년 A사는 1975년 판 『대망』을 일부 수정해 재출간하였는데, 이러한 행위가 회복저작물인 소설 『도쿠가와 이에야스』 일본어판 저작자의 저작권을 침해하였는지의 여부가 문제가 되었다. A사는 2005년 판 『대망』에 대하여 1975년 판 『대망』의 단순 오역이나 표기법, 맞춤법을 바로잡은 것에 불과해 새로운 저작물이 아니다로 주장하였다. 『대망』 2005년판은 1975년판을 실질적으로 유사한 범위에서 이용했지만, 사회통념상 새로운 저작물로 볼 정도에 이르렀다고 단정하기 어려우므로, 원저작물의 2차적 저작물의 이용행위에 포함된다고 보아야 한다.
(대판 2020.12.10, 2020도6425)

제2관 저작재산권의 제한

제23조【재판 등에서의 복제】 다음 각 호의 어느 하나에 해당하는 경우에는 그 한도 안에서 저작물을 복제할 수 있다. 다만, 그 저작물의 종류와 복제의 부수 및 형태 등에 비추어 해당 저작재산권자의 이익을 부당하게 침해하는 경우에는 그러하지 아니하다.
1. 재판 또는 수사를 위하여 필요한 경우
2. 입법·행정 목적을 위한 내부 자료로서 필요한 경우
(2020.2.4 1호~2호신설)
(2020.2.4 본조개정)

제24조【정치적 연설 등의 이용】 공개적으로 행한 정치적 연설 및 법정·국회 또는 지방의회에서 공개적으로 행한 진술은 어떠한 방법으로도 이용할 수 있다. 다만, 동일한 저작자의 연설이나 진술을 편집하여 이용하는 경우에는 그러하지 아니하다.

제24조의2【공공저작물의 자유이용】 ① 국가 또는 지방자치단체가 업무상 작성하여 공표한 저작물이나 계약에 따라 저작재산권의 전부를 보유한 저작물은 허락 없이 이용할 수 있다. 다만, 저작물이 다음 각 호의 어느 하나에 해당하는 경우에는 그러하지 아니하다.
1. 국가안전보장에 관련되는 정보를 포함하는 경우
2. 개인의 사생활 또는 사업상 비밀에 해당하는 경우
3. 다른 법률에 따라 공개가 제한되는 정보를 포함하는 경우
4. 제112조에 따른 한국저작권위원회(이하 제111조까지 "위원회"라 한다)에 등록된 저작물로서 「국유재산법」에 따른 국유재산 또는 「공유재산 및 물품 관리법」에 따른 공유재산으로 관리되는 경우(2020.2.4 본호개정)
② 국가는 「공공기관의 운영에 관한 법률」 제4조에 따른 공공기관이 업무상 작성하여 공표한 저작물이나 계약에 따라 저작재산권의 전부를 보유한 저작물의 이용을 활성화하기 위하여 대통령령으로 정하는 바에 따라 공공저작물 이용활성화 시책을 수립·시행할 수 있다.
③ 국가 또는 지방자치단체는 제1항제4호의 공공저작물 중 자유로운 이용을 위하여 필요하다고 인정하는 경우 「국유재산법」 또는 「공유재산 및 물품 관리법」에도 불구하고 대통령령으로 정하는 바에 따라 사용하게 할 수 있다.
(2013.12.30 본조신설)

제25조【학교교육 목적 등에의 이용】 ① 고등학교 및 이에 준하는 학교 이하의 학교의 교육 목적을 위하여 필요한 교과용도서에는 공표된 저작물을 게재할 수 있다.
(2023.8.8 본항개정)
② 교과용도서를 발행한 자는 교과용도서를 본래의 목적으로 이용하기 위하여 필요한 한도 내에서 제1항에 따라 교과용도서에 게재한 저작물을 복제·배포·공중송신할 수 있다.(2020.2.4 본항신설)
③ 다음 각 호의 어느 하나에 해당하는 학교 또는 교육기관이 수업 목적으로 이용하는 경우에는 공표된 저작물의 일부분을 복제·배포·공연·전시 또는 공중송신(이하 이 조에서 "복제등"이라 한다)할 수 있다. 다만, 공표된 저작물의 성질이나 그 이용의 목적 및 형태 등에 비추어 해당 저작물의 전부를 복제등을 하는 것이 부득이한 경우에는 전부 복제등을 할 수 있다.
1. 특별법에 따라 설립된 학교
2. 「유아교육법」, 「초·중등교육법」 또는 「고등교육법」에 따른 학교
3. 국가나 지방자치단체가 운영하는 교육기관
(2020.2.4 본항개정)
④ 국가나 지방자치단체에 소속되어 제3항 각 호의 학교 또는 교육기관의 수업을 지원하는 기관(이하 "수업지원기관"이라 한다)은 수업 지원을 위하여 필요한 경우에는 공표된 저작물의 일부분을 복제등을 할 수 있다. 다만, 공표된 저작물의 성질이나 그 이용의 목적 및 형태 등에 비추어 해당 저작물의 전부를 복제등을 하는 것이 부득이한 경우에는 전부 복제등을 할 수 있다.(2020.2.4 본항신설)
⑤ 제3항 각 호의 학교 또는 교육기관에서 교육을 받는 자는 수업 목적을 위하여 필요하다고 인정되는 경우에는 제3항의 범위 내에서 공표된 저작물을 복제하거나 공중송신할 수 있다.(2023.8.8 본항개정)
⑥ 제1항부터 제4항까지의 규정에 따라 공표된 저작물을 이용하려는 자는 문화체육관광부장관이 정하여 고시하는 기준에 따른 보상금을 해당 저작재산권자에게 지급하여야 한다. 다만, 고등학교 및 이에 준하는 학교 이하의 학교에서 복제등을 하는 경우에는 보상금을 지급하지 아니한다.(2020.2.4 본항개정)
⑦ 제6항에 따른 보상을 받을 권리는 다음 각 호의 요건을 갖춘 단체로서 문화체육관광부장관이 지정하는 단체를 통하여 행사되어야 한다. 문화체육관광부장관이 그 단체를 지정할 때에는 미리 그 단체의 동의를 받아야 한다.
(2020.2.4 본문개정)
1. 대한민국 내에서 보상을 받을 권리를 가진 자(이하 "보상권리자"라 한다)로 구성된 단체
2. 영리를 목적으로 하지 아니할 것
3. 보상금의 징수 및 분배 등의 업무를 수행하기에 충분한 능력이 있을 것
⑧ 제7항에 따른 단체는 그 구성원이 아니라도 보상권리자로부터 신청이 있을 때에는 그 자를 위하여 그 권리행사를 거부할 수 없다. 이 경우 그 단체는 자기의 명의로 그 권리에 관한 재판상 또는 재판 외의 행위를 할 권한을 가진다.(2020.2.4 전단개정)
⑨ 문화체육관광부장관은 제7항에 따른 단체가 다음 각 호의 어느 하나에 해당하는 경우에는 그 지정을 취소할 수 있다.(2020.2.4 본문개정)
1. 제7항에 따른 요건을 갖추지 못한 때(2020.2.4 본호개정)
2. 보상관계 업무규정을 위배한 때
3. 보상관계 업무를 상당한 기간 정지하여 보상권리자의 이익을 해할 우려가 있을 때(2023.8.8 본호개정)
⑩ 제7항에 따른 단체는 보상금 분배 공고를 한 날부터 5년이 지난 미분배 보상금에 대하여 문화체육관광부장관의 승인을 받아 다음 각 호의 어느 하나에 해당하는 목적을 위하여 사용할 수 있다. 다만, 보상권리자에 대한 정보가 확인되는 경우 보상금을 지급하기 위하여 일정 비율의 미분배 보상금을 대통령령으로 정하는 바에 따라 적립하여야 한다.(2020.2.4 본문개정)
1. 저작권 교육·홍보 및 연구
2. 저작권 정보의 관리 및 제공
3. 저작물 창작 활동의 지원
4. 저작권 보호 사업
5. 창작자 권익옹호 사업
6. 보상권리자에 대한 보상금 분배 활성화 사업
7. 저작물 이용 활성화 및 공정한 이용을 도모하기 위한 사업
(2018.10.16 1호~7호신설)
⑪ 제7항·제9항 및 제10항에 따른 단체의 지정과 취소 및 업무규정, 보상금 분배 공고, 미분배 보상금의 사용 승인 등에 필요한 사항은 대통령령으로 정한다.
(2020.2.4 본항개정)
⑫ 제2항부터 제4항까지의 규정에 따라 교과용도서를 발행한 자, 학교·교육기관 및 수업지원기관이 저작물을 공중송신하는 경우에는 저작권 그 밖에 이 법에 의하여 보호되는 권리의 침해를 방지하기 위하여 복제방지조치 등 대통령령으로 정하는 필요한 조치를 하여야 한다.
(2020.2.4 본항개정)

제26조【시사보도를 위한 이용】 방송·신문 그 밖의 방법에 의하여 시사보도를 하는 경우에 그 과정에서 보이거나 들리는 저작물은 보도를 위한 정당한 범위 안에서 복제·배포·공연 또는 공중송신할 수 있다.

제27조【시사적인 기사 및 논설의 복제 등】 정치·경제·사회·문화·종교에 관하여 「신문 등의 진흥에 관한 법률」 제2조의 규정에 따른 신문 및 인터넷신문 또는 「뉴스통신진흥에 관한 법률」 제2조의 규정에 따른 뉴스통신에 게재된 시사적인 기사나 논설은 다른 언론기관이 복제·배포 또는 방송할 수 있다. 다만, 이용을 금지하는 표시가 있는 경우에는 그러하지 아니하다.(2009.7.31 본조개정)

제28조【공표된 저작물의 인용】 공표된 저작물은 보도·비평·교육·연구 등을 위하여는 정당한 범위 안에서 공정한 관행에 합치되게 이를 인용할 수 있다.

제29조【영리를 목적으로 하지 아니하는 공연·방송】 ① 영리를 목적으로 하지 아니하고 청중이나 관중 또는 제3자로부터 어떤 명목으로든지 대가를 지급받지 아니하는 경우에는 공표된 저작물을 공연(상업용 음반 또는 상업적 목적으로 공표된 영상저작물을 재생하는 경우는 제외한다) 또는 방송할 수 있다. 다만, 실연자에게 일반적인 보수를 지급하는 경우에는 그러하지 아니하다.
② 청중이나 관중으로부터 해당 공연에 대한 대가를 지급받지 아니하는 경우에는 상업용 음반 또는 상업적 목적으로 공표된 영상저작물을 재생하여 공중에게 공연할 수 있다. 다만, 대통령령으로 정하는 경우에는 그러하지 아니하다.
(2023.8.8 본조개정)

제30조【사적이용을 위한 복제】 공표된 저작물을 영리를 목적으로 하지 아니하고 개인적으로 이용하거나 가정 및 이에 준하는 한정된 범위 안에서 이용하는 경우에는 그 이용자는 이를 복제할 수 있다. 다만, 공중의 사용에 제공하기 위하여 설치된 복사기기, 스캐너, 사진기 등 문화체육관광부령으로 정하는 복제기기에 의한 복제는 그러하지 아니하다.(2020.2.4 단서개정)

제31조【도서관등에서의 복제 등】 ①「도서관법」에 따른 도서관과 도서·문서·기록 그 밖의 자료(이하 "도서등"이라 한다)를 공중의 이용에 제공하는 시설 중 대통령령으로 정하는 시설(해당 시설의 장을 포함한다. 이하 "도서관등"이라 한다)은 다음 각 호의 어느 하나에 해당하는 경우에는 그 도서관등에 보관된 도서등(제1호의 경우에는 제3항에 따라 해당 도서관등이 복제·전송받은 도서등을 포함한다)을 사용하여 저작물을 복제할 수 있다. 다만, 제1호 및 제3호의 경우에는 디지털 형태로 복제할 수 없다.(2021.5.18 본문개정)
1. 조사·연구를 목적으로 하는 이용자의 요구에 따라 공표된 도서등의 일부분의 복제물을 1명당 1부에 한정하여 제공하는 경우(2023.8.8 본호개정)
2. 도서등의 자체보존을 위하여 필요한 경우
3. 다른 도서관등의 요구에 따라 절판 그 밖에 이에 준하는 사유로 구하기 어려운 도서등의 복제물을 보존용으로 제공하는 경우
② 도서관등은 컴퓨터를 이용하여 이용자가 그 도서관등의 안에서 열람할 수 있도록 보관된 도서등을 복제하거나 전송할 수 있다. 이 경우 동시에 열람할 수 있는 이용자의 수는 그 도서관등에서 보관하고 있거나 저작권 그 밖에 이 법에 따라 보호되는 권리를 가진 자로부터 이용허락을 받은 그 도서등의 부수를 초과할 수 없다.
(2009.4.22 전단개정)
③ 도서관등은 컴퓨터를 이용하여 이용자가 다른 도서관등의 안에서 열람할 수 있도록 보관된 도서등을 복제하거나 전송할 수 있다. 다만, 그 전부 또는 일부가 판매용으로 발행된 도서등은 그 발행일부터 5년이 지나지 아니한 경우에는 그러하지 아니하다.(2023.8.8 단서개정)
④ 도서관등은 제1항제2호의 규정에 따른 도서등의 복제 및 제2항과 제3항의 규정에 따른 도서등의 복제의 경우에 그 도서등이 디지털 형태로 판매되고 있는 때에는 그 도서등을 디지털 형태로 복제할 수 없다.
⑤ 도서관등은 제1항제1호에 따라 디지털 형태의 도서등을 복제하는 경우 및 제3항에 따라 도서등을 다른 도서관등의 안에서 열람할 수 있도록 복제하거나 전송하는 경우에는 문화체육관광부장관이 정하여 고시하는 기준에 따른 보상금을 해당 저작재산권자에게 지급하여야 한다. 다만, 국가, 지방자치단체 또는 「고등교육법」 제2조에 따른 학교를 저작재산권자로 하는 도서등(그 전부 또는 일부가 판매용으로 발행된 도서등은 제외한다)의 경우에는 그러하지 아니하다.(2021.5.18 본항개정)
⑥ 제5항의 보상금의 지급 등에 관하여는 제25조제7항부터 제11항까지의 규정을 준용한다.(2020.2.4 본항개정)
⑦ 제1항부터 제3항까지에 따라 도서등을 디지털 형태로 복제하거나 전송하는 경우에 도서관등은 저작권 그 밖에 이 법에 따라 보호되는 권리의 침해를 방지하기 위하여 복제방지조치 등 대통령령으로 정하는 필요한 조치를 하여야 한다.(2023.8.8 본항개정)
⑧ 「도서관법」 제22조에 따라 국립중앙도서관이 온라인 자료의 보존을 위하여 수집하는 경우에는 해당 자료를 복제할 수 있다.(2021.12.7 본항개정)

제32조【시험문제를 위한 복제 등】 학교의 입학시험이나 그 밖에 학식 및 기능에 관한 시험 또는 검정을 위하여 필요한 경우에는 그 목적을 위하여 정당한 범위에서 공표된 저작물을 복제·배포 또는 공중송신할 수 있다. 다만, 영리를 목적으로 하는 경우에는 그러하지 아니하다.
(2020.2.4 본조개정)

제33조【시각장애인등을 위한 복제 등】 ① 누구든지 공표된 저작물을 시각장애인과 독서에 장애가 있는 사람으로서 대통령령으로 정하는 사람(이하 "시각장애인등"이라 한다)을 위하여 「점자법」 제3조에 따른 점자로 변환하여 복제·배포할 수 있다.
② 시각장애인등의 복리증진을 목적으로 하는 시설 중 대통령령으로 정하는 시설(해당 시설의 장을 포함한다)은 영리를 목적으로 하지 아니하고 시각장애인등의 이용에 제공하기 위하여 공표된 저작물등에 포함된 문자 및 영상 등의 시각적 표현을 시각장애인등이 인지할 수 있는 대체자료로 변환하여 이를 복제·배포·공연 또는 공중송신할 수 있다.
③ 시각장애인등과 그의 보호자(보조자를 포함한다. 이하 이 조 및 제33조의2에서 같다)는 공표된 저작물등에 적법하게 접근하는 경우 시각장애인등의 개인적 이용을 위하여 그 저작물등에 포함된 문자 및 영상 등의 시각적 표현을 시각장애인등이 인지할 수 있는 대체자료로 변환하여 이를 복제할 수 있다.(2023.8.8 본항신설)
④ 제2항 및 제3항에 따른 대체자료의 범위는 대통령령으로 정한다.
(2023.8.8 본조개정)

제33조의2【청각장애인 등을 위한 복제 등】 ① 누구든지 공표된 저작물을 청각장애인 등을 위하여 「한국수화언어법」 제3조제1호에 따른 한국수어로 변환할 수 있고, 이러한 한국수어를 복제·배포·공연 또는 공중송신할 수 있다.
② 청각장애인 등의 복리증진을 목적으로 하는 시설 중 대통령령으로 정하는 시설(해당 시설의 장을 포함한다)은 영리를 목적으로 하지 아니하고 청각장애인 등의 이용에 제공하기 위하여 필요한 범위에서 공표된 저작물등에 포함된 음성 및 음향 등을 자막 등 청각장애인 등이 인지할 수 있는 대체자료로 변환하여 이를 복제·배포·공연 또는 공중송신할 수 있다.
③ 청각장애인 등과 그의 보호자는 공표된 저작물등에 적법하게 접근하는 경우 청각장애인 등의 개인적 이용을 위하여 그 저작물등에 포함된 음성·음향 등을 자막 등 청각장애인 등이 인지할 수 있는 대체자료로 변환하여 이를 복제할 수 있다.(2023.8.8 본항신설)
④ 제1항부터 제3항까지에 따른 청각장애인 등의 범위와 제2항 및 제3항에 따른 대체자료의 범위는 대통령령으로 정한다.
(2023.8.8 본조개정)

제34조【방송사업자의 일시적 녹음·녹화】 ① 저작물을 방송할 권한을 가지는 방송사업자는 자신의 방송을 위하여 자체의 수단으로 저작물을 일시적으로 녹음하거나 녹화할 수 있다.
② 제1항의 규정에 따라 만들어진 녹음물 또는 녹화물은 녹음일 또는 녹화일부터 1년을 초과하여 보존할 수 없다. 다만, 그 녹음물 또는 녹화물이 기록의 자료로서 대통령령으로 정하는 장소에 보존되는 경우에는 그러하지 아니하다.

제35조【미술저작물등의 전시 또는 복제】 ① 미술저작물등의 원본의 소유자나 그의 동의를 얻은 자는 그 저작물을 원본에 의하여 전시할 수 있다. 다만, 가로·공원·건축물의 외벽 그 밖에 공중에게 개방된 장소에 항시 전시하는 경우에는 그러하지 아니하다.
② 제1항 단서의 규정에 따른 개방된 장소에 항시 전시되어 있는 미술저작물등은 어떠한 방법으로든지 이를 복제하여 이용할 수 있다. 다만, 다음 각 호의 어느 하나에 해당하는 경우에는 그러하지 아니하다.
1. 건축물을 건축물로 복제하는 경우
2. 조각 또는 회화를 조각 또는 회화로 복제하는 경우
3. 제1항 단서의 규정에 따른 개방된 장소 등에 항시 전시하기 위하여 복제하는 경우
4. 판매의 목적으로 복제하는 경우
③ 제1항의 규정에 따라 전시를 하는 자 또는 미술저작물등의 원본을 판매하고자 하는 자는 그 저작물의 해설이나 소개를 목적으로 하는 목록 형태의 책자에 이를 복제하여 배포할 수 있다.
④ 위탁에 의한 초상화 또는 이와 유사한 사진저작물의 경우에는 위탁자의 동의가 없는 때에는 이를 이용할 수 없다.

제35조의2【저작물 이용과정에서의 일시적 복제】 컴퓨터에서 저작물을 이용하는 경우에는 원활하고 효율적인 정보처리를 위하여 필요하다고 인정되는 범위 안에서 그 저작물을 그 컴퓨터에 일시적으로 복제할 수 있다. 다만, 그 저작물의 이용이 저작권을 침해하는 경우에는 그러하지 아니하다.(2011.12.2 본조신설)

제35조의3【부수적 복제 등】 사진촬영, 녹음 또는 녹화(이하 이 조에서 "촬영등"이라 한다)를 하는 과정에서 보이거나 들리는 저작물이 촬영등의 주된 대상에 부수적으로 포함되는 경우에는 이를 복제·배포·공연·전시 또는 공중송신할 수 있다. 다만, 그 이용된 저작물의 종류 및 용도, 이용의 목적 및 성격 등에 비추어 저작재산권자의 이익을 부당하게 해치는 경우에는 그러하지 아니하다.
(2019.11.26 본조신설)

제35조의4【문화시설에 의한 복제 등】 ① 국가나 지방자치단체가 운영하는 문화예술 활동에 지속적으로 이용되는 시설 중 대통령령으로 정하는 문화시설(해당 시설의 장을 포함한다. 이하 이 조에서 "문화시설"이라 한다)은 대통령령으로 정하는 기준에 해당하는 상당한 조사를 하였어도 공표된 저작물(제3조에 따른 외국인의 저작물은 제외한다. 이하 이 조에서 같다)의 저작재산권자나 그의 거소를 알 수 없는 경우 그 문화시설에 보관된 자료를 수집·정리·분석·보존하여 공중에게 제공하기 위한 목적(영리를 목적으로 하는 경우는 제외한다)으로 그 자료를 사용하여 저작물을 복제·배포·공연·전시 또는 공중송신할 수 있다.(2023.8.8 본항개정)
② 저작재산권자는 제1항에 따른 문화시설의 이용에 대하여 해당 저작물의 이용을 중단할 것을 요구할 수 있으며, 요구를 받은 문화시설은 지체 없이 해당 저작물의 이용을 중단하여야 한다.
③ 저작재산권자는 제1항에 따른 이용에 대하여 보상금을 청구할 수 있으며, 문화시설은 저작재산권자와 협의한 보상금을 지급하여야 한다.
④ 제3항에 따라 보상금 협의절차를 거쳤으나 협의가 성립되지 아니한 경우에는 문화시설 또는 저작재산권자는 문화체육관광부장관에게 보상금 결정을 신청하여야 한다.
⑤ 제4항에 따른 보상금 결정 신청이 있는 경우에 문화체육관광부장관은 저작물의 이용 목적·이용 형태·이용 범위 등을 고려하여 보상금 규모 및 지급 시기를 정한 후 이를 문화시설 및 저작재산권자에게 통보하여야 한다.
⑥ 제1항에 따라 문화시설이 저작물을 이용하고자 하는 경우에는 대통령령으로 정하는 바에 따라 이용되는 저작물의 목록·내용 등과 관련된 정보의 게시, 저작권 및 그 밖에 이 법에 따라 보호되는 권리의 침해를 방지하기 위한 복제방지조치 등 필요한 조치를 하여야 한다.
⑦ 제2항부터 제5항까지의 규정에 따른 이용 중단 요구 절차와 방법, 보상금 결정 신청 및 결정 절차 등에 관하여 필요한 사항은 대통령령으로 정한다.
(2019.11.26 본조신설)

제35조의5【저작물의 공정한 이용】 ① 제23조부터 제35조의4까지, 제101조의3부터 제101조의5까지의 경우 외에 저작물의 일반적인 이용 방법과 충돌하지 아니하고 저작자의 정당한 이익을 부당하게 해치지 아니하는 경우에는 저작물을 이용할 수 있다.(2023.8.8 본항개정)
② 저작물 이용 행위가 제1항에 해당하는지를 판단할 때에는 다음 각 호의 사항등을 고려하여야 한다.
1. 이용의 목적 및 성격(2016.3.22 본호개정)
2. 저작물의 종류 및 용도
3. 이용된 부분이 저작물 전체에서 차지하는 비중과 그 중요성
4. 저작물의 이용이 그 저작물의 현재 시장 또는 가치나 잠재적인 시장 또는 가치에 미치는 영향
(2011.12.2 본조신설)

제36조【번역 등에 의한 이용】 ① 제24조의2, 제25조, 제29조, 제30조, 제35조의3부터 제35조의5까지의 규정에 따라 저작물을 이용하는 경우에는 그 저작물을 번역·편곡 또는 개작하여 이용할 수 있다.(2019.11.26 본항개정)
② 제23조·제24조·제26조·제27조·제28조·제32조·제33조 또는 제33조의2에 따라 저작물을 이용하는 경우에는 그 저작물을 번역하여 이용할 수 있다.(2013.7.16 본항개정)

제37조【출처의 명시】 ① 이 관에 따라 저작물을 이용하는 자는 그 출처를 명시하여야 한다. 다만, 제26조, 제29조부터 제32조까지, 제34조 및 제35조의2부터 제35조의4까지의 경우에는 그러하지 아니하다.(2019.11.26 단서개정)
② 출처의 명시는 저작물의 이용 상황에 따라 합리적이라고 인정되는 방법으로 하여야 하며, 저작자의 실명 또는 이명이 표시된 저작물인 경우에는 그 실명 또는 이명을 명시하여야 한다.

판례 '저작자의 실명 또는 이명이 표시된 저작물인 경우에는 그 실명 또는 이명을 명시하여야 한다'는 문언은 저작물의 출처를 명시하는 방법을 예시한 것에 불과할 뿐 어떠한 경우라도 예외 없이 저작자의 실명 또는 이명을 명시하여야 한다는 것은 아니라고 해석함이 상당하고, 저작자의 성명을 포함하여 저작물의 출처가 합리적이라고 인정되는 방법으로 명시되었는지 여부는 저작물의 종류, 성질, 그 이용의 목적 및 형태 등 저작물의 이용상황을 종합적으로 고려하여 판단하여야 한다.
(대판 2010.4.29, 2007도2202)

제37조의2【적용 제외】 프로그램에 대하여는 제23조·제25조·제30조 및 제32조를 적용하지 아니한다.
(2009.4.22 본조신설)

제38조【저작인격권과의 관계】 이 관 각 조의 규정은 저작인격권에 영향을 미치는 것으로 해석되어서는 아니된다.

제3관 저작재산권의 보호기간

제39조【보호기간의 원칙】 ① 저작재산권은 이 관에 특별한 규정이 있는 경우를 제외하고는 저작자가 생존하는 동안과 사망한 후 70년간 존속한다.
② 공동저작물의 저작재산권은 맨 마지막으로 사망한 저작자가 사망한 후 70년간 존속한다.
(2011.6.30 본조개정)

제40조【무명 또는 이명 저작물의 보호기간】 ① 무명 또는 널리 알려지지 아니한 이명이 표시된 저작물의 저작재산권은 공표된 때부터 70년간 존속한다. 다만, 이 기간 내에 저작자가 사망한지 70년이 지났다고 인정할만한 정당한 사유가 발생한 경우에는 그 저작재산권은 저작자가 사망한 후 70년이 지났다고 인정되는 때에 소멸한 것으로 본다.(2011.6.30 본항개정)
② 다음 각 호의 어느 하나에 해당하는 경우에는 제1항의 규정은 이를 적용하지 아니한다.
1. 제1항의 기간 이내에 저작자의 실명 또는 널리 알려진 이명이 밝혀진 경우
2. 제1항의 기간 이내에 제53조제1항의 규정에 따른 저작자의 실명등록이 있는 경우

제41조【업무상저작물의 보호기간】 업무상저작물의 저작재산권은 공표한 때부터 70년간 존속한다. 다만, 창작한 때부터 50년 이내에 공표되지 아니한 경우에는 창작한 때부터 70년간 존속한다.(2011.6.30 본조개정)

제42조【영상저작물의 보호기간】 영상저작물의 저작재산권은 제39조 및 제40조에도 불구하고 공표한 때부터 70년간 존속한다. 다만, 창작한 때부터 50년 이내에 공표되지 아니한 경우에는 창작한 때부터 70년간 존속한다.(2011.6.30 본조개정)

제43조【계속적간행물 등의 공표시기】 ① 제40조제1항 또는 제41조에 따른 공표시기는 책·호 또는 회 등으로 공표하는 저작물의 경우에는 매책·매호 또는 매회 등의 공표 시로 하고, 일부분씩 순차적으로 공표하여 완성하는 저작물의 경우에는 최종부분의 공표 시로 한다.
(2011.6.30 본항개정)

② 일부분씩 순차적으로 공표하여 전부를 완성하는 저작물의 계속되어야 할 부분이 최근의 공표시기부터 3년이 지나도 공표되지 아니하는 경우에는 이미 공표된 맨 뒤의 부분을 제1항의 규정에 따른 최종부분으로 본다.
(2023.8.8 본항개정)

제44조【보호기간의 기산】 이 관에 규정된 저작재산권의 보호기간을 계산하는 경우에는 저작자가 사망하거나 저작물을 창작 또는 공표한 다음 해부터 기산한다.

제4관 저작재산권의 양도·행사·소멸

제45조【저작재산권의 양도】 ① 저작재산권은 전부 또는 일부를 양도할 수 있다.

② 저작재산권의 전부를 양도하는 경우에 특약이 없는 때에는 제22조에 따른 2차적저작물을 작성하여 이용할 권리는 포함되지 아니한 것으로 추정한다. 다만, 프로그램의 경우 특약이 없으면 2차적저작물작성권도 함께 양도된 것으로 추정한다.(2023.8.8 단서개정)

제46조【저작물의 이용허락】 ① 저작재산권자는 다른 사람에게 그 저작물의 이용을 허락할 수 있다.

② 제1항의 규정에 따라 허락을 받은 자는 허락받은 이용 방법 및 조건의 범위 안에서 그 저작물을 이용할 수 있다.

③ 제1항의 규정에 따른 허락에 의하여 저작물을 이용할 수 있는 권리는 저작재산권자의 동의 없이 제3자에게 이를 양도할 수 없다.

제47조【저작재산권을 목적으로 하는 질권의 행사 등】

① 저작재산권을 목적으로 하는 질권은 그 저작재산권의 양도 또는 그 저작물의 이용에 따라 저작재산권자가 받을 금전 그 밖의 물건(제57조에 따른 배타적발행권 및 제63조에 따른 출판권 설정의 대가를 포함한다)에 대하여도 행사할 수 있다. 다만, 이들의 지급 또는 인도 전에 이를 압류하여야 한다.(2011.12.2 본문개정)

② 질권의 목적으로 된 저작재산권은 설정행위에 특약이 없으면 저작재산권자가 이를 행사한다.(2023.8.8 본항개정)
(2009.4.22 본조제목개정)

제48조【공동저작물의 저작재산권의 행사】 ① 공동저작물의 저작재산권은 그 저작재산권자 전원의 합의에 의하지 아니하고는 이를 행사할 수 없으며, 다른 저작재산권자의 동의가 없으면 그 지분을 양도하거나 질권의 목적으로 할 수 없다. 이 경우 각 저작재산권자는 신의에 반하여 합의의 성립을 방해하거나 동의를 거부할 수 없다.

② 공동저작물의 이용에 따른 이익은 공동저작자 간에 특약이 없는 때에는 그 저작물의 창작에 이바지한 정도에 따라 각자에게 배분된다. 이 경우 각자의 이바지한 정도가 명확하지 아니한 때에는 균등한 것으로 추정한다.

③ 공동저작물의 저작재산권자는 그 공동저작물에 대한 자신의 지분을 포기할 수 있으며, 포기하거나 상속인 없이 사망한 경우에 그 지분은 다른 저작재산권자에게 그 지분의 비율에 따라 배분된다.

④ 제15조제2항 및 제3항의 규정은 공동저작물의 저작재산권의 행사에 관하여 준용한다.

제49조【저작재산권의 소멸】 저작재산권이 다음 각 호의 어느 하나에 해당하는 경우에는 소멸한다.

1. 저작재산권자가 상속인 없이 사망한 경우에 그 권리가 「민법」 그 밖의 법률의 규정에 따라 국가에 귀속되는 경우
2. 저작재산권자인 법인 또는 단체가 해산되어 그 권리가 「민법」 그 밖의 법률의 규정에 따라 국가에 귀속되는 경우

제5절 저작물 이용의 법정허락

제50조【저작재산권자 불명인 저작물의 이용】 ① 누구든지 대통령령으로 정하는 기준에 해당하는 상당한 노력을 기울였어도 공표된 저작물의 저작재산권자나 그의 거소를 알 수 없어 그 저작물의 이용허락을 받을 수 없는 경우에는 대통령령으로 정하는 바에 따라 문화체육관광부장관의 승인을 얻은 후 문화체육관광부장관이 정하는 기준에 의한 보상금을 위원회에 지급하고 이를 이용할 수 있다.(2020.2.4 본항개정)

② 제1항의 규정에 따라 저작물을 이용하는 자는 그 뜻과 승인연월일을 표시하여야 한다.

③ 제1항의 규정에 따라 법정허락된 저작물이 다시 법정허락의 대상이 되는 때에는 제1항의 규정에 따른 대통령령으로 정하는 기준에 해당하는 상당한 노력의 절차를 생략할 수 있다. 다만, 그 저작물에 대한 법정허락의 승인 이전에 저작재산권자가 대통령령으로 정하는 절차에 따라 이의를 제기하는 때에는 그러하지 아니하다.
(2021.5.18 본항개정)

④ 문화체육관광부장관은 대통령령으로 정하는 바에 따라 법정허락 내용을 정보통신망에 게시하여야 한다.
(2021.5.18 본항개정)

⑤ 제1항에 따른 보상을 받을 권리는 위원회를 통하여 행사되어야 한다.(2020.2.4 본항개정)

⑥ 위원회는 제1항에 따라 보상금을 지급받은 날부터 10년이 지난 미분배 보상금에 대하여 문화체육관광부장관의 승인을 얻어 제25조제10항 각 호의 어느 하나에 해당하는 목적을 위하여 사용할 수 있다.(2023.8.8 본항개정)

⑦ 제1항 및 제6항에 따른 보상금 지급 절차·방법 및 미분배 보상금의 사용 승인 등에 필요한 사항은 대통령령으로 정한다.(2019.11.26 본항신설)

제51조【공표된 저작물의 방송】 공표된 저작물을 공익을 위한 필요에 따라 방송하려는 방송사업자가 그 저작재산권자와 협의하였으나 협의가 성립되지 아니하는 경우에는 대통령령으로 정하는 바에 따라 문화체육관광부장관의 승인을 얻은 후 문화체육관광부장관이 정하는 기준에 따른 보상금을 해당 저작재산권자에게 지급하거나 공탁하고 이를 방송할 수 있다.(2023.8.8 본조개정)

제52조【상업용 음반의 제작】 상업용 음반이 우리나라에서 처음으로 판매되어 3년이 지난 경우 그 음반에 녹음된 저작물을 녹음하여 다른 상업용 음반을 제작하려는 자가 그 저작재산권자와 협의하였으나 협의가 성립되지 아니하는 때에는 대통령령으로 정하는 바에 따라 문화체육관광부장관의 승인을 얻은 후 문화체육관광부장관이 정하는 기준에 따른 보상금을 해당 저작재산권자에게 지급하거나 공탁하고 다른 상업용 음반을 제작할 수 있다.
(2023.8.8 본조개정)

제6절 등록 및 인증

제53조【저작권의 등록】 ① 저작자는 다음 각 호의 사항을 등록할 수 있다.

1. 저작자의 실명·이명(공표 당시에 이명을 사용한 경우로 한정한다)·국적·주소 또는 거소(2021.5.18 본호개정)
2. 저작물의 제호·종류·창작연월일
3. 공표의 여부 및 맨 처음 공표된 국가·공표연월일
4. 그 밖에 대통령령으로 정하는 사항

② 저작자가 사망한 경우 저작자의 특별한 의사표시가 없는 때에는 그의 유언으로 지정한 자 또는 상속인이 제1항 각 호의 규정에 따른 등록을 할 수 있다.

③ 제1항 및 제2항에 따라 저작자로 실명이 등록된 자는 그 등록저작물의 저작자로, 창작연월일 또는 맨 처음의 공표연월일이 등록된 저작물은 등록된 연월일에 창작 또는 맨 처음 공표된 것으로 추정한다. 다만, 저작물을 창작한 때부터 1년이 지난 후에 창작연월일을 등록한 경우에는 등록된 연월일에 창작된 것으로 추정하지 아니한다.
(2023.8.8 단서개정)

제54조【권리변동 등의 등록·효력】 다음 각 호의 사항은 이를 등록할 수 있으며, 등록하지 아니하면 제3자에게 대항할 수 없다.

1. 저작재산권의 양도(상속 그 밖의 일반승계의 경우는 제외한다) 또는 처분제한(2023.8.8 본호개정)
2. 제57조에 따른 배타적발행권 또는 제63조에 따른 출판권의 설정·이전·변경·소멸 또는 처분제한
(2011.12.2 본호신설)
3. 저작재산권, 제57조에 따른 배타적발행권 및 제63조에 따른 출판권을 목적으로 하는 질권의 설정·이전·변경·소멸 또는 처분제한(2011.12.2 본호개정)

제55조【등록의 절차 등】 ① 제53조 및 제54조에 따른 등록은 위원회가 저작권등록부(프로그램의 경우에는 프로그램등록부를 말한다. 이하 같다)에 기록함으로써 한다.

② 위원회는 다음 각 호의 어느 하나에 해당하는 경우에는 신청을 반려할 수 있다. 다만, 신청의 흠결이 보정될 수 있는 경우에 신청인이 그 신청을 한 날에 이를 보정하였을 때에는 그러하지 아니하다.

1. 등록을 신청한 대상이 저작물이 아닌 경우
2. 등록을 신청한 대상이 제7조에 따른 보호받지 못하는 저작물인 경우
3. 등록을 신청할 권한이 없는 자가 등록을 신청한 경우
4. 등록신청에 필요한 자료 또는 서류를 첨부하지 아니한 경우
5. 제53조제1항 또는 제54조에 따라 등록을 신청한 사항의 내용이 문화체육관광부령으로 정하는 등록신청서 첨부서류의 내용과 일치하지 아니하는 경우
6. 등록신청이 문화체육관광부령으로 정한 서식에 맞지 아니한 경우

③ 제2항에 따라 등록신청이 반려된 경우에 그 등록을 신청한 자는 반려된 날부터 1개월 이내에 위원회에 이의를 신청할 수 있다.(2020.2.4 본항신설)

④ 위원회는 제3항에 따른 이의신청을 받았을 때에는 신청을 받은 날부터 1개월 이내에 심사하여 그 결과를 신청인에게 통지하여야 한다.(2020.2.4 본항신설)

⑤ 위원회는 제2항에 따른 반려처분에 대한 이의신청을 각하 또는 기각하는 결정을 한 때에는 신청인에게 행정심판 또는 행정소송을 제기할 수 있다는 취지를 이의신청 결과를 통지할 때 함께 알려야 한다.(2023.5.16 본항개정)

⑥ 위원회는 제1항에 따라 저작권등록부에 기록한 등록 사항에 대하여 등록공보를 발행하거나 정보통신망에 게시하여야 한다.

⑦ 위원회는 저작권등록부의 열람 또는 사본 발급을 신청하는 자가 있는 경우에는 이를 열람하게 하거나 그 사본을 내주어야 한다.(2020.2.4 본항신설)

⑧ 제1항부터 제7항까지에서 규정한 사항 외에 등록, 등록신청의 반려, 이의신청, 등록공보의 발행 또는 게시, 저작권등록부의 열람 및 사본의 발급 등에 필요한 사항은 대통령령으로 정한다.(2021.5.18 본항개정)
(2020.2.4 본조개정)

제55조의2【착오·누락의 통지 및 직권 경정】 ① 위원회는 저작권등록부에 기록된 사항에 착오가 있거나 누락된 것이 있음을 발견하였을 때에는 지체 없이 그 사실을 제53조 또는 제54조에 따라 등록을 한 자(이하 "저작권 등록자"라 한다)에게 알려야 한다.

② 제1항의 착오나 누락이 등록 담당 직원의 잘못으로 인한 것인 경우에는 지체 없이 그 등록된 사항을 경정(更正)하고 그 내용을 저작권 등록자에게 알려야 한다.

③ 위원회는 제1항 및 제2항에 따른 등록 사항의 경정에 이해관계를 가진 제3자가 있는 경우에는 그 제3자에게도 착오나 누락의 내용과 그에 따른 경정사실을 알려야 한다.
(2020.2.4 본조신설)

제55조의3【변경등록등의 신청 등】 ① 저작권 등록자는 다음 각 호의 어느 하나에 해당하는 경우에는 문화체육관광부령으로 정하는 바에 따라 해당 신청서에 이를 증명할 수 있는 서류를 첨부하여 위원회에 변경·경정·말소등록 또는 말소한 등록의 회복등록(이하 "변경등록등"이라 한다)을 신청할 수 있다.

1. 저작권등록부에 기록된 사항이 변경된 경우
2. 등록에 착오가 있거나 누락된 것이 있는 경우
3. 등록의 말소를 원하는 경우
4. 말소된 등록의 회복을 원하는 경우

② 위원회는 변경등록등 신청서에 적힌 내용이 이를 증명하는 서류의 내용과 서로 맞지 아니하는 경우에는 신청을 반려할 수 있다.

③ 제2항에 따라 등록신청이 반려된 경우에 그 등록을 신청한 자는 이의를 신청할 수 있다. 이 경우 이의신청에 관하여는 제55조제3항부터 제5항까지 및 제8항을 준용한다.

④ 위원회는 변경등록등의 신청을 받아들였을 때에는 그 내용을 저작권등록부에 기록하여야 한다.

⑤ 그 밖에 변경등록등의 신청, 신청의 반려 등에 필요한 사항은 대통령령으로 정한다.
(2020.2.4 본조신설)

제55조의4【직권 말소등록】 ① 위원회는 제53조 또는 제54조에 따른 등록이 제55조제2항제1호부터 제3호까지 및 제5호의 어느 하나에 해당하는 것을 알게 된 경우에는 그 등록을 직권으로 말소할 수 있다.

② 위원회는 제1항에 따라 등록을 말소하려면 청문을 하여야 한다. 다만, 제1항에 따른 말소 사유가 확정판결로 확인된 경우에는 그러하지 아니하다.

③ 위원회는 제2항 단서에 따라 청문을 하지 아니하고 등록을 말소하는 경우에는 그 말소의 사실을 저작권 등록자 및 이해관계가 있는 제3자에게 알려야 한다.
(2020.2.4 본조신설)

제55조의5【비밀유지의무】 제53조부터 제55조까지, 제55조의2부터 제55조의4까지의 규정에 따른 등록 업무를 수행하는 직에 재직하는 사람과 재직하였던 사람은 직무상 알게 된 비밀을 다른 사람에게 누설하여서는 아니 된다.(2020.2.4 본조개정)

제56조【권리자 등의 인증】 ① 문화체육관광부장관은 저작물등의 거래의 안전과 신뢰보호를 위하여 인증기관을 지정할 수 있다.(2008.2.29 본항개정)

② 제1항에 따른 인증기관의 지정과 지정취소 및 인증절차 등에 관하여 필요한 사항은 대통령령으로 정한다.
(2009.4.22 본항개정)

③ 제1항의 규정에 따른 인증기관은 인증과 관련한 수수료를 받을 수 있으며 그 금액은 문화체육관광부장관이 정한다.(2008.2.29 본항개정)

제7절 배타적발행권
(2011.12.2 본절개정)

제57조【배타적발행권의 설정】 ① 저작물을 발행하거나 복제·전송(이하 "발행등"이라 한다)할 권리를 가진 자는 그 저작물을 발행등에 이용하고자 하는 자에 대하여 배타적 권리(이하 "배타적발행권"이라 하며, 제63조에 따른 출판권은 제외한다. 이하 같다)를 설정할 수 있다.

② 저작재산권자는 그 저작물에 대하여 발행등의 방법 및 조건이 중첩되지 않는 범위 내에서 새로운 배타적발행권을 설정할 수 있다.(2011.12.2 본항신설)

③ 제1항에 따라 배타적발행권을 설정받은 자(이하 "배타적발행권자"라 한다)는 그 설정행위에서 정하는 바에 따라 그 배타적발행권의 목적인 저작물을 발행등의 방법으로 이용할 권리를 가진다.

④ 저작재산권자는 그 저작물의 복제권·배포권·전송권을 목적으로 하는 질권이 설정되어 있는 경우에는 그 질권자의 허락이 있어야 배타적발행권을 설정할 수 있다.

제58조【배타적발행권자의 의무】 ① 배타적발행권자는 그 설정행위에 특약이 없는 때에는 배타적발행권의 목적인 저작물을 복제하기 위하여 필요한 원고 또는 이에 상응하는 물건을 받은 날부터 9개월 이내에 이를 발행등의 방법으로 이용하여야 한다.(2021.5.18 본항개정)

② 배타적발행권자는 그 설정행위에 특약이 없는 때에는 관행에 따라 그 저작물을 계속하여 발행등의 방법으로 이용하여야 한다.

③ 배타적발행권자는 특약이 없는 때에는 각 복제물에 대통령령으로 정하는 바에 따라 저작재산권자의 표지를 하여야 한다. 다만, 「신문 등의 진흥에 관한 법률」 제9조 제1항에 따라 등록된 신문과 「잡지 등 정기간행물의 진흥에 관한 법률」 제15조 및 제16조에 따라 등록 또는 신고된 정기간행물의 경우에는 그러하지 아니하다.
(2020.2.4 본항개정)

제58조의2【저작물의 수정증감】 ① 배타적발행권자가 배타적발행권의 목적인 저작물을 발행등의 방법으로 다시 이용하는 경우에 저작자는 정당한 범위 안에서 그 저작물의 내용을 수정하거나 증감할 수 있다.

② 배타적발행권자는 배타적발행권의 목적인 저작물을 발행등의 방법으로 다시 이용하고자 하는 경우에 특약이 없는 때에는 그때마다 미리 저작자에게 그 사실을 알려야 한다.

제59조【배타적발행권의 존속기간 등】 ① 배타적발행권은 그 설정행위에 특약이 없는 때에는 맨 처음 발행등을 한 날부터 3년간 존속한다. 다만, 저작물의 영상화를 위하여 배타적발행권을 설정하는 경우에는 5년으로 한다.
(2023.8.8 본문개정)

② 저작재산권자는 배타적발행권 존속기간 중 그 배타적발행권의 목적인 저작물의 저작자가 사망한 때에는 제1항에도 불구하고 저작자를 위하여 저작물을 전집 그 밖의 편집물에 수록하거나 전집 그 밖의 편집물의 일부인 저작물을 분리하여 이를 따로 발행등의 방법으로 이용할 수 있다.

제60조【배타적발행권의 소멸통지】 ① 저작재산권자는 배타적발행권자가 제58조제1항 또는 제2항을 위반한 경우에는 6개월 이상의 기간을 정하여 그 이행을 최고하고 그 기간 내에 이행하지 아니하는 때에는 배타적발행권의 소멸을 통지할 수 있다.(2023.8.8 본항개정)

② 저작재산권자는 배타적발행권자가 그 저작물을 발행등의 방법으로 이용하는 것이 불가능하거나 이용할 의사가 없음이 명백한 경우에는 제1항에도 불구하고 즉시 배타적발행권의 소멸을 통지할 수 있다.(2023.8.8 본항개정)

③ 제1항 또는 제2항에 따라 배타적발행권의 소멸을 통지한 경우에는 출판권자가 통지를 받은 때에 배타적발행권이 소멸한 것으로 본다.(2023.8.8 본항개정)

④ 제3항의 경우에 저작재산권자는 배타적발행권자에 대하여 언제든지 원상회복을 청구하거나 발행등을 중지함으로 인한 손해의 배상을 청구할 수 있다.
(2023.8.8 본조제목개정)

제61조【배타적발행권 소멸 후의 복제물의 배포】 배타적발행권이 그 존속기간의 만료 그 밖의 사유로 소멸된 경우에는 그 배타적발행권을 가지고 있던 자는 다음 각 호의 어느 하나에 해당하는 경우를 제외하고는 그 배타적발행권의 존속기간 중 만들어진 복제물을 배포할 수 없다.

1. 배타적발행권 설정행위에 특약이 있는 경우
2. 배타적발행권의 존속기간 중 저작재산권자에게 그 저작물의 발행에 따른 대가를 지급하고 그 대가에 상응하는 부수의 복제물을 배포하는 경우

제62조【배타적발행권의 양도·제한 등】 ① 배타적발행권자는 저작재산권자의 동의 없이 배타적발행권을 양도하거나 또는 질권의 목적으로 할 수 없다.

② 배타적발행권의 목적으로 되어 있는 저작물의 복제 등에 관하여는 제23조, 제24조, 제25조제1항부터 제5항까지, 제26조부터 제28조까지, 제30조부터 제33조까지, 제35조제2항 및 제3항, 제35조의2부터 제35조의5까지, 제36조 및 제37조를 준용한다.(2020.2.4 본항개정)

제7절의2 출판에 관한 특례
(2011.12.2 본절신설)

제63조【출판권의 설정】 ① 저작물을 복제·배포할 권리를 가진 자(이하 "복제권자"라 한다)는 그 저작물을 인쇄 그 밖에 이와 유사한 방법으로 문서 또는 도화로 발행하고자 하는 자에 대하여 이를 출판할 권리(이하 "출판권"이라 한다)를 설정할 수 있다.

② 제1항에 따라 출판권을 설정받은 자(이하 "출판권자"라 한다)는 그 설정행위에서 정하는 바에 따라 그 출판권의 목적인 저작물을 원작 그대로 출판할 권리를 가진다.

③ 복제권자는 그 저작물의 복제권을 목적으로 하는 질권이 설정되어 있는 경우에는 그 질권자의 허락이 있어야 출판권을 설정할 수 있다.

제63조의2【준용】 제58조부터 제62조까지는 출판권에 관하여 준용한다. 이 경우 "배타적발행권"은 "출판권"으로, "저작재산권자"는 "복제권자"로 본다.

제3장 저작인접권

제1절 통 칙

제64조【보호받는 실연·음반·방송】 ① 다음 각 호 각 목의 어느 하나에 해당하는 실연·음반 및 방송은 이 법에 따른 보호를 받는다.(2021.5.18 본문개정)

1. 실연
 가. 대한민국 국민(대한민국 법률에 따라 설립된 법인 및 대한민국 내에 주된 사무소가 있는 외국법인을 포함한다. 이하 같다)이 행하는 실연
 나. 대한민국이 가입 또는 체결한 조약에 따라 보호되는 실연
 다. 제2호 각 목의 음반에 고정된 실연
 라. 제3호 각 목의 방송에 의하여 송신되는 실연(송신 전에 녹음 또는 녹화되어 있는 실연은 제외한다)
 (2023.8.8 본목개정)
2. 음반
 가. 대한민국 국민을 음반제작자로 하는 음반
 나. 음이 맨 처음 대한민국 내에서 고정된 음반
 다. 대한민국이 가입 또는 체결한 조약에 따라 보호되는 음반으로서 조약체결국 내에서 최초로 고정된 음반
 (2023.8.8 본목개정)
 라. 대한민국이 가입 또는 체결한 조약에 따라 보호되는 음반으로서 조약체결국의 국민(해당 조약체결국의 법률에 따라 설립된 법인 및 해당 조약체결국 내에 주된 사무소가 있는 법인을 포함한다)을 음반제작자로 하는 음반(2023.8.8 본목개정)
3. 방송
 가. 대한민국 국민인 방송사업자의 방송
 나. 대한민국 내에 있는 방송설비로부터 행하여지는 방송
 다. 대한민국이 가입 또는 체결한 조약에 따라 보호되는 방송으로서 조약체결국의 국민인 방송사업자가 해당 조약체결국 내에 있는 방송설비로부터 행하는 방송
 (2023.8.8 본목개정)

② 제1항에 따라 보호되는 외국인의 실연·음반 및 방송이라도 그 외국에서 보호기간이 만료된 경우에는 이 법에 따른 보호기간을 인정하지 아니한다.(2011.12.2 본항신설)

제64조의2【실연자 등의 추정】 이 법에 따라 보호되는 실연·음반·방송과 관련하여 실연자, 음반제작자 또는 방송사업자로서의 실명 또는 널리 알려진 이명이 일반적인 방법으로 표시된 자는 실연자, 음반제작자 또는 방송사업자로서 그 실연·음반·방송에 대하여 각각 실연자의 권리, 음반제작자의 권리 또는 방송사업자의 권리를 가지는 것으로 추정한다.(2011.6.30 본조신설)

제65조【저작권과의 관계】 이 장 각 조의 규정은 저작권에 영향을 미치는 것으로 해석되어서는 아니 된다.

제2절 실연자의 권리

제66조【성명표시권】 ① 실연자는 그의 실연 또는 실연의 복제물에 그의 실명 또는 이명을 표시할 권리를 가진다.

② 실연을 이용하는 자는 그 실연자의 특별한 의사표시가 없는 때에는 실연자가 그의 실명 또는 이명을 표시한 바에 따라 이를 표시하여야 한다. 다만, 실연의 성질이나 그 이용의 목적 및 형태 등에 비추어 부득이하다고 인정되는 경우에는 그러하지 아니하다.

제67조【동일성유지권】 실연자는 그의 실연의 내용과 형식의 동일성을 유지할 권리를 가진다. 다만, 실연의 성질이나 그 이용의 목적 및 형태 등에 비추어 부득이하다고 인정되는 경우에는 그러하지 아니하다.

제68조【실연자의 인격권의 일신전속성】 제66조 및 제67조에 규정된 권리(이하 "실연자의 인격권"이라 한다)는 실연자 일신에 전속한다.

제69조【복제권】 실연자는 그의 실연을 복제할 권리를 가진다.

제70조【배포권】 실연자는 그의 실연의 복제물을 배포할 권리를 가진다. 다만, 실연의 복제물이 실연자의 허락을 받아 판매 등의 방법으로 거래에 제공된 경우에는 그러하지 아니하다.

제71조【대여권】 실연자는 제70조 단서에도 불구하고 그의 실연이 녹음된 상업용 음반을 영리를 목적으로 대여할 권리를 가진다.(2021.5.18 본조개정)

제72조【공연권】 실연자는 그의 고정되지 아니한 실연을 공연할 권리를 가진다. 다만, 그 실연이 방송되는 실연인 경우에는 그러하지 아니하다.

제73조【방송권】 실연자는 그의 실연을 방송할 권리를 가진다. 다만, 실연자의 허락을 받아 녹음된 실연에 대하여는 그러하지 아니하다.

제74조【전송권】 실연자는 그의 실연을 전송할 권리를 가진다.

제75조【방송사업자의 실연자에 대한 보상】 ① 방송사업자가 실연이 녹음된 상업용 음반을 사용하여 방송하는 경우에는 상당한 보상금을 그 실연자에게 지급하여야 한다. 다만, 실연자가 외국인인 경우에 그 외국에서 대한민국 국민인 실연자에게 이 항의 규정에 따른 보상금을 인정하지 아니하는 때에는 그러하지 아니하다.(2016.3.22 본문개정)

② 제1항에 따른 보상금의 지급 등에 관하여는 제25조제7항부터 제11항까지의 규정을 준용한다.(2020.2.4 본항개정)

③ 제2항의 규정에 따른 단체가 보상권리자를 위하여 청구할 수 있는 보상금의 금액은 매년 그 단체와 방송사업자가 협의하여 정한다.

④ 제3항에 따른 협의가 성립되지 아니하는 경우에 그 단체 또는 방송사업자는 대통령령으로 정하는 바에 따라 위원회에 조정을 신청할 수 있다.(2020.2.4 본항개정)

제76조【디지털음성송신사업자의 실연자에 대한 보상】 ① 디지털음성송신사업자가 실연이 녹음된 음반을 사용하여 송신하는 경우에는 상당한 보상금을 그 실연자에게 지급하여야 한다.

② 제1항에 따른 보상금의 지급 등에 관하여는 제25조제7항부터 제11항까지의 규정을 준용한다.(2020.2.4 본항개정)

③ 제2항의 규정에 따른 단체가 보상권리자를 위하여 청구할 수 있는 보상금의 금액은 매년 그 단체와 디지털음성송신사업자가 대통령령으로 정하는 기간 내에 협의하여 정한다.(2021.5.18 본항개정)

④ 제3항의 규정에 따른 협의가 성립되지 아니한 경우에는 문화체육관광부장관이 정하여 고시하는 금액을 지급한다.(2008.2.29 본항개정)

제76조의2【상업용 음반을 사용하여 공연하는 자의 실연자에 대한 보상】 ① 실연이 녹음된 상업용 음반을 사용하여 공연을 하는 자는 상당한 보상금을 그 실연자에게 지급하여야 한다. 다만, 실연자가 외국인인 경우에 그 외국에서 대한민국 국민인 실연자에게 이 항의 규정에 따른 보상금을 인정하지 아니하는 때에는 그러하지 아니하다.(2016.3.22 본문개정)

② 제1항에 따른 보상금의 지급 및 금액 등에 관하여는 제25조제7항부터 제11항까지 및 제76조제3항·제4항을 준용한다.(2020.2.4 본항개정)
(2016.3.22 본조제목개정)

제77조【공동실연자】 ① 2명 이상이 공동으로 합창·합주 또는 연극등을 실연하는 경우에 이 절에 규정된 실연자의 권리(실연자의 인격권은 제외한다)는 공동으로 실연하는 자가 선출하는 대표자가 이를 행사한다. 다만, 대표자의 선출이 없는 경우에는 지휘자 또는 연출자 등이 이를 행사한다.(2021.5.18 본문개정)

② 제1항의 규정에 따라 실연자의 권리를 행사하는 경우에 독창 또는 독주가 함께 실연된 때에는 독창자 또는 독주자의 동의를 얻어야 한다.

③ 제15조의 규정은 공동실연자의 인격권 행사에 관하여 준용한다.

제3절 음반제작자의 권리

제78조【복제권】 음반제작자는 그의 음반을 복제할 권리를 가진다.

제79조【배포권】 음반제작자는 그의 음반을 배포할 권리를 가진다. 다만, 음반의 복제물이 음반제작자의 허락을 받아 판매 등의 방법으로 거래에 제공된 경우에는 그러하지 아니하다.

제80조【대여권】 음반제작자는 제79조 단서에도 불구하고 상업용 음반을 영리를 목적으로 대여할 권리를 가진다.(2021.5.18 본조개정)

제81조【전송권】 음반제작자는 그의 음반을 전송할 권리를 가진다.

제82조【방송사업자의 음반제작자에 대한 보상】 ① 방송사업자가 상업용 음반을 사용하여 방송하는 경우에는 상당한 보상금을 그 음반제작자에게 지급하여야 한다. 다만, 음반제작자가 외국인인 경우에 그 외국에서 대한민국 국민인 음반제작자에게 이 항의 규정에 따른 보상금을 인정하지 아니하는 때에는 그러하지 아니하다.
(2016.3.22 본문개정)

② 제1항에 따른 보상금의 지급 및 금액 등에 관하여는 제25조제7항부터 제11항까지 및 제75조제3항·제4항을 준용한다.(2020.2.4 본항개정)

제83조【디지털음성송신사업자의 음반제작자에 대한 보상】 ① 디지털음성송신사업자가 음반을 사용하여 송신하는 경우에는 상당한 보상금을 그 음반제작자에게 지급하여야 한다.

② 제1항에 따른 보상금의 지급 및 금액 등에 관하여는 제25조제7항부터 제11항까지 및 제76조제3항·제4항을 준용한다.(2020.2.4 본항개정)

제83조의2【상업용 음반을 사용하여 공연하는 자의 음반제작자에 대한 보상】 ① 상업용 음반을 사용하여 공연을 하는 자는 상당한 보상금을 해당 음반제작자에게 지급하여야 한다. 다만, 음반제작자가 외국인인 경우에 그 외국에서 대한민국 국민인 음반제작자에게 이 항의 규정에 따른 보상금을 인정하지 아니하는 때에는 그러하지 아니하다.(2016.3.22 본문개정)

② 제1항에 따른 보상금의 지급 및 금액 등에 관하여는 제25조제7항부터 제11항까지 및 제76조제3항·제4항을 준용한다.(2020.2.4 본항개정)
(2016.3.22 본조제목개정)

제4절 방송사업자의 권리

제84조【복제권】 방송사업자는 그의 방송을 복제할 권리를 가진다.
제85조【동시중계방송권】 방송사업자는 그의 방송을 동시중계방송할 권리를 가진다.
제85조의2【공연권】 방송사업자는 공중의 접근이 가능한 장소에서 방송의 시청과 관련하여 입장료를 받는 경우에 그 방송을 공연할 권리를 가진다.(2011.6.30 본조신설)

제5절 저작인접권의 보호기간

제86조【보호기간】 ① 저작인접권은 다음 각 호의 어느 하나에 해당하는 때부터 발생하며, 어떠한 절차나 형식의 이행을 필요로 하지 아니한다.(2011.12.2 본문개정)
1. 실연의 경우에는 그 실연을 한 때
2. 음반의 경우에는 그 음을 맨 처음 음반에 고정한 때
3. 방송의 경우에는 그 방송을 한 때

② 저작인접권(실연자의 인격권은 제외한다. 이하 같다)은 다음 각 호의 어느 하나에 해당하는 때의 다음 해부터 기산하여 70년(방송의 경우에는 50년)간 존속한다.(2011.12.2 본문개정)
1. 실연의 경우에는 그 실연을 한 때. 다만, 실연을 한 때부터 50년 이내에 실연이 고정된 음반이 발행된 경우에는 음반을 발행한 때(2011.12.2 본호개정)
2. 음반의 경우에는 그 음반을 발행한 때. 다만, 음을 음반에 맨 처음 고정한 때의 다음 해부터 기산하여 50년이 지난 때까지 음반을 발행하지 아니한 경우에는 음을 음반에 맨 처음 고정한 때(2023.8.8 단서개정)
3. 방송의 경우에는 그 방송을 한 때

제6절 저작인접권의 제한·양도·행사 등

제87조【저작인접권의 제한】 ① 저작인접권의 목적이 된 실연·음반 또는 방송의 이용에 관하여는 제23조, 제24조, 제25조제1항부터 제5항까지, 제26조부터 제32조까지, 제33조제2항, 제34조, 제35조의2부터 제35조의5까지, 제36조 및 제37조를 준용한다.(2020.2.4 본항개정)
② 디지털음성송신사업자는 제76조제1항 및 제83조제1항에 따라 실연이 녹음된 음반을 사용하여 송신하는 경우에는 자체의 수단으로 실연이 녹음된 음반을 일시적으로 복제할 수 있다. 이 경우 복제물의 보존기간에 관하여는 제34조제2항을 준용한다.(2009.4.22 본항신설)
제88조【저작인접권의 양도·행사 등】 저작인접권의 양도에 관하여는 제45조제1항을, 실연·음반 또는 방송의 이용허락에 관하여는 제46조를, 저작인접권을 목적으로 하는 질권의 행사에 관하여는 제47조를, 저작인접권의 소멸에 관하여는 제49조를, 실연·음반 또는 방송의 배타적발행권의 설정 등에 관하여는 제57조부터 제62조까지의 규정을 각각 준용한다.(2011.12.2 본조개정)
제89조【실연·음반 및 방송이용의 법정허락】 제50조부터 제52조까지는 실연·음반 및 방송의 이용에 관하여 준용한다.(2023.8.8 본조개정)
제90조【저작인접권의 등록】 저작인접권 또는 저작인접권의 배타적발행권의 등록, 변경등록등에 관하여는 제53조부터 제55조까지 및 제55조의2부터 제55조의5까지의 규정을 준용한다. 이 경우 제55조, 제55조의2 및 제55조의3 중 "저작권등록부"는 "저작인접권등록부"로 본다.(2020.2.4 본조개정)

제4장 데이터베이스제작자의 보호

제91조【보호받는 데이터베이스】 ① 다음 각 호의 어느 하나에 해당하는 자의 데이터베이스는 이 법에 따른 보호를 받는다.
1. 대한민국 국민
2. 데이터베이스의 보호와 관련하여 대한민국이 가입 또는 체결한 조약에 따라 보호되는 외국인

② 제1항의 규정에 따라 보호되는 외국인의 데이터베이스라도 그 외국에서 대한민국 국민의 데이터베이스를 보호하지 아니하는 경우에는 그에 상응하게 조약 및 이 법에 따른 보호를 제한할 수 있다.
제92조【적용 제외】 다음 각 호의 어느 하나에 해당하는 데이터베이스에 대하여는 이 장의 규정을 적용하지 아니한다.
1. 데이터베이스의 제작·갱신등 또는 운영에 이용되는 컴퓨터프로그램
2. 무선 또는 유선통신을 기술적으로 가능하게 하기 위하여 제작되거나 갱신등이 되는 데이터베이스

제93조【데이터베이스제작자의 권리】 ① 데이터베이스제작자는 그의 데이터베이스의 전부 또는 상당한 부분을 복제·배포·방송 또는 전송(이하 이 조에서 "복제등"이라 한다)할 권리를 가진다.
② 데이터베이스의 개별 소재는 제1항에 따른 해당 데이터베이스의 상당한 부분으로 간주되지 아니한다. 다만, 데이터베이스의 개별 소재 또는 그 상당한 부분에 이르지 못하는 부분의 복제등이라 하더라도 반복적이거나 특정한 목적을 위하여 체계적으로 함으로써 해당 데이터베이스의 일반적인 이용과 충돌하거나 데이터베이스제작자의 이익을 부당하게 해치는 경우에는 해당 데이터베이스의 상당한 부분의 복제등으로 본다.(2023.8.8 단서개정)
③ 이 장에 따른 보호는 데이터베이스의 구성부분이 되는 소재의 저작권 그 밖에 이 법에 따라 보호되는 권리에 영향을 미치지 아니한다.
④ 이 장에 따른 보호는 데이터베이스의 구성부분이 되는 소재 그 자체에는 미치지 아니한다.
제94조【데이터베이스제작자의 권리제한】 ① 데이터베이스제작자의 권리의 목적이 되는 데이터베이스의 이용에 관하여는 제23조, 제28조부터 제34조까지, 제35조의2, 제35조의4, 제35조의5, 제36조 및 제37조를 준용한다.(2019.11.26 본항개정)
② 다음 각 호의 어느 하나에 해당하는 경우에는 누구든지 데이터베이스의 전부 또는 그 상당한 부분을 복제·배포·방송 또는 전송할 수 있다. 다만, 해당 데이터베이스의 일반적인 이용과 저촉되는 경우에는 그러하지 아니하다.(2023.8.8 단서개정)
1. 교육·학술 또는 연구를 위하여 이용하는 경우. 다만, 영리를 목적으로 하는 경우에는 그러하지 아니하다.
2. 시사보도를 위하여 이용하는 경우

제95조【보호기간】 ① 데이터베이스제작자의 권리는 데이터베이스의 제작을 완료한 때부터 발생하며, 그 다음 해부터 기산하여 5년간 존속한다.
② 데이터베이스의 갱신등을 위하여 인적 또는 물적으로 상당한 투자가 이루어진 경우에 해당 부분에 대한 데이터베이스제작자의 권리는 그 갱신등을 한 때부터 발생하며, 그 다음 해부터 기산하여 5년간 존속한다.(2021.5.18 본항개정)
제96조【데이터베이스제작자의 권리의 양도·행사 등】 데이터베이스의 거래제공에 관하여는 제20조 단서를, 데이터베이스제작자의 권리의 양도에 관하여는 제45조제1항을, 데이터베이스의 이용허락에 관하여는 제46조를, 데이터베이스제작자의 권리를 목적으로 하는 질권의 행사에 관하여는 제47조를, 공동데이터베이스의 데이터베이스제작자의 권리행사에 관하여는 제48조를, 데이터베이스제작자의 권리의 소멸에 관하여는 제49조를, 데이터베이스의 배타적발행권의 설정 등에 관하여는 제57조부터 제62조까지의 규정을 각각 준용한다.(2011.12.2 본조개정)
제97조【데이터베이스 이용의 법정허락】 제50조 및 제51조의 규정은 데이터베이스의 이용에 관하여 준용한다.
제98조【데이터베이스제작자의 권리의 등록】 데이터베이스제작자의 권리 및 데이터베이스제작자 권리의 배타적발행권 등록, 변경등록등에 관하여는 제53조부터 제55조까지 및 제55조의2부터 제55조의5까지의 규정을 준용한다. 이 경우 제55조, 제55조의2 및 제55조의3 중 "저작권등록부"는 "데이터베이스제작자권리등록부"로 본다.(2020.2.4 본조개정)

제5장 영상저작물에 관한 특례

제99조【저작물의 영상화】 ① 저작재산권자가 저작물의 영상화를 다른 사람에게 허락한 경우에 특약이 없는 때에는 다음 각 호의 권리를 포함하여 허락한 것으로 추정한다.
1. 영상저작물을 제작하기 위하여 저작물을 각색하는 것
2. 공개상영을 목적으로 한 영상저작물을 공개상영하는 것
3. 방송을 목적으로 한 영상저작물을 방송하는 것
4. 전송을 목적으로 한 영상저작물을 전송하는 것
5. 영상저작물을 그 본래의 목적으로 복제·배포하는 것
6. 영상저작물의 번역물을 그 영상저작물과 같은 방법으로 이용하는 것

② 저작재산권자는 그 저작물의 영상화를 허락한 경우에 특약이 없는 때에는 허락한 날부터 5년이 지난 때에 그 저작물을 다른 영상저작물로 영상화하는 것을 허락할 수 있다.(2023.8.8 본항개정)
제100조【영상저작물에 대한 권리】 ① 영상제작자와 영상저작물의 제작에 협력할 것을 약정한 자가 그 영상저작물에 대하여 저작권을 취득한 경우 특약이 없으면 그 영상저작물의 이용을 위하여 필요한 권리는 영상제작자가 이를 양도 받은 것으로 추정한다.(2023.8.8 본항개정)
② 영상저작물의 제작에 사용되는 소설·각본·미술저작물 또는 음악저작물 등의 저작재산권은 제1항의 규정으로 인하여 영향을 받지 아니한다.
③ 영상제작자와 영상저작물의 제작에 협력할 것을 약정한 실연자의 그 영상저작물의 이용에 관한 제69조의 규정에 따른 복제권, 제70조의 규정에 따른 배포권, 제73조의 규정에 따른 방송권 및 제74조의 규정에 따른 전송권은 특약이 없으면 영상제작자가 이를 양도 받은 것으로 추정한다.(2023.8.8 본항개정)
제101조【영상제작자의 권리】 ① 영상제작물의 제작에 협력할 것을 약정한 자로부터 영상제작자가 양도 받는 영상저작물의 이용을 위하여 필요한 권리는 영상저작물을 복제·배포·공개상영·방송·전송 그 밖의 방법으로 이용할 권리로 하며, 이를 양도하거나 질권의 목적으로 할 수 있다.
② 실연자로부터 영상제작자가 양도 받는 권리는 그 영상저작물을 복제·배포·방송 또는 전송할 권리로 하며, 이를 양도하거나 질권의 목적으로 할 수 있다.

제5장의2 프로그램에 관한 특례
(2009.4.22 본장신설)

제101조의2【보호의 대상】 프로그램을 작성하기 위하여 사용하는 다음 각 호의 사항에는 이 법을 적용하지 아니한다.
1. 프로그램 언어 : 프로그램을 표현하는 수단으로서 문자·기호 및 그 체계
2. 규약 : 특정한 프로그램에서 프로그램 언어의 용법에 관한 특별한 약속
3. 해법 : 프로그램에서 지시·명령의 조합방법

제101조의3【프로그램의 저작재산권의 제한】 ① 다음 각 호의 어느 하나에 해당하는 경우에는 그 목적을 위하여 필요한 범위에서 공표된 프로그램을 복제 또는 배포할 수 있다. 다만, 프로그램의 종류·용도, 프로그램에서 복제된 부분이 차지하는 비중 및 복제의 부수 등에 비추어 프로그램의 저작재산권자의 이익을 부당하게 해치는 경우에는 그러하지 아니하다.(2023.8.8 본문개정)
1. 재판 또는 수사를 위하여 복제하는 경우
1의2. 제119조제1항제2호에 따른 감정을 위하여 복제하는 경우(2020.2.4 본호신설)
2. 「유아교육법」, 「초·중등교육법」, 「고등교육법」에 따른 학교 및 다른 법률에 따라 설립된 교육기관(초등학교·중학교 또는 고등학교를 졸업한 것과 같은 수준의 학력이 인정되거나 학위를 수여하는 교육기관으로 한정한다)에서 교육을 담당하는 자가 수업과정에 제공할 목적으로 복제 또는 배포하는 경우(2020.2.4 본호개정)
3. 「초·중등교육법」에 따른 학교 및 이에 준하는 학교의 교육목적을 위한 교과용 도서에 게재하기 위하여 복제하는 경우
4. 가정과 같은 한정된 장소에서 개인적인 목적(영리를 목적으로 하는 경우는 제외한다)으로 복제하는 경우
5. 「초·중등교육법」, 「고등교육법」에 따른 학교 및 이에 준하는 학교의 입학시험이나 그 밖의 학식 및 기능에 관한 시험 또는 검정을 목적(영리를 목적으로 하는 경우는 제외한다)으로 복제 또는 배포하는 경우
(2023.8.8 4호~5호개정)
6. 프로그램의 기초를 이루는 아이디어 및 원리를 확인하기 위하여 프로그램의 기능을 조사·연구·시험할 목적으로 복제하는 경우(정당한 권한에 따라 프로그램을 이용하는 자가 해당 프로그램을 이용 중인 경우로 한정한다)(2021.5.18 본호개정)

② 컴퓨터의 유지·보수를 위하여 그 컴퓨터를 이용하는 과정에서 프로그램(정당하게 취득한 경우로 한정한다)을 일시적으로 복제할 수 있다.(2021.5.18 본항개정)
③ 제1항제3호에 따라 프로그램을 교과용 도서에 게재하려는 자는 문화체육관광부장관이 정하여 고시하는 기준에 따른 보상금을 해당 저작재산권자에게 지급하여야 한다. 이 경우 보상금 지급에 관하여는 제25조제7항부터 제11항까지의 규정을 준용한다.(2020.2.4 후단개정)
제101조의4【프로그램코드역분석】 ① 정당한 권한에 의하여 프로그램을 이용하는 자 또는 그의 허락을 받은 자는 호환에 필요한 정보를 쉽게 얻을 수 없고 그 획득이 불가피한 경우에는 해당 프로그램의 호환에 필요한 부분에 한정하여 프로그램의 저작재산권자의 허락을 받지 아니하고 프로그램코드역분석을 할 수 있다.(2023.8.8 본항개정)
② 제1항에 따른 프로그램코드역분석을 통하여 얻은 정보는 다음 각 호의 어느 하나에 해당하는 경우에는 이를 이용할 수 없다.
1. 호환 목적 외의 다른 목적을 위하여 이용하거나 제3자에게 제공하는 경우
2. 프로그램코드역분석의 대상이 되는 프로그램과 표현이 실질적으로 유사한 프로그램을 개발·제작·판매하거나 그 밖에 프로그램의 저작권을 침해하는 행위에 이용하는 경우

제101조의5【정당한 이용자에 의한 보존을 위한 복제 등】 ① 프로그램의 복제물을 정당한 권한에 의하여 소지·이용하는 자는 그 복제물의 멸실·훼손 또는 변질 등에 대비하기 위하여 필요한 범위에서 해당 복제물을 복제할 수 있다.
② 프로그램의 복제물을 소지·이용하는 자는 해당 프로그램의 복제물을 소지·이용할 권리를 상실한 때에는 그 프로그램의 저작재산권자의 특별한 의사표시가 없으면 제1항에 따라 복제한 것을 폐기하여야 한다. 다만, 프로그램의 복제물을 소지·이용할 권리가 해당 복제물이 멸실됨으로 인하여 상실된 경우에는 그러하지 아니하다.(2023.8.8 본문개정)
제101조의6 (2011.12.2 삭제)
제101조의7【프로그램의 임치】 ① 프로그램의 저작재산권자와 프로그램의 이용허락을 받은 자는 대통령령으로 정하는 자(이하 이 조에서 "수치인"이라 한다)와 서로 합의하여 프로그램의 원시코드 및 기술정보 등을 수치인에게 임치할 수 있다.
② 프로그램의 이용허락을 받은 자는 제1항에 따른 합의에서 정한 사유가 발생한 때에 수치인에게 프로그램의 원시코드 및 기술정보 등의 제공을 요구할 수 있다.

제6장 온라인서비스제공자의 책임 제한

제102조【온라인서비스제공자의 책임 제한】 ① 온라인서비스제공자는 다음 각 호의 행위와 관련하여 저작권, 그 밖에 이 법에 따라 보호되는 권리가 침해되더라도 그 호의 분류에 따라 각 목의 요건을 모두 갖춘 경우에는 그 침해에 대하여 책임을 지지 아니한다.
1. 내용의 수정 없이 저작물등을 송신하거나 경로를 지정하거나 연결을 제공하는 행위 또는 그 과정에서 저작물등을 그 송신을 위하여 합리적으로 필요한 기간 내에서 자동적·중개적·일시적으로 저장하는 행위
가. 온라인서비스제공자가 저작물등의 송신을 시작하지 아니한 경우
나. 온라인서비스제공자가 저작물등이나 그 수신자를 선택하지 아니한 경우
다. 저작권, 그 밖에 이 법에 따라 보호되는 권리를 반복적으로 침해하는 자의 계정(온라인서비스제공자가 이용자를 식별·관리하기 위하여 사용하는 이용권한 계좌를 말한다. 이하 이 조, 제103조의2, 제133조의2 및 제133조의3에서 같다)을 해지하는 방침을 채택하고 이를 합리적으로 이행한 경우
라. 저작물등을 식별하고 보호하기 위한 기술조치로서 대통령령으로 정하는 조건을 충족하는 표준적인 기술조치를 권리자가 이용한 때에는 이를 수용하고 방해하지 아니한 경우
(2011.12.2 다목~라목신설)
2. 서비스이용자의 요청에 따라 송신된 저작물등을 후속 이용자들이 효율적으로 접근하거나 수신할 수 있게 할 목적으로 그 저작물등을 자동적·중개적·일시적으로 저장하는 행위
가. 제1호 각 목의 요건을 모두 갖춘 경우
나. 온라인서비스제공자가 그 저작물등을 수정하지 아니한 경우
다. 제공되는 저작물등에 접근하기 위한 조건이 있는 경우에는 그 조건을 지킨 이용자에게만 임시저장된 저작물등의 접근을 허용한 경우
라. 저작물등을 복제·전송하는 자(이하 "복제·전송자"라 한다)가 명시한, 컴퓨터나 정보통신망에 대하여 그 업계에서 일반적으로 인정되는 데이터통신규약에 따른 저작물등의 현행화에 관한 규칙을 지킨 경우. 다만, 복제·전송자가 그러한 저장을 불합리하게 제한할 목적으로 현행화에 관한 규칙을 정한 경우에는 그러하지 아니한다.
마. 저작물등이 있는 본래의 사이트에서 그 저작물등의 이용에 관한 정보를 얻기 위하여 적용한, 그 업계에서 일반적으로 인정되는 기술의 사용을 방해하지 아니한 경우
바. 제103조제1항에 따른 복제·전송의 중단요구를 받은 경우, 본래의 사이트에서 그 저작물등이 삭제되었거나 접근할 수 없게 된 경우, 또는 법원, 관계 중앙행정기관의 장이 그 저작물등을 삭제하거나 접근할 수 없게 하도록 명령을 내린 사실을 실제로 알게 된 경우에 그 저작물등을 즉시 삭제하거나 접근할 수 없게 한 경우
3. 복제·전송자의 요청에 따라 저작물등을 온라인서비스제공자의 컴퓨터에 저장하는 행위 또는 정보검색도구를 통하여 이용자에게 정보통신망상 저작물등의 위치를 알 수 있게 하거나 연결하는 행위(2020.2.4 본문개정)
가. 제1호 각 목의 요건을 모두 갖춘 경우
나. 온라인서비스제공자가 침해행위를 통제할 권한과 능력이 있을 때에는 그 침해행위로부터 직접적인 금전적 이익을 얻지 아니한 경우
다. 온라인서비스제공자가 침해를 실제로 알게 되거나 제103조제1항에 따른 복제·전송의 중단요구 등을 통하여 침해가 명백하다는 사실 또는 정황을 알게 된 때에 즉시 그 저작물등의 복제·전송을 중단시킨 경우
라. 제103조제4항에 따라 복제·전송의 중단요구 등을 받을 자를 지정하여 공지한 경우
4. (2020.2.4 삭제)
② 제1항에도 불구하고 온라인서비스제공자가 제1항에 따른 조치를 취하는 것이 기술적으로 불가능한 경우에는 다른 사람에 의한 저작물등의 복제·전송으로 인한 저작권, 그 밖에 이 법에 따라 보호되는 권리의 침해에 대하여 책임을 지지 아니한다.
③ 제1항에 따른 책임 제한과 관련하여 온라인서비스제공자는 자신의 서비스 안에서 침해행위가 일어나는지를 모니터링하거나 그 침해행위에 관하여 적극적으로 조사할 의무를 지지 아니한다.(2011.6.30 본항신설)
(2011.6.30 본조개정)

제103조【복제·전송의 중단】 ① 온라인서비스제공자(제102조제1항제1호의 경우는 제외한다. 이하 이 조에서 같다)의 서비스를 이용한 저작물등의 복제·전송에 따라 저작권, 그 밖에 이 법에 따라 보호되는 자신의 권리가 침해됨을 주장하는 자(이하 이 조에서 "권리주장자"라 한다)는 그 사실을 소명하여 온라인서비스제공자에게 그 저작물등의 복제·전송을 중단시킬 것을 요구할 수 있다.(2011.6.30 본항개정)
② 온라인서비스제공자는 제1항에 따른 복제·전송의 중단요구를 받은 경우에는 즉시 그 저작물등의 복제·전송을 중단시키고 권리주장자에게 그 사실을 통보하여야 한다. 다만, 제102조제1항제3호의 온라인서비스제공자는 그 저작물등의 복제·전송자에게도 이를 통보하여야 한다.(2020.2.4 단서개정)
③ 제2항에 따른 통보를 받은 복제·전송자가 자신의 복제·전송이 정당한 권리에 의한 것임을 소명하여 그 복제·전송의 재개를 요구하는 경우 온라인서비스제공자는 재개요구사실 및 재개예정일을 권리주장자에게 지체 없이 통보하고 그 예정일에 복제·전송을 재개시켜야 한다. 다만, 권리주장자가 복제·전송자의 침해행위에 대하여 소를 제기한 사실을 재개예정일 전에 온라인서비스제공자에게 통보한 경우에는 그러하지 아니하다.(2011.12.2 본항개정)
④ 온라인서비스제공자는 제1항 및 제3항의 규정에 따른 복제·전송의 중단 및 그 재개의 요구를 받을 자(이하 이 조에서 "수령인"이라 한다)를 지정하여 자신의 설비 또는 서비스를 이용하는 자들이 쉽게 알 수 있도록 공지하여야 한다.
⑤ 온라인서비스제공자가 제4항에 따른 공지를 하고 제2항 및 제3항에 따라 그 저작물등의 복제·전송을 중단시키거나 재개시킨 경우에는 다른 사람에 의한 저작권 그 밖에 이 법에 따라 보호되는 권리의 침해에 대한 온라인서비스제공자의 책임 및 복제·전송자에게 발생하는 손해에 대한 온라인서비스제공자의 책임을 면제한다. 다만, 이 항의 규정은 온라인서비스제공자가 다른 사람에 의한 저작물등의 복제·전송으로 인하여 그 저작권 그 밖에 이 법에 따라 보호되는 권리가 침해된다는 사실을 안 때부터 제1항에 따른 중단을 요구받기 전까지 발생한 책임에는 적용하지 아니한다.(2011.12.2 본항개정)
⑥ 정당한 권리 없이 제1항 및 제3항의 규정에 따른 그 저작물등의 복제·전송의 중단이나 재개를 요구하는 자는 그로 인하여 발생하는 손해를 배상하여야 한다.
⑦ 제1항부터 제4항까지의 규정에 따른 소명, 중단, 통보, 복제·전송의 재개, 수령인의 지정 및 공지 등에 관하여 필요한 사항은 대통령령으로 정한다. 이 경우 문화체육관광부장관은 관계 중앙행정기관의 장과 미리 협의하여야 한다.(2011.6.30 전단개정)

미판 P2P 서비스 제공업체인 Grokster는 프로그램의 배포 과정에서 저작권침해를 유도할 의도가 있었으므로 저작권침해에 해당한다.(2005.6.27, MGM, et al v. Grokster)

제103조의2【온라인서비스제공자에 대한 법원 명령의 범위】 ① 법원은 제102조제1항제1호에 따른 요건을 충족한 온라인서비스제공자에게 제123조제3항에 따라 필요한 조치를 명하는 경우에는 다음 각 호의 조치만을 명할 수 있다.
1. 특정 계정의 해지
2. 특정 해외 인터넷 사이트에 대한 접근을 막기 위한 합리적 조치
② 법원은 제102조제1항제2호 및 제3호의 요건을 충족한 온라인서비스제공자에게 제123조제3항에 따라 필요한 조치를 명하는 경우에는 다음 각 호의 조치만을 명할 수 있다.(2020.2.4 본문개정)
1. 불법복제물의 삭제
2. 불법복제물에 대한 접근을 막기 위한 조치
3. 특정 계정의 해지
4. 그 밖에 온라인서비스제공자에게 최소한의 부담이 되는 범위에서 법원이 필요하다고 판단하는 조치
(2011.12.2 본조신설)

제103조의3【복제·전송자에 관한 정보 제공의 청구】 ① 권리주장자가 민사상의 소제기 및 형사상의 고소를 위하여 해당 온라인서비스제공자에게 그 온라인서비스제공자가 가지고 있는 해당 복제·전송자의 성명과 주소 등 필요한 최소한의 정보 제공을 요청하였으나 온라인서비스제공자가 이를 거절한 경우 권리주장자는 문화체육관광부장관에게 해당 온라인서비스제공자에 대하여 그 정보의 제공을 명령하여 줄 것을 청구할 수 있다.
② 문화체육관광부장관은 제1항에 따른 청구가 있으면 제122조의6에 따른 저작권보호심의위원회의 심의를 거쳐 온라인서비스제공자에게 해당 복제·전송자의 정보를 제출하도록 명할 수 있다.(2016.3.22 본항개정)
③ 온라인서비스제공자는 제2항의 명령을 받은 날부터 7일 이내에 그 정보를 문화체육관광부장관에게 제출하여야 하며, 문화체육관광부장관은 그 정보를 제1항에 따른 청구를 한 자에게 지체 없이 제공하여야 한다.
④ 제3항에 따라 해당 복제·전송자의 정보를 제공받은 자는 해당 정보를 제1항의 청구 목적 외의 용도로 사용하여서는 아니 된다.
⑤ 그 밖에 복제·전송자에 관한 정보의 제공에 필요한 사항은 대통령령으로 정한다.
(2011.12.2 본조신설)

제104조【특수한 유형의 온라인서비스제공자의 의무 등】 ① 다른 사람들 상호 간에 컴퓨터를 이용하여 저작물등을 전송하도록 하는 것을 주된 목적으로 하는 온라인서비스제공자(이하 "특수한 유형의 온라인서비스제공자"라 한다)는 권리자의 요청이 있는 경우 해당 저작물등의 불법적인 전송을 차단하는 기술적인 조치 등 필요한 조치를 하여야 한다. 이 경우 권리자의 요청 및 필요한 조치에 관한 사항은 대통령령으로 정한다.(2009.4.22 전단개정)
② 문화체육관광부장관은 제1항의 규정에 따른 특수한 유형의 온라인서비스제공자의 범위를 정하여 고시할 수 있다.(2008.2.29 본항개정)
③ 문화체육관광부장관은 제1항에 따른 기술적인 조치 등 필요한 조치의 이행 여부를 정보통신망을 통하여 확인하여야 한다.(2020.2.4 본항신설)
④ 문화체육관광부장관은 제3항에 따른 업무를 대통령령으로 정하는 기관 또는 단체에 위탁할 수 있다.(2020.2.4 본항신설)

제6장의2 기술적 보호조치의 무력화 금지 등
(2011.6.30 본장신설)

제104조의2【기술적 보호조치의 무력화 금지】 ① 누구든지 정당한 권한 없이 고의 또는 과실로 제2조제28호가목의 기술적 보호조치를 제거·변경하거나 우회하는 등의 방법으로 무력화하여서는 아니 된다. 다만, 다음 각 호의 어느 하나에 해당하는 경우에는 그러하지 아니하다.
1. 암호 분야의 연구에 종사하는 자가 저작물등의 복제물을 정당하게 취득하여 저작물등에 적용된 암호 기술의 결함이나 취약점을 연구하기 위하여 필요한 범위에서 행하는 경우. 다만, 권리자로부터 연구에 필요한 이용을 허락받기 위하여 상당한 노력을 하였으나 허락을 받지 못한 경우로 한정한다.(2021.5.18 단서개정)
2. 미성년자에게 유해한 온라인상의 저작물등에 미성년자가 접근하는 것을 방지하기 위하여 기술·제품·서비스 또는 장치에 기술적 보호조치를 무력화하는 구성요소나 부품을 포함하는 경우. 다만, 제2항에 따라 금지되지 아니하는 경우로 한정한다.(2021.5.18 단서개정)
3. 개인의 온라인상의 행위를 파악할 수 있는 개인 식별정보를 비공개적으로 수집·유포하는 기능을 확인하고, 이를 무력화하기 위하여 필요한 경우. 다만, 다른 사람들이 저작물등에 접근하는 것에 영향을 미치는 경우는 제외한다.
4. 국가의 법집행, 합법적인 정보수집 또는 안전보장 등을 위하여 필요한 경우
5. 제25조제3항 및 제4항에 따른 학교·교육기관 및 수업지원기관, 제31조제1항에 따른 도서관(비영리인 경우로 한정한다) 또는 「공공기록물 관리에 관한 법률」에 따른 기록물관리기관이 저작물등의 구입 여부를 결정하기 위하여 필요한 경우. 다만, 기술적 보호조치를 무력화하지 아니하고는 접근할 수 없는 경우로 한정한다.
(2021.5.18 단서개정)
6. 정당한 권한을 가지고 프로그램을 사용하는 자가 다른 프로그램과의 호환을 위하여 필요한 범위에서 프로그램코드역분석을 하는 경우
7. 정당한 권한을 가진 자가 오로지 컴퓨터 또는 정보통신망의 보안성을 검사·조사 또는 보정하기 위하여 필요한 경우
8. 기술적 보호조치의 무력화 금지에 의하여 특정 종류의 저작물등을 정당하게 이용하는 것이 불합리하게 영향을 받거나 받을 가능성이 있다고 인정되어 대통령령으로 정하는 절차에 따라 문화체육관광부장관이 정하여 고시하는 경우. 이 경우 그 예외의 효력은 3년으로 한다.
② 누구든지 정당한 권한 없이 다음과 같은 장치, 제품 또는 부품을 제조, 수입, 배포, 전송, 판매, 대여, 공중에 대한 청약, 판매나 대여를 위한 광고, 또는 유통을 목적으로 보관 또는 소지하거나, 서비스를 제공하여서는 아니 된다.
1. 기술적 보호조치의 무력화를 목적으로 홍보, 광고 또는 판촉되는 것
2. 기술적 보호조치를 무력화하는 것 외에는 제한적으로 상업적인 목적 또는 용도만 있는 것
3. 기술적 보호조치를 무력화하는 것을 가능하게 하거나 용이하게 하는 것을 주된 목적으로 고안, 제작, 개조되거나 기능하는 것
③ 제2항에도 불구하고 다음 각 호의 어느 하나에 해당하는 경우에는 그러하지 아니하다.
1. 제2조제28호가목의 기술적 보호조치와 관련하여 제1항제1호·제2호·제4호·제6호 및 제7호에 해당하는 경우
2. 제2조제28호나목의 기술적 보호조치와 관련하여 제1항제4호 및 제6호에 해당하는 경우

제104조의3【권리관리정보의 제거·변경 등의 금지】 ① 누구든지 정당한 권한 없이 저작권, 그 밖에 이 법에 따라 보호되는 권리의 침해를 유발 또는 은닉한다는 사실을 알거나 과실로 알지 못하고 다음 각 호의 어느 하나에 해당하는 행위를 하여서는 아니 된다.
1. 권리관리정보를 고의로 제거·변경하거나 거짓으로 부가하는 행위(2011.12.2 본호개정)
2. 권리관리정보가 정당한 권한 없이 제거 또는 변경되었다는 사실을 알면서 그 권리관리정보를 배포하거나 배포할 목적으로 수입하는 행위(2011.12.2 본호신설)
3. 권리관리정보가 정당한 권한 없이 제거·변경되거나 거짓으로 부가된 사실을 알면서 해당 저작물등의 원본이나 그 복제물을 배포·공연 또는 공중송신하거나 배포를 목적으로 수입하는 행위(2011.12.2 본호개정)

② 제1항은 국가의 법집행, 합법적인 정보수집 또는 안전보장 등을 위하여 필요한 경우에는 적용하지 아니한다.

제104조의4【암호화된 방송 신호의 무력화 등의 금지】 누구든지 다음 각 호의 어느 하나에 해당하는 행위를 하여서는 아니 된다.

1. 암호화된 방송 신호를 방송사업자의 허락 없이 복호화(復號化)하는 데에 주로 사용될 것을 알거나 과실로 알지 못하고, 그러한 목적을 가진 장치·제품·주요부품 또는 프로그램 등 유·무형의 조치를 제조·조립·변경·수입·수출·판매·임대하거나 그 밖의 방법으로 전달하는 행위. 다만, 제104조의2제1항제1호·제2호 또는 제4호에 해당하는 경우에는 그러하지 아니하다.
2. 암호화된 방송 신호가 정당한 권한에 의하여 복호화된 경우 그 사실을 알고 그 신호를 방송사업자의 허락 없이 영리를 목적으로 다른 사람에게 공중송신하는 행위
3. 암호화된 방송 신호가 방송사업자의 허락없이 복호화된 것임을 알면서 그러한 신호를 수신하여 청취 또는 시청하거나 다른 사람에게 공중송신하는 행위

(2011.12.2 본조신설)

제104조의5【라벨 위조 등의 금지】 누구든지 정당한 권한 없이 다음 각 호의 어느 하나에 해당하는 행위를 하여서는 아니 된다.

1. 저작물등의 라벨을 불법복제물이나 그 문서 또는 포장에 부착·동봉 또는 첨부하기 위하여 위조하거나 그러한 사실을 알면서 배포 또는 배포할 목적으로 소지하는 행위
2. 저작물등의 권리자나 권리자의 동의를 받은 자로부터 허락을 받아 제작한 라벨을 그 허락 범위를 넘어 배포하거나 그러한 사실을 알면서 다시 배포 또는 다시 배포할 목적으로 소지하는 행위
3. 저작물등의 적법한 복제물과 함께 배포되는 문서 또는 포장을 불법복제물에 사용하기 위하여 위조하거나 그러한 사실을 알면서 위조된 문서 또는 포장을 배포하거나 배포할 목적으로 소지하는 행위

(2011.12.2 본조신설)

제104조의6【영상저작물 녹화 등의 금지】 누구든지 저작권으로 보호되는 영상저작물을 상영 중인 영화상영관등에서 저작재산권자의 허락 없이 녹화기기를 이용하여 녹화하거나 공중송신하여서는 아니 된다.(2011.12.2 본조신설)

제104조의7【방송전 신호의 송신 금지】 누구든지 정당한 권한 없이 방송사업자에게로 송신되는 신호(공중이 직접 수신하도록 할 목적의 경우에는 제외한다)를 제3자에게 송신하여서는 아니된다.(2011.12.2 본조신설)

제104조의8【침해의 정지·예방 청구 등】 저작권, 그 밖에 이 법에 따라 보호되는 권리를 가진 자는 제104조의2부터 제104조의4까지의 규정을 위반한 자에 대하여 침해의 정지·예방, 손해배상의 담보 또는 손해배상이나 이를 갈음하는 법정손해배상의 청구를 할 수 있으며, 고의 또는 과실 없이 제104조의2제1항의 행위를 한 자에 대하여는 침해의 정지·예방을 청구할 수 있다. 이 경우 제123조, 제125조, 제125조의2, 제126조 및 제129조를 준용한다.(2011.12.2 본조개정)

제7장 저작권위탁관리업

제105조【저작권위탁관리업의 허가 등】 ① 저작권신탁관리업을 하고자 하는 자는 대통령령으로 정하는 바에 따라 문화체육관광부장관의 허가를 받아야 하며, 저작권대리중개업을 하고자 하는 자는 대통령령으로 정하는 바에 따라 문화체육관광부장관에게 신고하여야 한다. 다만, 문화체육관광부장관은 「공공기관의 운영에 관한 법률」에 따른 공공기관을 저작권신탁관리단체로 지정할 수 있다.(2021.5.18 본문개정)

② 제1항에 따라 저작권신탁관리업을 하고자 하는 자는 다음 각 호의 요건을 갖추어야 하며, 대통령령으로 정하는 바에 따라 저작권신탁관리업무규정을 작성하여 이를 저작권신탁관리허가신청서와 함께 문화체육관광부장관에게 제출하여야 한다. 다만, 제1항 단서에 따른 공공기관의 경우에는 제1호의 요건을 적용하지 아니한다.(2020.2.4 본문개정)

1. 저작물등에 관한 권리자로 구성된 단체일 것
2. 영리를 목적으로 하지 아니할 것
3. 사용료의 징수 및 분배 등의 업무를 수행하기에 충분한 능력이 있을 것

③ 제1항 본문에 따라 저작권대리중개업의 신고를 하려는 자는 대통령령으로 정하는 바에 따라 저작권대리중개업무규정을 작성하여 저작권대리중개업 신고서와 함께 문화체육관광부장관에게 제출하여야 한다.(2020.2.4 본항신설)

④ 제1항에 따라 저작권신탁관리업의 허가를 받은 자가 문화체육관광부령으로 정하는 중요 사항을 변경하고자 하는 경우에는 문화체육관광부령으로 정하는 바에 따라 문화체육관광부장관의 변경허가를 받아야 하며, 저작권대리중개업을 신고한 자가 신고한 사항을 변경하려는 경우에는 문화체육관광부령으로 정하는 바에 따라 문화체육관광부장관에게 변경신고를 하여야 한다.(2020.2.4 본항신설)

⑤ 문화체육관광부장관은 제1항 본문에 따른 저작권대리중개업의 신고 또는 제4항에 따른 저작권대리중개업의 변경신고를 받은 날부터 문화체육관광부령으로 정하는 기간 내에 신고·변경신고 수리 여부를 신고인에게 통지하여야 한다.(2020.2.4 본항신설)

⑥ 문화체육관광부장관이 제5항에서 정한 기간 내에 신고·변경신고 수리 여부나 민원 처리 관련 법령에 따른 처리기간의 연장을 신고인에게 통지하지 아니하면 그 기간이 끝난 날의 다음 날에 신고·변경신고를 수리한 것으로 본다.(2020.2.4 본항신설)

⑦ 다음 각 호의 어느 하나에 해당하는 자는 제1항에 따른 저작권신탁관리업 또는 저작권대리중개업(이하 "저작권위탁관리업"이라 한다)의 허가를 받거나 신고를 할 수 없다.(2020.2.4 본문개정)

1. 피성년후견인(2020.12.8 본호개정)
2. 파산선고를 받고 복권되지 아니한 자
3. 금고 이상의 실형을 선고받고 그 집행이 종료(집행이 종료된 것으로 보는 경우를 포함한다)되거나 집행이 면제된 날부터 1년이 지나지 아니한 자(2020.2.4 본호개정)
4. 금고 이상의 형의 집행유예 선고를 받고 그 유예기간 중에 있는 자(2020.2.4 본호신설)
5. 이 법을 위반하거나 「형법」 제355조 또는 제356조를 위반하여 다음 각 목의 어느 하나에 해당하는 자
   가. 금고 이상의 형의 선고유예를 받고 그 유예기간 중에 있는 자
   나. 벌금형을 선고받고 1년이 지나지 아니한 자

   (2020.2.4 본호신설)
6. 대한민국 내에 주소를 두지 아니한 자
7. 제1호부터 제6호까지의 어느 하나에 해당하는 사람이 대표자 또는 임원으로 되어 있는 법인 또는 단체(2020.2.4 본호개정)

⑧ 제1항에 따라 저작권위탁관리업의 허가를 받거나 신고를 한 자(이하 "저작권위탁관리업자"라 한다)는 그 업무에 관하여 저작재산권자나 그 밖의 관계자로부터 수수료를 받을 수 있다.(2020.2.4 본항개정)

⑨ 제8항에 따른 수수료의 요율 또는 금액 및 저작권신탁관리업자가 이용자로부터 받는 사용료의 요율 또는 금액은 저작권신탁관리업자가 문화체육관광부장관의 승인을 받아 이를 정한다. 이 경우 문화체육관광부장관은 대통령령으로 정하는 바에 따라 이해관계인의 의견을 수렴하여야 한다.(2020.2.4 전단개정)

⑩ 문화체육관광부장관은 제9항에 따른 승인을 하려면 위원회의 심의를 거쳐야 하며, 필요한 경우에는 기간을 정하거나 신청된 내용을 수정하여 승인할 수 있다.(2020.2.4 본항개정)

⑪ 문화체육관광부장관은 제9항에 따른 사용료의 요율 또는 금액에 관하여 승인 신청을 받거나 승인을 한 경우에는 대통령령으로 정하는 바에 따라 그 내용을 공고하여야 한다.(2020.2.4 본항개정)

⑫ 문화체육관광부장관은 저작재산권자 그 밖의 관계자의 권익보호 또는 저작물등의 이용 편의를 도모하기 위하여 필요한 경우에는 제9항에 따른 승인 내용을 변경할 수 있다.(2020.2.4 본항개정)

제106조【저작권신탁관리업자의 의무】 ① 저작권신탁관리업자는 그가 관리하는 저작물등의 목록과 이용계약 체결에 필요한 정보를 대통령령으로 정하는 바에 따라 분기별로 도서 또는 전자적 형태로 작성하여 주된 사무소에 비치하고 인터넷 홈페이지를 통하여 공개하여야 한다.(2021.5.18 본항개정)

② 저작권신탁관리업자는 이용자가 서면으로 요청하는 경우에는 정당한 사유가 없으면 관리하는 저작물등의 이용계약을 체결하기 위하여 필요한 정보로서 대통령령으로 정하는 정보를 상당한 기간 이내에 서면으로 제공하여야 한다.(2023.8.8 본항개정)

③ 문화체육관광부장관은 음반을 사용하여 공연하는 자로부터 제105조제9항에 따른 사용료를 받는 저작권신탁관리업자 및 상업용 음반을 사용하여 공연하는 자로부터 제76조의2와 제83조의2에 따라 징수하는 보상금수령단체에 이용자의 편의를 위하여 필요한 경우 대통령령으로 정하는 바에 따라 통합 징수를 요구할 수 있다. 이 경우 그 요구를 받은 저작권신탁관리업자 및 보상금수령단체는 정당한 사유가 없으면 이에 따라야 한다.(2023.8.8 전단개정)

④ 저작권신탁관리업자 및 보상금수령단체는 제3항에 따라 사용료 및 보상금을 통합적으로 징수하기 위한 징수업무를 대통령령으로 정하는 자에게 위탁할 수 있다.(2016.3.22 본항신설)

⑤ 저작권신탁관리업자 및 보상금수령단체가 제4항에 따라 징수업무를 위탁한 경우에는 대통령령으로 정하는 바에 따라 위탁수수료를 지급하여야 한다.(2016.3.22 본항신설)

⑥ 제3항에 따라 징수한 사용료와 보상금의 정산 시기, 정산 방법 등에 관하여 필요한 사항은 대통령령으로 정한다.(2016.3.22 본항신설)

⑦ 저작권신탁관리업자는 다음 각 호의 사항을 대통령령으로 정하는 바에 따라 누구든지 열람할 수 있도록 주된 사무소에 비치하고 인터넷 홈페이지를 통하여 공개하여야 한다.

1. 저작권 신탁계약 및 저작물 이용계약 약관, 저작권 사용료 징수 및 분배규정 등 저작권신탁관리 업무규정
2. 임원보수 등 대통령령으로 정하는 사항을 기재한 연도별 사업보고서
3. 연도별 저작권신탁관리업에 대한 결산서(재무제표와 그 부속서류를 포함한다)
4. 저작권신탁관리업에 대한 감사의 감사보고서
5. 그 밖에 권리자의 권익보호 및 저작권신탁관리업의 운영에 관한 중요한 사항으로서 대통령령으로 정하는 사항

(2019.11.26 본항신설)

제106조의2【이용허락의 거부금지】 저작권신탁관리업자는 정당한 이유가 없으면 관리하는 저작물등의 이용허락을 거부해서는 아니 된다.(2019.11.26 본조신설)

제107조【서류열람의 청구】 저작권신탁관리업자는 그가 신탁관리하는 저작물등을 영리목적으로 이용하는 자에게 해당 저작물등의 사용료 산정에 필요한 서류의 열람을 청구할 수 있다. 이 경우 이용자는 정당한 사유가 없으면 그 청구를 따라야 한다.(2023.8.8 후단개정)

제108조【감독】 ① 문화체육관광부장관은 저작권위탁관리업자에게 저작권위탁관리업의 업무에 관하여 필요한 보고를 하게 할 수 있다.

② 문화체육관광부장관은 저작자의 권익보호와 저작물의 이용편의를 도모하기 위하여 저작권위탁관리업자의 업무에 대하여 필요한 명령을 할 수 있다.

③ 문화체육관광부장관은 저작자의 권익보호와 저작물의 이용편의를 도모하기 위하여 필요한 경우 소속 공무원으로 하여금 대통령령으로 정하는 바에 따라 저작권위탁관리업자의 사무 및 재산상황을 조사하게 할 수 있다.(2019.11.26 본항신설)

④ 문화체육관광부장관은 저작권위탁관리업자의 효율적 감독을 위하여 공인회계사나 그 밖의 관계 전문기관으로 하여금 제3항에 따른 조사를 하게 할 수 있다.(2019.11.26 본항신설)

⑤ 문화체육관광부장관은 제2항부터 제4항까지의 명령 및 조사를 위하여 개인정보 등 필요한 자료를 요청할 수 있으며, 요청을 받은 저작권위탁관리업자는 이에 따라야 한다.(2019.11.26 본항신설)

(2008.2.29 본조개정)

제108조의2【징계의 요구】 문화체육관광부장관은 저작권신탁관리업자의 대표자 또는 임원이 직무와 관련하여 다음 각 호의 어느 하나에 해당하는 경우에는 저작권신탁관리업자에게 해당 대표자 또는 임원의 징계를 요구할 수 있다.

1. 이 법 또는 「형법」 제355조 또는 제356조를 위반하여 벌금형 이상을 선고받아(집행유예를 선고받은 경우를 포함한다) 그 형이 확정된 경우
2. 회계부정, 부당행위 등으로 저작재산권, 그 밖에 이 법에 따라 보호되는 재산적 권리를 가진 자에게 손해를 끼친 경우
3. 이 법에 따른 문화체육관광부장관의 감독업무 수행을 방해하거나 기피하는 경우

(2019.11.26 본조신설)

제109조【허가의 취소 등】 ① 문화체육관광부장관은 저작권위탁관리업자가 다음 각 호의 어느 하나에 해당하는 경우에는 6개월 이내의 기간을 정하여 업무의 정지를 명할 수 있다.(2020.2.4 본문개정)

1. 제105조제9항의 규정에 따라 승인된 수수료를 초과하여 받은 경우(2020.2.4 본호개정)
2. 제105조제9항의 규정에 따라 승인된 사용료 이외의 사용료를 받은 경우(2020.2.4 본호개정)
3. 제108조제1항에 따른 보고를 정당한 사유 없이 하지 아니하거나 거짓으로 한 경우(2021.5.18 본호개정)
4. 제108조제2항의 규정에 따른 명령을 받고 정당한 사유없이 이를 이행하지 아니한 경우
5. 제106조제3항에 따른 통합 징수 요구를 받고 정당한 사유 없이 이에 따르지 아니한 경우(2016.3.22 본호신설)
6. 제106조제7항에 따라 공개하여야 하는 사항을 공개하지 않은 경우(2019.11.26 본호신설)
7. 제108조제3항부터 제5항까지의 규정에 따른 조사 및 자료요청에 불응하거나 이를 거부·방해 또는 기피한 경우(2019.11.26 본호신설)
8. 제108조의2에 따른 징계의 요구를 받고 정당한 사유없이 그 요구를 이행하지 아니한 경우(2019.11.26 본호신설)
9. 허가를 받거나 신고를 한 이후에 제105조제7항 각 호의 어느 하나의 사유에 해당하게 된 경우. 다만, 제105조제7항제7호에 해당하는 경우로서 6개월 이내에 그 대표자 또는 임원을 바꾸어 임명한 경우에는 그러하지 아니하다.(2020.2.4 본호신설)

② 문화체육관광부장관은 저작권위탁관리업자가 다음 각 호의 어느 하나에 해당하는 경우에는 저작권위탁관리업의 허가를 취소하거나 영업의 폐쇄명령을 할 수 있다.(2008.2.29 본문개정)

1. 거짓이나 그 밖의 부정한 방법으로 허가를 받거나 신고를 한 경우(2023.8.8 본호개정)
2. 제1항의 규정에 따른 업무의 정지명령을 받고 그 업무를 계속한 경우

제110조【청문】 문화체육관광부장관은 제109조에 따라 저작권위탁관리업의 허가를 취소하거나 저작권위탁관리업자에 대하여 업무의 정지 또는 영업의 폐쇄를 명하려는 경우에는 청문을 실시하여야 한다.(2020.2.4 본조개정)

제111조【과징금 처분】 ① 문화체육관광부장관은 저작권위탁관리업자가 제109조제1항 각 호의 어느 하나에 해당하여 업무의 정지처분을 하여야 할 때에는 그 업무정지처분을 갈음하여 대통령령으로 정하는 바에 따라 직전년도 사용료 및 보상금 징수액의 100분의 1 이하의 과징금을 부과·징수할 수 있다. 다만, 징수금액을 산정하기 어려운 경우에는 10억원을 초과하지 아니하는 범위에서 과징금을 부과·징수할 수 있다.(2023.8.8 본문개정)
② 문화체육관광부장관은 제1항에 따라 과징금 부과처분을 받은 자가 과징금을 기한까지 납부하지 아니하는 때에는 국세체납처분의 예에 의하여 이를 징수한다.
(2023.8.8 본항개정)
③ 제1항 및 제2항에 따라 징수한 과징금은 징수주체가 건전한 저작물 이용 질서의 확립을 위하여 사용할 수 있다.
④ 제1항에 따라 과징금을 부과하는 위반행위의 종별·정도 등에 따른 과징금의 금액 및 제3항의 규정에 따른 과징금의 사용절차 등에 관하여 필요한 사항은 대통령령으로 정한다.
(2016.3.22 본조개정)

제8장 한국저작권위원회
(2009.4.22 본장제목개정)

제112조【한국저작권위원회의 설립】 ① 저작권과 그 밖에 이 법에 따라 보호되는 권리(이하 이 장에서 "저작권"이라 한다)에 관한 사항을 심의하고, 저작권에 관한 분쟁(이하 "분쟁"이라 한다)을 알선·조정하며, 저작권 등록 관련 업무를 수행하고, 권리자의 권익증진 및 저작물등의 공정한 이용에 필요한 사업을 수행하기 위하여 한국저작권위원회(이하 "위원회"라 한다)를 둔다.
(2020.2.4 본항개정)
② 위원회는 법인으로 한다.
③ 위원회에 관하여 이 법에서 정하지 아니한 사항에 대하여는 「민법」의 재단법인에 관한 규정을 준용한다. 이 경우 위원회의 위원은 이사로 본다.
④ 위원회가 아닌 자는 한국저작권위원회의 명칭을 사용하지 못한다.
(2009.4.22 본조개정)
제112조의2【위원회의 구성】 ① 위원회는 위원장 1명, 부위원장 2명을 포함한 20명 이상 25명 이내의 위원으로 구성한다.
② 위원은 다음 각 호의 사람 중에서 문화체육관광부장관이 위촉하며, 위원장과 부위원장은 위원 중에서 호선한다. 이 경우 문화체육관광부장관은 이 법에 따라 보호되는 권리의 보유자와 그 이용자의 이해를 반영하는 위원의 수가 균형을 이루도록 하여야 하며, 분야별 권리자 단체 또는 이용자 단체 등에 위원의 추천을 요청할 수 있다.
1. 대학이나 공인된 연구기관에서 부교수 이상 또는 이에 상응하는 직위에 있거나 있었던 사람으로서 저작권 관련 분야를 전공한 사람(2023.8.8 본호개정)
2. 판사 또는 검사의 직에 있는 사람 및 변호사의 자격이 있는 사람(2023.8.8 본호개정)
3. 4급 이상의 공무원 또는 이에 상응하는 공공기관의 직에 있거나 있었던 사람으로서 저작권 또는 문화산업 분야에 실무경험이 있는 사람(2023.8.8 본호개정)
4. 저작권 또는 문화산업 관련 단체의 임원의 직에 있거나 있었던 사람(2023.8.8 본호개정)
5. 그 밖에 저작권 또는 문화산업 관련 업무에 관한 학식과 경험이 풍부한 사람(2023.8.8 본호개정)
③ 위원의 임기는 3년으로 하며, 한 차례만 연임할 수 있다. 다만, 직위를 지정하여 위촉하는 위원의 임기는 해당 직위에 재임하는 기간으로 한다.(2021.5.18 본문개정)
④ 위원에 결원이 생겼을 때에는 제2항에 따라 보궐위원을 위촉하여야 하며, 그 보궐위원의 임기는 전임자 임기의 나머지 기간으로 한다. 다만, 위원의 수가 20명 이상인 경우에는 보궐위원을 위촉하지 아니할 수 있다.
⑤ 위원회의 업무를 효율적으로 수행하기 위하여 분야별로 분과위원회를 둘 수 있다. 분과위원회가 위원회로부터 위임받은 사항에 관하여 의결한 때에는 위원회가 의결한 것으로 본다.
⑥ 제1항부터 제5항까지에서 규정한 사항 외에 위원회의 구성과 운영에 필요한 사항은 대통령령으로 정한다.
(2021.5.18 본항신설)
(2009.4.22 본조신설)
제113조【업무】 위원회는 다음 각 호의 업무를 행한다.
1. 저작권 등록에 관한 업무(2020.2.4 본호신설)
2. 분쟁의 알선·조정(2009.4.22 본호개정)
3. 제105조제10항에 따른 저작권위탁관리업자의 수수료 및 사용료의 요율 또는 금액에 관한 사항 및 문화체육관광부장관 또는 위원 3명 이상이 공동으로 회의에 부치는 사항의 심의(2021.5.18 본호개정)
4. 저작물등의 이용질서 확립 및 저작물의 공정한 이용도모를 위한 사업
5. 저작권 진흥 및 저작자의 권익 증진을 위한 국제협력
(2020.12.8 본호개정)
6. 저작권 연구·교육 및 홍보
7. 저작권 정책의 수립 지원
8. 기술적보호조치 및 권리관리정보에 관한 정책 수립 지원
9. 저작권 정보 제공을 위한 정보관리 시스템 구축 및 운영
10. 저작권의 침해 등에 관한 감정(2009.4.22 본호개정)
11. (2016.3.22 삭제)
12. 법령에 따라 위원회의 업무로 정하거나 위탁하는 업무(2009.4.22 본호신설)
13. 그 밖에 문화체육관광부장관이 위탁하는 업무
(2008.2.29 본호개정)
제113조의2【알선】 ① 분쟁에 관한 알선을 받으려는 자는 알선신청서를 위원회에 제출하여 알선을 신청할 수 있다.
② 위원회가 제1항에 따라 알선의 신청을 받은 때에는 위원장이 위원 중에서 알선위원을 지명하여 알선을 하게 하여야 한다.
③ 알선위원은 알선으로는 분쟁해결의 가능성이 없다고 인정되는 경우에 알선을 중단할 수 있다.
④ 알선 중인 분쟁에 대하여 이 법에 따른 조정의 신청이 있는 때에는 해당 알선은 중단된 것으로 본다.
⑤ 알선이 성립한 때에 알선위원은 알선서를 작성하여 관계 당사자와 함께 기명날인하거나 서명하여야 한다.
(2018.10.16 본항개정)
⑥ 알선의 신청 및 절차에 관하여 필요한 사항은 대통령령으로 정한다.
(2009.4.22 본조신설)
제114조【조정부】 ① 위원회의 분쟁조정업무를 효율적으로 수행하기 위하여 위원회에 1명 또는 3명 이상의 위원으로 구성된 조정부를 두되, 그 중 1명은 변호사의 자격이 있는 사람이어야 한다.(2023.8.8 본항개정)
② 제1항의 규정에 따른 조정부의 구성 및 운영 등에 관하여 필요한 사항은 대통령령으로 정한다.
제114조의2【조정의 신청 등】 ① 분쟁의 조정을 받으려는 자는 신청취지와 원인을 기재한 조정신청서를 위원회에 제출하여 그 분쟁의 조정을 신청할 수 있다.
② 제1항에 따른 분쟁의 조정은 제114조에 따른 조정부가 행한다.
(2009.4.22 본조신설)
제115조【비공개】 조정절차는 비공개를 원칙으로 한다. 다만, 조정부의 장은 당사자의 동의를 얻어 적당하다고 인정하는 자에게 방청을 허가할 수 있다.(2020.2.4 단서개정)
제116조【진술의 원용 제한】 조정절차에서 당사자 또는 이해관계인이 한 진술은 소송 또는 중재절차에서 원용하지 못한다.
제117조【조정의 성립】 ① 조정은 당사자 간에 합의된 사항을 조서에 기재함으로써 성립된다.
② 3명 이상의 위원으로 구성된 조정부는 다음 각 호의 어느 하나에 해당하는 경우 당사자들의 이익이나 그 밖의 모든 사정을 고려하여 신청 취지에 반하지 아니하는 한도에서 직권으로 조정을 갈음하는 결정(이하 "직권조정결정"이라 한다)을 할 수 있다. 이 경우 조정부의 장은 제112조의2제2항제2호에 해당하는 사람이어야 한다.
1. 조정부가 제시한 조정안을 어느 한쪽 당사자가 합리적인 이유 없이 거부한 경우
2. 분쟁조정 예정가액이 1천만원 미만인 경우
(2020.2.4 본항신설)
③ 조정부는 직권조정결정을 한 때에는 직권조정결정서에 주문(主文)과 결정 이유를 적고 이에 관여한 조정위원 모두가 기명날인하여야 하며, 그 결정서 정본을 지체 없이 당사자에게 송달하여야 한다.(2020.2.4 본항신설)
④ 직권조정결정에 불복하는 자는 결정서 정본을 송달받은 날부터 2주일 이내에 불복사유를 구체적으로 밝혀 서면으로 조정부에 이의신청을 할 수 있다. 이 경우 그 결정은 효력을 상실한다.(2020.2.4 본항신설)
⑤ 다음 각 호의 어느 하나에 해당하는 경우에는 재판상 화해와 같은 효력이 있다. 다만, 당사자가 임의로 처분할 수 없는 사항에 관한 것은 그러하지 아니하다.(2020.2.4 본문개정)
1. 조정 결과 당사자 간에 합의가 성립한 경우
2. 직권조정결정에 대하여 이의 신청이 없는 경우
(2020.2.4 1호~2호신설)
제118조【조정비용 등】 ① 조정비용은 신청인이 부담한다. 다만, 조정이 성립된 경우로서 특약이 없는 때에는 당사자 각자가 균등하게 부담한다.
② 조정의 신청 및 절차, 조정비용의 납부방법에 관하여 필요한 사항은 대통령령으로 정한다.(2009.4.22 본항신설)
③ 제1항의 조정비용의 금액은 위원회가 정한다.
(2009.4.22 본조제목개정)
제118조의2【「민사조정법」의 준용】 조정절차에 관하여 이 법에서 규정한 것을 제외하고는 「민사조정법」을 준용한다.(2020.2.4 본조신설)
제119조【감정】 ① 위원회는 다음 각 호의 어느 하나에 해당하는 경우에는 감정을 실시할 수 있다.
1. 법원 또는 수사기관 등으로부터 재판 또는 수사를 위하여 저작권의 침해 등에 관한 감정을 요청받은 경우
2. 제114조의2에 따른 분쟁조정을 위하여 분쟁조정의 양당사자로부터 프로그램 및 프로그램과 관련된 전자적 정보 등에 관한 감정을 요청받은 경우
(2009.4.22 본항개정)
② 제1항의 규정에 따른 감정절차 및 방법 등에 관하여 필요한 사항은 대통령령으로 정한다.
③ 위원회는 제1항의 규정에 따른 감정을 실시한 때에는 감정 수수료를 받을 수 있으며, 그 금액은 위원회가 정한다.
제120조【저작권정보센터】 ① 제113조제8호 및 제9호의 업무를 효율적으로 수행하기 위하여 위원회 내에 저작권정보센터를 둔다.(2020.2.4 본항개정)
② 저작권정보센터의 운영에 필요한 사항은 대통령령으로 정한다.(2009.4.22 본항신설)
제121조 (2009.4.22 삭제)
제122조【운영경비 등】 ① 위원회의 운영에 필요한 경비는 다음 각 호의 재원(財源)으로 충당한다.
1. 국가의 출연금 또는 보조금
2. 제113조 각 호의 업무 수행에 따른 수입금
3. 그 밖의 수입금
(2020.2.4 본항개정)
② 개인·법인 또는 단체는 제113조제4호·제6호 및 제9호에 따른 업무 수행을 지원하기 위하여 위원회에 금전이나 그 밖의 재산을 기부할 수 있다.(2020.2.4 본항개정)
③ 제2항의 규정에 따른 기부금은 별도의 계정으로 관리하여야 하며, 그 사용에 관하여는 문화체육관광부장관의 승인을 얻어야 한다.(2008.2.29 본항개정)
(2020.2.4 본조제목개정)

제8장의2 한국저작권보호원
(2016.3.22 본장신설)

제122조의2【한국저작권보호원의 설립】 ① 저작권 보호에 관한 사업을 하기 위하여 한국저작권보호원(이하 "보호원"이라 한다)을 둔다.
② 보호원은 법인으로 한다.
③ 정부는 보호원의 설립·시설 및 운영 등에 필요한 경비를 예산의 범위에서 출연 또는 지원할 수 있다.
④ 보호원에 관하여 이 법과 「공공기관의 운영에 관한 법률」에서 정한 것을 제외하고는 「민법」의 재단법인에 관한 규정을 준용한다.
⑤ 이 법에 따른 보호원이 아닌 자는 한국저작권보호원 또는 이와 비슷한 명칭을 사용하지 못한다.
제122조의3【보호원의 정관】 보호원의 정관에는 다음 각 호의 사항이 포함되어야 한다.
1. 목적
2. 명칭
3. 사무소 및 지사에 관한 사항(2020.12.8 본호개정)
4. 임직원에 관한 사항
5. 이사회의 운영에 관한 사항
6. 제122조의6에 따른 저작권보호심의위원회에 관한 사항
7. 직무에 관한 사항
8. 재산 및 회계에 관한 사항
9. 정관의 변경에 관한 사항
10. 내부규정의 제정 및 개정·폐지에 관한 사항
제122조의4【보호원의 임원】 ① 보호원에는 원장 1명을 포함한 9명 이내의 이사와 감사 1명을 두고, 원장을 제외한 이사 및 감사는 비상임으로 하며, 원장은 이사회의 의장이 된다.
② 원장은 문화체육관광부장관이 임면한다.
③ 원장의 임기는 3년으로 한다.
④ 원장은 보호원을 대표하고, 보호원의 업무를 총괄한다.
⑤ 원장이 부득이한 사유로 직무를 수행할 수 없을 때에는 정관으로 정하는 순서에 따라 이사가 그 직무를 대행한다.
⑥ 「국가공무원법」 제33조 각 호의 어느 하나에 해당하는 사람은 제1항에 따른 보호원의 임원이 될 수 없다.
제122조의5【업무】 보호원의 업무는 다음 각 호와 같다.
1. 저작권 보호를 위한 시책 수립지원 및 집행
2. 저작권 침해실태조사 및 통계 작성
3. 저작권 보호 기술의 연구 및 개발
3의2. 저작권 보호를 위한 국제협력
3의3. 저작권 보호를 위한 연구·교육 및 홍보
(2020.12.8 3호의2~3호의3신설)
4. 「사법경찰관리의 직무를 수행할 자와 그 직무범위에 관한 법률」 제5조제26호에 따른 저작권 침해 수사 및 단속 사무 지원
5. 제133조의2에 따른 문화체육관광부장관의 시정명령에 대한 심의
6. 제133조의3에 따른 온라인서비스제공자에 대한 시정 권고 및 문화체육관광부장관에 대한 시정명령 요청
7. 법령에 따라 보호원의 업무로 정하거나 위탁하는 업무
8. 그 밖에 문화체육관광부장관이 위탁하는 업무
제122조의6【심의위원회의 구성】 ① 제103조의3, 제133조의2 및 제133조의3에 따른 심의 및 저작권 보호와 관련하여 보호원의 원장이 요청하거나 심의위원회의 위원장이 회의에 부치는 사항의 심의를 위하여 보호원에 저작권보호심의위원회(이하 "심의위원회"라 한다)를 둔다.
(2021.5.18 본항개정)
② 심의위원회는 위원장 1명을 포함한 15명 이상 20명 이내의 위원으로 구성하되, 이 법에 따라 보호되는 권리 보유자의 이해를 반영하는 위원의 수와 이용자의 이해를 반영하는 위원의 수가 균형을 이루도록 하여야 한다.
(2019.11.26 본항개정)
③ 심의위원회의 위원장은 위원 중에서 호선한다.

④ 심의위원회의 위원은 다음 각 호의 사람 중에서 문화체육관광부장관이 위촉한다. 이 경우 문화체육관광부장관은 분야별 권리자 단체 또는 이용자 단체 등에 위원의 추천을 요청할 수 있다.(2019.11.26 본문개정)

1. 「고등교육법」 제2조에 따른 학교의 법학 또는 저작권 보호와 관련이 있는 분야의 학과에서 부교수 이상 또는 이에 상응하는 직위에 있거나 있었던 사람(2021.5.18 본호개정)
2. 판사 또는 검사의 직에 있는 사람 또는 변호사의 자격이 있는 사람(2019.11.26 본호신설)
3. 4급 이상의 공무원 또는 이에 상응하는 공공기관의 직에 있거나 있었던 사람으로서 저작권 보호와 관련이 있는 업무에 관한 경험이 있는 사람(2021.5.18 본호개정)
4. 저작권 또는 문화산업 관련 단체의 임원의 직에 있거나 있었던 사람(2019.11.26 본호신설)
5. 이용자 보호기관 또는 단체의 임원의 직에 있거나 있었던 사람(2019.11.26 본호신설)
6. 그 밖에 저작권 보호와 관련된 업무에 관한 학식과 경험이 풍부한 사람(2019.11.26 본호신설)

⑤ 심의위원회 위원의 임기는 3년으로 하며, 한 차례만 연임할 수 있다.(2021.5.18 본항개정)

⑥ 심의위원회의 업무를 효율적으로 수행하기 위하여 분과위원회를 둘 수 있다. 분과위원회가 심의위원회로부터 위임받은 사항에 관하여 의결한 때에는 심의위원회가 의결한 것으로 본다.(2019.11.26 본항신설)

⑦ 그 밖에 심의위원회의 구성과 운영에 필요한 사항은 대통령령으로 정한다.

제122조의7【사무소·지사의 설치 등】 보호원은 그 업무 수행을 위하여 필요하면 정관으로 정하는 바에 따라 국내외의 필요한 곳에 사무소·지사 또는 주재원을 둘 수 있다.(2020.12.8 본조신설)

제9장 권리의 침해에 대한 구제

제123조【침해의 정지 등 청구】 ① 저작권 그 밖에 이 법에 따라 보호되는 권리(제25조·제31조·제75조·제76조·제76조의2·제82조·제83조 및 제83조의2의 규정에 따른 보상을 받을 권리는 제외한다. 이하 이 조에서 같다)를 가진 자는 그 권리를 침해하는 자에 대하여 침해의 정지를 청구할 수 있으며, 그 권리를 침해할 우려가 있는 자에 대하여 침해의 예방 또는 손해배상의 담보를 청구할 수 있다.(2023.8.8 본항개정)

② 저작권 그 밖에 이 법에 따라 보호되는 권리를 가진 자는 제1항의 규정에 따른 청구를 하는 경우에 침해행위에 의하여 만들어진 물건의 폐기나 그 밖의 필요한 조치를 청구할 수 있다.

③ 제1항 및 제2항의 경우 또는 이 법에 따른 형사의 기소가 있는 때에는 법원은 원고 또는 고소인의 신청에 따라 담보를 제공하거나 제공하지 아니하게 하고, 임시로 침해행위의 정지 또는 침해행위로 말미암아 만들어진 물건의 압류 그 밖의 필요한 조치를 명할 수 있다.

④ 제3항의 경우에 저작권 그 밖에 이 법에 따라 보호되는 권리의 침해가 없다는 뜻의 판결이 확정된 때에는 신청자는 그 신청으로 인하여 발생한 손해를 배상하여야 한다.

제124조【침해로 보는 행위】 ① 다음 각 호의 어느 하나에 해당하는 행위는 저작권 그 밖에 이 법에 따라 보호되는 권리의 침해로 본다.

1. 수입 시에 대한민국 내에서 만들어졌더라면 저작권 그 밖에 이 법에 따라 보호되는 권리의 침해로 될 물건을 대한민국 내에서 배포할 목적으로 수입하는 행위
2. 저작권 그 밖에 이 법에 따라 보호되는 권리를 침해하는 행위에 의하여 만들어진 물건(제1호의 수입물건을 포함한다)을 그 사실을 알고 배포할 목적으로 소지하는 행위
3. 프로그램의 저작권을 침해하여 만들어진 프로그램의 복제물(제1호에 따른 수입 물건을 포함한다)을 그 사실을 알면서 취득한 자가 이를 업무상 이용하는 행위 (2009.4.22 본호신설)

② 저작자의 명예를 훼손하는 방법으로 저작물을 이용하는 행위는 저작인격권의 침해로 본다.(2011.6.30 본항개정)

③ (2011.6.30 삭제)

제125조【손해배상의 청구】 ① 저작재산권 그 밖에 이 법에 따라 보호되는 권리(저작인격권 및 실연자의 인격권은 제외한다)를 가진 자(이하 "저작재산권자등"이라 한다)가 고의 또는 과실로 권리를 침해한 자에 대하여 그 침해행위에 의하여 자기가 받은 손해의 배상을 청구하는 경우에 그 권리를 침해한 자가 그 침해행위에 의하여 이익을 받은 때에는 그 이익의 액을 저작재산권자등이 받은 손해의 액으로 추정한다.(2023.8.8 본항개정)

② 저작재산권자등이 고의 또는 과실로 그 권리를 침해한 자에게 그 침해행위로 자기가 받은 손해의 배상을 청구하는 경우에 그 권리의 행사로 일반적으로 받을 수 있는 금액에 상응하는 액을 저작재산권자등이 받은 손해의 액으로 하여 그 손해배상을 청구할 수 있다.(2023.8.8 본항개정)

③ 제2항에도 불구하고 저작재산권자등이 받은 손해의 액이 제2항에 따른 금액을 초과하는 경우에는 그 초과액에 대해서도 손해배상을 청구할 수 있다.(2021.5.18 본항개정)

④ 등록되어 있는 저작권, 배타적발행권(제88조 및 제96조에 따라 준용되는 경우를 포함한다), 출판권, 저작인접권 또는 데이터베이스제작자의 권리를 침해한 자는 그 침해행위에 과실이 있는 것으로 추정한다.(2011.12.2 본항개정)

제125조의2【법정손해배상의 청구】 ① 저작재산권자등은 고의 또는 과실로 권리를 침해한 자에 대하여 사실심(事實審)의 변론이 종결되기 전에는 실제 손해액이나 제125조 또는 제126조에 따라 정하여지는 손해액을 갈음하여 침해된 각 저작물등마다 1천만원(영리를 목적으로 고의로 권리를 침해한 경우에는 5천만원) 이하의 범위에서 상당한 금액의 배상을 청구할 수 있다.

② 둘 이상의 저작물을 소재로 하는 편집저작물과 2차적저작물은 제1항을 적용하는 경우에는 하나의 저작물로 본다.

③ 저작재산권자등이 제1항에 따른 청구를 하기 위해서는 침해행위가 일어나기 전에 제53조부터 제55조까지의 규정(제90조 및 제98조에 따라 준용되는 경우를 포함한다)에 따라 그 저작물등이 등록되어 있어야 한다.

④ 법원은 제1항의 청구가 있는 경우에 변론의 취지와 증거조사의 결과를 고려하여 제1항의 범위에서 상당한 손해액을 인정할 수 있다.

(2011.12.2 본조신설)

제126조【손해액의 인정】 법원은 손해가 발생한 사실은 인정되나 제125조의 규정에 따른 손해액을 산정하기 어려운 때에는 변론의 취지 및 증거조사의 결과를 참작하여 상당한 손해액을 인정할 수 있다.

제127조【명예회복 등의 청구】 저작자 또는 실연자는 고의 또는 과실로 저작인격권 또는 실연자의 인격권을 침해한 자에 대하여 손해배상을 갈음하거나 손해배상과 함께 명예회복을 위하여 필요한 조치를 청구할 수 있다.(2023.8.8 본조개정)

제128조【저작자의 사망 후 인격적 이익의 보호】 저작자가 사망한 후에 그 유족(사망한 저작자의 배우자·자·부모·손·조부모 또는 형제자매를 말한다)이나 유언집행자는 해당 저작물에 대하여 제14조제2항을 위반하거나 위반할 우려가 있는 자에 대해서는 제123조에 따른 청구를 할 수 있으며, 고의 또는 과실로 저작인격권을 침해하거나 제14조제2항을 위반한 자에 대해서는 제127조에 따른 명예회복 등의 청구를 할 수 있다.(2021.5.18 본조개정)

제129조【공동저작물의 권리침해】 공동저작물의 각 저작자 또는 각 저작재산권자는 다른 저작자 또는 다른 저작재산권자의 동의 없이 제123조의 규정에 따른 청구를 할 수 있으며 그 저작재산권의 침해에 관하여 자신의 지분에 관한 제125조의 규정에 따른 손해배상의 청구를 할 수 있다.

제129조의2【정보의 제공】 ① 법원은 저작권, 그 밖에 이 법에 따라 보호되는 권리의 침해에 관한 소송에서 당사자의 신청에 따라 증거를 수집하기 위하여 필요하다고 인정되는 경우에는 다른 당사자에 대하여 그가 보유하고 있거나 알고 있는 다음 각 호의 정보를 제공하도록 명할 수 있다.

1. 침해 행위나 불법복제물의 생산 및 유통에 관련된 자를 특정할 수 있는 정보
2. 불법복제물의 생산 및 유통 경로에 관한 정보

② 제1항에도 불구하고 다른 당사자는 다음 각 호의 어느 하나에 해당하는 경우에는 정보의 제공을 거부할 수 있다.

1. 다음 각 목의 어느 하나에 해당하는 자가 공소 제기되거나 유죄판결을 받을 우려가 있는 경우
   가. 다른 당사자
   나. 다른 당사자의 친족이거나 친족 관계가 있었던 자
   다. 다른 당사자의 후견인
2. 영업비밀(「부정경쟁방지 및 영업비밀 보호에 관한 법률」 제2조제2호의 영업비밀을 말한다. 이하 같다) 또는 사생활을 보호하기 위한 경우이거나 그 밖에 정보의 제공을 거부할 수 있는 정당한 사유가 있는 경우

③ 다른 당사자가 정당한 이유 없이 정보제공 명령에 따르지 아니한 경우에는 법원은 정보에 관한 당사자의 주장을 진실한 것으로 인정할 수 있다.

④ 법원은 제2항제2호에 규정된 정당한 사유가 있는지를 판단하기 위하여 필요하다고 인정되는 경우에는 다른 당사자에게 정보를 제공하도록 요구할 수 있다. 이 경우 정당한 사유가 있는지를 판단하기 위하여 정보제공을 신청한 당사자 또는 그의 대리인의 의견을 특별히 들을 필요가 있는 경우 외에는 누구에게도 그 제공된 정보를 공개하여서는 아니 된다.

(2011.12.2 본조신설)

제129조의3【비밀유지명령】 ① 법원은 저작권, 그 밖에 이 법에 따라 보호되는 권리(제25조, 제31조, 제75조, 제76조, 제76조의2, 제82조, 제83조, 제83조의2 및 제101조의3에 따른 보상을 받을 권리는 제외한다. 이하 이 조에서 같다)의 침해에 관한 소송에서 그 당사자가 보유한 영업비밀과 대하여 다음 각 호의 사유를 모두 소명한 경우에는 그 당사자의 신청에 따라 결정으로 다른 당사자, 당사자를 위하여 소송을 대리하는 자, 그 밖에 해당 소송으로 인하여 영업비밀을 알게 된 자에게 해당 영업비밀을 해당 소송의 계속적인 수행 외의 목적으로 사용하거나 해당 영업비밀과 관계된 이 항에 따른 명령을 받은 자 외의 자에게 공개하지 아니할 것을 명할 수 있다. 다만, 그 신청 시까지 다른 당사자, 당사자를 위하여 소송을 대리하는 자, 그 밖에 해당 소송으로 인하여 영업비밀을 알게 된 자가 제1호에 따른 준비서면의 열람 및 증거조사 외의 방법으로 해당 영업비밀을 이미 취득한 경우에는 그러하지 아니하다.(2023.8.8 본문개정)

1. 이미 제출하였거나 제출하여야 할 준비서면 또는 이미 조사하였거나 조사하여야 할 증거(제129조의2제4항에 따라 제공된 정보를 포함한다)에 영업비밀이 포함되어 있다는 것
2. 제1호의 영업비밀이 해당 소송수행 외의 목적으로 사용되거나 공개되면 당사자의 영업에 지장을 줄 우려가 있어 이를 방지하기 위하여 영업비밀의 사용 또는 공개를 제한할 필요가 있다는 것

② 제1항에 따른 명령(이하 "비밀유지명령"이라 한다)의 신청은 다음 각 호의 사항을 적은 서면으로 하여야 한다.

1. 비밀유지명령을 받을 자
2. 비밀유지명령의 대상이 될 영업비밀을 특정하기에 충분한 사실
3. 제1항 각 호의 사유에 해당하는 사실

③ 비밀유지명령이 결정된 경우에는 그 결정서를 비밀유지명령을 받은 자에게 송달하여야 한다.

④ 비밀유지명령은 제3항의 결정서가 비밀유지명령을 받은 자에게 송달된 때부터 효력이 발생한다.

⑤ 비밀유지명령의 신청을 기각하거나 각하한 재판에 대하여는 즉시항고를 할 수 있다.

(2011.12.2 본조신설)

제129조의4【비밀유지명령의 취소】 ① 비밀유지명령을 신청한 자나 비밀유지명령을 받은 자는 제129조의3제1항에서 규정한 요건을 갖추지 못하였거나 갖추지 못하게 된 경우 소송기록을 보관하고 있는 법원(소송기록을 보관하고 있는 법원이 없는 경우에는 비밀유지명령을 내린 법원을 말한다)에 취소를 신청할 수 있다.

② 비밀유지명령의 취소신청에 대한 재판이 있는 경우에는 그 결정서를 그 신청인과 상대방에게 송달하여야 한다.

③ 비밀유지명령의 취소신청에 대한 재판에 대하여는 즉시항고를 할 수 있다.

④ 비밀유지명령을 취소하는 재판은 확정되어야 그 효력이 발생한다.

⑤ 비밀유지명령을 취소하는 재판을 한 법원은 비밀유지명령의 취소신청을 한 자와 상대방 외에 해당 영업비밀에 관한 비밀유지명령을 받은 자가 있는 경우에는 그 자에게 즉시 비밀유지명령의 취소재판을 한 취지를 통지하여야 한다.

(2011.12.2 본조신설)

제129조의5【소송기록 열람 등 신청의 통지 등】 ① 비밀유지명령이 내려진 소송(비밀유지명령이 모두 취소된 소송은 제외한다)에 관한 소송기록에 대하여 「민사소송법」 제163조제1항의 결정이 있었던 경우, 당사자가 같은 항에 규정하는 비밀 기재 부분의 열람 등을 해당 소송에서 비밀유지명령을 받지 아니한 자를 통하여 신청한 경우에는 법원서기관·법원사무관·법원주사 또는 법원주사보(이하 이 조에서 "법원사무관등"이라 한다)는 「민사소송법」 제163조제1항의 신청을 한 당사자(그 열람 등의 신청을 한 자는 제외한다)에게 그 열람 등의 신청 직후에 그 신청이 있었던 취지를 통지하여야 한다.

② 제1항의 경우 법원사무관등은 제1항의 신청이 있었던 날부터 2주일이 지날 때까지(그 신청 절차를 행한 자에 대한 비밀유지명령 신청이 그 기간 내에 행하여진 경우에 대하여는 그 신청에 대한 재판이 확정되는 시점까지를 말한다) 그 신청 절차를 행한 자에게 제1항의 비밀 기재 부분의 열람 등을 하게 하여서는 아니 된다.

③ 제2항은 제1항의 열람 등의 신청을 한 자에게 제1항의 비밀 기재 부분의 열람 등을 하게 하는 것에 대하여 「민사소송법」 제163조제1항의 신청을 한 당사자 모두의 동의가 있는 경우에는 적용하지 아니한다.

(2011.12.2 본조신설)

제10장 보 칙

제130조【권한의 위임 및 위탁】 문화체육관광부장관은 대통령령으로 정하는 바에 따라 이 법에 따른 권한의 일부를 특별시장·광역시장·특별자치시장·도지사·특별자치도지사에게 위임하거나 위원회, 보호원 또는 저작권 관련 단체에 위탁할 수 있다.(2020.2.4 본조개정)

제130조의2【저작권 침해에 관한 단속 사무의 협조】 문화체육관광부장관은 「사법경찰관리의 직무를 수행할 자와 그 직무범위에 관한 법률」 제5조제26호에 따른 저작권 침해에 관한 단속 사무와 관련하여 기술적 지원이 필요할 때에는 보호원 또는 저작권 관련 단체에 협조를 요청할 수 있다.(2020.2.4 본조신설)

제131조【벌칙 적용에서의 공무원 의제】 위원회의 위원·직원, 보호원의 임직원 및 심의위원회의 심의위원은 「형법」 제129조부터 제132조까지를 적용하는 경우에는 이를 공무원으로 본다.(2023.8.8 본조개정)

제132조【수수료】 ① 이 법에 따라 다음 각 호의 어느 하나에 해당하는 사항의 신청 등을 하는 자는 문화체육관광부령으로 정하는 바에 따라 수수료를 납부하여야 한다.(2009.4.22 본문개정)

1. 제50조부터 제52조까지에 따른 법정허락 승인(제89조 및 제97조의 규정에 따라 준용되는 경우를 포함한다)을 신청하는 자(2023.8.8 본호개정)
2. 제53조부터 제55조까지, 제55조의2부터 제55조의4까지의 규정에 따른 등록(제90조 및 제98조에 따라 준용되는 경우를 포함한다) 및 이와 관련된 절차를 밟는 자(2020.2.4 본호개정)
3. 제105조의 규정에 따라 저작권위탁관리업의 허가를 신청하거나 신고하는 자
② 제1항에 따른 수수료는 문화체육관광부령으로 정하는 바에 따라 특별한 사유가 있으면 감액하거나 면제할 수 있다.(2020.2.4 본항신설)

제133조【불법 복제물의 수거·폐기 및 삭제】 ① 문화체육관광부장관, 특별시장·광역시장·특별자치시장·도지사·특별자치도지사 또는 시장·군수·구청장(자치구의 구청장을 말한다)은 저작권이나 그 밖에 이 법에 따라 보호되는 권리를 침해하는 복제물(정보통신망을 통하여 전송되는 복제물은 제외한다) 또는 저작물등의 기술적 보호조치를 무력하게 하기 위하여 제작된 기기·장치·정보 및 프로그램을 발견한 때에는 대통령령으로 정한 절차 및 방법에 따라 관계 공무원으로 하여금 이를 수거·폐기 또는 삭제하게 할 수 있다.(2020.2.4 본항개정)
② 문화체육관광부장관은 제1항의 규정에 따른 업무를 대통령령으로 정한 단체에 위탁할 수 있다. 이 경우 이에 종사하는 자는 공무원으로 본다.(2021.5.18 전단개정)
③ 문화체육관광부장관은 제1항 및 제2항에 따라 관계 공무원 등이 수거·폐기 또는 삭제를 하는 경우 필요한 때에는 관련 단체에 협조를 요청할 수 있다.(2009.4.22 본항개정)
④ (2009.4.22 삭제)
⑤ 문화체육관광부장관은 제1항에 따른 업무를 위하여 필요한 기구를 설치·운영할 수 있다.(2009.4.22 본항개정)
⑥ 제1항부터 제3항까지의 규정이 다른 법률 규정과 경합하는 경우에는 이 법을 우선하여 적용한다.(2009.4.22 본항개정)

제133조의2【정보통신망을 통한 불법복제물등의 삭제명령 등】 ① 문화체육관광부장관은 정보통신망을 통하여 저작권이나 그 밖에 이 법에 따라 보호되는 권리를 침해하는 복제물 또는 정보, 기술적 보호조치를 무력하게 하는 프로그램 또는 정보(이하 "불법복제물등"이라 한다)가 전송되는 경우에 심의위원회의 심의를 거쳐 대통령령으로 정하는 바에 따라 온라인서비스제공자에게 다음 각 호의 조치를 할 것을 명할 수 있다.(2016.3.22 본문개정)
1. 불법복제물등의 복제·전송자에 대한 경고
2. 불법복제물등의 삭제 또는 전송 중단
② 문화체육관광부장관은 제1항제1호에 따른 경고를 3회 이상 받은 복제·전송자가 불법복제물등을 전송한 경우에는 심의위원회의 심의를 거쳐 대통령령으로 정하는 바에 따라 온라인서비스제공자에게 6개월 이내의 기간을 정하여 해당 복제·전송자의 계정(이메일 전용 계정은 제외하며, 해당 온라인서비스제공자가 부여한 다른 계정을 포함한다. 이하 같다)을 정지할 것을 명할 수 있다.(2016.3.22 본항개정)
③ 제2항에 따른 명령을 받은 온라인서비스제공자는 해당 복제·전송자의 계정을 정지하기 7일 전에 대통령령으로 정하는 바에 따라 해당 계정이 정지된다는 사실을 해당 복제·전송자에게 통지하여야 한다.
④ 문화체육관광부장관은 온라인서비스제공자의 정보통신망에 개설된 게시판(「정보통신망 이용촉진 및 정보보호 등에 관한 법률」 제2조제1항제9호의 게시판 중 상업적 이익 또는 이용 편의를 제공하는 게시판을 말한다. 이하 같다) 중 제1항제2호에 따른 명령이 3회 이상 내려진 게시판으로서 해당 게시판의 형태, 게시되는 복제물의 양이나 성격 등에 비추어 해당 게시판이 저작권 등의 이용질서를 심각하게 훼손한다고 판단되는 경우에는 심의위원회의 심의를 거쳐 대통령령으로 정하는 바에 따라 온라인서비스제공자에게 6개월 이내의 기간을 정하여 해당 게시판 서비스의 전부 또는 일부의 정지를 명할 수 있다.(2016.3.22 본항개정)
⑤ 제4항에 따른 명령을 받은 온라인서비스제공자는 해당 게시판의 서비스를 정지하기 10일 전부터 대통령령으로 정하는 바에 따라 해당 게시판의 서비스가 정지된다는 사실을 해당 온라인서비스제공자의 인터넷 홈페이지 및 해당 게시판에 게시하여야 한다.
⑥ 온라인서비스제공자는 제1항에 따른 명령을 받은 경우에는 명령을 받은 날부터 5일 이내에, 제2항에 따른 명령을 받은 경우에는 명령을 받은 날부터 10일 이내에, 제4항에 따른 명령을 받은 경우에는 명령을 받은 날부터 15일 이내에 그 조치결과를 대통령령으로 정하는 바에 따라 문화체육관광부장관에게 통보하여야 한다.
⑦ 문화체육관광부장관은 제1항, 제2항 및 제4항의 명령의 대상이 되는 온라인서비스제공자와 제2항에 따른 명령과 직접적인 이해관계가 있는 복제·전송자 및 제4항에 따른 게시판의 운영자에게 사전에 의견제출의 기회를 주어야 한다. 이 경우 「행정절차법」 제22조제4항부터 제6항까지 및 제27조를 의견제출에 관하여 준용한다.
⑧ 문화체육관광부장관은 제1항, 제2항 및 제4항에 따른 업무를 수행하기 위하여 필요한 기구를 설치·운영할 수 있다.
(2009.4.22 본조신설)

제133조의3【시정권고 등】 ① 보호원은 온라인서비스제공자의 정보통신망을 조사하여 불법복제물등이 전송된 사실을 발견한 경우에는 심의위원회의 심의를 거쳐 온라인서비스제공자에 대하여 다음 각 호에 해당하는 시정 조치를 권고할 수 있다.(2016.3.22 본문개정)
1. 불법복제물등의 복제·전송자에 대한 경고
2. 불법복제물등의 삭제 또는 전송 중단
3. 반복적으로 불법복제물등을 전송한 복제·전송자의 계정 정지
② 온라인서비스제공자는 제1항제1호 및 제2호에 따른 권고를 받은 경우에는 권고를 받은 날부터 5일 이내에, 제1항제3호의 권고를 받은 경우에는 권고를 받은 날부터 10일 이내에 그 조치결과를 보호원에 통보하여야 한다.(2016.3.22 본항개정)
③ 보호원은 온라인서비스제공자가 제1항에 따른 권고에 따르지 아니하는 경우에는 문화체육관광부장관에게 제133조의2제1항 및 제2항에 따른 명령을 하여 줄 것을 요청할 수 있다.(2016.3.22 본항개정)
④ 제3항에 따라 문화체육관광부장관이 제133조의2제1항 및 제2항에 따른 명령을 하는 경우에는 심의위원회의 심의가 필요하지 아니하다.(2023.8.8 본항개정)
(2009.4.22 본조신설)

제134조【건전한 저작물 이용 환경 조성 사업】 ① 문화체육관광부장관은 저작권이 소멸된 저작물등에 대한 정보 제공 등 저작물의 공정한 이용을 도모하기 위하여 필요한 사업을 할 수 있다.
② 제1항에 따른 사업에 관하여 필요한 사항은 대통령령으로 정한다.
③ (2009.4.22 삭제)
(2009.4.22 본조개정)

제135조【저작재산권 등의 기증】 ① 저작재산권자등은 자신의 권리를 문화체육관광부장관에게 기증할 수 있다.(2008.2.29 본항개정)
② 문화체육관광부장관은 저작재산권자등으로부터 기증된 저작물등의 권리를 공정하게 관리할 수 있는 단체를 지정할 수 있다.(2008.2.29 본항개정)
③ 제2항에 따라 지정된 단체는 영리를 목적으로 또는 해당 저작재산권자등의 의사에 반하여 저작물등을 이용할 수 없다.(2021.5.18 본항개정)
④ 제1항과 제2항의 규정에 따른 기증 절차와 단체의 지정 등에 관하여 필요한 사항은 대통령령으로 정한다.

제11장 벌 칙

제136조【벌칙】 ① 다음 각 호의 어느 하나에 해당하는 자는 5년 이하의 징역 또는 5천만원 이하의 벌금에 처하거나 이를 병과(倂科)할 수 있다.(2021.5.18 본문개정)
1. 저작재산권, 그 밖에 이 법에 따라 보호되는 재산적 권리(제93조에 따른 권리는 제외한다)를 복제, 공연, 공중송신, 전시, 배포, 대여, 2차적저작물 작성의 방법으로 침해한 자(2011.12.2 본호신설)
2. 제129조의3제1항에 따른 법원의 명령을 정당한 이유 없이 위반한 자(2011.12.2 본호신설)
② 다음 각 호의 어느 하나에 해당하는 자는 3년 이하의 징역 또는 3천만원 이하의 벌금에 처하거나 이를 병과할 수 있다.
1. 저작인격권 또는 실연자의 인격권을 침해하여 저작자 또는 실연자의 명예를 훼손한 자
2. 제53조 및 제54조(제90조 및 제98조에 따라 준용되는 경우를 포함한다)에 따른 등록을 거짓으로 한 자
3. 제93조에 따라 보호되는 데이터베이스제작자의 권리를 복제·배포·방송 또는 전송의 방법으로 침해한 자
(2011.12.2 2호~3호개정)
3의2. 제103조의3제4항을 위반한 자(2011.12.2 본호신설)
3의3. 업으로 또는 영리를 목적으로 제104조의2제1항 또는 제2항을 위반한 자(2011.6.30 본호신설)
3의4. 업으로 또는 영리를 목적으로 제104조의3제1항을 위반한 자. 다만, 과실로 저작권 또는 이 법에 따라 보호되는 권리 침해를 유발 또는 은닉한다는 사실을 알지 못한 자는 제외한다.(2011.6.30 본호신설)
3의5. 제104조의4제1호 또는 제2호에 해당하는 행위를 한 자
3의6. 제104조의5를 위반한 자
3의7. 제104조의7을 위반한 자
(2011.12.2 3호의5~3호의7신설)
4. 제124조제1항에 따른 침해행위로 보는 행위를 한 자(2011.12.2 본호개정)
5.~6. (2011.6.30 삭제)
(2011.12.2 본조제목개정)

판례 피고인이 총 47회에 걸쳐 기계 항공 공학 박사인 피해자가 작성한 글을 마치 자신이 쓴 것처럼 자신의 페이스북에 게시하여 저작권법을 위반한 혐의로 기소된 사건에서, 피고인이 게시한 저작물은 불특정 다수의 사람에게 마치 피고인의 저작물처럼 인식될 수 있으므로 피해자로서는 진정한 저작자가 맞는지, 기존에 저작물을 통해 얻은 사회적 평판이 과연 정당하게 형성된 것인지 의심의 대상이 될 위험이 있다. 또한 저작자인 피해자의 전문성이나 식견 등에 대한 신망이 저하될 위험도 없지 않다. 피고인은 피해자의 저작인격권인 성명표시권과 동일성유지권을 침해해 피해자의 사회적 가치나 평가가 침해될 위험이 있는 상태를 야기함으로써 저작자인 피해자의 명예가 훼손되었다고 볼 수 있다.(대판 2023.11.30, 2020도10180)

제137조【벌칙】 ① 다음 각 호의 어느 하나에 해당하는 자는 1년 이하의 징역 또는 1천만원 이하의 벌금에 처한다.
1. 저작자 아닌 자를 저작자로 하여 실명·이명을 표시하여 저작물을 공표한 자
2. 실연자 아닌 자를 실연자로 하여 실명·이명을 표시하여 실연을 공연 또는 공중송신하거나 복제물을 배포한 자
3. 제14조제2항을 위반한 자(2011.12.2 본호개정)
3의2. 제104조의4제3호에 해당하는 행위를 한 자
3의3. 제104조의6을 위반한 자
(2011.12.2 3호의2~3호의3신설)
4. 제105조제1항에 따른 허가를 받지 아니하고 저작권신탁관리업을 한 자
5. 제124조제2항에 따라 침해행위로 보는 행위를 한 자
6. 자신에게 정당한 권리가 없음을 알면서 고의로 제103조제1항 또는 제3항에 따른 복제·전송의 중단 또는 재개요구를 하여 온라인서비스제공자의 업무를 방해한 자
(2011.12.2 4호~6호개정)
7. 제55조의5(제90조 및 제98조에 따라 준용되는 경우를 포함한다)를 위반한 자(2020.2.4 본호개정)
② 제1항제3호의3의 미수범은 처벌한다.(2011.12.2 본항신설)
(2011.12.2 본조제목개정)

판례 대학교수가 자신이 쓴 대학 전공서적 등을 출간하면서 집필에 참가하지 않은 다른 교수들을 공저자로 표기하였다. 「저작권법」이 저작자 아닌 자를 저작자로 하여 저작물을 공표하는 것을 금지하는 데는 자신의 의사에 반해 타인의 저작물에 저작자로 표시된 자의 인격적 권리, 자신의 의사에 반해 자신의 저작물에 저작자 아닌 자가 저작자로 표시된 데 따른 실제 저작자의 인격적 권리뿐만 아니라 저작자 명의에 관한 사회 일반의 신뢰도 보호하려는 데 그 목적이 있다. 따라서 이와 같은 경우 해당 전공서적을 직접 집필한 저작자 본인도 저작권법 위반에 해당한다.(대판 2021.7.15, 2018도144)

제138조【벌칙】 다음 각 호의 어느 하나에 해당하는 자는 500만원 이하의 벌금에 처한다.
1. 제35조제4항을 위반한 자
2. 제37조(제87조 및 제94조에 따라 준용되는 경우를 포함한다)를 위반하여 출처를 명시하지 아니한 자
3. 제58조제3항(제63조의2, 제88조 및 제96조에 따라 준용되는 경우를 포함한다)을 위반하여 저작재산권자의 표지를 하지 아니한 자
4. 제58조의2제2항(제63조의2, 제88조 및 제96조에 따라 준용되는 경우를 포함한다)을 위반하여 저작자에게 알리지 아니한 자
5. 제105조제1항에 따른 신고를 하지 아니하고 저작권대리중개업을 하거나, 제109조제2항에 따른 영업의 폐쇄명령을 받고 계속 그 영업을 한 자
(2011.12.2 1호~5호개정)
(2011.12.2 본조제목개정)

제139조【몰수】 저작권, 그 밖에 이 법에 따라 보호되는 권리를 침해하여 만들어진 복제물과 그 복제물의 제작에 주로 사용된 도구나 재료 중 그 침해자·인쇄자·배포자 또는 공연자의 소유에 속하는 것은 몰수한다.
(2011.12.2 본조개정)

제140조【고소】 이 장의 죄에 대한 공소는 고소가 있어야 한다. 다만, 다음 각 호의 어느 하나에 해당하는 경우에는 그러하지 아니하다.
1. 영리를 목적으로 또는 상습적으로 제136조제1항제1호, 제136조제2항제3호 및 제4호(제124조제1항제3호의 경우에는 피해자의 명시적 의사에 반하여 처벌하지 못한다)에 해당하는 행위를 한 경우(2011.12.2 본호개정)
2. 제136조제2항제2호 및 제3호의2부터 제3호의7까지, 제137조제1항제1호부터 제4호까지, 제6호 및 제7호와 제138조제5호의 경우(2011.12.2 본호개정)
3. (2011.12.2 삭제)

판례 저작권법 제140조 본문에서는 저작재산권 침해로 인한 같은 법 제136조 제1항의 죄를 친고죄로 규정하면서, 같은 법 제140조 단서 제1호에서 영리를 위하여 상습적으로 위와 같은 범행을 한 경우에는 고소가 없어도 공소를 제기할 수 있다고 규정하고 있는데, 같은 법 제140조 단서 제1호가 규정한 '상습적으로'라는 것은 반복하여 저작권 침해행위를 하는 습벽으로서 행위자의 속성을 말하고, 이러한 습벽 유무를 판단할 때에는 동종 전과가 중요한 판단자료가 되나 범행의 횟수, 수단과 방법, 동기 등 제반 사정을 참작하여 저작권 침해행위를 하는 습벽이 인정되는 경우에는 상습성을 인정하여야 한다. 한편 같은 법 제141조의 양벌규정을 적용할 때에는 행위자인 법인의 대표자나 법인 또는 개인의 대리인·사용인 그 밖의 종업원의 위와 같은 습벽 유무에 따라 친고죄 해당 여부를 판단하여야 한다.(대판 2011.9.8, 2010도14475)

제141조【양벌규정】 법인의 대표자나 법인 또는 개인의 대리인·사용인 그 밖의 종업원이 그 법인 또는 개인의 업무에 관하여 이 장의 죄를 저지른 때에는 행위자를 벌하는 외에 그 법인 또는 개인에 대하여도 각 해당 조의 벌금형을 과한다. 다만, 법인 또는 개인이 그 위반행위를 방지하기 위하여 해당 업무에 관하여 상당한 주의와 감독을 게을리하지 아니한 경우에는 그러하지 아니하다.
(2023.8.8 본조개정)

제142조【과태료】 ① 제104조제1항에 따른 필요한 조치를 하지 아니한 자에게는 3천만원 이하의 과태료를 부과한다.
② 다음 각 호의 어느 하나에 해당하는 자에게는 1천만원 이하의 과태료를 부과한다.
1. 제103조의3제2항에 따른 문화체육관광부장관의 명령을 이행하지 아니한 자(2011.12.2 본호신설)

2. 제106조에 따른 의무를 이행하지 아니한 자
2의2. 제106조의2를 위반하여 정당한 이유 없이 이용허락을 거부한 자(2019.11.26 본호신설)
3. 제112조제4항을 위반하여 한국저작권위원회의 명칭을 사용한 자
3의2. 제122조의2제5항을 위반하여 한국저작권보호원의 명칭을 사용한 자(2016.3.22 본호신설)
4. 제133조의2제1항·제2항 및 제4항에 따른 문화체육관광부장관의 명령을 이행하지 아니한 자
5. 제133조의2제3항에 따른 통지, 같은 조 제5항에 따른 게시, 같은 조 제6항에 따른 통보를 하지 아니한 자
③ 제1항 및 제2항에 따른 과태료는 대통령령으로 정하는 바에 따라 문화체육관광부장관이 부과·징수한다.
④~⑤ (2009.4.22 삭제)
(2009.4.22 본조개정)

부 칙

제1조【시행일】 이 법은 공포 후 6개월이 경과한 날부터 시행한다. 다만, 제133조제1항 및 제3항의 규정은 이 법을 공포한 날부터 시행한다.
제2조【적용 범위에 관한 경과조치】 ① 이 법 시행 전에 종전의 규정에 따라 저작권의 전부 또는 일부가 소멸하였거나 보호를 받지 못한 저작물등에 대하여는 그 부분에 대하여 이 법을 적용하지 아니한다.
② 이 법 시행 전에 행한 저작물등의 이용은 종전의 규정에 따른다.
③ 종전의 부칙 규정은 이 법의 시행 후에도 계속하여 적용한다. 다만, 법률 제4717호 저작권법중개정법률 부칙 제3항에 따른 저작인접권의 보호기간에 관한 경과조치 규정은 제외한다.(2011.12.2 단서신설)
제3조【음반제작자에 대한 경과조치】 종전의 규정에 따른 음반제작자는 이 법에 따른 음반제작자로 본다.
제4조【단체명의저작물의 저작자에 대한 경과조치】 이 법 시행 전에 종전의 제9조의 규정에 따라 작성된 저작물의 저작자에 관하여는 종전의 규정에 따른다.
제5조【단체 지정에 관한 경과조치】 이 법 시행 전에 종전의 규정에 따라 보상금을 받을 수 있도록 지정한 단체는 이 법에 따라 지정한 단체로 본다.
제6조【법정허락에 관한 경과조치】 이 법 시행 당시 종전의 규정에 따른 법정허락은 이 법에 따른 법정허락으로 본다.
제7조【등록에 관한 경과조치】 이 법 시행 당시 종전의 규정에 따른 등록은 이 법에 따른 등록으로 본다. 다만, 종전의 제51조의 규정에 따라 이루어진 저작재산권자의 성명 등의 등록은 종전의 규정에 따른다.
제8조【음반의 보호기간의 기산에 관한 경과조치】 이 법 시행 전에 고정되었으나 아직 발행되지 아니한 음반의 보호기간의 기산은 이 법에 따른다.
제9조【미분배 보상금에 관한 경과조치】 이 법 제25조제8항(제31조제6항·제75조제2항 및 제82조제2항의 규정에 따라 준용되는 경우를 포함한다)의 규정은 이 법 시행 전에 종전의 제23조제3항·제28조제5항·제65조 및 제68조의 규정에 따라 수령한 보상금에 대하여도 적용한다. 이 경우 각 보상금별 분배 공고일은 보상금지급단체로부터 권리자가 당해 보상금을 처음으로 지급받을 수 있는 날의 연도 말일로 본다.
제10조【실연자의 인격권에 관한 경과조치】 이 법 시행 전에 행한 실연에 관하여는 이 법 제66조 및 제67조의 규정을 적용하지 아니한다.
제11조【저작권위탁관리업자에 대한 경과조치】 이 법 시행 당시 종전의 규정에 따라 저작권위탁관리업의 허가를 받은 자는 저작권신탁관리업의 허가를 받은 자로, 저작권위탁관리업의 신고를 한 자는 저작권대리중개업의 신고를 한 자로 본다.
제12조【저작권신탁관리업자의 수수료 및 사용료에 관한 경과조치】 종전의 규정에 따라 승인한 저작권신탁관리업자의 수수료 및 사용료의 요율 또는 금액은 이 법에 따라 승인한 것으로 본다.
제13조【저작권위원회 등에 관한 경과조치】 종전의 규정에 따른 저작권심의조정위원회 및 그 심의조정위원은 이 법 제8장의 규정에 따른 저작권위원회 및 그 위원으로 본다.
제14조【벌칙 적용에 관한 경과조치】 이 법 시행 전의 행위에 대한 벌칙의 적용에서는 종전의 규정에 따른다.
제15조【다른 법률의 개정】 ①~② ※(해당 법령에 가제정리 하였음)
제16조【다른 법령과의 관계】 이 법 시행 당시 다른 법령에서 종전의 규정을 인용하고 있는 경우에는 이 법의 해당 조항을 인용한 것으로 본다.

부 칙 (2009.4.22)

제1조【시행일】 이 법은 공포 후 3개월이 경과한 날부터 시행한다.
제2조【「컴퓨터프로그램 보호법」의 폐지】 컴퓨터프로그램 보호법은 폐지한다.
제3조【위원회의 설립준비】 ① 이 법에 따라 위원회를 설립하기 위하여 행하는 준비행위는 이 법 시행 전에 할 수 있다.
② 문화체육관광부장관은 위원회의 설립에 관한 사무를 관장하게 하기 위하여 설립위원회를 구성한다.
③ 설립위원회는 문화체육관광부장관이 위촉하는 5명 이내의 설립위원으로 구성하되, 설립위원회의 위원장은 종전의 「저작권법」 제112조에 따른 저작권위원회의 위원장이 된다.
④ 설립위원회는 이 법 시행 전까지 정관을 작성하여 문화체육관광부장관의 인가를 받아야 한다.
⑤ 설립위원회는 제4항에 따른 인가를 받은 때에는 위원회의 설립등기를 하여야 한다.
⑥ 위원회의 설립에 관하여 필요한 경비는 국가가 부담한다.
⑦ 설립위원회는 제5항에 따른 위원회의 설립등기를 한 후에 지체 없이 위원회의 위원장에게 사무를 인계하여야 하며, 사무인계가 끝난 때에는 설립위원은 해촉된 것으로 본다.
제4조【저작권위원회 및 컴퓨터프로그램보호위원회의 소관사무, 권리·의무 및 고용관계 등에 관한 경과조치】 ① 이 법 시행 당시 종전의 「저작권법」 제112조부터 제122조까지 및 종전의 「컴퓨터프로그램 보호법」 제35조부터 제43조까지의 규정에 따른 저작권위원회와 컴퓨터프로그램보호위원회의 소관사무, 권리·의무와 재산 및 직원의 고용관계는 한국저작권위원회가 승계한다.
② 이 법 시행 당시 종전의 「저작권법」 제112조에 따른 저작권위원회의 위원장 및 위원은 한국저작권위원회의 위원장 및 위원으로 보고, 그 임기는 종전의 저작권위원회의 위원장 및 위원의 임기가 개시된 때부터 기산한다.
제5조【적용 범위에 관한 경과조치】 ① 이 법 시행 전에 종전의 「저작권법」 및 「컴퓨터프로그램 보호법」에 따라 보호되는 권리의 전부 또는 일부가 소멸하였거나 보호를 받지 못한 저작물등에 대하여는 그 부분에 대하여 이 법을 적용하지 아니한다.
② 이 법 시행 전에 행한 프로그램의 이용은 종전의 「컴퓨터프로그램 보호법」에 따른다.
제6조【법정허락 등에 관한 경과조치】 이 법 시행 전에 종전의 「컴퓨터프로그램 보호법」에 따른 다음 각 호의 행위는 이 법에 따른 것으로 본다.
1. 법정허락
2. 프로그램저작권 위탁관리기관 지정
3. 프로그램의 임치 및 수치인의 지정
4. 프로그램의 등록
5. 프로그램저작권의 이전등록
6. 부정복제물의 수거조치
7. 부정복제물 등에 대한 시정명령 및 시정권고
8. 분쟁의 알선·조정
9. 프로그램의 감정
제7조【벌칙 적용에 관한 경과조치】 이 법 시행 전의 행위에 대한 종전의 「컴퓨터프로그램 보호법」에 따른 벌칙의 적용에 있어서는 종전의 「컴퓨터프로그램 보호법」에 따른다.
제8조【다른 법률의 개정】 ①~⑤ ※(해당 법령에 가제정리 하였음)
제9조【다른 법령과의 관계】 이 법 시행 당시 다른 법령에서 종전의 「컴퓨터프로그램 보호법」 또는 그 규정을 인용하고 있는 경우에는 이 법 또는 이 법의 해당 규정을 인용한 것으로 본다.

부 칙 (2011.6.30)

제1조【시행일】 이 법은 「대한민국과 유럽연합 및 그 회원국 간의 자유무역협정」이 발효하는 날부터 시행한다. <2011.7.1 발효> 다만, 제39조부터 제42조까지의 개정규정은 「대한민국과 유럽연합 및 그 회원국 간의 자유무역협정」이 발효한 후 2년이 되는 날부터 시행한다.
제2조【적용 범위에 관한 경과조치】 이 법 시행 전에 종전의 규정에 따라 저작권, 그 밖에 이 법에 따라 보호되는 권리의 전부 또는 일부가 소멸하였거나 보호를 받지 못한 저작물등에 대하여는 그 부분에 대하여 이 법을 적용하지 아니한다.
제3조【온라인서비스제공자의 책임 제한에 관한 경과조치】 이 법 시행 전에 발생한 저작권, 그 밖에 이 법에 따라 보호되는 권리 침해에 대한 온라인서비스제공자의 책임 제한에 관하여는 제102조 및 제103조의 개정규정에도 불구하고 종전의 규정에 따른다.
제4조【벌칙 적용에 관한 경과조치】 이 법 시행 전의 행위에 대한 벌칙의 적용은 종전의 규정에 따른다.

부 칙 (2011.12.2)

제1조【시행일】 이 법은 「대한민국과 미합중국 간의 자유무역협정 및 대한민국과 미합중국 간의 자유무역협정에 관한 서한교환」이 발효되는 날부터 시행한다.<2012.3.15 발효> 다만, 제64조제2항 및 제86조의 개정규정은 2013년 8월 1일부터 시행한다.
제2조【적용례】 제103조의3, 제125조의2 및 제129조의2부터 제129조의5까지의 개정규정은 이 법 시행 후 최초로 권리침해가 발생하거나 의무위반이 발생한 것부터 적용한다.
제3조【적용 범위에 관한 경과조치】 이 법 시행 전에 종전의 규정에 따라 저작권, 그 밖에 이 법에 따라 보호되는 권리의 전부 또는 일부가 소멸하였거나 보호를 받지 못한 저작물등에 대하여는 그 부분에 대하여 이 법을 적용하지 아니한다.
제4조【저작인접권 보호기간의 특례】 ① 제3조에도 불구하고 법률 제8101호 저작권법 전부개정법률 부칙 제2조제3항의 개정규정에 따라 1987년 7월 1일부터 1994년 6월 30일 사이에 발생한 저작인접권은 1994년 7월 1일 시행된 법률 제4717호 저작권법중개정법률(이하 이 조에서 "같은 법"이라 한다) 제70조의 개정규정에 따라 그 발생한 때의 다음 해부터 기산하여 50년간 존속한다.
② 같은 법 부칙 제3항에 따라 1987년 7월 1일부터 1994년 6월 30일 사이에 발생한 저작인접권 중 이 법 시행 전에 종전 법(법률 제4717호 저작권법중개정법률 시행 전의 저작권법을 말한다. 이하 이 조에서 같다)에 따른 보호기간 20년이 경과되어 소멸된 저작인접권은 이 법 시행일부터 회복되어 저작인접권자에게 귀속된다. 이 경우 그 저작인접권은 처음 발생한 때의 다음 해부터 기산하여 50년간 존속하는 것으로 하여 보호되었더라면 인정되었을 보호기간의 잔여기간 동안 존속한다.
③ 제2항에 따라 저작인접권이 회복된 실연·음반·방송을 이 법 시행 전에 이용한 행위는 이 법에서 정한 권리의 침해로 보지 아니한다.
④ 제2항에 따른 저작인접권이 종전 법에 따라 소멸된 후에 해당 실연·음반·방송을 이용하여 이 법 시행 전에 제작한 복제물은 이 법 시행 후 2년 동안 저작인접권자의 허락 없이 계속 배포할 수 있다.
제5조【온라인서비스제공자의 책임 제한 등에 관한 경과조치】 이 법 시행 전에 발생한 저작권, 그 밖에 이 법에 따라 보호되는 권리 침해에 대한 온라인서비스제공자의 책임제한에 관하여는 제102조 및 제103조의2의 개정규정에도 불구하고 종전의 규정에 따른다.
제6조【프로그램배타적발행권에 관한 경과조치】 이 법 시행 전에 설정·등록된 프로그램배타적발행권에 관하여는 종전의 규정에 따른다.
제7조【벌칙 적용에 관한 경과조치】 이 법 시행 전의 행위에 대한 벌칙의 적용에 있어서는 종전의 규정에 따른다.
제8조【다른 법률의 개정】 ※(해당 법령에 가제정리 하였음)

부 칙 (2017.3.21)

제1조【시행일】 이 법은 공포한 날부터 시행한다.
제2조【금치산자 등의 결격사유에 관한 경과조치】 이 법 시행 당시 이미 금치산 또는 한정치산의 선고를 받고 법률 제10429호 민법 일부개정법률 부칙 제2조에 따라 금치산 또는 한정치산 선고의 효력이 유지되는 사람에 대해서는 제105조제3항제1호의 개정규정에도 불구하고 종전의 규정에 따른다.

부 칙 (2018.10.16)

제1조【시행일】 이 법은 공포 후 6개월이 경과한 날부터 시행한다. 다만, 제113조의2제5항의 개정규정은 공포한 날부터 시행한다.
제2조【미분배 보상금의 사용에 관한 적용례】 제25조제8항의 개정규정은 이 법 시행 당시 종전의 규정에 따라 보상금 분배 공고가 진행 중인 경우에 대하여도 적용한다.

부 칙 (2019.11.26)

제1조【시행일】 이 법은 공포 후 6개월이 경과한 날부터 시행한다.
제2조【저작권신탁관리업자의 징계의 요구 등에 관한 적용례】 제108조의2의 개정규정은 이 법 시행 이후 저작권신탁관리업자의 대표자 또는 임원이 직무와 관련하여 같은 조 각 호에 따른 징계 요구 사유에 해당하게 된 경우부터 적용한다.
제3조【심의위원회의 구성에 관한 적용례】 ① 제122조의6제2항의 개정규정은 이 법 시행 후 최초로 구성되는 심의위원회부터 적용한다.
② 제122조의6제4항 및 제5항의 개정규정은 이 법 시행 후 심의위원회의 위원을 위촉(연임하는 경우를 포함한다)하는 경우부터 적용한다.
③ 제2항에 따라 제122조의6제5항의 개정규정을 적용하는 경우에 이 법 시행 전에 1회 이상 연임하여 임기 중에 있는 위원은 그 임기 만료 후에는 연임할 수 없다.
제4조【심의위원회 위원에 관한 경과조치】 이 법 시행 당시 종전의 규정에 따라 위촉된 심의위원회 위원은 제122조의6의 개정규정에 따라 위촉된 위원으로 본다. 이 경우 위원의 임기는 잔여기간으로 한다.

부 칙 (2020.2.4)

제1조【시행일】 이 법은 공포 후 6개월이 경과한 날부터 시행한다.
제2조【저작권대리중개업의 신고 등에 관한 적용례】 제105조제5항 및 제6항의 개정규정은 이 법 시행 이후 신고 또는 변경신고를 하는 경우부터 적용한다.

제3조【저작권위탁관리업 허가 등의 결격사유에 관한 적용례】 제105조제7항의 개정규정은 이 법 시행 이후 최초로 저작권위탁관리업의 허가를 신청하거나 신고서를 제출한 자가 같은 항 각 호의 개정규정의 결격사유에 해당하게 된 경우부터 적용한다.
제4조【저작권위탁관리업자에 대한 업무의 정지명령에 관한 적용례】 제109조제1항제9호의 개정규정은 이 법 시행 당시 저작권신탁관리업의 허가를 받거나 허가를 신청한 자와 저작권대리중개업의 신고를 했거나 신고서를 제출한 자가 이 법 시행 이후 발생한 사유로 인하여 제105조제7항 각 호의 개정규정의 결격사유에 해당하게 된 경우부터 적용한다.
제5조【직권조정결정에 관한 적용례】 제117조의 개정규정은 이 법 시행 이후 위원회에 조정을 신청하는 경우부터 적용한다.
제6조【등록 관청의 변경에 관한 경과조치】 이 법 시행 당시 종전의 규정에 따라 문화체육관광부장관에게 등록 또는 변경등록등을 한 자는 제55조 및 제55조의2부터 제55조의4까지(제90조 또는 제98조에 따라 준용되는 경우를 포함한다)의 개정규정에 따라 위원회에 등록 또는 변경등록등을 한 것으로 본다.
제7조【등록신청 반려 등에 대한 이의신청에 관한 경과조치】 이 법 시행 당시 종전의 규정에 따라 등록 또는 변경등록등을 신청하여 그 신청이 반려된 자로서 반려된 날부터 1개월이 지나지 아니한 자는 제55조제3항 및 제55조의3제3항(제90조 또는 제98조에 따라 준용되는 경우를 포함한다)의 개정규정에도 불구하고 이 법 시행 이후 1개월 이내에 위원회에 이의를 신청할 수 있다.
제8조【온라인서비스제공자의 책임 제한에 관한 경과조치】 이 법 시행 전에 발생한 저작권, 그 밖에 이 법에 따라 보호되는 권리 침해에 대한 온라인서비스제공자의 책임 제한에 관하여는 제102조제1항의 개정규정에도 불구하고 종전의 규정에 따른다.

부　칙 (2020.12.8 법17588호)

이 법은 공포 후 6개월이 경과한 날부터 시행한다.

부　칙 (2020.12.8 법17592호)

이 법은 공포한 날부터 시행한다.

부　칙 (2021.5.18)

제1조【시행일】 이 법은 공포한 날부터 시행한다.
제2조【한국저작권위원회 위원의 연임에 관한 적용례】 제112조의2제3항 본문의 개정규정은 이 법 시행 이후 한국저작권위원회의 위원을 위촉하는 경우부터 적용한다. 이 경우 연임 횟수는 이 법 시행 전에 위원으로 위촉되어 개시된 임기를 제외하고 계산한다.

부　칙 (2021.12.7)

제1조【시행일】 이 법은 공포 후 1년이 경과한 날부터 시행한다.(이하 생략)

부　칙 (2023.5.16)

제1조【시행일】 이 법은 공포 후 6개월이 경과한 날부터 시행한다.
제2조【이의신청에 관한 일반적 적용례】 이의신청에 관한 개정규정은 이 법 시행 이후 하는 처분부터 적용한다.
제3조부터 **제6조**까지 생략

부　칙 (2023.8.8 법19592호)

이 법은 공포한 날부터 시행한다.

부　칙 (2023.8.8 법19597호)

이 법은 공포 후 6개월이 경과한 날부터 시행한다.

저작권법 시행령

(2007년 6월 29일 전부개정대통령령 제20135호)

개정
2008. 2.29영20676호(직제)
2008.12. 3영21148호(잡지등정기간행물의진흥에관한법시)
2009. 7.22영21634호
2009. 8. 6영21676호(식품위생시)
2010. 1.27영22003호(신문등의진흥에관한법시)
2011. 6.30영23001호　　2011.12. 2영23338호
2012. 4.12영23721호
2012. 7. 4영23928호(위원회공정성일부개정령)
2013.10.16영24797호　　2014. 6.11영25379호
2014.11. 4영25697호
2015. 6.22영26333호(양성평등기본법시)
2015. 7.13영26398호
2016. 8. 2영27427호(한국수화언어법시)
2016. 9.21영27503호
2016.12.30영27751호(규제기한설정)
2017. 3.29영27970호(항공사업법시)
2017. 8.22영28251호　　2019. 4.16영29689호
2019. 7. 2영29950호(법령용어정비)
2020. 5.26영30701호　　2020. 8. 4영30898호
2021.12.16영32223호(지방자치시)
2022. 3. 8영32528호(규제기한해제)
2022.12. 6영33023호(도서관법시)
2023.12.12영33943호

제1조【목적】 이 영은 「저작권법」에서 위임된 사항과 그 시행에 필요한 사항을 정함을 목적으로 한다.
제1조의2【저작권 보호를 위한 시책 수립】 ① 「저작권법」(이하 "법"이라 한다) 제2조의2제1항제2호에 따라 문화체육관광부장관이 수립·시행하는 저작권 인식 확산을 위한 교육 및 홍보에 관한 시책에는 다음 각 호의 사항이 포함되어야 한다.
1. 저작권 전문 인력 양성에 관한 사항
2. 청소년 저작권 교육에 관한 사항
3. 올바른 저작물 이용 홍보에 관한 사항
4. 그 밖에 저작권 인식 확산을 위하여 문화체육관광부장관이 필요하다고 인정하는 사항

② 법 제2조의2제1항제3호에 따라 문화체육관광부장관이 수립·시행하는 저작물, 실연(實演)·음반·방송 또는 데이터베이스(이하 "저작물등"이라 한다)의 권리관리정보 및 기술적 보호조치에 관한 시책에는 다음 각 호의 사항이 포함되어야 한다.(2019.7.2 본문개정)
1. 권리관리정보의 통합적 관리를 위한 표준체계 개발에 관한 사항
2. 권리관리정보의 제거·변경 등의 금지에 대한 예외사유에 관한 사항
3. 기술적 보호조치의 표준화에 관한 사항
4. 기술적 보호조치의 무력화 금지에 대한 예외사유에 관한 사항
5. 그 밖에 저작물등의 권리관리정보 및 기술적 보호를 위하여 문화체육관광부장관이 필요하다고 인정하는 사항

③ 문화체육관광부장관은 법 제2조의2제1항에 따른 시책을 수립하려면 관련 업계 및 이해관계자 등의 의견을 수렴하고, 관계 중앙행정기관의 장과 협의하여야 한다.
④ 문화체육관광부장관이 법 제2조의2제1항에 따른 시책을 수립한 경우에는 그 내용을 문화체육관광부 인터넷 홈페이지에 게시하여야 한다.
(2009.7.22 본조신설)
제1조의3【공공저작물 이용활성화 시책 등】 ① 법 제24조의2제2항에 따른 공공저작물 이용활성화 시책에는 다음 각 호의 사항이 포함되어야 한다.
1. 자유이용할 수 있는 공공저작물의 확대 방안
2. 공공저작물 권리 귀속 명확화 등 이용활성화를 위한 여건 조성에 관한 사항
3. 공공저작물의 민간 활용 촉진에 관한 사항
4. 공공저작물 자유이용에 관한 교육·훈련 및 홍보에 관한 사항
5. 자유이용할 수 있는 공공저작물임을 나타내기 위하여 문화체육관광부장관이 정한 표시 기준의 적용에 관한 사항
6. 공공저작물 자유이용과 관련된 제도의 정비에 관한 사항
7. 그 밖에 공공기관의 공공저작물 이용활성화를 위하여 필요한 사항

② 법 제24조의2제3항에 따라 「국유재산법」 제2조제11호에 따른 중앙관서의 장등(이하 "중앙관서의 장등"이라 한다) 또는 지방자치단체의 장은 법 제24조의2제1항제4호의 공공저작물 중 국민의 자유로운 이용이 필요하다고 인정하는 경우에는 「국유재산법」 제65조의8 및 「공유재산 및 물품관리법」 제20조·제29조에도 불구하고 사용·수익허가나 대부계약 체결 없이 해당 공공저작물을 자유롭게 사용하도록 할 수 있다. 이 경우 중앙관서의 장등 또는 지방자치단체의 장은 해당 공공저작물을 사용·수익허가나 대부계약 체결 없이 자유롭게 사용할 수 있다는 것을 알 수 있도록 제1항제5호에 따른 기준에 따라 표시할 수 있다.
(2014.6.11 본조신설)
제2조【복제·공연 등 내역의 제출】 법 제25조제1항부터 제4항까지의 규정에 따라 공표된 저작물을 이용하려는 자는 법 제25조제7항에 따라 보상을 받을 권리를 행사하는 단체(이하 "보상금수령단체"라 한다)에 복제·배포·공연·전시 또는 공중송신의 내역을 제출하고 그에 해당하는 보상금을 지급해야 한다.(2020.8.4 본조개정)
제3조【보상금수령단체의 지정】 ① 문화체육관광부장관은 보상금수령단체를 지정하려면 법 제25조제7항 각 호의 요건을 갖춘 단체로서 구성원의 의결권 등이 평등하고 단체의 의사결정이 민주적으로 이루어지는 단체를 지정해야 한다.(2020.8.4 본항개정)
② 문화체육관광부장관은 제1항에 따라 단체를 지정하면 이를 관보에 고시하여야 한다.
(2008.2.29 본조개정)
제4조【보상 관계 업무 규정】 보상금수령단체는 다음 각 호의 사항을 포함하는 보상 관계 업무 규정을 정하여 문화체육관광부장관의 승인을 받아야 한다. 이를 변경하려는 때에도 또한 같다.(2008.2.29 전단개정)
1. 보상금 징수의 방법 및 절차에 관한 사항
2. 보상금의 분배에 관한 사항
3. 수수료에 관한 사항
4. 보상금의 관리에 관한 사항

제5조【회계】 보상금수령단체는 보상금에 관한 회계를 다른 회계와 구분하여 처리하여야 한다.
제6조【지정의 취소】 ① 문화체육관광부장관은 법 제25조제9항에 따라 보상금수령단체의 지정을 취소하려면 청문을 해야 한다.(2020.8.4 본항개정)
② 문화체육관광부장관은 보상금수령단체의 지정을 취소한 경우에는 그 사실을 관보에 고시하여야 한다.
(2008.2.29 본조개정)
제7조【보상금 분배 공고】 보상금수령단체는 다음 각 호의 사항을 포함한 보상금 분배에 관한 사항을 「신문 등의 진흥에 관한 법률」 제9조제1항에 따라 보급지역을 전국으로 하여 등록한 일반일간신문과 보상금수령단체 및 문화체육관광부 인터넷 홈페이지에 각각 공고하여야 한다. 이 경우 인터넷 홈페이지에 공고하는 경우에는 1개월 이상 게시하여야 한다.(2010.1.27 본문개정)
1. 지급 근거
2. 지급 기준 및 대상
3. 지급 방법
4. 지급 기한 및 미분배 보상금(보상금 분배 공고를 한 날부터 5년이 경과할 때까지 분배하지 못한 보상금을 말한다. 이하 같다) 처리 방법(2019.4.16 본호개정)
5. 담당자 및 연락처

제8조【미분배 보상금의 사용 승인】 ① (2019.4.16 삭제)
② 보상금수령단체는 법 제25조제10항 각 호 외의 부분 본문에 따라 미분배 보상금의 사용 승인을 받으려면 다음 각 호의 사항을 적은 문서를 문화체육관광부장관에게 제출해야 한다.(2020.8.4 본문개정)
1. 보상금 분배 공고일
2. 승인신청 금액
3. 보상금 사용 목적
4. 보상금 사용 계획
5. 승인신청 일시

③ 보상금수령단체는 미분배 보상금을 사용한 때에는 6개월 이내에 사용 보고서를 작성하여 문화체육관광부장관에게 제출하여야 한다.(2008.2.29 본항개정)
(2019.4.16 본조제목개정)
제8조의2【미분배 보상금의 적립비율】 보상금수령단체는 법 제25조제10항 각 호 외의 부분 단서에 따라 미분배 보상금의 100분의 5 이상 100분의 30 이하의 범위에서 다음 각 호의 사항을 고려하여 문화체육관광부장관이 정하여 고시하는 비율에 해당하는 금액을 적립해야 한다.
(2020.8.4 본문개정)
1. 미분배 보상금의 추후 분배 실적
2. 미분배 보상금의 적립 현황

(2019.4.16 본조신설)
제9조【교육기관의 복제방지조치 등 필요한 조치】 법 제25조제12항에서 "복제방지조치 등 대통령령으로 정하는 필요한 조치"란 다음 각 호의 조치를 말한다.(2020.8.4 본문개정)
1. 불법 이용을 방지하기 위하여 필요한 다음 각 목에 해당하는 기술적 조치
  가. 전송하는 저작물을 수업을 받는 자 외에는 이용할 수 없도록 하는 접근제한조치
  나. 전송하는 저작물을 수업을 받는 자 외에는 복제할 수 없도록 하는 복제방지조치
2. 저작물에 저작권 보호 관련 경고문구의 표시
3. 전송과 관련한 보상금을 산정하기 위한 장치의 설치

제10조【정당한 범위 등의 기준】 문화체육관광부장관은 법 제28조에 따른 정당한 범위와 공정한 관행에 관한 지침을 정하여 고시할 수 있다.(2008.2.29 본조개정)
제11조【상업적 목적으로 공표된 음반 등에 의한 공연의 예외】 법 제29조제2항 단서에서 "대통령령이 정하는 경우"란 다음 각 호의 어느 하나에 해당하는 공연을 말한다.
1. 「식품위생법 시행령」 제21조제8호에 따른 영업소에서 하는 다음 각 목의 공연(2009.8.6 본문개정)
  가. 「식품위생법 시행령」 제21조제8호가목에 따른 휴게음식점 중 「통계법」 제22조에 따라 통계청장이 고시하는 산업에 관한 표준분류(이하 "한국표준산업분류"라 한다)에 따른 커피 전문점 또는 기타 비알코올 음료점업을 영위하는 영업소에서 하는 공연
  나. 「식품위생법 시행령」 제21조제8호나목에 따른 일반음식점 중 한국표준산업분류에 따른 생맥주 전문점 또는 기타 주점업을 영위하는 영업소에서 하는 공연
(2017.8.22 가목～나목신설)

다. 「식품위생법 시행령」 제21조제8호다목에 따른 단란주점과 같은 호 라목에 따른 유흥주점에서 하는 공연(2009.8.6 본목개정)
라. 가목부터 다목까지의 규정에 해당하지 아니하는 영업소에서 하는 공연으로서 음악 또는 영상저작물을 감상하는 설비를 갖추고 음악이나 영상저작물을 감상하게 하는 것을 영업의 주요 내용의 일부로 하는 공연(2017.8.22 본목개정)
2. 「한국마사회법」에 따른 경마장, 「경륜·경정법」에 따른 경륜장 또는 경정장에서 하는 공연
3. 「체육시설의 설치·이용에 관한 법률」에 따른 다음 각 목의 시설에서 하는 공연
가. 「체육시설의 설치·이용에 관한 법률」 제5조에 따른 전문체육시설 중 문화체육관광부령으로 정하는 전문체육시설
나. 「체육시설의 설치·이용에 관한 법률 시행령」 별표1의 골프장, 무도학원, 무도장, 스키장, 에어로빅장 또는 체력단련장
(2017.8.22 본호개정)
4. 「항공사업법」에 따른 항공운송사업용 여객용 항공기, 「해운법」에 따른 해상여객운송사업용 선박 또는 「철도사업법」에 따른 여객용 열차에서 하는 공연(2017.3.29 본호개정)
5. 「관광진흥법」에 따른 호텔·휴양콘도미니엄·카지노 또는 유원시설에서 하는 공연
6. 「유통산업발전법」 별표에 따른 대규모점포(「전통시장 및 상점가 육성을 위한 특별법」 제2조제1호에 따른 전통시장은 제외한다)에서 하는 공연(2017.8.22 본호개정)
7. 「공중위생관리법」 제2조제1항제2호 숙박업 및 같은 항 제3호나목의 목욕장에서 영상저작물을 감상하게 하기 위한 설비를 갖추고 하는 상업적 목적으로 공표된 영상저작물의 공연(2016.9.21 본호개정)
8. 다음 각 목의 어느 하나에 해당하는 시설에서 영상저작물을 감상하게 하기 위한 설비를 갖추고 발행일부터 6개월이 지나지 아니한 상업적 목적으로 공표된 영상저작물을 재생하는 형태의 공연(2016.9.21 본문개정)
가. 국가·지방자치단체(그 소속기관을 포함한다)의 청사 및 그 부속시설
나. 「공연법」에 따른 공연장
다. 「박물관 및 미술관 진흥법」에 따른 박물관·미술관
라. 「도서관법」에 따른 도서관
마. 「지방문화원진흥법」에 따른 지방문화원
바. 「사회복지사업법」에 따른 사회복지관
사. 「양성평등기본법」 제47조 및 제50조에 따른 여성인력개발센터 및 여성사박물관(2015.7.13 본목신설)
아. 「청소년활동진흥법」 제10조제1호가목에 따른 청소년수련관
자. 「지방자치법」 제161조에 따른 공공시설 중 시·군·구민회관(2021.12.16 본목개정)
(2016.9.21 본조제목개정)

제12조【복제할 수 있는 시설의 범위】 법 제31조제1항 각 호 외의 부분 본문에서 "대통령령이 정하는 시설"이란 다음 각 호의 어느 하나에 해당하는 시설을 말한다.
1. 「도서관법」에 따른 국립중앙도서관·공공도서관·대학도서관·학교도서관·전문도서관(영리를 목적으로 하는 법인 또는 단체에서 설립한 전문도서관으로서 그 소속원만을 대상으로 도서관 봉사를 하는 것을 주된 목적으로 하는 도서관은 제외한다) 및 특수도서관
(2022.12.6 본호개정)
2. 국가, 지방자치단체, 영리를 목적으로 하지 아니하는 법인 또는 단체가 도서·문서·기록과 그 밖의 자료(이하 "도서등"이라 한다)를 보존·대출하거나 그 밖에 공중의 이용에 제공하기 위하여 설치한 시설

제13조【도서관등의 복제방지조치 등 필요한 조치】 법 제31조제7항에서 "대통령령이 정하는 필요한 조치"란 다음 각 호의 조치를 말한다.
1. 불법 이용을 방지하기 위하여 필요한 다음 각 목에 해당하는 기술적 조치
가. 제12조에 따른 시설(이하 "도서관등"이라 한다)의 이용자가 도서관등의 안에서 열람하는 것 외의 방법으로는 도서등을 이용할 수 없도록 하는 복제방지조치
나. 도서관등의 이용자 외에는 도서등을 이용할 수 없도록 하는 접근제한 조치
다. 도서관등의 이용자가 도서관등의 안에서 열람하는 것 외의 방법으로 도서등을 이용하거나 그 내용을 변경한 경우 이를 확인할 수 있는 조치
라. 판매용으로 제작된 전자기록매체의 이용을 방지할 수 있는 장치의 설치
2. 저작권 침해를 방지하기 위한 도서관 직원 교육
3. 컴퓨터 등에 저작권 보호 관련 경고표지의 부착
4. 법 제31조제5항에 따른 보상금을 산정하기 위한 장치의 설치

제14조【복제 등이 허용된 시각장애인 등의 시설 등】 ① 법 제33조제2항에서 "대통령령이 정하는 시설"이란 다음 각 호의 어느 하나에 해당하는 시설을 말한다.
1. 「장애인복지법」 제58조제1항에 따른 장애인복지시설 중 다음 각 목의 어느 하나에 해당하는 시설
가. 시각장애인 등을 위한 장애인 거주시설
나. 장애인 지역사회재활시설 중 점자도서관
다. 장애인 지역사회재활시설 및 장애인 직업재활시설 중 시각장애인 등을 보호하고 있는 시설
(2013.10.16 가목~다목개정)
2. 「유아교육법」, 「초·중등교육법」 및 「장애인 등에 대한 특수교육법」에 따른 특수학교와 시각장애인 등을 위하여 특수학급을 둔 각급학교(2009.7.22 본호개정)
3. 국가·지방자치단체, 영리를 목적으로 하지 아니하는 법인 또는 단체가 시각장애인 등의 교육·학술 또는 복리 증진을 목적으로 설치·운영하는 시설
② 법 제33조제2항에서 "대통령령으로 정하는 시각장애인 등을 위한 전용 기록방식"이란 다음 각 호의 어느 하나에 해당하는 방식을 말한다.
1. 점자로 나타나게 하는 것을 목적으로 하는 전자적 형태의 정보기록방식
2. 인쇄물을 음성으로 변환하는 것을 목적으로 하는 정보기록방식
3. 시각장애인을 위하여 표준화된 디지털음성정보기록방식
4. 시각장애인 외에는 이용할 수 없도록 하는 기술적 보호조치가 적용된 정보기록방식
(2009.7.22 본항신설)
(2009.7.22 본조제목개정)

제15조【시각장애인 등의 범위】 법 제33조에 따른 시각장애인 등의 범위는 다음 각 호와 같다.
1. 「장애인복지법 시행령」 별표1 제3호에 따른 시각장애인(2013.10.16 본문개정)
가.~나. (2013.10.16 삭제)
2. 신체적 또는 정신적 장애로 인하여 도서를 다루지 못하거나 독서 능력이 뚜렷하게 손상되어 정상적인 독서를 할 수 없는 사람

제15조의2【복제 등이 허용된 청각장애인 등의 시설】 법 제33조의2제2항에서 "대통령령으로 정하는 시설"이란 다음 각 호의 어느 하나에 해당하는 시설을 말한다.
1. 「장애인복지법」 제58조제1항에 따른 장애인복지시설 중 다음 각 목의 어느 하나에 해당하는 시설
가. 장애인 지역사회재활시설 중 한국수어통역센터(2016.8.2 본목개정)
나. 장애인 지역사회재활시설 및 장애인 직업재활시설 중 청각장애인 등을 보호하고 있는 시설
2. 「유아교육법」, 「초·중등교육법」 및 「장애인 등에 대한 특수교육법」에 따른 특수학교와 청각장애인 등을 위하여 특수학급을 둔 각급학교
3. 국가·지방자치단체, 영리를 목적으로 하지 아니하는 법인 또는 단체가 청각장애인 등의 교육·학술 또는 복리 증진을 목적으로 설치·운영하는 시설
(2013.10.16 본조신설)

제15조의3【청각장애인 등의 범위】 법 제33조의2에 따른 청각장애인 등의 범위는 「장애인복지법 시행령」 별표1 제4호에 따른다.(2013.10.16 본조신설)

제16조【녹음물 등의 보존시설】 법 제34조제2항 단서에서 "대통령이 정하는 장소"란 다음 각 호의 어느 하나에 해당하는 시설 내를 말한다.
1. 기록의 보존을 목적으로 국가나 지방자치단체가 설치·운영하는 시설
2. 방송용으로 제공된 녹음물이나 녹화물을 기록 자료로 수집·보존하기 위하여 「방송법」 제2조제3호에 따른 방송사업자가 운영하거나 그의 위탁을 받아 녹음물 등을 보존하는 시설

제16조의2【문화시설의 범위】 법 제35조의4제1항에서 "대통령령으로 정하는 문화시설"이란 다음 각 호의 어느 하나에 해당하는 시설(이하 "문화시설"이라 한다)을 말한다.
1. 「국회법」 제22조에 따른 국회도서관
2. 「도서관법」 제19조에 따른 국립중앙도서관 및 같은 법 제25조에 따른 광역대표도서관(2022.12.6 본호개정)
3. 「박물관 및 미술관 진흥법」 제10조에 따른 국립중앙박물관·국립현대미술관 및 국립민속박물관
(2020.5.26 본조신설)

제16조의3【상당한 조사의 기준】 법 제35조의4제1항에서 "대통령령으로 정하는 기준에 해당하는 상당한 조사"란 다음 각 호의 요건을 모두 충족하는 조사를 말한다.
1. 법 제35조의4에 따라 공표된 저작물을 이용하려는 문화시설이 그 문화시설에서 보관하고 있는 자료를 통해 저작재산권자나 그의 거소에 관한 정보를 확인할 것
2. 법 제55조제1항에 따른 저작권등록부를 통해 해당 저작물의 저작재산권자나 그의 거소에 관한 정보를 조회할 것
3. 보상금수령단체 및 법 제105조제1항 본문에 따라 저작권신탁관리업의 허가를 받은 자(이하 "저작권신탁관리업자"라 한다)에게 문화체육관광부령으로 정하는 바에 따라 저작재산권자나 그의 거소에 관한 정보를 조회할 것
4. 제73조제2항에 따른 권리자가 불명인 저작물등의 권리자 찾기 정보시스템(이하 "권리자 찾기 정보시스템"이라 한다)을 통해 저작재산권자나 그의 거소에 관한 정보를 조회할 것
5. 「도서관법」 제3조제2호에 따른 도서관자료 및 같은 법 제20조제1항제3호에 따른 국가 서지에 관한 정보를 통해 저작재산권자나 그의 거소에 관한 정보를 조회할 것
(2022.12.6 본호개정)
6. 「콘텐츠산업 진흥법」 제23조에 따른 콘텐츠 식별체계를 통해 저작재산권자나 그의 거소에 관한 정보를 조회할 것
7. 국내의 정보통신망 정보검색도구를 이용하여 저작재산권자나 그의 거소에 관한 정보를 검색할 것
8. 창작자에 관한 정보를 관리하고 있는 단체(「공공기관의 운영에 관한 법률」 제4조에 따른 공공기관을 포함한다)로서 문화체육관광부장관이 정하여 고시하는 단체에 문화체육관광부령으로 정하는 바에 따라 저작재산권자나 그의 거소에 관한 정보를 조회할 것
(2020.5.26 본조신설)

제16조의4【저작물의 이용 중단 요구】 법 제35조의4제2항에 따라 문화시설에 저작물의 이용을 중단할 것을 요구하려는 저작재산권자는 문화체육관광부령으로 정하는 저작물 이용 중단 요구서(전자문서로 된 요구서를 포함한다)에 다음 각 호의 어느 하나에 해당하는 소명 자료(전자문서를 포함한다)를 첨부하여 문화시설에 제출해야 한다.
1. 자신이 그 저작물의 권리자로 표시된 저작권 등의 등록증 사본 또는 그에 상당하는 자료
2. 자신의 성명이나 명칭(이하 "성명등"이라 한다) 또는 예명·아호·약칭 등(이하 "이명"이라 한다)으로서 널리 알려진 것이 표시되어 있는 저작물의 사본 또는 그에 상당하는 자료
(2020.5.26 본조신설)

제16조의5【보상금 결정 신청 및 결정 절차】 ① 법 제35조의4제4항에 따라 보상금 결정을 신청하려는 자는 문화체육관광부령으로 정하는 보상금 결정 신청서를 문화체육관광부장관에게 제출해야 한다.
② 문화체육관광부장관은 제1항에 따른 보상금 결정 신청을 받은 경우 해당 문화시설 및 저작재산권자에게 7일 이상 14일 이내의 기간을 정하여 의견을 제출할 기회를 주어야 한다.
③ 문화체육관광부장관은 제1항에 따른 보상금 결정 신청을 받은 날부터 2개월 이내에 보상금 규모 및 지급 시기를 결정해야 한다. 다만, 부득이한 사유로 인하여 해당 기간 내에 보상금 규모 및 지급 시기를 결정할 수 없는 경우에는 2개월의 범위에서 한 차례만 그 기간을 연장할 수 있다.
④ 문화체육관광부장관은 법 제35조의4제5항에 따라 보상금 규모 및 지급 시기를 결정한 경우에는 그 내용을 권리자 찾기 정보시스템에 공고해야 한다.
(2020.5.26 본조신설)

제16조의6【저작물 관련 정보의 게시 등】 ① 법 제35조의4제1항에 따라 저작물을 이용하려는 문화시설은 같은 조 제6항에 따라 다음 각 호의 사항을 문화시설의 인터넷 홈페이지에 게시하고, 그 내용을 문화체육관광부장관에게 제출해야 한다.
1. 저작물의 제호 및 공표연월일
2. 저작자 또는 저작재산권자의 성명등 또는 이명
3. 저작물을 이용하는 문화시설의 명칭
4. 저작물의 이용 방법·형태 및 이용개시연월일
② 법 제35조의4제1항에 따라 저작물을 이용하려는 문화시설은 같은 조 제6항에 따라 이용하는 저작물의 저작권 및 그 밖에 법에 따라 보호되는 권리의 침해를 방지하기 위하여 다음 각 호의 조치를 해야 한다.
1. 문화시설을 이용하는 자가 열람하는 것 외의 방법으로는 저작물을 이용할 수 없도록 하는 복제방지조치
2. 문화시설을 이용하는 자가 열람하는 것 외의 방법으로 저작물을 이용하거나 그 내용을 변경한 경우 이를 확인할 수 있는 조치
3. 저작물에 제1호 및 제2호의 조치 관련 경고문구의 표시
4. 법 제35조의4제3항에 따른 보상금을 산정하기 위한 조치
5. 저작물의 복제물에 법 제35조의4에 따라 저작물을 이용한다는 내용의 표시
(2020.5.26 본조신설)

제17조【출처 명시의 방법】 문화체육관광부장관은 법 제37조제2항에 따른 저작물의 이용 상황에 따른 합리적인 출처 명시 방법에 관한 지침을 정하여 고시할 수 있다.
(2008.2.29 본조개정)

제18조【상당한 노력의 기준】 ① 법 제50조제1항에서 "대통령령으로 정하는 기준에 해당하는 상당한 노력"이란 다음 각 호의 요건을 모두 충족하는 것을 말한다.
(2020.8.4 본문개정)
1. 법 제55조제3항에 따른 저작권등록부의 열람 또는 그 사본의 교부 신청을 통하여 해당 저작물의 저작재산권자나 그의 거소를 조회할 것(2012.4.12 본호신설)
2. 다음 각 목의 구분에 따른 자에게 저작재산권자나 그의 거소를 확인하기 위하여 확정일자 있는 문서를 보냈으나 이를 알 수 없다는 회신을 받거나 문서를 발송한 날부터 1개월이 지났는데도 회신이 없을 것(2020.5.26 본문개정)
가. 해당 저작물이 속하는 분야의 저작물을 관리하는 저작권신탁관리업자가 있는 경우 : 저작권신탁관리업자
(2020.5.26 본목개정)
나. 해당 저작물이 속하는 분야의 저작물을 관리하는 저작권신탁관리업자가 없는 경우 : 다음의 어느 하나에 해당하는 자(2020.5.26 본문개정)
1) 법 제105조제1항 본문에 따라 저작권대리중개업의 신고를 한 자(이하 "저작권대리중개업자"라 한다)
2) 해당 저작물에 대한 이용을 허락받은 사실이 있는 이용자 중 2명 이상
(2016.9.21 본목신설)
3. 저작재산권자나 그의 거소 등 문화체육관광부령으로 정하는 사항을 다음 각 목의 어느 하나에 공고한 날부터 10일이 지났을 것
가. 「신문 등의 진흥에 관한 법률」 제9조제1항에 따라 보급지역을 전국으로 하여 등록한 일반일간신문
나. 권리자 찾기 정보시스템(2020.5.26 본목개정)
(2012.4.12 본호개정)

4. 국내의 정보통신망 정보검색도구를 이용하여 저작재산권자나 그의 거소를 검색할 것(2015.7.13 본호신설)
② 법 제50조에 따라 이용하려는 저작물이 법 제25조제10항 본문(법 제31조제6항에서 준용하는 경우를 포함한다)에 따른 보상금 분배 공고를 한 날부터 5년이 경과한 미분배 보상금 관련 저작물, 그 밖에 저작재산권자나 그의 거소가 명확하지 않은 저작물에 해당하고 문화체육관광부장관이 그 저작물에 대하여 다음 각 호의 모든 노력을 한 경우에는 제1항 각 호의 상당한 노력의 모든 요건을 충족한 것으로 본다.(2020.8.4 본문개정)
1. 법 제55조에 따른 저작권등록부를 통한 해당 저작물의 저작재산권자나 그의 거소의 조회
2. 제52조제3항에 따라 저작권위탁관리업자가 보고한 사항을 통한 해당 저작물의 저작재산권자나 그의 거소의 조회
3. 권리자 찾기 정보시스템에 저작재산권자나 그의 거소 등 문화체육관광부령으로 정하는 사항을 공고한 날부터 2개월 이상이 지났을 것(2015.7.13 본호개정)
(2012.4.12 본항신설)
제19조【저작물 이용 등의 승인신청】 법 제50조부터 제52조까지의 규정에 따라 저작물의 이용, 방송 또는 음반제작에 관한 승인을 받으려는 자는 문화체육관광부령으로 정하는 바에 따라 저작물 이용 승인신청서를 문화체육관광부장관에게 제출하여야 한다.(2008.2.29 본조개정)
제20조【의견제출 등】 ① 문화체육관광부장관은 제19조에 따라 승인신청을 받으면 다음 각 호에 따른 조치를 하여야 한다.(2008.2.29 본문개정)
1. 법 제50조에 따른 저작재산권자가 불명인 저작물 이용 승인신청의 경우에는 10일간 신청 내용을 권리자 찾기 정보시스템에 공고할 것(2015.7.13 본호개정)
2. 법 제51조 또는 법 제52조에 따른 방송 또는 음반제작 승인신청의 경우에는 해당 저작재산권자나 그 대리인에게 7일 이상 30일 이내의 기간을 정하여 의견을 제출할 기회를 줄 것
② 제1항제2호에 따라 의견 제출의 기회를 주려는 때에는 7일 이전에 해당 저작재산권자나 그 대리인에게 서면으로 알려야 하며, 기간 내에 의견을 제출하지 아니하는 경우에는 의견 제출의 기회를 포기하는 것으로 본다는 뜻을 명시하여야 한다.
③ 법 제50조제3항 단서에 따라 이의를 제기하려는 저작재산권자는 이의신청서에 다음 각 호의 자료를 첨부하여 문화체육관광부장관에게 제출하여야 한다.(2008.2.29 본문개정)
1. 자신이 그 저작물의 권리자로 표시된 저작권 등의 등록증 사본 또는 그에 상당하는 자료
2. 자신의 성명등 또는 이명으로서 널리 알려진 것이 표시되어 있는 저작물등의 사본 또는 그에 상당하는 자료(2020.5.26 본호개정)
제21조【승인의 통지 등】 ① 문화체육관광부장관은 법 제50조부터 제52조까지의 규정에 따른 승인을 하는 경우에는 그 내용을 신청인과 해당 저작재산권자에게 알려야 한다. 이 경우 저작재산권자나 그의 거소를 알 수 없는 경우에는 권리자 찾기 정보시스템에 공고하여야 한다.
(2015.7.13 후단개정)
② 문화체육관광부장관은 법 제50조제1항에 따른 승인을 한 경우에는 법 제50조제4항에 따라 다음 각 호의 내용을 권리자 찾기 정보시스템에 1개월 이상 게시하여야 한다.(2020.5.26 본문개정)
1. 저작물의 제호 및 공표연월일
2. 저작자 또는 저작재산권자의 성명
3. 이용 승인을 받은 자의 성명
4. 저작물의 이용 승인 조건(이용허락기간 및 보상금)
5. 저작물의 이용 방법 및 형태
제22조【승인신청의 기각】 ① 문화체육관광부장관은 제19조에 따른 저작물 이용 등의 승인신청이 다음 각 호의 어느 하나에 해당하면 이를 기각한다.(2008.2.29 본문개정)
1. 법 제50조부터 제52조까지의 규정에 따른 저작물 이용의 신청 요건을 갖추지 못한 경우
2. 저작물 이용의 승인 전에 저작재산권자나 그의 거소가 확인되었거나 협의가 성립된 경우
3. 저작재산권자가 저작물의 출판이나 그 밖의 이용에 제공되지 아니 하도록 저작물의 모든 복제물을 회수할 경우
4. 해당 저작물이 아니더라도 그 목적을 달성할 수 있다고 인정되거나 저작재산권자가 저작물의 이용을 허락할 수 없는 부득이한 사유가 있다고 인정될 경우
② 문화체육관광부장관은 제1항에 따라 승인신청을 기각한 경우에는 그 사유를 명시하여 신청인과 저작재산권자에게 알려야 한다. 다만, 저작재산권자나 그의 거소를 알 수 없는 경우에는 신청인에게만 알린다.(2008.2.29 본문개정)
제23조【보상금의 지급 사실 공고】 법 제112조에 따른 한국저작권위원회(이하 "위원회"라 한다)는 법 제50조제1항에 따라 보상금을 지급받은 경우 그 사실을 문화체육관광부령으로 정하는 바에 따라 공고해야 한다.
(2020.5.26 본조신설)
제23조의2【보상금의 청구 절차】 ① 법 제50조제1항에 따른 보상금을 받으려는 저작재산권자(이하 "보상금청구인"라 한다)는 문화체육관광부령으로 정하는 보상금 청구서에 다음 각 호의 어느 하나에 해당하는 입증 자료를 첨부하여 위원회에 제출해야 한다.
1. 자신이 그 저작물의 권리자로 표시된 저작권 등의 등록증 사본 또는 그에 상당하는 자료
2. 자신의 성명등 또는 이명으로서 널리 알려진 것이 표시되어 있는 저작물의 사본 또는 그에 상당하는 자료
② 보상금청구인이 둘 이상의 저작물에 대하여 법 제50조제1항에 따른 보상금을 청구하려는 경우에는 일괄하여 하나의 청구서로 제출할 수 있다.
③ 위원회는 제1항에 따라 보상금 청구서를 받은 때에는 지체 없이 보상금청구인이 해당 저작물의 권리자인지를 확인하기 위한 조사를 해야 한다.
④ 위원회는 제3항에 따른 조사를 위하여 보상금청구인에게 해당 저작물의 권리자인지를 확인하는 데 필요한 자료를 요청할 수 있다.
(2020.5.26 본조신설)
제23조의3【미분배 보상금의 사용 승인】 법 제50조제6항에 따른 미분배 보상금의 사용 승인에 관하여는 제8조를 준용한다. 이 경우 "보상금수령단체"는 "한국저작권위원회"로, "보상금 분배 공고일"은 "보상금 지급일"로 본다.
(2020.5.26 본조신설)
제23조의4【보상금의 공탁】 ① 법 제51조 및 제52조에 따라 보상금을 공탁할 수 있는 경우는 다음 각 호와 같다.
(2020.5.26 본문개정)
1. (2020.5.26 삭제)
2. 저작재산권자가 보상금 수령을 거부하거나 수령할 수 없는 경우
3. 해당 저작재산권자의 권리를 목적으로 하는 질권이 설정되어 있는 경우(저작재산권자가 해당 질권을 가진 자의 승낙을 받은 경우는 제외한다)
② 제1항에 따른 보상금의 공탁은 해당 저작재산권자의 주소가 대한민국 내에 있을 경우에는 해당 주소지의 관할 공탁소에, 그 밖의 경우에는 보상금을 공탁하는 자의 주소지의 관할 공탁소에 하여야 한다.
③ 제1항에 따라 보상금을 공탁한 자는 그 사실을 공탁물을 수령할 자에게 알려야 한다.(2020.5.26 본항개정)
④ (2020.5.26 삭제)
제24조【등록 사항】 법 제53조제1항제4호에서 "대통령령으로 정하는 사항"이란 다음 각 호의 사항을 말한다.
1. 2차적저작물의 경우 원저작물의 제호 및 저작자
2. 저작물이 공표된 경우에는 그 저작물이 공표된 매체에 관한 정보
3. 등록권리자가 2명 이상인 경우 각자의 지분에 관한 사항
제25조【신청주의】 ① 법 제53조 및 법 제54조에 따른 등록은 이 영에 다른 규정이 있는 경우 외에는 신청이나 촉탁이 있어야 한다.
② 촉탁에 의한 등록의 절차에 대하여는 신청으로 인한 등록에 관한 규정을 준용한다.
제26조【등록신청】 ① 법 제53조 및 법 제54조에 따른 등록을 하려는 자는 문화체육관광부령으로 정하는 바에 따라 등록신청서를 위원회에 제출해야 한다.(2020.8.4 본항개정)
② 법 제54조에 따른 등록을 하려면 이 영에 다른 규정이 있는 경우 외에는 등록권리자와 등록의무자가 공동으로 신청하여야 한다. 다만, 신청서에 등록의무자의 승낙서를 첨부하였을 때에는 등록권리자만으로 신청할 수 있다.
③ 판결·상속이나 그 밖의 일반승계 또는 촉탁에 따른 등록은 등록권리자만으로 신청할 수 있다.
④ 저작권신탁관리업자가 법 제54조제1호에 따라 신탁저작물을 등록할 때에는 저작권신탁관리업자만으로 신청할 수 있다.(2016.9.21 본항개정)
⑤ 등록명의인 표시를 변경하거나 경정하기 위한 등록은 등록명의인만으로 신청할 수 있다.(2009.7.22 본항개정)
제27조【저작권등록부 기재 등】 ① 법 제55조제1항에 따른 저작권등록부(컴퓨터프로그램저작물의 경우에는 컴퓨터프로그램저작물등록부를 말한다. 이하 같다)에는 다음 각 호의 사항을 기재하여야 한다.(2009.7.22 본문개정)
1. 등록번호
2. 저작물의 제호
3. 저작자 등의 성명
4. 창작·공표 및 발행 연월일
5. 등록권리자의 성명 및 주소
6. 등록의 내용
② 저작권등록부의 서식과 그 밖에 필요한 사항은 문화체육관광부령으로 정한다.(2008.2.29 본항개정)
제27조의2【신청의 반려방법】 법 제55조제2항에 따라 위원회는 등록신청을 반려하려는 경우에는 그 사유를 명시한 서면을 작성하여 신청인에게 알려야 한다.(2020.8.4 본조개정)
제27조의3【등록신청 반려에 대한 이의신청】 법 제55조제3항에 따라 이의신청을 하려는 자는 문화체육관광부령으로 정하는 바에 따라 이의신청서를 위원회에 제출해야 한다.(2020.8.4 본조신설)
제27조의4【등록공보의 발행 등】 ① 위원회는 법 제55조제6항에 따라 2개월에 1회 이상 등록공보를 발행하거나 등록공보의 내용을 위원회의 인터넷 홈페이지에 게시해야 한다.(2020.8.4 본항개정)
② 제1항에 따른 등록공보에는 제27조제1항 각 호의 사항을 적어야 한다.
제27조의5【저작권등록부의 열람 등】 법 제55조제7항에 따라 저작권등록부를 열람하거나 그 사본을 발급받으려는 자는 문화체육관광부령으로 정하는 바에 따라 신청서를 위원회에 제출해야 한다.(2020.8.4 본조개정)
제28조【등록증의 발급 등】 ① 위원회는 등록신청을 받아 이를 저작권등록부에 기재한 경우에는 신청인에게 문화체육관광부령으로 정하는 바에 따라 등록증을 발급하여야 한다.
② 분실·멸실 또는 훼손으로 인하여 등록증을 재발급 받으려는 자는 문화체육관광부령으로 정하는 바에 따라 등록증 재발급 신청서를 위원회에 제출해야 한다.
(2020.8.4 본조개정)
제29조 (2020.8.4 삭제)
제30조【등록 사항의 변경 등】 ① 법 제55조의3제1항에 따라 등록된 사항에 대하여 변경·경정·말소등록 또는 말소한 등록의 회복등록(이하 이 조에서 "변경등록등"이라 한다)을 신청하려는 경우에는 문화체육관광부령으로 정하는 바에 따라 변경등록등 신청서에 이를 증명하는 서류를 첨부하여 위원회에 제출해야 한다.
② 위원회는 법 제55조의3제2항에 따라 변경등록등 신청을 반려하려는 경우에는 그 사유를 명시한 서면을 신청인에게 보내주어야 한다.(2020.8.4 본항신설)
③ 법 제55조의3제3항에 따라 이의신청을 하려는 자는 문화체육관광부령으로 정하는 바에 따라 이의신청서를 위원회에 제출해야 한다.(2020.8.4 본항신설)
④ 위원회는 제1항에 따른 신청을 받은 때에는 그 내용을 저작권등록부에 기재한 후, 변경 또는 경정하거나 말소한 등록의 회복등록을 한 경우에는 새로운 등록증을 신청인에게 발급하고, 말소한 경우에는 그 사실을 신청인에게 통지해야 한다.
(2020.8.4 본조개정)
제31조 (2020.8.4 삭제)
제32조 → 제27조의2로 이동
제33조 → 제27조의4로 이동
제34조 → 제27조의5로 이동
제35조【전산정보처리시스템에 의한 등록】 제24조부터 제27조까지, 제27조의2부터 제27조의5까지, 제28조 및 제30조의 규정에 따른 등록 및 이와 관련된 업무는 전산정보처리시스템으로 처리할 수 있다.(2020.8.4 본조개정)
제36조【인증기관의 지정 등】 ① 법 제56조제1항에 따라 인증기관으로 지정받을 수 있는 기관은 다음 각 호와 같다.
1. 위원회(2020.5.26 본호개정)
2. 저작권신탁관리업자
3. 그 밖에 문화체육관광부장관이 인증업무를 수행할 능력이 있다고 인정하는 법인이나 단체(2008.2.29 본호개정)
② 제1항에 따라 인증기관으로 지정받으려는 자는 다음 각 호의 요건을 갖추어야 한다.
1. 인증업무 수행과 관련하여 이용자에게 입힌 손해를 배상할 수 있는 능력이 있을 것
2. 이용자의 등록정보 관리 및 인증서를 생성·발급하기 위한 설비를 갖출 것
3. 인증업무에 관한 시설 및 장비를 안전하게 운영하기 위한 보호설비를 갖출 것
③ 인증기관으로 지정받으려는 자는 문화체육관광부령으로 정하는 인증기관지정신청서에 제2항 각 호의 요건을 갖추었음을 증명하는 서류와 다음 각 호의 사항을 포함한 인증업무규정을 첨부하여 문화체육관광부장관에게 제출하여야 한다.(2008.2.29 본문개정)
1. 인증의 종류
2. 인증기준
3. 인증업무의 수행 방법 및 절차
4. 인증역무의 이용 조건
④ 문화체육관광부장관은 인증기관을 지정한 경우에는 문화체육관광부령으로 정하는 바에 따라 인증기관 지정서를 발급하여야 한다.(2008.2.29 본항개정)
⑤ 제4항에 따라 지정받은 인증기관이 인증업무규정의 내용을 변경하려면 변경지정을 받아야 한다.
⑥ 문화체육관광부장관은 인증기관이 다음 각 호의 어느 하나에 해당하면 그 지정을 취소할 수 있다.(2008.2.29 본문개정)
1. 제1항 및 제2항의 요건을 갖추지 못한 경우
2. 인증업무규정에 위반하여 인증업무를 처리한 경우
3. 정당한 이유없이 1년 이상 계속하여 인증업무를 하지 아니한 경우
⑦ 문화체육관광부장관이 인증기관을 지정하거나 그 지정을 취소한 경우에는 이를 관보에 고시하여야 한다.
(2008.2.29 본항개정)
제37조【인증 절차 등】 ① 법 제56조에 따라 인증을 받으려는 자는 제36조제7항에 따라 고시된 인증기관에 문화체육관광부령으로 정하는 인증신청서를 제출하여야 한다.
(2008.2.29 본항개정)
② 인증기관은 제1항에 따라 인증을 신청한 자가 정당한 권리자(정당한 권리자로부터 저작물등의 이용허락을 받은 경우를 포함한다)라고 인정되는 경우에는 이를 인증하여야 한다.
③ 인증기관이 제2항에 따라 인증을 하면 문화체육관광부령으로 정하는 인증서를 발급하여야 한다.(2008.2.29 본항개정)
④ 제3항에 따라 인증서를 발급받은 자는 저작물에 인증범위와 유효기간 등을 나타내는 인증표시를 할 수 있다.
⑤ 법 제56조에 따른 인증기관의 인증 및 이와 관련된 업무는 전산정보처리시스템으로 처리할 수 있다.(2020.8.4 본항신설)
⑥ 제1항부터 제5항까지의 규정에서 정한 것 외에 인증의 절차 및 기준, 인증표시, 그 밖에 인증업무와 관련하여 필

요한 세부적인 사항은 문화체육관광부장관이 정하여 고시한다.(2020.8.4 본항개정)
제38조【저작재산권자의 표지】 법 제58조제3항 본문에 따른 저작재산권자의 표지에 수록되는 사항은 다음 각 호와 같다.(2020.8.4 본문개정)
1. 복제의 대상이 외국인의 저작물일 경우에는 저작재산권자의 성명 및 맨 처음의 발행연도의 표지
2. 복제의 대상이 대한민국 국민의 저작물일 경우에는 제1호에 따른 표지 및 저작재산권자의 검인
3. 배타적발행권자가 복제권의 양도를 받은 경우에는 그 취지의 표시

(2012.4.12 본조개정)
제39조【실연자에 대한 디지털음성송신보상금 관련 협의기간】 법 제76조제3항에서 "대통령령이 정하는 기간"이란 매년 1월 1일부터 6월 30일까지의 기간을 말한다.
제39조의2【프로그램의 임치】 ① 법 제101조의7제1항에서 "대통령령으로 정하는 자"란 위원회를 말한다.
② 법 제101조의7제1항에 따른 프로그램의 임치 및 이와 관련된 업무는 전산정보처리시스템으로 처리할 수 있다.
(2020.8.4 본항신설)
(2020.8.4 본조제목개정)
(2009.7.22 본조신설)
제39조의3【표준적인 기술조치】 법 제102조제1항제1호 라목에서 "대통령령으로 정하는 조건"이란 다음 각 호의 조건을 말한다.
1. 저작재산권자와 온라인서비스제공자의 의견일치에 따라 개방적이고 자발적으로 정하여질 것
2. 합리적이고 비차별적인 이용이 가능할 것
3. 온라인서비스제공자에게 상당한 비용을 부과하거나 온라인서비스 제공 관련 온라인서비스제공자의 시스템 또는 정보통신망에 실질적인 부담을 주지 아니할 것

(2011.12.2 본조신설)
제40조【복제·전송의 중단 요청】 ① 법 제103조제1항에 따라 온라인서비스제공자(법 제102조제1항제1호의 온라인서비스제공자는 제외한다. 이하 이 조 및 제41조부터 제44조까지의 규정에서 같다)에게 복제·전송을 중단시킬 것을 요구하려는 자(이하 "권리주장자"라 한다)는 문화체육관광부령으로 정하는 요청서(전자문서로 된 요청서를 포함한다)에 다음 각 호의 어느 하나에 해당하는 소명 자료(전자문서를 포함한다)를 첨부하여 온라인서비스제공자에게 제출하여야 한다. 다만, 권리주장자가 저작권신탁관리업자이거나 최근 1년 이내에 반복적인 침해행위에 대하여 권리자임을 소명할 수 있는 자료를 이미 제출한 사실이 있는 경우에는 요청서만 제출하여도 된다.(2011.6.30 본문개정)
1. 자신이 그 저작물등의 권리자로 표시된 저작권 등의 등록증 사본 또는 그에 상당하는 자료
2. 자신의 성명등이나 이명으로서 널리 알려진 것이 표시되어 있는 저작물등의 사본 또는 그에 상당하는 자료

② 권리주장자는 정당한 권리 없이 복제·전송의 중단을 요구한 경우 법 제103조제6항에 따라 손해를 배상하고, 정당한 권리가 없음을 알면서 고의로 복제·전송의 중단을 요구하여 온라인서비스제공자의 업무를 방해한 경우 법 제137조제1항제6호에 따라 처벌을 받겠다는 취지의 진술서를 제1항에 따른 요청서에 첨부하였을 때에는 제1항 각 호의 어느 하나에 해당하는 소명자료(전자문서를 포함한다)를 첨부하지 아니할 수 있다. 이 경우 제1항 각 호의 어느 하나에 해당하는 소명자료(전자문서를 포함한다)를 첨부하기 어려운 정당한 사유가 있어야 한다.
(2011.12.2 본항신설)
제41조【복제·전송의 중단 통보】 ① 법 제103조제2항에 따라 저작물등의 복제·전송을 중단시킨 온라인서비스제공자는 복제·전송을 중단시킨 날부터 3일 이내에 권리주장자 및 복제·전송자(복제·전송자의 경우는 법 제102조제1항제3호의 온라인서비스제공자로 한정한다)에게 문화체육관광부령으로 정하는 통보서(전자문서로 된 통보서를 포함한다)에 권리주장자가 제출한 복제·전송 중단 요청서(복제·전송자에 한정하며, 전자문서를 포함한다)를 첨부하여 통보해야 한다.(2020.8.4 본항개정)
② 온라인서비스제공자는 복제·전송자에게 제1항에 따른 통보를 할 때 자신의 복제·전송이 정당한 권리에 의한 것임을 소명하여 복제·전송의 재개를 요구할 수 있음을 알려주어야 한다.
제42조【복제·전송의 재개 요청】 ① 법 제103조제3항 본문에 따라 복제·전송의 재개를 요구하려는 복제·전송자는 온라인서비스제공자로부터 복제·전송의 중단을 통보받은 날부터 30일 이내에 문화체육관광부령으로 정하는 재개요청서(전자문서로 된 요청서를 포함한다)에 다음 각 호의 어느 하나에 해당하는 소명 자료(전자문서를 포함한다)를 첨부하여 온라인서비스제공자에게 제출하여야 한다.(2011.12.2 본문개정)
1. 자신이 그 저작물등의 권리자로 표시된 저작권 등의 등록증 사본 또는 그에 상당하는 자료
2. 자신의 성명등 또는 널리 알려진 이명이 표시되어 있는 그 저작물등의 사본 또는 그에 상당하는 자료
3. 저작권 등을 가지고 있는 자로부터 적법하게 복제·전송의 허락을 받은 사실을 증명하는 계약서 사본 또는 그에 상당하는 자료
4. 그 저작물등의 저작재산권의 보호기간이 끝난 경우 그 사실을 확인할 수 있는 자료

② 복제·전송의 재개를 요구하는 복제·전송자는 정당한 권리 없이 복제·전송의 재개를 요구한 경우 법 제103조제6항에 따라 손해를 배상하고, 정당한 권리가 없음을 알면서 고의로 복제·전송의 재개를 요구하여 온라인서비스제공자의 업무를 방해한 경우 법 제137조제1항제6호에 따라 처벌을 받겠다는 취지의 진술서를 제1항에 따른 재개요청서에 첨부하였을 때에는 제1항 각 호의 어느 하나에 해당하는 소명자료(전자문서를 포함한다)를 첨부하지 아니할 수 있다. 이 경우 제1항 각 호의 어느 하나에 해당하는 소명자료(전자문서를 포함한다)를 첨부하기 어려운 정당한 사유가 있어야 한다.(2011.12.2 본항신설)
제43조【복제·전송의 재개통보 등】 ① 제42조에 따라 재개요구를 받은 온라인서비스제공자는 복제·전송의 재개를 요구받은 날부터 3일 이내에 복제·전송자의 복제·전송이 정당한 권리에 의한 것인지의 여부를 결정하여야 하고, 정당한 권리에 의한 것으로 인정되면 복제·전송의 재개예정일을 정하여 문화체육관광부령으로 정하는 통보서(전자문서로 된 통보서를 포함한다)를 권리주장자에게 송부하여야 한다.(2008.2.29 본항개정)
② 제1항에 따른 재개예정일은 그 복제·전송의 재개를 요구받은 날의 7일 이후부터 14일까지의 기간 중에 속하는 날로 하여야 한다.
제44조【수령인의 지정과 변경의 공지】 온라인서비스제공자가 법 제103조제4항에 따라 수령인을 지정(지정한 수령인을 변경하여 지정하는 것을 포함한다)한 경우에는 그 복제·전송 서비스를 제공하는 자신의 정보통신망에 누구나 쉽게 알 수 있도록 수령인에 대한 다음 각 호의 정보를 표시하여야 한다.
1. 성명 및 소속부서명
2. 전화번호·팩시밀리번호 및 전자우편주소
3. 우편물을 수령할 수 있는 주소

제44조의2【청구할 수 있는 복제·전송자 정보의 범위】 법 제103조의3제1항에 따른 필요한 최소한의 정보는 다음 각 호의 정보로 한다.
1. 성명
2. 주소
3. 해당 복제·전송자의 전화번호·전자우편주소 등 연락처

(2011.12.2 본조신설)
제44조의3【정보 제공 청구의 절차】 법 제103조의3제1항에 따라 해당 복제·전송자의 정보 제공을 명령하여 줄 것을 청구하려는 권리주장자(이하 "청구인"이라 한다)는 다음 각 호의 사항을 적은 문화체육관광부령으로 정하는 정보 제공 청구서에 제40조제1항 각 호의 어느 하나에 해당하는 소명 자료(전자문서를 포함한다)를 첨부하여 문화체육관광부장관에게 제출하여야 한다.
1. 청구인의 성명, 주소 및 전화번호·전자우편주소 등 연락처
2. 제기하려는 소의 종류 및 취지
3. 해당 복제·전송자에 의하여 침해되었다고 주장하는 권리의 유형 및 그 침해 사실
4. 온라인서비스제공자에게 복제·전송자의 정보를 요청하였으나 이를 제공할 수 없다는 회신을 받는 등 온라인서비스제공자가 그 정보의 제공을 거절한 사실

(2011.12.2 본조신설)
제44조의4【정보 제공의 절차】 ① 법 제122조의6에 따른 저작권보호심의위원회는 법 제103조의3제2항에 따라 문화체육관광부장관으로부터 심의의 요청을 받은 경우에는 그 요청을 받은 날부터 1개월 이내에 정보 제공 여부를 심의하고 그 결과를 지체 없이 문화체육관광부장관에게 통보하여야 한다. 다만, 부득이한 사유로 그 기간 내에 심의를 할 수 없는 경우에는 1회에 한정하여 그 기간을 연장할 수 있다.(2016.9.21 본문개정)
② 문화체육관광부장관은 법 제103조의3제2항에 따라 온라인서비스제공자에게 복제·전송자의 정보를 제출하도록 명하는 경우 문화체육관광부령으로 정하는 정보 제공 명령서를 작성하여 서면(전자문서를 포함한다)으로 온라인서비스제공자에게 통지하여야 한다.
③ 온라인서비스제공자는 제2항의 정보 제공 명령서를 받은 날부터 7일 이내에 문화체육관광부령으로 정하는 정보제공서를 문화체육관광부장관에게 제출하여야 하며, 문화체육관광부장관은 해당 정보를 청구인에게 지체 없이 제공하여야 한다.
④ 온라인서비스제공자는 제3항에 따라 정보 제공서를 문화체육관광부장관에게 제출한 경우 그 사실을 해당 복제·전송자에게 지체 없이 알려야 한다.
(2011.12.2 본조신설)
제45조【권리자의 요청】 법 제104조제1항에 따라 권리자가 해당 저작물 등의 불법적인 전송을 차단하는 기술적인 조치 등 필요한 조치를 요청하려면 문화체육관광부령으로 정하는 요청서(전자문서로 된 요청서를 포함한다)에 다음 각 호의 자료(전자문서를 포함한다)를 첨부하여 특수한 유형의 온라인서비스제공자에게 제출하여야 한다. 다만, 권리자가 저작권신탁관리업자이거나 최근 1년 이내에 반복적인 침해행위에 대하여 권리자임을 소명할 수 있는 자료를 이미 제출한 사실이 있는 경우에는 제1호의 자료를 제출하지 아니할 수 있다.(2008.2.29 본문개정)
1. 권리자임을 소명할 수 있는 다음 각 목 중 어느 하나에 해당하는 자료
   가. 자신이 그 저작물등의 권리자로 표시된 저작권 등의 등록증 사본 또는 그에 상당하는 자료
   나. 자신의 성명등이나 이명으로서 널리 알려진 것이 표시되어 있는 저작물등의 사본 또는 그에 상당하는 자료
2. 차단을 요청하는 저작물등을 인식할 수 있는 저작물의 제호, 그에 상당하는 문자나 부호(이하 "제호등"이라 한다) 또는 복제물 등의 자료

제46조【불법적인 전송을 차단하는 기술적인 조치 등 필요한 조치】 ① 법 제104조제1항 전단에서 "해당 저작물등의 불법적인 전송을 차단하는 기술적인 조치 등 필요한 조치"란 다음 각 호의 모든 조치를 말한다.(2009.7.22 본문개정)
1. 저작물등의 제호등과 특징을 비교하여 저작물등을 인식할 수 있는 기술적인 조치
2. 제1호에 따라 인지한 저작물등의 불법적인 송신을 차단하기 위한 검색제한 조치 및 송신제한 조치
3. 해당 저작물등의 불법적인 전송자를 확인할 수 있는 경우에는 그 저작물등의 전송자에게 저작권침해금지 등을 요청하는 경고문구의 발송

② 제1항제1호 및 제2호의 조치는 권리자가 요청하면 즉시 이행하여야 한다.
③ 문화체육관광부장관은 법 제104조제4항에 따라 같은 조 제3항에 따른 기술적인 조치 등 필요한 조치의 이행 여부를 정보통신망을 통해 확인하는 업무를 법 제122조의2에 따른 한국저작권보호원(이하 "보호원"이라 한다)에 위탁한다.
(2020.8.4 본항신설)
제46조의2【기술적 보호조치의 무력화 금지에 대한 예외】 문화체육관광부장관은 법 제104조의2제1항제8호에 따라 기술적 보호조치의 무력화 금지에 대한 예외를 정하여 고시하는 경우에는 미리 저작물등의 이용자를 포함한 이해관계인의 의견을 들은 후 위원회의 심의를 거쳐야 한다.(2011.6.30 본조신설)
제47조【저작권신탁관리업의 허가신청 등】 ① 법 제105조제1항 및 제2항에 따라 저작권신탁관리업의 허가를 받으려는 자는 문화체육관광부령으로 정하는 저작권신탁관리업 허가신청서(전자문서로 된 신청서를 포함한다)에 다음 각 호의 사항을 포함한 저작권신탁관리업 업무규정(전자문서를 포함한다)을 첨부하여 문화체육관광부장관에게 제출하여야 한다.(2008.2.29 본문개정)
1. 저작권 신탁계약 약관
2. 저작물 이용계약 약관

② 문화체육관광부장관은 저작권신탁관리업을 허가하는 경우에는 문화체육관광부령으로 정하는 저작권신탁관리업 허가증을 발급하여야 한다.(2008.2.29 본항개정)
③ (2020.8.4 삭제)
제48조【저작권대리중개업의 신고】 ① 법 제105조제1항에 따라 저작권대리중개업의 신고를 하려는 자는 문화체육관광부령으로 정하는 저작권대리중개업 신고서(전자문서로 된 신고서를 포함한다)에 다음 각 호의 사항이 포함된 저작권대리중개업 업무규정(전자문서를 포함한다)을 첨부하여 문화체육관광부장관에게 제출하여야 한다.(2008.2.29 본문개정)
1. 저작권대리중개 계약 약관(2009.7.22 본호개정)
2. 저작물 이용계약 약관

② 제1항에 따른 신고서를 받은 문화체육관광부장관은 문화체육관광부령으로 정하는 저작권대리중개업 신고증을 발급하여야 한다.(2008.2.29 본항개정)
③ (2020.8.4 삭제)
제49조【사용료 등의 승인신청 및 승인절차】 ① 저작권신탁관리업자는 법 제105조제9항 전단에 따라 수수료 및 사용료의 요율 또는 금액을 승인신청(변경신청을 포함한다. 이하 같다)을 하려는 경우에는 문화체육관광부장관에게 서면으로 승인신청을 해야 한다.(2020.8.4 본항개정)
② 문화체육관광부장관은 제1항에 따른 승인신청을 받은 경우에는 법 제105조제9항 후단 및 같은 조 제11항에 따라 문화체육관광부 인터넷 홈페이지에 14일 이상 그 내용을 공고하여 이해관계인의 의견을 수렴해야 한다.(2020.8.4 본항개정)
③ 제2항에 따라 공고된 내용에 대하여 의견이 있는 자는 제2항에 따른 기간 이내에 문화체육관광부장관에게 서면(전자문서를 포함한다)으로 의견을 제출할 수 있다.
④ 문화체육관광부장관은 제1항에 따른 승인신청을 받은 경우 필요하면 수수료 및 사용료의 요율 또는 금액의 적정성·타당성 등에 관하여 권리자, 이용자 또는 전문가 등의 의견을 들을 수 있다.(2016.9.21 본항신설)
⑤ 문화체육관광부장관은 법 제105조제10항에 따라 제3항 및 제4항에 따른 의견을 첨부하여 위원회에 심의를 요청해야 한다.(2020.8.4 본항개정)
⑥ 위원회는 제5항에 따라 심의 요청을 받은 때에는 요청일부터 2개월 이내에 심의하고, 그 결과를 지체 없이 문화체육관광부장관에게 제출하여야 한다. 다만, 부득이한 사유로 인하여 해당 기간 내에 심의를 할 수 없는 경우에는 2개월의 범위에서 한 차례만 그 기간을 연장할 수 있다.
⑦ 문화체육관광부장관은 법 제105조제9항 전단에 따라 사용료의 요율 또는 금액에 관한 승인(변경승인을 포함한다)을 한 경우에는 같은 조 제11항에 따라 승인 내용을 문화체육관광부 인터넷 홈페이지에 공고해야 한다.
(2020.8.4 본항개정)
(2016.9.21 본조개정)
제50조【관리 저작물등의 목록 작성】 법 제106조제1항에 따른 관리 저작물등의 목록에는 다음 각 호의 사항을 적어야 한다.

1. 저작물등의 제호
2. 저작자, 실연자(實演者)·음반제작자 또는 방송사업자, 데이터베이스제작자의 성명 등(2019.7.2 본호개정)
3. 창작 또는 공표 연도, 실연 또는 고정(固定) 연도, 제작 연도
제51조【이용계약 체결에 필요한 정보】 법 제106조제1항 및 제2항에 따른 저작물등의 이용계약 체결에 필요한 정보는 다음 각 호의 정보로 한다.(2020.5.26 본문개정)
1. (2020.5.26 삭제)
2. 해당 저작물등의 저작재산권자 등과의 신탁계약기간
3. 사용료 등 이용조건 및 표준계약서
제51조의2【통합 징수】 ① 문화체육관광부장관은 법 제106조제3항 전단에 따라 통합 징수를 요구하는 경우에는 통합 징수의 업종·주체·대상·기간 및 주기 등을 구체적으로 적은 서면으로 하여야 한다.
② 법 제106조제4항에서 "대통령령으로 정하는 자"란 다음 각 호의 어느 하나에 해당하는 자를 말한다.
1. 법 제106조제3항 전단에 따른 저작권신탁관리업자
2. 법 제106조제3항 전단에 따른 보상금수령단체
3. 「공공기관의 운영에 관한 법률」에 따른 공공기관
4. 그 밖에 문화체육관광부장관이 통합 징수 업무를 수행하기에 적합하다고 인정하는 법인, 기관 또는 단체
③ 법 제106조제3항 및 제4항에 따라 통합 징수를 하는 자는 징수 주기마다 징수가 끝난 후 60일 이내에 다음 각 호의 사항이 포함된 정산 결과를 같은 조 제4항에 따라 징수업무를 위탁한 저작권신탁관리업자 및 보상금수령단체에 통지하여야 한다.
1. 총징수액 및 단체별 징수액
2. 단체별 징수액의 세부내역
3. 단체별 징수액의 산출근거(저작물의 사용내역을 포함한다)
4. 정산 결과 지급하여야 하는 금액
④ 저작권신탁관리업자 및 보상금수령단체는 법 제106조제5항에 따라 위탁수수료를 지급하는 경우에는 법 제105조제8항 또는 이 영 제4조제3호에 따른 수수료에서 지급해야 하며, 저작재산권자나 그 밖의 관계자로부터 별도로 위탁수수료를 받아서는 안 된다.(2020.8.4 본항개정)
⑤ 법 제106조제5항에 따른 위탁수수료 지급 기준은 통합징수한 사용료 및 보상금의 범위에서 매년 저작권신탁관리업자 및 보상금수령단체와 같은 조 제4항에 따라 통합징수 업무를 위탁받은 자가 합의하여 정한다.(2023.12.12 본항개정)
(2016.9.21 본조신설)
제51조의3【운영의 공개】 ① 저작권신탁관리업자는 법 제106조제7항에 따라 매 사업연도 종료 후 3개월 이내에 같은 항 각 호의 사항을 다음 각 호의 방법으로 주된 사무소에 비치하고 인터넷 홈페이지를 통해 공개해야 한다. 이 경우 비치하거나 공개한 사항이 변경된 때에는 지체 없이 그 내용을 반영해야 한다.
1. 주된 사무소 안의 잘 보이는 곳에 비치할 것
2. 인터넷 홈페이지의 첫 화면 또는 첫 화면과의 연결화면을 통해 자료를 열람할 수 있도록 공개할 것
② 법 제106조제7항제2호에서 "임원보수 등 대통령령으로 정하는 사항"이란 다음 각 호의 사항을 말한다.
1. 상근 임원의 개인별 보수
2. 임원이 저작권신탁관리업자로부터 받은 소득세 과세대상이 되는 보수
3. 신탁자의 수 및 신탁관리하는 저작물등의 현황
4. 사용료 징수 및 분배 현황
5. 징수연도별 미분배금 현황
6. 예산 집행 현황
③ 법 제106조제7항제3호의 결산서에는 재무상태표, 손익계산서, 자본변동표 및 현금흐름표가 첨부되어야 한다.
④ 법 제106조제7항제5호에서 "대통령령으로 정하는 사항"이란 다음 각 호의 사항을 말한다.
1. 임원 현황(임원의 명단 및 임기를 포함한다)
2. 이사회·총회 안건 및 회의록
3. 법 제106조의2에 따른 이용허락 거부에 관한 사항
4. 법 제108조제3항에 따른 조사 결과
(2020.5.26 본조신설)
제52조【보고】 ① 법 제108조제1항에 따라 저작권신탁관리업자는 문화체육관광부령으로 정하는 바에 따라 매년 전년도의 사업실적 및 해당 연도의 사업계획을 보고하여야 한다.
② 저작권대리중개업자는 문화체육관광부령으로 정하는 바에 따라 매년 전년도 사업 실적을 보고하여야 한다.
③ 법 제108조제1항에 따라 저작권위탁관리업자는 다음 각 호의 사항을 매월 말일을 기준으로 작성하여 다음달 10일까지 문화체육관광부장관에게 보고하여야 한다. 다만, 보고 사항이 지난달과 같은 경우에는 그 사항에 한정하여 보고하지 아니할 수 있다.
1. 제50조 각 호에 따른 관리 저작물등의 목록
2. 신탁관리하거나 대리 또는 중개하는 저작물등의 권리정보
3. 저작권위탁관리업자의 연락처에 관한 정보
(2012.4.12 본항신설)
(2008.2.29 본조개정)
제52조의2【조사】 ① 법 제108조제3항에 따라 저작권위탁관리업자의 사무 및 재산상황을 조사하는 공무원은 그 권한을 표시하는 증표를 관계인에게 보여주어야 한다.
② 제1항에 따른 공무원은 필요한 범위에서 저작권위탁관리업자의 사무실에 출입하여 조사할 수 있다.
③ 법 제108조제4항에 따른 공인회계사 또는 관계 전문기관의 조사에 관하여는 제1항 및 제2항을 준용한다. 이 경우 "공무원"은 "공인회계사 또는 관계 전문기관"으로 본다.
(2020.5.26 본조신설)
제53조【업무정지의 세부기준】 법 제109조제1항에 따른 업무정지의 세부기준은 별표2와 같다.(2016.9.21 본조개정)
제54조【과징금의 부과 및 납부】 ① 문화체육관광부장관은 법 제111조제1항에 따라 과징금을 부과하려면 그 위반사실과 부과금액 등을 서면에 적어 과징금을 낼 것을 처분대상자에게 통지하여야 한다.(2008.2.29 본항개정)
② 제1항에 따라 통지를 받은 자는 통지를 받은 날부터 20일 이내에 문화체육관광부장관이 정하는 수납기관에 과징금을 내야 한다.(2023.12.12 단서삭제)
③ 제2항에 따라 과징금을 받은 수납기관은 그 납부자에게 영수증을 발급하여야 한다.
④ 과징금의 수납기관은 제2항에 따라 과징금을 받으면 지체 없이 그 사실을 문화체육관광부장관에게 통보하여야 한다.(2008.2.29 본항개정)
⑤ 문화체육관광부장관은 과징금의 부과·징수에 관한 사항을 기록·관리하여야 한다.(2008.2.29 본항개정)
⑥ 법 제111조제1항에 따른 과징금의 부과기준은 별표3과 같다.(2016.9.21 본항신설)
제55조【과징금의 사용절차】 문화체육관광부장관은 법 제111조제4항에 따라 매년 10월 31일까지 과징금 사용용도 및 방법 등에 관한 운용계획을 수립·시행하여야 한다.(2008.2.29 본조개정)
제56조【위원장과 부위원장】 ① 위원회의 위원장은 위원회를 대표하고 위원회의 업무를 총괄한다.(2009.7.22 본항개정)
② 부위원장은 위원장을 보좌하며 위원장이 부득이한 사유로 직무를 수행할 수 없을 때에는 위원장이 미리 지명한 부위원장이 그 직무를 대행한다.
제57조【회의소집 및 의결정족수】 ① 위원회의 위원장은 위원회를 소집하고 그 의장이 된다.
② 위원회의 회의는 재적위원 과반수의 출석으로 개의하고, 출석위원 3분의 2 이상의 찬성으로 의결한다.
③ (2012.7.4 삭제)
(2009.7.22 본조개정)
제57조의2【위원의 제척·기피·회피】 ① 위원회의 위원이 다음 각 호의 어느 하나에 해당하는 경우에는 위원회의 심의·조정·알선 및 의결(이하 "심의등"이라 한다)에서 제척(除斥)된다.(2016.9.21 본문개정)
1. 위원 또는 그 배우자나 배우자이었던 사람이 해당 안건의 당사자(당사자가 법인·단체 등인 경우에는 그 임원을 포함한다. 이하 이 호 및 제2호에서 같다)가 되거나 그 안건의 당사자와 공동권리자 또는 공동의무자인 경우
2. 위원이 해당 안건의 당사자와 친족이거나 친족이었던 경우
3. 위원이 해당 안건에 대하여 증언, 진술, 자문, 연구, 용역 또는 감정을 한 경우
4. 위원이나 위원이 속한 법인·단체 등이 해당 안건의 당사자의 대리인이거나 대리인이었던 경우
5. 위원이 해당 안건의 당사자의 임원 또는 직원으로 재직하고 있거나 재직하였던 경우
6. 위원이 해당 안건의 원인이 된 처분이나 부작위에 관여하고 있거나 관여하였던 경우
② 해당 안건의 당사자는 위원에게 공정한 심의등을 기대하기 어려운 사정이 있는 경우에는 위원회에 기피 신청을 할 수 있고, 위원회는 의결로 이를 결정한다. 이 경우 기피 신청의 대상인 위원은 그 의결에 참여하지 못한다.
③ 위원이 제1항 각 호에 따른 제척 사유에 해당하는 경우에는 스스로 해당 안건의 심의등에서 회피(回避)하여야 한다.
(2012.7.4 본조신설)
제57조의3【위원의 해촉】 문화체육관광부장관은 위원회의 위원이 다음 각 호의 어느 하나에 해당하는 경우에는 해당 위원을 해촉(解囑)할 수 있다.(2016.9.21 본문개정)
1. 심신장애로 인하여 직무를 수행할 수 없게 된 경우
2. 직무태만, 품위손상이나 그 밖의 사유로 인하여 위원으로 적합하지 아니하다고 인정되는 경우
3. 제57조의2제1항 각 호의 어느 하나에 해당하는 데에도 불구하고 회피하지 아니한 경우
(2012.7.4 본조신설)
제58조【위원의 대우 등】 ① 위원장을 제외한 위원회의 위원은 비상근으로 한다.(2009.7.22 본항개정)
② 상근위원에게는 보수를 지급하며, 비상근위원에게는 예산의 범위에서 업무의 수행에 필요한 실비를 지급할 수 있다.
③ 상근위원은 그 직무 외에 영리를 목적으로 하는 업무에 종사하지 못하며, 문화체육관광부장관의 승인없이 다른 직무를 겸할 수 없다.(2008.2.29 본항개정)
제59조【분과위원회의 구성 및 운영】 법 제112조의2제5항에 따른 분과위원회의 구성 및 운영 등에 필요한 사항은 위원회의 의결을 거쳐 위원회의 위원장이 정한다.
(2009.7.22 본조개정)
제59조의2【알선】 ① 법 제113조의2에 따라 분쟁에 관한 알선을 받으려는 자는 다음 각 호의 사항을 기재한 알선신청서를 위원회에 제출하여야 한다.
1. 당사자의 성명 및 주소(대리인이 있는 경우에는 그 대리인의 성명 및 주소를 포함한다)
2. 신청의 취지 및 이유
② 제1항에 따른 알선의 세부절차 등에 관하여 필요한 사항은 위원회의 의결을 거쳐 위원회의 위원장이 정한다.
(2009.7.22 본조신설)
제60조【조정부 구성 및 운영】 법 제114조에 따른 조정부는 3명의 위원으로 구성한다. 다만, 조정신청 금액이 500만원 이하인 사건에 대하여는 위원회의 위원장이 지정하는 1명의 위원이 조정 업무를 수행할 수 있다.
(2009.7.22 단서개정)
제61조【조정의 절차 등】 ① 법 제114조의2에 따른 분쟁의 조정을 신청하려는 자는 위원회가 정하는 바에 따라 조정신청서를 위원회에 제출하여야 한다.(2009.7.22 본항개정)
② 제1항에 따라 조정을 신청하는 자는 조정비용의 일부를 미리 납부하고, 조정이 성립된 경우에는 각 당사자가 나머지 조정비용을 납부하여야 한다. 이 경우 조정비용의 납부절차는 위원회의 의결을 거쳐 위원회의 위원장이 정한다.(2009.7.22 본항신설)
③ 위원장은 제1항에 따른 조정신청을 받으면 조정부를 지정하고, 조정신청서를 조정부에 회부하여야 한다.
④ 조정부는 조정안을 작성하여 당사자에게 제시하여야 한다. 다만, 조정이 성립되지 아니할 것이 명백한 경우에는 그러하지 아니하다.(2009.7.22 단서신설)
⑤ 조정부는 조정신청이 있는 날부터 3개월 이내에 조정하여야 한다. 다만, 특별한 사유가 있는 경우에는 양 당사자의 동의를 얻어 1개월의 범위에서 1회에 한하여 그 기간을 연장할 수 있다.
⑥ 법 제119조제1항제2호에 따른 감정이 실시되는 경우 감정기간은 제5항의 조정기간에 산입하지 아니한다.
(2009.7.22 본항신설)
제62조【출석의 요구 등】 ① 위원회는 분쟁의 조정을 위하여 필요하면 당사자, 그 대리인 또는 이해관계인의 출석을 요구하거나 관계서류의 제출을 요구할 수 있다.
(2009.7.22 본항개정)
② 제1항에 따라 출석을 요구하려면 7일 전에 당사자, 그 대리인 또는 이해관계인에게 서면으로 알려야 한다.
③ 위원회는 조정당사자 외의 자가 위원회의 출석요구에 응하여 출석하면 수당과 여비 등 실비를 지급할 수 있다.
(2009.7.22 본항개정)
④ 위원회는 조정에 관한 조서와 관계 기록을 관리·보존하여야 한다.(2009.7.22 본항개정)
제63조【조정의 불성립 등】 ① 다음 각 호의 어느 하나에 해당하는 경우에는 조정이 성립되지 않은 것으로 본다.
(2020.8.4 본문개정)
1. (2020.8.4 삭제)
2. 조정신청이 있는 날부터 제61조제5항에 따른 기간이 지난 경우(2009.7.22 본호개정)
3. 당사자 간에 합의가 성립되지 아니한 경우
4. 법 제117조제4항 전단에 따라 이의신청을 하는 경우
(2020.8.4 본호신설)
② 제1항에 따라 조정이 성립되지 아니한 경우에는 그 사유를 조서에 적어야 한다.
제64조【감정절차 및 방법 등】 ① 법 제119조제1항에 따라 감정을 요청하려는 자는 다음 각 호의 자료를 위원회에 제출하여야 한다.(2009.7.22 본문개정)
1. 감정 대상 저작물의 원본 또는 사본(2009.7.22 본호개정)
2. 침해에 관한 감정 요청의 경우에는 관련 저작물들의 유사성을 비교할 수 있는 자료
3. 그 밖에 위원회가 감정에 필요하다고 판단하여 요청하는 자료(2009.7.22 본호개정)
② 위원회는 감정을 하려면 감정전문위원회를 구성하여 공정하고 객관적으로 처리하여야 한다.(2009.7.22 본항개정)
③ 감정전문위원회에는 전문적인 감정을 위하여 상임전문위원을 둘 수 있다.
④ 감정전문위원회의 구성 및 감정의 절차 등과 관련하여 필요한 사항은 위원회에서 정한다.(2009.7.22 본항개정)
제65조【위원회의 조직 및 운영 등】 위원회의 조직 및 운영 등에 필요한 사항은 위원회의 의결을 거쳐 위원회의 위원장이 정한다. 다만, 조직·정원 및 보수에 관한 사항은 문화체육관광부장관의 승인을 받아야 한다.
(2009.7.22 본조개정)
제66조【저작권정보센터 조직 및 운영 등】 ① 법 제120조에 따른 저작권정보센터에는 저작권 정보제공 등을 위한 저작권거래소와 권리관리정보, 저작권 보호 및 유통지원을 위한 기술위원회를 둘 수 있다.
② 저작권정보센터는 다음 각 호의 업무를 수행한다.
1. 저작물 권리관리정보의 체계적인 수립·관리·활용을 위한 통합관리체계 구축 및 운영
2. 저작물 및 권리자를 식별할 수 있는 통합저작권번호체계의 개발, 관리 및 보급
3. 기술적 보호조치의 표준화에 관한 연구
4. 기술적 보호조치 표준이행에 대한 평가 및 이를 위한 표준 평가 도구 개발
5. 저작권 정보 기술에 관한 조사·연구
(2009.7.22 본조개정)
제67조【예산 및 결산 등】 ① 위원회 및 보호원은 매 사업연도 종료 전까지 다음 사업연도의 사업계획서와 예산안

을 작성하여 문화체육관광부장관에게 제출하여 승인을 받아야 한다.(2020.8.4 본항개정)
② 위원회 및 보호원은 사업연도마다 사업실적서와 결산서를 작성하여 그 사업연도 종료 후 60일 이내에 문화체육관광부장관에게 제출하여야 한다.
③ 문화체육관광부장관은 필요하다고 인정할 때에는 위원회 및 보호원으로 하여금 그 업무에 관한 보고를 하게 하거나 관계 자료를 제출하게 할 수 있다.
(2016.9.21 본조개정)
제67조의2【저작권보호심의위원회의 구성과 운영】 ① (2020.5.26 삭제)
② 법 제122조의6에 따른 저작권보호심의위원회(이하 "심의위원회"라 한다)의 위원장은 심의위원회를 대표하고, 그 업무를 총괄한다.(2020.5.26 본항개정)
③ 심의위원회의 위원에게는 예산의 범위에서 업무의 수행에 필요한 실비를 지급할 수 있다.
④ 이 영에서 규정한 사항 외에 심의위원회의 구성과 운영에 필요한 세부사항은 심의위원회의 의결을 거쳐 심의위원회의 위원장이 정한다.
(2016.9.21 본조신설)
제67조의3【심의위원회의 회의】 ① 심의위원회의 위원장은 심의위원회를 소집하고, 그 의장이 된다.
② 심의위원회의 회의는 재적위원 과반수의 출석으로 개의하고, 출석위원 3분의 2 이상의 찬성으로 의결한다.
(2016.9.21 본조신설)
제67조의4【심의위원회 위원의 제척·기피·회피】 ① 심의위원회의 위원이 다음 각 호의 어느 하나에 해당하는 경우에는 위원회의 심의·의결에서 제척된다.
1. 위원 또는 그 배우자나 배우자였던 사람이 해당 안건의 당사자(당사자가 법인·단체 등인 경우에는 그 임원을 포함한다. 이하 이 호 및 제2호에서 같다)가 되거나 그 안건의 당사자와 공동권리자 또는 공동의무자인 경우
2. 위원이 해당 안건의 당사자와 친족이거나 친족이었던 경우
3. 위원이 해당 안건에 대하여 증언, 진술, 자문, 연구, 용역 또는 감정을 한 경우
4. 위원이나 위원이 속한 법인·단체 등이 해당 안건의 당사자의 대리인이거나 대리인이었던 경우
5. 위원이 해당 안건의 당사자의 임원 또는 직원으로 재직하고 있거나 재직하였던 경우
6. 위원이 해당 안건의 원인이 된 처분이나 부작위에 관여하고 있거나 관여하였던 경우
② 해당 안건의 당사자는 심의위원회의 위원에게 공정한 심의·의결을 기대하기 어려운 사정이 있는 경우에는 심의위원회에 기피 신청을 할 수 있고, 심의위원회는 의결로 이를 결정한다. 이 경우 기피 신청의 대상인 위원은 그 의결에 참여하지 못한다.
③ 심의위원회의 위원이 제1항 각 호에 따른 제척 사유에 해당하는 경우에는 스스로 해당 안건의 심의·의결에서 회피하여야 한다.
(2016.9.21 본조신설)
제67조의5【심의위원회 위원의 해촉】 문화체육관광부장관은 심의위원회의 위원이 다음 각 호의 어느 하나에 해당하는 경우에는 해당 위원을 해촉할 수 있다.
1. 심신장애로 인하여 직무를 수행할 수 없게 된 경우
2. 직무와 관련된 비위(非違) 사실이 있는 경우
3. 직무태만, 품위손상이나 그 밖의 사유로 위원으로 적합하지 아니하다고 인정되는 경우
4. 제67조의4제1항 각 호의 어느 하나에 해당함에도 불구하고 회피하지 아니한 경우
5. 위원 스스로 직무를 수행하는 것이 곤란하다고 의사를 밝히는 경우
(2016.9.21 본조신설)
제68조【업무의 위탁】 ① 문화체육관광부장관은 법 제130조에 따라 다음 각 호의 업무를 위원회에 위탁한다.
(2020.5.26 본문개정)
1. 법 제35조의4제4항에 따른 보상금 결정 신청의 접수 및 같은 조 제5항에 따른 보상금의 결정·통보(2020.5.26 본호신설)
2. 법 제50조부터 제52조까지의 규정에 따른 저작물 이용의 승인 및 보상금의 기준 결정
3. (2020.8.4 삭제)
4. 법 제134조에 따른 건전한 저작물 이용 환경 조성 사업 중 제73조제1항제6호에 따른 저작물등의 권리자 찾기 사업 및 같은 조 제2항에 따른 권리자 찾기 정보시스템의 구축·운영(2012.4.12 본호신설)
5. 제18조제2항 각 호에 따른 저작물의 저작재산권자나 그의 거소를 찾기 위한 노력의 이행(2012.4.12 본호신설)
6. 제52조제3항에 따른 저작권위탁관리업자의 보고 사항 접수 및 처리(2012.4.12 본호신설)
② (2020.8.4 삭제)
③ 문화체육관광부장관은 법 제130조에 따라 법 제135조제1항에 따른 저작재산권자등의 권리를 기증받는 것에 관한 업무를 같은 조 제2항에 따라 지정받은 단체에 위탁한다.(2008.2.29 본항개정)
제69조【수거·폐기·삭제 절차와 방법】 ① 법 제133조제1항에 따라 수거·폐기·삭제를 하는 관계 공무원은 그 권한을 표시하는 증표를 지니고 이를 관계인에게 내보여야 한다.(2009.7.22 본항개정)
② 관계 공무원은 법 제133조제1항에 따라 복제물 등을 수거·폐기·삭제한 경우에는 그 소유자나 점유자에게 문화체육관광부령으로 정하는 바에 따라 수거확인증을 내주고, 수거·폐기·삭제대장에 그 내용을 기록하여야 한다.
(2009.7.22 본항개정)
③ 수거한 불법 복제물 등은 당사자가 이의를 제기하지 아니하면 수거한 날부터 3개월이 지나면 폐기할 수 있다. 다만, 저작물등의 기술적 보호조치를 무력하게 하기 위하여 제작된 기기·장치 및 프로그램은 수거한 날부터 6개월이 지나야 폐기할 수 있다.
(2009.7.22 본조제목개정)
제70조【수거·폐기·삭제 업무의 위탁 등】 ① 문화체육관광부장관은 법 제133조제2항에 따라 수거·폐기 업무를 다음 각 호의 단체에 위탁할 수 있다.(2008.2.29 본문개정)
1. 보호원(2016.9.21 본호개정)
2. (2016.9.21 삭제)
3. 그 밖에 불법 복제물 등의 수거·폐기·삭제 업무를 수행할 능력과 자격이 있다고 문화체육관광부장관이 인정하는 법인 또는 단체(2009.7.22 본호개정)
② 제1항에 따라 수거·폐기·삭제 업무를 하는 기관의 직원은 수거·폐기 업무를 할 때 문화체육관광부령으로 정하는 증표를 지니고 관계인에게 내보여야 한다.
(2009.7.22 본항개정)
(2009.7.22 본조제목개정)
제71조【수거·폐기·삭제를 위한 협조 요청 등】 법 제133조제3항에서 "관련 단체"란 다음 각 호의 단체를 말한다.
1. 저작권신탁관리업자
2. 저작권신탁관리업자를 주된 구성원으로 하는 단체
3. 저작물등의 창작 및 산업진흥을 목적으로 설립된 법인 또는 단체
(2009.7.22 본조제목개정)
제72조【정보통신망을 통한 불법복제물 삭제명령 등의 심의절차와 방법】 심의위원회는 법 제133조의2제1항에 따라 문화체육관광부장관으로부터 심의요청을 받으면 요청일부터 7일 이내에, 같은 조 제2항 및 제4항에 따라 문화체육관광부장관으로부터 심의요청을 받으면 요청일부터 14일 이내에 심의하고, 그 결과를 지체 없이 문화체육관광부장관에게 제출하여야 한다. 다만, 부득이한 사유로 인하여 그 기간 내에 심의를 할 수 없는 경우에는 2회에 한하여 그 기간을 연장할 수 있다.(2016.9.21 본문개정)
제72조의2【경고 또는 삭제 등의 명령의 절차와 방법】 문화체육관광부장관은 법 제133조의2제1항에 따라 온라인서비스제공자에게 불법복제물등의 복제·전송자에 대한 경고 또는 불법복제물등의 삭제·전송중단을 명하려면 문화체육관광부령으로 정하는 명령서를 작성하여 서면(전자문서를 포함한다. 이하 같다)으로 통지하여야 한다.
(2009.7.22 본조신설)
제72조의3【계정 정지 명령의 절차와 방법】 ① 심의위원회가 법 제133조의2제2항에 따라 심의를 하는 때에는 다음 각 호의 사항을 고려하여야 한다.(2016.9.21 본문개정)
1. 해당 복제·전송자의 상습성
2. 해당 복제·전송자가 복제·전송한 양
3. 게시한 불법복제물등의 종류 및 시장대체 가능성
4. 불법복제물등이 저작물등의 유통질서에 미치는 영향
② 문화체육관광부장관은 법 제133조의2제2항에 따라 온라인서비스제공자에게 해당 불법복제물등의 복제·전송자의 계정을 정지할 것을 명하려면 다음 각 호의 사항을 기재한 명령서를 작성하여 서면으로 통지하여야 한다.
1. 복제·전송자의 계정
2. 법 제133조의2제1항제1호에 따른 경고를 3회 이상 받은 사실
3. 법 제133조의2제1항제1호에 따른 경고를 3회 이상 받은 후 불법복제물등을 전송한 사실
4. 정지 기간
③ 법 제133조의2제2항에 따른 복제·전송자의 계정 정지 기간은 다음 각 호와 같다.
1. 첫 번째 정지하는 경우 1개월 미만
2. 두 번째 정지하는 경우 1개월 이상 3개월 미만
3. 세 번째 이상 정지하는 경우 3개월 이상 6개월 이내
④ 제2항의 명령서를 받은 온라인서비스제공자는 지체 없이 법 제133조의2제3항에 따라 해당 복제·전송자에게 제2항 각 호의 사항을 기재하여 서면으로 통지하여야 한다.
(2009.7.22 본조신설)
제72조의4【게시판 서비스 정지 명령의 절차와 방법】 ① 심의위원회가 법 제133조의2제4항에 따라 심의를 하는 때에는 다음 각 호의 사항을 고려하여야 한다.(2016.9.21 본문개정)
1. 해당 게시판의 영리성
2. 해당 게시판의 개설 취지
3. 해당 게시판의 기능과 이용 방법
4. 해당 게시판의 이용자 수
5. 불법복제물등이 차지하는 비율
6. 게시된 불법복제물등의 종류 및 시장대체 가능성
7. 해당 게시판의 불법복제물등의 차단 노력 정도
8. 불법복제물등의 게시 또는 이용에 편의를 제공하는 수준
② 문화체육관광부장관은 법 제133조의2제4항에 따라 온라인서비스제공자에게 해당 게시판의 서비스를 정지할 것을 명하려면 다음 각 호의 사항을 기재한 명령서를 작성하여 서면으로 통지하여야 한다.
1. 정지의 대상이 되는 게시판
2. 법 제133조의2제1항제2호에 따른 명령을 3회 이상 받은 사실
3. 위법 행위의 내용
4. 정지 기간
③ 법 제133조의2제4항에 따른 해당 게시판의 서비스의 정지 기간은 다음 각 호와 같다.
1. 첫 번째 정지하는 경우 1개월 미만
2. 두 번째 정지하는 경우 1개월 이상 3개월 미만
3. 세 번째 이상 정지하는 경우 3개월 이상 6개월 이내
④ 법 제133조의2제5항에 따라 온라인서비스제공자가 게시판 정지 사실을 게시하는 때에는 제2항 각 호의 사항을 기재하여 해당 게시판 이용자들이 쉽게 알 수 있도록 하여야 한다.
(2009.7.22 본조신설)
제72조의5【조치 결과 통보의 절차와 방법】 온라인서비스제공자는 법 제133조의2제6항에 따라 문화체육관광부령으로 정하는 조치결과 통보서에 다음 각 호의 사항을 기재하여 문화체육관광부장관에게 제출하여야 한다.
1. 명령에 따라 조치한 내용
2. 복제·전송자를 특정할 수 있는 정보(법 제133조의2제4항에 따른 명령의 경우는 제외한다)
3. 명령 이행 일자
(2009.7.22 본조신설)
제72조의6【시정권고 절차 등】 ① 심의위원회는 법 제133조의3제1항에 따라 보호원으로부터 심의 요청을 받은 경우에는 다음 각 호의 구분에 따른 기간 이내에 심의하고, 그 결과를 지체 없이 보호원에 통보하여야 한다. 다만, 부득이한 사유로 인하여 그 기간 내에 심의할 수 없는 경우에는 두 차례만 그 기간을 연장할 수 있다.
1. 법 제133조의3제1항제1호 및 제2호의 경우 : 요청일부터 7일
2. 법 제133조의3제1항제3호의 경우 : 요청일부터 14일
(2016.9.21 본항개정)
② 보호원은 법 제133조의3제1항에 따른 시정권고를 하려면 다음 각 호의 사항을 기재하여 서면으로 하여야 한다.
(2016.9.21 본문개정)
1. 위법 행위의 내용
2. 권고 사항
3. 시정 기한
4. 시정권고 수락거부 시의 조치
③ 제2항에 따른 시정권고의 통지를 받은 온라인서비스제공자는 다음 각 호의 사항을 기재하여 보호원에 서면으로 조치결과를 통보하여야 한다.(2016.9.21 본문개정)
1. 시정권고에 따라 조치한 내용
2. 시정권고 이행 일자
3. 시정권고의 수락을 거부하는 경우에는 그 사유
④ 심의위원회가 법 제133조의3제1항제3호를 심의하는 때에는 제72조의3제1항의 사항을 고려하여야 한다.
(2016.9.21 본항개정)
(2009.7.22 본조신설)
제73조【저작물의 공정한 이용을 위한 사업】 ① 법 제134조제1항에서 "저작물의 공정한 이용을 도모하기 위하여 필요한 사업"이란 다음 각 호의 사업을 말한다.
1. 보호기간이 끝난 저작물등에 대한 정보제공 등을 위하여 필요한 사업
2. 공공기관 저작물의 공동활용체계 구축사업
3. 표준계약서 개발 등 이용허락제도 개선을 위한 사업
4. 저작물의 공정이용기준 마련을 위한 지침 제정 및 권장 사업
5. 저작물등에 대한 이용허락표시제도 활성화 사업
6. 권리자가 불명인 저작물등의 이용 활성화를 위한 저작물등의 권리자 찾기 사업(2012.4.12 본호신설)
7. 그 밖에 문화체육관광부장관이 저작물의 공정한 이용을 위하여 필요하다고 인정하는 사업(2008.2.29 본호개정)
② 문화체육관광부장관은 제1항제6호에 따른 사업을 효율적으로 수행하기 위하여 권리자가 불명인 저작물등의 권리자 찾기 정보시스템을 구축·운영할 수 있다.
(2012.4.12 본항신설)
(2009.7.22 본조제목개정)
제74조 (2009.7.22 삭제)
제75조【기증 절차】 ① 법 제135조제1항에 따라 저작재산권 등을 기증하려는 자는 문화체육관광부령으로 정하는 저작재산권 등의 기증서약서와 기증저작물 등의 복제물을 문화체육관광부장관에게 제출하여야 한다.
② 제1항에 따라 기증을 받은 문화체육관광부장관은 기증저작물 등의 제호 및 기증자의 성명 등을 문화체육관광부령으로 정하는 바에 따라 관리대장에 적고 문화체육관광부 인터넷 홈페이지에 게시하여야 한다.(2009.7.22 본항개정)
(2008.2.29 본조개정)
제76조【관리단체의 지정 등】 ① 법 제135조제2항에 따라 저작재산권 등을 관리하는 단체로 지정받을 수 있는 단체(이하 "관리단체"라 한다)는 다음 각 호와 같다.
1. 위원회(2009.7.22 본호개정)
2. 저작권신탁관리업자
3. 저작권신탁관리업자를 주된 구성원으로 하는 단체
4. 그 밖에 기증된 저작재산권 등의 관리업무를 수행할 능력이 있다고 문화체육관광부장관이 인정하는 법인이나 단체(2008.2.29 본호개정)

② 제1항에 따라 관리단체로 지정받으려는 자는 문화체육관광부령으로 정하는 지정신청서에 다음 각 호의 서류를 첨부하여 문화체육관광부장관에게 제출하여야 한다.(2008.2.29 본문개정)
1. 기증된 저작재산권 등의 관리계획서
2. 기증된 저작재산권 등의 이용허락절차 및 활성화 계획을 기재한 서류
③ 제2항에 따라 신청서를 받은 문화체육관광부장관이 관리단체를 지정할 때에는 문화체육관광부령으로 정하는 바에 따라 관리단체 지정서를 발급하여야 한다.(2009.7.22 본항개정)
④ 문화체육관광부장관은 관리단체가 다음 각 호의 어느 하나에 해당하면 그 지정을 취소할 수 있다.(2008.2.29 본문개정)
1. 제1항에 따른 자격을 갖추지 못한 경우
2. 법 제135조제3항에 위배된 경우
⑤ 문화체육관광부장관은 관리단체를 지정하거나 그 지정을 취소한 경우에는 그 사실을 관보에 고시하여야 한다.(2008.2.29 본항개정)
⑥ 기증된 저작재산권 등의 관리업무와 관련하여 그 밖에 필요한 사항은 문화체육관광부장관이 정하여 고시한다.(2008.2.29 본항개정)
제76조의2【고유식별정보의 처리】 ① 문화체육관광부장관(제68조에 따라 문화체육관광부장관의 업무를 위탁받은 자를 포함한다)은 다음 각 호의 사무를 수행하기 위하여 불가피한 경우 「개인정보 보호법 시행령」 제19조제1호 또는 제4호에 따른 주민등록번호 또는 외국인등록번호가 포함된 자료를 처리할 수 있다.
1. 법 제50조부터 제52조까지의 규정(법 제89조에서 준용하는 경우를 포함한다)에 따른 저작물의 이용 승인에 관한 사무
2. (2020.8.4 삭제)
3. 법 제103조의3에 따른 정보 제공 청구에 관한 사무
4. 법 제105조에 따른 저작권신탁관리업의 허가 및 저작권대리중개업의 신고에 관한 사무
② 위원회는 다음 각 호의 사무를 수행하기 위하여 불가피한 경우 「개인정보 보호법 시행령」 제19조제1호 또는 제4호에 따른 주민등록번호 또는 외국인등록번호가 포함된 자료를 처리할 수 있다.
1. 법 제53조부터 제55조까지 및 제55조의3의 규정(법 제90조 및 제98조에서 준용하는 경우를 포함한다)에 따른 저작권 등록 등에 관한 사무
2. 법 제101조의7에 따른 프로그램의 임치에 관한 사무(2020.8.4 본항신설)
③ 법 제56조에 따라 지정된 인증기관은 인증 업무를 수행하기 위하여 불가피한 경우 「개인정보 보호법 시행령」 제19조제1호 또는 제4호에 따른 주민등록번호 또는 외국인등록번호가 포함된 자료를 처리할 수 있다.(2014.11.4 본조신설)
제76조의3【규제의 재검토】 ① 문화체육관광부장관은 제16조의2에 따른 문화시설의 범위에 대하여 2022년 1월 1일을 기준으로 5년마다(매 5년이 되는 해의 1월 1일 전까지를 말한다) 그 타당성을 검토하여 개선 등의 조치를 해야 한다.(2022.3.8 본항신설)
② 문화체육관광부장관은 제38조에 따른 저작재산권자의 표지에 수록되는 사항에 대하여 2017년 1월 1일을 기준으로 3년마다(매 3년이 되는 해의 1월 1일 전까지를 말한다) 그 타당성을 검토하여 개선 등의 조치를 해야 한다.(2022.3.8 본항개정)
제77조【과태료의 부과기준】 ① 법 제142조제1항에 따른 과태료의 부과기준은 별표4와 같다.
② 법 제142조제2항에 따른 과태료의 부과기준은 별표5와 같다.
(2016.9.21 본조개정)

부 칙 (2009.7.22)

제1조【시행일】 이 영은 2009년 7월 23일부터 시행한다. 다만, 제14조제2항의 개정규정은 2009년 9월 26일부터 시행한다.
제2조【다른 법령의 폐지】 컴퓨터프로그램 보호법 시행령은 폐지한다.
제3조【다른 법령의 개정】 ①~⑨ ※(해당 법령에 가제정리 하였음)
제4조【다른 법령과의 관계】 이 영 시행 당시 다른 법령에서 종전의 「컴퓨터프로그램 보호법 시행령」 또는 그 규정을 인용하고 있는 경우에는 이 영 또는 이 영의 해당 규정을 인용한 것으로 본다.

부 칙 (2011.6.30)

이 영은 「대한민국과 유럽연합 및 그 회원국 간의 자유무역협정」이 발효하는 날부터 시행한다.<2011.7.1 발효>

부 칙 (2011.12.2)

이 영은 「대한민국과 미합중국 간의 자유무역협정」이 발효하는 날부터 시행한다.<2012.3.15 발효>

부 칙 (2015.7.13)

제1조【시행일】 이 영은 공포한 날부터 시행한다.
제2조【정보통신망 정보검색도구를 이용한 저작재산권자 등의 검색에 관한 적용례】 제18조제1항제4호의 개정규정은 이 영 시행 이후 법 제50조제1항(법 제89조 및 제97조에 따라 준용되는 경우를 포함한다) 및 이 영 제19조에 따라 법정허락 승인을 신청하는 경우부터 적용한다.
제3조【법정허락 승인 신청에 관한 경과조치】 이 영 시행 전에 법 제50조제1항(법 제89조 및 제97조에 따라 준용되는 경우를 포함한다) 및 이 영 제19조에 따라 법정허락 승인을 신청한 경우에는 제18조제1항제3호나목, 같은 조 제2항제3호 및 제20조제1항제1호의 개정규정에도 불구하고 종전의 규정에 따른다.

부 칙 (2016.9.21)

제1조【시행일】 이 영은 2016년 9월 23일부터 시행한다.
제2조【과징금의 부과기준에 관한 경과조치】 이 영 시행 전의 위반행위에 대하여 과징금의 부과기준을 적용할 때에는 제54조제6항 및 별표3의 개정규정에도 불구하고 종전의 규정에 따른다.
제3조【다른 법령의 개정】 ①~④ ※(해당 법령에 가제정리 하였음)

부 칙 (2020.5.26)

제1조【시행일】 이 영은 2020년 5월 27일부터 시행한다.
제2조【결산서 작성에 관한 적용례】 제51조의3제3항의 개정규정은 2021년 1월 1일이 속하는 회계연도의 결산서를 작성하는 경우부터 적용한다.

부 칙 (2020.8.4)

이 영은 2020년 8월 5일부터 시행한다.

부 칙 (2021.12.16)

제1조【시행일】 이 영은 2022년 1월 13일부터 시행한다.
(이하 생략)

부 칙 (2022.3.8)

이 영은 공포한 날부터 시행한다.

부 칙 (2022.12.6)

제1조【시행일】 이 영은 2022년 12월 8일부터 시행한다.
(이하 생략)

부 칙 (2023.12.12)

제1조【시행일】 이 영은 공포한 날부터 시행한다.
제2조【통합 징수 업무 위탁수수료의 기준에 관한 경과조치】 이 영 시행 전에 법 제106조제4항에 따라 통합 징수 업무를 위탁하는 계약을 체결한 경우 해당 계약 만료일까지의 위탁수수료 기준에 관하여는 제51조의2제5항의 개정규정에도 불구하고 종전의 제51조의2제5항 및 별표1에 따른다.

〔별표〕 ➡ 「法典 別冊」 참조

(舊 : 문화재보호법)

문화유산의 보존 및 활용에 관한 법률(약칭 : 문화유산법)

(2010년 2월 4일 전부개정법률 제10000호)

개정
2011. 4. 6법10562호　2011. 7.14법10829호
2011. 8. 4법11037호(소방시설설치·유지및안전관리에관한법)
2011. 9.16법11053호　2012. 1.26법11228호
2014. 1.28법12352호　2014. 5.28법12692호
2015. 3.27법13249호
2015. 5.18법13291호(이북5도등에관한특별조치법)
2016. 2. 3법13964호
2016. 3.29법14113호(공항시설법)
2016.12.20법14436호　2017. 3.21법14640호
2017. 4.18법14795호(국토이용)
2017.11.28법15065호　2018. 6.12법15639호
2018.10.16법15827호　2018.12.24법16057호
2019.11.26법16596호　2020. 6. 9법17409호
2020.12. 8법17586호
2020.12. 8법17592호(피후견인결격정비)
2020.12.22법17711호　2021. 5.18법18157호
2021.11.30법18522호(소방시설설치및관리에관한법)
2022. 1.18법18770호　2022. 5. 3법18859호
2023. 3.21법19248호　2023. 8. 8법19590호
2023. 8. 8법19592호(법률용어정비)
2023. 9.14법19704호→2024년 9월 15일 시행이므로 「法典 別冊」 보유편 수록
2023.10.31법19796호→2024년 11월 1일 시행이므로 「法典 別冊」 보유편 수록
2024. 1. 9법19951호
2024. 1.23법20077호→2024년 7월 24일 시행하는 부분은 가제 수록하였고 2025년 1월 24일 시행하는 부분은 「法典 別冊」 보유편 수록
2024. 2. 6법20194호(자연유산의보존및활용에관한법)
2024년 1월 25일 제412회 국회 본회의 통과→「法典 別冊」 보유편 수록
2024년 1월 25일 제412회 국회 본회의 통과(정부조직)→「法典 別冊」 보유편 수록

제1장 총 칙

제1조【목적】 이 법은 문화유산을 보존하여 민족문화를 계승하고, 이를 활용할 수 있도록 함으로써 국민의 문화적 향상을 도모함과 아울러 인류문화의 발전에 기여함을 목적으로 한다.(2023.8.8 본조개정)
제2조【정의】 ① 이 법에서 "문화유산"이란 「국가유산기본법」 제3조제2호에 해당하는 다음 각 호의 것을 말한다.(2023.8.8 본문개정)
1. 유형문화유산 : 건조물, 전적(典籍 : 글과 그림을 기록하여 묶은 책), 서적(書跡), 고문서, 회화, 조각, 공예품 등 유형의 문화적 소산으로서 역사적·예술적 또는 학술적 가치가 큰 것과 이에 준하는 고고자료(考古資料)(2023.8.8 본호개정)
2. (2023.8.8 삭제)
3. 기념물 : 절터, 옛무덤, 조개무덤, 성터, 궁터, 가마터, 유물포함층 등의 사적지(史蹟地)와 특별히 기념이 될 만한 시설물로서 역사적·학술적 가치가 큰 것(2023.3.21 본문개정)
가.~다. (2023.3.21 삭제)
4. 민속문화유산 : 의식주, 생업, 신앙, 연중행사 등에 관한 풍속이나 관습에 사용되는 의복, 기구, 가옥 등으로서 국민생활의 변화를 이해하는 데 반드시 필요한 것(2023.8.8 본호개정)
② 이 법에서 "문화유산교육"이란 문화유산의 역사적·예술적·학술적·경관적 가치 습득을 통하여 문화유산 애호의식을 함양하고 민족 정체성을 확립하는 등에 기여하는 교육을 말하며, 문화유산교육의 구체적 범위와 유형은 대통령령으로 정한다.(2023.8.8 본항개정)
③ 이 법에서 "지정문화유산"이란 다음 각 호의 것을 말한다.
1. 국가지정문화유산 : 문화재청장이 제23조부터 제26조까지의 규정에 따라 지정한 문화유산
2. 시·도지정문화유산 : 특별시장·광역시장·특별자치시장·도지사 또는 특별자치도지사(이하 "시·도지사"라 한다)가 제70조제1항에 따라 지정한 문화유산
3. 문화유산자료 : 제1호나 제2호에 따라 지정되지 아니

한 문화유산 중 시・도지사가 제70조제2항에 따라 지정한 문화유산
(2023.8.8 본항개정)
④ 이 법에서 "등록문화유산"이란 지정문화유산이 아닌 문화유산 중에서 다음 각 호의 것을 말한다.
1. 국가등록문화유산 : 문화재청장이 제53조에 따라 등록한 문화유산
2. 시・도등록문화유산 : 시・도지사가 제70조제3항에 따라 등록한 문화유산
(2023.8.8 본항개정)
⑤ 이 법에서 "보호구역"이란 지상에 고정되어 있는 유형물이나 일정한 지역이 문화유산으로 지정된 경우에 해당 지정문화유산의 점유 면적을 제외한 지역으로서 그 지정문화유산을 보존・관리하거나 정비하기 위하여 지정된 구역을 말한다.(2024.1.23 본항개정)
⑥ 이 법에서 "보호물"이란 문화유산을 보호하기 위하여 지정한 건물이나 시설물을 말한다.(2023.8.8 본항개정)
⑦ 이 법에서 "역사문화환경"이란 문화유산 주변의 자연경관이나 역사적・문화적인 가치가 뛰어난 공간으로서 문화유산과 함께 보호할 필요성이 있는 주변 환경을 말한다.(2023.8.8 본항개정)
⑧ 이 법에서 "건설공사"란 토목공사, 건축공사, 조경공사 또는 토지나 해저의 원형변경이 수반되는 공사로서 대통령령으로 정하는 공사를 말한다.
⑨ 이 법에서 "국외소재문화유산"이란 외국에 소재하는 「국가유산기본법」 제3조제2호에 따른 문화유산(제39조제1항 단서 또는 제60조제1항 단서에 따라 반출된 문화유산은 제외한다)으로서 대한민국과 역사적・문화적으로 직접적 관련이 있는 것을 말한다.(2023.8.8 본항개정)
⑩ 이 법에서 "문화유산지능정보화"란 문화유산데이터의 생산・수집・분석・유통・활용 등에 문화유산지능정보기술을 적용・융합하여 문화유산의 보존・관리 및 활용을 효율화・고도화하는 것을 말한다.(2023.8.8 본항개정)
⑪ 이 법에서 "문화유산데이터"란 문화유산지능정보화를 위하여 정보처리능력을 갖춘 장치를 통하여 생성 또는 처리되어 기계에 의한 판독이 가능한 형태로 존재하는 정형 또는 비정형의 정보를 말한다.(2023.8.8 본항개정)
⑫ 이 법에서 "문화유산지능정보기술"이란 「지능정보화기본법」 제2조제4호에 따른 지능정보기술 중 문화유산의 보존・관리 및 활용을 위한 기술 또는 그 결합 및 활용기술을 말한다.(2023.8.8 본항개정)
⑬ 이 법에서 "문화유산디지털콘텐츠"란 문화유산 보존・관리 및 활용의 효용을 높이기 위하여 문화유산 기록 및 지식・정보・기술 등을 이용한 창작물로서 「문화산업진흥 기본법」 제2조제5호에 따른 디지털콘텐츠 및 같은 조 제7호에 따른 멀티미디어콘텐츠를 말한다.
(2024.1.9 본항신설)
제3조【문화유산보호의 기본원칙】 문화유산의 보존・관리 및 활용은 원형유지를 기본원칙으로 한다.(2023.8.8 본조개정)
제4조【국가와 지방자치단체 등의 책무】 ① 국가는 문화유산의 보존・관리 및 활용을 위한 종합적인 시책을 수립・추진하여야 한다.
② 지방자치단체는 국가의 시책과 지역적 특색을 고려하여 문화유산의 보존・관리 및 활용을 위한 시책을 수립・추진하여야 한다.
③ 국가와 지방자치단체는 각종 개발사업을 계획하고 시행하는 경우 문화유산이나 문화유산의 보호물・보호구역 및 역사문화환경이 훼손되지 아니하도록 노력하여야 한다.
④ 국민은 문화유산의 보존・관리를 위하여 국가와 지방자치단체의 시책에 적극 협조하여야 한다.
(2023.8.8 본조개정)
제5조【다른 법률과의 관계】 ① 문화유산의 보존・관리 및 활용에 관하여 다른 법률에 특별한 규정이 있는 경우를 제외하고는 이 법에서 정하는 바에 따른다.
② 지정문화유산(제32조에 따른 임시지정문화유산을 포함한다)의 수리・실측・설계・감리와 매장유산의 보호 및 조사에 관하여는 따로 법률로 정한다.
(2023.8.8 본조개정)

제2장 문화유산 보호 정책의 수립 및 추진
(2023.8.8 본장제목개정)

제6조【문화유산기본계획의 수립】 ① 문화재청장은 관계 중앙행정기관의 장 및 시・도지사와의 협의를 거쳐 문화유산의 보존・관리 및 활용을 위하여 다음 각 호의 사항이 포함된 종합적인 기본계획(이하 "기본계획"이라 한다)을 5년마다 수립하여야 한다.
1. 문화유산 보존에 관한 기본방향 및 목표
2. 이전의 기본계획에 관한 분석 평가
3. 문화유산 보수・정비 및 복원에 관한 사항
4. 문화유산의 역사문화환경 보호에 관한 사항
5. 문화유산 안전관리에 관한 사항
5의2. 문화유산 관련 시설 및 구역에서의 감염병 등에 대한 위생・방역 관리에 관한 사항
6. 문화유산 기록정보화에 관한 사항
6의2. 문화유산지능정보화에 관한 사항
6의3. 문화유산디지털콘텐츠에 관한 사항(2024.1.9 본호신설)
7. 문화유산 보존에 소요되는 재원의 조달에 관한 사항
7의2. 국외소재문화유산 환수 및 활용에 관한 사항
7의3. 남북한 간 문화유산 교류 협력에 관한 사항
7의4. 문화유산교육에 관한 사항
8. 문화유산의 보존・관리 및 활용 등을 위한 연구개발에 관한 사항
9. 그 밖에 문화유산의 보존・관리 및 활용에 필요한 사항
② 문화재청장은 기본계획을 수립하는 경우 대통령령으로 정하는 소유자, 관리자 또는 관리단체 및 관련전문가의 의견을 들어야 한다.
③ 문화재청장은 기본계획을 수립하면 이를 시・도지사에게 알리고, 관보(官報) 등에 고시하여야 한다.
④ 문화재청장은 기본계획을 수립하기 위하여 필요하면 시・도지사에게 관할구역의 문화유산에 대한 자료를 제출하도록 요청할 수 있다.
(2023.8.8 본조개정)
제6조의2【문화유산의 연구개발】 ① 문화재청장은 문화유산의 보존・관리 및 활용 등의 연구개발을 효율적으로 추진하기 위하여 고유연구 외에 공동연구 등을 실시할 수 있다.(2023.8.8 본항개정)
② 제1항에 따른 공동연구는 분야별 연구과제를 선정하여 대학, 산업체, 지방자치단체, 정부출연연구기관 등과 협약을 맺어 실시한다.
③ 문화재청장은 제2항에 따른 공동연구의 수행에 필요한 비용의 전부 또는 일부를 예산의 범위에서 출연하거나 지원할 수 있다.
④ 제2항에 따른 공동연구의 대상 사업이나 그 밖에 공동연구 수행에 필요한 사항은 대통령령으로 정한다.
(2023.8.8 본조제목개정)
(2017.3.21 본조신설)
제7조【문화유산 보존 시행계획 수립】 ① 문화재청장 및 시・도지사는 기본계획에 관한 연도별 시행계획(이하 "시행계획"이라 한다)을 수립・시행하여야 한다.
(2023.8.8 본항개정)
② 시・도지사는 해당 연도의 시행계획 및 전년도의 추진실적을 대통령령으로 정하는 바에 따라 매년 문화재청장에게 제출하여야 한다.
③ 문화재청장 및 시・도지사는 시행계획을 수립한 때에는 이를 공표하여야 한다.
④ 시행계획의 수립・시행 및 제3항에 따른 공표방법 등에 관하여 필요한 사항은 대통령령으로 정한다.
(2023.8.8 본조제목개정)
(2019.11.26 본조개정)
제7조의2【국회 보고】 문화재청장은 기본계획, 해당 연도 시행계획 및 전년도 추진실적을 확정한 후 지체 없이 국회 소관 상임위원회에 제출하여야 한다.(2023.8.8 본조개정)
제8조【문화유산위원회의 설치】 ① 문화유산의 보존・관리 및 활용에 관한 다음 각 호의 사항을 조사・심의하기 위하여 문화재청에 문화유산위원회를 둔다.(2023.8.8 본문개정)
1. 기본계획에 관한 사항
2. 국가지정문화유산의 지정과 그 해제에 관한 사항
3. 국가지정문화유산의 보호물 또는 보호구역 지정과 그 해제에 관한 사항
(2023.8.8 1호~3호개정)
4. (2015.3.27 삭제)
5. 국가지정문화유산의 현상변경에 관한 사항
6. 국가지정문화유산의 국외 반출에 관한 사항
7. 국가지정문화유산의 역사문화환경 보호에 관한 사항
8. 국가등록문화유산의 등록 및 등록 말소에 관한 사항
9. 매장유산의 발굴 및 평가에 관한 사항
10. 국가지정문화유산의 보존・관리에 관한 전문적 또는 기술적 사항으로서 중요하다고 인정되는 사항
11. 그 밖에 문화유산의 보존・관리 및 활용 등에 관하여 문화재청장이 심의에 부치는 사항
(2023.8.8 5호~11호개정)
② 문화유산위원회 위원은 다음 각 호의 어느 하나에 해당하는 사람 중에서 문화재청장이 위촉한다.
1. 「고등교육법」에 따른 대학에서 문화유산의 보존・관리 및 활용과 관련된 학과의 부교수 이상에 재직하거나 재직하였던 사람
2. 문화유산의 보존・관리 및 활용과 관련된 업무에 10년 이상 종사한 사람
3. 인류학・사회학・건축・도시계획・관광・환경・법률・종교・언론분야의 업무에 10년 이상 종사한 사람으로서 문화유산에 관한 지식과 경험이 풍부한 전문가
(2023.8.8 본항개정)
③ 제1항 각 호의 사항에 관하여 문화유산 종류별로 업무를 나누어 조사・심의하기 위하여 문화유산위원회에 분과위원회를 둘 수 있다.(2023.8.8 본항개정)
④ 제3항에 따른 분과위원회는 조사・심의 등을 위하여 필요한 경우 다른 분과위원회와 함께 위원회(이하 "합동분과위원회"라 한다)를 열 수 있다.
⑤ 분과위원회 또는 합동분과위원회에서 제1항제2호부터 제11호까지에 관하여 조사・심의한 사항은 문화유산위원회에서 조사・심의한 것으로 본다.(2023.8.8 본항개정)
⑥ 문화유산위원회, 분과위원회 및 합동분과위원회는 다음 각 호의 사항을 적은 회의록을 작성하여야 한다. 이 경우 필요하다고 인정되면 속기나 녹음 또는 녹화를 할 수 있다.(2023.8.8 전단개정)
1. 회의일시 및 장소
2. 출석위원
3. 심의내용 및 의결사항
⑦ 제6항에 따라 작성된 회의록은 공개하여야 한다. 다만, 특정인의 재산상의 이익에 영향을 미치거나 사생활의 비밀을 침해하는 등 대통령령으로 정하는 경우에는 해당 위원회의 의결로 공개하지 아니할 수 있다.(2017.11.28 본문개정)
⑧ 문화유산위원회, 분과위원회 및 합동분과위원회의 조직, 분장사항 및 운영 등에 필요한 사항은 대통령령으로 정한다.(2023.8.8 본항개정)
⑨ 문화유산위원회에는 문화재청장이나 각 분과위원회 위원장의 명을 받아 문화유산위원회의 심의사항에 관한 자료수집・조사 및 연구 등의 업무를 수행하는 비상근 전문위원을 둘 수 있다.(2023.8.8 본항개정)
⑩ 문화유산위원회 위원 및 전문위원의 수와 임기, 전문위원의 자격 등에 필요한 사항은 대통령령으로 정한다.
(2023.8.8 본항개정)
(2023.8.8 본조제목개정)
제9조 (2023.8.8 삭제)

제3장 문화유산 보호의 기반 조성
(2023.8.8 본장제목개정)

제10조【문화유산 기초조사】 ① 국가 및 지방자치단체는 문화유산의 멸실 방지 등을 위하여 현존하는 문화유산의 현황, 관리실태 등에 대하여 조사하고 그 기록을 작성할 수 있다.
② 문화재청장 및 지방자치단체의 장은 제1항에 따른 조사를 위하여 필요한 경우 직접 조사하거나 문화유산의 소유자, 관리자 또는 조사・발굴과 관련된 단체 등에 대하여 관련 자료의 제출을 요구할 수 있다.
③ 문화재청장 및 지방자치단체의 장은 지정문화유산이 아닌 문화유산에 대하여 조사를 할 경우에는 해당 문화유산의 소유자 또는 관리자의 사전 동의를 받아야 한다.
④ 문화유산 조사의 구체적인 절차와 방법 등에 관하여 필요한 사항은 대통령령으로 정한다.
(2023.8.8 본조개정)
제11조【문화유산 정보화의 촉진】 ① 문화재청장은 제10조에 따른 조사 자료와 그 밖의 문화유산 보존・관리에 필요한 자료를 효율적으로 활용하고, 국민이 문화유산 정보에 쉽게 접근하고 이용할 수 있도록 문화유산정보체계를 구축・운영하여야 한다.(2023.8.8 본항개정)
② 문화재청장은 제1항에 따른 문화유산정보체계 구축을 위하여 관계 중앙행정기관의 장 및 지방자치단체의 장과 박물관・연구소 등 관련 법인 및 단체의 장에게 필요한 자료의 제출을 요청할 수 있다. 이 경우 요청을 받은 자는 특별한 사유가 없으면 이에 따라야 한다.(2023.8.8 전단개정)
③ 문화재청장은 제2항에 따라 필요한 자료의 제출을 요청하는 경우 관계 중앙행정기관의 장 및 지방자치단체의 장 외의 자에 대하여는 정당한 대가를 지급할 수 있다.
(2017.11.28 본항신설)
④ 제1항에 따른 문화유산정보체계의 구축 범위・운영절차 및 그 밖에 필요한 사항은 대통령령으로 정한다.
(2023.8.8 본항개정)
(2023.8.8 본조제목개정)
제12조【건설공사 시의 문화유산 보호】 건설공사로 인하여 문화유산이 훼손, 멸실 또는 수몰(水沒)될 우려가 있거나 그 밖에 문화유산의 역사문화환경 보호를 위하여 필요한 때에는 그 건설공사의 시행자는 문화재청장의 지시에 따라 필요한 조치를 하여야 한다. 이 경우 그 조치에 필요한 경비는 그 건설공사의 시행자가 부담한다.
(2023.8.8 본조개정)
제13조【역사문화환경 보존지역의 보호】 ① 시・도지사는 지정문화유산(동산에 속하는 문화유산을 제외한다. 이하 이 조에서 같다)의 역사문화환경 보호를 위하여 문화재청장과 협의하여 조례로 역사문화환경 보존지역을 정하여야 한다.(2023.8.8 본항개정)
② 건설공사의 인가・허가 등을 담당하는 행정기관은 지정문화유산의 외곽경계(보호구역이 지정되어 있는 경우에는 보호구역의 경계를 말한다. 이하 이 조에서 같다)의 외부 지역에서 시행하려는 건설공사로서 제1항에 따라 시・도지사가 정한 역사문화환경 보존지역에서 시행하는 건설공사에 관하여는 그 공사에 관한 인가・허가 등을 하기 전에 해당 건설공사의 시행이 지정문화유산의 보존에 영향을 미칠 우려가 있는 행위에 해당하는지 여부를 검토하여야 한다. 이 경우 해당 행정기관은 대통령령으로 정하는 바에 따라 관계 전문가의 의견을 들어야 한다.
(2023.8.8 전단개정)
③ 역사문화환경 보존지역의 범위는 해당 지정문화유산의 역사적・예술적・학문적・경관적 가치와 그 주변 환경 및 그 밖에 문화유산 보호에 필요한 사항 등을 고려하여 그 외곽경계로부터 500미터 안으로 한다. 다만, 문화유산의 특성 및 입지여건 등으로 인하여 지정문화유산의 외곽경계로부터 500미터 밖에서 건설공사를 하게 되는 경우에 해당 공사가 문화유산에 영향을 미칠 것이 확실하다고 인정되면 500미터를 초과하여 범위를 정할 수 있다.(2023.8.8 본항개정)

④ 제27조제2항에 따라 지정된 보호구역이 조정된 경우 시·도지사는 지정문화유산의 보존에 영향을 미치지 않는다고 판단하면 문화재청장과 협의하여 제3항에 따라 정한 역사문화환경 보존지역의 범위를 기존의 범위대로 유지할 수 있다.(2023.8.8 본항개정)
⑤ 문화재청장이 국가지정문화유산을 지정하거나 시·도지사가 시·도지정문화유산 및 문화유산자료를 지정하면 그 지정 고시가 있는 날부터 6개월 안에 역사문화환경 보존지역에서 지정문화유산의 보존에 영향을 미칠 우려가 있는 행위에 관한 구체적인 행위기준을 정하여 고시하여야 한다.(2024.1.23 본항개정)
⑥ 제5항에 따른 구체적인 행위기준을 정하려는 경우 문화재청장은 시·도지사 또는 시장·군수·구청장(자치구의 구청장을 말한다. 이하 같다)에게, 시·도지사는 시장·군수·구청장에게 필요한 자료 또는 의견을 제출하도록 요구할 수 있다.(2019.11.26 본항개정)
⑦ 제5항에 따른 구체적인 행위기준이 고시된 지역에서 그 행위기준의 범위 안에서 행하여지는 건설공사에 관하여는 제2항에 따른 검토는 생략한다.(2019.11.26 본항개정)
⑧ 제6항에 따른 자료 또는 의견 제출절차 등에 필요한 세부 사항은 문화체육관광부령으로 정한다.(2019.11.26 본항개정)

제14조【화재등 방지 시책 수립과 교육훈련·홍보 실시 등】 ① 문화재청장과 시·도지사는 지정문화유산 및 등록문화유산의 화재, 재난 및 도난(이하 "화재등"이라 한다) 방지를 위하여 필요한 시책을 수립하고 이를 시행하여야 한다.
② 문화재청장과 지방자치단체의 장은 문화유산 소유자, 관리자 및 관리단체 등을 대상으로 문화유산 화재등에 대한 초기대응과 평상시 예방관리를 위한 교육 및 문화체육관광부령에 따른 화재등 대비 훈련을 실시하여야 한다.(2024.1.23 본항개정)
③ 문화재청장과 지방자치단체의 장은 제2항에 따른 화재등 대비훈련 결과를 토대로 문화유산 화재등의 방지를 위하여 필요한 조치를 하여야 한다.(2024.1.23 본항신설)
④ 문화재청장과 지방자치단체의 장은 문화유산 화재등의 방지를 위한 대국민 홍보를 실시하여야 한다.
(2024.1.23 본조제목개정)
(2023.8.8 본조개정)

제14조의2【화재등 대응매뉴얼 마련 등】 ① 문화재청장 및 시·도지사는 지정문화유산 및 등록문화유산의 특성에 따른 화재등 대응매뉴얼을 마련하고, 이를 그 소유자, 관리자 또는 관리단체가 사용할 수 있도록 조치하여야 한다.
② 제1항에 따른 매뉴얼에 포함되어야 할 사항, 매뉴얼을 마련하여야 하는 문화유산의 범위 및 매뉴얼의 정기적 점검·보완 등에 필요한 사항은 대통령령으로 정한다.
(2023.8.8 본조개정)

제14조의3【화재등 방지 시설 설치 등】 ① 지정문화유산의 소유자, 관리자 및 관리단체는 지정문화유산의 화재예방 및 진화를 위하여 「소방시설 설치 및 관리에 관한 법률」에서 정하는 기준에 따른 소방시설과 재난방지를 위한 시설을 설치하고 유지·관리하여야 하며, 지정문화유산의 도난방지를 위하여 문화체육관광부령으로 정하는 기준에 따라 도난방지장치를 설치하고 유지·관리하도록 노력하여야 한다.(2023.8.8 본항개정)
② 제1항의 시설을 설치하고 유지·관리하는 자는 해당 시설과 역사문화환경보존지역이 조화를 이루도록 하여야 한다.
③ 문화재청장 또는 지방자치단체의 장은 다음 각 호의 어느 하나에 해당하는 시설을 설치 또는 유지·관리하는 자에게 예산의 범위에서 그 소요비용의 전부나 일부를 보조할 수 있다.
1. 제1항에 따른 소방시설, 재난방지 시설 또는 도난방지장치
2. 제14조의4제2항에 따른 금연구역과 흡연구역의 표지
(2017.3.21 본조신설)

제14조의4【금연구역의 지정 등】 ① 지정문화유산 및 등록문화유산과 그 보호물·보호구역 및 보관시설(이하 이 조에서 "지정문화유산등"이라 한다)의 소유자, 관리자 또는 관리단체는 지정문화유산등 해당 시설 또는 지역 전체를 금연구역으로 지정하여야 한다. 다만, 주거용 건축물은 화재의 우려가 없는 경우에 한정하여 금연구역과 흡연구역을 구분하여 지정할 수 있다.(2023.8.8 본문개정)
② 지정문화유산등의 소유자, 관리자 또는 관리단체는 제1항에 따른 금연구역과 흡연구역을 알리는 표지를 설치하여야 한다.(2023.8.8 본항개정)
③ 시·도지사는 제2항을 위반한 자에 대하여 일정한 기간을 정하여 그 시정을 명할 수 있다.
④ 제2항에 따른 금연구역과 흡연구역을 알리는 표지의 설치 기준 및 방법 등은 문화체육관광부령 또는 시·도조례로 정한다.
⑤ 누구든지 제1항에 따른 금연구역에서 흡연을 하여서는 아니 된다.
(2017.3.21 본조신설)

제14조의5【관계 기관 협조 요청】 문화재청장 또는 지방자치단체의 장은 화재등 방지시설을 점검하거나, 화재등에 대비한 훈련을 하는 경우 또는 화재등에 대한 긴급대응이 필요한 경우에 다음 각 호의 어느 하나에 해당하는 기관 또는 단체의 장에게 필요한 장비 및 인력의 협조를 요청할 수 있으며, 요청을 받은 기관 및 단체의 장은 특별한 사유가 없으면 이에 협조하여야 한다.
1. 소방관서
2. 경찰관서
3. 「재난 및 안전관리 기본법」 제3조제5호의 재난관리책임기관
4. 그 밖에 대통령령으로 정하는 문화유산 보호 관련 기관 및 단체(2023.8.8 본호개정)
(2017.3.21 본조신설)

제14조의6【정보의 구축 및 관리】 ① 문화재청장은 화재등 문화유산 피해에 대하여 효과적으로 대응하기 위하여 문화유산 방재 관련 정보를 정기적으로 수집하여 이를 데이터베이스화하여 구축·관리하여야 한다. 이 경우 문화재청장은 구축된 정보가 항상 최신으로 유지될 수 있도록 하여야 한다.(2023.8.8 전단개정)
② 제1항에 따른 정보의 구축범위 및 운영절차 등 세부사항은 대통령령으로 정한다.
(2017.3.21 본조신설)

제15조【문화유산보호활동의 지원 등】 문화재청장은 문화유산을 보호·보급하거나 널리 알리기 위하여 필요하다고 인정되면 관련 단체를 지원·육성할 수 있다.
(2023.8.8 본조개정)

제15조의2【문화유산매매업자 교육】 문화재청장은 문화유산매매업자 등을 대상으로 문화유산매매업자가 준수하여야 할 사항과 문화유산 관련 소양 등에 관한 교육을 실시하여야 한다.(2023.8.8 본조개정)

제15조의3【장애인의 문화유산 접근성 향상을 위한 지원】 ① 문화재청장 또는 지방자치단체의 장은 장애인이 문화유산에 쉽게 접근할 수 있도록 점자표시, 안내보조등의 보조서비스 제공 및 편의시설 설치 등 필요한 시책을 마련하여야 한다.
② 지정문화유산의 소유자, 관리자 및 관리단체는 제1항의 시책에 따라 장애인 편의시설을 설치할 경우 해당 장애인 편의시설이 문화유산 및 역사문화환경 보존지역과 조화를 이루도록 하여야 한다.
③ 문화재청장 또는 지방자치단체의 장은 보조서비스를 제공하고 편의시설을 설치하는 지정문화유산의 소유자, 관리자 및 관리단체에게 예산의 범위에서 그 소요비용의 전부나 일부를 보조할 수 있다.
(2024.1.23 본조신설)

제16조【문화유산 전문인력의 양성】 ① 문화재청장은 문화유산의 보호 등을 위한 전문인력을 양성할 수 있다.
(2023.8.8 본항개정)
② 문화재청장은 제1항의 전문인력 양성을 위하여 필요하다고 인정하면 장학금을 지급할 수 있다.
③ 문화재청장은 제2항의 장학금(이하 "장학금"이라 한다)을 지급받고 있는 사람의 교육이나 연구 상황을 확인하기 위하여 필요하다고 인정하면 성적증명서나 연구실적보고서를 제출하도록 명할 수 있다.(2023.8.8 본항개정)
④ 장학금을 지급받고 있는 사람 또는 받은 사람은 수학이나 연구의 중단, 내용 변경 등 문화체육관광부령으로 정하는 사유가 발생하면 지체 없이 문화재청장에게 신고하여야 한다.(2023.8.8 본항개정)
⑤ 문화재청장은 수학이나 연구의 중단, 내용변경, 실적저조 등 문화체육관광부령으로 정하는 사유가 발생하면 장학금 지급을 중지하거나 반환을 명할 수 있다.
⑥ 제1항부터 제5항까지의 규정에 따른 장학금 지급 대상자, 장학금 지급 신청, 장학금 지급 중지 또는 반환 등에 필요한 사항은 문화체육관광부령으로 정한다.
(2023.8.8 본조제목개정)

제17조 (2023.8.8 삭제)

제17조의2 (2015.3.27 삭제)

제18조~제20조 (2023.8.8 삭제)

제21조【비상시의 문화유산보호】 ① 문화재청장은 전시·사변 또는 이에 준하는 비상사태 시 문화유산의 보호에 필요하다고 인정하면 국유문화유산과 국유 외의 지정문화유산 및 제32조에 따른 임시지정문화유산을 안전한 지역으로 이동·매몰 또는 그 밖에 필요한 조치를 하거나 해당 문화유산의 소유자, 보유자, 점유자, 관리자 또는 관리단체에 대하여 그 문화유산을 안전한 지역으로 이동·매몰 또는 그 밖에 필요한 조치를 하도록 명할 수 있다.(2023.8.8 본항개정)
② 문화재청장은 전시·사변 또는 이에 준하는 비상사태 시 문화유산 보호를 위하여 필요하면 제39조에도 불구하고 이를 국외로 반출할 수 있다. 이 경우에는 미리 국무회의의 심의를 거쳐야 한다.(2023.8.8 전단개정)
③ 제1항에 따른 조치 또는 명령의 이행으로 인하여 손실을 받은 자에 대한 보상에 관하여는 제46조를 준용한다. 다만, 전쟁의 피해 등 불가항력으로 인한 경우에는 예외로 한다.(2020.12.22 단서개정)
(2023.8.8 본조제목개정)

제22조【지원 요청】 문화재청장이나 그 명령을 받은 공무원은 제21조제1항의 조치를 위하여 필요하면 관계 기관의 장에게 필요한 지원을 요청할 수 있다.

제22조의2【문화유산교육의 진흥을 위한 정책의 추진】 국가와 지방자치단체는 문화유산교육의 진흥을 위하여 다음 각 호의 사항에 관한 정책을 수립하고 시행하기 위하여 노력하여야 한다.
1. 문화유산교육의 진흥을 위한 기반 구축
2. 문화유산교육 프로그램 및 교육자료의 개발·보급
3. 문화유산교육 관련 전문인력의 양성 및 지원
4. 「유아교육법」 제22조 및 「초·중등교육법」 제21조에 따른 교원에 대한 문화유산교육의 지원
5. 문화유산교육 진흥을 위한 재원조달 방안
6. 그 밖에 문화유산교육 진흥을 위하여 필요한 사항
(2023.8.8 본조개정)

제22조의3【문화유산교육의 실태조사】 ① 문화재청장은 문화유산교육 관련 정책의 수립·시행을 위하여 문화유산교육 현황 등에 대한 실태조사를 실시할 수 있다.
(2023.8.8 본항개정)
② 제1항의 실태조사의 범위와 방법, 그 밖에 필요한 사항은 대통령령으로 정한다.
(2023.8.8 본조제목개정)
(2019.11.26 본조신설)

제22조의4【문화유산교육지원센터의 지정 등】 ① 문화재청장은 지역 문화유산교육을 활성화하기 위하여 문화유산교육을 목적으로 하거나 문화유산교육을 실시할 능력이 있다고 인정되는 기관 또는 단체를 문화유산교육지원센터(이하 "지원센터"라 한다)로 지정할 수 있다.
(2023.8.8 본항개정)
② 지원센터는 다음 각 호의 사업을 수행한다.
1. 지역 문화유산교육 인력의 연수 및 활용
2. 지역 실정에 맞는 문화유산교육 프로그램 및 문화유산교육 교재의 개발과 운영
3. 지역 문화유산교육 관련 기관 또는 단체 간의 협력망 구축 및 운영
4. 소외계층 등 지역주민에 대한 문화유산교육
5. 지역 문화유산교육을 활성화하기 위하여 문화재청장이 위탁하는 사업
6. 그 밖에 지역 실정에 맞는 문화유산교육을 하기 위하여 필요한 사업
(2023.8.8 1호~6호개정)
③ 문화재청장은 제1항에 따라 지정된 지원센터가 다음 각 호의 어느 하나에 해당하는 경우에는 대통령령으로 정하는 바에 따라 그 지정을 취소하거나 6개월의 범위에서 그 업무의 정지를 명할 수 있다. 다만, 제1호에 해당하는 경우에는 그 지정을 취소하여야 한다.
1. 거짓이나 그 밖의 부정한 방법으로 지정을 받은 경우
2. 지정요건을 충족하지 못한 경우
3. 업무수행능력이 현저히 부족하다고 인정하는 경우
④ 문화재청장은 대통령령으로 정하는 바에 따라 문화유산교육에 관한 업무를 지원센터 및 그 밖에 대통령령으로 정하는 기관에 위탁할 수 있다.(2023.8.8 본항개정)
⑤ 국가 및 지방자치단체는 지원센터에 대하여 예산의 범위에서 사업 수행에 필요한 비용의 전부 또는 일부를 지원할 수 있다.
⑥ 그 밖에 지원센터의 지정요건 및 운영 등에 필요한 사항은 대통령령으로 정한다.
(2023.8.8 본조제목개정)
(2019.11.26 본조신설)

제22조의5【문화유산교육의 지원】 ① 국가 및 지방자치단체는 국민들의 문화유산에 대한 이해와 관심을 높이기 위하여 문화유산교육 내용의 연구·개발 및 문화유산교육 활동을 위한 시설·장비를 지원할 수 있다.
② 국가 및 지방자치단체는 문화유산교육의 지원을 위하여 예산의 범위에서 그 사업비의 전부 또는 일부를 보조할 수 있다.
(2023.8.8 본조개정)

제22조의6【문화유산교육 프로그램의 개발·보급 및 인증 등】 ① 문화재청장 및 지방자치단체는 모든 국민에게 다양한 문화유산교육의 기회를 제공하기 위하여 문화유산교육 프로그램을 개발·보급할 수 있다.(2023.8.8 본항개정)
② 문화유산교육 프로그램을 개발·운영하는 자는 문화재청장에게 문화유산교육 프로그램에 대한 인증을 신청할 수 있다.(2023.8.8 본항개정)
③ 문화재청장은 제2항에 따라 인증을 신청한 문화유산교육 프로그램이 교육내용·교육과목·교육시설 등 문화체육관광부령으로 정하는 인증기준에 부합하는 경우 이를 인증할 수 있다.(2023.8.8 본항개정)
④ 제3항에 따른 인증의 유효기간은 인증을 받은 날부터 3년으로 한다.
⑤ 제3항에 따라 인증을 받은 자는 해당 문화유산교육 프로그램에 대하여 문화체육관광부령으로 정하는 바에 따라 인증표시를 할 수 있다.(2023.8.8 본항개정)
⑥ 누구든지 제3항에 따른 인증을 받지 아니한 문화유산교육 프로그램에 대하여 제5항의 인증표시를 하거나 이와 유사한 표시를 하여서는 아니 된다.(2023.8.8 본항개정)
⑦ 그 밖에 문화유산교육 프로그램 인증에 필요한 사항은 문화체육관광부령으로 정한다.(2023.8.8 본항개정)
(2023.8.8 본조제목개정)
(2019.11.26 본조신설)

제22조의7【문화유산교육 프로그램 인증의 취소】 문화재청장은 제22조의6제3항에 따라 인증한 문화유산교육 프로그램이 다음 각 호의 어느 하나에 해당하는 경우에는 그 인증을 취소할 수 있다. 다만, 제1호에 해당하는 경우에는 이를 취소하여야 한다.(2023.8.8 본문개정)

1. 거짓이나 그 밖의 부정한 방법으로 인증 받은 경우
2. 제22조의6제3항에 따른 인증기준에 적합하지 아니한 경우
(2023.8.8 본조제목개정)
(2019.11.26 본조신설)

제22조의8【지정문화유산 등의 기증】 ① 지정문화유산 및 등록문화유산의 소유자는 문화재청에 해당 문화유산을 기증할 수 있다.(2023.8.8 본항개정)
② 문화재청장은 제1항에 따라 문화유산을 기증받는 경우에는 제3항에 따라 설치된 문화유산수증심의위원회의 심의를 거쳐 수증여부를 결정하여야 한다.(2023.8.8 본항개정)
③ 지정문화유산 및 등록문화유산의 소유자가 기증하는 문화유산의 수증 여부를 결정하기 위하여 문화재청에 문화유산수증심의위원회를 두며, 문화유산수증심의위원회의 구성 및 운영 등에 필요한 사항은 대통령령으로 정한다.(2023.8.8 본항개정)
④ 문화재청장은 제1항에 따른 문화유산의 기증이 있을 때에는 「기부금품의 모집 및 사용에 관한 법률」에도 불구하고 이를 접수할 수 있다.(2023.8.8 본항개정)
⑤ 문화재청장은 제1항에 따른 기증에 현저한 공로가 있는 자에 대하여 시상(施賞)을 하거나 「상훈법」에 따른 서훈을 추천할 수 있으며, 문화유산 관련 전시회 개최 등의 예우를 할 수 있다.(2023.8.8 본항개정)
⑥ 제1항에 따른 기증의 절차, 관리·운영방법 및 제5항에 따른 추천 및 예우 등에 필요한 사항은 문화체육관광부령으로 정한다.
(2023.8.8 본조제목개정)
(2020.6.9 본조신설)

제3장의2 문화유산지능정보화 기반 구축
(2023.8.8 본장제목개정)

제22조의9【문화유산지능정보화 정책의 추진】 ① 문화재청장은 객관적이고 과학적인 문화유산의 보존·관리 및 활용 등을 위하여 문화유산지능정보화 정책을 수립하고 시행하여야 한다.
② 제1항에 따른 문화유산지능정보화 정책의 수립·시행 등에 관하여 필요한 사항은 대통령령으로 정한다.
(2023.8.8 본조개정)

제22조의10【문화유산데이터 관련 사업의 추진】 ① 문화재청장은 문화유산지능정보화의 효율적 추진을 위하여 다음 각 호의 사업을 추진할 수 있다.
1. 문화유산데이터의 생산·수집·저장·가공·분석·제공 및 활용
2. 문화유산데이터의 이용 활성화 및 유통체계 구축
3. 문화유산데이터에 관한 기술개발의 추진
4. 문화유산데이터의 표준화 및 품질제고
5. 그 밖에 문화유산데이터의 생산·수집·분석·유통·활용 등에 필요한 사항
(2023.8.8 본항개정)
② 문화재청장은 제1항에 따라 관리하는 문화유산데이터에 대한 메타데이터(데이터의 체계적인 관리와 편리한 검색 및 활용을 위하여 데이터의 구조, 속성, 특성, 이력 등을 표현한 자료를 말한다. 이하 같다) 및 데이터관계도(데이터 간의 관계를 나타낸 그림을 말한다)를 체계적으로 관리하여야 한다.(2023.8.8 본항개정)
③ 문화재청장은 문화유산데이터의 효율적 관리를 위하여 전문인력을 양성하거나 국가기관, 지방자치단체 및 대학 등과 연계하여 공동활용체계를 구축하고, 이를 지원·육성할 수 있다.(2023.8.8 본항개정)
④ 제3항에 따른 대상·내용 및 방법 등에 관하여 필요한 사항은 대통령령으로 정한다.
(2023.8.8 본조제목개정)

제22조의11【문화유산지능정보기술의 개발 등】 ① 문화재청장은 문화유산지능정보화의 효율적 추진을 위하여 다음 각 호의 사업을 추진할 수 있다.
1. 문화유산지능정보기술의 개발 및 보급
2. 문화유산지능정보기술의 표준화
3. 문화유산지능정보기술 개발에 필요한 데이터의 수집·분석·가공
4. 문화유산지능정보기술의 관리 및 활용을 위한 정보체계의 구축·운영
5. 그 밖에 문화유산지능정보기술의 개발·관리·활용 등에 필요한 사항
(2023.8.8 본항개정)
② 문화재청장은 문화유산지능정보기술의 지속적 발전을 위하여 문화유산지능정보기술을 개발하는 대학, 정부출연연구기관, 법인 또는 단체(이하 "대학등"이라 한다)와 협력체계를 구축하고, 예산의 범위에서 지원할 수 있다.(2023.8.8 본항개정)
③ 제2항에 따른 지원의 대상·내용 및 방법 등에 관하여 필요한 사항은 대통령령으로 정한다.
(2023.8.8 본조제목개정)

제22조의12【문화유산지능정보서비스플랫폼의 구축·운영】 ① 문화재청장은 문화유산지능정보화의 추진을 위하여 다음 각 호의 사항을 포함한 문화유산지능정보서비스플랫폼을 구축·운영하여야 한다.
1. 문화유산데이터 및 메타데이터의 체계적인 관리
2. 문화유산지능정보기술의 개발·관리·활용 등
3. 문화유산데이터 및 메타데이터의 분석 등을 통한 문화유산 보존·관리 및 활용 관련 정책 수립, 의사결정 지원, 관련 산업 지원, 문화유산 활용 활성화 지원 등
4. 그 밖에 문화유산지능정보서비스플랫폼 구축·운영에 필요한 사항
(2023.8.8 본항개정)
② 문화재청장은 문화유산지능정보서비스플랫폼의 구축을 위하여 필요한 경우 계약 또는 업무협약 등을 통하여 대학등에 해당 대학등이 생성하거나 취득하여 관리하는 데이터를 제공하여 줄 것을 요청할 수 있다.(2023.8.8 본항개정)
③ 문화재청장은 문화유산지능정보서비스플랫폼의 효율적 운영을 위하여 국가기관, 지방자치단체 및 대학등에서 구축·운영하고 있는 데이터 관리에 관한 시스템을 상호 연계할 수 있다. 이 경우 해당 국가기관, 지방자치단체 및 대학등의 장과 사전에 협의하여야 한다.(2023.8.8 전단개정)
④ 제2항에 따른 계약 또는 업무협약의 내용 및 절차, 제3항에 따른 시스템의 상호 연계 및 사전 협의에 필요한 사항은 대통령령으로 정한다.
(2023.8.8 본조제목개정)

제22조의13【업무의 위탁】 ① 문화재청장은 제22조의10제1항·제2항, 제22조의11제1항 및 제22조의12제1항의 업무를 대통령령으로 정하는 바에 따라 법인 또는 단체에 위탁할 수 있다.
② 문화재청장은 제1항에 따라 업무를 위탁받은 법인 또는 단체가 해당 업무를 원활하게 수행할 수 있도록 필요한 지원을 할 수 있다.

제3장의3 문화유산디지털콘텐츠의 보급 활성화
(2024.1.9 본장신설)

제22조의14【문화유산디지털콘텐츠 정책의 추진】 ① 국가와 지방자치단체는 문화유산디지털콘텐츠의 수집·개발·활용 등 보급 활성화를 위한 정책을 수립하고 추진하여야 한다.
② 제1항에 따른 정책을 수립·추진할 때에는 다음 각 호의 원칙에 따라야 한다.
1. 모든 국민이 문화유산디지털콘텐츠를 이용·활용할 수 있도록 노력할 것
2. 지식재산권 등 타인의 권리를 침해하지 아니할 것
3. 개인정보의 보호 및 안전을 확보할 것
③ 문화재청장은 문화유산디지털콘텐츠 관련 정책을 효과적으로 수립·추진하기 위하여 국민, 대학, 법인 및 단체를 대상으로 문화유산디지털콘텐츠의 이용수요, 이용현황, 애로사항 등을 조사할 수 있다.

제22조의15【문화유산디지털콘텐츠의 수집】 ① 문화재청장은 문화유산디지털콘텐츠의 수집을 위하여 문화유산디지털콘텐츠의 소유자 또는 관리자에게 그 소유·관리 목록의 제출을 요청할 수 있다.
② 문화재청장은 이용 활성화의 가치가 높다고 인정되는 문화유산디지털콘텐츠를 그 권리자와의 협의를 통하여 제공받거나 정당한 대가를 지급하여 구입할 수 있다.
③ 제1항 및 제2항에 따른 문화유산디지털콘텐츠의 수집 등에 필요한 사항은 대통령령으로 정한다.

제22조의16【문화유산디지털콘텐츠의 개발】 ① 문화재청장은 문화유산디지털콘텐츠의 개발을 위하여 다음 각 호의 사업을 추진할 수 있다.
1. 문화유산디지털콘텐츠 관련 기술의 연구 및 기술수준에 관한 조사
2. 문화유산디지털콘텐츠의 제작 및 개발
3. 그 밖에 문화유산디지털콘텐츠의 개발을 위하여 필요한 사항
② 문화재청장은 문화유산디지털콘텐츠를 제작 또는 개발하는 대학·법인 또는 단체 등을 예산의 범위에서 지원할 수 있다.
③ 제2항에 따른 지원의 대상·절차 등에 관하여 필요한 사항은 대통령령으로 정한다.

제22조의17【문화유산디지털콘텐츠의 공공정보 이용촉진】 ① 문화재청장과 지방자치단체의 장은 보유·관리하는 정보 중 「공공기관의 정보공개에 관한 법률」 제9조에 따른 비공개 대상 정보를 제외한 정보(이하 "공공정보"라 한다)를 공개하는 때에는 대학이나 법인 또는 단체 등으로 하여금 해당 정보를 문화유산디지털콘텐츠 제작·개발에 이용하도록 할 수 있다. 이 경우 「저작권법」에 따라 이용허락이 필요한 경우에는 미리 이용허락을 받아야 한다.
② 문화재청장과 지방자치단체의 장은 제1항에 따른 공공정보의 이용 촉진을 위하여 대통령령으로 정하는 바에 따라 그 이용 조건·방법 등을 정하고 이를 공개하여야 한다.

제22조의18【문화유산디지털콘텐츠의 협동개발·연구촉진】 ① 문화재청장은 문화유산디지털콘텐츠의 개발·연구를 위하여 인력, 시설, 기자재, 자금 및 정보 등의 공동활용을 통한 협동개발과 협동연구를 촉진시킬 수 있도록 노력하여야 한다.
② 문화재청장은 제1항에 따른 협동개발과 협동연구를 추진하는 자에 대하여 그 소요되는 비용의 전부 또는 일부를 지원할 수 있다.

제22조의19【문화유산디지털콘텐츠의 이용 활성화】 문화재청장은 문화유산디지털콘텐츠 이용 활성화를 위하여 다음 각 호의 사업을 추진할 수 있다.
1. 제22조의20에 따른 문화유산디지털콘텐츠플랫폼의 구축 및 운영
2. 영상 문화유산디지털콘텐츠의 개발·보급을 위한 방송채널 운영
3. 문화유산디지털콘텐츠 이용을 위한 공간 조성 및 운영
4. 문화유산디지털콘텐츠 이용 활성화를 위한 포럼 및 세미나 개최
5. 그 밖에 문화유산디지털콘텐츠의 이용 활성화에 필요한 사업

제22조의20【문화유산디지털콘텐츠플랫폼의 구축·운영】 ① 문화재청장은 모든 국민이 문화유산디지털콘텐츠를 자유롭게 이용·활용 및 공유할 수 있도록 문화유산디지털콘텐츠플랫폼을 구축·운영할 수 있다.
② 문화재청장은 관계 중앙행정기관의 장 및 지방자치단체의 장에게 문화유산디지털콘텐츠플랫폼의 구축과 운영에 필요한 문화유산디지털콘텐츠의 연계·제공 등의 협력을 요청할 수 있다.
③ 그 밖에 문화유산디지털콘텐츠플랫폼의 구축·운영과 이용·활용의 촉진 등에 필요한 사항은 대통령령으로 정한다.

제22조의21【문화유산디지털콘텐츠의 복제 등】 ① 문화재청장은 제22조의20에 따른 문화유산디지털콘텐츠플랫폼의 문화유산디지털콘텐츠 전부 또는 일부를 복제 또는 간행하여 판매 또는 배포하거나 이용자에게 복제 또는 출력하여 제공할 수 있다. 다만, 다른 법령에서 제공이 금지되거나 「저작권법」에 따라 보호되는 권리에 대한 이용허락이 없는 문화유산디지털콘텐츠는 그러하지 아니하다.
② 문화재청장은 대통령령으로 정하는 바에 따라 문화유산디지털콘텐츠플랫폼의 문화유산디지털콘텐츠를 복제 또는 출력하여 활용하려는 이용자로부터 수수료를 받을 수 있다.

제22조의22【업무의 위탁】 ① 문화재청장은 제22조의20에 따른 문화유산디지털콘텐츠플랫폼의 운영 업무를 대통령령으로 정하는 바에 따라 법인 또는 단체에 위탁할 수 있다.
② 문화재청장은 제1항에 따라 업무를 위탁받은 법인 또는 단체가 해당 업무를 원활하게 수행할 수 있도록 필요한 행정적·재정적 지원을 할 수 있다.

제22조의23【문화유산디지털콘텐츠의 국제협력】 문화재청장은 문화유산디지털콘텐츠의 이용 활성화 등에 관한 국제적 동향을 파악하고, 다음 각 호에 관한 국제협력을 추진할 수 있다.
1. 문화유산디지털콘텐츠 관련 기술과 인력의 국제교류 지원
2. 문화유산디지털콘텐츠 국제표준화와 국제공동연구개발사업 등의 지원
3. 문화유산디지털콘텐츠와 관련된 민간부문의 국제협력 지원
4. 그 밖에 문화유산디지털콘텐츠의 국제협력을 위하여 필요한 사항

제22조의24【문화유산디지털콘텐츠 소외계층 지원】 문화재청장은 경제적·지역적·신체적 또는 사회적 여건으로 인하여 문화유산디지털콘텐츠에 자유롭게 접근하거나 문화유산디지털콘텐츠를 이용하기 어려운 사회적 약자들이 편리하게 문화유산디지털콘텐츠를 이용할 수 있도록 필요한 시책을 수립·시행하여야 한다.

제4장 국가지정문화유산
(2023.8.8 본장제목개정)

제1절 지 정

제23조【보물 및 국보의 지정】 ① 문화재청장은 문화유산위원회의 심의를 거쳐 유형문화유산 중 중요한 것을 보물로 지정할 수 있다.(2023.8.8 본항개정)
② 문화재청장은 제1항의 보물에 해당하는 문화유산 중 인류문화의 관점에서 볼 때 그 가치가 크고 유례가 드문 것을 문화유산위원회의 심의를 거쳐 국보로 지정할 수 있다.(2023.8.8 본항개정)
③ 제1항과 제2항에 따른 보물과 국보의 지정기준과 절차 등에 필요한 사항은 대통령령으로 정한다.

제24조 (2023.8.8 삭제)

제25조【사적의 지정】 ① 문화재청장은 문화유산위원회의 심의를 거쳐 기념물 중 중요한 것을 사적으로 지정할 수 있다.
② 제1항에 따른 사적의 지정기준과 절차 등에 필요한 사항은 대통령령으로 정한다.
(2023.8.8 본조개정)

제26조【국가민속문화유산 지정】 ① 문화재청장은 문화유산위원회의 심의를 거쳐 민속문화유산 중 중요한 것을 국가민속문화유산으로 지정할 수 있다.
② 제1항에 따른 국가민속문화유산의 지정기준과 절차 등에 필요한 사항은 대통령령으로 정한다.
(2023.8.8 본조개정)

제27조【보호물 또는 보호구역의 지정】① 문화재청장은 제23조·제25조 또는 제26조에 따른 지정을 할 때 문화유산 보호를 위하여 특히 필요하면 이를 위한 보호물 또는 보호구역을 지정할 수 있다.(2023.8.8 본항개정)
② 문화재청장은 인위적 또는 자연적 조건의 변화 등으로 인하여 조정이 필요하다고 인정하면 제1항에 따라 지정된 보호물 또는 보호구역을 조정할 수 있다.
③ 문화재청장은 제1항 및 제2항에 따라 보호물 또는 보호구역을 지정하거나 조정한 때에는 지정 또는 조정 후 매 10년이 되는 날 이전에 다음 각 호의 사항을 고려하여 그 지정 및 조정의 적정성을 검토하여야 한다. 다만, 특별한 사정으로 인하여 적정성을 검토하여야 할 시기에 이를 할 수 없는 경우에는 대통령령으로 정하는 기간까지 그 검토시기를 연기할 수 있다.
1. 해당 문화유산의 보존가치(2023.8.8 본호개정)
2. 보호물 또는 보호구역의 지정이 재산권 행사에 미치는 영향
3. 보호물 또는 보호구역의 주변 환경
④ 제1항부터 제3항까지의 규정에 따른 지정, 조정 및 적정성 검토 등에 필요한 사항은 대통령령으로 정한다.
제28조【지정의 고시 및 통지】① 문화재청장이 제23조, 제25조부터 제27조까지의 규정에 따라 국가지정문화유산(보호물과 보호구역을 포함한다)를 지정하면 그 취지를 관보에 고시하고, 지체 없이 해당 문화유산의 소유자에게 알려야 한다.
② 제1항의 경우 그 문화유산의 소유자가 없거나 분명하지 아니하면 그 점유자 또는 관리자에게 이를 알려야 한다.
(2023.8.8 본조개정)
제29조【지정서의 교부】① 문화재청장은 제23조나 제26조에 따라 국보, 보물 또는 국가민속문화유산을 지정하면 그 소유자에게 해당 문화유산의 지정서를 내주어야 한다.(2023.8.8 본항개정)
② (2015.3.27 삭제)
(2015.3.27 본조제목개정)
제30조【지정의 효력 발생 시기】제23조, 제25조부터 제27조까지의 규정에 따른 지정은 그 문화유산의 소유자, 점유자 또는 관리자에 대하여는 관보에 고시한 날부터 그 효력을 발생한다.(2023.8.8 본조개정)
제31조【지정의 해제】① 문화재청장은 제23조·제25조 또는 제26조에 따라 지정된 문화유산이 국가지정문화유산으로서의 가치를 상실하거나 가치평가를 통하여 지정을 해제할 필요가 있을 때에는 문화유산위원회의 심의를 거쳐 그 지정을 해제할 수 있다.(2023.8.8 본항개정)
②~③ (2015.3.27 삭제)
④ 문화재청장은 제27조제3항에 따른 검토 결과 보호물 또는 보호구역 지정이 적정하지 아니하거나 그 밖에 특별한 사유가 있으면 보호물 또는 보호구역 지정을 해제하거나 그 범위를 조정하여야 한다. 국가지정문화유산 지정이 해제된 경우에는 지체 없이 해당 문화유산의 보호물 또는 보호구역 지정을 해제하여야 한다.(2023.8.8 후단개정)
⑤ 제1항 및 제4항에 따른 문화유산 지정의 해제에 관한 고시 및 통지와 그 효력 발생시기에 관하여는 제28조 및 제30조를 준용한다.(2023.8.8 본항개정)
⑥ 국보, 보물 또는 국가민속문화유산의 소유자가 제5항과 제28조에 따른 해제 통지를 받으면 그 통지를 받은 날부터 30일 이내에 해당 문화유산 지정서를 문화재청장에게 반납하여야 한다.(2023.8.8 본항개정)
⑦ (2015.3.27 삭제)
(2015.3.27 본조제목개정)
제32조【임시지정】① 문화재청장은 제23조·제25조 또는 제26조에 따라 지정할 만한 가치가 있다고 인정되는 문화유산이 지정 전에 원형보존을 위한 긴급한 필요가 있고 문화유산위원회의 심의를 거칠 시간적 여유가 없으면 중요문화유산으로 임시지정할 수 있다.(2023.8.8 본항개정)
② 제1항에 따른 임시지정의 효력은 임시지정된 문화유산(이하 "임시지정문화유산"이라 한다)의 소유자, 점유자 또는 관리자에게 통지한 날부터 발생한다.(2023.8.8 본항개정)
③ 제1항에 따른 임시지정은 임시지정한 날부터 6개월 이내에 제23조·제25조 또는 제26조에 따른 지정이 없으면 해제된 것으로 본다.
④ 제1항에 따른 임시지정의 통지와 임시지정서의 교부에 관하여는 제28조와 제29조제1항을 준용하되, 제28조제1항에 따른 관보 고시는 하지 아니한다.
(2019.11.26 본조개정)

제2절 보존·관리 및 활용
(2023.8.8 본절제목개정)

제33조【소유자관리의 원칙】① 국가지정문화유산의 소유자는 선량한 관리자의 주의로써 해당 문화유산을 보호하여야 한다.
② 국가지정문화유산의 소유자는 필요에 따라 그에 대리하여 그 문화유산을 보호할 관리자를 선임할 수 있다.
(2023.8.8 본조개정)
제34조【관리단체에 의한 관리】① 문화재청장은 국가지정문화유산의 소유자가 분명하지 아니하거나 그 소유자 또는 관리자에 의한 관리가 곤란하거나 적당하지 아니하다고 인정하면 해당 국가지정문화유산 관리를 위하여 지방자치단체나 그 문화유산을 관리하기에 적당한 법인 또는 단체를 관리단체로 지정할 수 있다. 이 경우 국유에 속하는 국가지정문화유산 중 국가가 직접 관리하지 아니하는 문화유산의 관리단체는 관할 특별자치시, 특별자치도 또는 시·군·구(자치구를 말한다. 이하 같다)가 된다. 다만, 문화유산이 2개 이상의 시·군·구에 걸쳐 있는 경우에는 관할 특별시·광역시·도(특별자치시와 특별자치도는 제외한다)가 관리단체가 된다.(2023.8.8 본항개정)
② 관리단체로 지정된 지방자치단체는 문화재청장과 협의하여 그 문화유산을 관리하기에 적당한 법인 또는 단체에 해당 문화유산의 관리 업무를 위탁할 수 있다.
(2023.8.8 본항개정)
③ 문화재청장은 제1항 전단에 따라 관리단체를 지정할 경우에 그 문화유산의 소유자나 지정하려는 지방자치단체, 법인 또는 단체의 의견을 들어야 한다.(2023.8.8 본항개정)
④ 문화재청장이 제1항에 따라 관리단체를 지정하면 지체 없이 그 취지를 관보에 고시하고, 국가지정문화유산의 소유자 또는 관리자와 해당 관리단체에게 이를 알려야 한다.(2023.8.8 본항개정)
⑤ 누구든지 제1항에 따라 지정된 관리단체의 관리행위를 방해하여서는 아니 된다.(2014.1.28 본항개정)
⑥ 관리단체가 국가지정문화유산을 관리할 때 필요한 운영비 등 경비는 이 법에 특별한 규정이 없으면 해당 관리단체의 부담으로 하되, 관리단체가 부담능력이 없으면 국가나 지방자치단체가 예산의 범위에서 이를 지원할 수 있다.(2023.8.8 본항개정)
⑦ 제1항에 따른 관리단체 지정의 효력발생시기에 관하여는 제30조를 준용한다.
제34조의2【국가에 의한 특별관리】① 문화재청장은 국가지정문화유산에 대하여 제34조제1항에도 불구하고 소유자·관리자 또는 관리단체에 의한 관리가 곤란하거나 적당하지 아니하다고 인정하면 문화유산위원회의 심의를 거쳐 해당 문화유산을 특별히 직접 보호할 수 있다.
② 제1항에 따른 국가지정문화유산의 보호에 필요한 경비는 국가가 부담한다.
(2023.8.8 본조개정)
제35조【허가사항】① 국가지정문화유산에 대하여 다음 각 호의 어느 하나에 해당하는 행위를 하려는 자는 대통령령으로 정하는 바에 따라 문화재청장의 허가를 받아야 하며, 허가사항을 변경하려는 경우에도 문화재청장의 허가를 받아야 한다. 다만, 국가지정문화유산 보호구역에 안내판 및 경고판을 설치하는 행위 등 대통령령으로 정하는 경미한 행위에 대해서는 특별자치시장, 특별자치도지사, 시장·군수 또는 구청장의 허가(변경허가를 포함한다)를 받아야 한다.(2023.8.8 본문개정)
1. 국가지정문화유산(보호물 및 보호구역을 포함한다)의 현상을 변경하는 행위로서 대통령령으로 정하는 행위(2023.8.8 본호개정)
2. 국가지정문화유산(동산에 속하는 문화유산은 제외한다)의 보존에 영향을 미칠 우려가 있는 행위로서 대통령령으로 정하는 행위(2023.8.8 본호개정)
3. 국가지정문화유산을 탁본 또는 영인(影印 : 원본을 사진 등의 방법으로 복제하는 것)하거나 그 보존에 영향을 미칠 우려가 있는 촬영 행위로서 대통령령으로 정하는 행위(2023.8.8 본호개정)
4. (2023.3.21 삭제)
② 국가지정문화유산과 시·도지정문화유산의 역사문화환경 보존지역이 중복되는 지역에서 제1항제2호에 따라 문화재청장이나 특별자치시장, 특별자치도지사, 시장·군수 또는 구청장의 허가를 받은 경우에는 제74조제2항에 따른 시·도지사의 허가를 받은 것으로 본다.(2023.8.8 본항개정)
③ 문화재청장은 제1항제2호에 따른 국가지정문화유산의 보존에 영향을 미칠 우려가 있는 행위에 관하여 허가한 사항 중 대통령령으로 정하는 경미한 사항의 변경허가에 관하여는 시·도지사에게 위임할 수 있다.(2023.8.8 본항개정)
④ 문화재청장과 특별자치시장, 특별자치도지사, 시장·군수 또는 구청장은 제1항에 따른 허가 또는 변경허가의 신청을 받은 날부터 30일(제8조에 따른 문화유산위원회의 심의기간 등 대통령령으로 정하는 기간은 포함하지 아니한다) 이내에 허가 여부를 신청인에게 통지하여야 한다. 다만, 제8조에 따른 문화유산위원회의 심의를 거치는 경우에는 심의가 종료된 날부터 7일 이내에 그 결과를 신청인에게 통지하여야 한다.(2024.1.23 본항개정)
⑤ 문화재청장과 특별자치시장, 특별자치도지사, 시장·군수 또는 구청장이 제4항에서 정한 기간 내에 허가 또는 변경허가 여부나 민원 처리 관련 법령에 따른 처리기간의 연장을 신청인에게 통지하지 아니하면 그 기간(민원 처리 관련 법령에 따라 처리기간이 연장 또는 재연장된 경우에는 해당 처리기간을 말한다)이 끝난 날의 다음 날에 허가 또는 변경허가를 한 것으로 본다.(2018.6.12 본항신설)
제36조【허가기준】① 문화재청장과 특별자치시장, 특별자치도지사, 시장·군수 또는 구청장은 제35조제1항에 따라 허가신청을 받으면 그 허가신청 대상 행위가 다음 각 호의 기준에 맞는 경우에만 허가하여야 한다.
(2014.1.28 본문개정)
1. 문화유산의 보존과 관리에 영향을 미치지 아니할 것
2. 문화유산의 역사문화환경을 훼손하지 아니할 것
3. 기본계획과 시행계획에 들어맞을 것
(2023.8.8 1호~3호개정)
② 문화재청장과 특별자치시장, 특별자치도지사, 시장·군수 또는 구청장은 제1항에 따른 허가를 위하여 필요한 경우 대통령령으로 정하는 바에 따라 관계 전문가에게 조사를 하게 할 수 있다.(2014.1.28 본항신설)
제37조【허가사항의 취소】① 문화재청장은 제35조제1항 본문, 같은 조 제3항, 제39조제1항 단서, 같은 조 제3항 및 제48조제5항에 따라 허가를 받은 자가 다음 각 호의 어느 하나에 해당하는 경우에는 허가를 취소할 수 있다.
(2018.6.12 본문개정)
1. 허가사항이나 허가조건을 위반한 때
2. 속임수나 그 밖의 부정한 방법으로 허가를 받은 때
3. 허가사항의 이행이 불가능하거나 현저히 공익을 해할 우려가 있다고 인정되는 때
② 특별자치시장, 특별자치도지사, 시장·군수 또는 구청장은 제35조제1항 단서에 따라 허가를 받은 자가 제1항 각 호의 어느 하나에 해당하는 경우에는 허가를 취소할 수 있다.(2014.1.28 본항신설)
③ 제35조제1항에 따라 허가를 받은 자가 착수신고를 하지 아니하고 허가기간이 지난 때에는 그 허가가 취소된 것으로 본다.
제38조 (2023.3.21 삭제)
제39조【수출 등의 금지】① 국보, 보물 또는 국가민속문화유산은 국외로 수출하거나 반출할 수 없다. 다만, 문화유산의 국외 전시 등 국제적 문화교류를 목적으로 반출하되, 그 반출한 날부터 2년 이내에 다시 반입할 것을 조건으로 문화재청장의 허가를 받으면 그러하지 아니하다.(2023.8.8 본항개정)
② 제1항 단서에 따라 문화유산의 국외 반출을 허가받으려는 자는 반출 예정일 5개월 전에 관세청장이 운영·관리하는 전산시스템을 통하여 문화체육관광부령으로 정하는 반출허가신청서를 문화재청장에게 제출하여야 한다.(2023.8.8 본항개정)
③ 문화재청장은 제1항 단서에 따라 반출을 허가받은 자가 그 반출 기간의 연장을 신청하면 당초 반출목적 달성이나 문화유산의 안전 등을 위하여 필요하다고 인정되는 경우 제4항에 따른 심사기준에 부합하는 경우에 한정하여 2년의 범위에서 그 반출 기간의 연장을 허가할 수 있다.
(2023.8.8 본항개정)
④ 제1항 단서 및 제3항에 따른 국외 반출 또는 반출 기간의 연장을 허가하기 위한 구체적 심사기준은 문화체육관광부령으로 정한다.(2016.2.3 본항신설)
⑤ 문화재청장은 제1항 단서에 따라 국외 반출을 허가받은 자에게 해당 문화유산의 현황 및 보존·관리 실태 등의 자료를 제출하도록 요구할 수 있다. 이 경우 요구를 받은 자는 특별한 사유가 없으면 이에 따라야 한다.
(2023.8.8 전단개정)
⑥~⑧ (2023.3.21 삭제)
제40조【신고 사항】① 국가지정문화유산(보호물과 보호구역을 포함한다. 이하 이 조에서 같다)의 소유자, 관리자 또는 관리단체는 해당 문화유산에 다음 각 호의 어느 하나에 해당하는 사유가 발생하면 대통령령으로 정하는 바에 따라 그 사실과 경위를 문화재청장에게 신고하여야 한다. 다만, 제35조제1항 단서에 따라 허가를 받고 그 행위를 착수하거나 완료한 경우에는 특별자치시장, 특별자치도지사, 시장·군수 또는 구청장에게 신고하여야 한다.
(2023.8.8 본문개정)
1. 관리자를 선임하거나 해임한 경우
2. 국가지정문화유산의 소유자가 변경된 경우(2023.8.8 본호개정)
3. 소유자 또는 관리자의 성명이나 주소가 변경된 경우
(2015.3.27 본호개정)
4. 국가지정문화유산의 소재지의 지명, 지번, 지목(地目), 면적 등이 변경된 경우(2023.8.8 본호개정)
5. 보관 장소가 변경된 경우
6. 국가지정문화유산의 전부 또는 일부가 멸실, 유실, 도난 또는 훼손된 경우(2023.8.8 본호개정)
7. 제35조제1항제1호에 따라 허가(변경허가를 포함한다)를 받고 그 문화유산의 현상변경을 착수하거나 완료한 경우(2023.8.8 본호개정)
8. 제39조제1항에 따라 허가받은 문화유산을 반출한 후 이를 다시 반입한 경우(2023.8.8 본호개정)
9.~9의3. (2023.3.21 삭제)
② 제1항에 따른 신고를 하는 때에는 같은 항 제1호의 경우 소유자와 관리자가, 같은 항 제2호의 경우에는 신·구 소유자가 각각 신고서에 함께 서명하여야 한다.
(2014.1.28 본항신설)
③ 역사문화환경 보존지역에서 건설공사를 시행하는 자는 해당 역사문화환경 보존지역에서 제35조제1항제2호에 따라 허가(변경허가를 포함한다)를 받고 허가받은 사항을 착수 또는 완료한 경우에는 대통령령으로 정하는 바에 따라 그 사실과 경위를 문화재청장에게 신고하여야 한다. 다만, 제35조제1항 단서에 따라 허가를 받고 그 행

위를 착수하거나 완료한 경우에는 특별자치시장, 특별자치도지사, 시장·군수 또는 구청장에게 신고하여야 한다. (2014.1.28 단서신설)

제41조 (2023.3.21 삭제)

제42조【행정명령】 ① 문화재청장이나 지방자치단체의 장은 국가지정문화유산(보호물과 보호구역을 포함한다. 이하 이 조에서 같다)과 그 역사문화환경 보존지역의 보존·관리를 위하여 필요하다고 인정하면 다음 각 호의 사항을 명할 수 있다.

1. 국가지정문화유산의 관리 상황이 그 문화유산의 보존상 적당하지 아니하거나 특히 필요하다고 인정되는 경우 그 소유자, 관리자 또는 관리단체에 대한 일정한 행위의 금지나 제한
2. 국가지정문화유산의 소유자, 관리자 또는 관리단체에 대한 수리, 그 밖에 필요한 시설의 설치나 장애물의 제거
3. 국가지정문화유산의 소유자, 관리자 또는 관리단체에 대한 문화유산 보존에 필요한 긴급한 조치
4. 제35조제1항 각 호에 따른 허가를 받지 아니하고 국가지정문화유산의 현상을 변경하거나 보존에 영향을 미칠 우려가 있는 행위 등을 한 자에 대한 행위의 중지 또는 원상회복 조치

(2023.8.8 본항개정)

② 문화재청장 또는 지방자치단체의 장은 국가지정문화유산의 소유자, 관리자 또는 관리단체가 제1항제1호부터 제3호까지의 규정에 따른 명령을 이행하지 아니하거나 그 소유자, 관리자, 관리단체에게 제1항제1호부터 제3호까지의 조치를 하게 하는 것이 적당하지 아니하다고 인정되면 국가의 부담으로 직접 제1항제1호부터 제3호까지의 조치를 할 수 있다.(2023.8.8 본항개정)

③ 문화재청장 또는 지방자치단체의 장은 제1항제4호에 따른 명령을 받은 자가 명령을 이행하지 아니하는 경우 「행정대집행법」에서 정하는 바에 따라 대집행하고, 그 비용을 명령 위반자로부터 징수할 수 있다.

④ 지방자치단체의 장은 제1항에 따른 명령을 하면 문화재청장에게 보고하여야 한다.

제43조【기록의 작성·보존】 ① 문화재청장과 해당 특별자치시장, 특별자치도지사, 시장·군수 또는 구청장 및 관리단체의 장은 국가지정문화유산의 보존·관리 및 변경 사항 등에 관한 기록을 작성·보존하여야 한다.

② 문화재청장은 국가지정문화유산의 보존·관리를 위하여 필요하다고 인정하면 문화유산에 관한 전문적 지식이 있는 자나 연구기관에 국가지정문화유산의 기록을 작성하게 할 수 있다.

(2023.8.8 본조개정)

제44조【정기조사】 ① 문화재청장은 국가지정문화유산의 현상, 관리, 그 밖의 보존상황 등에 관하여 정기적으로 조사하여야 한다.(2023.8.8 본항개정)

② 문화재청장은 제1항에 따른 정기조사 후 보다 깊이 있는 조사가 필요하다고 인정하면 그 소속 공무원에게 해당 국가지정문화유산에 대하여 재조사하게 할 수 있다. (2023.8.8 본항개정)

③ 제1항과 제2항에 따라 조사하는 경우에는 미리 그 문화유산의 소유자, 관리자, 관리단체에 대하여 그 뜻을 알려야 한다. 다만, 긴급한 경우에는 사후에 그 취지를 알릴 수 있다.(2023.8.8 본문개정)

④ 제1항과 제2항에 따라 조사를 하는 공무원은 소유자, 관리자, 관리단체에 문화유산의 공개, 현황자료의 제출, 문화유산 소재장소 출입 등 조사에 필요한 범위에서 협조를 요구할 수 있으며, 그 문화유산의 현상을 훼손하지 아니하는 범위에서 측량, 발굴, 장애물의 제거, 그 밖에 조사에 필요한 행위를 할 수 있다. 다만, 해 뜨기 전이나 해 진 뒤에는 소유자, 관리자, 관리단체의 동의를 받아야 한다.(2023.8.8 본문개정)

⑤ 제4항에 따라 조사를 하는 공무원은 그 권한을 표시하는 증표를 지니고 이를 관계인에게 내보여야 한다.

⑥ 문화재청장은 제1항과 제2항에 따른 정기조사와 재조사의 전부 또는 일부를 대통령령으로 정하는 바에 따라 지방자치단체에 위임하거나 전문기관 또는 단체에 위탁할 수 있다.

⑦ 문화재청장은 제1항 및 제2항에 따른 정기조사·재조사의 결과를 다음 각 호의 국가지정문화유산의 관리에 반영하여야 한다.(2023.8.8 본문개정)

1. 문화유산의 지정과 그 해제(2023.8.8 본호개정)
2. 보호물 또는 보호구역의 지정과 그 해제
3. (2015.3.27 삭제)
4. 문화유산의 수리(2023.8.8 본호개정)
5. 문화유산 보존을 위한 행위의 제한·금지 또는 시설의 설치·제거 및 이전(2023.8.8 본호개정)
6. 그 밖에 관리에 필요한 사항

제45조【직권에 의한 조사】 ① 문화재청장은 필요하다고 인정하면 그 소속 공무원에게 국가지정문화유산의 현상, 관리, 그 밖의 보존상황에 관하여 조사하게 할 수 있다.(2023.8.8 본항개정)

② 제1항에 따라 직권에 의한 조사를 하는 경우 조사통지, 조사의 협조요구, 조사를 위하여 필요한 행위범위, 조사증표 휴대 및 제시 등에 관하여는 제44조제3항부터 제5항까지의 규정을 준용한다.(2023.8.8 본항개정)

제45조의2【소재불명 등 국가지정문화유산의 공고】 문화재청장은 국가지정문화유산의 소유자, 관리자, 관리단체의 소재를 알 수 없거나, 국가지정문화유산의 유실·도난 등이 확인된 경우에는 해당 문화유산의 목록과 그 사유를 인터넷 홈페이지에 공고하여야 한다.(2024.1.23 본조신설)

제46조【손실의 보상】 ① 국가는 다음 각 호의 어느 하나에 해당하는 자에 대하여는 그 손실을 보상하여야 한다.

1. 제42조제1항제1호부터 제3호까지의 규정에 따른 명령을 이행하여 손실을 받은 자
2. 제42조제2항에 따른 조치로 인하여 손실을 받은 자
3. 제44조제4항(제45조제2항에 따라 준용되는 경우를 포함한다)에 따른 조사행위로 인하여 손실을 받은 자

② 제1항에 따른 손실보상의 구체적인 대상 및 절차 등에 관하여 필요한 사항은 대통령령으로 정한다.(2020.12.8 본항신설)

제47조【임시지정문화유산에 관한 허가사항 등의 준용】 임시지정문화유산의 보호에 관하여는 제35조제1항, 제37조, 제39조, 제40조제1항(같은 항 제2호부터 제4호까지 및 제6호부터 제8호까지에 한정한다), 제40조제2항, 제42조제1항제1호·제3호 및 제46조를 준용한다. (2023.8.8 본조개정)

제3절 공개 및 관람료

제48조【국가지정문화유산의 공개 등】 ① 국가지정문화유산은 제2항에 따라 해당 문화유산의 공개를 제한하는 경우 외에는 특별한 사유가 없으면 이를 공개하여야 한다.(2023.8.8 본항개정)

② 문화재청장은 국가지정문화유산의 보존과 훼손 방지를 위하여 필요하면 해당 문화유산의 전부나 일부에 대하여 공개를 제한할 수 있다. 이 경우 문화재청장은 해당 문화유산의 소유자(관리단체가 지정되어 있으면 그 관리단체를 말한다)의 의견을 들어야 한다.(2023.8.8 본항개정)

③ 문화재청장은 제2항에 따라 국가지정문화유산의 공개를 제한하면 해당 문화유산이 있는 지역의 위치, 공개가 제한되는 기간 및 지역 등을 문화체육관광부령으로 정하는 바에 따라 고시하고, 해당 문화유산의 소유자·관리자 또는 관리단체, 관할 시·도지사와 시장·군수 또는 구청장에게 알려야 한다.(2023.8.8 본항개정)

④ 문화재청장은 제2항에 따른 공개 제한의 사유가 소멸하면 지체 없이 제한 조치를 해제하여야 한다. 이 경우 문화재청장은 문화체육관광부령으로 정하는 바에 따라 이를 고시하고 해당 문화유산의 소유자·관리자 또는 관리단체, 관할 시·도지사와 시장·군수 또는 구청장에게 알려야 한다.(2023.8.8 후단개정)

⑤ 제2항과 제3항에 따라 공개가 제한되는 지역에 출입하려는 자는 그 사유를 명시하여 문화재청장의 허가를 받아야 한다.

⑥ 문화재청장은 제5항에 따른 허가의 신청을 받은 날부터 30일 이내에 허가 여부를 신청인에게 통지하여야 한다. (2018.6.12 본항신설)

⑦ 문화재청장이 제6항에서 정한 기간 내에 허가 여부 또는 민원 처리 관련 법령에 따른 처리기간의 연장을 신청인에게 통지하지 아니하면 그 기간(민원 처리 관련 법령에 따라 처리기간이 연장 또는 재연장된 경우에는 해당 처리기간을 말한다)이 끝난 날의 다음 날에 허가를 한 것으로 본다.(2018.6.12 본항신설)

(2023.8.8 본조제목개정)

제49조【관람료의 징수 및 감면】 ① 국가지정문화유산의 소유자는 그 문화유산을 공개하는 경우 관람자로부터 관람료를 징수할 수 있다. 다만, 관리단체가 지정된 경우에는 관리단체가 징수권자가 된다.

② 제1항에 따른 관람료는 해당 국가지정문화유산의 소유자 또는 관리단체가 정한다.

③ 국가 또는 지방자치단체는 제1항에도 불구하고 국가가 관리하는 국가지정문화유산의 경우 문화체육관광부령으로, 지방자치단체가 관리하는 국가지정문화유산의 경우 조례로 각각 정하는 바에 따라 지역주민 등에 대하여 관람료를 감면할 수 있다.

④ 국가 또는 지방자치단체는 국가 또는 지방자치단체가 아닌 국가지정문화유산의 소유자 또는 관리단체가 제1항에 따른 관람료를 감면하는 경우 국가지정문화유산 관리를 위하여 대통령령으로 정하는 바에 따라 감면된 관람료에 해당하는 비용을 지원할 수 있다.

(2023.8.8 본조개정)

제50조 (2015.3.27 삭제)

제4절 보조금 및 경비 지원

제51조【보조금】 ① 국가는 다음 각 호의 경비의 전부나 일부를 보조할 수 있다.

1. 제34조제1항에 따른 관리단체가 그 문화유산을 관리할 때 필요한 경비(2023.8.8 본호개정)
2. 제42조제1항제1호부터 제3호까지에 따른 조치에 필요한 경비
3. 제1호와 제2호의 경우 외에 국가지정문화유산의 보존·관리 및 활용 또는 기록 작성을 위하여 필요한 경비 (2023.8.8 본호개정)
4. (2015.3.27 삭제)

② 문화재청장은 제1항에 따른 보조를 하는 경우 그 문화유산의 수리나 그 밖의 공사를 감독할 수 있다.(2023.8.8 본항개정)

③ 제1항제2호 및 제3호의 경비에 대한 보조금은 시·도지사를 통하여 교부하고, 그 지시에 따라 관리·사용하게 한다. 다만, 문화재청장이 필요하다고 인정하면 소유자, 관리자, 관리단체에게 직접 교부하고, 그 지시에 따라 관리·사용하게 할 수 있다.(2015.3.27 본항개정)

제52조【지방자치단체의 경비 부담】 지방자치단체는 그 관할구역에 있는 국가지정문화유산으로서 지방자치단체가 소유하거나 관리하지 아니하는 문화유산에 대한 보존·관리 및 활용 등에 필요한 경비를 부담하거나 보조할 수 있다.(2023.8.8 본조개정)

제5장 국가등록문화유산

(2023.8.8 본장제목개정)

제53조【국가등록문화유산의 등록】 ① 문화재청장은 문화유산위원회의 심의를 거쳐 지정문화유산이 아닌 유형문화유산, 기념물 및 민속문화유산 중에서 보존과 활용을 위한 조치가 특별히 필요한 것을 국가등록문화유산으로 등록할 수 있다.

② 국가등록문화유산의 등록기준, 절차 및 등록 사항 등은 문화체육관광부령으로 정한다.

(2023.8.8 본조개정)

제54조【국가등록문화유산의 관리】 ① 국가등록문화유산의 소유자 또는 관리자 등 국가등록문화유산을 관리하는 자는 국가등록문화유산의 원형 보존에 노력하여야 한다.

② 문화재청장은 국가등록문화유산의 소유자가 분명하지 아니하거나 그 소유자나 관리자가 국가등록문화유산을 관리할 수 없으면 지방자치단체나 그 문화유산을 관리하기에 적당한 법인이나 단체 중에서 해당 국가등록문화유산을 관리할 자를 지정하여 이를 관리하게 할 수 있다.

③ 국가등록문화유산의 소유자나 관리자 또는 제2항에 따라 지정을 받은 자(이하 "국가등록문화유산관리단체"라 한다)는 문화체육관광부령으로 정하는 바에 따라 문화재청장에게 국가등록문화유산의 관리와 관련된 기술지도를 요청할 수 있다.

(2023.8.8 본조개정)

제55조【국가등록문화유산의 신고 사항】 국가등록문화유산의 소유자나 관리자 또는 국가등록문화유산관리단체는 해당 문화유산에 관하여 다음 각 호의 어느 하나에 해당하는 사유가 발생하면 대통령령으로 정하는 바에 따라 그 사실과 경위를 문화재청장에게 신고하여야 한다. 다만, 제1호의 경우에는 소유자와 관리자가, 제2호의 경우에는 신·구 소유자가 각각 신고서에 함께 서명하여야 한다.(2023.8.8 본문개정)

1. 관리자를 선임하거나 해임한 경우
2. 소유자가 변경된 경우
3. 소유자 또는 관리자의 주소가 변경된 경우
4. 소재지의 지명, 지번, 지목(地目), 면적 등이 변경된 경우
5. 보관 장소가 변경된 경우
6. 전부 또는 일부가 멸실, 유실, 도난 또는 훼손된 경우
7. 제56조제2항에 따라 허가(변경허가를 포함한다)를 받고 그 문화유산의 현상변경 행위에 착수하거나 완료한 경우
8. 제59조제2항에서 준용하는 제39조제1항 단서에 따라 허가된 문화유산을 반출하였다가 반입한 경우

(2023.8.8 7호~8호개정)

(2023.8.8 본조제목개정)

제56조【국가등록문화유산의 현상변경】 ① 국가등록문화유산에 관하여 다음 각 호의 어느 하나에 해당하는 행위를 하려는 자는 변경하려는 날의 30일 전까지 관할 특별자치시장, 특별자치도지사, 시장·군수 또는 구청장에게 신고하여야 한다.

1. 해당 문화유산(동산에 속하는 문화유산은 제외한다)의 외관을 변경하는 행위로서 대통령령으로 정하는 행위
2. 해당 문화유산(동산에 속하는 문화유산은 제외한다)을 다른 곳으로 이전하거나 철거하는 행위
3. 동산에 속하는 문화유산을 수리하는 행위

(2023.8.8 본항개정)

② 제1항에도 불구하고 다음 각 호의 어느 하나에 해당하는 국가등록문화유산의 현상을 변경하려는 자는 대통령령으로 정하는 바에 따라 문화재청장의 허가를 받아야 한다. 허가사항을 변경하는 경우에도 또한 같다.

1. 제57조에 따라 건축물의 건폐율이나 용적률에 관한 특례적용을 받은 국가등록문화유산
2. 제59조제2항에서 준용하는 제51조에 따라 국가로부터 보조금을 지원받은 국가등록문화유산
3. 국가등록문화유산의 소유자가 국가 또는 지방자치단체인 국가등록문화유산

(2023.8.8 본항개정)

③ 제1항에 따른 신고를 받은 특별자치시장, 특별자치도지사, 시장·군수 또는 구청장은 그 사실을 시·도지사(특별자치시장과 특별자치도지사는 제외한다)를 거쳐 문화재청장에게 보고하여야 한다.(2014.1.28 본항개정)

④ 문화재청장은 국가등록문화유산의 보호를 위하여 필

요하면 제1항에 따라 신고된 국가등록문화유산의 현상변경에 관하여 지도·조언 및 권고 등을 할 수 있다.
(2023.8.8 본항개정)
(2023.8.8 본조제목개정)

제57조【국가등록문화유산의 건폐율과 용적률에 관한 특례】 국가등록문화유산인 건축물이 있는 대지 안에서의 건폐율과 용적률은 「국토의 계획 및 이용에 관한 법률」 제77조부터 제79조까지의 규정에도 불구하고 해당 용도지역 등에 적용되는 건폐율 및 용적률의 150퍼센트 이내에서 대통령령으로 정하는 기준에 따라 완화하여 적용할 수 있다.(2023.8.8 본조개정)

제58조【등록의 말소】 ① 문화재청장은 국가등록문화유산에 대하여 보존과 활용의 필요가 없거나 그 밖에 특별한 사유가 있으면 문화유산위원회의 심의를 거쳐 그 등록을 말소할 수 있다.
② 국가등록문화유산이 지정문화유산으로 지정되면 그 등록은 효력을 상실한다.
③ 국가등록문화유산의 소유자는 등록말소의 통지를 받은 때에는 그 통지를 받은 날부터 30일 이내에 해당 문화유산의 등록증을 문화재청장에게 반납하여야 한다.
(2023.8.8 본조개정)

제59조【준용 규정】 ① 국가등록문화유산의 등록·등록말소의 고시 및 통지, 등록증의 교부, 등록·등록말소의 효력 발생 시기에 관하여는 제28조부터 제30조까지의 규정을 준용한다. 이 경우 "국가지정문화유산"은 "국가등록문화유산"으로, "지정"은 "등록"으로, "문화유산의 지정서"는 "등록증"으로 본다.
② 국가등록문화유산 소유자관리의 원칙, 국가등록문화유산관리단체에 의한 관리, 국가등록문화유산의 허가취소 및 수출 등의 금지, 국가등록문화유산에 관한 기록의 작성과 보존, 정기조사, 직권에 의한 국가등록문화유산 현상 등의 조사, 정기조사로 인한 손실의 보상, 국가등록문화유산의 관람료 징수, 국가에 의한 보조금의 지원, 지방자치단체의 경비 부담, 소유자 변경 시 권리·의무의 승계에 관하여는 제33조, 제34조제2항부터 제7항까지, 제37조, 제39조, 제43조부터 제45조까지, 제46조제1항제3호, 같은 조 제2항, 제49조, 제51조제1항제1호·제3호 및 제2항·제3항, 제52조 및 제81조를 준용한다. 이 경우 "국가지정문화유산"은 "국가등록문화유산"으로, "관리단체"는 "국가등록문화유산관리단체"로 본다.
(2023.8.8 본조개정)

제6장 일반동산문화유산
(2023.8.8 본장제목개정)

제60조【일반동산문화유산 수출 등의 금지】 ① 이 법에 따라 지정 또는 등록되지 아니한 문화유산 중 동산에 속하는 문화유산(이하 "일반동산문화유산"이라 한다)에 관하여는 제39조제1항과 제3항을 준용한다. 다만, 일반동산문화유산의 국외전시 등 국제적 문화교류를 목적으로 다음 각 호의 어느 하나에 해당하는 사항으로서 문화재청장의 허가를 받은 경우에는 그러하지 아니하다.
1. 「박물관 및 미술관 진흥법」에 따라 설립된 박물관 등이 외국의 박물관 등에 일반동산문화유산을 반출한 날부터 10년 이내에 다시 반입하는 경우
2. 외국 정부가 인증하는 박물관이나 문화유산 관련 단체가 자국의 박물관 등에서 전시할 목적으로 국내에서 일반동산문화유산을 구입 또는 기증받아 반출하는 경우
(2023.8.8 본항개정)
② 문화재청장은 제1항 단서에 따라 허가를 받은 자가 제37조제1항 각 호의 어느 하나에 해당하는 경우에는 허가를 취소할 수 있다.
③ 제1항제2호에 따른 일반동산문화유산의 수출이나 반출에 관한 절차 등에 필요한 사항은 문화체육관광부령으로 정한다.(2023.8.8 본항개정)
④ 제1항 단서에 따라 허가받은 자는 허가된 일반동산문화유산을 반출한 후 이를 다시 반입한 경우 문화체육관광부령으로 정하는 바에 따라 문화재청장에게 신고하여야 한다.(2023.8.8 본항개정)
⑤ 일반동산문화유산으로 오인될 우려가 있는 동산을 국외로 수출하거나 반출하려면 미리 문화재청장의 확인을 받아야 한다.(2023.8.8 본항개정)
⑥ 제1항 및 제5항에 따른 일반동산문화유산의 범위와 확인 등에 필요한 사항은 대통령령으로 정한다.(2023.8.8 본항개정)
⑦ 문화재청장은 제1항 단서(제1호의 경우에 한정한다)에 따라 반출을 허가받은 자가 그 반출 기간의 연장을 신청하면 당초 반출목적 달성이나 문화유산의 안전 등을 위하여 필요하다고 인정되는 경우 제8항에 따른 심사기준에 부합하는 경우에 한정하여 당초 반출한 날부터 10년의 범위에서 그 반출 기간의 연장을 허가할 수 있다.
(2023.8.8 본항개정)
⑧ 제1항 단서 및 제7항에 따른 일반동산문화유산의 국외 반출·수출 및 반출·수출 기간의 연장을 허가하기 위한 구체적 심사기준은 문화체육관광부령으로 정한다.
(2023.8.8 본항개정)
⑨ 문화재청장은 제1항 단서에 따라 국외 반출·수출을 허가받은 자에게 해당 문화유산의 현황 및 보존·관리 실태 등의 자료를 제출하도록 요구할 수 있다. 이 경우 요구를 받은 자는 특별한 사유가 없으면 이에 따라야 한다.(2023.8.8 전단개정)
(2023.8.8 본조제목개정)

제60조의2【문화유산감정위원의 배치 등】 ① 문화재청장은 문화유산의 불법반출 방지 및 국외 반출 동산에 대한 감정 등에 관한 업무를 수행하기 위하여 「공항시설법」 제2조제3호에 따른 공항, 「항만법」 제2조제2호의 무역항, 「관세법」 제256조제2항의 통관우체국 등에 문화유산감정위원을 배치할 수 있다.
② 제1항에 따른 문화유산감정위원의 배치·운영 등에 필요한 사항은 대통령령으로 정한다.
(2023.8.8 본조개정)

제61조【일반동산문화유산에 관한 조사】 ① 문화재청장은 필요하다고 인정하면 그 소속 공무원으로 하여금 국가기관 또는 지방자치단체가 소장하고 있는 일반동산문화유산에 관한 현상, 관리, 그 밖의 보존상황에 관하여 조사하게 할 수 있다. 이 경우 해당 국가기관 또는 지방자치단체의 장은 조사에 협조하여야 한다.(2023.8.8 본항개정)
② 문화재청장은 제1항에 따라 조사한 결과 문화유산의 보존·관리가 적절하지 아니하다고 인정되면 해당 기관의 장에게 문화유산에 관한 보존·관리 방안을 마련하도록 요청할 수 있다.(2023.8.8 본항개정)
③ 제2항에 따라 문화재청장의 요청을 받은 국가기관 또는 지방자치단체의 장은 해당 문화유산에 관한 보존·관리 방안을 마련하여 대통령령으로 정하는 바에 따라 문화재청장에게 보고하여야 한다.(2023.8.8 본항개정)
④ 제1항에 따라 문화재청장이 조사를 하는 경우 조사의 통지, 조사의 협조요구, 그 밖에 조사에 필요한 사항 등에 관하여는 제44조제3항부터 제5항까지의 규정을 준용한다.
(2023.8.8 본조제목개정)

제7장 국유문화유산에 관한 특례
(2023.8.8 본장제목개정)

제62조【관리청과 총괄청】 ① 국유에 속하는 문화유산(이하 "국유문화유산"이라 한다)는 「국유재산법」 제8조와 「물품관리법」 제7조에도 불구하고 문화재청장이 관리·총괄한다. 다만, 국유문화유산이 문화재청장 외의 중앙관서의 장(「국가재정법」에 따른 중앙행정기관의 장을 말한다. 이하 같다)이 관리하고 있는 행정재산(行政財産)인 경우 또는 문화재청장 외의 중앙관서의 장이 관리하여야 할 특별한 필요가 있는 것인 경우에는 문화재청장은 관계 기관의 장 및 기획재정부장관과 협의하여 그 관리청을 정한다.
② 문화재청장은 제1항 단서에 따라 관리청을 정할 때에는 문화유산위원회의 의견을 들어야 한다.
③ 문화재청장은 제1항 단서에 해당하지 아니하는 국유문화유산의 관리를 지방자치단체에 위임하거나 비영리법인 또는 법인 아닌 비영리단체에 위탁할 수 있다. 이 경우 국유문화유산의 관리로 인하여 생긴 수익은 관리를 위임받거나 위탁받은 자의 수입으로 한다.
(2023.8.8 본조개정)

제63조【회계 간의 무상관리전환】 국유문화유산을 문화재청장이 관리하기 위하여 소속을 달리하는 회계로부터 관리전환을 받을 때에는 「국유재산법」 제17조에도 불구하고 무상으로 할 수 있다.(2023.8.8 본조개정)

제64조【절차 및 방법의 특례】 ① 문화재청장이 제62조제1항 단서에 따라 그 관리청이 따로 정하여진 국유문화유산을 국가지정문화유산으로 지정 또는 임시지정하거나 그 지정이나 임시지정을 해제하는 경우 이 법에 따라 행하는 해당 문화유산의 소유자나 점유자에 대한 통지는 그 문화유산의 관리청에 대하여 하여야 한다.
② 제62조제1항 단서에 따라 그 관리청이 따로 정하여진 국유문화유산에 관하여 제40조·제42조·제45조 및 제49조를 적용하는 경우 그 문화유산의 소유자란 그 문화유산의 관리청을 말한다.
(2023.8.8 본조개정)

제65조【처분의 제한】 제62조제1항 단서에 따른 관리청이 그 관리에 속하는 국가지정문화유산 또는 임시지정문화유산에 관하여 제35조제1항 각 호에 정하여진 행위 외의 행위를 하려면 미리 문화재청장의 동의를 받아야 한다.(2023.8.8 본조개정)

제66조【양도 및 사권설정의 금지】 국유문화유산(그 부지를 포함한다)은 이 법에 특별한 규정이 없으면 이를 양도하거나 사권(私權)을 설정할 수 없다. 다만, 그 보호에 지장이 없다고 인정되면 공공용, 공용 또는 공익사업에 필요한 경우에 한정하여 일정한 조건을 붙여 그 사용을 허가할 수 있다.(2023.8.8 본조개정)

제8장 국외소재문화유산
(2023.8.8 본장제목개정)

제67조【국외소재문화유산의 보호】 국가는 국외소재문화유산의 보호·환수 등을 위하여 노력하여야 하며, 이에 필요한 조직과 예산을 확보하여야 한다.(2023.8.8 본조개정)

제68조【국외소재문화유산의 조사·연구】 ① 문화재청장 또는 지방자치단체의 장은 국외소재문화유산의 현황, 보존·관리 실태, 반출 경위 등에 관하여 조사·연구를 실시할 수 있다.(2023.8.8 본항개정)
② 문화재청장 또는 지방자치단체의 장은 제1항에 따른 조사·연구의 효율적 수행을 위하여 박물관, 한국국제교류재단, 국사편찬위원회 및 각 대학 등 관련 기관에 필요한 자료의 제출과 정보제공 등을 요청할 수 있으며, 요청을 받은 관련기관은 이에 협조하여야 한다.
(2023.8.8 본조제목개정)

제69조【국외소재문화유산 보호 및 환수 활동의 지원】 ① 문화재청장 또는 지방자치단체의 장은 국외소재문화유산 보호 및 환수를 위하여 필요하면 관련 기관 또는 단체를 지원·육성할 수 있다.(2023.8.8 본항개정)
② 제1항에 따라 지방자치단체의 장이 지원·육성하는 기관 또는 단체의 선정 및 재정지원 등에 필요한 사항은 해당 지방자치단체의 조례로 정한다.(2016.2.3 본항신설)
(2023.8.8 본조제목개정)

제69조의2【국외소재문화유산 환수 및 활용에 대한 의견 청취】 문화재청장은 국외소재문화유산 환수 및 활용 관련 중요 정책 등에 대하여 관계 전문가 또는 관계 기관의 의견을 들을 수 있다.(2023.8.8 본조개정)

제69조의3【국외소재문화유산재단의 설립】 ① 국외소재문화유산의 현황 및 반출 경위 등에 대한 조사·연구, 국외소재문화유산 환수·활용 관련한 각종 전략·정책 연구 등 국외소재문화유산과 관련한 각종 사업을 종합적·체계적으로 수행하기 위하여 문화재청 산하에 국외소재문화유산재단(이하 "국외문화유산재단"이라 한다)을 설립한다.(2023.8.8 본항개정)
② 국외문화유산재단은 법인으로 한다.(2023.8.8 본항개정)
③ 국외문화유산재단에는 정관으로 정하는 바에 따라 임원과 필요한 직원을 둔다.(2023.8.8 본항개정)
④ 국외문화유산재단에 관하여 이 법에서 규정한 것 외에는 「민법」 중 재단법인에 관한 규정을 준용한다.
(2023.8.8 본항개정)
⑤ 국가는 국외문화유산재단의 설립과 운영에 소요되는 경비를 예산의 범위에서 또는 「국가유산보호기금법」에 따른 국가유산보호기금에서 출연 또는 보조할 수 있다.
(2023.8.8 본항개정)
⑥ 국외문화유산재단은 설립목적을 달성하기 위하여 다음 각 호의 사업을 행한다.(2023.8.8 본문개정)
1. 국외소재문화유산의 현황, 반출 경위 등에 대한 조사·연구
2. 국외소재문화유산 환수 및 보호에 관한 연구
3. 국외소재문화유산의 취득 및 보존·관리
4. 국외소재문화유산의 환수 및 활용 관련 단체에 대한 지원·교류 및 국제연대 강화
5. 국외소재문화유산 환수 및 활용 관련 홍보·교육·출판 및 보급
(2023.8.8 1호~5호개정)
6. 외국박물관 한국실 운영 지원
7. 한국담당 학예사의 파견 및 교육 훈련
8. 국외소재문화유산의 보존처리 및 홍보 지원
9. 국외문화유산재단의 설립목적을 달성하기 위한 수익사업. 이 경우 수익사업은 문화재청장의 사전승인을 받아야 한다.
10. 그 밖에 국외문화유산재단의 설립 목적을 달성하는데 필요한 사업
(2023.8.8 8호~10호개정)
⑦ 국외문화유산재단은 문화재청장을 거쳐 관계 행정기관이나 국외소재문화유산 환수 및 활용과 관련된 법인 또는 단체의 장에게 사업수행에 필요한 자료의 제공을 요청할 수 있다.(2023.8.8 본항개정)
(2023.8.8 본조제목개정)
(2012.1.26 본조신설)

제69조의4【금전 등의 기부】 ① 누구든지 국외소재문화유산의 환수·활용을 위하여 금전 및 그 밖의 재산을 국외문화유산재단에 기부할 수 있다.(2023.8.8 본항개정)
② 국외문화유산재단은 제1항에 따른 기부가 있을 때에는 「기부금품의 모집 및 사용에 관한 법률」 제5조제2항 각 호 외의 부분 본문에도 불구하고 자발적으로 기탁되는 금품을 사업목적에 부합하는 범위에서 접수할 수 있다. 이 경우 국외문화유산재단은 접수한 기부금을 별도 계정으로 관리하여야 한다.(2023.8.8 본항개정)
③ 제1항 및 제2항에 따른 기부 및 접수의 절차, 관리·운영 방법 등 필요한 사항은 대통령령으로 정한다.
④ 국외문화유산재단은 제2항에 따른 기부금품의 접수 및 처리 상황 등을 대통령령으로 정하는 바에 따라 문화재청장에게 보고하여야 한다.(2023.8.8 본항개정)
⑤ 문화재청장은 제1항에 따른 기부로 국외소재문화유산의 환수·활용에 현저한 공로가 있는 자에 대하여 시상(施賞) 등의 예우를 할 수 있다.(2023.8.8 본항개정)
(2022.1.18 본조신설)

제9장 시·도지정문화유산 및 시·도등록문화유산
(2023.8.8 본장제목개정)

제70조【시·도지정문화유산의 지정 및 시·도등록문화유산의 지정 등】 ① 시·도지사는 그 관할 구역에 있는 문화유산으로서 국가지정문화유산으로 지정되지 아

니한 문화유산 중 보존가치가 있다고 인정되는 것을 시·도지정문화유산으로 지정할 수 있다.
② 시·도지사는 제1항에 따라 지정되지 아니한 문화유산 중 향토문화 보존을 위하여 필요하다고 인정하는 것을 문화유산자료로 지정할 수 있다.
③ 시·도지사는 그 관할구역에 있는 문화유산으로서 지정문화유산으로 지정되지 아니하거나 국가등록문화유산으로 등록되지 아니한 유형문화유산, 기념물 및 민속문화유산 중에서 보존과 활용을 위한 조치가 필요한 것을 시·도등록문화유산으로 등록할 수 있다.
④ 문화재청장은 문화유산위원회의 심의를 거쳐 필요하다고 인정되는 문화유산에 대하여 시·도지사에게 시·도지정문화유산이나 문화유산자료(보호물이나 보호구역을 포함한다. 이하 같다)로 지정·보존할 것을 권고하거나, 시·도등록문화유산으로 등록·보호할 것을 권고할 수 있다. 이 경우 시·도지사는 특별한 사유가 있는 경우를 제외하고는 문화유산 지정절차 또는 등록절차를 이행하고 그 결과를 문화재청장에게 보고하여야 한다.
⑤ 제1항부터 제4항까지의 규정에 따라 시·도지정문화유산 또는 문화유산자료로 지정하거나 시·도등록문화유산으로 등록할 때에는 해당 특별시·광역시·특별자치시·도 또는 특별자치도가 지정 또는 등록하였다는 것을 알 수 있도록 "지정" 또는 "등록" 앞에 해당 특별시·광역시·특별자치시·도 또는 특별자치도의 명칭을 표시하여야 한다.
⑥ 시·도지정문화유산과 문화유산자료의 지정 및 해제절차, 시·도등록문화유산의 등록 및 말소절차, 시·도지정문화유산, 문화유산자료 및 시·도등록문화유산의 보호 등에 필요한 사항은 해당 지방자치단체의 조례로 정한다.
(2023.8.8 본조개정)

제70조의2【시·도지정문화유산 또는 문화유산자료의 보호물 또는 보호구역의 지정】 ① 시·도지사는 제70조제1항 또는 제2항에 따른 지정을 할 때 문화유산 보호를 위하여 특히 필요하면 이를 위한 보호물 또는 보호구역을 지정할 수 있다.(2023.8.8 본항개정)
② 시·도지사는 인위적 또는 자연적 조건의 변화 등으로 인하여 조정이 필요하다고 인정하면 제1항에 따라 지정된 보호물 또는 보호구역을 조정할 수 있다.
③ 시·도지사는 제1항 및 제2항에 따라 보호물 또는 보호구역을 지정하거나 조정한 때에는 지정 또는 조정 후 매 10년이 되는 날 이전에 다음 각 호의 사항을 고려하여 그 지정 및 조정의 적정성을 검토하여야 한다. 다만, 특별한 사정으로 인하여 적정성을 검토하여야 할 시기에 이를 할 수 없는 경우에는 대통령령으로 정하는 기간까지 그 검토시기를 연기할 수 있다.
1. 해당 문화유산의 보존가치(2023.8.8 본호개정)
2. 보호물 또는 보호구역의 지정이 재산권 행사에 미치는 영향
3. 보호물 또는 보호구역의 주변 환경
④ 제1항부터 제3항까지의 규정에 따른 지정, 조정 및 적정성 검토 등에 필요한 사항은 시·도조례로 정한다.
⑤ 제2항에 따라 지정된 보호구역이 조정된 경우 시·도지사는 시·도지정문화유산의 보존에 영향을 미치지 않는다고 판단하면 제13조제3항에 따라 정한 역사문화환경 보존지역의 범위를 기존의 범위대로 유지할 수 있다.
(2023.8.8 본항개정)
(2023.8.8 본조제목개정)
(2019.11.26 본조신설)

제71조【시·도문화유산위원회의 설치】 ① 시·도지사의 관할구역에 있는 문화유산의 보존·관리와 활용에 관한 사항을 조사·심의하기 위하여 시·도에 문화유산위원회(이하 "시·도문화유산위원회"라 한다)를 둔다.
(2023.8.8 본항개정)
② 시·도문화유산위원회의 조직과 운영 등에 관한 사항은 조례로 정하되, 다음 각 호의 사항을 포함하여야 한다.
(2023.8.8 본문개정)
1. 문화유산의 보존·관리 및 활용과 관련된 조사·심의에 관한 사항(2023.8.8 본호개정)
2. 위원의 위촉과 해촉에 관한 사항
3. 분과위원회의 설치와 운영에 관한 사항
4. 전문위원의 위촉과 활용에 관한 사항
③ 시·도지사가 그 관할구역에 있는 문화유산의 국가지정문화유산(보호물과 보호구역을 포함한다) 지정 또는 해제 및 국가등록문화유산 등록 또는 말소를 문화재청장에게 요청하려면 시·도문화유산위원회의 사전 심의를 거쳐야 한다.(2023.8.8 본항개정)
(2023.8.8 본조제목개정)

제72조【경비부담】 ① 제70조제1항부터 제3항까지의 규정에 따라 지정 또는 등록된 시·도지정문화유산, 문화유산자료 또는 시·도등록문화유산이 국유 또는 공유재산이면 그 보존을 위하여 필요한 경비는 국가나 해당 지방자치단체가 부담한다.
② 국가나 지방자치단체는 국유 또는 공유재산이 아닌 시·도지정문화유산, 문화유산자료 및 시·도등록문화유산의 보존·관리·활용 또는 기록 작성을 위한 경비의 전부 또는 일부를 보조할 수 있다.
(2023.8.8 본조개정)

제73조【보고 등】 ① 시·도지사는 다음 각 호의 어느 하나에 해당하는 사유가 있으면 대통령령으로 정하는 바에 따라 이를 문화재청장에게 보고하여야 한다.
1. 시·도지정문화유산이나 문화유산자료를 지정하거나 그 지정을 해제한 경우
2. 시·도등록문화유산으로 등록하거나 그 등록을 말소한 경우
3. 시·도지정문화유산, 문화유산자료 또는 시·도등록문화유산의 소재지나 보관 장소가 변경된 경우
4. 시·도지정문화유산, 문화유산자료 또는 시·도등록문화유산의 전부 또는 일부가 멸실, 유실, 도난 또는 훼손된 경우
(2023.8.8 1호~4호개정)
② 문화재청장은 제1항제1호부터 제3호까지의 행위가 적합하지 아니하다고 인정되면 시정이나 필요한 조치를 명할 수 있다.(2018.12.24 본항개정)

제74조【준용규정】 ① 시·도지정문화유산, 문화유산자료 및 시·도등록문화유산의 수출 또는 반출에 관하여는 제39조제1항부터 제5항까지를 준용한다.
② 시·도지정문화유산과 문화유산자료의 지정해제 및 관리 등에 관하여는 제31조제1항·제4항, 제32조부터 제34조까지, 제35조제1항, 제36조, 제37조, 제40조, 제42조부터 제45조까지, 제48조, 제49조 및 제81조를 준용한다. 이 경우 "문화재청장"은 "시·도지사"로, "대통령령"은 "시·도조례"로, "국가"는 "지방자치단체"로 본다.
③ 시·도등록문화유산의 등록과 말소 및 관리 등에 관하여는 제33조, 제34조제2항부터 제7항까지, 제37조, 제43조부터 제45조까지, 제46조제1항제3호, 같은 조 제2항, 제49조, 제53조부터 제58조까지 및 제81조를 준용한다. 이 경우 "문화재청장"은 각각 "시·도지사"로, "대통령령" 또는 "문화체육관광부령"은 각각 "시·도조례"로, "국가"는 각각 "지방자치단체"로, "국가지정문화유산" 또는 "국가등록문화유산"은 각각 "시·도등록문화유산"으로, "국가등록문화유산관리단체"는 각각 "시·도등록문화유산관리단체"로, "문화유산위원회"는 각각 "시·도문화유산위원회"로 본다.
(2023.8.8 본조개정)

제10장 문화유산매매업 등
(2023.8.8 본장제목개정)

제75조【매매 등 영업의 허가】 ① 동산에 속하는 유형문화유산이나 민속문화유산을 매매 또는 교환하는 것을 업으로 하려는 자(위탁을 받아 매매 또는 교환하는 것을 업으로 하는 자를 포함한다)는 대통령령으로 정하는 바에 따라 특별자치시장, 특별자치도지사, 시장·군수 또는 구청장의 문화유산매매업 허가를 받아야 한다.(2023.8.8 본항개정)
② 제1항에 따라 허가를 받은 자(이하 "문화유산매매업자"라 한다)는 특별자치시장, 특별자치도지사, 시장·군수 또는 구청장에게 대통령령으로 정하는 바에 따라 문화유산의 보존 상황, 매매 또는 교환의 실태를 신고하여야 한다.(2023.8.8 본항개정)
③ 제2항에 따라 신고를 받은 특별자치시장, 특별자치도지사, 시장·군수 또는 구청장은 신고받은 사항을 대통령령으로 정하는 바에 따라 문화재청장에게 정기적으로 보고하여야 한다.
④ 제1항에 따라 허가를 받은 자는 다음 각 호의 어느 하나에 해당하는 사항이 변경된 때에는 문화체육관광부령으로 정하는 바에 따라 특별자치시장, 특별자치도지사, 시장·군수 또는 구청장에게 변경신고를 하여야 한다.
1. 상호 변경
2. 영업장 주소지의 변경
3. 법인의 대표자의 변경(2019.11.26 본호신설)
4. 제76조제1항제5호의 자격 요건으로 문화유산매매업의 허가를 받은 법인의 임원의 변경(2023.8.8 본호개정)
(2018.6.12 본항신설)
(2014.1.28 본조개정)

제75조의2【영업의 승계】 ① 제75조에 따라 문화유산매매업의 허가를 받은 자가 문화유산매매업을 다른 자에게 양도하거나 법인의 합병이 있는 경우에는 그 양수한 자 또는 합병 후 존속하는 법인이나 합병에 의하여 설립되는 법인은 문화유산매매업자로서의 지위를 승계한다.
(2023.8.8 본항개정)
② 제1항에 따라 문화유산매매업자로서의 지위를 승계받은 자는 문화체육관광부령으로 정하는 바에 따라 특별자치시장, 특별자치도지사, 시장·군수 또는 구청장에게 신고하여야 한다.(2023.8.8 본항개정)
③ 제2항에 따른 신고에 관하여는 제76조제1항에 따른 자격 요건과 제77조에 따른 결격사유에 관한 규정을 준용한다.
(2019.11.26 본조신설)

제76조【자격 요건】 ① 제75조제1항에 따라 문화유산매매업의 허가를 받으려는 자는 다음 각 호의 어느 하나에 해당하는 자이어야 한다.(2023.8.8 본문개정)
1. 국가, 지방자치단체, 박물관 또는 미술관에서 2년 이상 문화유산을 취급한 사람(2023.8.8 본호개정)
2. 전문대학 이상의 대학(대학원을 포함한다)에서 역사학·고고학·인류학·미술사학·민속학·서지학·전통공예학 또는 문화유산관리학 계통의 전공과목(이하 "문화유산 관련 전공과목"이라 한다)을 일정 학점 이상 이수한 사람(2023.8.8 본호개정)
3. 「학점인정 등에 관한 법률」 제7조에 따라 문화유산 관련 전공과목을 일정 학점 이상을 이수한 것으로 학점인정을 받은 사람(2023.8.8 본호개정)
4. 문화유산매매업자에게 고용되어 3년 이상 문화유산을 취급한 사람(2023.8.8 본호개정)
5. 고미술품 등의 유통·거래를 목적으로 「상법」에 따라 설립된 법인으로서 제1호부터 제4호까지의 자격 요건 중 어느 하나를 갖춘 대표자 또는 임원을 1명 이상 보유한 법인(2019.11.26 본호신설)
② 제1항에 따른 박물관·미술관의 범위, 일정 학점 등에 관하여 필요한 사항은 문화체육관광부령으로 정한다.
(2019.11.26 본항개정)

제77조【결격사유】 다음 각 호의 어느 하나에 해당하는 자는 문화유산매매업자가 될 수 없다.(2023.8.8 본문개정)
1. (2020.12.8 삭제)
2. 이 법과 「형법」 제347조 또는 제362조를 위반하여 금고 이상의 실형을 선고받고 그 집행이 끝나거나 집행을 받지 아니하기로 확정된 후 3년이 지나지 아니한 자
3. 제80조에 따라 허가가 취소된 날부터 3년이 지나지 아니한 자

제77조의2【명의대여 등의 금지】 문화유산매매업자는 다른 자에게 자기의 명의 또는 상호를 사용하여 문화유산매매업을 하게 하거나 그 허가증을 다른 자에게 빌려주어서는 아니 된다.(2023.8.8 본조개정)

제78조【준수 사항】 ① 문화유산매매업자는 문화체육관광부령으로 정하는 바에 따라 매매·교환 등에 관한 장부를 갖추어 두고 그 거래 내용을 기록하며, 해당 문화유산을 확인할 수 있도록 실물 사진을 촬영하여 붙여 놓아야 한다.
② 문화유산매매업자는 문화체육관광부령으로 정하는 바에 따라 해마다 제1항에 따른 매매·교환 등에 관한 장부에 대하여 검인을 받아야 한다. 문화유산매매업을 폐업하려는 경우에도 또한 같다.
(2023.8.8 본조개정)

제78조의2【국가기관 등의 문화유산 구입 사실 통지】
① 중앙행정기관(그 소속기관을 포함한다) 및 지방자치단체의 장과 「박물관 및 미술관 진흥법」 제3조에 따른 국·공립 박물관 및 국·공립 미술관은 동산에 속하는 문화유산으로서 다음 각 호의 어느 하나에 해당하는 문화유산을 구입하려는 경우에 그 사실을 미리 문화재청장 또는 시·도지사에게 알려야 한다.
1. 도난물품 또는 유실물인 사실이 공고된 문화유산
2. 그 출처를 알 수 있는 중요한 부분이나 기록을 인위적으로 훼손한 문화유산
② 문화재청장은 제1항에 따른 통지와 관련하여 관계 기관의 장에게 필요한 자료 또는 정보의 제공을 요청할 수 있다. 이 경우 자료 또는 정보의 제공을 요청받은 기관의 장은 특별한 사유가 없으면 이에 따라야 한다.
(2024.1.23 본조신설)

제79조【폐업신고의 의무】 제75조제1항에 따라 허가를 받은 자는 문화유산매매업을 폐업하면 3개월 이내에 문화체육관광부령으로 정하는 바에 따라 폐업신고서를 특별자치시장, 특별자치도지사, 시장·군수 또는 구청장에게 제출하여야 한다.(2023.8.8 본조개정)

제80조【허가취소 등】 ① 특별자치시장, 특별자치도지사, 시장·군수 또는 구청장은 문화유산매매업자가 다음 각 호의 어느 하나에 해당하면 그 허가를 취소하거나 1년 이내의 기간을 정하여 그 영업의 전부 또는 일부의 정지를 명할 수 있다. 다만, 제1호부터 제3호까지의 규정에 해당하면 그 허가를 취소하여야 한다.(2023.8.8 본문개정)
1. 거짓이나 그 밖의 부정한 방법으로 허가를 받은 경우
2. 제90조·제92조 및 「매장유산 보호 및 조사에 관한 법률」 제31조를 위반하여 벌금 이상의 처벌을 받은 경우
(2023.8.8 본호개정)
3. 영업정지 기간 중에 영업을 한 경우
4. 제76조제1항제5호의 자격 요건으로 문화유산매매업을 허가받은 법인이 해당 자격 요건을 상실한 경우. 다만, 해당 법인이 3개월 이내에 자격 요건에 해당하는 자를 대표자 또는 임원으로 선임하는 경우에는 그러하지 아니하다.(2023.8.8 본호개정)
5. 제77조의2에 따른 명의대여 등의 금지 사항을 위반한 경우(2019.11.26 본호신설)
6. 제78조에 따른 준수 사항을 위반한 경우
② 제1항에 따른 행정처분의 세부 기준은 문화체육관광부령으로 정한다.

제80조의2【행정 제재처분 효과의 승계】 문화유산매매업자가 매매업을 양도하거나 법인이 합병되는 경우에는 제75조제2항, 같은 조 제4항, 제75조의2제2항, 제78조를 위반하거나 제80조제1항제1호부터 제3호까지의 규정에 해당되어 종전의 문화유산매매업자에게 행한 행정 제재처분의 효과는 그 처분기간이 끝난 날부터 1년간 양수한 자나 합병 후 존속하는 법인에 승계되며, 행정 제재처분의 절차가 진행 중인 경우에는 양수한 자나 합병 후 존속하는 법인에 대하여 행정 제재처분 절차를 계속할 수 있다. 다만, 양수한 자나 합병 후 존속하는 법인이 양수하거나 합병할 때에 그 처분 또는 위반사실을 알지 못하였음을 증명하는 때에는 그러하지 아니하다.(2023.8.8 본조개정)

제10장의2 문화유산의 상시적 예방관리
(2023.8.8 본장제목개정)

제80조의3【문화유산돌봄사업】 ① 국가와 지방자치단체는 다음 각 호의 어느 하나에 해당하는 문화유산의 보존을 위하여 상시적인 예방관리 사업(이하 "문화유산돌봄사업"이라 한다)을 실시할 수 있다.
1. 지정문화유산
2. 등록문화유산
3. 임시지정문화유산
4. 그 밖에 역사적·문화적·예술적 가치가 높은 문화유산으로서 대통령령으로 정하는 것
② 문화유산돌봄사업의 범위는 다음 각 호와 같다.
1. 문화유산의 주기적인 모니터링
2. 문화유산 관람환경 개선을 위한 일상적·예방적 관리
3. 문화유산 주변지역 환경정비 및 재해예방
4. 문화유산 및 그 주변지역의 재해 발생에 대응한 신속한 조사 및 응급조치
5. 「국가유산수리 등에 관한 법률」 제5조제1항 단서에 따른 해당 문화유산의 보존에 영향을 미치지 아니하는 경미한 수리
6. 그 밖에 문화유산돌봄사업을 위하여 필요한 사업
③ 문화재청장은 매년 문화유산돌봄사업 추진지침을 수립하여 시·도지사 및 제80조의4에 따른 중앙문화유산돌봄센터와 제80조의5에 따른 지역문화유산돌봄센터에 각각 통보하여야 한다.
(2023.8.8 본조개정)

제80조의4【중앙문화유산돌봄센터】 ① 문화재청장은 문화유산돌봄사업에 관한 다음 각 호의 업무를 종합적이고 효율적으로 수행하기 위하여 중앙문화유산돌봄센터를 설치·운영한다.
1. 문화유산돌봄사업의 관리 및 지원
2. 문화유산돌봄사업을 위한 연구 및 조사
3. 문화유산돌봄사업을 위한 정보관리시스템 구축 및 운영
4. 지역문화유산돌봄센터 평가의 지원
5. 지역문화유산돌봄센터 종사자에 대한 전문교육의 관리·지원
6. 지역문화유산돌봄센터 상호 간의 연계·협력 지원
7. 그 밖에 중앙문화유산돌봄센터의 설치목적 달성에 필요한 사업
② 문화재청장은 제1항에 따른 중앙문화유산돌봄센터의 운영을 대통령령으로 정하는 바에 따라 문화유산 관련 기관 또는 단체에 위탁할 수 있다.
③ 문화재청장은 제2항에 따라 중앙문화유산돌봄센터의 운영을 문화유산 관련 기관 또는 단체에 위탁하는 경우 운영에 필요한 비용의 전부 또는 일부를 보조할 수 있다.
④ 그 밖에 중앙문화유산돌봄센터의 설치·운영에 필요한 사항은 대통령령으로 정한다.
(2023.8.8 본조개정)

제80조의5【지역문화유산돌봄센터】 ① 시·도지사는 다음 각 호의 업무를 효율적으로 실시하기 위하여 문화유산 관련 기관 또는 단체를 지역문화유산돌봄센터로 지정할 수 있다.
1. 지역여건에 적합한 문화유산돌봄사업
2. 지역여건에 적합한 문화유산돌봄사업을 위한 연구 및 조사
3. 지역문화유산돌봄센터 상호 간의 인적·물적 자원의 교류
4. 지역문화유산돌봄센터 종사자에 대한 안전교육 등 직장교육
5. 그 밖에 지역문화유산돌봄센터의 지정목적 달성에 필요한 사업
(2023.8.8 본항개정)
② 시·도지사는 지역문화유산돌봄센터가 다음 각 호의 어느 하나에 해당하는 경우 그 지정을 취소할 수 있다. 다만, 제1호에 해당하는 경우에는 지정을 취소하여야 한다.(2023.8.8 본문개정)
1. 거짓이나 그 밖의 부정한 방법으로 지정을 받은 경우
2. 제4항에 따른 지정기준에 적합하지 아니하게 된 경우
③ 국가와 지방자치단체는 지역문화유산돌봄센터의 운영에 필요한 비용의 전부 또는 일부를 보조할 수 있다.
(2023.8.8 본항개정)
④ 지역문화유산돌봄센터의 지정 및 취소의 기준과 절차 등에 관하여 필요한 사항은 대통령령으로 정한다.
(2023.8.8 본항개정)
(2023.8.8 본조제목개정)

제80조의6【지역문화유산돌봄센터의 평가 등】 ① 문화재청장은 지역문화유산돌봄센터가 제80조의3제3항에 따른 추진지침에 따라 적정하게 운영되었는지를 평가하여야 한다.(2023.8.8 본항개정)
② 문화재청장은 제1항에 따른 평가 결과를 시·도지사에게 통보하고, 이를 공개하여야 한다.
③ 제1항에 따른 평가 시기, 방법 및 제2항에 따른 평가 결과의 공개 등에 필요한 사항은 대통령령으로 정한다.
(2023.8.8 본조제목개정)

제80조의7【지역문화유산돌봄센터의 종사자에 대한 전문교육】 ① 지역문화유산돌봄센터의 종사자는 문화체육관광부령으로 정하는 바에 따라 문화재청장이 실시하는 문화유산돌봄사업에 필요한 교육(이하 "전문교육"이라 한다)을 받아야 한다.(2023.8.8 본항개정)
② 문화재청장은 전문교육을 문화유산 관련 기관 또는 단체에 위임 또는 위탁할 수 있다.(2023.8.8 본항개정)
③ 제1항에 따른 전문교육의 내용·방법 및 시기와 제2항에 따른 전문교육의 위임 또는 위탁 등에 필요한 사항은 문화체육관광부령으로 정한다.
(2023.8.8 본조제목개정)

제11장 보 칙

제81조【권리·의무의 승계】 ① 국가지정문화유산(보호물과 보호구역 및 임시지정문화유산을 포함한다)의 소유자가 변경된 때에는 새 소유자는 이 법 또는 이 법에 따라 문화재청장이 행하는 명령·지시, 그 밖의 처분으로 인한 전소유자(前所有者)의 권리·의무를 승계한다.
(2023.8.8 본항개정)
② 제34조에 따라 관리단체가 지정되거나 그 지정이 해제된 경우에 관리단체와 소유자에 대하여는 제1항을 준용한다. 다만, 소유자에게 전속(專屬)하는 권리·의무는 그러하지 아니하다.

제82조【권한의 위임·위탁】 이 법에 따른 문화재청장의 권한은 대통령령으로 정하는 바에 따라 그 일부를 소속 기관의 장, 시·도지사 또는 시장·군수·구청장에게 위임하거나 문화유산의 보호·보급 등을 목적으로 설립된 기관이나 법인 또는 단체 등에 위탁할 수 있다.
(2023.8.8 본조개정)

제82조의2 (2023.8.8 삭제)

제82조의3【금지행위】 ① 누구든지 지정문화유산에 글씨 또는 그림 등을 쓰거나 그리거나 새기는 행위 등을 하여서는 아니 된다.(2023.8.8 본항개정)
② 문화재청장 또는 지방자치단체의 장은 제1항의 행위를 한 사람에게 훼손된 문화유산의 원상 복구를 명할 수 있다.(2023.8.8 본항개정)
③ 문화재청장 또는 지방자치단체의 장은 제2항에 따른 명령을 이행하지 아니하거나 제1항의 행위를 한 사람에게 원상 복구 조치를 하게 하는 것이 적당하지 아니하다고 인정되면 국가 또는 지방자치단체의 부담으로 훼손된 문화유산을 원상 복구하고, 대통령령으로 정하는 바에 따라 제1항의 행위를 한 사람에게 그 비용을 청구할 수 있다.(2023.8.8 본항개정)
④ 제3항에 따라 청구한 비용을 납부하여야 할 사람이 이를 납부하지 아니하는 때에는 국세 체납처분의 예 또는 「지방세외수입금의 징수 등에 관한 법률」에 따라 징수한다.
(2020.6.9 본조신설)

제83조【토지의 수용 또는 사용】 ① 문화재청장이나 지방자치단체의 장은 문화유산의 보존·관리를 위하여 필요하면 지정문화유산이나 그 보호구역에 있는 토지, 건물, 나무, 대나무, 그 밖의 공작물을 「공익사업을 위한 토지 등의 취득 및 보상에 관한 법률」에 따라 수용(收用)하거나 사용할 수 있다.(2023.8.8 본항개정)
② (2014.1.28 삭제)

제84조【국·공유재산의 대부·사용 등】 ① 국가 또는 지방자치단체는 문화유산의 보존·관리·활용 또는 전승을 위하여 필요하다고 인정하면 「국유재산법」 또는 「공유재산 및 물품 관리법」에도 불구하고 국유 또는 공유재산을 수의계약으로 대부·사용·수익하게 하거나 매각할 수 있다.(2023.8.8 본항개정)
② 제1항에 따른 국유 또는 공유재산의 대부·사용·수익·매각 등의 내용 및 조건에 관하여는 「국유재산법」 또는 「공유재산 및 물품 관리법」에서 정하는 바에 따른다.

제85조【문화유산 방재의 날】 ① 문화유산을 화재 등의 재해로부터 안전하게 보존하고 국민의 문화유산에 대한 안전관리의식을 높이기 위하여 매년 2월 10일을 문화유산 방재의 날로 정한다.
② 국가 및 지방자치단체는 문화유산 방재의 날 취지에 맞도록 문화유산에 대한 안전점검, 방재훈련 등의 사업 및 행사를 실시한다.
③ 문화유산 방재의 날 행사에 관하여 필요한 사항은 문화재청장 또는 시·도지사가 따로 정할 수 있다.
(2023.8.8 본조개정)

제86조【포상금】 ① 문화재청장은 제90조부터 제92조까지와 「매장유산 보호 및 조사에 관한 법률」 제31조의 죄를 저지른 자나 그 미수범(未遂犯)이 기소유예 처분을 받거나 유죄판결이 확정된 경우 그 자를 수사기관에 제보(提報)한 자와 체포에 공로가 있는 자에게 예산의 범위에서 포상금을 지급하여야 한다.(2023.8.8 본항개정)
② 수사기관의 범위, 제보의 처리, 포상금의 지급기준 등 포상금 지급에 필요한 사항은 대통령령으로 정한다.

제87조【다른 법률과의 관계】 ① 문화재청장이 「자연공원법」에 따른 공원구역에서 대통령령으로 정하는 면적 이상의 지역을 대상으로 다음 각 호의 어느 하나에 해당하는 행위를 하려면 해당 공원관리청과 협의하여야 한다.
1. 제25조에 따라 일정한 지역을 사적으로 지정하는 경우
(2023.3.21 본호개정)
2. 제27조에 따라 보호구역을 지정하는 경우
3. 제35조제1항 본문에 따라 허가나 변경허가를 하는 경우(2014.1.28 본호개정)
② 특별자치시장, 특별자치도지사, 시장·군수 또는 구청장이 「자연공원법」에 따른 공원구역에서 대통령령으로 정하는 면적 이상의 지역을 대상으로 제35조제1항 단서에 따라 허가나 변경허가를 하려면 해당 공원관리청과 협의하여야 한다.(2014.1.28 본항신설)
③ 제35조제1항(제74조제2항에 따라 준용되는 경우를 포함한다)에 따라 허가를 받은 때에는 다음 각 호의 허가를 받은 것으로 본다.
1. 「자연공원법」 제23조에 따른 공원구역에서의 행위 허가
2. 「도시공원 및 녹지 등에 관한 법률」 제24조·제27조 및 제38조에 따른 도시공원·도시자연공원구역·녹지의 점용 및 사용 허가
④ 제23조, 제25조부터 제27조까지 또는 제70조제1항에 따라 국가지정문화유산 또는 시·도지정문화유산으로 지정되거나 그의 보호물 또는 보호구역으로 지정·고시된 지역이 「국토의 계획 및 이용에 관한 법률」 제6조제1호에 따른 도시지역에 속하는 경우에는 같은 법 제37조제1항제5호에 따른 보호지구로 지정·고시된 것으로 본다.
(2023.8.8 본항개정)
⑤ 다음 각 호의 어느 하나에 해당하는 문화유산의 매매 등 거래행위에 관하여는 「민법」 제249조의 선의취득에 관한 규정을 적용하지 아니한다. 다만, 양수인이 경매나 문화유산매매업자 등으로부터 선의로 이를 매수한 경우에는 피해자 또는 유실자(遺失者)는 양수인이 지급한 대가를 변상하고 반환을 청구할 수 있다.
1. 문화재청장이나 시·도지사가 지정한 문화유산
2. 도난물품 또는 유실물(遺失物)인 사실이 공고된 문화유산
3. 그 출처를 알 수 있는 중요한 부분이나 기록을 인위적으로 훼손한 문화유산
(2023.8.8 본항개정)
⑥ 제5항제2호에 따른 공고에 필요한 사항은 문화체육관광부령으로 정한다.(2014.1.28 본항개정)

제88조【청문】 문화재청장, 시·도지사, 시장·군수 또는 구청장은 다음 각 호의 어느 하나에 해당하는 처분을 하려면 청문을 하여야 한다.
1. 제22조의4제3항에 따른 지역센터의 지정 취소
(2019.11.26 본호신설)
2. 제22조의7에 따른 문화유산교육 프로그램의 인증 취소
(2023.8.8 본호개정)
3. 제35조제1항, 제39조, 제56조제2항 또는 제60조제1항 단서에 따라 허가받은 자가 그 허가 사항이나 허가 조건을 위반한 경우의 허가취소
4. (2023.3.21 삭제)
5. 제80조에 따른 문화유산매매업자의 허가취소 또는 영업정지(2023.8.8 본호개정)
6. 제80조의5제2항에 따른 지역문화유산돌봄센터의 지정 취소(2023.8.8 본호개정)

제89조【벌칙 적용에서의 공무원 의제】 다음 각 호의 어느 하나에 해당하는 자는 「형법」 제129조부터 제132조까지의 규정을 적용할 때에는 공무원으로 본다.
1. 제8조제1항에 따라 문화유산 보존·관리에 관한 사항을 조사·심의하는 문화유산위원회 위원(제71조제1항에 따른 시·도문화유산위원회의 위원을 포함한다)
(2023.8.8 본호개정)
1의2. 제13조제2항 후단에 따라 지정문화유산 보존 영향 검토에 대한 의견을 제출하는 자(2023.8.8 본호개정)
1의3. 제36조제2항에 따라 현상변경허가 조사 의견을 제출하는 자(2014.1.28 본호신설)
2. (2023.3.21 삭제)
3. 제44조제6항에 따라 문화유산조사를 위탁받아 수행하는 자(2023.8.8 본호개정)
4. 제82조에 따라 문화재청장의 권한을 위탁받은 사무에 종사하는 자

제12장 벌 칙

제90조【무허가수출 등의 죄】 ① 제39조제1항 본문(제59조제2항과 제74조제1항에 따라 준용하는 경우를 포함한다)을 위반하여 지정문화유산 또는 임시지정문화유산을 국외로 수출 또는 반출하거나 제39조제1항 단서 및 제2항부터 제4항까지(제59조제2항과 제74조제1항에 따라 준용하는 경우를 포함한다)에 따라 반출한 문화유산을 기한까지 다시 반입하지 아니한 자는 5년 이상의 유기징역에 처하고 그 문화유산은 몰수한다.
② 제60조제1항을 위반하여 문화유산을 국외로 수출 또는 반출하거나 반출한 문화유산을 다시 반입하지 아니한 자는 3년 이상의 유기징역에 처하고 그 문화유산은 몰수한다.
③ 제1항 또는 제2항을 위반하여 국외로 수출 또는 반출하는 사실을 알고 해당 문화유산을 양도·양수 또는 중개한 자는 3년 이상의 유기징역에 처하고 그 문화유산은 몰수한다.
(2023.8.8 본조개정)

제90조의2【추징】 제90조에 따라 해당 문화유산을 몰수할 수 없을 때에는 해당 문화유산의 감정가격을 추징한다.(2023.8.8 본조개정)

제91조【허위 지정 등 유도죄】 거짓이나 그 밖의 부정한 방법으로 지정문화유산 또는 임시지정문화유산으로

지정하게 한 자는 5년 이상의 유기징역에 처한다.
(2023.8.8 본조개정)
제92조【손상 또는 은닉 등의 죄】 ① 국가지정문화유산을 손상, 절취 또는 은닉하거나 그 밖의 방법으로 그 효용을 해한 자는 3년 이상의 유기징역에 처한다.(2023.8.8 본항개정)
② 다음 각 호의 어느 하나에 해당하는 자는 2년 이상의 유기징역에 처한다.
1. 제1항에 규정된 것 외의 지정문화유산 또는 임시지정문화유산(건조물은 제외한다)을 손상, 절취 또는 은닉하거나 그 밖의 방법으로 그 효용을 해한 자(2023.8.8 본호개정)
2. 일반동산문화유산인 것을 알고 일반동산문화유산을 손상, 절취 또는 은닉하거나 그 밖의 방법으로 그 효용을 해한 자(2023.8.8 본호개정)
③ 다음 각 호의 어느 하나에 해당하는 자는 2년 이상의 유기징역이나 2천만원 이상 1억5천만원 이하의 벌금에 처한다.
1. (2023.3.21 삭제)
2. 제1항 또는 제2항을 위반한 행위를 알고 해당 문화유산을 취득, 양도, 양수 또는 운반한 자(2023.8.8 본호개정)
3. 제2호에 따른 행위를 알선한 자
④ 제1항과 제2항에 규정된 은닉 행위 이전에 타인에 의하여 행하여진 같은 항에 따른 손상, 절취, 은닉, 그 밖의 방법으로 그 지정문화유산, 임시지정문화유산 또는 일반동산문화유산의 효용을 해하는 행위가 처벌되지 아니한 경우에도 해당 은닉 행위자는 같은 항에서 정한 형으로 처벌한다.(2023.8.8 본항개정)
⑤ 제1항부터 제4항까지의 경우에 해당하는 문화유산은 몰수하되, 몰수하기가 불가능하면 해당 문화유산의 감정가격을 추징한다. 다만, 제4항에 따른 은닉행위자가 선의로 해당 문화유산을 취득한 경우에는 그러하지 아니하다.
(2023.8.8 본항개정)
제93조【가중죄】 ① 단체나 다중(多衆)의 위력(威力)을 보이거나 위험한 물건을 몸에 지녀서 제90조부터 제92조까지의 죄를 저지르면 각 해당 조에서 정한 형의 2분의 1까지 가중한다.
② 제1항의 죄를 저질러 지정문화유산이나 임시지정문화유산을 보호하는 사람을 상해에 이르게 한 때에는 무기 또는 5년 이상의 징역에 처한다. 사망에 이르게 한 때에는 사형, 무기 또는 5년 이상의 징역에 처한다.
(2023.8.8 본조개정)
제94조【「형법」의 준용】 다음 각 호의 건조물에 대하여 방화, 일수(溢水) 또는 파괴의 죄를 저지른 자는 「형법」 제165조·제178조 또는 제367조와 같은 법 중 이들 조항과 관계되는 법조(法條)의 규정을 준용하여 처벌하되, 각 해당 조에서 정한 형의 2분의 1까지 가중한다.
1. 지정문화유산이나 임시지정문화유산인 건조물
2. 지정문화유산이나 임시지정문화유산을 보호하기 위한 건조물
(2023.8.8 본조개정)
제95조【사적에의 일수죄】 물을 넘겨 문화재청장이 지정 또는 임시지정한 사적이나 보호구역을 침해한 자는 2년 이상 10년 이하의 징역에 처한다.(2023.3.21 본조개정)
제96조【그 밖의 일수죄】 물을 넘겨 제95조에서 규정한 것 외의 지정문화유산 또는 임시지정문화유산이나 그 보호구역을 침해한 자는 10년 이하의 징역이나 1억원 이하의 벌금에 처한다.(2023.8.8 본조개정)
제97조【미수범 등】 ① 제90조부터 제92조까지, 제93조제1항, 제95조 및 제96조의 미수범은 처벌한다.
② 제90조의 죄를 저지를 목적으로 예비 또는 음모한 자는 2년 이하의 징역에 처한다.(2023.8.8 본항개정)
③ 제91조, 제92조, 제93조제1항, 제95조 및 제96조의 죄를 저지를 목적으로 예비 또는 음모한 자는 2년 이하의 징역이나 2천만원 이하의 벌금에 처한다.(2023.8.8 본항개정)
제98조【과실범】 ① 과실로 인하여 제95조 또는 제96조의 죄를 저지른 자는 1천만원 이하의 벌금에 처한다.
② 업무상 과실이나 중대한 과실로 인하여 제95조 또는 제96조의 죄를 저지른 자는 3년 이하의 금고나 3천만원 이하의 벌금에 처한다.
(2023.8.8 본조개정)
제99조【무허가 행위 등의 죄】 ① 다음 각 호의 어느 하나에 해당하는 자는 5년 이하의 징역이나 5천만원 이하의 벌금에 처한다.
1. 제35조제1항제1호 또는 제2호(제47조와 제74조제2항에 따라 준용되는 경우를 포함한다)를 위반하여 지정문화유산(보호물 및 보호구역을 포함한다)이나 임시지정문화유산의 현상을 변경하거나 그 보존에 영향을 미칠 우려가 있는 행위를 한 자(2023.8.8 본호개정)
2. (2023.3.21 삭제)
3. 제75조제1항을 위반하여 허가를 받지 아니하고 영업행위를 한 자
② 다음 각 호의 어느 하나에 해당하는 자는 2년 이하의 징역이나 2천만원 이하의 벌금에 처한다.
1. 제1항 각 호의 경우 그 문화유산이 자기 소유인 자
2. 제56조제2항(제74조제3항에 따라 준용되는 경우를 포함한다)을 위반하여 허가나 변경허가를 받지 아니하고 등록문화유산의 현상을 변경하는 행위를 한 자
(2023.8.8 1호~2호개정)
제100조【행정명령 위반 등의 죄】 다음 각 호의 어느 하나에 해당하는 자는 3년 이하의 징역이나 3천만원 이하의 벌금에 처한다.(2023.3.21 본문개정)
1. 정당한 사유 없이 제21조제1항이나 제42조제1항(제74조제2항에 따라 준용되는 경우를 포함한다)에 따른 명령을 위반한 자
2. (2023.3.21 삭제)
제101조【관리행위 방해 등의 죄】 다음 각 호의 어느 하나에 해당하는 자는 2년 이하의 징역이나 2천만원 이하의 벌금에 처한다.
1. 정당한 사유 없이 제12조에 따른 지시를 따르지 아니한 자(2023.8.8 본호개정)
2. 제34조제5항(제74조제2항에 따라 준용되는 경우를 포함한다)을 위반하여 관리단체의 관리행위를 방해하거나 그 밖에 정당한 사유 없이 지정문화유산이나 임시지정문화유산의 관리권자의 관리행위를 방해한 자
(2023.8.8 본호개정)
3. 허가 없이 제35조제1항제3호(제74조제2항에 따라 준용되는 경우를 포함한다)에 규정된 행위를 한 자
4. 제44조제4항 본문(제45조제2항과 제74조제2항에 따라 준용되는 경우를 포함한다)에 따른 협조를 거부하거나 필요한 행위를 방해한 자
5. 지정문화유산이나 임시지정문화유산의 관리·보존에 책임이 있는 자 중 중대한 과실로 인하여 해당 문화유산을 멸실 또는 훼손하게 한 자(2023.8.8 본호개정)
6. 거짓의 신고 또는 보고를 한 자
7. 지정문화유산으로 지정된 구역이나 그 보호구역의 경계 표시를 고의로 손괴, 이동, 제거, 그 밖의 방법으로 그 구역의 경계를 식별할 수 없게 한 자(2023.8.8 본호개정)
8. 제48조제2항에 따른 문화재청장의 공개 제한을 위반하여 문화유산을 공개하거나 같은 조 제5항에 따른 허가를 받지 아니하고 출입한 자(제74조제2항에 따라 준용되는 경우를 포함한다)(2023.8.8 본호개정)
제101조의2【명의 대여 등의 죄】 제77조의2를 위반하여 다른 자에게 자기의 명의 또는 상호를 사용하여 문화유산매매업을 하게 하거나 그 허가증을 다른 자에게 빌려 준 자는 1년 이하의 징역이나 1천만원 이하의 벌금에 처한다.(2023.8.8 본조개정)
제102조【양벌규정】 법인의 대표자나 법인 또는 개인의 대리인, 사용인, 그 밖의 종업원이 그 법인 또는 개인의 업무에 관하여 제94조부터 제96조까지 또는 제98조부터 제101조까지의 어느 하나에 해당하는 위반행위를 하면 그 행위자를 벌하는 외에 그 법인 또는 개인에게도 해당 조문의 벌금형을 과(科)하고 벌금형이 없는 경우에는 3억원 이하의 벌금에 처한다. 다만, 법인 또는 개인이 그 위반행위를 방지하기 위하여 해당 업무에 관하여 상당한 주의와 감독을 게을리하지 아니한 경우에는 그러하지 아니하다.
제103조【과태료】 ① 다음 각 호의 어느 하나에 해당하는 자에게는 500만원 이하의 과태료를 부과한다.
1. 제14조의4제3항에 따른 시정명령을 따르지 아니한 자
2. 제22조의6제6항을 위반하여 인증을 받지 아니한 문화유산교육 프로그램에 대하여 인증표시를 하거나 이와 비슷한 표시를 한 자(2023.8.8 본호개정)
3. 제40조제1항제6호(제74조제2항에 따라 준용되는 경우를 포함한다)에 따른 신고를 하지 아니한 자
4. 제55조제6호에 따른 신고를 하지 아니한 자
5. 제56조제1항에 따른 신고를 하지 아니한 자
② (2023.8.8 삭제)
③ 다음 각 호의 어느 하나에 해당하는 자에게는 300만원 이하의 과태료를 부과한다.
1. 제40조제1항제7호 또는 같은 조 제3항(제74조제2항에 따라 준용되는 경우를 포함한다)에 따른 신고를 하지 아니한 자(2023.3.21 본호개정)
2. (2023.3.21 삭제)
④ 다음 각 호의 어느 하나에 해당하는 자에게는 200만원 이하의 과태료를 부과한다.
1. 제40조제1항제1호부터 제5호까지, 제8호(제74조제2항에 따라 준용되는 경우를 포함한다)에 따른 신고를 하지 아니한 자(2023.3.21 본호개정)
2. 제55조제1호부터 제5호까지, 제7호 또는 제8호에 따른 신고를 하지 아니한 자
3. 제60조제4항에 따른 신고를 하지 아니한 자
4. 제75조제2항에 따른 신고를 하지 아니한 자
5. 제75조제4항에 따른 변경신고를 하지 아니한 자
6. 제75조의2제2항에 따른 신고를 하지 아니한 자
7. 제78조에 따른 준수 사항을 이행하지 아니한 자
8. 제79조에 따른 폐업신고를 하지 아니한 자
⑤ 제14조의4제5항을 위반하여 금연구역에서 흡연을 한 사람에게는 10만원 이하의 과태료를 부과한다.
(2020.12.8 본조개정)
제104조【과태료의 부과·징수】 제103조에 따른 과태료는 대통령령으로 정하는 바에 따라 문화재청장, 시·도지사 또는 시장·군수·구청장이 부과·징수한다.

부 칙 (2016.2.3)

제1조【시행일】 이 법은 공포 후 6개월이 경과한 날부터 시행한다. 다만 제34조제6항 및 제69조의 개정규정은 공포한 날부터 시행한다.
제2조【문화재의 국외 반출 허가 신청 등에 관한 적용례】 제39조제2항부터 제4항까지의 개정규정은 이 법 시행 후 최초로 문화재의 국외 반출 또는 반출 기간의 연장허가를 신청하는 경우부터 적용한다.

부 칙 (2017.3.21)

제1조【시행일】 이 법은 공포한 날부터 시행한다. 다만, 제2조제8항의 개정규정은 공포 후 6개월이 경과한 날부터 시행하고, 제6조의2, 제14조, 제14조의2부터 제14조의6까지, 제53조제1항, 제59조제2항 전단, 제103조제1항제1호 및 같은 조 제5항의 개정규정은 공포 후 1년이 경과한 날부터 시행한다.
제2조【중요민속문화재에 관한 경과조치】 이 법 시행 당시 종전의 제26조에 따라 지정된 중요민속문화재는 제26조의 개정규정에 따른 국가민속문화재로 지정된 것으로 본다.
제3조【금치산자 등의 결격사유에 관한 경과조치】 이 법 시행 당시 이미 금치산 또는 한정치산의 선고를 받고 법률 제10429호 민법 일부개정법률 부칙 제2조에 따라 금치산 또는 한정치산 선고의 효력이 유지되는 사람에 대해서는 제77조제1호의 개정규정에도 불구하고 종전의 규정에 따른다.

부 칙 (2017.11.28)

제1조【시행일】 이 법은 공포 후 6개월이 경과한 날부터 시행한다. 다만, 제11조제2항부터 제4항까지, 제39조제5항·제6항 및 제74조제1항의 개정규정은 공포한 날부터 시행한다.
제2조【동물의 수입·반입 신고에 관한 경과조치】 이 법 시행 당시 천연기념물로 지정된 동물의 종(種)[아종(亞種)을 포함한다] 중에서 국외로부터 수입·반입된 동물의 종의 소유자 또는 관리자는 이 법 시행 후 3개월 이내에 제41조의 개정규정에 따라 문화재청장에게 신고하여야 한다.

부 칙 (2018.6.12)

제1조【시행일】 이 법은 공포 후 1개월이 경과한 날부터 시행한다. 다만, 제75조제4항 및 제103조제4항제4호의 개정규정은 공포 후 6개월이 경과한 날부터 시행한다.
제2조【국가지정문화재의 현상변경 행위 허가 등에 관한 적용례】 제35조제4항·제5항, 제39조제7항·제8항 및 제48조제6항·제7항의 개정규정은 이 법 시행 후 최초로 국가지정문화재의 현상변경 등의 행위 허가·변경허가, 표본·박제 등으로 제작한 천연기념물 등의 수출 허가 및 국가지정문화재 공개 제한 지역의 출입 허가를 신청하는 경우부터 적용한다.
제3조【매매 등 영업의 허가에 관한 경과조치】 제75조제4항의 개정규정 시행 당시 종전의 규정에 따라 상호 변경과 영업장 주소지 변경 허가를 받은 자는 같은 개정규정에 따라 신고한 것으로 본다.

부 칙 (2018.10.16)

제1조【시행일】 이 법은 공포 후 6개월이 경과한 날부터 시행한다.
제2조【권리·의무 승계의 준용에 관한 적용례】 제74조제2항의 개정규정은 이 법 시행 후 시·도지정문화재와 문화재자료의 소유자가 변경된 경우 또는 관리단체가 지정되거나 그 지정이 해제된 경우부터 적용한다.

부 칙 (2018.12.24)

제1조【시행일】 이 법은 공포 후 1년이 경과한 날부터 시행한다.
제2조【등록문화재의 명칭변경에 관한 경과조치】 이 법 시행 당시 등록문화재는 이 법에 따른 국가등록문화재로 본다.
제3조【다른 법률의 개정】 ①~⑨ ※(해당 법령에 가제정리 하였음)

부 칙 (2019.11.26)

제1조【시행일】 이 법은 공포 후 6개월이 경과한 날부터 시행한다. 다만, 제39조제2항의 개정규정은 공포 후 1년이 경과한 날부터 시행한다.
제2조【국회 보고에 관한 적용례】 제7조의2의 개정규정은 이 법 시행 후 수립한 문화재기본계획 및 시행계획부터 적용한다.
제3조【변경신고에 관한 적용례】 제75조제4항의 개정규정은 이 법 시행 후 최초로 법인의 대표자가 변경되거나 제76조제1항제5호의 자격 요건으로 문화재매매업의 허가를 받은 법인의 대표자 또는 임원이 변경되는 경우부터 적용한다.
제4조【영업의 승계에 관한 적용례】 제75조의2의 개정규정은 이 법 시행 후 최초로 합병 또는 영업 양도가 발생하는 경우부터 적용한다.

제5조【명의대여 등의 금지에 관한 적용례】 제80조제1항제5호 및 제101조의2의 개정규정은 이 법 시행 후 최초로 명의대여 등의 금지 사항을 위반한 경우부터 적용한다.
제6조【행정 제재처분 효과의 승계에 관한 적용례】 제80조의2의 개정규정은 이 법 시행 후 최초로 하는 행정제재처분부터 적용한다.
제7조【가지정·가지정문화재 또는 가지정서의 용어 변경에 따른 경과조치】 이 법 시행 당시 종전의 규정에 따른 가지정·가지정문화재 또는 가지정서는 각각 제32조제1항·제2항 및 제4항의 개정규정에 따른 임시지정·임시지정문화재 또는 임시지정서로 본다.
제8조【자격요건 변경에 따른 경과조치】 이 법 시행 당시 문화재매매업의 허가를 받은 자는 제76조의 개정규정에도 불구하고 이 법에 따라 허가를 받은 것으로 본다.
제9조【다른 법률의 개정】 ①~⑭ ※(해당 법령에 가제정리 하였음)
제10조【다른 법령과의 관계】 이 법 시행 당시 다른 법령에서 가지정문화재 또는 「문화재보호법」의 규정을 인용하고 있는 경우에는 종전의 규정을 갈음하여 이 법의 임시지정문화재 또는 「문화재보호법」의 규정을 인용한 것으로 본다.

부 칙 (2020.6.9)

이 법은 공포 후 1년이 경과한 날부터 시행한다. 다만, 제15조의2의 개정규정은 공포한 날부터 시행하고, 제22조의8 및 제82조의3의 개정규정은 공포 후 6개월이 경과한 날부터 시행한다.

부 칙 (2020.12.8 법17586호)

이 법은 공포한 날부터 시행한다. 다만, 제46조, 제59조제2항 및 제74조제3항의 개정규정은 공포 후 6개월이 경과한 날부터 시행한다.

부 칙 (2020.12.8 법17592호)
(2020.12.22)

이 법은 공포한 날부터 시행한다.

부 칙 (2021.5.18)

이 법은 공포 후 6개월이 경과한 날부터 시행한다.

부 칙 (2021.11.30)

제1조【시행일】 이 법은 공포 후 1년이 경과한 날부터 시행한다.(이하 생략)

부 칙 (2022.1.18)

이 법은 공포 후 6개월이 경과한 날부터 시행한다.

부 칙 (2022.5.3)

이 법은 공포 후 1년이 경과한 날부터 시행한다.

부 칙 (2023.3.21)

이 법은 2024년 5월 17일부터 시행한다.(2024.2.6 개정)

부 칙 (2023.8.8 법19590호)

제1조【시행일】 이 법은 2024년 5월 17일부터 시행한다.
제2조【국가지정문화재, 시·도지정문화재, 문화재자료, 국가등록문화재, 시·도등록문화재, 임시지정문화재의 용어 변경에 따른 경과조치】 이 법 시행 당시 종전의 규정에 따른 국가지정문화재, 시·도지정문화재, 문화재자료, 국가등록문화재, 시·도등록문화재, 임시지정문화재는 각각 이 법에 따른 국가지정문화유산, 시·도지정문화유산, 문화유산자료, 국가등록문화유산, 시·도등록문화유산, 임시지정문화유산으로 본다.
제3조【문화재기본계획의 수립에 관한 경과조치】 이 법 시행 당시 종전의 규정에 따라 수립된 문화재기본계획은 이 법에 따라 수립된 문화유산기본계획으로 본다.
제4조【위원회의 설치에 관한 경과조치】 이 법 시행 당시 종전의 규정에 따라 설치된 문화재위원회, 문화재수증심의위원회 및 시·도문화재위원회는 각각 이 법에 따라 설치된 문화유산위원회, 문화유산수증심의위원회 및 시·도문화유산위원회로 본다.
제5조【센터의 지정에 관한 경과조치】 ① 이 법 시행 당시 종전의 규정에 따라 지정된 문화재교육지원센터는 이 법에 따라 지정된 문화유산교육지원센터로 본다.
② 이 법 시행 당시 종전의 규정에 따라 지정된 중앙문화재돌봄센터 및 지역문화재돌봄센터는 각각 이 법에 따라 지정된 중앙문화유산돌봄센터 및 지역문화유산돌봄센터로 본다.
제6조【단체의 지정에 관한 경과조치】 이 법 시행 당시 종전의 규정에 따라 지정된 국가등록문화재관리단체 및 시·도등록문화재관리단체는 이 법에 따라 지정된 국가등록문화유산관리단체 및 시·도등록문화유산관리단체로 본다.
제7조【재단의 명칭변경에 따른 경과조치】 ① 이 법 시행 당시 종전의 규정에 따른 국외소재문화재재단은 이 법에 따른 국외소재문화유산재단으로 본다. 이 경우 국외소재문화유산재단은 이 법 시행 이후 3개월 이내에 이 법의 개정규정에 따라 정관을 변경하여 문화재청장의 인가를 받아야 한다.
② 이 법 시행 당시 국외소재문화재재단 이사장·이사·감사 및 직원은 각각 이 법에 따라 국외소재문화유산재단의 이사장·이사·감사 및 직원으로 임명된 것으로 본다. 이 경우 임원의 임기는 종전의 규정에 따른 임기의 남은 임기로 한다.
③ 이 법 시행 당시 국외소재문화재재단에 속하였던 모든 재산과 권리·의무는 국외소재문화유산재단이 이를 승계한다.
④ 이 법 시행 전에 국외소재문화재재단이 행한 행위 또는 국외소재문화재재단에 대하여 행하여진 행위는 국외소재문화유산재단이 행한 행위 또는 국외소재문화유산재단에 대하여 행하여진 행위로 본다.
제8조【매매 등의 영업 허가에 관한 경과조치】 이 법 시행 당시 종전의 규정에 따라 허가를 받은 문화재매매업자는 이 법에 따라 허가를 받은 문화유산매매업자로 본다.
제9조【다른 법률의 개정】 ①~㊸ ※(해당 법령에 가제정리 하였음)
제10조【다른 법령과의 관계】 이 법 시행 당시 다른 법령(이 법 시행 전에 공포되었으나 시행일이 도래하지 아니한 법령을 포함한다)에서 종전의 「문화재보호법」 또는 그 규정을 인용한 경우에 이 법 가운데 그에 해당하는 규정이 있으면 종전의 「문화재보호법」 또는 그 규정을 갈음하여 이 법 또는 이 법의 해당 규정을 인용한 것으로 본다.

부 칙 (2023.8.8 법19592호)

이 법은 공포한 날부터 시행한다.

부 칙 (2024.1.9)

제1조【시행일】 이 법은 2024년 5월 17일부터 시행한다.
제2조【기본계획 수립에 관한 적용례】 제6조제1항제6호의3의 개정규정은 이 법 시행 이후 제6조제1항에 따라 문화유산기본계획을 수립하는 경우부터 적용한다.
제3조【다른 법률의 개정】 ※(해당 법령에 가제정리 하였음)

부 칙 (2024.1.23)

제1조【시행일】 이 법은 공포 후 6개월이 경과한 날부터 시행한다. 다만, 제14조제1항, 제39조제1항, 제60조제1항의 개정규정은 공포 후 1년이 경과한 날부터 시행한다.
제2조【허가 처리기간에 관한 적용례】 제35조제4항의 개정규정은 이 법 시행 이후 국가지정문화유산에 대하여 제35조제1항 각 호의 어느 하나에 해당하는 허가를 받으려는 경우부터 적용한다.

부 칙 (2024.2.6)

제1조【시행일】 이 법은 2024년 5월 17일부터 시행한다.(이하 생략)

문화재보호법 시행령

(2010년 12월 29일 전부개정대통령령 제22560호)

개정
2012. 6.19영23862호
2013.12.30영25050호(행정규제재검토에따른일부개정령)
2014. 8.27영25576호
2014.12.23영25873호
2015.10. 6영26575호
2016. 6.28영27272호
2016.12.30영27720호
2017. 1.26영27810호(화재예방,소방시설설치·유지및안전관리에관한법시)
2017. 3.29영27972호(공항시설법시)
2017. 6.13영28104호
2017.12.12영28471호(규제기한설정)
2018. 2.27영28685호
2018. 5.28영28908호
2018.12. 4영29328호
2018.12.24영29421호(규제기한설정)
2019. 7. 2영29950호(법령용어정비)
2019.10. 8영30106호(과태료금액정비)
2019.12.31영30285호
2020. 5.26영30704호
2020.12. 1영31205호
2021. 1. 5영31379호(지정·위탁의실적요건정비를위한일부개정령)
2021. 1. 5영31380호(법령용어정비)
2021. 4. 6영31600호
2021.11. 9영32111호
2022. 3. 8영32528호(규제기한해제)
2022. 7.19영32807호
2022.11.29영33004호(소방시설설치및관리에관한법시)
2023. 4.25영33430호
2023. 4.25영33434호(소상공인경제회복지원을위한일부개정령)
2023. 9. 8영33698호(직제)
2023.11.16영33858호(자치입법권강화및지방자율성제고를위한일부개정령)
2023.12.26영34040호

제1조【목적】 이 영은 「문화재보호법」에서 위임된 사항과 그 시행에 필요한 사항을 규정함을 목적으로 한다.
제1조의2【문화재교육의 범위 및 유형】 ① 「문화재보호법」(이하 "법"이라 한다) 제2조제2항에 따른 문화재교육의 범위는 다음 각 호와 같다. 다만, 「문화예술교육 지원법」 제2조제1호에 따른 문화예술교육 중 「문화예술진흥법」 제2조제1항제1호에 따른 문화예술을 교육내용으로 하거나 교육과정에 활용하는 문화예술교육은 제외한다.
1. 문화재를 통하여 전통문화 계승과 지역문화 발전에 기여하고 인류의 보편적 가치와 문화다양성을 증진하는 교육
2. 문화재에 대한 보호의식을 함양하고 문화재의 보호활동을 장려하는 교육

② 법 제2조제2항에 따른 문화재교육의 유형은 다음 각 호와 같다.
1. 학교문화재교육 : 「유아교육법」 제2조제2호에 따른 유치원 및 「초·중등교육법」 제2조에 따른 학교에서 실시하는 문화재교육
2. 사회문화재교육 : 법 제22조의4제1항에 따른 문화재교육지원센터, 「평생교육법」 제2조제2호에 따른 평생교육기관 및 그 밖에 문화재교육과 관련된 기관 및 법인·단체에서 실시하는 학교문화재교육 외의 모든 형태의 문화재교육

(2020.5.26 본조신설)
제2조【건설공사의 범위】 법 제2조제8항에서 "대통령령으로 정하는 공사"란 다음 각 호의 공사를 말한다. 다만, 제2호부터 제4호까지의 공사는 지표(地表)의 원형을 변형하는 경우만 해당한다.(2020.5.26 본문개정)
1. 「건설산업기본법」 제2조제4호에 따른 건설공사
2. 「전기공사업법」 제2조제1호에 따른 전기공사
3. 「정보통신공사업법」 제2조제2호에 따른 정보통신공사
4. 「소방시설공사업법」에 따른 소방시설공사
5. 지정문화재, 지정문화재의 보호구역 또는 법 제13조제1항에 따른 역사문화환경 보존지역에서 수목을 식재(植栽)하거나 제거하는 공사
6. 그 밖에 토지 또는 해저(「내수면어업법」 제2조제1호에 따른 내수면과 「연안관리법」 제2조제2호에 따른 연안해역을 말한다)의 원형변경[땅깎기, 다시 메우기, 땅파기, 골재 채취(採取), 광물 채취, 준설(浚渫), 수몰 또는 매립 등을 말한다](2019.7.2 본호개정)

(2020.5.26 본조제목개정)
제3조【문화재기본계획 수립을 위한 의견 청취 대상자】 법 제6조제2항에서 "대통령령으로 정하는 소유자, 관리자 또는 관리단체 및 관련 전문가"란 다음 각 호의 어느 하나에 해당하는 자를 말한다.
1. 지정문화재나 등록문화재의 소유자 또는 관리자
2. 지정문화재나 등록문화재의 관리단체
3. 법 제8조에 따른 문화재위원회(이하 "문화재위원회"라 한다)의 위원(2014.12.23 본호개정)
4. 그 밖에 문화재와 관련된 전문적인 지식이나 경험을 가진 자로서 문화재청장이 정하여 고시하는 자

제3조의2【공동연구의 대상 사업】 법 제6조의2제1항에 따른 공동연구의 대상 사업은 다음 각 호와 같다.
1. 문화재의 보존·관리 및 활용과 관련된 다른 분야와의 상호 협력이 필요한 연구개발 사업
2. 다른 중앙행정기관의 장 또는 지방자치단체의 장 등이 요청한 연구개발 사업으로서 문화재청장이 필요하다고 인정하는 사업

3. 제1호 및 제2호에 따른 연구개발 사업의 기초가 되는 사업
4. 그 밖에 문화재청장이 문화재의 보존·관리 및 활용 등의 연구개발을 효율적으로 추진하기 위하여 필요하다고 인정하는 사업
(2018.2.27 본조신설)

제4조 【문화재 보존 시행계획의 수립절차 등】 ① 법 제7조제1항에 따른 문화재기본계획에 관한 연도별 시행계획(이하 "시행계획"이라 한다)에는 다음 각 호의 사항이 포함되어야 한다.
1. 해당 연도의 사업 추진방향
2. 주요 사업별 추진방침
3. 주요 사업별 세부계획
4. 그 밖에 문화재의 보존·관리 및 활용을 위하여 필요한 사항
② 특별시장·광역시장·특별자치시장·도지사 또는 특별자치도지사(이하 "시·도지사"라 한다)는 법 제7조제2항에 따라 해당 연도의 시행계획 및 전년도의 추진실적을 매년 1월 31일까지 문화재청장에게 제출하여야 한다.(2020.5.26 본항개정)
③ 문화재청장 및 시·도지사는 법 제7조제3항에 따라 해당 연도의 시행계획을 매년 2월 말일까지 문화재청 및 해당 특별시·광역시·특별자치시·도 또는 특별자치도(이하 "시·도"라 한다)의 게시판과 인터넷 홈페이지를 통하여 공고해야 한다.(2021.4.6 본항개정)

제5조 【사업계획서 제출 등】 ① 법 제9조에 따른 한국문화재재단(이하 "한국문화재재단"이라 한다)은 매년 11월 30일까지 다음 연도의 사업계획서 및 예산서를 작성하여 문화재청장에게 제출해야 한다.
② 한국문화재재단은 매 사업연도의 사업실적 및 결산서를 작성하여 다음 사업연도 2월 말일까지 문화재청장에게 제출해야 한다.
(2022.7.19 본조개정)

제6조 【문화재 기초조사의 절차】 ① 문화재청장은 법 제10조제1항에 따른 조사를 하려면 조사자, 조사대상, 조사 경위 등 조사에 관한 전반적인 사항이 포함된 조사계획서를 조사 착수 전까지 작성하여야 한다.
② 중앙행정기관의 장(문화재청장은 제외한다) 또는 지방자치단체의 장은 법 제10조제1항에 따른 조사를 하려면 제1항에 따른 조사계획서를 작성하여 조사 착수 전까지 문화재청장에게 제출하여야 한다.
③ 문화재청장은 법 제10조제1항에 따른 조사가 끝난 후 60일 안에 다음 각 호의 사항이 포함된 결과보고서를 작성하여야 한다. 이 경우 조사의 기간이 1년을 초과할 때에는 다음 각 호의 사항이 포함된 중간보고서를 조사가 시작된 후 1년이 되는 때마다 작성하여야 한다.
1. 조사자, 조사경과, 조사방법 등 조사의 일반적인 사항
2. 조사한 문화재의 상세한 현재 상태
3. 조사한 문화재의 소유자 또는 관리자, 소재지 및 이력 등에 관한 사항
④ 중앙행정기관의 장(문화재청장은 제외한다) 또는 지방자치단체의 장은 법 제10조제1항에 따른 조사가 끝난 후 60일 안에 제3항 각 호의 사항이 포함된 결과보고서를 작성하여 문화재청장에게 제출하여야 한다. 이 경우 조사의 기간이 1년을 초과할 때에는 제3항 각 호의 사항이 포함된 중간보고서를 조사가 시작된 후 1년이 되는 때마다 작성하여야 한다.

제7조 【문화재정보체계 구축 범위 및 운영 등】 ① 법 제11조제1항에 따른 문화재정보체계의 구축 범위는 다음 각 호와 같다.
1. 문화재의 명칭, 소재지, 소유자 등이 포함된 기본현황 자료
2. 문화재의 보존·관리 및 활용에 관한 자료
3. 문화재 조사·발굴 및 연구 자료
4. 사진, 도면, 동영상 등 해당 문화재의 이해에 도움이 되는 자료
5. 그 밖에 문화재 정보가치가 있는 자료로서 문화재청장이 필요하다고 인정하는 사항
② 문화재청장은 제1항 각 호의 자료를 전자정보, 책자 등의 형태로 구축하고, 문화재 정보의 효율적인 활용을 위하여 그 구축한 내용을 문화재청 자료관이나 인터넷 홈페이지 등을 통하여 국민에게 제공할 수 있다.

제7조의2 【역사문화환경 보존지역의 문화재 보존 영향 검토 절차】 ① 건설공사의 인가·허가 등을 담당하는 행정기관(이하 이 조에서 "인허가 행정기관"이라 한다)은 법 제13조제1항에 따른 역사문화환경 보존지역에서 시행하는 건설공사에 관하여는 법 제13조제2항 전단에 따라 해당 건설공사의 시행이 역사문화환경 보존지역에서 제21조의2제2항 각 호의 행위에 해당하는지를 검토하여야 한다.
② 인허가 행정기관은 제1항에 따른 검토를 하는 경우 법 제13조제2항 후단에 따라 다음 각 호의 어느 하나에 해당하는 전문가 3명 이상(제1호 또는 제2호에 해당하는 사람을 1명 이상 포함하여야 하며, 제4호에 해당하는 사람은 1명을 초과해서는 아니 된다)의 의견을 들어야 한다. 이 경우 제4호에 해당하는 사람은 해당 건설공사를 시행하는 기관에 소속되지 아니한 사람이어야 한다.
1. 문화재위원회의 위원 또는 전문위원
2. 법 제71조에 따른 시·도문화재위원회의 위원 또는 전문위원
3. 「고등교육법」 제2조에 따른 학교의 문화재 관련 학과의 조교수 이상인 교원
4. 문화재 업무를 담당하는 학예연구관, 학예연구사 또는 나군 이상의 전문경력관
③ 인허가 행정기관은 제1항에 따른 건설공사의 시행이 제21조의2제2항제1호다목 또는 라목의 행위에 해당하는지를 검토하는 경우에는 제2항에도 불구하고 제2항제1호 또는 같은 항 제2호의 관계 전문가 1명 이상과 다음 각 호의 어느 하나에 해당하는 관계 전문가 1명 이상을 포함한 3명 이상의 관계 전문가의 의견을 들어야 한다.
(2018.2.27 본문개정)
1. 「고등교육법」 제2조에 따른 학교의 건축, 토목, 환경, 도시계획, 소음, 진동, 대기오염, 화학물질, 먼지 또는 열에 관련된 분야의 학과의 조교수 이상인 교원
2. 제1호에 따른 분야의 학회로부터 추천을 받은 사람
3. 제1호에 따른 분야의 연구기관에 소속된 연구원 이상인 연구자
④ 제2항 및 제3항에 따라 검토에 참여한 관계 전문가는 문화체육관광부령으로 정하는 검토의견서를 작성하여 인허가 행정기관에 제출하여야 한다.
⑤ 인허가 행정기관은 제1항부터 제4항까지의 규정에 따라 검토한 결과 해당 건설공사의 시행이 지정문화재의 보존에 영향을 미칠 우려가 있는 행위에 해당하는지 여부를 결정하여 그 결과를 해당 건설공사의 시행자에게 알려야 한다. 다만, 인허가 행정기관은 제2항 또는 제3항에 따라 의견을 들은 관계 전문가의 2분의 1 이상이 해당 건설공사의 시행이 제21조의2제2항 각 호의 행위에 해당한다고 판단한 경우에는 해당 건설공사의 시행이 지정문화재의 보존에 영향을 미칠 우려가 있는 행위에 해당한다는 결정을 하여야 한다.
⑥ 인허가 행정기관은 제5항에 따라 지정문화재의 보존에 영향을 미칠 우려가 있는 행위에 해당한다는 결정을 한 경우에는 건설공사의 시행자에게 법 제35조제1항제2호에 따른 허가를 받도록 안내하여야 한다.
⑦ 문화재청장은 인허가 행정기관에 제1항부터 제3항까지의 규정에 따른 검토와 관련된 자료의 제출을 요구하거나 의견을 제시할 수 있다.
(2014.12.23 본조신설)

제8조 【화재, 재난 및 도난 대응매뉴얼 마련 등】 ① 법 제14조의2제1항에 따라 화재 및 재난 대응매뉴얼을 마련하여야 하는 문화재의 범위는 다음 각 호와 같다.
(2018.2.27 본문개정)
1. 지정문화재 중 목조건축물류, 석조건축물류, 분묘(墳墓), 조적조(組積造) 및 콘크리트조 건축물류(2018.2.27 본호개정)
2. 지정문화재 안에 있는 목조건축물과 보호구역 안에 있는 목조건축물. 다만, 화장실, 휴게시설 등 중요도가 낮은 건축물은 제외한다.
3. 법 제19조제1항에 따른 세계유산 안에 있는 목조건축물. 다만, 화장실, 휴게시설 등 중요도가 낮은 건축물은 제외한다.
4. 등록문화재 중 건축물. 다만, 다른 법령에 따라 화재 및 재난에 대비한 매뉴얼 등을 마련한 경우에는 법 제14조의2제1항에 따른 화재 및 재난 대응매뉴얼을 마련한 것으로 본다.(2018.2.27 본호신설)
② 법 제14조의2제1항에 따라 도난 대응매뉴얼을 마련하여야 하는 문화재의 범위는 다음 각 호와 같다.(2018.2.27 본문개정)
1. 지정문화재 중 동산에 해당하는 문화재
2. 등록문화재 중 동산에 해당하는 문화재
(2018.2.27 1호~2호신설)
③ 제1항 및 제2항에 따른 대응매뉴얼에는 다음 각 호의 사항이 포함되어야 한다.
1. 화재, 재난 및 도난(이하 "화재등"이라 한다) 예방 활동
2. 화재등 발생 시 신고방법
3. 화재 및 재난 시 문화재의 이동·분산대피 등 대응방법
(2018.2.27 본항개정)
④ 문화재청장 및 시·도지사는 제1항 및 제2항에 따른 대응매뉴얼을 연 1회 이상 점검·보완하여야 한다. 이 경우 시·도지사는 보완한 대응매뉴얼을 보완한 날부터 15일 이내에 문화재청장에게 제출하여야 한다.(2018.2.27 본항신설)
(2018.2.27 본조제목개정)

제8조의2 【문화재 방재 관련 정보의 구축 및 관리】 ① 법 제14조의6제1항에 따라 문화재청장이 구축·관리하여야 하는 문화재 방재 관련 정보의 범위는 다음 각 호와 같다.
1. 문화재 방재 시설의 종류 및 수량
2. 문화재 방재 시설의 사용 교육 및 훈련 현황
3. 문화재 안전관리 인력 현황
4. 그 밖에 화재등 문화재 피해에 효과적으로 대응하기 위하여 필요한 정보로서 문화재청장이 정하는 정보
② 문화재청장은 제1항 각 호의 정보를 전자정보의 형태로 구축하고, 지방자치단체의 장이 공동으로 활용할 수 있도록 하여야 한다.
③ 제1항 및 제2항에서 규정한 사항 외에 문화재 방재 관련 정보의 구축 및 관리에 필요한 세부사항은 문화재청장이 정한다.
(2018.2.27 본조신설)

제9조 【남북한 간 문화재 교류 협력】 ① 법 제18조제3항에 따른 남북한 간 문화재분야 교류 협력사업의 지원대상은 다음 각 호와 같다.
1. 남북한 문화재 공동조사·연구 및 수리
2. 남북한 문화재 보존·관리에 관한 정보와 기술의 교류
3. 문화재분야 관계 전문가 인적 교류
4. 국제연합교육과학문화기구 세계유산에 북한 문화재 등재 지원
5. 남북한 간 문화재 교류 협력사업의 홍보(2021.11.9 본호신설)
6. 그 밖에 남북한 문화재 교류 협력을 위하여 필요한 사항
② 법 제18조제3항에 따라 남북한 간 문화재분야 교류 협력사업과 조사·연구 등에 드는 경비의 전부 또는 일부를 지원받으려는 기관 또는 단체는 해당 사업에 대한 사업계획서를 작성하여 문화재청장에게 제출하고 그 승인을 받아야 하며, 사업이 끝난 후 2개월 안에 사업실적보고서를 문화재청장에게 제출하여야 한다. 승인받은 사항 중 문화체육관광부령으로 정하는 사항을 변경하려는 경우에도 또한 같다.

제10조 【세계유산등의 보호】 ① 문화재청장은 법 제19조제2항에 따른 세계유산등(이하 이 조에서 "세계유산등"이라 한다)을 유지·관리하고, 그 보호에 필요한 조치를 하기 위하여 세계유산등의 현황 및 보존상태에 대하여 정기적으로 조사·점검(「세계문화유산 및 자연유산의 보호에 관한 협약」에 따른 정기보고 의무 이행을 위한 정기적인 점검활동을 포함한다)할 수 있다.
② 문화재청장은 세계유산등의 소재지를 관할하는 지방자치단체의 장에게 제1항에 따른 조사·점검에 필요한 관련 자료 및 의견 제출을 요청할 수 있다.
③ 제2항에 따라 관련 자료 및 의견 제출을 요청받은 지방자치단체의 장은 특별한 사유가 없으면 그 요청에 따라야 한다.
④ 제1항에 따른 조사·점검의 방법, 절차 등에 관하여 필요한 사항은 문화재청장이 정한다.

제10조의2 【문화재교육 실태조사의 범위 등】 ① 법 제22조의3제1항에 따른 문화재교육 현황 등에 대한 실태조사(이하 "실태조사"라 한다)의 범위는 다음 각 호와 같다.
1. 지역별·유형별 문화재교육 프로그램 현황
2. 문화재교육 전문인력 현황
3. 문화재교육 관련 기관 및 법인·단체 현황
4. 문화재교육 시설 현황
5. 문화재교육 현장의 수요
6. 그 밖에 문화재청장이 문화재교육 관련 정책의 수립·시행을 위하여 실태조사가 필요하다고 인정하는 사항
② 실태조사는 다음 각 호의 구분에 따라 실시한다.
1. 정기조사 : 3년마다 실시
2. 수시조사 : 문화재청장이 문화재교육 관련 정책의 수립·변경을 위하여 필요하다고 인정하는 경우에 실시
③ 문화재청장은 실태조사를 위하여 필요한 경우 관계 중앙행정기관의 장 또는 지방자치단체의 장에게 필요한 자료의 제출을 요청할 수 있다.
(2020.5.26 본조신설)

제10조의3 【문화재교육지원센터의 지정요건 등】 ① 법 제22조의4제1항에 따라 같은 항에 따른 문화재교육지원센터(이하 "지원센터"라 한다)로 지정받으려는 자는 다음 각 호의 요건을 모두 갖추어 문화체육관광부령으로 정하는 바에 따라 문화재청장에게 신청해야 한다.
1. (2021.1.5 삭제)
2. 다음 각 목의 시설을 갖출 것
가. 지원센터의 업무를 수행하기 위한 사무실
나. 강의실
다. 문화재교육에 필요한 교재 및 교육장비 등을 보관할 수 있는 시설
3. 다음 각 목의 어느 하나에 해당하는 전문인력 1명 이상이 상시근무할 것
가. 「고등교육법」 제2조에 따른 학교에서 문화재 관련 분야 또는 교육 관련 분야의 학사학위를 취득한 후 3년 이상의 문화재교육 경력을 갖춘 사람
나. 「고등교육법」 제2조에 따른 학교에서 문화재 관련 분야 또는 교육 관련 분야의 석사학위를 취득한 후 1년 이상의 문화재교육 경력을 갖춘 사람
다. 「고등교육법」 제2조에 따른 학교에서 문화재 관련 분야 또는 교육 관련 분야의 박사학위를 취득한 사람
라. 그 밖에 가목부터 다목까지의 규정에 해당하는 자격과 동등한 수준 이상이라고 문화재청장이 인정하여 고시하는 자격을 갖춘 사람
② 문화재청장은 제1항에 따른 신청을 받은 경우에는 같은 항 각 호의 요건을 모두 갖추었는지를 검토하여 지정 여부를 결정해야 한다.(2021.1.5 본항신설)
③ 문화재청장은 제2항에 따라 지정 여부를 결정할 때에는 최근 3년간 문화재교육을 실시한 실적을 고려할 수 있다.(2021.1.5 본항신설)
④ 문화재청장은 지원센터를 지정한 경우에는 문화체육관광부령으로 정하는 지정서를 발급하고, 그 사실을 문화재청의 인터넷 홈페이지에 게시해야 한다.

⑤ 법 제22조의4제3항에 따른 지원센터의 지정취소 및 업무정지의 기준은 별표1과 같다.
⑥ 제1항부터 제5항까지에서 규정한 사항 외에 지원센터의 지정에 필요한 사항은 문화재청장이 정하여 고시한다.
(2021.1.5 본항개정)
(2020.5.26 본조신설)

제10조의4【문화재교육 업무의 위탁】 ① 법 제22조의4 제4항에서 "대통령령으로 정하는 기관"이란 다음 각 호의 기관을 말한다.
1. 한국문화재재단(2022.7.19 본호개정)
2. 「매장문화재 보호 및 조사에 관한 법률」 제29조제2항에 따라 매장문화재의 조사, 발굴 및 보호에 관한 업무를 위탁받은 법인
3. 「문화유산과 자연환경자산에 관한 국민신탁법」 제3조제1항에 따른 문화유산국민신탁
4. 「문화재수리 등에 관한 법률」 제41조의2에 따른 전통건축수리기술진흥재단(이하 "전통건축수리기술진흥재단"이라 한다)(2021.4.6 본호개정)
5. 「한국전통문화대학교 설치법」 제2조에 따른 한국전통문화대학교가 「산업교육진흥 및 산학연협력촉진에 관한 법률」 제25조제1항에 따라 설립한 산학협력단
6. 그 밖에 문화재청장이 문화재교육에 관한 업무를 수행할 능력이 있다고 인정하는 기관

② 문화재청장은 법 제22조의4제4항에 따라 문화재교육에 관한 업무를 위탁받은 지원센터 또는 제1항 각 호의 기관이 업무를 수행하는 데 필요한 비용의 전부 또는 일부를 지원할 수 있다.
③ 제2항에 따라 지원을 받은 지원센터 또는 제1항 각 호의 기관은 다음 연도의 사업추진계획을 매년 12월 31일까지, 전년도의 사업추진실적과 예산집행실적을 매년 1월 31일까지 문화재청장에게 제출해야 한다.
④ 문화재청장은 법 제22조의4제4항에 따라 업무를 위탁한 경우에는 수탁기관 및 위탁업무의 내용을 고시해야 한다.
(2020.5.26 본조신설)

제10조의5【문화재수증심의위원회의 구성 및 운영】 ① 법 제22조의8제3항에 따른 문화재수증심의위원회(이하 "수증심의위원회"라 한다)는 성별을 고려하여 위원장 1명을 포함한 5명 이상 10명 이내의 위원으로 구성한다.
② 수증심의위원회 위원은 문화재 전시 및 관리에 관한 학식과 경험이 풍부한 사람 중에서 문화재청장이 위촉한다.
③ 수증심의위원회의 위원장은 위원 중에서 호선(互選)한다.
④ 수증심의위원회의 회의는 구성위원 과반수의 출석으로 개의(開議)하고, 출석위원 과반수의 찬성으로 의결한다.
⑤ 제1항부터 제4항까지에서 규정한 사항 외에 수증심의위원회의 구성 및 운영 등에 필요한 사항은 문화재청장이 정한다.
(2020.12.1 본조신설)

제10조의6【문화재지능정보화 정책의 내용】 문화재청장은 법 제22조의9제1항에 따라 문화재지능정보화 정책을 수립할 때에는 다음 각 호의 사항을 포함해야 한다.
1. 문화재지능정보화의 기반 구축
2. 문화재지능정보화 관련 산업의 지원·육성
3. 문화재지능정보화 관련 전문인력의 양성
4. 문화재지능정보기술 및 문화재데이터에 포함된 지식재산권의 보호
5. 문화재데이터 수집을 위한 「지능정보화 기본법」에 따른 초연결지능정보통신망의 구축·지원
6. 그 밖에 객관적이고 과학적인 문화재의 보존·관리 및 활용 등을 위하여 문화재청장이 문화재지능정보화 정책에 포함할 필요가 있다고 인정하는 사항
(2022.7.19 본조신설)

제10조의7【전문인력 양성 시책 등의 내용】 문화재청장은 법 제22조의10제3항에 따라 전문인력을 양성하기 위한 다음 각 호의 시책을 마련해야 한다.
1. 전문인력의 수요 실태 조사와 중장기 수급 계획 수립
2. 전문인력 양성 교육훈련 프로그램의 개발·보급
3. 전문인력 고용 지원
4. 그 밖에 문화재데이터의 효율적 관리를 위한 전문인력을 양성하기 위하여 문화재청장이 필요하다고 인정하는 사항
(2022.7.19 본조신설)

제10조의8【문화재데이터 공동활용체계의 구축 등】 ① 법 제22조의10제3항에 따른 공동활용체계(이하 "문화재데이터공동활용체계"라 한다)는 다음 각 호의 어느 하나에 해당하는 데이터를 관리하는 국가기관, 지방자치단체 및 대학과 연계하여 구축한다.
1. 문화재에 관한 데이터로서 「국가지식정보 연계 및 활용 촉진에 관한 법률」에 따른 디지털화(이하 "디지털화"라 한다)된 데이터 또는 디지털화가 필요하다고 인정되는 데이터
2. 문화재를 안전하게 보존·관리하는 데 필요하다고 인정되는 데이터
3. 문화재지능정보기술의 개발에 사용되는 데이터
4. 그 밖에 문화재지능정보화를 위하여 문화재데이터공동활용체계에서 관리가 필요하다고 인정되는 데이터

② 문화재데이터공동활용체계는 다음 각 호의 기능을 수행한다.
1. 문화재지능정보기술에 필요한 데이터의 디지털화
2. 문화재데이터의 유통·거래 시스템 구축·운영
3. 문화재데이터의 이용 활성화를 위한 문화재데이터의 가공·활용
(2022.7.19 본조신설)

제10조의9【문화재지능정보기술 협력체계의 지원 등】 ① 문화재청장은 법 제22조의11제2항에 따른 협력체계(이하 "문화재지능정보기술협력체계"라 한다)를 다음 각 호의 기관과 구축할 수 있다.
1. 「정부출연연구기관 등의 설립·운영 및 육성에 관한 법률」 제8조에 따라 설립된 연구기관
2. 「과학기술분야 정부출연연구기관 등의 설립·운영 및 육성에 관한 법률」 제8조에 따라 설립된 연구기관
3. 문화재 또는 「지능정보화 기본법」에 따른 지능정보기술(이하 "지능정보기술"이라 한다) 관련 학부·학과가 설치된 대학
4. 문화재 또는 지능정보기술을 연구하는 법인 또는 단체

② 문화재지능정보기술협력체계의 지원 등에 필요한 구체적인 사항은 문화재청장이 정한다.
(2022.7.19 본조신설)

제10조의10【계약 또는 업무협약의 내용 등】 ① 법 제22조의12제2항에 따라 체결되는 계약 또는 업무협약에는 다음 각 호의 사항이 포함되어야 한다.
1. 데이터의 이용 목적
2. 제공 대상 데이터의 항목
3. 데이터의 이용 기간
4. 데이터의 안전성 확보 조치에 관한 사항
5. 비밀유지에 관한 사항

② 법 제22조의12제3항에 따른 시스템의 상호 연계 및 사전 협의의 내용에는 다음 각 호의 사항이 포함되어야 한다.
1. 데이터의 최신성, 정확성 및 상호 연계성의 유지에 관한 사항
2. 시스템의 상호 연계를 중단하려는 경우에는 중단 예정일 3개월 전까지 문화재청장에게 통보하도록 하는 등 상호 연계 중단 시의 조치 사항
(2022.7.19 본조신설)

제10조의11【문화재데이터 관련 사업 등 업무의 위탁】 문화재청장은 법 제22조의13제1항에 따라 다음 각 호의 업무를 한국문화재재단에 위탁한다.
1. 법 제22조의10제1항에 따른 문화재데이터 관련 사업의 추진
2. 법 제22조의10제2항에 따른 문화재데이터에 대한 메타데이터 및 데이터관계도의 관리
3. 법 제22조의11제1항에 따른 문화재지능정보기술의 개발 사업 등의 추진
4. 법 제22조의12제1항에 따른 문화재지능정보서비스플랫폼의 구축·운영
(2022.7.19 본조신설)

제11조【국가지정문화재의 지정기준 및 절차】 ① 법 제23조에 따른 국보와 보물, 법 제25조에 따른 사적, 명승 또는 천연기념물 및 법 제26조에 따른 국가민속문화재의 지정기준은 별표1의2와 같다.(2020.5.26 본항개정)
② 문화재청장은 제1항에 따라 해당 문화재를 국가지정문화재로 지정하려면 문화재위원회의 해당 분야 문화재위원이나 전문위원 등 관계 전문가 3명 이상에게 해당 문화재에 대한 조사를 요청하여야 한다.(2014.12.23 본항개정)
③ 제2항에 따라 조사 요청을 받은 사람은 조사를 한 후 조사보고서를 작성하여 문화재청장에게 제출하여야 한다.
④ 문화재청장은 제3항에 따른 조사보고서를 검토하여 해당 문화재가 국가지정문화재로 지정될 만한 가치가 있다고 판단되면 문화재위원회의 심의 전에 그 심의할 내용을 관보에 30일 이상 예고하여야 한다.
⑤ 문화재청장은 제4항에 따른 예고가 끝난 날부터 6개월 안에 문화재위원회의 심의를 거쳐 국가지정문화재 지정 여부를 결정하여야 한다.
⑥ 문화재청장은 이해관계자의 이의제기 등 부득이한 사유로 6개월 안에 제5항에 따라 지정 여부를 결정하지 못한 경우에 그 지정 여부를 다시 결정할 필요가 있으면 제4항에 따른 예고 및 제5항에 따른 지정 절차를 다시 거쳐야 한다.

제12조 (2015.10.6 삭제)

제13조【보호물 또는 보호구역의 지정기준】 ① 법 제27조제1항에 따른 국보, 보물, 사적, 명승, 천연기념물 및 국가민속문화재의 보호물 또는 보호구역의 지정기준은 별표2와 같다.(2017.6.13 본항개정)
② 문화재청장은 자연적 조건, 인위적 조건, 그 밖의 특수한 사정이 있어 특히 필요하다고 인정하면 제1항에 따른 보호물 또는 보호구역의 지정기준을 확대하거나 축소할 수 있다.
③ 제1항에 따른 국보, 보물, 사적, 명승, 천연기념물 및 국가민속문화재의 보호물 또는 보호구역의 지정에 관하여는 제11조제2항부터 제5항까지의 규정을 준용한다.
(2017.6.13 본항개정)

제14조【보호물 또는 보호구역의 적정성 검토】 ① 문화재청장은 법 제27조제3항에 따라 보호물 또는 보호구역 지정 및 조정의 적정성(이하 "보호구역등의 적정성"이라 한다)을 검토하기 위하여 시·도지사에게 다음 각 호에 해당하는 자료의 제출을 요청할 수 있다. 이 경우 관련 자료의 제출을 요청 받은 시·도지사는 특별한 사유가 없으면 요청을 받은 날부터 30일 이내에 요청받은 자료를 문화재청장에게 제출하여야 한다.
1. 보호구역등의 적정성에 관한 해당 지정문화재의 소유자, 관리자, 관리단체와 해당 보호물·보호구역의 토지 또는 건물 소유자의 의견
2. 보호물 또는 보호구역의 역사문화환경에 관한 자료
3. 그 밖에 보호구역등의 적정성 검토에 필요한 자료

② 문화재청장은 법 제27조제3항에 따라 보호구역등의 적정성 검토를 하는 경우에는 문화재위원회 위원이나 전문위원 등 관계 전문가 3명 이상에게 해당 보호구역등의 적정성에 관한 의견을 들어야 한다.
③ 문화재청장은 보호구역등의 적정성 검토 결과에 따라 해당 보호물 또는 보호구역을 조정할 필요가 있다고 판단되면 그 내용을 관보에 30일 이상 예고하여야 한다.
④ 문화재청장은 제3항에 따른 예고가 끝난 날부터 6개월 안에 문화재위원회의 심의를 거쳐 해당 보호물 또는 보호구역의 조정 여부를 결정하여야 한다.
⑤ 문화재청장은 이해관계자의 이의제기 등 부득이한 사유로 6개월 안에 제4항에 따라 조정 여부를 결정하지 못한 경우에 그 조정 여부를 다시 결정할 필요가 있으면 제3항에 따른 예고 및 제4항에 따른 조정 절차를 다시 거쳐야 한다.
⑥ 문화재청장은 제4항에 따라 보호물 또는 보호구역의 조정을 결정한 경우 그 취지를 관보에 고시하고, 그 내용을 지체 없이 해당 지정문화재의 소유자, 관리자 또는 관리단체와 해당 보호물·보호구역의 토지 또는 건물 소유자에게 알려야 한다.

제15조【보호물 또는 보호구역의 적정성 검토시기의 연기】 법 제27조제3항 단서 및 제70조의2제3항 단서에 따라 보호구역등의 적정성 검토시기를 연기할 수 있는 경우 및 그 기간은 각각 다음 각 호와 같다.(2020.5.26 본문개정)
1. 전쟁 또는 천재지변 등 부득이한 사유로 보호구역등의 적정성 검토가 불가능한 경우 : 그 불가능한 사유가 없어진 날부터 1년까지
2. 법 제27조제3항 및 제70조의2제3항에 따라 보호구역등의 적정성 검토시기가 도래한 문화재나 그 보호물·보호구역과 관련하여 소송이 진행 중인 경우 : 그 소송이 끝난 날부터 1년까지(2020.5.26 본호개정)

제16조【지정 및 해제 등의 고시】 문화재청장은 법 제28조 및 제31조제5항에 따라 국가지정문화재를 지정하거나 그 지정을 해제하는 경우에는 다음 각 호의 사항을 고시해야 한다.(2021.11.9 본문개정)
1. 국가지정문화재의 종류, 명칭, 수량, 소재지 또는 보관장소(2021.11.9 본호개정)
2. 국가지정문화재의 보호물 또는 보호구역의 명칭, 수량 및 소재지
3. 국가지정문화재와 그 보호물 또는 보호구역의 소유자 또는 점유자의 성명과 주소
4. (2015.10.6 삭제)
5. 지정의 이유 또는 지정 해제의 이유(2015.10.6 본호개정)
(2015.10.6 본조제목개정)

제17조【지정에 관한 자료의 제출】 시·도지사는 법 제23조 및 제25조부터 제27조까지의 규정에 따라 지정해야 할 문화재가 있으면 지체 없이 문화체육관광부령으로 정하는 바에 따라 사진, 도면 및 녹음물 등 지정에 필요한 자료를 문화재청장에게 제출해야 한다.(2023.11.16 본조개정)

제18조 (2015.10.6 삭제)

제19조【임시지정】 문화재청장은 법 제32조제1항에 따라 중요문화재로 임시지정을 하는 경우에는 법 제23조에 따른 국보와 보물, 법 제25조에 따른 사적, 명승 또는 천연기념물, 법 제26조에 따른 국가민속문화재로 구분하여 지정하여야 한다.(2020.5.26 본조개정)

제20조【문화재별 종합정비계획의 수립】 ① 법 제34조에 따라 국가지정문화재를 관리하도록 지정된 관리단체는 해당 국가지정문화재의 효율적인 보존·관리 및 활용을 위하여 문화재청장과 협의하여 문화재별 종합정비계획(이하 이 조에서 "정비계획"이라 한다)을 수립할 수 있다.
② 제1항에 따라 수립하는 정비계획은 문화재의 원형을 보존하는 데 중점을 두어야 하며, 다음 각 호의 사항을 포함하여야 한다.
1. 정비계획의 목적과 범위에 관한 사항
2. 문화재의 역사문화환경에 관한 사항
3. 문화재에 관한 고증 및 학술조사에 관한 사항
4. 문화재의 보수·복원 등 보존·관리 및 활용에 관한 사항
5. 문화재의 관리·운영 인력 및 투자 재원(財源)의 확보에 관한 사항
6. 그 밖에 문화재의 정비에 필요한 사항

③ 문화재청장은 제1항에 따른 정비계획의 수립절차, 방법 및 내용과 그 시행 등에 관하여 문화재의 종류별 또는 유형별로 필요한 사항을 정할 수 있다.

제21조【허가절차】 ① 법 제35조에 따라 문화재청장의 허가를 받으려는 자는 해당 국가지정문화재의 종류, 명칭, 수량 및 소재지 등을 적은 허가신청서를 관할 특별자치시

장, 특별자치도지사, 시장·군수·구청장(자치구의 구청장을 말한다. 이하 같다)을 거쳐 문화재청장에게 제출해야 하며, 허가사항을 변경하려는 경우에도 또한 같다. 이 경우 시장·군수·구청장은 관할 시·도지사에게 허가신청 사항 등을 알려야 한다.(2021.11.9 전단개정)

② 제1항 전단에도 불구하고 다음 각 호의 어느 하나에 해당하는 행위에 대한 허가 신청 또는 허가사항의 변경 신청을 하는 경우에는 특별자치시장, 특별자치도지사, 시장·군수·구청장을 거치지 아니하고 문화재청장에게 직접 신청서를 제출하여야 한다.

1. 법 제35조제1항제3호에 해당하는 행위
2. 국유인 문화재로서 국가가 직접 관리하는 국가지정문화재(동산에 속하는 문화재로 한정한다)의 현상변경 행위
3. 문화재청장이 직접 관리하고 있는 국가지정문화재 안에서 이루어지는 현상변경 행위

(2015.10.6 본항신설)

제21조의2【국가지정문화재 등의 현상변경 등의 행위】 ① 법 제35조제1항제1호에서 "대통령령으로 정하는 행위"란 다음 각 호의 행위를 말한다.

1. 국가지정문화재, 보호물 또는 보호구역을 수리, 정비, 복구, 보존처리 또는 철거하는 행위
2. 국가지정문화재(천연기념물 중 죽은 것과 법 제41조제1항에 따라 수입·반입 신고된 것을 포함한다)에 대한 다음 각 목의 행위
   가. 포획(捕獲)·채취·사육·도살(屠殺)하는 행위
   나. 인공으로 증식·복제하는 행위
   다. 자연에 방사하는 행위(구조·치료 후 방사하는 경우를 제외한다)
   라. 위치추적기를 부착하는 행위
   마. 혈액, 장기 및 피부 등을 채취하는 행위(치료하기 위한 경우를 제외한다)
   바. 표본(標本)·박제(剝製)하는 행위
   사. 매장·소각(燒却)하는 행위

(2018.5.28 본호개정)

3. 국가지정문화재, 보호물 또는 보호구역 안에서 하는 다음 각 목의 행위
   가. 건축물 또는 도로·관로·전선·공작물·지하구조물 등 각종 시설물을 신축, 증축, 개축, 이축(移築) 또는 용도변경(지목변경의 경우는 제외한다)하는 행위(2018.2.27 본목개정)
   나. 수목을 심거나 제거하는 행위
   다. 토지 및 수면의 매립·간척·땅파기·구멍뚫기, 땅깎기, 흙쌓기 등 지형이나 지질의 변경을 가져오는 행위(2019.7.2 본목개정)
   라. 수로, 수질 및 수량에 변경을 가져오는 행위
   마. 소음·진동·악취 등을 유발하거나 대기오염물질·화학물질·먼지·빛 또는 열 등을 방출하는 행위(2018.2.27 본목개정)
   바. 오수(汚水)·분뇨·폐수 등을 살포, 배출, 투기하는 행위
   사. 동물을 사육하거나 번식하는 등의 행위
   아. 토석, 골재 및 광물과 그 부산물 또는 가공물을 채취, 반입, 반출, 제거하는 행위
   자. 광고물 등을 설치, 부착하거나 각종 물건을 쌓는 행위(2019.7.2 본목개정)

② 법 제35조제1항제2호에서 "대통령령으로 정하는 행위"란 다음 각 호의 행위를 말한다.

1. 역사문화환경 보존지역에서 하는 다음 각 목의 행위
   가. 해당 국가지정문화재의 경관을 저해할 우려가 있는 건축물 또는 시설물을 설치·증설하는 행위
   나. 해당 국가지정문화재의 경관을 저해할 우려가 있는 수목을 심거나 제거하는 행위(2018.2.27 본목신설)
   다. 해당 국가지정문화재의 보존에 영향을 줄 수 있는 소음·진동·악취 등을 유발하거나 대기오염물질·화학물질·먼지·빛 또는 열 등을 방출하는 행위(2018.2.27 본목개정)
   라. 해당 국가지정문화재의 보존에 영향을 줄 수 있는 지하 50미터 이상의 땅파기 행위(2019.7.2 본목개정)
   마. 해당 국가지정문화재의 보존에 영향을 미칠 수 있는 토지·임야의 형질을 변경하는 행위
2. 국가지정문화재가 소재하는 지역의 수로의 수질과 수량에 영향을 줄 수 있는 수계에서 하는 건설공사 등의 행위
3. 국가지정문화재와 연결된 유적지를 훼손함으로써 국가지정문화재 보존에 영향을 미칠 우려가 있는 행위
4. 천연기념물이 서식·번식하는 지역에서 천연기념물의 둥지나 알에 표시를 하거나, 그 둥지나 알을 채취하거나 손상시키는 행위
5. 그 밖에 국가지정문화재 외곽 경계의 외부 지역에서 하는 행위로서 문화재청장 또는 해당 지방자치단체의 장이 국가지정문화재의 역사적·예술적·학술적·경관적 가치에 영향을 미칠 우려가 있다고 인정하여 고시하는 행위

③ 법 제35조제1항제3호에서 "대통령령으로 정하는 행위"란 다음 각 호의 행위를 말한다.

1. 국가지정문화재를 다른 장소로 옮겨 촬영하는 행위
2. 국가지정문화재의 표면에 촬영 장비를 접촉하여 촬영하는 행위
3. 빛 또는 열 등이 지나치게 방출되어 국가지정문화재의 보존에 영향을 줄 수 있는 촬영 행위
4. 그 밖에 촬영 장비의 충돌·추락 등으로 국가지정문화재에 물리적 충격을 줄 수 있는 촬영 행위

(2021.11.9 본항신설)

(2014.12.23 본조신설)

제21조의3【특별자치시장 등의 허가 대상 행위】 법 제35조제1항 단서에 따라 특별자치시장, 특별자치도지사, 시장·군수·구청장의 허가(변경허가를 포함한다. 이하 이 조에서 같다)를 받아야 하는 행위는 다음 각 호와 같다.

1. 법 제35조제1항제1호 및 이 영 제21조의2제1항의 행위 중 문화재청장이 고시하는 천연기념물을 사육, 표본, 박제하거나, 죽은 것을 매장 또는 소각하는 등의 행위(2018.5.28 본호개정)
2. 법 제35조제1항제1호 및 이 영 제21조의2제1항의 행위 중 문화재청장이 문화재의 특성을 고려하여 고시하는 건축물 또는 시설물의 설치행위
3. 법 제35조제1항제1호 및 이 영 제21조의2제1항의 행위 중 다음 각 목의 어느 하나에 해당하는 행위. 다만, 해당 국가지정문화재를 대상으로 하는 행위는 제외한다.(2018.2.27 본문개정)
   가. 건조물을 원형대로 보수하는 행위
   나. 전통양식에 따라 축조된 담장을 원형대로 보수하는 행위
   다. 문화재청장이 정하는 규모의 신축, 개축(改築) 또는 증축 행위
   라. 「전기사업법」에 따른 전기설비 및 「소방시설 설치 및 관리에 관한 법률」에 따른 소방시설을 설치하는 행위(2022.11.29 본목개정)
   마. 표지돌, 안내판 및 경고판을 설치하는 행위(2019.7.2 본목개정)
   바. 보호 울타리를 설치하는 행위(2019.7.2 본목개정)
   사. 수목의 가지 고르기, 병충해 방제, 거름 주기 등 수목에 대한 일반적 보호·관리
   아. 학술·연구 목적이나 보존을 위한 종자 및 묘목을 채취하는 행위(2019.7.2 본목개정)
4. 법 제35조제1항제2호 및 이 영 제21조의2제2항의 행위 중 문화재청장이 경미한 행위로 정하여 고시하는 행위
5. 법 제35조제1항제3호의 행위 중 국가지정문화재(법 제48조제2항에 따라 공개가 제한되는 국가지정문화재는 제외한다)의 촬영행위
6. 법 제35조제1항제4호의 행위 중 문화재청장이 경미한 행위로 정하여 고시하는 행위

(2014.12.23 본조신설)

제21조의4【현상변경 등 허가를 위한 조사 시 관계 전문가의 범위】 법 제36조제2항에 따라 문화재의 현상변경 등의 허가를 위하여 필요한 조사를 하게 할 수 있는 관계 전문가는 다음 각 호의 어느 하나에 해당하는 사람으로 한다.

1. 문화재위원회의 위원 또는 전문위원
2. 법 제71조에 따른 시·도문화재위원회의 위원 또는 전문위원
3. 「고등교육법」 제2조에 따른 학교의 문화재 관련 학과의 조교수 이상인 교원
4. 문화재 업무를 담당하는 학예연구관, 학예연구사 또는 나군 이상의 전문경력관
5. 「고등교육법」 제2조에 따른 학교의 건축, 토목, 환경, 도시계획, 소음, 진동, 대기오염, 화학물질, 먼지 또는 열에 관련된 분야의 학과의 조교수 이상인 교원
6. 제5호에 따른 분야의 학회로부터 추천을 받은 사람
7. 그 밖에 문화재 관련 분야에서 5년 이상 종사한 사람으로서 문화재에 관한 지식과 경험이 풍부하다고 문화재청장이 인정한 사람

(2014.12.23 본조신설)

제22조【허가서】 문화재청장은 법 제36조에 따라 허가하는 경우에는 신청인의 성명, 대상 문화재, 허가사항, 허가기간 및 허가조건 등을 적은 허가서를 관할 특별자치시장, 특별자치도지사, 시장·군수·구청장을 거쳐 신청인에게 내주어야 한다. 이 경우 문화재청장은 관할 시·도지사(특별자치시장과 특별자치도지사는 제외한다)에게 허가사항 등을 알려야 한다. 다만, 법 제35조제1항제3호에 해당하는 행위에 대한 허가 및 문화재청장이 직접 관리하고 있는 국가지정문화재 안에서 이루어지는 현상변경 행위에 대한 허가를 하는 경우에는 특별자치시장, 특별자치도지사, 시장·군수·구청장을 거치지 아니하거나 관할 시·도지사에게 허가사항 등을 알리지 아니하여도 된다.(2014.12.23 본조개정)

제23조【관리자 선임 등의 신고】 ① 국가지정문화재에 관하여 법 제40조제1항 본문 및 같은 조 제3항 본문에 따라 신고하려는 자는 해당 국가지정문화재의 종류, 명칭, 수량 및 소재지 등을 적은 관리자 선임 등의 신고서를 그 사유가 발생한 날부터 15일 이내에 관할 시장·군수·구청장 및 시·도지사를 거쳐 문화재청장에게 제출해야 한다. 다만, 법 제40조제1항제9호의 경우에는 그 지정일부터 3개월 이내에 신고서를 제출하면 된다.

② 국가지정문화재에 관하여 법 제40조제1항 단서 및 같은 조 제3항 단서에 따라 신고하려는 자는 해당 국가지정문화재의 종류, 명칭, 수량 및 소재지 등을 적은 신고서를 그 사유가 발생한 날부터 15일 이내에 특별자치시장, 특별자치도지사, 시장·군수·구청장에게 제출해야 한다.

(2021.11.9 본조개정)

제24조【천연기념물의 보존 및 생존을 위한 조치 등의 신고】 법 제40조제1항제9호의3에서 "질병 등 기타 위험의 방지, 보존 및 생존을 위하여 필요한 조치 등 대통령령으로 정하는 행위"란 다음 각 호의 행위를 말한다.

1. 「가축전염병 예방법」 제2조제2호의 가축전염병으로 인한 사체의 긴급 매장·소각
2. 천연기념물과 항공기 간의 충돌 등으로 인한 사고예방을 위한 포획 등의 긴급 조치 및 사후처리

(2018.5.28 본조신설)

제25조【동물의 수입·반입 신고】 법 제41조제1항에 따라 천연기념물로 지정된 동물의 종(種)〔아종(亞種)을 포함한다〕을 국외로부터 수입·반입한 자는 해당 동물의 수입·반입 후 30일 이내에 문화체육관광부령으로 정하는 신고서(전자문서로 된 신고서를 포함한다)에 다음 각 호의 서류(전자문서를 포함한다)를 첨부하여 문화재청장에게 제출하여야 한다.

1. 수입·반입의 경위를 확인할 수 있는 서류
2. 원산지 증명서
3. 해당 동물의 사진

(2018.5.28 본조신설)

제26조~제27조 (2015.10.6 삭제)

제28조【정기조사 등의 위탁】 문화재청장은 법 제44조제6항에 따라 국가지정문화재의 정기조사와 재조사를 다음 각 호의 어느 하나에 해당하는 기관 또는 단체에 위탁할 수 있다.

1. 문화재 관련 조사, 연구, 교육, 수리 또는 학술 활동을 목적으로 설립된 법인 또는 단체
2. 「박물관 및 미술관 진흥법」 제10조 및 제12조부터 제14조까지의 규정에 따른 박물관 또는 미술관
3. 「고등교육법」 제2조에 따른 학교의 문화재 관련 부설 연구기관 또는 산학협력단

제29조【손실 보상의 신청】 법 제46조에 따라 손실을 보상받으려는 자는 국가지정문화재의 종류, 명칭, 수량, 소재지 또는 보관 장소와 그 사유를 적은 신청서에 증명서류를 첨부하여 문화재청장에게 신청해야 한다.

(2021.11.9 본조개정)

제30조【관람료 감면에 따른 비용지원】 ① 국가 또는 지방자치단체가 아닌 국가지정문화재의 소유자 또는 관리단체(이하 이 조에서 "소유자등"이라 한다)는 법 제49조제4항에 따라 국가로부터 비용을 지원받으려는 경우에는 문화체육관광부령으로 정하는 지원신청서에 다음 각 호의 자료를 첨부하여 매년 3월 31일까지 문화재청장에게 제출해야 한다.

1. 최근 3년간 관람객 수를 증명할 수 있는 자료
2. 그 밖에 관람료 수입액을 증명할 수 있는 자료 등 지원 금액 산정을 위하여 필요한 자료로서 문화재청장이 정하여 고시하는 자료

② 문화재청장은 제1항에 따라 제출된 자료를 검토하여 감면된 관람료에 해당하는 비용의 전부 또는 일부를 소유자등에게 지원할 수 있다.

③ 소유자등은 비용지원 신청 및 지원금 수령 등을 직접 하기 어려운 사정이 있으면 대리인을 선임할 수 있다.

④ 제1항부터 제3항까지에서 규정한 사항 외에 법 제49조제4항에 따라 국가로부터 지원받은 비용의 지급·사용 및 관리 등에 관하여는 「보조금 관리에 관한 법률」에서 정하는 바에 따른다.

⑤ 지방자치단체의 장은 법 제49조제4항에 따라 비용을 지원하려는 경우에는 지원 금액 및 시기를 미리 문화재청장과 협의해야 한다.

(2023.4.25 본조신설)

제31조~제32조 (2015.10.6 삭제)

제33조【국가등록문화재의 관리자 선임 등 신고】 국가등록문화재의 소유자나 관리자 또는 법 제54조제2항에 따라 지정을 받은 자는 법 제55조 각 호의 어느 하나에 해당하는 사유가 발생하면 그 사유가 발생한 날부터 15일 이내에 그 사실을 시장·군수·구청장 및 시·도지사를 거쳐 문화재청장에게 신고하여야 한다.(2019.12.31 본조개정)

제33조의2【국가등록문화재의 현상변경 신고 대상 행위】 법 제56조제1항제1호에서 "대통령령으로 정하는 행위"란 국가등록문화재(동산에 속하는 문화재는 제외한다. 이하 이 조에서 같다)의 외관을 변경하는 행위로서 다음 각 호의 어느 하나에 해당하는 행위를 말한다. 다만, 국가등록문화재의 파손을 예방하거나 파손의 확대를 방지하기 위한 임시 조치는 제외한다.(2019.12.31 본문개정)

1. 해당 문화재가 건축물인 경우 외관(지붕부를 포함한다) 면적의 4분의 1 이상에 이르는 디자인, 색채, 재질 또는 재료 등을 변경하는 행위
2. 해당 문화재가 건축물 외의 시설물인 경우에는 해당 시설물의 디자인, 색채, 재질 또는 재료 등을 다음 각 목에 따른 면적의 4분의 1 이상 변경하는 행위
   가. 교량·등대 등 구조물인 경우에는 그 외관 면적
   나. 터널·동굴 등 그 외관이 드러나지 아니하는 시설물인 경우에는 내부의 표면적

다. 그 밖의 경우에는 법 제53조제1항에 따라 국가등록문화재로 등록할 때 등록된 면적(2019.12.31 본목개정)
(2016.12.30 본호개정)
(2019.12.31 본조제목개정)
(2014.12.23 본조신설)

제34조【국가등록문화재의 현상변경 허가 기준 및 절차】 ① 법 제56조제2항에 따라 현상변경의 허가를 받거나 허가사항을 변경하려는 자는 해당 국가등록문화재의 명칭, 수량 및 소재지를 적은 허가신청서를 관할 특별자치시장, 특별자치도지사, 시장·군수·구청장을 거쳐 문화재청장에게 제출해야 한다. 이 경우 시장·군수·구청장은 관할 시·도지사에게 허가신청 사항 등을 알려야 한다.(2021.11.9 전단개정)
② 문화재청장은 제1항에 따른 허가신청을 받으면 그 허가신청 대상 행위가 국가등록문화재의 기본적인 양식, 구조 및 특성에 영향을 미치지 아니한 경우에만 허가하여야 한다.(2019.12.31 본항개정)
③ 문화재청장은 제2항에 따라 허가하려면 신청인의 성명, 대상 문화재, 허가사항, 허가기간 및 허가조건 등을 적은 허가서(변경허가서를 포함한다)를 관할 특별자치시장, 특별자치도지사, 시장·군수·구청장을 거쳐 신청인에게 내주어야 한다. 이 경우 문화재청장은 관할 시·도지사(특별자치시장과 특별자치도지사는 제외한다)에게 허가사항 등을 알려야 한다.(2014.12.23 본항개정)
(2019.12.31 본조제목개정)

제35조【국가등록문화재의 건폐율과 용적률 등】 ① 법 제57조에 따른 국가등록문화재의 용도지역별 건폐율 및 용적률은 해당 국가등록문화재의 구조, 특성 및 주변 경관을 고려하여 「국토의 계획 및 이용에 관한 법률 시행령」 제84조 및 제85조에 따른 용도지역에서의 건폐율 및 용적률의 150퍼센트 안에서 정하되, 그 세부적인 비율은 관할 지방자치단체의 조례로 정한다.(2019.12.31 본항개정)
② 지방자치단체의 장은 제1항에 따른 건폐율 및 용적률의 특례를 적용하여 건축허가를 한 경우에는 허가한 날부터 15일 안에 해당 허가 내용을 문화재청장에게 통보하여야 한다.
(2019.12.31 본조제목개정)

제36조【일반동산문화재의 범위】 법 제60조제1항에 따른 일반동산문화재의 범위는 다음 각 호의 분야에 해당하는 동산 중 별표3의 기준을 충족하는 것으로 한다. 다만, 수출일 또는 반출일 현재 생존해 있는 제작자의 작품은 일반동산문화재의 범위에서 제외한다.(2023.12.26 단서신설)
1. 회화류, 조각류, 공예류, 서예류, 석조류 등 미술 분야
2. 서책(書冊)류, 문서류, 서각(書刻 : 글과 그림을 새겨 넣는 것)류 등 전적(典籍) 분야
3. 고고자료, 민속자료, 과학기술자료 등 생활기술 분야
4. 동물류, 식물류, 지질류 등 자연사 분야

(2019.12.31 본조개정)

제37조【일반동산문화재의 확인 등】 ① 문화재청장은 법 제60조제5항에 따른 확인을 하려면 법 제60조의2제1항에 따라 배치된 문화재감정위원의 감정을 받아야 한다.
② 법 제60조의2제1항에 따라 배치되는 문화재감정위원은 다음 각 호의 어느 하나에 해당하는 사람이어야 한다.
1. 문화재위원회의 위원 또는 전문위원
2. 문화재청, 국립중앙박물관 또는 시·도 소속 공무원으로서 동산문화재 관계 분야의 학예연구관 또는 가군 전문경력관(2021.4.6 본호개정)
3. 동산문화재 관계 분야의 학사 이상 학위 소지자로서 해당 문화재 분야에 종사한 경력이 2년 이상인 사람
4. 대학의 동산문화재 또는 천연기념물 관계 분야 학과의 조교수 이상인 사람 또는 그 학과에서 2년 이상 강의를 담당한 경력이 있는 사람
5. 동산문화재 관계 분야의 저서가 있거나 3편 이상의 논문을 발표한 사람
6. 동산문화재 관계 분야에서 5급 이상의 국가공무원 또는 지방공무원으로 3년 이상 계속 근무한 경력이 있는 사람
7. 동산문화재 관계 분야에서 5년 이상 계속 근무한 경력이 있는 사람

(2015.10.6 본항신설)
③ 문화재청장은 법 제60조의2제1항에 따라 문화재감정위원을 다음 각 호의 장소에 배치할 수 있다.
1. 「공항시설법」 제2조제3호의 공항(2017.3.29 본호개정)
2. 「항만법」 제2조제2호의 무역항
3. 「관세법」 제256조제2항의 통관우체국
4. (2023.9.8 삭제)

(2015.10.6 본항신설)
④ 제1항에 따른 감정의 절차 및 요령에 관하여 필요한 사항은 문화체육관광부령으로 정한다.
(2015.10.6 본조개정)

제38조【일반동산문화재의 보존·관리 방안】 ① 법 제61조제2항에 따른 문화재에 관한 보존·관리 방안은 다음 각 호의 사항을 포함하여야 한다.
1. 일반동산문화재의 현황
2. 일반동산문화재의 보관 경위 및 관리·수리 이력
3. 보존·관리의 개선이 필요한 문화재와 그 조치 방안(조치할 내용, 추진 일정 및 방법 등을 포함한다)
4. 일반동산문화재의 보존처리계획 및 학술연구 등 활용계획

② 법 제61조제3항에 따라 문화재청장의 요청을 받은 국가기관 또는 지방자치단체의 장은 요청받은 날부터 30일 이내에 문화재청장에게 해당 문화재에 관한 보존·관리 방안을 보고하여야 한다.

제38조의2 (2016.6.28 삭제)

제39조【기부금품의 접수절차 등】 ① 법 제69조의3제1항에 따른 국외소재문화재재단(이하 "국외문화재재단"이라 한다)은 법 제69조의4제2항에 따라 기부금품을 접수한 때에는 기부자에게 영수증을 발급해야 한다. 다만, 익명으로 기부하거나 기부자를 알 수 없는 경우에는 영수증을 발급하지 않을 수 있다.
② 국외문화재재단은 제1항에 따른 기부자가 기부금품의 용도를 지정한 때에는 그 용도로만 사용해야 한다.
③ 제2항에도 불구하고 기부자가 지정한 용도로 사용하기 어려운 특별한 사유가 있는 경우에는 기부자의 동의를 받아 다른 용도로 사용할 수 있다. 다만, 기부자를 알 수 없는 경우 등 기부자의 동의를 받을 수 없는 불가피한 사정이 있을 때에는 문화재청 및 국외문화재재단의 인터넷 홈페이지에 각각 해당 내용을 7일 이상 게시한 후에 다른 용도로 사용할 수 있다.
④ 국외문화재재단은 제1항에 따른 기부금품의 접수 현황 및 사용 실적 등에 관한 장부를 갖추어 두고 기부자가 열람할 수 있도록 해야 하며, 해당 내용을 매년 국외문화재재단의 인터넷 홈페이지에 공개해야 한다.
⑤ 국외문화재재단은 법 제69조의4제4항에 따라 매 회계연도 개시 후 2개월 이내에 전년도 기부금품의 접수 및 처리 상황을 문화재청장에게 보고해야 한다.
(2022.7.19 본조신설)

제40조【보고】 시·도지사는 법 제73조제1항 각 호의 어느 하나에 해당하는 사유가 발생하면 그 날부터 15일 이내에 문화재청장에게 보고하여야 한다.

제41조【문화재매매업의 허가】 ① 법 제75조제1항에 따라 문화재매매업 허가를 받아야 하는 자는 동산에 속하는 유형문화재나 유형의 민속문화재로서 제작된 지 50년 이상된 것에 대하여 매매 또는 교환하는 것을 업(業)으로 하려는 자(위탁을 받아 매매 또는 교환하는 것을 업으로 하려는 자를 포함한다)로 한다.
② 법 제75조제1항에 따라 문화재매매업 허가를 받으려는 자는 문화체육관광부령으로 정하는 바에 따라 허가신청서를 특별자치시장, 특별자치도지사, 시장·군수·구청장에게 제출하여야 한다.(2014.12.23 본항개정)
③ 법 제75조제2항에 따라 문화재매매업자는 문화체육관광부령으로 정하는 바에 따라 매년 제1항에 따른 문화재의 보존 상황, 매매 또는 교환 현황을 기록한 서류를 첨부하여 다음 해 1월 31일까지 특별자치시장, 특별자치도지사, 시장·군수·구청장에게 그 실태를 신고하여야 한다.
(2014.12.23 본항개정)
④ 제3항에 따라 실태를 신고받은 특별자치시장, 특별자치도지사, 시장·군수·구청장은 이를 시·도지사(특별자치시장과 특별자치도지사는 제외한다)를 거쳐 다음 해 2월 말일까지 문화재청장에게 보고하여야 한다.
(2014.12.23 본항개정)

제41조의2【문화재돌봄사업의 대상】 법 제80조의3제1항제4호에서 "대통령령으로 정하는 것"이란 다음 각 호의 요건을 모두 갖춘 문화재를 말한다.
1. 시·도지사가 시장·군수·구청장과의 협의를 거쳐 문화재청장에게 추천한 문화재일 것
2. 문화재청장이 법 제80조의3제1항에 따른 문화재돌봄사업(이하 "문화재돌봄사업"이라 한다)의 대상으로 할 필요가 있다고 인정하는 문화재일 것

(2021.4.6 본조신설)

제41조의3【중앙문화재돌봄센터 운영의 위탁】 문화재청장은 법 제80조의4제1항에 따라 설치한 중앙문화재돌봄센터(이하 "중앙문화재돌봄센터"라 한다)의 운영을 같은 조 제2항에 따라 전통건축수리기술진흥재단에 위탁한다.(2021.4.6 본조신설)

제41조의4【중앙문화재돌봄센터의 운영】 제41조의3에 따라 중앙문화재돌봄센터의 운영을 위탁받은 전통건축수리기술진흥재단은 법 제80조의4제1항 각 호의 업무를 수행하기 위하여 필요하다고 인정하는 경우에는 법 제80조의5제1항에 따른 지역문화재돌봄센터(이하 "지역문화재돌봄센터"라 한다)의 장에게 자료 또는 의견의 제출을 요청할 수 있다.(2021.4.6 본조신설)

제41조의5【지역문화재돌봄센터의 지정】 ① 법 제80조의5제1항에 따른 지역문화재돌봄센터의 지정기준은 다음 각 호와 같다.
1. 다음 각 목의 어느 하나에 해당하는 기관 또는 단체일 것
   가. 「공공기관의 운영에 관한 법률」 제4조에 따른 공공기관
   나. 「민법」 제32조에 따라 설립된 비영리법인
   다. 「산업교육진흥 및 산학연협력촉진에 관한 법률」 제25조제1항에 따른 산학협력단
   라. 특별법에 따라 설립된 특수법인
2. 문화재돌봄사업의 수행에 필요한 다음 각 목의 시설을 모두 갖출 것
   가. 지역문화재돌봄센터의 업무를 수행하기 위한 사무실
   나. 문화재 보존 및 관리에 필요한 장비를 보관할 수 있는 시설
3. 사업계획서가 적정할 것

② 지역문화재돌봄센터로 지정받으려는 기관 또는 단체는 문화체육관광부령으로 정하는 신청서에 제1항제1호 및 제2호의 지정기준을 충족했음을 증명할 수 있는 서류와 사업계획서를 첨부하여 시·도지사에게 제출해야 한다.
③ 시·도지사는 제2항에 따른 신청을 한 기관 또는 단체가 제1항 각 호의 지정기준을 모두 충족했다고 인정되는 경우에는 해당 기관 또는 단체를 지역문화재돌봄센터로 지정할 수 있다.
④ 시·도지사는 제3항에 따라 지역문화재돌봄센터로 지정했을 때에는 그 사실을 해당 시·도의 인터넷 홈페이지에 게시하고, 지정된 기관 또는 단체에 문화체육관광부령으로 정하는 지역문화재돌봄센터 지정서를 지체 없이 발급해야 한다.
(2021.4.6 본조신설)

제41조의6【지역문화재돌봄센터의 지정취소】 ① 법 제80조의5제2항에 따른 지역문화재돌봄센터의 지정취소 기준은 별표3의2와 같다.
② 시·도지사는 법 제80조의5제2항에 따라 지역문화재돌봄센터의 지정을 취소한 경우에는 그 사실을 해당 시·도의 인터넷 홈페이지에 게시해야 한다.
(2021.4.6 본조신설)

제41조의7【지역문화재돌봄센터의 평가】 ① 문화재청장은 매년 12월 31일까지 법 제80조의6제1항에 따라 지역문화재돌봄센터를 평가해야 한다.
② 문화재청장은 제1항에 따른 평가를 실시하려면 평가 시기 및 방법을 포함한 평가지침을 작성하여 시·도지사 및 지역문화재돌봄센터의 장에게 통보해야 한다.
③ 문화재청장은 법 제80조의6제2항에 따라 평가 결과를 공개하기 전에 공개 대상 지역문화재돌봄센터에 그 사실을 통지하여 소명자료나 의견을 제출할 수 있는 기회를 주어야 한다.
④ 문화재청장은 제1항에 따른 평가가 완료되었을 때에는 평가 점수 및 등급을 포함한 평가 결과를 지체 없이 문화재청의 인터넷 홈페이지에 게시해야 한다.
(2021.4.6 본조신설)

제42조【권한의 위임】 ① 문화재청장은 법 제82조에 따라 궁능유적본부장의 소관 문화재에 관한 다음 각 호의 권한을 궁능유적본부장에게 위임한다.
1. 법 제35조(법 제47조에 따라 준용되는 경우를 포함한다)에 따른 허가 또는 변경허가
2. 법 제37조(법 제47조에 따라 준용되는 경우를 포함한다)에 따른 허가 취소
3. 법 제39조(법 제47조에 따라 준용되는 경우를 포함한다)에 따른 국외 반출 허가
4. 법 제40조(법 제47조에 따라 준용되는 경우를 포함한다)에 따른 신고의 수리
5. 법 제42조(법 제47조에 따라 준용되는 경우를 포함한다)에 따른 행정명령
6. 법 제48조에 따른 국가지정문화재의 공개 및 공개 제한
7. 법 제49조(법 제59조제2항에 따라 준용되는 경우를 포함한다)에 따른 관람료의 징수 및 감면
8. 법 제55조제7호에 따른 신고의 접수
9. 법 제56조제2항에 따른 허가 또는 변경허가
10. 법 제88조제3호에 따른 청문
11. 법 제103조에 따른 과태료의 부과·징수(위임받은 권한을 처리하기 위하여 필요한 경우만 해당한다)

② 문화재청장은 법 제82조에 따라 다음 각 호의 권한을 시·도지사에게 위임한다.
1. 법 제87조제1항제3호에 따른 허가 또는 변경허가를 위한 협의
2. 제47조제2항에 따른 통지

(2020.5.26 본조개정)

제42조의2【원상 복구 비용의 청구】 ① 문화재청장 또는 지방자치단체의 장은 법 제82조의3제3항에 따라 원상복구 비용을 청구하는 경우 같은 조 제1항의 행위를 한 사람에게 납부금액, 납부기한, 납부장소 등을 적은 납부고지서를 보내야 한다. 이 경우 납부고지서를 보낸 날부터 60일 이내의 납부기한을 정해야 한다.
② 제1항에 따른 납부금액은 문화재청장 또는 지방자치단체의 장이 훼손된 문화재를 원상 복구하는 데 드는 비용으로 한다.
(2020.12.1 본조신설)

제43조【수사기관의 범위】 ① 법 제86조에 따른 수사기관은 다음 각 호의 기관을 말한다.
1. 검사
2. 「형사소송법」 제197조에 따른 사법경찰관리(2022.7.19 본호개정)
3. 「검찰청법」 제47조에 따라 사법경찰관리의 직무를 수행하는 사람
4. 「사법경찰관리의 직무를 수행할 자와 그 직무범위에 관한 법률」 제5조제14호에 따른 국가공무원 또는 지방공무원
5. 「관세법」 제295조에 따른 세관공무원

② 제1항 각 호의 어느 하나에 해당하는 사람은 법 제86조제1항에 따른 제보자가 될 수 없다.

제44조【제보의 처리】 법 제86조에 따라 제보를 받은 수사기관은 문화체육관광부령으로 정하는 바에 따라 제보 조서를 작성하여 문화재청장에게 제출하여야 한다.

제45조【포상금의 지급】 ① 법 제86조에 따른 포상금 지급기준은 다음 표와 같다.

등급	포상금	
	제보한 자	체포에 공로가 있는 자
1등급	2,000만원	400만원
2등급	1,500만원	300만원
3등급	1,000만원	200만원
4등급	500만원	100만원
5등급	250만원	50만원

(2015.10.6 본항개정)

② 제1항에 따른 포상금의 지급등급기준은 문화체육관광부령으로 정한다.

제46조【포상금의 배분】 제45조에 따라 포상금을 지급하는 경우에 제보자가 2명 이상이거나 범인 체포에 공로가 있는 사람이 2명 이상인 경우에는 그 공로의 비중을 고려하여 문화재청장이 그 배분액을 결정한다. 다만, 포상금을 받을 사람이 배분액에 관하여 상호간에 미리 합의한 경우에는 그 합의된 금액 또는 비율에 따라 배분할 수 있다.(2015.10.6 본조개정)

제47조【자연공원구역 안에서의 사적의 지정 등】 ① 법 제87조제1항 및 제2항에 따라 해당 공원관리청과 협의하여야 할 경우는 다음과 같다.(2014.12.23 본문개정)

1. 법 제87조제1항제1호 및 제2호의 경우 : 「자연공원법」에 따른 공원구역에서 면적 3만 제곱미터 이상의 지역 또는 구역을 지정하는 경우
2. 법 제87조제1항제3호 및 같은 조 제2항의 경우 : 「자연공원법」에 따른 공원구역에서 법 제35조제1항에 따라 허가나 변경허가를 하는 경우(「자연공원법」 제23조제1항 각 호의 경우로 한정하되, 국가지정문화재, 시·도지정문화재, 문화재자료 또는 그 보호물의 증축, 개축, 재축(再築), 이축과 외부를 도색하는 행위는 제외한다) (2014.12.23 본호개정)

② 문화재청장은 「자연공원법」에 따른 공원구역 안에서 법 제87조제1항제1호 및 제2호에 해당하는 행위를 하는 경우로서 3만 제곱미터 미만의 지역 또는 구역을 지정하는 경우에는 해당 공원관리청에 그 내용을 알려야 한다.

제47조의2【고유식별정보의 처리】 특별자치시장, 특별자치도지사, 시장·군수·구청장은 다음 각 호의 사무를 수행하기 위하여 불가피한 경우 「개인정보 보호법 시행령」 제19조제1호 또는 제4호에 따른 주민등록번호 또는 외국인등록번호가 포함된 자료를 처리할 수 있다.

1. 법 제75조에 따른 문화재매매업의 허가, 신고 또는 변경신고에 관한 사무
2. 법 제75조의2제2항에 따른 문화재매매업의 승계 신고에 관한 사무
3. 법 제78조제2항에 따른 매매·교환 등에 관한 장부의 검인에 관한 사무
4. 법 제80조에 따른 문화재매매업의 허가 취소에 관한 사무

(2020.5.26 본조신설)

제47조의3【규제의 재검토】 문화재청장은 제10조의3제5항 및 별표1에 따른 문화재교육지원센터의 지정취소 및 업무정지의 기준에 대하여 2022년 1월 1일을 기준으로 3년마다(매 3년이 되는 해의 1월 1일 전까지를 말한다) 그 타당성을 검토하여 개선 등의 조치를 해야 한다. (2022.3.8 본조신설)

제48조【과태료의 부과기준】 ① 법 제103조에 따른 과태료의 부과기준은 별표4와 같다.(2019.12.31 본항개정)

② 문화재청장, 시·도지사 또는 시장·군수·구청장은 위반행위의 동기, 내용, 횟수 및 위반의 정도 등을 고려하여 제1항의 기준에 따른 과태료 금액의 2분의 1의 범위에서 그 금액을 가중하거나 감경할 수 있다. 다만, 가중하는 경우에도 과태료 총액은 법 제103조에 따른 과태료의 상한액을 초과할 수 없다.

③ 문화재청장, 시·도지사 또는 시장·군수·구청장은 고의 또는 중과실이 없는 위반행위자(법 제103조제4항제4호부터 제6호까지 및 제8호에 해당하는 자로 한정한다)가 「소상공인기본법」 제2조에 따른 소상공인에 해당하고, 과태료를 체납하고 있지 않은 경우에는 다음 각 호의 사항을 고려하여 별표4에 따른 과태료의 100분의 70 범위에서 그 금액을 줄여 부과할 수 있다. 다만, 제2항 본문에 따른 감경과 중복하여 적용하지 않는다.

1. 위반행위자의 현실적인 부담능력
2. 경제위기 등으로 위반행위자가 속한 시장·산업 여건이 현저하게 변동되거나 지속적으로 악화된 상태인지 여부

(2023.4.25 본항신설)

부 칙

제1조【시행일】 이 영은 2011년 2월 5일부터 시행한다.

제2조【전수 교육 조교 선정에 대한 경과조치】 이 영 시행 당시 종전의 규정에 따라 중요무형문화재 전수 교육 조교의 선정 절차가 진행 중인 사람에 대해서는 제26조의 규정에도 불구하고 종전의 규정을 적용한다.

제3조【시·도지정문화재 지정의 권고에 대한 경과조치】 이 영 시행 당시 종전의 규정에 따라 문화재청장으로부터 시·도지정문화재나 문화재자료(보호물이나 보호구역을 포함한다)로 지정·보존할 것을 권고 받은 시·도지사는 이 영 시행일부터 1년 안에 법 제71조제1항에 따른 시·도문화재위원회의 심의를 거쳐 지정 여부를 결정하여야 한다.

제4조【행정처분 등에 대한 일반적 경과조치】 이 영 시행 당시 종전의 규정에 따른 행정기관의 행위나 행정기관에 대한 행위는 그에 해당하는 이 영에 따른 행정기관의 행위나 행정기관에 대한 행위로 본다.

제5조【다른 법령의 개정】 ①~⑮ ※(해당 법령에 가제정리 하였음)

제6조【다른 법령과의 관계】 이 영 시행 당시 다른 법령에서 종전의 「문화재보호법 시행령」의 규정을 인용한 경우에 이 영 가운데 그에 해당하는 규정이 있으면 종전의 규정을 갈음하여 이 영의 해당 규정을 인용한 것으로 본다.

부 칙 (2015.10.6)

제1조【시행일】 이 영은 2016년 3월 28일부터 시행한다. 다만, 제45조제1항 및 제46조의 개정규정은 2016년 1월 1일부터 시행한다.

제2조【현상변경 허가 절차에 관한 적용례】 제21조의 개정규정은 이 영 시행 이후 법 제35조제1항에 따라 현상변경 행위에 대한 허가 신청 또는 허가사항의 변경신청을 하는 경우부터 적용한다.

제3조【포상금 지급에 관한 경과조치】 제45조제1항 및 제46조의 개정규정에도 불구하고 법 제90조부터 제92조까지 또는 「매장문화재 보호 및 조사에 관한 법률」 제31조의 죄를 범한 자나 그 미수범을 부칙 제1조 단서에 따른 시행일 전에 수사기관에 제보하였거나 그 체포에 공로가 있는 경우에는 종전의 규정에 따른다.

부 칙 (2017.6.13)

제1조【시행일】 이 영은 공포한 날부터 시행한다. 다만, 제8조의 개정규정은 2017년 6월 21일부터 시행한다.

제2조【다른 법령의 개정】 ※(해당 법령에 가제정리 하였음)

부 칙 (2018.2.27)

제1조【시행일】 이 영은 공포한 날부터 시행한다. 다만, 제3조의2, 제8조, 제8조의2 및 별표3 제2호가목·나목의 개정규정은 2018년 3월 22일부터 시행한다.

제2조【과태료에 관한 경과조치】 ① 이 영 시행 전의 위반행위에 대하여 과태료의 부과기준을 적용할 때에는 별표3 제2호가목의 개정규정에도 불구하고 종전의 규정에 따른다.

② 이 영 시행 전의 위반행위로 부과받은 과태료는 별표3 제2호가목의 개정규정에 따른 위반행위의 횟수 산정에 포함한다.

부 칙 (2018.12.4)

이 영은 2018년 12월 13일부터 시행한다.

부 칙 (2018.12.24)

이 영은 2019년 1월 1일부터 시행한다.

부 칙 (2019.7.2)

이 영은 공포한 날부터 시행한다.(이하 생략)

부 칙 (2019.10.8)

제1조【시행일】 이 영은 공포한 날부터 시행한다.(이하 생략)

부 칙 (2019.12.31)

제1조【시행일】 이 영은 공포한 날부터 시행한다. 다만, 제36조, 제48조제1항, 별표3 및 별표4의 개정규정은 공포 후 3개월이 경과한 날부터 시행한다.

제2조【다른 법령의 개정】 ①~⑩ ※(해당 법령에 가제정리 하였음)

부 칙 (2020.5.26)

제1조【시행일】 이 영은 2020년 5월 27일부터 시행한다.

제2조【다른 법령의 개정】 ①~⑱ ※(해당 법령에 가제정리 하였음)

부 칙 (2020.12.1)

이 영은 2020년 12월 10일부터 시행한다.

부 칙 (2021.1.5 영31379호)

제1조【시행일】 이 영은 공포한 날부터 시행한다.

제2조【지정 또는 위탁 요건에 관한 일반적 적용례】 이 영은 이 영 시행 이후 이 영에 의하여 개정되는 법령에 따른 지정 또는 위탁을 하기 위하여 그 지정 또는 위탁의 절차를 시작하는 경우부터 적용한다.

부 칙 (2021.1.5 영31380호)

이 영은 공포한 날부터 시행한다.(이하 생략)

부 칙 (2021.4.6)

이 영은 2021년 6월 10일부터 시행한다.

부 칙 (2021.11.9)

제1조【시행일】 이 영은 2021년 11월 19일부터 시행한다.

제2조【국가지정문화재의 지정기준에 관한 경과조치】 이 영 시행 당시 제11조에 따라 국가지정문화재의 지정 절차가 진행 중인 경우 그 지정기준에 관하여는 별표1의2의 개정규정에도 불구하고 종전의 규정에 따른다.

부 칙 (2022.3.8)

이 영은 공포한 날부터 시행한다.

부 칙 (2022.7.19)

이 영은 2022년 7월 19일부터 시행한다.

부 칙 (2022.11.29)

제1조【시행일】 이 영은 2022년 12월 1일부터 시행한다.(이하 생략)

부 칙 (2023.4.25 영33430호)

제1조【시행일】 이 영은 2023년 5월 4일부터 시행한다. 다만, 별표1의2의 개정규정은 공포한 날부터 시행한다.

제2조【관람료 감면에 따른 비용 지원신청에 관한 특례】 2023년에 법 제49조제4항에 따라 국가로부터 비용을 지원받으려는 자는 제30조제1항의 개정규정에도 불구하고 2023년 6월 30일까지 지원신청서를 제출해야 한다.

부 칙 (2023.4.25 영33434호)

제1조【시행일】 이 영은 공포한 날부터 시행한다.

제2조【행정처분·과징금 또는 과태료에 관한 적용례】 제1조부터 제61조까지의 개정규정은 이 영 시행 전의 위반행위에 대하여 이 영 시행 이후 행정처분을 하거나 과징금 또는 과태료 부과처분을 하는 경우에도 적용한다.

부 칙 (2023.9.8)

제1조【시행일】 이 영은 공포한 날부터 시행한다.(이하 생략)

부 칙 (2023.11.16)
(2023.12.26)

이 영은 공포한 날부터 시행한다.

[별표] ➡ 「法典 別冊」 참조

전통사찰의 보존 및 지원에 관한 법률(약칭 : 전통사찰법)

(2007년 4월 11일
전부개정법률 제8348호)

개정
2008. 2.29법 8852호(정부조직)
2008. 3.21법 8974호(건축)
2008.12.31법 9313호(자연공원법)
2009. 3. 5법 9473호
2010. 5.31법10331호(산지관리법)
2012. 2.17법11317호
2018.12.24법16057호(문화재)
2019.11.26법16596호(문화재)
2022. 1.18법18779호
2022.12.27법19117호(산림자원조성관리)
2023. 3.21법19251호(자연유산의보존및활용에관한법)
2023. 8. 8법19590호(문화유산)
2023. 8. 8법19592호(법률용어정비)
2023. 9.14법19702호(근현대문화유산의보존및활용에관한법)→2024년 9월 15일 시행이므로 추후 수록
2024년 1월 25일 제412회 국회 본회의 통과→「法典 別册」 보유편 수록

제1조【목적】 이 법은 민족문화의 유산으로서 역사적 의의를 가진 전통사찰과 전통사찰에 속하는 문화유산을 보존·지원함으로써 전통문화의 계승 및 민족문화 향상에 이바지함을 목적으로 한다.(2012.2.17 본조개정)

제2조【정의】 이 법에서 사용하는 용어의 뜻은 다음과 같다.
1. "전통사찰"이란 불교 신앙의 대상으로서의 형상(形象)을 봉안(奉安)하고 승려가 수행(修行)하며 신도를 교화하기 위한 시설 및 공간으로서 제4조에 따라 등록된 것을 말한다.(2012.2.17 본호개정)
2. "주지"란 전통사찰의 대표자로서 사찰의 운영 및 재산을 관리하고 전통사찰의 보존·발전·계승을 관장하는 승려를 말한다.(2012.2.17 본호개정)
3. "전통사찰보존지"란 불교의 의식(儀式), 승려의 수행 및 생활과 신도의 교화를 위하여 사찰에 속하는 토지로서 다음 각 목의 토지를 말한다.(2012.2.17 본문개정)
   가. 사찰 소유의 건조물〔건물, 입목(立木), 대나무, 그 밖의 지상물(地上物)을 포함한다. 이하 같다〕이 정착되어 있는 토지 및 이와 연결된 그 부속 토지
   (2023.8.8 본목개정)
   나. 참배로(參拜路)로 사용되는 토지
   다. 불교의식 행사를 위하여 사용되는 토지〔불공용(佛供用)·수도용(修道用) 토지를 포함한다〕
   라. 사찰 소유의 정원·산림·경작지 및 초지
   (2012.2.17 나목~라목신설)
   마. 사찰의 존엄 또는 경관의 보존을 위하여 사용되는 사찰 소유의 토지(2023.8.8 본목개정)
   바. 역사나 기록 등에 의하여 해당 사찰과 밀접한 연고가 있다고 인정되는 토지로서 그 사찰의 관리에 속하는 토지
   사. 사찰 소유의 건조물과 가목부터 바목까지의 규정에 따른 토지의 재해방지를 위하여 사용되는 토지
   (2012.2.17 바목~사목신설)
4. "문화유산"이란 전통사찰에 속한 불교건축, 불교조각, 불교회화, 불교공예, 경전, 그 밖의 문서 등의 유형문화유산과 불교의례, 불교예능, 세시풍속, 전통문화행사 등 무형문화유산을 말한다.(2012.2.17 본호신설)
5. "동산"이란 사찰에 있는 불상·화상(畵像)·석물(石物)·고문서·고서화·종류(鐘類)·경전, 그 밖에 사찰에 속하는 재산으로서 유서(由緖)가 있거나 학예, 기예(技藝) 또는 고고(考古) 자료로 인정되는 것으로 제작되거나 작성된 지 50년 이상 지난 것을 말한다.
(2012.2.17 본호개정)
6. "부동산"이란 사찰에 속하는 대지·전답·임야 및 건조물을 말한다.

제3조【전통사찰의 존엄 및 수행 환경 보호】 누구든지 전통사찰의 존엄 및 수행 환경을 존중하고 이를 훼손하거나 방해하지 말아야 하며, 각종 공사나 개발사업을 시행하는 자는 전통사찰의 역사적·문화적 가치 등을 훼손하지 아니하도록 노력하여야 한다.

제3조의2【국가 등의 책무】 국가와 지방자치단체는 전통사찰의 보존·관리 및 활용을 위하여 적극 노력하여야 한다.(2012.2.17 본조신설)

제4조【전통사찰의 지정 및 등록】 ① 사찰의 주지는 운영·관리 중인 사찰을 전통사찰로 지정받으려면 사찰이 속한 단체 대표자의 추천서를 첨부(사찰이 속한 단체가 없는 경우에는 제외한다)하여 대통령령으로 정하는 바에 따라 특별시장·광역시장·특별자치시장·도지사·특별자치도지사(이하 "시·도지사"라 한다)를 거쳐 문화체육관광부장관에게 전통사찰의 지정을 신청할 수 있다.
(2022.1.18 본항개정)
② 문화체육관광부장관은 제1항의 신청에 의하거나 직권으로 다음 각 호의 어느 하나에 해당하는 사찰을 대통령령으로 정하는 바에 따라 전통사찰로 지정할 수 있다.
(2012.2.17 본문개정)
1. 역사적으로 볼 때 시대적 특색을 뚜렷하게 지니고 있다고 인정되는 사찰
2. 한국 고유의 불교·문화·예술 및 건축사(建築史)의 흐름을 이해하는 데에 특히 필요하다고 인정되는 사찰
3. 한국 문화의 생성과 변화를 고찰할 때 전형적인 모형이 되는 사찰
4. 그 밖에 문화적 가치로 보아 전통사찰로 등록하는 것이 타당하다고 인정되는 사찰
(2012.2.17 1호~4호신설)
③ 문화체육관광부장관은 제2항에 따라 전통사찰을 지정하면 이를 고시하고 그 사찰의 주지와 사찰이 속한 단체 대표자에게도 알려야 한다.(2012.2.17 본항개정)
④ 제3항에 따라 통지를 받은 사찰의 주지는 시·도지사에게 전통사찰의 등록을 하여야 한다. 등록 사항을 변경하는 경우에도 같다.(2012.2.17 본항개정)
⑤ 제2항부터 제4항까지의 규정에 따른 전통사찰의 지정과 등록 및 변경 등에 필요한 사항은 대통령령으로 정한다.

제5조【지정해제와 등록말소】 ① 시·도지사 또는 전통사찰의 주지는 제4조에 따라 지정·등록된 전통사찰이 화재로 소실되거나 그 밖의 사유로 그 역사적 의의나 문화적 가치를 상실하였다고 인정되면 문화체육관광부장관에게 전통사찰의 지정을 해제하여 줄 것을 신청할 수 있다. 이 경우 전통사찰의 주지는 시·도지사를 거쳐 신청하여야 한다.(2012.2.17 전단개정)
② 문화체육관광부장관은 직권이나 제1항의 신청에 따라 전통사찰이 전통사찰로서 보존할 필요성이 없다고 인정되면 대통령령으로 정하는 바에 따라 전통사찰의 지정을 해제할 수 있다.(2008.2.29 본항개정)
③ 문화체육관광부장관은 제2항에 따라 전통사찰의 지정을 해제하면 그 사실을 고시하고, 관할 시·도지사, 해당 전통사찰의 주지 및 사찰이 속한 단체 대표자에게 통보하여야 한다.(2012.2.17 본항개정)
④ 시·도지사는 제3항에 따라 지정해제 사실을 통보받으면 해당 전통사찰의 등록을 말소(抹消)하여야 한다.
⑤ 제1항에서 제4항까지의 규정에 따른 전통사찰의 지정해제 및 등록말소에 필요한 사항은 대통령령으로 정한다.

제6조【전통사찰보존구역의 지정 및 행위 제한】 ① 제4조에 따라 지정·등록된 전통사찰의 주지가 전통사찰보존구역의 지정을 시·도지사에게 요청하면 시·도지사는 전통사찰보존지 중 전통사찰 및 수행 환경의 보호와 경관 보존에 필요한 지역을 전통사찰보존구역으로 지정하고 그 사실을 고시하여야 한다.(2023.8.8 본항개정)
② 시·도지사는 전통사찰보존구역이 천재·지변, 그 밖의 사유로 인하여 전통사찰보존구역으로서의 가치를 상실하거나 보존할 필요가 없게 된 경우에는 그 구역을 변경·해제할 수 있다.(2012.2.17 본항신설)
③ 누구든지 제1항에 따라 지정된 전통사찰보존구역에서는 다음 각 호의 행위를 하여서는 아니 된다. 다만, 전통사찰의 보존·유지 및 발전과 수행 환경을 해치지 아니하는 범위에서 대통령령으로 정하는 행위는 그러하지 아니하다.
1. 불교의 포교·수행, 전통사찰의 유지·발전 및 공익을 목적으로 하지 아니한 건조물의 설치 및 변경행위
(2012.2.17 본호개정)
2. 영업 행위
④ 전통사찰보존구역의 지정·변경·해제 및 행위제한 등에 필요한 사항은 대통령령으로 정한다.(2012.2.17 본항개정)

제7조【전통사찰보존위원회】 ① 전통사찰 보존에 대한 다음 각 호의 사항을 심의하기 위하여 시·도지사 소속으로 전통사찰보존위원회를 둔다.
1. 제5조제1항에 따른 전통사찰 지정의 해제 신청
2. 제6조에 따른 전통사찰보존구역의 지정과 변경 및 해제
3. 제10조에 따른 전통사찰 역사문화보존구역의 지정과 변경·해제 및 사업계획의 조정·보완의 권고
(2012.2.17 2호~3호개정)
4. 그 밖에 전통사찰의 보존에 관한 사항으로서 위원장이 회의에 부치는 사항
② 전통사찰보존위원회는 위원장 1명을 포함한 9명 이내의 위원으로 구성한다. 위원장은 위원 중에서 호선하며, 위원은 역사·전통문화·전통사찰·문화유산 등에 관한 학식과 경험이 풍부한 전문가 중에서 시·도지사가 위촉한다.(2023.8.8 후단개정)
③ 전통사찰보존위원회 구성과 운영에 필요한 사항은 대통령령으로 정한다.

제7조의2 (2012.2.17 삭제)

제8조【주지의 관리의무】 전통사찰의 주지(住持)는 선량한 관리자로서 주의를 다하여 사찰을 보존·관리하여야 한다.

제9조【동산·부동산의 양도 등 허가】 ① 전통사찰의 주지는 동산이나 부동산(해당 전통사찰의 전통사찰보존지에 있는 그 사찰 소유 또는 사찰이 속한 단체 소유의 부동산을 말한다. 이하 이 조에서 같다)을 양도하려면 사찰이 속한 단체 대표자의 승인서를 첨부(사찰이 속한 단체가 없는 경우에는 제외한다)하여 문화체육관광부장관의 허가를 받아야 한다.
② 전통사찰의 주지는 동산 또는 부동산을 대여하거나 담보로 제공하려면 사찰이 속한 단체 대표자의 승인서를 첨부(사찰이 속한 단체가 없는 경우에는 제외한다)하여 시·도지사의 허가를 받아야 한다. 허가받은 사항을 변경하려는 경우에도 같다.
③ 제1항 및 제2항에 따른 허가를 받지 아니하고 부동산을 양도 또는 대여하거나 담보로 제공한 경우에는 이를 무효로 한다.
(2012.2.17 본조개정)

제9조의2【전통사찰보존지에서의 행위 허가】 ① 전통사찰의 주지는 다음 각 호의 어느 하나에 해당하는 행위를 하려면 시·도지사의 허가를 받아야 한다. 허가 받은 사항을 변경하려는 경우에도 같다.
1. 전통사찰보존지에서 건조물을 신축·증축·개축·재축·이축 또는 철거하는 행위
2. 「개발제한구역의 지정 및 관리에 관한 특별조치법」 제3조에 따른 개발제한구역에 위치한 전통사찰이 전통문화의 계승과 창달을 목적으로 불가피하게 증축이 필요하다고 문화체육관광부장관이 인정한 경우 같은 법 제13조에 따른 행위
② 전통사찰의 주지가 제1항에 따른 시·도지사의 허가를 받은 경우에는 다음 각 호의 허가 등을 받은 것으로 본다.
1. 「자연공원법」에 따른 자연공원에서 같은 법 제23조제1항제1호부터 제4호까지의 행위에 대한 허가
2. 「도시공원 및 녹지 등에 관한 법률」 제24조제1항, 제27조제1항 및 제38조제1항의 행위에 대한 허가
3. 「국토의 계획 및 이용에 관한 법률」 제56조제1항 각 호의 행위에 대한 허가
4. 「산지관리법」 제14조 및 제15조에 따른 산지전용허가 및 산지전용신고, 같은 법 제15조의2에 따른 산지일시사용허가·신고와 「산림자원의 조성 및 관리에 관한 법률」 제36조제1항·제5항에 따른 입목벌채등의 허가 및 신고
(2022.12.27 본호개정)
5. 「건축법」 제11조제1항 또는 제14조제1항에 따른 허가 또는 신고
6. 「개발제한구역의 지정 및 관리에 관한 특별조치법」 제13조에 따른 행위에 대한 허가
③ 시·도지사는 제1항에 따라 허가하는 경우 제2항 각 호의 어느 하나에 해당하는 사항이 포함되어 있는 경우에는 관계 행정기관의 장과 미리 협의하여야 하며, 관계 행정기관의 장은 협의 요청을 받은 날부터 15일 이내에 의견을 제출하여야 한다.
(2012.2.17 본조신설)

제9조의3【허가 기준 및 허가 취소】 ① 문화체육관광부장관 또는 시·도지사는 제9조 및 제9조의2에 따른 허가 신청 대상 행위가 전통사찰 보호에 지장을 주지 아니하고 수행 환경을 훼손하지 아니하는 경우로서 다음 각 호의 어느 하나에 적합한 경우에만 허가를 하여야 한다.
1. 전통사찰의 이용 가치를 높이는 행위일 것
2. 주민을 위한 편의 제공 등 공공용 목적일 것
3. 전통문화의 보급과 활용에 이바지할 것
4. 「공익사업을 위한 토지 등의 취득 및 보상에 관한 법률」 제4조에 따른 공익사업일 것
② 문화체육관광부장관 또는 시·도지사는 제9조 및 제9조의2에 따라 허가를 받은 자가 다음 각 호의 어느 하나에 해당하는 경우에는 허가를 취소할 수 있다.
1. 거짓이나 그 밖의 부정한 방법으로 허가를 받은 경우
2. 허가내용과 다른 행위를 하거나 허가조건을 위반한 경우
3. 허가사항의 이행이 불가능하거나 현저히 공익을 해할 우려가 있다고 인정되는 경우
(2012.2.17 본조신설)

제10조【전통사찰 역사문화보존구역의 지정 등】 ① 시·도지사는 직권에 의하거나 전통사찰 주지가 요청한 경우 전통사찰을 보존하기 위하여 필요하다고 인정되면 전통사찰보존지 주변 지역을 전통사찰 역사문화보존구역으로 지정할 수 있다.(2012.2.17 본항개정)
② 시·도지사는 제1항에 따라 전통사찰 역사문화보존구역을 지정하려면 미리 전통사찰보존위원회의 심의와 관계 행정기관의 장과의 협의를 거쳐야 하며, 전통사찰 역사문화보존구역으로 지정한 경우에는 지체 없이 이를 고시하여야 한다.
③ 전통사찰 역사문화보존구역에서 도로나 철도의 건설 등 대통령령으로 정하는 사업을 하려는 자는 그 사업의 실시계획 등에 관하여 관계 법령에 따른 인·허가 등을 받기 전에 시·도지사에게 사업계획서를 제출하여야 하며, 시·도지사는 전통사찰 보존을 위하여 필요하다고 인정하면 사업계획에 대한 전통사찰보존위원회의 심의를 거쳐 사업계획의 조정이나 보완을 권고할 수 있다.
(2012.2.17 본항개정)
④ 「건축법」 제11조제1항의 허가권자는 전통사찰 역사문화보존구역에서의 건축을 허가하는 경우 그 건축물의 용도·규모 및 형태가 전통사찰 및 수행 환경의 보호와 경관 보존을 위하여 적합하지 아니하다고 인정되면 전통사찰보존위원회의 심의를 거쳐 건축허가를 하지 아니할 수 있다.(2023.8.8 본항개정)
⑤ 시·도지사는 전통사찰 역사문화보존구역이 천재·지변, 그 밖의 사유로 인하여 전통사찰 역사문화보존구역으로서의 가치를 상실하거나 보존할 필요가 없게 된 경우에는 그 구역을 변경·해제할 수 있다.(2012.2.17 본항신설)
⑥ 전통사찰 역사문화보존구역의 지정 범위, 지정 절차, 그 밖에 지정·변경 및 해제에 필요한 사항은 대통령령으로 정한다.(2012.2.17 본항개정)
(2012.2.17 본조제목개정)

제10조의2【전통사찰의 보호 및 지원】 ① 문화체육관광부장관 또는 시·도지사는 전통사찰과 전통사찰의 문

화유산 또는 자연유산을 효과적으로 보존·활용하기 위한 조사·연구 및 문화행사 등을 지원할 수 있다.
(2023.3.21 본항개정)
② 제1항에 따른 전통사찰과 전통사찰의 문화유산 또는 자연유산의 범위에는 「문화유산의 보존 및 활용에 관한 법률」 제2조제3항에 따른 지정문화유산, 같은 법 제2조제4항에 따른 등록문화유산, 「자연유산의 보존 및 활용에 관한 법률」 제2조제5호에 따른 천연기념물등, 그 밖에 보호·보존할 가치가 있는 전통사찰보존지 안의 비지정문화유산을 포함한다.(2023.8.8 본항개정)
③ 제1항의 지원을 위하여 필요한 사항은 대통령령으로 정한다.
(2009.3.5 본조신설)
제11조～제12조 (2012.2.17 삭제)
제13조【전통사찰보존지의 보호】 ① 전통사찰보존지에 대하여 다른 법률에 따른 수용·사용 또는 제한의 처분을 하려는 자는 미리 문화체육관광부장관의 동의를 받아야 한다.
② 문화체육관광부장관은 제1항에 따른 동의를 하려면 전통사찰이 속한 단체의 대표자(속한 단체가 없는 경우에는 전통사찰의 주지)와 협의하여야 한다.
(2012.2.17 본조개정)
제14조【전법용 건물 등의 압류 금지】 전통사찰의 소유로서 전법(傳法)에 제공되는 전통사찰보존지의 건조물과 토지는 저당권이나 그 밖의 물권의 실행을 위한 경우 또는 파산한 경우 외에는 제4조에 따른 등록 후에 발생한 사법(私法)상의 금전 채권으로 이를 압류할 수 없다.
(2012.2.17 본조개정)
제15조【주지의 재산 취득 금지】 전통사찰의 주지는 해당 사찰의 재산을 처분하는 경우에 그 재산을 취득할 수 없다.
제15조의2【통지 사항】 전통사찰의 주지는 해당 전통사찰에 다음 각 호의 어느 하나에 해당하는 사유가 발생하면 대통령령으로 정하는 바에 따라 그 사실과 경위를 시·도지사에게 알려야 한다.
1. 전통사찰의 주지 및 사찰이 속한 단체가 변경된 경우
2. 전통사찰에 화재 및 재난, 도난 등이 발생한 경우
(2012.2.17 본조신설)
제16조 (2012.2.17 삭제)
제17조【청문】 문화체육관광부장관 또는 시·도지사는 제5조제2항(주지의 신청에 따라 지정이 해제된 경우는 제외한다)에 따라 지정을 해제하거나 제9조의3제2항에 따라 허가를 취소하려면 청문을 하여야 한다.
(2012.2.17 본조개정)
제18조【권한의 위임】 문화체육관광부장관은 그 권한의 일부를 대통령령으로 정하는 바에 따라 시·도지사에게 위임할 수 있다.(2008.2.29 본조개정)
제19조【보조금】 국가 또는 지방자치단체는 전통사찰의 보존·관리·활용에 필요한 경비를 보조할 수 있다.
(2012.2.17 본조개정)
제19조의2【화재 및 재난 방지 등】 ① 전통사찰의 주지는 전통사찰의 화재 및 재난, 도난 등의 방지를 위하여 방재시설을 설치하도록 노력하여야 한다.
② 국가 및 지방자치단체는 전통사찰의 주지가 제1항에 따른 방재시설을 설치 또는 유지·관리할 경우 예산의 범위에서 그 소요비용의 전부나 일부를 지원할 수 있다.
(2012.2.17 본조신설)
제20조【문화유산 등의 현상변경허가】 「문화유산의 보존 및 활용에 관한 법률」 제35조제1항제1호 또는 제2호(「문화유산의 보존 및 활용에 관한 법률」 제74조제2항에 따라 준용되는 경우를 포함한다)에 따른 현상변경 등의 허가, 같은 법 제56조제2항에 따른 현상변경 허가(「문화유산의 보존 및 활용에 관한 법률」 제74조제3항에 따라 준용되는 경우를 포함한다) 및 「자연유산의 보존 및 활용에 관한 법률」 제17조제1항제1호·제2호·제4호·제5호에 따른 허가(같은 법 제42조제1항에 따라 준용하는 경우를 포함한다)를 받은 경우에는 제9조의2제1항제1호에 따른 허가를 받은 것으로 본다.(2023.8.8 본조개정)
제21조【벌칙】 다음 각 호의 어느 하나에 해당하는 자는 500만원 이하의 벌금에 처한다.
1. 제6조제3항을 위반한 자(2012.2.17 본호개정)
2. 제9조 및 제9조의2제1항에 따른 허가를 받지 아니하고 그에 해당하는 행위를 한 자(2012.2.17 본호개정)
3. 제15조를 위반한 자

부 칙

① **【시행일】** 이 법은 공포한 날부터 시행한다.
② **【처분 등에 관한 일반적 경과조치】** 이 법 시행 당시 종전의 규정에 따른 행정기관의 행위나 행정기관에 대한 행위는 그에 해당하는 이 법에 따른 행정기관의 행위나 행정기관에 대한 행위로 본다.
③ **【벌칙에 관한 경과조치】** 이 법 시행 전의 행위에 대하여 벌칙 규정을 적용할 때에는 종전의 규정에 따른다.
④ **【다른 법령과의 관계】** 이 법 시행 당시 다른 법령에서 종전의 「전통사찰보존법」 또는 그 규정을 인용한 경우에 이 법 가운데 그에 해당하는 규정이 있으면 종전의 규정을 갈음하여 이 법 또는 이 법의 해당 규정을 인용한 것으로 본다.

부 칙 (2022.1.18)

이 법은 공포한 날부터 시행한다.

부 칙 (2022.12.27)

제1조【시행일】 이 법은 공포 후 6개월이 경과한 날부터 시행한다.(이하 생략)

부 칙 (2023.3.21)

제1조【시행일】 이 법은 공포 후 1년이 경과한 날부터 시행한다.(이하 생략)

부 칙 (2023.8.8 법19590호)

제1조【시행일】 이 법은 2024년 5월 17일부터 시행한다.(이하 생략)

부 칙 (2023.8.8 법19592호)

이 법은 공포한 날부터 시행한다.

관광기본법

(1975년 12월 31일 법 률 제2877호)

개정
2000. 1.12법 6129호 2007.12.21법 8741호
2017.11.28법15056호 2018.12.24법16049호
2020.12.22법17703호
2024. 1.23법20075호→2024년 7월 24일 시행

제1조【목적】 이 법은 관광진흥의 방향과 시책에 관한 사항을 규정함으로써 국제친선을 증진하고 국민경제와 국민복지를 향상시키며 건전하고 지속가능한 국민관광의 발전을 도모하는 것을 목적으로 한다.(2024.1.23 본조개정)
제2조【정부의 시책】 정부는 이 법의 목적을 달성하기 위하여 관광진흥에 관한 기본적이고 종합적인 시책을 강구하여야 한다.(2007.12.21 본조개정)
제2조의2【다른 법률과의 관계】 관광에 관한 다른 법률을 제정하거나 개정할 때에는 이 법의 목적에 맞도록 하여야 한다.(2024.1.23 본조신설)
제3조【관광진흥계획의 수립】 ① 정부는 관광진흥의 기반을 조성하고 관광산업의 경쟁력을 강화하기 위하여 관광진흥에 관한 기본계획(이하 "기본계획"이라 한다)을 5년마다 수립·시행하여야 한다.
② 기본계획에는 다음 각 호의 사항이 포함되어야 한다.
1. 관광진흥을 위한 정책의 기본방향
1의2. 관광의 지속가능한 발전에 관한 사항(2024.1.23 본호신설)
2. 국내외 관광여건과 관광 동향에 관한 사항
3. 관광진흥을 위한 기반 조성에 관한 사항
4. 관광진흥을 위한 관광사업의 부문별 정책에 관한 사항
5. 관광진흥을 위한 재원 확보 및 배분에 관한 사항
6. 관광진흥을 위한 제도 개선에 관한 사항
6의2. 관광산업 인력 양성과 근로실태조사 등 관광 종사자의 근무환경 개선을 위한 기반 조성에 관한 사항
(2024.1.23 본호신설)
7. 관광진흥과 관련된 중앙행정기관의 역할 분담에 관한 사항
8. 관광시설의 감염병 등에 대한 안전·위생·방역 관리에 관한 사항(2020.12.22 본호신설)
9. 그 밖에 관광진흥을 위하여 필요한 사항
③ 기본계획은 제16조제1항에 따른 국가관광전략회의의 심의를 거쳐 확정한다.
④ 정부는 기본계획에 따라 매년 시행계획을 수립·시행하고 그 추진실적을 평가하여 기본계획에 반영하여야 한다.
(2017.11.28 본조개정)
제4조【연차보고】 정부는 매년 관광진흥에 관한 시책과 동향에 대한 보고서를 정기국회가 시작하기 전까지 국회에 제출하여야 한다.(2007.12.21 본조개정)
제5조【법제상의 조치】 국가는 제2조에 따른 시책을 실시하기 위하여 법제상·재정상의 조치와 그 밖에 필요한 행정상의 조치를 강구하여야 한다.(2007.12.21 본조개정)
제6조【지방자치단체의 협조】 지방자치단체는 관광에 관한 국가시책에 필요한 시책을 강구하여야 한다.
(2007.12.21 본조개정)
제7조【외국 관광객의 유치】 정부는 외국 관광객의 유치를 촉진하기 위하여 해외 홍보를 강화하고 출입국 절차를 개선하며 그 밖에 필요한 시책을 강구하여야 한다.
(2007.12.21 본조개정)
제8조【관광 여건의 조성】 정부는 관광 여건 조성을 위하여 관광객이 이용할 숙박·교통·휴식시설 등의 개선 및 확충, 휴일·휴가에 대한 제도 개선 등에 필요한 시책을 마련하여야 한다.(2018.12.24 본조개정)
제9조【지속가능한 관광 시책의 추진】 정부는 관광자원의 보호와 환경친화적 개발·이용, 고용 창출 및 지역경제 발전 등 현재와 미래의 경제적·사회적·환경적 영향을 충분히 고려하는 지속가능한 관광에 필요한 시책을 추진하여야 한다.(2024.1.23 본조개정)
제10조【관광사업의 지도·육성】 정부는 관광사업을 육성하기 위하여 관광사업을 지도·감독하고 그 밖에 필요한 시책을 강구하여야 한다.(2007.12.21 본조개정)
제11조【관광 종사자의 자질 향상】 정부는 관광에 종사하는 자의 자질을 향상시키기 위하여 교육훈련과 그 밖에 필요한 시책을 강구하여야 한다.(2007.12.21 본조개정)
제12조【관광지의 지정 및 개발】 정부는 관광에 적합한 지역을 관광지로 지정하여 필요한 개발을 하여야 한다.
(2007.12.21 본조개정)
제13조【국민관광의 발전】 정부는 관광에 대한 국민의 이해를 촉구하여 건전한 국민관광을 발전시키는 데에 필요한 시책을 강구하여야 한다.(2007.12.21 본조개정)
제14조【관광진흥개발기금】 정부는 관광진흥을 위하여 관광진흥개발기금을 설치하여야 한다.(2007.12.21 본조개정)
제15조 (2000.1.12 삭제)
제16조【국가관광전략회의】 ① 관광진흥의 방향 및 주요 시책에 대한 수립·조정, 관광진흥계획의 수립 등에 관한 사항을 심의·조정하기 위하여 국무총리 소속으로 국가관광전략회의를 둔다.
② 국가관광전략회의의 구성 및 운영 등에 필요한 사항은 대통령령으로 정한다.
(2017.11.28 본조신설)

부 칙 (2018.12.24)

이 법은 공포한 날부터 시행한다.

부 칙 (2020.12.22)

이 법은 공포 후 6개월이 경과한 날부터 시행한다.

부 칙 (2024.1.23)

제1조【시행일】 이 법은 공포 후 6개월이 경과한 날부터 시행한다.
제2조【기본계획에 관한 적용례】 제3조제2항의 개정규정은 이 법 시행 이후 기본계획을 수립·시행하는 경우부터 적용한다.

관광진흥법

(2007년 4월 11일
전부개정법률 제8343호)

개정
2007. 7.19법 8531호
2010. 3.17법10112호
2010. 3.31법10219호(지방세기본법)
2010. 4.15법10272호(공유수면관리및매립에관한법)
2010. 5.31법10331호(산지관리법)
2011. 4. 5법10556호
2011. 4.14법10599호(국토이용)
2011. 6.15법10801호(해사안전법)
2013. 3.23법11690호(정부조직)
2013. 8. 6법11998호(지방세외수입금의징수등에관한법)
2014. 1.14법12248호(도로법)
2014. 3.11법12406호
2015. 2. 3법13127호
2015.12.22법13594호
2016. 1. 6법13726호(옥외광고물등의관리와옥외광고산업진흥에관한법)
2016. 2. 3법13958호
2016.12.27법14476호(지방세징수법)
2017. 1.17법14525호(외국환거래법)
2017. 3.21법14623호
2018. 3.13법15436호
2018. 3.27법15530호(도로교통법)
2018. 6.12법15636호
2018.12.24법16051호
2020. 1.29법16902호(항만법)
2020. 3.24법17091호(지방행정제재·부과금의징수등에관한법)
2020. 6. 9법17399호
2020.12.22법17689호(국가자치경찰)
2020.12.22법17704호
2020.12.29법17761호(주류면허등에관한법)
2020.12.31법17814호(정부조직)
2021. 4.13법18009호
2021. 8.10법18377호
2022. 9.27법18982호
2022.12.27법19117호(산림자원조성관리)
2023. 3.21법19246호
2023. 5.16법19411호(행정법제혁신을위한일부개정법령등)
2023. 6.20법19478호
2023. 7.25법19573호(해상교통안전법)
2023. 8. 8법19586호
2023. 8. 8법19592호(법률용어정비)
2023.10.31법19793호

<중략>

2014. 5.28법12689호
2015. 5.18법13300호
2017.11.28법15058호
2018.12.11법15860호
2019.12. 3법16684호
2021. 6.15법18248호
2022. 5. 3법18856호
2024. 1.23법20076호

제1장 총 칙

제1조【목적】 이 법은 관광 여건을 조성하고 관광자원을 개발하며 관광사업을 육성하여 관광 진흥에 이바지하는 것을 목적으로 한다.

제2조【정의】 이 법에서 사용하는 용어의 뜻은 다음과 같다.

1. "관광사업"이란 관광객을 위하여 운송·숙박·음식·운동·오락·휴양 또는 용역을 제공하거나 그 밖에 관광에 딸린 시설을 갖추어 이를 이용하게 하는 업(業)을 말한다.
2. "관광사업자"란 관광사업을 경영하기 위하여 등록·허가 또는 지정(이하 "등록등"이라 한다)을 받거나 신고를 한 자를 말한다.
3. "기획여행"이란 여행업을 경영하는 자가 국외여행을 하려는 여행자를 위하여 여행의 목적지·일정, 여행자가 제공받을 운송 또는 숙박 등의 서비스 내용과 그 요금 등에 관한 사항을 미리 정하고 이에 참가하는 여행자를 모집하여 실시하는 여행을 말한다.
4. "회원"이란 관광사업의 시설을 일반 이용자보다 우선적으로 이용하거나 유리한 조건으로 이용하기로 해당 관광사업자(제15조제1항 및 제2항에 따른 사업계획의 승인을 받은 자를 포함한다)와 약정한 자를 말한다.
5. "소유자등"이란 단독 소유나 공유(共有)의 형식으로 관광사업의 일부 시설을 관광사업자(제15조제1항 및 제2항에 따른 사업계획의 승인을 받은 자를 포함한다)로부터 분양받은 자를 말한다.(2023.8.8 본호개정)
6. "관광지"란 자연적 또는 문화적 관광자원을 갖추고 관광객을 위한 기본적인 편의시설을 설치하는 지역으로서 이 법에 따라 지정된 곳을 말한다.
7. "관광단지"란 관광객의 다양한 관광 및 휴양을 위하여 각종 관광시설을 종합적으로 개발하는 관광 거점 지역으로서 이 법에 따라 지정된 곳을 말한다.
8. "민간개발자"란 관광단지를 개발하려는 개인이나 「상법」 또는 「민법」에 따라 설립된 법인을 말한다.
9. "조성계획"이란 관광지나 관광단지의 보호 및 이용을 증진하기 위하여 필요한 관광시설의 조성과 관리에 관한 계획을 말한다.
10. "지원시설"이란 관광지나 관광단지의 관리·운영 및 기능 활성화에 필요한 관광지 및 관광단지 안팎의 시설을 말한다.(2007.7.19 본호개정)
11. "관광특구"란 외국인 관광객의 유치 촉진 등을 위하여 관광 활동과 관련된 관계 법령의 적용이 배제되거나 완화되고, 관광 활동과 관련된 서비스·안내 체계 및 홍보 등 관광 여건을 집중적으로 조성할 필요가 있는 지역으로 이 법에 따라 지정된 곳을 말한다.

11의2. "여행이용권"이란 관광취약계층이 관광 활동을 영위할 수 있도록 금액이나 수량이 기재(전자적 또는 자기적 방법에 의한 기록을 포함한다. 이하 같다)된 증표를 말한다.(2014.5.28 본호신설)

12. "문화관광해설사"란 관광객의 이해와 감상, 체험 기회를 제고하기 위하여 역사·문화·예술·자연 등 관광자원 전반에 대한 전문적인 해설을 제공하는 사람을 말한다.(2023.8.8 본호개정)

판례 개인은 자신의 자유로운 선택과 결정에 따라 행위하고 그에 따른 결과를 다른 사람에게 귀속시키거나 전가하지 아니한 채 스스로 이를 감수하여야 한다는 '자기책임의 원칙'이 개인의 법률관계에 대하여 적용되고, 계약을 둘러싼 법률관계에서도 당사자는 자신의 자유로운 선택과 결정에 따라 계약을 체결한 결과 발생하게 되는 이익이나 손실을 스스로 감수하여야 할 뿐 일방 당사자가 상대방 당사자에게 손실이 발생하지 아니하도록 하는 등 상대방 당사자의 이익을 보호하거나 배려할 일반적인 의무는 부담하지 아니함이 원칙이다. 카지노업(관광진흥법 제3조제1항제5호)의 특수성을 고려하더라도, 폐광지역개발 지원에 관한 특별법(이하 '폐광지역지원법'이라 한다)에 따라 내국인의 출입이 가능한 카지노업을 허가받은 자(이하 '카지노사업자'라 한다)와 카지노이용자 사이의 카지노 이용을 둘러싼 법률관계에 대하여도 당연히 위와 같은 '자기책임의 원칙'이 적용된다. 다만 자기책임의 원칙도 절대적인 명제라고 할 수는 없는 것으로서, 개별 사안의 구체적 사정에 따라서는 신의성실이나 사회질서 등을 위하여 제한될 수도 있다. (대판 2014.8.21, 2010다92438 전원합의체)

판례 기획여행업자는 통상 여행 일반은 물론 목적지의 자연적·사회적 조건에 관하여 전문적 지식을 가진 자로서 우월적 지위에서 행선지나 여행시설 이용 등에 관한 계약 내용을 일방적으로 결정하는 반면, 여행자는 안전성을 신뢰하고 기획여행업자가 제시하는 조건에 따라 여행계약을 체결하는 것이 일반적이다. 이러한 점을 감안할 때, 기획여행업자는 여행자의 생명·신체·재산 등의 안전을 확보하기 위하여 여행목적지·여행일정·여행행정·여행서비스기관의 선택 등에 관하여 미리 충분히 조사·검토하여 여행계약 내용의 실시 도중에 여행자가 부딪칠지 모르는 위험을 미리 제거할 수단을 강구하거나, 여행자에게 그 뜻을 고지함으로써 여행자 스스로 위험을 수용할지에 관하여 선택할 기회를 주는 등 합리적 조치를 취할 신의칙상 안전배려의무를 부담하며, 기획여행업자가 사용한 여행약관에서 여행업자의 여행자에 대한 책임의 내용 및 범위 등에 관하여 규정하고 있다면 이는 위와 같은 안전배려의무를 구체적으로 명시한 것으로 보아야 한다.(대판 2011.5.26, 2011다1330)

제2장 관광사업

제1절 통 칙

제3조【관광사업의 종류】 ① 관광사업의 종류는 다음 각 호와 같다.

1. 여행업 : 여행자 또는 운송시설·숙박시설, 그 밖에 여행에 딸리는 시설의 경영자 등을 위하여 그 시설 이용 알선이나 계약 체결의 대리, 여행에 관한 안내, 그 밖의 여행 편의를 제공하는 업
2. 관광숙박업 : 다음 각 목에서 규정하는 업
   가. 호텔업 : 관광객의 숙박에 적합한 시설을 갖추어 이를 관광객에게 제공하거나 숙박에 딸리는 음식·운동·오락·휴양·공연 또는 연수에 적합한 시설 등을 함께 갖추어 이를 이용하게 하는 업
   나. 휴양 콘도미니엄업 : 관광객의 숙박과 취사에 적합한 시설을 갖추어 이를 그 시설의 회원이나 소유자등, 그 밖의 관광객에게 제공하거나 숙박에 딸리는 음식·운동·오락·휴양·공연 또는 연수에 적합한 시설 등을 함께 갖추어 이를 이용하게 하는 업
   (2023.8.8 본목개정)
3. 관광객 이용시설업 : 다음 각 목에서 규정하는 업
   가. 관광객을 위하여 음식·운동·오락·휴양·문화·예술 또는 레저 등에 적합한 시설을 갖추어 이를 관광객에게 이용하게 하는 업
   나. 대통령령으로 정하는 2종 이상의 시설과 관광숙박업의 시설(이하 "관광숙박시설"이라 한다) 등을 함께 갖추어 이를 회원이나 그 밖의 관광객에게 이용하게 하는 업(2007.7.19 본목개정)
   다. 야영장업 : 야영에 적합한 시설 및 설비 등을 갖추고 야영편의를 제공하는 시설(「청소년활동 진흥법」 제10조제1호마목에 따른 청소년야영장은 제외한다)을 관광객에게 이용하게 하는 업(2015.2.3 본목신설)
4. 국제회의업 : 대규모 관광 수요를 유발하여 관광산업 진흥에 기여하는 국제회의(세미나·토론회·전시회·기업회의 등을 포함한다. 이하 같다)를 개최할 수 있는 시설을 설치·운영하거나 국제회의의 기획·준비·진행 및 그 밖에 이와 관련된 업무를 위탁받아 대행하는 업(2022.9.27 본호개정)
5. 카지노업 : 전문 영업장을 갖추고 주사위·트럼프·슬롯머신 등 특정한 기구 등을 이용하여 우연의 결과에 따라 특정인에게 재산상의 이익을 주고 다른 참가자에게 손실을 주는 행위 등을 하는 업
6. 유원시설업(遊園施設業) : 유기시설(遊技施設)이나 유기기구(遊技機具)를 갖추어 이를 관광객에게 이용하게 하는 업(다른 영업을 경영하면서 관광객의 유치 또는 광고 등을 목적으로 유기시설이나 유기기구를 설치하여 이를 이용하게 하는 경우를 포함한다)
7. 관광 편의시설업 : 제1호부터 제6호까지의 규정에 따른 관광사업 외에 관광 진흥에 이바지할 수 있다고 인정되는 사업이나 시설 등을 운영하는 업

② 제1항제1호부터 제4호까지, 제6호 및 제7호에 따른 관광사업은 대통령령으로 정하는 바에 따라 세분할 수 있다.

제4조【등록】 ① 제3조제1항제1호부터 제4호까지의 규정에 따른 여행업, 관광숙박업, 관광객 이용시설업 및 국제회의업을 경영하려는 자는 특별자치시장·특별자치도지사·시장·군수·구청장(자치구의 구청장을 말한다. 이하 같다)에게 등록하여야 한다.(2018.6.12 본항개정)
② (2009.3.25 삭제)
③ 제1항에 따른 등록을 하려는 자는 대통령령으로 정하는 자본금(법인인 경우에는 납입자본금을 말하고, 개인인 경우에는 등록하려는 사업에 제공되는 자산의 평가액을 말한다)·시설 및 설비 등을 갖추어야 한다.(2023.8.8 본항개정)
④ 제1항에 따라 등록한 사항 중 대통령령으로 정하는 중요 사항을 변경하려면 변경등록을 하여야 한다.
⑤ 제1항 및 제4항에 따른 등록 또는 변경등록의 절차 등에 필요한 사항은 문화체육관광부령으로 정한다.
(2009.3.25 본조개정)

제5조【허가와 신고】 ① 제3조제1항제5호에 따른 카지노업을 경영하려는 자는 전용영업장 등 문화체육관광부령으로 정하는 시설과 기구를 갖추어 문화체육관광부장관의 허가를 받아야 한다.
② 제3조제1항제6호에 따른 유원시설업 중 대통령령으로 정하는 유원시설업을 경영하려는 자는 문화체육관광부령으로 정하는 시설과 설비를 갖추어 특별자치시장·특별자치도지사·시장·군수·구청장의 허가를 받아야 한다.(2018.6.12 본항개정)
③ 제1항과 제2항에 따라 허가받은 사항 중 문화체육관광부령으로 정하는 중요 사항을 변경하려면 변경허가를 받아야 한다. 다만, 경미한 사항을 변경하려면 변경신고를 하여야 한다.
④ 제2항에 따라 대통령령으로 정하는 유원시설업 외의 유원시설업을 경영하려는 자는 문화체육관광부령으로 정하는 시설과 설비를 갖추어 특별자치시장·특별자치도지사·시장·군수·구청장에게 신고하여야 한다. 신고한 사항 중 문화체육관광부령으로 정하는 중요 사항을 변경하려는 경우에도 또한 같다.(2018.6.12 전단개정)
⑤ 문화체육관광부장관 또는 특별자치시장·특별자치도지사·시장·군수·구청장은 제3항 단서에 따른 변경신고나 제4항에 따른 신고 또는 변경신고를 받은 경우 그 내용을 검토하여 이 법에 적합하면 신고를 수리하여야 한다.(2018.6.12 본항신설)
⑥ 제1항부터 제5항까지의 규정에 따른 허가 및 신고의 절차 등에 필요한 사항은 문화체육관광부령으로 정한다.(2018.6.12 본항개정)
(2008.2.29 본조개정)

제6조【지정】 ① 제3조제1항제7호에 따른 관광 편의시설업을 경영하려는 자는 문화체육관광부령으로 정하는 바에 따라 특별시장·광역시장·특별자치시장·도지사·특별자치도지사(이하 "시·도지사"라 한다) 또는 시장·군수·구청장의 지정을 받아야 한다.(2018.6.12 본항개정)
② 제1항에 따른 관광 편의시설업으로 지정을 받으려는 자는 관광객이 이용하기 적합한 시설이나 외국어 안내서비스 등 문화체육관광부령으로 정하는 기준을 갖추어야 한다.(2017.11.28 본항신설)

제7조【결격사유】 ① 다음 각 호의 어느 하나에 해당하는 자는 관광사업의 등록등을 받거나 신고를 할 수 없고, 제15조제1항 및 제2항에 따른 사업계획의 승인을 받을 수 없다. 법인의 경우 그 임원 중에 다음 각 호의 어느 하나에 해당하는 자가 있는 경우에도 또한 같다.

1. 피성년후견인·피한정후견인(2017.3.21 본호개정)
2. 파산선고를 받고 복권되지 아니한 자
3. 이 법에 따라 등록등 또는 사업계획의 승인이 취소되거나 제36조제1항에 따라 영업소가 폐쇄된 후 2년이 지나지 아니한 자
4. 이 법을 위반하여 징역 이상의 실형을 선고받고 그 집행이 끝나거나(집행이 끝난 것으로 보는 경우를 포함한다) 집행을 받지 아니하기로 확정된 후 2년이 지나지 아니한 자 또는 형의 집행유예 기간 중에 있는 자
   (2024.1.23 본호개정)

② 관광사업의 등록등을 받거나 신고를 한 자 또는 사업계획의 승인을 받은 자가 제1항 각 호의 어느 하나에 해당하면 문화체육관광부장관, 시·도지사 또는 시장·군수·구청장(이하 "등록기관등의 장"이라 한다)은 3개월 이내에 그 등록등 또는 사업계획의 승인을 취소하거나 영업소를 폐쇄하여야 한다. 다만, 법인의 임원 중 그 사유에 해당하는 자가 있는 경우 3개월 이내에 그 임원을 바꾸어 임명한 때에는 그러하지 아니하다.(2008.2.29 본문개정)

제8조【관광사업의 양수 등】 ① 관광사업을 양수(讓受)한 자 또는 관광사업을 경영하는 법인이 합병한 때에는 합병 후 존속하거나 설립되는 법인은 그 관광사업의 등록등 또는 신고에 따른 관광사업자의 권리·의무(제20조제1항에 따라 분양하거나 회원 모집을 한 경우에는 그 관광사업자와 소유자등 또는 회원 간에 약정한 사항을 포함한다)를 승계한다.(2023.8.8 본항개정)

② 다음 각 호의 어느 하나에 해당하는 절차에 따라 문화체육관광부령으로 정하는 주요한 관광사업 시설의 전부(제20조제1항에 따라 분양한 경우에는 분양한 부분을 제외한 나머지 시설을 말한다)를 인수한 자는 그 관광사업자의 지위(제20조제1항에 따라 분양이나 회원 모집을 한 경우에는 그 관광사업자와 소유자등 또는 회원 간에 약정한 권리 및 의무 사항을 포함한다)를 승계한다.
(2023.8.8 본문개정)

1. 「민사집행법」에 따른 경매
2. 「채무자 회생 및 파산에 관한 법률」에 따른 환가(換價)
3. 「국세징수법」, 「관세법」 또는 「지방세징수법」에 따른 압류 재산의 매각(2016.12.27 본호개정)
4. 그 밖에 제1호부터 제3호까지의 규정에 준하는 절차

③ 관광사업자가 제35조제1항 및 제2항에 따른 취소·정지처분 또는 개선명령을 받은 경우 그 처분 또는 명령의 효과는 제1항에 따라 관광사업자의 지위를 승계한 자에게 승계되며, 그 절차가 진행 중인 때에는 새로운 관광사업자에게 그 절차를 계속 진행할 수 있다. 다만, 그 승계한 관광사업자가 양수나 합병 당시 그 처분·명령이나 위반 사실을 알지 못하였음을 증명하면 그러하지 아니하다.

④ 제1항과 제2항에 따라 관광사업자의 지위를 승계한 자는 승계한 날부터 1개월 이내에 관할 등록기관등의 장에게 신고하여야 한다.

⑤ 관할 등록기관등의 장은 제4항에 따른 신고를 받은 경우 그 내용을 검토하여 이 법에 적합하면 신고를 수리하여야 한다.(2018.6.12 본항신설)

⑥ 제15조제1항 및 제2항에 따른 사업계획의 승인을 받은 자의 지위승계에 관하여는 제1항부터 제5항까지의 규정을 준용한다.(2018.6.12 본항개정)

⑦ 제1항과 제2항에 따른 관광사업자의 지위를 승계하는 자에 관하여는 제7조를 준용하되, 카지노사업자의 경우에는 제7조 및 제22조를 준용한다.(2008.3.28 본항개정)

⑧ 관광사업자가 그 사업의 전부 또는 일부를 휴업하거나 폐업한 때에는 관할 등록기관등의 장에게 알려야 한다. 다만, 카지노사업자가 카지노업을 휴업 또는 폐업하고자 하는 때에는 문화체육관광부령으로 정하는 바에 따라 미리 신고하여야 한다.(2018.12.11 단서신설)

⑨ 관할 등록기관등의 장은 관광사업자가 「부가가치세법」 제8조에 따라 관할 세무서장에게 폐업신고를 하거나 관할 세무서장이 사업자등록을 말소한 경우에는 등록등 또는 신고 사항을 직권으로 말소하거나 취소할 수 있다. 다만, 카지노업에 대하여는 그러하지 아니하다.(2020.12.22 본항신설)

⑩ 관할 등록기관등의 장은 제9항에 따른 직권말소 또는 직권취소를 위하여 필요한 경우 관할 세무서장에게 관광사업자의 폐업 여부에 대한 정보를 제공하도록 요청할 수 있다. 이 경우 요청을 받은 관할 세무서장은 「전자정부법」 제36조제1항에 따라 관광사업자의 폐업 여부에 대한 정보를 제공하여야 한다.(2020.12.22 본항신설)

제9조【보험 가입 등】 관광사업자는 해당 사업과 관련하여 사고가 발생하거나 관광객에게 손해가 발생하면 문화체육관광부령으로 정하는 바에 따라 피해자에게 보험금을 지급할 것을 내용으로 하는 보험 또는 공제에 가입하거나 영업보증금을 예치(이하 "보험 가입 등"이라 한다)하여야 한다.(2015.5.18 본조개정)

제10조【관광표지의 부착 등】 ① 관광사업자는 사업장에 문화체육관광부령으로 정하는 관광표지를 붙일 수 있다.(2008.2.29 본항개정)

② 관광사업자는 사실과 다르게 제1항에 따른 관광표지(이하 "관광표지"라 한다)를 붙이거나 관광표지에 기재되는 내용을 사실과 다르게 표시 또는 광고하는 행위를 하여서는 아니 된다.(2014.3.11 본항신설)

③ 관광사업자가 아닌 자는 제1항에 따른 관광표지를 사업장에 붙이지 못하며, 관광사업자로 잘못 알아볼 우려가 있는 경우에는 제3조에 따른 관광사업의 명칭 중 전부 또는 일부가 포함되는 상호를 사용할 수 없다.

④ 제3항에 따라 관광사업자가 아닌 자가 사용할 수 없는 상호에 포함되는 관광사업의 명칭 중 전부 또는 일부의 구체적인 범위에 관하여는 대통령령으로 정한다.
(2014.3.11 본항개정)
(2014.3.11 본조제목개정)

제11조【관광시설의 타인 경영 및 처분과 위탁 경영】
① 관광사업자는 관광사업의 시설 중 다음 각 호의 시설 및 기구 외의 부대시설을 타인에게 경영하도록 하거나, 그 용도로 계속하여 사용하는 것을 조건으로 타인에게 처분할 수 있다.(2011.4.5 본문개정)

1. 제4조제3항에 따른 관광숙박업의 등록에 필요한 객실
2. 제4조제3항에 따른 관광객 이용시설업의 등록에 필요한 시설 중 문화체육관광부령으로 정하는 시설
3. 제23조에 따른 카지노업의 허가를 받는 데 필요한 시설과 기구
4. 제33조제1항에 따라 안전성검사를 받아야 하는 유기시설 및 유기기구
(2011.4.5 1호~4호신설)

② 관광사업자는 관광사업의 효율적 경영을 위하여 제1항에도 불구하고 제4조제1항에 따른 관광숙박업의 객실을 타인에게 위탁하여 경영하게 할 수 있다. 이 경우 해당 시설의 경영은 관광사업자의 명의로 하여야 하고, 이용자 또는 제3자와의 거래행위에 따른 대외적 책임은 관광사업자가 부담하여야 한다.(2011.4.5 본항신설)
(2011.4.5 본조제목개정)

제2절 여행업

제11조의2【결격사유】 ① 관광사업의 영위와 관련하여 「형법」 제347조, 제347조의2, 제348조, 제355조 또는 제356조에 따라 금고 이상의 실형을 선고받고 그 집행이 끝나거나(집행이 끝난 것으로 보는 경우를 포함한다) 집행을 받지 아니하기로 확정된 후 2년이 지나지 아니한 자 또는 형의 집행유예 기간 중에 있는 자는 여행업의 등록을 할 수 없다.(2024.1.23 본항개정)

② 특별자치시장·특별자치도지사·시장·군수·구청장은 여행업자가 제1항에 해당하면 3개월 이내에 그 등록을 취소하여야 한다. 다만, 법인의 임원 중 그 사유에 해당하는 자가 있는 경우 3개월 이내에 그 임원을 바꾸어 임명한 때에는 그러하지 아니하다.
(2020.12.22 본조신설)

제12조【기획여행의 실시】 제4조제1항에 따라 여행업의 등록을 한 자(이하 "여행업자"라 한다)는 문화체육관광부령으로 정하는 요건을 갖추어 문화체육관광부령으로 정하는 바에 따라 기획여행을 실시할 수 있다.
(2008.2.29 본조개정)

판례 여행업자는 통상 여행 일반은 물론 목적지의 자연적·사회적 조건에 관하여 전문적 지식을 가진 자로서 우월적 지위에서 행선지나 여행시설의 이용 등에 관한 계약 내용을 일방적으로 결정하는 반면 여행자는 그 안전성을 신뢰하고 여행업자가 제시하는 조건에 따라 여행계약을 체결하게 되는 점을 감안할 때, 여행업자는 기획여행계약의 상대방인 여행자에 대하여 기획여행계약상의 부수의무로서, 여행자의 생명·신체·재산 등의 안전을 확보하기 위하여 여행목적지·여행일정·여행행정·여행서비스기관의 선택 등에 관하여 미리 충분히 조사·검토하여 전문업자로서의 합리적인 판단을 하고, 또한 그 계약 내용의 실시에 관하여 조우할지 모르는 위험을 미리 제거할 수단을 강구하거나 또는 여행자에게 그 뜻을 고지하여 여행자 스스로 그 위험을 수용할지 여부에 관하여 선택의 기회를 주는 등의 합리적 조치를 취할 신의칙상의 주의의무가 있고(대판 1998.11.24, 98다25061 판결 등 참조), 여행업자의 이러한 안전배려의무의 정도는 당해 기획여행계약의 내용에 따라 개별적으로 판단하여야 한다.
(대판 2007.5.10, 2007다3377)

제12조의2【의료관광 활성화】 ① 문화체육관광부장관은 외국인 의료관광(의료관광이란 국내 의료기관의 진료, 치료, 수술 등 의료서비스를 받는 환자와 그 동반자가 의료서비스와 병행하여 관광하는 것을 말한다. 이하 같다)의 활성화를 위하여 대통령령으로 정하는 기준을 충족하는 외국인 의료관광 유치·지원 관련 기관에 「관광진흥개발기금법」에 따른 관광진흥개발기금을 대여하거나 보조할 수 있다.

② 제1항에 규정된 사항 외에 외국인 의료관광 지원에 필요한 사항에 대하여 대통령령으로 정할 수 있다.
(2009.3.25 본조신설)

제13조【국외여행 인솔자】 ① 여행업자가 내국인의 국외여행을 실시할 경우 여행자의 안전 및 편의 제공을 위하여 그 여행을 인솔하는 사람을 둘 때에는 문화체육관광부령으로 정하는 자격요건에 맞는 사람을 두어야 한다.
(2023.8.8 본항개정)

② 제1항에 따른 국외여행 인솔자의 자격요건을 갖춘 사람이 내국인의 국외여행을 인솔하려면 문화체육관광부장관에게 등록하여야 한다.(2023.8.8 본항개정)

③ 문화체육관광부장관은 제2항에 따라 등록한 사람에게 국외여행 인솔자 자격증을 발급하여야 한다.(2023.8.8 본항개정)

④ 제3항에 따라 발급받은 자격증은 다른 사람에게 빌려주거나 빌려서는 아니 되며, 이를 알선해서도 아니 된다.
(2019.12.3 본항신설)

⑤ 제2항 및 제3항에 따른 등록의 절차 및 방법, 자격증의 발급 등에 필요한 사항은 문화체육관광부령으로 정한다.
(2011.4.5 본항신설)

제13조의2【자격취소】 문화체육관광부장관은 제13조제4항을 위반하여 다른 사람에게 국외여행 인솔자 자격증을 빌려준 사람에 대하여 그 자격을 취소하여야 한다.
(2019.12.3 본조신설)

제14조【여행계약 등】 ① 여행업자는 여행자와 계약을 체결할 때에는 여행자를 보호하기 위하여 문화체육관광부령으로 정하는 바에 따라 해당 여행지에 대한 안전정보를 서면으로 제공하여야 한다. 해당 여행지에 대한 안전정보가 변경된 경우에도 또한 같다.(2015.2.3 전단개정)

② 여행업자는 여행자와 여행계약을 체결하였을 때에는 그 서비스에 관한 내용을 적은 여행계약서(여행일정표 및 약관을 포함한다. 이하 같다) 및 보험 가입 등을 증명할 수 있는 서류를 여행자에게 내주어야 한다.
(2015.5.18 본항개정)

③ 여행업자는 여행일정(선택관광 일정을 포함한다)을 변경하려면 문화체육관광부령으로 정하는 바에 따라 여행자의 사전 동의를 받아야 한다.
(2009.3.25 본조개정)

제3절 관광숙박업 및 관광객 이용시설업 등

제15조【사업계획의 승인】 ① 관광숙박업을 경영하려는 자는 제4조제1항에 따른 등록을 하기 전에 그 사업에 대한 사업계획을 작성하여 특별자치시장·특별자치도지사·시장·군수·구청장의 승인을 받아야 한다. 승인을 받은 사업계획 중 부지, 대지 면적, 건축 연면적의 일정 규모 이상의 변경 등 대통령령으로 정하는 사항을 변경하려는 경우에도 또한 같다.(2018.6.12 전단개정)

② 대통령령으로 정하는 관광객 이용시설업이나 국제회의업을 경영하려는 자는 제4조제1항에 따른 등록을 하기 전에 그 사업에 대한 사업계획을 작성하여 특별자치시장·특별자치도지사·시장·군수·구청장의 승인을 받을 수 있다. 승인을 받은 사업계획 중 부지, 대지 면적, 건축 연면적의 일정 규모 이상의 변경 등 대통령령으로 정하는 사항을 변경하려는 경우에도 또한 같다.
(2018.6.12 전단개정)

③ 제1항과 제2항에 따른 사업계획의 승인 또는 변경승인의 기준·절차 등에 필요한 사항은 대통령령으로 정한다.

제16조【사업계획 승인 시의 인·허가 의제 등】 ① 제15조제1항 및 제2항에 따라 사업계획의 승인을 받은 때에는 다음 각 호의 허가, 해제 또는 신고에 관하여 특별자치시장·특별자치도지사·시장·군수·구청장이 소관 행정기관의 장과 미리 협의한 사항에 대해서는 해당 허가 또는 해제를 받거나 신고를 한 것으로 본다.(2023.5.16 본문개정)

1. 「농지법」 제34조제1항에 따른 농지전용의 허가
2. 「산지관리법」 제14조·제15조에 따른 산지전용허가 및 산지전용신고, 같은 법 제15조의2에 따른 산지일시사용허가·신고, 「산림자원의 조성 및 관리에 관한 법률」 제36조제1항·제5항 및 제45조제1항·제2항에 따른 입목벌채 등의 허가·신고(2022.12.27 본호개정)
3. 「사방사업법」 제20조에 따른 사방지(砂防地) 지정의 해제
4. 「초지법」 제23조에 따른 초지전용(草地轉用)의 허가
5. 「하천법」 제30조에 따른 하천공사 등의 허가 및 실시계획의 인가, 같은 법 제33조에 따른 점용허가(占用許可) 및 실시계획의 인가
6. 「공유수면 관리 및 매립에 관한 법률」 제8조에 따른 공유수면의 점용·사용허가 및 같은 법 제17조에 따른 점용·사용 실시계획의 승인 또는 신고(2010.4.15 본호개정)
7. 「사도법」 제4조에 따른 사도개설(私道開設)의 허가
8. 「국토의 계획 및 이용에 관한 법률」 제56조에 따른 개발행위의 허가
9. 「장사 등에 관한 법률」 제8조제3항에 따른 분묘의 개장신고(改葬申告) 및 같은 법 제27조에 따른 분묘의 개장허가(改葬許可)(2009.3.25 본호개정)

② 특별자치시장·특별자치도지사·시장·군수·구청장은 제1항 각 호의 어느 하나에 해당하는 사항이 포함되어 있는 사업계획을 승인하려면 미리 소관 행정기관의 장과 협의하여야 한다.(2023.5.16 본항개정)

③ 특별자치시장·특별자치도지사·시장·군수·구청장은 제15조제1항 및 제2항에 따른 사업계획의 변경승인을 하려는 경우 건축물의 용도변경이 포함되어 있으면 미리 소관 행정기관의 장과 협의하여야 한다.(2018.6.12 본항개정)

④ 관광사업자(관광숙박업만 해당한다)가 제15조제1항 후단에 따라 사업계획의 변경승인을 받은 경우에는 「건축법」에 따른 용도변경의 허가를 받거나 신고를 한 것으로 본다.

⑤ 제15조제1항에 따른 사업계획의 승인 또는 변경승인을 받은 경우 그 사업계획에 따른 관광숙박시설 및 그 시설 안의 위락시설로서 「국토의 계획 및 이용에 관한 법률」에 따라 지정된 다음 각 호의 용도지역의 시설에 대하여는 같은 법 제76조제1항을 적용하지 아니한다. 다만, 주거지역에서는 주거환경의 보호를 위하여 대통령령으로 정하는 사업계획승인기준에 맞는 경우에 한정한다.
(2023.8.8 단서개정)

1. 상업지역
2. 주거지역·공업지역 및 녹지지역 중 대통령령으로 정하는 지역

⑥ 제15조제1항에 따른 사업계획의 승인을 받은 경우 그 사업계획에 따른 관광숙박시설로서 대통령령으로 정하는 지역 내 위치하면서 「학교보건법」 제2조에 따른 학교 출입문 또는 학교설립예정지 출입문으로부터 직선거리로 75미터 이내에 위치한 관광숙박시설의 설치와 관련하여서는 「학교보건법」 제6조제1항 각 호 외의 부분 단서를 적용하지 아니한다.(2015.12.22 본항신설 : 2021.3.24까지 유효)

⑦ 제15조제1항에 따른 사업계획의 승인 또는 변경승인을 받은 경우 그 사업계획에 따른 관광숙박시설로서 다음 각 호에 적합한 시설에 대해서는 「학교보건법」 제6조제1항제13호를 적용하지 아니한다.

1. 관광숙박시설에서 「학교보건법」 제6조제1항제12호, 제14호부터 제16호까지 또는 제18호부터 제20호까지의 규정에 따른 행위 및 시설 중 어느 하나에 해당하는 행위 및 시설이 없을 것
2. 관광숙박시설의 객실이 100실 이상일 것
3. 대통령령으로 정하는 지역 내 위치할 것
4. 대통령령으로 정하는 바에 따라 관광숙박시설 내 공용공간을 개방형 구조로 할 것
5. 「학교보건법」 제2조에 따른 학교 출입문 또는 학교설립예정지 출입문으로부터 직선거리로 75미터 이상에 위치할 것

(2015.12.22 본항신설 : 2021.3.24까지 유효)

⑧ 제7항 각 호의 요건을 충족하여 「학교보건법」 제6조제1항제13호를 적용받지 아니하고 관광숙박시설을 설치하려는 자는 「건축법」 제4조에 따른 건축위원회의 교육환경 저해여부에 관한 심의를 받아야 한다.(2015.12.22 본항신설 : 2021.3.24까지 유효)

⑨ 특별자치시장·특별자치도지사·시장·군수·구청장은 제15조제1항에 따른 사업계획(제7항 각 호의 요건을 충족하여 「학교보건법」 제6조제1항제13호를 적용받지 아니하고 관광숙박시설을 설치하려는 자의 사업계획에 한정한다)의 승인 또는 변경승인을 하려는 경우에는 교육환경 보호 및 교통안전 보호조치를 취하도록 하는 조건을 붙일 수 있다.(2018.6.12 본항개정 : 2021.3.24까지 유효)

⑩ 제1항부터 제4항까지에서 규정한 사항 외에 이 조에 따른 의제의 기준 및 효과 등에 관하여는 「행정기본법」 제24조부터 제26조까지를 준용한다.(2023.5.16 본항신설)

제17조 【관광숙박업 등의 등록심의위원회】 ① 제4조제1항에 따른 관광숙박업 및 대통령령으로 정하는 관광객 이용시설업이나 국제회의업의 등록(등록 사항의 변경을 포함한다. 이하 이 조에서 같다)에 관한 사항을 심의하기 위하여 특별자치시장·특별자치도지사·시장·군수·구청장(권한이 위임된 경우에는 그 위임을 받은 기관을 말한다. 이하 이 조 및 제18조에서 같다) 소속으로 관광숙박업 및 관광객 이용시설업 등록심의위원회(이하 "위원회"라 한다)를 둔다.(2018.6.12 본항개정)

② 위원회는 위원장과 부위원장 각 1명을 포함한 위원 10명 이내로 구성하되, 위원장은 특별자치시·특별자치도·시·군·구(자치구만 해당한다. 이하 같다)의 부지사·부시장·부군수·부구청장이 되고, 부위원장은 위원 중에서 위원장이 지정하는 사람이 되며, 위원은 제18조제1항 각 호에 따른 신고 또는 인·허가 등의 소관 기관의 직원이 된다.(2023.8.8 본항개정)

③ 위원회는 다음 각 호의 사항을 심의한다.
1. 관광숙박업 및 대통령령으로 정하는 관광객 이용시설업이나 국제회의업의 등록기준 등에 관한 사항
2. 제18조제1항 각 호에서 정한 사업이 관계 법령상 신고 또는 인·허가 등의 요건에 해당하는지에 관한 사항
3. 제15조제1항에 따라 사업계획 승인 또는 변경승인을 받고 관광사업 등록(제16조제7항에 따라 「학교보건법」 제6조제1항제13호를 적용받지 아니하고 관광숙박시설을 설치하려는 경우에 한정한다)을 신청한 경우 제16조제7항 각 호의 요건을 충족하는지에 관한 사항

(2015.12.22 본호신설 : 2021.3.24까지 유효)

④ 특별자치시장·특별자치도지사·시장·군수·구청장은 제1항에 따른 관광숙박업, 관광객 이용시설업, 국제회의업의 등록을 하려면 미리 위원회의 심의를 거쳐야 한다. 다만, 대통령령으로 정하는 경미한 사항의 변경에 관하여는 위원회의 심의를 거치지 아니할 수 있다.
(2018.6.12 본문개정)

⑤ 위원회의 회의는 재적위원 3분의 2 이상의 출석과 출석위원 3분의 2 이상의 찬성으로 의결한다.(2018.12.11 본항신설)

⑥ 위원회의 구성·운영이나 그 밖에 위원회에 필요한 사항은 대통령령으로 정한다.

제18조 【등록 시의 신고·허가 의제 등】 ① 특별자치시장·특별자치도지사·시장·군수·구청장이 위원회의 심의를 거쳐 등록을 하면 그 관광사업자는 위원회의 심의를 거친 사항에 대해서는 다음 각 호의 신고를 하였거나 인·허가 등을 받은 것으로 본다.(2023.5.16 본문개정)
1. 「공중위생관리법」 제3조에 따른 숙박업·목욕장업·이용업·미용업 또는 세탁업의 신고
2. 「식품위생법」 제36조에 따른 식품접객업으로서 대통령령으로 정하는 영업의 허가 또는 신고(2009.2.6 본호개정)
3. 「주류 면허 등에 관한 법률」 제5조에 따른 주류판매업의 면허 또는 신고(2020.12.29 본호개정)
4. 「외국환거래법」 제8조제3항제1호에 따른 외국환업무의 등록(2017.1.17 본호개정)
5. 「담배사업법」 제16조에 따른 담배소매인의 지정
6. (2015.12.22 삭제)
7. 「체육시설의 설치·이용에 관한 법률」 제10조에 따른 신고 체육시설업으로서 같은 법 제20조에 따른 체육시설업의 신고
8. 「해상교통안전법」 제33조제3항에 따른 해상 레저 활동의 허가(2023.7.25 본호개정)
9. 「의료법」 제35조에 따른 부속의료기관의 개설신고 또는 개설허가

② 제1항에 따른 의제의 기준 및 효과 등에 관하여는 「행정기본법」 제24조부터 제26조까지(제24조제4항은 제외한다)를 준용한다.(2023.5.16 본항개정)

제18조의2 【관광숙박업자의 준수사항】 제4조제1항에 따라 등록한 관광숙박업자 중 제16조제7항에 따라 「학교보건법」 제6조제1항제13호를 적용받지 아니하고 관광숙박시설을 설치한 자는 다음 각 호의 사항을 준수하여야 한다.
1. 관광숙박시설에서 「학교보건법」 제6조제1항제12호, 제14호부터 제16호까지 또는 제18호부터 제20호까지의 규정에 따른 행위 및 시설 중 어느 하나에 해당하는 행위 및 시설이 없을 것
2. 관광숙박시설의 객실이 100실 이상일 것
3. 대통령령으로 정하는 지역 내 위치할 것
4. 대통령령으로 정하는 바에 따라 관광숙박시설 내 공용공간을 개방형 구조로 할 것
5. 「학교보건법」 제2조에 따른 학교 출입문 또는 학교설립예정지 출입문으로부터 직선거리로 75미터 이상에 위치할 것

(2015.12.22 본조신설)

제19조 【관광숙박업 등의 등급】 ① 문화체육관광부장관은 관광숙박시설 및 야영장 이용자의 편의를 돕고, 관광숙박시설·야영장 및 서비스의 수준을 효율적으로 유지·관리하기 위하여 관광숙박업자 및 야영장업자의 신청을 받아 관광숙박업 및 야영장업에 대한 등급을 정할 수 있다. 다만, 제4조제1항에 따라 호텔업 등록을 한 자 중 대통령령으로 정하는 자는 등급결정을 신청하여야 한다.(2015.2.3 본문개정)

② 문화체육관광부장관은 제1항에 따라 관광숙박업 및 야영장업에 대한 등급결정을 하는 경우 유효기간을 정하여 등급을 정할 수 있다.(2015.2.3 본항개정)

③ 문화체육관광부장관은 제1항에 따른 등급결정을 위하여 필요한 경우에는 관계 전문가에게 관광숙박업 및 야영장업의 시설 및 운영 실태에 관한 조사를 의뢰할 수 있다.(2015.2.3 본항개정)

④ 문화체육관광부장관은 제1항에 따른 등급결정 결과에 관한 사항을 공표할 수 있다.(2014.3.11 본항신설)

⑤ 문화체육관광부장관은 감염병 확산으로 「재난 및 안전관리 기본법」 제38조제2항에 따른 경계 이상의 위기경보가 발령된 경우 제1항에 따른 등급결정을 연기하거나 제2항에 따른 기존의 등급결정의 유효기간을 연장할 수 있다.(2021.4.13 본항신설)

⑥ 관광숙박업 및 야영장업 등급의 구분에 관한 사항은 대통령령으로 정하고, 등급결정의 유효기간·신청 시기·절차, 등급결정 결과 공표, 등급결정의 연기 및 유효기간 연장 등에 관한 사항은 문화체육관광부령으로 정한다.(2021.4.13 본항개정)

(2015.2.3 본조제목개정)

제19조의2 (2018.3.13 삭제)

제20조 【분양 및 회원 모집】 ① 관광숙박업이나 관광객 이용시설업으로서 대통령령으로 정하는 종류의 관광사업을 등록한 자 또는 그 사업계획의 승인을 받은 자가 아니면 그 관광사업의 시설에 대하여 분양(휴양 콘도미니엄만 해당한다. 이하 같다) 또는 회원 모집을 하여서는 아니 된다.

② 누구든지 다음 각 호의 어느 하나에 해당하는 행위를 하여서는 아니 된다.
1. 제1항에 따른 분양 또는 회원모집을 할 수 없는 자가 관광숙박업이나 관광객 이용시설업으로서 대통령령으로 정하는 종류의 관광사업 또는 이와 유사한 명칭을 사용하여 분양 또는 회원모집을 하는 행위
2. 관광숙박시설과 관광숙박시설이 아닌 시설을 혼합 또는 연계하여 이를 분양하거나 회원을 모집하는 행위. 다만, 대통령령으로 정하는 종류의 관광숙박업의 등록을 받은 자 또는 그 사업계획의 승인을 얻은 자가 「체육시설의 설치·이용에 관한 법률」 제12조에 따라 골프장의 사업계획을 승인받은 경우에는 관광숙박시설과 해당 골프장을 연계하여 분양하거나 회원을 모집할 수 있다.

(2007.7.19 1호~2호개정)
3. 소유자등 또는 회원으로부터 제1항에 따른 관광사업의 시설에 관한 이용권리를 양도받아 이를 이용할 수 있는 회원을 모집하는 행위(2023.8.8 본호개정)

③ 제1항에 따라 분양 또는 회원 모집을 하려는 자가 사용하는 약관에는 제5항 각 호의 사항이 포함되어야 한다.

④ 제1항에 따라 분양 또는 회원 모집을 하려는 자는 대통령령으로 정하는 분양 또는 회원 모집의 기준 및 절차에 따라 분양 또는 회원 모집을 하여야 한다.

⑤ 분양 또는 회원 모집을 한 자는 소유자등·회원의 권익을 보호하기 위하여 다음 각 호의 사항에 관하여 대통령령으로 정하는 사항을 지켜야 한다.(2023.8.8 본문개정)
1. 공유지분(共有持分) 또는 회원자격의 양도·양수
2. 시설의 이용
3. 시설의 유지·관리에 필요한 비용의 징수
4. 회원 입회금의 반환
5. 회원증의 발급과 확인
6. 소유자등·회원의 대표기구 구성(2023.8.8 본호개정)
7. 그 밖에 소유자등·회원의 권익 보호를 위하여 대통령령으로 정하는 사항(2023.8.8 본호개정)

제20조의2 【야영장업자의 준수사항】 제4조제1항에 따라 야영장업의 등록을 한 자는 문화체육관광부령으로 정하는 안전·위생기준을 지켜야 한다.(2015.2.3 본조신설)

제4절 카지노업

제21조 【허가 요건 등】 ① 문화체육관광부장관은 제5조제1항에 따른 카지노업(이하 "카지노업"이라 한다)의 허가신청을 받으면 다음 각 호의 어느 하나에 해당하는 경우에만 허가할 수 있다.(2008.2.29 본문개정)
1. 국제공항이나 국제여객선터미널이 있는 특별시·광역시·특별자치시·도·특별자치도(이하 "시·도"라 한다)에 있거나 관광특구에 있는 관광숙박업 중 호텔업시설(관광숙박업의 등급 중 최상 등급을 받은 시설만 해당하며, 시·도에 최상 등급의 시설이 없는 경우에는 그 다음 등급의 시설만 해당한다) 또는 대통령령으로 정하는 국제회의업 시설의 부대시설에서 카지노업을 하려는 경우로서 대통령령으로 정하는 요건에 맞는 경우(2018.6.12 본호개정)
2. 우리나라와 외국을 왕래하는 여객선에서 카지노업을 하려는 경우로서 대통령령으로 정하는 요건에 맞는 경우

② 문화체육관광부장관이 공공의 안녕, 질서유지 또는 카지노업의 건전한 발전을 위하여 필요하다고 인정하면 대통령령으로 정하는 바에 따라 제1항에 따른 허가를 제한할 수 있다.(2008.2.29 본항개정)

제21조의2 【허가의 공고 등】 ① 문화체육관광부장관은 카지노업의 신규허가를 하려면 미리 다음 각 호의 사항을 정하여 공고하여야 한다.
1. 허가 대상지역
2. 허가 가능업체 수
3. 허가절차 및 허가방법
4. 세부 허가기준
5. 카지노업의 건전한 운영과 관광산업의 진흥을 위하여 문화체육관광부장관이 정하는 사항

② 문화체육관광부장관은 제1항에 따른 공고를 실시한 결과 적합한 자가 없을 경우에는 카지노업의 신규허가를 하지 아니할 수 있다.

(2016.2.3 본조신설)

제22조 【결격사유】 ① 다음 각 호의 어느 하나에 해당하는 자는 카지노업의 허가를 받을 수 없다.
1. 19세 미만인 자
2. 「폭력행위 등 처벌에 관한 법률」 제4조에 따른 단체 또는 집단을 구성하거나 그 단체 또는 집단에 자금을 제공하여 금고 이상의 형을 선고받고 형이 확정된 자
3. 조세를 포탈(逋脫)하거나 「외국환거래법」을 위반하여 금고 이상의 형을 선고받고 형이 확정된 자
4. 금고 이상의 실형을 선고받고 그 집행이 끝나거나(집행이 끝난 것으로 보는 경우를 포함한다) 집행을 받지 아니하기로 확정된 후 2년이 지나지 아니한 자
(2024.1.23 본호개정)
5. 금고 이상의 형의 집행유예를 선고받고 그 유예기간 중에 있는 자
6. 금고 이상의 형의 선고유예를 받고 그 유예기간 중에 있는 자
7. 임원 중에 제1호부터 제6호까지의 규정 중 어느 하나에 해당하는 자가 있는 법인

② 문화체육관광부장관은 카지노업의 허가를 받은 자(이하 "카지노사업자"라 한다)가 제1항 각 호의 어느 하나에 해당하면 그 허가를 취소하여야 한다. 다만, 법인의 임원 중 그 사유에 해당하는 자가 있는 경우 3개월 이내에 그 임원을 바꾸어 임명한 때에는 그러하지 아니하다.
(2008.2.29 본문개정)

제23조 【카지노업의 시설기준 등】 ① 카지노업의 허가를 받으려는 자는 문화체육관광부령으로 정하는 시설 및 기구를 갖추어야 한다.(2008.2.29 본항개정)

② 카지노사업자에 대하여는 문화체육관광부령으로 정하는 바에 따라 제1항에 따른 시설 중 일정 시설에 대하여 문화체육관광부장관이 지정·고시하는 검사기관의 검사를 받게 할 수 있다.(2008.2.29 본항개정)

③ 카지노사업자는 제1항에 따른 시설 및 기구를 유지·관리하여야 한다.

제24조 【조건부 영업허가】 ① 문화체육관광부장관은 카지노업을 허가할 때 1년의 범위에서 대통령령으로 정하는 기간에 제23조제1항에 따른 시설 및 기구를 갖출 것을 조건으로 허가할 수 있다. 다만, 천재지변이나 그 밖의 부득이한 사유가 있다고 인정하는 경우에는 해당 사업자의 신청에 따라 한 차례만 6개월을 넘지 아니하는 범위에서 그 기간을 연장할 수 있다.(2023.8.8 단서개정)

② 문화체육관광부장관은 제1항에 따른 허가를 받은 자가 정당한 사유 없이 제1항에 따른 기간에 허가 조건을 이행하지 아니하면 그 허가를 즉시 취소하여야 한다.

③ 제1항에 따른 허가를 받은 자는 제1항에 따른 기간 내에 허가 조건에 해당하는 필요한 시설 및 기구를 갖춘 경우 그 내용을 문화체육관광부장관에게 신고하여야 한다.(2011.4.5 본항신설)

④ 문화체육관광부장관은 제3항에 따른 신고를 받은 경우 그 내용을 검토하여 이 법에 적합하면 신고를 수리하여야 한다.(2018.6.12 본항신설)

(2011.4.5 본조개정)

제25조【카지노기구의 규격 및 기준 등】 ① 문화체육관광부장관은 카지노업에 이용되는 기구(이하 "카지노기구"라 한다)의 형상·구조·재질 및 성능 등에 관한 규격 및 기준(이하 "공인기준등"이라 한다)을 정하여야 한다.
② 문화체육관광부장관은 문화체육관광부령으로 정하는 바에 따라 문화체육관광부장관이 지정하는 검사기관의 검정을 받은 카지노기구의 규격 및 기준을 공인기준등으로 인정할 수 있다.
③ 카지노사업자가 카지노기구를 영업장소(그 부대시설 등을 포함한다)에 반입·사용하는 경우에는 문화체육관광부령으로 정하는 바에 따라 그 카지노기구가 공인기준등에 맞는지에 관하여 문화체육관광부장관의 검사를 받아야 한다.
④ 제3항에 따른 검사에 합격된 카지노기구에는 문화체육관광부령으로 정하는 바에 따라 검사에 합격하였음을 증명하는 증명서(이하 "검사합격증명서"이라 한다)를 붙이거나 표시하여야 한다.
(2008.2.29 본조개정)

제26조【카지노업의 영업 종류와 영업 방법 등】 ① 카지노업의 영업 종류는 문화체육관광부령으로 정한다.
② 카지노사업자는 문화체육관광부령으로 정하는 바에 따라 제1항에 따른 카지노업의 영업 종류별 영업 방법 및 배당금 등에 관하여 문화체육관광부장관에게 미리 신고하여야 한다. 신고한 사항을 변경하려는 경우에도 또한 같다.
③ 문화체육관광부장관은 제2항에 따른 신고 또는 변경신고를 받은 경우 그 내용을 검토하여 이 법에 적합하면 신고를 수리하여야 한다.(2018.6.12 본항신설)
(2008.2.29 본조개정)

제27조【지도와 명령】 문화체육관광부장관은 지나친 사행심 유발을 방지하는 등 그 밖에 공익을 위하여 필요하다고 인정하면 카지노사업자에게 필요한 지도와 명령을 할 수 있다.(2008.2.29 본조개정)

제28조【카지노사업자 등의 준수 사항】 ① 카지노사업자(대통령령으로 정하는 종사원을 포함한다. 이하 이 조에서 같다)는 다음 각 호의 어느 하나에 해당하는 행위를 하여서는 아니 된다.
1. 법령에 위반되는 카지노기구를 설치하거나 사용하는 행위
2. 법령을 위반하여 카지노기구 또는 시설을 변조하거나 변조된 카지노기구 또는 시설을 사용하는 행위
3. 허가받은 전용영업장 외에서 영업을 하는 행위
4. 내국인(「해외이주법」 제2조에 따른 해외이주자는 제외한다)을 입장하게 하는 행위
5. 지나친 사행심을 유발하는 등 선량한 풍속을 해칠 우려가 있는 광고나 선전을 하는 행위
6. 제26조제1항에 따른 영업 종류에 해당하지 아니하는 영업을 하거나 영업 방법 및 배당금 등에 관한 신고를 하지 아니하고 영업하는 행위
7. 총매출액을 누락시켜 제30조제1항에 따른 관광진흥개발기금 납부금액을 감소시키는 행위
8. 19세 미만인 자를 입장시키는 행위
9. 정당한 사유 없이 그 연도 안에 60일 이상 휴업하는 행위
② 카지노사업자는 카지노업의 건전한 육성·발전을 위하여 필요하다고 인정하여 문화체육관광부령으로 정하는 영업준칙을 지켜야 한다. 이 경우 그 영업준칙에는 다음 각 호의 사항이 포함되어야 한다.(2008.2.29 전단개정)
1. 1일 최소 영업시간
2. 게임 테이블의 집전함(集錢函) 부착 및 내기금액 한도액의 표시 의무
3. 슬롯머신 및 비디오게임의 최소배당률
4. 전산시설·환전소·계산실·폐쇄회로의 관리기록 및 회계와 관련된 기록의 유지 의무
5. 카지노 종사원의 게임참여 불가 등 행위금지사항
(2007.7.19 본항개정)

제29조【카지노영업소 이용자의 준수 사항】 카지노영업소에 입장하는 자는 카지노사업자가 외국인(「해외이주법」 제2조에 따른 해외이주자를 포함한다)임을 확인하기 위하여 신분 확인에 필요한 사항을 묻는 때에는 이에 응하여야 한다.

제30조【기금 납부】 ① 카지노사업자는 총매출액의 100분의 10의 범위에서 일정 비율에 해당하는 금액을 「관광진흥개발기금법」에 따른 관광진흥개발기금에 내야 한다.
② 카지노사업자가 제1항에 따른 납부금을 납부기한까지 내지 아니하면 문화체육관광부장관은 10일 이상의 기간을 정하여 이를 독촉하여야 한다. 이 경우 체납된 납부금에 대하여는 100분의 3에 해당하는 가산금을 부과하여야 한다.(2008.2.29 본항개정)
③ 제2항에 따른 독촉을 받은 자가 그 기간에 납부금을 내지 아니하면 국세 체납처분의 예에 따라 징수한다.
④ 제1항에 따른 총매출액, 징수비율 및 부과·징수절차 등에 필요한 사항은 대통령령으로 정한다.
⑤~⑥ (2023.5.16 삭제)

제30조의2【납부금 부과 처분 등에 대한 이의신청 특례】 ① 문화체육관광부장관은 제30조제1항에 따른 납부금 또는 같은 조 제2항 후단에 따른 가산금 부과 처분에 대한 이의신청을 받으면 그 신청을 받은 날부터 15일 이내에 이를 심의하여 그 결과를 신청인에게 서면으로 알려야 한다.
② 제1항에서 규정한 사항 외에 이의신청에 관한 사항은 「행정기본법」 제36조(제2항 단서는 제외한다)에 따른다.
(2023.5.16 본조신설)

제5절 유원시설업

제31조【조건부 영업허가】 ① 특별자치시장·특별자치도지사·시장·군수·구청장은 유원시설업 허가를 할 때 5년의 범위에서 대통령령으로 정하는 기간에 제5조제2항에 따른 시설 및 설비를 갖출 것을 조건으로 허가할 수 있다. 다만, 천재지변이나 그 밖의 부득이한 사유가 있다고 인정하는 경우에는 해당 사업자의 신청에 따라 한 차례만 1년을 넘지 아니하는 범위에서 그 기간을 연장할 수 있다.(2023.8.8 단서개정)
② 특별자치시장·특별자치도지사·시장·군수·구청장은 제1항에 따른 허가를 받은 자가 정당한 사유 없이 제1항에 따른 기간에 허가 조건을 이행하지 아니하면 그 허가를 즉시 취소하여야 한다.
③ 제1항에 따른 허가를 받은 자는 제1항에 따른 기간 내에 허가 조건에 해당하는 필요한 시설 및 기구를 갖춘 경우 그 내용을 특별자치시장·특별자치도지사·시장·군수·구청장에게 신고하여야 한다.
④ 특별자치시장·특별자치도지사·시장·군수·구청장은 제3항에 따른 신고를 받은 날부터 문화체육관광부령으로 정하는 기간 내에 신고수리 여부를 신고인에게 통지하여야 한다.(2018.6.12 본항신설)
⑤ 특별자치시장·특별자치도지사·시장·군수·구청장이 제4항에서 정한 기간 내에 신고수리 여부 또는 민원 처리 관련 법령에 따른 처리기간의 연장을 신고인에게 통지하지 아니하면 그 기간(민원 처리 관련 법령에 따라 처리기간이 연장 또는 재연장된 경우에는 해당 처리기간을 말한다)이 끝난 날의 다음 날에 신고를 수리한 것으로 본다.(2018.6.12 본항신설)
(2018.6.12 본조개정)

제32조【물놀이형 유원시설업자의 준수사항】 제5조제2항 또는 제4항에 따라 유원시설업의 허가를 받거나 신고를 한 자(이하 "유원시설업자"라 한다)중 물놀이형 유기시설 또는 유기기구를 설치한 자는 문화체육관광부령으로 정하는 안전·위생기준을 지켜야 한다.(2009.3.25 본조개정)

제33조【안전성검사 등】 ① 유원시설업자 및 유원시설업의 허가 또는 변경허가를 받으려는 자(조건부 영업허가를 받은 자로서 그 조건을 이행한 후 영업을 시작하려는 경우를 포함한다)는 문화체육관광부령으로 정하는 안전성검사 대상 유기시설 또는 유기기구에 대하여 문화체육관광부령에서 정하는 바에 따라 특별자치시장·특별자치도지사·시장·군수·구청장이 실시하는 안전성검사를 받아야 하고, 안전성검사 대상이 아닌 유기시설 또는 유기기구에 대하여는 안전성검사 대상에 해당되지 아니함을 확인하는 검사를 받아야 한다. 이 경우 특별자치시장·특별자치도지사·시장·군수·구청장은 성수기 등을 고려하여 검사시기를 지정할 수 있다.(2018.6.12 본항개정)
② 제1항에 따라 안전성검사를 받아야 하는 유원시설업자는 유기시설 및 유기기구에 대한 안전관리를 위하여 사업장에 안전관리자를 항상 배치하여야 한다.
③ 제2항에 따른 안전관리자는 문화체육관광부장관이 실시하는 유기시설 및 유기기구의 안전관리에 관한 교육(이하 "안전교육"이라 한다)을 정기적으로 받아야 한다.
(2015.2.3 본항신설)
④ 제2항에 따른 유원시설업자는 제2항에 따른 안전관리자가 안전교육을 받도록 하여야 한다.(2015.2.3 본항신설)
⑤ 제2항에 따른 안전관리자의 자격·배치 기준 및 임무, 안전교육의 내용·기간 및 방법 등에 필요한 사항은 문화체육관광부령으로 정한다.(2015.2.3 본항개정)

제33조의2【사고보고의무 및 사고조사】 ① 유원시설업자는 그가 관리하는 유기시설 또는 유기기구로 인하여 대통령령으로 정하는 중대한 사고가 발생한 때에는 즉시 사용중지 등 필요한 조치를 취하고 문화체육관광부령으로 정하는 바에 따라 특별자치시장·특별자치도지사·시장·군수·구청장에게 통보하여야 한다.
② 제1항에 따라 통보를 받은 특별자치시장·특별자치도지사·시장·군수·구청장은 필요하다고 판단하는 경우에는 대통령령으로 정하는 바에 따라 유원시설업자에게 자료의 제출을 명하거나 현장조사를 실시할 수 있다.
③ 특별자치시장·특별자치도지사·시장·군수·구청장은 제2항에 따른 자료 및 현장조사 결과에 따라 해당 유기시설 또는 유기기구가 안전에 중대한 침해를 줄 수 있다고 판단하는 경우에는 그 유원시설업자에게 대통령령으로 정하는 바에 따라 사용중지·개선 또는 철거를 명할 수 있다.
(2018.6.12 본조개정)

제34조【영업질서 유지 등】 ① 유원시설업자는 영업질서 유지를 위하여 문화체육관광부령으로 정하는 사항을 지켜야 한다.(2008.2.29 본항개정)
② 유원시설업자는 법령을 위반하여 제조한 유기시설·유기기구 또는 유기기구의 부분품(部分品)을 설치하거나 사용하여서는 아니 된다.

제34조의2【유원시설안전정보시스템의 구축·운영 등】 ① 문화체육관광부장관은 유원시설의 안전과 관련된 정보를 종합적으로 관리하고 해당 정보를 유원시설업자 및 관광객에게 제공하기 위하여 유원시설안전정보시스템을 구축·운영할 수 있다.
② 제1항에 따른 유원시설안전정보시스템에는 다음 각 호의 정보가 포함되어야 한다.
1. 제5조제2항에 따른 유원시설업의 허가(변경허가를 포함한다) 또는 같은 조 제4항에 따른 유원시설업의 신고(변경신고를 포함한다)에 관한 정보
2. 제9조에 따른 유원시설업자의 보험 가입 등에 관한 정보
3. 제32조에 따른 물놀이형 유원시설업자의 안전·위생에 관한 정보
4. 제33조제1항에 따른 안전성검사 또는 안전성검사 대상에 해당하지 아니함을 확인하는 검사에 관한 정보
5. 제33조제3항에 따른 안전관리자의 안전교육에 관한 정보
6. 제33조의2제1항에 따라 통보한 사고 및 그 조치에 관한 정보
7. 유원시설업자가 이 법을 위반하여 받은 행정처분에 관한 정보
8. 그 밖에 유원시설의 안전관리를 위하여 대통령령으로 정하는 정보
③ 문화체육관광부장관은 특별자치시장·특별자치도지사·시장·군수·구청장, 제80조제3항에 따라 업무를 위탁받은 기관의 장 및 유원시설업자에게 유원시설안전정보시스템의 구축·운영에 필요한 자료를 제출 또는 등록하도록 요청할 수 있다. 이 경우 요청을 받은 자는 정당한 사유가 없으면 이에 따라야 한다.
④ 문화체육관광부장관은 제2항제3호 및 제4호에 따른 정보 등을 유원시설안전정보시스템을 통하여 공개할 수 있다.
⑤ 제4항에 따른 공개의 대상, 범위, 방법 및 그 밖에 유원시설안전정보시스템의 구축·운영에 필요한 사항은 문화체육관광부령으로 정한다.
(2020.12.22 본조신설)

제34조의3【장애인의 유원시설 이용을 위한 편의 제공 등】 ① 유원시설업을 경영하는 자는 장애인이 유원시설을 편리하고 안전하게 이용할 수 있도록 제작된 유기시설 및 유기기구(이하 "장애인 이용가능 유기시설등"이라 한다)의 설치를 위하여 노력하여야 한다. 이 경우 국가 및 지방자치단체는 해당 장애인 이용가능 유기시설등의 설치에 필요한 비용을 지원할 수 있다.
② 제1항에 따라 장애인 이용가능 유기시설등을 설치하는 자는 대통령령으로 정하는 편의시설을 갖추고 장애인이 해당 장애인 이용가능 유기시설등을 편리하게 이용할 수 있도록 하여야 한다.
(2023.8.8 본조신설)

제6절 영업에 대한 지도와 감독

제35조【등록취소 등】 ① 관할 등록기관등의 장은 관광사업의 등록등을 받거나 신고를 한 자 또는 사업계획의 승인을 받은 자가 다음 각 호의 어느 하나에 해당하면 그 등록등 또는 사업계획의 승인을 취소하거나 6개월 이내의 기간을 정하여 그 사업의 전부 또는 일부의 정지를 명하거나 시설·운영의 개선을 명할 수 있다.
1. 제4조에 따른 등록기준에 적합하지 아니하게 된 경우 또는 변경등록기간 내에 변경등록을 하지 아니하거나 등록한 영업범위를 벗어난 경우(2015.2.3 본호개정)
1의2. 제5조제2항 및 제4항에 따라 문화체육관광부령으로 정하는 시설과 설비를 갖추지 아니하게 되는 경우(2009.3.25 본호신설)
2. 제5조제3항 및 제4항 후단에 따른 변경허가를 받지 아니하거나 변경신고를 하지 아니한 경우
2의2. 제6조제2항에 따른 지정 기준에 적합하지 아니하게 된 경우(2017.11.28 본호신설)
3. 제8조제4항(같은 조 제6항에 따라 준용하는 경우를 포함한다)에 따른 기한 내에 신고를 하지 아니한 경우(2018.6.12 본호개정)
3의2. 제8조제8항을 위반하여 휴업 또는 폐업을 하고 알리지 아니하거나 미리 신고하지 아니한 경우(2018.12.11 본호개정)
4. 제9조에 따른 보험 또는 공제에 가입하지 아니하거나 영업보증금을 예치하지 아니한 경우
4의2. 제10조제2항을 위반하여 사실과 다르게 관광표지를 붙이거나 관광표지에 기재되는 내용을 사실과 다르게 표시 또는 광고하는 행위를 한 경우(2014.3.11 본호신설)
5. 제11조를 위반하여 관광사업의 시설을 타인에게 처분하거나 타인에게 경영하도록 한 경우(2011.4.5 본호개정)
6. 제12조에 따른 기획여행의 실시요건 또는 실시방법을 위반하여 기획여행을 실시한 경우
7. 제14조를 위반하여 안전정보 또는 변경된 안전정보를 제공하지 아니하거나, 여행계약서 및 보험 가입 등을 증명할 수 있는 서류를 여행자에게 내주지 아니한 경우 또는 여행자의 사전 동의 없이 여행일정(선택관광 일정을 포함한다)을 변경하는 경우(2015.5.18 본호개정)
8. 제15조에 따라 사업계획의 승인을 얻은 자가 정당한 사유 없이 대통령령으로 정하는 기간 내에 착공 또는 준공을 하지 아니하거나 같은 조를 위반하여 변경승인을 얻지 아니하고 사업계획을 임의로 변경한 경우

8의2. 제18조의2에 따른 준수사항을 위반한 경우 (2015.12.22 본호신설)
8의3. 제19조제1항 단서를 위반하여 등급결정을 신청하지 아니한 경우(2014.3.11 본호신설)
9. 제20조제1항 및 제4항을 위반하여 분양 또는 회원모집을 하거나 같은 조 제5항에 따른 소유자등 · 회원의 권익을 보호하기 위한 사항을 준수하지 아니한 경우 (2023.8.8 본호개정)
9의2. 제20조의2에 따른 준수사항을 위반한 경우 (2015.2.3 본호신설)
10. 제21조에 따른 카지노업의 허가 요건에 적합하지 아니하게 된 경우
11. 제23조제3항을 위반하여 카지노 시설 및 기구에 관한 유지 · 관리를 소홀히 한 경우
12. 제28조제1항 및 제2항에 따른 준수사항을 위반한 경우
13. 제30조를 위반하여 관광진흥개발기금을 납부하지 아니한 경우
14. 제32조에 따른 물놀이형 유원시설 등의 안전 · 위생기준을 지키지 아니한 경우(2009.3.25 본호개정)
15. 제33조제1항에 따른 유기시설 또는 유기기구에 대한 안전성검사 및 안전성검사 대상에 해당되지 아니함을 확인하는 검사를 받지 아니하거나 같은 조 제2항에 따른 안전관리자를 배치하지 아니한 경우
16. 제34조제1항에 따른 영업질서 유지를 위한 준수사항을 지키지 아니하거나 같은 조 제2항을 위반하여 불법으로 제조한 부분품을 설치하거나 사용한 경우
16의2. 제38조제1항 단서를 위반하여 해당 자격이 없는 자를 종사하게 한 경우(2009.3.25 본호신설)
17. (2011.4.5 삭제)
18. 제78조에 따른 보고 또는 서류제출명령을 이행하지 아니하거나 관계 공무원의 검사를 방해한 경우
19. 관광사업의 경영 또는 사업계획을 추진할 때 뇌물을 주고받은 경우(2023.8.8 본호개정)
20. 고의로 여행계약을 위반한 경우(여행업자만 해당한다)(2009.3.25 본호개정)
(2007.7.19 본항개정)
② 관할 등록기관등의 장은 관광사업의 등록등을 받은 자가 다음 각 호의 어느 하나에 해당하면 6개월 이내의 기간을 정하여 그 사업의 전부 또는 일부의 정지를 명할 수 있다.
1. 제13조제2항에 따른 등록을 하지 아니한 사람에게 국외여행을 인솔하게 한 경우(2023.8.8 본호개정)
2. 제27조에 따른 문화체육관광부장관의 지도와 명령을 이행하지 아니한 경우(2008.2.29 본호개정)
(2007.7.19 본항신설)
③ 제1항 및 제2항에 따른 취소 · 정지처분 및 시설 · 운영개선명령의 세부적인 기준은 그 사유와 위반 정도를 고려하여 대통령령으로 정한다.(2007.7.19 본항개정)
④ 관할 등록기관등의 장은 관광사업에 사용할 것을 조건으로 「관세법」 등에 따라 관세의 감면을 받은 물품을 보유하고 있는 관광사업자로부터 그 물품의 수입면허를 받은 날부터 5년 이내에 그 사업의 양도 · 폐업의 신고 또는 통보를 받거나 그 관광사업자의 등록등의 취소를 한 경우에는 관할 세관장에게 그 사실을 즉시 통보하여야 한다.
⑤ 관할 등록기관등의 장은 관광사업자에 대하여 제1항 및 제2항에 따라 등록등을 취소하거나 사업의 전부 또는 일부의 정지를 명한 경우에는 제18조제1항 각 호의 신고 또는 인 · 허가 등의 소관 행정기관의 장(외국인투자기업인 경우에는 기획재정부장관을 포함한다)에게 그 사실을 통보하여야 한다.(2023.5.16 본항개정)
⑥ 관할 등록기관등의 장 외의 소관 행정기관의 장이 관광사업자에 대하여 그 사업의 정지나 취소 또는 시설의 이용을 금지하거나 제한하려면 미리 관할 등록기관등의 장과 협의하여야 한다.
⑦ 제1항 각 호의 어느 하나에 해당하는 관광숙박업자의 위반행위가 「공중위생관리법」 제11조제1항에 따른 위반행위에 해당하면 「공중위생관리법」의 규정에도 불구하고 이 법을 적용한다.

제36조【폐쇄조치 등】 ① 관할 등록기관등의 장은 제5조제1항 · 제2항 또는 제4항에 따른 허가 또는 신고 없이 영업을 하거나 제24조제2항 · 제31조제2항 또는 제35조에 따른 허가의 취소 또는 사업의 정지명령을 받고 계속하여 영업을 하는 자에 대하여는 그 영업소를 폐쇄하기 위하여 관계 공무원에게 다음 각 호의 조치를 하게 할 수 있다.
1. 해당 영업소의 간판이나 그 밖의 영업표지물의 제거 또는 삭제
2. 해당 영업소가 적법한 영업소가 아니라는 것을 알리는 게시물 등의 부착
3. 영업을 위하여 꼭 필요한 시설물 또는 기구 등을 사용할 수 없게 하는 봉인(封印)
② 관할 등록기관등의 장은 제35조제1항제4호의2에 따라 행정처분을 한 경우에는 관계 공무원으로 하여금 이를 인터넷 홈페이지 등에 공개하게 하거나 사실과 다른 관광표지를 제거 또는 삭제하는 조치를 하게 할 수 있다. (2014.3.11 본항신설)
③ 관할 등록기관등의 장은 제1항제3호에 따른 봉인을 한 후 다음 각 호의 어느 하나에 해당하는 사유가 생기면 봉인을 해제할 수 있다. 제1항제2호에 따라 게시를 한 경우에도 또한 같다.
1. 봉인을 계속할 필요가 없다고 인정되는 경우
2. 해당 영업을 하는 자 또는 그 대리인이 정당한 사유를 들어 봉인의 해제를 요청하는 경우
④ 관할 등록기관등의 장은 제1항 및 제2항에 따른 조치를 하려는 경우에는 미리 그 사실을 그 사업자 또는 그 대리인에게 서면으로 알려주어야 한다. 다만, 급박한 사유가 있으면 그러하지 아니하다.(2014.3.11 본문개정)
⑤ 제1항에 따른 조치는 영업을 할 수 없게 하는 데에 필요한 최소한의 범위에 그쳐야 한다.
⑥ 제1항 및 제2항에 따라 영업소를 폐쇄하거나 관광표지를 제거 · 삭제하는 관계 공무원은 그 권한을 표시하는 증표를 지니고 이를 관계인에게 내보여야 한다. (2014.3.11 본항개정)

제37조【과징금의 부과】 ① 관할 등록기관등의 장은 관광사업자가 제35조제1항 각 호 또는 제2항 각 호의 어느 하나에 해당되어 사업 정지를 명하여야 하는 경우로서 그 사업의 정지가 그 이용자 등에게 심한 불편을 주거나 그 밖에 공익을 해칠 우려가 있으면 사업 정지 처분을 갈음하여 2천만원 이하의 과징금(過徵金)을 부과할 수 있다.(2009.3.25 본항개정)
② 제1항에 따라 과징금을 부과하는 위반 행위의 종류 · 정도 등에 따른 과징금의 금액과 그 밖에 필요한 사항은 대통령령으로 정한다.
③ 관할 등록기관등의 장은 제1항에 따른 과징금을 내야 하는 자가 납부기한까지 내지 아니하면 국세 체납처분의 예 또는 「지방행정제재 · 부과금의 징수 등에 관한 법률」에 따라 징수한다.(2020.3.24 본항개정)

제7절 관광종사원

제38조【관광종사원의 자격 등】 ① 관할 등록기관등의 장은 대통령령으로 정하는 관광 업무에는 관광종사원의 자격을 가진 사람이 종사하도록 해당 관광사업자에게 권고할 수 있다. 다만, 외국인 관광객을 대상으로 하는 여행업자는 관광통역안내의 자격을 가진 사람을 관광안내에 종사하게 하여야 한다.(2023.8.8 본문개정)
② 제1항에 따른 관광종사원의 자격을 취득하려는 사람은 문화체육관광부령으로 정하는 바에 따라 문화체육관광부장관이 실시하는 시험에 합격한 후 문화체육관광부장관에게 등록하여야 한다. 다만, 문화체육관광부령으로 따로 정하는 사람은 시험의 전부 또는 일부를 면제할 수 있다.(2023.8.8 본항개정)
③ 문화체육관광부장관은 제2항에 따라 등록을 한 사람에게 관광종사원 자격증을 내주어야 한다.(2023.8.8 본항개정)
④ 관광종사원 자격증을 가진 사람은 그 자격증을 잃어버리거나 못 쓰게 되면 문화체육관광부장관에게 그 자격증의 재교부를 신청할 수 있다.(2023.8.8 본항개정)
⑤ 제2항에 따른 시험의 최종합격자 발표일을 기준으로 제7조제1항 각 호(제3호는 제외한다)의 어느 하나에 해당하는 사람은 제1항에 따른 관광종사원의 자격을 취득하지 못한다.(2023.8.8 본항개정)
⑥ 관광통역안내의 자격이 없는 사람은 외국인 관광객을 대상으로 하는 관광안내(제1항 단서에 따라 외국인 관광객을 대상으로 하는 여행업에 종사하여 관광안내를 하는 경우에 한정한다. 이하 이 조에서 같다)를 하여서는 아니 된다.(2016.2.3 본항신설)
⑦ 관광통역안내의 자격을 가진 사람이 관광안내를 하는 경우에는 제3항에 따른 자격증을 달아야 한다.(2023.8.8 본항개정)
⑧ 제3항에 따른 자격증은 다른 사람에게 빌려주거나 빌려서는 아니 되며, 이를 알선해서도 아니 된다.(2019.12.3 본항개정)
⑨ 문화체육관광부장관은 제2항에 따른 시험에서 다음 각 호의 어느 하나에 해당하는 사람에 대하여는 그 시험을 정지 또는 무효로 하거나 합격결정을 취소하고, 그 시험을 정지하거나 무효로 한 날 또는 합격결정을 취소한 날부터 3년간 시험응시자격을 정지한다.
1. 부정한 방법으로 시험에 응시한 사람
2. 시험에서 부정한 행위를 한 사람
(2017.11.28 본항신설)

제39조【교육】 문화체육관광부장관 또는 시 · 도지사는 관광종사원과 그 밖에 관광 업무에 종사하는 자의 업무능력 향상 및 지역의 문화와 관광자원 전반에 대한 전문성 향상을 위한 교육에 필요한 지원을 할 수 있다. (2023.10.31 본조개정)

제40조【자격취소 등】 문화체육관광부장관(관광종사원 중 대통령령으로 정하는 관광종사원에 대하여는 시 · 도지사)은 제38조제1항에 따라 자격을 가진 관광종사원이 다음 각 호의 어느 하나에 해당하면 문화체육관광부령으로 정하는 바에 따라 그 자격을 취소하거나 6개월 이내의 기간을 정하여 자격의 정지를 명할 수 있다. 다만, 제1호 및 제5호에 해당하면 그 자격을 취소하여야 한다. (2016.2.3 단서개정)
1. 거짓이나 그 밖의 부정한 방법으로 자격을 취득한 경우
2. 제7조제1항 각 호(제3호는 제외한다)의 어느 하나에 해당하게 된 경우(2011.4.5 본호개정)
3. 관광종사원으로서 직무를 수행하는 데에 부정 또는 비위(非違) 사실이 있는 경우
4. (2007.7.19 삭제)
5. 제38조제8항을 위반하여 다른 사람에게 관광종사원 자격증을 대여한 경우(2016.2.3 본호신설)

제3장 관광사업자 단체

제41조【한국관광협회중앙회 설립】 ① 제45조에 따른 지역별 관광협회 및 업종별 관광협회는 관광사업의 건전한 발전을 위하여 관광업계를 대표하는 한국관광협회중앙회(이하 "협회"라 한다)를 설립할 수 있다.
② 협회를 설립하려는 자는 대통령령으로 정하는 바에 따라 문화체육관광부장관의 허가를 받아야 한다. (2008.2.29 본항개정)
③ 협회는 법인으로 한다.
④ 협회는 설립등기를 함으로써 성립한다.

제42조【정관】 협회의 정관에는 다음 각 호의 사항을 적어야 한다.
1. 목적
2. 명칭
3. 사무소의 소재지
4. 회원 및 총회에 관한 사항
5. 임원에 관한 사항
6. 업무에 관한 사항
7. 회계에 관한 사항
8. 해산(解散)에 관한 사항
9. 그 밖에 운영에 관한 중요 사항

제43조【업무】 ① 협회는 다음 각 호의 업무를 수행한다.
1. 관광사업의 발전을 위한 업무
2. 관광사업 진흥에 필요한 조사 · 연구 및 홍보
3. 관광 통계
4. 관광종사원의 교육과 사후관리
5. 회원의 공제사업
6. 국가나 지방자치단체로부터 위탁받은 업무
7. 관광안내소의 운영
8. 제1호부터 제7호까지의 규정에 의한 업무에 따르는 수익사업
② 제1항제5호에 따른 공제사업은 문화체육관광부장관의 허가를 받아야 한다.(2008.2.29 본항개정)
③ 제2항에 따른 공제사업의 내용 및 운영에 필요한 사항은 대통령령으로 정한다.

제44조【「민법」의 준용】 협회에 관하여 이 법에 규정된 것 외에는 「민법」 중 사단법인(社團法人)에 관한 규정을 준용한다.

제45조【지역별 · 업종별 관광협회】 ① 관광사업자는 지역별 또는 업종별로 그 분야의 관광사업의 건전한 발전을 위하여 대통령령으로 정하는 바에 따라 지역별 또는 업종별 관광협회를 설립할 수 있다.
② 제1항에 따른 업종별 관광협회는 문화체육관광부장관의 설립허가를, 지역별 관광협회는 시 · 도지사의 설립허가를 받아야 한다.(2008.2.29 본항개정)
③ 시 · 도지사는 해당 지방자치단체의 조례로 정하는 바에 따라 제1항에 따른 지역별 관광협회가 수행하는 사업에 대하여 예산의 범위에서 사업비의 전부 또는 일부를 지원할 수 있다.(2023.3.21 본항신설)

제46조【협회에 관한 규정의 준용】 지역별 관광협회 및 업종별 관광협회의 설립 · 운영 등에 관하여는 제41조부터 제44조까지의 규정을 준용한다.

제4장 관광의 진흥과 홍보

제47조【관광정보 활용 등】 ① 문화체육관광부장관은 관광에 관한 정보의 활용과 관광을 통한 국제 친선을 도모하기 위하여 관광과 관련된 국제기구와의 협력 관계를 증진하여야 한다.
② 문화체육관광부장관은 제1항에 따른 업무를 원활히 수행하기 위하여 관광사업자 · 관광사업자 단체 또는 한국관광공사(이하 "관광사업자등"이라 한다)에 필요한 사항을 권고 · 조정할 수 있다.(2023.8.8 본항개정)
③ 관광사업자등은 특별한 사유가 없으면 제2항에 따른 문화체육관광부장관의 권고나 조정에 협조하여야 한다. (2008.2.29 본조개정)

제47조의2【관광통계】 ① 문화체육관광부장관과 지방자치단체의 장은 제49조제1항 및 제2항에 따른 관광개발기본계획 및 권역별 관광개발계획을 효과적으로 수립 · 시행하고 관광산업에 활용하도록 하기 위하여 국내외의 관광통계를 작성할 수 있다.
② 문화체육관광부장관과 지방자치단체의 장은 관광통계를 작성하기 위하여 필요하면 실태조사를 하거나, 공공기관 · 연구소 · 법인 · 단체 · 민간기업 · 개인 등에게 협조를 요청할 수 있다.
③ 제1항 및 제2항에서 규정한 사항 외에 관광통계의 작성 · 관리 및 활용에 필요한 사항은 대통령령으로 정한다. (2009.3.25 본조신설)

제47조의3【장애인 · 고령자 관광 활동의 지원】 ① 국가 및 지방자치단체는 장애인 · 고령자의 여행 기회를 확대하고 장애인 · 고령자의 관광 활동을 장려 · 지원하기

위하여 관련 시설을 설치하는 등 필요한 시책을 강구하여야 한다.
② 국가 및 지방자치단체는 장애인·고령자의 여행 및 관광 활동 권리를 증진하기 위하여 장애인·고령자의 관광 지원 사업과 장애인·고령자 관광 지원 단체에 대하여 경비를 보조하는 등 필요한 지원을 할 수 있다.
(2023.3.21 본조개정)
제47조의4【관광취약계층의 관광복지 증진 시책 강구】 국가 및 지방자치단체는 경제적·사회적 여건 등으로 관광 활동에 제약을 받고 있는 관광취약계층의 여행 기회를 확대하고 관광 활동을 장려하기 위하여 필요한 시책을 강구하여야 한다.(2014.5.28 본조신설)
제47조의5【여행이용권의 지급 및 관리】 ① 국가 및 지방자치단체는 「국민기초생활 보장법」에 따른 수급권자, 그 밖에 소득수준이 낮은 저소득층 등 대통령령으로 정하는 관광취약계층에게 여행이용권을 지급할 수 있다.
② 국가 및 지방자치단체는 여행이용권의 수급자격 및 자격유지의 적정성을 확인하기 위하여 필요한 가족관계증명·국세·지방세·토지·건물·건강보험 및 국민연금에 관한 자료 등 대통령령으로 정하는 자료를 관계 기관의 장에게 요청할 수 있고, 해당 기관의 장은 특별한 사유가 없으면 요청에 따라야 한다. 다만, 「전자정부법」 제36조제1항에 따른 행정정보 공동이용을 통하여 확인할 수 있는 사항은 예외로 한다.
③ 국가 및 지방자치단체는 제2항에 따른 자료의 확인을 위하여 「사회복지사업법」 제6조의2제2항에 따른 정보시스템을 연계하여 사용할 수 있다.
④ 국가 및 지방자치단체는 여행이용권의 발급, 정보시스템의 구축·운영 등 여행이용권 업무의 효율적 수행을 위하여 대통령령으로 정하는 바에 따라 전담기관을 지정할 수 있다.
⑤ 제1항부터 제4항까지에서 규정한 사항 외에 여행이용권의 지급·이용 등에 필요한 사항은 대통령령으로 정한다.
⑥ 문화체육관광부장관은 여행이용권의 이용 기회 확대 및 지원 업무의 효율성을 제고하기 위하여 여행이용권을 「문화예술진흥법」 제15조의4에 따른 문화이용권 등 문화체육관광부령으로 정하는 이용권과 통합하여 운영할 수 있다.
(2014.5.28 본조신설)
제47조의6【국제협력 및 해외진출 지원】 ① 문화체육관광부장관은 관광산업의 국제협력 및 해외시장 진출을 촉진하기 위하여 다음 각 호의 사업을 지원할 수 있다.
1. 국제전시회의 개최 및 참가 지원
2. 외국자본의 투자유치
3. 해외마케팅 및 홍보활동
4. 해외진출에 관한 정보제공
5. 수출 관련 협력체계의 구축
6. 그 밖에 국제협력 및 해외진출을 위하여 필요한 사업
② 문화체육관광부장관은 제1항에 따른 사업을 효율적으로 지원하기 위하여 대통령령으로 정하는 관계 기관 또는 단체에 이를 위탁하거나 대행하게 할 수 있으며, 이에 필요한 비용을 보조할 수 있다.
(2018.12.11 본조신설)
제47조의7【관광산업 진흥 사업】 문화체육관광부장관은 관광산업의 활성화를 위하여 대통령령으로 정하는 바에 따라 다음 각 호의 사업을 추진할 수 있다.
1. 관광산업 발전을 위한 정책·제도의 조사·연구 및 기획
2. 관광 관련 창업 촉진 및 창업자의 성장·발전 지원
3. 관광산업 전문인력 수급분석 및 육성
4. 관광산업 관련 기술의 연구개발 및 실용화
5. 지역에 특화된 관광 상품 및 서비스 등의 발굴·육성
6. 그 밖에 관광산업 진흥을 위하여 필요한 사항
(2018.12.24 본조신설)
제47조의8【스마트관광산업의 육성】 ① 국가와 지방자치단체는 기술기반의 관광산업 경쟁력을 강화하고 지역관광을 활성화하기 위하여 스마트관광산업(관광에 정보통신기술을 융합하여 관광객에게 맞춤형 서비스를 제공하고 관광콘텐츠·인프라를 지속적으로 발전시킴으로써 경제적 또는 사회적 부가가치를 창출하는 산업을 말한다. 이하 같다)을 육성하여야 한다.
② 문화체육관광부장관은 스마트관광산업의 육성을 위하여 다음 각 호의 사업을 추진·지원할 수 있다.
1. 스마트관광산업 발전을 위한 정책·제도의 조사·연구 및 기획
2. 스마트관광산업 관련 창업 촉진 및 창업자의 성장·발전 지원
3. 스마트관광산업 관련 기술의 연구개발 및 실용화
4. 스마트관광산업 기반 지역관광 개발
5. 스마트관광산업 진흥에 필요한 전문인력 양성
6. 그 밖에 스마트관광산업 육성을 위하여 필요한 사항
(2021.6.15 본조신설)
제48조【관광 홍보 및 관광자원 개발】 ① 문화체육관광부장관 또는 시·도지사는 국제 관광의 촉진과 국민 관광의 건전한 발전을 위하여 국내외 관광 홍보 활동을 조정하거나 관광 선전물을 심사하거나 그 밖에 필요한 사항을 지원할 수 있다.(2008.2.29 본항개정)
② 문화체육관광부장관 또는 시·도지사는 제1항에 따라 관광홍보를 원활히 추진하기 위하여 필요하면 문화체육관광부령으로 정하는 바에 따라 관광사업자등에게 해외관광시장에 대한 정기적인 조사, 관광 홍보물의 제작, 관광안내소의 운영 등에 필요한 사항을 권고하거나 지도할 수 있다.(2008.2.29 본항개정)
③ 지방자치단체의 장, 관광사업자 또는 제54조제1항에 따라 관광지·관광단지의 조성계획승인을 받은 자는 관광지·관광단지·관광특구·관광시설 등 관광자원을 안내하거나 홍보하는 내용의 옥외광고물(屋外廣告物)을 「옥외광고물 등의 관리와 옥외광고산업 진흥에 관한 법률」의 규정에도 불구하고 대통령령으로 정하는 바에 따라 설치할 수 있다.(2016.1.6 본항개정)
④ 문화체육관광부장관과 지방자치단체의 장은 관광객의 유치, 관광복지의 증진 및 관광 진흥을 위하여 대통령령 또는 조례로 정하는 바에 따라 다음 각 호의 사업을 추진할 수 있다.(2023.6.20 본문개정)
1. 문화, 체육, 레저 및 산업시설 등의 관광자원화사업
2. 해양관광의 개발사업 및 자연생태의 관광자원화사업
3. 관광상품의 개발에 관한 사업
4. 국민의 관광복지 증진에 관한 사업
5. 유휴자원을 활용한 관광자원화사업(2016.2.3 본호신설)
6. 주민 주도의 지역관광 활성화 사업(2023.6.20 본호신설)
제48조의2【지역축제 등】 ① 문화체육관광부장관은 지역축제의 체계적 육성 및 활성화를 위하여 지역축제에 대한 실태조사와 평가를 할 수 있다.
② 문화체육관광부장관은 지역축제의 통폐합 등을 포함한 그 발전방향에 대하여 지방자치단체의 장에게 의견을 제시하거나 권고할 수 있다.
③ 문화체육관광부장관은 다양한 지역관광자원을 개발·육성하기 위하여 우수한 지역축제를 문화관광축제로 지정하고 지원할 수 있다.
④ 제3항에 따른 문화관광축제의 지정 기준 및 지원 방법 등에 필요한 사항은 대통령령으로 정한다.
(2009.3.25 본조신설)
제48조의3【지속가능한 관광활성화】 ① 문화체육관광부장관은 에너지·자원의 사용을 최소화하고 기후변화에 대응하며 환경 훼손을 줄이고, 지역주민의 삶과 균형을 이루며 지역경제와 상생발전 할 수 있는 지속가능한 관광자원의 개발을 장려하기 위하여 정보제공 및 재정지원 등 필요한 조치를 강구할 수 있다.
② 시·도지사나 시장·군수·구청장은 다음 각 호의 어느 하나에 해당하는 지역을 조례로 정하는 바에 따라 특별관리지역으로 지정할 수 있다. 이 경우 특별관리지역이 같은 시·도 내에서 둘 이상의 시·군·구에 걸쳐 있는 경우에는 시·도지사가 지정하고, 둘 이상의 시·도에 걸쳐 있는 경우에는 해당 시·도지사가 공동으로 지정한다.(2023.10.31 전단개정)
1. 수용 범위를 초과한 관광객의 방문으로 자연환경이 훼손되거나 주민의 평온한 생활환경을 해칠 우려가 있어 관리할 필요가 있다고 인정되는 지역
2. 차량을 이용한 숙박·취사 등의 행위로 자연환경이 훼손되거나 주민의 평온한 생활환경을 해칠 우려가 있어 관리할 필요가 있다고 인정되는 지역. 다만, 다른 법령에서 출입, 주차, 취사 및 야영 등을 금지하는 지역은 제외한다.
(2023.10.31 1호~2호신설)
③ 문화체육관광부장관은 특별관리지역으로 지정할 필요가 있다고 인정하는 경우에는 시·도지사 또는 시장·군수·구청장으로 하여금 해당 지역을 특별관리지역으로 지정하도록 권고할 수 있다.(2021.4.13 본항신설)
④ 시·도지사나 시장·군수·구청장은 특별관리지역을 지정·변경 또는 해제할 때에는 대통령령으로 정하는 바에 따라 미리 주민의 의견을 들어야 하며, 문화체육관광부장관 및 관계 행정기관의 장과 협의하여야 한다. 다만, 대통령령으로 정하는 경미한 사항을 변경하려는 경우에는 예외로 한다.(2021.4.13 본항개정)
⑤ 시·도지사나 시장·군수·구청장은 특별관리지역을 지정·변경 또는 해제할 때에는 특별관리지역의 위치, 면적, 지정일시, 지정·변경·해제 사유, 특별관리지역 내 조치사항, 그 밖에 조례로 정하는 사항을 해당 지방자치단체 공보에 고시하고, 문화체육관광부장관에게 제출하여야 한다.(2021.4.13 본항개정)
⑥ 시·도지사나 시장·군수·구청장은 특별관리지역에 대하여 조례로 정하는 바에 따라 관광객 방문시간 제한, 편의시설 설치, 이용수칙 고지, 이용료 징수, 차량·관광객 통행 제한 등 필요한 조치를 할 수 있다.(2023.10.31 본항개정)
⑦ 시·도지사나 시장·군수·구청장은 제6항에 따른 조례를 위반한 사람에게 「지방자치법」 제27조에 따라 1천만원 이하의 과태료를 부과·징수할 수 있다.(2021.4.13 본항신설)
⑧ 시·도지사나 시장·군수·구청장은 특별관리지역에 해당 지역의 범위, 조치사항 등을 표시한 안내판을 설치하여야 한다.(2021.4.13 본항신설)
⑨ 문화체육관광부장관은 특별관리지역 지정 현황을 관리하고 이와 관련된 정보를 공개하여야 하며, 특별관리지역을 지정·운영하는 지방자치단체와 그 주민 등을 위하여 필요한 지원을 할 수 있다.(2021.4.13 본항신설)
⑩ 그 밖에 특별관리지역의 지정 요건, 지정 절차 등 특별관리지역 지정 및 운영에 필요한 사항은 해당 지방자치단체의 조례로 정한다.(2021.4.13 본항신설)
(2019.12.3 본조개정)
제48조의4【문화관광해설사의 양성 및 활용계획 등】 ① 문화체육관광부장관은 문화관광해설사를 효과적이고 체계적으로 양성·활용하기 위하여 해마다 문화관광해설사의 양성 및 활용계획을 수립하고, 이를 지방자치단체의 장에게 알려야 한다.
② 지방자치단체의 장은 제1항에 따른 문화관광해설사 양성 및 활용계획에 따라 관광객의 규모, 관광자원의 보유 현황, 문화관광해설사에 대한 수요 등을 고려하여 해마다 문화관광해설사 운영계획을 수립·시행하여야 한다. 이 경우 문화관광해설사의 양성·배치·활용 등에 관한 사항을 포함하여야 한다.
(2011.4.5 본조신설)
제48조의5【관광체험교육프로그램 개발】 문화체육관광부장관 또는 지방자치단체의 장은 관광객에게 역사·문화·예술·자연 등의 관광자원과 연계한 체험기회를 제공하고, 관광을 활성화하기 위하여 관광체험교육프로그램을 개발·보급할 수 있다. 이 경우 장애인을 위한 관광체험교육프로그램을 개발하여야 한다.(2011.4.5 본조신설)
제48조의6【문화관광해설사 양성교육과정의 개설·운영】 ① 문화체육관광부장관 또는 시·도지사는 문화관광해설사 양성을 위한 교육과정을 개설(開設)하여 운영할 수 있다.
② 제1항에 따른 교육과정의 개설·운영에 필요한 사항은 문화체육관광부령으로 정한다.
(2018.12.11 본조개정)
제48조의7 (2018.12.11 삭제)
제48조의8【문화관광해설사의 선발 및 활용】 ① 문화체육관광부장관 또는 지방자치단체의 장은 제48조의6제1항에 따른 교육과정을 이수한 사람을 문화관광해설사로 선발하여 활용할 수 있다.(2023.8.8 본항개정)
② 문화체육관광부장관 또는 지방자치단체의 장은 제1항에 따라 문화관광해설사를 선발하는 경우 문화체육관광부령으로 정하는 바에 따라 이론 및 실습을 평가하고, 3개월 이상의 실무수습을 마친 사람에게 자격을 부여할 수 있다.
(2023.8.8 본항개정)
③ 문화체육관광부장관 또는 지방자치단체의 장은 예산의 범위에서 문화관광해설사의 활동에 필요한 비용 등을 지원할 수 있다.
④ 그 밖에 문화관광해설사의 선발, 배치 및 활용 등에 필요한 사항은 문화체육관광부령으로 정한다.
(2011.4.5 본조신설)
제48조의9【지역관광협의회 설립】 ① 관광사업자, 관광 관련 사업자, 관광 관련 단체, 주민 등은 공동으로 지역의 관광진흥을 위하여 광역 및 기초 지방자치단체 단위의 지역관광협의회(이하 "협의회"라 한다)를 설립할 수 있다.
② 협의회에는 지역 내 관광진흥을 위한 이해 관련자가 고루 참여하여야 하며, 협의회를 설립하려는 자는 해당 지방자치단체의 장의 허가를 받아야 한다.
③ 협의회는 법인으로 한다.
④ 협의회는 다음 각 호의 업무를 수행한다.
1. 지역의 관광수용태세 개선을 위한 업무
2. 지역관광 홍보 및 마케팅 지원 업무
3. 관광사업자, 관광 관련 사업자, 관광 관련 단체에 대한 지원
4. 제1호부터 제3호까지의 업무에 따르는 수익사업
5. 지방자치단체로부터 위탁받은 업무
⑤ 협의회의 운영 등에 필요한 경비는 회원이 납부하는 회비와 사업 수익금 등으로 충당하며, 지방자치단체의 장은 협의회의 운영 등에 필요한 경비의 일부를 예산의 범위에서 지원할 수 있다.
⑥ 협의회의 설립 및 지원 등에 필요한 사항은 해당 지방자치단체의 조례로 정한다.
⑦ 협의회에 관하여 이 법에 규정된 것 외에는 「민법」 중 사단법인에 관한 규정을 준용한다.
(2015.5.18 본조신설)
제48조의10【한국관광 품질인증】 ① 문화체육관광부장관은 관광객의 편의를 돕고 관광서비스의 수준을 향상시키기 위하여 관광사업 및 이와 밀접한 관련이 있는 사업으로서 대통령령으로 정하는 사업을 위한 시설 및 서비스 등(이하 "시설등"이라 한다)을 대상으로 품질인증(이하 "한국관광 품질인증"이라 한다)을 할 수 있다.
② 한국관광 품질인증을 받은 자는 대통령령으로 정하는 바에 따라 인증표지를 하거나 그 사실을 홍보할 수 있다.
③ 한국관광 품질인증을 받은 자가 아니면 인증표지 또는 이와 유사한 표지를 하거나 한국관광 품질인증을 받은 것으로 홍보하여서는 아니 된다.
④ 문화체육관광부장관은 한국관광 품질인증을 받은 시설등에 대하여 다음 각 호의 지원을 할 수 있다.
1. 「관광진흥개발기금법」에 따른 관광진흥개발기금의 대여 또는 보조
2. 국내 또는 국외에서의 홍보
3. 그 밖에 시설등의 운영 및 개선을 위하여 필요한 사항
⑤ 문화체육관광부장관은 한국관광 품질인증을 위하여 필요한 경우에는 특별자치시장·특별자치도지사·시장·군수·구청장 및 관계 기관의 장에게 자료 제출을 요청할 수 있다. 이 경우 자료 제출을 요청받은 특별자치

시장·특별자치도지사·시장·군수·구청장 및 관계 기관의 장은 특별한 사유가 없으면 이에 따라야 한다.
⑥ 한국관광 품질인증의 인증 기준·절차·방법, 인증표지 및 그 밖에 한국관광 품질인증 제도 운영에 필요한 사항은 대통령령으로 정한다.
(2018.3.13 본조신설)
제48조의11【한국관광 품질인증의 취소】 문화체육관광부장관은 한국관광 품질인증을 받은 자가 다음 각 호의 어느 하나에 해당하는 경우에는 그 인증을 취소할 수 있다. 다만, 제1호에 해당하는 경우에는 인증을 취소하여야 한다.
1. 거짓이나 그 밖의 부정한 방법으로 인증을 받은 경우
2. 제48조의10제6항에 따른 인증 기준에 적합하지 아니하게 된 경우
(2018.3.13 본조신설)
제48조의12【일·휴양연계관광산업의 육성】 ① 국가와 지방자치단체는 관광산업과 지역관광을 활성화하기 위하여 일·휴양연계관광산업(지역관광과 기업의 일·휴양 연계제도를 연계하여 관광인프라를 조성하고 맞춤형 서비스를 제공함으로써 경제적 또는 사회적 부가가치를 창출하는 산업을 말한다. 이하 같다)을 육성하여야 한다.
② 문화체육관광부장관은 다양한 지역관광자원을 개발·육성하기 위하여 일·휴양연계관광산업의 관광 상품 및 서비스를 발굴·육성할 수 있다.
③ 지방자치단체는 일·휴양연계관광산업의 활성화를 위하여 기업 또는 근로자에게 조례로 정하는 바에 따라 업무공간, 체류비용의 일부 등을 지원할 수 있다.
(2023.8.8 본조신설)

제5장 관광지 등의 개발

제1절 관광지 및 관광단지의 개발

제49조【관광개발기본계획 등】 ① 문화체육관광부장관은 관광자원을 효율적으로 개발하고 관리하기 위하여 전국을 대상으로 다음과 같은 사항을 포함하는 관광개발기본계획(이하 "기본계획"이라 한다)을 수립하여야 한다.
(2008.2.29 본문개정)
1. 전국의 관광 여건과 관광 동향(動向)에 관한 사항
2. 전국의 관광 수요와 공급에 관한 사항
3. 관광자원 보호·개발·이용·관리 등에 관한 기본적인 사항
4. 관광권역(觀光圈域)의 설정에 관한 사항
5. 관광권역별 관광개발의 기본방향에 관한 사항
6. 그 밖에 관광개발에 관한 사항
② 시·도지사(특별자치도지사는 제외한다)는 기본계획에 따라 구분된 권역을 대상으로 다음 각 호의 사항을 포함하는 권역별 관광개발계획(이하 "권역계획"이라 한다)을 수립하여야 한다.(2008.6.5 본문개정)
1. 권역의 관광 여건과 관광 동향에 관한 사항
2. 권역의 관광 수요와 공급에 관한 사항
3. 관광자원의 보호·개발·이용·관리 등에 관한 사항
4. 관광지 및 관광단지의 조성·정비·보완 등에 관한 사항
4의2. 관광지 및 관광단지의 실적 평가에 관한 사항
(2009.3.25 본호신설)
5. 관광지 연계에 관한 사항
6. 관광사업의 추진에 관한 사항
7. 환경보전에 관한 사항
8. 그 밖에 그 권역의 관광자원의 개발, 관리 및 평가를 위하여 필요한 사항(2009.3.25 본호개정)
제50조【기본계획】 ① 시·도지사는 기본계획의 수립에 필요한 관광 개발사업에 관한 요구서를 문화체육관광부장관에게 제출하여야 하고, 문화체육관광부장관은 이를 종합·조정하여 기본계획을 수립하고 공고하여야 한다.(2008.2.29 본항개정)
② 문화체육관광부장관은 수립된 기본계획을 확정하여 공고하려면 관계 부처의 장과 협의하여야 한다.
(2008.2.29 본항개정)
③ 확정된 기본계획을 변경하는 경우에는 제1항과 제2항을 준용한다.
④ 문화체육관광부장관은 관계 기관의 장에게 기본계획의 수립에 필요한 자료를 요구하거나 협조를 요청할 수 있고, 그 요구 또는 협조 요청을 받은 관계 기관의 장은 정당한 사유가 없으면 요청에 따라야 한다.(2008.2.29 본항개정)
제51조【권역계획】 ① 권역계획(圈域計劃)은 그 지역을 관할하는 시·도지사(특별자치도지사는 제외한다. 이하 이 조에서 같다)가 수립하여야 한다. 다만, 둘 이상의 시·도에 걸치는 지역이 하나의 권역계획에 포함되는 경우에는 관계되는 시·도지사와의 협의에 따라 수립하되, 협의가 성립되지 아니한 경우에는 문화체육관광부장관이 지정하는 시·도지사가 수립하여야 한다.(2008.6.5 본문개정)
② 시·도지사는 제1항에 따라 수립한 권역계획을 문화체육관광부장관의 조정과 관계 행정기관의 장과의 협의를 거쳐 확정하여야 한다. 이 경우 협의요청을 받은 관계 행정기관의 장은 특별한 사유가 없으면 그 요청을 받은 날부터 30일 이내에 의견을 제시하여야 한다.(2023.8.8 후단개정)
③ 시·도지사는 권역계획이 확정되면 그 요지를 공고하여야 한다.
④ 확정된 권역계획을 변경하는 경우에는 제1항부터 제3항까지의 규정을 준용한다. 다만, 대통령령으로 정하는 경미한 사항의 변경에 대하여는 관계 부처의 장과의 협의를 갈음하여 문화체육관광부장관의 승인을 받아야 한다.
(2008.2.29 단서개정)
⑤ 그 밖에 권역계획의 수립 기준 및 방법 등에 필요한 사항은 대통령령으로 정하는 바에 따라 문화체육관광부장관이 정한다.(2020.6.9 본항신설)
제52조【관광지의 지정 등】 ① 관광지 및 관광단지(이하 "관광지등"이라 한다)는 문화체육관광부령으로 정하는 바에 따라 시장·군수·구청장의 신청에 의하여 시·도지사가 지정한다. 다만, 특별자치시 및 특별자치도의 경우에는 특별자치시장 및 특별자치도지사가 지정한다.
(2018.6.12 단서개정)
② 시·도지사는 제1항에 따른 관광지등을 지정하려면 사전에 문화체육관광부장관 및 관계 행정기관의 장과 협의하여야 한다. 다만, 「국토의 계획 및 이용에 관한 법률」 제30조에 따라 같은 법 제36조제1항제2호다목에 따른 계획관리지역(같은 법의 규정에 따라 도시·군관리계획으로 결정되지 아니한 지역인 경우에는 종전의 「국토이용관리법」 제8조에 따라 준도시지역으로 결정·고시된 지역을 말한다)으로 결정·고시된 지역을 관광지등으로 지정하려는 경우에는 그러하지 아니하다.(2011.4.14 단서개정)
③ 문화체육관광부장관 및 관계 행정기관의 장은 「환경영향평가법」 등 관련 법령에 특별한 규정이 있거나 정당한 사유가 있는 경우를 제외하고는 제2항 본문에 따른 협의를 요청받은 날부터 30일 이내에 의견을 제출하여야 한다.(2018.6.12 본항개정)
④ 문화체육관광부장관 및 관계 행정기관의 장이 제3항에서 정한 기간(「민원 처리에 관한 법률」 제20조제2항에 따라 회신기간을 연장한 경우에는 그 연장된 기간을 말한다) 내에 의견을 제출하지 아니하면 협의가 이루어진 것으로 본다.(2018.6.12 본항신설)
⑤ 관광지등의 지정 취소 또는 그 면적의 변경은 관광지등의 지정에 관한 절차에 따라야 한다. 이 경우 대통령령으로 정하는 경미한 면적의 변경은 제2항 본문에 따른 협의를 하지 아니할 수 있다.
⑥ 시·도지사는 제1항 또는 제5항에 따라 지정, 지정취소 또는 그 면적변경을 한 경우에는 이를 고시하여야 한다.(2018.6.12 본항개정)
제52조의2【행위 등의 제한】 ① 제52조에 따라 관광지등으로 지정·고시된 지역에서 건축물의 건축, 공작물의 설치, 토지의 형질 변경, 토석의 채취, 토지분할, 물건을 쌓아놓는 행위 등 대통령령으로 정하는 행위를 하려는 자는 특별자치시장·특별자치도지사·시장·군수·구청장의 허가를 받아야 한다. 허가받은 사항을 변경하려는 경우에도 또한 같다.
② 제1항에도 불구하고 재해복구 또는 재난수습에 필요한 응급조치를 위하여 하는 행위는 제1항에 따른 허가를 받지 아니하고 할 수 있다.
③ 제1항에 따라 허가를 받아야 하는 행위로서 관광지등의 지정 및 고시 당시 이미 관계 법령에 따라 허가를 받았거나 허가를 받을 필요가 없는 행위에 관하여 그 공사 또는 사업에 착수한 자는 대통령령으로 정하는 바에 따라 특별자치시장·특별자치도지사·시장·군수·구청장에게 신고한 후 이를 계속 시행할 수 있다.
④ 특별자치시장·특별자치도지사·시장·군수·구청장은 제1항을 위반한 자에게 원상회복을 명할 수 있으며, 명령을 받은 자가 그 의무를 이행하지 아니하면 「행정대집행법」에 따라 이를 대집행(代執行)할 수 있다.
⑤ 제1항에 따른 허가에 관하여 이 법에서 규정한 것을 제외하고는 「국토의 계획 및 이용에 관한 법률」 제57조부터 제60조까지 및 제62조를 준용한다.
⑥ 제1항에 따라 허가를 받은 경우에는 「국토의 계획 및 이용에 관한 법률」 제56조에 따라 허가를 받은 것으로 본다.
(2020.6.9 본조신설)
제53조【조사·측량 실시】 ① 시·도지사는 기본계획 및 권역계획을 수립하거나 관광지등의 지정을 위하여 필요하면 해당 지역에 대한 조사와 측량을 실시할 수 있다.
(2007.7.19 본항개정)
② 제1항에 따른 조사와 측량을 위하여 필요하면 타인이 점유하는 토지에 출입할 수 있다.
③ 제2항에 따른 타인이 점유하는 토지에의 출입에 관하여는 「국토의 계획 및 이용에 관한 법률」 제130조와 제131조를 준용한다.
제54조【조성계획의 수립 등】 ① 관광지등을 관할하는 시장·군수·구청장은 조성계획을 작성하여 시·도지사의 승인을 받아야 한다. 이를 변경(대통령령으로 정하는 경미한 사항의 변경은 제외한다)하려는 경우에도 또한 같다. 다만, 관광단지를 개발하려는 공공기관 등 문화체육관광부령으로 정하는 공공법인 또는 민간개발자(이하 "관광단지개발자"라 한다)는 조성계획을 작성하여 대통령령으로 정하는 바에 따라 시·도지사의 승인을 받을 수 있다.(2011.4.5 단서개정)
② 시·도지사는 제1항에 따른 조성계획을 승인하거나 변경승인을 하고자 하는 때에는 관계 행정기관의 장과 협의하여야 한다. 이 경우 협의요청을 받은 관계 행정기관의 장은 특별한 사유가 없으면 그 요청을 받은 날부터 30일 이내에 의견을 제시하여야 한다.(2023.8.8 후단개정)
③ 시·도지사가 제1항에 따라 조성계획을 승인 또는 변경승인한 때에는 지체 없이 이를 고시하여야 한다.
(2007.7.19 본항개정)
④ 민간개발자가 관광단지를 개발하는 경우에는 제58조제13호 및 제61조를 적용하지 아니한다. 다만, 조성계획상의 조성 대상 토지면적 중 사유지의 3분의 2 이상을 취득한 경우 남은 사유지에 대하여는 그러하지 아니하다.
(2009.3.25 본문개정)
⑤ 제1항부터 제3항까지에도 불구하고 관광지등을 관할하는 특별자치시장 및 특별자치도지사는 관계 행정기관의 장과 협의하여 조성계획을 수립하고, 조성계획을 수립한 때에는 지체 없이 이를 고시하여야 한다.(2018.6.12 본항개정)
⑥ 제1항에 따라 조성계획의 승인을 받은 자(제5항에 따라 특별자치시장 및 특별자치도지사가 조성계획을 수립한 경우를 포함한다. 이하 "사업시행자"라 한다)가 아닌 자로서 조성계획을 시행하기 위한 사업(이하 "조성사업"이라 한다)을 하려는 자가 조성하려는 토지면적 중 사유지의 3분의 2 이상을 취득한 경우에는 대통령령으로 정하는 바에 따라 사업시행자(사업시행자가 관광단지개발자인 경우는 제외한다)에게 남은 사유지의 매수를 요청할 수 있다.(2019.12.3 본항신설)
제55조【조성계획의 시행】 ① 조성사업은 이 법 또는 다른 법령에 특별한 규정이 있는 경우 외에는 사업시행자가 행한다.(2019.12.3 본항개정)
② 제54조에 따라 조성계획의 승인을 받아 관광지등을 개발하려는 자가 관광지등의 개발 촉진을 위하여 조성계획의 승인 전에 대통령령으로 정하는 바에 따라 시·도지사의 승인을 받아 그 조성사업에 필요한 토지를 매입한 경우에는 사업시행자로서 토지를 매입한 것으로 본다.
(2018.12.11 본항개정)
③ 사업시행자가 아닌 자로서 조성사업을 하려는 자는 대통령령으로 정하는 기준과 절차에 따라 사업시행자가 특별자치시장·특별자치도지사·시장·군수·구청장인 경우에는 특별자치시장·특별자치도지사·시장·군수·구청장의 허가를 받아서 조성사업을 할 수 있고, 사업시행자가 관광단지개발자인 경우에는 관광단지개발자와 협의하여 조성사업을 할 수 있다.(2018.6.12 본항개정)
④ 사업시행자가 아닌 자로서 조성사업(시장·군수·구청장이 조성계획의 승인을 받은 사업만 해당한다. 이하 이 항에서 같다)을 시행하려는 자가 제15조제1항 및 제2항에 따라 사업계획의 승인을 받은 경우에는 제3항에도 불구하고 특별자치시장·특별자치도지사·시장·군수·구청장의 허가를 받지 아니하고 그 조성사업을 시행할 수 있다.(2018.6.12 본항개정)
⑤ 관광단지를 개발하려는 공공기관 등 문화체육관광부령으로 정하는 관광단지개발자는 필요하면 용지의 매수 업무와 손실보상 업무(민간개발자인 경우에는 제54조제4항 단서에 따라 남은 사유지를 수용하거나 사용하는 경우만 해당한다)를 대통령령으로 정하는 바에 따라 관할 지방자치단체의 장에게 위탁할 수 있다.(2011.4.5 본항개정)
제56조【관광지등 지정 등의 실효 및 취소 등】 ① 제52조에 따라 관광지등으로 지정·고시된 관광지등에 대하여 그 고시일부터 2년 이내에 제54조제1항에 따른 조성계획의 승인신청이 없으면 그 고시일부터 2년이 지난 다음 날에 그 관광지등 지정은 효력을 상실한다. 제2항에 따라 조성계획의 효력이 상실된 관광지등에 대하여 그 조성계획의 효력이 상실된 날부터 2년 이내에 새로운 조성계획의 승인신청이 없는 경우에도 또한 같다.(2011.4.5 본항개정)
② 제54조제1항에 따라 조성계획의 승인을 받은 관광지등 사업시행자(제55조제3항에 따른 조성사업을 하는 자를 포함한다)가 같은 조 제3항에 따라 조성계획의 승인고시일부터 2년 이내에 사업을 착수하지 아니하면 조성계획 승인고시일부터 2년이 지난 다음 날에 그 조성계획의 승인은 효력을 상실한다.(2011.4.5 본항개정)
③ 시·도지사는 제54조제1항에 따라 조성계획 승인을 받은 민간개발자가 사업 중단 등으로 환경·미관을 크게 해치거나 제49조제2항제4호의2에 따른 관광지 및 관광단지의 실적 평가 결과 조성사업의 완료가 어렵다고 판단되는 경우에는 조성계획의 승인을 취소하거나 이의 개선을 명할 수 있다.(2019.12.3 본항개정)
④ 시·도지사는 제1항과 제2항에도 불구하고 행정절차의 이행 등 부득이한 사유로 조성계획 승인신청 또는 사업 착수기한의 연장이 불가피하다고 인정되면 1년 이내의 범위에서 한 번만 그 기한을 연장할 수 있다.
⑤ 시·도지사는 제1항이나 제2항에 따라 지정 또는 승인의 효력이 상실된 경우 및 제3항에 따라 승인이 취소된 경우에는 지체 없이 그 사실을 고시하여야 한다.
(2011.4.5 본조제목개정)
제57조【공공시설의 우선 설치】 국가·지방자치단체 또는 사업시행자는 관광지등의 조성사업과 그 운영에 관련되는 도로, 전기, 상·하수도 등 공공시설을 우선하여 설치하도록 노력하여야 한다.
제57조의2【관광단지의 전기시설 설치】 ① 관광단지에 전기를 공급하는 자는 관광단지 조성사업의 시행자가 요청하는 경우 관광단지에 전기를 공급하기 위한 전기간선시설(電氣幹線施設) 및 배전시설(配電施設)을 관광단

지 조성계획에서 도시·군계획시설로 결정된 도로까지 설치하되, 구체적인 설치범위는 대통령령으로 정한다.
(2011.4.14 본항개정)
② 제1항에 따라 관광단지에 전기를 공급하는 전기간선시설 및 배전시설의 설치비용은 전기를 공급하는 자가 부담한다. 다만, 관광단지 조성사업의 시행자·입주기업·지방자치단체 등의 요청에 의하여 전기간선시설 및 배전시설을 땅속에 설치하는 경우에는 전기를 공급하는 자와 땅속에 설치할 것을 요청하는 자가 각각 100분의 50의 비율로 설치비용을 부담한다.
(2009.3.25 본조신설)
제58조【인·허가 등의 의제】 ① 제54조제1항에 따라 조성계획의 승인 또는 변경승인을 받거나 같은 조 제5항에 따라 특별자치시장 및 특별자치도지사가 조성계획을 수립한 경우 다음 각 호의 인·허가 등에 관하여 시·도지사가 인·허가 등의 관계 행정기관의 장과 미리 협의한 사항에 대해서는 해당 인·허가 등을 받거나 신고를 한 것으로 본다.(2023.5.16 본문개정)
1.「국토의 계획 및 이용에 관한 법률」제30조에 따른 도시·군관리계획(같은 법 제2조제4호다목의 계획 중 대통령령으로 정하는 시설 및 같은 호 마목의 계획 중 같은 법 제51조에 따른 지구단위계획구역의 지정 계획 및 지구단위계획만 해당한다)의 결정, 같은 법 제32조제2항에 따른 지형도면의 승인, 같은 법 제36조에 따른 용도지역 중 도시지역이 아닌 지역의 계획관리지역 지정, 같은 법 제37조에 따른 용도지구 중 개발진흥지구의 지정, 같은 법 제56조에 따른 개발행위의 허가, 같은 법 제86조에 따른 도시·군계획시설사업 시행자의 지정 및 같은 법 제88조에 따른 실시계획의 인가(2011.4.14 본호개정)
2.「수도법」제17조에 따른 일반수도사업의 인가 및 같은 법 제52조에 따른 전용 상수도설치시설의 인가
3.「하수도법」제16조에 따른 공공하수도 공사시행 등의 허가
4.「공유수면 관리 및 매립에 관한 법률」제8조에 따른 공유수면 점용·사용허가, 같은 법 제17조에 따른 점용·사용 실시계획의 승인 또는 신고, 같은 법 제28조에 따른 공유수면의 매립면허, 같은 법 제35조에 따른 국가 등이 시행하는 매립의 협의 또는 승인 및 같은 법 제38조에 따른 공유수면매립실시계획의 승인(2010.4.15 본호개정)
5. (2010.4.15 삭제)
6.「하천법」제30조에 따른 하천공사 등의 허가 및 실시계획의 인가, 같은 법 제33조에 따른 점용허가 및 실시계획의 인가
7.「도로법」제36조에 따른 도로관리청이 아닌 자에 대한 도로공사 시행의 허가 및 같은 법 제61조에 따른 도로의 점용 허가(2014.1.14 본호개정)
8.「항만법」제9조제2항에 따른 항만개발사업 시행의 허가 및 같은 법 제10조제2항에 따른 항만개발사업실시계획의 승인(2020.1.29 본호개정)
9.「사도법」제4조에 따른 사도개설의 허가
10.「산지관리법」제14조·제15조에 따른 산지전용허가 및 산지전용신고, 같은 법 제15조의2에 따른 산지일시사용허가·신고,「산림자원의 조성 및 관리에 관한 법률」제36조제1항·제5항 및 제45조제1항·제2항에 따른 입목벌채 등의 허가와 신고(2022.12.27 본호개정)
11.「농지법」제34조제1항에 따른 농지 전용허가
12.「자연공원법」제20조에 따른 공원사업 시행 및 공원시설관리의 허가와 같은 법 제23조에 따른 행위 허가
13.「공익사업을 위한 토지 등의 취득 및 보상에 관한 법률」제20조제1항에 따른 사업인정
14.「초지법」제23조에 따른 초지전용의 허가
15.「사방사업법」제20조에 따른 사방지 지정의 해제
16.「장사 등에 관한 법률」제8조제3항에 따른 분묘의 개장신고 및 같은 법 제27조에 따른 분묘의 개장허가
(2009.3.25 본호개정)
17.「폐기물관리법」제29조에 따른 폐기물 처리시설의 설치승인 또는 신고
18.「온천법」제10조에 따른 온천개발계획의 승인
19.「건축법」제11조에 따른 건축허가, 같은 법 제14조에 따른 건축신고, 같은 법 제20조에 따른 가설건축물 건축의 허가 또는 신고
(2009.3.25 18호~19호개정)
20. 제15조제1항에 따른 관광숙박업 및 제15조제2항에 따른 관광객 이용시설업·국제회의업의 사업계획 승인. 다만, 제15조에 따른 사업계획의 작성자와 제55조제1항에 따른 조성사업의 사업시행자가 동일한 경우에 한정한다.(2023.8.8 단서개정)
21.「체육시설의 설치·이용에 관한 법률」제12조에 따른 등록 체육시설업의 사업계획 승인. 다만, 제15조에 따른 사업계획의 작성자와 제55조제1항에 따른 조성사업의 사업시행자가 동일한 경우에 한정한다.(2023.8.8 단서개정)
22.「유통산업발전법」제8조에 따른 대규모점포의 개설등록(2011.4.5 본호신설)
23.「공간정보의 구축 및 관리 등에 관한 법률」제86조제1항에 따른 사업의 착수·변경의 신고(2018.6.12 본호신설)
② 시·도지사(제54조제5항에 따른 조성계획 수립의 경우에는 특별자치시장 및 특별자치도지사를 말한다)는 제1항 각 호의 인·허가 등이 포함되어 있는 조성계획을 승인·변경승인 또는 수립하려는 경우 미리 관계 행정기관의 장과 협의하여야 한다.(2023.5.16 본항개정)
③ 제1항 및 제2항에서 규정한 사항 외에 인·허가 등 의제의 기준 및 효과 등에 관하여는「행정기본법」제24조부터 제26조까지를 준용한다.(2023.5.16 본항개정)
제58조의2【준공검사】 ① 사업시행자가 관광지등 조성사업의 전부 또는 일부를 완료한 때에는 대통령령으로 정하는 바에 따라 지체 없이 시·도지사에게 준공검사를 받아야 한다. 이 경우 시·도지사는 해당 준공검사 시행에 관하여 관계 행정기관의 장과 미리 협의하여야 한다.
② 사업시행자가 제1항에 따라 준공검사를 받은 경우에는 제58조제1항 각 호에 규정된 인·허가 등에 따른 해당 사업의 준공검사 또는 준공인가 등을 받은 것으로 본다.
(2009.3.25 본조신설)
제58조의3【공공시설 등의 귀속】 ① 사업시행자가 조성사업의 시행으로「국토의 계획 및 이용에 관한 법률」제2조제13호에 따른 공공시설을 새로 설치하거나 기존의 공공시설에 대체되는 시설을 설치한 경우 그 귀속에 관하여는 같은 법 제65조를 준용한다. 이 경우 "행정청이 아닌 경우"는 "사업시행자인 경우"로 본다.
② 제1항에 따른 공공시설 등을 등기하는 경우에는 조성계획승인서와 준공검사증명서로써「부동산등기법」의 등기원인을 증명하는 서면을 갈음할 수 있다.
③ 제1항에 따라「국토의 계획 및 이용에 관한 법률」을 준용할 때 관리청이 불분명한 재산 중 도로·도랑 등에 대하여는 국토교통부장관을, 하천에 대하여는 환경부장관을, 그 밖의 재산에 대하여는 기획재정부장관을 관리청으로 본다.(2020.12.31 본항개정)
(2009.3.25 본조신설)
제59조【관광지등의 처분】 ① 사업시행자는 조성한 토지, 개발된 관광시설 및 지원시설의 전부 또는 일부를 매각하거나 임대하거나 타인에게 위탁하여 경영하게 할 수 있다.
② 제1항에 따라 토지·관광시설 또는 지원시설을 매수·임차하거나 그 경영을 수탁한 자는 그 토지나 관광시설 또는 지원시설에 관한 권리·의무를 승계한다.
제60조【「국토의 계획 및 이용에 관한 법률」의 준용】 조성계획의 수립, 조성사업의 시행 및 관광지등의 처분에 관하여는 이 법에 규정되어 있는 것 외에는「국토의 계획 및 이용에 관한 법률」제90조·제100조·제130조 및 제131조를 준용한다. 이 경우 "국토교통부장관 또는 시·도지사"는 "시·도지사"로, "실시계획"은 "조성계획"으로, "인가"는 "승인"으로, "도시·군계획시설사업의 시행지구"는 "관광지등"으로, "도시·군계획시설사업의 시행자"는 "사업시행자"로, "도시·군계획시설사업"은 "조성사업"으로, "국토교통부장관"은 "문화체육관광부장관"으로, "광역도시계획 또는 도시·군계획"은 "조성계획"으로 본다.(2013.3.23 후단개정)
제61조【수용 및 사용】 ① 사업시행자는 제55조에 따른 조성사업의 시행에 필요한 토지와 다음 각 호의 물건 또는 권리를 수용하거나 사용할 수 있다. 다만, 농업 용수권(用水權)이나 그 밖의 농지개량 시설을 수용 또는 사용하려는 경우에는 미리 농림축산식품부장관의 승인을 받아야 한다.(2013.3.23 단서개정)
1. 토지에 관한 소유권 외의 권리
2. 토지에 정착한 입목이나 건물, 그 밖의 물건과 이에 관한 소유권 외의 권리
3. 물의 사용에 관한 권리
4. 토지에 속한 토석 또는 모래와 조약돌
② 제1항에 따른 수용 또는 사용에 관한 협의가 성립되지 아니하거나 협의를 할 수 없는 경우에는 사업시행자는「공익사업을 위한 토지 등의 취득 및 보상에 관한 법률」제28조제1항에도 불구하고 조성사업 시행 기간에 재결(裁決)을 신청할 수 있다.
③ 제1항에 따른 수용 또는 사용의 절차, 그 보상 및 재결 신청에 관하여는 이 법에 규정되어 있는 것 외에는「공익사업을 위한 토지 등의 취득 및 보상에 관한 법률」을 적용한다.
제62조 (2009.3.25 삭제)
제63조【선수금】 사업시행자는 그가 개발하는 토지 또는 시설을 분양받거나 시설물을 이용하려는 자로부터 그 대금의 전부 또는 일부를 대통령령으로 정하는 바에 따라 미리 받을 수 있다.
제64조【이용자 분담금 및 원인자 부담금】 ① 사업시행자는 지원시설 건설비용의 전부 또는 일부를 대통령령으로 정하는 바에 따라 그 이용자에게 분담하게 할 수 있다.
② 지원시설 건설의 원인이 되는 공사 또는 행위가 있으면 사업시행자는 대통령령으로 정하는 바에 따라 그 공사 또는 행위의 비용을 부담하여야 할 자에게 그 비용의 전부 또는 일부를 부담하게 할 수 있다.
③ 사업시행자는 관광지등의 안에 있는 공동시설의 유지·관리 및 보수에 드는 비용의 전부 또는 일부를 대통령령으로 정하는 바에 따라 관광지등에서 사업을 경영하는 자에게 분담하게 할 수 있다.
④~⑤ (2023.5.16 삭제)
제64조의2【분담금 부과 처분 등에 대한 이의신청 특례】 ① 사업시행자는 제64조제1항에 따른 분담금 또는 같은 조 제2항에 따른 부담금 부과에 대한 이의신청을 받으면 그 신청을 받은 날부터 15일 이내에 이를 심의하여 그 결과를 신청인에게 서면으로 통지하여야 한다.
② 제1항에서 규정한 사항 외에 처분에 대한 이의신청에 관한 사항은「행정기본법」제36조(제2항 단서는 제외한다)에 따른다.
(2023.5.16 본조신설)
제65조【강제징수】 ① 제64조에 따라 이용자 분담금·원인자 부담금 또는 유지·관리 및 보수에 드는 비용을 내야 할 의무가 있는 자가 이를 이행하지 아니하면 사업시행자는 대통령령으로 정하는 바에 따라 그 지역을 관할하는 특별자치시장·특별자치도지사·시장·군수·구청장에게 그 징수를 위탁할 수 있다.
② 제1항에 따라 징수를 위탁받은 특별자치시장·특별자치도지사·시장·군수·구청장은 지방세 체납처분의 예에 따라 이를 징수할 수 있다. 이 경우 특별자치시장·특별자치도지사·시장·군수·구청장에게 징수를 위탁한 자는 특별자치시장·특별자치도지사·시장·군수·구청장이 징수한 금액의 100분의 10에 해당하는 금액을 특별자치시·특별자치도·시·군·구에 내야 한다.
(2018.6.12 본조개정)
제66조【이주대책】 ① 사업시행자는 조성사업의 시행에 따른 토지·물건 또는 권리를 제공함으로써 생활의 근거를 잃게 되는 자를 위하여 대통령령으로 정하는 내용이 포함된 이주대책을 수립·실시하여야 한다.
② 제1항에 따른 이주대책의 수립에 관하여는「공익사업을 위한 토지 등의 취득 및 보상에 관한 법률」제78조제2항·제3항과 제81조를 준용한다.
제67조【입장료 등의 징수와 사용】 ① 관광지등에서 조성사업을 하거나 건축, 그 밖의 시설을 한 자는 관광지등에 입장하는 자로부터 입장료를 징수할 수 있고, 관광시설을 관람하거나 이용하는 자로부터 관람료나 이용료를 징수할 수 있다.
② 제1항에 따른 입장료·관람료 또는 이용료의 징수 대상의 범위와 그 금액은 관광지등이 소재하는 지방자치단체의 조례로 정한다.(2020.6.9 본항개정)
③ 지방자치단체는 제1항에 따라 입장료·관람료 또는 이용료를 징수하면 이를 관광지등의 보존·관리와 그 개발에 필요한 비용에 충당하여야 한다.
④ 지방자치단체는 지역관광 활성화를 위하여 관광지등에서 조성사업을 하거나 건축, 그 밖의 시설을 한 자(국가 또는 지방자치단체는 제외한다)가 제1항에 따라 징수한 입장료·관람료 또는 이용료를「지역사랑상품권 이용 활성화에 관한 법률」제2조제1호에 따른 지역사랑상품권을 활용하여 관광객에게 환급하는 경우 조례로 정하는 바에 따라 환급한 입장료·관람료 또는 이용료의 전부 또는 일부에 해당하는 비용을 지원할 수 있다.(2023.10.31 본항신설)
제68조 (2009.3.25 삭제)
제69조【관광지등의 관리】 ① 사업시행자는 관광지등의 관리·운영에 필요한 조치를 하여야 한다.
② 사업시행자는 필요하면 관광사업자 단체 등에 관광지등의 관리·운영을 위탁할 수 있다.

제2절 관광특구

제70조【관광특구의 지정】 ① 관광특구는 다음 각 호의 요건을 모두 갖춘 지역 중에서 시장·군수·구청장의 신청(특별자치시 및 특별자치도의 경우는 제외한다)에 따라 시·도지사가 지정한다. 이 경우 관광특구로 지정하려는 대상지역이 같은 시·도 내에서 둘 이상의 시·군·구에 걸쳐 있는 경우에는 해당 시장·군수·구청장이 공동으로 지정을 신청하여야 하고, 둘 이상의 시·도에 걸쳐 있는 경우에는 해당 시장·군수·구청장이 공동으로 지정을 신청하고 해당 시·도지사가 공동으로 지정하여야 한다.(2018.12.24 후단신설)
1. 외국인 관광객 수가 대통령령으로 정하는 기준 이상일 것
2. 문화체육관광부령으로 정하는 바에 따라 관광안내시설, 공공편익시설 및 숙박시설 등이 갖추어져 외국인 관광객의 관광수요를 충족시킬 수 있는 지역일 것
(2008.2.29 본호개정)
3. 관광활동과 직접적인 관련성이 없는 토지의 비율이 대통령령으로 정하는 기준을 초과하지 아니할 것
(2019.12.3 본호개정)
4. 제1호부터 제3호까지의 요건을 갖춘 지역이 서로 분리되어 있지 아니할 것
(2007.7.19 본항개정)
② 제1항 각 호 외의 부분 전단에도 불구하고「지방자치법」제198조제2항제1호에 따른 인구 100만 이상 대도시(이하 "특례시"라 한다)의 시장은 관할 구역 내에서 제1항 각 호의 요건을 모두 갖춘 지역을 관광특구로 지정할 수 있다.(2022.5.3 본항신설)
③ 관광특구의 지정·취소·면적변경 및 고시에 관하여는 제52조제2항·제3항·제5항 및 제6항을 준용한다. 이 경우 "시·도지사"는 "시·도지사 또는 특례시의 시장"으로 본다.(2022.5.3 본항개정)
제70조의2【관광특구 지정을 위한 조사·분석】 제70조제1항 및 제2항에 따라 시·도지사 또는 특례시의 시장이 관광특구를 지정하려는 경우에는 같은 조 제1항 각 호의 요건을 갖추었는지 여부와 그 밖에 관광특구의 지

정에 필요한 사항을 검토하기 위하여 대통령령으로 정하는 전문기관에 조사·분석을 의뢰하여야 한다.(2022.5.3 본조개정)

제71조【관광특구의 진흥계획】 ① 특별자치시장·특별자치도지사·시장·군수·구청장은 관할 구역 내 관광특구를 방문하는 외국인 관광객의 유치 촉진 등을 위하여 관광특구진흥계획을 수립하고 시행하여야 한다.(2018.6.12 본항개정)

② 제1항에 따른 관광특구진흥계획에 포함될 사항 등 관광특구진흥계획 수립·시행에 필요한 사항은 대통령령으로 정한다.

제72조【관광특구에 대한 지원】 ① 국가나 지방자치단체는 관광특구를 방문하는 외국인 관광객의 관광 활동을 위한 편의 증진 등 관광특구 진흥을 위하여 필요한 지원을 할 수 있다.

② 문화체육관광부장관은 관광특구를 방문하는 관광객의 편리한 관광 활동을 위하여 관광특구 안의 문화·체육·숙박·상가·교통·주차시설로서 관광객 유치를 위하여 특히 필요하다고 인정되는 시설에 대하여 「관광진흥개발기금법」에 따라 관광진흥개발기금을 대여하거나 보조할 수 있다.(2019.12.3 본항개정)

제73조【관광특구에 대한 평가 등】 ① 시·도지사 또는 특례시의 시장은 대통령령으로 정하는 바에 따라 제71조에 따른 관광특구진흥계획의 집행 상황을 평가하고, 우수한 관광특구에 대하여는 필요한 지원을 할 수 있다.(2022.5.3 본항개정)

② 시·도지사 또는 특례시의 시장은 제1항에 따른 평가 결과 제70조에 따른 관광특구 지정 요건에 맞지 아니하거나 추진 실적이 미흡한 관광특구에 대하여는 대통령령으로 정하는 바에 따라 관광특구의 지정취소·면적조정·개선권고 등 필요한 조치를 하여야 한다.(2022.5.3 본항개정)

③ 문화체육관광부장관은 관광특구의 활성화를 위하여 관광특구에 대한 평가를 3년마다 실시하여야 한다.(2019.12.3 본항신설)

④ 문화체육관광부장관은 제3항에 따른 평가 결과 우수한 관광특구에 대하여는 필요한 지원을 할 수 있다.(2019.12.3 본항신설)

⑤ 문화체육관광부장관은 제3항에 따른 평가 결과 제70조에 따른 관광특구 지정 요건에 맞지 아니하거나 추진 실적이 미흡한 관광특구에 대하여는 대통령령으로 정하는 바에 따라 해당 시·도지사 또는 특례시의 시장에게 관광특구의 지정취소·면적조정·개선권고 등 필요한 조치를 할 것을 요구할 수 있다.(2022.5.3 본항개정)

⑥ 제3항에 따른 평가의 내용, 절차 및 방법 등에 필요한 사항은 대통령령으로 정한다.(2019.12.3 본항신설)

제74조【다른 법률에 대한 특례】 ① 관광특구 안에서는 「식품위생법」 제43조에 따른 영업제한에 관한 규정을 적용하지 아니한다.

② 관광특구 안에서 대통령령으로 정하는 관광사업자는 「건축법」 제43조에도 불구하고 연간 180일 이내의 기간 동안 해당 지방자치단체의 조례로 정하는 바에 따라 공개 공지(空地 : 공터)를 사용하여 외국인 관광객을 위한 공연 및 음식을 제공할 수 있다. 다만, 울타리를 설치하는 등 공중(公衆)이 해당 공개 공지를 사용하는 데에 지장을 주는 행위를 하여서는 아니 된다.(2017.3.21 본문개정)

③ 관광특구 관할 지방자치단체의 장은 관광특구의 진흥을 위하여 필요한 경우에는 시·도경찰청장 또는 경찰서장에게 「도로교통법」 제2조에 따른 차마(車馬) 또는 노면전차의 도로통행 금지 또는 제한 등의 조치를 하여줄 것을 요청할 수 있다. 이 경우 요청받은 시·도경찰청장 또는 경찰서장은 「도로교통법」 제6조에도 불구하고 특별한 사유가 없으면 지체 없이 필요한 조치를 하여야 한다.(2020.12.22 본항개정)

(2011.4.5 본조제목개정)

제6장 보 칙

제75조 (2007.7.19 삭제)

제76조【재정지원】 ① 문화체육관광부장관은 관광에 관한 사업을 하는 지방자치단체, 관광사업자 단체 또는 관광사업자에게 대통령령으로 정하는 바에 따라 보조금을 지급할 수 있다.(2008.2.29 본항개정)

② 지방자치단체는 그 관할 구역 안에서 관광에 관한 사업을 하는 관광사업자 단체 또는 관광사업자에게 조례로 정하는 바에 따라 보조금을 지급할 수 있다.

③ 국가 및 지방자치단체는 「국유재산법」, 「공유재산 및 물품 관리법」, 그 밖의 다른 법령에도 불구하고 관광지등의 사업시행자에 대하여 국유·공유 재산의 임대료를 대통령령으로 정하는 바에 따라 감면할 수 있다.(2011.4.5 본항신설)

제76조의2【감염병 확산 등에 따른 지원】 국가와 지방자치단체는 감염병 확산 등으로 관광사업자에게 경영상 중대한 위기가 발생한 경우 필요한 지원을 할 수 있다.(2021.8.10 본조신설)

제77조【청문】 관할 등록기관등의 장은 다음 각 호의 어느 하나에 해당하는 처분을 하려면 청문을 하여야 한다.

1. 제13조의2에 따른 국외여행 인솔자 자격의 취소(2019.12.3 본호신설)
2. 제24조제2항·제31조제2항 또는 제35조제1항에 따른 관광사업의 등록등이나 사업계획승인의 취소
3. 제40조에 따른 관광종사원 자격의 취소
4. 제48조의11에 따른 한국관광 품질인증의 취소(2018.3.13 본호신설)
5. 제56조제3항에 따른 조성계획 승인의 취소
6. 제80조제5항에 따른 카지노기구의 검사 등의 위탁 취소(2019.12.3 본호신설)

제78조【보고·검사】 ① 지방자치단체의 장은 문화체육관광부령으로 정하는 바에 따라 관광진흥정책의 수립·집행에 필요한 사항과 그 밖에 이 법의 시행에 필요한 사항을 문화체육관광부장관에게 보고하여야 한다.(2008.2.29 본항개정)

② 관할 등록기관등의 장은 관광진흥시책의 수립·집행 및 이 법의 시행을 위하여 필요하면 관광사업자 단체 또는 관광사업자에게 그 사업에 관한 보고를 하게 하거나 서류를 제출하도록 명할 수 있다.

③ 관할 등록기관등의 장은 관광진흥시책의 수립·집행 및 이 법의 시행을 위하여 필요하다고 인정하면 소속 공무원에게 관광사업자 단체 또는 관광사업자의 사무소·사업장 또는 영업소 등에 출입하여 장부·서류나 그 밖의 물건을 검사하게 할 수 있다.

④ 제3항의 경우 해당 공무원은 그 권한을 표시하는 증표를 지니고 이를 관계인에게 내보여야 한다.

제79조【수수료】 다음 각 호의 어느 하나에 해당하는 자는 문화체육관광부령으로 정하는 바에 따라 수수료를 내야 한다.(2008.2.29 본문개정)

1. 제4조제1항 및 제4항에 따라 여행업, 관광숙박업, 관광객 이용시설업 및 국제회의업의 등록 또는 변경등록을 신청하는 자(2009.3.25 본호개정)
2. 제5조제1항 및 제3항에 따라 카지노업의 허가 또는 변경허가를 신청하는 자
3. 제5조제2항부터 제4항까지의 규정에 따라 유원시설업의 허가 또는 변경허가를 신청하거나 유원시설업의 신고 또는 변경신고를 하는 자
4. 제6조에 따라 관광 편의시설업 지정을 신청하는 자
5. 제8조제4항 및 제6항에 따라 지위 승계를 신고하는 자(2018.6.12 본호개정)
6. 제15조제1항 및 제2항에 따라 관광숙박업, 관광객 이용시설업 및 국제회의업에 대한 사업계획의 승인 또는 변경승인을 신청하는 자
7. 제19조에 따라 관광숙박업의 등급 결정을 신청하는 자
8. 제23조제2항에 따라 카지노시설의 검사를 받으려는 자
9. 제25조제2항에 따라 카지노기구의 검정을 받으려는 자
10. 제25조제3항에 따라 카지노기구의 검사를 받으려는 자
11. 제33조제1항에 따라 안전성검사 또는 안전성검사 대상에 해당되지 아니함을 확인하는 검사를 받으려는 자
12. 제38조제2항에 따라 관광종사원 자격시험에 응시하려는 자
13. 제38조제2항에 따라 관광종사원의 등록을 신청하는 자
14. 제38조제4항에 따라 관광종사원 자격증의 재교부를 신청하는 자
15. (2018.12.11 삭제)
16. 제48조의10에 따라 한국관광 품질인증을 받으려는 자(2018.3.13 본호신설)

제80조【권한의 위임·위탁 등】 ① 이 법에 따른 문화체육관광부장관의 권한은 대통령령으로 정하는 바에 따라 그 일부를 시·도지사에게 위임할 수 있다.(2008.2.29 본항개정)

② 시·도지사(특별자치시장은 제외한다)는 제1항에 따라 문화체육관광부장관으로부터 위임받은 권한의 일부를 문화체육관광부장관의 승인을 받아 시장(「제주특별자치도 설치 및 국제자유도시 조성을 위한 특별법」 제11조제2항에 따른 행정시장을 포함한다)·군수·구청장에게 재위임할 수 있다.(2018.6.12 본항개정)

③ 문화체육관광부장관 또는 시·도지사 및 시장·군수·구청장은 다음 각 호의 권한의 전부 또는 일부를 대통령령으로 정하는 바에 따라 한국관광공사, 협회, 지역별·업종별 관광협회 및 대통령령으로 정하는 전문 연구·검사기관, 자격검정기관이나 교육기관에 위탁할 수 있다.(2018.12.11 본문개정)

1. 제6조에 따른 관광 편의시설업의 지정 및 제35조에 따른 지정 취소

1의2. 제13조제2항 및 제3항에 따른 국외여행 인솔자의 등록 및 자격증 발급(2011.4.5 본호신설)

2. 제19조제1항에 따른 관광숙박업의 등급 결정

2의2. (2018.3.13 삭제)

3. 제25조제3항에 따른 카지노기구의 검사
4. 제33조제1항에 따른 안전성검사 또는 안전성검사 대상에 해당되지 아니함을 확인하는 검사

4의2. 제33조제3항에 따른 안전관리자의 안전교육(2015.2.3 본호신설)

5. 제38조제2항에 따른 관광종사원 자격시험 및 등록
6. 제47조의7에 따른 사업의 수행(2018.12.24 본호신설)

6의2. 제47조의8제2항에 따른 사업의 수행(2021.6.15 본호신설)

7. 제48조의6제1항에 따른 문화관광해설사 양성을 위한 교육과정의 개설·운영(2018.12.11 본호개정)
8. 제48조의10 및 제48조의11에 따른 한국관광 품질인증 및 그 취소(2018.3.13 본호신설)
9. 제73조제3항에 따른 관광특구에 대한 평가(2019.12.3 본호신설)

④ 제3항에 따라 위탁받은 업무를 수행하는 한국관광공사, 협회, 지역별·업종별 관광협회 및 전문 연구·검사기관이나 자격검정기관의 임원 및 직원과 제23조제2항·제25조제2항에 따라 검사기관의 검사·검정 업무를 수행하는 임원 및 직원은 「형법」 제129조부터 제132조까지의 규정을 적용하는 경우 공무원으로 본다.(2008.6.5 본항개정)

⑤ 문화체육관광부장관 또는 특별시장·특별자치도지사·시장·군수·구청장은 제3항제3호 및 제4호에 따른 검사에 관한 권한을 위탁받은 자가 다음 각 호의 어느 하나에 해당하면 그 위탁을 취소하거나 6개월 이내의 기간을 정하여 업무의 전부 또는 일부의 정지를 명하거나 업무의 개선을 명할 수 있다. 다만, 제1호에 해당하는 경우에는 그 위탁을 취소하여야 한다.

1. 거짓이나 그 밖의 부정한 방법으로 위탁사업자로 선정된 경우
2. 거짓이나 그 밖의 부정한 방법으로 제25조제3항 또는 제33조제1항에 따른 검사를 수행한 경우
3. 정당한 사유 없이 검사를 수행하지 아니한 경우
4. 문화체육관광부령으로 정하는 위탁 요건을 충족하지 못하게 된 경우

(2019.12.3 본항신설)

⑥ 제5항에 따른 위탁 취소, 업무 정지의 기준 및 절차 등에 필요한 사항은 문화체육관광부령으로 정한다.(2019.12.3 본항신설)

제7장 벌 칙

제81조【벌칙】 다음 각 호의 어느 하나에 해당하는 자는 5년 이하의 징역 또는 5천만원 이하의 벌금에 처한다. 이 경우 징역과 벌금은 병과(倂科)할 수 있다.

1. 제5조제1항에 따른 카지노업의 허가를 받지 아니하고 카지노업을 경영한 자
2. 제28조제1항제1호 또는 제2호를 위반한 자

제82조【벌칙】 다음 각 호의 어느 하나에 해당하는 자는 3년 이하의 징역 또는 3천만원 이하의 벌금에 처한다. 이 경우 징역과 벌금은 병과할 수 있다.

1. 제4조제1항에 따른 등록을 하지 아니하고 여행업·관광숙박업(제15조제1항에 따라 사업계획의 승인을 받은 관광숙박업만 해당한다)·국제회의업 및 제3조제1항제3호나목의 관광객 이용시설업을 경영한 자(2009.3.25 본호개정)
2. 제5조제2항에 따른 허가를 받지 아니하고 유원시설업을 경영한 자
3. 제20조제1항 및 제2항을 위반하여 시설을 분양하거나 회원을 모집한 자
4. 제33조의2제3항에 따른 사용중지 등의 명령을 위반한 자(2015.5.18 본호신설)

제83조【벌칙】 ① 다음 각 호의 어느 하나에 해당하는 카지노사업자(제28조제1항 본문에 따른 종사원을 포함한다)는 2년 이하의 징역 또는 2천만원 이하의 벌금에 처한다. 이 경우 징역과 벌금은 병과할 수 있다.

1. 제5조제3항에 따른 변경허가를 받지 아니하거나 변경신고를 하지 아니하고 영업을 한 자
2. 제8조제4항을 위반하여 지위승계신고를 하지 아니하고 영업을 한 자
3. 제11조제1항을 위반하여 관광사업의 시설 중 부대시설 외의 시설을 타인에게 경영하게 한 자(2011.4.5 본호개정)
4. 제23조제2항에 따른 검사를 받아야 하는 시설을 검사를 받지 아니하고 이를 이용하여 영업을 한 자
5. 제25조제3항에 따른 검사를 받지 아니하거나 검사 결과 공인기준등에 맞지 아니한 카지노기구를 이용하여 영업을 한 자
6. 제25조제4항에 따른 검사합격증명서를 훼손하거나 제거한 자
7. 제28조제1항제3호부터 제8호까지의 규정을 위반한 자
8. 제35조제1항 본문에 따른 사업정지처분을 위반하여 사업정지 기간에 영업을 한 자
9. 제35조제1항 본문에 따른 개선명령을 위반한 자
10. 제35조제1항제19호를 위반한 자(2007.7.19 본호개정)
11. 제78조제2항에 따른 보고 또는 서류의 제출을 하지 아니하거나 거짓으로 보고를 한 자나 같은 조 제3항에 따른 관계 공무원의 출입·검사를 거부·방해하거나 기피한 자

② 제4조제1항에 따른 등록을 하지 아니하고 야영장업을 경영한 자는 2년 이하의 징역 또는 2천만원 이하의 벌금에 처한다. 이 경우 징역과 벌금은 병과할 수 있다.(2015.2.3 본항신설)

제84조【벌칙】 다음 각 호의 어느 하나에 해당하는 자는 1년 이하의 징역 또는 1천만원 이하의 벌금에 처한다.

1. 제5조제3항에 따른 유원시설업의 변경허가를 받지 아니하거나 변경신고를 하지 아니하고 영업을 한 자
2. 제5조제4항 전단에 따른 유원시설업의 신고를 하지 아니하고 영업을 한 자

2의2. 제13조제4항을 위반하여 자격증을 빌려주거나 빌린 자 또는 이를 알선한 자(2019.12.3 본호신설)

2의3. 거짓이나 그 밖의 부정한 방법으로 제25조제3항 또는 제33조제1항에 따른 검사를 수행한 자(2019.12.3 본호신설)

3. 제33조를 위반하여 안전성검사를 받지 아니하고 유기시설 또는 유기기구를 설치한 자
3의2. 거짓이나 그 밖의 부정한 방법으로 제33조제1항에 따른 검사를 받은 자(2019.12.3 본호신설)
4. 제34조제2항을 위반하여 유기시설·유기기구 또는 유기기구의 부분품(部分品)을 설치하거나 사용한 자
4의2. 제35조제1항제14호에 해당되어 관할 등록기관등의 장이 내린 명령을 위반한 자(2023.8.8 본호개정)
5. 제35조제1항제20호에 해당되어 관할 등록기관등의 장이 내린 개선명령을 위반한 자(2023.8.8 본호개정)
5의2. 제38조제8항을 위반하여 자격증을 빌려주거나 빌린 자 또는 이를 알선한 자(2019.12.3 본호신설)
5의3. 제52조의2제1항에 따른 허가 또는 변경허가를 받지 아니하고 같은 항에 규정된 행위를 한 자
5의4. 제52조의2제1항에 따른 허가 또는 변경허가를 거짓이나 그 밖의 부정한 방법으로 받은 자
5의5. 제52조의2제4항에 따른 원상회복명령을 이행하지 아니한 자
(2020.6.9 5호의3~5호의5신설)
6. 제55조제3항을 위반하여 조성사업을 한 자

제85조【양벌규정】 법인의 대표자나 법인 또는 개인의 대리인, 사용인, 그 밖의 종업원이 그 법인 또는 개인의 업무에 관하여 제81조부터 제84조까지의 어느 하나에 해당하는 위반행위를 하면 그 행위자를 벌하는 외에 그 법인 또는 개인에게도 해당 조문의 벌금형을 과(科)한다. 다만, 법인 또는 개인이 그 위반행위를 방지하기 위하여 해당 업무에 관하여 상당한 주의와 감독을 게을리하지 아니한 경우에는 그러하지 아니하다.(2010.3.17 본조개정)

제86조【과태료】 ① 다음 각 호의 어느 하나에 해당하는 자에게는 500만원 이하의 과태료를 부과한다.
(2019.12.3 본문개정)
1. 제33조의2제1항에 따른 통보를 하지 아니한 자
2. 제38조제6항을 위반하여 관광통역안내를 한 자
(2019.12.3 1호~2호신설)
② 다음 각 호의 어느 하나에 해당하는 자에게는 100만원 이하의 과태료를 부과한다.
1. (2011.4.5 삭제)
2. 제10조제3항을 위반한 자(2014.3.11 본호개정)
3. (2011.4.5 삭제)
4. 제28조제2항 전단을 위반하여 영업준칙을 지키지 아니한 자
4의2. 제33조제3항을 위반하여 안전교육을 받지 아니한 자(2015.2.3 본호신설)
4의3. 제33조제4항을 위반하여 안전관리자에게 안전교육을 받도록 하지 아니한 자(2015.2.3 본호신설)
4의4. (2019.12.3 삭제)
4의5. 제38조제7항을 위반하여 자격증을 달지 아니한 자
(2023.8.8 본호개정)
5. (2018.12.11 삭제)
6. 제48조의10제3항을 위반하여 인증표지 또는 이와 유사한 표지를 하거나 한국관광 품질인증을 받은 것으로 홍보한 자(2018.3.13 본호신설)
③ 제1항 및 제2항에 따른 과태료는 대통령령으로 정하는 바에 따라 관할 등록기관등의 장이 부과·징수한다.
(2015.5.18 본항개정)
④~⑤ (2009.3.25 삭제)

부 칙 (2011.4.5)

제1조【시행일】 이 법은 공포 후 3개월이 경과한 날부터 시행한다. 다만, 제30조제5항 및 제6항, 제35조제1항제17호, 제39조, 제54조제1항, 제55조제5항, 제64조제4항 및 제5항, 제80조제3항제6호, 제86조제1항(제5호는 제외한다)의 개정규정은 공포한 날부터 시행하고, 제2조제12호, 제13조, 제24조, 제31조, 제35조제2항제1호, 제48조의4부터 제48조의8까지, 제76조제3항, 제77조제2호의2, 제79조제15호, 제80조제3항제1호의2 및 같은 항 제7호, 제86조제1항제5호의 개정규정은 공포 후 6개월이 경과한 날부터 시행한다.

제2조【변경된 안전정보의 제공에 관한 적용례】 제14조제1항 후단의 개정규정은 이 법 시행 후 최초로 여행업자가 여행자와 계약을 체결하는 경우부터 적용한다.

제3조【관광단지 지정의 실효 등에 관한 특례】 제56조제1항의 개정규정을 적용할 때 이 법 시행 당시 이미 지정된 관광단지에 대하여는 "그 고시일"을 "이 법 시행일"로 보며, 같은 조 제2항의 개정규정을 적용할 때 이 법 시행 당시 이미 조성계획의 승인을 받은 관광단지에 대하여는 "조성계획의 승인고시일"을 "이 법 시행일"로 본다.

제4조【국외여행 인솔자 등록에 관한 경과조치】 ① 이 법 시행 당시 문화체육관광부장관으로부터 국외여행 인솔자의 자격인정증을 발급받은 자는 제13조제2항 및 제3항의 개정규정에 따라 문화체육관광부장관에게 등록하고 국외여행 인솔자 자격증을 발급받은 것으로 본다.
② 이 법 시행 당시 관광통역안내사 자격을 취득하고 내국인의 국외여행 인솔 업무에 종사하고 있는 자가 계속 그 업무에 종사하려면 이 법 시행 후 6개월 이내에 제13조제2항 및 제3항의 개정규정에 따라 문화체육관광부장관에게 등록하고 국외여행 인솔자 자격증을 발급받아야 한다.

제5조【안전성검사 실시기관 변경에 따른 경과조치】 이 법 시행 당시 종전의 규정에 따라 문화체육관광부장관이 실시하는 안전성검사를 받은 자는 제33조제1항의 개정규정에 따라 특별자치도지사·시장·군수·구청장이 실시하는 안전성검사를 받은 것으로 본다.

제6조【문화관광해설사 등에 대한 경과조치】 이 법 시행 당시 종전의 문화관광해설사 또는 문화유산해설사는 이 법에 따른 문화관광해설사의 자격을 부여받은 것으로 본다.

제7조【벌칙에 관한 경과조치】 이 법 시행 전의 행위에 대하여 벌칙을 적용할 때에는 종전의 규정에 따른다.

제8조【과태료에 관한 경과조치】 이 법 시행 전의 행위에 대하여 과태료를 적용할 때에는 종전의 규정에 따른다.

부 칙 (2015.12.22)

제1조【시행일】 이 법은 공포 후 3개월이 경과한 날부터 시행한다.

제2조【유효기간】 제16조제6항부터 제9항까지 및 제17조제3항제3호의 개정규정은 이 법 시행일부터 5년이 경과한 날까지 효력을 가진다.

제3조【학교환경위생 정화구역에서의 관광숙박시설 설치에 관한 적용례】 제16조제6항부터 제9항까지의 개정규정은 이 법 시행 후 사업계획의 승인 또는 변경승인을 받은 경우부터 적용한다.

제4조【등록 시의 신고·허가 의제 등에 관한 경과조치】 이 법 시행 당시 관광숙박업 및 관광객 이용시설업을 등록한 경우에는 제18조제1항제6호의 개정규정에도 불구하고 종전의 규정에 따른다.

부 칙 (2018.3.13)

제1조【시행일】 이 법은 공포 후 3개월이 경과한 날부터 시행한다.

제2조【우수숙박시설에 대한 경과조치】 이 법 시행 당시 종전의 규정에 따라 지정된 우수숙박시설에 대해서는 그 유효기간이 만료되는 날까지 종전의 규정에 따른 지원 및 지정 취소를 할 수 있다.

부 칙 (2018.6.12)

제1조【시행일】 이 법은 공포한 날부터 시행한다. 다만, 제31조제4항·제5항, 제52조제3항부터 제6항까지 및 제70조제2항의 개정규정은 공포 후 1개월이 경과한 날부터 시행한다.

제2조【유원시설업의 조건부 영업허가의 조건 이행 신고에 관한 적용례】 제31조제4항 및 제5항의 개정규정은 같은 개정규정 시행 후 유원시설업의 조건부 영업허가의 조건 이행 신고를 하는 경우부터 적용한다.

제3조【관광지등의 지정 협의에 관한 적용례】 제52조제3항 및 제4항의 개정규정은 같은 개정규정 시행 후 시·도지사가 관광지등의 지정을 위하여 문화체육관광부장관 및 관계 행정기관의 장에게 협의를 요청하는 경우부터 적용한다.

제4조【다른 법률에 따른 인·허가 등의 의제에 관한 적용례】 제58조제1항제23호의 개정규정은 이 법 시행 후 최초로 시·도지사가 조성계획을 승인 또는 변경승인하거나 특별자치시장 및 특별자치도지사가 조성계획을 수립하는 경우부터 적용한다.

제5조【다른 법률의 개정】 ※(해당 법령에 가제정리 하였음)

부 칙 (2018.12.11)

제1조【시행일】 이 법은 공포 후 6개월이 경과한 날부터 시행한다. 다만, 제48조의6, 제48조의7, 제48조의8제1항, 제77조제2호의2, 제79조제15호, 제80조제3항, 제86조제2항제5호의 개정규정은 2019년 1월 1일부터 시행하고, 제17조의 개정규정 및 부칙 제2조는 공포한 날부터 시행한다.

제2조【문화관광해설사 양성교육과정 등의 인증에 관한 경과조치】 부칙 제1조 단서에 따른 시행일 당시 종전의 규정에 따라 받은 문화관광해설사 양성교육과정 등의 인증이 유효기간 중에 있는 경우에는 종전의 제48조의6제5항에도 불구하고 그 유효기간을 그 인증을 받은 날부터 2018년 12월 31일까지로 한다.

제3조【과태료에 관한 경과조치】 부칙 제1조 단서에 따른 시행일 전의 행위에 대하여 과태료를 적용할 때에는 종전의 제86조제2항제5호에 따른다.

제4조【다른 법률의 개정】 ※(해당 법령에 가제정리 하였음)

부 칙 (2019.12.3)

제1조【시행일】 이 법은 공포한 날부터 시행한다. 다만, 제48조의3, 제54조제6항, 제70조의2, 제73조, 제77조제6호, 제80조제3항제9호·제5항·제6항, 제84조 및 제86조의 개정규정은 공포 후 6개월이 경과한 날부터 시행한다.

제2조【관광종사원 자격시험에 관한 적용례】 제38조제5항의 개정규정은 이 법 시행 후 관광종사원 자격시험을 실시하는 경우부터 적용한다.

부 칙 (2020.12.22 법17704호)

제1조【시행일】 이 법은 공포 후 6개월이 경과한 날부터 시행한다. 다만, 제11조의2의 개정규정은 공포 후 1개월이 경과한 날부터 시행한다.

제2조【신고사항 직권 말소·취소에 관한 적용례】 제8조제9항 및 제10항의 개정규정은 이 법 시행 후 관광사업자가 「부가가치세법」 제8조에 따라 관할 세무서장에게 폐업신고를 하거나 관할 세무서장이 사업자등록을 말소한 경우부터 적용한다.

부 칙 (2021.4.13)

이 법은 공포 후 6개월이 경과한 날부터 시행한다.

부 칙 (2021.6.15)

이 법은 공포 후 3개월이 경과한 날부터 시행한다.

부 칙 (2021.8.10)

이 법은 공포한 날부터 시행한다.

부 칙 (2022.5.3)

제1조【시행일】 이 법은 공포 후 1년이 경과한 날부터 시행한다.

제2조【다른 법률의 개정】 ※(해당 법령에 가제정리 하였음)

부 칙 (2022.9.27)

이 법은 공포한 날부터 시행한다.

부 칙 (2022.12.27)

제1조【시행일】 이 법은 공포 후 6개월이 경과한 날부터 시행한다.(이하 생략)

부 칙 (2023.3.21)

이 법은 공포 후 3개월이 경과한 날부터 시행한다. 다만, 제45조제3항의 개정규정은 공포 후 6개월이 경과한 날부터 시행한다.

부 칙 (2023.5.16)

제1조【시행일】 이 법은 공포한 날부터 시행한다.

제2조【이의신청에 관한 일반적 적용례】 이의신청에 관한 개정규정은 이 법 시행 이후 하는 처분부터 적용한다.

제3조【「관광진흥법」의 개정에 관한 적용례】 ① 사업계획의 승인, 관광숙박업 등의 등록 또는 조성계획의 승인 등의 경우 허가 등의 의제를 위한 행정청 간 협의기간 및 협의 간주에 관한 사항은 이 법 시행 이후 허가 등의 의제에 관한 협의를 요청하는 경우부터 적용한다.
② 「관광진흥법」 제35조제5항의 개정규정에 따른 사실 통보에 관한 사항은 이 법 시행 이후 등록등을 취소하거나 사업의 전부 또는 일부의 정지를 명한 경우부터 적용한다.

제4조부터 **제7조**까지 생략

부 칙 (2023.6.20)

이 법은 공포 후 6개월이 경과한 날부터 시행한다.

부 칙 (2023.7.25)

제1조【시행일】 이 법은 공포 후 6개월이 경과한 날부터 시행한다.(이하 생략)

부 칙 (2023.8.8 법19586호)

이 법은 공포 후 6개월이 경과한 날부터 시행한다.

부 칙 (2023.8.8 법19592호)

이 법은 공포한 날부터 시행한다.

부 칙 (2023.10.31)

이 법은 공포 후 6개월이 경과한 날부터 시행한다.

부 칙 (2024.1.23)

이 법은 공포한 날부터 시행한다.

財經一般編

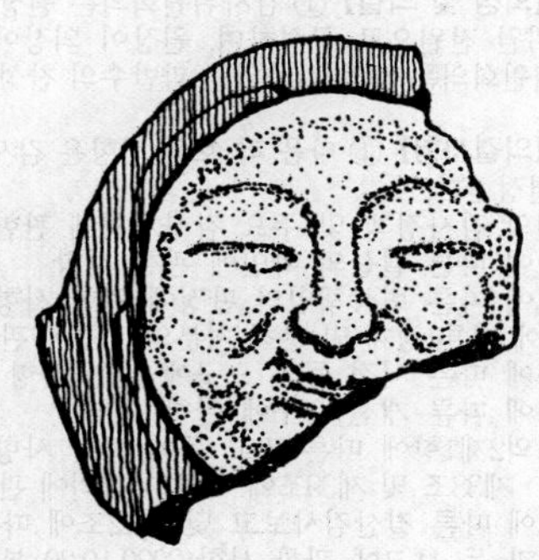

新羅 興輪寺址出土 숫막새(紋樣)

감사원법

(1963년 12월 13일
법 률 제1495호)

개정
1970.12.31법 2245호 1973. 1.25법 2446호
1995. 1. 5법 4937호
1999. 1.21법 5681호(국가정보원법)
1999. 8.31법 5998호
1999.12.31법 6101호(기금관리기본법)
2002. 1.19법 6622호(국가공무원)
2004. 3. 5법 7176호
2005. 3.31법 7427호(민법)
2005. 5.26법 7521호
2006.10. 4법 8050호(국가재정법)
2006.12.28법 8132호
2007. 8. 3법 8635호(자본시장금융투자업)
2008. 2.29법 8875호 2009. 1.30법 9399호
2012. 1.17법11206호
2012.12.11법11530호(국가공무원)
2013. 3.23법11690호(정부조직)
2014. 1. 7법12222호
2014.11.19법12844호(정부조직)
2015. 2. 3법13204호 2020.10.20법17560호

제1장 조 직
(2009.1.30 본장개정)

제1절 총 칙

제1조【목적】 이 법은 감사원의 조직, 직무 범위, 감사위원의 임용자격, 감사 대상 기관 및 공무원의 범위와 그 밖에 필요한 사항을 규정함을 목적으로 한다.

제2조【지위】 ① 감사원은 대통령에 소속하되, 직무에 관하여는 독립의 지위를 가진다.
② 감사원 소속 공무원의 임용, 조직 및 예산의 편성에 있어서는 감사원의 독립성이 최대한 존중되어야 한다.
(2020.10.20 본항개정)

제3조【구성】 감사원은 감사원장(이하 "원장"이라 한다)을 포함한 7명의 감사위원으로 구성한다.

제4조【원장】 ① 원장은 국회의 동의를 받아 대통령이 임명한다.
② 원장은 감사원을 대표하며 소속 공무원을 지휘하고 감독한다.
③ 원장이 궐위(闕位)되거나 사고(事故)로 인하여 직무를 수행할 수 없을 때에는 감사위원으로 최장기간 재직한 감사위원이 그 권한을 대행한다. 다만, 재직기간이 같은 감사위원이 2명 이상인 경우에는 연장자가 그 권한을 대행한다.(2020.10.20 본항개정)
④ 원장의 자문에 응하게 하기 위하여 감사원에 자문기관을 둘 수 있다.
⑤ 제4항에 따른 자문기관의 구성 및 운영에 관한 사항은 감사원규칙으로 정한다.

제2절 감사위원

제5조【임명 및 보수】 ① 감사위원은 원장의 제청으로 대통령이 임명한다.
② 감사위원은 정무직으로 하고 그 보수는 차관의 보수와 같은 액수로 한다. 다만, 원장인 감사위원의 보수는 국무총리의 보수와 국무위원의 보수의 범위에서 대통령령으로 정한다.

제6조【임기 및 정년】 ① 감사위원의 임기는 4년으로 한다.
② 감사위원의 정년은 65세로 한다. 다만, 원장인 감사위원의 정년은 70세로 한다.

제7조【임용자격】 감사위원은 다음 각 호의 어느 하나에 해당하는 사람 중에서 임명한다.
1.「국가공무원법」 제2조의2에 따른 고위공무원단(제17조의2에 따른 고위감사공무원단을 포함한다)에 속하는 공무원 또는 3급 이상 공무원으로 8년 이상 재직한 사람
2. 판사·검사·군법무관 또는 변호사로 10년 이상 재직한 사람
3. 공인된 대학에서 부교수 이상으로 8년 이상 재직한 사람
4.「자본시장과 금융투자업에 관한 법률」 제9조제15항제3호에 따른 주권상장법인 또는 「공공기관의 운영에 관한 법률」 제5조에 따른 공기업이나 이에 상당하다고 인정하여 감사원규칙으로 정하는 기관에서 20년 이상 근무한 사람으로서 임원으로 5년 이상 재직한 사람
(2020.10.20 본호개정)

제8조【신분보장】 ① 감사위원은 다음 각 호의 어느 하나에 해당하는 경우가 아니면 본인의 의사에 반하여 면직되지 아니한다.
1. 탄핵결정이나 금고 이상의 형의 선고를 받았을 때
2. 장기(長期)의 심신쇠약으로 직무를 수행할 수 없게 된 때
② 제1항제1호의 경우에는 당연히 퇴직되며, 같은 항 제2호의 경우에는 감사위원회의의 의결을 거쳐 원장의 제청으로 대통령이 퇴직을 명한다.

제9조【겸직 등의 금지】 감사위원은 재직 중 다음 각 호의 어느 하나의 직을 겸하거나 영리를 목적으로 하는 사업을 할 수 없다.
1. 국회 또는 지방의회의 의원의 직
2. 행정부서의 공무원의 직
3. 이 법에 따라 감사의 대상이 되는 단체의 임직원의 직
4. 그 밖에 보수를 받는 직

제10조【정치운동의 금지】 감사위원은 정당에 가입하거나 정치운동에 관여할 수 없다.

제3절 감사위원회의

제11조【의장 및 의결】 ① 감사위원회의는 원장을 포함한 감사위원 전원으로 구성하며, 원장이 의장이 된다.
② 감사위원회의는 재적 감사위원 과반수의 찬성으로 의결한다.

제12조【의결사항】 ① 다음 각 호의 사항은 감사위원회의에서 결정한다.
1. 감사원의 감사정책 및 주요 감사계획에 관한 사항
2. 제21조에 따른 결산의 확인에 관한 사항
3. 제31조에 따른 변상책임의 판정에 관한 사항
4. 제32조에 따른 징계 및 문책 처분의 요구에 관한 사항
5. 제33조에 따른 시정 등의 요구에 관한 사항
6. 제34조에 따른 개선 요구에 관한 사항
7. 제34조의2제1항에 따른 권고 등에 관한 사항
8. 제36조·제38조 및 제39조에 따른 재심의에 관한 사항
9. 제41조에 따른 결산검사보고 및 제42조에 따른 중요 감사 결과 등 보고에 관한 사항(2020.10.20 본호개정)
10. 제46조에 따른 심사청구결정에 관한 사항
11. 제49조에 따른 의견 표시 등에 관한 사항
12. 감사원규칙의 제정 및 개정·폐지에 관한 사항
13. 감사원의 예산 요구 및 결산에 관한 사항
14. 제28조에 따른 감사의 생략에 관한 사항
15. 제50조의2에 따른 감사사무의 대행에 관한 사항
16. 그 밖에 원장이 회의에 부친 사항
② 제1항제5호·제7호·제8호·제10호 및 제11호의 사항 중 경미한 것으로서 감사원규칙으로 정하는 사항은 원장이 처리한다.

제12조의2【분과위원회 등】 ① 감사위원회의에는 분과위원회 및 소위원회를 둘 수 있다.
② 제1항에 따른 분과위원회 및 소위원회의 구성과 운영에 관한 사항은 감사원규칙으로 정한다.

제13조【의안의 작성 등】 ① 사무총장은 원장의 명을 받아 의안(議案)을 작성하고 감사위원회의에 출석하여 의안을 설명하고 의견을 진술하며 회의에 관한 사무를 처리한다.
② 의안과 관계있는 직원은 감사위원회의의 승인을 받아 감사위원회의에 출석하여 의견을 진술할 수 있다.

제13조의2【관계인의 진술권】 감사위원회의는 제12조제1항제3호 및 제8호의 사항을 심의하려는 경우에는 감사원규칙으로 정하는 바에 따라 상대방 및 그 밖의 관계인에게 서면, 전자문서 또는 구술로 의견을 진술할 기회를 주어야 한다.

제14조【증인과 감정인】 ① 감사위원회의는 심의에 필요하다고 인정하면 관계인 또는 증인을 출석시켜 신문(訊問)할 수 있으며, 학식·경험이 있는 자에게 감정(鑑定)을 위촉할 수 있다.
② 제1항의 증인 또는 감정인에 관하여는 「형사소송법」 제1편제12장 및 제13장을 각각 준용한다. 다만, 같은 법 제151조와 구인(拘引)에 관한 규정은 준용하지 아니한다.

제15조【감사위원의 제척】 ① 감사위원은 다음 각 호의 사항에 관한 심의에 관여할 수 없다.
1. 자기와 관계있는 사항
2. 친족관계가 있거나 또는 이러한 관계가 있었던 사람과 관계있는 사항
3. 감사위원이 해당 안건과 관계있는 사람의 증인 또는 감정인으로 된 사항
4. 감사위원이 감사위원으로 임명되기 전에 조사 또는 검사에 관여한 사항
② 감사위원이 탄핵소추의 의결을 받았거나 형사재판에 계속(係屬)되었을 때에는 그 탄핵의 결정 또는 재판이 확정될 때까지 그 권한 행사가 정지된다.

제4절 사무처

제16조【직무 및 조직】 ① 원장의 지휘·감독하에 회계검사, 감찰, 심사결정 및 감사원에 관한 행정사무를 처리하기 위하여 감사원에 사무처를 둔다.
② 사무처에 실장·국장을 두되 필요한 경우에는 그 밑에 감사원규칙으로 정하는 보조기관을 둘 수 있다. 이 경우 실장·국장의 명칭은 감사원규칙으로 정하는 바에 따라 본부장·단장·부장·팀장 등으로 다르게 정할 수 있으며, 명칭을 다르게 정한 보조기관은 이 법을 적용할 때 실장·국장으로 본다.
③ 제2항에 따른 실장·국장, 그 밖의 보조기관의 설치와 사무분장은 감사원규칙으로 정한다.
④ 원장·사무총장·실장·국장 밑에 정책의 기획, 계획의 입안, 연구·조사, 심사·평가 및 홍보 등을 통하여 그를 보좌하는 보좌기관을 감사원규칙으로 정하는 바에 따라 둘 수 있다.

제16조의2【개방형 직위】 ① 원장은 다음 각 호의 어느 하나의 직위에 대하여는 개방형 직위로 지정하여 운영할 수 있다. 다만, 감사원규칙에 따라 고위감사공무원단에 속하는 공무원으로 임명할 수 있는 직위(실장·국장 밑에 두는 보조기관은 제외한다) 중 「국가공무원법」 제26조의5에 따른 임기제공무원으로도 임명할 수 있는 직위는 개방형 직위로 본다.(2012.12.11 단서개정)
1. 전문성이 특히 요구되어 공직 내부 또는 외부에서 적격자를 임용할 필요가 있는 직위
2. 효율적인 업무수행을 위하여 공직 내부 또는 외부에서 적격자를 임용할 필요가 있는 직위
② 원장은 제1항에 따른 개방형 직위에 대하여는 직위별로 직무의 내용·특성 등을 고려하여 직무수행 요건을 설정하고 그 요건을 갖춘 사람을 임용하거나 임용제청하여야 한다.
③ 개방형 직위를 지정 또는 변경하거나 직위별 직무수행 요건을 설정 또는 변경하려는 경우에는 감사위원회의의 의결을 거쳐야 한다.
④ 개방형 직위의 운영 등에 관하여 필요한 사항은 감사원규칙으로 정한다.

제16조의3【공모 직위】 ① 원장은 업무를 효율적으로 수행하기 위하여 감사원 내부 또는 외부의 공무원 중 적격자를 임용할 필요가 있는 직위는 공모 직위로 지정하여 운영할 수 있다.
② 원장은 제1항에 따른 공모 직위에 대하여는 직위별로 직무의 내용·특성 등을 고려하여 직무수행 요건을 설정하고 그 요건을 갖춘 사람을 임용하거나 임용제청하여야 한다.
③ 공모 직위를 지정 또는 변경하거나 직위별 직무수행 요건을 설정 또는 변경하려는 경우에는 감사위원회의의 의결을 거쳐야 한다.
④ 공모 직위의 운영 등에 관하여 필요한 사항은 감사원규칙으로 정한다.

제17조【직원】 ① 사무처에 사무총장 1명, 사무차장 2명과 그 밖에 필요한 직원을 둔다.
② 직원의 정원은 예산의 범위에서 대통령의 승인을 받아 감사원규칙으로 정한다.

제17조의2【고위감사공무원단의 구성·운영】 ① 고위감사공무원의 인사관리를 효율적으로 함으로써 감사의 전문성과 책임성을 높이기 위하여 고위감사공무원단을 구성한다.
② "고위감사공무원단"이란 다음 각 호의 군(群)을 말한다.
1. 직무의 곤란성과 책임도가 높은 감사원 사무차장·감사교육원장·감사연구원장·실장·국장
2. 제1호에 상당하는 보좌기관
3. 감사원규칙으로 고위감사공무원단에 속하는 공무원으로 임명하도록 정한 직위에 임용되어 재직 중이거나 파견·휴직 등으로 인사관리되고 있는 일반직공무원·별정직공무원(2012.12.11 본호개정)
③ 원장은 고위감사공무원단에 속하는 공무원의 능력과 자질을 설정하고 이를 기준으로 고위감사공무원단 직위에 임용되려는 공무원을 평가하여 고위감사공무원단 직위에의 신규채용, 승진임용 등 인사관리에 활용할 수 있다.
④ 제2항에 따른 인사관리의 구체적 범위, 제3항에 따른 능력과 자질의 내용, 평가대상자의 범위, 평가방법 및 평가 결과의 활용 등에 관하여 필요한 사항은 감사원규칙으로 정한다.
⑤ 제1항 및 제2항에 따라 구성된 고위감사공무원단에 대하여 이 법에 특별한 규정이 있는 경우를 제외하고는 「국가공무원법」의 고위공무원단 관련 규정을 준용한다. 이 경우 "고위공무원단"은 "고위감사공무원단"으로 본다.

제17조의3【적격심사】 ① 고위감사공무원단에 속하는 일반직공무원은 다음 각 호의 어느 하나에 해당하는 경우에는 고위감사공무원으로서 적격한지 여부를 심사(이하 "적격심사"라 한다)를 받아야 한다.
1. (2020.10.20 삭제)
2. 근무성적평정에서 최하위 등급의 평정을 총 2년 이상 받은 경우(2020.10.20 본호개정)
3. 감사원규칙으로 정하는 정당한 사유 없이 직위를 부여받지 못한 기간이 총 1년이 된 경우(2020.10.20 본호개정)
4. 다음 각 목의 경우에 모두 해당할 경우

가. 근무성적평정에서 최하위 등급의 평정을 1년 이상 받은 경우
나. 감사원규칙으로 정하는 정당한 사유 없이 6개월 이상 직위를 부여받지 못한 경우
(2020.10.20 본호신설)
5. 제3항 단서에 따른 교육훈련 또는 연구과제 등의 평가 결과가 미흡한 경우(2020.10.20 본호신설)
② 적격심사는 제1항 각 호의 어느 하나에 해당하게 된 경우부터 6개월 이내에 실시하여야 한다.(2020.10.20 본항개정)
③ 적격심사는 근무성적, 능력 및 자질에 대한 평정에 따르되, 고위감사공무원의 직무를 계속 수행하는 것이 곤란하다고 판단되는 사람을 부적격자로 결정한다. 다만, 교육훈련 또는 연구과제 등을 통하여 근무성적 및 능력의 향상이 기대되는 사람은 조건부 적격자로 결정할 수 있다. (2020.10.20 본항개정)
④ 제3항 단서에 따른 조건부 적격자의 교육훈련 및 연구과제 등에 관한 평가 방법·절차 등 필요한 사항은 감사원규칙으로 정한다.(2020.10.20 본항신설)
⑤ 적격심사를 위하여 감사원에 고위감사공무원단 적격심사위원회를 둔다.
⑥ 고위감사공무원단 적격심사위원회는 감사원 소속 정무직공무원, 고위감사공무원단에 속하는 공무원, 원장이 위촉하는 외부 인사 등 5명 이상으로 구성하며 위원장은 감사원 소속 정무직공무원 중 원장이 지명한 사람이 된다. (2020.10.20 본항개정)
⑦ 고위감사공무원단 적격심사위원회의 구성·운영 및 적격심사 결과의 활용 등에 관하여 필요한 사항은 감사원규칙으로 정한다.

제18조【직원의 임용】 ① 사무총장, 고위감사공무원단에 속하는 공무원 및 4급 이상의 공무원은 감사위원회의의 의결을 거쳐 원장의 제청으로 대통령이 임용한다. 다만, 전보·파견·휴직·복직 등 감사원규칙으로 정하는 사항에 대해서는 감사위원회의의 의결을 거치지 아니한다. (2020.10.20 본항개정)
② 5급 공무원은 원장의 제청으로 대통령이 임용하며, 6급 이하의 공무원은 원장이 행한다.(2020.10.20 본항개정)
③ 대통령은 제1항 및 제2항에 따른 임용권의 일부를 원장에게 위임할 수 있다. 이 경우 위임의 범위에 대해서는 「국가공무원법」 제32조제3항 및 공무원 임용 관계 법령을 준용한다.(2020.10.20 본항신설)
④ 감사원 소속 직원의 인사사무감사는 「국가공무원법」 제17조제1항에도 불구하고 원장의 명을 받아 사무총장이 실시하고, 감사 결과는 감사원이 정하는 바에 따라 처리한다.
(2020.10.20 본조제목개정)

제18조의2【징계위원회의 설치 등】 ① 감사원 소속 직원의 징계처분을 의결하기 위하여 감사원에 징계위원회를 두되, 징계위원회의 구성, 종류, 권한, 심의절차, 그 밖에 필요한 사항은 감사원규칙으로 정한다.
② 직원의 징계는 징계위원회의 의결을 거쳐 원장이 한다. 다만, 고위감사공무원단에 속하는 공무원 또는 5급 이상의 직원에 대한 파면 및 해임은 징계위원회의 의결을 거쳐 원장의 제청으로 대통령이 하되, 제18조제3항에 따라 그 권한을 원장에게 위임할 수 있다.(2020.10.20 단서개정)

제19조【사무총장 및 사무차장】 ① 사무총장은 정무직으로, 사무차장은 일반직으로 한다.(2015.2.3 본항개정)
② 사무총장은 원장의 명을 받아 사무처의 사무를 관장하며 소속 직원을 지휘하고 감독한다.
③ 사무차장은 사무총장을 보좌하고 사무총장이 사고로 인하여 직무를 수행할 수 없을 때에는 그 직무를 대행한다.
④ 사무총장의 봉급은 차관의 봉급과 같은 액수로 하고, 사무차장의 봉급은 차관보의 봉급과 같은 액수로 한다.

제5절 감사교육원

제19조의2【직무 및 조직】 ① 감사원 소속 직원 및 이 법에 따른 감사대상 기관의 감사 또는 회계업무 종사자에 대한 교육을 위하여 감사원에 감사교육원을 둔다.
② 감사교육원의 조직과 운영에 필요한 사항은 감사원규칙으로 정한다.

제19조의3【직원】 ① 감사교육원에 교육원장 1명과 그 밖에 필요한 직원을 둔다.
② 교육원장은 고위감사공무원단에 속하는 일반직공무원으로 임명한다.
③ 직원의 정원·임용 등에 관하여는 제16조의2, 제16조의3, 제17조제2항 및 제18조제1항·제2항을 준용한다. (2020.10.20 본항개정)

제6절 감사연구원

제19조의4【직무 및 조직】 ① 감사대상 기관의 주요 정책·사업·기관운영 등의 회계검사, 성과감사 및 직무감찰과 관련된 감사제도 및 방법 등을 연구하고 개발하기 위하여 감사원에 감사연구원을 둔다.
② 감사연구원은 각종 감사제도와 방법에 관한 조사·연구 등 감사 인프라의 구축에 관한 지원을 할 수 있다.
③ 감사연구원의 조직과 운영에 필요한 사항은 감사원규칙으로 정한다.

제19조의5【직원】 ① 감사연구원에 연구원장 1명과 그 밖에 필요한 직원을 둔다.
② 연구원장은 고위감사공무원단에 속하는 일반직공무원으로 임명한다.(2012.12.11 본항개정)
③ 직원의 정원·임용 등에 관하여는 제16조의2, 제16조의3, 제17조제2항 및 제18조제1항·제2항을 준용한다. (2020.10.20 본항개정)

제2장 권 한
(2009.1.30 본장개정)

제1절 총 칙

제20조【임무】 감사원은 국가의 세입·세출의 결산검사를 하고, 이 법 및 다른 법률에서 정하는 회계를 상시 검사·감독하여 그 적정을 기하며, 행정기관 및 공무원의 직무를 감찰하여 행정 운영의 개선과 향상을 기한다.

제2절 결산의 확인 및 회계검사의 범위

제21조【결산의 확인】 감사원은 회계검사의 결과에 따라 국가의 세입·세출의 결산을 확인한다.

제22조【필요적 검사사항】 ① 감사원은 다음 각 호의 사항을 검사한다.
1. 국가의 회계
2. 지방자치단체의 회계
3. 한국은행의 회계와 국가 또는 지방자치단체가 자본금의 2분의 1 이상을 출자한 법인의 회계
4. 다른 법률에 따라 감사원의 회계검사를 받도록 규정된 단체 등의 회계
② 제1항과 제23조에 따른 회계검사에는 수입과 지출, 재산(물품·유가증권·권리 등을 포함한다)의 취득·보관·관리 및 처분 등의 검사를 포함한다.

제23조【선택적 검사사항】 감사원은 필요하다고 인정하거나 국무총리의 요구가 있는 경우에는 다음 각 호의 사항을 검사할 수 있다.
1. 국가기관 또는 지방자치단체 외의 자가 국가 또는 지방자치단체를 위하여 취급하는 국가 또는 지방자치단체의 현금·물품 또는 유가증권의 출납
2. 국가 또는 지방자치단체가 직접 또는 간접으로 보조금·장려금·조성금 및 출연금 등을 교부(交付)하거나 대부금 등 재정 원조를 제공한 자의 회계
3. 제2호에 규정된 자가 그 보조금·장려금·조성금 및 출연금 등을 다시 교부한 자의 회계
4. 국가 또는 지방자치단체가 자본금의 일부를 출자한 자의 회계
5. 제4호 또는 제22조제1항제3호에 규정된 자가 출자한 자의 회계
6. 국가 또는 지방자치단체가 채무를 보증한 자의 회계
7. 「민법」 또는 「상법」 외의 다른 법률에 따라 설립되고 그 임원의 전부 또는 일부나 대표자가 국가 또는 지방자치단체에 의하여 임명되거나 임명 승인되는 단체 등의 회계
8. 국가, 지방자치단체, 제2호부터 제6호까지 또는 제22조제1항제3호·제4호에 규정된 자와 계약을 체결한 자의 그 계약에 관련된 사항에 관한 회계
9. 「국가재정법」 제5조의 적용을 받는 기금을 관리하는 자의 회계
10. 제9호에 따른 자가 그 기금에서 다시 출연 및 보조한 단체 등의 회계

제3절 직무감찰의 범위

제24조【감찰 사항】 ① 감사원은 다음 각 호의 사항을 감찰한다.
1. 「정부조직법」 및 그 밖의 법률에 따라 설치된 행정기관의 사무와 그에 소속한 공무원의 직무
2. 지방자치단체의 사무와 그에 소속한 지방공무원의 직무
3. 제22조제1항제3호 및 제23조제7호에 규정된 자의 사무와 그에 소속한 임원 및 감사원의 검사대상이 되는 회계사무와 직접 또는 간접으로 관련이 있는 직원의 직무
4. 법령에 따라 국가 또는 지방자치단체가 위탁하거나 대행하게 한 사무와 그 밖의 법령에 따라 공무원의 신분을 가지거나 공무원에 준하는 자의 직무
② 제1항제1호의 행정기관에는 군기관과 교육기관을 포함한다. 다만, 군기관에는 소장급 이하의 장교가 지휘하는 전투를 주된 임무로 하는 부대 및 중령급 이하의 장교가 지휘하는 부대는 제외한다.
③ 제1항의 공무원에는 국회·법원 및 헌법재판소에 소속한 공무원은 제외한다.
④ 제1항에 따라 감찰을 하려는 경우 다음 각 호의 어느 하나에 해당하는 사항은 감찰할 수 없다.
1. 국무총리로부터 국가기밀에 속한다는 소명이 있는 사항
2. 국방부장관으로부터 군기밀이거나 작전상 지장이 있다는 소명이 있는 사항

제4절 감사방법

제25조【계산서 등의 제출】 ① 감사원의 회계검사 및 직무감찰(이하 "감사"라 한다)을 받는 자는 감사원규칙으로 정하는 바에 따라 계산서·증거서류·조서 및 그 밖의 자료를 감사원에 제출(「정보통신망 이용촉진 및 정보보호 등에 관한 법률」에 따른 정보통신망을 이용한 제출을 포함한다. 이하 같다)하여야 한다.
② 제1항의 계산서 및 증거서류 등을 제출하기 곤란할 때에는 이를 갈음하여 감사원이 지정하는 다른 자료를 제출할 수 있다.

제26조【서면감사·실지감사】 감사원은 제25조에 따라 제출된 서류에 의하여 상시 서면감사를 하는 외에 필요한 경우에는 직원을 현지에 파견하여 실지감사(實地監査)를 할 수 있다.

제27조【출석답변·자료제출·봉인 등】 ① 감사원은 감사에 필요하면 다음 각 호의 조치를 할 수 있다.
1. 관계자 또는 감사사항과 관련이 있다고 인정된 자의 출석·답변의 요구(「정보통신망 이용촉진 및 정보보호 등에 관한 법률」에 따른 정보통신망을 이용한 요구를 포함한다. 이하 같다)
2. 증명서, 변명서, 그 밖의 관계 문서 및 장부, 물품 등의 제출 요구
3. 창고, 금고, 문서 및 장부, 물품 등의 봉인
② 감사원은 이 법에 따른 회계검사와 감사대상 기관인 금융기관에 대한 감사를 위하여 필요하면 다른 법률의 규정에도 불구하고 인적 사항을 적은 문서(「정보통신망 이용촉진 및 정보보호 등에 관한 법률」에 따른 전자문서를 포함한다. 이하 같다)에 의하여 금융기관의 특정 점포에 금융거래의 내용에 관한 정보 또는 자료의 제출을 요구할 수 있으며, 해당 금융기관에 종사하는 자는 이를 거부하지 못한다.
③ 제1항제3호에 따른 봉인 및 제2항에 따른 금융거래의 내용에 관한 정보 또는 자료의 제출 요구는 감사에 필요한 최소한도에 그쳐야 한다.
④ 제2항 및 제3항에 따라 금융거래의 내용에 관한 정보 또는 자료를 받은 자는 그 정보 또는 자료를 다른 사람에게 제공 또는 누설하거나 해당 목적 외의 용도로 이용하여서는 아니 된다.
⑤ 감사원은 감사를 위하여 제출받은 개인의 신상이나 사생활에 관한 정보 또는 자료를 해당 감사 목적 외의 용도로 이용하여서는 아니 된다. 다만, 본인 또는 자료를 제출한 기관의 장의 동의가 있는 경우에는 그러하지 아니하다.

제28조【감사의 생략】 ① 감사원은 각 중앙관서·지방자치단체 및 「공공기관의 운영에 관한 법률」 제4조에 따른 공공기관(이하 "공공기관"이라 한다)의 장이 실시한 자체감사(自體監査)의 결과를 심사하여 자체감사가 적정하게 수행되고 있다고 인정하면 결산 확인 등에 지장이 없는 범위에서 일부 기관에 대한 감사의 일부 또는 전부를 하지 아니할 수 있다.(2020.10.20 본항개정)
② 감사원은 제1항에 따라 감사를 하지 아니하기로 결정하면 이를 해당 기관의 장에게 통보(「정보통신망 이용촉진 및 정보보호 등에 관한 법률」에 따른 정보통신망을 이용한 통보를 포함한다. 이하 같다)하여야 한다.
③ 감사원은 제1항에 따라 감사를 하지 아니하기로 결정하면 해당 기관의 장에게 자체감사 방법에 관한 의견을 제시할 수 있다.
④ 제1항에 따른 기관의 장은 특별한 사유가 없으면 제3항에 따른 감사원의 의견을 채택하여야 한다.
⑤ 제1항에 따른 기관의 장은 감사원이 정하는 바에 따라 자체감사의 결과를 감사원에 보고(「정보통신망 이용촉진 및 정보보호 등에 관한 법률」에 따른 정보통신망을 이용한 보고를 포함한다. 이하 같다)하여야 한다.
⑥ 감사원은 제1항에 따라 감사를 하지 아니하기로 결정한 기관에 대하여도 특별한 사유가 있으면 직접 감사를 실시하거나 계산서류 등의 제출을 요구할 수 있으며, 자체감사가 적정하게 실시되지 아니하고 있다고 인정할 때에는 제1항의 결정을 취소할 수 있다.

제5절 통보와 협력

제29조【범죄 및 망실·훼손 등의 통보】 ① 제22조 및 제23조에 따라 감사원의 감사를 받는 기관 등의 장은 다음 각 호의 어느 하나의 사항이 있을 때에는 지체 없이 소속 장관 또는 감독기관의 장을 거쳐 그 사실을 감사원에 통보하여야 한다.
1. 회계관계직원 및 제24조에 따라 감사원의 감찰을 받는 자의 직무에 관한 범죄의 사실이 발견되었을 때 및 징계처분이 있는 때
2. 현금·물품·유가증권이나 그 밖의 재산을 망실(亡失) 또는 훼손한 사실이 발견된 때
② 제1항의 통보의 절차 및 범위는 감사원규칙으로 정한다.

제30조【관계 기관의 협조】 감사원은 국가 또는 지방자치단체의 기관, 그 밖의 감사대상 기관의 장에게 감사에 필요한 협조와 지원 및 그 소속 공무원 또는 임직원의 파견을 요구할 수 있다.

제30조의2【자체감사의 지원 등】 ① 감사원은 자체감사업무의 발전과 효율적인 감사업무의 수행을 위하여 필요한 지원을 할 수 있다.
② 중앙행정기관, 지방자치단체(특별시·광역시·특별자치시·도 및 특별자치도만 해당한다) 및 공공기관의 장은 필요한 경우에 감사의 중복을 피하기 위하여 감사계획 등에 관하여 감사원과 협의한다.(2020.10.20 본항개정)

財經

③ 감사원은 감사 결과 제2항에 따른 기관의 감사 책임자가 감사업무를 현저하게 게을리하고 있다고 인정되는 경우에는 해당 임용권자 또는 임용제청권자에게 그 교체를 권고할 수 있다.

제6절 감사 결과의 처리

제31조【변상책임의 판정 등】 ① 감사원은 감사 결과에 따라 따로 법률에서 정하는 바에 따라 회계관계직원 등(제23조제7호에 해당하는 자 중 제22조제1항제3호 및 제4호 또는 제23조제1호부터 제6호까지 및 제8호부터 제10호까지에 해당하지 아니한 자의 소속 직원은 제외한다)에 대한 변상책임의 유무를 심리(審理)하고 판정한다.
② 감사원은 제1항에 따라 변상책임이 있다고 판정하면 변상책임자, 변상액 및 변상의 이유를 분명히 밝힌 변상판정서를 소속 장관(국가기관만 해당한다. 이하 같다), 감독기관의 장(국가기관 외의 경우에만 해당한다. 이하 같다) 또는 해당 기관의 장(소속 장관 또는 감독기관의 장이 없거나 분명하지 아니한 경우에만 해당한다. 이하 같다)에게 송부하여야 한다.
③ 제2항의 변상판정서를 받은 소속 장관, 감독기관의 장 또는 해당 기관의 장은 그 송부를 받은 날부터 20일 이내에 변상판정서를 해당 변상책임자에게 교부하여 감사원이 정한 날까지 변상하게 하여야 한다.
④ 변상책임자가 다음 각 호의 어느 하나에 해당하는 경우에는 변상판정서를 받은 소속 장관, 감독기관의 장 또는 해당 기관의 장은 감사원규칙으로 정하는 바에 따라 공고하여야 하며, 그 공고한 날부터 10일이 지나면 변상판정서가 송달된 것으로 본다.
1. 변상책임자가 판정문서의 수령을 거부하였을 때
2. 변상책임자의 주소 또는 거소가 분명하지 아니하거나 변상책임자가 국내에 있지 아니한 때
⑤ 변상책임자가 감사원이 정한 날까지 변상의 책임을 이행하지 아니하였을 때에는 소속 장관 또는 감독기관의 장은 관계 세무서장 또는 지방자치단체의 장에게 위탁하여 「국세징수법」 또는 「지방세징수법」 중 체납처분의 규정을 준용하여 이를 집행한다.(2020.10.20 본항개정)
⑥ 제5항의 위탁을 받은 세무서장 또는 지방자치단체의 장이 그 사무를 집행할 때에는 제5항의 소속 장관 또는 감독기관의 장의 감독을 받는다.(2020.10.20 본항개정)
⑦ 소속 장관 또는 감독기관의 장이 없거나 분명하지 아니한 경우에는 원장이 제5항에 따른 권한을 행사하며, 제6항에 따른 세무서장 또는 지방자치단체의 장에 대한 감독을 한다.(2020.10.20 본항개정)
제32조【징계 요구 등】 ① 감사원은 「국가공무원법」과 그 밖의 법령에 규정된 징계 사유에 해당하거나 정당한 사유 없이 이 법에 따른 감사를 거부하거나 자료의 제출을 게을리한 공무원에 대하여 그 소속 장관 또는 임용권자에게 징계를 요구할 수 있다.
② 제1항에 따른 징계 요구 중 파면 요구를 받은 소속 장관 또는 임용권자는 그 요구를 받은 날부터 10일 이내에 해당 징계위원회 또는 인사위원회 등(이하 "징계위원회등"이라 한다)에 그 의결을 요구하여야 하며, 중앙징계위원회의 의결 결과에 관하여는 인사혁신처장이, 그 밖의 징계위원회등의 의결 결과에 관하여는 해당 징계위원회 등이 설치된 기관의 장이 그 의결이 있은 날부터 15일 이내에 감사원에 통보하여야 한다.(2014.11.19 본항개정)
③ 감사원은 제1항에 따라 파면 요구를 한 사항이 파면 의결이 되지 아니한 경우에는 제2항의 통보를 받은 날부터 1개월 이내에 해당 징계위원회등이 설치된 기관의 바로 위 상급기관에 설치된 징계위원회등(바로 위 상급기관에 설치된 징계위원회등이 없는 경우에는 해당 징계위원회등)에 직접 그 심의 또는 재심의를 요구할 수 있다.
④ 제3항의 심의 또는 재심의 요구를 받은 해당 징계위원회등은 그 요구를 받은 날부터 1개월 이내에 심의 또는 재심의 의결을 하고 그 결과를 지체 없이 해당 징계위원회등의 위원장이 감사원에 통보하여야 한다.
⑤ 감사원으로부터 제1항에 따른 파면 요구를 받아 집행한 파면에 대한 소청(訴請) 제기로 소청심사위원회 등에서 심사 결정을 한 경우에는 해당 소청심사위원회의 위원장 등은 그 결정 결과를 그 결정이 있은 날부터 15일 이내에 감사원에 통보하여야 한다.
⑥ 감사원은 제5항의 통보를 받은 날부터 1개월 이내에 그 소청심사위원회 등이 설치된 기관의 장을 거쳐 소청심사위원회 등에 그 재심을 요구할 수 있다.
⑦ 제2항부터 제6항까지의 규정에 따른 기간에는 그 징계 의결이나 소청 결정은 집행이 정지된다.
⑧ 감사원은 법령에서 정하는 징계 규정의 적용을 받지 아니하는 사람으로서 법령 또는 소속 단체 등이 정한 문책 사유에 해당한 사람 또는 정당한 사유 없이 이 법에 따른 감사를 거부하거나 자료의 제출을 게을리한 사람에 대하여 그 감독기관의 장 또는 해당 기관의 장에게 문책을 요구할 수 있다.
⑨ 제8항의 경우에 감사원은 법령 또는 소속 단체 등이 정한 문책에 관한 규정의 적용을 받지 아니하는 단체 등의 임원이나 직원의 비위(非違)가 뚜렷하다고 인정하면 그 임용권자 또는 임용제청권자에게 해임을 요구할 수 있다.
⑩ 제1항 또는 제8항에 따라 징계 요구 또는 문책 요구를 할 때에는 그 종류를 지정할 수 있다. 문책의 종류는 징계의 종류에 준한다.
⑪ 제1항·제8항 또는 제9항에 따라 징계 요구 또는 문책 요구나 해임 요구를 받은 기관의 장은 감사원이 정한 날까지 해당 절차에 따라 처분을 하여야 한다.
제32조의2【징계·문책 사유의 시효 정지 등】 ① 감사원이 조사 중인 특정 사건에 대하여는 제2항에 따른 조사 개시의 통보를 받은 날부터 징계 또는 문책 절차를 진행하지 못한다.
② 감사원은 특정 사건의 조사를 시작한 때와 마친 때에는 10일 이내에 소속 기관의 장에게 해당 사실을 통보하여야 한다.
③ 제1항 및 제2항에 따라 징계 또는 문책 절차를 진행하지 못하여 법령 또는 소속 단체 등이 정한 징계 또는 문책 사유의 시효기간이 끝나거나 그 남은 기간이 1개월 미만인 경우에는 그 시효기간은 제2항에 따른 조사 종료의 통보를 받은 날 또는 제32조제1항 또는 제8항에 따라 징계 또는 문책 요구를 받은 날(제36조제2항에 따라 재심의를 청구하는 경우에는 재심의 결정을 통보받은 날)부터 1개월이 지난 날에 끝나는 것으로 본다.
제33조【시정 등의 요구】 ① 감사원은 감사 결과 위법 또는 부당하다고 인정되는 사실이 있을 때에는 소속 장관, 감독기관의 장 또는 해당 기관의 장에게 시정·주의 등을 요구할 수 있다.
② 제1항의 요구가 있으면 소속 장관, 감독기관의 장 또는 해당 기관의 장은 감사원이 정한 날까지 이를 이행하여야 한다.
제34조【개선 등의 요구】 ① 감사원은 감사 결과 법령상·제도상 또는 행정상 모순이 있거나 그 밖에 개선할 사항이 있다고 인정할 때에는 국무총리, 소속 장관, 감독기관의 장 또는 해당 기관의 장에게 법령 등의 제정·개정 또는 폐지를 위한 조치나 제도상 또는 행정상의 개선을 요구할 수 있다.
② 제1항에 따라 요구를 받은 기관의 장은 그 조치 또는 개선의 결과를 감사원에 통지(「정보통신망 이용촉진 및 정보보호 등에 관한 법률」에 따른 정보통신망을 이용한 통지를 포함한다. 이하 같다)하여야 한다.
제34조의2【권고 등】 ① 감사원은 감사 결과 다음 각 호의 어느 하나에 해당하는 경우에는 소속 장관, 감독기관의 장 또는 해당 기관의 장에게 그 개선 등에 관한 사항을 권고하거나 통보할 수 있다.
1. 제32조, 제33조 및 제34조에 따른 요구를 하는 것이 부적절한 경우
2. 관계 기관의 장이 자율적으로 처리할 필요가 있다고 인정되는 경우
3. 행정운영 등의 경제성·효율성 및 공정성 등을 위하여 필요하다고 인정되는 경우
② 제1항에 따른 권고 또는 통보를 받은 소속 장관, 감독기관의 장 또는 해당 기관의 장은 그 처리 결과를 감사원에 통보하여야 한다.
제34조의3【적극행정에 대한 면책】 ① 감사원 감사를 받는 사람이 불합리한 규제의 개선 등 공공의 이익을 위하여 업무를 적극적으로 처리한 결과에 대하여 그의 행위에 고의나 중대한 과실이 없는 경우에는 이 법에 따른 징계 요구 또는 문책 요구 등 책임을 묻지 아니한다.
② 제1항에 따른 면책의 구체적인 기준, 운영절차, 그 밖에 필요한 사항은 감사원규칙으로 정한다.
(2015.2.3 본조신설)
제35조【고발】 감사원은 감사 결과 범죄 혐의가 있다고 인정할 때에는 이를 수사기관에 고발하여야 한다.

제7절 재심의(再審議)

제36조【재심의 청구】 ① 제31조에 따른 변상 판정에 대하여 위법 또는 부당하다고 인정하는 본인, 소속 장관, 감독기관의 장 또는 해당 기관의 장은 변상판정서가 도달한 날부터 3개월 이내에 감사원에 재심의를 청구할 수 있다.
② 감사원으로부터 제32조, 제33조 및 제34조에 따른 처분을 요구받거나 제34조의2에 따른 권고·통보를 받은 소속 장관, 임용권자나 임용제청권자, 감독기관의 장 또는 해당 기관의 장은 그 처분 요구나 권고·통보가 위법 또는 부당하다고 인정할 때에는 그 처분 요구나 권고·통보를 받은 날부터 1개월 이내에 감사원에 재심의를 청구할 수 있다.(2020.10.20 본항개정)
③ 제1항에 따른 변상 판정에 대한 재심의 청구는 집행정지의 효력이 없다.
제37조【재심의 청구의 방법】 ① 재심의를 청구할 때에는 재심의청구서에 의하여 한다.
② 제1항의 청구서에는 청구의 내용과 그 이유를 명백히 하고 계산서 및 증거서류 등을 첨부하여 감사원에 제출하여야 한다.
제38조【재심의 청구의 처리】 ① 감사원은 재심의 청구가 필요한 요건을 갖추지 못하였을 때에는 이를 각하한다.
② 감사원은 재심의 청구가 이유 없다고 인정하면 이를 기각하고 재심의 청구가 이유 있다고 인정하면 그 처분 요구나 권고·통보를 취소하거나 그 내용을 변경한다.
(2020.10.20 본항개정)
③ 감사원이 재심의 청구를 수리(受理)하였을 때에는 특별한 사유가 없으면 수리한 날부터 2개월 이내에 처리하여야 한다.
제39조【직권 재심의】 ① 감사원은 판정을 한 날부터 2년 이내에 계산서 및 증거서류 등의 오류·누락 등으로 그 판정이 위법 또는 부당함을 발견하였을 때에는 이를 직권으로 재심의할 수 있다.
② 감사원은 제32조, 제33조 및 제34조에 따른 처분 요구나 제34조의2에 따른 권고·통보가 위법 또는 부당함을 발견하였을 때에는 이를 직권으로 재심의할 수 있다.
(2020.10.20 본항신설)
제40조【재심의의 효력】 ① 청구에 따라 재심의한 사건에 대하여는 또다시 재심의를 청구할 수 없다. 다만, 감사원이 직권으로 재심의한 것에 대하여는 재심의를 청구할 수 있다.
② 감사원의 재심의 판결에 대하여는 감사원을 당사자로 하여 행정소송을 제기할 수 있다. 다만, 그 효력을 정지하는 가처분결정은 할 수 없다.

제8절 감사보고

제41조【검사보고 사항】 「헌법」 제99조에 따라 작성하는 검사보고에는 다음 각 호의 사항을 적어야 한다.
1. 국가의 세입·세출의 결산의 확인
2. 국가의 세입·세출의 결산금액과 한국은행이 제출하는 결산서의 금액과의 부합 여부
3. 회계검사의 결과 법령 또는 예산에 위배된 사항 및 부당 사항의 유무
4. 예비비의 지출로서 국회의 승인을 받지 아니한 것의 유무
5. 유책(有責) 판정과 그 집행 상황
6. 징계 또는 문책 처분을 요구한 사항 및 그 결과
7. 시정을 요구한 사항 및 그 결과
8. 개선을 요구한 사항 및 그 결과
9. 권고 또는 통보한 사항 및 그 결과
10. 그 밖에 감사원이 필요하다고 인정한 사항
제42조【중요 감사 결과 등 보고】 ① 감사원은 제41조에 따른 결산검사보고를 하며, 그 외에 감사 결과 중요하다고 인정되는 사항에 관하여 대통령에게 보고한다. 감사원의 중요한 처분 요구에 대하여 두 번 이상 독촉을 받고도 이를 집행하지 아니한 경우에 관하여도 또한 같다.
② 제1항에 따른 보고의 대상, 절차, 방법 또는 공개 등에 필요한 사항은 감사원규칙으로 정한다.(2020.10.20 본항신설)
(2020.10.20 본조개정)

제3장 심사청구
(2009.1.30 본장개정)

제43조【심사의 청구】 ① 감사원의 감사를 받는 자의 직무에 관한 처분이나 그 밖에 감사원규칙으로 정하는 행위에 관하여 이해관계가 있는 자는 감사원에 그 심사의 청구를 할 수 있다.(2020.10.20 본항개정)
② 제1항의 심사청구는 감사원규칙으로 정하는 바에 따라 청구의 취지와 이유를 적은 심사청구서로 하되 청구의 원인이 되는 처분이나 그 밖의 행위를 한 기관(이하 "관계기관"이라 한다)의 장을 거쳐 이를 제출하여야 한다.
③ 제2항의 경우에 청구서를 접수한 관계기관의 장이 이를 1개월 이내에 감사원에 송부하지 아니한 경우에는 그 관계기관을 거치지 아니하고 감사원에 직접 심사를 청구할 수 있다.
제44조【제척기간】 ① 이해관계인은 심사청구의 원인이 되는 행위가 있음을 안 날부터 90일 이내에, 그 행위가 있은 날부터 180일 이내에 심사의 청구를 하여야 한다.
② 제1항의 기간은 불변기간(不變期間)으로 한다.
제45조【심사청구의 심리】 심사청구의 심리는 심사청구서와 그 밖에 관계기관이 제출한 문서에 의하여 한다. 다만, 감사원은 필요하다고 인정하면 심사청구자나 관계자에 대하여 자료의 제출 또는 의견의 진술을 요구하거나 필요한 조사를 할 수 있다.
제46조【심사청구에 대한 결정】 ① 감사원은 심사의 청구가 제43조 및 제44조와 감사원규칙으로 정하는 요건과 절차를 갖추지 못한 경우에는 이를 각하한다. 이해관계인이 아닌 자가 제출한 경우에도 또한 같다.
② 감사원은 심리 결과 심사청구의 이유가 있다고 인정하는 경우에는 관계기관의 장에게 시정이나 그 밖에 필요한 조치를 요구하고, 심사청구의 이유가 없다고 인정한 경우에는 이를 기각한다.
③ 제1항 및 제2항의 결정은 특별한 사유가 없으면 그 청구를 접수한 날부터 3개월 이내에 하여야 한다.
④ 제2항의 결정을 하였을 때에는 7일 이내에 심사청구자와 관계기관의 장에게 심사결정서 등본을 첨부하여 통지하여야 한다.
제46조의2【행정소송과의 관계】 청구인은 제43조 및 제46조에 따른 심사청구 및 결정을 거친 행정기관의 장의 처분에 대하여는 해당 처분청을 당사자로 하여 해당 결정의 통지를 받은 날부터 90일 이내에 행정소송을 제기할 수 있다.
제47조【관계기관의 조치】 관계기관의 장은 제46조에 따른 시정이나 그 밖에 필요한 조치를 요구하는 결정의 통지를 받으면 그 결정에 따른 조치를 하여야 한다.

제48조【일사부재리】 제46조에 따른 심사결정이 있은 사항에 대하여는 다시 심사를 청구할 수 없다. 다만, 각하한 사항에 대하여는 그러하지 아니하다.

제4장 보 칙

(2009.1.30 본장개정)

제49조【회계 관계 법령 등에 대한 의견 표시 등】 ① 국가의 각 기관은 다음 각 호의 경우에는 미리 해당 법령안을 감사원에 보내 그 의견을 구하여야 한다.
1. 국가의 회계 관계 법령을 제정하거나 개정·폐지하려는 경우
2. 국가의 현금, 물품 및 유가증권의 출납 부기(簿記)에 관한 법령을 제정하거나 개정·폐지하려는 경우
3. 감사원의 감사를 받도록 하거나 배제·제한하는 등의 감사원의 권한에 관한 법령을 제정하거나 개정·폐지하려는 경우
4. 자체감사 업무에 관한 법령을 제정하거나 개정·폐지하려는 경우

② 감사원의 감사를 받는 회계사무 담당자가 그 직무를 집행하면서 회계 관계 법령의 해석상 의문점에 관하여 감사원에 의견을 구한 경우 감사원은 이에 대하여 해석·답변하여야 한다.

제50조【감사대상 기관 외의 자에 대한 협조 요구】 ① 감사원은 필요한 경우에는 이 법에 따른 감사대상 기관 외의 자에 대하여 자료를 제출하거나 출석하여 답변할 것을 요구할 수 있다.
② 제1항의 요구는 감사에 필요한 최소한도에 그쳐야 한다.
③ 제1항의 요구를 받은 자는 정당한 사유가 없으면 그 요구에 따라야 한다.

제50조의2【감사사무의 대행】 감사원은 필요하다고 인정하면 감사원규칙으로 정하는 바에 따라 일부 감사대상기관에 대한 감사사무(사실의 조사·확인 및 분석 등의 사무로서 국민의 권리·의무와 직접 관계되지 아니하는 사무로 한정한다) 중 일부를 각 중앙관서, 지방자치단체 및 공공기관의 장에게 대행하게 하고 그 결과를 제출하게 할 수 있다.(2020.10.20 본조개정)

제51조【벌칙】 ① 다음 각 호의 어느 하나에 해당하는 자는 1년 이하의 징역 또는 1천만원 이하의 벌금에 처한다.(2014.1.7 본문개정)
1. 이 법에 따른 감사를 받는 자로서 감사를 거부하거나 자료제출 요구에 따르지 아니한 자
2. 이 법에 따른 감사를 방해한 자
3. 제27조제2항 및 제50조에 따른 정보 또는 자료의 제출이나 출석하여 답변할 것을 요구받고도 정당한 사유 없이 이에 따르지 아니한 자

② 제27조제4항을 위반한 자는 3년 이하의 징역 또는 2천만원 이하의 벌금에 처한다.
③ 제2항의 징역과 벌금은 병과(倂科)할 수 있다.

제52조【감사원규칙】 감사원은 감사에 관한 절차, 감사원의 내부 규율과 감사사무 처리에 관한 규칙을 제정할 수 있다.

부 칙 (2015.2.3)

제1조【시행일】 이 법은 공포한 날부터 시행한다. 다만, 제19조제1항의 개정규정은 공포 후 6개월이 경과한 날부터 시행한다.

제2조【공무원의 구분 변경에 따른 경과조치】 제19조제1항의 개정규정 시행 당시 종전의 제19조제1항에 따라 재직 중인 별정직공무원은 같은 개정규정 시행일에 일반직공무원으로 임용된 것으로 본다. 이 경우 임용되는 직군, 직렬, 계급, 직급, 직위 및 근무형태, 인사관리 등에 관한 사항은 감사원규칙으로 정한다.

부 칙 (2020.10.20)

제1조【시행일】 이 법은 공포한 날부터 시행한다.

제2조【재심의 청구에 관한 적용례】 제36조제2항의 개정규정은 이 법 시행 이후 제34조의2에 따라 권고하거나 통보하는 경우부터 적용한다.

제3조【고위감사공무원 적격심사에 관한 특례】 ① 이 법 시행 당시 고위감사공무원단에 속하는 일반직공무원은 제17조의3제1항의 개정규정에도 불구하고 다음 각 호의 경우에 모두 해당할 때에는 적격심사를 받아야 한다.
1. 근무성적평정에서 최하위 등급의 평정을 1년 이상 받은 경우
2. 감사원규칙으로 정하는 정당한 사유 없이 1년 6개월 이상 직위를 부여받지 못한 경우

② 제1항에도 불구하고 이 법 시행 이후 새로 제17조의3제1항제4호의 개정규정에 해당하게 될 때에는 적격심사를 받아야 한다.

제4조【고위감사공무원 적격심사에 관한 경과조치】 이 법 시행 당시 고위감사공무원단에 속하는 일반직공무원은 제17조의3제1항제2호 및 제3호의 개정규정에도 불구하고 종전의 규정에 따른다.

국가재정법

(2006년 10월 4일
법 률 제8050호)

개정
2006.12.30법 8135호(공공자금관리기금법)
2006.12.30법 8149호(국방·군사시설이전특별회계법)
2006.12.30법 8151호(군인연금)
2006.12.30법 8161호
2007. 1.26법 8280호(영화및비디오물의진흥에관한법)
2007.12.21법 8790호(양식수산물재해보험법)
2007.12.31법 8836호
2008. 2.29법 8852호(정부조직)
2008. 3.28법 9016호(방사성폐기물관리법)
2008.12.11법 9137호(교도작업의운영및특별회계에관한법)
2008.12.31법 9278호
2008.12.31법 9280호(정부기업예산법)
2009. 1.30법 9401호(국유재산)
2009. 2. 6법 9411호
2009. 2. 6법 9415호(한국장학재단설립등에관한법)
2009. 3. 5법 9477호(농어업재해보험법)
2009. 3.18법 9486호
2009. 4. 1법 9622호(양곡관리법)
2009. 4.22법 9626호(수산)
2009. 5.13법 9670호(금융부실)
2009. 5.21법 9685호(중소기업판로지원)
2009. 5.22법 9708호(정보통신산업진흥법)
2009. 5.27법 9712호
2009. 7.31법 9785호(신문등의진흥에관한법)
2009.10.21법 9801호
2010. 3.22법10155호(석면피해구제법)
2010. 3.22법10165호(방송통신발전기본법)
2010. 4. 5법10228호(무역보험법)
2010. 5.17법10288호
2010. 6. 8법10361호(근로복지기본법)
2010.12.27법10400호
2010.12.27법10414호(한국장학재단설립등에관한법)
2011. 3.30법10484호
2011. 5.19법10682호(금융부실)
2011. 7.21법10893호(환경정책)
2011. 7.25법10909호(원자력진흥법)
2012. 1.26법11230호(농업소득의보전에관한법)
2012. 3.21법11378호
2013. 1. 1법11614호(조세)
2013. 5.28법11821호 2014. 1. 1법12161호
2014. 5.28법12698호(양성평등기본법)
2014.12.23법12858호(산업기술혁신촉진법)
2014.12.30법12861호
2015. 1. 6법12989호(주택도시기금법)
2015. 7.24법13448호(자본시장금융투자업)
2015.12.15법13551호
2016. 1.28법13931호(보조금관리에관한법)
2016. 3.29법14122호(기술보증기금법)
2016.12.20법14381호 2017.12.26법15284호
2018. 1.16법15342호 2019. 4.23법16328호
2019. 8.27법16568호(양식산업발전법)
2019.11.26법16652호(자산관리)
2019.12.31법16832호
2019.12.31법16858호(농업·농촌공익기능증진직접지불제도운영에관한법)
2020. 3.31법17136호
2020. 6. 9법17339호(법률용어정비)
2020. 6. 9법17344호(지능정보화기본법)
2021. 4.20법18128호(자본시장금융투자업)
2021. 6.15법18240호
2021. 9.24법18469호(기후위기대응을위한탄소중립·녹색성장기본법)
2021.12.21법18585호 2022.12.31법19188호
2023. 5.16법19409호(국가유산기본법)
2023. 6. 9법19430호(지방자치분권및지역균형발전에관한특별법)
2023. 8. 8법19589호(국가유산보호기금법)

제1장 총 칙

제1조【목적】 이 법은 국가의 예산·기금·결산·성과관리 및 국가채무 등 재정에 관한 사항을 정함으로써 효율적이고 성과 지향적이며 투명한 재정운용과 건전재정의 기틀을 확립하고 재정운용의 공공성을 증진하는 것을 목적으로 한다.(2020.3.31 본조개정)

제2조【회계연도】 국가의 회계연도는 매년 1월 1일에 시작하여 12월 31일에 종료한다.

제3조【회계연도 독립의 원칙】 각 회계연도의 경비는 그 연도의 세입 또는 수입으로 충당하여야 한다.

제4조【회계구분】 ① 국가의 회계는 일반회계와 특별회계로 구분한다.
② 일반회계는 조세수입 등을 주요 세입으로 하여 국가의 일반적인 세출에 충당하기 위하여 설치한다.
③ 특별회계는 국가에서 특정한 사업을 운영하고자 할 때, 특정한 자금을 보유하여 운용하고자 할 때, 특정한 세입으로 특정한 세출에 충당함으로써 일반회계와 구분하여 회계처리할 필요가 있을 때에 법률로써 설치하되, 별표1에 규정된 법률에 의하지 아니하고는 이를 설치할 수 없다.(2014.1.1 본항개정)

제5조【기금의 설치】 ① 기금은 국가가 특정한 목적을 위하여 특정한 자금을 신축적으로 운용할 필요가 있을 때에 한정하여 법률로써 설치하되, 정부의 출연금 또는 법률에 따른 민간부담금을 재원으로 하는 기금은 별표2에 규정된 법률에 의하지 아니하고는 이를 설치할 수 없다.(2020.6.9 본항개정)
② 제1항의 규정에 따른 기금은 세입세출예산에 의하지 아니하고 운용할 수 있다.

제6조【독립기관 및 중앙관서】 ① 이 법에서 "독립기관"이라 함은 국회·대법원·헌법재판소 및 중앙선거관리위원회를 말한다.
② 이 법에서 "중앙관서"라 함은 「헌법」 또는 「정부조직법」 그 밖의 법률에 따라 설치된 중앙행정기관을 말한다.
③ 국회의 사무총장, 법원행정처장, 헌법재판소의 사무처장 및 중앙선거관리위원회의 사무총장은 이 법을 적용할 때 중앙관서의 장으로 본다.(2020.6.9 본항개정)

제7조【국가재정운용계획의 수립 등】 ① 정부는 재정운용의 효율화와 건전화를 위하여 매년 해당 회계연도부터 5회계연도 이상의 기간에 대한 재정운용계획(이하 "국가재정운용계획"이라 한다)을 수립하여 회계연도 개시 120일 전까지 국회에 제출하여야 한다.(2020.6.9 본항개정)
② 국가재정운용계획에는 다음 각 호의 사항이 포함되어야 한다.
1. 재정운용의 기본방향과 목표
2. 중기 재정전망 및 근거(2020.3.31 본호개정)
3. 분야별 재원배분계획 및 투자방향
4. 재정규모증가율 및 그 근거(2010.5.17 본호개정)
4의2. 의무지출(재정지출 중 법률에 따라 지출의무가 발생하고 법령에 따라 지출규모가 결정되는 법정지출 및 이자지출을 말하며, 그 구체적인 범위는 대통령령으로 정한다)의 증가율 및 산출내역(2010.5.17 본호신설)
4의3. 재량지출(재정지출에서 의무지출을 제외한 지출을 말한다)의 증가율에 대한 분야별 전망과 근거 및 관리계획(2010.5.17 본호신설)
4의4. 세입·세외수입·기금수입 등 재정수입의 증가율 및 그 근거(2010.5.17 본호신설)
5. 조세부담률 및 국민부담률 전망
6. 통합재정수지[일반회계, 특별회계 및 기금을 통합한 재정통계로서 순(純) 수입에서 순 지출을 뺀 금액을 말한다. 이하 같다] 전망과 관리계획. 다만, 통합재정수지에서 제외되는 기금은 국제기구에서 권고하는 기준에 준하여 대통령령으로 정한다.(2020.3.31 본호개정)
7. (2010.5.17 삭제)
8. 그 밖에 대통령령으로 정하는 사항(2020.6.9 본호개정)

③ 제1항에 따라 국회에 제출하는 국가재정운용계획에는 다음 각 호의 서류를 첨부하여야 한다.
1. 전년도에 수립한 국가재정운용계획 대비 변동사항, 변동요인 및 관리계획 등에 대한 평가·분석보고서
2. 제73조의4에 따른 중장기 기금재정관리계획(2021.6.15 본호개정)
3. 제91조에 따른 국가채무관리계획
4. 「국세기본법」 제20조의2에 따른 중장기 조세정책운용계획(2014.1.1 본호신설)
5. 제4항에 따른 장기 재정전망 결과(2020.3.31 본호신설)
(2010.5.17 본항신설)

④ 기획재정부장관은 40회계연도 이상의 기간을 대상으로 5년마다 장기 재정전망을 실시하여야 한다.
(2020.3.31 본항신설)
⑤ 기획재정부장관은 국가재정운용계획을 수립하기 위하여 필요한 때에는 관계 국가기관 또는 공공단체의 장에게 중·장기 대내·외 거시경제전망 및 재정전망 등에 관하여 자료의 제출을 요청하거나, 관계 국가기관 또는 공공단체의 장과 이에 관하여 협의할 수 있다.(2020.6.9 본항개정)
⑥ 기획재정부장관은 국가재정운용계획을 수립하는 때에는 관계 중앙관서의 장과 협의하여야 한다.(2008.2.29 본항개정)
⑦ 제1항부터 제6항까지에 규정된 사항 외에 국가재정운용계획의 수립에 관하여 필요한 사항은 대통령령으로 정한다.(2020.3.31 본항개정)
⑧ 기획재정부장관은 제35조에 따른 수정예산안 및 제89조에 따른 추가경정예산안이 제출될 때에는 재정수지, 국가채무 등 국가재정운용계획의 재정총량에 미치는 효과 및 그 관리방안에 대하여 국회에 보고하여야 한다.
(2010.5.17 본항신설)
⑨ 기획재정부장관은 국가재정운용계획을 국회에 제출하기 30일 전에 재정규모, 재정수지, 재원배분 등 수립방향을 국회 소관 상임위원회에 보고하여야 한다.
(2014.12.30 본항개정)
⑩ 각 중앙관서의 장은 재정지출을 수반하는 중·장기계획을 수립하는 때에는 미리 기획재정부장관과 협의하여야 한다.(2008.2.29 본항개정)
⑪ 지방자치단체의 장은 국가의 재정지원에 따라 수행되는 사업으로서 대통령령으로 정하는 규모 이상인 사업의 계획을 수립하는 때에는 미리 관계 중앙관서의 장과 협의하여야 한다. 이 경우 중앙관서의 장은 기획재정부장관과 협의하여야 한다.(2020.6.9 전단개정)

제8조 (2021.12.21 삭제)

財
經

제8조의2【전문적인 조사·연구기관의 지정 등】 ① 기획재정부장관은 예비타당성조사 등을 적정하게 수행하기 위하여 「정부출연연구기관 등의 설립·운영 및 육성에 관한 법률」에 따라 설립된 한국개발연구원 및 한국조세재정연구원과 전문 인력 및 조사·연구 능력 등 대통령령으로 정하는 지정기준을 갖춘 기관을 전문기관으로 지정하여 다음 각 호의 업무 중 전부 또는 일부를 수행하게 할 수 있다.(2021.12.21 본문개정)
1. 제38조제1항 및 제3항에 따른 사업의 예비타당성조사 및 그 조사와 관련된 전문적인 조사·연구
2. 제50조제2항 및 제4항에 따른 사업의 타당성 재조사 및 그 조사와 관련된 전문적인 조사·연구(2020.3.31 본호개정)
3. 제85조의8제1항에 따른 재정사업에 대한 성과평가 및 그 평가와 관련된 전문적인 조사·연구(2021.12.21 본호신설)
4. 제82조제2항에 따른 기금운용평가단의 운영
5. 제85조의5제4항에 따른 재정성과평가단의 운영
(2021.12.21 본호신설)
6. 「부담금관리 기본법」 제8조제4항에 따른 부담금운용평가단의 운영
7. 「보조금 관리에 관한 법률」 제15조제3항에 따른 보조사업평가단의 운영(2016.1.28 본호개정)
8. 「복권 및 복권기금법」 제22조제4항에 따라 구성하는 복권기금사업의 성과에 대한 평가단의 운영
② 기획재정부장관은 제1항에 따라 지정된 전문기관이 그 업무를 수행하는 데에 드는 비용을 지원하기 위하여 해당 전문기관에 출연할 수 있다.
③ 기획재정부장관은 제1항에 따라 지정된 전문기관이 다음 각 호의 어느 하나에 해당하는 경우에는 그 지정을 취소할 수 있다. 다만, 제1호에 해당하면 그 지정을 취소하여야 한다.
1. 거짓이나 그 밖의 부정한 방법으로 지정을 받은 경우
2. 제1항에 따른 지정기준에 적합하지 아니하게 된 경우
3. 제1항에 따른 업무를 적정하게 수행하지 아니하는 등 수행하는 업무가 그 지정의 목적을 벗어난 것으로 인정되는 경우
④ 기획재정부장관은 제3항에 따라 전문기관의 지정을 취소하려는 경우에는 청문을 하여야 한다.(2021.12.21 본항신설)
⑤ 제1항에 따른 전문기관의 지정 및 그 운영 등에 필요한 사항은 대통령령으로 정한다.
(2021.12.21 본조제목개정)
(2014.1.1 본조신설)
제9조【재정정보의 공표】 ① 정부는 예산, 기금, 결산, 국채, 차입금, 국유재산의 현재액, 통합재정수지 및 제2항에 따른 일반정부 및 공공부문 재정통계, 그 밖에 대통령령으로 정하는 국가와 지방자치단체의 재정에 관한 중요한 사항을 매년 1회 이상 정보통신매체·인쇄물 등 적당한 방법으로 알기 쉽고 투명하게 공표하여야 한다.(2020.6.9 본항개정)
② 기획재정부장관은 회계연도마다 결산을 기준으로 다음 각 호의 재정상황을 종합적으로 나타내는 통계(이하 "일반정부 및 공공부문 재정통계"라 한다)를 작성하여야 한다. 이 경우 제2호와 제3호에 관하여는 해당 기관 및 관계 중앙관서의 장과 협의하여 작성하여야 한다.
1. 국가 및 지방자치단체의 일반회계, 특별회계 및 기금
2. 다음 각 목의 기관 중 시장성이 없는 기관으로서 대통령령으로 정하는 기관
가. 「공공기관의 운영에 관한 법률」에 따른 공공기관
나. 「지방공기업법」에 따른 지방공사·공단
다. 그 밖에 공영방송사·국립대학법인 등 공공성이 인정되는 법인
3. 제2호 각 목의 기관 중 시장성이 있는 기관(금융을 다루는 기관은 제외한다)으로서 대통령령으로 정하는 기관
(2020.3.31 본항신설)
③ 기획재정부장관은 각 중앙관서의 장, 지방자치단체의 장, 관계 기관의 장에게 제1항에 따른 재정정보의 공표 또는 제2항에 따른 일반정부 및 공공부문 재정통계의 작성을 위하여 필요한 자료의 제출을 요구할 수 있다.
(2020.3.31 본항개정)
④ 각 중앙관서의 장은 해당 중앙관서의 세입·세출예산 운용상황을, 각 법률에 따라 기금을 관리·운용하는 자(기금의 관리 또는 운용 업무를 위탁받은 자는 제외하며, 이하 "기금관리주체"라 한다)는 해당 기금의 운용상황을 인터넷 홈페이지에 공개하여야 한다.(2021.12.21 본항개정)
⑤ 제4항의 세입·세출예산 운용상황 및 기금 운용상황 공개에는 각 사업별 사업설명자료가 첨부되어야 한다. 그 밖에 공개에 필요한 사항은 대통령령으로 정한다.
(2020.3.31 전단개정)
⑥ 기획재정부장관은 제4항 및 제5항에 관한 지침을 작성하여 각 중앙관서의 장과 기금관리주체에게 각각 통보하여야 하며, 지침과 서로 다를 경우 시정 요구하여야 한다. 이 경우 각 중앙관서의 장과 기금관리주체는 다른 법령에서 별도로 규정하는 경우를 제외하고는 그 요구를 따라야 한다.(2020.6.9 본항개정)
제9조의2【재정 관련 자료의 제출】 기획재정부장관은 매년 회계연도 개시 120일 전까지 다음 각 호의 서류를 국회에 제출하여야 한다.(2013.5.28 본문개정)
1. 제92조에 따른 국가보증채무관리계획
2. 「공공기관의 운영에 관한 법률」 제39조의2에 따른 중장기 재무관리계획
3. 「사회기반시설에 대한 민간투자법」 제24조의2에 따른 임대형 민자사업 정부지급금추계서
(2010.5.17 본조신설)
제10조【재정운용에 대한 의견수렴】 ① 기획재정부장관은 재정운용에 대한 의견수렴을 위하여 각 중앙관서와 지방자치단체의 공무원 및 민간 전문가 등으로 구성된 재정정책자문회의(이하 "자문회의"라 한다)를 운영하여야 한다.
② 기획재정부장관은 국가재정운용계획을 수립할 때, 매 회계연도의 예산안을 편성할 때와 기금운용계획안을 마련할 때에는 미리 자문회의의 의견수렴을 거쳐야 한다.
③ 자문회의의 구성·기능 및 운영 등에 관하여 필요한 사항은 대통령령으로 정한다.
(2008.12.31 본조개정)
제11조【업무의 관장】 ① 예산, 결산 및 기금에 관한 사무는 기획재정부장관이 관장한다.
② 각 중앙관서의 장은 제1항의 규정에 따른 사무에 관한 법령을 제정·개정 또는 폐지하거나 제1항의 규정에 따른 사무와 관련되는 사항을 다른 법령에 규정하고자 하는 때에는 기획재정부장관과 협의하여야 한다.
(2008.2.29 본조개정)
제12조【출연금】 국가는 국가연구개발사업의 수행, 공공목적을 수행하는 기관의 운영 등 특정한 목적을 달성하기 위하여 법률에 근거가 있는 경우에는 해당 기관에 출연할 수 있다.
제13조【회계·기금 간 여유재원의 전입·전출】 ① 정부는 국가재정의 효율적 운용을 위하여 필요한 경우에는 다른 법률의 규정에도 불구하고 회계 및 기금의 목적 수행에 지장을 초래하지 아니하는 범위 안에서 회계와 기금 간 또는 회계 및 기금 상호 간에 여유재원을 전입 또는 전출하여 통합적으로 활용할 수 있다. 다만, 다음 각 호의 특별회계 및 기금은 제외한다.(2020.6.9 본문개정)
1. 우체국보험특별회계
2. 국민연금기금
3. 공무원연금기금
4. 사립학교교직원연금기금
5. 군인연금기금
6. 고용보험기금
7. 산업재해보상보험및예방기금
8. 임금채권보장기금
9. 방사성폐기물관리기금(2008.3.28 본호신설)
10. 그 밖에 차입금이나 「부담금관리기본법」 제2조의 규정에 따른 부담금 등을 주요 재원으로 하는 특별회계와 기금 중 대통령령으로 정하는 특별회계와 기금
(2020.6.9 본호개정)
② 기획재정부장관은 제1항의 규정에 따라 전입·전출을 하고자 하는 때에는 관계 중앙관서의 장 및 기금관리주체와 협의한 후 그 내용을 예산안 또는 기금운용계획안에 반영하여야 한다.(2008.2.29 본항개정)
제14조【특별회계 및 기금의 신설에 관한 심사】 ① 중앙관서의 장은 소관 사무와 관련하여 특별회계 또는 기금을 신설하고자 하는 때에는 해당 법률안을 입법예고하기 전에 특별회계 또는 기금의 신설에 관한 계획서(이하 이 조에서 "계획서"라 한다)를 기획재정부장관에게 제출하여 그 신설의 타당성에 관한 심사를 요청하여야 한다.
(2008.2.29 본항개정)
② 기획재정부장관은 제1항의 규정에 따라 심사를 요청받은 경우 기금에 대하여는 제1호부터 제4호까지의 기준에 적합한지 여부를 심사하고, 특별회계에 대하여는 제4호 및 제5호의 기준에 적합한지 여부를 심사하여야 한다. 이 경우 미리 자문회의에 자문하여야 한다.(2008.12.31 본문개정)
1. 부담금 등 기금의 재원이 목적사업과 긴밀하게 연계되어 있을 것
2. 사업의 특성으로 인하여 신축적인 사업추진이 필요할 것
3. 중·장기적으로 안정적인 재원조달과 사업추진이 가능할 것
4. 일반회계나 기존의 특별회계·기금보다 새로운 특별회계나 기금으로 사업을 수행하는 것이 더 효과적일 것
5. 특정한 사업을 운영하거나 특정한 세입으로 특정한 세출에 충당함으로써 일반회계와 구분하여 회계처리할 필요가 있을 것(2014.1.1 본호개정)
③ 기획재정부장관은 제2항의 규정에 따른 심사 결과 특별회계 또는 기금의 신설이 제2항의 규정에 따른 심사기준에 부합하지 아니하다고 인정하는 때에는 계획서를 제출한 중앙관서의 장에게 계획서의 재검토 또는 수정을 요청할 수 있다.(2008.2.29 본항개정)
제15조【특별회계 및 기금의 통합·폐지】 특별회계 및 기금이 다음 각 호의 어느 하나에 해당하는 경우에는 이를 폐지하거나 다른 특별회계 또는 기금과 통합할 수 있다.
1. 설치목적을 달성한 경우
2. 설치목적의 달성이 불가능하다고 판단되는 경우
3. 특별회계와 기금 간 또는 특별회계 및 기금 상호 간에 유사하거나 중복되게 설치된 경우
4. 그 밖에 재정운용의 효율성 및 투명성을 높이기 위하여 일반회계에서 통합 운용하는 것이 바람직하다고 판단되는 경우

제2장 예 산

제1절 총 칙

제16조【예산의 원칙】 정부는 예산을 편성하거나 집행할 때 다음 각 호의 원칙을 준수하여야 한다.(2020.6.9 본문개정)
1. 정부는 재정건전성의 확보를 위하여 최선을 다하여야 한다.
2. 정부는 국민부담의 최소화를 위하여 최선을 다하여야 한다.
3. 정부는 재정을 운용할 때 재정지출 및 「조세특례제한법」 제142조의2제1항에 따른 조세지출의 성과를 제고하여야 한다.(2020.6.9 본호개정)
4. 정부는 예산과정의 투명성과 예산과정에의 국민참여를 제고하기 위하여 노력하여야 한다.
5. 정부는 「성별영향평가법」 제2조제1호에 따른 성별영향평가의 결과를 포함하여 예산이 여성과 남성에게 미치는 효과를 평가하고, 그 결과를 정부의 예산편성에 반영하기 위하여 노력하여야 한다.(2021.12.21 본호개정)
6. 정부는 예산이 「기후위기 대응을 위한 탄소중립·녹색성장 기본법」 제2조제5호에 따른 온실가스(이하 "온실가스"라 한다) 감축에 미치는 효과를 평가하고, 그 결과를 정부의 예산편성에 반영하기 위하여 노력하여야 한다.
(2021.9.24 본호개정)
제17조【예산총계주의】 ① 한 회계연도의 모든 수입을 세입으로 하고, 모든 지출을 세출로 한다.
② 제53조에 규정된 사항을 제외하고는 세입과 세출은 모두 예산에 계상하여야 한다.
제18조【국가의 세출재원】 국가의 세출은 국채·차입금(외국정부·국제협력기구 및 외국법인으로부터 도입되는 차입자금을 포함한다. 이하 같다) 외의 세입을 그 재원으로 한다. 다만, 부득이한 경우에는 국회의 의결을 얻은 금액의 범위 안에서 국채 또는 차입금으로써 충당할 수 있다.
제19조【예산의 구성】 예산은 예산총칙·세입세출예산·계속비·명시이월비 및 국고채무부담행위를 총칭한다.
제20조【예산총칙】 ① 예산총칙에는 세입세출예산·계속비·명시이월비 및 국고채무부담행위에 관한 총괄적 규정을 두는 외에 다음 각 호의 사항을 규정하여야 한다.
1. 제18조 단서의 규정에 따른 국채와 차입금의 한도액(중앙관서의 장이 관리하는 기금의 기금운용계획안에 계상된 국채발행 및 차입금의 한도액을 포함한다)
2. 「국고금관리법」 제32조의 규정에 따른 재정증권의 발행과 일시차입금의 최고액
3. 그 밖에 예산집행에 관하여 필요한 사항
② 정부는 기존 국채를 새로운 국채로 대체하기 위하여 필요한 경우에는 제1항제1호의 한도액을 초과하여 국채를 발행할 수 있다. 이 경우 미리 국회에 이를 보고하여야 한다.(2008.12.31 본항신설)
제21조【세입세출예산의 구분】 ① 세입세출예산은 필요한 때에는 계정으로 구분할 수 있다.
② 세입세출예산은 독립기관 및 중앙관서의 소관별로 구분한 후 소관 내에서 일반회계·특별회계로 구분한다.
③ 세입예산은 제2항의 규정에 따른 구분에 따라 그 내용을 성질별로 관·항으로 구분하고, 세출예산은 제2항의 규정에 따른 구분에 따라 그 내용을 기능별·성질별 또는 기관별로 장·관·항으로 구분한다.
④ 예산의 구체적인 분류기준 및 세항과 각 경비의 성질에 따른 목의 구분은 기획재정부장관이 정한다.
(2008.2.29 본항개정)
제22조【예비비】 ① 정부는 예측할 수 없는 예산 외의 지출 또는 예산초과지출에 충당하기 위하여 일반회계 예산총액의 100분의 1 이내의 금액을 예비비로 세입세출예산에 계상할 수 있다. 다만, 예산총칙 등에 따라 미리 사용목적을 지정해 놓은 예비비는 본문에도 불구하고 별도로 세입세출예산에 계상할 수 있다.
② 제1항 단서에도 불구하고 공무원의 보수 인상을 위한 인건비 충당을 위하여는 예비비의 사용목적을 지정할 수 없다.
(2020.6.9 본조개정)
제23조【계속비】 ① 완성에 수년이 필요한 공사나 제조 및 연구개발사업은 그 경비의 총액과 연부액(年賦額)을 정하여 미리 국회의 의결을 얻은 범위 안에서 수년도에 걸쳐서 지출할 수 있다.(2020.6.9 본항개정)
② 제1항의 규정에 따라 국가가 지출할 수 있는 연한은 그 회계연도부터 5년 이내로 한다. 다만, 사업규모 및 국가재원 여건을 고려하여 필요한 경우에는 예외적으로 10년 이내로 할 수 있다.(2020.6.9 단서개정)
③ 기획재정부장관은 필요하다고 인정하는 때에는 국회의 의결을 거쳐 제2항의 지출연한을 연장할 수 있다.
(2012.3.21 본항신설)
제24조【명시이월비】 ① 세출예산 중 경비의 성질상 연도 내에 지출을 끝내지 못할 것이 예측되는 때에는 그 취지를 세입세출예산에 명시하여 미리 국회의 승인을 얻은 후 다음 연도에 이월하여 사용할 수 있다.
② 각 중앙관서의 장은 제1항의 규정에 따른 명시이월비에 대하여 예산집행상 부득이한 사유가 있는 때에는 사항마다 사유와 금액을 명백히 하여 기획재정부장관의 승

인을 얻은 범위 안에서 다음 연도에 걸쳐서 지출하여야 할 지출원인행위를 할 수 있다.(2008.2.29 본항개정)
③ 기획재정부장관은 제2항의 규정에 따라 다음 연도에 걸쳐서 지출하여야 할 지출원인행위를 승인한 때에는 감사원에 통지하여야 한다.(2008.2.29 본항개정)

제25조【국고채무부담행위】 ① 국가는 법률에 따른 것과 세출예산금액 또는 계속비의 총액의 범위 안의 것 외에 채무를 부담하는 행위를 하는 때에는 미리 예산으로써 국회의 의결을 얻어야 한다.
② 국가는 제1항에 규정된 것 외에 재해복구를 위하여 필요한 때에는 회계연도마다 국회의 의결을 얻은 범위 안에서 채무를 부담하는 행위를 할 수 있다. 이 경우 그 행위는 일반회계 예비비의 사용절차에 준하여 집행한다.
③ 국고채무부담행위는 사항마다 그 필요한 이유를 명백히 하고 그 행위를 할 연도 및 상환연도와 채무부담의 금액을 표시하여야 한다.

제26조【성인지 예산서의 작성】 ① 정부는 예산이 여성과 남성에게 미칠 영향을 미리 분석한 보고서[이하 "성인지(性認知) 예산서"라 한다]를 작성하여야 한다.
② 성인지 예산서에는 성평등 기대효과, 성과목표, 성별 수혜분석 등을 포함하여야 한다.(2010.5.17 본항신설)
③ 성인지 예산서의 작성에 관한 구체적인 사항은 대통령령으로 정한다.

제27조【온실가스감축인지 예산서의 작성】 ① 정부는 예산이 온실가스 감축에 미칠 영향을 미리 분석한 보고서(이하 "온실가스감축인지 예산서"라 한다)를 작성하여야 한다.
② 온실가스감축인지 예산서에는 온실가스 감축에 대한 기대효과, 성과목표, 효과분석 등을 포함하여야 한다.
③ 온실가스감축인지 예산서의 작성에 관한 구체적인 사항은 대통령령으로 정한다.
(2021.6.15 본조신설)

제2절 예산안의 편성

제28조【중기사업계획서의 제출】 각 중앙관서의 장은 매년 1월 31일까지 해당 회계연도부터 5회계연도 이상의 기간 동안의 신규사업 및 기획재정부장관이 정하는 주요 계속사업에 대한 중기사업계획서를 기획재정부장관에게 제출하여야 한다.(2020.6.9 본조개정)

제29조【예산안편성지침의 통보】 ① 기획재정부장관은 국무회의의 심의를 거쳐 대통령의 승인을 얻은 다음 연도의 예산안편성지침을 매년 3월 31일까지 각 중앙관서의 장에게 통보하여야 한다.(2014.1.1 본항개정)
② 기획재정부장관은 제7조의 규정에 따른 국가재정운용계획과 예산편성을 연계하기 위하여 제1항의 규정에 따른 예산안편성지침에 중앙관서별 지출한도를 포함하여 통보할 수 있다.
(2008.2.29 본조개정)

제30조【예산안편성지침의 국회보고】 기획재정부장관은 제29조제1항의 규정에 따라 각 중앙관서의 장에게 통보한 예산안편성지침을 국회 예산결산특별위원회에 보고하여야 한다.(2008.2.29 본조개정)

제31조【예산요구서의 제출】 ① 각 중앙관서의 장은 제29조의 규정에 따른 예산안편성지침에 따라 그 소관에 속하는 다음 연도의 세입세출예산·계속비·명시이월비 및 국고채무부담행위 요구서(이하 "예산요구서"라 한다)를 작성하여 매년 5월 31일까지 기획재정부장관에게 제출하여야 한다.(2014.1.1 본항개정)
② 예산요구서에는 대통령령으로 정하는 바에 따라 예산의 편성 및 예산관리기법의 적용에 필요한 서류를 첨부하여야 한다.(2020.6.9 본항개정)
③ 기획재정부장관은 제1항의 규정에 따라 제출된 예산요구서가 제29조의 규정에 따른 예산안편성지침에 부합하지 아니하는 때에는 기한을 정하여 이를 수정 또는 보완하도록 요구할 수 있다.(2008.2.29 본항개정)

제32조【예산안의 편성】 기획재정부장관은 제31조제1항의 규정에 따른 예산요구서에 따라 예산안을 편성하여 국무회의의 심의를 거친 후 대통령의 승인을 얻어야 한다.
(2008.2.29 본조개정)

제33조【예산안의 국회제출】 정부는 제32조의 규정에 따라 대통령의 승인을 얻은 예산안을 회계연도 개시 120일 전까지 국회에 제출하여야 한다.(2013.5.28 본조개정)

제34조【예산안의 첨부서류】 제33조의 규정에 따라 국회에 제출하는 예산안에는 다음 각 호의 서류를 첨부하여야 한다.
1. 세입세출예산 총계표 및 순계표
2. 세입세출예산 사업별설명서
2의2. 세입예산 추계분석보고서(세입추계 방법 및 근거, 전년도 세입예산과 세입결산 간 총액 및 세목별 차이에 대한 평가 및 원인 분석, 세입추계 개선사항을 포함한다)(2019.4.23 본호신설)
3. 계속비에 관한 전년도말까지의 지출액 또는 지출추정액, 해당 연도 이후의 지출예정액과 사업전체의 계획 및 그 진행상황에 관한 명세서(2020.6.9 본호개정)
3의2. 제50조에 따른 총사업비 관리대상 사업의 사업별 개요, 전년도 대비 총사업비 증감 내역과 증감 사유, 해당 연도까지의 연부액 및 해당 연도 이후의 지출예정액(2012.3.21 본호신설)
4. 국고채무부담행위설명서
5. 국고채무부담행위로서 다음 연도 이후에 걸치는 것인 경우 전년도말까지의 지출액 또는 지출추정액과 해당 연도 이후의 지출예정액에 관한 명세서(2020.6.9 본호개정)
5의2. 완성에 2년 이상이 소요되는 사업으로서 대통령령으로 정하는 대규모 사업의 국고채무부담행위 총규모(2014.1.1 본호신설)
6. 예산정원표와 예산안편성기준단가
7. 국유재산의 전전년도 말 기준 현재액과 전년도말과 해당 연도 말 기준 현재액 추정에 관한 명세서(2020.6.9 본호개정)
8. 제85조의7에 따른 성과계획서(2021.12.21 본호개정)
9. 성인지 예산서
9의2. 온실가스감축인지 예산서(2021.6.15 본호신설)
10. 「조세특례제한법」 제142조의2에 따른 조세지출예산서(2013.1.1 본호개정)
11. 제40조제2항 및 제41조의 규정에 따라 독립기관의 세출예산요구액을 감액하거나 감사원의 세출예산요구액을 감액한 때에는 그 규모 및 이유와 감액에 대한 해당 기관의 장의 의견(2020.6.9 본호개정)
12. (2010.5.17 삭제)
13. 회계와 기금 간 또는 회계 상호 간 여유재원의 전입·전출 명세서 그 밖에 재정의 상황과 예산안의 내용을 명백히 할 수 있는 서류
14. 「국유재산특례제한법」 제10조제1항에 따른 국유재산특례지출예산서(2011.3.30 본호신설)
15. 제38조제2항에 따라 예비타당성조사를 실시하지 아니한 사업의 내역 및 사유(2014.1.1 본호신설)
16. 지방자치단체 국고보조사업 예산안에 따른 분야별 총 대응지방비 소요 추계서(2017.12.26 본호신설)

제35조【국회제출 중인 예산안의 수정】 정부는 예산안을 국회에 제출한 후 부득이한 사유로 인하여 그 내용의 일부를 수정하고자 하는 때에는 국무회의의 심의를 거쳐 대통령의 승인을 얻은 수정예산안을 국회에 제출할 수 있다.

제36조【예산안 첨부서류의 생략】 정부는 제35조에 따른 수정예산안 또는 제89조에 따른 추가경정예산안을 편성하여 국회에 제출하는 때에는 제34조 각 호에 규정된 첨부서류의 일부를 생략할 수 있다. 다만, 제85조의7에 따른 성과계획서의 제출을 생략하는 때에는 사후에 이를 제출하여야 한다.(2021.12.21 단서개정)

제37조【총액계상】 ① 기획재정부장관은 대통령령으로 정하는 사업으로서 세부내용을 미리 확정하기 곤란한 사업의 경우에는 이를 총액으로 예산에 계상할 수 있다.
(2020.6.9 본항개정)
② 제1항의 규정에 따른 총액계상사업의 총 규모는 매 회계연도 예산의 순계를 기준으로 대통령령으로 정하는 비율을 초과할 수 없다.(2020.6.9 본항개정)
③ 각 중앙관서의 장은 제1항의 규정에 따른 총액계상사업에 대하여는 예산배정 전에 예산배분에 관한 세부사업시행계획을 수립하여 기획재정부장관과 협의하여야 하며, 그 세부집행실적을 회계연도 종료 후 3개월 이내에 기획재정부장관에게 제출하여야 한다.(2008.2.29 본항개정)
④ 각 중앙관서의 장은 제3항의 규정에 따른 총액계상사업의 세부사업시행계획과 세부집행실적을 국회 예산결산특별위원회에 제출하여야 한다.

제38조【예비타당성조사】 ① 기획재정부장관은 총사업비가 500억원 이상이고 국가의 재정지원 규모가 300억원 이상인 신규 사업으로서 다음 각 호의 어느 하나에 해당하는 대규모사업에 대한 예산을 편성하기 위하여 미리 예비타당성조사를 실시하고, 그 결과를 요약하여 국회 소관 상임위원회와 예산결산특별위원회에 제출하여야 한다. 다만, 제4호의 사업은 제28조에 따라 제출된 중기사업계획서에 의한 재정지출이 500억원 이상 수반되는 신규 사업으로 한다.(2014.1.1 본문개정)
1. 건설공사가 포함된 사업(2014.1.1 본호신설)
2. 「지능정보화 기본법」 제14조제1항에 따른 지능정보화 사업(2020.6.9 본호개정)
3. 「과학기술기본법」 제11조에 따른 국가연구개발사업
4. 그 밖에 사회복지, 보건, 교육, 노동, 문화 및 관광, 환경 보호, 농림해양수산, 산업·중소기업 분야의 사업
(2014.1.1 3호~4호신설)
② 제1항에도 불구하고 다음 각 호의 어느 하나에 해당하는 사업은 대통령령으로 정하는 절차에 따라 예비타당성조사 대상에서 제외한다.
1. 공공청사, 교정시설, 초·중등 교육시설의 신·증축 사업
2. 「국가유산기본법」 제3조에 따른 국가유산 복원사업(2023.5.16 본호개정)
3. 국가안보와 관계되거나 보안이 필요한 국방 관련 사업(2020.6.9 본호개정)
4. 남북교류협력과 관계되거나 국가 간 협약·조약에 따라 추진하는 사업(2020.6.9 본호개정)
5. 도로 유지보수, 노후 상수도 개량 등 기존 시설의 효용 증진을 위한 단순개량 및 유지보수사업
6. 「재난 및 안전관리기본법」 제3조제1호에 따른 재난(이하 "재난"이라 한다)복구 지원, 시설 안전성 확보, 보건·식품 안전 문제 등으로 시급한 추진이 필요한 사업
7. 재난예방을 위하여 시급한 추진이 필요한 사업으로서 국회 소관 상임위원회의 동의를 받은 사업
8. 법령에 따라 추진하여야 하는 사업
9. 출연·보조기관의 인건비 및 경상비 지원, 융자 사업 등과 같이 예비타당성조사의 실익이 없는 사업
10. 지역 균형발전, 긴급한 경제·사회적 상황 대응 등을 위하여 국가 정책적으로 추진이 필요한 사업(종전에 경제성 부족 등을 이유로 예비타당성조사를 통과하지 못한 사업은 연계사업의 추진, 주변지역의 개발 등으로 해당 사업과 관련한 경제·사회 여건이 변동하였거나, 예비타당성조사 결과 등을 반영하여 사업을 재기획한 경우에 한정한다)으로서 다음 각 목의 요건을 모두 갖춘 사업. 이 경우, 예비타당성조사 면제 사업의 내역 및 사유를 지체 없이 국회 소관 상임위원회에 보고하여야 한다.(2020.3.31 전단개정)
가. 사업목적 및 규모, 추진방안 등 구체적인 사업계획이 수립된 사업
나. 국가 정책적으로 추진이 필요하여 국무회의를 거쳐 확정된 사업
(2014.1.1 본항신설)
③ 제1항의 규정에 따라 실시하는 예비타당성조사 대상사업은 기획재정부장관이 중앙관서의 장의 신청에 따라 또는 직권으로 선정할 수 있다.
④ 기획재정부장관은 국회가 그 의결로 요구하는 사업에 대하여는 예비타당성조사를 실시하여야 한다.
⑤ 기획재정부장관은 제2항제10호에 따라 예비타당성조사를 면제한 사업에 대하여 예비타당성조사 방식에 준하여 사업의 중장기 재정소요, 재원조달방안, 비용과 편익 등을 고려한 효율적 대안 등의 분석을 통하여 사업계획의 적정성을 검토하고, 그 결과를 예산편성에 반영하여야 한다.(2020.3.31 본항신설)
⑥ 기획재정부장관은 제1항의 규정에 따른 예비타당성조사 대상사업의 선정기준·조사수행기관·조사방법 및 절차 등에 관한 지침을 마련하여 중앙관서의 장에게 통보하여야 한다.
(2008.2.29 본조개정)

제38조의2【예비타당성조사 결과 관련 자료의 공개】 기획재정부장관은 제38조제1항에 따른 예비타당성조사를 제8조의2제1항제1호의 업무를 수행하는 전문기관에 의뢰하여 실시할 수 있으며, 예비타당성조사를 의뢰 받은 전문기관의 장은 수요예측자료 등 예비타당성조사 결과에 관한 자료를 「공공기관의 정보공개에 관한 법률」 제7조에 따라 공개하여야 한다.(2021.12.21 본조개정)

제38조의3【국가연구개발사업 예비타당성조사의 특례】 ① 기획재정부장관은 제8조의2, 제38조 및 제38조의2에 규정된 사항 중 「과학기술기본법」 제11조에 따른 국가연구개발사업에 대한 예비타당성조사에 관해서는 대통령령으로 정하는 바에 따라 과학기술정보통신부장관에게 위탁할 수 있다.
② 제1항에 따라 예비타당성조사에 관하여 위탁받은 과학기술정보통신부장관은 제38조제2항 및 제6항과 관련한 사항의 경우 사전에 기획재정부장관과 협의하여야 한다.
(2020.3.31 본항개정)
③ 기획재정부장관은 제1항에 따라 위탁한 예비타당성조사가 적절하게 운영되는지 등을 대통령령으로 정하는 바에 따라 평가할 수 있다.
(2018.1.16 본조신설)

제39조【대규모 개발사업예산의 편성】 ① 각 중앙관서의 장은 대통령령으로 정하는 대규모 개발사업에 대하여는 타당성조사 및 기본설계비·실시설계비·보상비(댐수몰지역에 대하여 보상하는 경우와 공사완료 후 존속하는 어업권 또는 양식업권의 피해에 대하여 보상하는 경우는 제외한다)와 공사비의 순서에 따라 그 중 하나의 단계에 소요되는 경비의 전부 또는 일부를 해당 연도의 예산으로 요구하여야 한다. 다만, 부분완공 후 사용이 가능한 경우 등 사업의 효율적인 추진을 위하여 기획재정부장관이 불가피하다고 인정하는 사업에 대하여는 2단계 이상의 예산을 동시에 요구할 수 있다.(2020.6.9 본문개정)
② 기획재정부장관은 제1항에 따른 대규모 개발사업에 대하여는 같은 항에 따른 요구에 따라 단계별로 해당 연도에 필요한 예산안을 편성하여야 한다. 이 경우 다음 각 호의 어느 하나에 해당하는 사업으로서 전체공정에 대한 실시설계가 완료되고 총사업비가 확정된 경우에는 그 사업이 지연되지 아니하도록 계속비로 예산안을 편성하여야 한다.(2012.3.21 본문개정)
1. 국가기간 교통망 구축을 위하여 필수적인 사업
2. 재해복구를 위하여 시급히 추진하여야 하는 사업
3. 공사가 지연될 경우 추가 재정부담이 큰 사업
4. 그 밖에 국민편익, 사업성격 및 효과 등을 고려하여 시급히 추진할 필요가 있는 사업
(2012.3.21 1호~4호신설)
③ 기획재정부장관은 제2항 후단에도 불구하고 재정여건, 사업성격, 사업기간 및 규모 등을 고려하여 필요하다고 인정하는 대규모 개발사업은 계속비로 예산안을 편성하지 아니할 수 있으며 이에 대한 기준, 절차 등 구체적 사항은 대통령령으로 정한다.(2012.3.21 본항신설)
(2012.3.21 본조제목개정)

제40조【독립기관의 예산】 ① 정부는 독립기관의 예산을 편성할 때 해당 독립기관의 장의 의견을 최대한 존중하여야 하며, 국가재정상황 등에 따라 조정이 필요한 때

財經

에는 해당 독립기관의 장과 미리 협의하여야 한다.
② 정부는 제1항의 규정에 따른 협의에도 불구하고 독립기관의 세출예산요구액을 감액하고자 할 때에는 국무회의에서 해당 독립기관의 장의 의견을 들어야 하며, 정부가 독립기관의 세출예산요구액을 감액한 때에는 그 규모 및 이유, 감액에 대한 독립기관의 장의 의견을 국회에 제출하여야 한다.
(2020.6.9 본조개정)
제41조【감사원의 예산】 정부는 감사원의 세출예산요구액을 감액하고자 할 때에는 국무회의에서 감사원장의 의견을 들어야 한다.(2020.6.9 본조개정)

제3절 예산의 집행

제42조【예산배정요구서의 제출】 각 중앙관서의 장은 예산이 확정된 후 사업운영계획 및 이에 따른 세입세출예산·계속비와 국고채무부담행위를 포함한 예산배정요구서를 기획재정부장관에게 제출하여야 한다.(2008.2.29 본조개정)
제43조【예산의 배정】 ① 기획재정부장관은 제42조의 규정에 따른 예산배정요구서에 따라 분기별 예산배정계획을 작성하여 국무회의의 심의를 거친 후 대통령의 승인을 얻어야 한다.
② 기획재정부장관은 각 중앙관서의 장에게 예산을 배정한 때에는 감사원에 통지하여야 한다.
③ 기획재정부장관은 필요한 때에는 대통령령으로 정하는 바에 따라 회계연도 개시 전에 예산을 배정할 수 있다.
(2020.6.9 본항개정)
④ 기획재정부장관은 예산의 효율적인 집행관리를 위하여 필요한 때에는 제1항의 규정에 따른 분기별 예산배정계획에도 불구하고 개별사업계획을 검토하여 그 결과에 따라 예산을 배정할 수 있다.(2020.6.9 본항개정)
⑤ 기획재정부장관은 재정수지의 적정한 관리 및 예산사업의 효율적인 집행관리 등을 위하여 필요한 때에는 제1항의 규정에 따른 분기별 예산배정계획을 조정하거나 예산배정을 유보할 수 있으며, 배정된 예산의 집행을 보류하도록 조치를 취할 수 있다.
(2008.2.29 본조개정)
제43조의2【예산의 재배정】 ① 각 중앙관서의 장은 「국고금 관리법」 제22조제1항에 따라 재무관으로 하여금 지출원인행위를 하게 할 때에는 제43조에 따라 배정된 세출예산의 범위 안에서 재무관별로 세출예산재배정계획서를 작성하고 이에 따라 세출예산을 재배정(기획재정부장관이 각 중앙관서의 장에게 배정한 예산을 각 중앙관서의 장이 재무관별로 다시 배정하는 것을 말한다. 이하 같다)하여야 한다.
② 각 중앙관서의 장은 예산집행에 필요하다고 인정할 때에는 제1항에 따라 작성한 세출예산재배정계획서를 변경할 수 있고 이에 따라 세출예산을 재배정하여야 한다.
③ 각 중앙관서의 장은 제1항 및 제2항에 따라 세출예산을 재배정한 때에는 이를 「국고금 관리법」 제22조제1항에 따른 재무관과 기획재정부장관에게 통지하여야 한다.
④ 각 중앙관서의 장은 제1항 및 제2항에 따라 세출예산을 재배정하려는 경우 대통령령으로 정하는 바에 따라 이를 「한국재정정보원법」에 따른 한국재정정보원으로 하여금 대행하게 할 수 있다.
(2021.12.21 본조신설)
제44조【예산집행지침의 통보】 기획재정부장관은 예산집행의 효율성을 높이기 위하여 매년 예산집행에 관한 지침을 작성하여 각 중앙관서의 장에게 통보하여야 한다.
(2008.2.29 본조개정)
제45조【예산의 목적 외 사용금지】 각 중앙관서의 장은 세출예산이 정한 목적 외에 경비를 사용할 수 없다.
제46조【예산의 전용】 ① 각 중앙관서의 장은 예산의 목적범위 안에서 재원의 효율적 활용을 위하여 대통령령으로 정하는 바에 따라 기획재정부장관의 승인을 얻어 각 세항 또는 목의 금액을 전용할 수 있다. 이 경우 사업간의 유사성이 있는지, 재해대책 재원 등으로 사용할 시급한 필요가 있는지, 기관운영을 위한 필수적 경비의 충당을 위한 것인지 여부 등을 종합적으로 고려하여야 한다.
(2020.6.9 전단개정)
② 각 중앙관서의 장은 제1항에도 불구하고 회계연도마다 기획재정부장관이 위임하는 범위 안에서 각 세항 또는 목의 금액을 자체적으로 전용할 수 있다.(2020.6.9 본항개정)
③ 제1항 및 제2항에도 불구하고 각 중앙관서의 장은 다음 각 호의 어느 하나에 해당하는 경우에는 전용할 수 없다.
1. 당초 예산에 계상되지 아니한 사업을 추진하는 경우
2. 국회가 의결한 취지와 다르게 사업 예산을 집행하는 경우
(2014.12.30 본항신설)
④ 기획재정부장관은 제1항의 규정에 따라 전용의 승인을 한 때에는 그 전용명세서를 그 중앙관서의 장 및 감사원에 각각 송부하여야 하며, 각 중앙관서의 장은 제2항의 규정에 따라 전용을 한 때에는 전용을 한 과목별 금액 및 이유를 명시한 명세서를 기획재정부장관 및 감사원에 각각 송부하여야 한다.(2008.2.29 본항개정)
⑤ 각 중앙관서의 장이 제1항 또는 제2항에 따라 전용을 한 경우에는 분기별로 분기만료일이 속하는 달의 다음 달 말일까지 그 전용 내역을 국회 소관 상임위원회와 예산결산특별위원회에 제출하여야 한다.(2009.3.18 본항신설)
⑥ 제1항 또는 제2항의 규정에 따라 전용한 경비의 금액은 세입세출결산보고서에 이를 명백히 하고 이유를 기재하여야 한다.
제47조【예산의 이용·이체】 ① 각 중앙관서의 장은 예산이 정한 각 기관 간 또는 각 장·관·항 간에 상호 이용(移用)할 수 없다. 다만, 다음 각 호의 어느 하나에 해당하는 경우에 한정하여 미리 예산으로써 국회의 의결을 얻은 때에는 기획재정부장관의 승인을 얻어 이용하거나 기획재정부장관이 위임하는 범위 안에서 자체적으로 이용할 수 있다.(2014.12.30 단서개정)
1. 법령상 지출의무의 이행을 위한 경비 및 기관운영을 위한 필수적 경비의 부족액이 발생하는 경우
2. 환율변동·유가변동 등 사전에 예측하기 어려운 불가피한 사정이 발생하는 경우
3. 재해대책 재원 등으로 사용할 시급한 필요가 있는 경우
4. 그 밖에 대통령령으로 정하는 경우
(2014.12.30 1호~4호신설)
② 기획재정부장관은 정부조직 등에 관한 법령의 제정·개정 또는 폐지로 인하여 중앙관서의 직무와 권한에 변동이 있는 때에는 그 중앙관서의 장의 요구에 따라 그 예산을 상호 이용하거나 이체(移替)할 수 있다.
③ 각 중앙관서의 장은 제1항 단서의 규정에 따라 예산을 자체적으로 이용한 때에는 기획재정부장관 및 감사원에 각각 통지하여야 하며, 기획재정부장관은 제1항 단서의 규정에 따라 이용의 승인을 하거나 제2항의 규정에 따라 예산을 이용 또는 이체한 때에는 그 중앙관서의 장 및 감사원에 각각 통지하여야 한다.
④ 각 중앙관서의 장이 제1항 또는 제2항에 따라 이용 또는 이체를 한 경우에는 분기별로 분기만료일이 속하는 달의 다음 달 말일까지 그 이용 또는 이체 내역을 국회 소관 상임위원회와 예산결산특별위원회에 제출하여야 한다.(2009.3.18 본항신설)
(2008.2.29 본조개정)
제48조【세출예산의 이월】 ① 매 회계연도의 세출예산은 다음 연도에 이월하여 사용할 수 없다.
② 제1항에도 불구하고 다음 각 호의 어느 하나에 해당하는 경비의 금액은 다음 회계연도에 이월하여 사용할 수 있다. 이 경우 이월액은 다른 용도로 사용할 수 없으며, 제2호에 해당하는 경비의 금액은 재이월할 수 없다.
(2020.6.9 전단개정)
1. 명시이월비
2. 연도 내에 지출원인행위를 하고 불가피한 사유로 인하여 연도 내에 지출하지 못한 경비와 지출원인행위를 하지 아니한 그 부대경비
3. 지출원인행위를 위하여 입찰공고를 한 경비 중 입찰공고 후 지출원인행위까지 장기간이 소요되는 경우로서 대통령령으로 정하는 경비
4. 공익사업의 시행에 필요한 손실보상비로서 대통령령으로 정하는 경비
5. 경상적 성격의 경비로서 대통령령으로 정하는 경비
(2020.6.9 3호~5호개정)
③ 제1항에도 불구하고 계속비의 연도별 연부액 중 해당 연도에 지출하지 못한 금액은 계속비사업의 완성연도까지 계속 이월하여 사용할 수 있다.(2020.6.9 본항개정)
④ 각 중앙관서의 장은 제2항 및 제3항의 규정에 따라 예산을 이월하는 때에는 대통령령으로 정하는 바에 따라 이월명세서를 작성하여 다음 연도 1월 31일까지 기획재정부장관 및 감사원에 각각 송부하여야 한다.(2020.6.9 본항개정)
⑤ 각 중앙관서의 장이 제2항 및 제3항의 규정에 따라 예산을 이월한 경우 이월하는 과목별 금액은 다음 연도의 이월예산으로 배정된 것으로 본다.
⑥ 매 회계연도 세입세출의 결산상 잉여금이 발생하는 경우에는 제2항 및 제3항의 규정에 따른 세출예산 이월액에 상당하는 금액을 다음 연도의 세입에 우선적으로 이입하여야 한다.
⑦ 기획재정부장관은 세입징수상황 등을 고려하여 필요하다고 인정하는 때에는 미리 제2항 및 제3항의 규정에 따른 세출예산의 이월사용을 제한하기 위한 조치를 취할 수 있다.(2020.6.9 본항개정)
제49조【예산성과금의 지급 등】 ① 각 중앙관서의 장은 예산의 집행방법 또는 제도의 개선 등으로 인하여 수입이 증대되거나 지출이 절약된 때에는 이에 기여한 자에게 성과금을 지급할 수 있으며, 절약된 예산을 다른 사업에 사용할 수 있다.
② 각 중앙관서의 장은 제1항의 규정에 따라 성과금을 지급하거나 절약된 예산을 다른 사업에 사용하고자 하는 때에는 예산성과금심사위원회의 심사를 거쳐야 한다.
③ 제1항 및 제2항의 규정에 따른 성과금 지급, 절약된 예산의 다른 사업에의 사용 및 예산성과금심사위원회의 구성·운영 등에 관하여 필요한 사항은 대통령령으로 정한다.
제50조【총사업비의 관리】 ① 각 중앙관서의 장은 완성에 2년 이상이 소요되는 사업으로서 대통령령으로 정하는 대규모사업에 대하여는 그 사업규모·총사업비 및 사업기간을 정하여 미리 기획재정부장관과 협의하여야 한다. 협의를 거친 사업규모·총사업비 또는 사업기간을 변경하고자 하는 때에도 또한 같다.(2020.6.9 전단개정)
② 기획재정부장관은 제1항의 규정에 따른 사업 중 다음 각 호의 어느 하나에 해당하는 사업 및 감사원의 감사결과에 따라 감사원이 요청하는 사업에 대하여는 사업의 타당성을 재조사(이하 "타당성재조사"라 한다)하고, 그 결과를 국회에 보고하여야 한다.(2020.3.31 본문개정)
1. 총사업비 또는 국가의 재정지원 규모가 예비타당성조사 대상 규모에 미달하여 예비타당성조사를 실시하지 않았으나 사업추진 과정에서 총사업비와 국가의 재정지원 규모가 예비타당성조사 대상 규모로 증가한 사업
2. 예비타당성조사 대상사업 중 예비타당성조사를 거치지 않고 예산에 반영되어 추진 중인 사업
3. 총사업비가 대통령령으로 정하는 규모 이상 증가한 사업
4. 사업여건의 변동 등으로 해당 사업의 수요예측치가 대통령령으로 정하는 규모 이상 감소한 사업
5. 그 밖에 예산낭비 우려가 있는 등 타당성을 재조사할 필요가 있는 사업
(2020.3.31 1호~5호신설)
③ 제2항에도 불구하고 다음 각 호의 어느 하나에 해당하는 경우에는 타당성재조사를 실시하지 아니할 수 있다.
1. 사업의 상당부분이 이미 시공되어 매몰비용이 차지하는 비중이 큰 경우
2. 총사업비 증가의 주요 원인이 법정경비 반영 및 상위계획의 변경 등과 같이 타당성재조사의 실익이 없는 경우
3. 지역 균형발전, 긴급한 경제·사회적 상황에 대응할 목적으로 추진되는 사업의 경우
4. 재해예방·복구 지원 또는 안전 문제 등으로 시급한 추진이 필요한 사업의 경우
(2020.3.31 본항신설)
④ 기획재정부장관은 국회가 그 의결로 요구하는 사업에 대하여는 타당성재조사를 하고, 그 결과를 국회에 보고하여야 한다.(2014.1.1 본항개정)
⑤ 기획재정부장관은 총사업비 관리에 관한 지침을 마련하여 각 중앙관서의 장에게 통보하여야 한다.
(2008.2.29 본조개정)
제50조의2【타당성재조사 결과 관련 자료의 공개】 기획재정부장관은 제50조에 따른 타당성재조사를 제8조의2 제1항제2호의 업무를 수행하는 전문기관에 의뢰하여 실시할 수 있으며, 타당성재조사를 의뢰 받은 전문기관의 장은 수요예측자료 등 타당성재조사 결과에 관한 자료를 「공공기관의 정보공개에 관한 법률」 제7조에 따라 공개하여야 한다.(2021.12.21 본조개정)
제51조【예비비의 관리와 사용】 ① 예비비는 기획재정부장관이 관리한다.(2008.2.29 본항개정)
② 각 중앙관서의 장은 예비비의 사용이 필요한 때에는 그 이유 및 금액과 추산의 기초를 명백히 한 명세서를 작성하여 기획재정부장관에게 제출하여야 한다. 다만, 대규모 재난에 따른 피해의 신속한 복구를 위하여 필요한 때에는 「재난 및 안전관리기본법」 제20조의 규정에 따른 피해상황보고를 기초로 긴급구호, 긴급구조 및 복구에 소요되는 금액을 개산(概算)하여 예비비를 신청할 수 있다.
(2014.12.30 단서개정)
③ 기획재정부장관은 제2항의 규정에 따른 예비비 신청을 심사한 후 필요하다고 인정하는 때에는 이를 조정하고 예비비사용계획명세서를 작성한 후 국무회의의 심의를 거쳐 대통령의 승인을 얻어야 한다.(2008.2.29 본항개정)
④ 일반회계로부터 전입받은 특별회계는 필요한 경우에는 일반회계 예비비를 전입받아 그 특별회계의 세출로 사용할 수 있다.
제52조【예비비사용명세서의 작성 및 국회제출】 ① 각 중앙관서의 장은 예비비로 사용한 금액의 명세서를 작성하여 다음 연도 2월말까지 기획재정부장관에게 제출하여야 한다.(2008.2.29 본항개정)
② 기획재정부장관은 제1항의 규정에 따라 제출된 명세서에 따라 예비비로 사용한 금액의 총괄명세서를 작성한 후 국무회의의 심의를 거쳐 대통령의 승인을 얻어야 한다.
(2008.2.29 본항개정)
③ 기획재정부장관은 제2항의 규정에 따라 대통령의 승인을 얻은 총괄명세서를 감사원에 제출하여야 한다.
(2008.2.29 본항개정)
④ 정부는 예비비로 사용한 금액의 총괄명세서를 다음 연도 5월 31일까지 국회에 제출하여 그 승인을 얻어야 한다.
제53조【예산총계주의 원칙의 예외】 ① 각 중앙관서의 장은 용역 또는 시설을 제공하여 발생하는 수입과 관련되는 경비로서 대통령령으로 정하는 경비(이하 "수입대체경비"라 한다)의 경우 수입이 예산을 초과하거나 초과할 것이 예상되는 때에는 그 초과수입을 대통령령으로 정하는 바에 따라 그 초과수입에 직접 관련되는 경비 및 이에 수반되는 경비에 초과지출할 수 있다.(2020.6.9 본항개정)
② 국가가 현물로 출자하는 경우와 외국차관을 도입하여 전대(轉貸)하는 경우에는 이를 세입세출예산 외로 처리할 수 있다.
③ 차관물자대(借款物資貸)의 경우 전년도 인출예정분의 부득이한 이월 또는 환율 및 금리의 변동으로 인하여 세입이 그 세입예산을 초과하게 되는 때에는 그 세출예산을 초과하여 지출할 수 있다.
④ 전대차관을 상환하는 경우 환율 및 금리의 변동, 기한 전 상환으로 인하여 원리금 상환액이 그 세출예산을 초과하게 되는 때에는 초과한 범위 안에서 그 세출예산을 초과하여 지출할 수 있다.
⑤ (2014.1.1 삭제)

財經

⑥ 수입대체경비 등 예산총계주의 원칙의 예외에 관하여 필요한 사항은 대통령령으로 정한다.

제54조【보조금의 관리】 각 중앙관서의 장은 지방자치단체 및 민간에 지원한 국고보조금의 교부실적과 해당 보조사업자의 보조금 집행실적을 기획재정부장관, 국회 소관 상임위원회 및 예산결산특별위원회에 각각 제출하여야 한다.(2010.5.17 본조개정)

제55조【예산불확정 시의 예산집행】 ① 정부는 국회에서 부득이한 사유로 회계연도 개시 전까지 예산안이 의결되지 못한 때에는 「헌법」 제54조제3항의 규정에 따라 예산을 집행하여야 한다.

② 제1항의 규정에 따라 집행된 예산은 해당 연도의 예산이 확정된 때에는 그 확정된 예산에 따라 집행된 것으로 본다.(2020.6.9 본항개정)

제3장 결 산

제56조【결산의 원칙】 정부는 결산이 「국가회계법」에 따라 재정에 관한 유용하고 적정한 정보를 제공할 수 있도록 객관적인 자료와 증거에 따라 공정하게 이루어지게 하여야 한다.(2008.12.31 본조개정)

제57조【성인지 결산서의 작성】 ① 정부는 여성과 남성이 동등하게 예산의 수혜를 받고 예산이 성차별을 개선하는 방향으로 집행되었는지를 평가하는 보고서(이하 "성인지 결산서"라 한다)를 작성하여야 한다.

② 성인지 결산서에는 집행실적, 성평등 효과분석 및 평가 등을 포함하여야 한다.(2010.5.17 본항신설)

제57조의2【온실가스감축인지 결산서의 작성】 ① 정부는 예산이 온실가스를 감축하는 방향으로 집행되었는지를 평가하는 보고서(이하 "온실가스감축인지 결산서"라 한다)를 작성하여야 한다.

② 온실가스감축인지 결산서에는 집행실적, 온실가스 감축 효과분석 및 평가 등을 포함하여야 한다.

(2021.6.15 본조신설)

제58조【중앙관서결산보고서의 작성 및 제출】 ① 각 중앙관서의 장은 「국가회계법」에서 정하는 바에 따라 회계연도마다 작성한 결산보고서(이하 "중앙관서결산보고서"라 한다)를 다음 연도 2월 말일까지 기획재정부장관에게 제출하여야 한다.(2008.12.31 본항개정)

② 국회의 사무총장, 법원행정처장, 헌법재판소의 사무처장 및 중앙선거관리위원회의 사무총장은 회계연도마다 예비금사용명세서를 작성하여 다음 연도 2월말까지 기획재정부장관에게 제출하여야 한다.(2008.2.29 본항개정)

③~④ (2008.12.31 삭제)

(2008.12.31 본조제목개정)

제59조【국가결산보고서의 작성 및 제출】 기획재정부장관은 「국가회계법」에서 정하는 바에 따라 회계연도마다 작성하여 대통령의 승인을 받은 국가결산보고서를 다음 연도 4월 10일까지 감사원에 제출하여야 한다.

(2008.12.31 본조개정)

제60조【결산검사】 감사원은 제59조에 따라 제출된 국가결산보고서를 검사하고 그 보고서를 다음 연도 5월 20일까지 기획재정부장관에게 송부하여야 한다.

(2008.12.31 본조개정)

제61조【국가결산보고서의 국회제출】 정부는 제60조에 따라 감사원의 검사를 거친 국가결산보고서를 다음 연도 5월 31일까지 국회에 제출하여야 한다.(2008.12.31 본조개정)

제4장 기 금

제62조【기금관리·운용의 원칙】 ① 기금관리주체는 그 기금의 설치목적과 공익에 맞게 기금을 관리·운용하여야 한다.

② (2008.12.31 삭제)

제63조【기금자산운용의 원칙】 ① 기금관리주체는 안정성·유동성·수익성 및 공공성을 고려하여 기금자산을 투명하고 효율적으로 운용하여야 한다.

② 기금관리주체는 제79조의 규정에 따라 작성된 자산운용지침에 따라 자산을 운용하여야 한다.

③ 기금관리주체는 「자본시장과 금융투자업에 관한 법률」에 따른 기관전용 사모집합기구의 무한책임사원이 될 수 없다.(2021.4.20 본항개정)

제64조【의결권 행사의 원칙】 기금관리주체는 기금이 보유하고 있는 주식의 의결권을 기금의 이익을 위하여 신의에 따라 성실하게 행사하고, 그 행사내용을 공시하여야 한다.

제65조【다른 법률과의 관계】 기금운용계획안의 작성 및 제출 등에 관하여는 다른 법률에 다른 규정이 있는 경우에도 제66조부터 제68조까지, 제68조의2, 제68조의3, 제69조부터 제72조까지의 규정을 적용한다. 다만, 기금신설로 인하여 연도 중 기금운용계획안을 수립할 때에는 제66조제5항, 제68조제1항 전단의 규정 중 제출시기에 관한 사항은 적용하지 아니한다.(2021.6.15 본문개정)

제66조【기금운용계획안의 수립】 ① 기금관리주체는 매년 1월 31일까지 해당 회계연도부터 5회계연도 이상의 기간 동안의 신규사업 및 기획재정부장관이 정하는 주요계속사업에 대한 중기사업계획서를 기획재정부장관에게 제출하여야 한다.(2020.6.9 본항개정)

② 기획재정부장관은 자문회의의 자문과 국무회의의 심의를 거쳐 대통령의 승인을 얻은 다음 연도의 기금운용계획안 작성지침을 매년 3월 31일까지 기금관리주체에게 통보하여야 한다.(2014.1.1 본항개정)

③ 기획재정부장관은 제7조의 규정에 따른 국가재정운용계획과 기금운용계획 수립을 연계하기 위하여 제2항의 규정에 따른 기금운용계획안 작성지침에 기금별 지출한도를 포함하여 통보할 수 있다.(2008.2.29 본항개정)

④ 기획재정부장관은 제2항의 규정에 따라 기금관리주체에게 통보한 기금운용계획안 작성지침을 국회 예산결산특별위원회에 보고하여야 한다.(2008.2.29 본항개정)

⑤ 기금관리주체는 제2항의 규정에 따른 기금운용계획안 작성지침에 따라 다음 연도의 기금운용계획안을 작성하여 매년 5월 31일까지 기획재정부장관에게 제출하여야 한다.(2014.1.1 본항개정)

⑥ 기획재정부장관은 제5항의 규정에 따라 제출된 기금운용계획안에 대하여 기금관리주체와 협의·조정하여 기금운용계획안을 마련한 후 국무회의의 심의를 거쳐 대통령의 승인을 얻어야 한다.(2008.2.29 본항개정)

⑦ 기획재정부장관은 제6항의 규정에 따라 기금운용계획안을 조정하는 경우 과도한 여유재원이 운용되고 있는 기금(구조적인 요인을 지닌 연금성 기금은 제외한다)에 대하여는 예산상의 지원을 중단하거나 해당 기금수입의 원천이 되는 부담금 등의 감소를 위한 조치를 취할 것을 기금관리주체에게 요구할 수 있다. 이 경우 기금관리주체가 중앙관서의 장이 아닌 경우에는 그 소관 중앙관서의 장을 거쳐야 한다.(2020.6.9 전단개정)

⑧ 제1항·제5항 및 제6항에 규정된 기금관리주체 중 중앙관서의 장이 아닌 기금관리주체는 각각 같은 항에 규정된 제출·협의 등을 하는 경우 소관 중앙관서의 장을 거쳐야 한다.(2020.6.9 본항개정)

제67조【기금운용계획안의 내용】 ① 기금운용계획안은 운용총칙과 자금운용계획으로 구성된다.

② 운용총칙에는 기금의 사업목표, 자금의 조달과 운용(주식 및 부동산 취득한도를 포함한다) 및 자산취득에 관한 총괄적 사항을 규정한다.

③ 자금운용계획은 수입계획과 지출계획으로 구분하되, 수입계획은 성질별로 구분하고 지출계획은 성질별 또는 사업별로 주요항목 및 세부항목으로 구분한다. 이 경우 주요항목의 단위는 장·관·항으로, 세부항목의 단위는 세항·목으로 각각 구분한다.

④ 기금운용계획안의 작성에 관하여 필요한 사항은 대통령령으로 정한다.

제68조【기금운용계획안의 국회제출 등】 ① 정부는 제67조제3항의 규정에 따른 주요항목 단위로 마련된 기금운용계획안을 회계연도 개시 120일 전까지 국회에 제출하여야 한다. 이 경우 중앙관서의 장이 관리하는 기금의 기금운용계획안에 계상된 국채발행 및 차입금의 한도액은 제20조의 규정에 따른 예산총칙에 규정하여야 한다.

(2013.5.28 전단개정)

② 기금관리주체는 기금운용계획이 확정된 때에는 기금의 월별 수입 및 지출계획서를 작성하여 회계연도 개시 전까지 기획재정부장관에게 제출하여야 한다.(2008.2.29 본항개정)

제68조의2【성인지 기금운용계획서의 작성】 ① 정부는 기금이 여성과 남성에게 미칠 영향을 미리 분석한 보고서(이하 "성인지 기금운용계획서"라 한다)를 작성하여야 한다.

② 성인지 기금운용계획서에는 성평등 기대효과, 성과목표, 성별 수혜분석 등을 포함하여야 한다.

③ 성인지 기금운용계획서의 작성에 관한 구체적인 사항은 대통령령으로 정한다.

(2010.5.17 본조신설)

제68조의3【온실가스감축인지 기금운용계획서의 작성】

① 정부는 기금이 온실가스 감축에 미칠 영향을 미리 분석한 보고서(이하 "온실가스감축인지 기금운용계획서"라 한다)를 작성하여야 한다.

② 온실가스감축인지 기금운용계획서에는 온실가스 감축에 대한 기대효과, 성과목표, 효과분석 등을 포함하여야 한다.

③ 온실가스감축인지 기금운용계획서의 작성에 관한 구체적인 사항은 대통령령으로 정한다.

(2021.6.15 본조신설)

제69조【증액 동의】 국회는 정부가 제출한 기금운용계획안의 주요항목 지출금액을 증액하거나 새로운 과목을 설치하고자 하는 때에는 미리 정부의 동의를 얻어야 한다.

제70조【기금운용계획의 변경】 ① 기금관리주체는 지출계획의 주요항목 지출금액의 범위 안에서 대통령령으로 정하는 바에 따라 세부항목 지출금액을 변경할 수 있다.

(2020.6.9 본항개정)

② 기금관리주체(기금관리주체가 중앙관서의 장이 아닌 경우에는 소관 중앙관서의 장을 말한다)는 기금운용계획 중 주요항목 지출금액을 변경하고자 하는 때에는 기획재정부장관과 협의·조정하여 마련한 기금운용계획변경안을 국무회의의 심의를 거쳐 대통령의 승인을 얻은 후 국회에 제출하여야 한다.(2008.2.29 본항개정)

③ 제2항에도 불구하고 주요항목 지출금액이 다음 각 호의 어느 하나에 해당하는 경우에는 기금운용계획변경안을 국회에 제출하지 아니하고 대통령령으로 정하는 바에 따라 변경할 수 있다.(2008.12.31 본문개정)

1. 별표3에 규정된 금융성 기금 외의 기금은 주요항목 지출금액의 변경범위가 10분의 2 이하
2. 별표3에 규정된 금융성 기금은 주요항목 지출금액의 변경범위가 10분의 3 이하. 다만, 기금의 관리 및 운용에 소요되는 경상비에 해당하는 주요항목 지출금액에 대하여는 10분의 2 이하로 한다.(2020.6.9 단서개정)
3. 다른 법률의 규정에 따른 의무적 지출금액
4. 다음 각 목의 어느 하나에 해당하는 지출금액
   가. 기금운용계획상 여유자금 운용으로 계상된 지출금액
   나. 수입이 기금운용계획상의 수입계획을 초과하거나 초과할 것이 예상되는 경우 그 초과수입과 직접 관련되는 지출금액
   다. 환율 및 금리의 변동, 기한 전 상환으로 인한 차입금 원리금 상환 지출금액(2008.12.31 본목신설)
5. 기존 국채를 새로운 국채로 대체하기 위한 국채 원리금 상환(2008.12.31 본호신설)
6. 일반회계 예산의 세입 부족을 보전하기 위한 목적으로 해당 연도에 이미 발행한 국채의 금액 범위에서 해당 연도에 예상되는 초과 조세수입을 이용한 국채 원리금 상환(2008.12.31 본호신설)

④ 기금관리주체는 제1항부터 제3항까지의 규정에 따라 세부항목 또는 주요항목의 지출금액을 변경한 때에는 변경명세서를 기획재정부장관과 감사원에 각각 제출하여야 하며, 정부는 제61조에 따라 국회에 제출하는 국가결산보고서에 그 내용과 사유를 명시하여야 한다.

(2008.12.31 본항개정)

⑤ 기금관리주체는 제3항제4호다목, 같은 항 제5호 및 제6호에 따라 지출금액을 변경한 때(주요항목 지출금액의 변경범위가 10분의 2를 초과한 경우에 한정한다)에는 변경명세서를 국회 소관 상임위원회 및 예산결산특별위원회에 제출하여야 한다. 이 경우 변경명세서에는 국채 발행 및 상환 실적을 포함하여야 한다.(2008.12.31 본항신설)

⑥ 각 기금관리주체가 제1항부터 제3항까지의 규정에 따라 세부항목 또는 주요항목의 지출금액을 변경한 경우에는 분기별로 분기만료일이 속하는 달의 다음 달 말일까지 그 변경 내역을 국회 소관 상임위원회와 예산결산특별위원회에 제출하여야 한다.(2009.3.18 본항신설)

⑦ 제2항부터 제6항까지의 경우 경유기관에 관하여는 제66조제8항의 규정을 준용한다.(2009.3.18 본항개정)

제71조【기금운용계획안 등의 첨부서류】 정부 또는 기금관리주체는 제68조제1항 및 제70조제2항에 따라 기금운용계획안과 기금운용계획변경안(이하 "기금운용계획안등"이라 한다)을 국회에 제출하는 경우에는 다음 각 호의 서류를 첨부하여야 한다. 다만, 기금운용계획변경안을 제출하는 경우로서 첨부서류가 이미 제출된 서류와 중복되는 때에는 이를 생략할 수 있다.(2008.12.31 본문개정)

1. 기금조성계획
2. 추정재정상태표 및 추정재정운영표(2008.12.31 본호개정)
3. 수입지출계획의 총계표·순계표 및 주요항목별 내역서
4. 제85조의7에 따른 성과계획서(2021.12.21 본호개정)
5. 기금과 회계 간 또는 기금 상호 간 여유재원의 전입·전출 명세서 그 밖에 기금운용계획안등의 내용을 명백히 할 수 있는 서류
6. 성인지 기금운용계획서(2010.5.17 본호신설)

6의2. 온실가스감축인지 기금운용계획서(2021.6.15 본호신설)

7. 제38조제2항(제85조에 따라 준용하는 경우를 말한다)에 따라 예비타당성조사를 실시하지 아니한 사업의 내역 및 사유(2014.1.1 본호신설)

(2008.12.31 본조제목개정)

제72조【지출사업의 이월】 ① 기금관리주체는 매 회계연도의 지출금액을 다음 연도에 이월하여 사용할 수 없다. 다만, 연도 내에 지출원인행위를 하고 불가피한 사유로 연도 내에 지출하지 못한 금액은 다음 연도에 이월하여 사용할 수 있다.

② 기금관리주체는 제1항 단서의 규정에 따라 지출금액을 이월하는 때에는 대통령령으로 정하는 바에 따라 이월명세서를 작성하여 다음 연도 1월 31일까지 기획재정부장관과 감사원에 각각 송부하여야 한다. 이 경우 경유기관에 관하여는 제66조제8항의 규정을 준용한다.

(2020.6.9 전단개정)

제73조【기금결산】 각 중앙관서의 장은 「국가회계법」에서 정하는 바에 따라 회계연도마다 소관 기금의 결산보고서를 중앙관서결산보고서에 통합하여 작성한 후 제58조제1항에 따라 기획재정부장관에게 제출하여야 한다.

(2008.12.31 본조개정)

제73조의2【성인지 기금결산서의 작성】 ① 정부는 여성과 남성이 동등하게 기금의 수혜를 받고 기금이 성차별을 개선하는 방향으로 집행되었는지를 평가하는 보고서(이하 "성인지 기금결산서"라 한다)를 작성하여야 한다.

② 성인지 기금결산서에는 집행실적, 성평등 효과분석 및 평가 등을 포함하여야 한다.

(2010.5.17 본조신설)

제73조의3【온실가스감축인지 기금결산서의 작성】 ① 정부는 기금이 온실가스를 감축하는 방향으로 집행되었는지를 평가하는 보고서(이하 "온실가스감축인지 기금

財經

결산서"라 한다)를 작성하여야 한다.
② 온실가스감축인지 기금결산서에는 집행실적, 온실가스 감축 효과분석 및 평가 등을 포함하여야 한다.
(2021.6.15 본조신설)
제73조의4【중장기 기금재정관리계획 등】 ① 연금급여 및 보험사업 수행을 목적으로 하는 기금 또는 채권을 발행하는 기금 중 대통령령으로 정하는 기금의 관리주체는 소관 기금에 관하여 매년 해당 회계연도부터 5회계연도 이상의 기간에 대한 중장기 기금재정관리계획(이하 "중장기 기금재정관리계획"이라 한다)을 수립하고 이를 기획재정부장관에게 제출하여야 한다. 이 경우 기금관리주체가 중앙관서의 장이 아닌 경우에는 소관 중앙관서의 장을 거쳐야 한다.
② 중장기 기금재정관리계획에는 다음 각 호의 사항이 포함되어야 한다.
1. 재정 수지 등의 전망과 근거 및 관리계획
2. 부채의 증감에 대한 전망과 근거 및 관리계획
3. 전년도 중장기 기금재정관리계획 대비 변동사항, 변동요인 및 관리계획 등에 대한 평가·분석
4. 그 밖에 대통령령으로 정하는 사항
③ 기획재정부장관은 제1항 및 제2항에 따라 수립된 중장기 기금재정관리계획을 제7조에 따른 국가재정운용계획 수립 시 반영하여야 한다.
④ 중장기 기금재정관리계획의 수립 절차 등에 관한 사항은 대통령령으로 정한다.
(2010.5.17 본조신설)
제74조【기금운용심의회】 ① 기금관리주체는 기금의 관리·운용에 관한 중요한 사항을 심의하기 위하여 기금별로 기금운용심의회(이하 "심의회"라 한다)를 설치하여야 한다. 다만, 심의회를 설치할 필요가 없다고 인정되는 기금의 경우에는 기획재정부장관과 협의하여 설치하지 아니할 수 있다.(2008.2.29 단서개정)
② 다음 각 호의 사항은 심의회의 심의를 거쳐야 한다.
1. 제66조제5항의 규정에 따른 기금운용계획안의 작성
2. 제70조제2항 및 제3항의 규정에 따른 주요항목 지출금액의 변경
3. 제73조에 따른 기금결산보고서의 작성(2008.12.31 본호개정)
4. 제79조의 규정에 따른 자산운용지침의 제정 및 개정
5. 기금의 관리·운용에 관한 중요사항으로서 대통령령으로 정하는 사항과 기금관리주체가 필요하다고 인정하여 회의에 부치는 사항(2020.6.9 본호개정)
③ 심의회의 위원장은 기금관리주체의 장이 되며, 위원은 위원장이 위촉하되, 학식과 경험이 풍부한 사람으로서 공무원이 아닌 사람을 2분의 1 이상 위촉하여야 한다.
(2020.6.9 본항개정)
④ 그 밖에 심의회의 구성과 운영에 관하여 필요한 사항은 대통령령으로 정한다.
⑤ 기금의 관리·운용에 관한 사항을 심의하기 위하여 다른 법률에 따라 설치된 위원회 등은 이를 심의회로 보며, 그 위원회 등이 다른 법률에 따라 심의하여야 하는 사항은 제2항 각 호의 심의사항에 해당하는 것으로 본다.
제75조 (2008.12.31 삭제)
제76조【자산운용위원회】 ① 기금관리주체는 자산운용에 관한 중요한 사항을 심의하기 위하여 다른 법률에서 따로 정하는 경우를 제외하고는 심의회에 자산운용위원회(이하 "자산운용위원회"라 한다)를 설치하여야 한다. 다만, 「외국환거래법」 제13조에 따른 외국환평형기금이나 기획재정부장관과 협의하여 자산운용위원회를 설치할 필요가 없다고 인정되는 기금의 경우에는 자산운용위원회를 설치하지 아니할 수 있다.(2016.12.20 본항개정)
② 다음 각 호의 사항은 자산운용위원회의 심의를 거쳐야 한다.
1. 제77조의 규정에 따른 자산운용 전담부서의 설치 등에 관한 사항
2. 제79조의 규정에 따른 자산운용지침의 제정 및 개정에 관한 사항
3. 자산운용 전략에 관한 사항
4. 자산운용 평가 및 위험관리에 관한 사항
5. 그 밖에 자산운용과 관련된 중요한 사항
③ 자산운용위원회의 위원장은 기금관리주체의 장이 기금의 여건 등을 고려하여 해당 기금관리주체 및 수탁기관의 임·직원 또는 공무원 중에서 선임한다.(2020.6.9 본항개정)
④ 자산운용위원회의 위원은 다음 각 호의 어느 하나에 해당하는 사람 중에서 기금관리주체의 장이 선임 또는 위촉한다. 이 경우 제2호에 해당하는 위원의 정수는 전체 위원 정수의 과반수가 되어야 한다.
1. 해당 기금관리주체 및 수탁기관의 임·직원 또는 공무원
2. 자산운용에 관한 학식과 경험이 풍부한 사람으로서 대통령령으로 정하는 자격을 갖춘 사람
(2020.6.9 본항개정)
⑤ 그 밖에 자산운용위원회의 구성 및 운영 등에 관하여 필요한 사항은 대통령령으로 정한다.
제77조【자산운용 전담부서의 설치 등】 ① 기금관리주체는 자산운용위원회의 심의를 거쳐 자산운용을 전담하는 부서를 두어야 한다.
② 기금관리주체는 자산운용위원회의 심의를 거쳐 자산운용평가 및 위험관리를 전담하는 부서를 두거나 그 업무를 외부 전문기관에 위탁하여야 한다.
제78조【국민연금기금의 자산운용에 관한 특례】 ① 제77조에도 불구하고 국민연금기금은 자산운용을 전문으로 하는 법인을 설립하여 여유자금을 운용하여야 한다.
(2020.6.9 본항개정)
② 제1항의 규정에 따른 법인의 조직·운영 및 감독에 관하여 필요한 사항은 「국민연금법」에서 따로 정한다.
제79조【자산운용지침의 제정 등】 ① 기금관리주체는 기금의 자산운용이 투명하고 효율적으로 이루어지도록 하기 위하여 자산운용업무를 수행할 때에 준수하여야 할 지침(이하 "자산운용지침"이라 한다)을 심의회의 심의를 거쳐 정하고, 이를 14일 이내에 국회 소관 상임위원회에 제출하여야 한다. 이 경우 자산운용위원회가 설치되어 있는 기금은 심의회의 심의 전에 자산운용위원회의 심의를 거쳐야 한다.(2020.6.9 전단개정)
② 제1항에도 불구하고 제74조제1항 단서의 규정에 따라 심의회를 설치하지 아니한 기금의 경우에는 기금관리주체가 직접 자산운용지침을 정하여야 한다.(2020.6.9 본항개정)
③ 자산운용지침에는 다음 각 호의 사항이 포함되어야 한다.
1. 투자결정 및 위험관리 등에 관련된 기준과 절차에 관한 사항
2. 투자자산별 배분에 관한 사항
3. 자산운용 실적의 평가 및 공시에 관한 사항
4. 보유주식의 의결권 행사에 대한 기준과 절차에 관한 사항
5. 자산운용과 관련된 부정행위 등을 방지하기 위하여 자산운용업무를 수행하는 자가 지켜야 할 사항
6. 그 밖에 자산운용과 관련하여 기금관리주체가 필요하다고 인정하는 사항
제80조【기금운용계획의 집행지침】 기획재정부장관은 기금운용계획 집행의 효율성 및 공공성을 높이기 위하여 기금운용계획의 집행에 관한 지침을 정할 수 있다.
(2008.12.31 본조개정)
제81조【여유자금의 통합운용】 기획재정부장관은 기금여유자금의 효율적인 관리·운용을 위하여 각 기금관리주체가 예탁하는 여유자금을 대통령령으로 정하는 기준과 절차에 따라 선정된 금융기관으로 하여금 통합하여 운용하게 할 수 있다.(2020.6.9 본조개정)
제82조【기금운용의 평가】 ① 기획재정부장관은 회계연도마다 전체 기금 중 3분의 1 이상의 기금에 대하여 대통령령으로 정하는 바에 따라 그 운용실태를 조사·평가하여야 하며, 3년마다 전체 재정체계를 고려하여 기금의 존치 여부를 평가하여야 한다.(2020.6.9 본항개정)
② 기획재정부장관은 제1항의 규정에 따른 기금운용실태의 조사·평가와 기금제도에 관한 전문적·기술적인 연구 또는 자문을 위하여 기금운용평가단을 운영할 수 있다.
(2008.2.29 본항개정)
③ 기획재정부장관은 제1항 또는 제2항에 따른 평가결과를 국무회의에 보고한 후 제61조에 따라 국회에 제출하는 국가결산보고서와 함께 국회에 제출하여야 한다.
(2008.12.31 본항개정)
④ 제2항의 규정에 따른 기금운용평가단의 구성 및 운영에 관하여 필요한 사항은 대통령령으로 정한다.
제83조【국정감사】 이 법의 적용을 받는 기금을 운용하는 기금관리주체는 「국정감사 및 조사에 관한 법률」 제7조의 규정에 따른 감사의 대상기관으로 한다.
제84조【기금자산운용담당자의 손해배상 책임】 ① 기금의 자산운용을 담당하는 자는 고의 또는 중대한 과실로 법령을 위반하여 기금에 손해를 끼친 경우 그 손해를 배상할 책임이 있다.
② 공무원이 기금의 자산운용에 영향을 줄 목적으로 직권을 남용하여 기금관리주체 그 밖에 기금의 자산운용을 담당하는 자에게 부당한 영향력을 행사하여 기금에 손해를 끼친 경우 해당 공무원은 제1항의 규정에 따른 책임이 있는 자와 연대하여 손해를 배상하여야 한다.(2020.6.9 본항개정)
제85조【준용규정】 제31조제3항·제35조·제38조·제38조의2·제38조의3·제39조·제45조·제49조·제50조·제54조 및 제55조의 규정은 기금에 관하여 이를 준용한다.(2020.3.31 본조개정)

제4장의2 성과관리
(2021.12.21 본장신설)

제85조의2【재정사업의 성과관리】 ① 정부는 성과중심의 재정운용을 위하여 다음 각 호의 성과목표관리 및 성과평가를 내용으로 하는 재정사업의 성과관리(이하 "재정사업 성과관리"라 한다)를 시행한다.
1. 성과목표관리 : 재정사업에 대한 성과목표, 성과지표 등의 설정 및 그 달성을 위한 집행과정·결과의 관리
2. 성과평가 : 재정사업의 계획 수립, 집행과정 및 결과 등에 대한 점검·분석·평가
② 재정사업 성과관리의 대상이 되는 재정사업의 기준은 성과관리의 비용 및 효과를 고려하여 기획재정부장관이 정한다. 다만, 개별 법령에 따라 실시되는 평가의 대상은 관계 중앙관서의 장이 별도로 정한다.
제85조의3【재정사업 성과관리의 원칙】 ① 정부는 재정사업 성과관리를 통하여 재정운용에 대한 효율성과 책임성을 높이도록 노력하여야 한다.
② 정부는 재정사업 성과관리를 실시할 때 전문성과 공정성을 확보하여 평가결과에 대한 신뢰도를 높이도록 노력하여야 한다.
③ 정부는 재정사업 성과관리의 결과를 공개하여 재정운용에 대한 투명성을 확보하도록 노력하여야 한다.
제85조의4【재정사업 성과관리 기본계획의 수립 등】 ① 기획재정부장관은 재정사업 성과관리를 효율적으로 실시하기 위하여 5년마다 다음 각 호의 사항을 포함하여 재정사업 성과관리 기본계획을 수립하여야 한다.
1. 재정사업 성과관리 추진의 기본방향
2. 재정사업 성과관리의 대상 및 방법에 관한 사항
3. 재정사업 성과관리 관련 연구·개발에 관한 사항
4. 재정사업 성과관리 결과의 활용 및 공개에 관한 사항
5. 재정사업 성과관리 관련 인력 및 조직의 전문성·독립성 확보에 관한 사항
6. 그 밖에 대통령령으로 정하는 재정사업 성과관리 업무의 발전에 관한 사항
② 기획재정부장관은 제1항에 따른 재정사업 성과관리 기본계획에 기초하여 매년 재정사업 성과관리 추진계획을 수립하여야 한다.
③ 기획재정부장관은 제1항 및 제2항에 따른 재정사업 성과관리 기본계획 및 재정사업 성과관리 추진계획을 수립한 때에는 국무회의에 보고하여야 한다.
④ 제1항부터 제3항까지에서 규정한 사항 외에 재정사업 성과관리 기본계획 및 재정사업 성과관리 추진계획의 수립에 필요한 사항은 대통령령으로 정한다.
제85조의5【재정사업 성과관리의 추진체계】 ① 각 중앙관서의 장과 기금관리주체는 재정사업 성과관리를 위한 추진체계를 구축하여야 한다.
② 각 중앙관서의 장은 재정사업 성과관리 중 성과목표관리를 책임지고 담당할 공무원(이하 "재정성과책임관"이라 한다), 재정성과책임관을 보좌할 담당 공무원(이하 "재정성과운영관"이라 한다) 및 개별 재정사업이나 사업군에 대한 성과목표관리를 담당할 공무원(이하 "성과목표담당관"이라 한다)을 지정하여 재정사업 성과목표관리 업무를 효율적으로 수행하도록 하여야 한다.
③ 재정성과책임관, 재정성과운영관 및 성과목표담당관의 역할 등에 관한 구체적인 사항은 제85조의6제5항에 따라 기획재정부장관이 정하는 지침으로 정한다.
④ 기획재정부장관은 재정사업 성과목표관리 등을 위하여 대통령령으로 정하는 바에 따라 재정성과평가단을 구성·운영할 수 있다.
제85조의6【성과목표관리를 위한 성과계획서 및 성과보고서의 작성】 ① 각 중앙관서의 장 및 기금관리주체는 재정사업 성과목표관리를 위하여 매년 예산 및 기금에 관한 성과목표·성과지표가 포함된 성과계획서 및 성과보고서(「국가회계법」 제14조제4호에 따른 성과보고서를 말한다. 이하 같다)를 작성하여야 한다.
② 성과목표는 기관의 임무 및 상위·하위 목표와 연계되어야 하며, 성과지표를 통하여 성과목표의 달성 여부를 측정할 수 있도록 구체적이고 결과지향적으로 설정되어야 한다.
③ 성과지표는 명확하고 구체적으로 설정되어야 하며, 성과목표의 달성을 객관적으로 제때에 측정할 수 있어야 한다.
④ 각 중앙관서의 장 및 기금관리주체는 제33조에 따른 예산안, 제35조에 따른 수정예산안, 제68조제1항에 따른 기금운용계획안, 제70조제2항에 따른 기금운용계획변경안 및 제89조제1항에 따른 추가경정예산안과 그에 따라 작성된 성과계획서의 사업내용 및 사업비 등이 각각 일치되도록 노력하여야 한다.
⑤ 기획재정부장관은 제1항에 따른 성과계획서 및 성과보고서의 작성에 관한 지침을 정하여 각 중앙관서의 장 및 기금관리주체에게 통보하여야 한다.
⑥ 기획재정부장관은 재정사업 성과목표관리의 원활한 운영을 위하여 성과지표의 개발·보급 등 필요한 조치와 지원을 하여야 한다.
제85조의7【성과계획서 및 성과보고서의 제출】 각 중앙관서의 장은 제31조제1항에 따라 예산요구서를 제출할 때 다음 연도 예산의 성과계획서 및 전년도 예산의 성과보고서를 함께 제출하여야 하며, 기금관리주체는 제66조제5항에 따라 기금운용계획안을 제출할 때 다음 연도 기금의 성과계획서 및 전년도 기금의 성과보고서를 함께 제출하여야 한다.
제85조의8【재정사업 성과평가】 ① 기획재정부장관은 대통령령으로 정하는 바에 따라 재정사업에 대한 성과평가를 실시할 수 있다.
② 기획재정부장관 및 관계 중앙관서의 장 등은 제1항에 따라 실시되는 재정사업 성과평가와 개별 법령에 따라 실시되는 평가의 대상 간 중복이 최소화되도록 노력하여야 한다.
제85조의9【자료제출 등의 요구】 기획재정부장관은 재정사업 성과관리를 할 때 필요하다고 인정하는 경우에는 관계 행정기관의 장 등에게 재정사업 성과관리에 관한 의

財經

견 또는 자료의 제출을 요구할 수 있다. 이 경우 관계 행정기관의 장 등은 특별한 사유가 없으면 이에 따라야 한다.
제85조의10【재정사업 성과관리 결과의 반영 등】 ① 기획재정부장관은 매년 재정사업의 성과목표관리 결과를 종합하여 국무회의에 보고하여야 한다.
② 기획재정부장관은 재정사업의 성과평가 결과를 재정운용에 반영할 수 있다.
③ 중앙관서의 장은 재정사업 성과관리의 결과를 조직·예산·인사 및 보수체계에 연계·반영할 수 있다.
④ 정부는 재정사업 성과관리 결과 등이 우수한 중앙관서 또는 공무원에게 표창·포상 등을 할 수 있다.
제85조의11【재정사업 성과관리의 역량강화】 각 중앙관서의 장은 재정사업 성과관리 담당 공무원의 전문성 및 역량이 제고될 수 있도록 교육프로그램의 개발·운영 등에 노력하여야 하며, 기획재정부장관은 이를 위하여 필요한 지원을 할 수 있다.
제85조의12【성과정보의 관리 및 공개】 ① 기획재정부장관은 재정사업 성과목표관리 및 성과평가 결과 등 성과정보(이하 이 조에서 "성과정보"라 한다)가 체계적으로 관리될 수 있도록 재정사업 성과정보관리시스템을 구축·운영하여야 하며, 성과정보가 공개될 수 있도록 필요한 조치를 마련하여야 한다.
② 기획재정부장관은 제1항에 따른 성과정보의 체계적 관리를 위하여각 중앙관서의 장에게 소관 재정사업의 성과정보를 생산·관리하도록 요구할 수 있다. 이 경우 각 중앙관서의 장은 특별한 사유가 없으면 이에 따라야 한다.

제5장 재정건전화

제86조【재정건전화를 위한 노력】 정부는 건전재정을 유지하고 국가채권을 효율적으로 관리하며 국가채무를 적정수준으로 유지하도록 노력하여야 한다.
제87조【재정부담을 수반하는 법령의 제정 및 개정】 ① 정부는 재정지출 또는 조세감면을 수반하는 법률안을 제출하고자 하는 때에는 법률이 시행되는 연도부터 5회계연도의 재정수입·지출의 증감액에 관한 추계자료와 이에 상응하는 재원조달방안을 그 법률안에 첨부하여야 한다.
② 각 중앙관서의 장은 입안하는 법령이 재정지출을 수반하는 때에는 대통령령으로 정하는 바에 따라 제1항의 규정에 따른 추계자료와 재원조달방안을 작성하여 그 법령안에 대한 입법예고 전에 기획재정부장관과 협의하여야 한다.(2020.6.9 본항개정)
③ 각 중앙관서의 장은 제2항에 따른 협의를 한 후 법령안의 변경으로 대통령령으로 정하는 사항이 변경되는 경우에는 그 법령안에 대하여 추계자료와 재원조달방안을 작성하여 기획재정부장관과 재협의하여야 한다.
(2010.5.17 본항신설)
제88조【국세감면의 제한】 ① 기획재정부장관은 대통령령으로 정하는 해당 연도 국세 수입총액과 국세감면액 총액을 합한 금액에서 국세감면액 총액이 차지하는 비율(이하 "국세감면율"이라 한다)이 대통령령으로 정하는 비율 이하가 되도록 노력하여야 한다.
② 각 중앙관서의 장은 새로운 국세감면을 요청하는 때에는 대통령령으로 정하는 바에 따라 감면액을 보충하기 위한 기존 국세감면의 축소 또는 폐지방안이나 재정지출의 축소방안과 그 밖의 필요한 사항을 작성하여 기획재정부장관에게 제출하여야 한다.
(2020.6.9 본조개정)
제89조【추가경정예산안의 편성】 ① 정부는 다음 각 호의 어느 하나에 해당하게 되어 이미 확정된 예산에 변경을 가할 필요가 있는 경우에는 추가경정예산안을 편성할 수 있다.(2009.2.6 본문개정)
1. 전쟁이나 대규모 재해(「재난 및 안전관리 기본법」 제3조에서 정의한 자연재난과 사회재난의 발생에 따른 피해를 말한다)가 발생한 경우(2015.12.15 본호개정)
2. 경기침체, 대량실업, 남북관계의 변화, 경제협력과 같은 대내·외 여건에 중대한 변화가 발생하였거나 발생할 우려가 있는 경우(2009.2.6 본호개정)
3. 법령에 따라 국가가 지급하여야 하는 지출이 발생하거나 증가하는 경우
② 정부는 국회에서 추가경정예산안이 확정되기 전에 이를 미리 배정하거나 집행할 수 없다.
(2009.2.6 본조제목개정)
제90조【세계잉여금 등의 처리 및 사용계획】 ① 일반회계 예산의 세입 부족을 보전(補塡)하기 위한 목적으로 해당 연도에 이미 발행한 국채의 금액 범위에서는 해당 연도에 예상되는 초과 조세수입을 이용하여 국채를 우선 상환할 수 있다. 이 경우 세입·세출 외로 처리할 수 있다.(2008.12.31 본항신설)
② 매 회계연도 세입세출의 결산상 잉여금 중 다른 법률에 따른 것과 제48조의 규정에 따른 이월액을 공제한 금액(이하 "세계잉여금"이라 한다)은 「지방교부세법」 제5조제2항의 규정에 따른 교부세의 정산 및 「지방교육재정교부금법」 제9조제3항의 규정에 따른 교부금의 정산에 사용할 수 있다.
③ 제2항의 규정에 따라 사용한 금액을 제외한 세계잉여금은 100분의 30 이상을 「공적자금상환기금법」에 따른 공적자금상환기금에 우선적으로 출연하여야 한다.
(2008.12.31 본항개정)
④ 제2항 및 제3항의 규정에 따라 사용하거나 출연한 금액을 제외한 세계잉여금은 100분의 30 이상을 다음 각 호의 채무를 상환하는데 사용하여야 한다.(2008.12.31 본문개정)
1. 국채 또는 차입금의 원리금
2. 「국가배상법」에 따라 확정된 국가배상금
3. 「공공자금관리기금법」에 따른 공공자금관리기금의 융자계정의 차입금(예수금을 포함한다)의 원리금. 다만, 2006년 12월 31일 이전의 차입금(예수금을 포함한다)에 한정한다.(2020.6.9 단서개정)
4. 그 밖에 다른 법률에 따라 정부가 부담하는 채무
⑤ 제2항부터 제4항까지의 규정에 따라 사용하거나 출연한 금액을 제외한 세계잉여금은 추가경정예산의 편성에 사용할 수 있다.(2008.12.31 본항개정)
⑥ 제2항부터 제4항까지의 규정에 따른 세계잉여금의 사용 또는 출연은 그 세계잉여금이 발생한 다음 연도까지 그 회계의 세출예산과 관계없이 이를 하되, 국무회의의 심의를 거쳐 대통령의 승인을 얻어야 한다.(2020.6.9 본항개정)
⑦ 제2항부터 제5항까지의 규정에 따른 세계잉여금의 사용 또는 출연은 다른 법률의 규정에도 불구하고 「국가회계법」 제13조제3항에 따라 국가결산보고서에 대한 대통령의 승인을 얻은 때부터 이를 할 수 있다.(2020.6.9 본항개정)
⑧ 세계잉여금 중 제2항부터 제5항까지의 규정에 따라 사용하거나 출연한 금액을 공제한 잔액은 다음 연도의 세입에 이입하여야 한다.(2008.12.31 본항개정)
⑨ 정부는 매년 제61조에 따른 국가결산보고서의 국회제출 전까지 직전 회계연도에 발생한 세계잉여금의 내역을 산출하고 그 사용계획을 수립하여야 한다.(2021.6.15 본항신설)
(2021.6.15 본조제목개정)
제91조【국가채무의 관리】 ① 기획재정부장관은 국가의 회계 또는 기금이 부담하는 금전채무에 대하여 매년 다음 각 호의 사항이 포함된 국가채무관리계획을 수립하여야 한다.(2008.2.29 본문개정)
1. 전전년도 및 전년도 국채 또는 차입금의 차입 및 상환실적
2. 해당 회계연도의 국채 발행 또는 차입금 등에 대한 추정액(2020.6.9 본호개정)
3. 해당 회계연도부터 5회계연도 이상의 기간에 대한 국채 발행 계획 또는 차입 계획과 그에 따른 국채 또는 차입금의 상환 계획(2010.5.17 본호개정)
4. 해당 회계연도부터 5회계연도 이상의 기간에 대한 채무의 증감 전망과 근거 및 관리계획(2010.5.17 본호개정)
5. 그 밖에 대통령령으로 정하는 사항(2020.6.9 본호개정)
② 제1항의 규정에 따른 금전채무는 다음 각 호의 어느 하나에 해당하는 채무를 말한다.
1. 국가의 회계 또는 기금(재원의 조성 및 운용방식 등에 따라 실질적으로 국가의 회계 또는 기금으로 보기 어려운 회계 또는 기금으로서 대통령령으로 정하는 회계 또는 기금은 제외한다. 이하 이 항에서 같다)이 발행한 채권(2020.6.9 본호개정)
2. 국가의 회계 또는 기금의 차입금
3. 국가의 회계 또는 기금의 국고채무부담행위
4. 그 밖에 제1호 및 제2호에 준하는 채무로서 대통령령으로 정하는 채무(2020.6.9 본호개정)
③ 제2항에도 불구하고 다음 각 호의 어느 하나에 해당하는 채무는 국가채무에 포함하지 아니한다.(2020.6.9 본문개정)
1. 「국고금관리법」 제32조제1항의 규정에 따른 재정증권 또는 한국은행으로부터의 일시차입금
2. 제2항제1호에 해당하는 채권 중 국가의 회계 또는 기금이 인수 또는 매입하여 보유하고 있는 채권
3. 제2항제2호에 해당하는 차입금 중 국가의 다른 회계 또는 기금으로부터의 차입금
④ 기획재정부장관은 제1항의 규정에 따른 국가채무관리계획을 수립하기 위하여 필요한 때에는 관계 중앙관서의 장에게 자료제출을 요청할 수 있다.(2008.2.29 본항개정)
제92조【국가보증채무의 부담 및 관리】 ① 국가가 보증채무를 부담하고자 하는 때에는 미리 국회의 동의를 얻어야 한다.
② 기획재정부장관은 매년 제1항에 따른 국가보증채무의 부담 및 관리에 관한 국가보증채무관리계획을 작성하여야 한다.(2010.5.17 본항신설)
③ 제1항에 따른 보증채무의 관리 및 제2항에 따른 국가보증채무관리계획의 작성 등에 관한 사항은 대통령령으로 정한다.(2010.5.17 본항개정)

제6장 보 칙

제93조【유가증권의 보관】 ① 중앙관서의 장은 법령의 규정에 따르지 아니하고는 유가증권을 보관할 수 없다.
② 중앙관서의 장은 법령의 규정에 따라 유가증권을 보관하게 되는 때에는 한국은행 또는 대통령령으로 정하는 금융기관에 보관업무를 위탁하여야 한다.(2020.6.9 본항개정)
③ 제2항의 규정에 따라 한국은행 또는 대통령령으로 정하는 금융기관이 유가증권을 위탁 관리하는 때에는 「국유재산법」 제15조제2항부터 제5항까지의 규정을 준용한다.
(2020.6.9 본항개정)
제94조【장부의 기록과 비치】 기획재정부장관, 중앙관서의 장, 제93조제2항의 규정에 따라 유가증권 보관업무를 위탁받은 한국은행 및 금융기관은 대통령령으로 정하는 바에 따라 장부를 비치하고 필요한 사항을 기록하여야 한다.(2020.6.9 본조개정)
제95조【자금의 보유】 국가는 법률로 정하는 경우에만 특별한 자금을 보유할 수 있다.(2020.6.9 본조개정)
제96조【금전채권·채무의 소멸시효】 ① 금전의 급부를 목적으로 하는 국가의 권리로서 시효에 관하여 다른 법률에 규정이 없는 것은 5년 동안 행사하지 아니하면 시효로 인하여 소멸한다.
② 국가에 대한 권리로서 금전의 급부를 목적으로 하는 것도 또한 제1항과 같다.
③ 금전의 급부를 목적으로 하는 국가의 권리의 경우 소멸시효의 중단·정지 그 밖의 사항에 관하여 다른 법률의 규정이 없는 때에는 「민법」의 규정을 적용한다. 국가에 대한 권리로서 금전의 급부를 목적으로 하는 것도 또한 같다.(2020.6.9 전단개정)
④ 법령의 규정에 따라 국가가 행하는 납입의 고지는 시효중단의 효력이 있다.
제97조【재정집행의 관리】 ① 각 중앙관서의 장과 기금관리주체는 대통령령으로 정하는 바에 따라 사업집행보고서와 예산 및 기금운용계획에 관한 집행보고서를 기획재정부장관에게 제출하여야 한다.(2020.6.9 본항개정)
② 기획재정부장관은 예산 및 기금의 효율적인 운용을 위하여 제1항의 규정에 따른 보고서의 내용을 분석하고 예산 및 기금의 집행상황과 낭비 실태를 확인·점검한 후 필요한 때에는 집행 애로요인의 해소와 낭비 방지를 위하여 필요한 조치를 각 중앙관서의 장과 기금관리주체에게 요구할 수 있다.
(2008.2.29 본조개정)
제97조의2【재정업무의 정보화】 ① 기획재정부장관은 재정에 관한 업무를 원활하게 수행하기 위하여 정보통신매체 및 프로그램 등을 개발하여 중앙관서의 장이 사용하게 할 수 있다. 이 경우 국가회계업무에 관한 정보통신매체 및 프로그램 등의 개발에 대하여는 감사원과 미리 협의를 하여야 한다.
② 중앙관서의 장은 제1항에도 불구하고 재정에 관한 업무를 처리하는 정보통신매체 및 프로그램 등을 직접 개발하여 사용할 수 있다. 이 경우 기획재정부장관 및 감사원(국가회계업무에 관한 정보통신매체 및 프로그램 등의 개발인 경우에 한정한다)과 미리 협의를 하여야 한다.
③ 기획재정부장관은 제1항에 따른 정보통신매체 및 프로그램 등을 통한 재정에 관한 업무를 수행하기 위하여 필요한 경우에는 관계 중앙관서의 장, 지방자치단체의 장, 제9조제2항제2호 및 제3호에 해당하는 기관 등 관계 기관에 전자적 시스템의 연계를 요청할 수 있다. 이 경우 관계 중앙관서의 장 등은 특별한 사유가 없으면 이에 따라야 한다.(2021.12.21 본항신설)
④ 기획재정부장관 및 중앙관서의 장은 제1항 및 제2항에 따른 정보통신매체 및 프로그램 등을 통하여 산출되는 재정정보에 대하여 국회의 정보 제공 요구가 있는 경우에는 정당한 사유가 없으면 해당 재정정보를 제공하여야 한다.(2014.12.30 본항신설)
⑤ 제4항에 따른 재정정보 제공의 범위, 절차 및 방법 등에 필요한 사항은 대통령령으로 정한다.(2021.12.21 본항개정)
(2008.12.31 본조신설)
제98조【내부통제】 각 중앙관서의 장은 재정관리·재원사용의 적정성과 집행과정에서 보고된 자료의 신빙성을 분석·평가하기 위하여 소속 공무원으로 하여금 필요한 사항에 관하여 내부통제를 하게 하여야 한다.
(2020.6.9 본조개정)
제99조【예산 및 기금운용계획의 집행 및 결산의 감독】 기획재정부장관은 예산 및 기금운용계획의 집행 또는 결산의 적정을 도모하기 위하여 소속 공무원으로 하여금 확인·점검하게 하여야 하며, 필요한 때에는 각 중앙관서의 장에게 관련 제도의 개선을 요구하거나 국무회의 심의를 거친 후 대통령의 승인을 얻어 예산 및 기금운용계획의 집행과 결산에 관한 지시를 할 수 있다.
(2020.6.9 본조개정)
제100조【예산·기금의 불법지출에 대한 국민감시】 ① 국가의 예산 또는 기금을 집행하는 자, 재정지원을 받는 자, 각 중앙관서의 장(그 소속기관의 장을 포함한다) 또는 기금관리주체와 계약 그 밖의 거래를 하는 자가 법령을 위반함으로써 국가에 손해를 가하였음이 명백한 때에는 누구든지 집행에 책임 있는 중앙관서의 장 또는 기금관리주체에게 불법지출에 대한 증거를 제출하고 시정을 요구할 수 있다.
② 제1항의 규정에 따라 시정요구를 받은 중앙관서의 장 또는 기금관리주체는 대통령령으로 정하는 바에 따라 그 처리결과를 시정요구를 한 자에게 통지하여야 한다.
(2020.6.9 본항개정)
③ 중앙관서의 장 또는 기금관리주체는 제2항의 규정에 따른 처리결과에 따라 수입이 증대되거나 지출이 절약된 때에는 시정요구를 한 자에게 제49조의 규정에 따른 예산성과금을 지급할 수 있다.

財經

제101조【재정 관련 공무원의 교육】 기획재정부장관은 재정업무를 담당하는 공무원의 업무전문성 향상을 위하여 대통령령으로 정하는 바에 따라 교육을 실시할 수 있다. (2020.6.9 본조개정)

제7장 벌 칙

제102조【벌칙】 공무원이 기금의 자산운용에 영향을 줄 목적으로 직권을 남용하여 기금관리주체 그 밖에 기금의 자산운용을 담당하는 자에게 부당한 영향력을 행사한 때에는 5년 이하의 징역, 10년 이하의 자격정지 또는 1천만원 이하의 벌금에 처한다.

부 칙

제1조【시행일】 이 법은 2007년 1월 1일부터 시행한다. 다만, 제56조의 규정은 법률에 따라 정부회계에 관한 기준이 마련되어 시행되는 회계연도부터, 부칙 제11조제14항, 동조제17항(「국유재산법」 제48조제4항 관련 규정에 한한다) 및 동조제29항(「물품관리법」 제21조 관련 규정에 한한다)의 규정은 각각 2008년 1월 1일부터 시행한다.
제2조【폐지법률】 「예산회계법」 및 「기금관리기본법」은 이를 각각 폐지한다.
제3조【국가재정운용계획 등에 관한 적용례】 제7조의 규정은 이 법 시행 후 최초로 수립하는 국가재정운용계획, 중·장기계획 등부터 적용한다.
제4조【성과계획서·성과보고서 및 성과검사보고서의 제출 등에 관한 적용례】 ① 제8조제2항 및 동조제5항의 규정에 따른 성과계획서의 제출과 성과계획서에 관한 지침의 작성은 2008회계연도 예산안 및 기금운용계획안부터, 제34조제8호 및 제71조제4호의 규정에 따른 성과계획서의 국회에 대한 제출은 2009회계연도 예산안 및 기금운용계획안부터 각각 적용한다.
② 제8조제2항 및 제3항의 규정에 따른 성과보고서의 제출과 제8조제5항의 규정에 따른 성과보고서에 관한 지침의 작성은 2008회계연도 결산 및 기금결산부터, 제61조 및 제73조제6항제7호의 규정에 따른 성과보고서의 국회에 대한 제출은 2009회계연도 결산 및 기금결산부터 각각 적용한다.
③ 제8조제4항의 규정에 따른 성과검사보고서의 기획재정부장관에 대한 송부는 2008회계연도 결산 및 기금결산부터, 국회에 대한 제출은 2009회계연도 결산 및 기금결산부터 각각 적용한다.(2008.2.29 본항개정)
제5조【성인지 예산서 및 성인지 결산서의 작성·제출에 관한 적용례】 제26조의 규정에 따른 성인지 예산서의 작성 및 제34조제9호의 규정에 따른 성인지 예산서의 제출, 제57조의 규정에 따른 성인지 결산서의 작성 및 제58조제1항제4호의 규정에 따른 성인지 결산서의 제출은 각각 2010회계연도 예산안 및 결산부터 적용한다.
제6조【조세지출예산서의 작성·제출에 관한 적용례 등】 ① 제27조 및 제34조제10호의 규정에 따른 조세지출예산서의 작성 및 제출은 2011회계연도 예산안부터 적용한다.
② 정부는 2009회계연도까지는 대통령령이 정하는 바에 따라 국세감면금액·국세감면율 등에 관한 전년도 실적 및 당해 연도 전망보고서를 작성하여 국회에 제출하여야 한다.
제7조【중기사업계획서에 관한 적용례】 제28조 및 제66조제1항의 규정은 2008회계연도 예산안 및 기금운용계획안과 관련된 중기사업계획서부터 적용한다.
제8조【총액계상사업의 세부사업시행계획 및 세부집행실적에 관한 적용례】 제37조제3항 및 제4항의 규정은 2008회계연도 예산에 총액으로 계상된 사업에 대한 세부사업시행계획 및 세부집행실적부터 적용한다.
제9조【예비비사용총괄명세서 및 결산·기금결산의 제출시기에 관한 적용례 등】 ① 제52조, 제58조 내지 제61조 및 제73조의 규정에 따른 예비비사용총괄명세서 및 결산·기금결산의 제출시기는 2007회계연도 예비비사용승인 및 결산·기금결산부터 적용한다.
② 2006회계연도 예비비사용총괄명세서 및 결산·기금결산의 제출시기에 관하여는 종전의 「예산회계법」 및 「기금관리기본법」에 따른다.
제10조【재정부담을 수반하는 법률의 제정 및 개정에 관한 적용례】 제87조제1항의 규정은 이 법 시행 후 최초로 제출하는 법률안부터 적용한다.
제11조【다른 법률의 개정】 ①~㊾ ※(해당 법령에 가제정리 하였음)
제12조【다른 법령과의 관계】 이 법 시행 당시 다른 법령에서 「예산회계법」 또는 「기금관리기본법」 및 그 규정을 인용한 경우 이 법 중 그에 해당하는 규정이 있는 때에는 종전의 규정에 갈음하여 이 법 또는 이 법의 해당 조항을 인용한 것으로 본다.

부 칙 (2008.12.31 법9278호)

제1조【시행일】 이 법은 2009년 1월 1일부터 시행한다. 다만, 제63조제3항의 개정규정은 2009년 2월 4일부터 시행한다.
제2조【결산보고서의 제출에 관한 적용례】 ① 제58조부터 제61조까지 및 제73조의 개정규정은 2009회계연도 결산부터 적용한다.
② 제1항에도 불구하고 제59조 및 제61조의 개정규정 중 국가결산보고서의 내용에 포함되는 재무제표에 관한 부분은 2011회계연도 결산부터 적용하고, 2009회계연도 및 2010회계연도 결산 시에는 각 중앙관서의 장 및 기금관리주체 등이 소관 회계 및 기금에 대한 다음 각 호의 서류를 작성하여 다음 연도 2월 말일까지 기획재정부장관에게 제출하고 기획재정부장관은 이를 종합하여 국무회의 심의를 거쳐 대통령의 승인을 받은 후 감사원 및 국회에 제출하여야 한다.
1. 각 기금의 재무제표 및 첨부서류
2. 「정부기업예산법」 제3조에 따른 특별회계의 재무제표 및 첨부서류
3. 「책임운영기관의 설치·운영에 관한 법률」 제27조제1항에 따른 책임운영기관특별회계의 재무제표 및 첨부서류
4. 종전의 제58조제1항제6호에 따른 국가채무관리보고서
5. 종전의 제58조제1항제7호에 따른 국가채권현재액보고서
6. 「국유재산법」 제69조에 따른 국유재산관리운용보고서 (2009.1.30 본호개정)
7. 「물품관리법」 제21조에 따른 물품증감과 현재액의 총계산서

제3조【결산보고서의 제출 등에 관한 특례】 2009회계연도 및 2010회계연도 결산의 경우 각 중앙관서의 장은 제58조제1항의 개정규정에도 불구하고 「국가회계법」 제14조제3호에 따른 재무제표를 다음 연도 3월 말일까지 기획재정부장관에게 제출하여야 한다.

부 칙 (2013.5.28)

제1조【시행일】 이 법은 2014년 1월 1일부터 시행한다.
제2조【국가재정운용계획, 재정 관련 자료, 예산안 및 기금운용계획안의 국회제출에 관한 특례】 ① 제7조제1항, 제9조의2, 제33조, 제68조제1항의 개정규정에도 불구하고 2014년에 제출되는 국가재정운용계획, 재정 관련 자료, 예산안 및 기금운용계획안에 대하여는 "120일"을 "100일"로, 2015년에 제출되는 국가재정운용계획, 재정 관련 자료, 예산안 및 기금운용계획안에 대하여는 "120일"을 "110일"로 본다.
② 정부는 2015년부터 매년 2월까지 당해연도 예산안의 이전년도 국회 조기제출과 관련한 성과를 평가점검하여 국회에 보고하고, 국회는 이를 토대로 필요한 조치를 취한다.
제3조【다른 법률의 개정】 ①~③ ※(해당 법령에 가제정리 하였음)
제4조【「국유재산법」상 국유재산종합계획의 국회제출에 관한 특례】 「국유재산법」 제9조제3항의 개정규정에도 불구하고 2014년에 제출되는 국유재산종합계획에 대하여는 "120일"을 "100일"로, 2015년에 제출되는 국유재산종합계획에 대하여는 "120일"을 "110일"로 본다.
제5조【「부담금관리 기본법」상 부담금운용종합계획서의 국회제출에 관한 특례】 법률 제11549호 부담금관리기본법 일부개정법률 제6조의2제2항의 개정규정에도 불구하고 2014년에 제출되는 부담금운용종합계획서에 대하여는 "120일"을 "100일"로, 2015년에 제출되는 부담금운용종합계획서에 대하여는 "120일"을 "110일"로 본다.
제6조【「자유무역협정 체결에 따른 농어업인 등의 지원에 관한 특별법」상 농어업인지원 투자·융자계획의 국회제출에 관한 특례】 「자유무역협정 체결에 따른 농어업인 등의 지원에 관한 특별법」 제12조의2제1항 전단의 개정규정에도 불구하고 2014년에 제출되는 농어업인지원 투자·융자계획에 대하여는 "120일"을 "100일"로, 2015년에 제출되는 농어업인지원 투자·융자계획에 대하여는 "120일"을 "110일"로 본다.

부 칙 (2014.1.1)

제1조【시행일】 이 법은 공포한 날부터 시행한다. 다만, 제34조제15호, 제38조제2항 및 제71조제7호의 개정규정은 공포 후 3개월이 경과한 날부터 시행한다.
제2조【예산안 편성지침의 통보, 예산요구서의 제출 및 기금운용계획안의 수립에 관한 특례】 ① 제29조제1항, 제66조제2항의 개정규정에도 불구하고 2014년에 편성되는 예산안 및 기금운용계획안에 관하여는 "3월 31일"을 "4월 20일"로 보고, 2015년에 편성되는 예산안 및 기금운용계획안에 관하여는 "3월 31일"을 "4월 10일"로 본다.
② 제31조제1항, 제66조제5항의 개정규정에도 불구하고 2014년에 편성되는 예산안 및 기금운용계획안에 관하여는 "5월 31일"을 "6월 20일"로 보고, 2015년에 편성되는 예산안 및 기금운용계획안에 관하여는 "5월 31일"을 "6월 10일"로 본다.
제3조【다른 법률의 개정】 ①~② ※(해당 법령에 가제정리 하였음)
제4조【「국가균형발전 특별법」상 예산편성절차상의 특례에 관한 특례】 ① 「국가균형발전 특별법」 제38조제2항의 개정규정에도 불구하고 2014년에 제출되는 예산신청서에 대하여는 "4월 30일"을 "5월 20일"로, 2015년에 제출되는 예산신청서에 대하여는 "4월 30일"을 "5월 10일"로 본다.
② 「국가균형발전 특별법」 제38조제3항·제4항의 개정규정에도 불구하고 2014년에 제출·통보되는 예산요구서 및 예산편성에 관한 의견에 대하여는 "5월 31일"을 "6월 20일"로, 2015년에 제출·통보되는 예산요구서 및 예산편성에 관한 의견에 대하여는 "5월 31일"을 "6월 10일"로 본다.
제5조【「보조금 관리에 관한 법률」상 예산계상 신청서 및 지방비 부담경비 협의 의견서 제출에 관한 특례】 ① 「보조금 관리에 관한 법률」 제4조제4항의 개정규정에도 불구하고 2014년에 제출되는 예산계상 신청서에 대하여는 "4월 30일"을 "5월 20일"로, 2015년에 제출되는 예산계상 신청서에 대하여는 "4월 30일"을 "5월 10일"로 본다.
② 「보조금 관리에 관한 법률」 제7조제2항의 개정규정에도 불구하고 2014년에 제출되는 지방비 부담경비 협의 의견서에 대하여는 "5월 20일"을 "6월 10일"로, 2015년에 제출되는 지방비 부담경비 협의 의견서에 대하여는 "5월 20일"을 "5월 31일"로 본다.
제6조【국가연구개발사업의 개발 성과물 사용에 따른 대가에 관한 경과조치】 이 법 시행 전에 종전의 제53조제5항에 따라 국가연구개발사업의 개발 성과물 사용에 따른 대가에 대하여 세입세출예산 외로 사용할 수 있도록 기획재정부장관과의 협의를 거친 경우에는 제53조제5항의 개정규정에도 불구하고 2014년 12월 31일까지는 종전의 규정에 따른다.

부 칙 (2016.12.20)

제1조【시행일】 이 법은 2017년 1월 1일부터 시행한다. 다만, 제9조제2항부터 제5항까지의 개정규정은 공포 후 3개월이 경과한 날부터 시행하고, 제76조제1항의 개정규정은 공포 후 6개월이 경과한 날부터 시행한다.
제2조【유효기간】 별표1 제21호의 개정규정은 2019년 12월 31일까지 효력을 가진다.

부 칙 (2017.12.26)

제1조【시행일】 이 법은 2018년 1월 1일부터 시행한다.
제2조【분야별 총 대응지방비 소요 추계서 첨부에 관한 적용례】 제34조제16호의 개정규정은 2019년도 예산안의 첨부서류로 국회에 제출하는 경우부터 적용한다.

부 칙 (2018.1.16)

제1조【시행일】 이 법은 공포 후 3개월이 경과한 날부터 시행한다.
제2조【예비타당성조사를 진행 중인 사업 등에 관한 적용례】 제38조의3 및 제85조의 개정규정은 이 법 시행 당시 제38조제3항 또는 제85조에 따라 중앙관서의 장이 기획재정부장관에게 예비타당성조사를 신청하거나 기획재정부장관이 예비타당성조사 대상으로 선정한 사업, 제38조제1항·제4항 또는 제85조에 따라 기획재정부장관이 예비타당성조사를 실시하고 있는 사업에 대해서도 적용한다.

부 칙 (2019.4.23)

제1조【시행일】 이 법은 공포한 날부터 시행한다.
제2조【예산안의 첨부서류에 관한 적용례】 제34조제2호의2의 개정규정은 2020년도 예산안의 첨부서류로 국회에 제출하는 분부터 적용한다.

부 칙 (2019.8.27)

제1조【시행일】 이 법은 공포 후 1년이 경과한 날부터 시행한다.(이하 생략)

부 칙 (2019.11.26)

제1조【시행일】 이 법은 공포한 날부터 시행한다.(이하 생략)

부 칙 (2019.12.31 법16832호)

제1조【시행일】 이 법은 2020년 1월 1일부터 시행한다.
제2조【유효기간】 별표1 제22호의 개정규정은 2024년 12월 31일까지 효력을 가진다.

부 칙 (2019.12.31 법16858호)

제1조【시행일】 ① 이 법은 공포 후 4개월이 경과한 날부터 시행한다.(이하 생략)

부 칙 (2020.3.31)

제1조【시행일】 이 법은 공포 후 3개월이 경과한 날부터 시행한다. 다만, 제8조의2제1항제3호 및 제50조의 개정규정은 공포 후 6개월이 경과한 날부터 시행한다.

제2조【일반정부 및 공공부문 재정통계 작성에 관한 적용례】 제9조의 개정규정은 2019회계연도 결산부터 적용한다.
제3조【예비타당성조사 면제에 관한 적용례】 제38조제2항 및 제5항의 개정규정은 이 법 시행 후 최초로 중앙관서의 장이 기획재정부장관에게 예비타당성조사의 면제를 요구한 경우부터 적용한다.
제4조【보조금 교부실적 등의 제출에 관한 적용례】 제85조의 개정규정은 2020회계연도 기금결산부터 적용한다.

부 칙 (2020.6.9 법17339호)

이 법은 공포한 날부터 시행한다.(이하 생략)

부 칙 (2020.6.9 법17344호)

제1조【시행일】 이 법은 공포 후 6개월이 경과한 날부터 시행한다.(이하 생략)

부 칙 (2021.4.20)

제1조【시행일】 이 법은 공포 후 6개월이 경과한 날부터 시행한다.(이하 생략)

부 칙 (2021.6.15)

제1조【시행일】 이 법은 2022년 1월 1일부터 시행한다.
제2조【온실가스감축인지 예산서 및 온실가스감축인지 결산서의 작성·제출에 관한 적용례】 제27조의 개정규정에 따른 온실가스감축인지 예산서의 작성, 제34조제9호의2의 개정규정에 따른 온실가스감축인지 예산서의 제출 및 제57조의2의 개정규정에 따른 온실가스감축인지 결산서의 작성은 각각 2023회계연도 예산안 및 결산부터 적용한다.
제3조【온실가스감축인지 기금운용계획서 및 온실가스감축인지 기금결산서의 작성·제출에 관한 적용례】 제68조의3의 개정규정에 따른 온실가스감축인지 기금운용계획서의 작성, 제71조제6호의2의 개정규정에 따른 온실가스감축인지 기금운용계획서의 제출 및 제73조의3의 개정규정에 따른 온실가스감축인지 기금결산서의 작성은 각각 2023회계연도 기금운용계획안 및 기금결산부터 적용한다.
제4조【세계잉여금 사용계획 수립 등에 관한 적용례】 제90조제9항의 개정규정은 2021회계연도 결산부터 적용한다.

부 칙 (2021.9.24)

제1조【시행일】 이 법은 공포 후 6개월이 경과한 날부터 시행한다.(이하 생략)

부 칙 (2021.12.21)

제1조【시행일】 이 법은 공포한 날부터 시행한다. 다만, 제16조제5호 및 제43조의2의 개정규정은 공포 후 3개월이 경과한 날부터 시행하고, 제85조의4 및 별표2 제71호의 개정규정은 2022년 1월 1일부터 시행하며, 제85조의10 제1항의 개정규정은 2023년 1월 1일부터 시행한다.
제2조【유효기간】 별표1 제21호의 개정규정은 2025년 12월 31일까지 효력을 가진다.(2022.12.31 본조개정)
제3조【다른 법률의 개정】 ①~⑦ ※(해당 법령에 가제정리 하였음)

부 칙 (2022.12.31)

제1조【시행일】 이 법은 2023년 1월 1일부터 시행한다.
제2조【유효기간】 별표1 제23호의 개정규정은 2025년 12월 31일까지 효력을 가진다.

부 칙 (2023.5.16)

제1조【시행일】 이 법은 공포 후 1년이 경과한 날부터 시행한다.(이하 생략)

부 칙 (2023.6.9)

제1조【시행일】 이 법은 공포 후 1개월이 경과한 날부터 시행한다.(이하 생략)

부 칙 (2023.8.8)

제1조【시행일】 이 법은 2024년 5월 17일부터 시행한다.(이하 생략)

〔별표〕 ➡ 「法典 別冊」 참조

국가재정법 시행령

(2006년 12월 29일 대통령령 제19806호)

개정
2008. 2.29영20720호(직제)
2008. 7.23영20923호
2008. 7.29영20947호(자본시장금융투자업시)
2008.12.31영21201호(정부기업예산법시)
2009. 3.25영21360호
2009. 7.27영21641호(국유재산시)
2009. 8.21영21698호(국가정보화기본법시)
2009.11.23영21836호
2010. 3.15영22076호(직제)
2010. 7. 9영22268호 2010.11.10영22472호
2010.11.15영22493호(은행법시)
2011.12.30영23433호
2012. 2.29영23644호(대학교원자격기준등에관한규정)
2013. 1.16영24317호(민감정보고유식별정보)
2013. 2.15영24368호(조세시)
2013. 4. 5영24496호(경제관계장관회의규정)
2013.12.30영25032호
2014. 3.24영25279호(금융부실시)
2014. 4. 1영25283호
2014. 5.22영25358호(건설기술진흥법시)
2014. 9.18영25606호 2015. 6.30영26340호
2015. 6.30영26369호(주택도시기금법시)
2015.12.31영26844호(행정기관책임성강화)
2016. 2. 3영26944호(공무원인재개발법시)
2016.10.18영27544호 2017. 5. 8영28010호
2017. 7.26영28211호(직제)
2017.12.29영28509호 2018. 4.17영28797호
2018. 8.14영29090호
2019. 4. 2영29677호(중소기업진흥에관한법시)
2020. 6. 2영30722호 2020. 7. 1영30812호
2020.12. 8영31220호(국가정보화기본법시)
2021. 1. 5영31380호(법령용어정비)
2021. 4.27영31645호 2021.12.31영32281호
2022. 2.17영32449호(한국자산관리공사설립등에관한법시)
2022. 3.22영32545호 2023. 1.10영33217호
2023. 7. 7영33621호(지방자치분권및지역균형발전에관한특별법시)

제1장 총 칙

제1조【목적】 이 영은 「국가재정법」에서 위임된 사항과 그 시행에 관하여 필요한 사항을 규정함을 목적으로 한다.
제2조【국가재정운용계획의 수립 등】 ① 기획재정부장관은 「국가재정법」(이하 "법"이라 한다) 제7조제1항에 따른 재정운용계획(이하 "국가재정운용계획"이라 한다)의 수립을 위한 지침을 마련하여 당해 회계연도의 전년도 12월 31일까지 각 중앙관서의 장에게 통보하여야 한다.(2008.2.29 본항개정)
② 기획재정부장관은 국가재정운용계획에 관한 의견 수렴을 위하여 공청회 또는 토론회 등을 개최할 수 있다.(2008.2.29 본항개정)
③ 법 제7조제2항제4호의2에 따른 의무지출의 범위는 다음 각 호와 같다.
1. 「지방교부세법」에 따른 지방교부세, 「지방교육재정교부금법」에 따른 지방교육재정교부금 등 법률에 따라 지출의무가 정하여지고 법령에 따라 지출규모가 결정되는 지출
2. 외국 또는 국제기구와 체결한 국제조약 또는 일반적으로 승인된 국제법규에 따라 발생되는 지출
3. 국채 및 차입금 등에 대한 이자지출
(2011.12.30 본항신설)
④ 법 제7조제2항제6호 단서에 따라 국제통화기금의 정부재정통계편람 및 경제협력개발기구 등의 공공부문재무통계작성지침에 준하여 다음 각 호의 기금은 통합재정수지[일반회계, 특별회계 및 기금을 통합한 재정통계로서 순(純) 수입에서 순 지출을 뺀 금액을 말한다]에서 제외한다.
1. 「기술보증기금법」에 따른 기술보증기금
2. 「농림수산업자 신용보증법」에 따른 농림수산업자 신용보증기금
3. 「농어가목돈마련저축에 관한 법률」에 따른 농어가목돈마련저축장려기금
4. 「사회기반시설에 대한 민간투자법」에 따른 산업기반신용보증기금
5. 「무역보험법」에 따른 무역보험기금
6. 「신용보증기금법」에 따른 신용보증기금
7. 「예금자보호법」에 따른 예금보험기금채권상환기금
8. 「한국주택금융공사법」에 따른 주택금융신용보증기금
9. 「외국환거래법」에 따른 외국환평형기금
(2020.7.1 본항신설)
⑤ 각 중앙관서의 장은 법 제7조제10항에 따른 재정지출을 수반하는 중·장기계획을 확정하기 30일 전에 재원조달방안 및 국가재정운용계획과의 연관성 등을 명시하여 기획재정부장관에게 협의를 요청해야 한다.(2020.7.1 본항개정)
⑥ 각 중앙관서의 장은 제5항에 따른 중·장기계획이 연간 500억원 또는 총 2천억원 이상의 재정지출을 수반하는 경우에는 제5항에 따른 협의 완료 여부를 명시하여 「경제관계장관회의 규정」에 따른 경제관계장관회의 또는 「대외경제장관회의규정」에 따른 대외경제장관회의에 상정하여야 하되, 필요한 경우에는 기획재정부장관과 협의하여 기획재정부장관이 정하는 회의에 상정할 수 있다.(2013.4.5 본항개정)
⑦ 기획재정부장관은 제5항에 따른 협의와 관련하여 그 내용 및 절차 등에 관한 지침을 마련하여 각 중앙관서의 장에게 통보할 수 있다.(2011.12.30 본항개정)
⑧ 법 제7조제11항에서 "대통령령이 정하는 규모 이상인 사업"이란 총사업비(총사업비가 확정되지 않은 경우에는 추정된 사업비의 총액을 말한다. 이하 같다) 중 국가의 재정지원 규모가 300억원 이상인 사업을 말한다.(2020.7.1 본항개정)
⑨ 지방자치단체의 장은 법 제7조제11항에 따른 사업의 계획을 전년도 12월 31일까지 관계 중앙관서의 장에게 제출해야 한다.(2020.7.1 본항개정)
⑩ 각 중앙관서의 장은 제9항에 따라 지방자치단체의 장이 제출한 사업계획을 법 제28조에 따른 중기사업계획서에 반영하여 매년 1월 31일까지 기획재정부장관에게 제출하여야 한다.(2011.12.30 본항개정)
⑪ 기획재정부장관은 국가재정운용계획의 수립의 전문적·기술적 지원을 위하여 관계 전문가로 구성된 지원단을 설치·운영할 수 있다.(2020.6.2 본항신설)
⑫ 제11항에 따른 지원단의 구성 및 운영에 관한 구체적인 사항은 기획재정부장관이 정한다.(2020.6.2 본항신설)
제2조의2【재정운용전략위원회】 ① 기획재정부장관은 효율적이고 건전한 재정운용 전략 수립 등에 관한 관계 중앙행정기관 및 전문가 등의 의견을 수렴하기 위해 재정운용전략위원회(이하 이 조에서 "위원회"라 한다)를 운영할 수 있다.
② 위원회는 다음 각 호의 사항에 관하여 기획재정부장관의 자문에 응한다.
1. 재정지출 효율화를 위한 전략의 수립·추진 및 제도 개선에 관한 사항
2. 재정수입 확충을 위한 전략의 수립·추진 및 제도 개선에 관한 사항
3. 중장기 재정 전망과 위험요인의 점검·분석에 관한 사항
4. 국가재정운용계획 수립·추진 및 제도 개선에 관한 사항
5. 그 밖에 재정운용 전략의 수립·추진을 위해 기획재정부장관이 자문하는 사항
③ 위원회의 위원장(이하 이 조에서 "위원장"이라 한다)은 기획재정부 제2차관으로 하며, 위원은 다음 각 호의 사람으로 한다.
1. 교육부, 과학기술정보통신부, 행정안전부, 산업통상자원부, 보건복지부, 고용노동부 및 중소벤처기업부의 고위공무원단에 속하는 공무원 중에서 해당 기관의 장이 지명하는 사람
2. 위원장이 안건과 관련된다고 인정하는 중앙행정기관의 고위공무원단에 속하는 공무원 중에서 해당 기관의 장이 지명하는 사람
3. 재정 분야에 대한 학식과 경험이 풍부한 전문가 중에서 기획재정부장관이 성별을 고려하여 위촉하는 10명 이내의 사람
④ 제3항제3호에 따라 위촉된 위원(이하 이 조에서 "위촉위원"이라 한다)의 임기는 2년으로 하며, 한 차례만 연임할 수 있다.
⑤ 기획재정부장관은 위촉위원이 다음 각 호에 해당하는 경우에는 해당 위촉위원을 해촉(解囑)할 수 있다.
1. 심신장애로 직무를 수행할 수 없게 된 경우
2. 직무와 관련된 비위사실이 있는 경우
3. 직무태만, 품위손상이나 그 밖의 사유로 위원으로 적합하지 않다고 인정되는 경우
4. 위원 스스로 직무를 수행하는 것이 곤란하다고 의사를 밝히는 경우
⑥ 위원장이 부득이한 사유로 직무를 수행할 수 없을 때에는 위원장이 미리 지명한 사람이 그 직무를 대행한다.
⑦ 제1항부터 제6항까지 규정한 사항 외에 위원회의 구성 및 운영 등에 필요한 사항은 기획재정부장관이 정한다.
(2021.4.27 본조신설)
제3조~제4조 (2022.3.22 삭제)
제4조의2【전문적인 조사·연구기관의 지정기준 등】 ① 법 제8조의2제1항에서 "전문 인력 및 조사·연구 능력 등 대통령령으로 정하는 지정기준을 갖춘 기관"이란 다음 각 호의 기관을 말한다.
1. 「정부출연연구기관 등의 설립·운영 및 육성에 관한 법률」에 따라 설립된 정부출연연구기관
2. 제1호 외의 기관으로서 다음 각 목의 기준을 모두 갖춘 기관
가. 해당 업무를 수행할 조직을 갖추고 있을 것
나. 해당 업무와 관련된 분야의 박사학위를 취득한 전문 인력을 확보하고 있을 것
다. 해당 업무와 관련된 분야에 대하여 전문적인 조사·연구·평가 또는 컨설팅 등을 한 실적이 있을 것
② 법 제8조의2제1항에 따른 전문기관으로 지정받으려는 자는 별지 서식의 전문기관 지정신청서를 기획재정부장관에게 제출하여야 한다. 이 경우 제1항제1호 외의 자는 같은 항 제2호 각 목의 요건을 모두 갖추었음을 증명하는 서류를 첨부하여야 한다.
③ 기획재정부장관은 법 제8조의2제1항에 따라 지정된 전문기관에 같은 항 각 호의 업무 중 전부 또는 일부를 수행하게 할 경우에는 해당 전문기관의 장과 다음 각 호의 사항을 포함하는 협약을 체결하여야 한다.
1. 업무 수행 계획서
2. 출연금의 지급 방법과 사용·관리에 관한 사항
3. 업무 수행 결과의 보고에 관한 사항

財經

4. 협약의 변경 및 해약에 관한 사항
5. 협약의 위반에 관한 조치
6. 그 밖에 전문기관의 업무를 원활하게 수행하기 위하여 기획재정부장관이 필요하다고 인정하는 사항
(2023.1.10 본조제목개정)
(2014.9.18 본조신설)

제5조【재정정보의 공표】 ① 법 제9조제1항에서 "대통령령이 정하는 국가와 지방자치단체의 재정에 관한 중요한 사항"이란 다음 각 호의 사항을 말한다.(2009.3.25 본문개정)
1. 국가채권의 현황 및 그 변동내역
2. 법 제7조에 따른 국가재정운용계획
3. 법 제85조의8제1항에 따른 재정사업에 대한 성과평가 결과(2022.3.22 본호개정)
4. 「조세특례제한법」 제142조의2에 따른 조세지출예산서(2013.2.15 본호개정)
5. 법 제91조에 따른 국가채무관리계획
6. (2011.12.30 삭제)
7. 「지방재정법」 제60조의2제1항에 따라 공시하는 항목 중 기획재정부장관이 행정안전부장관(지방교육재정에 관한 사항은 교육부장관을 말한다)과 협의하여 정하는 항목(2017.7.26 본호개정)

② 기획재정부장관은 법 제9조제1항에 따른 사항을 공표하여야 한다.(2008.2.29 본항개정)
③ 법 제9조제2항제2호 각 목 외의 부분 및 같은 항 제3호에서 "대통령령으로 정하는 기관"이란 각각 다음 각 호의 구분에 따른 요건을 갖춘 기관 중 기획재정부장관이 정하여 고시하는 기관을 말한다. 이 경우 「지방공기업법」에 따른 지방공사·공단에 관하여는 행정안전부장관과 협의하여 정해야 한다.
1. 법 제9조제2항제2호의 경우 : 생산원가에서 판매액이 차지하는 비율(이하 "원가보상률"이라 한다)이 50퍼센트 이하이거나 판매액에서 정부대상 판매액이 차지하는 비율(이하 "정부판매비율"이라 한다)이 80퍼센트 이상일 것
2. 법 제9조제2항제3호의 경우 : 원가보상률이 50퍼센트를 초과하거나 정부판매비율이 80퍼센트 미만일 것
(2020.7.1 본항신설)
④ 법 제9조제4항에 따라 인터넷 홈페이지에 공개해야 하는 세입·세출예산 운용상황은 다음 각 호와 같다.
(2020.7.1 본문개정)
1. 중앙관서별 세입징수상황 및 세출예산집행상황
2. 중앙관서별 기금운용상황
3. 그 밖에 세입·세출예산 운용상황의 투명한 공개를 위하여 필요한 사항으로서 기획재정부장관이 정하는 사항
(2015.6.30 본항신설)
⑤ 각 중앙관서의 장은 제4항 각 호의 사항을 법 제21조제4항 및 제67조제3항에 따른 세항 단위와 이에 대한 세부사업 단위로 각각 구분하여 매일 공개해야 한다. 다만, 자료의 특성상 매일 생성되기 어려운 자료의 경우에는 해당 자료의 생성 주기에 따라 월·분기·반기 또는 연(年) 단위로 공개하여야 한다.(2020.7.1 본문개정)

제6조【재정정책자문회의의 구성 및 운영】 ① 법 제10조제1항에 따른 재정정책자문회의(이하 "자문회의"라 한다)는 다음 각 호의 사항에 관하여 기획재정부장관의 자문에 응한다.
1. 국가재정운용계획의 수립
2. 회계연도별 예산안의 편성 및 기금운용계획안·기금운용계획변경안의 수립(기금운용계획변경안은 법 제70조제2항에 따라 국회에 제출하는 경우로 한정한다)
3. 회계연도별 예산안 편성지침 및 기금운용계획안 작성지침의 수립
4. 특별회계 및 기금의 신설, 통합 및 폐지에 관한 사항
5. 법 제82조제2항에 따른 기금운용평가단의 기금운용평가 결과 및 개선 권고 사항
6. 재정제도와 관련된 법령의 제정·개정 사항
7. 예산 및 기금 관련 제도개선 사항
8. (2009.11.23 삭제)
9. 그 밖에 기획재정부장관이 자문하는 사항
(2009.3.25 본항개정)
② (2009.3.25 삭제)
③ 자문회의는 다음 각 호의 자로 구성한다.
1. 기획재정부장관(2008.2.29 본호개정)
2. 행정 각 부처의 차관
3. 기금 소관 위원회·처·청의 부기관장(2009.3.25 본호신설)
4. 특별시·광역시·도 및 특별자치도의 시장·도지사
5. 재정운용에 관한 학식과 경험이 풍부한 자 중에서 기획재정부장관이 위촉하는 30명 이내의 민간위원
(2009.3.25 본호개정)
④ 자문회의의 의장은 기획재정부장관이 된다.(2008.2.29 본항개정)
⑤ 제3항제5호에 따라 위촉된 위원의 임기는 2년으로 한다. 다만, 기획재정부장관은 다음 각 호의 어느 하나에 해당하는 경우에는 제3항제5호에 따라 위촉된 위원을 해촉할 수 있다.(2015.12.31 단서개정)
1. 심신장애로 인하여 직무를 수행할 수 없게 된 경우
2. 직무와 관련된 비위사실이 있는 경우
3. 직무태만, 품위손상이나 그 밖의 사유로 인하여 위원으로 적합하지 아니하다고 인정되는 경우
4. 위원 스스로 직무를 수행하는 것이 곤란하다고 의사를 밝히는 경우
(2015.12.31 1호~4호신설)
⑥ 자문회의의 의장이 부득이한 사유로 직무를 수행할 수 없을 때에는 의장이 지명한 자가 그 직무를 대행한다.
⑦ 자문회의의 의장은 필요하다고 인정할 때 자문회의의 회의를 소집한다. 다만, 회의를 소집할 시간적 여유가 없거나 그 밖에 의장이 특별히 필요하다고 인정하는 경우에는 서면에 의한 의견 수렴으로 회의를 갈음할 수 있다.(2009.3.25 단서신설)
⑧ 자문회의의 의장은 제1항제1호부터 제9호까지의 안건에 대하여 제3항제2호부터 제5호까지에 규정된 자문위원별로 회의를 소집할 수 있다.(2009.3.25 본항개정)
⑨ 자문회의는 필요하다고 인정되는 때에는 관계 공무원 또는 관계 전문가를 회의에 참석하게 하여 의견을 들을 수 있다.
⑩ 자문회의의 사무처리를 위하여 간사 1인을 두되, 간사는 기획재정부 소속 공무원 중에서 의장이 지명한다.
(2008.2.29 본항개정)
⑪ 자문회의에 출석한 민간위원, 관계전문가 등에 대하여는 예산의 범위 안에서 수당과 여비, 그 밖에 필요한 경비를 지급할 수 있다.
⑫ 그 밖에 자문회의의 운영에 관하여 필요한 사항은 기획재정부장관이 정한다.(2008.2.29 본항개정)
(2009.3.25 본조제목개정)

제2장 예 산

제1절 총 칙

제7조【예산의 과목구분】 세입예산의 관·항·목의 구분과 설정, 세출예산 및 계속비의 장·관·항·세항·목의 구분과 설정, 국고채무부담행위의 사항 구분은 기획재정부장관이 정하는 바에 따른다.(2008.2.29 본조개정)

제7조의2【예산과정에의 국민참여】 ① 정부는 법 제16조제4호에 따라 예산과정의 투명성과 국민참여를 제고하기 위하여 필요한 시책을 시행하여야 한다.
② 정부는 예산과정에의 국민참여를 통하여 수렴된 의견을 검토하여야 하며, 그 결과를 예산편성 시 반영할 수 있다.
③ 정부는 제2항에 따른 의견수렴을 촉진하기 위하여 국민으로 구성된 참여단을 운영할 수 있다.
④ 제1항에 따른 시책의 마련을 위하여 필요한 구체적인 사항은 기획재정부장관이 정한다.
(2017.12.29 본조신설)

제8조【명시이월비의 다음 연도에 걸치는 지출원인행위의 승인】 각 중앙관서의 장은 법 제24조제2항에 따라 다음 연도에 걸쳐서 지출하여야 할 지출원인행위에 대한 기획재정부장관의 승인을 얻고자 할 때에는 다음 각 호의 사항을 명백히 한 서류를 기획재정부장관에게 제출하여야 한다.(2008.2.29 본문개정)
1. 다음 연도에 걸쳐서 지출하여야 할 지출원인행위를 필요로 하는 경비의 과목과 금액 및 사유
2. 제1호의 금액 중 다음 연도에 지출할 금액

제9조【성인지 예산서의 내용 및 작성기준 등】 ① 법 제26조에 따른 성인지 예산서(이하 "성인지 예산서"라 한다)에는 다음 각 호의 내용이 포함되어야 한다.
(2009.3.25 본문개정)
1. 성인지 예산의 개요
2. 성인지 예산의 규모(2010.7.9 본호개정)
2의2. 성인지 예산의 성평등 기대효과, 성과목표 및 성별 수혜분석(2010.7.9 본호신설)
3. 그 밖에 기획재정부장관이 정하는 사항(2008.2.29 본호개정)
② 성인지 예산서는 기획재정부장관이 여성가족부장관과 협의하여 제시한 작성기준(성인지 예산서 작성 대상사업 선정 기준을 포함한다) 및 방식 등에 따라 각 중앙관서의 장이 작성한다.(2010.7.9 본항개정)
(2010.7.9 본조제목개정)

제9조의2【온실가스감축인지 예산서의 내용 및 작성기준 등】 ① 법 제27조에 따른 온실가스감축인지 예산서(이하 "온실가스감축인지 예산서"라 한다)에는 다음 각 호의 내용이 포함되어야 한다.
1. 온실가스감축인지 예산의 개요
2. 온실가스감축인지 예산의 규모
3. 온실가스감축인지 예산의 온실가스 감축에 대한 기대효과, 성과목표 및 효과분석
4. 그 밖에 예산이 온실가스 감축에 미칠 영향을 분석하기 위하여 기획재정부장관이 필요하다고 인정하는 사항
② 각 중앙관서의 장은 기획재정부장관이 환경부장관과 협의하여 제시한 작성기준(온실가스감축인지 예산서 작성 대상사업의 선정기준을 포함한다) 및 방식에 따라 온실가스감축인지 예산서를 작성해야 한다.
(2021.12.31 본조신설)

제2절 예산안의 편성

제10조【예산요구서의 내용】 ① 법 제31조제1항에 따른 세입세출예산 요구서는 법 제21조 및 이 영 제7조에 따라 구분·작성해야 한다.(2021.12.31 본항개정)
② 법 제31조제1항에 따른 계속비 요구서에는 사항별로 필요한 이유와 그 경비의 총액 및 연부액(年賦額)을 표시해야 한다.(2021.12.31 본항개정)
③ 법 제31조제1항에 따른 명시이월비(明示移越費) 요구서는 법 제21조 및 이 영 제7조에 따라 구분·작성하고 이월이 필요한 이유와 금액을 표시해야 한다.(2021.12.31 본항개정)
④ 법 제31조제1항에 따른 국고채무부담행위 요구서에는 법 제25조제3항에 규정된 사항을 명백히 해야 한다.
(2021.12.31 본항개정)
⑤ 법 제31조제1항에 따른 예산요구서에는 기획재정부장관이 정하는 바에 따라 다음 각 호의 서류를 첨부해야 한다.(2021.12.31 본문개정)
1. 세입세출예산 사업별설명서 및 각목명세서
2. 국고채무부담행위설명서
3. 계속비설명서
4. 세입의 근거가 되는 법령의 내용에 관한 서류
5. 사업계획서
6. 직종별 정원표 및 전년도 정원과의 대비표
7. 국유재산의 관리운용보고서 및 전년도와의 대비표
(2009.7.27 본호개정)
8. 법 제28조에 따라 기획재정부장관이 정하는 주요 계속사업에 해당하는 사업의 경우에는 사업계획 및 세부내역, 사업규모의 산출내역을 명백히 하기 위해 필요한 서류. 다만, 법 제31조제2항에 따른 예산관리기법의 적용대상사업의 경우에는 사업계획 및 공정관리의 분석에 필요한 서류(2021.12.31 본호개정)
9. 소관분야 기본정책의 변경과 예산요구와의 관계에 관한 총괄설명서
10. 성인지 예산서
11. 온실가스감축인지 예산서(2021.12.31 본호신설)
12. 그 밖에 예산요구의 내용을 명백히 하기 위해 필요한 서류(2021.12.31 본호개정)
⑥ 제5항제1호에 따른 세입세출예산 사업별설명서에는 세입의 경우에는 추정금액과 산출기초를, 세출의 경우에는 신규 및 주요 계속사업의 총괄명세표와 단위사업별 개요·예산소요 산출기초·예상되는 사업성과를 명백히 표시해야 한다.(2021.12.31 본항개정)
⑦ 제5항제1호에 따른 세입세출예산 각목명세서에는 전전년도 결산액을 함께 적고 예산요구액과 전년도 예산액을 비교하여 그 증감액 및 증감률을 표시해야 한다.
(2021.1.5 본항개정)

제11조【독립기관 등의 예산감액】 기획재정부장관은 법 제32조에 따라 예산안을 국무회의에 부치는 경우 독립기관 및 감사원의 세출예산요구액을 그 요구액보다 감액한 때에는 감액한 이유, 세출예산액과 요구액과의 비교표 그 밖에 심의에 필요한 서류를 첨부해야 한다.
(2021.1.5 본조개정)

제11조의2【대규모 사업의 범위】 법 제34조제5호의2에서 "대통령령으로 정하는 대규모 사업"이란 제21조제1항 각 호의 어느 하나에 해당하는 사업을 말한다.
(2017.5.8 본조개정)

제12조【총액계상사업】 ① 법 제37조제1항에서 "대통령령이 정하는 사업"이라 함은 다음 각 호의 어느 하나에 해당하는 사업으로서 기획재정부장관이 정하는 사업을 말한다.(2008.2.29 본문개정)
1. 도로보수 사업
2. 도로안전 및 환경개선 사업
3. 항만시설 유지보수 사업
4. 수리시설 개보수 사업
5. 수리부속지원 사업
6. 문화재 보수정비 사업
7. 제1호부터 제6호까지의 사업 외의 대규모 투자 또는 보조사업
(2010.7.9 1호~7호개정)
② 법 제37조제2항에서 "대통령령이 정하는 비율"이라 함은 매 회계연도 예산순계 기준 100분의 3을 말한다.

제13조【예비타당성조사】 ①~② (2014.4.1 삭제)
③ 중앙관서의 장이 법 제38조제3항에 따라 예비타당성조사를 신청하는 경우에는 사업의 명칭·개요·필요성 등을 명시한 예비타당성조사 요구서를 기획재정부장관에게 제출하여야 한다.(2014.4.1 본항개정)
④ 기획재정부장관은 제3항의 요구에 따라 또는 직권으로 해당 사업 관련 중·장기 투자계획과의 부합성 및 사업추진의 시급성 등을 검토한 후 관계 전문가의 자문을 거쳐 예비타당성조사의 실시 여부를 결정하여야 한다.
(2014.4.1 본항개정)
⑤ 기획재정부장관은 제4항에 따라 예비타당성조사를 실시하기로 결정한 경우에는 조사대상사업의 경제성 및 정책적 필요성 등을 종합적으로 검토하여 그 타당성 여부를 판단하고, 그 결과를 공개하여야 한다.(2008.2.29 본항개정)
⑥ (2014.4.1 삭제)

제13조의2【예비타당성조사의 면제 절차】 ① 중앙관서의 장이 법 제38조제2항에 따라 예비타당성조사를 면제받으려는 경우에는 해당 사업의 명칭, 개요, 필요성과 면제 사유 등을 명시한 예비타당성조사 면제요구서를 기획재정부장관에게 제출하여야 한다.

② 기획재정부장관은 제1항에 따른 예비타당성조사 면제요구서를 제출받은 경우 법 제38조제2항 각 호의 어느 하나에 해당하는 사업에 대해서는 관계 전문가의 자문을 거쳐 예비타당성조사 면제 여부를 결정하고 소관 중앙관서의 장에게 그 결과를 통보하여야 한다. 다만, 국가기밀과 관계된 사업의 경우에는 관계 전문가의 자문을 거치지 아니할 수 있다.
③ 소관 중앙관서의 장은 제2항에 따라 예비타당성조사 면제 결정을 통보받은 경우 법 제38조제2항제7호에 따른 재난예방을 위하여 시급한 추진이 필요한 사업의 면제결정에 대해서는 국회 소관 상임위원회의 동의를 받아야 하며, 같은 항 제10호 전단에 해당하는 사업의 면제 결정에 대해서는 그 사업의 내용과 면제 사유를 지체 없이 국회 소관 상임위원회에 보고하여야 한다.
(2014.4.1 본조신설)

제13조의3【국가연구개발사업 예비타당성조사에 관한 업무의 위탁】 ① 기획재정부장관은 법 제38조의3제1항에 따라 국가연구개발사업에 대한 예비타당성 조사에 관한 다음 각 호의 업무를 과학기술정보통신부장관에게 위탁할 수 있다.
1. 법 제8조의2제1항제1호에 따른 전문기관의 지정 (2022.3.22 본호개정)
2. 법 제8조의2제2항에 따른 전문기관에 대한 출연
3. 법 제8조의2제3항 및 제4항에 따른 지정의 취소 및 청문 (2022.3.22 본호개정)
4. 법 제38조제1항에 따른 예비타당성조사의 실시와 그 결과의 국회 제출
5. 법 제38조제2항에 따른 예비타당성조사 대상 제외
6. 법 제38조제3항에 따른 예비타당성조사 대상사업의 선정
7. 법 제38조제4항에 따른 예비타당성조사의 실시
8. 법 제38조제6항에 따른 예비타당성조사에 관한 지침의 마련 및 통보(2020.7.1 본호개정)
9. 법 제38조의2에 따른 예비타당성조사의 전문기관 의뢰 및 예비타당성조사 결과에 관한 자료의 공개
② 기획재정부장관은 제1항에 따라 업무를 위탁하는 경우에는 위탁업무의 내용을 고시하여야 한다.
③ 제1항 및 제2항에 따라 위탁하는 업무의 범위에 관하여는 기획재정부장관과 과학기술정보통신부장관이 협의하여 조정할 수 있다. 이 경우 기획재정부장관은 그 내용을 고시하여야 한다.
(2018.4.17 본조신설)

제13조의4【국가연구개발사업 예비타당성조사에 관한 업무의 평가】 ① 과학기술정보통신부장관은 「과학기술기본법」 제11조에 따른 국가연구개발사업(이하 "연구개발사업"이라 한다)에 대한 예비타당성조사를 한 경우에는 법 제38조의3제3항에 따른 평가를 위하여 그 결과를 회계연도 종료 후 3개월 이내에 기획재정부장관에게 제출하여야 한다.
② 기획재정부장관은 제1항에 따라 제출된 결과를 검토하여 2년마다 연구개발사업 예비타당성조사 운영의 적정성을 평가할 수 있다.
③ 기획재정부장관은 제2항에 따른 평가의 결과에 따라 연구개발사업의 예비타당성조사와 관련된 제도 등의 운영에 대한 개선 사항을 과학기술정보통신부장관에게 권고할 수 있다.
(2018.4.17 본조신설)

제14조【대규모 개발사업】 법 제39조제1항 본문에서 "대통령령이 정하는 대규모 개발사업"이란 총사업비가 500억원 이상인 사업을 말한다. 다만, 건축사업의 경우에는 총사업비가 200억원 이상인 사업을 말한다.
(2010.11.10 본조개정)

제14조의2【계속비 예산안 편성의 예외】 기획재정부장관은 다음 각 호의 어느 하나에 해당하는 경우에는 법 제39조제3항에 따라 대규모 개발사업의 예산안을 계속비로 편성하지 아니할 수 있다.
1. 재정여건상 계속비로 편성하면 지나치게 재정 경직성을 불러일으키는 경우 : 계속비로 편성하는 예산안의 규모가 다음 각 목의 어느 하나에 해당하는 경우
  가. 법 제21조제3항에 따라 관으로 구분되는 예산안에서 차지하는 비중이 법 제29조에 따른 예산안편성지침에서 정하는 기준을 초과하는 경우
  나. 해당 중앙관서의 시설투자 관련 예산안에서 차지하는 비중이 법 제29조에 따른 예산안편성지침에서 정하는 기준을 초과하는 경우
2. 사업성격상 계속비로 편성하는 것이 적절하지 아니한 경우 : 다음 각 목의 어느 하나에 해당하는 경우
  가. 「건설기술 진흥법 시행령」 제73조에 따른 실시설계의 대상이 아닌 경우(2014.5.22 본목개정)
  나. 법 제50조제5항에 따른 총사업비 관리에 관한 지침이 적용되는 총사업비 관리대상 사업이 아닌 경우 (2020.7.1 본목개정)
  다. 낙찰차액(「국가를 당사자로 하는 계약에 관한 법률 시행령」 제2조제2호에 따른 예정가격과 낙찰금액 간의 차액을 말한다)이 발생하는 등 대규모 개발사업을 추진하는 과정에서 총사업비가 변경될 가능성이 큰 경우
  라. 지방비 등 국고 외의 재원이 소요되거나 토지 등의 보상이 지연되는 등 부득이한 사유로 대규모 개발사업의 사업계획이 변경될 가능성이 큰 경우
  마. 법 제50조제2항 및 제4항에 따른 사업의 타당성재조사나 타당성재조사에 앞서 같은 조 제5항에 따른 총사업비 관리에 관한 지침에 따라 실시하는 수요예측재조사가 진행 중이거나 제22조와 법 제50조제5항에 따른 총사업비 관리에 관한 지침에서 정하는 타당성재조사나 수요예측재조사의 요건에 해당되어 해당 재조사가 진행될 것으로 예상되는 경우(2020.7.1 본목개정)
3. 사업기간 및 규모를 고려할 때 계속비로 편성할 실익이 없거나 계속비로 편성하는 것이 적절하지 아니한 경우 : 다음 각 목의 어느 하나에 해당하는 경우
  가. 대규모 개발사업의 남은 사업기간이 짧아 계속비로 편성할 실익이 없다고 판단되는 경우
  나. 단일 대규모 개발사업의 회계연도별 연부액 규모가 지나치게 커 다른 사업의 추진에 지장을 줄 것으로 판단되는 경우로서 법 제29조에 따른 예산안편성지침에서 정하는 기준에 해당하는 경우
(2013.12.30 본조신설)

제3절 예산의 집행

제15조【예산배정요구서의 작성】 법 제42조에 따른 사업운영계획과 예산배정요구서는 기획재정부장관이 정하는 바에 따라 분기별로 이를 구분·작성하여야 한다. (2008.2.29 본조개정)

제16조【예산의 배정】 ① 기획재정부장관은 법 제42조에 따라 각 중앙관서의 장으로부터 사업운영계획과 예산배정요구서를 제출받아 예산배정계획을 작성하여야 한다.(2008.2.29 본항개정)
② 각 중앙관서의 장은 법 제43조제1항에 따라 대통령의 승인을 얻은 예산배정계획을 불가피한 사유로 인하여 변경하여야 할 필요가 있을 때에는 그 이유를 명백히 한 사업운영계획과 예산배정계획변경요구서를 기획재정부장관에게 제출하여야 한다.(2008.2.29 본항개정)
③ 기획재정부장관은 제2항에 따라 사업운영계획과 예산배정계획변경요구서를 제출받은 때에는 필요한 조정을 한 후 예산배정변경계획을 작성하여 국무회의의 심의를 거쳐 대통령의 승인을 받아야 한다.(2008.2.29 본항개정)
④ 기획재정부장관은 제3항에 따라 예산배정계획의 변경에 관하여 대통령의 승인을 얻은 때에는 그에 따라 당해 중앙관서의 장에게 예산을 배정하고 감사원에 통지하여야 한다.(2008.2.29 본항개정)
⑤ 법 제43조제3항에 따라 회계연도 개시 전에 예산을 배정할 수 있는 경비는 다음 각 호와 같다.
1. 외국에서 지급하는 경비
2. 선박의 운영·수리 등에 소요되는 경비
3. 교통이나 통신이 불편한 지역에서 지급하는 경비
4. 각 관서에서 필요한 부식물의 매입경비
5. 범죄수사 등 특수활동에 소요되는 경비
6. 여비
7. 경제정책상 조기집행을 필요로 하는 공공사업비
8. 재해복구사업에 소요되는 경비

제17조【예산의 재배정】 ① 각 중앙관서의 장은 필요하다고 인정할 때에는 상급관서의 재무관으로 하여금 재배정받은 세출예산의 범위 안에서 그 하급관서의 재무관에게 이를 재배정하게 할 수 있다.
② 각 중앙관서의 장은 법 제43조의2제4항에 따라 같은 조 제1항 및 제2항에 따른 분기별 세출예산의 재배정 업무를 대행하게 하려는 경우에는 해당 분기가 시작되기 전까지 「한국재정정보원법」에 따른 한국재정정보원에 그 업무의 대행을 의뢰해야 한다. 이 경우 각 중앙관서의 장은 「한국재정정보원법」 제5조제1항제1호에 따른 디지털예산회계시스템을 통해 전자적인 방식으로 대행을 의뢰할 수 있다.(2022.3.22 본항개정)
③ (2022.3.22 삭제)

제18조【예산집행지침의 통보】 ① 기획재정부장관은 법 제44조에 따른 예산집행지침을 매년 1월말까지 각 중앙관서의 장에게 통보하여야 한다.(2008.2.29 본항개정)
② 제1항에 따른 예산집행지침에는 다음 각 호의 사항이 포함되어야 한다.
1. 경비유형 및 비목별 예산집행에 관한 사항
2. 법 제46조제2항 및 법 제47조제1항 단서에 따른 전용 및 이용권 위임범위에 관한 사항
3. 그 밖에 기획재정부장관이 필요하다고 인정하는 사항
(2008.2.29 본호개정)

제19조【예산의 전용·이용 및 이체】 ① 각 중앙관서의 장은 법 제46조제1항 또는 법 제47조제1항 단서에 따른 전용 또는 이용에 관하여 기획재정부장관의 승인을 얻고자 하거나 법 제47조제2항에 따른 이용요구를 할 때에는 전용 또는 이용을 필요로 하는 과목 및 금액과 그 이유를 명백히 한 서류를 기획재정부장관에게 제출하여야 한다.
② 법 제47조제2항에 따라 예산을 이체받고자 하는 중앙관서의 장은 이체하여야 할 중앙관서의 장과 협의하여 이체의 대상이 되는 예산의 과목과 금액을 명백히 한 서류를 기획재정부장관에게 제출하여야 한다.
(2008.2.29 본조개정)

제20조【세출예산의 이월】 ① 법 제48조제2항제3호에서 "대통령령이 정하는 경비"라 함은 다음 각 호의 경비를 말한다.
1. 「국가를 당사자로 하는 계약에 관한 법률 시행령」 제19조에 따른 부대입찰 또는 같은 시행령 제13조에 따른 입찰참가자격 사전심사방법으로 집행되는 공사에 소요되는 경비
2. 「국가를 당사자로 하는 계약에 관한 법률 시행령」 제43조에 따라 협상에 따른 계약체결의 방법으로 집행되는 경비
3. 「국가를 당사자로 하는 계약에 관한 법률 시행령」 제80조제3항에 따라 공고된 공사에 소요되는 경비
4. 재해복구사업에 소요되는 경비
② 법 제48조제2항제4호에서 "대통령령이 정하는 경비"라 함은 다음 각 호의 경비를 말한다.
1. 보상 대상이 되는 토지·물건 등의 조사 및 감정평가가 완료되어 보상절차에 착수하였거나 보상절차가 진행 중인 경비
2. 공사완료 후 존속하는 어업권의 피해에 관한 보상비 등 간접보상비로서 보상에 필요한 감정평가를 위한 용역계약이 체결되었거나 감정평가가 진행 중인 경비
3. 재해복구사업을 위한 보상에 소요되는 경비
③ 법 제48조제2항제5호에서 "대통령령이 정하는 경비"란 각 기관 또는 시설의 유지·운영에 드는 경비로서 기획재정부장관이 정하는 경비를 말한다. 이 경우 이월한도는 해당 경비에 대한 예산의 100분의 15로 한다.
(2013.12.30 본항개정)
④ 법 제48조제4항에 따른 이월명세서에는 다음 각 호의 사항을 명시하여야 한다.
1. 이월을 필요로 하는 과목별 경비의 금액
2. 제1호의 경비의 금액 중 지출액 또는 지출추정액
3. 제1호의 경비의 금액 중 다음 연도에 이월할 금액 및 당해 경비의 현 연도와 다음 연도의 예산과목
4. 제1호의 경비의 금액 중 불용액
5. 이월이유

제21조【총사업비의 관리】 ① 법 제50조제1항 전단에서 "대통령령이 정하는 대규모사업"이란 다음 각 호의 어느 하나에 해당하는 사업을 말한다.
1. 다음 각 목의 어느 하나에 해당하는 사업으로서 총사업비와 국가의 재정지원 규모가 법 제38조제1항 각 호 외의 부분 본문에서 정하고 있는 규모(사업추진 과정에서 총사업비 또는 국가의 재정지원 규모가 증액되어 해당 기준을 충족하는 경우를 포함한다) 이상인 사업
  가. 건설공사가 포함된 사업. 다만, 건축사업은 제외한다.
  나. 「지능정보화 기본법」 제14조제1항에 따른 정보화사업(2020.12.8 본목개정)
  다. 그 밖에 사회복지, 보건, 교육, 노동, 문화 및 관광, 환경 보호, 농림해양수산, 산업·중소기업 분야의 사업
2. 건축사업 또는 연구개발사업으로서 총사업비가 200억원 이상(사업추진 과정에서 총사업비 규모가 증액되어 총사업비가 200억원 이상에 해당하는 경우를 포함한다)인 사업(2018.4.17 본호개정)
(2017.5.8 본항개정)
② 제1항에도 불구하고 다음 각 호의 어느 하나에 해당하는 사업은 총사업비를 관리하는 대규모사업에서 제외한다.
1. 국고에서 정액(定額)으로 지원하는 사업으로서 사업추진 과정에서 국가의 재정지원 규모가 증가하지 아니하는 사업(2017.5.8 본호개정)
2. 국고에서 융자로 지원하는 사업
3. 「사회기반시설에 대한 민간투자법」에 따른 민간투자사업
4. 도로 유지·보수, 노후 상수도 개량 등 기존 시설의 효용 증진을 위한 단순 개량 및 유지·보수 사업
5. 시설 또는 장비의 구축을 포함하지 아니하는 연구개발사업(2017.5.8 본호신설)
(2010.11.10 본항신설)
③ 각 중앙관서의 장은 예비타당성조사, 타당성조사, 기본계획 수립, 기본설계, 실시설계, 발주 및 계약, 시공의 각 단계별로 법 제50조제1항에 따라 기획재정부장관과 협의하여야 한다.(2008.2.29 본항개정)
④ 각 중앙관서의 장은 법 제50조제1항에 따라 사업규모·총사업비 및 사업기간에 관하여 기획재정부장관과 협의할 때에는 사업계획 및 세부내역, 사업규모의 산출내역, 공정관리의 분석에 필요한 서류(기본설계서, 실시설계서를 포함한다)를 기획재정부장관에게 제출하여야 한다.
(2008.2.29 본항개정)
⑤ 각 중앙관서의 장은 다음 각 호의 어느 하나에 해당하는 사유로 인하여 제1항에 따른 사업의 총사업비를 변경하고자 하는 때에는 총사업비 또는 변동금액의 적정성 등에 관한 조달청장의 사전검토를 거쳐 기획재정부장관과 협의하여야 한다.(2008.2.29 본문개정)
1. 당해 사업의 실시설계 용역이 완료된 경우
2. 당해 사업에 대하여 국고의 부담이 되는 계약을 체결한 후 「국가를 당사자로 하는 계약에 관한 법률」 제19조에 따른 물가변동으로 인하여 계약금액을 조정할 필요가 있는 경우
3. 그 밖에 신규 공종(工種)이 추가되는 등의 사유에 해당되어 조달청장의 전문적인 단가 검토가 필요한 경우

제22조【타당성재조사】 ① 법 제50조제2항제3호에서 "대통령령으로 정하는 규모 이상 증가한 사업"이란 물가인상분 및 공익사업의 시행에 필요한 토지 등의 손실보상비 증가분을 제외한 총사업비가 기획재정부장관과 협의를

財經

거쳐 확정된 총사업비 대비 100분의 10부터 100분의 20까지의 범위에서 기획재정부장관이 대상 사업의 총사업비 규모에 따라 정하는 비율 이상 증가한 사업을 말한다.
② 법 제50조제2항제4호에서 "대통령령으로 정하는 규모 이상 감소한 사업"이란 해당 사업의 수요예측치가 100분의 30 이상 감소한 사업을 말한다.
(2020.7.1 본조개정)

제23조【예비비의 배정】 기획재정부장관은 법 제51조제3항에 따라 예비비의 사용에 관한 대통령의 승인을 얻은 때에는 이를 세출예산으로 배정하여야 한다.
(2008.2.29 본조개정)

제24조【예산총계주의 원칙의 예외】 ① 법 제53조제1항에 따른 수입대체경비(이하 "수입대체경비"라 한다)는 다음 각 호의 어느 하나에 해당하는 경비로서 기획재정부장관이 정하는 경비를 말한다.(2008.2.29 본문개정)
1. 국가가 특별한 용역 또는 시설을 제공하고 그 제공을 받은 자로부터 비용을 징수하는 경우의 당해 경비
2. 수입의 범위 안에서 관련경비의 총액을 지출할 수 있는 경우의 당해 경비
② 법 제53조제1항에 따라 대통령령으로 정하는 "초과수입에 직접 관련되는 경비 및 이에 수반되는 경비"라 함은 다음 각 호의 경비를 말한다.
1. 업무수행과 직접 관련된 자산취득비·국내여비·시설유지비 및 보수비
2. 일시적인 업무급증으로 사용한 일용직 임금
3. 초과수입 증대와 관련 있는 업무를 수행한 직원에게 지급하는 보상적 경비
4. 그 밖에 초과수입에 수반되는 경비로서 기획재정부장관이 정하는 경비(2008.2.29 본호개정)
③ 각 중앙관서의 장은 법 제53조제1항에 따라 예산을 초과하여 수입대체경비를 지출하고자 하는 때에는 「국고금관리법」 제22조제1항에 따른 재무관별로 예산초과지출한도액을 통지하여야 한다.
④ 각 중앙관서의 장은 법 제53조제1항에 따라 예산을 초과하여 수입대체경비를 지출한 때에는 그 이유 및 금액을 명시한 명세서를 기획재정부장관 및 감사원에 각각 송부하여야 한다.(2008.2.29 본항개정)
⑤ 각 중앙관서의 장은 법 제53조제3항 및 제4항에 따라 당해 세출예산을 초과하여 차관물자대(借款物資貸)를 지출하거나 전대차관(轉貸借款)을 상환한 때에는 이를 기획재정부장관 및 감사원에 각각 통지하여야 한다.
(2008.2.29 본항개정)
⑥ (2014.9.18 삭제)

제25조【보조금의 관리】 ① 각 중앙관서의 장은 법 제54조에 따른 국고보조금의 교부실적과 보조금 집행실적을 다음 연도 5월 31일까지 기획재정부장관, 국회 소관 상임위원회 및 예산결산특별위원회에 각각 제출하여야 한다.
② 각 중앙관서의 장은 법 제54조에 따라 지방자치단체에 지원한 보조금 집행실적을 작성할 경우에는 이를 「지방자치법」 제2조제1항제1호에 따른 특별시, 광역시, 도 및 특별자치도로 구분하여 작성하여야 한다.
(2010.7.9 본조개정)

제3장 결 산

제26조~제27조 (2009.3.25 삭제)

제4장 기 금

제28조【기금운용계획안의 작성】 법 제67조제4항에 따라 기금운용계획안은 다음 각 호의 방법으로 작성하여야 한다.
1. 자금운용계획 중 수입계획은 정부세입예산과 같이 관·항·목으로 구분하여 작성하고, 기금운용계획안에 첨부되는 기금조성계획은 정부세입예산의 목으로 구분하여 작성한다.
2. 자금운용계획 중 지출계획은 정부세출예산과 같이 장·관·항·세항·목으로 구분하여 작성하고, 당해 회계연도에 여유자금을 운용하는 경우에는 이를 별도의 항으로 하며 그 운용대상을 세항으로 하여 작성한다.
3. (2009.3.25 삭제)

제28조의2【성인지 기금운용계획서의 내용 및 작성기준 등】 ① 법 제68조의2에 따른 성인지 기금운용계획서(이하 "성인지 기금운용계획서"라 한다)에는 다음 각 호의 내용이 포함되어야 한다.
1. 성인지 기금운용계획의 개요
2. 성인지 기금운용계획의 규모
3. 성인지 기금운용계획의 성평등 기대효과, 성과목표 및 성별 수혜분석
4. 제1호부터 제3호까지의 내용 외에 기획재정부장관이 정하는 사항
② 성인지 기금운용계획서는 기획재정부장관이 여성가족부장관과 협의하여 제시한 작성기준(성인지 기금운용계획서 작성 대상사업 선정기준을 포함한다) 및 방식 등에 따라 각 기금관리주체(각 법률에 따라 기금을 관리·운용하는 자를 말하며, 기금의 관리·운용 업무를 위탁받은 자는 제외한다. 이하 같다)가 작성한다.(2022.3.22 본항개정)
(2010.7.9 본조신설)

제28조의3【온실가스감축인지 기금운용계획서의 내용 및 작성기준 등】 ① 법 제68조의3에 따른 온실가스감축인지 기금운용계획서(이하 "온실가스감축인지 기금운용계획서"라 한다)에는 다음 각 호의 내용이 포함되어야 한다.
1. 온실가스감축인지 기금운용계획의 개요
2. 온실가스감축인지 기금운용계획의 규모
3. 온실가스감축인지 기금운용계획의 온실가스 감축에 대한 기대효과, 성과목표 및 효과분석
4. 그 밖에 기금이 온실가스 감축에 미칠 영향을 분석하기 위하여 기획재정부장관이 필요하다고 인정하는 사항
② 각 기금관리주체는 기획재정부장관이 환경부장관과 협의하여 제시한 작성기준(온실가스감축인지 기금운용계획서 작성 대상사업의 선정기준을 포함한다) 및 방식에 따라 온실가스감축인지 기금운용계획서를 작성해야 한다.
(2021.12.31 본조신설)

제29조【기금운용계획의 변경】 ① 기금관리주체는 법 제70조제1항에 따라 다음 각 호의 어느 하나에 해당하는 때에는 세부항목의 지출금액을 변경할 수 있다. 다만, 제3호의 경우에 있어서는 국회의 기금운용계획안 심사과정에서 삭감된 부분에 사용할 목적으로는 변경할 수 없다.
1. 예측할 수 없는 소요가 발생한 경우
2. 긴급한 소요가 발생한 경우
3. 기존사업을 보완하는 경우
② 법 제70조제3항에 따른 주요항목 지출금액의 변경은 국회에서 확정된 기금운용계획에 반영된 주요항목 지출금액을 기준으로 한다.
③ 법 제70조제4항에 따른 세부항목 또는 주요항목의 지출금액변경명세서는 변경이 확정된 날부터 20일 이내에 이를 제출하여야 한다.
④ 기금관리주체는 법 제70조제1항과 제3항에 따른 변경을 함에 있어 제36조에 따른 기금운용계획 집행지침에서 정하는 지출항목에 대해서는 기획재정부장관과 협의를 하여야 한다.(2008.2.29 본항개정)
⑤ 제4항에 규정된 기금관리주체 중 중앙관서의 장이 아닌 기금관리주체는 같은 항에 규정된 협의를 함에 있어 소관 중앙관서의 장을 거쳐야 한다.

제30조【기금이월명세서의 내용】 법 제72조제2항에 따른 이월명세서에는 다음 각 호의 사항을 명시하여야 한다.
1. 이월을 필요로 하는 과목별 경비의 금액
2. 제1호의 경비의 금액 중 지출액 또는 지출추정액
3. 제1호의 경비의 금액 중 다음 연도에 이월할 금액 및 당해 경비의 현 연도와 다음 연도의 지출과목
4. 제1호의 경비의 금액 중 불용액
5. 이월이유

제31조【중장기 기금재정관리계획의 수립대상 및 절차 등】 ① 법 제73조의4제1항 전단에서 "대통령령으로 정하는 기금의 관리주체"란 다음 각 호의 어느 하나에 해당하는 기금의 관리주체(이하 이 조에서 "중장기 기금재정관리계획 수립대상 기금관리주체"라 한다)를 말한다.
(2021.12.31 본문개정)
1. 「고용보험법」에 따른 고용보험기금
2. 「공무원연금법」에 따른 공무원연금기금
3. 「국민연금법」에 따른 국민연금기금
4. 「군인연금법」에 따른 군인연금기금
5. 「한국자산관리공사 설립 등에 관한 법률」 제43조의2에 따른 구조조정기금(2022.2.17 본호개정)
6. 「사립학교교직원 연금법」에 따른 사립학교교직원 연금기금
7. 「산업재해보상보험법」에 따른 산업재해보상보험및예방기금
8. 「무역보험법」에 따른 무역보험기금
9. 「예금자보호법」에 따른 예금보험기금채권상환기금
10. 「주택도시기금법」에 따른 주택도시기금(2015.6.30 본호개정)
11. 「중소기업진흥에 관한 법률」에 따른 중소벤처기업창업 및 진흥기금(2019.4.2 본호개정)
② 법 제73조의4제2항제4호에서 "대통령령으로 정하는 사항"이란 다음 각 호의 사항을 말한다.(2021.12.31 본문개정)
1. 기금의 중장기 운용여건 전망
2. 보유자산의 중장기 변동내역 추정
③ 중장기 기금재정관리계획 수립대상 기금관리주체는 법 제73조의4제1항 전단에 따른 중장기 기금재정관리계획(이하 "중장기 기금재정관리계획"이라 한다)을 수립하여 국가재정운용계획을 국회에 제출하기 전까지 기획재정부장관에게 제출해야 한다. 다만, 중장기 기금재정관리계획의 내용 중 법 제73조의4제2항제1호 및 제2호에 해당하는 내용은 매년 1월 31일까지 법 제66조제1항에 따른 중기사업계획서와 함께 기획재정부장관에게 제출해야 한다.
(2021.12.31 본항개정)
④ 중장기 기금재정관리계획 수립대상 기금관리주체는 중장기 기금재정관리계획을 수립할 때에 기획재정부장관과 협의해야 한다.(2021.12.31 본항개정)
⑤ 제4항에 따른 협의 시 중장기 기금재정관리계획 수립대상 기금관리주체가 중앙관서의 장이 아닌 경우에는 소관 중앙관서의 장을 거쳐야 한다.
⑥ 기획재정부장관은 중장기 기금재정관리계획 수립과 관련하여 필요한 경우에는 작성방법 및 작성양식 등을 마련하여 각 기금관리주체에 통보할 수 있다.
(2010.7.9 본조신설)

제32조 (2009.3.25 삭제)

제33조【기금운용심의회의 구성 및 운영】 ① 법 제74조에 따른 기금운용심의회(이하 "심의회"라 한다)는 위원장 1인을 포함한 10인 이내의 위원으로 구성한다.
② 위원은 다음 각 호의 자 중에서 기금관리주체가 임명 또는 위촉하는 자가 된다.
1. 고위공무원단에 속하는 공무원으로서 당해 중앙관서의 기금관리업무를 관장하는 자
2. 기금의 관리 및 운용에 관한 전문지식과 경험이 풍부하다고 인정되는 자
3. 당해 기금의 사업과 관계가 있는 기관·단체의 대표자 또는 임원
③ 위원의 임기는 2년으로 한다. 다만, 제2항제1호에 따른 위원의 임기는 당해 직에 재직하는 기간으로 한다.
④ 법 제74조제2항제5호에서 "기금의 관리·운용에 관한 중요사항으로서 대통령령이 정하는 사항"이라 함은 제29조제4항에 따라 기획재정부장관과 협의를 하여야 하는 지출항목의 변경을 말한다.(2008.2.29 본항개정)
⑤ 그 밖에 심의회의 구성 및 운영에 관하여 필요한 사항은 심의회의 의결을 거쳐 위원장이 정한다.

제34조 (2009.3.25 삭제)

제35조【자산운용위원회의 구성 및 운영】 ① 법 제76조제1항에 따른 자산운용위원회(이하 "자산운용위원회"라 한다)는 위원장 1명을 포함한 10명 이내의 위원으로 구성한다.(2009.3.25 본항개정)
② 법 제76조제4항제2호에서 "대통령령이 정하는 자격을 갖춘 자"란 다음 각 호의 자를 말한다.(2009.3.25 본문개정)
1. 「금융산업의 구조개선에 관한 법률」 제2조제1호에 따른 금융기관 및 「자본시장과 금융투자업에 관한 법률」 제258조에 따른 집합투자기구평가회사에서 자산운용·자산운용평가 및 위험관리를 담당하는 직에 5년 이상 근무한 경력이 있는 자(2008.7.29 본호개정)
2. 「자본시장과 금융투자업에 관한 법률」 제9조제15항에 따른 주권상장법인, 「정부기업예산법」 제2조에 따른 정부기업, 「공공기관의 운영에 관한 법률」 제4조에 따른 공공기관에서 재정 또는 자산운용을 담당하는 직에 5년 이상 근무한 경력이 있는 자(2009.3.25 본호개정)
3. 「고등교육법」에 따른 학교에서 경제·경영 및 금융 관련 학문분야를 연구하거나 가르치는 조교수 이상의 직에 3년 이상 재직한 경력이 있는 자(2012.2.29 본호개정)
4. 경제·경영 및 금융 관련 분야의 박사학위를 취득한 자로서 연구기관 또는 공공기관에서 3년 이상 재직한 경력이 있는 자
5. 변호사 또는 공인회계사의 직에 3년 이상 종사한 자
6. 그 밖에 제1호 내지 제5호에 해당하는 자와 동등 이상의 학식과 경험이 있다고 기금관리주체가 인정하는 자
③ 위원의 임기는 2년으로 한다. 다만, 법 제76조제4항제1호에 따른 위원을 직책을 정하여 위촉하는 경우에는 그 위원의 임기는 당해 직에 재직하는 기간으로 한다.
④ 그 밖에 자산운용위원회의 구성 및 운영에 관하여 필요한 사항은 자산운용위원회의 의결을 거쳐 위원장이 정한다.

제36조【기금운용계획의 집행지침】 ① 기획재정부장관은 법 제80조에 따른 기금운용계획 집행지침을 매년 1월말까지 각 기금관리주체에게 통보하여야 한다.
(2008.2.29 본항개정)
② 제1항에 따른 기금운용계획 집행지침에는 다음 각 호의 사항이 포함되어야 한다.
1. 경비유형 및 비목별 기금집행에 관한 사항
2. 기금관리주체가 제29조제4항에 따른 변경을 하고자 하는 경우 기획재정부장관과 협의를 하여야 하는 지출항목
3. 그 밖에 기획재정부장관이 필요하다고 인정하는 사항
(2008.2.29 2호~3호개정)

제37조【여유자금의 통합운용을 위한 금융기관의 선정 등】 ① 법 제81조에 따라 각 기금관리주체가 예탁하는 여유자금을 통합운용하는 금융기관은 관계 전문가의 자문을 거쳐 기획재정부장관이 선정하되, 다음 각 호의 선정기준을 고려하여야 한다.(2009.11.23 본문개정)
1. 재무상태 및 경영지표의 건전성
2. 수익률 등 자산운용의 성과
3. 자산운용 전략 및 계획의 적정성
4. 그 밖에 효율적이고 안정적인 자산운용을 위하여 기획재정부장관이 필요하다고 인정하는 사항(2009.11.23 본호개정)
② 제1항에서 규정한 사항 외에 법 제81조에 따른 기금 여유자금의 통합운용에 관하여 필요한 사항은 기획재정부장관이 정한다.(2009.3.25 본항신설)
(2009.3.25 본조제목개정)

제37조의2【기금운용의 평가】 ① 기획재정부장관은 법 제82조제1항에 따라 기금의 사업 성과 및 여유자금 운용의 적정성 등을 평가한다.
② 기획재정부장관은 제1항에 따른 기금운용의 평가를 위하여 지침을 수립하여 기금관리주체에게 통보할 수 있다.
③ 기금관리주체는 기획재정부장관에게 기금운용 실적을 매년 2월말일까지 제출하여야 한다.
(2009.3.25 본조신설)

제38조【기금운용평가단의 구성 및 운영】 ① 기획재정부장관은 법 제82조제2항에 따라 다음 각 호의 자 중에서 기금운용평가위원을 선정하여 수시로 기금운용평가단을 구성·운영할 수 있다.(2023.1.10 본문개정)

1. 기금의 운용 및 관련분야에 관한 전문지식이 있는 조교수 이상의 대학교수
2. 정부출연연구기관에 소속된 박사학위 소지자로서 기금에 관한 전문지식이 있는 자
3. 5년 이상의 실무경험이 있는 공인회계사·변호사 및 금융업무에 관한 전문가
4. 그 밖에 기금운용실태의 조사 및 평가업무에 관한 전문지식과 경험이 풍부하다고 인정되는 자

② 기획재정부장관은 기금운용평가단을 구성함에 있어서 제1항 각 호에 해당하는 자를 기금 소관 중앙관서의 장으로부터 추천받을 수 있다.(2023.1.10 본항개정)
③ 기금운용평가단은 기금관리주체에게 필요한 자료 및 정보의 제출을 요구할 수 있으며, 기금관리주체는 이에 응하여야 한다.(2023.1.10 본항개정)
④ 기획재정부장관은 예산의 범위 안에서 기금운용평가단의 기금제도에 관한 연구 또는 자문, 기금운용실태의 조사 및 평가업무 등에 소요되는 경비를 지급할 수 있다.(2023.1.10 본항개정)
⑤ 제1항부터 제4항까지에서 규정한 사항 외에 기금운용평가단의 구성 및 운영에 관하여 필요한 사항은 자문회의의 자문을 거쳐 기획재정부장관이 정한다.(2023.1.10 본항개정)

제39조【준용규정】 제13조, 제14조, 제21조 및 제22조의 규정은 기금에 관하여 이를 준용한다.

제4장의2 성과관리
(2022.3.22 본장신설)

제39조의2【재정성과평가단의 구성 및 운영】 ① 기획재정부장관은 법 제85조의5제4항에 따라 다음 각 호의 사람 중에서 재정성과평가위원을 선정하여 재정성과평가단을 구성·운영할 수 있다.
1. 재정에 관한 전문지식이 있는 조교수 이상의 대학교수
2. 정부출연연구기관에 소속된 박사학위 소지자로서 재정에 관한 전문지식이 있는 사람
3. 5년 이상의 실무경험이 있는 공인회계사·변호사 및 금융업무에 관한 전문가
4. 그 밖에 재정에 관한 전문지식과 경험이 풍부하다고 인정되는 사람

② 기획재정부장관은 예산의 범위에서 재정성과평가단의 재정사업 성과관리에 관한 연구 또는 자문, 재정관리 운용실태의 조사 및 평가업무 등에 소요되는 경비를 지급할 수 있다.
③ 제1항 및 제2항에서 규정한 사항 외에 재정성과평가단의 구성 및 운영에 필요한 사항은 기획재정부장관이 정한다.
(2023.1.10 본조신설)

제39조의3【재정사업의 성과평가 등】 ① 기획재정부장관은 법 제85조의8제1항에 따라 각 중앙관서의 장과 기금관리주체에게 기획재정부장관이 정하는 바에 따라 주요 재정사업을 스스로 평가(이하 "재정사업자율평가"라 한다)하도록 요구할 수 있으며, 다음 각 호의 어느 하나에 해당하는 사업에 대해서는 심층평가를 실시할 수 있다. 다만, 「과학기술기본법」 제11조에 따른 국가연구개발사업에 대한 평가는 「국가연구개발사업 등의 성과평가 및 성과관리에 관한 법률」에 따른 성과평가로 재정사업자율평가 또는 심층평가를 대체할 수 있다.
1. 재정사업자율평가 결과 추가적인 평가가 필요하다고 판단되는 사업
2. 부처간 유사·중복 사업이나 비효율적인 사업추진으로 예산낭비의 소지가 있는 사업
3. 향후 지속적 재정지출 급증이 예상되어 객관적 검증을 통해 지출효율화가 필요한 사업
4. 그 밖에 심층적인 분석·평가를 통해 사업추진 성과를 점검할 필요가 있는 사업

② 기획재정부장관은 법 제85조의8제1항에 따라 주요 재정사업의 지역균형발전에 대한 영향을 평가할 수 있다.(2023.7.7 본항개정)

제39조의4【재정사업 성과관리 결과의 반영】 기획재정부장관은 법 제85조의10제2항에 따라 재정사업에 대한 평가 결과를 재정운용에 반영하기 위하여 재정지출 구조의 적정성과 분야별 재정지출의 우선순위에 대한 분석·평가를 실시할 수 있다.

제5장 재정건전화

제40조【재정부담을 수반하는 법령의 제정 및 개정】 ① 법 제87조제1항부터 제3항까지의 규정에 따른 추계자료에는 다음 각 호의 사항이 포함되어야 한다.
(2010.7.9 본문개정)
1. 법령안명 및 관련조문
2. 재정소요추계의 내역
가. 재정부담 수반의 요인
나. 추계의 전제
다. 추계의 결과
라. 추계의 상세내역
3. 작성자

② 제1항에 따른 추계의 기간은 당해 법령안의 시행일부터 5년으로 한다. 다만 5년의 기간으로 비용의 추이를 파악하기 어려운 경우에는 추계기간을 연장할 수 있다.
③ 법 제87조제1항부터 제3항까지의 규정에 따른 재원조달방안에는 기존 예산이나 기금의 항목 간 조정, 조세수입, 세외수입, 국채발행, 차입, 일반회계·특별회계 및 기금으로부터의 전입 등의 방안을 구체적으로 명시하여야 한다.(2010.7.9 본항개정)
④ 기획재정부장관은 제1항에 따른 추계자료와 제3항에 따른 재원조달방안의 타당성 및 정확성을 높이기 위하여 관계 전문기관에 조사·연구를 의뢰할 수 있다.(2010.7.9 본항신설)
⑤ 법 제87조제3항에서 "대통령령으로 정하는 사항이 변경되는 경우"란 다음 각 호의 어느 하나에 해당하는 경우를 말한다.
1. 재정지출 규모가 100분의 20 이상 변경되는 경우
2. 연간 재정지출 규모가 100억원 이상 변경되는 경우
3. 법령안의 시행시기 또는 시행기간이 1 회계연도 이상 변경되는 경우
4. 제1호부터 제3호까지의 경우 외에 기획재정부장관이 필요하다고 인정하는 경우

(2010.7.9 본항신설)
⑥ 기획재정부장관은 그 밖에 추계자료와 재원조달방안의 작성에 관하여 필요한 사항을 정할 수 있다.(2008.2.29 본항개정)

제41조【국세감면의 제한】 ① 법 제88조제1항에서 "대통령령이 정하는 당해 연도 국세 수입총액"이란 법 제61조에 따라 정부가 작성한 결산 중 국세수납액(결산을 작성하기 전 회계연도의 경우에는 법 제33조의 예산안 중 국세 세입예산액)과 「부가가치세법」 제72조제1항에 따른 지방소비세액을 합한 금액을 말한다.(2020.6.2 본항개정)
② 법 제88조제1항에서 "국세감면액 총액"이란 「조세특례제한법」 제142조의2에 따른 조세지출예산서의 국세감면액을 말한다.(2013.2.15 본항개정)
③ 법 제88조제1항에서 "대통령령이 정하는 비율"이라 함은 당해 연도의 직전 3년간의 국세감면율의 합을 3으로 나눈 것에 1천분의 5를 더한 비율을 말한다. 이 경우 비율을 계산함에 있어서 1천분의 1 미만 부분은 없는 것으로 한다.

제42조【조세감면건의서의 제출】 ① 법 제88조제2항에 따라 각 중앙관서의 장이 새로운 국세감면을 요청하는 때에는 「조세특례제한법」 제142조제2항에 따른 조세감면건의서를 제출하여야 한다.
② 각 중앙관서의 장은 제1항에 따른 조세감면건의서를 제출할 때에는 해당 분야 전문연구기관의 의견서를 첨부하여야 한다.(2010.11.10 본항개정)

제43조【국가채무의 관리】 ① 법 제91조제1항제5호에서 "그 밖에 대통령령이 정하는 사항"이라 함은 다음 각 호의 사항을 말한다.
1. 법 제25조에 따른 국고채무부담행위의 현황
2. 그 밖에 기획재정부장관이 필요하다고 인정하는 사항
(2008.2.29 본호개정)

② 법 제91조제2항제1호에서 "대통령령이 정하는 회계 또는 기금"이라 함은 중앙관서의 장이 관리·운용하지 않는 회계 또는 기금을 말한다.
③ 법 제91조제2항제4호에서 "대통령령이 정하는 채무"라 함은 법 제92조의 국가보증채무 중 정부의 대지급(代支給) 이행이 확정된 채무를 말한다.
④ (2008.2.29 삭제)

제44조【국가보증채무의 부담 및 관리】 ① 채무의 이행에 대한 국가의 보증을 받고자 하는 채무자 또는 채권자는 사업내용과 그 보증을 받고자 하는 채무(이하 "주채무"라 한다)의 범위·채권자명·채무자명·상환 또는 회수계획 등 필요한 사항에 대하여 미리 소관 중앙관서의 장의 의견을 받아 채무보증신청서를 기획재정부장관에게 제출하여야 한다.(2008.2.29 본항개정)
② 기획재정부장관은 제1항에 따른 신청서를 받은 경우에는 그 주채무를 국가가 보증할 필요가 있다고 인정할 때에는 국무회의의 심의를 거쳐 대통령의 승인을 얻은 후 법 제92조제1항에 따른 국회의 동의를 얻기 위하여 필요한 절차를 이행하여야 한다.(2008.2.29 본항개정)
③ 기획재정부장관은 제2항에 따른 국회의 동의를 얻은 때에는 그 주채무의 이행을 국가가 보증한다는 뜻을 문서로써 신청인에게 통지하여야 한다.(2008.2.29 본항개정)
④ 제3항에 따라 신청인에게 통지하는 문서에는 다음 각 호의 사항을 기재하여야 한다.
1. 국가가 보증하는 채무의 범위
2. 채무자 및 채권자
3. 기획재정부장관이 정하는 채무자 또는 채권자의 준수사항(2008.2.29 본호개정)

⑤ 채권자 또는 채무자는 사업내용 또는 보증받은 사항을 변경하고자 할 때에는 기획재정부장관의 승인을 받아야 한다. 이 경우 기획재정부장관은 그 변경이 당해 계약의 중요한 부분에 관한 것인 때에는 미리 국회의 동의를 얻은 후 승인하여야 한다.(2008.2.29 본항개정)
⑥ 기획재정부장관은 제1항 내지 제5항에 따라 보증채무를 부담하는 때에는 신청인에 대하여 보증수수료를 징수할 수 있다. 이 경우 보증수수료는 보증채무의 성격, 보증채무액 및 보증기간 등을 고려하여 기획재정부장관이 정한다.(2008.2.29 본항개정)
⑦ 법 제92조제2항에 따른 국가보증채무관리계획은 해당 회계연도부터 5 회계연도 이상의 기간에 대한 보증채무의 전망과 산출 근거 및 관리계획 등을 포함하여 작성하여야 한다.(2010.7.9 본항신설)
⑧ 기획재정부장관은 매년 보증채무의 관리에 관한 사항을 세입세출결산과 함께 국회에 보고하여야 한다.
(2008.2.29 본항개정)

제6장 보 칙

제45조【보관금의 취급】 각 중앙관서의 장이 보관하는 현금의 취급절차에 관하여 필요한 사항은 법령에 특별한 규정이 있는 경우를 제외하고는 기획재정부장관이 정한다.(2008.2.29 본조개정)

제46조【유가증권의 관리】 ① 각 중앙관서의 장이 보관하는 유가증권은 그 관서의 장이 관리한다.
② 국가가 소유하는 유가증권은 기획재정부장관이 관리한다. 다만, 법 제4조제3항에 따라 설치된 특별회계 또는 법 제5조제1항에 따라 설치된 기금에 소속된 것은 그 특별회계 또는 기금을 관리하는 중앙관서의 장이 관리한다.
(2008.2.29 본문개정)
③ 제1항과 제2항에 따른 유가증권은 기획재정부장관이 정하는 바에 따라 한국은행 또는 제4항에 따른 금융기관으로 하여금 이를 취급하게 하여야 한다.(2008.2.29 본항개정)
④ 법 제93조제2항과 제3항에 따른 금융기관은 다음 각 호와 같다.
1. 「은행법」 제2조제1항제2호에 따른 은행(외국은행을 제외한다)(2010.11.15 본호개정)
2. 「한국산업은행법」에 따른 한국산업은행
3. 「한국수출입은행법」에 따른 한국수출입은행
4. (2009.3.25 삭제)

⑤ 법 제93조제2항과 제3항에 따라 국가가 보관하는 유가증권을 취급하는 한국은행과 금융기관은 그 유가증권에 대한 수급계산서(收給計算書)를 기획재정부장관 및 감사원에 제출하여야 한다. 이 경우 감사원에 제출하는 수급계산서에는 증거서류를 붙여야 한다.(2008.2.29 전단개정)

제47조【장부의 비치】 ① 각 중앙관서의 장은 국가의 채무를 기록할 장부, 그 밖에 필요하다고 인정하는 장부를 비치하여야 한다.
② 법 제93조제2항에 따라 유가증권 보관업무를 위탁받은 한국은행은 국채의 발행과 상환에 관한 출납을 기록할 장부, 유가증권의 수급을 기록할 장부를 비치하고 국가를 위하여 취급하는 현금의 출납 또는 유가증권의 수급을 기록하여야 한다.
③ 법 제93조제2항에 따라 유가증권 보관업무를 위탁받은 금융기관은 유가증권의 수급을 기록하여야 할 장부를 비치하고 유가증권의 수급을 기록하여야 한다.

제48조【재정집행의 관리】 ① 각 중앙관서의 장과 기금관리주체는 법 제97조제1항에 따른 사업집행보고서와 예산 및 기금운용계획에 관한 집행보고서를 다음 각 호의 사항을 포함하여 매월 경과 후(「외국환거래법」 제13조에 따른 외국환평형기금은 분기 종료 후) 다음달 20일 이내에 기획재정부장관에게 제출하여야 한다. 이 경우 중앙관서의 장이 아닌 기금관리주체는 소관 중앙관서의 장을 거쳐야 한다.(2008.2.29 전단개정)
1. 예산 및 기금운용계획의 월별 집행실적
2. 예산 및 기금 등의 집행부진 사유 및 향후 개선계획
3. 각 부처 및 기관별 예산낭비신고실적 및 대응실적(법 제100조에 따른 시정요구내용 및 처리결과를 포함한다)
4. 그 밖에 기획재정부장관이 예산 및 기금운용계획의 효율적 집행을 위하여 정하는 사항(2008.2.29 본호개정)

② 기획재정부장관은 법 제97조제2항에 따른 예산 및 기금의 집행상황과 낭비 실태의 확인·점검을 위하여 재정관리점검단을 설치·운영할 수 있다.(2008.2.29 본항개정)
③ 재정관리점검단의 구성 및 운영 등에 관한 세부적인 사항은 기획재정부장관이 정한다.(2008.2.29 본항개정)

제48조의2【재정정보의 국회제공】 ① 법 제97조의2제3항에 따라 기획재정부장관 및 중앙관서의 장이 국회에 제공하여야 하는 재정정보의 범위는 다음 각 호와 같다.
1. 중앙관서별 세입징수상황 및 세출예산집행상황
2. 중앙관서별 기금운용상황
3. 그 밖에 국회에서 요구하는 사항으로서 국정감사 또는 국정조사 등의 원활한 수행을 위하여 필요하다고 인정하는 사항

② 제1항에 따른 재정정보는 다음 각 호의 어느 하나의 방법에 따라 국회에 제공하여야 한다.
1. 전자문서 또는 컴퓨터의 자기테이프·자기디스크, 그 밖에 이와 유사한 매체를 통한 제공
2. 정보공개시스템을 통한 제공

③ 기획재정부장관은 법 제97조의2제3항에 따라 국회에 재정정보를 제공하기 위하여 필요하다고 인정하는 경우 재정정보 제공대상이 되는 관계 중앙관서의 장에게 관련 자료의 제출을 요청할 수 있다.
(2015.6.30 본조신설)

제49조【예산집행심의회】 ① 각 중앙관서의 장은 법 제98조에 따른 내부통제의 적정을 기하기 위하여 소속 관계공무원 및 예산회계에 관한 학식과 경험이 풍부한 자로 구성되는 예산집행심의회를 설치·운영하여야 한다.
② 제1항의 예산집행심의회의 설치·운영에 관하여 필요한 사항은 기획재정부장관이 정한다.(2008.2.29 본항개정)

財經

제50조【예산·기금의 불법지출에 대한 국민감시】 ① 중앙관서의 장 또는 기금관리주체는 법 제100조제1항에 따른 시정요구가 요건을 충족하지 못하였다고 판단할 경우에는 일정 기간을 정하여 자료의 보완을 요구할 수 있다.
② 중앙관서의 장 또는 기금관리주체는 법 제100조제2항에 따라 시정요구를 한 자에게 처리결과를 통지할 경우에는 시정요구를 받은 날부터 30일 이내(제1항에 따른 보완 기간을 제외한다)에 하여야 한다. 다만, 기간 내 처리가 곤란하다고 판단될 경우에는 그 사유와 처리소요기간 등을 시정요구를 한 자에게 통지하여야 한다.
③ 중앙관서의 장이 아닌 기금관리주체는 법 제100조제2항에 따른 처리결과를 통지하기 전에 소관 중앙관서의 장과 처리내용 등을 협의하여야 한다.
④ 중앙관서의 장 또는 기금관리주체는 법 제100조제1항에 따른 시정요구를 한 자의 동의 없이 다른 사람에게 그 신분을 밝히거나 암시하여서는 안 된다.
⑤ 법 제100조제2항에 따른 처리결과의 통지절차 등 예산·기금의 불법지출에 대한 국민감시 제도의 운영을 위하여 필요한 구체적인 사항은 기획재정부장관이 정한다.
(2008.2.29 본항개정)

제51조【예산낭비신고센터의 설치·운영】 ① 각 중앙관서의 장 또는 기금관리주체는 법 제100조제1항에 따른 예산·기금의 불법지출에 대한 국민의 시정요구, 예산낭비신고, 예산절감과 관련된 제안 등을 접수·처리하기 위해 예산낭비신고센터를 설치·운영하여야 한다.
② 제1항에 따라 예산낭비신고, 예산절감과 관련된 제안을 받은 중앙관서의 장 또는 기금관리주체는 그 처리결과를 신고 또는 제안을 한 자에게 통지하여야 한다.
③ 중앙관서의 장 또는 기금관리주체는 제1항에 따른 예산낭비신고, 예산절감과 관련된 제안 등을 한 자에게 법 제49조에 따른 예산성과금을 지급할 수 있다.
④ 제50조제2항 내지 제5항의 규정은 예산낭비신고, 예산절감과 관련된 제안 등을 처리하는 경우에 이를 준용한다.
⑤ 제1항에 따른 예산낭비신고센터의 설치·운영에 관하여 필요한 구체적인 사항은 기획재정부장관이 정한다.
(2008.2.29 본항개정)

제51조의2【포상금의 지급】 ① 각 중앙관서의 장 또는 기금관리주체는 다음 각 호의 어느 하나에 해당하는 자에게 600만원 이하의 포상금을 지급할 수 있다. 다만, 「국민 제안 규정」 또는 그 밖의 다른 법령에 따라 포상 등이 지급된 경우로서 이 영에 따른 포상금을 지급하는 것이 적정하지 아니하다고 인정하는 경우에는 같은 사유로 포상금을 지급하지 아니한다.(2018.8.14 본문개정)
1. 법 제100조제1항에 따른 예산·기금의 불법지출에 대한 시정요구를 한 자
2. 예산낭비신고를 한 자
3. 예산절감과 관련된 제안 등을 한 자
② 제1항에 따른 포상금의 구체적인 지급 기준, 방법 및 절차 등에 필요한 사항은 기획재정부장관이 정하여 고시한다.
(2017.5.8 본조신설)

제52조【재정 관련 공무원의 교육】 ① 기획재정부장관은 예산, 결산 등 재정업무 담당 공무원을 대상으로 매년 1회 이상 관련 교육을 실시할 수 있다.
② 기획재정부장관은 「공무원 인재개발법」 제3조에 따른 국가공무원인재개발원 및 외부교육기관 등에 제1항에 따른 교육을 위탁할 수 있다.(2016.2.3 본항개정)
③ 기획재정부장관은 그 밖에 재정업무 담당 공무원의 교육에 필요한 사항을 따로 정할 수 있다.
(2008.2.29 본조개정)

제53조【고유식별정보의 처리】 기획재정부장관은 법 제97조의2에 따라 정보통신매체 및 프로그램 등을 개발하여 사용하게 할 때 재정업무를 수행하는 사용자를 식별하기 위하여 불가피한 경우 「개인정보 보호법 시행령」 제19조제1호 또는 제4호에 따른 주민등록번호 또는 외국인등록번호가 포함된 자료를 처리할 수 있다.
(2013.1.16 본조신설)

부　칙

제1조【시행일】 이 영은 2007년 1월 1일부터 시행한다.
제2조【폐지법령】 예산회계법 시행령, 기금관리기본법 시행령 및 예산회계제도심의회규정은 이를 각각 폐지한다.
제3조【예비타당성조사에 관한 적용례 등】 ① 제13조제1항제2호, 제3호 및 제39조의 사업에 대한 예비타당성조사는 2009회계연도 예산안 및 기금운용계획안부터 적용한다.
② 이 영 시행 당시 타당성조사가 완료되었거나 진행 중인 사업에 대하여는 제13조와 제39조의 규정을 적용하지 않는다.
제4조【조세지출보고서의 작성】 ① 법 부칙 제6조제2항에서 "국세감면금액·국세감면율 등에 관한 전년도 실적 및 당해 연도 전망보고서"라 함은 기획재정부장관이 다음 각 호의 방법에 따라 연도별 국세감면액 등을 분석하여 작성한 보고서(이하 "조세지출보고서"라 한다)를 말한다.(2008.2.29 본문개정)
1. 근로자·농어민 지원 등 기획재정부장관이 정하는 항목에 따라 국세감면액 등을 집계한 기능별 분석
(2008.2.29 본호개정)
2. 「국세기본법」 제2조제1호에 따른 국세 등 각각의 세목에 따라 국세감면액 등을 집계한 세목별 분석
3. 특례세율 등 「조세특례제한법」 제2조제1항제8호에 따른 조세특례 방식에 따라 국세감면액 등을 집계한 감면방법별 분석
② 국세청장 및 관세청장은 조세지출보고서를 작성하기 위하여 필요한 내국세 및 관세의 감면 실적 등을 기획재정부장관에게 제출하여야 한다.(2008.2.29 본항개정)
③ 제2항에 따른 자료제공 방법 그 밖에 필요한 사항은 기획재정부장관이 정한다.(2008.2.29 본항개정)
제5조【다른 법령의 개정】 ①~㊷ ※(해당 법령에 가제정리 하였음)
제6조【다른 법령과의 관계】 이 영 시행 당시 다른 법령에서 「예산회계법 시행령」 또는 「기금관리기본법 시행령」 및 그 규정을 인용한 경우 이 영 중 그에 해당하는 규정이 있는 때에는 종전의 규정에 갈음하여 이 영 또는 이 영의 해당 조항을 인용한 것으로 본다.

부　칙 (2017.5.8)

제1조【시행일】 이 영은 공포한 날부터 시행한다.
제2조【총사업비의 관리 등에 관한 적용례】 ① 제11조의2의 개정규정은 2018회계연도 예산안부터 적용한다.
② 제21조제2항제1호·제5호 및 제22조제1항제1호·제3호의 개정규정은 이 영 시행 당시 진행 중인 사업에 대해서도 적용한다.
제3조【총사업비의 관리에 관한 경과조치】 이 영 시행 당시 진행 중인 사업에 대하여는 제21조제1항제1호의 개정규정에도 불구하고 총사업비 관리 대상에 해당하는지 여부에 대한 판단은 종전의 규정에 따른다.

부　칙 (2017.12.29)

제1조【시행일】 이 영은 공포한 날부터 시행한다. 다만 제5조제4항의 개정규정은 2018년 7월 1일부터 시행한다.
제2조【재정정보의 공표에 관한 특례】 제5조제4항의 개정규정에도 불구하고 이 영 시행 당시 법 제97조의2의제1항에 따른 정보통신매체 및 프로그램 등을 사용하고 있지 아니한 중앙관서의 장과 기금관리주체는 2019년 6월 30일까지는 종전의 규정에 따라 재정정보를 공개할 수 있다.

부　칙 (2020.6.2)

이 영은 공포한 날부터 시행한다.

부　칙 (2020.7.1)

이 영은 2020년 7월 1일부터 시행한다. 다만, 제22조의 개정규정은 2020년 10월 1일부터 시행한다.

부　칙 (2020.12.8)

제1조【시행일】 이 영은 2020년 12월 10일부터 시행한다.
(이하 생략)

부　칙 (2021.1.5)

이 영은 공포한 날부터 시행한다.(이하 생략)

부　칙 (2021.4.27)

이 영은 공포한 날부터 시행한다.

부　칙 (2021.12.31)

이 영은 2022년 1월 1일부터 시행한다.

부　칙 (2022.2.17)

제1조【시행일】 이 영은 2022년 2월 18일부터 시행한다.
(이하 생략)

부　칙 (2022.3.22)

제1조【시행일】 이 영은 2022년 3월 22일부터 시행한다.
제2조【다른 법령의 개정】 ①~⑤ ※(해당 법령에 가제정리 하였음)

부　칙 (2023.1.10)

이 영은 공포한 날부터 시행한다.

부　칙 (2023.7.7)

제1조【시행일】 이 영은 2023년 7월 10일부터 시행한다.
(이하 생략)

[별지서식] ➡ 「www.hyeonamsa.com」 참조

국가회계법

(2007년 10월 17일
법 률 제8636호)

개정
2008. 2.29법 8852호(정부조직)
2008.12.31법 9279호　　2010. 5.17법10289호
2013. 3.23법11690호(정부조직)
2013. 7.16법11885호
2014.11.19법12844호(정부조직)
2016.12.27법14463호
2017. 7.26법14839호(정부조직)
2017.12.26법15285호
2020. 6. 9법17339호(법률용어정비)
2021. 6.15법18241호
2021.12.21법18585호(국가재정법)
2023. 7.18법19544호(행정기관정비일부개정법령등)

제1장 총　칙

제1조【목적】 이 법은 국가회계와 이와 관계되는 기본적인 사항을 정하여 국가회계를 투명하게 처리하고, 재정에 관한 유용하고 적정한 정보를 생산·제공하는 것을 목적으로 한다.
제2조【정의】 이 법에서 사용하는 용어의 정의는 다음과 같다.
1. "중앙관서의 장"이란 다음 각 목의 어느 하나에 해당하는 사람을 말한다.(2020.6.9 본문개정)
　가. 「헌법」이나 「정부조직법」, 그 밖의 법률에 따라 설치된 중앙행정기관의 장
　나. 국회사무총장, 법원행정처장, 헌법재판소사무처장 및 중앙선거관리위원회사무총장
2. "기금관리주체"란 법률에 따라 기금(제3조제2호의 기금을 말한다. 이하 이 호에서 같다)을 관리·운용하는 자(기금의 관리업무나 운용업무를 위탁받은 자는 제외한다)를 말한다.(2020.6.9 본호개정)
3. (2008.12.31 삭제)
제3조【적용범위】 이 법은 다음 각 호의 회계 및 기금에 대하여 적용한다.
1. 「국가재정법」 제4조에 따른 일반회계 및 특별회계
2. 「국가재정법」 제5조제1항에 따라 설치된 기금(이하 "기금"이라 한다)
제4조【국가회계의 원칙】 국가회계는 다음 각 호의 원칙에 따라 처리되어야 한다.
1. 국가회계는 신뢰할 수 있도록 객관적인 자료와 증빙에 의하여 공정하게 처리되어야 한다.
2. 국가회계는 재정활동의 내용과 그 성과를 쉽게 파악할 수 있도록 충분한 정보를 제공하고, 간단·명료하게 처리되어야 한다.
3. (2008.12.31 삭제)
제5조【회계연도】 국가의 회계연도는 매년 1월 1일에 시작하여 12월 31일에 종료한다.
제6조【국가회계에 관한 사무의 관장 등】 ① 기획재정부장관은 국가회계에 관한 사무를 총괄하고, 중앙관서의 장과 기금관리주체는 그 소관의 회계에 관한 사무를 관리한다.
② 중앙관서의 장은 제1항에 따른 사무에 관한 법령을 제정·개정 또는 폐지하려는 때에는 기획재정부장관 및 감사원과 협의하여야 한다.
(2008.2.29 본조개정)
제7조【회계책임관의 임명 등】 ① 중앙관서의 장은 그 소관에 속하는 회계업무를 총괄적으로 수행하도록 하기 위하여 회계책임관을 임명하여야 한다.
② 회계책임관은 다음 각 호의 업무를 수행한다.
1. 제24조에 따른 내부통제 등 회계업무에 관한 사항
2. 회계·결산 및 분석에 관한 사항
3. 제1호 및 제2호의 업무와 관련된 공무원에 대한 지도·감독
4. 그 밖에 회계업무의 수행에 관하여 대통령령으로 정하는 사항
③ 회계책임관의 임명은 중앙관서의 장이 소속 관서에 설치된 직위를 지정하는 것으로 갈음할 수 있다.
제8조 (2023.7.18 삭제)
제9조 (2008.12.31 삭제)
제10조【다른 법률과의 관계】 이 법은 일반회계·특별회계 및 기금의 회계 및 결산에 관하여 다른 법률에 우선하여 적용한다.(2008.12.31 본조개정)

제2장 회계처리의 기준

제11조【국가회계기준】 ① 국가의 재정활동에서 발생하는 경제적 거래 등을 발생 사실에 따라 복식부기 방식으로 회계처리하는 데에 필요한 기준(이하 "국가회계기준"이라 한다)은 기획재정부령으로 정한다.(2008.12.31 본항개정)
② 국가회계기준은 회계업무 처리의 적정을 도모하고 재정상태 및 재정운영의 내용을 명백히 하기 위하여 객관성과 통일성이 확보될 수 있도록 하여야 한다.(2020.6.9 본항개정)
③ (2008.12.31 삭제)

④ 기획재정부장관은 국가회계기준에 관한 업무를 대통령령으로 정하는 바에 따라 전문성을 갖춘 기관 또는 단체에 위탁할 수 있다.(2008.2.29 본항개정)
제12조 (2008.12.31 삭제)

제3장 결 산

제13조【결산의 수행】 ① 중앙관서의 장은 회계연도마다 제14조·제15조 및 제15조의2에 따라 그 소관에 속하는 일반회계·특별회계 및 기금을 통합한 결산보고서(이하 "중앙관서결산보고서"라 한다)를 작성하여야 한다.
② 중앙관서의 장이 아닌 기금관리주체는 회계연도마다 제14조·제15조 및 제15조의2(세입세출결산에 관한 부분은 제외한다)에 따라 기금에 관한 결산보고서(이하 "기금결산보고서"라 한다)를 작성하여 소관 중앙관서의 장에게 제출하여야 한다. 이 경우 기금운용규모 등을 고려하여 대통령령으로 정하는 기준에 해당하는 기금은 기금결산보고서에 「공인회계사법」 제23조에 따른 회계법인의 감사보고서를 첨부하여야 한다.
③ 기획재정부장관은 회계연도마다 중앙관서결산보고서를 통합하여 국가의 결산보고서(이하 "국가결산보고서"라 한다)를 작성한 후 국무회의의 심의를 거쳐 대통령의 승인을 받아야 한다.
④ 제2항 후단에 따른 회계감사의 방법·절차 등에 관하여 필요한 사항은 대통령령으로 정한다.
(2008.12.31 본조개정)
제14조【결산보고서의 구성】 결산보고서는 다음 각 호의 서류로 구성된다.
1. 결산 개요
2. 세입세출결산(중앙관서결산보고서 및 국가결산보고서의 경우에는 기금의 수입지출결산을 포함하고, 기금결산보고서의 경우에는 기금의 수입지출결산을 말한다)
3. 재무제표
가. 재정상태표
나. 재정운영표
다. 순자산변동표
4. 성과보고서
(2008.12.31 본조개정)
제15조【결산보고서의 작성】 ① 제14조제1호에 따른 결산 개요는 결산의 내용을 요약하여 예산 및 기금의 집행 결과, 재정의 운영 내용과 재무상태를 분명하게 파악할 수 있도록 작성하여야 한다.
② 제14조제2호에 따른 세입세출결산은 세입세출예산 또는 기금운용계획과 같은 구분에 따라 그 집행 결과를 종합하여 작성하여야 한다. 이 경우 구체적인 작성사항은 대통령령으로 정한다.
③ 제14조제3호에 따른 재무제표는 국가회계기준에 따라 작성하여야 한다.
④ 제14조제4호에 따른 성과보고서는 「국가재정법」 제85조의6에 따른 성과계획서에서 정한 성과목표와 그에 대한 실적을 대비하여 작성하여야 한다.(2021.12.21 본항개정)
(2008.12.31 본조개정)
제15조의2【결산보고서의 부속서류】 ① 제14조제2호에 따른 세입세출결산(기금의 수입지출결산은 제외한다)에는 다음 각 호의 서류가 첨부되어야 한다.
1. 계속비 결산명세서
1의2. 세입세출결산 사업별설명서(2016.12.27 본호신설)
2. 총액계상 사업집행명세서
3. 수입대체경비 사용명세서
4. 이월명세서
5. 명시이월비 집행명세서
6. 정부기업특별회계 회전자금운용명세서
7. 성인지(性認知) 결산서
7의2. 온실가스감축인지 결산서(2021.6.15 본호신설)
8. 예비금 사용명세서
8의2. 「국가재정법」 제50조에 따른 총사업비 관리대상 사업의 사업별 집행명세서(2017.12.26 본호신설)
9. 「국가재정법」 제53조제2항에 따른 현물출자명세서
10. 「국고금관리법」 제32조제1항에 따른 재정증권의 발행 및 한국은행 일시차입금의 운용명세서
11. 「국가재정법」 제90조에 따른 전년도 세계잉여금의 처리명세서(2013.7.16 본호신설)
11의2. 「국가재정법」 제90조제9항에 따른 세계잉여금의 내역 및 사용계획(2021.6.15 본호신설)
12. 그 밖에 대통령령으로 정하는 서류
② 기금의 수입지출결산에는 다음 각 호의 서류가 첨부되어야 한다.
1. 재원조성실적표
2. 성인지 기금결산서(2010.5.17 본호신설)
2의2. 온실가스감축인지 기금결산서(2021.6.15 본호신설)
3. 그 밖에 대통령령으로 정하는 서류
③ 국가결산보고서의 세입세출결산에는 제1항 및 제2항에 따른 서류 외에 다음 각 호의 서류가 첨부되어야 한다.
1. 통합재정수지표
2. 통합계정자금 운용 및 수익금사용명세서
④ 제14조제3호에 따른 재무제표에는 다음 각 호의 서류가 첨부되어야 한다.
1. 국가채무관리보고서
2. 「국가채권관리법」 제36조에 따른 국가채권현재액보고서
3. 그 밖에 대통령령으로 정하는 서류
⑤ 제1항제7호에 따른 성인지 결산서, 같은 항 제7호의2에 따른 온실가스감축인지 결산서, 제2항제2호에 따른 성인지 기금결산서 및 같은 항 제2호의2에 따른 온실가스감축인지 기금결산서의 작성에 관한 구체적인 사항은 대통령령으로 정한다.(2021.6.15 본항개정)
(2008.12.31 본조신설)
제16조【예비비 사용명세서의 작성】 ① 중앙관서의 장은 예비비로 사용한 금액의 명세서를 작성하여야 한다.
② 기획재정부장관은 제1항에 따른 예비비 사용명세서를 통합하여 예비비로 사용한 금액의 총괄명세서를 작성하여야 한다.
(2008.12.31 본조개정)
제17조~제23조 (2008.12.31 삭제)

제4장 보 칙

제24조【내부통제】 ① 중앙관서의 장은 회계처리의 적정성과 결산보고서의 신뢰성을 평가하기 위하여 회계책임관으로 하여금 이에 관한 사항을 관리·감독하는 등 내부통제를 하게 하여야 한다.(2020.6.9 본항개정)
② 중앙관서의 장은 제1항에 따른 내부통제를 하기 위하여 필요한 절차와 방법을 정하여야 한다.
③ 제2항에 따른 절차와 방법에 관한 기본적인 사항은 기획재정부장관이 감사원과 협의하여 정한다.(2008.2.29 본항개정)
제25조【회계장부의 비치】 중앙관서의 장과 기금관리주체는 대통령령으로 정하는 바에 따라 회계장부를 비치하고, 필요한 사항을 기록·관리하여야 한다.
제26조【회계처리 및 결산보고서 작성에 대한 감독】 ① 기획재정부장관은 국가회계업무를 적정하게 관리하기 위하여 필요한 경우에는 대통령령으로 정하는 바에 따라 소속 공무원으로 하여금 회계처리 및 결산보고서 작성에 관한 실지 지도 및 조사를 하게 할 수 있다.
② 기획재정부장관은 결산보고서를 적정하게 작성하도록 결산에 관한 지침을 작성하여 각 중앙관서의 장에게 통보할 수 있다.
③ 기획재정부장관은 국가결산보고서의 작성을 위하여 필요한 자료를 관계 중앙관서의 장에게 요구할 수 있다.
(2008.12.31 본조개정)
제27조【회계관계공무원 등의 교육】 기획재정부장관은 국가회계업무 수행의 전문성을 향상시키기 위하여 대통령령으로 정하는 바에 따라 회계관계공무원 등에 대한 교육을 실시할 수 있다.(2008.2.29 본조개정)
제28조【회계관계공무원 등의 책임】 회계관계공무원 등의 책임에 관하여는 다른 법률로 정하는 바에 따른다.

부 칙

제1조【시행일】 이 법은 2009년 1월 1일부터 시행한다. 다만, 부칙 제2조는 공포한 날부터 시행한다.
제2조【국가회계제도개선실무위원회의 설치】 ① 이 법의 시행으로 도입되는 복식부기·발생주의 회계제도를 조기에 정착시키고 새로운 국가회계제도를 정립시키기 위하여 국가회계제도개선실무위원회(이하 이 조에서 "실무위원회"라 한다)를 설치하여 운영한다.
② 실무위원회는 다음 각 호의 위원으로 구성한다.
1. 재정경제부장관이 지정하는 재정경제부차관 1인
2. 감사원의 3급 공무원 또는 고위감사공무원단에 속하는 공무원 중에서 감사원장이 지정하는 자 1인
3. 기획예산처의 3급 공무원 또는 고위공무원단에 속하는 공무원 중에서 기획예산처장관이 지정하는 자 1인
4. 행정자치부의 3급 공무원 또는 고위공무원단에 속하는 공무원 중에서 행정자치부장관이 지정하는 자 1인
5. 공인회계사 자격을 가진 자로서 회계 관련 단체에서 추천을 받아 재정경제부장관이 위촉하는 자 1인
6. 정부 또는 공공기관의 회계 관련 업무에 10년 이상 근무한 경험이 있었던 자로서 재정경제부장관이 위촉하는 자 1인
7. 대학에서 회계학 또는 재정학 등을 전공하고 대학 또는 공인된 연구기관에서 부교수 이상 또는 이에 상당하는 직에 10년 이상 있는 자로서 재정경제부장관이 위촉하는 자 6인 이내
③ 실무위원회의 위원장은 다음 각 호의 자가 공동으로 된다.
1. 제2항제1호의 자
2. 제2항제5호부터 제7호까지의 규정에 따른 위원 중에서 호선하는 자 1인
④ 위원장은 각자 위원회를 대표하며 위원회의 소집 등 업무를 총괄한다.
⑤ 실무위원회는 그 업무를 효율적으로 추진하기 위하여 중앙관서의 장 및 기금관리주체 소속의 회계관계직원 등으로 구성되는 실무 추진반을 운영할 수 있다.
⑥ 중앙관서의 장과 기금관리주체는 이 법에 따른 국가회계업무를 차질 없이 수행하기 위하여 소관 회계업무와 관련되는 자료와 회계처리에 관한 의견 등을 실무위원회 및 실무추진반에 제공하여 국가회계제도에 반영될 수 있도록 하여야 한다.
⑦ 정부는 실무위원회의 원활한 업무수행을 위하여 필요한 경비를 예산의 범위에서 지원할 수 있다.
⑧ 실무위원회의 운영 및 업무와 관련하여 필요한 사항은 실무위원회의 의결을 거쳐 위원장이 정한다.
⑨ 실무위원회는 2008년 12월 31일까지 존속한다.
제3조【재무보고서의 작성 및 제출에 관한 적용례】 이 법에 따른 재무보고서의 작성 및 제출은 2009회계연도 결산부터 적용한다.
제4조【다른 법률의 개정】 ①~② ※(해당 법령에 가제정리 하였음)

부 칙 (2016.12.27)

제1조【시행일】 이 법은 2017년 1월 1일부터 시행한다.
제2조【결산보고서의 부속서류 첨부에 관한 적용례】 제15조의2제1항제1호의2의 개정규정은 2017회계연도 세입세출결산부터 적용한다.

부 칙 (2017.12.26)

제1조【시행일】 이 법은 2018년 1월 1일부터 시행한다.
제2조【총사업비 관리대상 사업의 사업별 집행명세서 첨부에 관한 적용례】 제15조의2제1항제8호의2의 개정규정은 2018회계연도 세입세출결산부터 적용한다.

부 칙 (2020.6.9)

이 법은 공포한 날부터 시행한다.(이하 생략)

부 칙 (2021.6.15)

제1조【시행일】 이 법은 2022년 1월 1일부터 시행한다.
제2조【온실가스감축인지 결산서 및 온실가스감축인지 기금결산서의 첨부에 관한 적용례】 제15조의2제1항제7호의2의 개정규정에 따른 온실가스감축인지 결산서의 첨부 및 같은 조 제2항제2호의2의 개정규정에 따른 온실가스감축인지 기금결산서의 첨부는 2023회계연도 결산부터 적용한다.
제3조【세계잉여금 사용계획 등의 첨부에 관한 적용례】 제15조의2제1항제11호의2의 개정규정에 따른 세계잉여금의 내역 및 사용계획의 첨부는 2021회계연도 결산부터 적용한다.

부 칙 (2021.12.21)

제1조【시행일】 이 법은 공포한 날부터 시행한다.(이하 생략)

부 칙 (2023.7.18)

제1조【시행일】 이 법은 공포 후 6개월이 경과한 날부터 시행한다.(이하 생략)

豫算會計에관한特例法

(약칭 : 예산회계특례법)

(1963年 5月 31日)
(法 律 第1349號)

改正
1997.12.13法5454號(정부부처명)
1999. 5.24法5982號(정부조직)
2006.10. 4法8050號(국가재정법)
2008. 2.29法8852號(정부조직)

第1條【目的】 이 法은 豫算 및 決算에 관한 特別節次를 規定함으로써 國家安全保障業務의 效率的 수행을 기하게 함을 目的으로 한다.

第2條【豫備費】 國家의 安全保障을 위한 活動에 所要되는 豫備費의 사용과 決算은 「국가재정법」의 規定에 불구하고 總額으로 하며 기획재정부소관으로 한다.
(2008.2.29 본조개정)

第3條【施行令】 이 法 施行에 관하여 필요한 事項은 大統領令으로 정한다.(1997.12.13 본조개정)

附 則 (2008.2.29)

第1條【시행일】 이 법은 공포한 날부터 시행한다.(이하 생략)

수입인지에 관한 법률

(약칭 : 수입인지법)

(1979년 12월 28일)
(법 률 제3193호)

개정
1997.12.13법 5453호(행정절차)
1997.12.13법 5454호(정부부처명)
1999. 1.29법 5695호
2001. 4. 7법 6461호(회계관계직원등의책임에관한법)
2008. 2.29법 8852호(정부조직)
2009. 3.25법 9514호
2012.12.18법11551호
2014.12.30법12865호
2016.12.27법14465호
2020. 6. 9법17339호(법률용어정비)

제1조【목적】 이 법은 수입인지(收入印紙)의 발행 및 관리와 수입인지에 의한 세입금(歲入金)의 납부에 관한 사항을 규정함을 목적으로 한다.(2009.3.25 본조개정)

제2조【수입인지의 발행 및 관리】 ① 수입인지[정보통신망을 통하여 발행하는 수입인지(이하 "전자수입인지"라 한다)를 포함한다. 이하 같다]는 기획재정부장관이 발행하고 관리한다.(2012.12.18 본항개정)
② 전자수입인지는 발행 형태 및 과세문서의 특성에 따라 다음 각 호로 구분한다.
1. 종이문서용 전자수입인지 : 종이문서에 첨부하는 출력물 형태의 전자수입인지
2. 전자문서용 전자수입인지 : 전자문서에 붙이는 전자적 정보형태의 전자수입인지(2020.6.9 본호개정)
(2014.12.30 본항신설)
③ 수입인지의 종류·규격 및 모양은 대통령령으로 정한다.
(2009.3.25 본조개정)

제3조【수입인지의 판매】 ① 수입인지는 우체국과 대통령령으로 정하는 금융회사 등(이하 "금융회사등"이라 한다) 또는 제4조제3항의 수입인지 판매소에서 판매한다.
(2012.12.18 본항개정)
② 기획재정부장관은 전자수입인지의 경우에는 제1항에 따른 판매 외에 제9조제2항에 따라 업무를 위탁받은 기관(이하 "전자수입인지업무대행기관"이라 한다)을 통하여 수입인지를 구매하려는 자에게 직접 판매하거나 대통령령으로 정하는 바에 따라 행정기관을 통하여 판매할 수 있다. 다만, 전자문서용 전자수입인지의 경우에는 전자수입인지업무대행기관이 제공하는 정보통신망을 통하여만 판매할 수 있다.(2014.12.30 단서신설)

제4조【수입인지 판매에 관한 계약 등】 ① 우체국과 금융회사등 외에 수입인지를 판매하는 자(이하 "판매자"라 한다)가 되려는 자는 기획재정부장관과 수입인지 판매에 관한 계약을 체결하여야 한다.(2012.12.18 본항개정)
② 판매자가 갖추어야 할 요건은 대통령령으로 정한다.
③ 판매자는 수입인지를 판매하기 위하여 기획재정부장관이 정하는 장소에 수입인지 판매소를 설치하여야 한다.
(2009.3.25 본조개정)

제4조의2【수입인지 판매자의 준수사항】 판매자는 수입인지의 원활한 수급관리를 위하여 다음 각 호의 구분에 따른 사항을 준수하여야 한다.
1. 전자수입인지 판매자의 경우
가. 컴퓨터 또는 관련 장치의 보안에 유의하여 전자수입인지의 위조·변조나 전자수입인지를 구매하려는 자의 고유식별정보의 유출 등이 발생하지 아니하도록 할 것
나. 그 밖에 전자수입인지의 원활한 수급관리를 위하여 필요한 사항으로서 대통령령으로 정하는 사항
2. 제1호 외의 판매자의 경우
가. 수요보다 적지 아니하도록 수입인지(전자수입인지는 제외한다. 이하 이 호에서 같다)를 갖추어 둘 것
(2020.6.9 본목개정)
나. 수입인지를 정가(定價)에 판매할 것
다. 그 밖에 수입인지의 원활한 수급관리를 위하여 필요한 사항으로서 대통령령으로 정하는 사항
(2016.12.27 본조신설)

제4조의3【전자수입인지의 구매】 전자수입인지를 구매하려는 자는 전자수입인지업무대행기관이 제공하는 결제시스템을 통하여 신용카드, 직불카드 또는 정보통신망을 이용한 전자결제 등의 방법으로 구매할 수 있다.
(2012.12.18 본조신설)

제5조【수입인지에 의한 세입금 납부】 ① 법령에 따라 조세나 그 밖의 국가 세입금을 인지로 납부할 때에는 수입인지를 사용하여야 한다.
② 국가에 납부할 수수료, 벌금, 과료(科料), 과태료, 형사추징금, 소송비용 및 비송사건의 비용은 수입인지로 납부하게 할 수 있다.
(2009.3.25 본조개정)

제6조【수수료】 ① 국가는 이 법에 따라 수입인지를 관리하는 한국은행 및 전자수입인지업무대행기관과 수입인지를 판매하는 우체국 및 금융회사등에 대통령령으로 정하는 바에 따라 수수료를 지급한다.(2012.12.18 본항개정)
② 우체국, 금융회사등 및 전자수입인지업무대행기관은 수입인지의 판매대금에서 제1항의 수수료를 뺀 나머지 금액을 국가에 납부한다.(2012.12.18 본항개정)
③ 국가가 판매자에게 수입인지를 매도(賣渡)할 때에는 대통령령으로 정하는 바에 따라 할인한다.
(2009.3.25 본조개정)

제7조【감독】 ① 기획재정부장관은 수입인지를 적정하게 관리하기 위하여 한국은행, 전자수입인지업무대행기관 또는 우체국과 금융회사등에 대하여 필요한 지시를 하거나 소속 공무원으로 하여금 필요한 사항을 조사하게 할 수 있다.
② 한국은행과 전자수입인지업무대행기관은 우체국과 금융회사등 또는 판매소에 대하여 수입인지의 관리에 필요한 자료의 제출을 요구할 수 있다.
(2012.12.18 본조개정)

제8조【변상책임】 한국은행 또는 금융회사등의 장이나 그 위임을 받은 자가 수입인지를 출납·보관하는 직원으로 임명한 사람에 대하여는 「회계관계직원 등의 책임에 관한 법률」 제4조제3항·제4항 및 제6조부터 제8조까지의 규정을 준용한다.(2012.12.18 본조개정)

제9조【업무의 위탁】 ① 이 법에 따른 기획재정부장관의 수입인지(전자수입인지는 제외한다)의 관리와 판매계약의 체결 등에 관한 업무는 대통령령으로 정하는 바에 따라 그 일부를 한국은행에 위탁한다.
② 기획재정부장관은 전자수입인지의 관리와 판매계약의 체결 등에 관한 업무의 일부를 대통령령으로 정하는 바에 따라 관계 전문기관에 위탁할 수 있다.
(2012.12.18 본조개정)

제9조의2 (1999.1.29 삭제)

제10조【규제의 재검토】 기획재정부장관은 제4조의2에 따른 수입인지 판매자의 준수사항에 대하여 2017년 1월 1일을 기준으로 3년마다(매 3년이 되는 해의 1월 1일 전까지를 말한다) 그 타당성을 검토하여 개선 등의 조치를 하여야 한다.(2016.12.27 본조신설)

부 칙 (2020.6.9)

이 법은 공포한 날부터 시행한다.(이하 생략)

증권에 의한 세입납부에 관한 법률

(약칭 : 증권세입납부법)

(1961년 12월 27일)
(법 률 제876호)

개정
1997.12.13법5454호(정부부처명)
2009.12.29법9825호

제1조【증권으로 납부할 수 있는 세입의 범위】 조세(租稅)와 그 밖의 국고의 세입(歲入)은 인지(印紙) 또는 우표로 납부하여야 할 경우를 제외하고는 대통령령으로 정하는 바에 따라 증권으로 납부할 수 있다.(2009.12.29 본조개정)

제2조【증권이 부도된 경우의 조치】 ① 제1조에 따라 납부받은 증권을 그 제시기간 또는 유효기간에 제시하여 지급을 청구하였으나 지급이 거절된 경우에는 처음부터 납부되지 아니한 것으로 본다.
② 제1항에 따라 관세가 처음부터 납부되지 아니한 것으로 보아 다시 징수할 경우, 이를 납부하지 아니한 경우에는 「국세징수법」의 체납에 관한 규정을 준용한다.
(2009.12.29 본조개정)

제3조【증권이 부도된 경우의 조치】 ① 제2조제1항의 경우 수입금출납공무원, 한국은행 또는 특별시·광역시·시 또는 군은 증권이 지급되지 아니하였다는 것과 그 증권의 반환을 청구하라는 뜻을 증권의 납부자에게 지체 없이 문서로 통지하여야 한다.
② 제1항의 통지서를 받아야 할 자가 통지서를 받지 아니하거나 주소 또는 거소(居所)가 분명하지 아니한 경우에는 통지서의 내용을 공고하여야 한다.
③ 제1항의 통지를 발신한 날 또는 제2항의 공고를 한 날부터 1년이 지나면 증권을 납부한 자는 반환을 청구할 수 없다.
(2009.12.29 본조개정)

제4조【특별시·광역시·시 또는 군의 책임】 ① 이 법에 따라 증권을 수령한 특별시·광역시·시 또는 군은 증권에 속하는 권리를 행사하여 현금을 국고에 송부할 책임이 있다. 다만, 특별시·광역시·시 또는 군이 송부할 증권의 지급장소가 한국은행 본점, 지점 또는 대리점의 소재지인 경우에는 예외로 한다.
② 특별시·광역시·시 또는 군은 그에게 책임이 없는 사유로 증권금액을 지급받지 못하였을 때에는 그 사실을 증명할 서류를 갖추어 정부에 책임의 면제를 신청할 수 있다.
③ 제2항의 신청을 받은 정부는 그 사실을 심사하여 특별시·광역시·시 또는 군의 책임을 면제할 수 있다.
(2009.12.29 본조개정)

제5조【준용】 이 법 가운데 특별시·광역시·시 또는 군에 관한 규정은 법령에 따라 조세와 그 밖의 국고 세입을 징수하여 그 징수금을 국고에 송부할 책임이 있는 자에게도 준용한다.(2009.12.29 본조개정)

제6조 (2009.12.29 삭제)

부 칙 (2009.12.29)

이 법은 공포한 날부터 시행한다.

정부기업예산법

(2008년 12월 31일 전부개정법률 제9280호)

개정
2010. 4.12법10247호(우정사업운영에관한특례법)

제1조【목적】 이 법은 정부기업별로 특별회계를 설치하고, 그 예산 등의 운용에 관한 사항을 규정함으로써 정부기업의 경영을 합리화하고 운영의 투명성을 제고함을 목적으로 한다.

제2조【정부기업】 이 법에서 "정부기업"이란 기업형태로 운영하는 우편사업, 우체국예금사업, 양곡관리사업 및 조달사업을 말한다.

제3조【특별회계의 설치】 정부기업을 운영하기 위하여 다음 각 호의 특별회계를 설치하고 그 세입으로써 그 세출에 충당한다.
1. 우편사업특별회계
2. 우체국예금특별회계
3. 양곡관리특별회계
4. 조달특별회계

제4조【특별회계의 관리·운용】 제3조에 따라 설치된 특별회계(이하 "특별회계"라 한다)는 관계 중앙관서의 장이 관리·운용한다.

제5조【우편사업특별회계의 세입 및 세출】 우편사업특별회계의 세입 및 세출은 「우정사업 운영에 관한 특례법」 제11조에 따른다.(2010.4.12 본조개정)

제6조【우체국예금특별회계의 세입 및 세출】 우체국예금특별회계의 세입 및 세출은 「우정사업 운영에 관한 특례법」 제11조의2에 따른다.(2010.4.12 본조개정)

제7조【양곡관리특별회계의 세입 및 세출】 ① 양곡관리특별회계의 세입은 다음 각 호와 같다.
1. 양곡관리사업 수입
2. 다른 회계 및 기금으로부터의 전입금
3. 차입금
4. 전년도 이월금
5. 그 밖에 양곡관리사업과 관련된 수입금

② 양곡관리특별회계의 세출은 다음 각 호와 같다.
1. 양곡관리사업의 관리·운영에 필요한 경비
2. 다른 회계 및 기금으로의 전출금
3. 차입금의 상환금 및 이자
4. 그 밖에 양곡관리사업과 관련된 지출

제8조【조달특별회계의 세입 및 세출】 ① 조달특별회계의 세입은 다음 각 호와 같다.
1. 조달사업 수입
2. 다른 회계 및 기금으로부터의 전입금
3. 차입금
4. 전년도 이월금
5. 그 밖에 조달사업과 관련된 수입금

② 조달특별회계의 세출은 다음 각 호와 같다.
1. 조달사업의 관리·운영에 필요한 경비
2. 다른 회계 및 기금으로의 전출금
3. 차입금의 상환금 및 이자
4. 그 밖에 조달사업과 관련된 지출

제9조【다른 법률과의 관계】 ① 특별회계의 예산에 관하여는 이 법에 규정된 것을 제외하고는 「국가재정법」을 적용한다.
② 특별회계의 수입 및 지출 등 국고금의 관리에 관하여는 이 법에 규정된 것을 제외하고는 「국고금관리법」을 적용한다.

제10조【기본순자산의 증감】 정부는 필요하다고 인정하는 경우에는 대통령령으로 정하는 바에 따라 특별회계의 기본순자산을 증감시킬 수 있다.

제11조【자금의 차입】 ① 특별회계는 그 사업에 필요한 시설의 건설 또는 개량이나 그 사업 운영을 위하여 부득이한 경우에는 자금을 차입할 수 있다.
② 특별회계는 그 지출에 있어서 자금이 일시적으로 부족할 때에는 일시 차입을 할 수 있다.
③ 양곡관리특별회계의 경우 제2항에 따른 일시차입금은 그 다음 연도 10월 31일까지 상환할 수 있다.

제12조【자금의 선지급】 양곡관리특별회계는 양곡의 매입자금과 양곡관리를 위한 관리비를 대통령령으로 정하는 대행기관에 선지급(先支給)할 수 있다.

제13조【회전자금의 보유 및 운용】 ① 특별회계는 세입·세출 외에 사업의 운영에 필요한 자금(이하 이 조에서 "회전자금"이라 한다)을 보유할 수 있다.
② 특별회계가 회전자금을 보유하여 운용하려는 때에는 대통령령으로 정하는 바에 따라 기획재정부장관의 승인을 받아야 한다.
③ 제9조제2항에도 불구하고 회전자금 운용과 관련하여 「국고금관리법」 제30조는 적용하지 아니한다.

제14조【다른 회계 및 기금으로부터의 전입 또는 전출】 특별회계가 다른 회계 및 기금으로부터 자금을 전입하거나 다른 회계 및 기금으로 자금을 전출하는 경우에는 「국가재정법」 제20조에 따른 예산총칙에 반영하여야 한다.

제15조【세입세출예산의 구분】 특별회계의 세입세출예산은 손익계정, 자본계정, 그 밖에 필요한 계정으로 구분할 수 있다.

제16조【예비비】 특별회계는 예측할 수 없는 예산 외의 지출 또는 예산초과지출에 충당하기 위하여 예비비로서 상당하다고 인정되는 금액을 예산에 계상할 수 있다.

제17조【예산요구서의 제출】 관계 중앙관서의 장이 「국가재정법」 제31조에 따라 특별회계의 예산을 요구할 때에는 다음 각 호의 서류를 추가로 첨부하여야 한다.
1. 해당 연도의 사업계획 및 자금계획서
2. 전년도 및 해당 연도의 추정재정운영표 및 추정재정상태표
3. 전전년도 재정운영표·재정상태표 및 그 부속서류
4. 재고의 증감명세서

제18조【예산안의 첨부서류】 국회에 제출하는 특별회계의 예산안에는 「국가재정법」 제34조에 따른 예산안의 첨부서류에 다음 각 호의 서류를 추가로 첨부하여야 한다.
1. 해당 연도의 투자계획 및 자금계획서
2. 해당 연도의 추정재정운영표 및 추정재정상태표
3. 차입금 명세서
4. 다른 회계 및 기금으로부터의 전입금에 관한 명세서

제19조【수입금 마련 지출】 ① 특별회계는 그 사업을 합리적으로 운영하기 위하여 수요의 증가로 인한 예산초과수입 또는 초과할 것이 예측되는 수입(이하 이 조에서 "초과수입"이라 한다)을 그 초과수입에 직접적으로 관련되는 비용에 사용할 수 있다.
② 관계 중앙관서의 장은 제1항에 따라 초과수입금을 사용하려는 경우에는 그 이유 및 금액을 명시한 명세서를 기획재정부장관에게 제출하여야 한다.
③ 기획재정부장관은 제2항의 명세서를 심사하여 국무회의의 심의를 거쳐 대통령의 승인을 받아야 한다.
④ 기획재정부장관은 제3항에 따라 초과수입금의 사용이 결정되면 이를 관계 중앙관서의 장에게 통지하고 그 사실을 감사원에 통보하여야 한다.

제20조【예산의 전용】 ① 관계 중앙관서의 장은 「국가재정법」 제46조제1항에도 불구하고 예산집행을 위하여 특히 필요한 경우에는 대통령령으로 정하는 바에 따라 세출예산의 각 세항 또는 목의 비용을 전용(轉用)할 수 있다.
② 관계 중앙관서의 장은 제1항에 따라 예산을 전용한 때에는 그 전용을 한 과목별 금액 및 이유를 명시한 명세서를 기획재정부장관 및 감사원에 송부하여야 한다.

제21조【이익 및 손실의 처분】 특별회계는 매 회계연도의 결산 결과 이익이 생겼을 경우에는 이를 적립금 및 잉여금으로 적립하고 결손이 생겼을 경우에는 적립금 및 잉여금 중에서 결손을 정리한다. 다만, 필요하다고 인정할 때에는 국무회의의 심의를 거쳐 대통령의 승인을 받아 결산의 결과 생긴 적립금 및 잉여금의 전부 또는 일부를 일반회계에 전입할 수 있다.

제22조【수탁업무】 ① 특별회계는 위탁자의 부담으로 그 운영에 지장이 없는 범위에서 다음 각 호의 업무를 할 수 있다.
1. 해당 특별회계의 사업에 관한 시설의 공사 및 기기의 제작·수리 또는 조달
2. 해당 특별회계의 사업과 관련되는 수탁판매사업

② 제1항 각 호의 업무에 관하여 필요한 사항은 관계 중앙관서의 장이 정한다.

부 칙

제1조【시행일】 이 법은 2009년 1월 1일부터 시행한다.

제2조【결산에 관한 경과조치】 2008회계연도 결산은 종전의 규정에 따른다.

제3조【예산요구서의 첨부서류에 관한 경과조치】 이 법 시행 당시 종전의 규정에 따른 "추정손익계산서, 추정대차대조표, 손익계산서, 대차대조표"는 제17조의 개정규정에 따른 "추정재정운영표, 추정재정상태표, 재정운영표, 재정상태표"로 각각 본다.

제4조【이익잉여금에 관한 경과조치】 이 법 시행 당시 종전의 규정에 따른 "이익잉여금"은 제21조의 개정규정에 따른 "적립금 및 잉여금"으로 본다.

제5조【다른 법률의 개정】 ①~⑨ ※(해당 법령에 가제정리 하였음)

제6조【다른 법령과의 관계】 이 법 시행 당시 다른 법령에서 종전의 「기업예산회계법」 또는 그 규정을 인용하고 있는 경우 이 법 중 그에 해당하는 규정이 있으면 종전의 규정을 갈음하여 이 법 또는 이 법의 해당 조항을 인용한 것으로 본다.

부 칙 (2010.4.12)

① **【시행일】** 이 법은 공포 후 6개월이 경과한 날부터 시행한다.(이하 생략)

국고금 관리법

(2002년 12월 30일 법률 제6836호)

개정
2005. 1.27법 7347호　　2005. 5.31법 7525호
2006.10. 4법 8050호(국가재정법)
2007. 8. 3법 8635호(자본시장금융투자업)
2008. 2.29법 8852호(정부조직)
2008.12.31법 9280호(정부기업예산법)
2010. 1. 1법 9922호　　2011. 4. 4법10526호
2016. 3. 2법14039호　　2016.12.27법14464호
2020. 6. 9법17339호(법률용어정비)

제1장 총 칙

(2011.4.4 본장개정)

제1조【목적】 이 법은 국고금의 관리에 필요한 사항을 정함으로써 국고금을 효율적이고 투명하게 관리하도록 함을 목적으로 한다.

제2조【정의】 이 법에서 사용하는 용어의 뜻은 다음과 같다.
1. "국고금"이란 다음 각 목의 자산을 말한다.
 가. 법령 또는 계약 등에 따라 국가의 세입으로 납입되거나 기금(제3조제1항제2호에 따른 기금을 말한다. 이하 같다)에 납입된 모든 현금 및 현금과 같은 가치를 가지는 것으로서 대통령령으로 정하는 것(이하 "현금등"이라 한다)
 나. 「지방세법」 제68조에 따라 국가가 징수한 지방소비세를 같은 법 제71조에 따라 지방세입으로 납입하기 전까지 일시적으로 보유한 현금등
 다. 제32조에 따라 조달하는 현금등
 라. 제34조에 따라 국고금의 운용 목적으로 취득한 금융자산
2. "수입"이란 조세 등 제1호가목에 따른 국고금이 세입으로 납입되거나 기금에 납입되는 것을 말한다.
3. "지출"이란 세출예산 및 「국가재정법」에 따른 기금운용계획(이하 "기금운용계획"이라 한다)의 집행에 따라 국고에서 현금등이 지급되는 것을 말한다.
4. "중앙관서의 장"이란 「국가재정법」 제6조에 따른 중앙관서의 장을 말한다.

제3조【적용 범위】 ① 이 법은 다음 각 호의 회계 또는 기금에 적용한다.
1. 「국가재정법」 제4조에 따른 일반회계 및 특별회계
2. 「국가재정법」 제5조제1항에 따라 설치된 기금 중 중앙관서의 장이 관리·운용(기금의 관리 또는 운용 업무를 위탁한 경우를 포함한다)하는 기금. 다만, 기금의 공공성, 설치 목적 및 재원조달 방법 등에 비추어 국고금으로 관리하는 것이 적절하지 아니하다고 인정되는 기금으로서 대통령령으로 정하는 기금은 제외한다.

② 기금에 대하여는 제7조, 제18조, 제28조, 제30조부터 제33조까지의 규정을 적용하지 아니한다. 다만, 「공공자금관리기금법」 제2조에 따른 공공자금관리기금에 대하여는 제31조를 적용한다.

제4조【국고금 관리의 원칙】 국고금은 다음 각 호의 요건에 적합하도록 관리하여야 한다.
1. 국고금은 계획에 따라 효율적이고 투명하게 관리할 것
2. 국고금은 적절한 때에 지출되도록 할 것
3. 국고금은 안전성을 해치지 아니하는 범위에서 운용할 것
4. 국고금의 수입 및 지출 등과 관련된 사항은 신속하고 정확하게 기록·관리할 것

제4조의2【출납기한 및 회계연도 소속 구분】 ① 한 회계연도에 속하는 세입세출의 출납에 관한 사무는 다음 연도 2월 10일까지 완결하여야 한다.
② 세입과 세출의 회계연도 소속 구분은 대통령령으로 정한다.

제4조의3【출납공무원의 임명 및 직무】 ① 출납공무원은 각 중앙관서의 장 또는 그 위임을 받은 공무원이 임명한다.
② 출납공무원은 법령에서 정하는 바에 따라 자금을 출납·보관하여야 한다.
③ 제1항에 따른 출납공무원의 임명은 소속 관서에 설치된 직위를 지정하는 것으로 갈음할 수 있다.

제2장 수 입

(2011.4.4 본장제목개정)

제5조【수입의 징수와 수납의 원칙】 수입은 법령에서 정하는 바에 따라 징수하거나 수납하여야 한다.(2011.4.4 본조개정)

제6조【수입의 총괄과 관리】 기획재정부장관은 수입의 징수와 수납에 관한 사무를 총괄하고, 중앙관서의 장은 그 소관 수입의 징수와 수납에 관한 사무를 관리한다.(2008.2.29 본조개정)

제7조【수입의 직접 사용 금지 등】 중앙관서의 장은 다른 법률에 특별한 규정이 있는 경우를 제외하고는 그 소관 수입을 국고에 납입하여야 하며 이를 직접 사용하지 못한다.(2011.4.4 본조개정)

제8조【수입대체경비】 ① 중앙관서의 장은 「국가재정법」 제53조제1항에 따른 수입대체경비는 그 수입이 확보되는 범위에서 지출할 수 있다.
② 중앙관서의 장은 제1항에 따른 수입대체경비의 별도 회계처리를 위하여 수입대체경비수입징수관과 수입대체경비수입금출납공무원을 임명할 수 있다.
③ 수입대체경비수입징수관과 수입대체경비수입금출납공무원의 임명 및 그 사무처리에 대하여는 수입징수관 및 수입금출납공무원에 관한 규정에 따른다.
(2011.4.4 본조개정)

제9조【수입징수사무의 위임 등】 ① 중앙관서의 장은 대통령령으로 정하는 바에 따라 소속 공무원에게 그 소관 수입의 징수에 관한 사무를 위임할 수 있다.
② 수입은 제1항에 따라 수입의 징수에 관한 사무를 위임받은 공무원(이하 "수입징수관"이라 한다)이 아니면 징수할 수 없다.
③ 제1항에 따른 수입의 징수에 관한 사무의 위임은 중앙관서의 장이 소속 관서에 설치된 직위를 지정하는 것으로 갈음할 수 있다.
(2011.4.4 본조개정)

제10조【수입의 징수방법】 수입징수관은 수입을 징수하려는 경우에는 이를 조사·결정하여 납세의무자 또는 그 밖의 채무자(이하 "납세의무자등"이라 한다)에게 납입의 고지를 하여야 한다. 다만, 납세의무자등이 법령 또는 계약 등에서 정하는 바에 따른 납입의 고지에 의하지 아니하고 납입한 경우에는 수입징수관은 이를 조사·결정하되 납입의 고지는 아니할 수 있다.(2011.4.4 본조개정)

제11조【납입고지서의 전자송달】 ① 수입징수관은 납세의무자등이 신청하는 경우 납입고지서를 정보통신망을 이용하여 송달(이하 "전자송달"이라 한다)할 수 있다.
② 기획재정부장관은 제1항에 따라 수행하는 전자송달업무를 대통령령으로 정하는 금융회사 등으로 하여금 대행하게 할 수 있다.
③ 납입고지서를 전자송달받으려는 납세의무자등은 제2항에 따라 전자송달업무를 대행하는 금융회사 등(이하 "전자송달대행기관"이라 한다)에 신청하여야 한다.
④ 기획재정부장관은 전자송달업무를 대행하려는 자가 전자송달에 필요한 시설을 갖추어 전자송달대행기관의 지정을 신청하는 경우에는 이를 지정하여야 한다.
⑤ 기획재정부장관은 전자송달대행기관으로 지정받은 자가 이 법 또는 이 법에 따른 명령을 위반하거나 기획재정부령으로 정하는 사유로 전자송달업무를 계속하여 수행하는 것이 적당하지 아니하다고 인정하는 경우에는 그 지정을 취소할 수 있다.
⑥ 기획재정부장관은 제5항에 따라 전자송달대행기관의 지정을 취소하려면 청문을 하여야 한다.
⑦ 정부는 전자송달대행기관에 납입고지서의 전자송달 신청의 접수 및 전자송달, 그 밖에 전자송달 업무의 처리에 필요한 비용을 대통령령으로 정하는 바에 따라 지급할 수 있다.
⑧ 납입고지서의 전자송달에 필요한 사항은 대통령령으로 정한다.
(2011.4.4 본조개정)

제12조【수납기관】 ① 수입금은 이를 수납하는 출납공무원(이하 "수입금출납공무원"이라 한다)이 아니면 수납할 수 없다. 다만, 「한국은행법」에 따른 한국은행(이하 "한국은행"이라 한다) 또는 금고은행(중앙관서의 장이 「정부기업예산법」 제3조에 따른 특별회계 또는 기금의 출납사무를 대통령령으로 정하는 금융회사 등에 취급하게 한 경우에는 그 기관을 말한다. 이하 같다)에 수납사무를 취급하게 하는 경우에는 그러하지 아니하다.
② 제1항에 따라 수입금출납공무원이 수입금을 수납하였을 때에는 지체 없이 그 수납금을 한국은행 또는 금고은행에 납입하여야 한다.
(2011.4.4 본조개정)

제13조【징수기관과 수납기관의 분립】 수입징수관은 수입금출납공무원의 직무를 겸할 수 없다. 다만, 대통령령으로 정하는 특별한 사유가 있는 경우에는 직무를 겸할 수 있다.(2011.4.4 본조개정)

제14조【지난 연도 수입】 출납이 완결된 연도에 속하는 수입은 모두 현 연도의 수입에 편입하여야 한다.

제15조【과오납금의 반환】 ① 과오납된 수입금이 있는 경우에는 세출예산 또는 기금운용계획과 관계없이 대통령령으로 정하는 바에 따라 반환하여야 한다.(2020.6.9 본항개정)
② 제1항에 따라 과오납된 수입금을 반환하여야 하는 경우에는 대통령령으로 정하는 바에 따라 이자를 지급하여야 한다. 다만, 다른 법률에 과오납된 수입금에 대한 이자의 지급에 관하여 특별한 규정이 있는 경우에는 그 법률에서 정하는 바에 따른다.
(2011.4.4 본조개정)

제16조【수입금의 환급】 수입으로서 납입된 금액 중 법률에 따라 환급할 금액이 있을 때에는 세출예산 또는 기금운용계획과 관계없이 대통령령으로 정하는 바에 따라 환급하여야 한다.(2020.6.9 본조개정)

제16조의2【국가가 징수한 지방소비세의 납입】 「지방세법」 제68조에 따라 국가가 징수한 지방소비세를 같은 법 제71조에 따라 지방세입으로 납입할 경우에는 세출예산과 관계없이 대통령령으로 정하는 바에 따라 납입하여야 한다.(2011.4.4 본조개정)

제17조【납입의 고지에 관한 정보의 제공】 중앙관서의 장은 대통령령으로 정하는 바에 따라 기획재정부장관에게 납입의 고지에 관한 정보 중 국고금의 수납 및 그 관리를 위하여 필요한 정보를 제공하여야 한다.
(2011.4.4 본조개정)

제18조【선사용자금】 ① 「정부기업예산법」 제3조에 따른 특별회계는 제7조 및 제12조제2항에도 불구하고 수입금을 선사용자금(국고에 납입하기 전에 미리 사용하고 지출금으로 대체납입하는 자금을 말한다. 이하 같다)으로 운용할 수 있다.
② 중앙관서의 장은 제1항에 따라 선사용자금을 운용하기 위하여 선사용자금출납명령관 및 선사용자금출납공무원을 임명할 수 있다.
③ 선사용자금은 대통령령으로 정하는 금융회사 등(이하 "금융회사등"이라 한다)에 예치하여 관리한다.
④ 선사용자금의 운용에 필요한 사항은 대통령령으로 정한다.
(2011.4.4 본조개정)

제3장 지 출

(2011.4.4 본장개정)

제19조【지출의 총괄과 관리】 기획재정부장관은 지출에 관한 사무를 총괄하고, 중앙관서의 장은 그 소관 지출원인행위(국고금 지출의 원인이 되는 계약이나 그 밖의 행위를 말한다. 이하 같다)와 지출에 관한 사무를 관리한다.

제20조【지출원인행위의 준칙】 지출원인행위는 중앙관서의 장이 법령이나 「국가재정법」 제43조에 따라 배정된 예산 또는 기금운용계획의 금액 범위에서 하여야 한다.

제21조【지출원인행위의 위임】 ① 중앙관서의 장은 대통령령으로 정하는 바에 따라 소속 공무원에게 위임하여 지출원인행위를 하게 할 수 있다.
② 제1항에 따른 지출원인행위의 위임은 중앙관서의 장이 소속 관서에 설치된 직위를 지정하는 것으로 갈음할 수 있다.

제22조【지출의 절차】 ① 중앙관서의 장 또는 제21조에 따라 위임받은 공무원(이하 "재무관"이라 한다)이 그 소관 세출예산 또는 기금운용계획에 따라 지출하려는 경우에는 대통령령으로 정하는 바에 따라 소속 중앙관서의 장이 임명한 공무원(이하 "지출관"이라 한다)에게 지출원인행위 관계 서류를 보내야 한다.
② 지출관의 임명은 중앙관서의 장이 소속 관서에 설치된 직위를 지정하는 것으로 갈음할 수 있다.
③ 지출원인행위에 따라 지출관이 지출을 하려는 경우에는 대통령령으로 정하는 바에 따라 채권자 또는 법령에서 정하는 바에 따라 국고금의 지급사무를 수탁하여 처리하는 자(이하 "채권자등"이라 한다)의 계좌로 이체하여 지급하여야 한다.
④ 지출관은 정보통신의 장애나 그 밖의 불가피한 사유로 제3항에 따른 방법으로 지급할 수 없는 경우에는 대통령령으로 정하는 바에 따라 현금등을 채권자에게 직접 지급할 수 있다.
⑤ 제1항·제3항 및 제4항에 따른 지출은 제30조제6항에 따른 지출관별 월별 세부자금계획의 범위에서 하여야 한다.

제23조【지출의 제한】 지출관은 채권자등을 수취인으로 하는 경우 외에는 지출을 할 수 없다. 다만, 출납공무원에게 자금을 교부하는 경우에는 그러하지 아니하다.

제24조【관서운영경비의 지급】 ① 중앙관서의 장 또는 그 위임을 받은 공무원은 관서를 운영하는 데 드는 경비로서 그 성질상 제22조에서 규정한 절차에 따라 지출할 경우 업무수행에 지장을 가져올 우려가 있는 경비(이하 "관서운영경비"라 한다)는 필요한 자금을 출납공무원으로 하여금 지출관으로부터 교부받아 지급하게 할 수 있다.
② 제1항에 따라 관서운영경비를 교부받아 지급하는 출납공무원(이하 "관서운영경비출납공무원"이라 한다)은 대통령령으로 정하는 바에 따라 제1항에 따라 교부된 자금의 범위에서 지급원인행위를 할 수 있다.
③ 관서운영경비는 관서운영경비출납공무원이 아니면 지급할 수 없다.
④ 관서운영경비출납공무원은 관서운영경비를 금융회사등에 예치하여 관리하여야 한다.
⑤ 관서운영경비출납공무원이 관서운영경비를 지급하려는 경우에는 정부구매카드(「여신전문금융업법」 제2조제3호 및 제6호에 따른 신용카드·직불카드 또는 「전자금융거래법」 제2조제13호에 따른 직불전자지급수단으로서 대통령령으로 정하는 바에 따라 관서운영경비를 지급하기 위하여 사용되는 것을 말한다. 이하 같다)를 사용하여야 한다. 다만, 경비의 성질상 정부구매카드를 사용할 수 없는 경우에는 대통령령으로 정하는 바에 따라 현금지급 등의 방법으로 지급할 수 있다.(2016.12.27 본문개정)
⑥ 관서운영경비의 범위, 지급절차 및 정부구매카드의 사용방법 등에 필요한 사항은 대통령령으로 정한다.

제25조【회계연도 시작 전의 관서운영경비의 교부】 ① 중앙관서의 장 또는 그 위임을 받은 공무원은 관서운영경비의 경우에만 회계연도가 시작되기 전에 필요한 자금을 관서운영경비출납공무원으로 하여금 지출관으로부터 교부받아 지급하게 할 수 있다.
② 기획재정부장관은 제1항에 따라 회계연도가 시작되기 전에 교부하려는 자금은 회계연도의 일시차입금 최고액의 범위에서 일시차입할 수 있다.
③ 회계연도가 시작되기 전의 관서운영경비의 교부에 필요한 사항은 대통령령으로 정한다.

제26조【선급과 개산급】 지출관은 운임, 용선료(傭船料), 공사·제조·용역 계약의 대가, 그 밖에 대통령령으로 정하는 경비로서 그 성질상 미리 지급하지 아니하거나 개산(槪算)하여 지급하지 아니하면 해당 사무나 사업에 지장을 가져올 우려가 있는 경비의 경우에는 이를 미리 지급하거나 개산하여 지급할 수 있다.

제27조【지출기관과 출납기관의 분립】 재무관, 지출관 및 출납공무원의 직무는 서로 겸할 수 없다. 다만, 기금의 경우에는 대통령령으로 정하는 바에 따라 지출관과 출납공무원의 직무를 겸할 수 있다.

제28조【지난 연도 지출】 지난 연도에 속하는 채무확정액으로서 지출하지 아니한 경비는 현 연도 세출예산에서 지출하되, 그 경비가 소속된 연도의 해당 과목 가운데 쓰지 아니한 금액을 초과하지 못한다. 다만, 경비의 성질상 지출이 불가피하다고 대통령령으로 인정하는 경비는 예외로 한다.

제29조【지출금의 반납】 ① 지출된 금액이 반납되는 경우에는 대통령령으로 정하는 바에 따라 각각 그 지출한 과목에 반납하여야 한다.
② 출납이 완결된 연도에 속하는 지출금이 반납되는 경우에는 제1항에도 불구하고 현 연도의 수입에 편입하여야 한다.

제4장 자금관리

(2011.4.4 본장개정)

제30조【자금계획】 ① 예산이 성립되면 중앙관서의 장은 수입·지출의 전망과 그 밖에 자금의 출납에 관한 사항을 종합적으로 고려한 월별 자금계획서를 작성하여 기획재정부장관에게 제출하여야 한다.
② 기획재정부장관은 제1항에 따른 계획서를 종합하여 월별 자금계획을 작성한다.
③ 중앙관서의 장은 제2항에 따라 작성된 월별 자금계획에 따라 월별 세부자금계획서를 작성하여 매월 기획재정부장관에게 제출하여야 한다.
④ 기획재정부장관은 제3항에 따라 중앙관서의 장이 제출한 월별 세부자금계획서를 종합하여 월별 세부자금계획을 작성하고 이를 중앙관서의 장 및 한국은행에 통지하여야 한다.
⑤ 기획재정부장관은 자금의 수급을 위하여 필요하다고 인정하는 경우에는 제4항에 따른 월별 세부자금계획을 조정할 수 있다. 이 경우 기획재정부장관은 해당 중앙관서의 장 및 한국은행에 통지하여야 한다.(2020.6.9 전단개정)
⑥ 중앙관서의 장은 제4항 및 제5항에 따라 월별 세부자금계획을 통지받았을 때에는 그 소속 지출관별로 월별 세부자금계획을 통지하여야 한다.
⑦ 제1항부터 제6항까지의 규정에 따른 자금계획의 작성 및 조정에 필요한 사항은 대통령령으로 정한다.

제31조【국고금의 통합관리 등】 ① 기획재정부장관은 국고금의 출납을 위하여 필요하다고 인정할 때에는 정부의 각 회계 또는 계정의 자금(전년도 이월액과 세계잉여금을 포함한다) 중 대통령령으로 정하는 회계 또는 계정의 자금을 세입세출예산 외로 통합관리할 수 있다. 이 경우 해당 회계연도에 각 회계 또는 계정의 세출과 관련된 통합계정의 국고금 지출이 세입과 관련된 통합계정의 국고금 수입을 초과하여서는 아니 된다.(2020.6.9 전단개정)
② 제1항에 따라 국고금을 통합관리하려는 경우에는 한국은행에 통합계정을 설치하여야 한다.
③ 기획재정부장관은 국고금의 수급을 위하여 필요하다고 인정할 때에는 예산 또는 기금운용계획의 집행에 지장을 주지 아니하는 범위에서 제1항에 따른 통합관리하지 아니하는 회계·계정, 제2항에 따른 통합계정(이하 "통합계정"이라 한다) 및 「공공자금관리기금법」 제2조에 따른 공공자금관리기금의 자금을 세입세출예산 또는 기금운용계획 외로 상호 예탁할 수 있다. 이 경우 그 예탁금을 해당 회계연도의 세입으로 상환하여야 한다.(2020.6.9 전단개정)
④ 제1항 또는 제3항에 따른 통합관리 또는 상호 예탁에 필요한 사항은 대통령령으로 정한다.

제32조【자금의 조달】 ① 국가는 국고금의 출납을 위하여 필요할 때에는 제33조에 따른 재정증권의 발행, 한국은행으로부터의 일시차입, 그 밖에 대통령령으로 정하는

방법으로 자금을 조달할 수 있다.(2020.6.9 본항개정)
② 제1항에 따라 조달한 자금은 그 회계연도의 세입으로 상환하여야 한다.
③ 제1항에 따른 자금조달의 최고액은 자금조달이 필요한 각 회계·계정(통합계정에 포함되는 회계·계정은 제외한다. 이하 제4항에서 같다), 통합계정 및 기금별로 회계연도마다 국회의 의결을 받아야 한다.(2020.6.9 본항개정)
④ 제1항에 따른 자금은 자금이 필요한 각 회계·계정, 통합계정 및 기금의 부담으로 기획재정부장관이 조달한다. 다만, 통합계정의 자금조달 비용 및 이자는 제34조제2항에 따른 수익금으로 우선 충당하고, 그 부족분은 일반회계가 부담한다.(2020.6.9 본문개정)
⑤ 기획재정부장관이 제1항 및 제4항에 따라 자금을 조달하는 때에는 우선적으로 제33조에 따른 재정증권의 발행을 통한 방법으로 자금을 조달하여야 한다.(2016.12.27 본항신설)
⑥ 제1항에 따라 한국은행으로부터 일시차입한 자금은 자금 소요의 사유가 없어졌을 때에는 지체 없이 상환하여야 한다.(2020.6.9 본항개정)

제33조【재정증권의 발행 등】 ① 재정증권은 일반회계 또는 특별회계(법률에 따라 일시차입을 할 수 있는 것만 해당한다)의 부담으로 기획재정부장관이 발행한다.
② 재정증권은 공개시장에서 발행한다. 다만, 필요하다고 인정될 때에는 금융회사등, 정부출자기업체, 보험회사, 그 밖의 자에게 매각할 수 있다.
③ 재정증권의 이율, 만기상환일, 상환조건 등에 필요한 사항은 기획재정부장관이 정하여 공고한다.
④ 제1항에 따라 발행된 재정증권은 증권(證券)을 발행하지 아니하고 전산정보처리조직을 이용하여 재정증권등록부에 전자적인 방식에 의하여 기명식(記名式) 또는 무기명식(無記名式)으로 등록한다. 다만, 전시·사변이나 이에 준하는 국가비상사태 등의 경우에는 기명식 또는 무기명식 증권을 발행할 수 있다.(2016.3.2 본항개정)
⑤ 재정증권의 이전 또는 재정증권에 대한 질권설정은 그 사실을 등록하지 아니하면 정부나 그 밖의 제3자에게 대항할 수 없다.(2016.3.2 본항개정)
⑥ 재정증권은 액면(額面)으로 발행하거나 할인의 방법으로 발행한다.
⑦ 재정증권상의 청구권은 만기상환일이 지난 날부터 5년간 행사하지 아니하면 시효의 완성으로 소멸한다.
⑧ 재정증권의 발행 및 상환에 필요한 사항은 대통령령으로 정한다.
⑨ 제4항 및 제5항에 따른 등록 업무를 수행하는 기관은 한국은행으로 한다.(2016.3.2 본항신설)

제34조【국고금의 운용】 ① 기획재정부장관은 국고금의 출납에 지장이 없다고 인정할 때에는 통합계정의 자금을 세입세출예산 외에 다음 각 호의 어느 하나의 방법으로 운용할 수 있다.
1. 국공채 및 「한국은행 통화안정증권법」에 따라 발행되는 통화안정증권의 매매
2. 대통령령으로 정하는 금융회사 등에 예치 또는 단기대여
3. 「자본시장과 금융투자업에 관한 법률」에 따른 증권금융회사 또는 종합금융회사가 발행하는 채무증서의 매매
4. 그 밖에 대통령령으로 정하는 유가증권의 매매
② 기획재정부장관은 제1항에 따른 통합계정의 자금 운용으로 생긴 수익금을 세입세출예산 외에 다음 각 호의 용도로 사용할 수 있다.
1. 제32조제4항 단서에 따른 통합계정의 자금조달 비용 및 이자의 지급
2. 그 밖에 국고금의 운용에 관련되는 경비의 지급
③ 통합계정에 포함되지 아니하는 회계 또는 계정을 관리하는 중앙관서의 장은 그 소관 회계 또는 계정의 국고금을 제1항 및 제2항에 준하여 운용할 수 있다.
④ 중앙관서의 장은 그 소관 기금의 여유자금을 기금운용계획 외에 관계 법령에서 정하는 방법으로 운용할 수 있다.
⑤ 제1항·제3항 및 제4항에 따른 국고금의 운용에 따른 수익금은 이를 운용하는 통합계정, 각 회계 또는 계정 및 기금의 수익으로 한다.
⑥ 통합계정의 국고금 운용을 회계처리하기 위하여 한국은행에 국고금운용계정을 설치한다.
⑦ 국고금의 운용에 필요한 사항은 대통령령으로 정한다.
⑧ 기획재정부장관은 통합계정의 국고금 운용에 관한 사항을 매년 국회에 보고한다.

제5장 보 칙
(2011.4.4 본장개정)

제35조【현금 보관의 제한】 중앙관서의 장은 법령에 따르지 아니하고는 국고금을 현금으로 보관할 수 없다.

제36조【한국은행의 국고금 출납 등】 ① 한국은행 및 금고은행(이하 "한국은행등"이라 한다)은 대통령령으로 정하는 바에 따라 국고금 출납의 사무를 취급하여야 한다.
② 한국은행등은 기획재정부령으로 정하는 바에 따라 금융회사등으로 하여금 한국은행등을 대리하여 국고금 출납의 사무를 취급하도록 할 수 있다.
③ 제1항에 따라 한국은행등이 받은 국고금은 대통령령으로 정하는 바에 따라 국가의 예금으로 한다.
④ 한국은행등은 그 취급한 국고금의 출납에 관하여 감사원의 검사를 받아야 한다.
⑤ 한국은행등과 제2항에 따라 한국은행등을 대리하는 금융회사등이 국고금의 출납·보관에 관하여 국가에 손해를 끼친 경우 배상책임에 관하여는 「민법」과 「상법」을 적용한다.

제37조【국고금 관리업무의 기록】 수입징수관, 재무관, 지출관, 제18조제2항에 따른 선사용자금출납명령관, 출납공무원, 그 밖에 대통령령으로 정하는 회계 관계 공무원과 한국은행등은 대통령령으로 정하는 바에 따라 장부를 갖추어 두고 국고금 관리에 필요한 사항을 기록하여야 한다.

제38조【보고서와 계산서의 제출】 ① 중앙관서의 장은 대통령령으로 정하는 바에 따라 국고금 관리에 관한 보고서를 작성하여 기획재정부장관에게 제출하여야 한다.
② 수입징수관, 재무관, 지출관, 선사용자금출납명령관, 출납공무원, 그 밖에 대통령령으로 정하는 회계 관계 공무원과 한국은행등은 대통령령으로 정하는 바에 따라 국고금 관리에 관한 보고서를 작성하여 중앙관서의 장, 기획재정부장관 및 감사원에 제출하여야 한다.
③ 출납공무원 및 한국은행등은 대통령령으로 정하는 바에 따라 그 출납한 수입금 또는 지출금에 관하여 수입징수관 또는 지출관에게 보고하여야 한다.
④ 수입징수관, 재무관, 지출관, 선사용자금출납명령관 및 출납공무원은 감사원이 정하는 바에 따라 국고금 관리에 관한 계산서를 작성하여 중앙관서의 장, 기획재정부장관 및 감사원에 제출하여야 한다.

제39조【국고금 관리에 관한 법령의 협의】 중앙관서의 장은 국고금 관리에 관한 법령을 입안할 때에는 기획재정부장관과 협의하여야 한다.

제40조【회계 관계 공무원의 대리와 분임】 ① 중앙관서의 장은 필요하다고 인정할 때에는 대통령령으로 정하는 바에 따라 소속 공무원에게 수입징수관 또는 재무관 사무의 전부를 대리하거나 그 일부를 나누어 맡게 할 수 있다.
② 중앙관서의 장 또는 그 위임을 받은 공무원은 필요하다고 인정할 때에는 대통령령으로 정하는 바에 따라 지출관, 선사용자금출납명령관 또는 출납공무원 사무의 전부를 대리하거나 그 일부를 나누어 맡는 공무원을 임명할 수 있다.
③ 제1항과 제2항에 따른 수입징수관 또는 재무관, 지출관, 선사용자금출납명령관 또는 출납공무원 사무의 대리와 분임은 중앙관서의 장이 소속 관서에 설치된 직위를 지정하는 것으로 갈음할 수 있다.

제41조【회계 관계 공무원의 임명 특례】 ① 중앙관서의 장은 필요하다고 인정할 때에는 대통령령으로 정하는 바에 따라 다른 중앙관서 소속의 공무원에게 수입징수관 또는 재무관의 사무를 위임하거나 다른 중앙관서 소속의 공무원을 지출관 또는 출납공무원으로 임명할 수 있다.
② 제1항에 따른 수입징수관 또는 재무관의 사무의 위임이나 지출관 또는 출납공무원의 임명은 중앙관서의 장이 다른 중앙관서에 설치된 직위를 지정하는 것으로 갈음할 수 있다.

제42조【지방자치단체 등에 대한 국고금 관리사무의 취급】 ① 국가는 대통령령으로 정하는 바에 따라 국고금 관리에 관한 사무를 지방자치단체의 공무원, 「공공기관의 운영에 관한 법률」에 따른 공공기관(이하 "공공기관"이라 한다) 또는 금융회사등의 임직원으로 하여금 취급하게 할 수 있다.
② 제1항에 따라 국고금 관리에 관한 사무를 취급하는 지방자치단체의 공무원과 공공기관 또는 금융회사등의 임직원에 대하여는 이 법 또는 다른 국고금 관리에 관한 법령 중 그 사무의 취급에 관한 규정을 준용한다.

제43조【지출사무의 위임】 ① 중앙관서의 장은 대통령령으로 정하는 바에 따라 그 소관 지출에 관한 사무를 다른 관서 소속 공무원에게 위임할 수 있다.
② 제1항에 따라 위임된 사무를 집행할 회계 관계 공무원은 대통령령으로 정하는 바에 따라 기획재정부장관이 임명한다.

제44조【재정증권 등에 관한 사무의 위탁】 기획재정부장관은 제33조에 따른 재정증권의 발행 및 상환에 관한 사무와 제34조에 따른 국고금의 운용에 관한 사무의 일부를 한국은행 총재에게 위탁할 수 있다.

제45조【회계 관계 공무원의 재정보증】 ① 수입징수관, 재무관, 지출관, 선사용자금출납명령관, 출납공무원, 그 밖에 대통령령으로 정하는 회계 관계 공무원은 대통령령으로 정하는 재정보증이 없으면 그 직무를 담당할 수 없다.
② 제1항에 따른 재정보증과 관련되는 경비는 국가가 부담한다.

제46조【업무처리의 정보화】 ① 기획재정부장관은 이 법에 따른 국고금 관리업무를 원활히 수행하기 위하여 필요한 경우 대통령령으로 정하는 바에 따라 정보통신매체 및 프로그램 등을 개발하여 중앙관서의 장이 사용하게 할 수 있다.
② 제1항에도 불구하고 중앙관서의 장은 이 법에 따라 국고금 관리업무를 처리하는 정보통신매체 및 프로그램 등을 개발하여 사용할 수 있다. 이 경우 기획재정부장관 및 감사원과의 협의를 거쳐야 한다.

제47조【국고금의 끝수 계산】 ① 국고금의 수입 또는 지출에서 10원 미만의 끝수가 있을 때에는 그 끝수는 계산하지 아니하고, 전액이 10원 미만일 때에도 그 전액을 계산하지 아니한다. 다만, 대통령령으로 정하는 경우에는 그러하지 아니하다.
② 국세의 과세표준액을 산정할 때 1원 미만의 끝수가 있으면 이를 계산하지 아니한다.
③ 지방자치단체, 그 밖에 대통령령으로 정하는 공공단체와 공공기관의 경우에는 제1항 및 제2항을 준용할 수 있다. 다만, 「한국산업은행법」에 따른 한국산업은행 등 대통령령으로 정하는 공공기관의 경우에는 그러하지 아니하다.

부 칙 (2005.1.27)

제1조【시행일】 이 법은 2005년 7월 1일부터 시행한다.

제2조【다른 법률의 폐지】 國庫金端數計算法은 이를 폐지한다.

제3조【경과조치】 2005년도 예산 중 예산총칙 제8조의 규정에 의한 일반회계, 재정융자특별회계 및 국유재산관리특별회계의 최고한도액은 제32조제3항의 규정에 의한 최고액으로 국회의 의결을 얻은 것으로 본다.

제4조【다른 법률의 개정】 ①~⑦ ※(해당 법령에 가제정리 하였음)

부 칙 (2011.4.4)

제1조【시행일】 이 법은 공포 후 6개월이 경과한 날부터 시행한다.

제2조【과오납금의 반환에 관한 적용례】 제15조제2항의 개정규정은 이 법 시행 후 최초로 반환하는 과오납 수입금부터 적용한다.

부 칙 (2020.6.9)

이 법은 공포한 날부터 시행한다.(이하 생략)

보조금 관리에 관한 법률

(약칭 : 보조금법)

(1986년 12월 31일
전개법률 제3874호)

개정
1990.12.27법 4268호(정부조직)
1997.12.13법 5454호(정부부처명)
1999. 5.24법 5982호(정부조직)
2001. 1.29법 6400호(정부조직)
2006.10. 4법 8050호(국가재정법)
2008. 2.29법 8852호(정부조직)
2009. 1.30법 9347호
2011. 7.25법10898호
2013. 3.23법11690호(정부조직)
2014. 1. 1법12161호(국가재정법)
2014.11.19법12844호(정부조직)
2015. 7.20법13393호
2016. 1.28법13931호
2016.12.27법14474호(지방세기본법)
2016.12.27법14476호(지방세징수법)
2017. 1. 4법14524호
2017. 7.26법14839호(정부조직)
2017.10.31법15022호(주식회사등의외부감사에관한법)
2020. 3.24법17091호(지방행정제재·부과금의징수등에관한법)
2020. 3.31법17145호
2020. 6. 9법17339호(법률용어정비)
2020.12.29법17758호(국세징수)
2021. 6.15법18242호
2021. 8.17법18425호(국민평생직업능력개발법)
2021.12.21법18585호(국가재정법)
2023. 7.18법19544호(행정기관정비일부개정법령등)

제1장 총 칙
(2011.7.25 본장개정)

제1조【목적】 이 법은 보조금 예산의 편성, 교부 신청, 교부 결정 및 사용 등에 관하여 기본적인 사항을 규정함으로써 효율적인 보조금 예산의 편성 및 집행 등 보조금 예산의 적정한 관리를 도모함을 목적으로 한다.

판례 위 법에 규정된 보조금이라 함은 국가 외의 자가 행하는 사무 또는 사업에 대하여 국가가 이를 조성하거나 재정상의 원조를 하기 위하여 교부하는 보조금(지방자치단체에 대한 것과 기타 법인 또는 개인의 시설자금이나 운영자금에 대한 것에 한한다)·부담금(국제조약에 의한 부담금은 제외한다) 기타 상당한 반대급부를 받지 아니하고 교부하는 급부금으로서 대통령령으로 정하는 것을 말한다고 규정하고 있으므로, 위 법의 적용을 받는 보조금은 국가가 교부하는 보조금에 한정된다.(대판 2007.5.31, 2007도1769)

제2조【정의】 이 법에서 사용하는 용어의 뜻은 다음과 같다.
1. "보조금"이란 국가 외의 자가 수행하는 사무 또는 사업에 대하여 국가(「국가재정법」 별표2에 규정된 법률에 따라 설치된 기금을 관리·운용하는 자를 포함한다)가 이를 조성하거나 재정상의 원조를 하기 위하여 교부하는 보조금(지방자치단체에 교부하는 것과 그 밖에 법인·단체 또는 개인의 시설자금이나 운영자금으로 교부하는 것만 해당한다), 부담금(국제조약에 따른 부담금은 제외한다), 그 밖에 상당한 반대급부를 받지 아니하고 교부하는 급부금으로서 대통령령으로 정하는 것을 말한다.
2. "보조사업"이란 보조금의 교부 대상이 되는 사무 또는 사업을 말한다.
3. "보조사업자"란 보조사업을 수행하는 자를 말한다.
4. "간접보조금"이란 국가 외의 자가 보조금을 재원(財源)의 전부 또는 일부로 하여 상당한 반대급부를 받지 아니하고 그 보조금의 교부 목적에 따라 다시 교부하는 급부금을 말한다.
5. "간접보조사업"이란 간접보조금의 교부 대상이 되는 사무 또는 사업을 말한다.
6. "간접보조사업자"란 간접보조사업을 수행하는 자를 말한다.
7. "중앙관서의 장"이란 「국가재정법」 제6조제2항에 따른 중앙관서의 장을 말한다.
8. "보조금수령자"란 보조사업자 또는 간접보조사업자로부터 보조금 또는 간접보조금을 지급받은 자를 말한다.

제3조【다른 법률과의 관계 등】 ① 보조금 예산의 편성·집행 등 그 관리에 관하여는 다른 법률에 특별한 규정이 있는 것을 제외하고는 이 법에서 정하는 바에 따른다.
② 이 법을 적용할 때 지방자치단체의 교육·과학 및 체육에 관한 보조금 예산의 편성 등에 대하여는 해당 규정 중 "행정안전부장관"은 "교육부장관"으로, "지방자치단체의 장" 또는 "특별시장·광역시장·특별자치시장·도지사 또는 특별자치도지사"는 "교육감"으로 본다.
(2017.7.26 본항개정)
③ 개인정보의 보호에 관하여 이 법에 특별한 규정이 있는 경우를 제외하고는 「개인정보 보호법」에서 정하는 바에 따른다.(2017.1.4 본항신설)

제2장 보조금 예산의 편성
(2011.7.25 본장개정)

제4조【보조사업을 수행하려는 자의 예산 계상 신청 등】 ① 보조사업을 수행하려는 자는 매년 중앙관서의 장에게 보조금의 예산 계상(計上)을 신청하여야 한다.
② 제1항에 따른 신청을 할 때에는 보조사업의 목적과 내용, 보조사업에 드는 경비, 그 밖에 필요한 사항을 적은 신청서와 첨부서류를 제출하여야 한다.
③ 제1항 및 제2항의 경우 보조사업을 수행하려는 자가 시장·군수인 경우에는 그 시장·군수에 대한 보조금은 관할 도지사(광역시의 군인 경우에는 광역시장을 말한다. 이하 같다)가 종합하여 일괄신청할 수 있다.
④ 제1항부터 제3항까지의 규정에 따른 신청에 필요한 신청서 서식, 첨부서류, 제출일 등 필요한 사항은 중앙관서의 장이 정한다. 이 경우 제출일은 해당 회계연도의 전년도 4월 30일 이전으로 하여야 한다.(2014.1.1 본항개정)

제5조【예산 계상 신청이 없는 보조사업에 대한 예외조치】 국가는 제4조에 따른 보조금의 예산 계상 신청이 없는 보조사업의 경우에도 국가시책 수행상 부득이하여 대통령령으로 정하는 경우에는 필요한 보조금을 예산에 계상할 수 있다.

제6조【중앙관서의 장의 보조금 예산 요구】 ① 중앙관서의 장은 보조사업을 수행하려는 자로부터 신청받은 보조금의 명세 및 금액을 조정하여 기획재정부장관에게 보조금 예산을 요구하여야 한다. 이 경우 제5조에 따른 보조사업의 경우에는 보조금의 예산 계상 신청이 없더라도 그 보조금 예산을 요구할 수 있다.
② 제1항의 경우 지방자치단체에 대한 보조사업 중 대부분의 지방자치단체와 관련된 보조사업에 대하여는 지방자치단체별 명세 없이 총액으로 보조금 예산을 요구할 수 있다.
③ 중앙관서의 장이 보조금 예산을 요구할 때 기획재정부장관이 관계 자료를 제출할 것을 요구한 보조사업에 대하여는 보조사업을 수행하려는 자의 예산 계상 신청내용과 중앙관서의 장의 조정내용 및 그 밖에 필요한 자료를 첨부하여 제출하여야 한다.

제7조【지방비 부담 경비의 협의 등】 ① 중앙관서의 장은 지방자치단체의 부담을 수반하는 보조금 예산을 요구하려는 경우에는 행정안전부장관과 보조사업계획에 대하여 협의하여야 한다.
② 행정안전부장관은 제1항의 협의 요청을 받은 경우에는 그 의견서(지방자치단체 의견을 포함한다)를 해당 회계연도의 전년도 5월 20일까지 기획재정부장관과 관계 중앙관서의 장에게 제출하여야 한다.(2020.3.31 본항개정)
(2017.7.26 본조개정)

제8조【보조사업을 수행하려는 자의 자료 제출 등】 ① 보조사업을 수행하려는 자는 중앙관서의 장이 요구할 때에는 보조금의 예산 계상 신청과 관련하여 필요한 자료를 제출하거나 설명하여야 한다.
② 기획재정부장관은 중앙관서의 장이 제출한 보조금의 예산요구액을 조정할 때 특별히 필요하다고 인정하면 해당 보조사업을 수행하려는 자에게 필요한 자료를 제출하게 하거나 설명하도록 직접 요구할 수 있다.

제9조【보조금의 대상 사업 및 기준보조율 등】 ① 보조금이 지급되는 대상 사업, 경비의 종목, 국고 보조율 및 금액은 매년 예산으로 정한다. 다만, 지방자치단체에 대한 보조금의 경우 다음 각 호에 해당하는 사항은 대통령령으로 정한다.
1. 보조금이 지급되는 대상 사업의 범위
2. 보조금의 예산 계상 신청 및 예산 편성 시 보조사업별로 적용하는 기준이 되는 국고 보조율(이하 "기준보조율"이라 한다)
② 국가는 지방자치단체가 수행하는 국고보조사업의 기준보조율을 변경하여 보조금 예산을 편성할 경우에는 사전에 지방자치단체에 통보하여야 한다.(2016.1.28 본항신설)

제10조【차등보조율의 적용】 ① 기획재정부장관은 매년 지방자치단체에 대한 보조금 예산을 편성할 때에 필요하다고 인정되는 보조사업에 대하여는 해당 지방자치단체의 재정 사정을 고려하여 기준보조율에서 일정 비율을 더하거나 빼는 차등보조율을 적용할 수 있다. 이 경우 기준보조율에서 일정 비율을 빼는 차등보조율은 「지방교부세법」에 따른 보통교부세를 교부받지 아니하는 지방자치단체에 대하여만 적용할 수 있다.
② 차등보조율의 적용기준은 그 적용대상이 되는 지방자치단체의 재정자주도, 분야별 재정지출지수, 그 밖에 대통령령으로 정하는 사항으로 하며, 각 적용기준의 구체적인 산식은 대통령령으로 정한다.
③ 기획재정부장관은 제2항의 차등보조율의 적용으로 인한 국고보조금의 추가적인 소요예산과 관련된 사항을 국회에 보고하여야 한다.

제11조【보조금 예산의 편성에 관한 의견 제시】 ① 특별시장·광역시장·특별자치시장·도지사 또는 특별자치도지사는 보조금 예산의 편성 과정에서 해당 관할구역의 보조사업의 우선순위 또는 보조금 예산액의 조정 등에 관한 의견을 해당 중앙관서의 장 및 기획재정부장관에게 제시할 수 있다.
② 기획재정부장관은 특별시장·광역시장·특별자치시장·도지사 또는 특별자치도지사가 제시한 의견 중 타당하다고 인정되는 사항은 해당 중앙관서의 장의 의견을 들어 예산에 반영할 수 있다.
(2016.1.28 본조개정)

제12조【보조금 예산의 통지】 ① 중앙관서의 장은 특별한 사유가 없으면 보조금 예산안을 사업별로 해당 보조사업을 수행하려는 자에게 해당 회계연도의 전년도 9월 15일까지 제26조의2제1항에 따른 보조금통합관리망을 통하여 통지하여야 한다.
② 중앙관서의 장은 제1항에 따라 통지한 보조금 예산안이 국회에서 심의·확정된 후에는 그 확정된 금액 및 내역을 사업별로 해당 보조사업을 수행하려는 자에게 제26조의2제1항에 따른 보조금통합관리망을 통하여 즉시 통지하여야 한다.(2017.1.4 본항신설)
③ 중앙관서의 장은 제1항 및 제2항에 따른 통지를 할 때 해당 보조금이 지방자치단체에 대한 보조금인 경우에는 기획재정부장관과 행정안전부장관에게 각각 통보하여야 한다.(2017.7.26 본항개정)
④ 중앙관서의 장은 제1항 및 제2항에 따른 통지를 할 때 보조사업을 수행하려는 자가 시장·군수인 경우에는 해당 시·군을 관할하는 도지사에게 일괄하여 통지할 수 있다.
(2017.1.4 본조개정)

제13조【지방비 부담 의무】 지방자치단체의 장은 보조사업에 대한 지방자치단체의 지방비 부담액을 다른 사업에 우선하여 해당 연도 지방자치단체의 예산에 계상하여야 한다.

제14조【출연기관에 대한 별도의 보조금 교부 제한】 국가는 출연금을 예산에 계상한 기관에 대하여는 출연금 외에 별도의 보조금을 예산에 계상할 수 없다. 다만, 기획재정부장관이 사업 수행상 특히 불가피하다고 인정할 때에는 그러하지 아니하다.

제15조【보조사업의 존속기간과 연장평가】 ① 대통령령으로 정하는 보조사업을 제외한 보조사업의 존속기간은 3년 이내로 한다.
② 기획재정부장관은 존속기간이 만료되는 보조사업에 대하여 실효성 및 재정지원의 필요성을 평가하여 3년 이내의 범위에서 해당 보조사업의 존속기간을 연장할 수 있다. 존속기간이 연장된 보조사업에 대해서도 또한 같다.
③ 기획재정부장관은 제2항에 따른 평가를 실시하기 위하여 대통령령으로 정하는 바에 따라 보조사업평가단을 구성·운영할 수 있다.
④ 기획재정부장관은 제2항에 따른 보조사업에 대한 평가결과 및 해당 결과의 예산안 반영 정도를 「국가재정법」 제33조에 따른 예산안과 함께 국회에 제출하여야 한다.
(2021.6.15 본항개정)
(2016.1.28 본조개정)

제15조의2【보조금관리위원회】 ① 보조금 예산의 편성·집행·관리 등에 관한 주요사항을 심의하기 위하여 기획재정부장관 소속으로 보조금관리위원회(이하 "위원회"라 한다)를 둔다.
② 위원회는 다음 각 호의 사항을 심의한다.
1. 보조사업과 관련된 주요정책의 결정과 제도 개선에 관한 사항
2. 보조사업 및 보조사업자 선정 등의 타당성 확인에 관한 사항
3. 보조금의 중복 또는 부정 수급을 방지하기 위한 대책의 수립·운영과 보조사업의 정비에 관한 사항
4. 제26조의2에 따른 보조금통합관리망의 구축 및 운영에 관한 사항(개인정보 보호정책 및 정보보안에 관한 사항을 포함한다)(2023.7.18 본호개정)
5. 그 밖에 위원회의 위원장이 필요하다고 인정하여 심의에 부치는 사항
③ 그 밖에 위원회의 구성 및 운영에 필요한 사항은 대통령령으로 정한다.
(2021.6.15 본조신설)

제3장 보조금의 교부 신청과 교부 결정
(2011.7.25 본장개정)

제16조【보조금의 교부 신청】 ① 보조금의 교부를 받으려는 자는 대통령령으로 정하는 바에 따라 보조사업의 목적과 내용, 보조사업에 드는 경비, 그 밖에 필요한 사항을 적은 신청서에 중앙관서의 장이 정하는 서류를 첨부하여 중앙관서의 장이 지정한 기일 내에 중앙관서의 장에게 제출하여야 한다.
② 중앙관서의 장은 공모(公募)를 통하여 제1항에 따른 보조금 교부신청서를 제출받아야 한다. 다만, 다음 각 호의 어느 하나에 해당하는 경우에는 그러하지 아니하다.
1. 보조사업을 수행하려는 자의 신청에 의하여 예산에 반영된 사업 중 그 신청자가 수행하지 아니하고는 보조사업의 목적을 달성할 수 없다고 인정하는 경우
2. 보조사업을 수행하려는 자가 지방자치단체의 장인 경우
3. 제1호 및 제2호에서 규정한 경우 외에 보조사업의 특성을 고려하여 공모방식으로 하는 것이 적절하지 아니하다고 인정하는 경우

제17조【보조금의 교부 결정】 ① 중앙관서의 장은 제16조에 따른 보조금의 교부신청서가 제출된 경우에는 다음 각 호의 사항을 조사하여 지체 없이 보조금의 교부 여부를 결정하여야 한다.
1. 법령 및 예산의 목적에의 적합 여부
2. 보조사업 내용의 적정성(2020.6.9 본호개정)
3. 금액 산정의 착오 유무
4. 자기자금의 부담능력 유무(자금의 일부를 보조사업자가 부담하는 경우만 해당한다)
② 중앙관서의 장은 제16조제2항에 따라 공모방식으로 보조금 교부신청서를 제출받은 경우에는 제1항에 따른 보조금의 교부 여부를 결정하기 전에 보조사업자선정위원회의 심의를 거쳐야 한다.

③ 제2항에 따른 보조사업자선정위원회의 구성·운영에 필요한 기본적인 사항은 기획재정부장관이 정하며, 그 밖의 세부사항은 중앙관서의 장이 정한다.

제18조【보조금의 교부 조건】 ① 중앙관서의 장은 보조금의 교부를 결정할 때 법령과 예산에서 정하는 보조금의 교부 목적을 달성하는 데에 필요한 조건을 붙일 수 있다.

② 중앙관서의 장은 보조금의 교부를 결정할 때 보조사업이 완료된 때에 그 보조사업자에게 상당한 수익이 발생하는 경우에는 그 보조금의 교부 목적에 위배되지 아니하는 범위에서 이미 교부한 보조금의 전부 또는 일부에 해당하는 금액을 국가에 반환하게 하는 조건을 붙일 수 있다.

판례 지방자치단체가 보조금 지급결정을 하면서 일정 기한 내에 보조금을 반환하도록 하는 교부조건을 부가한 사안에서, 지방자치단체의 보조금관리조례 규정과 위 보조금 지급결정이 행정청 재량이 인정되는 수익적 행정행위의 성격을 지니고 있고 경제촉진을 위하여 다양한 형태의 보조금행정을 시행할 필요성도 있는 점 등을 종합하여 보면, 지방자치단체가 보조금 지급결정을 하면서 반드시 보조사업자에게 수익이 발생할 경우에 한하여 보조금을 반환하게 하는 조건을 붙일 수 있다고 볼 근거는 없고, 보조사업자의 보조금 신청 내용과 재정상태, 지방자치단체의 예산상태, 공익상·시책상 필요성, 보조금의 교부목적 등을 고려하여 금융이자의 부담 없이 보조금을 사용하도록 하되, 일정 기한 내에 보조금을 반환하도록 하는 조건의 재정상 원조를 하는 것도 허용될 수 있다고 해석되며, 이 경우 보조금의 예산 및 관리에 관한 법률 제18조제2항이 유추 적용될 수는 없다.(대판 2011.6.9, 2011다2951)

제19조【보조금 교부 결정의 통지】 ① 중앙관서의 장은 보조금의 교부를 결정하였을 때에는 그 교부 결정의 내용(그에 조건을 붙인 경우에는 그 조건을 포함한다. 이하 같다)을 지체 없이 보조금의 교부를 신청한 자에게 통지하여야 한다.

② 중앙관서의 장은 제1항에 따라 보조금의 교부 결정을 통지하였을 때에는 지방자치단체에 대한 보조금의 경우 단위사업별·보조사업자별로 작성한 교부 결정 내용을 즉시 기획재정부장관과 행정안전부장관에게 통보하여야 한다.(2017.7.26 본항개정)

제20조【보조금의 통합 운용】 ① 중앙관서의 장은 보조금의 교부 결정을 할 때 보조사업의 명세를 세분함으로써 보조금의 규모가 영세하여질 경우에는 단위사업 내의 여러 개의 경비 명세를 합하여 교부 결정을 하여야 한다.

② 제1항에 따라 단위사업 내의 여러 개의 경비 명세를 합하여 교부 결정을 하여야 하는 금액 등의 기준은 대통령령으로 정한다.

③ 중앙관서의 장은 대통령령으로 정하는 바에 따라 사업목적이 유사한 보조사업의 예산을 통합하여 운용할 수 있다.

제21조【사정 변경에 의한 교부 결정의 취소 등】 ① 중앙관서의 장은 보조금의 교부를 결정한 경우 그 후에 발생한 사정의 변경으로 특히 필요하다고 인정할 때에는 보조금의 교부 결정 내용을 변경하거나 그 교부 결정의 전부 또는 일부를 취소할 수 있다. 다만, 이미 수행된 부분의 보조사업에 대하여는 그러하지 아니하다.

② 중앙관서의 장이 제1항에 따라 보조금의 교부 결정을 취소할 수 있는 경우는 보조금의 교부 결정을 한 후에 발생한 천재지변이나 그 밖의 사정 변경으로 보조사업의 전부 또는 일부를 계속할 필요가 없는 경우와 대통령령으로 정하는 경우로 한정한다.

③ 중앙관서의 장이 제1항에 따라 보조금의 교부 결정 내용을 변경하거나 교부 결정을 취소하려는 경우에는 다음 각 호의 사항을 적은 서류를 기획재정부장관에게 제출하고 협의를 하여야 한다. 다만, 중요하지 아니한 사항인 경우에는 기획재정부장관에게 통보함으로써 협의를 갈음할 수 있다.

1. 교부 결정의 취소 등을 하여야 할 사유
2. 교부 결정의 취소 등에 대한 해당 보조사업자의 의견
3. 교부 결정의 취소로 인한 미교부 보조금의 향후 사용계획

④ 중앙관서의 장은 제1항에 따라 보조금의 교부 결정을 취소한 경우에 그 취소로 인하여 특히 필요하게 된 사무 또는 사업에 대하여는 대통령령으로 정하는 바에 따라 보조금을 교부하여야 한다.

⑤ 제1항에 따라 보조금의 교부 결정 내용을 변경하거나 교부 결정을 취소할 경우에는 제19조제1항을 준용한다.

⑥ 제1항에 따라 보조금의 교부 결정 내용을 변경하거나 교부 결정을 일부 취소할 경우에 수정하여 교부하는 보조금에 대하여도 제20조를 준용한다.

제4장 보조사업의 수행
(2011.7.25 본장개정)

제22조【용도 외 사용 금지】 ① 보조사업자는 법령, 보조금 교부 결정의 내용 또는 법령에 따른 중앙관서의 장의 처분에 따라 선량한 관리자의 주의로 성실히 그 보조사업을 수행하여야 하며 그 보조금을 다른 용도에 사용하여서는 아니 된다.

② 간접보조사업자는 법령과 간접보조금의 교부 목적에 따라 선량한 관리자의 주의로 간접보조사업을 수행하여야 하며 그 간접보조금을 다른 용도에 사용하여서는 아니 된다.

③ 제1항 및 제2항에도 불구하고 제31조제4항에 따라 보조금 초과액을 반납하지 아니하고 활용하는 경우에는 유사한 목적의 사업에 사용할 수 있다.

제23조【보조사업의 내용 변경 등】 보조사업자는 사정의 변경으로 보조사업의 내용을 변경하거나 보조사업에 드는 경비의 배분을 변경하려면 중앙관서의 장의 승인을 받아야 한다. 다만, 중앙관서의 장이 정하는 경미한 사항은 그러하지 아니하다.

제24조【보조사업의 인계 등】 보조사업자는 사정의 변경으로 그 보조사업을 다른 사업자에게 인계하거나 중단 또는 폐지하려면 중앙관서의 장의 승인을 받아야 한다.

제25조【보조사업의 수행 상황 점검 등】 ① 보조사업자 또는 간접보조사업자는 중앙관서의 장이 정하는 바에 따라 보조사업 또는 간접보조사업의 수행 상황을 중앙관서의 장 또는 보조사업자에게 보고하여야 한다.

② 중앙관서의 장은 보조사업 또는 간접보조사업의 수행 상황을 파악하기 위하여 필요한 경우 현장조사를 할 수 있다.

③ 보조사업자 또는 간접보조사업자는 보조사업 또는 간접보조사업의 수행과 관련된 자료를 5년의 범위에서 대통령령으로 정하는 기간 동안 보관하여야 한다.

④ 제3항에 따라 보관하여야 하는 자료의 범위, 그 밖에 필요한 사항은 대통령령으로 정한다.

제26조【보조사업의 수행명령】 ① 중앙관서의 장은 보조사업자가 법령, 보조금 교부 결정의 내용 또는 법령에 따른 중앙관서의 장의 처분에 따라 보조사업을 수행하지 아니한다고 인정할 때에는 그 보조사업자에게 보조사업 수행에 필요한 명령을 할 수 있다.

② 중앙관서의 장은 보조사업자가 제1항의 명령을 위반하였을 때에는 그 보조사업의 수행을 일시 정지시킬 수 있다.

제26조의2【보조금통합관리망의 구축 등】 ① 기획재정부장관 및 중앙관서의 장은 보조사업을 원활하게 수행하고 보조금의 중복 수급이나 부정 수급을 방지하기 위하여 보조금통합관리망(이하 "보조금통합관리망"이라 한다)을 구축하여야 하고, 보조사업 및 보조사업자의 선정, 보조사업의 집행 및 사후관리 등에 관한 구체적인 기준을 마련하는 등 필요한 조치를 하여야 한다.(2017.1.4 본항개정)

② 중앙관서의 장(제38조에 따라 사무를 위임받은 소속관서의 장을 포함한다. 이하 이 조, 제26조의3 및 제26조의4에서 같다), 지방자치단체의 장, 보조사업자 또는 간접보조사업자는 보조금통합관리망을 통하여 관련된 보조사업 또는 간접보조사업의 집행 및 사후관리 등 보조금의 관리에 관한 업무를 수행하여야 한다. 다만, 통일·안보 등에 관련된 보조사업 또는 간접보조사업으로서 보조금통합관리망을 통하여 업무를 수행하는 것이 적절하지 아니하다고 기획재정부장관이 관계 중앙관서의 장과 협의하여 정하는 보조사업 또는 간접보조사업은 제외한다.
(2017.1.4 본항신설)

③ 보조금통합관리망에는 다음 각 호의 사항에 대한 자료 또는 정보(이하 "보조금관리정보"라 한다)가 포함되어야 한다.(2017.1.4 본문개정)

1. 보조사업자, 간접보조사업자 또는 보조금수령자(이하 "보조사업자등"이라 한다)의 선정 및 자격확인 등 보조금 또는 간접보조금 수급자격의 적격 여부에 관한 사항
2. 보조금 또는 간접보조금의 지출과 관련된 증빙자료 등 보조금 또는 간접보조금 집행의 적절성 확인에 관한 사항
3. 보조금 또는 간접보조금의 수급 이력 또는 개별 법령에 따른 급부금 중 보조금 또는 간접보조금과 통합적인 관리가 필요한 급부금의 수급 이력의 관리에 관한 사항

(2017.1.4 1호~3호신설)

4. 「국가재정법」 제85조의6에 따른 보조사업에 대한 성과보고서(2021.12.21 본호개정)
5. 「국가재정법」 제54조에 따른 국고보조금의 교부실적과 보조금 집행실적
6. 제15조에 따른 보조사업 운용 평가 결과
7. 그 밖에 보조사업의 효과적인 통합관리를 위하여 대통령령으로 정하는 사항

(2015.7.20 본항신설)
(2017.1.4 본조제목개정)

제26조의3【자료 또는 정보의 제공 요청 등】 ① 중앙관서의 장 또는 지방자치단체의 장은 보조사업자등의 선정 및 자격관리, 보조금 또는 간접보조금의 중복·부정 수급 방지 등 보조금의 효율적인 집행 및 관리를 위하여 보조금통합관리망을 통하여 보조사업자등에 대한 다음 각 호의 자료 또는 정보를 제공받아 처리(「개인정보 보호법」 제2조제2호의 처리를 말한다. 이하 이 조 및 제26조의5부터 제26조의8까지에서 같다)할 수 있다.(2023.7.18 본문개정)

1. 「가족관계의 등록 등에 관한 법률」 제9조에 따른 가족관계 등록사항에 관한 전산정보자료
2. 「금융실명거래 및 비밀보장에 관한 법률」 제2조제2호 및 제3호에 따른 금융자산 및 금융거래의 내용에 대한 자료 또는 정보(이하 "금융정보"라 한다)
3. 「부동산등기법」 제2조제3호에 따른 등기기록
4. 「신용정보의 이용 및 보호에 관한 법률」 제2조제1호에 따른 신용정보(이하 "신용정보"라 한다)
5. 「주민등록법」 제28조에 따른 주민등록전산정보
6. 다음 각 목의 어느 하나에 해당하는 과세 관련 자료 또는 정보
   가. 「국세기본법」 제81조의13제1항에 따른 과세정보로서 대통령령으로 정하는 자료 또는 정보
   나. 「국세징수법」 제108조에 따른 납세증명서(2020.12.29 본목개정)
   다. 「부가가치세법」 제8조에 따른 사업자등록 관련 자료 또는 정보
   라. 「소득세법」 제163조제1항 후단에 따른 전자계산서 또는 「부가가치세법」 제32조제2항에 따른 전자세금계산서
   마. 「조세특례제한법」 제100조의2에 따른 근로장려금 관련 자료 또는 정보
   바. 「지방세징수법」 제5조에 따른 납세증명서 또는 「지방세기본법」 제86조제1항에 따른 과세정보
7. 국민건강보험, 국민연금, 고용보험, 산업재해보상보험, 국민기초생활보장급여, 기초연금 또는 장애인연금에 관한 자료 또는 정보
8. 그 밖에 보조사업 또는 간접보조사업의 효율적 운영 및 보조금의 중복·부정 수급 방지를 위하여 필요한 자료로서 대통령령으로 정하는 자료 또는 정보

② 중앙관서의 장 또는 지방자치단체의 장은 보조금의 효율적인 집행 및 관리에 필요한 범위에서 관계 기관의 장에게 제1항 각 호의 자료 또는 정보(금융정보 또는 신용정보는 제외한다)의 제공을 요청할 수 있다. 이 경우 요청을 받은 관계 기관의 장은 특별한 사유가 없으면 그 요청에 따라야 한다.

③ 보조사업자 또는 간접보조사업자는 관련된 보조금 또는 간접보조금의 집행 및 중복·부정 수급 여부에 대한 확인을 위하여 필요한 범위에서 보조금통합관리망을 통하여 제1항 각 호의 자료 또는 정보를 보유하거나 이용할 수 있다.

④ 제1항부터 제3항까지에서 규정한 사항 외에 자료 또는 정보의 제공요청 및 보유 등에 필요한 사항은 대통령령으로 정한다.
(2017.1.4 본조개정)

제26조의4【금융정보 또는 신용정보의 제공】 ① 중앙관서의 장 또는 지방자치단체의 장은 「금융실명거래 및 비밀보장에 관한 법률」 제4조제1항 및 「신용정보의 이용 및 보호에 관한 법률」 제32조제2항에도 불구하고 보조사업자등의 선정 및 자격관리, 보조금 또는 간접보조금의 중복·부정 수급 방지 등 보조금의 효율적인 집행 및 관리를 위하여 필요한 범위에서 보조금통합관리망을 통하여 금융기관등(「금융실명거래 및 비밀보장에 관한 법률」 제2조제1호에 따른 금융회사등 및 「신용정보의 이용 및 보호에 관한 법률」 제25조에 따른 신용정보집중기관을 말한다. 이하 이 조에서 "금융기관등"이라 한다)의 장에게 금융정보 또는 신용정보의 제공을 요청할 수 있다.

② 중앙관서의 장 또는 지방자치단체의 장은 제1항에 따라 금융기관등의 장에게 금융정보 또는 신용정보의 제공을 요청하는 경우 해당 금융정보 또는 신용정보의 명의인의 정보제공에 대한 동의 서면을 함께 제출하여야 한다. 이 경우 동의 서면은 전자적 형태로 바꾸어 제출할 수 있다.

③ 금융정보 또는 신용정보의 제공을 요청받은 금융기관등의 장은 「금융실명거래 및 비밀보장에 관한 법률」 제4조 및 「신용정보의 이용 및 보호에 관한 법률」 제32조에도 불구하고 명의인의 금융정보 또는 신용정보를 제공하여야 한다.

④ 금융정보 또는 신용정보를 제공한 금융기관등의 장은 금융정보 또는 신용정보의 제공 사실을 명의인에게 통보하여야 한다. 다만, 명의인이 동의한 경우에는 「금융실명거래 및 비밀보장에 관한 법률」 제4조의2제1항 및 「신용정보의 이용 및 보호에 관한 법률」 제32조제7항에도 불구하고 통보하지 아니할 수 있다.

⑤ 제1항부터 제4항까지에서 규정한 사항 외에 금융정보 또는 신용정보의 제공 요청 및 동의 등에 필요한 사항은 대통령령으로 정한다.
(2017.1.4 본조신설)

제26조의5【보조금관리정보 등의 파기】 ① 보조금관리정보를 보유한 자는 그 정보를 보유한 날부터 5년이 지나면 즉시 파기하여야 한다. 다만, 보조금의 중복·부정 수급 방지를 위하여 보유할 필요가 있다고 인정되는 경우로서 대통령령으로 정하는 자료 또는 정보는 5년을 초과하여 필요성이 인정되는 때까지 보유할 수 있다.

② 제26조의3제1항 각 호의 자료 또는 정보를 수집한 자는 자격 검증 등 처리 목적을 달성한 즉시 수집한 자료 또는 정보를 폐기하여야 한다. 다만, 다른 법령에 따라 보존하여야 하거나 증거자료 관리가 필요한 경우에는 그러하지 아니하다.
(2017.1.4 본조신설)

제26조의6【보조금관리정보 등의 보호】 ① 누구든지 다음 각 호의 어느 하나에 해당하는 행위를 하여서는 아니 된다.

1. 보조금관리정보의 처리를 방해할 목적으로 보조금관리정보를 위조·변경·훼손하거나 말소하는 행위
2. 업무상 알게 된 보조금관리정보를 목적 외의 다른 용도로 사용하거나 다른 사람 또는 기관에 제공·누설하는 행위
3. 보조금통합관리망을 위조·변경하거나 훼손하는 행위
4. 정당한 권한 없이 보조금관리정보를 처리하거나 허용된 권한을 초과하여 보조금관리정보를 처리하는 행위

② 기획재정부장관은 보조금관리정보를 보조금의 효율적인 집행 및 관리 목적의 범위에서 사용하여야 하며, 다음 각 호의 경우를 제외하고는 목적 외의 용도로 타인에게 제공 또는 누설되지 아니하도록 하여야 한다.

1. 「개인정보 보호법」 제2조제3호에 따른 정보주체로부터 별도의 동의를 받은 경우
2. 법원의 제출명령 또는 법관이 발부한 영장에 의하여 보조금관리정보를 요구하는 경우
3. 다른 법률에 특별한 규정이 있는 경우
③ 제2항 각 호에 따라 목적 외의 용도로 보조금관리정보를 이용하려는 자는 기획재정부장관이 정하는 바에 따라 기획재정부장관의 승인을 받아야 한다.
④ 기획재정부장관은 보조금관리정보를 안전하게 보호하기 위하여 필요한 기술적·물리적 대책을 포함한 보호조치를 수립·시행하여야 한다.
(2017.1.4 본조신설)

제26조의7【보조금통합관리망의 운영 등의 총괄 및 업무의 위탁】 ① 기획재정부장관은 보조금통합관리망의 구축, 운영 및 유지·보수 등 관리에 관한 업무를 총괄한다.
② 기획재정부장관은 제1항에 따라 업무를 총괄하고 보조금 또는 간접보조금의 중복·부정 수급을 방지하기 위하여 필요한 범위에서 관계 기관의 장에게 제26조의3제1항 각 호의 자료 또는 정보의 제공을 요청할 수 있고, 이를 제공받은 목적의 범위에서 처리할 수 있다.
③ 기획재정부장관이 제2항에 따라 요청하는 정보가 금융정보 또는 신용정보에 해당하는 경우 정보의 제공 요청 및 절차 등에 관하여는 제26조의4를 준용한다. 이 경우 "중앙관서의 장 또는 지방자치단체의 장"은 "기획재정부장관"으로, "금융기관등의 장"은 "관계 기관의 장"으로 본다.
④ 기획재정부장관은 다음 각 호의 업무를 「한국재정정보원법」에 따른 한국재정정보원(이하 이 조에서 "한국재정정보원"이라 한다)에 위탁한다.
1. 보조금통합관리망의 유지·개선 등 운영에 관한 업무
2. 보조금관리정보 및 제26조의3제1항에 따른 자료 또는 정보의 처리에 관한 업무
3. 보조금 또는 간접보조금의 신청, 접수, 결정, 교부 및 사후관리의 전자적 지원에 관한 업무
4. 제39조의3제1항에 따른 대국민 포털의 관리에 관한 업무
⑤ 기획재정부장관은 보조금의 효율적인 관리를 위하여 한국재정정보원 등 대통령령으로 정하는 기관에 보조금을 예탁(預託)하여 지급하게 할 수 있다. 이 경우 예탁되는 보조금의 범위, 구체적인 예탁 방법, 예탁된 보조금의 지급 등에 필요한 사항은 대통령령으로 정한다.
(2017.1.4 본조신설)

제26조의8【다른 정보시스템과의 연계】 ① 기획재정부장관은 보조금의 통합적인 관리를 위하여 필요한 범위에서 관계 기관의 장에게 보조금통합관리망과 다음 각 호의 정보시스템과의 연계를 요청할 수 있다. 이 경우 요청을 받은 관계 기관의 장은 특별한 사유가 없으면 그 요청에 따라야 한다.
1. 「사회보장기본법」 제37조제2항에 따른 사회보장정보시스템
2. 「지방재정법」 제96조의2제1항에 따른 정보시스템
3. 「초·중등교육법」 제30조의4제1항에 따른 교육정보시스템
4. 「사회서비스 이용 및 이용권 관리에 관한 법률」 제28조제1항에 따른 사회서비스전자이용권 관리체계
5. 「영유아보육법」과 그 관계 법령에서 정하는 전산시스템
6. 「사회복지사업법」 제6조의2제2항에 따른 정보시스템
7. 「아이돌봄 지원법」 제25조제1항에 따른 전자시스템
8. 「국민 평생 직업능력 개발법」 제6조제1항에 따른 직업능력개발정보망(2021.8.17 본호개정)
9. 「고용정책 기본법」 제13조의3제1항에 따른 정보시스템
② 제1항 각 호의 시스템과 보조금통합관리망의 연계를 통하여 수집할 수 있는 자료 또는 정보는 보조금 집행내역 및 보조금 집행 적절성 확인을 위한 자료 또는 정보(「개인정보 보호법」 제24조에 따른 고유식별정보를 포함한다)에 한정한다. 다만, 보조금의 효율적인 관리 및 집행을 위하여 필요한 경우 제15조의2제1항에 따른 보조금관리위원회의 심의를 거쳐 수집할 수 있는 자료 또는 정보의 범위를 확대할 수 있다.(2023.7.18 단서개정)
(2017.1.4 본조신설)

제26조의9 (2023.7.18 삭제)

제26조의10【보조사업자 등의 정보공시】 ① 대통령령으로 정하는 규모 이상의 보조사업 또는 간접보조사업을 수행하는 보조사업자 또는 간접보조사업자(보조사업자 또는 간접보조사업자가 지방자치단체인 경우는 제외한다)는 보조금통합관리망에 다음 각 호의 사항을 공시하여야 한다. 다만, 제5호는 제27조의2에 따라 감사보고서 또는 감사 관련 보고서를 제출하는 경우에만 해당된다.
1. 제16조제1항에 따른 보조금 교부신청서(첨부서류를 포함한다)
2. 보조사업 또는 간접보조사업의 수입·지출 내역
3. 제27조제2항에 따른 정산보고서
4. 보조사업 또는 간접보조사업 관련 감사 지적사항
5. 보조사업자 또는 간접보조사업자에 대한 감사보고서 또는 감사 관련 보고서
6. 그 밖에 보조사업 또는 간접보조사업의 수행과 관련하여 대통령령으로 정하는 사항
② 중앙관서의 장은 제1항에 따른 공시의무를 이행하지 아니하거나 거짓 사실을 공시한 보조사업자 또는 간접보조사업자에 대하여 기간을 정하여 시정을 명하거나 보조금의 삭감 또는 이를 위하여 필요한 조치를 할 수 있다.
③ 제1항 및 제2항에서 규정한 사항 외에 보조사업 또는 간접보조사업의 정보공시, 시정명령 및 보조금 삭감 등에 필요한 사항은 대통령령으로 정한다.
(2017.1.4 본조신설)

제27조【보조사업 또는 간접보조사업의 실적 보고】 ① 보조사업자 또는 간접보조사업자는 중앙관서의 장이 정하는 바에 따라 보조사업 또는 간접보조사업을 완료하였을 때, 폐지의 승인을 받았을 때 또는 회계연도가 끝났을 때에는 대통령령으로 정하는 기한까지 그 보조사업 또는 간접보조사업의 실적을 적은 보조사업실적보고서 또는 간접보조사업실적보고서를 작성하여 중앙관서의 장 또는 보조사업자에게 제출하여야 한다.
② 제1항의 보조사업실적보고서 또는 간접보조사업실적보고서에는 그 보조사업 또는 간접보조사업에 든 경비를 재원별로 명백히 한 정산보고서 및 중앙관서의 장이 정하는 서류를 첨부하여야 한다. 이 경우 보조사업 또는 간접보조사업에 대한 보조금 또는 간접보조금이 대통령령으로 정하는 금액 이상인 보조사업자 또는 간접보조사업자(보조사업자 또는 간접보조사업자가 지방자치단체인 경우는 제외한다)는 「주식회사 등의 외부감사에 관한 법률」 제2조제7호 및 제9조에 따른 감사인으로부터 정산보고서의 적정성에 대하여 검증을 받아야 한다.(2017.10.31 후단개정)
③ 중앙관서의 장은 보조사업자 또는 간접보조사업자가 제1항 및 제2항에 따른 보고서 및 서류를 제1항에 따른 기한이 지난 후 제출한 경우에는 해당 보고서가 제출된 이후 최초로 지급하는 보조금(간접보조사업자의 경우 간접보조금에 관련된 보조금을 말한다. 이하 이 항에서 같다)의 100분의 50 이내의 범위에서 지연 기간을 고려하여 대통령령으로 정하는 기준에 따라 보조금을 삭감할 수 있다.(2020.3.31 본항신설)
④ 제2항 후단에 따른 정산보고서의 정산 및 검증 방법에 관하여 필요한 사항은 대통령령으로 정한다.(2016.1.28 본항신설)
(2016.1.28 본조제목개정)

제27조의2【특정사업자에 대한 회계감사】 ① 같은 회계연도 중 중앙관서의 장으로부터 교부받은 보조금 또는 간접보조금의 총액이 10억원 이상인 보조사업자 또는 간접보조사업자(이하 이 조에서 "특정사업자"라 하며, 보조사업자 또는 간접보조사업자가 지방자치단체인 경우는 제외한다)는 「주식회사 등의 외부감사에 관한 법률」 제2조제7호 및 제9조에 따른 감사인이 해당 회계연도를 기준으로 작성한 감사보고서(이하 이 조에서 "감사보고서"라 한다)를 보조금 또는 간접보조금을 교부한 중앙관서의 장에게 제출하여야 한다. 다만, 2년 이상 계속하여 보조금 또는 간접보조금을 교부받은 특정사업자로서 직전 회계연도에 감사보고서를 제출한 경우에는 해당 회계연도에 대한 감사보고서의 작성·제출을 생략할 수 있다.
(2017.10.31 본문개정)
② 제1항에도 불구하고 특정사업자가 「주식회사 등의 외부감사에 관한 법률」 등 다른 법률에 따라 회계감사를 받는 경우에는 제1항에 따른 감사보고서를 갈음하여 해당 법률에 따라 작성된 감사 관련 보고서를 제출할 수 있다. 이 경우 감사 관련 보고서에는 보조사업에 관한 감사의견이 포함되어야 한다.(2017.10.31 전단개정)
③ 제1항 및 제2항에도 불구하고 중앙관서의 장은 특정사업자가 교부받은 보조금을 다른 간접보조사업자에게 다시 교부하는 등 그 특성상 감사보고서를 작성·제출하기에 적합하지 아니하다고 인정하는 경우에는 기획재정부장관과의 협의를 거쳐 해당 특정사업자에게 감사보고서를 제출하지 아니하게 할 수 있다.
④ 제1항부터 제3항까지에서 규정한 사항 외에 특정사업자의 감사인 선정, 회계감사의 기준 및 감사보고서의 작성·제출 등에 필요한 사항은 대통령령으로 정한다.
(2016.1.28 본조신설)

제28조【보조금의 금액 확정】 ① 중앙관서의 장은 제27조에 따라 보조사업자로부터 보조사업실적보고서를 받으면 그 보조사업의 실적이 법령, 보조금 교부 결정의 내용 또는 법령에 따른 중앙관서의 장의 처분에 적합한 것인지를 심사하여야 한다. 이 경우 필요하다고 인정되면 현지조사를 하여야 한다.
② 중앙관서의 장은 제1항의 심사 결과 보조사업의 실적이 제1항의 심사기준에 적합하다고 인정될 때에는 교부하여야 할 보조금의 금액을 확정하여 그 보조사업자에게 통지하여야 한다.

제29조【보조사업의 시정명령】 중앙관서의 장은 제27조에 따른 보조사업실적보고서를 받은 경우에 그 보조사업의 실적이 법령, 보조금 교부 결정의 내용 또는 법령에 따른 중앙관서의 장의 처분에 적합하지 아니하다고 인정될 때에는 그 보조사업자에게 보조사업의 시정을 위하여 필요한 조치를 명할 수 있다.

제5장 보조금의 반환 및 제재
(2016.1.28 본장제목개정)

제30조【법령 위반 등에 따른 교부 결정의 취소】 ① 중앙관서의 장은 보조사업자가 다음 각 호의 어느 하나에 해당하는 경우에는 보조금 교부 결정의 전부 또는 일부를 취소할 수 있다.
1. 보조금을 다른 용도에 사용한 경우
2. 법령, 보조금 교부 결정의 내용 또는 법령에 따른 중앙관서의 장의 처분을 위반한 경우
3. 거짓 신청이나 그 밖의 부정한 방법으로 보조금을 교부받은 경우
② 중앙관서의 장은 간접보조사업자가 다음 각 호의 어느 하나에 해당하는 경우에는 보조사업자에 대하여 그 간접보조금에 관련된 보조금 교부 결정의 전부 또는 일부를 취소할 수 있다.
1. 간접보조금을 다른 용도에 사용한 경우
2. 법령을 위반한 경우
3. 거짓 신청이나 그 밖의 부정한 방법으로 간접보조금을 교부받은 경우
③ 제1항과 제2항에 따라 교부 결정을 취소한 경우에는 제19조를 준용한다.
(2011.7.25 본조개정)

제31조【보조금의 반환】 ① 중앙관서의 장은 보조금의 교부 결정을 취소한 경우에 그 취소된 부분의 보조사업에 대하여 이미 보조금이 교부되었을 때에는 기한을 정하여 그 취소한 부분에 해당하는 보조금과 이로 인하여 발생한 이자의 반환을 명하여야 한다.
② 중앙관서의 장은 보조사업자에게 교부하여야 할 보조금의 금액을 제28조에 따라 확정한 경우에 이미 교부된 보조금과 이로 인하여 발생한 이자를 더한 금액이 그 확정된 금액을 초과한 경우에는 기한을 정하여 그 초과액의 반환을 명하여야 한다. 다만, 보조사업자가 지방자치단체의 장인 경우 중앙관서의 장으로부터 보조금을 지급받은 후 대통령령으로 정하는 불가피한 사유로 발생한 이자는 그러하지 아니하다.
③ 중앙관서의 장은 제1항에 따라 반환 명령을 한 경우에 그 보조금 교부 결정의 취소가 제30조제2항에 따른 것일 때에는 부득이한 사정이 있다고 인정하는 경우에만 대통령령으로 정하는 바에 따라 반환 기한을 연장할 수 있다.
④ 제2항에도 불구하고 지방자치단체의 장은 해당 보조사업의 원래 목적을 달성하고, 자체 노력으로 예산을 절감한 경우에는 그 초과액을 반환하지 아니하고 해당 보조사업의 목적과 유사한 사업(신규사업 등 대통령령으로 정하는 사업은 제외한다)에 사용할 수 있다. 이 경우 지방자치단체의 장은 반환하지 아니한 초과액의 사용명세서(과목별로 금액 및 구체적 이유 등을 포함하여야 한다)를 초과액을 사용한 날부터 1개월 이내에 해당 중앙관서의 장에게 통보하여야 한다.
⑤ 기획재정부장관은 지방자치단체가 제4항 및 제6항을 위반하여 초과액을 사용하거나 보조사업자 또는 간접보조사업자가 중복되거나 과다하게 보조금 예산을 신청하여 교부받은 경우에는 다음 회계연도의 해당 세출예산을 편성할 때 이를 고려하여야 한다.
⑥ 제4항에 따라 유사한 사업에 초과액을 사용하는 데에 필요한 요건은 대통령령으로 정한다.
(2011.7.25 본조개정)

제31조의2【보조사업 수행 배제 등】 ① 중앙관서의 장은 보조사업자 또는 간접보조사업자가 다음 각 호의 어느 하나에 해당하는 경우에는 그 사실이 확인된 날부터 5년 이내의 범위에서 대통령령으로 정하는 바에 따라 해당 보조사업자 또는 간접보조사업자를 소관 보조사업 또는 간접보조사업의 수행 대상에서 배제하거나 보조금 또는 간접보조금의 교부를 제한하여야 한다. 다만, 해당 보조사업 또는 간접보조사업이 복지사업 또는 정부 정책사업을 대행하는 것으로 다른 보조사업자 또는 간접보조사업자로 대체하기 어려운 경우에는 기획재정부장관과의 협의를 거쳐 사업 수행 대상에서 배제하지 아니하거나 보조금 또는 간접보조금의 교부를 제한하지 아니할 수 있다.(2021.6.15 본문개정)
1. 거짓이나 그 밖의 부정한 방법으로 보조금 또는 간접보조금을 교부받은 사유로 제30조에 따라 교부 결정의 전부 또는 일부 취소를 1회 이상 받은 경우
2. 보조금 또는 간접보조금을 다른 용도에 사용한 사유로 제30조에 따라 교부 결정의 전부 또는 일부 취소를 2회 이상 받은 경우
3. 법령, 보조금 교부 결정의 내용 또는 법령에 따른 중앙관서의 장의 처분을 위반한 사유로 제30조에 따라 교부 결정의 전부 또는 일부 취소를 3회 이상 받은 경우
② 중앙관서의 장은 보조금수령자가 다음 각 호의 어느 하나에 해당하는 경우에는 그 사실이 확인된 날부터 5년 이내의 범위에서 대통령령으로 정하는 바에 따라 해당 보조금수령자에 대하여 보조금 또는 간접보조금의 지급을 제한하여야 한다.(2021.6.15 본문개정)

1. 거짓이나 그 밖의 부정한 방법으로 보조금 또는 간접보조금을 지급받은 사유로 제33조에 따라 보조금 또는 간접보조금의 전부 또는 일부의 반환명령을 1회 이상 받은 경우
2. 보조금 또는 간접보조금을 지급 목적과 다른 용도에 사용하여 제33조에 따라 보조금 또는 간접보조금의 전부 또는 일부의 반환명령을 2회 이상 받은 경우
3. 보조금 또는 간접보조금을 지급받기 위한 요건을 갖추지 못하고 보조금 또는 간접보조금을 지급받아 제33조에 따라 보조금 또는 간접보조금의 전부 또는 일부의 반환명령을 3회 이상 받은 경우

③ 중앙관서의 장은 보조사업 또는 간접보조사업과 관련한 계약의 입찰·낙찰·체결·이행 과정에서 거짓 또는 그 밖의 부정한 방법으로 재산상의 이익을 취득한 사실로 유죄판결이 확정된 자(이하 "부정수급 관여 계약업체등"이라 한다)를 판결이 확정된 날부터 5년 이내의 범위에서 대통령령으로 정하는 바에 따라 소관 보조사업 또는 간접보조사업의 수행 대상에서 배제하여야 한다.
(2021.6.15 본항신설)

④ 중앙관서의 장은 제1항부터 제3항까지의 규정에 따라 보조사업자등 또는 부정수급 관여 계약업체등에 대하여 보조사업 또는 간접보조사업의 수행 대상에서 배제하거나 보조금 또는 간접보조금의 수급을 제한한 경우에는 그 사실을 즉시 기획재정부장관 및 다른 중앙관서의 장에게 통보하여야 한다. 이 경우 통보를 받은 다른 중앙관서의 장은 해당 보조사업자등 또는 부정수급 관여 계약업체등을 제1항부터 제3항까지의 규정에 따라 정해진 기간 동안 소관 보조사업 또는 간접보조사업 대상에서 배제하거나 보조금 또는 간접보조금의 수급을 제한하여야 한다. 다만, 통보를 받은 중앙관서의 장은 소관 보조사업 또는 간접보조사업과 관련하여 다른 법률에 수행 대상 배제 및 수급 제한 기간에 대한 특별한 규정이 있는 경우에는 그에 따른다.(2021.6.15 본항개정)

⑤ 제2항 및 제4항에도 불구하고 보조금 또는 간접보조금이 다음 각 호의 어느 하나에 해당하는 경우에는 보조금 또는 간접보조금의 지급을 제한하지 아니할 수 있다.
1. 「국민기초생활 보장법」 제7조에 따른 급여
2. 「장애인복지법」 제49조에 따른 장애수당
3. 「기초연금법」에 따른 기초연금
4. 「한부모가족지원법」 제12조에 따른 복지 급여
5. 그 밖에 보조금 또는 간접보조금의 지급을 제한할 실익이 크지 아니한 것으로서 대통령령으로 정하는 경우
(2021.6.15 본항신설)

⑥ 제1항부터 제5항까지에서 규정한 사항 외에 보조사업·간접보조사업의 수행 대상 배제 및 보조금·간접보조금 수급 제한에 대한 구체적인 방법·기준과 이와 관련된 정보의 통합·관리 등에 필요한 사항은 대통령령으로 정한다.(2021.6.15 본항개정)
(2016.1.28 본조신설)

제32조【다른 보조금 교부의 일시 정지 등】 중앙관서의 장은 보조사업자가 보조금 반환 명령을 받고 반환하지 아니하는 경우에 그 보조사업자에게 같은 종류의 사무 또는 사업에 대하여 교부하여야 할 보조금이 있을 때에는 그 교부를 일시 정지하거나 그 보조금과 보조사업자가 반환하지 아니한 보조금 금액을 상계(相計)할 수 있다.
(2020.6.9 본조개정)

제33조【보조금수령자에 대한 보조금의 환수】 ① 중앙관서의 장, 보조사업자 또는 간접보조사업자는 보조금수령자가 다음 각 호의 어느 하나에 해당하는 경우에는 지급한 보조금 또는 간접보조금의 전부 또는 일부를 기한을 정하여 반환하도록 명하여야 한다.
1. 거짓이나 그 밖의 부정한 방법으로 보조금 또는 간접보조금을 지급받은 경우
2. 보조금 또는 간접보조금의 지급 목적과 다른 용도에 사용한 경우
3. 보조금 또는 간접보조금을 지급받기 위한 요건을 갖추지 못한 경우

② 보조사업자 또는 간접보조사업자가 제1항에 따라 보조금 또는 간접보조금의 반환을 명한 경우에는 대통령령으로 정하는 바에 따라 그 사실을 해당 보조사업 또는 간접보조사업의 소관 중앙관서의 장에게 통보하여야 한다.

③ 보조사업자 또는 간접보조사업자는 보조금수령자가 제1항 각 호의 어느 하나에 해당하는 경우에는 중앙관서의 장이 정하는 기간 동안 보조금을 지급하지 아니할 수 있다.

④ 중앙관서의 장은 보조금수령자가 제1항 각 호의 어느 하나에 해당하는 경우에는 일정한 기간 동안 보조사업자 또는 간접보조사업자에게 보조금수령자에 대한 보조금의 지급제한을 명할 수 있다.
(2016.1.28 본조개정)

제33조의2【제재부가금 및 가산금의 부과·징수】 ① 중앙관서의 장은 다음 각 호의 어느 하나에 해당하는 경우에는 반환하여야 할 보조금 또는 간접보조금 총액의 5배 이내의 범위에서 대통령령으로 정하는 바에 따라 보조사업자등에게 제재부가금을 부과·징수하여야 한다. 다만, 제재부가금을 부과하기 전 또는 부과한 후에 보조사업자등이 보조금 또는 간접보조금의 부정한 수급 등을 이유로 이 법 또는 다른 법률에 따라 벌금·과료, 몰수·추징, 과징금 또는 과태료를 부과받은 경우 등 대통령령으로 정하는 사유가 있는 경우에는 제재부가금을 면제·삭감 또는 변경·취소할 수 있다.
1. 제31조제1항에 따라 보조금의 반환을 명한 경우
2. 제33조에 따라 보조사업자 또는 간접보조사업자가 보조금수령자에게 보조금 또는 간접보조금의 반환을 명한 경우

② 중앙관서의 장은 제1항제2호에 따른 사유로 제재부가금을 부과하는 경우에는 제33조에 따라 보조사업자 또는 간접보조사업자가 한 반환명령의 적정성을 조사·확인한 후 제재부가금을 부과하여야 한다.

③ 제1항에도 불구하고 보조금 또는 간접보조금이 다음 각 호의 어느 하나에 해당하는 경우에는 제재부가금을 부과하지 아니할 수 있다.
1. 「국민기초생활 보장법」 제7조에 따른 급여
2. 「장애인복지법」 제49조에 따른 장애수당
3. 「기초연금법」에 따른 기초연금
4. 「한부모가족지원법」 제12조에 따른 복지 급여
5. 그 밖에 제재부가금을 부과·징수할 실익이 크지 아니한 것으로서 대통령령으로 정하는 경우

④ 중앙관서의 장은 제1항에 따른 제재부가금을 납부하여야 할 자가 납부기한까지 납부하지 아니한 경우에는 그 납부기한의 다음 날부터 납부일의 전날까지의 기간에 대하여 체납된 금액의 100분의 5를 초과하지 아니하는 범위에서 가산금을 징수할 수 있다.(2020.6.9 본항개정)

⑤ 제1항부터 제4항까지에서 규정한 사항 외에 제재부가금·가산금의 산정방법 및 부과절차 등에 관하여 필요한 사항은 대통령령으로 정한다.
(2016.1.28 본조개정)

제33조의3【강제징수】 ① 중앙관서의 장 또는 지방자치단체의 장인 보조사업자는 다음 각 호의 구분에 따라 반환금, 제재부가금 및 가산금을 국세 체납처분의 예에 따라 징수하거나 「지방행정제재·부과금의 징수 등에 관한 법률」에 따라 징수할 수 있다.(2020.3.24 본문개정)
1. 보조사업자 또는 간접보조사업자가 제31조 또는 제35조에 따른 반환금을 기한까지 납부하지 아니한 경우 : 중앙관서의 장(2020.6.9 본호개정)
2. 보조금수령자가 제33조에 따른 반환금을 기한까지 납부하지 아니한 경우 : 중앙관서의 장 또는 지방자치단체의 장(지방자치단체의 장이 보조사업자인 경우에 한정한다)
3. 보조사업자등이 제33조의2에 따른 제재부가금·가산금을 기한까지 납부하지 아니한 경우 : 중앙관서의 장(2020.6.9 본호개정)

② 제1항에 따른 반환금, 제재부가금 및 가산금의 징수는 국세와 지방세를 제외하고는 다른 공과금이나 그 밖의 채권에 우선한다.
(2016.1.28 본조신설)

제6장 보 칙
(2011.7.25 본장개정)

제34조【별도 계정의 설정 등】 ① 보조사업자 또는 간접보조사업자는교부받은 보조금 또는 간접보조금에 대하여 별도의 계정(計定)을 설정하고 자체의 수입 및 지출을 명백히 구분하여 회계처리하여야 한다.

② 보조사업자가 지방자치단체의 장인 경우 제1항에 따른 회계는 보조사업 집행에 소요되는 국비 및 지방비의 내역과 각각의 집행실적을 구분하여 처리하여야 한다.

제35조【재산 처분의 제한】 ① 보조사업자 또는 간접보조사업자는 보조금 또는 간접보조금으로 취득하거나 그 효용이 증가된 것으로서 대통령령으로 정하는 중요한 재산(이하 "중요재산"이라 한다)에 대하여는 대통령령으로 정하는 바에 따라 그 현재액과 증감을 명백히 하여야 하고, 그 현황을 중앙관서의 장 또는 해당 지방자치단체의 장에게 보고하여야 한다.(2016.1.28 본항개정)

② 중앙관서의 장 및 지방자치단체의 장은 제1항에 따라 보조사업자 또는 간접보조사업자로부터 보고받은 중요재산의 현황을 컴퓨터 통신 등을 이용하여 대통령령으로 정하는 바에 따라 공시하여야 한다.

③ 보조사업자 또는 간접보조사업자는 해당 보조사업을 완료한 후에도 중앙관서의 장의 승인 없이 중요재산에 대하여 다음 각 호의 행위를 하여서는 아니 된다. 다만, 대통령령으로 정하는 경우에는 중앙관서의 장의 승인을 받지 아니하고도 다음 각 호의 행위를 할 수 있다.
1. 보조금의 교부 목적에 위배되는 용도에 사용
2. 양도, 교환, 대여
3. 담보의 제공

④ 중앙관서의 장은 보조사업자 또는 간접보조사업자가 해당 보조사업을 완료한 후에도 중앙관서의 장의 승인 없이 중요재산에 대하여 제3항 각 호의 행위를 한 경우에는 대통령령으로 정하는 바에 따라 다음 각 호의 전부 또는 일부에 해당하는 금액의 범위에서 반환을 명할 수 있다.
1. 중요재산을 취득하기 위하여 사용된 보조금 또는 간접보조금에 해당하는 금액
2. 중요재산의 효용가치 증가액에 해당하는 금액
3. 중요재산의 양도, 교환, 대여 또는 담보 제공을 통하여 얻은 재산상의 이익에 해당하는 금액
(2016.1.28 본항신설)

판례 보조사업자가 보조금 등으로 건축한 직장보육시설을 처분제한 조건에 위반하여 제3자에게 처분한 경우, 보조금교부결정의 취소 범위 : 보조사업자가 보조금으로 건립한 보육시설, 기타 부대시설을 준공일로부터 일정기간 동안은 노동부장관의 승인 없이 국고보조금 교부목적에 위배되는 용도에 사용하거나 양도·교환·대여 또는 담보에 제공할 수 없다고 규정하고 있는 '직장보육시설설립운영지침'을 준수할 것을 조건으로 보조금을 교부받아, 여기에 자기 부담금을 보태서 보육시설을 건축하여 일정기간 보육시설을 운영하다가 임의로 이를 제3자에게 매도한 경우, 처분제한기간 중 스스로 보육시설을 운영한 기간에 상응한 부분은 직장보육시설 보조금이 그 목적대로 집행된 것이라고 볼 여지가 있으므로, 보육시설을 타에 매매함으로써 처분제한 조건을 위반하였다는 사유로 동법 제30조제1항에 의하여 보조금교부결정을 취소함에 있어서는 매매에 이른 경위 등 다른 사정들과 함께 보조금이 일부 그 목적대로 집행된 사정을 감안하여 취소의 범위를 결정하여야 한다.
(대판 2003.5.16, 2003두1288)

제35조의2【중요재산의 부기등기】 ① 보조사업자 또는 간접보조사업자는 중요재산 중 부동산에 대한 소유권 등기를 할 때 다음 각 호에서 정한 사항을 표기내용으로 하는 부기등기(附記登記)를 하여야 한다. 다만, 「국유재산법」 등에 따라 국가·지방자치단체가 취득·관리하는 부동산의 경우에는 그러하지 아니하다.
1. 해당 부동산은 보조금 또는 간접보조금을 교부받아 취득하였거나 그 효용가치가 증가한 재산이라는 사항
2. 보조금 또는 간접보조금의 교부 목적과 해당 부동산의 내용연수를 고려하여 중앙관서의 장이 정한 기간이 지나지 아니하였음에도 그 부동산을 보조금 또는 간접보조금의 교부 목적에 위배되는 용도에 사용, 양도, 교환, 대여 및 담보로 제공하려는 경우에는 중앙관서의 장의 승인을 받아야 한다는 사항

② 제1항에 따른 부기등기는 소유권보존등기, 소유권이전등기 또는 토지·건물표시변경등기와 동시에 하여야 한다. 다만, 보조금 또는 간접보조금의 교부로 부동산의 등기내용이 변경되지 아니하는 경우에는 제27조에 따른 보조사업 실적보고서 제출 전까지 부기등기를 하여야 한다.

③ 제1항에 따른 부기등기일 이후에 제35조제3항을 위반하여 중요재산을 양도·교환·대여하거나 담보물로 제공한 경우에는 그 효력을 무효로 한다.

④ 보조사업자 또는 간접보조사업자는 다음 각 호의 어느 하나에 해당하는 경우에는 제1항에 따른 부기등기 사항을 말소할 수 있다.
1. 보조사업자 또는 간접보조사업자가 제18조제2항 또는 제31조에 따라 보조금 또는 간접보조금의 전부를 국가에 반환하고, 중앙관서의 장으로부터 이러한 사실을 확인받은 경우
2. 보조금 또는 간접보조금의 교부 목적과 부동산의 내용연수를 고려하여 중앙관서의 장이 정한 기간이 지난 경우
(2016.1.28 본조신설)

제36조【검사】 ① 중앙관서의 장은 보조금에 관한 예산의 적절한 집행을 도모하기 위하여 필요하다고 인정할 때에는 보조사업자 또는 간접보조사업자에 대하여 보고를 하게 하거나 소속 공무원으로 하여금 그 사무소 또는 사업장에서 장부·서류 또는 그 밖의 재산을 검사하게 하거나 관계자에게 질문하게 할 수 있다.

② 제1항에 따라 검사 또는 질문을 하는 공무원은 그 권한을 나타내는 증표를 지니고 이를 관계자에게 보여주어야 한다.

제36조의2【명단 등의 공표】 ① 중앙관서의 장은 다음 각 호의 어느 하나에 해당하는 자의 명단과 위반행위 및 처분내용 등 처분과 관련한 사항으로서 대통령령으로 정하는 사항을 매년 3월 31일까지 해당 중앙관서의 인터넷 홈페이지에 공표하여야 한다.
1. 제26조의10제1항에 따른 공시의무를 이행하지 아니하거나 거짓 사실을 공시하여 시정명령, 보조금 삭감 등의 처분을 3회 이상 받은 보조사업자 또는 간접보조사업자
(2017.1.4 본호개정)
2. 제31조의2제1항 각 호의 어느 하나에 해당하는 보조사업자 또는 간접보조사업자
3. 제31조의2제2항 각 호의 어느 하나에 해당하는 보조금수령자

② 제1항에 따른 보조금 부정수급자 명단의 공표 여부를 심의하기 위하여 각 중앙관서에 보조금부정수급자명단공표심의위원회(이하 이 조에서 "심의위원회"라 한다)를 둔다.

③ 제1항에도 불구하고 중앙관서의 장은 공표 대상자의 사망으로 공표의 실효성이 없거나 공표가 적절하지 아니한 경우 등 대통령령으로 정하는 사유가 있는 경우에는 제1항에 따른 공표를 하지 아니할 수 있다.

④ 중앙관서의 장은 제1항에 따른 공표를 실시하기 전에 공표대상자에게 그 사실을 통지하여 소명자료를 제출하게 하거나 의견진술을 할 수 있는 기회를 주어야 한다.

⑤ 중앙관서의 장은 보조금 또는 간접보조금 교부 결정의 취소, 보조금 또는 간접보조금의 반환명령 등에 대한 제37조에 따른 이의신청이나 그 밖의 불복절차가 진행중인 경우에는 불복절차가 끝난 후에 제1항에 따른 공표를 하여야 한다.

⑥ 제1항부터 제5항까지에서 규정한 사항 외에 명단 등의 공표 방법, 절차, 심의위원회 구성 및 운영 등에 관하여 필요한 사항은 대통령령으로 정한다.
(2016.1.28 본조신설)

제37조【이의신청】 ① 보조사업자는 보조금의 교부 결정, 교부 결정의 내용, 교부 결정의 취소, 보조금의 반환명령 또는 삭감, 보조사업 또는 간접보조사업의 수행 배제, 보조금 또는 간접보조금의 수급 제한 및 제재부가금의 부과, 그 밖에 보조금의 교부에 관한 중앙관서의 장의 처분에 이의가 있을 때에는 그 통지 또는 처분을 받은 날부터 20일 이내에 서면으로 그 중앙관서의 장에게 이의를 신청할 수 있다.
② 간접보조사업자 또는 보조금수령자는 보조금의 반환명령 또는 삭감, 보조사업 또는 간접보조사업의 수행 배제, 보조금 또는 간접보조금의 수급 제한 및 제재부가금의 부과에 관한 중앙관서의 장의 처분에 이의가 있을 때에는 그 통지 또는 처분을 받은 날부터 20일 이내에 서면으로 그 중앙관서의 장에게 이의를 신청할 수 있다.
(2016.1.28 본항신설)
③ 중앙관서의 장은 제1항 및 제2항에 따른 이의신청을 받으면 관계자의 의견을 들은 후 필요한 조치를 하고 그 사실을 이의신청자에게 통지하여야 한다. 이 경우 교부결정의 내용에 관한 이의신청자가 그 사실을 통지받은 날부터 20일 이내에 수락의 의사표시를 하지 아니하였을 때에는 그 보조금의 교부 신청을 철회한 것으로 본다.
(2016.1.28 본조개정)
제38조【사무의 위임】 보조금의 교부 및 관리 등에 관한 중앙관서의 장의 사무는 대통령령으로 정하는 바에 따라 그 일부를 소속 관서의 장 또는 지방자치단체의 장에게 위임할 수 있다.
제39조【회계 관계에 관한 규정】 보조금의 회계에 관하여는 「국가재정법」 제11조 및 제99조를 준용한다.
제39조의2【신고포상금의 지급】 ① 중앙관서의 장은 다음 각 호의 어느 하나에 해당하는 자를 관계 행정관청이나 수사기관에 신고 또는 고발한 자에게 예산의 범위에서 포상금을 지급할 수 있다. 다만, 공무원이 그 직무와 관련하여 신고한 경우에는 포상금을 지급하지 아니한다.
1. 제30조제1항 각 호의 어느 하나에 해당하는 보조사업자
2. 제30조제2항 각 호의 어느 하나에 해당하는 간접보조사업자
3. 제33조제1항 각 호의 어느 하나에 해당하는 보조금수령자(2016.1.28 본호개정)
② 제1항에 따른 포상금 지급의 기준 및 절차 등에 관하여 필요한 사항은 대통령령으로 정한다.
(2011.7.25 본조신설)
제39조의3【대국민 이용 지원】 ① 기획재정부장관은 보조금 또는 보조사업에 대한 정보가 필요한 국민에게 관련된 자료 또는 정보의 검색, 조회 등 온라인 서비스를 제공하는 인터넷 기반의 대국민 포털을 구축·관리하고 그 활용을 촉진하여야 한다.
② 기획재정부장관 및 중앙관서의 장은 정보취약계층이 보조금통합관리망을 원활하게 이용할 수 있도록 사용 지원 대책을 마련하는 등 필요한 조치를 하여야 한다.
③ 제1항에 따른 대국민 포털의 구축·관리 및 제2항에 따른 보조금통합관리망의 사용 지원 대책 마련 등에 관하여 필요한 사항은 기획재정부장관이 정한다.
(2017.1.4 본조신설)
제39조의4【벌칙 적용에서 공무원 의제】 제26조의7제4항에 따라 위탁받은 업무에 종사하는 한국재정정보원의 임직원은 「형법」 제129조부터 제132조까지의 규정을 적용할 때에는 공무원으로 본다.(2017.1.4 본조신설)

제7장 벌 칙
(2011.7.25 본장제목개정)

제40조【벌칙】 다음 각 호의 어느 하나에 해당하는 자는 10년 이하의 징역 또는 1억원 이하의 벌금에 처한다.
1. 거짓 신청이나 그 밖의 부정한 방법으로 보조금이나 간접보조금을 교부받거나 지급받은 자 또는 그 사실을 알면서 보조금이나 간접보조금을 교부하거나 지급한 자
2. 제26조의6제1항제1호를 위반한 자
(2017.1.4 본조개정)
제41조【벌칙】 다음 각 호의 어느 하나에 해당하는 자는 5년 이하의 징역 또는 5천만원 이하의 벌금에 처한다.
(2016.1.28 본문개정)
1. 제22조를 위반하여 보조금이나 간접보조금을 다른 용도에 사용한 자(2016.1.28 본호신설)
2. 제26조의6제1항제2호부터 제4호까지를 위반한 자
(2017.1.4 본호신설)
3. 제35조제3항을 위반하여 중앙관서의 장의 승인 없이 중요재산에 대하여 금지된 행위를 한 자(2016.1.28 본호신설)
제42조【벌칙】 ① 제23조 또는 제24조를 위반하여 중앙관서의 장의 승인을 받지 아니하고 보조사업의 내용을 변경하거나 보조사업을 인계·중단 또는 폐지한 자는 2년 이하의 징역 또는 2천만원 이하의 벌금에 처한다.
② 다음 각 호의 어느 하나에 해당하는 자는 1년 이하의 징역 또는 1천만원 이하의 벌금에 처한다.
1. 제25조제3항을 위반하여 관련된 자료를 보관하지 아니한 자
2. 제26조제2항에 따른 정지명령을 위반한 자
3. 제27조 또는 제36조제1항을 위반하여 거짓 보고를 한 자
(2016.1.28 본조개정)
제43조【양벌규정】 법인의 대표자나 법인 또는 개인의 대리인, 사용인, 그 밖의 종업원이 그 법인 또는 개인의 업무에 관하여 제40조부터 제42조까지의 어느 하나에 해당하는 위반행위를 하면 그 행위자를 벌하는 외에 그 법인 또는 개인에게도 해당 조문의 벌금형을 과(科)한다. 다만, 법인 또는 개인이 그 위반행위를 방지하기 위하여 해당 업무에 관하여 상당한 주의와 감독을 게을리하지 아니한 경우에는 그러하지 아니하다.(2009.1.30 본조개정)

부 칙 (2016.1.28)

제1조【시행일】 이 법은 공포 후 3개월이 경과한 날부터 시행한다. 다만, 제26조의10 및 제36조의2제1항제1호의 개정규정은 2017년 6월 1일부터 시행한다.(2017.1.4 단서개정)
제2조【보조사업의 존속기간에 관한 적용례 등】 ① 제15조제1항의 개정규정은 이 법 시행 이후 보조금의 교부가 결정된 보조사업부터 적용한다.
② 제15조제1항의 개정규정에도 불구하고 이 법 시행 전에 보조금을 교부받은 보조사업에 대한 존속기간은 이 법 시행일부터 다음 각 호의 구분에 따른 연도 말까지로 한다.
1. 2012년에 보조사업 운용 평가를 받은 보조사업 : 2016년
2. 2013년에 보조사업 운용 평가를 받은 보조사업 : 2017년
3. 2014년에 보조사업 운용 평가를 받은 보조사업 : 2018년
4. 2012년부터 2014년까지 시행한 보조사업 운용 평가 대상에서 제외된 보조사업 중 제15조제1항의 개정규정에 따른 대통령령으로 정하는 보조사업에 해당되지 아니하는 보조사업 : 2016년
③ 제2항 각 호에 따라 존속기간이 만료되는 보조사업은 그 존속기간이 만료되기 전에 제15조제2항의 개정규정에 따라 평가를 받아야 한다.
제3조【정보공시에 관한 적용례】 제26조의10의 개정규정은 2017년 6월 1일 당시 수행 중인 보조사업 또는 간접보조사업에 대해서도 적용한다.(2017.1.4 본조개정)
제4조【특정사업자에 대한 회계감사에 관한 적용례】 제27조의2의 개정규정은 이 법 시행일이 속하는 회계연도의 다음 회계연도부터 적용한다.
제5조【보조사업 수행 배제 등에 관한 적용례】 제31조의2제1항 및 제2항의 개정규정은 이 법 시행 이후 보조금 또는 간접보조금의 교부결정에 대하여 전부 또는 일부가 취소되거나 보조금 또는 간접보조금의 전부 또는 일부에 대하여 반환명령을 받는 경우부터 적용한다.
제6조【제재부가금 부과에 관한 적용례】 제33조의2의 개정규정은 이 법 시행 이후에 발생한 위반사실을 이유로 보조금 또는 간접보조금의 반환명령을 받는 경우부터 적용한다.
제7조【반환금과 그 밖의 채권 간의 우선순위에 관한 적용례】 제33조의3제2항의 개정규정에 따른 반환금과 그 밖의 채권 간의 우선순위는 이 법 시행 이후 발생한 채권부터 적용한다.
제8조【중요재산의 효용증가액 등의 반환명령에 관한 적용례】 제35조제4항의 개정규정은 이 법 시행 당시 보조사업 또는 간접보조사업을 수행 중인 보조사업자 또는 간접보조사업자가 이 법 시행 이후 같은 조 제3항에 위반되는 행위를 한 경우부터 적용한다.
제9조【중요재산에 대한 부기등기에 관한 적용례】 제35조의2의 개정규정은 이 법 시행 이후 교부받는 보조금 또는 간접보조금으로 취득하거나 효용가치가 증가한 재산부터 적용한다.
제10조【명단 등의 공표에 관한 적용례】 제36조의2의 개정규정은 같은 개정규정 시행 이후에 발생한 위반행위를 이유로 보조사업자등이 시정명령 또는 보조금 삭감 등의 처분을 받거나 보조금 교부 결정의 취소, 보조금 또는 간접보조금의 반환명령을 받는 경우부터 적용한다.
제11조【다른 법률의 개정】 ①~④ ※(해당 법령에 가제정리 하였음)
제12조【다른 법령과의 관계】 이 법 시행 당시 다른 법령에서 종전의 규정을 인용하고 있는 경우에 이 법 가운데 그에 해당하는 규정이 있을 때에는 이 법의 해당 규정을 인용한 것으로 본다.

부 칙 (2017.1.4)

제1조【시행일】 이 법은 공포한 날부터 시행한다. 다만, 부칙 제4조는 2017년 3월 28일부터 시행하고, 법률 제13931호 보조금 관리에 관한 법률 일부개정법률 제26조의3, 제26조의10, 제36조의2제1항제1호 및 법률 제13931호 보조금 관리에 관한 법률 일부개정법률 부칙 제3조의 개정규정은 2017년 6월 1일부터 시행한다.
제2조【보조금통합관리망의 구축 및 자료 등의 제공에 관한 적용례】 제26조의2제2항 및 제3항, 제26조의3, 제26조의4 및 제26조의7의 개정규정은 이 법 시행 당시 이 법에 따라 보조금 또는 간접보조금을 교부받아 집행하고 있는 보조사업이나 간접보조사업에 대해서도 적용한다.
제3조【보조금관리정보의 파기 및 보호에 관한 적용례】 제26조의5 및 제26조의6의 개정규정은 이 법 시행 당시 보조금통합관리망을 통하여 보유하고 있는 보조금관리정보에 대해서도 적용한다.
제4조【다른 법률의 개정】 ①~② ※(해당 법령에 가제정리 하였음)

부 칙 (2020.3.24)

제1조【시행일】 이 법은 공포한 날부터 시행한다.(이하 생략)

부 칙 (2020.3.31)

제1조【시행일】 이 법은 공포 후 6개월이 경과한 날부터 시행한다.
제2조【보조사업자 등의 실적 보고 지연에 관한 적용례】 제27조제3항의 개정규정은 보조사업자 또는 간접보조사업자가 이 법 시행 이후 같은 조 제1항 및 제2항에 따른 보고서 및 서류를 같은 조 제1항에 따른 기한이 지난 후 제출한 경우부터 적용한다.

부 칙 (2020.6.9)

이 법은 공포한 날부터 시행한다.(이하 생략)

부 칙 (2020.12.29)

제1조【시행일】 이 법은 2021년 1월 1일부터 시행한다.(이하 생략)

부 칙 (2021.6.15)

제1조【시행일】 이 법은 공포 후 6개월이 경과한 날부터 시행한다.
제2조【보조사업의 존속기간과 연장평가에 관한 적용례】 제15조제4항의 개정규정은 이 법 시행일이 속하는 회계연도의 다음 회계연도에 국회에 제출하는 예산안부터 적용한다.
제3조【보조사업 수행 배제에 관한 적용례】 제31조의2제3항의 개정규정은 이 법 시행 이후 보조사업 또는 간접보조사업과 관련한 계약의 입찰·낙찰·체결·이행 과정에서 거짓 신청 또는 그 밖의 부정한 방법으로 재산상의 이익을 취득한 경우부터 적용한다.
제4조【보조금 지급 제한 예외에 관한 적용례】 제31조의2제5항의 개정규정은 이 법 시행 당시 종전의 제31조의2제3항 전단에 따라 보조금 또는 간접보조금의 수급 제한 사실을 통보받은 경우에도 적용한다.
제5조【보조금관리위원회에 관한 경과조치】 이 법 시행 당시 「보조금 관리에 관한 법률 시행령」에 따라 설치된 보조금관리위원회는 이 법에 따른 보조금관리위원회로 본다.
제6조【다른 법령과의 관계】 이 법 시행 당시 다른 법령에서 종전의 규정을 인용하고 있는 경우 이 법 가운데 그에 해당하는 규정이 있을 때에는 종전의 규정을 갈음하여 이 법의 해당 규정을 인용한 것으로 본다.

부 칙 (2021.8.17)

제1조【시행일】 이 법은 공포 후 6개월이 경과한 날부터 시행한다.(이하 생략)

부 칙 (2021.12.21)

제1조【시행일】 이 법은 공포한 날부터 시행한다.(이하 생략)

부 칙 (2023.7.18)

제1조【시행일】 이 법은 공포 후 6개월이 경과한 날부터 시행한다.(이하 생략)

정부보관금에 관한 법률

(약칭 : 정부보관금법)

(1961년 12월 13일 법 률 제839호)

개정
1997.12.13법5454호(정부부처명)
2002.12.30법6836호(국고금관리법)
2009.12.29법9826호 2020. 3.31법17152호

제1조【국고에의 귀속】 ① 법령에 따라 정부가 보관하는 공유금(公有金)이나 사유금(私有金)(이하 "보관금"이라 한다)은 법률로 따로 규정한 경우를 제외하고는 다음 각 호의 구분에 따라 해당하는 날부터 계산하여 10년이 지나도 환불 청구가 없을 때에는 국고에 귀속한다.
(2020.3.31 본문개정)
1. 보관의무 해제 기한이 있는 보관금 : 보관의무가 해제된 다음 날
2. 보관의무 해제 기한이 없는 보관금 : 보관한 다음 날
3. 소송사건으로 인하여 환불 청구를 할 수 없는 보관금 : 재판이 확정된 다음 날

② 각 중앙관서의 장은 제1항에 따라 소멸시효가 완성되기 전에 기획재정부령으로 정하는 바에 따라 환불 청구 권리를 가진 자에게 해당 보관금을 환불 청구할 수 있는 권리가 있음을 미리 통지하여야 한다.(2020.3.31 본항신설)
(2009.12.29 본조개정)

제2조【이자】 보관금에 대하여는 법령 또는 계약에 따르는 경우 외에는 이자를 붙이지 아니한다.(2009.12.29 본조개정)

제3조【매매 등의 금지】 보관금의 증서는 매매하거나 양도하거나 질권의 목적으로 할 수 없다.(2009.12.29 본조개정)

제4조【면세】 보관금의 수수(授受)에 관한 증서에는 인지를 붙이지 아니한다.(2009.12.29 본조개정)

제4조의2【준용규정】 보관금의 출납보관에 관하여는 「국고금관리법」 제35조 · 제37조 · 제38조 · 제40조 · 제45조 및 제46조를 준용한다.(2009.12.29 본조개정)

제5조 (2009.12.29 삭제)

부 칙 (2009.12.29)

이 법은 공포한 날부터 시행한다.

부 칙 (2020.3.31)

제1조【시행일】 이 법은 공포 후 3개월이 경과한 날부터 시행한다.

제2조【환불 청구권 소멸시효에 관한 적용례】 제1조의 개정규정은 이 법 시행 당시 정부가 보관하고 있는 보관금 중 같은 조 제1항 각 호의 구분에 따른 날부터 5년이 지나지 아니한 보관금에 대해서도 적용한다.

부담금관리 기본법

(약칭 : 부담금관리법)

(2001년 12월 31일 법 률 제6589호)

개정
2002. 1.26법 6642호(도시교통정비촉진법) <중략>
2008. 2.29법 8852호(정부조직)
2008. 3.21법 8970호(도시개발법)
2008. 3.21법 8975호(개발제한구역의지정및관리에관한특별조치법)
2008. 3.21법 8976호(도로법)
2008. 3.28법 9016호(방사성폐기물관리법)
2008. 3.28법 9045호(개발이익환수에관한법)
2008. 3.28법 9051호(기반시설부담금에관한법률폐지법)
2008. 3.28법 9065호(자동차손해배상)
2008. 6. 5법 9090호(농어촌도로정비법)
2008.12.31법 9281호
2009. 1.30법 9380호(지역신용보증재단법)
2009. 2. 6법 9436호(개발제한구역의지정및관리에관한특별조치법)
2009. 3.25법 9526호(제주자치법)
2009. 5.22법 9708호(정보통신산업진흥법)
2009. 5.27법 9730호(도로법)
2009. 6. 9법 9773호(항만법)
2010. 3.22법10155호(석면피해구제법)
2010. 3.22법10161호(공항소음방지및소음대책지역지원에관한법)
2010. 3.22법10165호(방송통신발전기본법)
2010. 3.31법10193호
2010. 5.31법10335호(한강수계상수원수질개선및주민지원등에관한법)
2011. 3.30법10492호(오존층보호를위한특정물질의제조규제등에관한법)
2011. 4.30법10619호
2011. 7.25법10909호(원자력진흥법)
2011. 7.25법10911호(원자력안전법)
2012.12.18법11549호
2013. 3.23법11690호(정부조직)
2013. 5.28법11821호(국가재정법)
2013. 7.16법11887호
2013. 7.16법11913호(전기 · 전자제품및자동차의자원순환에관한법)
2014.11.19법12844호(정부조직)
2015. 6.22법13389호(원자력안전법)
2015. 7.20법13410호(수도권대기환경개선에관한특별법)
2015. 7.24법13426호(제주자치법)
2015.12.22법13603호(환경오염시설의통합관리에관한법)
2015.12.29법13623호
2016. 1.27법13872호(금강수계물관리및주민지원등에관한법)
2016. 1.27법13873호(낙동강수계물관리및주민지원등에관한법)
2016. 1.27법13879호(수질수생태계보전)
2016. 1.27법13883호(영산강 · 섬진강수계물관리및주민지원등에관한법)
2016. 1.27법13889호(한강수계상수원수질개선및주민지원등에관한법)
2016. 3.22법14095호(서민의금융생활지원에관한법)
2016. 3.29법14122호(기술보증기금법)
2016. 5.29법14229호(자원순환기본법)
2016.12.20법14404호(국제질병퇴치기금법)
2017. 1.17법14532호(물환경보전법)
2017. 7.26법14839호(정부조직)
2020. 2.18법17065호(해운법)
2020. 3.31법17147호
2021. 6. 8법18238호(원자력시설등의방호및방사능방재대책법)
2021. 6.15법18243호
2021. 6.15법18284호(댐건설 · 관리및주변지역지원등에관한법)
2022.10.18법19002호(오존층보호등을위한특정물질의관리에관한법)
2022.10.18법19012호(해양생태계의보전및관리에관한법)
2022.12.31법19208호(순환경제사회전환촉진법)
2023. 7.18법19542호

제1조【목적】 이 법은 부담금의 설치 · 관리 및 운용에 관한 기본적인 사항을 규정함으로써 부담금 운용의 공정성 및 투명성을 확보하여 국민의 불편을 최소화하고 기업의 경제활동을 촉진함을 목적으로 한다.
(2010.3.31 본조개정)

제2조【정의】 이 법에서 "부담금"이란 중앙행정기관의 장, 지방자치단체의 장, 행정권한을 위탁받은 공공단체 또는 법인의 장 등 법률에 따라 금전적 부담의 부과권한을 부여받은 자(이하 "부과권자"라 한다)가 분담금, 부과금, 기여금, 그 밖의 명칭에도 불구하고 재화 또는 용역의 제공과 관계없이 특정 공익사업과 관련하여 법률에서 정하는 바에 따라 부과하는 조세 외의 금전지급의무(특정한 의무이행을 담보하기 위한 예치금 또는 보증금의 성격을 가진 것은 제외한다)를 말한다.(2010.3.31 본조개정)

제3조【부담금 설치의 제한】 부담금은 별표에 규정된 법률에 따르지 아니하고는 설치할 수 없다.
(2010.3.31 본조개정)

제4조【부담금의 부과요건등】 부담금 부과의 근거가 되는 법률에는 부담금의 부과 및 징수주체, 설치목적, 부과요건, 산정기준, 산정방법, 부과요율 등(이하 "부과요건등"이라 한다)이 구체적이고 명확하게 규정되어야 한다. 다만, 부과요건등의 세부적인 내용은 해당 법률에서 구체적으로 범위를 정하여 위임한 바에 따라 대통령령 · 총리령 · 부령 또는 조례 · 규칙으로 정할 수 있다.
(2010.3.31 본조개정)

제5조【부담금 부과의 원칙】 ① 부담금은 설치목적을 달성하기 위하여 필요한 최소한의 범위에서 공정성 및 투명성이 확보되도록 부과되어야 하며, 특별한 사유가 없으면 하나의 부과대상에 이중으로 부과되어서는 아니 된다.
② 부과권자가 부담금을 부과하는 경우에는 부담금의 납부의무자에게 미리 다음 각 호의 사항을 알려야 한다.
1. 부담금 납부의무자
2. 부담금 부과의 법적 근거, 납부금액, 산출근거, 납부방법 및 미납 시의 조치사항(2015.12.29 본호개정)
3. 부담금의 감면 요건 및 방법
4. 부담금의 용도
5. 제2호에 대하여 의견을 제출할 수 있다는 뜻과 의견을 제출하지 아니하는 경우의 처리방법
6. 의견제출기관의 명칭과 주소
7. 의견제출 기한
8. 그 밖에 부담금의 부과 및 납부에 필요한 사항

③ 부과권자는 제2항제5호에 따라 부담금의 납부의무자가 제출한 의견이 타당하다고 인정되면 그 의견을 반영하여야 한다.
④ 부과권자는 다음 각 호의 어느 하나에 해당하는 경우에는 제2항에 따른 통지를 하지 아니할 수 있다.
1. 공공의 안전 또는 복리(福利)를 위하여 긴급하게 처분할 필요가 있는 경우. 다만, 해당 법령에서 정한 경우만 해당한다.
2. 해당 처분의 성질상 의견청취가 현저히 곤란하거나 명백히 불필요하다고 인정될 만한 타당한 이유가 있는 경우
3. 해당 법령에서 부담금의 부과기준일, 부과기간 및 납부기한 등이 정하여져 있고, 제2항 각 호의 내용을 포함하여 매년 정기적으로 부담금을 부과하는 경우. 다만, 납부의무자에게 최초로 부과하는 경우와 부과요율 인상, 부과대상 변경 등 부담금의 부과요건이 변경되는 경우는 제외한다.

⑤ 부담금의 부과, 감면, 납부방법 및 환급 절차에 관하여는 해당 법령에서 구체적으로 정하되, 현금, 신용카드 및 직불카드 등으로 납부할 수 있도록 하여야 한다.
(2015.12.29 본항개정)
(2010.3.31 본조개정)

제5조의2【부담금 존속기한의 설정】 ① 부담금을 신설하거나 부과대상을 확대하는 경우 그 부담금의 존속기한을 법령에 명시하여야 한다. 다만, 그 부담금을 계속 존속시켜야 할 명백한 사유가 있는 경우에는 그러하지 아니하다.
② 제1항에 따른 존속기한은 부담금의 목적을 달성하기 위하여 필요한 최소한의 기간으로 설정하여야 하며, 그 기간은 10년을 초과할 수 없다.
(2010.3.31 본조신설)

제5조의3【가산금 등】 ① 부담금 납부의무자가 납부기한을 지키지 아니하는 경우에는 해당 법령에서 정하는 바에 따라 가산금 등을 부과 · 징수할 수 있다.
② 제1항에 따라 가산금 등을 부과하는 규정을 해당 법령에 정할 때에는 그 가산금 등이 다음 각 호의 구분에 따른 금액을 초과하지 아니하도록 하여야 한다.
1. 부담금을 납부기한까지 완납하지 아니한 경우 부과하는 가산금 등 : 체납된 부담금의 100분의 3에 상당하는 금액
2. 체납된 부담금을 납부하지 아니한 경우 제1호의 가산금 등에 더하여 부과하는 가산금 등 : 체납기간 1일당 체납된 부담금의 10만분의 25에 상당하는 금액
(2021.6.15 본호개정)

(2015.12.29 본항개정)
(2010.3.31 본조신설)

제5조의4【권리구제절차】 납부의무자가 위법하거나 부당한 부담금의 부과 · 징수로 인하여 권리 또는 이익을 침해받았을 경우에 이의신청을 할 수 있도록 하는 등 적절한 권리구제절차를 해당 법령에서 명확하게 정하여야 한다.(2010.3.31 본조신설)

제6조【부담금의 신설 또는 변경에 관한 심사】 ① 중앙행정기관의 장은 소관 사무와 관련하여 부담금을 신설 또는 변경(부담금의 부과대상을 확대 · 축소하는 경우와 부담금의 부과요율을 인상 · 인하하는 경우를 포함한다. 이하 같다)하려는 경우에는 해당 법령안을 입법예고하거나 해당 중앙행정기관의 장이 정하기 전에 기획재정부장관에게 부담금 신설 또는 변경의 타당성에 관한 심사를 요청하여야 한다.(2015.12.29 본항개정)
② 중앙행정기관의 장은 제1항에 따른 심사를 요청할 때에는 부담금의 신설 또는 변경에 관한 계획서(이하 "계획서"라 한다)를 제출하여야 한다.(2015.12.29 본항개정)
③ 기획재정부장관은 제1항에 따른 심사를 요청받으면 부담금의 신설 또는 변경이 다음 각 호의 기준에 부합하는지를 제9조에 따른 부담금운용심의위원회로 하여금 심의하게 하여야 한다.(2015.12.29 본문개정)
1. 부담금을 신설 또는 변경할 명확한 목적이 있을 것
(2015.12.29 본호개정)
2. 부담금의 부과요건등이 구체적이고 명확하게 규정되어 있을 것
3. 부담금의 재원 조성의 필요성과 사용목적의 공정성 및 투명성을 각각 갖추었을 것
4. 기존의 부담금과 중복되지 아니할 것
5. 부담금의 부과가 조세보다 적절할 것
6. 부담금의 존속기한이 목적을 달성하기 위하여 필요한 최소한의 기간으로 설정되어 있을 것. 다만, 그 부담금을 계속 존속시켜야 할 명백한 사유가 있는 경우에는 그러하지 아니하다.

④ 기획재정부장관은 제3항에 따른 심사 결과 부담금의 신설 또는 변경이 같은 항 각 호의 기준에 부합하지 아니하다고 인정하는 경우에는 계획서를 제출한 중앙행정기관의 장에게 그 계획서의 재검토 또는 수정을 요청할 수 있다.(2015.12.29 본항개정)
(2015.12.29 본조제목개정)
(2010.3.31 본조개정)

제6조의2【부담금운용종합계획서의 국회제출 등】 ① 부담금을 규정하고 있는 법률의 소관 중앙행정기관의 장(이하 "부담금의 소관 중앙행정기관의 장"이라 한다)은

매년 다음 연도 부담금의 부과 및 사용 계획, 제8조에 따른 부담금운용 평가 결과의 이행 계획 등이 포함된 부담금운용계획서를 작성하여 기획재정부장관에게 제출하여야 한다.(2020.3.31 본항개정)
② 기획재정부장관은 제1항에 따라 부담금운용계획서를 받으면 이를 기초로 부담금운용종합계획서를 작성하여 매년 회계연도 개시 120일 전까지 국회에 제출하여야 한다.(2013.5.28 본항개정)
③ 제1항 및 제2항에 따른 부담금운용계획서 및 부담금운용종합계획서의 작성 및 제출에 필요한 사항은 대통령령으로 정한다.
(2012.12.18 본조신설)
제7조【부담금운용종합보고서의 국회제출 등】 ① 부담금의 소관 중앙행정기관의 장은 매년 전년도 부담금의 부과실적 및 사용명세, 제8조에 따른 부담금운용 평가 결과의 이행 실적 등이 포함된 부담금운용보고서를 작성하여 기획재정부장관에게 제출하여야 한다.(2020.3.31 본항개정)
② 기획재정부장관은 제1항에 따라 부담금운용보고서를 받으면 이를 기초로 부담금운용종합보고서를 작성하여 매년 5월 31일까지 국회에 제출하여야 한다.
③ 부담금운용보고서 및 부담금운용종합보고서의 작성 및 제출에 필요한 사항은 대통령령으로 정한다.
(2010.3.31 본조개정)
제8조【부담금운용의 평가】 ① 기획재정부장관은 부담금을 적정하게 운용하기 위하여 각 부담금의 부과목적, 부과실태, 사용내용의 건전성, 부과절차의 공정성 및 존치 필요성 등을 지속적으로 점검·평가하여야 한다. 이 경우 각 부담금의 존치 필요성에 대해서는 3년마다 1회씩 점검·평가하고 그 결과를 제7조제2항에 따른 부담금운용종합보고서에 포함하여 국회에 제출하여야 한다.
(2015.12.29 본항개정)
② 기획재정부장관은 제1항에 따른 평가 결과, 부담금의 운용이 적정하지 아니하였거나 부담금을 존치할 필요성이 없어졌다고 인정하는 경우에는 부담금의 소관 중앙행정기관의 장에게 해당 부담금의 폐지 등을 위한 제도개선을 요청할 수 있다.
③ 제2항에 따라 요청을 받은 부담금의 소관 중앙행정기관의 장은 특별한 사유가 없으면 해당 부담금의 폐지 등을 위한 법령의 개정방안, 부담금을 대체할 수 있는 제도의 신설 등의 대책을 마련하여 기획재정부장관과 협의하여야 한다.
④ 기획재정부장관은 부담금운용실태를 점검·평가하거나 부담금제도에 관한 전문적·기술적인 연구를 하거나 자문하기 위하여 부담금운용평가단을 운영할 수 있다.
⑤ 제4항에 따른 부담금운용평가단의 구성 및 운영에 필요한 사항은 대통령령으로 정한다.
(2010.3.31 본조개정)
제9조【부담금운용심의위원회】 ① 부담금에 관한 주요 정책과 그 운용방향 등을 심의하기 위하여 기획재정부장관 소속으로 부담금운용심의위원회(이하 "위원회"라 한다)를 둔다.
② 위원회는 다음 각 호의 사항을 심의한다.
1. 부담금의 신설·변경 및 폐지에 관한 사항
2. 제8조제4항에 따른 부담금운용평가단의 부담금 평가 결과 및 제도개선 요청사항
3. 위원장이 위원회의 심의가 필요하다고 인정하여 회의에 부치는 사항
4. 그 밖에 대통령령으로 정하는 사항
③ 위원회는 다음 각 호의 사람으로 구성한다.
1. 기획재정부차관 중에서 기획재정부장관이 지명한 사람
2. 기획재정부, 행정안전부, 국무조정실 또는 그 밖에 부담금의 소관 중앙행정기관의 고위공무원단에 속하는 일반직공무원 중에서 대통령령으로 정하는 사람
(2017.7.26 본호개정)
3. 학식과 경험이 풍부한 사람 중에서 기획재정부장관이 위촉하는 10명 이내의 민간위원
④ 위원회의 위원장은 제3항제1호에 따라 지명된 기획재정부차관이 된다.
⑤ 제1항부터 제4항까지에서 규정한 사항 외에 위원회의 구성 및 운영에 필요한 사항은 대통령령으로 정한다.
(2010.3.31 본조개정)
제10조【부담금의 제도개선에 대한 의견청취】 ① 기획재정부장관은 부담금의 신설·변경·폐지 및 제도개선에 관하여 관계 전문가, 경제단체, 「비영리민간단체 지원법」 제2조에 따른 비영리민간단체, 이해관계인 등의 의견을 듣고, 이를 반영하도록 노력하여야 한다.(2015.12.29 본항개정)
② 기획재정부장관은 의견을 듣기 위하여 필요하다고 인정하는 경우에는 공청회를 열 수 있다.
③ 제1항에 따른 의견제출 등의 방법 및 절차에 관하여 필요한 사항은 대통령령으로 정한다.
(2010.3.31 본조개정)

부 칙 (2010.3.31)

제1조【시행일】 이 법은 공포한 날부터 시행한다. 다만, 부칙 제4조제1항 및 제3항은 2011년 1월 1일부터 시행하고, 같은 조 제2항은 2010년 9월 23일부터 시행한다.
제2조【존속기한 설정에 관한 적용례】 이 법 시행 전에 존속기한을 두고 있는 부담금의 경우 제5조의2제2항의 개정규정을 적용하지 아니한다.
제3조【다른 법령의 인용에 따른 경과조치】 2010년 4월 22일까지는 별표 제67호의 "「수산자원관리법」 제44조에 따른 조성금"은 "「기르는 어업육성법」 제12조에 따른 수산자원조성금"으로 본다.
제4조【다른 법률의 개정】 ①~③ ※(해당 법령에 가제정리 하였음)

부 칙 (2010.5.31)

제1조【시행일】 이 법은 다음 각 호의 구분에 따른 날부터 시행한다.
1. 서울특별시·인천광역시·경기도 : 공포 후 3년이 경과한 날
2. 강원도·충청북도 : 공포 후 10년을 넘지 아니하는 범위에서 제1호에 규정된 지역의 5년간 시행 성과를 평가하여 대통령령으로 정하는 날<2020.6.1 시행>
(이하 생략)

부 칙 (2012.12.18)

제1조【시행일】 이 법은 공포 후 6개월이 경과한 날부터 시행한다.
제2조【부담금운용종합계획서의 국회제출 등에 관한 적용례】 제6조의2의 개정규정은 이 법 시행일이 속하는 연도의 다음다음 연도의 부담금운용계획서 및 부담금운용종합계획서부터 적용한다.

부 칙 (2020.2.18)

제1조【시행일】 이 법은 공포 후 6개월이 경과한 날부터 시행한다.(이하 생략)

부 칙 (2020.3.31)

이 법은 공포한 날부터 시행한다.

부 칙 (2021.6.8)

제1조【시행일】 이 법은 공포 후 6개월이 경과한 날부터 시행한다.(이하 생략)

부 칙 (2021.6.15 법18243호)

이 법은 2022년 1월 6일부터 시행한다. 다만, 제5조의3제2항제2호의 개정규정은 공포 후 1년이 경과한 날부터 시행한다.

부 칙 (2021.6.15 법18284호)

제1조【시행일】 이 법은 공포 후 1년이 경과한 날부터 시행한다.(이하 생략)

부 칙 (2022.10.18 법19002호)
(2022.10.18 법19012호)

제1조【시행일】 이 법은 공포 후 6개월이 경과한 날부터 시행한다.(이하 생략)

부 칙 (2022.12.31)

제1조【시행일】 이 법은 공포 후 1년이 경과한 날부터 시행한다.(이하 생략)

부 칙 (2023.7.18)

이 법은 공포한 날부터 시행한다.

〔별표〕 ➡ 「法典 別冊」 참조

조달사업에 관한 법률

(약칭 : 조달사업법)

(2020년 3월 31일 전부개정법률 제17153호)

개정
2020. 6. 9법17339호(법률용어정비)
2020. 6. 9법17348호(소프트웨어진흥법)
2024. 1. 2법19869호→2024년 7월 3일 시행

제1장 총 칙

제1조【목적】 이 법은 조달사업을 공정하고 효율적으로 수행하기 위하여 조달사업의 범위와 운영 및 관리에 필요한 사항을 규정함을 목적으로 한다.
제2조【정의】 이 법에서 사용하는 용어의 뜻은 다음과 같다.
1. "조달물자"란 수요물자와 비축물자(備蓄物資)를 말한다.
2. "수요물자"란 수요기관에 필요한 물자로서 대통령령으로 정하는 물자를 말한다.(2020.6.9 본호개정)
3. "비축물자"란 장단기(長短期)의 원활한 물자수급과 물가안정, 재난·국가위기 등 비상시 대비를 위하여 정부가 단독으로 또는 정부와 민간이 협력하여 비축하거나 공급하는 원자재, 시설자재 및 생활필수품으로서 대통령령으로 정하는 물자를 말한다.
4. "안전관리물자"란 국민의 생활안전, 생명보호, 보건위생과 관련된 조달물자로서 조달청장이 지정·고시하는 물자를 말한다.
5. "수요기관"이란 조달물자, 공사 계약의 체결 또는 시설물의 관리가 필요한 다음 각 목의 기관을 말한다.
가. 「국가재정법」 제6조에 따른 독립기관 및 중앙관서(이하 "국가기관"이라 한다)
나. 「지방자치법」 제2조에 따른 지방자치단체(이하 "지방자치단체"라 한다)
다. 그 밖에 대통령령으로 정하는 기관
제3조【조달사업의 범위】 조달청장이 하는 조달사업의 범위는 다음 각 호와 같다.
1. 조달물자의 구매, 물류관리, 공급 및 그에 따른 사업
2. 수요기관의 공사 계약 및 그에 따른 사업
3. 수요기관의 시설물 관리·운영 및 그에 따른 사업
4. 조달물자 및 안전관리물자의 품질관리
5. 국제조달 협력 및 해외 조달시장 진출 지원
6. 그 밖에 다른 법령에서 조달청장이 할 수 있거나 하도록 규정한 사업
제4조【다른 법률과의 관계】 조달사업에 관하여는 다른 법률에 특별한 규정이 있는 경우를 제외하고는 이 법에서 정하는 바에 따른다.

제2장 공공조달 정책 기반

제5조【조달정책심의위원회】 ① 조달정책에 관한 다음 각 호의 사항을 심의하기 위하여 기획재정부장관 소속으로 조달정책심의위원회(이하 "위원회"라 한다)를 둔다.
1. 공공조달과 관련된 중장기적인 정책 및 제도의 마련
2. 공공서비스 향상과 기술혁신을 위한 공공수요 발굴 및 구매 대상 선정에 관한 사항
3. 공공조달과 관련된 성과관리 및 평가 등에 관한 사항
4. 제27조의2에 따른 혁신제품 지원센터의 운영 등에 관한 사항(2024.1.2 본호신설)
5. 그 밖에 조달정책 업무를 원활하게 수행할 수 있도록 하기 위하여 위원장이 위원회의 회의에 부치는 사항
② 위원회는 위원장을 포함한 20명 이내의 위원으로 구성한다.
③ 위원회의 위원장은 기획재정부장관이 되고 위원은 관계 중앙행정기관 소속 공무원과 공공조달, 경제·과학, 기술혁신 등의 분야에 관한 학식과 경험이 풍부한 사람 중에서 기획재정부장관이 임명 또는 위촉한다.
④ 위원회를 효율적으로 운영하기 위하여 위원회에 공공수요발굴위원회 등 분야별 분과위원회를 둘 수 있다. 이 경우 분과위원회의 심의는 위원회의 심의로 본다.
⑤ 위원회 및 분과위원회에 그 업무를 지원하기 위하여 실무위원회를 둘 수 있다.
⑥ 위원회, 분과위원회 및 실무위원회의 구성과 운영에 필요한 사항은 대통령령으로 정한다.
제6조【사회적 책임 장려】 조달청장은 기업의 사회적 책임을 장려하기 위하여 조달절차에서 환경, 인권, 노동, 고용, 공정거래, 소비자 보호 등 사회적·환경적 가치를 반영할 수 있다.
제7조【조달교육】 조달청장은 조달청, 수요기관 및 민간업체의 조달업무나 납품업무 종사자의 전문성과 자질 향상을 위한 조달교육을 할 수 있다.
제8조【조달의 날】 ① 공공조달의 중요성에 대한 사회적 인식과 관심을 증대시키고, 공공조달의 발전을 도모하기 위하여 매년 9월 30일을 조달의 날로 정하여 기념행사를 한다.

② 조달의 날 행사에 관하여 필요한 사항은 조달청장이 정하여 시행할 수 있다.

제9조【조달통계】 ① 조달청장은 공공조달의 현황을 파악하고 효과적인 조달정책을 수립·시행하기 위하여 국가기관, 지방자치단체 및 그 밖에 대통령령으로 정하는 기관(이하 이 조에서 "국가기관등"이라 한다)의 입찰·계약·대금지급 등(하도급에 관한 사항을 포함한다)에 관한 통계(이하 이 조에서 "조달통계"라 한다)를 작성하여야 한다.(2024.1.2 본항개정)

② 조달청장은 조달통계를 작성하기 위하여 필요한 자료를 국가기관등에 요구할 수 있다.(2024.1.2 본항개정)

③ 제2항에 따라 자료의 제출을 요구받은 국가기관등은 정당한 사유가 없으면 이에 따라야 한다.

④ 조달청장은 조달통계의 집계를 위하여 국가기관등에 대통령령으로 정하는 재정 관련 정보시스템 및 자체전자조달시스템을 국가종합전자조달시스템(「전자조달의 이용 및 촉진에 관한 법률」 제2조제4호에 따른 국가종합전자조달시스템을 말한다. 이하 같다)에 연계할 것을 요구할 수 있으며, 국가기관등은 특별한 사유가 없으면 이에 협조하여야 한다.(2024.1.2 본항신설)

⑤ 제1항에 따른 통계작성의 대상·방법 및 절차에 관한 사항은 대통령령으로 정한다.

제10조【자료제공의 요청 등】 ① 조달청장은 제3조에 따른 조달사업 중 외국산 조달물자의 구매사업과 비축계획 수립을 효율적으로 추진하고 제28조에 따른 해외 조달시장 진출 지원 사업을 효과적으로 운영하기 위하여 필요한 경우에는 관계 행정기관의 장에게 대통령령으로 정하는 바에 따라 물품 등의 통관기록 등 수출입 거래에 관한 자료의 제공을 요청할 수 있다. 이 경우 관계 행정기관의 장은 특별한 사유가 없으면 이에 협조하여야 한다.

② 조달청장은 제1항에 따라 제공받은 자료를 처리할 때에는 「개인정보 보호법」에 따라 보호하여야 한다.

제3장 계약체결의 요청 및 계약방법의 특례

제11조【계약체결의 요청】 ① 수요기관의 장은 수요물자 또는 공사 관련 계약을 체결할 때 계약 요청 금액 및 계약의 성격 등이 대통령령으로 정하는 기준에 해당하는 경우에는 조달청장에게 계약체결을 요청하여야 한다. 다만, 천재지변 등 부득이한 사유로 계약체결을 요청할 수 없거나 국방 또는 국가기밀의 보호, 재해 또는 긴급 복구 및 기술의 특수성 등으로 계약체결을 요청하는 것이 부적절한 경우 등 대통령령으로 정하는 경우에는 그러하지 아니하다.

② 수요기관의 장은 제1항 본문에 해당하지 아니하는 경우에도 조달청장에게 수요물자의 구매 및 공사의 계약체결을 요청할 수 있다.

③ 조달청장은 제1항 본문 및 제2항에 따라 계약체결을 요청받은 경우 수요기관이 계약체결에 적용하여야 할 법령에 따라 계약체결의 방법 등을 수요기관과 협의하여 결정하여야 한다. 다만, 계약의 목적이나 특성상 협의가 필요하지 아니하다고 판단되면 협의를 생략할 수 있다.

④ 조달청장은 제3항 본문에 따른 협의가 이루어지지 아니하는 경우에는 수요기관이 직접 계약을 체결하게 할 수 있다.

제12조【제3자를 위한 단가계약】 ① 조달청장은 수요기관이 필요로 하는 수요물자를 제조·구매 및 가공하는 등의 계약을 할 때 미리 단가만을 정하여 계약(이하 "제3자를 위한 단가계약"이라 한다)을 체결할 수 있다.

② 조달청장은 계약상대자가 경영악화로 인한 폐업, 원자재 수급 곤란, 그 밖에 대통령령으로 정하는 사유로 계약기간 중 계약해지를 요청하는 때에는 다음 각 호의 어느 하나에 해당되는 경우를 제외하고는 이를 허용할 수 있다.

1. 현재 납품이 진행 중인 경우
2. 제22조제1항 각 호의 어느 하나에 해당하는 행위를 한 경우
3. 그 밖에 계약조건 등의 위반 사실이 있는 등 대통령령으로 정하는 경우

③ 제3자를 위한 단가계약의 체결 및 해지 등에 필요한 사항은 대통령령으로 정한다.

제13조【다수공급자계약】 ① 조달청장은 수요기관이 필요로 하는 수요물자를 구매하기 위하여 품질·성능 또는 효율 등이 같거나 비슷한 종류의 수요물자를 수요기관이 선택할 수 있도록 2인 이상을 계약상대자로 하여 제12조에 따른 계약(이하 "다수공급자계약"이라 한다)을 체결할 수 있다.

② 계약상대자는 다수공급자계약을 체결하는 경우 계약가격을 계약상품(성능·사양이 계약상품과 동등 이상인 계약상대자의 상품을 포함한다)의 시장거래가격(계약상대자가 수요기관과 직접 계약을 체결하는 경우의 가격 또는 계약상대자가 시장에 공급한 가격을 말한다)과 같거나 시장거래가격보다 낮게 유지하여야 한다.

③ 조달청장은 계약상대자가 정당한 이유없이 제2항을 위반한 경우 계약금액과의 차액을 납품금액에서 감액하거나 계약상대자에게 청구할 수 있다.

④ 다수공급자계약의 체결, 차액의 감액 및 청구 등에 필요한 사항은 대통령령으로 정한다.

제14조【계약방법의 특례】 ① 조달청장은 각 수요기관에 필요한 조달물자를 구매·공급하기 위하여 필요한 경우에는 대통령령으로 정하는 계약방법으로 계약을 체결할 수 있다.(2020.6.9 본항개정)

② 조달청장은 「중소기업기본법」 제2조제2항에 따른 소기업과 「소상공인 보호 및 지원에 관한 법률」 제2조에 따른 소상공인의 수주기회를 확대하기 위하여 「중소기업제품 구매촉진 및 판로지원에 관한 법률」 제6조에 따른 중소기업자간 경쟁 제품 중 대통령령으로 정하는 규모 이상의 표준제품을 구매하는 경우에는 「중소기업기본법」 제2조에 따른 중소기업자로 구성된 공동수급체 간의 경쟁입찰에 따라 조달계약을 체결할 수 있다.

③ 조달청장은 제2항에 따른 경쟁입찰과정에서 입찰자 간에 서로 상의하여 미리 입찰가격을 협정하였거나 특정인의 낙찰을 위하여 담합한 공동수급체에 대하여는 낙찰자 결정의 취소, 계약의 해제·해지 등의 필요한 조치를 하여야 한다. 다만, 낙찰자 결정의 취소, 계약의 해제·해지 등의 필요한 조치를 받는 자 외에는 적합한 시공자, 제조자가 존재하지 아니하는 등 대통령령으로 정하는 부득이한 경우에는 그러하지 아니하다.

④ 조달청장은 제3항 본문에 따른 공동수급체의 구성원에 대하여는 「국가를 당사자로 하는 계약에 관한 법률」 제27조에 따라 입찰 참가자격을 제한하여야 한다.

⑤ 제2항에 따른 표준제품의 범위와 공동수급체의 구성 등은 대통령령으로 정한다.

제4장 대금 지급 등

제15조【대금 지급】 ① 조달청장은 체결한 계약이 정상적으로 이행된 경우로서 납품업체의 규모, 계약 방법, 자체 자금 사정 등을 고려하여 계약 이행의 대금을 수요기관의 장을 대신하여 지급(이하 "대지급"이라 한다)하는 것이 효율적이라고 대통령령으로 정하는 경우에는 그 대금을 대지급하여야 한다.

② 수요기관의 장은 제1항에 해당하지 아니하여 조달청장이 대지급하지 아니하는 경우에는 그 대금을 계약상대자에게 직접 지급하여야 하며 대금을 지급한 후 즉시 그 내용을 조달청장에게 알려야 한다.

③ 수요기관의 장은 「국고금 관리법」 제26조 및 「지방회계법」 제35조에 따라 대금을 미리 지급하려는 경우에는 조달청장에게 미리 대금을 지급할 수 있다.

④ 제1항에 따라 대지급한 대금의 회수 절차와 납입 기한 등에 관하여 필요한 사항은 대통령령으로 정한다.

제16조【수수료】 ① 조달청장은 조달사업과 관련된 수수료를 수요기관으로부터 받을 수 있다.

② 제1항에 따른 수수료는 「정부기업예산법」 제3조제4호에 따른 조달특별회계(이하 "조달특별회계"라 한다)의 세입으로 한다.

③ 조달청장은 다음 각 호의 어느 하나에 해당하는 경우에는 제1항에 따른 수수료를 감경 또는 면제(이하 "감면"이라 한다)할 수 있다.

1. 제15조제3항에 따라 수요기관의 장으로부터 미리 대금을 지급받는 경우
2. 수요기관의 책임이 아닌 사유로 수요물자나 공사의 계약체결 등이 지연되는 경우
3. 그 밖에 중소기업제품 구매촉진 등 수수료 감면이 필요하다고 대통령령으로 정하는 경우

④ 제1항에 따른 수수료의 결정·징수절차 및 제3항에 따른 수수료 감면에 필요한 사항은 대통령령으로 정한다.

제17조【연체료】 조달청장은 제15조제1항에 따라 대지급한 대금 및 제16조제1항에 따른 수수료를 기한까지 납부하지 아니한 수요기관의 장에게 대통령령으로 정하는 바에 따라 연체료를 부과할 수 있다.

제5장 조달물자 및 안전관리물자의 품질관리

제18조【조달물자의 품질관리】 ① 조달청장은 조달물자의 품질향상을 위하여 다음 각 호의 품질관리업무를 수행할 수 있다.

1. 제조업체의 직접생산 여부 확인을 위한 생산시설, 인력 등의 점검
2. 계약규격에 맞는 제품생산 및 납품확인을 위한 품질점검·납품검사
3. 납품 물품의 사후관리
4. 조달물자 표준규격 개발 및 검토
5. 그 밖에 조달물자의 품질관리를 위하여 필요한 업무

② 조달청장은 제1항제2호에 따른 품질관리업무에 따라 발생하는 시험·검사 비용을 대통령령으로 정하는 바에 따라 점검 또는 검사를 받는 업체가 부담하게 할 수 있다. 다만, 납품검사에 따라 발생하는 시험·검사 비용은 검사를 받는 업체가 부담하여야 한다.

③ 제1항에 따른 품질관리업무의 수행에 필요한 품질관리 기준·절차 등에 관한 사항은 조달청장이 정하여 고시한다.

제19조【안전관리물자의 품질관리】 ① 조달청장은 국민의 안전을 위하여 안전관리물자에 대한 제18조제1항 각 호에 따른 품질관리업무를 하여야 한다.

② 안전관리물자 품목의 선정, 폐지 및 변경에 필요한 사항은 관계 기관과 협의하여 조달청장이 작성·고시한다.

제20조【품질관리의 특례】 조달청장은 다음 각 호의 어느 하나에 해당하는 물품 또는 용역에 대하여 해당 기관의 장이 제18조제1항제2호에 따른 납품검사를 조달청장에게 요청하는 때에는 「국가를 당사자로 하는 계약에 관한 법률」 제14조, 「지방자치단체를 당사자로 하는 계약에 관한 법률」 제17조 및 「방위사업법」 제28조에도 불구하고 그 기관의 장을 대신하여 납품검사를 할 수 있다.

1. 국가기관의 장(공공기관의 장을 포함한다)이 자체 조달한 물품 또는 용역
2. 지방자치단체의 장이 자체 조달한 물품 또는 용역
3. 방위사업청장이 자체 조달한 물품 또는 용역

제6장 조달사업의 공정성

제21조【불공정 조달행위의 조사】 ① 조달청장은 수요물자 조달과정에서 공정성을 해치는 다음 각 호의 어느 하나에 해당하는 행위(이하 "불공정 조달행위"라 한다)에 대하여 신고를 접수하고, 그 신고 내용의 조사를 위하여 필요한 경우 소속 공무원으로 하여금 계약상대자, 입찰자 또는 국가종합전자조달시스템을 이용하여 견적서를 제출하는 자(이하 이 조에서 "계약상대자등"이라 한다)에게 자료의 제출을 요구하거나 사무소·사업장·공장 등을 방문하여 시설·서류 등을 조사하게 할 수 있다.(2024.1.2 본문개정)

1. 입찰 또는 계약, 납품검사 등에 관한 서류를 위조·변조하거나 거짓 서류를 제출하는 행위
2. 직접생산기준을 위반하여 납품하는 행위
3. 원산지를 거짓으로 표시하여 납품하는 행위
4. 수요기관 등의 사전 승인 없이 계약규격과 다른 제품을 납품하는 행위(2020.6.9 본호개정)
5. 제13조제2항을 위반하는 행위
6. 제26조제1항에 따른 우수조달물품등의 지정을 거짓이나 부정한 방법으로 받은 행위

② 제1항에 따라 조사를 수행하는 공무원은 그 권한을 표시하는 증표를 관계인에게 제시하여야 한다.

③ 제1항에 따라 조사를 수행하는 공무원은 이 법의 시행을 위하여 필요한 최소한의 범위에서 조사를 하여야 하며, 다른 목적 등을 위하여 권한을 남용해서는 아니 된다.

④ 조달청장은 불공정 조달행위가 확인된 계약상대자등에 대해서는 시정을 요구할 수 있으며, 「국가를 당사자로 하는 계약에 관한 법률」 등 관계 법령이나 계약조건에 따라 처분 등 조치를 취하여야 한다.

⑤ 제4항에 따라 시정요구를 받은 계약상대자등은 대통령령으로 정하는 바에 따라 조달청장에게 이의를 제기할 수 있다.

⑥ 조달청장은 계약상대자등이 제1항제1호부터 제6호까지의 규정과 관련된 불공정 조달행위로 이득을 얻은 때에는 이를 환수할 수 있다.

⑦ 수요기관의 장은 필요하다고 인정하는 경우 조달청장에게 불공정 조달행위에 대한 조사를 요청할 수 있으며, 조달청장이 조사를 위해 자료의 제출 등을 요구하는 경우에는 특별한 사유가 없으면 이에 협조하여야 한다.

제22조【거래정지】 ① 조달청장은 제12조 및 제13조에 따른 계약을 체결한 계약상대자가 계약을 이행할 때 다음 각 호의 어느 하나에 해당하는 경우에는 해당 계약상대자, 세부 품명 또는 품목에 대하여 2년 이내의 범위에서 대통령령으로 정하는 바에 따라 거래를 정지할 수 있다.

1. 제13조제2항을 위반한 경우
2. 「전자조달의 이용 및 촉진에 관한 법률」 제12조에 따라 조달청장이 구축한 전자조달시스템에 상품의 원산지를 허위로 등록한 경우
3. 다른 계약상대자의 입찰·계약체결·계약이행 과정에서 전자세금계산서 등 관련 서류를 허위 작성하거나 위조·변조 등의 부정한 행위를 하는 것에 가담한 경우
4. 그 밖에 입찰·계약체결·계약이행 과정에서 대통령령으로 정하는 행위를 한 경우

② 제1항에 따른 거래정지의 세부적인 대상과 기준 및 그 밖에 필요한 사항은 대통령령으로 정한다.

제23조【포상금의 지급】 ① 조달청장은 조달사업을 수행하는 공무원의 직무에 관한 뇌물수수(收受) 행위 또는 불공정 조달행위를 신고하거나 제보하고 그 신고나 제보를 증명할 수 있는 증거자료를 제출한 사람(이하 "신고자등"이라 한다)에게 예산의 범위에서 포상금을 지급할 수 있다.(2020.6.9 본항개정)

② 제1항에 따라 신고 또는 제보를 받은 사람은 신고자등의 신분 등에 관한 비밀을 유지하여야 한다.

③ 제1항에 따른 포상금 지급 대상자의 범위, 포상금 지급의 기준 및 절차에 관한 사항은 대통령령으로 정한다.

제7장 수요기관 및 조달기업의 지원

제24조【수요기관 조달업무의 지원 및 대행】 조달청장

은 수요기관의 장이 요청하는 경우에는 다음 각 호의 어느 하나에 해당하는 업무로서 대통령령으로 정하는 업무를 지원하거나 대행할 수 있다.
1. 「소프트웨어 진흥법」 제2조제3호에 따른 소프트웨어 사업 관련 수요물자의 구매 및 그에 따른 사업에 관한 업무(2020.6.9 본호개정)
2. 공사의 계약 및 그에 따른 사업에 관한 업무
제25조【조달기업의 지원】 조달청장은 대통령령으로 정하는 바에 따라 조달기업에 대하여 지원센터 및 온라인 상품몰 운영 등 조달시장 진출을 지원할 수 있다.
제26조【우수조달물품등의 지정】 ① 조달청장은 조달물자의 품질향상을 위하여 다음 각 호의 어느 하나에 해당하는 물품 또는 상표를 우수조달물품 또는 우수조달공동상표(이하 이 조에서 "우수조달물품등"이라 한다)로 지정하여 고시할 수 있다.
1. 우수조달물품 : 다음 각 목에 해당하는 기업이 생산한 물품으로서 성능·기술 또는 품질이 대통령령으로 정하는 기준을 충족하는 물품
가. 「중소기업기본법」 제2조제1항에 따른 중소기업
나. 「중견기업 성장촉진 및 경쟁력 강화에 관한 특별법」 제2조에 따른 중견기업 중 매출액 규모, 중견기업이 된 이후의 기간 등 대통령령으로 정하는 기준을 충족하는 기업
2. 우수조달공동상표 : 대통령령으로 정하는 수 이상의 중소기업자(「중소기업기본법」 제2조제1항에 따른 중소기업자를 말한다)가 판매활동을 강화하기 위하여 개발·보유한 공동상표로서 기술 및 품질인증 등이 대통령령으로 정하는 기준을 충족하는 것
② 조달청장은 대통령령으로 정하는 바에 따라 우수조달물품등의 구매 증대와 판로 확대를 위하여 필요한 조치를 할 수 있다.
③ 조달청장은 제1항에 따라 지정된 우수조달물품등이 최초 지정기준에 미달하는 등 대통령령으로 정하는 경우에는 그 효력을 정지하거나 지정을 취소할 수 있다.
④ 우수조달물품등의 지정 절차·기간, 효력정지 및 지정 취소에 관한 구체적인 사항은 대통령령으로 정한다.
제27조【혁신제품의 공공구매 지원】 ① 조달청장은 공공서비스 향상과 기술혁신을 위하여 공공성, 혁신성 등이 인정되는 제품으로서 제5조제1항제2호에 따라 위원회의 심의를 거쳐 지정된 제품(이하 "혁신제품"이라 한다)에 대하여 다음 각 호의 방법으로 공공구매를 지원할 수 있다.
1. 혁신제품의 시범구매 및 공급
2. 혁신제품의 공공구매 지원 시스템 구축 및 운영
② 조달청장은 제1항에 따른 공공구매 지원방법 등에 대하여 기획재정부장관과 미리 협의하여야 하며, 이에 관하여 필요한 사항은 대통령령으로 정한다.
③ 조달청장은 제1항에 따라 지정된 제품이 최초 지정기준에 미달하는 등 대통령령으로 정하는 경우에는 그 지정을 취소할 수 있다.
④ 혁신제품을 구매한 수요기관의 구매 책임자는 고의나 중대한 과실이 입증되지 아니하면 그 제품의 구매로 생긴 손실에 대하여 책임을 지지 아니한다.
제27조의2【혁신제품 지원센터】 ① 조달청장은 제27조에 따른 혁신제품의 공공구매지원을 위하여 혁신제품 지원센터(이하 "지원센터"라 한다)를 지정하여 다음 각 호의 업무 중 전부 또는 일부를 수행하게 할 수 있다.
1. 혁신제품의 발굴과 추천
2. 수요기관과 조달기업 대상 교육·홍보 및 컨설팅
3. 혁신제품 지정을 받은 조달기업의 해외 조달시장 진출 지원
4. 혁신제품의 공공구매 활성화를 위한 정책연구 및 해외 사례 조사
② 조달청장은 지원센터의 지정 등에 대하여 기획재정부장관과 미리 협의하여야 한다.
③ 조달청장은 지원센터가 다음 각 호의 어느 하나에 해당하면 그 지정을 취소하거나 6개월 이내의 기간을 정하여 그 업무의 정지를 명할 수 있다. 다만, 제1호에 해당하면 그 지정을 취소하여야 한다.
1. 거짓이나 그 밖의 부정한 방법으로 지정을 받은 경우
2. 업무 또는 사업을 수행할 능력을 상실한 경우
3. 제6항에 따른 지정 기준에 미달한 경우
④ 조달청장은 제3항에 따라 지원센터의 지정을 취소하려면 청문을 하여야 한다.
⑤ 조달청장은 지원센터가 그 업무의 수행에 드는 비용의 전부 또는 일부를 예산의 범위에서 지원할 수 있다.
⑥ 지원센터의 지정 기준, 지정 및 지정 취소의 절차, 그 밖의 운영 등에 필요한 사항은 대통령령으로 정한다.
(2024.1.2 본조신설)
제28조【국제조달 협력 및 해외 조달시장 진출 지원】 ① 조달청장은 조달시장의 공정한 경쟁 환경 조성을 위하여 국내 관련 기관 및 각 국 조달기관과의 교류·협력을 확대하고, 국내기업의 해외 조달시장 진출을 지원할 수 있다.
② 제1항에 따른 국내기업의 해외 조달시장 진출 지원 절차와 방법, 그 밖에 필요한 사항은 대통령령으로 정한다.

제8장 비축사업

제29조【비축물자 구매 및 공급 등】 ① 조달청장은 비축물자의 국내 수급상황 등을 감안하여 품목별로 비축물자 구매 시기와 수량을 결정할 수 있다.
② 조달청장이 공급하는 비축물자를 이용하고자 하는 자(이하 "이용업체"라 한다)는 조달청장이 정하는 바에 따라 국가종합전자조달시스템에 등록하여야 한다.
③ 이용업체는 조달청장이 공급하는 비축물자를 제조 및 가공하지 아니한 상태로 타인에게 재판매할 수 없다.
④ 조달청장은 제3항을 위반한 법인과 법인의 대표자에 대해서는 이용업체 등록을 말소하여야 하며, 2년 이내의 범위에서 대통령령으로 정하는 바에 따라 이용업체 등록을 제한할 수 있다.
⑤ 조달청장은 제3항을 위반한 이용업체가 당초 지급한 금액과 재판매한 금액의 차액을 대통령령으로 정하는 바에 따라 환수할 수 있다.
제30조【비축물자의 판매가격 결정】 ① 비축물자의 판매가격은 구매원가(물품대금, 물류관리비 등 관리에 직접 드는 경비를 포함한다. 이하 같다), 해당 물자의 수급 및 가격의 동향 등을 고려하여 조달청장이 정한다.
② 비축물자의 판매가격이 구매원가를 넘는 경우에는 그 초과분은 조달특별회계의 세입으로 한다.
③ 조달청장은 수요기관 또는 민간업체에 비축물자를 인도하기 전에 판매대금을 납입하게 하여야 한다. 다만, 수요기관 또는 민간업체가 요청하는 경우로서 비축사업의 원활한 수행을 위하여 필요하다고 인정하는 때에는 비축물자를 인도한 후에 판매대금을 납입하게 할 수 있다.
④ 비축물자를 구매하려는 자(조달청장과 제32조제2항에 따른 민간사업자는 제외한다)는 비축물자 구매 대금의 납부를 대행할 수 있도록 조달청장이 대통령령으로 정하는 바에 따라 지정한 기관(이하 이 조에서 "비축물자대금 납부대행기관"이라 한다)을 통하여 신용카드나 직불카드 등(이하 이 조에서 "신용카드등"이라 한다)으로 비축물자 구매 대금을 납부할 수 있다.
⑤ 제4항에 따라 신용카드등으로 비축물자의 구매 대금을 납부하는 경우에는 비축물자대금 납부대행기관의 승인일을 구매 대금의 납부일로 본다.
⑥ 비축물자대금 납부대행기관은 비축물자를 구매하려는 자로부터 구매 대금의 납부를 대행하는 대가로 수수료를 받을 수 있다.
⑦ 비축물자대금 납부대행기관의 지정·운영과 납부대행 수수료 등에 관하여 필요한 사항은 대통령령으로 정한다.
제31조【파생상품거래】 ① 조달청장은 비축물자의 가격 변동이나 수급 불안정에 따른 위험을 피하기 위하여 필요하면 「자본시장과 금융투자업에 관한 법률」 제5조제1항제1호 및 제2호에 따른 파생상품을 거래할 수 있다.
② 제1항에 따른 파생상품거래의 내용과 범위, 그 밖에 필요한 사항은 대통령령으로 정한다.
제32조【민관 공동 비축사업】 ① 조달청장은 비축사업을 활성화하기 위하여 필요한 경우 민간과 협력하여 민관 공동 비축사업을 할 수 있다.
② 조달청장은 제1항에 따라 민관 공동 비축사업에 참여하는 민간사업자가 비축하는 물자에 대하여 필요한 지원을 할 수 있으며, 「국유재산법」 제32조 및 제34조에도 불구하고 비축물자의 특성, 물량, 비축기간 등이 대통령령으로 정하는 기준에 해당하는 경우에는 비축시설의 사용료를 감면할 수 있다.
③ 조달청장은 제2항에 따라 지원을 받거나 사용료를 감면받은 민간사업자에 대하여 해당 사업자가 비축하는 물자를 조달청에 우선적으로 매각하도록 요청할 수 있으며, 정당한 사유 없이 그 요청을 따르지 아니하는 경우에는 제2항에 따라 감면받은 사용료를 환수하는 등 대통령령으로 정하는 제재조치를 할 수 있다.(2020.6.9 본항개정)
④ 제1항에 따른 민관 공동 비축사업의 참여대상, 방법 및 그 밖에 필요한 사항은 대통령령으로 정한다.

제9장 조달기업공제조합
(2024.1.2 본장신설)

제32조의2【공제조합의 설립】 ① 조달청과 조달계약을 체결한 사업자는 사업자 상호 간의 협동조직을 통하여 자율적인 경제활동을 도모하고 조달사업과 관련된 각종 보증 및 자금의 융자 등을 위하여 조달청장의 인가를 받아 조달기업공제조합(이하 "공제조합"이라 한다)을 설립할 수 있다.
② 공제조합은 법인으로 하며, 주된 사무소의 소재지에서 설립등기를 함으로써 성립한다.
③ 공제조합의 기본재산은 조합원의 출자금 및 수익금과 그 밖에 대통령령으로 정하는 재원으로 조성한다.
④ 공제조합의 설립인가 기준 및 절차, 정관의 기재사항, 운영 및 감독 등에 필요한 사항은 대통령령으로 정한다.
⑤ 공제조합 조합원의 자격, 임원에 관한 사항 및 출자금의 부담기준에 관한 사항은 정관으로 정한다.
제32조의3【공제조합의 사업 등】 ① 공제조합은 조달사업과 관련된 다음 각 호의 사업을 한다.
1. 조합원의 업무수행에 따른 입찰, 계약, 하도급 이행, 하자보수 등의 보증
2. 조합원에 대한 자금의 융자
3. 조합원의 업무수행에 따른 손해배상책임을 보장하는 공제사업
4. 조합원에 고용된 사람의 복지향상과 업무상 재해로 인한 손실을 보상하는 공제사업
5. 조합원에 대한 경영 상담·진단·지도 및 교육훈련에 관한 사업
6. 국가, 지방자치단체, 공공기관 등이 위탁하는 업무
7. 그 밖에 조달계약 관련 거래질서 확립 등을 위하여 필요한 사업으로서 대통령령으로 정하는 사업
② 공제조합이 제1항제1호에 따른 보증사업 및 같은 항 제3호·제4호에 따른 공제사업을 하려면 다음 각 호의 사항을 포함하는 보증 및 공제에 관한 규정을 정하여 조달청장의 승인을 얻어야 한다. 승인받은 사항을 변경하는 경우에도 또한 같다.
1. 보증규정 : 보증사업의 범위, 계약의 내용, 수수료 및 책임준비금 등 보증사업의 운영에 필요한 사항
2. 공제규정 : 공제사업의 범위, 공제계약의 내용, 공제료, 공제금, 공제금에 충당하기 위한 책임준비금 등 공제사업의 운영에 필요한 사항
제32조의4【보고·조사 등】 ① 조달청장은 공제조합의 재무건전성 유지 등을 위하여 필요하다고 판단될 때에는 공제조합에 대하여 그 업무에 관한 사항을 보고하게 하거나 자료의 제출을 요구할 수 있으며, 소속 공무원으로 하여금 공제조합의 업무 또는 회계 상황을 조사하게 하거나 장부 또는 그 밖의 서류를 검사하게 할 수 있다. 이 경우 조사 또는 검사를 하는 공무원은 그 권한을 표시하는 증표를 지니고 이를 관계인에게 보여주어야 한다.
② 조달청장은 제32조의3제1항제1호에 따른 보증사업의 건전한 육성과 계약자 보호를 위하여 보증사업의 감독에 필요한 기준을 정하여 고시하여야 한다.
③ 제32조의3제1항제3호 및 제4호에 따른 공제사업에 대해서는 대통령령으로 정하는 바에 따라 금융위원회가 제1항에 따른 조사 또는 검사를 할 수 있다.
④ 조달청장은 제32조의3제1항제3호 및 제4호에 따른 공제사업의 건전한 육성과 계약자의 보호를 위하여 금융위원회 위원장과 협의하여 감독에 필요한 기준을 정한 후 고시하여야 한다.
제32조의5【다른 법률의 준용】 공제조합과 관련하여 이 법에서 정하지 아니한 사항에 대하여는 「민법」 중 사단법인에 관한 규정 및 「상법」 중 주식회사의 회계에 관한 규정을 준용한다.

제10장 보 칙

제33조【시설관리 등의 위탁】 ① 조달청장은 조달사업을 수행하는 데 필요하다고 인정할 때에는 조달특별회계에 속하는 창고, 야적장(野積場), 그 밖의 시설의 관리 및 운영에 관한 업무, 제3조 각 호의 사업, 제18조제1항 각 호의 업무, 제19조제1항의 업무 및 제20조의 업무 중 일부를 대통령령으로 정하는 바에 따라 다른 행정기관이나 법인·단체 또는 개인에게 위탁할 수 있다. 다만, 제18조제1항제2호의 업무, 제19조제1항의 업무 및 제20조의 업무를 위탁하는 경우에는 「국가표준기본법」 제23조 또는 다른 법률에 따라 인정된 시험·검사기관에 위탁하여야 한다.
② 조달청장이나 제1항에 따라 업무를 위탁받은 행정기관, 법인·단체 또는 개인(이하 "수탁기관"이라 한다)은 조달물자 외의 물자를 수탁(受託)하여 그 시설에서 보관하거나 관리할 수 있다.
③ 조달청장은 제1항의 위탁 업무를 수행하는 데 필요한 경비의 전부 또는 일부를 조달특별회계의 예산 범위에서 지원할 수 있다.
④ 수탁기관은 해당 업무의 수행에 관련된 기록을 작성·보관하여야 한다.
⑤ 조달청장은 필요한 경우에 수탁기관에 대하여 그 업무와 관련된 자료를 제출하게 하거나 소속 공무원으로 하여금 해당 사무소, 사업장 등에 출입하여 품질관리업무 수행 상황을 점검하게 할 수 있다.
⑥ 조달청장은 수탁기관이 다음 각 호의 어느 하나에 해당하는 경우에는 그 위탁을 취소하거나 1개월 이상 1년 이하의 범위에서 기간을 정하여 검사업무의 정지를 명할 수 있다. 다만, 제1호에 해당하는 경우에는 그 위탁을 취소하여야 한다.
1. 거짓 또는 그 밖의 부정한 방법으로 위탁을 받은 경우
2. 업무의 수탁기관의 장이 위탁 취소를 요청한 경우
3. 관계 기관으로부터 검사분야 공인기관 인정이 전부 취소된 경우
4. 거짓 또는 부정한 방법으로 검사를 실시한 경우
5. 그 밖에 업무의 신뢰성 또는 공정성을 해칠 우려가 있는 경우로서 조달청장이 정하여 고시하는 경우

⑦ 제1항에 따른 업무의 위탁 및 수탁기관의 지정·관리·감독, 수탁기관의 검사업무 정지 및 위탁 취소에 필요한 사항은 조달청장이 정하여 고시한다.

제34조【벌칙 적용에서 공무원 의제】 다음 각 호의 어느 하나에 해당하는 사람은 「형법」 제129조부터 제132조까지의 규정을 적용할 때에는 공무원으로 본다.

1. 제5조에 따른 위원회, 분과위원회 및 실무위원회의 위원 중 공무원이 아닌 위원
2. 제33조에 따라 위탁받은 업무에 종사하는 수탁기관의 임직원

제35조【과태료】 ① 다음 각 호의 어느 하나에 해당하는 자에게는 300만원 이하의 과태료를 부과한다.

1. 제33조제4항을 위반하여 관련 기록을 작성·보관하지 아니하거나 거짓으로 작성·보관한 자
2. 제33조제5항에 따른 자료제출을 하지 아니하거나 거짓 자료를 제출한 자
3. 제33조제5항에 따른 점검을 정당한 사유 없이 거부·방해 또는 기피한 자

② 제1항에 따른 과태료는 대통령령으로 정하는 바에 따라 조달청장이 부과·징수한다.

부 칙

제1조【시행일】 이 법은 공포 후 6개월이 경과한 날부터 시행한다. 다만, 부칙 제4조제3항은 2021년 2월 5일부터 시행한다.

제2조【일반적 경과조치】 이 법 시행 당시 종전의 「조달사업에 관한 법률」의 규정에 따라 한 처분이나 그 밖의 행위 또는 행정기관에 대한 각종 신청이나 그 밖의 행위는 그에 해당하는 이 법에 따른 행정기관의 행위 또는 행정기관에 대하여 한 행위로 본다.

제3조【과태료에 관한 경과조치】 이 법 시행 전의 위반행위에 대하여 과태료를 적용할 때에는 종전의 규정에 따른다.

제4조【다른 법률의 개정】 ①~③ ※(해당 법령에 가제정리 하였음)

제5조【다른 법령과의 관계】 이 법 시행 당시 다른 법령에서 종전의 「조달사업에 관한 법률」의 규정을 인용하고 있는 경우에 이 법 가운데 그에 해당하는 규정이 있을 때에는 종전의 규정을 갈음하여 이 법의 해당 규정을 인용한 것으로 본다.

부 칙 (2020.6.9 법17339호)

이 법은 2020년 10월 1일부터 시행한다.

부 칙 (2020.6.9 법17348호)

제1조【시행일】 이 법은 공포 후 6개월이 경과한 날부터 시행한다.(이하 생략)

부 칙 (2024.1.2)

이 법은 공포 후 6개월이 경과한 날부터 시행한다.

조달사업에 관한 법률 시행령

(2020년 9월 29일 전부개정대통령령 제31053호)

개정
2021. 2. 2영31429호(소상공인기본법시)
2021. 8. 6영31931호(직제)
2023. 5. 9영33449호　　2023. 8.16영33665호

제1장 총 칙

제1조【목적】 이 영은 「조달사업에 관한 법률」에서 위임된 사항과 그 시행에 필요한 사항을 규정함을 목적으로 한다.

제2조【수요물자의 범위】 「조달사업에 관한 법률」(이하 "법"이라 한다) 제2조제2호에서 "대통령령으로 정하는 물자"란 조달청장이 국내 및 국외에서 구매·공급[임차(賃借) 또는 대여의 경우를 포함한다]하는 물품 및 용역을 말한다.

제3조【비축물자의 범위】 법 제2조제3호에서 "대통령령으로 정하는 물자"란 다음 각 호의 어느 하나에 해당하는 물자로서 기획재정부장관이 관계 중앙행정기관의 장과 협의하여 고시하는 물자를 말한다.

1. 해외 의존도가 높은 물자
2. 국민생활 안정에 매우 중요한 물자
3. 「방위사업법」 제3조제7호에 따른 방위산업물자의 안정적 생산을 위해 필요한 물자
4. 그 밖에 물가안정과 수급조절, 재난·국가위기 등 비상시 대비를 위해 긴급히 대처할 필요가 있는 물자

제4조【수요기관의 범위】 ① 법 제2조제5호다목에서 "대통령령으로 정하는 기관"이란 다음 각 호의 기관을 말한다.

1. 법 제2조제5호가목에 따른 국가기관(이하 "국가기관"이라 한다)의 소속 기관
2. 법 제2조제5호나목에 따른 지방자치단체(이하 "지방자치단체"라 한다)의 소속 기관
3. 국가기관 또는 지방자치단체가 투자·출연한 기관 또는 그 밖에 이에 준하는 기관으로서 해당 기관이 수요기관의 지정을 요청하여 조달청장이 수요기관으로 지정하는 기관

② 조달청장은 제1항제3호에 따른 수요기관의 지정에 필요한 사항을 정하여 고시해야 한다.

제2장 공공조달 정책 기반

제5조【조달정책심의위원회의 구성 및 운영】 ① 법 제5조제3항에 따라 관계 중앙행정기관 소속 공무원 중에서 기획재정부장관이 임명 또는 위촉하는 위원은 다음 각 호의 어느 하나에 해당하는 사람으로 한다.

1. 기획재정부차관 중 1명
2. 과학기술정보통신부차관 중 과학기술정보통신부장관이 지명하는 사람 1명
3. 행정안전부차관
4. 산업통상자원부차관 중 산업통상자원부장관이 지명하는 사람 1명(2021.8.6 본호개정)
5. 중소벤처기업부차관
6. 조달청장
7. 그 밖에 기획재정부장관이 정하는 관계 중앙행정기관의 차관급 공무원(차관급 공무원이 2명 이상인 경우에는 해당 기관의 장이 지명하는 사람 1명으로 한다)

② 조달정책심의위원회(이하 "위원회"라 한다)의 공무원이 아닌 위원은 성별을 고려하여 구성하며, 임기는 2년으로 하되, 한 차례만 연임할 수 있다.

③ 위원회에 간사 1명을 두며, 간사는 기획재정부의 고위공무원단에 속하는 일반직공무원 중에서 기획재정부장관이 지명한다.

④ 위원회의 위원장(이하 이 조에서 "위원장"이라 한다)은 위원회를 소집하고, 위원회의 업무를 총괄한다.

⑤ 위원장이 부득이한 사유로 직무를 수행할 수 없을 때에는 위원장이 미리 지명한 위원이 그 직무를 대행한다.

⑥ 위원회의 회의는 위원 과반수의 출석으로 개의(開議)하고, 출석위원 과반수의 찬성으로 의결한다.

⑦ 제6항에도 불구하고 위원회를 소집할 시간적 여유가 없거나 그 밖에 위원장이 특별히 필요하다고 인정하는 경우에는 서면으로 의결할 수 있다.

⑧ 위원장은 위원회의 심의를 위해 필요한 경우 안건과 관련된 관계 행정기관, 공공단체나 그 밖의 기관·단체의 장, 관계자 또는 민간전문가를 회의에 참석하게 하여 의견을 들을 수 있다.

⑨ 위원회 회의에 출석한 위원, 관계자 또는 전문가에게는 예산의 범위에서 수당과 여비를 지급할 수 있다. 다만, 공무원이 그 소관 업무와 직접 관련되어 출석하는 경우에는 수당과 여비를 지급하지 않는다.

⑩ 제1항부터 제9항까지에서 규정한 사항 외에 위원회의 구성 및 운영에 필요한 사항은 위원회의 의결을 거쳐 위원장이 정한다.

제6조【위원의 제척·기피·회피 등】 ① 위원회(분과위원회 및 실무위원회를 포함한다. 이하 이 조에서 같다)의 위원(이하 이 조에서 "위원"이라 한다)이 다음 각 호의 어느 하나에 해당하는 경우에는 위원회의 심의·의결에서 제척(除斥)된다.

1. 위원 또는 그 배우자나 배우자였던 사람이 해당 안건의 당사자(당사자가 법인·단체 등인 경우에는 그 임원을 포함한다. 이하 이 호 및 제2호에서 같다)가 되거나 그 안건의 당사자와 공동권리자 또는 공동의무자인 경우
2. 위원이 해당 안건의 당사자와 친족이거나 친족이었던 경우
3. 위원이 해당 안건에 대하여 자문, 연구, 용역(하도급을 포함한다), 감정 또는 조사를 한 경우
4. 위원이나 위원이 속한 법인·단체 등이 해당 안건의 당사자의 대리인이거나 대리인이었던 경우
5. 위원이 임원 또는 직원으로 재직하고 있거나 최근 3년 내에 재직했던 기업 등이 해당 안건에 관하여 자문, 연구, 용역(하도급을 포함한다), 감정 또는 조사를 한 경우

② 해당 안건의 당사자는 위원에게 공정한 심의·의결을 기대하기 어려운 사정이 있는 경우에는 위원회에 기피신청을 할 수 있고, 위원회는 의결로 기피 여부를 결정한다. 이 경우 기피 신청의 대상인 위원은 그 의결에 참여하지 못한다.

③ 위원이 제1항 각 호에 따른 제척 사유에 해당하는 경우에는 스스로 해당 안건의 심의·의결에서 회피(回避)해야 한다.

④ 기획재정부장관은 위원회의 공무원이 아닌 위촉위원이 다음 각 호의 어느 하나에 해당하는 경우 해당 위원을 해촉(解囑)할 수 있다.

1. 심신장애로 인하여 직무를 수행할 수 없게 된 경우
2. 직무와 관련된 비위사실이 있는 경우
3. 직무태만, 품위손상이나 그 밖의 사유로 위원으로 적합하지 않다고 인정되는 경우
4. 제1항 각 호의 어느 하나에 해당함에도 불구하고 회피하지 않은 경우
5. 위원 스스로 직무를 수행하는 것이 곤란하다고 의사를 밝히는 경우

제7조【분과위원회】 ① 법 제5조제4항 전단에 따라 위원회에 분야별 분과위원회로 공공수요발굴위원회, 공공조달제도개선위원회를 둔다.

② 제1항에 따른 분야별 분과위원회(이하 "분과위원회"라 한다)는 다음 각 호의 구분에 따른 사항을 심의한다.

1. 공공수요발굴위원회 : 법 제5조제1항제2호와 관련한 다음 각 목의 사항
   가. 공공수요 발굴 체계 및 절차에 관한 사항
   나. 혁신제품 지정에 관한 사항
   다. 공공구매 목표 설정 및 그 평가에 관한 사항
   라. 그 밖에 위원회의 위원장이 공공수요 발굴 및 혁신제품 지정 업무와 관련하여 공공수요발굴위원회의 심의가 필요하다고 인정하는 사항
2. 공공조달제도개선위원회 : 법 제5조제1항제1호, 제3호 및 제4호와 관련한 다음 각 목의 사항
   가. 공공조달과 관련된 중장기 정책 및 제도 마련에 관한 사항
   나. 공공조달의 성과관리 및 평가에 관한 사항
   다. 주요 정책 현안 및 제도 개선에 관한 사항
   라. 그 밖에 위원회의 위원장이 조달정책과 관련하여 공공조달제도개선위원회의 심의가 필요하다고 인정하는 사항

③ 각 분과위원회는 위원장 1명을 포함하여 15명 이내로 구성하며, 분과위원회의 위원장과 위원은 위원회의 위원장이 위원회 위원 중에서 임명 또는 위촉한다. 이 경우 위원회의 위원장은 관계 중앙행정기관 소속 공무원을 각 분과위원회 위원으로 중복하여 임명할 수 있다.

④ 제5조제1항제7호에 따른 위원인 경우에는 제3항 전단에 따른 분과위원회 위원 수 산정에 포함하지 않는다.

⑤ 분과위원회의 위원장은 분과위원회를 대표하고, 분과위원회의 업무를 총괄한다.

⑥ 분과위원회의 운영에 관하여는 제5조제4항부터 제9항까지의 규정을 준용한다. 이 경우 "위원회"는 "분과위원회"로, "위원장"은 "분과위원회 위원장"으로 본다.

⑦ 제1항부터 제6항까지에서 규정한 사항 외에 분과위원회의 구성 및 운영에 필요한 사항은 위원회의 의결을 거쳐 위원회 위원장이 정한다.

제8조【실무위원회】 ① 법 제5조제5항에 따라 위원회 및 분과위원회의 심의 안건을 미리 검토하고, 위원회 및 분과위원회로부터 위임받은 사항 등을 처리하기 위해 위원회 및 분과위원회에 실무위원회를 둘 수 있다.

② 실무위원회의 위원장은 기획재정부 소속 고위공무원 중 위원회 위원장이 지명하는 사람이 된다.

③ 실무위원회의 위원은 관계 행정기관의 공무원 및 민간전문가 중에서 실무위원회 위원장이 임명 또는 위촉한다.

④ 실무위원회는 심의를 위해 필요한 경우 안건과 관련된 관계 행정기관, 공공단체나 그 밖의 기관·단체의 장, 관계자 또는 민간전문가를 참석하게 하여 의견을 들을 수 있다.

⑤ 실무위원회 회의에 출석한 위원, 관계자 또는 전문가에게는 예산의 범위에서 수당과 여비를 지급할 수 있다. 다만, 공무원이 그 소관 업무와 직접 관련되어 출석하는 경우에는 수당과 여비를 지급하지 않는다.

⑥ 제1항부터 제5항까지에서 규정한 사항 외에 실무위원회의 구성 및 운영에 필요한 사항은 위원회 위원장이 정한다.

제9조【조달통계의 작성】 ① 법 제9조제1항에서 "대통령령으로 정하는 기관"이란 다음 각 호의 기관을 말한다.
1. 제4조제1항제1호 또는 제2호에 해당하는 기관
2. 「공공기관의 운영에 관한 법률」 제4조부터 제6조까지의 규정에 따라 지정·고시된 공공기관
3. 「지방공기업법」에 따른 지방직영기업, 지방공사 및 지방공단
4. 「지방의료원의 설립 및 운영에 관한 법률」에 따른 지방의료원
5. 「지방자치단체출연 연구원의 설립 및 운영에 관한 법률」에 따른 지방자치단체출연 연구원
6. 그 밖에 조달청장이 공공조달의 현황 파악과 효과적인 조달정책의 수립·시행을 위해 계약 관련 통계 작성·관리가 필요하다고 인정하여 고시하는 기관

② 조달청장은 법 제9조제1항에 따라 국가기관, 지방자치단체 및 제1항 각 호의 기관의 장이 체결한 계약과 관련된 다음 각 호의 사항을 매월 통계로 작성해야 한다.
1. 전체 공공조달의 현황에 관한 사항
2. 기관별·기업별·계약방법별 조달 현황에 관한 사항
3. 그 밖에 조달정책의 수립·시행을 위해 필요한 사항

③ 조달청장은 법 제9조제2항에 따라 국가기관, 지방자치단체 및 제1항 각 호의 기관(조달청장이 수요기관을 위해 체결한 계약의 경우에는 해당 수요기관을 말하며, 이하 이 조에서 "국가기관등"이라 한다)에 국가기관등의 장이 체결한 물품·공사 및 용역의 계약에 관한 다음 각 호의 자료를 요구할 수 있다.
1. 계약금액의 총액 등 전체실적을 확인할 수 있는 자료
2. 계약의 체결 및 변경에 관한 사항을 포함한 계약 건별 자료
3. 그 밖에 조달청장이 공공조달의 현황 파악과 효과적인 조달정책의 수립·시행을 위해 필요하다고 인정하여 고시하는 사항에 관한 자료

④ 조달청장은 법 제9조제2항에 따라 자료의 제출을 요구받은 국가기관등을 위해 표준화된 자료작성 기준 및 서식 등을 정하여 고시해야 한다.

⑤ 법 제9조제2항에 따라 자료의 제출을 요구받은 국가기관등은 그 요구를 받은 날이 속하는 달의 다음 달 말일까지 제3항에 따른 자료를 조달청장이 지정하는 정보처리장치를 이용하여 작성·제출해야 한다.

⑥ 제1항부터 제5항까지에서 규정한 사항 외에 법 제9조에 따른 통계작성의 대상·방법 및 절차에 관하여 필요한 사항은 조달청장이 정하여 고시한다.

제10조【자료제공의 요청】 조달청장은 법 제10조제1항 전단에 따라 관세청장에게 「관세법 시행령」 제246조제2항에 따른 수출·수입 또는 반송 신고서의 제공을 요청할 수 있다.

제3장 계약체결의 요청 및 계약방법의 특례

제11조【계약체결의 요청 등】 ① 법 제11조제1항 본문에서 "대통령령으로 정하는 기준"이란 다음 각 호의 어느 하나에 해당하는 기준을 말한다.
1. 국가기관과 그 소속 기관이 수요물자를 구매하는 계약의 경우에는 「국가를 당사자로 하는 계약에 관한 법률 시행령」 제2조제1호에 따른 추정가격(이하 "추정가격"이라 한다)이 1억원(외국산 물품의 경우에는 미합중국 화폐 20만달러) 이상인 것
2. 국가기관과 그 소속 기관 또는 지방자치단체와 그 소속 기관이 구매하려는 수요물자로서 조달청장과 계약상대자 사이에 다음 각 목의 어느 하나에 해당하는 계약이 체결되어 있는 것
   가. 법 제12조에 따른 제3자를 위한 단가계약
   나. 법 제13조에 따른 다수공급자계약
   다. 「국가를 당사자로 하는 계약에 관한 법률」 제22조에 따른 방식으로 수요기관을 위해 체결한 계약
3. 국가기관과 그 소속 기관이 체결하는 「건설산업기본법」 제2조제5호에 따른 종합공사의 계약으로서 추정가격이 30억원 이상인 것. 다만, 다음 각 목의 어느 하나에 해당하는 공사는 추정가격이 3억원 이상인 것으로 한다.
   가. 「건설산업기본법」에 따른 전문공사
   나. 「전기공사업법」에 따른 전기공사
   다. 「정보통신공사업법」에 따른 정보통신공사
   라. 「소방시설공사업법」에 따른 소방시설공사
4. 수요기관의 장의 요청에 따라 조달청장이 체결한 수요물자 또는 공사 관련 장기계속계약(「국가를 당사자로 하는 계약에 관한 법률」 제21조 또는 「지방자치단체를 당사자로 하는 계약에 관한 법률」 제24조에 따른 장기계속계약을 말한다)으로서 제2차 이후 계약인 것
5. 그 밖에 다른 법령에 따라 조달청장에게 수요물자 구매 또는 공사의 계약체결을 위탁하고 있는 것

② 법 제11조제1항 단서에서 "천재지변 등 부득이한 사유로 계약체결을 요청할 수 없거나 국방 또는 국가기밀의 보호, 재해 또는 긴급 복구 및 기술의 특수성 등으로 계약체결을 요청하는 것이 부적절한 경우 등 대통령령으로 정하는 경우"란 다음 각 호의 어느 하나에 해당하여 계약체결 요청을 할 수 없거나 계약체결 요청이 부적절한 경우를 말한다.
1. 천재지변, 긴급한 행사 또는 그 밖에 이에 준하는 사유가 있는 경우
2. 국방과 관련되어 있거나 국가기관의 행위를 비밀리에 해야 하는 경우
3. 재해 또는 사고로 인한 긴급 복구공사를 하는 경우
4. 시공·감독, 하자보수 등에 필요한 기술의 특수성을 고려할 때 수요기관의 장이 직접 공사계약을 체결할 필요가 있다고 인정되는 특수공사를 하는 경우로서 조달청장과 미리 협의한 경우
5. 기획재정부령으로 정하는 바에 따라 조달청장이 수요기관에 수요물자 구매 또는 공사의 계약체결을 위임하는 경우

③ 수요기관의 장은 그 소관 공사 중 해당 회계연도에 조달청장에게 계약체결을 요청할 공사가 있으면 그 집행계획을 기획재정부령으로 정하는 바에 따라 매년 1월 20일까지 조달청장에게 제출해야 한다. 다만, 예산이 총액으로 편성되어 있어 단위사업별 집행계획을 별도로 수립해야 하는 사업에 대해서는 단위사업별 집행계획을 집행계획 확정 후 20일 이내에 조달청장에게 제출해야 한다.

④ 조달청장은 필요한 경우 수요물자 구매 또는 공사의 계약체결에 관한 절차 및 사후관리 등에 관한 세부 기준을 정하여 시행할 수 있다.

제12조【제3자를 위한 단가계약】 ① 법 제12조제1항에 따른 제3자를 위한 단가계약(이하 "제3자를 위한 단가계약"이라 한다)의 계약상대자가 되려는 자는 「국가를 당사자로 하는 계약에 관한 법률 시행령」 제12조에 따른 경쟁입찰의 참가자격을 갖추어야 한다. 다만, 「중소기업제품 구매촉진 및 판로지원에 관한 법률」 제6조에 따른 중소기업자간 경쟁 제품에 대한 제3자를 위한 단가계약의 계약상대자가 되려는 자는 같은 법 시행령 제9조에서 정한 중소기업자간 경쟁입찰의 참여자격을 갖추어야 한다.

② 법 제12조제2항 각 호 외의 부분에서 "대통령령으로 정하는 사유"란 다음 각 호의 경우에 해당하는 사유를 말한다.
1. 「재난 및 안전관리 기본법」 제3조에 따른 재난 등의 사유로 업종을 변경하려고 하거나 경영을 포기하는 경우
2. 수요 급감 등 계약상대자의 책임 없는 사유로 계약을 지속하기 곤란한 경우

③ 법 제12조제2항제3호에서 "계약조건 등의 위반 사실이 있는 등 대통령령으로 정하는 경우"란 다음 각 호의 어느 하나에 해당하는 경우를 말한다.
1. 계약조건 등의 위반 사실이 있는 등 「국가를 당사자로 하는 계약에 관한 법률」 제27조제1항 각 호의 어느 하나에 해당하는 사유가 계약상대자에게 발생한 경우
2. 계약상대자의 계약 관련 부정행위 등에 대한 조사가 진행 중인 경우
3. 「국가를 당사자로 하는 계약에 관한 법률」 제10조제2항에 따른 경쟁입찰로 계약상대자를 결정한 경우(법 제13조에 따른 다수공급자계약 방식으로 계약상대자를 결정한 경우는 제외한다)
4. 계약 해지 시 공익을 현저히 해칠 것으로 인정되는 경우

④ 조달청장은 제3자를 위한 단가계약을 체결한 경우 그 내용을 수요기관에 통보해야 한다. 다만, 「전자조달의 이용 및 촉진에 관한 법률」 제2조제4호에 따른 국가종합전자조달시스템(이하 "국가종합전자조달시스템"이라 한다)에 계약상품을 등록하는 경우에는 통보하지 않을 수 있다.

⑤ 수요기관의 장은 제3자를 위한 단가계약이 체결된 물품의 납품을 요구하거나 대금의 지급 등을 한 경우 그 내용을 조달청장에게 통보해야 한다.

⑥ 제1항부터 제5항까지에서 규정한 사항 외에 제3자를 위한 단가계약의 절차에 관하여 필요한 사항은 조달청장이 정한다.

제13조【다수공급자계약】 ① 조달청장은 법 제13조에 따른 다수공급자계약(이하 "다수공급자계약"이라 한다)의 입찰에 참가한 입찰자의 재무 상태 및 납품 실적 등의 평가를 통해 기획재정부장관과 협의하여 정한 기준에 적합한 자를 선정하고, 선정된 자를 대상으로 한 가격협상을 통해 낙찰자로 결정된 2인 이상을 계약상대자로 정한다.

② 제1항에도 불구하고 계약의 특성에 따라 필요한 경우 수요물자별로 작성(공통규격의 경우에는 1개만 작성)된 예정가격에 대한 입찰금액의 비율이 낮은 입찰자의 순서로 낙찰자를 결정하여 2인 이상의 계약상대자를 정할 수 있다.

③ 수요기관의 장은 다수공급자계약을 체결한 계약상대자로부터 조달청장이 정하여 고시하는 금액 이상의 수요물자를 구매하려는 경우 조달청장이 기획재정부장관과 협의하여 정하는 기준에 따라 둘 이상의 계약상대자로 하여금 제안서를 제출하도록 하고, 그 제안서의 심사 결과에 따라 해당 수요물자를 납품할 자를 선택해야 한다.

④ 조달청장은 법 제13조제3항에 따라 계약금액과의 차액을 납품금액에서 감액하거나 청구하려는 경우 그 사유와 차액 및 의견제출 기한 등을 미리 서면으로 계약상대자에게 통지해야 하고, 차액의 감액 또는 청구가 확정된 경우에는 그 내용을 서면으로 통지해야 한다.

⑤ 제1항부터 제4항까지에서 규정한 사항 외에 다수공급자계약의 체결 등에 관하여 필요한 사항은 조달청장이 기획재정부장관과 협의하여 정한다.

제13조의2【제3자를 위한 단가계약 등의 계약보증금】 조달청장은 제3자를 위한 단가계약 또는 다수공급자계약을 체결하는 경우로서 여러 차례 분할하여 계약을 이행하게 하는 때에는 「국가를 당사자로 하는 계약에 관한 법률 시행령」 제50조제2항에도 불구하고 다음의 계산식에 따라 산출한 금액의 100분의 10 이상을 계약보증금으로 납부하게 할 수 있다.

$$A \times B \times C$$

A : 매회별 이행예정량 중 최대량
B : 계약단가
C : 수요물자의 납품이행실적을 고려하여 조달청장이 기획재정부장관과 협의하여 정한 후 고시하는 비율

(2023.5.9 본조신설)

제14조【계약방법의 특례】 법 제14조제1항에서 "대통령령으로 정하는 계약방법"이란 다음 각 호의 계약방법을 말한다.
1. 제16조에 따른 카탈로그 계약
2. 제35조에 따른 비축물자에 대한 계약

제15조【입찰참가자격의 사전심사】 ① 조달청장은 법 제14조제1항에 따라 조달물자를 구매할 때 품질 확보를 위해 필요한 경우 입찰자격을 미리 심사하여 경쟁입찰에 참가할 수 있는 적격자를 선정할 수 있다.

② 조달청장은 제1항에 따라 입찰참가자의 자격을 심사하려는 경우 미리 해당 입찰참가자격의 심사기준을 정하여 입찰 전에 입찰참가자가 열람할 수 있도록 해야 한다.

제16조【카탈로그 계약】 ① 조달청장은 각 수요기관의 다양한 필요를 반영하기 위해 법 제14조제1항에 따라 상품의 기능이나 특징·조건·가격 등을 설명한 카탈로그를 제시하는 계약상대자와 공급계약(이하 "카탈로그 계약"이라 한다)을 체결할 수 있다.

② 조달청장은 카탈로그 계약을 체결하려는 경우 카탈로그를 제시한 자의 재무 상태, 납품 실적 및 카탈로그 내용의 적정성 등을 심사하여 2인 이상의 계약상대자를 결정한다.

③ 조달청장은 제2항에도 불구하고 「국가를 당사자로 하는 계약에 관한 법률 시행령」 제26조제1항제5호아목에 따른 수요물자의 경우에는 심사를 통해 1인을 계약상대자로 결정할 수 있다.

④ 수요기관의 장은 카탈로그 계약을 체결한 계약상대자에게 제안서를 제출하도록 하고, 그 제안서의 평가 및 협상 결과에 따라 수요물자를 납품할 자를 결정한다.

⑤ 제1항부터 제4항까지에서 규정한 사항 외에 카탈로그 계약 및 납품대상자 선정 절차 등에 관하여 필요한 사항은 조달청장이 기획재정부장관과 협의하여 정한다.

제17조【중소기업자간 경쟁 제품에 대한 계약의 특례】 ① 법 제14조제2항에서 "대통령령으로 정하는 규모 이상"이란 표준제품의 구매금액이 추정가격 기준으로 20억원 이상으로서 조달청장이 제품별로 단가 등을 고려하여 정하는 기준 금액 이상인 경우를 말한다.

② 법 제14조제2항에 따라 중소기업자로 구성된 공동수급체 간의 경쟁입찰(이하 이 조에서 "공동수급체간 경쟁입찰"이라 한다)을 통해 조달계약을 체결할 수 있는 표준제품은 다음 각 호의 요건을 모두 갖춘 제품으로서 조달청장이 기획재정부장관과 협의하여 지정·고시하는 제품(이하 이 조에서 "표준제품"이라 한다)으로 한다.
1. 「산업표준화법」 제4조에 따라 산업표준심의회의 심의를 거쳐 지정된 광공업품에 대해 같은 법 제15조에 따라 인증을 받은 경우 등 법령에 따라 규격 및 품질 기준이 정해진 제품일 것
2. 기업 간 기술 또는 품질의 차별성이 적은 제품일 것
3. 해당 제품을 생산하는 중소기업의 수 등을 고려할 때 공동수급체 간 경쟁입찰이 가능한 제품일 것
4. 법 제14조제3항 본문에 따른 담합 등 불공정행위로 인해 공동수급체간 경쟁입찰의 적절한 이행을 해칠 우려가 있는 제품이 아닐 것

③ 제2항에 따른 지정의 유효기간은 지정·고시한 날부터 2년으로 한다.

④ 조달청장은 제2항에 따라 지정받은 표준제품이 다음 각 호의 어느 하나에 해당하는 경우에는 그 지정을 취소해야 한다.
1. 제2항 각 호에서 정한 요건을 갖추지 못하게 된 경우
2. 「중소기업제품 구매촉진 및 판로지원에 관한 법률」 제6조에 따른 중소기업자간 경쟁제품에서 제외된 경우

⑤ 법 제14조제2항에 따라 공동수급체간 경쟁입찰에 참여하려는 공동수급체는 다음 각 호의 요건을 모두 갖추어야 한다.
1. 「중소기업기본법」 제2조제2항에 따른 소기업 또는 「소상공인기본법」 제2조에 따른 소상공인(이하 이 조에서 "소기업 또는 소상공인"이라 한다) 1인 이상을 포함할 것(2021.2.2 본호개정)
2. 공동수급체의 모든 구성원이 「중소기업제품 구매촉진 및 판로지원에 관한 법률」 제9조제4항에 따라 해당 제품을 직접생산하는 것으로 확인된 중소기업자일 것

⑥ 제5항에도 불구하고 「중소기업제품 구매촉진 및 판로지원에 관한 법률 시행령」 제9조제2항에 따라 중소기업자간 경쟁입찰의 참여자격을 갖춘 조합이 공동수급체간 경쟁입찰에 참여하려는 경우에는 계약을 이행할 조합원만을 구성원으로 보아 해당 조합이 제5항 각 호의 요건을 모두 갖추었는지 여부를 판단한다.

⑦ 조달청장은 공동수급체간 경쟁입찰에서 적정한 품질 확보와 납품 가격의 안정을 위해 기획재정부장관과 협의하여 정한 심사기준에 따라 공동수급체의 계약 이행능력을 심사하여 계약상대자를 결정해야 한다. 다만, 구매의 효율성 등을 위해 필요한 경우에는 다음 각 호에서 정하는 방법에 따라 계약상대자를 결정할 수 있다.
1. 다수공급자계약
2. 「국가를 당사자로 하는 계약에 관한 법률 시행령」 제17조 또는 「지방자치단체를 당사자로 하는 계약에 관한 법률 시행령」 제17조에 따른 희망수량경쟁입찰
3. 「국가를 당사자로 하는 계약에 관한 법률 시행령」 제18조 또는 「지방자치단체를 당사자로 하는 계약에 관한 법률 시행령」 제18조에 따른 2단계 경쟁 등의 입찰
4. 그 밖에 「국가를 당사자로 하는 계약에 관한 법률」 등 계약 관련 법령에서 정한 계약 이행능력 심사 외의 낙찰자 결정방법
⑧ 법 제14조제3항 단서에서 "낙찰자 결정의 취소, 계약의 해제·해지 등의 필요한 조치를 받는 자 외에는 적합한 시공자, 제조자가 존재하지 아니하는 등 대통령령으로 정하는 부득이한 경우"란 다음 각 호의 어느 하나에 해당하는 경우를 말한다.
1. 낙찰자 결정의 취소, 계약의 해제·해지 등의 필요한 조치를 받는 자 외에는 적합한 시공자, 제조자가 존재하지 않는 경우
2. 천재지변, 재해 또는 사고로 인해 긴급 복구공사를 하는 경우
3. 그 밖에 제1호 또는 제2호에 준하는 사유가 있는 경우
⑨ 제1항부터 제8항까지에서 규정한 사항 외에 표준제품의 지정, 공동수급체의 구성, 계약상대자의 결정 등에 필요한 사항은 조달청장이 기획재정부장관과의 협의를 거쳐 정하여 고시한다.

제4장 대금 지급 등

제18조【대지급의 대상】 ① 법 제15조제1항에서 "대통령령으로 정하는 경우"란 수요물자 중 조달청장이 국내에서 구매·공급하는 물품에 대한 납품대금인 경우로서 다음 각 호의 어느 하나에 해당하는 경우를 말한다.
1. 「국가를 당사자로 하는 계약에 관한 법률」 제22조 또는 「지방자치단체를 당사자로 하는 계약에 관한 법률」 제25조의 단가계약에 따른 납품대금의 경우
2. 제3자를 위한 단가계약에 따른 납품대금의 경우
3. 다수공급자계약에 따른 납품대금의 경우
4. 계약금액의 총액이 조달청장이 기획재정부장관과 협의하여 정한 일정 금액 이하인 계약에 따른 납품대금의 경우
5. 교통이 불편한 지역에 있는 군부대 등 조달업체의 접근이 제한되는 수요기관의 납품대금으로서 조달청장이 인정하는 납품대금의 경우
6. 다음 각 목의 어느 하나에 해당하는 경우로서 수요기관의 장이 지급을 요청한 납품대금의 경우
가. 천재지변이나 그 밖에 이에 준하는 사유가 있는 경우
나. 재해 또는 사고로 인해 복구공사를 하는 경우
7. 그 밖에 조달청장이 민간 납품업체에 대한 유동성을 지원하기 위해 기획재정부장관과 협의하여 정하는 납품대금의 경우
② 제1항에도 불구하고 수요기관의 장이 「국고금 관리법」 제46조에 따른 정보통신매체 및 프로그램 등을 사용하여 대금을 직접 지급하는 경우에는 법 제15조제1항에 따라 조달청장이 수요기관의 장을 대신하여 대금을 지급(이하 "대지급"이라 한다)하는 대상에서 제외한다.
제19조【대금 및 수수료의 납입시기 등】 ① 수요기관의 장이 법 제15조제3항에 따라 조달청장에게 미리 대금을 지급(이하 이 조에서 "선급"이라 한다)하려는 경우에는 수요물자의 구매 또는 공급을 조달청장에게 요청할 때 그 선급 의사를 조달청장에게 함께 통보해야 한다.
② 조달청장은 다음 각 호의 어느 하나에 해당하는 대금 또는 법 제16조제1항에 따른 수수료(이하 이 장에서 "수수료"라 한다)를 수요기관으로부터 징수하려는 경우 수요기관의 장에게 미리 납입고지를 해야 한다.
1. 수요기관의 장이 「국가를 당사자로 하는 계약에 관한 법률 시행령」 제55조 또는 「지방자치단체를 당사자로 하는 계약에 관한 법률 시행령」 제64조에 따른 검사를 완료한 수요물자에 대한 대금으로서 조달청장이 법 제15조제1항에 따라 대지급했거나 대지급할 대금
2. 선급 대금
③ 수요기관의 장은 제2항에 따라 조달청장이 납입고지를 한 날부터 다음 각 호의 구분에 따른 기간 내에 대금 또는 수수료를 내야 한다. 이 경우 제1호에 따른 기간을 계산할 때 공휴일과 토요일은 제외한다.
1. 대지급 대금 및 그에 따른 수수료 : 5일
2. 선급 대금 : 14일
3. 제1호에 따른 수수료 외의 수수료 : 15일
④ 조달청장은 수요기관이 자금 사정 등으로 제3항제1호 또는 제3호에 따른 대지급 대금 또는 수수료의 납입기간 연장을 요청한 경우 그 기간을 연장할 수 있다.
제20조【수수료 결정 및 감면 등】 ① 수수료는 조달사업별로 계약금액 등을 고려하여 조달청장이 기획재정부장관과 협의하여 정한 후 고시한다.
② 법 제16조제3항제3호에서 "대통령령으로 정하는 경우"란 조달청장이 중소기업제품 구매촉진, 기술개발·향상 또는 조달사업 확대 등을 위해 수수료의 감면이 필요하다고 인정하는 경우를 말한다.
③ 수수료를 감면할 경우 그 감경률(수수료에서 감면하려는 액수가 차지하는 비중을 말한다)은 100분의 20을 초과할 수 없다.
제21조【연체료】 법 제17조에 따른 연체료는 연체금액에 1천분의 10을 넘지 않는 범위에서 기획재정부령으로 정한 연체료율을 곱한 금액으로 한다.
제22조【보증금 및 지체상금의 처리】 조달물자 및 시설공사의 계약과 관련한 위약금으로서 국고에 귀속되는 입찰보증금, 계약보증금 및 지체상금(遲滯償金)은 해당 수요기관의 수입으로 한다.

제5장 조달물자 및 안전관리물자의 품질관리

제23조【조달물자의 품질점검 비용】 ① 조달청장은 법 제18조제2항 본문에 따라 품질점검에서 발생하는 비용 중 시험·분석 비용을 제외한 제품 제공비·운반비 등의 비용을 업체가 부담하게 할 수 있다. 다만, 품질점검 결과 규격이 기준에 미달되어 재점검하는 경우에는 시험·분석 비용을 포함한 모든 시험·검사 비용을 업체가 부담하게 할 수 있다.
② 제1항에 따른 품질점검 비용 부담에 필요한 사항은 조달청장이 정하여 고시한다.

제6장 조달사업의 공정성

제24조【불공정한 수요물자 조달행위 시정요구에 대한 이의제기】 ① 법 제21조제5항에 따라 이의를 제기하려는 계약상대자, 입찰자 또는 국가종합전자조달시스템을 이용하여 견적서를 제출하는 자는 그 시정요구를 받은 날부터 30일 이내에 기획재정부령으로 정하는 이의신청서에 이의를 제기하는 내용을 확인할 수 있는 자료를 첨부하여 조달청장에게 제출해야 한다.
② 제1항에 따른 이의신청서에는 다음 각 호의 사항이 포함되어야 한다.
1. 이의신청자의 성명, 전화번호와 주소(전자주소를 포함한다) 또는 거소
2. 이의신청 및 시정요구 내용
③ 조달청장은 제1항에 따라 이의신청을 받은 경우 그 내용을 심사하여 이의신청을 받은 날부터 30일 이내에 심사 결과를 상대방에게 통지해야 한다. 다만, 조사과정에서 새로운 자료가 제출되어 확인에 시일이 걸리는 등 부득이한 사정으로 그 기간 내에 결정을 할 수 없을 경우에는 30일의 범위에서 기간을 연장할 수 있다.
④ 조달청장은 이의신청의 내용이나 절차가 적합하지 않는 등 보정이 필요하다고 인정하는 경우 20일 이내의 기간을 정하여 해당 신청인에게 보정을 요구할 수 있다. 다만, 보정할 사항이 경미할 때에는 직권으로 보정할 수 있다.
⑤ 조달청장은 제4항 본문에 따라 보정을 요구할 때에는 다음 각 호의 사항을 적은 문서로 해야 한다.
1. 보정할 사항
2. 보정을 요구하는 이유
3. 보정할 기간
4. 그 밖에 보정에 필요한 사항
⑥ 제4항 본문에 따른 기간은 제3항에 따른 기간을 계산할 때 산입하지 않는다.
제25조【거래정지】 ① 법 제22조제1항제4호의 "대통령령으로 정하는 행위를 한 경우"란 다음 각 호의 어느 하나에 해당하는 경우를 말한다.
1. 법 제18조제1항제2호에 따른 품질점검 및 납품검사 시 조달물자가 계약규격에 미달하거나 불합격한 경우
2. 법 제21조에 따른 불공정 조달행위의 조사에 정당한 사유 없이 응하지 않은 경우
3. 계약된 품목에 대한 거짓 정보의 등록 또는 유포 등으로 계약업무를 방해한 경우
4. 계약된 품목과 관련된 권리관계, 인허가, 인증 등에 대한 점검에 응하지 않거나 변동사항을 통보하지 않은 경우
5. 계약된 품목을 원인으로 인명사고가 발생하는 등 안전에 대한 신뢰가 훼손된 경우
6. 그 밖에 계약체결 시 정하는 계약조건을 위반하는 경우
② 조달청장은 위반행위의 내용·정도, 그 결과와 위반행위의 횟수 등을 고려하여 법 제22조제1항에 따른 거래정지의 대상 및 기간을 정한다.
③ 조달청장은 법 제22조제1항에 따른 거래정지를 하려는 경우 사유별 대상, 기간 및 의견제출 기한 등을 미리 계약상대자에게 통지해야 하며, 거래정지가 확정된 경우에는 그 내용을 서면으로 통지해야 한다.
④ 제1항부터 제3항까지에서 규정한 사항 외에 거래정지의 세부 사유별 대상과 기간, 거래정지 절차 및 기준, 그 밖에 거래정지에 필요한 세부적인 사항은 조달청장이 정한다.
제26조【포상금 지급 대상자의 범위 등】 ① 법 제23조제1항에 따른 포상금 지급 대상자는 다음 각 호의 요건을 모두 갖춘 자(이하 "신고자등"이라 한다)로 한다.
1. 「부패방지 및 국민권익위원회의 설치와 운영에 관한 법률」 제2조제4호에 따른 부패행위 또는 이 법 제21조제1항에 따른 불공정 조달행위의 감사·조사 업무 관련 기관 또는 수사기관(이하 이 조에서 "조사기관등"이라 한다)이 인지하기 전에 뇌물수수행위 또는 불공정 조달행위를 최초로 신고하거나 제보하고 자료를 제공했을 것
2. 조사기관등의 감사·조사 업무에 종사하고 있거나 종사했던 공직자(「부패방지 및 국민권익위원회의 설치와 운영에 관한 법률」 제2조제3호에 따른 공직자를 말한다)가 자기의 직무이거나 직무였던 사항과 관련하여 신고하거나 제보한 경우가 아닐 것
3. 뇌물수수행위 또는 불공정 조달행위의 당사자가 아닐 것
② 포상금 지급금액은 뇌물수수행위 또는 불공정 조달행위의 규모, 조달사업에 미치는 영향, 예산 등을 고려하여 조달청장이 정하되, 포상금의 지급한도는 2천만원으로 한다.
③ 포상금은 신고자등의 비밀을 보장하기 위해 현금으로 지급하는 것을 원칙으로 한다.
④ 포상금의 지급대상 및 지급액은 뇌물수수행위 또는 불공정 조달행위에 대한 조사가 끝난 후 결정하며, 포상금의 신청절차, 지급시기 또는 그 밖에 필요한 사항은 조달청장이 정한다.

제7장 수요기관 및 조달기업의 지원

제27조【조달업무의 지원 및 대행】 법 제24조 각 호 외의 부분에서 "대통령령으로 정하는 업무"란 다음 각 호의 구분에 따른 업무를 말한다.
1. 법 제24조제1호의 소프트웨어사업 관련 수요물자 구매 및 그에 따른 사업(이하 이 호에서 "사업등"이라 한다)에 관한 업무의 경우 : 다음 각 목에 해당하는 업무
가. 사업등의 계획 수립
나. 사업등의 발주
다. 사업등의 계약 추진 관련 심의·평가, 수행자 선정 및 계약체결
라. 사업등의 수행관리
마. 사업등의 사후관리
바. 그 밖에 수요기관의 장이 사업등과 관련하여 조달청장의 지원이나 대행이 필요하다고 결정한 업무
2. 법 제24조제2호의 공사의 계약 및 그에 따른 사업(이하 이 호에서 "공사등"이라 한다)에 관한 업무의 경우 : 다음 각 목에 해당하는 업무
가. 공사등의 계약 추진 관련 심의·평가 및 사업자 선정
나. 공사등의 설계용역 관리
다. 공사등의 시공관리
라. 공사등의 사후관리
마. 공사등의 공사원가 검토
바. 그 밖에 수요기관의 장이 공사등과 관련하여 조달청장의 지원이나 대행이 필요하다고 결정한 업무
제28조【지방자치단체 공사원가의 사전검토】 ① 지방자치단체의 장은 제27조제2호마목에도 불구하고 「지방자치단체를 당사자로 하는 계약에 관한 법률 시행령」 제2조제1호에 따른 추정가격이 100억원 이상인 공사에 대해서는 조달청장에게 공사원가의 사전검토를 요청해야 한다. 다만, 다음 각 호의 어느 하나에 해당하는 경우에는 요청하지 않을 수 있다.
1. 천재지변, 긴급한 행사 또는 그 밖에 이에 준하는 사유가 있는 경우
2. 재해 또는 사고로 인해 복구공사를 하는 경우
3. 조달청장에게 해당 공사의 계약체결을 요청한 경우
4. 그 밖에 공사의 특성 또는 긴급성 등으로 사전검토를 요청하지 못할 부득이한 사정이 있는 경우
② 조달청장은 제1항에 따라 공사원가의 사전검토를 요청받은 경우 특별한 사유가 없으면 접수한 날부터 10일 이내에 그 결과를 해당 지방자치단체의 장에게 통보해야 한다.
제29조【조달기업의 지원】 ① 법 제25조에 따라 조달청장은 다음 각 호의 방법으로 조달기업의 조달시장 진출을 지원할 수 있다.
1. 조달기업의 조달시장 진출 지원을 위한 조달제도 안내 및 상담업무를 전담하는 지원센터의 설치·운영
2. 창업·벤처기업 등 조달기업의 상품을 홍보하고 판매할 수 있는 온라인 상품몰 운영
3. 그 밖에 조달청장이 조달기업의 조달시장 진출 지원에 필요하다고 인정한 방법
② 조달청장은 제1항에 따른 지원 업무를 수행할 때 필요한 예산을 확보하기 위해 노력해야 한다.
③ 제1항에 따른 지원센터 설치·운영과 온라인 상품몰 등록대상 상품의 지정 기준, 절차 등에 관하여 필요한 사항은 조달청장이 정하여 고시한다.
제30조【우수조달물품의 지정】 ① 법 제26조제1항제1호 각 목 외의 부분에서 "대통령령으로 정하는 기준을 충족하는 물품"이란 다음 각 호의 요건을 모두 갖춘 물품을 말한다. 다만, 음료품류·식료품류 및 동물류·식물류나 무기·총포·화약류 등으로서 조달청장이 우수조달물품으로 지정하는 것이 적합하지 않다고 인정하여 고시하는 물품은 제외한다.
1. 다음 각 목의 어느 하나에 해당하는 물품일 것
가. 「특허법」에 따른 특허발명, 「실용신안법」에 따른 등록실용신안 또는 「디자인보호법」에 따른 등록디자인을 실시하여 생산한 물품

나. 신기술 적용 물품, 우수품질 물품, 환경친화적 물품 또는 자원재활용 물품 등 법령에 따라 주무부장관 또는 주무부장관의 위임을 받은 자가 인증하거나 추천하는 물품
2. 기술의 중요도 및 품질의 우수성 등을 고려하여 조달청장이 정하여 고시하는 기준을 충족하는 물품일 것
② 법 제26조제1항제1호나목에서 "매출액 규모, 중견기업이 된 이후의 기간 등 대통령령으로 정하는 기준을 충족하는 기업"이란 「중견기업 성장촉진 및 경쟁력 강화에 관한 특별법」 제2조에 따른 중견기업(이하 "중견기업"이라 한다)으로서 다음 각 호의 구분에 따른 기업을 말한다.
1. 「중소기업제품 구매촉진 및 판로지원에 관한 법률」 제6조에 따라 지정된 중소기업자간 경쟁 제품을 우수조달물품으로 지정받으려는 중견기업인 경우 : 같은 법 제8조의3제1항 각 호의 요건을 모두 갖춘 기업
2. 제1호 외의 중견기업인 경우 : 다음 각 목의 어느 하나에 해당하는 기업
가. 「중소기업기본법」 제2조제3항에 따라 중소기업으로 보았던 경우에는 중소기업으로 보는 기간의 만료 이후 3년이 지나지 않은 기업
나. 우수조달물품 지정연도 직전 3년간의 연간 평균 매출액이 3천억원 미만인 기업
③ 법 제26조제1항에 따라 우수조달물품의 지정을 받으려는 자는 제1항 각 호에 관한 사항을 적은 지정신청서를 조달청장에게 제출해야 한다.
④ 조달청장은 제3항에 따라 신청서를 제출받은 경우 해당 물품이 제1항에 따른 지정기준을 충족하는지를 심사하여 신청서 접수 마감일부터 90일 이내에 그 지정 여부를 결정해야 한다. 다만, 조달청장은 90일 이내에 지정 여부를 결정하기 어려운 사유가 있는 경우 결정기간을 연장할 수 있으며, 그 연장 사유와 결정 예정일 등을 신청인에게 알려야 한다.
⑤ 조달청장은 제4항에 따라 지정 여부를 결정했을 때에는 그 결과를 신청인에게 문서로 통보하고, 우수조달물품으로 지정된 물품을 국가종합전자조달시스템에 등록해야 한다.
⑥ 우수조달물품의 지정기간은 법 제26조제1항에 따라 고시한 날부터 3년으로 한다. 다만, 조달청장이 우수조달물품의 판매 실적, 계약이행 내용 및 향후 수요 예측 등의 심사를 거쳐 지정기간을 연장할 필요가 있다고 인정하는 경우에는 3년의 범위에서 그 지정기간을 연장할 수 있다.
⑦ 조달청장은 법 제26조제2항에 따라 우수조달물품의 구매 증대 및 판로 확대를 위해 국내외 홍보, 수출 지원 및 수요기관을 위한 계약체결 등의 조치를 할 수 있다.
⑧ 제1항부터 제7항까지에서 규정한 사항 외에 우수조달물품의 지정기준, 지정절차 및 지정기간 연장 등에 관하여 필요한 사항은 조달청장이 정하여 고시한다.

제31조【우수조달공동상표의 지정】 ① 법 제26조제1항제2호에서 "대통령령으로 정하는 수"란 5를 말한다.
② 법 제26조제1항제2호에서 "대통령령으로 정하는 기준"이란 다음 각 호의 요건을 모두 충족하는 경우를 말한다.
1. 제30조제1항에서 정한 기준을 충족할 것
2. 공동상표에 참여하는 중소기업자 중 제30조제1항에 따른 물품을 생산하는 자가 조달청장이 정하는 수 이상일 것
③ 법 제26조제1항에 따라 우수조달공동상표의 지정을 받으려는 자는 제2항 각 호에 관한 사항을 적은 지정신청서를 조달청장에게 제출해야 한다.
④ 조달청장은 제3항에 따라 신청서를 제출받은 경우 해당 공동상표가 제1항 및 제2항에 따른 지정기준을 충족하는지를 심사하여 신청서 접수 마감일부터 90일 이내에 그 지정 여부를 결정해야 한다. 다만, 조달청장은 90일 이내에 지정 여부를 결정하기 어려운 사유가 있는 경우에는 결정기간을 연장할 수 있으며, 그 연장 사유와 결정 예정일 등을 신청인에게 알려야 한다.
⑤ 조달청장은 제4항에 따라 지정 여부를 결정했을 때에는 그 결과를 신청인에게 문서로 통보하고, 우수조달공동상표로 지정된 공동상표를 국가종합전자조달시스템에 등록해야 한다.
⑥ 우수조달공동상표의 지정기간은 법 제26조제1항에 따라 고시한 날부터 3년으로 한다. 다만, 조달청장이 우수조달공동상표 물품의 판매 실적, 계약이행 내용 및 향후 수요 예측 등의 심사를 거쳐 지정기간을 연장할 필요가 있다고 인정하는 경우에는 그 지정기간을 3년의 범위에서 한 번만 연장할 수 있다.
⑦ 조달청장은 법 제26조제2항에 따라 우수조달공동상표 물품의 구매 증대 및 판로 확대를 위하여 국내외 홍보, 수출 지원 및 수요기관을 위한 계약체결 등의 조치를 할 수 있다.
⑧ 제1항부터 제7항까지에서 규정한 사항 외에 우수조달공동상표의 지정기준, 지정절차 및 지정기간 연장 등에 관하여 필요한 사항은 조달청장이 기획재정부장관과의 협의를 거쳐 정하여 고시한다.

제32조【우수조달물품 등의 효력정지 또는 지정취소】
① 법 제26조제3항에서 "최초 지정기준에 미달하는 등 대통령령으로 정하는 경우"란 다음 각 호의 어느 하나에 해당하는 경우를 말한다.
1. 제30조제1항 · 제2항 또는 제31조제1항 · 제2항에 따른 지정기준에 미달하게 된 경우
2. 거짓이나 그 밖의 부정한 방법으로 지정을 받은 경우
3. 그 밖에 우수조달물품 또는 우수조달공동상표(이하 이 조에서 "우수조달물품등"이라 한다)의 지정을 받은 자가 해당 우수조달물품등과 관련하여 조달업무의 공정한 집행 또는 계약의 적절한 이행을 해칠 우려가 있는 경우로서 조달청장이 정하여 고시하는 사유에 해당하는 경우
② 조달청장은 우수조달물품등의 효력정지 또는 지정취소를 하는 경우 그 사유, 기간(효력정지의 기간을 말한다) 및 의견제출 기한 등을 지정을 받은 자에게 미리 문서로 통지해야 하며, 효력정지 또는 지정취소가 확정된 경우에는 그 내용을 문서로 통지해야 한다.
③ 제1항 및 제2항에서 규정한 사항 외에 효력정지 및 지정취소에 관한 절차 · 기준 등에 관하여 필요한 사항은 조달청장이 기획재정부장관과 협의를 거쳐 정하여 고시한다.

제33조【혁신제품의 공공구매 지원】 ① 법 제27조제1항에 따른 혁신제품(이하 "혁신제품"이라 한다)은 다음 각 호의 제품 중 위원회의 심의를 거쳐 지정한다. (2023.8.16 본문개정)
1. 「과학기술기본법」 등 관련 법령에 따른 연구개발사업을 통해 개발된 제품 중 각 중앙관서(「국가재정법」 제6조에 따른 중앙관서를 말한다. 이하 같다)의 장이 기획재정부장관과 협의하여 정한 기준과 절차에 따라 기술의 혁신성을 인정한 제품
2. 상용화 전 시제품(試製品) 중 초기 판로 확보 및 상용화 지원이 필요하여 조달청장이 기획재정부장관과 협의하여 정한 기준과 절차에 따라 혁신성을 인정한 제품
3. 그 밖에 위원회에서 공공성과 혁신성을 인정한 제품
② 법 제27조제1항에 따라 지정된 혁신제품의 지정기간은 제1항에 따라 지정되어 고시된 날부터 3년으로 한다. 다만, 대상 제품의 특성 등을 고려하여 지정기간을 별도로 정할 필요가 있다고 인정하는 경우에는 위원회의 심의를 거쳐 지정기간을 별도로 정할 수 있다.(2023.8.16 단서개정)
③ 제2항에 따른 지정기간은 혁신제품의 공공부문 시장 안착 및 판로개척 지원 등을 강화하기 위하여 필요한 경우 위원회의 심의를 거쳐 3년의 범위에서 연장할 수 있다. (2023.8.16 본항신설)
④ 제2항 단서에 따라 지정기간을 별도로 정하는 경우와 제3항에 따라 지정기간을 연장하는 경우에는 해당 중앙관서의 장 또는 조달청장이 이를 고시한다.(2023.8.16 본항개정)
⑤ 조달청장은 혁신제품의 공공구매 지원을 위해 법 제27조제1항제1호에 따라 혁신제품을 시범구매하여 수요기관에 공급하고, 기획재정부장관과 미리 협의한 바에 따라 그 사용 결과를 공개하는 시범구매 계약을 체결할 수 있다. 이 경우 수요기관은 혁신제품의 사용 결과를 조달청장에게 통지해야 한다.
⑥ 조달청장은 다음 각 호의 어느 하나에 해당하는 경우에는 각 중앙관서의 장으로 하여금 직접 제5항에 따른 시범구매 계약을 체결하도록 할 수 있다.(2023.8.16 본문개정)
1. 「공공기관의 운영에 관한 법률」 제4조에 따른 공공기관에 필요한 제품을 주무기관의 장이 공급하는 경우
2. 위원회에서 각 중앙관서의 장이 직접 시범구매 계약을 할 필요성을 인정한 경우
⑦ 제5항 또는 제6항에 따른 혁신제품 시범구매에 관한 절차는 시범구매를 하는 조달청장 또는 각 중앙관서의 장이 기획재정부장관과 협의하여 정한다.(2023.8.16 본항개정)
⑧ 조달청장은 제5항에 따라 혁신제품 사용 결과를 공개하는 경우 수요기관이 통지한 사용 결과를 종합하여 공개한다. 다만, 조달청장이 정하여 고시하는 경우에는 사용 결과를 공개하지 않을 수 있다.(2023.8.16 본문개정)
⑨ 조달청장은 법 제27조제1항제2호에 따른 혁신제품의 공공구매 지원 시스템을 통해 혁신제품 등록 · 거래 · 홍보, 혁신조달제품 운영정보화 등을 지원할 수 있다.
⑩ 법 제27조제3항에서 "최초 지정기준에 미달하는 등 대통령령으로 정하는 경우"란 다음 각 호의 어느 하나에 해당하는 경우를 말한다.
1. 지정된 혁신제품이 제1항 각 호의 최초 지정기준에 미달하게 된 경우
2. 거짓이나 그 밖의 부정한 방법으로 지정을 받은 경우
3. 그 밖에 지정을 받은 자가 해당 혁신제품과 관련하여 조달업무의 공정한 집행 또는 계약의 적절한 이행을 해칠 우려가 있는 경우로서 조달청장이 정하여 고시하는 사유에 해당하는 경우
⑪ 조달청장은 법 제27조제3항에 따라 지정취소를 하는 경우 위원회의 심의를 거쳐야 한다. 이 경우 제1항제1호의 제품으로서 지정된 제품의 지정을 취소하려는 경우에는 위원회의 심의를 거치기 전 해당 중앙관서의 장과의 협의를 거쳐야 한다.
⑫ 조달청장은 혁신제품의 지정을 취소하는 경우 그 사유 및 의견제출 기한 등을 지정을 받은 자에게 미리 서면으로 통지해야 하며, 제11항에 따라 위원회 심의를 거쳐 지정취소가 확정되는 경우에는 그 내용을 서면으로 통지해야 한다.(2023.8.16 본항개정)
⑬ 제1항부터 제12항까지에서 규정한 사항 외에 혁신제품 시범구매 및 공급, 혁신제품의 공공구매 지원 시스템 구축 및 운영, 혁신제품의 지정취소 등에 필요한 사항은 조달청장이 기획재정부장관과 협의하여 정한다. (2023.8.16 본항개정)

제34조【해외 조달시장 진출에 대한 지원】 ① 조달청장은 법 제28조제1항에 따라 다음 각 호의 방법으로 국내기업의 해외 조달시장 진출을 지원할 수 있다.
1. 해외 조달시장 및 공공입찰에 관한 정보 제공
2. 국내기업의 해외 조달시장 진출 역량을 강화하기 위한 교육훈련
3. 조달 물품 · 용역 관련 기술 및 인력의 국제교류 등에 필요한 사업의 지원
4. 그 밖에 조달청장이 국내기업의 해외 조달시장 진출에 필요하다고 인정한 사항에 관한 지원
② 조달청장은 제1항에 따라 지원을 하려는 경우 지원 대상 · 내용 및 신청방법 등을 미리 공고해야 한다.
③ 조달청장은 제1항에 따른 지원 업무를 수행할 때 필요한 예산을 확보하기 위해 노력해야 한다.

제8장 비축사업

제35조【비축물자에 대한 계약방법의 특례】 ① 조달청장은 비축물자를 구매 · 물류관리 및 공급하는 경우로서 다음 각 호의 어느 하나에 해당하는 경우에는 법 제14조제1항에 따라 수의계약을 할 수 있다.
1. 경쟁이 성립되지 않는 물자를 소유 또는 제조하는 자와 구매 및 공급 계약을 체결하는 경우
2. 지역별 · 품질별 가격의 차이 또는 가격의 변동이 극심한 물자를 소유 또는 제조하는 자와 구매 및 공급 계약을 체결하는 경우
3. 특별한 시설 또는 장비를 갖춘 자와 물류관리 및 공급에 관한 계약을 체결하는 경우
4. 경쟁이 성립되지 않는 물자, 지역별 · 품질별 가격의 차이 또는 가격의 변동이 극심한 물자의 구매 및 공급 업무를 위탁하는 계약을 체결하는 경우
② 조달청장은 비축물자의 구매 · 물류관리 및 공급을 하는 경우 대량 물자를 분할하여 일정한 자격이 있는 2인 이상의 상대방과 계약을 체결할 필요가 있다고 인정될 때에는 법 제14조제1항에 따라 수량을 제한하여 일반경쟁 또는 지명경쟁의 방법으로 분할계약을 체결할 수 있다.
③ 조달청장은 제1항에 따라 계약을 체결한 경우 감사원에 그 사실을 통보해야 한다.

제36조【비축물자 이용업체 등록제한 등】 ① 조달청장은 법 제29조제4항에 따라 이용업체 등록을 제한하려는 경우 해당 이용업체에 대하여 자료 제출 요구와 현장 확인 등을 할 수 있다.
② 조달청장은 법 제20조제4항 또는 제5항에 따라 이용업체 등록을 제한하거나 차액을 환수하려는 경우 그 사유, 등록제한 기간이나 환수금액 및 의견제출 기한 등을 미리 문서로 이용업체에 통지해야 하며, 이용업체의 등록제한이나 차액의 환수가 확정된 경우에는 그 내용을 서면으로 통지해야 한다.
③ 제1항 및 제2항에서 규정한 사항 외에 이용업체 등록제한 및 차액 환수에 필요한 사항은 조달청장이 정하여 고시한다.

제37조【신용카드 등을 통한 비축물자대금의 납부】 ① 조달청장은 정보통신망을 이용하여 신용카드 또는 직불카드 등(이하 "신용카드등"이라 한다)을 통한 결제를 수행하는 기관으로서 기획재정부령으로 정하는 기관을 법 제30조제4항에 따른 비축물자대금 납부대행기관(이하 "비축물자대금 납부대행기관"이라 한다)으로 지정한다.
② 비축물자대금 납부대행기관은 비축물자를 구매하려는 자로부터 신용카드등을 통한 비축물자대금 납부 대행 용역의 대가로 해당 납부대금의 1천분의 10 이내에서 기획재정부령으로 정하는 바에 따라 납부대행 수수료를 받을 수 있다.
③ 제1항 및 제2항에서 규정한 사항 외에 신용카드등을 통한 비축물자대금 납부에 필요한 사항은 조달청장이 정하여 고시한다.

제38조【장내파생상품거래】 조달청장은 법 제31조제1항에 따라 비축물자의 안정적 확보 및 효율적 관리를 위해 필요하다고 인정하는 경우 「자본시장과 금융투자업에 관한 법률」 제5조제2항에 따른 장내파생상품을 거래할 수 있다.

제39조【민관 공동 비축사업의 참여대상 등】 ① 조달청장은 법 제32조제1항에 따라 다음 각 호의 어느 하나에 해당하는 자와 민관 공동 비축사업을 할 수 있다.
1. 국내외의 원자재 공급업체 또는 생산업체
2. 국내외의 원자재 수요업체
3. 「공공기관의 운영에 관한 법률」 제4조에 따른 공공기관
4. 「예금자보호법」 제2조제1호에 따른 부보금융회사(附保金融會社)
② 법 제32조제1항에 따른 민관 공동 비축사업에 참여하려는 자는 비축사업신청서에 비축품목, 비축기간 및 비축물량 등을 적은 비축사업계획서를 첨부하여 조달청장에게 제출해야 한다.

③ 조달청장은 제2항에 따라 신청서를 제출받은 경우 제출서류를 검토하여 민관 공동 비축사업을 수행하기에 적합하다고 인정하면 해당 신청인을 민관 공동 비축사업에 참여하는 민간사업자(이하 "민간비축사업자"라 한다)로 선정할 수 있다.
④ 제1항부터 제3항까지에서 규정한 사항 외에 민간비축사업자의 선정 기준 및 절차, 그 밖에 민관 공동 비축사업의 운영에 필요한 사항은 조달청장이 정하여 고시한다.
제40조【민관 공동 비축협약 등】 ① 조달청장은 제39조제3항에 따라 민간비축사업자로 승인받은 자와 비축사업의 범위·방법과 법 제32조제3항에 따른 비축물자 우선매각의 대상 물량 및 매각 가격·조건 등을 포함하는 민관 공동 비축협약을 체결해야 한다.
② 민간비축사업자는 제1항에 따른 민관 공동 비축협약에 따라 구매한 비축물자를 보관하기 위해 조달청장이 관리하는 비축시설을 사용할 수 있다.
③ 조달청장은 민간비축사업자가 요청하는 경우 비축물자의 구매 및 판매 등을 대행할 수 있다.
제41조【비축시설 사용료의 감면 등】 ① 법 제32조제2항에서 "대통령령으로 정하는 기준"이란 다음 각 호의 요건을 모두 갖춘 경우를 말한다.
1. 비축하는 물자를 조달청에 우선적으로 매각할 것을 약속한 물량이 전체 비축물량의 100분의 10 이상일 것
2. 비축기간이 2개월 이상일 것
3. 비축기간 중 평균 비축물량이 국내 비축물자 수요 등을 고려하여 조달청장이 정하는 비축계획물량의 일정 비율 이상일 것
② 조달청장은 법 제32조제2항에 따라 비축시설 사용료(비축시설의 관리비를 포함한다. 이하 제42조에서 같다)를 100분의 50 범위에서 감면할 수 있다. 이 경우 구체적인 감면비율은 우선매각의 대상 물량, 비축기간, 비축물량, 비축물자의 가액 등을 고려하여 조달청장이 정하여 고시한다.
제42조【우선매각의 방법 및 위반 시 제재조치】 ① 법 제32조제2항에 따라 사용료를 감면받은 민간비축사업자는 같은 조 제3항에 따라 조달청장으로부터 비축물자의 우선매각을 요청받은 경우 해당 비축물자를 제39조제1항에 따른 민관 공동 비축협약에서 정한 가격 및 조건으로 조달청장에게 매각해야 한다.
② 법 제32조제3항에서 "감면받은 사용료를 환수하는 등 대통령령으로 정하는 제재조치"란 다음 각 호의 제재조치를 말한다.
1. 제39조제3항에 따른 민간비축사업자 선정의 취소
2. 제41조제2항에 따라 감면한 사용료의 환수

제9장 보 칙

제43조【시설관리 등의 위탁】 ① 조달청장은 법 제33조제1항 본문에 따라 조달특별회계에 속하는 창고, 야적장(野積場), 그 밖의 시설의 관리 및 운영에 관한 업무를 다음 각 호의 어느 하나에 해당하는 자에게 위탁한다.
1. 물류관리 업무를 담당하는 국가기관
2. 그 밖에 조달청장이 시설의 관리 및 운영에 관한 업무를 수행하기에 적합하다고 인정하는 자
② 조달청장은 법 제33조제1항 본문에 따라 법 제3조 각 호의 사업과 관련한 다음 각 호의 업무를 전문성이나 수행능력 등을 고려할 때 해당 업무를 수행하기에 적합하다고 인정하는 자에게 위탁한다.
1. 법 제13조에 따른 다수공급자계약 업무 중 입찰자의 재무 상태 및 납품 실적 조사와 수요물자의 품질·성능·효율 등에 대한 조사
2. 법 제26조제1항에 따른 우수조달물품의 지정 업무 중 지정신청서 접수, 지정신청서에 대한 사전검토 및 이와 관련한 업무
③ 조달청장은 법 제33조제1항에 따라 다음 각 호의 업무를 해당 구분에 따른 자에게 위탁한다.
1. 법 제18조제1항제1호·제3호 및 제4호의 경우 : 다음 각 목의 어느 하나에 해당하는 자
가.「국가표준기본법」제23조 또는 그 밖의 다른 법률에 따라 인정된 시험·검사기관
나. 그 밖에 조달청장이 품질관리에 관한 업무를 수행하기에 적합하다고 인정하는 자
2. 법 제18조제1항제2호, 제19조제1항 및 제20조의 경우 :「국가표준기본법」제23조 또는 그 밖의 다른 법률에 따라 인정된 시험·검사기관
④ 조달청장은 제1항부터 제3항까지의 규정에 따라 업무를 위탁한 경우 해당 업무를 위탁받는 자를 고시해야 한다.
제44조【과태료의 부과기준】 법 제35조제1항에 따른 과태료의 부과기준은 별표와 같다.
제45조【조달물자의 사고 처리】 조달청장은 국외로부터 조달물자를 도입하는 도중에 사고가 발생하였을 때에는 국제관례에 따라 처리하고 수요기관에 그 결과를 통보해야 한다.

부 칙

제1조【시행일】 이 영은 2020년 10월 1일부터 시행한다.
제2조【계약체결의 요청 등에 관한 적용례】 대통령령 제25680호 조달사업에 관한 법률 시행령 일부개정령 제9조의3제1항제4호의 개정규정은 2014년 11월 4일 이후 수요기관의 장이 조달청장에게 장기계속계약의 체결을 요청하는 경우부터 적용한다.
제3조【지방자치단체 공사원가의 사전검토에 관한 적용례】 제28조제1항제3호의 개정규정은 이 영 시행 이후 조달청장에게 공사의 계약 체결을 요청하는 경우부터 적용한다.
제4조【혁신제품의 공공구매 지원에 관한 특례】 이 영 시행 당시 종전의「조달사업에 관한 법률 시행령」(대통령령 제31053호로 전부개정되기 전의 것을 말한다. 이하 "종전 규정"이라 한다) 제7조의3제3항에 따른 시제품으로 지정되어 등록된 제품에 대해서는 제11조의 개정규정에도 불구하고 2020년 10월 31일까지는 종전 규정에 따라 시범구매 계약을 할 수 있다.
제5조【계약체결의 요청 등에 관한 경과조치】 이 영 시행 전에 용역계약을 입찰공고한 경우에는 제11조제2항의 개정규정에도 불구하고 종전규정 제9조의3제2항제6호에 따른다.
제6조【혁신제품의 공공구매 지원에 관한 경과조치】 이 영 시행 전에 수요기관의 장이 종전 규정 제7조의3제4항에 따라 제품을 구매한 경우에는 제33조의 개정규정에도 불구하고 종전 규정 제7조의3제5항에 따른다.
제7조【종전 부칙의 적용범위에 관한 경과조치】 종전의「조달사업에 관한 법률 시행령」의 개정에 따라 규정했던 종전의 부칙은 이 영 시행 전에 그 효력이 이미 상실된 경우를 제외하고는 이 영 시행 이후에도 계속하여 적용한다.
제8조【다른 법령의 개정】 ①~⑥ ※(해당 법령에 가제정리 하였음)
제9조【다른 법령과의 관계】 이 영 시행 당시 다른 법령에서 종전의「조달사업에 관한 법률 시행령」의 규정을 인용하고 있는 경우 이 영 중 그에 해당하는 규정이 있을 때에는 종전의 규정을 갈음하여 이 영의 해당 규정을 인용한 것으로 본다.

부 칙 (2021.2.2)

제1조【시행일】 이 영은 2021년 2월 5일부터 시행한다. (이하 생략)

부 칙 (2021.8.6)

제1조【시행일】 이 영은 2021년 8월 9일부터 시행한다. (이하 생략)

부 칙 (2023.5.9)

제1조【시행일】 이 영은 2023년 7월 1일부터 시행한다.
제2조【계약보증금에 관한 적용례】 제13조의2의 개정규정은 이 영 시행 이후 제3자를 위한 단가계약 또는 다수공급자계약을 체결하는 경우부터 적용한다.

부 칙 (2023.8.16)

제1조【시행일】 이 영은 공포한 날부터 시행한다.
제2조【다른 법령의 개정】 ※(해당 법령에 가제정리 하였음)

〔별표〕➡「法典 別冊」참조

전자조달의 이용 및 촉진에 관한 법률(약칭 : 전자조달법)

(2013년 3월 22일 법 률 제11631호)

개정
2015.12.29법13626호
2019.11.26법16581호
2020. 6. 9법17339호(법률용어정비)
2020. 6. 9법17354호(전자서명법)
2018.12.31법16107호

제1장 총 칙

제1조【목적】 이 법은 수요기관의 조달업무를 전자적으로 처리하는 데에 필요한 사항을 정함으로써 조달업무의 안전성·신뢰성 및 공정성을 확보하고 전자조달업무의 원활한 수행과 촉진을 도모함을 목적으로 한다.
제2조【정의】 이 법에서 사용하는 용어의 뜻은 다음과 같다.
1. "수요기관"이란 국가기관·지방자치단체 및 대통령령으로 정하는 공공단체를 말한다.
2. "계약담당자"란 관계 법령에 따라 수요기관의 계약사무 처리를 위임 또는 위탁받은 자를 말한다.
3. "조달업무"란 수요기관의 장에게 필요한 물자 또는 용역의 구매·공급에 관한 업무 및 시설공사 계약에 관한 업무를 말한다.(2020.6.9 본호개정)
4. "국가종합전자조달시스템"이란 제12조에 따라 조달청장이 조달업무를 전자적으로 처리하기 위하여 구축·운용하는 정보시스템을 말한다.
5. "전자조달"이란 국가종합전자조달시스템을 이용 또는 활용하여 조달업무를 전자적으로 처리하는 것을 말한다.
6. "전자조달이용자"란 제17조에 따라 국가종합전자조달시스템에 이용자등록을 한 자를 말한다.
제3조【적용 범위】 이 법은 국가종합전자조달시스템(이하 "전자조달시스템"이라 한다)을 이용 또는 활용하는 자에 대하여 적용한다.
제4조【다른 법률과의 관계】 전자조달에 관하여「국가를 당사자로 하는 계약에 관한 법률」또는「지방자치단체를 당사자로 하는 계약에 관한 법률」(이하 "계약법률"이라 한다) 등 다른 법률에 특별한 규정이 있는 경우를 제외하고는 이 법에서 정하는 바에 따른다.

제2장 조달업무의 전자화

제5조【조달업무의 전자적 처리】 ① 수요기관의 장은 전자조달시스템을 이용 또는 활용하여 조달업무를 전자적으로 처리하도록 노력하여야 한다.
② 조달청장은 전자조달을 촉진하기 위한 시책을 마련하여야 한다.
제6조【경쟁입찰의 전자적 공고】 ① 수요기관의 장 또는 계약담당자는 경쟁입찰을 전자적으로 처리하려는 경우에는 입찰에 관한 사항을 전자조달시스템을 통하여 공고하여야 한다.
② 제1항에 따른 공고의 방법 및 시기와 그 밖에 필요한 사항은 대통령령으로 정한다.
제7조【전자입찰】 전자조달이용자는 전자조달시스템을 이용하여 이루어지는 경쟁입찰 또는 수의계약 상대자 결정(이하 "전자입찰"이라 한다)에 참가할 때에는 대통령령으로 정하는 바에 따라 전자적 형태의 입찰서 또는 견적서를 제출하여야 한다.
제8조【계약상대자의 전자적 공고】 수요기관의 장 또는 계약담당자는 전자입찰 결과 계약상대자로 결정된 자(이하 "계약상대자"라 한다)를 전자조달시스템을 통하여 공고할 수 있다.
제9조【전자계약서의 작성 및 계약의 성립】 ① 수요기관의 장 또는 계약담당자는 전자조달시스템을 이용하여 계약상대자와 계약을 체결하려는 경우에는 계약의 목적, 계약금액, 이행기간, 계약보증금이나 지연배상금(遲延賠償金)에 관한 사항, 그 밖에 필요한 사항이 입력된 전자적 형태의 계약서(이하 "전자계약서"라 한다)를 전자조달시스템을 통하여 작성하여야 한다.
② 다음 각 호의 순서에 따른 요건을 모두 갖춘 때에는 제1항에 따른 계약이 성립한다.
1. 수요기관의 장 또는 계약담당자는 전자계약서를 계약상대자에게 전자조달시스템을 통하여 송신할 것
2. 계약상대자는 수요기관의 장 또는 계약담당자에게 제1호에 따라 수신한 전자계약서의 내용에 동의한다는 뜻을 전자조달시스템을 통하여 송신할 것
3. 수요기관의 장 또는 계약담당자는 제2호에 따라 수신한 전자계약서를 확정하여 계약상대자에게 전자조달시스템을 통하여 송신할 것
제9조의2【하도급 관리의 전자적 처리】 ① 수요기관의 장 또는 계약담당자는 계약상대자와 계약을 체결할 때 하도급에 관한 사항을 전자적으로 처리하려는 경우에는 전자조달시스템 또는 수요기관의 장이 전자적으로 하도

급 관리를 위하여 구축·운영하거나 이용하는 시스템(이하 "전자조달시스템등"이라 한다)을 활용하여야 한다.
② 제1항에도 불구하고 대통령령으로 정하는 수요기관의 장 또는 계약담당자는 계약상대자와 체결하는 계약 중 계약 규모 및 기간 등을 고려하여 대통령령으로 정하는 계약의 하도급 대금·임금 등 계약대금의 청구·지급 등에 관한 사항은 전자조달시스템등을 통하여 처리하여야 한다.(2019.11.26 본항신설)
③ 제1항에 따른 하도급 관리 및 제2항에 따른 계약대금의 전자적 처리에 관한 내용과 절차 등에 필요한 사항은 대통령령으로 정한다.
(2019.11.26 본조개정)

제10조【보증금의 전자적 납부】 ① 수요기관의 장 또는 계약담당자는 입찰참가자 또는 계약상대자로 하여금 계약법률 등에 따른 입찰보증금, 계약보증금, 하자보수보증금 등을 전자조달시스템을 이용하여 납부하게 할 수 있다.
② 제1항에 따른 입찰보증금, 계약보증금, 하자보수보증금 등의 납부는 전자적 형태의 보증서로 제출하는 방법으로 한다. 다만, 계약법률 관계 법령에 따라 현금 등으로 납부하는 경우에는 그러하지 아니하다.(2015.12.29 본항신설)
③ 제1항 및 제2항에 따른 납부의 방법 및 절차 등에 관하여 필요한 사항은 대통령령으로 정한다.(2015.12.29 본항개정)

제11조【전자문서의 송신·수신】 ① 제6조부터 제10조까지의 규정에 따라 전자조달시스템을 통하여 전자적 형태로 작성, 송신·수신 또는 저장된 문서(이하 "전자문서"라 한다)에는 「전자서명법」 제2조제2호에 따른 전자서명(서명자의 실지명의를 확인할 수 있는 것을 말하며, 「전자정부법」 제2조제9호에 따른 행정전자서명을 포함한다)이 있어야 한다.(2020.6.9 본항개정)
② 전자문서는 전자조달시스템에 입력된 때 송신 및 수신된 것으로 본다. 다만, 전자조달이용자가 제출하는 전자입찰서의 경우에는 전자조달시스템에 입력된 시점이 확인되지 아니하더라도 「전자서명법」 제18조에 따라 전자서명인증사업자에게 제시된 시점이 확인된 경우에는 해당 시점을 수신시점으로 할 수 있다.(2020.6.9 단서개정)
③ 「전자문서 및 전자거래 기본법」 제6조제2항제1호 단서에도 불구하고 전자조달시스템 외의 전산장비에 입력된 전자문서는 그 출력 여부와 상관없이 수신되지 아니한 것으로 본다.(2020.6.9 본항개정)
④ 「전자문서 및 전자거래 기본법」 제7조제2항 및 제3항에도 불구하고 전자조달시스템에 입력된 전자문서는 그 송신자의 진의(眞意)와는 관계없이 송신된 것으로 본다.
⑤ 「전자문서 및 전자거래 기본법」 제9조에도 불구하고 전자문서 송신자는 전자문서의 수신확인통지를 요청하거나 그 효력 발생에 조건을 붙일 수 없다. 다만, 수요기관의 장 또는 계약담당자가 따로 정하는 경우에는 그에 따른다.

제3장 전자조달시스템의 운용 및 관리

제12조【전자조달시스템의 구축·운용 등】 ① 조달청장은 조달업무를 전자적으로 처리하기 위하여 전자조달시스템을 구축하여야 한다.
② 조달청장은 수요기관의 장 등 관계 기관의 장에게 대통령령으로 정하는 바에 따라 전자조달시스템을 구축·운용하는 데 필요한 자료 또는 정보의 제공을 요청할 수 있다. 이 경우 자료 또는 정보의 제공을 요청받은 기관의 장은 특별한 사유가 없으면 이에 따라야 한다.
③ 조달청장은 전자조달시스템의 구축·운용에 관한 기준을 정하여 고시할 수 있다.

제13조【전자조달시스템을 이용한 계약 체결의 요청】 수요기관의 장은 「조달사업에 관한 법률」에 따라 조달청장에게 조달물자의 구매·공급 계약 또는 시설공사 계약의 체결을 요청하려는 경우에는 전자조달시스템을 이용하여야 한다. 다만, 천재지변이나 전산장애 등으로 인한 불가피한 사유가 발생한 경우에는 그러하지 아니하다.

제14조【자체전자조달시스템의 구축·운영】 ① 기획재정부장관은 수요기관의 장이 신규로 자체전자조달시스템을 구축하려는 경우 대통령령으로 정하는 요건을 충족하는 수요기관의 장에 한정하여 전자조달시스템과 연계되는 자체전자조달시스템을 구축·운영하게 할 수 있다.
② (2018.12.31 삭제)
③ 기획재정부장관은 기존에 구축된 자체전자조달시스템을 운영하고 있는 수요기관의 장이 대통령령으로 정하는 요건을 충족하지 못하게 된 경우 제12조의 전자조달시스템으로 이용전환을 하도록 요구할 수 있다.
(2018.12.31 본항신설)
④ 수요기관의 장이 자체전자조달시스템을 구축·운영할 때에는 제12조제3항에 따라 고시된 기준을 최대한 반영하여야 한다.(2018.12.31 본항신설)
⑤ 제1항 및 제3항의 기획재정부장관의 권한은 대통령령으로 정하는 바에 따라 조달청장에게 위임할 수 있다.
(2018.12.31 본항신설)
(2018.12.31 본조개정)

제15조【수요기관 외의 자의 전자조달시스템 이용 및 활용】 ① 수요기관 외의 자는 조달청장의 승인을 받아 전자입찰을 실시하거나 전자조달시스템을 활용하여 새로운 서비스를 개발·제공하는 등 전자조달시스템을 이용 또는 활용할 수 있다.
② 조달청장은 수요기관 외의 자가 다음 각 호의 어느 하나에 해당하는 경우에는 전자조달시스템의 이용 또는 활용을 승인하지 아니할 수 있다.
1. 전자조달시스템의 이용 또는 활용을 위한 신청내용을 허위로 기재한 경우
2. 건전한 입찰질서를 훼손하거나 관계 법령을 위반할 목적으로 이용 또는 활용하고자 하는 경우
3. 그 밖에 수요기관 외의 자가 전자조달시스템을 이용 또는 활용하는 것이 적절하지 아니한 경우로서 대통령령으로 정하는 경우

제4장 전자조달이용자 정보의 관리 및 보호

제16조【계약 관련 정보 등의 관리 및 제공】 ① 조달청장은 입찰정보, 계약 관련 정보 및 「물품목록정보의 관리 및 이용에 관한 법률」 제2조제3호에 따른 물품목록정보(이하 "물품목록정보"라 한다)를 전자조달시스템을 통하여 체계적으로 관리하여야 한다.
② 전자조달이용자는 제1항에 따라 전자조달시스템을 통하여 관리되는 물품목록정보를 등록하거나 수정할 필요가 있는 경우에는 조달청장에게 물품목록정보의 등록 또는 변경을 요청하여야 한다.
③ 조달청장은 수요기관의 장 또는 제15조에 따라 조달청장의 승인을 받은 수요기관 외의 자가 제1항에 따른 입찰정보, 계약 관련 정보 또는 물품목록정보의 제공을 요청하는 경우에는 「개인정보 보호법」에 따라 정보를 제공한다.

제17조【전자조달이용자의 이용자등록 등】 ① 전자조달시스템을 이용하여 수요기관 또는 수요기관 외의 자와 계약을 전자적으로 체결하려는 자는 대통령령으로 정하는 바에 따라 전자조달시스템에 이용자등록을 하여야 한다.
② 전자조달이용자는 제1항에 따라 등록된 정보에 잘못이 있거나 정보가 변경된 경우에는 이를 수정 또는 변경하여 등록하여야 한다.

제18조【비밀보호】 ① 조달청장은 전자조달이용자의 개인정보, 영업상 비밀 등을 보호하기 위한 대책을 수립하여야 한다.
② 수요기관의 장 또는 계약담당자는 계약상대자의 동의를 받지 아니하고는 계약상대자의 영업상 비밀을 타인에게 제공하거나 누설하여서는 아니 된다.
③ 전자조달시스템을 관리·운영하는 자 또는 관리·운영하였던 자는 직무상 알게 된 전자문서, 그 밖의 관련 정보의 내용을 누설하거나 직무상 목적 외의 다른 용도로 이를 자신이 이용 또는 제3자로 하여금 이용하게 하여서는 아니 된다.
④ 제1항에 따른 영업상 비밀을 보호하기 위한 대책의 구체적 내용 등에 관하여 필요한 사항은 대통령령으로 정한다.

제19조【전자조달업무의 방해행위 금지】 ① 누구든지 전자조달시스템에 거짓 정보나 부정한 명령을 입력하는 등의 방법으로 전자조달업무를 방해하여서는 아니 된다.
② 누구든지 전자조달시스템에 보관된 전자문서, 그 밖의 관련 정보를 위조 또는 변조하거나 위조 또는 변조된 정보를 행사하여서는 아니 된다.

제20조【부정한 전자조달행위의 금지】 누구든지 전자입찰에 참여하게 할 목적으로 다른 사람에게 「전자서명법」 제2조제6호에 따른 인증서(서명자의 실지명의를 확인할 수 있는 것을 말한다. 이하 같다)를 양도 또는 대여하거나 전자입찰에 참여할 목적으로 다른 사람의 인증서를 양도 또는 대여받아서는 아니 된다.(2020.6.9 본조개정)

제5장 전자조달업무의 촉진 및 지원

제21조【전자조달에 관한 교육훈련】 조달청장은 전자조달업무를 담당하는 수요기관의 공무원이나 임직원 또는 전자조달이용자나 그 소속 임직원에 대하여 전자조달시스템의 이용 또는 활용에 관한 교육훈련을 실시할 수 있다.

제22조【국제협력 및 국외수출 촉진】 조달청장은 전자조달에 관한 국제협력 및 전자조달시스템의 국외수출을 촉진하기 위하여 다음 각 호의 사업을 할 수 있다.
1. 전자조달에 관한 홍보
2. 기술·인력의 교류
3. 공동조사·연구 및 기술협력
4. 국제 표준화
5. 국내기업의 외국정부 전자조달시장 진출 지원·협력
6. 그 밖에 조달청장이 필요하다고 인정하는 사업

제23조【전자조달지원센터】 ① 조달청장은 전자조달시스템의 발전과 안정적인 운영지원 등을 위하여 전자조달지원센터(이하 "지원센터"라 한다)를 지정할 수 있다.
② 지원센터는 다음 각 호의 사업을 수행한다.
1. 전자조달시스템의 관리 및 운영지원
2. 전자조달시스템의 안정적 운영을 위한 기술연구 및 교육지원
3. 전자조달시스템의 국외시장 개척 및 수출 지원
4. 조달업무의 전자화 촉진 및 활성화에 관한 연구개발
5. 전자조달과 관련된 국제협력 및 홍보 지원
6. 국내기업의 외국정부 전자조달시장 진출 지원 및 협력사업
7. 그 밖에 수요기관의 장이 위탁하는 사업
③ 지원센터는 제2항에 따른 사업을 수행하는 데 필요한 경비를 조달하기 위하여 수익사업을 할 수 있다.
④ (2015.12.29 삭제)
⑤ 지원센터의 지정기준, 사업추진실적 보고 및 경비 지원 등에 관하여 필요한 사항은 대통령령으로 정한다.

제24조【지원센터의 지정 취소】 조달청장은 지원센터가 다음 각 호의 어느 하나에 해당하는 경우에는 그 지정을 취소하거나 6개월 이내의 기간을 정하여 업무의 정지를 명할 수 있다. 다만, 제1호에 해당하면 그 지정을 취소하여야 한다.
1. 거짓이나 그 밖의 부정한 방법으로 지원센터로 지정을 받은 경우
2. 정당한 사유 없이 계속하여 2년 이상 사업추진 실적이 없는 경우
3. 제23조제2항에 따른 사업을 수행할 능력을 상실한 경우
4. 제23조제5항에 따른 지정기준에 적합하지 아니하게 된 경우

제6장 보 칙

제25조【전자조달시스템의 이용수수료】 ① 조달청장은 전자조달시스템을 이용 또는 활용하는 자로서 다음 각 호의 어느 하나에 해당하는 자에게 이용수수료를 징수할 수 있다.
1. 전자입찰을 직접 실시하는 수요기관
2. 전자입찰을 통하여 수요기관 또는 수요기관 외의 자와 계약을 체결하는 자
3. 제14조제1항에 따른 자체전자조달시스템의 구축 및 운영을 위하여 전자조달시스템을 활용하는 수요기관
4. 제15조에 따라 전자입찰을 실시하기 위하여 전자조달시스템을 이용하는 수요기관 외의 자
5. 제15조에 따라 새로운 서비스를 개발·제공하기 위하여 전자조달시스템을 활용하는 수요기관 외의 자
6. 제16조제2항에 따라 물품목록정보의 등록 또는 변경을 요청하는 전자조달이용자
② 제1항에 따른 이용수수료를 정하여진 기한까지 내지 아니하면 연체료를 부과할 수 있다.
③ 제1항 및 제2항에 따른 이용수수료 및 연체료의 금액, 납부방법 등에 관하여 필요한 사항은 대통령령으로 정한다.

제26조【포상금의 지급】 ① 조달청장은 제20조에 따른 부정한 전자조달행위를 신고 또는 제보하고 증거자료를 제출한 자(이하 "신고자"라 한다)에게 예산의 범위에서 포상금을 지급할 수 있다.
② 신고 또는 제보를 받은 자는 신고자 등의 신분 등에 관한 비밀을 유지하여야 한다.
③ 제1항에 따른 포상금 지급대상자의 범위, 지급기준, 지급절차 등에 관하여 필요한 사항은 대통령령으로 정한다.

제7장 벌 칙

제27조【벌칙】 ① 다음 각 호의 어느 하나에 해당하는 자는 10년 이하의 징역 또는 1억원 이하의 벌금에 처한다.
1. 제19조제1항을 위반하여 전자조달시스템에 거짓 정보나 부정한 명령을 입력하는 등의 방법으로 전자조달업무를 방해한 자
2. 제19조제2항을 위반하여 전자조달시스템에 보관된 전자문서, 그 밖의 관련 정보를 위조 또는 변조하거나 위조 또는 변조된 정보를 행사한 자
② 제1항의 미수범은 처벌한다.

제28조【벌칙】 다음 각 호의 어느 하나에 해당하는 자는 5년 이하의 징역 또는 5천만원 이하의 벌금에 처한다.
1. 제18조제2항을 위반하여 계약상대자의 영업상 비밀을 타인에게 제공하거나 누설한 자
2. 제18조제3항을 위반하여 직무상 알게 된 전자문서, 그 밖의 관련 정보의 내용을 누설하거나 직무상 목적 외의 다른 용도로 이를 자신이 이용 또는 제3자로 하여금 이용하게 한 자

제29조【벌칙】 제20조를 위반하여 전자입찰에 참여하게 할 목적으로 다른 사람에게 인증서를 양도 또는 대여하거나 전자입찰에 참여할 목적으로 다른 사람의 인증서를 양도 또는 대여받은 자는 1년 이하의 징역 또는 1천만원 이하의 벌금에 처한다.(2020.6.9 본조개정)

제30조【양벌규정】 법인의 대표자나 법인 또는 개인의 대리인, 사용인, 그 밖의 종업원이 그 법인 또는 개인의 업무에 관하여 제27조 및 제29조의 위반행위를 하면 그

행위자를 벌하는 외에 그 법인 또는 개인에게도 해당 조문의 벌금형을 과(科)한다. 다만, 법인 또는 개인이 그 위반행위를 방지하기 위하여 해당 업무에 관하여 상당한 주의와 감독을 게을리하지 아니한 경우에는 그러하지 아니하다.
제31조 (2015.12.29 삭제)

부 칙

제1조【시행일】 이 법은 공포 후 6개월이 경과한 날부터 시행한다.
제2조【진행 중인 전자입찰 등에 관한 경과조치】 이 법 시행 전에 전자입찰의 공고가 있었거나 전자입찰이 진행된 경우 또는 전자계약을 체결한 경우에는 이 법의 규정에도 불구하고 종전의 규정에 따른다.
제3조【전자조달시스템에 관한 경과조치】 이 법 시행 당시 조달청장이 종전의 「조달사업에 관한 법률」 제8조에 따라 구축하여 운용하고 있는 전자조달시스템은 이 법에 따라 구축하여 운용하는 전자조달시스템으로 본다.
제4조【다른 법률의 개정】 ※(해당 법령에 가제정리 하였음)

부 칙 (2015.12.29)

제1조【시행일】 이 법은 공포 후 3개월이 경과한 날부터 시행한다.
제2조【적용례】 제9조의2제1항의 개정규정은 이 법 시행 후 최초로 체결하는 계약부터 적용한다.
제3조【과태료에 관한 경과조치】 이 법 시행 전에 종전의 제23조제4항을 위반한 경우에는 제23조제4항 및 제31조의 개정규정에도 불구하고 종전의 규정에 따른다.

부 칙 (2019.11.26)

제1조【시행일】 이 법은 공포 후 6개월이 경과한 날부터 시행한다.
제2조【하도급 관리의 전자적 처리에 관한 적용례】 제9조의2제2항의 개정규정은 이 법 시행 이후 체결하는 계약부터 적용한다.

부 칙 (2020.6.9 법17339호)

이 법은 공포한 날부터 시행한다.(이하 생략)

부 칙 (2020.6.9 법17354호)

제1조【시행일】 이 법은 공포 후 6개월이 경과한 날부터 시행한다.(이하 생략)

국가를 당사자로 하는 계약에 관한 법률(약칭 : 국가계약법)

(1995년 1월 5일 법 률 제4868호)

개정
1997.12.13법 5453호(행정절차)
1997.12.13법 5454호(정부부처명)
2002.12.30법 6836호(국고금관리법)
2005.12.14법 7722호
2006.10. 4법 8050호(국가재정법)
2008. 2.29법 8852호(정부조직)
2012. 3.21법11377호
2012.12.18법11547호
2013. 8.13법12028호
2014.12.30법12860호
2016. 3. 2법14038호
2017. 7.26법14839호(정부조직)
2017.12.19법15219호
2019.11.26법16578호
2020. 3.31법17133호
2020. 6. 9법17339호(법률용어정비)
2020. 6. 9법17348호(소프트웨어진흥법)
2020.10.20법17555호(대 · 중소기업상생협력촉진에관한법)
2021. 1. 5법17816호
2023. 3.28법19317호(대 · 중소기업상생협력촉진에관한법)
2023. 7.18법19544호(행정기관정비일부개정법령등)

제1조【목적】 이 법은 국가를 당사자로 하는 계약에 관한 기본적인 사항을 정함으로써 계약업무를 원활하게 수행할 수 있도록 함을 목적으로 한다.(2012.12.18 본조개정)
제2조【적용 범위】 이 법은 국제입찰에 따른 정부조달계약과 국가가 대한민국 국민을 계약상대자로 하여 체결하는 계약[세입(歲入)의 원인이 되는 계약을 포함한다] 등 국가를 당사자로 하는 계약에 대하여 적용한다.
(2012.12.18 본조개정)
제3조【다른 법률과의 관계】 국가를 당사자로 하는 계약에 관하여는 다른 법률에 특별한 규정이 있는 경우를 제외하고는 이 법에서 정하는 바에 따른다.
(2012.12.18 본조개정)
제4조【국제입찰에 따른 정부조달계약의 범위】 ① 국제입찰에 의한 정부조달계약의 범위는 정부기관이 체결하는 물품 · 공사(工事) 및 용역의 계약으로서 정부조달협정과 이에 근거한 국제규범에 따라 기획재정부장관이 정하여 고시하는 금액 이상의 계약으로 한다. 다만, 다음 각 호의 어느 하나에 해당하는 경우에는 국제입찰에 따른 정부조달계약의 대상에서 제외한다.
1. 재판매(再販賣)나 판매를 위한 생산에 필요한 물품이나 용역을 조달하는 경우
2. 「중소기업제품 구매촉진 및 판로지원에 관한 법률」에 따라 중소기업제품을 제조 · 구매하는 경우
3. 「양곡관리법」, 「농수산물 유통 및 가격안정에 관한 법률」 및 「축산법」에 따른 농 · 수 · 축산물을 구매하는 경우
4. 그 밖에 정부조달협정에 규정된 내용으로서 대통령령으로 정한 경우
② 제1항 각 호 외의 부분 본문에 따른 정부기관과 물품 · 공사 및 용역의 범위는 정부조달협정의 내용에 따라 대통령령으로 정한다.
③ 「국가재정법」 제6조에 따른 중앙관서의 장(이하 "각 중앙관서의 장"이라 한다) 또는 제6조에 따라 위임 · 위탁 등을 받아 계약사무를 담당하는 공무원(이하 "계약담당공무원"이라 한다)은 계약의 목적과 성질 등을 고려하여 필요하다고 인정하면 제1항에 해당하지 아니하는 경우에도 대통령령으로 정하는 바에 따라 국제입찰에 의하여 조달할 수 있다.
(2012.12.18 본조개정)
제5조【계약의 원칙】 ① 계약은 서로 대등한 입장에서 당사자의 합의에 따라 체결되어야 하며, 당사자는 계약의 내용을 신의성실의 원칙에 따라 이행하여야 한다.
② 각 중앙관서의 장 또는 계약담당공무원은 제4조제1항에 따른 국제입찰의 경우에는 호혜(互惠)의 원칙에 따라 정부조달협정 가입국(加入國)의 국민과 이들 국가에서 생산되는 물품 또는 용역에 대하여 대한민국의 국민과 대한민국에서 생산되는 물품 또는 용역과 차별되는 특약(特約)이나 조건을 정하여서는 아니 된다.
③ 각 중앙관서의 장 또는 계약담당공무원은 계약을 체결할 때 이 법 및 관계 법령에 규정된 계약상대자의 계약상 이익을 부당하게 제한하는 특약 또는 조건(이하 "부당한 특약등"이라 한다)을 정해서는 아니 된다.(2019.11.26 본항신설)
④ 제3항에 따른 부당한 특약등은 무효로 한다.
(2019.11.26 본항신설)
(2012.12.18 본조개정)
제5조의2【청렴계약】 ① 각 중앙관서의 장 또는 계약담당공무원은 국가를 당사자로 하는 계약에서 투명성 및 공정성을 높이기 위하여 입찰자 또는 계약상대자로 하여금 입찰 · 낙찰, 계약체결 또는 계약이행 등의 과정(준공 · 납품 이후를 포함한다)에서 직접적 · 간접적으로 금품 · 향응 등을 주거나 받지 아니할 것을 약정하게 하고 이를 지키지 아니한 경우에는 해당 입찰 · 낙찰을 취소하거나 계약을 해제 · 해지할 수 있다는 조건의 계약(이하 "청렴계약"이라 한다)을 체결하여야 한다.(2020.6.9 본항개정)
② 청렴계약의 구체적 내용과 체결 절차 등 세부적인 사항은 대통령령으로 정한다.
(2012.12.18 본조신설)
제5조의3【청렴계약 위반에 따른 계약의 해제 · 해지 등】 각 중앙관서의 장 또는 계약담당공무원은 청렴계약을 지키지 아니한 경우 해당 입찰 · 낙찰을 취소하거나 계약을 해제 · 해지하여야 한다. 다만, 금품 · 향응 제공 등 부정행위의 경중, 해당 계약의 이행 정도, 계약이행 중단으로 인한 국가의 손실 규모 등 제반사정을 고려하여 공익을 현저히 해(害)한다고 인정되는 경우에는 대통령령으로 정하는 바에 따라 각 중앙관서의 장의 승인을 받아 해당 계약을 계속하여 이행하게 할 수 있다.
(2012.12.18 본조신설)
제5조의4【근로관계법령의 준수】 각 중앙관서의 장 또는 계약담당공무원은 계약을 체결할 때 계약상대자로 하여금 해당 계약을 이행하는 근로자(「하도급거래 공정화에 관한 법률」에 따른 수급사업자가 고용한 근로자를 포함한다)의 근로조건이 「근로기준법」 등 근로관계 법령을 준수하도록 하는 내용을 계약서에 포함시킬 수 있다.
(2020.3.31 본조신설)
제6조【계약사무의 위임 · 위탁】 ① 각 중앙관서의 장은 그 소관에 속하는 계약사무를 처리하기 위하여 필요하다고 인정하면 그 소속 공무원 중에서 계약에 관한 사무를 담당하는 공무원(이하 "계약관"이라 한다)을 임명하여 그 사무를 위임할 수 있으며, 그 소속 공무원에게 계약관의 사무를 대리(代理)하게 하거나 그 사무의 일부를 분장(分掌)하게 할 수 있다.
② 각 중앙관서의 장은 대통령령으로 정하는 바에 따라 다른 중앙관서 소속 공무원에게 계약관의 사무를 위탁할 수 있다.
③ 각 중앙관서의 장은 대통령령으로 정하는 바에 따라 그 소관의 계약에 관한 사무를 다른 관서에 위탁할 수 있다.
④ 제1항과 제2항에 따른 계약관의 사무의 위임 · 위탁, 대리 및 일부 분장은 각 중앙관서 소속 기관에 설치된 관직을 지정함으로써 갈음할 수 있다.
⑤ 계약관은 대통령령으로 정하는 재정보증이 없으면 그 직무를 담당할 수 없다.
(2012.12.18 본조개정)
제7조【계약의 방법】 ① 각 중앙관서의 장 또는 계약담당공무원은 계약을 체결하려면 일반경쟁에 부쳐야 한다. 다만, 계약의 목적, 성질, 규모 등을 고려하여 필요하다고 인정되면 대통령령으로 정하는 바에 따라 참가자의 자격을 제한하거나 참가자를 지명(指名)하여 경쟁에 부치거나 수의계약(隨意契約)을 할 수 있다.
② 제1항 본문에 따라 경쟁입찰에 부치는 경우 계약이행의 난이도, 이행실적, 기술능력, 재무상태, 사회적 신인도 및 계약이행의 성실도 등 계약수행능력평가에 필요한 사전심사기준, 사전심사절차, 그 밖에 대통령령으로 정하는 바에 따라 입찰 참가자격을 사전심사하고 적격자만을 입찰에 참가하게 할 수 있다.
③ 제1항에 따라 계약을 체결하는 과정에서 다른 법률에 따른 우선구매 대상이 경합하는 경우에는 계약의 목적이나 규모, 사회적 약자에 대한 배려 수준 등을 고려하여 계약상대자를 결정하여야 한다.(2017.12.19 본항신설)
(2012.12.18 본조개정)
제8조【입찰 공고 등】 ① 각 중앙관서의 장 또는 계약담당공무원은 경쟁입찰을 하는 경우에는 입찰에 관한 사항을 공고하거나 통지하여야 한다.
② 제1항에 따른 입찰 공고 또는 통지의 방법, 내용, 시기, 그 밖에 필요한 사항은 대통령령으로 정한다.
(2012.12.18 본조개정)
제8조의2【예정가격의 작성】 ① 각 중앙관서의 장 또는 계약담당공무원은 입찰 또는 수의계약 등에 부칠 사항에 대하여 낙찰자 및 계약금액의 결정기준으로 삼기 위하여 미리 해당 규격서 및 설계서 등에 따라 예정가격을 작성하여야 한다. 다만, 다른 국가기관 또는 지방자치단체와 계약을 체결하는 경우 등 대통령령으로 정하는 경우에는 예정가격을 작성하지 아니하거나 생략할 수 있다.
② 각 중앙관서의 장 또는 계약담당공무원이 제1항 본문에 따른 예정가격을 작성할 경우에는 계약수량, 이행기간, 수급상황, 계약조건 등을 고려하여 계약목적물의 품질 · 안전 등이 확보되도록 적정한 금액을 반영하여야 한다.
③ 제1항 본문에 따른 예정가격의 작성시기, 결정방법, 결정기준, 그 밖에 필요한 사항은 대통령령으로 정한다.
(2019.11.26 본조신설)
제9조【입찰보증금】 ① 각 중앙관서의 장 또는 계약담당공무원은 경쟁입찰에 참가하려는 자에게 입찰보증금을 내도록 하여야 한다. 다만, 대통령령으로 정하는 경우에는 입찰보증금의 전부 또는 일부의 납부를 면제할 수 있다.
② 제1항에 따른 입찰보증금의 금액, 납부방법, 그 밖에 필요한 사항은 대통령령으로 정한다.
③ 각 중앙관서의 장 또는 계약담당공무원은 낙찰자가 계약을 체결하지 아니하였을 때에는 해당 입찰보증금을 국고에 귀속시켜야 한다. 이 경우 제1항 단서에 따라 입찰보증금의 전부 또는 일부의 납부를 면제하였을 때에는 대통령령으로 정하는 바에 따라 입찰보증금에 해당하는 금액을 국고에 귀속시켜야 한다.
(2012.12.18 본조개정)

제10조【경쟁입찰에서의 낙찰자 결정】 ① 세입의 원인이 되는 경쟁입찰에서는 최고가격의 입찰자를 낙찰자로 한다. 다만, 계약의 목적, 입찰 가격과 수량 등을 고려하여 대통령령으로 기준을 정한 경우에는 그러하지 아니하다.
② 국고의 부담이 되는 경쟁입찰에서는 다음 각 호의 어느 하나의 기준에 해당하는 입찰자를 낙찰자로 한다.
1. 충분한 계약이행 능력이 있다고 인정되는 자로서 최저가격으로 입찰한 자
2. 입찰공고나 입찰설명서에 명기된 평가기준에 따라 국가에 가장 유리하게 입찰한 자
3. 그 밖에 계약의 성질, 규모 등을 고려하여 대통령령으로 특별히 기준을 정한 경우에는 그 기준에 가장 적합하게 입찰한 자
③ 각 중앙관서의 장 또는 계약담당공무원은 제2항에도 불구하고 공사에 대한 경쟁입찰로서 예정가격이 100억원 미만인 공사의 경우 다음 각 호에 해당하는 비용의 합계액의 100분의 98 미만으로 입찰한 자를 낙찰자로 하여서는 아니 된다.
1. 재료비·노무비·경비
2. 제1호에 대한 부가가치세
(2019.11.26 본항신설)
(2012.12.18 본조개정)

판례 낙찰자로 결정된 자의 지위 : 지방자치단체가 당사자가 되는 계약의 체결은 계약서의 작성을 성립요건으로 하는 요식행위로 정하고 있으므로, 이 경우 낙찰자의 결정으로 바로 계약이 성립된다고 볼 수는 없어 낙찰자는 지방자치단체에 대하여 계약을 체결하여 줄 것을 청구할 수 있는 권리를 가질 뿐이다.
(대판 2006.6.29, 2005다41603)

판례 낙찰자 결정의 법적 성질 : 낙찰자 결정의 법적 성질은 입찰과 낙찰행위가 있은 후에 더 나아가 본계약을 따로 체결한다는 취지로서 계약의 편무예약에 해당한다고 할 것이다.
(대판 2004.5.27, 2002다46829,46836)

제11조【계약서의 작성 및 계약의 성립】 ① 각 중앙관서의 장 또는 계약담당공무원은 계약을 체결할 때에는 다음 각 호의 사항을 명백하게 기재한 계약서를 작성하여야 한다. 다만, 대통령령으로 정하는 경우에는 계약서의 작성을 생략할 수 있다.
1. 계약의 목적
2. 계약금액
3. 이행기간
4. 계약보증금
5. 위험부담
6. 지체상금(遲滯償金)
7. 그 밖에 필요한 사항
② 제1항에 따라 계약서를 작성하는 경우에는 그 담당 공무원과 계약상대자가 계약서에 기명하고 날인하거나 서명함으로써 계약이 확정된다.
(2012.12.18 본조개정)

제12조【계약보증금】 ① 각 중앙관서의 장 또는 계약담당공무원은 국가와 계약을 체결하려는 자에게 계약보증금을 내도록 하여야 한다. 다만, 대통령령으로 정하는 경우에는 계약보증금의 전부 또는 일부의 납부를 면제할 수 있다.
② 제1항에 따른 계약보증금의 금액, 납부방법, 그 밖에 필요한 사항은 대통령령으로 정한다.
③ 각 중앙관서의 장 또는 계약담당공무원은 계약상대자가 계약상의 의무를 이행하지 아니하였을 때에는 해당 계약보증금을 국고에 귀속시켜야 한다. 이 경우 제1항 단서에 따라 계약보증금의 전부 또는 일부의 납부를 면제하였을 때에는 대통령령으로 정하는 바에 따라 계약보증금에 해당하는 금액을 국고에 귀속시켜야 한다.
(2012.12.18 본조개정)

판례 동조의 규정은 국가와 사인 간의 계약관계에서 관계 공무원이 지켜야 할 계약사무 처리에 관한 필요한 사항을 정한 국가의 내부규정에 불과할 뿐만 아니라 위 법이 적용되는 계약도 그 본질은 사인 간의 계약과 다를 바가 없으므로, 그 법령에 특별한 규정이 있는 경우를 제외하고는 사법의 규정 내지 법 원리가 그대로 적용된다고 할 것이므로, 매매계약에 의하여 지급된 계약금에 관하여 위약금 약정이 있어 그 계약금이 동조가 규정한 계약보증금의 성질을 갖는다고 하더라도, 당연히 위약벌의 성질을 갖는 것은 아니다.
(대판 2004.12.10, 2002다73852)

제13조【감독】 ① 각 중앙관서의 장 또는 계약담당공무원은 공사, 제조, 용역 등의 계약을 체결한 경우에 그 계약을 적절하게 이행하도록 하기 위하여 필요하다고 인정하면 계약서, 설계서, 그 밖의 관계 서류에 의하여 직접 감독하거나 소속 공무원에게 그 사무를 위임하여 필요한 감독을 하게 하여야 한다. 다만, 대통령령으로 정하는 계약의 경우에는 전문기관을 따로 지정하여 필요한 감독을 하게 할 수 있다.
② 제1항에 따라 감독하는 자는 감독조서(監督調書)를 작성하여야 한다.
(2012.12.18 본조개정)

제14조【검사】 ① 각 중앙관서의 장 또는 계약담당공무원은 계약상대자가 계약의 전부 또는 일부를 이행하면 이를 확인하기 위하여 계약서, 설계서, 그 밖의 관계 서류에 의하여 검사하거나 소속 공무원에게 그 사무를 위임하여 필요한 검사를 하게 하여야 한다. 다만, 대통령령으로 정하는 계약의 경우에는 전문기관을 따로 지정하여 필요한 검사를 하게 할 수 있다.
② 제1항에 따라 검사하는 자는 검사조서(檢査調書)를 작성하여야 한다. 다만, 대통령령으로 정하는 경우에는 검사조서의 작성을 생략할 수 있다.
③ 각 중앙관서의 장 또는 계약담당공무원은 제1항에도 불구하고 다른 법령에 따른 품질인증을 받은 물품 또는 품질관리능력을 인증받은 자가 제조한 물품 등 대통령령으로 정하는 물품에 대하여는 같은 항에 따른 검사를 하지 아니할 수 있다.
④ 물품구매계약 또는 물품제조계약의 경우 물품의 특성상 필요한 시험 등의 검사에 드는 비용과 검사로 인하여 생기는 변형, 파손 등의 손상은 계약상대자가 부담한다.
(2012.12.18 본조개정)

제15조【대가의 지급】 ① 각 중앙관서의 장 또는 계약담당공무원은 공사, 제조, 구매, 용역, 그 밖에 국고의 부담이 되는 계약의 경우 검사를 하거나 검사조서를 작성한 후에 그 대가(代價)를 지급하여야 한다. 다만, 국제관례 등 부득이한 사유가 있다고 인정되는 경우에는 그러하지 아니하다.
② 제1항에 따른 대가는 계약상대자로부터 대가 지급의 청구를 받은 날부터 대통령령으로 정하는 기한까지 지급하여야 하며, 그 기한까지 대가를 지급할 수 없는 경우에는 대통령령으로 정하는 바에 따라 그 지연일수(遲延日數)에 따른 이자를 지급하여야 한다.
③ 동일한 계약에서 제2항에 따른 이자와 제26조에 따른 지체상금은 상계(相計)할 수 있다.
(2012.12.18 본조개정)

제16조【대가의 선납】 각 중앙관서의 장 또는 계약담당공무원은 재산의 매각·대부, 용역의 제공, 그 밖에 세입의 원인이 되는 계약에서는 다른 법령에 특별한 규정이 없으면 계약상대자에게 그 대가를 미리 내도록 하여야 한다.(2012.12.18 본조개정)

제17조【공사계약의 담보책임】 각 중앙관서의 장 또는 계약담당공무원은 공사의 도급계약을 체결할 때에는 그 담보책임의 존속기간을 정하여야 한다. 이 경우 그 담보책임의 존속기간은 「민법」 제671조에서 규정한 기간을 초과할 수 없다.(2012.12.18 본조개정)

제18조【하자보수보증금】 ① 각 중앙관서의 장 또는 계약담당공무원은 공사의 도급계약의 경우 계약상대자로 하여금 그 공사의 하자보수(瑕疵補修) 보증을 위하여 하자보수보증금을 내도록 하여야 한다. 다만, 대통령령으로 정하는 경우에는 하자보수보증금의 전부 또는 일부의 납부를 면제할 수 있다.
② 제1항에 따른 하자보수보증금의 금액, 납부시기, 납부방법, 예치기간, 그 밖에 필요한 사항은 대통령령으로 정한다.
③ 하자보수보증금의 국고 귀속에 관하여는 제12조제3항을 준용한다. 다만, 그 하자의 보수를 위한 예산이 없거나 부족한 경우에는 그 하자보수보증금을 그 하자의 보수를 위하여 직접 사용할 수 있다.
④ 제3항 단서의 경우에 사용하고 남은 금액은 국고에 납입하여야 한다.
(2012.12.18 본조개정)

제19조【물가변동 등에 따른 계약금액 조정】 각 중앙관서의 장 또는 계약담당공무원은 공사계약·제조계약·용역계약 또는 그 밖에 국고의 부담이 되는 계약을 체결한 다음 물가변동, 설계변경, 그 밖에 계약내용의 변경(천재지변, 전쟁 등 불가항력적 사유에 따른 경우를 포함한다)으로 인하여 계약금액을 조정(調整)할 필요가 있을 때에는 대통령령으로 정하는 바에 따라 그 계약금액을 조정한다.(2019.11.26 본조개정)

판례 물가변동으로 인한 계약금액조정이 이루어지기 위한 요건 : 물가변동으로 인한 계약금액조정에 있어, 계약체결일부터 일정한 기간이 경과함과 동시에 품목조정률이 일정한 비율 이상 증감함으로써 조정사유가 발생하였다 하더라도 계약금액조정은 자동적으로 이루어지는 것이 아니라, 계약당사자의 상대방에 대한 적법한 계약금액조정신청에 의하여 비로소 이루어진다.
(대판 2006.9.14, 2004다28825)

판례 동법에 의한 계약금액조정에 있어서 조정기준일 이후에 채권자가 공사대금에 대하여 압류 및 전부명령을 받은 후 회사의 공사대금조정신청에 따라 공사대금이 증액된 경우, 그 증액된 부분은 채권자가 전부받은 공사대금에 포함되므로 그 일부를 수령하였더라도 양도할 수 있다.(대판 2003.12.11, 2001다3771)

제20조【회계연도 시작 전의 계약체결】 각 중앙관서의 장 또는 계약담당공무원은 임차계약·운송계약·보관계약 등 그 성질상 중단할 수 없는 계약의 경우 대통령령으로 정하는 바에 따라 「국고금 관리법」 제20조에도 불구하고 회계연도 시작 전에 해당 연도의 확정된 예산의 범위에서 미리 계약을 체결할 수 있다.(2012.12.18 본조개정)

제21조【계속비 및 장기계속계약】 ① 각 중앙관서의 장 또는 계약담당공무원은 「국가재정법」 제23조에 따른 계속비사업에 대하여는 총액과 연부액을 명백히 하여 계속비계약을 체결하여야 한다.
② 각 중앙관서의 장 또는 계약담당공무원은 임차, 운송, 보관, 전기·가스·수도의 공급, 그 밖에 그 성질상 수년간 계속하여 존속할 필요가 있거나 이행에 수년이 필요한 계약의 경우 대통령령으로 정하는 바에 따라 장기계속계약을 체결할 수 있다. 이 경우 각 회계연도 예산의 범위에서 해당 계약을 이행하게 하여야 한다.(2020.6.9 전단개정)
(2012.3.21 본조개정)

제22조【단가계약】 각 중앙관서의 장 또는 계약담당공무원은 일정 기간 계속하여 제조, 수리, 가공, 매매, 공급, 사용 등의 계약을 할 필요가 있을 때에는 해당 연도 예산의 범위에서 단가(單價)에 대하여 계약을 체결할 수 있다
(2012.12.18 본조개정)

제23조【개산계약】 ① 각 중앙관서의 장 또는 계약담당공무원은 다음 각 호의 어느 하나에 해당하는 계약으로서 미리 가격을 정할 수 없을 때에는 대통령령으로 정하는 바에 따라 개산계약(槪算契約)을 체결할 수 있다.
1. 개발시제품(開發試製品)의 제조계약
2. 시험·조사·연구 용역계약
3. 「공공기관의 운영에 관한 법률」에 따른 공공기관과의 관계 법령에 따른 위탁 또는 대행 계약
4. 시간적 여유가 없는 긴급한 재해복구를 위한 계약
② 제1항에 따른 개산계약의 사후정산의 절차·기준 등에 관하여 필요한 사항은 대통령령으로 정한다.
③ 각 중앙관서의 장 또는 계약담당공무원은 제1항에 따라 개산계약을 체결하는 경우 제2항에 따른 사후정산의 절차·기준 등에 대하여 입찰공고 등을 통하여 입찰참가자에게 미리 알려주어야 한다.
(2012.12.18 본조개정)

제24조【종합계약】 ① 각 중앙관서의 장 또는 계약담당공무원은 같은 장소에서 다른 관서, 지방자치단체 또는 「공공기관의 운영에 관한 법률」에 따른 공기업 및 준정부기관이 관련되는 공사 등에 대하여 관련 기관과 공동으로 발주하는 계약(이하 "종합계약"이라 한다)을 체결할 수 있다.
② 종합계약을 체결하는 데에 관련되는 기관의 장은 그 계약체결에 필요한 사항에 대하여 협조하여야 한다.
(2012.12.18 본조개정)

제25조【공동계약】 ① 각 중앙관서의 장 또는 계약담당공무원은 공사계약·제조계약 또는 그 밖의 계약에서 필요하다고 인정하면 계약상대자를 둘 이상으로 하는 공동계약을 체결할 수 있다.
② 제1항에 따라 계약서를 작성하는 경우에는 그 담당 공무원과 계약상대자 모두가 계약서에 기명하고 날인하거나 서명함으로써 계약이 확정된다.
(2012.12.18 본조개정)

제26조【지체상금】 ① 각 중앙관서의 장 또는 계약담당공무원은 정당한 이유 없이 계약의 이행을 지체한 계약상대자로 하여금 지체상금을 내도록 하여야 한다.
② 제1항에 따른 지체상금의 금액, 납부방법, 그 밖에 필요한 사항은 대통령령으로 정한다.
③ 제1항의 지체상금에 관하여는 제18조제3항 단서를 준용한다.
(2012.12.18 본조개정)

제27조【부정당업자의 입찰 참가자격 제한 등】 ① 각 중앙관서의 장은 다음 각 호의 어느 하나에 해당하는 자(이하 "부정당업자"라 한다)에게는 2년 이내의 범위에서 대통령령으로 정하는 바에 따라 입찰 참가자격을 제한하여야 하며, 그 제한사실을 즉시 다른 중앙관서의 장에게 통보하여야 한다. 이 경우 통보를 받은 다른 중앙관서의 장은 대통령령으로 정하는 바에 따라 해당 부정당업자의 입찰 참가자격을 제한하여야 한다.(2016.3.2 전단개정)
1. 계약을 이행할 때에 부실·조잡 또는 부당하게 하거나 부정한 행위를 한 자(2020.6.9 본호개정)
2. 경쟁입찰, 계약 체결 또는 이행 과정에서 입찰자 또는 계약상대자 간에 서로 상의하여 미리 입찰가격, 수주 물량 또는 계약의 내용 등을 협정하였거나 특정인의 낙찰 또는 납품대상자 선정을 위하여 담합한 자(2016.3.2 본호신설)
3. 「건설산업기본법」, 「전기공사업법」, 「정보통신공사업법」, 「소프트웨어 진흥법」 및 그 밖의 다른 법률에 따른 하도급에 관한 제한규정을 위반(하도급통지의무위반의 경우는 제외한다)하여 하도급한 자 및 발주관서의 승인 없이 하도급을 하거나 발주관서의 승인을 얻은 하도급조건을 변경한 자(2020.6.9 본호개정)
4. 사기, 그 밖의 부정한 행위로 입찰·낙찰 또는 계약의 체결·이행 과정에서 국가에 손해를 끼친 자
5. 「독점규제 및 공정거래에 관한 법률」 또는 「하도급거래 공정화에 관한 법률」을 위반하여 공정거래위원회로부터 입찰참가자격 제한의 요청이 있는 자
(2016.3.2 4호~5호신설)
6. 「대·중소기업 상생협력 촉진에 관한 법률」 제28조의2 제2항에 따라 중소벤처기업부장관으로부터 입찰참가자격 제한의 요청이 있는 자(2023.3.28 본호개정)
7. 입찰·낙찰 또는 계약의 체결·이행과 관련하여 관계 공무원(제29조제1항에 따른 국가계약분쟁조정위원회, 「건설기술 진흥법」에 따른 중앙건설기술심의위원회·특별건설기술심의위원회 및 기술자문위원회, 그 밖에 대통령령으로 정하는 위원회의 위원을 포함한다)에게 뇌물을 준 자(2023.7.18 본호개정)
8. 계약을 이행할 때에 「산업안전보건법」에 따른 안전·보건 조치 규정을 위반하여 근로자에게 대통령령으로 정하는 기준에 따른 사망 등 중대한 위해를 가한 자
(2021.1.5 본호신설)
9. 그 밖에 다음 각 목의 어느 하나에 해당하는 자로서 대통령령으로 정하는 자
가. 입찰·계약 관련 서류를 위조 또는 변조하거나 입찰·계약을 방해하는 등 경쟁의 공정한 집행을 저해할 염려가 있는 자

나. 정당한 이유 없이 계약의 체결 또는 이행 관련 행위를 하지 아니하거나 방해하는 등 계약의 적정한 이행을 해칠 염려가 있는 자
다. 다른 법령을 위반하는 등 입찰에 참가시키는 것이 적합하지 아니하다고 인정되는 자
(2016.3.2 본호신설)
② (1997.12.13 삭제)
③ 각 중앙관서의 장 또는 계약담당공무원은 제1항에 따라 입찰 참가자격을 제한받은 자와 수의계약을 체결하여서는 아니 된다. 다만, 제1항에 따라 입찰 참가자격을 제한받은 자 외에는 적합한 시공자, 제조자가 존재하지 아니하는 등 부득이한 사유가 있는 경우에는 그러하지 아니하다.
④ 제1항에도 불구하고 각 중앙관서의 장은 제1항 각 호의 행위가 종료된 때(제5호 및 제6호의 경우에는 중소벤처기업부장관 또는 공정거래위원회으로부터 요청이 있었던 때)부터 5년이 지난 경우에는 입찰 참가자격을 제한할 수 없다. 다만, 제2호 및 제7호의 행위에 대하여는 위반행위 종료일부터 7년으로 한다.(2020.6.9 본문개정)
⑤ 각 중앙관서의 장은 제1항에 따라 입찰참가자격을 제한할 경우, 그 제한내용을 대통령령으로 정하는 바에 따라 공개하여야 한다.(2016.3.2 본항신설)
(2016.3.2 본조제목개정)
(2012.12.18 본조개정)
제27조의2【과징금】 ① 각 중앙관서의 장은 제27조제1항에 따라 부정당업자에게 입찰 참가자격을 제한하여야 하는 경우로서 다음 각 호의 어느 하나에 해당하는 경우에는 입찰 참가자격 제한을 갈음하여 다음 각 호의 구분에 따른 금액 이하의 과징금을 부과할 수 있다.
1. 부정당업자의 위반행위가 예견할 수 없음이 명백한 경제여건 변화에 기인하는 등 부정당업자의 책임이 경미한 경우로서 대통령령으로 정하는 경우 : 위반행위와 관련된 계약의 계약금액(계약을 체결하지 아니한 경우에는 추정가격을 말한다)의 100분의 10에 해당하는 금액
2. 입찰 참가자격 제한으로 유효한 경쟁입찰이 명백히 성립되지 아니하는 경우로서 대통령령으로 정하는 경우 : 위반행위와 관련된 계약의 계약금액(계약을 체결하지 아니한 경우에는 추정가격을 말한다)의 100분의 30에 해당하는 금액
② (2023.7.18 삭제)
③ 제1항에 따른 과징금의 금액과 그 밖에 필요한 사항은 대통령령으로 정한다.
④ 각 중앙관서의 장은 제1항에 따라 과징금을 부과받은 자가 납부기한까지 내지 아니하면 국세 체납처분의 예에 따라 징수한다.
(2012.12.18 본조신설)
제27조의3 (2023.7.18 삭제)
제27조의4【하도급대금 직불조건부 입찰참가】 ① 각 중앙관서의 장은 계약상대자가 「건설산업기본법」 제34조제1항 또는 「하도급거래 공정화에 관한 법률」 제13조제1항이나 제3항을 위반한 사실을 확인한 때에는 해당 계약상대자 및 위반행위를 다른 중앙관서의 장에게 지체 없이 통보하여야 한다.
② 제1항의 통보가 있는 때에는 각 중앙관서의 장 또는 계약담당공무원은 같은 항의 계약상대자가 통보일부터 1년 이내에 입찰공고일이 도래하는 입찰에 참가하고자 하는 경우 계약상대자가 제15조제1항에 따른 대가 지급 시 하도급대금은 발주기관이 하수급인에게 직접 지급하는 것에 합의한다는 내용의 확약서를 제출하는 경우에 한정하여 입찰참가를 허용하여야 한다.
(2012.12.18 본조신설)
제27조의5【조세포탈 등을 한 자의 입찰 참가자격 제한】 ① 각 중앙관서의 장은 대통령령으로 정하는 조세포탈 등을 한 자로서 유죄판결이 확정된 날부터 2년이 지나지 아니한 자에 대하여 입찰 참가자격을 제한하여야 한다.
② 제1항에 따라 입찰 참가자격을 제한받은 자와의 수의계약 체결에 관하여는 제27조제3항을 준용한다.
(2013.8.13 본조신설)
제28조【이의신청】 ① 대통령령으로 정하는 금액(국제입찰의 경우 제4조에 따른다) 이상의 정부조달계약 과정에서 해당 중앙관서의 장 또는 계약담당공무원의 다음 각 호의 어느 하나에 해당하는 행위로 불이익을 받은 자는 그 행위를 취소하거나 시정(是正)하기 위한 이의신청을 할 수 있다.
1. 제4조제1항의 국제입찰에 따른 정부조달계약의 범위와 관련된 사항
1의2. 제5조제3항에 따른 부당한 특약등과 관련된 사항
(2019.11.26 본호신설)
2. 제7조에 따른 입찰 참가자격과 관련된 사항
3. 제8조에 따른 입찰 공고 등과 관련된 사항
4. 제10조제2항에 따른 낙찰자 결정과 관련된 사항
5. 그 밖에 대통령령으로 정하는 사항
② 이의신청은 이의신청의 원인이 되는 행위가 있었던 날부터 20일 이내 또는 그 행위가 있음을 안 날부터 15일 이내에 해당 중앙관서의 장에게 하여야 한다.(2020.3.31 본항개정)
③ 해당 중앙관서의 장은 이의신청을 받은 날부터 15일 이내에 심사하여 시정 등 필요한 조치를 하고 그 결과를 신청인에게 통지하여야 한다.(2020.3.31 본항개정)
④ 제3항에 따른 조치에 이의가 있는 자는 통지를 받은 날부터 20일 이내에 제29조에 따른 국가계약분쟁조정위원회에 조정(調停)을 위한 재심(再審)을 청구할 수 있다.
(2020.3.31 본항개정)
(2012.12.18 본조개정)
제28조의2【분쟁해결방법의 합의】 ① 각 중앙관서의 장 또는 계약담당공무원은 국가를 당사자로 하는 계약에서 발생하는 분쟁을 효율적으로 해결하기 위하여 계약을 체결하는 때에 계약당사자 간 분쟁의 해결방법을 정할 수 있다.
② 제1항에 따른 분쟁의 해결방법은 다음 각 호의 어느 하나 중 계약당사자 간 합의로 정한다.
1. 제29조에 따른 국가계약분쟁조정위원회의 조정
2. 「중재법」에 따른 중재
(2017.12.19 본조신설)
제29조【국가계약분쟁조정위원회】 ① 국가를 당사자로 하는 계약에서 발생하는 분쟁을 심사·조정하게 하기 위하여 기획재정부에 국가계약분쟁조정위원회(이하 "위원회"라 한다)를 둔다.(2017.12.19 본항개정)
② 위원회는 위원장 1명을 포함하여 15명 이내의 위원으로 구성한다.(2016.3.2 본항개정)
③ 위원회의 위원장은 기획재정부장관이 지명하는 고위공무원단에 속하는 공무원이 되고, 위원은 대통령령으로 정하는 중앙행정기관 소속 공무원으로서 해당 기관의 장이 지명하는 사람과 다음 각 호의 어느 하나에 해당하는 사람 중 성별을 고려하여 기획재정부장관이 위촉하는 사람이 된다.
1. 「고등교육법」에 따른 대학에서 법학·재정학·무역학 또는 회계학의 부교수 이상의 직에 5년 이상 근무한 경력이 있는 사람
2. 변호사의 자격을 가진 사람으로서 그 자격과 관련된 업무에 5년 이상 재직 중이거나 재직한 사람
3. 정부의 회계 및 조달계약 업무에 관한 학식과 경험이 풍부한 사람으로서 제1호 또는 제2호의 기준에 상당하다고 인정되는 사람
(2016.3.2 본항신설)
④ 제3항 각 호의 위촉위원의 임기는 2년으로 하되, 연임할 수 있다.(2016.3.2 본항신설)
⑤ 제3항 각 호의 위촉위원의 사임 등으로 인하여 새로 위촉된 위원의 임기는 전임위원 임기의 남은 기간으로 한다.(2016.3.2 본항신설)
⑥ 제3항 각 호의 위촉위원은 금고 이상의 형의 선고를 받거나 장기간의 심신쇠약으로 직무를 수행할 수 없게 된 때를 제외하고는 임기 중 그 의사에 반하여 해촉되지 아니한다.(2016.3.2 본항신설)
⑦ 위원회의 위원은 그 위원과 직접 이해관계가 있는 안건의 심사·조정에 참여할 수 없다.(2016.3.2 본항신설)
⑧ 제2항부터 제7항까지에서 규정한 사항 외에 위원회의 운영 및 심사·조정 절차와 그 밖에 필요한 사항은 대통령령으로 정한다.(2016.3.2 본항신설)
(2016.3.2 본조제목개정)
제30조【계약절차의 중지】 ① 위원회는 심사·조정을 시작하는 경우 청구인과 해당 중앙관서의 장에게 그 사실을 통지하여야 한다.(2020.6.9 본항개정)
② 위원회는 해당 중앙관서의 장의 의견을 고려하여 필요하다고 인정하면 조정이 완료될 때까지 해당 입찰 절차를 연기하거나 계약체결을 중지할 것을 명할 수 있다.
(2012.12.18 본조개정)
제31조【심사·조정】 ① 위원회는 특별한 사유가 없으면 심사·조정청구를 받은 날부터 50일 이내에 심사·조정하여야 한다.(2017.12.19 본항개정)
② 위원회는 심사·조정의 완료 전에 청구인 및 해당 중앙관서의 장과 그 대리인에게 의견을 진술할 기회를 주어야 하며, 필요한 경우에는 청구인 및 해당 중앙관서의 장과 그 대리인, 증인 또는 관계 전문가로 하여금 위원회에 출석하게 하여 그 의견을 들을 수 있다.(2020.3.31 본항신설)
③ 제1항에 따른 조정은 청구인과 해당 중앙관서의 장이 조정이 완료된 후 15일 이내에 이의를 제기하지 아니한 경우에는 재판상 화해(和解)와 같은 효력을 갖는다.
(2012.12.18 본조개정)
제32조【계약담당공무원의 교육】 정부는 계약담당공무원의 자질향상을 위하여 교육을 할 수 있다.
(2012.12.18 본조개정)
제33조【계약실적보고서의 제출】 각 중앙관서의 장은 대통령령으로 정하는 바에 따라 계약실적보고서를 기획재정부장관에게 제출하여야 한다.(2012.12.18 본조개정)
제34조【계약에 관한 법령의 협의】 각 중앙관서의 장은 계약에 관한 법령을 입안할 때에는 기획재정부장관과 미리 협의하여야 한다.(2012.12.18 본조개정)
제35조【벌칙 적용에서의 공무원 의제】 다음 각 호의 위원회의 위원 중 공무원이 아닌 위원은 「형법」 제129조부터 제132조까지의 규정을 적용할 때에는 공무원으로 본다.
1. (2023.7.18 삭제)
2. 제29조에 따른 국가계약분쟁조정위원회
3. 입찰·낙찰 또는 계약의 체결·이행에 관한 사전심사 및 자문 업무를 수행하는 대통령령으로 정하는 위원회
(2014.12.30 본조개정)

부 칙 (2012.12.18)

제1조【시행일】 이 법은 공포한 날부터 시행한다. 다만, 제5조의2, 제5조의3, 제14조제3항·제4항, 제23조, 제27조의2부터 제27조의4까지, 제28조제1항·제4항 및 제29조제1항의 개정규정은 공포 후 6개월이 경과한 날부터 시행한다.
제2조【청렴계약에 관한 적용례】 제5조의2의 개정규정은 같은 개정규정 시행 후 최초로 입찰 공고 또는 통지되는 입찰부터 적용한다. 다만, 제7조제1항 단서의 개정규정에 따라 수의계약에 의하는 경우에는 최초로 체결되는 계약부터 적용한다.
제3조【부정당업자의 과징금 부과에 관한 적용례】 제27조의2의 개정규정은 같은 개정규정 시행 후 최초로 제27조의 개정규정에 따른 입찰 참가자격 제한사유가 발생하는 경우부터 적용한다.
제4조【하도급대금 직불조건부 입찰참가에 관한 적용례】 제27조의4제2항의 개정규정은 같은 개정규정 시행 후 최초의 통보부터 적용한다.
제5조【이의신청 등에 관한 적용례】 제28조제1항·제4항 및 제29조제1항의 개정규정은 같은 개정규정 시행 후 최초로 입찰 공고되거나 체결된 계약부터 적용한다.
제6조【일반적 경과조치】 이 법 시행 전에 입찰 공고되거나 체결된 계약에 대하여는 종전의 규정에 따른다.

부 칙 (2019.11.26)

제1조【시행일】 이 법은 공포 후 6개월이 경과한 날부터 시행한다. 다만, 제19조의 개정규정은 공포 후 3개월이 경과한 날부터 시행한다.
제2조【낙찰자 결정 및 이의신청에 관한 적용례】 ① 제10조제3항의 개정규정은 이 법 시행 후 최초로 공고 또는 통지되는 입찰부터 적용한다.
② 제28조제1항의 개정규정은 이 법 시행 후 최초로 공고 또는 통지되는 입찰부터 적용한다. 다만, 제7조제1항 단서에 따라 수의계약에 의하는 경우에는 최초로 체결되는 계약부터 적용한다.

부 칙 (2020.3.31)

제1조【시행일】 이 법은 공포 후 6개월이 경과한 날부터 시행한다.
제2조【이의신청에 관한 적용례】 제28조제2항부터 제4항까지의 개정규정은 이 법 시행 이후 이의신청을 하는 경우부터 적용한다.
제3조【심사·조정에 관한 적용례】 제31조제2항의 개정규정은 이 법 시행 이후 심사·조정을 청구하는 경우부터 적용한다.

부 칙 (2020.6.9 법17339호)

이 법은 공포한 날부터 시행한다.(이하 생략)

부 칙 (2020.6.9 법17348호)
(2020.10.20)

제1조【시행일】 이 법은 공포 후 6개월이 경과한 날부터 시행한다.(이하 생략)

부 칙 (2021.1.5)

제1조【시행일】 이 법은 공포 후 6개월이 경과한 날부터 시행한다.
제2조【부정당업자의 입찰 참가자격 제한 등에 관한 적용례】 제27조제1항제8호의 개정규정은 이 법 시행 후 최초로 입찰 참가자격을 제한하는 경우부터 적용한다.

부 칙 (2023.3.28)

제1조【시행일】 이 법은 공포 후 6개월이 경과한 날부터 시행한다.(이하 생략)

부 칙 (2023.7.18)

제1조【시행일】 이 법은 공포 후 3개월이 경과한 날부터 시행한다.
제2조【「국가를 당사자로 하는 계약에 관한 법률」의 개정에 관한 경과조치】 ① 부칙 제1조에 따른 시행일 전에 입찰·낙찰 또는 계약의 체결·이행과 관련하여 뇌물을 준 자에 대한 입찰 참가자격 제한에 관하여는 「국가를 당사자로 하는 계약에 관한 법률」 제27조제1항제7호의 개정규정에도 불구하고 종전의 규정에 따른다.
② 부칙 제1조에 따른 시행일 전의 행위에 대하여 벌칙을 적용할 때 종전의 「국가를 당사자로 하는 계약에 관한 법률」 제27조의3제1항에 따른 과징금부과심의위원회의 위원 중 공무원이 아닌 위원의 공무원 의제에 관하여는 같은 법 제35조제1호의 개정규정에도 불구하고 종전의 규정에 따른다.

국가를 당사자로 하는 계약에 관한 법률 시행령

(1995년 7월 6일
대통령령 제14710호)

개정
1996. 4. 8영14973호(전문건설공제조합법시) <중략>
2007.10.10영20319호
2007.10.15영20323호(장애인시)
2008. 2.29영20720호(직제)
2008. 5.21영20789호(산업표준화법시)
2008. 7.29영20947호(자본시장금융투자업시)
2008.12.31영21202호
2009. 5. 6영21480호(산업발전법시)
2009. 6.26영21565호(한국농촌관리기금시)
2009. 6.29영21578호
2009. 8.18영21692호(정보통신산업진흥법시)
2009. 8.21영21698호(국가정보화기본법시)
2009.11.20영21834호(중소기업판로지원시)
2010. 7.21영22282호
2010.11.15영22493호(은행법시)
2010.12.13영22525호(건설기술관리법시)
2011. 1.17영22626호(엔지니어링산업진흥법시)
2011. 1.24영22637호(보험시)
2011. 1.26영22638호(문화재수리등에관한법시)
2011. 2. 9영22660호
2011.10.28영23267호(환경기술및환경산업지원법시)
2011.11. 1영23282호(건설산업기본법시)
2011.11.23영23313호(산업기술혁신촉진법시)
2011.12.31영23477호 2012. 5.14영23778호
2012.10. 8영24130호(지역균형개발및지방중소기업육성에관한법시)
2013. 1.16영24317호(민감정보고유식별정보)
2013. 3.23영24441호(직제)
2013. 6.17영24601호
2013. 9.17영24728호(전자조달의이용및촉진에관한법시)
2013.12.30영25033호
2013.12.30영25050호(행정규제재검토에따른일부개정령)
2014. 5.22영25358호(건설기술진흥법시)
2014.11. 4영25679호
2014.11.19영25751호(직제)
2015. 2.23영26108호(농협시)
2015. 6.22영26321호 2015.12.31영26829호
2016. 2.11영26975호(건축사법시)
2016. 5.31영27205호(기술보증기금법시)
2016. 7.28영27401호(조달사업시)
2016. 9. 2영27475호
2016. 9.29영27524호(중소기업진흥시)
2016.12.30영27751호(규제기한설정)
2017. 1.26영27807호(산업표준화법시)
2017. 3.27영27958호(지방세기본법시)
2017. 7.26영28211호(직제)
2018. 1.16영28586호(시설물의안전및유지관리에관한특별법시)
2018. 3. 6영28690호 2018.12. 4영29318호
2018.12.11영29360호(건설기술진흥법시)
2019. 9.17영30078호
2020. 1. 7영30337호(건설기술진흥법시)
2020. 2.18영30423호(건설산업기본법시)
2020. 4. 7영30597호 2020. 5. 1영30655호
2020. 9.29영31053호(조달사업시)
2020. 9.29영31054호
2020.12. 8영31220호(국가정보화기본법시)
2020.12. 8영31221호(소프트웨어진흥법시)
2020.12. 8영31222호(전자서명법시)
2021. 1. 5영31380호(법령용어정비)
2021. 2. 2영31429호(소상공인기본법시)
2021. 2.17영31448호(국제조세조정에관한법시)
2021. 3.30영31557호(국방과학기술혁신촉진법시)
2021. 7. 6영31864호
2021. 9.14영31986호(건설기술진흥법시)
2022. 1.25영32370호(지역중소기업육성및혁신촉진등에관한법시)
2022. 3.25영32557호(기후위기대응을위한탄소중립·녹색성장기본법시)
2022. 6.14영32690호
2022. 6.28영32733호(중소기업창업시)
2023. 1. 3영33198호(재난안전산업진흥법시)
2023. 4.11영33382호(직제)
2023.11.16영33861호

제1장 총 칙

제1조【목적】 이 영은 「국가를 당사자로 하는 계약에 관한 법률」에서 위임된 사항과 그 시행에 관하여 필요한 사항을 규정함을 목적으로 한다.(2005.9.8 본조개정)

제2조【정의】 이 영에서 사용하는 용어의 정의는 다음과 같다.

1. "추정가격"이라 함은 물품·공사·용역등의 조달계약을 체결함에 있어서 「국가를 당사자로 하는 계약에 관한 법률」(이하 "법"이라 한다) 제4조의 규정에 의한 국제입찰 대상여부를 판단하는 기준등으로 삼기 위하여 예정가격이 결정되기 전에 제7조의 규정에 의하여 산정된 가격을 말한다.(2005.9.8 본호개정)
2. (2020.4.7 삭제)
3. "고시금액"이라 함은 법 제4조제1항 본문의 규정에 의하여 기획재정부장관이 고시한 금액을 말한다.
(2008.2.29 본호개정)
4. "공사이행보증서"라 함은 공사계약에 있어서 계약상대자가 계약상의 의무를 이행하지 못하는 경우 계약대상자를 대신하여 계약상의 의무를 이행할 것을 보증하되, 이를 보증한 기관이 의무를 이행하지 아니하는 경우에는 일정금액을 납부할 것을 보증하는 증서를 말한다.
(1996.12.31 본호신설)
5. (2010.7.21 삭제)

제3조【다른 법령과의 관계】 ① 국가를 당사자로 하는 계약에 관하여는 다른 법령에 특별한 규정이 있는 경우를 제외하고는 이 영이 정하는 바에 의한다.
② 국제입찰에 의한 정부조달계약에 한하여 적용될 사항은 따로 대통령령으로 정한다.

제4조 (2020.4.7 삭제)

제4조의2【청렴계약의 내용과 체결 절차】 ① 법 제5조의2제1항에 따른 청렴계약(이하 "청렴계약"이라 한다)에 포함되어야 할 구체적인 내용은 다음 각 호와 같다.
1. 금품, 향응, 취업제공 및 알선 등의 요구·약속과 수수(授受) 금지 등에 관한 사항(2019.9.17 본호개정)
2. 입찰가격의 사전 협의 또는 특정인의 낙찰을 위한 담합 등 공정한 경쟁을 방해하는 행위의 금지에 관한 사항
3. 공정한 직무수행을 방해하는 알선·청탁을 통하여 입찰 또는 계약과 관련된 특정 정보의 제공을 요구하거나 받는 행위의 금지에 관한 사항

② 각 중앙관서의 장 또는 법 제6조에 따라 계약사무의 위임·위탁을 받은 공무원(이하 "계약담당공무원"이라 한다)은 입찰자가 입찰서를 제출할 때 법 제5조의2에 따라 체결한 청렴계약의 계약서를 제출하도록 해야 한다.
(2020.4.7 본항개정)
(2013.6.17 본조신설)

제4조의3【청렴계약을 위반한 계약의 계속 이행】 각 중앙관서의 장은 법 제5조의3 단서에 따라 청렴계약을 지키지 아니한 해당 계약의 계속 이행을 승인할 때에는 계약대상물의 성격과 해당 계약의 이행 정도 및 기간 등에 관하여 기획재정부장관이 정하는 기준 등을 고려하여야 한다.(2013.6.17 본조신설)

제5조【계약관의 대리와 분임 및 임명통지】 ① 각 중앙관서의 장은 법 제6조제1항의 규정에 의하여 계약에 관한 사무를 담당하는 공무원(이하 "계약관"이라 한다)을 임명하였거나 계약관의 사무를 대리 또는 그 일부를 분장하게 한 때에는 그 뜻을 「국고금관리법」 제22조에 규정한 재무관 및 지출관과 감사원에 통지하여야 한다.(2005.9.8 본항개정)
② 법 제6조제1항의 규정에 의하여 계약관의 사무의 전부를 대리하는 공무원은 대리계약관, 그 일부를 분장하는 공무원은 분임계약관, 분임계약관의 사무를 대리하는 공무원은 대리분임계약관으로 각각 칭한다.
③ 각 중앙관서의 장은 법 제6조제2항의 규정에 의하여 다른 중앙관서소속의 공무원에게 계약관의 사무를 위탁하고자 할 때에는 위탁을 받을 공무원과 위탁하고자 하는 사무의 범위에 대하여 미리 그 중앙관서의 장의 동의를 얻어 위탁하고, 그 뜻을 감사원에 통지하여야 한다. 계약관의 사무의 전부를 대리하거나 그 일부를 분장하는 공무원을 임명하는 경우에도 또한 같다.
④ 법 제6조제3항에 의하여 각 중앙관서의 장이 그 소관에 속하는 계약에 관한 사무를 다른 관서에 위탁할 경우에도 제3항의 규정을 준용한다.

제6조【계약담당공무원의 재정보증】 ① 각 중앙관서의 장은 법 제6조제5항의 규정에 의하여 소속계약관의 재정보증에 관한 사항을 정하여 운영하여야 한다.
② 제1항의 규정에 의한 재정보증에 관하여 필요한 공통적인 사항은 기획재정부장관이 정한다.(2008.2.29 본항개정)

제2장 추정가격 및 예정가격
(1996.12.31 본장제목개정)

제7조【추정가격의 산정】 각 중앙관서의 장 또는 계약담당공무원은 예산에 계상된 금액 등을 기준으로 하여 추정가격을 산정하되, 다음 각 호의 구분에 따른 금액으로 한다.(2021.1.5 본문개정)
1. 공사계약의 경우에는 관급자재로 공급될 부분의 가격을 제외한 금액
2. 단가계약의 경우에는 당해 물품의 추정단가에 조달예정수량을 곱한 금액
3. 개별적인 조달요구가 복수로 이루어지거나 분할되어 이루어지는 계약의 경우에는 다음 각 목의 어느 하나 중에서 선택한 금액(2021.1.5 본문개정)
가. 해당 계약의 직전 회계연도 또는 직전 12개월 동안 체결된 유사한 계약의 총액을 대상으로 직후 12개월 동안의 수량 및 금액의 예상변동분을 고려하여 조정한 금액(2021.1.5 본목개정)
나. 동일 회계연도 또는 직후 12월동안에 계약할 금액의 총액
4. 물품 또는 용역의 리스·임차·할부구매계약 및 총계약금액이 확정되지 아니한 계약의 경우에는 다음 각목의 1에 의한 금액
가. 계약기간이 정하여진 계약의 경우에는 총계약기간에 대하여 추정한 금액
나. 계약기간이 정하여지지 아니하거나 불분명한 계약의 경우에는 1월분의 추정지급액에 48을 곱한 금액
5. 조달하고자 하는 대상에 선택사항이 있는 경우에는 이를 포함하여 최대한 조달가능한 금액
(1996.12.31 본조신설)

제7조의2【예정가격의 작성방법 등】 ① 각 중앙관서의 장 또는 계약담당공무원이 법 제8조의2제1항 본문에 따라 예정가격을 작성하는 경우에는 해당 규격서 및 설계서 등에 따라 예정가격을 결정하고 이를 밀봉하여 미리 개찰장소 또는 가격협상장소 등에 두어야 하며, 예정가격이 누설되지 않도록 해야 한다.
② 법 제8조의2제1항 단서에서 "다른 국가기관 또는 지방자치단체와 계약을 체결하는 경우 등 대통령령으로 정하는 경우"란 다음 각 호의 구분에 따른 경우를 말한다.
1. 예정가격을 작성하지 않는 계약 : 제79조제1항제5호에 따른 일괄입찰 및 제98조제3호에 따른 기본설계 기술제안입찰
2. 예정가격의 작성을 생략할 수 있는 계약 : 제26조제1항제5호가목 및 바목에 따른 수의계약(제30조제2항 본문에 따라 견적서를 제출하게 하는 경우는 제외한다), 제43조에 따른 협상에 의한 계약, 제43조의3에 따른 경쟁적 대화에 의한 계약 및 제70조에 따른 개산계약
(2021.7.6 본항개정)
(2020.4.7 본조개정)

제8조【예정가격의 결정방법】 ① 예정가격은 계약을 체결하고자 하는 사항의 가격의 총액에 대하여 이를 결정하여야 한다. 다만, 일정한 기간 계속하여 제조·공사·수리·가공·매매·공급·임차등을 하는 계약의 경우에 있어서는 단가에 대하여 그 예정가격을 결정할 수 있다.
② 공사계약에 있어서 그 이행에 수년이 걸리며 설계서등에 의하여 전체의 사업내용이 확정된 공사(이하 "장기계속공사"라 한다) 및 물품의 제조등의 계약에 있어서 그 이행에 수년이 걸리며 설계서 또는 규격서등에 의하여 당해 계약목적물의 내용이 확정된 물품의 제조등(이하 "장기물품제조등"이라 한다)의 경우에는 총공사·총제조등에 대하여 예산상의 총공사금액(관급자재 금액은 제외한다) 또는 총제조금액(관급자재 금액은 제외한다)등의 범위안에서 예정가격을 결정하여야 한다.(2008.12.31 본항개정)

제9조【예정가격의 결정기준】 ① 각 중앙관서의 장 또는 계약담당공무원은 다음 각 호의 가격을 기준으로 하여 예정가격을 결정하여야 한다.(2014.11.4 본문개정)
1. 적정한 거래가 형성된 경우에는 그 거래실례가격(법령의 규정에 의하여 가격이 결정된 경우에는 그 결정가격의 범위안에서의 거래실례가격)
2. 신규개발품이거나 특수규격품 등의 특수한 물품·공사·용역등 계약의 특수성으로 인하여 적정한 거래실례가격이 없는 경우에는 원가계산에 의한 가격. 이 경우 원가계산에 의한 가격은 계약의 목적이 되는 물품·공사·용역 등을 구성하는 재료비·노무비·경비와 일반관리비 및 이윤으로 이를 계산한다.
3. 공사의 경우 이미 수행한 공사의 종류별 시장거래가격 등을 토대로 산정한 표준시장단가로서 중앙관서의 장이 인정한 가격(2014.11.4 본호개정)
4. 제1호 내지 제3호의 규정에 의한 가격에 의할 수 없는 경우에는 감정가격, 유사한 물품·공사·용역 등의 거래실례가격 또는 견적가격

② 제1항의 규정에 불구하고 해외로부터 수입하고 있는 군용물자부품을 국산화한 업체와 계약을 체결하려는 경우에는 그 수입가격 등을 고려하여 방위사업청장이 인정한 가격을 기준으로 하여 예정가격을 결정할 수 있다.
(2007.10.10 본항개정)
③ 각 중앙관서의 장 또는 계약담당공무원은 제1항의 규정에 의하여 예정가격을 결정함에 있어서는 계약수량, 이행기간, 수급상황, 계약조건 기타 제반여건을 참작하여야 한다.
④ 제1항 내지 제3항외에 예정가격의 결정에 관하여 필요한 사항은 기획재정부장관이 정한다.(2008.2.29 본항개정)

제3장 계약의 방법

제10조【경쟁방법】 ① 법 제7조의 규정에 의한 경쟁은 입찰방법이나 입찰방법에 준하여 경매의 방법으로 하여야 한다.(2008.12.31 본항개정)
② 각 중앙관서의 장 또는 계약담당공무원은 동산의 매각에 있어서 필요하다고 인정할 경우에는 이 영의 규정에 의한 입찰방법에 준하여 경매에 부칠 수 있다.
③ 각 중앙관서의 장 또는 계약담당공무원은 물품을 구매할 때 필요하다고 인정할 경우에는 이 영에 따른 입찰방법에 준하여 역경매에 부칠 수 있다.(2008.12.31 본항신설)

제11조【경쟁입찰의 성립】 경쟁입찰은 2인 이상의 유효한 입찰로 성립한다.

제12조【경쟁입찰의 참가자격】 ① 각 중앙관서의 장 또는 계약담당공무원은 다음 각호의 요건을 갖춘 자에 한하여 경쟁입찰에 참가하게 하여야 한다.
1. (1999.9.9 삭제)
2. 다른 법령의 규정에 의하여 허가·인가·면허·등록·신고등을 요하거나 자격요건을 갖추어야 할 경우에는 당해 허가·인가·면허·등록·신고등을 받았거나 당해 자격요건에 적합할 것(1996.12.31 본호개정)
3. 보안측정등의 조사가 필요한 경우에는 관계기관으로부터 적합판정을 받을 것
4. 기타 기획재정부령이 정하는 요건에 적합할 것
(2008.2.29 본호개정)

② 「중소기업협동조합법」에 따른 중소기업협동조합이 물품의 제조·구매 또는 용역에 관한 경쟁입찰에 참가하는 경우(제1항제2호에 따른 요건을 갖춘 조합원으로 하여금 해당 물품을 제조 또는 구매하게 하거나 용역을 수행하게 하는 경우로 한정한다)에는 제1항제2호를 적용하지 아니한다.(2013.6.17 본문개정)
1.~2. (2007.10.10 삭제)
③ 법 제27조의5제1항에서 "대통령령으로 정하는 조세포탈 등을 한 자"란 다음 각 호의 어느 하나에 해당하는 자를 말한다.

1.「조세범 처벌법」제3조에 따른 조세 포탈세액이나 환급·공제받은 세액이 5억원 이상인 자(2019.9.17 본호개정)
2.「관세법」제270조에 따른 부정한 방법으로 관세를 감면받거나 면탈하거나 환급받은 세액이 5억원 이상인 자
3.「지방세기본법」제102조에 따른 지방세 포탈세액이나 환급·공제 세액이 5억원 이상인 자(2017.3.27 본호개정)
4.「국제조세조정에 관한 법률」제53조에 따른 해외금융계좌의 신고의무를 위반하고, 그 신고의무 위반금액이「조세범 처벌법」제16조제1항에 따른 금액을 초과하는 자(2021.2.17 본호개정)
5.「외국환거래법」제18조에 따른 자본거래의 신고의무를 위반하고, 그 신고의무 위반금액이 같은 법 제29조제1항제3호에 해당하는 자(2018.12.4 본호개정)
(2013.12.30 본항신설)
④ 각 중앙관서의 장 또는 계약담당공무원은「형의 실효 등에 관한 법률」제2조제5호에 따른 범죄경력자료의 회보서나 판결문 등의 입증서류를 제출하게 하는 등의 방법으로 계약상대방이 제3항 각 호의 어느 하나에 해당하는지를 계약 체결 전까지 확인하여야 한다.(2013.12.30 본항신설)
⑤ 각 중앙관서의 장 또는 계약담당공무원은 계약상대방이 입찰에 참가할 때에 제4항에 따른 입증서류를 제출하기 어려운 경우에는 제3항 각 호의 어느 하나에 해당하지 아니한다는 사실을 적은 서약서를 제출하게 할 수 있다. 이 경우 서약서에는 서약서에 적은 내용과 다른 사실이 발견된 때에는 계약을 해제·해지할 수 있고, 부정당업자제재처분을 받을 수 있다는 내용이 포함되어야 한다.
(2013.12.30 본항신설)
⑥ 제3항에 해당하는 자에 대한 입찰 참가자격 제한에 관하여는 제76조제5항·제6항·제8항 및 제9항을 준용한다.(2021.7.6 본항개정)

제13조【입찰참가자격 사전심사】 ① 각 중앙관서의 장 또는 계약담당공무원은 입찰참가자의 자격을 미리 심사하여 경쟁입찰에 참가할 수 있는 적격자를 선정할 수 있으며, 적격자를 선정한 경우에는 선정된 적격자에게 선정결과를 통지해야 한다.(2019.9.17 본항개정)
② 각 중앙관서의 장 또는 계약담당공무원은 제1항에 따라 입찰참가자의 자격을 심사하는 경우에는 계약이행의 난이도, 이행실적, 기술능력, 재무상태, 사회적 신인도 및 계약이행의 성실도 등 계약수행능력을 평가하는 데에 필요한 요소들을 종합적으로 고려해 심사기준을 정해야 한다.
(2019.9.17 본항개정)
③ 각 중앙관서의 장 또는 계약담당공무원은 용역등에 대해 관계법령에서 사업자 선정절차등을 규정하고 있는 경우에는 제2항에도 불구하고 그 절차등에 따라 경쟁입찰에 참가할 수 있는 적격자를 선정할 수 있다.(2019.9.17 본항개정)
④ 각 중앙관서의 장 또는 계약담당공무원은 입찰에 참가하려는 자가 입찰 전에 열람할 수 있도록 다음 각 호의 사항을 적은 서류를 갖추어 두어야 하며, 입찰에 참가하려는 자가 요청하는 경우에는 이를 열람하게 하고 교부해야 한다. 다만,「전자조달의 이용 및 촉진에 관한 법률」제2조제4호에 따른 국가종합전자조달시스템(세입의 원인이 되는 경쟁입찰의 경우에는「국유재산법」제31조제2항 전단에 따라 기획재정부장관이 지정·고시하는 정보처리장치를 말하며, 이하 "전자조달시스템"이라 한다)에 이를 게재함으로써 열람 및 교부를 갈음할 수 있다.
(2019.9.17 본문개정)
1. 제2항에 따른 심사기준
2. 입찰참가자격의 사전심사에 필요한 증명서류의 작성 및 제출방법
3. 제1호 및 제2호의 사항 외에 입찰참가자격의 사전심사에 관한 사항
(2010.7.21 본항신설)
⑤ 제1항에 따른 입찰참가자격의 사전심사 절차 및 제2항에 따른 계약이행의 성실도 평가 시 고려요소에 관하여 필요한 사항은 기획재정부령으로 정한다.(2010.7.21 본항신설)
(2010.7.21 본조개정)

제14조【공사의 입찰】 ① 각 중앙관서의 장 또는 계약담당공무원은 공사를 입찰에 부치려는 때에는 다음 각 호의 서류(이하 "입찰관련서류"라 한다)를 작성해야 한다. 다만, 제42조제4항제1호 및 제2호에 따른 공사입찰의 경우에는 입찰에 참가하려는 자에게 제2호에 따른 물량내역서를 직접 작성(중앙관서의 장 또는 계약담당공무원이 교부하는 물량내역 기초자료를 참고하여 작성하는 경우를 포함한다)하게 할 수 있다.(2019.9.17 본문개정)
1. 설계서
2. 공종별 목적물 물량내역서(이하 "물량내역서"라 한다)
3. 제1호 및 제2호의 서류 외에 입찰에 관한 서류로서 기획재정부령으로 정하는 서류
(2010.7.21 본항개정)
② 각 중앙관서의 장 또는 계약담당공무원은 보안상 비밀유지가 필요한 경우 외에는 입찰관련서류를 입찰에 참가하려는 자가 열람할 수 있도록 전자조달시스템에 게재해야 한다. 다만, 제1항 각 호 외의 부분 단서에 따라 입찰에 참가하려는 자에게 물량내역서를 작성하게 하는 경우에는 물량내역서를 전자조달시스템에 게재하지 않을 수 있다.(2023.11.16 본항개정)
③ (2023.11.16 삭제)
④~⑤ (2006.5.25 삭제)
⑥ 공사입찰에 참가하려는 자는 입찰 시 입찰서와 함께 산출내역서를 중앙관서의 장 또는 계약담당공무원에게 제출해야 한다. 다만, 추정가격이 100억원 미만인 공사와 제20조제1항에 따라 재입찰에 부치는 공사의 경우에는 낙찰자로 결정된 후 착공신고서를 제출하는 때에 제출해야 한다.(2019.9.17 본항개정)
⑦ 제6항의 산출내역서는 물량내역서에 단가를 적는 방법으로 작성해야 한다. 다만, 제1항 각 호 외의 부분 단서에 따라 입찰에 참가하려는 자에게 물량내역서를 작성하게 하는 경우에는 직접 작성한 물량내역서에 단가를 적어야 한다.(2019.9.17 본문개정)
⑧ 장기계속공사의 경우에는 총공사를 대상으로 하여 입찰하게 해야 한다.(2019.9.17 본항개정)

제14조의2【공사의 현장설명】 ① 각 중앙관서의 장 또는 계약담당공무원은 공사입찰을 하는 경우 그 공사의 성질·규모 등을 고려하여 실제 공사현장에서 입찰참가자의 적정한 시공을 위한 현장설명을 실시할 수 있다.
(2019.9.17 본항개정)
② (2019.9.17 삭제)
③ 제1항에 따른 현장설명은 공사의 규모에 따라 해당입찰서 제출마감일의 전일부터 기산하여 다음 각 호에서 정한 기간 전에 실시해야 한다. 다만, 제35조제4항의 경우에는 그 기간을 단축할 수 있다.(2019.9.17 본문개정)
1. 추정가격이 10억원 미만인 경우 7일
2. 추정가격이 10억원 이상 50억원 미만인 경우 15일
3. 추정가격이 50억원 이상인 경우 33일
④ (2010.7.21 삭제)
(2006.5.25 본조신설)

제15조 (2019.9.17 삭제)

제16조【물품의 제조·구매 및 용역 등의 입찰】 ① 각 중앙관서의 장 또는 계약담당공무원은 물품의 제조·구매 및 용역 등을 입찰에 부치고자 할 때에는 기획재정부령으로 정하는 입찰에 관한 서류를 작성·비치하여야 하며, 입찰공고일부터 입찰등록마감일까지 입찰에 참가하고자 하는 자의 요청이 있는 경우 이를 열람하게 하여야 한다. 다만, 추정가격이 고시금액 이상인 물품의 제조·구매 및 용역 등의 입찰의 경우에는 입찰에 참가하고자 하는 자가 요구하는 경우 이를 교부하여야 한다.
(2010.7.21 본문개정)
② 각 중앙관서의 장 또는 계약담당공무원은 제1항에도 불구하고 입찰에 관한 서류를 전자조달시스템에 게재함으로써 열람 및 교부를 갈음할 수 있다.(2013.9.17 본항개정)
③ 각 중앙관서의 장 또는 계약담당공무원은「소프트웨어 진흥법」제2조제3호에 따른 소프트웨어사업시 계약의 특성상 필요하다고 인정되는 경우에는 물품과 용역을 일괄하여 입찰에 부칠 수 있다.(2020.12.8 본항개정)
④ 각 중앙관서의 장 또는 계약담당공무원은 제3항에 따라 물품과 용역을 일괄하여 입찰에 부치는 경우 제42조제1항·제3항, 제43조 및 제43조의3에 따른 낙찰자 결정방법 중에서 계약목적물의 특성에 적합하다고 판단되는 방법을 선택하여 입찰공고시 이를 명시하여야 한다.
(2018.12.4 본항개정)
⑤ 물품의 제조·구매 및 용역 등의 입찰은 기획재정부령이 정하는 서식에 의한 입찰서에 의하여야 하며 입찰금액은 총액에 대하여 실시하는 입찰의 경우에는 총액을, 단가에 대하여 실시하는 입찰의 경우에는 단가를 각각 표시하여야 한다.(2008.2.29 본항개정)
⑥ 제14조제8항의 규정은 장기물품제조등의 경우에 이를 준용한다.
(1996.12.31 본조개정)

제17조【다량물품의 입찰】 ① 다량의 물품을 매각할 경우의 일반경쟁입찰은 그 매각수량의 범위안에서 수요자의 매수 희망수량과 그 단가를 입찰하게 할 수 있다.
② 다량의 수요물품을 제조 또는 구매할 경우의 일반경쟁입찰은 그 수요수량의 범위안에서 공급자가 공급할 희망수량과 그 단가를 입찰하게 할 수 있다.
③ 제1항 및 제2항의 규정에 의한 희망수량경쟁입찰 대상의 범위는 기획재정부령으로 한다.(2008.2.29 본항개정)

제18조【2단계 경쟁등의 입찰】 ① 각 중앙관서의 장 또는 계약담당공무원은 물품의 제조·구매 또는 용역계약(단순한 노무에 의한 용역으로서 기획재정부령으로 정하는 용역의 계약을 제외한다)에 있어서 미리 적절한 규격등의 작성이 곤란하거나 기타 계약의 특성상 필요하다고 인정되는 경우에는 먼저 규격 또는 기술입찰을 실시한 후 가격입찰을 실시할 수 있다.(2018.12.4 본항개정)
② 제1항의 경우 규격 또는 기술입찰을 개찰한 결과 적격자로 확정된 자에 한하여 가격입찰에 참가할 수 있는 자격을 부여하여야 한다.
③ 각 중앙관서의 장 또는 계약담당공무원은 제1항 및 제2항의 규정에 불구하고 물품의 제조·구매 또는 용역계약(단순한 노무에 의한 용역으로서 기획재정부령으로 정하는 용역의 계약을 제외한다)의 특성 등에 따라 필요하다고 인정되는 경우에는 규격과 가격 또는 기술과 가격입찰을 동시에 실시할 수 있으며, 이 경우 규격입찰 또는 기술입찰을 개찰한 결과 적격자로 확정된 자에 한하여 가격입찰을 개찰하여야 한다.(2018.12.4 본항개정)
④ 각 중앙관서의 장은 제1항 내지 제3항의 규정에 의한 입찰을 실시하고자 할 때에는 입찰전에 평가기준 및 절차 등을 정하여 입찰에 참가하고자 하는 자가 이를 열람할 수 있도록 하여야 한다.(1996.12.31 본항개정)
⑤ 제3항의 규정에 의하여 가격입찰서를 개찰한 결과 낙찰자를 결정할 수 없는 경우로서 규격적격자 또는 기술적격자가 2인 이상인 때에는 그 규격적격자 또는 기술적격자에게 가격입찰서를 다시 제출하게 할 수 있다.
(1998.2.2 본항신설)
(1996.12.31 본조제목개정)

제19조【부대입찰】 ① 각 중앙관서의 장 또는 계약담당공무원은 기획재정부령이 정하는 기준에 해당하는 공사를 입찰에 부치는 때에는 입찰자로 하여금 산출내역서에 입찰금액을 구성하는 공사중 하도급할 부분, 하도급금액 및 하수급인 등 하도급에 관한 사항을 기재하여 제출하게 하여야 한다. 다만, 다음 각호의 1에 해당하는 경우에는 그러하지 아니하다.(2008.2.29 본문개정)
1. 제20조제1항의 규정에 의한 재입찰의 경우
2. 긴급을 요하는 공사입찰의 경우
3. 특별한 기술을 요하거나 지역의 특수성 등으로 인하여 하수급할 전문건설사업자가 없는 공사입찰의 경우
(2020.2.18 본호개정)
4. 건설공사의 하자에 따른 의무이행, 공정관리 또는 보안상의 필요 등의 사정으로 하도급을 하는 것이 부적합하다고 인정되는 공사입찰의 경우
② 제1항의 규정에 의하여 하도급에 관한 사항을 기재하게 하는 경우로서 장기계속공사의 경우에는 총공사 입찰금액에 대하여 기재하게 하여야 한다. 다만, 공사의 이행기간을 고려하여 필요하다고 인정되는 경우에는 제1차년도에 이행하게 할 공사의 입찰금액에 한하여 기재하게 할 수 있다.
③ 제1항의 규정에 의한 부대입찰의 절차 그 밖에 필요한 사항은 기획재정부장관이 정하여 고시한다.(2008.2.29 본항개정)
(2002.3.25 본조신설 : 2003.12.31까지 유효)

제20조【재입찰 및 재공고입찰】 ① 경쟁입찰을 할 때 2인 이상의 유효한 입찰자가 없거나 낙찰자가 없을 경우 재입찰에 부칠 수 있다. 이 경우 재입찰은 새로운 입찰로 보지 않으며, 입찰자 또는 입찰횟수의 제한을 받지 않는다.
② 입찰자나 낙찰자가 없는 경우 또는 낙찰자가 계약을 체결하지 않는 경우에는 재공고입찰에 부칠 수 있다.
③ 제1항 또는 제2항에 따른 재입찰 또는 재공고입찰시에는 기한을 제외하고는 최초의 입찰에 부칠 때에 정한 가격 및 기타 조건을 변경할 수 없다.
(2019.9.17 본조개정)

제21조【제한경쟁입찰에 의할 계약과 제한사항 등】 ① 법 제7조제1항 단서에 따라 경쟁참가자의 자격을 제한할 수 있는 경우와 그 제한사항은 다음 각 호와 같다. 이 경우 제1호부터 제6호까지 및 제9호의 제한사항에 대한 구체적인 제한기준은 기획재정부령으로 정한다.(2016.9.2 본문개정)
1. 기획재정부령이 정하는 금액의 공사계약의 경우에는 시공능력 또는 당해 공사와 같은 종류의 공사실적
(2008.2.29 본호개정)
2. 특수한 기술 또는 공법이 요구되는 공사계약의 경우에는 당해 공사수행에 필요한 기술의 보유상황 또는 당해 공사와 같은 종류의 공사실적
3. 특수한 설비 또는 기술이 요구되는 물품제조계약의 경우에는 당해 물품제조에 필요한 설비 및 기술의 보유상황 또는 당해 물품과 같은 종류의 물품제조실적
4. 특수한 성능 또는 품질이 요구되어 다음 각 목의 품질인증 등을 받은 물품을 구매하려는 경우에는 그 품질인증 등을 받은 물품인지 여부
가.「산업표준화법」제15조에 따른 인증을 받은 제품 또는 같은 법 제25조에 따른 우수한 단체표준제품
(2018.12.4 본목개정)
나. (2017.1.26 삭제)
다.「환경기술 및 환경산업 지원법」제17조에 따라 환경표지의 인증을 받은 물품(2011.10.28 본목개정)
라.「자원의 절약과 재활용촉진에 관한 법률」제33조에 따른 기준에 적합하고「산업기술혁신 촉진법 시행령」제17조제1항제3호에 따른 품질 인증을 받은 재활용제품
(2010.7.21 본호개정)
5. 특수한 기술이 요구되는 용역계약의 경우에는 당해 용역수행에 필요한 기술의 보유상황 또는 당해 용역과 같은 종류의 용역수행실적(1996.12.31 본호신설)
6. 추정가격이 기획재정부령으로 정하는 금액 미만인 계약의 경우에는 법인등기부상 본점소재지(개인사업자인 경우에는 사업자등록증 또는 관련 법령에 따른 허가·인가·면허·등록·신고 등에 관련된 서류에 기재된 사업장의 소재지를 말한다. 이하 같다)(2016.9.2 본호개정)
7. 제22조의 규정에 의한 제한방법에 의하여 공사계약을 하는 경우에는 그 제한기준
8.「중소기업제품 구매촉진 및 판로지원에 관한 법률 시행령」제6조에 따라 중소벤처기업부장관이 지정·공고한 물품을 제조·구매하는 경우에는「중소기업기본법」제2조에 따른 중소기업자(2018.3.6 본호개정)
8의2.「중소기업제품 구매촉진 및 판로지원에 관한 법률」

제7조의2제2항제1호에 따른 제한경쟁입찰 방법에 따라 물품 제조·구매 계약 또는 용역 계약을 체결하는 경우에는 같은 호에 따른 공동사업에 참여한 소기업 또는 소상공인(2018.3.6 본호신설)
9. 각 중앙관서의 장 또는 계약담당공무원이 계약이행의 부실화를 방지하기 위하여 필요하다고 판단하여 특별히 인정하는 경우에는 경쟁참가자의 재무상태
10. 추정가격이 고시금액 미만인 물품의 제조·구매 또는 용역(「엔지니어링산업 진흥법」 제2조제3호에 따른 엔지니어링사업 및 「건설기술 진흥법」 제2조제3호에 따른 건설엔지니어링을 제외한다)의 경우에는 다음 각 목의 구분에 따른 자(2021.9.14 본문개정)
가. 추정가격이 1억원 미만인 물품의 제조·구매 또는 용역의 경우에는 「중소기업기본법」 제2조제2항에 따른 소기업, 「소상공인기본법」 제2조에 따른 소상공인, 「벤처기업육성에 관한 특별조치법」 제2조제1항에 따른 벤처기업 또는 「중소기업창업 지원법」에 따른 창업기업(2022.6.28 본목개정)
나. 추정가격이 1억원 이상인 물품의 제조·구매 또는 용역의 경우에는 「중소기업기본법」 제2조에 따른 중소기업자(2018.12.4 본목신설)
11. 특정지역에 소재하는 자가 생산한 물품을 구매하려는 경우에는 다음 각 목의 어느 하나에 해당하는 자인지 여부
가. 「지역중소기업 육성 및 혁신촉진에 관한 법률」에 따른 중소기업특별지원지역에 입주(같은 조 제2항에 따른 지정기간만 해당한다)한 자(2022.1.25 본목개정)
나. 「농어촌정비법」에 따른 농공단지에 입주한 자(2010.7.21 본호신설)
② 각 중앙관서의 장 또는 계약담당공무원은 제1항의 규정에 의하여 경쟁참가자의 자격을 제한하고자 할 때에는 입찰공고에 그 제한사항과 제한기준을 명시하여야 한다.
③ 각 중앙관서의 장 또는 계약담당공무원은 공사입찰로서 제1항제6호의 규정에 의하여 경쟁참가자의 자격을 제한하는 경우에 필요하다고 인정할 때에는 기획재정부령이 정하는 바에 의하여 당해 입찰참가적격자에게 제36조 각호의 사항을 통지함으로써 제2항의 규정에 의한 입찰공고에 갈음할 수 있다.(2008.2.29 본항개정)

제22조【공사의 성질별·규모별 제한에 의한 입찰】 ① 각 중앙관서의 장 또는 계약담당공무원은 공사를 성질별·규모별로 유형화하여 이에 상응하는 경쟁제한기준을 정하고 이를 미리 전자조달시스템에 공고하여 경쟁참가적격자로 하여금 등록신청을 하게 할 수 있다.(2013.9.17 본항개정)
② 각 중앙관서의 장 또는 계약담당공무원은 제1항의 규정에 의한 등록신청을 받은 때에는 이를 심사하여 유형별·등급별로 경쟁참가적격자를 선정하여 등록을 하고 공사입찰시마다 당해 경쟁참가적격자에게 제36조 각호의 사항을 통지하여 입찰참가신청을 하게 할 수 있다.
③ 각 중앙관서의 장은 제1항의 규정에 의하여 경쟁제한기준을 정하고자 할 때에는 기획재정부장관과 협의하여야 한다.(2008.2.29 본항개정)

제23조【지명경쟁입찰에 의할 계약】 ① 법 제7조제1항 단서에 따라 지명경쟁입찰에 부칠 수 있는 경우는 다음 각 호와 같다.(2018.3.6 본문개정)
1. 계약의 성질 또는 목적에 비추어 특수한 설비·기술·자재·물품 또는 실적이 있는 자가 아니면 계약의 목적을 달성하기 곤란한 경우로서 입찰대상자가 10인 이내인 경우
2. 「건설산업기본법」에 따른 건설공사로서 추정가격이 4억원 이하인 공사(같은 법에 따른 전문공사의 경우에는 추정가격이 2억원 이하인 공사) 또는 그 밖의 공사 관련 법령에 따른 공사로서 추정가격이 1억 6천만원 이하인 공사를 하거나 추정가격이 1억원 이하인 물품을 제조할 경우(2023.11.16 본호개정)
3. 추정가격이 1억원 이하인 재산을 매각 또는 매입할 경우(2007.10.10 본호개정)
4. 예정임대·임차료의 총액이 5천만원 이하인 물건을 임대·임차할 경우(2007.10.10 본호개정)
5. 공사나 제조의 도급, 재산의 매각 또는 물건의 임대·임차외의 계약으로서 추정가격이 5천만원 이하인 경우(2007.10.10 본호개정)
6. 「산업표준화법」 제15조에 따른 인증을 받은 제품 또는 같은 법 제25조에 따른 우수한 단체표준제품(2018.12.4 본호개정)
7. (1999.9.9 삭제)
8. 법 제7조 단서 및 이 영 제26조의 규정에 의하여 수의계약에 의할 수 있는 경우
9. 「자원의 절약과 재활용촉진에 관한 법률」 제33조의 규정에 의한 기준에 적합하고 「산업기술혁신 촉진법 시행령」 제17조제1항제3호에 따른 품질인증을 받은 재활용제품 또는 「환경기술 및 환경산업 지원법」 제17조의 규정에 의한 환경표지의 인증을 받은 제품을 제조하게 하거나 구매하는 경우(2011.10.28 본호개정)
10. 「중소기업제품 구매촉진 및 판로지원에 관한 법률 시행령」 제6조에 따라 중소벤처기업부장관이 지정·공고한 물품을 「중소기업기본법」 제2조에 따른 중소기업자로부터 제조·구매할 경우(2018.3.6 본호개정)
11. 「중소기업제품 구매촉진 및 판로지원에 관한 법률」 제7조의2제2항제2호에 따라 각 중앙관서의 장의 요청으로 「중소기업협동조합법」 제3조제1항에 따른 중소기업협동조합이 추천하는 소기업 또는 소상공인(해당 물품 등을 납품할 수 있는 소기업 또는 소상공인을 말한다)으로 하여금 물품을 제조하게 하거나 용역을 수행하게 하는 경우(2018.3.6 본호신설)
② 각 중앙관서의 장의 위임을 받은 공무원은 제1항제1호의 규정에 의하여 지명경쟁입찰에 의하여 계약을 체결한 때에는 그 내용을 소속중앙관서의 장에게 보고하여야 하며, 각 중앙관서의 장은 이를 감사원에 통지하여야 한다.(1998.2.2 본항개정)

제24조【지명경쟁입찰 대상자의 지명】 ① 각 중앙관서의 장 또는 계약담당공무원은 제23조의 규정에 의하여 지명경쟁입찰에 부치고자 할 때에는 5인 이상의 입찰대상자를 지명하여 2인 이상의 입찰참가신청이 있어야 한다. 다만, 지명대상자가 5인 미만인 때에는 대상자를 모두 지명하여야 한다.(1998.2.2 본항개정)
② 제1항의 경우에는 제36조 각호의 사항을 각 입찰대상자에게 통지하여야 한다.
③ 각 중앙관서의 장 또는 계약담당공무원은 제1항의 규정에 의하여 입찰대상자를 지명하고자 할 때에는 기획재정부령이 정하는 바에 의하여 이를 통지하고 입찰참가여부를 확인하여야 한다.(2008.2.29 본항개정)

제25조【유사물품의 복수경쟁】 각 중앙관서의 장 또는 계약담당공무원은 품질·성능 또는 효율등에 차이가 있는 유사한 종류의 물품 중에서 품질·성능 또는 효율 등이 일정수준 이상인 물품을 지정하여 구매하고자 하는 경우에는 복수경쟁에 부칠 수 있다. 이 경우 유사한 종류의 물품별로 작성된 예정가격에 대한 입찰금액의 비율이 가장 낮은 입찰자를 낙찰자로 한다.

제26조【수의계약에 의할 수 있는 경우】 ① 법 제7조제1항 단서에 따라 수의계약을 할 수 있는 경우는 다음 각 호와 같다.(2020.9.29 본문개정)
1. 경쟁에 부칠 여유가 없거나 경쟁에 부쳐서는 계약의 목적을 달성하기 곤란하다고 판단되는 경우로서 다음 각 목의 경우
가. 천재지변, 감염병 예방 및 확산 방지, 작전상의 병력 이동, 긴급한 행사, 긴급복구가 필요한 수해 등 비상재해, 원자재의 가격급등, 사고방지 등을 위한 긴급한 안전진단·시설물 개선, 그 밖에 이에 준하는 경우(2020.5.1 본목개정)
나. 국가안전보장, 국가의 방위계획 및 정보활동, 군시설물의 관리, 외교관계, 그 밖에 이에 준하는 경우로서 보안상 필요가 있거나, 국가기관의 행위를 비밀리에 할 필요가 있는 경우
다. 방위사업청장이 군용규격물자를 연구개발한 업체 또는 「비상대비자원 관리법」에 따른 중점관리대상업체로부터 군용규격물자(중점관리대상업체의 경우에는 방위사업청장이 지정하는 품목에 한정한다)를 제조·구매하는 경우
라. 비상재해가 발생한 경우에 국가가 소유하는 복구용 자재를 재해를 당한 자에게 매각하는 경우
2. 특정인의 기술이 필요하거나 해당 물품의 생산자가 1인뿐인 경우 등 경쟁이 성립될 수 없는 경우로서 다음 각 목의 경우
가. 공사와 관련하여 장래 시설물의 하자에 대한 책임 구분이 곤란한 경우로서 직전 또는 현재의 시공자와 계약을 하는 경우
나. 작업상 혼란이 초래될 우려가 있는 등 동일 현장에서 2인 이상의 시공자가 공사를 할 수 없는 경우로서 현재의 시공자와 계약을 하는 경우
다. 마감공사와 관련하여 직전 또는 현재의 시공자와 계약을 하는 경우
라. 접적지역 등 특수지역에서 시행하는 공사로서 사실상 경쟁이 불가능한 경우
마. 특허공법을 적용하는 공사 또는 「건설기술 진흥법」 제14조에 따라 지정·고시된 신기술, 「환경기술 및 환경산업 지원법」 제7조에 따라 인증받은 신기술이나 검증받은 기술, 종전의 「전력기술관리법」(법률 제13741호로 개정되기 전의 것을 말한다) 제6조의2에 따라 지정·고시된 새로운 전력기술 또는 「재난안전산업 진흥법」 제14조에 따라 지정된 재난안전신기술(각 해당 법률에 따라 지정된 보호기간 또는 유효기간 내의 경우로 한정한다)을 적용하는 공사로서 사실상 경쟁이 불가능한 경우(2023.1.3 본목개정)
바. 해당 물품을 제조·공급한 자가 직접 그 물품을 설치·조립 또는 정비하는 경우
사. 이미 조달된 물품의 부품교환 또는 설비확충 등을 위하여 조달하는 경우로서 해당 물품을 제조·공급한 자 외의 자로부터 제조·공급을 받게 되면 호환성이 없게 되는 경우
아. 특허를 받았거나 실용신안등록 또는 디자인등록이 된 물품을 제조하게 하거나 구매하는 경우로서 적절한 대용품이나 대체품이 없는 경우
자. 해당 물품의 생산자 또는 소지자가 1인뿐인 경우로서 다른 물품을 제조하게 하거나 구매해서는 사업목적을 달성할 수 없는 경우
차. 특정인의 기술·품질이나 경험·자격을 필요로 하는 조사·설계·감리·특수측량·훈련 계약, 특정인과의 학술연구 등을 위한 용역 계약, 관련 법령에 따라 디자인공모에 당선된 자와 체결하는 설계용역 계약의 경우
카. 특정인의 토지·건물 등 부동산을 매입하거나 재산을 임차 또는 특정인에게 임대하는 경우
타. 「매장문화재 보호 및 조사에 관한 법률」 제11조에 따른 문화재 발굴 용역으로서 같은 법 시행령 제7조제1항제4호에 따른 시굴(試掘)조사 후 정밀발굴조사로 전환되는 경우(2023.11.16 본목신설)
3. 「중소기업진흥에 관한 법률」 제2조제1호에 따른 중소기업자가 직접 생산한 다음 각 목의 제품을 해당 중소기업자로부터 제조·구매하는 경우
가. 「중소기업제품 구매촉진 및 판로지원에 관한 법률」 제15조에 따라 성능인증을 받은 제품
나. 「소프트웨어 진흥법」 제20조에 따라 품질인증을 받은 제품(2020.12.8 본목개정)
다. 「중소기업 기술혁신 촉진법」 제9조제1항제3호에 따른 지원을 받아 개발이 완료된 제품으로서 당초의 수요와 연계된 자가 구매를 협약한 제품(2013.12.30 본목신설)
라. 「산업기술혁신 촉진법」 제16조에 따라 신제품으로 인증받은 제품
마. 「산업기술혁신 촉진법」 제15조의2, 「환경기술 및 환경산업 지원법」 제7조, 「건설기술 진흥법」 제14조 또는 「재난안전산업 진흥법」 제14조에 따라 인증 또는 지정·고시된 신기술을 이용하여 제조한 제품으로서 주무부장관이 상용화 단계에서 성능을 확인한 제품(2023.1.3 본목개정)
바. 「조달사업에 관한 법률 시행령」 제30조에 따라 우수조달물품으로 지정·고시된 제품(2020.9.29 본목개정)
사. 「조달사업에 관한 법률 시행령」 제31조에 따라 지정·고시된 우수조달 공동상표의 물품(기획재정부장관이 고시한 금액 미만의 물품을 구매하는 경우에 한정한다)(2020.9.29 본목개정)
아. (2020.9.29 삭제)
자. 과학기술정보통신부장관이 「지능정보화 기본법」 제58조에 따른 정보보호시스템의 성능과 신뢰도에 관한 기준에 합치된 것으로 확인한 제품으로서 「전자정부법 시행령」 제69조에 따라 국가정보원장이 정한 정보보호시스템 유형별 도입요건을 준수한 제품(2020.12.8 본목개정)
차. 「재난안전산업 진흥법」 제16조제1항에 따른 적합성 인증을 받은 재난안전제품(2023.1.3 본목개정)
4. 국가유공자 또는 장애인 등에게 일자리나 보훈·복지서비스 등을 제공하기 위한 목적으로 설립된 다음 각 목의 어느 하나에 해당하는 단체 등과 물품의 제조·구매 또는 용역 계약(해당 단체가 직접 생산하는 물품 및 직접 수행하는 용역에 한정한다)을 체결하거나, 그 단체 등에 직접 물건을 매각·임대하는 경우
가. 국가보훈부장관이 지정하는 국가유공자 자활집단촌의 복지공장(2023.4.11 본목개정)
나. 「국가유공자 등 단체설립에 관한 법률」에 따라 설립된 단체 중 상이를 입은 자들로 구성된 단체
다. 「중증장애인생산품 우선구매 특별법」 제9조제1항에 따라 지정받은 중증장애인생산품 생산시설(2012.5.14 본목개정)
라. 「사회복지사업법」 제16조에 따라 설립된 사회복지법인
마. 「장애인고용촉진 및 직업재활법」 제22조의4제1항에 따라 인증받은 장애인 표준사업장(2023.11.16 본목신설)
5. 제1호부터 제4호까지의 경우 외에 계약의 목적·성질 등에 비추어 경쟁에 따라 계약을 체결하는 것이 비효율적이라고 판단되는 경우로서 다음 각 목의 경우
가. 다음의 어느 하나에 해당하는 계약
1) 「건설산업기본법」에 따른 건설공사(같은 법에 따른 전문공사는 제외한다)로서 추정가격이 4억원 이하인 공사, 같은 법에 따른 전문공사로서 추정가격이 2억원 이하인 공사 및 그 밖의 공사 관련 법령에 따른 공사로서 추정가격이 1억6천만원 이하인 공사에 대한 계약(2021.7.6 개정)
2) 추정가격이 2천만원 이하인 물품의 제조·구매계약 또는 용역계약
3) 추정가격이 2천만원 초과 1억원 이하인 계약으로서 「중소기업기본법」 제2조제2항에 따른 소기업 또는 「소상공인기본법」 제2조에 따른 소상공인과 체결하는 물품의 제조·구매계약 또는 용역계약. 다만, 제30조제1항제3호 및 같은 조 제2항 단서에 해당하는 경우에는 소기업 또는 소상공인외의 자와 체결하는 물품의 제조·구매계약 또는 용역계약을 포함한다.(2021.7.6 본문개정)
4) 추정가격이 2천만원 초과 1억원 이하인 계약 중 학술연구·원가계산·건설기술 등과 관련된 계약으로서 특수한 지식·기술 또는 자격을 요구하는 물품의 제조·구매계약 또는 용역계약(2021.7.6 개정)
5) 추정가격이 2천만원 초과 1억원 이하인 계약으로서 다음의 어느 하나에 해당하는 자와 체결하는 물품의 제조·구매계약 또는 용역계약(2021.7.6 본문개정)
가) 「여성기업지원에 관한 법률」 제2조제1호에 따른 여성기업

나)「장애인기업활동 촉진법」 제2조제2호에 따른 장애인기업
다)「사회적기업 육성법」 제2조제1호에 따른 사회적 기업,「협동조합 기본법」 제2조제3호에 따른 사회적협동조합,「국민기초생활 보장법」 제18조에 따른 자활기업 또는「도시재생 활성화 및 지원에 관한 특별법」 제2조제1항제9호에 따른 마을기업 중 기획재정부장관이 정하는 요건을 충족하는 자
(2018.12.4 가)～다)신설)
6) (2021.7.6 삭제)
(2015.12.31 본목개정)
나. 재외공관이 사용하는 물품을 현지에서 구매하는 경우
다. 물품을 가공·하역·운송 또는 보관할 때 경쟁에 부치는 것이 불리하다고 인정되는 경우
라.「방위사업법」에 따른 방산물자를 방위산업체로부터 제조·구매하는 경우
마. 다른 법령에 따라 국가사업을 위탁 또는 대행할 수 있는 자와 해당 사업에 대한 계약을 하는 경우
바. 다른 국가기관 또는 지방자치단체와 계약을 하는 경우
사.「조달사업에 관한 법률」 제27조제1항에 따른 혁신제품을 구매하려는 경우(2020.9.29 본목개정)
아.「클라우드컴퓨팅 발전 및 이용자 보호에 관한 법률」 제20조제3항에 따라 선정된 디지털서비스에 관한 계약을 하는 경우(2023.11.16 본목개정)
(2010.7.21 본항개정)
② 각 중앙관서의 장 또는 계약담당공무원은 제1항제3호 각 목의 제품을 구매하려는 경우에는 주무부장관(주무부장관으로부터 위임받은 자를 포함한다)의 해당 물품에 대한 인증 또는 지정 등이 유효한 기간(유효한 기간이 연장된 경우에는 연장된 기간까지 포함한다. 이하 이 항에서 같다)의 범위에서 수의계약을 체결할 수 있다. 다만, 해당 물품에 대한 인증 또는 지정 등이 유효한 기간이 6년을 넘는 경우에는 6년까지만 수의계약을 체결할 수 있다.(2020.9.29 본항개정)
③ 각 중앙관서의 장 또는 계약담당공무원은 제1항제4호에 따라 수의계약에 의하는 경우에는 다음 각 호의 사항을 확인해야 한다.(2019.9.17 본문개정)
1. 수의계약 대상자의 자격요건
2. 수의계약의 대상물품의 직접생산여부
(2006.5.25 본항신설)
④ 각 중앙관서의 장 또는 계약담당공무원은 수의계약 대상자를 감독하는 주무부처의 장에게 제3항 각 호의 사항의 확인에 필요한 협조를 요청할 수 있다.(2015.12.31 본항개정)
⑤ 계약담당공무원은 제1항제1호다목·라목, 같은 항 제2호, 제4호나목·다목 및 제5호다목·마목에 따라 수의계약을 체결한 때에는 그 내용을 소속중앙관서의 장에게 보고해야 하며, 각 중앙관서의 장은 보고받은 사항 중 제1항제2호에 따른 계약에 대해서는 이를 감사원에 통지해야 한다.(2019.9.17 본항개정)
⑥ (2021.7.6 삭제)

제27조【재공고입찰과 수의계약】 ① 경쟁입찰을 실시한 결과 다음 각호의 1에 해당하는 경우에는 수의계약에 의할 수 있다.
1. 제10조의 규정에 의하여 경쟁입찰을 실시하였으나 입찰자가 1인뿐인 경우로서 제20조제2항의 규정에 의하여 재공고입찰을 실시하더라도 제12조의 규정에 의한 입찰참가자격을 갖춘 자가 1인밖에 없음이 명백하다고 인정되는 경우
2. 제20조제2항의 규정에 의하여 재공고입찰에 부친 경우로서 입찰자 또는 낙찰자가 없는 경우
② 제1항의 규정에 의한 수의계약의 경우 보증금과 기한을 제외하고는 최초의 입찰에 부칠 때에 정한 가격 및 기타 조건을 변경할 수 없다.
③ 제1항제1호에도 불구하고「재난 및 안전관리 기본법」 제3조제1호의 재난이나 경기침체, 대량실업 등으로 인한 국가의 경제위기를 극복하기 위해 기획재정부장관이 기간을 정하여 고시한 경우에는 제10조에 따라 경쟁입찰을 실시했으나 입찰자가 1인뿐인 경우 제20조제2항에 따른 재공고입찰을 실시하지 않더라도 수의계약을 할 수 있다.
(2020.5.1 본항신설)
(1998.2.2 본조개정)

제28조【낙찰자가 계약을 체결하지 아니할 때의 수의계약】 ① 낙찰자가 계약을 체결하지 아니할 때에는 그 낙찰금액보다 불리하지 아니한 금액의 범위안에서 수의계약에 의할 수 있다. 다만, 기한을 제외하고는 최초의 입찰에 부칠 때 정한 가격 및 기타 조건을 변경할 수 없다.
② 제1항의 규정은 낙찰자가 계약체결후 소정의 기일내에 계약의 이행에 착수하지 아니하거나, 계약이행에 착수한 후 계약상의 의무를 이행하지 아니하여 계약을 해제 또는 해지한 경우에 이를 준용한다.(1996.12.31 본항개정)

제29조【분할수의계약】 제26조제1항제5호라목, 제27조 및 제28조의 경우에 있어서는 예정가격 또는 낙찰금액을 분할하여 계산할 수 있는 경우에 한하여 그 가격 또는 금액보다 불리하지 아니한 금액의 범위안에서 수인에게 분할하여 계약을 할 수 있다.(2010.7.21 본조개정)

제30조【견적에 의한 가격결정 등】 ① 각 중앙관서의 장 또는 계약담당공무원은 수의계약을 체결하려는 경우에는 2인 이상으로부터 견적서를 받아야 한다. 다만, 다음 각 호의 어느 하나에 해당하는 경우에는 1인으로부터 받은 견적서에 의할 수 있다.(2020.9.29 본문개정)
1. 제26조제1항제1호가목·나목, 같은 항 제2호, 같은 항 제5호마목·사목·아목, 제27조 및 제28조에 따른 계약의 경우(2021.7.6 본호개정)
2. 추정가격이 2천만원 이하인 경우. 다만, 제26조제1항제5호가목5)가)부터 다)까지의 어느 하나에 해당하는 자와 계약을 체결하는 경우에는 5천만원 이하인 경우로 한다.(2021.7.6 단서개정)
3. 제2항 본문에 따라 전자조달시스템을 이용하여 견적서를 제출받았으나 견적서 제출자가 1인뿐인 경우로서 다시 견적서를 제출받더라도 견적서 제출자가 1인밖에 없을 것으로 명백히 예상되는 경우(2013.9.17 본호개정)
② 각 중앙관서의 장 또는 계약담당공무원은 제26조제1항제5호가목에 따른 수의계약 중 추정가격이 2천만원[같은 조 제1항제5호가목5)가)부터 다)까지의 어느 하나에 해당하는 자와 계약을 체결하는 경우에는 5천만원]을 초과하는 수의계약의 경우에는 전자조달시스템을 이용하여 견적서를 제출하도록 해야 한다. 다만, 계약의 목적이나 특성상 전자조달시스템에 의한 견적서제출이 곤란한 경우로서 기획재정부령으로 정하는 경우에는 그렇지 않다.
(2021.7.6 본항개정)
③ 각 중앙관서의 장 또는 계약담당공무원은 제2항 본문에 따라 전자조달시스템을 이용하여 견적서를 제출하도록 하는 경우 그 견적서의 제출에 관한 사항은 전자조달시스템을 이용하여 안내공고를 하여야 한다.(2013.9.17 본항개정)
④ 각 중앙관서의 장 또는 계약담당공무원은 제2항에 따른 수의계약을 할 경우 계약이행의 용이성 및 효율성 등을 고려하여 필요하다고 인정되는 경우에는 견적서를 제출할 수 있는 자를 기획재정부령으로 정하는 바에 따라 법인등기부상 본점소재지를 기준으로 하여 제한할 수 있다. 이 경우 제3항에 따른 안내공고에 그 제한사항과 제한기준을 명시하여야 한다.(2016.9.2 전단개정)
⑤ 기획재정부장관은 제2항에 따른 전자조달시스템을 이용한 견적서의 제출과 관련한 기준 및 세부절차, 제3항에 따른 안내공고의 시기 및 기간 등에 관하여 필요한 사항을 정할 수 있다.(2013.9.17 본항개정)
⑥ 제1항 또는 제2항에 따라 제출받은 견적서에 기재된 견적가격이 예정가격(제7조의2제2항에 따라 예정가격작성을 생략한 경우에는 추정가격에 부가가치세를 포함한 금액을 말한다)의 범위에 포함되지 아니하는 경우 등 계약상대자를 결정할 수 없는 때에는 다시 견적서를 제출받아 계약금액을 결정하여야 한다.(2007.10.10 본항개정)
⑦ 제1항·제2항 및 제6항에도 불구하고 기획재정부령으로 정하는 경우에는 견적서제출을 생략하게 할 수 있다.
(2016.9.2 본항개정)
(2006.12.29 본조제목개정)

제31조【계속공사에 대한 수의계약시의 계약금액】 계속공사(제26조제1항제2호가목부터 다목까지의 규정에 따라 직전 또는 현재의 시공자와 수의계약을 체결할 수 있는 공사를 말한다)에 있어서 해당 공사 이후의 계약금액은 전체공사에 대한 제1차공사의 낙찰률(예정가격에 대한 낙찰금액 또는 계약금액의 비율을 말한다)을 곱한 금액 이하로 해야 한다. 다만, 기획재정부장관이 정하는 경우에는 그렇지 않다.(2019.9.17 본조개정)

제32조【경쟁계약에 관한 규정의 준용】 수의계약의 체결에 관하여는 제12조제1항 및 제3항부터 제6항까지의 규정을 준용한다.(2013.12.30 본조개정)

제4장 입찰 및 낙찰절차

제33조【입찰공고】 ① 입찰방법에 의하여 경쟁에 부치고자 할 때에는 이 영에 특별한 규정이 있는 경우를 제외하고는 전자조달시스템을 이용하여 공고하여야 한다. 다만, 필요한 경우 일간신문 등에 게재하는 방법을 병행할 수 있다.(2013.9.17 본문개정)
② 각 중앙관서의 장 또는 계약담당공무원은 제1항에 따른 입찰공고 중 내용의 오류나 법령위반사항이 발견되어 공고사항의 정정이 필요한 경우에는 남은 공고기간에 5일 이상을 더하여 공고하여야 한다.(2007.10.10 본항신설)

제34조【입찰참가의 통지】 각 중앙관서의 장 또는 계약담당공무원은 국가의 보안유지를 위하여 필요한 때에는 제33조의 규정에 불구하고 기획재정부령이 정하는 바에 의하여 당해 입찰참가적격자에 제36조의 사항을 통지하여 입찰참가신청을 하게 할 수 있다. 이 경우 통지시기에 관하여는 제35조의 규정을 준용한다.(2008.2.29 본조개정)

제35조【입찰공고의 시기】 ① 입찰공고는 입찰서 제출마감일의 전일부터 기산하여 7일전에 이를 행하여야 한다.
(2006.5.25 본항개정)
② 공사입찰의 경우로서 제14조의2제1항에 따른 현장설명을 실시하는 경우에는 현장설명일의 전일부터 기산하여 7일전에 공고해야 한다. 다만, 제13조에 따라 입찰참가자격을 사전에 심사하려는 공사입찰의 경우에는 현장설명일 전일부터 기산하여 30일전에 공고해야 한다.
(2021.7.6 본항개정)
③ 공사입찰의 경우로서 현장설명을 실시하지 아니하는 때에는 입찰서 제출마감일의 전일부터 기산하여 다음 각 호에서 정한 기간 전에 공고하여야 한다.
1. 추정가격이 10억원 미만인 경우 7일
2. 추정가격이 10억원 이상 50억원 미만인 경우 15일
3. 추정가격이 50억원 이상인 경우 40일
(2006.5.25 본항개정)
④ 제1항부터 제3항까지의 규정에도 불구하고 다음 각 호의 어느 하나에 해당하는 경우에는 입찰서 제출마감일의 전날부터 기산하여 5일 전까지 공고할 수 있다.
1. 제20조제2항에 따른 재공고입찰의 경우
1의2. 국가의 재정정책상 예산의 조기집행을 위해 필요한 경우(2020.5.1 본호신설)
2. 다른 국가사업과 연계되어 일정조정을 위하여 불가피한 경우
3. 긴급한 행사 또는 긴급한 재해예방·복구 등을 위하여 필요한 경우
4. 그 밖에 제2호 및 제3호에 준하는 경우
(2015.6.22 본항개정)
⑤ 제43조에 따른 협상에 의한 계약 또는 제43조의3에 따른 경쟁적 대화에 의한 계약의 경우에는 제1항 및 제4항에도 불구하고 제안서 제출마감일의 전날부터 기산하여 40일 전에 공고하여야 한다. 다만, 다음 각 호의 어느 하나에 해당하는 경우에는 제안서 제출마감일의 전날부터 기산하여 10일 전까지 공고할 수 있다.(2018.12.4 본문개정)
1. 제4항 각 호의 어느 하나에 해당하는 경우(2015.6.22 본호개정)
2. 추정가격이 고시금액 미만인 경우
3. (2015.6.22 삭제)
(2006.5.25 본항신설)

제36조【입찰공고의 내용】 입찰공고에는 다음 각 호의 사항을 명시해야 한다.(2019.9.17 본문개정)
1. 입찰에 부치는 사항
2. 입찰 또는 개찰의 장소와 일시
3. 공사입찰의 경우에는 현장설명의 장소·일시 및 참가자격에 관한 사항(2019.9.17 본호개정)
3의2. 제43조에 따른 협상에 의한 계약체결의 경우로서 제안요청서에 대한 설명을 실시하는 경우에는 그 장소 및 일시에 관한 사항(2019.9.17 본호개정)
4. 입찰참가자의 자격에 관한 사항
4의2. 입찰참가등록 및 입찰관련서류에 관한 사항
(2006.5.25 본호신설)
5. 입찰보증금과 국고귀속에 관한 사항
6. 낙찰자결정방법(제42조제1항 또는 제4항에 따라 낙찰자를 결정하는 경우에는 낙찰자결정에 필요한 서류의 제출일 및 낙찰자통보예정일을 포함한다)(2006.5.25 본호개정)
7. 계약의 착수일 및 완료일
8. 계약하고자 하는 조건을 공시하는 장소
9. 제39조제4항의 규정에 의한 입찰무효에 관한 사항
(2002.7.30 본호개정)
10. 입찰에 관한 서류의 열람·교부장소 및 교부비용
11. 추가정보를 입수할 수 있는 기관의 주소 등
12. 제39조제1항에 따라 전자조달시스템 또는 각 중앙관서의 장이 지정·고시한 정보처리장치를 이용하여 입찰서를 제출하게 하는 경우에는 그 절차 및 방법
(2013.9.17 본호개정)
12의2. 제39조제2항에 따라 입찰서를 우편으로 제출하게 하는 경우에는 그 취지와 입찰서를 송부할 주소
(2011.12.31 본호개정)
13. 제72조의 규정에 의한 공동계약을 허용하는 경우에는 공동계약이 가능하다는 뜻(제72조제3항 및 제4항의 규정에 의한 공동계약인 경우에는 공동수급체구성원의 자격제한사항을 포함한다)과 공동계약의 이행방식
14. 제19조의 규정에 의한 부대입찰의 경우에는 그 취지
(2002.3.25 본호신설 : 2003.12.31까지 유효)
15. 제78조의 규정에 의한 입찰의 경우에는 대안입찰 또는 일괄입찰 등에 관한 사항(1999.9.9 본호개정)
15의2. 입찰 관련 비리 또는 불공정행위의 신고에 관한 사항(2016.9.2 본호신설)
16. 제9조제1항제2호에 따른 예정가격 결정과 관련하여 계약의 목적이 되는 물품·공사·용역등을 구성하는 재료비·노무비·경비의 책정기준, 일반관리비율 및 이윤율 등 기획재정부장관이 정하는 기준 및 비율
(2018.12.4 본호신설)
17. 기타 입찰에 관하여 필요한 사항
(1996.12.31 본조개정)

제37조【입찰보증금】 ① 법 제9조에 따른 입찰보증금은 입찰금액(단가에 대해 실시하는 입찰인 경우에는 그 단가에 매회별 이행예정량 중 최대량을 곱한 금액. 이하 이 항에서 같다)의 100분의 5 이상으로 해야 한다. 다만,「재난 및 안전관리 기본법」 제3조제1호의 재난이나 경기침체, 대량실업 등으로 인한 국가의 경제위기를 극복하기 위해 기획재정부장관이 기간을 정하여 고시한 경우에는 입찰보증금을 입찰금액의 1천분의 25 이상으로 할 수 있다.
(2020.5.1 본항개정)
② 입찰보증금은 현금(체신관서 또는「은행법」의 적용을 받는 은행이 발행한 자기앞수표를 포함한다. 이하 같다) 또는 다음 각 호의 보증서 등으로 납부하게 해야 한다.
(2019.9.17 본문개정)

1. 「국가재정법 시행령」 제46조제4항에 따른 금융기관(이하 "금융기관"이라 한다) 및 「은행법」에 따른 외국은행이 발행한 지급보증서(2019.9.17 본호개정)
2. 「자본시장과 금융투자업에 관한 법률 시행령」 제192조에 따른 증권(2008.7.29 본호개정)
3. 「보험업법」에 따른 보험회사가 발행한 보증보험증권(2019.9.17 본호개정)
4. 다음 각 목의 어느 하나에 해당하는 기관이 발행한 채무액 등의 지급을 보증하는 보증서
 가. 「건설산업기본법」에 따른 공제조합
 나. 「전기공사공제조합법」에 따른 전기공사공제조합
 다. 「신용보증기금법」에 따른 신용보증기금
 라. 「기술보증기금법」에 따른 기술보증기금(2016.5.31 본목개정)
 마. 「정보통신공사업법」에 따른 정보통신공제조합
 바. 「엔지니어링산업 진흥법」에 따른 엔지니어링공제조합(2011.1.17 본목개정)
 사. 「산업발전법」에 따른 공제조합
 아. 「소프트웨어 진흥법」에 따른 소프트웨어공제조합(2020.12.8 본목개정)
 자. 「전력기술관리법」에 따른 전력기술인단체(산업통상자원부장관이 기획재정부장관과 협의하여 고시하는 단체에 한정한다)(2013.3.23 본목개정)
 차. 「건설폐기물의 재활용촉진에 관한 법률」에 따른 공제조합
 카. 「골재채취법」에 따른 공제조합
 타. 「지역신용보증재단법」에 따른 신용보증재단
 파. 「관광진흥법」에 따른 한국관광협회중앙회
 하. 「방위사업법」 제43조에 따라 보증업무를 수행하는 기관으로 지정받은 자
 거. 「건설기술 진흥법」에 따른 공제조합(2014.5.22 본목개정)
 너. 「소방산업의 진흥에 관한 법률」에 따른 소방산업공제조합
 더. 「문화재수리 등에 관한 법률」에 따른 문화재수리협회(2011.1.26 본목신설)
 러. 「건축사법」에 따른 건축사공제조합(2016.2.11 본목개정)
 머. 「중소기업협동조합법」에 따른 중소기업중앙회(2012.5.14 본목신설)
 버. 「콘텐츠산업 진흥법」 제20조의2에 따른 콘텐츠공제조합(2014.11.4 본목신설)
 서. 「폐기물관리법」 제41조에 따른 폐기물 처리 공제조합(2019.9.17 본목신설)
 어. 「공간정보산업 진흥법」 제24조에 따른 공간정보산업협회(2019.9.17 본목신설)
 저. 「한국해양진흥공사법」에 따른 한국해양진흥공사(2021.7.6 본목신설)
(2009.6.29 본호개정)
5. 제1호에 규정된 금융기관 및 외국금융기관과 체신관서가 발행한 정기예금증서
6. 「자본시장과 금융투자업에 관한 법률」에 따라 신탁업자가 발행하는 수익증권(2008.7.29 본호개정)
7. 「자본시장과 금융투자업에 관한 법률」에 따라 집합투자업자가 발행하는 수익증권(2008.7.29 본호개정)

③ 법 제9조제1항 단서에 따라 입찰보증금의 전부 또는 일부의 납부를 면제할 수 있는 자는 다음 각 호와 같다.(2011.2.9 본문개정)
1. 국가기관 및 지방자치단체(1996.12.31 본호신설)
2. 「공공기관의 운영에 관한 법률」에 따른 공공기관(2007.10.10 본호개정)
3. 국가 또는 지방자치단체가 기본재산의 100분의 50 이상을 출연 또는 출자(법률의 규정에 의하여 귀속시킨 경우를 포함한다. 이하 같다)한 법인(2018.12.4 본호개정)
4. 「농업협동조합법」에 의한 조합·조합공동사업법인 및 그 중앙회(농협경제지주회사 및 그 자회사를 포함한다), 「수산업협동조합법」에 따른 어촌계·수산업협동조합 및 그 중앙회, 「산림조합법」에 따른 산림조합 및 그 중앙회, 「중소기업협동조합법」에 따른 중소기업협동조합 및 그 중앙회(2019.9.17 본호개정)
5. 「건설산업기본법」·「전기공사업법」·「정보통신공사업법」·「건설폐기물의 재활용촉진에 관한 법률」·「골재채취법」 또는 「문화재수리 등에 관한 법률」 등의 법령에 따라 허가·인가·면허를 받았거나 등록·신고 등을 한 자로서 입찰공고일 현재 관련 법령에 따라 사업을 영위하고 있는 자. 다만, 다음 각 목의 어느 하나에 해당하는 자는 제외한다.
 가. 입찰공고일 이전 1년 이내에 제76조제2항제2호가목의 사유로 입찰참가자격제한을 받은 자(입찰참가자격 제한 기간 중인 경우를 포함한다)(2021.7.6 본목개정)
 나. 계약체결을 기피할 우려가 있어 각 중앙관서의 장 또는 계약담당공무원이 입찰공고에 명시한 요건에 해당하는 자
(2019.9.17 본호개정)
5의2. 「기후위기 대응을 위한 탄소중립·녹색성장 기본법」 제60조제2항에 따라 녹색기술, 같은 법 제66조제4항에 따른 녹색제품 등에 대한 적합성 인증을 받거나 녹색전문기업으로 확인을 받은 자 중 기획재정부장관이 정하는 기준에 해당하는 자(2022.3.25 본호개정)
6. 기타 경쟁입찰에서 낙찰자로 결정된 후 계약체결을 기피할 우려가 없다고 인정되는 자(1998.2.2 본호신설)

④ 각 중앙관서의 장 또는 계약담당공무원은 제3항에 따라 입찰보증금의 전부 또는 일부의 납부를 면제받은 자로 하여금 법 제9조제3항에 따른 국고귀속사유가 발생한 때에는 입찰보증금에 해당하는 금액을 납입할 것을 보장하기 위해 그 지급을 확약하는 내용의 문서를 제출하게 해야 한다.(2019.9.17 본항개정)

제38조【입찰보증금의 국고귀속】 ① 각 중앙관서의 장 또는 계약담당공무원은 제37조제2항의 규정에 의하여 입찰보증금을 보증서 등으로 받은 경우 법 제9조제3항의 규정에 의한 입찰보증금의 국고귀속사유가 발생한 때에는 지체없이 그 뜻을 제37조제2항 각호의 해당 금융기관 또는 보증기관과 관계 수입징수관 또는 유가증권취급공무원등에게 통지하고 기획재정부령이 정하는 바에 의하여 당해 입찰보증금을 현금으로 징수하게 하거나 정부소유유가증권으로 전환하게 하여야 한다.(2008.2.29 본항개정)

② 각 중앙관서의 장 또는 계약담당공무원은 법 제9조제1항 단서의 규정에 의하여 입찰보증금의 전부 또는 일부의 납부를 면제받은 자에게 법 제9조제3항의 규정에 의한 국고귀속사유가 발생한 때에는 그 뜻과 함께 제37조제4항의 규정에 의하여 지급을 확약한 문서를 갖추어 관계 수입징수관에게 통지하고 당해 낙찰자로부터 입찰보증금에 상당하는 금액을 현금으로 징수하게 하여야 한다.(2003.12.11 본조개정)

제39조【입찰서의 제출·접수 및 입찰의 무효】 ① 각 중앙관서의 장 또는 계약담당공무원은 입찰자가 입찰서를 제출하는 경우 전자조달시스템을 이용하여 입찰서를 제출하게 하여야 한다. 다만, 미리 기획재정부장관과 협의한 경우에는 전자조달시스템 외에 각 중앙관서의 장이 지정·고시한 정보처리장치를 이용하여 입찰서를 제출하게 할 수 있다.(2013.9.17 본항개정)

② 각 중앙관서의 장 또는 계약담당공무원은 제1항에도 불구하고 다음 각 호의 어느 하나에 해당하는 경우에는 입찰서를 입찰공고에 명시한 장소와 일시에 직접 또는 우편으로 제출하게 할 수 있다.
1. 법 제4조에 따른 국제입찰대상 계약인 경우
2. 전자조달시스템을 이용하기 어려운 경우 등 각 중앙관서의 장이 필요하다고 인정하는 경우(2013.9.17 본호개정)
(2011.12.31 본항개정)

③ 입찰자는 제출한 입찰서를 교환·변경 또는 취소하지 못한다. 다만, 기획재정부장관이 정하는 경우에는 그러하지 아니하다.(2008.2.29 단서개정)

④ 제12조 및 제21조의 규정에 의한 경쟁참가의 자격이 없는 자가 행한 입찰 기타 기획재정부령이 정하는 사유에 해당하는 입찰은 무효로 한다.(2008.2.29 본항개정)

제40조【개찰 및 낙찰선언】 ① 각 중앙관서의 장 또는 계약담당공무원은 입찰공고에 표시한 장소와 일시에 입찰자가 참석한 자리에서 개찰하여야 한다. 이 경우 입찰자로서 출석하지 아니한 자가 있는 때에는 입찰사무에 관계없는 공무원으로 하여금 개찰에 참여하게 할 수 있다.

② 각 중앙관서의 장 또는 계약담당공무원은 제출된 입찰서를 확인하고 유효한 입찰서의 입찰금액과 예정가격을 대조하여 적격자를 낙찰자로 결정한 때에는 지체없이 낙찰선언을 하여야 한다. 다만, 제42조제1항에 따라 계약이행능력 및 일자리창출 실적 등을 심사하여 낙찰자를 결정하거나 제42조제4항에 따라 각 입찰자의 입찰가격, 공사수행능력 및 사회적 책임 등을 종합적으로 심사하여 낙찰자를 결정하는 등 낙찰자결정에 장시간이 소요되는 때에는 그 절차를 거친 후 낙찰선언을 할 수 있다.(2018.12.4 단서개정)

③ 제39조제1항에 따라 전자조달시스템 또는 각 중앙관서의 장이 지정·고시한 정보처리장치를 이용하여 입찰서를 제출하는 방식의 경우에는 제1항 및 제2항의 규정에 불구하고 입찰공고에 표시한 절차와 방법에 의하여 개찰 및 낙찰선언을 한다.(2013.9.17 본항개정)

제41조【세입이 되는 경쟁입찰에서의 낙찰자 결정】 세입의 원인이 되는 경쟁입찰에 있어서는 예정가격이상으로서 최고가격으로 입찰한 자를 낙찰자로 한다.

제42조【국고의 부담이 되는 경쟁입찰에서의 낙찰자 결정】 ① 각 중앙관서의 장 또는 계약담당공무원은 국고의 부담이 되는 경쟁입찰의 경우에는 예정가격 이하로서 최저가격으로 입찰한 자의 순으로 계약이행능력 및 기획재정부장관이 정하는 일자리창출 실적 등을 심사하여 낙찰자를 결정한다.(2019.9.17 본항개정)

② (2018.12.4 삭제)

③ 각 중앙관서의 장 또는 계약담당공무원은 제1항에 불구하고 제18조에 따른 입찰의 경우에는 예정가격 이하로서 최저가격으로 입찰한 자를 낙찰자로 결정한다.(2006.5.25 본항신설)

④ 각 중앙관서의 장 또는 계약담당공무원은 제1항에도 불구하고 다음 각 호의 공사 또는 용역입찰에 대해서는 예정가격 이하로 입찰한 입찰자 중 각 입찰자의 입찰가격, 공사수행능력(용역입찰의 경우에는 용역수행능력을 말하며, 제40조제2항 단서 및 이하에서 같다) 및 사회적 책임 등을 종합 심사하여 합산점수가 가장 높은 자를 낙찰자로 결정한다.(2021.7.6 본문개정)
1. 추정가격이 100억원 이상인 공사(2019.9.17 본호개정)
2. 「문화재수리 등에 관한 법률」 제2조제1호에 따른 문화재수리로서 문화재청장이 정하는 공사
3. 「건설기술 진흥법」 제39조제2항에 따른 건설사업관리 용역으로서 추정가격이 50억원 이상인 용역
4. 「건설기술 진흥법 시행령」 제69조에 따른 건설공사기본계획 용역 또는 같은 영 제71조에 따른 기본설계 용역으로서 추정가격이 30억원 이상인 용역
5. 「건설기술 진흥법 시행령」 제73조에 따른 실시설계 용역으로서 추정가격이 40억원 이상인 용역
(2023.11.16 3호~5호개정)
(2015.12.31 본항개정)

⑤ 제1항에 따른 계약이행능력심사는 해당 입찰자의 이행실적, 기술능력, 재무상태, 과거 계약이행 성실도, 자재 및 인력조달가격·하도급관리계획·외주근로자 근로조건 이행계획의 적정성, 계약질서의 준수정도, 과거공사의 품질정도 및 입찰가격등을 종합적으로 고려하여 기획재정부장관이 정하는 심사기준에 따라 세부심사기준을 정하여 적격여부를 심사하며, 그 심사결과 적격하다고 인정되는 경우 낙찰자로 결정한다. 다만, 공사 또는 물품등의 특성상 필요하다고 인정되는 경우에는 각 중앙관서의 장이 기획재정부장관과의 협의를 거쳐 직접 심사기준을 정할 수 있다.(2019.9.17 본문개정)

⑥ 각 중앙관서의 장 또는 계약담당공무원은 제4항에 따른 종합 심사를 실시하려는 경우 입찰자의 계약이행실적, 인력배치계획, 사회적 책임 이행 노력 및 입찰가격 등을 종합적으로 고려하여 기획재정부장관이 정하는 심사기준에 따라 세부심사기준을 정하고, 입찰 전에 입찰에 참가하려는 자가 그 기준을 열람할 수 있도록 해야 한다.(2019.9.17 본항개정)

⑦ 각 중앙관서의 장 또는 계약담당공무원은 제4항에 따라 각 입찰자의 입찰가격, 공사수행능력 및 사회적 책임 등을 종합 심사하기 위해 종합심사낙찰제심사위원회(이하 이 조에서 "위원회"라 한다)를 둘 수 있다.(2019.9.17 본항개정)

⑧ 위원회는 각 중앙관서별로 그 중앙관서의 소속공무원(「조달사업에 관한 법률 시행령」 제11조에 따라 공사계약의 체결을 조달청장에게 요청한 경우에는 수요기관의 소속공무원을 포함한다), 계약에 관한 학식과 경험이 풍부한 자 등으로 구성하며, 위원회의 구성 및 운영에 관하여 필요한 세부사항은 각 중앙관서의 장이 정한다.(2020.9.29 본항개정)

제43조【협상에 의한 계약체결】 ① 각 중앙관서의 장 또는 계약담당공무원은 물품·용역계약을 할 때 계약이행의 전문성·기술성·긴급성, 공공시설물의 안전성 및 그 밖에 국가안보목적등의 이유로 필요하다고 인정되는 경우에는 제42조에도 불구하고 다수의 공급자들로부터 제안서를 제출받아 평가하여 협상적격자를 선정한 후 협상절차를 통해 국가에 가장 유리하다고 인정되는 자와 계약을 체결할 수 있다. 이 경우 예정가격을 작성한 경우에는 예정가격 이하로 입찰한 자 중에서 협상적격자를 선정해야 한다.(2021.7.6 본항개정)

② 각 중앙관서의 장 또는 계약담당공무원은 제1항에 따른 계약을 체결하고자 하는 경우에는 입찰공고시 협상에 의한 계약이라는 뜻을 명시하여야 한다.(2019.9.17 본항개정)

③ 각 중앙관서의 장 또는 계약담당공무원은 협상에 의한 계약에 참가하고자 하는 자에게 제안요청서 등 필요한 서류를 교부하여야 한다.(1996.12.31 본항신설)

④ 각 중앙관서의 장 또는 계약담당공무원은 제안요청서 등 필요한 서류를 전자조달시스템에 게재함으로써 제3항에 따른 제안요청서 등 필요한 서류의 교부에 갈음할 수 있다.(2013.9.17 본항개정)

⑤ 각 중앙관서의 장 또는 계약담당공무원은 제1항에 따라 계약을 체결하려는 경우 그 계약의 성질·규모 등을 고려하여 필요하다고 인정되는 경우에는 제안요청서 등에 대한 설명을 할 수 있다.(2006.5.25 본항신설)

⑥ (2019.9.17 삭제)

⑦ 각 중앙관서의 장 또는 계약담당공무원은 제1항에 따라 협상에 의한 계약을 체결하려는 경우에는 해당계약을 체결하려는 자의 이행실적, 기술능력, 사업수행계획, 재무상태 및 입찰가격 등을 종합적으로 고려하여 기획재정부장관이 정하는 계약체결기준에 따라 세부기준을 정하고, 계약을 체결하려는 자가 그 기준을 열람할 수 있도록 해야 한다. 다만, 「방위사업법」에 따른 방위력개선사업 수행을 위해 협상에 의한 계약을 체결하려는 경우에는 그 계약체결기준 및 절차는 방위사업청장이 정한다.(2019.9.17 본항개정)

⑧ 각 중앙관서의 장 또는 계약담당공무원은 제1항에 따라 제안서를 평가하는 경우에는 제안서평가위원회(이하 이 조에서 "위원회"라 한다)의 심의를 거쳐야 한다. 다만, 「방위사업법」에 따른 방위력개선사업과 관련하여 협상에 의한 계약을 체결하려는 경우에는 「국방과학기술혁신 촉진법 시행령」 제3조제6항에 따른 연구개발사업제안서 평가팀의 심의로 위원회의 심의를 갈음할 수 있다.(2021.3.30 단서개정)

⑨ 위원회는 각 중앙관서별로 그 중앙관서의 소속공무원, 계약에 관한 학식과 경험이 풍부한 자 등으로 구성하며, 위원회의 구성 및 운영에 관하여 필요한 세부사항은 각 중앙관서의 장이 정한다.(2006.5.25 본항신설)

제43조의2【지식기반사업의 계약방법】 ① 각 중앙관서의 장 또는 계약담당공무원은 정보과학기술 등 집약도가 높은 지식을 활용하여 고부가가치를 창출하는 사업중 다음 각호의 1에 해당하는 사업(이하 "지식기반사업"이라 한다)에 대한 계약을 체결하는 경우에는 제43조의 규정에 따라 협상에 의한 계약체결방법을 우선적으로 적용할 수 있다.
1. 「엔지니어링산업 진흥법」 제2조제3호에 따른 엔지니어링사업. 다만, 「건설기술 진흥법」 제2조제3호의 규정에 의한 건설엔지니어링에 있어서는 고난도 또는 고기술을 요하는 경우에 한한다.(2021.9.14 단서개정)
2. 「정보통신산업 진흥법」 제2조제2호에 따른 정보통신산업(2009.8.18 본호개정)
3. 「지능정보화 기본법」 제3조제2호에 따른 정보화에 관한 사업(2020.12.8 본호개정)
4. 「산업디자인진흥법」 제2조의 규정에 의한 산업디자인에 관한 사업(2005.9.8 본호개정)
5. 「문화산업진흥 기본법」 제2조제1호의 규정에 의한 문화산업(2005.9.8 본호개정)
6. 「온라인 디지털콘텐츠산업 발전법」 제2조제3호의 규정에 의한 온라인디지털콘텐츠산업(2005.9.8 본호개정)
7. 기초과학 및 응용과학에 관한 학술연구용역
8. 그 밖에 각 중앙관서의 장이 이에 해당한다고 인정하는 사업

② 각 중앙관서의 장 또는 계약담당공무원은 제1항의 규정에 의하여 협상에 의한 계약을 체결하고자 하는 경우에는 기획재정부장관이 정하는 제안서 평가방법 및 협상절차 등에 따라 세부기준을 정하여 그 계약을 체결하여야 한다.(2008.2.29 본항개정)
(2003.12.11 본조신설)

제43조의3【경쟁적 대화에 의한 계약체결】 ① 각 중앙관서의 장 또는 계약담당공무원은 전문성·기술성이 요구되는 물품 또는 용역계약으로서 다음 각 호의 어느 하나에 해당하는 경우에는 제42조에도 불구하고 입찰대상자들과 계약목적물의 세부내용 등에 관한 경쟁적·기술적 대화(이하 "경쟁적 대화"라 한다)를 통하여 계약목적물의 세부내용 및 계약이행방안 등을 조정·확정한 후 제안서를 제출받고 이를 평가하여 국가에 가장 유리하다고 인정되는 자와 계약을 체결할 수 있다. 이 경우 예정가격을 작성한 경우에는 예정가격 이하로 계약을 체결해야 한다.(2021.7.6 단서신설)
1. 기술적 요구 사항이나 최종 계약목적물의 세부내용을 미리 정하기 어려운 경우
2. 물품·용역 등의 대안이 다양하여 최적의 대안을 선정하기 어려운 경우
3. 상용화되지 아니한 물품을 구매하려는 경우
4. 그 밖에 계약목적물의 내용이 복잡하거나 난이도가 높은 경우 등으로서 각 중앙관서의 장이 필요하다고 인정하는 경우

② 각 중앙관서의 장 또는 계약담당공무원은 제1항에 따른 계약을 체결하려는 경우에는 입찰공고 시 경쟁적 대화에 의한 계약이라는 뜻을 명시하여야 한다.
③ 각 중앙관서의 장 또는 계약담당공무원은 경쟁적 대화를 하기 전에 입찰대상자의 제안 내용 등을 심사하여 경쟁적 대화에 참여할 입찰대상자를 선정하여야 한다.
④ 각 중앙관서의 장 또는 계약담당공무원은 경쟁적 대화를 통하여 확정된 제안요청서 등 필요한 서류를 경쟁적 대화에 참여한 입찰대상자에게 내주어야 한다.
⑤ 각 중앙관서의 장 또는 계약담당공무원은 경쟁적 대화에 참여하고 제안서를 제출한 자 중 낙찰자로 선정되지 아니한 참여자에게 예산의 범위에서 경쟁적 대화 참여비용의 전부 또는 일부를 지급할 수 있다.
⑥ 경쟁적 대화에 의한 계약 체결 시 제안요청서에 대한 설명, 세부적인 계약체결기준 및 제안서 평가 등에 관하여는 제43조제4항, 제5항 및 제7항부터 제9항까지의 규정을 준용한다. 이 경우 "협상에 의한 계약"은 "경쟁적 대화에 의한 계약"으로 본다.(2019.9.17 본항개정)
⑦ 제1항부터 제6항까지에서 규정한 사항 외에 경쟁적 대화의 방법, 절차, 참여비용의 지급 등에 필요한 사항은 기획재정부장관이 정한다.
(2018.12.4 본조신설)

제44조【품질 등에 의한 낙찰자의 결정】 ① 각 중앙관서의 장 또는 계약담당공무원은 물품의 제조 또는 구매계약에 있어서 필요하다고 인정할 경우에는 제42조의 규정에 불구하고 당해 물품의 입찰가격외에 품질등을 종합적으로 참작하여 예정가격 이하로서 가장 경제성이 있는 가격으로 입찰한 자를 낙찰자로 한다.
② 각 중앙관서의 장 또는 계약담당공무원은 제1항의 규정에 의하여 낙찰자를 결정하고자 할 경우에는 당해 물품에 대한 품질등의 평가기준을 입찰전에 결정하여 입찰참가자로 하여금 이를 열람하게 하여야 한다.
(2000.12.27 본조개정)

제45조【다량물품을 매각할 경우의 낙찰자 결정】 제17조제1항의 규정에 의하여 다량의 물품을 희망수량에 따라 분할하여 매각하고자 할 경우에는 제41조의 규정에 불구하고 예정가격이상의 단가로 입찰한 자중 최고가격으로 입찰한 자 순으로 매각수량에 도달할 때까지의 입찰자를 낙찰자로 한다.

제46조【다량물품을 제조·구매할 경우의 낙찰자 결정】 제17조제2항의 규정에 의하여 다량의 물품을 희망수량에 따라 분할하여 제조·구매하고자 할 경우에는 제42조의 규정에 불구하고 예정가격이하의 단가로 입찰한 자중 최저가격으로 입찰한 자 순으로 수요수량에 도달할 때까지의 입찰자를 낙찰자로 한다.(2003.12.11 단서삭제)

제47조【동일가격 등의 입찰인 경우의 낙찰자 결정】 ① 각 중앙관서의 장 또는 계약담당공무원은 낙찰이 될 수 있는 동일가격으로 입찰한 자가 2인(제42조제4항에 따른 공사 또는 용역의 입찰에 해당하는 경우에는 합산점수가 동점인 상위 2인을 말한다) 이상인 경우로서 다음 각 호의 어느 하나에 해당하는 경우에는 해당 각 호에서 정한 방법에 따라 낙찰자를 결정하여야 한다.(2018.12.4 본문개정)
1. 제17조에 따른 희망수량에 의한 일반경쟁입찰인 경우 : 입찰수량이 많은 입찰자를 낙찰자로 결정하되, 입찰수량도 동일한 때에는 추첨에 의하여 낙찰자를 결정
2. 제42조제1항에 따라 낙찰자를 결정하는 경우 : 계약이행능력 및 일자리창출 실적 등 심사결과 최고점수인 자를 낙찰자로 결정하되, 계약이행능력 및 일자리창출 실적 등 심사결과도 동일한 때에는 추첨에 의하여 낙찰자를 결정(2018.12.4 본호개정)
3. (2018.12.4 삭제)
4. 제42조제3항에 따라 낙찰자를 결정하는 경우 : 규격 또는 기술우위자를 낙찰자로 결정하되, 규격 또는 기술평가 결과도 동일한 때에는 추첨에 의하여 낙찰자를 결정
5. 제42조제4항에 따라 낙찰자를 결정하는 경우 : 공사수행능력과 사회적 책임의 합산점수가 높은 자로 결정하되, 해당 합산점수가 동일한 경우에는 공사 또는 용역의 규모·특성 등을 반영하여 기획재정부장관이 정한 기준에 따라 낙찰자를 결정(2018.12.4 본호개정)
(2006.5.25 본항개정)

② 제1항의 경우 입찰자중 출석하지 아니한 자 또는 추첨을 하지 아니한 자가 있을 때에는 입찰사무에 관계없는 공무원으로 하여금 이를 대신하여 추첨하게 할 수 있다.
③ (2006.5.25 삭제)
(2015.12.31 본조제목개정)

제47조의2【시범특례에 따른 계약체결】 ① 각 중앙관서의 장 또는 계약담당공무원은 계약의 종류, 계약의 목적물 또는 계약 대상 사업의 혁신성·특수성 등을 고려할 때 제41조부터 제43조까지, 제43조의2, 제43조의3 및 제44조부터 제47조까지의 규정에 따른 계약체결 방법으로는 계약의 목적을 달성하기 곤란하다고 인정되는 경우에는 각 해당 규정에도 불구하고 기획재정부장관이 해당 계약의 체결에 관하여 한시적으로 정하는 기준·절차(이하 이 조에서 "시범특례"라 한다)에 따라 국가에 가장 유리하다고 인정되는 자와 계약을 체결할 수 있다.
② 각 중앙관서의 장 또는 계약담당공무원은 시범특례에 따른 계약을 체결하려는 경우에는 입찰공고를 할 때에 시범특례에 따른 계약이라는 뜻을 명시해야 하며, 계약을 체결하려는 자가 그 시범특례를 열람할 수 있도록 해야 한다.
③ 각 중앙관서의 장은 시범특례에 따른 계약체결이 필요하다고 인정되는 경우에는 기획재정부장관에게 해당 계약에 적용될 시범특례를 정해 줄 것을 요청해야 한다.
④ 각 중앙관서의 장이 제3항에 따른 요청을 할 때에는 다음 각 호의 사항이 포함된 시범특례요청서를 제출해야 한다.
1. 계약의 목적물이나 계약을 통해 추진하려는 사업의 내용
2. 제41조부터 제43조까지, 제43조의2, 제43조의3 및 제44조부터 제47조까지의 규정에 따른 계약체결 방법으로는 계약의 목적을 달성하기 곤란한 사유 등 시범특례 적용의 필요성
3. 해당 계약의 체결에 관한 기준·절차로 정할 필요가 있는 사항
4. 해당 계약의 체결을 위해 필요한 시범특례의 유효기간
5. 시범특례 적용 시 기대효과
6. 그 밖에 시범특례에 관하여 필요한 사항으로서 기획재정부장관이 정하는 사항

⑤ 제3항에 따른 요청을 받은 기획재정부장관은 계약의 종류, 계약의 목적물 또는 계약 대상 사업의 혁신성·특수성 등을 고려할 때 제4항제2호에 따른 시범특례 적용의 필요성이 있고, 해당 계약 체결의 공정성과 투명성 등을 확보하기 위해 별도의 계약 체결 기준·절차를 마련할 필요가 있다고 인정되는 경우에는 「조달사업에 관한 법률 시행령」 제7조제1항에 따른 공공조달제도개선위원회의 심의를 거쳐 시범특례를 정할 수 있다. 이 경우 해당 심의를 거치기 전에 관계 중앙관서의 장과 협의할 수 있다.
⑥ 시범특례의 유효기간은 제5항에 따라 시범특례를 정한 날부터 2년의 범위에서 기획재정부장관이 정하는 기간으로 하며, 기획재정부장관은 필요하다고 인정하는 경우 2년의 범위에서 한 차례 이상 유효기간을 연장할 수 있다.
⑦ 기획재정부장관은 시범특례에 따라 체결된 계약 및 계약 대상 사업 등에 대하여 성과평가를 실시한 후 그 결과를 바탕으로 해당 시범특례를 국가계약법령에 반영할 필요가 있는지를 검토해야 한다. 이 경우 국가계약법령에의 반영 여부에 관하여는 「조달사업에 관한 법률 시행령」 제7조제1항에 따른 공공조달제도개선위원회의 심의를 거쳐야 한다.
⑧ 기획재정부장관은 시범특례 제도의 효과적인 운영을 위하여 관련 전문기관 또는 단체에 다음 각 호의 조사·연구 등을 의뢰할 수 있다.
1. 시범특례와 관련한 국내외 사례 조사·연구
2. 시범특례 제도 운영에 관한 지침의 마련에 필요한 조사·연구
3. 제7항에 따른 성과평가에 필요한 조사·연구
4. 그 밖에 시범특례 제도의 효과적인 운영을 위하여 기획재정부장관이 필요하다고 인정하는 업무

⑨ 제1항부터 제8항까지에서 규정한 사항 외에 시범특례 제도의 운영에 필요한 세부사항은 기획재정부장관이 정한다.
(2022.6.14 본조신설)

제5장 계약의 체결 및 이행

제48조【계약서의 작성】 ① 법 제11조제1항 본문의 규정에 의하여 각 중앙관서의 장 또는 계약담당공무원이 작성하는 계약서의 서식 기타 필요한 사항은 기획재정부령으로 정한다.(2008.2.29 본항개정)
② 계약서에는 담당공무원이 기명날인하여야 한다. 다만, 외국인과 계약을 체결하는 경우 기타 특별한 사유가 있는 경우에는 서명으로써 이에 갈음할 수 있다.

제48조의2【국외공사계약】 ① 각 중앙관서의 장 또는 계약담당공무원은 국외공사계약을 체결할 때에 원칙적으로 현지통화로 계약을 하여야 한다. 다만, 현지통화로 계약하기 곤란한 경우에는 계약상대자와 협의하여 원화 또는 미화로 계약할 수 있다.
② 각 중앙관서의 장 또는 계약담당공무원은 국외공사계약을 체결할 때 환율 또는 국제상 관례 등을 고려하여 계약금액 조정 관련 특례를 설정할 수 있다.
(2008.12.31 본조신설)

제49조【계약서작성의 생략】 법 제11조제1항 단서의 규정에 의하여 계약서의 작성을 생략할 수 있는 경우는 다음 각호와 같다.
1. 계약금액이 3천만원 이하인 계약을 체결하는 경우(1999.9.9 본호개정)
2. 경매에 부치는 경우
3. 물품매각의 경우에 있어서 매수인이 즉시 대금을 납부하고 그 물품을 인수하는 경우
4. 각 국가기관 및 지방자치단체 상호간에 계약을 체결하는 경우
5. 전기·가스·수도의 공급계약등 성질상 계약서의 작성이 필요하지 아니한 경우

제50조【계약보증금】 ① 각 중앙관서의 장 또는 계약담당공무원은 법 제12조에 따른 계약보증금을 계약금액의 100분의 10 이상으로 납부하게 해야 한다. 다만, 「재난 및 안전관리 기본법」 제3조제1호의 재난이나 경기침체, 대량실업 등으로 인한 국가의 경제위기를 극복하기 위해 기획재정부장관이 기간을 정하여 고시한 경우에는 계약보증금을 계약금액의 100분의 5 이상으로 할 수 있다.
(2020.5.1 본항개정)
② 단가계약에 의하는 경우로서 여러 차례로 분할하여 계약을 이행하게 하는 때에는 제1항의 규정에 불구하고 매회별 이행예정량중 최대량에 계약단가를 곱한 금액의 100분의 10 이상을 계약보증금으로 납부하게 하여야 한다.
③ 장기계속계약에 있어서는 제1차 계약체결시 부기한 총공사 또는 총제조 등의 금액의 100분의 10 이상을 계약보증금으로 납부하게 하여야 한다. 이 경우 당해 계약보증금은 총공사 또는 총제조 등의 계약보증금으로 보며, 연차별계약이 완료된 때에는 당초의 계약보증금 중 이행이 완료된 연차별계약금액에 해당하는 분을 반환하여야 한다.
(2007.10.10 후단개정)
④~⑤ (1999.9.9 삭제)
⑥ 법 제12조제1항 단서에 따라 계약보증금의 전부 또는 일부를 면제할 수 있는 경우는 다음 각 호와 같다.
(2011.2.9 본문개정)
1. 제37조제3항제1호부터 제4호까지 및 제5호의2에 규정된 자와 계약을 체결하는 경우(2011.2.9 본호개정)
2. (2006.12.29 삭제)
3. 계약금액이 5천만원 이하인 계약을 체결하는 경우(2010.7.21 본호개정)
4. 일반적으로 공정·타당하다고 인정되는 계약의 관습에 따라 계약보증금 징수가 적합하지 아니한 경우
5. 이미 도입된 외자시설·기계·장비의 부분품을 구매하는 경우로서 당해 공급자가 아니면 당해 부분품의 구입이 곤란한 경우(1998.2.2 본호신설)

⑦ 계약보증금은 현금 또는 제37조제2항 각호에 규정한 보증서등으로 이를 납부하게 하여야 한다.(1998.2.2 단서삭제)
⑧ 「자본시장과 금융투자업에 관한 법률 시행령」 제192조에 따른 증권 또는 현금으로 납부된 계약보증금을 계약상대자가 특별한 사유로 제37조제2항제1호 내지 제5호에 규정된 보증서 등으로 대체납부할 것을 요청한 때에는 동가치 상당액 이상으로 대체납부하게 할 수 있다.
(2008.7.29 본항개정)
⑨ (1998.2.2 삭제)
⑩ 제37조제4항의 규정은 제6항제1호 내지 제3호 및 제5호의 규정에 의하여 계약보증금의 전부 또는 일부를 면

제한 경우에 이를 준용한다.(2003.12.11 본항개정)
⑪ (2000.12.27 삭제)
(1996.12.31 본조개정)

제51조【계약보증금의 국고귀속】 ① 각 중앙관서의 장 또는 계약담당공무원은 계약상대자가 정당한 이유없이 계약상의 의무를 이행하지 아니한 때에는 제50조의 규정에 의한 계약보증금(제52조제1항제2호 및 제3호에 따른 보증금액을 포함한다. 이하 같다)을 법 제12조제3항의 규정에 의하여 국고에 귀속시켜야 한다. 이 경우 제75조제1항의 규정을 준용한다.(2000.12.27 본항개정)
② 제1항을 적용할 때 다음 각 호의 경우에는 해당 호에서 정하는 바에 따라 계약보증금을 국고에 귀속시켜야 한다.
1. 성질상 분할할 수 있는 공사·물품 또는 용역 등에 관한 계약(법 제22조에 따른 단가계약은 제외한다)의 경우로서 기성부분 또는 기납부분을 검사를 거쳐 인수(인수하지 않고 관리·사용하고 있는 경우를 포함한다)한 경우 : 당초의 계약보증금 중 기성부분 또는 기납부분에 해당하는 계약보증금은 제외하고 국고에 귀속
2. 법 제22조에 따른 단가계약의 경우로서 여러 차례로 분할하여 계약을 이행하는 경우 : 당초의 계약보증금 중 이행이 완료된 부분에 해당하는 계약보증금은 제외하고 국고에 귀속
(2022.6.14 본항신설)
③ 제1항의 규정은 장기계속계약에 있어서 계약상대자가 제69조제2항 후단 및 동조제3항의 규정에 의한 2차 이후의 공사 또는 제조 등의 계약을 체결하지 아니한 경우에 이를 준용한다.(1996.12.31 본항신설)
④ 제1항부터 제3항까지의 규정에 따라 계약보증금을 국고에 귀속시키는 경우 그 계약보증금을 기성부분에 대한 미지급액과 상계 처리해서는 안 된다. 다만, 계약보증금의 전부 또는 일부를 면제한 경우에는 국고에 귀속시켜야 하는 계약보증금은 기성부분에 대한 미지급액과 상계처리할 수 있다.(2022.6.14 본문개정)
⑤ 제38조제1항 및 제2항의 규정은 계약보증금의 국고귀속의 경우에 이를 준용한다.

제52조【공사계약에 있어서의 이행보증】 ① 각 중앙관서의 장 또는 계약담당공무원은 공사계약을 체결하고자 하는 경우 계약상대자로 하여금 다음 각 호의 어느 하나에 해당하는 방법을 선택하여 계약이행의 보증을 하게 해야 한다. 다만, 각 중앙관서의 장 또는 계약담당공무원은 공사계약의 특성상 필요하다고 인정되는 경우에는 계약이행보증의 방법을 제3호에 따른 방법으로 한정할 수 있다.(2019.9.17 본항개정)
1. (2010.7.21 삭제)
2. 계약보증금을 계약금액의 100분의 15(「재난 및 안전관리 기본법」 제3조제1호의 재난이나 경기침체, 대량실업 등으로 인한 국가의 경제위기를 극복하기 위해 기획재정부장관이 기간을 정하여 고시한 경우에는 1천분의 75) 이상 납부하는 방법(2020.5.1 본호개정)
3. 제50조제1항부터 제3항까지의 규정에 따른 계약보증금을 납부하지 않고 공사이행보증서[해당공사의 계약상의 의무를 이행할 것을 보증한 기관이 계약상대자를 대신하여 계약상의 의무를 이행하지 않는 경우에는 계약금액의 100분의 40(예정가격의 100분의 70 미만으로 낙찰된 공사계약의 경우에는 100분의 50) 이상을 납부할 것을 보증하는 것이어야 한다]를 제출하는 방법
(2019.9.17 본호개정)
② 각 중앙관서의 장 또는 계약담당공무원은 제1항 본문에 따라 계약이행을 보증한 경우로서 계약상대자가 계약이행보증방법의 변경을 요청하는 경우에는 1회에 한하여 변경하게 할 수 있다.(2010.7.21 본문개정)
1.~3. (2010.7.21 삭제)
③ (2010.7.21 삭제)
④ 기획재정부장관은 제1항에 따른 공사이행보증서의 제출등에 관하여 필요한 사항을 정할 수 있다.(2019.9.17 본항개정)
⑤ 용역계약의 경우 제1항부터 제4항까지의 규정을 준용할 수 있다.(2019.9.17 본항개정)
(1997.12.31 본조제목개정)

판례 민간공사도급계약의 연대보증인의 책임 범위 : 동조에 의하면, 중앙관서의 장 또는 계약담당공무원은 공사계약을 체결하고자 하는 경우 계약상대자로 하여금 당해 계약상의 의무이행을 보증하는 1인 이상의 연대보증인을 세우게 하는데, 이와 같은 관청공사도급계약의 연대보증인의 보증책임은 특별한 사정이 없는 한 시공보증에 한정되지만, 민간공사도급계약의 연대보증인의 보증책임은 각종 보증서의 구비 여부, 도급계약의 내용, 보증경위 등을 참작하여 개별적으로 구체적인 사안에 따라 법률행위의 해석에 의하여 판단되어야 하는 것이지만, 특별한 약정이 없다면 수급인의 책임과 마찬가지로 금전채무보증과 시공보증을 포함한다고 보아야 한다. (대판 2005.3.25, 2003다55134)

제53조【손해보험의 가입】 ① 각 중앙관서의 장 또는 계약담당공무원은 계약을 체결함에 있어서 필요하다고 인정할 때에는 당해 계약의 목적물 등에 대하여 손해보험(「건설산업기본법」 제56조제1항제5호에 따른 손해공제를 포함한다. 이하 이 조에서 같다)에 가입하거나 계약상대자로 하여금 손해보험에 가입하게 할 수 있다.
(2007.10.10 본항개정)
② 기획재정부장관은 제1항의 규정에 의한 손해보험가입과 관련된 필요한 사항을 정할 수 있다.(2008.2.29 본항개정)

제54조【감독】 ① 법 제13조제1항 단서에서 "대통령령으로 정하는 계약"이란 다음 각 호의 어느 하나에 해당하는 계약을 말한다.(2018.12.4 본문개정)
1. 「건설기술 진흥법」 제39조제2항, 「전력기술관리법」 제12조, 「문화재수리 등에 관한 법률」 제38조 또는 그 밖에 관련 법령상 의무적으로 건설사업관리 또는 감리를 하여야 하는 공사계약(2018.12.4 본호개정)
2. 전문적인 지식 또는 기술을 필요로 하거나 기타 부득이한 사유로 인하여 법 제13조제1항 본문에 규정된 감독을 할 수 없는 제조 기타 도급계약
② 각 중앙관서의 장 또는 계약담당공무원은 예정가격의 100분의 70 미만으로 낙찰되어 체결된 공사계약의 경우에는 부실시공을 방지하기 위하여 감독공무원의 수(제1항의 규정에 의한 계약중 공사계약의 경우에는 「건설기술 진흥법」 등에 의하여 정하여진 건설사업관리기술인 또는 감리원의 수를 말한다)를 그 배치기준의 100분의 50 범위내에서 추가하여 배치할 수 있다.(2018.12.11 본항개정)
③ 제2항의 규정에 의하여 추가로 소요되는 감독 또는 감리비용은 당해 공사예산중 낙찰차액(예정가격과 낙찰금액간의 차액을 말한다)으로 충당할 수 있다.(2003.12.11 본항신설)

제55조【검사】 ① 법 제14조제1항에 따른 검사는 계약상대자로부터 해당 계약의 이행을 완료한 사실을 통지받은 날부터 14일(「재난 및 안전관리 기본법」 제3조제1호의 재난이나 경기침체, 대량실업 등으로 인한 국가의 경제위기를 극복하기 위해 기획재정부장관이 기간을 정하여 고시한 경우에는 계약상대자로부터 해당 계약의 이행을 완료한 사실을 통지받은 날부터 7일) 이내에 완료해야 한다. 다만, 기획재정부장관이 정하는 경우에는 7일(본문에 따라 7일 이내에 검사를 완료해야 하는 경우에는 3일)의 범위에서 그 검사기간을 연장할 수 있다.(2020.5.1 본항개정)
② 제1항의 규정에 의한 검사를 할 때 조사설계용역계약인 경우에는 당해 용역계약의 상대자가 조사설계대상사업의 총사업비를 적정하게 산정하였는지의 여부를 함께 검사하여야 한다.
③ 법 제14조제1항 단서에서 "대통령령이 정하는 계약"이라 함은 제54조제1항 각호의 1에 해당하는 계약을 말한다.(2003.12.11 본항개정)
④ 기본설계(타당성 조사에 관한 내용을 포함한다. 이하 같다)와 실시설계를 구분하여 계약을 체결한 경우에는 제1항의 규정에 의하여 실시설계용역에 대한 이행검사를 하는 때에 실시설계대상사업의 총사업비의 산정이 적정한지의 여부를 기본설계서상의 총사업비와 실시설계서상의 총사업비를 비교하여 검사하여야 한다. 이 경우 기본설계서상의 총사업비와 실시설계서상의 총사업비에 차이가 있는 경우에는 실시설계용역의 계약상대자로 하여금 그 사유를 설명하는 자료를 제출하게 하여야 한다.
⑤ 천재·지변 등 불가항력의 사유로 제1항의 규정에 의한 기간내에 검사를 완료하지 못한 경우에는 당해 사유가 소멸한 날부터 3일 이내에 검사를 완료하여야 한다.
⑥ 각 중앙관서의 장 또는 계약담당공무원은 법 제14조제1항의 규정에 의한 검사를 함에 있어서 계약상대자의 계약이행내용의 전부 또는 일부가 계약에 위반되거나 부당함을 발견한 때에는 지체없이 필요한 시정조치를 하여야 한다. 이 경우 계약상대자로부터 그 시정을 완료한 사실을 통지받은 날부터 제1항의 규정에 의한 기간을 계산한다.
⑦ 제58조제3항의 규정에 의한 기성대가지급시의 기성검사는 법 제13조에 의한 감독을 행하는 자가 작성한 감독조서의 확인으로 갈음할 수 있다. 다만, 동 검사 3회마다 1회는 법 제14조에 의한 검사를 실시하여야 한다.
(1999.9.9 본항개정)

제56조【검사조서의 작성생략】 법 제14조제2항 단서의 규정에 의하여 검사조서의 작성을 생략할 수 있는 경우는 다음 각호와 같다.
1. 계약금액이 3천만원 이하인 계약의 경우(1999.9.9 본호개정)
2. 매각계약의 경우
3. 전기·가스·수도의 공급계약등 그 성질상 검사조서의 작성을 필요로 하지 아니하는 계약의 경우

제56조의2【검사를 면제할 수 있는 물품】 법 제14조제3항에 따라 검사를 하지 않을 수 있는 물품은 다음 각 호와 같다. 다만, 해당 물품이 국민의 생명 보호, 안전, 보건위생 등을 위하여 검사가 필요하다고 인정되거나, 불량 자재의 사용, 다수의 하자 발생, 관계 기관의 결함보상 명령 등으로 품질의 확인이 필요한 것으로 인정되는 경우에는 법 제14조제1항에 따른 검사를 해야 한다.
(2019.9.17 본문개정)
1. 「산업표준화법」 제15조에 따라 인증을 받은 제품
2. 「산업표준화법」 제31조의4제2항에 따라 수상자로 선정된 기업등 및 개인이 제조한 제품(2017.1.26 본호개정)
3. 「조달사업에 관한 법률」 제18조에 따라 조달청장이 고시한 품질관리능력 평가기준에 적합한 자가 제조한 물품
(2020.9.29 본호개정)
(2013.6.17 본조신설)

제57조【감독과 검사직무의 겸직】 제54조의 규정에 의한 감독의 직무와 제55조의 규정에 의한 검사의 직무는 겸할 수 없다. 다만, 다음 각호의 1에 해당하는 경우에는 그러하지 아니하다.
1. 특별한 기술을 요하는 검사에 있어서 감독을 행하는 자외의 자로 하여금 검사를 행하게 하는 것이 현저하게 곤란한 경우
2. 유지·보수에 관한 공사등 당해 계약의 이행후 지체없이 검사를 하지 아니하면 그 이행의 확인이 곤란한 경우
3. 계약금액이 3억원 이하인 물품의 제조 또는 공사계약의 경우
4. 제54조제1항제1호에 규정한 공사계약의 경우
(2003.12.11 본호개정)
5. 제55조제7항 본문의 규정에 의하여 감독조서의 확인으로 기성검사를 갈음하는 경우(1999.9.9 본호개정)

제58조【대가의 지급】 ① 법 제15조제2항에 따라 국고의 부담이 되는 계약의 대가는 제55조에 따른 검사를 완료한 후 계약상대자의 청구를 받은 날부터 5일(「재난 및 안전관리 기본법」 제3조제1호의 재난이나 경기침체, 대량실업 등으로 인한 국가의 경제위기를 극복하기 위해 기획재정부장관이 기간을 정하여 고시한 경우에는 계약상대자의 청구를 받은 날부터 3일) 이내에 지급해야 한다. 이 경우 계약당사자와 합의하여 5일을 초과하지 않는 범위에서 대가의 지급기한을 연장할 수 있는 특약을 정할 수 있다.(2020.5.1 본항개정)
② 천재·지변등 불가항력의 사유로 지급기한내에 대가를 지급할 수 없게 된 경우에는 당해 사유가 소멸된 날부터 3일 이내에 대가를 지급하여야 한다.(1996.12.31 본항개정)
③ 법 제15조의 규정에 의하여 기성부분 또는 기납부분에 대한 대가를 지급하는 경우에는 제1항의 규정에 불구하고 계약수량, 이행의 전망, 이행기간등을 참작하여 적어도 30일마다 지급하여야 한다.(1996.12.31 본항개정)
④ 제3항에 따른 대가 지급시에는 제55조에 따른 검사를 완료하는 날 이전까지 계약상대자로 하여금 대가지급 청구를 하게 할 수 있으며, 검사완료일부터 5일 이내에 검사된 내용에 따라 대가를 확정하여 지급하여야 한다. 다만, 계약상대자가 검사완료일후에 대가의 지급을 청구한 때에는 그 청구를 받은 날부터 5일 이내에 지급하여야 한다.
(2009.6.29 본항개정)
⑤ 각 중앙관서의 장 또는 계약담당공무원은 제1항 또는 제4항의 규정에 의한 대가지급의 청구를 받은 후 그 청구내용의 전부 또는 일부가 부당함을 발견한 때에는 그 사유를 명시하여 계약상대자에게 당해 청구서를 반송할 수 있다. 이 경우 반송한 날부터 재청구를 받은 날까지 기간은 제1항 또는 제4항의 지급기간에 이를 산입하지 아니한다.
(1996.12.31 본항개정)
⑥ 제1항 및 제2항에 따른 기간을 산정하는 경우에는 공휴일 및 토요일을 제외한다.(2006.12.29 본항신설)

제59조【대가지급지연에 대한 이자】 법 제15조제2항의 규정에 의하여 각 중앙관서의 장 또는 계약담당공무원이 대금지급청구를 받은 경우에 제58조의 규정에 의한 대가지급기한(국고채무부담행위에 의한 계약의 경우에는 다음 회계연도 개시후 「국가재정법」에 의하여 당해 예산이 배정된 날부터 20일)까지 대가를 지급하지 못하는 경우에는 지급기한의 다음날부터 지급하는 날까지의 일수(이하 "대가지급지연일수"라 한다)에 당해 미지급금액 및 지연발생 시점의 금융기관 대출평균금리(한국은행 통계월보상의 대출평균금리를 말한다)를 곱하여 산출한 금액을 이자로 지급하여야 한다.(2006.12.29 본조개정)

제60조【공사계약의 하자담보책임기간】 ① 각 중앙관서의 장 또는 계약담당공무원은 공사의 도급계약을 체결할 때에는 전체 목적물을 인수한 날과 준공검사를 완료한 날 중에서 먼저 도래한 날(공사계약의 부분 완료로 관리·사용이 이루어지고 있는 경우에는 부분 목적물을 인수한 날과 공고에 따라 관리·사용을 개시한 날 중에서 먼저 도래한 날을 말한다)부터 1년 이상 10년 이하의 범위에서 기획재정부령이 정하는 기간동안 해당 공사의 하자보수를 보증하기 위한 하자담보책임기간을 정하여야 한다. 다만, 공사의 성질상 하자보수가 필요하지 아니한 경우로서 기획재정부령이 정하는 경우에는 그러하지 아니하다.(2014.11.4 본문개정)
② 장기계속공사에 있어서는 연차계약별로 제1항의 규정에 의한 하자담보책임기간을 정한다. 다만, 연차계약별로 하자담보책임을 구분할 수 없는 공사인 경우에는 제1차 계약을 체결할 때에 총공사에 대하여 하자담보책임기간을 정하여야 한다.(1999.9.9 본항신설)

제61조【하자검사】 ① 각 중앙관서의 장 또는 계약담당공무원은 제60조의 규정에 의한 하자담보책임기간중 연 2회 이상 정기적으로 하자를 검사하거나 소속공무원에게 그 사무를 위임하여 검사하게 하여야 한다.
② 제1항의 규정에 의한 하자검사가 특히 전문적인 지식 또는 기술을 필요로 하거나 예정가격의 100분의 86 미만으로 낙찰된 공사로서 「시설물의 안전 및 유지관리에 관한 특별법」 제2조제1호의 규정에 의한 시설물에 대한 것인 경우에는 각 중앙관서의 장 또는 계약담당공무원은 전문기관에 의뢰하여 필요한 검사를 하여야 한다.
(2018.1.16 본항개정)
③ 제1항 및 제2항의 규정에 의하여 하자를 검사하는 자는 하자검사조서를 작성하여야 한다. 다만, 계약금액이 3천만원 이하인 공사계약의 경우에는 하자검사조서의 작성을 생략할 수 있다.(1999.9.9 본항개정)

제62조【하자보수보증금】 ① 법 제18조의 규정에 의한 하자보수보증금은 기획재정부령이 정하는 바에 의하여 계약금액의 100분의 2 이상 100분의 10 이하로 하여야 한

다. 다만, 공사의 성질상 하자보수가 필요하지 아니한 경우로서 기획재정부령이 정하는 경우에는 하자보수보증금을 납부하지 아니하게 할 수 있다.(2008.2.29 본항개정)

② 각 중앙관서의 장 또는 계약담당공무원은 제1항의 규정에 의한 하자보수보증금을 당해 공사의 준공검사후 그 공사의 대가를 지급하기 전까지 납부하게 하고 제60조의 규정에 의한 하자담보책임기간동안 보관하여야 한다.

③ 장기계속공사에 있어서는 연차계약별로 제1항 및 제2항의 규정에 의한 하자보수보증금을 납부하게 하여야 한다. 다만, 연차계약별로 하자담보책임을 구분할 수 없는 공사인 경우에는 총공사의 준공검사후 하자보수보증금을 납부하게 하여야 한다.(1999.9.9 본항신설)

④ 법 제18조제1항 단서의 규정에 의하여 하자보수보증금의 납부를 면제할 수 있는 경우는 다음 각호와 같다.

1. (2010.7.21 삭제)
2. 제37조제3항제1호 내지 제4호에 규정된 자와 계약을 체결한 경우(1996.12.31 본호개정)

⑤ 제37조제2항·제4항 및 제38조의 규정은 하자보수보증금의 납부 및 국고귀속의 경우에 이를 준용한다.

(1998.2.2 본항개정)

판례 동조 제3항 단서에서 장기계속공사에 있어서 연차계약별로 공사수급인이 다른 경우 최종 공사수급인의 하자보수보증금 납부의무의 범위 : 장기계속공사의 연차계약별로 공사수급인이 다른 경우에 그 최종공사수급인은 원칙적으로 그 해당 공사계약에 관한 하자보수보증금을 지급할 의무가 있을 뿐이고 이와 달리 국가가 최종 공사의 수급인에게 총공사에 대한 하자담보책임 또는 하자보수보증금 납입의무를 지우기 위하여는 그에 관하여 최종 공사수급인과 사이에 특약이 있어야 한다.(대판 2004.1.16, 2003다19275)

제63조【하자보수보증금의 직접사용】 ① 법 제18조제3항 단서에 따라 하자보수보증금을 해당 하자의 보수를 위하여 직접 사용하고자 할 때에는 해당 하자보수보증금을 세입으로 납입하지 아니하고 세입·세출외로 구분하여 회계처리한다.(2015.12.31 본항개정)

② 제1항의 규정에 의한 하자보수보증금의 직접사용에 관한 절차는 기획재정부령으로 정한다.(2008.2.29 본항개정)

제64조【물가변동으로 인한 계약금액의 조정】 ① 각 중앙관서의 장 또는 계약담당공무원은 법 제19조의 규정에 의하여 국고의 부담이 되는 계약을 체결(장기계속공사 및 장기물품제조등의 경우에는 제1차계약의 체결을 말한다)한 날부터 90일 이상 경과하고 동시에 다음 각 호의 어느 하나에 해당되는 때에는 기획재정부령이 정하는 바에 의하여 계약금액(장기계속공사 및 장기물품제조등의 경우에는 제1차계약체결시 부기한 총공사 및 총제조 등의 금액을 말한다. 이하 이 장에서 같다)을 조정한다. 이 경우 조정기준일(조정사유가 발생한 날을 말한다. 이하 이 조에서 같다)부터 90일 이내에는 이를 다시 조정하지 못한다.

1. 입찰일(수의계약의 경우에는 계약체결일을, 2차 이후의 계약금액 조정에 있어서는 직전 조정기준일을 말한다. 이하 이 항 및 제6항에서 같다)을 기준일로 하여 기획재정부령이 정하는 바에 의하여 산출된 품목조정률이 100분의 3 이상 증감된 때
2. 입찰일을 기준일로 하여 기획재정부령이 정하는 바에 의하여 산출된 지수조정률이 100분의 3 이상 증감된 때

(2008.2.29 본항개정)

② 각 중앙관서의 장 또는 계약담당공무원은 제1항의 규정에 의하여 계약금액을 조정함에 있어서 동일한 계약에 대하여는 제1항 각호의 방법중 하나의 방법에 의하여야 하며, 계약을 체결할 때에 계약서에 계약상대자가 제1항 제2호의 방법을 원하는 경우 외에는 동항제1호의 방법으로 계약금액을 조정한다는 뜻을 명시하여야 한다.

(2005.9.8 본항개정)

③ 「국고금관리법 시행령」 제40조의 규정에 의하여 당해 계약상대자에게 선금을 지급한 것이 있는 때에는 제1항의 규정에 의하여 산출한 증가액에서 기획재정부령이 정하는 바에 의하여 산출한 금액을 공제한다.(2008.2.29 본항개정)

④ 각 중앙관서의 장 또는 계약담당공무원은 관계법령에 의하여 최고판매가격이 고시되는 물품을 구매하는 경우 기타 제1항의 규정을 적용하여서는 물품을 조달하기 곤란한 경우에는 계약체결시에 계약금액의 조정에 관하여 제1항의 규정과 달리 정할 수 있다.(1999.9.9 본항신설)

⑤ 제1항의 규정을 적용함에 있어서 천재·지변 또는 원자재의 가격급등으로 인하여 당해 조정제한기간내에 계약금액을 조정하지 아니하고는 계약이행이 곤란하다고 인정되는 경우에는 동항의 규정에도 불구하고 계약을 체결한 날 또는 직전 조정기준일부터 90일 이내에 계약금액을 조정할 수 있다.(2005.9.8 본항개정)

⑥ 제1항 각 호에도 불구하고 각 중앙관서의 장 또는 계약담당공무원은 공사계약의 경우 특정규격의 자재(해당 공사비를 구성하는 재료비·노무비·경비 합계액의 1천분의 5를 초과하는 자재만 해당한다)별 가격변동으로 인하여 입찰일을 기준일로 하여 산정한 해당 자재의 가격증감률이 100분의 15 이상인 때에는 그 자재에 한하여 계약금액을 조정한다.(2023.11.16 본항개정)

⑦ 각 중앙관서의 장 또는 계약담당공무원은 환율변동을 원인으로 하여 제1항에 따른 계약금액 조정요건이 성립된 경우에는 계약금액을 조정한다.(2008.12.31 본항신설)

⑧ 제1항에도 불구하고 각 중앙관서의 장 또는 계약담당공무원은 단순한 노무에 의한 용역으로서 기획재정부령으로 정하는 용역에 대해서는 예정가격 작성 이후 노임단가가 변동된 경우 노무비에 한정하여 계약금액을 조정한다.(2018.3.6 본항신설)

제65조【설계변경으로 인한 계약금액의 조정】 ① 각 중앙관서의 장 또는 계약담당공무원은 공사계약의 경우 설계변경으로 공사량의 증감이 발생한 때에는 법 제19조에 따라 해당 계약금액을 조정한다. 다만, 제14조제7항 단서에 따라 입찰에 참가하려는 자가 물량내역서를 직접 작성하고 단가를 적은 산출내역서를 제출하는 경우로서 그 물량내역서의 누락 사항이나 오류 등으로 설계변경이 있는 경우에는 그 계약금액을 변경할 수 없다.(2022.6.14 본항개정)

② 계약담당공무원은 예정가격의 100분의 86 미만으로 낙찰된 공사계약의 계약금액을 제1항에 따라 증액조정하려는 경우로서 해당 증액조정금액(2차 이후의 계약금액 조정에 있어서는 그 전에 설계변경으로 인하여 감액 또는 증액조정된 금액과 증액조정하려는 금액을 모두 합한 금액을 말한다)이 당초 계약서의 계약금액(장기계속공사의 경우에는 제69조제2항에 따라 부기된 총공사금액을 말한다)의 100분의 10 이상인 경우에는 제94조제1항에 따른 계약심의위원회, 「국가재정법 시행령」 제49조에 따른 예산집행심의회 또는 「건설기술 진흥법 시행령」 제19조에 따른 기술자문위원회(이하 "기술자문위원회"라 한다)의 심의를 거쳐 소속중앙관서의 장의 승인을 얻어야 한다.(2015.6.22 본항개정)

③ 제1항의 규정에 의하여 계약금액을 조정함에 있어서는 다음 각호의 기준에 의한다.

1. 증감된 공사량의 단가는 제14조제6항 또는 제7항의 규정에 의하여 제출한 산출내역서상의 단가(이하 "계약단가"라 한다)로 한다. 다만, 계약단가가 제9조의 규정에 의한 예정가격의 단가(이하 "예정가격단가"라 한다)보다 높은 경우로서 물량이 증가하게 되는 경우 그 증가된 물량에 대한 적용단가는 예정가격단가로 한다.
(1996.12.31 본호개정)
2. 계약단가가 없는 신규비목의 단가는 설계변경 당시를 기준으로 하여 산정한 단가에 낙찰률을 곱한 금액으로 한다.
3. 정부에서 설계변경을 요구한 경우(계약상대자에게 책임이 없는 사유로 인한 경우를 포함한다)에는 제1호 및 제2호의 규정에 불구하고 증가된 물량 또는 신규비목의 단가는 설계변경당시를 기준으로 하여 산정한 단가와 동단가에 낙찰률을 곱한 금액의 범위안에서 계약당사자간에 협의하여 결정한다. 다만, 계약당사자간에 협의가 이루어지지 아니하는 경우에는 설계변경당시를 기준으로 하여 산정한 단가와 동 단가에 낙찰률을 곱한 금액을 합한 금액의 100분의 50으로 한다.(2005.9.8 본호개정)

④ 각 중앙관서의 장 또는 계약담당공무원은 계약상대자가 새로운 기술·공법 등을 사용함으로써 공사비의 절감, 시공기간의 단축등에 효과가 현저할 것으로 인정되어 계약상대자의 요청에 의하여 필요한 설계변경을 한 때에는 계약금액의 조정에 있어서 당해 절감액의 100분의 30에 해당하는 금액을 감액한다.(2008.12.31 본항개정)

⑤ 제4항의 경우 새로운 기술·공법 등의 범위와 한계에 관하여 이의가 있을 때에는 기술자문위원회(기술자문위원회가 설치되어 있지 아니한 경우에는 「건설기술 진흥법」 제5조에 따른 건설기술심의위원회를 말한다)의 심의를 받아야 한다. 이 경우 새로운 기술·공법 등의 범위와 한계, 이의가 있을 경우의 처리방법 등 세부적인 시행절차는 각 중앙관서의 장이 정한다.(2014.5.22 전단개정)

⑥ 계약금액의 증감분에 대한 일반관리비 및 이윤등은 제14조제6항 또는 제7항의 규정에 의하여 제출한 산출내역서상의 일반관리비율 및 이윤율등에 의하되 기획재정부령이 정하는 율을 초과할 수 없다.(2008.2.29 본항개정)

⑦ 제1항 내지 제6항의 규정은 제조·용역등의 계약에 있어서 계약금액을 조정하는 경우에 이를 준용할 수 있다.

제66조【기타 계약내용의 변경으로 인한 계약금액의 조정】 ① 각 중앙관서의 장 또는 계약담당공무원은 법 제19조의 규정에 의하여 공사·제조등의 계약에 있어서 제64조 및 제65조의 규정에 의한 경우외에 공사기간·운반거리의 변경등 계약내용의 변경으로 계약금액을 조정하여야 할 필요가 있는 경우에는 그 변경된 내용에 따라 실비를 초과하지 아니하는 범위안에서 이를 조정한다.

(1996.12.31 본항개정)

② 각 중앙관서의 장 또는 계약담당공무원은 단순한 노무에 의한 용역으로서 기획재정부령으로 정하는 용역에 대해서는 「최저임금법」에 따른 최저임금액이 변동되어 당초의 계약금액(제64조제8항에 따라 계약금액 조정을 하는 경우를 포함한다)으로는 최저임금 지급이 곤란하다고 인정하는 경우로서 기획재정부장관이 정하는 요건에 해당하는 경우 계약금액을 조정한다.(2018.3.6 본항신설)

③ 제65조제6항의 규정은 제1항의 경우 이를 준용한다.

제67조【회계연도 개시 전의 계약】 각 중앙관서의 장 또는 계약담당공무원은 법 제20조의 규정에 의하여 회계연도 개시 전에 계약을 체결하고자 할 때에는 그 회계연도 개시일 이후에 계약의 효력이 발생하도록 하여야 한다.

(2005.9.8 본조개정)

제68조【공사의 분할계약금지】 ① 각 중앙관서의 장 또는 계약담당공무원은 기획재정부장관이 정하는 동일구조물공사 및 단일공사로서 설계서등에 의하여 전체 사업내용이 확정된 공사는 이를 시기적으로 분할하거나 공사량을 분할하여 계약할 수 없다. 다만, 다음 각 호의 어느 하나에 해당하는 공사의 경우에는 그러하지 아니하다.

(2013.12.30 본문개정)

1. 다른 법률에 의하여 다른 업종의 공사와 분리발주할 수 있도록 규정된 공사
2. 공사의 성질이나 규모등에 비추어 분할시공함이 효율적인 공사(1996.12.31 본호개정)
3. 하자책임구분이 용이하고 공정관리에 지장이 없는 다음 각 목의 어느 하나에 해당하는 공사로서 분리 시공하는 것이 효율적이라고 인정되는 공사(2013.12.30 본문개정)
   가. 설계서가 별도로 작성되는 공사
   나. 공사의 성격상 공사의 종류별로 시공의 목적물, 시기와 장소 등이 명확히 구분되는 공사

(2013.12.30 가목~나목신설)

② 각 중앙관서의 장은 공사의 예산 편성과 기본설계 등 사업의 계획 단계부터 제1항에 따른 분할·분리 계약의 가능 여부를 검토하여야 한다.(2013.12.30 본항신설)

제69조【장기계속계약 및 계속비계약】 ① 다음 각 호의 어느 하나에 해당하는 계약으로서 법 제21조에 따라 장기계속계약을 체결하려는 경우에는 각 소속중앙관서의 장의 승인을 받아 단가에 대한 계약으로 체결할 수 있다.

(2014.11.4 본문개정)

1. 운송·보관·시험·조사·연구·측량·시설관리등의 용역계약 또는 임차계약
2. 전기·가스·수도등의 공급계약
3. 장비, 정보시스템 및 소프트웨어의 유지보수계약

(2014.11.4 본호개정)

② 장기계속공사는 낙찰등에 의하여 결정된 총공사금액을 부기하고 당해 연도의 예산의 범위안에서 제1차공사를 이행하도록 계약을 체결하여야 한다. 이 경우 제2차공사이후의 계약은 부기된 총공사금액(제64조 내지 제66조의 규정에 의한 계약금액의 조정이 있는 경우에는 조정된 총공사금액을 말한다)에서 이미 계약된 금액을 공제한 금액의 범위안에서 계약을 체결할 것을 부관으로 약정하여야 한다.

③ 장기물품제조등과 정보시스템 구축사업(구축사업과 함께 해당 정보시스템의 운영 및 유지보수사업을 포괄하여 계약을 체결하는 경우를 포함한다)의 계약체결방법에 관하여는 제2항을 준용한다.(2014.11.4 본항개정)

④ 제2항 및 제3항의 규정에 의한 제1차 및 제2차이후의 계약금액은 총공사·총제조등의 계약단가에 의하여 결정한다.

⑤ 계속비예산으로 집행하는 공사에 있어서는 총공사와 연차별공사에 관한 사항을 명백히 하여 계약을 체결하여야 한다.

제70조【개산계약】 ① 각 중앙관서의 장 또는 계약담당공무원은 법 제23조의 규정에 의하여 개산계약을 체결하고자 할 때에는 미리 개산가격을 결정하여야 한다.

② 각 중앙관서의 장은 제1항의 규정에 의하여 개산계약을 체결하고자 할 때에는 입찰전에 계약목적물의 특성·계약수량 및 이행기간등을 고려하여 원가검토에 필요한 기준 및 절차등을 정하여야 하며, 이를 입찰에 참가하고자 하는 자가 열람할 수 있도록 하여야 한다.

③ 계약담당공무원은 제1항의 규정에 의하여 개산계약을 체결한 때에는 이를 감사원에 통지하여야 하며, 계약의 이행이 완료된 후에는 제9조 및 제2항의 규정에 의한 기준등에 따라 정산하여 소속중앙관서의 장의 승인을 얻어야 한다.(1996.12.31 본항신설)

(1996.12.31 본조개정)

제71조【종합계약】 기획재정부장관은 법 제24조의 규정에 의한 종합계약의 체결에 있어서 필요하다고 인정할 때에는 종합계약의 체결방법 기타 필요한 사항을 정할 수 있다.(2008.2.29 본조개정)

제72조【공동계약】 ① 법 제25조의 규정에 의한 공동계약의 체결방법 기타 필요한 사항은 기획재정부장관이 정한다.(2008.2.29 본항개정)

② 각 중앙관서의 장 또는 계약담당공무원이 경쟁에 의하여 계약을 체결하고자 할 경우에는 계약의 목적 및 성질상 공동계약에 의하는 것이 부적절하다고 인정되는 경우를 제외하고는 가능한 한 공동계약에 의하여야 한다.

③ 각 중앙관서의 장 또는 계약담당공무원은 제2항에 따른 공동계약을 체결할 때 다음 각 호의 어느 하나에 해당하는 사업인 경우에는 공사현장을 관할하는 특별시·광역시·특별자치시·도 및 특별자치도에 법인등기부상 본점소재지가 있는 자 중 1인 이상을 공동수급체의 구성원으로 해야 한다. 다만, 해당 지역에 공사의 이행에 필요한 자격을 갖춘 자가 10인 미만인 경우에는 그렇지 않다.

(2020.4.7 본문개정)

1. 추정가격이 고시금액 미만이고 건설업 등의 균형발전을 위하여 필요하다고 인정되는 사업(2010.7.21 본호개정)
2. 저탄소·녹색성장의 효과적인 추진, 국토의 지속가능한 발전, 지역경제 활성화 등을 위해 특별히 필요하다고 인정하여 기획재정부장관이 고시하는 사업. 다만, 외국건설사업자(「건설산업기본법」 제9조제1항에 따라 건설업의 등록을 한 외국인 또는 외국법인을 말한다)가 계약상대자에 포함된 경우는 제외한다.(2020.4.7 본호개정 : 2029.12.31까지 유효. 다만, 2029년 12월 31일까지 입찰공고한 사업에 대해서는 그 사업이 종료될 때까지 이 호의 개정규정을 적용)

④ 제3항의 규정에 의한 공동계약의 경우 공동수급체의 구성원중 당해 지역의 업체와 그외 지역의 업체간에는 「독점규제 및 공정거래에 관한 법률」에 의한 계열회사가 아니어야 한다.(2005.9.8 본항개정)

제72조의2【지식기반사업의 공동계약】 각 중앙관서의 장 또는 계약담당공무원은 지식기반사업중 수 개의 전문분야가 요구되는 복합사업에 입찰참가자가 공동으로 참가하고자 하는 경우에는 특별한 사유가 없는 한 이를 허용하여야 한다.(2003.12.11 본조신설)

제73조【사후원가검토조건부 계약】 ① 각 중앙관서의 장 또는 계약담당공무원은 입찰전에 예정가격을 구성하는 일부비목별 금액을 결정할 수 없는 경우에는 사후원가검토조건으로 계약을 체결할 수 있다.

② 각 중앙관서의 장은 제1항의 규정에 의한 계약을 체결하고자 할 때에는 입찰전에 계약목적물의 특성·계약수량 및 이행기간등을 고려하여 사후원가검토에 필요한 기준 및 절차등을 정하여야 하며, 이를 입찰에 참가하고자 하는 자가 열람할 수 있도록 하여야 한다.

③ 계약의 이행이 완료된 후에는 제9조 및 제2항의 규정에 의한 기준등에 따라 원가를 검토하여 정산하여야 한다.

(1996.12.31 본조개정)

제73조의2【건설사업관리용역계약】 ① 각 중앙관서의 장 또는 계약담당공무원은 「건설산업기본법」에 따른 공사를 계약함에 있어서 계약목적물의 특성·규모 및 이행기간 등을 고려하여 필요하다고 인정하는 경우에는 「건설산업기본법」 제2조제8호에 따른 건설사업관리에 관한 업무를 수행할 수 있는 자와 건설사업관리용역계약을 체결할 수 있다.(2011.11.1 본항개정)

② 제1항에 따른 계약의 체결방법 그 밖에 필요한 사항은 기획재정부장관이 정한다.(2008.2.29 본항개정)

제74조【지체상금】 ① 각 중앙관서의 장 또는 계약담당공무원은 계약상대자(국가기관과 지방자치단체를 제외한다)가 계약상의 의무를 지체한 때에는 지체상금으로서 계약금액(장기계속공사계약·장기계속물품제조계약·장기계속용역계약의 경우에는 연차별 계약금액을 말한다. 이하 이 조에서 같다)에 기획재정부령이 정하는 율과 지체일수를 곱한 금액을 계약상대자로 하여금 현금으로 납부하게 하여야 한다. 이 경우 계약상대자의 책임없는 사유로 계약이행이 지체되었다고 인정될 때에는 그 해당일수를 지체일수에 산입하지 아니한다.(2008.2.29 본항개정)

② 제1항의 경우 기성부분 또는 기납부분에 대하여 검사를 거쳐 이를 인수한 경우(인수하지 아니하고 관리·사용하고 있는 경우를 포함한다. 이하 이 조에서 같다)에는 그 부분에 상당하는 금액을 계약금액에서 공제한 금액을 기준으로 지체상금을 계산하여야 한다. 이 경우 기성부분 또는 기납부분의 인수는 성질상 분할할 수 있는 공사·물품 또는 용역등에 대한 완성부분으로서 인수하는 것에 한한다.(1999.9.9 본항개정)

③ 제1항 및 제2항에 따라 납부할 지체상금이 계약금액(제2항에 따라 기성부분 또는 기납부분에 대하여 검사를 거쳐 이를 인수한 경우에는 그 부분에 상당하는 금액을 계약금액에서 공제한 금액을 말한다)의 100분의 30을 초과하는 경우에는 100분의 30으로 한다.(2018.12.4 본항신설)

제75조【계약의 해제·해지】 ① 각 중앙관서의 장 또는 계약담당공무원은 법 제12조제3항의 규정에 의하여 계약보증금을 국고에 귀속시키는 경우에는 계약에 특별히 정한 것이 없는 한 당해 계약을 해제 또는 해지하고 계약상대자에게 그 사유를 통지하여야 한다.

② 각 중앙관서의 장 또는 계약담당공무원은 제74조제1항에 따른 지체상금의 징수사유가 발생하고 그 금액이 제50조제1항에 따른 계약보증금상당액(면제된 계약보증금을 포함한다)에 달하는 경우에는 다음 각 호의 구분에 따른 방법으로 계약을 해제 또는 해지하거나 유지할 수 있다.

1. 계약상대자의 귀책사유로 계약을 수행할 가능성이 없음이 명백하다고 인정되는 경우 : 법 제12조제3항에 따라 계약보증금을 국고에 귀속시키고 해당 계약을 해제 또는 해지한다.
2. 제1호 외의 경우로서 계약상대자의 계약 이행가능성이 있고 계약을 유지할 필요가 있다고 인정되는 경우 : 계약이행이 완료되지 아니한 부분에 상당하는 계약보증금(당초 계약보증금에 제74조제3항에 따른 지체상금의 최대금액을 더한 금액을 한도로 한다)을 추가 납부하게 하고 계약을 유지한다. 이 경우 계약보증금의 추가납부에 관하여는 제50조제6항부터 제8항까지 및 제10항을 준용한다.(2018.12.4 전단개정)

(2010.7.21 본항개정)

제76조【부정당업자의 입찰참가자격 제한】 ① 법 제27조제1항제8호에서 "대통령령으로 정하는 기준에 따른 사망 등 중대한 위해"란 「산업안전보건법」 제38조, 제39조 또는 제63조에 따른 안전 및 보건조치 의무를 위반하여 동시에 2명 이상의 근로자가 사망한 경우를 말한다.

(2021.7.6 본항신설)

② 법 제27조제1항제9호 각 목 외의 부분에서 "대통령령으로 정하는 자"란 다음 각 호의 구분에 따른 자를 말한다.

(2021.7.6 본문개정)

1. 경쟁의 공정한 집행을 저해할 염려가 있는 자로서 다음 각 목의 어느 하나에 해당하는 자
   가. 입찰 또는 계약에 관한 서류〔제39조에 따라 전자조달시스템을 통해 입찰서를 제출하는 경우 「전자서명법」 제2조제6호에 따른 인증서(서명자의 실지명의를 확인할 수 있는 것으로 한정한다)를 포함한다〕를 위조·변조하거나 부정하게 행사한 자 또는 허위서류를 제출한 자(2020.12.8 본목개정)
   나. 고의로 무효의 입찰을 한 자. 다만, 입찰서상 금액과 산출내역서상 금액이 일치하지 않은 입찰 등 기획재정부령으로 정하는 입찰무효사유에 해당하는 입찰의 경우는 제외한다.(2019.9.17 본목개정)
   다. (2019.9.17 삭제)
   라. 입찰참가를 방해하거나 낙찰자의 계약체결 또는 그 이행을 방해한 자
   마.~사. (2019.9.17 삭제)
2. 계약의 적정한 이행을 해칠 염려가 있는 자로서 다음 각 목의 어느 하나에 해당하는 자
   가. 정당한 이유 없이 계약을 체결 또는 이행(제42조제5항에 따른 계약이행능력심사를 위하여 제출한 하도급관리계획, 외주근로자 근로조건 이행계획에 관한 사항의 이행과 제72조 및 제72조의2에 따른 공동계약에 관한 사항의 이행을 포함한다)하지 아니하거나 입찰공고와 계약서에 명시된 계약의 주요조건(입찰공고와 계약서에 이행을 하지 아니하였을 경우 입찰참가자격 제한을 받을 수 있음을 명시한 경우에 한정한다)을 위반한 자
   나. 조사설계용역계약 또는 원가계산용역계약에 있어서 고의 또는 중대한 과실로 조사설계금액이나 원가계산금액을 적정하게 산정하지 아니한 자
   다. 「건설기술 진흥법」 제47조에 따른 타당성 조사 용역의 계약에서 고의 또는 중대한 과실로 수요예측 등 타당성 조사를 부실하게 수행하여 발주기관에 손해를 끼친 자
   라. 감독 또는 검사에 있어서 그 직무의 수행을 방해한 자
   마. 시공 단계의 건설사업관리 용역계약 시 「건설기술 진흥법 시행령」 제60조 및 계약서 등에 따른 건설사업관리기술인 교체 사유 및 절차에 따르지 아니하고 건설사업관리기술인을 교체한 자(2018.12.11 본목개정)
3. 다른 법령을 위반하는 등 입찰에 참가시키는 것이 적합하지 아니하다고 인정되는 자로서 다음 각 목의 어느 하나에 해당하는 자
   가. 계약을 이행하면서 안전대책을 소홀히 하여 공중에게 위해를 가한 자(2021.7.6 본목개정)
   나. 「전자정부법」 제2조제13호에 따른 정보시스템의 구축 및 유지·보수 계약의 이행과정에서 알게 된 정보 중 각 중앙관서의 장 또는 계약담당공무원이 누출될 경우 국가에 피해가 발생할 것으로 판단하여 사전에 누출금지정보로 지정하고 계약서에 명시한 정보를 무단으로 누출한 자
   다. 「전자정부법」 제2조제10호에 따른 정보통신망 또는 같은 조 제13호에 따른 정보시스템(이하 이 목에서 "정보시스템등"이라 한다)의 구축 및 유지·보수 등 해당 계약의 이행과정에서 정보시스템등에 허가 없이 접속하거나 무단으로 정보를 수집할 수 있는 비(非)인가 프로그램을 설치하거나 그러한 행위에 악용될 수 있는 정보시스템등의 약점을 고의로 생성 또는 방치한 자

③ 각 중앙관서의 장은 다음 각 호의 어느 하나에 해당하는 자(이하 "부정당업자"라 한다)에 대해서는 즉시 1개월 이상 2년 이하의 범위에서 입찰참가자격을 제한해야 한다. 다만, 부정당업자의 대리인, 지배인 또는 그 밖의 사용인이 법 제27조제1항 각 호의 어느 하나에 해당하는 행위를 하여 입찰참가자격 제한 사유가 발생한 경우로서 부정당업자가 대리인, 지배인 또는 그 밖의 사용인의 그 행위를 방지하기 위해 상당한 주의와 감독을 게을리하지 않은 경우에는 부정당업자에 대한 입찰참가자격을 제한하지 않는다.(2019.9.17 본문개정)

1. 계약상대자, 입찰자 또는 제30조제2항에 따라 전자조달시스템을 이용해 견적서를 제출하는 자로서 법 제27조제1항제1호부터 제4호까지 및 제7호부터 제9호까지의 규정 중의 어느 하나에 해당하는 자(2021.7.6 본호개정)
2. 법 제27조제1항제5호 또는 제6호에 해당하는 자
   (2019.9.17 본호신설)

④ 제3항에 따른 입찰참가자격 제한의 기간에 관한 사항은 법 제27조제1항 각 호에 해당하는 행위별로 부실벌점, 하자비율, 부정행위 유형, 고의·과실 여부, 뇌물 액수 및 국가에 손해를 끼친 정도 등을 고려하여 기획재정부령으로 정한다.(2021.7.6 본항개정)

⑤ 법 제25조에 따른 공동계약의 공동수급체가 법 제27조제1항 각 호의 어느 하나에 해당하는 경우에는 입찰참가자격 제한의 원인을 제공한 자에 대해서만 제3항을 적용한다.(2021.7.6 본항개정)

⑥ 다음 각 호의 어느 하나에 해당하는 자가 법 제27조제1항 각 호의 어느 하나에 해당하는 경우에는 그 구분에 따른 자에 대해서도 제3항을 적용한다.(2021.7.6 본문개정)

1. 법인 또는 단체 : 법인 또는 단체의 대표자(대표자가 여러 명 있는 경우에는 해당 입찰 및 계약에 관한 업무를 소관하는 대표자로 한정한다)
2. 「중소기업협동조합법」에 따른 중소기업협동조합 : 입찰참가자격 제한의 원인을 제공한 조합원

⑦ 각 중앙관서의 장 또는 계약담당공무원은 제3항, 제5항 또는 제6항에 따라 입찰참가자격을 제한받은 자에 대해 제한기간 동안에는 해당 관서에서 집행하는 입찰에 참가할 수 없도록 해야 한다.(2021.7.6 본항개정)

⑧ 각 중앙관서의 장 또는 계약담당공무원은 경쟁입찰에서 낙찰된 자가 계약체결 전에 제3항, 제5항 또는 제6항에 따라 입찰참가자격 제한을 받은 경우에는 그 낙찰자와 계약을 체결해서는 안 된다. 다만, 법 제21조에 따른 장기계속계약의 낙찰자가 최초로 계약을 체결한 이후 입찰참가자격 제한을 받은 경우로서 해당 장기계속계약에 대한 연차별계약을 체결하는 경우에는 해당 계약상대자와 계약을 체결할 수 있다.(2021.7.6 본문개정)

⑨ 각 중앙관서의 장 또는 계약 담당공무원은 제6항제1호에 따라 입찰참가자격이 제한된 자가 대표자인 법인 또는 단체에 대해서도 제7항 및 제8항을 적용한다. 다만, 다음 각 호에 해당하는 경우에는 적용하지 않는다.

1. 대표자가 여러 명 있는 경우로서 입찰참가자격이 제한된 대표자가 입찰에 관여하지 않은 경우
2. 입찰참가자격이 제한된 대표자가 「중소기업협동조합법」에 따른 중소기업협동조합의 이사장(협동조합연합회 및 중소기업중앙회의 경우에는 회장을 말한다)인 경우로서 해당 중소기업협동조합이 입찰참가자격 제한 사유와 관련 없는 경우

(2021.7.6 본항개정)

⑩ 각 중앙관서의 장은 입찰참가자격 제한 처분을 한 경우에는 다음 각 호의 사항을 명백히 하여 제2호에 따른 입찰참가자격 제한기간의 개시일 전까지 다른 중앙관서의 장 또는 계약담당공무원이 알 수 있도록 기획재정부령으로 정하는 바에 따라 전자조달시스템에 게재해야 한다.

(2019.9.17 본문개정)

1. 업체(상호)명·주소·성명(법인인 경우 대표자성명, 법인등록번호)·주민등록번호·사업자등록번호, 관계 법령상 면허 또는 등록번호
2. 입찰참가자격 제한기간
3. 입찰참가자격을 제한하는 구체적인 사유
4. 입찰참가자격 제한처분이 집행정지된 경우 그 집행정지 또는 집행정지의 해제사실

⑪ 각 중앙관서의 장은 입찰참가자격 제한처분을 한 경우에는 법 제27조제5항에 따라 다음 각 호의 사항을 입찰참가자격 제한기간의 개시일 전까지 기획재정부령으로 정하는 바에 따라 전자조달시스템에 공개해야 한다.

(2019.9.17 본문개정)

1. 업체(상호)명·성명(법인인 경우 대표자성명, 법인등록번호) 및 사업자등록번호
2. 제10항제2호부터 제4호까지에 해당하는 사항
   (2021.7.6 본호개정)

⑫ 각 중앙관서의 장 또는 계약담당공무원은 「지방자치단체를 당사자로 하는 계약에 관한 법률」 또는 「공공기관의 운영에 관한 법률」 등 다른 법령에 따라 입찰참가자격 제한을 한 사실을 통보받거나 전자조달시스템에 게재된 자에 대해서도 입찰에 참가할 수 없도록 해야 한다.

(2019.9.17 본항개정)

⑬ 각 중앙관서의 장 또는 계약담당공무원은 제3항, 제5항 및 제6항에 따라 자격이 제한된 자와 제10항에 따라 전자조달시스템에 게재된 자가 상호·대표자 변경 등의 방법으로 제한기간 내에 입찰에 참가하는 것을 방지하기 위해 입찰참가자의 주민등록번호, 법인등록번호, 관계 법령상의 면허 또는 등록번호 등을 확인해야 한다.

(2021.7.6 본항개정)

⑭ 제10항부터 제13항까지에서 규정한 사항 외에 입찰참가자격 제한의 통보 등에 필요한 사항은 기획재정부령으로 정한다.(2021.7.6 본항개정)

(2016.9.2 본조개정)

제76조의2【과징금 부과의 세부적인 대상과 기준】 ① 법 제27조의2제1항제1호에서 "부정당업자의 책임이 경미한 경우로서 대통령령으로 정하는 경우"란 다음 각 호의 어느 하나에 해당하는 경우를 말한다. 다만, 법 제27조제1항제2호, 같은 항 제5호부터 제7호까지, 이 영 제76조제2항제1호나목 및 같은 항 제2호나목·다목에 해당하는 자는 제외한다.(2023.11.16 단서개정)

1. 천재지변이나 그 밖에 이에 준하는 부득이한 사유로 인한 경우
2. 국내·국외 경제 사정의 악화 등 급격한 경제 여건 변화로 인한 경우
3. 발주자에 의하여 계약의 주요 내용이 변경되거나 발주자로부터 받은 자료의 오류 등으로 인한 경우
4. 공동계약자나 하수급인 등 관련 업체에도 위반행위와 관련한 공동의 책임이 있는 경우
5. 입찰금액 과소산정으로 계약체결·이행이 곤란한 경우로서 제36조제16호에 따른 기준 및 비율을 적용하는 등 책임이 경미한 경우(2018.12.4 본호신설)
6. 금액단위의 오기 등 명백한 단순착오로 가격을 잘못 제시하여 계약을 체결하지 못한 경우(2018.12.4 본호신설)
7. 입찰의 공정성과 계약이행의 적정성이 현저하게 훼손되지 아니한 경우로서 부정당업자의 책임이 경미하며 다시 위반행위를 할 위험성이 낮다고 인정되는 사유가 있는 경우(2014.11.4 본호신설)

② 법 제27조의2제1항제2호에서 "입찰참가자격 제한으로 유효한 경쟁입찰이 명백히 성립되지 아니하는 경우로서 대통령령으로 정하는 경우"란 입찰자가 2인 미만이 될 것으로 예상되는 경우를 말한다.(2014.11.4 단서삭제)

③ 법 제27조의2제1항에 따른 과징금의 부과 비율과 그 밖에 필요한 사항은 법 제27조제1항 각 호에 해당하는 행위별로 부실벌점, 하자비율, 부정행위의 유형, 고의·과실 여부 등을 고려하여 기획재정부령으로 정한다.
(2016.9.2 본항개정)
(2013.6.17 본조신설)

제76조의3【과징금의 부과 및 납부】 ① 각 중앙관서의 장은 법 제27조의2에 따라 과징금을 부과하려는 때에는 위반행위의 종류와 과징금의 금액을 분명하게 적은 서면으로 알려야 한다.
② 제1항에 따라 통지를 받은 자는 통지를 받은 날부터 60일 이내에 과징금을 부과권자가 정하는 수납기관에 내야 한다. 다만, 천재지변이나 그 밖의 부득이한 사유로 그 기간 내에 과징금을 낼 수 없을 때에는 그 사유가 해소된 날부터 30일 이내에 내야 한다.
③ 제2항에 따라 과징금을 받은 수납기관은 과징금을 낸 자에게 영수증을 내줘야 한다.
④ 과징금의 수납기관이 제2항에 따라 과징금을 받았을 때에는 지체 없이 그 사실을 부과권자에게 통보하여야 한다.
(2013.6.17 본조신설)

제76조의4【과징금 납부기한의 연장 및 분할납부】 ① 각 중앙관서의 장은 법 제27조의2에 따라 부정당업자가 납부하여야 할 과징금이 계약금액의 10퍼센트를 초과하는 경우 또는 「중소기업기본법」 제2조에 따른 중소기업자에게 10억원을 초과하여 과징금을 부과하는 경우로서 다음 각 호의 어느 하나에 해당하는 사유로 인하여 과징금을 납부하여야 하는 자가 과징금의 전액을 일시에 납부하기가 어렵다고 인정되는 경우에는 그 납부기한을 연장하거나 분할납부하게 할 수 있다.
1. 재해 또는 도난 등으로 재산에 현저한 손실을 입은 경우
2. 사업 여건의 악화로 사업이 중대한 위기에 처한 경우
3. 과징금을 일시납부하면 자금 사정에 현저한 어려움이 예상되는 경우
4. 그 밖에 제1호부터 제3호까지와 유사한 사유가 있는 경우
② 제1항에 따라 과징금 납부기한의 연장이나 분할납부를 신청하려는 자는 과징금 납부를 통지받은 날부터 30일 이내에 납부기한의 연장 또는 분할납부의 사유를 증명하는 서류를 첨부하여 각 중앙관서의 장에게 신청하여야 한다.
③ 제1항에 따른 납부기한의 연장은 그 납부기한의 다음 날부터 1년을 초과할 수 없다.
④ 제1항에 따라 분할납부를 하게 하는 경우 분할된 납부기한 간의 간격은 3개월을 초과할 수 없으며, 분할 횟수는 3회를 초과할 수 없다.
(2013.6.17 본조신설)

제76조의5～제76조의13 (2023.11.16 삭제)
제77조 (1998.2.2 삭제)

제6장 대형공사계약

제78조【적용대상 등】 대형공사계약중 대안입찰 또는 일괄입찰에 의한 계약과 특정공사의 계약에 관하여는 이 장에 규정한 바에 의하되, 이 장에 특별한 규정이 없는 사항에 관하여는 이 영의 다른 장에 규정한 바에 의한다.
(1999.9.9 본조개정)

제79조【정의】 ① 이 장에서 사용하는 용어의 정의는 다음 각 호와 같다.(2006.5.25 본문개정)
1. "대형공사"라 함은 총공사비 추정가격이 300억원 이상인 신규복합공종공사를 말한다.(2007.10.10 본호개정)
2. "특정공사"라 함은 총공사비 추정가격이 300억원 미만인 신규복합공종공사중 각 중앙관서의 장이 대안입찰 또는 일괄입찰로 집행함이 유리하다고 인정하는 공사를 말한다.(2007.10.10 본호개정)
3. "대안"이라 함은 정부가 작성한 실시설계서상의 공종중에서 대체가 가능한 공종에 대하여 기본방침의 변동없이 정부가 작성한 설계에 대체될 수 있는 동등 이상의 기능 및 효과를 가진 신공법·신기술·공기단축등이 반영된 설계로서 해당 실시설계서상의 가격이 정부가 작성한 실시설계서상의 가격보다 낮고 공사기간이 정부가 작성한 실시설계서상의 기간을 초과하지 아니하는 방법(공기단축의 경우에는 공사기간이 정부가 작성한 실시설계서상의 기간보다 단축된 것에 한한다)으로 시공할 수 있는 설계를 말한다.(2006.5.25 본호개정)
4. "대안입찰"이라 함은 원안입찰과 함께 따로 입찰자의 의사에 따라 제3호의 대안이 허용된 공사의 입찰을 말한다.
5. "일괄입찰"이라 함은 정부가 제시하는 공사일괄입찰 기본계획 및 지침에 따라 입찰시에 그 공사의 설계서 기타 시공에 필요한 도면 및 서류(이하 "도서"라 한다)를 작성하여 입찰서와 함께 제출하는 설계·시공일괄입찰을 말한다.
6. "기본설계입찰"이라 함은 일괄입찰의 기본계획 및 지침에 따라 실시설계에 앞서 기본설계와 그에 따른 도서를 작성하여 입찰서와 함께 제출하는 입찰을 말한다.
7. "입찰안내서"라 함은 제4호 내지 제6호의 규정에 의한 입찰에 참가하고자 하는 자가 당해 공사의 입찰에 참가하기 전에 숙지하여야 하는 공사의 범위·규모, 설계·시공기준, 품질 및 공정관리 기타 입찰 또는 계약이행에 관한 기본계획 및 지침등을 포함한 문서를 말한다.
(1999.9.9 본호개정)
8. "실시설계서"라 함은 기본계획 및 지침과 기본설계에 따라 세부적으로 작성한 시공에 필요한 설계서(설계서에 부수되는 도서를 포함한다)를 말한다.
9. "계속비대형공사"라 함은 공사비가 계속비예산으로 계상된 대형공사를 말한다.
10. "일반대형공사"라 함은 공사비가 계속비예산으로 계상되지 아니한 대형공사를 말한다.
② 제1항제3호의 경우에 대체될 수 있는 설계의 범위와 한계에 관하여 이의가 있는 경우에는 「건설기술 진흥법」 제5조에 따른 중앙건설기술심의위원회(특별건설기술심의위원회를 포함하며, 이하 "중앙건설기술심의위원회"라 한다)의 심의를 거쳐 각 중앙관서의 장이 그 범위와 한계를 정한다. 다만, 기술자문위원회를 설치·운영하고 있는 각 중앙관서의 장(그 소속기관의 장을 포함한다. 이하 이 장에서 같다)은 기술자문위원회의 심의를 거쳐 그 범위와 한계를 정할 수 있다.(2014.5.22 본항개정)

제80조【대형공사 입찰방법의 심의등】 ① 각 중앙관서의 장은 대형공사 및 특정공사(이하 이 조에서 "대형공사등"이라 한다)의 경우 다음 각 호의 사항에 관하여 중앙건설기술심의위원회의 심의를 거쳐야 한다.(2016.9.2 본문개정)
1. 입찰의 방법에 관한 사항
2. 제85조의2제1항에 따른 실시설계적격자의 결정방법에 관한 사항
3. 제85조의2제2항에 따른 낙찰자 결정방법에 관한 사항
(2016.9.2 1호～3호신설)
② 각 중앙관서의 장은 제1항에 따라 중앙건설기술심의위원회의 심의를 받으려는 때에는 해당 연도 이후에 집행할 대형공사등의 집행기본계획서를 다음 각 호에서 정하는 순서에 따라 국토교통부장관에게 제출하여야 하며, 대형공사등의 집행기본계획서의 작성방법과 제출시기 등에 관한 사항은 기획재정부령으로 정한다.(2016.9.2 본문개정)
1. 기본설계서 작성 전에 일괄입찰로 발주할 공사와 그 밖의 공사로 구분하여 제출
2. 일괄입찰로 발주하지 아니하기로 결정된 공사에 대하여는 실시설계서를 작성한 후 대안입찰로 발주하려는 공사에 대하여 제출
(2007.10.10 본항개정)
③ 국토교통부장관은 제2항에 따라 제출된 대형공사등의 집행기본계획서에 대하여 중앙건설기술심의위원회의 심의를 거친 때에는 심의결과에 따라 대안입찰 또는 일괄입찰의 방법에 의하여 집행할 대형공사등과 그 실시설계적격자 또는 낙찰자 결정방법을 공고하여야 한다.(2016.9.2 본항개정)
④ (2006.5.25 삭제)
⑤ 각 중앙관서의 장은 대형공사등에 있어서 특별한 사유가 없는 한 제3항에 따라 공고된 입찰방법과 그 실시설계적격자 또는 낙찰자 결정방법에 따라 입찰을 하여야 한다.(2016.9.2 본항개정)

제81조～제83조 (1996.12.31 삭제)

제84조【일괄입찰 등의 입찰참가자격】 ① 각 중앙관서의 장 또는 계약담당공무원은 다음 각 호의 요건을 모두 갖춘 자에 한하여 일괄입찰 또는 대안입찰에 참가하게 하여야 한다. 다만, 제1호 및 제2호의 요건중 어느 하나만을 갖춘 자들이 공동으로 다음 각 호의 요건을 모두 갖추어 일괄입찰 또는 대안입찰에 참가하고자 하는 경우에는 이들의 입찰참가를 허용하여야 한다.
1. 「건설산업기본법」 제9조에 따라 해당 공사의 시공에 필요한 건설업의 등록을 한 자일 것
2. 「건설기술 진흥법」 제26조에 따른 건설엔지니어링사업자 또는 「건축사법」 제23조에 따라 건축사업무신고를 한 자일 것(2021.9.14 본호개정)
② 각 중앙관서의 장 또는 계약담당공무원은 제1항에 불구하고 대안입찰의 경우 대안을 제출하지 아니하고 원안에 의한 입찰을 하는 자에 대하여는 제1항제1호의 요건만을 갖춘 자에 대하여도 입찰에 참가하게 하여야 한다.
(2006.5.25 본조개정)

제84조의2 (2010.7.21 삭제)

제85조【일괄입찰등의 입찰절차】 ① 일괄입찰은 기본설계입찰을 실시하여 제87조제1항의 규정에 의하여 실시설계적격자로 선정된 자에 한하여 실시설계서를 제출하게 하여야 한다.
② 대안입찰자가 원안입찰과 함께 대안을 제출하는 경우 다음 각 호의 도서를 입찰서에 첨부하여 제출하게 하여야 한다. 다만, 동시에 2개 이상의 대안을 제출할 수 없다.
(2006.5.25 본문개정)
1. 대안설계에 대한 구체적인 설명서
2. 「건설기술 진흥법 시행령」 제11조의 규정에 의한 관계서류(2014.5.22 본호개정)
3. 원안입찰 및 대안입찰에 대한 단가와 수량을 명백히 한 산출내역서(2006.5.25 단서삭제)
4. 대안의 채택에 따른 이점 기타 참고사항을 기재한 서류
5. (2006.5.25 삭제)
③ 일괄입찰자는 기본설계입찰서 또는 실시설계서에 다음 각호의 구분에 따른 도서를 첨부하여 제출하여야 한다.
1. 기본설계입찰서의 경우
가. 기본설계에 대한 설명서
나. 「건설기술 진흥법 시행령」 제11조의 규정에 의한 관계서류(2014.5.22 본목개정)
다. 기타 공고로 요구한 사항
2. 실시설계서의 경우
가. 실시설계에 대한 구체적인 설명서
나. 「건설기술 진흥법 시행령」 제11조의 규정에 의한 관계서류(2014.5.22 본목개정)
다. 단가 및 수량을 명백히 한 산출내역서
라. 기타 참고사항을 기재한 서류
④ (1999.9.9 삭제)
⑤ 각 중앙관서의 장 또는 계약담당공무원은 다음 각 호의 어느 하나에 해당하는 때에는 중앙건설기술심의위원회에 해당 설계의 적격여부에 대한 심의 및 설계점수평가를 의뢰하여야 한다. 이 경우 중앙건설기술심의위원회는 기술적 타당성을 검토하고 설계의 적격여부를 명백히 한 서류(원안입찰의 경우를 제외한다) 및 설계점수를 해당 중앙관서의 장 또는 계약담당공무원에게 통지하여야 한다.(2016.9.2 본문개정)
1. 대안입찰의 경우로서 원안설계서와 제86조제1항에 따라 선정된 낙찰적격입찰의 대안입찰서를 제출받은 때
(2006.5.25 본호개정)
2. 일괄입찰의 경우로서 제3항의 규정에 의한 기본설계입찰서 또는 실시설계서를 제출받은 때
3. 일괄입찰로 발주된 공사에 대하여 제20조에 따른 재공고입찰 결과 입찰자가 1인뿐인 경우로서 그 입찰자의 기본설계입찰서 또는 실시설계서를 제출받은 때
(2016.9.2 본호신설)
(1999.9.9 본항개정)
⑥ 각 중앙관서의 장 또는 계약담당공무원은 제5항의 규정에 의한 설계심의에 대하여는 기술자문위원회의 심의로 갈음할 수 있다. 다만, 기술자문위원회가 설치되어 있지 아니한 경우에는 그러하지 아니하다.(2014.5.22 본항개정)
⑦ 중앙건설심의위원회 또는 기술자문위원회는 제5항 또는 제6항의 규정에 의하여 설계의 심의를 함에 있어서 대안입찰서·기본설계입찰서 또는 실시설계서에 첨부된 도서가 입찰의 기본계획 및 지침의 내용이나 기본설계의 내용에 비추어 미비하거나 그 내용이 분명하지 아니한 경우에는 이에 대한 보완을 요구할 수 있다.(2014.5.22 본항개정)

제85조의2【일괄입찰 등의 실시설계적격자 또는 낙찰자 결정방법 등 선택】 ① 각 중앙관서의 장 또는 계약담당공무원은 일괄입찰의 경우 제87조제1항에 따라 선정된 자를 대상으로 중앙건설기술심의위원회에서 공사의 목적 및 특성 등을 고려하여 다음 각 호의 어느 하나에 해당하는 방법 중 해당 공사에 가장 적합하다고 심의한 방법으로 실시설계적격자를 결정하여야 한다.(2016.9.2 본문개정)
1. 설계점수(제84조제1항제2호의 자가 제39조제4항에 따라 입찰무효에 해당하는 경우에는 기획재정부장관이 정하는 바에 따라 감점한 점수를 말한다. 이하 이 조에서 같다)가 기획재정부장관이 정하는 범위에서 각 중앙관서의 장 또는 계약담당공무원이 정한 기준을 초과한 자로서 최저가격으로 입찰한 자를 실시설계적격자로 결정하는 방법(2016.9.2 본호개정)
2. 입찰가격을 설계점수로 나누어 조정된 수치가 가장 낮은 자 또는 설계점수를 입찰가격으로 나누어 조정된 점수가 가장 높은 자를 실시설계적격자로 결정하는 방법
3. 설계점수와 가격점수에 가중치를 부여하여 각각 평가한 결과를 합산한 점수가 가장 높은 자를 실시설계적격자로 결정하는 방법
4. 계약금액을 확정하고 기본설계서만 제출하도록 한 경우 설계점수가 가장 높은 자를 실시설계적격자로 결정하는 방법
② 각 중앙관서의 장 또는 계약담당공무원은 대안입찰의 경우 원안입찰자와 제86조제2항부터 제4항까지의 규정에 따라 채택된 대안을 제출한 자를 대상으로 중앙건설기술심의위원회에서 공사의 목적 및 특성 등을 고려하여 다음 각 호의 어느 하나에 해당하는 방법 중 해당 공사에 가장 적합하다고 심의한 방법으로 낙찰자를 결정하여야 한다.(2016.9.2 본문개정)
1. 최저가격으로 입찰한 자를 낙찰자로 결정하는 방법
2. 입찰가격을 설계점수로 나누어 조정된 수치가 가장 낮은 자 또는 설계점수를 입찰가격으로 나누어 조정된 점수가 가장 높은 자를 낙찰자로 결정하는 방법
3. 설계점수와 가격점수에 가중치를 부여하여 각각 평가한 결과를 합산한 점수가 가장 높은 자를 낙찰자로 결정하는 방법
③ 각 중앙관서의 장 또는 계약담당공무원은 제1항 및 제2항에 따른 실시설계적격자 또는 낙찰자의 결정방법을 입찰공고를 할 때에 명시하여야 한다.
④ 일괄입찰에 있어 제1항제4호에 따라 실시설계적격자를 결정하는 경우에는 제79조제1항제5호 및 제6호에도 불구하고 기본설계입찰시 입찰서를 제출하게 하지 아니한다.
⑤ 제1항 및 제2항 각 호에 따른 실시설계적격자 및 낙찰자의 결정 방법에 필요한 설계점수·가격점수의 산출방법과 가중치, 설계와 가격 조정을 위한 산식, 그 밖에 필요한 사항은 기획재정부장관이 정한다.(2008.2.29 본항개정)
(2007.10.10 본조신설)

제86조【대안입찰의 대안채택 및 낙찰자 결정】 ① 각 중앙관서의 장 또는 계약담당공무원은 제85조제2항에 따라 제출된 대안입찰서의 대안입찰가격(제3항 또는 제4항에 따른 조정을 거친 후의 대안입찰가격을 포함한다)이 다음 각 호의 요건을 모두 충족하는 경우에는 이를 낙찰적격입찰로 선정한다.
1. 대안입찰가격이 입찰자 자신의 원안입찰가격보다 낮을 것
2. 대안입찰가격이 총공사 예정가격 이하로서 대안공종에 대한 입찰가격이 대안공종에 대한 예정가격 이하일 것
② 각 중앙관서의 장 또는 계약담당공무원은 제1항에 따라 선정된 낙찰적격입찰의 대안입찰서에 대하여 제85조제5항에 따라 설계의 적격여부 및 설계점수를 통지받은 때에는 적격으로 통지된 대안입찰서 중 설계점수가 높은 순으로 최대 6개의 대안(적격으로 통지된 대안이 6개 미만인 경우에는 적격으로 통지된 모든 대안)을 선정한 후 대안설계점수가 원안설계점수보다 높은 것을 대안으로 채택한다. 다만, 수개의 대안공종 중 일부 공종에 대한 대안설계점수가 원안설계점수보다 낮은 경우에는 해당 공종에 대한 대안공종은 이를 채택하지 않는다.
(2019.9.17 단서개정)
③ 각 중앙관서의 장 또는 계약담당공무원은 제2항 단서에 따라 대안으로 채택되지 않은 공종이 있는 경우에는 대안입찰자의 대안입찰서상 해당 공종의 입찰가격을 원안입찰시에 제출한 산출내역서상의 해당 공종의 입찰가격으로 대체하여 전체 대안입찰가격을 조정해야 한다.
(2019.9.17 본항개정)
④ 각 중앙관서의 장 또는 계약담당공무원은 제3항에 따른 조정을 거친 후 제2항 단서에 따라 대안으로 채택되지 않은 공종으로 인해 불가피하게 채택된 공종에 대한 설계의 일부를 수정해야 하는 경우에는 이를 수정할 수 있다. 다만, 수정하게 되는 공종의 입찰가격은 증액할 수 없다.(2019.9.17 본문개정)
⑤ 각 중앙관서의 장 또는 계약담당공무원은 원안입찰자와 제2항부터 제4항까지의 규정에 따라 채택된 대안을 제출한 자 중에서 제85조의2제2항에 따라 선택된 낙찰자결정방법을 적용하여 낙찰자를 결정한다.(2019.9.17 본항개정)
⑥ 각 중앙관서의 장 또는 계약담당공무원은 대안을 제출한 자가 없거나, 제5항에 따른 낙찰자가 없는 경우에는 원안입찰가격이 예정가격 이하로서 최저가격인 입찰을 제출한 자부터 순차적으로 다음 각 호의 방법에 따라 낙찰자를 결정한다.
1. 추정가격이 100억원 이상인 공사 : 제42조제4항에 따라 각 입찰자의 입찰가격, 공사수행능력 및 사회적 책임 등을 종합 심사하여 낙찰자를 결정(2019.9.17 본호개정)
2. 제1호 외의 공사 : 제42조제1항에 따라 계약이행능력 및 일자리창출 실적 등을 심사하여 낙찰자를 결정
(2018.12.4 본호개정)
⑦ 제1항부터 제6항까지의 규정에 따른 낙찰자 결정은 부득이한 사유가 없는 한 입찰일부터 80일 이내에 해야 한다.(2019.9.17 본항개정)
⑧ 각 중앙관서의 장 또는 계약담당공무원은 제3항 및 제4항에 따른 조정 또는 수정을 하는 경우 미리 중앙건설기술심의위원회 또는 기술자문위원회의 심의를 거쳐야 한다.
(2014.5.22 본항개정)
(2006.5.25 본조개정)
제87조【일괄입찰의 낙찰자 선정】 ① 각 중앙관서의 장 또는 계약담당공무원은 기본설계입찰에 있어서 제85조제5항의 규정에 의한 통지를 받은 때에는 입찰자중 설계점수가 높은 순으로 최대 6인(적격으로 통지된 입찰자가 6인 미만인 경우에는 적격으로 통지된 모든 입찰자)을 선정한 후 제85조의2제1항에 따라 선택된 실시설계적격자 결정방법을 적용하여 실시설계적격자로 결정한다. 다만, 제85조제5항에 따른 기본설계적격자가 1인 이하인 경우에는 재공고입찰에 의하여야 한다.(2007.10.10 본문개정)
② 각 중앙관서의 장 또는 계약담당공무원은 제85조제5항 및 제6항의 규정에 의하여 중앙건설기술심의위원회 또는 기술자문위원회로부터 당해 실시설계의 적격통지를 받은 때에는 그 실시설계서를 제출한 자를 낙찰자로 결정한다.(2014.5.22 본항개정)
③ 각 중앙관서의 장 또는 계약담당공무원은 제1항의 규정에 의하여 실시설계적격자로 결정된 입찰자의 입찰금액이 계속비대형공사에 있어서는 계속비예산, 일반대형공사에 있어서는 총공사예산을 각각 초과하는 경우에는 예산의 범위안으로 가격을 조정하기 위하여 그 입찰자와 협의하여야 하며 협의가 성립되지 아니할 때에는 재공고입찰에 의하여야 한다.(1999.9.9 본항개정)
④ 제1항 및 제2항의 규정에 의한 낙찰자의 결정은 부득이한 사유가 없는 한 실시설계서가 제출된 날부터 60일 이내에 하여야 한다.
⑤ 각 중앙관서의 장 또는 계약담당공무원은 제2항의 규정에 의한 낙찰자결정에 있어서 공사의 시급성 기타 특수한 사정으로 인하여 필요하다고 인정하는 경우에는 제1항의 규정에 의한 실시설계적격자로 하여금 당해 공사를 공정별 우선순위에 따라 구분하여 실시설계서를 작성하게 할 수 있으며, 당해 실시설계서에 대하여 중앙건설기술심의위원회 또는 기술자문위원회로부터 실시설계적격통지를 받은 때에는 그 실시설계적격자를 낙찰자로 결정하고 우선순위에 따라 공사를 시행하게 할 수 있다.
(2014.5.22 본항개정)
⑥ 각 중앙관서의 장 또는 계약담당공무원은 제5항의 규정에 의하여 낙찰자로 결정된 자로 하여금 공사를 시행하게 하기 전에 총공사와 실시설계적격통지를 받은 공사에 대한 산출내역서를 제출하게 하여 이에 따라 계약을 체결하여야 한다.(1999.9.9 본항신설)
⑦ 각 중앙관서의 장 또는 계약담당공무원은 총공사에 대한 최종실시설계적격통지가 있는 때에는 제6항의 규정에 의하여 계약을 체결한 자로 하여금 산출내역서를 다시 작성하여 당초의 산출내역서와 대체하도록 하여야 한다. 이 경우 당초의 계약금액은 이를 증액할 수 없다.
(2000.12.27 본항개정)
⑧ 각 중앙관서의 장 또는 계약담당공무원은 제5항 및 제6항의 규정에 의하여 낙찰자를 결정하거나 계약을 체결하고자 하는 경우에는 실시설계서를 우선 제출하여야 하는 공종의 범위 및 제출기한, 산출내역서의 작성·제출에 관한 사항등을 입찰안내서등에 명시하여 입찰에 참가하고자 하는 자가 입찰전에 미리 이를 알 수 있도록 하여야 한다.(1999.9.9 본항신설)
제88조 (1999.9.9 삭제)
제89조【설계비 보상】 ① 각 중앙관서의 장 또는 계약담당공무원은 다음 각 호의 어느 하나에 해당하는 자의 전부 또는 일부에 대하여는 예산의 범위안에서 설계비의 일부를 보상할 수 있다.(2014.11.4 본문개정)
1. 제86조제2항 및 제87조에 따라 선정된 자 중 낙찰자로 결정되지 아니한 자(2011.12.31 본호신설)
2. 발주기관의 귀책사유로 취소된 대안입찰 또는 일괄입찰에 참여한 자(2011.12.31 본호신설)
② 제1항의 규정에 의한 설계보상비의 지급기준 및 절차등에 관하여 필요한 사항은 기획재정부장관이 정한다.
(2008.2.29 본항개정)
제90조 (2006.5.25 삭제)
제91조【설계변경으로 인한 계약금액 조정의 제한】 ① 대안입찰 또는 일괄입찰에 대한 설계변경으로 대형공사의 계약내용을 변경하는 경우에도 정부에 책임있는 사유 또는 천재·지변등 불가항력의 사유로 인한 경우를 제외하고는 그 계약금액을 증액할 수 없다.(1999.9.9 본항개정)
② 각 중앙관서의 장 또는 계약담당공무원은 일괄입찰의 경우 계약체결 이전에 실시설계적격자에게 책임이 없는 다음 각 호의 어느 하나에 해당하는 사유로 실시설계를 변경한 경우에는 계약체결 이후 즉시 설계변경에 의한 계약금액 조정을 하여야 한다.
1. 민원이나 환경·교통영향평가 또는 관련 법령에 따른 인허가 조건 등과 관련하여 실시설계의 변경이 필요한 경우
2. 발주기관이 제시한 기본계획서·입찰안내서 또는 기본설계서에 명시 또는 반영되어 있지 아니한 사항에 대하여 해당 발주기관이 변경을 요구한 경우
3. 중앙건설기술심의위원회 또는 기술자문위원회가 실시설계 심의과정에서 변경을 요구한 경우(2014.5.22 본호개정)
(2007.10.10 본항신설)
③ 제1항 또는 제2항의 경우에 계약금액을 조정하고자 할 때에는 다음 각호의 기준에 의한다.(2007.10.10 본문개정)
1. 감소된 공사량의 단가 : 제85조제2항 및 제3항의 규정에 의하여 제출한 산출내역서상의 단가(1999.9.9 본호개정)
2. 증가된 공사량의 단가 : 설계변경당시를 기준으로 산정한 단가와 제1호의 규정에 의한 산출내역서상의 단가의 범위안에서 계약당사자간에 협의하여 결정한 단가. 다만, 계약당사자 사이에 협의가 이루어지지 아니하는 경우에는 설계변경당시를 기준으로 산정한 단가와 제1호의 규정에 의한 산출내역서상의 단가를 합한 금액의 100분의 50으로 한다.(2005.9.8 단서신설)
3. 제1호의 규정에 의한 산출내역서상의 단가가 없는 신규비목의 단가 : 설계변경당시를 기준으로 산정한 단가
(1998.2.2 본조개정)
제91조의2 (2006.5.25 삭제)
제92조【평가】 각 중앙관서의 장 또는 계약담당공무원은 대형공사의 준공검사를 한 후에 평가단을 구성하여 당해 공사의 사업계획·시공과정·실적 및 효과등에 대하여 평가를 실시할 수 있다.

제7장 계약정보의 공개 등
(2005.9.8 본장제목개정)

제92조의2【계약관련 정보의 공개】 ① 각 중앙관서의 장 또는 계약담당공무원은 분기별 발주계획, 입찰에 부칠 계약목적물의 규격, 계약체결, 계약변경 및 계약이행에 관하여 기획재정부령으로 정하는 사항을 전자조달시스템 또는 제39조제1항 단서에 따라 각 중앙관서의 장이 지정·고시한 정보처리장치에 공개하여야 한다. 다만, 제26조제1항제1호가목 중 작전상의 병력 이동에 따른 사유와 제26조제1항제1호나목 및 같은 항 제5호라목에 따른 사유로 인하여 체결하는 수의계약의 경우에는 그러하지 아니하다.(2016.9.2 본문개정)
② 각 중앙관서의 장 또는 계약담당공무원은 제1항 본문의 규정에 의한 공개내용에 변경이 있는 경우에는 변경된 사실을 지체 없이 공개하여야 한다.
(2005.9.8 본조신설)
제93조【계약실적보고】 각 중앙관서의 장 또는 계약담당공무원은 계약체결 또는 계약변경 후 30일 이내에 계약체결 및 계약변경에 관하여 기획재정부령이 정하는 사항을 기획재정부장관에게 제출하여야 한다. 다만, 제26조제1항제1호가목 중 작전상의 병력 이동에 따른 사유와 제26조제1항제1호나목 및 같은 항 제5호라목에 따른 사유로 인하여 체결한 수의계약의 경우에는 그러하지 아니하다.
(2010.7.21 단서개정)
제94조【계약심의위원회의 설치】 ① 각 중앙관서의 장 또는 그 소속기관의 장은 물품·공사·용역 등 다음 각 호의 사항에 관한 자문에 응하도록 하기 위하여 계약심의위원회를 설치·운영해야 한다.(2023.11.16 본문개정)
1. 발주기관이 입찰참가자격요건, 부정당업자의 입찰참가자격 제한, 그 밖에 계약과 관련하여 질의한 사항
(2006.5.25 본호신설)
2. 입찰참가자 또는 계약상대자가 입찰, 계약체결 및 계약이행과 관련하여 질의하거나 시정을 요구한 사항
(2006.5.25 본호신설)
3. 제113조제4항에 따른 이의제기에 관한 사항(2018.12.4 본호신설)
② 제1항에 따른 계약심의위원회는 소속공무원, 계약에 관한 학식과 경험이 풍부한 사람 등으로 성별을 고려하여 구성한다.(2023.11.16 본항개정)
③ 제1항에 따른 계약심의위원회의 구성 및 운영에 관하여 필요한 세부사항은 각 중앙관서의 장이 정한다.
(2015.6.22 본항개정)
(2015.6.22 본조제목개정)
제95조 (2005.9.8 삭제)
제96조【지정정보처리장치의 이용】 ① (2013.9.17 삭제)
② 각 중앙관서의 장 또는 계약담당공무원과 전자조달시스템을 관리·운영하는 조달청장은 제76조의 규정에 의한 부정당업자의 입찰참가자격제한, 제93조의 규정에 의한 계약실적보고, 그 밖의 계약과 관련된 정보를 당해 업무목적외의 용도로 사용하여서는 아니된다.(2013.9.17 본항개정)

제8장 기술제안입찰 등에 의한 계약
(2007.10.10 본장신설)

제97조【적용대상 등】 각 중앙관서의 장 또는 계약담당공무원은 상징성·기념성·예술성 등이 필요하다고 인정되거나 난이도가 높은 기술이 필요한 시설물 공사에 대하여는 실시설계 기술제안입찰 또는 기본설계 기술제안입찰에 의한 계약을 체결할 수 있으며, 그 계약에 대하여는 이 장에 규정한 바에 의하되, 이 장에 특별한 규정이 없는 사항에 관하여는 이 영의 다른 장에 규정한 바에 따른다.(2010.7.21 본문개정)
1.~2. (2010.7.21 삭제)
제98조【정의】 이 장에서 사용하는 용어의 뜻은 다음 각 호와 같다.
1. "기술제안서"란 입찰자가 발주기관이 교부한 설계서 등을 검토하여 공사비 절감방안, 공기단축방안, 공사관리방안 등을 제안하는 문서를 말한다.
2. "실시설계 기술제안입찰"이란 발주기관이 교부한 실시설계서 및 입찰안내서에 따라 입찰자가 제1호에 따른 기술제안서를 작성하여 입찰서와 함께 제출하는 입찰을 말한다.(2010.7.21 본호개정)
3. "기본설계 기술제안입찰"이란 발주기관이 작성하여 교부한 기본설계서와 입찰안내서에 따라 입찰자가 제1호에 따른 기술제안서를 작성하여 입찰서와 함께 제출하는 입찰을 말한다.(2010.7.21 본호개정)
제99조【실시설계 기술제안입찰 및 기본설계 기술제안입찰의 입찰방법의 심의 등】 ① 각 중앙관서의 장은 제97조에서 정한 공사에 대하여 실시설계 기술제안입찰 또는 기본설계 기술제안입찰(이하 "실시설계 기술제안입찰등"이라 한다)을 실시하려는 경우 다음 각 호의 사항에 관하여 중앙건설기술심의위원회의 심의를 거쳐야 한다.
(2016.9.2 본문개정)
1. 입찰의 방법에 관한 사항
2. 제102조제1항에 따른 낙찰자의 결정방법에 관한 사항
3. 제102조제2항에 따른 실시설계적격자 결정방법에 관한 사항
(2016.9.2 1호~3호신설)
② 각 중앙관서의 장은 제1항에 따라 중앙건설기술심의위원회의 심의를 받으려는 때에는 해당 연도 이후에 집행할 제97조에서 정한 공사의 집행기본계획서를 다음 각 호에서 정하는 순서에 따라 국토교통부장관에게 제출하여야 하며, 실시설계 기술제안입찰등의 집행기본계획서의 작성방법과 제출시기 등에 관한 사항은 기획재정부령으로 정한다.(2013.3.23 본문개정)
1. 기본설계서를 작성한 후 기본설계 기술제안입찰로 발주하려는 공사에 대하여 제출(2013.12.30 본호개정)
2. 기본설계 기술제안입찰로 발주하지 아니하기로 결정된 공사에 대해서는 실시설계서를 작성한 후 실시설계 기술제안입찰로 발주하려는 공사에 대하여 제출
(2010.7.21 본호개정)

③ 제80조제3항과 제5항은 입찰방법 공고 등의 경우에 준용한다.
(2010.7.21 본조제목개정)

제100조【실시설계 기술제안입찰등의 입찰참가자격】 실시설계 기술제안입찰에 관하여는 제12조제1항을, 기본설계 기술제안입찰에 관하여는 제84조제1항을 각각 준용한다.(2010.7.21 본조개정)

제101조 (2010.7.21 삭제)

제102조【실시설계 기술제안입찰등의 낙찰자 결정방법 등 선택】 ① 각 중앙관서의 장 또는 계약담당공무원은 실시설계 기술제안입찰의 경우 제104조 본문에 따라 선정된 자를 대상으로 중앙건설기술심의위원회에서 공사의 목적 및 특성 등을 고려하여 다음 각 호의 어느 하나에 해당하는 방법 중 해당 공사에 가장 적합하다고 심의한 방법으로 낙찰자를 결정하여야 한다.(2016.9.2 본문개정)
1. 최저가격으로 입찰한 자를 낙찰자로 결정하는 방법
2. 입찰가격을 기술제안점수로 나누어 조정된 수치가 가장 낮은 자 또는 기술제안점수를 입찰가격으로 나누어 조정된 점수가 가장 높은 자를 낙찰자로 결정하는 방법
3. 기술제안점수와 가격점수에 가중치를 부여하여 각각 평가한 결과를 합산한 점수가 가장 높은 자를 낙찰자로 결정하는 방법

② 각 중앙관서의 장 또는 계약담당공무원은 기본설계 기술제안입찰의 경우 제106조제1항에 따라 기술제안적격으로 선정된 자를 대상으로 중앙건설기술심의위원회에서 공사의 목적 및 특성 등을 고려하여 다음 각 호의 어느 하나에 해당하는 방법 중 해당 공사에 가장 적합하다고 심의한 방법으로 실시설계적격자를 결정하여야 한다.
(2016.9.2 본문개정)
1. 최저가격으로 입찰한 자를 실시설계적격자로 결정하는 방법
2. 입찰가격을 기술제안점수로 나누어 조정된 수치가 가장 낮은 자 또는 기술제안점수를 입찰가격으로 나누어 조정된 점수가 가장 높은 자를 실시설계적격자로 결정하는 방법
3. 기술제안점수와 가격점수에 가중치를 부여하여 각각 평가한 결과를 합산한 점수가 가장 높은 자를 실시설계적격자로 결정하는 방법

③ 각 중앙관서의 장 또는 계약담당공무원은 제1항 또는 제2항에 따라 선택된 낙찰자 및 실시설계적격자 결정방법을 입찰공고를 할 때에 명시하여야 한다.

④ 각 중앙관서의 장은 제1항 및 제2항 각 호에 따른 낙찰자 및 실시설계적격자 결정방법에 필요한 기술제안점수·가격점수의 산출방법과 가중치, 기술과 가격 조정을 위한 산식, 그 밖에 필요한 사항을 정하여 입찰에 참가하려는 자가 열람할 수 있도록 하여야 한다.
(2010.7.21 본조제목개정)

제103조【실시설계 기술제안입찰의 입찰절차】 ① 각 중앙관서의 장 또는 계약담당공무원은 실시설계 기술제안입찰을 하는 경우 입찰자에게 다음 각 호의 내용을 포함한 기술제안서를 제출하게 하여야 한다. 다만, 공사의 특성 등을 고려하여 필요하면 그 내용의 일부를 변경할 수 있다.(2010.7.21 본문개정)
1. 시공 효율성 검토 등을 통한 공사비 절감방안
2. 생애주기비용 개선방안
3. 공기단축방안
4. 공사관리방안
5. 발주기관이 교부한 설계서 및 입찰자가 제출하는 기술제안서의 내용을 반영하여 물량과 단가를 명백히 한 산출내역서
6. 그 밖에 입찰공고를 할 때에 요구된 사항

② 각 중앙관서의 장은 제1항에 따라 제출된 기술제안서의 평가를 위한 세부심사기준을 정하고 입찰에 참가하려는 자가 열람할 수 있도록 하여야 한다.

③ 각 중앙관서의 장 또는 계약담당공무원은 제1항에 따라 기술제안서를 제출받은 때에는 중앙건설기술심의위원회에 해당 기술제안서의 적격여부에 대한 심의 및 점수 평가를 의뢰하고 중앙건설기술심의위원회는 의뢰받은 기술제안서의 타당성을 검토하여 기술제안서의 적격여부 및 평가점수를 명백히 한 서류를 해당 중앙관서의 장 또는 계약담당공무원에게 통지하여야 한다.

④ 각 중앙관서의 장 또는 계약담당공무원은 제3항에 따른 기술제안서 심의 및 점수 평가에 대하여는 기술자문위원회의 심의 및 점수 평가로 갈음할 수 있다.(2014.5.22 본항개정)

⑤ 중앙건설기술심의위원회 또는 기술자문위원회는 제3항 또는 제4항에 따라 기술제안서 심의를 하는 경우 기술제안서가 입찰의 기본계획 및 지침의 내용이나 설계서의 내용에 비추어 미비하거나 그 내용이 분명하지 아니한 경우에는 이에 대한 보완을 요구할 수 있다.(2014.5.22 본항개정)
(2010.7.21 본조제목개정)

제104조【실시설계 기술제안입찰의 낙찰자 결정】 각 중앙관서의 장 또는 계약담당공무원은 실시설계 기술제안입찰을 하는 경우 제103조제3항에 따른 통지를 받은 때에는 예정가격 이하로 입찰한 입찰자 중 기술제안점수가 높은 순으로 최대 6명(적격으로 통지된 입찰자가 6명 미만인 경우에는 적격으로 통지된 모든 입찰자)을 선정한 후 제102조제1항에 따라 선택된 낙찰자 결정방법을 적용하여 낙찰자를 결정한다. 다만, 제103조제3항에 따른 기술제안적격자가 1명 이하인 경우에는 재공고입찰에 따라야 한다.(2021.7.6 본조개정)

제105조【기본설계 기술제안입찰의 입찰절차】 ① 각 중앙관서의 장 또는 계약담당공무원은 기본설계 기술제안입찰을 하는 경우 입찰자에게 다음 각 호의 내용을 포함한 기술제안서를 제출하게 하여야 한다. 다만, 공사의 특성 등을 고려하여 필요하면 그 내용의 일부를 변경할 수 있다.(2010.7.21 본문개정)
1. 시공 효율성 검토 등을 통한 공사비 절감방안
2. 생애주기비용 개선방안
3. 공기단축방안
4. 공사관리방안
5. 그 밖에 입찰공고를 할 때에 요구된 사항

② 각 중앙관서의 장은 제1항에 따라 제출된 기술제안서의 평가를 위한 세부심사기준을 정하고 입찰에 참가하려는 자가 열람할 수 있도록 하여야 한다.

③ 각 중앙관서의 장 또는 계약담당공무원은 제106조제1항 본문에 따라 실시설계적격자로 선정된 자에 한정하여 실시설계서를 제출하게 하여야 하며, 실시설계서에 다음 각 호의 도서를 첨부하게 하여야 한다.
1. 실시설계에 대한 구체적인 설명서
2. 「건설기술 진흥법 시행령」 제11조에 따른 관계 서류
(2014.5.22 본호개정)
3. 단가 및 수량을 명백히 한 산출내역서
4. 그 밖에 참고 사항을 적은 서류

④ 각 중앙관서의 장 또는 계약담당공무원은 다음 각 호의 어느 하나에 해당하는 경우에는 중앙건설기술심의위원회에 해당 기술제안서 또는 실시설계서의 적격여부에 대한 심의 및 점수 평가를 의뢰하고 중앙건설기술심의위원회는 의뢰받은 기술제안서 또는 실시설계서의 타당성을 검토하여 기술제안서 또는 실시설계서의 적격 여부 및 평가점수를 명백히 한 서류를 해당 중앙관서의 장 또는 계약담당공무원에게 통지하여야 한다.(2016.9.2 본문개정)
1. 제1항에 따라 기술제안서를 제출받거나 제3항에 따라 실시설계서를 제출받은 경우
2. 기본설계 기술제안입찰로 발주된 공사에 대하여 제20조에 따른 재공고입찰 결과 입찰자가 1인뿐인 경우로서 그 입찰자의 기술제안서 또는 실시설계서를 제출받은 경우
(2016.9.2 1호~2호신설)

⑤ 각 중앙관서의 장 또는 계약담당공무원은 제4항에 따른 기술제안서 또는 실시설계서 심의 및 점수평가에 대하여는 기술자문위원회의 심의 및 점수평가로 갈음할 수 있다.(2014.5.22 본항개정)

⑥ 중앙건설기술심의위원회 또는 기술자문위원회는 제4항 또는 제5항에 따라 기술제안서 또는 실시설계서의 심의를 하는 경우 기술제안서 또는 실시설계서에 첨부된 도서가 입찰의 기본계획 및 지침의 내용이나 기본설계(실시설계서를 심의하는 경우에는 기술제안서를 포함한다)의 내용에 비추어 미비하거나 그 내용이 분명하지 아니한 경우에는 이에 대한 보완을 요구할 수 있다.
(2014.5.22 본항개정)
(2010.7.21 본조제목개정)

제106조【기본설계 기술제안입찰의 낙찰자 선정】 ① 각 중앙관서의 장 또는 계약담당공무원은 기본설계 기술제안입찰의 경우 제105조제4항에 따른 통지를 받은 때에는 입찰자 중 기술제안점수가 높은 순으로 최대 6명(적격으로 통지된 입찰자가 6명 미만인 경우에는 적격으로 통지된 모든 입찰자)을 선정한 후 제102조제2항에 따른 실시설계적격자 결정방법을 적용하여 실시설계적격자를 결정한다. 다만, 제105조제4항에 따른 기술제안적격자가 1명 이하인 경우에는 재공고입찰에 의하여야 한다.
(2010.7.21 본문개정)

② 각 중앙관서의 장 또는 계약담당공무원은 제105조제4항 및 제5항에 따라 중앙건설기술심의위원회 또는 기술자문위원회로부터 해당 실시설계의 적격통지를 받은 때에는 그 실시설계서를 제출한 자를 낙찰자로 선정한다.
(2014.5.22 본항개정)

③ 제87조제3항부터 제8항까지는 기본설계 기술제안입찰의 낙찰자결정에 관하여 준용한다.(2010.7.21 본항개정)
(2010.7.21 본조제목개정)

제107조【기술제안입찰 제안서 작성비용 보상】 ① 각 중앙관서의 장 또는 계약담당공무원은 다음 각 호의 어느 하나에 해당하는 자의 전부 또는 일부에 대해서는 예산의 범위에서 제안서 작성비용의 일부를 보상할 수 있다.
1. 제104조 및 제106조제1항에 따라 선정된 자 중 낙찰자로 결정되지 아니한 자
2. 발주기관의 귀책사유로 취소된 기술제안입찰에 참가한 자

② 제1항에 따른 보상비의 지급 기준과 절차 등에 관하여 필요한 사항은 기획재정부장관이 정한다.
(2014.11.4 본조신설)

제108조【설계변경으로 인한 계약금액조정】 설계변경으로 인한 계약금액 조정에 관하여 실시설계 기술제안입찰에 따른 공사계약의 경우에는 제65조를, 기본설계 기술제안입찰에 따른 공사계약의 경우에는 제91조를 각각 준용한다.(2010.7.21 본조개정)

제109조【평가】 ① 각 중앙관서의 장 또는 계약담당공무원은 이 장에 의한 공사의 준공검사를 한 후에 평가단을 구성하여 해당 공사의 발주방식의 적정성, 시공과정·실적 및 효과 등에 대하여 평가를 실시할 수 있다.

② 제1항에 따른 평가단의 구성·운영, 그 밖에 평가에 관하여 필요한 사항은 각 중앙관서의 장이 정한다.

제9장 이의신청과 국가계약분쟁조정위원회
(2013.6.17 본장신설)

제110조【이의신청을 할 수 있는 정부조달계약의 최소금액 기준 등】 ① 법 제28조제1항 각 호 외의 부분에서 "대통령령으로 정하는 금액"이란 다음 각 호의 구분에 따른 금액을 말한다.
1. 공사 계약의 경우 : 다음 각 목의 구분에 따른 금액
   가. 「건설산업기본법」에 따른 종합공사 계약의 경우 : 추정가격 10억원(2021.7.6 본목개정)
   나. 「건설산업기본법」에 따른 전문공사 계약의 경우 : 추정가격 1억원(2021.7.6 본목개정)
   다. 가목 및 나목 외의 공사 계약의 경우 : 추정가격 8천만원(2021.7.6 본목개정)
   (2019.9.17 본호개정)
2. 물품 계약의 경우 : 추정가격 5천만원
3. 용역 계약의 경우 : 추정가격 5천만원
(2021.7.6 2호~3호개정)

② 법 제28조제1항제5호에서 "대통령령으로 정하는 사항"이란 다음 각 호의 사항을 말한다.(2021.7.6 본문개정)
1. 제38조 및 제51조에 따른 입찰보증금 및 계약보증금의 국고귀속과 관련한 사항(2021.7.6 본호신설)
2. 제64조부터 제66조까지, 제91조 및 제108조에 따른 계약금액 조정과 관련한 사항
3. 제70조제3항 및 제73조제3항에 따른 정산과 관련한 사항
(2021.7.6 본호신설)
4. 제74조에 따른 지체상금과 지체일수 산입범위와 관련한 사항
5. 제75조에 따른 계약의 해제·해지와 관련한 사항
(2021.7.6 본호신설)
(2014.11.4 본항신설)
(2014.11.4 본조제목개정)

제111조【국가계약분쟁조정위원회의 위원】 ① 법 제29조제3항 각 호 외의 부분에서 "대통령령으로 정하는 중앙행정기관 소속 공무원으로서 해당 기관의 장이 지명하는 사람"이란 기획재정부·국방부·행정안전부·국토교통부·조달청과 그 밖에 기획재정부장관이 필요하다고 인정하는 중앙행정기관의 고위공무원단에 속하는 공무원으로서 해당 기관의 장이 지명하는 공무원 각 1명을 말한다.(2022.6.14 본항개정)

② 법 제29조제1항에 따른 국가계약분쟁조정위원회(이하 이 장에서 "위원회"라 한다)의 위원은 비상근으로 한다.

③ (2023.11.16 삭제)
(2023.11.16 본조제목개정)
(2016.9.2 본조개정)

제111조의2【위원장의 직무】 ① 위원장은 위원회를 대표하고, 위원회의 업무를 총괄한다.

② 위원장이 부득이한 사유로 직무를 수행할 수 없을 때에는 기획재정부장관이 지명하는 위원이 그 직무를 대행한다.
(2023.11.16 본조신설)

제111조의3【위원의 제척·기피·회피】 ① 위원회의 위원은 다음 각 호의 어느 하나에 해당하는 경우에는 해당 안건에 대한 심사·조정에서 제척(除斥)된다.
1. 위원 또는 그 배우자나 배우자였던 사람이 해당 안건의 당사자(당사자가 법인·단체 등인 경우에는 그 임원을 포함한다. 이하 이 호 및 제2호에서 같다)이거나 그 안건의 당사자와 공동권리자 또는 공동의무자인 경우
2. 위원이 해당 안건의 당사자와 친족이거나 친족이었던 경우
3. 위원이나 위원이 속한 기관 또는 법인이 해당 안건에 관하여 증언, 진술, 자문, 연구, 용역 또는 감정을 한 경우
4. 해당 안건이 위원이나 위원이 속한 중앙관서가 발주한 계약과 관련된 경우
5. 위원이 각 중앙관서의 소속 공무원으로서 해당 안건과 관련된 조사 또는 심사를 한 경우

② 해당 안건의 당사자는 위원에게 공정한 심사·조정을 기대하기 어려운 사정이 있는 경우에는 기피 신청을 할 수 있다. 이 경우 위원장은 이 기피 신청에 대하여 위원회의 의결을 거치지 않고 기피 여부를 결정한다.

③ 위원이 제1항 각 호의 제척 사유와 제2항의 기피 사유에 해당하는 경우에는 스스로 그 안건의 심사·조정에서 회피(回避)해야 한다.
(2023.11.16 본조신설)

제111조의4【위원의 지명철회】 법 제29조제3항에 따라 위원을 지명한 자는 해당 위원이 다음 각 호의 어느 하나에 해당하는 경우에는 그 지명을 철회할 수 있다.
1. 심신쇠약으로 직무를 수행할 수 없게 된 경우
2. 직무와 관련된 비위사실이 있는 경우
3. 직무태만, 품위손상이나 그 밖의 사유로 위원으로서 적합하지 않다고 인정되는 경우

4. 위원 스스로 직무를 수행하기 어렵다는 의사를 밝히는 경우
5. 제111조의3제1항 또는 제2항의 사유에 해당하는데도 불구하고 회피하지 않은 경우
(2023.11.16 본조신설)
제111조의5【위원회의 회의】 ① 위원장은 위원회의 회의를 소집하며, 그 의장이 된다.
② 위원회의 회의는 재적위원 과반수의 출석으로 개의(開議)하고, 출석위원 과반수의 찬성으로 의결한다.
③ 위원회에 위원회의 사무를 처리하기 위해 간사 1명을 둔다.
④ 제1항부터 제3항까지에서 규정한 사항 외에 위원회의 운영에 필요한 사항은 위원회의 위원장이 정한다.
(2023.11.16 본조신설)
제111조의6【소위원회】 ① 위원회의 업무를 효율적으로 처리하기 위해 위원회에 공사분야소위원회 및 물품·용역분야소위원회(이하 이 장에서 "소위원회"라 한다)를 각각 둘 수 있다.
② 공사분야소위원회는 건설·전기통신 등 공사계약과 관련된 분쟁의 심사·조정에 관한 사항을 담당한다.
③ 물품·용역분야소위원회는 물품의 제조·구매계약 및 용역계약과 관련된 분쟁의 심사·조정에 관한 사항을 담당한다.
④ 소위원회는 소위원회의 위원장을 포함하여 10명 이내의 위원으로 구성한다.
⑤ 소위원회의 위원장 및 위원은 위원회의 위원 중에서 위원회의 위원장이 지명한다.
⑥ 소위원회는 위원회에 심사·조정청구된 안건에 대해 미리 심사하여 조정안을 작성할 수 있다. 이 경우 조정안을 작성하기 전에 청구인 및 해당 중앙관서의 장과 그 대리인에게 의견을 진술할 기회를 주어야 하며, 필요한 경우에는 청구인 및 해당 중앙관서의 장과 그 대리인, 증인 또는 관계 전문가로 하여금 소위원회에 출석하게 하여 그 의견을 들을 수 있다.
⑦ 소위원회는 제6항에 따라 조정안을 작성한 경우 이를 위원회에 상정해야 한다.
⑧ 소위원회의 회의 및 심사에 관하여는 제111조의5 및 제112조제2항을 준용한다. 이 경우 "위원회"는 "소위원회"로, "위원회의 위원장"은 "소위원회의 위원장"으로 본다.
(2023.11.16 본조신설)
제111조의7【수당】 위원회 및 소위원회에 출석한 위원 및 관계 전문가에 대해서는 예산의 범위에서 수당을 지급할 수 있다. 다만, 공무원인 위원이 그 소관 업무와 직접 관련되어 위원회 또는 소위원회에 출석하는 경우에는 그렇지 않다.(2023.11.16 본조신설)
제112조【심사】 ① 법 제30조제1항에 따라 심사·조정청구의 사실을 통지받은 중앙관서의 장은 통지를 받은 날부터 14일 이내에 이에 대한 의견을 서면으로 위원회에 제출하여야 한다.
② 위원회는 필요한 경우 청구인 및 해당 중앙관서의 장에게 심사·조정이 요청된 사항에 관한 서류의 제출을 요구할 수 있으며, 관계 전문기관에 감정·진단과 시험 등을 의뢰할 수 있다.
③ (2020.5.1 삭제)
제113조【조정】 ① 위원회는 조정청구의 심사 결과에 대하여 조정안을 작성하여 이를 청구인 및 해당 중앙관서의 장에게 알려야 한다.
② 제1항에 따른 조정안을 작성할 때 법 제28조제1항에 따른 행위로 청구인이 불이익을 받았다고 인정되는 경우에는 해당 중앙관서의 장 또는 계약담당공무원이 행한 행위를 취소 또는 시정하거나 그에 따른 손해배상 또는 손실보상을 하도록 하여야 한다.
③ 제2항에 따른 손해배상 또는 손실보상은 입찰 준비와 조정의 청구 과정에서 드는 비용으로 한정할 수 있다.
④ 각 중앙관서의 장은 법 제31조제3항에 따라 이의를 제기하려는 경우에는 제94조제1항에 따른 계약심의위원회의 자문을 거쳐 이의를 제기하는 취지와 사유 등이 포함된 서면을 위원회에 제출하여야 한다.(2023.11.16 본항개정)
제114조【조정의 중지】 위원회는 조정청구된 것과 같은 사안에 대하여 법원의 소송이 진행 중인 경우 그 심사·조정을 중지할 수 있다. 이 경우 중지 사유를 청구인 및 해당 중앙관서의 장에게 알려야 한다.
제114조의2【소송 관련 사실의 통지】 각 중앙관서의 장은 제113조에 따른 조정 결과에 불복하여 소송이 제기되거나 제114조에 따른 소송이 제기된 경우에는 그 사실 및 소송 결과를 기획재정부장관에게 알려야 한다.
(2018.12.4 본조신설)
제115조【비용부담】 ① 청구인은 위원회의 심사·조정과 관련한 비용을 부담한다. 다만, 청구인과 해당 중앙관서의 장 간에 약정이 있는 경우에는 그 약정에 따른다.
② 위원회의 심사·조정과 관련한 비용 부담에 관한 구체적인 사항은 기획재정부령으로 정한다.

제10장 보 칙
(2013.1.16 본장신설)

제116조【고유식별정보의 처리】 각 중앙관서의 장 또는 계약담당공무원은 다음 각 호의 사무를 수행하기 위하여 불가피한 경우 「개인정보 보호법 시행령」 제19조제1호에 따른 주민등록번호가 포함된 자료를 처리할 수 있다.
1. 제12조에 따른 경쟁입찰의 참가자격에 관한 사무
2. 제13조에 따른 입찰참가자격 사전심사에 관한 사무
3. 제21조 및 제22조에 따른 제한경쟁입찰 참가자격에 관한 사무
4. 제24조에 따른 지명경쟁입찰 참가자격에 관한 사무
5. 제50조에 따른 계약보증금에 관한 사무
6. 제62조에 따른 하자보수보증금에 관한 사무
7. 제76조에 따른 입찰참가자격 제한에 관한 사무
제117조【규제의 재검토】 기획재정부장관은 다음 각 호의 사항에 대하여 다음 각 호의 기준일을 기준으로 3년마다(매 3년이 되는 해의 기준일과 같은 날 전까지를 말한다) 그 타당성을 검토하여 개선 등의 조치를 하여야 한다.
1. 제21조제1항제6호에 따른 지역제한경쟁입찰 : 2014년 1월 1일
2.~5. (2016.12.30 삭제)
6. 제76조에 따른 부정당업자의 입찰참가자격 제한 : 2014년 1월 1일
(2013.12.30 본조신설)
제118조【부정당업자의 입찰참가 제한 및 벌칙 적용에서의 공무원 의제】 법 제27조제1항제7호 및 제35조제3호에서 "대통령령으로 정하는 위원회"란 각각 다음 각 호의 위원회를 말한다.(2016.9.2 본문개정)
1. 제42조제7항에 따른 종합심사낙찰제심사위원회
(2015.12.31 본호개정)
2. 제43조제8항에 따른 제안서평가위원회
3. 제94조제1항에 따른 계약심의위원회
(2016.9.2 본조제목개정)
(2015.6.22 본조신설)

부 칙 (2009.6.29)

제1조【시행일】 이 영은 공포한 날부터 시행한다.
제2조【유효기간】 제72조제3항제2호의 개정규정은 2015년 12월 31일까지 효력을 가진다. 다만, 2015년 12월 31일까지 입찰공고한 사업에 대해서는 그 사업이 종료될 때까지 제72조제3항제2호의 개정규정을 적용한다.
(2013.12.30 본조개정)
제3조【입찰보증금 납부대상 보증금의 범위에 관한 적용례】 제37조제2항의 개정규정은 이 영 시행 후 최초로 입찰보증금을 납부하는 분부터 적용한다.
제4조【지역의무 공동계약에 관한 적용례】 제72조제3항의 개정규정은 이 영 시행 후 최초로 입찰공고하는 분부터 적용한다.
제5조【대가지급 기한에 관한 경과조치】 이 영 시행 전에 종전의 규정에 따라 대가지급을 청구한 분에 대해서는 제58조제1항 및 제4항의 개정규정에도 불구하고 종전의 규정에 따른다.

부 칙 (2010.7.21)

제1조【시행일】 이 영은 공포 후 3개월이 경과한 날부터 시행한다. 다만, 제7조의2제2항(기본설계 기술제안입찰 부분에 한정한다), 제72조제3항제1호, 제97조부터 제100조까지, 제102조부터 제106조까지 및 제108조의 개정규정은 공포한 날부터 시행하고, 제52조(제1항 각 호 외의 부분은 제외한다) 및 부칙 제9조제4항의 개정규정은 2011년 1월 1일부터 시행하며, 제42조제4항의 개정규정은 2016년 1월 1일부터 시행한다.(2013.12.30 본조개정)
제2조【일반적 적용례】 이 영은 이 영 시행 후 최초로 입찰공고하는 계약부터 적용한다.
제3조【1인 견적에 의한 가격 결정의 적용례】 제30조제1항제3호의 개정규정은 이 영 시행 후 최초로 지정정보처리장치에 안내공고하는 계약부터 적용한다.
제4조【계약보증금 추가납부에 관한 적용례】 제75조제2항의 개정규정은 이 영 시행 후 최초로 지체상금의 금액이 제50조제1항에 따른 계약보증금상당액에 달하는 경우부터 적용한다.
제5조【부정당업자의 입찰참가자격 제한에 관한 적용례】 제76조제1항의 개정규정은 이 영 시행 후 최초로 제한사유가 발생하는 자부터 적용한다.
제6조【산출내역서 작성에 관한 특례】 제14조제7항제1호 및 제2호의 개정규정 중 "300억원"은 2010년 12월 31일까지는 각각 "1,000억원"으로 보고, 2011년 1월 1일부터 2011년 12월 31일까지는 각각 "500억원"으로 본다.
제7조【특별법으로 설립된 법인에 대한 수의계약 제도 폐지에 따른 경과조치】 ① 각 중앙관서의 장 또는 계약담당공무원은 제26조의 개정규정에도 불구하고 종전의 제26조제1항제6호라목에 따른 새마을공장 또는 같은 항 제8호다목에 따라 수의계약을 체결할 수 있는 법인(이하 이 조에서 "새마을공장 또는 법인"이라 한다)과 다음 각 호의 구분에 따른 금액의 범위에서 수의계약을 체결할 수 있다.(2013.12.30 본문개정)
1. 2011년 1월 1일부터 2013년 12월 31일까지 : 해당 중앙관서의 장이 2008년 1월 1일부터 2010년 12월 31일까지 해당 새마을공장 또는 법인과 체결한 수의계약금액의 연평균금액
2. 2014년 1월 1일부터 2014년 12월 31일까지 : 새마을공장 또는 법인이 2008년 1월 1일부터 2010년 12월 31일까지 각 중앙관서의 장 또는 계약담당공무원과 체결한 수의계약금액 합산액의 80퍼센트에 해당하는 금액을 연평균으로 환산한 금액
3. 2015년 1월 1일부터 2015년 12월 31일까지 : 새마을공장 또는 법인이 2008년 1월 1일부터 2010년 12월 31일까지 각 중앙관서의 장 또는 계약담당공무원과 체결한 수의계약금액 합산액의 50퍼센트에 해당하는 금액을 연평균으로 환산한 금액
(2013.12.30 2호~3호개정)
② 각 중앙관서의 장 또는 계약담당공무원은 종전의 제26조제1항제8호다목에 따라 수의계약을 체결할 수 있는 법인 중 「특수임무수행자 지원 및 단체설립에 관한 법률」 제54조에 따라 설립된 대한민국특수임무수행자회에 대해서는 제1항에도 불구하고 2015년 12월 31일까지 종전의 규정에 따라 수의계약을 체결할 수 있다.
③ 종전의 제26조제1항제8호다목에 따라 수의계약을 체결할 수 있는 법인이 제1항 또는 제2항에 따라 수의계약을 체결하는 경우에는 제26조제3항·제5항 및 제30조제1항의 개정규정에도 불구하고 종전의 제26조제2항·제4항 및 제30조제1항 단서를 적용한다.
④ 새마을공장 또는 법인을 지도·감독하는 주무부처의 장은 새마을공장 또는 법인이 제1항제2호 및 제3호에 따른 수의계약이 가능한 금액 한도를 준수하는지를 감독하고 조정하여야 하며, 이를 위하여 각 중앙관서의 장에게 필요한 협조를 요청할 수 있다. 이 경우 협조를 요청받은 각 중앙관서의 장은 특별한 사유가 없으면 이에 따라야 한다.(2013.12.30 본항신설)
제8조【기술개발제품 등에 대한 수의계약에 관한 경과조치】 제26조제1항제3호 및 제2항의 개정규정은 종전의 제26조제1항제6호바목 및 제7호자목의 적용을 받던 인증물품 또는 지정물품에 대해서도 적용한다. 이 경우 종전의 제26조제1항제6호바목 및 제7호자목의 적용을 받던 인증물품 또는 지정물품에 대해서 제26조제2항의 개정규정을 적용할 때에는 이 영 시행일부터 기산한다.
제9조【다른 법령의 개정】 ①~⑤ ※(해당 법령에 가제정리 하였음)

부 칙 (2011.2.9)

제1조【시행일】 이 영은 공포한 날부터 시행한다. 다만, 제37조제3항제5호의2, 제50조제6항제1호 및 제85조의2제1항제1호의 개정규정은 공포 후 3개월이 경과한 날부터 시행한다.
제2조【유효기간】 제72조제3항제2호의 개정규정은 2017년 12월 31일까지 효력을 가진다. 다만, 2017년 12월 31일까지 입찰공고한 사업에 대해서는 그 사업이 종료될 때까지 제72조제3항제2호의 개정규정을 적용한다.
(2015.12.31 본조개정)
제3조【입찰보증금 납부에 관한 적용례】 제37조제2항제4호러목의 개정규정은 이 영 시행 후 최초로 입찰보증금을 납부하는 분부터 적용한다.
제4조【녹색전문기업 등에 대한 입찰보증금 및 계약보증금 감면에 관한 적용례】 제37조제3항제5호의2 및 제50조제6항제1호의 개정규정은 부칙 제1조 단서에 따른 제37조제3항제5호의2 및 제50조제6항제1호의 개정규정의 시행 후 최초로 입찰공고하는 계약부터 적용한다.
제5조【부정당업자의 입찰참가자격 의무적 제한에 관한 적용례】 제76조제8항 단서의 개정규정은 이 영 시행 후 최초로 제76조제1항제10호의 위반행위를 한 자부터 적용한다.
제6조【일괄입찰의 실시설계적격자 결정방법에 관한 적용례】 제85조의2제1항제1호의 개정규정은 부칙 제1조에 따른 제85조의2제1항제1호의 개정규정의 시행 후 최초로 입찰공고하는 계약부터 적용한다.
제7조【지역의무 공동계약에 관한 특례】 제72조제3항제2호에 따라 기획재정부장관이 고시한 사업 중 법률 제8238호 공공기관 지방이전에 따른 혁신도시 건설 및 지원에 관한 특별법 부칙 제2조에 따라 혁신도시 개발예정지구로 지정된 광주·전남공동혁신도시를 개발하는 사업의 경우에는 제72조제3항 각 호 외의 부분에도 불구하고 주된 영업소 소재지에 대하여 광주광역시와 전라남도의 관할구역을 각각 분리하지 아니하고 동일한 소재지로 본다.

부 칙 (2014.11.4)

제1조【시행일】 이 영은 공포한 날부터 시행한다. 다만, 제76조의2제1항제5호, 같은 조 제2항 단서 및 제107조의 개정규정은 2015년 1월 1일부터 시행하고, 제9조제1항제3호의 개정규정은 2015년 3월 1일부터 시행한다.
제2조【입찰보증금 보증서 등의 발행에 관한 적용례】 ① 제37조제1항 및 같은 조 제2항제4호버목의 개정규정은 이 영 시행 이후 입찰공고를 하는 경우부터 적용한다.
② 제37조제2항제4호버목의 개정규정은 이 영 시행 이후 계약을 체결하는 경우로서 제50조제7항에 따라 계약보증금을 납부하는 경우부터 적용한다.
③ 제37조제2항제4호버목의 개정규정은 이 영 시행 이후 제62조제5항에 따라 하자보수보증금을 납부하는 경우부터 적용한다.

제3조【공사계약의 하자담보책임기간에 관한 적용례】 제60조제1항 본문의 개정규정은 이 영 시행 이후 계약을 체결하는 경우부터 적용한다.
제4조【정보시스템 구축사업 등의 장기계속계약에 관한 적용례】 제69조제3항의 개정규정은 이 영 시행 이후 입찰공고를 하거나 수의계약을 체결하는 경우부터 적용한다.
제5조【과징금 부과의 대상과 기준에 관한 적용례】 제76조의2제1항제5호 및 같은 조 제2항 단서의 개정규정은 2015년 1월 1일 전의 위반행위에 대해서도 적용한다.
제6조【기술제안입찰 제안서 작성비용의 보상에 관한 적용례】 제107조의 개정규정은 2015년 1월 1일 이후 입찰공고를 하는 경우부터 적용한다.

부 칙 (2015.6.22)

제1조【시행일】 이 영은 공포한 날부터 시행한다. 다만, 제118조의 개정규정은 2015년 7월 1일부터 시행한다.
제2조【부정당업자의 입찰참가자격 제한에 관한 적용례】 제76조제1항제10호의 개정규정은 이 영 시행 이후 제한사유가 발생하는 경우부터 적용한다.
제3조【물품을 제조하여 납품하는 소액입찰의 낙찰자 결정에 관한 경과조치】 이 영 시행 전에 입찰공고를 한 경우에는 제42조제2항의 개정규정에도 불구하고 종전의 규정에 따른다.

부 칙 (2015.12.31)

제1조【시행일】 이 영은 2016년 1월 1일부터 시행한다.
제2조【소액수의계약에 대한 적용례】 제26조제1항제5호가목의 개정규정은 이 영 시행 이후 각 중앙관서의 장 또는 계약담당공무원이 제30조에 따라 견적서의 제출을 요구하는 경우부터 적용한다.
제3조【경쟁입찰에서의 낙찰자 결정 등에 관한 경과조치】 이 영 시행 전에 각 중앙관서의 장 또는 계약담당공무원이 입찰공고를 한 공사에 대해서는 제14조제1항·제6항·제7항, 제42조제4항·제6항·제7항, 제47조제1항, 제76조제1항제10호·제14호의2, 제86조제6항제1호 및 제118조제1호의 개정규정에도 불구하고 종전의 규정에 따른다.

부 칙 (2016.9.2)

제1조【시행일】 이 영은 2016년 9월 3일부터 시행한다. 다만, 제80조제1항·제3항·제5항, 제85조의2제1항·제2항, 제94조제1항제3호, 제99조제1항 및 제102조제1항·제2항의 개정규정은 2017년 1월 1일부터 시행한다.
제2조【입찰공고의 내용에 관한 적용례】 제36조제15호의2의 개정규정은 이 영 시행 이후 입찰공고를 하는 경우부터 적용한다.
제3조【부정당업자의 입찰참가자격 제한에 관한 적용례】 ① 제76조제1항제2호가목의 개정규정은 이 영 시행 이후 입찰공고를 하는 경우부터 적용한다.
② 제76조제1항제3호다목의 개정규정은 이 영 시행 전에 체결된 계약으로서 이 영 시행 당시 이행과정에 있는 계약에 대하여 제한사유가 발생하는 경우에도 적용한다.
제4조【일괄입찰 등의 입찰절차에 관한 적용례】 제85조제5항제3호 및 제105조제4항의 개정규정은 이 영 시행 전에 일괄입찰 또는 기본설계 기술제안입찰로 발주된 공사에 대하여 이 영 시행 이후 제27조제1항에 따라 수의계약을 체결하려는 경우부터 적용한다.
제5조【일괄입찰 등의 실시설계적격자 등의 결정에 관한 적용례】 제85조의2제1항제1호의 개정규정은 부칙 제1조 단서에 따른 시행일 이후 감점사유가 발생하는 경우부터 적용한다.
제6조【계약관련 정보의 공개에 관한 적용례】 제92조의2제1항의 개정규정은 이 영 시행 이후 계약의 이행이 완료되는 경우부터 적용한다.
제7조【일괄입찰 등의 낙찰자 결정방법 등에 관한 경과조치】 부칙 제1조 단서에 따른 시행일 전에 제80조제2항 또는 제99조제2항에 따라 집행기본계획서를 제출한 공사에 대해서는 제80조제1항·제3항·제5항, 제85조의2제1항 각 호 외의 부분 및 같은 조 제2항, 제94조제1항제3호, 제99조제1항 및 제102조제1항·제2항의 개정규정에도 불구하고 종전의 규정에 따른다.

부 칙 (2018.3.6)

제1조【시행일】 이 영은 공포한 날부터 시행한다. 다만, 제64조제8항 및 제66조제2항의 개정규정은 공포 후 3개월이 경과한 날부터 시행한다.
제2조【물가변동 등으로 인한 계약금액의 조정에 관한 적용례】 제64조제8항 및 제66조제2항의 개정규정은 부칙 제1조 단서에 따른 시행일에 예정가격이 작성되거나 계약금액이 정해진 경우에도 적용한다.

부 칙 (2018.12.4)

제1조【시행일】 이 영은 공포한 날부터 시행한다. 다만, 다음 각 호의 개정규정은 각 호의 구분에 따른 날부터 시행한다.
1. 제7조의2제2항, 제14조제1항, 제16조제4항, 제26조제1항제3호아목 및 같은 항 제5호가목5), 제30조제1항제2호 및 같은 조 제2항, 제35조제5항, 제36조제16호·제17호, 제40조제2항, 제42조제1항·제2항·제4항, 제43조의3, 제47조제1항, 제76조제1항제1호마목, 제76조의2제1항 및 제86조제6항제2호의 개정규정 : 공포 후 3개월이 경과한 날
2. 제54조제1항제1호의 개정규정 : 2019년 2월 4일
제2조【일반적 적용례】 이 영은 부칙 제1조에 따른 시행일 이후 입찰공고하는 경우부터 적용한다.
제3조【지체상금 부과 및 계약보증금 추가 납부 한도에 관한 적용례】 제74조제3항 및 제75조제2항제2호의 개정규정은 이 영 시행 이후에 계약기간이 만료되어 지체상금이 발생하는 경우부터 적용한다.
제4조【부정당업자에 대한 과징금 부과에 관한 적용례】 제76조의2제1항의 개정규정은 부칙 제1조제1호에 따른 시행일 전에 체결된 계약으로서 같은 호에 따른 시행일 당시 이행과정에 있는 계약에 대하여 입찰 참가자격 제한사유가 발생하는 경우에도 적용한다.
제5조【이의신청에 관한 적용례】 제110조제1항제1호의 개정규정은 이 영 시행 전에 이의신청 사유가 발생하여 이 영 시행 당시 법 제28조제2항에 따른 이의신청 기간이 지나지 아니한 경우에도 적용한다.
제6조【국가계약분쟁조정위원회의 조정 결과에 대한 이의제기 및 소송 관련 사실의 통지에 관한 적용례】 제113조제4항 및 제114조의2의 개정규정은 이 영 시행 이후 국가계약분쟁조정위원회에 심사·조정청구된 분쟁부터 적용한다.
제7조【제한경쟁입찰의 제한사항 변경에 관한 경과조치】 이 영 시행 전에 입찰공고를 한 경우에는 제21조제1항제10호의 개정규정에도 불구하고 종전의 규정에 따른다.
제8조【최저가격 낙찰제 폐지에 관한 경과조치】 부칙 제1조제1호에 따른 시행일 전에 입찰공고를 한 경우에는 제42조제2항 및 제47조제1항제3호의 개정규정에도 불구하고 종전의 규정에 따른다.

부 칙 (2019.9.17)

제1조【시행일】 이 영은 공포한 날부터 시행한다. 다만, 제4조의2제1항제1호, 제13조제1항, 제14조제2항, 제14조의2제2항, 제20조제1항, 제36조제3호·제3호의2, 제37조제3항제5호, 제42조제4항제1호, 제43조제6항, 제43조의3제6항, 제52조제1항, 제56조의2, 제86조제6항제1호 및 제110조제1항제1호의 개정규정은 공포 후 3개월이 경과한 날부터 시행한다.
제2조【청렴계약의 내용에 관한 적용례】 제4조의2제1항제1호의 개정규정은 부칙 제1조 단서에 따른 시행일 이후 입찰공고하거나 수의계약을 체결하는 경우부터 적용한다.
제3조【이의신청에 관한 적용례】 제110조제1항제1호의 개정규정은 부칙 제1조 단서에 따른 시행일 전에 이의신청 사유가 발생하여 부칙 제1조 단서에 따른 시행일 당시 법 제28조제2항에 따른 이의신청 기간이 지나지 않은 경우에도 적용한다.
제4조【입찰참가자격 사전심사 등에 관한 경과조치】 부칙 제1조 단서에 따른 시행일 전에 입찰공고를 한 경우에는 제13조제1항, 제14조제2항, 제14조의2제2항, 제20조제1항, 제36조제3호·제3호의2, 제37조제3항제5호, 제42조제4항제1호, 제43조제6항, 제43조의3제6항 및 제86조제6항제1호의 개정규정에도 불구하고 종전의 규정에 따른다.
제5조【계속공사의 입찰참가 제한에 관한 경과조치】 이 영 시행 전에 입찰공고를 한 경우에는 제15조의 개정규정에도 불구하고 종전의 규정에 따른다.
제6조【검사를 면제할 수 있는 물품에 관한 경과조치】 부칙 제1조 단서에 따른 시행일 전에 계약을 체결한 경우에는 제56조의2의 개정규정에도 불구하고 종전의 규정에 따른다.
제7조【부정당업자의 입찰참가자격 제한에 관한 경과조치】 ① 이 영 시행 전에 발생한 사항에 따른 입찰참가자격 제한에 관하여는 제76조제1항제1호의 개정규정에도 불구하고 종전의 규정에 따른다.
② 이 영 시행 전에 공정거래위원회 또는 중소벤처기업부장관으로부터 요청받은 입찰참가자격 제한에 관하여는 제76조제2항의 개정규정에도 불구하고 종전의 규정에 따른다.

부 칙 (2020.1.7)
(2020.2.18)

제1조【시행일】 이 영은 공포한 날부터 시행한다.(이하 생략)

부 칙 (2020.4.7)

제1조【시행일】 이 영은 2020년 5월 27일부터 시행한다. 다만, 제72조제3항의 개정규정은 공포한 날부터 시행한다.
제2조【유효기간】 제72조제3항제2호의 개정규정은 2029년 12월 31일까지 효력을 가진다. 다만, 2029년 12월 31일까지 입찰공고한 사업에 대해서는 그 사업이 종료될 때까지 제72조제3항제2호의 개정규정을 적용한다.
제3조【공동계약에 관한 적용례】 제72조제3항제2호의 개정규정은 부칙 제1조 단서에 따른 시행일 이후 입찰공고를 하는 경우(재입찰 또는 재공고입찰을 하는 경우는 제외한다)부터 적용한다.

부 칙 (2020.5.1)

제1조【시행일】 이 영은 공포한 날부터 시행한다. 다만, 대통령령 제30597호 국가를 당사자로 하는 계약에 관한 법률 시행령 일부개정령 제7조의2제2항제2호의 개정규정은 2020년 5월 27일부터 시행하고, 제112조제3항의 개정규정은 2020년 10월 1일부터 시행한다.
제2조【수의계약에 의할 수 있는 경우 등에 관한 적용례】 제7조의2제2항, 제26조제1항제1호가목, 같은 조 제6항, 제30조제1항제2호, 같은 조 제2항 및 대통령령 제30597호 국가를 당사자로 하는 계약에 관한 법률 시행령 일부개정령 제7조의2제2항제2호의 개정규정은 이 영 시행 이후 수의계약을 체결하는 경우부터 적용한다.
제3조【재공고입찰과 수의계약에 관한 적용례】 제27조제3항의 개정규정은 이 영 시행 전에 입찰공고를 한 경우로서 이 영 시행 이후 수의계약을 체결하려는 경우에도 적용한다.
제4조【입찰공고의 시기 및 입찰보증금에 관한 적용례】 제35조제4항제1호의2(제34조 후단에 따라 준용되는 경우를 포함한다) 및 제37조제1항 단서의 개정규정은 이 영 시행 이후 입찰공고하는 경우부터 적용한다.
제5조【계약보증금 납부 및 이행보증에 관한 적용례】 제50조제1항 단서 및 제52조제1항제2호의 개정규정은 이 영 시행 전에 입찰공고한 경우로서 이 영 시행 이후 계약보증금을 납부하는 경우에도 적용한다.
제6조【검사에 관한 경과조치】 이 영 시행 전에 계약상대자로부터 해당 계약의 이행을 완료한 사실을 통지받은 경우에는 제55조제1항의 개정규정에도 불구하고 종전의 규정에 따른다.
제7조【대가의 지급에 관한 경과조치】 이 영 시행 전에 계약상대자로부터 계약 대가의 지급 청구를 받은 경우에는 제58조제1항 전단의 개정규정에도 불구하고 종전의 규정에 따른다.

부 칙 (2020.9.29 영31053호)

제1조【시행일】 이 영은 2020년 10월 1일부터 시행한다. (이하 생략)

부 칙 (2020.9.29 영31054호)

제1조【시행일】 이 영은 2020년 10월 1일부터 시행한다.
제2조【수의계약 체결에 관한 특례】 이 영 시행 당시 종전의 제26조제1항제3호아목에 따른 기술의 혁신성이 인정된 제품 및 같은 항 제5호사목에 따른 시범구매 대상 시제품으로 지정되어 등록된 제품에 대해서는 제26조제1항제3호아목 및 같은 항 제5호사목의 개정규정에도 불구하고 2020년 10월 31일까지는 종전의 규정에 따라 수의계약을 할 수 있다.

부 칙 (2020.12.8 영31220호)
(2020.12.8 영31221호)
(2020.12.8 영31222호)

제1조【시행일】 이 영은 2020년 12월 10일부터 시행한다. (이하 생략)

부 칙 (2021.1.5)

이 영은 공포한 날부터 시행한다.(이하 생략)

부 칙 (2021.2.2)

제1조【시행일】 이 영은 2021년 2월 5일부터 시행한다. (이하 생략)

부 칙 (2021.2.17)

제1조【시행일】 이 영은 공포한 날부터 시행한다.(이하 생략)

부 칙 (2021.3.30)

제1조【시행일】 이 영은 2021년 4월 1일부터 시행한다. (이하 생략)

부 칙 (2021.7.6)

제1조【시행일】 이 영은 2021년 7월 6일부터 시행한다. 다만, 제76조제9항제2호의 개정규정은 2022년 1월 1일부터 시행한다.
제2조【중소기업협동조합 입찰참가제한 예외에 관한 적용례】 제76조제9항제2호의 개정규정은 부칙 제1조 단서

에 따른 시행일 이후 제76조제9항에 따라 입찰참가자격을 제한하는 경우부터 적용한다.
제3조【이의신청에 관한 적용례】 제110조제1항 및 제2항의 개정규정은 이 영 시행 전에 이의신청 사유가 발생하여 이 영 시행 당시 법 제28조제2항에 따른 이의신청 기간이 지나지 않은 경우에도 적용한다.
제4조【다른 법령의 개정】 ※(해당 법령에 가제정리 하였음)

부　칙 (2021.9.14)

제1조【시행일】 이 영은 공포한 날부터 시행한다.(이하 생략)

부　칙 (2022.1.25)

제1조【시행일】 이 영은 2022년 1월 28일부터 시행한다.(이하 생략)

부　칙 (2022.3.25)

제1조【시행일】 이 영은 2022년 3월 25일부터 시행한다.(이하 생략)

부　칙 (2022.6.14)

제1조【시행일】 이 영은 공포한 날부터 시행한다. 다만, 제111조제1항의 개정규정은 공포 후 3개월이 경과한 날부터 시행한다.
제2조【계약보증금의 국고귀속에 관한 적용례】 제51조제2항제1호의 개정규정은 이 영 시행 전에 계약을 체결한 경우로서 이 영 시행 이후 계약보증금의 국고귀속 사유가 발생하는 경우에도 적용한다.

부　칙 (2022.6.28)

제1조【시행일】 이 영은 2022년 6월 29일부터 시행한다.(이하 생략)

부　칙 (2023.1.3)

제1조【시행일】 이 영은 2023년 1월 5일부터 시행한다.(이하 생략)

부　칙 (2023.4.11)

제1조【시행일】 이 영은 2023년 6월 5일부터 시행한다.(이하 생략)

부　칙 (2023.11.16)

제1조【시행일】 이 영은 공포한 날부터 시행한다. 다만, 제94조제1항의 개정규정은 공포 후 6개월이 경과한 날부터 시행한다.
제2조【물가변동으로 인한 계약금액의 조정에 관한 적용례】 제64조제6항의 개정규정은 이 영 시행 당시 이행이 완료되지 않은 공사계약에 대해서도 적용한다.
제3조【과징금 부과의 대상에 관한 적용례】 제76조의2제1항의 개정규정은 이 영 시행 전의 위반행위에 대하여 이 영 시행 이후 과징금을 부과하는 경우에도 적용한다.
제4조【입찰관련서류의 열람 등에 관한 경과조치】 이 영 시행 전에 입찰공고를 한 공사에 대한 입찰관련서류의 열람 등에 관하여는 제14조제2항 및 제3항의 개정규정에도 불구하고 종전의 규정에 따른다.
제5조【용역입찰에 대한 낙찰자 결정에 관한 경과조치】 이 영 시행 전에 입찰공고를 한 용역에 대한 낙찰자 결정에 관하여는 제42조제4항의 개정규정에도 불구하고 종전의 규정에 따른다.

국유재산법

(2009년　1월　30일
전부개정법률 제9401호)

개정
2009. 3.25법 9544호(한국수자원공사법)
2009. 3.25법 9547호(철도건설법)
2009. 5.27법 9711호
2009. 6. 9법 9774호(측량·수로지적)
2011. 3.30법10485호
2011. 4.12법10580호(부등)
2011. 5.19법10682호(금융부실)
2011. 7.14법10816호　2012.12.18법11548호
2013. 5.28법11821호(국가재정법)
2014. 6. 3법12738호(공간정보구축관리)
2015. 6.22법13383호(수산업·어촌발전기본법)
2016. 3. 2법14041호　2017. 8. 9법14841호
2017.12.26법15286호　2018. 3.13법15425호
2019.11.26법16652호(자산관리)
2020. 3.31법17137호
2020. 6. 9법17339호(법률용어정비)
2020.12.29법17758호(국세징수)
2021.12.28법18661호(중소기업창업)
2024. 1. 9법19990호(벤처기업육성에관한특별법)→2024년 7월 10일 시행

제1장 총　칙

제1조【목적】 이 법은 국유재산에 관한 기본적인 사항을 정함으로써 국유재산의 적정한 보호와 효율적인 관리·처분을 목적으로 한다.
제2조【정의】 이 법에서 사용하는 용어의 뜻은 다음과 같다.
1. "국유재산"이란 국가의 부담, 기부채납이나 법령 또는 조약에 따라 국가 소유로 된 제5조제1항 각 호의 재산을 말한다.
2. "기부채납"이란 국가 외의 자가 제5조제1항 각 호에 해당하는 재산의 소유권을 무상으로 국가에 이전하여 국가가 이를 취득하는 것을 말한다.
3. "관리"란 국유재산의 취득·운용과 유지·보존을 위한 모든 행위를 말한다.
4. "처분"이란 매각, 교환, 양여, 신탁, 현물출자 등의 방법으로 국유재산의 소유권이 국가 외의 자에게 이전되는 것을 말한다.
5. "관리전환"이란 일반회계와 특별회계·기금 간 또는 서로 다른 특별회계·기금 간에 국유재산의 관리권을 넘기는 것을 말한다.(2011.3.30 본호개정)
6. "정부출자기업체"란 정부가 출자하였거나 출자할 기업체로서 대통령령으로 정하는 기업체를 말한다.
7. "사용허가"란 행정재산을 국가 외의 자가 일정 기간 유상이나 무상으로 사용·수익할 수 있도록 허용하는 것을 말한다.
8. "대부계약"이란 일반재산을 국가 외의 자가 일정 기간 유상이나 무상으로 사용·수익할 수 있도록 체결하는 계약을 말한다.
9. "변상금"이란 사용허가나 대부계약 없이 국유재산을 사용·수익하거나 점유한 자(사용허가나 대부계약 기간이 끝난 후 다시 사용허가나 대부계약 없이 국유재산을 계속 사용·수익하거나 점유한 자를 포함한다. 이하 "무단점유자"라 한다)에게 부과하는 금액을 말한다.
10. "총괄청"이란 기획재정부장관을 말한다.(2011.3.30 본호신설)
11. "중앙관서의 장등"이란 「국가재정법」 제6조에 따른 중앙관서의 장(이하 "중앙관서의 장"이라 한다)과 제42조제1항에 따라 일반재산의 관리·처분에 관한 사무를 위임·위탁받은 자를 말한다.(2011.3.30 본호신설)

제3조【국유재산 관리·처분의 기본원칙】 국가는 국유재산을 관리·처분할 때에는 다음 각 호의 원칙을 지켜야 한다.
1. 국가전체의 이익에 부합되도록 할 것
2. 취득과 처분이 균형을 이룰 것
3. 공공가치와 활용가치를 고려할 것
3의2. 경제적 비용을 고려할 것(2011.3.30 본호신설)
4. 투명하고 효율적인 절차를 따를 것

제4조【다른 법률과의 관계】 국유재산의 관리와 처분에 관하여는 다른 법률에 특별한 규정이 있는 경우를 제외하고는 이 법에서 정하는 바에 따른다. 다만, 다른 법률의 규정이 제2장에 저촉되는 경우에는 이 법에서 정하는 바에 따른다.
제5조【국유재산의 범위】 ① 국유재산의 범위는 다음 각 호와 같다.
1. 부동산과 그 종물(從物)
2. 선박, 부표(浮標), 부잔교(浮棧橋), 부선거(浮船渠) 및 항공기와 그들의 종물
3. 「정부기업예산법」 제2조에 따른 정부기업(이하 "정부기업"이라 한다)이나 정부시설에서 사용하는 기계와 기구 중 대통령령으로 정하는 것
4. 지상권, 지역권, 전세권, 광업권, 그 밖에 이에 준하는 권리
5. 「자본시장과 금융투자업에 관한 법률」 제4조에 따른 증권(이하 "증권"이라 한다)
6. 다음 각 목의 어느 하나에 해당하는 권리(이하 "지식재산"이라 한다)
가. 「특허법」·「실용신안법」·「디자인보호법」 및 「상표법」에 따라 등록된 특허권, 실용신안권, 디자인권 및 상표권
나. 「저작권법」에 따른 저작권, 저작인접권 및 데이터베이스제작자의 권리 및 그 밖에 같은 법에서 보호되는 권리로서 같은 법 제53조 및 제112조제1항에 따라 한국저작권위원회에 등록된 권리(이하 "저작권등"이라 한다)
다. 「식물신품종 보호법」 제2조제4호에 따른 품종보호권
라. 가목부터 다목까지의 규정에 따른 지식재산 외에 「지식재산 기본법」 제3조제3호에 따른 지식재산권. 다만, 「저작권법」에 따라 등록되지 아니한 권리는 제외한다.
(2012.12.18 본호개정)
② 제1항제3호의 기계와 기구로서 해당 기업이나 시설의 폐지와 함께 포괄적으로 용도폐지된 것은 해당 기업이나 시설이 폐지된 후에도 국유재산으로 한다.
제6조【국유재산의 구분과 종류】 ① 국유재산은 그 용도에 따라 행정재산과 일반재산으로 구분한다.
② 행정재산의 종류는 다음 각 호와 같다.
1. 공용재산 : 국가가 직접 사무용·사업용 또는 공무원의 주거용(직무 수행을 위하여 필요한 경우로서 대통령령으로 정하는 경우로 한정한다)으로 사용하거나 대통령령으로 정하는 기한까지 사용하기로 결정한 재산(2012.12.18 본호개정)
2. 공공용재산 : 국가가 직접 공공용으로 사용하거나 대통령령으로 정하는 기한까지 사용하기로 결정한 재산
3. 기업용재산 : 정부기업이 직접 사무용·사업용 또는 그 기업에 종사하는 직원의 주거용(직무 수행을 위하여 필요한 경우로서 대통령령으로 정하는 경우로 한정한다)으로 사용하거나 대통령령으로 정하는 기한까지 사용하기로 결정한 재산(2012.12.18 본호개정)
4. 보존용재산 : 법령이나 그 밖의 필요에 따라 국가가 보존하는 재산
③ "일반재산"이란 행정재산 외의 모든 국유재산을 말한다.
제7조【국유재산의 보호】 ① 누구든지 이 법 또는 다른 법률에서 정하는 절차와 방법에 따르지 아니하고는 국유재산을 사용하거나 수익하지 못한다.
② 행정재산은 「민법」 제245조에도 불구하고 시효취득(時效取得)의 대상이 되지 아니한다.
제8조【국유재산 사무의 총괄과 관리】 ① 총괄청은 국유재산에 관한 사무를 총괄하고 그 국유재산(제3항에 따라 중앙관서의 장이 관리·처분하는 국유재산은 제외한다)을 관리·처분한다.(2011.3.30 본항개정)
② 총괄청은 일반재산을 보존용재산으로 전환하여 관리할 수 있다.
③ 중앙관서의 장은 「국가재정법」 제4조에 따라 설치된 특별회계 및 같은 법 제5조에 따라 설치된 기금에 속하는 국유재산과 제40조제2항 각 호에 따른 재산을 관리·처분한다.(2011.3.30 본항개정)
④ 중앙관서의 장은 제3항 외의 국유재산을 행정재산으로 사용하려는 경우에는 대통령령으로 정하는 바에 따라 총괄청의 승인을 받아야 한다.(2011.3.30 본항신설)
⑤ 총괄청은 제4항에 따른 사용승인을 할 때 제40조의2에 따른 우선사용예약을 고려하여야 한다.(2020.3.31 본항신설)
⑥ 이 법에 따른 총괄청의 행정재산의 관리·처분에 관한 사무는 그 일부를 대통령령으로 정하는 바에 따라 중앙관서의 장에게 위임할 수 있다.(2011.3.30 본항신설)
제8조의2【사용 승인 철회 등】 ① 총괄청은 제8조제4항에 따라 사용을 승인한 행정재산에 대하여 다음 각 호의 어느 하나에 해당하는 경우에는 제26조에 따른 국유재산정책심의위원회의 심의를 거쳐 그 사용 승인을 철회할 수 있다.
1. 다른 국가기관의 행정목적을 달성하기 위하여 우선적으로 필요한 경우
2. 제21조제1항에 따른 보고나 같은 조 제3항에 따른 감사결과 위법하거나 부당한 재산관리가 인정되는 경우

3. 제1호 및 제2호의 경우 외에 감사원의 감사 결과 위법하거나 부당한 재산관리가 인정되는 등 사용 승인의 철회가 불가피하다고 인정되는 경우
② 총괄청은 제1항에 따라 사용 승인 철회를 하려면 미리 그 내용을 중앙관서의 장에게 알려 의견을 제출할 기회를 주어야 한다.
③ 중앙관서의 장은 제1항에 따라 사용 승인이 철회된 경우에는 해당 행정재산을 지체 없이 총괄청에 인계하여야 한다. 이 경우 인계된 재산은 제40조제1항에 따라 용도가 폐지된 것으로 본다.
(2011.3.30 본조신설)

제9조【국유재산종합계획】 ① 총괄청은 다음 연도의 국유재산의 관리·처분에 관한 계획의 작성을 위한 지침을 매년 4월 30일까지 중앙관서의 장에게 통보하여야 한다.
② 중앙관서의 장은 제1항의 지침에 따라 국유재산의 관리·처분에 관한 다음 연도의 계획을 작성하여 매년 6월 30일까지 총괄청에 제출하여야 한다.
③ 총괄청은 제2항에 따라 제출된 계획을 종합조정하여 수립한 국유재산종합계획을 국무회의의 심의를 거쳐 대통령의 승인을 받아 확정하고, 회계연도 개시 120일 전까지 국회에 제출하여야 한다.(2013.5.28 본항개정)
④ 국유재산종합계획에는 다음 각 호의 사항이 포함되어야 한다.
1. 국유재산을 효율적으로 관리·처분하기 위한 중장기적인 국유재산 정책방향
2. 대통령령으로 정하는 국유재산 관리·처분의 총괄 계획
3. 국유재산 처분의 기준에 관한 사항
4.「국유재산특례제한법」제8조에 따른 국유재산특례 종합계획에 관한 사항
5. 제1호부터 제4호까지의 규정에 따른 사항 외에 국유재산의 관리·처분에 관한 중요한 사항
⑤ 국유재산종합계획을 변경하는 경우에는 제3항을 준용한다.
⑥ 총괄청은 제3항 및 제5항에 따라 국유재산종합계획을 확정하거나 변경한 경우에는 중앙관서의 장에게 알리고, 제5항에 따라 변경한 경우에는 지체 없이 국회에 제출하여야 한다.
⑦ 중앙관서의 장은 제3항에 따라 확정된 국유재산종합계획의 반기별 집행계획을 수립하여 해당 연도 1월 31일까지 총괄청에 제출하여야 한다.
⑧ 총괄청이 제3항에 따라 국유재산종합계획을 수립하는 경우에는「국가재정법」제6조제1항에 따른 독립기관의 장(이하 "독립기관의 장"이라 한다)의 의견을 최대한 존중하여야 하며, 국유재산 정책운용 등에 따라 불가피하게 조정이 필요한 때에는 해당 독립기관의 장과 미리 협의하여야 한다.
⑨ 총괄청은 제8항에 따른 협의에도 불구하고 제2항에 따른 독립기관의 계획을 조정하려는 때에는 국무회의에서 해당 독립기관의 장의 의견을 들어야 하며, 총괄청이 그 계획을 조정한 때에는 그 규모 및 이유, 조정에 대한 독립기관의 장의 의견을 국유재산종합계획과 함께 국회에 제출하여야 한다.
(2011.3.30 본조개정)

제10조【국유재산의 취득】 ① 국가는 국유재산의 매각대금과 비축 필요성 등을 고려하여 국유재산의 취득을 위한 재원을 확보하도록 노력하여야 한다.
② 중앙관서의 장이「국가재정법」제4조에 따라 설치된 특별회계와 같은 법 제5조에 따라 설치된 기금의 재원으로 공용재산 용도의 토지나 건물을 매입하려는 경우에는 총괄청과 협의하여야 한다.
(2011.3.30 본조개정)

제11조【사권 설정의 제한】 ① 사권(私權)이 설정된 재산은 그 사권이 소멸된 후가 아니면 국유재산으로 취득하지 못한다. 다만, 판결에 따라 취득하는 경우에는 그러하지 아니하다.
② 국유재산에는 사권을 설정하지 못한다. 다만, 일반재산에 대하여 대통령령으로 정하는 경우에는 그러하지 아니하다.

제12조【소유자 없는 부동산의 처리】 ① 총괄청이나 중앙관서의 장은 소유자 없는 부동산을 국유재산으로 취득한다.(2011.3.30 본항개정)
② 총괄청이나 중앙관서의 장은 제1항에 따라 소유자 없는 부동산을 국유재산으로 취득할 경우에는 대통령령으로 정하는 바에 따라 6개월 이상의 기간을 정하여 그 기간에 정당한 권리자나 그 밖의 이해관계인이 이의를 제기할 수 있다는 뜻을 공고하여야 한다.(2011.3.30 본항개정)
③ 총괄청이나 중앙관서의 장은 소유자 없는 부동산을 취득하려면 제2항에 따른 기간에 이의가 없는 경우에만 제2항에 따른 공고를 하였음을 입증하는 서류를 첨부하여「공간정보의 구축 및 관리 등에 관한 법률」에 따른 지적소관청에 소유자 등록을 신청할 수 있다.(2014.6.3 본항개정)
④ 제1항부터 제3항까지의 규정에 따라 취득한 국유재산은 그 등기일부터 10년간은 처분을 하여서는 아니 된다. 다만, 대통령령으로 정하는 특별한 사유가 있으면 그러하지 아니하다.(2016.3.2 본문개정)

제13조【기부채납】 ① 총괄청이나 중앙관서의 장(특별회계나 기금에 속하는 국유재산으로 기부받으려는 경우만 해당한다)은 제5조제1항 각 호의 재산을 국가에 기부하려는 자가 있으면 대통령령으로 정하는 바에 따라 받을 수 있다.(2011.3.30 본항개정)
② 총괄청이나 중앙관서의 장은 제1항에 따라 국가에 기부하려는 재산이 국가가 관리하기 곤란하거나 필요하지 아니한 것인 경우 또는 기부에 조건이 붙은 경우에는 받아서는 아니 된다. 다만, 다음 각 호의 어느 하나에 해당하는 경우에는 기부에 조건이 붙은 것으로 보지 아니한다.
(2011.3.30 본문개정)
1. 행정재산으로 기부하는 재산에 대하여 기부자, 그 상속인, 그 밖의 포괄승계인에게 무상으로 사용허가하여 줄 것을 조건으로 그 재산을 기부하는 경우
2. 행정재산의 용도를 폐지하는 경우 그 용도에 사용될 대체시설을 제공한 자, 그 상속인, 그 밖의 포괄승계인이 그 부담한 비용의 범위에서 제55조제1항제3호에 따라 용도폐지된 재산을 양여할 것을 조건으로 그 대체시설을 기부하는 경우

제14조【등기·등록 등】 ① 총괄청이나 중앙관서의 장은 국유재산을 취득한 경우 대통령령으로 정하는 바에 따라 지체 없이 등기·등록, 명의개서(名義改書), 그 밖의 권리보전에 필요한 조치를 하여야 한다.(2011.3.30 본항개정)
② 등기·등록이나 명의개서가 필요한 국유재산인 경우 그 권리자의 명의는 국(國)으로 하되 소관 중앙관서의 명칭을 함께 적어야 한다. 다만, 대통령령으로 정하는 법인에 증권을 예탁(預託)하는 경우에는 권리자의 명의를 그 법인으로 할 수 있다.
③ 중앙관서의 장등은 국유재산이 지적공부와 일치하지 아니하는 경우「공간정보의 구축 및 관리 등에 관한 법률」에 따라 등록전환, 분할·합병 또는 지목변경 등 필요한 조치를 하여야 한다. 이 경우「공간정보의 구축 및 관리 등에 관한 법률」제106조에 따른 수수료는 면제한다.
(2016.3.2 본항신설)

제15조【증권의 보관·취급】 ① 총괄청이나 중앙관서의 장등은 증권을 한국은행이나 대통령령으로 정하는 법인(이하 "한국은행등"이라 한다)으로 하여금 보관·취급하게 하여야 한다.(2011.3.30 본항개정)
② 한국은행등은 증권의 보관·취급에 관한 장부를 갖추어 두고 증권의 수급을 기록하여야 한다. 이 경우 장부와 수급의 기록은 전산자료로 대신할 수 있다.
③ 한국은행등은 증권의 수급에 관한 보고서 및 계산서를 작성하여 총괄청과 감사원에 제출하되, 감사원에 제출하는 수급계산서에는 증거서류를 붙여야 한다.
④ 한국은행등은 증권의 수급에 관하여 감사원의 검사를 받아야 한다.
⑤ 한국은행등은 증권의 보관·취급과 관련하여 국가에 손해를 끼친 경우에는「민법」과「상법」에 따라 그 손해를 배상할 책임을 진다.

제16조【국유재산의 관리전환】 ① 국유재산의 관리전환은 다음 각 호의 방법에 따른다.
1. 일반회계와 특별회계·기금 간에 관리전환을 하려는 경우 : 총괄청과 해당 특별회계·기금의 소관 중앙관서의 장 간의 협의
2. 서로 다른 특별회계·기금 간에 관리전환을 하려는 경우 : 해당 특별회계·기금의 소관 중앙관서의 장 간의 협의
(2011.3.30 본항개정)
② 제1항의 협의가 성립되지 아니하는 경우 총괄청은 다음 각 호의 사항을 고려하여 소관 중앙관서의 장을 결정한다.(2011.3.30 본문개정)
1. 해당 재산의 관리 상황 및 활용 계획
2. 국가의 정책목적 달성을 위한 우선 순위
(2011.3.30 본조제목개정)

제17조【유상 관리전환 등】 국유재산을 관리전환하거나 서로 다른 회계·기금 간에 그 사용을 하도록 하는 경우에는 유상으로 하여야 한다. 다만, 다음 각 호의 어느 하나에 해당하는 경우에는 무상으로 할 수 있다.
(2011.3.30 본문개정)
1. 직접 도로, 하천, 항만, 공항, 철도, 공유수면, 그 밖의 공공용으로 사용하기 위하여 필요한 경우
2. 다음 각 목의 어느 하나에 해당하는 사유로 총괄청과 중앙관서의 장 또는 중앙관서의 장 간에 무상으로 관리전환하기로 합의하는 경우(2011.3.30 본문개정)
가. 관리전환하려는 국유재산의 감정평가에 드는 비용이 해당 재산의 가액(價額)에 비하여 과다할 것으로 예상되는 경우
나. 상호교환의 형식으로 관리전환하는 경우로서 유상으로 관리전환하는 데에 드는 예산을 확보하기가 곤란한 경우
다. 제8조제3항에 따른 특별회계 및 기금에 속하는 일반재산의 효율적인 활용을 위하여 필요한 경우로서 제26조에 따른 국유재산정책심의위원회의 심의를 거친 경우(2020.3.31 본목신설)
(2011.3.30 본조제목개정)

제18조【영구시설물의 축조 금지】 ① 국가 외의 자는 국유재산에 건물, 교량 등 구조물과 그 밖의 영구시설물을 축조하지 못한다. 다만, 다음 각 호의 어느 하나에 해당하는 경우에는 그러하지 아니하다.
1. 기부를 조건으로 축조하는 경우
2. 다른 법률에 따라 국가에 소유권이 귀속되는 공공시설을 축조하는 경우
2의2. 제50조제2항에 따라 매각대금을 나누어 내고 있는 일반재산으로서 대통령령으로 정하는 경우(2011.3.30 본호신설)
3. 지방자치단체나「지방공기업법」에 따른 지방공기업(이하 "지방공기업"이라 한다)이「사회기반시설에 대한 민간투자법」제2조제1호의 사회기반시설 중 주민생활을 위한 문화시설, 생활체육시설 등 기획재정부령으로 정하는 사회기반시설을 해당 국유재산 소관 중앙관서의 장과 협의를 거쳐 총괄청의 승인을 받아 축조하는 경우(2020.3.31 본호신설)
4. 제59조의2에 따라 개발하는 경우(2016.3.2 본호신설)
5. 법률 제4347호 지방교육자치에관한법률 시행 전에 설립한 초등학교·중학교·고등학교 및 특수학교에 총괄청 및 관련 중앙관서의 장과 협의를 거쳐 교육부장관의 승인을 받아「학교시설사업 촉진법」제2조제1호에 따른 학교시설을 증축 또는 개축하는 경우(2020.3.31 본호신설)
6. 그 밖에 국유재산의 사용 및 이용에 지장이 없고 국유재산의 활용가치를 높일 수 있는 경우로서 대부계약의 사용목적을 달성하기 위하여 중앙관서의 장등이 필요하다고 인정하는 경우(2011.3.30 본호개정)
② 제1항 단서에 따라 영구시설물의 축조를 허용하는 경우에는 대통령령으로 정하는 기준 및 절차에 따라 그 영구시설물의 철거 등 원상회복에 필요한 비용의 상당액에 대하여 이행을 보증하는 조치를 하게 하여야 한다.

제19조【국유재산에 관한 법령의 협의】 각 중앙관서의 장은 국유재산의 관리·처분에 관련된 법령을 제정·개정하거나 폐지하려면 그 내용에 관하여 총괄청 및 감사원과 협의하여야 한다.(2011.3.30 본조개정)

제20조【직원의 행위 제한】 ① 국유재산에 관한 사무에 종사하는 직원은 그 처리하는 국유재산을 취득하거나 자기의 소유재산과 교환하지 못한다. 다만, 해당 총괄청이나 중앙관서의 장의 허가를 받은 경우에는 그러하지 아니하다.(2011.3.30 단서개정)
② 제1항을 위반한 행위는 무효로 한다.

제2장 총괄청

제21조【총괄청의 감사 등】 ① 총괄청은 중앙관서의 장등에 해당 국유재산의 관리상황에 관하여 보고하게 하거나 자료를 제출하게 할 수 있다.
② 중앙관서의 장은 소관 행정재산 중 대통령령으로 정하는 유휴 행정재산 현황을 매년 1월 31일까지 총괄청에 보고하여야 한다.
③ 총괄청은 중앙관서의 장등의 재산 관리상황과 유휴 행정재산 현황을 감사(監査)하거나 그 밖에 필요한 조치를 할 수 있다.
(2011.3.30 본조개정)

제22조【총괄청의 용도폐지 요구 등】 ① 총괄청은 중앙관서의 장에게 그 소관에 속하는 국유재산의 용도를 폐지하거나 변경할 것을 요구할 수 있으며 그 국유재산을 관리전환하게 하거나 총괄청에 인계하게 할 수 있다.
(2020.6.9 본항개정)
② 총괄청은 제1항의 조치를 하려면 미리 그 내용을 중앙관서의 장에게 통보하여 의견을 제출할 기회를 주어야 한다.(2020.6.9 본항개정)
③ 총괄청은 중앙관서의 장이 정당한 사유 없이 제1항에 따른 용도폐지 등을 이행하지 아니하는 경우에는 직권으로 용도폐지 등을 할 수 있다.
④ 제3항에 따라 직권으로 용도폐지된 재산은 제8조의2에 따라 행정재산의 사용 승인이 철회된 것으로 본다.
(2011.3.30 본항신설)
(2011.3.30 본조개정)

제23조【용도폐지된 재산의 처리】 총괄청은 용도를 폐지함으로써 일반재산으로 된 국유재산에 대하여 필요하다고 인정하는 경우에는 그 처리방법을 지정하거나 이를 인계받아 직접 처리할 수 있다.

제24조【중앙관서의 장의 지정】 총괄청은 국유재산의 관리·처분에 관한 소관 중앙관서의 장이 없거나 분명하지 아니한 국유재산에 대하여 그 소관 중앙관서의 장을 지정한다.(2011.3.30 본조개정)

제25조【총괄사무의 위임 및 위탁】 총괄청은 대통령령으로 정하는 바에 따라 이 법에서 규정하는 총괄에 관한 사무의 일부를 조달청장 또는 지방자치단체의 장에게 위임하거나 정부출자기업체 또는 특별법에 따라 설립된 법인으로서 대통령령으로 정하는 자에게 위탁할 수 있다.
(2011.3.30 본조개정)

제26조【국유재산정책심의위원회】 ① 국유재산의 관리·처분에 관한 다음 각 호의 사항을 심의하기 위하여 총괄청에 국유재산정책심의위원회(이하 "위원회"라 한다)를 둔다.(2011.3.30 본문개정)
1. 국유재산의 중요 정책방향에 관한 사항
2. 국유재산과 관련한 법령 및 제도의 개정·폐지에 관한 중요 사항(2020.6.9 본호개정)
2의2. 제8조의2에 따른 행정재산의 사용 승인 철회에 관한 사항(2011.3.30 본호신설)

3. 제9조에 따른 국유재산종합계획의 수립 및 변경에 관한 중요 사항(2011.3.30 본호개정)
4. 제16조제2항에 따른 소관 중앙관서의 장의 지정 및 제22조제3항에 따른 직권 용도폐지에 관한 사항(2011.3.30 본호개정)
4의2. 제17조제2호다목에 따른 무상 관리전환에 관한 사항(2020.3.31 본호신설)
4의3. 제26조의2에 따른 국유재산관리기금의 관리·운용에 관한 사항(2011.3.30 본호신설)
5. 제57조에 따른 일반재산의 개발에 관한 사항
6. 제60조에 따른 현물출자에 관한 중요 사항
6의2. 「국유재산특례제한법」 제6조에 따른 국유재산특례의 신설등 및 같은 법 제7조에 따른 국유재산특례의 점검·평가에 관한 사항(2011.3.30 본호신설)
7. 그 밖에 국유재산의 관리·처분 업무와 관련하여 총괄청이 중요하다고 인정한 사항
② 위원회는 위원장을 포함한 20명 이내의 위원으로 구성한다.(2011.3.30 본항개정)
③ 위원회의 위원장은 기획재정부장관이 되고, 위원은 관계 중앙행정기관의 소속 공무원과 국유재산 분야에 학식과 경험이 풍부한 사람 중에서 기획재정부장관이 임명 또는 위촉한다. 이 경우 공무원이 아닌 위원의 정수는 전체 위원 정수의 과반수가 되어야 한다.(2011.3.30 본항개정)
④ 위원회를 효율적으로 운영하기 위하여 위원회에 분야별 분과위원회를 둘 수 있다. 이 경우 분과위원회의 심의는 위원회의 심의로 본다.(2011.3.30 본항신설)
⑤ 제1항부터 제4항까지에서 규정한 사항 외에 위원회 및 분과위원회의 조직과 운영 등에 필요한 사항은 대통령령으로 정한다.(2011.3.30 본항개정)

제2장의2 국유재산관리기금
(2011.3.30 본장신설)

제26조의2【국유재산관리기금의 설치】 국유재산의 원활한 수급과 개발 등을 통한 국유재산의 효용을 높이기 위하여 국유재산관리기금을 설치한다.
제26조의3【국유재산관리기금의 조성】 국유재산관리기금은 다음 각 호의 재원으로 조성한다.
1. 정부의 출연금 또는 출연재산
2. 다른 회계 또는 다른 기금으로부터의 전입금
3. 제26조의4에 따른 차입금
4. 다음 각 목의 어느 하나에 해당하는 총괄청 소관 일반재산(증권은 제외한다)과 관련된 수입금
가. 대부료, 변상금 등 재산관리에 따른 수입금
나. 매각, 교환 등 처분에 따른 수입금
5. 총괄청 소관 일반재산에 대한 제57조의 개발에 따른 관리·처분 수입금
6. 제1호부터 제5호까지의 규정에 따른 재원 외에 국유재산관리기금의 관리·운용에 따른 수입금
제26조의4【자금의 차입】 ① 총괄청은 국유재산관리기금의 관리·운용을 위하여 필요한 경우에는 위원회의 심의를 거쳐 국유재산관리기금의 부담으로 금융회사 등이나 다른 회계 또는 다른 기금으로부터 자금을 차입할 수 있다.
② 총괄청은 국유재산관리기금의 운용을 위하여 필요할 때에는 국유재산관리기금의 부담으로 자금을 일시차입할 수 있다.(2020.6.9 본항개정)
③ 제2항에 따른 일시차입금은 해당 회계연도 내에 상환하여야 한다.(2012.12.18 본항신설)
제26조의5【국유재산관리기금의 용도】 ① 국유재산관리기금은 다음 각 호의 어느 하나에 해당하는 용도에 사용한다.
1. 국유재산의 취득에 필요한 비용의 지출
2. 총괄청 소관 일반재산의 관리·처분에 필요한 비용의 지출
3. 제26조의4에 따른 차입금의 원리금 상환
4. 제26조의6에 따른 국유재산관리기금의 관리·운용에 필요한 위탁료 등의 지출
5. 제42조제1항에 따른 총괄청 소관 일반재산 중 부동산의 관리·처분에 관한 사무의 위임·위탁에 필요한 귀속금 또는 위탁료 등의 지출
6. 제57조에 따른 개발에 필요한 비용의 지출
7. 「국가재정법」 제13조에 따른 다른 회계 또는 다른 기금으로의 전출금
8. 제1호부터 제7호까지의 규정에 따른 용도 외에 국유재산관리기금의 관리·운용에 필요한 비용의 지출
② 국유재산관리기금에서 취득한 재산은 일반회계 소속으로 한다.
제26조의6【국유재산관리기금의 관리·운용】 ① 국유재산관리기금은 총괄청이 관리·운용한다.
② 총괄청은 국유재산관리기금의 관리·운용에 관한 사무의 일부를 대통령령으로 정하는 바에 따라 「한국자산관리공사 설립 등에 관한 법률」에 따른 한국자산관리공사(이하 "한국자산관리공사"라 한다)에 위탁할 수 있다.
(2019.11.26 본항개정)
제26조의7【국유재산관리기금의 회계기관】 ① 총괄청은 소속 공무원 중에서 국유재산관리기금의 수입과 지출에 관한 업무를 수행할 기금수입징수관, 기금재무관, 기금지출관 및 기금출납공무원을 임명하여야 한다.
② 총괄청이 제26조의6제2항에 따라 국유재산관리기금의 관리·운용에 관한 사무의 일부를 한국자산관리공사에 위탁한 경우에는 국유재산관리기금의 출납업무 수행을 위하여 한국자산관리공사의 임원 중에서 기금수입 담당임원과 기금지출원인행위 담당임원을, 한국자산관리공사의 직원 중에서 기금지출원과 기금출납원을 각각 임명하여야 한다. 이 경우 기금수입 담당임원은 기금수입징수관의 직무를, 기금지출원인행위 담당임원은 기금재무관의 직무를, 기금지출원은 기금지출관의 직무를, 기금출납원은 기금출납공무원의 직무를 수행한다.

제3장 행정재산

제27조【처분의 제한】 ① 행정재산은 처분하지 못한다. 다만, 다음 각 호의 어느 하나에 해당하는 경우에는 교환하거나 양여할 수 있다.(2011.3.30 본문개정)
1. 공유(公有) 또는 사유재산과 교환하여 그 교환받은 재산을 행정재산으로 관리하려는 경우
2. 대통령령으로 정하는 행정재산을 직접 공용이나 공공용으로 사용하려는 지방자치단체에 양여하는 경우
(2020.6.9 본호개정)
② 제1항제1호에 따라 교환하는 경우에는 제54조제2항부터 제4항까지를 준용하고, 제1항제2호에 따라 양여하는 경우에는 제55조제2항·제3항을 준용한다. 이 경우 "일반재산"은 "행정재산"으로 본다.
③ 제1항제1호에 따른 교환에 관한 교환목적·가격 등의 확인사항, 제1항제2호에 따라 양여하는 경우 제55조제3항의 준용에 따라 총괄청과 협의하여야 하는 사항, 그 밖에 필요한 사항은 대통령령으로 정한다.
제27조의2【국유재산책임관의 임명 등】 ① 중앙관서의 장은 소관 국유재산의 관리·처분 업무를 효율적으로 수행하기 위하여 그 관서의 고위공무원으로서 기획 업무를 총괄하는 직위에 있는 자를 국유재산책임관으로 임명하여야 한다.
② 국유재산책임관의 업무는 다음 각 호와 같다.
1. 제9조제2항에 따른 소관 국유재산의 관리·처분에 관한 계획과 같은 조 제7항에 따른 집행계획에 관한 업무
2. 제69조에 따른 국유재산관리운용보고에 관한 업무
3. 제1호 및 제2호에 따른 업무 외에 국유재산 관리·처분 업무와 관련하여 대통령령으로 정하는 업무
③ 국유재산책임관의 임명은 중앙관서의 장이 소속 관서에 설치된 직위를 지정하는 것으로 갈음할 수 있다.
(2011.3.30 본조신설)
제28조【관리사무의 위임】 ① 중앙관서의 장은 대통령령으로 정하는 바에 따라 소속 공무원에게 그 소관에 속하는 행정재산의 관리에 관한 사무를 위임할 수 있다.
② 중앙관서의 장은 제1항에 따라 위임을 받은 공무원의 사무의 일부를 분장하는 공무원을 둘 수 있다.
③ 중앙관서의 장은 대통령령으로 정하는 바에 따라 다른 중앙관서의 장의 소속 공무원에게 그 소관에 속하는 행정재산의 관리에 관한 사무를 위임할 수 있다.
④ 중앙관서의 장은 그 소관에 속하는 행정재산의 관리에 관한 사무의 일부를 대통령령으로 정하는 바에 따라 지방자치단체의 장이나 그 소속 공무원에게 위임할 수 있다.
⑤ 제1항부터 제4항까지의 규정에 따른 사무의 위임은 중앙관서의 장이 해당 기관에 설치된 직위를 지정함으로써 갈음할 수 있다.
(2011.3.30 본조개정)
제29조【관리위탁】 ① 중앙관서의 장은 행정재산을 효율적으로 관리하기 위하여 필요하면 국가기관 외의 자에게 그 재산의 관리를 위탁(이하 "관리위탁"이라 한다)할 수 있다.(2011.3.30 본항개정)
② 제1항에 따라 관리위탁을 받은 자는 미리 해당 중앙관서의 장의 승인을 받아 위탁받은 재산의 일부를 사용·수익하거나 다른 사람에게 사용·수익하게 할 수 있다.
(2011.3.30 본항개정)
③ 관리위탁을 받을 수 있는 자의 자격, 관리위탁 기간, 관리위탁을 받은 재산의 사용료, 관리현황에 대한 보고, 그 밖에 관리위탁에 필요한 사항은 대통령령으로 정한다.
제30조【사용허가】 ① 중앙관서의 장은 다음 각 호의 범위에서만 행정재산의 사용허가를 할 수 있다.
(2011.3.30 본문개정)
1. 공용·공공용·기업용 재산 : 그 용도나 목적에 장애가 되지 아니하는 범위
2. 보존용재산 : 보존목적의 수행에 필요한 범위
② 제1항에 따라 사용허가를 받은 자는 그 재산을 다른 사람에게 사용·수익하게 하여서는 아니 된다. 다만, 다음 각 호의 어느 하나에 해당하는 경우에는 중앙관서의 장의 승인을 받아 다른 사람에게 사용·수익하게 할 수 있다.(2020.3.31 단서개정)
1. 기부를 받은 재산에 대하여 사용허가를 받은 자가 그 재산의 기부자이거나 그 상속인, 그 밖의 포괄승계인인 경우(2020.3.31 본호신설)
2. 지방자치단체나 지방공기업이 행정재산에 대하여 제18조제1항제3호에 따른 사회기반시설로 사용·수익하기 위한 사용허가를 받은 후 이를 지방공기업 등 대통령령으로 정하는 기관으로 하여금 사용·수익하게 하는 경우(2020.3.31 본호신설)
③ 중앙관서의 장은 제2항 단서에 따른 사용·수익이 그 용도나 목적에 장애가 되거나 원상회복이 어렵다고 인정되면 승인하여서는 아니 된다.(2011.3.30 본항개정)
제31조【사용허가의 방법】 ① 행정재산을 사용허가하려는 경우에는 그 뜻을 공고하여 일반경쟁에 부쳐야 한다. 다만, 사용허가의 목적·성질·규모 등을 고려하여 필요하다고 인정되면 대통령령으로 정하는 바에 따라 참가자의 자격을 제한하거나 참가자를 지명하여 경쟁에 부치거나 수의(隨意)의 방법으로 할 수 있다.
② 제1항에 따라 경쟁에 부치는 경우에는 총괄청이 지정·고시하는 정보처리장치를 이용하여 입찰공고·개찰·낙찰선언을 한다. 이 경우 중앙관서의 장은 필요하다고 인정하면 일간신문 등에 게재하는 방법을 병행할 수 있으며, 같은 재산에 대하여 수 회의 입찰에 관한 사항을 일괄하여 공고할 수 있다.(2011.3.30 후단개정)
③ 행정재산의 사용허가에 관하여는 이 법에서 정한 것을 제외하고는 「국가를 당사자로 하는 계약에 관한 법률」의 규정을 준용한다.
제32조【사용료】 ① 행정재산을 사용허가한 때에는 대통령령으로 정하는 요율(料率)과 산출방법에 따라 매년 사용료를 징수한다. 다만, 연간 사용료가 대통령령으로 정하는 금액 이하인 경우에는 사용허가기간의 사용료를 일시에 통합 징수할 수 있다.(2016.3.2 단서신설)
② 제1항의 사용료는 대통령령으로 정하는 바에 따라 나누어 내게 할 수 있다. 이 경우 연간 사용료가 대통령령으로 정하는 금액 이상인 경우에는 사용허가(허가를 갱신하는 경우를 포함한다)할 때에 그 허가를 받는 자에게 대통령령으로 정하는 금액의 범위에서 보증금을 예치하게 하거나 이행보증조치를 하도록 하여야 한다.
③ 중앙관서의 장이 제30조에 따른 사용허가에 관한 업무를 지방자치단체의 장에게 위임한 경우에는 제42조제6항을 준용한다.(2011.3.30 본항개정)
④ 제1항 단서에 따라 사용료를 일시에 통합 징수하는 경우에 사용허가기간 중의 사용료가 증가 또는 감소되더라도 사용료를 추가로 징수하거나 반환하지 아니한다.
(2016.3.2 본항신설)
제33조【사용료의 조정】 ① 중앙관서의 장은 동일인(상속인이나 그 밖의 포괄승계인은 피승계인과 동일인으로 본다)이 같은 행정재산을 사용허가기간 내에서 1년을 초과하여 계속 사용·수익하는 경우로서 대통령령으로 정하는 경우에는 사용료를 조정할 수 있다.(2012.12.18 본항개정)
② 제1항에 따라 조정되는 해당 연도 사용료의 산출방법은 대통령령으로 정한다.
③ 다른 법률에 따른 사용료나 점용료의 납부 대상인 행정재산이 이 법에 따른 사용료 납부 대상으로 된 경우 그 사용료의 산출에 관하여는 제1항 및 제2항을 준용한다.
제34조【사용료의 감면】 ① 중앙관서의 장은 다음 각 호의 어느 하나에 해당하면 대통령령으로 정하는 바에 따라 그 사용료를 면제할 수 있다.(2011.3.30 본문개정)
1. 행정재산으로 할 목적으로 기부를 받은 재산에 대하여 기부자나 그 상속인, 그 밖의 포괄승계인에게 사용허가하는 경우
1의2. 건물 등을 신축하여 기부채납을 하려는 자가 신축기간에 그 부지를 사용하는 경우(2011.3.30 본호개정)
2. 행정재산을 직접 공용·공공용 또는 비영리 공익사업으로 사용하려는 지방자치단체에 사용허가하는 경우
3. 행정재산을 직접 비영리 공익사업용으로 사용하려는 대통령령으로 정하는 공공단체에 사용허가하는 경우
② 사용허가를 받은 행정재산을 천재지변이나 「재난 및 안전관리 기본법」 제3조제1호의 재난으로 사용하지 못하게 되면 그 사용하지 못한 기간에 대한 사용료를 면제할 수 있다.
③ 중앙관서의 장은 행정재산의 형태·규모·내용연수 등을 고려하여 활용성이 낮거나 보수가 필요한 재산 등 대통령령으로 정하는 행정재산을 사용허가하는 경우에는 대통령령으로 정하는 바에 따라 사용료를 감면할 수 있다.(2018.3.13 본항신설)
(2018.3.13 본조제목개정)
제35조【사용허가기간】 ① 행정재산의 사용허가기간은 5년 이내로 한다. 다만, 제34조제1항제1호의 경우에는 사용료의 총액이 기부를 받은 재산의 가액에 이르는 기간 이내로 한다.
② 제1항의 허가기간이 끝난 재산에 대하여 대통령령으로 정하는 경우를 제외하고는 5년을 초과하지 아니하는 범위에서 종전의 사용허가를 갱신할 수 있다. 다만, 수의의 방법으로 사용허가를 할 수 있는 경우가 아니면 1회만 갱신할 수 있다.
③ 제2항에 따라 갱신받으려는 자는 허가기간이 끝나기 1개월 전에 중앙관서의 장에게 신청하여야 한다.
(2020.6.9 본항개정)

제36조【사용허가의 취소와 철회】 ① 중앙관서의 장은 행정재산의 사용허가를 받은 자가 다음 각 호의 어느 하나에 해당하면 그 허가를 취소하거나 철회할 수 있다.(2011.3.30 본문개정)
1. 거짓 진술을 하거나 부실한 증명서류를 제시하거나 그 밖에 부정한 방법으로 사용허가를 받은 경우
2. 사용허가 받은 재산을 제30조제2항을 위반하여 다른 사람에게 사용·수익하게 한 경우
3. 해당 재산의 보존을 게을리하였거나 그 사용목적을 위배한 경우
4. 납부기한까지 사용료를 납부하지 아니하거나 제32조제2항 후단에 따른 보증금 예치나 이행보증조치를 하지 아니한 경우
5. 중앙관서의 장의 승인 없이 사용허가를 받은 재산의 원래 상태를 변경한 경우(2011.3.30 본호개정)

② 중앙관서의 장은 사용허가한 행정재산을 국가나 지방자치단체가 직접 공용이나 공공용으로 사용하기 위하여 필요하게 된 경우에는 그 허가를 철회할 수 있다.(2011.3.30 본항개정)
③ 제2항의 경우에 그 철회로 인하여 해당 사용허가를 받은 자에게 손실이 발생하면 그 재산을 사용할 기관은 대통령령으로 정하는 바에 따라 보상한다.
④ 중앙관서의 장은 제1항이나 제2항에 따라 사용허가를 취소하거나 철회한 경우에 그 재산이 기부를 받은 재산으로서 제30조제2항 단서에 따라 사용·수익하고 있는 자가 있으면 그 사용·수익자에게 취소 또는 철회 사실을 알려야 한다.(2011.3.30 본항개정)

제37조【청문】 중앙관서의 장은 제36조에 따라 행정재산의 사용허가를 취소하거나 철회하려는 경우에는 청문을 하여야 한다.(2011.3.30 본조개정)

제38조【원상회복】 사용허가를 받은 자는 허가기간이 끝나거나 제36조에 따라 사용허가가 취소 또는 철회된 경우에는 그 재산을 원래 상태대로 반환하여야 한다. 다만, 중앙관서의 장이 미리 상태의 변경을 승인한 경우에는 변경된 상태로 반환할 수 있다.(2011.3.30 단서개정)

제39조【관리 소홀에 대한 제재】 행정재산의 사용허가를 받은 자가 그 행정재산의 관리를 소홀히 하여 재산상의 손해를 발생하게 한 경우에는 사용료 외에 대통령령으로 정하는 바에 따라 그 사용료를 넘지 아니하는 범위에서 가산금을 징수할 수 있다.

제40조【용도폐지】 ① 중앙관서의 장은 행정재산이 다음 각 호의 어느 하나에 해당하는 경우에는 지체 없이 그 용도를 폐지하여야 한다.
1. 행정목적으로 사용되지 아니하게 된 경우
2. 행정재산으로 사용하기로 결정한 날부터 5년이 지난 날까지 행정재산으로 사용되지 아니한 경우
3. 제57조에 따라 개발하기 위하여 필요한 경우

(2017.8.9 본항개정)
② 중앙관서의 장은 제1항에 따라 용도폐지를 한 때에는 그 재산을 지체 없이 총괄청에 인계하여야 한다. 다만, 다음 각 호의 어느 하나에 해당하는 재산은 그러하지 아니하다.
1. 관리전환, 교환 또는 양여의 목적으로 용도를 폐지한 재산
2. 제5조제1항제2호의 재산
3. 공항·항만 또는 산업단지에 있는 재산으로서 그 시설운영에 필요한 재산
4. 총괄청이 그 중앙관서의 장에게 관리·처분하도록 하거나 다른 중앙관서의 장에게 인계하도록 지정한 재산

(2011.3.30 본조개정)

제40조의2【우선사용예약】 ① 중앙관서의 장은 제40조제1항에 따라 행정재산이 용도폐지된 경우 장래의 행정수요에 대비하기 위하여 해당 재산에 대하여 제8조제4항에 따른 사용승인을 우선적으로 해 줄 것(이하 "우선사용예약"이라 한다)을 용도폐지된 날부터 1개월 이내에 대통령령으로 정하는 바에 따라 총괄청에 신청할 수 있다.
② 총괄청은 제1항에 따른 신청을 받은 경우 중앙관서의 장이 제출한 사업계획 및 다른 기관의 행정수요 등을 고려하여 우선사용예약을 승인할 수 있다.
③ 중앙관서의 장이 제2항에 따라 우선사용예약을 승인받은 날부터 3년 이내에 총괄청으로부터 제8조제4항에 따른 사용승인을 받지 아니한 경우에는 그 우선사용예약은 효력을 잃는다.
(2020.3.31 본조신설)

제4장 일반재산

제1절 통 칙

제41조【처분 등】 ① 일반재산은 대부 또는 처분할 수 있다.(2011.3.30 본항개정)
② 중앙관서의 장등은 국가의 활용계획이 없는 건물이나 그 밖의 시설물이 다음 각 호의 어느 하나에 해당하는 경우에는 철거할 수 있다.(2011.3.30 본문개정)
1. 구조상 공중의 안전에 미치는 위험이 중대한 경우
2. 재산가액에 비하여 유지·보수 비용이 과다한 경우
3. 위치, 형태, 용도, 노후화 등의 사유로 철거가 불가피하다고 중앙관서의 장등이 인정하는 경우(2011.3.30 본호개정)

제42조【관리·처분 사무의 위임·위탁】 ① 총괄청은 대통령령으로 정하는 바에 따라 소관 일반재산의 관리·처분에 관한 사무의 일부를 총괄청 소속 공무원, 중앙관서의 장 또는 그 소속 공무원, 지방자치단체의 장 또는 그 소속 공무원에게 위임하거나 정부출자기업체, 금융기관, 투자매매업자·투자중개업자 또는 특별법에 따라 설립된 법인으로서 대통령령으로 정하는 자에게 위탁할 수 있다.(2011.3.30 본항개정)
② 총괄청은 제8조제3항의 일반재산의 관리·처분에 관한 사무의 일부를 위탁받을 수 있으며, 필요한 경우 위탁하는 중앙관서의 장과 협의를 거쳐 특별법에 따라 설립된 법인으로서 대통령령으로 정하는 자에게 위탁받은 사무를 재위탁할 수 있다.(2020.3.31 본항개정)
③ 중앙관서의 장이 소관 특별회계나 기금에 속하는 일반재산을 제59조에 따라 개발하려는 경우에는 제1항을 준용하여 위탁할 수 있다.(2011.3.30 본항개정)
④ 중앙관서의 장과 제1항에 따라 위임받은 기관이 일반재산을 관리·처분하는 경우에는 제28조 및 제29조를 준용한다.(2011.3.30 본항개정)
⑤ 제1항 및 제4항에 따라 일반재산의 관리·처분에 관한 사무를 위임이나 위탁한 총괄청이나 중앙관서의 장은 위임이나 위탁을 받은 자가 해당 사무를 부적절하게 집행하고 있다고 인정되거나 일반재산의 집중적 관리 등을 위하여 필요한 경우에는 그 위임이나 위탁을 철회할 수 있다.(2012.12.18 본항개정)
⑥ 제1항 및 제4항에 따라 위임이나 위탁을 받아 관리·처분한 일반재산 중 대통령령으로 정하는 재산의 대부료, 매각대금, 개발수입 또는 변상금은 「국가재정법」 제17조와 「국고금관리법」 제7조에도 불구하고 대통령령으로 정하는 바에 따라 위임이나 위탁을 받은 자에게 귀속시킬 수 있다.

제43조【계약의 방법】 ① 일반재산을 처분하는 계약을 체결할 경우에는 그 뜻을 공고하여 일반경쟁에 부쳐야 한다. 다만, 계약의 목적·성질·규모 등을 고려하여 필요하다고 인정되면 대통령령으로 정하는 바에 따라 참가자의 자격을 제한하거나 참가자를 지명하여 경쟁에 부치거나 수의계약으로 할 수 있으며, 증권인 경우에는 대통령령으로 정하는 방법에 따를 수 있다.
② 제1항에 따라 경쟁에 부치는 경우 공고와 절차에 관하여는 제31조제2항을 준용한다.

제44조【처분재산의 가격결정】 일반재산의 처분가격은 대통령령으로 정하는 바에 따라 시가(時價)를 고려하여 결정한다.

제44조의2【물납 증권의 처분 제한】 ① 「상속세 및 증여세법」 제73조에 따라 물납된 증권의 경우 물납한 본인 및 대통령령으로 정하는 자에게는 수납가액보다 적은 금액으로 처분할 수 없다. 다만, 「자본시장과 금융투자업에 관한 법률」 제8조의2제4항제1호에 따른 증권시장에서 거래되는 증권을 그 증권시장에서 매각하는 경우에는 그러하지 아니하다.
② 총괄청은 제1항 본문에 따른 처분 제한 대상자의 해당 여부를 확인하기 위하여 관계 행정기관의 장, 「공공기관의 운영에 관한 법률」에 따른 공공기관의 장에게 필요한 자료의 제출을 요청할 수 있다. 이 경우 자료 제출을 요청받은 관계 행정기관의 장 등은 특별한 사유가 없으면 이에 따라야 한다.
③ 제2항에 따른 자료 제출 요청의 범위와 절차 등 필요한 사항은 대통령령으로 정한다.
(2018.3.13 본조신설)

제45조【개척·매립·간척·조림을 위한 예약】 ① 일반재산은 개척·매립·간척 또는 조림 사업을 시행하기 위하여 그 사업의 완성을 조건으로 대통령령으로 정하는 바에 따라 대부·매각 또는 양여를 예약할 수 있다.
② 제1항의 경우에 예약 상대방은 그 사업기간 중 예약된 재산 또는 사업의 기성부분(既成部分)을 무상으로 사용하거나 수익할 수 있다.
③ 제1항의 예약 상대방이 지정된 기한까지 사업을 시작하지 아니하거나 그 사업을 완성할 수 없다고 인정되면 그 예약을 해제하거나 해지할 수 있다.(2020.6.9 본항개정)
④ 제3항에 따라 예약을 해제하거나 해지하는 경우에 사업의 일부가 이미 완성된 때에는 공익상 지장이 없다고 인정되는 경우에만 그 기성부분의 전부 또는 일부를 예약 상대방에게 대부·매각 또는 양여할 수 있다.
⑤ 중앙관서의 장등이 제1항에 따라 그 재산의 매각이나 양여를 예약하려는 경우에는 총괄청과 협의하여야 한다.
(2011.3.30 본항개정)

제2절 대 부

제46조【대부기간】 ① 일반재산의 대부기간은 다음 각 호의 기간 이내로 한다. 다만, 제18조제1항 단서에 따라 영구시설물을 축조하는 경우에는 10년 이내로 한다.
1. 조림을 목적으로 하는 토지와 그 정착물 : 20년
2. 대부 받은 자의 비용으로 시설을 보수하는 건물(대통령령으로 정하는 경우에 한정한다) : 10년
3. 제1호 및 제2호 외의 토지와 그 정착물 : 5년
4. 그 밖의 재산 : 1년

(2017.12.26 1호~4호개정)
② 제1항의 대부기간이 끝난 재산에 대하여 대통령령으로 정하는 경우를 제외하고는 그 대부기간을 초과하지 아니하는 범위에서 종전의 대부계약을 갱신할 수 있다. 다만, 수의계약의 방법으로 대부할 수 있는 경우가 아니면 1회만 갱신할 수 있다.
③ 제2항에 따라 갱신을 받으려는 자는 대부기간이 끝나기 1개월 전에 중앙관서의 장등에 신청하여야 한다.
(2011.3.30 본항개정)
④ 제1항에도 불구하고 제58조 및 제59조의2에 따라 개발된 일반재산의 대부기간은 30년 이내로 할 수 있으며, 20년의 범위에서 한 차례만 연장할 수 있다.(2016.3.2 본항신설)

제47조【대부료, 계약의 해제 등】 ① 일반재산의 대부의 제한, 대부료, 대부료의 감면 및 대부계약의 해제나 해지 등에 관하여는 제30조제2항, 제31조제1항·제2항, 제32조, 제33조, 제34조제1항제2호·제3호, 같은 조 제2항·제3항, 제36조 및 제38조를 준용한다.(2018.3.13 본항개정)
② 제1항에도 불구하고 대부료에 관하여는 대통령령으로 정하는 바에 따라 연간 대부료의 전부 또는 일부를 대부보증금으로 환산하여 받을 수 있다.
③ 중앙관서의 장등은 대부기간이 만료되거나 대부계약이 해제 또는 해지된 경우에는 제2항에 따른 대부보증금을 반환하여야 한다. 이 경우 대부받은 자가 내지 아니한 대부료, 공과금 등이 있으면 이를 제외하고 반환하여야 한다.
(2011.3.30 본조개정)

제47조의2【대부료의 감면】 중앙관서의 장은 국가가 타인의 재산을 점유하는 동시에 해당 재산 소유자는 일반재산을 점유(이하 "상호 점유"라 한다)하는 경우 대통령령으로 정하는 바에 따라 해당 재산 소유자에게 점유 중인 일반재산의 대부료를 감면할 수 있다.(2016.3.2 본조신설)

제3절 매 각

제48조【매각】 ① 일반재산은 다음 각 호의 어느 하나에 해당하는 경우 외에는 매각할 수 있다.
1. 중앙관서의 장이 행정목적으로 사용하기 위하여 그 재산에 대하여 제8조제4항에 따른 행정재산의 사용 승인이나 관리전환을 신청한 경우
2. 「국토의 계획 및 이용에 관한 법률」 등 다른 법률에 따라 그 처분이 제한되는 경우
3. 장래 행정목적의 필요성 등을 고려하여 제9조제4항제3호의 처분기준에서 정한 처분제한 대상에 해당하는 경우
4. 제1호부터 제3호까지의 규정에 따른 경우 외에 대통령령으로 정하는 바에 따라 국가가 관리할 필요가 있다고 총괄청이나 중앙관서의 장이 지정하는 경우

② 중앙관서의 장이 소관 특별회계나 기금에 속하는 일반재산 중 대통령령으로 정하는 일반재산을 매각하려는 경우에는 총괄청과 협의하여야 한다.
(2011.3.30 본조개정)

제49조【용도를 지정한 매각】 일반재산을 매각하는 경우에는 대통령령으로 정하는 바에 따라 매수자에게 그 재산의 용도와 그 용도에 사용하여야 할 기간을 정하여 매각할 수 있다.

제50조【매각대금의 납부】 ① 일반재산의 매각대금은 대통령령으로 정하는 바에 따라 납부하여야 한다. 다만, 대통령령으로 정하는 경우에는 납부기간을 연장할 수 있다.
② 일반재산의 매각대금을 한꺼번에 납부하도록 하는 것이 곤란하다고 인정되어 대통령령으로 정하는 경우에는 1년 만기 정기예금 금리수준을 고려하여 대통령령으로 정하는 이자를 붙여 20년 이내에 걸쳐 나누어 내게 할 수 있다.

제51조【소유권의 이전 등】 ① 일반재산을 매각하는 경우 해당 매각재산의 소유권 이전은 매각대금이 완납된 후에 하여야 한다.
② 제1항에도 불구하고 제50조제2항에 따라 매각대금을 나누어 내게 하는 경우로서 공익사업의 원활한 시행 등을 위하여 소유권의 이전이 불가피하여 대통령령으로 정하는 경우에는 매각대금이 완납되기 전에 소유권을 이전할 수 있다. 이 경우 저당권 설정 등 채권의 확보를 위하여 필요한 조치를 취하여야 한다.

제52조【매각계약의 해제】 일반재산을 매각한 경우에 다음 각 호의 어느 하나에 해당하는 사유가 있으면 그 계약을 해제할 수 있다.
1. 매수자가 매각대금을 체납한 경우
2. 매수자가 거짓 진술을 하거나 부실한 증명서류를 제시하거나 그 밖의 부정한 방법으로 매수한 경우
3. 제49조에 따라 용도를 지정하여 매각한 경우에 매수자가 지정된 날짜가 지나도 그 용도에 사용하지 아니하거나 지정된 용도에 제공한 후 지정된 기간에 그 용도를 폐지한 경우

제53조【건물 등의 매수】 일반재산의 매각계약이 해제된 경우 그 재산에 설치된 건물이나 그 밖의 물건을 중앙관서의 장이 제44조에 따라 결정한 가격으로 매수할 것을 알린 경우 그 소유자는 정당한 사유 없이 그 매수를 거절하지 못한다.(2011.3.30 본조개정)

제4절 교 환

제54조【교환】 ① 다음 각 호의 어느 하나에 해당하는 경우에는 일반재산인 토지·건물, 그 밖의 토지의 정착물, 동산과 공유 또는 사유재산인 토지·건물, 그 밖의 토지의 정착물, 동산을 교환할 수 있다.(2012.12.18 본문개정)
1. 국가가 직접 행정재산으로 사용하기 위하여 필요한 경우
2. 소규모 일반재산을 한 곳에 모아 관리함으로써 재산의 효용성을 높이기 위하여 필요한 경우
3. 일반재산의 가치와 이용도를 높이기 위하여 필요한 경우로서 매각 등 다른 방법으로 해당 재산의 처분이 곤란한 경우
4. 상호 점유를 하고 있고 해당 재산 소유자가 사유토지만으로는 진입·출입이 곤란한 경우 등 대통령령으로 정하는 불가피한 사유로 인하여 점유 중인 일반재산과 교환을 요청한 경우(2016.3.2 본호신설)

② 제1항에 따라 교환하는 재산의 종류와 가격 등은 대통령령으로 정하는 바에 따라 제한할 수 있다.
③ 제1항에 따라 교환할 때 쌍방의 가격이 같지 아니하면 그 차액을 금전으로 대신 납부하여야 한다.(2020.6.9 본항개정)
④ 중앙관서의 장등은 일반재산을 교환하려면 그 내용을 감사원에 보고하여야 한다.(2011.3.30 본항개정)

제5절 양 여

제55조【양여】 ① 일반재산은 다음 각 호의 어느 하나에 해당하는 경우에는 양여할 수 있다.(2011.3.30 본문개정)
1. 대통령령으로 정하는 일반재산을 직접 공용이나 공공용으로 사용하려는 지방자치단체에 양여하는 경우 (2011.3.30 본호개정)
2. 지방자치단체나 대통령령으로 정하는 공공단체가 유지·보존비용을 부담한 공공용재산이 용도폐지됨으로써 일반재산이 되는 경우에 해당 재산을 그 부담한 비용의 범위에서 해당 지방자치단체나 공공단체에 양여하는 경우
3. 대통령령으로 정하는 행정재산을 용도폐지하는 경우 그 용도에 사용될 대체시설을 제공한 자 또는 그 상속인, 그 밖의 포괄승계인에게 그 부담한 비용의 범위에서 용도폐지된 재산을 양여하는 경우(2012.12.18 본호개정)
4. 국가가 보존·활용할 필요가 없고 대부·매각이나 교환이 곤란하여 대통령령으로 정하는 재산을 양여하는 경우(2011.3.30 본호개정)

② 제1항제1호에 따라 양여한 재산이 10년 내에 양여목적과 달리 사용된 때에는 그 양여를 취소할 수 있다.
③ 중앙관서의 장등은 제1항에 따라 일반재산을 양여하려면 총괄청과 협의하여야 한다. 다만, 대통령령으로 정하는 가액 이하의 일반재산을 제1항제3호에 따라 양여하는 경우에는 그러하지 아니하다.(2017.12.26 단서개정)

제56조 (2011.3.30 삭제)

제6절 개 발

제57조【개발】 ① 일반재산은 국유재산관리기금의 운용계획에 따라 국유재산관리기금의 재원으로 개발하거나 제58조·제59조 및 제59조의2에 따라 개발하여 대부·분양할 수 있다.(2018.3.13 본항개정)
② 제1항의 개발이란 다음 각 호의 행위를 말한다.
1. 「건축법」 제2조에 따른 건축, 대수선, 리모델링 등의 행위
2. 「공공주택 특별법」, 「국토의 계획 및 이용에 관한 법률」, 「도시개발법」, 「도시 및 주거환경정비법」, 「산업입지 및 개발에 관한 법률」, 「주택법」, 「택지개발촉진법」 및 그 밖에 대통령령으로 정하는 법률에 따라 토지를 조성하는 행위

(2018.3.13 본항신설)
③ 제2항제2호에 따른 개발은 제59조에 따라 위탁 개발하는 경우에 한정한다.(2018.3.13 본항신설)
④ 제1항에 따라 일반재산을 개발하는 경우에는 다음 각 호의 사항을 고려하여야 한다.
1. 재정수입의 증대 등 재정관리의 건전성
2. 공공시설의 확보 등 공공의 편익성
3. 주변환경의 개선 등 지역발전의 기여도
4. 제1호부터 제3호까지의 규정에 따른 사항 외에 국가 행정목적 달성을 위한 필요성

(2011.3.30 본조개정)

제58조【신탁 개발】 ① 일반재산은 대통령령으로 정하는 바에 따라 부동산신탁을 취급하는 신탁업자에게 신탁하여 개발할 수 있다.
② 중앙관서의 장이 소관 특별회계나 기금에 속하는 일반재산을 제1항에 따라 개발하려는 경우에는 신탁업자의 선정, 신탁기간, 신탁보수, 자금차입의 한도, 시설물의 용도 등에 대하여 대통령령으로 정하는 바에 따라 총괄청과 협의하여야 한다. 협의된 사항 중 대통령령으로 정하는 중요 사항을 변경하려는 경우에도 또한 같다.
(2011.3.30 본항개정)
③ 제42조제1항에 따라 관리·처분에 관한 사무를 위임·위탁받은 자가 제1항에 따라 개발하려는 경우에는 신탁업자의 선정, 신탁기간, 신탁보수, 자금차입의 한도, 시설물의 용도 등에 대하여 대통령령으로 정하는 바에 따라 총괄청의 승인을 받아야 한다. 승인받은 사항 중 대통령령으로 정하는 중요 사항을 변경하려는 경우에도 또한 같다.
④ 제1항에 따른 신탁으로 발생한 수익의 국가귀속방법, 그 밖에 필요한 사항은 대통령령으로 정한다.

제59조【위탁 개발】 ① 제42조제1항과 제3항에 따라 관리·처분에 관한 사무를 위탁받은 자(이하 이 조에서 "수탁자"라 한다)는 위탁받은 일반재산을 개발할 수 있다.
② 수탁자가 제1항에 따라 개발하려는 경우에는 위탁기간, 위탁보수, 자금차입의 한도, 시설물의 용도 등에 대하여 대통령령으로 정하는 바에 따라 총괄청이나 중앙관서의 장의 승인을 받아야 한다. 승인받은 사항 중 대통령령으로 정하는 중요 사항을 변경하려는 경우에도 또한 같다.
(2011.3.30 전단개정)
③ 중앙관서의 장이 제2항에 따라 개발을 승인하려는 경우에는 대통령령으로 정하는 바에 따라 총괄청과 협의하여야 한다. 협의된 사항 중 대통령령으로 정하는 중요 사항을 변경하려는 경우에도 또한 같다.(2011.3.30 전단개정)
④ 제1항에 따른 위탁 개발로 발생한 수익의 국가귀속방법, 그 밖에 필요한 사항은 대통령령으로 정한다.
⑤ 제1항에 따라 개발한 재산의 대부·분양·관리의 방법은 제43조·제44조·제46조 및 제47조에도 불구하고 수탁자가 총괄청이나 중앙관서의 장과 협의하여 정할 수 있다.(2011.3.30 본항개정)

제59조의2【민간참여 개발】 ① 총괄청은 다음 각 호의 어느 하나에 해당하는 일반재산을 대통령령으로 정하는 민간사업자와 공동으로 개발할 수 있다.
1. 5년 이상 활용되지 아니한 재산
2. 국유재산정책심의위원회의 심의를 거쳐 개발이 필요하다고 인정되는 재산

(2016.3.2 1호~2호개정)
② 총괄청은 제1항의 개발을 위하여 설립하는 국유지개발목적회사(국유지를 개발하기 위하여 민간사업자와 공동으로 설립하는 「법인세법」 제51조의2제1항제9호에 따른 투자회사를 말한다. 이하 같다)와 자산관리회사(자산관리·운용 및 처분에 관한 업무의 수행을 국유지개발목적회사로부터 위탁받은 자산관리회사로서 대통령령으로 정하는 회사를 말한다. 이하 같다)에 국유재산관리기금 운용계획에 따라 출자할 수 있다. 이 경우 국유지개발목적회사에 대한 국가의 출자규모는 자본금의 100분의 30을 초과할 수 없다.
③ 국유지개발목적회사는 다음 각 호에 해당하는 자(각 호의 자와 대통령령으로 정하는 특수관계에 있는 자를 포함한다)로부터 총사업비의 100분의 30을 초과하여 사업비를 조달하여서는 아니 된다.
1. 「공공기관의 운영에 관한 법률」에 따른 공공기관
2. 특별법에 따라 설립된 각종 공사 또는 공단

④ 국유지개발목적회사와 자산관리회사에 관하여 이 법에서 정하는 사항 외에는 「상법」에서 정하는 바에 따른다.
⑤ 총괄청은 제2항의 국유재산관리기금운용계획에서 정한 범위 외에 국가에 부담이 되는 계약을 체결하려는 경우에는 미리 국회의 의결을 얻어야 한다.
⑥ 총괄청은 제1항에 따른 개발이 완료되고 출자목적이 달성된 경우 기획재정부장관이 정하는 바에 따라 제2항에 따라 출자한 지분을 회수하여야 한다.
(2011.3.30 본조신설)

제59조의3【민간참여 개발의 절차】 ① 총괄청이 제59조의2에 따른 개발을 하려면 다음 각 호의 사항을 포함하는 민간참여 개발사업에 관한 기본계획(이하 "민간참여개발기본계획"이라 한다)을 수립하여야 한다.
1. 개발대상 재산 및 시설물의 용도에 관한 사항
2. 개발사업의 추정 투자금액·건설기간 및 규모에 관한 사항
3. 사전사업타당성 조사 결과에 관한 사항(「국가재정법」 제38조에 따른 예비타당성조사를 포함한다)
4. 민간사업자 모집에 관한 사항
5. 협상대상자 선정 기준 및 방법에 관한 사항
6. 그 밖에 개발과 관련된 중요 사항

② 총괄청은 민간참여개발기본계획에 대하여 제26조제4항에 따른 분과위원회를 거쳐 위원회의 심의를 받아야 한다.
③ 총괄청은 제2항에 따른 위원회의 전문적인 심의를 위하여 기획재정부장관이 정하는 바에 따라 수익성 분석 및 기술 분야의 전문가로 민간참여개발자문단을 구성·운영하여야 한다. 이 경우 민간참여개발자문단은 민간참여개발기본계획에 대한 자문의견서를 위원회에 제출하여야 한다.
④ 총괄청은 협상대상자 선정 기준 및 방법 등 대통령령으로 정하는 민간참여개발기본계획의 중요 사항을 변경하려는 경우 제2항을 준용한다.
⑤ 총괄청은 제1항의 민간사업자를 공개적으로 모집하고 선정하여야 한다. 이 경우 협상대상자 선정 기준 및 방법 등 모집에 관한 사항을 공고(인터넷에 게재하는 방식에 따른 경우를 포함한다)하여야 한다.
⑥ 민간사업자가 제5항에 따라 공고된 민간참여 개발사업에 참여하려는 경우에는 타당성 조사내용, 수익배분기준 등 대통령령으로 정하는 사항을 포함하는 민간참여개발사업계획제안서(이하 "사업제안서"라 한다)를 작성하여 총괄청에 제출하여야 한다.
⑦ 총괄청은 제6항에 따라 제출된 사업제안서에 대하여 민간전문가가 과반수로 구성된 민간참여개발사업평가단의 평가와 위원회의 심의를 거쳐 협상대상자를 지정하여야 한다.
⑧ 총괄청은 제7항에 따라 지정한 협상대상자와의 협의에 따라 개발사업의 추진을 위한 사업협약을 체결한다. 이 경우 제59조의2제3항에 따른 사업비 조달 제한 및 위반 시 책임에 관한 사항이 포함되어야 한다.
⑨ 제7항에 따른 민간참여개발사업평가단의 구성·운영에 관한 사항은 대통령령으로 정한다.
(2011.3.30 본조신설)

제59조의4【민간참여 개발사업의 평가】 ① 총괄청은 매년 민간참여 개발사업의 추진현황 및 실적을 평가하여 위원회에 보고하여야 한다.
② 총괄청은 제1항에 따른 평가결과 제59조의2제3항을 위반하거나 사업부실 등으로 개발목적을 달성할 수 없다고 판단하는 경우에는 위원회의 심의를 거쳐 출자지분의 회수 등 필요한 조치를 하여야 한다.
(2011.3.30 본조신설)

제59조의5【손해배상책임】 제59조의3제7항에 따라 협상대상자로 지정받은 자가 사업제안서를 거짓으로 작성하여 국가에 손해를 발생하게 한 때에는 국가에 손해를 배상할 책임을 진다.(2011.3.30 본조신설)

제7절 현물출자

제60조【현물출자】 정부는 다음 각 호의 어느 하나에 해당하는 경우에는 일반재산을 현물출자할 수 있다.
1. 정부출자기업체를 새로 설립하려는 경우
2. 정부출자기업체의 고유목적사업을 원활히 수행하기 위하여 자본의 확충이 필요한 경우
3. 정부출자기업체의 운영체제와 경영구조의 개편을 위하여 필요한 경우

제61조【현물출자 절차】 ① 정부출자기업체는 제60조에 따라 현물출자를 받으려는 때에는 다음 각 호의 서류를 붙여 관계 법령에 따라 해당 정부출자기업체의 업무를 관장하는 행정기관의 장(이하 "주무기관의 장"이라 한다)에게 신청하여야 한다.(2020.6.9 본문개정)
1. 현물출자의 필요성
2. 출자재산의 규모와 명세
3. 출자재산의 가격평가서
4. 재무제표 및 경영현황
5. 사업계획서

② 주무기관의 장이 제1항에 따라 출자신청을 받은 때에는 현물출자의 적정성을 검토한 후 제1항 각 호의 서류와 현물출자의견서를 붙여 총괄청에 현물출자를 요청하여야 한다.(2020.6.9 본항개정)
③ 총괄청은 제2항에 따라 현물출자를 요청받은 경우에는 현물출자계획서를 작성하여 국무회의의 심의를 거쳐 대통령의 승인을 받아야 한다.

제62조【출자가액 산정】 제60조에 따라 현물출자하는 경우에 일반재산의 출자가액은 제44조에 따라 산정한다. 다만, 지분증권의 산정가액이 액면가에 미달하는 경우에는 그 지분증권의 액면가에 따른다.

제63조【출자재산 등의 수정】 총괄청은 평가기준일부터 출자일까지의 기간에 현물출자 대상재산이 멸실·훼손 등으로 변동된 경우에는 출자재산이나 출자가액을 수정할 수 있다. 이 경우 해당 주무기관의 장은 현물출자 대상재산의 변동 사실을 지체 없이 총괄청에 알려야 한다.

제64조【현물출자에 따른 지분증권의 취득가액】 정부가 현물출자로 취득하는 지분증권의 취득가액은 기획재정부령으로 정하는 자산가치 이하로 한다. 다만, 지분증권의 자산가치가 액면가에 미달하는 경우로서 대통령령으로 정하는 경우에는 액면가로 할 수 있다.

제65조【「상법」의 적용 제외】 정부출자기업체가 제60조에 따라 현물출자를 받는 경우에는 「상법」 제295조제2항, 제299조제1항, 제299조의2와 제422조를 적용하지 아니한다.

제8절 정부배당
(2011.7.14 본절신설)

제65조의2【정부배당대상기업 및 출자재산의 적용범위】 이 절은 국유재산으로 관리되고 있는 출자재산으로서 국가가 일반회계, 특별회계 및 기금으로 지분을 가지고 있는 법인 중 대통령령으로 정하는 기업(「상속세 및 증여세법」에 따라 정부가 현물로 납입받은 지분을 가지고 있는 기업은 제외한다. 이하 이 절에서 "정부배당대상기업"이라 한다)으로부터 정부가 받는 배당(이하 이 절에서 "정부배당"이라 한다)에 대하여 적용한다.

제65조의3【정부배당결정의 원칙】 제8조에 따른 총괄청과 중앙관서의 장은 「상법」 또는 관계 법령에 따라 산

정된 배당가능이익이 발생한 해당 정부배당대상기업에 대하여는 다음 각 호의 사항을 고려하여 적정하게 정부배당이 이루어지도록 하여야 한다.
1. 배당대상이 되는 이익의 규모
2. 정부출자수입 예산 규모의 적정성 및 정부의 재정여건
3. 각 정부배당대상기업의 배당률 및 배당성향
4. 같거나 유사한 업종의 민간부문 배당률 및 배당성향(2020.6.9 본호개정)
5. 해당 정부배당대상기업의 자본금 규모, 내부자금 적립 규모, 부채비율, 국제결제은행의 기준에 따른 자기자본 비율, 과거 배당실적, 투자재원 소요의 적정성 등 경영 여건
6. 그 밖에 대통령령으로 정하는 배당결정 기준

제65조의4【정부배당수입의 예산안 계상 등】 ① 정부배당대상기업은 대통령령으로 정하는 바에 따라 정부배당수입을 추정할 수 있는 자료를 총괄청이나 중앙관서의 장에게 제출하여야 한다.
② 총괄청이나 중앙관서의 장은 제1항에 따라 제출받은 자료를 기초로 다음 연도의 정부배당수입을 추정하여 소관 예산안의 세입예산 또는 기금운용계획안의 수입계획에 계상하여야 한다.

제65조의5【정부배당의 결정】 ① 정부배당대상기업은 대통령령으로 정하는 바에 따라 정부배당결정과 관련한 자료를 총괄청과 중앙관서의 장에게 각각 제출하여야 한다.
② 정부배당대상기업은 정부배당을 결정하는 경우 이사회·주주총회 등 정부배당결정 관련 절차를 거치기 전에 총괄청과 중앙관서의 장과 각각 미리 협의하여야 한다.(2020.6.9 본항개정)

제65조의6【국회 보고 등】 총괄청과 중앙관서의 장은 정부배당대상기업의 배당이 완료된 때에는 정부배당대상기업의 배당내역을 국회 소관 상임위원회와 예산결산특별위원회에 보고하고 공표하여야 한다.

제4장의2 지식재산 관리·처분의 특례
(2012.12.18 본장신설)

제65조의7【지식재산의 사용허가등】 ① 지식재산의 사용허가 또는 대부(이하 "사용허가등"이라 한다)를 받은 자는 제30조제2항 본문 및 제47조제1항에도 불구하고 해당 중앙관서의 장등의 승인을 받아 그 지식재산을 다른 사람에게 사용·수익하게 할 수 있다.
② 저작권등의 사용허가등을 받은 자는 해당 지식재산을 관리하는 중앙관서의 장등의 승인을 받아 그 저작물의 변형, 변경 또는 개작을 할 수 있다.

제65조의8【지식재산의 사용허가등의 방법】 ① 중앙관서의 장등은 지식재산의 사용허가등을 하려는 경우에는 제31조제1항 본문 및 제47조제1항에도 불구하고 수의(隨意)의 방법으로 하되, 다수에게 일시에 또는 여러 차례에 걸쳐 할 수 있다.(2020.6.9 본항개정)
② 제1항에 따라 사용허가등을 받은 자는 다른 사람의 이용을 방해하여서는 아니 된다.
③ 중앙관서의 장등은 제2항을 위반하여 다른 사람의 이용을 방해한 자에 대하여 사용허가등을 철회할 수 있다.
④ 중앙관서의 장등은 제1항에도 불구하고 제65조의11제1항에 따른 사용허가등의 기간 동안 신청자 외에 사용허가등을 받으려는 자가 없거나 지식재산의 효율적인 관리를 위하여 특히 필요하다고 인정하는 경우에는 특정인에 대하여서만 사용허가등을 할 수 있다. 이 경우 사용허가등의 방법은 제31조제1항 본문 및 제2항 또는 제47조제1항에 따른다.

제65조의9【지식재산의 사용료 등】 ① 지식재산의 사용허가등을 한 때에는 제32조제1항 및 제47조제1항에도 불구하고 해당 지식재산으로부터의 매출액 등을 고려하여 대통령령으로 정하는 사용료 또는 대부료를 징수한다.
② 동일인(상속인이나 그 밖의 포괄승계인은 피승계인과 동일인으로 본다)이 같은 지식재산을 계속 사용·수익하는 경우에는 제33조 및 제47조제1항은 적용하지 아니한다.

제65조의10【지식재산 사용료 또는 대부료의 감면】 중앙관서의 장등은 제34조제1항 및 제47조제1항에서 정한 사항 외에 다음 각 호의 어느 하나에 해당하는 경우에는 대통령령으로 정하는 바에 따라 그 사용료 또는 대부료를 감면할 수 있다.
1. 「농업·농촌 및 식품산업 기본법」 제3조제2호에 따른 농업인과 「수산업·어촌 발전 기본법」 제3조제3호에 따른 어업인의 소득 증대, 「중소기업기본법」 제2조에 따른 중소기업의 수출 증진, 「중소기업창업 지원법」 제2조제3호 및 제6호에 따른 창업기업·재창업기업에 대한 지원 및 「벤처기업육성에 관한 특별법」 제2조제1항에 따른 벤처기업의 창업 촉진, 그 밖에 이에 준하는 국가시책을 추진하기 위하여 중앙관서의 장등이 필요하다고 인정하는 경우 : 면제(2024.1.9 본호개정)
2. 그 밖에 지식재산을 공익적 목적으로 활용하기 위하여 중앙관서의 장등이 필요하다고 인정하는 경우 : 감면

제65조의11【지식재산의 사용허가등 기간】 ① 제35조 또는 제46조에도 불구하고 지식재산의 사용허가기간 또는 대부기간은 5년 이내에서 대통령령으로 정한다.
② 제1항에 따른 사용허가기간 또는 대부기간이 끝난 지식재산(제35조제2항 본문 및 제46조제2항에 따라 대통령령으로 정하는 지식재산의 경우는 제외한다)에 대하여는 제1항의 사용허가기간 또는 대부기간을 초과하지 아니하는 범위에서 종전의 사용허가등을 갱신할 수 있다. 다만, 제65조의8제4항에 따른 사용허가등의 경우에는 이를 한 번만 갱신할 수 있다.

제65조의12【저작권의 귀속 등】 ① 중앙관서의 장등은 국가 외의 자와 저작물 제작을 위한 계약을 체결하는 경우 그 결과물에 대한 저작권 귀속에 관한 사항을 계약내용에 포함하여야 한다.
② 중앙관서의 장등이 국가 외의 자와 공동으로 창작하기 위한 계약을 체결하는 경우 그 결과물에 대한 저작권은 제11조제1항 본문에도 불구하고 공동으로 소유하며, 별도의 정함이 없으면 그 지분은 균등한 것으로 한다. 다만, 그 결과물에 대한 기여도 및 국가안전보장, 국방, 외교관계 등 계약목적물의 특수성을 고려하여 협의를 통하여 저작권의 귀속주체 또는 지분율 등을 달리 정할 수 있다.
③ 중앙관서의 장등은 제1항 및 제2항에 따른 계약을 체결하는 경우 그 결과물에 대한 저작권의 전부를 국가 외의 자에게 귀속시키는 내용의 계약을 체결하여서는 아니 된다.

제5장 대장(臺帳)과 보고

제66조【대장과 실태조사】 ① 중앙관서의 장등은 제6조에 따른 구분과 종류에 따라 그 소관에 속하는 국유재산의 대장·등기사항증명서와 도면을 갖추어 두어야 한다. 이 경우 국유재산의 대장은 전산자료로 대신할 수 있다.(2012.12.18 전단개정)
② 중앙관서의 장등은 매년 그 소관에 속하는 국유재산의 실태를 조사하여 제1항의 대장을 정비하여야 한다.(2011.3.30 본항개정)
③ 제1항의 대장과 제2항의 실태조사에 필요한 사항은 대통령령으로 정한다.
④ 총괄청은 중앙관서별로 국유재산에 관한 총괄부(總括簿)를 갖추어 두어 그 상황을 명백히 하여야 한다. 이 경우 총괄부는 전산자료로 대신할 수 있다.(2011.3.30 전단개정)
⑤ 총괄청, 중앙관서의 장 또는 제28조, 제29조, 제42조제1항·제3항에 따라 관리사무를 위임받은 공무원이나 위탁받은 자가 국유재산의 관리·처분을 위하여 필요하면 등기소, 그 밖의 관계 행정기관의 장에게 무료로 필요한 서류의 열람과 등사 또는 그 등본, 초본 또는 등기사항증명서의 교부를 청구할 수 있다.(2011.4.12 본항개정)

제67조【다른 사람의 토지 등의 출입】 ① 중앙관서의 장등 또는 제25조에 따라 총괄사무를 위임·위탁받은 자의 직원은 그 위임·위탁 사무의 수행이나 제66조제2항에 따른 실태조사를 위하여 필요한 경우 다른 사람의 토지 등에 출입할 수 있다.(2011.3.30 본항개정)
② 제1항에 따라 다른 사람의 토지 등에 출입하려는 사람은 소유자·점유자 또는 관리인(이하 이 조에서 "이해관계인"이라 한다)에게 미리 알려야 한다. 다만, 이해관계인을 알 수 없는 때에는 그러하지 아니하다.(2020.6.9 본문개정)
③ 이해관계인은 정당한 사유 없이 제1항에 따른 출입을 거부하거나 방해하지 못한다.
④ 제1항에 따라 다른 사람의 토지 등에 출입하려는 사람은 신분을 표시하는 증표를 지니고 이를 이해관계인에게 내보여야 한다.(2020.6.9 본항개정)

제68조【가격평가 등】 국유재산의 가격평가 등 회계처리는 「국가회계법」 제11조에 따른 국가회계기준에서 정하는 바에 따른다.

제69조【국유재산관리운용보고서】 ① 중앙관서의 장은 그 소관에 속하는 국유재산에 관하여 국유재산관리운용보고서를 작성하여 다음 연도 2월 말일까지 총괄청에 제출하여야 한다. 이 경우 국유재산관리운용보고서에 포함되어야 할 사항은 대통령령으로 정한다.(2011.3.30 전단개정)
② 총괄청은 제1항의 국유재산관리운용보고서를 통합하여 국유재산관리운용총보고서를 작성하여야 한다.
③ 총괄청은 제2항의 국유재산관리운용총보고서를 다음 연도 4월 10일까지 감사원에 제출하여 검사를 받아야 한다.
④ 총괄청은 제3항에 따라 감사원의 검사를 받은 국유재산관리운용총보고서와 감사원의 검사보고서를 다음 연도 5월 31일까지 국회에 제출하여야 한다.

제70조【멸실 등의 보고】 중앙관서의 장등은 그 소관에 속하는 국유재산이 멸실되거나 철거된 경우에는 지체 없이 그 사실을 총괄청과 감사원에 보고하여야 한다.(2011.3.30 본조개정)

제71조【적용 제외】 국방부장관이 관리하는 제5조제1항제2호의 재산과 그 밖에 중앙관서의 장이 총괄청과 협의하여 정하는 재산은 제68조부터 제70조까지의 규정을 적용하지 아니한다.(2011.3.30 본조개정)

제6장 보 칙

제72조【변상금의 징수】 ① 중앙관서의 장등은 무단점유자에 대하여 대통령령으로 정하는 바에 따라 그 재산에 대한 사용료나 대부료의 100분의 120에 상당하는 변상금을 징수한다. 다만, 다음 각 호의 어느 하나에 해당하는 경우에는 변상금을 징수하지 아니한다.(2011.3.30 본문개정)
1. 등기사항증명서나 그 밖의 공부(公簿)상의 명의인을 정당한 소유자로 믿고 적절한 대가를 지급하고 권리를 취득한 자(취득자의 상속인이나 승계인을 포함한다)의 재산이 취득 후에 국유재산으로 밝혀져 국가에 귀속된 경우(2020.6.9 본호개정)
2. 국가나 지방자치단체가 재해대책 등 불가피한 사유로 일정 기간 국유재산을 점유하게 하거나 사용·수익하게 한 경우
② 제1항의 변상금은 무단점유를 하게 된 경위(經緯), 무단점유지의 용도 및 해당 무단점유자의 경제적 사정 등을 고려하여 대통령령으로 정하는 바에 따라 5년의 범위에서 징수를 미루거나 나누어 내게 할 수 있다.(2009.5.27 본항개정)
③ 제1항에 따라 변상금을 징수하는 경우에는 제33조에 따른 사용료와 제47조에 따른 대부료의 조정을 하지 아니한다.

판례 국유재산법에서 사용허가나 대부계약 없이 국유재산을 사용·수익하거나 점유한 자에 대하여 변상금을 징수하도록 규정한 것은 국유재산에 대한 점유나 사용·수익 자체가 법률상 아무런 권원 없이 이루어진 경우에 정상적인 사용료나 대부료를 징수할 수 없기 때문에 그 사용료나 대부료 대신에 변상금을 징수한다는 취지라고 풀이되므로, 점유나 사용·수익을 정당화할 법적 지위에 있는 자에 대하여는 그 규정이 적용되지 않는다. 따라서 국유재산인 향교 문화재를 약 100년 동안 관리하던 재단은 향교건물을 포함한 향교의 관리·운용을 위하여 토지의 점유나 사용·수익을 정당화할 법적 지위가 있다고 볼 수 있으므로, 이러한 법적 지위에 있는 재단에 대하여 변상금을 부과한 처분은 당연무효이다.
(대판 2023.10.18, 2023두42584)

제73조【연체료 등의 징수】 ① 중앙관서의 장등은 국유재산의 사용료, 관리소홀에 따른 가산금, 대부료, 매각대금, 교환자금 및 변상금(징수를 미루거나 나누어 내는 경우 이자는 제외한다)이 납부기한까지 납부되지 아니한 경우 대통령령으로 정하는 바에 따라 연체료를 징수할 수 있다. 이 경우 연체료 부과대상이 되는 연체기간은 납기일부터 60개월을 초과할 수 없다.(2011.3.30 전단개정)
② 중앙관서의 장등은 국유재산의 사용료, 관리소홀에 따른 가산금, 대부료, 변상금 및 제1항에 따른 연체료가 납부기한까지 납부되지 아니한 경우에는 다음 각 호의 방법에 따라 「국세징수법」 제10조와 같은 법의 체납처분에 관한 규정을 준용하여 징수할 수 있다.(2020.12.29 본문개정)
1. 중앙관서의 장(일반재산의 경우 제42조제1항에 따라 관리·처분에 관한 사무를 위임받은 자를 포함한다. 이하 이 호에서 같다)은 직접 또는 관할 세무서장이나 지방자치단체의 장(이하 "세무서장등"이라 한다)에게 위임하여 징수할 수 있다. 이 경우 관할 세무서장등은 그 사무를 집행할 때 위임한 중앙관서의 장의 감독을 받는다.(2011.3.30 본호개정)
2. 제42조제1항에 따라 관리·처분에 관한 사무를 위탁받은 자는 관할 세무서장등에게 징수하게 할 수 있다.

제73조의2【도시관리계획의 협의 등】 ① 중앙관서의 장이나 지방자치단체의 장은 국유재산에 대하여 「국토의 계획 및 이용에 관한 법률」에 따라 도시관리계획을 결정·변경하거나 다른 법률에 따라 이용 및 보전에 관한 제한을 하는 경우 대통령령으로 정하는 바에 따라 미리 해당 국유재산을 소관하는 총괄청이나 중앙관서의 장과 협의하여야 한다.
② 중앙관서의 장등(다른 법령에 따라 국유재산의 관리·처분에 관한 사무를 위임 또는 위탁받은 자를 포함한다)은 「국토의 계획 및 이용에 관한 법률」 제65조제3항 또는 그 밖의 법률에 따라 국유재산인 공공시설의 귀속에 관한 사항이 포함된 개발행위에 관한 인·허가 등을 하려는 자에게 의견을 제출하려는 경우에는 대통령령으로 정하는 바에 따라 총괄청과 미리 협의하여야 한다.(2017.12.26 본항신설)
③ 총괄청이나 중앙관서의 장등은 국유재산을 효율적으로 관리하고 그 활용도를 높이기 위하여 필요하다고 인정하는 경우 「국토의 계획 및 이용에 관한 법률」에 따른 도시관리계획의 입안권자에게 해당 도시관리계획의 변경을 요청할 수 있다.
(2011.3.30 본조신설)

제73조의3【소멸시효】 ① 이 법에 따라 금전의 급부를 목적으로 하는 국가의 권리는 5년간 행사하지 아니하면 시효의 완성으로 소멸한다.
② 제73조제2항의 권리의 소멸시효는 다음 각 호의 사유로 인하여 중단된다.
1. 납부고지
2. 독촉
3. 교부청구
4. 압류
③ 제2항에 따라 중단된 소멸시효는 다음 각 호의 어느 하나의 기간이 지난 때부터 새로 진행한다.

1. 납부고지나 독촉에 따른 납입기간
2. 교부청구 중의 기간
3. 압류해제까지의 기간
④ 제1항에 따른 소멸시효는 다음 각 호의 어느 하나에 해당하는 기간에는 진행되지 아니한다.
1. 이 법에 따른 분납기간, 징수유예기간
2. 「국세징수법」에 따른 압류·매각의 유예기간 (2020.12.29 본호개정)
3. 「국세징수법」 제25조에 따른 사해행위 취소소송이나 「민법」 제404조에 따른 채권자대위 소송을 제기하여 그 소송이 진행 중인 기간(소송이 각하·기각 또는 취소된 경우에는 시효정지의 효력이 없다)(2020.12.29 본호개정)
⑤ 이 법에 따라 금전의 급부를 목적으로 하는 국가의 권리의 소멸시효에 관하여 이 법에 특별한 규정이 있는 것을 제외하고는 「민법」과 「국가재정법」에 따른다. (2016.3.2 본조신설)

제74조【불법시설물의 철거】 정당한 사유 없이 국유재산을 점유하거나 이에 시설물을 설치한 경우에는 중앙관서의 장등은 「행정대집행법」을 준용하여 철거하거나 그 밖에 필요한 조치를 할 수 있다.(2016.3.2 본조개정)

제75조【과오납금 반환 가산금】 국가는 과오납된 국유재산의 사용료, 대부료, 매각대금 또는 변상금을 반환하는 경우에는 과오납된 날의 다음 날부터 반환하는 날까지의 기간에 대하여 대통령령으로 정하는 이자를 가산하여 반환한다.

제76조【정보공개】 ① 총괄청은 국유재산의 효율적인 관리와 처분을 위하여 보유·관리하고 있는 정보를 정보통신망을 활용한 정보공개시스템을 통하여 공표하여야 한다.
② 제1항에 따른 공표 대상 정보의 범위 및 공표 절차 등에 필요한 사항은 대통령령으로 정한다.

제77조【은닉재산 등의 신고】 ① 은닉된 국유재산이나 소유자 없는 부동산을 발견하여 정부에 신고한 자에게는 대통령령으로 정하는 바에 따라 보상금을 지급할 수 있다.
② 지방자치단체가 은닉된 국유재산이나 소유자 없는 부동산을 발견하여 신고한 경우에는 대통령령으로 정하는 바에 따라 그 재산가격의 2분의 1의 범위에서 그 지방자치단체에 국유재산을 양여하거나 보상금을 지급할 수 있다.

제78조【은닉재산의 자진반환자 등에 관한 특례】 은닉된 국유재산을 선의(善意)로 취득한 후 그 재산을 다음 각 호의 어느 하나에 해당하는 원인으로 국가에 반환한 자에게 같은 재산을 매각하는 경우에는 제50조에도 불구하고 대통령령으로 정하는 바에 따라 반환의 원인별로 차등을 두어 그 매각대금을 이자 없이 12년 이하에 걸쳐 나누어 내게 하거나 매각 가격에서 8할 이하의 금액을 뺀 잔액을 그 매각대금으로 하여 전액을 한꺼번에 내게 할 수 있다.
1. 자진 반환
2. 재판상의 화해
3. 그 밖에 대통령령으로 정하는 원인

제79조【변상책임】 ① 제28조에 따라 국유재산의 관리에 관한 사무를 위임받은 자가 고의나 중대한 과실로 그 임무를 위반한 행위를 함으로써 그 재산에 대하여 손해를 끼친 경우에는 변상의 책임이 있다.
② 제1항의 변상책임에 관하여는 「회계관계직원 등의 책임에 관한 법률」 제4조제3항·제4항 및 제6조부터 제8조까지의 규정을 준용한다.

제79조의2【벌칙 적용에서의 공무원 의제】 위원회, 제59조의3제3항에 따른 민간참여개발자문단 및 같은 조 제7항에 따른 민간참여개발사업평가단의 위원 중 공무원이 아닌 위원은 「형법」 제129조부터 제132조까지의 규정을 적용할 때에는 공무원으로 본다.(2011.3.30 본조신설)

제80조【청산절차의 특례】 국가가 지분증권의 2분의 1 이상을 보유하는 회사 중 대통령령으로 정하는 회사의 청산에 관하여는 「상법」 중 주주총회나 사원총회의 권한과 소집·결의방법 등에 관한 규정에도 불구하고 대통령령으로 정하는 바에 따른다.

제81조【군사분계선 이북지역에 있는 회사의 청산절차】 ① 제80조에 따른 회사 중 그 본점이나 주사무소가 군사분계선 이북지역에 있는 회사의 청산에 관하여는 「상법」과 제80조를 준용한다. 다만, 「상법」 중 다음 각 호의 사항에 해당하는 규정은 그러하지 아니하다.
1. 회사의 해산등기
2. 청산인의 신고 및 등기
3. 「상법」 제533조에 따른 재산목록 및 대차대조표의 제출
4. 청산종결의 등기
② 제1항에 따라 청산절차가 진행 중인 회사가 소유하고 있는 부동산의 소유권이 「민법」 제245조에 따라 그 부동산을 무단점유하고 있는 자에게 이전될 우려가 있으면 청산절차의 종결 전에도 부동산의 전부 또는 일부를 국가로 귀속시킬 수 있다. 이 경우 청산종결 후 남은 재산의 분배에서 주주나 그 밖의 지분권자의 권리는 영향을 받지 아니한다.
③ 제1항에 따라 회사를 청산하려면 대통령령으로 정하는 바에 따라 필요한 사항을 공고하여야 한다.
④ 제2항이나 청산절차종결에 의하여 남은 재산의 분배에 따라 국가가 해당 회사의 부동산에 대한 소유권이전등기를 촉탁하는 경우의 등기절차는 「부동산등기법」의 규정에도 불구하고 대통령령으로 정하는 바에 따른다.

제7장 벌 칙

제82조【벌칙】 제7조제1항을 위반하여 행정재산을 사용하거나 수익한 자는 2년 이하의 징역 또는 2천만원 이하의 벌금에 처한다.(2020.3.31 본조개정)

부 칙

제1조【시행일】 이 법은 공포 후 6개월이 경과한 날부터 시행한다. 다만, 제76조의 개정규정은 2010년 1월 1일부터 시행한다.

제2조【다른 법률의 폐지】 國有財産의現物出資에관한法律은 폐지한다.

제3조【사용허가기간 및 대부기간에 관한 적용례】 제35조제1항 본문 및 제46조제1항 단서의 개정규정은 이 법 시행 후 최초로 사용허가하거나 대부계약하는 분부터 적용한다.

제4조【사용허가 및 대부계약 갱신에 관한 적용례】 제35조제2항과 제46조제2항의 개정규정은 이 법 시행 후 최초로 사용허가 또는 대부계약을 갱신하는 분부터 적용한다.

제5조【변상금에 관한 적용례】 제72조제3항에 따라 사용료 및 대부료의 조정을 실시하지 아니하는 변상금은 이 법 시행 후의 무단점유기간에 따른 변상금분부터 적용한다.

제6조【연체료에 관한 적용례】 제73조제1항의 개정규정은 최초 납부고지에 따른 납부기한이 이 법 시행 후 도래하여 발생하는 연체료분부터 적용한다.

제7조【관리청 명칭의 첨기 등기】 법률 제2950호 國有財産法改正法律 시행 당시 관리청이 국세청으로 첨기 등기된 잡종재산은 같은 법 시행일에 재무부로 첨기 등기된 것으로 본다. 다만, 매각대금이 완납되지 아니하였거나 완납된 후 그 소유권이전에 따른 변경등기를 하지 아니한 재산은 그러하지 아니하다.

제8조【현물출자에 관한 경과조치】 ① 이 법 시행 당시 종전의 國有財産의現物出資에관한法律(이하 이 조에서 "종전의 법률"이라 한다)에 따른 현물출자는 이 법에 따라 행하여진 것으로 본다.
② 이 법 시행 당시 종전의 법률에 따른 정부출자기업체의 현물출자 신청은 이 법에 따른 신청으로 본다. 이 경우 출자가액의 산정은 종전의 법률에 따른다.
③ 이 법 시행 당시 종전의 법률에 따라 국무회의 심의를 거친 것은 이 법에 따라 국무회의 심의를 거친 것으로 본다.

제9조【가격평가 등에 관한 경과조치】 공공용재산 중 도로·하천·항만·공유수면은 「국가회계법」 제11조에 따른 국가회계기준에서 정하는 사회기반시설에 대한 회계처리 시행시점까지는 제68조·제69조 및 제71조의 개정규정에도 불구하고 종전의 제47조·제48조 및 제50조에 따른다.

제10조【다른 법률의 개정】 ①~㊱ ※(해당 법령에 가제정리 하였음)

제11조【다른 법령과의 관계】 ① 이 법 시행 당시 다른 법령에서 국유인 보존재산을 인용한 경우에는 행정재산 중 보존용재산을 인용한 것으로 보고, 국유인 잡종재산을 인용한 경우에는 일반재산을 인용한 것으로 보며, 관리환을 인용한 경우에는 관리전환을 인용한 것으로 보고, 사용·수익허가를 인용한 경우에는 사용허가를 인용한 것으로 본다.
② 이 법 시행 당시 다른 법령에서 종전의 「국유재산법」이나 「국유재산의 현물출자에 관한 법률」 및 그 규정을 인용한 경우에 이 법 가운데 그에 해당하는 규정이 있으면 종전의 규정을 갈음하여 이 법 및 이 법의 해당 조항을 인용한 것으로 본다.

부 칙 (2011.3.30)

제1조【시행일】 이 법은 2011년 4월 1일부터 시행한다.

제2조【국유재산관리기금운용의 평가에 관한 특례】 총괄청은 2012회계연도부터 2015회계연도까지의 국유재산관리기금운용에 대한 평가분석 결과를 2015회계연도의 국가결산보고서와 함께 국회에 제출하여야 한다.

제3조【영구시설물의 축조 금지에 관한 적용례】 제18조제1항제2호의2의 개정규정은 이 법 시행 당시 매각대금을 나누어 내고 있는 일반재산에 대하여도 적용한다.

제4조【국유재산관리기금운용계획안 작성 등에 관한 적용례】 제26조의2의 개정규정에 따른 국유재산관리기금의 기금운용계획안 작성 및 제출 등은 2012년도분부터 적용한다.

제5조【일괄 입찰공고에 관한 적용례】 제31조제2항 후단의 개정규정은 이 법 시행 후 최초로 입찰공고하는 분부터 적용한다.

제6조【사용료의 면제에 관한 적용례】 제34조제1항제1호의2의 개정규정은 이 법 시행 당시 기부채납을 위하여 건물 등을 신축 중인 자에 대하여도 적용한다.

제7조【대부보증금에 관한 적용례】 제47조제2항 및 제3항의 개정규정은 2012년 1월 1일 이후 최초로 연간대부료를 받는 분부터 적용한다.

제8조【도시관리계획의 협의 등에 관한 적용례】 제73조의2의 개정규정은 이 법 시행 후 최초로 도시관리계획을 결정·변경하거나 다른 법률에 따라 이용 및 보전에 관한 제한을 하는 경우부터 적용한다.

제9조【사용 승인 등에 관한 경과조치】 이 법 시행 당시 종전의 「국유재산법」에 따라 중앙관서의 장의 소관에 속하는 행정재산에 대하여는 제8조제4항의 개정규정에 따라 총괄청이 그 중앙관서의 장에게 그 행정재산의 사용을 승인한 것으로 본다.

제10조【국유재산종합계획에 관한 경과조치】 2012년도 국유재산종합계획이 시행되기 전까지는 제9조의 개정규정에도 불구하고 종전의 규정에 따른다.

제11조【다른 법률의 개정】 ①~③ ※(해당 법령에 가제정리 하였음)

제12조【다른 법령과의 관계】 이 법 시행 당시 다른 법령(국유재산과 관련된 규정에 한정한다)에서 관리청 또는 관리청등을 인용하고 있는 경우에는 그를 갈음하여 각각 이 법에 따른 중앙관서의 장 또는 중앙관서의 장등을 인용한 것으로 본다.

부 칙 (2012.12.18)

제1조【시행일】 이 법은 공포 후 6개월이 경과한 날부터 시행한다. 다만, 제26조의4, 제66조제1항 및 제72조제1항제1호의 개정규정은 공포한 날부터 시행하고, 제6조제2항제1호 및 제3호의 개정규정은 공포 후 1년이 경과한 날부터 시행한다.

제2조【일반재산의 양여에 관한 적용례】 제55조제1항제3호의 개정규정에 따른 일반재산의 양여는 이 법 시행 후 최초로 용도폐지되는 행정재산부터 적용한다.

제3조【지식재산 관리·처분의 특례에 관한 적용례】 제65조의7부터 제65조의11까지의 개정규정은 이 법 시행 후 지식재산의 사용허가등을 하는 분부터 적용한다.

제4조【지식재산의 저작권 귀속에 관한 적용례】 제65조의12의 개정규정은 이 법 시행 후 최초로 체결하는 계약 분부터 적용한다.

부 칙 (2018.3.13)

제1조【시행일】 이 법은 공포 후 1년이 경과한 날부터 시행한다. 다만, 제57조의 개정규정은 공포한 날부터 시행한다.

제2조【사용료 및 대부료 감면에 관한 적용례】 제34조제3항 및 제47조제1항의 개정규정은 이 법 시행 이후 최초로 허가하거나 갱신하는 사용허가 및 체결하거나 갱신하는 대부계약부터 적용한다.

제3조【물납 증권의 처분 제한에 관한 적용례】 제44조의2의 개정규정은 이 법 시행 이후 최초로 매각하는 증권부터 적용한다.

부 칙 (2019.11.26)

제1조【시행일】 이 법은 공포한 날부터 시행한다.(이하 생략)

부 칙 (2020.3.31)

제1조【시행일】 이 법은 공포 후 6개월이 경과한 날부터 시행한다. 다만, 제17조제2호다목 및 제26조제1항의 개정규정은 공포한 날부터 시행한다.

제2조【사용허가에 관한 적용례】 제30조제2항제2호의 개정규정(제47조제1항에 따라 준용되는 경우를 포함한다)은 이 법 시행 이후 사용허가를 하거나 사용허가를 갱신하는 경우부터 적용한다.

부 칙 (2020.6.9)

이 법은 공포한 날부터 시행한다.(이하 생략)

부 칙 (2020.12.29)

제1조【시행일】 이 법은 2021년 1월 1일부터 시행한다.(이하 생략)

부 칙 (2021.12.28)
(2024.1.9)

제1조【시행일】 이 법은 공포 후 6개월이 경과한 날부터 시행한다.(이하 생략)

국유재산법 시행령

(2009년 7월 27일 전부개정대통령령 제21641호)

개정
2009.10. 1영21765호(신용정보의이용및보호에관한법시)
2010. 5. 4영22151호(전자정부법시)
2010. 6.28영22221호(전통시장및상점가육성을위한특별법시)
2010.11.15영22493호(은행법시)
2010.12. 7영22516호(근로복지기본법시)
2011. 4. 1영22815호 2011.10.14영23221호
2011.12. 8영23356호(영유아보육법시)
2011.12.28영23392호
2012. 1.25영23529호(국방·군사시설사업에관한법시)
2012. 1.25영23535호(한국농수산식품유통공사법시)
2012. 4.10영23718호(국토이용시)
2012. 5.22영23793호(방송광고판매대행등에관한법시)
2012. 6.19영23855호
2013. 3.23영24441호(직제)
2013. 4. 5영24495호 2013.12.30영25031호
2014. 1. 7영25067호(디자인보호시)
2014. 3.24영25279호(금융부실시)
2014. 7.14영25456호(도로법시)
2014. 7.16영25483호(임대주택법시)
2014.11.19영25751호(직제)
2014.12.30영25945호(한국산업은행법시)
2015. 5.26영26248호(소상공인보호및지원에관한법시)
2015. 6. 1영26302호(공간정보구축관리시)
2015. 6.30영26369호(주택도시기금법시)
2015. 9.11영26517호(신용정보의이용및보호에관한법시)
2015.10.29영26609호
2015.12.22영26754호(수산업·어촌발전기본법시)
2015.12.28영26763호(민간임대주택에관한특별법시)
2016. 5.10영27128호
2016. 6.30영27299호(행정규제정비일부개정령)
2016. 8.11영27444호(주택법시)
2016. 8.31영27471호(부동산가격공시에관한법시)
2016. 8.31영27472호(감정평가감정평가사시)
2016. 8.31영27473호(한국감정원법시)
2017. 3. 2영27926호
2017. 7.26영28211호(직제)
2018. 2. 9영28628호(도시및주거환경정비법시)
2018. 6.26영28988호
2018. 6.26영29009호(한국해양진흥공사법시)
2018. 9.18영29178호(새만금사업추진및지원에관한특별법시)
2019. 3.12영29606호
2019. 9.10영30075호(해외건설촉진법시)
2020. 3.31영30546호
2020. 7.28영30877호(항만재개발및주변지역발전에관한법시)
2020. 7.31영30886호 2020. 9.29영31050호
2020.11.24영31176호(법정공고방식확대)
2020.12. 8영31243호(한국부동산원법시)
2021. 1. 5영31380호(법령용어정비)
2021. 2. 2영31429호(소상공인기본법시)
2021. 8.31영31961호(한국광해광업공단법시)
2021.10.19영32074호(국가공무원등직무발명의처분·관리및보상등에관한규정)
2022. 1.21영32352호(감정평가감정평가사시)
2022. 2.17영32449호(한국자산관리공사설립등에관한법시)
2022. 6.28영32733호(중소기업창업지원법시)
2022.12.30영33180호 2023. 6. 1영33496호
2023. 7. 7영33621호(지방자치분권및지역균형발전에관한특별법시)
2023.12.12영33914호
2023.12.19영34011호(벤처투자촉진에관한법시)
2024. 1. 2영34086호

제1장 총 칙

제1조【목적】 이 영은 「국유재산법」에서 위임된 사항과 그 시행에 필요한 사항을 규정함을 목적으로 한다.

제2조【정부출자기업체의 범위】 「국유재산법」(이하 "법"이라 한다) 제2조제6호에서 "대통령령으로 정하는 기업체"란 별표1에 규정된 기업체를 말한다.

제3조【국유재산의 범위】 법 제5조제1항제3호에서 "대통령령으로 정하는 것"이란 기관차·전차·객차(客車)·화차(貨車)·기동차(汽動車) 등 궤도차량을 말한다.

제4조【국유재산의 구분】 ① 법 제6조제2항제1호부터 제3호까지의 규정에서 "대통령령으로 정하는 기한"이란 국가나 「정부기업예산법」 제2조에 따른 정부기업이 행정재산으로 사용하기로 결정한 날부터 5년이 되는 날을 말한다.
② 법 제6조제2항제1호에서 "대통령령으로 정하는 경우"란 다음 각 호의 어느 하나에 해당하는 목적으로 사용하거나 사용하려는 경우를 말한다.
1. 대통령 관저
2. 국무총리, 「국가재정법」 제6조제1항 및 제2항에 따른 독립기관 및 중앙관서의 장이 사용하는 공관
3. 「국방·군사시설 사업에 관한 법률」 제2조제1호에 따른 국방·군사시설 중 주거용으로 제공되는 시설
4. 원래의 근무지와 다른 지역에서 근무하게 되는 사람 또는 인사명령에 의하여 지역을 순환하여 근무하는 사람에게 제공되는 주거용 시설
5. 비상근무에 종사하는 사람에게 제공되는 해당 근무지의 구내 또는 이와 인접한 장소에 설치된 주거용 시설
6. 그 밖에 해당 재산의 위치, 용도 등에 비추어 직무상 관련성이 있다고 인정되는 주거용 시설
(2013.4.5 본항신설)
③ 법 제6조제2항제3호에서 "대통령령으로 정하는 경우"란 제2항제4호부터 제6호까지에 해당하는 목적으로 사용하거나 사용하려는 경우를 말한다.(2013.4.5 본항신설)
④ 법 제6조제2항제4호에서 "그 밖의 필요에 따라 국가가 보존하는 재산"이란 국가가 보존할 필요가 있다고 총괄청이 결정한 재산을 말한다.(2011.4.1 본항개정)
⑤ 법 제6조제2항 각 호에서 규정한 행정재산의 사용 또는 보존 여부는 총괄청이 「국가재정법」 제6조에 따른 중앙관서의 장(이하 "중앙관서의 장"이라 한다)의 의견을 들어 결정한다.(2012.6.19 본항개정)
⑥ 총괄청은 법 제6조제2항제1호·제3호 및 같은 조 제3항에 따른 국유재산 중 공무원 또는 정부기업에 종사하는 직원의 주거용으로 사용하거나 주거용으로 사용할 필요가 있다고 인정하는 국유재산의 관리·처분 방법을 따로 정할 수 있다.(2013.12.30 본항신설)

제4조의2【행정재산의 사용 승인 신청】 중앙관서의 장은 법 제8조제4항에 따라 행정재산의 사용 승인을 받으려면 다음 각 호의 내용을 적은 신청서를 총괄청에 제출하여야 한다.
1. 재산의 표시
2. 사용 목적
3. 사용 계획
4. 그 밖에 총괄청이 필요하다고 인정하는 사항
(2011.4.1 본조신설)

제4조의3【행정재산 관리·처분의 사무 위임】 ① 총괄청은 법 제8조제6항에 따라 다음 각 호의 사무를 중앙관서의 장에게 위임한다.(2022.12.30 본문개정)
1. 법 제13조의 기부채납에 따른 재산의 취득에 관한 사무
2. 행정재산(공용재산 중 법 제5조제1항제1호에 따른 재산은 제외한다)의 매입 등에 따른 취득에 관한 사무
3. 「국방·군사시설 사업에 관한 법률」 제2조제1호에 따른 국방·군사시설의 취득에 관한 사무(2012.1.25 본호개정)
4. 행정재산의 관리(취득에 관한 사무는 제외한다)에 관한 사무
5. 용도가 폐지된 행정재산(법 제5조제1항제1호에 따른 재산은 제외한다)의 처분에 관한 사무
6. 그 밖에 총괄청이 행정재산의 효율적인 관리·처분을 위하여 필요하다고 인정하여 지정하는 사무
② 중앙관서의 장이 제1항제1호부터 제3호까지의 규정에 따라 취득하는 행정재산의 사용에 대해서는 법 제8조제4항에 따른 승인을 받은 것으로 본다.
(2011.4.1 본조신설)

제5조【국유재산종합계획】 법 제9조제4항제2호에서 "대통령령으로 정하는 국유재산 관리·처분의 총괄 계획"이란 다음 각 호의 계획을 말한다.
1. 국유재산의 취득에 관한 계획
2. 국유재산의 처분에 관한 계획
3. 법 제8조제4항에 따른 행정재산의 사용에 관한 계획
4. 법 제57조에 따른 일반재산의 개발에 관한 계획
5. 그 밖에 국유재산의 사용허가, 대부 등 관리에 관한 계획
(2011.4.1 본조개정)

제6조【사권 설정】 법 제11조제2항 단서에서 "대통령령으로 정하는 경우"란 다음 각 호의 어느 하나에 해당하는 경우를 말한다.
1. 다른 법률 또는 확정판결(재판상 화해 등 확정판결과 같은 효력을 갖는 것을 포함한다)에 따라 일반재산에 사권(私權)을 설정하는 경우
2. 일반재산의 사용 및 이용에 지장이 없고 재산의 활용 가치를 높일 수 있는 경우로서 중앙관서의 장등이 필요하다고 인정하는 경우
(2011.4.1 1호~2호개정)

제7조【소유자 없는 부동산의 취득】 ① 법 제12조제2항에 따라 총괄청이나 중앙관서의 장이 공고할 사항은 다음 각 호와 같다.(2011.4.1 본문개정)
1. 해당 부동산의 표시
2. 공고 후 6개월이 지날 때까지 해당 부동산에 대하여 정당한 권리를 주장하는 자가 신고하지 아니하면 국유재산으로 취득한다는 뜻
② 제1항의 공고는 관보와 일간신문에 게재하고 해당 부동산의 소재지를 관할하는 지방조달청의 인터넷 홈페이지에 14일 이상 게재하여야 한다.(2012.6.19 본항개정)
③ 법 제12조제4항 단서에서 "대통령령으로 정하는 특별한 사유"란 다음 각 호의 어느 하나에 해당하는 사유를 말한다.
1. 해당 국유재산이 「공익사업을 위한 토지 등의 취득 및 보상에 관한 법률」에 따른 공익사업에 필요하게 된 경우
2. 해당 국유재산을 매각하여야 하는 불가피한 사유가 있는 경우로서 법 제9조제4항제3호에 따른 기준에서 정한 경우

제8조【기부채납】 ① 총괄청이나 중앙관서의 장은 법 제13조제1항에 따라 기부를 받으려면 다음 각 호의 사항을 적은 기부서를 받아야 한다. 이 경우 총괄청이나 중앙관서의 장은 필요한 경우 「전자정부법」 제36조제1항에 따른 행정정보의 공동이용을 통하여 해당 재산의 등기부 등본, 건축물대장, 토지대장, 임야대장, 지적도, 임야도를 확인하여야 한다.(2011.4.1 본문개정)
1. 기부할 재산의 표시
2. 기부자의 성명 및 주소
3. 기부의 목적
4. 기부할 재산의 가격
5. 소유권을 증명할 수 있는 서류
6. 「공간정보의 구축 및 관리 등에 관한 법률」 제2조제19호에 따른 공유지연명부, 대지권등록부, 경계점좌표등록부(2015.6.1 본호개정)
7. 그 밖에 기부할 재산의 건축물현황도 등 필요한 도면
② 대표자에 의하여 기부하는 경우에는 대표자임을 증명하는 서류와 각 기부자의 성명·주소 및 기부재산을 적은 명세서를 제1항의 기부서에 첨부하여야 한다.
③ 법 제13조제2항 각 호 외의 부분 본문에서 "국가가 관리하기 곤란하거나 필요하지 아니한 것인 경우"란 다음 각 호의 어느 하나에 해당하는 경우를 말한다.
1. 법 제13조제2항제1호에 따른 무상 사용허가 기간이 지난 후에도 해당 중앙관서의 장이 직접 사용하기 곤란한 경우(2011.4.1 본호개정)
2. 재산가액 대비 유지·보수 비용이 지나치게 많은 경우
3. 그 밖에 국가에 이익이 없는 것으로 인정되는 경우
④ 기부를 조건으로 건물이나 그 밖의 영구시설물을 축조하는 경우에는 총괄청이나 중앙관서의 장은 사용허가를 하기 전에 기부 등에 관한 계약을 체결하거나 이행각서를 받아야 한다.(2011.4.1 본항개정)

제9조【등기·등록 등】 ① 총괄청이나 중앙관서의 장은 국유재산을 취득한 후 그 소관에 속하게 된 날부터 60일 이내에 법 제14조제1항에 따른 등기·등록, 명의개서, 그 밖에 권리보전에 필요한 조치를 하여야 한다.(2011.4.1 본항개정)
② 총괄청이나 중앙관서의 장이 제1항에 따른 권리보전에 필요한 조치를 하는 경우에는 해당 재산의 소관청임을 증명하는 다음 각 호의 어느 하나에 해당하는 서류를 갖추어야 한다.(2011.4.1 본문개정)
1. 법 제16조제1항에 따른 협의가 성립된 경우에는 그 협의서
2. 법 제16조제2항에 따라 총괄청이 결정하는 경우에는 그 결정서
3. 법 제24조에 따라 총괄청이 중앙관서의 장을 지정하는 경우에는 그 지정서(2011.4.1 본호개정)
③ 법 제14조제2항 단서에서 "대통령령으로 정하는 법인"이란 「자본시장과 금융투자업에 관한 법률」 제294조에 따라 설립된 한국예탁결제원(이하 "한국예탁결제원"이라 한다)을 말한다.

제10조【증권의 보관·취급】 ① 법 제15조제1항에서 "대통령령으로 정하는 법인"이란 다음 각 호의 어느 하나에 해당하는 법인을 말한다.
1. 「은행법」 제2조제1항제2호에 따른 은행(같은 법 제5조에 따라 은행으로 보는 것과 외국은행은 제외한다)(2010.11.15 본호개정)
2. 한국예탁결제원
② 「자본시장과 금융투자업에 관한 법률」 제4조제1항에 따른 증권(이하 "증권"이라 한다)의 보관이나 취급 등에 필요한 사항은 기획재정부령으로 정한다.
③ 정부가 출자한 법인이 「자본시장과 금융투자업에 관한 법률」 제4조제4항에 따른 지분증권(이하 "지분증권"이라 한다)을 신규로 발행하는 경우에는 총괄청이 그 납입금액, 납입의 방법·시기 및 장소를 정하여 청약한다.

제11조【관리전환】 법 제16조에 따라 관리전환을 하는 경우 해당 재산을 이관하는 총괄청이나 중앙관서의 장은 그 재산을 이관받는 총괄청이나 중앙관서의 장에게 관리전환하기로 결정한 문서와 그 재산에 관한 기록을 함께 이관하여야 한다.(2011.4.1 본조개정)

제12조【유상 관리전환 등】 ① 법 제17조 각 호 외의 부분 본문에 따라 유상 관리전환을 하는 경우 해당 재산가액은 다음 각 호의 구분에 따른 방법으로 결정한다.(2011.4.1 본문개정)
1. 증권 : 제43조 및 제44조를 준용하여 산출한 가액
2. 증권 외의 국유재산 : 「감정평가 및 감정평가사에 관한 법률」에 따른 감정평가법인등(이하 "감정평가법인등"이라 한다) 중 하나의 감정평가법인등이 평가한 가액(2022.1.21 본호개정)
② 법 제17조 각 호 외의 부분 단서에 따라 무상 관리전환을 할 경우 해당 재산가액은 국유재산의 대장에 기록된 가격(이하 "대장가격"이라 한다)으로 한다.(2011.4.1 본항개정)
③ 법 제17조에 따라 국유재산을 사용하도록 하는 경우 사용료의 결정에 관하여는 제29조 또는 제67조의8을 준용한다.(2013.4.5 본항개정)
(2011.4.1 본조제목개정)

제13조【원상회복의 이행보증조치】 ① 법 제18조제1항 각 호 외의 부분 단서에 따라 영구시설물을 축조하려는 자는 그 영구시설물의 축조 및 원상회복에 관한 계획서(이하 이 조에서 "축조등계획서"라 한다)를 해당 중앙관서의 장등에게 제출해야 한다.(2020.9.29 본항개정)
② 제1항에도 불구하고 법 제18조제1항제3호에 따라 사회기반시설을 축조하려는 자는 축조등계획서를 해당 국유재산 소관 중앙관서의 장과 협의를 거친 후 총괄청에 제출하여 승인을 받아야 하며, 법 제18조제1항제5호에 따라 학교시설을 증축 또는 개축하려는 자는 총괄청 및 관련 중앙관서의 장과 협의를 거친 후 교육부장관에게 축조등계획서를 제출하여 승인을 받아야 한다.(2020.9.29 본항신설)

③ 중앙관서의 장등은 법 제18조제1항제3호, 제5호 및 제6호에 따라 영구시설물을 축조하는 자에게 해당 재산의 원상회복에 필요한 비용의 상당액(이하 이 조에서 "이행보증금"이라 한다)을 그 영구시설물을 착공하기 전까지 예치하게 해야 한다.(2020.9.29 본항개정)
④ 이행보증금은 현금이나 다음 각 호의 어느 하나에 해당하는 보증서 등으로 한다.
1. 「국가재정법 시행령」 제46조제4항에 따른 금융기관 또는 「은행법」에 따른 외국은행이 발행한 지급보증서(2010.11.15 본호개정)
2. 「보험업법」에 따라 허가를 받은 보험회사가 발행한 보증보험증권
⑤ 중앙관서의 장등은 이행보증금을 예치한 자가 원상회복의 사유가 발생했는데도 원상회복을 이행하지 않은 경우에는 예치된 이행보증금으로 해당 국유재산을 원상회복할 수 있다.(2020.9.29 본항개정)
⑥ 중앙관서의 장등은 이행보증금을 원상회복 비용에 충당하고 남은 금액이 있으면 그 남은 금액을 반환해야 한다. 이 경우 이행보증금을 현금으로 납부하여 이자가 발생한 경우에는 그 이자를 함께 반환한다.(2020.9.29 전단개정)
⑦ 제5항에도 불구하고 중앙관서의 장등은 원상회복의 사유가 발생한 시점에 영구시설물 또는 그 일부 시설물이 국유재산의 활용가치를 높일 수 있다고 인정되는 경우에는 원상회복을 하지 않고 그 영구시설물 또는 일부 시설물을 무상으로 취득할 수 있다. 이 경우 이행보증금은 그 전부 또는 일부를 제6항에 따라 반환해야 한다.(2020.9.29 본항개정)

제13조의2【영구시설물의 축조】 법 제18조제1항제2호의2에서 "대통령령으로 정하는 경우"란 다음 각 호의 어느 하나에 해당하는 경우를 말한다.
1. 제55조제2항제2호에 해당하는 재산으로서 매각대금의 2분의 1 이상을 낸 경우(2023.12.12 본호개정)
1의2. (2023.12.12 삭제)
2. 제55조제2항제3호에 해당하는 토지로서 그 토지에 있는 사유건물이 천재지변이나 그 밖의 재해로 파손된 경우
3. 제55조제3항제3호 또는 제3호의2에 해당하는 재산으로서 매각대금의 5분의 1 이상을 낸 경우(2023.12.12 본호개정)
4. 제55조제2항제9호에 해당하는 토지로서 매각대금의 5분의 1 이상을 낸 경우(2018.6.26 본호신설)
(2011.4.1 본조신설)

제2장 총괄청

제14조【유휴 행정재산의 보고】 ① 법 제21조제2항에서 "대통령령으로 정하는 유휴 행정재산"이란 법 제5조제1항제1호에 해당하는 행정재산으로서 법 제6조제2항 각 호의 행정재산으로 사용되지 아니하거나 사용할 필요가 없게 된 재산을 말한다.
② 법 제21조제2항에 따라 중앙관서의 장이 총괄청에 보고하여야 할 유휴 행정재산의 현황은 다음 각 호와 같다.(2011.4.1 본문개정)
1. 전년도말 기준의 유휴 행정재산 총괄 현황 및 세부 재산 명세
2. 유휴 행정재산의 발생 사유
3. 전년도 관리 현황 및 향후 활용계획
4. 그 밖에 총괄청이 유휴 행정재산의 현황을 파악하기 위하여 필요하다고 인정하는 사항

제15조【감사 등】 ① 총괄청은 조달청의 지원을 받아 법 제21조제3항에 따른 감사를 할 수 있다.
② 총괄청은 제1항에 따른 감사 결과 위법하거나 부당하다고 인정되는 사실이 있으면 해당 중앙관서의 장등에 그 시정을 요구하는 등 필요한 조치를 할 수 있다.(2011.4.1 본항개정)
③ 제2항에 따라 필요한 조치를 요구받은 중앙관서의 장등은 그 이행결과를 총괄청과 감사원에 통보하여야 한다.(2011.4.1 본항개정)

제16조【총괄사무의 위임 및 위탁】 ① 총괄청은 법 제25조에 따라 다음 각 호의 사무를 조달청장에게 위임한다.
1. 법 제21조제1항 및 제2항에 따른 총괄사무를 지원하기 위한 국유재산 현황의 조사 등에 관한 사무(제2항제1호에 따른 사무는 제외한다)(2017.3.2 본호개정)
2. 법 제21조제3항에 따른 감사(監査) 및 그 밖에 필요한 조치를 지원하기 위한 국유재산 관리 실태의 확인·점검에 관한 사무
3. 법 제24조에 따른 소관 중앙관서의 장의 지정에 관한 사무
4. (2017.3.2 삭제)
5. 은닉된 국유재산, 소유자 없는 부동산 및 「귀속재산처리법」 제2조에 따른 귀속재산(이하 "은닉재산등"이라 한다)의 사실조사와 국가 환수 및 귀속에 관한 사무(2020.9.29 본호개정)
6. 장래의 행정수요에 대비하기 위한 비축용 토지의 취득에 관한 사무
7. 중앙관서의 장등 소관 행정재산의 법 제73조의2제2항에 따른 무상귀속 사전협의에 관한 사무(2018.6.26 본호개정)
8. 청사, 관사 등의 신축에 필요한 토지·건물의 조사에 관한 사무

② 총괄청은 법 제25조에 따라 다음 각 호의 사무를 「한국자산관리공사 설립 등에 관한 법률」에 따른 한국자산관리공사(이하 "한국자산관리공사"라 한다)에 위탁한다. 이 경우 위탁비용 등 필요한 사항은 기획재정부령으로 정한다.(2022.2.17 전단개정)
1. 법 제21조제1항 및 제2항에 따른 총괄사무를 지원하기 위한 국유재산 현황의 전수조사 사무로서 항공조사 사무 및 그에 부수하는 사무
2. 법 제73조의2제1항에 따른 총괄청 소관 일반재산에 대한 도시·군관리계획의 협의에 관한 사무
3. 제38조제3항에 따라 관리·처분에 관한 사무가 위탁된 총괄청 소관 일반재산의 「국토의 계획 및 이용에 관한 법률」 및 그 밖의 법률에 따른 무상귀속 협의에 관한 사무(2018.6.26 본호신설)
(2017.3.2 본항신설)
③ 조달청장 또는 한국자산관리공사가 제1항 또는 제2항에 따라 위임받거나 위탁받은 사무를 수행하기 위하여 특별시장·광역시장·특별자치시장·도지사 또는 특별자치도지사(이하 "시·도지사"라 한다)와 중앙관서의 장등에게 협조를 요청하는 경우 시·도지사와 중앙관서의 장등은 이에 따라야 한다.(2017.3.2 본항개정)
④ 조달청장은 제1항제1호 및 제2호에 따른 사무를 수행하기 위하여 매년 2월 말일까지 국유재산 현황의 조사 계획 및 국유재산 관리 실태의 확인·점검 계획을 수립하여 총괄청에 보고하고, 해당 중앙관서의 장등에 통지하여야 한다.
⑤ 조달청장은 제1항제1호에 따른 조사 결과, 같은 항 제2호에 따른 확인·점검 결과 및 국유재산의 관리에 필요한 사항 등을 총괄청에 보고하여야 한다.
(2017.3.2 본조제목개정)
(2011.4.1 본조개정)

제17조【국유재산정책심의위원회의 구성 및 운영】 ① 법 제26조제1항에 따른 국유재산정책심의위원회(이하 "위원회"라 한다)는 다음 각 호의 위원으로 구성한다.
1. 기획재정부장관(2011.4.1 본호개정)
2. 기획재정부장관이 지명하는 기획재정부차관 1명(2011.4.1 본호개정)
3. 교육부차관(2013.3.23 본호개정)
4. 국방부차관(2011.4.1 본호개정)
5. 행정안전부차관(2017.7.26 본호개정)
5의2. 농림축산식품부차관(2013.3.23 본호개정)
5의3. 국토교통부장관이 지명하는 국토교통부차관 1명(2013.3.23 본호개정)
5의4. 조달청장(2011.4.1 본호신설)
5의5. 산림청장(2011.4.1 본호신설)
6. 국유재산 관련 분야에 학식과 경험이 풍부한 사람으로서 다음 각 목의 어느 하나에 해당하는 사람 중 기획재정부장관이 위촉하는 민간위원 11명 이내(2011.4.1 본문개정)
  가. 대학 또는 공인된 연구기관에서 부교수 또는 이에 상당하는 직에 10년 이상 근무한 경력이 있는 사람
  나. 변호사 자격을 가지고 소송·법률사무 부문에서 10년 이상 종사한 경력이 있는 사람
  다. 공인회계사 자격을 가지고 감사·회계 부문에서 10년 이상 종사한 경력이 있는 사람
  라. 감정평가사 자격을 가지고 감정평가 부문에서 10년 이상 종사한 경력이 있는 사람
  마. 부동산, 증권, 또는 그 밖의 관련 분야 경력 등이 가목부터 라목까지의 기준에 상당하다고 인정되는 사람
② 제1항제6호의 위원의 임기는 2년으로 하며, 한 차례만 연임할 수 있다.(2023.12.12 본항개정)
③ 기획재정부장관은 제1항제6호의 위원이 다음 각 호의 어느 하나에 해당하는 경우 해촉할 수 있다.
1. 심신장애로 직무를 수행할 수 없게 된 경우
2. 직무태만, 품위손상, 그 밖의 사유로 위원으로 적합하지 아니하다고 인정되는 경우
④ 위원회의 위원장은 위원회를 소집하고, 위원회의 업무를 총괄한다.
⑤ 위원회는 위원회의 심의를 위하여 필요하다고 인정하는 경우에는 관계기관의 장 및 관계자 또는 해당 분야의 전문가를 출석시켜 의견을 들을 수 있다.
⑥ 제1항부터 제5항까지에서 규정한 사항 외에 위원회의 운영 등에 필요한 사항은 위원회의 의결을 거쳐 위원회의 위원장이 정한다.

제18조【분과위원회】 ① 법 제26조제4항 전단에 따라 위원회에 분야별 분과위원회로 부동산분과위원회, 증권분과위원회 및 기부 대 양여 분과위원회를 둔다.(2017.3.2 본항개정)
② 제1항에 따른 분과위원회(이하 "분과위원회"라 한다)의 심의 사항은 다음 각 호의 구분에 따른다.
1. 부동산분과위원회
  가. 법 제9조제4항제3호에 따른 처분기준 중 매각에 관한 사항
  나. 법 제26조제1항제2호의2, 제4호, 제5호 및 제6호의2의 사항
  다. 그 밖에 국유재산(증권은 제외한다)의 관리·처분 업무와 관련하여 부동산분과위원회의 심의가 필요하다고 총괄청이 인정하는 사항
2. 증권분과위원회
  가. 법 제26조제1항제6호의 사항
  나. 증권의 매각 예정가격 결정에 관한 사항
  다. 증권에 대한 제42조제3항에 따른 매각 예정가격 감액률 결정에 관한 사항
  라. 그 밖에 증권의 관리·처분 업무와 관련하여 증권분과위원회의 심의가 필요하다고 총괄청이 인정하는 사항
3. 기부 대 양여 분과위원회
  가. 법 제55조제1항제3호에 따른 양여(이하 이 호에서 "기부 대 양여"라 한다)에 관한 사항
  나. 그 밖에 기부 대 양여의 결정 및 관리 업무와 관련하여 기부 대 양여 분과위원회의 심의가 필요하다고 총괄청이 인정하는 사항
(2017.3.2 본호신설)
③ 각 분과위원회는 위원장 1명을 포함한 다음 각 호의 구분에 따른 위원으로 구성하며, 각 분과위원회의 위원장은 기획재정부장관이 지명하는 기획재정부차관이 된다.(2017.3.2 본문개정)
1. 부동산분과위원회 : 제17조제1항제2호·제5호·제5호의4 및 제5호의5의 위원과 제6호에 해당하는 위원 중 기획재정부장관이 위촉하는 6명 이내의 위원
2. 증권분과위원회 : 제17조제1항제2호·제5호 및 제5호의4의 위원과 제6호에 해당하는 위원 중 기획재정부장관이 위촉하는 5명 이내의 위원(2011.10.14 본호개정)
3. 기부 대 양여 분과위원회 : 제17조제1항제2호·제4호·제5호·제5호의3 및 제5호의4의 위원과 제6호에 해당하는 위원 중 기획재정부장관이 위촉하는 5명 이내의 위원(2017.3.2 본호신설)
④ 분과위원회의 운영 등에 관하여는 제17조제4항부터 제6항까지의 규정을 준용한다. 이 경우 "위원회"는 "분과위원회"로 본다.
(2011.4.1 본조개정)

제2장의2 국유재산관리기금
(2011.4.1 본장신설)

제18조의2【국유재산관리기금 관리·운용 사무의 위탁】 ① 총괄청은 법 제26조의6제2항에 따라 다음 각 호의 사무를 한국자산관리공사에 위탁한다.(2017.3.2 본문개정)
1. 법 제26조의2에 따른 국유재산관리기금(이하 이 장에서 "국유재산관리기금"이라 한다)의 관리·운용에 관한 회계 사무
2. 국유재산관리기금의 결산보고서 작성에 관한 사무
3. 법 제57조제1항에 따라 국유재산관리기금의 재원으로 개발하는 사업에 관한 사무
4. 국유재산관리기금의 여유자금 운용에 관한 사무
5. 그 밖에 총괄청이 국유재산관리기금의 관리·운용에 관하여 필요하다고 인정하는 사무
② 한국자산관리공사가 제1항에 따라 위탁받은 사무를 처리하는 데에 드는 비용은 국유재산관리기금의 부담으로 한다.

제18조의3【국유재산관리기금 회계의 구분 처리】 한국자산관리공사는 국유재산관리기금의 회계를 한국자산관리공사의 다른 회계와 구분하여 처리하여야 한다.

제3장 행정재산

제19조【행정재산의 교환·양여】 ① 법 제27조제1항제1호에 따른 교환에 관하여는 제57조를 준용하고, 법 제27조제1항제2호에 따른 양여에 관하여는 제59조를 준용한다.(2011.4.1 본항개정)
② 법 제27조제1항제2호에서 "대통령령으로 정하는 행정재산"이란 제58조제1항 각 호의 어느 하나에 해당하는 재산을 말한다.(2011.4.1 본항신설)

제20조【관리사무의 위임】 ① 중앙관서의 장은 법 제28조제1항 및 제2항에 따라 그 소속 공무원에게 행정재산 관리에 관한 사무를 위임하거나 분장하게 한 경우에는 그 뜻을 감사원에 통지하여야 한다.
② 중앙관서의 장은 법 제28조제3항에 따라 다른 중앙관서의 장의 소속 공무원에게 행정재산의 관리에 관한 사무를 위임하려는 경우에는 위임받을 공무원 및 직위와 위임할 사무의 범위에 관하여 해당 중앙관서의 장의 의견을 들어 위임하고, 그 사실을 감사원에 통지하여야 한다.
③ 중앙관서의 장은 법 제28조제4항에 따라 지방자치단체의 장 또는 그 소속 공무원에게 행정재산의 관리에 관한 사무를 위임하려는 경우에는 위임받을 공무원 및 직위와 위임할 사무의 범위에 관하여 해당 지방자치단체를 감독하는 중앙관서의 장의 의견을 들어 위임하고, 그 사실을 감사원에 통지하여야 한다.
(2011.4.1 본조개정)

제21조【관리위탁을 받을 자의 자격】 법 제29조에 따라 행정재산의 관리를 위탁(이하 "관리위탁"이라 한다)할 때에는 해당 재산의 규모, 용도 등을 고려하여 재산의 관리를 위하여 특별한 기술과 능력이 필요한 경우에는 그 기술과 능력을 갖춘 자 등 해당 재산을 관리하기에 적합한 자에게 관리위탁하여야 한다.

제22조【관리위탁 기간 등】 ① 관리위탁의 기간은 5년 이내로 하되, 다음 각 호의 어느 하나에 해당하는 경우를 제외하고는 5년을 초과하지 아니하는 범위에서 종전의 관리위탁을 갱신할 수 있다.
1. 관리위탁한 재산을 국가나 지방자치단체가 직접 공용이나 공공용으로 사용하기 위하여 필요한 경우
2. 법 제29조에 따라 관리위탁을 받은 자(이하 "관리수탁자"라 한다)가 제21조에 따른 관리위탁을 받을 자격을 갖추지 못하게 된 경우
3. 관리수탁자가 관리위탁 조건을 위반한 경우
4. 관리위탁이 필요하지 아니하게 된 경우
② 관리수탁자가 법 제29조제2항에 따라 위탁받은 재산의 일부를 사용·수익하거나 다른 사람에게 사용·수익하게 하려는 경우에는 관리위탁 기간 내에서 하여야 한다.
제23조【관리위탁 재산의 관리】 ① 관리수탁자는 선량한 관리자로서의 주의의무를 다하여 공익목적에 맞게 위탁받은 재산을 관리하여야 하며, 그 재산에 손해가 발생한 경우에는 지체 없이 소관 중앙관서의 장에 보고하여야 한다.
② 관리수탁자는 위탁받은 재산의 원형이 변경되는 대규모의 수리 또는 보수를 하려면 소관 중앙관서의 장의 승인을 받아야 한다. 다만, 긴급한 경우에는 필요한 최소한의 조치를 한 후 지체 없이 그 내용을 중앙관서의 장에게 보고하여야 한다.
(2011.4.1 본조개정)
제24조【관리위탁 재산의 사용료 등】 ① 법 제29조에 따라 위탁받은 재산을 사용·수익하는 자에게서 받는 사용료는 제29조 및 제67조의8의 사용료율과 산출방법에 따라 산출된 금액을 기준으로 하되, 예상수익을 고려하여 중앙관서의 장이 결정한다.(2013.4.5 본항개정)
② 중앙관서의 장은 1년을 단위로 관리수탁자에게 지급할 총지출이 관리수탁자로부터 받을 총수입을 초과하는 경우에는 그 차액을 관리수탁자에게 지급하여야 하며, 총수입이 총지출을 초과하는 경우에는 그 차액을 국고에 납입하게 하여야 한다. 이 경우 지출 및 수입의 범위는 기획재정부령으로 정한다.(2011.4.1 전단개정)
제25조【관리현황에 대한 보고 등】 ① 관리수탁자는 위탁받은 재산의 연간 관리현황을 다음 연도 1월 31일까지 해당 중앙관서의 장에게 보고하여야 한다.
② 중앙관서의 장은 필요한 경우 관리위탁 재산의 관리현황을 확인·조사하거나 관리수탁자가 보고하도록 할 수 있다.
(2011.4.1 본조개정)
제26조【기부채납 재산 등의 전대】 ① 법 제30조제2항 각 호의 어느 하나에 해당하여 사용허가를 받은 행정재산을 다른 사람에게 사용·수익하게 하려면 다음 각 호의 사항을 적은 승인신청서를 중앙관서의 장에게 제출해야 한다.(2020.9.29 본문개정)
1. 전대(轉貸)하는 재산의 표시
2. 전대하는 재산의 사용목적, 수익방법 및 사용·수익기간
3. 해당 재산을 전대받으려는 자의 성명 및 주소
② 법 제30조제2항 각 호의 어느 하나에 해당하여 전대받는 자의 사용·수익기간은 전대하는 자의 사용허가기간의 남은 기간을 초과할 수 없다.(2020.9.29 본항개정)
③ 법 제30조제2항제2호에서 "지방공기업 등 대통령령으로 정하는 기관"이란 다음 각 호의 어느 하나에 해당하는 기관을 말한다.
1. 「지방공기업법」에 따른 지방공기업(이하 "지방공기업"이라 한다)
2. 「공공기관 운영에 관한 법률」 제4조에 따른 공공기관(이하 "공공기관"이라 한다)
3. 「공익법인의 설립·운영에 관한 법률」 제4조제1항에 따른 공익법인
4. 「사회적기업 육성법」 제2조제1호에 따른 사회적기업(이하 "사회적기업"이라 한다)
5. 「협동조합 기본법」 제2조제1호에 따른 협동조합(이하 "협동조합"이라 한다) 및 같은 조 제3호에 따른 사회적협동조합(이하 "사회적협동조합"이라 한다)
6. 「국민기초생활 보장법」 제18조에 따른 자활기업(이하 "자활기업"이라 한다)
7. 「도시재생 활성화 및 지원에 관한 특별법」 제2조제1항제9호에 따른 마을기업(이하 "마을기업"이라 한다)
8. 그 밖에 제1호부터 제7호까지의 규정에 따른 기관과 유사한 기관으로서 국유재산의 공공가치와 활용가치를 저해하지 않은 범위에서 국유재산을 사용·수익할 수 있는 기관
(2020.9.29 본항신설)
(2020.9.29 본조제목개정)
제27조【사용허가의 방법】 ① 법 제31조제1항에 따른 경쟁입찰은 1개 이상의 유효한 입찰이 있는 경우 최고가격으로 응찰한 자를 낙찰자로 한다.
② 행정재산이 다음 각 호의 어느 하나에 해당하는 경우에는 법 제31조제1항 단서에 따라 제한경쟁이나 지명경쟁의 방법으로 사용허가를 받을 자를 결정할 수 있다.
1. 토지의 용도 등을 고려할 때 해당 재산에 인접한 토지의 소유자를 지명하여 경쟁에 부칠 필요가 있는 경우
1의2. 제3항에 따른 사용허가의 신청이 경합하는 경우
(2011.4.1 본호신설)
2. 그 밖에 재산의 위치·형태·용도 등이나 계약의 목적·성질 등으로 보아 사용허가를 받는 자의 자격을 제한하거나 지명할 필요가 있는 경우
③ 행정재산이 다음 각 호의 어느 하나에 해당하는 경우에는 법 제31조제1항 단서에 따라 수의의 방법으로 사용허가를 받을 자를 결정할 수 있다.
1. 주거용으로 사용허가를 하는 경우
2. 경작용으로 실경작자에게 사용허가를 하는 경우
3. 외교상 또는 국방상의 이유로 사용·수익 행위를 비밀리에 할 필요가 있는 경우
4. 천재지변이나 그 밖의 부득이한 사유가 발생하여 재해복구나 구호의 목적으로 사용허가를 하는 경우
4의2. 법 제18조제1항제3호에 따른 사회기반시설로 사용하려는 지방자치단체나 지방공기업에 사용허가를 하는 경우(2020.9.29 본호신설)
5. 법 제34조제1항 또는 다른 법률에 따라 사용료 면제의 대상이 되는 자에게 사용허가를 하는 경우
6. 국가와 재산을 공유하는 자에게 국가의 지분에 해당하는 부분에 대하여 사용허가를 하는 경우
7. 국유재산의 관리·처분에 지장이 없는 경우로서 사용목적이나 계절적 요인 등을 고려하여 6개월 미만의 사용허가를 하는 경우(2018.6.26 본호신설)
8. 두 번에 걸쳐 유효한 입찰이 성립되지 아니한 경우
9. 그 밖에 재산의 위치·형태·용도 등이나 계약의 목적·성질 등으로 보아 경쟁입찰에 부치기 곤란하다고 인정되는 경우
④ 입찰공고에는 해당 행정재산의 사용료 예정가격 등 경쟁입찰에 부치려는 사항을 구체적으로 밝혀야 하고, 사용허가 신청자에게 공고한 내용을 통지하여야 한다.
⑤ 중앙관서의 장은 행정재산에 대하여 일반경쟁입찰을 두 번 실시하여도 낙찰자가 없는 재산에 대하여는 세 번째 입찰부터 최초 사용료 예정가격의 100분의 20을 최저한도로 하여 매회 100분의 10의 금액만큼 그 예정가격을 낮추는 방법으로 조정할 수 있다.(2013.4.5 본항개정)
제28조【사용허가부】 ① 중앙관서의 장은 그 소관에 속하는 행정재산에 대하여 다음 각 호의 사항을 적은 사용허가부(使用許可簿)를 갖추어 두어야 한다.(2011.4.1 본문개정)
1. 재산의 표시
2. 사용목적
3. 사용허가 받은 자의 성명 및 주소
4. 허가 조건
5. 사용허가기간
6. 사용료
7. 허가일
8. 기부받은 재산에 대하여 사용허가를 받은 자가 법 제30조제2항 각 호의 어느 하나에 해당하여 중앙관서의 장의 승인을 받아 다른 사람에게 해당 재산을 사용·수익하게 한 경우에는 그에 관한 사항(2020.9.29 본호개정)
② 제1항의 사용허가부는 전자적 처리를 할 수 없는 특별한 사유가 없으면 전자적 처리가 가능한 방법으로 작성·관리하여야 한다.
제29조【사용료율과 사용료 산출방법】 ① 법 제32조제1항에 따른 연간 사용료는 해당 재산가액에 1천분의 50 이상의 요율을 곱한 금액으로 하되, 월 단위, 일 단위 또는 시간 단위로 계산할 수 있다. 다만, 다음 각 호의 어느 하나에 해당하는 경우에는 해당 재산의 가액에 해당 요율을 곱한 금액으로 하되, 제6호 단서의 경우에는 총괄청이 해당 요율이 적용되는 한도를 정하여 고시할 수 있다.
(2020.3.31 단서개정)
1. 경작용(「농지법 시행령」 제2조제3항제2호에 해당하는 시설로 직접 사용하는 용도를 포함한다) 또는 목축용인 경우 : 1천분의 10 이상(2018.6.26 본호개정)
1의2. 「수산업법」에 따른 어업, 「내수면어업법」에 따른 내수면어업 또는 「양식산업발전법」에 따른 양식업(이하 이 호에서 "어업등"이라 한다)에 직접 사용하는 경우(어업등의 영위에 필요한 다음 각 목의 시설로 직접 사용하는 경우를 포함한다) : 1천분의 10 이상
가. 어구 등 어업등에 사용하는 장비를 보관하기 위한 시설
나. 수산종자 생산시설, 수산종자 배양장 등 수산자원 육성시설
다. 어업등으로 생산한 생산물의 건조, 간이 보관 시설 및 패류의 껍데기를 까기 위한 시설
라. 해수 취수·배수 및 여과를 위한 시설
마. 어업등으로 생산한 생산물 또는 어업등에 사용하는 장비를 선박에서 육지로 이동하기 위한 하역시설(생산물의 보관시설은 제외한다)
바. 그 밖에 어업등을 영위하기 위하여 필요한 시설로서 기획재정부장관이 정하여 고시하는 시설
(2022.12.30 본호개정))
1의3. 「임업·산림 공익기능 증진을 위한 직접지불제도 운영에 관한 법률」에 따른 임산물생산업 또는 육림업에 직접 사용하는 경우 : 1천분의 10 이상(2023.12.12 본호신설)
2. 주거용인 경우 : 1천분의 20 이상(「국민기초생활 보장법」 제2조제2호에 따른 수급자가 주거용으로 사용하는 경우 : 1천분의 10 이상)
3. 행정목적의 수행에 사용하는 경우 : 1천분의 25 이상
3의2. 지방자치단체가 해당 지방자치단체의 행정목적 수행에 사용하는 경우 : 1천분의 25 이상(2013.4.5 본호신설)
3의3. 지방자치단체나 지방공기업이 법 제18조제1항제3호에 따른 사회기반시설로 사용하는 경우 : 1천분의 25 이상(2020.9.29 본호신설)
4. 공무원의 후생목적으로 사용하는 경우 : 1천분의 40 이상
5. 「사회복지사업법」 제2조제1호에 따른 사회복지사업에 직접 사용하는 경우 및 「부동산 실권리자명의 등기에 관한 법률 시행령」 제5조제1항제1호·제2호에 따른 종교단체가 그 고유목적사업에 직접 사용하는 경우 : 1천분의 25 이상(2011.4.1 본호신설)
6. 「소상공인기본법」 제2조에 따른 소상공인(이하 "소상공인"이라 한다)이 경영하는 업종(「중소기업창업 지원법」 제5조제1항 단서에 해당하는 업종은 제외한다)에 직접 사용하는 경우 : 1천분의 30 이상. 다만, 천재지변이나 「재난 및 안전관리 기본법」 제3조제1호의 재난, 경기침체, 대량실업 등으로 인한 경영상의 부담을 완화하기 위해 총괄청이 기간을 정하여 고시하는 경우에는 1천분의 10 이상의 요율을 적용한다.(2022.6.28 본문개정)
6의2. 「중소기업기본법」 제2조에 따른 중소기업(소상공인은 제외하며, 이하 "중소기업"이라 한다)이 경영하는 업종(「중소기업창업 지원법」 제5조제1항 단서에 해당하는 업종은 제외한다)에 직접 사용하는 경우로서 천재지변이나 「재난 및 안전관리 기본법」 제3조제1호의 재난, 경기침체, 대량실업 등으로 인한 경영상의 부담을 완화하기 위해 총괄청이 기간을 정하여 고시하는 경우 : 1천분의 30 이상(2022.6.28 본호개정)
7. 다음 각 목의 어느 하나에 해당하는 기업 또는 조합이 해당 법령에 따른 사업 목적 달성을 위해 직접 사용하는 경우 : 1천분의 25 이상
가. 사회적기업
나. 협동조합 및 사회적협동조합
다. 자활기업
라. 마을기업
(2020.9.29 가목~라목개정)
(2019.3.12 본호신설)
② 제1항에 따라 사용료를 계산할 때 해당 재산가액은 다음 각 호의 방법으로 산출한다. 이 경우 제1호, 제2호 및 제3호 본문에 따른 재산가액은 허가기간 동안 연도마다 결정하고, 제3호 단서에 따른 재산가액은 감정평가일부터 3년 이내에만 적용할 수 있다.(2012.6.19 후단개정)
1. 토지 : 사용료 산출을 위한 재산가액 결정 당시의 개별공시지가(「부동산 가격공시에 관한 법률」 제10조에 따른 해당 토지의 개별공시지가로 하며, 해당 토지의 개별공시지가가 없으면 같은 법 제8조에 따른 공시지가를 기준으로 하여 산출한 금액을 말한다. 이하 같다)를 적용한다.(2016.8.31 본호개정)
2. 주택 : 사용료 산출을 위한 재산가액 결정 당시의 주택가격으로서 다음 각 목의 구분에 따른 가격으로 한다.
가. 단독주택 : 「부동산 가격공시에 관한 법률」 제17조에 따라 공시된 해당 주택의 개별주택가격
나. 공동주택 : 「부동산 가격공시에 관한 법률」 제18조에 따라 공시된 해당 주택의 공동주택가격
(2016.8.31 가목~나목개정)
다. 개별주택가격 또는 공동주택가격이 공시되지 아니한 주택 : 「지방세법」 제4조제1항 단서에 따른 시가표준액
(2012.6.19 본호개정)
3. 그 외의 재산 : 「지방세법」 제4조제2항에 따른 시가표준액으로 한다. 다만, 해당 시가표준액이 없는 경우에는 하나의 감정평가법인등의 평가액을 적용한다.
(2022.1.21 단서개정)
③ 경작용으로 사용허가하는 경우의 사용료는 제1항제1호에 따라 산출한 사용료와 「통계법」 제3조제3호의 통계작성기관이 조사·발표하는 농가경제조사통계에 따른 해당 시·도 농가별 단위면적당 농작물수입(서울특별시·인천광역시는 경기도, 대전광역시·세종특별자치시는 충청남도, 광주광역시는 전라남도, 대구광역시는 경상북도, 부산광역시·울산광역시는 경상남도의 통계를 각각 적용한다)의 10분의 1에 해당하는 금액 중 적은 금액으로 할 수 있다.(2023.12.12 본항개정)
④ 국유재산인 토지의 공중 또는 지하 부분을 사용허가하는 경우의 사용료는 제1항에 따라 산출된 사용료에 그 공간을 사용함으로 인하여 토지의 이용이 저해되는 정도에 따른 적정한 비율을 곱하여 산정한 금액으로 한다.
(2018.6.26 본항신설)
⑤ 제1항에 따른 사용료는 공개하여야 하며, 그 공개한 사용료 미만으로 응찰한 입찰서는 무효로 한다.
⑥ 경쟁입찰로 사용허가를 하는 경우 첫해의 사용료는 최고입찰가로 결정하고, 2차 연도 이후 기간(사용허가를 갱신하지 아니한 사용허가기간 중으로 한정한다)의 사용료는 다음의 계산식에 따라 산출한다. 다만, 제1항제6호 단서 및 같은 항 제6호의2에 따라 총괄청이 기간을 정하여 고시하는 경우 해당 기간의 사용료는 같은 항 제6호 단서 및 같은 항 제6호의2에 따라 각각 산출한 사용료로 한다.(2020.7.31 단서개정)
[(입찰로 결정된 첫해의 사용료)×(제2항에 따라 산출한 해당 연도의 재산가액)÷(입찰 당시의 재산가액)]

⑦ 보존용재산을 사용허가하는 경우에 재산의 유지·보존을 위하여 관리비가 특히 필요할 때에는 사용료에서 그 관리비 상당액을 뺀 나머지 금액을 징수할 수 있다.
⑧ 제7항의 경우에 해당 보존용재산이 훼손되었을 때에는 공제된 관리비 상당액을 추징한다.(2018.6.26 본항개정)
⑨ 제7항의 관리비의 범위는 기획재정부령으로 정한다.(2018.6.26 본항개정)

제30조【사용료의 납부시기 등】 ① 법 제32조제1항 및 제65조의9제1항에 따른 사용료는 선납하여야 한다.(2013.4.5 본항개정)
② 제1항에 따른 사용료의 납부기한은 사용허가를 한 날부터 60일 이내로 하되, 사용·수익을 시작하기 전으로 한다. 다만, 중앙관서의 장은 부득이한 사유로 납부기한까지 사용료를 납부하기 곤란하다고 인정될 때에는 납부기한을 따로 정할 수 있다.(2011.4.1 단서개정)
③ 제1항 및 제2항에도 불구하고 천재지변이나 「재난 및 안전관리 기본법」 제3조제1호의 재난, 경기침체, 대량실업 등으로 인한 경영상의 부담을 완화하기 위해 총괄청이 대상과 기간을 정하여 고시하는 경우에는 해당 기간에 납부기한이 도래하거나 납부고지된 법 제32조제1항에 따른 사용료를 고시로 정하는 바에 따라 1년의 범위에서 미루어 내게 할 수 있다.(2020.7.31 본항신설)
④ 법 제32조제1항 단서에서 "대통령령으로 정하는 금액 이하"란 20만원 이하를 말한다.(2017.3.2 본항신설)
⑤ 법 제32조제2항 전단에 따라 사용료를 나누어 내게 하려는 경우에는 사용료가 50만원을 초과하는 경우에만 연 12회 이내에서 나누어 내게 할 수 있다. 이 경우 남은 금액에 대해서는 시중은행의 1년 만기 정기예금의 평균 수신금리를 고려하여 총괄청이 고시하는 이자율(이하 "고시이자율"이라 한다)을 적용하여 산출한 이자를 붙여야 한다.(2022.12.30 전단개정)
⑥ 법 제32조제2항 후단에서 "대통령령으로 정하는 금액 이상"이란 1천만원 이상을 말하고, "대통령령으로 정하는 금액의 범위"란 연간 사용료의 100분의 50에 해당하는 금액의 범위를 말한다.

제31조【사용료의 조정】 법 제33조제1항에서 "대통령령으로 정하는 경우"란 해당 연도의 사용료가 전년도 사용료(제29조제1항제6호 단서 및 같은 항 제6호의2에 따라 연간 사용료가 변경된 경우에는 변경 전 연간 사용료를 말한다)보다 다음 각 호의 구분과 같이 증가한 경우를 말하며, 이 경우 조정되는 해당 연도 사용료의 산출방법은 다음 각 호의 구분과 같다.(2020.7.31 본문개정)
1. 제29조제1항제1호, 제1호의2, 제1호의3 및 제2호의 사용료가 5퍼센트 이상 증가한 경우(사용허가를 갱신하는 경우를 포함한다) : 전년도 사용료보다 5퍼센트 증가된 금액(2023.12.12 본호개정)
2. 제1호 외의 경우 : 다음 각 목의 구분에 따른 경우
가. 「상가건물 임대차보호법」 제2조제1항에 따른 상가건물로서 사용료가 5퍼센트 이상 증가한 경우(사용허가를 갱신하는 경우를 포함하되, 사용허가를 2회 이상 갱신하는 경우에는 2회차 이상에 해당하는 갱신기간의 각 최초 연도의 경우는 제외한다) : 전년도 사용료보다 5퍼센트 증가된 금액(2023.12.12 본목개정)
나. 가목 외의 사용료가 9퍼센트 이상 증가한 경우(사용허가를 갱신하는 최초 연도의 경우는 제외한다) : 전년도 사용료보다 9퍼센트 증가된 금액
(2018.6.26 본호개정)

제32조【사용료의 감면】 ① 법 제34조제1항제1호에 따라 사용료를 면제할 때에는 사용료 총액이 기부받은 재산의 가액이 될 때까지 면제할 수 있되, 그 기간은 20년을 넘을 수 없다.
② 제1항에도 불구하고 법 제5조제1항제6호의 재산(이하 "지식재산"이라 한다)의 사용료 면제기간은 20년으로 한다.(2013.4.5 본항신설)
③ 건물이나 그 밖의 시설물을 기부받은 경우에는 제1항의 사용료 총액에 그 건물이나 시설물의 부지사용료를 합산한다.
④ 제1항의 기부받은 재산의 가액 및 그 사용료 계산의 기준이 되는 재산의 가액과 제3항에 따라 사용료 총액에 합산할 부지사용료 계산의 기준이 되는 부지의 가액은 제29조제2항을 준용하여 산출하되, 최초의 사용허가 당시를 기준으로 하여 결정한다.(2013.4.5 본항개정)
⑤ 지방자치단체는 법 제34조제1항제2호에 따라 사용료를 면제받으려면 그 재산의 취득 계획을 중앙관서의 장에게 제출하여야 한다.(2011.4.1 본항신설)
⑥ 제5항에 따라 취득 계획을 제출받은 중앙관서의 장이 사용료를 면제하려는 경우 그 사용허가 기간은 1년을 초과해서는 아니 된다.(2013.4.5 본항개정)
⑦ 법 제34조제3항에서 "활용성이 낮거나 보수가 필요한 재산 등 대통령령으로 정하는 행정재산"이란 다음 각 호의 행정재산을 말하며, 같은 항에 따라 사용료를 감면하는 기준은 다음 각 호의 구분과 같다.
1. 통행이 어렵거나 경사지거나 부정형(不定形) 등의 사유로 활용이 곤란한 토지로서 면적이 100제곱미터(m^2) 이하이고 재산가액이 1천만원 이하인 경우 : 사용료의 100분의 30을 감면
2. 면적이 30제곱미터 이하인 토지로서 재산가액이 100만원 이하인 경우 : 사용료의 100분의 30을 감면
3. 다음 각 목의 어느 하나에 해당하는 건물로서 사용허가를 받은 자가 시설보수 비용을 지출하는 경우 : 지출하는 보수비용에 상당하는 금액을 사용료에서 감면(최초 1회로 한정한다)
가. 준공 후 20년이 지난 건물로서 원활한 사용을 위하여 보수가 필요한 경우
나. 「시설물의 안전 및 유지관리에 관한 특별법 시행령」 제12조에 따른 시설물의 안전등급 기준이 같은 영 별표8에 따른 C등급 이하인 건물로서 안전관리를 위하여 보수가 필요한 경우
다. 천재지변이나 그 밖의 재해 등으로 인하여 파손된 건물로서 별도의 보수가 필요한 경우
(2018.6.26 본항신설)
(2018.6.26 본조제목개정)

제33조【공공단체의 범위】 법 제34조제1항제3호에서 "대통령령으로 정하는 공공단체"란 다음 각 호의 어느 하나에 해당하는 법인을 말한다.
1. 법령에 따라 정부가 자본금의 전액을 출자하는 법인
2. 법령에 따라 정부가 기본재산의 전액을 출연하는 법인

제34조【사용허가의 갱신 등】 ① 법 제35조제2항 본문에서 "대통령령으로 정하는 경우"란 다음 각 호의 어느 하나에 해당하는 경우를 말한다.
1. 법 제30조제1항의 사용허가 범위에 포함되지 아니한 경우
2. 법 제36조제1항 각 호의 어느 하나에 해당하는 경우
3. 사용허가한 재산을 국가나 지방자치단체가 직접 공용이나 공공용으로 사용하기 위하여 필요한 경우
4. 사용허가 조건을 위반한 경우
5. 중앙관서의 장이 사용허가 외의 방법으로 해당 재산을 관리·처분할 필요가 있다고 인정되는 경우(2011.4.1 본호개정)
② 법 제35조제2항에 따라 사용허가를 갱신하는 경우 갱신된 사용허가 기간의 연간 사용료는 다음 각 호의 금액 중 큰 금액으로 한다. 다만, 제29조제1항제6호 단서 및 같은 항 제6호의2에 따라 총괄청이 기간을 정하여 고시하는 경우 해당 기간의 사용료는 같은 항 제6호 단서 및 같은 항 제6호의2에 따라 각각 산출한 사용료로 한다.(2020.7.31 단서개정)
1. 제29조에 따라 산출한 사용료
2. 다음 계산식에 따라 산출한 사용료

$$\text{갱신하기 직전 연도의 연간 사용료(제29조제1항제6호 단서 및 같은 항 제6호의2에 따라 연간 사용료가 변경된 경우에는 변경 전 연간 사용료를 말한다)} \times \frac{\text{제29조제2항에 따라 산출한 해당 연도의 재산가액}}{\text{갱신하기 직전 연도의 재산가액}}$$

(2020.7.31 본호개정)
③ 제2항에도 불구하고 제27조제3항(같은 항 제8호에 해당하는 경우는 제외한다)에 따라 수의의 방법으로 사용허가를 받은 경우로서 그 사용허가를 갱신하는 경우 갱신된 사용허가 기간의 연간 사용료는 제29조에 따라 산출한 사용료로 한다.(2023.12.12 본항신설)

제35조【사용허가 철회로 인한 손실보상】 법 제36조제3항에 따른 보상액은 다음 각 호와 같다.
1. 사용허가 철회 당시를 기준으로 아직 남은 허가기간에 해당하는 시설비 또는 시설의 이전(수목의 옮겨심기를 포함한다. 이하 이 조에서 같다)에 필요한 경비(2021.1.5 본호개정)
2. 사용허가 철회에 따라 시설을 이전하거나 새로운 시설을 설치하게 되는 경우 그 기간 동안 영업을 할 수 없게 됨으로써 발생하는 손실에 대한 평가액

제36조【가산금】 ① 법 제39조에 따른 가산금은 사용허가할 때에 정하여야 한다.
② 제1항의 가산금은 해당 중앙관서의 장 또는 법 제28조에 따라 위임을 받은 자가 징수한다.(2011.4.1 본항개정)
③ 제1항의 가산금을 징수할 때에는 그 금액, 납부기한, 납부장소와 가산금의 산출 근거를 명시하여 문서로 고지하여야 한다.
④ 제3항의 납부기한은 고지한 날부터 60일 이내로 한다.

제37조【용도폐지】 ① (2018.6.26 삭제)
② 중앙관서의 장은 법 제40조제1항에 따라 용도폐지한 행정재산으로서 철거 또는 폐기할 필요가 있는 건물, 시설물, 기계 및 기구가 있으면 이를 지체 없이 철거 또는 폐기하고 총괄청에 인계하여야 한다.(2018.6.26 본항개정)

제37조의2【우선사용예약 신청】 중앙관서의 장은 법 제40조의2제1항에 따라 우선사용예약을 신청하려는 경우에는 다음 각 호의 내용을 적은 신청서에 사업계획서를 첨부하여 총괄청에 제출해야 한다.
1. 재산의 표시
2. 사용 목적
3. 사용 계획
4. 그 밖에 총괄청이 필요하다고 인정하는 사항
(2020.9.29 본조신설)

제4장 일반재산

제1절 통 칙

제38조【관리·처분기관】 ① 총괄청은 증권의 처분을 중앙관서의 장이나 다음 각 호의 어느 하나에 해당하는 자에게 위탁할 수 있다.
1. 해당 증권을 발행한 법인
2. 「은행법」 제2조제1항제2호에 따른 은행(같은 법 제5조에 따라 은행으로 보는 것을 포함한다)
3. 「자본시장과 금융투자업에 관한 법률」에 따른 투자매매업자, 투자중개업자 및 집합투자업자
4. 「예금자보호법」에 따른 예금보험공사
5. 「중소기업은행법」에 따른 중소기업은행
6. 「한국산업은행법」에 따른 한국산업은행
7. 「한국수출입은행법」에 따른 한국수출입은행
8. 「한국은행법」에 따른 한국은행
9. (2014.12.30 삭제)
② (2013.4.5 삭제)
③ 총괄청은 법 제42조제1항에 따라 다음 각 호의 일반재산의 관리·처분에 관한 사무(관리·처분과 관련된 소송업무를 포함한다. 이하 이 조에서 같다) 및 이미 처분된 총괄청 소관 일반재산의 처분과 관련된 소송업무(제5항제2호에 따른 소송업무는 제외한다)를 한국자산관리공사에 위탁한다.(2022.12.30 본문개정)
1. 국세물납에 따라 취득한 일반재산
2. 법 제40조제2항 본문에 따라 용도폐지되어 총괄청에 인계된 재산
3. (2016.5.10 삭제)
4. 법 제59조의2제2항 전단에 따른 출자로 인하여 취득한 증권
5. 제47조에 따라 대여의 방법으로 운용하기 위하여 총괄청이 지정하는 증권
6. 제79조에 따른 청산법인의 청산이 종결됨에 따라 국가에 현물증여되는 재산
7. 그 밖에 일반재산의 효율적 관리·처분을 위하여 총괄청이 지정하는 재산
④ 총괄청은 법 제42조제2항에 따라 위탁받은 법 제8조제3항의 일반재산의 관리·처분에 관한 사무를 한국자산관리공사에 위탁한다.(2020.9.29 본항신설)
⑤ 총괄청 또는 중앙관서의 장은 법 제42조제1항 또는 제3항에 따라 다음 각 호의 사무를 한국자산관리공사 또는 「한국토지주택공사법」에 따른 한국토지주택공사에 위탁한다.
1. 법 제59조에 따라 개발하려는 일반재산의 관리·처분에 관한 사무
2. 제1호에 따른 일반재산으로서 이미 처분된 총괄청 또는 중앙관서의 장 소관 일반재산의 처분과 관련된 소송업무
(2016.5.10 본항신설)
⑥ 제1항, 제3항부터 제5항까지의 규정에 따라 위탁을 받은 경우에는 위탁의 근거 규정을 표시하고, 위탁받은 자의 명의로 관리·처분한다.(2020.9.29 본항개정)
⑦ 제3항부터 제5항까지의 규정에 따라 일반재산의 관리·처분에 관한 사무를 위탁하는 경우에 위탁료 등 세부적인 내용과 절차는 기획재정부령으로 정한다.(2020.9.29 본항개정)
(2011.4.1 본조개정)

제39조【대부료 등의 귀속】 ① 법 제42조제6항에서 "대통령령으로 정하는 재산"이란 다음 각 호의 어느 하나에 해당하는 재산을 말한다.
1. 부동산과 그 종물
2. 증권
② (2013.4.5 삭제)
③ 제1항제2호의 경우에 제38조제1항 각 호의 자에게 귀속시킬 수 있는 매각대금의 범위는 매각 과정에서 발생한 필요경비로 한다. 이 경우 총괄청은 위탁받은 자와 협의하여 필요경비의 100분의 10의 범위에서 대행수수료를 추가로 귀속시킬 수 있다.(2011.4.1 전단개정)
④~⑤ (2013.4.5 삭제)

제40조【처분의 방법】 ① 법 제43조제1항에 따른 경쟁입찰은 1개 이상의 유효한 입찰이 있는 경우 최고가격으로 응찰한 자를 낙찰자로 한다.
② 일반재산이 다음 각 호의 어느 하나에 해당하는 경우에는 법 제43조제1항 단서에 따라 제한경쟁이나 지명경쟁의 방법으로 처분할 수 있다.
1. 토지의 용도 등을 고려할 때 해당 재산에 인접한 토지의 소유자를 지명하여 경쟁에 부칠 필요가 있는 경우
2. 농경지의 경우에 특별자치시장·특별자치도지사·시장·군수 또는 구청장(자치구의 구청장을 말한다. 이하 같다)이 인정하는 실경작자를 지명하거나 이들을 입찰에 참가할 수 있는 자로 제한하여 경쟁에 부칠 필요가 있는 경우(2012.6.19 본호개정)
3. 법 제49조에 따라 용도를 지정하여 매각하는 경우
4. 제3항에 따른 수의계약 신청이 경합하는 경우(2011.4.1 본호개정)

③ 일반재산이 다음 각 호의 어느 하나에 해당하는 경우에는 법 제43조제1항 단서에 따라 수의계약으로 처분할 수 있다. 이 경우 처분가격은 예정가격 이상으로 한다.
1. 외교상 또는 국방상의 이유로 비밀리에 처분할 필요가 있는 경우
2. 천재지변이나 그 밖의 부득이한 사유가 발생하여 재해 복구나 구호의 목적으로 재산을 처분하는 경우
3. 해당 재산을 양여받거나 무상으로 대부받을 수 있는 자에게 그 재산을 매각하는 경우
4. 지방자치단체가 직접 공용 또는 공공용으로 사용하는 데에 필요한 재산을 해당 지방자치단체에 처분하는 경우
5. 공공기관이 직접 사무용 또는 사업용으로 사용하는 데에 필요한 재산을 해당 공공기관에 처분하는 경우(2020.9.29 본호개정)
6. (2023.12.12 삭제)
7. 법 제45조제1항에 따라 개척·매립·간척 또는 조림 사업의 완성을 조건으로 매각을 예약하고, 같은 조 제3항에 따른 기한까지 그 사업이 완성되어 그 완성된 부분을 예약 상대방에게 매각하는 경우
8. 법 제59조의2제2항 전단에 따른 국유지개발목적회사(이하 "국유지개발목적회사"라 한다)에 개발 대상 국유재산을 매각하는 경우
9. 법 제78조에 따라 은닉된 국유재산을 국가에 반환한 자에게 매각하는 경우
10. 법률 제3482호 국유재산법중개정법률 부칙 제3조에 해당하는 재산을 당초에 국가로부터 매수한 자(매수자의 상속인 또는 승계인을 포함한다)에게 매각하는 경우
11. 국가가 인구 분산을 위한 정착사업 등 각종 사업의 시행과 관련하여 이주대책의 목적으로 조성하였거나 조성할 예정인 이주단지의 국유지를 그 이주민에게 매각하는 경우(2023.12.12 본호개정)
12. 다른 국가가 대사관·영사관, 그 밖에 이에 준하는 외교목적의 시설로 사용하기 위하여 필요로 하는 국유재산을 해당 국가에 매각하는 경우
13. 국가와 국가 외의 자가 공유하고 있는 국유재산을 해당 공유지분권자에게 매각하는 경우(2013.4.5 본호개정)
14. 국유재산으로서 이용가치가 없으며, 국가 외의 자가 소유한 건물로 점유·사용되고 있는 다음 각 목의 어느 하나에 해당하는 국유지를 그 건물 바닥면적의 두 배 이내의 범위에서 그 건물의 소유자에게 매각하는 경우
가. 2012년 12월 31일 이전부터 국가 외의 자 소유의 건물로 점유된 국유지(2013.12.30 본목개정)
나. 토지 소유자와 건물 소유자가 동일하였으나 판결 등에 따라 토지 소유권이 국가로 이전된 국유지
15. 2012년 12월 31일 이전부터 종교단체가 직접 그 종교용도로 점유·사용하고 있는 재산을 그 점유·사용자에게 매각하는 경우(2013.12.30 본호개정)
16. 사유지에 설치된 국가 소유의 건물이나 공작물로서 그 건물이나 공작물의 위치, 규모, 형태 및 용도 등을 고려하여 해당 재산을 그 사유지의 소유자에게 매각하는 경우
17. 국유지의 위치, 규모, 형태 및 용도 등을 고려할 때 국유지만으로는 이용가치가 없는 경우로서 그 국유지와 서로 맞닿은 사유토지의 소유자에게 그 국유지를 매각하는 경우
18. 법률에 따라 수행하는 사업 등을 지원하기 위한 다음 각 목의 어느 하나에 해당하는 경우
가.~다. (2023.12.12 삭제)
라. 「관광진흥법」 제55조에 따른 조성사업의 시행에 필요한 재산을 그 사업시행자에게 매각하는 경우
마.~사. (2023.12.12 삭제)
아. 「농지법」에 따른 농지로서 국유지를 대부(사용허가를 포함한다) 받아 직접 5년 이상 계속하여 경작하고 있는 자에게 매각하는 경우(2013.12.30 본목개정)
자. 「사도법」 제4조에 따라 개설되는 사도에 편입되는 국유지를 그 사도를 개설하는 자에게 매각하는 경우
차. 「산업입지 및 개발에 관한 법률」 제2조에 따른 산업단지 또는 그 배후주거지역에 위치한 국유지를 「영유아보육법」 제14조에 따라 직장어린이집을 설치하려는 자로서 보건복지부장관의 추천을 받은 자에게 1천400제곱미터 범위에서 매각하는 경우(2011.12.8 본목개정)
카. 「산업집적활성화 및 공장설립에 관한 법률」 제13조에 따른 설립승인 대상이 되는 규모의 공장입지에 위치하는 국유지를 공장설립 등의 승인을 받은 자에게 매각하는 경우[국유지의 면적이 공장부지 전체 면적의 50퍼센트 미만(「중소기업창업 지원법」 제45조에 따른 공장 설립계획의 승인을 받은 자에 대해서는 국유지 편입비율의 제한을 하지 아니한다)인 경우로 한정한다](2022.6.28 본목개정)
타. 「주택법」 제15조, 제19조 및 제30조에 따라 매각 대상이 되는 국유지를 그 사업주체에게 매각하는 경우[매각대상 국유지의 면적이 주택건립부지 전체 면적의 50퍼센트 미만(「주택법 시행령」 제3조에 따른 공동주택으로 점유된 국유지에 재건축하는 경우에는 국유지 편입비율의 제한을 받지 아니한다)인 경우로 한정한다](2016.8.11 본목개정)
파. 「초·중등교육법」 제2조 각 호의 어느 하나에 해당하는 학교의 부지로 사용되고 있는 재산 또는 「고등교육법」 제2조 각 호의 어느 하나에 해당하는 대학의 부지로 사용되고 있거나 그 대학의 학교법인이 건립하려는 기숙사의 부지에 위치한 재산을 그 학교·대학 또는 학교법인에 매각하는 경우
하. 다른 법률에 따라 특정한 사업목적 외의 처분이 제한되거나 일정한 자에게 매각하여야 하는 재산을 그 사업의 시행자 또는 그 법률에서 정한 자에게 매각하는 경우
19. 정부출자기업체의 주주 등 출자자에게 해당 기업체의 지분증권을 매각하는 경우
20. 국유지개발목적회사의 주주 등 출자자에게 해당 회사의 지분증권을 매각하는 경우
21. 다음 각 목의 어느 하나에 해당하는 자에게 증권을 매각하거나 그 매각을 위탁 또는 대행하게 하는 경우
가. 「자본시장과 금융투자업에 관한 법률」에 따른 투자매매업자, 투자중개업자 및 집합투자업자
나. 「은행법」 제2조제1항제2호에 따른 은행(같은 법 제5조에 따라 은행으로 보는 것을 포함한다)
다. 「보험업법」에 따른 보험회사
라. 「여신전문금융업법」 제2조제14호의4에 따른 신기술사업금융전문회사(2020.9.29 본목신설)
마. 「벤처투자 촉진에 관한 법률」 제2조제10호에 따른 벤처투자회사(2023.12.19 본목개정)
바. 「벤처투자 촉진에 관한 법률」 제50조제1항제5호에 따른 회사(2020.9.29 본목신설)
사. 「벤처투자 촉진에 관한 법률」 제70조제1항 각 호의 어느 하나에 해당하는 자(2020.9.29 본목신설)
22. 법률에 따라 설치된 기금을 관리·운용하는 법인에 지분증권을 매각하는 경우
23. 정부출자기업체의 지분증권을 해당 기업체의 경영효율을 높이기 위하여 해당 기업체의 업무와 관련이 있는 법인·조합 또는 단체로서 기획재정부장관이 고시하는 법인·조합 또는 단체에 매각하는 경우
24. 「근로복지기본법」 제2조제4호에 따른 우리사주조합에 가입한 자(이하 이 조에서 "우리사주조합원"이라 한다)에게 정부출자기업체의 지분증권을 매각하는 경우
25. 두 번에 걸쳐 유효한 입찰이 성립되지 아니하거나 뚜렷하게 국가에 유리한 가격으로 계약할 수 있는 경우
26. 지식재산의 내용상 그 실시(「특허법」 제2조제3호, 「실용실안법」 제2조제3호, 「디자인보호법」 제2조제7호의 실시를 말한다)에 특정인의 기술이나 설비가 필요하여 경쟁입찰에 부치기 곤란한 경우(2014.1.7 본호개정)
27. 재산의 위치·형태·용도 등이나 계약의 목적·성질 등으로 보아 경쟁에 부치기 곤란한 경우
28. 국세물납으로 취득한 지분증권을 상속인인 물납자에게 매각하는 경우로서 다음 각 목의 요건을 모두 갖춘 경우
가. 지분증권 발행법인이 「중소기업기본법 시행령」 제3조제1항에 따른 중소기업 또는 「중견기업 성장촉진 및 경쟁력 강화에 관한 특별법」 제2조제1호에 따른 중견기업(라목에 따른 매수 예약 신청일 및 매수 신청일 직전 3개년도 매출액의 평균금액이 3천억원 이상인 기업은 제외한다)일 것
나. 지분증권 피상속인이 지분증권 발행법인을 10년 이상 계속하여 경영하고, 그 기간 중 다음의 어느 하나에 해당하는 기간 동안 대표이사로 재직할 것. 다만, 2)의 경우는 상속인이 피상속인의 대표이사 직을 승계하여 승계한 날부터 상속개시일까지 계속 재직한 경우에 한정하여 적용한다.
1) 지분증권 발행법인을 경영한 전체 기간 중 2분의 1 이상의 기간
2) 10년 이상의 기간
3) 상속개시일부터 소급하여 10년 중 5년 이상의 기간
다. 상속인인 물납자가 지분증권 발행법인의 최대주주 및 대표이사일 것
라. 다목의 물납자가 「상속세 및 증여세법」 제73조에 따른 물납허가일(이하 이 목에서 "물납허가일"이라 한다)부터 1년 이내에 매수예약을 신청하고, 물납허가일부터 5년 이내에 매수를 신청할 것
(2020.9.29 본호신설)
(2011.4.1 본항개정)
④ 제3항제15호 및 같은 항 제18호자목 및 차목에 따라 수의계약의 방법으로 매각하는 경우 매각일부터 2년 이내에 그 재산을 해당 용도에 사용하지 아니하거나 매각일부터 10년 이내에 그 용도를 폐지하는 경우에는 법 제52조제3호에 따라 그 계약을 해제한다는 내용의 특약등기를 하여야 한다.(2023.12.12 본항개정)
⑤ 제3항제24호에 따라 우리사주조합원에게 지분증권을 수의계약으로 매각하는 경우 우리사주조합원이 이미 소유한 지분증권과 수의계약으로 취득할 지분증권의 합계는 해당 정부출자기업체의 지분증권 발행 총수의 100분의 20을 초과하지 아니하여야 한다.(2011.4.1 본항개정)
⑥ 사실상 또는 소송상 분쟁의 우려 등으로 인하여 수의의 방법으로 계약하기 곤란하다고 인정되는 재산은 제3항에도 불구하고 경쟁입찰의 방법으로 처분하여야 한다.(2011.4.1 본항신설)

제41조 【증권의 매각방법】 법 제43조제1항 단서에서 "대통령령으로 정하는 방법"이란 다음 각 호의 방법을 말한다.
1. 「자본시장과 금융투자업에 관한 법률」 제9조제9항에 따른 매출의 방법
2. 「자본시장과 금융투자업에 관한 법률」 제9조제13항에 따른 증권시장(이하 "증권시장"이라 한다)에서 거래되는 증권을 그 증권시장에서 매각하는 방법
3. 「자본시장과 금융투자업에 관한 법률」 제133조에 따른 공개매수에 응모하는 방법
4. 「상법」에 따른 주식매수청구권을 행사하는 방법
5. 그 밖에 다른 법령에 따른 증권의 매각방법

제42조 【처분재산의 예정가격】 ① 증권을 제외한 일반재산을 처분할 때에는 시가를 고려하여 해당 재산의 예정가격을 결정하여야 한다. 이 경우 예정가격의 결정방법은 다음 각 호와 같다.
1. 대장가격이 3천만원 이상인 경우(제2호의 경우는 제외한다) : 두 개의 감정평가법인등의 평가액을 산술평균한 금액(2022.1.21 본호개정)
2. 대장가격이 3천만원 미만인 경우나 지방자치단체 또는 공공기관에 처분하는 경우 : 하나의 감정평가법인등의 평가액(2022.1.21 본호개정)
② 제1항에 따른 감정평가법인등의 평가액은 평가일부터 1년이 지나면 적용할 수 없다.(2022.1.21 본항개정)
③ 중앙관서의 장등은 일반재산에 대하여 일반경쟁입찰을 두 번 실시하여도 낙찰자가 없는 경우에는 세 번째 입찰부터 최초 매각 예정가격의 100분의 50을 최저한도로 하여 매회 100분의 10의 금액만큼 그 예정가격을 낮출 수 있다.(2013.4.5 본항개정)
④ (2019.3.12 삭제)
⑤ 일반재산을 법 제45조에 따라 개척·매립·간척 또는 조림하거나 그 밖에 정당한 사유로 점유하고 개량한 자에게 해당 재산을 매각하는 경우에는 매각 당시의 개량한 상태의 가격에서 개량비 상당액을 뺀 금액을 매각대금으로 한다. 다만, 매각을 위한 평가일 현재 개량하지 아니한 상태의 가액이 개량비 상당액을 빼고 남은 금액을 초과하는 경우에는 그 가액 이상으로 매각대금을 결정하여야 한다.
⑥ 법 제45조에 따라 개척·매립·간척 또는 조림하거나 그 밖에 정당한 사유로 점유하고 개량한 일반재산을 「공익사업을 위한 토지 등의 취득 및 보상에 관한 법률」에 따른 공익사업의 사업시행자에게 매각하는 경우로서 해당 사업시행자가 해당 점유·개량자에게 개량비 상당액을 지급한 경우에 관하여는 법 제44조의2제1항을 준용한다.(2019.3.12 본항개정)
⑦ 제5항 및 제6항의 개량비의 범위는 기획재정부령으로 정한다.(2011.4.1 본항개정)
⑧ 법 제55조제1항제1호 및 제4호에 따라 양여하는 경우에는 제1항에도 불구하고 대장가격을 재산가격으로 한다.(2011.12.28 본항개정)
⑨ 「공익사업을 위한 토지 등의 취득 및 보상에 관한 법률」에 따른 공익사업에 필요한 일반재산을 해당 사업의 사업시행자에게 처분하는 경우에는 제1항에도 불구하고 해당 법률에 따라 산출한 보상액을 일반재산의 처분가격으로 할 수 있다.
⑩ 다음 각 호의 어느 하나에 해당하는 국유지를 법 제43조제1항 본문에 따른 일반경쟁입찰의 방법으로 처분하는 경우에는 제1항에도 불구하고 해당 국유지의 개별공시지가를 예정가격으로 할 수 있다.(2023.12.12 본문개정)
1. 일단(一團)의 토지[경계선이 서로 맞닿은 일반재산(국가와 국가 외의 자가 공유한 토지는 제외한다)인 일련(一連)의 토지를 말한다. 이하 같다] 면적이 100제곱미터 이하인 국유지(특별시·광역시에 소재한 국유지는 제외한다)
2. 일단의 토지 대장가격이 1천만원 이하인 국유지
(2013.12.30 본항신설)
⑪ 중앙관서의 장등은 일반재산의 처분을 신청한 자가 감정평가 실시 후에 정당한 사유 없이 그 신청을 철회한 경우에는 감정평가 및 측량에 든 비용을 그 신청자(지방자치단체가 신청자인 경우는 제외한다)로 하여금 부담하게 할 수 있다.(2022.12.30 본항신설)

제42조의2 【지식재산의 처분에 관한 예정가격】 ① 제42조제1항에도 불구하고 지식재산을 처분할 때의 예정가격은 다음 각 호의 방법으로 결정한 금액으로 한다.
1. 해당 지식재산 존속기간 중의 사용료 또는 대부료 추정 총액
2. 감정평가법인등이 평가한 금액(제1호에 따라 예정가격을 결정할 수 없는 경우로 한정한다)(2022.1.21 본호개정)
② 제1항제2호에 따른 감정평가법인등이 평가한 금액은 평가일부터 1년이 지나면 적용할 수 없다.(2022.1.21 본항개정)
③ 제1항의 방법으로 예정가격을 결정하기 곤란한 경우에는 유사한 지식재산의 매매실례가격에 따라 결정하며, 유사한 지식재산의 매매실례가격이 없는 경우에는 「국가공무원 등 직무발명의 처분·관리 및 보상 등에 관한 규정」 제11조제3항 또는 「종자산업법 시행령」 제17조를 준용하여 예정가격을 결정할 수 있다.(2021.10.19 본항개정)
(2013.4.5 본조신설)

제43조 【상장증권의 예정가격】 ① 상장법인이 발행한 주권을 처분할 때에는 그 예정가격은 다음 각 호의 어느 하나에 해당하는 가격 이상으로 한다.

1. 평가기준일 전 1년 이내의 최근에 거래된 30일간의 증권시장에서의 최종 시세가액을 가중산술평균하여 산출한 가액으로 하되, 거래 실적이 있는 날이 30일 미만일 때에는 거래된 날의 증권시장의 최종 시세가액을 가중산술평균한 가액과 제44조제1항의 방법에 따른 가액을 고려하여 산출한 가액. 다만, 경쟁입찰의 방법으로 처분하거나 「자본시장과 금융투자업에 관한 법률」 제9조제9항에 따른 매출의 방법으로 처분하는 경우에는 평가기준일 전 1년 이내의 최근에 거래된 30일간(거래 실적이 있는 날이 30일 미만인 경우에는 거래된 날)의 증권시장에서의 최종 시세가액을 가중산술평균한 가액과 제44조제1항의 방법에 따른 가액을 고려하여 산출한 가격으로 할 수 있다.
2. 제41조제3호에 따라 공개매수에 응모하는 경우에는 그 공개매수 가격
3. 제41조제4호에 따라 주식매수청구권을 행사하는 경우에는 「자본시장과 금융투자업에 관한 법률」 제165조의5에 따라 산출한 가격
4. 제41조제5호에 따라 매각가격을 특정할 수 있는 경우에는 그 가격

② 제1항 외의 상장증권은 평가기준일 전 1년 이내의 최근에 거래된 증권시장에서의 시세가격 및 수익률 등을 고려하여 산출한 가격 이상으로 한다.

③ 제1항 및 제2항에도 불구하고 상장증권을 증권시장 또는 기획재정부장관이 가격 결정의 공정성이 있다고 인정하여 고시하는 시장을 통하여 매각할 때에는 예정가격 없이 그 시장에서 형성되는 시세가격에 따른다.

제44조【비상장증권의 예정가격】 ① 비상장법인이 발행한 지분증권을 처분할 때에는 그 예정가격은 기획재정부령으로 정하는 산출방식에 따라 비상장법인의 자산가치, 수익가치 및 상대가치를 고려하여 산출한 가격 이상으로 한다. 다만, 기획재정부령으로 정하는 경우에는 수익가치 또는 상대가치를 고려하지 아니할 수 있다.

② 제1항에도 불구하고 국세물납으로 취득한 지분증권의 경우에는 물납재산의 수납가액 또는 증권시장 외의 시장에서 형성되는 시세가격을 고려하여 예정가격을 산출할 수 있다. 다만, 다음 각 호의 요건을 모두 충족하는 지분증권의 경우에는 물납재산의 수납가액과 관리 비용 등을 고려하여 기획재정부령으로 정하는 방법에 따라 예정가격을 산출할 수 있다.
1. 제1항에 따라 산출한 예정가격으로 일반경쟁입찰을 실시했으나 유효한 입찰이 성립되지 않았을 것
2. 제1호에 따른 예정가격의 산출일이 속하는 해의 다음 해에 다시 제1항에 따라 예정가격을 산출하여 일반경쟁입찰을 실시했으나 유효한 입찰이 성립되지 않았을 것
3. 제40조제3항제25호에 따라 수의계약의 방법으로 처분하는 경우일 것
4. 수의계약의 상대방이 해당 지분증권을 발행한 법인일 것

(2022.12.30 본항개정)

③ 비상장법인이 발행한 지분증권을 현물출자하는 경우에는 그 증권을 발행한 법인의 재산 상태 및 수익성을 기준으로 하여 기획재정부장관이 재산가격을 결정한다.

④ 제1항 외의 비상장증권의 예정가격은 기획재정부령으로 정하는 방식에 따라 산정한 기대수익 또는 예상수익률을 고려하여 산출한 가격 이상으로 한다.

제45조【예정가격의 공개】 제42조, 제42조의2, 제43조 및 제44조에 따른 예정가격은 공개하여야 한다. 다만, 지분증권을 처분하는 경우에는 공개하지 아니할 수 있다.
(2013.4.5 본문개정)

제46조【증권의 평가기관】 총괄청이나 중앙관서의 장등은 증권의 처분가격을 산출할 때 필요하면 다음 각 호의 평가기관 등에 의뢰하여 그 평가액을 고려할 수 있다.
(2016.6.30 본문개정)
1. 감정평가법인등(2022.1.21 본호개정)
2. 「자본시장과 금융투자업에 관한 법률」에 따른 신용평가회사(2015.9.11 본호개정)
3. 「공인회계사법」에 따른 회계법인

제47조【증권의 운용】 증권은 「자본시장과 금융투자업에 관한 법률」에 따라 대여의 방법으로 운용할 수 있다.

제47조의2【물납 증권의 처분 제한】 법 제44조의2제1항 본문에서 "대통령령으로 정하는 자"란 다음 각 호의 어느 하나에 해당하는 자를 말한다.
1. 물납한 본인과 다음 각 목의 관계에 있는 사람
   가. 배우자
   나. 직계혈족
   다. 형제자매
   라. 배우자의 직계혈족
   마. 배우자의 형제자매
   바. 직계혈족의 배우자
2. 물납한 본인 및 물납한 본인과 제1호 각 목의 관계에 있는 사람이 물납 증권 처분 당시 보유한 지분증권의 합계가 그 외 각 주주가 보유한 지분증권보다 많은 법인

(2019.3.12 본조신설)

제48조【개척·조림 등을 위한 예약】 ① 법 제45조제1항에 따른 예약기간은 계약일부터 10년 이내로 정하여야 한다. 다만, 해당 중앙관서의 장은 천재지변이나 그 밖의 부득이한 사유가 있는 경우에만 총괄청과 협의하여 5년의 범위에서 예약기간을 연장할 수 있다.(2011.4.1 단서개정)

② 법 제45조제1항에 따라 예약을 한 자는 계약일부터 1년 이내에 그 사업을 시작하여야 한다.

제49조【예약에 따른 양여】 ① 법 제45조제4항에 따라 양여하는 일반재산의 가액은 해당 사업에 투자된 금액을 초과하지 못한다.

② 제1항의 일반재산의 가액은 해당 사업의 전부가 완성된 경우에는 해당 공사의 준공 당시의 가격을 기준으로 하고, 일부가 완성된 경우에는 예약의 해제 또는 해지 당시의 가격을 기준으로 한다.

제2절 대 부

제50조【대부】 ① 법 제46조제1항제2호에서 "대통령령으로 정하는 경우"란 다음 각 호의 어느 하나에 해당하는 경우를 말한다.
1. 준공 후 20년이 지난 건물로서 원활한 사용을 위하여 보수가 필요한 경우
2. 「시설물의 안전 및 유지관리에 관한 특별법 시행령」 제12조에 따른 시설물의 안전등급 기준이 같은 영 별표8에 따른 C등급 이하인 건물로서 안전관리를 위하여 보수가 필요한 경우
3. 천재지변이나 그 밖의 재해 등으로 인하여 파손된 건물로서 별도의 보수가 필요한 경우

(2018.6.26 본항신설)

② 법 제46조제2항 본문에서 "대통령령으로 정하는 경우"란 다음 각 호의 어느 하나에 해당하는 경우를 말한다.
1. 대부재산을 국가나 지방자치단체가 법 제6조제2항 각 호의 용도로 사용하기 위하여 필요한 경우
2. 법 제36조제1항 각 호의 어느 하나에 해당하는 경우
3. 대부계약 조건을 위반한 경우

③ 법 제42조제1항에 따라 일반재산의 관리·처분에 관한 사무를 위임·위탁받은 자가 해당 일반재산의 대부료를 면제하려는 경우에는 미리 총괄청의 승인을 받아야 한다.(2011.4.1 본항신설)
(2011.4.1 본조제목개정)

제51조【준용규정】 법 제46조에 따른 대부계약의 방법 등에 관하여는 제27조, 제28조, 제29조제1항부터 제6항까지, 제30조, 제31조, 제32조제5항부터 제7항까지, 제33조, 제34조제2항·제3항 및 제35조를 준용한다. 이 경우 "행정재산"은 "일반재산"으로, "사용허가"는 "대부계약"으로, "사용허가부"는 "대부계약부"로, "사용료"는 "대부료"로 본다.(2023.12.12 본조개정)

제51조의2【대부보증금의 산출】 법 제47조제2항에 따른 대부보증금은 다음 계산식에 따라 산출한다.

$$대부보증금 = \frac{연간\ 대부료\ 중\ 대부보증금\ 전환대상\ 금액}{고시이자율}$$

(2011.4.1 본조신설)

제51조의3【대부료의 감면】 법 제47조의2에 따라 중앙관서의 장이 대부료를 감면하려는 경우에는 같은 조에 따른 상호 점유하고 있는 사유재산을 행정재산으로 보아 그에 대하여 제29조에 따라 사용료액을 계산할 경우 산출되는 금액을 한도로 감면할 수 있다.(2017.3.2 본조신설)

제3절 매 각

제52조【매각】 ① 법 제48조제1항제4호에 따라 국가가 관리할 필요가 있다고 총괄청이나 중앙관서의 장이 지정하는 재산은 다음 각 호의 어느 하나에 해당하는 재산으로 한다.
1. 법 제57조에 따른 개발이 필요한 재산
2. 장래의 행정수요에 대비하기 위하여 비축할 필요가 있는 재산
3. 사실상 또는 소송상 분쟁이 진행 중이거나 예상되는 등의 사유로 매각을 제한할 필요가 있는 재산

② 법 제48조제2항에서 "대통령령으로 정하는 일반재산"이란 다음 각 호의 어느 하나에 해당하는 재산을 말한다.
1. 공용재산으로 사용 후 용도폐지된 토지나 건물
2. 일단의 토지 면적이 3천제곱미터를 초과하는 재산
(2013.12.30 본호개정)

③ 법 제42조제1항 및 이 영 제38조제3항에 따라 일반재산의 관리·처분에 관한 사무를 위임·위탁받은 자는 해당 일반재산을 매각하려는 경우 법 제9조제4항제3호에 따른 국유재산 처분의 기준에서 정하는 바에 따라 미리 총괄청의 승인을 받아야 한다.(2023.12.12 본항개정)

④ 중앙관서의 장등은 다음 각 호의 어느 하나에 해당하는 국유지를 매각하려는 경우에는 우선적으로 장기공공임대주택(「공공주택 특별법」 제2조제1호의2에 따른 공공건설임대주택으로서 임대의무기간이 10년 이상인 임대주택을 말한다)의 용도로 필요한지에 관하여 국토교통부장관과 협의하여야 한다.(2015.12.28 본문개정)
1. 용도폐지된 군부대, 교도소 및 학교의 부지
2. 일단의 토지 면적이 1만제곱미터를 초과하는 토지
(2011.4.1 본조개정)

제53조【용도를 지정한 매각】 ① 법 제49조에 따라 용도를 지정하여 매각하는 경우에는 그 재산의 매각일부터 10년 이상 지정된 용도로 활용하여야 한다.

② 총괄청은 필요하다고 인정하는 경우에는 용도를 지정하여 매각한 재산의 관리상황에 관하여 보고를 받거나 자료의 제출을 요구할 수 있고, 소속 공무원에게 그 관리상황을 감사하게 하거나 그 밖에 필요한 조치를 할 수 있다.

③ 법 제49조에 따라 용도를 지정하여 매각하는 경우에는 법 제52조제3호의 사유가 발생하면 해당 매매계약을 해제한다는 내용의 특약등기를 하여야 한다.

제54조【매각대금의 납부기간】 ① 법 제50조에 따른 매각대금은 계약 체결일부터 60일의 범위에서 중앙관서의 장등이 정하는 기한까지 전액을 내야 한다. 다만, 제55조제1항부터 제4항까지의 규정에 해당하는 경우에는 그러하지 아니하다.(2011.4.1 본문개정)

② 법 제50조제1항 단서에서 "대통령령으로 정하는 경우"란 다음 각 호의 어느 하나에 해당하는 경우를 말한다.
1. 천재지변이나 「재난 및 안전관리기본법」 제3조제1호에 따른 재난으로 매수인에게 책임을 물을 수 없는 사고가 발생한 경우
2. 국가의 필요에 따라 국가가 매각재산을 일정 기간 계속하여 점유·사용할 목적으로 재산인도일과 매각대금의 납부기간을 계약 시에 따로 정하는 경우

제55조【매각대금의 분할납부】 ① 법 제50조제2항에 따라 매각대금이 500만원을 초과하고 3천만원 이하인 경우에는 그 매각대금을 3년 이내의 기간에 걸쳐 나누어 내게 할 수 있다.(2023.12.12 본항개정)

② 법 제50조제2항에 따라 다음 각 호의 어느 하나에 해당하는 경우에는 매각대금을 5년 이내의 기간에 걸쳐 나누어 내게 할 수 있다.
1. 매각대금이 3천만원을 초과하는 경우(2023.12.12 본호개정)
1의2. (2023.12.12 삭제)
2. 제33조에 따른 공공단체가 직접 비영리공익사업용으로 사용하려는 재산을 해당 공공단체에 매각하는 경우
3. 2012년 12월 31일 이전부터 사유건물로 점유·사용되고 있는 토지와 「특정건축물 정리에 관한 특별조치법」(법률 제3533호로 제정된 것, 법률 제6253호로 제정된 것, 법률 제7698호로 제정된 것, 법률 제11930호로 제정된 것을 말한다)에 따라 준공인가를 받은 건물로 점유·사용되고 있는 토지를 해당 점유·사용자에게 매각하는 경우(2013.12.30 본호개정)
4. 「도시 및 주거환경정비법」 제2조제2호나목에 따른 재개발사업을 시행하기 위한 정비구역에 있는 토지로서 시·도지사가 같은 법에 따라 재개발사업의 시행을 위하여 정하는 기준에 해당하는 사유건물로 점유·사용되고 있는 토지를 재개발사업 사업시행계획인가 당시의 점유·사용자로부터 같은 법 제129조에 따라 그 권리·의무를 승계한 자에게 매각하는 경우(해당 토지가 같은 법 제2조제4호에 따른 정비기반시설의 설치예정지에 해당되어 그 토지의 점유·사용자로부터 같은 법 제129조에 따라 권리·의무를 승계한 자에게 그 정비구역의 다른 국유지를 매각하는 경우를 포함한다)
(2018.2.9 본호개정)
5. 「전통시장 및 상점가 육성을 위한 특별법」 제31조에 따른 시장정비사업 시행구역의 토지 중 사유건물로 점유·사용되고 있는 토지를 그 점유·사용자에게 매각하는 경우(2010.6.28 본호개정)
6. 「벤처기업육성에 관한 특별조치법」 제19조제1항에 따라 벤처기업집적시설의 개발 또는 설치와 그 운영을 위하여 필요한 토지를 벤처기업집적시설의 설치·운영자에게 매각하는 경우
7. 「산업기술단지 지원에 관한 특례법」 제10조제1항에 따른 산업기술단지의 조성에 필요한 토지를 사업시행자에게 매각하는 경우
8. 국가가 매각재산을 일정기간 계속하여 점유·사용하는 경우
9. 「산업집적활성화 및 공장설립에 관한 법률」 제2조제14호에 따른 산업단지에 공장 설립을 위하여 필요한 토지를 입주기업체에 매각하는 경우(2018.6.26 본호신설)
10. 다음 각 목의 어느 하나에 해당하는 기업 또는 조합이 해당 법령에 따른 사업 목적 달성을 위해 직접 사용하려는 재산을 그 기업 또는 조합에 매각하는 경우
   가. 「사회적기업 육성법」 제2조제1호에 따른 사회적기업
   나. 「협동조합 기본법」 제2조제1호에 따른 협동조합 및 같은 조 제3호에 따른 사회적협동조합
   다. 「국민기초생활 보장법」 제18조에 따른 자활기업
   라. 「도시재생 활성화 및 지원에 관한 특별법」 제2조제1항제9호에 따른 마을기업

(2019.3.12 본호신설)

③ 법 제50조제2항에 따라 다음 각 호의 어느 하나에 해당하는 경우에는 매각대금을 10년 이내의 기간에 걸쳐 나누어 내게 할 수 있다.
1. 「농지법」에 따른 농지로서 국유지를 실경작자에게 매각하는 경우(2013.12.30 본호개정)
2. 「도시개발법」 제3조에 따른 도시개발구역에 있는 토지로서 도시개발사업에 필요한 토지를 해당 사업의 시행자(같은 법 제11조제1항제7호에 따른 수도권 외의 지역으로 이전하는 법인만 해당한다)에게 매각하는 경우
3. 지방자치단체에 그 지방자치단체가 다음 각 목의 용도로 사용하려는 재산을 매각하는 경우
   가. 직접 공용 또는 공공용으로 사용
   나. 법 제18조제1항제3호에 따른 사회기반시설로 사용

다. 「산업입지 및 개발에 관한 법률」에 따른 산업단지의 조성을 위하여 사용
라. 「국민여가활성화기본법」 제3조제2호에 따른 여가시설의 조성을 위하여 사용
(2023.12.12 본호개정)
3의2. 국유지개발목적회사에 개발대상 국유재산을 매각하는 경우(2011.4.1 본호신설)
4. 「체육시설의 설치·이용에 관한 법률」에 따른 체육시설 중 골프장·스키장 등 실외 체육시설로 점유되고 있는 국유지를 해당 점유자에게 매각하는 경우
(2013.12.30 본호신설)
5. (2023.12.12 삭제)
6. 소상공인이 경영하는 업종(「중소기업창업 지원법」 제5조제1항 단서에 해당하는 업종은 제외한다)에 직접 사용하기 위한 재산을 그 소상공인에게 매각하는 경우
(2022.6.28 본호개정)
④ 법 제50조제2항에 따라 다음 각 호의 어느 하나에 해당하는 경우에는 매각대금을 20년 이내의 기간에 걸쳐 나누어 내게 할 수 있다.
1. 「도시 및 주거환경정비법」 제2조제2호나목에 따른 재개발사업을 시행하기 위한 정비구역에 있는 토지로서 제2항제4호에 따른 사유건물로 점유·사용되고 있는 토지를 재개발사업 시행인가 당시의 점유·사용자에게 매각하는 경우(해당 토지가 같은 법 제2조제4호에 따른 정비기반시설의 설치예정지에 해당되어 그 토지의 점유·사용자에게 그 정비구역의 다른 국유지를 매각하는 경우를 포함한다)(2018.2.9 본호개정)
2. 다음 각 목의 어느 하나에 해당하는 경우로서 국무회의의 심의를 거쳐 대통령의 승인을 받은 경우
가. 일반재산의 매각이 인구의 분산을 위한 정착사업에 필요하다고 인정되는 경우
나. 천재지변이나 「재난 및 안전관리기본법」 제3조제1호에 따른 재난으로 인하여 일반재산의 매각이 부득이하다고 인정되는 경우
⑤ 법 제50조제2항에서 "대통령령으로 정하는 이자"란 제1항부터 제4항까지의 규정에 따른 매각대금 잔액에 고시이자율을 적용하여 산출한 이자를 말한다.
⑥ 제2항제8호에 따라 매각대금을 5년 이내의 기간에 걸쳐 나누어 내는 경우 제5항에 따른 이자는 매수자가 매각재산을 인도받거나 점유·사용을 시작한 때부터 징수한다.
제56조【소유권의 이전 등】 법 제51조제2항 전단에서 "대통령령으로 정하는 경우"란 제55조제2항제2호 및 제4호부터 제7호까지, 같은 조 제3항제3호, 같은 조 제4항제1호에 따라 매각대금을 나누어 내는 경우를 말한다.
(2023.12.12 본조개정)

제4절 교 환

제57조【교환】 ① 법 제54조제1항에 따라 교환하는 재산은 다음 각 호의 어느 하나에 해당하는 경우 외에는 서로 유사한 재산이어야 한다.
1. 공유재산(公有財産)과 교환하는 경우
2. 새로운 관사를 취득하기 위하여 노후화된 기존 관사와 교환하는 경우(2011.4.1 본호개정)
② 제1항에서 서로 유사한 재산의 교환은 다음 각 호의 어느 하나에 해당하는 경우로 한다.
1. 토지를 토지와 교환하는 경우
2. 건물을 건물과 교환하는 경우
3. 양쪽 또는 어느 한 쪽의 재산에 건물(공작물을 포함한다)이 있는 토지인 경우에 주된 재산(그 재산의 가액이 전체 재산가액의 2분의 1 이상인 재산을 말한다)이 서로 일치하는 경우
4. 동산(動産)을 동산과 교환하는 경우(2013.4.5 본호신설)
(2011.4.1 본항개정)
③ 중앙관서의 장등은 일반재산이 다음 각 호의 어느 하나에 해당하는 경우에는 교환해서는 아니 된다. 다만, 제3호 또는 제4호에 해당하는 일반재산이 제4항 각 호의 어느 하나에 해당하는 경우에는 그러하지 아니하다.
(2017.3.2 단서신설)
1. 「국토의 계획 및 이용에 관한 법률」, 그 밖의 법률에 따라 그 처분이 제한되는 경우
2. 장래에 도로·항만·공항 등 공공용 시설로 활용할 수 있는 재산으로서 보존·관리할 필요가 있는 경우
3. 교환으로 취득하는 재산에 대한 구체적인 사용계획 없이 교환하려는 경우
4. 한쪽 재산의 가격이 다른 쪽 재산 가격의 4분의 3(법 제54조제1항제2호에 따른 교환인 경우에는 2분의 1을 말한다) 미만인 경우. 다만, 교환 대상 재산이 공유재산인 경우는 제외한다.
5. 교환한 후 남는 국유재산의 효용이 뚜렷하게 감소되는 경우
6. 교환 상대방에게 건물을 신축하게 하고 그 건물을 교환으로 취득하려는 경우(2011.12.28 본호신설)
7. 그 밖에 법 제9조제4항제3호에 따른 처분기준에서 정한 교환제한대상에 해당하는 경우(2011.12.28 본호신설)
(2011.4.1 본항신설)
④ 법 제54조제1항제4호에서 "해당 재산 소유자가 사유토지만으로는 진입·출입이 곤란한 경우 등 대통령령으로 정하는 불가피한 사유"란 다음 각 호의 어느 하나에 해당하는 사유를 말한다.
1. 사유재산 소유자가 사유토지만으로는 진입·출입이 곤란한 경우
2. 국가의 점유로 인하여 해당 사유재산의 효용이 현저하게 감소된 경우
3. 2016년 3월 2일 전부터 사유재산 소유자가 소유한 건물로 점유·사용되고 있는 일반재산인 토지로서 해당 토지의 향후 행정재산으로서의 활용가능성이 현저하게 낮은 경우
(2017.3.2 본항신설)
⑤ 중앙관서의 장등은 일반재산을 교환하려는 경우에는 기획재정부령으로 정하는 바에 따라 교환목적, 교환대상자, 교환재산의 가격 및 교환자금의 결제방법 등을 명백히 하여야 한다.(2011.4.1 본항개정)
⑥ 공유재산과 교환하려는 경우에는 제42조제1항에도 불구하고 중앙관서의 장등과 지방자치단체가 협의하여 개별공시지가로 산출된 금액이나 하나 이상의 감정평가법인등의 평가액을 기준으로 하여 교환할 수 있다.
(2022.1.21 본항개정)
⑦ 중앙관서의 장등은 동산과 동산을 교환하려는 경우에는 미리 총괄청과 협의하여야 한다.(2013.4.5 본항신설)
⑧ 법 제42조제1항에 따라 일반재산의 관리·처분에 관한 사무를 위임·위탁받은 자는 해당 일반재산을 교환하려는 경우에는 미리 총괄청의 승인을 받아야 한다.
(2011.4.1 본항신설)

제5절 양 여

제58조【양여】 ① 법 제55조제1항제1호에서 "대통령령으로 정하는 일반재산"이란 다음 각 호의 어느 하나에 해당하는 재산을 말한다.
1. 국가 사무에 사용하던 재산을 그 사무를 이관받은 지방자치단체가 계속하여 그 사무에 사용하는 일반재산
2. 지방자치단체가 청사 부지로 사용하는 일반재산. 이 경우 종전 내무부 소관의 토지로서 1961년부터 1965년까지의 기간에 그 지방자치단체에 양여할 조건을 갖추었으나 양여하지 못한 재산을 계속하여 청사 부지로 사용하는 일반재산에 한정한다.
3. 「국토의 계획 및 이용에 관한 법률」 제86조에 따라 지방자치단체(특별시·광역시·경기도와 그 관할구역의 지방자치단체는 제외한다)의 장이 시행하는 도로시설(1992년 이전에 결정된 도시·군관리계획에 따른 도시·군계획시설을 말한다)사업 부지에 포함되어 있는 총괄청 소관의 일반재산(2012.4.10 본호개정)
4. 「도로법」 제14조부터 제18조까지의 규정에 따른 도로(2004년 12월 31일 이전에 그 도로에 포함된 경우로 한정한다)에 포함되어 있는 총괄청 소관의 일반재산
(2014.7.14 본호개정)
5. 「5·18민주화운동 등에 관한 특별법」 제5조에 따른 기념사업을 추진하는 데에 필요한 일반재산
(2011.4.1 본항개정)
② 법 제55조제1항제2호에서 "대통령령으로 정하는 공공단체"란 제33조에 따른 법인을 말한다.
③ 법 제55조제1항제3호에서 "대통령령으로 정하는 행정재산"이란 다음 각 호의 어느 하나에 해당하는 재산을 말한다.
1. 「공익사업을 위한 토지 등의 취득 및 보상에 관한 법률」 제20조에 따라 사업인정을 받은 공익사업의 사업지구에 편입되는 행정재산
2. 군사시설 이전 등 대규모 국책사업을 수행하기 위하여 용도폐지가 불가피한 행정재산
(2013.4.5 본항신설)
④ 법 제55조제1항제3호에 따른 용도폐지된 재산의 평가의 기준시점 등에 관하여 필요한 사항은 기획재정부장관이 정한다.(2017.3.2 본항신설)
⑤ 법 제55조제1항제4호에서 "대통령령으로 정하는 재산"이란 다음 각 호의 어느 하나에 해당하는 재산을 말한다.
1. 국가 외의 자가 소유하는 토지에 있는 국가 소유의 건물(부대시설을 포함한다). 이 경우 양여받는 상대방은 그 국가 소유의 건물이 있는 토지의 소유자로 한정한다.
2. 국가 행정 목적의 원활한 수행 등을 위하여 국무회의의 심의를 거쳐 대통령의 승인을 받아 양여하기로 결정한 일반재산
(2011.4.1 본항신설)
⑥ 중앙관서의 장등이 법 제55조제3항 본문에 따라 총괄청과 협의할 때에는 양여의 목적·조건과 그 재산의 가격 및 양여받을 자가 부담한 경비의 명세를 명백히 하여야 한다.(2011.4.1 본항개정)
⑦ 법 제55조제3항 단서에서 "대통령령으로 정하는 가액"이란 500억원을 말한다.(2018.6.26 본항신설)
⑧ 법 제42조제1항에 따라 일반재산의 관리·처분에 관한 사무를 위임·위탁받은 자가 해당 일반재산을 양여하려는 경우에는 미리 총괄청의 승인을 받아야 한다.
(2011.12.28 본항신설)
제59조【양여 시의 특약등기】 법 제55조제1항제1호에 따라 양여하는 경우에는 법 제55조제2항의 사유가 발생하면 그 양여계약을 해제한다는 내용의 특약등기를 하여야 한다.

제6절 개 발

제60조【개발】 ① 법 제57조에 따른 개발은 분양형, 대부형 및 혼합형(분양형과 대부형을 혼합한 형태를 말한다)으로 할 수 있다.
② 법 제57조제2항제2호에서 "대통령령으로 정하는 법률"이란 다음 각 호의 어느 하나에 해당하는 법률을 말한다.
1. 「혁신도시 조성 및 발전에 관한 특별법」
2. 「도시재정비 촉진을 위한 특별법」
3. 「민간임대주택에 관한 특별법」
4. 「지역 개발 및 지원에 관한 법률」
5. 「항만법」
6. 「항만 재개발 및 주변지역 발전에 관한 법률」(2020.7.28 본호신설)
7. 「도시재생 활성화 및 지원에 관한 특별법」(2020.9.29 본호신설)
8. 「농어촌정비법」(2020.9.29 본호신설)
9. 「관광진흥법」(2020.9.29 본호신설)
(2018.6.26 본항신설)
(2011.4.1 본조개정)
제61조【신탁계약】 ① 중앙관서의 장등이 법 제58조에 따라 신탁 개발하려는 경우에는 기획재정부령으로 정하는 바에 따라 신탁계약을 체결하여야 한다.(2011.4.1 본항개정)
② 중앙관서의 장등은 제1항에 따른 신탁계약을 체결하기 전에 신탁계약의 내용을 명백히 하여 법 제58조제2항이나 제3항에 따라 총괄청과 협의하거나 총괄청의 승인을 받아야 한다.(2011.4.1 본항개정)
③ 법 제58조제2항 후단에서 "대통령령으로 정하는 중요 사항" 및 같은 조 제3항 후단에서 "대통령령으로 정하는 중요 사항"이란 다음 각 호의 어느 하나에 해당하는 사항을 말한다.
1. 신탁업자의 선정
2. 신탁기간
3. 신탁보수
4. 자금차입의 한도
5. 시설물의 용도
6. 개발의 종류
제62조【신탁개발 수익의 국가귀속 방법 등】 ① 일반재산을 신탁받은 신탁업자는 신탁기간 중 매년 말일을 기준으로 신탁사무의 계산을 하고, 발생된 수익을 다음 연도 2월 말일까지 중앙관서의 장등에 내야 한다.(2011.4.1 본항개정)
② 신탁기간이 끝나거나 신탁계약이 해지된 경우 신탁업자는 신탁사무의 최종 계산을 하여 중앙관서의 장등의 승인을 받고, 해당 신탁재산을 다음 각 호의 방법으로 국가에 이전하여야 한다.(2011.4.1 본문개정)
1. 토지와 그 정착물은 신탁등기를 말소하고 국가로 소유권이전등기를 한다. 다만, 등기하기 곤란한 정착물은 현 상태대로 이전한다.
2. 그 밖에 신탁으로 발생한 재산은 금전으로 중앙관서의 장등에 낸다.(2011.4.1 본호개정)
제63조【위탁개발사업계획】 ① 법 제42조제1항과 제3항에 따라 일반재산의 관리·처분에 관한 사무를 위탁받은 자(이하 "수탁자"라 한다)가 법 제59조제2항에 따라 승인을 받으려는 경우에는 위탁기간, 위탁보수, 자금차입의 한도, 시설물의 용도, 토지이용계획 등을 포함하는 위탁개발사업계획을 수립하여야 한다.(2018.6.26 본항개정)
② 중앙관서의 장이 법 제59조제3항에 따라 협의하려는 경우에는 제1항의 위탁개발사업계획을 총괄청에 제출하여야 한다.(2011.4.1 본항개정)
③ 법 제59조제2항 후단에서 "대통령령으로 정하는 중요 사항" 및 같은 조 제3항 후단에서 "대통령령으로 정하는 중요 사항"이란 다음 각 호의 어느 하나에 해당하는 사항을 말한다.
1. 위탁기간
2. 위탁보수
3. 자금차입의 한도
4. 시설물의 용도
5. 개발의 종류
6. 토지이용계획(2018.6.26 본호신설)
(2011.4.1 본조제목개정)
제64조【위탁 개발 수익의 국가귀속 방법 등】 ① 수탁자가 법 제59조에 따라 개발한 재산의 소유권은 국가로 귀속된다.
② 수탁자는 위탁기간 중 매년 말일을 기준으로 위탁사무의 계산을 하고, 발생된 수익을 총괄청이나 중앙관서의 장에 내야 한다.(2011.4.1 본항개정)
제64조의2【민간사업자】 법 제59조의2제1항 각 호 외의 부분에서 "대통령령으로 정하는 민간사업자"란 다음 각 호에 해당하는 자를 제외한 법인(외국법인을 포함한다)을 말한다.
1. 국가, 지방자치단체 및 공공기관
2. 특별법에 따라 설립된 공사 또는 공단
(2011.4.1 본조신설)

제64조의3【자산관리회사】 법 제59조의2제2항 전단에서 "대통령령으로 정하는 회사"란 「법인세법 시행령」 제86조의2제5항제2호 각 목의 어느 하나에 해당하는 법인을 말한다.(2011.4.1 본조신설)

제64조의4【특수관계자】 법 제59조의2제3항 각 호 외의 부분에서 "대통령령으로 정하는 특수관계에 있는 자"란 다음 각 호의 어느 하나에 해당하는 자를 말한다.
1. 법 제59조의2제3항 각 호의 어느 하나에 해당하는 자가 소유한 지분이 100분의 30을 넘는 법인
2. 법 제59조의2제3항 각 호의 어느 하나에 해당하는 자가 최대 주식 소유자로서 경영에 참여하고 있는 법인
(2011.4.1 본조신설)

제64조의5【민간참여개발기본계획】 법 제59조의3제4항에서 "협상대상자 선정 기준 및 방법 등 대통령령으로 정하는 민간참여개발기본계획의 중요사항을 변경하려는 경우"란 다음 각 호의 어느 하나에 해당하는 경우를 말한다.
1. 공용재산 부분에 대한 시설물의 용도를 변경하려는 경우
2. 개발사업의 추정 투자금액 또는 시설물의 규모를 100분의 10 이상 변경하려는 경우
3. 협상대상자 선정 기준 및 방법에 관한 사항을 변경하려는 경우
4. 그 밖에 총괄청이 민간참여 개발사업의 원활한 추진을 위하여 위원회 및 분과위원회의 심의를 받을 필요가 있다고 인정하는 중요사항을 변경하려는 경우
(2011.4.1 본조신설)

제64조의6【민간참여개발사업계획제안서】 법 제59조의3제6항에서 "대통령령으로 정하는 사항"이란 다음 각 호를 말한다.
1. 사업계획에 관한 사항
2. 사업계획의 타당성 조사에 관한 사항
3. 국유지개발목적회사의 지분 구성과 사업 구조 등 세부 운영방안에 관한 사항
4. 개발 대상 국유지의 매입가격에 관한 사항
5. 총사업비의 명세 및 자금조달 계획에 관한 사항
6. 수익배분 기준에 관한 사항
7. 분양·매각 및 임대 계획에 관한 사항
8. 사업 참여자 간 역할과 책임에 관한 사항
9. 그 밖에 총괄청이 필요하다고 인정하는 사항
(2011.4.1 본조신설)

제64조의7【민간참여개발사업평가단의 구성 및 운영】
① 총괄청은 법 제59조의3제7항에 따른 평가 업무를 수행하기 위하여 다음 각 호의 어느 하나에 해당하는 사람으로 민간참여개발사업평가단(이하 "평가단"이라 한다)을 구성한다.
1. 기획재정부, 국토교통부 및 조달청의 고위공무원단에 속하는 공무원 중 소속 기관의 장이 지명하는 사람
(2013.3.23 본호개정)
2. 다음 각 목의 어느 하나에 해당하는 사람 중 기획재정부장관이 위촉하는 사람
가. 개발사업 및 관련 분야의 조교수 이상의 직에 있는 사람
나. 「정부출연연구기관 등의 설립·운영 및 육성에 관한 법률」에 따라 설립된 정부출연연구기관에 소속된 박사학위 소지자로서 개발사업에 관한 전문지식이 있는 사람
다. 5년 이상의 실무경험이 있는 건축사·공인회계사·변호사 등으로서 개발사업에 관한 전문지식과 경험이 풍부한 사람
② 평가단의 구성원은 10명 이상 30명 이내로 한다.
③ 제1항 및 제2항에서 규정한 사항 외에 평가단의 구성 및 운영에 필요한 사항은 위원회의 심의를 거쳐 총괄청이 정한다.
(2011.4.1 본조신설)

제7절 현물출자

제65조【현물출자 평가기준일】 법 제62조에 따라 출자가액을 산정하는 경우 재산의 평가기준일은 기획재정부장관이 정한다.

제66조【현물출자에 따른 지분증권의 취득】 법 제64조 단서에서 "대통령령으로 정하는 경우"란 다음 각 호의 어느 하나에 해당하는 경우를 말한다.
1. 정부가 자본금의 전액을 출자한 기업체에 현물출자하는 경우
2. 정부가 출자한 현물을 회수하기 위하여 현물출자한 재산과 그 대가로 취득한 지분증권을 상호반환하는 것을 조건으로 하여 현물출자 하는 경우
3. 「금융산업의 구조개선에 관한 법률」 제12조에 따라 금융위원회로부터 자본감소의 명령을 받은 금융기관에 대하여 금융위원회의 요청에 따라 현물출자하는 경우

제67조【현물출자 재산의 반환】 ① 제66조제2호에 따라 출자한 현물을 반환받는 경우에 현물출자한 재산과 그 대가로 취득한 지분증권은 반환시점의 시가에도 불구하고 현물출자 당시와 동일하게 상호반환하는 것을 조건으로 하여야 한다.
② 제1항에 따른 반환의 시기와 그 밖에 필요한 사항은 총괄청과 기업체 간의 계약으로 정한다.

제8절 정부배당
(2011.10.14 본절신설)

제67조의2【정부배당대상기업의 범위】 법 제65조의2에서 "대통령령으로 정하는 기업"이란 별표2에 따른 기업을 말한다.

제67조의3【배당결정 기준】 법 제65조의3제6호에서 "대통령령으로 정하는 배당결정 기준"이란 다음 각 호의 사항을 말한다.
1. 법 제65조의2에 따른 정부배당대상기업(이하 "정부배당대상기업"이라 한다)에 대한 정부의 재정지원 여부 및 규모
2. 정부배당대상기업의 공공성 정도
3. 그 밖에 총괄청이 법 제65조의2에 따른 정부배당을 적정하게 하기 위하여 필요하다고 인정하는 사항

제67조의4【정부배당수입 추정자료의 제출】 법 제65조의4제1항에 따라 정부배당대상기업은 제1호부터 제3호까지 및 제5호의 자료를 매년 5월 31일까지, 제4호의 자료를 매년 7월 31일까지 총괄청이나 중앙관서의 장에게 제출하여야 한다.
1. 주요 사업계획 및 추정 당기순이익
2. 이익금 처리계획
3. 납입자본금 현황
4. 해당 회계연도의 상반기 당기순이익 실적 및 연간 추정 당기순이익
5. 그 밖에 총괄청이 정부배당수입을 추정하기 위하여 필요하다고 인정하는 자료

제67조의5【정부배당결정 관련 자료의 제출】 법 제65조의5제1항에 따라 정부배당대상기업은 다음 각 호의 자료를 매년 1월 31일까지 총괄청과 중앙관서의 장에게 각각 제출하여야 한다.
1. 이익잉여금의 사내유보 및 배당에 관한 계획
2. 회계감사 이전에 작성한 재무상태표 및 손익계산서
3. 납입자본금 현황
4. 그 밖에 총괄청이 정부배당수입을 결정하기 위하여 필요하다고 인정하는 자료

제4장의2 지식재산 관리·처분의 특례
(2013.4.5 본장신설)

제67조의6【지식재산의 사용허가등】 ① 법 제65조의7제1항에 따라 지식재산의 사용허가 또는 대부(이하 "사용허가등"이라 한다)를 받은 자가 다른 사람에게 사용·수익하게 하는 경우 해당 사용·수익기간은 사용허가등을 받은 자의 사용허가등 기간의 남은 기간을 초과할 수 없다.
② 법 제65조의7제1항에 따라 지식재산의 사용허가등을 받은 자가 그 지식재산을 다른 사람에게 사용·수익하게 하려는 경우에는 다음 각 호의 사항을 적은 승인신청서를 해당 중앙관서의 장등에게 제출하여야 한다.
1. 해당 지식재산의 표시
2. 해당 지식재산의 사용목적, 수익방법 및 사용·수익기간
3. 사용허가등을 받은 자가 사용·수익자로부터 받을 사용대가에 관한 사항
4. 그 밖에 필요한 사항
③ 중앙관서의 장등은 제2항에 따라 제출받은 경우 같은 항 제3호에 따른 대가가 해당 지식재산의 사용료 또는 대부료를 초과할 때에는 승인을 하지 아니할 수 있다.
④ 지식재산의 사용허가등을 받은 자가 법 제65조의7제2항에 따른 저작물의 변형, 변경 또는 개작을 하려는 경우에는 다음 각 호의 사항을 적은 승인신청서를 해당 중앙관서의 장등에게 제출하여야 한다.
1. 해당 지식재산의 표시
2. 저작물의 변형, 변경 또는 개작의 목적 및 내용
3. 그 밖에 필요한 사항

제67조의7【지식재산의 사용허가등의 방법】 중앙관서의 장등은 법 제65조의8제4항 후단에 따라 지식재산을 일반경쟁입찰에 부치는 경우 일반경쟁입찰을 두 번 실시하여도 낙찰자가 없는 재산에 대해서는 법 제65조의8제1항에 따라 수의(隨意)의 방법으로 사용허가등을 할 수 있다.

제67조의8【지식재산 사용료등의 산정기준】 ① 법 제65조의9제1항에 따른 지식재산의 사용료 또는 대부료(이하 "사용료등"이라 한다)의 산정기준은 다음 각 호의 구분에 따른다.
1. 법 제5조제1항제6호가목의 지식재산 : 별표2의2
2. 법 제5조제1항제6호나목의 지식재산 : 총괄청이 지식재산을 이용한 제품의 매출액 또는 지식재산의 이용횟수 등을 고려하여 문화체육관광부장관과 협의하여 정한 기준
3. 법 제5조제1항제6호다목의 지식재산 : 별표2의3
4. 법 제5조제1항제6호라목의 지식재산 : 제1호부터 제3호까지의 기준 중 해당 지식재산과 가장 유사한 지식재산에 적용되는 기준
② 제1항에도 불구하고 법 제65조의8제4항 후단에 따라 일반경쟁입찰로 사용허가등을 하는 경우 사용료등은 최고입찰가로 결정한다. 이 경우 제29조제6항을 적용하지 아니한다.(2018.6.26 후단개정)
③ 법 제65조의11제2항에 따라 사용허가등을 갱신하는 경우 갱신된 사용허가등 기간의 사용료등은 제34조제2항에도 불구하고 제1항 및 제2항에 따른다. 다만, 법 제65조의11제2항 단서에 따라 사용허가등을 갱신하는 경우의 사용료등은 다음 계산식에 따라 산출한다.

갱신하기 직전의 사용료등 × 제1항에 따라 산정한 갱신되는 기간의 사용료등 ÷ 제1항에 따라 산정한 갱신되기 이전 기간의 사용료등

제67조의9【지식재산 사용료등의 감면】 ① 중앙관서의 장등은 법 제65조의10에 따라 사용료등을 감면하려는 경우 사용허가서 또는 대부계약서에 그 이용 방법 및 조건의 범위를 명시하여야 한다.
② 법 제65조의10제2호의 경우 그 사용료등의 감면비율은 다음과 같다.
1. 지방자치단체에 사용허가등을 하는 경우 : 면제
2. 그 밖의 경우 : 사용료등의 100분의 50

제67조의10【지식재산의 사용허가등 기간】 ① 법 제65조의11제1항에 따라 지식재산(상표권은 제외한다)의 사용허가등의 기간은 3년 이내로 한다.
② 제1항에도 불구하고 다음 각 호의 어느 하나에 해당하는 경우에는 그 사용허가등의 기간을 다음 각 호의 구분에 따른 기간만큼 연장할 수 있다. 이 경우에도 최초의 사용허가등의 기간과 연장된 사용허가등의 기간을 합산한 기간은 5년을 초과하지 못한다.
1. 해당 지식재산을 실시하는 데에 필요한 준비기간이 1년 이상 걸리는 경우 : 그 준비기간
2. 해당 지식재산의 존속기간이 계약일부터 4년 이내에 만료되는 경우 : 그 존속기간 만료 시까지의 남은 기간
③ 상표권의 사용허가등의 기간은 5년 이내로 한다.

제5장 대장과 보고

제68조【대장과 실태조사】 ① 법 제66조제1항에 따른 국유재산의 대장은 국유재산의 구분과 종류에 따라 총괄청이 정하는 서식으로 작성하여야 한다.(2011.4.1 단서삭제)
② 법 제28조에 따라 관리에 관한 사무가 위임되거나 법 제42조제1항 및 제2항에 따라 일반재산의 관리·처분에 관한 사무가 위임 또는 위탁된 경우에는 위임이나 위탁받은 자가 제1항의 대장을 작성하여 갖추어 두고, 중앙관서의 장은 이에 관한 총괄대장을 작성하여 갖추어 두어야 한다.(2011.4.1 본항개정)
③ 총괄청은 중앙관서의 장, 법 제42조제1항에 따라 일반재산의 관리·처분에 관한 사무를 위임이나 위탁받은 자 및 총괄청의 보유재산별로 총괄부를 갖추어 두어야 한다.
(2011.4.1 본항개정)
④ 중앙관서의 장등은 국유재산의 특성 및 이용 상태 등을 고려하여 실태조사 대상재산을 선정하고, 해당 국유재산에 대해서는 1년에 한 번 이상 실태조사를 하여야 한다. 이 경우 실태조사할 내용은 다음 각 호와 같다.
(2011.4.1 전단개정)
1. 재산 등기 및 지적 현황
2. 주위 환경
3. 이용 현황
4. 그 밖에 재산의 보존·관리 등에 필요한 사항

제69조【대장 정리】 ① 중앙관서의 장등은 국유재산의 취득, 관리전환, 처분 및 그 밖의 사유로 증감·이동이 있을 때에는 지체 없이 그 내용을 대장에 적고, 부속도면을 정리하여야 한다.
② 특별자치시장·특별자치도지사·시장·군수 또는 구청장은 국유인 토지 및 임야에 대한 지적 정리를 하였을 때에는 그 사실을 지체 없이 해당 중앙관서의 장등에 통지하여야 한다.(2012.6.19 본항개정)
(2011.4.1 본조개정)

제70조【국유재산관리운용보고서】 법 제69조제1항에 따른 국유재산관리운용보고서에 포함되어야 할 사항은 다음 각 호와 같다.
1. 국유재산종합계획에 대한 집행 실적 및 평가 결과
(2011.4.1 본호개정)
2. 연도 말 국유재산의 증감 및 보유 현황(2011.4.1 본호개정)
2의2. 「국유재산특례제한법」 제9조에 따른 운용실적
(2011.4.1 본호신설)
3. 그 밖에 국유재산의 관리·처분 업무와 관련하여 중앙관서의 장이 중요하다고 인정하는 사항(2011.4.1 본호개정)

제6장 보칙

제71조【변상금】 ① 법 제72조에 따른 변상금은 제29조제1항부터 제4항까지의 규정에 따라 산출한 연간 사용료 또는 연간 대부료(지식재산의 경우 제67조의8제1항에 따라 산출한 사용료등을 말한다)의 100분의 120에 상당하는 금액으로 한다. 이 경우 점유한 기간이 1회계연도를 초과할 때에는 각 회계연도별로 산출한 변상금을 합산한 금액으로 한다.(2022.12.30 전단개정)
② 중앙관서의 장등은 무단점유자가 다음 각 호의 어느 하나에 해당하는 경우에는 변상금의 최초 납부기한부터 1년의 범위에서 그 징수를 미룰 수 있다.(2011.4.1 본문개정)
1. 재해나 도난으로 재산에 심한 손실을 입은 경우
2. 무단점유자 또는 그 동거 가족의 질병이나 중상해로 장기 치료가 필요한 경우

3.「국민기초생활 보장법」 제2조제2호에 따른 수급자인 경우
4. 그 밖에 제1호 및 제2호에 준하는 사유로 인정되는 경우
③ 중앙관서의 장등은 제1항의 변상금이 50만원을 초과하는 경우에는 법 제72조제2항에 따라 변상금 잔액에 고시이자율을 적용하여 산출한 이자를 붙이는 조건으로 3년 이내의 기간에 걸쳐 나누어 내게 할 수 있다. 이 경우 나누어 낼 변상금의 납부일자와 납부금액을 함께 통지하여야 한다.(2022.12.30 전단개정)
④ 법 제72조제2항에 따라 변상금을 미루어 내거나 나누어 내려는 자는 제5항에 따라 준용되는 제36조제3항에 따른 납부기한 다음 날부터 기산해 1년이 되는 날까지 기획재정부령으로 정하는 신청서를 중앙관서의 장등에게 제출해야 한다.(2019.3.12 본항신설)
⑤ 변상금의 징수에 관하여는 제36조제3항 및 제4항을 준용한다.

제72조【연체료 등의 징수】 ① 중앙관서의 장등은 법 제73조에 따라 국유재산의 사용료, 관리 소홀에 따른 가산금, 대부료, 매각대금, 교환자금 및 변상금(나누어 내는 경우에 이자는 제외한다)이 납부기한까지 내지 아니한 경우에는 다음 각 호의 구분에 따른 비율로 계산한 연체료를 붙여 15일 이내의 기한을 정하여 납부를 고지하여야 한다. 이 경우 고지한 기한까지 전단의 금액과 연체료를 내지 아니한 때에는 두 번 이내의 범위에서 다시 납부를 고지하되, 마지막 고지에 의한 납부기한은 전단에 따른 납부고지일부터 3개월 이내가 되도록 하여야 하며, 이후 1년에 한 번 이상 독촉을 하여야 한다.(2011.4.1 전단개정)
1. 연체기간이 1개월 미만인 경우 : 연 7퍼센트
2. 연체기간이 1개월 이상 3개월 미만인 경우 : 연 8퍼센트
3. 연체기간이 3개월 이상 6개월 미만인 경우 : 연 9퍼센트
4. 연체기간이 6개월 이상인 경우 : 연 10퍼센트
(2018.6.26 1호~4호개정)
② 제1항 전단에 따라 고지한 납부기한까지 고지한 금액을 내는 경우에는 고지한 날부터 낸 날까지의 연체료는 징수하지 아니한다.
③ 제1항에도 불구하고 천재지변이나 「재난 및 안전관리 안전법」 제3조제1호의 재난, 경기침체, 대량실업 등으로 인한 경영상의 부담을 완화하기 위해 총괄청이 대상과 기간을 정하여 고시하는 경우에는 해당 기간의 사용료 및 대부료의 연체료를 고시로 정하는 바에 따라 감경할 수 있다.(2020.7.31 본항신설)

제72조의2【도시·군관리계획의 협의 등】 ① 중앙관서의 장 또는 지방자치단체의 장이 법 제73조의2제1항에 따라 협의하려는 경우에는 다음 각 호의 구분에 따른 자와 협의하여야 한다.
1. 총괄청 소관 일반재산인 경우 : 총괄청
2. 제1호 외의 국유재산인 경우 : 해당 국유재산을 소관하는 중앙관서의 장
② 중앙관서의 장등이 법 제73조의2제2항에 따라 총괄청과 협의하려는 경우에는 사전검토 의견과 함께 기획재정부령으로 정하는 서류를 첨부하여야 한다.(2018.6.26 본항신설)
(2018.6.26 본조제목개정)
(2011.4.1 본조신설)

제73조【과오납금 반환가산금】 법 제75조에서 "대통령령으로 정하는 이자"란 고시이자율을 적용하여 산출한 이자를 말한다.

제74조【정보 공개】 법 제76조제1항에 따라 총괄청은 다음 각 호의 정보를 국민들이 알기 쉽도록 공개하여야 한다.
1. 국유재산의 취득, 처분 및 보유 규모
2. 사용허가, 대부 및 매각이 가능한 국유재산 현황
3. 그 밖에 국유재산의 중요 정책 등에 관한 현황

제75조【은닉재산 등의 신고】 ① 법 제77조에 따른 보상금의 지급 또는 양여의 대상이 되는 은닉된 국유재산은 등기부 등본 또는 지적공부에 국가 외의 자의 명의로 등기 또는 등록되어 있고, 국가가 그 사실을 인지하지 못하고 있는 국유재산으로 한다.
② 법 제77조에 따른 보상금의 지급 또는 양여의 대상이 되는 소유자 없는 부동산은 등기부 등본 또는 지적공부에 등기 또는 등록된 사실이 없는 재산이거나 그 밖에 소유자를 확인할 수 없는 재산으로서 국가가 그 사실을 인지하지 못하고 있는 재산으로 한다. 다만, 공공용재산은 제외한다.
③ 법 제77조에 따른 은닉재산등의 신고는 기획재정부령으로 정하는 바에 따라 조달청장에게 하여야 한다.
(2012.6.19 본항개정)
④ 조달청장은 기획재정부령으로 정하는 바에 따라 은닉재산등 처리대장을 갖추어 두고 이에 필요한 사항을 적어야 한다.(2012.6.19 본항개정)

제76조【보상금의 지급】 ① 지방자치단체 외의 자가 발견하여 신고한 은닉재산등의 국가귀속이 확정되었을 때에는 법 제77조에 따라 그 신고자에게 해당 재산가격의 100분의 10의 범위에서 보상금을 지급한다.
② 제1항의 보상금은 3천만원을 한도로 하되, 은닉재산등의 종류별 보상률과 최고 금액은 기획재정부령으로 정한다.
③ 법 제77조제2항에 따라 지방자치단체에 보상하려는 경우에는 다음 각 호의 구분에 따라 재산을 양여할 수 있다.
1. 은닉재산을 발견·신고한 경우 : 총괄청이 지정하는 재산으로서 지방자치단체가 신고한 해당 재산 가격의 100분의 30을 넘지 아니하는 금액에 상당하는 재산을 양여
2. 다음 각 목의 어느 하나에 해당하는 소유자 없는 부동산을 발견·신고한 경우 : 총괄청이 지정하는 재산으로서 지방자치단체가 신고한 해당 재산 가격의 100분의 15를 넘지 않는 금액에 상당하는 재산을 양여
(2021.1.5 본문개정)
가. 공공용재산(폐쇄도로와 폐하천을 포함한다) 외에 처음부터 등기부 등본 또는 지적공부에 등기 또는 등록된 사실이 없는 재산(2021.1.5 본목개정)
나. 공유수면 매립 등으로 조성된 토지의 이해관계인이 없어 소유권 취득 절차를 밟지 아니한 재산
(2011.4.1 본항개정)
④ 은닉재산등을 신고한 자가 둘 이상인 경우에는 먼저 신고한 자에게 보상금을 지급한다. 다만, 신고한 면적이 서로 다른 경우에는 나중에 신고한 자에게도 잔여분에 한정하여 보상금을 지급할 수 있다.
⑤ 제1항 및 제3항의 경우에 해당 재산가격의 결정에 관하여는 제29조제2항 각 호를 준용한다.(2012.6.19 본항개정)

제77조【은닉재산의 자진반환자 등에 관한 특례】 ① 법 제78조에 따른 매각의 대상이 되는 은닉된 국유재산은 등기부 등본 또는 지적공부에 국가 외의 자의 명의로 등기 또는 등록된 국유재산으로 한다.
② 법 제78조에 따라 은닉된 국유재산을 국가에 반환한 자에게 매각하는 경우 그 반환의 원인에 따라 매각대금을 나누어 낼 때의 분할납부기간과 일시납부하는 때의 매각대금은 별표3과 같다.(2011.10.14 본항개정)
③ 제2항에 따른 자진반환의 경우에 그 반환일은 반환하려는 은닉재산의 소유권 이전을 위한 등기신청서의 접수일로 한다.

제78조【변상책임】 중앙관서의 장은 법 제79조제1항과 「회계관계직원 등의 책임에 관한 법률」 제4조제3항 및 제4항에 해당하는 사실이 발생하였을 때에는 지체 없이 그 내용을 총괄청과 감사원에 통지하여야 한다.(2011.4.1 본조개정)

제79조【청산에 관한 특례를 적용받는 회사의 범위】 ① 법 제80조에 따라 「상법」의 적용을 받지 아니하는 회사는 법률이나 기부채납 등에 따라 그 지분증권이 국가에 귀속된 기업체로서 총괄청이 지정하는 회사(이하 "청산법인"이라 한다)로 한다.
② 총괄청은 청산법인을 지정하였을 때에는 지체 없이 공고하여야 한다.

제80조【청산에 관한 특례】 ① 청산법인이 법 제80조에 따라 「상법」을 적용받지 아니하는 범위는 다음 각 호의 사항에 관한 것으로 한다.
1. 청산인 및 감사의 임명
2. 「상법」 제533조에 따른 재산목록 및 대차대조표의 승인
3. 영업의 양도·양수, 자본의 감소와 정관의 변경
4. 청산경비·결산 및 청산종결의 승인
5. 잔여재산의 분배 및 분배방법의 결정
6. 주주총회 또는 사원총회의 소집
7. 서류 보존인의 임명 및 보존방법의 결정
② 총괄청은 관계기관, 법인의 청산업무에 관한 학식과 경험이 풍부한 사람 등의 의견을 들어 제1항 각 호의 사항을 결정한다.
③ 청산법인의 청산에 관한 법령(법률은 제외한다)의 규정 중 이 영에 저촉되는 사항은 이 영에서 정하는 바에 따른다.

제81조【군사분계선 이북지역에 있는 회사의 청산절차】 ① 법 제81조제1항에 따라 회사를 청산하려면 같은 조 제3항에 따라 다음 각 호의 사항을 관보에 공고하고, 전국을 보급지역으로 하여 발행되는 일간신문이나 인터넷 홈페이지, 방송 등을 통해서도 이를 공고해야 한다.
(2020.11.24 본문개정)
1. 해당 회사의 회사명 및 재산명세
2. 공고 후 6개월이 지날 때까지 신고를 하지 아니하는 주주, 채권자, 그 밖의 권리자는 청산에서 제외된다는 뜻
② 법 제81조제2항 후단 또는 청산절차 종결에 의한 잔여재산의 분배에 따라 국가가 해당 회사의 부동산에 대한 소유권이전등기를 촉탁하는 경우에는 법 제81조제4항에 따라 「부동산등기법」 제36조제1항에 따른 등기의무자의 승낙서를 첨부하지 아니하며, 같은 법 제40조제1항제2호에 따른 등기원인을 증명하는 서면은 총괄청이 관계기관, 법인의 청산업무에 관한 학식과 경험이 풍부한 사람 등의 의견을 들어 정한 서면으로 갈음한다.

제82조【보험 가입】 ① 중앙관서의 장은 국유재산 중 연면적이 1천제곱미터 이상인 건물, 선박·항공기 및 그 종물과 법 제5조제1항제3호의 기계와 기구 중 중요한 것에 대해서는 손해보험에 가입하여야 한다.
② 제1항의 건물, 선박·항공기 및 기계·기구를 사용허가하거나 대부하는 경우에는 유상·무상 여부와 관계없이 해당 사용허가 또는 대부를 받는 자에게 미리 손해보험에 가입하게 하거나 중앙관서의 장이 부담한 보험료를 내게 할 수 있다.
(2011.4.1 본조개정)

제83조【국유재산관리공무원에 대한 예산성과금 등의 지급】 ① 총괄청 및 중앙관서의 장은 법 제28조 및 제42조에 따라 국유재산의 관리에 관한 사무를 위임받거나 그 사무의 일부를 분장하고 있는 공무원이 제도의 개선 등으로 인하여 수입을 늘리거나 지출을 절약하는 데 기여하였을 때에는 「국가재정법」 제49조에 따라 예산성과금을 지급할 수 있다.
② 총괄청은 국유재산 관리에 관한 사무를 성실히 수행하거나 우수한 업무성과를 낸 공무원 또는 기관에 포상금을 지급할 수 있다.(2020.9.29 본항신설)
(2020.9.29 본조제목개정)
(2011.4.1 본조개정)

제84조【고유식별정보의 처리】 총괄청 또는 중앙관서의 장등은 다음 각 호의 사무를 수행하기 위하여 불가피한 경우 「개인정보 보호법 시행령」 제19조제1호에 따른 주민등록번호가 포함된 자료를 처리할 수 있다.
1. 법 제12조에 따른 소유자 없는 부동산의 공고에 따른 이의신청 관련 사무
2. 법 제13조에 따른 기부채납 사무
3. 법 제18조에 따른 영구시설물 축조 관련 사무
4. 법 제30조(법 제47조제1항에서 준용하는 경우를 포함한다)에 따른 사용허가 또는 대부 관련 사무
5. 법 제48조, 제54조 및 제55조에 따른 매각, 교환 및 양여 관련 사무
6. 법 제66조 및 제67조에 따른 실태조사 및 이와 관련된 토지 등의 출입
7. 법 제72조 및 제73조에 따른 변상금 또는 연체료 등의 징수
8. 법 제74조에 따른 불법시설물의 철거
9. 법 제75조에 따른 과오납금 반환
10. 법 제77조에 따른 은닉된 국유재산 또는 소유자 없는 부동산 신고 관련 사무
(2011.12.28 본조신설)

부 칙

제1조【시행일】 이 영은 2009년 7월 31일부터 시행한다. 다만, 제74조의 개정규정은 2010년 1월 1일부터 시행한다.

제2조【다른 법령의 폐지】 국유재산의 현물출자에 관한 법률 시행령은 폐지한다.

제3조【사용허가의 방법에 관한 적용례】 제27조제2항 및 제5항의 개정규정은 이 영 시행 후 최초로 입찰공고(이 영 시행 전 입찰을 실시하였으나 사용허가를 받을 자가 결정되지 아니한 국유재산에 대하여 이 영 시행 후 다시 입찰공고하는 경우를 포함한다)하는 분부터 적용한다.

제4조【사용료율의 변경 등에 관한 적용례】 제29조제1항 및 제3항의 개정규정은 이 영 시행 후 최초로 사용허가(사용허가기간 중 다음 연도의 사용료를 부과·고지하는 경우를 포함한다)를 하는 분부터 적용한다.

제5조【사용료의 조정에 관한 적용례】 제31조의 개정규정은 이 영 시행 후 최초로 다음 연도의 사용료를 부과·고지하는 분부터 적용한다.

제6조【처분재산의 예정가격에 관한 적용례】 제42조제1항의 개정규정은 이 영 시행 후 최초로 처분재산의 예정가격을 결정하는 분부터 적용한다.

제7조【매각대금의 납부기간 및 분할납부에 관한 적용례】 제54조제1항 및 제55조제1항의 개정규정은 이 영 시행 후 최초로 매매계약을 체결하는 분부터 적용한다.

제8조【이미 매각된 재산에 관한 권한의 위임에 관한 특례】 총괄청은 법률 제2950호 국유재산법개정법률 시행 전에 국세청장이 매각하기로 한 잡종재산의 매각에 따른 사무를 제38조에도 불구하고 국세청장에게 위임한다.

제9조【매각대금의 분할납부에 관한 특례】 제55조제1항에 따라 매각대금을 나누어 내는 경우 총괄청이 고시이자율을 고시할 때까지는 매각대금 잔액에 대하여 연 6퍼센트의 이자를 붙여야 한다.

제10조【「측량·수로조사 및 지적에 관한 법률」의 시행에 따른 경과조치】 제8조제1항제6호의 개정규정 중 "「측량·수로조사 및 지적에 관한 법률」 제2조제19호"는 2009년 12월 9일까지는 "「지적법」 제2조제1호"로 본다.

제11조【고시이자율 등에 관한 경과조치】 제30조제3항, 제55조제5항, 제71조제3항 및 제73조의 개정규정에도 불구하고 총괄청이 고시이자율을 고시할 때까지는 종전의 제27조제3항, 제44조의2제4항, 제56조제2항 및 제56조의2에 따른다.

제12조【공공단체의 범위에 관한 경과조치】 이 영 시행 당시 공공단체로 지정된 법인에 대해서는 제33조의 개정규정에도 불구하고 사용·수익허가 기간이 끝날 때까지는 종전의 규정에 따라 사용료를 면제할 수 있다.

제13조【「한국토지주택공사법」 시행에 따른 경과조치】 ① 제38조제1항의 개정규정 중 "「한국토지주택공사법」에 따른 한국토지주택공사"는 2009년 9월 30일까지는 "「한국토지공사법」에 따른 한국토지공사"로 본다.
② 별표1 제25호의 개정규정 중 "「한국토지주택공사법」에 따른 한국토지주택공사"는 2009년 9월 30일까지는 "「대한주택공사법」에 따른 대한주택공사와 「한국토지공사법」에 따른 한국토지공사"로 본다.

제14조【다른 법령의 개정】 ①~㉟ ※(해당 법령에 가제정리 하였음)

제15조【다른 법령과의 관계】 이 영 시행 당시 다른 법령에서 종전의 「국유재산법 시행령」이나 「국유재산의 현물출자에 관한 법률 시행령」 및 그 규정을 인용한 경우에 이 영 가운데 그에 해당하는 규정이 있으면 종전의 규정을 갈음하여 이 영 또는 이 영의 해당 규정을 인용한 것으로 본다.

부 칙 (2011.4.1)

제1조【시행일】 이 영은 2011년 4월 1일부터 시행한다.
제2조【소유자 없는 부동산의 취득 공고에 관한 적용례】 제7조제2항의 개정규정은 이 영 시행 후 최초로 실시하는 공고부터 적용한다.
제3조【사용료율 인하에 관한 적용례】 제29조제1항제5호 및 제6호의 개정규정은 이 영 시행 후 최초로 사용허가하거나 사용허가 기간 중 다음 연도의 사용료를 부과·고지하는 분부터 적용한다.
제4조【지방자치단체에 대한 사용료 또는 대부료 면제에 관한 적용례】 제32조제4항·제5항 및 제51조의 개정규정은 이 영 시행 후 최초로 사용허가하거나 대부계약하는 국유재산부터 적용한다.
제5조【일반경쟁입찰에 따른 예정가격의 체감에 관한 적용례】 제42조제3항의 개정규정은 이 영 시행 후 최초로 일반경쟁입찰을 하는 일반재산부터 적용한다.
제6조【국세물납한 증권의 처분 제한에 관한 적용례】 제42조제4항의 개정규정은 이 영 시행 후 최초로 매각하는 증권부터 적용한다.
제7조【국유재산관리운용보고서의 작성에 관한 적용례】 제70조제1호 및 제2호의2의 개정규정은 2012회계연도분에 대하여 작성하는 국유재산관리운용보고서부터 적용한다.
제8조【대부보증금의 산출에 관한 특례】 제51조의2의 개정규정에도 불구하고 고시이자율은 총괄청이 고시하는 때까지는 6퍼센트로 한다.
제9조【국유재산정책심의위원회 위원의 임기에 관한 경과조치】 이 영 시행 당시 종전의 제17조제1항제6호 및 제18조제2항에 따라 위촉된 위원의 임기는 이 영 시행일 전일까지로 한다.
제10조【다른 법령의 개정】 ①～⑭ ※(해당 법령에 가제정리 하였음)

부 칙 (2012.6.19)

제1조【시행일】 이 영은 공포한 날부터 시행한다. 다만, 제16조제3항(특별자치시에 관한 부분에 한정한다), 제29조제3항, 제40조제2항제2호 및 제69조제2항의 개정규정은 2012년 7월 1일부터 시행한다.
제2조【보존재산 결정에 대한 적용례】 제4조제3항의 개정규정은 이 영 시행 후 최초로 보존여부를 결정하는 재산부터 적용한다.
제3조【소유자 없는 부동산의 공고절차에 대한 적용례】 제7조제2항의 개정규정은 이 영 시행 후 최초로 공고하는 경우부터 적용한다.
제4조【사용료 산출방법에 관한 적용례】 제29조제2항의 개정규정은 이 영 시행 후 최초로 사용허가를 하는 경우부터 적용한다.
제5조【은닉재산등의 신고절차 등에 관한 적용례】 제75조제3항 및 제4항의 개정규정은 이 영 시행 후 최초로 은닉재산등을 신고하는 경우부터 적용한다.
제6조【은닉재산등의 신고 보상금 지급에 관한 적용례】 제76조제5항의 개정규정은 이 영 시행 후 최초로 은닉재산등의 신고를 하는 경우부터 적용한다. 다만, 지방자치단체가 신고한 경우에는 이 영 시행 전에 은닉재산등의 신고를 하고 보상을 받지 아니한 경우에도 이를 적용한다.

부 칙 (2013.4.5)

제1조【시행일】 이 영은 2013년 6월 19일부터 시행한다. 다만, 제4조의 개정규정은 2013년 12월 19일부터 시행하고, 제27조제5항, 제30조제3항 전단, 제40조제3항제18호 마목 및 아목, 제42조제3항 및 제55조제3항제1호의 개정규정은 공포한 날부터 시행한다.
제2조【지식재산의 관리·처분 등에 관한 적용례】 ① 제12조제3항 및 제24조제1항의 개정규정은 이 영 시행 후 지식재산을 관리전환하거나 관리위탁하는 분부터 적용한다.
② 제32조제2항의 개정규정은 이 영 시행 후 지식재산을 사용허가하는 분부터 적용한다.
③ 제42조의2 및 제45조의 개정규정은 이 영 시행 후 지식재산을 처분하는 분부터 적용한다.
제3조【사용료율에 관한 적용례】 제29조제1항제3호의2의 개정규정은 이 영 시행 후 사용허가를 하거나 대부계약을 체결(사용허가 또는 대부계약을 갱신하는 경우를 포함한다)하는 분부터 적용한다.
제4조【사용료의 분할납부에 관한 적용례】 제30조제3항 전단에 따른 사용료의 분할납부는 부칙 제1조 단서에 따른 제30조제3항 전단의 개정규정 시행 후 사용허가를 하거나 대부계약을 체결(사용허가 또는 대부계약을 갱신하는 경우를 포함한다)하는 분부터 적용한다.
제5조【매각대금의 분할납부에 관한 적용례】 제55조제3항제1호에 따른 매각대금의 분할납부는 부칙 제1조 단서에 따른 제55조제3항제1호의 개정규정 시행 후 매매계약을 체결하는 분부터 적용한다.
제6조【변상금에 관한 적용례】 제71조제1항 전단의 개정규정은 이 영 시행 후 변상금을 부과하는 분부터 적용한다.

부 칙 (2017.3.2)

제1조【시행일】 이 영은 공포한 날부터 시행한다. 다만, 제30조제3항, 제51조의3, 제57조제3항 및 제4항의 개정규정은 2017년 3월 3일부터 시행한다.
제2조【도시·군관리계획의 협의에 관한 경과조치】 이 영 시행 전에 종전의 제16조제1항제4호에 따라 중앙관서의 장이나 지방자치단체의 장이 조달청장과 총괄청 소관 일반재산에 대한 도시·군관리계획의 협의를 한 경우에는 제16조제2항제2호의 개정규정에 따라 한국자산관리공사와 협의를 한 것으로 본다.

부 칙 (2018.6.26 영28988호)

제1조【시행일】 이 영은 2018년 6월 27일부터 시행한다. 다만, 제29조제4항, 제51조(제29조에 관한 부분에 한정한다) 및 제67조의8제2항의 개정규정은 2018년 9월 27일부터 시행하고, 제32조제7항 및 제51조(제32조에 관한 부분에 한정한다)의 개정규정은 2019년 3월 14일부터 시행한다.
제2조【사용요율에 관한 적용례】 제29조제1항의 개정규정은 이 영 시행 이후 허가하거나 갱신하는 사용허가 및 체결하거나 갱신하는 대부계약부터 적용한다.
제3조【사용료 산출방법에 관한 적용례】 제29조제4항의 개정규정은 2018년 9월 27일 이후 허가하거나 갱신하는 사용허가 및 체결하거나 갱신하는 대부계약부터 적용한다.
제4조【사용료의 분할납부에 관한 적용례】 제30조제4항의 개정규정은 이 영 시행 이후 허가하거나 갱신하는 사용허가 및 체결하거나 갱신하는 대부계약부터 적용한다.
제5조【사용료 조정에 관한 적용례】 제31조의 개정규정은 이 영 시행 이후 사용료를 조정하는 경우부터 적용한다.
제6조【매각대금 분할납부에 관한 적용례】 제55조제2항제9호 및 같은 조 제3항제5호의 개정규정은 이 영 시행 이후 체결하는 매각계약부터 적용한다.
제7조【위탁개발사업계획에 관한 경과조치】 이 영 시행 전에 종전의 규정에 따라 위탁개발의 승인을 받은 경우에는 제63조의 개정규정에도 불구하고 종전의 규정을 적용한다.
제8조【연체요율에 관한 경과조치】 이 영 시행 전에 납부기한이 도래한 분에 대해서는 제72조제1항의 개정규정에도 불구하고 종전의 규정을 적용한다.

부 칙 (2019.3.12)

제1조【시행일】 이 영은 2019년 3월 14일부터 시행한다.
제2조【사용료율에 관한 적용례】 제29조제1항제7호의 개정규정은 이 영 시행 이후 허가하거나 갱신하는 사용허가 및 체결하거나 갱신하는 대부계약부터 적용한다.
제3조【매각대금 분할납부에 관한 적용례】 제55조제2항제10호 및 같은 조 제3항제6호의 개정규정은 이 영 시행 이후 체결하는 매각계약부터 적용한다.
제4조【변상금 납부에 관한 적용례】 제71조제4항의 개정규정은 이 영 시행 전에 종전의 제71조제4항에 따라 준용되는 제36조제3항에 따라 고지된 경우로서 이 영 시행 당시 변상금을 납부하지 않은 경우에 대해서도 적용한다.

부 칙 (2019.9.10)

제1조【시행일】 이 영은 공포한 날부터 시행한다.(이하 생략)

부 칙 (2020.3.31)

제1조【시행일】 이 영은 공포한 날부터 시행한다.
제2조【사용료율과 사용료 산출방법에 관한 적용례】 제29조제1항·제6항 및 제34조제2항 각 호 외의 부분 단서의 개정규정은 이 영 시행 전에 허가받거나 갱신된 사용허가 및 체결되거나 갱신된 대부계약에도 적용한다.

부 칙 (2020.7.28)

제1조【시행일】 이 영은 2020년 7월 30일부터 시행한다.(이하 생략)

부 칙 (2020.7.31)

제1조【시행일】 이 영은 공포한 날부터 시행한다.
제2조【사용료율과 사용료 산출방법에 관한 적용례】 제29조제1항·제6항 및 제34조제2항 각 호 외의 부분 단서의 개정규정은 이 영 시행 전에 허가받거나 갱신된 사용허가 및 체결되거나 갱신된 대부계약에도 적용한다.
제3조【다른 법령의 개정】 ①～⑦ ※(해당 법령에 가제정리 하였음)

부 칙 (2020.9.29)

제1조【시행일】 이 영은 2020년 10월 1일부터 시행한다. 다만, 제16조제1항제5호, 제40조제3항제18호·제21호·제28호, 제60조제2항 및 제83조의 개정규정은 공포한 날부터 시행한다.
제2조【영구시설물의 축조에 관한 적용례】 제13조의2제1호의2의 개정규정은 이 영 시행 이후 매각계약을 체결하는 경우부터 적용한다.
제3조【사용허가의 방법에 관한 적용례】 제27조제3항제4호의2의 개정규정은 이 영 시행 이후 사용허가를 허가하거나 갱신하는 경우 및 대부계약을 체결하거나 갱신하는 경우부터 적용한다.
제4조【사용료율에 관한 적용례】 제29조제1항제3호의3의 개정규정은 이 영 시행 이후 사용허가를 허가하거나 갱신하는 경우 및 대부계약을 체결하거나 갱신하는 경우부터 적용한다.
제5조【매각대금의 분할납부에 관한 적용례】 제55조제2항제1호의2의 개정규정은 이 영 시행 이후 매각계약을 체결하는 경우부터 적용한다.
제6조【다른 법령의 개정】 ※(해당 법령에 가제정리 하였음)

부 칙 (2020.11.24)

제1조【시행일】 이 영은 공포한 날부터 시행한다.
제2조【공고 등의 방법에 관한 일반적 적용례】 이 영은 이 영 시행 이후 실시하는 공고, 공표, 공시 또는 고시부터 적용한다.

부 칙 (2020.12.8)

제1조【시행일】 이 영은 2020년 12월 10일부터 시행한다.(이하 생략)

부 칙 (2021.1.5)

이 영은 공포한 날부터 시행한다.(이하 생략)

부 칙 (2021.2.2)

제1조【시행일】 이 영은 2021년 2월 5일부터 시행한다.(이하 생략)

부 칙 (2021.8.31)

제1조【시행일】 이 영은 2021년 9월 10일부터 시행한다.(이하 생략)

부 칙 (2021.10.19)

제1조【시행일】 이 영은 2021년 10월 21일부터 시행한다.(이하 생략)

부 칙 (2022.1.21)

제1조【시행일】 이 영은 2022년 1월 21일부터 시행한다.(이하 생략)

부 칙 (2022.2.17)

제1조【시행일】 이 영은 2022년 2월 18일부터 시행한다.(이하 생략)

부 칙 (2022.6.28)

제1조【시행일】 이 영은 2022년 6월 29일부터 시행한다.(이하 생략)

부 칙 (2022.12.30)

제1조【시행일】 이 영은 공포한 날부터 시행한다. 다만, 제44조제2항의 개정규정은 공포 후 3개월이 경과한 날부터 시행한다.
제2조【사용료율 등에 관한 적용례】 제29조제1항제1호의2의 개정규정(제51조에 따라 준용되는 경우를 포함한다)은 이 영 시행 전에 사용료 또는 대부료를 부과·고지한 경우로서 이 영 시행 당시 납부기한이 경과하지 않은 경우에도 적용한다.
제3조【사용료 등의 분할납부에 관한 적용례】 제30조제5항 전단의 개정규정(제51조에 따라 준용되는 경우를 포함한다)은 이 영 시행 이후 사용료 또는 대부료를 부과·고지하는 경우부터 적용한다.

제4조【감정평가의 비용 부담에 관한 적용례】 제42조제11항의 개정규정은 이 영 시행 이후 일반재산의 처분을 신청하는 경우부터 적용한다.
제5조【국세물납으로 취득한 지분증권의 예정가격 산출에 관한 적용례】 제44조제2항의 개정규정은 부칙 제1조 단서에 따른 시행일 이후 지분증권을 처분하는 경우부터 적용한다.
제6조【매각대금의 분할납부에 관한 경과조치】 이 영 시행 전에 매각계약을 체결한 일반재산의 매각대금 분할납부에 관하여는 제55조제1항의 개정규정에도 불구하고 종전의 규정에 따른다.
제7조【변상금의 분할납부에 관한 경과조치】 이 영 시행 전에 납부 고지한 변상금의 분할납부에 관하여는 제71조제3항 전단의 개정규정에도 불구하고 종전의 규정에 따른다.

부 칙 (2023.6.1)

이 영은 공포한 날부터 시행한다.

부 칙 (2023.7.7)

제1조【시행일】 이 영은 2023년 7월 10일부터 시행한다. (이하 생략)

부 칙 (2023.12.12)

제1조【시행일】 이 영은 공포한 날부터 시행한다.
제2조【영구시설물의 축조에 관한 적용례 등】 ① 제13조의2제3호의 개정규정(제55조제3항제3호다목 및 라목의 개정규정에 관한 부분으로 한정한다)은 이 영 시행 전에 매각계약을 체결한 경우로서 이 영 시행 당시 매각대금을 분할납부 중인 경우에도 적용한다.
② 이 영 시행 전에 종전의 제55조제2항제1호 및 제1호의2에 따라 매각계약을 체결한 경우로서 이 영 시행 당시 매각대금을 분할납부 중인 경우에는 그 매각대금의 5분의 1 이상을 납부하였거나 납부하면 제13조의2제3호의 개정규정에도 불구하고 해당 국유재산에 건물, 교량 등 구조물과 그 밖의 영구시설물을 축조할 수 있다.
제3조【국유재산정책심의위원회 민간위원의 임기 등에 관한 적용례】 제17조제2항의 개정규정은 이 영 시행 전에 위촉되어 그 임기가 만료되지 않은 민간위원에 대해서도 적용한다. 이 경우 이 영 시행 당시의 임기를 최초의 임기로 보아 그 임기 만료 후 한 차례만 연임할 수 있다.
제4조【사용료율과 사용료 산출방법 등에 관한 적용례】 다음 각 호의 개정규정은 이 영 시행 전에 사용료 또는 대부료를 부과·고지한 경우로서 이 영 시행 당시 납부기한이 경과하지 않은 경우에도 적용한다.
1. 제29조제1항제1호의3 및 같은 조 제3항의 개정규정(제51조에 따라 각각 준용되는 경우를 포함한다)
2. 제31조제1호 및 같은 조 제2호가목의 개정규정(제51조에 따라 각각 준용되는 경우를 포함한다)
3. 제34조제3항의 개정규정(제51조의 개정규정에 따라 준용되는 경우를 포함한다)

제5조【매각대금의 분할납부에 관한 경과조치】 이 영 시행 전에 매각계약을 체결한 일반재산의 매각대금 분할납부에 관하여는 제55조제1항부터 제3항까지의 개정규정에도 불구하고 종전의 규정에 따른다.
제6조【매각대금 완납 전 소유권 이전에 관한 경과조치 등】 ① 이 영 시행 전에 종전의 제55조제2항제1호에 따라 매각계약을 체결한 경우로서 이 영 시행 당시 매각대금을 분할납부 중인 경우에 대한 해당 일반재산의 소유권 이전에 관하여는 제56조의 개정규정에도 불구하고 종전의 규정에 따른다.
② 이 영 시행 전에 종전의 제55조제2항제1호의2에 따라 매각계약을 체결한 경우로서 이 영 시행 당시 매각대금을 분할납부 중인 경우에는 제56조의 개정규정에도 불구하고 매각대금이 완납되기 전에 해당 일반재산의 소유권을 이전할 수 있다.

부 칙 (2023.12.19)

제1조【시행일】 이 영은 2023년 12월 21일부터 시행한다. (이하 생략)

부 칙 (2024.1.2)

이 영은 공포한 날부터 시행한다.

〔별표〕 ➡ 「法典 別冊」 참조

대한민국과 아메리카합중국 간의 상호방위조약 제4조에 의한 시설과 구역 및 대한민국에서의 합중국 군대의 지위에 관한 협정의 시행에 따른 국가 및 지방자치단체의 재산의 관리와 처분에 관한 법률

(약칭 : 미군공여재산법)

(1967년 3월 3일 / 법 률 제1905호)

개정
1976.12.31법 2950호(국유재산)
1997.12.13법 5454호(정부부처명)
2009. 1.30법 9401호(국유재산)
2011. 7.14법10825호

제1조【목적】 이 법은 「대한민국과 아메리카합중국 간의 상호방위조약 제4조에 의한 시설과 구역 및 대한민국에서의 합중국 군대의 지위에 관한 협정」의 시행에 따라 아메리카합중국의 군대에 공여(供與)하는 국가 및 지방자치단체의 재산의 관리와 처분에 관한 특례를 규정함을 목적으로 한다.(2011.7.14 본조개정)
제2조【공여 결정의 통보 및 협의】 「대한민국과 아메리카합중국 간의 상호방위조약 제4조에 의한 시설과 구역 및 대한민국에서의 합중국 군대의 지위에 관한 협정」(이하 "협정"이라 한다) 제2조에 따라 국가 또는 지방자치단체의 재산을 아메리카합중국(이하 "합중국"이라 한다) 군대에 공여하기로 결정하였을 때에는 국방부장관은 기획재정부장관 및 그 재산의 중앙관서의 장 또는 지방자치단체의 장에게 그 사실을 통보하고, 공여에 필요한 조치를 협의하여야 한다.(2011.7.14 본조개정)
제3조【공여된 재산의 관리】 협정 제2조에 따라 합중국 군대에 공여된 국가 또는 지방자치단체의 재산은 그 공여 기간 중에는 국방부장관이 관리한다.(2011.7.14 본조개정)
제4조【관리전환】 ① 국가 재산의 중앙관서의 장은 제2조에 따른 국방부장관의 통보를 받았을 때에는 지체 없이 국방부장관에게 해당 재산의 관리권을 이관(이하 "관리전환"이라 한다)하여야 한다.
② 관리전환은 「국유재산법」 제17조에도 불구하고 무상으로 한다.
(2011.7.14 본조개정)
제5조【무상 대여】 ① 지방자치단체의 장은 제2조에 따른 국방부장관의 통보를 받았을 때에는 지체 없이 해당 재산을 국방부장관에게 대여하여야 한다.
② 제1항에 따른 지방자치단체의 재산 대여는 무상으로 한다.
(2011.7.14 본조개정)
제6조【반환】 ① 제3조에 따라 국방부장관이 관리하는 국가 또는 지방자치단체의 재산이 합중국으로부터 재사용하는 유보조건 없이 대한민국에 반환되었을 때에는 국방부장관은 그 재산의 원중앙관서의 장 또는 지방자치단체에 이를 관리전환하거나 반환하여야 한다. 다만, 국방부장관은 군사상의 목적을 위하여 필요하다고 인정할 때에는 그 재산의 원중앙관서의 장과 기획재정부장관 또는 지방자치단체의 장과 협의하여 그 재산을 계속 관리할 수 있다.
② 국방부장관은 제1항에 따라 국가 또는 지방자치단체의 재산을 관리전환하거나 반환할 때에는 원상회복의 책임을 지지 아니한다.
③ 제1항의 관리전환에 관하여는 제4조제2항을 준용한다.
(2011.7.14 본조개정)
제7조 (2011.7.14 삭제)

부 칙 (2011.7.14)

이 법은 공포한 날부터 시행한다.

귀속재산처리법

(1949年 12月 19日 / 法 律 第74號)

改正
1954. 9.23法 342號
1956.12.31法 427號
1959.12.18法 521號
1962. 7.14法 1099號
1962.12. 7法 1204號
1963.12.14法 1515號
1964.12.31法 1675號
1966. 3. 8法 1760號
2005. 1.27法 7346號
2008. 2.29法 8852號(정부조직)
2020. 3.31法17140號
2023. 7.18法19540號

第1章 總 則

第1條【目的】 本法은 歸屬財産을 有效適切히 處理함으로써 産業復興과 國民經濟의 安定을 期함을 目的으로 한다.
第2條【歸屬財産의 範圍】 (1) 本法에서 歸屬財産이라 함은 檀紀 4281年(西紀 1948) 9月 11日附 大韓民國政府와 美國政府間에締結된財政및財産에관한最初協定 第5條의 規定에 依하여 大韓民國政府에 移讓된 一切의 財産을 指稱한다. 단, 農耕地는 따로 農地改革法에 依하여 處理한다.
(2) 北緯 38度線以北 收復地區內에 있는 財産으로서 檀紀 4278年(西紀 1945) 8月 9日 現在 日本人인 個人, 法人, 團體, 組合 그 代行機關이나 그 政府의 組織 또는 統制한 團體가 直接, 間接 혹은 全部 또는 一部를 所有한 一切의 財産은 前項에 規定하는 歸屬財産으로 取扱하여 本法을 適用한다.(1956.12.31 본항신설)
(3) 檀紀 4278年(西紀 1945) 8月 9日 이전에 韓國內에서 設立되어 그 株式 또는 持分이 日本機關, 그 國民 또는 그 團體에 所屬되었던 營利法人 또는 組合 기타에 대하여서는 그 株式 또는 持分이 歸屬된 것(이하 歸屬된 株式 또는 持分이라 稱한다)으로 看做한다.
(4) 檀紀 4278年(西紀 1945) 8月 9日 이전에 韓國內에서 設立되어 그 理事行使權 또는 社員權이 日本機關, 그 國民 또는 그 團體에 所屬되었던 財團法人 또는 社團法人에 대하여서는 그 理事行使權 또는 社員權도 歸屬된 것(이하 歸屬된 理事行使權 또는 社員權이라 稱한다)으로 看做한다.
第3條【賣却】 歸屬財産은 本法과 本法의 規定에 의하여 발하는 命令의 정하는 바에 의하여 國有 또는 公有財産, 國營 또는 公營企業體로 指定되는 것을 제한 외에는 大韓民國의 國民 또는 法人에게 賣却한다.
第4條【政府에 의한 管理】 (1) 歸屬財産은 前條에 의하여 指定 또는 賣却될 때까지 他法律에 특별한 規定이 없는 限 本法의 정하는 바에 의하여 政府가 이를 管理한다.
(2) 歸屬財産中 國營 또는 公營으로 指定된 後 當該財産에 관한 法令이 實施될 때까지는 政府가 이를 管理한다.

第2章 國有와 公有

第5條【國有·公有】 (1) 歸屬財産中 大韓民國憲法 第85條에 列擧된 天然資源에 관한 權利 및 營林財産으로 필요한 林野, 歷史的 價値있는 土地, 建物, 紀念品, 美術品, 文籍 기타 公共性을 유하거나 영구히 保存함을 요하는 不動産과 動産은 國有 또는 公有로 한다.
(2) 政府, 公共團體에서 公用, 公共用 또는 公認된 敎化, 厚生機關에서 公益事業에 공하기 위하여 필요한 不動産과 動産에 대하여도 前項과 같다.
第6條【國營·公營】 歸屬企業體中 大韓民國憲法 第87條에 列擧된 企業體와 중요한 鑛山, 製鐵所, 機械工場 기타 公共性을 가진 企業體는 이를 國營 또는 公營으로 한다.
第7條【國有·公有化節次】 前2條에 의하여 國有 또는 公有, 國營 또는 公營으로 되는 財産과 企業體의 指定에 관한 節次는 大統領令으로 정한다.

第3章 賣 却

第8條【賣却의 種別】 (1) 歸屬財産의 賣却은 左의 4種으로 나눈다.
1. 企業體賣却
歸屬財産中 日本機關, 그 國民 또는 그 團體가 營利를 目的으로 하는 事業에 供用하던 不動産, 動産 기타 諸權利등 一切의 財産을 綜合的 單一體로 評價하여 賣却하는 것이다. 단, 企業體로서 存續할 價値가 없는 때 또는 企業體運營에 支障이 없을 때에는 그 財産을 分割하여 賣却할 수 있다.
2. 不動産賣却
歸屬財産中 前號에 規定하는 企業體에 속하지 아니하는 住宅, 店舖, 垈地 기타 不動産을 賣却하는 것이다.
3. 動産賣却
歸屬財産중 第1號의 規定에 속하지 아니하는 動産을 賣却하는 것이다.
4. 株式 또는 持分賣却
歸屬된 株式 또는 持分을 賣却하는 것이다. 단, 企業體運營에 支障을 주지 아니하는 때에는 第2條第3項에 該

當하는 企業體에 있어서도 法人 또는 組合기타를 解散하여 其財産을 分割賣却할 수 있다. 本解散에는 商法 解散의 規定을 適用하지 아니한다.
(1959.12.18 본호개정)
(2) 財團法人 또는 社團法人으로 經營하던 歸屬事業體의 賣却을 할 때에는 前項 第1號 또는 第4號의 예에 의한다.
第9條 [買收人缺格事由] 左의 各號의 1에 該當하는 者는 歸屬財産의 買收人이 될 수 없다.
1. 피성년후견인 또는 피한정후견인(2020.3.31 본호개정)
2. 破産宣告를 받고 復權되지 아니한 者
3. 禁錮이상의 刑을 받고 그 執行중 또는 執行猶豫중인 者
4. 公民權을 剝奪당한 者
5. 歸屬財産의 管理運營에 관하여 不法處分, 故意破壞 또는 故意毁損, 虛僞報告등 事實이 있는 者와 그 家族
6. 歸屬財産의 買收 또는 賃借, 管理에 관하여 第21條, 第22條末項, 또는 第36條에 該當함으로써 契約의 解除 또는 取消를 당한 事實이 있는 者
7. 기타 法令에 의하여 禁止된 者

第10條 [同一家族에 의한 買收의 制限] 同一家族에 속하는 者중 어느 一員이 歸屬財産의 企業體 또는 住宅 및 垈地이외의 不動産을 買收한 경우에는 그 家族에 속하는 者는 이를 다시 買收할 수 없다. 단, 企業體運營上 不可避한 필요가 있을 경우에는 그 企業體經營者에 한하여 例外로 한다.
第11條 [同前] (1) 同一家族에 속하는 者중 어느 一員이 歸屬財産의 住宅 또는 垈地를 買收한 경우에는 그 家族에 속하는 者는 이를 다시 買收할 수 없다.
(2) 垈地의 賣却은 買收者 1人에 대하여 200坪이하로 한다. 단, 個人住宅用이외의 建物을 建築할 때에는 例外로 한다.
第12條 [同前] (1) 同一家族에 속하는 者중 어느 一員이 買收할 歸屬住宅 또는 垈地를 中心으로 20軒 이내의 地域에 住宅을 所有하고 있는 경우에는 그 家族에 속하는 者는 歸屬住宅 또는 垈地를 買收할 수 없다.
(2) 檀紀 4278年(西紀 1945) 8月 9日이후 前項의 住宅을 1年이상 兼有 또는 兼占한 事實이 있는 者도 또한 같다.
第13條 [同族會社에 의한 賃借·管理·買收의 制限] (1) 本法에 있어서 同一家族에 속함으로써 賃借, 管理, 買收를 禁止당한 事項은 同族會社를 組織한 때에도 또한 같다.
(2) 前項의 同族會社라 함은 株主 또는 社員의 一員이나 株主 또는 社員의 一員과 그 家族의 株式金額 또는 出資金額의 合計가 그 法人의 株式金額 또는 出資金額의 2分之 1이상에 該當하는 會社를 말한다.
(3) 歸屬財産의 賃借, 管理, 賣却을 受함으로써 2個이상 企業體에 前項 同族會社와 같은 結果를 생할 수 없다.
第14條 [經過措置] 前5條의 規定은 本法施行전에 歸屬財産을 買收한 者에게 適用한다.
第15條 [優先賣却] (1) 歸屬財産은 合法的이며 思想이 穩健하고 運營能力이 있는 善良한 緣故者, 從業員 또는 農地改革法에 의하여 農地를 買收당한 者와 住宅에 있어서는 특히 國家에 有功한 無住宅者, 그 遺家族, 住宅없는 貧困한 勤勞者 또는 歸屬住宅이외의 住宅을 求得하기 困難한 者에게 優先的으로 賣却한다.
(2) 公認된 敎化, 厚生 기타 公益에 관한 社團 또는 財團으로서 營利를 目的으로 하지 아니하는 法人이 필요로 하는 歸屬財産에 대하여도 優先的으로 賣却할 수 있다.
(3) 第2項에 불구하고 歸屬財産중 大統領令의 정하는 大規模 企業體는 最高價格入札者에게 賣却한다.
(1954.9.23 본항신설)
第16條 [公賣, 隨意契約에 의한 賣却] (1) 前條에 의하여 賣却함이 不能 또는 不適當하다고 認定될 때에는 一般 또는 指名公賣에 附하여 最高入札者에게 賣却한다.
(2) 政府는 入札價格이 不適當하다고 認定할 때에는 賣却을 拒否하고 再入札에 附한다.
(3) 同一財産에 대한 入札이 2次에도 不適當하다고 認定할 때에는 그 財産을 隨意契約에 의하여 適正價格으로 賣却할 수 있다. 단, 이 경우의 適正價格은 拒否한 最高入札價格보다 高價이라야 한다.
(4) 前3項의 規定에 불구하고 政府査定價格 10萬원(서울特別市에 있어서는 30萬원)미만의 財産에 대하여는 前第15條에 規定한 優先買收者의 順位에 따라 隨意契約에 의하여 賣却할 수 있다.(1962.7.14 본항신설)
第17條 [買收者의 決定] 歸屬財産의 買收者의 決定은 國稅廳長이 행한다.(1966.3.8 본조개정)
第18條 [賣却價格의 最低限, 價格鑑定] (1) 歸屬財産의 賣却價格은 그 財産의 賣却契約 당시의 時價를 低下하지 못한다.
(2) 前項의 時價에는 第23條의 金額을 參酌加減하여 決定하여야 한다.
(3) 歸屬財産의 價格鑑定의 委囑을 받은 金融機關의 職員은 그 業務遂行上의 行爲에 대하여는 刑法 第129條 내지 第134條의 規定을 適用한다.(1956.12.31 본항신설)
(4) 前項의 業務를 妨害하는 行爲에 대하여는 刑法 第136條와 第137條의 規定을 適用한다.(1956.12.31 본항신설)
第19條 [賣却代金納付方法] (1) 歸屬財産의 賣却代金은 一時全額現金納付를 原則으로 하되 動産賣却이외의 財産賣却에 있어서 最高 15年의 期限으로 分割하여 代金을 納付할 수 있다.
(2) 前項의 規定에 의하여 賣却代金을 分納할 경우에는 그 第1期分納金은 賣却代金의 10分之 1이상으로 하여야 한다.
(3) 賣却代金納付期間중 一般物價의 變動이 顯著할 때에는 그때 이후의 納付金額은 法律로써 變更할 수 있다.
(4) 歸屬財産의 賣却代金은 農地改革法에 의한 農地證券으로 納付할 수 있다.
第20條 [擔保權附債務 있는 경우] 歸屬財産에 設定된 擔保權附債務가 있는 경우에는 그 財産의 賣却代金限度내에서 擔保權의 原因된 債務를 返濟한다.
第21條 [過怠金, 契約解除] 歸屬財産의 買收者가 指定期日내에 賣却代金 또는 그 分納金을 納付하지 아니하는 경우에는 大統領令의 정하는 바에 의하여 所定의 過怠金을 徵收하거나 또는 그 契約을 解除할 수 있다.
第21條의2 [國稅滯納處分例에 의한 徵收] 歸屬財産의 賣却代金이나 分納金 또는 前條의 規定에 의한 過怠金의 徵收는 國稅徵收法에 의한 滯納處分의 例에 의한다.
(1959.12.18 본조신설)
第21條의3 [分納金滯納에 의한 契約解除] 歸屬財産을 買收한 者가 그 賣買契約에 의하여 1964年 6月 30日내에 納付하여야 할 分納金을 1965年 3月 31日까지 納付하지 아니한 때에는 그 財産에 대한 賣買契約은 解除된다. 다만, 정당한 사유로 납부하지 아니한 경우에는 그러하지 아니하다.(2005.1.27 단서신설)
第22條 [抵當權設定에 의한 所有權移轉] (1) 歸屬財産의 賣却에 있어서 그 賣却契約當時로부터 2年이내에 賣却代金額의 5割이상 또는 4年이내에 賣却代金額의 7割이상을 納付한 者에 대하여서는 政府에 대한 納付金殘額에 상당한 抵當權設定에 의하여 歸屬財産의 所有權을 買收者에게 移轉시킬 수 있다.
(2) 歸屬財産의 買收者는 그 財産의 所有權이 移動될 때까지는 本法 第4章에 規定하는 管理者의 義務를 履行하여야 한다.
(3) 前項에 規定하는 義務에 違反할 때에는 그 契約을 解除할 수 있다.
第23條 [契約解除·拋棄時의 措置] (1) 前2條에 의하여 契約의 解除를 당하거나 또는 轉業, 移住 기타로 인하여 그 契約을 拋棄하는 者에 대하여는 그 情狀에 의하여 左의 措置를 할 수 있다.
1. 旣히 納付한 保證金 또는 賣却代金의 全部 또는 一部의 返還
2. 그 財産의 價値를 增加하기 위하여 支出된 費用에 대한 全部 또는 一部의 償還
3. 그 財産의 管理運營期間중 取得한 利益과 賃貸料에 該當한 金額의 納付
4. 買收者에 歸責될 理由에 인한 財産의 被害에 대한 賠償
(2) 前項第3號, 第4號의 納付 또는 賠償을 하지 아니하는 때에는 國稅滯納處分의 例에 의한다.
(3) 第19條第3項은 本條의 경우에 準用할 수 있다.

第4章 管 理

第24條 [賃貸] (1) 本法 第4條의 規定에 의하여 國家가 管理하는 歸屬財産은 大韓民國의 國民 또는 法人에게 賃貸할 수 있다.
(2) 第18條, 第19條, 第21條와 第21條의2의 規定은 前項의 賃貸料에 準用할 수 있다.(1959.12.18 본항개정)
(3) (1959.12.18 삭제)
第25條 [管理人에 의한 管理] 政府는 前條의 規定에 의하여 賃貸하기에 適當하지 아니하는 歸屬財産에 대하여서는 管理人을 選定하여 管理한다.
第26條 [賃借人 및 管理人缺格事由] 第9條 各號의 1에 該當하는 者는 歸屬財産의 賃貸借 또는 管理를 받을 수 없다.
第27條 [準用規定] 第10條 내지 第12條의 規定은 本章 賃貸借 또는 管理에 準用한다.
第28條 [經過措置] 前2條의 規定은 本法 施行前에 歸屬財産의 賃貸 또는 管理를 받은 者에게도 適用한다.
第29條 [優先賃借·管理] 第15條의 規定은 歸屬財産의 賃貸借 또는 管理에 適用한다.
第30條 [理事制] 중요한 歸屬企業體에 대하여서는 9人이내의 共同管理人을 選定하여 理事制를 實施할 수 있다.
第31條 [賃借 및 管理人의 任命] 歸屬企業體의 賃借人 또는 管理人은 기획재정부장관과 合意하여 그 企業體의 業務를 所管하는 各部長官이 任免한다. 歸屬된 株式 또는 持分의 賃借 또는 管理에 있어서도 또한 같다.
(2008.2.29 본조개정)
第32條 [報酬] 歸屬財産의 管理人은 大統領令의 정하는 바에 의하여 相當한 報酬를 받을 수 있다.
第33條 [株主등 權限의 賃借人 및 管理人에 의한 行使] 政府는 歸屬된 株式 또는 持分에 屬한 株主 또는 社員 기타 持分權者로서의 權利 또는 權限의 全部나 一部를 그 歸屬財産의 賃借人 또는 管理人으로 하여금 行使케 할 수 있다. 歸屬된 理事行使權 또는 社員權의 경우에 있어서도 또한 같다.
第34條 [賃借人 및 管理人의 遵守事項] 歸屬財産의 賃借人 또는 管理人은 左의 事項을 遵守하여야 한다.
1. 國家産業의 復興과 國民福祉을 위하여 그 財産의 最大의 價値를 發揮하도록 運營할 것
2. 政府의 指示하에 그 財産을 保存하며 政府의 承認없이 그 財産의 移動, 轉貸 또는 處分을 하지 못할 것
3. 그 財産을 善良한 管理者의 注意로써 保存하며 그 財産의 價値 또는 效用을 減少시키지 아니할 것
4. 正確한 記錄과 會計帳簿를 備置할 것
第35條 [契約의 取消, 財産의 返還] 左의 各號의 1에 該當하는 경우에는 그 賃貸借 또는 管理契約을 取消하며 그 歸屬財産의 返還을 명할 수 있다.
1. 本法에 規定하는 缺格條件에 該當하게 될 때
2. 本法에 規定하는 賃借人 또는 管理人의 義務에 違反하였을 때
3. 財産의 管理, 運營에 관한 政府의 指示, 命令을 遵守하지 아니하였을 때
第36條 [契約取消·拋棄時의 措置] 第23條의 規定은 前條에 의하여 契約을 取消하거나 또는 轉業, 移住 기타로 인하여 그 賃借 또는 管理契約을 拋棄하는 者에게 그 情狀에 의하여 適用할 수 있다.
第36條의2 [損害金의 賦課徵收] (1) 歸屬財産을 許可없이 占有 또는 使用하는 者에 대하여는 그 財産을 占有 또는 使用한 期間중 取得한 利得 또는 賃貸料에 相當한 金額을 損害金으로 賦課徵收할 수 있다.
(2) 前項의 損害金을 所定期日내에 納付하지 아니할 때에는 國稅滯納處分의 例에 의하여 處理한다.
(1956.12.31 본조신설)

第5章 管財業務管掌機關
(1963.12.14 본장제목개정)

第37條 [管財業務管掌機關] 이 法에 規定하는 歸屬財産에 관한 事務는 地方稅務官署가 管掌한다.
(1963.12.14 본조개정)
第38條 (1954.9.23 삭제)
第39條 (2023.7.18 삭제)

第6章 罰 則
(1956.12.31 본장개정)

第40條 [罰則] 不法으로 歸屬財産을 取得, 處分, 滅失, 破壞, 毁損 또는 隱匿한 者는 5年이하의 懲役 또는 30萬圓이하의 罰金에 처한다. 단, 그 財産의 價格이 30萬圓을 超過할 경우의 罰金은 그 價格과 同額으로 한다.
第41條 [罰則] 故意로 歸屬財産의 賃借, 管理 또는 賣却에 관하여 虛僞報告 또는 虛僞陳述을 한 者는 3年이하의 懲役 또는 15萬圓이하의 罰金에 처한다.
第42條 [罰則] 本法의 規定에 의하여 발하는 大統領令에는 그 違反者에 대하여 6月이하의 懲役 또는 10萬圓이하의 罰金을 科하는 罰則을 정할 수 있다.

第7章 補 則
(1962.12.7 본장신설)

第42條의2 [歸屬株式賣却의 特例] 歸屬株式의 賣却에 관하여는 第3章의 規定에 不拘하고 國,公有財産處理臨時特例法 第5條第4項을 準用한다.

附 則

第43條 [施行令] 本法을 施行하기 위하여 필요한 規定은 大統領令으로 정한다.
第44條 歸屬財産을 管理, 運營 또는 利用함으로 因하여 賦課된 稅金을 滯納中에 있는 者는 第9條의 規定을 適用한다.
第45條 本法施行前의 法令으로서 本法에 抵觸되는 規定은 그 抵觸되는 範圍内에서 廢止된다.
第46條 本法은 公布日로부터 施行한다.

附 則 (2020.3.31)
(2023.7.18)

이 법은 공포한 날부터 시행한다.

물품관리법

(1987년 11월 28일
전개법률 제3947호)

개정
1991.11.30법 4408호(헌재)
1995. 1. 5법 4868호(국가계약)
1995.12.29법 5048호
1997.12.13법 5454호(정부부처명)
1999.12.31법 6077호
2001. 4. 7법 6461호(회계관계직원등의책임에관한법)
2002.12.30법 6836호(국고금관리법)
2006.10. 4법 8047호(기업예산회계법)
2006.10. 4법 8050호(국가재정법)
2008. 2.29법 8852호(정부조직)
2008.12.31법 9280호(정부기업예산법)
2009. 1.30법 9401호(국유재산)
2009. 3.25법 9516호
2020. 6. 9법17339호(법률용어정비)

제1장 총 칙
(2009.3.25 본장개정)

제1조【목적】 이 법은 국가 물품(物品)의 취득·보관·사용 및 처분에 관한 기본적인 사항을 정하여 국가 물품을 효율적이고 적정하게 관리하는 것을 목적으로 한다.

제2조【정의】 ① 이 법에서 "물품"이란 국가가 소유하는 동산(動産)과 국가가 사용하기 위하여 보관하는 동산(「국유재산법」에 따라 관리하고 있는 국유재산에서 개별적으로 분리된 동산을 포함한다)을 말한다. 다만, 다음 각 호의 동산은 제외한다.
1. 현금
2. 법령에 따라 한국은행에 기탁(寄託)하여야 할 유가증권
3. 「국유재산법」 제5조제1항제1호부터 제3호까지와 같은 조 제2항에 따른 국유재산

② 이 법에서 "중앙관서의 장"이란 「국가재정법」 제6조에 따른 중앙관서의 장을 말한다.

제3조【군수품관리에 관한 특례】 군수품의 관리에 관하여는 따로 법률로 정한다.

제4조【다른 법률과의 관계】 물품관리에 관하여는 다른 법률에 특별한 규정이 있는 경우 외에는 이 법에서 정하는 바에 따른다.

제2장 물품의 분류 및 표준화
(2009.3.25 본장개정)

제5조【분류】 ① 각 중앙관서의 장은 그 소관(所管) 물품을 기관별·사업별 및 성질별로 분류하여 효율적이고 적정하게 관리하여야 한다.
② 각 중앙관서의 장은 그 소관 물품의 효율적인 사용과 처분을 위하여 필요하면 그 소관 물품의 소속 분류를 전환할 수 있다.
③ 제1항과 제2항에 따른 물품 분류의 기준, 소속 분류의 전환, 그 밖에 물품 분류에 필요한 사항은 조달청장이 정하여 고시한다.

제6조【표준화】 ① 각 중앙관서의 장은 해당 관서와 그 소속 기관에서만 사용하는 주요 물품에 관하여 그 표준을 정하고, 조달청장은 정부 각 기관에서 공통적으로 사용하는 주요 물품에 관하여 그 표준을 정하여야 한다.
② 제1항에 따른 표준을 정할 때 필요한 사항은 대통령령으로 정한다.

제3장 물품의 관리기관
(2009.3.25 본장개정)

제7조【총괄기관】 ① 기획재정부장관은 물품관리의 제도와 정책에 관한 사항을 관장하며, 물품관리에 관한 정책의 결정을 위하여 필요하면 조달청장이나 각 중앙관서의 장으로 하여금 물품관리 상황에 관한 보고를 하게 하거나 필요한 조치를 할 수 있다.
② 조달청장은 각 중앙관서의 장이 수행하는 물품관리에 관한 업무를 총괄·조정한다.
③ 조달청장은 각 중앙관서의 장이 수행하는 물품관리에 관한 사항에 대하여 다음 각 호의 조치를 할 수 있다.
1. 각 중앙관서의 장이 수행하는 물품관리 상황에 관한 자료의 요구 및 감사의 실시
2. 각 중앙관서의 장이 수행하는 물품관리에 관한 모범사례 등 주요 사항의 관보게재
3. 제35조제1항에 따라 불용(不用) 결정된 물품의 재활용 촉진에 관한 조치
4. 그 밖에 물품관리에 필요한 사항으로서 대통령령으로 정하는 조치

④ 조달청장이 제3항제1호에 따라 실시하는 물품관리 상황에 관한 감사는 실지감사(實地監査) 또는 서면감사(書面監査)의 방법으로 한다.
⑤ 조달청장은 제3항제1호에 따른 감사 결과 부당하거나 위법한 사실이 있으면 해당 중앙관서의 장에게 대통령령으로 정하는 바에 따라 시정 요구 등의 조치를 하여야 한다.
⑥ 조달청장은 부당하거나 위법한 사실의 재발 방지를 위하여 필요하다고 인정하는 경우에는 제5항에 따른 시정 요구 등과 함께 책임 있는 관계 공무원에 대한 주의 또는 징계 처분을 요구할 수 있다.
⑦ 제5항 또는 제6항에 따라 요구를 받은 중앙관서의 장은 지체 없이 시정, 주의 또는 징계 처분 등 필요한 조치를 하고 그 결과를 조달청장에게 알려야 한다.

제8조【관리기관】 각 중앙관서의 장은 그 소관 물품을 관리한다.

제9조【물품관리관】 ① 각 중앙관서의 장은 대통령령으로 정하는 바에 따라 그 소관 물품관리에 관한 사무를 소속 공무원에게 위임할 수 있고, 필요하면 다른 중앙관서의 소속 공무원에게 위임할 수 있다.
② 제1항에 따라 각 중앙관서의 장으로부터 물품관리에 관한 사무를 위임받은 공무원을 물품관리관(物品管理官)이라 한다.
③ 제1항에 따른 물품관리에 관한 사무의 위임은 특정한 직위를 지정하여 할 수 있다.

제10조【물품출납공무원】 ① 물품관리관〔제12조제1항에 따라 그의 사무의 일부를 분장(分掌)하는 공무원을 포함한다. 이하 같다〕은 대통령령으로 정하는 바에 따라 그가 소속된 관서의 공무원에게 그 관리하는 물품의 출납(出納)과 보관에 관한 사무(출납명령에 관한 사무는 제외한다)를 위임하여야 한다.
② 제1항에 따라 물품의 출납과 보관에 관한 사무를 위임받은 공무원을 물품출납공무원이라 한다.
③ 제1항에 따라 물품관리관이 그 사무를 위임하는 경우에는 특정한 직위를 지정하여 할 수 있다.

제11조【물품운용관】 ① 물품관리관은 대통령령으로 정하는 바에 따라 그가 소속된 관서의 공무원에게 국가의 사무 또는 사업의 목적과 용도에 따라서 물품을 사용하게 하거나 사용 중인 물품의 관리에 관한 사무(이하 "물품의 사용에 관한 사무"라 한다)를 위임하여야 한다.
② 제1항에 따라 물품의 사용에 관한 사무를 위임받은 공무원을 물품운용관이라 한다.
③ 제1항에 따라 물품관리관이 그 사무를 위임하는 경우에는 특정한 직위를 지정하여 할 수 있다.

제12조【관리기관의 분임 및 대리】 ① 각 중앙관서의 장은 물품관리관의 사무의 일부를 분장하는 공무원을, 물품관리관은 물품출납공무원의 사무의 일부를 분장하는 공무원을 대통령령으로 정하는 바에 따라 각각 둘 수 있다.
② 각 중앙관서의 장은 물품관리관이 부득이한 사유로 직무를 수행할 수 없을 때에는 그 사무를 대리하는 공무원을, 물품관리관은 물품출납공무원 또는 물품운용관이 부득이한 사유로 직무를 수행할 수 없을 때에는 그 사무를 대리하는 공무원을 대통령령으로 정하는 바에 따라 각각 지정할 수 있다.(2020.6.9 본항개정)
③ 제1항과 제2항에 따라 각 중앙관서의 장이나 물품관리관이 공무원을 두거나 지정할 경우에는 특정한 직위를 지정하여 할 수 있다.

제13조【지방자치단체의 장 등에 대한 위임】 각 중앙관서의 장은 대통령령으로 정하는 바에 따라 그 소관 물품관리에 관한 사무를 지방자치단체의 장이나 그 소속 공무원에게 위임할 수 있다.

제14조 (1995.12.29 삭제)

제4장 물품의 관리
(2009.3.25 본장개정)

제1절 통 칙

제15조【물품수급관리계획】 ① 조달청장은 대통령령으로 정하는 바에 따라 매년 물품수급관리계획 작성지침을 정하여 각 중앙관서의 장에게 통보하여야 한다. 이 경우 중앙관서별 지침을 따로 정할 수 있다.
② 각 중앙관서의 장은 제1항의 물품수급관리계획 작성지침에 따라 매년 그 소관 물품의 취득·보관·사용 및 처분에 관한 계획(이하 "물품수급관리계획"이라 한다)을 수립하여 조달청장에게 제출하여야 한다.
③ 조달청장은 제2항에 따라 제출된 물품수급관리계획을 종합한 정부종합물품수급관리계획을 작성하여 기획재정부장관에게 제출하여야 한다.
④ 각 중앙관서의 장은 물품수급관리계획에 따라 그 소관 물품을 관리하여야 한다.

제16조【물품의 정수관리】 ① 조달청장은 대통령령으로 정하는 바에 따라 주요 물품의 정수책정기준(定數策定基準)을 정하여 각 중앙관서의 장에게 통보하여야 한다. 다만, 국회·대법원 및 헌법재판소 소관 주요 물품의 정수책정기준은 해당 중앙관서의 장이 따로 정할 수 있다.
② 물품관리관은 소속 중앙관서의 장의 승인을 받아 주요 물품과 그 밖에 필요한 물품에 대하여 정수를 정하여 관리하여야 한다. 이 경우 주요 물품에 대하여는 제1항에 따른 정수책정기준에 따라 정수를 정하여야 한다.

제16조의2【물품의 내용연수】 ① 조달청장은 대통령령으로 정하는 바에 따라 각 중앙관서(그 소속 기관을 포함한다)에서 공통적으로 사용하며 관리가 필요한 물품에 대한 내용연수(耐用年數)를 정하여 각 중앙관서의 장에게 통보하여야 한다.
② 각 중앙관서의 장은 제1항에 따라 내용연수가 정하여지지 아니한 물품에 대하여 내용연수를 정하여 운영할 수 있다. 이 경우 조달청장에게 통보하여야 한다.
③ 각 중앙관서의 장은 그 관서의 특수한 사정으로 제1항에 따라 정하여진 내용연수를 적용하기 곤란한 경우에는 조달청장과 협의하여 내용연수를 조정할 수 있다.
(2009.3.25 본조신설)

제17조 (1995.12.29 삭제)

제18조【재고관리】 각 중앙관서의 장은 사용빈도가 높거나 재고(在庫)를 유지할 필요가 있는 물품에 대하여는 재고를 적정하게 유지할 수 있도록 재고관리기준을 정하여 관리하여야 한다.

제19조【재물조사】 ① 각 중앙관서의 장은 대통령령으로 정하는 바에 따라 연 1회 그 소관 물품에 대한 정기재물조사(定期在物調査)를 실시하여야 하고, 필요하다고 인정하면 정기재물조사 외에 수시로 재물조사를 실시할 수 있다.
② 조달청장은 대통령령으로 정하는 바에 따라 각 중앙관서의 장의 소관 물품에 대한 특별재물조사를 실시할 수 있다.
③ 각 중앙관서의 장은 제1항에 따른 정기재물조사의 보고서를 조달청장에게 제출하여야 한다.

제20조【재물조정】 각 중앙관서의 장은 제19조제1항 및 제2항에 따른 재물조사 결과 물품의 증감(增減)이 발견된 경우 그 원인이 사무상 착오라는 것이 명백하면 대통령령으로 정하는 바에 따라 이를 조정할 수 있다.

제21조【물품관리운용보고서의 작성】 ① 각 중앙관서의 장은 대통령령으로 정하는 바에 따라 그 소관 물품에 관하여 물품관리운용보고서를 작성하여 다음 연도 2월 20일까지 조달청장에게 제출하여야 하며, 조달청장은 이를 통합하여 3월 10일까지 기획재정부장관에게 제출하여야 한다.
② 제1항에 따른 물품관리운용보고서에 포함될 내용은 다음 각 호와 같다.
1. 물품의 취득 및 처분 현황
2. 소관별·품종별·회계별 물품 현황
3. 그 밖에 대통령령으로 정하는 물품의 효율적 관리를 위하여 필요하다고 인정되는 사항

③ 기획재정부장관은 제1항의 물품관리운용보고서를 다음 연도 4월 10일까지 감사원에 제출하여 검사를 받아야 한다.
④ 기획재정부장관은 제3항에 따라 감사원의 검사를 받은 물품관리운용보고서와 감사원의 검사보고서를 다음 연도 5월 31일까지 국회에 제출하여야 한다.

제22조【관리전환】 ① 물품관리관은 물품의 효율적인 사용 및 처분을 위하여 필요하면 그 소관 물품을 다른 물품관리관의 소관으로 전환(이하 "관리전환"이라 한다)할 수 있다. 다만, 다른 중앙관서 소관 물품으로의 관리전환은 대통령령으로 정하는 바에 따라 소속 중앙관서의 장의 승인을 받아야 한다.
② 물품관리관은 회계 상호 간의 관리전환 중 대통령령으로 정하는 관리전환의 경우 외에는 유상(有償)으로 정리하여야 한다.

제23조【물품의 정비】 ① 각 중앙관서의 장은 주요 정비대상물품을 선정하고 그 정비기준을 정하여야 한다. 이 경우 조달청장이 정한 정비기준이 있으면 이에 따라 정하여야 한다.
② 각 중앙관서의 장은 제1항의 정비기준에 따라 주요 정비대상물품을 정비하여야 한다.
③ 조달청장은 제1항에 따라 선정된 주요 정비대상물품을 조달청에서 정비할 수 있다.

제24조【표준서식】 물품관리관·물품운용관 및 물품출납공무원(제12조제1항에 따라 그 사무의 일부를 분장하는 공무원을 포함한다. 이하 같다)은 대통령령으로 정하는 표준서식(전산처리에 필요한 입·출력자료서식을 포함한다. 이하 같다)에 물품관리에 필요한 사항을 기록·유지하여야 한다.

제25조【물품관리사무의 전산화】 각 중앙관서의 장은 대통령령으로 정하는 바에 따라 물품관리에 관한 사무를 전산화하여 물품을 효율적으로 관리하여야 한다.

제26조【물품관리종사공무원의 주의의무】 물품관리에 관한 사무에 종사하는 공무원은 이 법과 그 밖의 물품관리에 관한 법령을 준수하는 것 외에 선량한 관리자의 주의로써 사무에 종사하여야 한다.

제27조【물품관리종사공무원의 행위의 제한】 ① 물품관리에 관한 사무에 종사하는 공무원은 그 취급하는 물품을 국가로부터 양수(讓受)할 수 없다. 다만, 대통령령으로 정한 물품의 경우에는 그러하지 아니하다.
② 제1항을 위반하여 행한 행위는 그 효력이 없다.

제2절 취 득

제28조【취득】 ① 물품관리관은 물품수급관리계획에 정하여진 물품에 대하여는 그 계획의 범위에서, 그 밖의 물품에 대하여는 필요할 때마다 계약담당공무원에게 물품의 취득에 관한 필요한 조치를 할 것을 청구하여야 한다.
② 계약담당공무원은 제1항에 따른 청구가 있으면 예산의 범위에서 대통령령으로 정하는 바에 따라 해당 물품을 취득하기 위한 필요한 조치를 하여야 한다.
③ 물품은 중앙관서의 장 또는 그 위임을 받은 공무원이 지명하는 관계 공무원이나 기술자의 검수(檢受)를 받지 아니하고는 취득할 수 없다.

제29조【취득의 제한】 물품관리관은 물품을 구매하려는 경우 다른 물품관리관이 관리전환을 하기 위하여 동일한 품명의 물품에 대한 다른 기관의 취득의사를 조회 중이고 그 물품으로 사업목적을 달성할 수 있을 것으로 판단되는 경우에는 그 조회 중인 물품을 관리전환받아야 한다.

제3절 보 관

제30조【보관의 원칙】 물품은 항상 사용하거나 처분할 수 있도록 선량한 관리자의 주의로써 국가의 시설에 보관하여야 한다. 다만, 물품관리관이 국가의 시설에 보관하는 것이 물품의 사용이나 처분에 부적당하다고 인정하거나 그 밖에 특별한 사유가 있으면 국가 외의 자의 시설에 보관할 수 있다.

제31조【출납명령】 ① 물품관리관은 물품을 출납하게 하려면 물품출납공무원에게 출납하여야 할 물품의 분류를 명백히 하여 그 출납을 명하여야 한다.
② 물품출납공무원은 제1항에 따른 명령이 없으면 물품을 출납할 수 없다.

제32조【사용할 수 없는 물품 등의 처리】 ① 물품출납공무원은 보관 중인 물품(제34조제2항에 따른 명령에 따라 반납된 물품은 제외한다) 중 사용할 수 없거나 수선 또는 개조가 필요한 물품이 있다고 인정하면 그 사실을 물품관리관에게 보고하여야 한다.
② 물품관리관은 제1항 또는 제34조제1항에 따른 보고에 의하여 수선이나 개조가 필요한 물품이 있다고 인정하면 계약담당공무원이나 그 밖의 관계 공무원에게 그 수선이나 개조를 위한 필요한 조치를 할 것을 청구하여야 한다.

제4절 사 용

제33조【사용】 물품관리관은 물품을 사용하게 하기 위하여 출납명령을 한 때에는 그 사용 목적을 명백히 하여 그 사실을 물품운용관에게 알려야 한다. 다만, 물품운용관의 요청에 따라 출납명령을 한 때에는 그러하지 아니하다.

제34조【사용 중인 물품의 반납】 ① 물품운용관은 사용 중인 물품 중 사용할 필요가 없거나 사용할 수 없는 물품 또는 수선이나 개조가 필요한 물품이 있다고 인정하면 그 사실을 물품관리관에게 보고하여야 한다.
② 물품관리관은 제1항에 따른 보고를 받은 경우에는 그 사실 여부를 확인하여 그에 해당되는 물품이라는 것이 인정되면 물품운용관에게 그 물품의 반납을 명하여야 한다.

제5절 처 분

제35조【불용의 결정 등】 ① 물품관리관은 그 소관 물품 중 사용할 필요가 없거나 사용할 수 없는 물품이 있으면 그 물품에 대하여 불용의 결정을 하여야 한다. 다만, 대통령령으로 정하는 물품에 대하여는 소속 중앙관서의 장의 승인을 받아야 한다.
② 물품관리관은 제1항에 따라 불용의 결정을 한 물품(이하 "불용품"이라 한다)이 매각하기에 부적당하거나 매각하면 국가에 불리하다고 인정될 경우 또는 매각할 수 없는 경우에는 폐기할 수 있다. 다만, 대통령령으로 정하는 물품에 대하여는 소속 중앙관서의 장의 승인을 받아야 한다.

제35조의2【교환】 물품관리관은 물품을 효율적으로 관리하기 위하여 필요하면 대통령령으로 정하는 바에 따라 국가 외의 자가 소유하고 있는 다른 물품과 교환할 수 있다.(2009.3.25 본조신설)

제36조【매각】 ① 물품은 매각을 목적으로 한 물품이거나 불용품이 아니면 매각할 수 없다.
② 물품관리관은 제1항의 물품 중 매각을 목적으로 한 물품으로서 물품수급관리계획에 정하여진 물품에 대하여는 그 계획의 범위에서, 그 밖의 물품에 대하여는 필요할 때마다 계약담당공무원에게 매각에 관한 필요한 조치를 할 것을 청구하여야 한다.

제37조【불용품 매각의 요청 등】 ① 각 중앙관서의 장은 불용품 중 활용이 가능한 것은 조달청장에게 매각하여 줄 것을 요청할 수 있다.
② 각 중앙관서의 장은 활용이 가능한 불용품이 관리전환·매각 등을 통하여 처분되지 아니하는 경우에는 조달청장에게 무상(無償)으로 관리전환을 할 수 있다.
③ 조달청장은 제2항에 따라 무상으로 관리전환받은 불용품을 대통령령으로 정하는 바에 따라 보관·사용 및 처분하여야 한다.

제38조【불용품의 양여】 ① 각 중앙관서의 장은 불용품의 활용을 위하여 필요하면 해당 물품을 대통령령으로 정하는 바에 따라 지방자치단체, 「공공기관의 운영에 관한 법률」에 따른 공공기관, 교육·연구기관, 국가보훈단체 또는 그 밖의 비영리단체에 무상으로 양여할 수 있다.
② 제1항의 교육·연구기관, 국가보훈단체 및 비영리단체의 범위는 대통령령으로 정한다.

제39조【매각의 특례】 각 중앙관서의 장이나 조달청장은 매각을 목적으로 한 물품이나 불용품을 「국가를 당사자로 하는 계약에 관한 법률」에도 불구하고 대통령령으로 정하는 바에 따라 경매 또는 수의계약에 의하여 매각할 수 있다.

제40조【처분물품의 회계처리】 ① 조달청장은 제37조제1항에 따라 매각을 요청받은 불용품을 매각하면 그 매각대금을 불용품의 매각을 요청한 중앙관서의 세입으로 납부하여야 한다.
② 조달청장에게 불용품의 매각을 요청한 중앙관서의 장은 해당 불용품이 매각되면 대통령령으로 정하는 바에 따라 이에 드는 수수료를 지급하여야 한다.
③ 조달청장은 제37조제2항에 따라 무상으로 관리전환받은 불용품을 매각한 경우 그 매각대금에서 대통령령으로 정하는 비용을 뺀 금액은 「정부기업예산법」 제3조제4호에 따른 조달특별회계의 세입으로 한다.

제41조【대부의 제한】 ① 물품은 대부를 목적으로 한 물품이거나 대부하여도 국가의 사업 또는 사무에 지장이 없다고 인정되는 물품이 아니면 대부할 수 없다.
② 물품을 대부하면 대통령령으로 정하는 요율에 따라 대부료를 징수한다. 다만, 대통령령으로 정하는 기관·단체에 대하여는 그 대부료를 면제할 수 있다.

제42조【출자 등의 제한】 물품은 법률에 따르지 아니하고는 출자를 목적으로 하거나 이에 사권(私權)을 설정할 수 없다.

제6절 자연감모와 물품의 관급

제43조【자연감모】 ① 물품의 장기보관이나 운송, 그 밖의 불가피한 사유로 인하여 생기는 감모(減耗)는 자연감모로 하여 정리할 수 있다.
② 자연감모로 하여 정리할 수 있는 물품의 종류·품명 및 자연감모율에 관하여는 대통령령으로 정한다.
③ 각 중앙관서의 장은 그 소관 물품에 자연감모가 생기면 대통령령으로 정하는 바에 따라 감사원에 통보하여야 한다.

제44조【물품의 관급】 물품은 법률에 따른 계약에 의하지 아니하고는 공사(工事)·제조, 그 밖의 계약자에게 관급(官給)할 수 없다.

제5장 보 칙

(2009.3.25 본장개정)

제45조【물품관리종사공무원의 책임】 물품관리관·물품운용관·물품출납공무원 및 제12조제2항에 따라 그 사무를 대리하는 공무원과 물품을 사용하는 공무원의 책임에 관하여는 따로 법률로 정한다.

제46조【망실·훼손된 물품의 처리】 각 중앙관서의 장은 제19조제1항 및 제2항에 따른 재물조사 결과 물품이 없어지거나 물품이 훼손(毁損)된 것이 발견되면 대통령령으로 정하는 바에 따라 「회계관계직원 등의 책임에 관한 법률」 제6조제1항에 따른 변상명령을 할 수 있다.

제47조【준용규정】 이 법에 따른 물품이 아닌 동산(제2조제1항 각 호에 해당하는 동산은 제외한다) 중 다음 각 호의 동산에 관하여는 제7조부터 제10조까지, 제12조, 제13조, 제24조, 제26조, 제27조, 제30조, 제31조, 제42조, 제45조, 제48조 및 제49조를 준용한다.
1. 국가가 국가 외의 자로부터 기탁받은 동산. 다만, 통상 우편물은 제외한다.
2. 법령에 따라 수사(搜査) 등을 하기 위하여 증거물로서 보관된 동산
3. 법령에 따라 통고처분 또는 국세 체납처분 등을 하기 위하여 압수하거나 압류한 동산
4. 그 밖에 각 중앙관서의 장이 지정하는 동산

제48조【검사】 각 중앙관서의 장은 대통령령으로 정하는 바에 따라 정기적으로 물품관리에 관한 검사를 하여야 하고, 물품관리관·물품운용관 또는 물품출납공무원이 교체된 경우나 그 밖에 필요한 경우에는 수시로 그 소관 물품의 관리에 관하여 검사하여야 한다.

제49조【적용배제】 「국고금관리법」 제24조에 따른 관서운영경비로써 취득한 물품과 그 밖에 대통령령으로 정한 물품의 관리에 관하여는 대통령령으로 정하는 바에 따라 이 법의 일부를 적용하지 아니할 수 있다.

부 칙 (2009.3.25)

①【시행일】 이 법은 공포 후 6개월이 경과한 날부터 시행한다.
②【경과조치】 「국가회계법」 제11조에 따른 국가회계기준이 시행될 때까지는 소관 물품의 분류 등에 관하여 제5조 및 제21조의 개정규정에도 불구하고 종전의 제5조 및 제21조에 따른다.

부 칙 (2020.6.9)

이 법은 공포한 날부터 시행한다.(이하 생략)

국유재산에매장된물건의발굴에관한규정

(1978년 12월 30일 대통령령 제9247호)

개정
1989. 8.24영12783호(지방세시)
1989.12.29영12866호(예산회계법시)
1997. 5.24영15379호(직제)
1997.12.31영15598호(행정절시)
2004. 3.17영18312호(전자적민원처리를위한가석방자관리규정등)
2007. 7.18영20171호(전자정부법시)
2008. 2.29영20720호(직제)
2008. 9.22영21025호(군사기지및군사시설보호법시)
2010. 5. 4영22151호(전자정부법시)
2010.11. 2영22467호(행정정보이용감축개정령)
2011. 5.30영22940호(직제)
2013. 3.23영24441호(직제)
2015. 1. 6영25985호(직제)
2017. 7.26영28211호(직제)

제1조【목적】 이 영은 국유의 토지 기타의 물건 또는 바다에 매장되어 있는 물건의 발굴에 관하여 필요한 사항을 규정함을 목적으로 한다.

제2조【용어의 정의】 이 영에서 "매장물"이라 함은 국유의 토지 기타의 물건 또는 바다에 매장되어 있는 물건으로서 다른 법령에 의하여 처리되는 물건을 제외한 것을 말한다.

제3조【관장기관】 ① 매장물의 발굴에 관한 사무는 국유의 토지 기타의 물건에 매장되어 있는 경우에는 그 토지 기타의 물건을 관리하는 중앙관서의 장 또는 그 위임을 받은 지방행정기관이나 지방자치단체의 장이, 바다에 매장되어 있는 경우에는 해양수산부장관 또는 그 위임을 받은 지방해양수산청장이 각각 이를 관장한다.(2015.1.6 본항개정)
② 매장물이 「군사기지 및 군사시설 보호법」에 의한 군사시설안에 매장되어 있는 경우에는 제1항의 규정에 불구하고 국방부장관 또는 그 위임을 받은 군부대나 기관의 장이 그 발굴에 관한 사무를 관장한다.(2008.9.22 본항개정)

제4조【발굴승인】 ① 제3조의 규정에 의하여 매장물의 발굴에 관한 사무를 관장하는 기관(이하 "관장기관"이라 한다)은 이 영이 정하는 바에 의하여 그 승인을 얻은 자로 하여금 당해 매장물을 발굴하게 할 수 있다.
② 관장기관은 현재 사용하지 아니하는 해저케블·수저케블 또는 지하케블인 매장물에 대하여 제1항의 승인을 하고자 할 때에는 과학기술정보통신부장관 또는 그 위탁을 받은 지방우정청장과 협의하여야 한다.(2017.7.26 본항개정)

제5조【승인의 신청】 매장물의 발굴의 승인(이하 "발굴승인"이라 한다)을 얻고자 하는 자는 매장물의 표시, 그 추정량 및 추정가액과 발굴경위를 기재한 신청서(전자문서로 된 신청서를 포함한다)에 다음 각호의 서류(전자문서를 포함한다)를 첨부하여 관장기관에 제출하여야 한다. 이 경우 관장기관은 「전자정부법」 제36조제1항에 따른 행정정보의 공동이용을 통하여 재정보증인의 재산세 또는 종합토지세 납세증명서(재정보증인이 보증하는 경우에만 해당하며, 소요경비액의 2분의 1 이상에 상당하는 재산에 대한 것이어야 한다)를 확인하여야 하며, 재정보증인이 확인에 동의하지 아니하는 경우에는 이를 첨부하도록 하여야 한다.(2010.11.2 단서개정)
1. 매장위치를 표시하는 도면
2. 작업계획서
3. 사업자금조달계획서
4. 소요경비명세서
5. 재정보증인 2인이 보증한 재정보증서 또는 소요경비액 이상의 정액보상의 특약조항이 있는 이행보증보험증권
6. (2010.11.2 삭제)

제6조【발굴보증금】 ① 발굴승인을 얻고자 하는 자는 제5조의 규정에 의한 신청을 할 때에 매장물 추정가액의 100분의 10 이상에 상당하는 발굴보증금을 관장기관에 납부하여야 한다. 이 경우에 그 납부방법에 관하여는 예산회계법시행령 제119조제2항의 규정을 준용한다.(1989.12.29 본항개정)
② 관장기관은 발굴승인을 얻은 자(이하 "발굴자"라 한다)가 발굴작업을 완료하고 제14조의 규정에 의한 원상회복을 한 때에는 제1항의 발굴보증금을 반환하여야 한다.
③ 관장기관은 발굴자가 제10조제1호 내지 제4호 또는 제6호의 규정에 의하여 발굴승인을 취소당한 경우에는 당해 발굴보증금을 국고에 귀속시켜야 한다. 이 경우에 발굴보증금을 보증서 또는 보험증권으로 받은 때의 국고귀속방법에 관하여는 예산회계법시행령 제119조제1항의 규정을 준용한다.(1989.12.29 본항개정)

제7조【승인의 배제】 관장기관은 다음 각호의 1에 해당하는 경우에는 발굴승인을 하지 아니한다.
1. 자력이 없다고 인정되는 자가 신청한 때
2. 당해 매장물이 발굴되더라도 물건으로서의 효용이 상실되었을 것으로 인정될 때
3. 제10조제1호 내지 제6호의 규정에 의하여 발굴승인의 취소를 당한 사실이 있는 자가 신청한 때
4. 발굴이 국가안전보장 또는 공공복리를 해한다고 인정될 때

제8조【승인순위】 수인이 동일한 매장물에 대하여 발굴승인을 신청한 때에는 먼저 신청한 자에게 승인하여야 한다.

제9조【승인서】 관장기관은 발굴승인을 한 때에는 승인서를 발급하여야 하며, 발굴자는 당해 작업중 이를 휴대하여야 한다.

제10조【승인의 취소】 관장기관은 다음 각호의 1에 해당하는 경우에는 당해 발굴승인을 취소할 수 있다.
1. 발굴자가 부정한 방법에 의하여 발굴승인을 얻은 것이 판명될 때
2. 발굴자가 제11조의 규정에 의한 기한내에 발굴작업을 개시하지 아니한 때
3. 발굴자가 제13조의 규정에 의한 승인을 얻지 아니하고 이종 물건을 발굴한 때
4. 발굴자가 발굴된 매장물을 불법으로 은닉처분하거나 고의 또는 중대한 과실로 이를 훼손함으로써 손해가 발생한 때
5. 발굴자가 제11조 내지 제13조의 규정에 의한 보고 또는 신고를 하지 아니한 때
6. 발굴자가 발굴승인의 조건에 위반한 때
7. 발굴을 속행하는 것이 국가안전보장 또는 공공복리를 해한다고 인정될 때

제10조의2【청문】 관장기관은 제10조의 규정에 의하여 발굴승인을 취소하고자 하는 경우에는 청문을 실시하여야 한다.(1997.12.31 본조신설)

제11조【작업의 시행】 ① 발굴자는 발굴승인을 얻은 날로부터 30일내에 매장물의 발굴작업을 개시하고, 그 뜻을 작업개시일로부터 10일내에 관장기관에 보고하여야 한다.
② 부득이한 사유로 인하여 제1항의 기한내에 매장물의 발굴작업을 개시하지 못한 때에는 기한이 경과한 날로부터 10일내에 그 사유를 관장기관에 보고하고, 작업연기의 승인을 얻어야 한다.

제12조【작업진도보고】 ① 발굴자는 매월 15일 및 말일 현재의 매장물발굴작업진행상황을 각각 그날부터 10일내에 관장기관에 보고하여야 한다. 이 경우에 발굴된 물건이 있을 때에는 그 품명 및 수량 또는 중량을 기재한 명세표를 제출하여야 한다.
② 발굴자가 매장물의 발굴작업을 완료하거나 중지한 때에는 그날부터 10일내에 관장기관에 보고하여야 한다.

제13조【이종물건의 신고】 ① 발굴자는 발굴승인을 얻은 것 이외의 매장물을 발견한 때에는 그 품명·매장추정량·발견연월일등을 발견한 날로부터 10일내에 관장기관에 신고하여야 한다.
② 제1항의 경우에 발굴자가 당해 매장물을 발굴하고자 할 때에는 발굴승인을 따로 얻어야 한다.

제14조【원상회복】 발굴자는 매장물의 발굴작업을 완료한 때에는 당해 토지 기타의 물건을 원상으로 회복하여야 한다. 발굴승인을 취소당한 때에도 또한 같다.

제15조【비용부담】 매장물의 발굴, 발굴된 물건의 운반 및 보관과 제14조의 규정에 의한 원상회복에 필요한 비용은 발굴자가 이를 부담하여야 한다.

제16조【국유매장물의 보상등】 ① 관장기관은 매장물의 소유자가 국가임이 판명된 경우에 그 매장물이 토지 기타의 물건에 매장되어 있던 때에는 추정가액의 100분의 60에 상당하는 매장물(매장물의 분할이 불가능한 경우에는 100분의 60의 지분)을, 바다에 매장되어 있던 때에는 추정가액의 100분의 80에 상당하는 매장물(매장물의 분할이 불가능한 경우에는 100분의 80의 지분)을 발굴자에게 지급한다.
② 제10조제1호 내지 제6호의 규정에 의한 발굴승인이 취소된 자에 대하여는 제1항의 규정을 적용하지 아니한다.
③ 제1항의 경우에 국가에 귀속되는 매장물 또는 지분은 관장기관이 이를 매각하여 그 대금을 국고에 납입하여야 한다. 이 경우에는 발굴자에게 수의계약에 의하여 매각할 수 있다.

제17조【사유매장물의 반환】 매장물의 소유자가 국가 이외의 자임이 판명된 경우에는 발굴자가 그 소유자에게 이를 반환한다.

제18조【소유자가 불분명한 매장물의 처리】 ① 관장기관은 매장물의 소유자가 판명되지 아니하는 경우에는 매장물의 표시, 발굴일시 및 장소등을 당해 관공서의 게시판에 14일간 공고하여야 한다.
② 제1항의 규정에 의하여 공고한 후 1년내에 소유자가 판명되지 아니한 때에는 제16조의 규정을 준용한다.

제19조【감독】 관장기관은 매장물의 발굴·운반 및 보관에 관하여 발굴자를 감독하며, 필요한 지시를 할 수 있다.

제20조【관장기관의 변경】 매장물의 관장기관이 변경된 경우에는 변경전에 발굴승인신청서를 접수하였거나 발굴승인을 한 것은 변경후의 관장기관이 접수 또는 승인한 것으로 본다.

제21조【보고】 관장기관은 발굴승인을 한 매장물의 발굴·보상 및 처리에 관한 사무를 완료한 때에는 완료한 날로부터 15일내에 그 내용을 기획재정부장관과 감사원에 보고하여야 한다.(2008.2.29 본조개정)

제22조【세부사항】 이 영 시행에 관하여 필요한 사항은 기획재정부장관이 정한다.(2008.2.29 본조개정)

부 칙 (2017.7.26)

제1조【시행일】 이 영은 공포한 날부터 시행한다.(이하 생략)

국가채권 관리법

(1970년 12월 31일
법 률 제2250호)

개정
1982.12.31법 3628호
1987.11.28법 3947호(물품관리법)
1991.11.30법 4408호(헌재)
1997.12.13법 5454호(정부부처명)
2002. 1.26법 6626호(민사소송법)
2002. 1.26법 6627호(민사집행법)
2003.12.31법 7029호
2006.10. 4법 8050호(국가재정법)
2008. 2.29법 8852호(정부조직)
2011. 4. 8법10571호
2013. 8.13법12029호
2019.11.26법16652호(자산관리)
2020. 2. 4법16957호(신용정보의이용및보호에관한법)
2020. 6. 9법17339호(법률용어정비)

제1장 총 칙
(2011.4.8 본장개정)

제1조【목적】 이 법은 국가의 채권에 대한 관리기관, 관리 절차, 채권의 내용 변경 및 면제 등에 관한 기준을 정함으로써 채권의 적정한 관리를 도모함을 목적으로 한다.

제2조【정의】 이 법에서 사용하는 용어의 뜻은 다음과 같다.
1. "채권"이란 금전의 지급을 목적으로 하는 국가의 권리를 말한다.
2. "중앙관서의 장"이란 국회의장, 대법원장, 헌법재판소장, 「대한민국헌법」·「정부조직법」이나 그 밖의 법률에 따라 설치된 중앙관서의 장을 말한다.
3. "채권관리사무"란 국가채권에 대하여 채권자로서 하는 채권의 보전(保全), 행사(行使), 내용 변경 및 소멸에 관한 사무 중 다음 각 목의 사무를 제외한 사무를 말한다.
가. 「국가를 당사자로 하는 소송에 관한 법률」에 따라 법무부장관의 권한에 속하는 사무
나. 법령에 따라 체납처분을 집행하는 자가 수행하는 사무
다. 변제(辨濟)의 수령에 관한 사무
라. 「물품관리법」에 따른 동산(動産)의 보관에 관한 사무
4. "채권관리관"이란 채권관리사무를 담당하는 사람으로서 제6조제1항부터 제3항까지에 규정된 사람을 말한다.

제3조【적용 제외 채권】 ① 다음 각 호의 채권에 대하여는 이 법을 적용하지 아니한다. 다만, 대통령령으로 정하는 채권에 대하여는 제36조와 제37조를 적용한다.
1. 벌금, 과료(科料), 형사추징금, 과태료 및 이에 준하는 것으로서 대통령령으로 정하는 채권
2. 증권으로 되어 있는 채권
3. 국가의 예금 및 예탁금에 관한 채권
4. 보관금(保管金)이 될 금전의 지급을 목적으로 하는 채권
5. 기부금에 관한 채권
6. 국세 및 관세와 이의 징수에 관련된 채권
② 다음 각 호의 채권에 대하여는 대통령령으로 정하는 바에 따라 이 법의 일부를 적용하지 아니할 수 있다.
1. 외국 또는 국제기구를 채무자로 하는 채권
2. 즉시 소멸하는 채권
3. 제1호 및 제2호의 채권 외에 대통령령으로 정하는 채권

제4조【다른 법률과의 관계】 채권의 관리에 관하여는 다른 법률에 특별한 규정이 있는 것을 제외하고는 이 법에서 정하는 바에 따른다.

제2장 채권의 관리기관
(2011.4.8 본장개정)

제5조【채권관리사무의 총괄】 ① 기획재정부장관은 채권관리를 적정하게 하기 위하여 다음 각 호의 사무를 수행한다.
1. 채권관리에 관한 제도 정비
2. 채권관리사무에 관한 통일적인 기준 설정
3. 채권관리사무의 처리에 관한 조정
4. 채권관리사무에 대한 성과관리
② 각 중앙관서의 장은 그 소관에 속하는 채권을 관리하고 채권관리관의 사무를 감독한다.
③ 기획재정부장관은 채권관리를 적정하게 하기 위하여 필요하다고 인정하는 경우에는 각 중앙관서의 장에게 그 소관에 속하는 채권의 내용 및 관리 상황에 관하여 보고를 요구하거나, 소속 직원으로 하여금 실지(實地) 지도·조사를 하게 하며 그 밖에 필요한 조치를 할 수 있다.

제5조의2【총괄채권관리관】 ① 각 중앙관서의 장은 해당 관서의 채권관리관 중에서 채권관리사무를 총괄하는 채권관리관(이하 "총괄채권관리관"이라 한다)을 임명하여야 한다.
② 총괄채권관리관은 소속 중앙관서의 장이 정하는 바에 따라 해당 관서의 소관에 속하는 다음 각 호의 사무를 수행한다.
1. 제36조에 따른 채권현재액 보고서의 작성
2. 채권관리 절차의 정비
3. 채권관리사무의 처리에 관한 조정
4. 채권관리사무에 대한 성과관리(납입기한이 지난 미회수 채권에 대한 회수 방안의 수립을 포함한다)
5. 채권관리사무에 대한 감독

제6조【채권관리사무의 위임 등】 ① 각 중앙관서의 장은 대통령령으로 정하는 바에 따라 그 소관에 속하는 채권관리사무를 그 소속 공무원, 다른 중앙관서의 소속 공무원, 지방자치단체의 장 또는 그 소속 공무원에게 위임할 수 있다.
② 각 중앙관서의 장은 제1항에 따라 채권관리사무를 위임받은 공무원이 부득이한 사유로 직무를 수행할 수 없을 때에는 대통령령으로 정하는 바에 따라 그 사무를 대리할 공무원을 지정할 수 있다.
③ 각 중앙관서의 장은 필요할 때에는 대통령령으로 정하는 바에 따라 제1항에 따라 채권관리사무를 위임받은 공무원의 사무의 일부를 나누어 맡을 공무원을 둘 수 있다.
④ 제1항에 따른 채권관리사무의 위임은 중앙관서의 장이 그 소속 관서, 다른 중앙관서 또는 지방자치단체에 설치된 관직을 지정함으로써 이를 갈음할 수 있다.

제7조 (1982.12.31 삭제)

제8조【사무 위임에 대한 협의】 각 중앙관서의 장은 제6조제1항에 따라 그 소관에 속하는 채권관리사무를 위임하고자 할 때에는 미리 해당 중앙관서의 장 또는 지방자치단체의 장의 동의를 받아야 한다.

제9조【채권관리사무의 인계】 ① 각 중앙관서의 장은 채무자의 주소 변경 또는 해당 중앙관서의 직제(職制) 변경 등의 사유가 있는 경우에는 채권관리사무의 전부 또는 일부를 대통령령으로 정하는 바에 따라 다른 채권관리관에게 인계하게 할 수 있다.
② 각 중앙관서의 장은 소관 사무가 다른 중앙관서의 장의 소관 사무로 된 경우 그 사무에 속하는 채권관리사무를 대통령령으로 정하는 바에 따라 그 다른 중앙관서의 장에게 인계하여야 한다.

제10조【채권관리기관과 수납기관의 분립】 채권관리관은 현금출납 직무를 겸할 수 없다. 다만, 대통령령으로 정하는 경우는 그러하지 아니하다.

제3장 채권관리의 준칙
(2011.4.8 본장개정)

제11조【관리의 기준】 채권관리사무는 법령과 채권의 발생원인 및 내용에 따라 재정상 국가의 이익에 적합하도록 처리하여야 한다.

제11조의2【채권 발생의 통지】 법령 또는 계약이나 그 밖의 행위에 의하여 채권을 발생하게 하였거나 이를 국가에 귀속(歸屬)하게 한 자 또는 그 사실을 안 자는 다음 각 호의 경우 지체 없이 채권관리관에게 채권이 발생하였음을 통지하여야 한다. 다만, 제1호의 경우 채권의 발생이나 귀속에 대하여 정지조건이 있을 때에는 그 조건이 성취됨을 안 때, 불확정 시기(始期)가 있을 때에는 그 기한의 도래를 안 때에 통지하여야 한다.
1. 채권을 발생하게 하거나 이를 국가에 귀속하게 하는 원인이 되는 계약이나 그 밖의 행위를 한 경우
2. 지출원인행위나 지급원인행위를 한 결과 반납금에 관한 채권이 발생한 것을 안 경우
3. 계약을 체결한 후의 사정으로 그 계약으로 인한 채권의 발생이나 그 채권이 국가에 귀속된 것을 안 경우
4. 현금·물품 등 국가의 재산을 출납·보관 또는 관리하면서 채권이 발생한 것을 안 경우

제12조【장부의 비치와 기록】 채권관리관은 채권의 관리 사항을 기록할 장부를 갖추어 두고 다음 각 호의 구분에 따른 사항을 지체 없이 조사·확인하여 장부에 기록하여야 한다. 다만, 대통령령으로 정하는 채권에 대하여는 그러하지 아니하다.
1. 제9조에 따라 채권을 인계받은 경우 : 그 인계된 사항
2. 제11조의2에 따른 채권 발생의 통지를 받은 경우 : 그 통지된 사항

제13조【납입의 고지】 ① 채권관리관은 채권을 행사하기 위하여 대통령령으로 정하는 바에 따라 수입징수관에게 채무자에 대한 납입고지를 할 것을 요청하여야 한다. 다만, 채권관리관이 수입징수관을 겸하는 경우 또는 수입에 속하지 아니하는 채권으로서 다른 법률에 특별한 규정이 없는 경우에는 채권관리관이 스스로 채무자에게 납입고지를 하여야 한다.
② 수입징수관은 제1항의 요청을 받은 때에는 지체 없이 납입고지를 하고 그 사실을 해당 채권관리관에게 통지하여야 한다.
③ 제1항과 제2항은 신고납부에 속하는 채권이나 그 밖에 대통령령으로 정하는 채권에 대하여는 적용하지 아니한다.

제14조【독촉】 ① 채권관리관은 채권의 전부 또는 일부가 제13조에 따라 고지된 납입기한(납입고지가 필요하지 아니한 채권은 이행기한)이 지나도 이행되지 아니한 경우에는 수입징수관에게 이행의 독촉을 요청하여야 한다. 이 경우 독촉장은 납입기한이 지난 날부터 7일 이내에 발급하고 독촉에 의한 납입기한(이하 "독촉기한"이라 한다)은 독촉장 발급일부터 15일 이내로 정하여야 한다.
② 제1항에 따른 독촉에 관하여는 제13조제1항 단서 및 같은 조 제2항을 준용한다.

제14조의2【체납액 회수업무의 위탁】 ① 각 중앙관서의 장은 제14조제1항에 따른 독촉에도 불구하고 납입되지 아니한 금액(이하 "체납액"이라 한다)을 회수하기 위하여 「한국자산관리공사 설립 등에 관한 법률」에 따른 한국자산관리공사 또는 「신용정보의 이용 및 보호에 관

한 법률」 제2조제10호의2에 따른 채권추심회사에 체납액의 회수를 위한 최소한의 범위에서 대통령령으로 정하는 바에 따라 다음 각 호의 업무(이하 "체납액 회수업무"라 한다)를 위탁할 수 있다.(2020.2.4 본문개정)
1. 체납액 회수대상 채무자(이하 "체납자"라 한다)의 주소 또는 거소 확인
2. 체납자의 재산조사
3. 체납액의 납부를 독촉하는 안내문 발송과 전화 또는 방문 상담
4. 제1호부터 제3호까지의 규정에 준하는 단순 사실행위에 해당하는 업무로서 대통령령으로 정하는 업무
② 제1항에 따라 체납액 회수업무를 위탁받은 자(이하 "수탁기관"이라 한다)는 위탁받은 업무를 제3자에게 다시 위탁할 수 없다.
③ 각 중앙관서의 장은 제1항에 따라 체납액 회수업무를 위탁하려는 경우에는 기획재정부장관과 미리 협의하여야 한다. 이 경우 기획재정부장관은 적정한 채권 관리를 위하여 필요하다고 인정하는 경우 대통령령으로 정하는 바에 따라 위탁받을 수 있는 자의 범위를 제한할 수 있다.
④ 그 밖에 위탁방법, 위탁대상 체납액의 범위, 위탁수수료 등 체납액 회수업무의 위탁에 필요한 사항은 대통령령으로 정한다.
(2013.8.13 본조신설)
제14조의3【수탁기관에 대한 감독 등】 ① 각 중앙관서의 장은 위탁한 체납액 회수업무의 관리를 위하여 필요하다고 인정하는 경우 수탁기관에 필요한 사항을 보고하게 하거나 위탁사무 처리 결과에 대하여 감사를 실시할 수 있다.
② 각 중앙관서의 장은 수탁기관의 사무처리가 위법하거나 부당하다고 인정되면 수탁기관의 장에게 시정조치 또는 관계 임원과 직원에 대한 문책을 요구할 수 있으며, 위탁계약을 해지하거나 해당 수탁기관에 대하여 일정한 기간 체납액 회수업무를 위탁하지 아니할 수 있다.
③ 기획재정부장관은 체납액 회수업무의 적정한 관리를 위하여 필요하다고 인정하는 경우 해당 중앙관서의 장에게 위탁사무에 관한 자료를 요구하거나 필요한 조치를 하도록 요청할 수 있다.
④ 그 밖에 수탁기관에 대한 감독 및 감사 등에 필요한 사항은 대통령령으로 정한다.
(2013.8.13 본조신설)
제15조【강제이행의 청구 등】 각 중앙관서의 장은 채권의 전부 또는 일부가 제14조에 따른 독촉을 한 후 그 독촉기한이 지나도 이행되지 아니한 경우에는 다음 각 호의 조치를 하여야 한다. 다만, 제14조의2에 따라 체납액 회수업무를 위탁한 경우, 제24조제1항에 따른 관리정지 조치를 한 경우, 제27조에 따라 이행기한을 연장하는 경우(제30조에 따른 화해로 이행기한이 연장되는 경우 및 다른 법률에 따라 이에 준하는 조치를 하는 경우를 포함한다), 국세징수 또는 국세 체납처분의 예에 따라 징수하는 채권의 경우 및 각 중앙관서의 장이 기획재정부장관과 협의하여 정하는 경우에는 그러하지 아니하다.(2013.8.13 단서개정)
1. 담보가 있는 채권(보증인의 보증이 있는 채권을 포함한다. 이하 같다)에 대하여는 채권의 내용에 따라 그 담보물을 처분하거나 법무부장관에게 경매나 그 밖의 담보권 실행 절차를 요청하는 일 또는 보증인에게 이행을 청구하는 일
2. 집행권원(執行權原)이 있는 채권(제3호에 따라 집행권원을 취득한 경우를 포함한다)에 대하여는 법무부장관에게 강제집행 절차를 요청하는 일
3. 제1호와 제2호에 해당하지 아니하는 채권(제1호에 해당하는 채권으로서 같은 호의 조치를 하여도 이행되지 아니한 경우를 포함한다)에 대하여는 법무부장관에게 소송절차(비송사건 절차를 포함한다)에 따른 이행청구를 요청하는 일 및 공정증서(公正證書) 작성 등 집행권원 취득 절차를 요청하는 일
제16조【이행기한 전의 징수】 채권관리관은 채권에 대하여 이행기한을 앞당길 수 있는 사유가 발생한 것을 알았을 때에는 지체 없이 제13조에 따른 조치를 하여야 한다. 다만, 제27조제1항 각 호에 따라 이행기한을 연장할 수 있는 경우에는 그러하지 아니하다.
제17조【채권의 신고】 채권관리관은 다음 각 호의 어느 하나에 해당하는 사유가 발생한 것을 알았을 때에는 관계 법률에 따라 그 소관에 속하는 채권에 관한 배당(配當)을 요구하거나 채권신고를 하여야 한다.
1. 채무자가 강제집행을 당한 경우
2. 채무자가 조세나 그 밖의 공과금에 관한 체납처분을 받은 경우
3. 채무자의 재산에 관한 경매가 시작된 경우
4. 채무자가 파산선고를 받은 경우
5. 채무자인 법인이 해산한 경우
6. 채무자의 상속인이 한정승인(限定承認)을 한 경우
7. 제4호부터 제6호까지의 경우 외에 채무자의 총재산에 대하여 청산(淸算)이 시작된 경우
제18조【담보 제공 등의 요구】 ① 채권관리관은 채권을 보전하기 위하여 법령 또는 계약에서 정하는 바에 따라 채무자에게 담보 제공이나 보증인을 세울 것을 요구하여야 하며, 필요한 경우에는 담보의 보충 또는 보증인의 변경이나 그 밖의 담보 변경을 요구하여야 한다.
② 채권관리관은 제1항에 따라 담보 제공이 있을 때에는 지체 없이 그 담보권의 설정에 관하여 등기 또는 등록을 하거나 그 밖에 제3자에게 대항할 수 있는 요건을 갖추어야 한다.
제19조【담보 또는 증거물건 등의 보존】 ① 채권관리관은 채권에 대하여 국가가 채권자로서 점유하여야 할 담보물(채무자에게 속하는 권리를 대위하여 수령한 물건을 포함한다)이나 채권 또는 채권의 담보에 속하는 사항을 입증하는 데에 필요한 서류나 그 밖의 물건을 선량한 관리자의 주의로써 다루고 보존하여야 한다.
② 제1항의 경우 담보물이 유가증권인 경우에는 이에 관계되는 법령에서 정하는 바에 따라 이를 다루어야 한다.
③ 제1항의 경우 담보물이 「물품관리법」 제47조에 따라 같은 법의 규정을 준용하는 동산인 경우에는 같은 법 제10조에 따른 물품출납공무원이 이를 보관하며, 같은 법 제31조에 따른 출납명령은 채권관리관이 한다.
제20조【가압류와 가처분】 각 중앙관서의 장은 채권을 보전하기 위하여 필요할 때에는 법무부장관에게 가압류 또는 가처분 절차를 밟을 것을 요청하여야 한다.
제21조【채권자대위권의 행사】 채권관리관은 채권을 보전하기 위하여 필요할 때에는 채권자대위권을 행사하기 위한 조치를 하여야 한다.
제22조【사해행위의 취소】 중앙관서의 장은 채권에 대하여 채무자가 국가의 이익을 해치는 사해행위(詐害行爲)를 한 것을 알았을 때에는 지체 없이 법무부장관에게 그 취소를 법원에 청구할 것을 요청하여야 한다.
제23조【시효중단】 채권관리관은 채권이 시효로 소멸할 우려가 있을 때에는 법무부장관에게 재판상의 청구를 요청하는 등 지체 없이 시효중단을 위한 조치를 하여야 한다.
제24조【관리정지】 ① 채권관리관은 소속 중앙관서의 장의 승인을 받아 제14조에 따른 독촉을 하여도 완전 이행이 되지 아니한 채권이 있을 경우에 그 채권 또는 채무자가 다음 각 호의 어느 하나에 해당할 때에는 대통령령으로 정하는 바에 따라 그 채권의 보전이나 추심(推尋)에 관한 사무를 정지할 수 있다. 다만, 제19조에 따른 담보 또는 증거물건 등의 보존에 관한 사무는 그러하지 아니하다.
1. 법인인 채무자가 그 사업을 중지하여 재개(再開)의 가능성이 없고 압류할 수 있는 재산의 가격이 강제집행에 드는 비용을 초과하지 아니할 때. 다만, 그 법인의 채무를 변제할 수 있는 자가 따로 있을 경우는 제외한다.
2. 채무자의 소재가 분명하지 아니하고, 압류할 수 있는 재산의 가격이 강제집행에 드는 비용을 초과하지 아니하거나 이에 준하는 경우로서 대통령령으로 정하는 경우
3. 채권 금액이 추심 비용보다 소액일 경우
② 채권관리관은 제1항에 따른 조치를 한 후 사정이 변경되거나 그 밖의 사유로 그 조치를 유지할 필요가 없거나 부적당하다고 인정할 때에는 지체 없이 이를 취소하여야 한다.
제25조【채권소멸에 관한 통지】 수입징수관, 법령에 따라 변제를 수령하는 자 및 제11조의2에 따른 채권 발생 통지를 하는 자 등은 그 직무상 채권이 소멸한 것을 알았을 때에는 그 사실을 채권관리관에게 통지하여야 한다.
제25조의2【체납 또는 관리정지 자료의 제공】 ① 각 중앙관서의 장은 채권의 회수 등 공익 목적을 위하여 필요한 경우로서 「신용정보의 이용 및 보호에 관한 법률」 제2조제6호에 따른 신용정보집중기관, 그 밖에 대통령령으로 정하는 자가 다음 각 호의 어느 하나에 해당하는 체납자 또는 제24조에 따라 관리정지된 채권〔다른 법률에 따라 결손처분(缺損處分)된 채권을 포함한다. 이하 같다〕에 대한 채무자의 인적사항, 체납액 또는 관리정지된 채권액에 관한 자료(이하 "체납 또는 관리정지 자료"라 한다)를 요구하는 경우에는 해당 자료를 제공할 수 있다. 다만, 체납되거나 관리정지된 채권과 관련하여 이의신청, 심판청구 또는 행정소송이 계속(繫屬) 중인 경우나 그 밖에 대통령령으로 정하는 경우에는 체납 또는 관리정지 자료를 제공하지 아니한다.(2020.2.4 본문개정)
1. 독촉기한부터 1년이 지나고 그 체납액이 대통령령으로 정하는 금액 이상인 자
2. 1년에 3회 이상 체납하고 그 체납액이 대통령령으로 정하는 금액 이상인 자
3. 관리정지된 채권의 총액이 대통령령으로 정하는 금액 이상인 자
② 체납 또는 관리정지 자료를 제공받은 자는 이를 업무 목적 외의 목적으로 누설하거나 이용하여서는 아니 된다.
③ 체납 또는 관리정지 자료의 제공 절차 등에 관하여 필요한 사항은 대통령령으로 정한다.
(2013.8.13 본조신설)

제4장 채권의 내용 변경 및 면제
(2011.4.8 본장개정)

제26조【이행기한의 결정】 ① 채권의 이행기한은 일정한 기한으로 명시되어야 한다.
② 제1항에도 불구하고 이행하는 데에 유리하다고 인정될 때에는 다른 법령에 특별한 규정이 없으면 그 채권 금액을 분할하여 이행기한을 정할 수 있다.
제27조【이행연기특약】 ① 채권관리관은 채권(국세징수 또는 국세 체납처분의 예에 따라 징수하는 채권과 그 밖에 대통령령으로 정하는 채권은 제외한다)으로서 그 채권 또는 채무자가 다음 각 호의 어느 하나에 해당할 때에는 소속 중앙관서의 장의 승인을 받아 대통령령으로 정하는 바에 따라 그 이행기한을 연장하는 특약이나 처분(이하 "이행연기특약"이라 한다)을 할 수 있다.
1. 채무자가 무자력(無資力)할 때
2. 채무자가 채무의 전부를 일시에 이행할 수 없고 현재 보유하고 있는 자산 상황에 비추어 이행기한을 연장하는 것이 징수하는 데에 유리하다고 인정될 때
3. 계약에 의한 채권으로서 채무자가 채무의 전부를 일시에 이행할 수 없고 정하여진 기한까지 이행하게 하는 것이 공익상 현저한 지장을 줄 우려가 있다고 인정될 때
4. 손해배상금 또는 부당 이득에 따른 반환금에 관한 채권으로서 채무자가 채무의 전부를 일시에 이행할 수 없으나 변제를 하려는 성의가 특히 있다고 인정될 때
5. 대부금에 속하는 채권으로서 채무자가 대부금의 용도에 따라 제3자에게 대부한 경우에 그 제3자가 제1호부터 제3호까지의 어느 하나에 해당하여 그 제3자로부터 대부금을 회수하는 것이 현저하게 곤란하여 그 채무자가 그 채무의 전부를 일시에 이행할 수 없다고 인정될 때
② 채권관리관은 이행기한이 지난 후에도 이행연기특약을 할 수 있다. 이 경우 이미 발생한 연체금(이행 지체로 인한 손해배상금이나 그 밖에 이에 준하는 징수금을 말한다. 이하 같다)은 그 특약 전에 미리 징수하여야 한다.
③ 채권관리관은 채권을 분할하여 변제하기로 되어 있는 채권에 대하여 이행연기특약을 할 경우 필요할 때에는 대통령령으로 정하는 바에 따라 그 이행기한이 지난 후에 변제하여야 할 채권 금액의 이행기한도 동시에 연기할 수 있다.
제28조【이행 연기의 기간】 ① 채권관리관이 제27조에 따라 이행기한을 연장하고자 할 때에는 그 이행기간으로부터 5년을 초과할 수 없다.
② 제1항의 경우 필요할 때에는 이행 연기의 기한 내에서 해당 채권 금액을 분할하여 이행하게 할 수 있다.
제29조【이행연기특약에 관한 조치】 ① 채권관리관은 이행연기특약을 할 때에는 채무자에 대하여 대통령령으로 정하는 바에 따라 담보를 제공하게 하고, 그 채권에 대하여 이자를 붙여야 한다. 다만, 대통령령으로 정하는 채무자에 대하여는 담보 제공이나 이자를 면제할 수 있다.
② 채권관리관은 집행권원이 없는 채권에 대하여 이행연기특약을 할 때에는 대통령령으로 정하는 경우 외에는 집행권원을 취득하기 위하여 필요한 조치를 하여야 한다.
③ 채권관리관은 제27조에 따라 이행연기특약을 할 때에는 대통령령으로 정하는 조건을 붙여야 한다.
제30조【이행연기특약을 갈음하는 화해】 각 중앙관서의 장은 이행연기특약을 갈음하여 「민사소송법」 제385조에 따른 화해를 하는 것이 적당하다고 인정할 때에는 법무부장관에게 그 절차를 밟을 것을 요청하여야 한다.
제31조【면제】 ① 채권관리관은 이행연기특약(제30조에 따른 화해로 이행기한이 연장된 경우 및 다른 법률에 따라 이에 준하는 조치를 한 경우를 포함한다)을 한 채권에 대하여 당초의 이행기한(당초의 이행기한 후에 이행연기특약을 한 경우에는 그 최초에 이행연기특약을 한 날을 말한다)으로부터 10년이 지나도 채무자가 자력(資力)을 회복하지 못하고 장래에도 변제할 가능성이 없을 때에는 소속 중앙관서의 장의 승인을 받아 그 채무(연체금 및 이자를 포함한다. 이하 이 조에서 같다)를 면제할 수 있다.
② 제27조제1항제5호에 따라 이행연기특약을 한 경우에는 제1항을 준용한다. 이 경우 채무자의 제3자에 대한 대부금을 면제할 것을 조건으로 하여야 한다.
③ 제1항에도 불구하고 각 중앙관서의 장은 외국 또는 국제기구를 채무자로 하는 채권에 대하여 채무자의 경제상황과 재산 상황, 채무자와의 경제 협력 및 국제 관계 등을 고려할 때 그 채권을 회수하는 것이 곤란하다고 인정하는 경우에는 기획재정부장관과 협의하여 그 채무의 전부 또는 일부를 면제할 수 있다. 이 경우 국무회의의 심의를 거쳐 대통령의 승인을 받아야 한다.
④ 정부가 제3항에 따라 채무의 전부 또는 일부를 면제하는 경우에는 미리 국회의 의결을 받아야 한다. 다만, 미리 국회의 의결을 받는 것이 어렵다고 인정되는 둘 이상의 채권국 간의 합의에 따른 채무 면제에 대하여는 그러하지 아니하다. 이 경우 정부는 채무 면제 결과를 지체 없이 국회에 보고하여야 한다.
⑤ 각 중앙관서의 장은 제3항에 따라 채무의 일부를 면제하는 경우에는 제27조부터 제29조까지의 규정에도 불구하고 이행기한을 연장할 수 있다.
제32조【연체금에 관한 특례】 ① 채권관리관은 이행기한까지 변제되지 아니한 채권(이자를 붙인 채권이나 다른 법령에 연체금에 관한 규정이 있는 채권은 제외한다)의 금액이 1만원 미만일 때에는 연체금을 붙이지 아니할 수 있다.
② 국립학교의 수업료나 그 밖에 대통령령으로 정하는 채권에 대하여는 원금의 전부에 상응하는 금액이 변제된 때에는 그 때까지 붙은 연체금의 전부 또는 일부를 면제할 수 있다.

제5장 보 칙
(2011.4.8 본장제목개정)

제33조【채권에 관한 계약 내용】 ① 법령에 따라 계약이나 채권 발생에 관한 행위를 하는 사람(이하 "계약담당

공무원"이라 한다)이 채권의 내용을 정할 때 다른 법령에 규정된 경우를 제외하고는 채권의 감면이나 이행기한의 연장에 관하여 규정할 수 없다.
② 계약담당공무원이 채권의 발생 원인이 되는 계약을 체결할 때에는 대통령령으로 정하는 바에 따라 계약의 내용을 정하여야 한다.
(2011.4.8 본조개정)
제34조∼제35조 (1982.12.31 삭제)
제36조【채권현재액 보고서】 각 중앙관서의 장은 대통령령으로 정하는 바에 따라 매 회계연도 말의 채권현재액 보고서를 작성하여 다음 연도 2월 말일까지 기획재정부장관에게 제출하여야 한다.(2011.4.8 본조개정)
제37조【채권현재액 총계산서】 ① 기획재정부장관은 제36조에 따른 보고서에 따라 채권현재액 총계산서를 작성하여야 한다.
② 기획재정부장관은 제1항의 총계산서를 제36조에 따른 보고서와 함께 다음 연도 4월 10일까지 감사원에 제출하여 그 검사를 받아야 한다.
③ 정부는 제2항에 따라 감사원의 검사를 받은 채권현재액 총계산서를 감사원의 검사 보고와 함께 다음 연도 5월 31일까지 국회에 보고하여야 한다.
(2011.4.8 본조개정)
제38조【포상금의 지급】 ① 각 중앙관서의 장은 체납자의 은닉재산을 신고한 자에게 1억원의 범위에서 포상금을 지급할 수 있다. 다만, 은닉재산의 신고를 통하여 징수한 금액이 대통령령으로 정하는 금액 미만인 경우 또는 공무원이 그 직무와 관련하여 신고한 경우에는 포상금을 지급하지 아니한다.
② 제1항에 따른 은닉재산은 체납자가 은닉한 현금, 예금, 주식, 그 밖에 재산적 가치가 있는 유형·무형의 재산으로 한다. 다만, 다음 각 호의 재산은 제외한다.
1. 제22조에 따른 사해행위 취소소송의 대상이 되어 있는 재산
2. 채권관리관이 은닉사실을 알고 조사절차 또는 제15조 각 호에 따른 강제이행의 청구(국세징수 또는 국세 체납처분의 예에 따라 징수하는 채권의 경우에는 체납처분을 포함한다) 절차를 시작한 재산(2020.6.9 본호개정)
3. 그 밖에 체납자의 은닉재산을 신고받을 필요가 없다고 인정되는 재산으로서 대통령령으로 정하는 것
③ 제1항에 따른 은닉재산의 신고는 신고자의 성명과 주소를 적고 서명 또는 날인한 문서로 하여야 하며, 객관적으로 확인되는 증거자료 등을 첨부하여야 한다.
④ 제1항에 따른 포상금 지급과 관련된 업무를 담당하는 공무원은 신고자 또는 자료 제공자의 신원 등 신고 또는 제보와 관련된 사항을 그 목적 외의 용도로 사용하거나 타인에게 제공 또는 누설하여서는 아니 된다.
⑤ 제1항에 따른 포상금의 지급기준 및 지급방법과 제3항에 따른 신고방법 등에 관하여 필요한 사항은 대통령령으로 정한다.
(2013.8.13 본조신설)
제39조 (2011.4.8 삭제)

부 칙 (2013.8.13)

제1조【시행일】 이 법은 공포 후 6개월이 경과한 날부터 시행한다.
제2조【포상금의 지급에 관한 적용례】 제38조의 개정규정은 이 법 시행 후 체납자의 은닉재산을 신고하는 경우부터 적용한다.

부 칙 (2019.11.26)

제1조【시행일】 이 법은 공포한 날부터 시행한다.(이하 생략)

부 칙 (2020.2.4)

제1조【시행일】 이 법은 공포 후 6개월이 경과한 날부터 시행한다.(이하 생략)

부 칙 (2020.6.9)

이 법은 공포한 날부터 시행한다.(이하 생략)

국가채권 관리법 시행령

(1971년 7월 15일 대통령령 제5703호)

개정
1983. 9. 6영11222호
1989.12.29영12866호(예산회계시)
1993.12.31영14063호(건설기계관리법시)
1994.12.23영14438호(직제)
2000.12.29영17048호(관세시)
2002.12.30영17824호(국고금관리법시)
2004. 3.17영18312호(전자적민원처리를위한가석방자관리규정등)
2006. 5.30영19493호(도로교통시)
2006. 6.12영19507호(행정정보이용감축개정령)
2008. 2.29영20720호(직제)
2008. 7.29영20947호(자본시장금융투자업시)
2009.12.24영21902호
2010. 5. 4영22151호(전자정부법시)
2010.11.15영22493호(은행법시)
2013. 1.16영24317호(민감정보고유식별정보)
2014. 2.11영25155호
2018. 9.18영29181호(공무원연금시)
2020. 6. 9영30759호(군인연금시)
2020. 8. 4영30893호(신용정보의이용및보호에관한법시)
2022. 2.17영32449호(한국자산관리공사설립등에관한법시)

제1장 총 칙
(2014.2.11 본장개정)

제1조【목적】 이 영은 「국가채권 관리법」에서 위임된 사항과 그 시행에 필요한 사항을 규정함을 목적으로 한다.
제2조【보고에 관한 규정을 적용하는 채권】 「국가채권 관리법」(이하 "법"이라 한다) 제3조제1항 단서에서 "대통령령으로 정하는 채권"이란 법 제3조제1항제6호에 따른 채권을 말한다.
제3조【벌금 등에 준하는 채권】 법 제3조제1항제1호에서 "대통령령으로 정하는 채권"이란 다음 각 호의 채권을 말한다.
1. 「조세범 처벌절차법」 제15조, 「관세법」 제311조, 「출입국관리법」 제102조, 「도로교통법」 제163조와 「경범죄 처벌법」 제7조에 따른 통고처분으로 발생하는 채권
2. 「형사소송법」 제186조부터 제194조까지의 규정에 따른 형사소송비용에 속하는 채권
3. 「형사소송법」 제334조에 따른 가납판결로 발생하는 채권
4. 「형사소송법」 제151조 및 제177조에 따라 비용부담을 명함으로써 발생하는 채권
5. 「형사소송법」 제103조에 따라 보증금의 몰취를 결정함으로써 발생하는 채권
6. 「소년법」 제42조에 따라 발생하는 비용에 속하는 채권
7. 「군사법원법」 제143조 및 제391조에 따라 발생하는 채권
제3조의2【예금 및 예탁금의 범위】 법 제3조제1항제3호에 따른 국가의 예금 및 예탁금에 관한 채권은 「한국은행법」에 따른 한국은행(이하 "한국은행"이라 한다)에 대한 국가의 예금 및 예탁금(한국은행 국고대리점에서 수입한 국고금을 포함한다)에 관한 채권으로 한다.
제4조【일부 적용 제외 채권】 법 제3조제2항제3호에서 "대통령령으로 정하는 채권"이란 우리나라에 있는 외국의 대사와 공사, 그 밖의 외교관이나 이에 준하는 자에 대한 채권을 말한다.
제5조【일부 적용 제외 채권의 범위】 ① 법 제3조제2항제1호에 따른 외국 또는 국제기구를 채무자로 하는 채권에 대해서는 법 제14조의2, 제14조의3, 제15조, 제18조부터 제22조까지, 제27조부터 제29조까지 및 제33조를 적용하지 아니한다. 다만, 외국 또는 국제기구를 채무자로 하는 채권 중 기획재정부장관이 정하는 채권에 대해서는 법 제13조 및 제14조도 적용하지 아니한다.
② 법 제3조제2항제3호 및 이 영 제4조에 따른 채권에 대해서는 법 제14조의2, 제15조 및 제18조부터 제22조까지의 규정을 적용하지 아니한다.

제2장 채권의 관리기관
(2014.2.11 본장개정)

제6조【관리사무의 위임 등】 ① 각 중앙관서의 장은 법 제6조에 따라 다른 중앙관서의 소속 공무원, 지방자치단체의 장 또는 그 소속 공무원에게 채권관리사무를 위임하거나, 대리하게 하거나 나누어 맡게 할 때에는 다음 각 호의 사항에 대하여 그 중앙관서의 장 또는 지방자치단체의 장의 동의를 받아야 한다.
1. 위임받을 공무원 또는 대리하거나 나누어 맡을 공무원
2. 위임·대리하거나 나누어 맡을 사무의 범위
② 각 중앙관서의 장은 법 제6조에 따라 그 소속 공무원, 다른 중앙관서의 소속 공무원, 지방자치단체의 장 또는 그 소속 공무원에게 채권관리사무를 위임하거나, 대리하게 하거나 나누어 맡게 하였을 때에는 다음 각 호의 사항을 감사원에 통지하여야 한다.
1. 위임받은 공무원 또는 대리하거나 나누어 맡은 공무원
2. 위임·대리하거나 나누어 맡은 사무의 범위
제7조 (1983.9.6 삭제)
제8조【채권관리사무의 인계】 ① 각 중앙관서의 장은 법 제9조제1항에 따라 채권관리사무를 다른 채권관리관에게 인계하게 할 때에는 해당 사무의 관리를 시작하여야 할 날을 정하여야 한다.
② 법 제9조제1항에 따라 채권관리사무를 인계할 채권관리관은 제1항에 따른 관리를 시작하는 날까지 다음 각 호의 서류 또는 물건을 인계받을 채권관리관에게 인도하여야 한다.
1. 채권관리에 관한 장부
2. 법 제19조제1항에 따른 담보물
3. 그 밖에 채권관리에 필요한 서류와 물건
③ 각 중앙관서의 장이 법 제9조제2항에 따라 채권관리사무를 다른 중앙관서의 장에게 인계하는 경우에 관하여는 제1항과 제2항을 준용한다.
제9조【채권관리관이 현금출납을 겸할 수 있는 경우】 법 제10조 단서에 따라 채권관리관이 현금출납의 직무를 겸할 수 있는 경우는 다음 각 호와 같다.
1. 재외공관인 경우
2. 정원이 부족하여 같은 사람이 해당 직무를 겸하여야 할 부득이한 사유가 있는 관서인 경우

제3장 채권관리의 준칙
(2014.2.11 본장개정)

제10조【채권의 발생 또는 귀속의 통지】 ① 법 제11조의2에 따른 통지는 다음 각 호의 사항을 적은 문서로 하여야 한다. 다만, 통지할 자가 채권관리관을 겸하는 경우에는 통지를 생략할 수 있다.
1. 채무자의 성명 및 주소(법인인 경우에는 그 명칭 및 소재지)
2. 채권금액
3. 이행기한
4. 채권의 발생 원인
5. 채권의 발생 연월일
6. 채권의 종류
7. 이자와 이자율에 관한 사항
8. 연체금에 관한 사항
9. 채무자의 재산, 사업, 그 밖의 소득 발생처에 관한 사항
10. 담보에 관한 사항
11. 채권에 붙인 조건
12. 그 밖에 각 중앙관서의 장이 정한 사항
② 제1항 각 호의 사항을 증명하는 서류나 그 밖의 물건이 있을 때에는 그 서류나 물건을 첨부하여 송부하여야 한다.
③ 제1항에 따라 통지한 채권에 이동이나 변동이 있을 때에는 지체 없이 그 사실을 채권관리관에게 통지하여야 한다.
제11조【채권관리부】 법 제12조에 따른 채권의 관리 사항을 기록할 장부(이하 "채권관리부"라 한다)의 서식은 기획재정부령으로 정한다. 다만, 각 중앙관서의 장이 일상적으로 발생하는 그 관서의 특수한 채권에 대하여 다른 장부로 채권관리를 하는 것이 효율적이라고 판단되는 경우에는 그 중앙관서의 장이 정하는 장부로 채권관리부를 대신할 수 있다.
제12조【장부에 기록할 필요가 없는 채권】 법 제12조 단서에 따라 장부에 기록할 필요가 없는 채권은 다음 각 호와 같다.
1. 채권관리관이 그 소관에 속할 채권으로서 법 제11조의2에 따라 채권발생의 통지를 받고 조사·확인한 결과 그 채권의 전부가 이미 소멸된 것을 확인한 채권
2. 「공무원연금법」 제67조 및 「군인연금법」 제42조에 따른 기여금으로 납입되는 채권(2020.6.9 본호개정)
제13조【납입의 고지】 ① 채권관리관은 법 제13조제1항 본문에 따라 수입징수관에게 납입고지를 요청하거나 같은 항 단서에 따라 스스로 납입고지를 하려는 때에는 해당 채권의 금액, 이행기한, 그 밖의 내용이 법령 또는 계약에 위반되었는지를 조사하여야 한다.
② 채권관리관이 제1항에 따라 납입고지를 요청하려는 때에는 해당 채권의 이행기한 20일 전까지, 채권관리관이 스스로 납입고지를 하려는 때에는 15일 전까지 하여야 한다. 다만, 채권 확보를 위하여 부득이한 경우에는 해당 채권을 조사·확인한 후 지체 없이 납입고지를 요청하거나 납입고지를 하여야 한다.
③ 법 제13조제1항 단서에 따라 채권관리관이 스스로 채무자에게 납입고지를 하는 경우에 관하여는 「국고금 관리법 시행령」 제9조를 준용한다.
제14조【납입고지를 필요로 하지 아니하는 채권】 법 제13조제3항에서 "대통령령으로 정하는 채권"이란 다음 각 호의 채권을 말한다.
1. 제12조제1호에 해당하는 채권
2. 국가가 지급하는 급여에서 공제하여 징수하는 급여의 반납금
제14조의2【체납액 회수업무의 위탁 대상】 법 제14조의2제1항에 따라 각 중앙관서의 장이 체납액 회수업무를 위탁할 수 있는 경우는 다음 각 호의 어느 하나에 해당하는 경우로 한다.

1. 체납자별 체납액이 1억원 이상인 경우
2. 각 중앙관서의 장이 체납자 명의의 소득 또는 재산이 없는 등의 사유로 회수가 어렵다고 판단하는 경우
(2014.2.11 본조신설)

제14조의3【체납액 회수업무의 위탁 방법】 ① 각 중앙관서의 장은 법 제14조의2제1항에 따라 법 제14조제1항에 따른 독촉에도 불구하고 납입되지 아니한 금액(이하 "체납액"이라 한다)을 회수하기 위하여 법 제14조의2제1항 각 호의 업무(이하 "체납액 회수업무"라 한다)를 위탁할 때에는 같은 항에 따라 체납액 회수업무를 위탁받은 자(이하 "수탁기관"이라 한다)와 위탁계약을 체결하여야 한다.
② 각 중앙관서의 장은 제1항에 따른 위탁계약을 체결하였을 때에는 법 제14조의2제1항제1호에 따른 체납액 회수대상 채무자(이하 "체납자"라 한다)가 체납한 채권에 대한 다음 각 호의 사항 등을 적은 위탁의뢰서를 수탁기관에 보내야 한다.
1. 채권의 발생연도
2. 채권의 종류
3. 채권금액
4. 이행기한
③ 각 중앙관서의 장은 제1항에 따라 체납액 회수업무의 위탁계약을 체결한 때에는 지체 없이 그 위탁 사실을 체납자에게 통지하고, 그 위탁 내용을 기획재정부장관에게 통지하여야 한다.
(2014.2.11 본조신설)

제14조의4【체납액 회수업무를 위탁받을 수 있는 자의 범위 제한】 기획재정부장관은 법 제14조의2에 따라 우선 「한국자산관리공사 설립 등에 관한 법률」에 따른 한국자산관리공사에 체납액 회수업무를 위탁하도록 하고, 한국자산관리공사가 위탁받은 체납액 회수업무를 적절하게 수행하였는지 등을 고려하여 「신용정보의 이용 및 보호에 관한 법률」 제2조제10호의2에 따른 채권추심회사에 체납액 회수업무를 위탁하도록 할 수 있다.(2022.2.17 본조개정)

제14조의5【체납액 회수업무의 위탁수수료】 법 제14조의2제4항에 따른 위탁수수료는 수탁기관이 체납액 회수업무를 위탁받은 체납액 중 다음 각 호의 금액에 기획재정부령으로 정하는 바에 따라 100분의 25를 초과하지 아니하는 범위에서 정하는 비율을 적용하여 계산한 금액으로 한다.
1. 체납자가 체납액의 전부 또는 일부를 납부하였을 경우의 납부 금액
2. 수탁기관이 체납자의 소득 또는 재산을 발견하여 해당 중앙관서의 장에게 통보한 금액 중 회수한 금액
(2014.2.11 본조신설)

제14조의6【체납액 회수업무 위탁의 해지】 각 중앙관서의 장은 다음 각 호의 어느 하나에 해당하는 사유가 발생한 경우에는 해당 체납액 회수업무의 위탁을 해지하여야 한다.
1. 채권이 변제되거나 소멸시효가 완성되어 체납자의 납부의무가 소멸된 경우
2. 법 제18조에 따라 체납자가 담보를 제공하여 체납액 충당이 가능하게 된 경우
3. 법 제27조제2항에 따라 이행기한이 지난 채권에 대하여 이행연기특약을 하는 경우
4. 법 제31조제1항에 따라 채무가 면제된 경우
(2014.2.11 본조신설)

제14조의7【수탁기관에 대한 감사】 각 중앙관서의 장은 법 제14조의3제1항에 따른 감사를 실시할 경우 감사 시작 7일 전까지 감사의 일시, 목적과 내용 등을 수탁기관에 알려야 한다. 다만, 긴급하거나 미리 알리면 증거인멸 등으로 감사의 목적을 달성할 수 없다고 판단되는 경우에는 그러하지 아니하다.(2014.2.11 본조신설)

제15조【보증인에 대한 이행의 청구】 각 중앙관서의 장은 그 소관에 속하는 채권에 관하여 법 제15조제1호에 따라 보증인에게 채무이행의 청구를 할 때에는 해당 관서의 채권관리관에게 제13조에 준하여 납입고지를 하게 하여야 한다.

제16조【체납처분 절차의 요청】 채권관리관은 법령에 따라 국세 체납처분의 예에 의하여 징수하는 채권의 전부 또는 일부가 독촉기한이 지나도 이행되지 아니하였을 때에는 법령에 따라 체납처분을 집행할 수 있는 자에게 체납처분 절차를 취할 것을 요청하여야 한다.

제16조의2【이행기한 전의 징수】 ① 법 제16조 본문에 따른 이행기한을 앞당길 수 있는 사유는 법령 또는 계약의 내용에 따라 이행기한을 앞당길 수 있는 사유로 한다.
② 제1항에 따라 채권관리관이 채권을 이행기한 전에 행사하려는 때에는 다음 각 호의 사항을 수입징수관에게 통지하여야 한다. 다만, 채권관리관이 스스로 납입고지를 하는 채권에 대해서는 채무자에게 직접 통지하여야 한다.
1. 이행기한의 변경 사유
2. 원래의 이행기한
3. 변경된 이행기한

제17조【담보의 종류 및 평가방법】 ① 법 제18조제1항에 따라 채권을 보전하기 위하여 채무자로부터 제공받을 수 있는 담보의 종류는 다음 각 호와 같다. 다만, 법령 또는 계약에 다른 규정이 있을 때에는 그 규정에 따른다.
1. 금전
2. 기획재정부장관이 지정하는 유가증권
3. 토지
4. 등기되거나 등록된 건물·공장재단·광업재단·선박·항공기 또는 건설기계로서 보험에 가입된 자산. 이 경우 보험기간의 종료일은 담보를 필요로 하는 기간의 종료일보다 30일 이상 뒤인 것이어야 한다.
5. 채권관리관이 확실하다고 인정하는 금융기관 또는 보증인의 지급보증서
② 제1항에 따른 담보의 평가는 다음 각 호의 구분에 따른다.
1. 상장증권 : 담보로 제공하는 날 현재 「자본시장과 금융투자업에 관한 법률」 제373조의2에 따라 허가를 받은 거래소(이하 이 호에서 "거래소"라 한다)에서 형성된 최종거래가액. 다만, 거래소에서 매매된 사실이 없는 것은 최종매입원가법에 의한 평가액으로 한다.
2. 토지·건물·공장재단·광업재단·선박·항공기 또는 건설기계 : 「지방세법」에 따른 시가표준액 또는 감정기관이나 그 재산의 감정평가에 관하여 전문적 기술을 가진 자의 평가액

제17조의2【담보 제공의 방법】 ① 법 제18조제1항에 따른 담보 제공의 방법은 다음 각 호에 따른다.
1. 금전·유가증권 또는 지급보증서를 담보로 제공하려는 자는 이를 채권관리관에게 제출하여야 한다. 다만, 등록된 유가증권의 경우에는 담보제공의 뜻을 등록하고 그 등록확인증을 제출하여야 한다.
2. 토지·건물·공장재단·광업재단·선박·항공기 또는 건설기계를 담보로 제공하려는 자는 그 등기사항증명서, 등록증명서 또는 등록증을 채권관리관에게 제시하여야 하며, 채권관리관은 이에 의하여 저당권의 설정을 위한 등기 또는 등록의 절차를 밟아야 한다.
② 채권관리관은 담보 제공을 받은 채권이 이행되지 아니하였을 때에는 그 담보로 해당 채권에 충당하고 나머지가 있을 때에는 채무자에게 반환하여야 한다.
③ 채권관리관은 담보 제공을 받은 경우 이를 기획재정부장관이 정하는 장부에 등재하고 관리하여야 한다.

제18조【관리정지의 절차】 ① 채권관리관은 법 제24조제1항에 따라 채권의 보전이나 추심에 관한 사무의 정지(이하 "관리정지"라 한다)를 하려는 때에는 기획재정부령으로 정하는 바에 따라 지방행정기관 및 세무서에 채무자의 소재 및 재산의 유무를 조사·확인하여야 한다. 다만, 그 채권금액이 10만원 미만인 경우에는 그러하지 아니하다.
② 채권관리관은 법 제24조제1항에 따라 관리정지를 하려는 때에는 다음 각 호의 사항을 기록한 서류를 소속 중앙관서의 장에게 송부하여 승인을 받아야 한다.
1. 관리정지 사유
2. 채무자의 소재지
3. 채무자의 재산상황
4. 그 밖에 관리정지에 필요한 사항

제19조【관리정지를 할 수 있는 경우】 법 제24조제1항제2호에서 "대통령령으로 정하는 경우"란 다음 각 호의 어느 하나에 해당하는 경우를 말한다.
1. 채무자의 소재가 분명하지 아니하고 압류할 수 있는 재산의 가격이 강제집행에 드는 비용을 초과하는 경우로서 그 초과금액이 우선 채권보다 적은 경우
2. 채권관리관이 채권의 이행을 청구하거나 보전의 조치를 한 후 채무자가 국내에 주소나 거소를 가질 가망이 없고, 압류할 재산의 가격이 강제집행에 드는 비용 및 우선 채권의 합계액을 초과하지 아니한 경우

제19조의2【채권의 징수 순위】 채권의 징수 순위는 다음 각 호의 순서에 따른다. 다만, 다른 법률 또는 계약에 특별한 규정이 있는 경우에는 다른 법률 또는 계약에 따른다.
1. 체납처분비
2. 연체금채권
3. 이자채권
4. 원금채권

제20조【채권소멸의 통지】 법 제25조에 따른 채권소멸에 관한 통지는 다음 각 호의 구분에 따른 때에 한다. 다만, 채권소멸에 관한 통지를 하여야 하는 자가 채권관리관을 겸하는 경우에는 통지를 생략할 수 있다.
1. 수입징수관인 경우 : 수입금에 속하는 채권에 대하여 변제의 수령을 한 자로부터 그 수입금의 영수필 통지를 받은 때
2. 수입금출납공무원 및 한국은행인 경우 : 수입금에 속하는 채권 이외의 채권에 관하여 변제의 수령을 한 때
3. 법령에 따라 현금(「증권에 의한 세입납부에 관한 법률」에 따라 현금을 대신하여 납입된 증권을 포함한다) 이외의 재산을 출납·보관하는 자인 경우 : 해당 법령에 따라 변제의 수령을 한 때
4. 법 제11조의2제1호에 따른 계약이나 그 밖의 행위를 하여 채권을 발생하게 한 자인 경우 : 그 계약이나 그 밖의 행위를 해제하거나 취소한 때

제21조【체납 또는 관리정지 자료의 제공】 ① 법 제25조의2제1항 단서에서 "대통령령으로 정하는 경우"란 체납자 또는 채무자가 다음 각 호의 어느 하나에 해당하는 경우를 말한다. 이 경우 각 중앙관서의 장이 다음 각 호의 어느 하나에 해당하는지를 판단하는 데 필요한 구체적인 기준은 기획재정부장관이 정한다.
1. 재해나 도난으로 재산에 심한 손실을 입은 경우
2. 사업에 현저한 손실을 입은 경우
3. 사업이 중대한 위기에 처한 경우
4. 법 제25조의2제1항 본문에 따른 체납 또는 관리정지 자료(이하 "체납 또는 관리정지 자료"라 한다)를 제공하지 아니함으로써 사업을 정상적으로 운영할 수 있게 되어 체납액의 회수가 가능하다고 인정되는 경우
② 법 제25조의2제1항제1호부터 제3호까지의 규정에서 "대통령령으로 정하는 금액"이란 각각 500만원을 말한다.
(2014.2.11 본조신설)

제21조의2【체납 또는 관리정지 자료 파일의 작성 등】 ① 각 중앙관서의 장은 체납 또는 관리정지 자료를 전산정보처리조직에 의하여 처리하는 경우에는 체납 또는 관리정지 자료 파일(자기테이프, 자기디스크나 그 밖에 이와 유사한 매체에 체납 또는 관리정지 자료가 기록·보관된 것을 말한다. 이하 같다)을 작성할 수 있다.
② 제1항에 따른 체납 또는 관리정지 자료 파일의 정리, 관리와 보관 등에 필요한 사항은 각 중앙관서의 장이 정한다.
(2014.2.11 본조신설)

제21조의3【체납 또는 관리정지 자료의 요구 등】 ① 법 제25조의2제1항 본문에 따라 체납 또는 관리정지 자료를 요구하려는 자(이하 이 조에서 "요구자"라 한다)는 다음 각 호의 사항을 적은 문서를 각 중앙관서의 장에게 제출하여야 한다.
1. 요구자의 이름과 주소(요구자가 법인인 경우에는 그 명칭과 소재지)
2. 요구하는 자료의 내용과 이용 목적
② 제1항에 따라 체납 또는 관리정지 자료를 요구받은 중앙관서의 장은 제21조의2제1항에 따른 체납 또는 관리정지 자료 파일이나 문서로 제공할 수 있다.
③ 제2항에 따라 제공한 체납 또는 관리정지 자료가 체납액의 납부나 관리정지의 취소 등으로 체납 또는 관리정지 자료에 해당되지 아니하게 되는 경우에는 그 사실을 사유 발생일부터 15일 이내에 요구자에게 통지하여야 한다.
④ 제1항부터 제3항까지에서 규정한 사항 외에 체납 또는 관리정지 자료의 요구 및 제공 등에 필요한 사항은 기획재정부장관이 정한다.
(2014.2.11 본조신설)

제4장 채권의 내용 변경 및 면제
(2014.2.11 본장개정)

제22조【이행연기특약을 할 수 없는 채권】 법 제27조제1항에서 "대통령령으로 정하는 채권"이란 다음 각 호에 관한 채권을 말한다.
1. 법령에 따라 국가에 납입하는 이익금·잉여금 또는 수입금
2. 「공무원연금법」 제67조 및 「군인연금법」 제42조에 따른 기여금(2020.6.9 본호개정)

제23조【이행연기특약의 절차】 ① 채무자가 법 제27조제1항에 따른 이행기한연기의 특약이나 처분(이하 "이행연기특약"이라 한다)을 받으려는 때에는 다음 각 호의 사항을 적은 이행연기특약 신청서(전자문서로 된 신청서를 포함한다)를 채권관리관에게 제출하여야 한다. 이 경우 채권관리관은 「전자정부법」 제36조제1항에 따른 행정정보의 공동이용을 통하여 신청인의 주민등록표 등본(법인인 경우에는 법인 등기사항증명서)을 확인하여야 하며, 신청인이 개인인 경우 확인에 동의하지 아니하면 주민등록표 등본을 제출하도록 하여야 한다.
1. 채무자의 성명 및 주소(법인인 경우에는 그 명칭 및 소재지)
2. 채권금액
3. 채권발생 연월일
4. 채권발생의 원인
5. 원래의 이행기한과 연기되는 기한
6. 채권의 담보에 관한 사항
7. 이행기한 연기의 사유
8. 이행기한의 연기에 따른 담보 및 이자에 관한 사항
9. 법 제30조에 따른 조건을 붙이는 것을 승낙한다는 내용
② 채권관리관은 제1항에 따라 채무자로부터 이행연기특약을 신청받았을 때에는 기획재정부령으로 정하는 바에 따라 지방행정기관 및 세무서에 재산의 유무를 조사·확인하여야 한다. 다만, 그 채권금액이 10만원 미만인 경우에는 그러하지 아니하다.
③ 채권관리관이 제2항에 따라 재산의 유무를 조사·확인한 결과 법 제27조제1항 각 호의 요건에 해당되어 이행연기특약을 하려는 때에는 이행연기특약의 사유서, 채무자의 재산상황에 대한 조사서, 해당 신청서 사본과 그 밖

에 필요한 서류를 소속 중앙관서의 장에게 송부하여 승인을 받아야 한다.
④ 채권관리관이 소속 중앙관서의 장의 승인을 받아 이행연기특약을 할 때에는 다음 각 호의 사항을 채무자에게 통지하여야 한다.
1. 채권의 종류·금액, 원래의 이행기한 및 연기되는 기한
2. 제30조에 따른 조건

제24조【분납채권에 대한 이행연기특약】 채권관리관은 법 제27조제3항에 따른 이행연기특약을 할 때에는 최후에 변제하여야 할 금액의 이행기한을 최초에 변제하여야 할 금액의 이행기한의 연장기간보다 초과하여 연장할 수 없다. 다만, 징수에 유리하다고 인정되는 경우에는 법 제28조제1항에 따른 기간의 범위에서 최초에 변제하여야 할 금액에 대한 이행기한의 연장기간보다 초과하여 연장할 수 있다.

제25조【연납담보의 종류 및 제공절차】 ① 법 제29조제1항에 따른 담보의 제공에 관하여는 제17조와 제17조의2를 준용한다.
② 채권관리관은 담보가 있는 채권에 관하여 이행연기특약을 하려는 경우 그 담보가 적당하지 아니하다고 인정될 때에는 그 채무자에게 담보의 추가 제공이나 보증인 또는 담보물의 변경을 요구하여야 한다.
③ 채권관리관은 이행연기특약을 하는 채권으로서 이행연기특약을 할 때까지 채무자가 담보를 제공하는 것이 현저히 곤란하다고 인정될 때에는 기한을 정하여 이행연기특약을 한 후에 담보를 제공하게 할 수 있다.

제26조【연납이자율】 법 제29조제1항에 따라 이행연기특약을 한 채권에 붙이는 이자율은 이행연기특약일 현재의 「은행법」 제2조제1항제2호에 따른 은행이 일반자금대출을 할 때의 이자율로 한다.

제27조【연납담보의 제공을 면제받을 수 있는 채무자】 법 제29조제1항 단서에 따라 담보의 제공을 면제받을 수 있는 채무자는 다음 각 호와 같다.
1. 동일인에 대한 채권의 합계액이 30만원 미만인 경우의 해당 채무자
2. 채무자의 고의 또는 중대한 과실에 의하지 아니한 부당이득반환금 채권에 대하여 이행연기특약을 하는 경우의 해당 채무자
3. 담보로 제공할 물건이 없고, 보증인을 세울 수 없는 경우의 해당 채무자
4. 담보를 제공하게 하는 것이 공익사업 수행에 현저히 지장을 초래할 우려가 있는 경우의 해당 채무자

제28조【연납이자를 면제받을 수 있는 채무자】 법 제29조제1항 단서에 따라 이행연기특약을 하는 채권에 대한 연납이자(延納利子)를 면제받을 수 있는 채무자는 다음 각 호와 같다.
1. 법 제27조제1항제1호에 해당하는 채무자
2. 연납이자의 합계액이 1천원 미만인 경우의 해당 채무자

제29조【집행권원을 취득할 필요가 없는 경우】 ① 법 제29조제2항에서 "대통령령으로 정하는 경우"란 다음 각 호의 경우를 말한다.
1. 이행연기의 특약을 하는 채권에 확실한 담보가 있는 경우
2. 제27조제1호 또는 제2호에 해당하는 경우
② 채권관리관은 채무자가 집행권원(執行權原)을 취득하는 데 필요한 비용을 부담할 수 없다고 인정될 때에는 채무자가 그 비용을 부담할 수 있을 때까지 집행권원을 취득하지 아니할 수 있다.

제29조의2【집행권원 취득을 위한 조치】 채권관리관은 법 제29조제1항에 따른 이행연기특약을 하는 경우에 해당 채권에 대하여 집행권원을 취득하기 위하여 필요할 때에는 채무자가 하여야 할 행위와 그 기한을 정하여 그 채무자에게 통지하여야 한다. 다만, 제29조제1항에 따라 집행권원을 취득할 필요가 없는 경우의 채권에 대해서는 기한을 정하여 이행연기특약을 한 후 채무자로 하여금 기획재정부령으로 정하는 채무증서를 제출하도록 하여야 한다.

제30조【이행연기특약에 붙이는 조건】 ① 법 제29조제3항에 따라 이행연기특약에 조건을 붙일 때에는 다음 각 호의 구분에 따른다.
1. 채권을 보전하는 데 필요한 경우 : 채무자 또는 보증인에게 그 영업 및 자산상황에 관한 질문을 하거나 장부·서류와 그 밖의 물건에 대한 조사를 하거나 참고가 될 보고서 등 자료의 제출을 요구할 수 있는 조건
2. 다음 각 목의 어느 하나에 해당하는 사유가 있는 경우 : 그 연기된 이행기한 전에 이행을 청구할 수 있는 조건
가. 채무자가 재산을 은닉하거나 훼손하여 국가에 불이익을 초래하거나 초래할 우려가 있는 경우
나. 채무자가 거짓으로 다른 채무를 부담하는 행위를 한 경우
다. 채권액을 분할하여 이행기한의 연기를 한 경우 분할된 채권의 이행을 게을리한 경우
라. 법 제17조 각 호의 어느 하나에 해당하는 사유가 발생한 경우
마. 채무자가 제1호의 조건을 위반한 경우
바. 채무자의 자력상태(資力狀態)나 사정 변경에 의하여 이행기한을 연기할 사유가 해소된 경우
사. 채무자가 책임져야 할 사유로 제25조제3항과 제29조의2에 따른 의무를 이행하지 아니한 경우
② 법 제29조제1항 단서에 따라 담보 제공을 면제하거나 연납이자를 붙이지 아니하기로 한 경우에도 채무자의 자력상태나 그 밖의 사정 변경이 있을 때에는 담보를 제공하게 하거나 연납이자를 붙인다는 조건을 약정할 수 있다.

제31조【면제】 ① 법 제31조 또는 제32조에 따른 채무(연체금 채무를 포함한다) 면제를 받으려는 채무자는 기획재정부령으로 정하는 면제신청서(전자문서로 된 신청서를 포함한다)를 채권관리관에게 제출하여야 한다. 이 경우 채권관리관은 「전자정부법」 제36조제1항에 따른 행정정보의 공동이용을 통하여 신청인의 주민등록표 등본(법인인 경우에는 법인 등기사항증명서)을 확인하여야 하며, 신청인이 개인인 경우 확인에 동의하지 아니하면 주민등록표 등본을 제출하도록 하여야 한다.
② 제1항에 따라 채무자로부터 채무의 면제신청을 받은 채권관리관은 기획재정부령으로 정하는 바에 따라 지방행정기관 및 세무서에 재산의 유무를 조사·확인하여야 한다. 다만, 그 채권금액이 10만원 미만인 경우에는 그러하지 아니하다.
③ 채권관리관이 제2항에 따라 재산의 유무를 조사·확인한 결과 법 제31조의 요건에 해당되어 채무를 면제하려는 때에는 다음 각 호의 서류를 소속 중앙관서의 장에게 송부하여 승인을 받아야 한다.
1. 면제사유서
2. 채무자의 재산상황에 대한 조사서
3. 해당 면제신청서 사본
4. 그 밖에 채무 면제에 필요한 서류
④ 채권관리관은 소속 중앙관서의 장의 승인을 받아 채무 면제를 하는 경우에는 다음 각 호의 사항을 채무자에게 통지하여야 한다.
1. 면제한 채무의 이행기한·종류·금액 및 면제일
2. 법 제31조제2항에 따라 이행연기특약을 한 채권인 경우에는 면제조건

제32조【연체금을 면제할 수 있는 범위】 법 제32조제2항에 따라 연체금을 면제할 수 있는 채권은 다음 각 호에 관한 채권으로 한다.
1. 국가가 설치한 교육시설에서 징수하는 수업료 또는 기숙사 사용료
2. 국가가 설치한 의료시설에서 환자로부터 징수하는 각종 비용
3. 채무자의 고의 또는 중대한 과실에 의하지 아니한 부당이득반환금

제5장 보 칙
(2014.2.11 본장개정)

제33조【계약의 내용으로 정하여야 할 사항】 ① 법 제33조제2항에 따른 계약의 내용은 다음 각 호에 따라 정하여야 한다.
1. 채무자가 이행기한까지 채무를 이행하지 아니할 경우의 연체금 납입에 관한 사항
2. 분할변제채권을 내용으로 하는 계약을 체결할 때에는 그 분할된 채권이 이행 지체된 경우 채권액의 전부 또는 일부의 이행기한 전 징수에 관한 사항
3. 담보부채권을 내용으로 하는 계약을 체결할 때에는 담보가치가 줄거나 보증인이 적당하지 아니하게 된 경우 담보의 추가 제공, 보증인의 변경 또는 담보물의 변경에 관한 사항
4. 채권을 보전하는 데 필요한 경우 채무자 또는 보증인의 영업 및 자산상황에 관한 조사나 자료 제출의 요구에 관한 사항
5. 채무자가 제4호의 요구에 따르지 아니할 경우 채권액의 전부 또는 일부의 이행기한 전 징수에 관한 사항
② 용도가 특정된 대부금채권의 경우에는 제1항 각 호에 해당하는 사항 이외에 다음 각 호의 사항을 계약의 내용으로 정하여야 한다.
1. 채무자가 기한까지 대부금을 대부목적에 사용하지 아니한 경우 채권의 전부 또는 일부의 이행기한 전 징수에 관한 사항
2. 채무자가 대부계약에서 정한 내용을 성실하게 수행하지 아니한 경우 채권액의 전부 또는 일부의 이행기한 전 징수에 관한 사항

제34조【채권현재액 보고서】 ① 법 제36조에 따른 채권현재액 보고서에는 다음 각 호의 사항을 기록하여야 한다.
1. 채권의 회계별·종류별 구분
2. 채권액의 증감 내용과 이행기한의 도래 여부
② 제1항에 따른 채권현재액 보고서를 작성하기 위한 가격평가 등 회계처리는 「국가회계법」 제11조에 따른 국가회계기준에서 정하는 바에 따른다.
③ 제1항에 따른 채권현재액 보고서의 서식은 기획재정부령으로 정한다.

제35조【출납 정리기한 내에 소멸한 채권의 정리】 법 제36조에 따른 채권현재액 보고서를 작성할 때 해당 연도의 세입에 속한 채권 또는 세출의 반납금에 속하는 채권으로서 출납 정리기한까지 수납된 금액은 해당 연도 소속의 세입 또는 세출의 해당 과목에 포함하여 정리하여야 한다.

제36조【포상금의 지급 등】 ① 법 제38조제1항에 따라 체납자의 은닉재산을 신고한 자에게는 신고한 은닉재산으로부터 회수한 금액(이하 이 조에서 "회수금액"이라 한다)에 따라 다음 표의 금액을 포상금으로 지급할 수 있다. 다만, 포상금이 1억원을 초과하는 경우 그 초과하는 부분은 지급하지 아니한다.

회수금액	지급금액
2천만원 이상 2억원 이하	회수금액의 100분의 15에 해당하는 금액
2억원 초과 5억원 이하	3천만원 + 회수금액 중 2억원을 초과하는 금액의 100분의 10에 해당하는 금액
5억원 초과	6천만원 + 회수금액 중 5억원을 초과하는 금액의 100분의 5에 해당하는 금액

② 법 제38조제1항 단서에서 "대통령령으로 정하는 금액"이란 2천만원을 말한다.
③ 법 제38조제2항제3호에서 "대통령령으로 정하는 것"이란 체납자 본인의 명의로 등기된 국내에 있는 부동산을 말한다.
④ 각 중앙관서의 장은 법 제38조제1항에 따른 포상금을 재산은닉 체납자의 체납액에 해당하는 금액을 현금으로 회수한 날이 속하는 달의 말일부터 2개월 이내에 지급하여야 한다.
⑤ 법 제38조제1항에 따라 체납자의 은닉재산을 신고한 자에게 포상금을 지급하는 경우 같은 사안에 대하여 중복신고가 있으면 최초로 신고한 자에게만 포상금을 지급한다.
⑥ 제4항과 제5항에서 규정한 사항 외에 포상금의 세부적인 지급 방법 등에 관하여 필요한 사항은 기획재정부장관이 정한다.
(2014.2.11 본조신설)

제37조【채권관리에 관한 법령의 협의】 각 중앙관서의 장은 채권관리에 관한 법령을 입안하여 법제처에 제출하려는 때에는 미리 기획재정부장관과 협의하여야 한다.

제38조【고유식별정보의 처리】 채권관리관(법 제14조의2제1항에 따라 체납액 회수업무를 위탁받은 자와 법 제25조의2에 따라 체납 또는 관리정지 자료를 제공받는 자를 포함한다)은 다음 각 호의 사무를 수행하기 위하여 불가피한 경우에는 「개인정보 보호법 시행령」 제19조제1호에 따른 주민등록번호가 포함된 자료를 처리할 수 있다.
1. 법 제14조의2제1항에 따라 위탁받은 체납액 회수업무의 수행에 관한 사무
2. 법 제25조의2에 따른 체납 또는 관리정지 자료의 제공에 관한 사무
3. 법 제38조에 따른 포상금 지급에 관한 사무
4. 제13조에 따른 납입의 고지에 관한 사무
5. 제18조에 따른 관리정지에 관한 사무
6. 제23조에 따른 이행연기특약에 관한 사무
7. 제31조에 따른 채무 면제에 관한 사무

부 칙 (2020.6.9)

제1조【시행일】 이 영은 2020년 6월 11일부터 시행한다.(이하 생략)

부 칙 (2020.8.4)

제1조【시행일】 ① 이 영은 2020년 8월 5일부터 시행한다.(이하 생략)

부 칙 (2022.2.17)

제1조【시행일】 이 영은 2022년 2월 18일부터 시행한다.(이하 생략)

공공기관의 운영에 관한 법률

(약칭 : 공공기관운영법)

(2007년 1월 19일
법 률 제8258호)

개정
2007. 8. 3법 8635호(자본시장금융투자업)
2007.12.14법 8696호
2008. 2.29법 8852호(정부조직)
2008.12.31법 9277호 2009. 1.30법 9345호
2009. 3.25법 9513호 2009.12.29법 9829호
2010. 5.17법10286호 2011. 7.25법10896호
2013. 3.23법11690호(정부조직)
2013. 5.28법11845호(자본시장금융투자업)
2014. 1.21법12268호
2014. 5.28법12673호(과학기술기본법)
2016. 3.22법14076호 2016.12.27법14461호
2017.10.31법15022호(주식회사등의외부감사에관한법)
2018. 3.27법15524호 2018.12.31법16092호
2020. 3.31법17128호
2020. 3.31법17153호(조달사업에관한법)
2020. 6. 9법17339호(법률용어정비)
2022. 2. 3법18795호

제1장 총 칙

제1조【목적】 이 법은 공공기관의 운영에 관한 기본적인 사항과 자율경영 및 책임경영 체제의 확립에 관하여 필요한 사항을 정하여 경영을 합리화하고 운영의 투명성을 제고함으로써 공공기관의 대국민 서비스 증진에 기여함을 목적으로 한다.

제2조【적용 대상 등】 ① 이 법은 제4조부터 제6조까지의 규정에 따라 지정·고시된 공공기관에 대하여 적용한다.(2020.6.9 본항개정)
② 공공기관에 대하여 다른 법률에 이 법과 다른 규정이 있을 경우 이 법에서 그 법률을 따르도록 한 때를 제외하고는 이 법을 우선하여 적용한다.

제3조【자율적 운영의 보장】 정부는 공공기관의 책임경영체제를 확립하기 위하여 공공기관의 자율적 운영을 보장하여야 한다.

제4조【공공기관】 ① 기획재정부장관은 국가·지방자치단체가 아닌 법인·단체 또는 기관(이하 "기관"이라 한다)으로서 다음 각 호의 어느 하나에 해당하는 기관을 공공기관으로 지정할 수 있다.(2008.2.29 본문개정)
1. 다른 법률에 따라 직접 설립되고 정부가 출연한 기관
2. 정부지원액(법령에 따라 직접 정부의 업무를 위탁받거나 독점적 사업권을 부여받은 기관의 경우에는 그 위탁업무나 독점적 사업으로 인한 수입액을 포함한다. 이하 같다)이 총수입액의 2분의 1을 초과하는 기관
3. 정부가 100분의 50 이상의 지분을 가지고 있거나 100분의 30 이상의 지분을 가지고 임원 임명권한 행사 등을 통하여 해당 기관의 정책 결정에 사실상 지배력을 확보하고 있는 기관(2020.3.31 본호개정)
4. 정부와 제1호부터 제3호까지의 어느 하나에 해당하는 기관이 합하여 100분의 50 이상의 지분을 가지고 있거나 100분의 30 이상의 지분을 가지고 임원 임명권한 행사 등을 통해 해당 기관의 정책 결정에 사실상 지배력을 확보하고 있는 기관
5. 제1호부터 제4호까지의 어느 하나에 해당하는 기관이 단독으로 또는 두개 이상의 기관이 합하여 100분의 50 이상의 지분을 가지고 있거나 100분의 30 이상의 지분을 가지고 임원 임명권한 행사 등을 통하여 해당 기관의 정책 결정에 사실상 지배력을 확보하고 있는 기관
6. 제1호부터 제4호까지의 어느 하나에 해당하는 기관이 설립하고, 정부 또는 설립 기관이 출연한 기관
(2020.6.9 4호~6호개정)
② 제1항에도 불구하고 기획재정부장관은 다음 각 호의 어느 하나에 해당하는 기관을 공공기관으로 지정할 수 없다.(2020.6.9 본문개정)
1. 구성원 상호 간의 상호부조·복리증진·권익향상 또는 영업질서 유지 등을 목적으로 설립된 기관
2. 지방자치단체가 설립하고, 그 운영에 관여하는 기관
3. 「방송법」에 따른 한국방송공사와 「한국교육방송공사법」에 따른 한국교육방송공사(2007.12.14 본호신설)
③ 제1항제2호의 규정에 따른 정부지원액과 총수입액의 산정 기준·방법 및 같은 항 제3호부터 제5호까지의 규정에 따른 사실상 지배력 확보의 기준에 관하여 필요한 사항은 대통령령으로 정한다.(2020.6.9 본항개정)

제5조【공공기관의 구분】 ① 기획재정부장관은 공공기관을 다음 각 호의 구분에 따라 지정한다.
1. 공기업·준정부기관 : 직원 정원, 수입액 및 자산규모가 대통령령으로 정하는 기준에 해당하는 공공기관
2. 기타공공기관 : 제1호에 해당하는 기관 이외의 기관
(2020.3.31 본항개정)
② 제1항제1호에도 불구하고 기획재정부장관은 다른 법률에 따라 책임경영체제가 구축되어 있거나 기관 운영의 독립성, 자율성 확보 필요성이 높은 기관 등 대통령령으로 정하는 기준에 해당하는 공공기관은 기타공공기관으로 지정할 수 있다.(2020.3.31 본항신설)
③ 기획재정부장관은 제1항의 규정에 따라 공기업과 준정부기관을 지정하는 경우 총수입액 중 자체수입액이 차지하는 비중이 대통령령으로 정하는 기준 이상인 공공기관은 공기업으로 지정하고, 공기업이 아닌 공공기관은 준정부기관으로 지정한다.(2020.3.31 본항개정)
④ 기획재정부장관은 제1항 및 제3항의 규정에 따른 공기업과 준정부기관을 다음 각 호의 구분에 따라 세분하여 지정한다.(2020.3.31 본문개정)
1. 공기업
 가. 시장형 공기업 : 자산규모와 총수입액 중 자체수입액이 대통령령으로 정하는 기준 이상인 공기업
 (2020.6.9 본목개정)
 나. 준시장형 공기업 : 시장형 공기업이 아닌 공기업
2. 준정부기관
 가. 기금관리형 준정부기관 : 「국가재정법」에 따라 기금을 관리하거나 기금의 관리를 위탁받은 준정부기관
 나. 위탁집행형 준정부기관 : 기금관리형 준정부기관이 아닌 준정부기관
⑤ 기획재정부장관은 제1항 및 제2항에 따라 기타공공기관을 지정하는 경우 기관의 성격 및 업무 특성 등을 고려하여 기타공공기관 중 일부를 연구개발을 목적으로 하는 기관 등으로 세분하여 지정할 수 있다.(2020.3.31 본항개정)
⑥ 제3항 및 제4항의 규정에 따른 자체수입액 및 총수입액의 구체적인 산정 기준과 방법 및 제5항에 따른 기타공공기관의 종류와 분류의 세부 기준은 대통령령으로 정한다.
(2020.3.31 본항개정)

제6조【공공기관 등의 지정 절차】 ① 기획재정부장관은 매 회계연도 개시 후 1개월 이내에 공공기관을 새로 지정하거나, 지정을 해제하거나, 구분을 변경하여 지정한다. 다만, 회계연도 중이라도 다음 각 호의 구분에 따라 공공기관을 새로 지정하거나, 지정을 해제하거나, 구분을 변경하여 지정할 수 있다.
1. 제4조제1항 각 호의 요건에 해당하는 기관이 신설된 경우 : 신규 지정
2. 공공기관으로 지정된 기관이 민영화, 기관의 통합·폐지·분할 또는 관련 법령의 개정·폐지 등에 따라 이 법의 적용을 받을 필요가 없게 되거나 그 지정을 변경할 필요가 발생한 경우 : 지정 해제 또는 구분 변경 지정
(2009.12.29 본항개정)
② 기획재정부장관은 제1항의 규정에 따라 공기업·준정부기관과 기타공공기관을 새로 지정하거나 지정해제 또는 변경지정하는 때에는 관계 법령에 따라 그 공기업·준정부기관과 기타공공기관의 업무를 관장하는 행정기관(이하 "주무기관"이라 한다)의 장과 협의한 후, 제8조의 규정에 따른 공공기관운영위원회의 심의·의결을 거쳐야 한다.(2008.2.29 본항개정)
③ 기획재정부장관은 제1항 및 제2항의 규정에 따라 공기업·준정부기관과 기타공공기관을 새로 지정하거나 지정해제 또는 변경지정할 경우 이를 고시하여야 한다. 이 경우 필요하다고 인정하는 때에는 기존의 공기업·준정부기관과 기타공공기관을 함께 고시할 수 있다.
(2008.2.29 전단개정)
④ 공기업·준정부기관과 기타공공기관의 지정(변경지정을 포함한다)·지정해제와 고시 절차 등에 관하여 필요한 사항은 대통령령으로 정한다.

제7조【기관 신설에 대한 심사】 ① 주무기관의 장은 법률에 따라 다음 각 호의 어느 하나에 해당하는 기관을 신설하고자 할 때에는 그 법률안을 입법예고하기 전에 기획재정부장관에게 그 기관 신설의 타당성에 대하여 심사를 요청하여야 한다.(2008.2.29 본문개정)
1. 법률안에 정부의 출연근거가 규정되어 있는 기관
2. 정부지원액이 총수입액의 2분의 1을 초과할 것으로 추계되는 기관
3. 법률안에 정부가 단독으로 또는 정부와 공공기관이 합하여 자본금의 100분의 30 이상을 출자하는 것으로 규정되어 있는 기관
② 제1항의 규정에 따라 심사를 요청받은 기획재정부장관은 제8조의 규정에 따른 공공기관운영위원회의 심의·의결을 거쳐 기관 신설 및 재정지원 등의 필요성과 효과 등을 심사하고, 그 결과를 주무기관의 장에게 통보하여야 한다.(2008.2.29 본항개정)
③ 제1항 및 제2항의 규정에 따른 기관 신설의 타당성 심사 등에 관하여 필요한 사항은 대통령령으로 정한다.

제2장 공공기관운영위원회

제8조【공공기관운영위원회의 설치】 공공기관의 운영에 관하여 다음 각 호에 관한 사항을 심의·의결하기 위하여 기획재정부장관 소속하에 공공기관운영위원회(이하 "운영위원회"라 한다)를 둔다.(2008.2.29 본문개정)
1. 제4조부터 제6조까지의 규정에 따른 공기업·준정부기관과 기타공공기관의 지정, 지정해제와 변경지정
(2020.6.9 본호개정)
2. 제7조의 규정에 따른 기관의 신설 심사
3. 제11조제1항제16호에 따른 공공기관의 경영공시
(2018.3.27 본호개정)
4. 제12조제3항에 따른 공시의무 등의 위반에 대한 인사상 조치 등(2008.12.31 본호개정)
5. 제14조의 규정에 따른 공공기관의 기능조정 등
6. 제15조의 규정에 따른 공공기관의 혁신지원 등
7. 제21조제2항 단서에 따른 시장형 공기업과 준시장형 공기업의 선임비상임이사 임명(2009.12.29 본호개정)
8. 제25조 및 제26조의 규정에 따른 공기업·준정부기관의 임원 임명 등
9. 제33조에 따른 보수지침(2008.12.31 본호신설)
10. 제35조제2항, 같은 조 제3항 단서 및 제52조의3제3항의 규정에 따른 공기업·준정부기관의 임원에 대한 해임이나 해임 건의 등(2018.3.27 본호개정)
11. 제36조의 규정에 따른 비상임이사·감사에 대한 직무수행실적 평가 등
12. 제48조의 규정에 따른 공기업·준정부기관의 경영실적 평가 등
13. 제50조의 규정에 따른 공기업·준정부기관의 경영지침
14. 제51조제4항의 규정에 따른 공기업·준정부기관에 대한 감독의 적정성의 점검과 개선(2020.6.9 본호개정)
15. 제52조의4제1항에 따른 명단의 공개
16. 제52조의5제1항에 따른 합격취소등
(2018.3.27 15호~16호신설)
17. 그 밖에 공공기관의 운영과 관련하여 대통령령으로 정하는 사항(2020.6.9 본호개정)

제9조【운영위원회의 구성】 ① 운영위원회는 위원장 1인 및 다음 각 호의 위원으로 구성하되, 기획재정부장관이 위원장이 된다.(2008.2.29 본문개정)
1. 국무조정실의 차관급 공무원으로서 국무조정실장이 지명하는 공무원 1인(2013.3.23 본호개정)
2. 대통령령으로 정하는 관계 행정기관의 차관·차장 또는 이에 상당하는 공무원(2020.6.9 본호개정)
3. 제2호에 해당하지 아니하는 주무기관의 차관·차장 또는 이에 상당하는 공무원
4. 공공기관의 운영과 경영관리에 관하여 학식과 경험이 풍부하고 중립적인 사람으로서 법조계·경제계·언론계·학계 및 노동계 등 다양한 분야에서 기획재정부장관의 추천으로 대통령이 위촉하는 11인 이내의 사람
(2008.2.29 본호개정)
② 제1항제4호의 규정에 따른 위원의 임기는 3년으로 하되, 연임할 수 있다.
③ 제1항제4호의 규정에 따른 위원은 공공기관의 자율·책임경영체제 확립 및 경영효율성 제고를 위하여 그 양심에 따라 성실히 직무를 수행하여야 한다.
④ 제1항제4호의 규정에 따른 위원은 다음 각 호의 어느 하나에 해당하는 경우 해촉될 수 있다.
1. 심신장애로 인하여 직무를 수행할 수 없게 된 때
2. 직무태만, 품위손상 그 밖의 사유로 인하여 위원으로 적합하지 아니하다고 인정된 때
3. 직무와 관련한 형사사건으로 기소된 때
⑤ 위원장은 제1항제4호의 규정에 따른 위원이 제4항 각 호의 어느 하나에 해당하게 된 때에는 대통령에게 해촉을 건의할 수 있다. 다만, 제4항제1호의 경우에는 해촉을 건의하여야 한다.
⑥ 운영위원회의 구성에 관하여 필요한 사항은 대통령령으로 정한다.

제10조【운영위원회의 회의】 ① 운영위원회의 회의는 위원장을 포함하여 20인 이내의 위원으로 구성하되, 제9조제1항제2호 및 제3호에 해당하는 위원 중 운영위원회의 회의에 참석하는 위원은 위원장이 안건별로 지명하고, 같은 항 제4호에 해당하는 위원의 수가 회의 구성원의 과반수가 되도록 하여야 한다.(2020.6.9 본항개정)
② 운영위원회의 회의는 구성원 과반수의 출석으로 개의하고, 출석위원 과반수의 찬성으로 의결한다.
③ 감사원장과 관계 행정기관의 장은 운영위원회의 심의·의결과 관련하여 필요하다고 인정하는 경우 운영위원회에 의견을 제출할 수 있고, 운영위원회 위원장의 요청이나 운영위원회의 의결이 있을 때에는 소속 공무원으로 하여금 운영위원회에 출석하여 발언하게 할 수 있다.
④ 운영위원회의 사무를 처리하기 위하여 간사 1인을 두되, 간사는 위원장이 지명하는 고위공무원단 소속 공무원이 된다.
⑤ 운영위원회의 운영에 관하여 필요한 사항은 대통령령으로 정한다.
⑥ 운영위원회는 대통령령으로 정하는 바에 따라 회의록을 작성하고 공개하여야 한다. 다만, 「공공기관의 정보공개에 관한 법률」 제9조제1항에 따른 비공개 대상 정보는 공개하지 아니할 수 있다.(2020.3.31 본항신설)

제3장 공공기관의 경영공시 등

제11조【경영공시】 ① 공공기관은 다음 각 호의 사항을 공시하여야 한다. 다만, 「공공기관의 정보공개에 관한 법률」 제9조에 따른 비공개 사유에 해당되는 경우 또는 주무기관의 장이 국가안보를 위하여 필요하다고 인정하여 기획재정부장관과 협의한 경우에는 해당되는 부분을 공시하지 아니할 수 있다.(2020.6.9 단서개정)
1. 경영목표와 예산 및 운영계획
2. 결산서(2009.12.29 본호개정)
3. 임원 및 운영인력 현황(임원의 성별, 임직원의 성별 임금 현황, 근로자의 고용형태 현황 및 비정규직 근로자의 정규직 전환비율을 포함한다)(2018.12.31 본호개정)
4. 인건비 및 복리후생비 예산과 집행 현황(이 경우 각종 수당 등을 항목별로 공시하여야 한다)(2016.3.22 본호개정)

5. 자회사·출자회사·재출자회사와의 거래내역 및 인력 교류 현황(최근 5년간 퇴임하거나 퇴직한 임직원의 자회사·출자회사·재출자회사 취업 현황을 포함한다) (2018.3.27 본호개정)
6. 제13조제2항의 규정에 따라 실시된 고객만족도 조사결과
7. 제36조제1항에 따른 감사나 감사위원회 감사위원의 직무수행실적 평가 결과(2008.12.31 본호신설)
8. 제48조의 규정에 따른 경영실적 평가 결과(공기업·준정부기관에 한정한다)(2020.6.9 본호개정)
9. 정관·사채원부, 지침·예규 등 내부 규정 및 이사회 회의록(2016.3.22 본호개정)
10. 감사 또는 감사위원회의 감사보고서(지적사항 및 처분요구사항과 그에 대한 조치계획을 포함한다) (2008.12.31 본호개정)
11. 주무기관의 장의 공공기관에 대한 감사결과(지적사항 및 처분요구사항과 그에 대한 조치계획을 포함한다) (2008.12.31 본호신설)
12. 「감사원법」 제31조(변상책임의 판정등)부터 제34조의2(권고등)까지의 규정에 따라 변상책임 판정, 징계·시정·개선 요구 등을 받거나 「국정감사 및 조사에 관한 법률」 제16조(감사 또는 조사결과에 대한 처리)의 규정에 따라 시정요구를 받은 경우 그 내용과 그에 대한 공공기관 등의 조치 사항(2020.6.9 본호개정)
13. 징계제도 관련 정보 및 징계처분 결과 등을 포함한 징계운영 현황(2016.3.22 본호신설)
14. 소송 현황, 법률자문 현황, 소송대리인 및 고문변호사 현황(2016.3.22 본호신설)
15. 「국가재정법」 제9조의2에 따라 국회에 제출된 중장기 재무관리계획 중 기관별 중장기재무관리계획 (2018.3.27 본호신설)
16. 그 밖에 공공기관의 경영에 관한 중요한 사항으로서 기획재정부장관이 운영위원회의 심의·의결을 거쳐 공시하도록 요청한 사항(2008.2.29 본호개정)
② 공공기관은 제1항 각 호의 사항을 인터넷 홈페이지를 통하여 공시하여야 하고, 사무소에 필요한 서류를 비치하여야 한다.
③ 공공기관은 제1항의 규정에 따라 공시된 사항에 대한 열람이나 복사를 요구하는 자에 대하여 이를 열람하게 하거나, 그 사본이나 복제물을 내주어야 한다. 이 경우 비용의 부담에 관하여는 「공공기관의 정보공개에 관한 법률」 제17조(비용부담)의 규정을 준용한다.
④ 공공기관의 경영공시에 관하여 필요한 사항은 대통령령으로 정한다.
제12조【통합공시】 ① 기획재정부장관은 제11조제1항의 규정에 따라 각 공공기관이 공시하는 사항 중 주요사항을 별도로 표준화하고 이를 통합하여 공시(이하 이 조에서 "통합공시"라 한다)할 수 있다.(2008.2.29 본항개정)
② 기획재정부장관은 공공기관에게 통합공시를 하기 위하여 필요한 자료의 제출을 요청할 수 있고, 공공기관은 특별한 사정이 없으면 그 요청을 따라야 한다.(2020.6.9 본항개정)
③ 기획재정부장관은 공공기관이 제11조의 규정에 따른 경영공시 의무 및 제1항의 규정에 따른 통합공시 의무를 성실하게 이행하지 않거나 허위의 사실을 공시한 때에는 해당 기관으로 하여금 해당 사실을 공고하고 허위사실 등을 시정하도록 명령할 수 있으며, 운영위원회의 심의·의결을 거쳐 주무기관의 장 또는 해당 공공기관의 장에게 관련자에 대한 인사상의 조치 등을 취하도록 요청할 수 있다.(2020.3.31 본항개정)
④ 통합공시의 기준과 방법 등에 관하여 필요한 사항은 대통령령으로 정한다.
제13조【고객헌장과 고객만족도 조사】 ① 국민에게 직접 서비스를 제공하는 공공기관은 다음 각 호에 관한 사항이 포함된 고객헌장을 제정하여 공표하여야 한다.
1. 기본 임무
2. 제공하는 서비스의 내용과 바람직한 서비스의 수준
3. 제공하는 서비스에 대한 불만처리, 시정 절차 및 배상 등의 책임
4. 제공하는 서비스의 향상을 위한 노력 및 계획 등
② 국민에게 직접 서비스를 제공하는 공공기관은 그 공공기관의 서비스를 제공받는 국민을 대상으로 연 1회 이상 고객만족도 조사를 실시하여야 한다. 이 경우 기획재정부장관은 공공기관으로 하여금 고객만족도 조사를 통합하여 실시하게 하고, 그 결과를 종합하여 공표할 수 있다. (2008.2.29 후단개정)
③ 제1항 및 제2항의 규정에 따라 고객헌장을 제정하여 공표하거나 고객만족도 조사를 실시하여야 하는 공공기관의 범위, 고객헌장의 제정·공표, 고객만족도 조사의 절차·범위 등에 관하여 필요한 사항은 대통령령으로 정한다.
제14조【공공기관에 대한 기능조정 등】 ① 기획재정부장관은 주무기관의 장과 협의한 후 운영위원회의 심의·의결을 거쳐 공공기관이 수행하는 기능의 적정성을 점검하고 기관통폐합·기능 재조정 및 민영화 등에 관한 계획을 수립하여야 한다. 이 경우 기획재정부장관은 수립된 계획을 국회 소관 상임위원회에 보고하여야 한다. (2016.12.27 후단신설)
② 기획재정부장관은 제1항에 따라 계획을 수립하는 경우 연구개발을 목적으로 하는 기관 등 제5조제5항에 따라 세분하여 지정된 기타공공기관에 대해서는 기관의 성격 및 업무 특성을 반영하여야 한다.(2020.3.31 본항개정)
③ 주무기관의 장은 제1항에 따라 수립된 계획을 집행하고, 그 실적에 관한 보고서를 기획재정부장관에게 제출하여야 한다.(2008.2.29 본항개정)
④ 기획재정부장관은 제3항에 따른 보고서의 내용을 분석하여 집행실태를 확인·점검한 후 필요한 때에는 운영위원회의 심의·의결을 거쳐 원활한 계획집행을 위하여 필요한 조치를 주무기관의 장에게 요구할 수 있다. (2018.3.27 본항개정)
⑤ 제1항, 제3항 및 제4항에 따른 계획의 수립 및 집행 등에 관하여 필요한 사항은 대통령령으로 정한다. (2018.3.27 본항개정)
제15조【공공기관의 혁신】 ① 공공기관은 경영효율성 제고 및 공공서비스 품질 개선을 위하여 지속적인 경영혁신을 추진하여야 한다.
② 기획재정부장관은 제1항의 규정에 따른 경영혁신을 지원하기 위하여 운영위원회의 심의·의결을 거쳐 관련 지침의 제정, 혁신수준의 진단 등 필요한 조치를 할 수 있다. 이 경우 연구개발을 목적으로 하는 기관 등 제5조 제5항에 따라 세분하여 지정된 기타공공기관에 대해서는 기관의 성격 및 업무 특성을 반영하여야 한다.(2020.3.31 후단개정)

제4장 공기업·준정부기관의 운영

제1절 정 관

제16조【정관의 기재사항】 ① 공기업·준정부기관의 정관에는 다음 각 호에 관한 사항을 기재하여야 한다. 다만, 그 공기업·준정부기관의 형태와 특성 및 업무내용상 해당되지 아니하는 사항은 기재하지 아니할 수 있다.
1. 목적
2. 명칭
3. 주된 사무소가 있는 곳
4. 자본금
5. 주식 또는 출자증권
6. 임원 및 직원에 관한 사항
7. 주주총회나 출자자총회
8. 이사회의 운영
9. 사업범위 및 내용과 그 집행(2008.12.31 본호개정)
10. 회계
11. 공고의 방법
12. 사채의 발행
13. 정관의 변경
14. 그 밖에 대통령령으로 정하는 사항(2020.6.9 본호개정)
② 공기업·준정부기관은 제6조의 규정에 따라 공기업·준정부기관으로 지정된 후 3개월 이내에 제1항의 규정에 따른 정관에 대하여 주무기관의 장의 인가를 받아야 한다. 인가받은 정관의 기재사항을 변경하는 경우에도 또한 같다.(2020.6.9 전단개정)

제2절 이사회

제17조【이사회의 설치와 기능】 ① 공기업·준정부기관에 다음 각 호의 사항을 심의·의결하기 위하여 이사회를 둔다.
1. 경영목표, 예산, 운영계획 및 중장기재무관리계획 (2010.5.17 본호개정)
2. 예비비의 사용과 예산의 이월
3. 결산
4. 기본재산의 취득과 처분
5. 장기차입금의 차입 및 사채의 발행과 그 상환 계획
6. 생산 제품과 서비스의 판매가격
7. 잉여금의 처분
8. 다른 기업체 등에 대한 출자·출연
9. 다른 기업체 등에 대한 채무보증. 다만, 다른 법률에 따라 보증업무를 수행하는 공기업·준정부기관의 경우 그 사업 수행을 위한 채무보증은 제외한다.
10. 정관의 변경
11. 내규의 제정과 변경
12. 임원의 보수
13. 공기업·준정부기관의 장(이하 "기관장"이라 한다)이 필요하다고 인정하여 이사회의 심의·의결을 요청하는 사항
14. 그 밖에 이사회가 특히 필요하다고 인정하는 사항
② 기관장은 다음 각 호의 사항을 이사회에 보고하여야 한다.
1. 국정감사, 제43조제1항의 규정에 따라 실시된 회계감사와 제52조의 규정에 따라 감사원이 실시한 감사에서 지적된 사항과 그에 대한 조치 계획 및 실적
2. 공기업·준정부기관의 단체협약 결과와 그에 따른 예산소요 추계(단체협약을 체결한 경우에 한정한다) (2020.6.9 본호개정)
3. 그 밖에 이사회가 기관장에게 보고하도록 요구하는 사항
③ 공기업·준정부기관의 설치·운영 등에 관하여 다른 법률에서 그 공기업·준정부기관에 이사회를 두지 아니하고, 제1항의 규정에 따른 기능을 수행하는 다른 기구를 둔 경우에는 그 다른 기구를 명칭과 관계없이 이 법에 따른 이사회로 보고, 그 구성원은 이 법에 따른 이사로 보아 이 법을 적용한다.
제18조【구성】 ① 이사회는 기관장을 포함한 15인 이내의 이사로 구성한다. 다만, 다음 각 호의 어느 하나에 해당하는 경우에는 15인을 초과할 수 있다.
1. 주주총회나 출자자총회 등 사원총회가 있는 공기업·준정부기관 중 다른 법률에 따라 지역이나 직종별 기관의 연합으로 설립된 공기업·준정부기관
2. 제6조의 규정에 따라 공기업·준정부기관으로 지정될 당시 이사 정수가 15인을 초과하는 경우. 다만, 제28조 제1항 단서에 따라 지정될 당시 재직 이사의 임기가 보장되는 기간 내에 한정한다.(2020.6.9 단서개정)
3. 제25조제4항에 따라 비상임이사를 선임함으로써 15인을 초과하는 경우(2022.2.3 본호개정)
② 시장형 공기업과 자산규모가 2조원 이상인 준시장형 공기업의 이사회 의장은 제21조에 따른 선임비상임이사가 된다. 다만, 이사회 의장이 부득이한 사유로 그 직무를 수행할 수 없을 때에는 정관으로 정하는 바에 따라 비상임이사 중 1명이 그 직무를 대행한다.(2009.12.29 본항개정)
③ 제2항을 적용할 때에 제6조에 따라 시장형 공기업 또는 준시장형 공기업으로 지정될 당시 비상임이사가 없는 경우에는 제25조제4항에 따라 비상임이사가 선임되기 전까지 이사회 의장은 시장형 공기업 또는 준시장형 공기업 지정 당시의 법령에서 정한 사람이 된다.(2022.2.3 본항개정)
④ 자산규모가 2조원 미만인 준시장형 공기업과 준정부기관의 이사회 의장은 기관장이 된다. 다만, 다른 법률에서 기관장과 이사회 의장의 겸임을 금지하는 경우에는 그 법률의 규정에 따른다.(2009.12.29 본문개정)
제19조【회의】 ① 이사회의 회의는 이사회 의장이나 재적이사 3분의 1 이상의 요구로 소집하고, 이사회 의장이 그 회의를 주재한다.
② 이사회는 재적이사 과반수의 찬성으로 의결한다.
③ 이사회의 안건과 특별한 이해관계가 있는 기관장이나 이사는 그 안건의 의결에 참여할 수 없다. 이 경우 의결에 참여하지 못하는 이사 등은 제2항의 규정에 따른 재적이사 수에 포함되지 아니한다.
④ 감사는 이사회에 출석하여 의견을 진술할 수 있다.
⑤ 이사회의 통신수단에 의한 의결과 회의록 등에 관하여는 「상법」 제391조(이사회의 결의 방법)제2항, 같은 법 제391조의3(이사회의 의사록)제1항 및 제2항의 규정을 각각 준용한다.(2020.6.9 본항개정)
제20조【위원회】 ① 공기업의 이사회는 그 공기업의 정관에 따라 이사회에 위원회를 설치할 수 있다. 이 경우 위원회의 구성과 권한 등에 관한 사항은 「상법」 제393조의2(이사회내 위원회)의 규정을 준용한다.
② 시장형 공기업과 자산규모가 2조원 이상인 준시장형 공기업에는 제24조제1항에 따른 감사를 갈음하여 제1항에 따른 위원회로서 이사회에 감사위원회를 설치하여야 한다. 다만, 새로 감사위원회를 설치하여야 하는 공기업에 감사가 있는 경우에는 그 감사의 임기가 종료된 후에 설치한다.(2009.12.29 본항개정)
③ 자산규모가 2조원 미만인 준시장형 공기업과 준정부기관은 다른 법률의 규정에 따라 감사위원회를 설치할 수 있다.(2009.12.29 본항개정)
④ 감사위원회의 구성 및 권한 등에 관하여는 이 법에서 규정한 것을 제외하고는 「상법」 제542조의11 및 제542조의12제3항부터 제6항까지를 준용한다.(2009.12.29 본항개정)
⑤ 감사위원회는 제32조제5항의 규정에 따라 업무와 회계에 대한 감사를 실시하고, 그 결과를 이사회에 보고하여야 한다.
제21조【선임비상임이사】 ① 공기업·준정부기관에 선임비상임이사 1인을 둔다.
② 선임비상임이사는 비상임이사 중에서 호선(互選)한다. 다만, 시장형 공기업과 자산규모가 2조원 이상인 준시장형 공기업의 선임비상임이사는 비상임이사 중에서 기획재정부장관이 운영위원회의 심의·의결을 거쳐 임명한다.(2009.12.29 단서개정)
③ 선임비상임이사의 자격과 직무수행 등에 관하여 필요한 사항은 대통령령으로 정한다.
제22조【해임 요청 등】 ① 이사회는 기관장이 법령이나 정관을 위반하는 행위를 하거나 그 직무를 게을리하는 등 기관장으로서의 직무수행에 현저한 지장이 있다고 판단되는 경우 이사회의 의결을 거쳐 주무기관의 장에게 그 기관장을 해임하거나 해임을 건의하도록 요청할 수 있다.
② 비상임이사는 필요하다고 인정하는 경우에는 비상임이사 2인 이상의 연서로 공기업·준정부기관의 운영과 관련하여 감사(監事)나 감사위원회에 특정사안에 대한 감사(監査)를 요청할 수 있다. 이 경우 감사나 감사위원회는 특별한 사정이 없으면 그 요청을 따라야 한다. (2020.6.9 후단개정)
③ 비상임이사는 이사로서 업무를 수행하기 위하여 필요한 자료를 기관장에게 요구할 수 있다. 이 경우 기관장은 특별한 사정이 없으면 그 요구를 따라야 한다.(2020.6.9 본항개정)
제23조【기금운용심의회】 ① 기금관리형 준정부기관은 「국가재정법」 제74조(기금운용심의회)제1항 단서에도 불구하고 그 준정부기관의 이사회와 분리된 기금운용에 관

한 심의기구(이하 "기금운용심의회"라 한다)를 설치하여야 한다. 다만, 다른 법령에서 기금관리형 준정부기관에 서 운용하는 기금에 대한 중요정책을 심의하기 위한 기구를 주무기관에 설치하도록 되어 있는 경우에는 그 기금관리형 준정부기관에 기금운용심의회를 설치하지 아니한다.(2020.6.9 본문개정)

② 제1항 본문의 규정에 따른 기금운용심의회의 기능·구성 및 운영에 관한 사항은 「국가재정법」에서 정하는 바에 따른다.(2020.6.9 본항개정)

③ 기금관리형 준정부기관이 제1항의 규정에 따라 기금운용심의회를 설치하고, 다른 법령에서 제17조제1항 각 호의 사항 중 일부를 기금운용심의회의 심의·의결사항으로 정하는 경우에는 그 사항을 제17조제1항에 따른 심의·의결사항에서 제외할 수 있다.

제3절 임 원

제24조【임원】 ① 공기업·준정부기관에 임원으로 기관장을 포함한 이사와 감사를 둔다. 다만, 제20조제2항 및 제3항의 규정에 따라 감사위원회를 두는 경우에는 감사를 두지 아니한다.

② 이사는 상임 및 비상임으로 구분한다.

③ 공기업 상임이사와 기관규모가 대통령령으로 정하는 기준 이상이거나 업무내용의 특수성을 고려하여 대통령령으로 정하는 준정부기관 상임이사의 정수는 기관장을 포함한 이사 정수의 2분의 1 미만으로 한다. 다만, 제6조에 따라 공기업·준정부기관으로 지정될 당시 상임이사의 정수가 기관장을 포함한 이사 정수의 2분의 1 이상인 경우 제28조제1항 단서에 따라 임원의 임기가 보장되는 동안에는 상임이사의 정수는 기관장을 포함한 이사 정수의 2분의 1 이상으로 할 수 있다.(2020.6.9 본문개정)

④ 제3항 본문에 따른 준정부기관 이외의 준정부기관 상임이사의 정수는 기관장을 포함한 이사 정수의 3분의 2 미만으로 한다. 다만, 제6조에 따라 준정부기관으로 지정될 당시 상임이사의 정수가 기관장을 포함한 이사 정수의 3분의 2 이상인 경우 제28조제1항 단서에 따라 임원의 임기가 보장되는 동안에는 상임이사의 정수는 기관장을 포함한 이사 정수의 3분의 2 이상으로 할 수 있다.
(2009.12.29 본항신설)

⑤ 감사는 다른 법령이나 정관에서 정하는 바에 따라 상임 또는 비상임으로 한다.(2009.12.29 본항신설)

제24조의2【양성평등을 위한 임원임명 목표제】 ① 공기업·준정부기관은 각 기관의 특성을 고려하여 양성평등을 실현하기 위한 임원임명목표를 정하여야 한다.

② 기관장은 제1항의 목표에 따라 임원임명에 대한 연차별 목표를 수립하고 그 이행을 위하여 노력하여야 한다.

③ 기관장은 제2항에 따른 목표 수립 및 이행에 관한 연차별 보고서를 기획재정부장관에게 제출하여야 한다.

④ 제2항에 따른 연차별 목표의 수립·이행 및 제3항에 따른 연차별 보고서의 작성 등에 필요한 사항은 대통령령으로 정한다.
(2018.12.31 본조신설)

제25조【공기업 임원의 임면】 ① 공기업의 장은 제29조의 규정에 따른 임원추천위원회(이하 "임원추천위원회"라 한다)가 복수로 추천하여 운영위원회의 심의·의결을 거친 사람 중에서 주무기관의 장의 제청으로 대통령이 임명한다. 다만, 기관 규모가 대통령령으로 정하는 기준 이하인 공기업의 장은 임원추천위원회가 복수로 추천하여 운영위원회의 심의·의결을 거친 사람 중에서 주무기관의 장이 임명한다.(2020.6.9 단서개정)

② 공기업의 상임이사는 공기업의 장이 임명한다. 다만, 제20조제2항 및 제3항에 따른 감사위원회의 감사위원이 되는 상임이사(이하 "상임감사위원"이라 한다)는 제4항에서 정한 절차에 따라 대통령 또는 기획재정부장관이 임명한다.(2009.12.29 본항개정)

③ 공기업의 비상임이사는 임원추천위원회가 복수로 추천하는 다음 각 호에 해당하는 사람 중에서 운영위원회의 심의·의결을 거쳐 기획재정부장관이 임명한다. 이 경우 제2호에 해당하는 사람 1명을 포함하여야 한다.
(2022.2.3 본문개정)

1. 경영에 관한 학식과 경험이 풍부한 사람(국공립학교의 교원이 아닌 공무원은 제외한다)
2. 3년 이상 재직한 해당 기관 소속 근로자(「근로기준법」 제2조제1항제1호에 따른 근로자를 말한다. 이하 같다) 중에서 근로자대표(근로자의 과반수로 조직된 노동조합이 있는 경우 그 노동조합의 대표자를 말한다. 이하 같다)의 추천이나 근로자 과반수의 동의를 받은 사람

(2022.2.3 1호~2호신설)

④ 제6조에 따른 지정 당시 비상임이사가 없는 공기업은 지정 후 3개월 이내에 제3항에 따라 비상임이사 2명 이상을 선임하여야 한다.(2022.2.3 본항신설)

⑤ 공기업의 감사는 임원추천위원회가 복수로 추천하여 운영위원회의 심의·의결을 거친 사람 중에서 기획재정부장관의 제청으로 대통령이 임명한다. 다만, 기관 규모가 대통령령으로 정하는 기준 이하인 공기업의 감사는 임원추천위원회가 복수로 추천하여 운영위원회의 심의·의결을 거친 사람 중에서 기획재정부장관이 임명한다.
(2020.6.9 단서개정)

⑥ 공기업의 장은 제22조제1항, 제35조제3항, 제48조제4항·제8항 및 제52조의3제3항에 따라 그 임명권자가 해임하거나 정관으로 정한 사유가 있는 경우를 제외하고는 임기 중 해임되지 아니한다.(2018.3.27 본항개정)

⑦ 제3항제2호에 따른 비상임이사의 추천 및 동의 절차와 그 밖에 필요한 사항은 대통령령으로 정한다.(2022.2.3 본항신설)

제26조【준정부기관 임원의 임면】 ① 준정부기관의 장은 임원추천위원회가 복수로 추천한 사람 중에서 주무기관의 장이 임명한다. 다만, 기관 규모가 대통령령으로 정하는 기준 이상이거나 업무내용의 특수성을 고려하여 대통령령으로 정하는 준정부기관의 장은 임원추천위원회가 복수로 추천한 사람 중에서 주무기관의 장의 제청으로 대통령이 임명한다.(2020.6.9 단서개정)

② 준정부기관의 상임이사는 준정부기관의 장이 임명하되, 다른 법령에서 상임이사에 대한 별도의 추천위원회를 두도록 정한 경우에 상임이사의 추천에 관하여는 그 법령의 규정에 따른다. 다만, 상임감사위원은 제4항에서 정한 절차에 따라 대통령 또는 기획재정부장관이 임명한다.
(2009.12.29 본항개정)

③ 준정부기관의 비상임이사(다른 법령이나 준정부기관의 정관에 따라 당연히 비상임이사로 선임되는 사람은 제외한다. 이하 이 항에서 같다)는 주무기관의 장이 임명하되, 기관규모가 대통령령으로 정하는 기준 이상이거나 업무내용의 특수성을 고려하여 대통령령으로 정하는 준정부기관의 비상임이사는 임원추천위원회가 복수로 추천한 사람 중에서 주무기관의 장이 임명한다. 이 경우 3년 이상 재직한 해당 기관 소속 근로자 중에서 근로자대표의 추천이나 근로자 과반수의 동의를 받은 사람 1명을 포함하여야 한다.(2022.2.3 본항개정)

④ 제3항에도 불구하고 다른 법령에서 해당 준정부기관의 비상임이사에 대하여 별도의 추천 절차를 정하고 있는 경우에 비상임이사의 추천에 관하여는 그 법령의 규정에 따른다.(2022.2.3 본항신설)

⑤ 준정부기관의 감사는 임원추천위원회가 복수로 추천하여 운영위원회의 심의·의결을 거친 사람 중에서 기획재정부장관이 임명한다. 다만, 기관 규모가 대통령령으로 정하는 기준 이상이거나 업무내용의 특수성을 고려하여 대통령령으로 정하는 준정부기관의 감사는 임원추천위원회가 복수로 추천하여 운영위원회의 심의·의결을 거친 사람 중에서 기획재정부장관의 제청으로 대통령이 임명한다.(2020.6.9 단서개정)

⑥ 준정부기관의 장의 임기보장에 관하여는 제25조제6항을 준용한다. 이 경우 "공기업의 장"은 "준정부기관의 장"으로 본다.(2022.2.3 본항개정)

⑦ 제3항 후단에 따른 비상임이사의 추천 및 동의 절차와 그 밖에 필요한 사항은 대통령령으로 정한다.(2022.2.3 본항신설)

제27조【사원총회가 있는 공기업·준정부기관의 임원 선임에 관한 특례】 주주총회나 출자자총회 등 사원총회가 있는 공기업·준정부기관의 경우 다른 법령에서 임원의 선임과 관련하여 사원총회의 의결을 거치도록 한 경우에는 이를 거쳐야 한다.

제28조【임기】 ① 제25조 및 제26조의 규정에 따라 임명된 기관장의 임기는 3년으로 하고, 이사와 감사의 임기는 2년으로 한다. 다만, 제6조의 규정에 따라 공기업·준정부기관으로 지정될 당시 재직 중인 임원은 제25조 및 제26조의 규정에 따라 임명된 것으로 보되, 그 임기는 임기 개시 당시 법령 등에 따른다.

② 공기업·준정부기관의 임원은 1년을 단위로 연임될 수 있다. 이 경우 임원의 임명권자는 다음 각 호의 구분에 따른 사항을 고려하여 임원의 연임 여부를 결정한다.

1. 기관장 : 제48조의 규정에 따른 경영실적 평가 결과
2. 상임이사 : 제31조제7항의 규정에 따라 체결된 성과계약 이행실적의 평가 결과와 그 밖의 직무수행실적 (2016.3.22 본호개정)
3. 비상임이사 및 감사 : 제36조의 규정에 따른 직무수행실적의 평가 결과와 그 밖의 직무수행실적

③ 제2항의 규정에 따라 공기업·준정부기관의 임원이 연임되는 경우에는 임원추천위원회의 추천을 거치지 아니한다.

④ 제2항의 규정에 따라 기관장이 연임되는 경우에는 제31조제3항의 규정에 따라 계약을 다시 체결하여야 한다. 이 경우 제31조제2항의 규정에 따른 임원추천위원회와의 협의를 거치지 아니한다.

⑤ 임기가 만료된 임원은 후임자가 임명될 때까지 직무를 수행한다.

제29조【임원추천위원회】 ① 제25조·제26조에 따라 공기업·준정부기관의 임원 후보자를 추천하고, 제31조제2항에 따른 기관장 후보자와의 계약안에 관한 사항의 협의 등을 수행하기 위하여 공기업·준정부기관에 임원추천위원회를 둔다.(2009.12.29 본항개정)

② 임원추천위원회는 그 공기업·준정부기관의 비상임이사와 이사회가 선임한 위원으로 구성한다.

③ 공기업·준정부기관의 임직원과 공무원은 임원추천위원회의 위원이 될 수 없다. 다만, 그 공기업·준정부기관의 비상임이사, 「교육공무원법」에 따른 교원과 그 준정부기관의 주무기관 소속 공무원은 그러하지 아니한다.

④ 이사회가 선임하는 위원의 정수는 임원추천위원회 위원 정수의 2분의 1 미만으로 한다. 다만, 임원추천위원회 구성 당시 비상임이사가 1명인 경우에는 이사회가 선임하는 위원의 정수를 2분의 1로 할 수 있다.(2009.12.29 단서신설)

⑤ 임원추천위원회의 위원장은 임원추천위원회 위원인 공기업·준정부기관의 비상임이사 중에서 임원추천위원회 위원의 호선으로 선출한다.

⑥ 임원추천위원회 구성 당시 비상임이사가 없는 공기업·준정부기관은 이사회가 선임한 외부위원으로 임원추천위원회를 구성하며, 위원장은 외부위원 중 호선으로 선출한다.

⑦ 임원추천위원회는 회의의 심의·의결 내용 등이 기록된 회의록을 작성·보존하고 이를 공개하여야 한다. 다만, 「공공기관의 정보공개에 관한 법률」 제9조제1항 각 호의 어느 하나에 해당하는 경우에는 공개하지 아니할 수 있다.(2016.12.27 본항신설)

⑧ 임원추천위원회의 구성, 운영 및 후보자 추천 기한 등에 관하여 필요한 사항은 대통령령으로 정한다.
(2020.3.31 본항개정)

제30조【임원후보자 추천 기준 등】 ① 임원추천위원회는 기업 경영과 그 공기업·준정부기관의 업무에 관한 학식과 경험이 풍부하고, 최고경영자의 능력을 갖춘 사람을 기관장 후보자로 추천하여야 한다.

② 임원추천위원회는 공기업·준정부기관의 이사나 감사로서 업무를 수행하기 위하여 필요한 학식과 경험이 풍부하고, 능력을 갖춘 사람을 공기업·준정부기관의 기관장이 아닌 이사나 감사 후보자로 추천하여야 한다. 다만, 감사(상임감사위원을 포함한다)의 경우 다음 각 호 중 어느 하나의 자격을 갖춘 사람을 추천하여야 한다.
(2020.6.9 본문개정)

1. 공인회계사 또는 변호사의 자격을 가진 사람으로서 그 자격과 관련된 업무에 3년 이상 종사한 경력이 있는 사람
2. 「고등교육법」 제2조제1호부터 제5호까지의 규정에 따른 학교에서 감사·수사·법무, 예산·회계, 조사·기획·평가 등의 업무(이하 "감사 관련 업무"라 한다)와 직접 관련이 있는 분야에서 조교수 이상으로 3년 이상 재직한 경력이 있는 사람
3. 공공기관, 「자본시장과 금융투자업에 관한 법률」 제9조제15항제3호에 따른 주권상장법인 또는 연구기관에서 감사 관련 업무를 3년 이상 담당한 사람으로서 대통령령으로 정하는 경력이 있는 사람
4. 국가 또는 지방자치단체에서 감사 관련 업무를 3년 이상 담당한 사람으로서 대통령령으로 정하는 직급의 공무원으로 근무한 경력이 있는 사람
5. 그 밖에 해당 기관의 관장 사무에 따라 전문성을 갖춘 사람으로서 대통령령으로 정하는 자격을 가진 사람

(2020.3.31 1호~5호신설)

③ 임원추천위원회는 제1항 및 제2항에 따라 임원후보자를 추천하는 경우 해당 기관별 전문성·특수성 등을 고려한 임원의 자격요건을 정하고 이에 따라 추천하여야 한다. 이 경우 임원의 자격요건의 작성 등에 필요한 구체적인 사항은 제50조에 따른 경영지침으로 정한다.
(2016.12.27 본항신설)

④ 임원추천위원회는 임원후보자를 추천하고자 하는 경우 대통령령으로 정하는 바에 따라 후보자를 공개모집할 수 있다.(2020.6.9 본항개정)

제31조【기관장과의 계약 등】 ① 제25조제1항 및 제26조제1항의 규정에 따른 기관장의 임명과 관련하여 이사회는 기관장이 임기 중 달성하여야 할 구체적 경영목표와 성과급 등에 관한 사항이 포함된 계약안을 작성하여 임원추천위원회에 통보하여야 한다. 이 경우 기관장은 계약안을 정하는 이사회에 참여할 수 없다.

② 임원추천위원회는 제1항의 규정에 따라 통보받은 계약안에 대하여 기관장 후보자로 추천하고자 하는 사람과 계약 내용과 조건 등을 협의하고, 그 결과를 주무기관의 장에게 통보하여야 한다. 이 경우 임원추천위원회는 기관장 후보자와의 협의를 위하여 필요한 때에는 계약안의 내용이나 조건을 일부 변경할 수 있다.(2020.6.9 전단개정)

③ 주무기관의 장은 제2항의 규정에 따라 협의된 계약안에 따라 기관장으로 임명되는 사람과 계약을 체결하되, 공기업의 장과 계약을 체결하는 경우 미리 기획재정부장관과 협의하여야 한다. 이 경우 주무기관의 장은 기관장으로 임명되는 사람과 협의를 거쳐 계약의 내용이나 조건을 제1항 및 제2항의 규정에 따른 계약안과 달리 정할 수 있다.(2008.2.29 전단개정)

④ 기관장과 주무기관의 장은 제3항에 따라 계약을 체결한 후 불가피한 사정이 발생할 때에는 서로 협의하여 계약의 내용이나 조건을 변경할 수 있다. 다만, 주무기관의 장은 공기업의 장과 계약의 내용이나 조건을 변경하는 경우 미리 기획재정부장관과 협의하여야 한다.(2008.2.29 단서개정)

⑤ 주무기관의 장은 제6조의 규정에 따라 지정(변경지정은 제외한다)된 공기업·준정부기관의 지정 당시 기관장과 지정 후 3개월 이내에 제3항의 규정에 따른 계약을 체결하여야 한다. 다만, 잔여 임기가 6개월 미만인 경우에는 제3항의 규정에 따른 계약을 체결하지 아니한다.
(2020.6.9 본항개정)

⑥ 기획재정부장관 또는 주무기관의 장은 제3항과 제4항

에 따른 계약의 이행에 관한 보고서를 기초로 하여 공기업·준정부기관의 장의 실적을 재임 중 1회 이상 평가할 수 있다.(2016.3.22 본항신설)
⑦ 기관장은 해당 기관의 상임이사(상임감사위원은 제외한다. 이하 이 항에서 같다)와 성과계약을 체결하고, 그 이행실적을 평가할 수 있으며, 이행실적을 평가한 결과 그 실적이 저조한 경우 상임이사를 해임할 수 있다.
(2009.12.29 본항개정)

제32조【임원의 직무 등】 ① 기관장은 그 공기업·준정부기관을 대표하고 업무를 총괄하며, 임기 중 그 공기업·준정부기관의 경영성과에 대하여 책임을 진다.
② 기관장은 그 공기업·준정부기관의 이익과 자신의 이익이 상반되는 사항에 대하여는 공기업·준정부기관을 대표하지 못한다. 이 경우 감사 또는 감사위원회가 공기업·준정부기관을 대표한다.(2009.12.29 후단개정)
③ 기관장이 부득이한 사유로 그 직무를 수행할 수 없을 때(「형사소송법」 제70조 또는 제201조에 따라 기관장이 구속된 때를 포함한다)에는 정관에서 정하는 바에 따라 상임이사 중 1인이 그 직무를 대행하고, 상임이사가 없거나 그 직무를 대행할 수 없을 때에는 정관에서 정하는 임원이 그 직무를 대행한다.(2020.6.9 본항개정)
④ 이사는 이사회에 부쳐진 안건을 심의하고, 의결에 참여한다.
⑤ 감사는 기획재정부장관이 정하는 감사기준에 따라 공기업·준정부기관의 업무와 회계를 감사하고, 그 의견을 이사회에 제출한다. 이 경우 감사원은 기획재정부장관에게 감사기준에 관하여 의견을 제시할 수 있다.(2008.2.29 본항개정)
⑥ 기관장은 감사 또는 감사위원회의 임무수행에 필요한 직원의 채용과 배치 등에 관하여 필요한 지원을 하여야 한다.(2009.12.29 본항개정)

제33조【임원의 보수기준】 ① 공기업·준정부기관의 임원의 보수기준은 다음 각 호의 사항을 고려하여 기획재정부장관이 운영위원회의 심의·의결을 거쳐 정하는 보수지침에 따라 이사회에서 정한다.(2008.12.31 본문개정)
1. 기관장 : 공기업·준정부기관의 경영성과와 제31조제3항 및 제4항의 규정에 따른 계약의 내용과 이행 수준
2. 상임이사(상임감사위원은 제외한다) : 제31조제7항에 따른 성과계약 이행실적 평가 결과(2016.3.22 본호개정)
3. 상임감사 및 상임감사위원 : 제36조에 따른 직무수행 실적 평가 결과(2009.12.29 본호개정)
② 제1항의 규정에 따른 임원의 보수기준을 정하는 이사회에는 이해관계가 있는 임원은 참여할 수 없다.
③ 제1항에도 불구하고 제6조의 규정에 따라 공기업·준정부기관으로 지정(변경지정은 제외한다)된 해의 임원의 보수는 지정 당시 법령 등에 따른다.(2020.6.9 본항개정)

제34조【결격사유】 ① 다음 각 호의 어느 하나에 해당하는 사람은 공기업·준정부기관의 임원이 될 수 없다.
1. 「국가공무원법」 제33조(결격사유) 각 호의 어느 하나에 해당하는 사람
2. 제22조제1항, 제31조제7항, 제35조제2항·제3항, 제36조제2항, 제48조제4항·제8항 및 제52조의3제3항에 따라 해임된 날부터 3년이 지나지 아니한 사람(2018.3.27 본호개정)
② 임원이 다음 각 호의 어느 하나에 해당하는 경우에는 당연히 퇴직한다.(2020.3.31 본문개정)
1. 「국가공무원법」 제69조제1호에 해당하게 되는 경우
2. 임명 당시 제1항 각 호의 어느 하나에 해당하는 사람이었음이 밝혀진 경우
(2020.3.31 1호~2호신설)
③ 제2항의 규정에 따라 퇴직한 임원이 퇴직 전에 관여한 행위는 그 효력을 잃지 아니한다.

제35조【이사와 감사의 책임 등】 ① 「상법」 제382조의3(이사의 충실의무), 제382조의4(이사의 비밀유지의무), 제399조(회사에 대한 책임), 제400조(회사에 대한 책임의 면제) 및 제401조(제3자에 대한 책임)의 규정은 공기업·준정부기관의 이사에 관하여 각각 이를 준용하고, 「상법」 제414조(감사의 책임) 및 제415조(준용규정)의 규정 중 회사에 대한 책임의 면제에 관한 사항은 공기업·준정부기관의 감사(감사위원회의 감사위원을 포함한다. 이하 이 조에서 같다)에 관하여 이를 준용한다.
② 기획재정부장관은 비상임이사(준정부기관의 비상임이사는 제외한다. 이하 이 항에서 같다) 및 감사(상임감사위원을 포함한다. 이하 이 항에서 같다)가 제1항에 따른 의무와 책임 및 제32조에 따른 직무를 이행하지 아니하거나 게을리한 경우 운영위원회의 심의·의결을 거쳐 비상임이사 및 감사를 해임하거나 그 임명권자에게 해임을 건의할 수 있고, 그 공기업·준정부기관으로 하여금 손해배상을 청구하도록 요구할 수 있다.(2009.12.29 본항개정)
③ 주무기관의 장은 기관장, 상임이사(상임감사위원은 제외한다. 이하 이 항에서 같다) 및 준정부기관의 비상임이사가 제1항에 따른 의무와 책임 및 제32조에 따른 직무를 이행하지 아니하거나 이를 게을리한 경우 기관장, 상임이사 및 준정부기관의 비상임이사를 해임하거나 그 임명권자에게 해임을 건의·요구할 수 있고, 그 공기업·준정부기관으로 하여금 손해배상을 청구하도록 요구할 수 있다. 다만, 공기업의 기관장을 해임하거나 그 임명권자에게 해임을 건의하는 경우에는 운영위원회의 심의·의결을 거쳐야 한다.(2009.12.29 본항개정)

제36조【비상임이사와 감사에 대한 직무수행실적 평가】 ① 기획재정부장관은 필요하다고 인정하는 경우에는 공기업·준정부기관의 비상임이사와 감사나 감사위원회 감사위원의 직무수행실적을 평가할 수 있다.
② 기획재정부장관은 제1항의 규정에 따른 직무수행실적 평가 결과 그 실적이 저조한 비상임이사와 감사 또는 감사위원회 감사위원에 대하여 운영위원회의 심의·의결을 거쳐 해임하거나 그 임명권자에게 해임을 건의할 수 있다.
③ 제1항의 규정에 따른 직무수행실적의 평가 기준과 방법은 운영위원회의 심의·의결을 거쳐 기획재정부장관이 정한다.
(2008.2.29 본조개정)

제37조【임직원의 겸직제한】 ① 공기업·준정부기관의 상임임원과 직원은 그 직무 외의 영리를 목적으로 하는 업무에 종사하지 못한다.
② 공기업·준정부기관의 상임임원이 그 임명권자나 제청권자의 허가를 받은 경우와 공기업·준정부기관의 직원이 기관장의 허가를 받은 경우 비영리 목적의 업무를 겸할 수 있다.
③ 제1항의 규정에 따른 영리를 목적으로 하는 업무의 범위는 대통령령으로 정한다.

제4절 예산회계

제38조【회계연도】 공기업·준정부기관의 회계연도는 정부의 회계연도에 따른다.

제39조【회계원칙 등】 ① 공기업·준정부기관의 회계는 경영성과와 재산의 증감 및 변동 상태를 명백히 표시하기 위하여 그 발생 사실에 따라 처리한다.
② 공기업·준정부기관은 공정한 경쟁이나 계약의 적정한 이행을 해칠 것이 명백하다고 판단되는 사람·법인 또는 단체 등에 대하여 2년의 범위 내에서 일정기간 입찰참가자격을 제한할 수 있다.
③ 제1항과 제2항의 규정에 따른 회계처리의 원칙과 입찰참가자격의 제한기준 등에 관하여 필요한 사항은 기획재정부령으로 정한다.(2008.2.29 본항개정)

제39조의2【중장기재무관리계획의 수립 등】 ① 다음 각 호의 어느 하나에 해당하는 기관의 장은 매년 해당 연도를 포함한 5회계연도 이상의 중장기재무관리계획(이하 "중장기재무관리계획"이라 한다)을 수립하고, 이사회의 의결을 거쳐 확정한 후 6월 30일까지 기획재정부장관과 주무기관의 장에게 제출하여야 한다.
1. 자산규모 2조원 이상이거나 설립 근거 법률에 정부의 손실보전 조항이 있는 공기업·준정부기관(2014.1.21 본호개정)
2. 그 밖에 자산·부채규모 등을 고려하여 대통령령으로 정하는 기준에 해당하는 공기업·준정부기관
② 중장기재무관리계획에는 다음 각 호의 사항이 포함되어야 한다.
1. 제46조에 따른 경영목표
2. 사업계획 및 투자방향
3. 재무 전망과 근거 및 관리계획
4. 부채의 증감에 대한 전망과 근거 및 관리계획 등이 포함된 부채관리계획
5. 전년도 중장기재무관리계획 대비 변동사항, 변동요인 및 관리계획 등에 대한 평가·분석
6. 그 밖에 대통령령으로 정하는 사항
③ 중장기재무관리계획을 수립하는 기관(이하 이 항에서 "대상기관"이라 한다)의 경영환경·경제여건 및 국가정책방향 등을 고려하여 기획재정부장관은 공기업인 대상기관의 장에게, 주무기관의 장은 준정부기관인 대상기관의 장에게 각각 중장기재무관리계획의 변경을 요구할 수 있다.(2014.1.21 본항신설)
④ 중장기재무관리계획의 구체적인 작성방법 등에 관한 사항은 대통령령으로 정한다.
(2010.5.17 본조신설)

제40조【예산의 편성】 ① 공기업·준정부기관의 예산은 예산총칙·추정손익계산서·추정대차대조표와 자금계획서로 구분하여 편성한다.
② 기관장은 제46조의 규정에 따른 경영목표와 제50조의 규정에 따른 경영지침에 따라 다음 회계연도의 예산안을 편성하고, 다음 회계연도 개시 전까지 그 공기업·준정부기관의 이사회에 제출하여야 한다.
③ 기관장은 신규 투자사업 및 자본출자에 대한 예산을 편성하기 위하여 대통령령으로 정하는 바에 따라 미리 예비타당성조사를 실시하여야 한다. 다만, 다음 각 호의 어느 하나에 해당하는 경우에는 예비타당성조사 대상에서 제외한다.
1. 정부예산이 지원되는 사업 중 「국가재정법」 제38조에 따라 예비타당성조사를 실시하는 사업
2. 남북교류협력에 관계되거나 국가 간 협약·조약에 따라 추진하는 사업
3. 도로 유지보수, 노후 상수도 개량 등 기존 시설의 효용 증진을 위한 단순개량 및 유지보수 사업
4. 「재난 및 안전관리 기본법」 제3조제1호에 따른 재난(이하 "재난"이라 한다)복구 지원, 시설 안정성 확보, 보건·식품 안전 문제 등으로 시급한 추진이 필요한 사업
5. 재난예방을 위하여 시급한 추진이 필요한 사업으로서 국회 소관 상임위원회의 동의를 받은 사업
6. 법령에 따라 추진하여야 하는 사업
7. 지역균형발전, 긴급한 경제적·사회적 상황 대응 등을 위하여 국가 정책적으로 추진이 필요한 사업으로서 다음 각 목의 요건을 모두 갖춘 사업. 이 경우, 예비타당성조사 면제 사업의 내역 및 사유를 지체 없이 국회 소관 상임위원회에 보고하여야 한다.
가. 사업 목적 및 규모, 추진방안 등 구체적인 사업계획이 수립된 사업
나. 국가 정책적으로 추진이 필요하여 국무회의를 거쳐 확정된 사업
(2016.3.22 본항신설)
④ 제2항의 규정에 따라 편성·제출한 예산안은 이사회의 의결로 확정된다. 다만, 다른 법률에서 공기업·준정부기관의 예산에 관하여 주주총회나 출자자총회 등 사원총회의 의결이나 제23조의 규정에 따른 기금운용심의회의 의결 등 별도의 절차를 거치도록 한 경우에는 이사회 의결후 이를 거쳐 확정하고, 준정부기관의 예산에 관하여 주무기관의 장의 승인을 거쳐 확정하도록 한 경우에는 이사회의 의결을 거친 후 주무기관의 장의 승인을 얻어야 한다.
⑤ 제6조의 규정에 따라 공기업·준정부기관으로 지정될 당시 이미 확정되어 있는 예산은 제1항부터 제4항까지의 규정에 따라 편성되어 확정된 것으로 본다.(2016.3.22 본항개정)
⑥ 기관장은 공기업·준정부기관의 예산이 확정된 후 그 공기업·준정부기관의 경영목표가 변경되거나 그 밖의 불가피한 사유로 인하여 예산을 변경하고자 하는 경우에는 변경된 예산안을 작성하여 이사회에 제출하여야 한다. 이 경우 제4항은 변경된 예산안의 확정에 관하여 이를 준용한다.(2016.3.22 후단개정)
⑦ 공기업·준정부기관은 제4항부터 제6항까지의 규정에 따라 예산이 확정되거나 변경된 경우 지체 없이 기획재정부장관, 주무기관의 장 및 감사원장에게 그 내용을 보고하여야 한다. 다만, 제4항 단서에 따라 주무기관의 장의 승인을 얻은 경우에는 주무기관의 장에게 보고된 것으로 본다.(2016.3.22 본항개정)
⑧ 공기업·준정부기관은 제4항부터 제6항까지의 규정에 따라 예산이 확정되거나 변경된 경우 지체 없이 국회 소관 상임위원회에 그 내용(해당 연도 수입·지출 계획서를 포함한다)을 제출하여야 한다.(2018.12.31 본항신설)

제40조의2【예비타당성조사 결과 관련 자료의 공개】 기관장은 예비타당성조사의 결과에 관한 자료를 「공공기관의 정보공개에 관한 법률」 제7조에 따라 공개하여야 한다.(2018.3.27 본조신설)

제40조의3【타당성재조사 및 조사 결과의 공개】 ① 기관장은 총사업비가 일정 규모 이상 증가하는 등 대통령령으로 정하는 요건에 해당하는 사업에 대해서는 사업의 타당성을 재조사(이하 "타당성재조사"라 한다)하여야 한다.
② 기관장은 타당성재조사 결과에 관한 자료를 「공공기관의 정보공개에 관한 법률」 제7조에 따라 공개하여야 한다.
(2020.3.31 본조신설)

제41조【준예산】 ① 공기업·준정부기관은 천재지변 그 밖의 부득이한 사유로 회계연도 개시 전까지 그 공기업·준정부기관의 예산이 확정되지 아니한 경우에는 전 회계연도의 예산에 준하여 예산(이하 이 조에서 "준예산"이라 한다)을 편성하여 운용할 수 있다.
② 준예산은 그 회계연도의 예산이 확정된 경우에는 그 효력을 잃는다. 이 경우 준예산에 따라 집행된 예산은 이를 그 회계연도의 예산에 따라 집행된 것으로 본다.

제42조【운영계획의 수립】 ① 공기업·준정부기관은 제40조제4항 및 제5항에 따라 예산이 확정되는 경우 지체 없이 이사회의 의결을 거쳐 그 회계연도의 예산에 따른 운영계획을 수립하여야 한다. 다만, 제6조의 규정에 따라 공기업·준정부기관으로 지정될 당시 수립되어 있는 운영계획은 이 법에 따라 수립된 것으로 본다.
② 공기업·준정부기관이 제40조제6항에 따라 확정된 예산을 변경한 경우에는 지체 없이 이사회의 의결을 거쳐 제1항의 규정에 따라 수립된 운영계획을 변경하여야 한다.
③ 공기업·준정부기관은 제1항 및 제2항의 규정에 따라 수립한 그 회계연도의 운영계획을 기획재정부장관(공기업의 경우에 한정한다)과 주무기관의 장에게 제40조제4항부터 제6항까지의 규정에 따라 예산이 확정된 후 2개월 이내에 제출하여야 한다.(2020.6.9 본항개정)
(2016.3.22 본조개정)

제43조【결산서의 제출】 ① 공기업·준정부기관은 회계연도가 종료된 때에는 지체 없이 그 회계연도의 결산서를 작성하고, 감사원규칙으로 정하는 바에 따라 다음 각 호의 어느 하나에 해당하는 자 중에서 선임한 회계감사인(이하 "회계감사인"이라 한다)의 회계감사를 받아야 한다. 이 경우 공기업·준정부기관은 매 회계연도 종료 후 감사원규칙으로 정하는 기간 내에 회계감사인에게 결산서를 제출하여야 한다.(2020.6.9 전단개정)
1. 「공인회계사법」 제23조에 따른 회계법인(이하 "회계법인"이라 한다)(2009.3.25 본호신설)
2. 「주식회사 등의 외부감사에 관한 법률」 제2조제7호나목에 따른 감사반(이하 "감사반"이라 한다)(2017.10.31 본호개정)
② 공기업은 기획재정부장관에게, 준정부기관은 주무기관의 장에게 다음 연도 2월 말일까지 제1항에 따라 작성된 다음 각 호의 결산서를 각각 제출하고, 3월 31일까지

승인을 받아 결산을 확정하여야 한다. 다만, 주주총회나 출자자총회 등 사원총회가 있는 공기업·준정부기관의 경우에는 사원총회에서 결산을 의결·확정한다.
(2020.6.9 본문개정)
1. 재무제표(회계감사인의 감사의견서를 포함한다)와 그 부속서류(2009.3.25 본호개정)
2. 그 밖에 결산의 내용을 명확하게 하기 위하여 필요한 서류
③ 기획재정부장관과 주무기관의 장은 매년 5월 10일까지 제2항에 따라 확정된 공기업·준정부기관의 결산서와 그 밖에 필요한 서류(이하 이 조에서 "결산서등"이라 한다)를 감사원에 제출하여야 한다.(2009.12.29 본항개정)
④ 제3항에 따라 결산서등을 제출받은 감사원은 그 공기업·준정부기관 중 「감사원법」 제22조제1항제3호에 따른 법인과 그 밖에 감사원규칙으로 정하는 공기업·준정부기관의 결산서등을 검사하고, 그 결과를 7월 31일까지 기획재정부장관에게 제출하여야 한다.(2009.12.29 본항개정)
⑤ 제1항의 규정에 따라 회계감사를 실시할 수 있는 회계법인과 감사반의 선정 기준 및 회계감사의 절차, 제4항의 규정에 따른 감사원의 결산감사에 관하여 필요한 사항은 감사원규칙으로 정한다.(2009.3.25 본항개정)
⑥ 기획재정부장관은 제3항에 따른 결산서등에 제4항에 따른 감사원의 검사 결과를 첨부하여 국무회의에 보고하고, 8월 20일까지 국회에 제출하여야 한다.(2009.12.29 본항개정)
⑦ 제1항부터 제6항까지의 규정에도 불구하고 제6조의 규정에 따라 공기업·준정부기관으로 지정된 해에 실시하는 결산에 관하여는 지정 당시 법령에 따른다.
(2020.6.9 본항개정)

제43조의2【공기업의 자본금 전입 협의 등】 ① 공기업은 이익준비금, 사업확장적립금 및 그 밖의 준비금 또는 적립금을 자본금으로 전입하고자 하는 때에는 이사회·주주총회 등 관련 절차를 거치기 전에 기획재정부장관과 미리 협의하여야 한다.
② 공기업은 제1항에 따라 이익준비금, 사업확장적립금 및 그 밖의 준비금 또는 적립금을 자본금으로 전입한 때에는 그 사실을 주무기관의 장에게 보고하여야 한다.
(2011.7.25 본조신설)

제43조의3【회계감사인의 선임 등】 ① 공기업·준정부기관은 회계감사인을 선임하기 위하여 전문성과 독립성이 확보된 회계감사인선임위원회(제20조에 따른 감사위원회를 설치한 때에는 이를 회계감사인선임위원회로 본다)를 구성·운영하여야 한다. 이 경우 해당 공기업·준정부기관의 비상임이사는 모두 회계감사인선임위원회의 위원으로 선임되어야 한다.
② 제1항에 따른 회계감사인선임위원회의 구성·운영에 관한 사항은 대통령령으로 정한다.
③ 「주식회사 등의 외부감사에 관한 법률」 제9조제3항부터 제6항까지, 제10조제5항 및 제21조제1항은 회계감사인의 결격사유·자격·선임·권한 등에 관하여 각각 이를 준용한다. 이 경우 "감사인"은 각각 "회계감사인"으로, "회사"는 각각 "공기업·준정부기관"으로, "감사인선임위원회"는 각각 "회계감사인선임위원회"로 본다.
(2017.10.31 전단개정)
④ 회계감사인과 그에 소속된 공인회계사·직원 등은 공기업·준정부기관의 회계감사와 관련하여 그 직무상 알게 된 비밀을 누설하여서는 아니 된다. 다만, 다른 법률 또는 제43조제5항에 따른 감사원규칙에 특별한 규정이 있는 경우에는 그러하지 아니하다.
(2009.3.25 본조신설)

제43조의4【손해배상책임】 「주식회사 등의 외부감사에 관한 법률」 제31조제1항부터 제5항까지 및 제7항은 회계감사인, 이사, 감사 또는 감사위원회 위원 등의 공기업·준정부기관 또는 제3자에 대한 손해배상책임에 관하여 준용한다. 이 경우 "감사인"은 각각 "회계감사인"으로, "회사"는 각각 "공기업·준정부기관"으로, "제10조"는 각각 "제43조"로 본다.(2017.10.31 본조개정)

제44조【물품구매와 공사계약의 위탁】 ① 공기업·준정부기관이 「중소기업제품 구매촉진 및 판로지원에 관한 법률」 제6조에 따른 중소기업자간 경쟁 제품을 「국가를 당사자로 하는 계약에 관한 법률」 제4조제1항에 따라 기획재정부장관이 고시한 금액 이상 구매하는 경우에는 조달청장에게 구매를 위탁하거나, 「조달사업에 관한 법률」 제14조에 따른 계약방법에 따라 이를 구매하여야 한다. 다만, 구매하고자 하는 제품의 특수성·전문성 또는 안전성 등을 고려하여 기획재정부령으로 정하는 경우에는 그러하지 아니하다.(2020.3.31 본문개정)
② 공기업·준정부기관은 필요하다고 인정하는 때에는 수요물자 구매나 시설공사계약의 체결을 조달청장에게 위탁할 수 있다.

제45조【출자의 방법】 정부가 공기업·준정부기관의 자본금을 출자하는 경우에는 기획재정부장관이 그 납입시기와 방법을 정하여 이를 시행한다.(2008.2.29 본조개정)

제5절 경영평가와 감독

제46조【경영목표의 수립】 ① 기관장은 사업내용과 경영환경, 제31조제3항 및 제4항의 규정에 따라 체결한 계약의 내용 등을 고려하여 다음 연도를 포함한 5회계연도 이상의 중장기 경영목표를 설정하고, 이사회의 의결을 거쳐 확정한 후 매년 10월 31일까지 기획재정부장관과 주무기관의 장에게 제출하여야 한다.(2010.5.17 본항개정)
② 기관장은 제1항에도 불구하고 제6조의 규정에 따라 공기업·준정부기관으로 지정(변경지정은 제외한다)된 해에는 지정 후 3개월 이내에 해당 연도를 포함한 3회계연도 이상의 중장기 경영목표를 설정하고, 이사회의 의결을 거쳐 확정한 후 이를 기획재정부장관과 주무기관의 장에게 제출하여야 한다.(2020.6.9 본항개정)
③ 기관장이 제1항 및 제2항에 따라 수립된 경영목표를 변경하는 경우에는 그 변경 내용을 이사회 의결을 거쳐 확정한 후 지체 없이 기획재정부장관과 주무기관의 장에게 제출하여야 한다.(2010.5.17 본항개정)
④ 공기업·준정부기관의 경영환경·경제여건 및 국가정책방향 등을 고려하여 기획재정부장관은 공기업의 장에게, 주무기관의 장은 준정부기관의 장에게 각각 경영목표의 변경을 요구할 수 있다.
(2008.2.29 본조개정)

제47조【경영실적 등의 보고】 ① 공기업·준정부기관은 매년 3월 20일까지 전년도의 경영실적을 기재한 보고서(이하 "경영실적보고서"라 한다)와 제31조제3항 및 제4항의 규정에 따라 기관장이 체결한 계약의 이행에 관한 보고서를 작성하여 기획재정부장관과 주무기관의 장에게 제출하여야 한다.(2008.2.29 본항개정)
② 제1항의 규정은 제6조의 규정에 따라 공기업·준정부기관으로 지정(변경지정은 제외한다)된 해에는 적용하지 아니한다.(2020.6.9 본항개정)
③ 경영실적보고서에는 제43조제1항에 따라 작성한 결산서를 첨부하여야 한다.(2009.12.29 본항개정)

제48조【경영실적 평가】 ① 기획재정부장관은 제24조의2제3항에 따른 연차별 보고서, 제31조제3항 및 제4항의 규정에 따른 계약의 이행에 관한 보고서, 제46조의 규정에 따른 경영목표와 경영실적보고서를 기초로 하여 공기업·준정부기관의 경영실적을 평가한다. 다만, 제6조의 규정에 따라 공기업·준정부기관으로 지정(변경지정은 제외한다)된 해에는 경영실적을 평가하지 아니한다.
(2020.6.9 단서개정)
② 기획재정부장관은 제1항 본문의 규정에 따라 공기업·준정부기관의 경영실적을 평가하는 경우 「국가재정법」 제82조(기금운용의 평가)의 규정에 따라 기금운용평가를 받는 기관과 「과학기술기본법」 제32조(정부출연연구기관등의 육성)제3항에 따라 평가를 받는 기관에 대하여는 그 평가 결과를 활용한다.(2014.5.28 본항개정)
③ 기획재정부장관은 제1항에 따른 경영실적의 평가를 위하여 필요한 경우 공기업·준정부기관에 관련 자료의 제출을 요청할 수 있다.(2008.12.31 본항개정)
④ 공기업·준정부기관이 제24조의2제3항에 따른 연차별 보고서, 제31조제3항 및 제4항에 따른 계약의 이행에 관한 보고서, 경영실적보고서 및 그 첨부서류를 제출하지 아니하거나 거짓으로 작성·제출한 경우 또는 불공정한 인사운영 등으로 윤리경영을 저해한 경우로서 대통령령으로 정하는 경우에는 기획재정부장관은 운영위원회의 심의·의결을 거쳐 경영실적 평가 결과와 성과급을 수정하고, 해당 기관에 대하여 주의·경고 등의 조치를 취하거나 주무기관의 장 또는 기관장에게 관련자에 대한 인사상의 조치 등을 취하도록 요청하여야 한다. 이 경우 기획재정부장관 또는 주무기관의 장은 감사, 감사위원회 감사위원 또는 기관장이 관련 직무를 이행하지 아니하거나 게을리 하였다면 운영위원회의 심의·의결을 거쳐 해당 감사, 감사위원회 감사위원 또는 기관장을 해임하거나 그 임명권자에게 해임을 건의할 수 있다.(2018.12.31 전단개정)
⑤ 제1항에 따른 경영실적의 평가 기준과 방법은 운영위원회의 심의·의결을 거쳐 기획재정부장관이 정하되, 공기업·준정부기관에 대하여 다음 각 호의 사항이 평가에 반영될 수 있도록 정하여야 한다.
1. 경영목표의 합리성 및 달성 정도
2. 주요사업의 공익성 및 효율성
3. 직원의 고용 형태 등 조직·인력 운영의 적정성
4. 제39조의2에 따른 중장기재무관리계획의 이행 등 재무운용의 건전성 및 예산 절감노력
5. 제13조제2항에 따른 고객만족도 조사 결과
6. 합리적인 성과급 지급제도 운영
7. 그 밖에 공기업·준정부기관의 경영에 관련된 사항
(2016.3.22 본항개정)
⑥ 기획재정부장관은 제1항에 따른 경영실적 평가의 효율적인 수행과 경영실적 평가에 관한 전문적·기술적인 연구 또는 자문을 위하여 공기업·준정부기관경영평가단(이하 "경영평가단"이라 한다)을 구성·운영할 수 있다.
(2009.3.25 본항신설)
⑦ 기획재정부장관은 운영위원회의 심의·의결을 거쳐 매년 6월 20일까지 공기업·준정부기관의 경영실적 평가를 마치고, 그 결과를 국회와 대통령에게 보고한다.
(2008.2.29 본항개정)
⑧ 기획재정부장관은 제7항에 따른 경영실적 평가 결과 경영실적이 부진한 공기업·준정부기관에 대하여 운영위원회의 심의·의결을 거쳐 제25조 및 제26조의 규정에 따른 기관장·상임이사의 임명권자에게 그 해임을 건의하거나 요구할 수 있다.(2009.3.25 본항개정)
⑨ 기획재정부장관은 제1항에 따른 경영실적 평가 결과 인건비 과다편성 및 제50조제1항에 따른 경영지침 위반으로 경영부실을 초래한 공기업·준정부기관에 대하여는 운영위원회의 심의·의결을 거쳐 향후 경영책임성 확보 및 경영개선을 위하여 필요한 인사상 또는 예산상의 조치 등을 취하도록 요청할 수 있다.(2008.12.31 본항신설)
⑩ 제1항에 따른 경영실적 평가의 절차, 경영실적 평가 결과에 따른 조치 및 경영평가단의 구성·운영 등에 관하여 필요한 사항은 대통령령으로 정한다.(2009.3.25 본항개정)

제49조【연차보고서의 작성】 기획재정부장관은 매년 경영실적보고서와 제48조에 따른 경영실적 평가 결과를 기초로 하여 공기업·준정부기관의 경영상황 등에 관한 연차보고서를 작성하고, 이를 공표할 수 있다.(2008.2.29 본조개정)

제50조【경영지침】 ① 기획재정부장관은 공기업·준정부기관의 운영에 관한 일상적 사항과 관련하여 운영위원회의 심의·의결을 거쳐 다음 각 호의 사항에 관한 지침(이하 "경영지침"이라 한다)을 정하고, 이를 공기업·준정부기관 및 주무기관의 장에게 통보하여야 한다.
(2008.2.29 본문개정)
1. 조직 운영과 정원·인사 관리에 관한 사항
2. 예산과 자금 운영에 관한 사항
3. 그 밖에 공기업·준정부기관의 재무건전성 확보를 위하여 기획재정부장관이 필요하다고 인정하는 사항
(2008.2.29 본호개정)
② 공기업·준정부기관의 투명하고 공정한 인사운영과 윤리경영 등을 위하여 필요한 경우 소관 정책을 관장하는 관계 행정기관의 장은 제1항의 규정에 따른 경영지침에 관한 의견을 기획재정부장관에게 제시할 수 있다.
(2008.2.29 본항개정)

제51조【공기업·준정부기관에 대한 감독】 ① 기획재정부장관과 주무기관의 장은 공기업·준정부기관의 자율적 운영이 침해되지 아니하도록 이 법이나 다른 법령에서 그 내용과 범위를 구체적으로 명시한 경우에 한정하여 감독한다.(2020.6.9 본항개정)
② 기획재정부장관은 공기업의 경영지침 이행에 관한 사항을 감독한다.(2008.2.29 본항개정)
③ 주무기관의 장은 다음 각 호의 사항에 대하여 공기업·준정부기관을 감독한다.
1. 법령에 따라 주무기관의 장이 공기업·준정부기관에 위탁한 사업이나 소관 업무와 직접 관련되는 사업의 적정한 수행에 관한 사항과 그 밖에 관계 법령에서 정하는 사항
2. 준정부기관의 경영지침 이행에 관한 사항
④ 기획재정부장관과 주무기관의 장은 제2항 및 제3항의 규정에 따라 행하는 감독의 적정성을 대통령령으로 정하는 바에 따라 점검하고, 운영위원회의 심의·의결을 거쳐 개선에 필요한 조치를 취하여야 한다.(2020.6.9 본항개정)

제51조의2【출연·출자기관의 설립 등 협의】 ① 공기업·준정부기관은 출연·출자기관을 설립하거나 다른 법인에 출연·출자하고자 하는 경우 주무기관의 장 및 기획재정부장관과 사전에 협의를 하여야 한다. 다만, 사전협의에 준하는 절차를 이미 수행하였거나 금융을 다루는 공공기관이 출자하는 경우로서 대통령령으로 구체적으로 정한 경우에는 사전협의 대상에서 제외한다.
② 제1항에 따른 사전협의 등에 관하여 필요한 사항은 대통령령으로 정한다.
(2016.3.22 본조신설)

제52조【감사원 감사】 ① 감사원은 「감사원법」에 따라 공기업·준정부기관의 업무와 회계에 관하여 감사를 실시할 수 있다.
② 감사원은 제1항의 규정에 따른 감사를 관계 행정기관의 장 등에게 위탁하거나 대행하게 할 수 있다.
③ 제2항의 규정에 따라 공기업·준정부기관에 대한 감사원 감사를 위탁하거나 대행하게 할 수 있는 관계 행정기관의 장 등의 범위와 감사 결과의 보고와 처리 등에 관하여 필요한 사항은 감사원규칙으로 정한다.

제52조의2【감사결과 등의 국회 제출】 ① 공기업·준정부기관은 다음 각 호에 해당하는 사항을 국회 소관 상임위원회에 지체 없이 제출하여야 한다.
1. 감사나 감사위원회가 실시한 감사결과를 종합한 감사보고서
2. 제52조에 따라 감사원이 실시한 감사에서 지적된 사항과 처분요구사항 및 그에 대한 조치 계획
② 기획재정부장관은 제36조제1항에 따라 실시한 감사나 감사위원회 감사위원의 직무수행실적 평가 결과를 국회에 지체 없이 제출하여야 한다.
(2008.12.31 본조신설)

제4장의2 비위행위자에 대한 조치
(2018.3.27 본장신설)

제52조의3【비위행위자에 대한 수사 의뢰 등】 ① 공공기관은 투명하고 공정한 인사운영 등 윤리경영을 강화하기 위하여 노력하여야 한다.
② 기획재정부장관 또는 주무기관의 장은 공공기관의 임원이 금품비위, 성범죄, 채용비위 등 대통령령으로 정하는 비위행위(이하 "비위행위"라 한다)를 한 사실이 있거나 혐의가 있는 경우로서 제1항에 따른 윤리경영을 저해한 것으로 판단되는 경우 해당 공공기관의 임원에 대하

여 검찰, 경찰 등 수사기관과 감사원 등 감사기관(이하 "수사기관등"이라 한다)에 수사 또는 감사를 의뢰하여야 한다. 이 경우 기획재정부장관 또는 주무기관의 장은 해당 임원의 직무를 정지시키거나 그 임명권자에게 직무를 정지시킬 것을 건의·요구할 수 있다.
③ 기획재정부장관 또는 주무기관의 장은 제2항에 따른 수사기관등의 수사 또는 감사 결과에 따라 필요한 경우 해당 공공기관 임원을 해임하거나 그 임명권자에게 해임을 건의·요구할 수 있다. 다만, 운영위원회의 심의·의결을 거쳐 임명된 임원을 해임하거나 그 임명권자에게 해임을 건의하는 경우에는 운영위원회의 심의·의결을 거쳐야 한다.
제52조의4【채용비위 행위자 명단 공개】① 기획재정부장관 또는 주무기관의 장은 공공기관의 임원이 비위행위 중 채용비위와 관련하여 유죄판결이 확정된 경우로서 「특정범죄 가중처벌 등에 관한 법률」 제2조에 따라 가중처벌되는 경우 운영위원회의 심의·의결을 거쳐 그 인적사항 및 비위행위 사실 등을 공개할 수 있다.
② 제1항에 따른 명단 공개의 구체적인 내용 및 절차 등에 필요한 사항은 대통령령으로 정한다.
제52조의5【채용비위 관련자 합격취소 등】① 기획재정부장관 또는 주무기관의 장은 공공기관의 임원이 비위행위 중 채용비위와 관련하여 유죄판결이 확정된 경우 해당 채용비위로 인하여 채용시험에 합격하거나 승진 또는 임용된 사람에 대하여는 운영위원회의 심의·의결을 거쳐 해당 공공기관의 장에게 합격·승진·임용의 취소 또는 인사상의 불이익 조치(이하 "합격취소등"이라 한다)를 취할 것을 요청할 수 있다. 이 경우 운영위원회는 심의·의결을 하기 전에 그 내용과 사유를 당사자에게 통지하여 소명할 기회를 주어야 한다.
② 제1항에 따른 합격취소등의 기준·내용 및 소명 절차 등에 필요한 사항은 대통령령으로 정한다.
제52조의6【인사감사 등】① 기획재정부장관 또는 주무기관의 장은 비위행위 중 채용비위의 근절 등을 위하여 대통령령으로 정하는 바에 따라 공공기관의 인사운영의 적정성을 감사(이하 이 조에서 "인사감사"라 한다)할 수 있으며, 필요한 경우 관계 서류를 제출하도록 요구할 수 있다.(2020.6.9 본항개정)
② 기획재정부장관 또는 주무기관의 장은 인사감사 결과 위법 또는 부당한 사실이 발견되면 지체 없이 해당 공공기관의 장에게 그 시정(是正)과 관련자에 대한 인사상의 조치 등을 요구하여야 한다.
③ 공공기관의 장은 제2항에 따른 요구가 있을 경우 정당한 사유가 없으면 이를 즉시 이행하고 그 이행결과를 기획재정부장관 또는 주무기관의 장에게 통보하여야 한다.

제5장 보 칙

제53조【벌칙 적용에서의 공무원 의제】공공기관의 임직원, 운영위원회의 위원과 임원추천위원회의 위원으로서 공무원이 아닌 사람은 「형법」 제129조(수뢰, 사전수뢰)부터 제132조(알선수뢰)까지의 규정을 적용할 때에는 공무원으로 본다.(2020.6.9 본조개정)
제53조의2【수사기관등의 수사 개시·종료 통보】수사기관등은 공공기관의 임직원에 대하여 직무와 관련된 사건에 관한 조사나 수사를 시작한 때와 이를 마친 때에는 10일 이내에 공공기관의 장에게 해당 사실과 결과를 통보하여야 한다.(2018.3.27 본조개정)
제53조의3【의원면직의 제한】① 공공기관 임원의 임명권자 또는 제청권자는 의원면직을 신청한 임원이 다음 각 호의 어느 하나에 해당하는 경우에는 의원면직을 허용하지 아니할 수 있다. 다만, 제1호, 제2호 및 제4호의 경우에는 그 비위의 정도가 「국가공무원법」 제79조에 따른 파면·해임·강등·정직에 준하는 징계에 해당한다고 판단되는 경우로 한정한다.
1. 비위와 관련하여 형사사건으로 기소 중인 경우
2. 검찰, 경찰 등 수사기관과 감사원 등 감사기관에서 비위와 관련하여 수사 또는 감사 중인 경우
3. 해당 기관의 징계위원회에 중징계의결이 요구 중인 경우
4. 해당 기관의 감사부서 등에서 비위와 관련하여 감사 또는 조사 중인 경우
② 공공기관 임원의 임명권자는 제1항에 따라 의원면직이 허용되지 아니한 임원에 대하여 직무를 정지할 수 있으며, 공공기관 임원의 제청권자는 해당 임원에 대하여 직무를 정지하거나 그 임명권자에게 직무를 정지할 것을 건의·요구할 수 있다.
(2018.12.31 본조개정)
제54조【소수주주권의 행사 등】주식이 대통령령으로 정하는 증권시장에 상장되지 아니한 공기업·준정부기관에 대한 소수주주권의 행사와 주주제안에 관하여는 「상법」 제542조의6을 준용한다.(2013.5.28 본조개정)

제6장 벌 칙
(2009.3.25 본장신설)

제55조【벌칙】① 회계감사인, 회계감사인에 소속된 공인회계사, 감사 또는 회계감사인선임위원회의 위원(감사위원회가 설치된 경우에는 감사위원회의 위원을 말한다)이 그 직무에 관하여 부정한 청탁을 받고 금품이나 이익을 받거나 요구 또는 약속한 경우에는 3년 이하의 징역 또는 3천만원 이하의 벌금에 처한다. 다만, 벌금형에 처하는 경우 그 직무와 관련하여 얻는 경제적 이익의 5배에 해당하는 금액이 3천만원을 초과하면 그 직무와 관련하여 얻는 경제적 이익의 5배에 상당하는 금액 이하의 벌금에 처한다.
② 제1항에서 규정하는 금품이나 이익을 약속·제공 또는 제공의 의사를 표시한 자도 제1항과 같다.
③ 제1항과 제2항에서 규정하는 금품이나 이익은 몰수한다. 그 전부 또는 일부를 몰수할 수 없으면 그 가액(價額)을 추징한다.
제56조【벌칙】①「상법」 제635조제1항에 규정된 자나 그 밖에 공기업·준정부기관의 회계업무를 담당하는 자가 제39조제1항에 따른 회계처리의 원칙을 위반하여 거짓으로 재무제표를 작성·공시한 경우 5년 이하의 징역 또는 5천만원 이하의 벌금에 처한다.
②「상법」 제635조제1항에 규정된 자나 그 밖에 공기업·준정부기관의 회계업무를 담당하는 자, 회계감사인 또는 그에 소속된 공인회계사가 다음 각 호의 어느 하나에 해당하는 행위를 하면 3년 이하의 징역 또는 3천만원 이하의 벌금에 처한다.
1. 정당한 사유 없이 회계감사인을 선임하지 아니한 경우
2. 감사의견서에 기재하여야 할 사항을 기재하지 아니하거나 거짓으로 기재를 한 경우
3. 제43조의3제4항을 위반하여 비밀을 누설한 경우 (2011.7.25 본호개정)
4. 결산서를 작성하지 아니한 경우
③「상법」 제635조제1항에 규정된 자나 그 밖에 공기업·준정부기관의 회계업무를 담당하는 자가 다음 각 호의 어느 하나에 해당하는 행위를 하면 2년 이하의 징역 또는 2천만원 이하의 벌금에 처한다.
1. 회계감사인 또는 그에 소속된 공인회계사에게 거짓 자료를 제시하거나 거짓이나 그 밖의 부정한 방법으로 회계감사인의 정상적인 회계감사를 방해한 경우
2. 정당한 사유 없이 제43조의3제3항에 따른 회계감사인의 열람, 등사, 자료제출 등의 요구 또는 조사를 거부·방해·기피하거나 관련 자료를 제출하지 아니한 경우 (2011.7.25 본호개정)
3. 제43조제1항을 위반하여 회계감사인에게 결산서를 제출하지 아니한 경우

부 칙

제1조【시행일】이 법은 2007년 4월 1일부터 시행한다. 다만, 제9조의 규정에 따른 운영위원회의 구성과 이 법 시행 후 최초로 이 법의 적용을 받을 공기업·준정부기관과 기타공공기관의 지정에 필요한 행위는 이 법 시행 전에 할 수 있다.
제2조【다른 법률의 폐지】다음 각 호의 법률은 이를 각각 폐지한다.
1.「정부투자기관 관리기본법」
2.「정부산하기관 관리기본법」
제3조【공공기관 등의 최초 지정 및 구분】① 기획예산처장관은 이 법 시행과 동시에 주무기관의 장과의 협의와 운영위원회의 심의·의결을 거쳐 이 법의 적용을 받는 공기업·준정부기관 및 기타공공기관을 지정하여 고시한다.
② 기획예산처장관은 제1항의 규정에 따라 공기업·준정부기관을 최초로 지정하여 고시하는 경우에는 이 법 시행 당시 「정부투자기관 관리기본법」, 「정부산하기관 관리기본법」 및 「공기업의 경영구조개선 및 민영화에 관한 법률」의 적용 대상 기관 중 직원 정원이 50인 이상인 기관 중에서 지정하여 고시한다.
제4조【경과조치】① 제9조제2항의 규정에 불구하고 운영위원회의 위원 중 제9조제1항제4호의 규정에 따라 최초로 위촉되는 위원의 임기는 3년·2년·1년으로 각각 달리 정할 수 있다.
② 제31조제5항의 규정에 불구하고 이 법 시행 후 최초로 지정되는 공기업 또는 준정부기관의 기관장이 임명 당시 임명과 관련하여 체결한 경영 및 성과에 관한 계약은 이 법에 따라 주무기관의 장과 기관장이 체결한 계약으로 본다.
③ 제46조제2항의 규정에 불구하고 이 법 시행 후 최초로 지정되는 공기업 또는 준정부기관이 이 법 시행 당시 설정한 경영목표는 이 법에 따라 설정된 것으로 본다.
④ 제48조제1항 단서의 규정에 불구하고 이 법 시행 후 최초로 지정되는 공기업·준정부기관의 경영실적 보고 및 경영실적 평가는 「정부투자기관 관리기본법」 및 「정부산하기관 관리기본법」의 관련 규정을 적용하여 이를 실시한다.
⑤ 이 법 시행 당시 종전의 정부투자기관운영위원회 및 정부산하기관운영위원회가 의결한 사항은 이 법에 따른 운영위원회가 의결한 것으로 본다.
제5조【다른 법령과의 관계】이 법 시행 당시 다른 법령에서 정부투자기관 또는 정부산하기관을 인용하고 있는 경우에는 2009년 12월 31일까지는 각각 이 법 시행 당시 「정부투자기관 관리기본법」 또는 「정부산하기관 관리기본법」에 따라 정부투자기관 또는 정부산하기관으로 확정된 기관을 인용한 것으로 본다.(2009.1.30 본조개정)

부 칙 (2009.3.25)

①【시행일】이 법은 2010년 1월 1일부터 시행한다. 다만, 법률 제9277호 공공기관의 운영에 관한 법률 일부개정법률 제25조·제34조 및 제48조의 개정규정(이 법에 따라 개정된 부분에 한한다)은 공포 후 3개월이 경과한 날부터 시행한다.
②**【회계감사, 회계감사인의 선임 및 회계감사인 등의 손해배상책임 등에 관한 적용례】**제43조·제43조의2 및 제43조의3의 개정규정은 2010회계연도 결산분부터 적용한다.
③**【경영평가단 구성·운영에 관한 적용례】**법률 제9277호 공공기관의 운영에 관한 법률 일부개정법률 제48조의 개정규정(이 법에 따라 개정된 부분에 한한다)은 이 법 시행 후 최초로 실시하는 경영실적 평가 분부터 적용한다.

부 칙 (2018.3.27)

제1조【시행일】이 법은 공포 후 6개월이 경과한 날부터 시행한다.
제2조【기타공공기관의 세부분류 등을 위한 준비행위】기획재정부장관은 이 법 시행 전에 제5조의 개정규정에 따른 기타공공기관의 세분 및 관련 정책 등의 수정·보완·협의 등을 위하여 필요한 준비를 할 수 있다.
제3조【예비타당성조사 결과 관련 자료의 공개에 관한 적용례】제40조의2의 개정규정은 이 법 시행 후 실시하는 예비타당성조사부터 적용한다.
제4조【비위행위자 수사 의뢰 등에 관한 적용례】제52조의3부터 제52조의6까지의 개정규정은 이 법 시행 후 최초로 제52조의3제2항의 개정규정에 따른 비위행위를 한 경우부터 적용한다.

부 칙 (2018.12.31)

제1조【시행일】이 법은 공포 후 6개월이 경과한 날부터 시행한다.
제2조【기관장의 직무 대행에 관한 적용례】제32조제3항의 개정규정은 이 법 시행 후 최초로 구속되는 자부터 적용한다.
제3조【확정·변경된 예산 자료제출에 대한 적용례】제40조제8항의 개정규정은 이 법 시행 후 최초로 확정되거나 변경된 예산부터 적용한다.
제4조【경영실적 평가에 대한 적용례】제48조제1항 및 제4항의 개정규정은 이 법 시행 후 최초로 실시하는 경영실적 평가부터 적용한다.
제5조【의원면직의 제한에 관한 적용례】제53조의3의 개정규정은 이 법 시행 후 최초로 의원면직을 신청하는 경우부터 적용한다.

부 칙 (2020.3.31 법17128호)

제1조【시행일】이 법은 2021년 1월 1일부터 시행한다.
제2조【운영위원회 회의록 공개에 관한 적용례】제10조제6항의 개정규정은 이 법 시행 이후 최초로 열리는 회의부터 적용한다.
제3조【임원후보자 추천 기준에 관한 적용례】제30조제2항의 개정규정은 이 법 시행 이후 최초로 추천하는 사람부터 적용한다.
제4조【당연퇴직에 관한 적용례】제34조제2항제1호의 개정규정은 이 법 시행 이후 파산선고를 받거나 형의 선고유예를 받은 사람부터 적용한다.
제5조【공공기관의 지정에 관한 경과조치】이 법 시행 당시 종전의 규정에 따라 지정된 공공기관은 제5조의 개정규정에 따라 지정된 것으로 본다.
제6조【임원후보자 추천에 관한 경과조치】이 법 시행 당시 종전의 규정에 따라 추천한 사람은 제30조제2항의 개정규정에도 불구하고 종전의 규정에 따른다.

부 칙 (2020.3.31 법17153호)

제1조【시행일】이 법은 공포 후 6개월이 경과한 날부터 시행한다.(이하 생략)

부 칙 (2020.6.9)

이 법은 공포한 날부터 시행한다.(이하 생략)

부 칙 (2022.2.3)

제1조【시행일】이 법은 공포 후 6개월이 경과한 날부터 시행한다.
제2조【공기업 및 준정부기관 임원의 임면에 관한 준비행위】공기업 및 준정부기관은 이 법 시행 전에 제25조 및 제26조의 개정규정의 시행을 위하여 비상임이사 추천 또는 동의 방식 및 절차 등을 마련할 수 있다.
제3조【공기업 및 준정부기관 임원의 임면에 관한 적용례】제25조 및 제26조의 개정규정은 이 법 시행 이후 임원을 임명하는 경우부터 적용한다.

공공감사에 관한 법률

(약칭 : 공공감사법)

(2010년 3월 22일
법 률 제10163호)

개정
2013. 3.23법11690호(정부조직)
2014.11.19법12844호(정부조직)
2015. 2. 3법13205호
2017. 7.26법14839호(정부조직)
2021. 1.12법17893호(지방자치)

제1장 총 칙

제1조【목적】 이 법은 중앙행정기관, 지방자치단체 및 공공기관의 자체감사기구의 구성 및 운영 등에 관한 기본적인 사항과 효율적인 감사체계의 확립에 필요한 사항을 정함으로써 중앙행정기관, 지방자치단체 및 공공기관의 내부통제제도를 내실화하고 그 운영의 적정성, 공정성 및 국민에 대한 책임성을 확보하는 데 이바지함을 목적으로 한다.

제2조【정의】 이 법에서 사용하는 용어의 뜻은 다음과 같다.

1. "자체감사"란 중앙행정기관, 지방자치단체 및 공공기관의 감사기구의 장이 그 소속되어 있는 기관(그 소속기관 및 소관 단체를 포함한다) 및 그 기관에 속한 자의 모든 업무와 활동 등을 조사·점검·확인·분석·검증하고 그 결과를 처리하는 것을 말한다.
2. "중앙행정기관"이란 「정부조직법」 제2조에 따른 부·처·청과 감사원, 국가인권위원회, 국민권익위원회, 공정거래위원회, 금융위원회, 방송통신위원회 및 그 밖에 대통령령으로 정하는 기관을 말한다.
3. "지방자치단체"란 특별시·광역시·도(제주특별자치도를 제외한다. 이하 같다)·시·군·자치구 및 특별시·광역시·도의 교육청을 말한다.
4. "공공기관"이란 「공공기관의 운영에 관한 법률」 제4조에 따라 지정된 기관(같은 법 제5조제4항에 따른 기타공공기관으로서 직원의 정원이 100명 미만인 기관은 제외한다)과 「감사원법」 제22조제1항 및 제23조에 따른 감사원 감사의 대상기관으로서 대통령령으로 정하는 기관 또는 단체를 말한다.
5. "자체감사기구"란 중앙행정기관, 지방자치단체 및 공공기관에 설치되어 자체감사를 수행하는 기관 또는 부서를 말한다.
6. "감사기구의 장"이란 자체감사기구의 업무를 총괄하고 감사담당자를 지휘·감독하는 사람 및 제6조제1항에 따른 합의제감사기구를 말한다.
7. "감사담당자"란 자체감사기구에 소속되어 감사활동을 수행하는 사람을 말한다.

제3조【적용 범위】 ① 이 법은 자체감사활동 및 이에 따른 감사활동체계 등에 관하여 중앙행정기관, 지방자치단체 및 공공기관(이하 "중앙행정기관등"이라 한다)에 대하여 적용한다. 다만, 다른 법률에 자체감사기구의 설치에 관하여 특별한 규정이 있는 중앙행정기관등에 대하여는 제5조제2항을 적용하지 아니한다.

② 제33조, 제34조 및 제36조제2항은 「지방자치법」 제185조에 따른 위임사무의 감사, 같은 법 제190조에 따른 자치사무의 감사 및 「물품관리법」 제7조제3항제1호에 따른 감사에 대하여 적용한다. 이 경우 제33조 및 제36조제2항 중 "감사기구의 장"은 "중앙행정기관등의 장"으로 본다. (2021.1.12 전단개정)

제4조【다른 법령과의 관계】 중앙행정기관등의 자체감사기구의 운영 및 감사활동체계 등에 관하여 다른 법령에 이 법과 다른 규정이 있는 경우에는 이 법에 따른다.

제2장 자체감사의 운영

제1절 자체감사기구

제5조【자체감사기구의 설치】 ① 중앙행정기관등에는 자체감사기구를 둔다. 다만, 중앙행정기관등의 규모, 관장 사무 또는 자체감사 대상기관의 수 등을 고려하여 관계 법령에서 정하는 경우에는 자체감사업무를 전담하여 수행하는 자체감사기구로 두어야 한다.

② 중앙행정기관등은 관계 법령, 조례 또는 정관으로 정하는 바에 따라 자체감사기구를 합의제감사기구로 둘 수 있다.

③ 중앙행정기관등은 자체감사에 관하여 중앙행정기관등의 장 또는 감사기구의 장의 자문에 응하게 하기 위하여 대통령령으로 정하는 바에 따라 감사자문위원회를 둘 수 있다.

제6조【합의제감사기구의 운영】 ① 제5조제2항에 따른 합의제감사기구는 위원장 1명을 포함한 3명 이상 7명 이하의 위원으로 구성한다.

② 합의제감사기구 위원의 임용, 임기, 자격, 직급, 결격사유 및 직무 등에 관한 사항은 제8조부터 제15조까지, 제20조, 제28조제2항, 제29조, 제38조제3항 및 제39조제5항의 감사기구의 장에 관한 규정을 준용한다. 다만, 공공기관의 합의제감사기구의 위원에 대하여는 제8조부터 제11조까지 및 제13조부터 제15조까지의 규정을 준용하지 아니한다.

③ 제1항 및 제2항에서 규정한 사항 외에 합의제감사기구의 구성·운영 등에 필요한 사항은 대통령령으로 정한다.

제7조【감사기구의 장의 독립성 보장】 ① 중앙행정기관등의 감사기구의 장은 자체감사활동에서 독립성이 최대한 보장되어야 한다.

② 중앙행정기관 및 지방자치단체의 감사기구의 장은 감사활동의 독립성이 보장될 수 있도록 관계 법령에서 정하는 바에 따라 그 소속이 적정하게 정하여져야 한다.

제2절 감사기구의 장

제8조【감사기구의 장의 임용】 ① 제5조제1항에 따라 자체감사를 전담하는 자체감사기구를 두는 중앙행정기관 및 지방자치단체의 장은 감사기구의 장을 개방형 직위로 임용한다. 이 경우 감사기구의 장의 임용에 관하여는 「국가공무원법」 제28조의4제2항·제4항 또는 「지방공무원법」 제29조의4제2항·제4항·제5항을 준용한다.

② 중앙행정기관의 장 및 지방자치단체의 장은 제1항에 따라 감사기구의 장을 임용하거나 임용제청할 때에는 관계 법령에서 정하는 바에 따라 그 적격 여부를 공정하게 심사하기 위한 합의제 기구를 설치·운영하고, 그 심사를 거쳐야 한다.

제9조【감사기구의 장의 임기】 ① 제8조제1항에 따라 개방형 직위로 하는 중앙행정기관 및 지방자치단체의 감사기구의 장의 임기는 5년의 범위에서 임용권자가 정하되, 최소한 2년 이상으로 하여야 한다.

② 중앙행정기관 및 지방자치단체의 감사기구의 장의 임용권자는 개방형직위에 임용된 감사기구의 장에 대하여 제39조제1항에 따른 심사결과 및 직무수행 실적을 고려하여 계속 근무하게 하여야 할 필요가 있는 경우에는 총 임용기간이 5년을 넘지 아니하는 범위에서 제1항에 따른 임용기간을 연장할 수 있다. 이 경우 제8조제1항 후단 및 제2항에 따른 임용절차를 거치지 아니할 수 있다.

제10조【감사기구의 장의 신분보장】 중앙행정기관 및 지방자치단체의 감사기구의 장의 임용권자는 감사기구의 장이 다음 각 호의 어느 하나에 해당하는 경우를 제외하고는 임기(감사기구의 장이 개방형 직위가 아닌 경우에는 2년을 말한다) 내에 그의 의사에 반하여 채용계약을 해지하거나 다른 직위에 임용할 수 없다.

1. 신체상 또는 정신상의 장애로 직무를 수행할 수 없게 된 경우
2. 승진임용의 경우
3. 휴직의 경우
4. 제15조에 따른 결격사유에 해당하는 경우
5. 제39조제5항에 따른 교체권고의 대상이 된 경우
6. 징계처분이나 직위해제처분을 받은 경우

제11조【감사기구의 장의 자격】 ① 제5조제1항에 따라 자체감사를 전담하는 자체감사기구를 두는 중앙행정기관 및 지방자치단체의 감사기구의 장은 다음 각 호의 사람 중에서 임용한다.

1. 중앙행정기관 또는 지방자치단체에서 감사·수사·법무, 예산·회계, 조사·기획·평가 등의 업무(이하 이 조에서 "감사 관련 업무"라 한다)를 3년 이상 담당한 사람으로서 5급 이상 또는 이에 상당하는 공무원으로 근무한 경력이 있는 사람
2. 판사, 검사, 변호사 또는 공인회계사로서 3년 이상 근무한 경력이 있는 사람
3. 「고등교육법」 제2조제1호부터 제5호까지의 규정에 따른 학교에서 감사 관련 업무와 직접 관련이 있는 분야에서 조교수 이상으로 3년 이상 재직한 경력이 있는 사람
4. 공공기관 또는 「자본시장과 금융투자업에 관한 법률」 제9조제15항제4호에 따른 주권상장법인에서 감사 관련 업무를 3년 이상 담당한 사람으로서 임용예정직위에 상당하는 부서의 책임자 이상으로 근무한 경력이 있는 사람
5. 공공 또는 민간연구기관에서 감사 관련 업무를 3년 이상 담당한 사람으로서 임용예정직위에 상당하는 부서의 책임자 이상으로 근무한 경력이 있는 사람
6. 그 밖에 해당 기관의 관장 사무에 따라 기술·보건·세무 또는 환경 등의 분야에 전문성을 갖춘 사람으로서 대통령령으로 정하는 자격을 가진 사람

② 제5조제1항에 따라 자체감사를 전담하는 자체감사기구를 두지 아니하는 중앙행정기관 및 지방자치단체의 감사기구의 장의 자격은 기관의 규모, 관장 사무와 자체감사기구가 자체감사업무와 같이 수행하는 업무 등을 고려하여 대통령령으로 정한다.

제12조【감사기구의 장의 임무 등】 ① 감사기구의 장은 제37조에 따른 감사기준과 감사활동수칙을 준수하고, 자체감사 대상기관의 회계와 사무 및 그 소속 공무원이나 직원의 직무를 독립적으로 감사한다.

② 감사기구의 장은 자체감사 대상기관 소속 공무원이나 직원의 부정·비리 행위를 예방하기 위하여 노력하여야 한다.

제13조【겸직 등의 금지】 ① 중앙행정기관 및 지방자치단체의 감사기구의 장은 소관 자체감사 대상기관의 공무원 또는 임직원의 직(職)을 겸하거나, 공무 외에 영리를 목적으로 하는 업무에 종사하지 못하며, 소속 기관장의 허가 없이 다른 직무를 겸할 수 없다.

② 제1항에 따른 영리를 목적으로 하는 업무의 한계는 「국가공무원법」 제64조제2항 및 「지방공무원법」 제56조제2항을 준용한다.

제14조【감사기구의 장의 직급】 중앙행정기관 및 지방자치단체의 감사기구의 장의 직급은 자체감사 대상기관의 수, 소속 공무원의 규모, 예산 규모 및 업무량 등을 고려하여 해당 자체감사기구의 규모에 따라 업무수행의 독립성이 보장되도록 관계 법령 또는 조례에 따라 적정하게 부여하여야 한다.

제15조【결격사유】 ① 다음 각 호의 사람은 중앙행정기관 및 지방자치단체의 감사기구의 장이 될 수 없다.

1. 감사기구의 장을 임용하려는 중앙행정기관 및 지방자치단체의 주요 업무와 밀접한 관련이 있는 법인 또는 단체의 임직원으로 근무하다가 퇴직한 후 2년이 지나지 아니한 사람
2. 정직 이상의 징계 또는 문책(제4호에 따른 징계 또는 문책은 제외한다)을 받은 날부터 3년(파면 또는 문책에 따른 퇴직의 경우에는 5년으로 한다)이 지나지 아니한 사람
3. 정직 미만의 징계 또는 문책(제4호에 따른 징계 또는 문책은 제외한다)을 받은 날부터 2년이 지나지 아니한 사람
4. 「형법」 제129조부터 제133조까지, 제355조 및 제356조에 해당하는 행위로 징계, 문책 또는 벌금 이상의 형벌을 받은 사람

② 중앙행정기관 및 지방자치단체의 감사기구의 장이 제1항 각 호에 해당하게 되거나, 임명 당시 그에 해당하였던 것으로 밝혀지면 그 직에서 교체된다.

③ 제1항제1호에 따른 주요 업무와 밀접한 관련성의 범위에 관한 사항은 대통령령으로 정한다.

제3절 감사담당자

제16조【감사담당자의 임용】 ① 중앙행정기관 및 지방자치단체의 장은 감사업무에 대한 전문성과 그 직무수행에 필요한 자질과 적성을 갖춘 사람을 감사담당자로 임용하여야 한다. 이 경우 감사담당자가 갖추어야 하는 최소한의 자격요건은 대통령령으로 정한다.

② 중앙행정기관 및 지방자치단체의 장이 감사담당자를 임용할 때에는 해당 감사기구의 장 또는 제5조제2항에 따른 합의제감사기구의 의견을 들어야 하고, 감사담당자의 장기근속 방안을 마련하여야 한다.

제17조【결격사유】 다음 각 호의 사람은 중앙행정기관 및 지방자치단체의 감사담당자가 될 수 없다.

1. 「국가공무원법」 제33조 각 호 또는 「지방공무원법」 제31조 각 호의 어느 하나에 해당하는 사람
2. 정직 이상의 징계 또는 문책(제4호에 따른 징계 또는 문책은 제외한다)을 받은 날부터 3년(파면 또는 문책에 따른 퇴직의 경우에는 5년으로 한다)이 지나지 아니한 사람
3. 정직 미만의 징계 또는 문책(제4호에 따른 징계 또는 문책은 제외한다)을 받은 날부터 2년이 지나지 아니한 사람
4. 「형법」 제129조부터 제133조까지, 제355조 및 제356조에 해당하는 행위로 징계, 문책 또는 벌금 이상의 형벌을 받은 사람

제18조【감사담당자의 우대】 중앙행정기관등의 장은 관계 법령, 자치법규 또는 정관 등에서 정하는 바에 따라 감사담당자에 대하여 근무성적평정, 임용 등에서 우대할 수 있다.

제3장 자체감사활동

제19조【자체감사계획의 수립·실시】 ① 감사기구의 장은 자체감사 대상기관에 대한 감사계획을 수립하여 자체감사를 하여야 한다.

② 제1항에 따라 하는 자체감사의 종류, 감사계획의 수립, 자체감사 대상기관에 대한 감사계획 통보 등에 관하여 필요한 사항은 대통령령으로 정한다.

제20조【자료 제출 요구】 ① 감사기구의 장은 자체감사를 위하여 필요할 때에는 자체감사 대상기관 또는 그 소속 공무원이나 직원에 대하여 다음 각 호의 조치를 할 수 있다.

1. 출석·답변의 요구(「정보통신망 이용촉진 및 정보보호 등에 관한 법률」에 따른 정보통신망을 이용한 요구를 포함한다)
2. 관계 서류·장부 및 물품 등의 제출 요구

3. 전산정보시스템에 입력된 자료의 조사
4. 금고·창고·장부 및 물품 등의 봉인 요구
② 제1항 각 호에 따른 조치는 감사에 필요한 최소한도에 그쳐야 한다.
③ 제1항 각 호에 따른 조치를 요구받은 자체감사 대상기관 및 그 소속 공무원이나 직원은 정당한 사유가 없으면 그 요구에 따라야 한다.
④ 중앙행정기관등의 장은 자체감사 대상기관이 아닌 중앙행정기관등이 보유한 자료 또는 정보를 이용하지 아니하면 감사를 할 수 없는 경우 해당 중앙행정기관등의 장에게 필요한 자료 또는 정보의 제출을 요청할 수 있다.
⑤ 감사기구의 장 및 감사담당자는 감사를 위하여 제출받은 정보 또는 자료를 감사 목적 외의 용도로 이용할 수 없다.

제21조【실지감사】 감사기구의 장은 자체감사 대상기관에 감사담당자를 보내 실지감사를 할 수 있다.

제22조【일상감사】 ① 감사기구의 장은 자체감사기구가 소속된 기관의 주요 업무 집행에 앞서 그 업무의 적법성·타당성 등을 점검·심사하는 일상감사를 하여야 한다.
② 감사기구의 장은 제1항에 따른 일상감사에 따라 확인된 사항에 대하여는 자체감사를 하지 아니할 수 있다.
③ 제1항에 따른 일상감사의 대상·기준 및 절차 등에 관하여 필요한 사항은 대통령령으로 정한다.

제23조【감사결과의 통보 및 처리】 ① 중앙행정기관등의 장(감사기구의 장이 해당 기관의 집행기관과 독립하여 설치되어 있는 공공기관의 경우에는 감사기구의 장을 말한다. 이하 이 조와 제24조, 제25조, 제32조 및 제34조에서 같다)은 특별한 사정이 없으면 자체감사가 종료된 후 60일 이내에 그 감사결과를 자체감사 대상기관의 장 및 감사원에 통보하여야 한다. 이 경우 감사원에 대한 통보는 특별시·광역시·도의 경우에는 행정안전부장관을, 시·군·자치구의 경우에는 특별시·광역시·도와 행정안전부장관을, 특별시·광역시·도 교육청의 경우에는 교육부장관을, 공공기관의 경우에는 해당 공공기관의 업무를 관장하는 행정기관(이하 "주무기관"이라 한다)의 장을 각각 거쳐야 한다.(2017.7.26 후단개정)
② 제1항에 따른 감사결과에는 「회계관계직원 등의 책임에 관한 법률」 제6조에 따른 변상명령, 징계·문책, 시정, 주의, 개선, 권고, 고발 등의 처분 요구 또는 조치사항이 포함되어야 한다.
③ 제1항에 따라 감사결과를 통보받은 자체감사 대상기관의 장은 정당한 사유가 없으면 감사결과의 조치사항을 이행하고 그 이행결과를 자체감사를 한 중앙행정기관등의 장에게 통보하여야 하며, 그 이행결과를 통보받은 중앙행정기관등의 장은 그 내용을 검토한 후 검토한 내용과 함께 이행결과를 감사원에 지체 없이 통보하여야 한다. 이 경우 감사원에 대한 통보에 관하여는 제1항 후단을 준용한다.
④ 중앙행정기관등의 장은 감사과정에서 자체감사 대상기관이 아닌 기관의 장의 권한에 속하는 사항으로서 위법 또는 부당하다고 인정되는 사실을 발견한 경우에는 감사 종료 후 지체 없이 관련 사실을 해당 기관 및 감사원에 통보하여야 한다.

제23조의2【적극행정에 대한 면책】 ① 자체감사를 받는 사람이 불합리한 규제의 개선 등 공공의 이익을 위하여 업무를 적극적으로 처리한 결과에 대하여 그의 행위에 고의나 중대한 과실이 없는 경우에는 이 법에 따른 징계 요구 또는 문책 요구 등 책임을 묻지 아니한다.
② 제1항에 따른 면책의 구체적인 기준, 운영절차, 그 밖에 필요한 사항은 대통령령으로 정한다.
(2015.2.3 본조신설)

제24조【징계 또는 문책사유의 시효정지】 ① 중앙행정기관등의 장은 특정사건에 대한 조사를 개시한 때와 이를 종료한 때에는 10일 이내에 자체감사 대상기관의 장에게 그 사실을 통보하여야 한다.
② 제1항에 따라 조사 개시의 통보를 받은 기관·단체의 장은 감사가 진행 중인 특정사건에 대하여는 제1항에 따른 조사 개시의 통보를 받은 날부터 징계 또는 문책 절차를 진행하지 못한다.
③ 제2항에 따라 징계 또는 문책 절차를 진행하지 못하여 법령 또는 해당 기관·단체가 정한 징계 또는 문책 사유의 시효기간이 만료되거나 시효의 남은 기간이 1개월에 못 미치게 될 때에는 그 시효기간은 제1항에 따른 조사종료의 통보를 받은 날 또는 제23조제2항에 따라 처분 요구 또는 조치사항을 통보받은 날(제25조제1항에 따라 재심의를 신청하였을 때에는 그 결과를 통보받은 날을 말한다)부터 1개월이 경과한 날에 만료되는 것으로 본다.

제25조【재심의신청 등】 ① 자체감사를 한 중앙행정기관등의 장으로부터 감사결과를 통보받은 자체감사 대상기관의 장은 그 감사결과가 위법 또는 부당하다고 인정할 때에는 그 통보를 받은 날부터 1개월 이내에 통보를 한 중앙행정기관등의 장에게 재심의를 신청할 수 있다. 다만, 변상명령에 대한 불복에 관하여는 「회계관계직원 등의 책임에 관한 법률」 제6조제3항부터 제5항까지의 규정에 따른다.
② 제1항에 따른 재심의를 신청하는 경우에는 신청이유와 내용을 분명히 밝히고 필요한 증거자료가 있으면 첨부하여야 한다.
③ 제1항에 따라 재심의를 신청받은 중앙행정기관등의 장은 지체 없이 자체감사기구에 재심의신청을 검토하게 하여야 한다. 이 경우 재심의신청이 요건을 갖추지 못하였을 때에는 각하한다.
④ 중앙행정기관등의 장은 제1항에 따른 재심의신청이 이유가 없다고 인정될 때에는 기각하고, 이유가 있다고 인정될 때에는 그 감사결과를 취소하거나 변경하여야 한다.
⑤ 제1항에 따른 재심의신청을 받은 중앙행정기관등의 장은 특별한 사정이 없으면 재심의신청을 접수한 날부터 2개월 이내에 처리하여야 한다.
⑥ 그 밖에 재심의 사건의 심리와 처리 등에 필요한 사항은 대통령령으로 정한다.

제26조【감사결과의 공개】 중앙행정기관등의 감사결과는 원칙적으로 공개한다. 다만, 「공공기관의 정보공개에 관한 법률」 제9조제1항 각 호의 어느 하나에 해당하는 정보는 공개하지 아니할 수 있다.

제27조【외부전문가 등의 참여】 ① 감사기구의 장은 회계·보건·환경·건설 등 전문지식이나 실무경험 등이 요구되는 분야를 감사하는 경우 외부 전문기관 또는 외부전문가를 감사에 참여시킬 수 있다.
② 제1항에 따라 감사에 참여하는 외부 전문기관 또는 외부전문가에게는 예산의 범위에서 수당, 여비 및 그 밖에 필요한 경비를 지급할 수 있다.
③ 제1항에 따라 감사에 참여하는 외부전문가는 제20조부터 제22조까지 및 제29조를 적용할 때에는 감사담당자로 본다.

제28조【감사활동에 필요한 예산 편성】 ① 중앙행정기관등의 장은 자체감사기구의 감사활동에 관한 예산을 편성할 때에는 자체감사기구의 독립성을 최대한 존중하여야 한다.
② 감사기구의 장 및 감사담당자에게는 대통령령으로 정하는 바에 따라 예산의 범위에서 수당과 그 밖에 자체감사에 필요한 경비를 지급할 수 있다.

제29조【비밀유지 의무】 감사기구의 장 및 감사담당자와 그 직에 있었던 자는 직무상 알게 된 비밀을 누설하여서는 아니 된다.

제30조【자체감사기구 간의 협조】 ① 감사기구의 장은 감사활동에 필요한 경우 다른 중앙행정기관등의 감사기구의 장에게 협조를 요청할 수 있다.
② 제1항에 따른 요청을 받은 감사기구의 장은 이에 협조하도록 노력하여야 한다.

제4장 감사활동체계의 개선

제31조【감사활동조정협의회의 설치】 ① 감사원 감사(감사원이 「감사원법」에 따라 하는 감사를 말한다. 이하 같다), 자체감사 및 그 밖에 중앙행정기관등이 「감사원법」 외의 개별 관계 법령에 따라 하는 감사(이하 "감사원 감사등"이라 한다)제도의 개선·발전에 관한 사항을 협의·조정하기 위하여 감사원에 감사활동조정협의회(이하 "협의회"라 한다)를 둔다.
② 협의회는 다음 각 호의 사항을 협의·조정한다.
1. 제30조에 따른 자체감사기구 간의 협조
2. 제32조에 따른 감사활동개선 종합대책
3. 제33조에 따른 중복감사 금지 및 제34조에 따른 감사계획 협의
4. 제37조에 따른 감사기준 등에 관한 사항
5. 그 밖에 자체감사기구 운영 및 효율적인 자체감사활동의 추진과 관련하여 위원장이 필요하다고 인정하는 사항
③ 협의회는 위원장 1명을 포함한 20명 이내의 위원으로 구성한다.
④ 협의회의 위원장은 감사원 사무총장이 되며, 위원은 다음 각 호의 사람이 된다.
1. 중앙행정기관의 감사기구의 장 중 행정안전부장관이 추천하는 2명 및 인사혁신처장이 추천하는 1명
(2017.7.26 본호개정)
2. 「지방자치법」 제182조제1항제1호부터 제4호까지 및 「지방교육자치에 관한 법률」 제42조제1항에 따른 협의체에서 각각 추천하는 지방자치단체의 감사기구의 장 각 1명(2021.1.12 본호개정)
3. 기획재정부장관이 추천하는 공공기관의 감사기구의 장 3명
4. 감사업무에 관한 전문지식과 경험이 풍부한 사람 중에서 기획재정부장관 및 인사혁신처장이 각각 추천하는 민간전문가 각 1명(2014.11.19 본호개정)
5. 감사원장이 지명하는 고위감사공무원단에 속하는 공무원 3명
6. 감사업무에 관한 전문지식과 경험이 풍부한 사람 중에서 감사원장이 위촉하는 사람
⑤ 제1항부터 제4항까지에서 규정한 사항 외에 협의회의 구성·운영 등에 필요한 사항은 감사원규칙으로 정한다.

제32조【감사활동개선 종합대책 등】 ① 중앙행정기관등의 장은 효율적인 자체감사제도의 운영과 자체감사의 성과를 높이기 위하여 자체감사 개선대책을 수립·시행하여야 한다.
② 감사원은 제1항에 따른 자체감사 개선대책을 종합하여 협의회의 협의·조정을 거쳐 감사활동개선 종합대책을 수립·시행한다.
③ 중앙행정기관등의 장은 자체감사기구의 운영과 자체감사활동 추진 시 제2항에 따른 감사활동개선 종합대책을 준수하도록 노력하여야 한다.

제33조【중복감사 금지】 감사기구의 장은 이미 감사원 감사등이 실시된 사안에 관하여는 새로운 사실이 발견되거나 중요한 사항이 누락된 경우 등 대통령령으로 정하는 경우를 제외하고는 자체감사기구의 자체감사 대상에서 제외하고 종전의 감사결과를 활용하여야 한다.

제34조【감사계획 협의】 ① 감사원과 중앙행정기관등의 장은 필요한 경우 중복감사를 방지하고 감사의 효율성을 높이기 위하여 감사계획 등에 관하여 협의한다.
② 제1항에 따른 감사계획 등의 협의 절차·방법 등에 관하여 필요한 사항은 대통령령으로 정한다.

제35조【감사원 감사의 대행】 ① 감사원은 감사원 감사등의 효율성을 높이고 중복감사를 방지하기 위하여 감사원 감사사무(사실의 조사·확인 및 분석 등의 사무로서 국민의 권리·의무와 직접 관계되지 아니하는 사무로 한정한다) 중 일부를 자체감사기구로 하여금 대행하게 하고 그 결과를 제출하게 할 수 있다.
② 제1항에 따라 감사를 받은 기관에 대하여는 감사원 감사의 전부 또는 일부를 하지 아니할 수 있다.
③ 감사원은 제1항에 따른 감사 대행의 활성화계획을 수립·시행한다.
④ 제1항부터 제3항까지의 규정에 따른 감사의 대행, 감사원 감사의 생략, 감사 대행의 활성화계획 수립 등에 필요한 사항은 감사원규칙으로 정한다.

제36조【감사정보시스템】 ① 감사원은 감사 관련 지식과 경험을 공유하고 중복감사방지 등 중앙행정기관등의 자체감사체계 효율화를 위하여 감사정보시스템을 구축·운영할 수 있다.
② 감사기구의 장은 감사계획, 감사결과, 이행결과 등 대통령령으로 정하는 감사활동정보를 감사정보시스템에 입력·관리하여야 하고, 감사원은 그 정보의 공동활용방안을 마련하여야 한다.
③ 제1항에 따른 감사정보시스템의 구축·운영 등에 필요한 사항은 대통령령으로 정한다.

제37조【감사기준 등】 감사원은 이 법에서 규정한 사항 외에 중앙행정기관 및 지방자치단체의 감사기구의 장 및 감사담당자가 자체감사활동을 할 때에 일반적으로 준수하여야 할 감사기준 및 감사활동수칙을 협의회의 협의·조정을 거쳐 감사원규칙으로 정할 수 있다.

제5장 자체감사활동의 지원

제38조【감사원의 자체감사활동 지원 등】 ① 감사원은 자체감사활동의 발전과 효율적인 수행을 위하여 감사계획이나 감사방법에 대한 자문에 응하는 등 필요한 지원을 한다.
② 중앙행정기관등의 장은 필요한 경우 감사원에 감사인력 지원을 요청할 수 있고, 감사원은 감사원의 감사활동에 지장이 없는 범위에서 지원한다.
③ 감사원은 감사 및 회계 분야에 대한 교육 등 감사기구의 장 및 감사담당자의 전문성을 향상시키는 데에 필요한 교육을 한다.
④ 제1항 및 제2항에서 규정한 사항 외의 자체감사기구 지원에 관한 사항과 제3항에 따른 감사전문교육의 내용·방법 등에 관하여 필요한 사항은 감사원규칙으로 정한다.

제39조【자체감사활동의 심사】 ① 감사원은 자체감사기구의 운영실태, 제37조에 따른 감사기준 및 감사활동수칙의 준수 여부, 자체감사활동, 감사결과 및 그 처리 등을 심사할 수 있다.
② 감사원은 제1항에 따른 심사사무의 일부를 다음 각 호의 구분에 따른 소관 기관으로 하여금 각각 수행하게 하고 그 결과를 통보하게 할 수 있다.
1. 특별시·광역시 및 도 : 행정안전부장관(2017.7.26 본호개정)
2. 특별시·광역시 및 도 교육청 : 교육부장관(2013.3.23 본호개정)
3. 시·군 및 자치구 : 행정안전부장관·특별시장·광역시장 또는 도지사(2017.7.26 본호개정)
4. 공공기관 : 주무기관의 장
③ 감사원은 제1항에 따른 심사 결과 자체감사기구의 운영 개선이 필요하다고 인정되는 기관에 대하여는 자체감사 관련 규정의 제정·개정 및 제도의 개선 등의 조치를 하도록 요구할 수 있다.
④ 감사원은 제1항에 따른 심사 결과 자체감사가 적정하게 실시되고 있다고 인정할 때에는 결산 확인 등에 지장

이 없는 범위에서 감사원 감사의 전부 또는 일부를 하지 아니할 수 있다.
⑤ 감사원은 제1항에 따른 심사 결과 감사기구의 장이 감사업무를 현저하게 게을리하고 있다고 인정할 때에는 해당 감사기구의 장의 임용권자 또는 임용제청권자에게 감사기구의 장의 교체를 권고할 수 있다.
⑥ 감사원은 제1항 및 제3항에 따른 심사 결과 등을 국회에 보고하여야 한다.
⑦ 제1항에 따른 심사의 기준, 방법 및 절차와 제5항에 따른 감사기구의 장의 교체권고 등에 필요한 사항은 감사원규칙으로 정한다.

제6장 벌 칙

제40조【벌칙】 제29조에 따른 비밀유지 의무를 위반한 사람은 3년 이하의 징역 또는 2천만원 이하의 벌금에 처한다.
제41조【과태료】 ① 다음 각 호의 어느 하나에 해당하는 사람에게는 500만원 이하의 과태료를 부과한다.
1. 자체감사를 받는 사람으로서 정당한 사유 없이 감사를 거부하거나 자료의 제출요구에 따르지 아니한 사람
2. 정당한 사유 없이 자체감사활동을 방해한 사람
② 제1항에 따른 과태료는 자체감사기구가 소속된 중앙행정기관등의 장(공공기관의 경우에는 주무기관의 장을 말한다)이 부과·징수한다.

부 칙

제1조【시행일】 이 법은 2010년 7월 1일부터 시행한다. 다만, 제22조 및 제27조제3항 중 제22조를 인용하는 부분은 이 법 시행 후 1년이 경과한 날부터 시행한다.
제2조【감사결과의 통보 및 처리 등에 관한 적용례】 제23조부터 제25조까지의 규정은 이 법 시행 후 최초로 하는 자체감사부터 적용한다.
제3조【기존 자체감사기구 등에 대한 경과조치】 ① 이 법 시행 당시 자체감사기구는 이 법에 따른 자체감사기구로 본다. 다만, 중앙행정기관등의 장은 이 법 시행 후 2년 이내에 이 법의 규정에 맞게 자체감사기구를 설치하여야 한다.
② 이 법 시행 당시 감사기구의 장은 이 법에 따른 감사기구의 장으로 본다. 다만, 감사기구의 장 또는 합의제감사기구의 위원의 임용권자 또는 임용제청권자는 이 법 시행 후 1년 이내에 이 법의 규정에 맞게 감사기구의 장 또는 합의제감사기구의 위원을 임용하거나 임용제청하여야 하며, 이 법에 따라 최초로 임용되는 감사기구의 장 또는 합의제감사기구의 위원은 「정부조직법」 제2조제8항에 따른 계약직공무원의 비율에 포함하지 아니한다.
제4조【기존 감사기구의 장 또는 합의제감사기구의 위원의 임기에 관한 경과조치】 이 법 시행 당시 감사기구의 장 또는 합의제감사기구의 위원이 개방형 직위인 경우 그 임기는 종전 임기의 남은 기간으로 한다.

부 칙 (2021.1.12)

제1조【시행일】 이 법은 공포 후 1년이 경과한 날부터 시행한다.(이하 생략)

변상판정 집행절차에 관한 규칙

(2009년 12월 17일 전부개정감사원규칙 제204호)

개정
2015. 7.17감사원규칙278호 2020.11. 2감사원규칙335호

제1조【목적】 이 규칙은 「감사원법」(이하 "법"이라 한다)에 따른 변상판정의 집행절차와 변상판정 사항에 대한 특수관리 방법을 정함으로써 채권관리 등 사후관리를 원활하게 하여 감사결과의 실효성을 확보하는데 목적이 있다.
제2조【적용범위】 법 제31조에 따른 변상판정의 집행절차에 관하여는 법이 정하는 것 이외에는 이 규칙이 정하는 바에 따른다.
제3조【판정문 등본의 송부】 ① 감사원이 변상책임이 있다고 판정하였을 때에는 판정문 등본 2통을 변상책임자의 소속장관(국가기관에 한한다)·감독기관의 장(국가기관 외의 경우에 한한다) 또는 해당기관의 장(소속장관 또는 감독기관의 장이 없거나 분명하지 아니한 경우에 한한다)(이하 "소속장관 등"이라 한다)에게 송부하여야 한다.
② 제1항의 판정문 등본을 송부함에 있어서는 법 제31조제3항에 따른 변상기한을 정하여 이를 통지하여야 한다.
제4조【변상명령서 등의 송달】 ① 소속장관 등이 제3조에 따른 판정문등본을 받았을 때에는 그 중 1통을 별지 제1호서식에 따른 변상명령서와 함께 변상책임자에게 송달하거나 또는 그 변상책임사유 발생당시에 변상책임자가 소속하였던 관서 또는 단체의 장(이하 "소속관서 또는 단체의 장"이라 한다)에게 송부하여 변상책임자에게 송달되도록 하여야 한다.
② 제1항의 송달은 배달증명우편 또는 별지 제2호서식에 따른 송달서로서 한다.
(2015.7.17 본조개정)
제5조【납입고지서의 송달】 제4조에 따른 변상명령서는 「국고금관리법」 제10조에 따른 납입고지서와 함께 변상책임자에게 송달하여야 한다.
제6조【변상기한의 시기】 제3조제2항에 따른 변상기한의 시기(始期)는 판정문등본과 별지 제1호서식에 따른 변상명령서가 변상책임자에게 도달한 날로 한다.
(2015.7.17 본조개정)
제7조【공시송달방법】 ① 소속장관 등은 변상책임자가 법 제31조제4항 각 호의 어느 하나에 해당하는 경우에는 소속관서 또는 단체의 장으로 하여금 해당관서 또는 단체의 게시판이나 그 밖에 적당한 장소에 변상판정문등본과 변상명령서의 내용을 10일간 게시하게 하여야 한다.
② 소속장관 등이 필요하다고 인정하는 경우에는 제1항의 서류의 내용을 관보 또는 신문지상에 공고할 수 있다.
제8조【판정문 등본 등의 송달결과통보】 소속관서 또는 단체의 장은 변상판정문 등본과 변상명령서를 송달하였을 때에는 그 결과를 소속장관 등을 경유하여 감사원에 지체 없이 통보하여야 한다.
제9조【변상전말 등의 보고】 ① 소속관서 또는 단체의 장은 변상책임자가 변상금을 납부하였을 때에는 소속장관 등에게 보고하여야 한다.
② 소속관서 또는 단체의 장은 제3조제2항의 기한 내에 전부 또는 일부가 변상에 이르지 못하였을 때에는 그 전말(顚末) 및 변상책임자의 재산상황과 그 재산소재를 철저히 조사하여 소속장관 등에게 보고하여야 한다.
제10조【변상판정의 강제집행】 ① 소속장관 등은 제9조제2항의 보고를 받았을 때에는 법 제31조제5항에 따라 변상판정의 강제집행을 관계 세무서장 또는 지방자치단체의 장(이하 "세무서장 등"이라 한다)에게 위탁하여야 한다.
(2020.11.2 본항개정)
② 제1항의 위탁은 변상명령서의 등본을 첨부한 별지 제3호서식에 따른 체납처분위탁서로서 한다.(2015.7.17 본항개정)
③ 제1항에서 "관계 세무서장 또는 지방자치단체의 장"이란 변상책임자의 주소지 관할 세무서장 또는 지방자치단체의 장을 말한다.(2020.11.2 본항개정)
제11조【변상금의 처리 및 보고】 ① 제10조에 따라 위탁을 받은 세무서장 등은 체납처분이 완료되었을 때에는 징수한 변상금을 위탁한 소속장관 등이 지정한 소속관서 또는 단체의 장에게 지체 없이 송금하고 그 전말을 위탁한 소속장관 등에게 보고하여야 한다.
② 소속관서 또는 단체의 장은 관계 세무서장 등으로부터 변상금의 송부를 받았을 때에는 그 전말을 소속장관 등에게 보고하여야 한다.
(2020.11.2 본조개정)
제12조【감사원에의 보고】 소속장관 등은 제9조, 제11조에 따른 보고를 받았을 때에는 지체 없이 그 전말을 감사원에 보고하여야 한다.
제13조【특수관리 사항】 ① 소속장관 등은 변상판정 미집행사항 중 다음 각 호의 어느 하나에 해당하는 사항은 감사원장으로부터 특수관리지정을 받아 그 집행에 관하여 특수관리를 할 수 있다.
1. 법 제31조제5항에 따른 강제집행을 위탁한 결과 무재산으로 그 집행이 불가능하였을 때
2. 변상책임자의 봉급 등에서 분할변상하고 있을 때
3. 변상책임자의 주소와 거소가 불명하여 집행이 불가능하다고 판단될 때
② 소속장관 등은 제1항 각 호의 어느 하나에 해당하는 사항으로서 특수관리를 하고자 할 때는 제14조의 구비서류를 첨부하여 별지 제4호서식에 따라 특수관리 지정을 감사원장에게 신청하여야 한다.(2015.7.17 본항개정)
③ 감사원장은 제1항에서 정한 특수관리 요건에 해당되어 특수관리할 필요가 있다고 인정되는 경우 직권으로 특수관리대상으로 지정하여 소속장관 등에게 특수관리를 하게 할 수 있다.
④ 감사원장은 제2항에 따른 신청사항으로서 특수관리를 할 필요가 있다고 인정되는 경우에는 이를 특수관리 사항으로 지정하여 소속장관 등에게 통보한다.
제14조【구비서류】 소속장관 등은 감사원장에게 특수관리를 신청하고자 할 때에는 다음 서류를 구비하여야 한다.
1. 강제집행 불가능한 사람에 대하여는 수탁 세무서장 등의 집행전말 보고(2020.11.2 본호개정)
2. 분할 변상자에 대하여는 분할변상통지서·집행계획서·재직증명 등
3. 행방불명자 등에 대하여는 행정기관에서 발급받은 행방불명 등을 증명할 수 있는 서류
제15조【관리기관 등】 소속장관 등은 그 소관에 속하는 특수관리 사항을 총괄하고, 변상책임자 등이 소속한 기관 또는 소속장관 등이 지정한 기관(이하 "관리기관"이라 한다)이 직접 이를 관리한다. 다만 법 제31조제7항에 따라 감사원장이 관계 세무서장 등에게 위탁한 사항은 감사원이 관리하고 위탁을 받은 세무서장 등은 제11조제1항에 따른 보고를 감사원장에게 하여야 한다.(2020.11.2 단서개정)
제16조【관리방법】 ① 관리기관은 반기 1회 이상 변상책임자의 주소와 재산상황 등을 조사하여 채권관리에 철저를 기하여야 한다.
② 제1항에 따라 변상책임자 등의 주소가 확인되거나 채권의 전부 또는 일부를 변상할 자력이 회복되었을 때는 지체 없이 법 제31조제5항에 따라 관계 세무서장 등에게 강제집행을 위탁하여야 한다.(2020.11.2 본항개정)
제17조【특수관리부】 소속장관 등과 관리기관은 감사원장이 특수관리 대상으로 지정한 사항에 대하여 「개인정보보호법 시행령」 제19조에 따른 주민등록번호 등을 기재한 별지 제5호서식에 따른 특수관리부를 작성·관리하여야 한다.(2015.7.17 본조개정)
제18조【특수관리상황의 보고】 관리기관은 특수관리 사항 중 그 전부 또는 일부가 집행되었을 때에는 지체 없이 그 전말을 소속장관 등을 경유하여 감사원장에게 보고하여야 한다.
제19조【특수관리 지정의 해제】 ① 소속장관 등은 특수관리 사항 중 변상책임자의 사망, 소멸시효의 완성 또는 특수관리 지정일로부터 5년이 경과되어 사실상 채권을 보전할 수 없다고 인정되는 경우에는 「개인정보보호법 시행령」 제19조에 따른 주민등록번호 등을 기재한 별지 제6호서식에 따른 특수관리 전말보고를 첨부하여 감사원장에게 특수관리 지정의 해제를 신청하여야 한다.
(2015.7.17 본항개정)
② 감사원장은 제1항에 따른 해제신청에 따라 또는 직권으로 더 이상 특수관리를 할 필요가 없다고 인정되는 경우에는 특수관리 지정을 해제하고 이를 소속장관 등에게 통보한다.
제20조【관리상황 확인 등】 감사원장은 수시로 소속직원으로 하여금 소속장관 등과 관리기관에 대하여 특수관리 지정 및 관리상황을 확인하게 할 수 있다.

부 칙

① **【시행일】** 이 규칙은 공포한 날로부터 시행한다.
② **【다른 규정과의 관계】** 이 규칙의 시행과 동시에 「감사결과 처분요구사항에 대한 특수관리요령」(법심 01500-169, 1985.5.24.)은 폐지한다.

부 칙 (2020.11.2)

이 규칙은 공포한 날부터 시행한다.

〔별지서식〕 ➡ 「www.hyeonamsa.com」 참조

회계관계직원 등의 책임에 관한 법률(약칭 : 회계직원책임법)

(2001년 4월 7일 전개법률 제6461호)

개정
2002.12.30법 6836호(국고금관리법)
2006.10. 4법 8050호(국가재정법)
2007.10.17법 8636호(국가회계법)
2008. 2.29법 8852호(정부조직)
2009. 3.25법 9515호
2014. 5.28법12687호(지방재정)
2016. 5.29법14197호(지방회계법)

제1조【목적】 이 법은 회계관계직원 등의 책임을 명확히 하고 법령이나 그 밖의 관계 규정 및 예산에 정하여진 바를 위반하는 회계관계행위를 방지함으로써 국가, 지방자치단체, 그 밖에 감사원의 감사를 받는 단체 등이 회계사무를 적정하게 집행하게 하는 것을 목적으로 한다.
(2009.3.25 본조개정)

제2조【정의】 이 법에서 "회계관계직원"이란 다음 각 호의 어느 하나에 해당하는 사람을 말한다.
1. 「국가재정법」, 「국가회계법」, 「국고금관리법」 등 국가의 예산 및 회계에 관계되는 사항을 정한 법령에 따라 국가의 회계사무를 집행하는 사람으로서 다음 각 목의 어느 하나에 해당하는 사람
 가. 수입징수관, 재무관, 지출관, 계약관 및 현금출납 공무원
 나. 유가증권 취급 공무원
 다. 선사용자금출납명령관
 라. 기금의 회계사무를 처리하는 사람
 마. 채권관리관
 바. 물품관리관, 물품운용관, 물품출납 공무원 및 물품사용 공무원
 사. 재산관리관
 아. 국세환급금의 지급을 명하는 공무원
 자. 관세환급금의 지급을 명하는 공무원
 차. 회계책임관
 카. 그 밖에 국가의 회계사무를 처리하는 사람
 타. 가목부터 카목까지에 규정된 사람의 대리자, 분임자(分任者) 또는 분임자의 대리자
2. 「지방재정법」 및 「지방회계법」 등 지방자치단체의 예산 및 회계에 관계되는 사항을 정한 법령에 따라 지방자치단체의 회계사무를 집행하는 사람으로서 다음 각 목의 어느 하나에 해당하는 사람(2016.5.29 본문개정)
 가. 징수관, 재무관, 지출원, 출납원, 물품관리관 및 물품사용 공무원(2014.5.28 본목개정)
 나. 가목에 규정되지 아니한 사람으로서 제1호 각 목에 규정된 사람이 집행하는 회계사무에 준하는 사무를 처리하는 사람
3. 「감사원법」에 따라 감사원의 감사를 받는 단체 등의 회계사무를 집행하는 사람으로서 다음 각 목의 어느 하나에 해당하는 사람
 가. 관계 법령, 정관, 사규(社規) 등에 규정된 사람
 나. 관계 법령, 정관, 사규 등에 따라 임명된 사람
 다. 가목 또는 나목의 대리자, 분임자 또는 분임자의 대리자
4. 제1호부터 제3호까지에 규정된 사람의 보조자로서 그 회계사무의 일부를 처리하는 사람
(2009.3.25 본조개정)

제3조【회계관계직원의 의무】 회계관계직원은 법령, 그 밖의 관계 규정 및 예산에 정하여진 바에 따라 성실하게 직무를 수행하여야 한다.(2009.3.25 본조개정)

제4조【회계관계직원의 변상책임】 ① 회계관계직원은 고의 또는 중대한 과실로 법령이나 그 밖의 관계 규정 및 예산에 정하여진 바를 위반하여 국가, 지방자치단체, 그 밖에 감사원의 감사를 받는 단체 등의 재산에 손해를 끼친 경우에는 변상할 책임이 있다.
② 현금 또는 물품을 출납·보관하는 회계관계직원은 선량한 관리자로서의 주의를 게을리하여 그가 보관하는 현금 또는 물품이 망실(亡失)되거나 훼손(毁損)된 경우에는 변상할 책임이 있다.
③ 제2항의 경우 현금 또는 물품을 출납·보관하는 회계관계직원은 스스로 사무를 집행하지 아니한 것을 이유로 그 책임을 면할 수 없다.
④ 제1항 및 제2항의 경우 그 손해가 2명 이상의 회계관계직원의 행위로 인하여 발생한 경우에는 각자의 행위가 손해발생에 미친 정도에 따라 각각 변상책임을 진다. 이 경우 손해발생에 미친 정도가 분명하지 아니하면 그 정도가 같은 것으로 본다.
(2009.3.25 본조개정)

제5조【변상금액의 감면】 감사원은 「감사원법」 제31조에 따라 변상금액을 정할 때 다음 각 호의 어느 하나에 해당하는 사유가 있는 경우에는 그 금액의 전부 또는 일부를 감면할 수 있다. 다만, 그 손해가 고의에 의하여 발생한 경우에는 감면하지 아니한다.
1. 국가, 지방자치단체, 그 밖에 감사원의 감사를 받는 단체 등이 손해의 발생 및 확대를 방지하지 못한 데에 일부 책임이 있다고 인정되는 경우
2. 회계관계직원의 회계사무의 집행 내용, 손해발생의 원인, 회계관계직원의 과실이 손해발생에 미친 정도, 손해의 확대를 방지하기 위하여 한 노력 등 모든 정황으로 미루어 보아 해당 회계관계직원에게 손해액 전부를 변상하게 하는 것이 적절하지 아니하다고 인정되는 경우
3. 회계관계직원이 평소 예산의 절약이나 회계질서의 확립에 기여한 사실이 있는 경우
(2009.3.25 본조개정)

제6조【감사원의 판정 전의 회계관계직원의 변상책임】 ① 다음 각 호의 어느 하나에 해당하는 사람은 회계관계직원이 제4조에 따른 변상책임이 있다고 인정되는 경우에는 감사원이 판정하기 전이라도 해당 회계관계직원에 대하여 변상을 명할 수 있다.
1. 중앙관서의 장(「국가재정법」 제6조에 따른 중앙관서의 장을 말한다. 이하 같다)
2. 지방자치단체의 장
3. 감독기관(국가기관이나 지방자치단체의 기관이 아닌 경우만 해당한다. 이하 같다)의 장
4. 해당 기관(국가기관이나 지방자치단체의 기관이 아닌 경우로서 감독기관이 없거나 분명하지 아니한 경우만 해당한다. 이하 같다)의 장
② 제1항의 경우 중앙관서의 장, 지방자치단체의 장 또는 감독기관의 장은 필요하다고 인정되면 대통령령으로 정하는 바에 따라 기관별·직위별로 위임 한도액의 범위에서 해당 기관 또는 직위에 있는 사람에게 변상명령의 조치를 하게 할 수 있다.
③ 제1항 또는 제2항에 따라 변상명령을 받은 회계관계직원은 이의가 있으면 감사원장이 정하는 판정청구서에 의하여 감사원에 판정을 청구할 수 있다.
④ 제1항 또는 제2항에 따라 변상명령을 한 자는 감사원이 해당 회계관계직원에 대하여 변상의 책임이 없다고 판정하거나 제5조에 따라 변상금액을 감면한 경우에는 회계관계직원이 이미 낸 변상금의 전부 또는 그 차액을 지체 없이 반환하여야 한다.
⑤ 감사원의 판정에 따른 변상명령서나 제1항 또는 제2항에 따른 변상명령서가 해당 회계관계직원에게 송달된 때에는 시효중단의 효력이 있다.
(2009.3.25 본조개정)

제7조【중앙관서의 장 등의 통지의무】 중앙관서의 장, 지방자치단체의 장, 감독기관의 장 또는 해당 기관의 장은 제4조제1항 또는 제2항에 따른 변상책임이 있는 손해가 발생한 경우에는 지체 없이 기획재정부장관과 감사원에 알려야 한다.(2009.3.25 본조개정)

제8조【위법한 회계관계행위를 지시 또는 요구한 상급자의 책임】 ① 회계관계직원의 상급자가 회계관계직원에게 법령이나 그 밖의 관계 규정 및 예산에 정하여진 바를 위반하는 회계관계행위를 지시하거나 요구함으로써 그에 따른 회계관계행위로 인하여 변상의 책임이 있는 손해가 발생한 경우에는 그 상급자는 회계관계직원과 연대하여 제4조에 따른 변상의 책임을 진다.
② 회계관계직원은 상급자로부터 법령이나 그 밖의 관계 규정 및 예산에 정하여진 바를 위반하는 회계관계행위를 하도록 지시 또는 요구받은 경우에는 서면이나 이에 상당하는 방법으로 이유를 명시하여 그 회계관계행위를 할 수 없다는 뜻을 소속 기관의 장에게 표시하여야 한다.
③ 회계관계직원이 제2항에 따라 회계관계행위를 할 수 없다는 뜻을 표시하였음에도 불구하고 상급자가 다시 그 회계관계직원에게 법령이나 그 밖의 관계 규정 및 예산에 정하여진 바를 위반하는 회계관계행위를 지시하거나 요구한 경우에는 그 회계관계행위로 인한 변상책임은 그 상급자가 진다. 다만, 회계관계직원이 상급자를 속인 경우에는 회계관계직원이 변상책임을 진다.
④ 제1항의 경우에는 제5조 및 제6조를 준용한다.
(2009.3.25 본조개정)

제9조【회계관계직원 등의 대위】 회계관계직원 또는 그 상급자가 변상책임을 이행하여 국가, 지방자치단체, 그 밖에 감사원의 감사를 받는 단체 등의 손해를 보전(補塡)한 경우에는 회계관계직원 또는 그 상급자는 그 범위에서 제3자에 대한 권리에 관하여 국가, 지방자치단체, 그 밖에 감사원의 감사를 받는 단체 등을 대위(代位)한다.
(2009.3.25 본조개정)

부 칙 (2016.5.29)

제1조【시행일】 이 법은 공포 후 6개월이 경과한 날부터 시행한다.(이하 생략)

공인회계사법

(1997年 1月 13日 全改法律 第5255號)

改正
1997.12.13法 5453號(행정절차)
1998. 1.13法 5505號(금융감독)
1999. 2. 5法 5815號(독점적외)
2000. 1.12法 6107號 2001. 3.28法 6426號
2003.12.11法 6994號 2005. 7.29法 7619號
2005.12.29法 7796號(국가공무원)
2008. 2.29法 8863號(금융위원회의설치등에관한법)
2010. 5.17法10303號(은행법)
2011. 6.30法10812號
2011. 7.21法10866號(고등교육)
2015. 7.24法13444號 2016. 3.29法14119號
2017. 4.18法14815號 2017.10.31法15017號
2017.10.31法15022號(주식회사등의외부감사에관한법)
2018. 2.21法15411號 2018.12.31法16181號
2020. 5.19法17291號
2021. 4.20法18113號(피한정후견인결격조항정비를위한일부개정법률)
2021. 4.20法18114號 2023. 3.21法19257號
2023. 7.11法19535號(행정기관정비일부개정법령등)
2023. 9.14法19700號(행정법제혁신을위한일부개정법령등)
2024. 1.16法20055號

第1章 總　則

第1條【目的】 이 法은 公認會計士制度를 확립함으로써 國民의 權益保護와 企業의 건전한 경영 및 國家經濟의 발전에 이바지함을 目的으로 한다.

第2條【職務範圍】 公認會計士는 他人의 위촉에 의하여 다음 各號의 職務를 행한다.
1. 會計에 관한 監査·鑑定·증명·計算·정리·立案 또는 法人設立등에 관한 會計
2. 稅務代理
3. 第1號 및 第2號에 附帶되는 業務

第3條【資格】 公認會計士試驗에 合格한 者는 公認會計士의 資格이 있다.

第4條【缺格事由】 다음 각 호의 어느 하나에 해당하는 者는 公認會計士가 될 수 없다.(2021.4.20 본문개정)
1. 미성년자 또는 피성년후견인(2021.4.20 본호개정)
2. 禁錮이상의 實刑의 宣告를 받고 그 執行이 종료(執行이 종료된 것으로 보는 경우를 포함한다)되거나 그 執行이 免除된 날부터 5年이 경과되지 아니한 者
(2001.3.28 본호개정)
3. 禁錮이상의 刑의 執行猶豫宣告를 받고 그 유예기간이 종료된 날부터 2년이 경과되지 아니한 자(2001.3.28 본호개정)
4. 禁錮이상의 刑의 宣告猶豫를 받고 그 宣告猶豫期間중에 있는 者
5. 破産宣告를 받고 復權되지 아니한 者
6. 彈劾 또는 懲戒處分에 의하여 罷免 또는 解任되거나 이 法 또는 「세무사법」에 의한 懲戒에 의하여 除名 또는 登錄取消된 후 5年이 경과되지 아니한 者(2005.7.29 본호개정)

第2章 試　驗

第5條【公認會計士試驗】 ① 공인회계사시험(이하 "시험"이라 한다)은 금융위원회가 실시하되, 第1次試驗과 第2次試驗으로 이루어진다.(2008.2.29 본항개정)
② 시험의 科目 기타 試驗에 관하여 필요한 사항은 大統領令으로 정한다.(2003.12.11 본항개정)
③ 시험에 응시하고자 하는 자는 다음 각호의 1에 해당하여야 한다.
1. 「고등교육법」 제2조 각호의 규정에 의한 학교, 「평생교육법」 제31조제4항, 제32조제1항 또는 제33조제3항에 따른 학교·사내대학 또는 원격대학 형태의 평생교육시설(이하 "학교"라 한다)에서 일정과목에 대하여 일정학점 이상을 이수한 자(2023.3.21 본호개정)
2. 「학점인정 등에 관한 법률」의 규정에 의하여 일정 과목에 대하여 일정 학점 이상을 이수한 것으로 학점인정을 받은 자(2005.7.29 본호개정)
3. 「독학에 의한 학위취득에 관한 법률」의 규정에 의하여 일정과목에 대하여 일정학점 이상을 이수한 것으로 학점인정을 받은 자(2005.7.29 본호개정)
(2003.12.11 본항신설)
④ 제3항의 규정에 의한 과목의 종류·학점의 수·학점인정의 기준 및 응시자격의 소명방법은 대통령령으로 정한다.(2003.12.11 본항신설)
⑤ 제3항의 규정에 의한 학교의 장 및 학점인정기관의 장은 시험에 응시하고자 하는 자의 응시자격의 유무에 관하여 금융위원회 또는 시험에 응시하고자 하는 자의 확인요청에 응하여야 한다.(2008.2.29 본항개정)

第5條의2【부정행위자에 대한 제재】 ① 금융위원회는 다음 각 호의 어느 하나에 해당하는 사람에 대하여는 해당 시험을 정지시키거나 합격 결정을 취소한다.
1. 부정한 방법으로 시험에 응시한 사람
2. 시험에서 부정한 행위를 한 사람
② 제1항에 따른 처분을 받은 사람은 그 처분이 있은 날부터 5년간 시험에 응시할 수 없다.
(2017.10.31 본조신설)

第6條【試驗의 一部免除】 ① 다음 各號의 1에 해당하는 者에 대하여는 시험중 第1次試驗을 免除한다.(2003.12.11 본문개정)

1. 5급 이상 공무원 또는 고위공무원단에 속하는 일반직공무원으로서 3年 이상 企業會計·會計監査 또는 直接稅 稅務會計에 관한 事務를 담당한 經歷이 있는 者(2005.12.29 본호개정)
2. 대학·전문대학(이에 준하는 학교를 포함한다)의 조교수 이상의 職에서 3年이상 會計學을 敎授한 經歷이 있는 者(2011.7.21 본호개정)
3. 「은행법」 第2條의 規定에 의한 은행 또는 大統領令이 정하는 機關에서 大統領令이 정하는 職級이상의 職에서 5年이상 會計에 관한 事務를 담당한 經歷이 있는 者(2010.5.17 본호개정)
4. 大尉이상의 經理兵科將校로서 5年이상 軍의 經理 또는 會計監査에 관한 事務를 담당한 經歷이 있는 者
5. 第1號 내지 第4號에 規定된 者와 동등이상의 能力이 있다고 인정하여 大統領令으로 정하는 者

② 第1次試驗에 合格한 者에 대하여는 다음 회의 試驗에 한하여 第1次試驗을 免除한다.

③ 다음 각 호의 어느 하나에 해당하는 사람에게는 제1항을 적용하지 아니한다.

1. 탄핵이나 징계처분에 따라 그 직에서 파면되거나 해임된 사람
2. 복무 중 금품 및 향응 수수로 강등 또는 정직에 해당하는 징계처분을 받은 사람

(2015.7.24 본항신설)

第6條의2【공인회계사자격·징계위원회】 ① 공인회계사자격의 취득과 공인회계사의 징계에 관한 다음 각 호의 사항을 심의·의결하기 위하여 금융위원회에 공인회계사자격·징계위원회를 둔다.

1. 공인회계사자격의 취득에 관한 사항
   가. 공인회계사의 시험과목 등 시험에 관한 사항
   나. 시험선발인원의 결정에 관한 사항
   다. 그 밖에 공인회계사자격의 취득에 관한 중요사항
2. 공인회계사의 징계에 관한 사항

② 공인회계사자격·징계위원회는 위원장 1명을 포함한 11명의 위원으로 구성한다.

③ 공인회계사자격·징계위원회의 위원장은 금융위원회 부위원장이 되고, 위원은 다음 각 호의 사람으로 한다.

1. 금융위원회의 3급 이상 공무원 또는 고위공무원단에 속하는 일반직공무원 중에서 금융위원회 위원장이 지명하는 사람 1명
2. 「금융위원회의 설치 등에 관한 법률」에 따른 증권선물위원회(이하 "증권선물위원회"라 한다)의 위원 중에서 증권선물위원회 위원장이 지명하는 사람 1명
3. 「주식회사 등의 외부감사에 관한 법률」에 따라 금융위원회 및 증권선물위원회의 업무를 지원하기 위하여 금융감독원에 둔 회계전문가 1명
4. 공인회계사회 임원 중에서 공인회계사회의 회장이 지명하는 사람 1명
5. 「주식회사 등의 외부감사에 관한 법률」 제5조제4항에 따라 금융위원회로부터 회계처리기준의 제·개정에 관한 업무를 위탁받은 법인 또는 단체의 장이 추천하는 사람 1명
6. 「자본시장과 금융투자업에 관한 법률」 제370조제1항에 따라 금융위원회의 허가를 받아 설립된 한국상장회사협의회의 회장이 추천하는 사람 1명
7. 「상공회의소법」 제34조에 따라 설립된 대한상공회의소의 회장이 추천하는 사람 1명
8. 회계 또는 회계감사 등에 관한 학식과 경험이 풍부한 다음 각 목의 사람 중 금융위원회 위원장이 위촉하는 사람 3명
   가. 공인회계사 자격을 취득한 후 회계 관련 업무에 10년 이상 종사한 경력이 있는 사람
   나. 「고등교육법」 제2조제1호·제2호·제4호 또는 제5호에 따른 학교(이하 이 목에서 "학교"라 한다)에서 회계, 회계감사 또는 관련 법률 분야를 전공하고 졸업한 사람 또는 이와 같은 수준 이상의 학력이 있다고 인정되는 사람으로서 학교나 공인된 연구기관에서 조교수 이상의 직(職) 또는 이에 상당하는 직에 있는 사람

④ 제1항부터 제3항까지에서 규정한 사항 외에 공인회계사자격·징계위원회의 운영 및 그 밖에 필요한 사항은 대통령령으로 정한다.

(2023.7.11 본조개정)

第3章 登錄 및 開業

第7條【登錄】 ① 公認會計士의 資格이 있는 者가 제2조의 규정에 의한 직무를 행하고자 하는 경우(회계법인의 사원 또는 직원이 되고자 하는 경우를 포함한다)에는 大統領令이 정하는 바에 의하여 1년 이상의 實務修習을 받은 후 금융위원회에 登錄하여야 한다. 다만, 第6條第1項 各號의 1에 해당하는 者에 대하여는 實務修習을 免除한다.

(2008.2.29 본문개정)

② 금융위원회는 대통령령이 정하는 바에 따라 제1항의 규정에 의한 실무수습에 대한 지원을 할 수 있다.

(2008.2.29 본항개정)

③ 第1項의 規定에 의한 登錄을 위한 申請節次·具備書類 기타 필요한 사항은 大統領令으로 정한다.

④ 第1項의 規定에 의한 登錄은 大統領令이 정하는 바에 의하여 이를 更新하게 할 수 있다. 이 경우 更新期間은 3年이상으로 한다.

第8條【登錄拒否】 ① 금융위원회는 第7條第1項의 規定에 의하여 登錄을 申請한 者가 다음 各號의 1에 해당하는 경우에는 그 登錄을 거부하여야 한다.(2008.2.29 본문개정)

1. 第4條 各號의 1에 해당하는 경우
2. 第7條의 規定에 의한 實務修習을 받아야 할 者가 이를 받지 아니한 경우

② 금융위원회는 第1項의 規定에 의하여 登錄을 거부한 때에는 지체없이 그 사유를 명시하여 申請人에게 통지하여야 한다.(2008.2.29 본항개정)

第9條【登錄取消】 ① 第7條의 規定에 의하여 登錄된 公認會計士가 다음 各號의 1에 해당하는 경우에는 금융위원회는 그 公認會計士의 登錄을 取消한다.(2008.2.29 본문개정)

1. 第4條 各號의 1에 해당하게 된 때
2. 登錄取消의 申請이 있을 때
3. (2001.3.28 삭제)
4. 死亡한 때

② 第8條第2項의 規定은 제1항제1호 및 제2호의 경우에 이를 準用한다.(2001.3.28 본항개정)

第9條의2【결격사유 확인을 위한 범죄경력조회】 ① 금융위원회는 공인회계사(제40조의2제1호에 따른 외국공인회계사를 포함한다. 이하 이 조에서 같다) 등록을 신청한 자 또는 등록된 공인회계사가 제4조에 따른 결격사유에 해당하는지를 확인하기 위하여 경찰청장에게 「형의 실효 등에 관한 법률」 제6조에 따른 범죄경력조회를 요청할 수 있다.

② 제1항에 따른 범죄경력조회 요청을 받은 경찰청장은 정당한 사유 없이 이를 거부하여서는 아니 된다.

(2024.1.16 본조신설)

第10條 (2001.3.28 삭제)

第11條【유사명칭의 사용금지】 公認會計士가 아닌 者는 公認會計士 또는 이와 유사한 명칭을 사용하지 못한다.

第4章 權利와 義務

第12條【事務所의 開設】 ① 公認會計士는 第2條의 規定에 의한 職務를 행하기 위하여 事務所를 開設할 수 있다.

② 公認會計士는 어떠한 명목으로도 2이상의 事務所를 둘 수 없다.

第13條【事務職員】 ① 公認會計士는 그 職務의 적정한 수행을 보조하기 위한 事務職員(이하 "事務職員"이라 한다)을 둘 수 있다.

② 公認會計士는 事務職員을 指導·監督할 責任이 있다.

第14條 (1999.2.5 삭제)

第15條【공정·誠實義務 등】 ① 公認會計士는 공정하고 성실하게 職務를 행하여야 하며, 그 職務를 행할 때 獨立性을 유지하여야 한다.

② 公認會計士는 그 品位를 損傷하는 행위를 하여서는 아니된다.

③ 公認會計士는 職務를 행할 때 故意로 眞實을 감추거나 허위보고를 하여서는 아니된다.

판례 공인회계사법상 직무를 행할 때 고의로 허위보고를 한다는 의미는 행위자인 공인회계사가 회계에 관한 감사·감정·증명·계산 등의 직무를 수행할 때 사실에 관한 인식이나 판단의 결과를 표현함에 있어 자신의 인식판단이 보고서에 기재된 내용과 불일치하는 것임을 알고서도 내용이 진실 아닌 기재를 한 것을 말한다.

(대판 2012.5.24, 2010도2797)

第16條【會則遵守】 公認會計士는 韓國公認會計士會의 會則을 준수하여야 한다.

第17條 (2001.3.28 삭제)

第18條【帳簿의 비치】 公認會計士는 그 職務에 관하여 帳簿를 작성하고 이를 事務所에 비치하여야 한다.

第19條【損害賠償責任의 보장】 公認會計士(會計法人에 소속된 公認會計士를 제외한다)는 職務를 행함에 있어서 故意 또는 過失로 위촉인(第2條第1號의 規定에 의한 職務를 행하는 경우에는 善意의 第3者를 포함한다)에게 損害를 발생시키는 경우에 위촉인에 대한 損害賠償責任이 보장되도록 大統領令이 정하는 바에 따라 韓國公認會計士會가 會則이 정하는 바에 의하여 운영하는 共濟事業에의 加入 또는 保險加入등 필요한 措置를 하여야 한다.

第20條【秘密嚴守】 公認會計士와 그 事務職員 또는 公認會計士이었거나 그 事務職員이었던 者는 그 職務상 알게 된 秘密을 누설하여서는 아니된다. 다만, 다른 法令에 특별한 規定이 있는 경우에는 그러하지 아니하다.

第21條【職務制限】 ① 公認會計士는 다음 各號의 1에 해당하는 者에 대한 財務諸表(「주식회사 등의 외부감사에 관한 법률」 제2조에 따른 聯結財務諸表를 포함한다. 이하 같다)를 監査하거나 증명하는 職務를 행할 수 없다.

(2017.10.31 본문개정)

1. 자기 또는 配偶者가 任員이나 그에 준하는 職位(財務에 관한 事務의 責任있는 擔當者를 포함한다)에 있거나, 過去 1年이내에 그러한 職位에 있었던 者(會社를 포함한다. 이하 이 條에서 같다)
2. 자기 또는 배우자가 그 직원이거나 과거 1년 이내에 직원이었던 사람(배우자의 경우 재무에 관한 사무를 수행하는 직원으로 한정한다)(2020.5.19 본호개정)
3. 제1호 및 제2호외에 자기 또는 배우자와 뚜렷한 이해관계가 있어서 그 職務를 공정하게 행하는 데 지장이 있다고 인정되어 大統領令으로 정하는 者(2003.12.11 본호개정)

② 공인회계사는 특정 회사(해당 회사가 다른 회사와 「주식회사 등의 외부감사에 관한 법률」 제2조제3호에 따른 지배·종속 관계에 있어 연결재무제표를 작성하는 경우 그 다른 회사를 포함한다)의 재무제표를 감사하거나 증명하는 업무를 수행하는 계약을 체결하고 있는 기간 중에는 해당 회사에 대하여 다음 각 호의 어느 하나에 해당하는 업무를 할 수 없다.(2017.10.31 본문개정)

1. 회계기록과 재무제표의 작성
2. 내부감사업무의 대행
3. 재무정보체제의 구축 또는 운영
4. 자산·자본, 그 밖의 권리 등(이하 "자산등"이라 한다)을 매도 또는 매수하기 위한 다음 각 목의 업무(부실채권의 회수를 목적으로 대통령령으로 정하는 사항은 제외한다)(2017.10.31 본문개정)
   가. 자산등에 대한 실사·재무보고·가치평가
   나. 자산등의 매도·매수거래 또는 계약의 타당성에 대한 의견제시(2017.10.31 본목개정)
5. 인사 및 조직 등에 관한 지원업무(2017.10.31 본호개정)
6. 재무제표에 계상되는 보험충당부채 금액 산출과 관련되는 보험계리업무
7. 민·형사 소송에 대한 자문업무(2017.10.31 본호개정)
8. 자금조달·투자 관련 알선 및 중개업무(2017.10.31 본호신설)
9. 중요한 자산의 처분 및 양도, 지배인의 선임 또는 해임 등 경영에 관한 의사결정으로서 임원이나 이에 준하는 직위의 역할에 해당하는 업무(2017.10.31 본호신설)
10. 그 밖에 재무제표의 감사 또는 증명업무와 이해상충의 소지가 있는 것으로서 대통령령으로 정하는 업무

(2016.3.29 본항개정)

③ 제2항의 공인회계사는 같은 항 각 호의 어느 하나에 해당하는 업무 외의 업무는 내부통제절차 등 대통령령으로 정하는 절차에 따라 할 수 있다.(2016.3.29 본항개정)

판례 감사 대상 회사의 주식을 제3자 명의로 취득한 공인회계사가 그 회사의 재무제표를 감사하는 직무에 착수하였으나 감사보고서를 작성하지 않은 상태에서 그와 상관없이 다른 회계법인이 새로이 감사에 착수하여 회계감사보고서를 작성하였다면 감사 직무에 착수한 공인회계사의 행위가 제1항 제3호의 직무제한규정을 위반한 것으로 볼 수 없다.(대판 2003.4.8, 2003도382)

第22條【名義貸與 등 금지】 ① 公認會計士는 다른 사람에게 자기의 姓名 또는 商號를 사용하여 第2條의 規定에 의한 職務를 행하게 하거나 그 登錄證을 貸與하여서는 아니된다.

② 누구든지 공인회계사 등록증의 대여 행위를 알선하여서는 아니 된다.(2020.5.19 본항신설)

③ 公認會計士는 係爭權利를 讓受하여서는 아니된다.

④ 公認會計士는 第2條의 職務를 행할 때 부정한 請託을 받고 金品이나 이익을 授受·요구 또는 約束하거나 위촉인이 詐欺 기타 부정한 방법으로 부당한 金錢상의 利得을 얻도록 이에 加擔 또는 相談하여서는 아니된다.

판례 공인회계사법 제22조제1항의 입법 취지 및 위 규정을 위반하여 이루어진 약정의 효력 : 공인회계사법 제22조제1항의 입법 취지는 대외적으로 영향력이 있는 회계 관련 사무를 할 수 있는 사람을 전문성 및 직업적 윤리관을 갖춘 공인회계사 자격을 가진 사람으로 엄격히 제한함으로써 회계 관련 사무에 대한 전문성, 공정성 및 신뢰성을 확보하여 이해관계인의 재산권 등 권익을 보호하고 기업의 건전한 경영을 유도하여 종국적으로 국가 경제의 발전을 도모하려는 데 있다. 이러한 입법 취지에 더하여, 공인회계사가 다른 사람에게 명의를 대여하는 등의 행위는 형사처벌의 대상이 되는 범죄행위에 해당할 뿐 아니라 거기에 따를 수 있는 국민의 재산권과 기업의 건전한 경영 및 국가 경제 발전에 대한 악영향에 비추어 사회통념상 쉽게 용인되기 어렵고, 위반행위에 대하여 단순히 형사처벌을 하는 것만으로는 공인회계사제도를 확립하여 회계 관련 사무의 공정성, 신뢰성을 확보하고 궁극적으로는 기업의 투명성을 제고할 목적으로 제정된 공인회계사법이 실효를 거둘 수 없어 위반행위로 인한 경제적 이익이 귀속되는 것을 근본적으로 방지하여야 할 필요가 있는 점 등을 종합적으로 고려하면, 위 규정은 공인회계사가 아닌 사람이 회계 관련 사무를 행하는 경우에 초래될 국민의 권익보호와 기업의 건전한 경영 및 국가 경제의 발전에 대한 중대한 위험을 방지하기 위한 강행법규에 해당하고, 따라서 이를 위반하여 이루어진 약정은 무효이다.(대판 2015.9.10, 2014다72692)

第5章 會計法人

第23條【설립】 ① 공인회계사는 제2조에 따른 직무를 조직적이고 전문적으로 수행하기 위하여 회계법인을 설립할 수 있다.

② 회계법인의 정관에는 다음 각 호의 사항이 포함되어야 한다.

1. 목적
2. 명칭
3. 주사무소 및 분사무소(分事務所)의 소재지
4. 사원 및 이사의 성명·주민등록번호(외국공인회계사인 사원은 외국인 등록번호) 및 주소
5. 출자 1좌(座)의 금액
6. 각 사원의 출자 좌수
7. 자본금 총액

8. 결손금 보전(補塡)에 관한 사항
9. 사원총회에 관한 사항
10. 대표이사에 관한 사항
11. 업무에 관한 사항
12. 존립 시기나 해산사유를 정한 경우에는 그 시기와 사유
(2011.6.30 본조개정)

第24條【회계법인의 등록】 ① 회계법인이 제2조의 직무를 수행하고자 하는 때에는 대통령령이 정하는 바에 의하여 금융위원회에 등록하여야 한다.(2008.2.29 본항개정)
② 제1항의 규정에 의한 등록을 하고자 하는 회계법인은 다음 각호의 요건을 갖추어야 한다.
1. 제26조 및 제27조제1항의 규정에 적합할 것
2. 등록신청서류의 내용이 이 법 또는 이 법에 의한 명령에 위반되지 아니할 것
3. 등록신청서류에 허위의 기재가 없을 것
③ 금융위원회는 등록신청을 한 자가 제2항의 규정에 의한 요건을 갖추고 있지 아니한 경우에는 등록을 거부할 수 있으며, 등록신청서류에 미비한 사항이 있는 경우에는 기간을 정하여 그 보완을 요청할 수 있다.(2008.2.29 본항개정)
④ 제1항의 규정에 의한 회계법인 등록의 절차·구비서류등에 관하여 필요한 사항은 대통령령으로 정한다.
(2001.3.28 본조개정)

第25條 (2001.3.28 삭제)

第26條【이사 등】 ① 회계법인에는 3명 이상의 공인회계사인 이사를 두어야 한다. 다만, 다음 각 호의 어느 하나에 해당하는 자는 이사가 될 수 없다.
1. 사원이 아닌 자
2. 제48조에 따라 직무정지처분(일부 직무정지처분을 포함한다)을 받은 후 그 직무정지기간 중에 있는 자
3. 제39조에 따라 등록이 취소되거나 업무가 정지된 회계법인의 이사이었던 자(등록취소나 업무정지의 사유가 발생한 때의 이사이었던 자로 한정한다)로서 등록취소 후 3년이 지나지 아니하거나 업무정지기간 중에 있는 자
4. 제40조의2제1호에 따른 외국공인회계사
② 회계법인의 이사와 직원 중 7명 이상은 공인회계사이어야 한다.(2024.1.16 본항개정)
③ 제2항에 해당하는 공인회계사 중 이사가 아닌 공인회계사(이하 "소속공인회계사"라 한다)는 제1항제2호(일부 직무정지처분을 받은 후 그 직무정지기간 중에 있는 자는 제외한다)에 해당하지 아니한 자이어야 한다.
(2024.1.16 본항개정)
④ 회계법인에는 총리령으로 정하는 바에 따라 대표이사를 두어야 한다.
⑤ 회계법인의 사원은 공인회계사(해당 회계법인에 고용된 외국공인회계사를 포함한다)이어야 하며, 그 수는 3명 이상이어야 한다.
(2011.6.30 본조개정)

第27條【資本金 등】 ① 會計法人의 資本金은 5억원 이상이어야 한다.(2001.3.28 본항개정)
② 會計法人은 직전 事業年度末 재무상태표의 資産總額에서 負債總額을 差減한 금액이 大統領令이 정하는 금액에 미달하는 경우에는 미달한 금액을 每 事業年度 종료 후 6月 이내에 社員의 贈與로 이를 補塡하거나 增資하여야 한다.(2021.4.20 본항개정)
③ 第2項의 規定에 의하여 贈與한 경우에는 이를 특별이익으로 計上한다.
④ 금융위원회는 會計法人이 第2項의 規定에 의한 補塡 또는 增資를 하지 아니한 경우에는 기간을 정하여 이의 補塡 또는 增資를 명할 수 있다.(2008.2.29 본항개정)

第28條【損害賠償準備金】 ① 會計法人은 第2條의 規定에 의한 職務를 행하다가 발생시킨 위촉인(第2條第1號의 規定에 의한 職務를 행하는 경우에는 善意의 第3者를 포함한다)의 損害에 대한 賠償責任(「주식회사 등의 외부감사에 관한 법률」 제31조에 따른 損害賠償責任을 포함한다)을 보장하기 위하여 大統領令이 정하는 바에 따라 每 事業年度마다 損害賠償準備金을 積立하여야 한다.
(2017.10.31 본항개정)
② 第1項의 規定에 의한 損害賠償準備金은 금융위원회의 승인없이는 損害賠償외의 다른 用途에 사용할 수 없다.
(2008.2.29 본항개정)

第29條【他法人出資의 제한 등】 ① 會計法人은 自己資本에 大統領令이 정하는 비율을 곱한 금액을 초과하여 他法人에 出資하거나, 他人을 위한 債務保證을 하여서는 아니된다.
② 第1項의 自己資本은 직전 事業年度末 재무상태표의 資産總額에서 負債總額(損害賠償準備金을 제외한다)을 差減한 금액을 말한다.(2021.4.20 본항개정)

第30條【會計處理 등】 ① 會計法人은 이 法에서 특별히 規定하지 아니한 사항에 대하여는 「주식회사 등의 외부감사에 관한 법률」 제5조에 따른 會計處理基準에 따라 會計處理를 하여야 한다.(2017.10.31 본항개정)
② 會計法人은 「주식회사 등의 외부감사에 관한 법률」 제2조제2호에 따른 財務諸表를 작성하여 每 事業年度 종료후 3月 이내에 금융위원회에 제출하여야 한다.
(2017.10.31 본항개정)
③ 금융위원회는 필요하다고 인정하는 경우에는 第2項의 規定에 의한 財務諸表가 적정하게 작성되었는지 여부를 檢査할 수 있다.(2008.2.29 본항개정)

第31條【명칭】 ① 會計法人은 그 명칭중에 會計法人이라는 文字를 사용하여야 한다.
② 會計法人이 아닌 者는 會計法人 또는 이와 유사한 명칭을 사용하지 못한다.

第32條【事務所】 ① 會計法人은 大統領令이 정하는 바에 따라 主事務所외에 分事務所를 둘 수 있다.
② 會計法人의 理事와 所屬公認會計士는 소속된 會計法人외에 따로 事務所를 둘 수 없다.

第33條【職務制限】 ① 會計法人은 다음 各號의 1에 해당하는 者에 대한 財務諸表를 監査하거나 증명하는 職務를 행하지 못한다.
1. 會計法人이 株式을 所有하거나 出資하고 있는 者(會社를 포함한다. 이하 이 條에서 같다)
2. 會計法人의 社員이 제21조제1항 各號의 1에 해당하는 관계가 있는 者(2005.7.29 본호개정)
3. 제1호 및 제2호외에 회계법인이 뚜렷한 이해관계를 가지고 있거나 과거 1년 이내에 그러한 이해관계를 가지고 있었던 것으로 인정되는 자로서 대통령령이 정하는 자(2003.12.11 본호개정)
② 제21조제2항 및 제3항의 규정은 회계법인에 관하여 이를 준용한다.(2003.12.11 본항신설)

第34條【업무의 집행방법】 ① 회계법인은 이사나 소속공인회계사가 아닌 자로 하여금 회계에 관한 감사 또는 증명에 관한 업무를 행하게 하여서는 아니된다.
(2024.1.16 본항개정)
② 회계법인은 제1항에 따른 업무를 할 때에는 그 업무를 총괄하고 그에 대한 책임을 지는 이사를 지정하여야 한다.
(2024.1.16 본항신설)
③ 제2항에 따라 지정된 이사는 지정된 업무를 수행할 때 각자 그 회계법인을 대표한다.(2024.1.16 본항신설)
④ 會計法人이 財務諸表에 대하여 監査 또는 증명을 하는 경우에는 第26條第4項의 規定에 의한 代表理事가 당해 文書에 會計法人名義를 표시하고 記名捺印하여야 한다.
(2024.1.16 본조제목개정)

第35條【競業의 금지】 會計法人의 理事 또는 所屬公認會計士는 자기 또는 第3者를 위하여 그 會計法人의 業務範圍에 속하는 業務를 행하거나 다른 會計法人의 理事 또는 所屬公認會計士가 되어서는 아니된다.

第36條【脫退】 社員은 다음 各號의 1에 해당되는 때에는 당연히 脫退된다.
1. 第9條의 規定에 의하여 登錄이 取消된 때
2. 第26條第1項第2號에 해당하게 된 때
3. 定款에 정한 사유가 발생한 때
4. 社會總會의 決議가 있는 때

第37條【解散】 ① 會計法人은 다음 各號의 1의 사유에 의하여 解散된다.
1. 定款에 정한 사유의 발생
2. 社員總會의 決議
3. 合倂
4. 등록의 취소(2001.3.28 본호개정)
5. 破産
6. 法院의 命令 또는 判決
② 회계법인은 제1항제1호 내지 제3호의 사유가 발생한 때에는 그 사실을 금융위원회에 통보하여야 한다.
(2008.2.29 본항개정)
③ 會計法人은 第1項의 사유에 의하여 解散하는 경우 第28條第1項의 規定에 의하여 積立한 損害賠償準備金의 금액(解散 직전 事業年度末 재무상태표상의 금액을 말한다)에 해당하는 금액을 韓國公認會計士會에 별도로 預置하여야 한다.(2021.4.20 본항개정)
④ 第3項의 規定에 의한 預置金의 관리 및 운영에 관하여 필요한 사항은 大統領令으로 정한다.

판례 동법에 의하여 설립된 회계법인 사이에 흡수합병이 있는 경우, 피합병회계법인의 권리·의무가 존속회계법인에게 승계되는지 여부 : 회사합병이 있는 경우에는 피합병회사의 권리·의무는 사법상의 관계나 공법상의 관계를 불문하고 그의 성질상 이전을 허용하지 않는 것을 제외하고는 모두 합병으로 인하여 존속한 회사에게 승계되는 것으로 보아야 할 것이고, 공인회계사법에 의하여 설립된 회계법인 간의 흡수합병이라고 하여 이와 달리 볼 것은 아니다.
(대판 2004.7.8, 2002두1946)

第37條의2【분할·분할합병】 ① 회계법인은 분할에 의하여 1개 또는 수개의 회계법인을 설립할 수 있다.
② 회계법인은 분할에 의하여 1개 또는 수개의 존립 중의 회계법인과 합병(이하 "분할합병"이라 한다)할 수 있다.
③ 회계법인이 분할 또는 분할합병을 하는 때에는 분할계획서 또는 분할합병계약서를 작성하여 사원총회 결의를 거쳐야 한다.
④ 단순분할신설회계법인, 분할승계회계법인, 분할합병신설회계법인은 분할 또는 분할합병 전의 분할회계법인으로부터 제28조에 따른 손해배상준비금, 「주식회사 등의 외부감사에 관한 법률」 제32조에 따른 손해배상공동기금, 감사계약 등을 분할계획서 또는 분할합병계약서가 정하는 바에 따라서 승계할 수 있다.
⑤ 분할 또는 분할합병으로 인한 회계법인의 설립 및 등록에 관해서는 제23조 및 제24조를 준용한다.
⑥ 회계법인이 제39조제1항에 따라 금융위원회로부터 일정기간을 정하여 업무의 전부 또는 일부의 정지를 받은 경우에는 그 기간 동안 분할 또는 분할합병을 할 수 없다.
⑦ 회계법인의 분할 또는 분할합병에 관하여 「상법」 제234조, 제237조부터 제240조까지, 제443조, 제526조제1항·제2항, 제527조제1항부터제3항까지, 제527조의5제1항·제3항, 제528조제1항, 제529조, 제530조의2부터 제530조의5까지, 제530조의6제1항부터 제3항까지, 제530조의7, 제530조의9제1항, 제530조의10을 준용한다. 이 경우 "회사"는 "회계법인"으로, "주주총회"는 "사원총회"로, "주주"는 "사원"으로, "주식"은 "출자 좌수"로 보고, 사원총회의 결의 등에 관하여 「상법」의 유한회사에 관한 규정에서 달리 정하고 있는 사항은 그 규정을 준용한다.
(2018.12.31 본조신설)

第38條【정관변경의 신고】 제23조제2항의 규정에 의한 정관의 기재사항중 제1호·제7호(자본금감소의 경우에 한한다) 및 제11호의 사항에 대한 변경을 한 때에는 지체없이 이를 금융위원회에 신고하여야 한다.(2008.2.29 본조개정)

第39條【등록취소등】 ① 금융위원회는 會計法人이 다음 各號의 1에 해당하는 경우에는 그 등록을 取消하거나 1年이내의 기간을 정하여 業務의 전부 또는 일부의 정지를 명할 수 있다. 다만, 第1號 내지 第3號에 해당하는 경우에는 그 등록을 取消하여야 한다.(2008.2.29 본문개정)
1. 第26條第1項·第2項 또는 第27條第1項의 規定에 의한 요건에 미달하게 된 會計法人이 3月이내에 이를 補完하지 아니한 경우
2. 허위 기타 부정한 방법에 의하여 第24條第1項의 規定에 의한 등록을 한 경우(2001.3.28 본호개정)
3. 業務停止命令에 위반하여 業務를 행한 경우
4. 第26條第4項, 第27條第2項, 第28條, 第29條, 第30條第1項·第2項, 第31條第1項, 第33條, 第34條 또는 第38條의 規定(第40條의 規定에 의하여 準用되는 제15조제1항·제3항, 제16조, 第18條, 第20條, 第22條의 規定을 포함한다)에 위반한 경우(2001.3.28 본호개정)
5. 監査 또는 증명에 중대한 錯誤 또는 漏落이 있는 경우
6. 기타 이 法 또는 이 法에 의한 命令에 위반한 경우
② (1997.12.13 삭제)
(2001.3.28 본조제목개정)

第39條의2【청문】 금융위원회는 第39條의 規定에 의하여 會計法人의 등록을 取消하고자 하는 경우에는 청문을 실시하여야 한다.(2008.2.29 본조개정)

第40條【準用規定】 ① 제13조, 第15條第1項·第3項, 제16조, 제18조, 제20조, 제22조 및 제48조제4항의 규정은 그 성질에 반하지 아니하는 한 會計法人에 관하여 이를 準用한다.
② 會計法人에 관하여 이 法에 規定되지 아니한 사항은 「상법」 중 有限會社에 관한 規定을 準用한다.
(2005.7.29 본조개정)

第5章의2 외국공인회계사 및 외국회계법인
(2011.6.30 본장신설)

第40條의2【정의】 이 장에서 사용하는 용어의 뜻은 다음과 같다.
1. "외국공인회계사"란 대한민국 외의 국가에서 그 나라의 법령에 따라 업무를 수행하는 데에 필요한 모든 요건을 갖추고 등록한 공인회계사 중 제40조의4제1항에 따라 금융위원회에 등록한 자를 말한다.
2. "외국회계법인"이란 대한민국 외의 국가에서 그 나라의 법령에 따라 설립되고 그 본점 사무소가 그 나라에 있는 회계법인 또는 이에 준하는 단체 중 제40조의7제1항에 따라 등록한 법인 또는 단체를 말한다.
3. "외국회계사무소"란 외국공인회계사 또는 외국회계법인이 제40조의3에 따른 직무를 수행하기 위하여 국내에 개설하는 사무소를 말한다.
4. "원(原)자격국"이란 외국의 공인회계사 또는 외국회계법인이 적법하게 업무를 수행하는 데에 필요한 모든 절차를 마친 국가(외국회계법인의 경우에는 본점 사무소가 설치된 국가를 말한다)를 말한다. 다만, 한 국가 내에서 지역적으로 한정된 자격을 부여하는 여러 개의 주, 성(省), 자치구 등이 있는 경우에는 그 국가의 법률에 따라 그 자격이 통용되는 주, 성, 자치구 등의 전부를 원자격국으로 본다.
5. "조약 등"이란 자유무역협정 등 그 밖의 명칭 여하를 불문하고 대한민국이 외국(국가연합, 경제공동체 등 국가의 연합체를 포함한다)과 각 당사국에서의 공인회계사 사무에 관한 협약을 체결하고 효력이 발생한 일체의 합의를 말한다.

第40條의3【직무 범위】 외국공인회계사 및 외국회계법인은 다른 사람의 위촉을 받아 다음 각 호의 업무를 수행한다.
1. 원자격국의 회계법과 회계기준에 관한 자문
2. 국제적으로 통용되는 국제회계법과 국제회계기준에 관한 자문

第40條의4【외국공인회계사의 등록】 ① 원자격국이 조약 등의 당사국에 해당하는 외국공인회계사가 제40조의3에 따른 직무를 수행하려면 금융위원회에 등록하여야 한다.
② 제1항에 따른 등록을 하려는 자는 대통령령으로 정하는 바에 따라 금융위원회에 등록신청을 하여야 한다.
③ 금융위원회는 제2항의 신청에 대하여 제40조의5에 따른 등록거부 사유가 없으면 지체 없이 이를 외국공인회계사 명부에 등록하고 등록증명서를 발급하여야 한다. 이

경우 원자격국을 외국공인회계사 명부와 등록증명서에 함께 적어야 한다.
④ 제3항에 따른 등록의 유효기간은 5년으로 한다.
⑤ 등록의 갱신신청은 제4항의 유효기간이 끝나는 날의 6개월 전부터 1개월 전까지 하여야 한다.
⑥ 그 밖에 외국공인회계사의 등록 및 등록의 갱신에 필요한 사항은 대통령령으로 정한다.

第40條의5【외국공인회계사의 등록거부】 금융위원회는 제40조의4제2항에 따른 등록신청이나 같은 조 제5항에 따른 등록의 갱신신청을 하려는 자가 다음 각 호의 어느 하나에 해당하면 그 등록 또는 등록의 갱신을 거부할 수 있다. 이 경우 금융위원회는 지체 없이 그 사유를 구체적으로 밝혀 신청인에게 알려야 한다.
1. 제4조의 결격사유에 해당하는 경우(원자격국의 법령에 따라 제4조의 결격사유에 해당하는 경우를 포함한다)
2. 제40조의6에 따른 등록취소 사유가 발견된 경우

第40條의6【외국공인회계사의 등록취소】 금융위원회는 제40조의4제1항에 따라 등록된 외국공인회계사가 다음 각 호의 어느 하나에 해당하는 경우 그 등록을 취소하여야 한다.
1. 원자격국에서 공인회계사 등록이 취소되거나 직무정지 또는 이에 준하는 처분을 받은 경우
2. 제9조제1항 각 호의 어느 하나에 해당하는 경우(원자격국의 법령에 따라 제4조의 결격사유에 해당하는 경우를 포함한다)
3. 거짓이나 그 밖의 부정한 방법으로 제40조의4제1항에 따른 등록을 한 경우
4. 제40조의4제4항에 따른 등록의 유효기간이 지난 경우

第40條의7【외국회계법인의 등록】 ① 원자격국이 조약 등의 당사국에 해당하는 외국회계법인이 외국회계사무소를 개설하여 제40조의3에 따른 직무를 수행하려면 금융위원회에 등록하여야 한다.
② 제1항에 따른 등록을 하려는 외국회계법인은 대통령령으로 정하는 바에 따라 금융위원회에 등록신청을 하여야 한다.
③ 금융위원회는 제2항의 신청에 대하여 특별한 사정이 없으면 지체 없이 이를 외국회계법인 명부에 등록하고 등록증명서를 발급하여야 한다. 이 경우 원자격국을 외국회계법인 명부와 등록증명서에 함께 적어야 한다.
④ 그 밖에 외국회계법인의 등록절차·구비서류 등에 필요한 사항은 대통령령으로 정한다.

第40條의8【외국회계법인의 등록취소 등】 금융위원회는 외국회계법인이 다음 각 호의 어느 하나에 해당하는 경우에는 그 등록을 취소하거나 1년 이내의 기간을 정하여 업무의 전부 또는 일부의 정지를 명할 수 있다. 다만, 제1호부터 제7호까지의 어느 하나에 해당하면 그 등록을 취소하여야 하며, 등록취소와 관련된 절차는 제39조의2를 준용한다.
1. 원자격국에서 그 등록이 취소되거나 업무정지 또는 그에 준하는 처분을 받은 경우
2. 업무정지명령을 위반하여 업무를 수행한 경우
3. 제40조의3을 위반하여 직무 범위 외의 업무를 수행한 경우
4. 거짓이나 그 밖의 부정한 방법으로 제40조의7제1항에 따른 등록을 한 경우
5. 제40조의10제1항을 위반하여 제7조제1항에 따라 등록한 공인회계사를 고용한 경우
6. 제40조의10제2항을 위반하여 공인회계사 또는 회계법인과 제40조의3에 따른 직무를 공동으로 수행하거나 그로부터 받은 보수 또는 수익을 분배한 경우
7. 제40조의10제3항을 위반하여 공인회계사 또는 회계법인과 법인 설립, 지분 참여, 경영권 위임이나 그 밖의 방식으로 회계법인을 공동으로 설립하거나 운영한 경우
8. 제40조의11제1항을 위반하여 그 자격을 표시할 때에 원자격국의 명칭이 포함된 명칭을 사용하지 아니한 경우
9. 제40조의11제2항을 위반하여 외국회계사무소를 개설할 때에 원자격국과 사무소의 명칭을 표시하지 아니한 경우
10. 제40조의11제3항을 위반하여 외국회계사무소 내외의 장소에 원자격국을 공시하지 아니한 경우
11. 제40조의11제4항을 위반하여 위촉계약 체결 전에 위촉인에게 원자격국과 업무 범위를 분명히 밝히지 아니한 경우
12. 제40조의11제5항을 위반하여 대표이사가 해당 문서에 원자격국 및 회계법인 명의를 표시하지 아니하거나 기명날인을 하지 아니한 경우
13. 제40조의13제1항을 위반하여 사업연도가 끝난 후 3개월 이내에 영업보고서를 제출하지 아니한 경우
14. 제40조의13제2항을 위반하여 금융위원회의 자료제출 요구에 따르지 아니하는 경우
15. 제40조의18에 따라 준용되는 규정을 위반하는 경우

第40條의9【외국공인회계사의 업무수행 방식】 ① 외국공인회계사는 다음 각 호의 어느 하나의 방식으로만 제40조의3에 따른 직무를 수행할 수 있다.
1. 외국회계사무소를 개설하여 업무를 수행하는 방식
2. 외국공인회계사 또는 외국회계법인에 고용되어 업무를 수행하는 방식
3. 제24조에 따라 등록한 회계법인에 고용되어 업무를 수행하는 방식
② 외국공인회계사는 동시에 둘 이상의 회계법인(외국회계법인을 포함한다) 및 외국공인회계사에 소속 또는 고용되거나 그 직책을 겸임할 수 없다.

第40條의10【고용, 동업 등의 금지】 ① 외국공인회계사 및 외국회계법인은 제7조제1항에 따라 등록한 공인회계사를 고용할 수 없다.
② 외국공인회계사 및 외국회계법인은 공인회계사 또는 회계법인과 공동수임, 그 밖의 어떠한 방식으로도 제40조의3에 따른 직무를 공동으로 수행하거나 그로부터 받은 보수 또는 수익을 분배하여서는 아니 된다.
③ 외국회계법인은 공인회계사 또는 회계법인과 법인 설립, 지분 참여, 경영권 위임, 그 밖의 어떠한 방식으로도 회계법인을 공동으로 설립하거나 운영할 수 없다.

第40條의11【자격의 표시 등】 ① 외국공인회계사 및 외국회계법인은 직무를 수행할 때에 그 자격을 표시할 경우에는 대한민국에서 통용되는 원자격국의 명칭에 이어 "공인회계사" 또는 "회계법인"을 덧붙인 명칭을 사용하여야 한다. 다만, 원자격국이 주, 성, 자치구 등 한 국가 내의 일부 지역인 경우에는 그 지역이 속한 국가의 명칭 다음에 "공인회계사" 또는 "회계법인"을 덧붙인 명칭을 사용할 수 있다.
② 외국공인회계사 및 외국회계법인이 외국회계사무소를 개설하는 경우에는 원자격국과 사무소의 명칭(외국회계법인의 경우 본점 사무소의 명칭을 말한다) 다음에 "회계사무소"를 덧붙인 명칭을 사용하여야 한다.
③ 외국공인회계사 및 외국회계법인은 해당 외국회계사무소 내외의 장소로서 일반에 공시하기 적절하다고 인정되는 곳에 외국공인회계사 또는 외국회계법인 및 그에 소속된 외국공인회계사의 원자격국을 공시하여야 한다.
④ 외국공인회계사 및 외국회계법인은 위촉계약 체결 전에 위촉인에게 원자격국과 업무 범위를 분명히 밝혀야 한다.
⑤ 외국회계법인이 제40조의3에 따른 직무를 수행한 경우에는 대표이사가 해당 문서에 원자격국 및 회계법인명의를 표시하고 기명날인하여야 한다.

第40條의12【회계법인에 대한 출자】 외국공인회계사는 제23조에 따라 설립된 회계법인에 대한 회계법인의 의결권 있는 출자지분 또는 자본금 총액의 100분의 50 미만의 범위에서 출자할 수 있다. 이 경우 외국공인회계사 1명당 출자금은 해당 회계법인의 의결권 있는 출자지분 또는 자본금 총액의 100분의 10 미만이어야 한다.

第40條의13【영업보고서 등 제출】 ① 외국공인회계사 및 외국회계법인은 총리령으로 정하는 영업보고서를 작성하여 매 사업연도가 끝난 후 3개월 이내에 금융위원회에 제출하여야 한다.
② 외국공인회계사 및 외국회계법인은 금융위원회가 이유를 구체적으로 밝혀 요구하면 그 업무의 현황에 관한 자료를 제출하여야 한다.

第40條의14【체류 의무】 ① 외국공인회계사는 최초의 업무개시일부터 1년에 180일 이상 대한민국에 체류하여야 한다.
② 외국공인회계사가 본인 또는 친족의 부상이나 질병, 그 밖의 부득이한 사정으로 외국에 체류한 기간은 대한민국에 체류한 것으로 본다.

第40條의15【구비서류의 제출】 ① 외국공인회계사 및 외국회계법인이 이 법에 따라 제출하는 구비서류는 원본 또는 인증된 사본(寫本)이어야 하고, 한글로 작성되지 아니한 경우에는 공증된 한글 번역본을 첨부하여야 한다.
② 외국공인회계사 및 외국회계법인은 원자격국에서 그 등록이 취소되거나 직무정지 또는 그에 준하는 처분을 받은 경우 지체 없이 금융위원회에 신고하여야 한다.

第40條의16【비밀 엄수】 외국공인회계사와 그 사무직원 또는 외국공인회계사이었거나 그 사무직원이었던 자는 그 직무상 알게 된 비밀을 대한민국 내외를 막론하고 누설하여서는 아니 된다. 다만, 다른 법령에 특별한 규정이 있는 경우에는 그러하지 아니하다.

第40條의17【징계】 ① 금융위원회는 외국공인회계사가 다음 각 호의 어느 하나에 해당하는 경우에는 제48조제2항에서 정하는 징계를 할 수 있다.
1. 제40조의3을 위반하여 직무범위 외의 업무를 수행한 경우
2. 제40조의9제1항에서 정하는 방식을 위반하여 직무를 수행한 경우
3. 제40조의9제2항을 위반하여 동시에 둘 이상의 회계법인(외국회계법인을 포함한다) 및 외국공인회계사에 소속 또는 고용되거나 그 직책을 겸임한 경우
4. 제40조의10제1항을 위반하여 제7조제1항에 따라 등록한 공인회계사를 고용한 경우
5. 제40조의10제2항을 위반하여 공인회계사 또는 회계법인과 제40조의3에 따른 직무를 공동으로 수행하거나 그로부터 받은 보수 또는 수익을 분배한 경우
6. 제40조의11제1항을 위반하여 그 자격을 표시할 때에 원자격국의 명칭이 포함된 명칭을 사용하지 아니한 경우
7. 제40조의11제2항을 위반하여 외국회계사무소를 개설할 때에 원자격국과 사무소의 명칭을 표시하지 아니한 경우
8. 제40조의11제3항을 위반하여 외국회계사무소 내외의 장소에 원자격국을 공시하지 아니한 경우
9. 제40조의11제4항을 위반하여 위촉계약 체결 전에 원자격국과 업무 범위를 위촉인에게 분명히 밝히지 아니한 경우
10. 제40조의12를 위반하여 회계법인에 자본금 총액의 100분의 10 이상을 출자한 경우
11. 제40조의14를 위반하여 1년에 180일 미만을 대한민국에 체류한 경우
12. 제40조의16을 위반하여 직무상 알게 된 비밀을 대한민국 내외에 누설한 경우
13. 외국공인회계사가 제48조제1항제1호·제3호 및 제4호에 해당하는 경우
② 제1항에 따른 징계는 제1항 각 호의 어느 하나에 해당하는 사유가 발생한 날부터 3년이 지나면 할 수 없다.
③ 외국공인회계사의 징계에 관한 사항은 공인회계사 징계절차를 준용한다.

第40條의18【준용규정】 외국공인회계사 및 외국회계법인에 관하여는 제11조부터 제13조까지, 제15조, 제16조, 제18조, 제19조, 제22조, 제24조제2항제3호, 같은 조 제3항, 제28조, 제30조제1항·제3항, 제31조제2항, 제32조, 제35조, 제42조, 제43조제2항, 제45조제1항·제3항, 제48조제3항·제5항 및 제48조의2를 그 성질에 반하지 아니하는 한 준용한다. 이 경우 "공인회계사"는 "외국공인회계사"로, "회계법인"은 "외국회계법인"으로 본다.
(2017.10.31 전단개정)

第6章 韓國公認會計士會

第41條【目的 및 設立】 ① 公認會計士의 品位向上과 職務의 개선·발전을 도모하고, 會員의 指導 및 監督에 관한 事務를 행하기 위하여 韓國公認會計士會(이하 "公認會計士會"라 한다)를 둔다.
② 公認會計士會는 法人으로 한다.
③ 公認會計士會는 大統領令이 정하는 바에 따라 會則을 정하여 금융위원회의 認可를 받아 設立하여야 한다.
(2008.2.29 본항개정)
④ 公認會計士會는 支會 또는 支部를 둘 수 있다.
⑤ 公認會計士會의 會則改正과 支會 또는 支部의 設置에 관하여는 금융위원회의 승인을 얻어야 한다.(2008.2.29 본항개정)

第42條【入會義務】 제7조제1항 또는 제24조제1항의 規定에 의하여 登錄한 公認會計士 및 會計法人은 公認會計士會에 入會하여야 한다.(2001.3.28 본조개정)

第43條【倫理規程】 ① 公認會計士會는 會員이 職務를 행함에 있어 지켜야 할 職業倫理에 관한 規程을 制定하여야 한다.
② 會員은 職業倫理에 관한 規程을 준수하여야 한다.

第44條【業務의 위촉등】 ① 公共機關은 第2條의 規定에 의한 公認會計士의 職務에 속한 사항에 관하여 公認會計士會에 業務를 위촉하거나 諮問할 수 있다.
② 公認會計士會는 第1項의 規定에 의하여 위촉 또는 諮問의 요청을 받은 경우 그 業務를 會員으로 하여금 행하게 할 수 있다.
③ 公認會計士會는 第1項의 規定에 의하여 위촉 또는 諮問을 요청한 機關에 대하여 필요한 경우 개선을 建議할 수 있다.

第45條【紛爭의 調停】 ① 公認會計士會는 公認會計士(會計法人을 포함한다. 이하 이 條에서 같다) 상호간 또는 公認會計士와 위촉인(第19條 및 第28條第1項의 規定에 의한 善意의 第3者를 포함한다)사이에 職務상 紛爭이 있는 때에는 當事者의 請求에 의하여 이를 調停한다.
② 第1項의 規定에 의한 紛爭의 調停을 위하여 公認會計士會에 紛爭調停委員會를 둔다.
③ 第2項의 規定에 의한 紛爭調停委員會의 구성, 운영 기타 필요한 사항은 大統領令으로 정한다.

第46條【會員에 대한 硏修등】 ① 公認會計士會는 다음 各號의 者에 대하여 硏修를 실시하고 會員의 자체적인 硏修活動을 指導·監督한다.
1. 會員
2. 第7條의 規定에 의하여 公認會計士登錄을 하고자 하는 者
3. 第13條의 規定에 의한 事務職員등
② 第1項의 規定에 의한 硏修를 실시하기 위하여 公認會計士會에 會計硏修院을 둔다.
③ 第1項의 規定에 의한 硏修 및 監督에 관하여 필요한 사항은 公認會計士會가 금융위원회의 승인을 얻어 정한다.(2008.2.29 본항개정)

第47條【監督】 ① 公認會計士會는 금융위원회가 監督한다.(2008.2.29 본항개정)
② 금융위원회는 필요하다고 인정한 때에는 公認會計士會에 대하여 보고서의 제출을 요구하거나 所屬公務員으로 하여금 公認會計士會의 業務狀況과 기타 書類를 檢査하게 할 수 있다.(2008.2.29 본항개정)
③ 第2項의 規定에 의하여 檢査를 하는 公務員은 그 權限을 표시하는 證表를 관계인에게 내보여야 한다.

第7章 懲 戒

第48條【징계】 ① 금융위원회는 공인회계사가 다음 각 호의 어느 하나에 해당하는 경우에는 제6조의2제1항에

따른 공인회계사자격·징계위원회의 의결에 따라 제2항에서 정하는 징계를 할 수 있다.
1. 이 법 또는 이 법에 따른 명령을 위반한 경우
2. 감사 또는 증명에 중대한 착오 또는 누락이 있는 경우
3. 공인회계사회회칙을 위반한 경우
4. 직무의 내외를 불문하고 공인회계사로서의 품위를 손상하는 행위를 한 경우
② 공인회계사에 대한 징계의 종류는 다음 각 호와 같다.
1. 등록취소
2. 2년 이하의 직무정지
3. 1년 이하의 일부직무정지
4. 견책
③ 공인회계사회는 회원인 공인회계사(회계법인의 소속공인회계사를 포함한다. 이하 이 조에서 같다)가 제1항 각 호의 어느 하나에 해당하는 징계사유가 있다고 인정하는 경우에는 증거서류를 첨부하여 금융위원회에 그 공인회계사의 징계를 요구할 수 있다.
④ 제1항 각 호의 어느 하나에 해당하는 사유가 발생한 날부터 3년이 지난 경우에는 제1항에 따른 징계를 할 수 없다.
(2023.7.11 본조개정)

第48條의2【조치 등의 통보 및 공고 등】 ① 금융위원회는 제39조제1항 및 제48조제1항에 따라 조치 또는 징계를 한 때에는 지체 없이 그 사유를 구체적으로 밝혀 해당 회계법인·공인회계사, 공인회계사회 및 증권선물위원회에 각각 통보하고 그 내용을 관보 또는 인터넷 홈페이지 등에 공고하여야 한다.
② 공인회계사회는 제1항에 따라 통보받은 내용을 공인회계사회가 운영하는 인터넷 홈페이지 등에 3개월 이상 게재하는 방법으로 공개하여야 한다.
③ 공인회계사회는 「주식회사 등의 외부감사에 관한 법률」 제2조제7호에 따른 감사인을 선임하려는 자가 해당 회계법인에 대한 조치 또는 공인회계사의 징계 사실을 알기 위하여 조치 또는 징계 정보의 열람·등사를 신청하는 경우에는 이를 제공하여야 한다.(2017.10.31 본항개정)
④ 제1항부터 제3항까지의 규정에 따른 조치 또는 징계의 공개 범위와 시행 방법, 열람·등사의 방법 및 절차 등에 필요한 사항은 대통령령으로 정한다.
(2017.10.31 본조신설)

第49條 (1997.12.13 삭제)

第8章 補 則

第50條【業務의 제한】 제7조 또는 제24조의 규정에 의하여 등록한 공인회계사 또는 會計法人이 아닌 者는 다른 法律에 規定하는 경우를 제외하고는 第2條의 職務를 행하여서는 아니된다.(2001.3.28 본조개정)

第51條【關係帳簿등의 閱覽】 公認會計士 및 會計法人은 그 職務를 행하는데 있어서 필요한 때에는 關係機關에 대하여 關係 帳簿 및 書類의 閱覽을 申請할 수 있으며 申請을 받은 機關은 정당한 사유없이 이를 거부하여서는 아니된다.

第51條의2【벌칙 적용에서의 공무원 의제】 제6조의2제1항에 따른 공인회계사자격·징계위원회의 위원 중 공무원이 아닌 위원은 「형법」 제127조 및 제129조부터 제132조까지를 적용할 때에는 공무원으로 본다.(2023.7.11 본조신설)

第52條【업무의 위탁】 ① 금융위원회는 제7조부터 제9조까지, 제9조의2, 제30조제2항, 제40조의4제1항부터 제3항까지, 제40조의5, 제40조의6, 제40조의13제1항 및 제48조제1항에 따른 업무의 전부 또는 일부를 대통령령으로 정하는 바에 따라 공인회계사회에 위탁할 수 있다. 이 경우 제48조제1항에 따른 업무를 위탁할 때에는 제6조의2제1항에 따른 공인회계사자격·징계위원회를 갈음하는 의결기구를 지정하여 위탁하여야 한다.(2024.1.16 전단개정)
② 금융위원회는 시험에 관한 업무의 일부 및 제30조제3항에 따른 권한의 전부 또는 일부를 대통령령으로 정하는 바에 따라 「금융위원회의 설치 등에 관한 법률」에 따라 설립된 금융감독원 원장(이하 "금융감독원장"이라 한다)에게 위탁할 수 있다. 이 경우 제30조제3항에 따른 검사업무를 수행하는 때에는 금융감독원장은 금융위원회가 정하는 바에 따라 검사수수료를 징수할 수 있다.
(2011.6.30 본조개정)

第8章의2 과징금의 부과 및 징수

第52條의2【과징금의 부과】 ① 금융위원회는 회계법인 또는 공인회계사(회계법인에 소속된 공인회계사를 포함한다)가 제39조제1항제5호 또는 제48조제1항제2호에 해당하게 되어 업무정지 또는 직무정지처분을 하여야 하는 경우로서 그 업무정지 또는 직무정지처분이 이해관계인등에게 중대한 영향을 미치거나 공익을 해할 우려가 있는 경우에는 업무정지 또는 직무정지처분에 갈음하여 회계법인에 대하여는 5억원 이하의 과징금을, 공인회계사에 대하여는 1억원 이하의 과징금을 각각 부과할 수 있다.(2008.2.29 본항개정)
② 금융위원회는 제1항의 규정에 의하여 과징금을 부과하는 경우에는 다음 각호의 사항을 참작하여야 한다.
(2008.2.29 본문개정)
1. 위반행위의 내용 및 정도
2. 위반행위의 기간 및 회수
3. 위반행위로 취득한 이익의 규모
③ 금융위원회는 이 법의 규정을 위반한 법인이 합병을 하는 경우 당해 법인이 행한 위반행위는 합병후 존속하거나 합병에 의하여 신설된 법인이 행한 행위로 보아 과징금을 부과·징수할 수 있다.(2008.2.29 본항개정)
④ 금융위원회는 이 법의 규정을 위반한 법인이 분할 또는 분할합병하는 경우 해당 법인이 행한 위반행위는 단순분할신설회계법인, 분할승계회계법인, 분할합병신설회계법인 또는 분할회계법인이 행한 행위로 보아 과징금을 부과·징수할 수 있다.(2018.12.31 본항신설)
⑤ 과징금을 부과받은 법인이 분할 또는 분할합병하는 경우(부과일에 분할 또는 분할합병하는 경우를 포함한다) 그 과징금은 단순분할신설회계법인, 분할승계회계법인, 분할합병신설회계법인 또는 분할회계법인이 연대하여 납부하여야 한다.(2018.12.31 본항신설)
⑥ 제1항부터 제5항까지의 규정에 의한 과징금의 부과기준등에 관하여 필요한 사항은 대통령령으로 정한다.
(2018.12.31 본항개정)
(2001.3.28 본조신설)

第52條의3【이의신청 특례】 ① 금융위원회는 제52조의2에 따른 과징금 부과처분에 대한 이의신청을 받으면 그 신청을 받은 날부터 30일 이내에 그 이의신청에 대한 결과를 신청인에게 통지하여야 한다. 다만, 부득이한 사유로 30일 이내에 통지할 수 없는 경우에는 그 기간을 만료일 다음 날부터 기산하여 30일의 범위에서 한 차례 연장할 수 있다.
② 제1항에서 규정한 사항 외에 이의신청에 관한 사항은 「행정기본법」 제36조에 따른다.
(2023.9.14 본조개정)

第52條의4【과징금의 납부기한 연기 및 분할 납부】 ① 금융위원회는 과징금을 부과받은 자(이하 "과징금납부의무자"라 한다)에 대하여 「행정기본법」 제29조 단서에 따라 과징금 납부기한을 연기하거나 과징금을 분할 납부하게 할 수 있으며, 이 경우 필요하다고 인정하면 담보를 제공하게 할 수 있다.
② 과징금납부의무자는 제1항에 따라 과징금의 납부기한을 연기받거나 분할 납부를 하려는 경우에는 그 납부기한의 10일 전까지 금융위원회에 신청하여야 한다.
③ 금융위원회는 제1항에 따라 과징금 납부기한이 연기되거나 분할 납부가 허용된 과징금납부의무자가 다음 각 호의 어느 하나에 해당하게 된 때에는 그 납부기한의 연기 또는 분할 납부 결정을 취소하고 과징금을 일시에 징수할 수 있다.
1. 분할 납부하기로 한 과징금을 그 납부기한까지 내지 아니한 경우
2. 담보 제공 요구에 따르지 아니하거나 제공된 담보의 가치를 훼손하는 행위를 한 경우
3. 강제집행, 경매의 개시, 파산선고, 법인의 해산, 국세 강제징수 또는 지방세 체납처분 등의 사유로 과징금의 전부 또는 나머지를 징수할 수 없다고 인정되는 경우
4. 「행정기본법」 제29조 각 호의 사유가 해소되어 과징금을 한꺼번에 납부할 수 있다고 인정되는 경우
5. 그 밖에 제1호부터 제4호까지에 준하는 사유가 있는 경우
④ 제1항부터 제3항까지에서 규정한 사항 외에 과징금의 납부기한 연기, 분할 납부 또는 담보 제공 등에 관하여 필요한 사항은 대통령령으로 정한다.
(2023.9.14 본조개정)

第52條의5【과징금의 징수 및 체납처분】 ① 금융위원회는 과징금납부의무자가 납부기한내에 과징금을 납부하지 아니한 경우에는 납부기한의 다음날부터 납부한 날의 전일까지의 기간에 대하여 대통령령이 정하는 가산금을 징수할 수 있다.(2008.2.29 본항개정)
② 금융위원회는 과징금납부의무자가 납부기한내에 과징금을 납부하지 아니한 때에는 기간을 정하여 독촉을 하고, 그 지정한 기간내에 과징금 및 제1항의 규정에 의한 가산금을 납부하지 아니한 때에는 국세체납처분의 예에 따라 이를 징수할 수 있다.(2008.2.29 본항개정)
③ 금융위원회는 제1항 및 제2항의 규정에 의한 과징금 및 가산금의 징수 또는 체납처분에 관한 업무를 국세청장에게 위탁할 수 있다.(2008.2.29 본항개정)
④ 제1항 내지 제3항의 규정에 의한 과징금의 징수 및 체납처분에 관한 절차 등에 관하여 필요한 사항은 대통령령으로 정한다.
(2001.3.28 본조신설)

第9章 罰 則

第53條【벌칙】 ① 공인회계사(회계법인의 이사, 소속공인회계사 및 외국공인회계사를 포함한다. 이하 이 조에서 같다)로서 다음 각 호의 어느 하나에 해당하는 자는 5년 이하의 징역 또는 5천만원 이하의 벌금에 처한다.
1. 제22조제4항(제40조의18에서 준용하는 경우를 포함한다)을 위반하여 부정한 청탁을 받고 금품이나 이익을 수수·요구 또는 약속하거나 위촉인이 사기나 그 밖의 부정한 방법으로 부당한 금전상의 이득을 얻도록 가담하거나 상담한 자(2020.5.19 본호개정)
2. 제28조제2항(제40조의18에서 준용하는 경우를 포함한다)을 위반하여 금융위원회의 승인 없이 손해배상준비금을 손해배상 외의 용도에 사용한 자
② 공인회계사로서 다음 각 호의 어느 하나에 해당하는 자는 3년 이하의 징역 또는 3천만원 이하의 벌금에 처한다.
(2015.7.24 본문개정)
1. 제15조제3항(제40조의18에서 준용하는 경우를 포함한다)을 위반하여 고의로 진실을 감추거나 거짓 보고를 한 자
2. 제20조(제40조에서 준용하는 경우를 포함한다) 또는 제40조의16을 위반하여 직무상 알게 된 비밀을 누설한 자
3. 제40조의10제1항을 위반하여 제7조제1항에 따라 등록한 공인회계사를 고용한 자
4. 제40조의10제2항을 위반하여 공인회계사 또는 회계법인과 제40조의3에 따른 직무를 공동으로 수행하거나 그로부터 받은 보수 또는 수익을 분배한 자
5. 제40조의10제3항을 위반하여 공인회계사 또는 회계법인과 법인 설립, 지분 참여, 경영권 위임이나 그 밖의 방식으로 회계법인을 공동으로 설립하거나 운영한 자
③ 다음 각 호의 어느 하나에 해당하는 자는 1년 이하의 징역 또는 1천만원 이하의 벌금에 처한다.
1. 공인회계사로서 제21조제1항·제2항(제33조제2항에서 준용하는 경우를 포함한다) 또는 제33조제1항을 위반하여 재무제표를 감사하거나 증명하는 직무를 수행한 자
2. 공인회계사로서 제22조제1항(제40조 및 제40조의18에서 준용하는 경우를 포함한다)을 위반하여 다른 사람에게 자기의 성명 또는 상호를 사용하게 하거나 등록증을 빌려준 자
2의2. 제22조제2항(제40조 및 제40조의18에서 준용하는 경우를 포함한다)을 위반하여 공인회계사 등록증의 대여 행위를 알선한 자(2020.5.19 본호신설)
3. 공인회계사로서 제40조의17 또는 제48조에 따른 직무정지처분을 받고 그 직무정지기간 중에 제2조 또는 제40조의3에 따른 직무를 수행한 자
(2020.5.19 본항개정)
④ 회계법인이 제37조제3항을 위반하여 손해배상준비금에 해당하는 금액을 예치하지 아니하면 그 회계법인의 대표이사를 1년 이하의 징역 또는 1천만원 이하의 벌금에 처한다.(2015.7.24 본항개정)
⑤ 공인회계사 자격이 있는 자 또는 공인회계사로서 제7조제1항·제4항 또는 제40조의4제1항 및 제5항에 따른 등록이나 등록 갱신을 하지 아니하고 제2조 또는 제40조의3에 따른 직무를 수행한 자는 500만원 이하의 벌금에 처한다.
⑥ 공인회계사로서 다음 각 호의 어느 하나에 해당하는 자는 300만원 이하의 벌금에 처한다.
1. 제12조제2항(제40조의18에서 준용하는 경우를 포함한다)을 위반하여 둘 이상의 사무소를 둔 자
2. 제18조(제40조에서 준용하는 경우를 포함한다)를 위반하여 장부를 작성하지 아니하거나 사무소에 비치하지 아니한 자
3. 제22조제3항(제40조 및 제40조의18에서 준용하는 경우를 포함한다)을 위반하여 계쟁권리를 양수한 자
(2020.5.19 본호개정)
4. 제35조(제40조의18에서 준용하는 경우를 포함한다)를 위반하여 경업을 한 자
(2011.6.30 본조개정)

第54條【벌칙】 ① 공인회계사가 아닌 자가 제50조를 위반하여 제2조에 따른 직무를 수행하면 3년 이하의 징역 또는 3천만원 이하의 벌금에 처한다.(2015.7.24 본항개정)
② 공인회계사가 아닌 자로서 다음 각 호의 어느 하나에 해당하는 자는 1년 이하의 징역 또는 1천만원 이하의 벌금에 처한다.(2015.7.24 본문개정)
1. 제11조 또는 제31조제2항(제40조의18에서 준용하는 경우를 포함한다)을 위반하여 공인회계사·회계법인 또는 이와 비슷한 명칭을 사용한 자
2. 공인회계사 또는 회계법인의 감사 또는 증명을 받지 아니하고 이들의 감사 또는 증명을 받았다는 취지로 재무서류의 전부 또는 일부를 공표한 자
3. 제20조 또는 제40조의16을 위반하여 직무상 알게 된 비밀을 누설한 사무직원 또는 사무직원이었던 자
(2011.6.30 본조개정)

第55條【몰수·추징 등】 제53조제1항제1호 및 제3항제2호의 죄를 지은 자 또는 그 사정을 아는 제3자가 받은 금품이나 그 밖의 이익은 몰수한다. 이를 몰수할 수 없을 때에는 그 가액을 추징한다.(2018.2.21 본조신설)

附 則 (2011.6.30)

이 법은 「대한민국과 유럽연합 및 그 회원국 간의 자유무역협정」이 발효하는 날부터 시행한다.<2011.7.1 발효> 다만, 제23조제2항제4호, 제26조제5항 및 제40조의12의 개정규정은 「대한민국과 유럽연합 및 그 회원국 간의 자유무역협정」이 발효한 날부터 5년이 경과한 날부터 시행한다.

附 則 (2015.7.24)

第1條【시행일】 이 법은 공포 후 6개월이 경과한 날부터 시행한다.

第2條【시험의 일부 면제에 관한 적용례】 제6조제3항의 개정규정은 이 법 시행 후 최초로 파면 또는 해임되거나 강등 또는 정직에 해당하는 징계처분을 받은 사람부터 적용한다.

附　則 (2017.4.18)

第1條【시행일】 이 법은 공포한 날부터 시행한다.
第2條【금치산자 등의 결격사유에 관한 경과조치】 제4조제1호의 개정규정에 따른 피성년후견인 또는 피한정후견인에는 법률 제10429호 민법 일부개정법률 부칙 제2조에 따라 금치산 또는 한정치산 선고의 효력이 유지되는 사람을 포함하는 것으로 본다.

附　則 (2017.10.31 法15017號)

第1條【시행일】 이 법은 공포 후 6개월이 경과한 날부터 시행한다.
第2條【조치 또는 징계 정보의 열람·등사 신청에 관한 적용례】 제48조의2제3항의 개정규정은 이 법 시행 전에 이루어진 조치 또는 징계 정보의 열람·등사를 신청하는 경우에도 적용한다.

附　則 (2020.5.19)
(2021.4.20 法18113號)

이 법은 공포한 날부터 시행한다.

附　則 (2021.4.20 法18114號)

이 법은 공포 후 3개월이 경과한 날부터 시행한다.

附　則 (2023.3.21)

第1條【시행일】 이 법은 공포 후 6개월이 경과한 날부터 시행한다.
第2條【시험 응시자격에 관한 적용례】 제5조제3항의 개정규정은 이 법 시행 이후 공고하는 시험부터 적용한다.

附　則 (2023.7.11)

第1條【시행일】 이 법은 공포 후 6개월이 경과한 날부터 시행한다.
第2條【「공인회계사법」의 개정에 따른 적용례 등】 ①「공인회계사법」 제51조의2의 개정규정은 이 법 시행 이후 공인회계사자격·징계위원회에 위촉되는 위원부터 적용한다.
② 이 법 시행 당시 종전의 「공인회계사법」 제48조에 따른 공인회계사징계위원회의 의결 및 그 밖의 행위와 종전의 「공인회계사법」 제48조에 따른 공인회계사징계위원회에 대한 징계 요구 및 그 밖에 공인회계사징계위원회에 대한 행위는 「공인회계사법」 제6조의2의 개정규정에 따른 공인회계사자격·징계위원회의 행위 또는 공인회계사자격·징계위원회에 대한 행위로 본다.
③ 이 법 시행 당시 종전의 「공인회계사법」 제52조제1항 후단에 따라 공인회계사징계위원회를 갈음하는 의결기구로 지정된 의결기구는 「공인회계사법」 제52조제1항 후단의 개정규정에 따른 공인회계사자격·징계위원회를 갈음하는 의결기구로 본다.

附　則 (2023.9.14)

第1條【시행일】 이 법은 공포한 날부터 시행한다.(이하 생략)

附　則 (2024.1.16)

第1條【시행일】 이 법은 공포한 날부터 시행한다.
第2條【다른 법률의 개정】 ※(해당 법령에 가제정리 하였음)

독점규제 및 공정거래에 관한 법률(약칭 : 공정거래법)

(2020년 12월 29일 전부개정법률 제17799호)

개정
2021.12.28법18661호(중소기업창업)
2023. 6.20법19504호(벤처투자촉진에관한법)
2023. 6.20법19510호　　2023. 8. 8법19617호
2024. 1. 9법19990호(벤처기업육성에관한특별법)→2024년 7월 10일 시행
2024년 1월 25일 제412회 국회 본회의 통과→「法典 別冊」 보유편 수록

제1장 총 칙

제1조【목적】 이 법은 사업자의 시장지배적지위의 남용과 과도한 경제력의 집중을 방지하고, 부당한 공동행위 및 불공정거래행위를 규제하여 공정하고 자유로운 경쟁을 촉진함으로써 창의적인 기업활동을 조성하고 소비자를 보호함과 아울러 국민경제의 균형 있는 발전을 도모함을 목적으로 한다.
제2조【정의】 이 법에서 사용하는 용어의 뜻은 다음과 같다.
1. "사업자"란 제조업, 서비스업 또는 그 밖의 사업을 하는 자를 말한다. 이 경우 사업자의 이익을 위한 행위를 하는 임원, 종업원(계속하여 회사의 업무에 종사하는 사람으로서 임원 외의 사람을 말한다. 이하 같다), 대리인 및 그 밖의 자는 사업자단체에 관한 규정을 적용할 때에는 사업자로 본다.
2. "사업자단체"란 그 형태가 무엇이든 상관없이 둘 이상의 사업자가 공동의 이익을 증진할 목적으로 조직한 결합체 또는 그 연합체를 말한다.
3. "시장지배적사업자"란 일정한 거래분야의 공급자나 수요자로서 단독으로 또는 다른 사업자와 함께 상품이나 용역의 가격, 수량, 품질, 그 밖의 거래조건을 결정·유지 또는 변경할 수 있는 시장지위를 가진 사업자를 말한다. 이 경우 시장지배적사업자를 판단할 때에는 시장점유율, 진입장벽의 존재 및 정도, 경쟁사업자의 상대적 규모 등을 종합적으로 고려한다.
4. "일정한 거래분야"란 거래의 객체별·단계별 또는 지역별로 경쟁관계에 있거나 경쟁관계가 성립될 수 있는 분야를 말한다.
5. "경쟁을 실질적으로 제한하는 행위"란 일정한 거래분야의 경쟁이 감소하여 특정 사업자 또는 사업자단체의 의사에 따라 어느 정도 자유로이 가격, 수량, 품질, 그 밖의 거래조건 등의 결정에 영향을 미치거나 미칠 우려가 있는 상태를 초래하는 행위를 말한다.
6. "임원"이란 다음 각 목의 어느 하나에 해당하는 사람을 말한다.
가. 이사
나. 대표이사
다. 업무집행을 하는 무한책임사원
라. 감사
마. 가목부터 라목까지의 규정 중 어느 하나에 준하는 사람
바. 지배인 등 본점이나 지점의 영업 전반을 총괄적으로 처리할 수 있는 상업사용인
7. "지주회사"란 주식(지분을 포함한다. 이하 같다)의 소유를 통하여 국내 회사의 사업내용을 지배하는 것을 주된 사업으로 하는 회사로서 자산총액이 대통령령으로 정하는 금액 이상인 회사를 말한다. 이 경우 주된 사업의 기준은 대통령령으로 정한다.
8. "자회사"란 지주회사로부터 대통령령으로 정하는 기준에 따라 그 사업내용을 지배받는 국내 회사를 말한다.
9. "손자회사"란 자회사로부터 대통령령으로 정하는 기준에 따라 그 사업내용을 지배받는 국내 회사를 말한다.
10. "금융업 또는 보험업"이란 「통계법」 제22조제1항에 따라 통계청장이 고시하는 한국표준산업분류상 금융 및 보험업을 말한다. 다만, 제18조제2항제5호에 따른 일반지주회사는 금융업 또는 보험업을 영위하는 회사로 보지 아니한다.
11. "기업집단"이란 동일인이 다음 각 목의 구분에 따라 대통령령으로 정하는 기준에 따라 사실상 그 사업내용을 지배하는 회사의 집단을 말한다.
가. 동일인이 회사인 경우 : 그 동일인과 그 동일인이 지배하는 하나 이상의 회사의 집단
나. 동일인이 회사가 아닌 경우 : 그 동일인이 지배하는 둘 이상의 회사의 집단
12. "계열회사"란 둘 이상의 회사가 동일한 기업집단에 속하는 경우에 이들 각각의 회사를 서로 상대방의 계열회사라 한다.
13. "계열출자"란 기업집단 소속 회사가 계열회사의 주식을 취득 또는 소유하는 행위를 말한다.
14. "계열출자회사"란 계열출자를 통하여 다른 계열회사의 주식을 취득 또는 소유하는 계열회사를 말한다.
15. "계열출자대상회사"란 계열출자를 통하여 계열출자회사가 취득 또는 소유하는 계열회사 주식을 발행한 계열회사를 말한다.
16. "순환출자"란 세 개 이상의 계열출자로 연결된 계열회사 모두가 계열출자회사 및 계열출자대상회사가 되는 계열출자 관계를 말한다.
17. "순환출자회사집단"이란 기업집단 소속 회사 중 순환출자 관계에 있는 계열회사의 집단을 말한다.
18. "채무보증"이란 기업집단에 속하는 회사가 다음 각 목의 어느 하나에 해당하는 국내 금융기관의 여신과 관련하여 국내 계열회사에 대하여 하는 보증을 말한다.
가. 「은행법」에 따른 은행
나. 「한국산업은행법」에 따른 한국산업은행
다. 「한국수출입은행법」에 따른 한국수출입은행
라. 「중소기업은행법」에 따른 중소기업은행
마. 「보험업법」에 따른 보험회사
바. 「자본시장과 금융투자업에 관한 법률」에 따른 투자매매업자·투자중개업자 및 종합금융회사
사. 그 밖에 대통령령으로 정하는 금융기관
19. "여신"이란 국내 금융기관이 하는 대출 및 회사채무의 보증 또는 인수를 말한다.
20. "재판매가격유지행위"란 사업자가 상품 또는 용역을 거래할 때 거래상대방인 사업자 또는 그 다음 거래단계별 사업자에 대하여 거래가격을 정하여 그 가격대로 판매 또는 제공할 것을 강제하거나 그 가격대로 판매 또는 제공하도록 그 밖의 구속조건을 붙여 거래하는 행위를 말한다.
제3조【국외에서의 행위에 대한 적용】 국외에서 이루어진 행위라도 그 행위가 국내 시장에 영향을 미치는 경우에는 이 법을 적용한다.

제2장 시장지배적지위의 남용금지

제4조【독과점적 시장구조의 개선 등】 ① 공정거래위원회는 독과점적 시장구조가 장기간 유지되고 있는 상품이나 용역의 공급시장 또는 수요시장에 대하여 경쟁을 촉진하기 위한 시책을 수립·시행하여야 한다.
② 공정거래위원회는 제1항에 따른 시책을 추진하기 위하여 필요한 경우에는 관계 행정기관의 장에게 경쟁의 도입 또는 그 밖에 시장구조의 개선 등에 관하여 필요한 의견을 제시할 수 있다. 이 경우 관계 행정기관의 장은 공정거래위원회의 의견을 검토한 후 검토결과를 공정거래위원회에 송부하여야 한다.
③ 공정거래위원회는 제1항에 따른 시책을 추진하기 위하여 다음 각 호의 업무를 수행할 수 있다.
1. 시장구조의 조사 및 공표
2. 특정 산업의 경쟁상황 분석, 규제현황 분석 및 경쟁촉진 방안 마련
④ 공정거래위원회는 사업자 및 사업자단체에 제3항 각 호의 업무를 수행하기 위하여 필요한 자료의 제출을 요청할 수 있다.
⑤ 공정거래위원회는 제3항 및 제4항의 사무를 대통령령으로 정하는 바에 따라 다른 기관에 위탁할 수 있다.
제5조【시장지배적지위의 남용금지】 ① 시장지배적사업자는 다음 각 호의 어느 하나에 해당하는 행위(이하 "남용행위"라 한다)를 해서는 아니 된다.
1. 상품의 가격이나 용역의 대가(이하 "가격"이라 한다)를 부당하게 결정·유지 또는 변경하는 행위
2. 상품의 판매 또는 용역의 제공을 부당하게 조절하는 행위
3. 다른 사업자의 사업활동을 부당하게 방해하는 행위
4. 새로운 경쟁사업자의 참가를 부당하게 방해하는 행위
5. 부당하게 경쟁사업자를 배제하기 위하여 거래하거나 소비자의 이익을 현저히 해칠 우려가 있는 행위
② 남용행위의 유형 및 기준은 대통령령으로 정한다.
제6조【시장지배적사업자의 추정】 일정한 거래분야에서 시장점유율이 다음 각 호의 어느 하나에 해당하는 사업자(일정한 거래분야에서 연간 매출액 또는 구매액이 40억원 미만인 사업자는 제외한다)는 시장지배적사업자로 추정한다.
1. 하나의 사업자의 시장점유율이 100분의 50 이상
2. 셋 이하의 사업자의 시장점유율의 합계가 100분의 75 이상. 이 경우 시장점유율이 100분의 10 미만인 사업자는 제외한다.
제7조【시정조치】 ① 공정거래위원회는 남용행위가 있을 때에는 그 시장지배적사업자에게 가격의 인하, 해당 행위의 중지, 시정명령을 받은 사실의 공표 또는 그 밖에 필요한 시정조치를 명할 수 있다.
② 공정거래위원회는 남용행위를 한 회사인 시장지배적사업자가 합병으로 소멸한 경우에는 해당 회사가 한 남용행위를 합병 후 존속하거나 합병에 따라 설립된 회사가 한 행위로 보아 제1항의 시정조치를 명할 수 있다.
③ 공정거래위원회는 남용행위를 한 회사인 시장지배적사업자가 분할되거나 분할합병된 경우에는 분할되는 시장지배적사업자의 분할일 또는 분할합병일 이전의 남용행위를 다음 각 호의 어느 하나에 해당하는 회사의 행위로 보고 제1항의 시정조치를 명할 수 있다.
1. 분할되는 회사
2. 분할 또는 분할합병으로 설립되는 새로운 회사
3. 분할되는 회사의 일부가 다른 회사에 합병된 후 그 다른 회사가 존속하는 경우 그 다른 회사

④ 공정거래위원회는 남용행위를 한 회사인 시장지배적사업자가 「채무자 회생 및 파산에 관한 법률」 제215조에 따라 새로운 회사를 설립하는 경우에는 기존 회사 또는 새로운 회사 중 어느 하나의 행위로 보고 제1항의 시정조치를 명할 수 있다.

제8조【과징금】 공정거래위원회는 시장지배적사업자가 남용행위를 한 경우에는 그 사업자에게 대통령령으로 정하는 매출액(대통령령으로 정하는 사업자의 경우에는 영업수익을 말한다. 이하 같다)에 100분의 6을 곱한 금액을 초과하지 아니하는 범위에서 과징금을 부과할 수 있다. 다만, 매출액이 없거나 매출액의 산정이 곤란한 경우로서 대통령령으로 정하는 경우(이하 "매출액이 없는 경우등"이라 한다)에는 20억원을 초과하지 아니하는 범위에서 과징금을 부과할 수 있다.

제3장 기업결합의 제한

제9조【기업결합의 제한】 ① 누구든지 직접 또는 대통령령으로 정하는 특수한 관계에 있는 자(이하 "특수관계인"이라 한다)를 통하여 다음 각 호의 어느 하나에 해당하는 행위(이하 "기업결합"이라 한다)로서 일정한 거래분야에서 경쟁을 실질적으로 제한하는 행위를 하여서는 아니 된다. 다만, 자산총액 또는 매출액의 규모가 대통령령으로 정하는 규모에 해당하는 회사(이하 "대규모회사"라 한다) 외의 자가 제2호에 해당하는 행위를 하는 경우에는 그러하지 아니하다.
1. 다른 회사 주식의 취득 또는 소유
2. 임원 또는 종업원에 의한 다른 회사의 임원 지위의 겸임(이하 "임원겸임"이라 한다)
3. 다른 회사와의 합병
4. 다른 회사의 영업의 전부 또는 주요 부분의 양수·임차 또는 경영의 수임이나 다른 회사의 영업용 고정자산의 전부 또는 주요 부분의 양수(이하 "영업양수"라 한다)
5. 새로운 회사설립에의 참여. 다만, 다음 각 목의 어느 하나에 해당하는 경우는 제외한다.
   가. 특수관계인(대통령령으로 정하는 자는 제외한다) 외의 자는 참여하지 아니하는 경우
   나. 「상법」 제530조의2제1항에 따른 분할에 따른 회사설립에 참여하는 경우

② 다음 각 호의 어느 하나에 해당한다고 공정거래위원회가 인정하는 기업결합에 대해서는 제1항을 적용하지 아니한다. 이 경우 해당 요건을 충족하는지에 대한 입증은 해당 사업자가 하여야 한다.
1. 해당 기업결합 외의 방법으로는 달성하기 어려운 효율성 증대효과가 경쟁제한으로 인한 폐해보다 큰 경우
2. 상당한 기간 동안 대차대조표상의 자본총계가 납입자본금보다 작은 상태에 있는 등 회생이 불가능한 회사와의 기업결합으로서 대통령령으로 정하는 요건에 해당하는 경우

③ 기업결합이 다음 각 호의 어느 하나에 해당하는 경우에는 일정한 거래분야에서 경쟁을 실질적으로 제한하는 것으로 추정한다.
1. 기업결합의 당사회사(제1항제5호의 경우에는 회사설립에 참여하는 모든 회사를 말한다. 이하 같다)의 시장점유율(계열회사의 시장점유율을 합산한 점유율을 말한다. 이하 이 조에서 같다)의 합계가 다음 각 목의 요건을 갖춘 경우
   가. 시장점유율의 합계가 시장지배적사업자의 추정요건에 해당할 것
   나. 시장점유율의 합계가 해당 거래분야에서 제1위일 것
   다. 시장점유율의 합계와 시장점유율이 제2위인 회사(당사회사를 제외한 회사 중 제1위인 회사를 말한다)의 시장점유율과의 차이가 그 시장점유율의 합계의 100분의 25 이상일 것
2. 대규모회사가 직접 또는 특수관계인을 통하여 한 기업결합이 다음 각 목의 요건을 갖춘 경우
   가. 「중소기업기본법」에 따른 중소기업의 시장점유율이 3분의 2 이상인 거래분야에서의 기업결합일 것
   나. 해당 기업결합으로 100분의 5 이상의 시장점유율을 가지게 될 것

④ 제1항에 따른 일정한 거래분야에서 경쟁을 실질적으로 제한하는 기업결합과 제2항에 따라 제1항을 적용하지 아니하는 기업결합에 관한 기준은 공정거래위원회가 정하여 고시한다.

⑤ 제1항 각 호 외의 부분 단서에 따른 자산총액 또는 매출액의 규모는 기업결합일 전부터 기업결합일 이후까지 계속하여 계열회사의 지위를 유지하고 있는 회사의 자산총액 또는 매출액을 합산한 규모를 말한다. 다만, 영업양수의 경우 영업을 양도(영업의 임대, 경영의 위임 및 영업용 고정자산의 양도를 포함한다)하는 회사의 자산총액 또는 매출액의 규모는 계열회사의 자산총액 또는 매출액을 합산하지 아니한 규모를 말한다.

제10조【주식의 취득 또는 소유의 기준】 이 법에 따른 주식의 취득 또는 소유는 취득 또는 소유의 명의와 관계없이 실질적인 소유관계를 기준으로 한다.

제11조【기업결합의 신고】 ① 자산총액 또는 매출액의 규모가 대통령령으로 정하는 기준에 해당하는 회사(제3호에 해당하는 기업결합을 하는 경우에는 대규모회사만을 말하며, 이하 이 조에서 "기업결합신고대상회사"라 한다) 또는 그 특수관계인이 자산총액 또는 매출액의 규모가 대통령령으로 정하는 기준에 해당하는 다른 회사(이하 이 조에서 "상대회사"라 한다)에 대하여 제1호부터 제4호까지의 규정 중 어느 하나에 해당하는 기업결합을 하거나 기업결합신고대상회사 또는 그 특수관계인이 상대회사 또는 그 특수관계인과 공동으로 제5호의 기업결합을 하는 경우와 기업결합신고대상회사 외의 회사로서 상대회사의 규모에 해당하는 회사 또는 그 특수관계인이 기업결합신고대상회사에 대하여 제1호부터 제4호까지의 규정 중 어느 하나에 해당하는 기업결합을 하거나 기업결합신고대상회사 외의 회사로서 상대회사의 규모에 해당하는 회사 또는 그 특수관계인이 기업결합신고대상회사 또는 그 특수관계인과 공동으로 제5호의 기업결합을 하는 경우에는 대통령령으로 정하는 바에 따라 공정거래위원회에 신고하여야 한다.
1. 다른 회사의 발행주식총수(「상법」 제344조의3제1항 및 제369조제2항·제3항의 의결권 없는 주식의 수는 제외한다. 이하 이 장에서 같다)의 100분의 20(「자본시장과 금융투자업에 관한 법률」에 따른 주권상장법인(이하 "상장법인"이라 한다)의 경우에는 100분의 15를 말한다) 이상을 소유하게 되는 경우
2. 다른 회사의 발행주식을 제1호에 따른 비율 이상으로 소유한 자가 그 회사의 주식을 추가로 취득하여 최다출자자가 되는 경우
3. 임원겸임의 경우(계열회사의 임원을 겸임하는 경우는 제외한다)
4. 제9조제1항제3호 또는 제4호에 해당하는 행위를 하는 경우
5. 새로운 회사설립에 참여하여 그 회사의 최다출자자가 되는 경우

② 기업결합신고대상회사 또는 그 특수관계인이 상대회사의 자산총액 또는 매출액 규모에 해당하지 아니하는 회사(이하 이 조에서 "소규모피취득회사"라 한다)에 대하여 제1항제1호, 제2호 또는 제4호에 해당하는 기업결합을 하거나 기업결합신고대상회사 또는 그 특수관계인이 소규모피취득회사 또는 그 특수관계인과 공동으로 제1항 제5호의 기업결합을 할 때에는 다음 각 호의 요건에 모두 해당하는 경우에만 대통령령으로 정하는 바에 따라 공정거래위원회에 신고하여야 한다.
1. 기업결합의 대가로 지급 또는 출자하는 가치의 총액(당사회사가 자신의 특수관계인을 통하여 지급 또는 출자하는 것을 포함한다)이 대통령령으로 정하는 금액 이상일 것
2. 소규모피취득회사 또는 그 특수관계인이 국내 시장에서 상품 또는 용역을 판매·제공하거나, 국내 연구시설 또는 연구인력을 보유·활용하는 등 대통령령으로 정하는 상당한 수준으로 활동할 것

③ 제1항 및 제2항에도 불구하고 다음 각 호의 어느 하나에 해당하는 경우에는 신고대상에서 제외한다.
1. 「벤처투자 촉진에 관한 법률」 제2조제10호 또는 제11호에 따른 벤처투자회사 또는 벤처투자조합이 「중소기업창업 지원법」 제2조제3호에 따른 창업기업(이하 "창업기업"이라 한다) 또는 「벤처기업육성에 관한 특별법」 제2조제1항에 따른 벤처기업(이하 "벤처기업"이라 한다)의 주식을 제1항제1호에 따른 비율 이상으로 소유하게 되거나 창업기업 또는 벤처기업의 설립에 다른 회사와 공동으로 참여하여 최다출자자가 되는 경우 (2024.1.9 본호개정)
2. 「여신전문금융업법」 제2조제14호의3 또는 제14호의5에 따른 신기술사업금융업자 또는 신기술사업투자조합이 「기술보증기금법」 제2조제1호에 따른 신기술사업자(이하 "신기술사업자"라 한다)의 주식을 제1항제1호에 따른 비율 이상으로 소유하게 되거나 신기술사업자의 설립에 다른 회사와 공동으로 참여하여 최다출자자가 되는 경우
3. 기업결합신고대상회사가 다음 각 목의 어느 하나에 해당하는 회사의 주식을 제1항제1호에 따른 비율 이상으로 소유하게 되거나 다음 각 목의 어느 하나에 해당하는 회사의 설립에 다른 회사와 공동으로 참여하여 최다출자자가 되는 경우
   가. 「자본시장과 금융투자업에 관한 법률」 제9조제18항 제2호에 따른 투자회사
   나. 「사회기반시설에 대한 민간투자법」에 따라 사회기반시설 민간투자사업시행자로 지정된 회사
   다. 나목에 따른 회사에 대한 투자목적으로 설립된 투자회사(「법인세법」 제51조의2제1항제6호에 해당하는 회사로 한정한다)
   라. 「부동산투자회사법」 제2조제1호에 따른 부동산투자회사

④ 제1항 및 제2항은 관계 중앙행정기관의 장이 다른 법률에 따라 미리 해당 기업결합에 관하여 공정거래위원회와 협의한 경우에는 적용하지 아니한다.

⑤ 제1항제1호, 제2호 또는 제5호에 따른 주식의 소유 또는 인수의 비율을 산정하거나 최다출자자가 되는지를 판단할 때에는 해당 회사의 특수관계인이 소유하고 있는 주식을 합산한다.

⑥ 제1항에 따른 기업결합의 신고는 해당 기업결합일부터 30일 이내에 하여야 한다. 다만, 다음 각 호의 어느 하나에 해당하는 기업결합은 합병계약을 체결한 날 등 대통령령으로 정하는 날부터 기업결합일 전까지의 기간 내에 신고하여야 한다.
1. 제1항제1호, 제2호, 제4호 또는 제5호에 따른 기업결합(대통령령으로 정하는 경우는 제외한다) 중 기업결합의 당사회사 중 하나 이상의 회사가 대규모회사인 기업결합
2. 제2항에 따른 기업결합

⑦ 공정거래위원회는 제6항에 따라 신고를 받으면 신고일부터 30일 이내에 제9조에 해당하는지를 심사하고, 그 결과를 해당 신고자에게 통지하여야 한다. 다만, 공정거래위원회가 필요하다고 인정할 경우에는 90일의 범위에서 그 기간을 연장할 수 있다.

⑧ 제6항 각 호 외의 부분 단서에 따라 신고를 하여야 하는 자는 제7항에 따른 공정거래위원회의 심사결과를 통지받기 전까지 각각 주식소유, 합병등기, 영업양수계약의 이행행위 또는 주식인수행위를 하여서는 아니 된다.

⑨ 기업결합을 하려는 자는 제6항에 따른 신고기간 전이라도 그 행위가 경쟁을 실질적으로 제한하는 행위에 해당하는지에 대하여 공정거래위원회에 심사를 요청할 수 있다.

⑩ 공정거래위원회는 제9항에 따라 심사를 요청받은 경우에는 30일 이내에 그 심사결과를 요청한 자에게 통지하여야 한다. 다만, 공정거래위원회가 필요하다고 인정할 경우에는 90일의 범위에서 그 기간을 연장할 수 있다.

⑪ 제1항 및 제2항에 따른 신고의무자가 둘 이상인 경우에는 공동으로 신고하여야 한다. 다만, 공정거래위원회가 신고의무자가 소속된 기업집단에 속하는 회사 중 하나의 회사의 신청을 받아 대통령령으로 정하는 바에 따라 해당 회사를 기업결합신고 대리인으로 지정하는 경우에는 그 대리인이 신고할 수 있다.

⑫ 제1항에 따른 기업결합신고대상회사 및 상대회사의 자산총액 또는 매출액의 규모에 관하여는 제9조제5항을 준용한다.

제12조【기업결합 신고절차 등의 특례】 ① 다음 각 호의 어느 하나에 해당하는 법인의 설립이나 합병 또는 최다액출자자 변경 등(이하 이 조에서 "법인설립등"이라 한다)에 관한 승인·변경승인 등(이하 이 조에서 "승인등"이라 한다)을 신청하는 자는 법인설립등이 제11조제1항 및 제2항에 따른 신고대상에 해당하는 경우에는 승인등의 주무관청(방송통신위원회를 포함한다. 이하 이 조에서 같다)에 승인등을 신청할 때 기업결합 신고서류를 함께 제출할 수 있다.
1. 「방송법」 제15조제1항제1호에 따른 법인(같은 법 제2조제3호나목에 따른 종합유선방송사업자인 법인으로 한정한다. 이하 이 조에서 "종합유선방송사업자"라 한다)의 합병
2. 「방송법」 제15조의2제1항에 따라 종합유선방송사업자의 최다액출자자가 되려고 하거나 종합유선방송사업자의 경영권을 실질적으로 지배하려는 경우

② 승인등의 신청인이 제1항에 따라 주무관청에 기업결합 신고서류를 제출하였을 때에는 그 서류가 주무관청에 접수된 날을 제11조제1항 및 제2항에 따른 신고를 한 날로 본다.

③ 주무관청은 제1항에 따라 기업결합 신고서류를 제출받았을 때에는 지체 없이 공정거래위원회에 기업결합 신고서류를 송부하여야 한다.

④ 제11조제6항 각 호 외의 부분 단서에 따라 기업결합 신고를 하여야 하는 자는 공정거래위원회에 기업결합 신고를 할 때에 법인설립등의 승인등에 관한 서류를 함께 제출할 수 있다.

⑤ 공정거래위원회는 제4항에 따라 법인설립등의 승인등에 관한 서류를 제출받았을 때에는 지체 없이 법인설립등의 승인등에 관한 서류를 주무관청에 송부하여야 한다.

제13조【탈법행위의 금지】 ① 누구든지 제9조제1항의 적용을 회피하려는 행위를 하여서는 아니 된다.

② 제1항에 따른 탈법행위의 유형 및 기준은 대통령령으로 정한다.

제14조【시정조치 등】 ① 공정거래위원회는 제9조제1항 또는 제13조를 위반하거나 위반할 우려가 있는 행위가 있을 때에는 해당 사업자〔제9조제1항을 위반한 경우에는 기업결합 당사회사(기업결합 당사회사에 대한 시정조치만으로는 경쟁제한으로 인한 폐해를 시정하기 어렵거나 기업결합 당사회사의 특수관계인이 사업을 영위하는 거래분야의 경쟁제한으로 인한 폐해를 시정할 필요가 있는 경우에는 그 특수관계인을 포함한다)를 말한다〕 또는 위반행위자에게 다음 각 호의 시정조치를 명할 수 있다. 이 경우 제11조제6항 각 호 외의 부분 단서에 따른 신고를 받았을 때에는 같은 조 제7항에 따른 기간 내에 시정조치를 명하여야 한다.
1. 해당 행위의 중지
2. 주식의 전부 또는 일부의 처분
3. 임원의 사임
4. 영업의 양도
5. 시정명령을 받은 사실의 공표
6. 기업결합에 따른 경쟁제한의 폐해를 방지할 수 있는 영업방식 또는 영업범위의 제한
7. 그 밖에 법 위반상태를 시정하기 위하여 필요한 조치

② 공정거래위원회는 제9조제1항 또는 제11조제8항을 위반한 회사의 합병 또는 설립이 있는 경우에는 해당 회사의 합병 또는 설립 무효의 소(訴)를 제기할 수 있다.

③ 제9조제1항을 위반하는 행위에 대하여 제1항 각 호의 시정조치를 부과하기 위한 기준은 공정거래위원회가 정하여 고시한다.
④ 합병, 분할, 분할합병 또는 새로운 회사의 설립 등에 따른 제1항 각 호의 시정조치에 관하여는 제7조제2항부터 제4항까지의 규정을 준용한다. 이 경우 "시장지배적사업자"는 "사업자"로 본다.

제15조【시정조치의 이행확보】 제14조제1항에 따른 주식처분명령을 받은 자는 그 명령을 받은 날부터 해당 주식에 대하여 의결권을 행사할 수 없다.

제16조【이행강제금】 ① 공정거래위원회는 제9조제1항을 위반하여 제14조에 따라 시정조치를 부과받은 후 그 정한 기한 내에 이행을 하지 아니하는 자에게 이행기한이 지난 날부터 1일당 다음 각 호의 구분에 따른 금액에 1만분의 3을 곱한 금액을 초과하지 아니하는 범위에서 이행강제금을 부과할 수 있다. 다만, 제9조제1항제2호의 기업결합을 한 자에게는 이행기한이 지난 날부터 1일당 200만원의 범위에서 이행강제금을 부과할 수 있다.
1. 제9조제1항제1호 또는 제5호의 기업결합의 경우 : 취득 또는 소유한 주식의 장부가격과 인수하는 채무의 합계액
2. 제9조제1항제3호의 기업결합의 경우 : 합병의 대가로 지급하는 주식의 장부가격과 인수하는 채무의 합계액
3. 제9조제1항제4호의 기업결합의 경우 : 영업양수금액
② 이행강제금의 부과·납부·징수·환급 등에 필요한 사항은 대통령령으로 정한다. 다만, 체납된 이행강제금은 국세체납처분의 예에 따라 징수한다.
③ 공정거래위원회는 제1항 및 제2항에 따른 이행강제금의 징수 또는 체납처분에 관한 업무를 대통령령으로 정하는 바에 따라 국세청장에게 위탁할 수 있다.

제4장 경제력 집중의 억제

제17조【지주회사 설립·전환의 신고】 지주회사를 설립하거나 지주회사로 전환한 자는 대통령령으로 정하는 바에 따라 공정거래위원회에 신고하여야 한다.

제18조【지주회사 등의 행위제한 등】 ① 이 조에서 사용하는 용어의 뜻은 다음과 같다.
1. "공동출자법인"이란 경영에 영향을 미칠 수 있는 상당한 지분을 소유하고 있는 2인 이상의 출자자(특수관계인의 관계에 있는 출자자 중 대통령령으로 정하는 자 외의 자는 1인으로 본다)가 계약 또는 이에 준하는 방법으로 출자지분의 양도를 현저히 제한하고 있어 출자자간 지분변동이 어려운 법인을 말한다.
2. "벤처지주회사"란 벤처기업 또는 대통령령으로 정하는 중소기업을 자회사로 하는 지주회사로서 대통령령으로 정하는 기준에 해당하는 지주회사를 말한다.
② 지주회사는 다음 각 호의 어느 하나에 해당하는 행위를 하여서는 아니 된다.
1. 자본총액(대차대조표상의 자산총액에서 부채액을 뺀 금액을 말한다. 이하 같다)의 2배를 초과하는 부채액을 보유하는 행위. 다만, 지주회사로 전환하거나 설립될 당시에 자본총액의 2배를 초과하는 부채액을 보유하고 있을 때에는 지주회사로 전환하거나 설립된 날부터 2년간은 자본총액의 2배를 초과하는 부채액을 보유할 수 있다.
2. 자회사의 주식을 그 자회사 발행주식총수의 100분의 50〔자회사가 상장법인인 경우, 주식 소유의 분산요건 등 상장요건이 「자본시장과 금융투자업에 관한 법률」에 따른 증권시장으로서 대통령령으로 정하는 국내 증권시장의 상장요건에 상당하는 것으로 공정거래위원회가 고시하는 국외 증권거래소에 상장된 법인(이하 "국외상장법인"이라 한다)인 경우 또는 공동출자법인인 경우에는 100분의 30으로 하고, 벤처지주회사의 자회사인 경우에는 100분의 20으로 한다. 이하 이 조에서 "자회사주식보유기준"이라 한다〕 미만으로 소유하는 행위. 다만, 다음 각 목의 어느 하나에 해당하는 사유로 자회사주식보유기준에 미달하게 된 경우는 제외한다.
가. 지주회사로 전환하거나 설립될 당시에 자회사의 주식을 자회사주식보유기준 미만으로 소유하고 있는 경우로서 지주회사로 전환하거나 설립된 날부터 2년 이내인 경우
나. 상장법인 또는 국외상장법인이거나 공동출자법인이었던 자회사가 그에 해당하지 아니하게 되어 자회사주식보유기준에 미달하게 된 경우로서 그 해당하지 아니하게 된 날부터 1년 이내인 경우
다. 벤처지주회사였던 회사가 그에 해당하지 아니하게 되어 자회사주식보유기준에 미달하게 된 경우로서 그 해당하지 아니하게 된 날부터 1년 이내인 경우
라. 자회사가 주식을 모집하거나 매출하면서 「자본시장과 금융투자업에 관한 법률」 제165조의7에 따라 우리사주조합원에게 배정하거나 해당 자회사가 「상법」 제513조 또는 제516조의2에 따라 발행한 전환사채 또는 신주인수권부사채의 전환이 청구되거나 신주인수권이 행사되어 자회사주식보유기준에 미달하게 된 경우로서 그 미달하게 된 날부터 1년 이내인 경우
마. 자회사가 아닌 회사가 자회사에 해당하게 되고 자회사주식보유기준에는 미달하는 경우로서 그 회사가 자회사에 해당하게 된 날부터 1년 이내인 경우
바. 자회사를 자회사에 해당하지 아니하게 하는 과정에서 자회사주식보유기준에 미달하게 된 경우로서 그 미달하게 된 날부터 1년 이내인 경우(같은 기간 내에 자회사에 해당하지 아니하게 된 경우로 한정한다)
사. 자회사가 다른 회사와 합병하여 자회사주식보유기준에 미달하게 된 경우로서 그 미달하게 된 날부터 1년 이내인 경우
3. 계열회사가 아닌 국내 회사(「사회기반시설에 대한 민간투자법」 제4조제1호부터 제4호까지의 규정에서 정한 방식으로 민간투자사업을 영위하는 회사는 제외한다. 이하 이 호에서 같다)의 주식을 그 회사 발행주식총수의 100분의 5를 초과하여 소유하는 행위(벤처지주회사 또는 소유하고 있는 계열회사가 아닌 국내 회사의 주식가액의 합계액이 자회사의 주식가액의 합계액의 100분의 15 미만인 지주회사에는 적용하지 아니한다) 또는 자회사 외의 국내 계열회사의 주식을 소유하는 행위. 다만, 다음 각 목의 어느 하나에 해당하는 사유로 주식을 소유하고 있는 계열회사가 아닌 국내 회사나 국내 계열회사의 경우는 예외로 한다.
가. 지주회사로 전환하거나 설립될 당시에 이 호 본문에서 규정하고 있는 행위에 해당하는 경우로서 지주회사로 전환하거나 설립된 날부터 2년 이내인 경우
나. 계열회사가 아닌 회사를 자회사에 해당하게 하는 과정에서 이 호 본문에서 규정하고 있는 행위에 해당하게 된 날부터 1년 이내인 경우(같은 기간 내에 자회사에 해당하게 된 경우로 한정한다)
다. 주식을 소유하고 있지 아니한 국내 계열회사를 자회사에 해당하게 하는 과정에서 그 국내 계열회사 주식을 소유하게 된 날부터 1년 이내인 경우(같은 기간 내에 자회사에 해당하게 된 경우로 한정한다)
라. 자회사를 자회사에 해당하지 아니하게 하는 과정에서 그 자회사가 자회사에 해당하지 아니하게 된 날부터 1년 이내인 경우
4. 금융업 또는 보험업을 영위하는 자회사의 주식을 소유하는 지주회사(이하 "금융지주회사"라 한다)인 경우 금융업 또는 보험업을 영위하는 회사(금융업 또는 보험업과 밀접한 관련이 있는 등 대통령령으로 정하는 기준에 해당하는 회사를 포함한다) 외의 국내 회사의 주식을 소유하는 행위. 다만, 금융지주회사로 전환하거나 설립될 당시에 금융업 또는 보험업을 영위하는 회사 외의 국내 회사 주식을 소유하고 있을 때에는 금융지주회사로 전환하거나 설립된 날부터 2년간은 그 국내 회사의 주식을 소유할 수 있다.
5. 금융지주회사 외의 지주회사(이하 "일반지주회사"라 한다)인 경우 금융업 또는 보험업을 영위하는 국내 회사의 주식을 소유하는 행위. 다만, 일반지주회사로 전환하거나 설립될 당시에 금융업 또는 보험업을 영위하는 국내 회사의 주식을 소유하고 있을 때에는 일반지주회사로 전환하거나 설립된 날부터 2년간은 그 국내 회사의 주식을 소유할 수 있다.
③ 일반지주회사의 자회사는 다음 각 호의 어느 하나에 해당하는 행위를 하여서는 아니 된다.
1. 손자회사의 주식을 그 손자회사 발행주식총수의 100분의 50〔그 손자회사가 상장법인 또는 국외상장법인이거나 공동출자법인인 경우에는 100분의 30으로 하고, 벤처지주회사(일반지주회사의 자회사인 벤처지주회사로 한정한다)의 자회사인 경우에는 100분의 20으로 한다. 이하 이 조에서 "손자회사주식보유기준"이라 한다〕 미만으로 소유하는 행위. 다만, 다음 각 목의 어느 하나에 해당하는 사유로 손자회사주식보유기준에 미달하게 된 경우는 예외로 한다.
가. 자회사가 될 당시에 손자회사의 주식을 손자회사주식보유기준 미만으로 소유하고 있는 경우로서 자회사에 해당하게 된 날부터 2년 이내인 경우
나. 상장법인 또는 국외상장법인이거나 공동출자법인이었던 손자회사가 그에 해당하지 아니하게 되어 손자회사주식보유기준에 미달하게 된 경우로서 그 해당하지 아니하게 된 날부터 1년 이내인 경우
다. 일반지주회사의 자회사인 벤처지주회사였던 회사가 벤처지주회사에 해당하지 아니한 자회사가 됨에 따라 손자회사주식보유기준에 미달하게 된 경우로서 그 해당하지 아니한 자회사가 된 날부터 1년 이내인 경우
라. 손자회사가 주식을 모집하거나 매출하면서 「자본시장과 금융투자업에 관한 법률」 제165조의7에 따라 우리사주조합에 우선 배정하거나 그 손자회사가 「상법」 제513조 또는 제516조의2에 따라 발행한 전환사채 또는 신주인수권부사채의 전환이 청구되거나 신주인수권이 행사되어 손자회사주식보유기준에 미달하게 된 경우로서 그 미달하게 된 날부터 1년 이내인 경우
마. 손자회사가 아닌 회사가 손자회사에 해당하게 되고 손자회사주식보유기준에는 미달하는 경우로서 그 회사가 손자회사에 해당하게 된 날부터 1년 이내인 경우
바. 손자회사를 손자회사에 해당하지 아니하게 하는 과정에서 손자회사주식보유기준에 미달하게 된 경우로서 그 미달하게 된 날부터 1년 이내인 경우(같은 기간 내에 손자회사에 해당하지 아니하게 된 경우로 한정한다)
사. 손자회사가 다른 회사와 합병하여 손자회사주식보유기준에 미달하게 된 경우로서 그 미달하게 된 날부터 1년 이내인 경우
2. 손자회사가 아닌 국내 계열회사의 주식을 소유하는 행위. 다만, 다음 각 목의 어느 하나에 해당하는 사유로 주식을 소유하고 있는 국내 계열회사의 경우는 예외로 한다.
가. 자회사가 될 당시에 주식을 소유하고 있는 국내 계열회사의 경우로서 자회사에 해당하게 된 날부터 2년 이내인 경우
나. 계열회사가 아닌 회사를 손자회사에 해당하게 하는 과정에서 그 회사가 계열회사에 해당하게 된 날부터 1년 이내인 경우(같은 기간 내에 손자회사에 해당하게 된 경우로 한정한다)
다. 주식을 소유하고 있지 아니한 국내 계열회사를 손자회사에 해당하게 하는 과정에서 그 국내 계열회사의 주식을 소유하게 된 날부터 1년 이내인 경우(같은 기간 내에 손자회사에 해당하게 된 경우로 한정한다)
라. 손자회사를 손자회사에 해당하지 아니하게 하는 과정에서 그 손자회사가 손자회사에 해당하지 아니하게 된 날부터 1년 이내인 경우(같은 기간 내에 계열회사에 해당하지 아니하게 된 경우로 한정한다)
마. 손자회사가 다른 회사와 합병하여 그 다른 자회사의 주식을 소유하게 된 경우로서 주식을 소유한 날부터 1년 이내인 경우
바. 자기주식을 보유하고 있는 자회사가 회사분할로 다른 국내 계열회사의 주식을 소유하게 된 경우로서 주식을 소유한 날부터 1년 이내인 경우
3. 금융업이나 보험업을 영위하는 회사를 손자회사로 지배하는 행위. 다만, 일반지주회사의 자회사가 될 당시에 금융업이나 보험업을 영위하는 회사를 손자회사로 지배하고 있는 경우에는 자회사에 해당하게 된 날부터 2년간 그 손자회사를 지배할 수 있다.
④ 일반지주회사의 손자회사는 국내 계열회사의 주식을 소유해서는 아니 된다. 다만, 다음 각 호의 어느 하나에 해당하는 경우에는 그러하지 아니하다.
1. 손자회사가 될 당시에 주식을 소유하고 있는 국내 계열회사의 경우로서 손자회사에 해당하게 된 날부터 2년 이내인 경우
2. 주식을 소유하고 있는 계열회사가 아닌 국내 회사가 계열회사에 해당하게 된 경우로서 그 회사가 계열회사에 해당하게 된 날부터 1년 이내인 경우
3. 자기주식을 소유하고 있는 손자회사가 회사분할로 다른 국내 계열회사의 주식을 소유하게 된 경우로서 주식을 소유한 날부터 1년 이내인 경우
4. 손자회사가 국내 계열회사(금융업 또는 보험업을 영위하는 회사는 제외한다) 발행주식총수를 소유하고 있는 경우
5. 손자회사가 벤처지주회사인 경우 그 손자회사가 국내 계열회사(금융업 또는 보험업을 영위하는 회사는 제외한다) 발행주식총수의 100분의 50 이상을 소유하는 경우
⑤ 제4항제4호 또는 제5호에 따라 손자회사가 주식을 소유하고 있는 회사(이하 "증손회사"라 한다)는 국내 계열회사의 주식을 소유해서는 아니 된다. 다만, 다음 각 호의 어느 하나에 해당하는 경우에는 그러하지 아니하다.
1. 증손회사가 될 당시에 주식을 소유하고 있는 국내 계열회사인 경우로서 증손회사에 해당하게 된 날부터 2년 이내인 경우
2. 주식을 소유하고 있는 계열회사가 아닌 국내 회사가 계열회사에 해당하게 된 경우로서 그 회사가 계열회사에 해당하게 된 날부터 1년 이내인 경우
3. 일반지주회사의 손자회사인 벤처지주회사였던 회사가 제1항제2호에 따른 기준에 해당하지 아니하게 되어 제4항제5호의 주식보유기준에 미달하게 된 경우로서 그 해당하지 아니하게 된 날부터 1년 이내인 경우
⑥ 제2항제1호 단서, 같은 항 제2호가목, 같은 항 제3호가목, 같은 항 제4호 단서, 같은 항 제5호 단서, 제3항제1호가목, 같은 항 제2호가목, 같은 항 제3호 단서, 제4항제1호 및 제5항제1호를 적용할 때 각 해당 규정의 유예기간은 주식가격의 급격한 변동 등 경제여건의 변화, 주식처분금지계약, 사업의 현저한 손실 또는 그 밖의 사유로 부채액을 감소시키거나 주식의 취득·처분 등이 곤란한 경우 공정거래위원회의 승인을 받아 2년을 연장할 수 있다.
⑦ 지주회사는 대통령령으로 정하는 바에 따라 해당 지주회사·자회사·손자회사 및 증손회사(이하 "지주회사등"이라 한다)의 주식소유 현황·재무상황 등 사업내용에 관한 보고서를 공정거래위원회에 제출하여야 한다.

제19조【상호출자제한기업집단의 지주회사 설립제한】 제31조제1항 전단에 따라 지정된 상호출자제한기업집단(이하 "상호출자제한기업집단"이라 한다)에 속하는 회사를 지배하는 동일인 또는 해당 동일인의 특수관계인이 지주회사를 설립하거나 지주회사로 전환하려는 경우에는 다음 각 호에 해당하는 채무보증을 해소하여야 한다.
1. 지주회사와 자회사 간의 채무보증
2. 지주회사와 다른 국내 계열회사(그 지주회사가 지배하는 자회사는 제외한다) 간의 채무보증
3. 자회사 상호 간의 채무보증
4. 자회사와 다른 국내 계열회사(그 자회사를 지배하는 지주회사 및 그 지주회사가 지배하는 다른 자회사는 제외한다) 간의 채무보증

제20조【일반지주회사의 금융회사 주식 소유 제한에 관한 특례】 ① 일반지주회사는 제18조제2항제5호에도 불구하고 「벤처투자 촉진에 관한 법률」에 따른 벤처투자회

사(이하 이 조에서 "벤처투자회사"라 한다) 및 「여신전문금융업법」에 따른 신기술사업금융전문회사(이하 이 조에서 "신기술사업금융전문회사"라 한다)의 주식을 소유할 수 있다.(2023.6.20 본항개정)

② 제1항에 따라 일반지주회사가 벤처투자회사 및 신기술사업금융전문회사의 주식을 소유하는 경우에는 벤처투자회사 및 신기술사업금융전문회사의 발행주식총수를 소유하여야 한다. 다만, 다음 각 호의 어느 하나에 해당하는 경우에는 그러하지 아니하다.

1. 계열회사가 아닌 벤처투자회사 및 신기술사업금융전문회사를 자회사에 해당하게 하는 과정에서 해당 벤처투자회사 및 신기술사업금융전문회사 주식을 발행주식총수 미만으로 소유하고 있는 경우로서 해당 회사의 주식을 보유하게 된 날부터 1년 이내인 경우(1년 이내에 발행주식총수를 보유하게 되는 경우에 한정한다)
2. 자회사인 벤처투자회사 및 신기술사업금융전문회사를 자회사에 해당하지 아니하게 하는 과정에서 해당 벤처투자회사 및 신기술사업금융전문회사 주식을 발행주식총수 미만으로 소유하게 된 날부터 1년 이내인 경우(발행주식총수 미만으로 소유하게 된 날부터 1년 이내에 모든 주식을 처분한 경우에 한정한다)

(2023.6.20 본항개정)

③ 제1항에 따라 일반지주회사가 주식을 소유한 벤처투자회사 및 신기술사업금융전문회사는 다음 각 호의 어느 하나에 해당하는 행위를 하여서는 아니 된다. 다만, 제2항 각 호의 어느 하나에 해당하는 경우에는 제1호부터 제5호까지의 규정을 적용하지 아니한다.(2023.6.20 본문개정)

1. 자본총액의 2배를 초과하는 부채액을 보유하는 행위
2. 벤처투자회사인 경우 「벤처투자 촉진에 관한 법률」 제37조제1항 각 호 이외의 금융업 또는 보험업을 영위하는 행위(2023.6.20 본호개정)
3. 신기술사업금융전문회사인 경우 「여신전문금융업법」 제41조제1항제1호, 제3호부터 제5호까지의 규정 이외의 금융업 또는 보험업을 영위하는 행위
4. 다음 각 목의 어느 하나에 해당하는 투자조합(「벤처투자 촉진에 관한 법률」 제2조제11호에 따른 벤처투자조합 및 「여신전문금융업법」 제2조제14호의5에 따른 신기술사업투자조합을 말한다. 이하 이 조에서 같다)을 설립하는 행위
   가. 자신이 소속된 기업집단 소속 회사가 아닌 자가 출자금 총액의 100분의 40 이내에서 대통령령으로 정하는 비율을 초과하여 출자한 투자조합
   나. 자신이 소속된 기업집단 소속 회사 중 금융업 또는 보험업을 영위하는 회사가 출자한 투자조합
   다. 자신의 특수관계인(동일인 및 그 친족에 한정한다)이 출자한 투자조합(동일인이 자연인인 기업집단에 한정한다)
5. 다음 각 목의 어느 하나에 해당하는 투자(「벤처투자 촉진에 관한 법률」 제2조제1호 각 목의 어느 하나에 해당하는 것을 말한다)를 하는 행위(투자조합의 업무집행을 통한 투자를 포함한다)
   가. 자신이 소속된 기업집단 소속 회사에 투자하는 행위
   나. 자신의 특수관계인(동일인 및 그 친족에 한정한다)이 출자한 회사에 투자하는 행위
   다. 공시대상기업집단 소속 회사에 투자하는 행위
   라. 총자산(운용 중인 모든 투자조합의 출자금액을 포함한다)의 100분의 20을 초과하는 금액을 해외 기업에 투자하는 행위
6. 자신(자신이 업무를 집행하는 투자조합을 포함한다)이 투자한 회사의 주식, 채권 등을 자신의 특수관계인(동일인 및 그 친족에 한정한다) 및 특수관계인이 투자한 회사로서 지주회사 등이 아닌 계열회사가 취득 또는 소유하도록 하는 행위

④ 일반지주회사는 제1항에 따라 벤처투자회사 및 신기술사업금융전문회사의 주식을 소유하는 경우에 해당 주식을 취득 또는 소유한 날부터 4개월 이내에 그 사실을 공정거래위원회가 정하여 고시하는 바에 따라 공정거래위원회에 보고하여야 한다.(2023.6.20 본항개정)

⑤ 일반지주회사의 자회사인 벤처투자회사 및 신기술사업금융전문회사는 자신 및 자신이 운용중인 모든 투자조합의 투자 현황, 출자자 내역 등을 공정거래위원회가 정하여 고시하는 바에 따라 공정거래위원회에 보고하여야 한다.(2023.6.20 본항개정)

제21조【상호출자의 금지 등】 ① 상호출자제한기업집단에 속하는 국내 회사는 자기의 주식을 취득 또는 소유하고 있는 국내 계열회사의 주식을 취득 또는 소유해서는 아니 된다. 다만, 다음 각 호의 어느 하나에 해당하는 경우에는 그러하지 아니하다.

1. 회사의 합병 또는 영업전부의 양수
2. 담보권의 실행 또는 대물변제의 수령

② 제1항 각 호 외의 부분 단서에 따라 출자를 한 회사는 그 주식을 취득 또는 소유한 날부터 6개월 이내에 처분하여야 한다. 다만, 자기의 주식을 취득 또는 소유하고 있는 국내 계열회사가 그 주식을 처분한 경우에는 그러하지 아니하다.

③ 상호출자제한기업집단에 속하는 국내 회사로서 「벤처투자 촉진에 관한 법률」에 따른 벤처투자회사는 국내 계열회사주식을 취득 또는 소유해서는 아니 된다.

(2023.6.20 본항개정)

제22조【순환출자의 금지】 ① 상호출자제한기업집단에 속하는 국내 회사는 순환출자를 형성하는 계열출자(국내 계열회사에 대한 계열출자로 한정한다. 이하 같다)를 하여서는 아니 되고, 상호출자제한기업집단 소속 회사 중 순환출자 관계에 있는 국내 계열회사는 계열출자대상회사에 대한 추가적인 계열출자〔계열출자회사가 「상법」 제418조제1항에 따른 신주배정 또는 제462조의2제1항에 따른 주식배당(이하 "신주배정등"이라 한다)에 따라 취득 또는 소유한 주식 중에서 신주배정등이 있기 전 자신의 지분율 범위의 주식, 순환출자회사집단에 속하는 국내 계열회사 간 합병에 따른 계열출자는 제외한다〕를 하여서는 아니 된다. 다만, 다음 각 호의 어느 하나에 해당하는 경우에는 그러하지 아니하다.

1. 회사의 합병·분할, 주식의 포괄적 교환·이전 또는 영업전부의 양수
2. 담보권의 실행 또는 대물변제의 수령
3. 계열출자회사가 신주배정등에 따라 취득 또는 소유한 주식 중에서 다른 주주의 실권(失權) 등에 따라 신주배정등이 있기 전 자신의 지분율 범위를 초과하여 취득 또는 소유한 계열출자대상회사의 주식이 있는 경우
4. 「기업구조조정 촉진법」 제8조제1항에 따라 부실징후기업의 관리절차를 개시한 회사에 대하여 같은 법 제24조제2항에 따라 금융채권자협의회가 의결하여 동일인(친족을 포함한다)의 재산출연 또는 부실징후기업의 주주인 계열출자회사의 유상증자 참여(채권의 출자전환을 포함한다)를 결정한 경우
5. 「기업구조조정 촉진법」 제2조제2호의 금융채권자가 같은 조 제7호에 따른 부실징후기업과 기업개선계획의 이행을 위한 약정을 체결하고 금융채권자협의회의 의결로 동일인(친족을 포함한다)의 재산출연 또는 부실징후기업의 주주인 계열출자회사의 유상증자 참여(채권의 출자전환을 포함한다)를 결정한 경우

② 제1항 각 호 외의 부분 단서에 따라 계열출자를 한 회사는 다음 각 호의 구분에 따른 기간 내에 취득 또는 소유한 해당 주식(제1항제3호부터 제5호까지의 규정에 따른 경우는 신주배정등의 결정, 재산출연 또는 유상증자 결정이 있기 전 지분율 초과분을 말한다)을 처분하여야 한다. 다만, 순환출자회사집단에 속한 다른 회사 중 하나가 취득 또는 소유하고 있는 계열출자대상회사의 주식을 처분하여 제1항에 따른 계열출자로 형성되거나 강화된 순환출자가 해소된 경우에는 그러하지 아니하다.

1. 제1항제1호 또는 제2호에 따라 계열출자를 한 회사 : 해당 주식을 취득 또는 소유한 날부터 6개월
2. 제1항제3호에 따라 계열출자를 한 회사 : 해당 주식을 취득 또는 소유한 날부터 1년
3. 제1항제4호 또는 제5호에 따라 계열출자를 한 회사 : 해당 주식을 취득 또는 소유한 날부터 3년

제23조【순환출자에 대한 의결권 제한】 ① 상호출자제한기업집단에 속하는 국내 회사로서 순환출자를 형성하는 계열출자를 한 회사는 상호출자제한기업집단 지정일 당시 취득 또는 소유하고 있는 순환출자회사집단 내의 계열출자대상회사 주식에 대하여 의결권을 행사할 수 없다.

② 순환출자회사집단에 속한 다른 국내 회사 중 하나가 취득 또는 소유하고 있는 계열출자대상회사의 주식을 처분함으로써 기존에 형성된 순환출자를 해소한 경우에는 제1항을 적용하지 아니한다.

제24조【계열회사에 대한 채무보증의 금지】 상호출자제한기업집단에 속하는 국내 회사(금융업 또는 보험업을 영위하는 회사는 제외한다)는 채무보증을 하여서는 아니 된다. 다만, 다음 각 호의 어느 하나에 해당하는 채무보증의 경우에는 그러하지 아니하다.

1. 「조세특례제한법」에 따른 합리화기준에 따라 인수되는 회사의 채무와 관련된 채무보증
2. 기업의 국제경쟁력 강화를 위하여 필요한 경우 등 대통령령으로 정하는 경우에 대한 채무보증

제25조【금융회사·보험회사 및 공익법인의 의결권 제한】 ① 상호출자제한기업집단에 속하는 국내 회사로서 금융업 또는 보험업을 영위하는 회사는 취득 또는 소유하고 있는 국내 계열회사 주식에 대하여 의결권을 행사할 수 없다. 다만, 다음 각 호의 어느 하나에 해당하는 경우에는 그러하지 아니하다.

1. 금융업 또는 보험업을 영위하기 위하여 주식을 취득 또는 소유하는 경우
2. 보험자산의 효율적인 운용·관리를 위하여 「보험업법」 등에 따른 승인 등을 받아 주식을 취득 또는 소유하는 경우
3. 해당 국내 계열회사(상장법인으로 한정한다)의 주주총회에서 다음 각 목의 어느 하나에 해당하는 사항을 결의하는 경우. 이 경우 그 계열회사의 주식 중 의결권을 행사할 수 있는 주식의 수는 그 계열회사에 대하여 특수관계인 중 대통령령으로 정하는 자를 제외한 자가 행사할 수 있는 주식수를 합하여 그 계열회사 발행주식총수(「상법」 제344조의3제1항 및 제369조제2항·제3항의 의결권 없는 주식의 수는 제외한다. 이하 이 조에서 같다)의 100분의 15를 초과할 수 없다.
   가. 임원의 선임 또는 해임
   나. 정관 변경
   다. 그 계열회사의 다른 회사로의 합병, 영업의 전부 또는 주요 부분의 다른 회사로의 양도. 다만, 그 다른 회사가 계열회사인 경우는 제외한다.

② 상호출자제한기업집단에 속하는 회사를 지배하는 동일인의 특수관계인인 공익법인(「상속세 및 증여세법」 제16조에 따른 공익법인등을 말한다. 이하 같다)은 취득 또는 소유하고 있는 주식 중 그 동일인이 지배하는 국내 계열회사 주식에 대하여 의결권을 행사할 수 없다. 다만, 다음 각 호의 어느 하나에 해당하는 경우에는 그러하지 아니하다.

1. 공익법인이 해당 국내 계열회사 발행주식총수를 소유하고 있는 경우
2. 해당 국내 계열회사(상장법인으로 한정한다)의 주주총회에서 다음 각 목의 어느 하나에 해당하는 사항을 결의하는 경우. 이 경우 그 계열회사의 주식 중 의결권을 행사할 수 있는 주식의 수는 그 계열회사에 대하여 특수관계인 중 대통령령으로 정하는 자를 제외한 자가 행사할 수 있는 주식수를 합하여 그 계열회사 발행주식총수의 100분의 15를 초과할 수 없다.
   가. 임원의 선임 또는 해임
   나. 정관 변경
   다. 그 계열회사의 다른 회사로의 합병, 영업의 전부 또는 주요 부분의 다른 회사로의 양도. 다만, 그 다른 회사가 계열회사인 경우는 제외한다.

제26조【대규모내부거래의 이사회 의결 및 공시】 ① 제31조제1항 전단에 따라 지정된 공시대상기업집단(이하 "공시대상기업집단"이라 한다)에 속하는 국내 회사는 특수관계인(국외 계열회사는 제외한다. 이하 이 조에서 같다)을 상대방으로 하거나 특수관계인을 위하여 대통령령으로 정하는 규모 이상의 다음 각 호의 어느 하나에 해당하는 거래행위(이하 "대규모내부거래"라 한다)를 하려는 경우에는 미리 이사회의 의결을 거친 후 공시하여야 하며, 제2항에 따른 주요 내용을 변경하려는 경우에도 미리 이사회의 의결을 거친 후 공시하여야 한다.

1. 가지급금 또는 대여금 등의 자금을 제공 또는 거래하는 행위
2. 주식 또는 회사채 등의 유가증권을 제공 또는 거래하는 행위
3. 부동산 또는 무체재산권(無體財産權) 등의 자산을 제공 또는 거래하는 행위
4. 주주의 구성 등을 고려하여 대통령령으로 정하는 계열회사를 상대방으로 하거나 그 계열회사를 위하여 상품 또는 용역을 제공 또는 거래하는 행위

② 공시대상기업집단에 속하는 국내 회사는 제1항에 따라 공시를 할 때 거래의 목적·상대방·규모 및 조건 등 대통령령으로 정하는 주요 내용을 포함하여야 한다.

③ 제1항에 따른 공시는 「자본시장과 금융투자업에 관한 법률」 제161조에 따라 보고서를 제출받는 기관을 통하여 할 수 있다. 이 경우 공시의 방법, 절차 및 그 밖에 필요한 사항은 해당 기관과의 협의를 거쳐 공정거래위원회가 정한다.

④ 공시대상기업집단에 속하는 국내 회사 중 금융업 또는 보험업을 영위하는 회사가 약관에 따라 정형화된 거래로서 대통령령으로 정하는 기준에 해당하는 거래행위를 하는 경우에는 제1항에도 불구하고 이사회의 의결을 거치지 아니할 수 있다. 이 경우 그 거래내용은 공시하여야 한다.

⑤ 제1항의 경우에 상장법인이 「상법」 제393조의2에 따라 설치한 위원회(같은 법 제382조제3항에 따른 사외이사가 세 명 이상 포함되고, 사외이사의 수가 위원총수의 3분의 2 이상인 경우로 한정한다)에서 의결한 경우에는 이사회의 의결을 거친 것으로 본다.

제27조【비상장회사 등의 중요사항 공시】 ① 공시대상기업집단에 속하는 국내 회사 중 자산총액 등이 대통령령으로 정하는 기준에 해당하는 회사(금융업 또는 보험업을 영위하는 회사는 제외한다)로서 상장법인을 제외한 회사는 다음 각 호의 어느 하나에 해당하는 사항을 공시하여야 한다. 다만, 제26조에 따라 공시되는 사항은 제외한다.

1. 대통령령으로 정하는 최대주주와 주요주주의 주식소유 현황 및 그 변동사항, 임원의 변동 등 회사의 소유지배구조와 관련된 중요사항으로서 대통령령으로 정하는 사항
2. 자산·주식의 취득, 증여, 담보제공, 채무인수·면제 등 회사의 재무구조에 중요한 변동을 초래하는 사항으로서 대통령령으로 정하는 사항
3. 영업양도·양수, 합병·분할, 주식의 교환·이전 등 회사의 경영활동과 관련된 중요한 사항으로서 대통령령으로 정하는 사항

② 제1항의 공시에 관하여는 제26조제2항 및 제3항을 준용한다.

제28조【기업집단현황 등에 관한 공시】 ① 공시대상기업집단에 속하는 국내 회사 중 자산총액 등이 대통령령으로 정하는 기준에 해당하는 회사는 그 기업집단의 다음 각 호의 어느 하나에 해당하는 사항으로서 대통령령으로 정하는 사항을 공시하여야 한다.

1. 일반 현황
2. 주식소유 현황
3. 지주회사등이 아닌 국내 계열회사 현황〔지주회사등의 자산총액 합계액이 기업집단 소속 국내 회사의 자산총액(금융업 또는 보험업을 영위하는 회사의 경우에는 자본총액 또는 자본금 중 큰 금액으로 한다) 합계액의 100

분의 50 이상인 경우로 한정한다]
4. 2개의 국내 계열회사가 서로의 주식을 취득 또는 소유하고 있는 상호출자 현황
5. 순환출자 현황
6. 채무보증 현황
7. 취득 또는 소유하고 있는 국내 계열회사 주식에 대한 의결권 행사(금융업 또는 보험업을 영위하는 회사의 주식에 대한 의결권 행사는 제외한다) 여부
8. 특수관계인과의 거래 현황
② 공시대상기업집단에 속하는 회사를 지배하는 동일인은 다음 각 호의 어느 하나에 해당하는 사항을 공시하여야 한다. 다만, 동일인이 의식불명 등 대통령령으로 정하는 사유로 공시할 수 없는 경우에는 그러하지 아니하다.
1. 특수관계인(자연인인 동일인 및 그 친족만을 말한다. 이하 이 호에서 같다)이 단독으로 또는 다른 특수관계인과 합하여 발행주식총수의 100분의 20 이상의 주식을 소유한 국외 계열회사의 주주 구성 등 대통령령으로 정하는 사항
2. 공시대상기업집단에 속하는 국내 회사의 주식을 직접 또는 대통령령으로 정하는 방법으로 소유하고 있는 국외 계열회사의 주식소유 현황 등에 관한 사항으로서 대통령령으로 정하는 사항 및 그 국외 계열회사가 하나 이상 포함된 순환출자 현황
③ 제1항 및 제2항에 따른 공시에 관하여는 제26조제2항 및 제3항을 준용한다.
④ 제1항 및 제2항에 따른 공시의 시기·방법 및 절차에 관하여 제3항에 규정된 것 외에 필요한 사항은 대통령령으로 정한다.

제29조【특수관계인인 공익법인의 이사회 의결 및 공시】 ① 공시대상기업집단에 속하는 회사를 지배하는 동일인의 특수관계인에 해당하는 공익법인은 다음 각 호의 어느 하나에 해당하는 거래행위를 하거나 주요 내용을 변경하려는 경우에는 미리 이사회 의결을 거친 후 이를 공시하여야 한다.
1. 해당 공시대상기업집단에 속하는 국내 회사 주식의 취득 또는 처분
2. 해당 공시대상기업집단의 특수관계인(국외 계열회사는 제외한다. 이하 이 조에서 같다)을 상대방으로 하거나 특수관계인을 위하여 하는 대통령령으로 정하는 규모 이상의 다음 각 목의 어느 하나에 해당하는 거래
가. 가지급금 또는 대여금 등의 자금을 제공 또는 거래하는 행위
나. 주식 또는 회사채 등의 유가증권을 제공 또는 거래하는 행위
다. 부동산 또는 무체재산권 등의 자산을 제공 또는 거래하는 행위
라. 주주의 구성 등을 고려하여 대통령령으로 정하는 계열회사를 상대방으로 하거나 그 계열회사를 위하여 상품 또는 용역을 제공 또는 거래하는 행위
② 제1항의 공시에 관하여는 제26조제2항 및 제3항을 준용한다.

제30조【주식소유 현황 등의 신고】 ① 공시대상기업집단에 속하는 국내 회사는 대통령령으로 정하는 바에 따라 해당 회사의 주주의 주식소유 현황·재무상황 및 다른 국내 회사 주식의 소유현황을 공정거래위원회에 신고하여야 한다.
② 상호출자제한기업집단에 속하는 국내 회사는 대통령령으로 정하는 바에 따라 채무보증 현황을 국내 금융기관의 확인을 받아 공정거래위원회에 신고하여야 한다.
③ 제1항 및 제2항의 신고에 관하여는 제11조제11항 단서를 준용한다.

제31조【상호출자제한기업집단 등의 지정 등】 ① 공정거래위원회는 대통령령으로 정하는 바에 따라 산정한 자산총액이 5조원 이상인 기업집단을 대통령령으로 정하는 바에 따라 공시대상기업집단으로 지정하고, 지정된 공시대상기업집단 중 자산총액이 국내총생산액의 1천분의 5에 해당하는 금액 이상인 기업집단을 대통령령으로 정하는 바에 따라 상호출자제한기업집단으로 지정한다. 이 경우 공정거래위원회는 지정된 기업집단에 속하는 국내 회사와 그 회사를 지배하는 동일인의 특수관계인인 공익법인에 지정 사실을 대통령령으로 정하는 바에 따라 통지하여야 한다.
② 제21조부터 제30조까지 및 제47조는 제1항 후단에 따른 통지(제32조제4항에 따른 편입 통지를 포함한다)를 받은 날부터 적용한다.
③ 제2항에도 불구하고 제1항에 따라 상호출자제한기업집단으로 지정되어 상호출자제한기업집단에 속하는 국내 회사로 통지를 받은 회사 또는 제32조제1항에 따라 상호출자제한기업집단의 국내 계열회사로 편입되어 상호출자제한기업집단에 속하는 국내 회사로 통지를 받은 회사가 통지받은 당시 제21조제1항·제3항 또는 제24조를 위반하고 있는 경우에는 다음 각 호의 구분에 따른다.
1. 제21조제1항 또는 제3항을 위반하고 있는 경우(취득 또는 소유하고 있는 주식을 발행한 회사가 새로 국내 계열회사로 편입되어 제21조제3항을 위반하게 되는 경우를 포함한다)에는 지정일 또는 편입일부터 1년간은 같은 항을 적용하지 아니한다.
2. 제24조를 위반하고 있는 경우(채무보증을 받고 있는 회사가 새로 계열회사로 편입되어 위반하게 되는 경우를 포함한다)에는 지정일 또는 편입일부터 2년간은 같은 조를 적용하지 아니한다. 다만, 이 항 각 호 외의 부분에 따른 회사에 「채무자 회생 및 파산에 관한 법률」에 따른 회생절차가 개시된 경우에는 회생절차의 종료일까지, 이 항 각 호 외의 부분에 따른 회사가 회생절차가 개시된 회사에 대하여 채무보증을 하고 있는 경우에는 그 채무보증에 한정하여 채무보증을 받고 있는 회사의 회생절차의 종료일까지는 제24조를 적용하지 아니한다.
④ 공정거래위원회는 회사 또는 해당 회사의 특수관계인에게 제1항에 따른 기업집단의 지정을 위하여 회사의 일반 현황, 회사의 주주 및 임원 구성, 특수관계인 현황, 주식소유 현황 등 대통령령으로 정하는 자료의 제출을 요청할 수 있다.
⑤ 공시대상기업집단에 속하는 국내 회사(청산 중에 있거나 1년 이상 휴업 중인 회사는 제외한다)는 공인회계사의 회계감사를 받아야 하며, 공정거래위원회는 공인회계사의 감사의견에 따라 수정한 대차대조표를 사용하여야 한다.
⑥ 제1항에 따른 국내총생산액의 1천분의 5에 해당하는 금액의 산정 기준 및 방법과 그 밖에 필요한 사항은 대통령령으로 정한다.

제32조【계열회사 등의 편입 및 제외 등】 ① 공정거래위원회는 공시대상기업집단의 국내 계열회사로 편입하거나 국내 계열회사에서 제외하여야 할 사유가 발생한 경우에는 해당 회사(해당 회사의 특수관계인을 포함한다. 이하 이 조에서 같다)의 요청에 의하거나 직권으로 국내 계열회사에 해당하는지를 심사하여 국내 계열회사로 편입하거나 국내 계열회사에서 제외하고 그 내용을 해당 회사에 통지하여야 한다.
② 공정거래위원회는 공익법인을 공시대상기업집단에 속하는 회사를 지배하는 동일인의 특수관계인으로 편입하거나 제외하여야 할 사유가 발생한 경우에는 해당 공익법인(해당 공익법인의 특수관계인을 포함한다. 이하 이 조에서 같다)의 요청에 의하거나 직권으로 특수관계인에 해당하는지를 심사하여 특수관계인으로 편입하거나 특수관계인에서 제외하고 그 내용을 해당 공익법인에 통지하여야 한다.
③ 공정거래위원회는 제1항 또는 제2항에 따른 심사를 위하여 필요하다고 인정하는 경우에는 해당 회사 또는 공익법인에 주주 및 임원의 구성, 채무보증관계, 자금대차관계, 거래관계, 그 밖에 필요한 자료의 제출을 요청할 수 있다.
④ 공정거래위원회는 제1항 또는 제2항에 따라 심사를 요청받은 경우에는 30일 이내에 그 심사결과를 요청한 자에게 통지하여야 한다. 다만, 공정거래위원회가 필요하다고 인정할 경우에는 60일의 범위에서 그 기간을 연장할 수 있다.

제33조【계열회사의 편입·통지일의 의제】 공정거래위원회는 제31조제4항 또는 제32조제3항에 따른 요청을 받은 자가 정당한 이유 없이 자료제출을 거부하거나 거짓의 자료를 제출함으로써 공시대상기업집단의 국내 계열회사 또는 공시대상기업집단의 국내 계열회사를 지배하는 동일인의 특수관계인으로 편입되어야 함에도 불구하고 편입되지 아니한 경우에는 공시대상기업집단에 속하여야 할 사유가 발생한 날 등을 고려하여 대통령령으로 정하는 날에 그 공시대상기업집단의 국내 계열회사 또는 특수관계인으로 편입·통지된 것으로 본다.

제34조【관계 기관에 대한 자료의 확인요구 등】 공정거래위원회는 제21조부터 제25조까지 또는 제30조부터 제32조까지의 규정을 시행하기 위하여 필요하다고 인정하는 경우에는 다음 각 호의 어느 하나에 해당하는 기관에 공시대상기업집단의 국내 계열회사 주주의 주식소유 현황, 채무보증 관련 자료, 가지급금·대여금 또는 담보의 제공에 관한 자료, 부동산의 거래 또는 제공에 관한 자료 등 필요한 자료의 확인 또는 조사를 대통령령으로 정하는 바에 따라 요청할 수 있다.
1. 국세청
2. 「금융위원회의 설치 등에 관한 법률」 제24조에 따른 금융감독원
3. 제2조제18호 각 목에 따른 국내 금융기관
4. 그 밖에 금융 또는 주식의 거래에 관련되는 기관으로서 대통령령으로 정하는 기관

제35조【공시대상기업집단의 현황 등에 관한 정보공개】 ① 공정거래위원회는 과도한 경제력 집중을 방지하고 기업집단의 투명성 등을 제고하기 위하여 공시대상기업집단에 속하는 회사에 대한 다음 각 호의 정보를 공개할 수 있다.
1. 공시대상기업집단에 속하는 회사의 일반현황, 지배구조현황 등에 관한 정보로서 대통령령으로 정하는 정보
2. 공시대상기업집단에 속하는 회사 간 또는 공시대상기업집단에 속하는 회사와 그 특수관계인 간의 출자, 채무보증, 거래관계 등에 관한 정보로서 대통령령으로 정하는 정보
② 공정거래위원회는 제1항 각 호에 규정된 정보의 효율적 처리 및 공개를 위하여 정보시스템을 구축·운영할 수 있다.
③ 제1항 및 제2항에 규정된 사항 외의 정보공개에 관하여는 「공공기관의 정보공개에 관한 법률」에서 정하는 바에 따른다.

제36조【탈법행위의 금지】 ① 누구든지 제18조제2항부터 제5항까지 및 제19조부터 제25조까지의 규정을 회피하려는 행위를 하여서는 아니 된다.
② 제1항에 따른 탈법행위의 유형 및 기준은 대통령령으로 정한다.

제37조【시정조치 등】 ① 공정거래위원회는 제18조제2항부터 제5항까지, 제19조, 제20조제2항부터 제5항까지, 제21조부터 제29조까지 또는 제36조를 위반하거나 위반할 우려가 있는 행위가 있을 때에는 해당 사업자 또는 위반행위자에게 다음 각 호에 해당하는 시정조치를 명할 수 있다.
1. 해당 행위의 중지
2. 주식의 전부 또는 일부의 처분
3. 임원의 사임
4. 영업의 양도
5. 채무보증의 취소
6. 시정명령을 받은 사실의 공표
7. 공시의무의 이행 또는 공시내용의 정정
8. 그 밖에 법 위반상태를 시정하기 위하여 필요한 조치
② 공정거래위원회는 제19조를 위반한 회사의 합병 또는 설립이 있는 경우에는 해당 회사의 합병 또는 설립 무효의 소를 제기할 수 있다.
③ 합병, 분할, 분할합병 또는 새로운 회사의 설립 등에 따른 제1항 각 호의 시정조치에 관하여는 제7조제2항부터 제4항까지의 규정을 준용한다. 이 경우 "시장지배적사업자"는 "사업자"로 본다.

제38조【과징금】 ① 공정거래위원회는 제21조 또는 제22조를 위반하여 주식을 취득 또는 소유한 회사에 위반행위로 취득 또는 소유한 주식의 취득가액에 100분의 20을 곱한 금액을 초과하지 아니하는 범위에서 과징금을 부과할 수 있다.
② 공정거래위원회는 제24조를 위반하여 채무보증을 한 회사에 해당 법위반 채무보증액에 100분의 20을 곱한 금액을 초과하지 아니하는 범위에서 과징금을 부과할 수 있다.
③ 공정거래위원회는 제18조제2항부터 제5항까지, 제20조제2항 또는 제3항의 규정을 위반한 자에게 다음 각 호의 구분에 따른 금액에 100분의 20을 곱한 금액을 초과하지 아니하는 범위에서 과징금을 부과할 수 있다.
1. 제18조제2항제1호를 위반한 경우 : 대통령령으로 정하는 대차대조표(이하 이 항에서 "기준대차대조표"라 한다)상 자본총액의 2배를 초과한 부채액
2. 제18조제2항제2호를 위반한 경우 : 해당 자회사 주식의 기준대차대조표상 장부가액의 합계액에 다음 각 목의 비율에서 그 자회사 주식의 소유비율을 뺀 비율을 곱한 금액을 그 자회사 주식의 소유비율로 나누어 산출한 금액
가. 해당 자회사가 상장법인 또는 국외상장법인이거나 공동출자법인인 경우에는 100분의 30
나. 벤처지주회사의 자회사인 경우에는 100분의 20
다. 가목 및 나목에 해당하지 아니하는 경우에는 100분의 50
3. 제18조제2항제3호부터 제5호까지, 같은 조 제3항제2호·제3호, 같은 조 제4항제1호부터 제4호까지 또는 같은 조 제5항을 위반한 경우 : 위반하여 소유하는 주식의 기준대차대조표상 장부가액의 합계액
4. 제18조제3항제1호를 위반한 경우 : 해당 손자회사 주식의 기준대차대조표상 장부가액의 합계액에 다음 각 목의 비율에서 그 손자회사 주식의 소유비율을 뺀 비율을 곱한 금액을 그 손자회사 주식의 소유비율로 나누어 산출한 금액
가. 해당 손자회사가 상장법인 또는 국외상장법인이거나 공동출자법인인 경우에는 100분의 30
나. 해당 손자회사가 벤처지주회사의 자회사인 경우에는 100분의 20
다. 가목 및 나목에 해당하지 아니하는 손자회사의 경우에는 100분의 50
5. 제18조제4항제5호를 위반한 경우 : 해당 손자회사인 벤처지주회사가 발행주식총수의 100분의 50 미만을 소유하고 있는 국내 계열회사 주식의 기준대차대조표상 장부가액의 합계액에 100분의 50의 비율에서 그 국내 계열회사 주식의 소유비율을 뺀 비율을 곱한 금액을 그 국내 계열회사 주식의 소유비율로 나누어 산출한 금액
6. 제20조제2항을 위반한 경우 : 해당 자회사 주식의 기준대차대조표상 장부가액의 합계액을 그 자회사 주식의 소유비율로 나눈 금액에 해당 자회사 발행주식 중 자신이 보유하지 않은 주식의 비율을 곱하여 산출한 금액
7. 제20조제3항제1호를 위반한 경우 : 기준대차대조표상 자본총액의 2배를 초과한 부채액
8. 제20조제3항제4호를 위반한 경우 : 위반에 해당하는 만큼의 출자금액
9. 제20조제3항제5호를 위반한 경우 : 위반하여 소유하는 주식, 채권 등의 기준대차대조표상 장부가액의 합계액
10. 제20조제3항제6호를 위반한 경우 : 위반하여 소유하도록 한 주식, 채권 등의 기준대차대조표상 장부가액의 합계액

제39조【시정조치의 이행확보】 ① 제21조 또는 제22조를 위반하여 상호출자 또는 순환출자를 한 주식에 대해서는 그 시정조치를 부과받은 날부터 법 위반상태가 해

소될 때까지 해당 주식 전부에 대하여 의결권을 행사할 수 없다.
② 제37조제1항에 따른 주식처분명령을 받은 자는 그 명령을 받은 날부터 해당 주식에 대하여 의결권을 행사할 수 없다.

제5장 부당한 공동행위의 제한

제40조【부당한 공동행위의 금지】 ① 사업자는 계약·협정·결의 또는 그 밖의 어떠한 방법으로도 다른 사업자와 공동으로 부당하게 경쟁을 제한하는 다음 각 호의 어느 하나에 해당하는 행위를 할 것을 합의(이하 "부당한 공동행위"라 한다)하거나 다른 사업자로 하여금 이를 하도록 하여서는 아니 된다.
1. 가격을 결정·유지 또는 변경하는 행위
2. 상품 또는 용역의 거래조건이나, 그 대금 또는 대가의 지급조건을 정하는 행위
3. 상품의 생산·출고·수송 또는 거래의 제한이나 용역의 거래를 제한하는 행위
4. 거래지역 또는 거래상대방을 제한하는 행위
5. 생산 또는 용역의 거래를 위한 설비의 신설 또는 증설이나 장비의 도입을 방해하거나 제한하는 행위
6. 상품 또는 용역의 생산·거래 시에 그 상품 또는 용역의 종류·규격을 제한하는 행위
7. 영업의 주요 부문을 공동으로 수행·관리하거나 수행·관리하기 위한 회사 등을 설립하는 행위
8. 입찰 또는 경매를 할 때 낙찰자, 경락자, 입찰가격, 낙찰가격 또는 경락가격, 그 밖에 대통령령으로 정하는 사항을 결정하는 행위
9. 그 밖의 행위로서 다른 사업자(그 행위를 한 사업자를 포함한다)의 사업활동 또는 사업내용을 방해·제한하거나 가격, 생산량, 그 밖에 대통령령으로 정하는 정보를 주고받음으로써 일정한 거래분야에서 경쟁을 실질적으로 제한하는 행위
② 제1항은 부당한 공동행위가 다음 각 호의 어느 하나에 해당하는 목적을 위하여 하는 경우로서 대통령령으로 정하는 요건에 해당하고 공정거래위원회의 인가를 받은 경우에는 적용하지 아니한다.
1. 불황극복을 위한 산업구조조정
2. 연구·기술개발
3. 거래조건의 합리화
4. 중소기업의 경쟁력향상
③ 제2항에 따른 인가의 기준·방법·절차 및 인가사항 변경 등에 관하여 필요한 사항은 대통령령으로 정한다.
④ 부당한 공동행위를 할 것을 약정하는 계약 등은 해당 사업자 간에는 그 효력을 무효로 한다.
⑤ 제1항 각 호의 어느 하나에 해당하는 행위를 하는 둘 이상의 사업자가 다음 각 호의 어느 하나에 해당하는 경우에는 그 사업자들 사이에 공동으로 제1항 각 호의 어느 하나에 해당하는 행위를 할 것을 합의한 것으로 추정한다.
1. 해당 거래분야, 상품·용역의 특성, 해당 행위의 경제적 이유 및 파급효과, 사업자 간 접촉의 횟수·양태 등 제반 사정에 비추어 그 행위를 그 사업자들이 공동으로 한 것으로 볼 수 있는 상당한 개연성이 있을 때
2. 제1항 각 호의 행위(제9호의 행위 중 정보를 주고받음으로써 일정한 거래분야에서 경쟁을 실질적으로 제한하는 행위를 제외한다)에 필요한 정보를 주고받은 때
⑥ 부당한 공동행위에 관한 심사의 기준은 공정거래위원회가 정하여 고시한다.
제41조【공공부문 입찰 관련 부당한 공동행위를 방지하기 위한 조치】 ① 공정거래위원회는 국가·지방자치단체, 「공공기관의 운영에 관한 법률」에 따른 공공기관 또는 「지방공기업법」에 따른 지방공기업이 발주하는 입찰과 관련된 부당한 공동행위를 적발하거나 방지하기 위하여 중앙행정기관·지방자치단체, 「공공기관의 운영에 관한 법률」에 따른 공공기관 또는 「지방공기업법」에 따른 지방공기업의 장(이하 "공공기관의 장"이라 한다)에게 입찰 관련 자료의 제출과 그 밖의 협조를 요청할 수 있다. (2023.6.20 본항개정)
② 대통령령으로 정하는 공공기관의 장은 입찰공고를 하거나 낙찰자가 결정되었을 때에는 입찰 관련 정보를 공정거래위원회에 제출하여야 한다.
③ 제2항에 따라 공정거래위원회에 제출하여야 하는 입찰 관련 정보의 범위 및 제출 절차에 관하여는 대통령령으로 정한다.
제42조【시정조치】 ① 공정거래위원회는 부당한 공동행위가 있을 때에는 그 사업자에게 해당 행위의 중지, 시정명령을 받은 사실의 공표 또는 그 밖에 필요한 시정조치를 명할 수 있다.
② 합병, 분할, 분할합병 또는 새로운 회사의 설립 등에 따른 제1항의 시정조치에 관하여는 제7조제2항부터 제4항까지의 규정을 준용한다. 이 경우 "시장지배적사업자"는 "사업자"로 본다.
제43조【과징금】 공정거래위원회는 부당한 공동행위가 있을 때에는 그 사업자에게 대통령령으로 정하는 매출액에 100분의 20을 곱한 금액을 초과하지 아니하는 범위에서 과징금을 부과할 수 있다. 다만, 매출액이 없는 경우등에는 40억원을 초과하지 아니하는 범위에서 과징금을 부과할 수 있다.
제44조【자진신고자 등에 대한 감면 등】 ① 다음 각 호의 어느 하나에 해당하는 자(소속 전·현직 임직원을 포함한다)에 대해서는 제42조에 따른 시정조치나 제43조에 따른 과징금을 감경 또는 면제할 수 있고, 제129조에 따른 고발을 면제할 수 있다.
1. 부당한 공동행위의 사실을 자진신고한 자
2. 증거제공 등의 방법으로 공정거래위원회의 조사 및 심의·의결에 협조한 자
② 제1항에 따라 시정조치 또는 과징금을 감경 또는 면제받은 자가 그 감경 또는 면제받은 날부터 5년 이내에 새롭게 제40조제1항을 위반하는 경우에는 제1항에 따른 감경 또는 면제를 하지 아니한다.
③ 제1항에 따라 시정조치나 과징금을 감경 또는 면제받은 자가 그 부당한 공동행위와 관련된 재판에서 조사과정에서 진술한 내용과 달리 진술하는 등 대통령령으로 정하는 경우에 해당하는 경우에는 제1항에 따른 시정조치나 과징금의 감경 또는 면제를 취소할 수 있다.
④ 공정거래위원회 및 그 소속 공무원은 사건처리를 위하여 필요한 경우 등 대통령령으로 정하는 경우를 제외하고는 자진신고자 또는 공정거래위원회의 조사 및 심의·의결에 협조한 자의 신원·제보 내용 등 자진신고나 제보와 관련된 정보 및 자료를 사건 처리와 관계없는 자에게 제공하거나 누설해서는 아니 된다.
⑤ 제1항에 따라 시정조치 또는 과징금이 감경 또는 면제되는 자의 범위와 감경 또는 면제의 기준·정도 등과 제4항에 따른 정보 및 자료의 제공·누설 금지에 관한 세부 사항은 대통령령으로 정한다.

제6장 불공정거래행위, 재판매가격유지행위 및 특수관계인에 대한 부당한 이익제공의 금지

제45조【불공정거래행위의 금지】 ① 사업자는 다음 각 호의 어느 하나에 해당하는 행위로서 공정한 거래를 해칠 우려가 있는 행위(이하 "불공정거래행위"라 한다)를 하거나, 계열회사 또는 다른 사업자로 하여금 이를 하도록 하여서는 아니 된다.
1. 부당하게 거래를 거절하는 행위
2. 부당하게 거래의 상대방을 차별하여 취급하는 행위
3. 부당하게 경쟁자를 배제하는 행위
4. 부당하게 경쟁자의 고객을 자기와 거래하도록 유인하는 행위
5. 부당하게 경쟁자의 고객을 자기와 거래하도록 강제하는 행위
6. 자기의 거래상의 지위를 부당하게 이용하여 상대방과 거래하는 행위
7. 거래의 상대방의 사업활동을 부당하게 구속하는 조건으로 거래하는 행위
8. 부당하게 다른 사업자의 사업활동을 방해하는 행위
9. 부당하게 다음 각 목의 어느 하나에 해당하는 행위를 통하여 특수관계인 또는 다른 회사를 지원하는 행위
가. 특수관계인 또는 다른 회사에 가지급금·대여금·인력·부동산·유가증권·상품·용역·무체재산권 등을 제공하거나 상당히 유리한 조건으로 거래하는 행위
나. 다른 사업자와 직접 상품·용역을 거래하면 상당히 유리함에도 불구하고 거래상 실질적인 역할이 없는 특수관계인이나 다른 회사를 매개로 거래하는 행위
10. 그 밖의 행위로서 공정한 거래를 해칠 우려가 있는 행위
② 특수관계인 또는 회사는 다른 사업자로부터 제1항제9호에 해당할 우려가 있음에도 불구하고 해당 지원을 받는 행위를 하여서는 아니 된다.
③ 불공정거래행위의 유형 또는 기준은 대통령령으로 정한다.
④ 공정거래위원회는 제1항을 위반하는 행위를 예방하기 위하여 필요한 경우 사업자가 준수하여야 할 지침을 제정·고시할 수 있다.
⑤ 사업자 또는 사업자단체는 부당한 고객유인을 방지하기 위하여 자율적으로 규약(이하 "공정경쟁규약"이라 한다)을 정할 수 있다.
⑥ 사업자 또는 사업자단체는 공정거래위원회에 공정경쟁규약이 제1항제4호를 위반하는지에 대한 심사를 요청할 수 있다.
제46조【재판매가격유지행위의 금지】 사업자는 재판매가격유지행위를 하여서는 아니 된다. 다만, 다음 각 호의 어느 하나에 해당하는 경우에는 그러하지 아니하다.
1. 효율성 증대로 인한 소비자후생 증대효과가 경쟁제한으로 인한 폐해보다 큰 경우 등 재판매가격유지행위에 정당한 이유가 있는 경우
2. 「저작권법」 제2조제1호에 따른 저작물 중 관계 중앙행정기관의 장과의 협의를 거쳐 공정거래위원회가 고시하는 출판된 저작물(전자출판물을 포함한다)인 경우
제47조【특수관계인에 대한 부당한 이익제공 등 금지】 ① 공시대상기업집단(동일인이 자연인인 기업집단으로 한정한다)에 속하는 국내 회사는 특수관계인(동일인 및 그 친족으로 한정한다. 이하 이 조에서 같다), 동일인이 단독으로 또는 다른 특수관계인과 합하여 발행주식총수의 100분의 20 이상의 주식을 소유한 국내 계열회사 또는 그 계열회사가 단독으로 발행주식총수의 100분의 50을 초과하는 주식을 소유한 국내 계열회사와 다음 각 호의 어느 하나에 해당하는 행위를 통하여 특수관계인에게 부당한 이익을 귀속시키는 행위를 하여서는 아니 된다. 이 경우 다음 각 호에 해당하는 행위의 유형 및 기준은 대통령령으로 정한다.
1. 정상적인 거래에서 적용되거나 적용될 것으로 판단되는 조건보다 상당히 유리한 조건으로 거래하는 행위
2. 회사가 직접 또는 자신이 지배하고 있는 회사를 통하여 수행할 경우 회사에 상당한 이익이 될 사업기회를 제공하는 행위
3. 특수관계인과 현금이나 그 밖의 금융상품을 상당히 유리한 조건으로 거래하는 행위
4. 사업능력, 재무상태, 신용도, 기술력, 품질, 가격 또는 거래조건 등에 대한 합리적인 고려나 다른 사업자와의 비교 없이 상당한 규모로 거래하는 행위
② 기업의 효율성 증대, 보안성, 긴급성 등 거래의 목적을 달성하기 위하여 불가피한 경우로서 대통령령으로 정하는 거래에는 제1항제4호를 적용하지 아니한다.
③ 제1항에 따른 거래 또는 사업기회 제공의 상대방은 제1항 각 호의 어느 하나에 해당할 우려가 있음에도 불구하고 해당 거래를 하거나 사업기회를 제공받는 행위를 하여서는 아니 된다.
④ 특수관계인은 누구에게든지 제1항 또는 제3항에 해당하는 행위를 하도록 지시하거나 해당 행위에 관여해서는 아니 된다.
제48조【보복조치의 금지】 사업자는 제45조제1항의 불공정거래행위 및 제46조의 재판매가격유지행위와 관련하여 다음 각 호의 어느 하나에 해당하는 행위를 한 사업자에게 그 행위를 한 것을 이유로 거래의 정지 또는 물량의 축소, 그 밖에 불이익을 주는 행위를 하거나 계열회사 또는 다른 사업자로 하여금 이를 하도록 하여서는 아니 된다.
1. 제76조제1항에 따른 분쟁조정 신청
2. 제80조제2항에 따른 신고
3. 제81조에 따른 공정거래위원회의 조사에 대한 협조
제49조【시정조치】 ① 공정거래위원회는 제45조제1항·제2항, 제46조, 제47조 또는 제48조를 위반하는 행위가 있을 때에는 해당 사업자(제45조제2항 및 제47조의 경우에는 해당 특수관계인 또는 회사를 말한다)에게 해당 불공정거래행위, 재판매가격유지행위 또는 특수관계인에 대한 부당한 이익제공행위의 중지 및 재발방지를 위한 조치, 해당 보복조치의 금지, 계약조항의 삭제, 시정명령을 받은 사실의 공표, 그 밖에 필요한 시정조치를 명할 수 있다.
② 합병, 분할, 분할합병 또는 새로운 회사의 설립 등에 따른 제1항의 시정조치에 관하여는 제7조제2항부터 제4항까지의 규정을 준용한다. 이 경우 "시장지배적사업자"는 "사업자"로 본다.
제50조【과징금】 ① 공정거래위원회는 제45조제1항(제9호는 제외한다), 제46조 또는 제48조를 위반하는 행위가 있을 때에는 해당 사업자에게 대통령령으로 정하는 매출액에 100분의 4를 곱한 금액을 초과하지 아니하는 범위에서 과징금을 부과할 수 있다. 다만, 매출액이 없는 경우등에는 10억원을 초과하지 아니하는 범위에서 과징금을 부과할 수 있다.
② 공정거래위원회는 제45조제1항제9호 또는 같은 조 제2항, 제47조제1항 또는 제3항을 위반하는 행위가 있을 때에는 해당 특수관계인 또는 회사에 대통령령으로 정하는 매출액에 100분의 10을 곱한 금액을 초과하지 아니하는 범위에서 과징금을 부과할 수 있다. 다만, 매출액이 없는 경우등에는 40억원을 초과하지 아니하는 범위에서 과징금을 부과할 수 있다.

제7장 사업자단체

제51조【사업자단체의 금지행위】 ① 사업자단체는 다음 각 호의 어느 하나에 해당하는 행위를 하여서는 아니 된다.
1. 제40조제1항 각 호의 행위로 부당하게 경쟁을 제한하는 행위
2. 일정한 거래분야에서 현재 또는 장래의 사업자 수를 제한하는 행위
3. 구성사업자(사업자단체의 구성원인 사업자를 말한다. 이하 같다)의 사업내용 또는 활동을 부당하게 제한하는 행위
4. 사업자에게 제45조제1항에 따른 불공정거래행위 또는 제46조에 따른 재판매가격유지행위를 하게 하거나 이를 방조하는 행위
② 제1항제1호에 따른 행위의 인가에 관하여는 제40조제2항 및 제3항을 준용한다. 이 경우 "사업자"는 "사업자단체"로 본다.
③ 공정거래위원회는 제1항을 위반하는 행위를 예방하기 위하여 필요한 경우 사업자단체가 준수하여야 할 지침을 제정·고시할 수 있다.

④ 공정거래위원회는 제3항의 지침을 제정하려는 경우에는 관계 행정기관의 장의 의견을 들어야 한다.

제52조【시정조치】 ① 공정거래위원회는 제51조를 위반하는 행위가 있을 때에는 그 사업자단체(필요한 경우 관련 구성사업자를 포함한다)에 해당 행위의 중지, 시정명령을 받은 사실의 공표, 그 밖에 필요한 시정조치를 명할 수 있다.

② 합병, 분할, 분할합병 또는 새로운 회사의 설립 등에 따른 제1항의 시정조치에 관하여는 제7조제2항부터 제4항까지의 규정을 준용한다. 이 경우 "시장지배적사업자"는 "사업자단체"로 본다.

제53조【과징금】 ① 공정거래위원회는 제51조제1항을 위반하는 행위가 있을 때에는 해당 사업자단체에 10억원의 범위에서 과징금을 부과할 수 있다.

② 공정거래위원회는 제51조제1항제1호를 위반하는 행위에 참가한 사업자에게 대통령령으로 정하는 매출액에 100분의 20을 곱한 금액을 초과하지 아니하는 범위에서 과징금을 부과할 수 있다. 다만, 매출액이 없는 경우등에는 40억원을 초과하지 아니하는 범위에서 과징금을 부과할 수 있다.

③ 공정거래위원회는 제51조제1항제2호부터 제4호까지의 규정을 위반하는 행위에 참가한 사업자에게 대통령령으로 정하는 매출액에 100분의 10을 곱한 금액을 초과하지 아니하는 범위에서 과징금을 부과할 수 있다. 다만, 매출액이 없는 경우등에는 20억원을 초과하지 아니하는 범위에서 과징금을 부과할 수 있다.

제8장 전담기구

제54조【공정거래위원회의 설치】 ① 이 법에 따른 사무를 독립적으로 수행하기 위하여 국무총리 소속으로 공정거래위원회를 둔다.

② 공정거래위원회는 「정부조직법」 제2조제2항에 따른 중앙행정기관으로서 소관 사무를 수행한다.

제55조【공정거래위원회의 소관 사무】 공정거래위원회의 소관 사무는 다음 각 호와 같다.

1. 시장지배적지위의 남용행위 규제에 관한 사항
2. 기업결합의 제한 및 경제력 집중의 억제에 관한 사항
3. 부당한 공동행위 및 사업자단체의 경쟁제한행위 규제에 관한 사항
4. 불공정거래행위, 재판매가격유지행위 및 특수관계인에 대한 부당한 이익제공의 금지행위 규제에 관한 사항
5. 경쟁제한적인 법령 및 행정처분의 협의·조정 등 경쟁촉진정책에 관한 사항
6. 다른 법령에서 공정거래위원회의 소관으로 규정한 사항

제56조【공정거래위원회의 국제협력】 ① 정부는 대한민국의 법률 및 이익에 반하지 아니하는 범위에서 외국정부와 이 법의 집행을 위한 협정을 체결할 수 있다.

② 공정거래위원회는 제1항의 협정에 따라 외국정부의 법집행을 지원할 수 있다.

③ 공정거래위원회는 제1항의 협정이 체결되어 있지 아니한 경우에도 외국정부의 법집행 요청 시 동일하거나 유사한 사항에 관하여 대한민국의 지원요청에 따른다는 요청국의 보증이 있는 경우에는 지원할 수 있다.

제57조【공정거래위원회의 구성 등】 ① 공정거래위원회는 위원장 1명, 부위원장 1명을 포함하여 9명의 위원으로 구성하며, 그 중 4명은 비상임위원으로 한다.

② 공정거래위원회의 위원은 독점규제 및 공정거래 또는 소비자분야에 경험이나 전문지식이 있는 사람으로서 다음 각 호의 어느 하나에 해당하는 사람 중에서 위원장과 부위원장은 국무총리의 제청으로 대통령이 임명하고, 그 밖의 위원은 위원장의 제청으로 대통령이 임명하거나 위촉한다. 이 경우 위원장은 국회의 인사청문을 거쳐야 한다.

1. 2급 이상 공무원(고위공무원단에 속하는 일반직공무원을 포함한다)의 직에 있었던 사람
2. 판사·검사 또는 변호사의 직에 15년 이상 있었던 사람
3. 법률·경제·경영 또는 소비자 관련 분야 학문을 전공하고 대학이나 공인된 연구기관에서 15년 이상 근무한 자로서 부교수 이상 또는 이에 상당하는 직에 있었던 사람
4. 기업경영 및 소비자보호활동에 15년 이상 종사한 경력이 있는 사람

③ 위원장과 부위원장은 정무직으로 하고, 그 밖의 상임위원은 고위공무원단에 속하는 일반직공무원으로서 「국가공무원법」 제26조의5에 따른 임기제공무원으로 보(補)한다.

④ 위원장·부위원장 및 제70조에 따른 사무처의 장은 「정부조직법」 제10조에도 불구하고 정부위원이 된다.

제58조【회의의 구분】 공정거래위원회의 회의는 위원 전원으로 구성하는 회의(이하 "전원회의"라 한다)와 상임위원 1명을 포함하여 위원 3명으로 구성하는 회의(이하 "소회의"라 한다)로 구분한다.

제59조【전원회의 및 소회의 관장사항】 ① 전원회의는 다음 각 호의 사항을 심의·의결한다.

1. 공정거래위원회 소관의 법령이나 규칙·고시 등의 해석 적용에 관한 사항
2. 제96조에 따른 이의신청
3. 소회의에서 의결되지 아니하거나 소회의가 전원회의에서 처리하도록 결정한 사항
4. 규칙 또는 고시의 제정 또는 변경
5. 경제적 파급효과가 중대한 사항
6. 그 밖에 전원회의에서 스스로 처리하는 것이 필요하다고 인정하는 사항

② 소회의는 제1항 각 호의 사항 외의 사항을 심의·의결한다.

제60조【위원장】 ① 위원장은 공정거래위원회를 대표한다.

② 위원장은 국무회의에 출석하여 발언할 수 있다.

③ 위원장이 부득이한 사유로 직무를 수행할 수 없을 때에는 부위원장이 그 직무를 대행하며, 위원장과 부위원장이 모두 부득이한 사유로 직무를 수행할 수 없을 때에는 선임상임위원 순으로 그 직무를 대행한다.

제61조【위원의 임기】 공정거래위원회의 위원장, 부위원장 및 다른 위원의 임기는 3년으로 하고, 한 차례만 연임할 수 있다.

제62조【위원의 신분보장】 위원은 다음 각 호의 어느 하나에 해당하는 경우를 제외하고는 그 의사에 반하여 면직되거나 해촉(解囑)되지 아니한다.

1. 금고 이상의 형의 선고를 받은 경우
2. 장기간의 심신쇠약으로 직무를 수행할 수 없게 된 경우

제63조【위원의 정치운동 금지】 위원은 정당에 가입하거나 정치운동에 관여할 수 없다.

제64조【회의 의사정족수 및 의결정족수】 ① 전원회의는 위원장이 주재하며, 재적위원 과반수의 찬성으로 의결한다.

② 소회의는 상임위원이 주재하며, 구성위원 전원의 출석과 출석위원 전원의 찬성으로 의결한다.

제65조【심리·의결의 공개 및 합의의 비공개】 ① 공정거래위원회의 심리(審理)와 의결은 공개한다. 다만, 사업자 또는 사업자단체의 사업상의 비밀을 보호할 필요가 있다고 인정할 때에는 그러하지 아니하다.

② 공정거래위원회의 심리는 구술심리를 원칙으로 하되, 필요한 경우 서면심리로 할 수 있다.

③ 공정거래위원회의 사건에 관한 의결의 합의는 공개하지 아니한다.

제66조【심판정의 질서유지】 전원회의 및 소회의의 의장은 심판정에 출석하는 당사자·이해관계인·참고인 및 참관인 등에게 심판정의 질서유지를 위하여 필요한 조치를 명할 수 있다.

제67조【위원의 제척·기피·회피】 ① 위원은 다음 각 호의 어느 하나에 해당하는 사건에 대한 심의·의결에서 제척(除斥)된다.

1. 자기나 배우자 또는 배우자였던 사람이 당사자이거나 공동권리자 또는 공동의무자인 사건
2. 자기가 당사자와 친족이거나 친족이었던 사건
3. 자기 또는 자기가 속한 법인이 당사자의 법률·경영 등에 대한 자문·고문 등으로 있는 사건
4. 자기 또는 자기가 속한 법인이 증언이나 감정(鑑定)을 한 사건
5. 자기 또는 자기가 속한 법인이 당사자의 대리인으로서 관여하거나 관여하였던 사건
6. 자기 또는 자기가 속한 법인이 사건의 대상이 된 처분 또는 부작위(不作爲)에 관여한 사건
7. 자기가 공정거래위원회 소속 공무원으로서 해당 사건의 조사 또는 심사를 한 사건

② 당사자는 위원에게 심의·의결의 공정을 기대하기 어려운 사정이 있는 경우에는 기피신청을 할 수 있다. 이 경우 위원장은 이 기피신청에 대하여 위원회의 의결을 거치지 아니하고 기피 여부를 결정한다.

③ 위원 본인이 제1항 각 호의 어느 하나 또는 제2항의 사유에 해당하는 경우에는 스스로 그 사건의 심의·의결을 회피할 수 있다.

제68조【의결서 작성 및 경정】 ① 공정거래위원회가 이 법 위반 여부에 관한 사항을 심의·의결하는 경우에는 의결 내용 및 그 이유를 명시한 의결서로 하여야 하고, 의결에 참여한 위원이 그 의결서에 서명날인하여야 한다.

② 공정거래위원회는 의결서 등에 오기(誤記), 계산착오 또는 그 밖에 이와 유사한 오류가 있는 것이 명백한 경우에는 신청이나 직권으로 경정할 수 있다.

제69조【법 위반행위의 판단시점】 공정거래위원회가 이 법에 위반되는 사항에 대하여 의결하는 경우에는 그 사항에 관한 심리를 종결하는 날까지 발생한 사실을 기초로 판단한다.

제70조【사무처의 설치】 공정거래위원회의 사무를 처리하기 위하여 공정거래위원회에 사무처를 둔다.

제71조【조직에 관한 규정】 ① 이 법에서 규정한 것 외에 공정거래위원회의 조직에 관하여 필요한 사항은 대통령령으로 정한다.

② 이 법에서 규정한 것 외에 공정거래위원회의 운영 등에 필요한 사항은 공정거래위원회의 규칙으로 정한다.

제9장 한국공정거래조정원의 설립 및 분쟁조정

제72조【한국공정거래조정원의 설립 등】 ① 다음 각 호의 업무를 수행하기 위하여 한국공정거래조정원(이하 "조정원"이라 한다)을 설립한다.

1. 제45조제1항을 위반한 혐의가 있는 행위와 관련된 분쟁의 조정
2. 다른 법률에서 조정원으로 하여금 담당하게 하는 분쟁의 조정
3. 시장 또는 산업의 동향과 공정경쟁에 관한 조사 및 분석
4. 사업자의 거래 관행과 행태의 조사 및 분석
5. 제90조제7항에 따라 공정거래위원회로부터 위탁받은 제89조제3항에 따른 동의의결의 이행관리
6. 제97조의2제2항에 따라 공정거래위원회로부터 위탁받은 시정조치의 이행관리(2023.6.20 본호신설)
7. 공정거래와 관련된 제도와 정책의 연구 및 건의
8. 그 밖에 공정거래위원회로부터 위탁받은 사업

② 조정원은 법인으로 한다.

③ 조정원의 장은 제57조제2항 각 호의 어느 하나에 해당하는 자 중에서 공정거래위원회 위원장이 임명한다.

④ 정부는 조정원의 설립과 운영에 필요한 경비를 예산의 범위에서 출연하거나 보조할 수 있다.

⑤ 조정원에 관하여 이 법에서 규정한 것 외에는 「민법」 중 재단법인에 관한 규정을 준용한다.

제73조【공정거래분쟁조정협의회의 설치 및 구성】 ① 제45조제1항을 위반한 혐의가 있는 행위와 관련된 분쟁을 조정하기 위하여 조정원에 공정거래분쟁조정협의회(이하 "협의회"라 한다)를 둔다.

② 협의회는 협의회 위원장 1명을 포함하여 9명 이내의 협의회 위원으로 구성하며, 위원장은 상임으로 한다.(2023.8.8 본항개정)

③ 협의회 위원장은 위원 중에서 조정원의 장의 제청으로 공정거래위원회 위원장이 위촉한다.(2023.8.8 본항개정)

④ 협의회 위원은 독점규제 및 공정거래 또는 소비자분야에 경험 또는 전문지식이 있는 사람으로서 다음 각 호의 어느 하나에 해당하는 사람 중에서 조정원의 장의 제청으로 공정거래위원회 위원장이 임명하거나 위촉한다. 이 경우 다음 각 호의 어느 하나에 해당하는 사람이 1명 이상 포함되어야 한다.

1. 대통령령으로 정하는 요건을 갖춘 공무원의 직에 있었던 사람
2. 판사·검사 또는 변호사의 직에 대통령령으로 정하는 기간 이상 있었던 사람
3. 법률·경제·경영 또는 소비자 관련 분야 학문을 전공하고 대학이나 공인된 연구기관에서 대통령령으로 정하는 기간 이상 근무한 사람으로서 부교수 이상 또는 이에 상당하는 직에 있었던 사람
4. 기업경영, 소비자보호활동 및 분쟁조정활동에 대통령령으로 정하는 기간 이상 종사한 경력이 있는 사람(2023.8.8 본호개정)

⑤ 협의회 위원의 임기는 3년으로 한다.

⑥ 협의회 위원 중 결원이 생긴 때에는 제4항에 따라 보궐위원을 위촉하여야 하며, 그 보궐위원의 임기는 전임자의 남은 임기로 한다.

⑦ 공정거래위원회 위원장은 협의회 위원이 직무와 관련된 비위사실이 있거나 직무태만, 품위손상 또는 그 밖의 사유로 위원으로 적합하지 아니하다고 인정되는 경우 그 직에서 해임 또는 해촉할 수 있다.

제74조【협의회의 회의】 ① 협의회 위원장은 협의회의 회의를 소집하고 그 의장이 된다.

② 협의회는 재적위원 과반수의 출석으로 개의(開議)하고, 출석위원 과반수의 찬성으로 의결한다.

③ 협의회 위원장이 부득이한 사유로 직무를 수행할 수 없을 때에는 공정거래위원회 위원장이 지명하는 협의회 위원이 그 직무를 대행한다.

④ 조정의 대상이 된 분쟁의 당사자인 사업자(이하 "분쟁당사자"라 한다)는 협의회에 출석하여 의견을 진술할 수 있다.

제75조【협의회 위원의 제척·기피·회피】 ① 협의회 위원은 다음 각 호의 어느 하나에 해당하는 경우에는 해당 분쟁조정사항의 조정에서 제척된다.

1. 자기나 배우자 또는 배우자였던 사람이 분쟁조정사항의 분쟁당사자이거나 공동권리자 또는 공동의무자인 경우
2. 자기가 분쟁조정사항의 분쟁당사자와 친족이거나 친족이었던 경우
3. 자기 또는 자기가 속한 법인이 분쟁조정사항의 분쟁당사자의 법률·경영 등에 대한 자문·고문 등으로 있는 경우
4. 자기 또는 자기가 속한 법인이 증언이나 감정을 한 경우
5. 자기 또는 자기가 속한 법인이 분쟁조정사항의 분쟁당사자의 대리인으로서 관여하거나 관여하였던 경우

② 분쟁당사자는 협의회 위원에게 협의회의 조정에 공정을 기하기 어려운 사정이 있을 때에는 협의회에 해당 위원에 대한 기피신청을 할 수 있다.

③ 협의회 위원 본인이 제1항 각 호의 어느 하나 또는 제2항의 사유에 해당하는 경우에는 스스로 해당 분쟁조정사항의 조정에서 회피할 수 있다.

제76조【조정의 신청 등】 ① 제45조제1항을 위반한 혐의가 있는 행위로 피해를 입은 사업자는 대통령령으로 정하는 사항을 기재한 서면(이하 "분쟁조정신청서"라 한다)을 협의회에 제출함으로써 분쟁조정을 신청할 수 있다.

② 공정거래위원회는 제80조제2항에 따른 신고가 접수된 경우 협의회에 그 행위 또는 사건에 대한 분쟁조정을 의뢰할 수 있다.

③ 협의회는 제1항에 따라 분쟁조정 신청을 받거나 제2항에 따른 분쟁조정 의뢰를 받았을 때에는 즉시 그 접수사실 등을 대통령령으로 정하는 바에 따라 공정거래위원회 및 분쟁당사자에게 통지하여야 한다.

④ 제1항에 따른 분쟁조정의 신청은 시효중단의 효력이 있다. 다만, 신청이 취하되거나 각하(却下)된 경우에는 그러하지 아니하다.

⑤ 제4항 단서의 경우에 6개월 내에 재판상의 청구, 파산절차 참가, 압류 또는 가압류, 가처분을 하였을 때에는 시효는 최초의 분쟁조정의 신청으로 중단된 것으로 본다.

⑥ 제4항 본문에 따라 중단된 시효는 다음 각 호의 어느 하나에 해당하는 때부터 새로이 진행한다.

1. 분쟁조정이 이루어져 조정조서를 작성한 때
2. 분쟁조정이 이루어지지 아니하고 조정절차가 종료된 때

제77조【조정 등】 ① 협의회는 분쟁당사자에게 분쟁조정사항에 대하여 스스로 합의하도록 권고하거나 조정안을 작성하여 제시할 수 있다.

② 협의회는 해당 분쟁조정사항에 관한 사실을 확인하기 위하여 필요한 경우 조사를 하거나 분쟁당사자에게 관련 자료의 제출이나 출석을 요구할 수 있다.

③ 협의회는 다음 각 호의 어느 하나에 해당하는 행위 또는 사건에 대해서는 조정신청을 각하하여야 한다. 이 경우 협의회는 분쟁조정이 신청된 행위 또는 사건이 제4호에 해당하는지에 대하여 공정거래위원회의 확인을 받아야 한다.

1. 조정신청의 내용과 직접적인 이해관계가 없는 자가 조정신청을 한 경우
2. 이 법의 적용대상이 아닌 사안에 관하여 조정신청을 한 경우
3. 위반혐의가 있는 행위의 내용·성격 및 정도 등을 고려하여 공정거래위원회가 직접 처리하는 것이 적합한 경우로서 대통령령으로 정하는 기준에 해당하는 행위
4. 조정신청이 있기 전에 공정거래위원회가 제80조에 따라 조사를 개시한 사건에 대하여 조정신청을 한 경우. 다만, 공정거래위원회로부터 시정조치 등의 처분을 받은 후 분쟁조정을 신청한 경우에는 그러하지 아니하다.

④ 협의회는 다음 각 호의 어느 하나에 해당되는 경우에는 조정절차를 종료하여야 한다.

1. 분쟁당사자가 협의회의 권고 또는 조정안을 수락하거나 스스로 조정하는 등 조정이 성립된 경우
2. 제76조제1항에 따라 분쟁조정의 신청을 받은 날 또는 같은 조 제2항에 따라 공정거래위원회로부터 분쟁조정의 의뢰를 받은 날부터 60일(분쟁당사자 양쪽이 기간연장에 동의한 경우에는 90일로 한다)이 지나도 조정이 성립하지 아니한 경우
3. 분쟁당사자의 어느 한쪽이 조정을 거부하는 등 조정절차를 진행할 실익이 없는 경우(2023.6.20 본호개정)

⑤ 협의회는 조정신청을 각하하거나 조정절차를 종료한 경우에는 대통령령으로 정하는 바에 따라 공정거래위원회에 조정의 경위, 조정신청 각하 또는 조정절차 종료의 사유 등을 관계 서류와 함께 지체 없이 서면으로 보고하여야 하고, 분쟁당사자에게 그 사실을 통보하여야 한다.

⑥ 공정거래위원회는 조정절차 개시 전에 시정조치 등의 처분을 하지 아니한 분쟁조정사항에 관하여 조정절차가 종료될 때까지 해당 분쟁당사자에게 제49조제1항에 따른 시정조치 및 제88조제1항에 따른 시정권고를 하여서는 아니 된다.

제77조의2【소송과의 관계】 ① 제76조제1항에 따라 분쟁조정이 신청된 사건에 대하여 신청 전 또는 신청 후 소가 제기되어 소송이 진행 중일 때에는 수소법원(受訴法院)은 조정이 있을 때까지 소송절차를 중지할 수 있다.

② 협의회는 제1항에 따라 소송절차가 중지되지 아니하는 경우에는 해당 사건의 조정절차를 중지하여야 한다.

③ 협의회는 조정이 신청된 사건과 동일한 원인으로 다수인이 관련되는 동종·유사 사건에 대한 소송이 진행 중인 경우에는 협의회의 결정으로 조정절차를 중지할 수 있다.

(2023.6.20 본조신설)

제78조【조정조서의 작성과 그 효력】 ① 협의회는 분쟁조정사항에 대하여 조정이 성립된 경우 조정에 참가한 위원과 분쟁당사자가 기명날인하거나 서명한 조정조서를 작성한다.

② 협의회는 분쟁당사자가 조정절차를 개시하기 전에 분쟁조정사항을 스스로 조정하고 조정조서의 작성을 요청하는 경우에는 그 조정조서를 작성하여야 한다.

③ 분쟁당사자는 조정에서 합의된 사항의 이행결과를 공정거래위원회에 제출하여야 한다.

④ 공정거래위원회는 조정절차 개시 전에 시정조치 등의 처분을 하지 아니한 분쟁조정사항에 대하여 제1항에 따라 합의가 이루어지고, 그 합의된 사항을 이행한 경우에는 제49조제1항에 따른 시정조치 및 제88조제1항에 따른 시정권고를 하지 아니한다.

⑤ 제1항 또는 제2항에 따라 조정조서를 작성한 경우 조정조서는 재판상 화해와 동일한 효력을 갖는다.

제79조【협의회의 조직·운영 등】 제73조부터 제77조까지, 제77조의2 및 제78조에서 규정한 사항 외에 협의회의 조직·운영·조정절차 등에 관하여 필요한 사항은 대통령령으로 정한다.(2023.6.20 본조개정)

제10장 조사 등의 절차

제80조【위반행위의 인지·신고 등】 ① 공정거래위원회는 이 법을 위반한 혐의가 있다고 인정할 때에는 직권으로 필요한 조사를 할 수 있다.

② 누구든지 이 법에 위반되는 사실을 공정거래위원회에 신고할 수 있다.

③ 공정거래위원회는 직권으로 또는 제2항에 따른 신고로 조사한 결과 이 법에 따른 처분을 하거나 처분을 하지 아니하는 경우에는 그 근거, 내용 및 사유 등을 기재한 서면을 해당 사건의 당사자에게 통지하여야 한다. 다만, 제68조에 따라 의결서를 작성하는 경우에는 해당 의결서 정본을 송부한다.

④ 공정거래위원회는 이 법 위반행위에 대하여 해당 위반행위의 종료일부터 7년이 지난 경우에는 이 법에 따른 시정조치를 명하거나 과징금을 부과할 수 없다.

⑤ 공정거래위원회는 제4항에도 불구하고 부당한 공동행위에 대하여 다음 각 호의 기간이 지난 경우에는 이 법에 따른 시정조치를 명하거나 과징금을 부과할 수 없다.

1. 공정거래위원회가 해당 위반행위에 대하여 조사를 개시한 경우 대통령령으로 정하는 조사 개시일부터 5년
2. 공정거래위원회가 해당 위반행위에 대하여 조사를 개시하지 아니한 경우 해당 위반행위의 종료일부터 7년

⑥ 제4항 및 제5항은 법원의 판결에 따라 시정조치 또는 과징금 부과처분이 취소된 경우로서 그 판결이유에 따라 새로운 처분을 하는 경우에는 적용하지 아니한다.

⑦ 제4항 및 제5항의 기간은 공정거래위원회가 제95조에 따른 자료의 열람 또는 복사 요구에 따르지 아니하여 당사자가 소를 제기한 경우 그 당사자 및 동일한 사건으로 심의를 받는 다른 당사자에 대하여 진행이 정지되고 그 재판이 확정된 때부터 진행한다.

제81조【위반행위의 조사 등】 ① 공정거래위원회는 이 법의 시행을 위하여 필요하다고 인정할 때에는 대통령령으로 정하는 바에 따라 다음 각 호의 처분을 할 수 있다.

1. 당사자, 이해관계인 또는 참고인의 출석 및 의견의 청취
2. 감정인의 지정 및 감정의 위촉
3. 사업자, 사업자단체 또는 이들의 임직원에게 원가 및 경영상황에 관한 보고, 그 밖에 필요한 자료나 물건의 제출 명령 또는 제출된 자료나 물건의 일시 보관

② 공정거래위원회는 이 법의 시행을 위하여 필요하다고 인정할 때에는 소속 공무원(제122조에 따른 위임을 받은 기관의 소속 공무원을 포함한다)으로 하여금 사업자 또는 사업자단체의 사무소 또는 사업장에 출입하여 업무 및 경영상황, 장부·서류, 전산자료·음성녹음자료·화상자료, 그 밖에 대통령령으로 정하는 자료나 물건을 조사하게 할 수 있다.

③ 제2항에 따른 조사를 하는 공무원은 대통령령으로 정하는 바에 따라 지정된 장소에서 당사자, 이해관계인 또는 참고인의 진술을 들을 수 있다.

④ 조사공무원은 제59조제1항 또는 제2항에 따른 심의·의결 절차가 진행 중인 경우에는 제2항에 따른 조사를 하거나 제3항에 따른 당사자의 진술을 들어서는 아니 된다. 다만, 조사공무원 또는 당사자의 신청에 대하여 전원회의 또는 소회의가 필요하다고 인정하는 경우에는 그러하지 아니하다.

⑤ 제1항제1호 및 제3항에 따라 당사자의 진술을 들었을 때에는 대통령령으로 정하는 바에 따라 진술조서를 작성하여야 한다.

⑥ 제2항에 따른 조사를 하는 공무원은 대통령령으로 정하는 바에 따라 사업자, 사업자단체 또는 이들의 임직원에게 조사에 필요한 자료나 물건의 제출을 명하거나 제출된 자료나 물건을 일시 보관할 수 있다.

⑦ 제1항제3호 및 제6항에 따라 사업자, 사업자단체 또는 이들의 임직원의 자료나 물건을 일시 보관할 때에는 대통령령으로 정하는 바에 따라 보관조서를 작성·발급하여야 한다.

⑧ 제1항제3호 및 제6항에 따라 보관한 자료나 물건이 다음 각 호의 어느 하나에 해당하는 경우에는 즉시 반환하여야 한다.

1. 보관한 자료나 물건을 검토한 결과 해당 조사와 관련이 없다고 인정되는 경우
2. 해당 조사 목적의 달성 등으로 자료나 물건을 보관할 필요가 없어진 경우

⑨ 제2항에 따른 조사를 하는 공무원은 그 권한을 표시하는 증표를 관계인에게 제시하고, 조사목적·조사기간 및 조사방법 등 대통령령으로 정하는 사항이 기재된 문서를 발급하여야 한다.

⑩ 제1항에 따른 처분 또는 제2항에 따른 조사와 관련된 당사자, 이해관계인 또는 참고인은 의견을 제출하거나 진술할 수 있다.

제82조【조사시간 및 조사기간】 ① 조사공무원은 제80조 및 제81조에 따른 조사를 하는 경우에는 조사를 받는 사업자 또는 사업자단체의 정규 근무시간 내에 조사를 진행하여야 한다. 다만, 증거인멸의 우려 등으로 정규 근무시간 내의 조사로는 조사의 목적을 달성하는 것이 불가능한 경우에는 피조사업체와 협의하여 정규 근무시간 외의 시간에도 조사를 진행할 수 있다.

② 조사공무원은 제81조제9항의 문서에 기재된 조사기간 내에 조사를 종료하여야 한다. 다만, 조사기간 내에 조사목적 달성을 위한 충분한 조사가 이루어지지 못한 경우에는 조사를 받는 사업자 또는 사업자단체의 업무 부담을 최소화할 수 있는 범위에서 조사기간을 연장할 수 있다.

③ 제2항 단서에 따라 조사기간을 연장하는 경우에는 해당 사업자 또는 사업자단체에 연장된 조사기간이 명시된 공문서를 발급하여야 한다.

제83조【위반행위 조사 및 심의 시 조력을 받을 권리】 공정거래위원회로부터 조사 및 심의를 받는 사업자, 사업자단체 또는 이들의 임직원은 변호사 등 변호인으로 하여금 조사 및 심의에 참여하게 하거나 의견을 진술하게 할 수 있다.

제84조【조사권의 남용금지】 조사공무원은 이 법의 시행을 위하여 필요한 최소한의 범위에서 조사를 하여야 하며, 다른 목적 등을 위하여 조사권을 남용해서는 아니 된다.

제85조【조사 등의 연기신청】 ① 제81조제1항부터 제3항까지의 규정에 따라 공정거래위원회로부터 처분 또는 조사를 받게 된 사업자 또는 사업자단체가 천재지변이나 그 밖에 대통령령으로 정하는 사유로 처분을 이행하거나 조사를 받기가 곤란한 경우에는 대통령령으로 정하는 바에 따라 공정거래위원회에 처분 또는 조사를 연기하여 줄 것을 신청할 수 있다.

② 공정거래위원회는 제1항에 따라 처분 또는 조사의 연기신청을 받았을 때에는 그 사유를 검토하여 타당하다고 인정되는 경우에는 처분 또는 조사를 연기할 수 있다.

제86조【이행강제금 등】 ① 공정거래위원회는 사업자 또는 사업자단체가 제81조제1항제3호 또는 같은 조 제6항에 따른 보고 또는 자료나 물건의 제출 명령을 이행하지 아니한 경우에 그 보고 또는 자료나 물건이 이 법 위반 여부를 확인하는 데 필요하다고 인정할 때에는 소회의의 결정으로 이행기한을 정하여 그 보고 또는 자료나 물건의 제출을 다시 명령할 수 있으며, 이를 이행하지 아니한 자에게는 이행기한이 지난 날부터 1일당 대통령령으로 정하는 1일 평균매출액의 1천분의 3의 범위에서 이행강제금을 부과할 수 있다. 다만, 매출액이 없거나 매출액의 산정이 곤란한 경우에는 이행기한이 지난 날부터 1일당 200만원의 범위에서 이행강제금을 부과할 수 있다.

② 이행강제금의 부과·납부·징수 및 환급 등에 관하여는 제16조제2항 및 제3항을 준용한다.

제87조【서면실태조사】 ① 공정거래위원회는 일정한 거래분야의 공정한 거래질서 확립을 위하여 해당 거래분야에 관한 서면실태조사를 실시하여 그 조사결과를 공표할 수 있다.

② 공정거래위원회가 제1항에 따라 서면실태조사를 실시하려는 경우에는 조사대상자의 범위, 조사기간, 조사내용, 조사방법, 조사절차 및 조사결과 공표범위 등에 관한 계획을 수립하여야 하고, 조사대상자에게 거래실태 등 조사에 필요한 자료의 제출을 요구할 수 있다.

③ 공정거래위원회가 제2항에 따라 자료의 제출을 요구하는 경우에는 조사대상자에게 자료의 범위와 내용, 요구사유, 제출기한 등을 분명하게 밝혀 서면으로 알려야 한다.

제88조【위반행위의 시정권고】 ① 공정거래위원회는 이 법을 위반하는 행위가 있는 경우에 해당 사업자 또는 사업자단체에 시정방안을 정하여 이에 따를 것을 권고할 수 있다.

② 제1항에 따라 권고를 받은 자는 시정권고를 통지받은 날부터 10일 이내에 해당 권고를 수락하는지에 관하여 공정거래위원회에 통지하여야 한다.

③ 제1항에 따라 시정권고를 받은 자가 해당 권고를 수락한 때에는 이 법에 따른 시정조치가 명하여진 것으로 본다.

제89조【동의의결】 ① 공정거래위원회의 조사나 심의를 받고 있는 사업자 또는 사업자단체(이하 이 조부터 제91조까지의 규정에서 "신청인"이라 한다)는 해당 조사나 심의의 대상이 되는 행위(이하 이 조부터 제91조까지의 규정에서 "해당 행위"라 한다)로 인한 경쟁제한상태 등의 자발적 해소, 소비자 피해구제, 거래질서의 개선 등을 위하여 제3항에 따른 동의의결을 하여 줄 것을 공정거래위원회에 신청할 수 있다. 다만, 해당 행위가 다음 각 호의 어느 하나에 해당하는 경우 공정거래위원회는 동의의결을 하지 아니하고 이 법에 따른 심의 절차를 진행하여야 한다.

1. 해당 행위가 제40조제1항에 따른 위반행위인 경우
2. 제129조제2항에 따른 고발요건에 해당하는 경우
3. 동의의결이 있기 전에 신청인이 신청을 취소하는 경우

② 신청인이 제1항에 따른 신청을 하는 경우 다음 각 호의 사항을 기재한 서면으로 하여야 한다.
1. 해당 행위를 특정할 수 있는 사실관계
2. 해당 행위의 중지, 원상회복 등 경쟁질서의 회복이나 거래질서의 적극적 개선을 위하여 필요한 시정방안
3. 소비자, 다른 사업자 등의 피해를 구제하거나 예방하기 위하여 필요한 시정방안
③ 공정거래위원회는 해당 행위의 사실관계에 대한 조사를 마친 후 제2항제2호 및 제3호에 따른 시정방안(이하 "시정방안"이라 한다)이 다음 각 호의 요건을 모두 갖추었다고 판단되는 경우에는 해당 행위 관련 심의 절차를 중단하고 시정방안과 같은 취지의 의결(이하 "동의의결"이라 한다)을 할 수 있다. 이 경우 신청인과의 협의를 거쳐 시정방안을 수정할 수 있다.
1. 해당 행위가 이 법을 위반한 것으로 판단될 경우에 예상되는 시정조치 및 그 밖의 제재와 균형을 이룰 것
2. 공정하고 자유로운 경쟁질서나 거래질서를 회복시키거나 소비자, 다른 사업자 등을 보호하기에 적절하다고 인정될 것
④ 공정거래위원회의 동의의결은 해당 행위가 이 법에 위반된다고 인정한 것을 의미하지 아니하며, 누구든지 신청인이 동의의결을 받은 사실을 들어 해당 행위가 이 법에 위반된다고 주장할 수 없다.

제90조【동의의결의 절차】 ① 공정거래위원회는 신속한 조치의 필요성, 소비자 피해의 직접 보상 필요성 등을 종합적으로 고려하여 동의의결 절차의 개시 여부를 결정하여야 한다.
② 공정거래위원회는 동의의결을 하기 전에 30일 이상의 기간을 정하여 다음 각 호의 사항을 신고인 등 이해관계인에게 통지하거나, 관보 또는 공정거래위원회의 인터넷 홈페이지에 공고하는 등의 방법으로 의견을 제출할 기회를 주어야 한다.
1. 해당 행위의 개요
2. 관련 법령 조항
3. 시정방안(제89조제3항 각 호 외의 부분 후단에 따라 시정방안이 수정된 경우에는 그 수정된 시정방안을 말한다)
4. 해당 행위와 관련하여 신고인 등 이해관계인의 이해를 돕는 그 밖의 정보. 다만, 사업상 또는 사생활의 비밀 보호나 그 밖에 공익상 공개하기에 적절하지 아니한 것은 제외한다.
③ 공정거래위원회는 제2항 각 호의 사항을 관계 행정기관의 장에게 통보하고 그 의견을 들어야 한다. 다만, 제124조부터 제127조까지의 규정이 적용되는 행위에 대해서는 검찰총장과 협의하여야 한다.
④ 공정거래위원회는 동의의결을 하거나 이를 취소하는 경우에는 제59조의 구분에 따른 회의의 심의·의결을 거쳐야 한다.
⑤ 동의의결을 받은 신청인은 제4항의 의결에 따라 동의의결의 이행계획과 이행결과를 공정거래위원회에 제출하여야 한다.
⑥ 공정거래위원회는 제5항에 따라 제출된 이행계획의 이행 여부를 점검할 수 있고, 동의의결을 받은 신청인에게 그 이행에 관련된 자료의 제출을 요청할 수 있다.
⑦ 공정거래위원회는 제6항에 따른 이행계획의 이행 여부 점검 등 동의의결의 이행관리에 관한 업무를 대통령령으로 정하는 바에 따라 조정원 또는 「소비자기본법」 제33조에 따른 한국소비자원(이하 "소비자원"이라 한다)에 위탁할 수 있다.
⑧ 제7항에 따른 위탁을 받은 기관의 장은 제5항에 따라 신청인이 제출한 동의의결의 이행계획과 이행결과에 대한 이행관리 현황을 분기별로 공정거래위원회에 보고하여야 한다. 다만, 공정거래위원회의 현황 보고 요구가 있는 경우 즉시 이에 따라야 한다.
⑨ 제7항에 따른 위탁을 받은 기관의 장은 동의의결을 받은 신청인이 그 이행을 게을리하거나 이행하지 아니하는 경우에는 지체 없이 그 사실을 공정거래위원회에 통보하여야 한다.
⑩ 제80조제4항 및 제5항의 기간은 신청인이 제89조제1항에 따라 동의의결을 신청한 경우 그 신청인 및 동일한 사건으로 심의를 받는 다른 당사자에 대하여 진행이 정지된다. 다만, 다음 각 호의 어느 하나에 해당하는 때부터 남은 기간이 진행한다.
1. 신청인이 동의의결의 신청을 취소한 때
2. 공정거래위원회가 동의의결 절차를 개시하지 아니하기로 결정한 때
3. 공정거래위원회가 동의의결을 하지 아니하기로 결정한 때
4. 동의의결의 이행이 모두 완료된 때
5. 동의의결이 취소된 때
(2023.6.20 본항신설)
⑪ 제89조제2항에 따른 신청방법, 의견조회 방법, 심의·의결절차, 조정원 또는 소비자원에 대한 이행관리 업무의 위탁 절차 등 그 밖의 세부 사항은 공정거래위원회가 정하여 고시할 수 있다.

제91조【동의의결의 취소】 ① 공정거래위원회는 다음 각 호의 어느 하나에 해당하는 경우에는 동의의결을 취소할 수 있다.
1. 동의의결의 기초가 된 시장상황 등 사실관계의 현저한 변경 등으로 시정방안이 적정하지 아니하게 된 경우
2. 신청인이 제공한 불완전하거나 부정확한 정보로 동의의결을 하게 되었거나, 신청인이 거짓 또는 그 밖의 부정한 방법으로 동의의결을 받은 경우
3. 신청인이 정당한 이유 없이 동의의결을 이행하지 아니하는 경우
② 제1항제1호에 따라 동의의결을 취소한 경우 신청인이 제89조제1항에 따라 동의의결을 하여줄 것을 신청하면 공정거래위원회는 다시 동의의결을 할 수 있다. 이 경우 제89조부터 제92조까지의 규정을 적용한다.
③ 제1항제2호 또는 제3호에 따라 동의의결을 취소한 경우 공정거래위원회는 제89조제3항에 따라 중단된 해당 행위 관련 심의절차를 계속하여 진행할 수 있다.

제92조【이행강제금 등】 ① 공정거래위원회는 정당한 이유 없이 동의의결 시 정한 이행기한까지 동의의결을 이행하지 아니한 자에게 동의의결이 이행되거나 취소되기 전까지 이행기한이 지난 날부터 1일당 200만원 이하의 이행강제금을 부과할 수 있다.
② 이행강제금의 부과·납부·징수 및 환급 등에 관하여는 제16조제2항 및 제3항을 준용한다.

제93조【의견진술기회의 부여】 ① 공정거래위원회는 이 법에 위반되는 사항에 대하여 시정조치를 명하거나 과징금을 부과하기 전에 당사자 또는 이해관계인에게 의견을 진술할 기회를 주어야 한다.
② 당사자 또는 이해관계인은 공정거래위원회의 회의에 출석하여 그 의견을 진술하거나 필요한 자료를 제출할 수 있다.

제94조【심의절차에서의 증거조사】 ① 공정거래위원회는 사건을 심의하기 위하여 필요하면 당사자의 신청이나 직권으로 증거조사를 할 수 있다.
② 전원회의 또는 소회의 의장은 당사자의 증거조사 신청을 채택하지 아니하는 경우 그 이유를 당사자에게 고지하여야 한다.

제95조【자료열람요구 등】 당사자 또는 신고인 등 대통령령으로 정하는 자는 공정거래위원회에 이 법에 따른 처분과 관련된 자료의 열람 또는 복사를 요구할 수 있다. 이 경우 공정거래위원회는 다음 각 호의 어느 하나에 해당하는 자료를 제외하고는 이에 따라야 한다.
1. 영업비밀(「부정경쟁방지 및 영업비밀보호에 관한 법률」 제2조제2호에 따른 영업비밀을 말한다. 이하 같다) 자료
2. 제44조제4항에 따른 자진신고 등과 관련된 자료
3. 다른 법률에 따른 비공개 자료

제96조【이의신청】 ① 이 법에 따른 처분에 대하여 불복하는 자는 그 처분의 통지를 받은 날부터 30일 이내에 그 사유를 갖추어 공정거래위원회에 이의신청을 할 수 있다.
② 공정거래위원회는 제1항의 이의신청에 대하여 60일 이내에 재결(裁決)을 하여야 한다. 다만, 부득이한 사정으로 그 기간 내에 재결을 할 수 없을 경우에는 30일의 범위에서 결정으로 그 기간을 연장할 수 있다.

제97조【시정조치의 집행정지】 ① 공정거래위원회는 이 법에 따른 시정조치를 부과받은 자가 제96조제1항에 따른 이의신청을 제기한 경우로서 그 시정조치의 이행 또는 절차의 계속 진행으로 발생할 수 있는 회복하기 어려운 손해를 예방하기 위하여 필요하다고 인정할 때에는 당사자의 신청이나 직권으로 그 시정조치의 이행 또는 절차의 계속 진행에 대한 정지(이하 "집행정지"라 한다)를 결정할 수 있다.(2023.6.20 본항개정)
② 공정거래위원회는 집행정지의 결정을 한 후에 집행정지의 사유가 없어진 경우에는 당사자의 신청이나 직권으로 집행정지의 결정을 취소할 수 있다.

제97조의2【시정조치의 이행관리】 ① 공정거래위원회는 제7조, 제14조, 제37조, 제42조, 제49조 또는 제52조에 따른 시정조치의 이행 여부를 점검할 수 있고, 해당 사업자 또는 사업자단체에 그 이행에 관련된 자료의 제출을 요구할 수 있다.
② 공정거래위원회는 제1항에 따른 시정조치의 이행 여부 점검 등 시정조치의 이행관리에 관한 업무를 대통령령으로 정하는 바에 따라 조정원에 위탁할 수 있다.
(2023.6.20 본조신설)

제98조【문서의 송달】 ① 문서의 송달에 관하여는 「행정절차법」 제14조부터 제16조까지의 규정을 준용한다.
② 제1항에도 불구하고 국외에 주소·영업소 또는 사무소를 두고 있는 사업자 또는 사업자단체에 대해서는 국내에 대리인을 지정하도록 하여 그 대리인에게 송달한다.
③ 제2항에 따라 국내에 대리인을 지정하여야 하는 사업자 또는 사업자단체가 국내에 대리인을 지정하지 아니한 경우에는 제1항에 따른다.

제99조【소의 제기】 ① 이 법에 따른 처분에 대하여 불복의 소를 제기하려는 자는 처분의 통지를 받은 날 또는 이의신청에 대한 재결서의 정본을 송달받은 날부터 30일 이내에 이를 제기하여야 한다.
② 제1항의 기간은 불변기간으로 한다.

제100조【불복의 소의 전속관할】 제99조에 따른 불복의 소는 서울고등법원을 전속관할로 한다.

제101조【사건처리절차 등】 이 법에 위반하는 사건의 처리절차 등에 관하여 필요한 사항은 공정거래위원회가 정하여 고시한다.

제11장 과징금 부과 및 징수 등

제102조【과징금 부과】 ① 공정거래위원회는 제8조, 제38조, 제43조, 제50조 및 제53조에 따라 과징금을 부과하는 경우 다음 각 호의 사항을 고려하여야 한다.
1. 위반행위의 내용 및 정도
2. 위반행위의 기간 및 횟수
3. 위반행위로 취득한 이익의 규모 등
② 공정거래위원회는 이 법을 위반한 회사인 사업자가 합병으로 소멸한 경우에는 해당 회사가 한 위반행위를 합병 후 존속하거나 합병에 따라 설립된 회사가 한 행위로 보아 과징금을 부과·징수할 수 있다.
③ 공정거래위원회는 이 법을 위반한 회사인 사업자가 분할되거나 분할합병된 경우에는 분할되는 사업자의 분할일 또는 분할합병일 이전의 위반행위를 다음 각 호의 어느 하나에 해당하는 회사의 행위로 보고 과징금을 부과·징수할 수 있다.
1. 분할되는 회사
2. 분할 또는 분할합병으로 설립되는 새로운 회사
3. 분할되는 회사의 일부가 다른 회사에 합병된 후 그 다른 회사가 존속하는 경우 그 다른 회사
④ 공정거래위원회는 이 법을 위반한 회사인 사업자가 「채무자 회생 및 파산에 관한 법률」 제215조에 따라 새로운 회사를 설립하는 경우에는 기존 회사 또는 새로운 회사 중 어느 하나의 행위로 보고 과징금을 부과·징수할 수 있다.
⑤ 제1항에 따른 과징금의 부과기준은 대통령령으로 정한다.

제103조【과징금 납부기한의 연기 및 분할납부】 ① 공정거래위원회는 과징금의 금액이 대통령령으로 정하는 기준을 초과하는 경우로서 다음 각 호의 어느 하나에 해당하는 사유로 과징금을 부과받은 자(이하 "과징금납부의무자"라 한다)가 과징금의 전액을 일시에 납부하기가 어렵다고 인정될 때에는 그 납부기한을 연기하거나 분할납부하게 할 수 있다. 이 경우 필요하다고 인정할 때에는 담보를 제공하게 할 수 있다.
1. 재해 또는 도난 등으로 재산에 현저한 손실이 생긴 경우
2. 사업여건의 악화로 사업이 중대한 위기에 처한 경우
3. 과징금의 일시납부에 따라 자금사정에 현저한 어려움이 예상되는 경우
4. 그 밖에 제1호부터 제3호까지에 준하는 사유가 있는 경우
② 과징금납부의무자가 제1항에 따른 과징금 납부기한의 연기 또는 분할납부를 신청하려는 경우에는 과징금 납부를 통지받은 날부터 30일 이내에 공정거래위원회에 신청하여야 한다.
③ 공정거래위원회는 제1항에 따라 납부기한이 연기되거나 분할납부가 허용된 과징금납부의무자가 다음 각 호의 어느 하나에 해당하게 된 경우에는 그 납부기한의 연기 또는 분할납부 결정을 취소하고 일시에 징수할 수 있다.
1. 분할납부 결정된 과징금을 그 납부기한까지 납부하지 아니한 경우
2. 담보의 변경 또는 그 밖에 담보보전에 필요한 공정거래위원회의 명령을 이행하지 아니한 경우
3. 강제집행, 경매의 개시, 파산선고, 법인의 해산, 국세 또는 지방세의 체납처분 등으로 과징금의 전부 또는 잔여분을 징수할 수 없다고 인정되는 경우
4. 제1항에 따른 사유가 해소되어 과징금을 일시에 납부할 수 있다고 인정되는 경우
④ 제1항부터 제3항까지의 규정에 따른 과징금 납부기한의 연기 또는 분할납부 등에 필요한 사항은 대통령령으로 정한다.

제104조【과징금의 연대납부의무】 ① 과징금을 부과받은 회사인 사업자가 분할 또는 분할합병되는 경우(부과일에 분할 또는 분할합병되는 경우를 포함한다) 그 과징금은 다음 각 호의 회사가 연대하여 납부할 책임을 진다.
1. 분할되는 회사
2. 분할 또는 분할합병으로 설립되는 회사
3. 분할되는 회사의 일부가 다른 회사에 합병된 후 그 다른 회사가 존속하는 경우 그 다른 회사
② 과징금을 부과받은 회사인 사업자가 분할 또는 분할합병으로 해산되는 경우(부과일에 해산되는 경우를 포함한다) 그 과징금은 다음 각 호의 회사가 연대하여 납부할 책임을 진다.
1. 분할 또는 분할합병으로 설립되는 회사
2. 분할되는 회사의 일부가 다른 회사에 합병된 후 그 다른 회사가 존속하는 경우 그 다른 회사

제105조【과징금 징수 및 체납처분】 ① 공정거래위원회는 과징금납부의무자가 납부기한까지 과징금을 납부하지 아니한 경우에는 납부기한의 다음 날부터 납부한 날까지의 기간에 대하여 연 100분의 40의 범위에서 「은행법」에 따른 은행의 연체이자율을 고려하여 대통령령으로 정하는 바에 따라 가산금을 징수한다. 이 경우 가산금을 징수하는 기간은 60개월을 초과할 수 없다.
② 공정거래위원회는 과징금납부의무자가 납부기한까지 과징금을 납부하지 아니하였을 때에는 기간을 정하여 독

촉을 하고, 그 기간 내에 과징금 및 제1항에 따른 가산금을 납부하지 아니하였을 때에는 국세체납처분의 예에 따라 이를 징수할 수 있다.
③ 공정거래위원회는 제1항 및 제2항에 따른 과징금 및 가산금의 징수 또는 체납처분에 관한 업무를 대통령령으로 정하는 바에 따라 국세청장에게 위탁할 수 있다.
④ 공정거래위원회는 체납된 과징금의 징수를 위하여 필요하다고 인정되는 경우에는 국세청장에게 과징금을 체납한 자에 대한 국세과세에 관한 정보의 제공을 요청할 수 있다.
⑤ 과징금 업무를 담당하는 공무원이 과징금의 징수를 위하여 필요할 때에는 등기소 또는 다른 관계 행정기관의 장에게 무료로 필요한 서류의 열람이나 복사 또는 그 등본이나 초본의 발급을 청구할 수 있다.
⑥ 제1항부터 제5항까지에서 규정한 사항 외에 과징금의 징수에 관하여 필요한 사항은 대통령령으로 정한다.

제106조【과징금 환급가산금】 공정거래위원회가 이의신청의 재결 또는 법원의 판결 등의 사유로 과징금을 환급하는 경우에는 과징금을 납부한 날부터 환급한 날까지의 기간에 대하여 대통령령으로 정하는 바에 따라 환급가산금을 지급하여야 한다. 다만, 법원의 판결에 따라 과징금 부과처분이 취소되어 그 판결이유에 따라 새로운 과징금을 부과하는 경우에는 당초 납부한 과징금에서 새로 부과하기로 결정한 과징금을 공제한 나머지 금액에 대해서만 환급가산금을 계산하여 지급한다.

제107조【결손처분】 ① 공정거래위원회는 과징금·과태료, 그 밖에 이 법에 따른 징수금(이하 "징수금등"이라 한다)의 납부의무자에게 다음 각 호의 어느 하나에 해당하는 사유가 있는 경우에는 결손처분을 할 수 있다.
1. 체납처분이 끝나고 체납액에 충당된 배분금액이 체납액에 미치지 못하는 경우
2. 징수금등의 징수권에 대한 소멸시효가 완성된 경우
3. 체납자의 행방이 분명하지 아니하거나 재산이 없다는 것이 판명된 경우
4. 체납처분의 목적물인 총재산의 추산가액이 체납처분비에 충당하고 남을 여지가 없음이 확인된 경우
5. 체납처분의 목적물인 총재산이 징수금등보다 우선하는 국세, 지방세, 전세권·질권 또는 저당권으로 담보된 채권 등의 변제에 충당하고 남을 여지가 없음이 확인된 경우
6. 징수할 가능성이 없는 경우로서 대통령령으로 정하는 사유에 해당되는 경우
② 제1항에 따라 결손처분을 할 때에는 지방행정기관 등 관계 기관에 체납자의 행방 또는 재산의 유무를 조사하고 확인하여야 한다.
③ 제1항제4호 또는 제5호에 해당되어 결손처분을 할 때에는 체납처분을 중지하고 그 재산의 압류를 해제하여야 한다.
④ 공정거래위원회는 제1항에 따라 결손처분을 한 후 압류할 수 있는 다른 재산을 발견하였을 때에는 지체 없이 결손처분을 취소하고 체납처분을 하여야 한다. 다만, 제1항제2호에 해당하는 경우에는 그러하지 아니하다.

제12장 금지청구 및 손해배상

제108조【금지청구 등】 ① 제45조제1항(제9호는 제외한다) 및 제51조제1항제4호[제45조제1항(제9호는 제외한다)에 따른 불공정거래행위에 관한 부분으로 한정한다]를 위반한 행위로 피해를 입거나 피해를 입을 우려가 있는 자는 그 위반행위를 하거나 할 우려가 있는 사업자 또는 사업자단체에 자신에 대한 침해행위의 금지 또는 예방을 청구할 수 있다.
② 제1항에 따른 금지청구의 소를 제기하는 경우에는 「민사소송법」에 따라 관할권을 갖는 지방법원 외에 해당 지방법원 소재지를 관할하는 고등법원이 있는 곳의 지방법원에도 제기할 수 있다.
③ 법원은 제1항에 따른 금지청구의 소가 제기된 경우에 그로 인한 피고의 이익을 보호하기 위하여 필요하다고 인정하면 피고의 신청이나 직권으로 원고에게 상당한 담보의 제공을 명할 수 있다.

제109조【손해배상책임】 ① 사업자 또는 사업자단체는 이 법을 위반함으로써 피해를 입은 자가 있는 경우에는 해당 피해자에 대하여 손해배상의 책임을 진다. 다만, 사업자 또는 사업자단체가 고의 또는 과실이 없음을 입증한 경우에는 그러하지 아니하다.
② 제1항에도 불구하고 사업자 또는 사업자단체는 제40조, 제48조 또는 제51조제1항제1호를 위반함으로써 손해를 입은 자가 있는 경우에는 그 자에게 발생한 손해의 3배를 넘지 아니하는 범위에서 손해배상의 책임을 진다. 다만, 사업자 또는 사업자단체가 고의 또는 과실이 없음을 입증한 경우에는 손해배상의 책임을 지지 아니하고, 사업자가 제44조제1항 각 호의 어느 하나에 해당하는 경우 그 배상액은 해당 사업자가 제40조를 위반하여 손해를 입은 자에게 발생한 손해를 초과해서는 아니 된다.
③ 법원은 제2항의 배상액을 정할 때에는 다음 각 호의 사항을 고려하여야 한다.
1. 고의 또는 손해 발생의 우려를 인식한 정도
2. 위반행위로 인한 피해 규모
3. 위반행위로 사업자 또는 사업자단체가 취득한 경제적 이익
4. 위반행위에 따른 벌금 및 과징금
5. 위반행위의 기간·횟수 등
6. 사업자의 재산상태
7. 사업자 또는 사업자단체의 피해구제 노력의 정도
④ 제44조제1항 각 호의 어느 하나에 해당하는 사업자가 제2항에 따른 배상책임을 지는 경우에는 다른 사업자와 공동으로 제40조를 위반하여 손해를 입은 자에게 발생한 손해를 초과하지 아니하는 범위에서 「민법」 제760조에 따른 공동불법행위자의 책임을 진다.

제110조【기록의 송부 등】 법원은 제109조에 따른 손해배상청구의 소가 제기되었을 때 필요한 경우 공정거래위원회에 대하여 해당 사건의 기록(사건관계인, 참고인 또는 감정인에 대한 심문조서, 속기록 및 그 밖에 재판상 증거가 되는 모든 것을 포함한다)의 송부를 요구할 수 있다.

제111조【자료의 제출】 ① 법원은 제40조제1항, 제45조제1항(제9호는 제외한다) 또는 제51조제1항제1호를 위반한 행위로 인한 손해배상청구소송에서 당사자의 신청에 따라 상대방 당사자에게 해당 손해의 증명 또는 손해액의 산정에 필요한 자료(제44조제4항에 따른 자진신고 등과 관련된 자료는 제외한다)의 제출을 명할 수 있다. 다만, 그 자료의 소지자가 자료의 제출을 거절할 정당한 이유가 있으면 그러하지 아니하다.
② 법원은 자료의 소지자가 제1항에 따른 제출을 거부할 정당한 이유가 있다고 주장하는 경우에는 그 주장의 당부(當否)를 판단하기 위하여 자료의 제시를 명할 수 있다. 이 경우 법원은 그 자료를 다른 사람이 보게 하여서는 아니 된다.
③ 제1항에 따라 제출되어야 할 자료가 영업비밀에 해당하나 손해의 증명 또는 손해액의 산정에 반드시 필요한 경우에는 제1항 단서에 따른 정당한 이유로 보지 아니한다. 이 경우 법원은 제출명령의 목적 내에서 열람할 수 있는 범위 또는 열람할 수 있는 사람을 지정하여야 한다.
④ 법원은 당사자가 정당한 이유 없이 자료제출명령에 따르지 아니한 경우에는 자료의 기재에 대한 상대방의 주장을 진실한 것으로 인정할 수 있다.
⑤ 법원은 제4항에 해당하는 경우 자료의 제출을 신청한 당사자가 자료의 기재에 관하여 구체적으로 주장하기에 현저히 곤란한 사정이 있고 자료로 증명할 사실을 다른 증거로 증명하는 것을 기대하기도 어려운 경우에는 그 당사자가 자료의 기재로 증명하려는 사실에 관한 주장을 진실한 것으로 인정할 수 있다.

제112조【비밀유지명령】 ① 법원은 제109조에 따라 제기된 손해배상청구소송에서 그 당사자가 보유한 영업비밀에 대하여 다음 각 호의 사유를 모두 소명한 경우에는 그 당사자의 신청에 따라 결정으로 다른 당사자(법인인 경우에는 그 대표자를 말한다), 당사자를 위하여 소송을 대리하는 자, 그 밖에 그 소송으로 인하여 영업비밀을 알게 된 자에게 그 영업비밀을 그 소송의 계속적인 수행 외의 목적으로 사용하거나 그 영업비밀에 관계된 이 항에 따른 명령을 받은 자 외의 자에게 공개하지 아니할 것을 명할 수 있다. 다만, 그 신청 시점까지 다른 당사자(법인인 경우에는 그 대표자를 말한다), 당사자를 위하여 소송을 대리하는 자, 그 밖에 그 소송으로 영업비밀을 알게 된 자가 제1호에 따른 준비서면의 열람이나 증거조사 외의 방법으로 그 영업비밀을 이미 취득하고 있는 경우에는 그러하지 아니하다.
1. 이미 제출하였거나 제출하여야 할 준비서면, 이미 조사하였거나 조사하여야 할 증거 또는 제111조제1항에 따라 제출하였거나 제출하여야 할 자료에 영업비밀이 포함되어 있다는 것
2. 제1호의 영업비밀이 해당 소송 수행 외의 목적으로 사용되거나 공개되면 당사자의 영업에 지장을 줄 우려가 있어 이를 방지하기 위하여 영업비밀의 사용 또는 공개를 제한할 필요가 있다는 것
② 당사자는 제1항에 따른 명령(이하 "비밀유지명령"이라 한다)을 신청하려면 다음 각 호의 사항을 적은 서면으로 하여야 한다.
1. 비밀유지명령을 받을 자
2. 비밀유지명령의 대상이 될 영업비밀을 특정하기에 충분한 사실
3. 제1항 각 호의 사유에 해당하는 사실
③ 법원은 비밀유지명령이 결정된 경우에는 그 결정서를 비밀유지명령을 받을 자에게 송달하여야 한다.
④ 비밀유지명령은 제3항의 결정서가 비밀유지명령을 받을 자에게 송달된 때부터 효력이 발생한다.
⑤ 비밀유지명령의 신청을 기각하거나 각하한 재판에 대해서는 즉시항고를 할 수 있다.

제113조【비밀유지명령의 취소】 ① 비밀유지명령을 신청한 자 또는 비밀유지명령을 받은 자는 제112조제1항에 따른 요건을 갖추지 못하였거나 갖추지 못하게 된 경우 소송기록을 보관하고 있는 법원(소송기록을 보관하고 있는 법원이 없는 경우에는 비밀유지명령을 내린 법원을 말한다)에 비밀유지명령의 취소를 신청할 수 있다.
② 법원은 비밀유지명령의 취소신청에 대한 재판이 있는 경우에는 그 결정서를 그 신청을 한 자 및 상대방에게 송달하여야 한다.
③ 비밀유지명령의 취소신청에 대한 재판에 대해서는 즉시항고를 할 수 있다.
④ 비밀유지명령을 취소하는 재판은 확정되어야 효력이 발생한다.
⑤ 비밀유지명령을 취소하는 재판을 한 법원은 비밀유지명령의 취소신청을 한 자 또는 상대방 외에 해당 영업비밀에 관한 비밀유지명령을 받은 자가 있는 경우에는 그 자에게 즉시 비밀유지명령의 취소 재판을 한 사실을 알려야 한다.

제114조【소송기록 열람 등의 청구 통지 등】 ① 비밀유지명령이 내려진 소송(모든 비밀유지명령이 취소된 소송은 제외한다)에 관한 소송기록에 대하여 「민사소송법」 제163조제1항의 결정이 있었던 경우에, 당사자가 같은 항에서 규정하는 비밀 기재부분의 열람 등의 청구를 하였으나 그 청구 절차를 해당 소송에서 비밀유지명령을 받지 아니한 자가 밟은 경우에는 법원서기관, 법원사무관, 법원주사 또는 법원주사보(이하 이 조에서 "법원사무관등"이라 한다)는 같은 항의 신청을 한 당사자(그 열람 등의 청구를 한 자는 제외한다. 이하 제3항에서 같다)에게 그 청구 직후에 그 열람 등의 청구가 있었다는 사실을 알려야 한다.
② 법원사무관등은 제1항의 청구가 있었던 날부터 2주일이 지날 때까지(그 청구 절차를 밟은 자에 대한 비밀유지명령 신청이 그 기간 내에 이루어진 경우에는 그 신청에 대한 재판이 확정되는 시점까지를 말한다) 그 청구 절차를 밟은 자에게 제1항의 비밀 기재부분의 열람 등을 하게 하여서는 아니 된다.
③ 제2항은 제1항의 열람 등의 청구를 한 자에게 제1항의 비밀 기재부분의 열람 등을 하게 하는 것에 대하여 「민사소송법」 제163조제1항의 신청을 한 당사자 모두가 동의하는 경우에는 적용되지 아니한다.

제115조【손해액의 인정】 법원은 이 법을 위반한 행위로 손해가 발생한 것은 인정되나 그 손해액을 입증하기 위하여 필요한 사실을 입증하는 것이 해당 사실의 성질상 매우 곤란한 경우에 변론 전체의 취지와 증거조사의 결과에 기초하여 상당한 손해액을 인정할 수 있다.

제13장 적용 제외

제116조【법령에 따른 정당한 행위】 이 법은 사업자 또는 사업자단체가 다른 법령에 따라 하는 정당한 행위에 대해서는 적용하지 아니한다.

제117조【무체재산권의 행사행위】 이 법은 「저작권법」, 「특허법」, 「실용신안법」, 「디자인보호법」 또는 「상표법」에 따른 권리의 정당한 행사라고 인정되는 행위에 대해서는 적용하지 아니한다.

제118조【일정한 조합의 행위】 이 법은 다음 각 호의 요건을 갖추어 설립된 조합(조합의 연합체를 포함한다)의 행위에 대해서는 적용하지 아니한다. 다만, 불공정거래행위 또는 부당하게 경쟁을 제한하여 가격을 인상하게 되는 경우에는 그러하지 아니하다.
1. 소규모의 사업자 또는 소비자의 상호부조(相互扶助)를 목적으로 할 것
2. 임의로 설립되고, 조합원이 임의로 가입하거나 탈퇴할 수 있을 것
3. 각 조합원이 평등한 의결권을 가질 것
4. 조합원에게 이익배분을 하는 경우에는 그 한도가 정관에 정하여져 있을 것

제14장 보 칙

제119조【비밀엄수의 의무】 다음 각 호의 어느 하나에 해당하는 사람은 그 직무상 알게 된 사업자 또는 사업자단체의 비밀을 누설하거나 이 법의 시행을 위한 목적 외에 이를 이용해서는 아니 된다.(2023.6.20 본문개정)
1. 이 법에 따른 직무에 종사하거나 종사하였던 위원 또는 공무원
2. 제73조부터 제77조까지, 제77조의2, 제78조 및 제79조에 따른 분쟁의 조정업무를 담당하거나 담당하였던 사람
3. 제90조에 따른 동의의결 이행관리 업무를 담당하거나 담당하였던 사람
4. 제97조의2에 따른 시정조치 이행관리 업무를 담당하거나 담당하였던 사람
(2023.6.20 1호~4호신설)

제120조【경쟁제한적인 법령 제정의 협의 등】 ① 관계 행정기관의 장은 사업자의 가격·거래조건의 결정, 시장진입 또는 사업활동의 제한, 부당한 공동행위 또는 사업자단체의 금지행위 등 경쟁제한사항을 내용으로 하는 법령을 제정 또는 개정하거나, 사업자 또는 사업자단체에 경쟁제한사항을 내용으로 하는 승인 또는 그 밖의 처분을 하려는 경우에는 미리 공정거래위원회와 협의하여야 한다.
② 관계 행정기관의 장은 경쟁제한사항을 내용으로 하는 예규·고시 등을 제정하거나 개정하려는 경우에는 미리 공정거래위원회에 통보하여야 한다.
③ 관계 행정기관의 장은 제1항에 따른 경쟁제한사항을 내용으로 하는 승인 또는 그 밖의 처분을 한 경우에는 해당 승인 또는 그 밖의 처분의 내용을 공정거래위원회에 통보하여야 한다.

④ 공정거래위원회는 제2항에 따라 통보를 받은 경우에 해당 제정 또는 개정하려는 예규·고시 등에 경쟁제한사항이 포함되어 있다고 인정되는 경우에는 관계 행정기관의 장에게 해당 경쟁제한사항의 시정에 관한 의견을 제시할 수 있다.
⑤ 공정거래위원회는 제1항에 따른 협의 없이 제정 또는 개정된 법령과 통보 없이 제정 또는 개정된 예규·고시 등이나 통보 없이 한 승인 또는 그 밖의 처분에 경쟁제한사항이 포함되어 있다고 인정되는 경우에는 관계 행정기관의 장에게 해당 경쟁제한사항의 시정에 관한 의견을 제시할 수 있다.

제120조의2【공정거래 자율준수 문화의 확산】 ① 공정거래위원회는 경쟁촉진의 일환으로 공정거래 자율준수 문화를 확산시키기 위한 시책을 마련하고 추진할 수 있다.
② 공정거래위원회는 공정거래위원회 소관 법령을 자율적으로 준수하기 위하여 내부준법제도(이하 "공정거래 자율준수제도"라 한다)를 운영하는 사업자를 대상으로 그 운영상황에 대하여 평가(이하 "공정거래 자율준수평가"라 한다)를 할 수 있다.
③ 공정거래 자율준수평가를 받으려는 사업자는 대통령령으로 정하는 바에 따라 공정거래위원회에 신청하여야 한다.
④ 공정거래위원회는 공정거래 자율준수제도를 활성화하기 위하여 공정거래 자율준수평가를 받은 사업자를 대상으로 대통령령으로 정하는 바에 따라 그 평가 결과 등에 근거하여 시정조치 또는 과징금 감경이나 포상 또는 지원 등을 할 수 있다.
⑤ 공정거래위원회는 공정거래 자율준수평가를 신청한 사업자에 대하여 대통령령으로 정하는 바에 따라 그 평가에 소요되는 비용을 부담하게 할 수 있다.
⑥ 제1항부터 제5항까지 외에 공정거래 자율준수평가의 기준 및 절차 등에 필요한 사항은 대통령령으로 정한다.
(2023.6.20 본조신설)

제120조의3【자율준수평가기관의 지정 등】 ① 공정거래위원회는 공정거래 관련 분야에 대하여 전문성이 있는 기관 또는 단체를 대통령령으로 정하는 바에 따라 공정거래 자율준수평가기관(이하 "평가기관"이라 한다)으로 지정하여 공정거래 자율준수평가에 관한 업무(이하 "평가업무"라 한다)를 수행하게 할 수 있다.
② 공정거래위원회는 평가기관이 다음 각 호의 어느 하나에 해당하는 경우에는 평가기관의 지정을 취소하거나 1년 이내의 기간을 정하여 업무의 정지를 명할 수 있다. 다만, 제1호 또는 제5호에 해당하면 그 지정을 취소하여야 한다.
1. 거짓이나 부정한 방법으로 지정을 받은 경우
2. 업무정지명령을 위반하여 그 정지 기간 중 평가업무를 행한 경우
3. 고의 또는 중대한 과실로 제120조의2제6항에 따른 공정거래 자율준수평가의 기준 및 절차를 위반한 경우
4. 정당한 사유 없이 평가업무를 거부한 경우
5. 파산 또는 폐업한 경우
6. 그 밖에 휴업 또는 부도 등으로 인하여 평가업무를 수행하기 어려운 경우
(2023.6.20 본조신설)

제121조【관계 기관 등의 장의 협조】 ① 공정거래위원회는 이 법의 시행을 위하여 필요하다고 인정할 때에는 관계 행정기관의 장이나 그 밖의 기관 또는 단체의 장의 의견을 들을 수 있다.
② 공정거래위원회는 이 법의 시행을 위하여 필요하다고 인정할 때에는 관계 행정기관의 장이나 그 밖의 기관 또는 단체의 장에게 필요한 조사를 의뢰하거나 필요한 자료를 요청할 수 있다.
③ 공정거래위원회는 이 법에 따른 시정조치의 이행을 확보하기 위하여 필요하다고 인정하는 경우에는 관계 행정기관의 장이나 그 밖의 기관 또는 단체의 장에게 필요한 협조를 의뢰할 수 있다.

제122조【권한의 위임·위탁】 공정거래위원회는 이 법에 따른 권한의 일부를 대통령령으로 정하는 바에 따라 소속 기관의 장이나 특별시장·광역시장·특별자치시장·도지사 또는 특별자치도지사에게 위임하거나, 다른 행정기관의 장에게 위탁할 수 있다.

제123조【벌칙 적용 시의 공무원 의제】 ① 공정거래위원회의 위원 중 공무원이 아닌 위원은 「형법」이나 그 밖의 법률에 따른 벌칙을 적용할 때에는 공무원으로 본다.
② 다음 각 호의 어느 하나에 해당하는 사람은 「형법」 제129조부터 제132조까지의 규정에 따른 벌칙을 적용할 때에는 공무원으로 본다.(2023.6.20 본문개정)
1. 제73조부터 제77조까지, 제77조의2, 제78조 및 제79조에 따른 분쟁의 조정업무를 담당하거나 담당하였던 사람
2. 제90조에 따른 동의의결 이행관리 업무를 담당하거나 담당하였던 사람
3. 제97조의2에 따른 시정조치 이행관리 업무를 담당하거나 담당하였던 사람
(2023.6.20 1호~3호신설)

제15장 벌 칙

제124조【벌칙】 ① 다음 각 호의 어느 하나에 해당하는 자는 3년 이하의 징역 또는 2억원 이하의 벌금에 처한다.
1. 제5조를 위반하여 남용행위를 한 자
2. 제13조 또는 제36조를 위반하여 탈법행위를 한 자
3. 제15조, 제23조, 제25조 또는 제39조를 위반하여 의결권을 행사한 자
4. 제18조제2항부터 제5항까지의 규정을 위반한 자
5. 제19조를 위반하여 지주회사를 설립하거나 지주회사로 전환한 자
6. 제20조제2항 또는 제3항을 위반한 자
7. 제21조 또는 제22조를 위반하여 주식을 취득하거나 소유하고 있는 자
8. 제24조를 위반하여 채무보증을 하고 있는 자
9. 제40조제1항을 위반하여 부당한 공동행위를 한 자 또는 이를 하도록 한 자
10. 제45조제1항제9호, 제47조제1항 또는 제4항을 위반한 자
11. 제48조를 위반한 자
12. 제51조제1항제1호를 위반하여 사업자단체의 금지행위를 한 자
13. 제81조제2항에 따른 조사 시 폭언·폭행, 고의적인 현장진입 저지·지연 등을 통하여 조사를 거부·방해 또는 기피한 자
② 제1항의 징역형과 벌금형은 병과(併科)할 수 있다.

제125조【벌칙】 다음 각 호의 어느 하나에 해당하는 자는 2년 이하의 징역 또는 1억5천만원 이하의 벌금에 처한다.
1. 제7조제1항, 제14조제1항, 제37조제1항, 제42조제1항, 제49조제1항 및 제52조제1항에 따른 시정조치에 따르지 아니한 자
2. 제31조제4항에 따른 자료제출 요청에 대하여 정당한 이유 없이 자료 제출을 거부하거나 거짓의 자료를 제출한 자
3. 제31조제5항을 위반하여 공인회계사의 회계감사를 받지 아니한 자
4. 제45조제1항(제1호·제2호·제3호·제7호 및 제9호는 제외한다)을 위반하여 불공정거래행위를 한 자
5. 제51조제1항제3호를 위반하여 사업자단체의 금지행위를 한 자
6. 제81조제1항제3호 또는 같은 조 제6항에 따른 보고 또는 필요한 자료나 물건을 제출하지 아니하거나 거짓의 보고 또는 자료나 물건을 제출한 자
7. 제81조제2항에 따른 조사 시 자료의 은닉·폐기, 접근 거부 또는 위조·변조 등을 통하여 조사를 거부·방해 또는 기피한 자

제126조【벌칙】 다음 각 호의 어느 하나에 해당하는 자는 1억원 이하의 벌금에 처한다.
1. 제17조를 위반하여 지주회사의 설립 또는 전환의 신고를 하지 아니하거나 거짓으로 신고한 자
2. 제18조제7항을 위반하여 해당 지주회사등의 사업내용에 관한 보고서를 제출하지 아니하거나 거짓으로 보고서를 제출한 자
3. 제30조제1항 및 제2항을 위반하여 주식소유 현황 또는 채무보증 현황의 신고를 하지 아니하거나 거짓으로 신고한 자
4. 거짓으로 감정을 한 제81조제1항제2호에 따른 감정인

제127조【벌칙】 ① 국내외에서 정당한 이유 없이 제112조제1항에 따른 비밀유지명령을 위반한 자는 2년 이하의 징역 또는 2천만원 이하의 벌금에 처한다.
② 제1항의 죄는 비밀유지명령을 신청한 자의 고소가 없으면 공소를 제기할 수 없다.
③ 제119조를 위반한 자는 2년 이하의 징역 또는 200만원 이하의 벌금에 처한다.

제128조【양벌규정】 법인(법인격이 없는 단체를 포함한다. 이하 이 조에서 같다)의 대표자나 법인 또는 개인의 대리인, 사용인, 그 밖의 종업원이 그 법인 또는 개인의 업무에 관하여 제124조부터 제126조까지의 어느 하나에 해당하는 위반행위를 하면 그 행위자를 벌하는 외에 그 법인 또는 개인에게도 해당 조문의 벌금형을 과(科)한다. 다만, 법인 또는 개인이 그 위반행위를 방지하기 위하여 해당 업무에 관하여 상당한 주의와 감독을 게을리하지 아니한 경우에는 그러하지 아니하다.

제129조【고발】 ① 제124조 및 제125조의 죄는 공정거래위원회의 고발이 있어야 공소를 제기할 수 있다.
② 공정거래위원회는 제124조 및 제125조의 죄 중 그 위반의 정도가 객관적으로 명백하고 중대하여 경쟁질서를 현저히 해친다고 인정하는 경우에는 검찰총장에게 고발하여야 한다.
③ 검찰총장은 제2항에 따른 고발요건에 해당하는 사실이 있음을 공정거래위원회에 통보하여 고발을 요청할 수 있다.
④ 공정거래위원회가 제2항에 따른 고발요건에 해당하지 아니한다고 결정하더라도 감사원장, 중소벤처기업부장관, 조달청장은 사회적 파급효과, 국가재정에 끼친 영향, 중소기업에 미친 피해 정도 등 다른 사정을 이유로 공정거래위원회에 고발을 요청할 수 있다.
⑤ 공정거래위원회는 제3항 또는 제4항에 따른 고발요청이 있을 때에는 검찰총장에게 고발하여야 한다.
⑥ 공정거래위원회는 공소가 제기된 후에는 고발을 취소할 수 없다.

제130조【과태료】 ① 사업자, 사업자단체, 공시대상기업집단에 속하는 회사를 지배하는 동일인 또는 그 동일인의 특수관계인인 공익법인이 다음 각 호의 어느 하나에 해당하는 경우에는 1억원 이하, 회사·사업자단체·공익법인의 임원 또는 종업원, 그 밖의 이해관계인이 다음 각 호의 어느 하나에 해당하는 경우에는 1천만원 이하의 과태료를 부과한다.
1. 제11조제1항, 제2항 또는 제6항에 따른 기업결합의 신고를 하지 아니하거나 거짓의 신고를 한 자 또는 같은 조 제8항을 위반한 자
2. 제20조제3항제2호·제3호를 위반하여 금융업 또는 보험업을 영위한 자
3. 제20조제4항·제5항에 따른 보고를 하지 아니한 자 또는 주요내용을 누락하거나 거짓으로 보고를 한 자
4. 제26조부터 제29조까지의 규정에 따른 공시를 하는 경우에 이사회의 의결을 거치지 아니하거나 공시를 하지 아니한 자 또는 주요 내용을 누락하거나 거짓으로 공시한 자
5. 제32조제3항에 따른 자료제출 요청에 대하여 정당한 이유 없이 자료를 제출하지 아니하거나 거짓의 자료를 제출한 자
6. 제81조제1항제1호를 위반하여 정당한 이유 없이 출석을 하지 아니한 자
7. 제87조제2항에 따른 자료제출 요구에 대하여 정당한 이유 없이 자료를 제출하지 아니하거나 거짓의 자료를 제출한 자
② 제66조를 위반하여 질서유지의 명령을 따르지 아니한 사람에게는 100만원 이하의 과태료를 부과한다.
③ 제1항 또는 제2항에 따른 과태료는 대통령령으로 정하는 바에 따라 공정거래위원회가 부과·징수한다.
④ 제1항 또는 제2항에 따른 과태료의 부과·징수에 관하여는 제102조제2항부터 제4항까지의 규정을 준용한다. 이 경우 "과징금"은 "과태료"로 본다.

부 칙

제1조【시행일】 이 법은 공포 후 1년이 경과한 날부터 시행한다. 다만, 제25조제2항의 개정규정은 공포 후 2년이 경과한 날부터 시행한다.

제2조【기업결합 신고에 관한 적용례】 제11조제2항의 개정규정은 이 법 시행 이후 기업결합 신고의 기산일이 시작되는 경우부터 적용한다.

제3조【기존 순환출자에 대한 의결권 제한에 관한 적용례】 제23조의 개정규정은 이 법 시행 이후 상호출자제한기업집단으로 지정·통지받는 경우부터 적용한다.

제4조【상호출자제한기업집단의 지정에 관한 적용례】 제31조제1항의 개정규정은 이 법 시행 이후 국내총생산액이 2천조원을 초과하는 것으로 「한국은행법」에 따른 한국은행이 발표한 해의 다음 연도에 상호출자제한기업집단을 지정하는 경우부터 적용한다.

제5조【분쟁조정의 신청에 관한 적용례】 제77조제3항제4호의 개정규정은 이 법 시행 이후 분쟁조정을 신청하는 경우부터 적용한다.

제6조【손해배상청구소송에서의 자료의 제출 및 비밀유지 명령 등에 관한 적용례】 제111조부터 제114조까지의 개정규정은 이 법 시행 이후 손해배상청구의 소를 제기하는 경우부터 적용한다.

제7조【공익법인의 의결권 제한에 관한 특례】 상호출자제한기업집단에 속하는 회사를 지배하는 동일인의 특수관계인에 해당하는 공익법인이 의결권을 행사할 수 있는 주식의 비율에 관하여 제25조제2항제2호 각 목 외의 부분 후단의 개정규정 중 "100분의 15"를 다음 각 호의 구분에 따른 기간 동안에는 해당 호에 따른 비율로 본다.
1. 2023년 12월 31일까지 : 100분의 30
2. 2024년 1월 1일부터 2024년 12월 31일까지 : 100분의 25
3. 2025년 1월 1일부터 2025년 12월 31일까지 : 100분의 20

제8조【소급적용】 제2조제10호의 개정규정은 2017년 7월 1일부터 소급하여 적용한다.

제9조【일반적 경과조치】 이 법 시행 당시 종전의 「독점규제 및 공정거래에 관한 법률」에 따른 결정·처분·절차, 그 밖의 행위는 이 법의 규정에 따라 이루어진 것으로 본다.

제10조【과징금의 부과에 관한 경과조치】 이 법 시행 전에 이루어진 행위에 대한 과징금의 부과에 관하여는 제8조, 제38조, 제43조, 제50조 및 제53조의 개정규정에도 불구하고 종전의 규정에 따른다.

제11조【지주회사 등의 행위제한에 관한 경과조치】 ① 이 법 시행 전에 지주회사를 설립하거나 지주회사로 전환하여 종전의 규정에 따라 신고를 한 지주회사(이하 "종전지주회사"라 한다)가 이 법 시행 전에 지배하던 자회사(이하 "종전자회사"라 한다)의 주식을 보유하는 행위에 관하여는 제18조제2항제2호의 개정규정에도 불구하고 종전의 규정에 따른다.
② 종전자회사가 이 법 시행 전에 지배하던 손자회사(이하 "종전손자회사"라 한다)의 주식을 보유하는 행위에 관하여는 제18조제3항제1호의 개정규정에도 불구하고 종전의 규정에 따른다.

③ 종전자회사, 종전손자회사 또는 종전손자회사가 이 법 시행 전에 지배하던 증손회사(이하 "종전증손회사"라 한다)가 이 법 시행 이후 상호 간에 합병(분할합병을 포함한다. 이하 이 항에서 같다)을 하여 합병 후 존속하거나 합병으로 설립되는 회사가 종전지주회사의 자회사 또는 손자회사가 되는 경우에는 제18조제2항제2호 및 같은 조 제3항제1호의 개정규정에도 불구하고 종전의 규정에 따른다.
④ 종전자회사 또는 종전손자회사가 이 법 시행 이후 분할되는 경우 분할로 설립되는 회사가 종전지주회사의 자회사 또는 손자회사가 되는 경우에는 제18조제2항제2호 및 같은 조 제3항제1호의 개정규정에도 불구하고 종전의 규정에 따른다.
제12조【순환출자 금지에 관한 경과조치】 ① 2014년 7월 25일 당시 상호출자제한기업집단으로 지정된 기업집단에 속하는 회사가 2014년 7월 25일 전에 취득하거나 소유한 주식에 대한 순환출자의 금지에 관하여는 법률 제12334호 독점규제 및 공정거래에 관한 법률 일부개정법률 제9조의2의 개정규정에도 불구하고 종전의 규정(법률 제12334호 독점규제 및 공정거래에 관한 법률 일부개정법률로 개정되기 전의 것을 말한다. 이하 이 조에서 같다)에 따른다.
② 2014년 7월 25일 이후 상호출자제한기업집단으로 지정되는 기업집단에 속하는 회사가 지정일 전에 취득하거나 소유한 주식에 대한 순환출자의 금지에 관하여는 법률 제12334호 독점규제 및 공정거래에 관한 법률 일부개정법률 제9조의2의 개정규정에도 불구하고 종전의 규정에 따른다.
제13조【상호출자제한기업집단등의 지정 등에 관한 경과조치】 2002년 4월 1일 당시 종전의 규정(법률 제6651호 獨占規制및公正去來에관한法律중改正法律로 개정되기 전의 것을 말한다) 제14조제1항에 따라 대규모기업집단 또는 채무보증제한대규모기업집단으로 지정된 기업집단은 법률 제6651호 독점규제및공정거래에관한법률중개정법률 제14조제1항의 개정규정에 따라 상호출자제한기업집단등으로 지정된 것으로 본다.
제14조【기업집단 지정자료 요청 거부 등에 대한 벌칙에 관한 경과조치】 2017년 7월 19일 전에 종전의 규정(법률 제14813호 독점규제 및 공정거래에 관한 법률 일부개정법률로 개정되기 전의 것을 말한다. 이하 이 조에서 같다) 제14조제4항에 따른 기업집단의 지정을 위한 자료의 제출 요청을 거부한 경우 등에 대한 벌칙에 관하여는 법률 제14813호 독점규제 및 공정거래에 관한 법률 일부개정법률 제14조제4항 및 제67조제7호의 개정규정에도 불구하고 종전의 규정에 따른다.
제15조【부당한 공동행위의 합의 추정 등에 관한 경과조치】 ① 이 법 시행 전에 종료된 행위에 관하여는 제40조제1항제9호의 개정규정에도 불구하고 종전의 규정에 따른다.
② 이 법 시행 전에 종료된 종전의 제19조제1항 각 호의 행위에 대한 부당한 공동행위의 합의 추정에 관하여는 제40조제5항의 개정규정에도 불구하고 종전의 규정에 따른다.
제16조【재판매가격유지행위의 금지에 관한 경과조치】 이 법 시행 전에 종료된 재판매가격유지행위에 관하여는 제46조의 개정규정에도 불구하고 종전의 규정에 따른다.
제17조【특수관계인에 대한 부당한 이익제공 등 금지에 관한 경과조치】 ① 이 법 시행 전에 이루어진 행위를 통한 특수관계인에 대한 부당한 이익제공 등 금지에 관하여는 제47조의 개정규정에도 불구하고 종전의 규정에 따른다.
② 이 법 시행 당시 계속 중인 행위를 통한 특수관계인에 대한 부당한 이익제공 등 금지에 관하여는 이 법 시행일부터 1년간은 제47조의 개정규정에도 불구하고 종전의 규정에 따른다.
제18조【불공정거래행위의 금지 및 특수관계인에 대한 부당한 이익제공 등의 금지에 관한 경과조치】 ① 2014년 2월 14일 전에 이루어진 행위를 통한 불공정거래행위 및 특수관계인에 대한 부당한 이익제공 등 금지에 관하여는 법률 제12095호 독점규제 및 공정거래에 관한 법률 일부개정법률의 개정규정에도 불구하고 종전의 규정(법률 제12095호 독점규제 및 공정거래에 관한 법률 일부개정법률로 개정되기 전의 것을 말한다. 이하 이 조에서 같다)에 따른다.
② 2014년 2월 14일 당시 계속 중인 행위를 통한 불공정거래행위 및 특수관계인에 대한 부당한 이익제공 등 금지에 관하여는 2014년 2월 14일부터 1년간은 종전의 규정에 따른다.
제19조【사업자단체의 금지행위 위반에 대한 과징금 부과에 관한 경과조치】 ① 2012년 6월 22일 전에 종료된 행위에 대한 과징금의 부과는 법률 제11406호 독점규제 및 공정거래에 관한 법률 일부개정법률 제28조제2항 및 제3항의 개정규정에도 불구하고 종전의 규정(법률 제11406호 독점규제 및 공정거래에 관한 법률 일부개정법률로 개정되기 전의 것을 말한다)에 따른다.
② 2016년 9월 30일 전에 종료된 행위에 대한 과징금의 부과는 법률 제14137호 독점규제 및 공정거래에 관한 법률 일부개정법률 제28조제3항 단서의 개정규정에도 불구하고 종전의 규정(법률 제14137호 독점규제 및 공정거래에 관한 법률 일부개정법률로 개정되기 전의 것을 말한다)에 따른다.
제20조【이행관리 업무 위탁에 따른 경과조치】 2021년 5월 20일 전에 동의의결을 신청한 건에 관하여는 법률 제17290호 독점규제 및 공정거래에 관한 법률 일부개정법률 제48조의2제1항제5호 및 제51조의3제6항부터 제9항까지의 개정규정에도 불구하고 종전의 규정(법률 제17290호 독점규제 및 공정거래에 관한 법률 일부개정법률로 개정되기 전의 것을 말한다)에 따른다.
제21조【공정거래위원회의 분쟁조정 의뢰에 관한 경과조치】 2019년 3월 19일 전에 공정거래위원회에 신고된 위반행위에 대한 분쟁조정에 관하여는 법률 제15784호 독점규제 및 공정거래에 관한 법률 일부개정법률 제48조의6 및 제48조의7의 개정규정에도 불구하고 종전의 규정(법률 제15784호 독점규제 및 공정거래에 관한 법률 일부개정법률로 개정되기 전의 것을 말한다)에 따른다.
제22조【처분시효에 관한 경과조치】 2021년 5월 20일 전에 공정거래위원회가 조사를 개시한 사건에 대한 처분시효에 관하여는 법률 제17290호 독점규제 및 공정거래에 관한 법률 일부개정법률 제49조제4항의 개정규정에도 불구하고 종전의 규정(법률 제17290호 독점규제 및 공정거래에 관한 법률 일부개정법률로 개정되기 전의 것을 말한다)에 따른다.
제23조【손해배상에 관한 경과조치】 2019년 9월 19일 전에 발생한 위반행위에 대한 손해배상에 관하여는 법률 제15784호 독점규제 및 공정거래에 관한 법률 일부개정법률 제56조의 개정규정에도 불구하고 종전의 규정(법률 제15784호 독점규제 및 공정거래에 관한 법률 일부개정법률로 개정되기 전의 것을 말한다)에 따른다.
제24조【포상금 환수에 관한 경과조치】 ① 이 법 시행 전에 지급된 포상금의 환수에 관하여는 종전의 규정에 따른다.
② 2015년 1월 20일 전에 지급된 포상금의 환수에 관하여는 법률 제13071호 독점규제 및 공정거래에 관한 법률 일부개정법률 제64조의3의 개정규정에도 불구하고 종전의 규정(법률 제13071호 독점규제 및 공정거래에 관한 법률 일부개정법률로 개정되기 전의 것을 말한다)에 따른다.
제25조【다른 법률의 개정】 ①~㉜ ※(해당 법령에 가제정리 하였음)
제26조【다른 법령과의 관계】 이 법 시행 당시 다른 법령에서 종전의 「독점규제 및 공정거래에 관한 법률」 또는 그 규정을 인용하고 있는 경우 이 법에 그에 해당하는 규정이 있으면 이 법 또는 이 법의 해당 규정을 인용한 것으로 본다.

부　칙 (2021.12.28)
(2023.6.20 법19504호)

제1조【시행일】 이 법은 공포 후 6개월이 경과한 날부터 시행한다.(이하 생략)

부　칙 (2023.6.20 법19510호)

제1조【시행일】 이 법은 공포 후 6개월이 경과한 날부터 시행한다. 다만, 제97조제1항의 개정규정은 공포한 날부터 시행하고, 제120조의2 및 제120조의3의 개정규정은 공포 후 1년이 경과한 날부터 시행한다.
제2조【공공부문 입찰 관련 부당한 공동행위 방지 조치에 관한 적용례】 제41조의 개정규정은 이 법 시행 이후 공고 또는 통지되는 입찰부터 적용한다.
제3조【소송·조정절차 중지에 관한 적용례】 제77조의2의 개정규정은 이 법 시행 이후 조정을 신청하는 경우부터 적용한다.
제4조【시정조치 등에 대한 기간 진행에 관한 경과조치】 이 법 시행 전에 동의의결을 신청한 사건에 대하여 시정조치를 명하거나 과징금을 부과할 수 있는 기간의 진행에 관하여는 제90조제10항의 개정규정에도 불구하고 종전의 규정에 따른다.

부　칙 (2023.8.8)

이 법은 공포 후 6개월이 경과한 날부터 시행한다.

부　칙 (2024.1.9)

제1조【시행일】 이 법은 공포 후 6개월이 경과한 날부터 시행한다.(이하 생략)

독점규제 및 공정거래에 관한 법률 시행령

(2021년 12월 28일
전부개정대통령령 제32274호)

개정
2022.12.27영33140호　2023. 5.30영33494호
2023.12.12영33959호
2023.12.19영34011호(벤처투자촉진에관한법시)

제1장 총　칙

제1조【목적】 이 영은 「독점규제 및 공정거래에 관한 법률」에서 위임된 사항과 그 시행에 필요한 사항을 규정함을 목적으로 한다.
제2조【시장지배적사업자의 기준】 ① 「독점규제 및 공정거래에 관한 법률」(이하 "법"이라 한다) 제2조제3호 후단에 따른 시장점유율은 법 제5조를 위반한 혐의가 있는 행위의 종료일이 속하는 사업연도의 직전 1년 동안에 국내에서 공급되거나 구매된 상품이나 용역의 금액 중 해당 사업자가 같은 기간 동안 국내에서 공급하거나 구매한 상품이나 용역의 금액의 비율로 한다. 다만, 시장점유율을 금액기준으로 산정하기 어려운 경우에는 물량기준 또는 생산능력기준으로 산정할 수 있다.
② 법 제2조제3호에 따라 시장지배적사업자를 판단하는 경우에는 해당 사업자와 그 계열회사를 하나의 사업자로 본다.
③ 제1항 및 제2항에서 규정한 사항 외에 시장지배적사업자의 판단에 필요한 세부기준은 공정거래위원회가 정하여 고시한다.
제3조【지주회사의 기준】 ① 법 제2조제7호 전단에서 "자산총액이 대통령령으로 정하는 금액 이상인 회사"란 다음 각 호의 구분에 따른 회사를 말한다.
1. 해당 사업연도에 설립되었거나 합병 또는 분할·분할합병·물적분할(이하 "분할"이라 한다)을 한 경우 : 설립등기일·합병등기일 또는 분할등기일 현재의 대차대조표상 자산총액이 5천억원(법 제18조제1항제2호에 따른 벤처지주회사의 경우에는 300억원) 이상인 회사
2. 제1호 외의 경우 : 직전 사업연도 종료일(사업연도 종료일 전의 자산총액을 기준으로 지주회사 전환신고를 하는 경우에는 해당 전환신고 사유의 발생일) 현재의 대차대조표상 자산총액이 5천억원(법 제18조제1항제2호에 따른 벤처지주회사의 경우에는 300억원) 이상인 회사
② 법 제2조제7호 후단에 따른 주된 사업의 기준은 회사가 소유하고 있는 자회사의 주식(지분을 포함한다. 이하 같다)가액의 합계액(제1항 각 호에 따른 자산총액 산정 기준일 현재의 대차대조표에 표시된 가액을 합계한 금액을 말한다)이 해당 회사 자산총액의 100분의 50 이상인 것으로 한다.
③ 법 제2조제8호에서 "대통령령으로 정하는 기준"이란 다음 각 호의 기준을 말한다.
1. 지주회사의 계열회사일 것. 다만, 「벤처투자 촉진에 관한 법률」에 따른 벤처투자회사 또는 「여신전문금융업법」에 따른 신기술사업금융업자가 창업투자 목적 또는 신기술사업자 지원 목적으로 다른 국내 회사의 주식을 취득하여 계열회사가 된 경우 그 계열회사는 제외한다. (2023.12.19 단서개정)
2. 지주회사가 소유하는 주식수가 제14조제1항제1호 또는 제2호의 자 중 최다출자자가 소유하는 주식수와 같거나 그 보다 많을 것
④ 법 제2조제9호에서 "대통령령으로 정하는 기준"이란 다음 각 호의 기준을 말한다.
1. 자회사의 계열회사일 것
2. 자회사가 소유하는 주식수가 제14조제1항제1호 또는 제2호의 자 중 최다출자자가 소유하는 주식수와 같거나 그 보다 많을 것. 다만, 자회사가 소유하는 주식수가 다음 각 목의 자가 소유하는 주식수와 같은 경우는 제외한다.
가. 자회사의 지주회사
나. 지주회사의 다른 자회사
제4조【기업집단의 범위】 ① 법 제2조제11호 각 목 외의 부분에서 "대통령령으로 정하는 기준에 따라 사실상 그 사업내용을 지배하는 회사"란 다음 각 호의 회사를 말한다.
1. 동일인이 단독으로 또는 다음 각 목의 자(이하 "동일인관련자"라 한다)와 합하여 해당 회사의 발행주식(「상법」 제344조의3제1항에 따른 의결권 없는 주식은 제외한다. 이하 이 조, 제5조, 제33조제2항 및 제34조제2항에서 같다)총수의 100분의 30 이상을 소유하는 경우로서 최다출자자인 회사
가. 동일인과 다음의 관계에 있는 사람(이하 "친족"이라 한다)
1) 배우자
2) 4촌 이내의 혈족
3) 3촌 이내의 인척
4) 동일인이 지배하는 국내 회사 발행주식총수의 100분의 1 이상을 소유하고 있는 5촌·6촌인 혈족이나 4촌인 인척

5) 동일인이 「민법」에 따라 인지한 혼인 외 출생자의 생부나 생모
(2022.12.27 본목개정)
나. 동일인이 단독으로 또는 동일인관련자와 합하여 총출연금액의 100분의 30 이상을 출연한 경우로서 최다출연자이거나 동일인 및 동일인관련자 중 1인이 설립자인 비영리법인 또는 단체(법인격이 없는 사단 또는 재단으로 한정한다. 이하 같다)
다. 동일인이 직접 또는 동일인관련자를 통해 임원의 구성이나 사업운용 등에 지배적인 영향력을 행사하고 있는 비영리법인 또는 단체
라. 동일인이 이 호 또는 제2호에 따라 사실상 사업내용을 지배하는 회사
마. 동일인 및 동일인과 나목부터 라목까지의 관계에 있는 자의 사용인(법인인 경우에는 임원, 개인인 경우에는 상업사용인 및 고용계약에 따른 피고용인을 말한다)
2. 다음 각 목의 회사로서 동일인이 해당 회사의 경영에 대해 지배적인 영향력을 행사하고 있다고 인정되는 회사
가. 동일인이 다른 주요 주주와의 계약 또는 합의에 따라 대표이사를 임면한 회사 또는 임원의 100분의 50 이상을 선임하거나 선임할 수 있는 회사
나. 동일인이 직접 또는 동일인관련자를 통해 해당 회사의 조직변경 또는 신규사업에 대한 투자 등 주요 의사결정이나 업무집행에 지배적인 영향력을 행사하고 있는 회사
다. 동일인이 지배하는 회사(동일인이 회사인 경우에는 동일인을 포함한다. 이하 이 목에서 같다)와 해당 회사 간에 다음의 경우에 해당하는 인사교류가 있는 회사
1) 동일인이 지배하는 회사와 해당 회사 간에 임원의 겸임이 있는 경우
2) 동일인이 지배하는 회사의 임직원이 해당 회사의 임원으로 임명되었다가 동일인이 지배하는 회사로 복직하는 경우(동일인이 지배하는 회사 중 당초의 회사가 아닌 다른 회사로 복직하는 경우를 포함한다)
3) 해당 회사의 임원이 동일인이 지배하는 회사의 임직원으로 임명되었다가 해당 회사 또는 해당 회사의 계열회사로 복직하는 경우
라. 동일인 또는 동일인관련자와 해당 회사 간에 통상적인 범위를 초과하여 자금·자산·상품·용역 등의 거래 또는 채무보증이 있는 회사
마. 그 밖에 해당 회사가 동일인의 기업집단의 계열회사로 인정될 수 있는 영업상의 표시행위를 하는 등 사회통념상 경제적 동일체로 인정되는 회사
② 제1항제1호라목에도 불구하고 동일인과 같은 호 마목의 관계에 있는 자 중 「상법」 제382조제3항에 따른 사외이사가 경영하고 있는 회사로서 제5조제1항제3호 각 목의 요건을 모두 갖춘 회사는 동일인이 지배하는 기업집단의 범위에서 제외한다.(2022.12.27 본항신설)

제5조【기업집단으로부터의 제외】 ① 공정거래위원회는 제4조제1항에도 불구하고 다음 각 호의 회사로서 동일인이 그 사업내용을 지배하지 않는다고 인정되는 회사를 이해관계자의 요청에 따라 동일인이 지배하는 기업집단의 범위에서 제외할 수 있다.(2022.12.27 본문개정)
1. 출자자 간의 합의·계약 등에 따라 다음 각 목의 자 외의 자가 사실상 경영을 하고 있다고 인정되는 회사
가. 동일인이 임명한 자
나. 동일인과 제4조제1항제1호가목 또는 마목의 관계에 있는 자(2022.12.27 본목개정)
2. 다음 각 목의 요건을 모두 갖춘 회사로서 동일인의 친족이 해당 회사를 독립적으로 경영하고 있다고 인정되는 회사
가. 동일인의 친족이 사실상 사업내용을 지배하고 있는 회사 중 기업집단으로부터의 제외를 요청한 각 회사(이하 "친족측계열회사"라 한다)에 대해 동일인 및 동일인관련자 중 다음의 자를 제외한 자가 소유하고 있는 주식의 합계가 각 회사의 발행주식총수의 100분의 3[「자본시장과 금융투자업에 관한 법률」 제9조제15항제3호에 따른 주권상장법인(이하 "상장법인"이라 한다)이 아닌 회사의 경우에는 100분의 10] 미만일 것
1) 친족측계열회사를 독립적으로 경영하는 자(이하 "독립경영친족"이라 한다)
2) 독립경영친족과 제4조제1항제1호 각 목의 어느 하나에 해당하는 관계에 있는 자 중 독립경영친족의 요청에 따라 공정거래위원회가 동일인관련자의 범위로부터 분리를 인정하는 자(이하 "독립경영친족관련자"라 한다)(2022.12.27 개정)
나. 기업집단에서 친족측계열회사를 제외한 각 회사(이하 "비친족측계열회사"라 한다)에 대해 독립경영친족 및 독립경영친족관련자가 소유하고 있는 주식의 합계가 각 회사의 발행주식총수의 100분의 3(상장법인이 아닌 회사의 경우에는 100분의 15) 미만일 것
다. 비친족측계열회사와 친족측계열회사 간에 임원의 상호 겸임이 없을 것
라. 비친족측계열회사와 친족측계열회사 간에 채무보증이나 자금대차가 없을 것. 다만, 다음의 채무보증이나 자금대차는 제외한다.
1) 법 제24조제1호에 따른 채무보증
2) 거래에 수반하여 정상적으로 발생한 것으로 인정되는 채무보증이나 자금대차
마. 다음의 어느 하나에 해당하는 거래(기업집단의 범위에서 제외된 날의 직전 3년 및 직후 3년간의 거래로 한정한다)와 관련하여 법 제45조제1항제9호, 같은 조 제2항 또는 법 제47조 위반으로 비친족측계열회사, 친족측계열회사, 동일인 또는 친족이 공정거래위원회로부터 시정조치(시정권고 또는 경고를 포함한다)를 받거나 과징금을 부과받은 사실이 없을 것
1) 비친족측계열회사와 친족측계열회사 간의 거래
2) 비친족측계열회사와 독립경영친족(독립경영친족관련자를 포함한다) 간의 거래
3) 친족측계열회사와 동일인(동일인의 친족 중 독립경영친족관련자를 제외한 나머지 자를 포함한다) 간의 거래
3. 다음 각 목의 요건을 모두 갖춘 회사로서 동일인과 제4조제1항제1호마목의 관계에 있는 자가 해당 회사를 독립적으로 경영하고 있다고 인정되는 회사(2022.12.27 본문개정)
가. 동일인과 제4조제1항제1호마목의 관계에 있는 자가 사실상 사업내용을 지배하고 있는 회사 중 기업집단으로부터의 제외를 요청한 각 회사(이하 "임원측계열회사"라 한다)를 독립적으로 경영하는 자(이하 "독립경영임원"이라 한다)가 동일인과 같은 목의 관계에 있기 전부터 사실상 사업내용을 지배하는 회사(해당 회사가 사업내용을 지배하는 회사를 포함한다)일 것
(2022.12.27 본목개정)
나. 임원측계열회사에 대해 동일인 및 동일인관련자 중 다음의 자를 제외한 자가 출자하고 있지 않을 것
1) 독립경영임원
2) 독립경영임원과 제4조제1항제1호 각 목의 어느 하나에 해당하는 관계에 있는 자 중 독립경영임원의 요청에 따라 공정거래위원회가 동일인관련자의 범위로부터 분리를 인정하는 자(이하 "독립경영임원관련자"라 한다)(2022.12.27 개정)
다. 기업집단에서 임원측계열회사를 제외한 각 회사(동일인이 법인인 경우에는 동일인을 포함한다. 이하 "비임원측계열회사"라 한다)에 대해 독립경영임원 및 독립경영임원관련자가 출자하고 있지 않을 것. 다만, 독립경영임원 및 독립경영임원관련자가 다음 요건을 모두 충족하여 출자하고 있는 경우는 제외한다.
1) 독립경영임원이 「상법」 제382조제3항에 따른 사외이사나 그 밖의 상시적인 업무에 종사하지 않는 이사에 해당할 것(2022.12.27 개정)
2) 독립경영임원이 동일인과 제4조제1항제1호마목의 관계에 있기 전부터 독립경영임원 및 독립경영임원관련자가 비임원측계열회사에 대해 소유하고 있는 주식의 합계가 각 회사의 발행주식총수의 100분의 3(상장법인이 아닌 회사의 경우에는 100분의 15) 미만일 것(2022.12.27 개정)
라. 비임원측계열회사와 임원측계열회사 간에 독립경영임원 외에 임원의 상호 겸임이 없을 것
마. 비임원측계열회사와 임원측계열회사 간에 채무보증이나 자금대차가 없을 것
바. 기업집단으로부터의 제외를 요청한 날이 속하는 사업연도의 직전 사업연도 동안 다음의 비율이 모두 100분의 50 미만일 것(2022.12.27 본문개정)
1) 각 비임원측계열회사의 총매출 및 총매입 거래액 중에서 전체 임원측계열회사에 대한 매출 및 매입 거래액이 차지하는 비율
2) 각 임원측계열회사의 총매출 및 총매입 거래액 중에서 전체 비임원측계열회사에 대한 매출 및 매입 거래액이 차지하는 비율
4. 「채무자 회생 및 파산에 관한 법률」에 따른 파산선고를 받아 파산절차가 진행 중인 회사
5. 「기업구조조정투자회사법」에 따른 약정체결기업에 해당하는 회사로서 다음 각 목의 요건을 모두 갖춘 회사
가. 동일인 및 동일인관련자가 소유하고 있는 주식 중 해당 회사 발행주식총수의 100분의 3(상장법인이 아닌 회사의 경우에는 100분의 10)을 초과하여 소유하고 있는 주식에 대한 처분 및 의결권행사에 관한 권한을 「기업구조조정투자회사법」에 따른 채권금융기관에 위임할 것
나. 동일인 및 동일인관련자가 가목에 따른 위임계약의 해지권을 포기하는 내용의 특약을 할 것
6. 「채무자 회생 및 파산에 관한 법률」에 따른 회생절차개시결정을 받아 회생절차가 진행 중인 회사로서 다음 각 목의 요건을 모두 갖춘 회사
가. 동일인 및 동일인관련자가 소유하고 있는 주식 중 해당 회사 발행주식총수의 100분의 3(상장법인이 아닌 회사의 경우에는 100분의 10)을 초과하여 소유하고 있는 주식에 대한 처분 및 의결권행사에 관한 권한을 「채무자 회생 및 파산에 관한 법률」 제74조에 따른 관리인에게 위임하되, 정리절차가 종료된 후에는 해당 권한을 회사가 승계하게 할 것
나. 동일인 및 동일인관련자가 가목에 따른 위임계약의 해지권을 포기하는 내용의 특약을 할 것
② 공정거래위원회는 제4조제1항에도 불구하고 다음 각 호의 어느 하나에 해당하는 회사에 대해서는 이해관계자의 요청에 따라 동일인이 지배하는 기업집단의 범위에서 제외할 수 있다. 다만, 제3호 또는 제5호의 회사에 대해 법 제47조를 적용하는 경우와 제5호의 회사 중 벤처지주회사가 주식을 소유한 「중소기업기본법」 제2조에 따른 중소기업 또는 「벤처기업육성에 관한 특별조치법」에 따른 벤처기업에 대해 제3조제3항을 적용하는 경우에는 기업집단의 범위에 속하는 것으로 본다.(2022.12.27 본문개정)
1. 다음 각 목의 자가 「사회기반시설에 대한 민간투자법」에 따라 설립된 민간투자사업법인(이하 이 항에서 "민간투자사업법인"이라 한다)의 발행주식총수의 100분의 20 이상을 소유하고 있는 경우 그 민간투자사업법인. 이 경우 해당 민간투자사업법인은 다른 회사와의 상호출자와 출자자 외의 자로부터의 채무보증이 모두 없어야 한다.
가. 국가 또는 지방자치단체
나. 「공공기관의 운영에 관한 법률」 제5조에 따른 공기업
다. 특별법에 따라 설립된 공사·공단 또는 그 밖의 법인
2. 다음 각 목의 회사 중 최다출자자가 2인 이상으로서 해당 최다출자자가 임원의 구성이나 사업운용 등에 지배적인 영향력을 행사하지 않는다고 인정되는 회사. 이 경우 최다출자자가 소유한 주식을 산정하는 때에는 동일인 또는 동일인관련자가 소유한 해당 회사의 주식을 포함한다.
가. 동일한 업종을 경영하는 둘 이상의 회사가 사업구조조정을 위해 그 회사의 자산을 현물출자하거나 합병, 그 밖에 이에 준하는 방법으로 설립한 회사
나. 민간투자사업법인으로서 「사회기반시설에 대한 민간투자법」 제4조제1호부터 제4호까지의 방식으로 민간투자사업을 추진하는 회사
3. 제2호나목에 해당하는 회사로서 다음 각 목의 요건을 모두 갖춘 회사. 다만, 해당 회사는 「사회기반시설에 대한 민간투자법」 제13조에 따라 사업시행자로 지정된 날부터 같은 법 제15조제1항에 따라 주무관청의 승인을 받아 같은 조 제2항에 따라 고시된 실시계획에 따른 사업(같은 법 제21조제7항에 따라 고시된 부대사업은 제외한다)을 완료하여 같은 법 제22조제1항에 따른 준공확인을 받기 전까지의 기간까지만 기업집단 범위에서 제외할 수 있다.
가. 해당 회사의 최다출자자가 임원의 구성이나 사업운용 등에 지배적인 영향력을 행사하지 않는다고 인정될 것. 이 경우 최다출자자가 소유한 주식을 산정하는 때에는 동일인 또는 동일인관련자가 소유한 해당 회사의 주식을 포함한다.
나. 해당 회사(해당 회사가 그 사업내용을 지배하는 회사를 포함한다)가 동일인이 지배하는 회사(동일인이 회사인 경우에는 동일인을 포함한다. 이하 이 호에서 같다)에 출자하고 있지 않을 것
다. 해당 회사(해당 회사가 그 사업내용을 지배하는 회사를 포함한다)와 동일인이 지배하는 회사 간에 채무보증 관계가 없을 것. 다만, 해당 회사(해당 회사가 그 사업내용을 지배하는 회사는 제외한다. 이하 이 목에서 같다)에 출자한 동일인이 지배하는 회사가 해당 회사에 대해 채무보증을 제공하는 경우는 제외한다.
라. 동일인 또는 동일인관련자가 해당 회사의 주식을 취득하거나 소유하여 제4조제1항의 요건에 해당하게 된 날 이후 해당 회사(해당 회사가 그 사업내용을 지배하는 회사를 포함한다. 이하 이 목에서 같다)와 동일인(그 친족을 포함한다) 간 또는 해당 회사와 동일인이 지배하는 회사 간에 법 제45조제1항제9호, 같은 조 제2항 또는 법 제47조를 위반하여 해당 회사, 동일인(그 친족을 포함한다) 또는 동일인이 지배하는 회사가 공정거래위원회로부터 시정조치(시정권고 또는 경고를 포함한다)를 받거나 과징금을 부과받은 사실이 없을 것(2022.12.27 본목개정)
4. 다음 각 목의 어느 하나에 해당하는 회사로서 동일인이 지배하는 회사(동일인이 회사인 경우 동일인을 포함한다)와 출자 또는 채무보증 관계가 없는 회사
(2023.12.12 본문개정)
가. 「산업교육진흥 및 산학연협력촉진에 관한 법률」에 따른 산학연협력기술지주회사 및 자회사
나. 「벤처기업육성에 관한 특별조치법」에 따른 신기술창업전문회사(같은 법 제11조의2제4항제2호에 따른 자회사를 포함한다)로서 회사설립등기일부터 10년 이내인 회사(2023.12.12 본목개정)
5. 다음 각 목의 요건을 모두 갖춘 회사(해당 회사가 그 사업내용을 지배하는 회사를 포함한다)(2022.12.27 본문개정)
가. 해당 회사가 제4조제1항의 요건에 해당하게 된 날의 전날을 기준으로 다음의 어느 하나에 해당하는 회사일 것
1) 「중소기업기본법」 제2조에 따른 중소기업 중 공정거래위원회가 정하여 고시하는 바에 따라 산정한 연간 매출액에 대한 연간 연구개발비의 비율이 100분의 3 이상인 중소기업
2) 「벤처기업육성에 관한 특별조치법」에 따른 벤처기업
(2022.12.27 본목신설)
나. 동일인 또는 동일인관련자가 해당 회사의 사업내용을 지배하는 자와 합의하여 그 회사의 주식을 취득 또는 소유하여 제4조제1항의 요건에 해당하게 된 날부터 7년[해당 회사가 벤처지주회사의 자회사인 경우나 일반지주회사의 자회사인 「벤처투자 촉진에 관한 법률」에 따른 벤처투자회사 또는 「여신전문금융업법」에 따

른 신기술사업금융전문회사가 투자한 회사(투자조합의 업무집행을 통한 투자를 포함한다)인 경우에는 10년] 이내일 것(2023.12.19 본목개정)

다. 해당 회사(해당 회사가 그 사업내용을 지배하는 회사를 포함한다. 이하 라목 및 마목에서 같다)가 동일인이 지배하는 회사(동일인이 회사인 경우 동일인을 포함한다)에 출자하고 있지 않을 것(2022.12.27 본목개정)

라. 해당 회사와 동일인이 지배하는 회사(동일인이 회사인 경우 동일인을 포함한다) 간에 채무보증 관계가 없을 것(2022.12.27 본목개정)

마. 나목에 따른 요건해당일 이후 해당 회사와 동일인(그 친족을 포함한다) 간 또는 해당 회사와 동일인이 지배하는 회사 간에 법 제45조제1항제9호, 같은 조 제2항 또는 제47조를 위반하여 해당 회사, 동일인(그 친족을 포함한다) 또는 동일인이 지배하는 회사가 공정거래위원회로부터 시정조치(시정권고 또는 경고를 포함한다)를 받거나 과징금을 부과받은 사실이 없을 것(2022.12.27 본목개정)

③ 공정거래위원회는 제1항 또는 제2항에 따라 동일인이 지배하는 기업집단의 범위에서 제외된 회사가 그 제외요건에 해당하지 않게 된 경우 직권 또는 이해관계자의 요청에 따라 그 제외 결정을 취소할 수 있다. 다만, 제1항제2호에 따라 동일인이 지배하는 기업집단의 범위에서 제외된 회사의 경우에는 그 제외된 날부터 3년(같은 호 마목의 경우에는 5년) 이내에 제외 요건에 해당하지 않게 된 경우에만 그 제외 결정을 취소할 수 있다.

④ 제1항제2호 또는 제3호에 따라 동일인이 지배하는 기업집단으로부터의 제외를 요청하려는 자는 다음 각 호의 구분에 따른 서류를 공정거래위원회에 제출해야 한다. 이 경우 공정거래위원회는 「전자정부법」 제36조제1항에 따른 행정정보의 공동이용을 통해 비친족측계열회사·친족측계열회사 또는 비임원측계열회사·임원측계열회사의 법인 등기사항증명서를 확인해야 한다.

1. 제1항제2호가목·나목 및 같은 항 제3호가목부터 다목까지의 경우 : 주주명부. 이 경우 「자본시장과 금융투자업에 관한 법률 시행령」 제176조의9제1항에 따른 유가증권시장에 주권을 상장한 법인의 경우에는 명의개서대행기관의 확인서를 첨부해야 한다.
2. 제1항제2호라목 및 같은 항 제3호마목의 경우 : 공인회계사의 확인을 받은 채무보증 및 자금대차 현황에 관한 서류
3. 제1항제2호마목의 경우 : 동일인이 지배하는 기업집단으로부터의 제외를 요청한 날을 기준으로 직전 3년간 비친족측계열회사와 친족측계열회사 간의 자금, 유가증권, 자산, 상품 및 용역에 관한 세부 거래내역에 관한 서류
4. 제1항제3호바목의 경우 : 공인회계사의 확인을 받은 비임원측계열회사와 임원측계열회사 간의 거래내역에 관한 서류

⑤ 제2항 각 호 외의 부분 본문에 따라 같은 항 제5호가목 1)에 따른 중소기업에 대해 동일인이 지배하는 기업집단으로부터의 제외를 요청하려는 이해관계자는 같은 목 1)에 따른 연간 매출액에 대한 연간 연구개발비의 비율 현황에 대해 공인회계사의 확인을 받은 서류를 공정거래위원회에 제출해야 한다.(2022.12.27 본항개정)

⑥ 제1항제2호에 따라 동일인이 지배하는 기업집단으로부터 제외된 각 회사(제6조제1항에 따라 독립경영친족이 동일인관련자로부터 제외된 이후 독립경영친족이 단독으로 또는 독립경영친족관련자와 합하여 해당 회사의 발행주식총수의 100분의 30 이상을 소유하게 된 경우로서 최다출자자인 회사를 포함한다)는 비친족측계열회사와의 자금, 유가증권, 자산, 상품 및 용역에 관한 세부 거래내역을 동일인이 지배하는 기업집단으로부터 제외된 날부터 3년간 매년 공정거래위원회에 제출해야 한다.

⑦ 공정거래위원회는 제6항에 따른 자료를 제출해야 하는 회사가 자료를 제출하지 않거나 거짓의 자료를 제출하는 경우 그 제외 결정을 취소할 수 있다.

제6조【동일인관련자로부터의 제외】 ① 공정거래위원회는 제4조제1항제1호가목에도 불구하고 제5조제1항제2호에 따라 동일인의 친족이 독립적으로 경영하고 있는 회사가 동일인이 지배하는 기업집단의 범위에서 제외된 경우 해당 독립경영친족 및 독립경영친족관련자를 동일인관련자에서 제외할 수 있다.(2022.12.27 본항개정)

② 공정거래위원회는 제4조제1항제1호나목에도 불구하고 동일인 및 동일인관련자가 임원의 구성이나 사업운용 등에 지배적인 영향력을 행사하지 않는다고 인정되는 경우 이해관계자의 요청에 따라 같은 목에 따른 비영리법인 또는 단체를 동일인관련자에서 제외할 수 있다.(2022.12.27 본항개정)

③ 공정거래위원회는 다음 각 호의 어느 하나에 해당하는 경우 직권 또는 이해관계자의 요청으로 제1항 및 제2항에 따른 제외 결정을 취소할 수 있다.

1. 제1항 또는 제2항에 따른 동일인관련자의 제외 요건에 해당하지 않게 된 경우
2. 제1항에 따른 회사의 청산 또는 소유지분의 매각 등의 사유로 해당 독립경영친족이 사실상 그 사업내용을 지배하고 있는 회사가 존재하지 않게 된 경우

④ 공정거래위원회는 제3항제2호에 따른 동일인관련자의 제외 결정 취소를 위해 필요하다고 인정하는 경우 독립경영친족 및 독립경영친족관련자에게 필요한 자료의 제출을 요청할 수 있다.

제7조【국내 금융기관의 범위】 법 제2조제18호사목에서 "대통령령으로 정하는 금융기관"이란 직전 사업연도 종료일 현재 대차대조표상의 자산총액(새로 설립된 회사로서 직전 사업연도의 대차대조표가 없는 경우에는 설립일 현재 납입자본금을 말한다)이 3천억원 이상인 금융기관으로서 다음 각 호의 금융기관을 말한다.

1. 「여신전문금융업법」에 따른 여신전문금융회사
2. 「상호저축은행법」에 따른 상호저축은행

제2장 시장지배적지위의 남용금지

제8조【시장구조 조사 또는 공표사무의 위탁】 ① 공정거래위원회는 법 제4조제5항에 따라 다음 각 호의 사무를 관계 행정기관의 장이나 「정부출연연구기관 등의 설립·운영 및 육성에 관한 법률」에 따른 정부출연연구기관의 장에게 위탁할 수 있다.

1. 법 제4조제3항제1호에 따른 시장구조의 조사 및 공표에 관한 사항
2. 법 제4조제4항에 따른 자료의 제출 요청

② 법 제4조제5항에 따라 시장구조의 조사 또는 공표사무를 위탁받은 기관의 장은 위탁사무의 처리내용을 공정거래위원회에 통보해야 한다.

제9조【남용행위의 유형 또는 기준】 ① 법 제5조제1항제1호에 따른 상품의 가격이나 용역의 대가(이하 "가격"이라 한다)를 부당하게 결정·유지 또는 변경하는 행위는 정당한 이유 없이 가격을 수급의 변동이나 공급에 필요한 비용(같은 종류 또는 유사한 업종의 통상적인 수준의 것으로 한정한다)의 변동에 비하여 현저하게 상승시키거나 근소하게 하락시키는 행위로 한다.

② 법 제5조제1항제2호에 따른 상품의 판매 또는 용역의 제공을 부당하게 조절하는 행위는 다음 각 호의 행위로 한다.

1. 정당한 이유 없이 최근의 추세에 비추어 상품 또는 용역의 공급량을 현저히 감소시키는 행위
2. 정당한 이유 없이 유통단계에서 공급부족이 있음에도 불구하고 상품 또는 용역의 공급량을 감소시키는 행위

③ 법 제5조제1항제3호에 따른 다른 사업자의 사업활동을 부당하게 방해하는 행위는 직접 또는 간접으로 다음 각 호의 행위를 하여 다른 사업자의 사업활동을 어렵게 하는 행위로 한다.

1. 정당한 이유 없이 다른 사업자의 생산활동에 필요한 원재료 구매를 방해하는 행위
2. 정상적인 관행에 비추어 과도한 경제상의 이익을 제공하거나 제공할 것을 약속하면서 다른 사업자의 사업활동에 필수적인 인력을 채용하는 행위
3. 정당한 이유 없이 다른 사업자의 상품 또는 용역의 생산·공급·판매에 필수적인 요소의 사용 또는 접근을 거절·중단하거나 제한하는 행위
4. 그 밖에 제1호부터 제3호까지의 방법 외의 다른 부당한 방법에 따른 행위를 하여 다른 사업자의 사업활동을 어렵게 하는 행위 중 공정거래위원회가 정하여 고시하는 행위

④ 법 제5조제1항제4호에 따른 새로운 경쟁사업자의 참가를 부당하게 방해하는 행위는 직접 또는 간접으로 다음 각 호의 행위를 하여 새로운 경쟁사업자의 신규진입을 어렵게 하는 행위로 한다.

1. 정당한 이유 없이 거래하는 유통사업자와 배타적 거래계약을 체결하는 행위
2. 정당한 이유 없이 기존 사업자의 계속적인 사업활동에 필요한 권리 등을 매입하는 행위
3. 정당한 이유 없이 새로운 경쟁사업자의 상품 또는 용역의 생산·공급·판매에 필수적인 요소의 사용 또는 접근을 거절하거나 제한하는 행위
4. 그 밖에 제1호부터 제3호까지의 방법 외의 다른 부당한 방법에 따른 행위를 하여 새로운 경쟁사업자의 신규진입을 어렵게 하는 행위 중 공정거래위원회가 정하여 고시하는 행위

⑤ 법 제5조제1항제5호에 따른 부당하게 경쟁사업자를 배제하기 위하여 거래하는 행위는 다음 각 호의 행위로 한다.

1. 부당하게 통상거래가격에 비하여 낮은 가격으로 공급하거나 높은 가격으로 구입하여 경쟁사업자를 배제시킬 우려가 있는 행위
2. 부당하게 거래상대방이 경쟁사업자와 거래하지 않을 것을 조건으로 그 거래상대방과 거래하는 행위

⑥ 제1항부터 제5항까지의 규정에 따른 행위의 세부적인 유형 및 기준에 관하여 필요한 사항은 공정거래위원회가 정하여 고시한다.

제10조【가격조사의뢰】 공정거래위원회는 법 제5조제1항제1호에 따라 시장지배적사업자가 가격을 부당하게 결정·유지 또는 변경하였다고 볼만한 상당한 이유가 있을 경우 관계 행정기관의 장이나 물가조사업무를 수행하는 공공기관에 가격에 관한 조사를 의뢰할 수 있다.

제11조【시장지배적사업자의 추정】 ① 법 제6조에 따른 시장점유율은 제2조에 따른 시장점유율로 한다.

② 법 제6조 각 호 외의 부분에 따른 연간 매출액 또는 구매액은 해당 사업자가 법 제5조를 위반한 혐의가 있는 행위의 종료일(해당 행위가 인지일이나 신고일까지 계속되는 경우에는 그 인지일이나 신고일을 말한다)이 속하는 사업연도의 직전 1년 동안 공급하거나 구매한 상품 또는 용역의 금액(상품 또는 용역에 대한 간접세를 제외한 금액을 말한다. 이하 같다)으로 한다.

③ 법 제6조에 따라 시장지배적사업자를 추정하는 경우에는 해당 사업자와 그 계열회사를 하나의 사업자로 본다.

제12조【시정명령을 받은 사실의 공표 방법】 공정거래위원회는 법 제7조에 따라 해당 사업자에게 공표를 명하려는 경우 다음 각 호의 사항을 고려하여 공표의 내용, 매체의 종류·수 및 지면크기 등을 정해야 한다.

1. 위반행위의 내용 및 정도
2. 위반행위의 기간 및 횟수

제13조【과징금】 ① 법 제8조 본문에서 "대통령령으로 정하는 매출액"이란 각각의 위반사업자가 위반기간동안 일정한 거래분야에서 판매한 관련 상품이나 용역의 매출액 또는 이에 준하는 금액으로서 공정거래위원회가 정하여 고시하는 바에 따라 산정한 금액(이하 "관련매출액"이라 한다)을 말한다. 이 경우 위반행위가 상품이나 용역의 구매와 관련하여 이루어진 경우에는 관련 상품이나 용역의 매입액을 관련매출액으로 본다.

② 법 제8조 본문에서 "대통령령으로 정하는 사업자"란 상품 또는 용역의 대가의 합계액을 재무제표 등에서 영업수익 등으로 기재하는 사업자를 말한다.

③ 법 제8조 단서에서 "대통령령으로 정하는 경우"란 다음 각 호의 어느 하나에 해당하는 경우를 말한다.

1. 영업을 개시하지 않거나 영업중단 등으로 영업실적이 없는 경우
2. 재해 등으로 매출액 산정자료가 소멸 또는 훼손되는 등의 사유로 객관적인 매출액의 산정이 곤란한 경우
3. 위반기간 또는 관련 상품이나 용역의 범위를 확정할 수 없어 관련매출액의 산정이 곤란한 경우

제3장 기업결합의 제한

제14조【특수관계인의 범위】 ① 법 제9조제1항 각 호 외의 부분 본문에서 "대통령령으로 정하는 특수한 관계에 있는 자"란 회사 또는 회사 외의 자와 다음 각 호의 관계에 있는 자(이하 "특수관계인"이라 한다)를 말한다.

1. 해당 회사를 사실상 지배하고 있는 자
2. 동일인관련자(제6조제1항 또는 제2항에 따라 동일인관련자에서 제외된 자는 제외한다)
3. 경영을 지배하려는 공동의 목적을 가지고 법 제9조제1항 각 호 외의 부분 본문에 따른 기업결합(이하 "기업결합"이라 한다)에 참여하는 자

② 법 제9조제1항제5호가목에서 "대통령령으로 정하는 자"란 제1항제3호의 자를 말한다.

제15조【자산총액 또는 매출액의 기준】 ① 법 제9조제1항 각 호 외의 부분 단서에 따른 자산총액은 다음 각 호의 구분에 따른 금액으로 한다. 다만, 금융업 또는 보험업을 영위하는 회사의 경우에는 직전 사업연도 종료일 현재의 대차대조표에 표시된 자본총액(대차대조표에 표시된 자산총액에서 부채액을 뺀 금액을 말한다. 이하 같다)과 자본금 중 큰 금액으로 한다.

1. 기업결합일이 속하는 사업연도 중에 신주 및 사채의 발행이 없는 경우 : 기업결합일이 속하는 사업연도의 직전 사업연도 종료일 현재의 대차대조표에 표시된 자산총액
2. 기업결합일이 속하는 사업연도 중에 신주 및 사채의 발행이 있는 경우 : 직전 사업연도 종료일 현재의 대차대조표에 표시된 자산총액에 신주 및 사채의 발행으로 증가된 금액을 합한 금액

② 법 제9조제1항 각 호 외의 부분 단서에 따른 매출액은 기업결합일이 속하는 사업연도의 직전 사업연도의 손익계산서에 표시된 매출액으로 한다. 다만, 금융업 또는 보험업을 영위하는 회사의 경우에는 직전 사업연도의 손익계산서에 표시된 영업수익으로 한다.

③ 제9조제1항 각 호 외의 부분 단서에서 "대통령령으로 정하는 규모에 해당하는 회사"란 제1항에 따른 자산총액 또는 제2항에 따른 매출액의 규모가 2조원 이상인 회사를 말한다.

제16조【기업결합의 적용제외 기준】 법 제9조제2항제2호에서 "대통령령으로 정하는 요건에 해당하는 경우"란 다음 각 호의 요건을 모두 갖춘 경우를 말한다.

1. 기업결합을 하지 않으면 회사의 생산설비 등이 해당 시장에서 계속 활용되기 어려운 경우
2. 해당 기업결합보다 경쟁제한성이 적은 다른 기업결합이 이루어지기 어려운 경우

제17조【기업결합일의 기준】 법 제9조제5항 본문에 따른 기업결합일은 다음 각 호의 구분에 따른 날로 한다.

1. 다른 회사의 주식을 소유하게 되거나 주식소유비율이 증가하는 경우 : 다음 각 목의 날

가. 주식회사의 주식을 양수하는 경우에는 주권을 교부받은 날. 다만, 주권이 발행되어 있지 않은 경우에는 주식대금을 지급한 날로 하며, 주권을 교부받기 전 또는 주식대금의 전부를 지급하기 전에 합의·계약 등에 따라 의결권이나 그 밖의 주식에 관한 권리가 실질적으로 이전되는 경우에는 해당 권리가 이전되는 날로 한다.
나. 주식회사의 신주를 유상취득하는 경우에는 주식대금 납입기일의 다음 날
다. 주식회사 외의 회사의 지분을 양수하는 경우에는 지분양수의 효력이 발생하는 날
라. 가목부터 다목까지의 규정에 해당하지 않는 경우로서 감자(減資), 주식의 소각 또는 그 밖의 사유로 주식소유비율이 증가하는 경우에는 주식소유비율의 증가가 확정되는 날
2. 법 제9조제1항제2호에 따른 임원겸임의 경우 : 임원이 겸임되는 회사의 주주총회 또는 사원총회에서 임원의 선임이 의결된 날
3. 다른 회사와의 합병의 경우 : 합병등기일
4. 법 제9조제1항제4호에 따른 영업양수(이하 "영업양수"라 한다)의 경우 : 영업양수대금의 지급을 완료한 날. 다만, 계약체결일부터 90일을 지나 영업양수대금의 지급을 완료한 경우에는 그 계약체결일부터 90일이 지난 날로 한다.
5. 새로운 회사설립에 참여하는 경우 : 배정된 주식의 주식대금 납입기일의 다음 날

제18조【기업결합의 신고 기준 및 절차】 ① 법 제11조제1항 각 호 외의 부분에서 "자산총액 또는 매출액의 규모가 대통령령으로 정하는 기준에 해당하는 회사"란 제15조제1항에 따른 자산총액 또는 같은 조 제2항에 따른 매출액의 규모가 3천억원 이상인 회사를 말한다.
② 법 제11조제1항 각 호 외의 부분에서 "자산총액 또는 매출액의 규모가 대통령령으로 정하는 기준에 해당하는 다른 회사"란 제15조제1항에 따른 자산총액 또는 같은 조 제2항에 따른 매출액의 규모가 300억원 이상인 회사를 말한다.
③ 제1항 및 제2항에도 불구하고 법 제11조제1항에 따른 기업결합신고대상회사(이하 "기업결합신고대상회사"라 한다)와 같은 항에 따른 상대회사(이하 "상대회사"라 한다)가 모두 외국회사(외국에 주된 사무소를 두고 있거나 외국 법률에 따라 설립된 회사를 말한다)이거나 기업결합신고대상회사가 국내 회사이고 상대회사가 외국회사인 경우에는 공정거래위원회가 정하여 고시하는 바에 따라 산정한 그 외국회사 각각의 국내 매출액의 규모가 300억원 이상인 경우에만 법 제11조제1항에 따른 신고의 대상으로 한다.
④ 법 제11조제1항제1호에 따른 다른 회사의 발행주식총수(「상법」 제344조의3제1항 및 제369조제2항·제3항의 의결권 없는 주식의 수는 제외한다)의 100분의 20(상장법인의 경우에는 100분의 15를 말한다. 이하 이 항에서 같다) 이상을 소유하게 되는 경우는 발행주식총수의 100분의 20 미만의 소유상태에서 100분의 20 이상의 소유상태로 되는 경우로 한다.
⑤ 법 제11조제1항제2호에 따른 다른 회사의 주식을 추가로 취득하여 최다출자자가 되는 경우는 최다출자자가 아닌 상태에서 최다출자자가 되는 경우로 한다.
⑥ 법 제11조제1항 또는 제2항에 따라 기업결합의 신고를 하려는 자는 공정거래위원회가 정하여 고시하는 바에 따라 다음 각 호의 사항이 포함된 신고서에 그 신고내용을 입증하는 서류를 첨부하여 공정거래위원회에 제출해야 한다.
1. 신고의무자 및 상대방 회사의 명칭
2. 신고의무자 및 상대방 회사의 매출액 및 자산총액
3. 신고의무자 및 상대방 회사의 사업내용과 해당 기업결합의 내용
4. 관련시장 현황
5. 그 밖에 제1호부터 제4호까지의 규정에 준하는 것으로서 기업결합 신고에 필요하다고 공정거래위원회가 정하여 고시하는 사항
⑦ 공정거래위원회는 제6항에 따라 제출된 신고서 또는 첨부서류가 미비한 경우 기간을 정하여 해당 서류의 보완을 명할 수 있다. 이 경우 그 보완에 소요되는 기간(보완명령서를 발송하는 날과 보완된 서류가 공정거래위원회에 도달하는 날을 포함한다)은 법 제11조제7항 및 제10항의 기간에 산입하지 않는다.

제19조【소규모피취득회사의 기업결합 신고 기준】 ① 법 제11조제2항제1호에서 "대통령령으로 정하는 금액"이란 6천억원을 말한다.
② 법 제11조제2항제2호에서 "대통령령으로 정하는 상당한 수준"이란 다음 각 호의 어느 하나에 해당하는 경우를 말한다.
1. 제20조제3항 각 호에 따른 날이 속하는 월을 기준으로 직전 3년간 국내 시장에서 월 100만 명 이상을 대상으로 상품 또는 용역을 판매·제공한 적이 있는 경우
2. 제20조제3항 각 호에 따른 날이 속하는 사업연도를 기준으로 직전 3년간 다음 각 목의 요건을 모두 충족하는 경우
가. 국내 연구시설 또는 연구인력을 계속 보유·활용해 왔을 것
나. 국내 연구시설, 연구인력 또는 국내 연구활동 등에 대한 연간 지출액이 300억원 이상인 적이 있을 것
3. 그 밖에 제1호 또는 제2호에 준하는 경우로서 기업결합의 신고에 필요하다고 공정거래위원회가 정하여 고시하는 경우

제20조【기업결합의 신고 기한 등】 ① 법 제11조제6항 각 호 외의 부분 본문 및 단서에 따른 기업결합일은 제17조에 따른 기업결합일로 한다.
② 법 제11조제6항제1호에서 "대통령령으로 정하는 경우"란 같은 조 제1항제1호 및 제2호에 해당하는 기업결합으로서 다음 각 호의 어느 하나에 해당하는 경우를 말한다.
1. 「자본시장과 금융투자업에 관한 법률」 제9조제13항에 따른 증권시장에서 경쟁매매를 통해 주식을 취득하는 경우. 다만, 매매 당사자 간의 계약이나 합의에 따라 수량, 가격 등을 결정하고, 증권시장을 통해 그 매매의 결제를 하는 방법으로 주식을 취득하는 경우는 제외한다.
2. 유상증자 결과 실권주(失權株)의 발생으로 주식소유비율이 증가하는 경우
3. 자기의 의사와 무관하게 다른 회사와의 이사회나 주주총회의 결정을 통해 이루어지는 주식의 소각이나 감자에 따라 주식소유비율이 증가하는 경우
4. 그 밖에 제1호부터 제3호까지에 준하는 경우로서 기업결합일 이후에 신고할 필요가 있다고 공정거래위원회가 정하여 고시하는 경우
③ 법 제11조제6항 각 호 외의 부분 단서에서 "합병계약을 체결한 날 등 대통령령으로 정하는 날"이란 다음 각 호의 구분에 따른 날을 말한다.
1. 법 제11조제1항제1호 또는 제2호의 유형에 해당하는 기업결합 : 주식을 취득·소유하기로 계약·합의 등을 하거나 이사회 등을 통해 결정된 날
2. 법 제11조제1항제4호의 유형에 해당하는 기업결합 : 합병 계약 또는 영업양수 계약을 체결한 날
3. 법 제11조제1항제5호의 유형에 해당하는 기업결합 : 회사설립의 참여에 대한 주주총회, 사원총회나 이에 갈음하는 이사회의 의결이 있었던 날
④ 법 제11조제6항 각 호 외의 부분 단서에 따른 신고를 한 기업결합신고대상회사는 신고사항에 중요한 변경이 있는 경우 그 변경사항을 주식의 소유일, 합병의 등기일, 영업의 양수일 또는 회사의 설립일까지 공정거래위원회에 신고해야 한다.

제21조【기업결합신고대리인의 지정 등】 ① 법 제11조제11항 단서에 따라 대리인으로 지정받으려는 자는 회사의 명칭, 자산총액 및 매출액 등이 포함된 신청서를 공정거래위원회에 제출해야 한다.
② 공정거래위원회는 제1항에 따른 신청을 받아 대리인을 지정한 경우 그 사실을 신청인에게 알려야 한다.

제22조【시정조치】 ① 공정거래위원회는 법 제14조제1항에 따라 시정조치를 명하는 경우 해당 시정조치를 이행하지 않을 때에는 법 제16조에 따라 이행강제금이 부과·징수될 수 있다는 사실을 서면으로 알려야 한다.
② 법 제14조제1항제5호에 따른 공표 명령에 관하여는 제12조를 준용한다.

제23조【이행강제금의 부과】 ① 법 제16조제1항에 따른 이행강제금은 법 제14조제1항에 따른 시정조치에서 정한 기간의 종료일 다음 날부터 다음 각 호의 구분에 따라 시정조치를 이행하는 날까지의 기간에 대해 부과한다.
1. 주식처분인 경우 : 주권교부일
2. 임원의 사임인 경우 : 해당 사실의 등기일
3. 영업의 양도인 경우 : 관련부동산 등에 대한 소유권 이전등기일 또는 이전등록일
② 제1항에도 불구하고 법 제14조제1항제6호 및 제7호에 따른 시정조치(매 분기 또는 매 사업연도 등 기간별로 일정한 의무를 명하는 내용인 경우로 한정한다)를 이행하지 않는 자에 대한 이행강제금은 해당 불이행기간에 대해 부과한다.
③ 제1항에 따른 이행강제금은 특별한 사유가 없으면 시정조치에서 정한 기간의 종료일부터 30일 이내, 제2항에 따른 이행강제금은 특별한 사유가 없으면 이행 여부를 확인할 수 있는 날부터 30일 이내에 부과해야 한다.
④ 법 제16조제1항에 따른 이행강제금의 부과기준은 별표1과 같다.
⑤ 공정거래위원회는 법 제16조제1항에 따라 이행강제금을 부과하는 경우 1일당 이행강제금의 금액(제2항에 따른 이행강제금의 경우에는 해당 불이행기간에 대해 확정된 금액을 말한다), 부과사유, 납부기한, 수납기관, 이의제기 방법 및 이의제기기관 등이 포함된 서면으로 알려야 한다.
⑥ 제5항에 따라 통지를 받은 자는 다음 각 호의 구분에 따른 기한 이내에 이행강제금을 납부해야 한다. 다만, 천재지변이나 그 밖의 부득이한 사유로 기한 내에 이행강제금을 납부할 수 없는 경우에는 그 사유가 없어진 날부터 30일 이내에 납부해야 한다.
1. 제1항에 따른 이행강제금의 경우 : 공정거래위원회가 이행행위를 완료한 날을 확인한 후 이행강제금의 금액을 확정하여 납부 통지를 한 날부터 30일
2. 제2항에 따른 이행강제금의 경우 : 공정거래위원회가 납부 통지를 한 날부터 30일
⑦ 공정거래위원회는 법 제16조제1항에 따라 이행강제금을 부과한 경우 법 제14조제1항에 따른 시정조치에서 정한 기간의 종료일부터 90일이 경과한 후에도 시정조치가 이행되지 않는 때에는 그 종료일부터 기산하여 매 90일이 경과하는 날을 기준으로 하여 이행강제금을 징수할 수 있다.
⑧ 제1항부터 제7항까지에서 규정한 사항 외에 이행강제금 부과에 필요한 세부사항은 공정거래위원회가 정하여 고시한다.

제24조【이행강제금의 독촉】 ① 공정거래위원회는 법 제16조제2항에 따라 이행강제금의 징수를 위해 독촉하는 경우 이행강제금의 납부기한 경과 후 15일 이내에 서면으로 해야 한다.
② 공정거래위원회는 제1항에 따라 독촉장을 발부하는 경우 체납된 이행강제금의 납부기간을 그 발부일부터 10일 이내의 기간으로 설정해야 한다.

제25조【체납처분의 위탁】 ① 공정거래위원회는 법 제16조제3항에 따라 이행강제금의 체납처분에 관한 업무를 국세청장에게 위탁하는 경우 다음 각 호의 서류를 첨부한 서면으로 해야 한다.
1. 공정거래위원회의 의결서
2. 세입징수결의서 및 고지서
3. 납부 독촉장
② 국세청장은 제1항에 따라 체납처분에 관한 업무를 위탁받은 경우 다음 각 호의 사유가 발생한 날부터 30일 이내에 해당 호의 구분에 따른 사항을 서면으로 공정거래위원회에 통보해야 한다.
1. 체납처분에 관한 업무가 종료된 경우 : 그 업무종료의 일시나 그 밖에 필요한 사항
2. 공정거래위원회로부터 체납처분의 진행상황에 관한 통보요청이 있는 경우 : 그 진행상황

제4장 경제력 집중의 억제

제26조【지주회사의 설립·전환 신고】 ① 법 제17조에 따라 지주회사의 설립·전환을 신고하려는 자는 다음 각 호의 사항이 포함된 신고서에 그 신고내용을 입증하는 서류와 법 제19조 각 호의 채무보증의 해소실적에 관한 서류(법 제31조제1항 전단에 따라 지정된 상호출자제한기업집단에 속하는 회사를 지배하는 동일인 또는 그 동일인의 특수관계인이 신고하는 경우로 한정한다)를 첨부하여 공정거래위원회에 제출해야 한다.
1. 명칭 및 대표자의 성명
2. 지주회사, 자회사, 손자회사 및 법 제18조제5항에 따른 증손회사(이하 "지주회사등"이라 한다)에 대한 다음 각 목의 사항
가. 해당 회사의 명칭 및 대표자의 성명
나. 자산총액 및 부채총액
다. 주주 현황 및 주식소유 현황
라. 사업내용
3. 그 밖에 제1호 및 제2호에 준하는 사항으로서 지주회사의 설립·전환의 신고에 필요하다고 공정거래위원회가 정하여 고시하는 사항
② 법 제17조에 따른 지주회사의 설립·전환의 신고는 다음 각 호의 구분에 따른 기간 이내에 해야 한다.
1. 지주회사를 설립하는 경우 : 설립등기일부터 30일
2. 다른 회사와의 합병 또는 회사의 분할을 통해 지주회사로 전환하는 경우 : 합병등기일 또는 분할등기일부터 30일
3. 「자본시장과 금융투자업에 관한 법률」 제249조의19 등 다른 법률에 따라 법 제17조의 적용이 제외되는 회사의 경우 : 그 다른 법률에서 정하고 있는 제외기간이 지난 날부터 30일
4. 다른 회사의 주식취득, 자산의 증감 또는 그 밖의 사유로 지주회사로 전환하는 경우 : 제3조제1항제2호에 따른 자산총액 산정 기준일부터 4개월 이내
③ 법 제17조에 따른 지주회사의 설립신고를 하는 경우 그 설립하는 자가 둘 이상인 경우에는 공동으로 신고해야 한다. 다만, 신고의무자 중 1명을 대리인으로 정하여 그 대리인이 신고하는 경우에는 단독으로 신고할 수 있다.
④ 법 제17조에 따라 설립·전환 신고를 한 자가 사업연도 중 소유 주식의 감소 또는 자산의 증감 등의 사유로 제3조제1항 또는 제2항의 지주회사 기준에 해당하지 않게 된 사실을 공정거래위원회에 알린 경우에는 해당 사유가 발생한 날부터 지주회사로 보지 않는다.
⑤ 법 제17조에 따라 설립·전환 신고를 한 자가 제4항에 따라 공정거래위원회에 지주회사의 기준에 해당되지 않게 된 사실을 알리는 경우에는 지주회사가 되지 않는 사유가 발생한 날을 기준으로 공인회계사의 회계감사를 받은 대차대조표 및 주식소유 현황에 관한 서류를 공정거래위원회에 제출해야 한다.
⑥ 공정거래위원회는 제5항에 따른 서류를 제출받은 경우 제출받은 날부터 30일 이내에 그 처리결과를 해당 지주회사에 서면으로 알려야 한다.
⑦ 제1항부터 제6항까지에서 규정한 사항 외에 지주회사의 설립·전환 신고 등의 절차 및 방법 등에 관하여 필요한 세부사항은 공정거래위원회가 정하여 고시한다.

제27조【벤처지주회사의 기준】 ① 법 제18조제1항제1호에서 "대통령령으로 정하는 자"란 제14조제1항제3호의 자를 말한다.

② 법 제18조제1항제2호에서 "대통령령으로 정하는 중소기업"이란 제5조제2항제5호가목1)에 따른 중소기업을 말한다.(2022.12.27 본항개정)
③ 법 제18조제1항제2호에서 "대통령령으로 정하는 기준에 해당하는 지주회사"란 다음 각 호의 요건을 모두 충족하는 지주회사를 말한다.
1. 해당 회사가 소유하고 있는 전체 자회사 주식가액 합계액 중 제5조제2항제5호가목1) 또는 2)에 따른 중소기업 또는 벤처기업의 주식가액 합계액이 차지하는 비율이 100분의 50 이상일 것. 다만, 제3호에 따라 벤처지주회사의 설립·전환을 최초로 의결한 날부터 2년까지는 그 비율을 100분의 30 이상으로 한다.(2022.12.27 본문개정)
2. 해당 회사(법 제31조제1항 전단에 따라 지정된 공시대상기업집단으로서 동일인이 자연인인 기업집단에 소속된 회사로 한정한다)의 동일인 및 그 친족이 자회사, 손자회사 또는 법 제18조제5항에 따른 증손회사(이하 "증손회사"라 한다)의 주식을 소유하지 않을 것
3. 이사회 또는 주주총회를 통해 벤처지주회사로 설립 또는 전환하기로 의결했을 것

제28조【지주회사등의 행위제한】 ① 법 제18조제2항제2호 각 목 외의 부분 본문에서 "대통령령으로 정하는 국내 증권시장"이란 「자본시장과 금융투자업에 관한 법률 시행령」 제176조의9제1항에 따른 유가증권시장을 말한다.
② 법 제18조제2항제4호 본문에서 "금융업 또는 보험업과 밀접한 관련이 있는 등 대통령령으로 정하는 기준에 해당하는 회사"란 다음 각 호의 어느 하나에 해당하는 사업의 영위를 목적으로 하는 회사를 말한다.
1. 금융회사 또는 보험회사에 전산·정보처리 등의 역무를 제공하는 사업
2. 금융회사 또는 보험회사가 보유한 부동산이나 그 밖의 자산의 관리 사업
3. 금융업 또는 보험업과 관련된 조사·연구 사업
4. 그 밖에 금융회사 또는 보험회사의 고유업무와 직접 관련되는 사업

제29조【지주회사등의 사업내용에 관한 보고서의 제출】 ① 법 제18조제7항에 따라 지주회사는 해당 사업연도 종료 후 4개월 이내에 지주회사등에 대한 다음 각 호의 사항이 포함된 사업내용에 관한 보고서를 공정거래위원회에 제출해야 한다.
1. 다음 각 목의 일반 현황
가. 명칭 및 대표자의 성명
나. 소재지
다. 설립일
라. 사업내용
2. 다음 각 목의 재무 현황
가. 납입자본금
나. 자본총액
다. 부채총액
라. 자산총액
3. 계열회사 현황
4. 주주 및 주식소유 현황
5. 특수관계인(국외 계열회사는 제외한다. 이하 이 호에서 같다)을 상대방으로 하거나 특수관계인을 위한 거래행위로서 법 제26조제1항 각 호의 거래행위 현황(벤처지주회사가 제출하는 경우로 한정한다)
6. 그 밖에 제1호부터 제5호까지에 준하는 사항으로서 지주회사등의 사업내용 확인에 필요하다고 공정거래위원회가 정하여 고시하는 사항
② 제1항에 따른 보고서에는 다음 각 호의 서류를 첨부해야 한다.
1. 지주회사등의 직전 사업연도의 대차대조표·손익계산서 등 재무제표(「주식회사 등의 외부감사에 관한 법률」에 따라 연결재무제표를 작성하는 기업의 경우에는 연결재무제표를 포함한다)
2. 제1호에 따른 재무제표에 대한 감사인의 감사보고서(법 제31조제1항 전단에 따라 지정된 공시대상기업집단에 속하는 회사 및 「주식회사 등의 외부감사에 관한 법률」에 따라 외부감사의 대상이 되는 회사로 한정한다)
3. 자회사, 손자회사 및 증손회사의 주주명부
③ 공정거래위원회는 제1항 및 제2항에 따라 제출된 보고서 또는 첨부서류가 미비한 경우 기간을 정하여 해당 서류의 보완을 명할 수 있다.
④ 제1항부터 제3항까지에서 규정한 사항 외에 지주회사등의 사업내용에 관한 보고서의 제출 방법 및 절차 등에 관하여 필요한 세부사항은 공정거래위원회가 정하여 고시한다.

제30조【일반지주회사의 금융회사 주식소유 제한에 관한 특례】 법 제20조제3항제4호가목에서 "대통령령으로 정하는 비율"이란 100분의 40을 말한다.

제31조【계열회사에 대한 채무보증 금지 제외】 ① 법 제24조제1호에 따른 채무보증은 다음 각 호의 구분에 따른 채무에 대한 보증으로 한다.
1. 주식양도 또는 합병 등의 방법으로 인수되는 회사의 인수시점의 채무나 인수하기로 예정된 채무 : 인수하는 회사 또는 그 계열회사가 하는 보증
2. 인수되는 회사의 채무를 분할인수함에 따라 인수하는 채무 : 인수하는 회사의 계열회사가 하는 보증
② 법 제24조제2호에 따른 채무보증은 다음 각 호에 해당하는 보증으로 한다.
1. 「한국수출입은행법」 제18조제1항제1호 및 제2호에 따라 자본재(資本財)나 그 밖의 상품의 생산과 기술의 제공과정에서 필요한 자금 지원을 위해 한국수출입은행이 하는 대출 또는 이와 연계하여 다른 국내 금융기관이 하는 대출에 대한 보증
2. 다음 각 목의 사업과 관련하여 국내 금융기관이 하는 입찰보증·계약이행보증·선수금환급보증·유보금환급보증·하자보수보증 또는 납세보증에 대한 보증
가. 해외에서의 건설 및 산업설비공사의 수행 사업
나. 수출선박의 건조 사업
다. 용역수출 사업
라. 그 밖에 기업의 국제경쟁력 강화를 위해 공정거래위원회가 인정하는 물품수출 사업
3. 국내의 신기술 또는 도입된 기술의 기업화와 기술개발을 위한 시설 및 기자재의 구입 등 기술개발사업을 위해 국내 금융기관으로부터 지원받은 자금에 대한 보증
4. 인수인도조건수출 어음 또는 지급인도조건수출 어음의 국내 금융기관 매입 및 내국신용장 개설에 대한 보증
5. 다음 각 목의 사업과 관련하여 국내 금융기관의 해외지점이 하는 여신에 대한 보증
가. 「외국환거래법」에 따른 해외직접투자
나. 해외 건설 및 용역사업자가 하는 외국에서의 건설 및 용역사업
다. 그 밖에 가목 또는 나목과 유사한 사업으로서 기업의 국제경쟁력 강화를 위해 공정거래위원회가 인정하는 외국에서의 사업
6. 「채무자 회생 및 파산에 관한 법률」에 따른 회생절차개시를 법원에 신청한 회사의 제3자 인수와 직접 관련된 보증
7. 「사회기반시설에 대한 민간투자법」 제4조제1호부터 제4호까지의 규정에 따른 방식으로 민간투자사업을 영위하는 계열회사에 출자를 한 경우에 국내 금융기관이 해당 계열회사에 하는 여신에 대한 보증
8. 「공기업의 경영구조 개선 및 민영화에 관한 법률」 제2조에 따른 회사가 구조개편을 위해 분할되는 경우에 그 회사가 계열회사가 아닌 회사에 한 보증을 분할로 신설되는 회사가 인수하는 것과 직접 관련하여 그 회사가 그 신설회사에 대해 하는 재보증

제32조【금융회사·보험회사 및 공익법인의 의결권 제한 예외】 법 제25조제1항제3호 각 목 외의 부분 후단 및 같은 조 제2항제2호 각 목 외의 부분 후단에서 "대통령령으로 정하는 자"란 각각 제14조제1항제3호에 규정된 자를 말한다.

제33조【대규모내부거래의 이사회 의결 및 공시】 ① 법 제26조제1항 각 호에 따른 거래행위(이하 "대규모내부거래"라 한다)의 규모는 그 거래금액(같은 항 제4호의 경우에는 분기에 이루어질 거래금액의 합계액을 말한다)이 다음 각 호의 금액 중 낮은 금액 이상인 것으로 한다.
(2023.5.30 본문개정)
1. 100억원
2. 대규모내부거래를 하려는 법 제31조제1항 전단에 따라 지정된 공시대상기업집단에 속하는 국내 회사의 자본총계 또는 자본금 중 큰 금액의 100분의 5에 해당하는 금액(그 금액이 5억원 미만인 경우에는 5억원)
(2023.5.30 1호~2호신설)
② 법 제26조제1항제4호에서 "대통령령으로 정하는 계열회사"란 자연인인 동일인이 단독으로 또는 동일인의 친족(제6조제1항에 따라 동일인관련자로부터 제외된 자는 제외한다)과 합하여 발행주식총수의 100분의 20 이상을 소유하고 있는 계열회사 또는 그 계열회사의 「상법」 제342조의2에 따른 자회사인 계열회사를 말한다.
③ 법 제26조제2항에서 "거래의 목적·상대방·규모 및 조건 등 대통령령으로 정하는 주요 내용"이란 다음 각 호의 내용을 말한다.
1. 거래의 목적 및 대상
2. 거래의 상대방(특수관계인을 위한 거래인 경우에는 그 특수관계인을 포함한다)
3. 거래의 금액 및 조건
4. 제2호에 따른 거래의 상대방과의 동일 거래유형의 총 거래잔액
5. 그 밖에 제1호부터 제4호까지에 준하는 것으로서 대규모내부거래의 이사회 의결 및 공시를 위해 필요하다고 공정거래위원회가 정하여 고시하는 사항
④ 법 제26조제4항 전단에서 "대통령령으로 정하는 기준에 해당하는 거래행위"란 다음 각 호의 요건을 모두 갖춘 거래행위를 말한다.
1. 「약관의 규제에 관한 법률」에 따른 약관상의 거래행위일 것
2. 금융업 또는 보험업을 영위하는 과정에서 발생하는 일상적인 거래행위일 것
⑤ 제1항부터 제4항까지에서 규정한 사항 외에 대규모내부거래에 대한 이사회 의결 및 공시의 방법·절차·시기에 관하여 필요한 세부사항은 공정거래위원회가 정하여 고시한다.

제34조【비상장회사 등의 중요사항 공시】 ① 법 제27조제1항 각 호 외의 부분 본문에서 "자산총액 등이 대통령령으로 정하는 기준에 해당하는 회사"란 다음 각 호의 회사를 말한다.
1. 직전 사업연도말 현재 자산총액이 100억원 이상인 회사
2. 직전 사업연도말 현재 자산총액이 100억원 미만인 회사로서 특수관계인(자연인인 동일인 및 그 친족만을 말한다. 이하 이 호에서 같다)이 단독으로 또는 다른 특수관계인과 합하여 발행주식총수의 100분의 20 이상의 주식을 소유한 회사 또는 그 회사가 단독으로 발행주식총수의 100분의 50을 초과하는 주식을 소유한 회사. 다만, 청산 절차가 진행 중이거나 1년 이상 휴업 중인 회사는 제외한다.
② 법 제27조제1항제1호에서 "대통령령으로 정하는 최대주주와 주요주주"란 다음 각 호의 구분에 따른 주주를 말한다.
1. 최대주주 : 해당 회사의 주주로서 의결권 있는 발행주식총수를 기준으로 소유하고 있는 주식의 수가 가장 많은 주주(동일인이 단독으로 또는 동일인관련자와 합산하여 최다출자자가 되는 경우에는 그 동일인 및 동일인관련자를 포함한다)
2. 주요주주 : 누구의 명의로 하든지 자기의 계산으로 회사의 의결권 있는 발행주식총수의 100분의 10 이상의 주식을 소유하고 있거나 임원의 임면 등 회사의 주요 경영사항에 대해 사실상 지배력을 행사하고 있는 주주
③ 법 제27조제1항제1호에서 "대통령령으로 정하는 사항"이란 다음 각 호의 사항을 말한다.
1. 제2항제1호에 따른 최대주주와 같은 항 제2호에 따른 주요주주의 주식보유현황 및 그 변동사항(해당 최대주주나 주요주주의 주식보유비율이 발행주식총수의 100분의 1 이상 변동이 있는 경우로 한정한다)
2. 임원의 구성현황 및 그 변동사항
④ 법 제27조제1항제2호에서 "대통령령으로 정하는 사항"이란 다음 각 호의 사항을 말한다. 이 경우 최근 사업연도말 현재 자산총액 및 자기자본은 매 사업연도 종료 후 3개월이 지난 날부터 그 다음 사업연도 종료 후 3개월이 되는 날까지의 기간을 기준으로 하고, 새로 설립된 회사로서 최근 사업연도의 대차대조표가 없는 회사의 경우에는 최근 사업연도말 현재 자산총액 및 자기자본 대신 설립 당시의 납입자본금을 기준으로 한다.
1. 최근 사업연도말 현재 자산총액의 100분의 10에 해당하는 금액 이상의 고정자산의 취득 또는 처분(「자본시장과 금융투자업에 관한 법률」에 따른 신탁계약(그 법인이 운용지시권한을 가지는 경우로 한정한다) 또는 같은 법에 따른 사모집합투자기구(그 법인이 자산운용에 사실상의 영향력을 행사하는 경우로 한정한다)를 통한 취득·처분을 포함한다)에 관한 결정이 있는 경우에는 그 결정사항
2. 자기자본의 100분의 5에 해당하는 금액 이상의 다른 법인(계열회사는 제외한다)의 주식 및 출자증권의 취득 또는 처분에 관한 결정이 있는 경우에는 그 결정사항
3. 자기자본의 100분의 1에 해당하는 금액 이상의 증여를 하거나 받기로 결정한 경우에는 그 결정사항
4. 자기자본의 100분의 5에 해당하는 금액 이상의 타인을 위한 담보제공 또는 채무보증(계약 등의 이행보증 및 납세보증을 위한 채무보증은 제외한다)에 관한 결정이 있는 경우에는 그 결정사항
5. 자기자본의 100분의 5에 해당하는 금액 이상의 채무를 면제 또는 인수하기로 결정하거나 채무를 면제받기로 결정한 경우에는 그 결정사항
6. 증자 또는 감자에 관한 결정이 있는 경우에는 그 결정사항
7. 전환사채 또는 신주인수권부사채의 발행에 관한 결정이 있는 경우에는 그 결정사항
⑤ 법 제27조제1항제3호에서 "대통령령으로 정하는 사항"이란 다음 각 호의 사항을 말한다.
1. 「상법」 제360조의2·제360조의15·제374조·제522조·제527조의2·제527조의3·제530조의2에 따른 결정이 있는 경우에는 그 결정사항
2. 「상법」 제517조 또는 다른 법률에 따른 해산사유가 발생한 경우에는 그 해산사유
3. 「채무자 회생 및 파산에 관한 법률」에 따른 회생절차의 개시·종결 또는 폐지의 결정이 있는 경우에는 그 결정사항
4. 「기업구조조정 촉진법」에 따른 관리절차의 개시·중단 또는 해제결정이 있는 경우에는 그 결정사항
⑥ 제1항부터 제5항까지에서 규정한 사항 외에 상장법인을 제외한 회사의 공시의 방법·절차·시기에 관하여 필요한 세부사항은 공정거래위원회가 정하여 고시한다.

제35조【기업집단현황 등에 관한 공시】 ① 법 제28조제1항 각 호 외의 부분에서 "대통령령으로 정하는 기준에 해당하는 회사"란 직전 사업연도말 현재 자산총액이 100억원 미만인 회사로서 청산 절차가 진행 중이거나 1년 이상 휴업 중인 회사를 제외한 모든 회사를 말한다.
② 법 제28조제1항 각 호 외의 부분에서 "대통령령으로 정하는 사항"이란 법 제31조제1항 전단에 따라 지정된 공시대상기업집단에 대한 다음 각 호의 사항을 말한다.
1. 소속회사의 다음 각 목의 일반 현황
가. 회사의 명칭
나. 대표자의 성명
다. 사업내용
라. 재무 현황
마. 직전 1년간의 계열회사의 변동 현황
바. 임원 현황

사. 이사회 운영 현황
아. 그 밖에 가목부터 사목까지에 준하는 것으로서 공정거래위원회가 정하여 고시하는 사항
2. 소속회사의 주주 현황
3. 소속회사 간 출자 현황
4. 소속회사 중 지주회사등이 아닌 계열회사 현황[지주회사등의 자산총액 합계액이 기업집단 소속회사의 자산총액(금융업 또는 보험업을 영위하는 회사의 경우에는 자본총액 또는 자본금 중 큰 금액으로 한다) 합계액의 100분의 50 이상인 경우로 한정한다]
5. 소속회사 간의 상호출자 현황
6. 소속회사 간의 순환출자 현황
7. 소속회사 간의 채무보증 현황
8. 소속회사 중 금융업 또는 보험업을 영위하는 회사의 법 제25조제1항에 따른 의결권 행사 여부. 다만, 금융업 또는 보험업을 영위하는 회사의 주식에 대한 의결권 행사는 제외한다.
9. 소속회사와 그 특수관계인 간 자금·자산 및 상품·용역을 제공하거나 거래한 현황
10. 사업기간(상장회사는 사업분기를 말하고, 비상장회사는 사업연도를 말한다) 동안 계열회사와 이루어진 상품 또는 용역의 거래금액이 그 사업기간 매출액의 100분의 5 이상이거나 50억원 이상인 경우 그 계열회사와의 상품 또는 용역의 거래내역 현황
③ 법 제28조제2항제1호에서 "주주 구성 등 대통령령으로 정하는 사항"이란 다음 각 호의 사항을 말한다. 다만, 친족이 단독으로 또는 다른 친족과 함께 출자한 경우로서 국내 계열회사의 주식을 직접 또는 제4항에 따른 방법으로 소유하지 않고, 국내 계열회사와 직접 또는 간접으로 직전 1년간 거래가 없는 국외 계열회사에 대해 다음 각 호의 사항에 대한 정보의 제공을 거부한 경우 해당 사항은 제외한다.
1. 회사의 명칭
2. 대표자의 성명
3. 소재국
4. 사업내용
5. 주주 현황. 다만, 소재국의 법령에서 주주에 관한 정보의 제공 또는 그 공시를 금지하는 경우는 제외한다.
6. 그 밖에 제1호부터 제5호까지에 준하는 것으로서 공정거래위원회가 공시에 필요하다고 정하여 고시하는 사항
④ 법 제28조제2항제2호에서 "대통령령으로 정하는 방법"이란 법 제31조제1항 전단에 따라 지정된 공시대상기업집단에 속하는 국내 회사의 주식을 직접 소유하고 있는 국외 계열회사의 주식을 하나 이상의 국외 계열회사 간 출자로 연결하여 소유하는 방법을 말한다.
⑤ 법 제28조제2항제2호에서 "대통령령으로 정하는 사항"이란 다음 각 호의 사항을 말한다.
1. 제3항제1호부터 제5호까지의 사항
2. 국내 계열회사 또는 다른 국외 계열회사에 대한 출자 현황
3. 그 밖에 제1호 및 제2호에 준하는 것으로서 공정거래위원회가 공시에 필요하다고 정하여 고시하는 사항
⑥ 법 제28조제2항 각 호 외의 부분 단서에서 "의식불명 등 대통령령으로 정하는 사유"란 다음 각 호의 사유를 말한다.
1. 의식불명
2. 실종선고
3. 성년후견 개시 결정
4. 그 밖에 제1호부터 제3호까지에 준하는 것으로서 동일인이 공시하는 것이 사실상 불가능하다고 공정거래위원회가 인정하는 사유
⑦ 법 제28조제1항 및 제2항에 따른 공시는 공정거래위원회가 정하여 고시하는 바에 따라 분기별, 반기별 또는 연도별로 해야 한다.
⑧ 제1항부터 제7항까지에서 규정한 사항 외에 기업집단 현황 등의 공시의 방법 및 절차 등에 관하여 필요한 세부사항은 공정거래위원회가 정하여 고시한다.

제36조【특수관계인인 공익법인의 이사회 의결 및 공시】 ① 법 제29조제1항제2호 각 목에 따른 거래행위의 규모는 그 거래금액(같은 호 라목의 경우에는 분기에 이루어질 거래금액의 합계액을 말한다)이 다음 각 호의 금액 중 낮은 금액 이상인 것으로 한다.(2023.5.30 본문개정)
1. 100억원
2. 법 제29조제1항제2호 각 목에 따른 거래행위를 하려는 공익법인의 자본총계 또는 자본금 중 큰 금액의 100분의 5에 해당하는 금액(그 금액이 5억원 미만인 경우에는 5억원)
(2023.5.30 1호~2호신설)
② 법 제29조제1항제2호라목에서 "대통령령으로 정하는 계열회사"란 제33조제2항에 따른 계열회사를 말한다.
③ 제1항 및 제2항에서 규정한 사항 외에 공익법인의 이사회 의결 및 공시의 방법·절차·시기에 관하여 필요한 세부사항은 공정거래위원회가 정하여 고시한다.

제37조【주식소유 현황 등의 신고】 ① 법 제30조제1항에 따른 신고를 하려는 회사는 매년 5월 31일까지 다음 각 호의 사항이 포함된 신고서를 공정거래위원회에 제출해야 한다. 다만, 법 제31조제1항 전단에 따라 새로 공시대상기업집단으로 지정된 기업집단에 속하는 회사의 경우에는 제38조제5항에 따른 통지를 받은 날부터 30일 이내에 그 신고서를 제출(공시대상기업집단으로 새로 지정된 연도로 한정한다)해야 한다.
1. 해당 회사의 명칭·자본금 및 자산총액 등 회사의 개요
2. 계열회사 및 특수관계인이 소유하고 있는 해당 회사의 주식수
3. 해당 회사의 국내 회사 주식소유 현황
② 제1항의 신고서에는 다음 각 호의 서류를 첨부해야 한다.
1. 해당 회사의 소유주식 명세서
2. 계열회사와의 상호출자 현황표
3. 해당 회사의 직전 사업연도의 감사보고서
③ 법 제30조제1항에 따라 신고한 회사는 주식취득 등으로 법 제31조제1항 전단에 따라 지정된 공시대상기업집단에 속하는 국내 회사에 변동사유가 발생한 경우 다음 각 호의 구분에 따른 날부터 30일 이내에 그 변동내용이 포함된 신고서를 공정거래위원회에 제출해야 한다.
1. 주식을 소유하게 되거나 주식소유비율이 증가한 경우 : 제17조제1호 각 목에 따른 날
2. 임원 선임의 경우 : 임원을 선임하는 회사의 주주총회 또는 사원총회에서 임원의 선임이 의결된 날
3. 새로운 회사설립에 참여한 경우 : 회사의 설립등기일
4. 제1호부터 제3호까지에 해당하지 않는 경우로서 지배적인 영향력을 행사할 수 있게 된 경우 : 주요 주주와의 계약·합의 등에 따라 해당 소속회사의 경영에 대해 지배적인 영향력을 행사할 수 있게 된 날
④ 법 제30조제2항에 따른 신고를 하려는 회사는 매년 5월 31일까지 해당 회사의 채무보증 금액이 포함된 신고서에 다음 각 호의 서류를 첨부하여 공정거래위원회에 제출해야 한다. 다만, 법 제31조제1항 전단에 따라 새로 상호출자제한기업집단으로 지정된 기업집단에 속하는 회사의 경우에는 제38조제5항에 따른 통지를 받은 날부터 30일 이내에 그 신고서를 제출(공시대상기업집단으로 새로 지정된 연도로 한정한다)해야 한다.
1. 해당 회사의 계열회사에 대한 채무보증명세서 및 직전 1년간의 채무보증 변동내역
2. 해당 회사가 계열회사로부터 받은 채무보증명세서 및 직전 1년간의 채무보증 변동내역
3. 해당 회사의 채무보증 금액과 제1호 및 제2호의 내용을 확인하기 위해 법 제2조제18호 각 목의 국내 금융기관이 공정거래위원회가 정하는 서식에 따라 작성한 확인서

제38조【공시대상기업집단 및 상호출자제한기업집단의 지정 등】 ① 법 제31조제1항 전단에 따른 공시대상기업집단(이하 "공시대상기업집단"이라 한다)은 해당 기업집단에 속하는 국내 회사들의 공시대상기업집단 지정 직전 사업연도의 대차대조표상 자산총액(금융업 또는 보험업을 영위하는 회사의 경우에는 자본총액 또는 자본금 중 큰 금액으로 하며, 새로 설립된 회사로서 직전 사업연도의 대차대조표가 없는 경우에는 지정일 현재의 납입자본금으로 한다. 이하 이 조에서 같다)의 합계액이 5조원 이상인 기업집단으로 한다. 다만, 다음 각 호의 기업집단은 공시대상기업집단 지정에서 제외한다.
1. 금융업 또는 보험업만을 영위하는 기업집단
2. 금융업 또는 보험업을 영위하는 회사가 동일인인 기업집단
3. 해당 기업집단에 속하는 회사 중 다음 각 목의 회사의 자산총액 합계액이 기업집단 전체 자산총액의 100분의 50 이상인 기업집단. 다만, 다음 각 목의 회사를 제외한 회사의 자산총액 합계액이 5조원 이상인 기업집단은 제외한다.
가. 「채무자 회생 및 파산에 관한 법률」에 따른 회생절차의 개시가 결정되어 그 절차가 진행 중인 회사
나. 「기업구조조정 촉진법」에 따른 관리절차의 개시가 결정되어 그 절차가 진행 중인 회사
4. 「공공기관의 운영에 관한 법률」 제4조에 따른 공공기관, 「지방공기업법」 제2조제1항에 따른 지방직영기업, 지방공사 또는 지방공단이 동일인인 기업집단
5. 해당 기업집단에 속하는 회사 모두가 다음 각 목의 어느 하나에 해당하는 기업집단
가. 「자본시장과 금융투자업에 관한 법률」 제9조제19항제1호에 따른 기관전용 사모집합투자기구
나. 가목에 해당하는 자가 투자한 「자본시장과 금융투자업에 관한 법률」 제249조의13제1항에 따른 투자목적회사(이하 이 호에서 "투자목적회사"라 한다)
다. 나목에 해당하는 자가 투자한 투자목적회사
라. 가목부터 다목까지에 해당하는 자가 투자한 「자본시장과 금융투자업에 관한 법률」 제249조의18제2항제4호에 따른 투자대상기업
마. 라목에 해당하는 자가 지배하는 회사
바. 「자본시장과 금융투자업에 관한 법률」 제249조의15제1항에 따라 금융위원회에 등록된 기관전용 사모집합투자기구의 업무집행사원
6. 해당 기업집단에 속하는 회사 모두가 다음 각 목의 어느 하나에 해당하는 기업집단. 이 경우 가목 또는 나목의 회사가 각각 하나 이상 포함되어 있어야 한다.
가. 금융업 또는 보험업을 영위하는 회사
나. 제5호 각 목의 어느 하나에 해당하는 회사
② 법 제31조제1항 전단에 따른 상호출자제한기업집단(이하 "상호출자제한기업집단"이라 한다)의 지정 기준 및 지정제외 기준에 관하여는 제1항을 준용한다. 이 경우 제1항 각 호 외의 부분 본문 및 같은 항 제3호 중 "5조원"은 각각 "국내총생산액의 1천분의 5에 해당하는 금액"으로 본다.
③ 공정거래위원회는 법 제31조제1항 전단에 따라 매년 5월 1일(부득이한 경우에는 5월 15일)까지 제1항 또는 제2항의 기준에 새로 해당하는 기업집단을 공시대상기업집단 또는 상호출자제한기업집단으로 지정해야 하고, 공시대상기업집단 또는 상호출자제한기업집단으로 지정된 기업집단이 제1항 또는 제2항의 기준에 해당하지 않게 되는 경우 공시대상기업집단 또는 상호출자제한기업집단에서 제외해야 한다.
④ 공정거래위원회는 제3항에 따라 공시대상기업집단 또는 상호출자제한기업집단으로 지정된 기업집단이 다음 각 호에 해당하는 경우 그 사유가 발생한 때에 공시대상기업집단 또는 상호출자제한기업집단에서 제외할 수 있다.
1. 지정일 이후 제1항제3호 각 목 외의 부분 본문에 해당하게 된 경우. 다만, 제1항제3호가목 또는 나목에 해당되는 회사를 제외한 회사의 자산총액 합계액이 3조 5천억원 이상인 경우에는 공시대상기업집단에서 제외하지 않고, 그 합계액이 국내총생산액의 1만분의 35에 해당하는 금액 이상인 경우에는 상호출자제한기업집단에서 제외하지 않는다.
2. 소속회사의 변동으로 해당 기업집단에 소속된 국내 회사들의 자산총액 합계액이 3조 5천억원 미만으로 감소한 경우(공시대상기업집단만 해당한다)
3. 소속회사의 변동으로 해당 기업집단에 소속된 국내 회사들의 자산총액 합계액이 국내총생산액의 1만분의 35에 해당하는 금액 미만으로 감소한 경우(상호출자제한기업집단만 해당한다)
⑤ 공정거래위원회는 제3항 또는 제4항에 따라 공시대상기업집단 또는 상호출자제한기업집단을 새로 지정하거나 지정 제외하는 경우 즉시 그 사실을 해당 기업집단에 속하는 회사와 그 회사를 지배하는 동일인의 특수관계인인 공익법인에 서면으로 알려야 한다.
⑥ 공정거래위원회는 제3항 및 제4항에 따른 지정 후 해당 기업집단에 속하는 회사에 변동이 있는 경우 해당 회사에 서면으로 그 사실을 알려야 한다.
⑦ 법 제31조제4항에서 "회사의 일반 현황, 회사의 주주 및 임원 구성, 특수관계인 현황, 주식소유 현황 등 대통령령으로 정하는 자료"란 다음 각 호의 자료를 말한다.
1. 회사의 일반 현황
2. 회사의 주주 및 임원 구성
3. 특수관계인 현황
4. 주식소유 현황
5. 「채무자 회생 및 파산에 관한 법률」에 따른 회생절차의 개시가 결정되어 그 절차가 진행 중인 소속회사와 「기업구조조정 촉진법」에 따른 관리절차의 개시가 결정되어 그 절차가 진행 중인 소속회사 현황
6. 감사보고서. 다만, 「주식회사 등의 외부감사에 관한 법률」에 따른 외부감사를 받지 않는 회사의 경우에는 세무조정계산서를 말하며, 세무조정계산서도 없는 경우에는 결산서를 말한다.
7. 그 밖에 제1호부터 제6호까지의 규정에 따른 자료 확인을 위해 필요하다고 공정거래위원회가 정하여 고시하는 자료
⑧ 제1항부터 제7항까지에서 규정한 사항 외에 공시대상기업집단 또는 상호출자제한기업집단의 지정 및 지정 제외에 필요한 세부사항은 공정거래위원회가 정하여 고시한다.

제39조【계열회사의 편입·통지일의 의제】 법 제33조에서 "대통령령으로 정하는 날"이란 다음 각 호의 구분에 따른 날을 말한다.
1. 공시대상기업집단의 지정 당시 그 소속회사로 편입되어야 함에도 불구하고 편입되지 않은 회사의 경우 : 그 공시대상기업집단의 지정·통지를 받은 날
2. 공시대상기업집단의 지정 이후 그 소속회사로 편입되어야 함에도 불구하고 편입되지 않은 회사의 경우 : 그 공시대상기업집단에 속해야 할 사유가 발생한 날이 속하는 달의 다음 달 1일

제40조【관계기관에 대한 자료의 확인요구 등】 ① 공정거래위원회는 법 제34조에 따라 자료의 확인 또는 조사를 요청하는 경우 다음 각 호의 사항이 포함된 서면으로 해야 한다.
1. 요청의 목적
2. 자료 또는 조사의 범위
3. 자료의 확인 또는 조사의 방법
4. 그 밖에 제1호부터 제3호까지에 준하는 사항으로서 자료의 확인 또는 조사를 위해 공정거래위원회가 필요하다고 인정하는 사항
② 법 제34조제4호에서 "대통령령으로 정하는 기관"이란 다음 각 호의 기관을 말한다.
1. 「자본시장과 금융투자업에 관한 법률」에 따라 명의개서대행업무를 영위하는 기관
2. 「신용정보의 이용 및 보호에 관한 법률」 제25조제2항제1호에 따른 종합신용정보집중기관

제41조【공시대상기업집단의 현황 등에 관한 정보공개의 범위】 ① 법 제35조제1항제1호에서 "대통령령으로 정하는 정보"란 다음 각 호의 정보를 말한다.

1. 공시대상기업집단에 속하는 회사의 명칭, 사업내용, 주요 주주, 임원, 재무상황, 그 밖의 일반 현황
2. 공시대상기업집단에 속하는 회사의 이사회 및 「상법」 제393조의2에 따라 이사회에 설치된 위원회의 구성·운영, 주주총회에서의 의결권 행사 방법, 그 밖의 지배구조 현황
② 법 제35조제1항제2호에서 "대통령령으로 정하는 정보"란 다음 각 호의 정보를 말한다.
1. 공시대상기업집단에 속하는 회사 간 또는 공시대상기업집단에 속하는 회사와 그 특수관계인 간의 주식소유현황 등 출자와 관련된 현황
2. 상호출자제한기업집단에 속하는 회사 간의 채무보증현황
3. 공시대상기업집단에 속하는 회사 간 또는 공시대상기업집단에 속하는 회사와 그 특수관계인 간의 자금, 유가증권, 자산, 상품, 용역, 그 밖의 거래와 관련된 현황

제42조【탈법행위의 유형 및 기준】 법 제36조제1항에 따라 금지되는 탈법행위는 상호출자제한기업집단에 속하는 회사가 하는 다음 각 호의 행위로 한다.
1. 법 제2조제18호 각 목의 어느 하나에 해당하는 국내 금융기관에 대한 자기 계열회사의 기존 채무를 면하게 하지 않고 동일한 내용의 채무를 부담하는 행위
2. 다른 회사로 하여금 자기의 계열회사에 대해 채무보증을 하게 하는 대신 그 다른 회사 또는 그 다른 회사의 계열회사에 대해 채무보증을 하는 행위
3. 「자본시장과 금융투자업에 관한 법률 시행령」 제103조제1호에 따른 특정금전신탁을 이용하여 신탁업자로 하여금 자기의 주식을 취득·소유하고 있는 계열회사의 주식을 취득·소유하도록 하고, 그 신탁업자와의 계약 등을 통해 해당 주식에 대한 의결권을 사실상 행사하는 행위
4. 자기의 주식을 취득·소유하고 있는 계열회사의 주식을 타인의 명의를 이용하여 자기의 계산으로 취득하거나 소유하는 행위
5. 자기가 취득·소유하면 다음 각 목에 해당하게 되는 주식을 「자본시장과 금융투자업에 관한 법률 시행령」 제103조제1호에 따른 특정금전신탁을 이용하여 신탁업자로 하여금 취득·소유하도록 하고, 그 신탁업자와의 계약 등을 통해 해당 주식에 대한 의결권을 사실상 행사하는 행위
가. 법 제22조제1항에 따라 금지되는 순환출자를 형성하는 계열출자에 해당하게 되는 주식
나. 법 제22조제1항에 따라 금지되는 순환출자회사집단에 속하는 계열회사의 계열출자대상회사에 대한 추가적인 계열출자에 해당하게 되는 주식
6. 자기가 취득·소유하면 제5호가목 또는 나목에 해당하게 되는 주식을 타인의 명의를 이용하여 자기의 계산으로 취득하거나 소유하는 행위
7. 그 밖에 제1호부터 제6호까지의 행위에 준하는 것으로서 탈법행위 방지를 위해 필요하다고 공정거래위원회가 정하여 고시하는 행위

제43조【시정명령을 받은 사실의 공표 등】 ① 법 제37조제1항제6호에 따른 공표 명령에 관하여는 제12조를 준용한다.
② 법 제38조제3항제1호에서 "대통령령으로 정하는 대차대조표"란 법 제18조제2항부터 제5항까지 및 법 제20조제2항·제3항을 위반한 사실이 최초로 나타난 대차대조표를 말한다. 다만, 대차대조표 작성 전에 법 위반행위(법 제18조제2항제1호에 따른 법 위반행위는 제외한다)가 시정되어 대차대조표에 법 위반사실이 나타나지 않는 경우에는 법 위반일을 기준으로 작성한 대차대조표에 따른다.

제5장 부당한 공동행위의 제한

제44조【공동행위의 기준】 ① 법 제40조제1항제8호에서 "대통령령으로 정하는 사항"이란 다음 각 호의 사항을 말한다.
1. 낙찰 또는 경락의 비율
2. 설계 또는 시공의 방법
3. 그 밖에 입찰 또는 경매의 경쟁 요소가 되는 사항
② 법 제40조제1항제9호에서 "대통령령으로 정하는 정보"란 상품 또는 용역에 대한 다음 각 호의 정보를 말한다.
1. 원가
2. 출고량, 재고량 또는 판매량
3. 거래조건 또는 대금·대가의 지급조건

제45조【공동행위의 적용 제외】 ① 법 제40조제2항 각 호 외의 부분에서 "대통령령으로 정하는 요건"이란 다음 각 호의 구분에 따른 요건을 말한다.
1. 법 제40조제2항제1호의 경우 : 다음 각 목의 요건을 모두 갖출 것
가. 해당 산업 내 상당수 기업이 불황으로 인해 사업활동에 곤란을 겪을 우려가 있을 것
나. 해당 산업의 공급능력이 현저하게 과잉상태에 있거나 생산시설 또는 생산방법의 낙후로 생산능률이나 국제경쟁력이 현저하게 저하되어 있을 것
다. 기업의 합리화를 통해서는 가목 또는 나목의 상황을 극복할 수 없을 것
라. 경쟁을 제한하는 효과보다 산업구조조정의 효과가 더 클 것
2. 법 제40조제2항제2호의 경우 : 다음 각 목의 요건을 모두 갖출 것
가. 해당 연구·기술개발이 산업경쟁력 강화를 위해 매우 필요하며 그 경제적 파급효과가 클 것
나. 연구·기술개발에 소요되는 투자금액이 과다하여 한 사업자가 조달하기 어려울 것
다. 연구·기술개발성과의 불확실에 따른 위험분산을 위해 필요할 것
라. 경쟁을 제한하는 효과보다 연구·기술개발의 효과가 클 것
3. 법 제40조제2항제3호의 경우 : 다음 각 목의 요건을 모두 갖출 것
가. 거래조건의 합리화로 생산능률의 향상, 거래의 원활화 및 소비자의 편익증진에 명백하게 기여할 것
나. 거래조건의 합리화 내용이 해당 사업분야의 대부분의 사업자들에게 기술적·경제적으로 가능할 것
다. 경쟁을 제한하는 효과보다 거래조건의 합리화의 효과가 클 것
4. 법 제40조제2항제4호의 경우 : 다음 각 목의 요건을 모두 갖출 것
가. 공동행위에 따라 중소기업의 품질·기술향상 등 생산성 향상이나 거래조건에 관한 교섭력 강화가 명백할 것
나. 공동행위에 참가하는 사업자(이하 "참가사업자"라 한다) 모두가 중소기업자일 것
다. 공동행위 외의 방법으로는 대기업과 효율적으로 경쟁하거나 대기업에 대항하기 어려운 경우에 해당할 것
② 공정거래위원회는 제1항에도 불구하고 다음 각 호의 어느 하나에 해당하는 공동행위에 대해서는 법 제40조제2항에 따른 인가를 해서는 안된다.
1. 해당 공동행위의 목적을 달성하기 위해 필요한 정도를 초과하는 경우
2. 수요자 및 관련 사업자의 이익을 부당하게 침해할 우려가 있는 경우
3. 참가사업자 간에 공동행위의 내용과 관련하여 부당한 차별이 있는 경우
4. 해당 공동행위에 참가하거나 탈퇴하는 것을 부당하게 제한하는 경우

제46조【공동행위의 인가 절차 및 방법】 ① 법 제40조제2항에 따라 공동행위의 인가를 받으려는 자는 대표사업자(이하 "공동행위대표사업자"라 한다)를 선정하여 다음 각 호의 사항이 포함된 신청서를 공정거래위원회에 제출해야 한다.
1. 신청인의 명칭 및 소재지(대표자의 성명 및 주소를 포함한다)
2. 공동행위의 내용
3. 공동행위의 사유
4. 공동행위의 기간
5. 참가사업자에 관한 다음 각 목의 사항
가. 참가사업자의 수
나. 참가사업자의 사업내용
다. 참가사업자의 명칭 및 소재지(대표자의 성명 및 주소를 포함한다)
② 제1항의 신청서에는 다음 각 호의 서류를 첨부해야 한다.
1. 제45조제1항의 요건에 적합함을 증명하는 서류
2. 제45조제2항 각 호의 어느 하나에 해당하지 않음을 증명하는 서류
3. 참가사업자의 최근 2년간의 영업보고서·대차대조표 및 손익계산서
4. 공동행위의 협정 또는 결의서 사본
5. 그 밖에 공동행위의 인가를 위해 공정거래위원회가 필요하다고 정하여 고시하는 서류
③ 공정거래위원회는 법 제40조제2항에 따른 인가 신청을 받은 경우 그 신청일부터 30일(제4항에 따른 공시기간은 제외한다) 이내에 인가여부를 결정해야 한다. 다만, 공정거래위원회는 인가 신청의 내용 또는 인가의 효과 등에 비추어 그 연장이 필요하다고 인정할 경우에는 30일 이내의 범위에서 그 처리기간을 연장할 수 있다.
④ 공정거래위원회는 법 제40조제2항에 따른 인가를 위해 필요하다고 인정하는 경우 30일 이내의 범위에서 그 인가 신청 내용을 공시하여 이해관계인의 의견을 들을 수 있다.
⑤ 공정거래위원회는 법 제40조제2항에 따라 공동행위의 인가를 하는 경우 신청인에게 인가증을 발급해 주어야 한다.
⑥ 법 제40조제2항에 따라 공동행위의 인가를 받은 사업자가 그 인가사항을 변경하려는 경우에는 변경사항 및 변경사유가 포함된 신청서에 다음 각 호의 서류를 첨부하여 공정거래위원회에 제출해야 한다. 이 경우 변경인가를 위한 이해관계인의 의견수렴에 관하여는 제4항을 준용한다.
1. 변경사항이 제45조제1항의 요건에 적합함을 입증하는 서류
2. 변경사항이 제45조제2항 각 호의 어느 하나에 해당하지 않음을 입증하는 서류
3. 제5항의 인가증
⑦ 제1항부터 제6항까지에서 규정한 사항 외에 공동행위의 인가 절차 및 방법 등에 관하여 필요한 세부사항은 공정거래위원회가 정하여 고시한다.

제47조【인가된 공동행위의 폐지】 공동행위대표사업자는 법 제40조제2항에 따라 인가된 공동행위가 폐지된 경우 지체 없이 그 사실을 공정거래위원회에 알려야 한다.

제48조【공공부문 입찰 관련 부당한 공동행위를 방지하기 위한 조치】 ① 법 제41조제2항에서 "대통령령으로 정하는 공공기관"이란 다음 각 호의 기관을 말한다.
1. 「정부조직법」 또는 그 밖의 법률에 따라 설치된 중앙행정기관
2. 「지방자치법」에 따른 지방자치단체
3. 「공공기관의 운영에 관한 법률」에 따른 공공기관 (2023.12.12 본호개정)
4. 「지방공기업법」에 따른 지방공기업(2023.12.12 본호신설)
② 법 제41조제2항에 따른 입찰(입찰에 참가한 사업자가 20개 이하인 경우로서 그 추정가격이 「건설산업기본법」 제2조제4호의 건설공사 입찰의 경우는 50억원 이상, 그 외의 경우는 5억원 이상인 입찰로 한정한다) 관련 정보는 다음 각 호의 정보로 한다.
1. 발주기관과 수요기관
2. 입찰의 종류와 방식
3. 입찰공고의 일시와 내용
4. 추정가격, 예정가격과 낙찰하한율
5. 입찰참가자의 수
6. 입찰참가자별 투찰내역
7. 낙찰자에 관한 사항
8. 낙찰금액
9. 유찰횟수와 예정가격 인상횟수
10. 그 밖에 입찰과 관련된 부당한 공동행위의 적발 및 방지를 위해 필요하다고 공정거래위원회가 인정하는 정보
③ 제1항 각 호의 공공기관의 장이 법 제41조제2항에 따라 입찰 관련 정보를 공정거래위원회에 제출하는 경우에는 낙찰자 결정 후 30일 이내에 제2항 각 호의 사항을 「전자조달의 이용 및 촉진에 관한 법률」 제2조제4호에 따른 국가종합전자조달시스템 또는 「국유재산법」 제31조제2항 전단에 따라 기획재정부장관이 지정·고시하는 정보처리장치(이하 이 조에서 "국가종합전자조달시스템등"이라 한다)를 통해 제출해야 한다. 다만, 제1항 각 호의 공공기관의 장이 조달청장에게 계약체결을 의뢰하지 않은 경우 등의 사유로 국가종합전자조달시스템등을 통해 입찰 관련 정보를 제출하기 어려운 경우에는 공정거래위원회가 운영하는 정보처리장치에 직접 입력하는 방식으로 제출할 수 있다.(2023.12.12 본항개정)

제49조【시정명령을 받은 사실의 공표】 법 제42조제1항에 따른 공표 명령에 관하여는 제12조를 준용한다.

제50조【과징금】 법 제43조 본문에 따른 매출액의 산정에 관하여는 제13조제1항을 준용한다. 이 경우 위반행위가 입찰담합 및 이와 유사한 행위인 경우에는 계약금액을 매출액으로 본다.

제51조【자진신고자등에 대한 감면 기준 등】 ① 법 제44조제1항에 따른 시정조치 또는 과징금이 감경·면제되는 자의 범위와 그 기준은 다음 각 호와 같다.
1. 공정거래위원회가 조사를 시작하기 전에 법 제44조제1항제1호에 따라 자진신고한 자가 다음 각 목의 요건에 모두 해당하는 경우에는 과징금 및 시정조치를 모두 면제한다.
가. 부당한 공동행위임을 입증하는 증거를 단독으로 제공한(그 부당한 공동행위에 참여한 둘 이상의 사업자가 공동으로 증거를 제공하는 경우에도 이들이 실질적 지배관계에 있는 계열회사이거나 회사의 분할 또는 영업양도의 당사회사로서 공정거래위원회가 정하여 고시하는 요건에 해당하면 단독으로 제공한 것으로 본다. 이하 이 조에서 같다) 최초의 자일 것
나. 공정거래위원회가 부당한 공동행위에 대한 정보를 입수하지 못했거나 부당한 공동행위임을 입증하는 증거를 충분히 확보하지 못한 상태에서 자진신고했을 것
다. 부당한 공동행위와 관련된 사실을 모두 진술하고, 관련 자료를 제출하는 등 조사 및 심의·의결(이하 "조사등"이라 한다. 이하 이 조에서 같다)이 끝날 때까지 성실하게 협조했을 것
라. 그 부당한 공동행위를 중단했을 것
2. 공정거래위원회가 조사를 시작한 후에 법 제44조제1항제2호에 따라 조사등에 협조한 자가 다음 각 목의 요건에 모두 해당하는 경우에는 과징금을 면제하고, 시정조치를 감경하거나 면제한다.
가. 공정거래위원회가 부당한 공동행위에 대한 정보를 입수하지 못했거나 부당한 공동행위임을 입증하는 증거를 충분히 확보하지 못한 상태에서 조사등에 협조했을 것
나. 제1호가목, 다목 및 라목의 요건에 모두 해당할 것
3. 공정거래위원회가 조사를 시작하기 전에 법 제44조제1항제1호에 따라 자진신고하거나 공정거래위원회가 조사를 시작한 후에 같은 항 제2호에 따라 조사등에 협조한 자(이하 이 조에서 "자진신고자등"이라 한다)가 다음 각 목의 요건 모두에 해당하는 경우에는 과징금의 100분의 50을 감경하고, 시정조치를 감경할 수 있다.

가. 부당한 공동행위임을 입증하는 증거를 단독으로 제공한 두 번째의 자(부당한 공동행위에 참여한 사업자가 2개이고, 그 중 한 사업자인 경우는 제외)일 것
나. 제1호다목 및 라목의 요건에 모두 해당할 것
다. 제1호 또는 제2호에 해당하는 자진신고자등이 자진신고하거나 조사등에 협조한 날부터 2년 이내에 자진신고하거나 조사등에 협조했을 것
4. 부당한 공동행위로 과징금 부과 또는 시정조치의 대상이 된 자가 그 부당한 공동행위 외에 그 자가 관련되어 있는 다른 부당한 공동행위에 대해 제1호 각 목 또는 제2호 각 목의 요건을 모두 충족하는 경우에는 그 부당한 공동행위에 대해 다시 과징금을 감경하거나 면제하고, 시정조치를 감경할 수 있다.

② 제1항제1호부터 제4호까지의 어느 하나에 해당하는 자가 다음 각 호의 어느 하나에 해당하는 경우에는 시정조치 및 과징금을 감경하거나 면제하지 않는다.
1. 다른 사업자에게 그 의사에 반하여 해당 부당한 공동행위에 참여하도록 강요하거나 이를 중단하지 못하도록 강요한 사실이 있는 경우
2. 일정 기간 동안 반복적으로 법 제40조제1항을 위반하여 부당한 공동행위를 한 경우

③ 공정거래위원회는 법 제44조제3항에 따라 다음 각 호의 어느 하나에 해당하는 경우 같은 조 제1항에 따른 시정조치나 과징금의 감경 또는 면제를 취소할 수 있다.
1. 공정거래위원회의 조사등의 과정에서 한 진술이나 제출했던 자료의 중요한 내용을 재판에서 전부 또는 일부 부정하는 경우
2. 공정거래위원회의 조사등의 과정에서 진술한 내용이나 제출했던 자료가 재판에서 거짓인 것으로 밝혀진 경우
3. 정당한 이유 없이 재판에서 공동행위 사실에 대한 진술을 하지 않는 경우
4. 정당한 이유 없이 재판에 출석하지 않는 경우
5. 자진신고한 부당한 공동행위 사실을 부인하는 취지의 소를 제기하는 경우

④ 법 제44조제4항에서 "사건처리를 위하여 필요한 경우 등 대통령령으로 정하는 경우"란 다음 각 호의 경우를 말한다.
1. 사건처리를 위해 필요한 경우
2. 자진신고자등이 법 제44조제4항에 따른 정보 및 자료의 제공에 동의한 경우
3. 해당 사건과 관련된 소의 제기 또는 그 수행에 필요한 경우

⑤ 공정거래위원회는 자진신고자등의 요청이 있으면 법 제44조제4항에 따라 그 자의 정보가 공개되지 않도록 해당 사건을 분리 심리하거나 분리 의결할 수 있다.

⑥ 제1항부터 제5항까지에서 규정한 사항 외에 과징금 또는 시정조치의 감면 기준·정도와 그 방법 및 절차 등에 관하여 필요한 세부사항은 공정거래위원회가 정하여 고시한다.

제6장 불공정거래행위, 재판매가격유지행위 및 특수관계인에 대한 부당한 이익제공의 금지

제52조【불공정거래행위의 유형 또는 기준】 법 제45조제1항에 따른 불공정거래행위의 유형 또는 기준은 별표2와 같다.

제53조【공정경쟁규약】 공정거래위원회는 법 제45조제6항에 따라 공정경쟁규약의 심사를 요청받은 경우 요청을 받은 날부터 60일 이내에 그 심사결과를 서면으로 요청인에게 통보해야 한다.

제54조【특수관계인에 대한 부당한 이익제공 등 금지】 ① 법 제47조제1항 각 호에 따른 행위의 유형 또는 기준은 별표3과 같다.

② 법 제47조제2항에서 "대통령령으로 정하는 거래"란 별표4에 따른 거래를 말한다.

제55조【시정명령을 받은 사실의 공표】 법 제49조제1항에 따른 공표 명령에 관하여는 제12조를 준용한다.

제56조【과징금】 ① 법 제50조제1항 본문에 따른 매출액의 산정에 관하여는 제13조제1항을 준용한다.

② 법 제50조제2항 본문에서 "대통령령으로 정하는 매출액"이란 해당 사업자의 직전 3개 사업연도의 평균 매출액(이하 "평균매출액"이라 한다)을 말한다. 다만, 해당 사업연도 초일 현재 사업을 개시한 지 3년이 되지 않는 경우에는 그 사업개시 후 직전 사업연도 말일까지의 매출액을 연평균 매출액으로 환산한 금액을, 해당 사업연도에 사업을 개시한 경우에는 사업개시일부터 위반행위일까지의 매출액을 연매출액으로 환산한 금액을 말한다.

③ 제2항에서 규정한 사항 외에 평균매출액의 산정에 필요한 사항은 공정거래위원회가 정하여 고시한다

제7장 사업자단체

제57조【시정명령을 받은 사실의 공표】 법 제52조제1항에 따른 공표 명령에 관하여는 제12조를 준용한다.

제58조【과징금】 법 제53조제2항 본문 및 같은 조 제3항 본문에 따른 매출액의 산정에 관하여는 제13조제1항을 준용한다. 이 경우 위반행위가 입찰담합 및 이와 유사한 행위인 경우에는 계약금액을 매출액으로 본다.

제8장 전담기구

제59조【소회의의 구성】 ① 법 제58조에 따라 공정거래위원회에 5개 이내의 소회의를 둔다.

② 공정거래위원회의 위원장(이하 "위원장"이라 한다)은 각 소회의의 구성위원을 지정하고 필요한 경우 구성위원을 변경할 수 있다.

③ 위원장은 각 소회의의 구성위원에게 특정 사건에 대해 법 제67조에 따른 제척·기피·회피에 해당되는 사유가 있는 경우 해당 사건을 다른 소회의에서 심의하도록 하거나 해당 사건에 한정하여 다른 소회의의 위원을 그 소회의의 위원으로 지정할 수 있다.

제60조【소회의의 업무분장】 위원장은 각 소회의의 분장업무를 지정하고 필요한 경우 분장업무를 변경할 수 있다.

제61조【위원의 기피·회피】 ① 법 제67조제2항에 따라 기피를 신청하려는 자는 위원장에게 그 원인을 명시하여 신청해야 한다.

② 기피사유는 기피를 신청한 날부터 3일 이내에 서면으로 소명해야 한다.

③ 법 제67조제2항 전단에 따른 기피신청을 받은 위원은 지체 없이 기피신청에 대한 의견서를 위원장에게 제출해야 한다.

④ 위원이 법 제67조제3항에 따라 회피를 하려는 경우에는 위원장의 허가를 받아야 한다.

제62조【위원의 수당 등】 공정거래위원회의 비상임위원에 대해서는 예산의 범위에서 수당이나 그 밖에 필요한 경비를 지급할 수 있다.

제9장 한국공정거래조정원의 설립 및 분쟁조정

제63조【공정거래분쟁조정협의회 위원의 자격】 ① 법 제73조제4항제1호에서 "대통령령으로 정하는 요건을 갖춘 공무원"이란 4급 이상의 공무원(「국가공무원법」에 따른 고위공무원단에 속하는 공무원을 포함한다)을 말한다.

② 법 제73조제4항제2호부터 제4호까지의 규정에서 "대통령령으로 정하는 기간"이란 각각 7년을 말한다.

제64조【공정거래분쟁조정협의회의 회의】 ① 법 제73조제1항에 따른 공정거래분쟁조정협의회(이하 "협의회"라 한다)의 위원장이 협의회의 회의를 소집하려면 협의회의 위원들에게 회의 개최 7일 전까지 회의의 일시·장소 및 안건을 서면으로 알려야 한다. 다만, 긴급하거나 부득이한 사정이 있는 경우에는 회의 개최 전까지 알릴 수 있다.

② 협의회의 회의는 공개하지 않는다. 다만, 협의회의 위원장이 필요하다고 인정하는 경우에는 조정의 대상이 된 분쟁의 당사자인 사업자(이하 "분쟁당사자"라 한다), 그 밖의 이해관계인에게는 공개할 수 있다.

제65조【조정의 신청 등】 ① 법 제76조제1항에 따라 분쟁조정을 신청하려는 자는 다음 각 호의 사항이 포함된 서면(이하 "분쟁조정신청서"라 한다)을 협의회에 제출해야 한다.
1. 분쟁당사자의 성명과 주소(분쟁당사자가 법인인 경우에는 법인의 명칭, 주된 사무소의 소재지, 그 대표자의 성명과 주소를 말한다. 이하 제68조에서 같다)
(2023.12.12 본호개정)
2. 분쟁조정 신청의 취지와 그 이유
3. 대리인의 성명과 주소(대리인이 있는 경우로 한정한다)
4. 소송사건의 번호(분쟁조정을 신청하려는 사건에 대해 소가 제기된 경우로 한정한다)(2023.12.12 본호신설)

② 분쟁조정신청서에는 다음 각 호의 서류를 첨부해야 한다.
1. 분쟁조정 신청의 원인과 사실을 증명하는 서류
2. 분쟁조정 신청인의 위임장(대리인이 있는 경우로 한정한다)
3. 그 밖에 분쟁조정에 필요한 증거서류나 자료

③ 협의회는 법 제76조제1항에 따라 분쟁조정의 신청을 받은 경우 신청인인 분쟁당사자에게 접수증을 내어주고, 공정거래위원회와 다른 분쟁당사자에게 분쟁조정 신청 관련 서류의 사본을 송부해야 한다.

④ 협의회가 법 제76조제2항에 따라 공정거래위원회로부터 분쟁조정 의뢰를 받은 경우 그 사실을 분쟁당사자에게 알려야 한다.

⑤ 협의회는 법 제76조제1항에 따른 분쟁조정의 신청 또는 같은 조 제2항에 따른 분쟁조정 의뢰에 대해 보완이 필요하다고 인정하는 경우 상당한 기간을 정하여 보완을 요구할 수 있다. 이 경우 그 보완에 드는 기간은 법 제77조제4항제2호에 따른 기간에 산입하지 않는다.

제66조【대표자의 선정】 ① 다수 사업자가 동일한 사안에 대해 공동으로 분쟁조정을 신청하는 경우에는 신청인 중 3명 이내의 대표자를 선정할 수 있다.

② 협의회의 위원장은 신청인이 제1항에 따라 대표자를 선정하지 않는 경우 신청인에게 대표자를 선정할 것을 권고할 수 있다.

③ 신청인이 대표자를 선정하거나 변경하는 경우에는 그 사실을 지체 없이 협의회의 위원장에게 알려야 한다.

제67조【분쟁당사자의 사실확인 등】 ① 협의회는 법 제77조제2항에 따라 분쟁당사자에게 출석을 요구하려는 경우 시기 및 장소를 정해 출석요구일 7일 전까지 분쟁당사자에게 알려야 한다. 다만, 분쟁당사자가 미리 동의하거나 그 밖에 긴급한 사정이 있는 경우에는 출석요구일 전까지 알릴 수 있다.

② 제1항의 통지를 받은 분쟁당사자는 협의회에 출석할 수 없는 부득이한 사유가 있는 경우에는 미리 서면으로 의견을 제출할 수 있다.

제68조【소 제기 등의 통지】 ① 분쟁당사자는 분쟁조정 신청 후 해당 사건에 대해 소를 제기한 경우에는 지체 없이 그 사실을 협의회에 알려야 한다.

② 협의회는 제1항에 따른 사실을 통지받거나 제65조제1항에 따라 제출받은 분쟁조정신청서를 통해 분쟁조정이 신청된 사건에 대해 소가 제기된 사실을 확인한 경우에는 분쟁당사자의 동의를 받아 다음 각 호의 사항을 수소법원(受訴法院)에 알려야 한다.
1. 분쟁당사자의 성명과 주소
2. 분쟁조정 신청일
3. 분쟁조정 신청의 취지와 그 이유
4. 소송사건의 번호
(2023.12.12 본항신설)

③ 분쟁당사자는 법 제77조의2제1항에 따라 수소법원이 소송절차를 중지한 경우에는 지체 없이 그 사실을 협의회에 알려야 한다.(2023.12.12 본항신설)

④ 협의회는 법 제77조의2제1항에 따라 수소법원이 소송절차를 중지한 분쟁조정 사건에 대해 법 제77조제3항에 따라 조정신청을 각하하거나 같은 조 제4항에 따라 조정절차를 종료한 경우에는 분쟁당사자의 동의를 받아 다음 각 호의 사항을 수소법원에 알려야 한다.
1. 분쟁당사자의 성명과 주소
2. 조정신청의 각하 사유 또는 조정절차의 종료 사유
3. 조정의 결과(조정이 성립된 경우로 한정한다)
4. 소송사건의 번호
(2023.12.12 본항신설)

⑤ 협의회는 법 제77조의2제2항·제3항에 따라 조정절차를 중지한 경우에는 지체 없이 그 사실을 분쟁당사자에게 알려야 한다.(2023.12.12 본항신설)
(2023.12.12 본조제목개정)

제69조【분쟁조정 신청의 각하 등】 ① 법 제77조제3항제3호에서 "대통령령으로 정하는 기준에 해당하는 행위"란 법 제45조제1항제9호를 위반한 혐의가 있는 행위를 말한다.

② 협의회는 법 제77조제3항에 따라 조정신청을 각하하거나 같은 조 제4항제2호 또는 제3호에 따라 조정절차를 종료한 경우 다음 각 호의 사항이 포함된 분쟁조정종료서를 작성한 후 그 사본과 관련 서류를 첨부하여 공정거래위원회에 보고해야 한다.
1. 분쟁당사자의 일반 현황
2. 분쟁의 경위
3. 조정의 쟁점
4. 조정신청의 각하 또는 조정절차의 종료사유

③ 협의회는 법 제78조제1항 또는 제2항에 따라 조정이 성립된 경우 다음 각 호의 사항이 포함된 조정조서를 작성한 후 그 사본과 관련 서류를 첨부한 조정결과를 공정거래위원회에 보고해야 한다.
1. 제2항제1호부터 제3호까지의 사항
2. 조정의 결과

제70조【협의회의 운영세칙】 이 영에서 규정한 사항 외에 협의회의 운영 및 조직에 필요한 사항은 협의회의 의결을 거쳐 협의회의 위원장이 정한다.

제10장 조사 등의 절차

제71조【위반행위의 신고방법】 법 제80조제2항에 따라 위반행위의 신고를 하려는 자는 다음 각 호의 사항이 포함된 서면을 공정거래위원회에 제출해야 한다. 다만, 긴급하거나 부득이한 사정이 있는 경우에는 전화 또는 구두로 신고할 수 있다.
1. 신고인의 성명 및 주소
2. 피신고인의 주소, 대표자 성명 및 사업내용
3. 피신고인의 위반행위 내용
4. 그 밖에 위반행위의 내용을 명백히 할 수 있는 것으로서 공정거래위원회가 필요하다고 인정하는 사항

제72조【부당한 공동행위의 조사 개시일】 ① 법 제80조제5항제1호에서 "대통령령으로 정하는 조사 개시일"이란 다음 각 호의 구분에 따른 날을 말한다.
1. 공정거래위원회가 법 제80조제1항에 따라 직권으로 조사를 개시한 경우(제2호에 따른 신고 없이 또는 그 신고 이전에 조사를 개시한 경우만 해당한다) : 법 제81조제1항 및 제2항에 따른 처분 또는 조사를 한 날 중 가장 빠른 날
2. 공정거래위원회가 법 제80조제2항에 따른 신고(법 제44조제1항제1호에 따른 자진신고를 포함한다)로 조사를 개시한 경우 : 신고를 접수한 날

② 제1항에도 불구하고 같은 항 각 호의 구분에 따른 날에 법 위반행위가 계속되고 있는 경우에는 해당 법 위반행위가 종료된 날을 조사 개시일로 본다.

제73조【공정거래위원회의 조사 등】① 공정거래위원회는 법 제81조제1항제1호에 따라 당사자, 이해관계인 또는 참고인을 출석하게 하여 의견을 들으려는 경우에는 다음 각 호의 사항이 포함된 출석요구서를 발부해야 한다.
1. 사건명
2. 출석하는 자의 성명
3. 출석일시 및 장소
② 공정거래위원회는 법 제81조제1항제2호에 따라 감정인을 지정하는 경우에는 다음 각 호의 사항이 포함된 서면으로 해야 한다.
1. 사건명
2. 감정인의 성명
3. 감정의 목적 및 내용
4. 감정기간
③ 공정거래위원회는 법 제81조제1항제3호에 따른 원가 및 경영상황에 관한 보고를 하게 하거나 그 밖에 필요한 자료나 물건의 제출 명령을 하려는 경우에는 다음 각 호의 사항이 포함된 서면으로 해야 한다. 다만, 공정거래위원회의 회의에 출석한 사업자, 사업자단체 또는 이들의 임직원에게는 구두로 할 수 있다.
1. 사건명
2. 보고 또는 제출 일시
3. 보고 또는 제출할 사항
제74조【경비의 지급】공정거래위원회가 법 제81조제1항제1호에 따라 이해관계인 또는 참고인을 출석하게 하거나 같은 항 제2호에 따라 감정인을 위촉한 경우에는 예산의 범위에서 필요한 경비를 지급할 수 있다.
제75조【소속 공무원의 조사】① 공정거래위원회 소속 공무원이 법 제81조제3항에 따라 진술을 들으려는 경우에는 사업자 또는 사업자단체의 사무소·사업장에서 들어야 한다.
② 법 제81조제5항에 따른 진술조서에는 다음 각 호의 사항이 포함되어야 한다.
1. 진술자의 성명 및 주소
2. 진술일시 및 장소
3. 진술내용
③ 법 제81조제6항에 따른 자료나 물건의 제출명령 또는 제출된 자료나 물건의 일시 보관은 증거인멸의 우려가 있는 경우로 한정한다.
④ 법 제81조제7항에 따른 보관조서에는 다음 각 호의 사항이 포함되어야 한다.
1. 사건명
2. 자료나 물건의 명칭 및 수량
3. 소유자·제출자의 성명 및 주소
4. 자료나 물건의 제출일
⑤ 법 제81조제9항에서 "조사목적·조사기간 및 조사방법 등 대통령령으로 정하는 사항"이란 다음 각 호의 사항을 말한다.
1. 조사목적
2. 조사기간
3. 조사대상
4. 조사방법
5. 조사의 거부·방해·기피 시 그 제재에 관한 사항
6. 법 제81조제10항에 따른 의견제출 또는 진술에 관한 사항
제76조【조사 등의 연기신청】① 법 제85조제1항에서 "대통령령으로 정하는 사유"란 다음 각 호에 해당하는 사유를 말한다.
1. 합병·인수, 회생절차개시, 파산 또는 그 밖에 이에 준하는 절차의 진행
2. 권한 있는 기관에 의한 장부·증거서류의 압수 또는 일시 보관
3. 화재 또는 재난 등으로 인한 사업자 및 사업자단체 사업수행의 중대한 장애 발생
② 법 제85조제1항에 따라 공정거래위원회의 처분 또는 조사의 연기를 신청하려는 자는 다음 각 호의 사항이 포함된 문서를 공정거래위원회에 제출해야 한다.
1. 사업자 또는 사업자단체의 명칭 및 대표자 성명·주소
2. 처분 또는 조사의 연기 기간
3. 처분 또는 조사의 연기 사유
제77조【이행강제금의 부과·징수 등】① 법 제86조제1항 본문에서 "대통령령으로 정하는 1일 평균매출액"이란 공정거래위원회가 같은 항 본문에 따른 소회의의 결정에서 정한 이행기간의 종료일이 속하는 사업연도를 기준으로 다음 각 호의 구분에 따른 금액을 해당 호에서 정한 기간의 일수[비영업일(非營業日)을 포함한다]로 나눈 금액을 말한다.
1. 직전 사업연도 말일 현재 총 사업기간이 3년 이상인 경우 : 직전 3개 사업연도의 매출액을 합한 금액
2. 직전 사업연도 말일 현재 총 사업기간이 3년 미만인 경우 : 사업개시 후 직전 사업연도 말일까지의 매출액을 합한 금액
② 공정거래위원회가 법 제86조제1항 본문에 따른 소회의의 결정으로 보고 또는 제출 명령을 하는 경우에는 해당 명령을 이행하지 않는 경우 이행강제금이 부과·징수될 수 있다는 사실을 서면으로 알려야 한다.
③ 법 제86조제1항에 따른 이행강제금의 부과기준은 별표5와 같다.
④ 법 제86조제2항에서 준용되는 법 제16조제2항에 따라 이행강제금을 징수하는 경우 소회의의 제출 명령에서 정한 기간의 종료일부터 30일이 경과한 후에도 그 제출 명령의 이행이 이루어지지 않는 때에는 그 종료일부터 기산하여 매 30일이 경과하는 날을 기준으로 하여 이행강제금을 징수할 수 있다.
제78조【시정권고절차】공정거래위원회가 법 제88조제1항에 따라 시정권고를 하는 경우에는 다음 각 호의 사항이 포함된 서면으로 해야 한다.
1. 법위반 내용
2. 권고사항
3. 시정기한
4. 수락여부 통지기한
5. 수락거부시의 조치
제79조【동의의결의 절차】공정거래위원회가 법 제89조제3항에 따라 동의의결을 하는 경우에는 동의의결된 시정방안을 이행하지 않으면 법 제92조에 따라 이행강제금이 부과·징수될 수 있다는 사실을 서면으로 알려야 한다.
제80조【동의의결 이행관리 업무의 위탁】공정거래위원회는 법 제90조제7항에 따라 같은 조 제6항에 따른 동의의결 이행계획의 이행 여부 점검 및 그 이행에 관련된 자료의 제출요청 업무를 법 제72조제1항에 따른 한국공정거래조정원에 위탁한다.
제81조【자료의 열람·복사 요구권자의 범위】법 제95조 각 호 외의 부분 전단에서 "당사자 또는 신고인 등 대통령령으로 정하는 자"란 다음 각 호의 자를 말한다.
1. 사건의 당사자
2. 사건의 신고인
3. 법 제109조에 따라 손해배상청구의 소를 제기한 자(해당 소송이 계속 중인 경우로 한정한다)
제82조【이의신청의 절차 및 처리기간 등】① 법 제96조제1항에 따라 이의신청을 하려는 자는 다음 각 호의 사항이 포함된 신청서에 이의신청의 사유와 내용을 증명하는 서류를 첨부하여 공정거래위원회에 제출해야 한다.
1. 이의신청의 대상
2. 이의신청의 내용
3. 이의신청의 사유
② 공정거래위원회는 제1항에 따라 제출된 서류가 미비한 경우 일정한 기간을 정하여 해당 서류의 보완을 명할 수 있다. 이 경우 보완에 소요되는 기간(보완명령서를 발송하는 날과 보완된 서류가 공정거래위원회에 도달하는 날을 포함한다)은 법 제96조제2항에 따른 기간에 산입하지 않는다.
③ 공정거래위원회가 법 제96조제2항 단서에 따라 재결기간을 연장할 수 있는 부득이한 사정은 다음 각 호와 같다.
1. 처분의 위법 또는 부당 여부를 판단하기 위해 시장의 범위·구조·점유율·수출입 동향 등에 관한 조사·검토 등 별도의 경제적 분석이 필요한 경우
2. 처분의 위법 또는 부당 여부를 판단하기 위해 고도의 법리적 분석·검토가 필요한 경우
3. 이의신청의 심리과정에서 새로운 주장 또는 자료가 제출되어 관련 조사에 장기간이 소요되는 경우
4. 당사자 또는 이해관계인 등이 진술을 거부하거나 자료를 제때에 제출하지 않는 등 조사에 협조하지 않는 경우
제83조【시정조치의 집행정지】법 제97조에 따라 시정조치의 집행정지 또는 집행정지결정의 취소를 신청하려는 자는 신청의 취지와 원인을 적은 신청서에 신청의 사유나 내용을 증명하는 서류를 첨부하여 공정거래위원회에 제출해야 한다.
제83조의2【시정조치 이행관리 업무의 위탁】공정거래위원회는 법 제97조의2제2항에 따라 같은 조 제1항에 따른 시정조치의 이행 여부 점검 및 그 이행에 관련된 자료의 제출요구 업무를 법 제72조제1항에 따른 한국공정거래조정원에 위탁한다.(2023.12.12 본조신설)

제11장 과징금 부과 및 징수 등

제84조【과징금의 부과기준】법 제102조제1항에 따른 법 제8조·제38조·제43조·제50조 및 제53조의 과징금의 부과기준은 별표6과 같다.
제85조【과징금의 부과 및 납부】① 공정거래위원회는 법 제102조제1항에 따라 과징금을 부과하려는 경우 그 위반행위의 종별과 해당 과징금의 금액 등을 명시하여 이를 납부할 것을 서면으로 알려야 한다.
② 제1항에 따라 통지를 받은 자는 통지가 있은 날부터 60일 이내에 공정거래위원회가 정하는 수납기관에 과징금을 납부해야 한다.(2023.12.12 단서삭제)
(2023.12.12 본조제목개정)
제86조【과징금 납부기한의 연기 및 분할납부의 기준】① 법 제103조제1항에서 "대통령령으로 정하는 기준"이란 다음 각 호에서 규정된 매출액에 100분의 1을 곱한 금액 또는 10억원을 말한다.
1. 법 제8조 본문
2. 법 제43조 본문
3. 법 제50조제1항 본문
4. 법 제50조제2항
5. 법 제53조제2항 본문 및 제3항 본문
② 법 제103조제1항에 따른 납부기한의 연기는 그 납부기한의 다음 날부터 2년을 초과할 수 없다.
③ 법 제103조제1항에 따른 분할납부의 경우 각 분할된 납부기한 간의 간격은 6개월을 초과할 수 없으며, 분할 횟수는 6회를 초과할 수 없다.
④ 공정거래위원회는 법 제103조제1항제3호에 따라 과징금의 납부기간을 연기하거나 분할납부하게 하는 경우 다음 각 호의 사항을 고려해야 한다.
1. 납부기한 연기 또는 분할납부 신청 당시 과징금을 부과받은 자에게 직전 3개 사업연도 동안 연속하여 당기순손실이 발생하였는지 여부
2. 납부기한 연기 또는 분할납부 신청 당시 과징금을 부과받은 자가 자본총액의 2배를 초과하는 부채를 보유하고 있는지 여부
3. 그 밖에 제1호 또는 제2호의 경우와 유사한 사유로서 공정거래위원회가 정하여 고시하는 사항
⑤ 법 제103조제2항에 따른 납부기한의 연기나 분할납부의 신청은 공정거래위원회가 정하여 고시하는 서식에 따른다.
제87조【과징금 징수 및 체납처분】① 법 제105조제1항에 따른 과징금의 가산금은 체납된 과징금에 연 1천분의 75를 곱하여 계산한 금액으로 한다.
② 법 제105조제2항에 따른 독촉에 관하여는 제24조를 준용한다.
③ 법 제105조제3항에 따른 체납처분의 위탁에 관하여는 제25조를 준용한다.
제88조【국세과세정보요구절차】① 공정거래위원회는 법 제105조제4항에 따라 국세청장에게 국세과세에 관한 정보의 제공을 요청하는 경우 다음 각 호의 서류를 첨부한 서면으로 해야 한다.
1. 공정거래위원회의 의결서
2. 세입징수결의서 및 고지서
3. 납부 독촉장
② 국세청장은 제1항에 따른 요청을 받은 경우 특별한 사정이 없으면 30일 이내에 서면으로 국세과세에 관한 정보를 제공해야 한다.
제89조【환급가산금 요율】법 제106조에 따른 환급가산금은 환급될 과징금에 대해 「국세기본법 시행령」 제43조의3제2항 본문에 따른 기본이자율을 곱하여 계산한 금액으로 한다.
제90조【결손처분】법 제107조제1항제6호에서 "대통령령으로 정하는 사유"란 다음 각 호의 사유를 말한다.
1. 「채무자 회생 및 파산에 관한 법률」 제251조에 따라 면책된 경우
2. 불가피한 사유로 환수가 불가능하다고 인정되는 경우로서 공정거래위원회가 정하여 고시한 경우

제12장 보 칙

제91조【포상금의 지급】① 공정거래위원회는 다음 각 호의 위반행위를 신고하거나 제보하고 이를 입증할 수 있는 증거자료를 최초로 제출한 자에 대해 예산의 범위에서 포상금을 지급할 수 있다. 다만, 신고자 또는 제보자가 그 위반행위를 한 사업자인 경우는 제외한다.
1. 법 제31조제4항에 따라 자료 제출을 요청받은 특수관계인이 정당한 이유 없이 기업집단에 속하는 회사를 누락하여 자료를 제출하는 행위
2. 법 제40조제1항 각 호의 부당한 공동행위
3. 법 제45조제1항제1호부터 제8호까지의 규정에 따른 행위 중 신문업(「신문 등의 진흥에 관한 법률」 제2조제1호 가목부터 라목까지에서 규정하고 있는 신문을 발행하거나 판매하는 사업을 말한다)에서의 불공정거래행위
4. 법 제45조제1항제4호의 불공정거래행위
5. 법 제45조제1항제5호의 불공정거래행위 중 부당하게 자기 또는 계열회사의 임직원으로 하여금 자기 또는 계열회사의 상품이나 용역을 구입하거나 판매하도록 강제하는 행위
6. 법 제45조제1항제6호의 불공정거래행위 중 대규모소매점업(매장면적의 합계가 공정거래위원회가 정하여 고시하는 일정 규모 이상인 동일 점포에서 일반소비자가 일상적으로 사용하는 여러 가지 종류의 상품을 판매하는 사업을 말한다)의 불공정거래행위
7. 법 제45조제1항제9호의 불공정거래행위
8. 법 제47조제1항에 따른 특수관계인에 대한 부당한 이익제공 행위
9. 법 제51조제1항제1호부터 제3호까지의 규정에 따른 사업자단체의 금지행위
② 공정거래위원회는 특별한 사정이 없으면 신고되거나 제보된 행위를 법 위반행위로 의결한 날(이의신청이 있는 경우에는 재결한 날)부터 3개월 이내에 포상금을 지급해야 한다.
③ 포상금의 지급에 관한 사항을 심의하기 위해 공정거래위원회에 신고포상금심의위원회를 둘 수 있다.
④ 공정거래위원회는 제1항에 따라 포상금을 지급한 후 다음 각 호의 사실이 발견된 경우 그 포상금을 반환받을 수 있다.

1. 위법 또는 부당한 방법의 증거수집, 거짓신고, 거짓진술, 증거위조 등 부정한 방법으로 포상금을 지급받은 경우
2. 동일한 원인으로 다른 법령에 따라 포상금이나 이에 준하는 금품을 지급받은 경우
3. 그 밖에 착오 등의 사유로 포상금이 잘못 지급된 경우
⑤ 제1항부터 제4항까지에서 규정한 사항 외에 포상금의 지급 및 반환의 기준·절차·방법과 신고포상금심의위원회의 설치·운영에 필요한 세부사항은 공정거래위원회가 정하여 고시한다.

제92조【규제의 재검토】 공정거래위원회는 다음 각 호의 사항에 대해 해당 호에서 정한 날을 기준으로 3년마다(매 3년이 되는 해의 기준일과 같은 날 전까지를 말한다) 그 타당성을 검토하여 개선 등의 조치를 해야 한다.
1. 제3조제1항 각 호에 따른 지주회사의 기준이 되는 자산총액 : 2022년 1월 1일
1의2. 제4조제1항제1호에 따른 동일인관련자의 범위 : 2023년 1월 1일(2022.12.27 본호신설)
2. 제5조에 따른 기업집단의 범위에서 제외할 수 있는 회사의 범위 : 2022년 1월 1일
3. 제20조에 따른 기업결합의 신고 : 2022년 1월 1일
4. 제33조에 따른 대규모내부거래의 이사회 의결 및 공시 : 2022년 1월 1일
5. 제34조에 따른 비상장회사 등의 중요사항 공시 : 2022년 1월 1일
6. 제36조제1항에 따른 공익법인의 이사회 의결 및 공시 : 2022년 1월 1일
7. 제46조에 따른 공동행위의 인가 절차 : 2022년 1월 1일
8. 제51조에 따른 감경 또는 면제의 기준 : 2022년 1월 1일
9. 별표3 제1호 각 목 외의 부분 단서 및 같은 표 제3호 단서에 따른 상당히 유리한 조건 : 2022년 1월 1일
10. 별표3 제4호 단서에 따른 상당한 규모 : 2022년 1월 1일

제93조【고유식별정보의 처리】 공정거래위원회는 다음 각 호의 사무를 수행하기 위해 불가피한 경우 「개인정보 보호법 시행령」 제19조제1호에 따른 주민등록번호, 같은 조 제2호에 따른 여권번호 또는 같은 조 제4호에 따른 외국인등록번호가 포함된 자료를 처리할 수 있다.
1. 법 제80조에 따른 법 위반행위의 조사에 관한 사무
2. 제91조에 따른 포상금의 지급에 관한 사무

제13장 벌 칙

제94조【과태료의 부과기준】 법 제130조에 따른 과태료의 부과기준은 다음 각 호의 구분에 따른다.
1. 법 제130조제1항제1호의 과태료 : 별표7
2. 법 제130조제1항제2호 및 제3호의 과태료 : 별표8
3. 법 제130조제1항제4호의 과태료 : 별표9
4. 법 제130조제1항제5호부터 제7호까지 및 같은 조 제2항의 과태료 : 별표10

부 칙

제1조【시행일】 이 영은 2021년 12월 30일부터 시행한다.

제2조【동일인관련자의 제외 결정 취소에 관한 적용례】 제6조제3항의 개정규정은 이 영 시행 이후 같은 항 각 호에 따른 사유가 발생한 경우부터 적용한다.

제3조【공시대상기업집단 및 상호출자제한기업집단의 지정 제외에 관한 적용례】 제38조제1항제5호 및 제6호의 개정규정(같은 조 제2항에 따라 준용되는 경우를 포함한다)은 이 영 시행 이후 법 제31조제1항 전단에 따라 공시대상기업집단 및 상호출자제한기업집단을 지정하는 경우부터 적용한다.

제4조【지주회사의 자산총액 기준에 관한 경과조치】 2017년 7월 1일 전에 지주회사를 설립하거나 지주회사로 전환하여 지주회사의 설립·전환 신고를 한 지주회사로서 2017년 7월 1일 당시 대통령령 제27529호 독점규제 및 공정거래에 관한 법률 시행령 일부개정령 제2조제1항 제1호 및 제2호의 개정규정에 따른 기준에 해당하지 않게 된 지주회사(이하 이 조 및 부칙 제12조에서 "기존지주회사"라 한다)는 2027년 6월 30일까지 제3조제1항제1호 및 제2호의 개정규정에 따른 지주회사의 자산총액 기준을 충족해야 한다. 다만, 기존지주회사가 다음 각 호의 어느 하나에 해당하는 경우에는 다음 각 호의 구분에 따른 날부터 지주회사에서 제외된다.
1. 종전의 제2조제1항제1호 및 제2호(대통령령 제27529호 독점규제 및 공정거래에 관한 법률 시행령 일부개정령으로 개정되기 전의 것을 말한다)에 따른 자산총액 기준에 해당하지 않아 지주회사의 제외 신고를 한 경우 : 그 사유가 발생한 날
2. 종전의 제2조제1항제1호 및 제2호(대통령령 제27529호 독점규제 및 공정거래에 관한 법률 시행령 일부개정령으로 개정되기 전의 것을 말한다)에 따른 자산총액 기준에 해당하나, 2027년 6월 30일까지 지주회사의 제외 신고를 한 경우 : 그 제외 신고를 한 날

제5조【손자회사 기준에 관한 경과조치】 2020년 6월 16일 당시 종전의 제2조제4항 각 호(대통령령 제30790호 독점규제 및 공정거래에 관한 법률 시행령 일부개정령으로 개정되기 전의 것을 말한다)의 요건을 충족하는 손자회사 중 다음 각 호의 어느 하나에 해당하는 손자회사가 2020년 6월 16일 이후에도 손자회사에 대한 기존의 출자 범위에서 같은 규정에 따른 요건을 유지하는 경우 그 손자회사의 기준에 관하여는 종전의 제2조제4항제2호(대통령령 제30790호 독점규제 및 공정거래에 관한 법률 시행령 일부개정령으로 개정되기 전의 것을 말한다)에 따른다.
1. 자회사가 소유하는 주식이 그 자회사의 지주회사가 소유하는 주식과 같은 손자회사
2. 자회사가 소유하는 주식이 지주회사의 다른 자회사가 소유하는 주식과 같은 손자회사

제6조【대규모내부거래의 이사회 의결 및 공시에 관한 경과조치】 공시대상기업집단에 속하는 회사가 2020년 7월 1일부터 9월 30일까지 지주회사의 자회사, 손자회사 및 증손회사를 상대방으로 하여 상품 또는 용역의 대규모내부거래 행위를 한 경우 그 대규모내부거래 행위의 이사회 의결 및 공시에 관하여는 종전의 제17조의8제3항(대통령령 제30790호 독점규제 및 공정거래에 관한 법률 시행령 일부개정령으로 개정되기 전의 것을 말한다)에 따른다.

제7조【종전의 상호출자제한기업집단의 지정·통지에 관한 경과조치】 2017년 7월 19일 전에 종전의 제21조제1항 및 제2항(대통령령 제28197호 독점규제 및 공정거래에 관한 법률 시행령 일부개정령으로 개정되기 전의 것을 말한다)에 따라 상호출자제한기업집단으로 지정·통지된 기업집단은 2017년 7월 19일에 대통령령 제28197호 독점규제 및 공정거래에 관한 법률 시행령 일부개정령 제21조제4항 및 제5항의 개정규정에 따라 공시대상기업집단 및 상호출자제한기업집단으로 지정·통지된 것으로 본다.

제8조【분쟁조정 신청의 각하 대상 변경에 따른 경과조치】 2021년 4월 20일 전에 발생한 종전의 제53조의8제1항제2호부터 제4호까지(대통령령 제31642호 독점규제 및 공정거래에 관한 법률 시행령 일부개정령으로 개정되기 전의 것을 말한다)에서 규정한 행위에 대한 분쟁조정에 관하여는 종전의 제53조의8제1항(대통령령 제31642호 독점규제 및 공정거래에 관한 법률 시행령 일부개정령으로 개정되기 전의 것을 말한다)에 따른다.

제9조【과징금의 부과 및 조정에 관한 경과조치】 ① 2012년 6월 22일 전에 종료된 사업자단체의 부당한 공동행위에 대한 과징금의 부과에 관하여는 종전의 별표2(대통령령 제23864호 독점규제 및 공정거래에 관한 법률 시행령 일부개정령으로 개정되기 전의 것을 말한다)에 따른다.
② 2016년 3월 8일 전에 종료된 보복조치에 대한 과징금의 부과에 관하여는 종전의 별표2 제2호가목(대통령령 제27034호 독점규제 및 공정거래에 관한 법률 시행령 일부개정령으로 개정되기 전의 것을 말한다)에 따른다.
③ 2017년 10월 19일 전의 위반행위에 대한 과징금의 조정에 관하여는 종전의 별표2 제2호나목(대통령령 제28352호 독점규제 및 공정거래에 관한 법률 시행령 일부개정령으로 개정되기 전의 것을 말한다)에 따른다.

제10조【과징금의 체납가산금 요율에 관한 경과조치】 ① 2012년 6월 22일 전의 과징금 체납기간에 대한 체납가산금 요율에 관하여는 다음 각 호의 기준에 따른다.
1. 1999년 4월 1일부터 2005년 5월 31일까지 기간분 : 1일 1만분의 4
2. 2005년 6월 1일부터 2012년 6월 21일까지 기간분 : 1일 10만분의 29
② 2012년 6월 22일부터 2016년 3월 7일까지의 과징금 체납기간에 대한 체납가산금 요율에 관하여는 종전의 제64조(대통령령 제27034호 독점규제 및 공정거래에 관한 법률 시행령 일부개정령으로 개정되기 전의 것을 말한다)에 따른다.

제11조【과징금의 환급가산금 요율에 관한 경과조치】 2016년 3월 8일 전의 과징금의 환급기간에 대한 환급가산금 요율에 관하여는 종전의 제64조의5(대통령령 제27034호 독점규제 및 공정거래에 관한 법률 시행령 일부개정령으로 개정되기 전의 것을 말한다)에 따른다.

제12조【지주회사의 시정조치·과징금 및 벌칙에 관한 경과조치】 ① 대통령령 제27529호 독점규제 및 공정거래에 관한 법률 시행령 일부개정령 부칙 제2조 단서에 따라 지주회사에서 제외된 기존지주회사 또는 그 자회사·손자회사·증손회사가 지주회사에서 제외되기 전에 한 위반행위에 대하여 과징금(상호출자, 순환출자, 채무보증, 행위제한의 위반으로 한정한다) 및 벌칙을 적용하는 경우 그 지주회사의 자산총액 기준에 관하여는 종전의 제2조제1항(대통령령 제27529호 독점규제 및 공정거래에 관한 법률 시행령 일부개정령으로 개정되기 전의 것을 말한다)에 따른다.
② 2016년 9월 30일 전에 대통령령 제27529호 독점규제 및 공정거래에 관한 법률 시행령 일부개정령 부칙 제3조에 따라 상호출자제한기업집단 또는 채무보증제한기업집단의 지정에서 제외된 것으로 보는 기업집단에 속하는 회사가 한 위반행위에 대하여 법(법률 제14137호 독점규제 및 공정거래에 관한 법률 일부개정법률로 개정되기 전의 것을 말한다. 이하 이 항에서 같다) 제16조제1항제6호 또는 제7호의2에 따른 시정조치, 법 제17조 및 제24조의2에 따른 과징금, 법 제51조에 따른 시정권고, 법 제66조부터 제68조까지에 따른 벌칙을 적용하는 경우 그 상호출자제한기업집단 또는 채무보증제한기업집단의 지정기준 자산총액에 관하여는 종전의 제17조제1항(대통령령 제27529호 독점규제 및 공정거래에 관한 법률 시행령 일부개정령으로 개정되기 전의 것을 말한다)에 따른다.

제13조【다른 법령의 개정】 ①~⑱ ※(해당 법령에 가제정리 하였음)

제14조【다른 법령과의 관계】 이 영 시행 당시 다른 법령에서 종전의 「독점규제 및 공정거래에 관한 법률 시행령」의 규정을 인용하고 있는 경우 이 영에 그에 해당하는 규정이 있으면 이 영의 해당 규정을 인용한 것으로 본다.

부 칙 (2022.12.27)

제1조【시행일】 이 영은 공포한 날부터 시행한다.

제2조【임원 독립경영회사의 기업집단 범위 제외요건에 관한 경과조치】 이 영 시행 전에 기업집단으로부터의 제외가 요청된 회사에 대하여 임원측계열회사와 비임원측계열회사 간의 매입·매출 거래액 비율 요건을 판단하는 경우 거래액 계산의 기준기간에 관하여는 제5조제1항제3호바목1) 및 2) 외의 부분의 개정규정에도 불구하고 종전의 규정에 따른다.

제3조【다른 법령의 개정】 ①~⑦ ※(해당 법령에 가제정리 하였음)

부 칙 (2023.5.30)

제1조【시행일】 이 영은 2024년 1월 1일부터 시행한다.

제2조【대규모내부거래 등 기준금액의 상향 조정에 따른 적용례】 ① 제33조제1항의 개정규정은 이 영 시행 이후 법 제26조제1항 각 호에 따른 거래행위를 하는 경우부터 적용한다.
② 제36조제1항의 개정규정은 이 영 시행 이후 법 제29조제1항제2호 각 목에 따른 거래행위를 하는 경우부터 적용한다.

부 칙 (2023.12.12)

제1조【시행일】 이 영은 2023년 12월 21일부터 시행한다.

제2조【시정조치 이행관리 업무 위탁에 관한 적용례】 제83조의2의 개정규정은 이 영 시행 이후 법 제58조에 따른 전원회의 또는 소회의에서 심의 절차를 개시하는 사건부터 적용한다.

부 칙 (2023.12.19)

제1조【시행일】 이 영은 2023년 12월 21일부터 시행한다.
(이하 생략)

[별표] ➡ 「法典 別册」 참조

물가안정에 관한 법률

(약칭 : 물가안정법)

(1975년 12월 31일)
(법 률 제2798호)

개정
1980.12.31법 3320호(독점)
1993. 3. 6법 4541호(정부조직)
1995. 1. 5법 4861호
1997.12.13법 5454호(정부부처명)
1999. 5.24법 5982호(정부조직)
2007. 3.29법 8312호
2008. 2.29법 8852호(정부조직)
2009. 5.27법 9713호 2009.12.29법 9828호
2011. 5. 2법10623호
2020. 2.18법17007호(권한지방이양)
2020. 3.31법17144호 2021. 1. 5법17817호

제1조【목적】 이 법은 물가를 안정시킴으로써 소비자의 권익을 보호하고 국민생활과 국민경제의 안정 및 발전에 이바지함을 목적으로 한다.(2011.5.2 본조개정)

제2조【최고가격의 지정 등】 ① 정부는 내우외환, 천재지변, 긴급한 재정·경제상의 위기 등 대통령령으로 정하는 사유가 있는 경우로서 국민생활과 국민경제의 안정을 위하여 필요하다고 인정할 때에는 특히 중요한 물품의 가격, 부동산 등의 임대료 또는 용역의 대가에 대하여 최고가액(이하 "최고가격"이라 한다)을 지정할 수 있다.(2021.1.5 본항개정)
② 최고가격은 생산단계·도매단계·소매단계 등 거래단계별 및 지역별로 지정할 수 있다.
③ 정부는 제1항에 따라 지정한 최고가격을 계속 유지할 사유가 없어졌다고 인정할 때에는 지체 없이 폐지하여야 한다.
④ 정부는 제1항 또는 제3항에 따라 최고가격을 지정하거나 폐지하였을 때에는 지체 없이 그 사실을 고시하여야 한다.
(2011.5.2 본조개정)

제2조의2【과징금】 ① 기획재정부장관은 제2조제1항에 따라 정부가 지정한 최고가격을 초과하여 거래를 함으로써 부당한 이득을 얻은 자에게는 과징금을 부과한다.
② 제1항에 따른 과징금은 실제로 거래한 가격·임대료 또는 요금에서 최고가격을 뺀 금액으로 한다.
③ 기획재정부장관은 제1항 및 제2항에 따른 과징금 징수에 관한 업무를 국세청장에게 위임할 수 있다.
④ 제1항에 따른 과징금의 부과·징수 절차, 그 밖에 필요한 사항은 대통령령으로 정한다.
⑤ 기획재정부장관은 제1항에 따라 과징금 부과처분을 받은 자가 과징금을 납부기한까지 내지 아니하면 국세체납처분의 예에 따라 징수한다.
(2011.5.2 본조개정)

제3조【가격의 표시】 주무부장관 또는 특별시장·광역시장·특별자치시장·도지사·특별자치도지사(이하 "시·도지사"라 한다)는 소비자의 보호 또는 공정한 거래를 위하여 필요하다고 인정할 때에는 물품을 생산·판매하거나 물품의 매매를 업(業)으로 하는 자 또는 용역의 제공을 업으로 하는 자(이하 "사업자"라 한다)에게 대통령령으로 정하는 바에 따라 해당 물품의 가격 또는 용역의 대가를 표시할 것을 명할 수 있다. 다만, 시·도지사가 물품의 가격 또는 용역의 대가를 표시하여야 하는 물품과 용역의 종류를 정할 때에는 주무부장관과 협의하여야 한다.(2020.2.18 본조개정)

제4조【공공요금 및 수수료의 결정】 ① 주무부장관은 다른 법률에서 정하는 바에 따라 결정·승인·인가 또는 허가하는 사업이나 물품의 가격 또는 요금(이하 "공공요금"이라 한다)을 정하거나 변경하려는 경우에는 미리 기획재정부장관과 협의하여야 한다.
② 국가 또는 국가로부터 위탁받은 기관이 다른 법률에서 정하는 바에 따라 제공하는 행정서비스, 시설이용 및 특정한 권리 부여 등에 대한 보상으로 징수하는 대가(이하 "수수료"라 한다)를 정하거나 변경하려는 경우에는 주무부장관은 미리 기획재정부장관과 협의하여야 한다.
③ 기획재정부장관은 제2항에 따른 협의를 위하여 협의 대상 및 절차 등 필요한 사항에 관하여 고시하여야 한다.
④ 기획재정부장관은 제1항과 제2항에 따른 공공요금 및 수수료에 관한 협의를 할 때에 원가 산정의 적절성, 소비자 부담, 국민경제에 미치는 효과 등에 관하여 전문가에게 자문할 수 있다.
⑤ 제1항에 따라 기획재정부장관과 협의하여야 하는 공공요금의 산정 원칙, 산정 기간 및 산정 방법 등에 대하여는 대통령령으로 정한다.
(2011.5.2 본조개정)

제4조의2 (2009.5.27 삭제)

제5조 (1980.12.31 삭제)

제6조【긴급수급조정조치】 ① 정부는 내우외환, 천재지변, 긴급한 재정·경제상의 위기 등 대통령령으로 정하는 사유로 인하여 물가가 급격히 오르고 물품 공급이 부족하여 국민생활의 안정을 해치고 국민경제의 원활한 운영을 현저하게 저해할 우려가 있을 때에는 해당 물품의 사업자나 수출입 또는 운송이나 보관을 업으로 하는 자에 대하여 대통령령으로 정하는 바에 따라 5개월 이내의 기간을 정하여 다음 각 호의 어느 하나에 해당하는 조치(이하 "긴급수급조정조치"라 한다)를 할 수 있다.
(2021.1.5 본문개정)
1. 생산계획의 수립·실시 및 변경에 관한 지시
2. 공급 및 출고에 관한 지시
3. 수출입의 조절에 관한 지시
4. 운송·보관 또는 양도에 관한 지시
5. 유통조직의 정비, 유통경로의 단순화 및 유통시설의 개선에 관한 지시

② 정부는 제1항에 따른 긴급수급조정조치를 한 후 그 조치를 한 사유가 없어졌다고 인정할 때에는 지체 없이 해제하여야 한다.
③ 정부는 제1항에 따른 긴급수급조정조치를 하려는 경우에는 국무회의의 심의를 거쳐 대통령의 승인을 받아야 한다. 제2항에 따른 해제의 경우에도 또한 같다.
(2011.5.2 본조개정)

제7조【매점매석 행위의 금지】 사업자는 폭리를 목적으로 물품을 매점(買占)하거나 판매를 기피하는 행위로서 기획재정부장관이 물가의 안정을 해칠 우려가 있다고 인정하여 매점매석 행위로 지정한 행위를 하여서는 아니 된다.(2011.5.2 본조개정)

제8조 (1980.12.31 삭제)

제9조【시정명령 등】 주무부장관은 제7조에 따른 매점매석 행위를 하고 있는 사업자에 대하여는 그 행위의 시정 또는 중지를 명하여야 한다.(2011.5.2 본조개정)

제10조~제12조 (2009.5.27 삭제)

제13조【의견청취 등】 제2조에 따른 최고가격의 지정과 폐지, 제6조에 따른 긴급수급조정조치 및 그 해제를 하는 경우 의견청취 등 필요한 절차는 대통령령으로 정한다.(2011.5.2 본조개정)

제14조~제15조 (2009.5.27 삭제)

제16조【보고 및 검사 등】 ① 기획재정부장관, 주무부장관 또는 시·도지사는 이 법의 목적을 달성하기 위하여 필요하다고 인정할 때에는 대통령령으로 정하는 바에 따라 사업자에 대하여 원가 및 경영 상황에 관한 보고 또는 관계 자료의 제출을 명하거나 그 소속 공무원으로 하여금 사업자의 사무소나 사업장에서 장부·서류, 그 밖의 물건을 검사하게 할 수 있다. 이 경우 시·도지사의 권한은 제3조에 따른 명령 준수 여부의 확인에 필요한 범위에 한정한다.(2020.2.18 본항개정)
② 제1항에 따른 검사를 하는 공무원은 그 권한을 표시하는 증표를 지니고 이를 관계인에게 보여주어야 한다.
(2011.5.2 본조개정)

제17조【자료의 내용 등 목적 외 이용금지】 이 법에 따른 직무에 종사하는 공무원은 제16조제1항에 따라 받은 자료의 내용이나 검사하여 알게 된 내용을 이 법의 시행을 위한 목적 외의 용도에 이용하여서는 아니 된다.
(2011.5.2 본조개정)

제18조【이의신청】 ① 이 법에 따른 처분을 받은 자가 그 처분에 불복할 때에는 주무부장관 또는 시·도지사에게 이의신청을 할 수 있다.(2020.2.18 본항개정)
② 제1항에 따른 이의신청은 그 처분이 있은 것을 안 날부터 15일 이내, 그 처분이 있은 날부터 30일 이내에 하여야 한다.
③ 주무부장관 또는 시·도지사는 제1항에 따른 이의신청을 받았을 때에는 10일 이내에 처리 결과를 통보하여야 한다.(2020.2.18 본항개정)
(2011.5.2 본조개정)

제19조【소관이 불분명한 사항】 이 법에서 규정한 주무부장관의 권한 중 소관이 불분명한 사항에 대하여는 기획재정부장관이 그 권한을 행사할 수 있다.
(2011.5.2 본조개정)

제20조【권한의 위임】 이 법에 따른 주무부장관의 권한은 대통령령으로 정하는 바에 따라 그 일부를 소속 기관의 장이나 시·도지사에게 위임할 수 있다.
(2020.3.31 본조개정)

제21조 (1980.12.31 삭제)

제22조 (2009.5.27 삭제)

제23조 (2007.3.29 삭제)

제24조 (1980.12.31 삭제)

제25조【벌칙】 ① 제6조제1항에 따른 긴급수급조정조치를 위반한 자는 3년 이하의 징역 또는 1억원 이하의 벌금에 처한다.(2021.1.5 본항개정)
② 제1항의 징역형과 벌금형은 병과(倂科)할 수 있다.
(2011.5.2 본조개정)

제26조【벌칙】 제7조를 위반하여 매점매석 행위를 한 자는 3년 이하의 징역 또는 1억원 이하의 벌금에 처한다.
(2021.1.5 본조개정)

제27조【벌칙】 제16조제1항에 따른 검사를 거부·방해 또는 기피한 자는 6개월 이하의 징역 또는 1천만원 이하의 벌금에 처한다.(2011.5.2 본조개정)

제28조【벌칙】 제17조를 위반한 자는 2년 이하의 징역 또는 2천만원 이하의 벌금에 처한다.(2020.3.31 본조개정)

제29조【과태료】 ① 다음 각 호의 어느 하나에 해당하는 자에게는 1천만원 이하의 과태료를 부과한다.
1. 제3조에 따른 명령을 위반한 자
2. 제16조제1항에 따른 보고를 하지 아니하거나 거짓으로 보고한 자
3. 제16조제1항에 따른 자료를 제출하지 아니하거나 거짓 자료를 제출한 자

② 제1항에 따른 과태료는 대통령령으로 정하는 바에 따라 주무부장관 또는 시·도지사가 그 소관에 따라 부과·징수한다.(2020.3.31 본항개정)
(2011.5.2 본조개정)

제29조의2【몰수와 추징】 제26조의 범죄에 관련된 물품은 몰수한다. 다만, 해당 물품을 몰수할 수 없을 때에는 그 가액을 추징한다.(2021.1.5 본조신설)

제30조【양벌규정】 법인의 대표자나 법인 또는 개인의 대리인, 사용인, 그 밖의 종업원이 그 법인 또는 개인의 업무에 관하여 제25조부터 제27조까지의 어느 하나에 해당하는 위반행위를 하면 그 행위자를 벌하는 외에 그 법인 또는 개인에게도 해당 조문의 벌금형을 과(科)한다. 다만, 법인 또는 개인이 그 위반행위를 방지하기 위하여 해당 업무에 관하여 상당한 주의와 감독을 게을리하지 아니한 경우에는 그러하지 아니하다.(2009.5.27 본조개정)

제31조【고발】 제25조 및 제26조의 죄는 주무부장관의 고발이 있어야 공소를 제기할 수 있다.(2011.5.2 본조개정)

제32조 (2009.5.27 삭제)

부 칙 (2020.2.18)

제1조【시행일】 이 법은 2021년 1월 1일부터 시행한다.(단서 생략)

제2조【사무이양을 위한 사전조치】 ① 관계 중앙행정기관의 장은 이 법에 따른 중앙행정권한 및 사무의 지방일괄 이양에 필요한 인력 및 재정 소요 사항을 지원하기 위하여 필요한 조치를 마련하여 이 법에 따른 시행일 3개월 전까지 국회 소관 상임위원회에 보고하여야 한다.
② 「지방자치분권 및 지방행정체제개편에 관한 특별법」 제44조에 따른 자치분권위원회는 제1항에 따른 인력 및 재정 소요 사항을 사전에 전문적으로 조사·평가할 수 있다.

제3조【행정처분 등에 관한 일반적 경과조치】 이 법 시행 당시 종전의 규정에 따라 행정기관이 행한 처분 또는 그 밖의 행위는 이 법의 규정에 따라 행정기관이 행한 처분 또는 그 밖의 행위로 보고, 종전의 규정에 따라 행정기관에 대하여 행한 신청·신고, 그 밖의 행위는 이 법의 규정에 따라 행정기관에 대하여 행한 신청·신고, 그 밖의 행위로 본다.

제4조【다른 법률의 개정】 (생략)

부 칙 (2020.3.31)

제1조【시행일】 이 법은 공포 후 3개월이 경과한 날부터 시행한다. 다만, 부칙 제2조는 2021년 1월 1일부터 시행한다.

제2조【다른 법률의 개정】 ※(해당 법령에 가제정리 하였음)

부 칙 (2021.1.5)

제1조【시행일】 이 법은 공포 후 3개월이 경과한 날부터 시행한다. 다만, 제2조제1항 및 제6조제1항의 개정규정은 공포한 날부터 시행한다.

제2조【적용례】 제25조제1항, 제26조 및 제29조의2의 개정규정은 이 법 시행 이후 제6조제1항에 따른 긴급수급조정조치 또는 제7조에 따른 매점매석 행위의 금지를 위반한 자부터 적용한다.

물가안정에 관한 법률 시행령

(1976년 3월 13일
대통령령 제8021호)

개정
1981. 4. 1영10267호(독점시)
1992.12.31영13795호
1994.12.23영14438호(직제)
1995. 3.30영14555호 1997. 6.23영15397호
1998. 2.12영15626호 1999. 1.29영16090호
2007. 6.11영20084호
2007.10.23영20331호(통계법시)
2008. 2.29영20720호(직제)
2009. 8.25영21699호 2010. 6.29영22227호
2013. 4. 5영24496호(경제관계장관회의규정)
2013.12.30영25050호(행정규제재검토에따른일부개정령)
2014. 6.30영25425호(석유대체연료사업시)
2016.12.30영27751호(규제기한설정)
2020. 9. 8영30993호(권한지방이양)
2020.11.24영31176호(법정공고방식확대)
2021. 9.24영32014호(행정기본법시)
2023.12.12영33913호(행정법제혁신을위한일부개정법령등)

제1조【목적】 이 영은 「물가안정에 관한 법률」(이하 "법"이라 한다)의 시행에 관하여 필요한 사항을 규정함을 목적으로 한다.(2007.6.11 본조개정)

제2조【최고가격의 지정 및 폐지】 ① 법 제2조제1항 내지 제3항의 규정에 의한 최고가격의 지정과 그 폐지는 주무부장관이 행한다. 다만, 소관이 분명하지 아니하거나 2 이상의 부처에 관련되는 것의 최고가격의 지정과 그 폐지는 기획재정부장관이 행한다.(2008.2.29 단서개정)
② 제1항의 규정에 의한 최고가격의 지정은 다음 각호의 경우에 행한다.
1. 환율 또는 국제원자재가격의 급등과 같은 긴급한 재정·경제상의 위기로 인하여 국민생활에 긴요한 특정 물품 또는 용역의 가격이 급등하거나 수급에 현저한 혼란이 발생한 경우
2. 내우·외환·천재·지변 기타 이와 유사한 긴급한 사유로 인하여 국민생활에 긴요한 특정 물품 또는 용역의 가격이 급등하거나 수급에 현저한 혼란이 발생한 경우
3. 특정 물품의 수급여건이 급격히 변화하여 당해 품목을 생산하는 산업의 원활한 구조조정 또는 이를 사용하는 소비자의 생활안정을 도모하기 위하여 불가피한 경우
(1999.1.29 본항신설)

제3조【최고가격지정등의 고시】 ① 주무부장관(제2조제1항 단서의 경우에는 기획재정부장관, 이하 이 조 및 제4조에서 같다)이 제2조의 규정에 의하여 최고가격을 지정하거나 폐지한 때에는 법 제2조제4항의 규정에 의하여 지체없이 이를 고시하여야 한다.(2008.2.29 본항개정)
② 주무부장관이 제1항의 규정에 의하여 최고가격의 지정 또는 그 폐지에 관한 고시를 할 때에는 그 대상·거래단계 및 지역, 기타 필요한 사항을 명시하여야 한다.

제4조【최고가격의 변경】 ① 주무부장관은 경제여건의 변동과 원자재가격의 등락등으로 제2조의 규정에 의하여 지정한 최고가격을 변경할 필요가 있다고 인정할 때에는 이를 변경할 수 있다.
② 주무부장관이 제1항의 규정에 의하여 최고가격을 변경한 때에는 지체없이 그 변경내용을 고시하여야 한다.

제5조【가격등의 표시】 ① 법 제3조에 따라 주무부장관 또는 특별시장·광역시장·특별자치시장·도지사·특별자치도지사(이하 "시·도지사"라 한다)는 물품의 가격 또는 용역의 대가의 표시를 명할 때에는 그 표시대상, 표시의무자 및 그 밖에 그 표시에 관하여 필요한 사항을 고시해야 한다.
② 제1항에 따라 물품의 가격 또는 용역의 대가의 표시명령을 받은 자는 해당 물품의 가격이나 용역의 대가를 거래상대방이나 일반소비자가 알기 쉬운 방법으로 표시해야 한다.
(2020.9.8 본조개정)

제6조【공공요금의 산정원칙 등】 ① 법 제4조제1항에 따른 공공요금은 해당 사업이나 물품(이하 이 조에서 "공공서비스"라 한다)의 제공에 드는 총괄원가를 보상하는 수준에서 결정하여야 한다. 다만, 주무부장관이 다른 산정방식에 따르는 것이 합리적이라고 인정하는 경우에는 기획재정부장관과 협의하여 그 산정방식에 따를 수 있다.
② 제1항에 따른 총괄원가는 공공서비스를 제공하는 자가 성실하고 능률적으로 경영한다는 전제하에 해당 공공서비스를 제공하는 데에 드는 적정원가와 해당 공공서비스의 제공에 사용되는 자산에 대한 적정투자보수를 더한 금액으로 한다.
③ 공공요금을 산정하는 대상기간은 1회계연도로 하되, 주무부장관은 공공요금의 안정성, 물가변동, 그 밖에 경제상황의 변화 등을 고려하여 신축적으로 조정할 수 있다.
④ 제2항에 따른 적정원가, 적정투자보수, 그 밖에 공공요금의 산정에 필요한 세부기준은 기획재정부장관이 정한다.
⑤ 주무부장관은 제1항부터 제4항까지의 규정에 따라 개별 공공요금의 산정기준을 정하여야 한다. 이 경우 기획재정부장관과 미리 협의하여야 하며 이를 변경하려는 때에도 또한 같다.
(2010.6.29 본조신설)

제7조~제11조 (1981.4.1 삭제)

제12조【최고가격의 통보 및 조사】 ① 주무부장관은 제2조 및 제4조제1항의 규정에 의하여 최고가격을 지정·변경 또는 폐지한 때에는 지체없이 이를 국세청장에게 통보하여야 한다.
② 주무부장관은 제1항의 최고가격과 관련한 거래실태를 조사할 필요가 있다고 인정되는 경우에는 국세청장에게 이를 요청할 수 있다.(1997.6.23 본항개정)
③ 국세청장은 제2항의 규정에 의한 주무부장관의 요청에 따라 조사를 실시한 때에는 그 결과를 지체없이 기획재정부장관 및 주무부장관에게 보고하여야 한다.
(2008.2.29 본항개정)
(1981.4.1 본조개정)

제12조의2【과징금의 부과 및 납부】 ① 기획재정부장관은 법 제2조의2제1항에 따라 과징금을 부과하려는 때에는 과징금의 부과사유와 과징금의 금액 등을 명시하여 이를 납부할 것을 서면으로 통지하여야 한다.
(2008.2.29 본항개정)
② 제1항에 따라 통지를 받은 자는 통지를 받은 날부터 60일 이내에 과징금을 기획재정부장관이 정하는 수납기관에 납부해야 한다.(2023.12.12 본항개정)
③ 제2항에 따라 과징금을 납부받은 수납기관은 그 납부자에게 영수증을 교부하여야 한다.
④ 과징금의 수납기관은 제2항에 따라 과징금을 납부받은 때에는 지체 없이 그 사실을 기획재정부장관에게 통보하여야 한다.(2008.2.29 본항개정)
⑤ (2021.9.24 삭제)
(2007.6.11 본조신설)

제12조의3~제12조의7 (2009.8.25 삭제)

제13조【긴급수급조정조치】 ① 법 제6조제1항의 규정에 의한 긴급수급조정조치는 주무부장관이 행한다.
② 주무부장관이 제1항의 규정에 의하여 긴급수급조정조치를 하고자 할 때에는 그 긴급수급조정조치의 내용과 기간 및 사유를 고시하여야 한다.
③ 제1항의 규정에 의한 긴급수급조정조치는 다음 각호의 경우에 행한다.
1. 환율 또는 국제원자재가격의 급등과 같은 긴급한 재정·경제상의 위기로 인하여 특정 물품의 가격이 급등하거나 공급이 부족하여 유통질서가 문란하여지고 수급조절기능이 마비되어 당해 물품에 대한 수급조정이 불가피한 경우
2. 내우·외환·천재·지변 기타 이와 유사한 긴급한 사유로 인하여 특정 물품의 가격이 급등하거나 공급이 부족하여 유통질서가 문란하여지고 수급조절기능이 마비되어 당해 물품에 대한 수급조정이 불가피한 경우
(1999.1.29 본항신설)

제14조【매점매석행위의 지정】 ① 기획재정부장관이 법 제7조의 규정에 의하여 매점매석행위를 지정할 때에는 모든 사업분야에 공통적으로 적용되는 매점매석행위와 특정사업분야에만 적용되는 매점매석행위를 구분하여 지정할 수 있다.
② 기획재정부장관이 제1항의 규정에 의하여 매점매석행위를 지정한 때에는 이를 고시하여야 한다.
(2008.2.29 본조개정)

제15조【고시의 방법】 제3조제1항·제4조제2항·제5조제1항·제13조제2항 및 제14조제2항에 따른 고시는 관보 또는 공보에 게재해야 한다. 다만, 필요하다고 인정되는 경우에는 해당 지역의 일간신문이나 인터넷 홈페이지에 게재하거나 관계인에게 통지하는 것으로 갈음할 수 있다.(2020.11.24 단서개정)

제16조 (1981.4.1 삭제)

제17조 (1995.3.30 삭제)

제18조【위반행위의 신고등】 ① 사업자가 법 제7조의 규정에 위반하거나 법 제9조의 규정에 의한 명령에 위반하여 매점매석행위를 하고 있음을 인지한 자는 그 내용을 명시하여 이를 주무부장관에게 신고할 수 있다.
(1995.3.30 본항개정)
② 주무부장관은 제1항의 규정에 의한 신고를 받은 때에는 지체없이 법 위반 여부를 확인하여 조치한 후 그 조치결과를 기획재정부장관에게 통보하여야 한다.
(2008.2.29 본항개정)
③ 주무부장관이 사업자가 제1항의 위반행위를 하고 있음을 인지한 때에도 제2항과 같다.

제19조【경제정책조정회의의 협의·조정 및 의견청취 등】 ① 법 제13조에 따라 다음 각 호의 사항에 관하여는 「경제관계장관회의 규정」에 따른 경제관계장관회의의 협의·조정을 거쳐야 한다.(2013.4.5 본문개정)
1. 법 제2조에 따른 최고가격의 지정과 폐지
2. 법 제6조에 따른 긴급수급조정조치와 그 해제
② 경제정책조정회의의 의장은 제1항에 따른 협의·조정을 할 때에 필요하다고 인정하는 경우에는 이해관계인을 경제정책조정회의에 참석하게 하거나 서면으로 의견을 들을 수 있다.
③ 기획재정부장관은 제1항에 따른 협의·조정을 위하여 필요하다고 인정하는 경우에는 제1항 각 호의 사항에 대하여 전문가에게 자문할 수 있다.
(2009.8.25 본조개정)

제20조 (2009.8.25 삭제)

제21조 (1992.12.31 삭제)

제22조 (2009.8.25 삭제)

제23조【자료의 제출명령등】 ① 법 제16조제1항의 규정에 의한 원가 및 경영상황에 관한 보고 또는 관계자료의 제출명령은 다음 각호의 경우에 하되 그 내용과 기간을 명시한 문서로 하여야 한다.
1. 법 제2조의 규정에 의하여 지정한 최고가격의 준수여부를 확인하기 위하여 필요한 경우
2. 법 제3조의 규정에 의한 가격표시명령의 준수여부를 확인하기 위하여 필요한 경우
3. 법 제6조의 규정에 의한 긴급수급조정조치의 시행을 위하여 필요한 경우
4. 법 제7조의 규정에 의한 매점매석행위를 단속하기 위하여 필요한 경우
(1999.1.29 본항개정)
② 기획재정부장관, 주무부장관 또는 시·도지사는 법 제16조제1항에 따라 사업자에게 정기 또는 수시로 원가 및 경영상황에 관한 관계자료의 제출을 명할 수 있다.
(2020.9.8 본항개정)
③ 법 제16조제1항에 따른 검사는 제1항 각 호의 경우에 실시할 수 있으며, 주무부장관 또는 시·도지사는 검사 후 그 결과를 기획재정부장관에게 통보해야 한다.
(2020.9.8 본항개정)

제24조 (2016.12.30 삭제)

제25조【권한의 위임】 주무부장관은 법 제20조에 따라 다음 각 호에 따른 권한을 산림청장 또는 시·도지사에게 위임한다.(2020.9.8 본문개정)
1. 법 제2조제1항·제3항 및 제4조의 규정에 의한 최고가격의 지정·폐지 및 변경에 관한 권한과 이에 관련한 법 제16조제1항의 규정에 의한 명령 및 검사에 관한 권한중 임산물에 관한 권한 및 이에 관련한 법 제29조제2항의 규정에 의한 과태료 부과·징수권한은 이를 산림청장에게 위임한다.(1997.6.23 본호개정)
2. 법 제3조에 따른 가격표시명령에 관한 권한(시·도지사가 자체적으로 행사하는 권한은 제외한다. 이하 이 조에서 같다) 중 가격표시의무자의 지정에 관한 권한(주무부장관이 별도로 정하여 고시하는 사업자에 관한 지정 권한에 한정한다)은 시·도지사에게 위임한다.
(2020.9.8 본호개정)
3. 법 제3조에 따른 가격표시명령에 관한 권한과 관련한 법 제16조제1항에 따른 명령 및 검사에 관한 권한(주무부장관이 별도로 정하여 고시하는 사업자에 대한 명령 및 검사에 관한 권한에 한정한다)과 이와 관련한 법 제29조제2항에 따른 과태료 부과·징수권한은 시·도지사에게 위임한다.(2020.9.8 본호개정)
4. 법 제29조제1항제1호와 관련한 법 제29조제2항에 따른 과태료의 부과·징수권한 중 주무부장관이 별도로 정하여 고시하는 사업자에 대한 과태료 부과·징수권한은 시·도지사에게 위임한다.(2020.9.8 본호개정)
5. 다음 각 목의 권한은 시·도지사에게 위임한다. 이 경우 업종의 분류는 「통계법」 제22조에 따라 통계청장이 고시하는 표준분류에 따른다.(2020.9.8 본문개정)
가. 법 제16조제1항에 따른 명령 및 검사에 관한 권한 중 숙박 및 음식점업, 보관 및 창고업, 부동산 임대업, 부동산 관련 서비스업에 관한 권한(2020.9.8 본목개정)
나. 법 제7조의 규정에 의한 매점매석행위와 관련한 법 제16조제1항의 규정에 의한 명령 및 검사에 관한 권한 중 도·소매업에 관한 권한
다. 가목 및 나목의 권한과 관련한 법 제29조제2항의 규정에 의한 과태료의 부과·징수권한(1998.2.12 본목개정)

제25조의2【과태료의 부과기준】 ① 법 제29조제1항에 따른 과태료의 부과기준은 별표와 같다.
② 주무부장관 또는 시·도지사는 위반 정도, 위반 횟수, 위반행위의 동기 및 그 결과 등을 고려하여 별표에 따른 과태료 금액의 2분의 1의 범위에서 그 금액을 줄이거나 늘릴 수 있다. 다만, 늘리는 경우에는 법 제29조제1항에 따른 과태료 금액의 상한을 초과할 수 없다.
(2009.8.25 본조개정)

제26조【세부사항】 이 영의 시행에 관하여 필요한 세부사항은 기획재정부장관이 정한다.(2008.2.29 본조개정)

부 칙 (2020.9.8)

이 영은 2021년 1월 1일부터 시행한다.

부 칙 (2020.11.24)

제1조【시행일】 이 영은 공포한 날부터 시행한다.

제2조【공고 등의 방법에 관한 일반적 적용례】 이 영은 이 영 시행 이후 실시하는 공고, 공표, 공시 또는 고시부터 적용한다.

부 칙 (2021.9.24)

제1조【시행일】 이 영은 공포한 날부터 시행한다.(이하 생략)

부 칙 (2023.12.12)

이 영은 공포한 날부터 시행한다.

〔별표〕 ➡ 「法典 別冊」 参조

표시·광고의 공정화에 관한 법률(약칭 : 표시광고법)

(1999년 2월 5일)
(법 률 제5814호)

개정
2004.12.31법 7315호(독점)
2005.12.29법 7794호
2006. 9.27법 7988호(소비자기본법)
2008. 2.29법 8852호(정부조직)
2008. 2.29법 8863호(금융위원회의설치등에관한법)
2009. 7.31법 9785호(신문등의진흥에관한법)
2010. 3.22법10167호
2011. 9.15법11050호
2013. 8.13법12096호
2014. 1.28법12380호
2017.11.28법15142호
2018. 6.12법15699호
2020.12.29법17799호(독점)
2023. 2.14법19226호
2024년 1월 25일 제412회 국회 본회의 통과(독점)→「法典 別冊」보유편 수록

제1장 총 칙
(2011.9.15 본장개정)

제1조【목적】 이 법은 상품 또는 용역에 관한 표시·광고를 할 때 소비자를 속이거나 소비자로 하여금 잘못 알게 하는 부당한 표시·광고를 방지하고 소비자에게 바르고 유용한 정보의 제공을 촉진함으로써 공정한 거래질서를 확립하고 소비자를 보호함을 목적으로 한다.

제2조【정의】 이 법에서 사용하는 용어의 뜻은 다음과 같다.

1. "표시"란 사업자 또는 사업자단체(이하 "사업자등"이라 한다)가 상품 또는 용역(이하 "상품등"이라 한다)에 관한 다음 각 목의 어느 하나에 해당하는 사항을 소비자에게 알리기 위하여 상품의 용기·포장(첨부물과 내용물을 포함한다), 사업장 등의 게시물 또는 상품권·회원권·분양권 등 상품등에 관한 권리를 나타내는 증서에 쓰거나 붙인 문자·도형과 상품의 특성을 나타내는 용기·포장을 말한다.
 가. 자기 또는 다른 사업자등에 관한 사항
 나. 자기 또는 다른 사업자등의 상품등의 내용, 거래 조건, 그 밖에 그 거래에 관한 사항
2. "광고"란 사업자등이 상품등에 관한 제1호 각 목의 어느 하나에 해당하는 사항을 「신문 등의 진흥에 관한 법률」 제2조제1호 및 제2호에 따른 신문·인터넷신문, 「잡지 등 정기간행물의 진흥에 관한 법률」 제2조제1호에 따른 정기간행물, 「방송법」 제2조제1호에 따른 방송, 「전기통신기본법」 제2조제1호에 따른 전기통신, 그 밖에 대통령령으로 정하는 방법으로 소비자에게 널리 알리거나 제시하는 것을 말한다.
3. "사업자"란 「독점규제 및 공정거래에 관한 법률」 제2조제1호에 따른 사업자를 말한다.
4. "사업자단체"란 「독점규제 및 공정거래에 관한 법률」 제2조제2호에 따른 사업자단체를 말한다.(2020.12.29 본호개정)
5. "소비자"란 사업자등이 생산하거나 제공하는 상품등을 사용하거나 이용하는 자를 말한다.

제2장 부당한 표시·광고 행위의 금지 등
(2011.9.15 본장개정)

제3조【부당한 표시·광고 행위의 금지】 ① 사업자등은 소비자를 속이거나 소비자로 하여금 잘못 알게 할 우려가 있는 표시·광고 행위로서 공정한 거래질서를 해칠 우려가 있는 다음 각 호의 행위를 하거나 다른 사업자등으로 하여금 하게 하여서는 아니 된다.

1. 거짓·과장의 표시·광고
2. 기만적인 표시·광고
3. 부당하게 비교하는 표시·광고
4. 비방적인 표시·광고

② 제1항 각 호의 행위의 구체적인 내용은 대통령령으로 정한다.

판례 1+1 행사를 할 때 광고 직전 판매가격을 기준으로 보면 할인이더라도 광고 전 20일 동안의 최저 판매가격을 기준으로 볼 때 할인이 아니라면 거짓·과장 광고에 해당할 수 있다. 공정거래위원회의 「부당한 표시·광고행위의 유형 및 기준 지정 고시」에 따르면 '종전 거래가격'은 1+1 행사가 시작되기 전 약 20일간 해당 상품에 매겨졌던 가격 가운데 가장 낮은 가격을 가리킨다. 해당 고시가 절대적이지는 않지만 주요한 판단 기준이 될 수는 있다.
(대판 2022.4.28, 2019두36001)

판례 '허위·과장 광고'의 의미 및 판단 기준 : 허위·과장 광고는 사실과 다르게 광고하거나 사실을 지나치게 부풀려 광고하여 소비자를 속이거나 소비자로 하여금 잘못 알게 할 우려가 있는 광고행위로서 공정한 거래질서를 저해할 우려가 있는 광고를 말하고, 광고가 소비자를 속이거나 소비자로 하여금 잘못 알게 할 우려가 있는지는 보통의 주의력을 가진 일반 소비자가 당해 광고를 받아들이는 전체적·궁극적 인상을 기준으로 하여 객관적으로 판단되어야 한다.
(대판 2003.6.27, 2002두6965)

제4조【중요정보의 고시 및 통합공고】 ① 공정거래위원회는 상품등이나 거래 분야의 성질에 비추어 소비자 보호 또는 공정한 거래질서 유지를 위하여 필요한 사항으로서 다음 각 호의 어느 하나에 해당하는 사항인 경우에는 사업자등이 표시·광고에 포함하여야 하는 사항(이하 "중요정보"라 한다)과 표시·광고의 방법을 고시(인터넷 게재를 포함한다. 이하 같다)할 수 있다. 다만, 다른 법령에서 표시·광고를 하도록 한 사항은 제외한다.

1. 표시·광고를 하지 아니하여 소비자 피해가 자주 발생하는 사항
2. 표시·광고를 하지 아니하면 다음 각 목의 어느 하나에 해당하는 경우가 생길 우려가 있는 사항
 가. 소비자가 상품등의 중대한 결함이나 기능상의 한계 등을 정확히 알지 못하여 구매 선택을 하는 데에 결정적인 영향을 미치게 되는 경우
 나. 소비자의 생명·신체 또는 재산에 위해(危害)를 끼칠 가능성이 있는 경우
 다. 그 밖에 소비자의 합리적인 선택을 현저히 그르칠 가능성이 있거나 공정한 거래질서를 현저히 해치는 경우

② 공정거래위원회는 제1항에 따라 고시를 하려면 관계 행정기관의 장과 미리 협의하여야 한다. 이 경우 필요하다고 인정하면 공청회를 개최하여 사업자단체, 「소비자기본법」 제29조에 따라 등록한 소비자단체(이하 "소비자단체"라 한다), 그 밖의 이해관계인 등의 의견을 들을 수 있다.

③ 공정거래위원회는 중요정보를 고시할 때 소비자, 사업자등 이해관계인에게 종합적인 정보를 제공하기 위하여 다른 법령에서 표시·광고를 하도록 한 사항과 표시·광고를 제한하거나 금지하고 있는 사항을 통합하여 공고(이하 이 조에서 "통합공고"라 한다)할 수 있다.

④ 관계 행정기관의 장은 통합공고 사항에 관한 법령이 제정되거나 개정된 경우에는 그 사항이 통합공고될 수 있도록 그 법령의 시행일 전에 공정거래위원회에 통보하여야 한다.

⑤ 사업자등은 표시·광고 행위를 하는 경우에는 제1항에 따라 고시된 중요정보를 표시·광고하여야 한다.

제4조의2 (2010.3.22 삭제)

제5조【표시·광고 내용의 실증 등】 ① 사업자등은 자기가 한 표시·광고 중 사실과 관련한 사항에 대하여는 실증(實證)할 수 있어야 한다.

② 공정거래위원회는 사업자등이 제3조제1항을 위반할 우려가 있어 제1항에 따른 실증이 필요하다고 인정하는 경우에는 그 내용을 구체적으로 밝혀 해당 사업자등에게 관련 자료를 제출하도록 요청할 수 있다.

③ 제2항에 따라 실증자료 제출을 요청받은 사업자등은 요청받은 날부터 15일 이내에 그 실증자료를 공정거래위원회에 제출하여야 한다. 다만, 공정거래위원회는 정당한 사유가 있다고 인정하는 경우에는 그 제출기간을 연장할 수 있다.

④ 공정거래위원회는 상품등에 관하여 소비자가 잘못 아는 것을 방지하거나 공정한 거래질서를 유지하기 위하여 필요하다고 인정하는 경우에는 제3항에 따라 사업자등이 제출한 실증자료를 갖추어 두고 일반이 열람할 수 있게 하거나 그 밖의 적절한 방법으로 이를 공개할 수 있다. 다만, 그 자료가 사업자등의 영업상 비밀에 해당하여 공개하면 사업자등의 영업활동을 침해할 우려가 있는 경우에는 그러하지 아니하다.

⑤ 공정거래위원회는 사업자등이 제2항에 따라 실증자료의 제출을 요구받고도 제3항에 따른 제출기간 내에 이를 제출하지 아니한 채 계속하여 표시·광고를 하는 경우에는 실증자료를 제출할 때까지 그 표시·광고 행위의 중지를 명할 수 있다.

판례 표시·광고행위에 있어서 표시·광고행위를 한 사업자등에게 표시·광고에서 주장하는 내용 중 사실과 관련한 사항이 진실임을 합리적·객관적 근거에 의하여 입증할 책임이 있는 것이고, 입증책임이 있는 당사자가 그 주장사실을 증명할 만한 아무런 증거를 제출하지 않은 채 상대방에게 반대증거의 제출을 요구하였으나 상대방이 이에 응하지 않았다고 하여 그 주장사실이 추정되거나 또는 입증의 필요가 상대방에게 돌아가게 되는 것은 아니다.
(대결 2003.3.31, 2002마4109)

제6조【사업자단체의 표시·광고 제한행위의 금지】 ① 사업자단체는 법령에 따르지 아니하고는 그 사업자단체에 가입한 사업자에 대하여 표시·광고를 제한하는 행위를 하여서는 아니 된다. 다만, 공정거래위원회가 소비자의 이익을 보호하거나 공정한 거래질서를 유지하기 위하여 필요하다고 인정하는 경우에는 그러하지 아니하다.

② 공정거래위원회는 제1항 단서에 따라 사업자단체의 표시·광고 제한행위를 인정하려는 경우에는 관계 행정기관의 장과 미리 협의하여야 한다.

③ 공정거래위원회는 사업자단체가 제1항 본문을 위반하는 행위를 하는 경우에는 다음 각 호의 조치를 명할 수 있다.

1. 해당 위반행위의 중지
2. 해당 위반행위를 정한 정관·규약 등의 변경
3. 그 밖에 위반행위의 시정을 위하여 필요한 조치

제7조【시정조치】 ① 공정거래위원회는 사업자등이 제3조제1항을 위반하여 부당한 표시·광고 행위를 하는 경우에는 그 사업자등에 대하여 그 시정을 위한 다음 각 호의 조치를 명할 수 있다.

1. 해당 위반행위의 중지
2. 시정명령을 받은 사실의 공표
3. 정정광고
4. 그 밖에 위반행위의 시정을 위하여 필요한 조치

② 제1항제2호 및 제3호에 따른 시정명령을 받은 사실의 공표 및 정정광고에 필요한 사항은 대통령령으로 정한다.

판례 사이버몰 운영자가 광고행위의 주체로서 행정적 책임을 지는지 여부 : 사이버몰 운영자가 입점업체의 광고행위에 대하여 입점업체와 공동으로 또는 입점업체와 독립하여 광고행위의 주체로서 행정적 책임을 지는지 여부는 사이버몰 운영자와 입점업체 사이의 거래약정의 내용, 사이버몰 운영자의 사이버몰 이용약관의 내용, 문제된 광고에 관하여 사이버몰 운영자와 입점업체가 수행한 역할과 관여 정도, 광고의 구체적 내용은 물론 광고행위의 주체에 대한 소비자의 오인가능성 등을 종합하여 구체적·개별적으로 판단하여야 한다.
(대판 2005.12.22, 2003두8296)

제7조의2【동의의결】 ① 공정거래위원회의 조사나 심의를 받고 있는 사업자등(이하 이 조부터 제7조의5까지의 규정에서 "신청인"이라 한다)은 해당 조사나 심의의 대상이 되는 행위(이하 이 조부터 제7조의5까지의 규정에서 "해당 행위"라 한다)로 인한 소비자 오인상태의 자발적 해소 등 거래질서의 개선, 소비자 피해구제 등을 위하여 제3항에 따른 동의의결을 하여 줄 것을 공정거래위원회에 신청할 수 있다. 다만, 다음 각 호의 어느 하나에 해당하는 경우 공정거래위원회는 동의의결을 하지 아니하고 이 법에 따른 심의 절차를 진행하여야 한다.

1. 제16조제3항에 따라 준용되는 「독점규제 및 공정거래에 관한 법률」 제129조제2항에 따른 고발요건에 해당하는 경우(2020.12.29 본호개정)
2. 동의의결이 있기 전 신청인이 신청을 취소하는 경우

② 신청인이 제1항에 따른 신청을 하는 경우 다음 각 호의 사항을 기재한 서면으로 하여야 한다.

1. 해당 행위를 특정할 수 있는 사실관계
2. 해당 행위의 중지, 소비자 오인상태의 해소 등 거래질서의 적극적 개선을 위하여 필요한 시정방안
3. 소비자, 다른 사업자등의 피해를 구제하거나 예방하기 위하여 필요한 시정방안

③ 공정거래위원회는 해당 행위의 사실관계에 대한 조사를 마친 후 제2항제2호 및 제3호에 따른 시정방안(이하 "시정방안"이라 한다)이 다음 각 호의 요건을 모두 충족한다고 판단되는 경우에는 해당 행위 관련 심의 절차를 중단하고 시정방안과 같은 취지의 의결(이하 "동의의결"이라 한다)을 할 수 있다. 이 경우 신청인과의 협의를 거쳐 시정방안을 수정할 수 있다.

1. 해당 행위가 이 법을 위반한 것으로 판단될 경우에 예상되는 시정조치, 그 밖의 제재와 균형을 이룰 것
2. 공정하고 자유로운 거래질서를 회복시키거나 소비자, 다른 사업자등을 보호하기에 적절하다고 인정될 것

④ 공정거래위원회의 동의의결은 해당 행위가 이 법에 위반된다고 인정한 것을 의미하지 아니하며, 누구든지 신청인이 동의의결을 받은 사실을 들어 해당 행위가 이 법에 위반된다고 주장할 수 없다.

⑤ 동의의결의 절차 및 취소에 관하여는 「독점규제 및 공정거래에 관한 법률」 제90조 및 제91조를 준용한다. 이 경우 같은 법 제90조제3항 단서 중 "제124조부터 제127조까지의 규정"은 "이 법 제17조 및 제18조의 규정"으로 본다.(2023.2.14 본항신설)
(2014.1.28 본조신설)

제7조의3~제7조의4 (2023.2.14 삭제)

제7조의5【이행강제금 등】 ① 공정거래위원회는 정당한 이유 없이 상당한 기한 내에 동의의결을 이행하지 아니한 자에게 동의의결이 이행되거나 취소되기 전까지 1일당 200만원 이하의 이행강제금을 부과할 수 있다.

② 이행강제금의 부과·납부·징수 및 환급 등에 대하여는 「독점규제 및 공정거래에 관한 법률」 제16조제2항 및 제3항을 준용한다.(2020.12.29 본항개정)
(2014.1.28 본조신설)

제8조【임시중지명령】 ① 공정거래위원회는 표시·광고 행위가 다음 각 호 모두에 해당하는 경우에는 사업자등에 대하여 그 표시·광고 행위를 일시 중지할 것을 명할 수 있다.

1. 표시·광고 행위가 제3조제1항을 위반한다고 명백하게 의심되는 경우
2. 그 표시·광고 행위로 인하여 소비자나 경쟁사업자에게 회복하기 어려운 손해가 발생할 우려가 있어 이를 예방하기 위하여 긴급히 필요하다고 인정되는 경우

② 소비자단체나 그 밖에 대통령령으로 정하는 기관·단체는 사업자등의 표시·광고 행위가 제1항 각 호 모두에 해당한다고 인정할 때에는 서면(전자문서를 포함한다)으로 공정거래위원회에 그 표시·광고 행위의 일시 중지를 명하도록 요청할 수 있다.

③ 제1항에 따른 명령에 불복하는 자는 그 명령을 받은 날부터 7일 이내에 공정거래위원회에 이의를 제기할 수 있다.

④ 공정거래위원회는 제1항에 따른 명령을 받은 자가 제3항에 따라 이의를 제기하였을 때에는 지체 없이 서울고등법원에 그 사실을 통보하여야 하며, 통보를 받은 서울고등법원은 「비송사건절차법」에 따라 재판을 한다.

⑤ 제4항에 따른 재판을 할 때에는 「비송사건절차법」 제15조를 적용하지 아니한다.

제9조【과징금】 ① 공정거래위원회는 제3조제1항을 위반하여 표시·광고 행위를 한 사업자등에 대하여는 대통령령으로 정하는 매출액(대통령령으로 정하는 사업자의 경우에는 영업수익을 말한다. 이하 같다)에 100분의 2를 곱한 금액을 초과하지 아니하는 범위에서 과징금을 부과할 수 있다. 다만, 그 위반행위를 한 자가 매출액이 없거나 매출액을 산정하기 곤란한 경우로서 대통령령으로 정하는 사업자등인 경우에는 5억원을 초과하지 아니하는 범위에서 과징금을 부과할 수 있다.

② 공정거래위원회는 제6조제1항 본문을 위반하여 사업자의 표시·광고 행위를 제한하는 행위를 한 사업자단체에 대하여는 5억원의 범위에서 과징금을 부과할 수 있다.
③ 공정거래위원회는 제1항이나 제2항에 따라 과징금을 부과하는 경우에는 다음 각 호의 사항을 고려하여야 한다.
1. 위반행위의 내용 및 정도
2. 위반행위의 기간 및 횟수
3. 위반행위로 인하여 취득한 이익의 규모
4. 사업자등이 소비자의 피해를 예방하거나 보상하기 위하여 기울인 노력의 정도
④ 제3조제1항을 위반한 사업자인 법인이 합병을 하는 경우 그 법인이 한 위반행위는 합병 후 존속하는 법인이나 합병으로 설립된 법인이 한 행위로 보아 과징금을 부과·징수한다.
⑤ 제1항이나 제2항에 따른 과징금의 부과기준은 대통령령으로 정한다.

제3장 손해배상
(2011.9.15 본장개정)

제10조【손해배상책임】 ① 사업자등은 제3조제1항을 위반하여 부당한 표시·광고 행위를 함으로써 피해를 입은 자가 있는 경우에는 그 피해자에 대하여 손해배상의 책임을 진다.
② 제1항에 따라 손해배상의 책임을 지는 사업자등은 고의 또는 과실이 없음을 들어 그 피해자에 대한 책임을 면할 수 없다.
제11조【손해액의 인정】 제3조제1항을 위반한 행위로 인하여 손해가 발생된 사실은 인정되나 그 손해액을 증명하는 것이 사안의 성질상 곤란한 경우 법원은 변론 전체의 취지와 증거조사의 결과에 기초하여 상당한 손해액을 인정할 수 있다.(2013.8.13 본조개정)

제4장 보 칙
(2011.9.15 본장개정)

제12조【비밀엄수의 의무】 이 법에 따른 직무에 종사하거나 종사하였던 공정거래위원회의 위원, 공무원, 제16조의2에 따라 위반행위의 조사에 참여한 「소비자기본법」 제33조에 따른 한국소비자원(이하 "한국소비자원"이라 한다)의 임직원 또는 그 직(職)에 있었던 사람은 직무상 알게 된 사업자등의 비밀을 누설하거나 이 법 시행을 위한 목적 외의 용도로 이용하여서는 아니 된다.
(2013.8.13 본조개정)
제13조【표시·광고의 제한 등과 관련된 법령 제정 등의 협의】 관계 행정기관의 장은 사업자등에게 표시·광고를 금지 또는 제한하거나 표시·광고하도록 의무를 부과하는 것을 내용으로 하는 법령을 제정하거나 개정할 때에는 미리 공정거래위원회와 협의하여야 한다.
제14조【표시·광고의 자율규약】 ① 사업자등은 제3조제1항을 위반하는 행위를 방지하기 위하여 자율적으로 표시·광고에 관한 규약이나 기준 등(이하 "자율규약"이라 한다)을 정할 수 있다.
② 자율규약은 제3조제1항을 위반하는 행위를 방지하기에 적합하여야 하며, 정당한 사유 없이 사업자등의 표시·광고 또는 소비자에 대한 정보 제공을 제한하여서는 아니 된다.
③ 사업자등은 공정거래위원회에 자율규약이 제3조제1항을 위반하는지에 대한 심사를 요청할 수 있다.
④ 공정거래위원회는 제3항에 따른 자율규약의 심사를 요청받은 경우에는 요청을 받은 날부터 60일 이내에 심사 결과를 신청인에게 통보하여야 한다.
⑤ 공정거래위원회는 자율규약이 제2항을 위반한 경우에는 사업자등에게 그 시정을 명할 수 있다.
제14조의2【표시·광고의 자율심의기구등】 ① 사업자등의 표시·광고가 제3조제1항 또는 자율규약에 위반되는지 등을 심의(그 명칭에 관계없이 표시·광고가 법령 또는 자율규약에 위반되는지를 판단하는 행위를 말한다. 이하 같다)하는 등 부당한 표시·광고를 방지하기 위한 조직(이하 "자율심의기구등"이라 한다)을 운영하는 자는 대통령령으로 정하는 바에 따라 공정거래위원회에 신고할 수 있다.
② 자율심의기구등은 표시·광고를 심의할 때에 제3조제1항이나 자율규약에 따라 판단하여야 하며, 정당한 사유 없이 사업자등의 표시·광고 또는 소비자에 대한 정보 제공을 제한하여서는 아니 된다.
③ 공정거래위원회는 자율심의기구등에 심의 내용이나 처리 결과 등에 관한 자료를 요청할 수 있다.
④ 공정거래위원회는 자율심의기구등의 심의 내용이나 처리 결과 등이 제2항을 위반한 경우에는 그 시정을 요구할 수 있으며, 자율심의기구등은 특별한 사유가 없으면 시정 요구에 따라야 한다.
⑤ 공정거래위원회는 표시·광고가 자율심의기구등의 심의 대상에 해당되는 것으로 판단되는 경우에는 자율심의기구등에 그 표시·광고의 심의를 요청할 수 있다.
⑥ 공정거래위원회는 자율심의기구등이 제5항에 따라 공정거래위원회가 요청한 심의 대상 표시·광고를 심의하여 처리한 결과에 따라 사업자등이 부당한 표시·광고 행위를 시정한 경우에는 제7조에 따른 시정조치명령을 하지 아니한다. 다만, 사업자등이 자율심의기구등이 심의하여 처리한 결과에 따라 시정한 경우라도 이 법을 위반하는 행위를 반복하는 등 자율심의기구등의 시정만으로는 소비자나 경쟁사업자의 피해를 방지하기 곤란하다고 판단하는 경우에는 그러하지 아니하다.
⑦ 공정거래위원회는 제1항에 따라 신고한 자율심의기구등(제6조제1항 단서에 따라 공정거래위원회가 인정하는 사업자단체의 자율심의기구 및 다른 법령에 따라 심의를 위임받은 심의기구를 포함한다)이 제5항에 따라 공정거래위원회가 요청한 심의를 한 경우에는 예산의 범위에서 그 경비를 보조할 수 있다.
제15조【관계 행정기관 등의 장의 협조】 ① 공정거래위원회는 이 법을 시행하기 위하여 필요하다고 인정할 때에는 관계 행정기관 또는 그 밖의 기관·단체의 장의 의견을 들을 수 있다.
② 공정거래위원회는 이 법을 시행하기 위하여 필요하다고 인정할 때에는 관계 행정기관 또는 그 밖의 기관·단체의 장에게 필요한 조사를 의뢰하거나 필요한 자료를 요청할 수 있다.
③ 공정거래위원회는 제6조제3항 또는 제7조제1항에 따른 명령의 이행을 확보하기 위하여 필요하다고 인정할 때에는 관계 행정기관 또는 그 밖의 기관·단체의 장에게 필요한 협조를 요청할 수 있다.
④ 공정거래위원회는 금융·보험 사업자등이 제3조제1항을 위반하였다고 인정하여 직권으로 조사할 사유가 있는 경우에는 이를 조사하지 아니하고 금융위원회에 통보하여 금융위원회에서 처리하도록 하여야 한다.
⑤ 제4항에 따른 통보를 받은 금융위원회는 금융·보험 관계 법령에서 정하는 바에 따라 이를 성실히 처리하여 그 결과를 공정거래위원회에 통보하여야 한다.
제16조【「독점규제 및 공정거래에 관한 법률」의 준용】 ① 이 법에 따른 공정거래위원회의 심의·의결에 관하여는 「독점규제 및 공정거래에 관한 법률」 제59조, 제64조부터 제68조까지 및 제93조를 준용하며, 이 법에 따른 공정거래위원회의 처분(제8조제1항에 따른 임시중지명령은 제외한다)에 대한 이의신청, 소의 제기, 불복의 소의 전속관할 및 사건 처리에 관하여는 「독점규제 및 공정거래에 관한 법률」 제96조, 제97조, 제99조부터 제101조까지의 규정을 준용한다.
② 이 법을 위반하는 행위에 대한 인지·신고 등에 관하여는 「독점규제 및 공정거래에 관한 법률」 제80조를 준용하며, 이 법에 따른 공정거래위원회의 조사, 의견청취 및 시정권고 등에 관하여는 「독점규제 및 공정거래에 관한 법률」 제81조제1항·제2항·제3항·제6항·제9항, 제84조, 제85조 및 제88조를 준용한다.
③ 이 법에 따른 과징금의 납부기한 연장 및 분할납부, 과징금의 연대납부의무, 과징금 징수 및 체납처분과 과징금 환급가산금에 관하여는 「독점규제 및 공정거래에 관한 법률」 제103조부터 제106조까지의 규정을 준용하며, 이 법 제17조에 따른 죄의 고발에 관하여는 「독점규제 및 공정거래에 관한 법률」 제129조를 준용한다.
(2020.12.29 본조개정)
제16조의2【위반행위의 조사】 ① 공정거래위원회는 제16조제2항에 따른 조사를 하기 위하여 필요하다고 판단되는 경우 한국소비자원과 합동으로 조사반을 구성할 수 있다. 이 경우 조사반의 구성과 조사에 관한 구체적 방법과 절차, 그 밖에 필요한 사항은 대통령령으로 정한다.
② 공정거래위원회는 제1항의 조사활동에 참여하는 한국소비자원의 임직원에게 예산의 범위에서 수당이나 여비를 지급할 수 있다.
③ 제1항에 따라 해당 업무를 담당하는 한국소비자원의 임직원은 「형법」 제129조부터 제132조까지의 규정에 따른 벌칙을 적용할 때에는 공무원으로 본다.
(2013.8.13 본조신설)

제5장 벌 칙
(2011.9.15 본장제목개정)

제17조【벌칙】 다음 각 호의 어느 하나에 해당하는 자는 2년 이하의 징역 또는 1억5천만원 이하의 벌금에 처한다.
1. 제3조제1항을 위반하여 부당한 표시·광고 행위를 하거나 다른 사업자등으로 하여금 하게 한 사업자등
2. 제6조제3항 또는 제7조제1항에 따른 명령에 따르지 아니한 자
(2011.9.15 본조개정)
제18조【벌칙】 제12조를 위반하여 직무상 알게 된 사업자등의 비밀을 누설하거나 이 법 시행을 위한 목적 외의 용도로 이용한 사람은 2년 이하의 징역 또는 2천만원 이하의 벌금에 처한다.(2017.11.28 본조개정)
제19조【양벌규정】 법인(법인격 없는 단체를 포함한다. 이하 이 조에서 같다)의 대표자나 법인 또는 개인의 대리인, 사용인, 그 밖의 종업원이 그 법인 또는 개인의 업무에 관하여 제17조의 위반행위를 하면 그 행위자를 벌하는 외에 그 법인 또는 개인에게도 해당 조문의 벌금형을 과(科)한다. 다만, 법인 또는 개인이 그 위반행위를 방지하기 위하여 해당 업무에 관하여 상당한 주의와 감독을 게을리하지 아니한 경우에는 그러하지 아니하다.
(2010.3.22 본조개정)
제20조【과태료】 ① 제16조제2항에 따라 준용되는 「독점규제 및 공정거래에 관한 법률」 제81조제2항 및 제3항에 따른 조사를 거부·방해 또는 기피한 경우 사업자등에게는 2억원 이하의 과태료를 부과하고, 법인 또는 사업자단체의 임원이나 종업원 또는 그 밖의 이해관계인에게는 5천만원 이하의 과태료를 부과한다.(2020.12.29 본항개정)
② 사업자등이 다음 각 호의 어느 하나에 해당하는 경우에는 1억원 이하의 과태료를 부과하고, 법인 또는 사업자단체의 임원이나 종업원 또는 그 밖의 이해관계인이 다음 각 호의 어느 하나에 해당하는 경우에는 1천만원 이하의 과태료를 부과한다.(2018.6.12 본문개정)
1. 제4조제5항을 위반하여 고시된 중요정보를 표시·광고하지 아니한 경우
2. 제5조제3항을 위반하여 실증자료를 제출하지 아니한 경우
3. 제5조제5항을 위반하여 표시·광고 행위를 중지하지 아니한 경우
4. 제8조제1항을 위반하여 임시중지명령에 따르지 아니한 경우
5. (2018.6.12 삭제)
6. 제16조제2항에 따라 준용되는 「독점규제 및 공정거래에 관한 법률」 제81조제1항제1호를 위반하여 정당한 사유 없이 출석하지 아니한 경우(2020.12.29 본호개정)
7. 제16조제2항에 따라 준용되는 「독점규제 및 공정거래에 관한 법률」 제81조제1항제3호 또는 같은 조 제6항에 따른 보고 또는 필요한 자료나 물건의 제출을 하지 아니하거나 거짓으로 보고하거나 거짓 자료·물건을 제출한 경우(2020.12.29 본호개정)
8. (2018.6.12 삭제)
③ 제14조제5항에 따른 시정명령에 따르지 아니한 경우 사업자등에게는 3천만원 이하의 과태료를 부과하고, 법인 또는 사업자단체의 임원이나 종업원 또는 그 밖의 이해관계인에게는 3백만원 이하의 과태료를 부과한다.
(2018.6.12 본항신설)
④ 제16조제1항에 따라 준용되는 「독점규제 및 공정거래에 관한 법률」 제66조에 따른 질서유지명령에 따르지 아니한 자에게는 100만원 이하의 과태료를 부과한다.
(2020.12.29 본항개정)
⑤ 제1항부터 제4항까지에 따른 과태료는 대통령령으로 정하는 바에 따라 공정거래위원회가 부과·징수한다.
(2018.6.12 본항개정)
(2011.9.15 본조개정)

부 칙 (2020.12.29)

제1조【시행일】 이 법은 공포 후 1년이 경과한 날부터 시행한다.(이하 생략)

부 칙 (2023.2.14)

제1조【시행일】 이 법은 공포한 날부터 시행한다.
제2조【경과조치】 이 법 시행 전에 동의의결을 신청하였거나 이미 동의의결을 받은 경우에는 제7조의2제5항, 제7조의3 및 제7조의4의 개정규정에도 불구하고 종전의 규정에 따른다.

하도급거래 공정화에 관한 법률(약칭 : 하도급법)

(1984년 12월 31일
법 률 제3779호)

개정
1990. 1.13법 4198호(독점)
1991.12.14법 4419호(소방법)
1992.12. 8법 4514호
1995. 1. 5법 4860호
1995. 1. 5법 4898호(중소기업사업영역보호)
1996.12.30법 5234호
1997. 8.28법 5386호(정보통신공사업법)
1997.12.13법 5454호(정부부처명)
1998. 1.13법 5507호(이자제한법폐지법)
1999. 2. 5법 5756호(소방법)
1999. 2. 5법 5816호
2000. 1.21법 6198호(소프트웨어산업진흥법)
2003. 5.29법 6893호(소방기본법)
2004. 1.20법 7107호
2004.12.31법 7315호(독점)
2005. 3.31법 7488호
2006. 3. 3법 7864호(대·중소기업상생협력촉진에관한법)
2007. 7.19법 8539호
2008. 3.28법 9085호
2009. 4. 1법 9616호
2010. 1.25법 9971호
2010. 4.12법10250호(엔지니어링산업진흥법)
2010. 5.17법10303호(은행법)
2011. 3.29법10475호
2011. 5.24법10719호(건설산업기본법)
2012. 6. 1법11461호(전자문서및전자거래기본법)
2013. 5.28법11842호
2013. 7.16법11938호
2013. 8.13법12097호
2014. 5.28법12709호
2015. 7.24법13451호
2016. 3.29법14143호
2016.12.20법14456호
2017. 4.18법14814호
2017. 7.26법14839호(정부조직)
2017.10.31법15016호
2018. 1.16법15362호
2018. 4.17법15612호
2019. 4.30법16415호(건설산업)
2019. 4.30법16423호
2019.11.26법16649호
2020. 6. 9법17348호(소프트웨어진흥법)
2020. 6. 9법17354호(전자서명법)
2020.12.29법17799호(독점)
2021. 8.17법18434호
2022. 1.11법18757호
2023. 7.18법19562호
2023. 8. 8법19619호
2024년 1월 25일 제412회 국회 본회의 통과→「法典 別册」 보유편 수록
2024년 1월 25일 제412회 국회 본회의 통과(독점)→「法典 別册」 보유편 수록

제1조【목적】 이 법은 공정한 하도급거래질서를 확립하여 원사업자(原事業者)와 수급사업자(受給事業者)가 대등한 지위에서 상호보완하며 균형 있게 발전할 수 있도록 함으로써 국민경제의 건전한 발전에 이바지함을 목적으로 한다.(2009.4.1 본조개정)

제2조【정의】 ① 이 법에서 "하도급거래"란 원사업자가 수급사업자에게 제조위탁(가공위탁을 포함한다. 이하 같다)·수리위탁·건설위탁 또는 용역위탁을 하거나 원사업자가 다른 사업자로부터 제조위탁·수리위탁·건설위탁 또는 용역위탁을 받은 것을 수급사업자에게 다시 위탁한 경우, 그 위탁(이하 "제조등의 위탁"이라 한다)을 받은 수급사업자가 위탁받은 것(이하 "목적물등"이라 한다)을 제조·수리·시공하거나 용역수행하여 원사업자에게 납품·인도 또는 제공(이하 "납품등"이라 한다)하고 그 대가(이하 "하도급대금"이라 한다)를 받는 행위를 말한다.

② 이 법에서 "원사업자"란 다음 각 호의 어느 하나에 해당하는 자를 말한다.

1. 중소기업자(「중소기업기본법」 제2조제1항 또는 제3항에 따른 자를 말하며, 「중소기업협동조합법」에 따른 중소기업협동조합을 포함한다. 이하 같다)가 아닌 사업자로서 중소기업자에게 제조등의 위탁을 한 자 (2011.3.29 본호개정)
2. 중소기업자 중 직전 사업연도의 연간매출액〔관계 법률에 따라 시공능력평가액을 적용받는 거래의 경우에는 하도급계약 체결 당시 공시된 시공능력평가액의 합계액(가장 최근에 공시된 것을 말한다)을 말하고, 연간매출액이나 시공능력평가액이 없는 경우에는 자산총액을 말한다. 이하 이 호에서 같다〕이 제조등의 위탁을 받은 다른 중소기업자의 연간매출액보다 많은 중소기업자로서 그 다른 중소기업자에게 제조등의 위탁을 한 자. 다만, 대통령령으로 정하는 연간매출액에 해당하는 중소기업자는 제외한다.(2015.7.24 본문개정)

③ 이 법에서 "수급사업자"란 제2항 각 호에 따른 원사업자로부터 제조등의 위탁을 받은 중소기업자를 말한다.

④ 사업자가 「독점규제 및 공정거래에 관한 법률」 제2조제12호에 따른 계열회사에 제조등의 위탁을 하고 그 계열회사가 위탁받은 제조·수리·시공 또는 용역수행 행위의 전부 또는 상당 부분을 제3자에게 다시 위탁한 경우, 그 계열회사가 제2항 각 호의 어느 하나에 해당하지 아니하더라도 제3자가 그 계열회사에 위탁을 한 사업자로부터 직접 제조등의 위탁을 받는 것으로 하면 제3항에 해당하는 경우에는 그 계열회사와 제3자를 각각 이 법에 따른 원사업자와 수급사업자로 본다.(2020.12.29 본항개정)

⑤ 「독점규제 및 공정거래에 관한 법률」 제31조제1항에 따른 상호출자제한기업집단에 속하는 회사가 제조등의 위탁을 하거나 받는 경우에는 다음 각 호에 따른다. (2020.12.29 본문개정)

1. 제조등의 위탁을 한 회사가 제2항 각 호의 어느 하나에 해당하지 아니하더라도 이 법에 따른 원사업자로 본다.
2. 제조등의 위탁을 받은 회사가 제3항에 해당하더라도 이 법에 따른 수급사업자로 보지 아니한다.

⑥ 이 법에서 "제조위탁"이란 다음 각 호의 어느 하나에 해당하는 행위를 업(業)으로 하는 사업자가 그 업에 따른 물품의 제조를 다른 사업자에게 위탁하는 것을 말한다. 이 경우 그 업에 따른 물품의 범위는 공정거래위원회가 정하여 고시한다.

1. 물품의 제조
2. 물품의 판매
3. 물품의 수리
4. 건설

⑦ 제6항에도 불구하고 대통령령으로 정하는 물품에 대하여는 대통령령으로 정하는 특별시, 광역시 등의 지역에 한하여 제6항을 적용한다.

⑧ 이 법에서 "수리위탁"이란 사업자가 주문을 받아 물품을 수리하는 것을 업으로 하거나 자기가 사용하는 물품을 수리하는 것을 업으로 하는 경우에 그 수리행위의 전부 또는 일부를 다른 사업자에게 위탁하는 것을 말한다.

⑨ 이 법에서 "건설위탁"이란 다음 각 호의 어느 하나에 해당하는 사업자(이하 "건설업자"라 한다)가 그 업에 따른 건설공사의 전부 또는 일부를 다른 건설업자에게 위탁하거나 건설업자가 대통령령으로 정하는 건설공사를 다른 사업자에게 위탁하는 것을 말한다.

1. 「건설산업기본법」 제2조제7호에 따른 건설사업자 (2019.4.30 본호개정)
2. 「전기공사업법」 제2조제3호에 따른 공사업자
3. 「정보통신공사업법」 제2조제4호에 따른 정보통신공사업자
4. 「소방시설공사업법」 제4조제1항에 따라 소방시설공사업의 등록을 한 자
5. 그 밖에 대통령령으로 정하는 사업자

⑩ 이 법에서 "발주자"란 제조·수리·시공 또는 용역수행을 원사업자에게 도급하는 자를 말한다. 다만, 재하도급(再下都給)의 경우에는 원사업자를 말한다.

⑪ 이 법에서 "용역위탁"이란 지식·정보성과물의 작성 또는 역무(役務)의 공급(이하 "용역"이라 한다)을 업으로 하는 사업자(이하 "용역업자"라 한다)가 그 업에 따른 용역수행행위의 전부 또는 일부를 다른 용역업자에게 위탁하는 것을 말한다.

⑫ 이 법에서 "지식·정보성과물"이란 다음 각 호의 어느 하나에 해당하는 것을 말한다.

1. 정보프로그램(「소프트웨어 진흥법」 제2조제1호에 따른 소프트웨어, 특정한 결과를 얻기 위하여 컴퓨터·전자계산기 등 정보처리능력을 가진 장치에 내재된 일련의 지시·명령으로 조합된 것을 말한다)(2020.6.9 본호개정)
2. 영화, 방송프로그램, 그 밖에 영상·음성 또는 음향으로 구성되는 성과물
3. 문자·도형·기호의 결합 또는 문자·도형·기호와 색채의 결합으로 구성되는 성과물(「건축사법」 제2조제3호에 따른 설계 및 「엔지니어링산업 진흥법」 제2조제1호에 따른 엔지니어링활동 중 설계를 포함한다) (2010.4.12 본호개정)
4. 그 밖에 제1호부터 제3호까지의 규정에 준하는 것으로서 공정거래위원회가 정하여 고시하는 것

⑬ 이 법에서 "역무"란 다음 각 호의 어느 하나에 해당하는 활동을 말한다.

1. 「엔지니어링산업 진흥법」 제2조제1호에 따른 엔지니어링활동(설계는 제외한다)(2010.4.12 본호개정)
2. 「화물자동차 운수사업법」에 따라 화물자동차를 이용하여 화물을 운송 또는 주선하는 활동
3. 「건축법」에 따라 건축물을 유지·관리하는 활동
4. 「경비업법」에 따라 시설·장소·물건 등에 대한 위험 발생 등을 방지하거나 사람의 생명 또는 신체에 대한 위해(危害)의 발생을 방지하고 그 신변을 보호하기 위하여 하는 활동
5. 그 밖에 원사업자로부터 위탁받은 사무를 완성하기 위하여 노무를 제공하는 활동으로서 공정거래위원회가 정하여 고시하는 활동

⑭ 이 법에서 "어음대체결제수단"이란 원사업자가 하도급대금을 지급할 때 어음을 대체하여 사용하는 결제수단으로서 다음 각 호의 어느 하나에 해당하는 것을 말한다.

1. 기업구매전용카드 : 원사업자가 하도급대금을 지급하기 위하여 「여신전문금융업법」에 따른 신용카드업자로부터 발급받는 신용카드 또는 직불카드로서 일반적인 신용카드가맹점에서는 사용할 수 없고, 원사업자·수급사업자 및 신용카드업자 간의 계약에 따라 해당 수급사업자에 대한 하도급대금의 지급만을 목적으로 발급하는 것
2. 외상매출채권 담보대출 : 수급사업자가 하도급대금을 받기 위하여 원사업자에 대한 외상매출채권을 담보로 금융기관에서 대출을 받고, 원사업자가 하도급대금으로 수급사업자에 대한 금융기관의 대출금을 상환하는 것으로서 한국은행총재가 정한 조건에 따라 대출이 이루어지는 것
3. 구매론 : 원사업자가 금융기관과 대출한도를 약정하여 대출받은 금액으로 정보처리시스템을 이용하여 수급사업자에게 하도급대금을 결제하고 만기일에 대출금을 금융기관에 상환하는 것
4. 그 밖에 하도급대금을 지급할 때 어음을 대체하여 사용되는 결제수단으로서 공정거래위원회가 정하여 고시하는 것

⑮ 이 법에서 "기술자료"란 비밀로 관리되는 제조·수리·시공 또는 용역수행 방법에 관한 자료, 그 밖에 영업활동에 유용하고 독립된 경제적 가치를 가지는 것으로서 대통령령으로 정하는 자료를 말한다.(2021.8.17 본항개정)

⑯ 이 법에서 "주요 원재료"란 하도급거래에서 목적물등의 제조·수리·시공 또는 용역수행에 사용되는 원재료로서 그 비용이 하도급대금의 100분의 10 이상인 원재료를 말한다.(2023.7.18 본항신설)

⑰ 이 법에서 "하도급대금 연동"이란 주요 원재료의 가격이 원사업자와 수급사업자가 100분의 10 이내의 범위에서 협의하여 정한 비율 이상 변동하는 경우 그 변동분에 연동하여 하도급대금을 조정하는 것을 말한다. (2023.7.18 본항신설)

(2009.4.1 본조개정)

판례 하도급거래공정화에관한법률은 그 명칭과는 달리 일반적으로 흔히 말하는 하도급관계뿐만 아니라 원도급관계도 규제한다. (대판 2003.5.16, 2001다27470)

제3조【서면의 발급 및 서류의 보존】 ① 원사업자가 수급사업자에게 제조등의 위탁을 하는 경우 및 제조등의 위탁을 한 이후에 해당 계약내역에 없는 제조등의 위탁 또는 계약내역을 변경하는 위탁(이하 이 항에서 "추가·변경위탁"이라 한다)을 하는 경우에는 제2항의 사항을 적은 서면(「전자문서 및 전자거래 기본법」 제2조제1호에 따른 전자문서를 포함한다. 이하 이 조에서 같다)을 다음 각 호의 구분에 따른 기한까지 수급사업자에게 발급하여야 한다.

1. 제조위탁의 경우 : 수급사업자가 제조등의 위탁 및 추가·변경위탁에 따른 물품 납품을 위한 작업을 시작하기 전
2. 수리위탁의 경우 : 수급사업자가 제조등의 위탁 및 추가·변경위탁에 따른 수리행위를 시작하기 전
3. 건설위탁의 경우 : 수급사업자가 제조등의 위탁 및 추가·변경위탁에 따른 계약공사를 착공하기 전
4. 용역위탁의 경우 : 수급사업자가 제조등의 위탁 및 추가·변경위탁에 따른 용역수행행위를 시작하기 전

(2016.3.29 본항개정)

② 제1항의 서면에는 다음 각 호의 사항을 적고 원사업자와 수급사업자가 서명〔「전자서명법」 제2조제2호에 따른 전자서명(서명자의 실지명의를 확인할 수 있는 것을 말한다)을 포함한다. 이하 이 조에서 같다〕 또는 기명날인하여야 한다.(2023.7.18 본문개정)

1. 하도급대금과 그 지급방법 등 하도급계약의 내용
2. 제16조의2제1항에 따른 하도급대금의 조정요건, 방법 및 절차
3. 하도급대금 연동의 대상 목적물등의 명칭, 주요 원재료, 조정요건, 기준 지표 및 산식 등 하도급대금 연동에 관한 사항으로서 대통령령으로 정하는 사항
4. 그 밖에 서면에 적어야 할 사항으로서 대통령령으로 정하는 사항

(2023.7.18 1호~4호신설)

③ 원사업자는 제2항제3호에 따른 사항을 적을 때 수급사업자의 이익에 반하는 불공정한 내용이 되지 아니하도록 수급사업자와 성실히 협의하여야 한다.(2023.7.18 본항신설)

④ 다음 각 호의 어느 하나에 해당하는 경우에는 원사업자는 서면에 제2항제3호에 따른 사항을 적지 아니할 수 있다. 다만, 제4호의 경우에는 원사업자와 수급사업자가 그 취지와 사유를 서면에 분명하게 적어야 한다.

1. 원사업자가 「중소기업기본법」 제2조제2항에 따른 소기업에 해당하는 경우
2. 하도급거래 기간이 90일 이내의 범위에서 대통령령으로 정하는 기간 이내인 경우
3. 하도급대금이 1억 원 이하의 범위에서 대통령령으로 정하는 금액 이하인 경우
4. 원사업자와 수급사업자가 하도급대금 연동을 하지 아니하기로 합의한 경우

(2023.7.18 본항신설)

⑤ 원사업자는 하도급대금 연동과 관련하여 하도급거래에 관한 거래상 지위를 남용하거나 거짓 또는 그 밖의 부정한 방법으로 이 조의 적용을 피하려는 행위를 하여서는 아니 된다.(2023.7.18 본항신설)

⑥ 원사업자는 제2항에도 불구하고 위탁시점에 확정하기 곤란한 사항에 대하여는 재해·사고로 인한 긴급복구공사를 하는 경우 등 정당한 사유가 있는 경우에는 해당 사항을 적지 아니한 서면을 발급할 수 있다. 이 경우 해당 사항이 정하여지지 아니한 이유와 그 사항을 정하게 되는 예정기일을 서면에 적어야 한다.(2010.1.25 본항신설)

⑦ 원사업자는 제6항에 따라 일부 사항을 적지 아니한 서면을 발급한 경우에는 해당 사항이 확정되는 때에 지체 없이 그 사항을 적은 새로운 서면을 발급하여야 한다. (2023.7.18 본항개정)

⑧ 원사업자가 제조등의 위탁을 하면서 제2항의 사항을 적은 서면(제6항에 따라 일부 사항을 적지 아니한 서면을 포함한다)을 발급하지 아니한 경우에는 수급사업자는 위탁받은 작업의 내용, 하도급대금 등 대통령령으로 정하는 사항을 원사업자에게 서면으로 통지하여 위탁내용의 확인을 요청할 수 있다.(2023.7.18 본항개정)
⑨ 원사업자는 제8항의 통지를 받은 날부터 15일 이내에 그 내용에 대한 인정 또는 부인(否認)의 의사를 수급사업자에게 서면으로 회신을 발송하여야 하며, 이 기간 내에 회신을 발송하지 아니한 경우에는 원래 수급사업자가 통지한 내용대로 위탁이 있었던 것으로 추정한다. 다만, 천재나 그 밖의 사변으로 회신이 불가능한 경우에는 그러하지 아니하다.(2023.7.18 본문개정)
⑩ 제8항의 통지에는 수급사업자가, 제9항의 회신에는 원사업자가 서명 또는 기명날인하여야 한다.(2023.7.18 본항개정)
⑪ 제8항의 통지 및 제9항의 회신과 관련하여 필요한 사항은 대통령령으로 정한다.(2023.7.18 본항개정)
⑫ 원사업자와 수급사업자는 대통령령으로 정하는 바에 따라 하도급거래에 관한 서류를 보존하여야 한다.
(2009.4.1 본조개정)

제3조의2【표준하도급계약서의 제정·개정 및 사용】 ① 공정거래위원회는 표준하도급계약서를 제정 또는 개정하여 이 법의 적용대상이 되는 사업자 또는 사업자단체(이하 이 조에서 "사업자등"이라 한다)에 그 사용을 권장할 수 있다.
② 제1항에도 불구하고 공정거래위원회는 제3조제2항제3호 및 같은 조 제4항 각 호 외의 부분 단서에 관한 표준하도급계약서를 제정 또는 개정하여 사업자등에게 그 사용을 권장하여야 한다.(2023.7.18 본항개정)
③ 사업자등은 건전한 하도급거래질서를 확립하고 불공정한 내용의 계약이 통용되는 것을 방지하기 위하여 일정한 하도급 거래분야에서 통용될 수 있는 표준하도급계약서의 제정·개정안을 마련하여 그 내용이 이 법에 위반되는지 여부에 관하여 공정거래위원회에 심사를 청구할 수 있다.
④ 공정거래위원회는 다음 각 호의 어느 하나에 해당하는 경우 사업자등에 대하여 표준하도급계약서의 제정·개정안을 마련하여 심사를 청구할 것을 권고할 수 있다.
1. 일정한 하도급 거래분야에서 여러 수급사업자에게 피해가 발생하거나 발생할 우려가 있는 경우
2. 이 법의 개정 등으로 인하여 표준하도급계약서를 정비할 필요가 발생한 경우
⑤ 공정거래위원회는 사업자등이 제4항의 권고를 받은 날부터 상당한 기간 이내에 필요한 조치를 하지 아니하는 경우 표준하도급계약서를 제정 또는 개정하여 사업자등에게 그 사용을 권장할 수 있다.(2023.7.18 본항개정)
⑥ 공정거래위원회는 표준하도급계약서를 제정 또는 개정하는 경우에는 관련 분야의 거래당사자인 사업자등의 의견을 들어야 한다.
⑦ 공정거래위원회는 표준하도급계약서 제정·개정과 관련된 업무를 수행하기 위하여 필요하다고 인정하면 자문위원을 위촉할 수 있다.
⑧ 제7항에 따른 자문위원의 위촉과 그 밖에 필요한 사항은 대통령령으로 정한다.(2023.7.18 본항개정)
(2022.1.11 본조개정)

제3조의3【원사업자와 수급사업자 간 협약체결】 ① 공정거래위원회는 원사업자와 수급사업자가 하도급 관련 법령의 준수 및 상호 지원·협력을 약속하는 협약을 체결하도록 권장할 수 있다.
② 공정거래위원회는 원사업자와 수급사업자가 제1항의 협약을 체결하는 경우 그 이행을 독려하기 위하여 포상 등 지원시책을 마련하여 시행한다.
③ 공정거래위원회는 제1항에 따른 협약의 내용·체결절차·이행실적평가 및 지원시책 등에 필요한 사항을 정한다.
(2011.3.29 본조신설)

제3조의4【부당한 특약의 금지】 ① 원사업자는 수급사업자의 이익을 부당하게 침해하거나 제한하는 계약조건(이하 "부당한 특약"이라 한다)을 설정하여서는 아니 된다.
② 다음 각 호의 어느 하나에 해당하는 약정은 부당한 특약으로 본다.
1. 원사업자가 제3조제1항의 서면에 기재되지 아니한 사항을 요구함에 따라 발생된 비용을 수급사업자에게 부담시키는 약정
2. 원사업자가 부담하여야 할 민원처리, 산업재해 등과 관련된 비용을 수급사업자에게 부담시키는 약정
3. 원사업자가 입찰내역에 없는 사항을 요구함에 따라 발생된 비용을 수급사업자에게 부담시키는 약정
4. 그 밖에 이 법에서 보호하는 수급사업자의 이익을 제한하거나 원사업자에게 부과된 의무를 수급사업자에게 전가하는 등 대통령령으로 정하는 약정
(2013.8.13 본조신설)

제3조의5【건설하도급 입찰결과의 공개】 국가 또는 「공공기관의 운영에 관한 법률」 제5조에 따른 공기업 및 준정부기관이 발주하는 공사입찰로서 「국가를 당사자로 하는 계약에 관한 법률」 제10조제2항에 따라 각 입찰자의 입찰가격, 공사수행능력 및 사회적 책임 등을 종합 심사할 필요가 있는 대통령령으로 정하는 건설공사를 위탁받은 사업자는 경쟁입찰에 의하여 하도급계약을 체결하려는 경우 건설하도급 입찰에 관한 다음 각 호의 사항을 대통령령으로 정하는 바에 따라 입찰참가자에게 알려야 한다.
1. 입찰금액
2. 낙찰금액 및 낙찰자(상호, 대표자 및 영업소 소재지를 포함한다)
3. 유찰된 경우 유찰 사유
(2022.1.11 본조신설)

제3조의6【하도급대금 연동 우수기업의 선정·지원】 ① 공정거래위원회는 하도급대금 연동의 확산을 위하여 하도급대금 연동 우수기업 및 하도급대금 연동 확산에 기여한 자(이하 "하도급대금 연동 우수기업등"이라 한다)를 선정하고 포상하는 등 지원시책을 수립하여 추진할 수 있다.
② 하도급대금 연동 우수기업등의 선정 방법, 절차 및 지원시책 등에 관하여 필요한 사항은 대통령령으로 정한다.
(2023.7.18 본조신설)

제3조의7【하도급대금 연동 확산 지원본부의 지정 등】 ① 공정거래위원회는 하도급대금 연동의 확산을 지원하기 위하여 관련 기관이나 단체를 하도급대금 연동 확산 지원 본부(이하 "연동지원본부"라 한다)로 지정할 수 있다.
② 연동지원본부는 다음 각 호의 사업을 한다.
1. 원재료 가격 및 주요 물가지수 정보 제공
2. 하도급대금 연동의 도입 및 조정 실적 확인
3. 하도급대금 연동 관련 교육 및 컨설팅
4. 그 밖에 하도급대금 연동의 확산을 위하여 필요한 사항으로서 대통령령으로 정하는 사항
③ 공정거래위원회는 연동지원본부가 제2항 각 호의 사업을 추진하는 데 필요한 지원을 할 수 있다.
④ 공정거래위원회는 연동지원본부가 다음 각 호의 어느 하나에 해당하면 지정을 취소하거나 6개월 이내의 기간을 정하여 그 업무의 전부 또는 일부의 정지를 명할 수 있다. 다만, 제1호에 해당하는 경우에는 그 지정을 취소하여야 한다.
1. 거짓이나 그 밖의 부정한 방법으로 지정을 받은 경우
2. 제5항에 따른 지정 기준을 충족하지 못하는 경우
3. 정당한 사유 없이 제2항 각 호의 사업을 1개월 이상 수행하지 아니한 경우
⑤ 연동지원본부의 지정 및 지정 취소의 기준 및 절차 등에 관한 세부사항은 대통령령으로 정한다.
(2023.7.18 본조신설)

제4조【부당한 하도급대금의 결정 금지】 ① 원사업자는 수급사업자에게 제조등의 위탁을 하는 경우 부당하게 목적물등과 같거나 유사한 것에 대하여 일반적으로 지급되는 대가보다 낮은 수준으로 하도급대금을 결정(이하 "부당한 하도급대금의 결정"이라 한다)하거나 하도급받도록 강요하여서는 아니 된다.(2013.5.28 본항개정)
② 다음 각 호의 어느 하나에 해당하는 원사업자의 행위는 부당한 하도급대금의 결정으로 본다.
1. 정당한 사유 없이 일률적인 비율로 단가를 인하하여 하도급대금을 결정하는 행위
2. 협조요청 등 어떠한 명목으로든 일방적으로 일정 금액을 할당한 후 그 금액을 빼고 하도급대금을 결정하는 행위
3. 정당한 사유 없이 특정 수급사업자를 차별 취급하여 하도급대금을 결정하는 행위
4. 수급사업자에게 발주량 등 거래조건에 대하여 착오를 일으키게 하거나 다른 사업자의 견적 또는 거짓 견적을 내보이는 등의 방법으로 수급사업자를 속이고 이를 이용하여 하도급대금을 결정하는 행위
5. 원사업자가 일방적으로 낮은 단가에 의하여 하도급대금을 결정하는 행위(2013.5.28 본호개정)
6. 수의계약(隨意契約)으로 하도급계약을 체결할 때 정당한 사유 없이 대통령령으로 정하는 바에 따른 직접공사비 항목의 값을 합한 금액보다 낮은 금액으로 하도급대금을 결정하는 행위
7. 경쟁입찰에 의하여 하도급계약을 체결할 때 정당한 사유 없이 최저가로 입찰한 금액보다 낮은 금액으로 하도급대금을 결정하는 행위
8. 계속적 거래계약에서 원사업자의 경영적자, 판매가격 인하 등 수급사업자의 책임으로 돌릴 수 없는 사유로 수급사업자에게 불리하게 하도급대금을 결정하는 행위(2013.5.28 본호신설)
(2009.4.1 본조개정)

제5조【물품 등의 구매강제 금지】 원사업자는 수급사업자에게 제조등의 위탁을 하는 경우에 그 목적물등에 대한 품질의 유지·개선 등 정당한 사유가 있는 경우 외에는 그가 지정하는 물품·장비 또는 역무의 공급 등을 수급사업자에게 매입 또는 사용(이용을 포함한다. 이하 같다)하도록 강요하여서는 아니 된다.(2009.4.1 본조개정)

제6조【선급금의 지급】 ① 수급사업자에게 제조등의 위탁을 한 원사업자가 발주자로부터 선급금을 받은 경우에는 수급사업자가 제조·수리·시공 또는 용역수행을 시작할 수 있도록 그가 받은 선급금의 내용과 비율에 따라 선급금을 받은 날(제조등의 위탁을 하기 전에 선급금을 받은 경우에는 제조등의 위탁을 한 날)부터 15일 이내에 선급금을 수급사업자에게 지급하여야 한다.
② 원사업자가 발주자로부터 받은 선급금을 제1항에 따른 기한이 지난 후에 지급하는 경우에는 그 초과기간에 대하여 연 100분의 40 이내에서 「은행법」에 따른 은행이 적용하는 연체금리 등 경제사정을 고려하여 공정거래위원회가 정하여 고시하는 이율에 따른 이자를 지급하여야 한다.(2010.5.17 본항개정)
③ 원사업자가 제1항에 따른 선급금을 어음 또는 어음대체결제수단을 이용하여 지급하는 경우의 어음할인료·수수료의 지급 및 어음할인율·수수료율에 관하여는 제13조제6항·제7항·제9항 및 제10항을 준용한다. 이 경우 "목적물등의 수령일부터 60일"은 "원사업자가 발주자로부터 선급금을 받은 날부터 15일"로 본다.
(2009.4.1 본조개정)

제7조【내국신용장의 개설】 ① 원사업자는 수출할 물품을 수급사업자에게 제조위탁 또는 용역위탁한 경우에 정당한 사유가 있는 경우 외에는 위탁한 날부터 15일 이내에 내국신용장(內國信用狀)을 수급사업자에게 개설하여 주어야 한다. 다만, 신용장에 의한 수출의 경우 원사업자가 원신용장(原信用狀)을 받기 전에 제조위탁 또는 용역위탁을 하는 경우에는 원신용장을 받은 날부터 15일 이내에 내국신용장을 개설하여 주어야 한다.
② 원사업자는 수출할 물품·용역을 수급사업자에게 제조위탁 또는 용역위탁한 경우 다음 각 호의 요건을 모두 갖춘 때에는 사전 또는 사후 구매확인서를 수급사업자에게 발급하여 주어야 한다.
1. 원사업자가 개설한도 부족 등 정당한 사유로 인하여 내국신용장 발급이 어려운 경우
2. 수급사업자의 구매확인서 발급 요청이 있는 경우
(2017.10.31 본항신설)
(2009.4.1 본조개정)

제8조【부당한 위탁취소의 금지 등】 ① 원사업자는 제조등의 위탁을 한 후 수급사업자의 책임으로 돌릴 사유가 없는 경우에는 다음 각 호의 어느 하나에 해당하는 행위를 하여서는 아니 된다. 다만, 용역위탁 가운데 역무의 공급을 위탁한 경우에는 제2호를 적용하지 아니한다.
1. 제조등의 위탁을 임의로 취소하거나 변경하는 행위
2. 목적물등의 납품등에 대한 수령 또는 인수를 거부하거나 지연하는 행위
② 원사업자는 목적물등의 납품등이 있는 때에는 역무의 공급을 위탁한 경우 외에는 그 목적물등에 대한 검사 전이라도 즉시(제7조에 따라 내국신용장을 개설한 경우에는 검사 완료 즉시) 수령증명서를 수급사업자에게 발급하여야 한다. 다만, 건설위탁의 경우에는 검사가 끝나는 즉시 그 목적물을 인수하여야 한다.
③ 제1항제2호에서 "수령"이란 수급사업자가 납품등을 한 목적물등을 받아 원사업자의 사실상 지배하에 두게 되는 것을 말한다. 다만, 이전(移轉)하기 곤란한 목적물등의 경우에는 검사를 시작한 때를 수령한 때로 본다.
(2009.4.1 본조개정)

제9조【검사의 기준·방법 및 시기】 ① 수급사업자가 납품등을 한 목적물등에 대한 검사의 기준 및 방법은 원사업자와 수급사업자가 협의하여 객관적이고 공정·타당하게 정하여야 한다.
② 원사업자는 정당한 사유가 있는 경우 외에는 수급사업자로부터 목적물등을 수령한 날[제조위탁의 경우에는 기성부분(旣成部分)을 통지받은 날을 포함하고, 건설위탁의 경우에는 수급사업자로부터 공사의 준공 또는 기성부분을 통지받은 날을 말한다]부터 10일 이내에 검사 결과를 수급사업자에게 서면으로 통지하여야 하며, 이 기간 내에 통지하지 아니한 경우에는 검사에 합격한 것으로 본다. 다만, 용역위탁 가운데 역무의 공급을 위탁하는 경우에는 이를 적용하지 아니한다.
(2009.4.1 본조개정)

판례 동조 제2항 규정의 취지 : 동법이 적용되는 범위 안에서는 그로 인한 대금채무도 발생한 것으로 본다는 의미라고 풀이함이 상당하므로, 이러한 경우에 원사업자가 수급사업자에게 그 대금을 동법이 정한 바에 따라 지급하지 아니하였다면, 달리 그 대금채무가 발생하지 아니하였음이 밝혀지지 않는 한 공정거래위원회는 제25조제1항에서 정하고 있는 시정명령과 제25조의3 제1항 제3호에서 정하고 있는 과징금 부과 등의 조치를 할 수 있다.
(대판 2002.11.26, 2001두3099)

제10조【부당반품의 금지】 ① 원사업자는 수급사업자로부터 목적물등의 납품등을 받은 경우 수급사업자에게 책임을 돌릴 사유가 없으면 그 목적물등을 수급사업자에게 반품(이하 "부당반품"이라 한다)하여서는 아니 된다. 다만, 용역위탁 가운데 역무의 공급을 위탁하는 경우에는 이를 적용하지 아니한다.

② 다음 각 호의 어느 하나에 해당하는 원사업자의 행위는 부당반품으로 본다.
1. 거래 상대방으로부터의 발주취소 또는 경제상황의 변동 등을 이유로 목적물등을 반품하는 행위
2. 검사의 기준 및 방법을 불명확하게 정함으로써 목적물등을 부당하게 불합격으로 판정하여 이를 반품하는 행위
3. 원사업자가 공급한 원재료의 품질불량으로 인하여 목적물등이 불합격품으로 판정되었음에도 불구하고 이를 반품하는 행위
4. 원사업자의 원재료 공급 지연으로 인하여 납기가 지연되었음에도 불구하고 이를 이유로 목적물등을 반품하는 행위

(2009.4.1 본조개정)

제11조【감액금지】 ① 원사업자는 제조등의 위탁을 할 때 정한 하도급대금을 감액하여서는 아니 된다. 다만, 원사업자가 정당한 사유를 입증한 경우에는 하도급대금을 감액할 수 있다.(2011.3.29 본항개정)
② 다음 각 호의 어느 하나에 해당하는 원사업자의 행위는 정당한 사유에 의한 행위로 보지 아니한다.(2011.3.29 본문개정)
1. 위탁할 때 하도급대금을 감액할 조건 등을 명시하지 아니하고 위탁 후 협조요청 또는 거래 상대방으로부터의 발주취소, 경제상황의 변동 등 불합리한 이유를 들어 하도급대금을 감액하는 행위
2. 수급사업자와 단가 인하에 관한 합의가 성립된 경우 그 합의 성립 전에 위탁한 부분에 대하여도 합의 내용을 소급하여 적용하는 방법으로 하도급대금을 감액하는 행위(2013.5.28 본호개정)
3. 하도급대금을 현금으로 지급하거나 지급기일 전에 지급하는 것을 이유로 하도급대금을 지나치게 감액하는 행위(2013.5.28 본호개정)
4. 원사업자에 대한 손해발생에 실질적 영향을 미치지 아니하는 수급사업자의 과오를 이유로 하도급대금을 감액하는 행위(2013.5.28 본호개정)
5. 목적물등의 제조·수리·시공 또는 용역수행에 필요한 물품 등을 자기로부터 사게 하거나 자기의 장비 등을 사용하게 한 경우에 적정한 구매대금 또는 적정한 사용대가 이상의 금액을 하도급대금에서 공제하는 행위
6. 하도급대금 지급 시점의 물가나 자재가격 등이 납품등의 시점에 비하여 떨어진 것을 이유로 하도급대금을 감액하는 행위
7. 경영적자 또는 판매가격 인하 등 불합리한 이유로 부당하게 하도급대금을 감액하는 행위
8. 「고용보험 및 산업재해보상보험의 보험료징수 등에 관한 법률」, 「산업안전보건법」 등에 따라 원사업자가 부담하여야 하는 고용보험료, 산업안전보건관리비, 그 밖의 경비 등을 수급사업자에게 부담시키는 행위
9. 그 밖에 제1호부터 제8호까지의 규정에 준하는 것으로서 대통령령으로 정하는 행위(2011.3.29 본호신설)

③ 원사업자가 제1항 단서에 따라 하도급대금을 감액할 경우에는 감액사유와 기준 등 대통령령으로 정하는 사항을 적은 서면을 해당 수급사업자에게 미리 주어야 한다.(2011.3.29 본항신설)
④ 원사업자가 정당한 사유 없이 감액한 금액을 목적물등의 수령일부터 60일이 지난 후에 지급하는 경우에는 그 초과기간에 대하여 연 100분의 40 이내에서 「은행법」에 따른 은행이 적용하는 연체금리 등 경제사정을 고려하여 공정거래위원회가 정하여 고시하는 이율에 따른 이자를 지급하여야 한다.(2011.3.29 본항개정)
(2011.3.29 본조제목개정)
(2009.4.1 본조개정)

제12조【물품구매대금 등의 부당결제 청구의 금지】 원사업자는 수급사업자에게 목적물등의 제조·수리·시공 또는 용역수행에 필요한 물품 등을 자기로부터 사게 하거나 자기의 장비 등을 사용하게 한 경우 정당한 사유 없이 다음 각 호의 어느 하나에 해당하는 행위를 하여서는 아니 된다.
1. 해당 목적물등에 대한 하도급대금의 지급기일 전에 구매대금이나 사용대가의 전부 또는 일부를 지급하게 하는 행위
2. 자기가 구입·사용하거나 제3자에게 공급하는 조건보다 현저하게 불리한 조건으로 구매대금이나 사용대가를 지급하게 하는 행위

(2009.4.1 본조개정)

제12조의2【경제적 이익의 부당요구 금지】 원사업자는 정당한 사유 없이 수급사업자에게 자기 또는 제3자를 위하여 금전, 물품, 용역, 그 밖의 경제적 이익을 제공하도록 하는 행위를 하여서는 아니 된다.(2009.4.1 본조개정)

제12조의3【기술자료 제공 요구 금지 등】 ① 원사업자는 수급사업자의 기술자료를 본인 또는 제3자에게 제공하도록 요구하여서는 아니 된다. 다만, 원사업자가 정당한 사유를 입증한 경우에는 요구할 수 있다.(2011.3.29 본항개정)
② 원사업자는 제1항 단서에 따라 수급사업자에게 기술자료를 요구할 경우에는 요구목적, 권리귀속 관계, 대가 등 대통령령으로 정하는 사항을 해당 수급사업자와 미리 협의하여 정한 후 그 내용을 적은 서면을 해당 수급사업자에게 주어야 한다.(2021.8.17 본항개정)
③ 수급사업자가 원사업자에게 기술자료를 제공하는 경우 원사업자는 해당 기술자료를 제공받는 날까지 해당 기술자료의 범위, 기술자료를 제공받아 보유할 임직원의 명단, 비밀유지의무 및 목적 외 사용금지, 위반 시 배상 등 대통령령으로 정하는 사항이 포함된 비밀유지계약을 수급사업자와 체결하여야 한다.(2021.8.17 본항신설)
④ 원사업자는 취득한 수급사업자의 기술자료에 관하여 부당하게 다음 각 호의 어느 하나에 해당하는 행위(하도급계약 체결 전 행한 행위를 포함한다)를 하여서는 아니 된다.(2022.1.11 본문개정)
1. 자기 또는 제3자를 위하여 사용하는 행위
2. 제3자에게 제공하는 행위

(2018.4.17 본항개정)
⑤ 공정거래위원회는 제3항에 따른 비밀유지계약 체결에 표준이 되는 계약서의 작성 및 사용을 권장할 수 있다.(2021.8.17 본항신설)
(2011.3.29 본조제목개정)

제13조【하도급대금의 지급 등】 ① 원사업자가 수급사업자에게 제조등의 위탁을 하는 경우에는 목적물등의 수령일(건설위탁의 경우에는 인수일을, 용역위탁의 경우에는 수급사업자가 위탁받은 용역의 수행을 마친 날을, 납품등이 잦아 원사업자와 수급사업자가 월 1회 이상 세금계산서의 발행일을 정한 경우에는 그 정한 날을 말한다. 이하 같다)부터 60일 이내의 가능한 짧은 기한으로 정한 지급기일까지 하도급대금을 지급하여야 한다. 다만, 다음 각 호의 어느 하나에 해당하는 경우에는 그러하지 아니하다.
1. 원사업자와 수급사업자가 대등한 지위에서 지급기일을 정한 것으로 인정되는 경우
2. 해당 업종의 특수성과 경제여건에 비추어 그 지급기일이 정당한 것으로 인정되는 경우

② 하도급대금의 지급기일이 정하여져 있지 아니한 경우에는 목적물등의 수령일을 하도급대금의 지급기일로 보고, 목적물등의 수령일부터 60일이 지난 후에 하도급대금의 지급기일을 정한 경우(제1항 단서에 해당되는 경우는 제외한다)에는 목적물등의 수령일부터 60일이 되는 날을 하도급대금의 지급기일로 본다.
③ 원사업자는 수급사업자에게 제조등의 위탁을 한 경우 원사업자가 발주자로부터 제조·수리·시공 또는 용역수행행위의 완료에 따라 준공금 등을 받았을 때에는 하도급대금을, 제조·수리·시공 또는 용역수행행위의 진척에 따라 기성금 등을 받았을 때에는 수급사업자가 제조·수리·시공 또는 용역수행한 부분에 상당하는 금액을 그 준공금이나 기성금 등을 지급받은 날부터 15일(하도급대금의 지급기일이 그 전에 도래하는 경우에는 그 지급기일) 이내에 수급사업자에게 지급하여야 한다.
④ 원사업자가 수급사업자에게 하도급대금을 지급할 때에는 원사업자가 발주자로부터 해당 제조등의 위탁과 관련하여 받은 현금비율 미만으로 지급하여서는 아니 된다.
⑤ 원사업자가 하도급대금을 어음으로 지급하는 경우에는 해당 제조등의 위탁과 관련하여 발주자로부터 원사업자가 받은 어음의 지급기간(발행일부터 만기일까지)을 초과하는 어음을 지급하여서는 아니 된다.
⑥ 원사업자가 하도급대금을 어음으로 지급하는 경우에 그 어음은 법률에 근거하여 설립된 금융기관에서 할인이 가능한 것이어야 하며, 어음을 교부한 날부터 어음의 만기일까지의 기간에 대한 할인료를 어음을 교부하는 날에 수급사업자에게 지급하여야 한다. 다만, 목적물등의 수령일부터 60일(제1항 단서에 따라 지급기일이 정하여진 경우에는 그 지급기일을, 발주자로부터 준공금이나 기성금 등을 받은 경우에는 제3항에서 정한 기일을 말한다. 이하 이 조에서 같다) 이내에 어음을 교부하는 경우에는 목적물등의 수령일부터 60일이 지난 날 이후부터 어음의 만기일까지의 기간에 대한 할인료를 목적물등의 수령일부터 60일 이내에 수급사업자에게 지급하여야 한다.
⑦ 원사업자는 하도급대금을 어음대체결제수단을 이용하여 지급하는 경우에는 지급일(기업구매전용카드의 경우는 카드결제 승인일을, 외상매출채권 담보대출의 경우는 납품등의 명세 전송일을, 구매론의 경우는 구매자금 결제일을 말한다. 이하 같다)부터 하도급대금 상환기일까지의 기간에 대한 수수료(대출이자를 포함한다. 이하 같다)를 지급일에 수급사업자에게 지급하여야 한다. 다만, 목적물등의 수령일부터 60일 이내에 어음대체결제수단을 이용하여 지급하는 경우에는 목적물등의 수령일부터 60일이 지난 날 이후부터 하도급대금 상환기일까지의 기간에 대한 수수료를 목적물등의 수령일부터 60일 이내에 수급사업자에게 지급하여야 한다.
⑧ 원사업자가 하도급대금을 목적물등의 수령일부터 60일이 지난 후에 지급하는 경우에는 그 초과기간에 대하여 연 100분의 40 이내에서 「은행법」에 따른 은행이 적용하는 연체금리 등 경제사정을 고려하여 공정거래위원회가 정하여 고시하는 이율에 따른 이자를 지급하여야 한다.(2010.5.17 본항개정)
⑨ 제6항에서 적용하는 할인율은 연 100분의 40 이내에서 법률에 근거하여 설립된 금융기관에서 적용되는 상업어음할인율을 고려하여 공정거래위원회가 정하여 고시한다.
⑩ 제7항에서 적용하는 수수료율은 원사업자가 금융기관(「여신전문금융업법」 제2조제2호의2에 따른 신용카드업자를 포함한다)과 체결한 어음대체결제수단의 약정상 수수료율로 한다.(2015.7.24 본항개정)
⑪ 제1항부터 제10항까지의 규정은 「중견기업 성장촉진 및 경쟁력 강화에 관한 특별법」 제2조제1호에 따른 중견기업으로 연간매출액이 대통령령으로 정하는 금액(제1호의 회사와 거래하는 경우에는 3천억원으로 한다) 미만인 중견기업이 다음 각 호의 어느 하나에 해당하는 자로부터 제조등의 위탁을 받은 경우에도 적용한다. 이 경우 제조등의 위탁을 한 자는 제1항부터 제10항까지, 제19조, 제20조, 제23조제2항, 제24조의4제1항, 제24조의5제6항, 제25조제1항 및 제3항, 제25조의2, 제25조의3제1항, 제25조의5제1항, 제26조제2항, 제30조제1항, 제33조, 제35조제1항을 적용할 때에는 원사업자로 보고, 제조등의 위탁을 받은 중견기업은 제1항부터 제10항까지, 제19조, 제21조, 제23조제2항, 제24조의4제1항, 제25조의2, 제33조를 적용할 때에는 수급사업자로 본다.(2018.1.16 후단개정)
1. 「독점규제 및 공정거래에 관한 법률」 제31조제1항에 따른 상호출자제한기업집단에 속하는 회사(2020.12.29 본호개정)
2. 제1호에 따른 회사가 아닌 사업자로서 연간매출액이 대통령령으로 정하는 금액을 초과하는 사업자

(2015.7.24 본항신설)
(2009.4.1 본조개정)

제13조의2【건설하도급 계약이행 및 대금지급 보증】
① 건설위탁의 경우 원사업자는 계약체결일부터 30일 이내에 수급사업자에게 다음 각 호의 구분에 따라 해당 금액의 공사대금 지급을 보증(지급수단이 어음인 경우에는 만기일까지를, 어음대체결제수단인 경우에는 하도급대금 상환기일까지를 보증기간으로 한다)하고, 수급사업자는 원사업자에게 계약금액의 100분의 10에 해당하는 금액의 계약이행을 보증하여야 한다. 다만, 원사업자의 재무구조와 공사의 규모 등을 고려하여 보증이 필요하지 아니하거나 보증이 적합하지 아니하다고 인정되는 경우로서 대통령령으로 정하는 경우에는 그러하지 아니하다.(2014.5.28 본문개정)
1. 공사기간이 4개월 이하인 경우 : 계약금액에서 선급금을 뺀 금액
2. 공사기간이 4개월을 초과하는 경우로서 기성부분에 대한 대가의 지급 주기가 2개월 이내인 경우 : 다음의 계산식에 따라 산출한 금액

$$\text{보증금액} = \frac{\text{하도급계약금액} - \text{계약상 선급금}}{\text{공사기간(개월 수)}} \times 4$$

3. 공사기간이 4개월을 초과하는 경우로서 기성부분에 대한 대가의 지급 주기가 2개월을 초과하는 경우 : 다음의 계산식에 따라 산출한 금액

$$\text{보증금액} = \frac{\text{하도급계약금액} - \text{계약상 선급금}}{\text{공사기간(개월 수)}} \times \text{기성부분에 대한 대가의 지급주기(개월수)} \times 2$$

② 원사업자는 제1항 각 호 외의 부분 단서에 따른 공사대금 지급의 보증이 필요하지 아니하거나 적합하지 아니하다고 인정된 사유가 소멸한 경우에는 그 사유가 소멸한 날부터 30일 이내에 제1항에 따른 공사대금 지급보증을 하여야 한다. 다만, 계약의 잔여기간, 위탁사무의 기성률, 잔여대금의 금액 등을 고려하여 보증이 필요하지 아니하다고 인정되는 경우로서 대통령령으로 정하는 경우에는 그러하지 아니하다.(2014.5.28 본항신설)
③ 다음 각 호의 어느 하나에 해당하는 자와 건설공사에 관하여 장기계속계약(총액으로 입찰하여 각 회계연도 예산의 범위에서 낙찰된 금액의 일부에 대하여 연차별로 계약을 체결하는 계약으로서 「국가를 당사자로 하는 계약에 관한 법률」 제21조 또는 「지방자치단체를 당사자로 하는 계약에 관한 법률」 제24조에 따른 장기계속계약을 말한다. 이하 이 조에서 "장기계속건설계약"이라 한다)을 체결한 원사업자가 해당 건설공사를 장기계속건설하도급계약을 통하여 건설위탁하는 경우 원사업자는 최초의 장기계속건설하도급계약 체결일부터 30일 이내에 수급사업자에게 제1항 각 호 외의 부분 본문에 따라 공사대금 지급을 보증하고, 수급사업자는 원사업자에게 최초 장기계속건설하도급계약 시 약정한 총 공사금액의 100분의 10에 해당하는 금액으로 계약이행을 보증하여야 한다.
1. 국가 또는 지방자치단체

2.「공공기관의 운영에 관한 법률」에 따른 공기업, 준정부기관 또는「지방공기업법」에 따른 지방공사, 지방공단
(2016.12.20 본항신설)

④ 제3항에 따라 수급사업자로부터 계약이행 보증을 받은 원사업자는 장기계속건설계약의 연차별 계약의 이행이 완료되어 이에 해당하는 계약보증금을 같은 항 각 호의 어느 하나에 해당하는 자로부터 반환받을 수 있는 날부터 30일 이내에 수급사업자에게 해당 수급사업자가 이행을 완료한 연차별 장기계속건설하도급계약에 해당하는 하도급 계약이행보증금을 반환하여야 한다. 이 경우 이행이 완료된 부분에 해당하는 계약이행 보증의 효력은 상실되는 것으로 본다.(2016.12.20 본항신설)

⑤ 제1항부터 제3항까지의 규정에 따른 원사업자와 수급사업자 간의 보증은 현금(체신관서 또는「은행법」에 따른 은행이 발행한 자기앞수표를 포함한다)의 지급 또는 다음 각 호의 어느 하나의 기관이 발행하는 보증서의 교부에 의하여 한다.(2016.12.20 본문개정)

1.「건설산업기본법」에 따른 각 공제조합
2.「보험업법」에 따른 보험회사
3.「신용보증기금법」에 따른 신용보증기금
4.「은행법」에 따른 은행(2010.5.17 본호개정)
5. 그 밖에 대통령령으로 정하는 보증기관

⑥ 제5항에 따른 기관은 다음 각 호의 어느 하나에 해당하는 사유로 수급사업자가 보증약관상 필요한 청구서류를 갖추어 보증금 지급을 요청한 경우 30일 이내에 제1항의 보증금액을 수급사업자에게 지급하여야 한다. 다만, 보증금 지급요건 충족 여부, 지급액에 대한 이견 등 대통령령으로 정하는 불가피한 사유가 있는 경우 보증기관은 수급사업자에게 통지하고 대통령령으로 정하는 기간 동안 보증금 지급을 보류할 수 있다.(2016.12.20 본문개정)

1. 원사업자가 당좌거래정지 또는 금융거래정지로 하도급대금을 지급할 수 없는 경우
2. 원사업자의 부도·파산·폐업 또는 회사회생절차 개시 신청 등으로 하도급대금을 지급할 수 없는 경우
3. 원사업자의 해당 사업에 관한 면허·등록 등이 취소·말소되거나 영업정지 등으로 하도급대금을 지급할 수 없는 경우
4. 원사업자가 제13조에 따라 지급하여야 할 하도급대금을 2회 이상 수급사업자에게 지급하지 아니한 경우
5. 그 밖에 원사업자가 제1호부터 제4호까지에 준하는 지급불능 등 대통령령으로 정하는 사유로 인하여 하도급대금을 지급할 수 없는 경우

(2013.8.13 본항신설)

⑦ 원사업자는 제5항에 따라 지급보증서를 교부할 때 그 공사기간 중에 건설위탁하는 모든 공사에 대한 공사대금의 지급보증이나 1회계연도에 건설위탁하는 모든 공사에 대한 공사대금의 지급보증을 하나의 지급보증서의 교부에 의하여 할 수 있다.(2016.12.20 본항개정)

⑧ 제1항부터 제7항까지에서 규정한 것 외에 하도급계약 이행보증 및 하도급대금 지급보증에 관하여 필요한 사항은 대통령령으로 정한다.(2016.12.20 본항개정)

⑨ 원사업자가 제1항 각 호 외의 부분 본문, 제2항 본문 또는 제3항 각 호 외의 부분에 따른 공사대금 지급보증을 하지 아니하는 경우에는 수급사업자는 계약이행을 보증하지 아니할 수 있다.(2016.12.20 본항개정)

⑩ 제1항 또는 제3항에 따른 수급사업자의 계약이행 보증에 대한 원사업자의 청구권은 해당 원사업자가 제1항부터 제3항까지의 규정에 따른 공사대금 지급을 보증한 후가 아니면 이를 행사할 수 없다. 다만, 제1항 각 호 외의 부분 단서 또는 제2항 단서에 따라 공사대금 지급을 보증하지 아니하는 경우에는 그러하지 아니하다.
(2016.12.20 본문개정)
(2009.4.1 본조개정)

제13조의3【하도급대금의 결제조건 등에 관한 공시】 ①「독점규제 및 공정거래에 관한 법률」제31조제1항 전단에 따라 지정된 공시대상기업집단에 속하는 원사업자는 하도급대금 지급수단, 지급금액, 지급기간(원사업자가 목적물등을 수령한 날부터 수급사업자에게 하도급대금을 지급한 날까지의 기간을 말한다) 및 하도급대금과 관련하여 수급사업자로부터 제기되는 분쟁 등을 처리하기 위하여 원사업자가 자신의 회사에 설치하는 하도급대금 분쟁조정기구 등에 관한 사항으로서 대통령령으로 정하는 사항을 공시하여야 한다.

② 제1항에 따른 공시는「자본시장과 금융투자업에 관한 법률」제161조에 따라 보고서를 제출받는 기관을 통하여 할 수 있다. 이 경우 공시의 방법·절차, 그 밖에 필요한 사항은 해당 기관과의 협의를 거쳐 공정거래위원회가 정한다.

③ 제1항에 따른 공시의 시기·방법 및 절차에 관하여 필요한 사항은 대통령령으로 정한다.
(2022.1.11 본조신설)

제14조【하도급대금의 직접 지급】 ① 발주자는 다음 각 호의 어느 하나에 해당하는 사유가 발생한 때에는 수급사업자가 제조·수리·시공 또는 용역수행을 한 부분에 상당하는 하도급대금을 그 수급사업자에게 직접 지급하여야 한다.

1. 원사업자의 지급정지·파산, 그 밖에 이와 유사한 사유가 있거나 사업에 관한 허가·인가·면허·등록 등이 취소되어 원사업자가 하도급대금을 지급할 수 없게 된 경우로서 수급사업자가 하도급대금의 직접 지급을 요청한 때
2. 발주자가 하도급대금을 직접 수급사업자에게 지급하기로 발주자·원사업자 및 수급사업자 간에 합의한 때
3. 원사업자가 제13조제1항 또는 제3항에 따라 지급하여야 하는 하도급대금의 2회분 이상을 해당 수급사업자에게 지급하지 아니한 경우로서 수급사업자가 하도급대금의 직접 지급을 요청한 때
4. 원사업자가 제13조의2제1항 또는 제2항에 따른 하도급대금 지급보증 의무를 이행하지 아니한 경우로서 수급사업자가 하도급대금의 직접 지급을 요청한 때

(2014.5.28 본호개정)

② 제1항에 따른 사유가 발생한 경우 원사업자에 대한 발주자의 대금지급채무와 수급사업자에 대한 원사업자의 하도급대금 지급채무는 그 범위에서 소멸한 것으로 본다.

③ 원사업자가 발주자에게 해당 하도급 계약과 관련된 수급사업자의 임금, 자재대금 등의 지급 지체 사실(원사업자의 귀책사유로 그 지급 지체가 발생한 경우는 제외한다)을 입증할 수 있는 서류를 첨부하여 해당 하도급대금의 직접 지급 중지를 요청한 경우, 발주자는 제1항에도 불구하고 그 하도급대금을 직접 지급하여서는 아니 된다.(2019.4.30 본항개정)

④ 제1항에 따라 발주자가 해당 수급사업자에게 하도급대금을 직접 지급할 때에 발주자가 원사업자에게 이미 지급한 하도급금액은 빼고 지급한다.

⑤ 제1항에 따라 수급사업자가 발주자로부터 하도급대금을 직접 받기 위하여 기성부분의 확인 등이 필요한 경우 원사업자는 지체 없이 이에 필요한 조치를 이행하여야 한다.

⑥ 제1항에 따라 하도급대금을 직접 지급하는 경우의 지급 방법 및 절차 등에 관하여 필요한 사항은 대통령령으로 정한다.
(2009.4.1 본조개정)

제15조【관세 등 환급액의 지급】 ① 원사업자가 수출할 물품을 수급사업자에게 제조위탁하거나 용역위탁한 경우「수출용원재료에 대한 관세 등 환급에 관한 특례법」에 따라 관세 등을 환급받은 경우에는 환급받은 날부터 15일 이내에 그 받은 내용에 따라 이를 수급사업자에게 지급하여야 한다.

② 제1항에도 불구하고 수급사업자에게 책임을 돌릴 사유가 없으면 목적물등의 수령일부터 60일 이내에 수급사업자에게 관세 등 환급상당액을 지급하여야 한다.

③ 원사업자가 관세 등 환급상당액을 제1항과 제2항에서 정한 기한이 지난 후에 지급하는 경우에는 그 초과기간에 대하여 연 100분의 40 이내에서「은행법」에 따른 은행이 적용하는 연체금리 등 경제사정을 고려하여 공정거래위원회가 정하여 고시하는 이율에 따른 이자를 지급하여야 한다.(2010.5.17 본항개정)
(2009.4.1 본조개정)

제16조【설계변경 등에 따른 하도급대금의 조정】 ① 원사업자는 제조등의 위탁을 한 후에 다음 각 호의 경우에 모두 해당하는 때에는 그가 발주자로부터 증액받은 계약금액의 내용과 비율에 따라 하도급대금을 증액하여야 한다. 다만, 원사업자가 발주자로부터 계약금액을 감액받은 경우에는 그 내용과 비율에 따라 하도급대금을 감액할 수 있다.

1. 설계변경, 목적물등의 납품등 시기의 변동 또는 경제상황의 변동 등을 이유로 계약금액이 증액되는 경우
(2019.11.26 본호개정)
2. 제1호와 같은 이유로 목적물등의 완성 또는 완료에 추가비용이 들 경우

② 제1항에 따라 하도급대금을 증액 또는 감액할 경우, 원사업자는 발주자로부터 계약금액을 증액 또는 감액받은 날부터 15일 이내에 발주자로부터 증액 또는 감액받은 사유와 내용을 해당 수급사업자에게 통지하여야 한다. 다만, 발주자가 그 사유와 내용을 해당 수급사업자에게 직접 통지한 경우에는 그러하지 아니하다.
(2010.1.25 본항신설)

③ 제1항에 따른 하도급대금의 증액 또는 감액은 원사업자가 발주자로부터 계약금액을 증액 또는 감액받은 날부터 30일 이내에 하여야 한다.

④ 원사업자가 제1항의 계약금액 증액에 따라 발주자로부터 추가금액을 지급받은 날부터 15일이 지난 후에 추가 하도급대금을 지급하는 경우의 이자에 관하여는 제13조제8항을 준용하고, 추가 하도급대금을 어음 또는 어음대체결제수단을 이용하여 지급하는 경우의 어음할인료·수수료의 지급 및 어음할인율·수수료율에 관하여는 제13조제6항·제7항·제9항 및 제10항을 준용한다. 이 경우 "목적물등의 수령일부터 60일"은 "추가금액을 받은 날부터 15일"로 본다.
(2010.1.25 본조개정)

제16조의2【공급원가 등의 변동에 따른 하도급대금의 조정】 ① 수급사업자는 제조등의 위탁을 받은 후 다음 각 호의 어느 하나에 해당하여 하도급대금의 조정(調整)이 불가피한 경우에는 원사업자에게 하도급대금의 조정을 신청할 수 있다.(2019.11.26 본문개정)

1. 목적물등의 공급원가가 변동되는 경우(2019.11.26 본호신설)
2. 수급사업자의 책임으로 돌릴 수 없는 사유로 목적물등의 납품등 시기가 지연되어 관리비 등 공급원가 외의 비용이 변동되는 경우(2019.11.26 본호신설)
3. 목적물등의 공급원가 또는 그 밖의 비용이 하락할 것으로 예상하여 계약기간 경과에 따라 단계적으로 하도급대금을 인하하는 내용의 계약을 체결하였으나 원사업자가 목적물등의 물량이나 규모를 축소하는 등 수급사업자의 책임이 없는 사유로 공급원가 또는 그 밖의 비용이 하락하지 아니하거나 그 하락률이 하도급대금 인하 비율보다 낮은 경우(2022.1.11 본호신설)

②「중소기업협동조합법」제3조제1항제1호 또는 제2호에 따른 중소기업협동조합(이하 "조합"이라 한다)은 목적물등의 공급원가가 변동된 경우에는 조합원인 수급사업자의 신청을 받아 대통령령으로 정하는 원사업자와 하도급대금의 조정을 위한 협의를 할 수 있다. 다만, 원사업자와 수급사업자가 같은 조합의 조합원인 경우에는 그러하지 아니하다.(2023.7.18 본문개정)

③ 제2항 본문에 따른 신청을 받은 조합은 신청받은 날부터 20일 이내에 원사업자에게 하도급대금의 조정을 신청하여야 한다. 다만, 조합이 해당 기간 내에 제4항에 따라「중소기업협동조합법」제3조제1항제4호에 따른 중소기업중앙회(이하 "중앙회"라 한다)에 조정을 위한 협의를 신청한 경우에는 그러하지 아니하다.(2022.1.11 단서신설)

④ 조합은 제3항 본문에 따라 원사업자에게 하도급대금의 조정을 신청하기 전이나 신청한 후에 필요하다고 인정되면 수급사업자의 동의를 받아 중앙회에 원사업자와 하도급대금 조정을 위한 협의를 하여 줄 것을 신청할 수 있다.(2022.1.11 본항신설)

⑤ 제4항에 따른 신청을 받은 중앙회는 그 신청을 받은 날부터 15일 이내에 원사업자에게 하도급대금의 조정을 신청하여야 한다.(2022.1.11 본항신설)

⑥ 제1항에 따라 하도급대금 조정을 신청한 수급사업자가 제2항에 따른 조정협의를 신청한 경우 제1항에 따른 신청은 철회된 것으로 보며, 제3항 본문에 따라 하도급대금 조정을 신청한 조합이 제4항에 따른 조정협의를 신청한 경우 제3항 본문에 따른 신청은 철회된 것으로 본다.(2022.1.11 본항신설)

⑦ 제1항, 제3항 본문 또는 제5항에 따른 조정협의가 완료된 경우 수급사업자, 조합 또는 중앙회는 사정변경이 없는 한 동일한 사유를 들어 제1항부터 제5항까지의 규정에 따른 조정 신청을 다시 할 수 없다.(2022.1.11 본항개정)

⑧ 제2항 또는 제4항에 따른 신청을 받은 조합 또는 중앙회는 납품 중단을 결의하는 등 부당하게 경쟁을 제한하거나 부당하게 사업자의 사업내용 또는 활동을 제한하는 행위를 하여서는 아니 된다.(2022.1.11 본항개정)

⑨ 제2항 본문 및 제3항 본문에 따른 수급사업자의 신청 및 조합의 협의 절차·방법, 제4항 및 제5항에 따른 조합의 신청 및 중앙회의 협의 절차·방법 등에 관하여 필요한 사항은 대통령령으로 정한다.(2022.1.11 본항개정)

⑩ 원사업자는 제1항, 제3항 본문 또는 제5항에 따른 신청이 있은 날부터 10일 안에 조정을 신청한 수급사업자, 조합 또는 중앙회와 하도급대금 조정을 위한 협의를 개시하여야 하며, 정당한 사유 없이 협의를 거부하거나 게을리하여서는 아니 된다.(2022.1.11 본항개정)

⑪ 원사업자 또는 수급사업자(제3항 본문 또는 제5항에 따른 조정협의의 경우 조합 또는 중앙회를 포함한다. 이하 이 항에서 같다)는 다음 각 호의 어느 하나에 해당하는 경우 제24조에 따른 하도급분쟁조정협의회에 조정을 신청할 수 있다. 다만, 조합 또는 중앙회는 중앙회에 설치된 하도급분쟁조정협의회에 조정을 신청할 수 없다.

1. 제1항, 제3항 본문 또는 제5항에 따른 신청이 있은 날부터 10일이 지난 후에도 원사업자가 하도급대금의 조정을 위한 협의를 개시하지 아니한 경우
2. 제1항, 제3항 본문 또는 제5항에 따른 신청이 있은 날부터 30일 안에 하도급대금의 조정에 관한 합의에 도달하지 아니한 경우
3. 제1항, 제3항 본문 또는 제5항에 따른 신청으로 인한 협의개시 후 원사업자 또는 수급사업자가 협의 중단의 의사를 밝힌 경우 등 대통령령으로 정하는 사유로 합의에 도달하지 못할 것이 명백히 예상되는 경우

(2022.1.11 본항개정)
(2019.11.26 본조제목개정)

제17조【부당한 대물변제의 금지】 ① 원사업자는 하도급대금을 물품으로 지급하여서는 아니 된다. 다만, 다음 각 호의 어느 하나에 해당하는 사유가 있는 경우에는 그러하지 아니하다.(2017.4.18 본문개정)

1. 원사업자가 발행한 어음 또는 수표가 부도로 되거나 은행과의 당좌거래가 정지 또는 금지된 경우
2. 원사업자에 대한 「채무자 회생 및 파산에 관한 법률」에 따른 파산신청, 회생절차개시 또는 간이회생절차개시의 신청이 있은 경우
3. 그 밖에 원사업자가 하도급대금을 물품으로 지급할 수밖에 없다고 인정되는 대통령령으로 정하는 사유가 발생하고, 수급사업자의 요청이 있는 경우
(2017.4.18 1호~3호신설)
② 원사업자는 제1항 단서에 따른 대물변제를 하기 전에 소유권, 담보제공 등 물품의 권리·의무 관계를 확인할 수 있는 자료를 수급사업자에게 제시하여야 한다.
(2017.4.18 본항개정)
③ 물품의 종류에 따라 제시하여야 할 자료, 자료제시의 방법 및 절차 등 그 밖에 필요한 사항은 대통령령으로 정한다.(2013.8.13 본항신설)

제18조【부당한 경영간섭의 금지】 ① 원사업자는 하도급거래량을 조절하는 방법 등을 이용하여 수급사업자의 경영에 간섭하여서는 아니 된다.
② 다음 각 호의 어느 하나에 해당하는 원사업자의 행위는 부당한 경영간섭으로 본다.
1. 정당한 사유 없이 수급사업자가 기술자료를 해외에 수출하는 행위를 제한하거나 기술자료의 수출을 이유로 거래를 제한하는 행위
2. 정당한 사유 없이 수급사업자로 하여금 자기 또는 자기가 지정하는 사업자와 거래하도록 구속하는 행위
3. 정당한 사유 없이 수급사업자에게 원가자료 등 공정거래위원회가 고시하는 경영상의 정보를 요구하는 행위
(2018.1.16 본항신설)
(2009.4.1 본조개정)

제19조【보복조치의 금지】 원사업자는 수급사업자, 조합 또는 중앙회가 다음 각 호의 어느 하나에 해당하는 행위를 한 것을 이유로 그 수급사업자에 대하여 수주기회(受注機會)를 제한하거나 거래의 정지, 그 밖에 불이익을 주는 행위를 하여서는 아니 된다.(2022.1.11 본문개정)
1. 원사업자가 이 법을 위반하였음을 관계 기관 등에 신고한 행위
2. 제16조의2제1항부터 제5항까지의 규정에 따른 신청 또는 같은 조 제11항의 하도급분쟁조정협의회에 대한 조정신청(2022.1.11 본호개정)
2의2. 관계 기관의 조사에 협조한 행위(2018.1.16 본호신설)
3. 제22조의2제2항에 따라 하도급거래 서면실태조사를 위하여 공정거래위원회가 요구한 자료를 제출한 행위
(2015.7.24 본호신설)
(2009.4.1 본조개정)

제20조【탈법행위의 금지】 ① 원사업자는 하도급거래(제13조제11항이 적용되는 거래를 포함한다)와 관련하여 우회적인 방법에 의하여 실질적으로 이 법의 적용을 피하려는 행위를 하여서는 아니 된다.
② 원사업자가 하도급대금 연동과 관련하여 거래상 지위를 남용하거나 거짓 또는 그 밖의 부정한 방법으로 제3조의 적용을 피하려는 행위에 대해서는 제1항에도 불구하고 제3조제5항을 우선 적용한다.(2023.7.18 본항신설)
(2015.7.24 본조개정)

제21조【수급사업자의 준수 사항】 ① 수급사업자는 원사업자로부터 제조등의 위탁을 받은 경우에는 그 위탁의 내용을 신의(信義)에 따라 성실하게 이행하여야 한다.
② 수급사업자는 원사업자가 이 법을 위반하는 행위를 하는 데에 협조하여서는 아니 된다.
③ 수급사업자는 이 법에 따른 신고를 한 경우에는 증거서류 등을 공정거래위원회에 지체 없이 제출하여야 한다.
(2009.4.1 본조개정)

제22조【위반행위의 신고 등】 ① 누구든지 이 법에 위반되는 사실이 있다고 인정할 때에는 그 사실을 공정거래위원회에 신고할 수 있다. 이 경우 공정거래위원회는 대통령령으로 정하는 바에 따라 신고자가 동의한 경우에는 원사업자에게 신고가 접수된 사실을 통지하여야 한다.(2016.3.29 후단신설)
② 공정거래위원회는 제1항 전단에 따른 신고가 있거나 이 법에 위반되는 사실이 있다고 인정할 때에는 필요한 조사를 할 수 있다.(2016.3.29 본항개정)
③ 제1항 후단에 따라 공정거래위원회가 원사업자에게 통지한 때에는 「민법」 제174조에 따른 최고(催告)가 있은 것으로 본다. 다만, 신고된 사실이 이 법의 적용대상이 아니거나 제23조제1항 본문에 따른 조사대상 거래의 제한기한을 경과하여 공정거래위원회가 심의절차를 진행하지 아니하기로 한 경우, 신고된 사실에 대하여 공정거래위원회가 무혐의로 조치한 경우 또는 신고인이 신고를 취하한 경우에는 그러하지 아니하다.(2016.3.29 본항개정)
④ 공정거래위원회는 다음 각 호의 구분에 따른 기간이 경과한 경우에는 이 법 위반행위에 대하여 제25조제1항에 따른 시정조치를 명하거나 제25조의3에 따른 과징금을 부과하지 아니한다. 다만, 법원의 판결에 따라 시정조치 또는 과징금 부과처분이 취소된 경우로서 그 판결이유에 따라 새로운 처분을 하는 경우에는 그러하지 아니하다.(2016.3.29 본문개정)
1. 공정거래위원회가 이 법 위반행위에 대하여 제1항 전단에 따른 신고를 받고 제2항에 따라 조사를 개시한 경우 : 신고일부터 3년(2016.3.29 본호개정)
2. 제1호 외의 경우로서 공정거래위원회가 이 법 위반행위에 대하여 제2항에 따라 조사를 개시한 경우 : 조사개시일부터 3년
(2015.7.24 본항신설)
⑤ 공정거래위원회는 제4조, 제8조제1항, 제10조, 제11조제1항·제2항 또는 제12조의3제4항을 위반한 행위를 신고하거나 제보하고 그 위반행위를 입증할 수 있는 증거자료를 제출한 자에게 예산의 범위에서 포상금을 지급할 수 있다.(2021.8.17 본항개정)
⑥ 제5항에 따른 포상금 지급대상자의 범위 및 포상금 지급의 기준·절차 등에 필요한 사항은 대통령령으로 정한다.(2015.7.24 본항신설)
⑦ 공정거래위원회는 제5항에 따라 포상금을 지급한 후 다음 각 호의 어느 하나에 해당하는 사실이 발견된 경우에는 해당 포상금을 지급받은 자에게 반환할 금액을 통지하여야 하고, 해당 포상금을 지급받은 자는 그 통지를 받은 날부터 30일 이내에 이를 납부하여야 한다.
1. 위법 또는 부당한 방법의 증거수집, 거짓신고, 거짓진술, 증거위조 등 부정한 방법으로 포상금을 지급받은 경우
2. 동일한 원인으로 다른 법령에 따라 포상금 등을 지급받은 경우
3. 그 밖에 착오 등의 사유로 포상금이 잘못 지급된 경우
(2015.7.24 본항신설)
⑧ 공정거래위원회는 제7항에 따라 포상금을 반환하여야 할 자가 납부 기한까지 그 금액을 납부하지 아니한 때에는 국세 체납처분의 예에 따라 징수할 수 있다.
(2015.7.24 본항신설)

제22조의2【하도급거래 서면실태조사】 ① 공정거래위원회는 공정한 하도급거래질서 확립을 위하여 하도급거래에 관한 서면실태조사를 실시하여 그 조사결과를 공표하여야 한다.(2011.3.29 본항개정)
② 공정거래위원회는 제1항에 따른 서면실태조사를 실시하려는 경우에는 조사대상자의 범위, 조사기간, 조사내용, 조사방법 및 조사절차, 조사결과 공표범위 등에 관한 계획을 수립하여야 하고, 조사대상자에게 하도급거래 실태 등 조사에 필요한 자료의 제출을 요구할 수 있다.(2011.3.29 본항개정)
③ 공정거래위원회는 제2항에 따라 자료의 제출을 요구하는 경우에는 조사대상자에게 자료의 범위와 내용, 요구사유, 제출기한 등을 명시하여 서면으로 통지하여야 한다.
④ 원사업자는 수급사업자로 하여금 제2항에 따른 자료를 제출하지 아니하게 하거나 거짓 자료를 제출하도록 요구해서는 아니 된다.(2018.4.17 본항신설)
(2010.1.25 본조신설)

제23조【조사대상 거래의 제한】 ① 제22조제2항에 따라 공정거래위원회의 조사개시 대상이 되는 하도급거래(제13조제11항이 적용되는 거래를 포함한다. 이하 이 조에서 같다)는 그 거래가 끝난 날부터 3년(제12조의3을 위반하는 경우에는 그 거래가 끝난 날부터 7년으로 한다. 이하 이 조에서 같다)이 지나지 아니한 것으로 한정한다. 다만, 거래가 끝난 날부터 3년 이내에 제22조제1항 전단에 따라 신고되거나 제24조의4제1항제1호 또는 제2호의 분쟁당사자가 분쟁조정을 신청한 하도급거래의 경우에는 거래가 끝난 날부터 3년이 지난 경우에도 조사를 개시할 수 있다.(2018.4.17 본문개정)
② 제1항에서 "거래가 끝난 날"이란 제조위탁·수리위탁 및 용역위탁 중 지식·정보성과물의 작성위탁의 경우에는 수급사업자가 원사업자에게 위탁받은 목적물을 납품 또는 인도한 날을, 용역위탁 중 역무의 공급위탁의 경우에는 원사업자가 수급사업자에게 위탁한 역무공급을 완료한 날을 말하며, 건설위탁의 경우에는 원사업자가 수급사업자에게 건설위탁한 공사가 완공된 날을 말한다. 다만, 하도급계약이 중도에 해지되거나 하도급거래가 중지된 경우에는 해지 또는 중지된 날을 말한다.
(2010.1.25 본항신설)

제24조【하도급분쟁조정협의회의 설치 및 구성 등】 ① 「독점규제 및 공정거래에 관한 법률」 제72조에 따른 한국공정거래조정원(이하 "조정원"이라 한다)은 하도급분쟁조정협의회(이하 "협의회"라 한다)를 설치하여야 한다.
(2020.12.29 본항개정)
② 사업자단체는 공정거래위원회의 승인을 받아 협의회를 설치할 수 있다.(2015.7.24 본항신설)
③ 조정원에 설치하는 협의회(이하 "조정원 협의회"라 한다)는 위원장 1명을 포함하여 9명 이내의 위원으로 구성하되 공익을 대표하는 위원, 원사업자를 대표하는 위원과 수급사업자를 대표하는 위원이 각각 같은 수가 되도록 하고, 조정원 협의회의 위원장은 상임으로 한다.
(2023.8.8 본항개정)
④ 사업자단체에 설치하는 협의회의 위원의 수는 공정거래위원회의 승인을 받아 해당 협의회가 정한다.
(2023.8.8 본항신설)
⑤ 조정원 협의회의 위원장은 공익을 대표하는 위원 중에서 공정거래위원회 위원장이 위촉하고, 사업자단체에 설치하는 협의회의 위원장은 위원 중에서 협의회가 선출한다. 협의회의 위원장은 해당 협의회를 대표한다.
(2023.8.8 본항개정)
⑥ 조정원 협의회의 위원의 임기는 3년으로 하고, 사업자단체에 설치하는 협의회의 위원의 임기는 공정거래위원회의 승인을 받아 해당 협의회가 정한다.(2023.8.8 본항개정)
⑦ 조정원 협의회의 위원은 다음 각 호의 어느 하나에 해당하는 사람 중에서 조정원의 장의 제청으로 공정거래위원회 위원장이 임명하거나 위촉한다.(2023.8.8 본문개정)
1. 대학에서 법률학·경제학 또는 경영학을 전공한 사람으로서 「고등교육법」 제2조제1호·제2호 또는 제5호에 따른 학교나 공인된 연구기관에서 부교수 이상의 직 또는 이에 상당하는 직에 있거나 있었던 사람
2. 판사·검사 직에 있거나 있었던 사람 또는 변호사의 자격이 있는 사람
3. 독점금지 및 공정거래 업무에 관한 경험이 있는 4급 이상 공무원(고위공무원단에 속하는 일반직공무원을 포함한다)의 직에 있거나 있었던 사람
4. 하도급거래 및 분쟁조정에 관한 학식과 경험이 풍부한 사람(2023.8.8 본호신설)
(2011.3.29 본항개정)
⑧ 사업자단체에 설치하는 협의회의 위원은 협의회를 설치한 각 사업자단체의 장이 위촉하되 미리 공정거래위원회에 보고하여야 한다. 다만, 사업자단체가 공동으로 협의회를 설치하려는 경우에는 해당 사업자단체의 장들이 공동으로 위촉한다.(2011.3.29 본항개정)
⑨ 공익을 대표하는 위원은 하도급거래에 관한 학식과 경험이 풍부한 사람 중에서 위촉하되 분쟁조정의 대상이 되는 업종에 속하는 사업을 영위하는 사람이나 해당 업종에 속하는 사업체의 임직원은 공익을 대표하는 위원이 될 수 없다.(2015.7.24 본항개정)
⑩ 공정거래위원회 위원장은 공익을 대표하는 위원으로 위촉받은 자가 분쟁조정의 대상이 되는 업종에 속하는 사업을 영위하는 사람이나 해당 업종에 속하는 사업체의 임직원으로 된 때에는 즉시 해촉하여야 한다.
(2015.7.24 본항개정)
⑪ 국가는 협의회의 운영에 필요한 경비의 전부 또는 일부를 예산의 범위에서 보조할 수 있다.(2014.5.28 본항신설)
(2014.5.28 본조제목개정)

제24조의2【위원의 제척·기피·회피】 ① 위원은 다음 각 호의 어느 하나에 해당하는 경우에는 해당 조정사항의 조정에서 제척된다.
1. 위원 또는 그 배우자나 배우자이었던 자가 해당 조정사항의 분쟁당사자가 되거나 공동 권리자 또는 의무자의 관계에 있는 경우
2. 위원이 해당 조정사항의 분쟁당사자와 친족관계에 있거나 있었던 경우
3. 위원 또는 위원이 속한 법인이 분쟁당사자의 법률·경영 등에 대하여 자문이나 고문의 역할을 하고 있는 경우
4. 위원 또는 위원이 속한 법인이 해당 조정사항에 대하여 분쟁당사자의 대리인으로 관여하거나 관여하였던 경우 및 증언 또는 감정을 한 경우
② 분쟁당사자는 위원에게 협의회의 조정에 공정을 기하기 어려운 사정이 있는 때에 협의회에 당해 위원에 대한 기피신청을 할 수 있다.
③ 위원이 제1항 또는 제2항의 사유에 해당하는 경우에는 스스로 해당 조정사항의 조정에서 회피할 수 있다.
(2010.1.25 본조신설)

제24조의3【협의회의 회의】 ① 협의회의 회의는 위원 전원으로 구성되는 회의(이하 "전체회의"라 한다)와 공익을 대표하는 위원, 원사업자를 대표하는 위원, 수급사업자를 대표하는 위원 각 1인으로 구성되는 회의(이하 "소회의"라 한다)로 구분한다. 다만, 사업자단체에 설치하는 협의회는 소회의를 구성하지 아니할 수 있다.
② 소회의는 전체회의로부터 위임받은 사항에 관하여 심의·의결한다.
③ 협의회의 전체회의는 위원장이 주재하며, 재적위원 과반수의 출석으로 개의하고, 출석위원 과반수의 찬성으로 의결한다.
④ 협의회의 소회의는 공익을 대표하는 위원이 주재하며, 구성위원 전원의 출석과 출석위원 전원의 찬성으로 의결한다. 이 경우 소회의의 의결은 협의회의 의결로 보되, 회의의 결과를 전체회의에 보고하여야 한다.
⑤ 위원장이 사고로 직무를 수행할 수 없을 때에는 공익을 대표하는 위원 중에서 공정거래위원회 위원장이 지명하는 위원이 그 직무를 대행한다.
(2016.3.29 본조개정)

제24조의4【분쟁조정의 신청 등】 ① 다음 각 호의 어느 하나에 해당하는 분쟁당사자는 원사업자와 수급사업자 간의 하도급거래의 분쟁에 대하여 협의회에 조정을 신청할 수 있다. 이 경우 분쟁당사자가 각각 다른 협의회에 분쟁조정을 신청한 때에는 수급사업자, 조합 또는 중앙회가 분쟁조정을 신청한 협의회가 이를 담당한다.
(2022.1.11 후단개정)
1. 원사업자
2. 수급사업자
3. 제16조의2제11항에 따라 협의회에 조정을 신청한 조합 또는 중앙회(2022.1.11 본호개정)
② 공정거래위원회는 원사업자와 수급사업자 간의 하도급거래의 분쟁에 대하여 협의회에 그 조정을 의뢰할 수 있다.
③ 협의회는 제1항에 따라 분쟁당사자로부터 분쟁조정을 신청받은 때에는 지체 없이 그 내용을 공정거래위원회에 보고하여야 한다.
④ 제1항에 따른 분쟁조정의 신청은 시효중단의 효력이 있다. 다만, 신청이 취하되거나 제24조의5제3항에 따라 각하된 경우에는 그러하지 아니하다.
⑤ 제4항 본문에 따라 중단된 시효는 다음 각 호의 어느 하나에 해당하는 때부터 새로 진행한다.
1. 분쟁조정이 성립되어 조정조서를 작성한 때
2. 분쟁조정이 성립되지 아니하고 조정절차가 종료된 때
⑥ 제4항 단서의 경우에 6개월 내에 재판상의 청구, 파산절차참가, 압류 또는 가압류, 가처분을 한 때에는 시효는 최초의 분쟁조정의 신청으로 인하여 중단된 것으로 본다.
(2018.1.16 본조개정)

제24조의5【조정 등】 ① 협의회는 분쟁당사자에게 분쟁조정사항에 대하여 스스로 합의하도록 권고하거나 조정안을 작성하여 제시할 수 있다.
② 협의회는 해당 분쟁조정사항에 관한 사실을 확인하기 위하여 필요한 경우 조사를 하거나 분쟁당사자에게 관련 자료의 제출이나 출석을 요구할 수 있다.
③ 협의회는 다음 각 호의 어느 하나에 해당되는 경우에는 조정신청을 각하하여야 한다.
1. 조정신청의 내용과 직접적인 이해관계가 없는 자가 조정신청을 한 경우
2. 이 법의 적용대상이 아닌 사안에 관하여 조정신청을 한 경우
3. 조정신청이 있기 전에 공정거래위원회가 제22조제2항에 따라 조사를 개시한 사건에 대하여 조정신청을 한 경우
④ 협의회는 다음 각 호의 어느 하나에 해당되는 경우에는 조정절차를 종료하여야 한다.
1. 분쟁당사자가 협의회의 권고 또는 조정안을 수락하거나 스스로 조정하는 등 조정이 성립된 경우
2. 제24조의4제1항에 따른 조정의 신청을 받은 날 또는 같은 조 제2항에 따른 의뢰를 받은 날부터 60일(분쟁당사자 쌍방이 기간연장에 동의한 경우에는 90일)이 경과하여도 조정이 성립되지 아니한 경우
3. 분쟁당사자의 일방이 조정을 거부하는 등 조정절차를 진행할 실익이 없는 경우(2022.1.11 본호개정)
⑤ 협의회는 조정신청을 각하하거나 조정절차를 종료한 경우에는 대통령령으로 정하는 바에 따라 공정거래위원회에 조정의 경위, 조정신청 각하 또는 조정절차 종료의 사유 등을 관계 서류와 함께 지체 없이 서면으로 보고하여야 하고, 분쟁당사자에게 그 사실을 통보하여야 한다.
⑥ 공정거래위원회는 분쟁조정사항에 관하여 조정절차가 종료될 때까지는 해당 분쟁의 당사자인 원사업자에게 제25조제1항에 따른 시정조치를 명하거나 제25조의5제1항에 따른 시정권고를 해서는 아니 된다. 다만, 공정거래위원회가 제22조제2항에 따라 조사 중인 사건에 대해서는 그러하지 아니하다.
(2018.1.16 본조신설)

제24조의6【조정조서의 작성과 그 효력】 ① 협의회는 조정사항에 대하여 조정이 성립된 경우 조정에 참가한 위원과 분쟁당사자가 서명 또는 기명날인한 조정조서를 작성한다.
② 협의회는 분쟁당사자가 조정절차를 개시하기 전에 조정사항을 스스로 조정하고 조정조서의 작성을 요구하는 경우에는 그 조정조서를 작성하여야 한다.
③ 분쟁당사자는 제1항 또는 제2항에 따라 작성된 조정조서의 내용을 이행하여야 하고, 이행결과를 공정거래위원회에 제출하여야 한다.
④ 공정거래위원회는 제1항 또는 제2항에 따라 조정조서가 작성되고, 분쟁당사자가 조정조서에 기재된 사항을 이행한 경우에는 제25조제1항에 따른 시정조치 및 제25조의5제1항에 따른 시정권고를 하지 아니한다.
⑤ 제1항 또는 제2항에 따라 조정조서가 작성된 경우 조정조서는 재판상 화해와 동일한 효력을 갖는다.
(2018.1.16 본항신설)
(2018.1.16 본조개정)

제24조의7【협의회의 운영세칙】 이 법에서 규정한 사항 외에 협의회의 운영과 조직에 관하여 필요한 사항은 공정거래위원회의 승인을 받아 협의회가 정한다.
(2010.1.25 본조신설)

제24조의8【소송과의 관계】 ① 조정이 신청된 사건에 대하여 신청 전 또는 신청 후 소가 제기되어 소송이 진행 중일 때에는 수소법원(受訴法院)은 조정이 있을 때까지 소송절차를 중지할 수 있다.
② 협의회는 제1항에 따라 소송절차가 중지되지 아니하는 경우에는 해당 사건의 조정절차를 중지하여야 한다.
③ 협의회는 조정이 신청된 사건과 동일한 원인으로 다수인이 관련되는 동종·유사 사건에 대한 소송이 진행 중인 경우에는 협의회의 결정으로 조정절차를 중지할 수 있다.
(2022.1.11 본조신설)

제24조의9【동의의결】 ① 공정거래위원회의 조사나 심의를 받고 있는 원사업자 등(이하 이 조에서 "신청인"이라 한다)은 해당 조사나 심의의 대상이 되는 행위(이하 이 조에서 "해당 행위"라 한다)로 인한 불공정한 거래내용 등의 자발적 해결, 수급사업자의 피해구제 및 거래질서의 개선 등을 위하여 제3항에 따른 동의의결을 하여 줄 것을 공정거래위원회에 신청할 수 있다. 다만, 해당 행위가 다음 각 호의 어느 하나에 해당하는 경우 공정거래위원회는 동의의결을 하지 아니하고 이 법에 따른 심의 절차를 진행하여야 한다.
1. 제32조제2항에 따른 고발요건에 해당하는 경우
2. 동의의결이 있기 전 신청인이 신청을 취소하는 경우
② 신청인이 제1항에 따른 신청을 하는 경우 다음 각 호의 사항을 기재한 서면으로 하여야 한다.
1. 해당 행위를 특정할 수 있는 사실관계
2. 해당 행위의 중지, 원상회복 등 경쟁질서의 회복이나 하도급거래질서의 적극적 개선을 위하여 필요한 시정방안
3. 그 밖에 수급사업자, 다른 사업자 등의 피해를 구제하거나 예방하기 위하여 필요한 시정방안
③ 공정거래위원회는 해당 행위의 사실관계에 대한 조사를 마친 후 제2항제2호 및 제3호에 따른 시정방안(이하 "시정방안"이라 한다)이 다음 각 호의 요건을 모두 충족한다고 판단되는 경우에는 해당 행위 관련 심의 절차를 중단하고 시정방안과 같은 취지의 의결(이하 "동의의결"이라 한다)을 할 수 있다. 이 경우 신청인과의 협의를 거쳐 시정방안을 수정할 수 있다.
1. 해당 행위가 이 법을 위반한 것으로 판단될 경우에 예상되는 시정조치 및 그 밖의 제재와 균형을 이룰 것
2. 공정하고 자유로운 경쟁질서나 하도급거래질서를 회복시키거나 수급사업자 등을 보호하기에 적절하다고 인정될 것
④ 공정거래위원회의 동의의결은 해당 행위가 이 법에 위반된다고 인정한 것을 의미하지 아니하며, 누구든지 신청인이 동의의결을 받은 사실을 들어 해당 행위가 이 법에 위반된다고 주장할 수 없다.
(2022.1.11 본조신설)

제24조의10【동의의결의 절차 및 취소】 동의의결의 절차 및 취소에 관하여는「독점규제 및 공정거래에 관한 법률」제90조 및 제91조를 준용한다. 이 경우 같은 법 제90조제1항 중 "소비자"는 "수급사업자"로, 같은 조 제3항 단서 중 "제124조부터 제127조까지의 규정"은 "이 법 제29조 및 제30조"로 본다.(2022.1.11 본조신설)

제24조의11【이행강제금】 ① 공정거래위원회는 정당한 이유 없이 동의의결 시 정한 이행기한까지 동의의결을 이행하지 아니한 자에게 동의의결이 이행되거나 취소되기 전까지 이행기한이 지난 날부터 1일당 200만원 이하의 이행강제금을 부과할 수 있다.
② 이행강제금의 부과·납부·징수 및 환급 등에 관하여는「독점규제 및 공정거래에 관한 법률」제16조제2항 및 제3항을 준용한다.
(2022.1.11 본조신설)

제25조【시정조치】 ① 공정거래위원회는 제3조제1항부터 제7항까지 및 제12항, 제3조의4, 제3조의5, 제4조부터 제12조까지, 제12조의2, 제12조의3, 제13조, 제13조의2, 제13조의3, 제14조부터 제16조까지, 제16조의2제10항 및 제17조부터 제20조까지의 규정을 위반한 발주자와 원사업자에 대하여 하도급대금 등의 지급, 공시의무의 이행 또는 공시내용의 정정, 법 위반행위의 중지, 특약의 삭제나 수정, 향후 재발방지, 그 밖에 시정에 필요한 조치를 명할 수 있다.(2023.7.18 본항개정)
② (2016.3.29 삭제)
③ 공정거래위원회는 제1항에 따라 시정조치를 한 경우에는 시정조치를 받은 원사업자에 대하여 시정조치를 받았다는 사실을 공표할 것을 명할 수 있다.
(2016.3.29 본조개정)

제25조의2【공탁】 제25조제1항에 따른 시정명령을 받거나 제25조의5제1항에 따른 시정권고를 수락한 발주자와 원사업자는 수급사업자가 변제를 받지 아니하거나 변제를 받을 수 없는 경우에는 수급사업자를 위하여 변제의 목적물을 공탁(供託)하여 그 시정조치 또는 시정권고의 이행 의무를 면할 수 있다. 발주자와 원사업자가 과실 없이 수급사업자를 알 수 없는 경우에도 또한 같다.
(2016.3.29 본조개정)

제25조의3【과징금】 ① 공정거래위원회는 다음 각 호의 어느 하나에 해당하는 발주자·원사업자 또는 수급사업자에 대하여 수급사업자에게 제조등의 위탁을 한 하도급대금이나 발주자·원사업자로부터 제조등의 위탁을 받은 하도급대금의 2배를 초과하지 아니하는 범위에서 과징금을 부과할 수 있다.
1. 제3조제1항, 제2항(제3호는 제외한다), 제6항, 제7항을 위반한 원사업자(2023.7.18 본호개정)
2. 제3조제12항을 위반하여 서류를 보존하지 아니한 자 또는 하도급거래에 관한 서류를 거짓으로 작성·발급한 원사업자나 수급사업자(2023.7.18 본호개정)
3. 제3조의4, 제4조부터 제12조까지, 제12조의2, 제12조의3, 제13조 및 제13조의2를 위반한 원사업자(2013.8.13 본호개정)
4. 제14조제1항 및 제3항을 위반한 발주자(2019.4.30 본호개정)
5. 제14조제5항을 위반한 원사업자
6. 제15조, 제16조, 제16조의2제10항 및 제17조부터 제20조까지의 규정을 위반한 원사업자(2022.1.11 본호개정)
② 공정거래위원회는 대통령령으로 정하는 금액을 초과하는 과징금을 부과받은 자가 다음 각 호의 어느 하나에 해당하는 사유로 과징금의 전액을 일시에 납부하기 어렵다고 인정되면 그 납부기한을 연기하거나 분할하여 납부하게 할 수 있다. 이 경우 필요하다고 인정되면 담보를 제공하게 할 수 있다.
1. 재해 또는 도난 등으로 재산에 현저한 손실을 입은 경우
2. 사업여건의 악화로 사업이 중대한 위기에 처한 경우
3. 과징금의 일시납부에 따라 자금사정에 현저한 어려움이 예상되는 경우
4. 그 밖에 제1호부터 제3호까지의 규정에 준하는 사유가 있는 경우
(2022.1.11 본항신설)
③ 공정거래위원회는 제2항에 따라 과징금 납부기한을 연기하거나 분할납부하게 하려는 경우에는 다음 각 호의 사항에 관하여 대통령령으로 정하는 사항을 고려하여야 한다.
1. 당기순손실
2. 부채비율
3. 그 밖에 재무상태를 확인하기 위하여 필요한 사항
(2022.1.11 본항신설)
④ 제1항의 과징금에 관하여는「독점규제 및 공정거래에 관한 법률」제102조, 제103조(제1항은 제외한다) 및 제104조부터 제107조까지의 규정을 준용한다.
(2022.1.11 본항개정)
(2009.4.1 본조개정)

제25조의4【상습법위반사업자 명단공표】 ① 공정거래위원회 위원장은 제27조제3항에 따라 준용되는「독점규제 및 공정거래에 관한 법률」제119조에도 불구하고 직전연도부터 과거 3년간 이 법 위반을 이유로 공정거래위원회로부터 경고, 제25조제1항에 따른 시정조치 또는 제25조의5제1항에 따른 시정권고를 3회 이상 받은 사업자 중 제26조제2항에 따른 벌점이 대통령령으로 정하는 기준을 초과하는 사업자(이하 이 조에서 "상습법위반사업자"라 한다)의 명단을 공표하여야 한다. 다만, 이의신청 등 불복절차가 진행 중인 조치는 제외한다.(2020.12.29 본문개정)
② 공정거래위원회 위원장은 제1항 단서의 불복절차가 종료된 경우, 다음 각 호에 모두 해당하는 자의 명단을 추가로 공개하여야 한다.
1. 경고 또는 시정조치가 취소되지 아니한 자
2. 경고 또는 시정조치에 불복하지 아니하였으면 상습법위반사업자에 해당하는 자
③ 제1항 및 제2항에 따른 상습법위반사업자 명단의 공표 여부를 심의하기 위하여 공정거래위원회에 공무원인 위원과 공무원이 아닌 위원으로 구성되는 상습법위반사업자명단공표심의위원회(이하 이 조에서 "심의위원회"라 한다)를 둔다.(2018.1.16 본항개정)
④ 공정거래위원회는 심의위원회의 심의를 거친 공표대상 사업자에게 명단공표대상자임을 통지하여 소명기회를 부여하여야 하며, 통지일부터 1개월이 지난 후 심의위원회로 하여금 명단공표 여부를 재심의하게 하여 공표대상자를 선정한다.
⑤ 제1항 및 제2항에 따른 공표는 관보 또는 공정거래위원회 인터넷 홈페이지에 게시하는 방법에 의한다.
⑥ 심의위원회의 구성, 그 밖에 상습법위반사업자 명단공표와 관련하여 필요한 사항은 대통령령으로 정한다.
(2018.1.16 본항개정)
(2010.1.25 본조신설)

제25조의5【시정권고】 ① 공정거래위원회는 이 법을 위반한 발주자와 원사업자에 대하여 시정방안을 정하여 이에 따를 것을 권고할 수 있다. 이 경우 발주자와 원사업자가 해당 권고를 수락한 때에는 공정거래위원회가 시정조치를 한 것으로 본다는 뜻을 함께 알려야 한다.

② 제1항에 따른 권고를 받은 발주자와 원사업자는 그 권고를 통지받은 날부터 10일 이내에 그 수락 여부를 공정거래위원회에 알려야 한다.
③ 제1항에 따른 권고를 받은 발주자와 원사업자가 그 권고를 수락하였을 때에는 제25조제1항에 따른 시정조치를 받은 것으로 본다.
(2016.3.29 본조신설)

제26조【관계 행정기관의 장의 협조】 ① 공정거래위원회는 이 법을 시행하기 위하여 필요하다고 인정할 때에는 관계 행정기관의 장의 의견을 듣거나 관계 행정기관의 장에게 조사를 위한 인원의 지원이나 그 밖에 필요한 협조를 요청할 수 있다.
② 공정거래위원회는 제3조제1항부터 제7항까지 및 제12항, 제3조의4, 제4조부터 제12조까지, 제12조의2, 제12조의3, 제13조, 제13조의2, 제14조부터 제16조까지, 제16조의2제10항 및 제17조부터 제20조까지의 규정을 위반한 원사업자 또는 수급사업자에 대하여 그 위반 및 피해의 정도를 고려하여 대통령령으로 정하는 벌점을 부과하고, 그 벌점이 대통령령으로 정하는 기준을 초과하는 경우에는 관계 행정기관의 장에게 입찰참가자격의 제한, 「건설산업기본법」 제82조제1항제7호에 따른 영업정지, 그 밖에 하도급거래의 공정화를 위하여 필요한 조치를 취할 것을 요청하여야 한다.(2023.7.18 본항개정)
(2009.4.1 본조개정)

제27조【「독점규제 및 공정거래에 관한 법률」의 준용】
① 이 법에 따른 공정거래위원회의 심의·의결에 관하여는 「독점규제 및 공정거래에 관한 법률」 제64조부터 제68조까지 및 제93조를 준용하고, 이 법에 따른 공정거래위원회의 처분에 대한 이의신청, 소송의 제기 및 불복의 소송의 전속관할에 관하여는 같은 법 제96조부터 제101조까지의 규정을 준용한다.(2020.12.29 본항개정)
② 이 법을 시행하기 위하여 필요한 공정거래위원회의 조사, 의견청취 등에 관하여는 「독점규제 및 공정거래에 관한 법률」 제81조, 제84조 및 제98조을 준용한다.
(2020.12.29 본항개정)
③ 다음 각 호의 자에 대하여는 「독점규제 및 공정거래에 관한 법률」 제119조를 준용한다.(2020.12.29 본문개정)
1. 이 법에 따른 직무에 종사하거나 종사하였던 공정거래위원회의 위원 또는 공무원
2. 협의회에서 하도급거래에 관한 분쟁의 조정 업무를 담당하거나 담당하였던 사람
(2009.4.1 본조개정)

제28조【「독점규제 및 공정거래에 관한 법률」과의 관계】 하도급거래에 관하여 이 법의 적용을 받는 사항에 대하여는 「독점규제 및 공정거래에 관한 법률」 제45조제1항제6호를 적용하지 아니한다.(2020.12.29 본조개정)

제29조【벌칙】 ① 다음 각 호의 어느 하나에 해당하는 자는 2년 이하의 징역 또는 2천만원 이하의 벌금에 처한다.
1. 국내외에서 정당한 사유 없이 제35조의3제1항에 따른 명령을 위반한 자
2. 제27조제3항에 따라 준용되는 「독점규제 및 공정거래에 관한 법률」 제119조를 위반한 자
② 제1항제1호의 죄는 제35조의3제1항에 따른 명령을 신청한 자의 고소가 없으면 공소를 제기할 수 없다.
(2021.8.17 본조개정)

제30조【벌칙】 ① 다음 각 호의 어느 하나에 해당하는 원사업자는 수급사업자에게 제조등의 위탁을 한 하도급대금의 2배에 상당하는 금액 이하의 벌금에 처한다.
1. 제3조제1항, 제2항(제3호는 제외한다), 제6항, 제7항 및 제12항, 제3조의4, 제4조부터 제12조까지, 제12조의2, 제12조의3 및 제13조를 위반한 자(2023.7.18 본호개정)
2. 제13조의2제1항부터 제3항까지의 규정을 위반하여 공사대금 지급을 보증하지 아니한 자(2016.12.20 본호개정)
3. 제15조, 제16조제1항·제3항·제4항 및 제17조를 위반한 자(2010.1.25 본호개정)
4. 제16조의2제10항을 위반하여 정당한 사유 없이 협의를 거부한 자(2022.1.11 본호개정)
② 다음 각 호 중 제1호에 해당하는 자는 3억원 이하, 제2호 및 제3호에 해당하는 자는 1억 5천만원 이하의 벌금에 처한다.(2013.5.28 본문개정)
1. 제19조를 위반하여 불이익을 주는 행위를 한 자
(2013.5.28 본호신설)
2. 제18조 및 제20조를 위반한 자(2013.5.28 본호개정)
3. 제25조에 따른 명령에 따르지 아니한 자
③ 제27조제2항에 따라 준용되는 「독점규제 및 공정거래에 관한 법률」 제81조제1항제2호에 따른 감정을 거짓으로 한 자는 3천만원 이하의 벌금에 처한다.(2020.12.29 본항개정)
(2009.4.1 본조개정)

제30조의2【과태료】 ① 다음 각 호의 어느 하나에 해당하는 자에게는 사업자 또는 사업자단체의 경우 1억원 이하, 사업자 또는 사업자단체의 임원, 종업원과 그 밖의 이해관계인의 경우 1천만원 이하의 과태료를 부과한다.
(2010.1.25 본문개정)
1. 제13조의3에 따른 공시를 하지 아니하거나 주요 내용을 누락 또는 거짓으로 공시한 자(2022.1.11 본호신설)
2. 제27조제2항에 따라 준용되는 「독점규제 및 공정거래에 관한 법률」 제81조제1항제1호에 따른 출석처분을 위반하여 정당한 사유 없이 출석하지 아니한 자
(2020.12.29 본호개정)
3. 제27조제2항에 따라 준용되는 「독점규제 및 공정거래에 관한 법률」 제81조제1항제3호 또는 같은 조 제6항에 따른 보고 또는 필요한 자료나 물건의 제출을 하지 아니하거나 거짓으로 보고 또는 자료나 물건을 제출한 자
(2020.12.29 본호개정)
3. (2010.1.25 삭제)
② 제27조제2항에 따라 준용되는 「독점규제 및 공정거래에 관한 법률」 제81조제2항 및 제3항에 따른 조사를 거부·방해·기피한 자에게는 사업자 또는 사업자단체의 경우 2억원 이하, 사업자 또는 사업자단체의 임원, 종업원과 그 밖의 이해관계인의 경우 5천만원 이하의 과태료를 부과한다.(2020.12.29 본항개정)
③ 제22조의2제4항을 위반하여 수급사업자로 하여금 자료를 제출하지 아니하게 하거나 거짓 자료를 제출하도록 요구한 원사업자에게는 5천만원 이하, 그 원사업자의 임원, 종업원과 그 밖의 이해관계인에게는 500만원 이하의 과태료를 부과한다.(2018.4.17 본항신설)
④ 제3조제5항을 위반하여 거래상 지위를 남용하거나 거짓 또는 그 밖의 부정한 방법으로 같은 조의 적용을 피하려는 행위를 한 원사업자에게는 5천만원 이하의 과태료를 부과한다.(2023.7.18 본항신설)
⑤ 다음 각 호의 어느 하나에 해당하는 자에게는 1천만원 이하의 과태료를 부과한다.(2023.7.18 본문개정)
1. 제3조제2항제3호를 위반하여 하도급대금 연동에 관한 사항을 적지 아니한 사업자
2. 제3조의5를 위반하여 같은 조 각 호의 사항을 알리지 아니하거나 거짓으로 알린 사업자
(2023.7.18 1호~2호신설)
⑥ 제22조의2제2항에 따른 자료를 제출하지 아니하거나 거짓으로 자료를 제출한 원사업자에게는 500만원 이하의 과태료를 부과한다.(2010.1.25 본항신설)
⑦ 제27조제1항에 따라 준용되는 「독점규제 및 공정거래에 관한 법률」 제66조에 따른 질서유지의 명령을 따르지 아니한 자에게는 100만원 이하의 과태료를 부과한다.
(2020.12.29 본항개정)
⑧ 제1항부터 제7항까지의 규정에 따른 과태료는 대통령령으로 정하는 기준에 따라 공정거래위원회가 부과·징수한다.(2023.7.18 본항개정)

제31조【양벌규정】 법인의 대표자나 법인 또는 개인의 대리인, 사용인, 그 밖의 종업원이 그 법인 또는 개인의 업무에 관하여 제30조의 위반행위를 하면 그 행위자를 벌하는 외에 그 법인 또는 개인에게도 해당 조문의 벌금형을 과(科)한다. 다만, 법인 또는 개인이 그 위반행위를 방지하기 위하여 해당 업무에 관하여 상당한 주의와 감독을 게을리하지 아니한 경우에는 그러하지 아니하다.
(2009.4.1 본조개정)

제32조【고발】 ① 제30조의 죄는 공정거래위원회의 고발이 있어야 공소를 제기할 수 있다.
② 공정거래위원회는 제30조의 죄 중 위반정도가 객관적으로 명백하고 중대하여 하도급거래 질서를 현저히 저해한다고 인정하는 경우에는 검찰총장에게 고발하여야 한다.(2011.3.29 본항신설)
③ 검찰총장은 제2항에 따른 고발요건에 해당하는 사실이 있음을 공정거래위원회에 통보하여 고발을 요청할 수 있다.(2011.3.29 본항신설)
④ 공정거래위원회가 제2항에 따른 고발요건에 해당하지 아니한다고 결정하더라도 감사원장, 중소벤처기업부장관은 사회적 파급효과, 수급사업자에게 미친 피해 정도 등 다른 사정을 이유로 공정거래위원회에 고발을 요청할 수 있다.(2017.7.26 본항개정)
⑤ 제3항 또는 제4항에 따른 고발요청이 있는 때에는 공정거래위원회 위원장은 검찰총장에게 고발하여야 한다.
(2013.7.16 본항신설)
⑥ 공정거래위원회는 공소가 제기된 후에는 고발을 취소할 수 없다.(2011.3.29 본항신설)
(2009.4.1 본조개정)

제33조【과실상계】 원사업자의 이 법 위반행위에 관하여 수급사업자에게 책임이 있는 경우에는 이 법에 따른 시정조치·고발 또는 벌칙 적용을 할 때 이를 고려할 수 있다.(2009.4.1 본조개정)

제34조【다른 법률과의 관계】 「대·중소기업 상생협력 촉진에 관한 법률」, 「전기공사업법」, 「건설산업기본법」, 「정보통신공사업법」이 이 법에 어긋나는 경우에는 이 법에 따른다.(2009.4.1 본조개정)

제35조【손해배상 책임】 ① 원사업자가 이 법의 규정을 위반함으로써 손해를 입은 자가 있는 경우에는 그 자에게 발생한 손해에 대하여 배상책임을 진다. 다만, 원사업자가 고의 또는 과실이 없음을 입증한 경우에는 그러하지 아니하다.(2013.5.28 본문개정)
② 원사업자가 제4조, 제8조제1항, 제10조, 제11조제1항·제2항, 제12조의3제4항 및 제19조를 위반함으로써 손해를 입은 자가 있는 경우에는 그 자에게 발생한 손해의 3배를 넘지 아니하는 범위에서 배상책임을 진다. 다만, 원사업자가 고의 또는 과실이 없음을 입증한 경우에는 그러하지 아니하다.(2021.8.17 본문개정)
③ 법원은 제2항의 배상액을 정할 때에는 다음 각 호의 사항을 고려하여야 한다.
1. 고의 또는 손해 발생의 우려를 인식한 정도
2. 위반행위로 인하여 수급사업자와 다른 사람이 입은 피해규모
3. 위법행위로 인하여 원사업자가 취득한 경제적 이익
4. 위반행위에 따른 벌금 및 과징금
5. 위반행위의 기간·횟수 등
6. 원사업자의 재산상태
7. 원사업자의 피해구제 노력의 정도
(2013.5.28 본항신설)
④ 제1항 또는 제2항에 따라 손해배상청구의 소가 제기된 경우 「독점규제 및 공정거래에 관한 법률」 제110조 및 제115조를 준용한다.(2020.12.29 본항개정)

제35조의2【자료의 제출】 ① 법원은 이 법을 위반한 행위로 인한 손해배상청구소송에서 당사자의 신청에 따라 상대방 당사자에게 해당 손해의 증명 또는 손해액의 산정에 필요한 자료의 제출을 명할 수 있다. 다만, 제출명령을 받은 자가 그 자료의 제출을 거부할 정당한 이유가 있으면 그러하지 아니하다.
② 법원은 제1항에 따른 제출명령을 받은 자가 그 자료의 제출을 거부할 정당한 이유가 있다고 주장하는 경우에는 그 주장의 당부(當否)를 판단하기 위하여 자료의 제시를 명할 수 있다. 이 경우 법원은 그 자료를 다른 사람이 보게 하여서는 아니 된다.
③ 제1항에 따른 제출 대상이 되는 자료가 「부정경쟁방지 및 영업비밀보호에 관한 법률」 제2조제2호에 따른 영업비밀(이하 "영업비밀"이라 한다)에 해당하더라도 손해의 증명 또는 손해액의 산정에 반드시 필요한 경우에는 제1항 단서에 따른 정당한 이유가 있는 것으로 보지 아니한다. 이 경우 법원은 제출명령의 목적을 벗어나지 아니하는 범위에서 열람할 수 있는 범위 또는 열람할 수 있는 사람을 지정하여야 한다.
④ 법원은 제1항에 따른 제출명령을 받은 자가 정당한 이유 없이 그 명령에 따르지 아니한 경우 자료의 기재에 대한 신청인의 주장을 진실한 것으로 인정할 수 있다.
이 경우 신청인이 자료의 기재를 구체적으로 주장하기에 현저히 곤란한 사정이 있고 그 자료로 증명하려는 사실을 다른 증거로 증명하는 것을 기대하기도 어려운 때에는 신청인이 자료의 기재로 증명하려는 사실에 관한 주장을 진실한 것으로 인정할 수 있다.
(2021.8.17 본조신설)

제35조의3【비밀유지명령】 ① 법원은 이 법을 위반한 행위로 인한 손해배상청구소송에서 당사자의 신청에 따른 결정으로 다음 각 호의 자에게 그 당사자가 보유한 영업비밀을 해당 소송의 계속적인 수행 외의 목적으로 사용하거나 그 영업비밀에 관계된 명령으로서 이 항에 따른 명령을 받지 아니한 자에게 공개하지 아니할 것을 명할 수 있다. 다만, 그 신청 이전에 다음 각 호의 자가 준비서면의 열람이나 증거조사 외의 방법으로 그 영업비밀을 취득하고 있는 경우에는 그러하지 아니하다.
1. 다른 당사자(법인인 경우에는 그 대표자를 말한다)
2. 당사자를 위하여 해당 소송을 대리하는 자
3. 그 밖에 해당 소송으로 영업비밀을 알게 된 자
② 제1항에 따른 명령(이하 "비밀유지명령"이라 한다)을 신청하는 자는 다음 각 호의 사유를 모두 소명하여야 한다.
1. 다음 각 목의 어느 하나에 해당하는 자료에 영업비밀이 포함되어 있다는 점
가. 이미 제출하였거나 제출하여야 할 준비서면
나. 이미 조사하였거나 조사하여야 할 증거
다. 제35조의2제1항에 따라 제출하였거나 제출하여야 할 자료
2. 제1호 각 목의 자료에 포함된 영업비밀이 해당 소송 수행 외의 목적으로 사용되거나 공개되면 당사자의 영업에 지장을 줄 우려가 있어 이를 방지하기 위하여 영업비밀의 사용이나 공개를 제한할 필요가 있다는 점
③ 비밀유지명령의 신청은 다음 각 호의 사항을 적은 서면으로 하여야 한다.
1. 비밀유지명령을 받을 자
2. 비밀유지명령의 대상이 될 영업비밀을 특정하기에 충분한 사실
3. 제2항 각 호의 사유에 해당하는 사실
④ 법원은 비밀유지명령이 결정된 경우에는 그 결정서를 비밀유지명령을 받을 자에게 송달하여야 한다.
⑤ 비밀유지명령은 제4항에 따른 결정서가 송달된 때부터 효력이 발생한다.
⑥ 비밀유지명령의 신청을 기각하거나 각하한 재판에 대해서는 즉시항고를 할 수 있다.
(2021.8.17 본조신설)

제35조의4【비밀유지명령의 취소】 ① 비밀유지명령을 신청한 자 또는 비밀유지명령을 받은 자는 제35조의3제2항 각 호의 사유에 부합하지 아니하는 사실이나 사정

이 있는 경우에는 소송기록을 보관하고 있는 법원(소송기록을 보관하고 있는 법원이 없는 경우에는 비밀유지명령을 내린 법원을 말한다)에 비밀유지명령의 취소를 신청할 수 있다.
② 법원은 비밀유지명령의 취소신청에 대한 결정을 한 경우에는 그 결정서를 그 신청을 한 자 및 상대방에게 송달하여야 한다.
③ 비밀유지명령의 취소신청에 대한 법원의 결정에 대해서는 즉시항고를 할 수 있다.
④ 비밀유지명령을 취소하는 법원의 결정은 확정되어야 효력이 발생한다.
⑤ 비밀유지명령을 취소하는 결정을 한 법원은 비밀유지명령의 취소를 신청한 자 또는 상대방 외에 해당 영업비밀에 관한 비밀유지명령을 받은 자가 있으면 그 자에게 즉시 그 취소결정을 한 사실을 알려야 한다.
(2021.8.17 본조신설)

제35조의5【소송기록 열람 등의 청구 통지 등】 ① 비밀유지명령이 내려진 소송(비밀유지명령이 모두 취소된 소송은 제외한다)에 관한 소송기록에 대하여 「민사소송법」 제163조제1항에 따라 열람 등의 신청인을 당사자로 제한하는 결정이 있었던 경우로서 당사자가 그 열람 등을 신청하였으나 그 절차를 비밀유지명령을 받지 아니한 자를 통하여 밟은 때에는 법원서기관, 법원사무관, 법원주사 또는 법원주사보(이하 이 조에서 “법원사무관등”이라 한다)는 즉시 같은 항에 따라 그 열람 등의 제한을 신청한 당사자(그 열람 등의 신청을 한 자는 제외한다. 이하 제2항 단서에서 같다)에게 그 열람 등의 신청이 있었다는 사실을 알려야 한다.
② 법원사무관등은 제1항에 따른 열람 등의 신청이 있었던 날부터 2주일이 지날 때까지(그 열람 등의 신청 절차를 밟은 자에 대한 비밀유지명령 신청이 해당 기간 내에 이루어진 경우에는 비밀유지명령 신청에 대한 재판이 확정되는 시점까지를 말한다) 그 열람 등의 신청 절차를 밟은 자에게 영업비밀이 적혀 있는 부분의 열람 등을 하게 하여서는 아니 된다. 다만, 그 열람 등의 신청 절차를 밟은 자가 영업비밀이 적혀 있는 부분의 열람 등을 하는 것에 대하여 「민사소송법」 제163조제1항에 따른 열람 등의 제한을 신청한 당사자 모두가 동의하는 경우에는 본문에 따른 기한이 지나기 전이라도 열람 등을 하게 할 수 있다.
(2021.8.17 본조신설)

제36조【벌칙 적용에서 공무원 의제】 제24조의10에 따른 이행관리 업무를 담당하거나 담당하였던 사람 및 제25조의4제3항에 따른 심의위원회 위원 중 공무원이 아닌 위원은 「형법」 제127조 및 제129조부터 제132조까지의 규정을 적용할 때에는 공무원으로 본다.(2022.1.11 본조개정)

부 칙 (2015.7.24)

제1조【시행일】 이 법은 공포 후 6개월이 경과한 날부터 시행한다. 다만, 제19조의 개정규정은 공포한 날부터 시행한다.
제2조【상호출자제한기업집단에 속하는 회사 또는 대통령령으로 정하는 사업자와 중견기업 간의 거래에 관한 적용례】 제13조제11항의 개정규정은 이 법 시행 후 최초로 이루어지는 제조등의 위탁부터 적용한다.
제3조【법 위반행위에 대한 처분기간 제한에 관한 적용례】 제22조제4항의 개정규정은 이 법 시행 후 최초로 조사가 개시되는 이 법 위반행위부터 적용한다.
제4조【포상금 지급에 관한 적용례】 제22조제5항부터 제8항까지의 개정규정은 이 법 시행 후 최초로 같은 개정규정에 따른 신고나 제보를 하고 그 위반행위를 입증할 수 있는 증거자료를 제출하는 경우부터 적용한다.
제5조【조사대상 거래의 제한 예외에 관한 적용례】 제23조제1항 단서의 개정규정은 이 법 시행 후 최초로 제24조의4제1항제1호 또는 제2호의 분쟁당사자가 분쟁조정을 요청하는 경우부터 적용한다.
제6조【원사업자에 대한 경과조치】 이 법 시행 전에 하도급계약이 체결된 하도급거래에 대해서는 제2조제2항제2호의 개정규정에도 불구하고 종전의 규정에 따른다.
제7조【어음대체결제수단의 수수료율 등에 관한 경과조치】 이 법 시행 전에 하도급계약이 체결된 하도급거래에 대해서는 제13조제10항의 개정규정에도 불구하고 종전의 규정에 따른다.
제8조【사업자단체가 설치한 협의회에 대한 경과조치】 ① 이 법 시행 당시 종전의 제24조제1항에 따라 사업자단체가 설치한 협의회는 제24조제2항의 개정규정에 따라 사업자단체가 설치한 협의회로 본다.
② 이 법 시행 당시 종전의 제24조제1항에 따라 사업자단체가 설치한 협의회가 행한 분쟁조정 및 그 밖의 행위와 그 협의회에 대하여 행한 분쟁조정 요청 및 그 밖의 행위는 제24조제2항의 개정규정에 따라 사업자단체가 설치한 협의회가 행한 행위 또는 그 협의회에 대하여 행한 행위로 본다.

부 칙 (2016.3.29)

제1조【시행일】 이 법은 공포한 날부터 시행한다.
제2조【분쟁조정 기간에 관한 적용례】 제24조의4제4항의 개정규정은 이 법 시행 이후 최초로 제24조의4제1항에 따라 분쟁조정을 요청한 사건부터 적용한다.
제3조【조정에서 합의된 사항에 대한 이행결과 제출에 관한 적용례】 제24조의5제3항 및 제4항의 개정규정은 이 법 시행 이후 최초로 제24조의5제1항 및 제2항에 따라 조정조서가 작성된 사건부터 적용한다.
제4조【시정권고에 관한 경과조치】 이 법 시행 당시 종전의 제25조제1항에 따른 시정권고는 제25조의5의 개정규정에 따라 공정거래위원회가 시정권고를 한 것으로 본다.

부 칙 (2016.12.20)

제1조【시행일】 이 법은 공포 후 3개월이 경과한 날부터 시행한다.
제2조【하도급 계약이행보증금 반환에 관한 적용례】 제13조의2의 개정규정은 이 법 시행 후 최초로 같은 조 제3항 각 호의 어느 하나에 해당하는 자와 장기계속건설계약을 체결한 원사업자가 해당 건설공사를 장기계속건설하도급계약을 통하여 수급사업자에게 위탁하는 것부터 적용한다.

부 칙 (2017.4.18)

제1조【시행일】 이 법은 공포 후 6개월이 경과한 날부터 시행한다.
제2조【부당한 대물변제의 금지에 관한 적용례】 제17조의 개정규정은 이 법 시행 후 최초로 체결되는 하도급계약부터 적용한다.

부 칙 (2017.10.31)

제1조【시행일】 이 법은 공포 후 6개월이 경과한 날부터 시행한다.
제2조【구매확인서 발급에 관한 적용례】 제7조제2항의 개정규정은 이 법 시행 후 최초로 원사업자가 수급사업자에 대하여 수출할 물품·용역을 제조위탁 또는 용역위탁한 하도급거래부터 적용한다.

부 칙 (2018.1.16)

제1조【시행일】 이 법은 공포 후 6개월이 경과한 날부터 시행한다. 다만, 제25조의4 및 제36조의 개정규정은 공포한 날부터 시행한다.
제2조【목적물등의 공급원가 변동에 따른 하도급대금 조정 신청 등에 관한 적용례】 제3조 및 제16조의2의 개정규정은 이 법 시행 이후 최초로 체결·변경·갱신되는 하도급계약부터 적용한다.
제3조【분쟁조정 신청 등에 관한 적용례】 제24조의4부터 제24조의6까지의 개정규정은 이 법 시행 이후 최초로 원사업자, 수급사업자 및 제16조의2제8항에 따른 조합이 협의회에 분쟁조정을 신청하는 경우부터 적용한다.
제4조【손해배상책임에 관한 적용례】 제35조의 개정규정은 이 법 시행 후 최초로 발생하는 위반행위부터 적용한다.

부 칙 (2018.4.17)

제1조【시행일】 이 법은 공포 후 6개월이 경과한 날부터 시행한다. 다만, 제12조의3제3항 및 제23조제1항의 개정규정은 공포한 날부터 시행한다.
제2조【기술자료의 부당한 사용 금지 등에 관한 적용례】 제12조의3제3항의 개정규정은 같은 개정규정 시행 당시 하도급계약이 종료되지 아니한 하도급거래에도 적용한다.
제3조【조사대상 거래의 제한에 관한 적용례】 제23조제1항의 개정규정은 같은 개정규정 시행 당시 거래가 끝난 날부터 3년이 경과하지 아니한 하도급거래부터 적용한다.

부 칙 (2019.4.30 법16415호)

제1조【시행일】 ① 이 법은 공포 후 6개월이 경과한 날부터 시행한다.(이하 생략)

부 칙 (2019.4.30 법16423호)

제1조【시행일】 이 법은 공포 후 6개월이 경과한 날부터 시행한다.
제2조【대금 직접지급 제한에 관한 적용례】 제14조제3항의 개정규정은 이 법 시행 후 최초로 하도급계약을 체결한 경우부터 적용한다.

부 칙 (2019.11.26)

제1조【시행일】 이 법은 공포 후 6개월이 경과한 날부터 시행한다.
제2조【하도급대금 조정에 관한 적용례】 제16조제1항 및 제16조의2제1항의 개정규정은 이 법 시행 후 최초로 원사업자가 제조등의 위탁을 하는 경우부터 적용한다.

부 칙 (2020.6.9 법17348호)
(2020.6.9 법17354호)

제1조【시행일】 이 법은 공포 후 6개월이 경과한 날부터 시행한다.(이하 생략)

부 칙 (2020.12.29)

제1조【시행일】 이 법은 공포 후 1년이 경과한 날부터 시행한다.(이하 생략)

부 칙 (2021.8.17)

제1조【시행일】 이 법은 공포 후 6개월이 경과한 날부터 시행한다. 다만, 제2조의 개정규정은 공포한 날부터 시행한다.
제2조【비밀유지계약 체결에 관한 적용례】 제12조의3제3항의 개정규정은 이 법 시행 이후 수급사업자가 원사업자에게 기술자료를 제공하는 경우부터 적용한다.
제3조【손해배상청구소송에서의 자료제출명령 등에 관한 적용례】 제35조의2부터 제35조의5까지의 개정규정은 이 법 시행 이후 제기된 손해배상청구소송부터 적용한다.

부 칙 (2022.1.11)

제1조【시행일】 이 법은 공포 후 1년이 경과한 날부터 시행한다. 다만, 제3조의2, 제12조의3제4항, 제24조의5제4항, 제24조의8부터 제24조의11까지 및 제36조의 개정규정은 공포 후 6개월이 경과한 날부터 시행한다.
제2조【건설하도급 입찰결과의 공개에 관한 적용례】 제3조의5의 개정규정은 이 법 시행 이후 국가 또는 「공공기관의 운영에 관한 법률」 제5조에 따른 공기업 및 준정부기관이 건설공사를 발주하는 경우부터 적용한다.
제3조【하도급대금의 결제조건 등의 공시에 관한 적용례】 제13조의3의 개정규정은 이 법 시행 이후 하도급계약을 체결하는 경우부터 적용한다.
제4조【하도급대금 조정에 관한 적용례】 ① 제16조의2제1항제3호의 개정규정은 이 법 시행 이후 체결·변경·갱신되는 하도급계약부터 적용한다.
② 제16조의2제3항부터 제5항까지의 개정규정은 이 법 시행 전에 수급사업자가 조합에 하도급대금 조정협의를 신청하여 이 법 시행 당시 그 절차가 진행 중인 경우에도 적용한다.
제5조【소송·조정절차 중지에 관한 적용례】 제24조의8의 개정규정은 이 법 시행 이후 최초로 조정을 신청하는 경우부터 적용한다.
제6조【표준하도급계약서에 관한 경과조치】 이 법 시행 당시 종전의 제3조의2에 따른 표준하도급계약서는 제3조의2의 개정규정에 따라 공정거래위원회가 제정 또는 개정한 표준하도급계약서로 본다.
제7조【다른 법률의 개정】 ※(해당 법령에 가제정리 하였음)

부 칙 (2023.7.18)

제1조【시행일】 이 법은 2023년 10월 4일부터 시행한다. 다만, 제2조제16항·제17항, 제3조의6, 제3조의7 및 제16조의2의 개정규정은 공포한 날부터 시행한다.
제2조【하도급대금 연동에 관한 적용례】 제3조의 개정규정은 이 법 시행 이후 체결·갱신되는 하도급계약부터 적용한다.
제3조【조정 협의 신청요건 삭제에 관한 적용례】 제16조의2제2항의 개정규정은 같은 개정규정 시행 이후 조정 협의를 신청하는 경우부터 적용한다.

부 칙 (2023.8.8)

제1조【시행일】 이 법은 공포 후 6개월이 경과한 날부터 시행한다.
제2조【협의회에 관한 적용례】 이 법은 이 법 시행 이후 새로 구성되는 하도급분쟁조정협의회부터 적용한다.

하도급거래 공정화에 관한 법률 시행령

(2010년 7월 21일 전부개정대통령령 제22297호)

개정
2010.10.18영22455호(소방시설공사업법시)
2011. 3.29영22746호 2011. 6.27영22989호
2011.10.28영23267호(환경기술및환경산업지원법시)
2011.11. 1영23282호(건설산업기본법시)
2012. 6.19영23864호(독점시)
2013. 3.23영24436호(직제)
2013. 7.22영24673호
2013. 8.27영24697호(자본시장금융투자업시)
2013.11.27영24883호
2013.12.30영25050호(행정규제재검토에따른일부개정령)
2014. 2.11영25174호
2014. 7.21영25495호(중견기업성장촉진및경쟁력강화에관한특별법시)
2014.12. 9영25840호(규제기한정비)
2015. 6.30영26369호(주택도시기금법시)
2015. 7.24영26438호(액화석유가스의안전관리및사업법시)
2016. 1.22영26933호
2016. 4.29영27115호(기업구조조정촉진법시)
2016. 7.19영27367호
2016. 8.11영27444호(주택법시)
2016.12.27영27702호
2016.12.30영27751호(규제기한설정)
2017. 9.29영28353호
2017.12.12영28471호(규제기한설정)
2018. 4.30영28848호 2018. 7.10영29042호
2018.10.16영29238호
2019. 7. 9영29972호(유연한규제혁신)
2020. 3. 3영30509호(규제기한해제)
2020. 4. 7영30606호
2020.12. 8영31222호(전자서명법시)
2021. 1. 5영31380호(법령용어정비)
2021. 1.12영31393호
2021.12.28영32274호(독점시)
2022. 2.15영32443호
2022. 3. 8영32528호(규제기한해제)
2022. 7.11영32798호 2023. 1. 3영33202호
2023. 3. 7영33321호(규제기한정비)
2023. 3.28영33359호(직제)
2023. 9.26영33770호

제1조【목적】 이 영은 「하도급거래 공정화에 관한 법률」에서 위임한 사항과 그 시행에 필요한 사항을 규정함을 목적으로 한다.

제2조【중소기업자의 범위 등】 ① 「하도급거래 공정화에 관한 법률」(이하 "법"이라 한다) 제2조제2항제2호 본문에 따른 연간매출액은 하도급계약을 체결하는 사업연도의 직전 사업연도의 손익계산서에 표시된 매출액으로 한다. 다만, 직전 사업연도 중에 사업을 시작한 경우에는 직전 사업연도의 매출액을 1년으로 환산한 금액으로 하며, 해당 사업연도에 사업을 시작한 경우에는 사업 시작일부터 하도급계약 체결일까지의 매출액을 1년으로 환산한 금액으로 한다.
② 법 제2조제2항제2호 본문에 따른 자산총액은 하도급계약을 체결하는 사업연도의 직전 사업연도 종료일 현재의 재무상태표에 표시된 자산총액으로 한다. 다만, 해당 사업연도에 사업을 시작한 경우에는 사업 시작일 현재의 재무상태표에 표시된 자산총액으로 한다.
(2021.1.12 본항개정)
③ (2016.1.22 삭제)
④ 법 제2조제2항제2호 단서에서 "대통령령으로 정하는 연간매출액에 해당하는 중소기업자"란 다음 각 호에 해당하는 자를 말한다.
1. 제조위탁·수리위탁의 경우 : 연간매출액이 30억원 미만인 중소기업자(2021.1.12 본호개정)
2. 건설위탁의 경우 : 시공능력평가액이 45억원 미만인 중소기업자(2021.1.12 본호개정)
3. 용역위탁의 경우 : 연간매출액이 10억원 미만인 중소기업자
⑤ 법 제2조제7항에서 "대통령령으로 정하는 물품"이란 레미콘을 말하며, "대통령령으로 정하는 특별시, 광역시 등의 지역"이란 수급사업자(受給事業者)의 사업장 소재지를 기준으로 하여 대구광역시, 광주광역시, 대전광역시, 세종특별자치시, 강원도, 충청북도, 충청남도, 전라북도, 전라남도, 경상북도, 경상남도 및 제주특별자치도를 말한다.(2013.7.22 본항개정)
⑥ 법 제2조제9항 각 호 외의 부분에서 "대통령령으로 정하는 건설공사"란 다음 각 호의 어느 하나에 해당하는 공사를 말한다.
1. 「건설산업기본법 시행령」 제8조에 따른 경미한 공사
2. 「전기공사업법 시행령」 제5조에 따른 경미한 공사
⑦ 법 제2조제9항제5호에서 "대통령령으로 정하는 사업자"란 다음 각 호의 어느 하나에 해당하는 사업자를 말한다.
1. 「주택법」 제4조에 따른 등록사업자(2016.8.11 본호개정)
2. 「환경기술 및 환경산업 지원법」 제15조에 따른 등록업자(2011.10.28 본호개정)
3. 「하수도법」 제51조 및 「가축분뇨의 관리 및 이용에 관한 법률」 제34조에 따른 등록업자
4. 「에너지이용 합리화법」 제37조에 따른 등록업자
5. 「도시가스사업법」 제12조에 따른 시공자
6. 「액화석유가스의 안전관리 및 사업법」 제35조에 따른 시공자(2015.7.24 본호개정)
⑧ 법 제2조제15항에서 "대통령령으로 정하는 자료"란 다음 각 호의 어느 하나에 해당하는 것을 말한다.
1. 특허권, 실용신안권, 디자인권, 저작권 등의 지식재산권과 관련된 정보
2. 시공 또는 제품개발 등을 위한 연구자료, 연구개발보고서 등 수급사업자의 생산·영업활동에 기술적으로 유용하고 독립된 경제적 가치가 있는 정보(2016.12.27 본호개정)

제3조【서면 기재사항】 ① 법 제3조제2항제1호에 따른 하도급계약의 내용에는 다음 각 호의 사항이 포함되어야 한다.
1. 위탁일과 수급사업자가 위탁받은 것(이하 "목적물등"이라 한다)의 내용
2. 목적물등을 원사업자에게 납품·인도 또는 제공하는 시기 및 장소
3. 목적물등의 검사의 방법 및 시기
4. 하도급대금(선급금, 기성금 및 법 제16조에 따라 하도급대금을 조정한 경우에는 그 조정된 금액을 포함한다. 이하 같다)과 그 지급방법 및 지급기일
5. 원사업자가 수급사업자에게 목적물등의 제조·수리·시공 또는 용역수행행위에 필요한 원재료 등을 제공하려는 경우 그 원재료 등의 품명·수량·제공일·대가 및 대가의 지급방법과 지급기일
② 법 제3조제2항제3호에서 "대통령령으로 정하는 사항"이란 다음 각 호의 사항을 말한다.
1. 하도급대금 연동 대상 목적물등의 명칭
2. 하도급대금 연동 대상 목적물등의 주요 원재료
3. 하도급대금 연동의 조정요건
4. 주요 원재료 가격의 기준 지표
5. 하도급대금 연동의 산식
6. 주요 원재료 가격의 변동률 산정을 위한 기준 시점 및 비교 시점
7. 하도급대금 연동의 조정일, 조정주기 및 조정대금 반영일
③ 법 제3조제4항제2호에서 "대통령령으로 정하는 기간"이란 90일을 말한다. 다만, 거래 관행 등 거래의 특성을 고려하여 공정거래위원회가 달리 정하여 고시하는 경우에는 그에 따른 기간을 말한다.
④ 법 제3조제4항제3호에서 "대통령령으로 정하는 금액"이란 1억원을 말한다. 다만, 거래 관행 등 거래의 특성을 고려하여 공정거래위원회가 달리 정하여 고시하는 경우에는 그에 따른 금액을 말한다.
(2023.9.26 본조개정)

제4조【위탁내용의 확인】 법 제3조제8항에서 "위탁받은 작업의 내용, 하도급대금 등 대통령령으로 정하는 사항"이란 다음 각 호의 사항을 말한다.(2023.9.26 본문개정)
1. 원사업자로부터 위탁받은 작업의 내용
2. 하도급대금
3. 원사업자로부터 위탁받은 일시
4. 원사업자와 수급사업자의 사업자명과 주소(법인 등기사항증명서상 주소, 사업장 주소를 포함한다. 이하 같다)
5. 그 밖에 원사업자가 위탁한 내용

제5조【통지 및 회신의 방법 등】 ① 법 제3조제8항 및 제9항에 따른 통지 및 회신은 다음 각 호의 어느 하나에 해당하는 방법으로 한다.(2023.9.26 본문개정)
1. 내용증명우편
2. 「전자문서 및 전자거래 기본법」 제2조제1호에 따른 전자문서로서 다음 각 목의 어느 하나에 해당하는 요건을 갖춘 것
가. 「전자서명법」 제2조제2호에 따른 전자서명(서명자의 실지명의를 확인할 수 있는 것으로 한정한다)이 있을 것(2020.12.8 본목개정)
나. 「전자문서 및 전자거래 기본법」 제2조제8호에 따른 공인전자주소를 이용할 것
3. 그 밖에 통지와 회신의 내용 및 수신 여부를 객관적으로 확인할 수 있는 방법
(2013.7.22 본항개정)
② 제1항에 따른 통지와 회신은 원사업자와 수급사업자의 주소(전자우편주소 또는 제1항제2호나목에 따른 공인전자주소를 포함한다)로 한다.(2013.7.22 본항개정)
③ 공정거래위원회는 제1항에 따른 통지와 회신에 필요한 양식을 정하여 보급할 수 있다.

제6조【서류의 보존】 ① 법 제3조제12항에 따라 보존해야 하는 하도급거래에 관한 서류는 법 제3조제1항의 서면과 다음 각 호의 서류 또는 다음 각 호의 사항을 적은 서류로 한다.(2023.9.26 본문개정)
1. 법 제8조제2항에 따른 수령증명서
2. 법 제9조에 따른 목적물등의 검사 결과, 검사 종료일
3. 하도급대금의 지급일·지급금액 및 지급수단(어음으로 하도급대금을 지급하는 경우에는 어음의 교부일·금액 및 만기일을 포함한다)
4. 법 제6조에 따른 선급금 및 지연이자, 법 제13조제6항부터 제8항까지의 규정에 따른 어음할인료, 수수료 및 지연이자, 법 제15조에 따른 관세 등 환급액 및 지연이자를 지급한 경우에는 그 지급일과 지급금액(2013.7.22 본호개정)
5. 원사업자가 수급사업자에게 목적물등의 제조·수리·시공 또는 용역수행행위에 필요한 원재료 등을 제공하고 그 대가를 하도급대금에서 공제한 경우에는 그 원재료 등의 내용과 공제일·공제금액 및 공제사유
5의2. 법 제11조제1항 단서에 따라 하도급대금을 감액한 경우에는 제7조의2 각 호의 사항을 적은 서면의 사본(2013.7.22 본호신설)
5의3. 법 제12조의3제1항 단서에 따라 기술자료의 제공을 요구한 경우에는 제7조의3 각 호의 사항을 적은 서면의 사본(2013.7.22 본호신설)
5의4. 법 제12조의3제3항에 따른 비밀유지계약에 관한 서류(2022.2.15 본호신설)
6. 법 제16조에 따라 하도급대금을 조정한 경우에는 그 조정한 금액 및 사유
7. 법 제16조의2에 따라 다음 각 목의 어느 하나에 해당하는 자가 하도급대금 조정을 신청한 경우에는 신청내용 및 협의 내용, 그 조정금액 및 조정사유(2021.1.12 본문개정)
가. 수급사업자(2013.7.22 본목신설)
나. 「중소기업협동조합법」 제3조제1항제1호 또는 제2호에 따른 중소기업협동조합(이하 "조합"이라 한다)(2013.7.22 본목신설)
다. 「중소기업협동조합법」 제3조제1항제4호에 따른 중소기업중앙회(이하 "중앙회"라 한다)(2023.1.3 본목신설)
8. 다음 각 목의 서류
가. 하도급대금 산정 기준에 관한 서류 및 명세서
나. 입찰명세서, 낙찰자결정품의서 및 견적서
다. 현장설명서 및 설계설명서(건설위탁의 경우에만 보존한다)
라. 그 밖에 하도급대금 결정과 관련된 서류
(2022.7.11 본호개정)
② 제1항에 따른 서류는 법 제23조제2항에 따른 거래가 끝난 날부터 3년(제1항제5호의3 및 제5호의4에 따른 서류는 7년)간 보존해야 한다.(2022.2.15 본항개정)

제6조의2【표준하도급계약서의 제정·개정안 심사】 ① 공정거래위원회는 법 제3조의2제1항에 따른 사업자 또는 사업자단체(이하 "사업자등"이라 한다)가 같은 조 제3항에 따라 표준하도급계약서의 제정·개정안(이하 "표준계약서안"이라 한다)을 마련하여 심사를 청구한 경우에는 심사가 청구된 날부터 30일 이내에 관련 분야의 거래당사자인 사업자등에게 표준계약서안의 내용을 서면으로 통지해야 한다.(2023.9.26 본항개정)
② 제1항에 따른 통지를 받은 관련 분야의 거래당사자인 사업자등은 표준계약서안에 관한 의견을 서면으로 제출할 수 있다.
③ 공정거래위원회는 표준계약서안에 관한 의견을 듣기 위해 필요한 경우 법 제3조의2제3항에 따라 심사를 청구한 사업자등과 관련 분야의 거래당사자인 사업자등을 공정거래위원회의 회의에 참석하도록 요청할 수 있다.
(2023.9.26 본항개정)
④ 공정거래위원회는 사업자등이 법 제3조의2제3항에 따라 심사를 청구한 날부터 6개월이 지나기 전까지 심사를 청구한 사업자등에게 심사 결과를 통지하고, 관련 분야의 거래당사자인 사업자등에게 제정·개정된 표준하도급계약서의 내용을 통지해야 한다.(2023.9.26 본항개정)
(2022.7.11 본조신설)

제6조의3【자문위원】 ① 공정거래위원회는 법 제3조의2제7항에 따라 하도급거래에 관한 학식과 경험이 풍부한 사람을 자문위원으로 위촉할 수 있다.(2023.9.26 본항개정)
② 제1항에 따라 위촉된 자문위원은 공정거래위원회의 요청에 따라 표준계약서안에 관하여 공정거래위원회의 회의에 출석하여 의견을 진술하거나 서면(전자문서를 포함한다)으로 의견을 제출할 수 있다.
③ 제2항에 따라 의견을 진술하거나 제출한 자문위원에게는 예산의 범위에서 수당과 그 밖에 필요한 경비를 지급할 수 있다.
④ 제1항부터 제3항까지에서 규정한 사항 외에 자문위원의 업무 및 자문 절차 등에 관하여 필요한 사항은 공정거래위원회가 정하여 고시한다.
(2022.7.11 본조신설)

제6조의4【부당한 특약으로 보는 약정】 법 제3조의4제2항제4호에서 "이 법에서 보호하는 수급사업자의 이익을 제한하거나 원사업자에게 부과된 의무를 수급사업자에게 전가하는 등 대통령령으로 정하는 약정"이란 다음 각 호의 어느 하나에 해당하는 약정을 말한다.
1. 다음 각 목의 어느 하나에 해당하는 비용이나 책임을 수급사업자에게 부담시키는 약정
가. 관련 법령에 따라 원사업자의 의무사항으로 되어 있는 인·허가, 환경관리 또는 품질관리 등과 관련하여 발생하는 비용
나. 원사업자(발주자를 포함한다)가 설계나 작업내용을 변경함에 따라 발생하는 비용
다. 원사업자의 지시(요구, 요청 등 명칭과 관계없이 재작업, 추가작업 또는 보수작업에 대한 원사업자의 의사표시를 말한다)에 따른 재작업, 추가작업 또는 보수작업으로 인하여 발생한 비용 중 수급사업자의 책임 없는 사유로 발생한 비용

라. 관련 법령, 발주자와 원사업자 사이의 계약 등에 따라 원사업자가 부담하여야 할 하자담보책임 또는 손해배상책임
2. 천재지변, 매장문화재의 발견, 해킹·컴퓨터바이러스 발생 등으로 인한 작업기간 연장 등 위탁시점에 원사업자와 수급사업자가 예측할 수 없는 사항과 관련하여 수급사업자에게 불합리하게 책임을 부담시키는 약정
3. 해당 하도급거래의 특성을 고려하지 아니한 채 간접비(하도급대금 중 재료비, 직접노무비 및 경비를 제외한 금액을 말한다)의 인정범위를 일률적으로 제한하는 약정. 다만, 발주자와 원사업자 사이의 계약에서 정한 간접비의 인정범위와 동일하게 정한 약정은 제외한다.
4. 계약기간 중 수급사업자가 법 제16조의2에 따라 하도급대금 조정을 신청할 수 있는 권리를 제한하는 약정
5. 그 밖에 제1호부터 제4호까지의 규정에 준하는 약정으로서 법에 따라 인정되거나 법에서 보호하는 수급사업자의 권리·이익을 부당하게 제한하거나 박탈한다고 공정거래위원회가 정하여 고시하는 약정
(2014.2.11 본조신설)

제6조의5【건설하도급 입찰결과의 공개】 ① 법 제3조의5 각 호 외의 부분에서 "대통령령으로 정하는 건설공사"란 「국가를 당사자로 하는 계약에 관한 법률 시행령」 제42조제4항제1호 및 제2호의 공사 중 건설공사를 말한다.
② 제1항에 따른 건설공사를 위탁받은 사업자는 법 제3조의5에 따라 같은 조 각 호의 사항을 개찰 후 지체 없이 서면이나 전자적 방법으로 입찰참가자에게 알려야 한다.
(2023.1.3 본조신설)

제6조의6【하도급대금 연동 우수기업등의 선정·지원】 ① 공정거래위원회는 법 제3조의6제1항에 따라 하도급대금 연동 우수기업 및 하도급대금 연동 확산에 기여한 자(이하 "하도급대금 연동 우수기업등"이라 한다)를 선정하려는 경우에는 다음 각 호의 사항을 고려한 선정기준을 마련하여 공정거래위원회 인터넷 홈페이지에 공고해야 한다.
1. 하도급대금 연동 확산에 기여했을 것
2. 최근 3년 간 법 제3조제2항제3호, 같은 조 제3항부터 제5항까지의 규정을 위반하여 시정조치를 받은 사실이 없을 것
② 공정거래위원회는 법 제3조의6제1항에 따라 선정된 하도급대금 연동 우수기업등에 대하여 법 제3조의3에 따른 협약의 이행실적에 관한 평가 시 가점을 부여할 수 있다.
③ 공정거래위원회는 관계 행정기관과 협의하여 하도급대금 연동 우수기업등에 대한 행정적·재정적 지원방안을 마련할 수 있다.
④ 제1항부터 제3항까지에서 규정한 사항 외에 하도급대금 연동 우수기업등의 선정방법 및 절차, 지원시책 등에 관하여 필요한 사항은 공정거래위원회가 정하여 고시한다.
(2023.9.26 본조신설)

제6조의7【하도급대금 연동 확산 지원본부의 지정 등】 ① 공정거래위원회는 법 제3조의7제1항에 따라 하도급대금 연동 확산 지원 본부(이하 "연동지원본부"라 한다)를 지정하는 경우 같은 조 제2항 각 호에 따른 사업의 전부 또는 일부에 대하여 연동지원본부로 지정할 수 있다.
② 연동지원본부로 지정받으려는 자는 다음 각 호의 지정 기준을 갖춰야 한다.
1. 사업을 수행하는 전담조직을 갖출 것
2. 6명 이상의 전담인력을 갖출 것. 다만, 제1항에 따라 사업의 일부에 대하여 지정받는 경우에는 3명 이상 5명 이하의 전담인력을 갖춰야 한다.
3. 사업을 수행하는 20제곱미터 이상의 사무공간을 갖출 것. 다만, 제1항에 따라 사업의 일부에 대하여 지정받는 경우에는 10제곱미터 이상 20제곱미터 미만의 사무공간을 갖춰야 한다.
③ 제1항에 따라 지정을 받으려는 자는 신청서에 다음 각 호의 서류를 첨부하여 공정거래위원회에 제출해야 한다.
1. 정관 또는 이에 준하는 사업운영 규정
2. 제1항에 따른 사업 수행을 위한 계획서
3. 제2항에 따른 지정 기준을 갖추었음을 확인할 수 있는 서류
④ 연동지원본부로 지정받은 자는 전년도의 사업운영실적 및 해당 연도의 사업계획을 매년 1월 31일까지 공정거래위원회에 제출해야 한다.
⑤ 법 제3조의7제2항제4호에서 "대통령령으로 정하는 사항"이란 다음 각 호의 사업을 말한다.
1. 하도급대금 연동 관련 우수 사례의 발굴 및 홍보
2. 하도급대금 연동 관련 통계 작성 및 관리
3. 하도급대금 연동 관련 운영 성과분석 및 만족도 조사
4. 하도급대금 연동 관련 기업의 원가분석 지원
5. 하도급대금 연동 관련 원재료 가격의 기준 지표 개발 지원
6. 그 밖에 하도급대금 연동 확산을 위하여 필요한 사항으로서 공정거래위원회가 정하여 고시하는 사항
⑥ 법 제3조의7제4항에 따른 연동지원본부의 지정 취소 및 업무정지 기준은 별표1과 같다.
⑦ 제1항부터 제6항까지에서 규정한 사항 외에 연동지원본부의 세부 지정 기준 및 절차 등에 관하여 필요한 사항은 공정거래위원회가 정하여 고시한다.
(2023.9.26 본조신설)

제7조【부당한 하도급대금 결정 금지】 ① 법 제4조제2항제6호에서 "대통령령으로 정하는 바에 따른 직접공사비 항목의 값을 합한 금액"이란 원사업자의 도급내역상의 재료비, 직접노무비 및 경비의 합계를 말한다. 다만, 경비 중 원사업자와 수급사업자가 합의하여 원사업자가 부담하기로 한 비목(費目) 및 원사업자가 부담하여야 하는 법정경비는 제외한다.
② 법 제4조제2항제6호에 따른 정당한 사유는 공사현장 여건, 수급사업자의 시공능력 등을 고려하여 판단하되, 다음 각 호의 어느 하나에 해당되는 경우에는 하도급대금의 결정에 정당한 사유가 있는 것으로 추정한다.
1. 수급사업자가 특허공법 등 지식재산권을 보유하여 기술력이 우수한 경우
2. 「건설산업기본법」 제31조에 따라 발주자가 하도급 계약의 적정성을 심사하여 그 계약의 내용 등이 적정한 것으로 인정한 경우

제7조의2【하도급대금 감액 시 서면 기재사항】 법 제11조제3항에서 "감액사유와 기준 등 대통령령으로 정하는 사항"이란 다음 각 호의 사항을 말한다.
1. 감액 시 그 사유와 기준
2. 감액의 대상이 되는 목적물등의 물량
3. 감액금액
4. 공제 등 감액방법
5. 그 밖에 원사업자의 감액이 정당함을 입증할 수 있는 사항
(2011.6.27 본조신설)

제7조의3【기술자료 요구 시 서면 기재사항】 법 제12조의3제2항에서 "요구목적, 권리귀속 관계, 대가 등 대통령령으로 정하는 사항"이란 다음 각 호의 사항을 말한다.
(2022.2.15 본문개정)
1. 기술자료 제공 요구목적
2. (2022.2.15 삭제)
3. 요구대상 기술자료와 관련된 권리귀속 관계
4. 요구대상 기술자료의 대가 및 대가의 지급방법
5. 요구대상 기술자료의 명칭 및 범위
6. 요구일, 제공일 및 제공방법
6의2.~6의4. (2022.2.15 삭제)
(2011.6.27 본조신설)

제7조의4【비밀유지계약의 내용】 법 제12조의3제3항에서 "해당 기술자료의 범위, 기술자료를 제공받아 보유할 임직원의 명단, 비밀유지의무 및 목적 외 사용금지, 위반 시 배상 등 대통령령으로 정하는 사항"이란 다음 각 호의 사항을 말한다.
1. 기술자료의 명칭 및 범위
2. 기술자료의 사용기간
3. 기술자료를 제공받아 보유할 임직원의 명단
4. 기술자료의 비밀유지의무
5. 기술자료의 목적 외 사용금지
6. 제4호 또는 제5호의 위반에 따른 배상
7. 기술자료의 반환·폐기 방법 및 일자
(2022.2.15 본조신설)

제7조의5【수급사업자로 보는 중견기업의 연간매출액 기준】 법 제13조제11항 각 호 외의 부분 전단에서 "대통령령으로 정하는 금액"이란 해당 중견기업의 주된 업종별로 별표1의2의 구분에 따른 연간매출액을 말한다.
(2023.9.26 본조개정)

제7조의6【원사업자로 보는 사업자의 매출액 기준】 법 제13조제11항제2호에서 "대통령령으로 정하는 금액"이란 2조원을 말한다.(2016.1.22 본조신설)

제8조【건설하도급 계약이행 및 대금지급 보증】 ① 법 제13조의2제1항 각 호 외의 부분 단서에서 "대통령령으로 정하는 경우"란 다음 각 호의 어느 하나에 해당하는 경우를 말한다.
1. 원사업자가 수급사업자에게 건설위탁을 하는 경우로서 1건 공사의 공사금액이 1천만원 이하인 경우
(2013.11.27 본호개정)
2. (2020.4.7 삭제)
3. 하도급계약 체결일부터 30일 이내에 법 제14조제1항 제2호에 따른 합의를 한 경우(2020.4.7 본호개정)
4. 하도급대금의 지급을 전자적으로 관리하기 위하여 운영되고 있는 시스템(이하 "하도급대금지급관리시스템"이라 한다)을 활용하여 발주자가 원사업자 명의의 계좌를 거치지 아니하고 수급사업자에게 하도급대금을 지급하는 경우(2016.12.27 본호신설)
② 법 제13조의2제5항제5호에서 "대통령령으로 정하는 보증기관"이란 다음 각 호의 자를 말한다.
1. 「전기공사공제조합법」에 따른 전기공사공제조합
2. 「정보통신공사업법」에 따른 정보통신공제조합
3. 「주택도시기금법」에 따른 주택도시보증공사
4. 「소방산업의 진흥에 관한 법률」에 따른 소방산업공제조합
5. 그 밖에 다른 법령에 따라 보증업무를 담당할 수 있는 기관 중에서 공정거래위원회가 정하여 고시하는 기관
(2019.7.9 본항개정)
③ 법 제13조의2제6항 각 호 외의 부분 단서에서 "보증금 지급요건 충족 여부, 지급액에 대한 이견 등 대통령령으로 정하는 불가피한 사유가 있는 경우"란 다음 각 호의 어느 하나에 해당하는 경우를 말한다.(2017.9.29 본문개정)
1. 보증기간 동안의 원사업자 및 수급사업자의 계약이행 여부가 불명확하여 자료보완이 필요하다고 인정하는 경우
2. 지급하여야 할 기성금(명칭을 불문하고 계약이행에 따른 대가로 지급되는 것을 말한다)에 대하여 원사업자와 수급사업자 사이에 이견이 있는 경우
(2014.2.11 본항신설)
④ 법 제13조의2제6항 각 호 외의 부분 단서에서 "대통령령으로 정하는 기간"이란 30일을 말한다. 다만, 수급사업자와 합의한 경우 15일의 범위에서 한 차례만 그 기간을 연장할 수 있다.(2017.9.29 본문개정)
⑤ 법 제13조의2제6항제5호에서 "제1호부터 제4호까지에 준하는 지급불능 등 대통령령으로 정하는 사유로 인하여 하도급대금을 지급할 수 없는 경우"란 다음 각 호의 어느 하나에 해당하여 하도급대금을 지급할 수 없는 경우를 말한다.(2017.9.29 본문개정)
1. 원사업자가 「기업구조조정 촉진법」 제5조제2항에 따라 관리절차의 개시를 신청한 경우(2016.4.29 본호개정)
2. 발주자에 대한 원사업자의 공사대금채권에 대하여 제3채권자가 압류·가압류를 하였거나 원사업자가 해당 공사대금채권을 제3자에게 양도한 경우
3. 법 제2조제14항에 따른 신용카드업자 또는 금융기관이 수급사업자에게 상환청구를 할 수 있는 어음대체결제수단으로 하도급대금을 지급한 후 원사업자가 해당 신용카드업자 또는 금융기관에 하도급대금을 결제하지 아니한 경우
4. 원사업자가 수급사업자에게 하도급대금으로 지급한 어음이 부도로 처리된 경우
5. 원사업자가 수급사업자로부터 지급기일 이후 2회 이상 하도급대금 지급에 관한 최고를 받고도 이를 이행하지 아니한 경우
(2014.2.11 본항신설)
⑥ 제1항제4호에 따라 대금지급 보증의무 면제대상이 되는 하도급대금지급관리시스템의 종류는 공정거래위원회가 정하여 고시한다.(2016.12.27 본항신설)
(2013.11.27 본조제목개정)

제8조의2【하도급대금의 결제조건 등에 관한 공시】 ① 법 제13조의3제1항에서 "대통령령으로 정하는 사항"이란 다음 각 호의 사항을 말한다.
1. 반기 중 지급된 하도급대금의 지급수단별 지급금액과 그 비중
2. 반기 중 지급된 하도급대금의 지급기간별 지급금액과 그 비중
3. 원사업자의 하도급대금 분쟁조정기구 설치 여부와 하도급대금 분쟁조정기구가 설치된 경우 다음 각 목의 사항
가. 하도급대금 분쟁조정기구의 담당부서 및 연락처
나. 하도급대금 분쟁조정의 신청 절차·방법과 소요기간
② 「독점규제 및 공정거래에 관한 법률」 제31조제1항 전단에 따라 지정된 공시대상기업집단에 속하는 원사업자는 법 제13조의3제1항에 따라 제1항 각 호의 사항을 공시하는 경우에는 매 반기가 끝난 날의 다음 날부터 45일 이내에 공정거래위원회가 정하여 고시하는 정보시스템을 통해 공시해야 한다.
③ 제2항에서 규정한 사항 외에 법 제13조의3제1항에 따른 공시의 세부적인 방법 및 절차, 그 밖에 필요한 사항은 공정거래위원회가 정하여 고시한다.
(2023.1.3 본조신설)

제9조【하도급대금의 직접 지급】 ① 법 제14조제1항에 따른 수급사업자의 직접지급 요청은 그 의사표시가 발주자에게 도달한 때부터 효력이 발생하며, 그 의사표시가 도달되었다는 사실은 수급사업자가 증명하여야 한다.
② 발주자는 하도급대금을 직접 지급할 때에 「민사집행법」 제248조제1항 등의 공탁사유가 있는 경우에는 해당 법령에 따라 공탁(供託)할 수 있다.
③ 발주자는 원사업자에 대한 대금지급의무의 범위에서 하도급대금 직접 지급 의무를 부담한다.
④ 하도급대금의 직접 지급 요건을 갖추고, 그 수급사업자가 제조·수리·시공한 분(分)에 대한 하도급대금이 확정된 경우, 발주자는 도급계약의 내용에 따라 수급사업자에게 하도급대금을 지급하여야 한다.

제9조의2【조합의 하도급대금 조정협의 등】 ① 법 제16조의2제1항 및 제2항을 적용할 때 공급원가는 재료비, 노무비, 경비 등 수급사업자가 목적물등을 제조·수리·시공하거나 용역을 수행하는데 소요되는 비용으로 한다.
(2018.7.10 본항신설)
② (2023.9.26 삭제)
③ 법 제16조의2제2항 본문에서 "대통령령으로 정하는 원사업자"란 원사업자 중 다음 각 호의 어느 하나에 해당하는 자를 말한다.
1. 「독점규제 및 공정거래에 관한 법률」 제8조의3에 따른 상호출자제한기업집단에 속하는 회사(2021.1.12 본호개정)
2. 「중견기업 성장촉진 및 경쟁력 강화에 관한 특별법」 제2조제1호에 따른 중견기업(2021.1.12 본호개정)
(2013.11.27 본항신설)
④~⑤ (2021.1.12 삭제)
⑥ 법 제16조의2제2항 본문에 따른 신청을 하는 수급사업자는 신청서에 다음 각 호의 서류를 첨부하여 자신이

조합원으로 소속되어 있는 조합에 제출해야 한다.(2021.1.12 본문개정)
1. (2023.9.26 삭제)
2. 하도급계약서 사본(계약금액이 조정된 경우에는 이를 확인할 수 있는 서류를 포함한다)
3. 경쟁입찰에 따라 하도급계약을 체결한 경우에는 이를 확인할 수 있는 서류
4. 그 밖에 원사업자와의 하도급대금 조정에 필요한 서류(2013.11.27 본항신설)
⑦ 법 제16조의2제2항 본문에 따라 조합이 원사업자와 하도급대금의 조정을 위한 협의를 하려는 경우에는 이 조 제6항제2호부터 제4호까지의 서류를 첨부하여 원사업자에게 제출해야 한다.(2023.9.26 본항개정)
⑧ 조합은 법 제16조의2제4항에 따라 중앙회에 원사업자와 하도급대금 조정을 위한 협의를 해 줄 것을 신청하려는 경우에는 다음 각 호의 서류를 중앙회에 제출해야 한다.
1. 제6항 각 호 외의 부분에 따른 신청서
2. 제6항제2호부터 제4호까지의 서류(2023.9.26 본호개정)
3. (2023.9.26 삭제)
4. 수급사업자의 동의서
(2023.1.3 본항신설)
⑨ 중앙회는 법 제16조의2제5항에 따라 원사업자에게 하도급대금의 조정을 신청하려는 경우에는 이 조 제8항 제2호의 서류를 원사업자에게 제출해야 한다.(2023.9.26 본항개정)
(2013.11.27 본조제목개정)

제9조의3【하도급분쟁조정협의회에의 조정신청 사유】 법 제16조의2제11항제3호에서 "원사업자 또는 수급사업자가 협의 중단의 의사를 밝힌 경우 등 대통령령으로 정하는 사유"란 다음 각 호의 어느 하나에 해당하는 경우를 말한다.(2023.1.3 본문개정)
1. 원사업자 또는 수급사업자(법 제16조의2제3항 본문 또는 같은 조 제5항에 따른 조정협의의 경우 조합 또는 중앙회를 포함한다. 이하 제2호에서 같다)가 협의 중단의 의사를 밝힌 경우(2023.1.3 본호개정)
2. 원사업자 및 수급사업자가 제시한 조정금액이 상호간에 2배 이상 차이가 나는 경우(2023.1.3 본호개정)
3. 합의가 지연되면 영업활동이 심각하게 곤란하게 되는 등 원사업자 또는 수급사업자에게 중대한 손해가 예상되는 경우
4. 그 밖에 이에 준하는 사유가 있는 경우
(2011.6.27 본조신설)

제9조의4【대물변제 인정사유】 법 제17조제1항제3호에서 "그 밖에 원사업자가 하도급대금을 물품으로 지급할 수밖에 없다고 인정되는 대통령령으로 정하는 사유"란 「기업구조조정 촉진법」에 따라 금융채권자협의회가 원사업자에 대하여 공동관리절차 개시의 의결을 하고 그 절차가 진행중인 경우를 말한다.(2017.9.29 본조신설)

제9조의5【대물변제 전에 제시하여야 하는 자료 및 제시방법 등】 ① 원사업자가 법 제17조제3항에 따라 수급사업자에게 제시하여야 할 자료는 다음 각 호의 구분에 따른 자료로 한다.
1. 대물변제의 용도로 지급하려는 물품이 관련 법령에 따라 권리·의무 관계에 관한 사항을 등기 등 공부(公簿)에 등록하여야 하는 물품인 경우 : 해당 공부의 등본(사본을 포함한다)
2. 대물변제의 용도로 지급하려는 물품이 제1호 외의 물품인 경우 : 해당 물품에 대한 권리·의무 관계를 적은 공정증서(「공증인법」에 따라 작성된 것을 말한다)
② 제1항에 따른 자료를 제시하는 방법은 다음 각 호의 어느 하나에 해당하는 방법으로 한다. 이 경우 문서로 인쇄되지 아니한 형태로 자료를 제시하는 경우에는 문서의 형태로 인쇄가 가능하도록 하는 조치를 하여야 한다.
1. 문서로 인쇄된 자료 또는 그 자료를 전자적 파일 형태로 담은 자기디스크(자기테이프, 그 밖에 이와 비슷한 방법으로 그 내용을 기록·보관·출력할 수 있는 것을 포함한다)를 직접 또는 우편으로 전달하는 방법
2. 수급사업자의 전자우편 주소로 제1항에 따른 자료가 포함된 전자적 파일을 보내는 방법. 다만, 원사업자가 전자우편의 발송·도달 시간의 확인이 가능한 자동수신사실 통보장치를 갖춘 컴퓨터 등을 이용한 경우로 한정한다.
③ 원사업자는 제1항에 따른 자료를 제시한 후 대물변제를 하기 전에 법 제17조제2항에 따른 물품의 권리·의무 관계가 변경된 경우에는 그 변경된 내용이 반영된 제1항에 따른 자료를 제2항에 따른 방법으로 수급사업자에게 지체 없이 다시 제시하여야 한다.
④ 원사업자는 제2항 및 제3항에 따라 자료를 제시한 후 지체 없이 다음 각 호의 사항을 적은 서면을 작성하여 수급사업자에게 내주고 원사업자와 수급사업자는 해당 서면을 보관하여야 한다.
1. 원사업자가 자료를 제시한 날
2. 자료의 주요 목차
3. 수급사업자가 자료를 제시받았다는 사실
4. 원사업자와 수급사업자의 상호명, 사업장 소재지 및 전화번호
5. 원사업자와 수급사업자의 서명 또는 기명날인
(2014.2.11 본조신설)

제10조【위반행위의 신고 및 통지】 ① 법 제22조제1항 전단에 따라 신고를 하려는 자는 다음 각 호의 사항을 분명히 밝혀야 한다.(2016.7.19 본문개정)
1. 신고자의 성명·주소
2. 피신고자의 성명 또는 명칭(법인인 경우에는 그 대표자의 성명을 포함한다)
3. 위반행위의 내용과 이를 입증할 수 있는 자료
② 공정거래위원회는 법 제22조제1항 전단에 따른 신고를 접수한 날부터 15일 이내에 신고자가 다음 각 호의 동의를 하는지 여부를 확인하기 위한 서면을 신고자에게 직접 발급하거나 우편(전자우편을 포함한다)을 통하여 송부하여야 한다.(2016.7.19 본문개정)
1. 신고가 접수된 사실을 공정거래위원회가 원사업자에게 통지하는 것에 대한 동의
2. 제1호의 통지를 하는 경우 신고자 및 신고내용도 함께 통지하는 것에 대한 동의
(2016.1.22 1호~2호신설)
③ 신고자가 제2항 각 호 외의 부분에 따른 공정거래위원회의 서면을 발급받거나 우편(전자우편을 포함한다)을 통하여 송부받은 날부터 15일 이내에 공정거래위원회에 동의한다는 사실을 서면으로 통지하지 아니한 경우에는 제2항에 따른 동의를 하지 아니한 것으로 본다.(2016.7.19 본항개정)
④ 공정거래위원회는 제3항에 따른 통지를 받은 경우에는 그날부터 7일 이내에 신고접수 사실, 신고자, 신고내용을 기재한 서면을 원사업자에게 직접 발급하거나 우편(전자우편을 포함한다)을 통하여 송부하여야 한다.
(2016.7.19 본항신설)

제10조의2【포상금의 지급】 ① 법 제22조제5항에 따른 포상금 지급대상자는 같은 항에서 규정한 법 위반행위(이하 이 조에서 "법 위반행위"라 한다)를 신고하거나 제보하고 법 위반행위를 입증할 수 있는 증거자료를 최초로 제출한 자로 한다.
② 제1항에도 불구하고 다음 각 호의 어느 하나에 해당하는 자는 포상금 지급대상자에서 제외한다.
1. 해당 법 위반행위를 한 원사업자
2. (2017.9.29 삭제)
3. 해당 법 위반행위에 따라 피해를 입은 수급사업자
4. (2017.9.29 삭제)
③ 공정거래위원회는 특별한 사정이 있는 경우를 제외하고 신고 또는 제보된 행위가 법 위반행위에 해당한다고 인정하여 해당 행위를 한 원사업자에게 시정조치 등의 처분을 하기로 의결한 날(처분에 대한 이의신청이 있는 경우에는 이의신청에 대한 재결이 있은 날을 말한다)부터 3개월 이내에 포상금을 지급한다.
④ 제3항에 따라 지급되는 포상금에 관하여 법 위반행위의 유형별 구체적인 지급기준은 법 위반행위의 중대성 및 증거의 수준 등을 고려하여 공정거래위원회가 정하여 고시한다.
⑤ 제3항에 따른 포상금의 지급에 관한 사항을 심의하기 위하여 공정거래위원회에 신고포상금심의위원회를 둘 수 있다.
⑥ 제5항에 따른 신고포상금심의위원회의 설치·운영에 관한 사항, 그 밖에 포상금 지급의 기준·절차 등에 관한 세부사항은 공정거래위원회가 정하여 고시한다.
(2016.1.22 본조신설)

제11조【분쟁조정의 종료 등】 법 제24조에 따른 하도급분쟁조정협의회는 법 제24조의5제5항에 따라 조정신청을 각하하거나 조정절차를 종료한 경우에는 다음 각 호의 사항을 포함한 분쟁조정종료서를 작성하여 공정거래위원회에 보고하여야 한다.
1. 분쟁당사자의 일반현황
2. 분쟁의 경위
3. 조정의 쟁점
4. 조정신청의 각하 또는 조정절차 종료의 사유
(2018.7.10 본조신설)

제12조【공탁사실의 보고】 법 제25조의2에 따라 공탁을 한 발주자 또는 원사업자는 지체 없이 공정거래위원회에 공탁한 사실을 서면으로 보고하여야 한다.
(2016.7.19 본조개정)

제13조【과징금 부과기준】 ① 법 제25조의3에 따른 과징금의 금액은 별표2의 기준을 적용하여 산정한다.
② (2016.1.22 삭제)
③ 이 영에서 규정한 사항 외에 과징금의 부과에 필요한 사항은 공정거래위원회가 정한다.

제13조의2【과징금 납부기한의 연기 및 분할납부의 기준】 ① 법 제25조의3제2항 각 호 외의 부분 전단 중 "대통령령으로 정하는 금액"이란 10억원(과징금을 부과받은 자가 법 제2조제2항제1호에 따른 중소기업자인 경우 5억원)을 말한다.
② 법 제25조의3제2항에 따른 납부기한의 연기는 그 납부기한의 다음 날부터 2년을 초과할 수 없다.
③ 법 제25조의3제2항에 따른 분할납부의 경우 각 분할된 납부기한 간의 간격은 6개월을 초과할 수 없으며, 분할 횟수는 6회를 초과할 수 없다.
④ 법 제25조의3제3항 각 호 외의 부분에서 "대통령령으로 정하는 사항"이란 다음 각 호의 구분에 따른 사항을 말한다.
1. 당기순손실 : 납부기한 연기 또는 분할납부 신청 당시 과징금을 부과받은 자에게 직전 3개 사업연도 동안 연속하여 당기순손실이 발생했는지 여부
2. 부채비율 : 납부기한 연기 또는 분할납부 신청 당시 과징금을 부과받은 자가 자본총액(재무상태표에 표시된 자산총액에서 부채액을 뺀 금액을 말한다)의 2배를 초과하는 부채를 보유하고 있는지 여부
3. 그 밖에 재무상태를 확인하기 위하여 필요한 사항 : 납부기한 연기 또는 분할납부 신청 당시 과징금 대비 현금보유액 비율 등 공정거래위원회가 정하여 고시하는 사항
(2023.1.3 본조신설)

제14조【준용】 법 제25조의3에 따른 과징금의 부과·납부·징수·체납처분 및 환급가산금 등에 관하여는 「독점규제 및 공정거래에 관한 법률 시행령」 제85조, 제86조(제1항부터 제4항까지는 제외한다) 및 제87조부터 제90조까지의 규정을 준용한다.(2023.1.3 본조개정)

제15조【상습법위반사업자 명단공표 기준 등】 ① 법 제25조의4제1항 본문에서 "대통령령으로 정하는 기준"이란 별표3 제1호라목에 따른 누산점수 4점을 말한다.
(2016.12.27 본항개정)
② 법 제25조의4제1항 본문에 따른 상습법위반사업자(이하 "상습법위반사업자"라 한다) 명단공표 시 공표할 사항은 사업자명(법인의 명칭을 포함한다), 대표자 및 사업장 주소로 한다.(2021.1.12 본항개정)
③ 법 제25조의4제5항에 따른 공정거래위원회 인터넷 홈페이지에 게시하는 경우 그 게시 기간은 1년으로 한다.

제16조【상습법위반사업자명단공표심의위원회의 구성 및 운영】 ① 법 제25조의4제3항에 따른 상습법위반사업자명단공표심의위원회(이하 "심의위원회"라 한다)는 위원장 1명을 포함하여 7명의 위원으로 구성한다.
② 심의위원회의 위원장(이하 이 조에서 "위원장"이라 한다)은 공정거래위원회 조사관리관이 되고, 위원은 다음 각 호의 사람이 된다.(2023.3.28 본문개정)
1. 공정거래위원회의 고위공무원단에 속하는 일반직공무원 중에서 공정거래위원회 위원장이 임명하는 사람 3명
2. 하도급거래에 관한 학식과 경험이 풍부한 사람 중에서 공정거래위원회 위원장이 위촉하는 사람 3명
③ 제2항제2호에 따른 위촉위원의 임기는 3년으로 한다.
④ 공정거래위원장은 제2항제2호에 따라 위촉된 위원이 다음 각 호의 어느 하나에 해당하면 해촉할 수 있다.
1. 심신장애로 인하여 직무를 수행할 수 없게 된 경우
2. 직무와 관련된 비위사실이 있는 경우
3. 직무 태만, 품위 손상, 그 밖의 사유로 인하여 위원으로 적합하지 아니하다고 인정되는 경우
4. 위원 스스로 직무를 수행하는 것이 곤란하다고 의사를 밝히는 경우
(2016.1.22 본항신설)
⑤ 위원장은 심의위원회의 업무를 총괄하되, 위원장이 부득이한 사유로 직무를 수행할 수 없을 때에는 위원장이 지명하는 위원이 그 직무를 대행한다.
⑥ 심의위원회의 회의는 재적위원 과반수의 출석으로 개의(開議)하고, 출석위원 과반수 찬성으로 의결한다.
⑦ 제1항부터 제6항까지에서 규정한 사항 외에 심의위원회의 구성 및 운영에 필요한 사항은 심의위원회의 의결을 거쳐 공정거래위원회 위원장이 정한다.(2016.1.22 본항개정)

제16조의2【관계 행정기관의 장의 협조】 ① 공정거래위원회는 법 제26조제1항에 따른 협조를 위해 법 제3조의3에 따라 체결한 협약의 이행실적에 관하여 우수한 평가를 받은 사업자 명단 등 필요한 정보를 관계 행정기관의 장에게 제공할 수 있다.
② 공정거래위원회는 제1항에 따라 정보를 제공받은 관계 행정기관의 장이 관계 법령 등에 따라 필요한 조치를 한 경우 그 내역을 통보해 줄 것을 요청할 수 있다.
(2021.1.12 본조신설)

제17조【벌점 부과기준 등】 ① 법 제26조제2항에 따라 공정거래위원회가 부과하는 벌점의 부과기준은 별표3과 같다.
② 법 제26조제2항에서 "대통령령으로 정하는 기준을 초과하는 경우"란 별표3 제1호라목에 따른 누산점수가 다음 각 호의 구분에 따른 점수를 초과하는 경우를 말한다.
(2016.1.22 본문개정)
1. 입찰참가자격의 제한 요청 : 5점(2013.11.27 본호개정)
2. 「건설산업기본법」 제82조제1항제7호의 사유에 따른 영업정지 요청 : 10점(2013.11.27 본호개정)
③ 별표3에 따른 벌점의 부과와 감경에 필요한 세부 사항은 공정거래위원회가 정하여 고시한다.

제17조의2【규제의 재검토】 ① 공정거래위원회는 제6조에 따른 보존하여야 하는 하도급거래에 관한 서류의 범위 등에 대하여 2014년 1월 1일을 기준으로 5년마다(매 5년이 되는 해의 1월 1일 전까지를 말한다) 그 타당성을 검토하여 개선 등의 조치를 하여야 한다.
② 공정거래위원회는 다음 각 호의 사항에 대하여 다음 각 호의 기준일을 기준으로 3년마다(매 3년이 되는 해의 기준일과 같은 날 전까지를 말한다) 그 타당성을 검토하여 개선 등의 조치를 해야 한다.(2022.3.8 본문개정)

1. 제8조의2제1항에 따른 하도급대금의 결제조건 등에 관한 공시사항 : 2026년 1월 1일
2. 제17조 및 별표3 제2호다목에 따른 벌점의 부과기준 : 2024년 1월 1일
(2023.9.26 1호~2호개정)
③ (2017.12.12 삭제)
(2013.12.30 본조신설)

제18조【과태료의 부과기준】 법 제30조의2제1항부터 제7항까지의 규정에 따른 과태료의 부과기준은 다음 각 호의 기준에 따른다.(2023.9.26 본문개정)
1. 법 제30조의2제1항제1호의 과태료 : 별표4(2023.1.3 본호신설)
2. 법 제30조의2제1항제2호·제3호 및 같은 조 제2항부터 제7항까지의 규정에 따른 과태료 : 별표5
(2023.9.26 본호개정)

부 칙 (2017.9.29)

제1조【시행일】 이 영은 공포한 날부터 시행한다. 다만, 제9조의4 및 제9조의5의 개정규정은 2017년 10월 19일부터 시행한다.
제2조【포상금 지급대상자에 관한 적용례】 제10조의2제2항제2호 및 제4호의 개정규정은 이 영 시행 이후 법 위반행위를 신고하거나 제보하고 법 위반행위를 입증할 수 있는 증거자료를 최초로 제출한 경우부터 적용한다.

부 칙 (2018.4.30)

제1조【시행일】 이 영은 2018년 5월 1일부터 시행한다.
제2조【과태료에 관한 경과조치】 ① 이 영 시행 전의 위반행위에 대하여 과태료의 부과기준을 적용할 때에는 별표4의 개정규정에도 불구하고 종전의 규정에 따른다.
② 이 영 시행 전의 위반행위로 받은 과태료 부과처분은 별표4의 개정규정에 따른 위반행위의 횟수 산정에 포함하지 아니한다.

부 칙 (2018.10.16)

제1조【시행일】 이 영은 2018년 10월 18일부터 시행한다.
제2조【서류의 보존에 관한 적용례】 제6조제2항의 개정규정은 이 영 시행 당시 거래가 끝난 날부터 3년이 지나지 아니한 하도급거래부터 적용한다.
제3조【벌점의 부과기준에 관한 적용례】 별표3 제2호가목6) 및 7)의 개정규정은 이 영 시행 이후의 위반행위에 대하여 벌점을 부과하는 경우부터 적용한다.
제4조【과징금의 부과기준에 관한 경과조치】 이 영 시행 전의 위반행위에 대하여 과징금 부과기준을 적용할 때에는 별표2 제2호가목2)의 개정규정에도 불구하고 종전의 규정에 따른다.

부 칙 (2019.7.9)
(2020.3.3)

이 영은 공포한 날부터 시행한다.

부 칙 (2020.4.7)

제1조【시행일】 이 영은 공포 후 3개월이 경과한 날부터 시행한다.
제2조【신용평가에 따른 건설하도급 대금지급 보증의무 면제에 관한 경과조치】 이 영 시행 전에 체결한 도급계약〔체결한 계약 내용을 이 영 시행 이후 변경하거나 갱신(법 제13조의2제3항에 따른 장기계속건설계약의 연차별 계약의 갱신을 포함한다)하는 경우를 포함한다〕에 따른 공사의 건설위탁과 관련한 건설하도급 대금지급 보증의무 면제에 관해서는 제8조제1항제2호의 개정규정에도 불구하고 종전의 규정에 따른다.

부 칙 (2020.12.8)

제1조【시행일】 이 영은 2020년 12월 10일부터 시행한다.(이하 생략)

부 칙 (2021.1.5)

이 영은 공포한 날부터 시행한다.(이하 생략)

부 칙 (2021.1.12)

제1조【시행일】 이 영은 공포한 날부터 시행한다.
제2조【벌점의 부과기준에 관한 적용례 등】 ① 별표3 제3호가목부터 라목까지의 개정규정은 이 영 시행 전의 위반행위에 대하여 이 영 시행 당시 누산점수 산정이 완료되지 않은 경우(제25조의4제1항 단서에 따른 불복절차가 진행 중인 경우는 제외한다)에도 적용한다.
② 제1항에도 불구하고 이 영 시행 전에 원사업자가 이수한 하도급 관련 특별교육, 원사업자가 공정거래위원회 위원장 또는 관계 행정기관의 장으로부터 받은 하도급거래 우수업체 표창, 원사업자가 실시한 전자입찰에 대해서는 종전의 별표3 제3호가목2)·3) 및 5)에 따라 경감점수를 부여한다.
③ 제1항에도 불구하고 이 영 시행 전에 경감요건을 갖춘 사항에 대하여 종전의 규정을 적용하는 것이 별표3 제3호가목1)·2)·6)·7) 및 같은 호 나목1)의 개정규정을 적용하는 것보다 원사업자에게 유리한 경우에는 종전의 규정을 적용한다.
제3조【중소기업협동조합의 하도급대금 조정협의에 관한 적용례】 제9조의2의 개정규정은 이 영 시행 전에 체결한 하도급계약에 대해서도 적용한다.
제4조【중소기업자의 범위에 관한 경과조치】 이 영 시행 전에 체결한 하도급계약(이 영 시행 이후에 갱신되거나 계약 내용이 변경되는 경우는 제외한다)에 대해서는 제2조제4항의 개정규정에도 불구하고 종전의 규정에 따른다.

부 칙 (2021.12.28)

제1조【시행일】 이 영은 2021년 12월 30일부터 시행한다.(이하 생략)

부 칙 (2022.2.15)

이 영은 2022년 2월 18일부터 시행한다.

부 칙 (2022.3.8)

이 영은 공포한 날부터 시행한다.

부 칙 (2022.7.11)

이 영은 2022년 7월 12일부터 시행한다. 다만, 제6조제1항의 개정규정은 공포한 날부터 시행한다.

부 칙 (2023.1.3)

제1조【시행일】 이 영은 2023년 1월 12일부터 시행한다.
제2조【과징금 납부기한의 연기 및 분할납부에 관한 적용례】 제13조의2제1항의 개정규정은 이 영 시행 전에 과징금의 납부통지를 받은 경우로서 이 영 시행 이후 과징금 납부기한의 연기 또는 분할납부를 신청하는 날이 그 납부통지를 받은 날부터 30일 이내인 경우에도 적용한다.
제3조【벌점의 부과기준에 관한 적용례 등】 ① 별표3 제1호사목·아목, 같은 표 제3호가목9)·10) 및 같은 호 나목1)의 개정규정은 이 영 시행 전의 위반행위에 대해 이 영 시행 당시 누산점수 산정이 완료되지 않은 경우(법 제25조의4제1항 단서에 따른 불복절차가 진행 중인 경우는 제외한다)에도 적용한다.
② 이 영 시행 전에 발주된 건설공사에 대한 입찰정보공개비율의 산정에 관하여는 별표3 제1호바목의 개정규정에도 불구하고 종전의 규정에 따른다.

부 칙 (2023.3.7)

이 영은 공포한 날부터 시행한다.

부 칙 (2023.3.28)

제1조【시행일】 이 영은 2023년 4월 14일부터 시행한다.(이하 생략)

부 칙 (2023.9.26)

제1조【시행일】 이 영은 2023년 10월 4일부터 시행한다. 다만, 제6조의6, 제6조의7, 제7조의5, 제9조의2, 별표1, 별표1의2 및 별표5 제1호다목5)·6)의 개정규정은 공포한 날부터 시행한다.
제2조【조합의 하도급대금 조정 협의에 관한 적용례】 제9조의2제7항부터 제9항까지의 개정규정은 조합이 부칙 제1조 단서에 따른 시행일 전에 수급사업자로부터 하도급대금의 조정 신청을 받은 경우에도 적용한다.

[별표] ➡ 「法典 別冊」 참조

가맹사업거래의 공정화에 관한 법률(약칭 : 가맹사업법)

(2002년 5월 13일 법 률 제6704호)

개정
2004. 1.20법 7109호
2004.12.31법 7315호(독점)
2005.12.29법 7796호(국가공무원)
2007. 8. 3법 8630호
2010. 3.22법10168호
2012. 2.17법11323호
2013. 8.13법12094호
2016. 3.29법14135호
2016.12.20법14454호
2017. 4.18법14812호
2017. 7.26법14839호(정부조직)
2018. 1.16법15360호
2018. 3.27법15547호
2018. 4.17법15610호
2018.10.16법15853호
2018.12.31법16176호
2020.12.29법17799호(독점)
2021. 4.20법18113호(피한정후견인결격조항정비를위한일부개정법률)
2021. 5.18법18190호
2021.12. 7법18569호
2022. 1. 4법18709호
2023. 6.20법19507호
2023. 8. 8법19614호
2024. 1. 2법19912호→2024년 2월 9일 및 2024년 7월 3일 시행
2024년 1월 25일 제412회 국회 본회의 통과(독점)→「法典 別冊」 보유편 수록

제1장 총 칙

제1조【목적】 이 법은 가맹사업의 공정한 거래질서를 확립하고 가맹본부와 가맹점사업자가 대등한 지위에서 상호보완적으로 균형있게 발전하도록 함으로써 소비자 복지의 증진과 국민경제의 건전한 발전에 이바지함을 목적으로 한다.
제2조【정의】 이 법에서 사용하는 용어의 정의는 다음과 같다.
1. "가맹사업"이라 함은 가맹본부가 가맹점사업자로 하여금 자기의 상표·서비스표·상호·간판 그 밖의 영업표지(이하 "영업표지"라 한다)를 사용하여 일정한 품질기준이나 영업방식에 따라 상품(원재료 및 부재료를 포함한다. 이하 같다) 또는 용역을 판매하도록 함과 아울러 이에 따른 경영 및 영업활동 등에 대한 지원·교육과 통제를 하며, 가맹점사업자는 영업표지의 사용과 경영 및 영업활동 등에 대한 지원·교육의 대가로 가맹본부에 가맹금을 지급하는 계속적인 거래관계를 말한다.(2007.8.3 본호개정)
2. "가맹본부"라 함은 가맹사업과 관련하여 가맹점사업자에게 가맹점운영권을 부여하는 사업자를 말한다.
3. "가맹점사업자"라 함은 가맹사업과 관련하여 가맹본부로부터 가맹점운영권을 부여받은 사업자를 말한다.
4. "가맹희망자"란 가맹계약을 체결하기 위하여 가맹본부나 가맹지역본부와 상담하거나 협의하는 자를 말한다.(2007.8.3 본호개정)
5. "가맹점운영권"이란 가맹점사업자가 가맹본부의 가맹사업과 관련하여 가맹점을 운영할 수 있는 계약상의 권리를 말한다.(2007.8.3 본호개정)
6. "가맹금"이란 명칭이나 지급형태가 어떻든 간에 다음 각 목의 어느 하나에 해당하는 대가를 말한다. 다만, 가맹본부에 귀속되지 아니하는 것으로서 대통령령으로 정하는 대가를 제외한다.
가. 가입비·입회비·가맹비·교육비 또는 계약금 등 가맹점사업자가 영업표지의 사용허락 등 가맹점운영권이나 영업활동에 대한 지원·교육 등을 받기 위하여 가맹본부에 지급하는 대가
나. 가맹점사업자가 가맹본부로부터 공급받는 상품의 대금 등에 관한 채무액이나 손해배상액의 지급을 담보하기 위하여 가맹본부에 지급하는 대가
다. 가맹점사업자가 가맹점운영권을 부여받을 당시에 가맹사업을 착수하기 위하여 가맹본부로부터 공급받는 정착물·설비·상품의 가격 또는 부동산의 임차료 명목으로 가맹본부에 지급하는 대가
라. 가맹점사업자가 가맹본부와의 계약에 의하여 허락받은 영업표지의 사용과 영업활동 등에 관한 지원·교육, 그 밖의 사항에 대하여 가맹본부에 정기적으로 또는 비정기적으로 지급하는 대가로서 대통령령으로 정하는 것
마. 그 밖에 가맹희망자나 가맹점사업자가 가맹점운영권을 취득하거나 유지하기 위하여 가맹본부에 지급하는 모든 대가
(2007.8.3 본호개정)
7. "가맹지역본부"라 함은 가맹본부와의 계약에 의하여 일정한 지역안에서 가맹점사업자의 모집, 상품 또는 용역의 품질유지, 가맹점사업자에 대한 경영 및 영업활동의 지원·교육·통제 등 가맹본부의 업무의 전부 또는 일부를 대행하는 사업자를 말한다.
8. "가맹중개인"이라 함은 가맹본부 또는 가맹지역본부로부터 가맹점사업자를 모집하거나 가맹계약을 준비 또는 체결하는 업무를 위탁받은 자를 말한다.
9. "가맹계약서"라 함은 가맹사업의 구체적 내용과 조건 등에 있어 가맹본부 또는 가맹점사업자(이하 "가맹사업당사자"라 한다)의 권리와 의무에 관한 사항(특수한 거래조건이나 유의사항이 있는 경우에는 이를 포함한다)을 기재한 문서를 말한다.(2007.8.3 본호개정)
10. "정보공개서"란 다음 각 목에 관하여 대통령령으로 정하는 사항을 수록한 문서를 말한다.

가. 가맹본부의 일반 현황
나. 가맹본부의 가맹사업 현황(가맹점사업자의 매출에 관한 사항을 포함한다)
다. 가맹본부와 그 임원(「독점규제 및 공정거래에 관한 법률」 제2조제6호에 따른 임원을 말한다. 이하 같다)이 다음의 어느 하나에 해당하는 경우에는 해당 사실(2020.12.29 본문개정)
1) 이 법, 「독점규제 및 공정거래에 관한 법률」 또는 「약관의 규제에 관한 법률」을 위반한 경우
2) 사기·횡령·배임 등 타인의 재산을 영득하거나 편취하는 죄에 관련된 민사소송에서 패소의 확정판결을 받았거나 민사상 화해를 한 경우
3) 사기·횡령·배임 등 타인의 재산을 영득하거나 편취하는 죄를 범하여 형을 선고받은 경우
(2013.8.13 본목개정)
라. 가맹점사업자의 부담
마. 영업활동에 관한 조건과 제한
바. 가맹사업의 영업 개시에 관한 상세한 절차와 소요기간
사. 가맹본부의 경영 및 영업활동 등에 대한 지원과 교육·훈련에 대한 설명(2013.8.13 본목개정)
아. 가맹본부의 직영점(가맹본부의 책임과 계산 하에 직접 운영하는 점포를 말한다. 이하 같다) 현황(직영점의 운영기간 및 매출에 관한 사항을 포함한다)
(2021.5.18 본목신설)
(2007.8.3 본호개정)
11. "점포환경개선"이란 가맹점 점포의 기존 시설, 장비, 인테리어 등을 새로운 디자인이나 품질의 것으로 교체하거나 신규로 설치하는 것을 말한다. 이 경우 점포의 확장 또는 이전을 수반하거나 수반하지 아니하는 경우를 모두 포함한다.(2013.8.13 본호신설)
12. "영업지역"이란 가맹점사업자가 가맹계약에 따라 상품 또는 용역을 판매하는 지역을 말한다.(2013.8.13 본호신설)

제3조【소규모가맹본부에 대한 적용배제 등】 ① 이 법은 다음 각 호의 어느 하나에 해당하는 경우에는 적용하지 아니한다.(2013.8.13 단서삭제)
1. 가맹점사업자가 가맹금의 최초 지급일부터 6개월까지의 기간동안 가맹본부에게 지급한 가맹금의 총액이 100만원 이내의 범위에서 대통령령으로 정하는 금액을 초과하지 아니하는 경우
2. 가맹본부의 연간 매출액이 2억원 이내의 범위에서 대통령령으로 정하는 일정규모 미만인 경우. 다만, 가맹본부와 계약을 맺은 가맹점사업자의 수가 5개 이상의 범위에서 대통령령으로 정하는 수 이상인 경우는 제외한다.
(2013.8.13 본호개정)
② 제1항에도 불구하고 제6조의2부터 제6조의5까지, 제7조, 제9조, 제10조 및 제15조의2는 모든 가맹사업거래에 대하여 적용한다.(2021.5.18 본항개정)
(2021.5.18 본조제목개정)
(2012.2.17 본조개정)

제2장 가맹사업거래의 기본원칙

제4조【신의성실의 원칙】 가맹사업당사자는 가맹사업을 영위함에 있어서 각자의 업무를 신의에 따라 성실하게 수행하여야 한다.

제5조【가맹본부의 준수사항】 가맹본부는 다음 각호의 사항을 준수한다.
1. 가맹사업의 성공을 위한 사업구상
2. 상품이나 용역의 품질관리와 판매기법의 개발을 위한 계속적인 노력
3. 가맹점사업자에 대하여 합리적 가격과 비용에 의한 점포설비의 설치, 상품 또는 용역 등의 공급
4. 가맹점사업자와 그 직원에 대한 교육·훈련
5. 가맹점사업자의 경영·영업활동에 대한 지속적인 조언과 지원
6. 가맹계약기간중 가맹점사업자의 영업지역안에서 자기의 직영점을 설치하거나 가맹점사업자와 유사한 업종의 가맹점을 설치하는 행위의 금지
7. 가맹점사업자와의 대화와 협상을 통한 분쟁해결 노력

[판례] 가맹사업에 있어서 가맹본부가 가맹점사업자에 대하여 상품 및 용역의 품질기준의 준수를 요구할 수 있는지 여부 : 가맹사업에서는 가맹사업의 통일성과 가맹본부의 명성을 유지하기 위하여 합리적으로 필요한 범위 내에서 가맹점사업자가 판매하는 상품 및 용역에 대하여 가맹점사업자로 하여금 가맹본부가 제시하는 품질기준을 준수하도록 요구하고, 그러한 품질기준의 준수를 위하여 필요한 경우 가맹본부가 제공하는 상품 또는 용역을 사용하도록 요구할 수 있다고 봄이 상당하다.(대판 2005.6.9, 2003두7484)

제6조【가맹점사업자의 준수사항】 가맹점사업자는 다음 각호의 사항을 준수한다.
1. 가맹사업의 통일성 및 가맹본부의 명성을 유지하기 위한 노력
2. 가맹본부의 공급계획과 소비자의 수요충족에 필요한 적정한 재고유지 및 상품진열
3. 가맹본부가 상품 또는 용역에 대하여 제시하는 적절한 품질기준의 준수
4. 제3호의 규정에 의한 품질기준의 상품 또는 용역을 구입하지 못하는 경우 가맹본부가 제공하는 상품 또는 용역의 사용
5. 가맹본부가 사업장의 설비와 외관, 운송수단에 대하여 제시하는 적절한 기준의 준수
6. 취급하는 상품·용역이나 영업활동을 변경하는 경우 가맹본부와의 사전 협의
7. 상품 및 용역의 구입과 판매에 관한 회계장부 등 가맹본부의 통일적 사업경영 및 판매전략의 수립에 필요한 자료의 유지와 제공
8. 가맹점사업자의 업무현황 및 제7호의 규정에 의한 자료의 확인과 기록을 위한 가맹본부의 임직원 그 밖의 대리인의 사업장 출입허용
9. 가맹본부의 동의를 얻지 아니한 경우 사업장의 위치변경 또는 가맹점운영권의 양도 금지
10. 가맹계약기간중 가맹본부와 동일한 업종을 영위하는 행위의 금지
11. 가맹본부의 영업기술이나 영업비밀의 누설 금지
12. 영업표지에 대한 제3자의 침해사실을 인지하는 경우 가맹본부에 대한 영업표지침해사실의 통보와 금지조치에 필요한 적절한 협력

제3장 가맹사업거래의 공정화

제6조의2【정보공개서의 등록 등】 ① 가맹본부는 가맹희망자에게 제공할 정보공개서를 대통령령으로 정하는 바에 따라 공정거래위원회 또는 특별시장·광역시장·특별자치시장·도지사·특별자치도지사(이하 "시·도지사"라 한다)에게 등록하여야 한다.(2018.1.16 본항개정)
② 가맹본부는 제1항에 따라 등록한 정보공개서의 기재사항 중 대통령령으로 정하는 사항을 변경하려는 경우에는 대통령령으로 정하는 기한 이내에 공정거래위원회 또는 시·도지사에게 기재사항의 변경등록을 하여야 한다. 다만, 대통령령으로 정하는 경미한 사항을 변경하려는 경우에는 신고하여야 한다.(2018.1.16 본문개정)
③ 공정거래위원회 및 시·도지사는 제1항 또는 제2항에 따라 등록·변경등록하거나 신고한 정보공개서를 공개하여야 한다. 다만, 「개인정보 보호법」 제2조제1호에 따른 개인정보와 「부정경쟁방지 및 영업비밀보호에 관한 법률」 제2조제2호에 따른 영업비밀은 제외한다.
(2018.1.16 본문개정)
④ 공정거래위원회 및 시·도지사는 제3항에 따라 정보공개서를 공개하는 경우 해당 가맹본부에 공개하는 내용과 방법을 미리 통지하여야 하고, 사실과 다른 내용을 정정할 수 있는 기회를 주어야 한다.(2018.1.16 본항개정)
⑤ 공정거래위원회는 제3항에 따른 정보공개서의 공개(시·도지사가 공개하는 경우를 포함한다)를 위하여 예산의 범위 안에서 가맹사업정보제공시스템을 구축·운용할 수 있다.(2018.1.16 본항개정)
⑥ 그 밖에 정보공개서의 등록, 변경등록, 신고 및 공개의 방법과 절차는 대통령령으로 정한다.
(2007.8.3 본조신설)

제6조의3【정보공개서 등록의 거부 등】 ① 공정거래위원회 및 시·도지사는 제6조의2에 따른 정보공개서 등록 신청이 다음 각 호의 어느 하나에 해당하는 경우에는 정보공개서의 등록을 거부하거나 그 내용의 변경을 요구할 수 있다.(2018.1.16 본문개정)
1. 정보공개서나 그 밖의 신청서류에 거짓이 있거나 필요한 내용을 적지 아니한 경우(2016.12.20 본호신설)
2. 정보공개서에 기재된 가맹사업의 내용에 다른 법률에서 금지하고 있는 사항이 포함되어 있는 경우
(2016.12.20 본호신설)
3. 제6조의2제1항에 따라 정보공개서를 신규로 등록하는 경우 등록 신청일 현재 정보공개서에 기재된 가맹사업과 영업표지가 동일하고 같은 품질기준이나 영업방식에 따라 상품이나 용역을 판매하는 직영점이 없거나, 그 운영기간(해당 직영점을 가맹본부가 운영하기 전에 가맹본부의 임원이 운영한 경우 대통령령으로 정하는 바에 따라 임원이 운영한 기간도 직영점 운영기간으로 본다)이 1년 미만인 경우. 다만, 가맹본부가 가맹사업의 영위를 위하여 관련 법령에 따라 허가·면허를 받아야 하는 등 직영점 운영이 불필요하다고 인정되는 사유로 대통령령으로 정하는 경우에는 이 규정을 적용하지 아니한다.(2021.5.18 본호신설)
② 공정거래위원회 및 시·도지사는 정보공개서의 등록을 하였을 때에는 가맹본부에게 등록증을 내주어야 한다.
(2018.1.16 본항개정)

제6조의4【정보공개서 등록의 취소】 ① 공정거래위원회 및 시·도지사는 정보공개서가 다음 각 호의 어느 하나에 해당하는 경우에는 그 등록을 취소할 수 있다. 다만, 제1호 및 제2호에 해당하는 경우에는 등록을 취소하여야 한다.(2018.1.16 본문개정)
1. 거짓이나 그 밖의 부정한 방법으로 정보공개서가 등록된 경우
2. 제6조의3제1항제2호에 해당하는 경우(2016.12.20 본호신설)
3. 제2조제10호 각 목의 기재사항 중 대통령령으로 정하는 중요한 사항(이하 "중요사항"이라 한다)이 누락된 경우
4. 가맹본부가 폐업 신고를 한 경우(2013.8.13 본호신설)
5. 가맹본부가 정보공개서 등록취소를 요청하는 경우
(2013.8.13 본호신설)
② 공정거래위원회 및 시·도지사는 정보공개서 등록이 취소된 가맹본부의 명단을 공개할 수 있다.(2018.1.16 본항개정)
(2007.8.3 본조신설)

제6조의5【가맹금 예치 등】 ① 가맹본부는 가맹점사업자(가맹희망자를 포함한다. 이하 이 조, 제15조의2 및 제41조제3항제1호에서 같다)로 하여금 가맹금(제2조제6호 가목 및 나목에 해당하는 대가로서 금전으로 지급하는 경우에 한하며, 계약체결 전에 가맹금을 지급한 경우에는 그 가맹금을 포함한다. 이하 "예치가맹금"이라 한다)을 대통령령으로 정하는 기관(이하 "예치기관"이라 한다)에 예치하도록 하여야 한다. 다만, 가맹본부가 제15조의2에 따른 가맹점사업자피해보상보험계약 등을 체결한 경우에는 그러하지 아니하다.(2016.3.29 본문개정)
② 예치기관의 장은 가맹점사업자가 예치가맹금을 예치한 경우에는 예치일부터 7일 이내에 그 사실을 가맹본부에 통지하여야 한다.
③ 가맹본부는 다음 각 호의 어느 하나에 해당하는 경우에는 예치기관의 장에게 대통령령으로 정하는 바에 따라 예치가맹금의 지급을 요청할 수 있다. 이 경우 예치기관의 장은 10일 이내에 예치가맹금을 가맹본부에 지급하여야 한다.
1. 가맹점사업자가 영업을 개시한 경우
2. 가맹계약 체결일부터 2개월이 경과한 경우. 다만, 2개월이 경과하기 전에 가맹점사업자가 제5항제1호부터 제3호까지의 규정 중 어느 하나에 해당하는 조치를 취한 사실을 예치기관의 장에게 서면으로 통보한 경우에는 그러하지 아니하다.
④ 가맹본부는 거짓이나 그 밖의 부정한 방법으로 예치가맹금의 지급을 요청하여서는 아니 된다.
⑤ 예치기관의 장은 제1호부터 제3호까지의 규정 중 어느 하나에 해당하는 경우에는 제24조에 따른 가맹사업거래분쟁조정협의회의 조정이나 그 밖의 분쟁해결의 결과(이하 "분쟁조정 등의 결과"라 한다) 또는 제33조에 따른 공정거래위원회의 시정조치가 확정될 때(공정거래위원회의 시정조치에 대하여 이의신청이 제기된 경우에는 재결이, 시정조치나 재결에 대하여 소가 제기된 경우에는 확정판결이 각각 확정된 때를 말한다. 이하 이 조에서 같다)까지 예치가맹금의 지급을 보류하여야 하고, 제4호에 해당하는 경우에는 예치가맹금의 지급요청을 거부하거나 가맹본부에 그 내용의 변경을 요구하여야 한다.
1. 가맹점사업자가 예치가맹금을 반환받기 위하여 소를 제기한 경우
2. 가맹점사업자가 예치가맹금을 반환받기 위하여 알선, 조정, 중재 등을 신청한 경우
3. 가맹점사업자가 제10조의 위반을 이유로 가맹본부를 공정거래위원회에 신고한 경우
4. 가맹본부가 제4항을 위반하여 거짓이나 그 밖의 부정한 방법으로 예치가맹금의 지급을 요청한 경우
⑥ 예치기관의 장은 가맹본부 또는 가맹점사업자가 분쟁조정 등의 결과나 시정조치 결과를 첨부하여 예치가맹금의 지급 또는 반환을 요청하는 경우 요청일부터 30일 이내에 그 결과에 따라 예치가맹금을 가맹본부에 지급하거나 가맹점사업자에게 반환하여야 한다.
⑦ 예치기관의 장은 가맹점사업자가 가맹본부의 동의를 받아 예치가맹금의 반환을 요청하는 경우에는 제5항 및 제6항에도 불구하고 요청일부터 10일 이내에 예치가맹금을 가맹점사업자에게 반환하여야 한다.
⑧ 그 밖에 가맹금의 예치 등에 관하여 필요한 사항은 대통령령으로 정한다.
(2007.8.3 본조신설)

제7조【정보공개서의 제공의무 등】 ① 가맹본부(가맹지역본부 또는 가맹중개인이 가맹점사업자를 모집하는 경우를 포함한다. 이하 같다)는 가맹희망자에게 제6조의2제1항 및 제2항에 따라 등록 또는 변경등록한 정보공개서를 내용증명우편 등 제공시점을 객관적으로 확인할 수 있는 대통령령으로 정하는 방법에 따라 제공하여야 한다.
(2013.8.13 본항개정)
② 가맹본부는 제1항에 따라 정보공개서를 제공할 경우에는 가맹희망자의 장래 점포 예정지에서 가장 인접한 가맹점 10개(정보공개서 제공시점에 가맹희망자의 장래 점포 예정지가 속한 광역지방자치단체에서 영업 중인 가맹점의 수가 10개 미만인 경우에는 해당 광역지방자치단체 내의 가맹점 전체)의 상호, 소재지 및 전화번호가 적힌 문서(이하 "인근가맹점 현황문서"라 한다)를 함께 제공하여야 한다. 다만, 정보공개서를 제공할 때 장래 점포 예정지가 확정되지 아니한 경우에는 확정되는 즉시 제공하여야 한다.(2013.8.13 본항신설)
③ 가맹본부는 등록된 정보공개서 및 인근가맹점 현황문서(이하 "정보공개서등"이라 한다)를 제1항의 방법에 따라 제공하지 아니하였거나 정보공개서등을 제공한 날부터 14일(가맹희망자가 정보공개서에 대하여 변호사 또는 제27조에 따른 가맹거래사의 자문을 받은 경우에는 7일로 한다)이 지나지 아니한 경우에는 다음 각 호의 어느 하나에 해당하는 행위를 하여서는 아니 된다.
(2013.8.13 본문개정)
1. 가맹희망자로부터 가맹금을 수령하는 행위. 이 경우 가맹희망자가 예치기관에 예치가맹금을 예치하는 때에는 최초로 예치한 날(가맹본부가 가맹희망자와 최초

로 가맹금을 예치하기로 합의한 때에는 그 날)에 가맹금을 수령한 것으로 본다.
2. 가맹희망자와 가맹계약을 체결하는 행위
(2007.8.3 본항신설)
④ 공정거래위원회는 대통령령이 정하는 바에 따라 정보공개서의 표준양식을 정하여 가맹본부 또는 가맹본부로 구성된 사업자단체에게 그 사용을 권장할 수 있다.
(2007.8.3 본조제목개정)
제8조 (2007.8.3 삭제)
제9조【허위·과장된 정보제공 등의 금지】 ① 가맹본부는 가맹희망자나 가맹점사업자에게 정보를 제공함에 있어서 다음 각 호의 행위를 하여서는 아니 된다.
1. 사실과 다르게 정보를 제공하거나 사실을 부풀려 정보를 제공하는 행위(이하 "허위·과장의 정보제공행위"라 한다)
2. 계약의 체결·유지에 중대한 영향을 미치는 사실을 은폐하거나 축소하는 방법으로 정보를 제공하는 행위(이하 "기만적인 정보제공행위"라 한다)
(2013.8.13 본항개정)
② 제1항 각 호의 행위의 유형은 대통령령으로 정한다.
(2013.8.13 본항신설)
③ 가맹본부는 가맹희망자나 가맹점사업자에게 다음 각 호의 어느 하나에 해당하는 정보를 제공하는 경우에는 서면으로 하여야 한다.
1. 가맹희망자의 예상매출액·수익·매출총이익·순이익 등 장래의 예상수익상황에 관한 정보
2. 가맹점사업자의 매출액·수익·매출총이익·순이익 등 과거의 수익상황이나 장래의 예상수익상황에 관한 정보
④ 가맹본부는 제3항에 따라 정보를 제공하는 경우에는 그 정보의 산출근거가 되는 자료로서 대통령령으로 정하는 자료를 가맹본부의 사무소에 비치하여야 하며, 영업시간 중에 언제든지 가맹희망자나 가맹점사업자의 요구가 있는 경우 그 자료를 열람할 수 있도록 하여야 한다.
(2013.8.13 본항개정)
⑤ 제3항에도 불구하고 다음 각 호의 어느 하나에 해당하는 가맹본부는 가맹계약을 체결할 때 가맹희망자에게 대통령령으로 정하는 예상매출액의 범위 및 그 산출 근거를 서면(이하 "예상매출액 산정서"라 한다)으로 제공하여야 한다.
1. 중소기업자(「중소기업기본법」 제2조제1항 또는 제3항에 따른 자를 말한다)가 아닌 가맹본부
2. 직전 사업연도 말 기준으로 가맹본부와 계약을 체결·유지하고 있는 가맹점사업자(가맹본부가 복수의 영업표지를 보유하고 있는 경우에는 동일 영업표지를 사용하는 가맹점사업자에 한정한다)의 수가 대통령령으로 정하는 수 이상인 가맹본부
(2013.8.13 본항신설)
⑥ 가맹본부는 예상매출액 산정서를 가맹계약 체결일부터 5년간 보관하여야 한다.(2013.8.13 본항신설)
⑦ 공정거래위원회는 예상매출액 산정서의 표준양식을 정하여 사용을 권장할 수 있다.(2013.8.13 본항신설)
(2007.8.3 본조개정)

판례 임의로 선정한 가맹점들을 기준으로 예상매출액 범위 최저액을 과다 산정해 안정적 사업운영이 가능한 것처럼 보이는 예상매출액 산정서를 제공한 행위는 허위·과장 정보제공행위로서 가맹사업법의 규정을 위반한 위법행위에 해당하고, 이와 같은 잘못된 정보를 바탕으로 가맹계약을 체결했다면 가맹본부는 가맹사업자가 가맹점을 운영하면서 발생한 영업손실까지 배상해야 한다.
(대판 2022.5.26, 2021다300791)

제10조【가맹금의 반환】 ① 가맹본부는 다음 각 호의 어느 하나에 해당하는 경우에는 가맹희망자나 가맹점사업자가 대통령령으로 정하는 사항이 적힌 서면으로 요구하는 날부터 1개월 이내에 가맹금을 반환하여야 한다.
1. 가맹본부가 제7조제3항을 위반한 경우로서 가맹희망자 또는 가맹점사업자가 가맹계약 체결 전 또는 가맹계약의 체결일부터 4개월 이내에 가맹금의 반환을 요구하는 경우(2013.8.13 본호개정)
2. 가맹본부가 제9조제1항을 위반한 경우로서 가맹희망자가 가맹계약 체결 전에 가맹금의 반환을 요구하는 경우
3. 가맹본부가 제9조제1항을 위반한 경우로서 허위 또는 과장된 정보나 중요사항의 누락된 내용이 계약 체결에 중대한 영향을 준 것으로 인정되어 가맹점사업자가 가맹계약의 체결일부터 4개월 이내에 가맹금의 반환을 요구하는 경우(2013.8.13 본호개정)
4. 가맹본부가 정당한 사유 없이 가맹사업을 일방적으로 중단하고 가맹점사업자가 대통령령으로 정하는 가맹사업의 중단일부터 4개월 이내에 가맹금의 반환을 요구하는 경우(2013.8.13 본호개정)
② 제1항의 규정에 의하여 반환하는 가맹금의 금액을 정함에 있어서는 가맹계약의 체결경위, 금전이나 그 밖에 지급된 대가의 성격, 가맹계약기간, 계약이행기간, 가맹사업당사자의 귀책정도 등을 고려하여야 한다.
(2007.8.3 본조개정)
제11조【가맹계약서의 기재사항 등】 ① 가맹본부는 가맹희망자가 가맹계약의 내용을 미리 이해할 수 있도록 제2항 각 호의 사항이 적힌 문서를 가맹희망자에게 제공한 날부터 14일(가맹희망자가 가맹계약서의 내용에 대하여 변호사 또는 제27조에 따른 가맹거래사의 자문을 받은 경우에는 7일로 한다)이 지나지 아니한 경우에는 다음 각 호의 어느 하나에 해당하는 행위를 하여서는 아니 된다.
(2023.8.8 본문개정)
1. 가맹희망자로부터 가맹금을 수령하는 행위. 이 경우 가맹희망자가 예치기관에 예치가맹금을 예치하는 때에는 최초로 예치한 날(가맹희망자가 최초로 가맹금을 예치하기로 가맹본부와 합의한 날이 있는 경우에는 그 날)에 가맹금을 수령한 것으로 본다.
2. 가맹희망자와 가맹계약을 체결하는 행위
(2017.4.18 본항개정)
② 가맹계약서는 다음 각호의 사항을 포함하여야 한다.
1. 영업표지의 사용권 부여에 관한 사항
2. 가맹점사업자의 영업활동 조건에 관한 사항
3. 가맹점사업자에 대한 교육·훈련, 경영지도에 관한 사항
4. 가맹금 등의 지급에 관한 사항(2007.8.3 본호개정)
5. 영업지역의 설정에 관한 사항
6. 계약기간에 관한 사항
7. 영업의 양도에 관한 사항
8. 계약해지의 사유에 관한 사항
9. 가맹희망자 또는 가맹점사업자가 가맹계약을 체결한 날부터 2개월(가맹점사업자가 2개월 이전에 가맹사업을 개시하는 경우에는 가맹사업개시일)까지의 기간 동안 예치가맹금을 예치기관에 예치하여야 한다는 사항. 다만, 가맹본부가 제15조의2에 따른 가맹점사업자피해보상보험계약 등을 체결한 경우에는 그에 관한 사항으로 한다.(2007.8.3 본호신설)
10. 가맹희망자가 정보공개서에 대하여 변호사 또는 제27조에 따른 가맹거래사의 자문을 받은 경우 이에 관한 사항(2007.8.3 본호신설)
11. 가맹본부 또는 가맹본부 임원의 위법행위 또는 가맹사업의 명성이나 신용을 훼손하는 등 사회상규에 반하는 행위로 인하여 가맹점사업자에게 발생한 손해에 대한 배상의무에 관한 사항(2018.10.16 본호신설)
12. 가맹본부가 가맹점사업자에게 가맹본부 또는 가맹본부가 지정한 자와 거래할 것을 강제할 경우 그 강제의 대상이 되는 부동산·용역·설비·상품·원재료 또는 부재료·임대차 등의 종류 및 공급 가격 산정방식에 관한 사항(2024.1.2 본호신설)
13. 그 밖에 가맹사업당사자의 권리·의무에 관한 사항으로서 대통령령이 정하는 사항
③ 가맹본부는 가맹계약서를 가맹사업의 거래가 종료된 날부터 3년간 보관하여야 한다.
④ (2023.6.20 삭제)
(2007.8.3 본조제목개정)
제11조의2【표준가맹계약서】 ① 공정거래위원회는 건전한 가맹사업거래질서를 확립하고 불공정한 내용의 가맹계약이 통용되는 것을 방지하기 위하여 일정한 가맹사업거래에서 표준이 되는 가맹계약서(이하 "표준가맹계약서"라 한다)를 마련하고, 가맹본부, 가맹본부로 구성된 사업자단체, 가맹점사업자 및 제14조의2에 따른 가맹점사업자단체에 이를 사용하도록 권장할 수 있다.
② 가맹본부, 가맹본부로 구성된 사업자단체, 가맹점사업자 및 제14조의2에 따른 가맹점사업자단체는 공정거래위원회에 표준가맹계약서의 제정 또는 개정을 요청할 수 있다.
③ 공정거래위원회는 표준가맹계약서의 제정 또는 개정을 위하여 필요한 경우 이해관계자 또는 가맹사업거래에 관한 학식과 경험이 풍부한 전문가 등으로부터 의견을 들을 수 있다.
④ 제1항부터 제3항까지에서 규정한 사항 외에 표준가맹계약서의 제정 또는 개정에 필요한 세부 사항은 공정거래위원회가 정하여 고시한다.
(2023.6.20 본조신설)
제12조【불공정거래행위의 금지】 ① 가맹본부는 다음 각 호의 어느 하나에 해당하는 행위로서 가맹사업의 공정한 거래를 저해할 우려가 있는 행위를 하거나 다른 사업자로 하여금 이를 행하도록 하여서는 아니된다.
(2016.3.29 본문개정)
1. 가맹점사업자에 대하여 상품이나 용역의 공급 또는 영업의 지원 등을 부당하게 중단 또는 거절하거나 그 내용을 현저히 제한하는 행위
2. 가맹점사업자가 취급하는 상품 또는 용역의 가격, 거래상대방, 거래지역이나 가맹점사업자의 사업활동을 부당하게 구속하거나 제한하는 행위
3. 거래상의 지위를 이용하여 부당하게 가맹점사업자에게 불이익을 주는 행위
4. (2013.8.13 삭제)
5. 계약의 목적과 내용, 발생할 손해 등 대통령령으로 정하는 기준에 비하여 과중한 위약금을 부과하는 등 가맹점사업자에게 부당하게 손해배상 의무를 부담시키는 행위(2013.8.13 본호신설)
6. 제1호부터 제3호까지 및 제5호 외의 행위로서 부당하게 경쟁가맹본부의 가맹점사업자를 자기와 거래하도록 유인하는 행위 등 가맹사업의 공정한 거래를 저해할 우려가 있는 행위(2013.8.13 본호개정)
② 제1항 각호의 규정에 의한 행위의 유형 또는 기준은 대통령령으로 정한다.

판례 가맹본부의 행위가 거래거절에 해당하기 위한 요건 : 가맹사업거래의 특성에 비추어 거래거절에 해당하기 위해서는 가맹점사업자의 계약위반 등 가맹점사업자의 귀책사유로 인하여 가맹사업의 거래관계를 지속하기 어려운 중대한 사정이 없음에도 불구하고 가맹점사업자의 계속적인 거래기회를 박탈하여 그 사업활동을 곤란하게 하거나 가맹점사업자에 대한 부당한 통제 등의 목적달성을 위하여 그 실효성을 확보하기 위한 수단 등으로 부당하게 행하여진 경우라야 한다.(대판 2005.6.9, 2003두7484)

제12조의2【부당한 점포환경개선 강요 금지 등】 ① 가맹본부는 대통령령으로 정하는 정당한 사유 없이 점포환경개선을 강요하여서는 아니 된다.
② 가맹본부는 가맹점사업자의 점포환경개선에 소요되는 비용으로서 대통령령으로 정하는 비용의 100분의 40 이내의 범위에서 대통령령으로 정하는 비율에 해당하는 금액을 부담하여야 한다. 다만, 다음 각 호의 어느 하나에 해당하는 경우에는 그러하지 아니하다.
1. 가맹본부의 권유 또는 요구가 없음에도 가맹점사업자의 자발적 의사에 의하여 점포환경개선을 실시하는 경우
2. 가맹점사업자의 귀책사유로 인하여 위생·안전 및 이와 유사한 문제가 발생하여 불가피하게 점포환경개선을 하는 경우
③ 제2항에 따라 가맹본부가 부담할 비용의 산정, 청구 및 지급절차, 그 밖에 필요한 사항은 대통령령으로 정한다.
(2013.8.13 본조신설)
제12조의3【부당한 영업시간 구속 금지】 ① 가맹본부는 정상적인 거래관행에 비추어 부당하게 가맹점사업자의 영업시간을 구속하는 행위(이하 "부당한 영업시간 구속"이라 한다)를 하여서는 아니 된다.
② 다음 각 호의 어느 하나에 해당하는 가맹본부의 행위는 부당한 영업시간 구속으로 본다.
1. 가맹점사업자의 점포가 위치한 상권의 특성 등의 사유로 대통령령으로 정하는 심야 영업시간대의 매출이 그 영업에 소요되는 비용에 비하여 저조하여 대통령령으로 정하는 일정한 기간 동안 영업손실이 발생함에 따라 가맹점사업자가 영업시간 단축을 요구함에도 이를 허용하지 아니하는 행위
2. 가맹점사업자가 질병의 발병과 치료 등 불가피한 사유로 인하여 필요 최소한의 범위에서 영업시간의 단축을 요구함에도 이를 허용하지 아니하는 행위
(2013.8.13 본조신설)
제12조의4【부당한 영업지역 침해금지】 ① 가맹본부는 가맹계약 체결 시 가맹점사업자의 영업지역을 설정하여 가맹계약서에 이를 기재하여야 한다.
② 가맹본부가 가맹계약 갱신과정에서 상권의 급격한 변화 등 대통령령으로 정하는 사유가 발생하여 기존 영업지역을 변경하기 위해서는 가맹점사업자와 합의하여야 한다.(2018.1.16 본항개정)
③ 가맹본부는 정당한 사유 없이 가맹계약기간 중 가맹점사업자의 영업지역 안에서 가맹점사업자와 동일한 업종(수요층의 지역적·인적 범위, 취급품목, 영업형태 및 방식 등에 비추어 동일하다고 인식될 수 있을 정도의 업종을 말한다)의 자기 또는 계열회사(「독점규제 및 공정거래에 관한 법률」 제2조제12호에 따른 계열회사를 말한다. 이하 같다)의 직영점이나 가맹점을 설치하는 행위를 하여서는 아니 된다.(2020.12.29 본항개정)
(2013.8.13 본조신설)
제12조의5【보복조치의 금지】 가맹본부는 가맹점사업자가 다음 각 호의 어느 하나에 해당하는 행위를 한 것을 이유로 그 가맹점사업자에 대하여 상품·용역의 공급이나 경영·영업활동 지원의 중단, 거절 또는 제한, 가맹계약의 해지, 그 밖에 불이익을 주는 행위를 하거나 계열회사 또는 다른 사업자로 하여금 이를 행하도록 하여서는 아니된다.
1. 제22조제1항에 따른 분쟁조정의 신청
2. 제32조의2에 따른 공정거래위원회의 서면실태조사에 대한 협조
3. 제32조의3제1항에 따른 신고 및 같은 조 제2항에 따른 공정거래위원회의 조사에 대한 협조
(2018.1.16 본조신설)
제12조의6【광고·판촉행사의 실시 및 집행 내역 통보】 ① 가맹본부는 가맹점사업자가 비용의 전부 또는 일부를 부담하는 광고나 판촉행사를 실시하려는 경우(가맹본부 및 가맹점사업자가 대통령령으로 정하는 바에 따라 체결한 광고·판촉행사의 약정에 따라 실시하는 경우는 제외한다) 그 비용 부담에 관하여 전체 가맹점사업자 중 대통령령으로 정하는 비율 이상의 가맹점사업자의 동의를 받아야 한다. 다만, 판촉행사의 경우에는 해당 판촉행사의 비용 부담에 동의한 가맹점사업자만을 대상으로 하여 이를 실시할 수 있다.
② 가맹본부는 가맹점사업자가 비용의 전부 또는 일부를 부담하는 광고나 판촉행사를 실시한 경우 그 집행 내역을 가맹점사업자에게 통보하고 가맹점사업자의 요구가 있는 경우 이를 열람할 수 있도록 하여야 한다.
③ 제1항에 따른 가맹점사업자의 동의 및 제2항에 따른 집행 내역 통보·열람의 방법과 절차 등에 관하여 필요한 사항은 대통령령으로 정한다.
(2022.1.4 본조개정)
제12조의7【업종별 거래기준 권고】 공정거래위원회는 가맹사업거래의 공정한 거래질서 확립을 위하여 필요한

경우 업종별로 바람직한 거래기준을 정하여 가맹본부에 이의 준수를 권고할 수 있다.(2013.8.13 본조신설)

제13조【가맹계약의 갱신 등】 ① 가맹본부는 가맹점사업자가 가맹계약기간 만료 전 180일부터 90일까지 사이에 가맹계약의 갱신을 요구하는 경우 정당한 사유 없이 이를 거절하지 못한다. 다만, 다음 각 호의 어느 하나에 해당하는 경우에는 그러하지 아니하다.
1. 가맹점사업자가 가맹계약상의 가맹금 등의 지급의무를 지키지 아니한 경우
2. 다른 가맹점사업자에게 통상적으로 적용되는 계약조건이나 영업방침을 가맹점사업자가 수락하지 아니한 경우
3. 가맹사업의 유지를 위하여 필요하다고 인정되는 것으로서 다음 각 목의 어느 하나에 해당하는 가맹본부의 중요한 영업방침을 가맹점사업자가 지키지 아니한 경우
가. 가맹점의 운영에 필요한 점포·설비의 확보나 법령상 필요한 자격·면허·허가의 취득에 관한 사항
나. 판매하는 상품이나 용역의 품질을 유지하기 위하여 필요한 제조공법 또는 서비스기법의 준수에 관한 사항
다. 그 밖에 가맹점사업자가 가맹사업을 정상적으로 유지하기 위하여 필요하다고 인정되는 것으로서 대통령령으로 정하는 사항

② 가맹점사업자의 계약갱신요구권은 최초 가맹계약기간을 포함한 전체 가맹계약기간이 10년을 초과하지 아니하는 범위 내에서만 행사할 수 있다.
③ 가맹본부가 제1항에 따른 갱신 요구를 거절하는 경우에는 그 요구를 받은 날부터 15일 이내에 가맹점사업자에게 거절 사유를 적어 서면으로 통지하여야 한다.
④ 가맹본부가 제3항의 거절 통지를 하지 아니하거나 가맹계약기간 만료 전 180일부터 90일까지 사이에 가맹점사업자에게 조건의 변경에 대한 통지나 가맹계약을 갱신하지 아니한다는 사실의 통지를 서면으로 하지 아니하는 경우에는 계약 만료 전의 가맹계약과 같은 조건으로 다시 가맹계약을 체결한 것으로 본다. 다만, 가맹점사업자가 계약이 만료되는 날부터 60일 전까지 이의를 제기하거나 가맹본부나 가맹점사업자에게 천재지변이나 그 밖에 대통령령으로 정하는 부득이한 사유가 있는 경우에는 그러하지 아니하다.
(2007.8.3 본조개정)

제14조【가맹계약해지의 제한】 ① 가맹본부는 가맹계약을 해지하려는 경우에는 가맹점사업자에게 2개월 이상의 유예기간을 두고 계약의 위반 사실을 구체적으로 밝히고 이를 시정하지 아니하면 그 계약을 해지한다는 사실을 서면으로 2회 이상 통지하여야 한다. 다만, 가맹사업의 거래를 지속하기 어려운 경우로서 대통령령이 정하는 경우에는 그러하지 아니하다.(2007.8.3 본문개정)
② 제1항의 규정에 의한 절차를 거치지 아니한 가맹계약의 해지는 그 효력이 없다.

제14조의2【가맹점사업자단체의 거래조건 변경 협의 등】 ① 가맹점사업자는 권익보호 및 경제적 지위 향상을 도모하기 위하여 단체(이하 "가맹점사업자단체"라 한다)를 구성할 수 있다.
② 특정 가맹본부와 가맹계약을 체결·유지하고 있는 가맹점사업자(복수의 영업표지를 보유한 가맹본부와 계약 중인 가맹점사업자의 경우에는 동일한 영업표지를 사용하는 가맹점사업자로 한정한다)로만 구성된 가맹점사업자단체는 그 가맹본부에 대하여 가맹계약의 변경 등 거래조건(이하 이 조에서 "거래조건"이라 한다)에 대한 협의를 요청할 수 있다.
③ 제2항에 따른 협의를 요청받은 경우 가맹본부는 성실하게 협의에 응하여야 한다. 다만, 복수의 가맹점사업자단체가 협의를 요청할 경우 가맹본부는 다수의 가맹점사업자로 구성된 가맹점사업자단체와 우선적으로 협의한다.
④ 제2항에 따른 협의와 관련하여 가맹점사업자단체는 가맹사업의 통일성이나 본질적 사항에 반하는 거래조건을 요구하는 행위, 가맹본부의 경영 등에 부당하게 간섭하는 행위 또는 부당하게 경쟁을 제한하는 행위를 하여서는 아니 된다.
⑤ 가맹본부는 가맹점사업자단체의 구성·가입·활동 등을 이유로 가맹점사업자에게 불이익을 주는 행위를 하거나 가맹점사업자단체에 가입 또는 가입하지 아니할 것을 조건으로 가맹계약을 체결하여서는 아니 된다.
(2013.8.13 본조신설)

제15조【자율규약】 ① 가맹본부 또는 가맹본부를 구성원으로 하는 사업자단체는 가맹사업의 공정한 거래질서를 유지하기 위하여 자율적으로 규약을 정할 수 있다.
② 가맹본부 또는 가맹본부를 구성원으로 하는 사업자단체는 제1항의 규정에 의하여 자율규약을 정하고자 하는 경우 그 규약이 제12조제1항의 규정에 위반하는 지에 대한 심사를 공정거래위원회에 요청할 수 있다.
③ 공정거래위원회는 제2항의 규정에 의하여 자율규약의 심사를 요청받은 때에는 그 요청을 받은 날부터 60일 이내에 심사결과를 신청인에게 통보하여야 한다.

제15조의2【가맹점사업자피해보상보험계약 등】 ① 가맹본부는 가맹점사업자의 피해를 보상하기 위하여 다음 각 호의 어느 하나에 해당하는 계약(이하 "가맹점사업자피해보상보험계약 등"이라 한다)을 체결할 수 있다.
1. 「보험업법」에 따른 보험계약
2. 가맹점사업자 피해보상금의 지급을 확보하기 위한 「금융위원회의 설치 등에 관한 법률」 제38조에 따른 기관의 채무지급보증계약(2012.2.17 본호개정)
3. 제15조의3에 따라 설립된 공제조합과의 공제계약

② 가맹점사업자피해보상보험계약 등에 의하여 가맹점사업자 피해보상금을 지급할 의무가 있는 자는 그 지급사유가 발생한 경우 지체 없이 이를 지급하여야 한다. 이를 지연한 경우에는 지연배상금을 지급하여야 한다.
③ 가맹점사업자피해보상보험계약 등을 체결하고자 하는 가맹본부는 가맹점사업자피해보상보험계약 등을 체결하기 위하여 매출액 등의 자료를 제출함에 있어서 거짓 자료를 제출하여서는 아니 된다.
④ 가맹본부는 가맹점사업자피해보상보험계약 등을 체결함에 있어서 가맹점사업자의 피해보상에 적절한 수준이 되도록 하여야 한다.
⑤ 가맹점사업자피해보상보험계약 등을 체결한 가맹본부는 그 사실을 나타내는 표지를 사용할 수 있다.
⑥ 가맹점사업자피해보상보험계약 등을 체결하지 아니한 가맹본부는 제5항에 따른 표지를 사용하거나 이와 유사한 표지를 제작 또는 사용하여서는 아니 된다.
⑦ 그 밖에 가맹점사업자피해보상보험계약 등에 대하여 필요한 사항은 대통령령으로 정한다.
(2007.8.3 본조신설)

제15조의3【공제조합의 설립】 ① 가맹본부는 제15조의2제1항제3호에 따른 공제사업을 영위하기 위하여 공정거래위원회의 인가를 받아 공제조합(이하 "공제조합"이라 한다)을 설립할 수 있다.
② 공제조합은 법인으로 하며, 주된 사무소의 소재지에 설립등기를 함으로써 성립한다.
③ 공제조합에 가입한 가맹본부는 공제사업의 수행에 필요한 출자금 등을 조합에 납부하여야 한다.
④ 공제조합의 기본재산은 조합원의 출자금 등으로 조성한다.
⑤ 공제조합의 조합원의 자격, 임원에 관한 사항 및 출자금의 부담기준에 관한 사항은 정관으로 정한다.
⑥ 공제조합의 설립인가 기준 및 절차, 정관기재사항, 운영 및 감독 등에 관하여 필요한 사항은 대통령령으로 정한다.
⑦ 공제조합이 제1항에 따른 공제사업을 하고자 하는 때에는 공제규정을 정하여 공정거래위원회의 인가를 받아야 한다. 공제규정을 변경하고자 하는 때에도 또한 같다.
⑧ 제7항의 공제규정에는 공제사업의 범위, 공제료, 공제사업에 충당하기 위한 책임준비금 등 공제사업의 운영에 관하여 필요한 사항을 포함하여야 한다.
⑨ 공제조합에 관하여 이 법에 규정된 것을 제외하고는 「민법」 중 사단법인에 관한 규정을 준용한다.
⑩ 이 법에 따른 공제조합의 사업에 대하여는 「보험업법」을 적용하지 아니한다.
(2007.8.3 본조신설)

제15조의4【가맹본부와 가맹점사업자 간 협약체결의 권장 등】 ① 공정거래위원회는 가맹본부와 가맹점사업자가 가맹사업 관계 법령의 준수 및 상호 지원·협력을 약속하는 자발적인 협약을 체결하도록 권장할 수 있다.
② 공정거래위원회는 가맹본부와 가맹점사업자가 제1항에 따른 협약을 체결하는 경우 그 이행을 독려하기 위하여 포상 등 지원시책을 마련하여 시행하여야 한다.
③ 공정거래위원회는 제1항 및 제2항에 따른 협약의 내용·체결절차·이행실적평가 및 지원시책 등에 필요한 사항을 정한다.
(2013.8.13 본조신설)

제15조의5【신고포상금】 ① 공정거래위원회는 이 법의 위반행위를 신고하거나 제보하고 그 신고나 제보를 입증할 수 있는 증거자료를 제출한 자에게 예산의 범위에서 포상금을 지급할 수 있다.
② 제1항에 따른 포상금 지급대상자의 범위, 포상금 지급의 기준·절차 등에 필요한 사항은 대통령령으로 정한다.
(2018.1.16 본조신설)

제4장 분쟁의 조정 등

제16조【가맹사업거래분쟁조정협의회의 설치】 ① 가맹사업에 관한 분쟁을 조정하기 위하여 「독점규제 및 공정거래에 관한 법률」 제72조제1항에 따른 한국공정거래조정원(이하 "조정원"이라 한다)에 가맹사업거래분쟁조정협의회(이하 "협의회"라 한다)를 둔다.(2020.12.29 본항개정)
② 시·도지사는 특별시·광역시·특별자치시·도·특별자치도(이하 "시·도"라 한다)에 협의회를 둘 수 있다.(2018.3.27 본항신설)
③ 공정거래위원회는 분쟁조정업무의 일관성을 유지하기 위하여 필요한 운영지침을 정하여 고시할 수 있다.(2021.12.7 본항신설)

제17조【협의회의 구성】 ① 협의회는 위원장 1인을 포함한 9인의 위원으로 구성한다.
② 위원은 공익을 대표하는 위원, 가맹본부의 이익을 대표하는 위원, 가맹점사업자의 이익을 대표하는 위원으로 구분하되 각각 동수로 한다.
③ 조정원에 두는 협의회(이하 "조정원 협의회"라 한다)의 위원은 다음 각 호의 어느 하나에 해당하는 자 중에서 조정원의 장의 제청으로 공정거래위원회 위원장이 임명하거나 위촉하고, 시·도에 두는 협의회(이하 "시·도 협의회"라 한다)의 위원은 다음 각 호의 어느 하나에 해당하는 자 중에서 시·도지사가 임명하거나 위촉한다.(2023.8.8 본문개정)
1. 대학에서 법률학·경제학·경영학을 전공한 자로서 「고등교육법」 제2조제1호·제2호 또는 제5호에 따른 학교나 공인된 연구기관에서 부교수 이상의 직 또는 이에 상당하는 직에 있거나 있었던 자
2. 판사·검사 직에 있거나 있었던 자 또는 변호사의 자격이 있는 자
3. 독점금지 및 공정거래업무에 관한 경험이 있는 4급 이상 공무원(고위공무원단에 속하는 일반직공무원을 포함한다)의 직에 있거나 있었던 자
4. 가맹사업거래 및 분쟁조정에 관한 학식과 경험이 풍부한 사람(2023.8.8 본호신설)

(2007.8.3 본항개정)
④ 조정원 협의회의 위원장은 공익을 대표하는 위원중에서 공정거래위원회 위원장이 위촉하고, 시·도 협의회의 위원장은 공익을 대표하는 위원 중에서 시·도지사가 임명하거나 위촉한다. 이 경우 조정원 협의회의 위원장은 상임으로 한다.(2023.8.8 본항개정)
⑤ 위원의 임기는 3년으로 하고 연임할 수 있다.
⑥ 위원중 결원이 생긴 때에는 제3항의 규정에 의하여 보궐위원을 위촉하여야 하며, 그 보궐위원의 임기는 전임자의 잔임기간으로 한다.
⑦ 조정원 협의회의 위원장은 그 직무 외에 영리를 목적으로 하는 업무에 종사하지 못한다.(2024.1.2 본항신설)
⑧ 제7항에 따른 영리를 목적으로 하는 업무의 범위에 관하여는 「공공기관의 운영에 관한 법률」 제37조제3항을 준용한다.(2024.1.2 본항신설)
⑨ 조정원 협의회의 위원장은 제8항에 따른 영리를 목적으로 하는 업무에 해당하는지 여부에 대한 공정거래위원회 위원장의 심사를 거쳐 비영리 목적의 업무를 겸할 수 있다.(2024.1.2 본항신설)

제18조【공익을 대표하는 위원의 위촉제한】 ① 공익을 대표하는 위원은 위촉일 현재 가맹본부 또는 가맹점사업자의 임원·직원으로 있는 자중에서 위촉될 수 없다.
② 공정거래위원회 위원장 및 시·도지사는 공익을 대표하는 위원으로 위촉받은 자가 가맹본부 또는 가맹점사업자의 임원·직원으로 된 때에는 즉시 해촉하여야 한다.(2018.3.27 본항개정)

제19조【협의회의 회의】 ① 협의회의 회의는 위원 전원으로 구성되는 회의(이하 "전체회의"라 한다)와 공익을 대표하는 위원, 가맹본부의 이익을 대표하는 위원, 가맹점사업자의 이익을 대표하는 위원 각 1인으로 구성되는 회의(이하 "소회의"라 한다)로 구분한다.(2007.8.3 본항개정)
② 협의회의 전체회의는 다음 각 호의 사항을 심의·의결한다.
1. 소회의가 전체회의에서 처리하도록 결정한 사항
2. 협의회 운영세칙의 제정·개정에 관한 사항
3. 그 밖에 전체회의에서 처리할 필요가 있다고 인정하는 사항으로서 협의회의 위원장이 전체회의에 부치는 사항

(2013.8.13 본항신설)
③ 협의회의 소회의는 제2항 각 호 외의 사항을 심의·의결한다.(2013.8.13 본항개정)
④ 협의회의 전체회의는 위원장이 주재하며, 재적위원 과반수의 출석으로 개의하고, 출석위원 과반수의 찬성으로 의결한다.(2007.8.3 본항개정)
⑤ 협의회의 소회의는 공익을 대표하는 위원이 주재하며, 구성위원 전원의 출석과 출석위원 전원의 찬성으로 의결한다. 이 경우 소회의의 의결은 협의회의 의결로 보되, 회의의 결과를 전체회의에 보고하여야 한다.
(2007.8.3 본항신설)
⑥ 위원장이 사고로 직무를 수행할 수 없을 때에는 공익을 대표하는 위원중에서 공정거래위원회 위원장 또는 시·도지사가 지명하는 위원이 그 직무를 대행한다.
(2018.3.27 본항개정)
⑦ 조정의 대상이 된 분쟁의 당사자인 가맹사업당사자(이하 "분쟁당사자"라 한다)는 협의회의 회의에 출석하여 의견을 진술하거나 관계자료를 제출할 수 있다.

제20조【위원의 제척·기피·회피】 ① 위원은 다음 각 호의 어느 하나에 해당하는 경우에는 해당 조정사항의 조정에서 제척된다.(2016.3.29 본문개정)
1. 위원 또는 그 배우자나 배우자이었던 자가 해당 조정사항의 분쟁당사자가 되거나 공동권리자 또는 의무자의 관계에 있는 경우(2016.3.29 본호개정)
2. 위원이 해당 조정사항의 분쟁당사자와 친족관계에 있거나 있었던 경우(2016.3.29 본호개정)
3. 위원 또는 위원이 속한 법인이 분쟁당사자의 법률·경영 등에 대하여 자문이나 고문의 역할을 하고 있는 경우
4. 위원 또는 위원이 속한 법인이 해당 조정사항에 대하여 분쟁당사자의 대리인으로 관여하거나 관여하였던 경우 및 증언 또는 감정을 한 경우(2016.3.29 본호개정)

② 분쟁당사자는 위원에게 협의회의 조정에 공정을 기하기 어려운 사정이 있는 때에 협의회에 그 위원에 대한 기피신청을 할 수 있다.(2016.3.29 본항개정)

③ 위원이 제1항 또는 제2항의 사유에 해당하는 경우에는 스스로 해당 조정사항의 조정에서 회피할 수 있다.(2016.3.29 본항개정)

제21조【협의회의 조정사항】 협의회는 공정거래위원회 또는 분쟁당사자가 요청하는 가맹사업거래의 분쟁에 관한 사항을 조정한다.

제22조【조정의 신청 등】 ① 분쟁당사자는 제21조의 규정에 의하여 협의회에 대통령령이 정하는 사항이 기재된 서면으로 그 조정을 신청할 수 있다.

② 분쟁당사자가 서로 다른 협의회에 분쟁조정을 신청하거나 여러 협의회에 중복하여 분쟁조정을 신청한 때에는 다음 각 호의 협의회 중 가맹점사업자가 선택한 협의회에서 이를 담당한다.

1. 조정원 협의회
2. 가맹점사업자의 주된 사업장이 소재한 시·도 협의회
3. 가맹본부의 주된 사업장이 소재한 시·도 협의회

(2018.3.27 본항신설)

③ 공정거래위원회는 가맹사업거래의 분쟁에 관한 사건에 대하여 협의회에 그 조정을 의뢰할 수 있다.

④ 협의회는 제1항의 규정에 의하여 조정을 신청받은 때에는 즉시 그 조정사항을 분쟁당사자에게 통지하여야 하며, 조정원 협의회의 경우 공정거래위원회에, 시·도 협의회의 경우 공정거래위원회 및 시·도에 이를 알려야 한다.(2021.12.7 본항개정)

⑤ 제1항에 따른 분쟁조정의 신청은 시효중단의 효력이 있다. 다만, 신청이 취하되거나 각하된 때에는 그러하지 아니하다.(2017.4.18 본항신설)

⑥ 제5항 단서의 경우에 6개월 내에 재판상의 청구, 파산절차참가, 압류 또는 가압류, 가처분을 한 때에는 시효는 최초의 분쟁조정의 신청으로 인하여 중단된 것으로 본다.(2018.3.27 본항개정)

⑦ 제5항 본문에 따라 중단된 시효는 다음 각 호의 어느 하나에 해당하는 때부터 새로이 진행한다.(2018.3.27 본문개정)

1. 분쟁조정이 이루어져 조정조서를 작성한 때
2. 분쟁조정이 이루어지지 아니하고 조정절차가 종료된 때

(2017.4.18 본항신설)

제23조【조정 등】 ① 협의회는 제22조제1항에 따라 조정을 신청 받거나 같은 조 제2항에 따라 조정을 의뢰 받는 경우에는 대통령령으로 정하는 바에 따라 지체 없이 분쟁조정 절차를 개시하여야 한다.(2016.3.29 본항신설)

② 협의회는 분쟁당사자에게 조정사항에 대하여 스스로 조정하도록 권고하거나 조정안을 작성하여 이를 제시할 수 있다.

③ 협의회는 다음 각 호의 어느 하나에 해당되는 경우에는 그 조정신청을 각하하여야 한다. 이 경우 협의회는 분쟁조정이 신청된 행위 또는 사건이 제3호에 해당하는지에 대하여 공정거래위원회의 확인을 받아야 한다.(2023.6.20 후단신설)

1. 조정신청의 내용과 직접적인 이해관계가 없는 자가 조정신청을 한 경우
2. 이 법의 적용 대상이 아닌 사안에 대하여 조정신청을 한 경우
3. 조정신청이 있기 전에 공정거래위원회가 제32조의3제2항에 따라 조사를 개시한 사건에 대하여 조정신청을 한 경우. 다만, 공정거래위원회로부터 시정조치 등의 처분을 받은 후 분쟁조정을 신청한 경우에는 그러하지 아니하다.(2023.6.20 단서신설)

(2018.12.31 본항개정)

④ 협의회는 다음 각 호의 어느 하나에 해당되는 경우에는 조정절차를 종료하여야 한다.(2016.3.29 본문개정)

1. 분쟁당사자가 협의회의 권고 또는 조정안을 수락하거나 스스로 조정하는 등 조정이 성립된 경우
2. 조정을 신청 또는 의뢰 받은 날부터 60일(분쟁당사자 쌍방이 기간연장에 동의한 경우에는 90일로 한다)이 경과하여도 조정이 성립하지 아니한 경우(2007.8.3 본호개정)
3. 분쟁당사자의 일방이 조정을 거부하는 등 조정절차를 진행할 실익이 없는 경우(2023.6.20 본호개정)

⑤ 협의회는 제3항에 따라 조정신청을 각하하거나 제4항에 따라 조정절차를 종료한 경우에는 대통령령으로 정하는 바에 따라 조정원 협의회의 경우 공정거래위원회에, 시·도 협의회의 경우 공정거래위원회 및 시·도에 조정의 경위, 조정신청 각하 또는 조정절차 종료의 사유 등과 관계서류를 서면으로 지체없이 보고하여야 하고 분쟁당사자에게 그 사실을 통보하여야 한다.(2021.12.7 본항개정)

⑥ 협의회는 해당 조정사항에 관한 사실을 확인하기 위하여 필요한 경우 조사를 하거나 분쟁당사자에 대하여 관련자료의 제출이나 출석을 요구할 수 있다.(2016.3.29 본항개정)

⑦ 공정거래위원회는 조정절차 개시 전에 시정조치 등의 처분을 하지 아니한 분쟁조정사항에 관하여 조정절차가 종료될 때까지 해당 분쟁당사자에게 시정조치를 권고하거나 명하여서는 아니된다.(2023.6.20 본항개정)

제23조의2【소송과의 관계】 ① 제22조제1항에 따른 분쟁조정이 신청된 사건에 대하여 신청 전 또는 신청 후 소가 제기되어 소송이 진행 중일 때에는 수소법원(受訴法院)은 조정이 있을 때까지 소송절차를 중지할 수 있다.

② 협의회는 제1항에 따라 소송절차가 중지되지 아니하는 경우에는 해당 사건의 조정절차를 중지하여야 한다.

③ 협의회는 조정이 신청된 사건과 동일한 원인으로 다수인이 관련되는 동종·유사 사건에 대한 소송이 진행 중인 경우에는 협의회의 결정으로 조정절차를 중지할 수 있다.

(2023.6.20 본조신설)

제24조【조정조서의 작성과 그 효력】 ① 협의회는 조정사항에 대하여 조정이 성립된 경우 조정에 참가한 위원과 분쟁당사자가 기명날인하거나 서명한 조정조서를 작성한다.(2018.4.17 본항개정)

② 협의회는 분쟁당사자가 조정절차를 개시하기 전에 조정사항을 스스로 조정하고 조정조서의 작성을 요구하는 경우에는 그 조정조서를 작성하여야 한다.

③ 분쟁당사자는 제1항 또는 제2항에 따른 조정에서 합의된 사항을 이행하여야 하고, 이행결과를 공정거래위원회에 제출하여야 한다.(2018.12.31 본항신설)

④ 공정거래위원회는 조정절차 개시 전에 시정조치 등의 처분을 하지 아니한 분쟁조정사항에 대하여 제1항 또는 제2항에 따라 합의가 이루어지고, 그 합의된 사항을 이행한 경우에는 제33조제1항에 따른 시정조치 및 제34조제1항에 따른 시정권고를 하지 아니한다.(2023.6.20 본항개정)

⑤ 제1항 또는 제2항에 따라 조정조서를 작성한 경우 조정조서는 재판상 화해와 동일한 효력을 갖는다.(2016.3.29 본항신설)

(2016.3.29 본조개정)

제25조【협의회의 조직 등에 관한 규정】 제16조부터 제23조까지, 제23조의2 및 제24조 외에 협의회의 조직·운영·조정절차 등에 관하여 필요한 사항은 대통령령으로 정한다.(2023.6.20 본조개정)

제26조 (2007.8.3 삭제)

제27조【가맹거래사】 ① 공정거래위원회가 실시하는 가맹거래사 자격시험에 합격한 후 대통령령이 정하는 바에 따라 실무수습을 마친 자는 가맹거래사의 자격을 가진다.(2007.8.3 본항개정)

② 다음 각 호의 어느 하나에 해당하는 자는 가맹거래사가 될 수 없다.(2007.8.3 본문개정)

1. 미성년자 또는 피성년후견인(2021.4.20 본호개정)
2. 파산선고를 받고 복권되지 아니한 자
3. 금고 이상의 형의 선고를 받고 그 집행이 종료(종료된 것으로 보는 경우를 포함한다)되거나 집행을 받지 아니하기로 확정된 후 2년이 경과되지 아니한 자
4. 금고 이상의 형의 집행유예를 받고 그 집행유예기간중에 있는 자
5. 제31조의 규정에 의하여 가맹거래사의 등록이 취소된 날부터 2년이 경과되지 아니한 자(2007.8.3 본호개정)

③ 제1항에 따른 시험에 응시한 사람이 그 시험에 관하여 부정한 행위를 한 경우에는 해당 시험을 무효로 하고 그 시험의 응시일부터 5년간 시험의 응시자격을 정지한다.(2016.3.29 본항신설)

④ 가맹거래사 자격시험의 시험과목·시험방법, 실무수습의 기간 등 자격시험 및 실무수습에 관하여 필요한 사항은 대통령령으로 정한다.(2007.8.3 본항개정)

(2007.8.3 본조제목개정)

제28조【가맹거래사의 업무】 가맹거래사는 다음 각 호의 사항에 관한 업무를 수행한다.

1. 가맹사업의 사업성에 관한 검토(2013.8.13 본호개정)
2. 정보공개서와 가맹계약서의 작성·수정이나 이에 관한 자문(2013.8.13 본호개정)
3. 가맹점사업자의 부담, 가맹사업 영업활동의 조건 등에 관한 자문(2013.8.13 본호개정)
4. 가맹사업당사자에 대한 교육·훈련이나 이에 대한 자문(2013.8.13 본호개정)
5. 가맹사업거래 분쟁조정 신청의 대행 및 의견의 진술(2017.4.18 본호개정)
6. 정보공개서 등록의 대행(2017.4.18 본호개정)

(2007.8.3 본조개정)

제29조【가맹거래사의 등록】 ① 가맹거래사 자격이 있는 자가 제28조에 따른 가맹거래사의 업무를 개시하고자 하는 경우에는 대통령령이 정하는 바에 따라 공정거래위원회에 등록하여야 한다.

② 제1항의 규정에 의하여 등록을 한 가맹거래사는 공정거래위원회가 정하는 바에 따라 5년마다 등록을 갱신하여야 한다.

③ 공정거래위원회는 제1항 또는 제2항에 따라 가맹거래사의 등록 또는 갱신등록을 할 때에 등록증을 내주어야 한다.(2022.1.4 본항신설)

④ 제1항의 규정에 의하여 등록을 한 가맹거래사가 아닌 자는 제27조의 규정에 의한 가맹거래사임을 표시하거나 이와 유사한 용어를 사용하여서는 아니된다.

(2007.8.3 본조개정)

제29조의2【가맹거래사 등록증의 대여 금지 등】 ① 가맹거래사는 자기의 등록증을 다른 사람에게 빌려주어서는 아니 된다.

② 누구든지 다른 사람의 가맹거래사 등록증을 빌려서는 아니 된다.

③ 누구든지 제1항 및 제2항에서 금지된 행위를 알선하여서는 아니 된다.

(2022.1.4 본조신설)

제30조【가맹거래사의 책임】 ① 가맹거래사는 성실히 직무를 수행하며 품위를 유지하여야 한다.

② 가맹거래사는 직무를 수행함에 있어서 고의로 진실을 감추거나 허위의 보고를 하여서는 아니된다.

(2007.8.3 본조개정)

제31조【가맹거래사의 등록취소와 자격정지】 ① 공정거래위원회는 제29조의 규정에 의하여 등록을 한 가맹거래사가 다음 각 호의 어느 하나에 해당하는 경우에는 그 등록을 취소할 수 있다. 다만, 제1호 및 제2호에 해당하는 경우에는 그 등록을 취소하여야 한다.(2007.8.3 본문개정)

1. 허위 그 밖의 부정한 방법으로 등록 또는 갱신등록을 한 경우
2. 제27조제2항의 규정에 의한 결격사유에 해당하게 된 경우
3. 업무수행과 관련하여 알게 된 비밀을 다른 사람에게 누설한 경우(2007.8.3 본호개정)
4. 가맹거래사 등록증을 다른 사람에게 대여한 경우 (2007.8.3 본호개정)
5. 업무수행과 관련하여 고의 또는 중대한 과실로 다른 사람에게 중대한 손해를 입힌 경우(2007.8.3 본호개정)

② 제29조제2항의 규정에 의한 갱신등록을 하지 아니한 가맹거래사는 그 자격이 정지된다. 이 경우 공정거래위원회가 고시로서 정하는 바에 따라 보수교육을 받고 갱신등록을 한 때에는 그 때부터 자격이 회복된다.(2007.8.3 전단개정)

③ 제1항에 따라 가맹거래사 등록이 취소된 사람은 지체 없이 등록증을 공정거래위원회에 반납하여야 한다.(2022.1.4 본항신설)

④ 제1항에 따라 가맹거래사의 등록을 취소하려는 경우에는 「행정절차법」에 따른 청문을 실시하여야 한다.(2022.1.4 본항개정)

(2007.8.3 본조제목개정)

제31조의2【가맹사업거래에 대한 교육 등】 ① 공정거래위원회는 공정한 가맹사업거래질서를 확립하기 위하여 다음 각 호의 업무를 수행할 수 있다.

1. 가맹본부에 대한 교육·연수
2. 가맹희망자 및 가맹점사업자에 대한 교육·연수
3. 가맹거래사에 대한 교육·연수(제27조제1항에 따른 실무수습을 포함한다)
4. 가맹본부가 이 법을 자율적으로 준수하도록 유도하기 위한 자율준수프로그램의 보급·확산
5. 그 밖에 공정한 가맹사업거래질서 확립을 위하여 필요하다고 인정하는 업무

② 공정거래위원회는 제1항의 업무를 대통령령으로 정하는 시설·인력 및 교육실적 등의 기준에 적합한 법인으로서 공정거래위원회가 지정하는 기관 또는 단체(이하 "교육기관 등"이라 한다)에 위탁할 수 있다.

③ 교육기관 등은 제1항에 따른 업무를 수행하는데 필요한 재원을 조달하기 위하여 수익사업을 할 수 있다.

④ 공정거래위원회는 교육기관 등이 제1항에 따른 업무를 충실히 수행하지 못하거나 대통령령으로 정하는 기준에 미치지 못하는 경우에는 지정을 취소하거나 3개월 이내의 기간을 정하여 지정의 효력을 정지할 수 있다.

⑤ 공정거래위원회는 제4항에 따라 지정을 취소하는 경우에는 「행정절차법」에 따른 청문을 실시하여야 한다.(2022.1.4 본항신설)

⑥ 교육기관 등의 지정절차 및 방법, 제3항에 따른 수익사업 등에 관하여 필요한 사항은 공정거래위원회가 정하여 고시한다.

(2007.8.3 본조신설)

제5장 공정거래위원회의 사건처리절차 등

제32조【조사개시대상의 제한 등】 ① 이 법의 규정에 따라 공정거래위원회의 조사개시대상이 되는 가맹사업거래는 그 거래가 종료된 날부터 3년을 경과하지 아니한 것에 한정한다. 다만, 그 거래가 종료된 날부터 3년 이내에 제22조제1항에 따른 조정이 신청되거나 제32조의3제1항에 따라 신고된 가맹사업거래의 경우에는 그러하지 아니하다.

② 공정거래위원회는 다음 각 호의 구분에 따른 기간이 경과한 경우에는 이 법 위반행위에 대하여 이 법에 따른 시정조치를 명하거나 과징금을 부과하지 아니한다. 다만, 법원의 판결에 따라 시정조치 또는 과징금 부과처분이 취소된 경우로서 그 판결이유에 따라 새로운 처분을 하는 경우에는 그러하지 아니하다.

1. 공정거래위원회가 이 법 위반행위에 대하여 제32조의3제1항 전단에 따른 신고를 받고 같은 조 제2항에 따라 조사를 개시한 경우 : 신고일부터 3년
2. 제1호의 경우 외에 공정거래위원회가 이 법 위반행위에 대하여 제32조의3제2항에 따라 조사를 개시한 경우 : 조사개시일부터 3년

(2018.12.31 본항신설)

(2018.12.31 본조개정)

제32조의2【서면실태조사】 ① 공정거래위원회는 가맹사업거래에서의 공정한 거래질서 확립을 위하여 가맹본부와 가맹점사업자 등 사이의 거래에 관한 서면실태조

사를 실시하여 그 결과를 공표하여야 한다.(2016.12.20 본항개정)
② 공정거래위원회가 제1항에 따라 서면실태조사를 실시하려는 경우에는 조사대상자의 범위, 조사기간, 조사내용, 조사방법, 조사절차 및 조사결과 공표범위 등에 관한 계획을 수립하여야 하고, 조사대상자에게 거래실태 등 조사에 필요한 자료의 제출을 요구할 수 있다.
③ 공정거래위원회가 제2항에 따라 자료의 제출을 요구하는 경우에는 조사대상자에게 자료의 범위와 내용, 요구사유, 제출기한 등을 명시하여 서면으로 알려야 한다.
④ 가맹본부는 가맹점사업자로 하여금 제2항에 따른 자료를 제출하지 아니하게 하거나 거짓 자료를 제출하도록 요구해서는 아니 된다.(2018.4.17 본항신설)
(2013.8.13 본조신설)

제32조의3【위반행위의 신고 등】 ① 누구든지 이 법에 위반되는 사실이 있다고 인정할 때에는 그 사실을 공정거래위원회에 신고할 수 있다. 이 경우 공정거래위원회는 대통령령으로 정하는 바에 따라 신고자가 동의한 경우에는 가맹본부 또는 가맹지역본부에게 신고가 접수된 사실을 통지하여야 한다.
② 공정거래위원회는 제1항 전단에 따른 신고가 있거나 이 법에 위반되는 혐의가 있다고 인정할 때에는 필요한 조사를 할 수 있다.
③ 제1항 후단에 따라 공정거래위원회가 가맹본부 또는 가맹지역본부에게 통지한 때에는 「민법」 제174조에 따른 최고가 있은 것으로 본다. 다만, 신고된 사실이 이 법의 적용대상이 아니거나 제32조제1항 본문에 따른 조사개시 대상행위의 제한 기한을 경과하여 공정거래위원회가 심의절차를 진행하지 아니하기로 한 경우, 신고된 사실에 대하여 공정거래위원회가 무혐의로 조치한 경우 또는 신고인이 신고를 취하한 경우에는 그러하지 아니하다.(2018.12.31 단서개정)
④ 공정거래위원회는 제2항에 따라 조사를 한 경우에는 그 결과(조사결과 시정조치 명령 등의 처분을 하고자 하는 경우에는 그 처분의 내용을 포함한다)를 서면으로 해당 사건의 당사자에게 통지하여야 한다.
(2016.12.20 본조신설)

제33조【시정조치】 ① 공정거래위원회는 제6조의5제1항·제4항, 제7조제3항, 제9조제1항, 제10조제1항, 제11조제1항·제2항, 제12조제1항, 제12조의2제1항·제2항, 제12조의3제1항·제2항, 제12조의4, 제12조의5, 제12조의6제1항, 제14조의2제5항, 제15조의2제3항·제6항을 위반한 가맹본부에 대하여 가맹금의 예치, 정보공개서등의 제공, 점포환경개선 비용의 지급, 가맹금 반환, 위반행위의 중지, 위반내용의 시정을 위한 필요한 계획 또는 행위의 보고 그 밖에 위반행위의 시정에 필요한 조치를 명할 수 있다.(2018.1.16 본항개정)
② (2018.12.31 삭제)
③ 공정거래위원회는 제1항에 따라 시정명령을 하는 경우에는 가맹본부에게 시정명령을 받았다는 사실을 공표하거나 거래상대방에 대하여 통지할 것을 명할 수 있다.
(2007.8.3 본조개정)

제34조【시정권고】 ① 공정거래위원회는 이 법의 규정을 위반한 가맹본부에 대하여 제33조의 규정에 의한 시정조치를 명할 시간적 여유가 없는 경우에는 대통령령이 정하는 바에 따라 시정방안을 마련하여 이에 따를 것을 권고할 수 있다. 이 경우 그 권고를 수락한 때에는 시정조치를 한 것으로 본다는 뜻을 함께 통지하여야 한다.
② 제1항의 규정에 의한 권고를 받은 가맹본부는 그 권고를 통지받은 날부터 10일 이내에 이를 수락하는 지의 여부에 관하여 공정거래위원회에 통지하여야 한다.
③ 제1항의 규정에 의한 권고를 받은 가맹본부가 그 권고를 수락한 때에는 제33조의 규정에 의한 시정조치를 받은 것으로 본다.
(2016.3.29 본조개정)

제34조의2【동의의결】 ① 공정거래위원회의 조사나 심의를 받고 있는 가맹본부 또는 가맹지역본부(이하 이 조에서 "신청인"이라 한다)는 해당 조사나 심의의 대상이 되는 행위(이하 이 조에서 "해당 행위"라 한다)로 인한 불공정한 거래내용 등의 자발적 해결, 가맹점사업자의 피해구제 및 거래질서의 개선 등을 위하여 제3항에 따른 동의의결을 하여 줄 것을 공정거래위원회에 신청할 수 있다. 다만, 해당 행위가 다음 각 호의 어느 하나에 해당하는 경우 공정거래위원회는 동의의결을 하지 아니하고 이 법에 따른 심의 절차를 진행하여야 한다.
1. 제44조제2항에 따른 고발요건에 해당하는 경우
2. 동의의결이 있기 전 신청인이 신청을 취소하는 경우
② 신청인이 제1항에 따른 신청을 하는 경우 다음 각 호의 사항을 기재한 서면으로 하여야 한다.
1. 해당 행위를 특정할 수 있는 사실관계
2. 해당 행위의 중지, 원상회복 등 경쟁질서의 회복이나 거래질서의 적극적 개선을 위하여 필요한 시정방안
3. 그 밖에 가맹점사업자 등의 피해를 구제하거나 예방하기 위하여 필요한 시정방안
③ 공정거래위원회는 해당 행위의 사실관계에 대한 조사를 마친 후 제2항제2호 및 제3호에 따른 시정방안(이하 "시정방안"이라 한다)이 다음 각 호의 요건을 모두 충족한다고 판단되는 경우에는 해당 행위 관련 심의 절차를 중단하고 시정방안과 같은 취지의 의결(이하 "동의의결"이라 한다)을 할 수 있다. 이 경우 신청인과의 협의를 거쳐 시정방안을 수정할 수 있다.
1. 해당 행위가 이 법을 위반한 것으로 판단될 경우에 예상되는 시정조치 및 그 밖의 제재와 균형을 이룰 것
2. 공정하고 자유로운 경쟁질서나 거래질서를 회복시키거나 가맹점사업자 등을 보호하기에 적절하다고 인정될 것
④ 공정거래위원회의 동의의결은 해당 행위가 이 법에 위반된다고 인정한 것을 의미하지 아니하며, 누구든지 신청인이 동의의결을 받은 사실을 들어 해당 행위가 이 법에 위반된다고 주장할 수 없다.
(2022.1.4 본조신설)

제34조의3【동의의결 절차 및 취소】 동의의결 절차 및 취소에 관하여는 「독점규제 및 공정거래에 관한 법률」 제90조 및 제91조를 각각 준용한다. 이 경우 같은 법 제90조제1항의 "소비자"는 "가맹점사업자"로, 같은 법 제90조제3항 후단의 "제124조부터 제127조까지의 규정"은 "이 법 제41조의 규정"으로 본다.(2022.1.4 본조신설)

제34조의4【이행강제금】 ① 공정거래위원회는 정당한 이유 없이 동의의결 시 정한 이행기한까지 동의의결을 이행하지 아니한 자에게 동의의결이 이행되거나 취소되기 전까지 이행기한이 지난 날부터 1일당 200만원 이하의 이행강제금을 부과할 수 있다.
② 이행강제금의 부과·납부·징수 및 환급 등에 관하여는 「독점규제 및 공정거래에 관한 법률」 제16조제2항 및 제3항을 준용한다.
(2022.1.4 본조신설)

제35조【과징금】 ① 공정거래위원회는 제6조의5제1항·제4항, 제7조제3항, 제9조제1항, 제10조제1항, 제11조제1항·제2항, 제12조제1항, 제12조의2제1항·제2항, 제12조의3제1항·제2항, 제12조의4, 제12조의5, 제12조의6제1항, 제14조의2제5항, 제15조의2제3항·제6항을 위반한 가맹본부에 대하여 대통령령으로 정하는 매출액(대통령령으로 정하는 사업자의 경우에는 영업수익을 말한다. 이하 같다)에 100분의 2를 곱한 금액을 초과하지 아니하는 범위에서 과징금을 부과할 수 있다. 다만, 그 위반행위를 한 가맹본부가 매출액이 없거나 매출액의 산정이 곤란한 경우로서 대통령령으로 정하는 경우에는 5억원을 초과하지 아니하는 범위에서 과징금을 부과할 수 있다.
(2018.1.16 본문개정)
② 공정거래위원회는 제1항에 따라 과징금을 부과하는 경우에는 다음 각 호의 사항을 고려하여야 한다.
1. 위반행위의 내용 및 정도
2. 위반행위의 기간 및 횟수
3. 위반행위로 취득한 이익의 규모 등
③ 이 법을 위반한 회사인 가맹본부가 합병을 하는 경우에는 그 가맹본부가 한 위반행위는 합병 후 존속하거나 합병으로 설립되는 회사가 한 위반행위로 보아 과징금을 부과·징수할 수 있다.
④ 공정거래위원회는 이 법을 위반한 회사인 가맹본부가 분할되거나 분할합병되는 경우 분할되는 가맹본부의 분할일 또는 분할합병일 이전의 위반행위를 다음 각 호의 어느 하나에 해당하는 회사의 행위로 보고 과징금을 부과·징수할 수 있다.
1. 분할되는 회사
2. 분할 또는 분할합병으로 설립되는 새로운 회사
3. 분할되는 회사의 일부가 다른 회사에 합병된 후 그 다른 회사가 존속하는 경우 그 다른 회사
⑤ 공정거래위원회는 이 법을 위반한 회사인 가맹본부가 「채무자 회생 및 파산에 관한 법률」 제215조에 따라 신회사를 설립하는 경우에는 기존 회사 또는 신회사 중 어느 하나의 행위로 보고 과징금을 부과·징수할 수 있다.
⑥ 제1항에 따른 과징금의 부과기준은 대통령령으로 정한다.
(2013.8.13 본조개정)

제36조【관계행정기관의 장의 협조】 공정거래위원회는 이 법의 시행을 위하여 필요하다고 인정하는 때에는 관계행정기관의 장의 의견을 듣거나 관계행정기관의 장에 대하여 조사를 위한 인원의 지원 그 밖의 필요한 협조를 요청할 수 있다.

제37조【「독점규제 및 공정거래에 관한 법률」의 준용】
① 이 법에 의한 공정거래위원회의 조사·심의·의결 및 시정권고에 관하여는 「독점규제 및 공정거래에 관한 법률」 제64조부터 제68조까지, 제81조제1항·제2항·제3항·제6항·제9항, 제93조, 제95조부터 제97조까지 및 제101조를 준용한다.
② 이 법에 의한 과징금의 부과·징수에 관하여는 「독점규제 및 공정거래에 관한 법률」 제103조부터 제107조까지의 규정을 준용한다.
③ 이 법에 의한 이의신청, 소의 제기 및 불복의 소의 전속관할에 관하여는 「독점규제 및 공정거래에 관한 법률」 제96조, 제97조, 제99조 및 제100조를 준용한다.
④ 이 법에 의한 직무에 종사하거나 종사하였던 공정거래위원회의 위원, 공무원 또는 협의회에서 가맹사업거래에 관한 분쟁의 조정업무를 담당하거나 담당하였던 자 및 제34조의3에 따른 동의의결의 이행관리 업무를 담당하거나 담당하였던 사람에 대하여는 「독점규제 및 공정거래에 관한 법률」 제119조를 준용한다.(2022.1.4 본항개정)
⑤ 제34조의3에 따른 동의의결의 이행관리 업무를 담당하거나 담당하였던 사람에 대하여는 「독점규제 및 공정거래에 관한 법률」 제123조제2항을 준용한다.(2022.1.4 본항신설)
(2020.12.29 본조개정)

제37조의2【손해배상책임】 ① 가맹본부는 이 법의 규정을 위반함으로써 가맹점사업자에게 손해를 입힌 경우에는 가맹점사업자에 대하여 손해배상의 책임을 진다. 다만, 가맹본부가 고의 또는 과실이 없음을 입증한 경우에는 그러하지 아니하다.
② 제1항에도 불구하고 가맹본부가 제9조제1항, 제12조제1항제1호 및 제12조의5를 위반함으로써 가맹점사업자에게 손해를 입힌 경우에는 가맹점사업자에게 발생한 손해의 3배를 넘지 아니하는 범위에서 배상책임을 진다. 다만, 가맹본부가 고의 또는 과실이 없음을 입증한 경우에는 그러하지 아니하다.(2018.1.16 본문개정)
③ 법원은 제2항의 배상액을 정할 때에는 다음 각 호의 사항을 고려하여야 한다.
1. 고의 또는 손해 발생의 우려를 인식한 정도
2. 위반행위로 인하여 가맹점사업자가 입은 피해 규모
3. 위법행위로 인하여 가맹본부가 취득한 경제적 이익
4. 위반행위에 따른 벌금 및 과징금
5. 위반행위의 기간·횟수
6. 가맹본부의 재산상태
7. 가맹본부의 피해구제 노력의 정도
④ 제1항 또는 제2항에 따라 손해배상청구의 소가 제기된 경우 「독점규제 및 공정거래에 관한 법률」 제110조 및 제115조를 준용한다.(2020.12.29 본항개정)
(2017.4.18 본조신설)

제38조【「독점규제 및 공정거래에 관한 법률」과의 관계】 가맹사업거래에 관하여 이 법의 적용을 받는 사항에 대하여는 「독점규제 및 공정거래에 관한 법률」 제45조제1항제1호·제4호·제6호·제7호 및 같은 법 제46조를 적용하지 아니한다.(2020.12.29 본조개정)

제39조【권한의 위임과 위탁】 ① 이 법에 의한 공정거래위원회의 권한은 그 일부를 대통령령이 정하는 바에 따라 소속기관의 장이나 시·도지사에게 위임하거나 다른 행정기관의 장에게 위탁할 수 있다.(2018.3.27 본항개정)
② 공정거래위원회는 다음 각 호의 어느 하나에 해당하는 업무를 대통령령으로 정하는 바에 따라 「독점규제 및 공정거래에 관한 법률」 제72조에 따라 설립된 한국공정거래조정원이나 관련 법인·단체에 위탁할 수 있다. 이 경우 제1호의 위탁관리에 소요되는 경비의 전부 또는 일부를 지원할 수 있다.(2020.12.29 전단개정)
1. 제6조의2 및 제6조의3에 따른 정보공개서의 등록, 등록 거부 및 공개 등에 관한 업무(2012.2.17 본호개정)
2. 제27조제1항에 따른 가맹거래사 자격시험의 시행 및 관리 업무
(2007.8.3 본조개정)

제40조【보고】 공정거래위원회는 제39조의 규정에 의하여 위임 또는 위탁한 사무에 대하여 위임 또는 위탁받은 자에게 필요한 보고를 하게 할 수 있다.

제6장 벌 칙

제41조【벌칙】 ① 제9조제1항의 규정에 위반하여 허위·과장의 정보제공행위나 기만적인 정보제공행위를 한 자는 5년 이하의 징역 또는 3억원 이하의 벌금에 처한다.
(2013.8.13 본항개정)
② 다음 각 호의 어느 하나에 해당하는 자는 3년 이하의 징역 또는 1억원 이하의 벌금에 처한다.
1. 제12조의5를 위반하여 가맹점사업자에게 불이익을 주는 행위를 하거나 다른 사업자로 하여금 이를 행하도록 한 자(2018.1.16 본호신설)
2. 제33조제1항에 따른 시정조치의 명령에 따르지 아니한 자
3. 제37조제4항의 규정에 의하여 준용되는 「독점규제 및 공정거래에 관한 법률」 제119조를 위반한 자
(2020.12.29 본호개정)
③ 다음 각 호의 어느 하나에 해당하는 자는 2년 이하의 징역 또는 5천만원 이하의 벌금에 처한다.
1. 제6조의5제1항을 위반하여 가맹점사업자로부터 예치가맹금을 직접 수령한 자
2. 제7조제3항을 위반하여 가맹금을 수령하거나 가맹계약을 체결한 자(2013.8.13 본호개정)
3. 제15조의2제6항을 위반하여 가맹점사업자피해보상보험계약 등을 체결하였다는 사실을 나타내는 표지 또는 이와 유사한 표지를 제작하거나 사용한 자
④ 제29조의2를 위반하여 가맹거래사 등록증을 빌려주거나 빌린 자 또는 이를 알선한 자는 1년 이하의 징역 또는 1천만원 이하의 벌금에 처한다.(2022.1.4 본항신설)
⑤ 제6조의5제4항을 위반하여 거짓이나 그 밖의 부정한 방법으로 예치가맹금의 지급을 요청한 자는 예치가맹금의 2배에 상당하는 금액 이하의 벌금에 처한다.(2007.8.3 본항신설)
(2007.8.3 본조개정)

제42조【양벌규정】 법인의 대표자나 법인 또는 개인의 대리인, 사용인, 그 밖의 종업원이 그 법인 또는 개인의 업무에 관하여 제41조의 위반행위를 하면 그 행위자를

벌하는 외에 그 법인 또는 개인에게도 해당 조문의 벌금형을 과(科)한다. 다만, 법인 또는 개인이 그 위반행위를 방지하기 위하여 해당 업무에 관하여 상당한 주의와 감독을 게을리하지 아니한 경우에는 그러하지 아니하다.
(2010.3.22 본조개정)

제43조【과태료】 ① 가맹본부가 제3호 또는 제4호의 규정에 해당하는 경우에는 1억원이하, 제1호, 제1호의2 또는 제2호의 규정에 해당하는 경우에는 5천만원 이하의 과태료를 부과한다.(2018.4.17 본문개정)

1. 제32조의2제2항에 따른 자료를 제출하지 아니하거나 거짓의 자료를 제출한 자(2013.8.13 본호신설)

1의2. 제32조의2제4항을 위반하여 가맹점사업자로 하여금 자료를 제출하지 아니하게 하거나 거짓 자료를 제출하도록 요구한 자(2018.4.17 본호신설)

2. 제37조제1항의 규정에 의하여 준용되는 「독점규제 및 공정거래에 관한 법률」 제81조제1항제1호를 위반하여 정당한 사유 없이 2회 이상 출석하지 아니한 자
3. 제37조제1항의 규정에 의하여 준용되는 「독점규제 및 공정거래에 관한 법률」 제81조제1항제3호 또는 같은 조 제6항에 따른 보고 또는 필요한 자료나 물건의 제출을 정당한 사유없이 하지 아니하거나, 허위의 보고 또는 자료나 물건을 제출한 자
4. 제37조제1항의 규정에 의하여 준용되는 「독점규제 및 공정거래에 관한 법률」 제81조제2항 및 제3항에 따른 조사를 정당한 사유없이 거부·방해 또는 기피한 자

(2020.12.29 2호~4호개정)

② (2018.4.17 삭제)

③ 가맹본부의 임원이 제1항제3호에 해당하는 경우에는 5천만원 이하, 같은 항 제1호, 제1호의2 또는 제2호에 해당하는 경우에는 1천만원 이하의 과태료를 부과한다.
(2018.4.17 본항개정)

④ 가맹본부의 종업원 또는 이에 준하는 법률상 이해관계에 있는 자가 제1항제3호에 해당하는 경우에는 5천만원 이하, 같은 항 제2호에 해당하는 경우에는 1천만원 이하, 같은 항 제1호 또는 제1호의2에 해당하는 경우에는 500만원 이하의 과태료를 부과한다.(2018.4.17 본항개정)

⑤ 제37조제1항의 규정에 의하여 준용되는 「독점규제 및 공정거래에 관한 법률」 제66조에 따른 질서유지명령에 응하지 아니한 자는 100만원 이하의 과태료에 처한다.
(2020.12.29 본항개정)

⑥ 다음 각 호의 어느 하나에 해당하는 자에게는 1천만원 이하의 과태료를 부과한다.

1. 제6조의2제2항 본문을 위반하여 기한 내에 변경등록을 하지 아니하거나 거짓으로 변경등록을 한 자
(2013.8.13 본호신설)
2. 제9조제3항을 위반하여 같은 항 각 호의 어느 하나에 해당하는 정보를 서면으로 제공하지 아니한 자
(2013.8.13 본호개정)
3. 제9조제4항을 위반하여 근거자료를 비치하지 아니하거나 자료요구에 응하지 아니한 자(2013.8.13 본호개정)
4. 제9조제5항을 위반하여 예상매출액 산정서를 제공하지 아니한 자(2013.8.13 본호신설)
5. 제9조제6항을 위반하여 예상매출액 산정서를 보관하지 아니한 자(2013.8.13 본호신설)
6. 제11조제3항을 위반하여 가맹계약서를 보관하지 아니한 자
7. 제12조의6제2항을 위반하여 광고 또는 판촉행사 비용의 집행 내역을 통보하거나 아니하거나 열람 요구에 응하지 아니한 자(2022.1.4 본호신설)

(2007.8.3 본항개정)

⑦ 다음 각 호의 어느 하나에 해당하는 자에게는 300만원 이하의 과태료를 부과한다.

1. 제6조의2제2항 단서를 위반하여 신고를 하지 아니하거나 거짓으로 신고한 자(2013.8.13 본호개정)
2. 제29조제4항을 위반하여 가맹거래사임을 표시하거나 유사한 용어를 사용한 자(2022.1.4 본호개정)

(2007.8.3 본항개정)

⑧ 제1항부터 제7항까지의 규정에 따른 과태료는 대통령령으로 정하는 바에 따라 공정거래위원회가 부과·징수한다.(2007.8.3 본항신설)

⑨~⑪ (2010.3.22 삭제)

제44조【고발】 ① 제41조제1항, 제2항제1호·제2호 및 제3항의 죄는 공정거래위원회의 고발이 있어야 공소를 제기할 수 있다.(2018.1.16 본항개정)

② 공정거래위원회는 제41조제1항, 제2항제1호·제2호 및 제3항의 죄중 그 위반의 정도가 객관적으로 명백하고 중대하다고 인정하는 경우에는 검찰총장에게 고발하여야 한다.(2018.1.16 본항개정)

③ 검찰총장은 제2항의 규정에 의한 고발요건에 해당하는 사실이 있음을 공정거래위원회에 통보하여 고발을 요청할 수 있다.(2013.8.13 후단삭제)

④ 공정거래위원회가 제2항에 따른 고발요건에 해당하지 아니한다고 결정하더라도 감사원장, 중소벤처기업부장관은 사회적 파급효과, 가맹희망자나 가맹점사업자에게 미친 피해 정도 등 다른 사정을 이유로 공정거래위원회에 고발을 요청할 수 있다.(2017.7.26 본항개정)

⑤ 제3항 또는 제4항에 따른 고발요청이 있는 때에는 공정거래위원회 위원장은 검찰총장에게 고발하여야 한다.
(2013.8.13 본항신설)

⑥ 공정거래위원회는 공소가 제기된 후에는 고발을 취소하지 못한다.

부 칙 (2007.8.3)

제1조【시행일】 이 법은 공포 후 6개월이 경과한 날부터 시행한다. 다만, 제37조제2항의 개정규정은 공포 후 3개월이 경과한 날부터 시행하고, 제6조의5, 제15조의2 및 제15조의3의 개정규정은 공포 후 1년이 경과한 날부터 시행한다.

제2조【가맹금에 관한 적용례】 제2조제6호의 개정규정은 이 법 시행 후 지급하는 가맹금부터 적용한다.

제3조【불공정거래행위의 금지에 관한 적용례】 제12조제4호의 개정규정은 이 법 시행 이후 체결되거나 갱신된 가맹계약부터 적용한다.

제4조【가맹계약의 갱신에 관한 적용례】 제13조의 개정규정은 이 법 시행 이후 체결되거나 갱신된 가맹계약부터 적용한다.

제5조【가맹계약 해지의 제한에 관한 적용례】 제14조제1항 본문의 개정규정은 이 법 시행 후 계약의 위반 사실이 발생하여 계약을 해지하는 경우부터 적용한다.

제6조【정보공개서에 관한 특례】 가맹본부는 이 법 시행일부터 6개월까지는 제6조의2와 제7조제1항·제2항의 개정규정에도 불구하고 종전의 정보공개서를 제공할 수 있다.

제7조【가맹계약 종료 사실 통지 등에 관한 경과조치】 이 법 시행 전에 체결되거나 갱신된 가맹계약의 종료 사실 통지 등에 관하여는 종전의 규정에 따른다.

제8조【가맹금의 반환에 관한 경과조치】 이 법 시행 전에 가맹본부가 종전의 제9조제1항을 위반하여 거짓 또는 과장된 정보를 제공하거나 종전의 제8조제2항에 따른 중요한 사항을 누락한 경우 또는 정당한 사유 없이 가맹사업을 일방적으로 중단한 경우에 있어서 가맹금의 반환에 관하여는 종전의 규정에 따른다. 이 경우 이 법 시행 전에 지급된 가맹금의 반환 범위에 관하여는 종전의 제2조제6호와 제10조에 따른다.

제9조【협의회 등에 관한 경과조치】 ① 이 법 시행 당시 종전의 가맹사업거래분쟁조정협의회는 제16조의 개정규정에 따른 협의회로 본다.

② 이 법 시행 당시 종전의 가맹사업거래분쟁조정협의회에 신청되거나 조정 중인 사건은 제16조의 개정규정에 따른 협의회에 신청되거나 조정 중인 사건으로 본다.

③ 이 법 시행 당시 종전의 가맹사업거래분쟁조정협의회의 위원은 제17조제3항의 개정규정에 따라 임명되거나 위촉된 자로 본다. 이 경우 위원의 임기는 잔여기간으로 한다.

제10조【가맹사업거래상담사에 대한 경과조치】 ① 이 법 시행 당시 종전의 규정에 따라 가맹사업거래상담사 자격시험을 합격한 자, 가맹사업거래상담사 자격을 가지거나 등록을 한 자는 이 법에 따른 가맹거래사 자격시험에 합격한 자, 가맹거래사 자격을 가지거나 등록을 한 자로 본다.

② 이 법 시행 당시 종전의 규정에 따라 가맹사업거래상담사 등록이 취소되거나 자격이 정지된 자는 이 법에 따라 가맹거래사 등록이 취소되거나 자격이 정지된 자로 본다.

제11조【벌칙과 과태료에 관한 경과조치】 이 법 시행 전의 행위에 대한 벌칙과 과태료의 적용은 종전의 규정에 따른다.

부 칙 (2016.3.29)

제1조【시행일】 이 법은 공포 후 6개월이 경과한 날부터 시행한다.

제2조【영업지역 변경에 관한 적용례】 제12조의4제2항의 개정규정은 이 법 시행 후 갱신되는 가맹계약부터 적용한다.

제3조【광고·판촉행사 관련 집행 내역 통보 등에 관한 적용례】 제12조의6제1항의 개정규정은 이 법 시행 후 실시되는 광고나 판촉행사부터 적용한다.

제4조【조정 및 조정조서 효력에 관한 적용례】 제23조 및 제24조의 개정규정은 이 법 시행 후 최초로 신청되거나 의뢰된 분쟁조정부터 적용한다.

제5조【손해배상에 관한 적용례】 제37조제3항의 개정규정은 이 법 시행 후 최초로 제기되는 손해배상 소송부터 적용한다.

부 칙 (2016.12.20)

제1조【시행일】 이 법은 공포 후 3개월이 경과한 날부터 시행한다.

제2조【최고의 효력에 관한 적용례】 제32조의3제3항의 개정규정은 이 법 시행 후 최초로 신고된 위반행위부터 적용한다.

부 칙 (2017.4.18)

제1조【시행일】 이 법은 공포 후 6개월이 경과한 날부터 시행한다.

제2조【가맹계약서 제공시기에 관한 적용례】 제11조제1항의 개정규정은 이 법 시행 이후에 최초로 체결되거나 갱신되는 가맹계약서부터 적용한다.

제3조【시효중단의 효력에 관한 적용례】 제22조제4항부터 제6항까지의 개정규정은 이 법 시행 후 최초로 신청된 분쟁조정부터 적용한다.

제4조【손해배상책임에 관한 적용례】 제37조의2의 개정규정은 이 법 시행 후에 최초로 가맹본부가 제9조제1항, 제12조제1항제1호를 위반하여 가맹점사업자에게 손해를 입힌 경우의 손해배상청구분부터 적용한다.

제5조【금치산자 등에 대한 경과조치】 제27조제2항제1호의 개정규정에 따른 피한정후견인 또는 피성년후견인에는 법률 제10429호 민법 일부개정법률 부칙 제2조에 따라 금치산 또는 한정치산 선고의 효력이 유지되는 사람을 포함하는 것으로 본다.

부 칙 (2018.1.16)

제1조【시행일】 이 법은 공포 후 6개월이 경과한 날부터 시행한다. 다만, 제6조의2부터 제6조의4까지의 개정규정은 2019년 1월 1일부터 시행한다.(2018.3.27 단서개정)

제2조【영업지역 변경에 관한 적용례】 제12조의4제2항의 개정규정은 이 법 시행 이후 갱신되는 가맹계약부터 적용한다.

제3조【포상금 지급에 관한 적용례】 제15조의5의 개정규정은 이 법 시행 후 최초로 이 법의 위반행위를 신고하거나 제보하고 그 신고나 제보를 입증할 수 있는 증거자료를 제출하는 경우부터 적용한다.

제4조【손해배상책임에 관한 적용례】 제37조의2의 개정규정은 이 법 시행 후 최초로 가맹본부가 제12조의5의 개정규정을 위반하여 가맹점사업자에게 손해를 입힌 경우의 손해배상청구분부터 적용한다.

부 칙 (2018.10.16)

제1조【시행일】 이 법은 2019년 1월 1일부터 시행한다.

제2조【가맹계약서의 기재사항에 관한 적용례】 제11조제2항제11호의 개정규정은 이 법 시행 후 최초로 체결되거나 갱신되는 가맹계약부터 적용한다.

부 칙 (2018.12.31)

제1조【시행일】 이 법은 공포 후 6개월이 경과한 날부터 시행한다.

제2조【조사개시대상 제한의 예외에 관한 적용례】 제32조제1항 단서의 개정규정은 이 법 시행 이후 제22조제1항에 따라 조정신청되는 가맹사업거래의 경우부터 적용한다.

제3조【위반행위에 대한 시정조치 또는 과징금 처분 기간 제한에 관한 적용례】 ① 제32조제2항 각 호 외의 부분 및 같은 항 제1호의 개정규정은 이 법 시행 이후 공정거래위원회가 제32조의3제1항 전단에 따른 신고를 받는 경우부터 적용한다.

② 제32조제2항 각 호 외의 부분 및 같은 항 제2호의 개정규정은 이 법 시행 이후 공정거래위원회가 제32조의3제2항에 따라 조사를 개시하는 경우부터 적용한다.

제4조【조정절차 등에 관한 경과조치】 이 법 시행 전에 조정신청된 조정의 경우에는 제23조제3항부터 제5항까지의 개정규정에도 불구하고 종전의 규정에 따른다.

부 칙 (2020.12.29)

제1조【시행일】 이 법은 공포 후 1년이 경과한 날부터 시행한다.(이하 생략)

부 칙 (2021.4.20)

이 법은 공포한 날부터 시행한다.

부 칙 (2021.5.18)

제1조【시행일】 이 법은 공포 후 6개월이 경과한 날부터 시행한다.

제2조【소규모가맹본부에 대한 가맹금 예치 및 정보공개서 제공에 관한 적용례】 ① 제3조제2항의 개정규정 중 제6조의5에 따른 가맹금 예치 등에 관한 내용은 제3조제1항제1호 또는 제2호에 해당하는 가맹본부가 이 법 시행 이후 체결하는 가맹계약부터 적용한다.

② 제3조제2항의 개정규정 중 제7조에 따른 정보공개서의 제공의무 등에 관한 내용은 제3조제1항제1호 또는 제2호에 해당하는 가맹본부가 부칙 제4조에 따른 정보공개서 등록 신청을 하여 등록증을 발급받은 이후 최초로 가맹점사업자를 모집할 때부터 적용한다.

제3조【정보공개서 등록에 관한 경과조치】 이 법 시행 전에 가맹본부가 등록한 정보공개서는 제2조제10호의 개정규정에도 불구하고 이 법에 따라 등록한 것으로 본다. 다만, 가맹본부가 이 법 시행 후 정보공개서 변경등록을 하는 경우에는 제2조제10호아목의 개정규정에 따른 직영점 현황을 기재하여 변경등록하여야 한다.

제4조【소규모가맹본부에 대한 정보공개서 등록 신청에 관한 경과조치】 이 법 시행 당시 제3조제1항제1호 또는 제2호에 해당하는 가맹본부는 이 법 시행 후 6개월 이내에 제6조의2제1항에 따라 정보공개서 등록 신청을 하여야 한다.

부 칙 (2021.12.7)

이 법은 공포 후 6개월이 경과한 날부터 시행한다.

부 칙 (2022.1.4)

제1조【시행일】 이 법은 공포 후 6개월이 경과한 날부터 시행한다.

제2조【집행 내역 통보 불이행 등에 관한 적용례 및 경과조치】 ① 제43조제6항제7호의 개정규정은 이 법 시행 이후에 제12조의6제2항을 위반하여 집행 내역을 통보하지 아니하거나 열람 요구에 응하지 아니한 경우부터 적용한다.
② 이 법 시행 전에 종전의 제12조의6제1항을 위반하여 집행 내역을 통보하지 아니하거나 열람 요구에 응하지 아니한 가맹본부에 대해서는 제33조부터 제35조까지의 규정에 따른 시정조치·시정권고 또는 과징금 부과를 할 수 있다.

제3조【광고·판촉행사의 실시를 위한 사전 동의에 관한 경과조치】 이 법 시행 전에 가맹본부가 광고나 판촉행사를 위하여 광고판매대행사업자 등과 체결한 계약에 따라 이 법 시행 이후 광고나 판촉행사를 실시하는 경우에는 제12조의6제1항의 개정규정에도 불구하고 가맹점사업자의 동의를 받지 아니하고 해당 광고나 판촉행사를 실시할 수 있다.

부 칙 (2023.6.20)

제1조【시행일】 이 법은 공포한 날부터 시행한다. 다만, 제23조제4항 및 제23조의2의 개정규정은 공포 후 6개월이 경과한 날부터 시행한다.

제2조【분쟁조정의 신청에 관한 적용례】 제23조제3항의 개정규정은 이 법 시행 이후 분쟁조정을 신청하는 경우부터 적용한다.

제3조【소송·조정절차 중지에 관한 적용례】 제23조의2의 개정규정은 같은 개정규정 시행 이후 조정을 신청하는 경우부터 적용한다.

부 칙 (2023.8.8)

제1조【시행일】 이 법은 공포 후 6개월이 경과한 날부터 시행한다. 다만, 제11조제1항의 개정규정은 공포 후 3개월이 경과한 날부터 시행한다.

제2조【가맹계약 제한기간 단축에 관한 적용례】 제11조제1항의 개정규정은 이 법 시행 당시 가맹본부가 가맹계약서를 제공한 날부터 14일이 지나지 아니한 경우에도 적용한다.

제3조【협의회에 관한 적용례】 제17조의 개정규정은 이 법 시행 이후 새로 구성되는 협의회부터 적용한다.

부 칙 (2024.1.2)

제1조【시행일】 이 법은 공포 후 6개월이 경과한 날부터 시행한다. 다만, 제17조의 개정규정은 2024년 2월 9일부터 시행한다.

제2조【가맹사업거래분쟁조정협의회 위원장의 겸직에 관한 적용례】 제17조의 개정규정은 같은 개정규정 시행 이후 임기가 시작되는 협의회의 경우부터 적용한다.

제3조【가맹계약서 기재사항에 관한 적용례】 제11조제2항제12호의 개정규정은 이 법 시행 당시 존속 중인 가맹계약과 이 법 시행 후 최초로 체결되거나 갱신되는 가맹계약에 모두 적용한다.

제4조【가맹계약서의 기재사항에 대한 경과조치】 부칙 제3조에도 불구하고 이 법 시행 당시 존속 중인 가맹계약에 대하여는 이 법 시행일부터 6개월 이내에 제11조제2항제12호의 개정규정에 따른 내용을 가맹계약서에 포함하도록 하여야 한다.

복권 및 복권기금법

(약칭 : 복권법)

(2004년 1월 29일 법 률 제7159호)

개정
2005. 3.31법 7486호(한국보훈복지의료공단법)
2005. 8. 4법 7678호(산림자원조성관리)
2005.12.29법 7796호(국가공무원)
2005.12.29법 7798호
2006. 2.21법 7849호(제주자치법)
2006.10. 4법 8050호(국가재정법)
2007. 4.11법 8343호(관광진흥법)
2007. 4.11법 8344호(국민체육진흥법)
2007. 4.11법 8361호(중소기업진흥)
2007. 4.11법 8367호(장애인)
2007.10.17법 8655호(한부모가족지원법)
2008. 2.29법 8873호
2009. 5.21법 9685호(중소기업판로지원)
2009.10.21법 9802호 2009.12.29법 9821호
2010. 6. 8법10361호(근로복지기본법)
2011. 3.30법10487호
2011. 9.15법11048호(청소년보호법)
2015. 1. 6법12989호(주택도시기금법)
2015. 7.24법13426호(제주자치법)
2016. 3. 2법14043호 2016. 3.29법14097호
2017. 8. 9법14842호
2018.12.31법16172호(중소기업진흥)
2020. 3.31법17146호 2023. 7.18법19541호
2023. 8. 8법19589호(국가유산보호기금법)

제1장 총 칙

(2011.3.30 본장개정)

제1조【목적】 이 법은 복권의 발행·관리 및 판매에 관한 사항을 정하여 복권사업의 건전한 발전을 도모하고, 복권수익금의 합리적 배분과 투명한 사용을 통하여 국민의 복지 증진에 이바지함을 목적으로 한다.

제2조【정의】 이 법에서 사용하는 용어의 뜻은 다음과 같다.
1. "복권"이란 다수인으로부터 금전을 모아 추첨 등의 방법으로 결정된 당첨자에게 당첨금을 지급하기 위하여 발행하는 표권(票券)으로서 다음 각 목의 것을 말한다.
가. 추첨식 인쇄복권 : 복권면에 추첨용 번호를 미리 인쇄한 후에 추첨으로 당첨번호를 결정하는 복권
나. 즉석식 인쇄복권 : 당첨방식을 미리 정한 후 복권면에 당첨방식에 관한 내용을 인쇄하여 복권의 최종 구매자가 구입하는 즉시 당첨 여부를 확인할 수 있는 복권
다. 추첨식 전자복권 : 「정보통신망 이용촉진 및 정보보호 등에 관한 법률」 제2조제1항제1호에 따른 정보통신망(이하 "정보통신망"이라 한다)을 통하여 발행 및 판매가 이루어지는 전자적 형태의 복권으로서 복권면에 추첨용 번호를 미리 정하여 두거나 최종 구매자가 번호를 선택할 수 있도록 한 후에 추첨으로 당첨번호를 결정하는 복권
라. 즉석식 전자복권 : 정보통신망을 통하여 발행 및 판매가 이루어지는 전자적 형태의 복권으로서 당첨방식을 미리 정한 후 복권면에 당첨방식에 관한 내용을 표시하고 복권의 최종 구매자가 구입하는 즉시 당첨 여부를 확인할 수 있는 복권
마. 온라인복권 : 복권의 최종 구매자가 직접 번호를 선택하거나 전산에 의하여 자동으로 번호를 받은 후에 추첨으로 당첨번호를 결정하는 복권으로서 복권발행시스템을 갖춘 중앙전산센터와 정보통신망으로 연결된 복권의 발매단말기를 통하여 출력된 복권 또는 복권발행시스템을 갖춘 중앙전산센터와 연결된 정보통신망을 통하여 발행 및 판매가 이루어지는 전자적 형태의 복권(2016.3.29 본목개정)
바. 가목과 다목의 복권을 혼합한 형태의 복권(이하 "추첨식 인쇄·전자결합복권"이라 한다). 이 경우 추첨 등의 방법에 관하여는 대통령령으로 정한다.
2. "당첨금"이란 추첨 등을 통하여 복권의 당첨자에게 한꺼번에 또는 분할 등의 방법으로 지급하는 금액[상품으로 지급하는 경우 그 가액(價額)을 포함한다]을 말한다.
3. "복권유통비용"이란 수수료, 광고비, 발행경비 및 세금 등 복권의 발행·관리 및 판매를 위하여 지출되는 모든 비용(당첨금은 제외한다)을 말한다.
4. "복권수익금"이란 복권의 판매금액에서 당첨금 및 복권유통비용을 제외한 금액을 말한다.

제3조【다른 법률과의 관계】 이 법에 따라 발행되는 복권에 관하여는 「사행행위 등 규제 및 처벌특례법」을 적용하지 아니한다.

제2장 복권의 발행 등

(2011.3.30 본장개정)

제4조【복권의 발행 등】 ① 제13조에 따른 복권위원회(이하 "복권위원회"라 한다), 제12조제1항에 따라 복권발행업무의 위탁을 받은 자(이하 "수탁사업자"라 한다) 또는 같은 조 제2항에 따라 재위탁을 받은 자(이하 "재수탁사업자"라 한다)가 아니면 이 법에 따른 복권을 발행할 수 없다.
② 복권위원회는 복권의 종류, 액면가액, 발행조건 및 당첨금의 지급방법을 정한다.
③ 수탁사업자 및 재수탁사업자는 복권의 종류, 액면가액, 총발행금액, 발행조건 및 당첨금의 지급방법 등 대통령령으로 정하는 사항이 포함된 다음 연도의 복권 발행에 관한 계획서(이하 "연간복권발행계획서"라 한다)를 매년 3월 31일까지 복권위원회에 제출하여야 한다.
④ 복권위원회는 연간복권발행계획서를 심의·조정하고 그 결과를 해당 연도 4월 30일까지 수탁사업자 및 재수탁사업자에게 통보하여야 한다.
⑤ 수탁사업자 및 재수탁사업자는 예측하지 못한 복권 수요의 변화가 발생한 경우 등 대통령령으로 정하는 사유가 있는 경우에는 복권위원회에 제4항에 따라 통보받은 연간복권발행계획서의 변경을 요청할 수 있다.
(2016.3.29 본항신설)
⑥ 복권위원회는 제5항에 따라 연간복권발행계획서의 변경을 요청받은 경우 연간복권발행계획서의 변경 여부를 심의·조정하고 그 결과를 변경 요청을 받은 날부터 30일 이내에 수탁사업자 및 재수탁사업자에게 통보하여야 한다.(2016.3.29 본항신설)

제5조【판매제한 등】 ① 누구든지 영리 목적으로 제4조제2항에 따라 복권위원회가 정한 복권액면가액이 아닌 가격으로 최종 구매자에게 복권을 판매하여서는 아니 된다.
② 복권을 판매하는 자는 복권의 최종 구매자 1명에게 한 번에 20만원 범위에서 대통령령으로 정하는 금액을 초과하여 복권을 판매하여서는 아니 된다.
③ 복권을 판매하는 자는 최종 구매자의 연령을 확인하여야 하고, 그 최종 구매자가 「청소년 보호법」 제2조제1호에 따른 청소년(이하 "청소년"이라 한다)인 경우에는 복권을 판매하여서는 아니 된다.(2011.9.15 본항개정)
④ 복권을 판매하는 자는 「여신전문금융업법」 제2조제3호에 따른 신용카드(이하 "신용카드"라 한다) 결제방식으로 복권을 판매하여서는 아니 된다. 다만, 현금으로 직접 구매하기 곤란한 대통령령으로 정하는 복권에 대하여는 그러하지 아니하다.

제5조의2【복권정보의 부당한 제공 금지 등】 ① 다음 각 호의 어느 하나에 해당하는 자는 직무상 알게 된 복권에 관한 정보(당첨자의 결정에 영향을 미칠 수 있는 정보를 말한다. 이하 "복권정보"라 한다)를 부당한 목적으로 제공하거나 누설하여서는 아니 된다.
1. 복권위원회의 위원 및 사무처 직원
2. 수탁사업자 및 재수탁사업자의 임직원 중 복권과 관련된 업무에 종사하는 사람
3. 복권발매시스템을 운용하는 자의 임직원 중 그 시스템 운용 업무에 종사하는 사람
4. 복권위원회, 수탁사업자 및 재수탁사업자(이하 "복권사업자"라 한다)와의 계약에 의하여 복권의 인쇄업무를 수행하는 자(2016.3.29 본호개정)
② 제1항 각 호의 어느 하나에 해당하는 자는 복권을 구매·양도하거나 이러한 행위를 알선하여서는 아니 된다.

제6조【온라인복권의 판매 제한 등】 ① 복권사업자와 온라인복권의 판매에 관한 계약을 체결하지 아니한 자는 영리 목적으로 온라인복권을 판매하여서는 아니 된다.
(2016.3.29 본항개정)
② 수탁사업자 및 재수탁사업자는 온라인복권을 판매하려는 자와 계약을 체결하려는 경우에는 계약대상자의 요건·기준 등 대통령령으로 위임된 사항을 정하여 복권위원회의 승인을 받아야 한다.
③ 온라인복권(정보통신망을 통하여 발행 및 판매가 이루어지는 전자적 형태의 복권은 제외한다. 이하 제30조 및 제34조제3항제4호에서 같다)을 판매하는 자는 계약에서 정한 판매장소 외의 장소에서 온라인복권을 판매하여서는 아니 된다.(2016.3.29 본항개정)
④ 누구든지 영리 목적으로 최종 구매자를 위하여 온라인복권 구매를 대행하여서는 아니 된다.
⑤ 누구든지 제1항에 따라 금지되는 온라인복권 판매 행위를 알선하여서는 아니 된다.(2023.7.18 본항신설)

제7조【복권에 관한 경고문구 표시 및 광고의 제한 등】
① 복권사업자 및 복권사업자와의 계약에 의하여 복권에 관한 업무를 수행하는 자는 복권면과 대통령령으로 정하는 광고(판매촉진활동을 포함한다. 이하 같다)에 청소년에게 복권을 판매하지 아니한다는 내용을 표시하여야 한다.
② 수탁사업자·재수탁사업자 및 복권사업자와의 계약에 의하여 복권에 관한 업무를 수행하는 자가 복권에 관한 광고를 하려는 경우에는 광고매체, 광고문구, 광고비용, 광고기간, 그 밖에 대통령령으로 정하는 사항이 포함된 복권에 관한 광고계획서를 작성하여 복권위원회의 승인을 받아야 한다.
③ 제2항에 따라 승인을 받은 사항을 변경하는 경우에도 복권위원회의 승인을 받아야 한다. 다만, 광고기간 등 대통령령으로 정하는 경미한 사항을 변경하는 경우에는 그러하지 아니하다.
④ 복권사업자는 복권수익금의 용도 등 대통령령으로 정하는 사항을 복권면에 표시하여야 한다.

제8조【당첨금 등】 ① 복권사업자는 복권을 발행할 때 복권당첨자 전원에게 지급하는 당첨금을 합친 금액이 해당 회차에 발행되는 복권 액면가액 총액의 100분의 50 이상이 되도록 하여야 한다. 다만, 해당 회차에 발행되는 복권액면가액의 총액이 미리 확정될 수 없는 복권의 경우에는 해당 회차에 판매되는 복권액면가액 총액의 100분의 50 이상이 되도록 하여야 한다.
② 복권위원회는 복권의 과도한 사행성을 억제하기 위하여 복권의 종류별로 최고 당첨금, 등위별 당첨금 비율 및 한 장당 가격의 조정 등에 관하여 필요한 조치를 하여야 한다.
③ 복권위원회는 대통령령으로 정하는 바에 따라 당첨금을 한꺼번에 또는 분할하여 지급할 수 있다.
④ 온라인복권의 1등 당첨자가 없는 경우 해당 당첨금은 5회 범위에서 대통령령으로 정하는 횟수 안에서 다음 회차의 당첨금으로 이월(移越)할 수 있다.
⑤ 지급 청구된 복권이 파손 등의 이유로 당첨 여부나 진위(眞僞)를 구분할 수 없는 경우에는 당첨금을 지급하지 아니한다.

제9조【복권당첨금의 소멸시효 등】 ① 복권의 당첨금을 받을 권리는 추첨식 인쇄복권, 추첨식 전자복권, 온라인복권 및 추첨식 인쇄·전자결합복권의 경우에는 그 지급개시일부터 1년간, 즉석식 인쇄복권 및 즉석식 전자복권의 경우에는 판매기간 종료일부터 1년간 행사하지 아니하면 소멸시효가 완성된다.
② 복권사업자는 복권면에 제1항에 따른 소멸시효기간을 표시하여야 한다.
③ 제1항에 따라 소멸시효가 완성된 당첨금은 제21조제1항에 따른 복권기금(이하 "복권기금"이라 한다)에 귀속된다.

제10조【당첨자의 보호】 복권사업자 및 복권사업자의 대리인, 사용인, 그 밖의 종업원은 당첨자 본인의 동의를 받지 아니하고는 당첨자를 식별할 수 있는 개인정보를 공개하거나 제공하여서는 아니 된다. 다만, 다음 각 호의 어느 하나에 해당하는 경우로서 그 사용 목적에 필요한 최소한의 범위에서 개인정보를 제공하는 경우에는 그러하지 아니하다.
1. 「소득세법」 제164조에 따른 지급명세서 제출 등 「국세기본법」 제2조제2호에 따른 세법에 따라 제출 의무가 있는 경우
2. 「국정감사 및 조사에 관한 법률」 제10조제1항 및 「국회에서의 증언·감정 등에 관한 법률」 제4조에 따른 서류제출 요구가 있는 경우
3. 「감사원법」 제27조제1항제2호에 따른 자료제출 요구가 있는 경우
4. 법원의 제출 명령 또는 법관이 발부한 영장에 따라 제공하는 경우

제11조【수수료의 최고한도 고시】 복권위원회는 제12조에 따른 복권발행업무의 위탁·재위탁에 따른 수수료와 복권발매시스템(온라인복권을 발매하기 위한 시스템만을 말한다)의 운용 및 복권 판매 수수료의 최고한도를 정하여 고시할 수 있다. 이 경우 복권의 종류별로 형평을 고려하여야 한다.(2016.3.29 전단개정)

제12조【복권발행업무의 위탁·재위탁】 ① 복권위원회는 대통령령으로 정하는 바에 따라 단체·법인 또는 개인(이하 이 조에서 "단체등"이라 한다)에게 복권의 발행·관리 및 판매 업무(이하 "복권발행업무"라 한다)의 일부를 위탁할 수 있다.(2016.3.29 본항개정)
② 수탁사업자는 대통령령으로 정하는 바에 따라 복권위원회의 승인을 받아 단체등에 복권발행업무의 일부를 재위탁할 수 있다.
③ 제1항 및 제2항에 따라 복권발행업무의 수탁 또는 재수탁을 받을 수 있는 단체등은 다음 각 호의 요건을 모두 갖추어야 한다.
1. 복권발행사업 수행에 필요한 경제적·기술적 능력이 있을 것
2. 이 법을 위반하여 처벌받은 사실이 없을 것
3. 그 밖에 대통령령으로 정하는 사항
④ 복권발매시스템을 운용하는 자의 경우에도 제3항에 따른 요건을 갖추어야 한다.

제3장 복권위원회
(2011.3.30 본장개정)

제13조【복권위원회의 설치 및 기능】 ① 복권의 발행·관리·판매, 복권수익금의 배분·사용 등에 관한 업무를 수행하게 하기 위하여 기획재정부장관 소속으로 복권위원회를 둔다.
② 복권위원회는 다음 각 호의 업무를 소관으로 한다.
1. 복권정책의 수립에 관한 사항
2. 복권의 종류, 액면가액, 총발행금액, 발행조건 및 당첨금의 지급방법에 따른 구체적 내용 등에 관한 사항
3. 연간복권발행계획서의 심의·조정 등에 관한 사항
4. 복권발행업무의 위탁 및 재위탁에 관한 사항
5. 복권의 등위별 당첨금 및 당첨금 비율 등에 관한 사항
6. 복권유통비용에 관한 사항
7. 복권수익금의 배분 및 사용에 관한 사항
8. 복권기금의 운용·관리에 관한 기본정책에 관한 사항
9. 제24조에 따른 복권수익금 사용계획서의 심의·조정 등에 관한 사항
10. 제27조에 따른 복권기금운용계획안의 수립·변경 등에 관한 사항
11. 복권의 판매 및 광고규제에 관한 사항
12. 최종 구매자 및 청소년 보호에 관한 사항
13. 그 밖에 복권의 발행·관리 및 판매 등에 관하여 대통령령으로 정하는 사항
③ 복권위원회는 복권으로 인한 과도한 사행성을 억제하고 중독을 예방·치유하기 위한 교육 및 홍보에 관한 시책을 시행하여야 한다.(2016.3.29 본항개정)

제14조【복권위원회의 구성】 ① 복권위원회는 위원장 1명을 포함하여 25명 이내의 위원으로 구성한다.
② 위원장은 기획재정부장관이 지명하는 기획재정부차관이 되고, 위원은 다음 각 호의 사람이 된다. 이 경우 위원의 과반수는 제2호의 사람으로 임명하거나 위촉하여야 한다.
1. 대통령령으로 정하는 관계 부처의 고위공무원단에 속하는 일반직 공무원(2016.3.29 본호개정)
2. 기획재정부장관이 임명하거나 위촉하는 다음 각 목에 해당하는 사람
  가. 판사·검사 및 변호사 자격이 있는 사람
  나. 대학이나 공인된 연구기관에서 부교수 이상 또는 이에 상당하는 직(職)에 재직하거나 재직하였던 사람
  다. 시민단체가 추천하는 사람
  라. 그 밖에 학식과 경험이 풍부한 사람

제15조【위원장 등】 ① 위원장은 위원회를 대표하고 회의를 소집하며, 위원회의 업무를 총괄한다.
② 위원장이 부득이한 사유로 직무를 수행할 수 없을 때에는 위원장이 미리 정한 위원이 그 직무를 대행한다.
③ 복권위원회는 재적위원 과반수의 출석으로 개회(開會)하고, 출석위원 과반수의 찬성으로 의결한다.

제16조【위원의 임기】 ① 복권위원회 위원 중 제14조제2항제2호의 위원의 임기는 2년으로 하며, 한 차례만 연임할 수 있다.
② 제14조제2항제2호의 위원의 결원이 생겼을 때에는 결원된 날부터 30일 이내에 보궐위원을 임명하거나 위촉하여야 하며, 보궐위원의 임기는 전임자 임기의 남은 기간으로 한다.

제17조【위원의 직무상 독립과 신분보장】 ① 복권위원회 위원은 직무와 관련하여 외부의 지시나 간섭을 받지 아니한다.
② 제14조제2항제2호의 위원은 다음 각 호의 어느 하나에 해당하는 경우를 제외하고는 그 의사에 반하여 면직 또는 해촉되지 아니한다.
1. 금고 이상의 형을 확정받은 경우
2. 신체상·정신상의 질병 또는 부상 등으로 인하여 직무수행이 불가능한 경우(2016.3.2 본호개정)

제17조의2【위원의 제척·기피·회피】 ① 복권위원회 위원은 다음 각 호의 어느 하나에 해당하는 경우에는 해당 안건의 심의·의결에서 제척(除斥)된다.
1. 위원 본인 또는 그 배우자이거나 배우자였던 사람이 해당 안건의 당사자(공동당사자를 포함한다. 이하 같다)인 경우
2. 위원이 해당 안건의 당사자와 친족이거나 친족이었던 경우
3. 위원 또는 위원이 속한 법인이 해당 안건과 관련하여 증언 또는 감정(鑑定)을 하거나 자문에 응하거나 해당 안건 당사자의 대리인으로 관여하거나 관여하였던 경우
② 안건의 당사자는 위원에게 공정한 심의·의결을 기대하기 어려운 사정이 있으면 복권위원회에 기피신청을 할 수 있다.
③ 제2항에 따라 기피신청을 받은 복권위원회는 의결로 기피신청의 승인 여부를 결정하여야 한다. 이 경우 기피신청을 받은 위원은 그 의결에 참여하지 못한다.
④ 위원 본인이 제1항 각 호의 어느 하나 또는 제2항의 사유에 해당하는 경우에는 스스로 해당 안건의 심의·의결을 회피할 수 있다.
(2011.3.30 본조신설)

제18조【자료제출의 요구 및 관계 공무원의 출입·조사】 ① 복권위원회는 업무 수행을 위하여 필요하다고 인정하는 경우에는 복권을 발행·유통·판매하는 자에게 복권 관계 서류·장부·사업보고서 등의 자료 또는 그 사본의 제출을 요구하거나 관계 공무원으로 하여금 복권을 발행·관리·판매하는 시설 및 장소에 출입하여 그 설비, 장부, 그 밖의 서류를 조사하게 할 수 있다.
② 복권위원회는 업무 수행을 위하여 필요하다고 인정하는 경우에는 복권에 관한 이해관계자 및 전문가를 참석하게 하여 의견을 들을 수 있다.
③ 제1항에 따라 출입·조사를 하는 관계 공무원은 그 권한을 표시하는 증표를 지니고 이를 관계인에게 보여주어야 한다.

제19조【조직과 운영 등】 ① 복권위원회의 사무를 처리하기 위하여 복권위원회에 사무처를 둔다.
② 이 법에서 정한 것 외에 복권위원회의 운영·회의 및 사무처 조직 등에 관하여 필요한 사항은 대통령령으로 정한다.

제20조【공무원 등의 파견】 ① 위원장은 사무처의 효율적 운영을 위하여 필요하다고 인정할 때에는 관계 행정기관 및 복권 관련 법인·단체의 장에게 공무원 또는 법인·단체의 임직원의 파견을 요청할 수 있다.
② 제1항에 따른 요청을 받은 관계 행정기관 및 복권 관련 법인·단체의 장은 특별한 사유가 없으면 이에 따라야 한다.
③ 제1항에 따라 파견된 사람은 그 복무에 관하여 위원장의 지휘·감독을 받는다.
④ 제1항에 따라 파견된 사람의 파견근무기간은 특별한 사유가 없으면 1년으로 한다. 다만, 위원장은 필요하다고 인정할 때에는 1년의 범위에서 그 기간을 연장할 수 있다.

제4장 복권기금
(2011.3.30 본장개정)

제21조【복권기금의 설치】 ① 복권위원회는 복권사업으로 조성된 재원(財源)을 투명하고 효율적으로 관리·사용하기 위하여 복권기금을 설치한다.
② 복권기금은 다음 각 호의 재원으로 조성한다.
1. 복권의 발행으로 조성되는 자금
2. 복권기금의 운용으로 생기는 수익금
3. 제9조에 따라 소멸시효가 완성된 당첨금
4. 그 밖에 대통령령으로 정하는 수입금

제22조【복권기금의 운용·관리 및 평가】 ① 복권기금은 복권위원회가 운용·관리한다.
② 복권위원회는 제23조제1항 각 호의 기금 등에 배분하거나 같은 조 제3항 각 호의 사업에 사용하기 위하여 복권기금의 일부를 다른 법률의 규정에도 불구하고 다음 각 호의 어느 하나에 전출(轉出)·예탁(預託)·출연(出捐) 또는 보조(補助)할 수 있다.(2016.3.29 본문개정)
1. 「국가재정법」 제4조제1항에 따른 일반회계 및 특별회계
2. 「국가재정법」 제5조제1항에 따른 기금
3. 제23조제1항제7호부터 제11호까지의 규정에 따른 단체 등
③ 복권위원회는 복권기금을 사용하는 사업(제23조제2항에 따라 별표에 규정된 사업 또는 같은 조 제3항 각 호에 따른 사업을 말한다. 이하 "복권기금사업"이라 한다)의 성과를 평가하고 그 평가 결과를 제27조에 따른 복권기금운용계획안에 반영할 수 있다.
④ 복권기금의 운용, 관리 및 평가 대상·방법·절차 등에 필요한 사항은 대통령령으로 정한다.

제23조【복권기금의 배분 및 용도】 ① 매년 복권수익금 가운데 100분의 35는 다음 각 호의 기금 등에 배분하되 그 배분 비율은 대통령령으로 정한다. 다만, 복권위원회는 다음 각 호의 기금 등의 자금소요 및 제22조제3항에 따른 평가 결과 등을 고려하여 각 기금 등의 배분비율에 대하여 100분의 20의 범위에서 대통령령으로 정하는 바에 따라 가감 조정할 수 있다.
1. 「과학기술기본법」 제22조에 따른 과학기술진흥기금
2. 「국민체육진흥법」 제19조에 따른 국민체육진흥기금
3. 「근로복지기본법」 제87조에 따른 근로복지진흥기금
4. (2016.3.29 삭제)
5. 「중소기업진흥에 관한 법률」 제63조에 따른 중소벤처기업창업 및 진흥기금(2018.12.31 본호개정)
6. 「국가유산보호기금법」 제3조에 따른 국가유산보호기금(2023.8.8 본호개정)
7. 지방자치단체
8. 「제주특별자치도 설치 및 국제자유도시 조성을 위한 특별법」 제160조에 따른 제주특별자치도개발사업특별회계(2015.7.24 본호개정)
9. 「사회복지공동모금회법」에 따른 사회복지공동모금회
10. 「산림자원의 조성 및 관리에 관한 법률」 제58조제1항에 따른 산림환경기능증진자금
11. 「한국보훈복지의료공단법」에 따른 한국보훈복지의료공단
② 제1항에 따라 복권수익금을 배분받은 기금 등은 이를 별표에 규정된 용도에 사용하여야 한다.
③ 제1항에 따라 배분된 복권수익금과 제4항에 따른 비용 및 경비를 제외한 복권기금은 다음 각 호의 어느 하나에 해당하는 사업에 사용한다. 다만, 제5호의 사업에 사용되는 복권기금의 비율은 100분의 5 범위로 한다.
1. 임대주택의 건설 등 저소득층의 주거안정 지원사업
2. 국가유공자에 대한 복지사업
3. 저소득층, 장애인, 성폭력·가정폭력·성매매 피해여성, 불우청소년 등 소외계층에 대한 복지사업과 다문화가족 지원사업
4. 문화·예술 진흥사업
5. 공익사업으로서 대통령령으로 정하는 사업
④ 복권으로 인한 사행심을 억제하고 중독을 예방·치유하기 위한 교육 및 홍보에 필요한 비용과 복권기금의 조성·운용 및 관리에 드는 경비는 기금에서 지급한다.
(2016.3.29 본항개정)
⑤ 제1항에 따라 배분된 복권수익금은 「보조금 관리에 관한 법률」에 따른 보조금으로 보지 아니한다.
(2016.3.29 본항신설)

⑥ 복권기금의 배분방법, 배분시기 및 배분절차 등에 관하여 필요한 사항은 대통령령으로 정한다.

제24조【복권수익금 사용계획서의 제출 등】 ① 제23조제1항의 기금 등의 관리주체 및 기관의 장(이하 이 조에서 "관리주체등"이라 한다)은 복권수익금의 용도 등 대통령령으로 정하는 사항이 포함된 다음 연도의 복권수익금 사용에 관한 계획서(이하 "복권수익금 사용계획서"라 한다)를 작성하여 매년 3월 31일까지 복권위원회에 제출하여야 한다.

② 복권위원회는 복권수익금 사용계획서를 심의·조정하고 그 결과를 해당 연도 4월 30일까지 관리주체등에게 통보하여야 한다.

(2016.3.29 본조개정)

제25조【복권수익금의 결산명세서 제출】 제23조제1항 및 제3항에 따라 복권수익금 및 복권기금을 배분받은 기금 등의 관리주체 및 기관의 장 등(이하 "기관의 장등"이라 한다)은 복권수익금의 집행명세 등 결산명세서를 다음 연도 1월 31일까지 복권위원회에 제출하여야 한다.

제26조【복권기금의 사용신청 등】 ① 제23조제3항에 따른 사업에 필요한 복권기금을 신청하려는 중앙행정기관의 장은 복권기금의 용도, 신청금액 등 대통령령으로 정하는 사항이 포함된 다음 연도의 복권기금 사용신청서(이하 "복권기금 사용신청서"라 한다)를 매년 3월 31일까지 복권위원회에 제출하여야 한다.(2016.3.29 본항개정)

② 중앙행정기관의 장은 부득이한 사유로 복권기금 사용신청서를 제1항에 따른 기한까지 제출하지 못한 경우에는 복권위원회와 협의하여 신청기한을 조정할 수 있다.

제27조【복권기금운용계획안의 작성·제출】 복권위원회는 제23조제1항 및 제3항의 복권기금 사용에 대한 다음 연도 복권기금운용계획안을 작성하여 매년 5월 31일까지 기획재정부장관에게 제출하여야 한다.

(2016.3.29 본조개정)

제28조【여유자금의 운용】 복권위원회는 복권기금에 여유자금이 있을 때에는 다음 각 호의 방법으로 운용할 수 있다.

1. 국채·공채의 매입
2. 「금융위원회의 설치 등에 관한 법률」 제38조에 따른 기관에의 예탁
3. 그 밖에 대통령령으로 정하는 방법

제29조【구분 회계처리 등】 기관의 장등은 배분받은 복권수익금 또는 복권기금을 다른 수익금의 수입 및 지출과 구분하여 회계처리하거나 관리하여야 한다.

제29조의2【불용액의 복권기금에의 반납】 ① 기관의 장등은 해당 복권기금사업의 취소·축소·중단 등으로 인하여 불용액(不用額)이 발생하였을 때에는 그 사유와 금액을 지체 없이 복권위원회에 통보하고 해당 금액을 복권기금에 반납하여야 한다.

② 불용액의 반납금액은 늦어도 다음다음 연도의 기금운용계획상 수입계획에 계상하여야 한다.

(2011.3.30 본조신설)

제5장 보 칙

(2011.3.30 본장개정)

제30조【장애인 등과의 우선계약】 복권사업자는 다음 각 호의 어느 하나에 해당하는 사람이 온라인복권을 판매하려는 경우에는 우선적으로 계약을 체결하도록 노력하여야 한다.

1. 「장애인복지법」 제32조에 따라 등록한 장애인
2. 「국민기초생활 보장법」 제2조제2호에 따른 수급자
3. 「한부모가족지원법」 제5조에 따른 보호대상자인 한부모가족의 세대주
4. 「독립유공자예우에 관한 법률」 제6조에 따라 등록·결정된 독립유공자와 그 유족 또는 가족
5. 「국가유공자 등 예우 및 지원에 관한 법률」 제6조에 따라 등록·결정된 국가유공자와 그 유족 또는 가족
6. 그 밖에 저소득층, 국가를 위하여 희생하거나 공헌한 사람 등으로서 대통령령으로 정하는 사람

제31조【복권의 발행·관리 및 판매에 관한 지침】 복권위원회는 복권발행업무의 효율적 집행과 수탁사업자 및 재수탁사업자의 관리·감독 등을 위하여 복권의 발행·관리 및 판매에 관한 지침을 작성할 수 있다.

제32조【복권 및 복권기금 관련 정보의 공개 및 보고】

① 기관의 장등은 그 수입 및 지출 명세서를, 수탁사업자 및 재수탁사업자는 판매한 복권의 장수(張數), 금액, 수수료 지급 및 복권수익금 현황, 그 밖에 대통령령으로 정하는 사항을 6개월마다 해당 기간이 끝나는 날의 다음 달 20일까지 복권위원회에 제출하여야 한다.

② 복권위원회는 제1항에 따라 제출받은 자료(이하 이 조에서 "복권관련정보"라 한다)와 복권기금의 수입 및 지출 명세 등 운용실태를 6개월마다 한 번 이상 공개하여야 한다.

③ 복권관련정보와 복권기금 운용실태의 공개방법, 공개시기 및 공개절차 등에 관하여 필요한 사항은 대통령령으로 정한다.

제33조【복권에 관한 자료의 보존 의무】 복권사업자는 복권의 발행·관리 및 판매에 관한 서류·장부 등(전자적 형태로 된 것을 포함한다)을 작성 또는 보유한 날부터 5년간 보존하여야 한다.

제33조의2【권한의 위임】 이 법에 따른 복권위원회 권한의 일부를 대통령령으로 정하는 바에 따라 복권위원회의 위원장에게 위임할 수 있다.

제33조의3【시장·군수·구청장의 복권판매 관련 위반행위 조사】 ① 특별자치시장·특별자치도지사 또는 시장·군수·구청장(구청장은 자치구의 구청장을 말하며, 이하 "시장·군수·구청장"이라 한다)은 제5조 및 제6조제1항, 제3항부터 제5항까지의 위반행위에 대한 조사를 할 수 있다.(2023.7.18 본항개정)

② 시장·군수·구청장은 제1항에 따른 조사를 하기 위하여 필요하다고 인정하는 경우에는 복권을 판매하는 자에게 복권 관계 서류·장부·사업보고서 등의 자료 또는 그 사본의 제출을 요구하거나 관계 공무원으로 하여금 복권을 판매하는 시설 및 장소에 출입하여 그 설비, 장부, 그 밖의 서류를 조사하게 할 수 있다.

③ 제2항에 따라 출입·조사를 하는 관계 공무원은 그 권한을 표시하는 증표를 지니고 이를 관계인에게 보여주어야 한다.

(2011.3.30 본조신설)

제33조의4【벌칙 적용에서 공무원 의제】 복권위원회의 위원 중 공무원이 아닌 사람은 「형법」 제129조부터 제132조까지의 규정을 적용할 때에는 공무원으로 본다.

(2020.3.31 본조신설)

제6장 벌 칙

(2011.3.30 본장제목개정)

제34조【벌칙】 ① 다음 각 호의 어느 하나에 해당하는 자는 3년 이하의 징역 또는 3천만원 이하의 벌금에 처한다.(2020.3.31 본문개정)

1. 제4조제1항을 위반하여 복권을 발행한 자
2. 제5조의2제1항을 위반하여 직무상 알게 된 복권정보를 부당한 목적으로 제공하거나 누설한 자
3. 제5조의2제2항을 위반하여 복권을 구매·양도하거나 이러한 행위를 알선한 자

② 제10조를 위반하여 당첨자를 식별할 수 있는 개인정보를 공개하거나 제공한 자는 1년 이하의 징역 또는 1천만원 이하의 벌금에 처한다.(2016.3.2 본항신설)

③ 다음 각 호의 어느 하나에 해당하는 자는 1년 이하의 징역 또는 1천만원 이하의 벌금에 처한다.(2020.3.31 본문개정)

1. 제5조제1항을 위반하여 복권을 판매한 자
2. 제6조제1항을 위반하여 계약을 체결하지 아니하고 영리 목적으로 온라인복권을 판매한 자
3. 제6조제2항을 위반하여 계약을 체결한 수탁사업자 및 재수탁사업자
4. 제6조제3항을 위반하여 지정받은 판매장소 외의 장소에서 온라인복권을 판매한 자
5. 제6조제4항을 위반하여 온라인복권 구매를 대행한 자
6. 제6조제5항을 위반하여 온라인복권 판매 행위를 알선한 자(2023.7.18 본호신설)
7. 제12조제2항을 위반하여 재위탁을 한 수탁사업자

(2011.3.30 본조개정)

제35조【양벌규정】 법인의 대표자나 법인 또는 개인의 대리인, 사용인, 그 밖의 종업원이 그 법인 또는 개인의 업무에 관하여 제34조의 위반행위를 하면 그 행위자를 벌하는 외에 그 법인 또는 개인에게도 해당 조문의 벌금형을 과(科)한다. 다만, 법인 또는 개인이 그 위반행위를 방지하기 위하여 해당 업무에 관하여 상당한 주의와 감독을 게을리 하지 아니한 경우에는 그러하지 아니하다.

(2009.12.29 본조개정)

제36조【과태료】 ① 다음 각 호의 어느 하나에 해당하는 자에게는 1천만원 이하의 과태료를 부과한다.

1. 제5조제3항을 위반하여 청소년에게 복권을 판매한 자
2. 제7조제1항을 위반하여 복권에 관한 경고문구를 표시하지 아니한 자
3. 제7조제2항 또는 제3항을 위반하여 광고를 한 수탁사업자 또는 재수탁사업자
4. 제7조제4항을 위반하여 복권수익금의 용도 등을 복권면에 표시하지 아니한 수탁사업자 또는 재수탁사업자
5. 제18조제1항을 위반하여 자료나 그 사본을 제출하지 아니하거나 관계 공무원의 출입·조사를 거부·방해 또는 기피한 자
6. 제33조를 위반하여 서류·장부 등을 보존하지 아니한 수탁사업자 또는 재수탁사업자
7. 제33조의3제2항을 위반하여 자료나 그 사본을 제출하지 아니하거나 관계 공무원의 출입·조사를 거부·방해 또는 기피한 자

② 다음 각 호의 어느 하나에 해당하는 자에게는 500만원 이하의 과태료를 부과한다.

1. 제5조제2항을 위반하여 1명에게 판매 한도를 초과하여 복권을 판매한 자
2. 제5조제4항을 위반하여 신용카드 결제방식으로 복권을 판매한 자

③ 제1항 및 제2항에 따른 과태료는 대통령령으로 정하는 바에 따라 다음 각 호의 구분에 따른 자가 부과·징수한다.

1. 제1항제1호·제7호 및 제2항에 따른 과태료 : 시장·군수·구청장
2. 제1항제2호부터 제6호까지의 규정에 따른 과태료 : 복권위원회

(2011.3.30 본조개정)

부 칙 (2011.3.30)

제1조【시행일】 이 법은 공포 후 3개월이 경과한 날부터 시행한다.

제2조【복권당첨금의 소멸시효 기간에 관한 적용례】 제9조제1항의 개정규정은 이 법 시행 당시 소멸시효가 완성되지 아니한 복권당첨금을 받을 권리에 대하여도 적용한다.

제3조【복권수익금의 배분에 관한 적용례】 제23조제1항 단서의 개정규정은 2012년도 복권수익금부터 적용한다.

제4조【불용액의 복권기금에의 반납에 관한 적용례】 제29조의2의 개정규정은 이 법 시행 후 최초로 발생하는 불용액부터 적용한다.

부 칙 (2016.3.29)

제1조【시행일】 이 법은 공포한 날부터 시행한다.

제2조【복권수익금 사용계획서의 제출 등에 관한 적용례】 제24조의 개정규정은 이 법 시행 후 최초로 복권수익금 사용계획서를 복권위원회에 제출하는 경우부터 적용한다.

제3조【복권기금 사용신청서의 제출에 관한 적용례】 제26조제1항의 개정규정은 이 법 시행 후 최초로 복권기금 사용신청서를 복권위원회에 제출하는 경우부터 적용한다.

제4조【복권기금운용계획안의 제출에 관한 적용례】 제27조의 개정규정은 이 법 시행 후 최초로 복권기금운용계획안을 기획재정부장관에게 제출하는 경우부터 적용한다.

제5조【온라인복권의 판매 제한에 관한 경과조치】 제6조제3항의 개정규정 중 "제34조제3항제4호"는 2016년 6월 2일까지는 "제34조제2항제4호"로 본다.

부 칙 (2020.3.31)

이 법은 공포 후 3개월이 경과한 날부터 시행한다.

부 칙 (2023.7.18)

이 법은 공포한 날부터 시행한다.

부 칙 (2023.8.8)

제1조【시행일】 이 법은 2024년 5월 17일부터 시행한다.

(이하 생략)

[별표] ➡ 「法典 別册」 참조

사회기반시설에 대한 민간투자법(약칭 : 민간투자법)

(1998년 12월 31일 전개법률 제5624호)

개정
1999. 1.21법 5654호(관광진흥법) <중략>
2008. 2.29법 8852호(정부조직)
2008. 2.29법 8863호(금융위원회의설치등에관한법)
2008. 3.21법 8976호(도로법)
2008. 3.28법 9045호(개발이익환수에관한법)
2008. 3.28법 9052호(유비쿼터스도시의건설등에관한법)
2008.12.31법 9282호
2009. 1.30법 9401호(국유재산)
2009. 4. 1법 9556호
2009. 5.22법 9705호(국가정보화기본법)
2009. 6. 9법 9772호(국가통합교통체계효율화법)
2009. 6. 9법 9773호(항만법)
2009. 6. 9법 9780호(항공법)
2009.12.29법 9824호
2010. 3.31법10220호(지방세특례제한법)
2010. 5.17법10287호
2010. 5.17법10303호(은행법)
2010. 6. 8법10359호(물의재이용촉진및지원에관한법)
2011. 3.31법10522호(농협)
2011. 4.14법10599호(국토이용)
2011. 6. 7법10789호(영유아보육법)
2011. 8. 4법10983호
2011. 9.16법11060호(도시공원및녹지등에관한법)
2012. 2. 1법11247호(공공보건의료에관한법)
2012.12.18법11550호
2013. 1.23법11620호(과학관의설립・운영및육성에관한법)
2013. 5.22법11794호(건설기술진흥법)
2013. 5.28법11822호
2013. 7.30법11965호(신에너지및재생에너지개발・이용・보급촉진법)
2014. 1. 7법12216호(도시철도법)
2014. 1.14법12248호(도로법)
2014. 1.28법12345호(자전거이용활성화에관한법)
2014. 5.21법12663호(한국산업은행법)
2014. 6. 3법12736호(국가공간정보기본법)
2015. 8.28법13499호(민간임대주택에관한특별법)
2016. 1. 6법13726호(옥외광고물등의관리와옥외광고산업진흥에관한법)
2016. 1.19법13805호(주택법)
2016. 1.27법13879호(수질수생태계보전)
2016. 3. 2법14044호 2016. 3.29법14098호
2016. 3.29법14113호(공항시설법)
2016. 5.29법14242호(수협)
2017. 1.17법14532호(물환경보전법)
2017. 2. 8법14567호(도시및주거환경정비법)
2017. 2. 8법14569호(빈집및소규모주택정비에관한특례법)
2017. 3.21법14718호(스마트도시조성및산업진흥등에관한법)
2018. 3.13법15426호
2018. 3.13법15460호(철도의건설및철도시설유지관리에관한법)
2020. 3.31법17148호
2020.12.29법17799호(독점)
2023. 7.18법19544호(행정기관정비일부개정법령등)

제1장 총 칙
(2011.8.4 본장개정)

제1조【목적】 이 법은 사회기반시설에 대한 민간의 투자를 촉진하여 창의적이고 효율적인 사회기반시설의 확충・운영을 도모함으로써 국민경제의 발전에 이바지함을 목적으로 한다.

제2조【정의】 이 법에서 사용하는 용어의 뜻은 다음과 같다.
1. "사회기반시설"이란 각종 생산활동의 기반이 되는 시설, 해당 시설의 효용을 증진시키거나 이용자의 편의를 도모하는 시설 및 국민생활의 편익을 증진시키는 시설로서, 다음 각 목의 어느 하나에 해당하는 시설을 말한다.
 가. 도로, 철도, 항만, 하수도, 하수・분뇨・폐기물처리시설, 재이용시설 등 경제활동의 기반이 되는 시설
 나. 유치원, 학교, 도서관, 과학관, 복합문화시설, 공공보건의료시설 등 사회서비스의 제공을 위하여 필요한 시설
 다. 공공청사, 보훈시설, 방재시설, 병영시설 등 국가 또는 지방자치단체의 업무수행을 위하여 필요한 공용시설 또는 생활체육시설, 휴양시설 등 일반 공중의 이용을 위하여 제공하는 공공용 시설
 (2020.3.31 가목~다목개정)
2. 제1호에도 불구하고 민간부문에서 운영하는 경우 공공의 이익을 현저히 해칠 우려가 있는 시설로서 다음 각 목의 시설은 제1호의 사회기반시설에서 제외한다.
 가. 「군사기밀 보호법」 제2조제1호의 군사기밀을 취급하는 시설로서 국방부장관이 정하는 시설
 나. 「국방・군사시설 사업에 관한 법률」 제2조제1호가목 중 군사작전에 필요한 시설로서 국방부장관이 정하는 시설
 다. 외교정보통신망
 라. 그 밖에 대통령령으로 정하는 시설
 (2020.3.31 본호신설)
3. "사회기반시설사업"이란 사회기반시설의 신설・증설・개량 또는 운영에 관한 사업을 말한다.
4. "귀속시설"이란 제4조 각 호(같은 조 제4호는 제외한다)에 따라 소유권을 국가 또는 지방자치단체에 이전하는 방식으로 추진되는 사회기반시설을 말한다.
5. "주무관청"이란 관계 법령에 따라 해당 사회기반시설사업의 업무를 관장하는 행정기관의 장을 말한다.
6. "민간투자사업"이란 제9조에 따라 민간부문이 제안하는 사업 또는 제10조에 따른 민간투자시설사업기본계획에 따라 제8호에 따른 사업시행자가 시행하는 사회기반시설사업을 말한다. 다만, 「국가재정법」 제23조에 따른 계속비에 의한 정부발주사업 중 초과시공(국가와 계약상대자가 미리 협의한 한도액 범위에서 해당 연도 사업비를 초과하여 시공하는 것을 말한다. 이하 같다)되는 부분은 민간투자사업으로 본다.(2020.3.31 본호개정)
7. "실시협약"이란 이 법에 따라 주무관청과 민간투자사업을 시행하려는 자 간에 사업시행의 조건 등에 관하여 체결하는 계약을 말한다.
8. "사업시행자"란 공공부문 외의 자로서 이 법에 따라 사업시행자의 지정을 받아 민간투자사업을 시행하는 법인을 말한다.
9. "부대사업"이란 사업시행자가 민간투자사업과 연계하여 시행하는 제21조제1항 각 호의 사업을 말한다.
10. "사용료"란 사용료・이용료・요금 등의 명칭에 상관없이 사회기반시설의 이용자가 해당 시설의 사업시행자에게 시설을 이용하는 대가로 지불하는 금액을 말한다.
11. "공공부문"이란 국가 및 지방자치단체와 다음 각 목의 어느 하나에 해당하는 법인을 말한다.
 가. 「공공기관의 운영에 관한 법률」에 따른 공공기관 중 기획재정부장관이 지정하는 기관
 나. 특별법에 따라 설립된 각종 공사 또는 공단
12. "민간부문"이란 공공부문 외의 법인(외국법인과 제13호에 따른 민관합동법인을 포함한다)을 말한다.
 (2020.3.31 본호개정)
13. "민관합동법인"이란 공공부문과 민간부문이 공동으로 출자하여 설립하는 법인으로서 제8호에 따른 사업시행자를 말한다.(2020.3.31 본호개정)
14. "관계법률"이란 사회기반시설사업을 시행할 때 민간투자사업과 관련된 법률 및 다음 각 목에 해당하는 법률을 말한다.(2020.3.31 본문개정)
 가. 「유료도로법」
 나. 「철도의 건설 및 철도시설 유지관리에 관한 법률」
 (2018.3.13 본목개정)
 다. (2016.3.29 삭제)
 라. 「전기통신사업법」
 마. 「전파법」
 바. 「학교시설사업 촉진법」
 사. 「주택법」
 아. 「국토의 계획 및 이용에 관한 법률」
 자. 「산림자원의 조성 및 관리에 관한 법률」
 차. 「산지관리법」
 카. 「국유림의 경영 및 관리에 관한 법률」
15. "다른 법률"이란 사업시행자가 민간투자사업을 추진할 때 관계법률에서 인가・허가 등을 받은 것으로 보는 인가・허가 등의 사항을 규정한 법률을 말한다.
16. "국유・공유재산"이란 「국유재산법」 또는 「공유재산 및 물품 관리법」에 따라 국가 또는 지방자치단체의 소유로 된 재산을 말한다.
17. "금융회사등"이란 다음 각 목의 어느 하나에 해당하는 것을 말한다.
 가. 「은행법」에 따른 인가를 받아 설립된 은행
 나. (2014.5.21 삭제)
 다. 「한국산업은행법」에 따른 한국산업은행
 라. 「한국수출입은행법」에 따른 한국수출입은행
 마. 「중소기업은행법」에 따른 중소기업은행
 바. 「자본시장과 금융투자업에 관한 법률」에 따른 신탁업자 및 종합금융회사
 사. 「보험업법」에 따른 보험회사
 아. 「농업협동조합법」에 따라 설립된 농업협동조합중앙회의 상호금융 부문과 농협은행(2016.3.29 본목개정)
 자. 「수산업협동조합법」에 따른 중앙회 및 수협은행
 (2016.5.29 본목개정)
 차. 「여신전문금융업법」에 따른 여신전문금융회사
 카. 제41조에 따른 투융자집합투자기구
 타. 기업에 자금을 융통하는 것을 업(業)으로 하는 자로서 대통령령으로 정하는 자

제3조【관계법률과의 관계 등】 ① 이 법은 민간투자사업에 관하여 관계법률에 우선하여 적용한다.
② 제2조제6호 단서에 따른 정부발주사업 중 초과시공 부분에 대하여는 이 법에서 특별히 정한 것을 제외하고는 이 법의 다른 규정을 적용하지 아니한다.(2020.3.31 본항개정)

제3조의2【정부조달협정등의 적용 범위 및 원칙】 ① 정부조달협정 또는 국제협정(이하 "정부조달협정등"이라 한다)이 적용되는 민간투자사업의 범위는 주무관청이 이 법에 따라 추진하는 민간투자사업 중 총사업비(사회기반시설사업에 드는 경비로서 대통령령으로 정하는 비용을 합산한 금액을 말한다. 이하 같다)가 기획재정부장관이 정하여 고시하는 금액 이상인 민간투자사업으로 한다. 다만, 정부조달협정등에 규정된 내용으로서 대통령령으로 정하는 경우에는 정부조달협정등이 적용되는 민간투자사업의 범위에서 제외한다.
② 제1항 본문에 따른 주무관청의 범위는 정부조달협정등의 내용에 따라 대통령령으로 정한다.
③ 주무관청은 제1항 본문에 따라 정부조달협정등이 적용되는 민간투자사업을 추진하는 경우에는 정부조달협정등의 가입국 또는 체결국의 공급자를 대한민국의 공급자와 동일하게 대우하여야 하며, 민간투자사업과 관련된 정보를 차별적으로 제공하여서는 아니 된다.
④ 주무관청은 제1항 본문에 따른 정부조달협정등의 적용대상에서 제외되는 민간투자사업의 경우에도 해당 민간투자사업의 목적・성질 등을 고려할 때 국제입찰에 의하여 사업을 수행할 필요가 있는 경우로서 대통령령으로 정하는 경우에는 정부조달협정등을 적용하여 민간투자사업을 시행할 수 있다.
(2012.12.18 본조신설)

제4조【민간투자사업의 추진방식】 민간투자사업은 다음 각 호의 어느 하나에 해당하는 방식으로 추진하여야 한다.
1. 사회기반시설의 준공과 동시에 해당 시설의 소유권이 국가 또는 지방자치단체에 귀속되며, 사업시행자에게 일정기간의 시설관리운영권을 인정하는 방식(제2호에 해당하는 경우는 제외한다)
2. 사회기반시설의 준공과 동시에 해당 시설의 소유권이 국가 또는 지방자치단체에 귀속되며, 사업시행자에게 일정기간의 시설관리운영권을 인정하되, 그 시설을 국가 또는 지방자치단체 등이 협약에서 정한 기간 동안 임차하여 사용・수익하는 방식
3. 사회기반시설의 준공 후 일정기간 동안 사업시행자에게 해당 시설의 소유권이 인정되며 그 기간이 만료되면 시설소유권이 국가 또는 지방자치단체에 귀속되는 방식
4. 사회기반시설의 준공과 동시에 사업시행자에게 해당 시설의 소유권이 인정되는 방식
5. 민간부문이 제9조에 따라 사업을 제안하거나 제12조에 따라 변경을 제안하는 경우에 해당 사업의 추진을 위하여 제1호부터 제4호까지 외의 방식을 제시하여 주무관청이 타당하다고 인정하여 채택한 방식
6. 그 밖에 주무관청이 제10조에 따라 수립한 민간투자시설사업기본계획에 제시한 방식

제5조【민간투자사업심의위원회의 설치】 민간투자사업에 관한 다음 각 호의 사항을 심의하기 위하여 기획재정부장관 소속으로 민간투자사업심의위원회(이하 "심의위원회"라 한다)를 둔다.
1. 사회기반시설에 대한 민간투자와 관련된 주요 정책의 수립에 관한 사항
1의2. 제2조제1호에 따른 민간투자사업대상시설의 적정성에 관한 사항(2020.3.31 본호신설)
2. 제7조에 따른 민간투자사업기본계획의 수립 및 변경에 관한 사항
3. 제8조의2에 따른 민간투자대상사업의 지정에 관한 사항
4. 제10조제2항 본문에 따른 시설사업기본계획의 수립 및 변경에 관한 사항
5. 제13조에 따른 사업시행자의 지정에 관한 사항
6. 제21조제5항에 따른 부대사업의 시행에 관한 사항
7. 제47조제1항 후단에 따른 공익을 위한 처분에 관한 사항
8. 제50조에 따른 대상사업의 지정취소에 관한 사항
9. 제51조의2제3항에 따른 민간투자사업에 대한 종합평가
10. 그 밖에 민간투자사업을 원활하게 추진하기 위하여 기획재정부장관이 심의위원회의 회의에 부치는 사항

제6조【심의위원회의 구성・운영】 ① 심의위원회는 기획재정부장관 및 사회기반시설의 업무를 관장하는 행정각부의 차관과 기획재정부장관이 위촉하는 8명 이내의 민간투자에 관한 학식과 경험이 있는 민간위원으로 구성한다.
② 기획재정부장관은 심의위원회의 위원장이 된다.
③ 심의위원회의 위원장은 심의위원회의 효율적인 운영을 위하여 전문적・기술적인 분야에 관한 자문이 필요하다고 인정하는 경우에는 관계 전문가로 구성되는 민간투자사업자문위원단을 구성・운영할 수 있다.
④ 주무관청의 장은 민간투자사업의 원활한 시행을 위하여 필요하다고 인정하는 경우에는 민간투자사업에 관한 사항을 심의하는 주무관청별 심의위원회를 자체적으로 구성・운영할 수 있다.
⑤ 심의위원회와 주무관청별 심의위원회의 운영・절차, 그 밖에 필요한 사항은 대통령령으로 정한다.

제2장 사회기반시설사업

제1절 민간투자사업기본계획
(2011.8.4 본절개정)

제7조【민간투자사업기본계획의 수립・공고 등】 ① 정부는 국토의 균형개발과 산업의 경쟁력 강화 및 국민생활의 편익 증진을 도모할 수 있도록 사회기반시설에 대

한 민간투자사업기본계획을 수립하고, 이를 공고(인터넷에 게재하는 방식에 의하는 경우를 포함한다)하여야 한다. 공고한 사항이 변경된 경우에도 또한 같다.
② 제1항의 민간투자사업기본계획은 사회기반시설과 관련된 중기·장기계획 및 국가투자사업의 우선순위에 부합되도록 하여야 하며, 민간의 창의와 효율이 발휘될 수 있는 여건을 조성하면서 공공성이 유지되도록 노력하여야 한다.
③ 민간투자사업기본계획의 수립·변경 및 확정 절차에 관하여 필요한 사항은 대통령령으로 정한다.

제7조의2【민간투자사업의 총한도액등 국회 의결】 ① 정부는 다음 연도에 실시할 제4조제2호에 따른 민간투자사업(이하 "임대형 민자사업"이라 한다)의 총한도액, 대상시설별 한도액 및 사업추진 과정에서의 예측할 수 없는 지출에 충당하기 위한 예비한도액(이하 "총한도액등"이라 한다)을 회계연도 개시 120일 전까지 국회에 제출하고, 국회는 회계연도 개시 30일 전까지 의결하여야 한다.(2013.5.28 본항개정)
② 제1항에 따른 예비한도액은 국가사업 및 국고보조지방자치단체사업 한도액 합계액의 100분의 20 이내의 금액으로 한다.
③ 정부는 제1항에 따른 임대형 민자사업의 총한도액등을 국회에 제출할 때 전년도에 지출한 대상시설별 예비한도액의 사용 명세를 함께 제출하여야 한다.
④ 제1항에 따른 임대형 민자사업의 총한도액등에 관하여 필요한 사항은 대통령령으로 정한다.

제7조의3【총한도액 변경】 ① 정부는 미리 국회의 의결을 받아 총한도액을 변경할 수 있다.
② 정부는 대상시설별 한도액을 100분의 20 이내에서 변경(예비한도액을 초과할 수 없다)할 수 있으며, 주무관청이 대상시설별 한도액을 변경하려면 미리 기획재정부장관과 협의하여야 한다.

제7조의4【한도액 증액 등의 동의】 국회는 정부가 제출한 임대형 민자사업 총한도액을 증액하거나 새로운 대상시설을 추가하려면 미리 정부의 동의를 받아야 한다.

제8조【민간투자사업기본계획의 내용】 제7조제1항에 따른 민간투자사업기본계획에는 다음 각 호의 사항이 포함되어야 한다.
1. 사회기반시설의 분야별 민간투자정책방향
2. 민간투자사업 또는 제8조의2에 따른 민간투자대상사업의 투자 범위·방법 및 조건에 관한 사항
3. 민간투자사업의 관리·운영에 관한 사항
4. 민간투자사업의 지원에 관한 사항
5. 그 밖에 민간투자사업과 관련된 정책사항

제8조의2【민간투자대상사업의 지정】 ① 주무관청은 사회기반시설사업을 민간투자방식으로 추진하려는 경우 이를 민간투자대상사업(이하 "대상사업"이라 한다)으로 지정하여야 하며, 대상사업으로 지정되기 위하여는 다음 각 호의 요건을 갖추어야 한다.
1. 사회기반시설과 관련된 중기·장기계획 및 국가투자사업의 우선순위에 부합할 것
2. 민간부문의 참여가 가능할 정도의 수익성이 있는 사업일 것
② 주무관청은 대상사업 중 대통령령으로 정하는 일정 규모 이상의 대상사업에 대하여는 그 사업에 대한 타당성분석을 한 후 심의위원회의 심의를 거쳐 지정하고, 그 타당성분석 결과를 요약하여 국회 소관 상임위원회와 예산결산특별위원회에 제출하여야 한다.
③ 주무관청은 대상사업을 지정하였을 때에는 그 사실을 지체 없이 관보에 고시(인터넷에 게재하는 방식에 의하는 경우를 포함한다)하여야 한다.

제9조【민간부문의 사업제안 등】 ① 민간부문은 대상사업에 포함되지 아니한 사업으로서 민간투자방식으로 추진할 수 있는 사업을 제안할 수 있다.(2016.3.2 본항개정)
② 제1항에 따라 사업을 제안하려는 자는 대통령령으로 정하는 바에 따라 제안서를 작성하여 주무관청에 제출하여야 한다.
③ 주무관청은 제1항에 따라 제안된 사업을 민간투자사업으로 추진하기로 결정한 경우에는 이를 제안자에게 통지하고, 제안자 외의 제3자에 의한 제안이 가능하도록 제안 내용의 개요를 공고하여야 한다.
④ 주무관청은 제2항에 따른 최초 제안자의 제안서 및 제3항에 따른 제3자의 제안서에 대하여 대통령령으로 정하는 바에 따라 검토·평가한 후 제안서를 제출한 자 중 협상대상자를 지정하여야 한다. 이 경우 최초 제안자에 대하여는 대통령령으로 정하는 바에 따라 우대할 수 있다.
⑤ 제4항에 따라 지정된 협상대상자와의 실시협약 체결 등에 관하여는 제13조제3항부터 제5항까지의 규정에 따른다.
⑥ 제1항에 따라 제안된 사업의 추진절차 등에 관하여 필요한 사항은 대통령령으로 정한다.

제2절 사회기반시설사업의 시행
(2011.8.4 본절개정)

제10조【민간투자시설사업기본계획의 수립 및 고시 등】 ① 주무관청은 사회기반시설사업의 추진을 위하여 민간부문의 투자가 필요하다고 인정할 때에는 해당 연도 대상사업으로 지정된 후 1년 이내에 민간투자시설사업기본계획에 따라 민간투자시설사업기본계획(이하 "시설사업기본계획"이라 한다)을 수립하여야 한다. 다만, 불가피한 사유가 있는 경우에는 1년의 범위에서 이를 연장할 수 있다.
② 제1항에 따라 시설사업기본계획을 수립할 때 대통령령으로 정하는 일정요건에 해당하는 시설사업기본계획은 미리 심의위원회의 심의를 거쳐야 한다. 이를 변경할 필요가 있는 경우에도 또한 같다. 다만, 대통령령으로 정하는 경미한 사항을 변경하는 경우에는 그러하지 아니하다.
③ 주무관청은 제1항 및 제2항에 따라 시설사업기본계획을 수립 또는 변경하였을 때에는 대통령령으로 정하는 바에 따라 이를 고시하여야 한다.
④ 주무관청은 제3항에 따라 시설사업기본계획을 고시한 후 제13조제1항에 따른 사업계획의 제출이 없는 경우에는 한 번만 시설사업기본계획을 재고시할 수 있다. 이 경우 시설사업기본계획의 재고시는 이미 고시된 시설사업기본계획에 따른 사업계획의 제출마감일부터 6개월 이내에 하여야 한다.
⑤ 주무관청은 제3항 또는 제4항에 따라 시설사업기본계획을 고시 또는 재고시할 때에는 대통령령으로 정하는 대상사업에 대하여는 기본설계도서와 타당성분석에 관한 자료를 민간부문이 열람할 수 있도록 하여야 한다.

제11조【시설사업기본계획의 내용】 ① 시설사업기본계획에는 다음 각 호의 사항이 포함되어야 한다.
1. 대상사업의 추정투자금액, 건설기간, 예정지역 및 규모 등에 관한 사항
2. 대상사업에 대한 예비타당성 및 타당성 조사결과에 관한 사항
3. 사용료, 부대사업 등 사업시행자의 수익에 관한 사항
4. 귀속시설 여부 등 민간투자사업의 추진방식에 관한 사항
5. 재정지원의 규모 및 방식 등 국가 또는 지방자치단체의 지원에 관한 사항
6. 민간투자사업에 의하여 건설된 사회기반시설의 관리·운영에 관한 사항
7. 사업시행자의 자격요건에 관한 사항
8. 그 밖에 주무관청이 필요하다고 인정하는 사항
② 주무관청은 시설사업기본계획을 수립할 때에는 중소기업이 민간투자사업에 활발하게 참여할 수 있도록 배려하여야 한다.

제12조【민간부문에 의한 시설사업기본계획의 변경 제안】 민간부문은 제10조에 따라 수립된 시설사업기본계획의 내용 변경을 대통령령으로 정하는 바에 따라 제안할 수 있다.

제13조【사업시행자의 지정】 ① 민간투자사업을 시행하려는 자는 제10조제3항에 따라 고시된 시설사업기본계획에 따라 대통령령으로 정하는 바에 따라 사업계획을 작성하여 주무관청에 제출하여야 한다.
② 주무관청은 제1항에 따라 제출된 사업계획을 대통령령으로 정하는 바에 따라 검토·평가한 후 사업계획을 제출한 자 중 협상대상자를 지정하여야 한다. 이 경우 공익성이 높은 장기투자자금의 제공 등 주무관청의 원활한 사업시행에 부합하는 사업계획을 제출한 자에 대하여는 사업계획을 평가할 때 우대할 수 있다.
③ 주무관청은 제2항에 따라 지정된 협상대상자와 총사업비 및 사용기간 등 사업시행의 조건 등이 포함된 실시협약을 체결함으로써 사업시행자를 지정한다. 이 경우 대통령령으로 정하는 일정요건에 해당하는 사업시행자 지정에 관한 사항은 사전에 심의위원회의 심의를 거쳐야 한다.(2012.12.18 전단개정)
④ 제3항에 따라 사업시행자로 지정된 자는 관계법률에 따른 사업시행자로 본다.
⑤ 사업시행자로 지정받은 자는 지정받은 날부터 대통령령으로 정하는 기간에 제15조제1항에 따른 실시계획의 승인을 신청하여야 하며, 이 기간에 실시계획의 승인을 신청하지 아니하였을 때에는 사업시행자 지정의 효력을 상실한다. 다만, 주무관청은 불가피하다고 인정하는 경우에는 1년의 범위에서 한 번만 그 기간을 연장할 수 있다.

제14조【민간투자사업법인의 설립】 ① 법인을 설립하여 민간투자사업을 시행하려는 자는 제13조제1항에 따른 사업계획에 법인설립계획을 포함하여 제출하여야 한다.
② 주무관청은 제1항에 따라 법인설립계획을 제출한 자를 사업시행자로 지정하는 경우에는 법인의 설립을 조건으로 해당 법인을 사업시행자로 지정하여야 한다.
③ 제2항에 따라 조건부 지정을 받은 자는 제13조제5항에 따라 실시계획의 승인을 신청하기 전까지 해당 민간투자사업을 시행할 법인을 설립하여야 한다.
④ 제3항에 따라 설립된 법인은 사업시행자 지정 시 주무관청이 인정한 사업 외의 다른 사업을 하여서는 아니된다. 다만, 사업시행자 지정 후 주무관청이 인정한 경미한 사업에 대하여는 그러하지 아니하다.

제15조【실시계획의 승인 또는 변경승인 등】 ① 사업시행자는 민간투자사업을 시행하기 전에 대통령령으로 정하는 바에 따라 해당 사업의 실시계획을 작성하여 주무관청의 승인을 받아야 한다. 승인받은 내용을 변경하려는 경우에도 또한 같다. 다만, 대통령령으로 정하는 경미한 사항을 변경하는 경우에는 그러하지 아니하다.
② 주무관청은 제1항에 따라 실시계획을 승인하거나 변경하였을 때에는 이를 고시하여야 한다.

제16조【민간투자사업의 분할 시행 등】 ① 주무관청은 사회기반시설사업을 추진할 때 그 사업의 일부를 민간투자사업으로 추진할 수 있다.
② 주무관청은 민간투자사업을 기능별·시설별 또는 구간별로 분할하여 시행하게 할 수 있다.

제17조【다른 법률에 따른 인가·허가 등의 의제】 ① 주무관청이 제15조제2항에 따라 실시계획을 고시한 때에는 해당 민간투자사업과 관련된 관계법률에서 정하고 있는 인가·허가 등과 관계법률에 따라 인가·허가 등을 받은 것으로 보는 다른 법률의 인가·허가 등을 받은 것으로 보며, 관계법률 및 다른 법률에 따른 고시 또는 공고가 있는 것으로 본다.
② 주무관청이 제15조제1항에 따라 실시계획을 승인 또는 변경승인하려는 경우에는 제1항에 따른 다른 법률에 적합한지를 미리 관계 행정기관의 장과 협의하여야 한다.
③ 제2항에 따라 협의요청을 받은 관계 행정기관의 장은 그 협의요청을 받은 날부터 20일 이내에 구체적인 이유와 근거를 명시하여 서면으로 의견을 제시하여야 하며, 그 기간에 의견이 제시되지 아니하면 협의가 이루어진 것으로 본다.(2012.12.18 본항개정)
④ 주무관청은 제2항에 따라 관계 행정기관의 장과 협의하기 위하여 일괄협의회를 개최할 수 있다.(2012.12.18 본항신설)
⑤ 제4항에 따른 일괄협의회의 구체적인 구성 및 운영, 그 밖의 세부사항은 대통령령으로 정한다.(2012.12.18 본항신설)

제18조【토지에의 출입 등】 사업시행자가 민간투자사업을 시행하기 위하여 타인의 토지에 출입하거나 일시사용하거나 장애물을 변경 또는 제거하려는 경우에는 「국토의 계획 및 이용에 관한 법률」 제130조 및 제131조를 준용한다.

제19조【국유·공유 재산의 처분제한 등】 ① 주무관청은 민간투자사업의 예정지역에 있는 국가 또는 지방자치단체 소유의 토지로서 민간투자사업의 시행에 필요한 토지에 대하여는 미리 관계 행정기관의 장과 협의를 거쳐야 하며, 관계 행정기관의 장은 해당 사업에 대한 시설사업기본계획이 고시된 날(제9조제1항에 따라 제안된 사업의 경우에는 제안 내용이 공고된 날을 말한다)부터 해당 사업 외의 목적으로 이를 매각할 수 없다.
② 제1항의 협의를 거친 민간투자사업의 예정지역에 있는 국유·공유 재산은 「국유재산법」 및 「공유재산 및 물품 관리법」에도 불구하고 사업시행자에게 수의계약으로 매각할 수 있다.
③ 민간투자사업의 예정지역에 있는 국유·공유 재산은 민간투자사업의 시행을 위하여 필요한 경우에는 「국유재산법」 및 「공유재산 및 물품 관리법」에도 불구하고 사업시행자로 하여금 제15조제2항에 따라 실시계획이 고시된 날부터 제22조에 따른 준공확인이 있을 때까지 무상으로 사용·수익하게 할 수 있다. 다만, 귀속시설사업의 경우에는 제25조제1항 또는 제2항에 따른 기간이 끝날 때까지 무상으로 사용·수익하게 할 수 있다.
④ 주무관청은 민간투자사업의 시행을 위하여 필요한 경우에는 민간투자사업의 예정지역에 있는 토지를 매입하여 사업시행자로 하여금 제15조제2항에 따라 실시계획이 고시된 날부터 제22조에 따른 준공확인이 있을 때까지 「국유재산법」 또는 「공유재산 및 물품 관리법」에도 불구하고 무상으로 사용·수익하게 할 수 있다. 다만, 귀속시설사업의 경우에는 제25조제1항 또는 제2항에 따른 기간이 끝날 때까지 무상으로 사용·수익하게 할 수 있다.
⑤ 민간투자사업의 시행을 위하여 필요한 경우에는 「국유재산법」 및 「공유재산 및 물품 관리법」에도 불구하고 국유·공유 재산에 대하여 사업시행자에게 시설물의 기부를 전제로 하지 아니하고 건물이나 그 밖의 영구시설물을 축조하기 위한 사용·수익의 허가 또는 대부를 할 수 있다.

제20조【토지등의 수용 또는 사용】 ① 사업시행자는 민간투자사업의 시행을 위하여 필요한 경우에는 「공익사업을 위한 토지 등의 취득 및 보상에 관한 법률」 제3조에 따른 토지·물건 또는 권리(이하 "토지등"이라 한다)를 수용 또는 사용할 수 있다.
② 제1항을 적용할 때 제15조제2항에 따른 실시계획의 고시가 있은 때에는 「공익사업을 위한 토지 등의 취득 및 보상에 관한 법률」 제20조제1항 및 제22조에 따른 사업인정 및 사업인정의 고시가 있는 것으로 보며, 재결(裁決)의 신청은 같은 법 제23조제1항 및 제28조제1항에도 불구하고 실시계획에서 정하는 사업의 시행기간에 할 수 있다.

③ 사업시행자는 토지등의 수용 또는 사용과 관련한 토지매수업무, 손실보상업무, 이주대책사업 등의 시행을 대통령령으로 정하는 바에 따라 주무관청 또는 관계 지방자치단체의 장에게 위탁할 수 있다. 이 경우 위탁수수료 등에 관하여는 대통령령으로 정한다.
④ 제1항에 따른 토지등의 수용 또는 사용에 관하여 이 법 또는 관계법률에 특별한 규정이 있는 경우를 제외하고는 「공익사업을 위한 토지 등의 취득 및 보상에 관한 법률」을 준용한다.

제21조【부대사업의 시행】 ① 주무관청은 사업시행자가 민간투자사업을 시행할 때 해당 사회기반시설의 투자비 보전(補塡) 또는 원활한 운영, 사용료 인하 등 이용자의 편익 증진, 주무관청의 재정부담 완화 등을 위하여 필요하다고 인정하는 경우에는 다음 각 호의 어느 하나에 해당하는 부대사업을 해당 민간투자사업과 연계하여 시행하게 할 수 있다.
1. 「주택법」에 따른 주택건설사업
2. 「택지개발촉진법」에 따른 택지개발사업
3. 「국토의 계획 및 이용에 관한 법률」에 따른 도시·군계획시설사업
4. 「도시개발법」에 따른 도시개발사업
5. 「도시 및 주거환경정비법」에 따른 재개발사업 (2017.2.8 본호개정)
6. 「산업입지 및 개발에 관한 법률」에 따른 산업단지개발사업
7. 「관광진흥법」에 따른 관광숙박업, 관광객 이용시설업 및 관광지·관광단지 개발사업
8. 「물류시설의 개발 및 운영에 관한 법률」에 따른 물류터미널사업
9. 「항만운송사업법」에 따른 항만운송사업
10. 「유통산업발전법」에 따른 대규모점포(시장에 관한 것은 제외한다), 도매배송서비스 또는 공동집배송센터사업
11. 「주차장법」에 따른 노외주차장 설치·운영 사업
12. 「체육시설의 설치·이용에 관한 법률」에 따른 체육시설업
13. 「문화예술진흥법」에 따른 문화시설 설치·운영 사업
14. 「산림문화·휴양에 관한 법률」에 따른 자연휴양림 조성사업
15. 「옥외광고물 등의 관리와 옥외광고산업 진흥에 관한 법률」에 따른 옥외광고물 및 게시시설의 설치·운영 사업(2016.1.6 본호개정)
16. 「신에너지 및 재생에너지 개발·이용·보급 촉진법」에 따른 신·재생에너지 설비의 설치·운영 사업
17. 「건축법」 제2조제1항제2호의 건축물의 설치·운영 사업
18. 그 밖에 사용료 인하 또는 재정부담 완화를 위하여 필요한 사업으로서 대통령령으로 정하는 사업

② 사업시행자가 부대사업을 시행하려는 경우에는 제15조제1항에 따른 실시계획에 해당 부대사업에 관한 사항을 포함시켜야 한다.
③ 사업시행자가 제15조제1항에 따라 실시계획을 승인받은 후에 부대사업을 시행하려는 경우에는 주무관청에 실시계획 변경승인을 신청하여야 한다.
④ 민간투자사업을 운영 중인 사업시행자가 부대사업을 시행하려는 경우에는 부대사업 제안서를 작성하여 주무관청에 승인을 신청하여야 한다.
⑤ 제3항 및 제4항에 따른 변경승인 또는 승인 신청을 받은 주무관청은 부대사업의 시행목적 및 요건에 적합한지를 검토하여 승인 여부를 결정하여야 하며, 민간투자사업과 부대사업의 규모의 합이 제8조의2제2항에 따라 대통령령으로 정하는 일정 규모 이상인 경우 심의위원회의 심의를 거쳐야 한다.
⑥ 제5항에 따라 변경승인을 받은 실시계획에 포함된 부대사업 또는 승인받은 부대사업은 제14조제4항에도 불구하고 주무관청이 인정한 사업으로 본다.
⑦ 주무관청은 제5항에 따라 부대사업의 시행을 승인하였을 때에는 이를 고시하여야 한다.
⑧ 주무관청이 제15조제2항에 따라 실시계획을 고시하거나 제7항에 따라 부대사업의 시행을 고시하였을 때에는 해당 부대사업과 관련되는 다음 각 호의 인가·허가 등을 받은 것으로 본다.
1. 「주택법」 제4조에 따른 등록, 같은 법 제5조제1항에 따른 승인 및 같은 법 제19조제1항에 따라 인·허가등을 받은 것으로 보는 인·허가등(2016.1.19 본호개정)
2. 「택지개발촉진법」 제7조에 따른 택지개발사업의 시행자 지정, 같은 법 제9조에 따른 승인, 같은 법 제11조제1항에 따라 인·허가등을 받은 것으로 보는 인·허가등
3. 「국토의 계획 및 이용에 관한 법률」 제86조에 따른 시행자 지정, 같은 법 제88조제2항에 따른 실시계획의 인가 및 같은 법 제92조제1항에 따라 인·허가등을 받은 것으로 보는 인·허가등
4. 「도시개발법」 제11조에 따른 시행자 지정, 같은 법 제17조에 따른 실시계획의 인가 및 같은 법 제19조제1항에 따라 인·허가등을 받은 것으로 보는 인·허가등
5. 「도시 및 주거환경정비법」 제27조제1항에 따른 지정개발자 지정 및 같은 법 제50조 및 「빈집 및 소규모주택 정비에 관한 특례법」 제29조에 따른 사업시행계획인가(2017.2.8 본호개정)
6. 「산업입지 및 개발에 관한 법률」 제16조에 따른 사업시행자 지정, 같은 법 제17조, 제17조의2, 제18조, 제18조의2 및 제19조에 따른 승인 및 같은 법 제21조제1항에 따라 인·허가등을 받은 것으로 보는 인·허가등
7. 「관광진흥법」 제15조에 따른 관광숙박업 및 관광객 이용시설업에 대한 사업계획의 승인, 같은 법 제52조에 따른 관광지 및 관광단지의 지정, 같은 법 제54조에 따른 조성계획의 승인 및 같은 법 제58조제1항에 따라 인·허가 등을 받은 것으로 보는 인·허가 등
8. 「물류시설의 개발 및 운영에 관한 법률」 제7조에 따른 등록, 같은 법 제9조에 따른 공사시행의 인가 및 같은 법 제21조제1항에 따라 인·허가등을 받은 것으로 보는 인·허가등
9. 「항만운송사업법」 제4조에 따른 등록
10. 「유통산업발전법」 제8조에 따른 등록, 같은 법 제29조에 따른 지정 및 같은 법 제30조제1항에 따라 인·허가등을 받은 것으로 보는 인·허가등
11. 「체육시설의 설치·이용에 관한 법률」 제12조에 따른 승인 및 같은 법 제28조에 따라 인·허가등을 받은 것으로 보는 인·허가등
12. 「산림문화·휴양에 관한 법률」 제13조에 따른 지정 및 같은 법 제14조에 따른 승인
13. 「옥외광고물 등의 관리와 옥외광고산업 진흥에 관한 법률」 제3조에 따른 허가 및 같은 법 제11조에 따른 등록(2016.1.6 본호개정)
14. 「건축법」 제11조제1항에 따른 허가 및 같은 법 제11조제5항에 따라 인·허가등을 받은 것으로 보는 인·허가등
15. 제1항제18호에 따라 시행되는 부대사업과 관련된 법률에 사업시행자의 지정·등록·승인 등의 규정 및 인가·허가 등을 받은 것으로 보는 규정이 있는 경우에는 그 지정·등록·승인 등 및 인가·허가 등

⑨ 주무관청이 제15조제1항에 따라 제8항 각 호의 사항이 포함되어 있는 실시계획을 승인 또는 변경승인하거나 제5항에 따라 부대사업의 시행을 승인하려는 경우에는 미리 관계 행정기관의 장(제8항 각 호에 따라 인가·허가 등을 받은 것으로 보는 경우 인가·허가 등의 의제 규정에서 다른 관계 행정기관의 장과의 협의를 거치도록 한 경우에는 그 관계 행정기관의 장을 포함한다)과 협의하거나 승인을 받아야 한다.
⑩ 제9항에 따라 협의 또는 승인요청을 받은 관계 행정기관의 장은 그 요청을 받은 날부터 30일 이내에 구체적인 이유와 근거를 명시하여 서면으로 의견을 제시하여야 하며, 그 기간에 의견이 제시되지 아니하면 협의 또는 승인된 것으로 본다.
⑪ 사업시행자의 부대사업 시행에 관하여 이 법에서 정하지 아니한 사항에 관하여는 해당 부대사업과 관련된 법률에 따른다.
⑫ 제1항제2호에 따른 택지개발사업을 부대사업으로 시행하는 사업시행자는 「택지개발촉진법」 제7조제1항제1호에 따른 국가·지방자치단체로 본다.
⑬ 제1항에 따른 부대사업의 시행에 필요한 요건은 다음 각 호와 같다.
1. 부대사업의 사업비는 해당 총민간사업비(총사업비에서 제53조에 따라 국가 또는 지방자치단체가 사업시행자에게 지급하는 보조금을 제외한 금액을 말한다)의 범위 이내일 것
2. 해당 민간투자사업 시행지역과 지리적으로 근접한 지역에서 시행될 것
3. 그 밖에 대통령령으로 정한 요건

⑭ 주무관청은 부대사업의 이익을 대통령령으로 정하는 바에 따라 사용료 인하 등에 사용하여야 한다.

제21조의2【부대사업에 대한 지원】 주무관청은 부대사업을 시행하는 자에게 다음 각 호의 지원을 할 수 있다.
1. 국유·공유 재산에 대한 사용허가, 사용·수익허가 또는 대부계약의 체결(해당 국유·공유 재산의 허가권자 등이 따로 있는 경우에는 그 허가권자 등에 대한 허가 등 신청의 대행을 말한다)
2. 해당 부대사업에 필요한 토지나 시설 등의 매수업무의 대행
3. 그 밖에 부대사업의 시행을 위하여 필요한 사항으로서 대통령령으로 정하는 사항

(2011.8.4 본조신설)

제22조【준공확인 등】 ① 사업시행자가 제15조제2항에 따라 고시된 실시계획에 따라 사업을 완료하거나 제21조제7항에 따라 고시된 부대사업을 완료하였을 때에는 지체 없이 대통령령으로 정하는 바에 따라 공사준공보고서를 주무관청에 제출하고 준공확인을 받아야 한다.
② 제1항에 따른 준공확인의 신청을 받은 주무관청은 준공검사를 한 후, 준공검사확인증을 그 신청인에게 발급하여야 한다.
③ 제2항에 따른 준공검사확인증을 발급하였을 때에는 제17조제1항 및 제21조제8항에 따른 인가·허가 등에 따른 해당 사업의 준공검사 또는 준공인가 등을 받은 것으로 본다.
④ 주무관청은 제2항에 따라 준공확인을 하거나 제3항에 따라 준공검사 또는 준공인가 등을 받은 것으로 보는 경우에는 미리 관계 행정기관의 장과 협의하여야 한다.
⑤ 제2항에 따른 준공검사확인증을 발급받기 전에 민간투자사업으로 조성 또는 설치된 토지 및 사회기반시설은 사용하여서는 아니 된다. 다만, 주무관청으로부터 준공 전 사용을 인가받은 경우에는 그러하지 아니하다.

제23조【사회기반시설에 대한 공공투자관리센터의 설치】 ① 대상사업의 검토, 사업타당성의 분석, 사업계획의 평가 등 대통령령으로 정하는 지원업무를 종합적으로 수행하기 위하여 「정부출연연구기관 등의 설립·운영 및 육성에 관한 법률」 별표에 따른 한국개발연구원의 부설로 사회기반시설에 대한 공공투자관리센터(이하 "공공투자관리센터"라 한다)를 둔다.
② 공공투자관리센터의 장은 제1항에 따른 업무를 수행하기 위하여 필요한 경우에는 관계 행정기관 또는 유관기관에 협조를 요청할 수 있다.
③ 공공투자관리센터의 장은 제1항에 따른 업무에 드는 비용을 충당하기 위하여 필요한 경우에는 그 업무로 인하여 이익을 받는 관계 기관·단체로부터 수수료를 받을 수 있다.
④ 공공투자관리센터의 조직과 운영에 필요한 사항은 대통령령으로 정한다.

제3절 사회기반시설의 관리·운영

제24조【사회기반시설의 관리·운영】 민간투자사업으로 조성 또는 설치된 토지 및 사회기반시설은 실시협약에서 정하는 바에 따라 관리·운영되어야 한다.
(2011.8.4 본조개정)

제24조의2【임대형 민자사업 정부지급금추계서의 작성】 ① 기획재정부장관은 제15조에 따라 실시계획 승인을 받은 임대형 민자사업의 국가사업 및 국고보조지방자치단체사업에 대하여 해당 회계연도부터 10회계연도 이상의 기간에 대한 정부지급금 규모를 연도별로 주무부처별·대상시설별 등으로 전망한 임대형 민자사업 정부지급금추계서(이하 이 조에서 "정부지급금추계서"라 한다)를 매년 작성하여야 한다.(2020.3.31 본항개정)
② 정부지급금추계서를 작성하는 때에는 정부지급금 규모의 증감 원인 등을 분석하고 이를 추계서에 포함하여야 한다.
③ 정부지급금추계서의 작성 등에 필요한 사항은 대통령령으로 정한다.
(2010.5.17 본조신설)

제25조【시설사용 내용】 ① 사업시행자는 제4조제1호 또는 제2호에 따른 방식으로 추진되는 사회기반시설을 실시협약에 명시된 공개경쟁과정을 거쳐 결정된 총민간사업비의 범위에서 해당 시설의 준공 후 일정기간 무상으로 사용·수익할 수 있다.
② 사업시행자는 제4조제3호에 따른 방식으로 추진되는 사회기반시설을 실시협약에 명시된 공개경쟁과정을 거쳐 결정된 총민간사업비의 범위에서 해당 시설의 준공 후 일정기간 소유·수익할 수 있다.
③ 제1항 및 제2항의 무상 사용기간 및 소유·수익 기간의 산정 또는 총사업비의 변경에 관하여 필요한 사항은 대통령령으로 정한다. 다만, 무상 사용기간 및 소유·수익 기간은 50년 이내로 하되, 요금 인하 등 공공의 이익을 위하여 필요한 경우에는 이를 연장할 수 있다.
(2020.3.31 단서신설)
④ 사업시행자는 제1항 및 제2항에 따른 수익을 실현하기 위하여 해당 시설을 타인으로 하여금 사용하게 할 수 있으며, 타인에게 사용하게 하였을 때에는 통행료, 임차료 등의 사용료를 징수할 수 있다. 이 경우 사용료 및 사용료 징수기간과 그 밖에 사용료에 관하여 필요한 사항은 대통령령으로 정한다.
⑤ 제1항 및 제2항에도 불구하고 사업시행자가 실시협약에 명시된 공사기간을 단축하거나 사업비를 절감하여 공사를 완공한 경우에는 이를 이유로 사용기간 또는 사용료를 조정하지 아니할 수 있다.
(2011.8.4 본조개정)

제26조【사회기반시설의 관리운영권】 ① 주무관청은 제4조제1호 또는 제2호에 따른 방식으로 사회기반시설사업을 시행한 사업시행자가 제22조에 따라 준공확인을 받은 경우에는 제25조제1항에 따라 무상으로 사용·수익할 수 있는 기간 동안 해당 시설을 유지·관리하고 시설사용자로부터 사용료를 징수할 수 있는 사회기반시설 관리운영권(이하 "관리운영권"이라 한다)을 그 사업시행자에게 설정할 수 있다.
② 제1항에 따라 사업시행자가 관리운영권을 설정받았을 때에는 대통령령으로 정하는 바에 따라 주무관청에 등록하여야 한다.

③ 제1항 및 제2항에 따라 관리운영권을 등록한 사업시행자는 해당 시설의 적절한 유지·관리에 관하여 책임을 진다.
④ 제3항에 따른 유지·관리에 필요한 사항은 대통령령으로 정한다.
(2011.8.4 본조개정)
제27조【관리운영권의 성질 등】 ① 관리운영권은 물권(物權)으로 보며, 이 법에 특별한 규정이 있는 경우를 제외하고는 「민법」 중 부동산에 관한 규정을 준용한다.
② 관리운영권을 분할 또는 합병하거나 처분하려는 경우에는 미리 주무관청의 승인을 받아야 한다.
(2011.8.4 본조개정)
제28조【권리의 변경 등】 ① 관리운영권 또는 관리운영권을 목적으로 하는 저당권의 설정·변경·소멸 및 처분의 제한은 주무관청에 갖추어 두는 관리운영권 등록원부에 등록함으로써 그 효력이 발생한다.
② 제1항에 따른 관리운영권의 등록에 필요한 사항은 대통령령으로 정한다.
(2011.8.4 본조개정)
제29조【시설사용 내용의 변경】 ① 주무관청은 제25조제1항 및 제2항에 따른 시설사용 내용을 변경할 수 없다. 다만, 국가 또는 지방자치단체가 직접 공용 또는 공공용으로 사용하기 위하여 필요한 경우로서 대통령령으로 정하는 경우에는 해당 사업시행자와 협의하여 시설사용 내용을 변경할 수 있다.
② 제1항 단서에 따른 시설사용 내용의 변경으로 인하여 해당 사업시행자에게 손해가 발생하였을 때에는 해당 시설을 사용한 행정기관은 대통령령으로 정하는 바에 따라 그 손해를 보상하여야 한다.
(2011.8.4 본조개정)

제4절 산업기반신용보증기금
(2011.8.4 본절개정)

제30조【산업기반신용보증기금의 설치 및 관리】 ① 민간투자사업자금이 원활하게 조달될 수 있도록 제34조제1항 각 호의 금전채무를 보증하기 위하여 산업기반신용보증기금(이하 "기금"이라 한다)을 설치한다.
② 기금은 「신용보증기금법」에 따른 신용보증기금(이하 "관리기관"이라 한다)이 관리·운용한다.
제31조【기금의 조성】 ① 기금은 다음 각 호의 재원으로 조성한다.
1. 정부 및 지방자치단체의 출연금
2. 제1호 외의 자의 출연금
3. 보증료 수입
4. 기금의 운용수익
5. 금융회사등 또는 다른 기금으로부터의 차입금
② 제1항에 따른 출연의 방법·시기, 그 밖에 출연에 필요한 사항은 대통령령으로 정한다.
③ 금융회사등 또는 다른 기금으로부터의 차입금의 차입방법·차입한도, 그 밖에 차입에 필요한 사항은 대통령령으로 정한다.
제32조【기금의 용도】 기금은 다음 각 호의 용도에 사용한다.
1. 보증채무의 이행
2. 제31조제1항제5호의 차입금에 대한 원리금 상환
3. 기금의 조성·운용 및 관리를 위한 경비
4. 기금의 육성 및 민간투자제도의 발전을 위한 연구·개발
5. 그 밖에 대통령령으로 정하는 용도
제33조【기금의 회계 및 결산 등】 ① 기금의 회계연도는 정부의 회계연도에 따른다.
② 관리기관은 기금의 회계를 다른 회계와 구분하여 회계처리하여야 한다.
③ 관리기관은 회계연도마다 기금의 총수입과 총지출에 관한 기금운용계획을 작성하여 기획재정부장관에게 제출하고, 기획재정부장관은 해당 회계연도 개시 전까지 이를 승인한다. 이를 변경하는 경우에도 또한 같다.
④ 관리기관은 매 회계연도가 지난 후 2개월 이내에 기금에 관한 결산보고서를 작성하여 기획재정부장관에게 제출하고, 「공공기관의 운영에 관한 법률」 제11조에 따라 경영공시를 하여야 한다.
⑤ 기금의 결산에서 이익금이 생겼을 때에는 전액 적립하여야 한다.
⑥ 기금의 결산에서 손실금이 생겼을 때에는 제5항에 따라 적립금으로 손실금을 보전하고, 적립금이 부족할 때에는 예산에서 정하는 바에 따라 정부가 부족액을 보전한다.
제34조【보증 대상 및 한도 등】 ① 관리기관은 다음 각 호의 금전채무에 대하여 기금의 부담으로 보증할 수 있다. 이 경우 관리기관은 사업시행자, 정부발주사업을 초과시공하는 자 및 제58조에 따라 사회기반시설채권을 발행하는 자(이하 "사업시행자등"이라 한다)의 경영상태, 사업전망, 신용상태 등을 공정하고 성실하게 조사하여야 한다.
1. 사업시행자 또는 정부발주사업을 초과시공하는 자가 금융회사등 또는 대통령령으로 정하는 자(이하 "대출기관등"이라 한다)로부터 민간투자사업자금의 대출·급부 등(이하 "대출등"이라 한다)을 받음으로써 부담하는 금전채무
2. 제58조에 따라 사회기반시설채권을 발행하는 자가 사회기반시설채권을 발행함으로써 부담하는 금전채무
3. 제58조에 따라 사회기반시설채권을 발행하는 자가 해당 채권의 원리금 지급을 위하여 대출기관등으로부터 대출등을 받음으로써 부담하는 금전채무
② 관리기관은 기금을 운용할 때 담보력이 미약한 중소기업에 대하여 우선적으로 신용보증을 하여야 한다.
③ 관리기관이 기금의 부담으로 신용보증할 수 있는 총액의 한도는 제31조제1항제1호 및 제2호의 출연금과 제33조제5항에 따른 적립금의 합계액의 20배를 초과하지 아니하는 범위에서 대통령령으로 정한다.
④ 관리기관이 기금의 부담으로 동일한 민간투자사업(제16조제2항에 따라 분할하여 시행하는 사업의 경우에는 분할된 각 사업을 말한다)에 대하여 신용보증을 할 수 있는 최고한도는 대통령령으로 정한다.
⑤ 사업시행자등은 제1항에 따라 보증받은 차입금 또는 초과시공에 따라 정부가 지급하는 대가를 용도 외로 사용하여서는 아니 되며, 이를 위반할 경우 관리기관은 보증을 해지하거나 제한할 수 있다.
제35조【보증관계의 성립】 ① 관리기관은 제34조에 따라 보증을 하는 경우에는 민간투자사업자금의 대출등을 받는 사업시행자등의 신용을 기금에 의하여 보증할 것을 내용으로 하는 계약을 대출기관등과 체결하여야 한다.
② 관리기관이 민간투자사업자금의 대출등을 받으려는 사업시행자등의 신청을 받아 이를 심사한 후 제1항에 따라 계약을 체결한 대출기관등에 통지하는 경우에는 관리기관과 해당 대출기관등 사이에 보증관계가 성립된 것으로 본다. 다만, 보증관계의 효력은 해당 대출기관등이 민간투자사업자금을 지급한 때부터 발생한 것으로 본다.
③ 제2항의 통지가 있은 날부터 60일 이내에 해당 대출기관등이 민간투자사업자금의 대출등을 신청한 사업시행자등에게 대출금 등을 지급하지 아니하거나 대출등의 승인을 신청인에게 통지하지 아니한 때에는 제2항에도 불구하고 해당 보증관계는 성립되지 아니한 것으로 본다.
제36조【보증료】 ① 관리기관은 신용보증을 받는 사업시행자등으로부터 보증금액에 대하여 해당 사업시행자등의 사업규모, 재무구조 및 신용도 등을 고려하여 대통령령으로 정하는 바에 따라 보증료를 징수한다.
② 관리기관은 보증을 받은 사업시행자등이 보증료의 납부기한까지 보증료를 납부하지 아니하였을 때에는 미납 보증료에 대하여 연이율 100분의 10에 해당하는 연체보증료를 받는다.
제37조【통지의무】 제35조제2항에 따른 통지를 받은 대출기관등은 다음 각 호의 어느 하나에 해당하는 경우에는 지체 없이 그 사실을 관리기관에 통지하여야 한다.
1. 주된 보증관계가 성립한 경우
2. 주된 채무의 전부 또는 일부가 소멸한 경우
3. 채무자가 채무를 이행하지 아니한 경우
4. 채무자가 기한의 이익을 상실한 경우
5. 제35조제3항에 해당하는 사유로 보증관계가 성립하지 아니한 경우
6. 그 밖에 보증채무에 영향을 미칠 우려가 있는 사유가 발생한 경우
제38조【보증채무의 이행】 ① 대출기관등 또는 제58조에 따라 발행된 사회기반시설채권의 소지자는 보증을 받은 사업시행자등이 채무를 불이행하는 등 대통령령으로 정하는 사유가 발생하였을 때에는 관리기관에 대하여 그 보증채무의 이행을 청구할 수 있다.
② 제1항에 따라 보증채무의 이행청구가 있을 때에는 관리기관은 주된 채무와 대통령령으로 정하는 종된 채무를 기금에서 변제하여야 한다.
제39조【손해금】 관리기관이 기금의 부담으로 보증채무를 이행하였을 때에는 해당 사업시행자등으로부터 그 이행한 금액에 대하여 연이율 100분의 25를 초과하지 아니하는 범위에서 대통령령으로 정하는 바에 따라 손해금을 받는다.
제39조의2【임직원의 배상책임】 ① 관리기관의 임원이 법령 또는 정관을 위반하거나 그 임무를 게을리함으로써 기금에 손해를 발생시킨 경우에 그 임원은 연대하여 손해를 배상할 책임을 진다.
② 기금의 신용보증업무를 담당하는 관리기관의 임직원이 그 업무처리를 하면서 고의 또는 중대한 과실로 기금에 손해를 발생시킨 경우에는 그 손해를 배상할 책임을 진다. 이 경우 고의로 손해를 발생시킨 경우를 제외하고는 그 책임을 경감할 수 있다.
(2011.8.4 본조신설)
제40조【구상권】 ① 관리기관은 기금의 부담으로 보증채무를 이행하였을 때에는 구상권(求償權) 행사를 위하여 필요한 조치를 하여야 한다.
② 관리기관은 기금의 부담으로 보증채무를 이행한 사업시행자등이 다음 각 호의 어느 하나에 해당하는 경우에는 해당 사업시행자등에 대한 구상권 행사를 유예할 수 있다.
1. 사업시행자등의 재산이 구상권의 행사에 따른 비용에 충당하고 남을 여지가 없다고 인정되는 경우
2. 구상권의 행사를 유예함으로써 장래 사업시행자등의 채무상환능력이 증가될 수 있다고 인정되는 경우
③ 관리기관은 제2항제2호에 따라 구상권 행사를 유예하였을 때에는 해당 사업시행자등에 관리기관의 임원 또는 직원을 파견하여 그 경영에 참여하게 할 수 있다.

제5절 사회기반시설투융자집합투자기구
(2011.8.4 본절개정)

제41조【투융자집합투자기구의 설립목적 등】 ① 사회기반시설사업에 자산을 투자하여 그 수익을 주주에게 배분하는 것을 목적으로 하는 사회기반시설투융자회사(이하 "투융자회사"라 한다)를 설립하거나 그 수익을 수익자에게 배분하는 것을 목적으로 하는 사회기반시설투융자신탁(이하 "투융자신탁"이라 한다)을 설정할 수 있다.
② 투융자회사와 투융자신탁(이하 "투융자집합투자기구"라 한다)은 각각 「자본시장과 금융투자업에 관한 법률」에 따른 투자회사와 투자신탁으로 본다.
③ 투융자집합투자기구는 「자본시장과 금융투자업에 관한 법률」 제230조제1항에 따른 환매금지형집합투자기구로 하여야 한다.
④ 투융자집합투자기구는 이 법에서 특별히 정하는 경우를 제외하고는 「자본시장과 금융투자업에 관한 법률」의 적용을 받는다.
⑤ 이 법에 따른 투융자집합투자기구가 아닌 자는 투융자집합투자기구, 투융자회사, 투융자신탁 또는 이와 유사한 명칭을 사용하여서는 아니 된다.
제41조의2【투융자회사의 자본금 등】 ① 투융자회사의 자본금은 등록신청 당시를 기준으로 100억원을 초과하지 아니하는 범위에서 대통령령으로 정하는 금액 이상이어야 한다.
② 투융자회사의 최저 순자산액은 50억원을 초과하지 아니하는 범위에서 대통령령으로 정하는 금액 이상이어야 한다.
제41조의3【발기설립인 경우의 발기인의 주식인수 및 납입】 투융자회사의 발기인이 투융자회사의 설립 시에 발행하는 주식의 총수를 인수하였을 때에는 지체 없이 각 주식에 대하여 그 인수가액의 전액을 현금으로 납입하여야 한다.
제41조의4【모집설립인 경우의 주식인수의 청약 등】 ① 투융자회사의 발기인이 회사의 설립 시에 발행하는 주식의 총수를 인수하지 아니하고 주식의 인수청약을 권유하는 경우에는 그 상대방에게 투자설명서를 제공하여야 한다. 투자설명서의 기재사항 및 제공방법 등에 관하여는 대통령령으로 정한다.
② 투융자회사의 발기인은 제1항에 따른 투자설명서를 작성하였을 때에는 이를 상대방에게 제공하기 전에 금융위원회에 제출하여야 한다. 대통령령으로 정하는 중요한 내용을 변경한 경우에도 또한 같다.
③ 투융자회사의 발기인은 대통령령으로 정하는 바에 따라 주식청약서를 주식인수의 청약을 하려는 자에게 제공하여야 하며, 주식인수의 청약을 하려는 자는 주식청약서 2통에 인수할 주식의 종류, 수 및 주소를 적고 기명날인 또는 서명하여야 한다.
④ 투융자회사의 발기인이 회사의 설립 시에 발행하는 주식의 총수를 인수하지 아니하고 주식의 인수청약을 권유하는 경우에도 발기인은 제41조의2제1항에 따라 투융자회사가 충족하여야 하는 자본금의 100분의 10을 초과하지 아니하는 범위에서 대통령령으로 정하는 비율에 상당하는 금액 이상의 주식을 인수하여야 한다.
제41조의5【자금의 차입 및 사채의 발행】 ① 투융자집합투자기구는 운영자금이나 투자목적자금의 조달 등을 위하여 다음 각 호 구분에 따른 비율을 초과하지 아니하는 범위에서 대통령령으로 정하는 비율을 한도로 차입하거나 사채를 발행할 수 있다. 다만, 투융자집합투자기구가 운영자금을 조달하기 위하여 차입하거나 사채를 발행하는 경우에는 주주총회 또는 수익자총회의 승인을 받아야 한다.
1. 투융자회사의 경우 : 자본금의 100분의 30
2. 투융자신탁의 경우 : 수익증권 총액의 100분의 30
② 「자본시장과 금융투자업에 관한 법률」 제9조제19항에 따른 사모집합투자기구에 해당하는 투융자집합투자기구에 대하여는 제1항에 따른 차입 또는 사채발행의 한도를 적용하지 아니한다.
제41조의6【투융자집합투자기구의 등록에 관한 통보 등】 ① 금융위원회는 「자본시장과 금융투자업에 관한 법률」 제182조제3항에 따라 투융자집합투자기구 등록신청서를 제출받은 경우 제출일부터 5영업일 이내에 기획재정부장관에게 등록신청서와 집합투자규약 등의 모든

첨부서류의 사본을 송부하여야 하고, 같은 법 제182조제4항에 따른 등록 여부에 대한 결과를 지체 없이 기획재정부장관에게 통보하여야 한다.(2016.3.29 본항개정)
② 투융자집합투자기구는 대통령령으로 정하는 바에 따라 투융자집합투자기구의 재산에 관한 매 분기의 영업보고서를 기획재정부장관과 금융위원회에 제출하여야 한다.
(2016.3.29 본조제목개정)
제41조의7【투융자집합투자기구의 신주 또는 추가 수익증권 발행 조건】 투융자회사가 그 성립 후에 신주(新株)를 발행하거나 투융자신탁이 그 설정 후에 추가로 수익증권을 발행하는 경우 그 발행가액은 해당 투융자집합투자기구가 보유하는 자산의 순자산액에 기초하여 대통령령으로 정하는 방법에 따라 산정한다.
제41조의8【주식 또는 수익증권의 상장】 ① 투융자회사 및 투융자신탁의 집합투자업자는 「자본시장과 금융투자업에 관한 법률」 제390조제1항에 따른 상장규정의 상장요건을 갖추게 되었을 때에는 그 주식 또는 수익증권을 증권시장에 상장하기 위한 절차를 지체 없이 진행하여야 한다.
② 기획재정부장관은 투융자회사 및 투융자신탁의 집합투자업자가 정당한 사유 없이 제1항에 따른 증권시장에 상장하기 위한 절차를 진행하지 아니하는 경우에는 기간을 정하여 그 이행을 명할 수 있다.
제41조의9【투융자집합투자기구 등에 대한 감독·검사 등】 ① 기획재정부장관 및 금융위원회는 투융자집합투자기구 및 해당 투융자집합투자기구의 집합투자업자·신탁업자 및 일반사무관리회사에 대하여 투융자집합투자기구의 업무와 관련된 해당 회사의 업무와 재산에 관한 자료의 제출이나 보고를 요구할 수 있다.
② 금융위원회는 금융감독과 관련하여 필요하다고 인정할 때에는 그 소속 직원 또는 「금융위원회의 설치 등에 관한 법률」 제24조에 따른 금융감독원의 원장으로 하여금 투융자집합투자기구 및 해당 투융자집합투자기구의 집합투자업자·신탁업자 및 일반사무관리회사의 업무를 검사하게 할 수 있다.
제42조【겸업 제한】 투융자집합투자기구는 자산을 제43조에 따라 투자하는 것 외의 업무를 수행할 수 없다.
제43조【자산운용의 범위】 ① 투융자집합투자기구는 다음 각 호의 업무를 할 수 있다.
1. 사회기반시설사업의 시행을 목적으로 하는 법인의 주식, 지분 및 채권의 취득
2. 사회기반시설사업의 시행을 목적으로 하는 법인에 대한 대출 및 대출채권의 취득(2016.3.29 본호개정)
3. 하나의 사회기반시설사업의 시행을 목적으로 하는 법인에 대하여 제1호 또는 제2호의 방식으로 투자하는 것을 목적으로 하는 법인(투융자집합투자기구는 제외한다)에 대한 제1호 또는 제2호의 방식에 의한 투자
4. 그 밖에 금융위원회가 제1호부터 제3호까지의 목적을 달성하기 위하여 필요한 것으로 승인한 투자
② 투융자집합투자기구는 제1항 각 호의 업무를 하기 위하여 필요할 때에는 그 자산을 담보로 제공하거나 보증을 할 수 있다.
③ 투융자집합투자기구는 여유자금을 다음 각 호의 방법으로 운용할 수 있다.
1. 금융회사등에의 예치
2. 국채·공채의 매입
3. 대통령령으로 정하는 한도에 따른 국채·공채와 동일한 신용등급의 채권 및 기업어음의 매입
제44조【다른 법률과의 관계】 ① 투융자집합투자기구에 대하여는 「자본시장과 금융투자업에 관한 법률」 제81조, 제83조, 제86조, 제87조, 제183조, 제186조제2항(「자본시장과 금융투자업에 관한 법률」 제87조를 준용하는 경우로 한정한다), 제194조제5항, 제196조제5항 후단, 제230조제2항부터 제4항까지 및 제238조제7항을 적용하지 아니한다.
② 투융자회사가 「독점규제 및 공정거래에 관한 법률」 제2조제7호에 따른 지주회사에 해당하게 되는 경우에는 같은 법 제18조제2항제2호를 적용하지 아니한다.
(2020.12.29 본항개정)

제6절 이의신청 및 민간투자사업분쟁조정위원회
(2012.12.18 본절제목개정)

제44조의2【이의신청】 ① 민간투자사업의 추진과정에서 다음 각 호의 어느 하나에 해당하는 사항으로 인하여 불이익을 받은 자는 주무관청에 그 사항과 관련된 행위의 취소 또는 시정을 위한 이의신청을 할 수 있다.
1. 제3조의2에 따른 정부조달협정등의 적용 범위와 관련된 사항
2. 제9조제3항에 따른 민간부문 제안 민간투자사업의 공고 및 제10조제3항에 따른 시설사업기본계획의 고시와 관련된 사항
3. 제9조제4항 및 제13조제2항에 따른 협상대상자 또는 사업시행자 지정과 관련된 사항
4. 그 밖에 정부조달협정등에 위배된 사항 등 대통령령으로 정하는 사항
② 제1항에 따른 이의신청은 이의신청의 원인이 되는 행위가 있은 날부터 30일 이내 또는 그 행위가 있음을 안 날부터 10일 이내에 해당 주무관청에 하여야 한다.
③ 제2항에 따라 이의신청을 받은 주무관청은 이의신청을 받은 날부터 10일 이내에 심사하여 취소 등 필요한 조치를 하고 그 결과를 신청인에게 통지하여야 한다.
④ 제3항에 따른 조치에 대하여 이의가 있는 자는 그 통지를 받은 날부터 15일 이내에 기획재정부장관에게 분쟁조정을 신청할 수 있다.(2023.7.18 본항개정)
(2012.12.18 본조신설)
제44조의3【민간투자사업분쟁조정위원회의 설치 등】 ① 기획재정부장관은 민간투자사업에 관한 분쟁조정 신청이 있는 경우 지체 없이 민간투자사업분쟁조정위원회(이하 "분쟁조정위원회"라 한다)를 구성·운영하여야 한다.
② 분쟁조정위원회는 당사자 어느 한쪽 또는 양쪽의 신청에 의하여 민간투자사업의 시행과 관련된 분쟁을 심사·조정한다. 이 경우 분쟁조정의 당사자는 제44조의2에 따른 이의신청 절차를 거치지 아니한 경우에도 기획재정부장관에게 분쟁조정을 신청할 수 있다.
③ 제2항 또는 제44조의2제4항에 따른 신청을 받은 기획재정부장관은 제1항에 따라 구성된 분쟁조정위원회에 해당 사건을 회부하여야 한다.(2023.7.18 본항신설)
(2023.7.18 본조개정)
제44조의4【분쟁조정위원회의 구성】 ① 분쟁조정위원회는 위원장 1명을 포함하여 9명 이내의 위원으로 구성하되, 정부를 대표하는 위원, 사업시행자를 대표하는 위원 및 공익을 대표하는 위원으로 구성하여야 한다.
② 제1항의 사업시행자를 대표하는 위원 및 공익을 대표하는 위원은 다음 각 호의 어느 하나에 해당하여야 한다.
1. 「고등교육법」에 따른 학교에서 법률학, 경영학, 경제학, 회계학 또는 공학을 가르치는 조교수 이상의 직에 5년 이상 있거나 있었던 자
2. 변호사의 자격이 있는 자로서 판사·검사 또는 변호사의 실무경력이 5년 이상인 자
3. 민간투자사업의 설계·건설·자금조달 또는 운영에 대한 학식과 경험이 풍부한 자로서 대통령령으로 정하는 요건에 해당하는 자
③ 분쟁조정위원회의 위원장은 기획재정부장관이 지명하는 사람이 된다.
제44조의5【분쟁조정신청의 통지 등】 ① 분쟁조정위원회는 당사자 어느 한쪽으로부터 분쟁의 조정신청을 받았을 때에는 그 신청 내용을 상대방에게 통지하여야 한다.
② 제1항에 따라 통지를 받은 상대방은 조정에 응할 것인지에 관한 의사를 분쟁조정위원회에 통지하여야 한다.
③ 제2항에도 불구하고 통지를 받은 상대방이 국가 또는 지방자치단체인 경우에는 조정에 응하여야 한다.
제44조의6【조정의 거부 및 중지】 ① 분쟁조정위원회는 분쟁의 성질상 분쟁조정위원회에서 조정하는 것이 적합하지 아니하다고 인정하거나 부정한 목적으로 조정을 신청하였다고 인정할 때에는 해당 조정을 거부할 수 있다. 이 경우 조정 거부의 사유 등을 신청인에게 통보하여야 한다.
② 분쟁조정위원회는 당사자 중 어느 한쪽이 조정을 거부한 경우에는 조정 경위, 조정 거부 이유 등을 상대방에게 서면으로 통보하여야 한다.
③ 분쟁조정위원회는 당사자 중 어느 한쪽이 소(訴)를 제기하였을 때에는 조정을 중지하고 그 사실을 상대방에게 통보하여야 한다.
제44조의7【처리기간】 ① 분쟁조정위원회는 제44조의3제3항에 따라 회부된 사건에 대하여 회부된 날부터 90일 이내에 이를 심사하여 조정안을 작성하여야 한다. 다만, 부득이한 사정이 있는 경우에는 분쟁조정위원회의 의결로써 60일의 범위에서 그 기간을 연장할 수 있다.
(2023.7.18 본문개정)
② 분쟁조정위원회는 제1항 단서에 따라 기간을 연장한 경우에는 기간연장의 사유 및 그 밖의 기간연장에 관한 사항을 당사자에게 통보하여야 한다.
제44조의8【조사 및 의견청취】 ① 분쟁조정위원회는 필요하다고 인정하는 경우 분쟁조정위원회의 위원 또는 기획재정부 소속 공무원에게 관계 서류를 열람하게 하거나 관계 사업장에 출입하여 조사하게 할 수 있다.
② 분쟁조정위원회는 필요하다고 인정하는 경우 당사자 또는 관계 전문가를 분쟁조정위원회의 회의에 출석하게 하여 그 의견을 들을 수 있다.
제44조의9【조정 전 합의】 분쟁조정위원회는 당사자 양쪽이 분쟁의 해결에 관하여 합의하였을 때에는 해당 사건에 대한 조정을 중단하고 당사자가 합의한 내용에 따라 즉시 합의서를 작성하여야 하며, 분쟁조정위원회의 위원장 및 각 당사자는 이에 서명날인하여야 한다.
제44조의10【조정의 효력】 ① 분쟁조정위원회는 조정안을 작성하였을 때에는 지체 없이 이를 각 당사자에게 제시하여야 한다.
② 제1항에 따라 조정안을 제시받은 당사자는 제시를 받은 날부터 15일 이내에 그 수락 여부를 분쟁조정위원회에 통보하여야 한다.
③ 당사자가 조정안을 수락하였을 때에는 분쟁조정위원회는 즉시 조정서를 작성하여야 하며, 분쟁조정위원회의 위원장 및 각 당사자는 이에 서명날인하여야 한다.
④ 제3항에 따라 당사자가 조정안을 수락하였을 때에는 당사자 간에 조정서와 동일한 내용의 합의가 성립된 것으로 본다.
제44조의11【비용의 분담】 ① 분쟁조정을 위한 감정·진단·시험 등에 소요된 비용은 신청인이 이를 부담한다. 다만, 당사자 간에 이에 대한 약정이 있는 경우에는 그 약정에 따른다.
② 분쟁조정위원회는 필요하다고 인정하는 경우에는 대통령령으로 정하는 바에 따라 당사자로 하여금 제1항에 따른 비용을 예납하게 할 수 있다.
제44조의12【서류의 송달】 분쟁조정에 따른 서류송달에 관하여는 「민사소송법」 제174조부터 제197조까지의 규정을 준용한다.
제44조의13【분쟁조정위원회의 운영 등】 제44조의3부터 제44조의12까지에서 규정한 사항 외에 분쟁조정위원회의 구성·운영 및 조정절차 등에 관하여 필요한 사항은 대통령령으로 정한다.(2012.12.18 본조개정)

제3장 감 독
(2011.8.4 본장개정)

제45조【감독·명령】 ① 주무관청은 사업시행자의 자유로운 경영활동을 저해하지 아니하는 범위에서 대통령령으로 정하는 경우에 한정하여 사업시행자의 민간투자사업과 관련된 업무를 감독하고 감독에 필요한 명령을 할 수 있다.
② 기획재정부장관은 기금의 업무에 관하여 관리기관을 감독하고 감독에 필요한 명령을 할 수 있다.
제46조【법령 위반 등에 대한 처분】 주무관청은 다음 각 호의 어느 하나에 해당하는 경우에는 그 위반행위를 한 자에게 이 법에 따른 명령이나 처분의 취소 또는 변경, 사회기반시설공사의 중지·변경, 시설물 또는 물건의 개축·변경·이전·제거 또는 원상회복을 명하거나 그 밖에 필요한 처분을 할 수 있다.
1. 거짓이나 그 밖의 부정한 방법으로 이 법에 따른 지정·승인·확인 등을 받은 경우
2. 이 법 또는 이 법에 따른 명령이나 처분을 위반한 경우
3. 사업시행자가 실시계획에서 정한 사업기간에 정당한 사유 없이 공사를 시작하지 아니하거나 공사 시작 후 사업시행을 지연 또는 기피하여 사업의 계속 시행이 불가능하다고 인정되는 경우
4. 제14조제3항에 따라 설립된 법인이 제14조제4항을 위반한 경우
제46조의2【부정당업자의 민간투자사업 참가자격 제한】 주무관청은 경쟁의 공정한 집행 또는 실시협약의 적정한 이행을 해칠 염려가 있거나 그 밖에 민간투자사업에 참가시키는 것이 부적합하다고 인정되는 자에 대하여는 2년의 범위에서 대통령령으로 정하는 바에 따라 민간투자사업 참가자격을 제한하여야 하며, 이를 즉시 다른 주무관청에 통보하여야 한다. 이 경우 통보를 받은 주무관청은 대통령령으로 정하는 바에 따라 해당자의 민간투자사업 참가자격을 제한하여야 한다.
제47조【공익을 위한 처분】 ① 주무관청은 다음 각 호의 어느 하나에 해당하는 경우에는 이 법에 따른 지정·승인·확인 등을 받은 자에 대하여 제46조에 따른 처분을 할 수 있다. 이 경우 심의위원회의 심의를 거쳐 지정된 사업에 대하여는 심의위원회의 심의를 거쳐야 한다.
1. 사회기반시설의 상황 변경이나 효율적 운영 등 공공의 이익을 위하여 필요한 경우
2. 사회기반시설공사를 원활히 추진하기 위하여 필요한 경우
3. 전쟁, 천재지변 또는 그 밖에 이에 준하는 사태가 발생한 경우
② 제1항에 따른 처분으로 인하여 손실을 입은 사업시행자가 있는 경우에는 주무관청은 해당 손실에 대하여 정당한 보상을 하여야 한다. 이 경우 손실보상에 관하여는 주무관청과 사업시행자가 협의하여야 하며, 협의가 성립되지 아니하거나 협의할 수 없는 경우에는 대통령령으로 정하는 바에 따라 관할 토지수용위원회에 재결을 신청할 수 있다.
제48조【청문】 주무관청은 다음 각 호의 어느 하나에 해당하는 처분을 하려면 청문을 실시하여야 한다.
1. 제46조에 따른 처분
2. 제47조제1항에 따른 처분
제49조【사업시행자의 지정취소에 따른 조치】 주무관청은 제46조 및 제47조에 따라 사업시행자의 지정을 취소한 경우에는 해당 민간투자사업을 직접 시행하거나 제13조에 따라 새로운 사업시행자를 지정하여 계속 시행하게 할 수 있다.

제50조【대상사업의 지정취소】 ① 주무관청은 제8조의2제2항에 따라 대상사업으로 지정된 사업이 다음 각 호의 어느 하나에 해당하는 경우에는 심의위원회의 심의를 거쳐 그 사업에 대한 대상사업의 지정을 취소할 수 있다.
1. 제10조제1항에 따라 정하여진 기간에 시설사업기본계획이 고시되지 아니한 경우
2. 제10조제4항에 따른 시설사업기본계획의 재고시 후 제13조에 따른 사업계획의 제출이 없는 경우

② 주무관청은 제8조의2제2항에 따라 지정되지 아니한 대상사업이 제1항 각 호의 어느 하나에 해당하는 경우에는 그 사업에 대한 대상사업의 지정을 취소할 수 있다.
③ 주무관청은 제1항 및 제2항에 따라 대상사업의 지정이 취소된 경우에는 그 사실을 지체 없이 관보에 고시하여야 한다.

제51조【보고·검사】 ① 주무관청은 감독에 필요하다고 인정하는 경우에는 사업시행자에게 사회기반시설의 관리·운영에 필요한 보고를 하게 하거나 소속 공무원으로 하여금 현장출입 또는 서류검사를 하게 하는 등 필요한 조치를 할 수 있다.
② 제1항에 따라 현장출입 또는 서류검사를 하는 공무원은 그 권한을 표시하는 증표를 지니고 이를 관계인에게 보여주어야 한다.

제51조의2【민간투자사업 추진실적 등의 제출 및 평가】 ① 주무관청은 제4조에 따른 민간투자사업의 추진방식별로 그 운영현황 및 추진실적 등에 관한 보고서를 매년 기획재정부장관에게 제출하여야 한다.
② 기획재정부장관은 제1항에 따라 제출받은 보고서를 공개하고, 이를 매년 5월 31일까지 국회 소관 상임위원회와 예산결산특별위원회에 제출하여야 한다.
③ 기획재정부장관은 민간투자사업에 대한 종합평가를 실시하고 심의위원회의 심의·의결을 거쳐 확정한 후에 그 평가결과를 민간투자사업의 주요 정책 수립 등에 반영하여야 한다.
④ 제1항부터 제3항까지의 규정에 따른 보고서의 제출, 공개 및 종합평가 등에 필요한 사항은 대통령령으로 정한다.

제51조의3【실시협약에 대한 정보공개】 ① 주무관청은 민간투자사업의 투명성을 높이기 위하여 사업시행자와 체결하는 실시협약의 내용 및 변경사항 등에 대한 정보를 공개하여야 한다. 다만, 사업시행자의 경영상·영업상 비밀에 해당하는 정보는 비공개할 수 있다.
② 제1항에 따른 정보공개의 범위, 방법 및 절차에 관하여 필요한 사항은 대통령령으로 정한다.
(2020.3.31 본조신설)

제4장 보 칙
(2011.8.4 본장개정)

제52조【공공부문의 출자】 ① 공공부문이 제4조제4호에 따른 방식으로 추진되는 사회기반시설사업을 시행하는 민관합동법인(설립예정인 민관합동법인을 포함한다. 이하 같다)에 출자할 경우 공공부문의 총출자 비율은 대통령령으로 정하는 경우를 제외하고는 50퍼센트 미만으로 한다.
② 공공부문은 제1항의 민관합동법인에 출자하는 경우 「상법」 제369조제1항에도 불구하고 대통령령으로 정하는 경우를 제외하고는 의결권을 행사하지 못한다.
③ 국가 또는 지방자치단체는 민관합동법인에 출자할 때 현물출자가 필요하다고 인정하는 경우에는 「국유재산법」 및 「공유재산 및 물품 관리법」에도 불구하고 다음 각 호의 재산을 현물로 출자할 수 있다.
1. 「국유재산법」 제6조제3항 및 「공유재산 및 물품 관리법」 제5조제3항에 따른 일반재산
2. 제1호의 일반재산에 부속된 동산(動産)으로서 「물품관리법」 제2조제1항 및 「공유재산 및 물품 관리법」 제2조제2호에 규정된 것
3. 관리운영권
4. 그 밖에 대통령령으로 정하는 재산

④ 제3항에 따라 민관합동법인에 출자하는 관리운영권의 출자가액(出資價額)은 국가 또는 지방자치단체가 해당 사회기반시설의 신설·증설·개량 또는 운영에 투자한 금액 및 수익성 등을 고려하여 산정한다.

제53조【재정지원】 국가 또는 지방자치단체는 귀속시설사업을 원활하게 시행하기 위하여 필요하면 대통령령으로 정하는 경우에 한정하여 사업시행자에게 보조금을 지급하거나 장기대부를 할 수 있다.

제54조【차관도입】 사업시행자는 「외국환거래법」 및 「외국인투자 촉진법」에서 정하는 바에 따라 차관(借款)을 도입할 수 있다.

제55조【배당의 특례】 민관합동법인에 출자한 공공부문은 해당 민관합동법인의 이익을 배당할 때 중소기업 또는 소액주주의 보호 등 필요하다고 인정하는 경우에는 공공부문에 지급할 배당금의 전부 또는 일부를 「상법」 제464조에도 불구하고 민간부문 주주에게 추가하여 배당하게 할 수 있다.

제56조【부담금 등의 감면】 ① 민간투자사업의 시행을 위하여 해당 사업예정지역에 있는 농지 또는 산지의 전용이 필요한 경우에는 사업시행자에게 「농지법」 또는 「산지관리법」에서 정하는 바에 따라 농지보전부담금 또는 대체산림자원조성비를 감면할 수 있다.
② 사업시행자가 민간투자사업을 시행할 때에는 「개발이익환수에 관한 법률」 또는 「수도권정비계획법」에서 정하는 바에 따라 개발부담금 또는 과밀부담금을 감면할 수 있다.

제57조【조세감면】 국가 또는 지방자치단체는 민간투자를 촉진하기 위하여 「조세특례제한법」 또는 「지방세특례제한법」에서 정하는 바에 따라 조세를 감면할 수 있다.

제58조【사회기반시설채권의 발행】 ① 사업시행자, 「자산유동화에 관한 법률」에 따른 유동화전문회사 또는 대통령령으로 정하는 금융회사등은 대통령령으로 정하는 바에 따라 민간투자사업의 추진에 필요한 재원의 조달 또는 민간투자사업으로 인한 채무의 상환을 위하여 채권(이하 “사회기반시설채권”이라 한다)을 발행할 수 있다.
② 제1항에 따른 사회기반시설채권에 의하여 조달된 재원은 민간투자사업을 위한 용도 외로 사용하여서는 아니 된다.

제59조【매수청구권의 인정】 귀속시설의 사업시행자는 천재지변 등 대통령령으로 정하는 불가피한 사유로 사회기반시설의 건설 또는 관리·운영이 불가능한 경우에는 대통령령으로 정하는 바에 따라 국가 또는 지방자치단체에 대하여 해당 사업(부대사업을 포함한다)을 매수하여 줄 것을 요청할 수 있다.

제60조【귀속시설의 설계 등의 심의 및 건설사업관리】 ① 귀속시설의 설계타당성·안전성 및 그 공사시행의 적정성에 관하여는 「건설기술 진흥법」 제5조에 따른 건설기술심의위원회 또는 같은 법 제6조에 따른 기술자문위원회의 심의를 받아야 한다.
② 귀속시설사업의 건설사업관리는 「건설기술 진흥법」 제39조제2항에 따라 시행한다.
(2013.5.22 본조개정)

제61조【권한의 위임】 주무관청은 이 법에 따른 권한의 일부를 소속 행정기관의 장이나 지방자치단체의 장 또는 그 관할구역에 있는 지방자치단체의 장에게 위임할 수 있다.

제61조의2【벌칙 적용 시의 공무원 의제】 심의위원회 및 분쟁조정위원회의 위원 중 공무원이 아닌 위원은 「형법」 제129조부터 제132조까지의 규정을 적용할 때에는 공무원으로 본다.(2011.8.4 본조신설)

제61조의3【직무상의 의무】 주무관청, 해당 행정기관에서 사회기반시설사업의 업무를 담당하는 자는 민간투자사업(제21조에 따른 부대사업을 포함한다)의 시행과 관련한 업무를 수행할 때에 국가 또는 지방자치단체의 재정낭비 및 손해를 방지할 직무상의 의무를 진다.
(2011.8.4 본조신설)

제5장 벌 칙
(2011.8.4 본장제목개정)

제62조【벌칙】 다음 각 호의 어느 하나에 해당하는 자는 3년 이하의 징역 또는 3천만원 이하의 벌금에 처한다.
1. 거짓이나 그 밖의 부정한 방법으로 제13조에 따른 사업시행자 지정을 받은 자
2. 거짓이나 그 밖의 부정한 방법으로 제15조제1항에 따른 실시계획의 승인·변경승인 또는 제21조제5항에 따른 부대사업 시행의 승인을 받은 자
3. 제15조제1항에 따른 실시계획의 승인 또는 변경승인을 받지 아니하고 민간투자사업을 시행한 자
4. 제43조를 위반하여 자산을 운용한 자

(2011.8.4 본조개정)

제63조【벌칙】 다음 각 호의 어느 하나에 해당하는 자는 1년 이하의 징역 또는 1천만원 이하의 벌금에 처한다.
1. 제22조제2항에 따른 준공검사확인증을 발급받지 아니하고 토지 및 사회기반시설을 사용한 자
2. 제41조제5항을 위반하여 투융자집합투자기구, 투융자회사, 투융자신탁 또는 이와 유사한 명칭을 사용한 자
3. 제41조의4제1항에 따른 투자설명서를 제공하지 아니하거나 투자설명서를 거짓으로 작성하여 제공한 자
4. 제41조의5에 따른 목적 또는 한도를 위반하여 자금을 차입하거나 사채를 발행한 자
5. 제46조에 따른 법령 위반 등에 대한 처분을 위반한 자
6. 제47조에 따른 공익을 위한 처분을 위반한 자

(2011.8.4 본조개정)

제64조【양벌규정】 법인의 대표자나 법인 또는 개인의 대리인, 사용인, 그 밖의 종업원이 그 법인 또는 개인의 업무에 관하여 제62조 또는 제63조의 위반행위를 하면 그 행위자를 벌하는 외에 그 법인 또는 개인에게도 해당 조문의 벌금형을 과(科)한다. 다만, 법인 또는 개인이 그 위반행위를 방지하기 위하여 해당 업무에 관하여 상당한 주의와 감독을 게을리하지 아니한 경우에는 그러하지 아니하다.(2009.12.29 본조개정)

제65조【과태료】 ① 다음 각 호의 어느 하나에 해당하는 자에게는 1천만원 이하의 과태료를 부과한다.
1. 정당한 이유 없이 제18조에 따른 사업시행자의 토지 출입, 일시사용, 장애물의 변경 또는 제거를 거부하거나 방해한 자
2. 제41조의8제2항에 따른 증권시장 상장절차진행 이행명령을 이행하지 아니한 자
3. 제45조에 따른 감독·명령을 위반한 자
4. 제51조제1항에 따른 보고를 하지 아니하거나 거짓으로 한 자
5. 제51조제1항에 따른 검사 등을 거부·방해 또는 기피한 자

② 제1항에 따른 과태료는 대통령령으로 정하는 바에 따라 주무관청, 기획재정부장관 또는 지방자치단체의 장이 부과·징수한다.
(2011.8.4 본조개정)

부 칙 (2012.12.18)

제1조【시행일】 이 법은 공포 후 3개월이 경과한 날부터 시행한다.

제2조【인가·허가 등의 의제처리를 위한 협의기간 단축에 관한 적용례】 제17조제3항의 개정규정은 이 법 시행 후 최초로 제15조제1항에 따라 승인 또는 변경승인을 신청하는 민간투자사업 실시계획부터 적용한다.

제3조【일괄협의회에 관한 적용례】 제17조제4항의 개정규정은 이 법 시행 후 최초로 제15조제1항에 따라 승인 또는 변경승인을 신청하는 민간투자사업 실시계획부터 적용한다.

제4조【이의신청에 관한 적용례】 제44조의2의 개정규정은 이 법 시행 당시 같은 조 제2항의 개정규정에 따른 이의신청 기한이 지나지 아니한 행위에 대하여도 적용한다.

부 칙 (2013.5.28)

제1조【시행일】 이 법은 2014년 1월 1일부터 시행한다.

제2조【임대형 민자사업의 총한도액등의 국회제출에 관한 특례】 제7조의2제1항의 개정규정에도 불구하고 2014년에 제출되는 임대형 민자사업의 총한도액등에 대하여는 “120일”을 “100일”로, 2015년에 제출되는 임대형 민자사업의 총한도액등에 대하여는 “120일”을 “110일”로 본다.

부 칙 (2016.3.29 법14098호)

제1조【시행일】 이 법은 공포한 날부터 시행한다.

제2조【투융자집합투자기구의 등록에 관한 적용례】 제41조의6제1항의 개정규정은 이 법 시행 전에 투융자집합투자기구 등록을 신청하여 등록절차가 진행 중인 경우에 대해서도 이 법 시행일을 제41조의6제1항의 개정규정에 따른 제출일로 보아 적용한다.

부 칙 (2020.3.31)

제1조【시행일】 이 법은 공포한 날부터 시행한다. 다만, 제51조의3의 개정규정은 공포 후 6개월이 경과한 날부터 시행한다.

제2조【임대형 민자사업 정부지급금추계서에 관한 적용례】 제24조의2제1항의 개정규정은 이 법 시행 이후 작성하는 임대형 민자사업 정부지급금추계서부터 적용한다.

부 칙 (2020.12.29)

제1조【시행일】 이 법은 공포 후 1년이 경과한 날부터 시행한다.(이하 생략)

부 칙 (2023.7.18)

제1조【시행일】 이 법은 공포 후 6개월이 경과한 날부터 시행한다.(이하 생략)

경제안보를 위한 공급망 안정화 지원 기본법

(2023년 12월 26일
법 률 제19828호)

제1장 총 칙

제1조【목적】 이 법은 각종 국내외 요인에 따라 발생하거나 발생할 우려가 있는 공급망 위험을 예방하고 공급망 교란이 발생할 경우 이에 효과적으로 대응함으로써, 국가의 안전보장과 국가 및 국민의 경제활동과 관련된 안전 유지 및 국민경제의 발전에 이바지함을 목적으로 한다.

제2조【정의】 이 법에서 사용하는 용어의 뜻은 다음과 같다.
1. "경제안보"란 국내외에서 발생하였거나 발생할 가능성이 있는 경제·통상·정치·외교적 상황 변화나 자연재해 등에도 불구하고 국내의 생산, 소비, 유통 등 국가 및 국민의 전반적인 경제활동에 필수적인 품목, 서비스, 기술 등이 원활히 유입되고, 부적절하게 해외로 유출되지 아니하도록 함으로써 국가의 안전보장이 유지되고 국가 및 국민의 경제활동에 지장이 초래되지 아니하는 상태를 말한다.
2. "공급망"이란 국내외에서 국가 및 국민의 경제활동을 위한 물자 또는 원재료(자원을 포함한다. 이하 같다) 등을 획득하고, 이를 중간생산물이나 최종생산물로 변환하며, 소비자에게 유통시키는 모든 체계와 과정을 말한다.
3. "공급망 안정화"란 공급망의 안정적 유지를 저해하는 위협요인의 예방·대비·대응을 포함하여 공급망의 탄력적 회복능력을 확보하기 위하여 수행하는 모든 활동을 말한다.
4. "경제안보품목"이란 해외 특정 국가 또는 특정 지역에 대한 수입 의존도가 높은 물자 또는 그 생산에 필요한 원재료, 부품, 설비, 기기, 장비 또는 소프트웨어(이하 "원재료등"이라 한다) 등 국민의 생활에 필수 불가결하거나 국민경제의 안정적 운영에 필수적인 것으로서 제13조에 따라 지정된 품목을 말한다.
5. "경제안보서비스"란 그 안정적인 제공 및 운영에 장애가 발생하거나 발생할 우려가 있는 경우 제4호에 따른 경제안보품목의 원활한 도입·생산과 유통에 지장이 발생할 우려가 있는 서비스 또는 기반시설로서 제13조에 따라 지정된 것을 말한다.
6. "공급망 위험"이란 국내외 경제·통상·정치·외교적 상황의 변화, 자연재해나 물류상의 장애 등으로 공급망 안정성이 훼손될 우려가 있거나 훼손되어 상당한 기간 회복되지 못할 가능성을 말한다.
7. "공급망 위기상황"이란 공급망이 정상적으로 작동하지 아니함으로써 국가 및 국민의 경제활동에 심각한 피해가 발생하거나 발생할 우려가 있어 국가가 긴급하게 대처할 필요가 있는 상황을 말한다.
8. "위기품목"이란 천재지변, 수출입 및 물류·유통 여건의 급변 등으로 수급이나 가격 불안이 발생하거나 발생할 우려가 있는 경우 또는 국내 경제에 미치는 중대한 영향이나 피해를 줄이기 위하여 긴급한 조치가 필요한 경우 등 위기 시 대응을 위하여 관리가 필요한 품목으로서 제29조에 따라 지정된 것을 말한다.

제3조【기본방향】 이 법에 따른 공급망 안정화 정책은 원활한 공급망이 국가 및 국민의 안정적 경제활동의 근간임을 인식하고, 국가 및 국민의 경제활동에 필수적인 물자, 원재료, 서비스 등의 원활한 유입·유통·제공을 보장하며, 정부의 공급망 관련 조치가 조화롭게 연계되도록 하여 국가의 안전보장과 국가 및 국민들의 안정적인 경제활동 영위 등을 도모하는 것을 기본방향으로 한다.

제4조【국가 및 지방자치단체의 책무】 ① 국가 및 지방자치단체는 공급망 안정화를 통하여 경제·사회 등 모든 부문에서 국민의 경제활동을 보호하기 위하여 노력하여야 한다.
② 국가 및 지방자치단체는 각종 계획의 수립과 정책의 집행과정에서 공급망 안정화에 미치는 영향 등을 종합적으로 고려하여야 한다.

제5조【공공기관 및 사업자 등의 책무】 「공공기관의 운영에 관한 법률」 제4조에 따른 공공기관(이하 "공공기관"이라 한다), 「부가가치세법」 제8조제1항, 「소득세법」 제168조제1항 또는 「법인세법」 제111조제1항에 따라 사업자등록을 한 자(이하 "사업자"라 한다) 및 「민법」 제32조에 따라 설립된 사업자단체(이하 "사업자단체"라 한다)는 공급망 안정화를 위한 국가 및 지방자치단체의 시책에 적극 협조하여야 한다.

제6조【다른 법률과의 관계】 ① 경제안보 또는 공급망에 관하여 다른 법률에 특별한 규정이 있는 경우를 제외하고는 이 법에서 정하는 바에 따른다.
② 공급망 안정화에 관하여 다른 법률을 제정하거나 개정할 때에는 이 법의 목적과 기본방향에 부합하도록 하여야 한다.

제2장 공급망 안정화 기본계획의 수립 및 경제안보품목등의 지정

제7조【기본계획의 수립·시행】 ① 정부는 국가 및 국민의 안정적 경제활동을 보장하기 위한 공급망 경제정책의 기본방향을 제시하고 경제안보의 관점에서 공급망의 원활한 작동을 보장하기 위하여 3년마다 경제안보를 위한 공급망 안정화 기본계획(이하 "기본계획"이라 한다)을 수립·시행하여야 한다.
② 기본계획은 기획재정부장관이 국가정보원장 및 「정부조직법」 제2조에 따른 중앙행정기관(이하 "중앙행정기관"이라 한다)의 장과 협의하고, 제10조에 따른 공급망안정화위원회의 심의를 거쳐 확정한다.
③ 기획재정부장관은 기본계획 중 대통령령으로 정하는 중요한 사항을 변경하려는 경우 국가정보원장 및 관계 중앙행정기관의 장과 협의하고, 제10조에 따른 공급망안정화위원회의 심의를 거쳐 확정한다.
④ 기본계획은 다음 각 호의 사항을 포함하여야 한다.
1. 경제안보를 위한 경제정책의 기본방향
2. 공급망 안정화에 관한 기본 사항
3. 공급망 안정화에 관한 중·장기 목표 및 추진 방향
4. 물류·유통·금융 등 공급망 전반에 영향을 미치는 분야에 관한 시책
5. 공급망 관련 국제정세, 국제교역, 외국정부의 정책 변화 등 동향
6. 제13조에 따른 경제안보품목 및 경제안보서비스(이하 "경제안보품목등"이라 한다)의 지정 및 관리에 관한 사항
7. 경제안보품목등의 국내외 수급 동향
8. 제15조에 따른 조기경보시스템의 운영·관리에 관한 사항
9. 공급망 위기에 대비한 시책
10. 국내외 생산시설 투자 확대 등 생산기반 조성, 구입처 등 다변화, 비축, 기술의 도입·개량·개발 등 공급망 안정화를 위한 지원에 관한 사항(재원조달 및 운영에 관한 사항을 포함한다)
11. 공급망 안정화에 관한 국제협력
12. 그 밖에 경제안보 및 공급망 안정화를 위하여 필요한 사항

⑤ 기획재정부장관은 기본계획의 수립에 필요한 기초자료를 수집하기 위하여 관계 중앙행정기관의 장, 지방자치단체의 장, 공공기관의 장에게 관련 자료의 제출을 요청할 수 있다. 이 경우 자료 요청을 받은 기관·단체의 장은 특별한 사유가 없으면 이에 따라야 한다.
⑥ 기획재정부장관은 제2항에 따라 기본계획을 확정하거나 제3항에 따라 기본계획의 중요한 사항을 변경한 때에는 지체 없이 국회 소관 상임위원회에 보고하여야 한다.
⑦ 제1항부터 제5항까지에 따른 기본계획의 수립 및 변경의 방법·절차 등에 필요한 사항은 대통령령으로 정한다.

제8조【시행계획의 수립·시행 등】 ① 관계 중앙행정기관의 장은 기본계획을 시행하기 위하여 매년 소관 분야에 대한 공급망 안정화 시행계획(이하 "시행계획"이라 한다)을 수립하고 시행하여야 한다. 이 경우 관계 중앙행정기관의 장은 시행계획을 제10조에 따른 공급망안정화위원회에 제출하여야 한다.
② 제1항에 따른 시행계획의 수립 및 시행에 필요한 사항은 대통령령으로 정한다.

제9조【다른 법령에 따른 계획과의 관계】 기본계획은 다른 법령에 따라 수립되는 공급망 안정화에 관한 계획의 기본이 된다.

제10조【경제안보를 위한 공급망안정화위원회】 ① 경제안보를 위한 공급망 안정화에 관한 다음 각 호의 사항을 심의·조정하기 위하여 부총리 겸 기획재정부장관 소속으로 공급망안정화위원회(이하 "위원회"라 한다)를 둔다.
1. 경제안보를 위한 공급망 안정화 정책에 관한 사항
2. 공급망 안정화 업무의 조정에 관한 사항
3. 기본계획의 수립 및 중요사항의 변경에 관한 사항
4. 시행계획의 조정에 관한 사항
5. 제13조에 따른 경제안보품목등의 지정 등에 관한 사항
6. 제18조에 따른 정보의 공개 등에 관한 사항
7. 제29조에 따른 위기품목의 지정 등에 관한 사항
8. 제35조에 따른 긴급수급조절물자의 지정 등에 관한 사항
9. 제38조에 따른 공급망안정화기금의 관리·운용 등 기본정책에 관한 사항
10. 이 법 또는 다른 법률에서 위원회의 심의를 거치도록 한 사항
11. 그 밖에 공급망 안정화와 관련된 사항으로서 위원장이 필요하다고 인정하는 사항

② 위원회는 위원장 1명을 포함한 25명 이내의 위원으로 구성한다.
③ 위원장은 기획재정부장관이 되고, 그 밖의 위원은 다음 각 호의 사람으로 한다.
1. 관계 중앙행정기관의 장 등 대통령령으로 정하는 사람
2. 국가정보원장
3. 공급망 안정화에 관한 학식과 경험이 풍부한 사람 등 대통령령으로 정하는 사람 중에서 위원장이 위촉하는 사람

④ 제3항에도 불구하고 위원장은 필요하다고 인정하는 때에는 위원이 아닌 사람을 회의에 참석하게 할 수 있다.
⑤ 위원회는 공급망 안정화에 관한 사항을 전문적으로 검토하기 위하여 위원회의 위원 또는 외부 전문가 등으로 구성되는 분야별 전문위원회를 둘 수 있다.
⑥ 위원회는 이 법 시행일부터 5년간 존속한다.
⑦ 제1항부터 제5항까지에서 규정한 사항 외에 위원회 및 분야별 전문위원회의 구성·운영 등에 필요한 사항은 대통령령으로 정한다.

제11조【공급망 현황조사】 ① 정부는 경제안보품목등에 관한 정책 또는 계획의 수립 또는 변경을 위하여 필요한 경우 물자와 원재료등의 수급 및 가격 현황과 수출입 동향, 재고 현황, 국내외 사업자 간 거래관계, 물류 체계, 물류비 등에 관하여 조사할 수 있다.
② 정부는 위원회의 심의를 거쳐 지방자치단체의 장, 경제안보품목등과 관련된 사업자·사업자단체 및 제19조에 따라 선정된 공급망 안정화 선도사업자 등에 대하여 구입량 및 가격, 생산량, 재고 등 제1항의 조사(이하 "공급망 현황조사"라 한다)에 필요한 자료의 제출을 요청할 수 있다.
③ 정부는 공급망 현황조사를 효율적으로 수행하기 위하여 필요한 경우 공급망 현황조사의 전부 또는 일부를 대통령령으로 정하는 전문기관으로 하여금 수행하게 할 수 있다.
④ 정부는 공급망 현황조사의 결과를 공급망 안정을 위한 정책의 수립 및 평가에 활용할 수 있다.
⑤ 제2항에 따른 자료 제출 등의 방법 및 절차에 관하여 필요한 사항은 대통령령으로 정한다.

제12조【공급망 관련 통계의 작성】 ① 정부는 기본계획 및 시행계획의 효율적 수립을 위하여 경제안보품목등에 대한 통계를 작성하여 관리할 수 있다.
② 제1항에 따른 통계 작성에 관하여는 「통계법」을 준용한다.
③ 제1항에 따른 통계 작성대상의 범위 및 조사대상 등에 관하여는 대통령령으로 정한다.

제13조【경제안보품목등의 지정·변경 및 해제】 ① 중앙행정기관의 장은 국민의 생활에 필수 불가결하거나 국가 및 국민경제의 안정적 운영에 필수적인 물자, 원재료등, 서비스 또는 기반시설을 경제안보품목등으로 지정할 수 있다. 이 경우 중앙행정기관의 장은 대통령령으로 정하는 바에 따라 관련 사업자 등 이해관계자의 의견을 들어야 한다.
② 기획재정부장관은 경제안보를 위하여 관계 중앙행정기관의 장에게 경제안보품목등의 지정을 요청할 수 있다.
③ 중앙행정기관의 장은 제1항에 따라 경제안보품목등을 지정하거나 제2항에 따라 지정을 요청받은 경우 다음 각 호의 사항들을 종합적으로 고려하여 지정 여부를 결정하여야 한다. 이 경우 제3호 및 제4호에 대해서는 국가정보원장에게 의견을 요청할 수 있다.
1. 대외의존도 현황 및 전망
2. 특정 국가 또는 특정 지역에 대한 의존도 및 전망
3. 공급망 위험이 국가안보 및 경제안보에 미치는 파급효과
4. 외국정부 또는 해외 공급자의 정책변화에 따른 공급망 위험의 정도
5. 자연재해 또는 기후변화에 따른 공급망 위험의 정도
6. 국내외 생산기반의 조성, 구입처의 다변화, 비축, 생산기술의 도입·개량·개발 등을 통한 공급망 안정화 가능성
7. 관련 사업자 등 이해관계자의 의견을 포함하여 경제안보를 위하여 고려가 필요하다고 인정되는 사항

④ 중앙행정기관의 장은 제3항 각 호의 사항들을 고려하여 경제안보품목등의 변경이나 지정의 해제가 필요하다고 인정되는 경우 변경 또는 해제할 수 있다. 다만, 제2항에 따라 기획재정부장관의 요청으로 지정한 경우 미리 기획재정부장관과 협의하여야 한다.
⑤ 중앙행정기관의 장은 경제안보품목등을 지정하거나 변경 또는 해제한 경우 그 내용과 사유를 위원회에 보고하고 경제안보품목등의 원활한 관리를 위하여 이를 관세청장에게 통보하여야 한다.
⑥ 제1항 및 제2항에 따라 지정한 경제안보품목등은 공개하지 아니한다. 다만, 국가의 안전보장 및 국민경제의 발전에 지장을 줄 우려가 없다고 인정되는 경우 대통령령으로 정하는 바에 따라 공개할 수 있다.
⑦ 제1항부터 제6항까지에 따른 경제안보품목등의 지정·변경 및 해제의 기준·절차, 중요도에 따른 분류, 그 밖에 필요한 사항은 대통령령으로 정한다.

제14조【국제협력】 정부는 공급망 안정화를 위한 국제협력을 촉진하기 위하여 다음 각 호의 사항에 관한 시책을 세우고 추진하여야 한다.
1. 외국정부와의 경제·무역·자원에 관한 양자·다자 협력
2. 대체기술 개발 등을 위한 국제공동연구개발

3. 외국정부 및 경제안보품목등의 동향 등에 대한 조사·연구
4. 공급망 위험 점검을 위한 인력·정보의 교류
5. 공급망 위험 관리를 위한 국제 학술회의 등의 개최
6. 그 밖에 국제적 차원의 대책을 수립하고 추진하기 위하여 필요하다고 인정하여 대통령령으로 정하는 사업

제3장 공급망 위험의 점검

제15조【조기경보시스템 운영】 ① 관계 중앙행정기관의 장 및 국가정보원장은 공급망 위험을 미리 파악하고 선제적으로 대응하기 위하여 다음 각 호의 어느 하나에 해당되는 물자 및 원재료등의 국내외 수급 동향 및 가격, 생산량의 변화, 외국정부 또는 기업의 정책변경, 물류 또는 지급·결제의 장애 가능성 등을 점검하는 조기경보시스템을 운영·관리할 수 있다.
1. 특정 국가 또는 특정 지역에 대한 의존도가 대통령령으로 정하는 수준 이상인 물자 및 원재료등
2. 국가 및 국민의 경제활동에 중요하다고 판단되는 물자 및 원재료등
3. 그 밖에 위원회가 필요하다고 인정하는 물자 및 원재료등

② 기획재정부장관은 조기경보시스템 운영에 필요한 방법·절차 등에 관한 지침(이하 "지침"이라 한다)을 관계 중앙행정기관의 장과 협의하여 마련하고 제1항에 따라 조기경보시스템을 운영·관리하는 기관(이하 이 조에서 "운영·관리기관"이라 한다)이 활용할 수 있도록 지원할 수 있다.
③ 기획재정부장관은 국제정세 및 국내외 시장환경 등을 감안하여 관계 중앙행정기관의 장과 협의하여 지침을 수정 또는 보완할 수 있다.
④ 관계 중앙행정기관의 장 및 제44조에 따라 관계 중앙행정기관 업무의 일부를 위탁받은 전문기관의 장은 제1항에 따른 업무를 수행하기 위하여 지방자치단체의 장, 소관 품목 등과 관련된 사업자·사업자단체 및 제19조에 따라 선정된 공급망 안정화 선도사업자에게 해당 물자 및 원재료등에 대한 구입량 및 가격, 생산량, 재고 등 대통령령으로 정하는 자료의 제출을 요청할 수 있다. 이 경우 자료 제출 등의 방법 및 절차에 관하여 필요한 사항은 대통령령으로 정한다.
⑤ 운영·관리기관의 장은 소관 조기경보시스템의 운영 결과를 대통령령으로 정하는 바에 따라 위원회에 제출하여야 하고, 위원회는 제출받은 운영 결과를 각 운영·관리기관과 공유하여야 한다. 이 경우 위원회가 운영 결과 등을 공유하는 시기, 빈도 및 방식은 대통령령으로 정한다.
⑥ 기획재정부장관은 조기경보시스템 운영·관리 실태를 총괄·점검하고 필요한 경우 수정·보완 등의 조치에 관하여 관계 중앙행정기관 및 공공기관의 장 등과 협의할 수 있다. 이 경우 기획재정부장관은 관세청장으로부터 필요한 지원을 받을 수 있다.
⑦ 기획재정부장관은 제5항에 따른 조기경보시스템 운영 결과 공급망 위험이 발생하거나 발생할 우려가 있는 품목 등이 있다고 판단되는 경우 또는 관계 중앙행정기관의 장이 요청하는 경우 대통령령으로 정하는 바에 따라 관련 품목 등의 현황을 점검하고 안정화하기 위한 대응방안 등을 논의하기 위하여 「정부조직법」 제19조제3항 및 제4항에 따라 회의 등을 소집할 수 있다.

제16조【조기경보시스템 운영 결과와 관련한 국가 간 협력】 ① 정부는 공급망 안정화를 위하여 필요하다고 인정되는 경우 조기경보시스템의 운영 결과 및 공급망과 관련된 통계를 다른 국가 또는 국가 간 협의체에 제공할 수 있다.
② 제1항에 따른 자료제공의 범위, 대상 및 절차 등에 대해서는 대통령령으로 정한다.

제17조【관세정보의 제공】 ① 기획재정부장관, 국가정보원장, 관계 중앙행정기관의 장은 제15조에 따른 조기경보시스템 운영 및 공급망 위기상황 대응 등을 위하여 필요한 범위에서 관세청장에게 「관세법」 제116조제1항에 따른 과세정보를 요청할 수 있다. 이 경우 관세청장은 특별한 사유가 없으면 신속히 이에 따라야 한다.
② 제1항에 따라 요청하는 과세정보의 범위, 대상 및 비식별정보 처리 등의 절차에 대해서는 대통령령으로 정한다.

제18조【국가 등의 정보보호의무】 ① 국가, 지방자치단체, 공공기관 및 그 밖에 대통령령으로 정하는 기관은 경제안보품목등과 관련된 정보, 조기경보시스템의 운영과정에서 알게 된 정보를 공개하거나 누설하여서는 아니 된다. 다만, 국가안보 및 국민경제의 발전에 중대한 영향을 줄 우려가 없다고 인정되는 경우 위원회의 심의를 거쳐 공개할 수 있다.
② 경제안보품목등에 관한 정보의 공개를 신청받은 기관의 장은 신청을 받은 날로부터 20일 이내에 서면 또는 전자문서로 이해관계인의 의견을 들어야 한다.

제4장 경제안보품목등의 안정화를 위한 지원

제19조【공급망 안정화 선도사업자의 선정 등】 ① 경제안보품목등의 원활한 도입·생산 및 제공에 기여하고자 하는 사업자 또는 사업자단체는 해당 경제안보품목등의 안정적인 확보 및 제공을 위한 계획(이하 "안정화 계획"이라 한다)을 작성하여 소관 중앙행정기관의 장에게 제출하여야 한다.
② 소관 중앙행정기관의 장은 제출받은 안정화 계획이 기본계획 및 소관 경제안보품목등의 시행계획의 이행에 적합하다고 판단될 경우 안정화 계획을 제출한 사업자 또는 사업자단체를 공급망 안정화 선도사업자(이하 "안정화 선도사업자"라 한다)로 선정하고 이 법에 따른 지원을 할 수 있다. 이 경우 안정화 선도사업자는 안정화 계획을 준수하고, 제11조제2항, 제15조제4항 및 제31조제1항에 따라 요청받은 자료를 성실히 제출하여야 한다.
③ 소관 중앙행정기관의 장은 제1항에 따라 사업자 또는 사업자단체가 제출한 안정화 계획의 담합 가능성, 경제력 집중 여부 등에 대하여 공정거래위원회에 의견을 요청할 수 있으며, 공정거래위원회는 안정화 계획에 대하여 의견을 제시할 수 있다.
④ 중앙행정기관의 장은 안정화 선도사업자를 선정한 경우 그 내용과 사유를 즉시 기획재정부장관에게 통보하여야 한다. 제20조에 따라 안정화 선도사업자의 선정을 취소하는 경우에도 이와 같다.
⑤ 안정화 계획에 포함될 사항, 경제안보품목등과의 관련성·안정화 계획의 적정성·재무 여건 등 안정화 선도사업자의 선정 기준 및 기간과 그 밖에 안정화 선도사업자의 선정과 관련하여 필요한 사항은 대통령령으로 정한다.

제20조【공급망 안정화 선도사업자의 선정 취소 등】 ① 소관 중앙행정기관의 장은 제19조에 따라 안정화 선도사업자로 선정된 자가 다음 각 호의 어느 하나에 해당되는 경우 안정화 선도사업자의 선정을 취소할 수 있다. 이 경우 선정이 취소된 사업자 또는 사업자단체는 대통령령으로 정하는 기간 동안은 다시 안정화 선도사업자로 선정될 수 없다.
1. 거짓이나 부정한 방법으로 선정된 경우
2. 안정화 계획에 따른 안정화 노력을 현저하게 게을리 한 경우
3. 제11조제2항, 제15조제4항 및 제31조제1항에 따른 자료 제출 의무를 이행하지 아니한 경우
4. 안정화 선도사업자의 요건을 갖추지 아니하게 된 경우
5. 그 밖에 다른 법률에서 정하는 사항을 현저히 위반하는 등 취소가 불가피한 경우

② 소관 중앙행정기관의 장은 제1항에 따라 선정을 취소하는 경우 미리 해당 안정화 선도사업자에게 이를 알려 의견을 청취하여야 한다.
③ 소관 중앙행정기관의 장은 제1항에 따라 선정이 취소된 사업자 또는 사업자단체에 제19조제2항에 따른 지원이 이미 행하여진 경우 그 지원액의 일부 또는 전부를 회수할 수 있다.
④ 제2항 및 제3항에 따른 선정의 취소 절차 및 그 밖에 필요한 사항은 대통령령으로 정한다.

제21조【공급망 안정화 선도사업자 협의체의 구성】 관계 중앙행정기관의 장은 안정화 선도사업자 간 정보교환 등 공급망 안정을 위한 효율적인 협력체계를 구축하기 위하여 여러 안정화 선도사업자 간 협의체를 구성하도록 권고할 수 있다. 이 경우 협의체는 관계 중앙행정기관의 장과 안정화 선도사업자 간 정보의 전달 등 협력체계를 유지하여야 한다.

제22조【수입국가 다변화 등 지원】 정부는 대통령령으로 정하는 바에 따라 경제안보품목등의 해외 특정 국가 또는 특정 지역에 대한 의존도를 완화하고 해외에서의 상황변화에 따른 공급망 위험에 대응하기 위하여 다음 각 호의 사업을 지원하기 위한 시책을 세우고 이를 추진할 수 있다.
1. 해외 특정 국가 또는 특정 지역에 대한 수입 의존도가 높은 물자 또는 원재료등의 대체수입국가 또는 대체수입지역의 확보
2. 수입 의존도가 높은 물자 또는 원재료등의 해외 공급사업자의 관리
3. 수입국가 다변화를 위한 물류 등 비용 절감
4. 특정 국가 또는 특정 지역에 대한 수입 의존도가 높은 물자 또는 원재료등의 국내생산 확대, 대체 물자 등의 생산을 위한 기술의 개발·개량, 사용량 절감을 위한 기술의 개발·개량
5. 수출제한 조치 시 사전통보, 안정적 수급협약, 공동기술개발 등 공급망 안정을 위한 외국과의 경제협력체계 구축
6. 그 밖에 특정 국가 또는 특정 지역에 대한 경제안보품목등의 의존도를 완화하기 위하여 대통령령으로 정하는 사업

제23조【국내외 생산기반 지원】 정부는 대통령령으로 정하는 바에 따라 경제안보품목등의 국내외 생산기반을 확충하기 위하여 다음 각 호의 사업을 지원하기 위한 시책을 세우고 이를 추진할 수 있다.
1. 국내외 생산설비 신설 또는 증설
2. 국내외 생산기업에 대한 지분투자
3. 국내외 생산기업의 인수
4. 국내 생산시설 확대를 위한 해외 생산시설 축소
5. 국내 기업 간 공동생산 및 국내외 기업 간 공동생산
6. 그 밖에 대통령령으로 정하는 국내외 생산기반 확충 사업

제24조【기술개발 지원】 ① 정부는 대통령령으로 정하는 바에 따라 경제안보품목등의 안정적 확보 및 유통을 위한 생산기술의 도입, 기술의 개발 및 개량, 사용의 합리화, 대체 물자의 개발 등을 위하여 다음 각 호의 사업을 지원하는 등 종합적인 시책을 세우고 추진할 수 있다.
1. 연구개발사업
2. 국내외 특허 등 지식재산권에 대한 전략적 조사·분석
3. 기업, 대학, 연구기관 및 관련 기관·단체 간의 공동연구개발사업
4. 그 밖에 공급망 안정화를 위한 기술개발 사업으로서 대통령령으로 정하는 사업

② 정부는 안정화 선도사업자 등을 대상으로 이들의 기술개발을 지원하고, 사업자 간 기술 공유와 공동 활용을 장려하며, 기술의 상용화 등을 촉진하기 위하여 인력 공급, 세제·금융 지원, 우선구매, 신기술·신제품 인증 등 다양한 시책을 세우고 추진할 수 있다.
③ 정부는 경제안보를 위하여 보호할 가치가 있는 국가기술개발사업 및 민간기술개발의 성과에 대하여는 지식재산권의 설정 등을 통하여 보호될 수 있도록 적극 지원하여야 한다.

제25조【경제안보품목의 비축·관리 지원】 ① 정부는 대통령령으로 정하는 바에 따라 공급망 위험 발생에 대비하여 경제안보품목을 충분히 비축하고 관리하기 위하여 다음 각 호의 사업을 지원하는 시책을 세우고 추진할 수 있다.
1. 비축을 위한 국내외 설비의 확충(시설에 대한 투자를 포함한다)
2. 경제안보품목에 대한 재고 또는 비축 확대
3. 비축의 효율성을 높이기 위한 기술개발
4. 그 밖에 국내외 비축 확대를 위하여 대통령령으로 정하는 사업

② 정부는 비축사업을 효율적으로 관리·운영하기 위하여 필요한 경우 안정화 선도사업자 등에게 추가적인 비축을 권고하거나 안정화 선도사업자와 협력하여 비축계획을 세우고 시행할 수 있다.
③ 제2항에 따라 비축을 권고하거나 공동으로 비축하는 경우 정부는 안정화 선도사업자 등이 비축하는 물자에 대하여 필요한 지원을 할 수 있다.
④ 정부는 국제통상환경 및 이에 대한 예측을 반영하여 비축기지를 효율적으로 운영하기 위하여 필요한 시책을 세우고 추진할 수 있다.

제26조【경제안보서비스의 안정적 제공을 위한 지원】 정부는 대통령령으로 정하는 바에 따라 경제안보서비스를 안정적으로 제공하기 위하여 다음 각 호의 사업을 지원하는 시책을 세우고 이를 추진할 수 있다.
1. 서비스의 제공과 관련된 핵심적인 시설의 확충 또는 투자
2. 시설의 효율성을 높이기 위한 투자 및 기술개발
3. 서비스 제공 용량을 확충하기 위한 시설의 확충 또는 투자
4. 그 밖에 경제안보서비스의 안정적 제공을 위하여 대통령령으로 정하는 사업

제27조【경제안보품목등에 대한 지원 특례】 ① 정부는 안정화 선도사업자가 제22조부터 제26조까지에 따른 사업을 시행하려는 경우 재정 및 금융 지원을 할 수 있고, 관계 법률에서 정하는 바에 따라 조세를 감면할 수 있다.
② 정부는 안정화 선도사업자가 제22조부터 제26조까지에 따른 사업 시행을 위한 자금을 원활하게 조달할 수 있도록 「신용보증기금법」에 따른 신용보증기금, 「기술보증기금법」에 따른 기술보증기금, 「무역보험법」에 따른 한국무역보험공사, 「한국산업은행법」에 따른 한국산업은행, 「한국수출입은행법」에 따른 한국수출입은행으로 하여금 보증 및 보험 또는 금융지원 제도를 수립·운용하게 할 수 있다.
③ 정부는 제22조에 따라 경제안보품목등의 특정 국가 또는 특정 지역에 대한 의존도를 낮추고자 하거나 낮춘 안정화 선도사업자에게 국내외 상황 등 필요한 정보를 제공할 수 있고, 안정화 계획의 원활한 이행을 위하여 지원할 수 있으며, 해당 안정화 선도사업자가 복수인 경우 서로 협력하도록 지원할 수 있다.
④ 다음 각 호의 어느 하나에 해당하는 경우 기획재정부장관 또는 과학기술정보통신부장관은 「국가재정법」 제38조제1항에 따른 예비타당성조사가 신속히 추진되도록 노력하여야 한다.
1. 제23조 또는 제26조에 따른 공급망 안정화를 위하여 경제안보품목등과 관련된 시설 또는 설비 확충의 시급성·필요성 등이 인정되는 경우
2. 제24조에 따른 대체기술 개발 및 설비구축 등 안정화 선도사업자의 공급망 안정화를 위한 사업으로서 사업목적, 규모, 추진방안 등 구체적인 사업계획이 수립된 것으로 인정되는 경우
3. 제25조에 따른 공급망 안정화를 위하여 비축기지 신설·증설·현대화의 시급성·필요성 등이 인정되는 경우

제5장 공급망 위기 및 대응

제28조【위기대응 매뉴얼의 작성·운용】 ① 기획재정부장관은 공급망 안정화를 위하여 대통령령으로 정하는 바에 따라 위기대응에 필요한 매뉴얼 표준안을 마련하여 관계 중앙행정기관의 장에게 통보하여야 한다.
② 관계 중앙행정기관의 장은 기본계획에 따라 공급망 위기상황에 대비하여 그 소관의 경제안보품목등을 안정적으로 관리하기 위하여 소관 분야 위기대응 매뉴얼을 작성·운용하여야 한다. 다만, 다른 법령에 따라 소관 분야 위기대응 매뉴얼이 마련된 경우 이 법에 따른 위기대응 매뉴얼로 볼 수 있다.
③ 관계 중앙행정기관의 장은 소관 분야 위기대응 매뉴얼을 새로이 작성하거나 변경한 때에는 이를 위원회에 제출하여야 한다.
④ 관계 중앙행정기관의 장은 소관 분야 위기대응 매뉴얼을 정기적으로 점검하여야 한다.
⑤ 기획재정부장관은 위기대응 매뉴얼의 작성·운용 실태를 정기적으로 총괄·점검하여야 하고, 필요한 경우 이를 시정 또는 보완하기 위하여 위기대응 매뉴얼을 작성·운용하는 관계 중앙행정기관의 장에게 필요한 조치를 하도록 권고할 수 있다.
⑥ 제1항부터 제5항까지에 따른 위기대응 매뉴얼의 작성·운용에 필요한 사항은 대통령령으로 정한다.

제29조【위기품목의 지정 및 해제】 ① 기획재정부장관 또는 관계 중앙행정기관의 장은 경제안보품목등을 포함하여 공급망 위험을 초래하는 품목 또는 서비스에 관하여 다음 각 호의 어느 하나에 해당하는 사유가 발생한 경우 위원회의 심의를 거쳐 위기대응을 위하여 관리가 필요한 품목을 지정할 수 있다.
1. 천재지변, 수출입 및 물류·유통 여건의 급변 등으로 수급이나 가격 불안이 발생하거나 발생할 우려가 있는 경우
2. 국내 경제에 미치는 중대한 영향이나 피해를 줄이기 위하여 긴급한 조치가 필요한 경우
3. 그 밖에 기획재정부장관이 요청하는 경우
② 기획재정부장관 또는 관계 중앙행정기관의 장은 위기품목의 지정 사유가 없어진 경우 위원회의 심의를 거쳐 위기품목의 지정을 즉시 해제하여야 한다.

제30조【긴급수급조정조치】 ① 정부는 제29조제1항에 따라 위기품목이 지정된 경우 「물가안정에 관한 법률」 제6조에 따라 긴급수급조정조치를 할 수 있다.
② 정부는 제1항에 따른 조치를 한 후 그 조치를 한 사유가 없어졌다고 인정할 때에는 지체 없이 이를 해제하여야 한다.
③ 정부는 제1항에 따른 조치를 하려는 경우 국무회의의 심의를 거쳐 대통령의 승인을 받아야 한다. 제2항에 따른 해제의 경우도 또한 같다.

제31조【관련 자료 제출 등의 요구】 ① 정부는 제29조제1항에 따른 위기품목의 지정 및 제30조제1항에 따른 긴급수급조정조치를 할 때 필요한 경우 지방자치단체의 장, 사업자, 사업자단체 및 안정화 선도사업자 등에 대하여 긴급수급조정조치와 관련한 구입량 및 가격, 생산량, 재고 등 자료의 제출이나 의견의 진술, 협의 등을 요청할 수 있다. 이 경우 자료의 제출 또는 의견의 진술, 협의 등을 요청받은 자는 특별한 사유가 없으면 이에 따라야 한다.
② 제1항에 따른 자료 제출 등의 방법 및 절차에 관하여 필요한 사항은 대통령령으로 정한다.

제32조【위기대책본부】 ① 관계 중앙행정기관의 장은 제29조제1항에 따른 위기품목이 지정된 경우 제30조에 따른 긴급수급조정조치 등 위기 수습을 위하여 필요한 사항을 수행하기 위하여 위기대책본부(이하 "대책본부"라 한다)를 신속하게 설치·운영하여야 한다.
② 제1항에 따른 대책본부의 장(이하 "대책본부장"이라 한다)은 관계 중앙행정기관의 장이 된다.
③ 제1항 및 제2항에도 불구하고 위기 상황이 여러 중앙행정기관과 관계되어 범정부 차원의 대응이 필요한 경우 기획재정부장관이 대책본부장이 된다.
④ 대책본부장은 위기 수습을 위하여 필요하면 관계 중앙행정기관의 장에게 행정상 및 재정상의 조치, 소속 직원의 파견, 그 밖에 필요한 지원을 요청할 수 있다. 이 경우 요청을 받은 관계 중앙행정기관의 장은 특별한 사유가 없으면 요청에 따라야 한다.
⑤ 대책본부장은 위기 수습을 위하여 필요한 범위에서 지방자치단체의 장에게 지원을 요청할 수 있다. 이 경우 요청을 받은 지방자치단체의 장은 특별한 사유가 없으면 요청에 따라야 한다.
⑥ 대책본부의 구성·운영, 대책본부장의 권한 위임 등에 필요한 사항은 대통령령으로 정한다.

제33조【매점매석 행위의 금지】 위기품목의 제조자·수입자·판매자는 폭리를 목적으로 물품을 매점(買占)하거나 판매를 기피하는 등 위기품목의 물가 안정을 해칠 우려가 있는 매점매석 행위를 하여서는 아니 된다.

제34조【관세지원】 기획재정부장관은 제29조제1항에 따라 지정된 위기품목에 대하여 수급 및 수입가격의 안정을 위하여 「관세법」에 따라 필요한 지원을 할 수 있다.

제35조【긴급조달】 ① 관계 중앙행정기관의 장은 제29조제1항에 따라 지정된 위기품목을 위원회의 심의를 거쳐 긴급수급조절물자로 지정할 수 있고, 지정된 긴급수급조절물자는 필요한 경우 「조달사업에 관한 법률」 제11조제1항 본문에도 불구하고 직접 구매할 수 있다.
② 관계 중앙행정기관의 장은 제1항에 따라 직접 구매하는 긴급수급조절물자의 경우 「국가를 당사자로 하는 계약에 관한 법률」 제7조제1항 본문에도 불구하고 대통령령으로 정하는 바에 따라 수의계약을 할 수 있다.
③ 기획재정부장관은 관계 중앙행정기관의 장이 제1항에 따라 구매하는 긴급수급조절물자에 대하여 다음 각 호의 사항에 대한 재정지원을 할 수 있다.
1. 긴급수급조절물자의 대금 지급
2. 긴급수급조절물자 구매와 관련된 손실 보전
3. 그 밖에 기획재정부장관이 필요하다고 인정하는 사항

제36조【위기품목의 수입업자 등에 대한 지원】 ① 정부는 위기품목의 수입업자, 생산업자 또는 서비스 제공자에 대하여 다음 각 호의 지원을 할 수 있다.
1. 위기품목의 수입가격과 판매가격 간 차액의 전부 또는 일부의 보조
2. 위기품목 구매·생산자금의 융자 또는 융자알선
3. 그 밖에 정부가 위기품목의 수급·가격 안정을 위하여 필요하다고 인정하여 대통령령으로 정하는 사항
② 제1항에 따른 지원의 기준, 방법, 절차 및 규모 등에 관한 구체적인 사항은 대통령령으로 정한다.

제37조【손실 지원】 ① 정부는 제30조에 따른 긴급수급조정조치로 인하여 발생한 손실에 대하여 지원할 수 있다.
② 제1항에 따른 손실 지원에 관하여는 지원금을 받으려는 자와 그 조치를 한 중앙행정기관의 장이 협의하여야 한다.
③ 제1항에 따른 지원액을 산정할 때 손실을 입은 자가 이 법 또는 관련 법령에 따른 조치의무를 위반하여 그 손실을 발생시켰거나 확대시킨 경우 지원금을 지급하지 아니하거나 지원금을 감액하여 지급할 수 있다.
④ 제1항에 따른 지원의 대상·범위와 지원액의 산정, 제3항에 따른 지급 제외 및 감액의 기준 등에 관하여 필요한 사항은 대통령령으로 정한다.

제6장 공급망안정화기금

제38조【공급망안정화기금의 설치】 ① 공급망 안정화를 위한 핵심사업을 체계적으로 지원하여 우리 기업의 공급망 위험 피해를 최소화하고, 국민경제의 건전한 발전과 경제안보에 이바지하기 위하여 한국수출입은행에 공급망안정화기금(이하 "기금"이라 한다)을 설치한다.
② 기금은 다음 각 호의 분야를 지원한다.
1. 경제안보품목등의 확보, 도입 및 공급
2. 공급망 안정화를 위한 국내외 시설 투자 및 운영
3. 공급망 안정화를 위한 기술의 도입·개발·개량·상용화
4. 공급망 충격으로 인한 피해기업 긴급 지원
5. 그 밖에 공급망 안정화에 필요한 분야로서 제43조에 따른 공급망안정화기금운용심의회가 인정하는 분야

제39조【기금의 재원】 ① 기금은 다음 각 호의 재원으로 조성한다.
1. 제2항에 따른 공급망안정화기금채권을 발행하여 조성한 자금
2. 정부, 한국은행 등으로부터의 차입금
3. 제41조제2항제1호에 따른 지원을 받은 사업 등으로부터 회수한 자금 및 제41조제2항제2호의 회사등으로부터 회수한 자금
4. 기금 운용수익 및 그 밖의 수입금
② 한국수출입은행은 자금지원(제41조에서 정한 대상 및 용도에 사용하기 위한 지원을 말한다. 이하 같다)에 필요한 자금을 조달하기 위하여 기금의 부담으로 공급망안정화기금채권(이하 "채권"이라 한다)을 발행할 수 있다. 이 경우 채권에 관하여는 다음 각 호의 사항에 따른다.
1. 채권의 발행에 필요한 사항은 대통령령으로 정한다.
2. 채권은 「자본시장과 금융투자업에 관한 법률」 제4조제3항에 따른 특수채증권으로 본다.
③ 정부는 채권의 원리금 상환에 대하여 보증할 수 있다. 이 경우 「국가재정법」 제92조에 따라 미리 국회의 동의를 받아야 한다.
④ 한국수출입은행이 제1항제2호에 따라 기금의 부담으로 한국은행으로부터 자금을 차입하는 경우 「한국은행법」 제77조제2항에 따른 정부대행기관으로 지정된 것으로 본다.

제40조【기금의 관리·운용 및 회계】 ① 기금은 한국수출입은행이 관리·운용한다.
② 기획재정부장관은 한국수출입은행의 기금 관리·운용에 관한 사무를 감독하고, 이에 필요한 명령을 할 수 있다.
③ 한국수출입은행은 기금의 회계를 다른 회계와 구분하여 회계처리하여야 한다.
④ 제1항부터 제3항까지에서 규정한 사항 외에 기금의 관리·운용 및 회계에 필요한 사항은 대통령령으로 정한다.

제41조【기금의 지원대상·용도】 ① 기금은 제38조제2항의 분야를 지원하기 위하여 다음 각 호의 사업에 대상으로 필요한 자금을 지원한다.
1. 안정화 선도사업자가 안정화 계획에 따라 추진하는 사업
2. 관계 중앙행정기관의 장이 지원이 필요하다고 인정하는 사업
3. 제43조에 따른 공급망안정화기금운용심의회에서 지원이 필요하다고 인정하는 사업
4. 그 밖에 공급망 안정화를 위한 사업으로서 대통령령으로 정하는 사업
② 기금은 다음 각 호의 용도에 사용한다.
1. 다음 각 목의 방법에 따라 공급망안정화 목적으로 지원하는 자금과 그 부대비용
가. 자금의 대출
나. 자산의 매수
다. 채무의 보증 또는 인수
라. 가목 및 다목 외의 방법에 따른 신용공여
마. 사채의 보증 또는 인수
바. 출자(전환사채, 신주인수권부사채 등 주식 관련 사채의 인수를 포함한다)
사. 제2호의 회사등에 의한 가목부터 바목까지의 방법에 따른 지원
2. 자금지원을 위하여 설립하는 회사(자금지원에 따라 취득한 자산 등을 관리·운용 및 처분하기 위하여 설립하는 회사를 포함한다) 및 「자본시장과 금융투자업에 관한 법률」 제9조제18항에 따른 집합투자기구(이하 "회사등"이라 한다)에 대한 출자·투자나 제1호가목부터 마목까지의 방법으로 지원되는 자금 및 그 부대비용
3. 차입금과 그 이자의 상환
4. 채권의 원리금 상환
5. 기금의 운용비용
③ 한국수출입은행은 기금의 여유자금을 다음 각 호의 방법으로 운용할 수 있다. 이 경우 「국가재정법」 제84조를 준용한다.
1. 국채·공채 등의 매입
2. 금융기관에의 예치 또는 대여
3. 그 밖에 제43조에 따른 공급망안정화기금운용심의회가 정하는 방법
④ 한국수출입은행과 회사등이 제2항제1호에 따른 자금지원으로 인하여 보유하는 지원대상 기업의 주식을 처분할 때 증권시장을 통하지 아니하는 경우 해당 기업의 주주 또는 지분권자에게 우선적으로 매수할 수 있는 기회를 부여하여야 한다.

제42조【자금지원의 절차와 요건】 ① 한국수출입은행은 기금의 부담으로 자금지원을 하려는 경우에는 제43조에 따른 공급망안정화기금운용심의회의 심의를 거쳐야 한다. 다만, 공급망안정화기금운용심의회가 지원규모 등을 고려하여 별도로 정하는 경우 한국수출입은행은 공급망안정화기금운용심의회의 심의를 거치지 아니할 수 있고, 이 경우 공급망안정화기금운용심의회에 지체 없이 보고하고 추인받아야 한다.
② 한국수출입은행은 기금의 부담으로 사업자 등(계열사를 포함한다)에게 자금지원을 할 때에는 해당 자금을 이익의 배당(주식에 의한 배당 또는 현물배당을 포함한다), 자기주식의 취득, 일정한 소득수준이 넘는 임직원에 대한 보수(성과보수를 포함한다)의 인상 등 제38조제2항에 따른 자금지원 목적 외의 용도로 사용하지 아니할 것을 조건으로 부과할 수 있다.
③ 그 밖에 자금지원의 절차와 요건에 필요한 사항은 대통령령으로 정한다.

제43조【공급망안정화기금운용심의회의 설치 등】 ① 기금에 관한 다음 각 호의 사항을 심의하기 위하여 한국수출입은행에 공급망안정화기금운용심의회(이하 "기금운용심의회"라 한다)를 둔다.
1. 기금의 관리·운용에 관한 세부방향
2. 기금운용계획
3. 제42조에 따른 자금지원에 관한 사항
4. 결산보고사항
5. 그 밖에 기금운용심의회가 필요하다고 인정하는 사항
② 기금운용심의회는 금융·경제 또는 산업에 관하여 풍부한 경험이 있거나 탁월한 지식을 가진 7명 이내의 위원(국회 소관 상임위원회에서 추천하는 사람 2명을 포함한다)으로 구성한다.
③ 그 밖에 기금운용심의회의 구성과 운영에 필요한 사항은 대통령령으로 정한다.

제7장 보 칙

제44조【권한·업무의 위임 및 위탁】 ① 이 법에 따른 중앙행정기관의 장의 권한은 대통령령으로 정하는 바에 따라 그 일부를 소속 기관의 장에게 위임하거나 다른 행정기관의 장에게 위탁할 수 있다.
② 이 법에 따른 중앙행정기관의 장의 업무는 대통령령으로 정하는 바에 따라 그 일부를 관계 전문기관에 위탁할 수 있다.

제45조【다른 법령상 조치에 대한 특례】 관계 중앙행정기관의 장은 다른 법령에 따라 긴급조치, 위기대응 관련 조직의 구성 등 제5장에서 규정된 공급망 위기 대응에 준하는 조치를 시행할 경우 대통령령으로 정하는 바에 따라 위원회에 제출하여야 한다.
제46조【자료의 비공개】 ① 정부와 공공기관, 그 밖에 대통령령으로 정하는 기관은 제11조제2항, 제15조제4항 및 제31조제1항에 따라 제출받은 자료가 국가의 안전보장 또는 국민경제의 발전에 지장을 줄 우려가 있거나 영업비밀 등 기업의 경영활동을 보호하여야 할 필요가 있는 경우 공개하지 아니한다.
② 누구든지 제11조제2항, 제15조제4항 및 제31조제1항에 따라 취득한 자료 및 정보에 대하여 다음 각 호의 어느 하나에 해당하는 행위를 하여서는 아니 된다.
1. 부정한 방법으로 취득, 사용 또는 공개(비밀을 유지하면서 특정인에게 알리는 것을 포함한다. 이하 같다)하는 행위
2. 부정한 이익을 얻거나 관련 기업 및 대상기관에 손해를 가할 목적으로 유출하거나 그 유출한 자료·정보를 사용 또는 공개하거나 제3자가 사용하게 하는 행위
3. 제1호 또는 제2호에 해당하는 행위가 개입된 사실을 알고 그 자료·정보를 취득·사용 또는 공개하는 행위
4. 제1호 또는 제2호에 해당하는 행위가 개입된 사실을 중대한 과실로 알지 못하고 그 자료·정보를 취득·사용 또는 공개하는 행위
5. 관련 소송 등 대통령령으로 정하는 적법한 경로를 통하여 자료·정보를 제공받은 자가 제공받은 목적 외의 다른 용도로 그 자료·정보를 사용하거나 공개하는 행위
제47조【비밀준수의 의무】 다음 각 호의 어느 하나에 해당하거나 해당하였던 자는 그 직무상 알게 된 비밀을 외부에 공개 또는 누설하거나 이 법의 시행을 위한 목적 외의 용도에 이용하여서는 아니 된다.
1. 공급망 안정화 관련 행정기관의 공무원이거나 공무원이었던 자
2. 제44조에 따라 권한 또는 업무를 위임 또는 위탁받은 기관·단체의 임직원이거나 임직원이었던 자
3. 「공공기관의 정보공개에 관한 법률」 제5조에 따른 정보공개 청구 등 대통령령으로 정하는 업무를 수행하면서 공급망 안정화 관련 정보를 알게 된 자
제48조【벌칙 적용에서 공무원 의제】 다음 각 호의 어느 하나에 해당하는 사람은 「형법」 제127조 및 제129조부터 제132조까지를 적용할 때에는 공무원으로 본다.
1. 위원회의 위원 중 공무원이 아닌 사람
2. 제10조제5항에 따른 분야별 전문위원회의 위원 중 공무원이 아닌 사람
3. 기금운용심의회의 위원 중 공무원이 아닌 사람
4. 제44조제2항에 따라 위탁받은 업무에 종사하는 관계 전문기관의 임직원

부 칙

제1조【시행일】 이 법은 공포 후 6개월이 경과한 날부터 시행한다.
제2조【기금의 조성기간】 제38조에 따른 기금의 조성은 이 법 시행일부터 5년간 할 수 있다.

소비자기본법

(2006년 9월 27일 전부개정법률 제7988호)

개정
2008. 2.29법 8852호(정부조직)
2008. 3.21법 8983호
2008.12.26법 9257호
2009. 7.31법 9785호(신문등의진흥에관한법)
2010. 3.22법10170호
2011. 5.19법10678호
2016. 3.29법14139호
2017.10.31법15015호
2018. 3.13법15470호
2018. 6.12법15696호
2018.12.31법16178호
2020. 5.19법17290호(독점)
2020.12.29법17799호(독점)
2023. 6.20법19511호
2024년 1월 25일 제412회 국회 본회의 통과→「法典 別冊」 보유편 수록

제1장 총 칙

제1조【목적】 이 법은 소비자의 권익을 증진하기 위하여 소비자의 권리와 책무, 국가·지방자치단체 및 사업자의 책무, 소비자단체의 역할 및 자유시장경제에서 소비자와 사업자 사이의 관계를 규정함과 아울러 소비자정책의 종합적 추진을 위한 기본적인 사항을 규정함으로써 소비생활의 향상과 국민경제의 발전에 이바지함을 목적으로 한다.
제2조【정의】 이 법에서 사용하는 용어의 정의는 다음 각 호와 같다.
1. "소비자"라 함은 사업자가 제공하는 물품 또는 용역(시설물을 포함한다. 이하 같다)을 소비생활을 위하여 사용(이용을 포함한다. 이하 같다)하는 자 또는 생산활동을 위하여 사용하는 자로서 대통령령이 정하는 자를 말한다.
2. "사업자"라 함은 물품을 제조(가공 또는 포장을 포함한다. 이하 같다)·수입·판매하거나 용역을 제공하는 자를 말한다.
3. "소비자단체"라 함은 소비자의 권익을 증진하기 위하여 소비자가 조직한 단체를 말한다.
4. "사업자단체"라 함은 2 이상의 사업자가 공동의 이익을 증진할 목적으로 조직한 단체를 말한다.
제3조【다른 법률과의 관계】 소비자의 권익에 관하여 다른 법률에서 특별한 규정을 두고 있는 경우를 제외하고는 이 법을 적용한다.

제2장 소비자의 권리와 책무

제4조【소비자의 기본적 권리】 소비자는 다음 각 호의 기본적 권리를 가진다.
1. 물품 또는 용역(이하 "물품등"이라 한다)으로 인한 생명·신체 또는 재산에 대한 위해로부터 보호받을 권리
2. 물품등을 선택함에 있어서 필요한 지식 및 정보를 제공받을 권리
3. 물품등을 사용함에 있어서 거래상대방·구입장소·가격 및 거래조건 등을 자유로이 선택할 권리
4. 소비생활에 영향을 주는 국가 및 지방자치단체의 정책과 사업자의 사업활동 등에 대하여 의견을 반영시킬 권리
5. 물품등의 사용으로 인하여 입은 피해에 대하여 신속·공정한 절차에 따라 적절한 보상을 받을 권리
6. 합리적인 소비생활을 위하여 필요한 교육을 받을 권리
7. 소비자 스스로의 권익을 증진하기 위하여 단체를 조직하고 이를 통하여 활동할 수 있는 권리
8. 안전하고 쾌적한 소비생활 환경에서 소비할 권리
제5조【소비자의 책무】 ① 소비자는 사업자 등과 더불어 자유시장경제를 구성하는 주체임을 인식하여 물품등을 올바르게 선택하고, 제4조의 규정에 따른 소비자의 기본적 권리를 정당하게 행사하여야 한다.
② 소비자는 스스로의 권익을 증진하기 위하여 필요한 지식과 정보를 습득하도록 노력하여야 한다.
③ 소비자는 자주적이고 합리적인 행동과 자원절약적이고 환경친화적인 소비생활을 함으로써 소비생활의 향상과 국민경제의 발전에 적극적인 역할을 다하여야 한다.

제3장 국가·지방자치단체 및 사업자의 책무

제1절 국가 및 지방자치단체의 책무 등

제6조【국가 및 지방자치단체의 책무】 국가 및 지방자치단체는 제4조의 규정에 따른 소비자의 기본적 권리가 실현되도록 하기 위하여 다음 각 호의 책무를 진다.
1. 관계 법령 및 조례의 제정 및 개정·폐지
2. 필요한 행정조직의 정비 및 운영 개선
3. 필요한 시책의 수립 및 실시
4. 소비자의 건전하고 자주적인 조직활동의 지원·육성
제7조【지방행정조직에 대한 지원】 국가는 지방자치단체의 소비자권익과 관련된 행정조직의 설치·운영 등에 관하여 대통령령이 정하는 바에 따라 필요한 지원을 할 수 있다.
제8조【위해의 방지】 ① 국가는 사업자가 소비자에게 제공하는 물품등으로 인한 소비자의 생명·신체 또는 재산에 대한 위해를 방지하기 위하여 다음 각 호의 사항에 관하여 사업자가 지켜야 할 기준을 정하여야 한다.
1. 물품등의 성분·함량·구조 등 안전에 관한 중요한 사항
2. 물품등을 사용할 때의 지시사항이나 경고 등 표시할 내용과 방법
3. 그 밖에 위해방지를 위하여 필요하다고 인정되는 사항
② 중앙행정기관의 장은 제1항의 규정에 따라 국가가 정한 기준을 사업자가 준수하는지 여부를 정기적으로 시험·검사 또는 조사하여야 한다.
제9조【계량 및 규격의 적정화】 ① 국가 및 지방자치단체는 소비자가 사업자와의 거래에 있어서 계량으로 인하여 손해를 입지 아니하도록 물품등의 계량에 관하여 필요한 시책을 강구하여야 한다.
② 국가 및 지방자치단체는 물품등의 품질개선 및 소비생활의 향상을 위하여 물품등의 규격을 정하고 이를 보급하기 위한 시책을 강구하여야 한다.
제10조【표시의 기준】 ① 국가는 소비자가 사업자와의 거래에 있어서 표시나 포장 등으로 인하여 물품등을 잘못 선택하거나 사용하지 아니하도록 물품등에 대하여 다음 각 호의 사항에 관한 표시기준을 정하여야 한다.
1. 상품명·용도·성분·재질·성능·규격·가격·용량·허가번호 및 용역의 내용
2. 물품등을 제조·수입 또는 판매하거나 제공한 사업자의 명칭(주소 및 전화번호를 포함한다) 및 물품의 원산지
3. 사용방법, 사용·보관할 때의 주의사항 및 경고사항
4. 제조연월일, 부품보유기간, 품질보증기간 또는 식품이나 의약품 등 유통과정에서 변질되기 쉬운 물품은 그 유효기간(2023.6.20 본호개정)
5. 표시의 크기·위치 및 방법
6. 물품등에 따른 불만이나 소비자피해가 있는 경우의 처리기구(주소 및 전화번호를 포함한다) 및 처리방법
7. 「장애인차별금지 및 권리구제 등에 관한 법률」 제20조에 따른 시각장애인을 위한 표시방법(2011.5.19 본호신설)
② 국가는 소비자가 사업자와의 거래에 있어서 표시나 포장 등으로 인하여 물품등을 잘못 선택하거나 사용하지 아니하도록 사업자가 제1항 각 호의 사항을 변경하는 경우 그 변경 전후 사항을 표시하도록 기준을 정할 수 있다.(2011.5.19 본항신설)
제11조【광고의 기준】 국가는 물품등의 잘못된 소비 또는 과다한 소비로 인하여 발생할 수 있는 소비자의 생명·신체 또는 재산에 대한 위해를 방지하기 위하여 다음 각 호의 어느 하나에 해당하는 경우에는 광고의 내용 및 방법에 관한 기준을 정하여야 한다.
1. 용도·성분·성능·규격 또는 원산지 등을 광고하는 때에 허가 또는 공인된 내용만으로 광고를 제한할 필요가 있거나 특정내용을 소비자에게 반드시 알릴 필요가 있는 경우
2. 소비자가 오해할 우려가 있는 특정용어 또는 특정표현의 사용을 제한할 필요가 있는 경우
3. 광고의 매체 또는 시간대에 대하여 제한이 필요한 경우
제12조【거래의 적정화】 ① 국가는 사업자의 불공정한 거래조건이나 거래방법으로 인하여 소비자가 부당한 피해를 입지 아니하도록 필요한 시책을 수립·실시하여야 한다.
② 국가는 소비자의 합리적인 선택을 방해하고 소비자에게 손해를 끼칠 우려가 있다고 인정되는 사업자의 부당한 행위를 지정·고시할 수 있다.
③ 국가 및 지방자치단체는 약관에 따른 거래 및 방문판매·다단계판매·할부판매·통신판매·전자거래 등 특수한 형태의 거래에 대하여는 소비자의 권익을 위하여 필요한 시책을 강구하여야 한다.
제13조【소비자에의 정보제공】 ① 국가 및 지방자치단체는 소비자의 기본적인 권리가 실현될 수 있도록 소비자의 권익과 관련된 주요시책 및 주요결정사항을 소비자에게 알려야 한다.
② 국가 및 지방자치단체는 소비자가 물품등을 합리적으로 선택할 수 있도록 하기 위하여 물품등의 거래조건·거래방법·품질·안전성 및 환경성 등에 관련되는 사업자의 정보가 소비자에게 제공될 수 있도록 필요한 시책을 강구하여야 한다.
제14조【소비자의 능력 향상】 ① 국가 및 지방자치단체는 소비자의 올바른 권리행사를 이끌고, 물품등과 관련된 판단능력을 높이며, 소비자가 자신의 선택에 책임을 지는 소비생활을 할 수 있도록 필요한 교육을 하여야 한다.
② 국가 및 지방자치단체는 경제 및 사회의 발전에 따라 소비자의 능력 향상을 위한 프로그램을 개발하여야 한다.
③ 국가 및 지방자치단체는 소비자교육과 학교교육·평생교육을 연계하여 교육적 효과를 높이기 위한 시책을 수립·시행하여야 한다.
④ 국가 및 지방자치단체는 소비자의 능력을 효과적으로 향상시키기 위한 방법으로 「방송법」에 따른 방송사업을 할 수 있다.
⑤ 제1항의 규정에 따른 소비자교육의 방법 등에 관하여 필요한 사항은 대통령령으로 정한다.

제15조【개인정보의 보호】 ① 국가 및 지방자치단체는 소비자가 사업자와의 거래에서 개인정보의 분실·도난·누출·변조 또는 훼손으로 인하여 부당한 피해를 입지 아니하도록 필요한 시책을 강구하여야 한다.
② 국가는 제1항의 규정에 따라 소비자의 개인정보를 보호하기 위한 기준을 정하여야 한다.
제16조【소비자분쟁의 해결】 ① 국가 및 지방자치단체는 소비자의 불만이나 피해가 신속·공정하게 처리될 수 있도록 관련기구의 설치 등 필요한 조치를 강구하여야 한다.
② 국가는 소비자와 사업자 사이에 발생하는 분쟁을 원활하게 해결하기 위하여 대통령령이 정하는 바에 따라 소비자분쟁해결기준을 제정할 수 있다.
③ 제2항의 규정에 따른 소비자분쟁해결기준은 분쟁당사자 사이에 분쟁해결방법에 관한 별도의 의사표시가 없는 경우에 한하여 분쟁해결을 위한 합의 또는 권고의 기준이 된다.
제16조의2【소비자종합지원시스템의 구축·운영】 ① 공정거래위원회는 소비자에게 물품등의 선택, 피해의 예방 또는 구제에 필요한 정보의 제공 및 이 법 또는 다른 법률에 따른 소비자 피해구제(분쟁조정을 포함한다. 이하 같다)를 신청하는 창구의 통합 제공 등을 위하여 소비자종합지원시스템(이하 "종합지원시스템"이라 한다)을 구축·운영한다.
② 공정거래위원회는 종합지원시스템을 통하여 소비자에게 다음 각 호의 사항을 제공하여야 한다. 이 경우 공정거래위원회는 해당 사항을 관장하는 중앙행정기관의 장, 지방자치단체의 장 및 관련 기관·단체의 장(이하 이 조에서 "중앙행정기관의 장등"이라 한다)과 협의하여야 한다.
1. 물품등의 유통이력, 결함, 피해사례, 품질인증 등 소비자의 선택, 피해의 예방 또는 구제와 관련된 정보 제공
2. 소비자 피해구제기관 및 절차 안내, 피해구제를 신청하는 창구의 통합 제공, 피해구제신청에 대한 처리결과 안내 등 소비자 피해구제 지원
3. 그 밖에 소비자의 물품등의 선택, 피해의 예방 또는 구제를 위하여 필요한 업무로서 대통령령으로 정하는 업무
③ 공정거래위원회는 종합지원시스템의 구축·운영을 위하여 필요한 경우 중앙행정기관의 장등에게 다음 각 호의 자료 또는 정보를 제공하여 줄 것을 요청하고 제공받은 목적의 범위에서 그 자료·정보를 보유·이용할 수 있다.
1. 「국세기본법」 제81조의13에 따른 과세정보로서 소비자 피해가 발생한 물품을 제조·수입·판매하거나 용역을 제공한 사업자의 개업일·휴업일 및 폐업일
2. 그 밖에 종합지원시스템의 구축·운영을 위하여 필요한 정보로서 대통령령으로 정하는 자료 또는 정보
④ 제3항에 따라 자료 또는 정보의 제공을 요청받은 중앙행정기관의 장등은 특별한 사유가 없으면 이에 협조하여야 한다.
⑤ 중앙행정기관의 장등은 공정거래위원회와 협의하여 종합지원시스템을 이용할 수 있다.
⑥ 공정거래위원회는 사업자 또는 사업자단체가 물품등에 관한 정보를 종합지원시스템에 등록한 경우 그 등록 사실을 나타내는 표지(이하 "등록표지"라 한다)를 부여할 수 있다.
⑦ 공정거래위원회는 필요한 경우 종합지원시스템 운영의 전부 또는 일부를 대통령령으로 정하는 기준에 적합한 법인으로서 공정거래위원회가 지정하는 기관 또는 단체에 위탁할 수 있다.
⑧ 제1항부터 제7항까지에서 규정한 사항 외에 종합지원시스템의 구축·운영, 등록표지의 부여 등에 필요한 사항은 공정거래위원회가 정하여 고시한다.
(2018.3.13 본조신설)
제17조【시험·검사시설의 설치 등】 ① 국가 및 지방자치단체는 물품등의 규격·품질 및 안전성 등에 관하여 시험·검사 또는 조사를 실시할 수 있는 기구와 시설을 갖추어야 한다.
② 국가·지방자치단체 또는 소비자나 소비자단체는 필요하다고 인정되는 때 또는 소비자의 요청이 있는 때에는 제1항의 규정에 따라 설치된 시험·검사기관이나 제33조의 규정에 따른 한국소비자원(이하 "한국소비자원"이라 한다)에 시험·검사 또는 조사를 의뢰하여 시험 등을 실시할 수 있다.
③ 국가 및 지방자치단체는 제2항의 규정에 따라 시험등을 실시한 경우에는 그 결과를 공표하고 소비자의 권익을 위하여 필요한 조치를 취하여야 한다.
④ 국가 및 지방자치단체는 소비자단체가 물품등의 규격·품질 또는 안전성 등에 관하여 시험·검사를 실시할 수 있는 시설을 갖출 수 있도록 지원할 수 있다.
⑤ 국가 및 지방자치단체는 제8조·제10조 내지 제13조 또는 제15조의 규정에 따라 기준을 정하거나 소비자의 권익과 관련된 시책을 수립하기 위하여 필요한 경우에는 한국소비자원, 국립 또는 공립의 시험·검사기관 등 대통령령이 정하는 기관에 조사·연구를 의뢰할 수 있다.

제2절 사업자의 책무 등

제18조【소비자권익 증진시책에 대한 협력 등】 ① 사업자는 국가 및 지방자치단체의 소비자권익 증진시책에 적극 협력하여야 한다.
② 사업자는 소비자단체 및 한국소비자원의 소비자 권익증진과 관련된 업무의 추진에 필요한 자료 및 정보제공 요청에 적극 협력하여야 한다.
③ 사업자는 안전하고 쾌적한 소비생활 환경을 조성하기 위하여 물품등을 제공함에 있어서 환경친화적인 기술의 개발과 자원의 재활용을 위하여 노력하여야 한다.
④ 사업자는 소비자의 생명·신체 또는 재산 보호를 위한 국가·지방자치단체 및 한국소비자원의 조사 및 위해방지 조치에 적극 협력하여야 한다.(2018.12.31 본항신설)
제19조【사업자의 책무】 ① 사업자는 물품등으로 인하여 소비자에게 생명·신체 또는 재산에 대한 위해가 발생하지 아니하도록 필요한 조치를 강구하여야 한다.
② 사업자는 물품등을 공급함에 있어서 소비자의 합리적인 선택이나 이익을 침해할 우려가 있는 거래조건이나 거래방법을 사용하여서는 아니 된다.
③ 사업자는 소비자에게 물품등에 대한 정보를 성실하고 정확하게 제공하여야 한다.
④ 사업자는 소비자의 개인정보가 분실·도난·누출·변조 또는 훼손되지 아니하도록 그 개인정보를 성실하게 취급하여야 한다.
⑤ 사업자는 물품등의 하자로 인한 소비자의 불만이나 피해를 해결하거나 보상하여야 하며, 채무불이행 등으로 인한 소비자의 손해를 배상하여야 한다.
제20조【소비자의 권익증진 관련 기준의 준수】 ① 사업자는 제8조제1항의 규정에 따라 국가가 정한 기준에 위반되는 물품등을 제조·수입·판매하거나 제공하여서는 아니 된다.
② 사업자는 제10조의 규정에 따라 국가가 정한 표시기준을 위반하여서는 아니 된다.
③ 사업자는 제11조의 규정에 따라 국가가 정한 광고기준을 위반하여서는 아니 된다.
④ 사업자는 제12조제2항의 규정에 따라 국가가 지정·고시한 행위를 하여서는 아니 된다.
⑤ 사업자는 제15조제2항의 규정에 따라 국가가 정한 개인정보의 보호기준을 위반하여서는 아니 된다.
제20조의2【소비자중심경영의 인증】 ① 공정거래위원회는 물품의 제조·수입·판매 또는 용역의 제공의 모든 과정이 소비자 중심으로 이루어지는 경영(이하 "소비자중심경영"이라 한다)을 하는 사업자에 대하여 소비자중심경영에 대한 인증(이하 "소비자중심경영인증"이라 한다)을 할 수 있다.
② 소비자중심경영인증을 받으려는 사업자는 대통령령으로 정하는 바에 따라 공정거래위원회에 신청하여야 한다.
③ 소비자중심경영인증을 받은 사업자는 대통령령으로 정하는 바에 따라 그 인증의 표시를 할 수 있다.
④ 소비자중심경영인증의 유효기간은 그 인증을 받은 날부터 2년으로 한다.
⑤ 공정거래위원회는 소비자중심경영을 활성화하기 위하여 대통령령으로 정하는 바에 따라 소비자중심경영인증을 받은 기업에 대하여 포상 또는 지원 등을 할 수 있다.
⑥ 공정거래위원회는 소비자중심경영인증을 신청하는 사업자에 대하여 대통령령으로 정하는 바에 따라 그 인증의 심사에 소요되는 비용을 부담하게 할 수 있다.
⑦ 제1항부터 제6항까지의 규정 외에 소비자중심경영인증의 기준 및 절차 등에 필요한 사항은 대통령령으로 정한다.
(2017.10.31 본조신설)
제20조의3【소비자중심경영인증기관의 지정 등】 ① 공정거래위원회는 소비자중심경영에 관하여 전문성이 있는 기관 또는 단체를 대통령령으로 정하는 바에 따라 소비자중심경영인증기관(이하 "인증기관"이라 한다)으로 지정하여 소비자중심경영인증에 관한 업무(이하 "인증업무"라 한다)를 수행하게 할 수 있다.
② 인증업무를 수행하는 인증기관의 임직원은 「형법」 제129조부터 제132조까지의 규정을 적용할 때에는 공무원으로 본다.
③ 공정거래위원회는 인증기관이 다음 각 호의 어느 하나에 해당하는 경우에는 인증기관의 지정을 취소하거나 1년 이내의 기간을 정하여 업무의 정지를 명할 수 있다. 다만, 제1호 또는 제5호에 해당하면 그 지정을 취소하여야 한다.
1. 거짓이나 부정한 방법으로 지정을 받은 경우
2. 업무정지명령을 위반하여 그 정지기간 중 인증업무를 행한 경우
3. 고의 또는 중대한 과실로 제20조의2제7항에 따른 소비자중심경영인증의 기준 및 절차를 위반한 경우
4. 정당한 사유 없이 인증업무를 거부한 경우
5. 파산 또는 폐업한 경우
6. 그 밖에 휴업 또는 부도 등으로 인하여 인증업무를 수행하기 어려운 경우
(2017.10.31 본조신설)
제20조의4【소비자중심경영인증의 취소】 ① 공정거래위원회는 소비자중심경영인증을 받은 사업자가 다음 각 호의 어느 하나에 해당하면 그 인증을 취소할 수 있다. 다만, 제1호에 해당하면 그 인증을 취소하여야 한다.
1. 거짓이나 부정한 방법으로 소비자중심경영인증을 받은 경우
2. 제20조의2제7항에 따른 소비자중심경영인증의 기준에 적합하지 아니하게 된 경우
3. 소비자중심경영인증을 받은 후에 소비자의 생명·신체 또는 재산의 보호 등에 관한 법률로서 대통령령으로 정하는 법률을 위반하여 관계 중앙행정기관으로부터 시정명령 등 대통령령으로 정하는 조치를 받은 경우
② 공정거래위원회는 제1항제1호 또는 제3호에 따라 소비자중심경영인증이 취소된 사업자에 대하여 그 인증이 취소된 날부터 3년 이내의 범위에서 대통령령으로 정하는 기간 동안에는 소비자중심경영인증을 하여서는 아니 된다.
(2017.10.31 본조신설)

제4장 소비자정책의 추진체계

제1절 소비자정책의 수립

제21조【기본계획의 수립 등】 ① 공정거래위원회는 제23조의 규정에 따른 소비자정책위원회의 심의·의결을 거쳐 소비자정책에 관한 기본계획(이하 "기본계획"이라 한다)을 3년마다 수립하여야 한다.(2008.2.29 본항개정)
② 기본계획에는 다음 각 호의 사항이 포함되어야 한다.
1. 소비자정책과 관련된 경제·사회 환경의 변화
2. 소비자정책의 기본방향
3. 다음 각 목의 사항이 포함된 소비자정책의 목표
가. 소비자안전의 강화
나. 소비자와 사업자 사이의 거래의 공정화 및 적정화
다. 소비자교육 및 정보제공의 촉진
라. 소비자피해의 원활한 구제
마. 국제소비자문제에 대한 대응
바. 그 밖에 소비자의 권익과 관련된 주요한 사항
4. 소비자정책의 추진과 관련된 재원의 조달방법
5. 어린이 위해방지를 위한 연령별 안전기준의 작성
6. 그 밖에 소비자정책의 수립과 추진에 필요한 사항
③ 공정거래위원회는 제23조의 규정에 따른 소비자정책위원회의 심의·의결을 거쳐 기본계획을 변경할 수 있다.
(2008.2.29 본항개정)
④ 기본계획의 수립·변경 절차 등에 관하여 필요한 사항은 대통령령으로 정한다.
제22조【시행계획의 수립 등】 ① 관계 중앙행정기관의 장은 기본계획에 따라 매년 10월 31일까지 소관 업무에 관하여 다음 연도의 소비자정책에 관한 시행계획(이하 "중앙행정기관별시행계획"이라 한다)을 수립하여야 한다.
② 특별시장·광역시장·특별자치시장·도지사 또는 특별자치도지사(이하 "시·도지사"라 한다)는 기본계획과 중앙행정기관별시행계획에 따라 매년 11월 30일까지 소비자정책에 관한 다음 연도의 시·도별시행계획(이하 "시·도별시행계획"이라 한다)을 수립하여야 한다.
(2016.3.29 본항개정)
③ 공정거래위원회는 매년 12월 31일까지 중앙행정기관별시행계획 및 시·도별시행계획을 취합·조정하여 제23조의 규정에 따른 소비자정책위원회의 심의·의결을 거쳐 종합적인 시행계획(이하 "종합시행계획"이라 한다)을 수립하여야 한다.(2008.2.29 본항개정)
④ 관계 중앙행정기관의 장 및 시·도지사는 종합시행계획이 실효성 있게 추진될 수 있도록 매년 소요비용에 대한 예산편성 등 필요한 재정조치를 강구하여야 한다.
⑤ 종합시행계획의 수립 및 그 집행실적의 평가 등에 관하여 필요한 사항은 대통령령으로 정한다.

제2절 소비자정책위원회

제23조【소비자정책위원회의 설치】 소비자의 권익증진 및 소비생활의 향상에 관한 기본적인 정책을 종합·조정하고 심의·의결하기 위하여 국무총리 소속으로 소비자정책위원회(이하 "정책위원회"라 한다)를 둔다.
(2017.10.31 본조개정)
제24조【정책위원회의 구성 등】 ① 정책위원회는 위원장 2명을 포함한 25명 이내의 위원으로 구성한다.
(2017.10.31 본항개정)
② 위원장은 국무총리와 소비자문제에 관하여 학식과 경험이 풍부한 자 중에서 대통령이 위촉하는 자가 된다.
(2017.10.31 본항개정)
③ 위원은 관계 중앙행정기관의 장 및 제38조의 규정에 따른 한국소비자원의 원장(이하 "원장"이라 한다)과 다음 각 호의 어느 하나에 해당하는 자 중에서 국무총리가 위촉하는 자가 된다.(2017.10.31 본문개정)
1. 소비자문제에 관한 학식과 경험이 풍부한 자
2. 제29조의 규정에 따라 등록한 소비자단체(이하 "등록소비자단체"라 한다) 및 대통령령이 정하는 경제단체에서 추천하는 소비자대표 및 경제계대표

④ 제2항의 규정에 따른 위촉위원장 및 제3항의 규정에 따른 위촉위원의 임기는 3년으로 한다.
⑤ 정책위원회의 효율적 운영 및 지원을 위하여 정책위원회에 간사위원 1명을 두며, 간사위원은 공정거래위원회위원장이 된다.(2017.10.31 본항개정)
⑥ 국무총리는 제3항 각 호의 위촉위원이 다음 각 호의 어느 하나에 해당하는 경우에는 해당 위원을 해촉(解囑)할 수 있다.
1. 심신장애로 인하여 직무를 수행할 수 없게 된 경우
2. 직무와 관련된 비위사실이 있는 경우
3. 직무태만, 품위손상, 그 밖의 사유로 인하여 위원으로 적합하지 아니하다고 인정되는 경우
4. 위원 스스로 직무를 수행하는 것이 곤란하다고 의사를 밝히는 경우
(2017.10.31 본항신설)
⑦ 정책위원회의 사무를 처리하기 위하여 공정거래위원회에 사무국을 두고, 그 조직·구성 및 운영 등에 필요한 사항은 대통령령으로 정한다.(2017.10.31 본항신설)
(2017.10.31 본조제목개정)

제25조【정책위원회의 기능 등】 ① 정책위원회는 다음 각 호의 사항을 종합·조정하고 심의·의결한다.
(2017.10.31 본문개정)
1. 기본계획 및 종합시행계획의 수립·평가와 그 결과의 공표(2017.10.31 본호개정)
2. 소비자정책의 종합적 추진 및 조정에 관한 사항 (2017.10.31 본호개정)
3. 소비자보호 및 안전 확보를 위하여 필요한 조치에 관한 사항(2017.10.31 본호신설)
4. 소비자정책의 평가 및 제도개선·권고 등에 관한 사항 (2016.3.29 본호개정)
5. 그 밖에 위원장이 소비자의 권익증진 및 소비생활의 향상을 위하여 토의에 부치는 사항
② 정책위원회는 소비자의 기본적인 권리를 제한하거나 제한할 우려가 있다고 평가한 법령·고시·예규·조례 등에 대하여 중앙행정기관의 장 및 지방자치단체의 장에게 법령의 개선 등 필요한 조치를 권고할 수 있다.
(2016.3.29 본항신설)
③ 정책위원회는 제2항에 따른 법령의 개선 등 필요한 조치를 권고하기 전에 중앙행정기관의 장 및 지방자치단체의 장에게 미리 의견을 제출할 기회를 주어야 한다.
(2016.3.29 본항신설)
④ 중앙행정기관의 장 및 지방자치단체의 장은 제2항에 따른 권고를 받은 날부터 3개월 내에 필요한 조치의 이행계획을 수립하여 정책위원회에 통보하여야 한다.
(2016.3.29 본항신설)
⑤ 정책위원회는 제4항에 따라 통보받은 이행계획을 검토하여 그 결과를 공표할 수 있다.(2016.3.29 본항신설)
⑥ 정책위원회는 업무를 효율적으로 수행하기 위하여 정책위원회에 실무위원회와 분야별 전문위원회를 둘 수 있다.
⑦ 이 법에 규정한 것 외에 정책위원회·실무위원회 및 전문위원회의 조직과 운영에 관하여 필요한 사항은 대통령령으로 정한다.

제25조의2【긴급대응 등】 ① 위원장은 다음 각 호에 해당한다고 인정하는 경우에는 긴급회의를 소집할 수 있다.
1. 사업자가 제공하는 물품등으로 인하여 소비자의 생명 또는 신체에 대통령령으로 정하는 위해가 발생하였거나 발생할 우려가 있는 경우
2. 제1호에 따른 위해의 발생 또는 확산을 방지하기 위하여 복수의 중앙행정기관에 의한 종합적인 대책 마련이 필요한 경우
② 긴급회의는 위원장, 간사위원 및 위원장이 종합적인 대책의 수립과 관계된다고 인정하는 중앙행정기관의 장으로 구성한다.
③ 긴급회의는 제1항에 따른 위해의 발생 및 확산을 방지하기 위한 종합대책을 마련할 수 있다.
④ 중앙행정기관의 장은 제3항에 따라 마련된 종합대책에 필요한 세부계획을 즉시 수립하고, 해당 세부계획의 이행 상황 및 결과를 정책위원회에 보고하여야 한다.
⑤ 중앙행정기관의 장 및 지방자치단체의 장은 제1항의 요건에 해당한다고 인정되는 위해가 신고 또는 보고되거나 이러한 위해를 인지한 경우에는 즉시 정책위원회에 해당 내용을 통보하여야 한다.
⑥ 정책위원회는 제3항에 따른 종합대책을 마련하기 위하여 필요한 경우에는 중앙행정기관 및 그 소속기관, 「공공기관의 운영에 관한 법률」 제4조에 따른 공공기관에 자료를 요청하거나 피해의 발생원인·범위 등의 조사·분석 등을 요청할 수 있다.
⑦ 제1항부터 제6항까지 규정한 사항 외에 긴급회의의 운영, 종합대책 수립에 따른 중앙행정기관의 이행에 대한 점검 및 결과 공표 등 필요한 사항은 대통령령으로 정한다.
(2017.10.31 본조신설)

제26조【의견청취 등】 ① 정책위원회는 제25조제1항 각 호의 사항을 심의하기 위하여 필요한 경우에는 소비자문제에 관하여 전문지식이 있는 자, 소비자 또는 관계사업자의 의견을 들을 수 있다.
② 공정거래위원회는 소비자권익증진, 정책위원회의 운영 등을 위하여 필요한 경우 중앙행정기관의 장 및 지방자치단체의 장 등 관계 행정기관에 의견제시 및 자료제출을 요청할 수 있다.(2008.2.29 본항개정)

제3절 국제협력

제27조【국제협력】 ① 국가는 소비자문제의 국제화에 대응하기 위하여 국가 사이의 상호협력방안을 마련하는 등 필요한 대책을 강구하여야 한다.
② 공정거래위원회는 관계 중앙행정기관의 장과 협의하여 국제적인 소비자문제에 대응하기 위한 정보의 공유, 국제협력창구 또는 협의체의 구성·운영 등 관련시책을 수립·시행하여야 한다.(2008.2.29 본항개정)
③ 제2항의 규정에 따른 관련시책의 수립 등에 관하여 필요한 사항은 대통령령으로 정한다.

제5장 소비자단체

제28조【소비자단체의 업무 등】 ① 소비자단체는 다음 각 호의 업무를 행한다.
1. 국가 및 지방자치단체의 소비자의 권익과 관련된 시책에 대한 건의
2. 물품등의 규격·품질·안전성·환경성에 관한 시험·검사 및 가격 등을 포함한 거래조건이나 거래방법에 관한 조사·분석
3. 소비자문제에 관한 조사·연구
4. 소비자의 교육
5. 소비자의 불만 및 피해를 처리하기 위한 상담·정보제공 및 당사자 사이의 합의의 권고
② 소비자단체는 제1항제2호의 규정에 따른 조사·분석 등의 결과를 공표할 수 있다. 다만, 공표되는 사항 중 물품등의 품질·성능 및 성분 등에 관한 시험·검사로서 전문적인 인력과 설비를 필요로 하는 시험·검사인 경우에는 대통령령이 정하는 시험·검사기관의 시험·검사를 거친 후 공표하여야 한다.
③ 소비자단체는 제78조의 규정에 따라 자료 및 정보의 제공을 요청하였음에도 사업자 또는 사업자단체가 정당한 사유 없이 이를 거부·방해·기피하거나 거짓으로 제출한 경우에는 그 사업자 또는 사업자단체의 이름(상호 그 밖의 명칭을 포함한다), 거부 등의 사실과 사유를 「신문 등의 진흥에 관한 법률」에 따른 일반일간신문에 게재할 수 있다.(2009.7.31 본항개정)
④ 소비자단체는 업무상 알게 된 정보를 소비자의 권익을 증진하기 위한 목적 아닌 용도에 사용하여서는 아니된다.
⑤ 소비자단체는 사업자 또는 사업자단체로부터 제공받은 자료 및 정보를 소비자의 권익을 증진하기 위한 목적 아닌 용도로 사용함으로써 사업자 또는 사업자단체에 손해를 끼친 때에는 그 손해에 대하여 배상할 책임을 진다.

제29조【소비자단체의 등록】 ① 다음 각 호의 요건을 모두 갖춘 소비자단체는 대통령령이 정하는 바에 따라 공정거래위원회 또는 지방자치단체에 등록할 수 있다.
1. 제28조제1항제2호 및 제5호의 업무를 수행할 것
2. 물품 및 용역에 대하여 전반적인 소비자문제를 취급할 것
3. 대통령령이 정하는 설비와 인력을 갖출 것
4. 「비영리민간단체지원법」 제2조 각 호의 요건을 모두 갖출 것
② 공정거래위원회 또는 지방자치단체의 장은 제1항의 규정에 따라 등록을 신청한 소비자단체가 제1항 각 호의 요건을 갖추었는지 여부를 심사하여 등록여부를 결정하여야 한다.

제30조【등록의 취소】 ① 공정거래위원회 또는 지방자치단체의 장은 소비자단체가 거짓 그 밖의 부정한 방법으로 제29조의 규정에 따른 등록을 한 경우에는 등록을 취소하여야 한다.
② 공정거래위원회 또는 지방자치단체의 장은 등록소비자단체가 제29조제1항 각 호의 요건을 갖추지 못하게 된 경우에는 3월 이내에 보완을 하도록 명할 수 있고, 그 기간이 경과하여도 요건을 갖추지 못하는 경우에는 등록을 취소할 수 있다.

제31조【자율적 분쟁조정】 ① 제29조의 규정에 따라 공정거래위원회에 등록한 소비자단체의 협의체는 제28조제1항제5호의 규정에 따른 소비자의 불만 및 피해를 처리하기 위하여 자율적 분쟁조정(紛爭調停)을 할 수 있다. 다만, 다른 법률의 규정에 따라 설치된 전문성이 요구되는 분야의 분쟁조정기구(紛爭調停機構)로서 대통령령이 정하는 기구에서 관장하는 사항에 대하여는 그러하지 아니하다.
② 제1항의 규정에 따른 자율적 분쟁조정은 당사자가 이를 수락한 경우에는 당사자 사이에 자율적 분쟁조정의 내용과 동일한 합의가 성립된 것으로 본다.
③ 제1항 본문의 규정에 따른 소비자단체의 협의체 구성 및 분쟁조정의 절차 등에 관하여 필요한 사항은 대통령령으로 정한다.

제32조【보조금의 지급】 국가 또는 지방자치단체는 등록소비자단체의 건전한 육성·발전을 위하여 필요하다고 인정될 때에는 보조금을 지급할 수 있다.

제6장 한국소비자원

제1절 설립 등

제33조【설립】 ① 소비자권익 증진시책의 효과적인 추진을 위하여 한국소비자원을 설립한다.
② 한국소비자원은 법인으로 한다.
③ 한국소비자원은 공정거래위원회의 승인을 얻어 필요한 곳에 그 지부를 설치할 수 있다.
④ 한국소비자원은 그 주된 사무소의 소재지에서 설립등기를 함으로써 성립한다.

제34조【정관】 한국소비자원의 정관에는 다음 각 호의 사항을 기재하여야 한다.
1. 목적
2. 명칭
3. 주된 사무소 및 지부에 관한 사항
4. 임원 및 직원에 관한 사항
5. 이사회의 운영에 관한 사항
6. 제51조의 규정에 따른 소비자안전센터에 관한 사항
7. 제60조의 규정에 따른 소비자분쟁조정위원회에 관한 사항
8. 업무에 관한 사항
9. 재산 및 회계에 관한 사항
10. 공고에 관한 사항
11. 정관의 변경에 관한 사항
12. 내부규정의 제정 및 개정·폐지에 관한 사항

제35조【업무】 ① 한국소비자원의 업무는 다음 각 호와 같다.
1. 소비자의 권익과 관련된 제도와 정책의 연구 및 건의
2. 소비자의 권익증진을 위하여 필요한 경우 물품등의 규격·품질·안전성·환경성에 관한 시험·검사 및 가격 등을 포함한 거래조건이나 거래방법에 대한 조사·분석
3. 소비자의 권익증진·안전 및 소비생활의 향상을 위한 정보의 수집·제공 및 국제협력
4. 소비자의 권익증진·안전 및 능력개발과 관련된 교육·홍보 및 방송사업
5. 소비자의 불만처리 및 피해구제
6. 소비자의 권익증진 및 소비생활의 합리화를 위한 종합적인 조사·연구
7. 국가 또는 지방자치단체가 소비자의 권익증진과 관련하여 의뢰한 조사 등의 업무
8. 「독점규제 및 공정거래에 관한 법률」 제90조제7항에 따라 공정거래위원회로부터 위탁받은 동의의결의 이행관리(2020.12.29 본호개정)
9. 그 밖에 소비자의 권익증진 및 안전에 관한 업무
② 한국소비자원이 제1항제5호의 규정에 따른 업무를 수행함에 있어서 다음 각 호의 사항은 그 처리대상에서 제외한다.
1. 국가 또는 지방자치단체가 제공한 물품등으로 인하여 발생한 피해구제. 다만, 대통령령으로 정하는 물품등에 관하여는 그러하지 아니하다.
2. 그 밖에 다른 법률의 규정에 따라 설치된 전문성이 요구되는 분야의 분쟁조정기구에 신청된 피해구제 등으로서 대통령령이 정하는 피해구제
③ 한국소비자원은 업무수행 과정에서 취득한 사실 중 소비자의 권익증진, 소비자피해의 확산 방지, 물품등의 품질향상 그 밖에 소비생활의 향상을 위하여 필요하다고 인정되는 사실은 이를 공표하여야 한다. 다만, 사업자 또는 사업자단체의 영업비밀을 보호할 필요가 있다고 인정되거나 공익상 필요하다고 인정되는 때에는 그러하지 아니하다.
④ 원장은 제1항제2호 및 제5호의 업무를 수행함에 있어서 다수의 피해가 우려되는 등 긴급하다고 인정되는 때에는 사업자로부터 필요한 최소한의 시료를 수거할 수 있다. 이 경우 그 사업자는 정당한 사유가 없는 한 이에 따라야 한다.(2018.12.31 본항신설)
⑤ 원장은 제4항 전단에 따라 시료를 수거한 경우 특별한 사정이 없으면 시료 수거일로부터 30일 이내에 공정거래위원회 및 관계 중앙행정기관의 장에게 그 시료수거 사실과 결과를 보고하여야 한다.(2018.12.31 본항신설)

제36조【시험·검사의 의뢰】 ① 원장은 제35조제1항제2호 및 제5호의 업무를 수행함에 있어서 필요하다고 인정되는 때에는 국립 또는 공립의 시험·검사기관에 물품등에 대한 시험·검사를 의뢰할 수 있다.
② 제1항의 규정에 따른 의뢰를 받은 기관은 특별한 사유가 없는 한 우선하여 이에 응하여야 한다.

제37조【유사명칭의 사용금지】 이 법에 따른 한국소비자원이 아닌 자는 한국소비자원 또는 이와 유사한 한국소비자보호원 등의 명칭을 사용하여서는 아니 된다.

제2절 임원 및 이사회

제38조【임원 및 임기】 ① 한국소비자원에 원장·부원장 및 제51조의 규정에 따른 소비자안전센터의 소장(이하 "소장"이라 한다) 각 1인을 포함한 10인 이내의 이사와 감사 1인을 둔다.

② 원장·부원장·소장 및 대통령이 정하는 이사는 상임으로 하고 그 밖의 임원은 비상임으로 한다.
③ 원장은 「공공기관의 운영에 관한 법률」 제29조에 따른 임원추천위원회(이하 이 조에서 "임원추천위원회"라 한다)가 복수로 추천한 사람 중에서 공정거래위원회 위원장의 제청으로 대통령이 임명한다.(2016.3.29 본항개정)
④ 부원장, 소장 및 상임이사는 원장이 임명한다.(2016.3.29 본항개정)
⑤ 비상임이사는 임원추천위원회가 복수로 추천한 사람 중에서 공정거래위원회 위원장이 임명한다.(2016.3.29 본항개정)
⑥ 감사는 임원추천위원회가 복수로 추천하여 「공공기관의 운영에 관한 법률」 제8조에 따른 공공기관운영위원회의 심의·의결을 거친 사람 중에서 기획재정부장관의 제청으로 대통령이 임명한다.(2016.3.29 본항개정)
⑦ 원장의 임기는 3년으로 하고, 부원장, 소장, 이사 및 감사의 임기는 2년으로 한다.(2016.3.29 본항신설)

제39조【임원의 직무】 ① 원장은 한국소비자원을 대표하고 한국소비자원의 업무를 총괄한다.
② 부원장은 원장을 보좌하며, 원장이 부득이한 사유로 직무를 수행할 수 없는 경우에 그 직무를 대행한다.
③ 소장은 원장의 지휘를 받아 제51조제1항의 규정에 따라 설치되는 소비자안전센터의 업무를 총괄하며, 원장·부원장 및 소장이 아닌 이사는 정관이 정하는 바에 따라 한국소비자원의 업무를 분장한다.
④ 원장·부원장이 모두 부득이한 사유로 직무를 수행할 수 없는 때에는 상임이사·비상임이사의 순으로 정관이 정하는 순서에 따라 그 직무를 대행한다.
⑤ 감사는 한국소비자원의 업무 및 회계를 감사한다.

제40조【이사회】 ① 한국소비자원의 업무와 운영에 관한 중요사항을 심의·의결하기 위하여 한국소비자원에 이사회를 둔다.
② 이사회는 원장·부원장·소장 그 밖의 이사로 구성한다.
③ 원장은 이사회를 소집하고 이사회의 의장이 된다.
④ 감사는 이사회에 출석하여 의견을 진술할 수 있다.

제3절 회계·감독 등

제41조【재원】 한국소비자원의 설립·시설·운영 및 업무에 필요한 경비는 다음 각 호의 재원으로 충당한다.
1. 국가 및 지방자치단체의 출연금
2. 그 밖에 한국소비자원의 운영에 따른 수입금

제42조【감독】 ① 공정거래위원회는 한국소비자원(제51조의 규정에 따른 소비자안전센터를 포함한다. 이하 이 절에서 같다)을 지도·감독하고, 필요하다고 인정되는 때에는 한국소비자원에 대하여 그 사업에 관한 지시 또는 명령을 할 수 있다.
② 한국소비자원은 매년 업무계획서와 예산서를 작성하여 공정거래위원회의 승인을 얻어야 하며, 매년 결산보고서와 이에 대한 감사의 의견서를 작성하여 공정거래위원회에 보고하여야 한다. 이 경우 그 절차 등에 관하여는 대통령령으로 정한다.
③ 공정거래위원회는 필요하다고 인정되는 때에는 한국소비자원에 대하여 그 업무·회계 및 재산에 관한 사항을 보고하게 하거나 감사할 수 있다.

제43조【벌칙 적용에서 공무원 의제】 다음 각 호의 어느 하나에 해당하는 사람은 「형법」 제129조부터 제132조까지의 규정에 따른 벌칙을 적용할 때에는 공무원으로 본다.
1. 한국소비자원의 임원
2. 제35조제1항제2호·제5호의 업무에 종사하는 직원
3. 제52조제1항·제2항의 업무에 종사하는 직원
4. 제60조에 따른 소비자분쟁조정위원회의 위원
(2018.6.12 본조개정)

제44조【준용】 한국소비자원에 관하여 이 법 및 「공공기관의 운영에 관한 법률」에 규정하지 아니한 사항에 관하여는 「민법」 중 재단법인에 관한 규정을 준용한다.(2016.3.29 본조개정)

제7장 소비자안전

제1절 총 칙

제45조【취약계층의 보호】 ① 국가 및 지방자치단체는 어린이·노약자·장애인 및 결혼이민자(「재한외국인 처우 기본법」 제2조제3호에 따른 결혼이민자를 말한다. 이하 같다) 등 안전취약계층에 대하여 우선적으로 보호시책을 강구하여야 한다.
② 사업자는 어린이·노약자·장애인 및 결혼이민자 등 안전취약계층에 대하여 물품등을 판매·광고 또는 제공하는 경우에는 그 취약계층에게 위해가 발생하지 아니하도록 제19조제1항의 규정에 따른 조치와 더불어 필요한 예방조치를 취하여야 한다.
(2016.3.29 본조개정)

제46조【시정요청 등】 ① 공정거래위원회 또는 시·도지사는 사업자가 제공한 물품등으로 인하여 소비자에게 위해발생이 우려되는 경우에는 관계중앙행정기관의 장에게 다음 각 호의 조치를 요청할 수 있다.(2016.3.29 본문개정)
1. 사업자가 다른 법령에서 정한 안전조치를 취하지 아니하는 경우에는 그 법령의 규정에 따른 조치
2. 다른 법령에서 안전기준이나 규격을 정하고 있지 아니하는 경우에는 다음 각 목의 조치
가. 제49조의 규정에 따른 수거·파기 등의 권고
나. 제50조의 규정에 따른 수거·파기 등의 명령
다. 제86조제1항제1호의 규정에 따른 과태료 처분
3. 그 밖에 물품등에 대한 위해방지대책의 강구
② 제1항에 따라 공정거래위원회 또는 시·도지사의 요청을 받은 관계 중앙행정기관의 장은 조치 여부 및 그 내용을 신속히 공정거래위원회 또는 시·도지사에게 통보하여야 한다.(2018.3.13 본항신설)

제2절 소비자안전조치

제47조【결함정보의 보고의무】 ① 사업자는 다음 각 호의 어느 하나에 해당하는 경우에는 제조·수입·판매 또는 제공한 물품등의 결함을 소관 중앙행정기관의 장에게 보고(전자적 보고를 포함한다. 이하 같다)하여야 한다. 다만, 제2호에 해당하는 경우로서 사업자가 제48조에 따라 해당 물품등의 수거·파기·수리·교환·환급 또는 제조·수입·판매·제공의 금지 및 그 밖의 필요한 조치(이하 이 조에서 "수거·파기등"이라 한다)를 한 경우에는 그러하지 아니하다.(2017.10.31 본문개정)
1. 제조·수입·판매 또는 제공한 물품등에 소비자의 생명·신체 또는 재산에 위해를 끼치거나 끼칠 우려가 있는 제조·설계 또는 표시 등의 중대한 결함이 있다는 사실을 알게 된 경우
2. 제조·수입·판매 또는 제공한 물품등과 동일한 물품등에 대하여 외국에서 결함이 발견되어 사업자가 다음 각 목의 어느 하나에 해당하는 조치를 한 경우 또는 외국의 다른 사업자가 해당 조치를 한 사실을 알게 된 경우
가. 외국 정부로부터 수거·파기등의 권고 또는 명령을 받고 한 수거·파기등
나. 자발적으로 한 수거·파기등
(2017.10.31 1호~2호신설)
② 제1항의 규정에 따른 보고를 받은 중앙행정기관의 장은 사업자가 보고한 결함의 내용에 관하여 제17조의 규정에 따른 시험·검사기관 또는 한국소비자원 등에 시험·검사를 의뢰하고, 시험·검사의 결과 그 물품등이 제49조 또는 제50조의 요건에 해당하는 경우에는 사업자에게 각각에 해당하는 규정에 따른 필요한 조치를 취하여야 한다.
③ 제1항의 규정에 따라 결함의 내용을 보고하여야 할 사업자는 다음 각 호와 같다.
1. 물품등을 제조·수입 또는 제공하는 자
2. 물품에 성명·상호 그 밖에 식별 가능한 기호 등을 부착함으로써 자신을 제조자로 표시한 자
3. 「유통산업발전법」 제2조제3호의 규정에 따른 대규모점포 중 대통령령이 정하는 대규모점포를 설치하여 운영하는 자
4. 그 밖에 소비자의 생명·신체 및 재산에 위해를 끼치거나 끼칠 우려가 있는 물품등을 제조·수입·판매 또는 제공하는 자로서 대통령령이 정하는 사업자
④ 제1항의 규정에 따라 사업자가 보고하여야 할 중대한 결함의 범위, 보고기한 및 보고절차 등에 관하여 필요한 사항은 대통령령으로 정한다.

제48조【물품등의 자진수거 등】 사업자는 소비자에게 제공한 물품등의 결함으로 인하여 소비자의 생명·신체 또는 재산에 위해를 끼치거나 끼칠 우려가 있는 경우에는 대통령령이 정하는 바에 따라 당해 물품등의 수거·파기·수리·교환·환급 또는 제조·수입·판매·제공의 금지 그 밖의 필요한 조치를 취하여야 한다.

제49조【수거·파기 등의 권고 등】 ① 중앙행정기관의 장은 사업자가 제공한 물품등의 결함으로 인하여 소비자의 생명·신체 또는 재산에 위해를 끼치거나 끼칠 우려가 있다고 인정되는 경우에는 그 사업자에 대하여 당해 물품등의 수거·파기·수리·교환·환급 또는 제조·수입·판매·제공의 금지 그 밖의 필요한 조치를 권고할 수 있다.
② 제1항의 규정에 따른 권고를 받은 사업자는 그 권고의 수락여부를 소관 중앙행정기관의 장에게 통지하여야 한다.
③ 사업자는 제1항의 규정에 따른 권고를 수락한 경우에는 제48조의 규정에 따른 조치를 취하여야 한다.
④ 중앙행정기관의 장은 제1항의 규정에 따른 권고를 받은 사업자가 정당한 사유 없이 그 권고를 따르지 아니하는 때에는 사업자가 권고를 받은 사실을 공표할 수 있다.
⑤ 제1항 내지 제4항의 규정에 따른 권고, 권고의 수락 및 공표의 절차에 관하여 필요한 세부사항은 대통령령으로 정한다.

제50조【수거·파기 등의 명령 등】 ① 중앙행정기관의 장은 사업자가 제공한 물품등의 결함으로 인하여 소비자의 생명·신체 또는 재산에 위해를 끼치거나 끼칠 우려가 있다고 인정되는 경우에는 대통령령이 정하는 절차에 따라 그 물품등의 수거·파기·수리·교환·환급을 명하거나 제조·수입·판매 또는 제공의 금지를 명할 수 있고, 그 물품등과 관련된 시설의 개수(改修) 그 밖의 필요한 조치를 명할 수 있다. 다만, 소비자의 생명·신체 또는 재산에 긴급하고 현저한 위해를 끼치거나 끼칠 우려가 있다고 인정되는 경우로서 그 위해의 발생 또는 확산을 방지하기 위하여 불가피하다고 인정되는 경우에는 그 절차를 생략할 수 있다.
② 중앙행정기관의 장은 사업자가 제1항의 규정에 따른 명령에 따르지 아니하는 경우에는 대통령령이 정하는 바에 따라 직접 그 물품등의 수거·파기 또는 제공금지 등 필요한 조치를 취할 수 있다.
③ 중앙행정기관의 장은 사업자에게 제1항에 따른 명령을 하는 경우 그 사실을 공표할 수 있다.(2017.10.31 본항신설)
④ 제3항에 따른 공표방법 등 공표에 관하여 필요한 사항은 대통령령으로 정한다.(2017.10.31 본항신설)

제3절 위해정보의 수집 등

제51조【소비자안전센터의 설치】 ① 소비자안전시책을 지원하기 위하여 한국소비자원에 소비자안전센터를 둔다.
② 소비자안전센터에 소장 1인을 두고, 그 조직에 관한 사항은 정관으로 정한다.
③ 소비자안전센터의 업무는 다음 각 호와 같다.
1. 제52조의 규정에 따른 위해정보의 수집 및 처리
2. 소비자안전을 확보하기 위한 조사 및 연구
3. 소비자안전과 관련된 교육 및 홍보
4. 위해 물품등에 대한 시정 건의
5. 소비자안전에 관한 국제협력
6. 그 밖에 소비자안전에 관한 업무

제52조【위해정보의 수집 및 처리】 ① 소비자안전센터는 물품등으로 인하여 소비자의 생명·신체 또는 재산에 위해가 발생하였거나 발생할 우려가 있는 사안에 대한 정보(이하 "위해정보"라 한다)를 수집할 수 있다.
② 소장은 제1항의 규정에 따라 수집한 위해정보를 분석하여 그 결과를 원장에게 보고하여야 하고, 원장은 위해정보의 분석결과에 따라 필요한 경우에는 다음 각 호의 조치를 할 수 있다.
1. 위해방지 및 사고예방을 위한 소비자안전경보의 발령
2. 물품등의 안전성에 관한 사실의 공표
3. 위해 물품등을 제공하는 사업자에 대한 시정 권고
4. 국가 또는 지방자치단체에의 시정조치·제도개선 건의
5. 그 밖에 소비자안전을 확보하기 위하여 필요한 조치로서 대통령령이 정하는 사항
③ 원장은 제2항제3호에 따라 시정 권고를 받은 사업자에게 수락 여부 및 다음 각 호의 사항을 포함한 이행 결과 등의 제출을 요청할 수 있다. 이 경우 사업자는 특별한 사유가 없으면 이에 따라야 한다.
1. 시정 권고에 따른 이행 내용과 실적
2. 시정 권고를 이행하지 못한 물품등에 대한 조치계획
3. 위해의 재발방지를 위한 대책
(2018.3.13 본항신설)
④ 원장은 물품등으로 인하여 소비자의 생명·신체 또는 재산에 위해가 발생하거나 발생할 우려가 높다고 판단되는 경우로서 사업자가 제2항제3호에 따른 시정 권고를 이행하지 않는 경우에는 공정거래위원회에 제46조제1항에 따른 시정요청을 해 줄 것을 건의할 수 있다.(2018.3.13 본항신설)
⑤ 제1항 및 제2항의 규정에 따라 위해정보를 수집·처리하는 자는 물품등의 위해성이 판명되어 공표되기 전까지 사업자명·상품명·피해정도·사건경위에 관한 사항을 누설하여서는 아니 된다.
⑥ 공정거래위원회는 소비자안전센터가 위해정보를 효율적으로 수집할 수 있도록 하기 위하여 필요한 경우에는 행정기관·병원·학교·소비자단체 등을 위해정보 제출기관으로 지정·운영할 수 있다.(2008.2.29 본항개정)
⑦ 제1항 및 제2항의 규정에 따른 위해정보의 수집 및 처리 등에 관하여 필요한 사항은 대통령령으로 정한다.

제8장 소비자분쟁의 해결

제1절 사업자의 불만처리 등

제53조【소비자상담기구의 설치·운영】 ① 사업자 및 사업자단체는 소비자로부터 제기되는 의견이나 불만 등을 기업경영에 반영하고, 소비자의 피해를 신속하게 처리하기 위한 기구(이하 "소비자상담기구"라 한다)의 설치·운영에 적극 노력하여야 한다.
② 사업자 및 사업자단체는 소비자의 불만 또는 피해의 상담을 위하여 「국가기술자격법」에 따른 관련자격이 있는 자 등 전담직원을 고용·배치하도록 적극 노력하여야 한다.

제54조【소비자상담기구의 설치 권장】 ① 중앙행정기관의 장 또는 시·도지사는 사업자 또는 사업자단체에게 소비자상담기구의 설치·운영을 권장하거나 그 설치·운영에 필요한 지원을 할 수 있다.(2016.3.29 본항개정)
② 공정거래위원회는 소비자상담기구의 설치·운영에 관한 권장기준을 정하여 고시할 수 있다.(2008.2.29 본항개정)

제2절 한국소비자원의 피해구제

제55조【피해구제의 신청 등】 ① 소비자는 물품등의 사용으로 인한 피해의 구제를 한국소비자원에 신청할 수 있다.
② 국가 · 지방자치단체 또는 소비자단체는 소비자로부터 피해구제의 신청을 받은 때에는 한국소비자원에 그 처리를 의뢰할 수 있다.
③ 사업자는 소비자로부터 피해구제의 신청을 받은 때에는 다음 각 호의 어느 하나에 해당하는 경우에 한하여 한국소비자원에 그 처리를 의뢰할 수 있다.
1. 소비자로부터 피해구제의 신청을 받은 날부터 30일이 경과하여도 합의에 이르지 못하는 경우
2. 한국소비자원에 피해구제의 처리를 의뢰하기로 소비자와 합의한 경우
3. 그 밖에 한국소비자원의 피해구제의 처리가 필요한 경우로서 대통령령이 정하는 사유에 해당하는 경우
④ 원장은 제1항의 규정에 따른 피해구제의 신청(제2항 및 제3항의 규정에 따른 피해구제의 의뢰를 포함한다. 이하 이 절에서 같다)을 받은 경우 그 내용이 한국소비자원에서 처리하는 것이 부적합하다고 판단되는 때에는 신청인에게 그 사유를 통보하고 그 사건의 처리를 중지할 수 있다.
제56조【위법사실의 통보 등】 원장은 피해구제신청사건을 처리함에 있어서 당사자 또는 관계인이 법령을 위반한 것으로 판단되는 때에는 관계기관에 이를 통보하고 적절한 조치를 의뢰하여야 한다. 다만, 다음 각 호의 경우에는 그러하지 아니하다.(2011.5.19 단서신설)
1. 피해구제신청사건의 당사자가 피해보상에 관한 합의를 하고 법령위반행위를 시정한 경우(2011.5.19 본호신설)
2. 관계 기관에서 위법사실을 이미 인지하여 조사하고 있는 경우(2011.5.19 본호신설)
제57조【합의권고】 원장은 피해구제신청의 당사자에 대하여 피해보상에 관한 합의를 권고할 수 있다.
제58조【처리기간】 원장은 제55조제1항 내지 제3항의 규정에 따른 피해구제의 신청을 받은 날부터 30일 이내에 제57조의 규정에 따른 합의가 이루어지지 아니하는 때에는 지체 없이 제60조의 규정에 따른 소비자분쟁조정위원회에 분쟁조정을 신청하여야 한다. 다만, 피해의 원인규명 등에 상당한 시일이 요구되는 피해구제신청사건으로서 대통령령이 정하는 사건에 대하여는 60일 이내의 범위에서 처리기간을 연장할 수 있다.
제59조【피해구제절차의 중지】 ① 한국소비자원의 피해구제 처리절차 중에 법원에 소를 제기한 당사자는 그 사실을 한국소비자원에 통보하여야 한다.
② 한국소비자원은 당사자의 소제기 사실을 알게 된 때에는 지체 없이 피해구제절차를 중지하고, 당사자에게 이를 통지하여야 한다.

제3절 소비자분쟁의 조정(調停) 등

제60조【소비자분쟁조정위원회의 설치】 ① 소비자와 사업자 사이에 발생한 분쟁을 조정하기 위하여 한국소비자원에 소비자분쟁조정위원회(이하 "조정위원회"라 한다)를 둔다.
② 조정위원회는 다음 각 호의 사항을 심의 · 의결한다.
1. 소비자분쟁에 대한 조정결정
2. 조정위원회의 의사(議事)에 관한 규칙의 제정 및 개정 · 폐지
3. 그 밖에 조정위원회의 위원장이 토의에 부치는 사항
③ 조정위원회의 운영 및 조정절차 등에 관하여 필요한 사항은 대통령령으로 정한다.
제61조【조정위원회의 구성】 ① 조정위원회는 위원장 1명을 포함한 150명 이내의 위원으로 구성하며, 위원장을 포함한 5명은 상임으로 하고, 나머지는 비상임으로 한다.
(2017.10.31 본항개정)
② 위원은 다음 각 호의 어느 하나에 해당하는 자 중에서 대통령령이 정하는 바에 따라 원장의 제청에 의하여 공정거래위원회위원장이 임명 또는 위촉한다.
1. 대학이나 공인된 연구기관에서 부교수 이상 또는 이에 상당하는 직에 있거나 있었던 자로서 소비자권익 관련분야를 전공한 자
2. 4급 이상의 공무원 또는 이에 상당하는 공공기관의 직에 있거나 있었던 자로서 소비자권익과 관련된 업무에 실무경험이 있는 자
3. 판사 · 검사 또는 변호사의 자격이 있는 자
4. 소비자단체의 임원의 직에 있거나 있었던 자
5. 사업자 또는 사업자단체의 임원의 직에 있거나 있었던 자
6. 그 밖에 소비자권익과 관련된 업무에 관한 학식과 경험이 풍부한 자
③ 위원장은 상임위원 중에서 공정거래위원회위원장이 임명한다.
④ 위원장이 부득이한 사유로 직무를 수행할 수 없는 때에는 위원장이 아닌 상임위원이 위원장의 직무를 대행하고, 위원장이 아닌 상임위원이 부득이한 사유로 위원장의 직무를 대행할 수 없는 때에는 공정거래위원회위원장이 지정하는 위원이 그 직무를 대행한다.
⑤ 위원의 임기는 3년으로 하며, 연임할 수 있다.
⑥ 조정위원회의 업무를 효율적으로 수행하기 위하여 조정위원회에 분야별 전문위원회를 둘 수 있다.
⑦ 제6항의 규정에 따른 전문위원회의 구성 및 운영에 관한 사항은 대통령령으로 정한다.
제62조【위원의 신분보장】 조정위원회의 위원은 다음 각 호의 어느 하나에 해당하는 경우를 제외하고는 그의 의사와 다르게 면직되지 아니한다.
1. 자격정지 이상의 형을 선고받은 경우
2. 신체상 · 정신상 또는 그 밖의 사유로 직무를 수행할 수 없는 경우
(2011.5.19 본조개정)
제63조【조정위원회의 회의】 ① 조정위원회의 회의는 다음 각 호에 따라 구분한다.
1. 분쟁조정회의 : 위원장, 상임위원과 위원장이 회의마다 지명하는 5명 이상 9명 이하의 위원으로 구성하는 회의
2. 조정부 : 위원장 또는 상임위원과 위원장이 회의마다 지명하는 2명 이상 4명 이하의 위원으로 구성하는 회의
② 조정위원회의 회의는 다음 각 호의 구분에 따라 주재한다.
1. 분쟁조정회의 : 위원장
2. 조정부 : 위원장 또는 상임위원
③ 조정위원회의 회의는 위원 과반수 출석과 출석위원 과반수의 찬성으로 의결한다. 이 경우 조정위원회의 회의에는 소비자 및 사업자를 대표하는 위원이 각 1명 이상 균등하게 포함되어야 한다.
(2011.5.19 본조개정)
제63조의2【분쟁조정회의와 조정부의 관장사항】 ① 분쟁조정회의는 다음 각 호의 사항을 심의 · 의결한다.
1. 제60조제2항제1호에 따른 소비자분쟁 중 대통령령으로 정하는 금액 이상의 소비자분쟁에 대한 조정
2. 제60조제2항제2호에 따른 조정위원회의 의사에 관한 규칙의 제정 및 개정 · 폐지
3. 제68조제1항에 따라 조정위원회에 의뢰 또는 신청된 분쟁조정
4. 조정부가 분쟁조정회의에서 처리하도록 결정한 사항
② 조정부는 제1항 각 호의 사항 외의 사항을 심의 · 의결한다.
(2011.5.19 본조신설)
제64조【위원의 제척 · 기피 · 회피】 ① 조정위원회의 위원은 다음 각 호의 어느 하나에 해당하는 경우에는 제58조 또는 제65조제1항의 규정에 따라 조정위원회에 신청된 그 분쟁조정사건(이하 이 조에서 "사건"이라 한다)의 심의 · 의결에서 제척된다.
1. 위원 또는 그 배우자나 배우자이었던 자가 그 사건의 당사자가 되거나 그 사건에 관하여 공동의 권리자 또는 의무자의 관계에 있는 경우
2. 위원이 그 사건의 당사자와 친족관계에 있거나 있었던 경우
3. 위원이 그 사건에 관하여 증언이나 감정을 한 경우
4. 위원이 그 사건에 관하여 당사자의 대리인으로서 관여하거나 관여하였던 경우
② 당사자는 위원에게 심의 · 의결의 공정을 기대하기 어려운 사정이 있는 경우에는 원장에게 기피신청을 할 수 있다. 이 경우 원장은 기피신청에 대하여 조정위원회의 의결을 거치지 아니하고 결정한다.
③ 위원이 제1항 또는 제2항의 사유에 해당하는 경우에는 스스로 그 사건의 심의 · 의결에서 회피할 수 있다.
제65조【분쟁조정】 ① 소비자와 사업자 사이에 발생한 분쟁에 관하여 제16조제1항의 규정에 따라 설치된 기구에서 소비자분쟁이 해결되지 아니하거나 제28조제1항제5호의 규정에 따른 합의권고에 따른 합의가 이루어지지 아니한 경우 당사자나 그 기구 또는 단체의 장은 조정위원회에 분쟁조정을 신청할 수 있다.
② 조정위원회는 제58조 또는 제1항의 규정에 따라 분쟁조정을 신청받은 경우에는 대통령령이 정하는 바에 따라 지체 없이 분쟁조정절차를 개시하여야 한다.
③ 조정위원회는 제2항의 규정에 따른 분쟁조정을 위하여 필요한 경우에는 제61조제6항의 규정에 따른 전문위원회에 자문할 수 있다.
④ 조정위원회는 제2항의 규정에 따른 분쟁조정절차에 앞서 이해관계인 · 소비자단체 또는 관계기관의 의견을 들을 수 있다.
⑤ 제59조의 규정은 분쟁조정절차의 중지에 관하여 이를 준용한다.
제66조【분쟁조정의 기간】 ① 조정위원회는 제58조 또는 제65조제1항의 규정에 따라 분쟁조정을 신청받은 때에는 그 신청을 받은 날부터 30일 이내에 그 분쟁조정을 마쳐야 한다.
② 조정위원회는 제1항의 규정에 불구하고 정당한 사유가 있는 경우로서 30일 이내에 그 분쟁조정을 마칠 수 없는 때에는 그 기간을 연장할 수 있다. 이 경우 그 사유와 기한을 명시하여 당사자 및 그 대리인에게 통지하여야 한다.(2017.10.31 전단개정)
제67조【분쟁조정의 효력 등】 ① 조정위원회의 위원장은 제66조의 규정에 따라 분쟁조정을 마친 때에는 지체 없이 당사자에게 그 분쟁조정의 내용을 통지하여야 한다.
② 제1항의 규정에 따른 통지를 받은 당사자는 그 통지를 받은 날부터 15일 이내에 분쟁조정의 내용에 대한 수락 여부를 조정위원회에 통보하여야 한다. 이 경우 15일 이내에 의사표시가 없는 때에는 수락한 것으로 본다.
③ 제2항의 규정에 따라 당사자가 분쟁조정의 내용을 수락하거나 수락한 것으로 보는 경우 조정위원회는 조정조서를 작성하고, 조정위원회의 위원장 및 각 당사자가 기명날인하거나 서명하여야 한다. 다만, 수락한 것으로 보는 경우에는 각 당사자의 기명날인 또는 서명을 생략할 수 있다.(2018.6.12 본항개정)
④ 제2항의 규정에 따라 당사자가 분쟁조정의 내용을 수락하거나 수락한 것으로 보는 때에는 그 분쟁조정의 내용은 재판상 화해와 동일한 효력을 갖는다.
제68조【분쟁조정의 특례】 ① 제65조제1항의 규정에 불구하고, 국가 · 지방자치단체 · 한국소비자원 · 소비자단체 · 소비자 또는 사업자는 소비자의 피해가 다수의 소비자에게 같거나 비슷한 유형으로 발생하는 경우로서 대통령령이 정하는 사건에 대하여는 조정위원회에 일괄적인 분쟁조정(이하 "집단분쟁조정"이라 한다)을 의뢰 또는 신청할 수 있다.(2016.3.29 본항개정)
② 제1항의 규정에 따라 집단분쟁조정을 의뢰받거나 신청받은 조정위원회는 다음 각 호의 어느 하나에 해당하는 사건을 제외하고는 조정위원회의 의결로써 의뢰받거나 신청받은 날부터 60일 이내에 제4항부터 제7항까지의 규정에 따른 집단분쟁조정의 절차를 개시하여야 한다. 이 경우 조정위원회는 대통령령이 정하는 기간동안 그 절차의 개시를 공고하여야 한다.(2018.6.12 전단개정)
1. 제1항의 요건을 갖추지 못한 사건
2. 기존의 집단분쟁조정결정이 있는 사건으로서 개시의 결을 반복할 필요가 없다고 인정되는 사건
3. 신청인의 신청내용이 이유가 없다고 명백하게 인정되는 사건
(2018.6.12 1호~3호신설)
③ 제2항에도 불구하고 조정위원회는 다음 각 호의 어느 하나에 해당하는 사건에 대하여는 제2항에 따른 개시결정기간 내에 조정위원회의 의결로써 집단분쟁조정 절차개시의 결정을 보류할 수 있다. 이 경우 그 사유와 기한을 명시하여 의뢰 또는 신청한 자에게 통지하여야 하고, 그 보류기간은 제2항에 따른 개시결정기간이 경과한 날부터 60일을 넘을 수 없다.
1. 피해의 원인규명에 시험, 검사 또는 조사가 필요한 사건
2. 피해의 원인규명을 위하여 제68조의2에 따른 대표당사자가 집단분쟁조정 절차개시 결정의 보류를 신청하는 사건
(2018.6.12 본항신설)
④ 조정위원회는 집단분쟁조정의 당사자가 아닌 소비자 또는 사업자로부터 그 분쟁조정의 당사자에 추가로 포함될 수 있도록 하는 신청을 받을 수 있다.
⑤ 조정위원회는 사업자가 조정위원회의 집단분쟁조정의 내용을 수락한 경우에는 집단분쟁조정의 당사자가 아닌 자로서 피해를 입은 소비자에 대한 보상계획서를 작성하여 조정위원회에 제출하도록 권고할 수 있다.
⑥ 제65조제5항의 규정에 불구하고 조정위원회는 집단분쟁조정의 당사자인 다수의 소비자 중 일부의 소비자가 법원에 소를 제기한 경우에는 그 절차를 중지하지 아니하고, 소를 제기한 일부의 소비자를 그 절차에서 제외한다.
⑦ 제66조제1항에도 불구하고 집단분쟁조정은 제2항에 따른 공고가 종료된 날의 다음 날부터 30일 이내에 마쳐야 한다. 다만, 정당한 사유가 있는 경우로서 해당 기간 내에 분쟁조정을 마칠 수 없는 때에는 2회에 한하여 각각 30일의 범위에서 그 기간을 연장할 수 있으며, 이 경우 그 사유와 기한을 구체적으로 밝혀 당사자 및 그 대리인에게 통지하여야 한다.(2017.10.31 단서개정)
⑧ 집단분쟁조정의 절차 등에 관하여 필요한 사항은 대통령령으로 정한다.
제68조의2【대표당사자의 선임 등】 ① 집단분쟁조정에 이해관계가 있는 당사자들은 그 중 3명 이하를 대표당사자로 선임할 수 있다.
② 조정위원회는 당사자들이 제1항에 따라 대표당사자를 선임하지 아니한 경우에 필요하다고 인정하는 때에는 당사자들에게 대표당사자를 선임할 것을 권고할 수 있다.
③ 대표당사자는 자기를 선임한 당사자들을 위하여 그 사건의 조정에 관한 모든 행위를 할 수 있다. 다만, 조정신청의 철회 및 조정안의 수락 · 거부는 자기를 선임한 당사자들의 서면에 의한 동의를 받아야 한다.
④ 대표당사자를 선임한 당사자들은 대표당사자를 통하여서만 그 사건의 조정에 관한 행위를 할 수 있다.
⑤ 대표당사자를 선임한 당사자들은 필요하다고 인정하는 경우에는 대표당사자를 해임하거나 변경할 수 있다. 이 경우 당사자들은 그 사실을 지체 없이 조정위원회에 통지하여야 한다.
(2011.5.19 본조신설)
제68조의3【시효의 중단】 ① 제58조 및 제65조제1항에 따른 분쟁조정의 신청과 제68조제1항 및 제4항에 따른 집단분쟁조정의 의뢰 또는 신청은 시효중단의 효력이

있다. 다만, 다음 각 호의 어느 하나에 해당하는 경우 외의 경우로 분쟁조정절차 또는 집단분쟁조정절차가 종료된 경우에는 그 조정절차가 종료된 날부터 1개월 이내에 소를 제기하지 아니하면 시효중단의 효력이 없다.
(2018.6.12 본문개정)
1. 당사자가 분쟁조정 또는 집단분쟁조정의 내용을 수락하거나 수락한 것으로 보는 경우
2. 당사자의 일방 또는 쌍방이 분쟁조정 또는 집단분쟁조정의 내용을 수락하지 아니한 경우
② 제1항 각 호 외의 부분 본문에 따라 중단된 시효는 같은 항 각 호의 어느 하나에 해당하는 때부터 새로이 진행한다.
(2016.3.29 본조신설)
제68조의4【소송과의 관계】 ① 제58조 또는 제65조제1항에 따라 분쟁조정이 신청된 사건에 대하여 신청 전 또는 신청 후 소가 제기되어 소송이 진행 중일 때에는 수소법원(受訴法院)은 조정이 있을 때까지 소송절차를 중지할 수 있다.
② 제1항에 따라 소송절차가 중지된 경우 조정위원회는 해당 사건의 조정절차를 재개한다.
③ 조정위원회는 조정이 신청된 사건과 동일한 원인으로 다수인이 관련되는 동종·유사 사건에 대한 소송이 진행 중인 경우에는 조정위원회의 결정으로 조정절차를 중지할 수 있다.
(2023.6.20 본조신설)
제69조【「민사조정법」의 준용】 조정위원회의 운영 및 조정절차에 관하여 이 법에서 규정하지 아니한 사항에 대하여는 「민사조정법」을 준용한다.

제4절 소비자단체소송

제70조【단체소송의 대상 등】 다음 각 호의 어느 하나에 해당하는 단체는 사업자가 제20조의 규정을 위반하여 소비자의 생명·신체 또는 재산에 대한 권익을 직접적으로 침해하고 그 침해가 계속되는 경우 법원에 소비자권익침해행위의 금지·중지를 구하는 소송(이하 "단체소송"이라 한다)을 제기할 수 있다.
1. 제29조의 규정에 따라 공정거래위원회에 등록한 소비자단체로서 다음 각 목의 요건을 모두 갖춘 단체
  가. 정관에 따라 상시적으로 소비자의 권익증진을 주된 목적으로 하는 단체일 것
  나. 단체의 정회원수가 1천명 이상일 것
  다. 제29조의 규정에 따른 등록 후 3년이 경과하였을 것
2. 제33조에 따라 설립된 한국소비자원(2016.3.29 본호신설)
3. 「상공회의소법」에 따른 대한상공회의소, 「중소기업협동조합법」에 따른 중소기업협동조합중앙회 및 전국 단위의 경제단체로서 대통령령이 정하는 단체
4. 「비영리민간단체지원법」 제2조의 규정에 따른 비영리민간단체로서 다음 각 목의 요건을 모두 갖춘 단체
  가. 법률상 또는 사실상 동일한 침해를 입은 50인 이상의 소비자로부터 단체소송의 제기를 요청받을 것
  나. 정관에 소비자의 권익증진을 단체의 목적으로 명시한 후 최근 3년 이상 이를 위한 활동실적이 있을 것
  다. 단체의 상시 구성원수가 5천명 이상일 것
  라. 중앙행정기관에 등록되어 있을 것
제71조【전속관할】 ① 단체소송의 소는 피고의 주된 사무소 또는 영업소가 있는 곳, 주된 사무소나 영업소가 없는 경우에는 주된 업무담당자의 주소가 있는 곳의 지방법원 본원 합의부의 관할에 전속한다.
② 제1항의 규정을 외국사업자에 적용하는 경우 대한민국에 있는 이들의 주된 사무소·영업소 또는 업무담당자의 주소에 따라 정한다.
제72조【소송대리인의 선임】 단체소송의 원고는 변호사를 소송대리인으로 선임하여야 한다.
제73조【소송허가신청】 ① 단체소송을 제기하는 단체는 소장과 함께 다음 각 호의 사항을 기재한 소송허가신청서를 법원에 제출하여야 한다.
1. 원고 및 그 소송대리인
2. 피고
3. 금지·중지를 구하는 사업자의 소비자권익침해행위의 범위
② 제1항의 규정에 따른 소송허가신청서에는 다음 각 호의 자료를 첨부하여야 한다.
1. 소제기단체가 제70조 각 호의 어느 하나에 해당하는 요건을 갖추고 있음을 소명하는 자료
2. 소제기단체가 제74조제1항제3호의 규정에 따라 요청한 서면 및 이에 대한 사업자의 의견서. 다만, 동호에서 정하는 기간 내에 사업자의 응답이 없을 경우에는 사업자의 의견서를 생략할 수 있다.
제74조【소송허가요건 등】 ① 법원은 다음 각 호의 요건을 모두 갖춘 경우에 한하여 결정으로 단체소송을 허가한다.
1. 물품등의 사용으로 인하여 소비자의 생명·신체 또는 재산에 피해가 발생하거나 발생할 우려가 있는 등 다수 소비자의 권익보호 및 피해예방을 위한 공익상의 필요가 있을 것
2. 제73조의 규정에 따른 소송허가신청서의 기재사항에 흠결이 없을 것
3. 소제기단체가 사업자에게 소비자권익 침해행위를 금지·중지할 것을 서면으로 요청한 후 14일이 경과하였을 것
② 단체소송을 허가하거나 불허가하는 결정에 대하여는 즉시항고할 수 있다.
제75조【확정판결의 효력】 원고의 청구를 기각하는 판결이 확정된 경우 이와 동일한 사안에 관하여는 제70조의 규정에 따른 다른 단체는 단체소송을 제기할 수 없다. 다만, 다음 각 호의 어느 하나에 해당하는 경우에는 그러하지 아니하다.
1. 판결이 확정된 후 그 사안과 관련하여 국가 또는 지방자치단체가 설립한 기관에 의하여 새로운 연구결과나 증거가 나타난 경우
2. 기각판결이 원고의 고의로 인한 것임이 밝혀진 경우
제76조【「민사소송법」의 적용 등】 ① 단체소송에 관하여 이 법에 특별한 규정이 없는 경우에는 「민사소송법」을 적용한다.
② 제74조의 규정에 따른 단체소송의 허가결정이 있는 경우에는 「민사집행법」 제4편의 규정에 따른 보전처분을 할 수 있다.
③ 단체소송의 절차에 관하여 필요한 사항은 대법원규칙으로 정한다.

제9장 조사절차 등

제77조【검사·시료수거와 자료제출 등】 ① 중앙행정기관의 장은 다음 각 호의 어느 하나에 해당하는 경우에는 대통령령이 정하는 바에 따라 소속공무원으로 하여금 사업자의 물품·시설 및 제조공정 그 밖의 물건의 검사 또는 필요한 최소한의 시료수거를 하게 하거나 그 사업자에게 그 업무에 관한 보고 또는 관계물품·서류 등의 제출을 명할 수 있다.(2018.12.31 본문개정)
1. 제8조제2항의 규정에 따라 국가가 정한 기준을 사업자가 준수하는지 여부를 시험·검사 또는 조사하기 위하여 필요한 경우(2018.12.31 본호신설)
2. 제13조의 규정에 따라 소비자에게 정보제공을 하기 위하여 필요한 경우
3. 제16조제1항의 규정에 따라 소비자의 불만 및 피해를 처리하기 위하여 필요한 경우
4. 이 법의 위반 여부를 확인하기 위하여 필요한 경우
② 제1항의 규정에 따른 시료수거는 무상으로 할 수 있다.
(2018.12.31 본항신설)
③ 중앙행정기관의 장은 물품등의 안전성을 의심할 만한 정당한 이유가 있는 경우로서 대통령령이 정하는 사유가 있는 때에는 소속공무원으로 하여금 사업자의 영업장소, 제조장소, 창고 등 저장소, 사무소 그 밖의 이와 유사한 장소에 출입하여 제1항의 규정에 따른 검사 등을 할 수 있다.
④ 제1항 또는 제2항의 규정에 따라 검사 등을 하는 공무원은 그 권한을 나타내는 증표를 지니고 이를 관계인에게 내보여야 한다.
⑤ 이 법에 따른 직무에 종사하는 공무원은 제1항 또는 제2항의 규정에 따른 검사나 제출된 물품 또는 서류 등으로 알게 된 내용을 이 법의 시행을 위한 목적 아닌 용도로 사용하여서는 아니 된다.
⑥ 중앙행정기관의 장은 소관 소비자권익증진시책을 추진하기 위하여 필요한 경우에는 원장에게 소비자피해에 관한 정보 및 각종 실태조사 결과 등 소비자의 권익과 관련된 정보의 제공을 요청할 수 있다.
(2018.12.31 본조제목개정)
제78조【자료 및 정보제공요청 등】 ① 소비자단체 및 한국소비자원은 그 업무를 추진함에 있어서 필요한 자료 및 정보의 제공을 사업자 또는 사업자단체에 요청할 수 있다. 이 경우 그 사업자 또는 사업자단체는 정당한 사유가 없는 한 이에 응하여야 한다.
② 제1항의 규정에 따라 자료 및 정보의 제공을 요청하는 소비자단체 및 한국소비자원은 그 자료 및 정보의 사용목적·사용절차 등을 미리 사업자 또는 사업자단체에게 알려야 한다.
③ 제1항의 규정에 따라 소비자단체가 자료 및 정보를 요청하는 때에는 제79조의 규정에 따른 소비자정보요청협의회의 협의·조정을 미리 거쳐야 한다.
④ 제1항의 규정에 따라 자료 및 정보를 요청할 수 있는 소비자단체의 요건과 자료 및 정보의 범위 등에 관한 사항은 대통령령으로 정한다.
⑤ 제1항 내지 제4항의 규정에 따라 사업자 또는 사업자단체로부터 소비자단체에 제공된 자료 및 정보는 미리 사업자 또는 사업자단체에 알린 사용목적 아닌 용도 및 사용절차 아닌 방법으로 사용하여서는 아니 된다.
제79조【소비자정보요청협의회】 ① 제78조제1항의 규정에 따른 소비자단체의 자료 및 정보의 제공요청과 관련한 다음 각 호의 사항을 협의·조정하기 위하여 한국소비자원에 소비자정보요청협의회(이하 "협의회"라 한다)를 둔다.
1. 소비자단체가 요청하는 자료 및 정보의 범위·사용목적·사용절차에 관한 사항
2. 그 밖에 대통령령이 정하는 사항
② 협의회의 구성과 운영 그 밖에 필요한 사항은 대통령령으로 정한다.

제10장 보 칙

제80조【시정조치 등】 ① 중앙행정기관의 장은 사업자가 제20조의 규정을 위반하는 행위를 한 경우에는 그 사업자에게 그 행위의 중지 등 시정에 필요한 조치를 명할 수 있다.
② 중앙행정기관의 장은 사업자에게 제1항의 규정에 따라 시정명령을 받은 사실을 공표하도록 명할 수 있다.
제81조【시정조치의 요청 등】 ① 국가 및 지방자치단체는 사업자가 제20조의 규정을 위반하는지 여부를 판단하기 위하여 필요한 경우에는 등록소비자단체 또는 한국소비자원에 조사를 의뢰할 수 있다.
② 공정거래위원회는 사업자가 제20조의 규정을 위반하는 행위를 한 사실을 알게 된 때에는 그 물품등을 주관하는 중앙행정기관의 장에게 위반행위의 시정에 필요한 적절한 조치를 요청할 수 있다.(2008.2.29 본항개정)
제82조【청문】 중앙행정기관의 장은 제20조의3제3항·제20조의4제1항·제30조·제50조 또는 제80조의 규정에 따른 명령 등의 조치를 하고자 하는 경우에는 청문을 실시하여야 한다. 다만, 제50조제1항 단서의 경우에는 그러하지 아니하다.(2017.10.31 본문개정)
제83조【권한의 위임·위탁 등】 ① 중앙행정기관의 장은 이 법에 따른 권한의 일부를 대통령령이 정하는 바에 따라 시·도지사에게 위임할 수 있다.
② 중앙행정기관의 장은 다음 각 호의 어느 하나에 해당하는 경우에는 제77조제1항에 따른 권한을 한국소비자원에 위탁할 수 있다.(2008.3.21 본문개정)
1. 제17조제2항의 규정에 따라 한국소비자원에 시험·검사 또는 조사를 의뢰하는 경우
2. 제55조제1항 내지 제3항의 규정에 따라 한국소비자원에 신청 또는 의뢰된 피해구제사건을 처리함에 있어서 사실확인을 위하여 필요하다고 인정되는 경우
3. 원장이 제35조제1항제2호 및 제52조제2항제1호부터 제3호까지의 조치를 하기 위하여 필요하다고 요청하는 경우(2016.3.29 본호개정)
4. 제81조제1항에 따라 한국소비자원에 조사를 의뢰하는 경우(2016.3.29 본호신설)
③ 제77조제4항 및 제5항은 제2항에 따라 중앙행정기관의 장으로부터 제77조제1항에 따른 검사 등의 권한을 위탁받은 한국소비자원의 직원으로서 그 검사 등의 권한을 행하는 직원에 대하여 준용한다.(2018.12.31 본항개정)
제83조의2【민감정보 및 고유식별정보의 처리】 ① 공정거래위원회는 종합지원시스템을 통하여 소비자 피해의 예방 및 구제를 위한 사무를 수행하기 위하여 불가피한 경우 「개인정보 보호법」 제23조에 따른 건강에 관한 정보(의료분쟁조정과 관련된 정보에 한정한다. 이하 같다)나 같은 법 제24조에 따른 고유식별정보가 포함된 자료를 처리할 수 있다.
② 제16조의2제7항에 따라 종합지원시스템 운영의 전부 또는 일부를 위탁받은 자는 소비자 피해의 예방 및 구제를 위한 사무를 수행하기 위하여 불가피한 경우 당사자의 동의를 얻어 「개인정보 보호법」 제23조에 따른 건강에 관한 정보나 같은 법 제24조에 따른 고유식별정보가 포함된 자료를 처리할 수 있다.
③ 제1항 및 제2항에 따라 「개인정보 보호법」 제23조에 따른 건강에 관한 정보나 같은 법 제24조에 따른 고유식별정보가 포함된 자료를 처리할 때에는 해당 정보를 「개인정보 보호법」에 따라 보호하여야 한다.
(2018.3.13 본조신설)

제11장 벌 칙

제84조【벌칙】 ① 다음 각 호의 어느 하나에 해당하는 자는 3년 이하의 징역 또는 5천만원 이하의 벌금에 처한다.
1. 제50조 또는 제80조의 규정에 따른 명령을 위반한 자
2. 제77조제5항(제83조제3항의 규정에 따라 준용되는 경우를 포함한다)의 규정을 위반하여 검사 등으로 알게 된 내용을 이 법의 시행을 위한 목적이 아닌 용도로 사용한 자(2018.12.31 본호개정)
3. 제78조제5항의 규정을 위반하여 제공된 자료 및 정보를 사용목적이 아닌 용도 또는 사용절차가 아닌 방법으로 사용한 자
② 제52조제5항을 위반하여 위해정보에 관한 사항을 누설한 자는 1년 이하의 징역 또는 3천만원 이하의 벌금에 처한다.(2018.3.13 본항개정)
③ 제1항의 경우에 징역형과 벌금형은 이를 병과(倂科)할 수 있다.
제85조【양벌규정】 법인의 대표자나 법인 또는 개인의 대리인, 사용인, 그 밖의 종업원이 그 법인 또는 개인의 업무에 관하여 제84조의 위반행위를 하면 그 행위자를 벌하는 외에 그 법인 또는 개인에게도 해당 조문의 벌금형을 과(科)한다. 다만, 법인 또는 개인이 그 위반행위를 방지하기 위하여 해당 업무에 관하여 상당한 주의와 감독을 게을리하지 아니한 경우에는 그러하지 아니하다.
(2008.12.26 본조개정)
제86조【과태료】 ① 다음 각 호의 어느 하나에 해당하는 자는 3천만원 이하의 과태료에 처한다.

1. 제20조의 규정을 위반한 자
2. 제37조의 규정을 위반하여 동일 또는 유사명칭을 사용한 자
3. 제47조제1항의 규정을 위반하여 보고의무를 이행하지 아니하거나 거짓으로 이행한 자(2017.10.31 본호개정)
4. 제77조제1항 또는 제3항의 규정에 따른 검사·시료수거·출입을 거부·방해·기피한 자, 업무에 관한 보고를 하지 아니하거나 거짓으로 보고한 자 또는 관계 물품·서류 등을 제출하지 아니하거나 거짓으로 제출한 자(2018.12.31 본호개정)

② 제1항의 규정에 따른 과태료는 대통령령으로 정하는 바에 따라 중앙행정기관의 장 또는 시·도지사가 부과·징수한다.(2010.3.22 본항개정)

③~⑥ (2010.3.22 삭제)

부 칙

제1조【시행일】 이 법은 공포 후 6개월이 경과한 날부터 시행한다. 다만, 제70조 내지 제76조의 개정규정은 2008년 1월 1일부터 시행한다.

제2조【소비자정책에 관한 기본계획 및 시행계획의 수립에 관한 적용례】 기본계획, 중앙행정기관별시행계획, 시·도별시행계획 및 종합시행계획은 이 법이 시행되는 연도의 다음연도의 계획부터 적용한다.

제3조【한국소비자원의 감사의 임기에 관한 적용례】 제38조제6항의 개정규정 중 감사의 임기에 관한 사항은 이 법 시행 후 최초로 임명되는 감사부터 적용한다.

제4조【한국소비자원의 결산보고서와 이에 대한 감사의견서의 보고에 관한 적용례】 제42조제2항의 개정규정은 이 법 시행 후 최초로 한국소비자원이 공정거래위원회에 보고하는 결산보고서와 이에 대한 감사의견서부터 적용한다.

제5조【소비자로부터 피해구제의 신청을 받은 사업자의 한국소비자원에의 처리의뢰에 관한 적용례】 제55조제3항의 개정규정은 이 법 시행 후 최초로 사업자가 소비자로부터 피해구제의 신청을 받는 것부터 적용한다.

제6조【한국소비자원이 처리하는 피해구제신청사건의 처리기간에 관한 적용례】 제58조 단서의 개정규정은 이 법 시행 후 최초로 한국소비자원이 제55조제1항 내지 제3항의 개정규정에 따라 피해구제의 신청 또는 의뢰를 받는 것부터 적용한다.

제7조【소비자정책심의위원회에 관한 경과조치】 ① 이 법 시행 당시 종전의 「소비자보호법」 제21조의 규정에 따라 재정경제부에 둔 소비자정책심의위원회는 제23조의 개정규정에 따른 소비자정책위원회로 본다.

② 이 법 시행 당시 종전의 「소비자보호법」 제22조의 규정에 따라 위촉된 소비자정책심의위원회의 위원은 제24조의 개정규정에 따라 위촉된 소비자정책위원회의 위원으로 보며, 그 임기는 종전의 규정에 따라 임명된 날부터 기산한다.

제8조【소비자단체의 등록에 관한 경과조치】 이 법 시행 당시 종전의 「소비자보호법」 제19조제1항의 규정에 따라 등록을 한 소비자단체는 제29조제1항의 개정규정에 따른 요건에 따라 등록을 한 소비자단체로 본다. 다만, 제29조제1항 각 호의 요건을 갖추지 못한 소비자단체는 이 법 시행일부터 1년 이내에 그 요건을 갖추어야 하고, 그 기간 내에 요건을 갖추지 못하는 경우에는 공정거래위원회 또는 지방자치단체의 장은 제30조의 개정규정에 따라 그 등록을 취소하여야 한다.

제9조【한국소비자보호원 등에 관한 경과조치】 ① 이 법 시행 당시 종전의 「소비자보호법」 제26조의 규정에 따라 설립된 한국소비자보호원은 제33조의 개정규정에 따른 한국소비자원으로 본다.

② 이 법 시행 당시 종전의 「소비자보호법」에 따른 한국소비자보호원·소비자분쟁조정위원회·소비자정보요청위원회 또는 한국소비자보호원의 장(이하 "한국소비자보호원등"이라 한다. 이하 같다)이 행한 행위 또는 한국소비자보호원등에 대하여 행하여진 행위는 그에 해당하는 이 법의 규정에 따른 한국소비자원·소비자분쟁조정위원회·소비자정보요청위원회 또는 한국소비자원의 장(이하 "한국소비자원등"이라 한다. 이하 같다)이 행하거나 한국소비자원등에 대하여 행하여진 것으로 본다.

③ 이 법 시행 당시 종전의 「소비자보호법」 제31조 또는 제35조의 규정에 따라 임명 또는 위촉된 한국소비자보호원의 임원 및 소비자분쟁조정위원회의 위원은 제38조 또는 제61조의 개정규정에 따라 임명 또는 위촉된 한국소비자원의 임원 및 소비자분쟁조정위원회의 위원으로 보며, 그 임기는 종전의 규정에 따라 임명 또는 위촉된 날부터 기산한다.

④ 이 법 시행 당시 종전의 「소비자보호법」 제47조의 규정에 따라 국가가 한국소비자보호원에 출연한 출연금은 제41조제1호의 개정규정에 따른 국가의 출연금으로 본다.

⑤ 이 법 시행 당시 한국소비자보호원에 관한 등기부 그 밖의 공부에 표시된 "한국소비자보호원"의 명의는 각각 "한국소비자원"의 명의로 본다.

제10조【행정처분 등에 관한 경과조치】 이 법 시행 당시 종전의 「소비자보호법」에 따라 국가·지방자치단체 및 중앙행정기관의 장 등(한국소비자보호원등을 제외하며, 이하 이 조에서 "국가등"이라 한다)이 행한 행정처분 등 또는 국가등에 행하여진 등록신청 등은 이 법의 해당 규정에 따른 행정처분 등 또는 등록신청 등으로 본다.

제11조【벌칙 등에 관한 경과조치】 이 법 시행 전의 행위에 대한 벌칙 및 과태료를 적용할 때에는 종전의 「소비자보호법」에 따른다.

제12조【다른 법률의 개정】 ①~⑫ ※(해당 법령에 가제정리 하였음)

제13조【다른 법령과의 관계】 이 법 시행 당시 다른 법령에서 종전의 「소비자보호법」 또는 그 규정을 인용하고 있는 경우 이 법 중 그에 해당하는 규정이 있는 때에는 종전의 규정에 갈음하여 이 법 또는 이 법의 해당 조항을 인용한 것으로 본다.

부 칙 (2016.3.29)

제1조【시행일】 이 법은 공포 후 6개월이 경과한 날부터 시행한다.

제2조【시효의 중단에 관한 적용례】 제68조의3의 개정규정은 이 법 시행 후 최초로 분쟁조정 또는 집단분쟁조정이 신청되거나 의뢰되는 경우부터 적용한다.

부 칙 (2017.10.31)

제1조【시행일】 이 법은 공포 후 6개월이 경과한 날부터 시행한다. 다만, 제61조제1항의 개정규정은 공포한 날부터 시행한다.

제2조【분쟁조정의 기간 연장에 관한 적용례】 제66조제2항 및 제68조제7항의 개정규정은 이 법 시행 후 최초로 분쟁조정 또는 집단분쟁조정이 신청되거나 의뢰되는 경우부터 적용한다.

부 칙 (2018.3.13)

제1조【시행일】 이 법은 공포한 날부터 시행한다.

제2조【시정요청에 관한 적용례】 제46조의 개정규정은 이 법 시행 후 최초로 시정요청한 경우부터 적용한다.

제3조【시정 권고에 관한 적용례】 제52조제3항 및 제4항의 개정규정은 이 법 시행 후 최초로 시정 권고한 경우부터 적용한다.

부 칙 (2018.6.12)

제1조【시행일】 이 법은 공포 후 6개월이 경과한 날부터 시행한다. 다만, 제67조제3항의 개정규정은 공포한 날부터 시행한다.

제2조【집단분쟁조정의 개시에 관한 적용례】 제68조의 개정규정은 이 법 시행 후 최초로 집단분쟁조정을 의뢰하거나 신청하는 경우부터 적용한다.

부 칙 (2020.5.19)
(2020.12.29)

제1조【시행일】 이 법은 공포 후 1년이 경과한 날부터 시행한다.(이하 생략)

부 칙 (2023.6.20)

제1조【시행일】 이 법은 공포 후 6개월이 경과한 날부터 시행한다.

제2조【소송·조정절차 중지에 관한 적용례】 제68조의4의 개정규정은 이 법 시행 이후 조정을 신청하는 경우부터 적용한다.

소비자기본법 시행령

(2007년 3월 27일
전부개정대통령령 제19958호)

개정
2007. 4. 4영19988호(컴퓨터프로그램보호법시)
2007.10.31영20351호(수산시)
2008. 1.31영20587호(원양산업발전법시)
2008. 2.29영20683호(직제)
2009. 7.22영21634호(저작시)
2010. 3.15영22075호(직제)
2011. 3.29영22743호 2011. 8.11영23072호
2011. 9.29영23169호(개인정보보호법시)
2012. 8.31영24076호(전자문서및전자거래기본법시)
2013. 3.23영24436호(직제)
2014.11.19영25751호(직제)
2015. 8.11영26486호
2017. 7.26영28211호(직제)
2018. 4.30영28847호 2018. 8.14영29098호
2019. 6.25영29927호
2019.10. 8영30106호(과태료금액정비)
2021. 1. 5영31380호(법령용어정비)
2021. 3.23영31553호(금융소비자보호에관한법시)
2021.12.28영32274호(독점시)
2022.12.27영33141호
2023. 9.12영33702호(우체국예금·보험에관한법시)
2023.12.12영33960호

제1장 총 칙

제1조【목적】 이 영은 「소비자기본법」에서 위임된 사항과 그 시행에 필요한 사항을 규정함을 목적으로 한다.

제2조【소비자의 범위】 「소비자기본법」(이하 "법"이라 한다) 제2조제1호의 소비자 중 물품 또는 용역(시설물을 포함한다. 이하 같다)을 생산활동을 위하여 사용(이용을 포함한다. 이하 같다)하는 자의 범위는 다음 각 호와 같다.
1. 제공된 물품 또는 용역(이하 "물품등"이라 한다)을 최종적으로 사용하는 자. 다만, 제공된 물품등을 원재료(중간재를 포함한다), 자본재 또는 이에 준하는 용도로 생산활동에 사용하는 자는 제외한다.
2. 제공된 물품등을 농업(축산업을 포함한다. 이하 같다) 및 어업활동을 위하여 사용하는 자. 다만, 「원양산업발전법」 제6조제1항에 따라 해양수산부장관의 허가를 받아 원양어업을 하는 자는 제외한다.(2013.3.23 단서개정)

제2장 국가 및 지방자치단체의 책무 등

제3조【조례의 제정】 지방자치단체는 법 제6조제1호에 따라 다음 각 호의 사항을 포함하는 조례를 제정할 수 있다.
1. 소비자안전에 관한 시책
2. 소비자와 관련된 주요 시책이나 정책결정사항에 관한 정보의 제공
3. 사업자의 표시 및 거래 등의 적정화를 유도하기 위한 조사·권고·공표 등
4. 소비자단체·소비자생활협동조합(「소비자생활협동조합법」 제2조에 따른 소비자생활협동조합을 말한다. 이하 같다) 등 소비자의 조직활동 지원
5. 소비자피해구제기구의 설치·운영 등
6. 소비자의 능력 향상을 위한 교육 및 프로그램
7. 그 밖에 지역 소비자의 권익 증진에 필요한 사항

제4조【소비자의 조직활동 지원】 ① 국가 및 지방자치단체는 법 제6조제4호에 따라 다음 각 호의 활동을 지원·육성하여야 한다.
1. 법 제28조제1항에 따른 소비자단체의 업무
2. 소비자단체 외의 소비자생활협동조합 등이 행하는 교육·홍보·공동구매·판매사업 및 공동이용시설의 설치·운영
3. 그 밖에 소비자의 권익 증진을 위하여 필요하다고 인정하는 소비자의 조직활동

② 국가 및 지방자치단체는 소비자단체·소비자생활협동조합 등에 대하여 예산의 범위 안에서 필요한 자금을 지원할 수 있다.

제5조【지방행정조직에 대한 지원】 국가는 지방자치단체가 소비자의 권익 증진에 관한 업무를 효율적으로 수행하기 위하여 다음 각 호의 단체나 법인의 장에게 그 단체나 법인에 소속된 직원의 파견을 요청하는 경우에는 법 제7조에 따라 파견에 드는 경비 등을 지원할 수 있다.
1. 법 제29조에 따라 등록된 소비자단체
2. 법 제33조에 따른 한국소비자원(이하 "한국소비자원"이라 한다)

제6조【소비자교육의 방법】 국가 및 지방자치단체는 법 제14조제1항에 따른 소비자교육을 다음 각 호의 어느 하나에 해당하는 방법으로 실시할 수 있다.
1. 정보통신매체를 이용하는 방법
2. 현장실습 등 체험 위주의 방법
3. 평생교육시설(「평생교육법」 제2조제2호에 따른 평생교육기관으로서 법인·단체가 아닌 것을 말한다)을 활용하는 방법(2015.8.11 본호개정)
4. 「방송법」 제73조제4항에 따른 비상업적 공익광고 등 다양한 매체를 활용하는 방법

제7조【소비자피해구제기구의 설치】 특별시장·광역시장·도지사(이하 "시·도지사"라 한다)는 법 제16조제1항에 따라 소비자의 불만이나 피해를 신속·공정하게 처리하기 위하여 전담기구의 설치 등 필요한 행정조직을 정비하여야 한다.(2015.8.11 본조개정)

제8조【소비자분쟁해결기준】 ① 법 제16조제2항에 따른 소비자분쟁해결기준은 일반적 소비자분쟁해결기준과 품목별 소비자분쟁해결기준으로 구분한다.
② 제1항의 일반적 소비자분쟁해결기준은 별표1과 같다.
③ 공정거래위원회는 제2항의 일반적 소비자분쟁해결기준에 따라 품목별 소비자분쟁해결기준을 제정하여 고시할 수 있다.(2008.2.29 본항개정)
④ 공정거래위원회는 품목별 소비자분쟁해결기준을 제정하여 고시하는 경우에는 품목별로 해당 물품등의 소관 중앙행정기관의 장과 협의하여야 하며, 소비자단체·사업자단체 및 해당 분야 전문가의 의견을 들어야 한다.(2008.2.29 본항개정)

제9조【소비자분쟁해결기준의 적용】 ① 다른 법령에 근거한 별도의 분쟁해결기준이 제8조의 소비자분쟁해결기준보다 소비자에게 유리한 경우에는 그 분쟁해결기준을 제8조의 소비자분쟁해결기준에 우선하여 적용한다.
② 품목별 소비자분쟁해결기준에서 해당 품목에 대한 분쟁해결기준을 정하고 있지 아니한 경우에는 같은 기준에서 정한 유사품목에 대한 분쟁해결기준을 준용할 수 있다.
③ 품목별 소비자분쟁해결기준에서 동일한 피해에 대한 분쟁해결기준을 두 가지 이상 정하고 있는 경우에는 소비자가 선택하는 분쟁해결기준에 따른다.

제9조의2【소비자종합지원시스템의 운영 위탁】 ① 법 제16조의2제7항에서 "대통령령으로 정하는 기준에 적합한 법인"이란 다음 각 호의 요건을 모두 갖춘 법인을 말한다.
1. 소비자 피해 예방 및 구제 업무를 수행할 것
2. 다음 각 목에 해당하는 업무에 3년 이상 종사한 경력이 있는 사람을 각각 1명 이상 보유할 것
 가. 전문적인 소비자 피해 상담 업무
 나. 소비자 피해 예방을 위한 정보의 수집, 분석 및 생산 업무
 다. 정보 관리 시스템의 개발, 관리 및 운영 업무
② 공정거래위원회는 법 제16조의2제7항에 따라 소비자종합지원시스템 운영의 전부 또는 일부를 위탁한 경우에는 위탁업무의 수행에 필요한 경비를 지원할 수 있다.(2018.8.14 본조신설)

제10조【시험·검사 등의 요청】 ① 국가 또는 지방자치단체는 법 제17조제2항에 따라 소비자로부터 시험·검사 또는 조사를 요청받은 경우에는 지체 없이 법 제17조제1항에 따라 설치된 기구와 시설(이하 "국공립검사기관"이라 한다) 또는 한국소비자원에 시험·검사 또는 조사를 의뢰하여야 하며, 그 결과를 지체 없이 요청인에게 통보하여야 한다.
② 국공립검사기관 또는 한국소비자원은 법 제17조제2항에 따라 시험·검사 또는 조사를 의뢰받은 경우에는 의뢰를 받은 날부터 1개월 이내에 시험·검사 또는 조사의 결과를 의뢰인에게 통보하여야 한다. 이 경우 1개월 이내에 그 결과를 통보할 수 없는 부득이한 사유가 있으면 그 사유와 통보기한을 정하여 의뢰인에게 알려야 한다.
③ 제2항에 따른 시험·검사 또는 조사에 드는 비용은 시험·검사 또는 조사를 의뢰한 자가 부담한다. 다만, 소비자의 요청에 따른 시험·검사 또는 조사의 경우에는 요청한 소비자가 그 비용을 부담한다.

제11조【조사·연구 의뢰 대상기관】 ① 법 제17조제5항에서 "대통령령이 정하는 기관"이란 다음 각 호의 기관을 말한다.
1. 한국소비자원
2. 국공립검사기관
3. 「정부출연연구기관 등의 설립·운영 및 육성에 관한 법률」에 따라 설립된 정부출연연구기관
4. 「과학기술분야 정부출연연구기관 등의 설립·운영 및 육성에 관한 법률」에 따라 설립된 과학기술분야 정부출연연구기관
5. 「특정연구기관 육성법」에 따른 특정연구기관
6. 법 제29조에 따라 공정거래위원회에 등록한 소비자단체
② 법 제17조제5항에 따른 조사·연구에 드는 비용은 조사·연구를 의뢰한 자가 부담한다.

제11조의2【소비자중심경영인증】 ① 법 제20조의2제1항에 따른 소비자중심경영인증(이하 "인증"이라 한다)을 받으려는 사업자는 공정거래위원회가 정하여 고시하는 경영목표, 경영방식 및 성과관리 등의 심사항목과 심사항목별 배점에 따른 인증기준을 갖추어야 한다.
② 인증을 받으려는 사업자는 법 제20조의2제2항에 따라 인증신청서에 사업자등록증 및 조직도 등 공정거래위원회가 정하여 고시하는 서류를 첨부하여 공정거래위원회에 신청하여야 한다.
③ 공정거래위원회는 제2항에 따른 신청에 대한 심사결과 인증기준에 적합한 경우에는 사업자에게 소비자중심경영인증서를 발급하여야 하며, 부적합한 경우에는 지체 없이 그 사유를 명시하여 알려야 한다.
④ 공정거래위원회는 제3항에 따라 인증을 하는 경우 공정거래위원회가 정하여 고시하는 바에 따라 등급을 구분하여 인증을 할 수 있다.
(2018.4.30 본조신설)

제11조의3【인증표시의 사용】 ① 인증을 받은 사업자는 법 제20조의2제3항에 따라 제품의 포장·용기, 홍보물, 문서 등에 인증의 표시를 할 수 있다.
② 제1항에 따라 인증의 표시를 하는 경우에는 소비자가 알아보기 쉽도록 인쇄하거나 각인하는 등의 방법으로 표시하여야 한다.
③ 제1항 및 제2항에서 규정하는 사항 외에 인증의 도안, 규격 등 표시방법에 대한 사항은 공정거래위원회가 정하여 고시한다.
(2018.4.30 본조신설)

제11조의4【포상 또는 지원 등】 ① 공정거래위원회는 법 제20조의2제5항에 따라 포상 또는 지원 등을 하는 경우 인증의 등급에 따라 그 내용을 달리 정할 수 있다.
② 포상 또는 지원 등의 요건, 절차, 심사방법 등에 대한 사항은 공정거래위원회가 정하여 고시한다.
(2018.4.30 본조신설)

제11조의5【인증심사비용】 ① 법 제20조의2제6항에 따른 인증심사비용은 인증을 신청하는 사업자가 부담한다. 다만, 「중소기업기본법」 제2조에 따른 중소기업 등에 대해서는 비용을 감면할 수 있다.
② 제1항에 따른 인증심사비용, 감면대상 및 감면비율 등은 공정거래위원회가 정하여 고시한다.
(2018.4.30 본조신설)

제11조의6【소비자중심경영인증기관의 지정】 ① 공정거래위원회는 법 제20조의3제1항에 따라 다음 각 호의 어느 하나에 해당하는 기관 중에서 소비자중심경영인증기관(이하 "인증기관"이라 한다)을 지정할 수 있다.
1. 한국소비자원
2. 다른 법률에 따라 소비자와 관련된 인증·평가업무를 위임·위탁받아 2년 이상 해당 업무를 수행한 법인·단체 또는 기관
② 공정거래위원회는 인증기관을 지정한 경우에는 그 사실을 고시하여야 한다.
③ 공정거래위원회는 인증기관에 대하여 인증업무를 수행하는 데 필요한 경비를 예산의 범위에서 지원할 수 있다.
(2018.4.30 본조신설)

제11조의7【소비자중심경영인증의 취소】 ① 법 제20조의4제1항제3호에서 "대통령령으로 정하는 법률을 위반하여 관계 중앙행정기관으로부터 시정명령 등 대통령령으로 정하는 조치를 받은 경우"란 다음 각 호와 같다.
1. 「방문판매 등에 관한 법률」을 위반하여 공정거래위원회로부터 같은 법 제49조에 따라 시정조치 등을 받거나 같은 법 제51조에 따른 과징금 부과처분을 받은 경우
2. 「전자상거래 등에서의 소비자보호에 관한 법률」을 위반하여 공정거래위원회로부터 같은 법 제32조에 따라 시정조치 등을 받거나 같은 법 제34조에 따른 과징금 부과처분을 받은 경우
3. 「할부거래에 관한 법률」을 위반하여 공정거래위원회 등으로부터 같은 법 제39조에 따라 시정조치를 받거나 같은 법 제40조에 따른 영업정지 등 또는 같은 법 제42조에 따른 과징금 부과처분을 받은 경우
4. 「표시·광고의 공정화에 관한 법률」을 위반하여 공정거래위원회로부터 같은 법 제7조에 따라 시정조치를 받거나 같은 법 제9조에 따른 과징금 부과처분을 받은 경우
5. 「독점규제 및 공정거래에 관한 법률」을 위반하여 공정거래위원회로부터 같은 법 제42조 또는 제49조(같은 법 제46조를 위반한 경우로 한정한다)에 따라 시정조치를 받거나 같은 법 제43조 또는 제50조(같은 법 제46조를 위반한 경우로 한정한다)에 따른 과징금 부과처분을 받은 경우(2021.12.28 본호개정)
② 법 제20조의4제2항에서 "대통령령이 정하는 기간"이란 다음 각 호의 구분에 따른 기간을 말한다.
1. 법 제20조의4제1항제1호에 따라 인증이 취소된 사업자 : 그 인증이 취소된 날부터 3년
2. 법 제20조의4제1항제3호에 따라 인증이 취소된 사업자 : 그 인증이 취소된 날부터 2년
(2018.4.30 본조신설)

제3장 소비자정책의 추진체계

제1절 소비자정책의 수립

제12조【기본계획의 수립과 변경】 ① 공정거래위원회는 법 제21조제1항에 따라 소비자정책에 관한 기본계획(이하 "기본계획"이라 한다)을 수립하려는 때에는 관계 중앙행정기관의 장 및 시·도지사에게 기본계획에 반영되어야 할 정책과 사업에 관한 자료의 제출을 요청할 수 있다. 이 경우 관계 중앙행정기관의 장 및 시·도지사는 특별한 사유가 없으면 요청에 따라야 한다.(2008.2.29 전단개정)
② 공정거래위원회는 제1항에 따라 제출받은 정책과 사업에 관한 자료를 기초로 총괄·조정하여 기본계획안을 작성하며, 제출된 정책과 사업 외에 기본계획에 포함되는 것이 타당하다고 인정되는 사항은 관계 중앙행정기관의 장 및 시·도지사와 협의하여 기본계획안에 반영할 수 있다.(2008.2.29 본항개정)
③ 제2항에 따라 작성된 기본계획안은 제14조의 소비자정책위원회의 심의·의결을 거쳐 기본계획으로 확정한다.
④ 공정거래위원회는 기본계획이 확정되면 지체 없이 관계 중앙행정기관의 장 및 시·도지사에게 통보하여야 한다.(2008.2.29 본항개정)
⑤ 확정된 기본계획의 변경에 관하여는 제1항부터 제4항까지의 규정을 준용한다.

제13조【시행계획의 수립 및 추진실적 평가】 ① 관계 중앙행정기관의 장 및 시·도지사는 법 제22조제1항에 따른 중앙행정기관별시행계획(이하 "중앙행정기관별시행계획"이라 한다)이나 같은 조 제2항에 따른 시·도별시행계획(이하 "시·도별시행계획"이라 한다)을 수립·시행하기 위하여 필요한 경우에는 관계 행정기관 및 공공기관이나 단체의 장에게 협조를 요청할 수 있다.
② 관계 중앙행정기관의 장 및 시·도지사는 지난해의 중앙행정기관별시행계획이나 시·도별시행계획의 추진실적을 평가한 후 그 결과를 매년 1월 31일까지 공정거래위원회에 제출하여야 한다.(2008.2.29 본항개정)
③ 공정거래위원회는 제2항에 따라 제출받은 추진실적 결과를 종합하여 기본계획의 성과를 정기적으로 평가한 후 그 결과를 기본계획의 수립·변경에 반영하여야 한다.(2008.2.29 본항개정)

제2절 소비자정책위원회

제14조【정책위원회의 구성】 ① 법 제23조에 따른 소비자정책위원회(이하 "정책위원회"라 한다)의 위원이 되는 관계 중앙행정기관의 장은 기획재정부장관·행정안전부장관·농림축산식품부장관·산업통상자원부장관·보건복지부장관·환경부장관·국토교통부장관 및 공정거래위원회위원장으로 한다.(2018.4.30 본항개정)
② 법 제24조제3항제2호에서 "대통령령이 정하는 경제단체"란 다음 각 호의 단체를 말한다.
1. 「상공회의소법」에 따른 대한상공회의소
2. 「중소기업협동조합법」에 따른 중소기업중앙회
3. 사업자 등을 회원으로 하여 「민법」에 따라 설립된 사단법인으로서 정관에 따라 기업경영의 합리화 또는 건전한 기업문화 조성에 관한 사업을 수행하는 법인 중 공정거래위원회가 정하여 고시하는 법인(2008.2.29 본호개정)

제15조【위원장의 직무】 ① 정책위원회의 위원장은 각자 정책위원회를 대표하고, 위원회의 업무를 총괄한다.
② 정책위원회의 위원장 모두가 부득이한 사유로 직무를 수행할 수 없는 경우에는 제14조제1항에 규정된 순서에 따라 정책위원회의 위원이 그 직무를 대행한다.

제16조【정책위원회의 회의】 ① 정책위원회의 회의는 재적위원 과반수의 출석으로 열고, 출석위원 과반수의 찬성으로 의결한다.
② 정책위원회의 위원장은 필요하다고 인정하는 경우 위원이 아닌 사람을 회의에 참석하여 발언하게 하거나 배석하게 할 수 있다.(2018.4.30 본항신설)

제17조【실무위원회의 조직과 운영】 ① 법 제25조제6항에 따라 정책위원회에 올릴 안건을 미리 검토·조정하고, 정책위원회의 운영을 지원하기 위하여 실무위원회를 둔다.(2018.4.30 본항개정)
② 제1항에 따른 실무위원회는 위원장 1명을 포함한 20명 이내의 위원으로 구성한다.
③ 실무위원회의 위원장은 공정거래위원회위원장이 되고 실무위원회의 위원은 다음 각 호의 사람이 된다.
1. 제14조제1항에 따른 관계 중앙행정기관 및 법 제25조제1항에 따른 정책위원회의 심의·의결 사항과 관계되는 중앙행정기관의 차관·차장(복수차관 또는 차장이 있는 기관은 해당 기관의 장이 지명하는 차관 또는 차장을 말한다) 또는 이에 상당하는 공무원 중 소속 기관의 장이 지명하는 사람 각 1명
2. 한국소비자원의 원장
(2018.4.30 본항개정)

제18조【전문위원회의 조직과 운영】 ① 법 제25조제6항에 따라 정책위원회에 올릴 안건 중 전문성이 요구되는 사안에 대한 연구·검토를 수행하도록 하기 위하여 분야별 전문위원회를 둔다.
② 제1항에 따른 각각의 전문위원회는 위원장 1명을 포함한 15명 이내의 전문위원으로 구성한다.
③ 전문위원회의 위원장은 법 제24조제3항에 따라 위촉하는 위원 중에서 국무총리인 정책위원회 위원장이 다른 정책위원회 위원장과 협의하여 임명하거나 위촉하고, 전문위원회의 위원은 다음 각 호의 사람이 된다.
1. 제14조제1항에 따른 관계 중앙행정기관 및 법 제25조제1항에 따른 정책위원회의 심의·의결 사항과 관계되는 중앙행정기관에 소속된 고위공무원단에 속하는 일반직 공무원 또는 이에 상당하는 공무원 중 소속 기관의 장이 지명하는 사람 각 1명
2. 한국소비자원의 원장이 지명하는 한국소비자원의 임원 1명
3. 해당 분야에 관하여 학식과 경험이 풍부한 사람 중에서 국무총리인 정책위원회의 위원장이 위촉하는 사람
(2018.4.30 본조개정)

제18조의2【위해의 범위】 법 제25조의2제1항제1호에서 "대통령령으로 정하는 위해"란 다음 각 호의 어느 하나에 해당하는 경우를 말한다.
1. 사업자가 제공하는 물품등으로 인한 소비자의 사망
2. 불특정 다수의 소비자에게 발생한 「의료법」 제3조제2항에 따른 의료기관에서 3주 이상의 치료가 필요한 골절·질식·화상·감전 등 신체적 부상이나 질병
3. 그 밖에 중대한 위해로서 복수의 중앙행정기관이 종합대책을 수립하여 대응할 필요가 있다고 정책위원회의 위원장이 판단한 위해
(2018.4.30 본조신설)

제18조의3【긴급회의의 구성 및 운영 등】 ① 국무총리인 정책위원회의 위원장은 긴급회의의 의장이 된다.
② 정책위원회의 위원장은 법 제25조의2제1항에 따라 긴급회의를 소집하려는 경우에는 긴급회의 개최일 전에 회의의 일시·장소 및 안건을 종합적인 대책의 수립과 관계된다고 인정하는 중앙행정기관의 장에게 통보하여야 한다. 다만, 긴급한 사유가 있는 경우에는 그러하지 아니하다.
③ 제2항에 따른 긴급회의의 참석 대상인 중앙행정기관의 장은 관련 대책의 수립에 즉시 착수하는 등 종합대책의 수립에 적극 협력하여야 한다.
④ 중앙행정기관의 장은 긴급회의에서 종합대책이 마련된 경우 다음 각 호의 사항을 포함한 세부계획을 즉시 수립한 후 정책위원회에 보고하여야 한다.
1. 해당 물품등의 종류
2. 해당 물품등이 인체에 미치는 위해의 종류 및 정도
3. 법 제50조에 따른 제조·수입·판매 또는 제공의 금지가 필요한 경우 이에 관한 사항
4. 소비자에 대한 긴급대응요령 등의 교육·홍보에 관한 사항
5. 다른 행정기관의 장의 협조가 필요한 경우 이에 관한 사항
6. 그 밖에 물품등의 위해방지 및 확산을 막기 위하여 필요한 사항
⑤ 정책위원회는 중앙행정기관의 장이 보고한 세부계획의 보완을 요구할 수 있다. 이 경우 해당 중앙행정기관의 장은 즉시 보완하여야 한다.
⑥ 중앙행정기관의 장은 수립한 세부계획을 즉시 이행하고 이행상황 및 결과를 정책위원회에 보고하여야 한다.
⑦ 정책위원회는 종합대책 시행에 필요한 세부계획의 이행상황을 점검하고 그 결과를 공표할 수 있다.
⑧ 정책위원회의 위원장은 종합대책의 수립을 위하여 필요한 경우 관련 사업자, 지방자치단체 및 공공기관의 장이나 소속 공무원·임직원, 관련 전문가를 긴급회의에 참석하게 하여 의견을 듣거나 필요한 자료 또는 의견의 제출 등을 요청할 수 있다.
⑨ 긴급회의에 출석한 사람에게 예산의 범위에서 수당과 여비를 지급할 수 있다. 다만, 공무원이 그 소관업무와 직접 관련되어 출석한 경우에는 그러하지 아니하다.
(2018.4.30 본조신설)

제19조【정책위원회 등의 운영세칙】 이 영에서 규정한 사항 외에 정책위원회·실무위원회·전문위원회 및 긴급회의의 운영 등에 필요한 사항은 정책위원회의 의결을 거쳐 위원장이 정한다.(2018.4.30 본조개정)

제20조【지방소비자정책위원회 설치】 ① 시·도지사는 특별시·광역시·도 또는 특별자치도(이하 "시·도"라 한다)의 소비자권익증진시책 수립 및 시행에 필요한 사항을 심의하기 위하여 지방소비자정책위원회를 둘 수 있다.(2015.8.11 본항개정)
② 제1항에 따른 지방소비자정책위원회의 조직과 운영에 필요한 사항은 해당 지방자치단체의 조례로 정한다.

제3절 국제협력

제21조【국제협력】 ① 공정거래위원회는 법 제27조제2항에 따라 국제협력창구 또는 협의체를 구성하는 경우에는 정책위원회의 심의·의결을 거쳐야 한다.
② 공정거래위원회는 제1항에 따라 구성된 국제협력창구 또는 협의체의 운영비용을 예산의 범위 안에서 지원할 수 있다.
(2008.2.29 본조개정)

제4장 소비자단체

제22조【시험·검사기관의 지정 등】 ① 법 제28조제2항 단서에 따른 전문적인 인력과 설비를 필요로 하는 시험·검사는 다음 각 호의 분야에 관한 시험·검사로서 물품등의 품질·성능·성분 및 안전성에 관하여 비교평가나 종합평가가 필요한 시험·검사를 말한다.
1. 역학시험(力學試驗)
2. 화학시험
3. 전기시험
4. 열 및 온도시험
5. 비파괴시험
6. 음향 및 진동시험
7. 광학 및 광도시험
8. 의학시험
9. 생물학적 시험
② 법 제28조제2항 단서에서 "대통령령이 정하는 시험·검사기관"이란 다음 각 호의 어느 하나에 해당하는 시험·검사기관을 말한다.
1. 국공립검사기관
2. 한국소비자원
3. 「국가표준기본법 시행령」 제16조에 따라 관련 중앙행정기관의 장이 시험·검사를 행할 능력이 있다고 인정하는 시험·검사기관
4. 그 밖에 중앙행정기관의 장이 관계 법령에 따라 지정한 시험·검사기관
③ 소비자단체는 제2항에 따른 시험·검사기관의 시험·검사 결과를 법 제28조제2항에 따라 공표하는 경우에는 공표 예정일 7일 전까지 해당 사업자의 의견을 들어야 한다.

제23조【소비자단체의 등록】 ① 법 제29조제1항제3호에서 "대통령령이 정하는 설비와 인력"이란 다음 각 호의 설비와 인력을 말한다.
1. 법 제28조제1항 각 호의 업무를 처리할 수 있는 전산장비와 사무실
2. 법 제28조제1항 각 호의 업무를 수행할 수 있는 상근인력 5명 이상
② 법 제29조제1항에 따라 다음 각 호의 어느 하나에 해당하는 소비자단체는 공정거래위원회에 등록할 수 있고, 그 밖의 소비자단체는 주된 사무소가 위치한 시·도에 등록할 수 있다.
1. 전국적 규모의 소비자단체로 구성된 협의체
2. 3개 이상의 시·도에 지부를 설치하고 있는 소비자단체
③ 법 제29조제1항에 따라 등록하려는 소비자단체는 별지 제1호서식의 등록신청서에 다음 각 호의 서류를 첨부하여 공정거래위원회 또는 시·도지사에게 제출하여야 한다.
1. 정관(법인이 아닌 단체의 경우에는 회칙을 말한다)
2. 해당 연도 및 전년도의 총회회의록
3. 해당 연도 및 전년도의 사업계획·수지예산서, 전년도의 결산서
4. 제1항 각 호의 설비 및 인력 현황
5. 지부 현황(지부를 설치하는 경우만 해당한다)
6. 회원명부
7. 최근 1년 이상의 공익활동실적을 증명할 수 있는 서류
(2015.8.11 본항개정)
④ 공정거래위원회 또는 시·도지사는 제3항에 따라 등록신청서를 제출받은 경우에는 그 내용을 검토하여 그 등록신청서를 접수한 날부터 20일 이내에 소비자단체의 등록 여부를 결정하고, 그 결과와 이유를 지체 없이 등록을 신청한 소비자단체에 알려야 한다.(2015.8.11 본항개정)
⑤ 공정거래위원회 또는 시·도지사는 제4항에 따라 소비자단체의 등록을 결정한 경우에는 등록을 신청한 소비자단체에 별지 제2호서식의 등록증을 교부하여야 하며, 별지 제3호서식의 등록대장에 이를 기재하여야 한다.
(2015.8.11 본항신설)
⑥ 법 제29조제1항에 따라 등록한 소비자단체는 다음 각 호의 사항이 변경된 경우에는 변경된 날부터 20일 이내에 공정거래위원회 또는 시·도지사에게 통보하여야 한다.
1. 명칭
2. 주된 사무소의 소재지
3. 대표자 성명
4. 주된 사업내용
(2015.8.11 본항개정)

제24조【자율적 분쟁조정】 ① 소비자와 사업자 간에 발생한 분쟁에 대하여 공정거래위원회 또는 시·도에 등록된 소비자단체가 법 제28조제1항제5호에 따라 합의를 권고하였음에도 불구하고 합의가 이루어지지 아니하면 소비자와 사업자는 법 제31조제1항에 따라 소비자단체의 협의체(제23조제2항제1호에 따라 공정거래위원회에 등록된 협의체를 말하며, 이하 "소비자단체협의체"라 한다)에 자율적 분쟁조정을 신청할 수 있다.
② 소비자와 사업자 간에 발생한 분쟁에 대하여 공정거래위원회 또는 시·도에 등록된 소비자단체가 법 제28조제1항제5호에 따라 합의를 권고하였음에도 불구하고 합의가 이루어지지 아니하면 소비자단체는 법 제31조제1항에 따라 소비자를 대리하여 소비자단체협의체에 자율적 분쟁조정을 신청할 수 있다.
③ 소비자단체협의체는 법 제31조제1항에 따라 자율적 분쟁조정을 하는 경우에는 조정위원회(이하 "자율적 분쟁조정위원회"라 한다)의 구성 및 조정서의 작성 등에서 공공성과 중립성이 유지되도록 하여야 한다.
④ 자율적 분쟁조정위원회는 위원장 1명을 포함한 40명 이내의 위원으로 구성하되, 자율적 분쟁조정위원회의 위원장·위원의 요건과 회의의 구성 등에 관한 사항은 소비자단체협의체가 정한다.
⑤ 자율적 분쟁조정위원회는 제1항이나 제2항에 따라 자율적 분쟁조정을 신청받은 경우 그 분쟁조정을 위하여 필요하다고 인정되면 분쟁당사자나 소비자를 대리하여 신청한 소비자단체에 증거서류 등 관련 자료의 제출을 요청할 수 있다.
⑥ 자율적 분쟁조정위원회는 제1항이나 제2항에 따른 분쟁조정의 신청을 받은 날부터 30일 이내에 그 분쟁조정을 마쳐야 한다. 다만, 부득이한 사정으로 그 기간 내에 분쟁조정을 마칠 수 없으면 그 사유와 기한을 구체적으로 밝혀 당사자나 그 대리인에게 알려야 한다.
⑦ 이 영에서 규정한 사항 외에 자율적 분쟁조정위원회의 운영 및 조정절차에 필요한 사항은 자율적 분쟁조정위원회의 의결을 거쳐 위원장이 정한다.

제25조【다른 법률에 따른 분쟁조정기구】 법 제31조제1항 단서에서 "대통령령이 정하는 기구"란 다음 각 호의 기구를 말한다.
1. 「금융소비자 보호에 관한 법률」 제33조에 따라 설치된 금융분쟁조정위원회(2021.3.23 본호개정)
2. 「의료사고 피해구제 및 의료분쟁 조정 등에 관한 법률」 제6조에 따라 설립된 한국의료분쟁조정중재원
(2015.8.11 본호개정)
3. 「환경분쟁 조정법」 제4조에 따라 설치된 환경분쟁조정위원회(2015.8.11 본호개정)
4. 「저작권법」 제112조에 따른 한국저작권위원회
(2009.7.22 본호개정)
5. (2009.7.22 삭제)
6. (2015.8.11 삭제)
7. 「개인정보 보호법」 제40조에 따라 설치된 개인정보 분쟁조정위원회(2011.9.29 본호개정)
8. 「전기사업법」 제53조에 따라 설치된 전기위원회
9. 「우체국예금·보험에 관한 법률」 제51조제1항에 따라 설치된 우체국예금·보험분쟁조정위원회(2023.9.12 본호개정)
10. 그 밖에 다른 법령에 따라 설치된 분쟁조정기구로서 공정거래위원회가 필요하다고 인정하여 지정·고시하는 분쟁조정기구

제25조의2【보조금의 범위】 국가 또는 지방자치단체가 법 제32조에 따라 등록소비자단체에 지급할 수 있는 보조금은 등록소비자단체의 사업 및 운영에 필요한 경비로 한다.(2015.8.11 본조신설)

제5장 한국소비자원

제26조【지부 설치의 승인신청】 한국소비자원은 법 제33조제3항에 따라 지부의 설치에 관한 승인을 받으려면 다음 각 호의 사항을 적은 신청서를 공정거래위원회에 제출하여야 한다.
1. 지부의 명칭
2. 지부의 소재지
3. 설치예정 연월일
4. 설치 이유
5. 지부의 조직
6. 그 밖에 지부의 설치에 필요한 사항

제27조【위원회 등의 설치】 ① 한국소비자원의 원장은 법 제35조제1항제7호의 업무를 효율적으로 수행하기 위하여 필요하면 한국소비자원에 관계 행정기관 및 관련 단체의 전문가 등으로 구성되는 위원회를 둘 수 있다.
② 제1항에 따른 위원회의 구성과 운영에 필요한 사항은 한국소비자원의 원장이 정한다.

제28조【한국소비자원의 불만처리 및 피해구제 제외대상】 법 제35조제2항제2호에서 "대통령령이 정하는 피해구제"란 다음 각 호의 어느 하나에 해당하는 것을 말한다.
1. 다른 법률에 따라 제45조제1항의 소비자분쟁조정위원회에 준하는 분쟁조정기구가 설치되어 있는 경우 그 분쟁조정기구에 피해구제가 신청되어 있거나 이미 그 피해구제절차를 거친 사항과 동일한 내용의 피해구제
2. 소비자가 한국소비자원에 피해구제를 신청한 후 이와 동일한 내용으로 제1호에 따른 분쟁조정기구에 피해구제를 신청한 경우 그 피해구제

제29조【시험·검사의 의뢰】 ① 법 제36조제1항에 따라 시험·검사를 의뢰받은 국공립검사기관은 특별한 사유가 있는 경우가 아니면 의뢰받은 날부터 15일 이내에 시험·검사의 결과를 한국소비자원에 통보하여야 한다. 이 경우 15일 이내에 그 결과를 통보할 수 없는 부득이한 사유가 있으면 그 사유와 통보기한을 정하여 한국소비자원에 알려야 한다.
② 제1항에 따른 시험·검사에 드는 비용은 한국소비자원이 부담한다.

제30조【상임이사】 ① 법 제38조제2항에서 "대통령령이 정하는 이사"란 한국소비자원의 원장이 임명한 자를 말한다.(2018.4.30 본항개정)
② 제1항의 상임이사는 1명으로 한다.

제31조【사업계획서 등의 제출】 한국소비자원은 법 제42조제2항에 따라 매년 12월 10일까지 다음 연도의 업무계획서와 예산서를 공정거래위원회에 제출하여야 한다.

제32조【결산보고】 한국소비자원은 법 제42조제2항에 따라 해당 연도의 결산보고서와 감사의견서에 다음 각 호의 서류를 첨부하여 다음 해 3월 31일까지 공정거래위원회에 제출해야 한다.(2021.1.5 본문개정)
1. 해당 연도의 재무상태표 및 수지계산서(2021.1.5 본호개정)
2. 해당 연도의 사업계획서와 그 집행실적의 대비표
3. 공인회계사의 의견서
4. 그 밖의 참고서류

제33조【벌칙 적용 시의 공무원 의제】 법 제43조에서 "대통령령이 정하는 직원"이란 법 제35조제1항제2호·제5호 및 법 제52조제1항·제2항의 업무에 종사하는 직원을 말한다.

제6장 소비자안전

제34조【중대한 결함의 범위 등】 ① 법 제47조제1항에 따라 사업자가 보고하여야 하는 중대한 결함의 범위는 다음 각 호와 같다.
1. 물품등의 제조·설계·표시·유통 또는 제공에 있어서 통상적으로 기대할 수 있는 안전성이 결여된 결함으로서 소비자에게 다음 각 목의 위험을 야기하거나 야기할 우려가 있는 결함
 가. 사망
 나. 「의료법」 제3조제2항에 따른 의료기관에서 3주 이상의 치료가 필요한 골절·질식·화상·감전 등 신체적 부상이나 질병
 다. 2명 이상의 식중독
2. 물품등이 관계 법령이 정하는 안전기준을 위반한 결함
② 국공립검사기관 또는 한국소비자원은 법 제47조제2항에 따라 시험·검사의 의뢰를 받으면 의뢰를 받은 날부터 1개월 이내에 시험·검사의 결과를 의뢰인에게 통보하여야 한다. 이 경우 1월 이내에 그 결과를 통보할 수 없는 부득이한 사유가 있으면 그 사유와 통보기한을 정하여 의뢰인에게 알려야 한다.
③ 법 제47조제3항제3호에서 "대통령령이 정하는 대규모점포를 설치하여 운영하는 자"란 「유통산업발전법」 제2조제3호에 따른 대규모점포의 종류 중 대형마트·전문점·백화점·쇼핑센터·복합쇼핑몰 또는 그 밖의 대규모점포(이하 "대형마트등"이라 한다)를 설치하여 운영하는 자(이하 "유통사업자"라 한다)를 말한다.
(2015.8.11 본항개정)

제35조【결함정보의 보고기한 및 보고절차 등】 ① 사업자는 자신이 제공한 물품등에 중대한 결함이 있다는 사실을 알게 되면 그 날부터 5일 이내에 법 제47조에 따라 다음 각 호의 사항을 적어 서면(「전자문서 및 전자거래 기본법」 제2조제1호에 따른 전자문서를 포함한다. 이하 같다)으로 소관 중앙행정기관의 장에게 그 결함사실을 보고하여야 한다. 다만, 물품등의 중대한 결함으로 인하여 소비자의 생명·신체 및 재산상의 안전에 긴급한 위해를 끼치거나 끼칠 우려가 있다고 판단되면 지체 없이 구술로 그 결함사실을 보고하여야 한다.(2012.8.31 본문개정)
1. 사업자의 이름(상호나 그 밖의 명칭을 포함한다. 이하 같다)·주소 및 연락처
2. 물품등의 명칭과 제조연월일 또는 공급연월일
3. 중대한 결함 및 위해의 내용
4. 중대한 결함사실을 알게 된 시점과 경로
5. 소비자의 피해가 실제로 발생한 경우에는 피해를 입은 소비자의 인적사항
② 사업자는 제1항 각 호 외의 부분 단서에 따라 구술보고를 하는 경우에는 제1항제4호 및 제5호의 사항에 관한 보고를 생략할 수 있으며, 구술보고를 한 경우에는 24시간 이내에 제1항 각 호 외의 부분 본문에 따라 서면으로 보고하여야 한다.
③ 유통사업자가 물품등의 중대한 결함사실을 알기 전에 법 제47조제3항제1호 또는 제2호의 사업자가 제1항에 따라 그 결함사실을 보고한 경우 그 유통사업자는 제1항에 따른 보고를 하지 아니할 수 있다.
④ 제1항에 따라 보고를 받은 중앙행정기관의 장은 그 물품등의 결함 여부가 확인될 때까지는 해당 결함보고사실을 공개하여서는 아니 된다.

제36조【물품등의 자진시정조치 절차】 사업자는 법 제48조에 따라 물품등의 수거·파기·수리·교환·환급 또는 제조·수입·판매·제공의 금지나 그 밖에 필요한 조치(이하 "자진시정조치"라 한다)를 하려는 경우에는 다음 각 호의 사항이 포함된 시정계획서를 소관 중앙행정기관의 장에게 제출하여야 하며, 자진시정조치를 마친 후에는 그 결과를 소관 중앙행정기관의 장에게 보고하여야 한다.
1. 결함이 있는 물품등의 명칭과 제조연월일 또는 공급연월일
2. 결함과 위해의 내용 및 원인
3. 결함이 있는 물품등으로 인하여 발생하는 위험과 주의사항
4. 자진시정조치의 방법과 기간
5. 소비자 또는 판매자 등에게 자진시정조치계획을 알리기 위한 방법

제37조【수거·파기 등의 권고】 ① 중앙행정기관의 장은 법 제49조제1항에 따라 물품등의 수거·파기·수리·교환·환급 또는 제조·수입·판매·제공의 금지나 그 밖에 필요한 조치의 권고(이하 "시정권고"라 한다)를 할 때 법 제52조제1항에 따른 위해정보(이하 "위해정보"라 한다)가 필요하다고 인정되면 법 제51조제1항에 따른 소비자안전센터(이하 "소비자안전센터"라 한다)에 위해정보의 제출을 요청할 수 있다. 이 경우 소비자안전센터는 특별한 사유가 없으면 요청에 따라야 한다.
② 중앙행정기관의 장은 시정권고를 하려는 경우에는 다음 각 호의 사항을 적은 서면으로 하여야 한다.
1. 시정권고의 대상이 되는 사업자의 이름
2. 시정권고의 대상이 되는 물품등의 명칭과 제조연월일 또는 공급연월일
3. 결함과 위해의 내용
4. 시정권고의 내용
5. 시정권고 수락 여부의 통지기한
6. 시정권고를 수락하지 아니하는 경우의 조치계획
③ 제2항에 따라 시정권고를 받은 사업자는 7일 이내에 소관 중앙행정기관의 장에게 다음 각 호의 사항을 적어 서면으로 시정권고의 수락 여부를 통지하여야 한다.
1. 사업자의 이름·주소 및 연락처
2. 물품등의 명칭
3. 시정권고의 수락 여부
4. 시정권고를 수락하는 경우에는 조치계획
5. 시정권고의 수락을 거부하는 경우에는 그 사유
④ 중앙행정기관의 장은 제2항에 따라 시정권고를 받은 사업자가 정당한 사유 없이 시정권고를 따르지 아니하면 법 제49조제4항에 따라 다음 각 호의 사항을 신문·방송 등을 통하여 공표할 수 있다. 다만, 사업자가 자신이 제공한 물품등의 안전성에 대하여 객관적 자료를 제시한 경우에는 공표하여서는 아니 된다.
1. 사업자의 이름
2. 시정권고의 대상이 되는 물품등의 명칭
3. 시정권고의 내용과 사업자의 시정권고 수락거부사유
4. 사업자의 시정권고 수락거부사유에 대한 중앙행정기관의 장의 의견
5. 그 밖에 시정권고와 관련된 사항

제38조【위해물품등의 시정명령 등】 ① 중앙행정기관의 장은 법 제50조제1항에 따라 사업자에게 다음 각 호의 어느 하나에 해당하는 조치(이하 "시정조치"라 한다)를 명할 때 위해정보가 필요하다고 인정되면 소비자안전센터에 위해정보의 제출을 요청할 수 있다. 이 경우 소비자안전센터는 특별한 사유가 없으면 요청에 따라야 한다.
1. 물품등의 수거·파기·수리·교환 또는 환급
2. 물품등의 제조·수입·판매 또는 제공의 금지
3. 물품등과 관련된 시설의 개수나 그 밖에 필요한 조치
② 중앙행정기관의 장은 법 제50조제1항에 따라 시정조치를 명할 때에는 그 사유와 의무사항 및 이행에 필요한 상당한 기간을 정하여 서면으로 알려야 한다.
③ 제2항에 따라 시정명령을 받은 사업자는 7일 이내에 다음 각 호의 사항이 포함된 시정계획서를 소관 중앙행정기관의 장에게 제출하고 시정조치를 하여야 한다. 이 경우 소관 중앙행정기관의 장은 소비자의 안전에 긴급하고 현저한 위해를 끼칠 우려가 있는 경우에는 시정계획서의 제출기한을 단축할 수 있다.
1. 결함이 있는 물품등의 명칭과 제조연월일 또는 공급연월일
2. 결함과 위해의 내용 및 원인
3. 결함이 있는 물품등으로 인하여 발생하는 위험과 주의사항
4. 시정조치의 이행방법과 이행기간
5. 소비자 또는 판매자 등에게 시정조치계획을 알리기 위한 다음 각 목의 방법
 가. 소비자의 주소를 알고 있는 경우 : 등기우편에 의한 방법
 나. 소비자의 주소를 모르거나 다수의 소비자 또는 판매자 등에게 시정조치계획을 신속하게 알릴 필요가 있는 경우 : 방송이나 신문에 광고하는 방법 및 대형마트등이나 물품등의 판매·제공장소에 안내문을 게시하는 방법
④ 중앙행정기관의 장은 제3항에 따라 제출받은 시정계획서가 소비자의 생명·신체 또는 재산에 끼치거나 끼칠 우려가 있는 위해를 제거하는 데 미흡하다고 인정되면 그 시정계획서의 보완을 요구할 수 있다.
⑤ 제3항에 따라 시정계획서를 제출한 사업자가 같은 항 제5호에 따라 소비자에게 시정조치계획을 알리는 경우에는 다음 각 호의 사항이 포함되도록 하여야 한다.
1. 제3항제1호부터 제4호까지에 규정된 사항
2. 사업자의 이름·주소 및 연락처
⑥ 제3항에 따라 시정계획서를 제출한 사업자는 지체 없이 시정조치를 이행하여야 하며, 시정조치를 마치면 다음 각 호의 사항을 적어 서면으로 시정조치의 결과를 소관 중앙행정기관의 장에게 보고하여야 한다.
1. 시정조치의 내용과 실적
2. 시정조치를 이행하지 못한 물품등에 대한 조치계획
3. 위해의 재발 방지를 위한 대책
⑦ 중앙행정기관의 장은 사업자가 시정계획서상의 시정조치기간 이내에 그 물품등을 수거하여 파기하지 아니하면 소속 공무원에게 이를 수거하여 파기하게 할 수 있다. 이 경우 사업자 외의 자가 소유하거나 점유하는 물품등은 수거·파기 대상에서 제외할 수 있다.
⑧ 중앙행정기관 소속 공무원은 제7항에 따라 물품등을 수거하여 파기할 때에는 사업자를 참여시켜야 하며, 사업자가 이에 따르지 아니하거나 상당한 기간 사업자의 소재를 알 수 없는 경우에는 제7항에 따른 공무원 외에 관계 공무원을 1명 이상 참여시켜야 한다.
⑨ 제7항에 따른 수거·파기에 드는 비용은 사업자가 부담한다. 다만, 사업자의 파산 등으로 사업자가 비용을 부담할 수 없으면 그 물품등을 수거·파기하는 중앙행정기관이 그 비용을 부담할 수 있다.
⑩ 중앙행정기관의 장은 법 제50조제3항에 따라 다음 각 호의 사항을 신문·방송 또는 법 제16조의2에 따른 소비자종합지원시스템 등을 통하여 공표할 수 있다.
1. 제3항제1호부터 제4호까지에서 규정된 사항
2. 사업자의 이름·주소 및 연락처
(2018.4.30 본항신설)

제39조【위해정보 제출기관의 지정·운영 등】 ① 공정거래위원회는 법 제52조제4항에 따라 다음 각 호의 기관을 위해정보 제출기관으로 지정·운영할 수 있다.
(2008.2.29 본문개정)
1. 경찰서·소방서·보건소 등 위해정보수집이 가능한 행정관서
2. 법 제29조에 따라 등록한 소비자단체
3. 「의료법」 제3조제2항제3호가목 및 마목에 따른 병원 및 종합병원(2015.8.11 본호개정)
4. 「초·중등교육법」 제2조에 따른 초등학교·중학교·고등학교 중 보건실을 운영하고 있는 학교
5. 그 밖에 위해정보의 수집이 가능한 기관이나 단체
② 제1항에 따라 위해정보 제출기관으로 지정된 기관은 업무상 위해정보를 취득한 경우에는 다음 각 호의 사항을 적은 서면을 소비자안전센터에 제출하여야 한다.
1. 위해정보 제출기관의 명칭
2. 위해 발생일
3. 위해를 입은 소비자의 인적사항
4. 위해내용과 위해부위
5. 위해 발생 경위
6. 위해 관련 물품등의 명칭과 사업자의 이름 및 연락처
7. 위해의 발생장소
8. 그 밖에 사진·물품 등 위해정보의 분석·평가를 위한 참고자료
③ 소비자안전센터는 제2항에 따라 제출받은 위해정보의 내용 보완이 필요하다고 인정되면 위해정보 제출기관에 그 보완을 요구할 수 있다.
④ 위해정보 제출기관은 위해정보를 제출한 후 그 내용을 변경하려는 경우에는 그 내용과 사유를 소비자안전센터에 제출하여야 한다.
⑤ 소비자안전센터는 위해정보 제출기관으로부터 제출받은 위해정보를 분기별로 해당 물품등의 소관 중앙행정기관의 장에게 보고하여야 한다. 다만, 긴급한 조치가 필요하다고 인정되면 이를 즉시 보고하여야 한다.
⑥ 이 영에서 규정한 사항 외에 위해정보 제출기관의 지정·운영 및 위해정보의 제출 등에 필요한 세부사항은 공정거래위원회가 정하여 고시한다.(2008.2.29 본항개정)

제40조【수집된 위해정보의 관리】 소비자안전센터는 위해정보 제출기관이 제출한 위해정보를 유형별로 분류하여 3년 이상 보관하여야 한다.

제41조【경비지원】 소비자안전센터는 위해정보 제출기관에 대하여 한국소비자원 예산의 범위 안에서 경비를 지원할 수 있다.

제42조【소비자안전경보의 발령 등을 위한 평가】 ① 한국소비자원의 원장은 법 제52조제2항제1호에 따른 소비자안전경보의 발령이나 같은 항 제2호에 따른 물품등의 안전성에 관한 사실을 공표하려면 소비자안전센터의 소장으로 하여금 해당 물품등에 대하여 위해정보의 발생빈도, 소비자의 위해정도, 그 밖에 한국소비자원의 원장이 정하는 평가요소에 대한 평가를 실시하게 할 수 있다.
② 제1항에 따른 평가를 효율적으로 수행하기 위하여 소비자안전센터에 위해정보평가위원회를 둔다.
③ 소비자안전센터의 소장은 제1항에 따른 평가를 하는 경우에는 제2항에 따른 위해정보평가위원회의 심의를 거쳐야 한다.
④ 제2항에 따른 위해정보평가위원회의 구성과 운영에 필요한 사항은 공정거래위원회의 승인을 받아 한국소비자원의 원장이 정한다.

제7장 소비자분쟁의 해결

제43조【피해구제의 청구 등】 ① 법 제55조제1항부터 제3항까지의 규정에 따른 피해구제의 신청이나 의뢰는 서면으로 하여야 한다. 다만, 긴급을 요하거나 부득이한 사유가 있는 경우에는 구술이나 전화 등으로 할 수 있다.
② 한국소비자원은 법 제55조제1항부터 제3항까지의 규정에 따른 피해구제의 신청이나 의뢰를 받은 경우에는 지체 없이 그 피해구제의 신청이나 의뢰에 관련된 피해구제신청사건의 당사자와 의뢰인에게 서면으로 그 사실을 통보하여야 한다.

제44조【처리기간의 연장】 법 제58조 단서에서 "대통령령이 정하는 사건"이란 다음 각 호의 사건을 말한다.
1. 의료 관련 사건
2. 보험 관련 사건
3. 농업 및 어업 관련 사건
4. 그 밖에 피해의 원인규명에 시험·검사 또는 조사가 필요한 사건

제45조【조정위원회의 회의】 ① 법 제60조제1항에 따른 소비자분쟁조정위원회(이하 "조정위원회"라 한다)의 위원장(이하 "조정위원장"이라 한다)은 조정위원회의 회의를 소집한다.

② 조정위원장은 회의를 소집하려면 회의의 일시·장소 및 회의에 부치는 사항을 정하여 부득이한 사유가 있는 경우 외에는 회의 시작 3일 전까지 각 위원에게 서면으로 알려야 한다.(2021.1.5 본항개정)
(2011.8.11 본조개정)

제45조의2【분쟁조정회의의 관장사항】 ① 법 제63조의2제1항제1호에서 "대통령령으로 정하는 금액"이란 법 제28조제1항제5호 및 제57조에 따른 합의 권고 금액 200만원을 말한다.
② 법 제28조제1항제5호 및 제57조에 따른 합의 권고의 내용이 물품의 교환인 경우에는 해당 물품에 상당하는 금액을, 권고의 내용이 수리인 경우에는 물품의 수리에 드는 비용에 상당하는 금액을 제1항에 따른 합의 권고 금액으로 본다.
(2011.8.11 본조신설)

제46조【분쟁조정절차의 분리·병합】 ① 조정위원회는 법 제58조 또는 법 제65조제1항에 따라 신청받은 분쟁조정을 효율적으로 하기 위하여 필요하다고 인정하면 분쟁조정절차를 분리하거나 병합할 수 있다.
② 조정위원회는 제1항에 따라 분쟁조정절차를 분리하거나 병합한 때에는 분쟁조정의 신청인 및 분쟁당사자에게 지체 없이 서면으로 그 뜻을 알려야 한다.

제47조【위원의 구성】 한국소비자원의 원장은 법 제61조제2항에 따라 조정위원회의 비상임위원을 제청할 때에는 전국적 규모의 소비자단체 및 사업자단체로부터 추천된 자 중에서 각각 2명 이상이 균등하게 포함되도록 하여야 한다.

제48조【조정위원회 사무국】 ① 조정위원회의 분쟁조정사건에 대한 사실조사, 그 밖의 사무 등을 처리하기 위하여 조정위원회에 사무국을 둔다.
② 사무국에 사무국장 1명을 두며, 사무국장은 한국소비자원의 원장이 한국소비자원의 직원 중에서 임명한다.
(2011.8.11 본조개정)

제49조【시험·검사 또는 조사의 요청】 ① 조정위원회는 분쟁조정을 위하여 필요하면 한국소비자원의 원장에게 시험·검사 또는 조사를 요청할 수 있다.
② 제1항의 요청을 받은 한국소비자원의 원장은 지체 없이 시험·검사 또는 조사를 실시하여 그 결과를 조정위원회에 통보하여야 한다.

제50조【전문위원회의 구성】 ① 법 제61조제6항에 따른 전문위원회(이하 "전문위원회"라 한다)는 분야별로 10명 이내의 위원으로 구성한다.
② 전문위원회의 위원은 해당 분야에 관한 학식과 경험이 풍부한 자 중에서 조정위원장이 위촉한다.

제51조【전문위원회의 소집】 ① 전문위원회의 회의는 조정위원장이 소집한다.
② 조정위원장은 전문위원회의 회의를 소집하려는 경우에는 회의의 일시·장소 및 회의에 부치는 사항을 정하여 부득이한 사유가 있는 경우 외에는 회의 시작 3일 전까지 전문위원에게 서면으로 알려야 한다.(2021.1.5 본항개정)

제52조【조정위원회 등의 운영세칙】 이 영에서 규정한 사항 외에 조정위원회의 운영, 조정절차 및 전문위원회의 구성과 운영에 필요한 사항은 조정위원회의 의결을 거쳐 조정위원장이 정한다.

제53조【자료 등의 제출 요청】 조정위원회는 법 제58조 또는 법 제65조제1항에 따라 분쟁조정을 신청받은 경우에는 그 분쟁조정을 위하여 필요하다고 인정되면 그 신청인이나 분쟁당사자에게 증거서류 등 관련 자료의 제출을 요청할 수 있다.

제54조【조정위원장의 합의권고】 조정위원장은 법 제58조 또는 법 제65조제1항에 따라 분쟁조정을 신청받은 경우에는 분쟁조정 업무의 효율적 수행을 위하여 10일 이내의 기간을 정하여 분쟁당사자에게 보상방법에 대한 합의를 권고할 수 있다.

제55조【수락 여부의 의사표시 등】 ① 법 제67조제2항 전단에 따른 수락 여부의 의사표시는 서면으로 하여야 한다.
② 조정위원회는 법 제67조제2항에 따라 분쟁조정의 내용을 수락하거나 수락한 것으로 보는 경우에는 조정조서를 작성하여 원본을 보관하고, 그 정본(正本)을 분쟁당사자에게 송달하여야 한다.

제56조【집단분쟁조정의 신청대상】 법 제68조제1항에서 "대통령령이 정하는 사건"이란 다음 각 호의 요건을 모두 갖춘 사건을 말한다.
1. 물품등으로 인한 피해가 같거나 비슷한 유형으로 발생한 소비자 중 다음 각 목의 자를 제외한 소비자의 수가 50명 이상일 것
  가. 법 제31조제1항 본문에 따른 자율적 분쟁조정, 법 제57조에 따른 한국소비자원 원장의 권고, 그 밖의 방법으로 사업자와 분쟁해결이나 피해보상에 관한 합의가 이루어진 소비자
  나. 제25조 각 호의 분쟁조정기구에서 분쟁조정이 진행 중인 소비자
  다. 해당 물품등으로 인한 피해에 관하여 법원에 소(訴)를 제기한 소비자
2. 사건의 중요한 쟁점이 사실상 또는 법률상 공통될 것

제57조【집단분쟁조정의 신청 등】 ① 법 제68조제1항에 따른 일괄적인 분쟁조정(이하 "집단분쟁조정"이라 한다)의 의뢰나 신청은 서면으로 하여야 한다.
② 집단분쟁조정 절차의 분리·병합에 관하여는 제46조를 준용한다.

제58조【집단분쟁조정 절차의 개시】 ① 법 제68조제2항 후단에서 "대통령령이 정하는 기간"이란 14일 이상을 말한다.
② 법 제68조제2항 후단에 따른 집단분쟁조정 절차의 개시공고는 한국소비자원 인터넷 홈페이지 및 전국을 보급지역으로 하는 일간신문에 게재하는 방법으로 한다.

제59조【집단분쟁조정 절차에 대한 참가신청】 ① 집단분쟁조정의 당사자가 아닌 소비자나 사업자가 법 제68조제3항에 따라 추가로 집단분쟁조정의 당사자로 참가하려면 제58조제1항의 공고기간 이내에 서면으로 참가신청을 하여야 한다.
② 조정위원회는 제1항에 따라 집단분쟁조정의 당사자 참가신청을 받으면 제1항의 참가신청기간이 끝난 후 10일 이내에 참가인정 여부를 서면으로 알려야 한다.

제60조【당사자가 아닌 자에 대한 보상계획】 법 제68조제5항에 따라 보상계획서 제출을 권고받은 사업자는 그 권고를 받은 날부터 15일 이내에 권고의 수락 여부를 조정위원회에 알려야 한다.

제61조【집단분쟁조정 절차의 진행】 조정위원회는 제56조 각 호의 요건을 모두 갖춘 사건에 대하여 집단분쟁조정 절차가 시작된 후 집단분쟁조정의 당사자인 다수의 소비자 중 일부의 소비자가 같은 조 제1호가목 및 나목에 해당하게 된 경우에는 그 절차를 중지하지 아니하고, 같은 조 제1호가목 및 나목에 해당하는 소비자는 그 절차에서 제외한다.

제62조【집단분쟁조정을 위한 운영세칙】 이 영에서 규정한 사항 외에 집단분쟁조정에 필요한 사항은 조정위원회의 의결을 거쳐 조정위원장이 정한다.

제62조의2【분쟁조정 신청 사실 등의 통지】 ① 조정위원회는 법 제65조제5항에 따라 준용되는 법 제59조제1항에 따라 분쟁당사자의 소 제기 사실을 알게 된 때에는 분쟁당사자의 동의를 받아 다음 각 호의 사항을 수소법원(受訴法院)에 알려야 한다.
1. 분쟁당사자의 성명 및 주소(분쟁당사자가 법인인 경우에는 법인의 명칭, 주된 사무소의 소재지, 그 대표자의 성명과 주소를 말한다. 이하 이 조에서 같다)
2. 분쟁조정 신청일
3. 분쟁조정 신청의 취지 및 이유
4. 소송사건의 번호
② 분쟁당사자는 법 제68조의4제1항에 따라 수소법원이 소송절차를 중지한 경우에는 지체 없이 그 사실을 조정위원회에 알려야 한다.
③ 조정위원회는 법 제68조의4제2항에 따라 재개한 분쟁조정사건의 조정절차를 종료한 경우에는 분쟁당사자의 동의를 받아 다음 각 호의 사항을 수소법원에 알려야 한다.
1. 분쟁당사자의 성명 및 주소
2. 조정신청의 각하 사유 또는 조정절차의 종료 사유
3. 조정의 결과(법 제67조제1항에 따라 통지된 분쟁조정의 내용에 대해 분쟁당사자가 수락하거나 수락한 것으로 보는 경우로 한정한다)
4. 소송사건의 번호
④ 조정위원회는 법 제68조의4제3항에 따라 조정절차를 중지한 경우에는 지체 없이 그 사실을 분쟁당사자에게 알려야 한다.
(2023.12.12 본조신설)

제63조【단체소송을 제기할 수 있는 경제단체의 범위】 법 제70조제2호에서 "대통령령이 정하는 단체"란 전국 단위의 경제단체로서 다음 각 호의 어느 하나에 해당하는 단체를 말한다.
1. 사업자 등을 회원으로 하여 「민법」에 따라 설립된 사단법인으로서 정관에 따라 기업경영의 합리화 또는 건전한 기업문화 조성에 관한 사업을 수행하는 법인 중 공정거래위원회가 정하여 고시하는 법인
2. 사업자 등을 회원으로 하여 「민법」에 따라 설립된 사단법인으로서 정관에 따라 무역진흥업무를 수행하는 법인 중 공정거래위원회가 정하여 고시하는 법인
(2008.2.29 1호~2호개정)

제8장 조사절차 등

제64조【검사·시료수거와 자료제출 등】 ① 중앙행정기관의 장은 법 제77조제1항 및 제3항에 따라 소속 공무원에게 검사, 시료수거 또는 출입을 하게 하는 경우에는 미리 서면으로 검사, 시료수거 또는 출입의 일시·대상·목적 및 담당 공무원의 인적사항 등을 사업자에게 알려야 한다. 다만, 긴급한 사유가 있으면 이를 알리지 않을 수 있다.(2019.6.25 본항개정)
② 중앙행정기관의 장은 법 제77조제1항에 따라 사업자에게 그 업무에 관한 보고 또는 관계 물품·서류 등의 제출을 하게 하는 경우에는 미리 서면으로 보고 또는 제출의 일시·방법·내용 등을 알려야 한다. 이 경우 긴급한 사유가 있으면 구술로 알릴 수 있다.
③ 법 제77조제3항에서 "대통령령이 정하는 사유"란 다음 각 호의 어느 하나에 해당하는 경우를 말한다.
(2019.6.25 본문개정)
1. 법 제49조제1항에 따라 시정권고를 하기 위하여 사실확인이 필요한 경우
2. 법 제50조제1항에 따라 시정조치를 명하기 위하여 사실확인이 필요한 경우
3. 제39조제5항에 따라 보고받은 위해정보의 사실확인이 필요한 경우
(2019.6.25 본조제목개정)

제65조【소비자단체의 자료 및 정보 제공 요청 등】 ① 법 제78조제1항에 따라 사업자나 사업자단체에 자료 및 정보의 제공을 요청할 수 있는 소비자단체는 법 제29조에 따라 공정거래위원회나 지방자치단체에 등록된 소비자단체로 한다.
② 제1항의 소비자단체는 법 제78조제1항에 따라 사업자나 사업자단체에 자료 및 정보의 제공을 요청하는 경우에는 그 자료 및 정보의 요청목적·사용목적·내용 및 사용계획 등을 적은 서류를 법 제79조제1항에 따른 소비자정보요청협의회(이하 "협의회"라 한다)에 제출하여야 한다.
③ 소비자단체가 법 제78조제1항에 따라 사업자나 사업자단체에 요청할 수 있는 자료 및 정보는 다음 각 호의 어느 하나에 해당하는 것으로서 사업자의 영업비밀에 해당하지 아니하는 것이어야 한다.
1. 법 제28조제1항제2호에 따른 시험·검사 및 조사·분석에 필요한 자료 및 정보
2. 제22조제2항 각 호의 시험·검사기관이 중대한 하자 또는 결함이 있다고 판정한 물품등에 대한 처리계획 및 실적
④ 협의회는 법 제78조제3항에 따라 협의·조정을 하는 경우에는 해당 사업자 또는 사업자단체에 의견진술의 기회를 주어야 한다.

제66조【협의회의 협의·조정 사항】 법 제79조제1항제2호에서 "대통령령이 정하는 사항"이란 다음 각 호의 사항을 말한다.
1. 법 제78조제1항에 따른 자료 및 정보의 제공 여부
2. 사업자나 사업자단체가 요청받은 자료 및 정보의 제공기한

제67조【협의회의 구성과 운영】 ① 협의회는 협의회장 1명을 포함한 7명 이내의 위원으로 구성한다.
② 협의회장은 한국소비자원의 상임이사 중에서 한국소비자원 원장의 제청으로 공정거래위원회위원장이 위촉한다.
③ 협의회장 외의 위원은 한국소비자원 원장의 제청으로 공정거래위원회위원장이 위촉하되, 위원 중 2명은 소비자단체가 추천하는 자 중에서, 2명은 사업자단체가 추천하는 자 중에서 제청한다.
④ 협의회장이 부득이한 사유로 직무를 수행할 수 없을 때에는 협의회가 미리 정하는 위원이 그 직무를 대행한다.
⑤ 협의회장 외의 위원 임기는 3년으로 하되, 연임할 수 있다.
⑥ 협의회장의 명을 받아 협의회의 서무를 처리하게 하기 위하여 협의회에 간사 1명을 두되, 간사는 한국소비자원의 원장이 한국소비자원의 직원 중에서 임명한다.
⑦ 이 영에서 규정한 사항 외에 협의회의 구성·운영 등에 필요한 사항은 협의회의 의결을 거쳐 협의회장이 정한다.

제9장 보 칙

제68조【권한의 위임】 ① 중앙행정기관의 장은 법 제83조제1항에 따라 다음 각 호의 사항에 관한 권한을 시·도지사에게 위임한다.
1. 법 제8조제2항에 따른 시험·검사 또는 조사
2. 법 제47조제1항에 따른 결함내용 보고의 수리 및 같은 조 제2항에 따른 시험·검사의 의뢰와 그 결과에 따른 조치
3. 법 제49조제1항 및 제2항에 따른 권고 및 통지의 수리와 같은 조 제4항에 따른 공표
4. 법 제50조제1항 및 제2항에 따른 명령과 조치
5. 법 제77조제1항 및 제3항에 따른 검사·시료수거·출입·보고 또는 관계 물품·서류 등의 제출에 관한 명령(2019.6.25 본호개정)
6. 법 제80조제1항 및 제2항에 따른 조치명령과 공표명령
7. 법 제82조에 따른 청문(법 제50조 또는 법 제80조에 따른 명령 등의 조치를 하고자 하는 경우에 한한다)
8. 법 제86조제2항에 따른 과태료의 부과·징수
9. 제36조에 따른 시정계획서의 접수 및 자진시정조치 결과보고의 수리
10. 제38조에 따른 시정계획서의 접수, 시정조치 결과보고의 수리, 그 밖에 시정명령과 관련된 권한
② 제1항에 따라 권한을 위임받은 시·도지사는 매년 그 업무의 처리실적을 소관 중앙행정기관의 장에게 제출하여야 한다.
③ 제1항에 따라 권한을 위임받은 시·도지사는 다음 각 호의 경우에는 지체 없이 해당 업무의 처리 내용을 소관 중앙행정기관의 장에게 보고하여야 한다.
1. 제1항제2호의 업무와 관련하여 사업자로부터 결함내용을 보고받은 경우

2. 제1항제4호의 업무와 관련하여 물품등의 수거·파기 또는 제공금지 등의 조치를 한 경우
3. 제1항제9호 및 제10호의 업무와 관련하여 사업자로부터 시정계획서를 제출받거나 조치결과를 보고받은 경우

제10장 과태료의 부과·징수

제69조【과태료의 부과기준】 법 제86조제1항에 따른 과태료의 부과기준은 별표2와 같다.(2011.3.29 본조개정)

부 칙

제1조【시행일】 이 영은 2007년 3월 28일부터 시행한다. 다만, 제63조의 개정규정은 2008년 1월 1일부터 시행한다.
제2조【품질·성능 및 성분 등의 공표에 관한 적용례】 제22조제3항의 개정규정은 이 영 시행 후 최초로 실시되는 시험·검사의 결과를 공표하는 경우부터 적용한다.
제3조【우체국보험분쟁에 관한 적용례】 제25조제9호의 개정규정은 이 영 시행 후 최초로 우체국보험분쟁조정위원회에 신청된 분쟁조정부터 적용한다.
제4조【위해정보의 관리에 관한 적용례】 제40조의 개정규정은 이 영 시행 후 최초로 제출되는 위해정보부터 적용한다.
제5조【품목별 소비자피해보상기준에 관한 경과조치】 이 영 시행 당시 종전의 제11조에 따라 고시된 품목별 소비자피해보상기준은 제8조제3항의 개정규정에 따라 고시된 품목별 소비자분쟁해결기준으로 본다.
제6조【협의회장 및 협의회 위원의 임명 등에 관한 경과조치】 ① 이 영 시행 당시 종전의 제46조제2항에 따라 위촉된 협의회장은 제67조제2항의 개정규정에 따라 위촉된 것으로 본다.
② 이 영 시행 당시 종전의 제46조제3항에 따라 위촉된 협의회 위원은 제67조제3항의 개정규정에 따라 위촉된 것으로 보며, 협의회 위원의 임기는 종전의 규정에 따라 위촉된 날부터 기산한다.
제7조【다른 법령의 개정】 ①~⑯ ※(해당 법령에 가제정리 하였음)
제8조【다른 법령과의 관계】 이 영 시행 당시 다른 법령에서 종전의 「소비자보호법시행령」 또는 그 규정을 인용한 경우에 이 영 가운데 그에 해당하는 규정이 있으면 종전의 규정을 갈음하여 이 영 또는 이 영의 해당 조항을 인용한 것으로 본다.

부 칙 (2015.8.11)

제1조【시행일】 이 영은 공포한 날부터 시행한다. 다만, 제14조제1항의 개정규정은 2015년 11월 23일부터 시행한다.
제2조【소비자단체의 등록에 관한 적용례】 제23조제3항부터 제5항까지의 개정규정은 이 영 시행 이후 소비자단체가 등록을 신청하는 경우부터 적용한다.
제3조【중대한 결함의 내용 보고에 관한 적용례】 제34조제3항의 개정규정은 이 영 시행 이후 중대한 결함이 있는 사실을 알게 된 때부터 적용한다.
제4조【일반적 소비자분쟁해결기준에 관한 경과조치】 이 영 시행 전에 사업자에게 수리를 의뢰한 경우로서 정액 감가상각하고 남은 금액에 일정금액을 더하여 환급받는 금액이 종전의 규정에 따라 환급받는 금액보다 적은 경우에는 별표1 제1호나목의 개정규정에도 불구하고 종전의 규정에 따른다.

부 칙 (2019.6.25)

이 영은 2019년 7월 1일부터 시행한다.

부 칙 (2019.10.8)

제1조【시행일】 이 영은 공포한 날부터 시행한다.(이하 생략)

부 칙 (2021.1.5)

이 영은 공포한 날부터 시행한다.(이하 생략)

부 칙 (2021.3.23)

제1조【시행일】 이 영은 2021년 3월 25일부터 시행한다.(이하 생략)

부 칙 (2021.12.28)

제1조【시행일】 이 영은 2021년 12월 30일부터 시행한다.(이하 생략)

부 칙 (2022.12.27)

이 영은 공포한 날부터 시행한다.

부 칙 (2023.9.12)

제1조【시행일】 이 영은 2023년 9월 22일부터 시행한다.(이하 생략)

부 칙 (2023.12.12)

이 영은 2023년 12월 21일부터 시행한다.

〔별표〕 ➡「法典 別册」참조

〔별지서식〕 ➡「www.hyeonamsa.com」참조

약관의 규제에 관한 법률

(약칭 : 약관법)

(1986년 12월 31일
법 률 제3922호)

개정
1992.12. 8법 4515호
1997.12.31법 5491호(한국은행법)
2001. 3.28법 6459호 2004. 1.20법 7108호
2005. 3.31법 7491호
2006. 9.27법 7988호(소비자기본법)
2007. 8. 3법 8632호
2008. 2.29법 8863호(금융위원회의설치등에관한법)
2010. 3.22법10169호
2010. 5.17법10303호(은행법)
2011. 3.29법10474호 2012. 2.17법11325호
2013. 5.28법11840호 2016. 3.29법14141호
2018. 6.12법15697호
2020.12.29법17799호(독점)
2023. 6.20법19512호 2023. 8. 8법19618호
2024년 1월 25일 제412회 국회 본회의 통과→「法典 別册」보유편 수록
2024년 1월 25일 제412회 국회 본회의 통과(독점)→「法典 別册」보유편 수록

제1장 총 칙
(2010.3.22 본장개정)

제1조【목적】 이 법은 사업자가 그 거래상의 지위를 남용하여 불공정한 내용의 약관(約款)을 작성하여 거래에 사용하는 것을 방지하고 불공정한 내용의 약관을 규제함으로써 건전한 거래질서를 확립하고, 이를 통하여 소비자를 보호하고 국민생활을 균형 있게 향상시키는 것을 목적으로 한다.
제2조【정의】 이 법에서 사용하는 용어의 정의는 다음과 같다.
1. "약관"이란 그 명칭이나 형태 또는 범위에 상관없이 계약의 한쪽 당사자가 여러 명의 상대방과 계약을 체결하기 위하여 일정한 형식으로 미리 마련한 계약의 내용을 말한다.
2. "사업자"란 계약의 한쪽 당사자로서 상대 당사자에게 약관을 계약의 내용으로 할 것을 제안하는 자를 말한다.
3. "고객"이란 계약의 한쪽 당사자로서 사업자로부터 약관을 계약의 내용으로 할 것을 제안받은 자를 말한다.

판례 약관의 규제에 관한 법률의 규제 대상인 '약관'이라 함은 그 명칭이나 형태 또는 범위를 불문하고 계약의 일방 당사자가 다수의 상대방과 계약을 체결하기 위하여 일정한 형식에 의하여 미리 마련한 계약의 내용이 되는 것을 말하고, 구체적인 계약에서 일방 당사자와 상대방 사이에 교섭이 이루어져 계약의 내용으로 된 조항은 일방적으로 작성된 것이 아니므로 약관의 규제에 관한 법률의 규제 대상인 약관에는 해당하지 않는다.(대판 2011.2.10, 2009다81906)

제3조【약관의 작성 및 설명의무 등】 ① 사업자는 고객이 약관의 내용을 쉽게 알 수 있도록 한글로 작성하고, 표준화·체계화된 용어를 사용하며, 약관의 중요한 내용을 부호, 색채, 굵고 큰 문자 등으로 명확하게 표시하여 알아보기 쉽게 약관을 작성하여야 한다.(2011.3.29 본항개정)
② 사업자는 계약을 체결할 때에는 고객에게 약관의 내용을 계약의 종류에 따라 일반적으로 예상되는 방법으로 분명하게 밝히고, 고객이 요구할 경우 그 약관의 사본을 고객에게 내주어 고객이 약관의 내용을 알 수 있게 하여야 한다. 다만, 다음 각 호의 어느 하나에 해당하는 업종의 약관에 대하여는 그러하지 아니하다.(2011.3.29 단서개정)
1. 여객운송업
2. 전기·가스 및 수도사업
3. 우편업
4. 공중전화 서비스 제공 통신업
(2011.3.29 1호~4호신설)
③ 사업자는 약관에 정하여져 있는 중요한 내용을 고객이 이해할 수 있도록 설명하여야 한다. 다만, 계약의 성질상 설명하는 것이 현저하게 곤란한 경우에는 그러하지 아니하다.
④ 사업자가 제2항 및 제3항을 위반하여 계약을 체결한 경우에는 해당 약관을 계약의 내용으로 주장할 수 없다.
제4조【개별 약정의 우선】 약관에서 정하고 있는 사항에 관하여 사업자와 고객이 약관의 내용과 다르게 합의한 사항이 있을 때에는 그 합의 사항은 약관보다 우선한다.
제5조【약관의 해석】 ① 약관은 신의성실의 원칙에 따라 공정하게 해석되어야 하며 고객에 따라 다르게 해석되어서는 아니 된다.
② 약관의 뜻이 명백하지 아니한 경우에는 고객에게 유리하게 해석되어야 한다.

판례 갑 보험회사의 보험계약 약관에서 말하는 암 수술급여금의 지급대상인 '수술'에 폐색전술이 해당하는지 여부가 문제된 사안에서, 보험계약 약관 제5조에서는 암 보험급여의 대상이 되는 수술을 특정암 또는 일반암의 치료를 직접적인 목적으로 수술을 받는 행위라고만 규정하고 있을 뿐 의료계에서 표준적으로 인정되는 수술이라고 제한하고 있지 않고, 위 약관에서 수술의 의미를 구체적으로 명확하게 제한하고 있지도 않으므로, 가는 관을 대동맥에 삽입하여 이를 통해 약물 등을 주입하는 색전술도 넓은 의미의 수술에 포함될 여지가 충분히 있고, 갑 보험회사는 병원에 직접 을의 치료내용을 확인한 후 3년 3개월 동안 19회에 걸쳐 합계 1억 1,400만 원의 암 수술급여금을 지급해 왔으므로, 을이 받은 폐색전술은 보험계약 약관 제5조의 수술에 해당한다고 봄이 상당하고, 이러한 해석론이 약관 해석에 있어서의 작성자 불이익의 원칙에도 부합하는 것이라고 하여, 폐색전술이 보험계약 약관상 수술에 해당하지 않는다고 본 원심판결을 파기한다.(대판 2010.7.22, 2010다28208,28215)

판례 보통거래약관 및 보험제도의 특성에 비추어 볼 때 약관의 해석은 일반 법률행위와는 달리 개개 계약 당사자가 기도한 목적이나 의사를 기준으로 하지 않고 평균적 고객의 이해가능성을 기준으로 하되 보험단체 전체의 이해관계를 고려하여 객관적, 획일적으로 해석하여야 하므로, 자동차종합보험의 가족운전자 한정운전 특별약관에 정한 기명피보험자의 모(母)에 기명피보험자의 법률상의 모가 아닌 기명피보험자의 부(父)의 사실상의 배우자는 포함되지 아니한다.(대판 2009.1.30, 2008다68944)

판례 보험계약의 재해보장특약 약관에 "재해라 함은 우발적인 외래의 사고(다만, 질병 또는 체질적 요인이 있는 자로서 경미한 외부요인에 의하여 발병하거나 또는 그 증상이 더욱 악화되었을 때에는 그 경미한 외부요인은 우발적인 외래의 사고로 보지 아니함)로서 약관상 별표인 재해분류표에 열거되어 있는 재해를 의미한다"라고 규정하고 있다면, 망인이 승용차를 운전하고 가다가 급성 심근경색증을 원인으로 사망한 것은 망인의 질병이 갑자기 발현된 것이므로 위 약관상의 '재해'인 우발적인 외래의 사고에는 해당하지 않는다.(대판 2007.12.13, 2007다67920)

판례 약관이 계약 내용의 일부로서 상대방의 법률상 지위에 중대한 영향을 미치는 경우에 법률행위의 해석 방법 : 법률행위는 당사자의 내심적 의사에 관계없이 당사자가 그 표시행위에 부여한 객관적 의미를 합리적으로 해석하여야 하며, 특히 당사자 일방이 작성한 약관이 계약의 일부로서 상대방의 법률상 지위에 중대한 영향을 미치게 되는 경우에는 약관의 규제에 관한 법률 제6조제1항, 제7조제2호의 규정 취지에 비추어 더욱 엄격하게 해석하여야 한다.(대판 2006.9.8, 2006다24131)

판례 보통거래약관의 해석 원칙 : 보통거래약관의 내용은 개개 계약체결자의 의사나 구체적인 사정을 고려함이 없이 평균적 고객의 이해가능성을 기준으로 하여 객관적·획일적으로 해석하여야 하고, 고객보호의 측면에서 약관 내용이 명백하지 못하거나 의심스러운 때에는 고객에게 유리하게, 약관작성자에게 불리하게 제한해석하여야 한다.(대판 2005.10.28, 2005다35226)

판례 화재보험계약상 잔존물제거비용담보특별약관에서 규정하고 있는 "실제의 잔존물 제거비용"의 의미 및 "잔존물 제거비용"의 범위 : 보험사고 이후 잔존물 제거작업이 완료된 경우 잔존물제거비용담보특별약관에서 규정하고 있는 "실제의 잔존물 제거비용"이란 실제 소요된 잔존물 제거비용을 말하는 것이며, "잔존물 제거비용"에는 잔존물에 대한 현장정리 및 상차비용 이외에 운반, 처리비용 등 보험사고인 화재로 인하여 발생한 잔존물을 실제로 제거하는 데 소요되는 일체의 비용을 포함한다.(대판 2001.6.26, 99다27972)

제2장 불공정약관조항
(2010.3.22 본장개정)

제6조【일반원칙】 ① 신의성실의 원칙을 위반하여 공정성을 잃은 약관 조항은 무효이다.
② 약관의 내용 중 다음 각 호의 어느 하나에 해당하는 내용을 정하고 있는 조항은 공정성을 잃은 것으로 추정된다.
1. 고객에게 부당하게 불리한 조항
2. 고객이 계약의 거래형태 등 관련된 모든 사정에 비추어 예상하기 어려운 조항
3. 계약의 목적을 달성할 수 없을 정도로 계약에 따르는 본질적 권리를 제한하는 조항

판례 고객에 대하여 부당하게 과중한 손해배상의무나 위약벌 등을 부담시키는 약관 조항은 고객에게 부당하게 불리하여 공정을 잃은 것으로 추정되고 신의성실의 원칙에 반하는 것으로서 무효라고 보아야 할 것이다.(대판 2009.8.20, 2009다20475,20482)

판례 은행여신거래기본약관에서 은행이 상계를 하는 경우 민법 규정과는 달리 채권·채무의 이자나 지연손해금 등의 계산의 종기를 달리 정하는 규정을 둘 경우에는 적어도 그 계산의 종기가 상계적상시로부터 과도하게 이탈하지 않도록 필요한 범위 내에서 이탈의 정도를 최소화함과 동시에 고객인 채무자가 어느 시점을 기준으로 이자나 지연손해금 등이 계산될 것인지를 예측할 수 있도록 하는 등 채무자측의 이익도 배려하여야 할 뿐만 아니라 상당한 이유가 없는 한 채무자가 상계를 하는 경우와 사이에 형평을 유지하여야 한다(은행이 상계를 하는 경우, 이자나 지연손해금 등의 계산의 종기를 임의로 정할 수 있도록 한 은행여신거래기본약관 조항은 무효라고 본 사례).(대판 2003.7.8, 2002다64551)

판례 경쟁입찰에서 단순 최저가 낙찰제에 의한 낙찰자결정방식에 따른 시설공사 도급계약에 있어서는 현저한 저가입찰을 억제하여 덤핑에 의한 부실공사를 방지하고 계약의 이행을 담보할 필요성이 매우 강한 점에 비추어, 예정가격의 100분의 85 미만에 낙찰받은 자는 예정가격과 낙찰금액의 차액을 차액보증금으로서 현금으로 납부하게 하고 채무불이행의 경우 차액보증금을 발주자에게 귀속시키기로 하는 약관조항은 허용될 수 있으며 이러한 약관조항이 약관의 규제에관한법률 제6조, 제8조에 저촉된다고 보기는 어렵다.(대판 2002.4.23, 2000다56976)

제7조【면책조항의 금지】 계약 당사자의 책임에 관하여 정하고 있는 약관의 내용 중 다음 각 호의 어느 하나

에 해당하는 내용을 정하고 있는 조항은 무효로 한다.
1. 사업자, 이행 보조자 또는 피고용자의 고의 또는 중대한 과실로 인한 법률상의 책임을 배제하는 조항
2. 상당한 이유 없이 사업자의 손해배상 범위를 제한하거나 사업자가 부담하여야 할 위험을 고객에게 떠넘기는 조항
3. 상당한 이유 없이 사업자의 담보책임을 배제 또는 제한하거나 그 담보책임에 따르는 고객의 권리행사의 요건을 가중하는 조항
4. 상당한 이유 없이 계약목적물에 관하여 견본이 제시되거나 품질·성능 등에 관한 표시가 있는 경우 그 보장된 내용에 대한 책임을 배제 또는 제한하는 조항

판례 건설기계 판매대리계약 중 대리상에 불과한 판매회사에게 미회수 매매대금에 관한 무조건의 이행담보책임을 지우는 조항은 상당한 이유 없이 건설기계 생산자가 부담하여야 할 책임을 판매회사에게 이전시키는 것이므로 무효이다.
(대판 2003.4.22, 2000다55775,55782)

판례 자동차종합보험보통약관상 "보험증권에 기재된 피보험자 또는 그 부모, 배우자 및 자녀가 죽거나 다친 경우에는 보상하지 아니합니다"라는 면책조항에서 "배우자"라 함은 반드시 법률상의 배우자만을 의미하는 것이 아니라, 관행에 따른 결혼식을 하고 결혼생활을 하면서 아직 혼인신고만 되지 않고 있는 사실혼관계의 배우자도 이에 포함된다고 봄이 상당하다.(대판 1994.10.25, 93다39942)

제8조【손해배상액의 예정】 고객에게 부당하게 과중한 지연 손해금 등의 손해배상 의무를 부담시키는 약관 조항은 무효로 한다.

판례 부동산임대업자가 미리 부동문자로 인쇄한 임대차계약서를 제시하여 임대차계약을 체결한 사안에서, 그 계약서상 임대차목적물의 명도 또는 원상복구 지연에 따른 배상금 조항이 약관에 해당하고, 임차인에 대하여, 부당하게 과중한 손해배상의무를 부담시키는 조항으로서 약관의 규제에 관한 법률 제8조에 의한 무효 여부 : 부동산임대업자가 미리 부동문자로 인쇄한 임대차계약서를 제시하여 임대차계약을 체결한 사안에서, 그 계약서에 기재된 임대차계약 종료일로부터 인도 또는 복구된 날까지의 통상 차임 및 관리비와 임대차보증금에 대한 월 1%의 비율에 의한 이자의 합산액의 2배를 배상액으로 정하고 있는 '임대차목적물의 명도 또는 원상복구 지연에 따른 배상금' 조항은 개별적인 교섭을 거침으로써 상대방이 자신의 이익을 조정할 기회를 가졌다고 할 수 없어 약관에 해당하고, 또한 고객인 임차인에 대하여 부당하게 과중한 손해배상의무를 부담시키는 조항이므로 약관의 규제에 관한 법률 제8조에 의하여 무효이다.
(대판 2008.7.10, 2008다16950)

제9조【계약의 해제·해지】 계약의 해제·해지에 관하여 정하고 있는 약관의 내용 중 다음 각 호의 어느 하나에 해당되는 내용을 정하고 있는 조항은 무효로 한다.
1. 법률에 따른 고객의 해제권 또는 해지권을 배제하거나 그 행사를 제한하는 조항
2. 사업자에게 법률에서 규정하고 있지 아니하는 해제권 또는 해지권을 부여하여 고객에게 부당하게 불이익을 줄 우려가 있는 조항
3. 법률에 따른 사업자의 해제권 또는 해지권의 행사 요건을 완화하여 고객에게 부당하게 불이익을 줄 우려가 있는 조항
4. 계약의 해제 또는 해지로 인한 원상회복의무를 상당한 이유 없이 고객에게 과중하게 부담시키거나 고객의 원상회복 청구권을 부당하게 포기하도록 하는 조항
5. 계약의 해제 또는 해지로 인한 사업자의 원상회복의무나 손해배상의무를 부당하게 경감하는 조항
6. 계속적인 채권관계의 발생을 목적으로 하는 계약에서 그 존속기간을 부당하게 단기 또는 장기로 하거나 묵시적인 기간의 연장 또는 갱신이 가능하도록 정하여 고객에게 부당하게 불이익을 줄 우려가 있는 조항

제10조【채무의 이행】 채무의 이행에 관하여 정하고 있는 약관의 내용 중 다음 각 호의 어느 하나에 해당하는 내용을 정하고 있는 조항은 무효로 한다.
1. 상당한 이유 없이 급부(給付)의 내용을 사업자가 일방적으로 결정하거나 변경할 수 있도록 권한을 부여하는 조항
2. 상당한 이유 없이 사업자가 이행하여야 할 급부를 일방적으로 중지할 수 있게 하거나 제3자에게 대행할 수 있게 하는 조항

제11조【고객의 권익 보호】 고객의 권익에 관하여 정하고 있는 약관의 내용 중 다음 각 호의 어느 하나에 해당하는 내용을 정하고 있는 조항은 무효로 한다.
1. 법률에 따른 고객의 항변권(抗辯權), 상계권(相計權) 등의 권리를 상당한 이유 없이 배제하거나 제한하는 조항
2. 고객에게 주어진 기한의 이익을 상당한 이유 없이 박탈하는 조항
3. 고객이 제3자와 계약을 체결하는 것을 부당하게 제한하는 조항
4. 사업자가 업무상 알게 된 고객의 비밀을 정당한 이유 없이 누설하는 것을 허용하는 조항

제12조【의사표시의 의제】 의사표시에 관하여 정하고 있는 약관의 내용 중 다음 각 호의 어느 하나에 해당하는 내용을 정하고 있는 조항은 무효로 한다.
1. 일정한 작위(作爲) 또는 부작위(不作爲)가 있을 경우 고객의 의사표시가 표명되거나 표명되지 아니한 것으로 보는 조항. 다만, 고객에게 상당한 기한 내에 의사표시를 하지 아니하면 의사표시가 표명되거나 표명되지 아니한 것으로 본다는 뜻을 명확하게 따로 고지한 경우이거나 부득이한 사유로 그러한 고지를 할 수 없는 경우에는 그러하지 아니하다.
2. 고객의 의사표시의 형식이나 요건에 대하여 부당하게 엄격한 제한을 두는 조항
3. 고객의 이익에 중대한 영향을 미치는 사업자의 의사표시가 상당한 이유 없이 고객에게 도달된 것으로 보는 조항
4. 고객의 이익에 중대한 영향을 미치는 사업자의 의사표시 기한을 부당하게 길게 정하거나 불확정하게 정하는 조항

제13조【대리인의 책임 가중】 고객의 대리인에 의하여 계약이 체결된 경우 고객이 그 의무를 이행하지 아니하는 경우에는 대리인에게 그 의무의 전부 또는 일부를 이행할 책임을 지우는 내용의 약관 조항은 무효로 한다.

제14조【소송 제기의 금지 등】 소송 제기 등과 관련된 약관의 내용 중 다음 각 호의 어느 하나에 해당하는 조항은 무효로 한다.
1. 고객에게 부당하게 불리한 소송 제기 금지 조항 또는 재판관할의 합의 조항
2. 상당한 이유 없이 고객에게 입증책임을 부담시키는 약관 조항

제15조【적용의 제한】 국제적으로 통용되는 약관이나 그 밖에 특별한 사정이 있는 약관으로서 대통령령으로 정하는 경우에는 제7조부터 제14조까지의 규정을 적용하는 것을 조항별·업종별로 제한할 수 있다.

제16조【일부 무효의 특칙】 약관의 전부 또는 일부의 조항이 제3조제4항에 따라 계약의 내용이 되지 못하는 경우나 제6조부터 제14조까지의 규정에 따라 무효인 경우 계약은 나머지 부분만으로 유효하게 존속한다. 다만, 유효한 부분만으로는 계약의 목적 달성이 불가능하거나 그 유효한 부분이 한쪽 당사자에게 부당하게 불리한 경우에는 그 계약은 무효로 한다.

제3장 약관의 규제
(2010.3.22 본장제목개정)

제17조【불공정약관조항의 사용금지】 사업자는 제6조부터 제14조까지의 규정에 해당하는 불공정한 약관 조항(이하 "불공정약관조항"이라 한다)을 계약의 내용으로 하여서는 아니 된다.(2010.3.22 본조개정)

제17조의2【시정 조치】 ① 공정거래위원회는 사업자가 제17조를 위반한 경우에는 사업자에게 해당 불공정약관조항의 삭제·수정, 시정명령을 받은 사실의 공표, 그 밖에 시정에 필요한 조치를 권고할 수 있다.
(2013.5.28 본항개정)
② 공정거래위원회는 제17조를 위반한 사업자가 다음 각 호의 어느 하나에 해당하는 경우에는 사업자에게 해당 불공정약관조항의 삭제·수정, 시정명령을 받은 사실의 공표, 그 밖에 약관을 시정하기 위하여 필요한 조치를 명할 수 있다.(2013.5.28 본문개정)
1. 사업자가 「독점규제 및 공정거래에 관한 법률」 제2조제3호의 시장지배적사업자인 경우(2020.12.29 본호개정)
2. 사업자가 자기의 거래상의 지위를 부당하게 이용하여 계약을 체결하는 경우
3. 사업자가 일반 공중에게 물품·용역을 공급하는 계약으로서 계약 체결의 긴급성·신속성으로 인하여 고객이 계약을 체결할 때에 약관 조항의 내용을 변경하기 곤란한 경우
4. 사업자의 계약 당사자로서의 지위가 현저하게 우월하거나 고객이 다른 사업자를 선택할 범위가 제한되어 있어 약관을 계약의 내용으로 하는 것이 사실상 강제되는 경우
5. 계약의 성질상 또는 목적상 계약의 취소·해제 또는 해지가 불가능하거나 계약을 취소·해제 또는 해지하면 고객에게 현저한 재산상의 손해가 발생하는 경우
6. 사업자가 제1항에 따른 권고를 정당한 사유 없이 따르지 아니하여 여러 고객에게 피해가 발생하거나 발생할 우려가 현저한 경우
③ 공정거래위원회는 제1항 및 제2항에 따른 시정권고 또는 시정명령을 할 때 필요하면 해당 사업자와 같은 종류의 사업을 하는 다른 사업자에게 같은 내용의 불공정약관조항을 사용하지 말 것을 권고할 수 있다.
(2010.3.22 본조개정)

제18조【관청 인가 약관 등】 ① 공정거래위원회는 행정관청이 작성한 약관이나 다른 법률에 따라 행정관청의 인가를 받은 약관이 제6조부터 제14조까지의 규정에 해당된다고 인정할 때에는 해당 행정관청에 그 사실을 통보하고 이를 시정하기 위하여 필요한 조치를 하도록 요청할 수 있다.
② 공정거래위원회는 「은행법」에 따른 은행의 약관이 제6조부터 제14조까지의 규정에 해당된다고 인정할 때에는 「금융위원회의 설치 등에 관한 법률」에 따라 설립된 금융감독원에 그 사실을 통보하고 이를 시정하기 위하여 필요한 조치를 권고할 수 있다.(2010.5.17 본항개정)
③ 제1항에 따라 행정관청에 시정을 요청한 경우 공정거래위원회는 제17조의2제1항 및 제2항에 따른 시정권고 또는 시정명령은 하지 아니한다.
(2010.3.22 본조개정)

제19조【약관의 심사청구】 ① 다음 각 호의 자는 약관 조항이 이 법에 위반되는지 여부에 관한 심사를 공정거래위원회에 청구할 수 있다.
1. 약관의 조항과 관련하여 법률상의 이익이 있는 자
2. 「소비자기본법」 제29조에 따라 등록된 소비자단체
3. 「소비자기본법」 제33조에 따라 설립된 한국소비자원
4. 사업자단체
② 제1항에 따른 약관의 심사청구는 공정거래위원회에 서면이나 전자문서로 제출하여야 한다.
(2010.3.22 본조개정)

제19조의2【약관변경으로 인한 심사대상의 변경】 공정거래위원회는 심사대상인 약관 조항이 변경된 때에는 직권으로 또는 심사청구인의 신청에 의하여 심사대상을 변경할 수 있다.(2012.2.17 본조신설)

제19조의3【표준약관】 ① 사업자 및 사업자단체는 건전한 거래질서를 확립하고 불공정한 내용의 약관이 통용되는 것을 방지하기 위하여 일정한 거래 분야에서 표준이 될 약관의 제정·개정안을 마련하여 그 내용이 이 법에 위반되는지 여부에 관하여 공정거래위원회에 심사를 청구할 수 있다.(2016.3.29 본항개정)
② 「소비자기본법」 제29조에 따라 등록된 소비자단체 또는 같은 법 제33조에 따라 설립된 한국소비자원(이하 "소비자단체등"이라 한다)은 소비자 피해가 자주 일어나는 거래 분야에서 표준이 될 약관을 제정 또는 개정할 것을 공정거래위원회에 요청할 수 있다.(2016.3.29 본항개정)
③ 공정거래위원회는 다음 각 호의 어느 하나에 해당하는 경우에 사업자 및 사업자단체에 대하여 표준이 될 약관의 제정·개정안을 마련하여 심사 청구할 것을 권고할 수 있다.(2016.3.29 본문개정)
1. 소비자단체등의 요청이 있는 경우
2. 일정한 거래 분야에서 여러 고객에게 피해가 발생하거나 발생할 우려가 있는 경우에 관련 상황을 조사하여 약관이 없거나 불공정약관조항이 있는 경우
(2016.3.29 본호개정)
3. 법률의 제정·개정·폐지 등으로 약관을 정비할 필요가 발생한 경우(2016.3.29 본호신설)
④ 공정거래위원회는 사업자 및 사업자단체가 제3항의 권고를 받은 날부터 4개월 이내에 필요한 조치를 하지 아니하면 관련 분야의 거래 당사자 및 소비자단체등의 의견을 듣고 관계 부처의 협의를 거쳐 표준이 될 약관을 제정 또는 개정할 수 있다.(2016.3.29 본항개정)
⑤ 공정거래위원회는 제1항 또는 제4항에 따라 심사하거나 제정·개정한 약관(이하 "표준약관"이라 한다)을 공시(公示)하고 사업자 및 사업자단체에 표준약관을 사용할 것을 권장할 수 있다.(2016.3.29 본항개정)
⑥ 공정거래위원회로부터 표준약관의 사용을 권장받은 사업자 및 사업자단체는 표준약관과 다른 약관을 사용하는 경우 표준약관과 다르게 정한 주요 내용을 고객이 알기 쉽게 표시하여야 한다.
⑦ 공정거래위원회는 표준약관의 사용을 활성화하기 위하여 표준약관 표지(標識)를 정할 수 있고, 사업자 및 사업자단체는 표준약관을 사용하는 경우 공정거래위원회가 고시하는 바에 따라 표준약관 표지를 사용할 수 있다.
⑧ 사업자 및 사업자단체는 표준약관과 다른 내용을 약관으로 사용하는 경우 표준약관 표지를 사용하여서는 아니 된다.
⑨ 사업자 및 사업자단체가 제8항을 위반하여 표준약관 표지를 사용하는 경우 표준약관의 내용보다 고객에게 더 불리한 약관의 내용은 무효로 한다.
(2010.3.22 본조개정)

제20조【조사】 ① 공정거래위원회는 다음 각 호의 어느 하나의 경우 약관이 이 법에 위반한 사실이 있는지 여부를 확인하기 위하여 필요한 조사를 할 수 있다.
1. 제17조의2제1항 또는 제2항에 따른 시정권고 또는 시정명령을 하기 위하여 필요하다고 인정되는 경우
2. 제19조에 따라 약관의 심사청구를 받은 경우
② 제1항에 따라 조사를 하는 공무원은 그 권한을 표시하는 증표를 지니고 이를 관계인에게 내보여야 한다.
(2010.3.22 본조개정)

제21조 (2010.3.22 삭제)

제22조【의견 진술】 ① 공정거래위원회는 약관의 내용이 이 법에 위반되는지 여부에 대하여 심의하기 전에 그 약관에 따라 거래를 한 사업자 또는 이해관계인에게 그 약관이 심사 대상이 되었다는 사실을 알려야 한다.
② 제1항에 따라 통지를 받은 당사자 또는 이해관계인은 공정거래위원회의 회의에 출석하여 의견을 진술하거나 필요한 자료를 제출할 수 있다.
③ 공정거래위원회는 심사 대상이 된 약관이 다른 법률에 따라 행정관청의 인가를 받았거나 받아야 할 것인 경우에는 심의에 앞서 그 행정관청에 의견을 제출하도록 요구할 수 있다.
(2010.3.22 본조개정)

제23조【불공정약관조항의 공개】 공정거래위원회는 이 법에 위반된다고 심의·의결한 약관 조항의 목록을 인터넷 홈페이지에 공개하여야 한다.(2011.3.29 본조개정)

제4장 분쟁의 조정 등
(2012.2.17 본장신설)

제24조【약관 분쟁조정협의회의 설치 및 구성】 ① 제17조를 위반한 약관 또는 이와 비슷한 유형의 약관으로서 대통령령으로 정하는 약관과 관련된 분쟁을 조정하기 위

하여 「독점규제 및 공정거래에 관한 법률」 제72조제1항에 따른 한국공정거래조정원(이하 "조정원"이라 한다)에 약관 분쟁조정협의회(이하 "협의회"라 한다)를 둔다.
(2020.12.29 본항개정)
② 협의회는 위원장 1명을 포함한 9명의 위원으로 구성하며, 위원장은 상임으로 한다.(2023.8.8 본항개정)
③ 협의회 위원장은 조정원의 장의 제청으로 공정거래위원회 위원장이 위촉한다.
④ 협의회 위원장이 사고로 직무를 수행할 수 없을 때에는 협의회의 위원장이 지명하는 협의회 위원이 그 직무를 대행한다.
⑤ 협의회 위원은 약관규제 · 소비자 분야에 경험 또는 전문지식이 있는 사람으로서 다음 각 호의 어느 하나에 해당하는 사람 중에서 조정원의 장의 제청으로 공정거래위원회 위원장이 임명하거나 위촉한다.(2023.8.8 본문개정)
1. 공정거래 및 소비자보호 업무에 관한 경험이 있는 4급 이상 공무원(고위공무원단에 속하는 일반직공무원을 포함한다)의 직에 있거나 있었던 사람
2. 판사 · 검사 직에 있거나 있었던 사람 또는 변호사의 자격이 있는 사람
3. 대학에서 법률학 · 경제학 · 경영학 또는 소비자 관련 분야 학문을 전공한 사람으로서 「고등교육법」 제2조제1호 · 제2호 · 제4호 또는 제5호에 따른 학교나 공인된 연구기관에서 부교수 이상의 직 또는 이에 상당하는 직에 있거나 있었던 사람
4. 그 밖에 기업경영, 소비자권익 및 분쟁조정과 관련된 업무에 관한 학식과 경험이 풍부한 사람(2023.8.8 본호개정)
⑥ 협의회 위원의 임기는 3년으로 하되, 연임할 수 있다.
⑦ 협의회 위원 중 결원이 생긴 때에는 제5항에 따라 보궐위원을 위촉하여야 하며, 그 보궐위원의 임기는 전임자의 남은 임기로 한다.
⑧ 협의회의 회의 등 업무지원을 위하여 별도 사무지원 조직을 조정원 내에 둔다.

제25조【협의회의 회의】 ① 협의회의 회의는 위원 전원으로 구성되는 회의(이하 "전체회의"라 한다)와 위원장이 지명하는 3명의 위원(위원장을 포함할 수 있다)으로 구성되는 회의(이하 "분과회의"라 한다)로 구분된다.
(2023.8.8 본항개정)
② 분과회의는 전체회의로부터 위임받은 사항에 관하여 심의 · 의결한다.
③ 전체회의는 위원장이 주재하며, 재적위원 과반수의 출석으로 개의하고, 출석위원 과반수의 찬성으로 의결한다.
④ 분과회의는 위원장 또는 위원장이 지명하는 위원이 주재하며, 구성위원 전원의 출석과 출석위원 전원의 찬성으로 의결한다. 이 경우 분과회의의 의결은 협의회의 의결로 보되, 회의의 결과를 전체회의에 보고하여야 한다.
(2023.8.8 전단개정)
⑤ 조정의 대상이 된 분쟁의 당사자인 고객(「소비자기본법」 제2조제1호에 따른 소비자는 제외한다. 이하 이 장에서 같다)과 사업자(이하 "분쟁당사자"라 한다)는 협의회의 회의에 출석하여 의견을 진술하거나 관계 자료를 제출할 수 있다.

제26조【협의회 위원의 제척 · 기피 · 회피】 ① 협의회 위원은 다음 각 호의 어느 하나에 해당하는 경우에는 해당 분쟁조정사항의 조정에서 제척된다.
1. 협의회 위원 또는 그 배우자나 배우자였던 사람이 해당 분쟁조정사항의 분쟁당사자가 되거나 공동권리자 또는 의무자의 관계에 있는 경우
2. 협의회 위원이 해당 분쟁조정사항의 분쟁당사자와 친족관계에 있거나 있었던 경우
3. 협의회 위원 또는 협의회 위원이 속한 법인이 분쟁당사자의 법률 · 경영 등에 대하여 자문이나 고문의 역할을 하고 있는 경우
4. 협의회 위원 또는 협의회 위원이 속한 법인이 해당 분쟁조정사항에 대하여 분쟁당사자의 대리인으로 관여하거나 관여하였던 경우 및 증언 또는 감정을 한 경우
② 분쟁당사자는 협의회 위원에게 협의회의 조정에 공정을 기하기 어려운 사정이 있는 때에 협의회에 해당 협의회 위원에 대한 기피신청을 할 수 있다.
③ 협의회 위원이 제1항 또는 제2항의 사유에 해당하는 경우에는 스스로 해당 분쟁조정사항의 조정에서 회피할 수 있다.

제27조【분쟁조정의 신청 등】 ① 제17조를 위반한 약관 또는 이와 비슷한 유형의 약관으로서 대통령령으로 정하는 약관으로 인하여 피해를 입은 고객은 대통령령으로 정하는 사항을 기재한 서면(이하 "분쟁조정 신청서"라 한다)을 협의회에 제출함으로써 분쟁조정을 신청할 수 있다. 다만, 다음 각 호의 어느 하나에 해당하는 경우에는 그러하지 아니하다.
1. 분쟁조정 신청이 있기 이전에 공정거래위원회가 조사 중인 사건
2. 분쟁조정 신청의 내용이 약관의 해석이나 그 이행을 요구하는 사건
3. 약관의 무효판정을 요구하는 사건
4. (2023.6.20 삭제)
5. 그 밖에 분쟁조정에 적합하지 아니한 것으로 대통령령으로 정하는 사건
② 공정거래위원회는 제1항에 따른 분쟁조정을 협의회에 의뢰할 수 있다.
③ 협의회는 제1항에 따라 분쟁조정 신청서를 접수하거나 제2항에 따라 분쟁조정을 의뢰받은 경우에는 즉시 분쟁당사자에게 통지하여야 한다.

제27조의2【조정 등】 ① 협의회는 분쟁당사자에게 분쟁조정사항을 스스로 조정하도록 권고하거나 조정안을 작성하여 이를 제시할 수 있다.
② 협의회는 해당 분쟁조정사항에 관한 사실을 확인하기 위하여 필요한 경우 조사를 하거나 분쟁당사자에게 관련 자료의 제출이나 출석을 요구할 수 있다.
③ 협의회는 제27조제1항 각 호의 어느 하나에 해당하는 사건에 대하여는 조정신청을 각하하여야 한다.
④ 협의회는 다음 각 호의 어느 하나에 해당하는 경우에는 조정절차를 종료하여야 한다.
1. 분쟁당사자가 협의회의 권고 또는 조정안을 수락하거나 스스로 조정하는 등 조정이 성립된 경우
2. 조정을 신청 또는 의뢰받은 날부터 60일(분쟁당사자 쌍방이 기간연장에 동의한 경우에는 90일로 한다)이 경과하여도 조정이 성립되지 아니한 경우
3. 분쟁당사자의 일방이 조정을 거부하는 등 조정절차를 진행할 실익이 없는 경우(2023.6.20 본호개정)
⑤ 협의회는 제3항에 따라 조정신청을 각하하거나 제4항에 따라 조정절차를 종료한 경우에는 대통령령으로 정하는 바에 따라 공정거래위원회에 조정신청 각하 또는 조정절차 종료의 사유 등과 관계 서류를 서면으로 지체 없이 보고하여야 하고 분쟁당사자에게 그 사실을 통보하여야 한다.

제27조의3【소송과의 관계】 ① 제27조제1항에 따라 분쟁조정이 신청된 사건에 대하여 신청 전 또는 신청 후 소가 제기되어 소송이 진행 중일 때에는 수소법원(受訴法院)은 조정이 있을 때까지 소송절차를 중지할 수 있다.
② 협의회는 제1항에 따라 소송절차가 중지되지 아니하는 경우에는 해당 사건의 조정절차를 중지하여야 한다.
③ 협의회는 조정이 신청된 사건과 동일한 원인으로 다수인이 관련되는 동종 · 유사 사건에 대한 소송이 진행중인 경우에는 협의회의 결정으로 조정절차를 중지할 수 있다.
(2023.6.20 본조신설)

제28조【조정조서의 작성과 그 효력】 ① 협의회는 분쟁조정사항의 조정이 성립된 경우 조정에 참가한 위원과 분쟁당사자가 기명날인하거나 서명한 조정조서를 작성한다. 이 경우 분쟁당사자 간에 조정조서와 동일한 내용의 합의가 성립된 것으로 본다.(2018.6.12 전단개정)
② 협의회는 조정절차를 개시하기 전에 분쟁당사자가 분쟁조정사항을 스스로 조정하고 조정조서의 작성을 요청하는 경우에는 그 조정조서를 작성한다.

제28조의2【분쟁조정의 특례】 ① 제27조제1항에도 불구하고 공정거래위원회, 고객 또는 사업자는 제28조에 따라 조정이 성립된 사항과 같거나 비슷한 유형의 피해가 다수 고객에게 발생할 가능성이 크다고 판단한 경우로서 대통령령으로 정하는 사건에 대하여는 협의회에 일괄적인 분쟁조정(이하 "집단분쟁조정"이라 한다)을 의뢰하거나 신청할 수 있다.
② 제1항에 따라 집단분쟁조정을 의뢰받거나 신청받은 협의회는 협의회의 의결로서 제3항부터 제7항까지의 규정에 따른 집단분쟁조정의 절차를 개시할 수 있다. 이 경우 협의회는 분쟁조정된 사안 중 집단분쟁조정신청에 필요한 사항에 대하여 대통령령으로 정하는 방법에 따라 공표하고, 대통령령으로 정하는 기간 동안 그 절차의 개시를 공고하여야 한다.
③ 협의회는 집단분쟁조정의 당사자가 아닌 고객으로부터 그 분쟁조정의 당사자에 추가로 포함될 수 있도록 하는 신청을 받을 수 있다.
④ 협의회는 협의회의 의결로써 제1항 및 제3항에 따른 집단분쟁조정의 당사자 중에서 공동의 이익을 대표하기에 가장 적합한 1인 또는 수인을 대표당사자로 선임할 수 있다.
⑤ 협의회는 사업자가 협의회의 집단분쟁조정의 내용을 수락한 경우에는 집단분쟁조정의 당사자가 아닌 자로서 피해를 입은 고객에 대한 보상계획서를 작성하여 협의회에 제출하도록 권고할 수 있다.
⑥ 협의회는 집단분쟁조정의 당사자인 다수의 고객 중 일부의 고객이 법원에 소를 제기한 경우에는 그 절차를 중지하지 아니하고 소를 제기한 일부의 고객을 그 절차에서 제외한다.
⑦ 집단분쟁조정의 기간은 제2항에 따른 공고가 종료된 날의 다음 날부터 기산한다.
⑧ 집단분쟁조정의 절차 등에 관하여 필요한 사항은 대통령령으로 정한다.
⑨ 조정원은 집단분쟁조정 대상 발굴, 조정에 의한 피해구제 사례 연구 등 집단분쟁조정 활성화에 필요한 연구를 하며, 연구결과를 인터넷 홈페이지에 공개한다.

제29조【협의회의 조직 · 운영 등】 제24조부터 제27조까지, 제27조의2, 제27조의3, 제28조 및 제28조의2 외에 협의회의 조직 · 운영 · 조정절차 등에 필요한 사항은 대통령령으로 정한다.(2023.6.20 본조개정)

제29조의2【협의회의 재원】 정부는 협의회의 운영, 업무 및 관련 연구에 필요한 경비를 조정원에 출연한다.

제5장 보 칙

(2010.3.22 본장개정)

제30조【적용 범위】 ① 약관이 「상법」 제3편, 「근로기준법」 또는 그 밖에 대통령령으로 정하는 비영리사업의 분야에 속하는 계약에 관한 것일 경우에는 이 법을 적용하지 아니한다.
② 특정한 거래 분야의 약관에 대하여 다른 법률에 특별한 규정이 있는 경우를 제외하고는 이 법에 따른다.

제30조의2【「독점규제 및 공정거래에 관한 법률」의 준용】 ① 이 법에 따른 공정거래위원회의 심의 · 의결에 관하여는 「독점규제 및 공정거래에 관한 법률」 제64조부터 제68조까지의 규정을 준용한다.
② 이 법에 따른 공정거래위원회의 처분에 대한 이의신청, 소송 제기 및 불복 소송의 전속관할(專屬管轄)에 대하여는 「독점규제 및 공정거래에 관한 법률」 제96조부터 제101조까지의 규정을 준용한다.
(2020.12.29 본조개정)

제31조【인가 · 심사의 기준】 행정관청이 다른 법률에 따라 약관을 인가하거나 다른 법률에 따라 특정한 거래 분야에 대하여 설치된 심사기구에서 약관을 심사하는 경우에는 제6조부터 제14조까지의 규정을 그 인가 · 심사의 기준으로 하여야 한다.

제31조의2【자문위원】 ① 공정거래위원회는 이 법에 따른 약관 심사 업무를 수행하기 위하여 필요하다고 인정하면 자문위원을 위촉할 수 있다.
② 제1항에 따른 자문위원의 위촉과 그 밖에 필요한 사항은 대통령령으로 정한다.

제6장 벌 칙

(2010.3.22 본장개정)

제32조【벌칙】 제17조의2제2항에 따른 명령을 이행하지 아니한 자는 2년 이하의 징역 또는 1억원 이하의 벌금에 처한다.

제33조【양벌규정】 법인의 대표자나 법인 또는 개인의 대리인, 사용인, 그 밖의 종업원이 그 법인 또는 개인의 업무에 관하여 제32조의 위반행위를 하면 그 행위자를 벌하는 외에 그 법인 또는 개인에게도 해당 조문의 벌금형을 과(科)한다. 다만, 법인 또는 개인이 그 위반행위를 방지하기 위하여 해당 업무에 관하여 상당한 주의와 감독을 게을리하지 아니한 경우에는 그러하지 아니하다.

제34조【과태료】 ① 다음 각 호의 어느 하나에 해당하는 자에게는 5천만원 이하의 과태료를 부과한다.
1. 제19조의3제8항을 위반하여 표준약관과 다른 내용을 약관으로 사용하면서 표준약관 표지를 사용한 자
(2012.2.17 본호개정)
2. 제20조제1항에 따른 조사를 거부 · 방해 또는 기피한 사업자 또는 사업자단체(2018.6.12 본호개정)
② 사업자 또는 사업자단체의 임원 또는 종업원, 그 밖의 이해관계인이 제20조제1항에 따른 조사를 거부 · 방해 또는 기피한 경우에는 1천만원 이하의 과태료를 부과한다.(2018.6.12 본항신설)
③ 다음 각 호의 어느 하나에 해당하는 자에게는 500만원 이하의 과태료를 부과한다.
1. 제3조제2항을 위반하여 고객에게 약관의 내용을 밝히지 아니하거나 그 약관의 사본을 내주지 아니한 자
2. 제3조제3항을 위반하여 고객에게 약관의 중요한 내용을 설명하지 아니한 자
3. 제19조의3제6항을 위반하여 표준약관과 다르게 정한 주요 내용을 고객이 알기 쉽게 표시하지 아니한 자
(2012.2.17 본호개정)
④ 제30조의2제1항에 따라 준용되는 「독점규제 및 공정거래에 관한 법률」 제66조를 위반하여 질서유지의 명령을 따르지 아니한 자에게는 100만원 이하의 과태료를 부과한다.(2020.12.29 본항개정)
⑤ 제1항부터 제4항까지의 규정에 따른 과태료는 대통령령으로 정하는 바에 따라 공정거래위원회가 부과 · 징수한다.(2018.6.12 본항개정)

부 칙 (2018.6.12)

제1조【시행일】 이 법은 공포 후 6개월이 경과한 날부터 시행한다. 다만, 제28조제1항 전단의 개정규정은 공포한 날부터 시행한다.

제2조【조사 거부 · 방해행위에 대한 과태료 부과에 관한 적용례】 제34조제1항제2호 및 제2항의 개정규정은 이 법 시행 후 최초로 제20조에 따라 실시하는 공정거래위원회의 조사부터 적용한다.

부 칙 (2020.12.29)

제1조【시행일】 이 법은 공포 후 1년이 경과한 날부터 시행한다.(이하 생략)

부 칙 (2023.6.20)

제1조【시행일】 이 법은 공포 후 6개월이 경과한 날부

터 시행한다.
제2조【소송·조정절차 중지에 관한 적용례】 제27조의3의 개정규정은 이 법 시행 이후 조정을 신청한 경우부터 적용한다.

부 칙 (2023.8.8)

제1조【시행일】 이 법은 공포 후 6개월이 경과한 날부터 시행한다.
제2조【협의회에 관한 적용례】 이 법은 이 법 시행 이후 새로 구성되는 협의회부터 적용한다.

약관의 규제에 관한 법률 시행령

(1987년 7월 1일 대통령령 제12197호)

개정
1993. 2.20영13843호
1998. 4. 1영15750호(한국은행법시)
2004. 3.17영18312호(전자적민원처리를위한가석방자관리규정등)
2007.11. 5영20364호
2010. 6.28영22220호(무역보험법시)
2011. 3.29영22745호 2012. 8.13영24033호
2018.11.20영29295호
2021.12.28영32274호(독점시)
2023.12.12영33961호

제1조【목적】 이 영은 「약관의 규제에 관한 법률」에서 위임된 사항과 그 시행에 필요한 사항을 규정함을 목적으로 한다.(2012.8.13 본조개정)
제2조【약관의 비치】 「약관의 규제에 관한 법률」(이하 "법"이라 한다) 제3조제2항 각 호에 해당하는 업종의 약관인 경우에도 사업자는 영업소에 해당 약관을 비치하여 고객이 볼 수 있도록 하여야 한다.(2012.8.13 본조개정)
제3조【적용의 제한】 법 제15조에 따라 다음 각 호의 어느 하나에 해당하는 업종의 약관에 대해서는 법 제7조부터 제14조까지의 규정을 적용하지 아니한다.
1. 국제적으로 통용되는 운송업
2. 국제적으로 통용되는 금융업 및 보험업
3. 「무역보험법」에 따른 무역보험
(2012.8.13 본조개정)
제4조【시정 조치의 방식】 법 제17조의2에 따른 시정권고 또는 시정명령은 그 내용을 분명히 밝힌 서면으로 하여야 한다.(2012.8.13 본조개정)
제5조【시정 조치의 요청 및 권고】 ① 법 제18조에 따른 시정에 필요한 조치의 요청 또는 권고는 그 내용을 분명히 밝힌 서면(전자문서를 포함한다)으로 하여야 한다.
② 제1항에 따라 시정에 필요한 조치의 요청 또는 권고를 받은 행정관청이나 「금융위원회의 설치 등에 관한 법률」에 따라 설립된 금융감독원은 그 요청 또는 권고를 받은 날부터 60일 이내에 공정거래위원회에 서면(전자문서를 포함한다)으로 처리결과를 알려야 한다.
(2012.8.13 본조개정)
제6조【심사청구서의 제출 등】 ① 법 제19조제1항에 따라 약관 조항의 위법성에 대한 심사를 청구하려는 자는 심사청구서에 다음 각 호의 사항을 적고, 심사청구의 대상이 되는 약관의 사본을 첨부하여야 한다.
1. 심사청구인의 성명 및 주소
2. 사업자의 성명 또는 상호 및 주소
3. 심사청구의 취지 및 이유
② 공정거래위원회는 법 제19조제1항에 따라 심사청구를 받았을 때에는 특별한 사유가 있는 경우를 제외하고는 청구를 받은 날부터 60일 이내에 그 심사결과를 심사청구인에게 서면으로 통보하여야 한다.
(2012.8.13 본조개정)
제7조【표준약관의 심사결과 통지 등】 ① 공정거래위원회는 법 제19조의3제1항에 따라 표준약관에 대한 심사청구를 받았을 때에는 심사청구를 받은 날부터 60일 이내에 그 심사결과를 신청인에게 알려야 한다.
② 공정거래위원회는 필요하다고 인정하는 경우에는 표준약관을 사용하고 있는 사업자 또는 사업자단체에 대하여 해당 약관의 운용 상황을 제출하게 할 수 있다.
(2012.8.13 본조개정)
제8조【의견 청취 등】 ① 공정거래위원회는 법 제22조제1항에 따라 사업자 또는 이해관계인에게 해당 약관이 심사 대상이 되었다는 사실을 알리는 경우에는 서면으로 하여야 하며, 공정거래위원회의 회의의 일시 및 장소를 적어야 한다.
② 공정거래위원회는 법 제22조제2항에 따라 공정거래위원회의 회의에 출석한 당사자 또는 이해관계인에게는 예산의 범위에서 필요한 경비를 지급할 수 있다.
③ 법 제22조제3항에 따라 행정관청에 의견 제출을 요구할 때에는 그 내용과 기한을 분명히 밝힌 서면으로 하여야 한다.
(2012.8.13 본조개정)
제8조의2【분쟁조정의 대상】 법 제24조제1항에서 "대통령령으로 정하는 약관"이란 약관의 작성 주체나 약관의 명칭 또는 문구에 상관없이 해당 약관 조항의 내용이 법 제17조를 위반한 약관과 법률상 쟁점이 공통되는 약관을 말한다.(2012.8.13 본조신설)
제8조의3【협의회의 회의】 ① 법 제24조제1항에 따른 약관 분쟁조정협의회(이하 "협의회"라 한다)의 위원장은 법 제25조제1항에 따른 회의를 소집하려는 경우 관계 위원들에게 회의 개최 7일 전까지 회의의 일시·장소 및 안건을 서면으로 알려야 한다. 다만, 긴급한 경우에는 그러하지 아니하다.
② 협의회의 회의는 공개하지 아니한다. 다만, 협의회의 위원장이 필요하다고 인정하는 경우에는 법 제25조제5항에 따른 분쟁의 당사자인 고객(「소비자기본법」 제2조제1호에 따른 소비자는 제외한다. 이하 같다)과 사업자(이하 "분쟁당사자"라 한다)나 그 밖의 이해관계인이 방청하게 할 수 있다.
(2012.8.13 본조신설)
제8조의4【분쟁조정의 신청 등】 ① 법 제27조제1항 각 호 외의 부분 본문에서 "대통령령으로 정하는 약관"이란 약관의 작성 주체나 약관의 명칭 또는 문구에 상관없이 해당 약관 조항의 내용이 법 제17조를 위반한 약관과 법률상 쟁점이 공통되는 약관을 말한다.
② 법 제27조제1항 각 호 외의 부분 본문에서 "대통령령으로 정하는 사항"이란 다음 각 호의 사항을 말한다.
1. 신청인과 피신청인의 성명 및 주소(분쟁당사자가 법인인 경우에는 법인의 명칭 및 주된 사무소의 소재지, 그 대표자의 성명 및 주소를 말한다)
2. 대리인이 있는 경우에는 그 성명 및 주소
3. 분쟁조정 신청대상 약관 조항
4. 다음 각 목의 사항이 포함된 분쟁조정 신청의 취지 및 이유
가. 분쟁조정 신청 경위
나. 분쟁조정 대상 약관 조항이 불공정한 이유
다. 분쟁조정 대상 약관 조항으로 인한 피해 내용
5. 소송사건의 번호(분쟁조정을 신청하려는 사건에 대해 소가 제기된 경우로 한정한다)(2023.12.12 본호신설)
③ 제2항 각 호의 사항을 적은 서면에는 다음 각 호의 서류를 첨부하여야 한다.
1. 분쟁조정 신청의 이유 및 그 사실을 증명하는 서류
2. 대리인이 신청하는 경우 그 위임장
3. 그 밖에 분쟁조정에 필요한 증거 서류 또는 자료
④ 법 제27조제1항제5호에서 "대통령령으로 정하는 사건"이란 다음 각 호의 어느 하나에 해당하는 사건을 말한다.
1. 고객과 사업자 간에 분쟁해결이나 피해보상에 관한 합의가 이루어진 사건
2. 「중재법」에 따라 중재가 진행 중이거나 신청된 사건
(2012.8.13 본조신설)
제8조의5【분쟁조정 신청 대표자의 선임】 ① 다수의 고객이 공동으로 분쟁의 조정을 신청하는 경우에는 신청인 중 3명 이내의 대표자를 선임(選任)할 수 있다.
② 신청인이 제1항에 따라 대표자를 선임하지 아니한 경우 협의회의 위원장은 신청인에게 대표자를 선임할 것을 권고할 수 있다.
③ 대표자는 다른 신청인들을 위하여 그 사건의 조정에 관한 모든 행위를 할 수 있다. 다만, 분쟁조정 신청의 철회 및 조정안의 수락·거부에 관하여는 다른 신청인들로부터 서면으로 동의를 받아야 한다.
④ 대표자가 선임되면 다른 신청인들은 대표자를 통해서만 그 사건의 조정에 관한 행위를 할 수 있다.
⑤ 대표자를 선임한 청구인들은 필요하다고 인정하면 대표자를 해임하거나 변경할 수 있다. 이 경우 신청인들은 그 사실을 지체 없이 협의회의 위원장에게 알려야 한다.
(2012.8.13 본조신설)
제8조의6【분쟁조정 신청의 보완 등】 ① 협의회의 위원장은 법 제27조제1항 각 호 외의 부분 본문에 따른 분쟁조정의 신청에 대하여 보완이 필요하다고 인정될 때에는 상당한 기간을 정하여 그 보완을 요구하여야 한다.
② 제1항에 따른 보완에 걸리는 기간은 법 제27조의2제4항제2호에 따른 기간의 산정에서 제외한다.
(2012.8.13 본조신설)
제8조의7【분쟁당사자의 출석 등】 ① 협의회는 법 제27조의2제2항에 따라 분쟁당사자에게 출석을 요구하려는 경우에는 시기 및 장소를 정하여 출석 지정일 7일 전까지 분쟁당사자에게 알려야 한다. 다만, 긴급한 경우 또는 분쟁당사자가 동의하는 경우에는 그 기간을 달리 정할 수 있다.
② 제1항의 통지를 받은 분쟁당사자는 협의회에 출석할 수 없는 부득이한 사유가 있으면 미리 서면으로 의견을 제출할 수 있다.
(2012.8.13 본조신설)
제8조의8【소 제기 등의 통지】 ① 분쟁당사자는 법 제27조제1항에 따라 분쟁조정을 신청한 후 해당 사건에 대해 소를 제기한 경우에는 지체 없이 그 사실을 협의회에 알려야 한다. 분쟁당사자가 「중재법」에 따른 중재 또는 다른 법률에 따른 분쟁조정기구에 조정을 신청한 경우에도 또한 같다.
② 협의회는 제1항 전단에 따른 사실을 통지받거나 법 제27조제1항에 따라 제출받은 분쟁조정 신청서를 통해 분쟁조정이 신청된 사건에 대해 소가 제기된 사실을 확인한 경우에는 분쟁당사자의 동의를 받아 다음 각 호의 사항을 수소법원(受訴法院)에 알려야 한다.
1. 분쟁당사자의 성명 및 주소(분쟁당사자가 법인인 경우에는 법인의 명칭, 주된 사무소의 소재지, 그 대표자의 성명과 주소를 말한다. 이하 이 조에서 같다)
2. 분쟁조정 신청일
3. 분쟁조정 신청의 취지 및 이유
4. 소송사건의 번호
③ 분쟁당사자는 법 제27조의3제1항에 따라 수소법원이 소송절차를 중지한 경우에는 지체 없이 그 사실을 협의회에 알려야 한다.
④ 협의회는 법 제27조의3제1항에 따라 수소법원이 소송절차를 중지한 분쟁조정 사건에 대해 법 제27조의2제3항에 따라 조정신청을 각하하거나 같은 조 제4항에 따라 조정절차를 종료한 경우에는 분쟁당사자의 동의를 받아 다음 각 호의 사항을 수소법원에 알려야 한다.
1. 분쟁당사자의 성명 및 주소
2. 조정신청의 각하 사유 또는 조정절차의 종료 사유
3. 조정의 결과(조정이 성립된 경우로 한정한다)
4. 소송사건의 번호
⑤ 협의회는 법 제27조의3제2항·제3항에 따라 조정절차를 중지한 경우에는 지체 없이 그 사실을 분쟁당사자에게 알려야 한다.
(2023.12.12 본조개정)
제8조의9【분쟁조정의 종료 등의 보고】 ① 협의회는 법 제27조의2제3항에 따라 조정신청을 각하(却下)하거나 법 제27조의2제4항에 따라 조정절차를 종료한 경우에는 다음 각 호의 사항이 포함된 분쟁조정 종료서를 작성하여야 한다.
1. 분쟁당사자의 일반 현황
2. 분쟁의 경위
3. 조정의 쟁점
4. 조정신청의 각하 또는 조정절차 종료의 사유(법 제27조의2제4항제1호에 따라 조정이 성립된 경우에는 조정 결과를 말한다)
② 협의회는 제1항에 따라 작성한 분쟁조정 종료서의 사본을 첨부하여 공정거래위원회에 지체 없이 보고하여야 한다.
(2012.8.13 본조신설)
제9조【집단분쟁조정의 신청대상】 법 제28조의2제1항에서 "대통령령으로 정하는 사건"이란 다음 각 호의 요건을 모두 갖춘 사건을 말한다.
1. 법 제17조를 위반한 약관 또는 제8조의2의 약관으로 인하여 피해가 발생하였을 것
2. 제1호에 따른 피해가 발생한 고객 중 다음 각 목의 고객을 제외한 고객의 수가 20명 이상일 것
가. 분쟁해결이나 피해보상에 관하여 사업자와 합의한 고객
나. 「중재법」에 따라 중재가 진행 중이거나 중재를 신청한 고객
다. 법원에 소를 제기한 고객
(2012.8.13 본조신설)
제9조의2【집단분쟁조정의 신청방법】 법 제28조의2제1항에 따라 협의회에 일괄적인 분쟁조정(이하 "집단분쟁조정"이라 한다)을 의뢰하거나 신청할 때에는 서면으로 하여야 한다.(2012.8.13 본조신설)
제9조의3【집단분쟁조정 절차의 개시】 ① 법 제28조의2제2항 후단에 따른 집단분쟁조정 절차의 개시 공고는 「독점규제 및 공정거래에 관한 법률」 제72조제1항에 따른 한국공정거래조정원의 인터넷 홈페이지 및 전국을 보급지역으로 하는 일간신문에 게재하는 방법으로 한다.
(2021.12.28 본항개정)
② 법 제28조의2제2항 후단에서 "대통령령으로 정하는 기간"이란 14일 이상인 기간을 말한다.
(2012.8.13 본조신설)
제9조의4【집단분쟁조정 절차에 대한 참가신청】 ① 집단분쟁조정의 당사자가 아닌 고객이 법 제28조의2제3항에 따라 추가로 집단분쟁조정의 당사자로 참가하려면 제9조의3제2항에 따른 공고기간에 서면으로 참가신청을 하여야 한다.
② 협의회는 제1항에 따라 집단분쟁조정의 당사자 참가신청을 받으면 제1항의 공고기간이 끝난 후 10일 이내에 참가 인정 여부를 서면으로 알려야 한다.
(2012.8.13 본조신설)
제9조의5【당사자가 아닌 자로서 피해를 입은 고객에 대한 보상계획】 법 제28조의2제5항에 따라 보상계획서 제출을 권고받은 사업자는 그 권고를 받은 날부터 15일 이내에 권고의 수락 여부를 협의회에 알려야 한다.
(2012.8.13 본조신설)
제9조의6【집단분쟁조정 절차의 제외대상 등】 집단분쟁조정의 당사자인 다수의 고객 중 일부의 고객이 제9조제2호 각 목의 어느 하나에 해당하게 된 경우 그 고객은 집단분쟁조정 절차에서 제외된다. 이 경우 절차의 진행은 영향받지 아니한다.(2012.8.13 본조신설)
제10조【협의회의 운영 세칙】 이 영에서 규정한 사항 외에 협의회의 조직·운영·조정절차 등에 관하여 필요

한 사항은 협의회의 심의·의결을 거쳐 협의회의 위원장이 정한다.(2012.8.13 본조신설)

제11조~**제12조** (1993.2.20 삭제)

제13조【공정거래위원회의 심의·의결 절차 등】 법 제30조의2에서 규정한 사항 외에 약관에 대한 심의·의결 등에 필요한 사항은 공정거래위원회가 정한다.
(2012.8.13 본조개정)

제13조의2【자문위원】 ① 법 제31조의2제1항에 따라 공정거래위원회는 약관에 관한 학식과 경험이 풍부한 사람을 자문위원으로 위촉할 수 있다.
② 자문위원은 공정거래위원회가 요청하면 약관의 심사에 관하여 공정거래위원회의 회의에 출석하여 의견을 진술하거나 서면(전자문서를 포함한다)으로 의견을 제출할 수 있다.
③ 자문위원으로 위촉된 사람에게는 예산의 범위에서 수당과 그 밖에 필요한 경비를 지급할 수 있다.
④ 이 영에서 규정한 사항 외에 자문위원에 관하여 필요한 사항은 공정거래위원회가 정한다.
(2012.8.13 본조개정)

제14조【과태료의 부과기준】 법 제34조제1항부터 제4항까지의 규정에 따른 과태료의 부과기준은 별표와 같다.
(2018.11.20 본조개정)

부　칙 (2021.12.28)

제1조【시행일】 이 영은 2021년 12월 30일부터 시행한다.
(이하 생략)

부　칙 (2023.12.12)

이 영은 2023년 12월 21일부터 시행한다.

〔별표〕 ➡「法典 別册」참조

협동조합 기본법

(2012년 1월 26일 법 률 제11211호)

개정
2014. 1.21법12272호　2014.12.30법12866호
2016. 3. 2법14053호　2017. 8. 9법14845호
2020. 3.31법17158호
2020. 6. 9법17339호(법률용어정비)
2021. 1. 5법17818호

제1장 총 칙

제1조【목적】 이 법은 협동조합의 설립·운영 등에 관한 기본적인 사항을 규정함으로써 자주적·자립적·자치적인 협동조합 활동을 촉진하고, 사회통합과 국민경제의 균형 있는 발전에 기여함을 목적으로 한다.

제2조【정의】 이 법에서 사용하는 용어의 뜻은 다음과 같다.
1. "협동조합"이란 재화 또는 용역의 구매·생산·판매·제공 등을 협동으로 영위함으로써 조합원의 권익을 향상하고 지역 사회에 공헌하고자 하는 사업조직을 말한다.
2. "협동조합연합회"란 협동조합의 공동이익을 도모하기 위하여 제1호에 따라 설립된 협동조합의 연합회를 말한다.
3. "사회적협동조합"이란 제1호의 협동조합 중 지역주민들의 권익·복리 증진과 관련된 사업을 수행하거나 취약계층에게 사회서비스 또는 일자리를 제공하는 등 영리를 목적으로 하지 아니하는 협동조합을 말한다.
4. "사회적협동조합연합회"란 사회적협동조합의 공동이익을 도모하기 위하여 제3호에 따라 설립된 사회적협동조합의 연합회를 말한다.
5. "이종(異種)협동조합연합회"란 이 법 또는 다른 법률에 따른 협동조합이 공동이익을 도모하기 위하여 설립한 연합회를 말한다.(2020.3.31 본호신설)

제3조【명칭】 ① 협동조합은 협동조합이라는 문자를, 협동조합연합회는 협동조합연합회라는 문자를, 사회적협동조합은 사회적협동조합이라는 문자를, 사회적협동조합연합회는 사회적협동조합연합회라는 문자를, 이종협동조합연합회는 이종협동조합연합회라는 문자를 각각 명칭에 사용하여야 한다.
② 이 법에 따라 설립되는 협동조합·사회적협동조합(이하 "협동조합등"이라 한다)과 이 법에 따라 설립되는 협동조합연합회·사회적협동조합연합회·이종협동조합연합회(이하 "협동조합연합회등"이라 한다)는 대통령령으로 정하는 바에 따라 다른 협동조합등 및 협동조합연합회등의 명칭과 중복되거나 혼동되는 명칭을 사용해서는 아니 된다.
③ 이 법에 따라 설립된 협동조합등 및 협동조합연합회등이 아니면 제1항에 따른 문자 또는 이와 유사한 문자를 명칭에 사용할 수 없다.
④ 협동조합연합회등은 그 명칭에 국가나 특별시·광역시·특별자치시·도 또는 특별자치도(이하 "시·도"라 한다)의 명칭을 사용하여 국가나 시·도의 대표성이 있는 것으로 일반인의 오해나 혼동을 일으켜서는 아니 된다. 다만, 출자금, 회원 등 대통령령으로 정하는 요건을 충족하는 경우에는 기획재정부장관의 인가를 받아 국가나 시·도의 명칭을 사용할 수 있다.
⑤ 기획재정부장관은 협동조합연합회등이 그 명칭에 제4항에 따른 국가나 시·도의 명칭을 사용함으로써 국가나 지역에 대한 대표성 등에 일반인의 오해나 혼동을 일으킬 우려가 있는 경우에는 대통령령으로 정하는 바에 따라 협동조합연합회등에 그 명칭의 사용을 금지하거나 수정을 명할 수 있다.
(2020.3.31 본조개정)

제4조【법인격과 주소】 ① 협동조합·협동조합연합회 및 제115조의8제1항을 적용받는 이종협동조합연합회(같은 조 제2항에 해당하는 경우는 제외한다. 이하 같다)는 법인으로 한다.
② 사회적협동조합·사회적협동조합연합회 및 제115조의8제2항을 적용받는 이종협동조합연합회는 비영리법인으로 한다.
③ 협동조합등 및 협동조합연합회등의 주소는 그 주된 사무소의 소재지로 하고, 정관으로 정하는 바에 따라 필요한 곳에 지사무소를 둘 수 있다.
(2020.3.31 본조개정)

제5조【설립 목적】 협동조합등 및 협동조합연합회등은 구성원(협동조합의 경우 조합원을, 연합회의 경우 회원을 말한다. 이하 "조합원등"이라 한다)의 복리 증진과 상부상조를 목적으로 하며, 조합원등의 경제적·사회적·문화적 수요에 부응하여야 한다.(2020.3.31 본조개정)

제6조【기본원칙】 ① 협동조합등 및 협동조합연합회등은 그 업무 수행 시 조합원등을 위하여 최대한 봉사하여야 한다.
② 협동조합등 및 협동조합연합회등은 자발적으로 결성하여 공동으로 소유하고 민주적으로 운영되어야 한다.
③ 협동조합등 및 협동조합연합회등은 투기를 목적으로 하는 행위와 일부 조합원등의 이익만을 목적으로 하는 업무와 사업을 하여서는 아니 된다.
(2020.3.31 본조개정)

제7조【협동조합등의 책무】 협동조합등 및 협동조합연합회등은 조합원등의 권익 증진을 위하여 교육·훈련 및 정보 제공 등의 활동을 적극적으로 수행하여야 한다.
(2020.3.31 본조개정)

제8조【다른 협동조합 등과의 협력】 ① 협동조합등 및 협동조합연합회등은 다른 협동조합, 다른 법률에 따른 협동조합, 외국의 협동조합 및 관련 국제기구 등과의 상호 협력, 이해 증진 및 공동사업 개발 등을 위하여 노력하여야 한다.
② 협동조합등 및 협동조합연합회등은 제1항의 목적 달성을 위하여 필요한 경우에는 다른 협동조합, 다른 법률에 따른 협동조합 등과 협의회를 구성·운영할 수 있다.
(2020.3.31 본조개정)

제9조【공직선거 관여 금지】 ① 협동조합등 및 협동조합연합회등은 공직선거에서 특정 정당을 지지·반대하는 행위 또는 특정인을 당선되도록 하거나 당선되지 아니하도록 하는 행위를 하여서는 아니 된다.
② 누구든지 협동조합등 및 협동조합연합회등을 이용하여 제1항에 따른 행위를 하여서는 아니 된다.
(2020.3.31 본조개정)

제10조【국가 및 공공단체의 협력 등】 ① 국가 및 공공단체는 협동조합등 및 협동조합연합회등의 자율성을 침해하여서는 아니 된다.(2020.3.31 본항개정)
② 국가 및 공공단체는 협동조합등 및 협동조합연합회등의 사업에 대하여 적극적으로 협조하여야 하고, 그 사업에 필요한 자금 등을 지원할 수 있다.(2020.3.31 본항개정)
③ 국가 및 공공단체는 협동조합등 및 협동조합연합회등의 의견을 듣고 그 의견이 반영되도록 노력하여야 한다.
(2020.3.31 본항개정)
④ 국가 및 공공단체는 협동조합과 관련하여 국제기구, 외국 정부 및 기관과 교류·협력 사업을 할 수 있다.
(2014.1.21 본항신설)

제10조의2【경영 지원】 기획재정부장관은 협동조합등 및 협동조합연합회등의 설립·운영에 필요한 경영·기술·세무·노무(勞務)·회계 등의 분야에 대한 전문적인 자문 및 정보 제공 등의 지원을 할 수 있다.
(2020.3.31 본조개정)

제10조의3【교육훈련 지원】 기획재정부장관은 협동조합등 및 협동조합연합회등의 설립·운영에 필요한 전문인력의 육성, 조합원등의 능력향상을 위하여 교육훈련을 실시할 수 있다.(2020.3.31 본조개정)

제11조【협동조합에 관한 정책】 ① 기획재정부장관은 협동조합에 관한 정책을 총괄하고 협동조합의 자율적인 활동을 촉진하기 위한 기본계획(이하 "기본계획"이라 한다)을 3년마다 수립하여야 한다.
② 기본계획에는 다음 각 호의 내용이 포함되어야 한다.
1. 협동조합등 및 협동조합연합회등을 활성화하기 위한 기본방향(2020.3.31 본호개정)
2. 협동조합등 및 협동조합연합회등을 활성화하기 위한 관련 법령과 제도의 개선(2020.3.31 본호개정)
3. 협동조합등 및 협동조합연합회등의 발전 전략 및 기반 조성에 관한 사항(2020.3.31 본호개정)
4. 협동조합등 및 협동조합연합회등의 상호협력 및 협동조합 정책과 관련된 관계 기관 간 협력에 관한 사항
(2020.3.31 본호개정)
5. 제6항에 따른 협동조합 실태조사의 결과 및 협동조합 정책의 개선에 관한 사항
6. 그 밖에 협동조합을 활성화하기 위한 여건 조성에 관한 사항
③ 기획재정부장관은 제1항과 제2항에 따라 협동조합에 관한 정책을 총괄하고 기본계획을 수립할 때 관계 중앙행정기관의 장과 협의하여야 하고, 특별시장·광역시장·특별자치시장·도지사·특별자치도지사(이하 "시·도지사"라 한다), 관계 기관 및 단체의 장에게 의견의 제출을 요청할 수 있다. 이 경우 그 요청을 받은 자는 정당한 사유가 없으면 그 요청에 따라야 한다.
(2020.6.9 전단개정)
④ 기획재정부장관은 협동조합에 관한 정책과 협동조합의 자율적인 활동 등에 관한 사항에 대하여 대통령령으로 정하는 바에 따라 시·도지사와 협의·조정할 수 있다.
⑤ 제1항부터 제4항까지의 규정에 따른 협동조합에 관한 정책 총괄 및 기본계획의 수립과 협의·조정 등을 위하여 필요한 사항은 대통령령으로 정한다.
⑥ 기획재정부장관은 기본계획을 수립한 경우 지체 없이 국회 소관 상임위원회에 제출하고, 이를 공표하여야 한다.(2020.3.31 본항신설)
⑦ 기획재정부장관은 협동조합의 활동현황·자금·인력 및 경영 등에 관한 실태파악을 위하여 2년마다 실태조사를 실시한 후 그 결과를 공표하고, 국회 소관 상임위원회에 보고하여야 한다.
⑧ 관계 중앙행정기관의 장 또는 시·도지사는 제7항에 따른 실태조사를 위하여 필요한 자료를 기획재정부장관에게 제출하여야 한다.(2020.3.31 본항개정)
(2014.1.21 본조개정)

제11조의2【협동조합정책심의위원회】 ① 협동조합의 정책에 관한 주요 사항을 심의하기 위하여 기획재정부장관 소속으로 협동조합정책심의위원회(이하 "심의회"라 한다)를 둔다.
② 심의회는 다음 각 호의 사항을 심의한다.
1. 기본계획의 수립·변경에 관한 사항
2. 협동조합등 및 협동조합연합회등의 설립·합병·분할의 신고 또는 인가에 관련된 사항(2020.3.31 본호개정)
3. 협동조합등 및 협동조합연합회등의 관리·감독에 관련된 사항(2020.3.31 본호개정)
4. 협동조합 정책과 관련된 관계 행정기관과의 협의·조정 등에 관련된 사항
5. 그 밖에 협동조합과 관련된 법·제도의 개선 등 협동조합등 및 협동조합연합회등의 활성화를 위하여 대통령령으로 정하는 사항(2020.3.31 본호개정)
③ 심의회의 위원장은 기획재정부차관이 되며, 위원은 다음 각 호의 위원으로 구성한다.
1. 대통령령으로 정하는 관계 중앙행정기관의 고위공무원단에 속하는 공무원
2. 협동조합에 관한 학식과 경험이 풍부한 사람 중에서 기획재정부장관이 위촉하는 사람
④ 제1항부터 제3항까지에서 규정한 사항 외에 심의회의 구성 및 운영 등에 필요한 사항은 대통령령으로 정한다.
(2014.12.30 본조신설)

제12조【협동조합의 날】 ① 국가는 협동조합에 대한 이해를 증진시키고 협동조합의 활동을 장려하기 위하여 매년 7월 첫째 토요일을 협동조합의 날로 지정하며, 협동조합의 날 이전 1주간을 협동조합 주간으로 지정한다.
② 국가와 지방자치단체는 협동조합의 날의 취지에 적합한 행사 등 사업을 실시하도록 노력하여야 한다.

제13조【다른 법률과의 관계】 ① 다른 법률에 따라 설립되었거나 설립되는 협동조합에 대하여는 이 법을 적용하지 아니한다.
② 협동조합의 설립 및 육성과 관련되는 다른 법령을 제정하거나 개정하는 경우에는 이 법의 목적과 원칙에 맞도록 하여야 한다.
③ 대통령령으로 정하는 요건에 해당하는 협동조합등 및 협동조합연합회등의 행위에 대하여는 「독점규제 및 공정거래에 관한 법률」을 적용하지 아니한다. 다만, 불공정거래행위 등 일정한 거래분야에서 부당하게 경쟁을 제한하는 경우에는 그러하지 아니하다.(2020.3.31 본문개정)
④ 협동조합연합회등의 공제사업에 관하여는 「보험업법」을 적용하지 아니한다.(2020.3.31 본항개정)

제14조【다른 법률의 준용】 ① 제4조제1항의 협동조합·협동조합연합회 및 제115조의8제1항을 적용받는 이종협동조합연합회에 관하여 이 법에서 규정한 사항 외에는 「상법」 제1편 총칙, 제2편 상행위, 제3편제3장의2 유한책임회사에 관한 규정을 준용한다. 이 경우 "상인"은 "협동조합·협동조합연합회 및 제115조의8제1항을 적용받는 이종협동조합연합회"로, "사원"은 "조합원등"으로 본다.

② 제4조제2항의 사회적협동조합·사회적협동조합연합회 및 제115조의8제2항을 적용받는 이종협동조합연합회에 관하여 이 법에서 규정한 사항 외에는 「민법」 제1편제3장 법인에 관한 규정을 준용한다. 이 경우 "사단법인"은 "사회적협동조합·사회적협동조합연합회 및 제115조의8제2항을 적용받는 이종협동조합연합회"로, "사원"은 "조합원등"으로, "허가"는 "인가"로 본다.
(2020.3.31 본조개정)

제2장 협동조합

제1절 설 립

제15조【설립신고 등】 ① 협동조합을 설립하려는 경우에는 5인 이상의 조합원 자격을 가진 자가 발기인이 되어 정관을 작성하고 창립총회의 의결을 거친 후 주된 사무소의 소재지를 관할하는 시·도지사에게 신고하여야 한다. 신고한 사항을 변경하는 경우에도 또한 같다.
(2014.1.21 본항개정)
② 시·도지사는 제1항에 따른 신고 또는 변경신고를 받은 날부터 20일 이내에 신고수리 또는 변경신고수리 여부를 신고인에게 통지하여야 한다.(2020.3.31 본항신설)
③ 시·도지사가 제2항에서 정한 기간 내에 신고수리 또는 변경신고수리 여부나 민원 처리 관련 법령에 따른 처리기간의 연장을 신고인에게 통지하지 아니하면 그 기간(민원 처리 관련 법령에 따라 처리기간이 연장 또는 재연장된 경우에는 해당 처리기간을 말한다)이 끝난 날의 다음 날에 신고수리 또는 변경신고수리를 한 것으로 본다.(2020.3.31 본항신설)
④ 창립총회의 의사는 창립총회 개의 전까지 발기인에게 설립동의서를 제출한 자 과반수의 출석과 출석자 3분의 2 이상의 찬성으로 의결한다.
⑤ 시·도지사는 제1항에 따라 협동조합의 설립신고를 받은 때에는 즉시 기획재정부장관에게 그 사실을 통보하여야 한다.
⑥ 제1항부터 제5항까지에서 규정한 사항 외에 협동조합의 설립신고, 변경신고, 신고의 반려 또는 보완에 필요한 사항은 대통령령으로 정한다.(2020.3.31 본항개정)
제15조의2【신고확인증의 발급 등】 ① 시·도지사는 제15조에 따른 설립신고 또는 변경신고를 수리한 경우(같은 조 제3항에 따라 신고 또는 변경신고를 수리한 것으로 보는 경우를 포함한다)에는 신고확인증을 발급하여야 한다.(2020.3.31 본항개정)
② 제1항에 따른 신고확인증의 발급에 필요한 사항은 대통령령으로 정한다.
(2014.1.21 본조신설)
제16조【정관】 ① 협동조합의 정관에는 다음 각 호의 사항이 포함되어야 한다.
1. 목적
2. 명칭 및 주된 사무소의 소재지
3. 조합원 및 대리인의 자격
4. 조합원의 가입, 탈퇴 및 제명에 관한 사항
5. 출자 1좌의 금액과 납입 방법 및 시기, 조합원의 출자좌수 한도
6. 우선출자에 관한 사항(2020.3.31 본호신설)
7. 조합원의 권리와 의무에 관한 사항
8. 잉여금과 손실금의 처리에 관한 사항
9. 적립금의 적립방법 및 사용에 관한 사항
10. 사업의 범위 및 회계에 관한 사항
11. 기관 및 임원에 관한 사항
12. 공고의 방법에 관한 사항
13. 해산에 관한 사항
14. 출자금의 양도에 관한 사항
15. 그 밖에 총회·이사회의 운영 등에 필요한 사항
② 제1항제5호에 따른 출자 1좌의 금액은 균일하게 정하여야 한다.(2014.1.21 본항신설)
③ 협동조합의 정관의 변경은 설립신고를 한 시·도지사에게 신고를 하여야 그 효력이 발생한다.
제17조【규약 또는 규정】 협동조합의 운영 및 사업실시에 필요한 사항으로서 정관으로 정하는 것을 제외하고는 규약 또는 규정으로 정할 수 있다.
제18조【설립사무의 인계와 출자납입 등】 ① 발기인은 제15조의2에 따라 신고확인증을 발급받으면 지체 없이 그 사무를 이사장에게 인계하여야 한다.(2014.1.21 본항개정)
② 제1항에 따라 이사장이 그 사무를 인수하면 기일을 정하여 조합원이 되려는 자에게 출자금을 납입하게 하여야 한다.
③ 현물출자자는 제2항에 따른 납입기일 안에 출자 목적인 재산을 인도하고 등기·등록, 그 밖의 권리의 이전에 필요한 서류를 구비하여 협동조합에 제출하여야 한다.
④ 협동조합의 자본금은 조합원이 납입한 출자금의 총액으로 한다.(2014.1.21 본항신설)
(2014.1.21 본조제목개정)
제19조【협동조합의 설립】 ① 협동조합은 주된 사무소의 소재지에서 제61조에 따른 설립등기를 함으로써 성립한다.
② 협동조합의 설립 무효에 관하여는 「상법」 제328조를 준용한다.

제2절 조합원

제20조【조합원의 자격】 조합원은 협동조합의 설립 목적에 동의하고 조합원으로서의 의무를 다하고자 하는 자로 한다.
제21조【가입】 ① 협동조합은 정당한 사유 없이 조합원의 자격을 갖추고 있는 자에 대하여 가입을 거절하거나 다른 조합원보다 불리한 가입 조건을 붙일 수 없다.
(2020.6.9 본항개정)
② 협동조합은 제1항에도 불구하고 정관으로 정하는 바에 따라 협동조합의 설립 목적 및 특성에 부합되는 자로 조합원의 자격을 제한할 수 있다.
제22조【출자 및 책임】 ① 조합원은 정관으로 정하는 바에 따라 1좌 이상을 출자하여야 한다. 다만, 필요한 경우 정관으로 정하는 바에 따라 현물을 출자할 수 있다.
② 조합원 1인의 출자좌수는 총 출자좌수의 100분의 30을 넘어서는 아니 된다.
③ 조합원이 납입한 출자금은 질권의 목적이 될 수 없다.
④ 협동조합에 납입할 출자금은 협동조합에 대한 채권과 상계하지 못한다.
⑤ 조합원의 책임은 납입한 출자액을 한도로 한다.
제22조의2【우선출자】 ① 경영의 투명성과 재무상태가 양호한 협동조합으로서 대통령령으로 정하는 협동조합은 자기자본의 확충을 통한 경영의 건전성을 도모하기 위하여 정관으로 정하는 바에 따라 잉여금 배당에서 우선적 지위를 가지는 우선출자를 발행할 수 있다.
② 제1항에 따른 우선출자 1좌의 금액은 제22조제1항에 따른 출자 1좌의 금액과 같아야 하며, 우선출자의 총액은 다음 각 호에 해당하는 금액 중 더 큰 금액의 100분의 30을 초과할 수 없다.
1. 대통령령으로 정하는 바에 따라 산정한 자기자본
2. 납입출자금 총액
③ 조합원이 제2항에 따른 우선출자에 참여할 경우, 조합원 1인의 납입출자금 총액과 우선출자 총액을 합한 금액은 협동조합이 발행한 우선출자 총액의 100분의 30을 초과할 수 없다.
④ 우선출자에 대해서는 의결권과 선거권을 인정하지 아니한다.
⑤ 우선출자에 대한 배당은 제22조에 따른 출자에 대한 배당보다 우선하여 실시하되, 그 배당률은 정관으로 정하는 최저 배당률과 최고 배당률 사이에서 정기총회에서 정한다.
⑥ 제1항부터 제5항까지에서 규정한 사항 외에 우선출자증서의 발행, 우선출자자의 책임, 우선출자의 양도, 우선출자자 총회 등에 관한 사항은 대통령령으로 정한다.
(2020.3.31 본조신설)
제23조【의결권 및 선거권】 ① 조합원은 출자좌수에 관계없이 각각 1개의 의결권과 선거권을 가진다.
② 조합원은 대리인으로 하여금 의결권 또는 선거권을 행사하게 할 수 있다. 이 경우 그 조합원은 출석한 것으로 본다.
③ 제2항에 따른 대리인은 다른 조합원 또는 본인과 동거하는 가족(조합원의 배우자, 조합원 또는 그 배우자의 직계 존속·비속과 형제자매, 조합원의 직계 존속·비속 및 형제자매의 배우자를 말한다. 이하 같다)이어야 하며, 대리인이 대리할 수 있는 조합원의 수는 1인에 한정한다.(2020.6.9 본항개정)
④ 제2항에 따른 대리인은 정관으로 정하는 바에 따라 대리권을 증명하는 서면을 협동조합에 제출하여야 한다.
제24조【탈퇴】 ① 조합원은 정관으로 정하는 바에 따라 협동조합에 탈퇴의사를 알리고 탈퇴할 수 있다.
② 조합원이 다음 각 호의 어느 하나에 해당하면 당연히 탈퇴된다.
1. 조합원의 자격이 없는 경우
2. 사망한 경우
3. (2017.8.9 삭제)
4. 성년후견개시의 심판을 받은 경우(2020.3.31 본호개정)
5. 조합원인 법인이 해산한 경우
6. 그 밖에 정관으로 정하는 사유에 해당하는 경우
③ 조합원지위의 양도 또는 조합원지분의 양도는 총회의 의결을 받아야 한다.
제25조【제명】 ① 협동조합은 조합원이 다음 각 호의 어느 하나에 해당하면 해당 조합원을 제명할 수 있다.
1. 정관으로 정한 기간 이상 협동조합의 사업을 이용하지 아니한 경우
2. 출자 및 경비의 납입 등 협동조합에 대한 의무를 이행하지 아니한 경우
3. 그 밖에 정관으로 정하는 사유에 해당하는 경우
② 협동조합은 제1항에 따라 조합원을 제명하고자 할 때에는 총회 개최 10일 전까지 해당 조합원에게 제명사유를 알리고, 총회에서 의견을 진술할 기회를 주어야 한다.
③ 제2항에 따른 의견진술의 기회를 주지 아니하고 행한 총회의 제명 의결은 해당 조합원에게 대항하지 못한다.
제26조【지분환급청구권과 환급정지】 ① 탈퇴 조합원(제명된 조합원을 포함한다. 이하 이 조와 제27조에서 같다)은 탈퇴(제명을 포함한다. 이하 이 조와 제27조에서 같다) 당시 회계연도의 다음 회계연도부터 정관으로 정하는 바에 따라 그 지분의 환급을 청구할 수 있다.
② 제1항에 따른 지분은 탈퇴한 회계연도 말의 협동조합의 자산과 부채에 따라 정한다.
③ 제1항에 따른 청구권은 2년간 행사하지 아니하면 시효로 인하여 소멸된다.
④ 협동조합은 탈퇴 조합원이 협동조합에 대한 채무를 다 갚을 때까지는 제1항에 따른 지분의 환급을 정지할 수 있다.
제27조【탈퇴 조합원의 손실액 부담】 협동조합은 협동조합의 재산으로 그 채무를 다 갚을 수 없는 경우에는 제26조에 따른 지분의 환급분을 계산할 때 정관으로 정하는 바에 따라 탈퇴 조합원이 부담하여야 할 손실액의 납입을 청구할 수 있다. 이 경우 제26조제3항을 준용한다.

제3절 기 관

제28조【총회】 ① 협동조합에 총회를 둔다.
② 총회는 이사장과 조합원으로 구성한다.
③ 이사장은 총회를 소집하며, 총회의 의장이 된다.
④ 정기총회는 매년 1회 정관으로 정하는 시기에 소집하고, 임시총회는 정관으로 정하는 바에 따라 필요하다고 인정될 때 소집할 수 있다.
⑤ 이사장은 총회 개최 7일 전까지 회의목적·안건·일시 및 장소를 정하여 정관으로 정한 방법에 따라 총회소집을 통지하여야 한다.
제29조【총회의 의결사항 등】 ① 다음 각 호의 사항은 총회의 의결을 받아야 한다.
1. 정관의 변경
2. 규약의 제정·변경 또는 폐지
3. 임원의 선출과 해임
4. 사업계획 및 예산의 승인
5. 결산보고서의 승인
6. 감사보고서의 승인
7. 협동조합의 합병·분할·해산·휴업 또는 계속
(2020.3.31 본호개정)
8. 조합원의 제명
8의2. 탈퇴 조합원(제명된 조합원을 포함한다)에 대한 출자금 환급(2014.1.21 본호신설)
9. 다른 협동조합에 대한 우선출자(2020.3.31 본호신설)
10. 총회의 의결을 받도록 정관으로 정하는 사항
11. 그 밖에 이사장 또는 이사회가 필요하다고 인정하는 사항
② 제1항제1호, 제7호, 제8호, 제8호의2, 제9호의 사항은 총조합원 과반수의 출석과 출석자 3분의 2 이상의 찬성으로 의결하며, 그 밖의 사항은 총조합원 과반수의 출석과 출석자 과반수의 찬성으로 의결한다.(2020.3.31 본항개정)
제30조【총회의 의사록】 ① 총회의 의사에 관하여 의사록을 작성하여야 한다.
② 의사록에는 의사의 진행 상황과 그 결과를 적고 의장과 총회에서 선출한 조합원 3인 이상이 기명날인하거나 서명하여야 한다.
제31조【대의원총회】 ① 조합원 수가 대통령령으로 정하는 수를 초과하는 경우 총회를 갈음하는 대의원총회를 둘 수 있다.
② 대의원총회는 조합원 중에서 선출된 대의원으로 구성한다.
③ 대의원총회를 구성하는 대의원 정수는 대의원 선출 당시 조합원 총수의 100분의 10 이상이어야 한다. 다만, 그 대의원 총수가 100명을 초과하는 경우에는 100명으로 할 수 있다.(2014.1.21 본항신설)
④ 대의원의 의결권 및 선거권은 대리인으로 하여금 행사하게 할 수 없다.
⑤ 대의원의 임기, 선출방법 및 자격 등 대의원총회의 운영에 필요한 사항은 정관으로 정한다.(2014.1.21 본항신설)
⑥ 대의원총회에 관하여는 총회에 관한 규정을 준용하며, 이 경우 "조합원"은 "대의원"으로 본다. 다만, 대의원총회는 협동조합의 합병·분할 및 해산에 관한 사항은 의결할 수 없다.
제32조【이사회】 ① 협동조합에 이사회를 둔다.
② 이사회는 이사장 및 이사로 구성한다.
③ 이사장은 이사회를 소집하고 그 의장이 된다.
④ 이사회는 구성원 과반수의 출석과 출석원 과반수의 찬성으로 의결하며, 그 밖에 이사회의 개의 및 의결방법 등 이사회의 운영에 관하여 필요한 사항은 정관으로 정한다.
⑤ 제1항에도 불구하고 조합원 수가 10인 미만인 협동조합은 총회의 의결을 받아 이사회를 두지 아니할 수 있다.
(2014.1.21 본항신설)
제33조【이사회의 의결사항】 이사회는 다음 각 호의 사항을 의결한다.
1. 협동조합의 재산 및 업무집행에 관한 사항
2. 총회의 소집과 총회에 상정할 의안
3. 규정의 제정·변경 및 폐지
4. 사업계획 및 예산안 작성
5. 법령 또는 정관으로 이사회의 의결을 받도록 정하는 사항
6. 그 밖에 협동조합의 운영에 중요한 사항 또는 이사장이 부의하는 사항

제34조【임원】 ① 협동조합에 임원으로서 이사장 1명을 포함한 3명 이상의 이사와 1명 이상의 감사를 둔다.
② 이사의 정수 및 이사·감사의 선출방법 등은 정관으로 정한다.
③ 이사장은 이사 중에서 정관으로 정하는 바에 따라 총회에서 선출한다.
④ 조합원인 법인이 협동조합의 임원인 경우 그 조합원인 법인은 임원의 직무를 수행할 사람을 선임하고, 그 선임한 사람의 성명과 주소를 조합원에게 통지하여야 한다.(2014.1.21 본항신설)
⑤ 제1항에도 불구하고 사업의 성격, 조합원 구성 등을 고려하여 대통령령으로 정하는 협동조합은 총회의 의결을 받아 감사를 두지 아니할 수 있다.(2020.6.9 본항개정)
제35조【임원의 임기 등】 ① 임원의 임기는 4년의 범위에서 정관으로 정한다.
② 임원은 연임할 수 있다. 다만, 이사장은 두 차례만 연임할 수 있다.(2020.6.9 단서개정)
③ 결원으로 인하여 선출된 임원의 임기는 전임자의 임기종료일까지로 한다.
제36조【임원 등의 결격사유】 ① 다음 각 호의 어느 하나에 해당하는 사람은 협동조합의 임원이나 제34조제4항에 따른 임원의 직무를 수행할 사람이 될 수 없다.
(2014.1.21 본문개정)
1. 피성년후견인(2014.1.21 본호개정)
2. (2021.1.5 삭제)
3. 파산선고를 받고 복권되지 아니한 사람
4. 금고 이상의 실형을 선고받고 그 집행이 끝나거나(집행이 끝난 것으로 보는 경우를 포함한다) 집행이 면제된 날부터 3년이 지나지 아니한 사람
5. 금고 이상의 형의 집행유예를 선고받고 그 유예기간 중에 있는 사람(2020.3.31 본호개정)
6. 금고 이상의 형의 선고유예를 받고 그 선고유예기간 중에 있는 사람
6의2.「형법」제303조 또는「성폭력범죄의 처벌 등에 관한 특례법」제10조에 규정된 죄를 범한 사람으로서 300만원 이상의 벌금형을 선고받고 그 형이 확정된 후 2년이 지나지 아니한 사람(2020.3.31 본호신설)
7. 법원의 판결 또는 다른 법률에 따라 자격이 상실 또는 정지된 사람
② 제1항 각 호의 사유가 발생하면 해당 임원이나 제34조제4항에 따른 임원의 직무를 수행할 사람은 당연히 퇴직된다.(2014.1.21 본항개정)
③ 제2항에 따라 퇴직된 임원이나 제34조제4항에 따른 임원의 직무를 수행할 사람이 퇴직 전에 관여한 행위는 그 효력을 상실하지 아니한다.(2014.1.21 본항개정)
(2014.1.21 본조제목개정)
제36조의2【벌금형의 분리 선고】「형법」제38조에도 불구하고 제36조제1항제6호의2에 규정된 죄와 다른 죄의 경합범(競合犯)에 대하여 벌금형을 선고하는 경우에는 이를 분리 선고하여야 한다.(2020.3.31 본조신설)
제37조【선거운동의 제한】 ① 누구든지 자기 또는 특정인을 협동조합의 임원 또는 대의원으로 당선되도록 하거나 당선되지 아니하도록 할 목적으로 다음 각 호의 어느 하나에 해당하는 행위를 할 수 없다.
1. 조합원(협동조합에 가입신청을 한 자를 포함한다. 이하 이 조에서 같다)이나 그 가족(조합원의 배우자, 조합원 또는 그 배우자의 직계 존속·비속과 형제자매, 조합원의 직계 존속·비속 및 형제자매의 배우자를 말한다. 이하 같다) 또는 조합원이나 그 가족이 설립·운영하고 있는 기관·단체·시설에 대한 다음 각 목의 어느 하나에 해당하는 행위(2014.1.21 본문개정)
가. 금전·물품·향응이나 그 밖의 재산상의 이익을 제공하는 행위
나. 공사의 직을 제공하는 행위
다. 금전·물품·향응, 그 밖의 재산상의 이익이나 공사의 직을 제공하겠다는 의사표시 또는 그 제공을 약속을 하는 행위
2. 후보자가 되지 못하도록 하거나 후보자를 사퇴하게 할 목적으로 후보자가 되려는 사람이나 후보자에게 제1호 각 목에 규정된 행위를 하는 행위
3. 제1호 또는 제2호의 이익이나 직을 제공받거나 그 제공의 의사표시를 승낙하는 행위 또는 그 제공을 요구하거나 알선하는 행위
② 임원 또는 대의원이 되려는 사람은 선거일 공고일부터 선거일까지의 기간 중에는 선거운동을 위하여 조합원을 호별로 방문하거나 특정 장소에 모이게 할 수 없다.
(2021.1.5 본항개정)
③ 누구든지 협동조합의 임원 또는 대의원 선거와 관련하여 연설·벽보, 그 밖의 방법으로 거짓의 사실을 공표하거나 공연히 사실을 적시하여 후보자를 비방할 수 없다.
④ 누구든지 임원 또는 대의원 선거와 관련하여 다음 각 호의 방법 외의 선거운동을 할 수 없다.(2014.1.21 본문개정)
1. 선전 벽보의 부착
2. 선거 공보의 배부
3. 소형 인쇄물의 배부
4. 합동 연설회 또는 공개 토론회의 개최
5. 전화(문자메시지를 포함한다)·팩스·컴퓨터통신(전자우편을 포함한다)을 이용한 지지 호소(2014.1.21 본호개정)
제38조【선거관리위원회의 구성·운영】 ① 협동조합은 임원 및 대의원 선거를 공정하게 관리하기 위하여 선거관리위원회를 구성·운영할 수 있다.
② 선거관리위원회의 기능·구성 및 운영 등에 관하여 필요한 사항은 정관으로 정할 수 있다.
제39조【임원의 의무와 책임】 ① 임원은 이 법, 이 법에 따른 명령, 정관·규약·규정 및 총회와 이사회의 의결을 준수하고 협동조합을 위하여 성실히 그 직무를 수행하여야 한다.
② 임원이 법령 또는 정관을 위반하거나 그 임무를 게을리하여 협동조합에 손해를 가한 때에는 연대하여 그 손해를 배상하여야 한다.
③ 임원이 고의 또는 중대한 과실로 그 임무를 게을리하여 제3자에게 손해를 끼친 때에는 제3자에게 연대하여 그 손해를 배상하여야 한다.
④ 제2항 및 제3항의 행위가 이사회의 의결에 의한 것일 때에는 그 의결에 찬성한 이사도 제2항 및 제3항의 책임이 있다.
⑤ 제4항의 의결에 참가한 이사로서 명백한 반대의사를 표시하지 아니한 자는 그 의결에 찬성한 것으로 본다.
제40조【임원의 해임】 ① 조합원은 조합원 5분의 1 이상의 동의로 총회에 임원의 해임을 요구할 수 있다.
② 임원의 해임을 의결하려면 해당 임원에게 해임의 이유를 알리고, 총회에서 의견을 진술할 기회를 주어야 한다.
제41조【이사장 및 이사의 직무】 ① 이사장은 협동조합을 대표하고 정관으로 정하는 바에 따라 협동조합의 업무를 집행한다.
② 이사는 정관으로 정하는 바에 따라 협동조합의 업무를 집행하고, 이사장이 부득이한 사유로 직무를 수행할 수 없을 때에는 정관으로 정하는 순서에 따라 그 직무를 대행한다.(2020.6.9 본항개정)
③ 제2항의 경우와 이사장이 권한을 위임한 경우를 제외하고는 이사장이 아닌 이사는 협동조합을 대표할 수 없다.
제42조【감사의 직무】 ① 감사는 협동조합의 업무집행 상황, 재산상태, 장부 및 서류 등을 감사하여 총회에 보고하여야 한다.
② 감사는 예고 없이 협동조합의 장부나 서류를 대조·확인할 수 있다.
③ 감사는 이사장 및 이사가 이 법, 이 법에 따른 명령, 정관·규약·규정 또는 총회의 의결에 반하여 업무를 집행한 때에는 이사회에 그 시정을 요구하여야 한다.
④ 감사는 총회 또는 이사회에 출석하여 의견을 진술할 수 있다.
⑤ 제34조제5항에 따라 감사를 두지 아니하는 때에는 총회가 제1항부터 제3항까지의 규정에 따른 감사의 직무를 수행한다.(2014.1.21 본항신설)
제43조【감사의 대표권】 ① 협동조합이 이사장을 포함한 이사와 소송을 하는 때에는 감사가 협동조합을 대표한다.
② 제34조제5항에 따라 감사를 두지 아니하는 협동조합이 제1항에 따른 소송을 하는 때에는 협동조합, 이사 또는 이해관계인은 법원에 협동조합을 대표할 자를 선임하여 줄 것을 신청하여야 한다.(2014.1.21 본항신설)
제44조【임직원의 겸직금지】 ① 이사장은 다른 협동조합의 이사장을 겸직할 수 없다.
② 이사장을 포함한 이사와 직원은 감사를 겸직할 수 없다.
③ 임원은 해당 협동조합의 직원을 겸직할 수 없다.
(2014.1.21 단서삭제)
④ 제2항 및 제3항에도 불구하고 임원은 사업의 성격과 조합원의 구성 등을 고려하여 대통령령으로 정하는 바에 따라 직원을 겸직할 수 있다.(2014.1.21 본항신설)
⑤ 협동조합의 임직원은 국회의원 또는 지방의회의원을 겸직할 수 없다.(2014.1.21 본항신설)

제4절 사 업

제45조【사업】 ① 협동조합은 설립 목적을 달성하기 위하여 필요한 사업을 자율적으로 정관으로 정하되, 다음 각 호의 사업은 포함하여야 한다.
1. 조합원과 직원에 대한 상담, 교육·훈련 및 정보 제공 사업
2. 협동조합 간 협력을 위한 사업
3. 협동조합의 홍보 및 지역사회를 위한 사업
② 협동조합의 사업은 관계 법령에서 정하는 목적·요건·절차·방법 등에 따라 적법하고 타당하게 시행되어야 한다.
③ 협동조합은 제1항과 제2항에도 불구하고「통계법」제22조제1항에 따라 통계청장이 고시하는 한국표준산업분류에 의한 금융 및 보험업을 영위할 수 없다.
제46조【사업의 이용】 협동조합은 대통령령으로 정하는 사업을 제외하고는 조합원의 이용에 지장이 없는 범위에서 정관으로 정하는 바에 따라 조합원이 아닌 자에게 그 사업을 이용하게 할 수 있다.(2014.12.30 본조개정)

제5절 회 계

제47조【회계연도 등】 ① 협동조합의 회계연도는 정관으로 정한다.
② 협동조합의 회계는 일반회계와 특별회계로 구분하되, 각 회계별 사업부문은 정관으로 정한다.
제48조【사업계획서와 수지예산서】 협동조합은 매 회계연도의 사업계획서와 수지예산서를 작성하여 총회의 의결을 받아야 한다.
제49조【운영의 공개】 ① 협동조합은 다음 각 호의 사항을 적극 공개하여야 한다.
1. 정관과 규약 또는 규정
2. 총회·이사회의 의사록
3. 조합원 명부
4. 회계장부
5. 그 밖에 정관으로 정하는 사항
(2014.1.21 1호~5호신설)
② 협동조합은 제1항 각 호의 사항이 포함된 서류를 주된 사무소에 갖추어 두어야 한다.
③ 협동조합의 채권자 및 조합원은 제1항 각 호의 사항이 포함된 서류를 열람하거나 그 사본을 청구할 수 있다.
④ (2014.1.21 삭제)
(2014.1.21 본조개정)
제49조의2【경영공시】 ① 대통령령으로 정하는 일정 규모 이상의 협동조합은 제15조에 따라 설립신고를 한 시·도 또는 협동조합연합회의 인터넷 홈페이지에 경영에 관한 다음 각 호의 사항에 대한 공시(이하 이 조에서 "경영공시"라 한다)를 하여야 한다.
1. 정관과 규약 또는 규정
2. 사업결산 보고서
3. 총회, 대의원총회 및 이사회의 활동 상황
4. 제45조제1항제1호부터 제3호까지의 사업을 포함한 사업결과 보고서
② 제1항에도 불구하고 기획재정부장관은 경영공시를 대신하여 같은 항 각 호의 사항을 별도로 표준화하고 이를 통합하여 공시할 수 있다.
③ 기획재정부장관은 제2항에 따른 통합 공시를 하기 위하여 필요한 자료를 협동조합에 요구할 수 있다. 이 경우 협동조합은 특별한 사정이 없으면 그 요구에 따라야 한다.
④ 제1항부터 제3항까지에서 규정한 사항 외에 협동조합의 경영공시 또는 통합 공시의 절차 등에 관하여 필요한 사항은 대통령령으로 정한다.
(2014.1.21 본조신설)
제50조【법정적립금 및 임의적립금】 ① 협동조합은 매 회계연도 결산의 결과 잉여금이 있는 때에는 해당 회계연도말 출자금 납입총액의 3배가 될 때까지 잉여금의 100분의 10 이상을 적립(이하 "법정적립금"이라 한다)하여야 한다.(2014.1.21 본항개정)
② 협동조합은 정관으로 정하는 바에 따라 사업준비금 등을 적립(이하 "임의적립금"이라 한다)할 수 있다.
③ 협동조합은 손실의 보전에 충당하거나 해산하는 경우 외에는 법정적립금을 사용하여서는 아니 된다.
제51조【손실금의 보전과 잉여금의 배당】 ① 협동조합은 매 회계연도의 결산 결과 손실금(당기손실금을 말한다)이 발생하면 미처분이월금, 임의적립금, 법정적립금의 순으로 이를 보전하고, 보전 후에도 부족이 있을 때에는 이를 다음 회계연도에 이월한다.
② 협동조합이 제1항에 따른 손실금을 보전하고 제50조에 따른 법정적립금 및 임의적립금 등을 적립한 이후에는 정관으로 정하는 바에 따라 조합원에게 잉여금을 배당할 수 있다.
③ 제2항에 따른 잉여금 배당의 경우 협동조합사업 이용실적에 대한 배당은 전체 배당액의 100분의 50 이상이어야 하고, 납입출자액에 대한 배당은 납입출자금의 100분의 10을 초과하여서는 아니 된다.
제52조【결산보고서의 승인】 ① 협동조합은 정기총회일 7일 전까지 결산보고서(사업보고서, 대차대조표, 손익계산서, 잉여금처분안 또는 손실금처리안 등을 말한다)를 감사에게 제출하여야 한다.
② 협동조합은 제1항에 따른 결산보고서와 감사의 의견서를 정기총회에 제출하여 승인을 받아야 한다.
제53조【출자감소의 의결】 ① 협동조합은 출자 1좌 금액의 감소를 의결하면 의결한 날부터 14일 이내에 대차대조표를 작성하여야 한다.
② 협동조합은 제1항의 기간에 채권자에 대하여 이의가 있으면 일정한 기간에 신청하여야 할 것을 공고함과 동시에 이미 알고 있는 채권자에 대하여는 개별적으로 최고하여야 한다.
③ 제2항에 따른 이의신청 기간은 30일 이상으로 하여야 한다.
제54조【출자감소에 대한 채권자의 이의】 ① 채권자가 제53조제2항에 따른 이의신청 기간에 이의를 신청하지 아니하면 출자 1좌의 금액의 감소를 승인한 것으로 본다.
② 채권자가 이의를 신청하면 협동조합은 채무를 변제하거나 상당한 담보를 제공하여야 한다.

제55조【출자지분 취득금지 등】 협동조합은 조합원의 출자지분을 취득하거나 이를 질권의 목적으로 하여서는 아니 된다.

제6절 합병·분할·해산 및 청산

제56조【합병 및 분할】 ① 협동조합은 합병계약서 또는 분할계획서를 작성한 후 총회의 의결을 받아 합병 또는 분할할 수 있다.
② 협동조합이 합병할 경우 합병 후 존속하는 협동조합은 합병신고를, 분할 후 새로 설립되는 협동조합은 설립신고를, 합병으로 소멸되는 협동조합은 해산신고를 각각 그 주된 사무소의 소재지를 관할하는 시·도지사에게 하여야 한다.(2014.1.21 본항개정)
③ 합병 또는 분할로 인하여 존속하거나 설립되는 협동조합은 합병 또는 분할로 소멸되는 협동조합의 권리·의무를 승계한다.
④ 제1항에 따라 설립되는 협동조합에 대하여는 제15조, 제15조의2, 제16조 및 제17조를 준용한다.(2014.1.21 본항개정)
⑤ 시·도지사는 제2항에 따른 합병신고를 받은 날부터 20일 이내에 신고수리 여부를 신고인에게 통지하여야 한다. 이 경우 시·도지사가 해당 기간 내에 신고수리 여부 또는 민원 처리 관련 법령에 따른 처리기간의 연장을 신고인에게 통지하지 아니하면 그 기간(민원 처리 관련 법령에 따라 처리기간이 연장 또는 재연장된 경우에는 해당 처리기간을 말한다)이 끝난 날의 다음 날에 신고를 수리한 것으로 본다.(2020.3.31 본항신설)
⑥ 협동조합은 이 법에 따른 협동조합 이외의 법인, 단체 및 협동조합 등과 합병하거나 이 법에 따른 협동조합 이외의 법인, 단체 및 협동조합 등으로 분할할 수 없다.
⑦ 제6항에도 불구하고 협동조합이 기획재정부장관의 인가를 받은 경우에는 다음 각 호의 법인을 흡수합병할 수 있다.(2020.3.31 본문개정)
1. 「상법」에 따라 설립된 주식회사
2. 「상법」에 따라 설립된 유한회사
3. 「상법」에 따라 설립된 유한책임회사
(2014.1.21 본항신설)
⑧ 기획재정부장관은 제7항에 따른 흡수합병 인가의 신청을 받은 날부터 60일 이내에 인가 여부를 신청인에게 통지하여야 한다.(2020.3.31 본항신설)
⑨ 기획재정부장관이 제8항에서 정한 기간 내에 인가 여부 또는 민원 처리 관련 법령에 따른 처리기간의 연장을 신청인에게 통지하지 아니하면 그 기간(민원 처리 관련 법령에 따라 처리기간이 연장 또는 재연장된 경우에는 해당 처리기간을 말한다)이 끝난 날의 다음 날에 인가를 한 것으로 본다.(2020.3.31 본항신설)
⑩ 제7항에 따른 인가의 기준·절차 등에 관하여 필요한 사항은 대통령령으로 정한다.(2020.3.31 본항개정)
⑪ 협동조합의 합병 및 분할에 관하여는 제53조 및 제54조를 준용한다.

제57조【해산】 ① 협동조합은 다음 각 호의 어느 하나에 해당하는 사유로 해산한다.
1. 정관으로 정한 해산 사유의 발생
2. 총회의 의결
3. 합병·분할 또는 파산
② 협동조합이 해산한 때에는 청산인은 파산의 경우를 제외하고는 그 취임 후 14일 이내에 기획재정부령으로 정하는 바에 따라 설립신고를 한 시·도지사에게 신고하여야 한다.(2014.1.21 본항개정)

제57조의2【휴면협동조합의 해산】 ① 법원행정처장은 마지막 등기 후 5년이 경과한 협동조합을 대상으로 본점의 소재지를 관할하는 법원에 아직 사업을 폐지하지 아니하였다는 뜻의 신고를 할 것을 관보로써 공고할 수 있다. 이 경우 신고의 내용·방법 등은 「상법」 제520조의2제1항에 따른 신고에 관한 사항을 준용한다.
② 제1항에 따른 공고를 한 날에 이미 마지막 등기 후 5년이 경과되고, 공고일부터 2개월 이내에 제1항에 따른 신고를 하지 아니한 협동조합은 그 신고기간이 만료된 때에 해산한 것으로 본다. 다만, 그 신고기간 내에 등기를 한 협동조합에 대해서는 그러하지 아니하다.
③ 제1항에 따른 공고가 있는 때에는 법원은 해당 협동조합에 대하여 그 공고가 있었다는 뜻의 통지를 발송하여야 한다.
④ 제2항 본문에 따라 해산한 것으로 본 협동조합이 그 후 3년 이내에 총 조합원 과반수의 출석과 출석 조합원 3분의 2 이상의 찬성 의결이 있는 경우에는 협동조합을 계속할 수 있다.
⑤ 제2항 본문에 따라 해산한 것으로 본 협동조합이 제4항에 따라 협동조합을 계속하지 아니한 경우에는 해산한 것으로 본 날부터 3년이 경과한 때에 청산이 종결된 것으로 본다.
⑥ 제2항 및 제5항에 따른 협동조합의 해산등기와 청산종결등기에 관해서는 「상업등기법」 제73조를 준용한다. 이 경우 "「상법」 제520조의2제1항"은 "「협동조합 기본법」 제57조의2제2항"으로, "「상법」 제520조의2제4항"은 "「협동조합 기본법」 제57조의2제5항"으로 본다.
(2020.3.31 본조신설)

제58조【청산인】 ① 협동조합이 해산하면 파산으로 인한 경우 외에는 이사장이 청산인이 된다. 다만, 총회에서 다른 사람을 청산인으로 선임하였을 경우에는 그에 따른다.
② 청산인은 취임 후 지체 없이 협동조합의 재산상태를 조사하고 재산목록과 대차대조표를 작성한 다음 재산처분의 방법을 정하여 총회의 승인을 받아야 한다.
③ 청산사무가 종결된 때에는 청산인은 지체 없이 결산보고서를 작성하여 총회의 승인을 받아야 한다.
④ 제2항 및 제3항의 경우 총회를 2회 이상 소집하여도 총회가 구성되지 아니할 때에는 출석조합원 3분의 2 이상의 찬성이 있으면 총회의 승인이 있은 것으로 본다.

제59조【잔여재산의 처리】 ① 협동조합이 해산할 경우 채무를 변제하고 잔여재산이 있을 때에는 정관으로 정하는 바에 따라 이를 처분한다.
② 제1항에도 불구하고 제60조의2제4항에 따라 조직변경 시 협동조합의 적립금으로 한 사내유보금은 정관으로 정하는 바에 따라 상급 협동조합연합회 또는 다른 협동조합에 기부할 수 있다.(2014.1.21 본항신설)

제60조【「민법」 등의 준용】 협동조합의 해산과 청산에 관하여는 「민법」 제79조, 제81조, 제87조, 제88조제1항·제2항, 제89조부터 제92조까지, 제93조제1항·제2항 및 「비송사건절차법」 제121조를 준용한다.

제6절의2 조직변경
(2014.1.21 본절신설)

제60조의2【법인등의 조직변경】 ① 「상법」에 따라 설립된 유한책임회사, 주식회사, 유한회사 및 그 밖에 다른 법령에 따라 설립된 영리법인(이하 "법인등"이라 한다)은 소속 구성원 전원의 동의에 따른 총회의 결의(총회가 구성되지 아니한 경우에는 소속 구성원 전원의 동의를 말한다. 이하 이 조와 제105조의2에서 같다)로 이 법에 따른 협동조합으로 그 조직을 변경할 수 있다. 이 경우 기존의 법인등과 조직이 변경된 협동조합은 권리·의무 관계에서는 같은 법인으로 본다.
② 제1항에 따른 총회의 결의에서는 조직이 변경되는 협동조합에 대한 다음 각 호의 사항을 정한다.
1. 정관
2. 출자금
3. 그 밖에 협동조합으로의 조직변경에 필요한 사항
③ 제1항에 따른 협동조합으로의 조직변경은 기존의 법인등의 현존하는 순재산액보다 많은 금액을 협동조합의 출자금 총액으로 하지 못한다.
④ 법인등이 보유하고 있는 대통령령으로 정하는 사내유보금은 총회의 결의를 통하여 제50조에 따른 적립금으로 할 수 있다.
⑤ 법인등은 제1항에 따른 협동조합으로의 조직변경을 위한 총회의 결의사항 중 관계 행정기관의 장의 신고·인가·허가·승인 등(이하 "인허가등"이라 한다)이 필요한 경우에는 그 인허가등을 먼저 받아야 한다.
⑥ 법인등은 제1항에 따른 총회의 결의가 있는 경우에는 법인등의 주된 사무소를 관할하는 시·도지사에게 대통령령으로 정하는 바에 따라 협동조합으로의 조직변경에 관한 사항을 신고하여야 한다.
⑦ 시·도지사는 제6항에 따른 신고를 받은 날부터 20일 이내에 신고수리 여부를 신고인에게 통지하여야 한다.
(2020.3.31 본항신설)
⑧ 시·도지사가 제7항에서 정한 기간 내에 신고수리 여부 또는 민원 처리 관련 법령에 따른 처리기간의 연장을 신고인에게 통지하지 아니하면 그 기간(민원 처리 관련 법령에 따라 처리기간이 연장 또는 재연장된 경우에는 해당 처리기간을 말한다)이 끝난 날의 다음 날에 신고를 수리한 것으로 본다.(2020.3.31 본항신설)

제7절 등 기

제61조【설립등기】 ① 협동조합은 출자금의 납입이 끝난 날부터 14일 이내에 주된 사무소의 소재지에서 설립등기를 하여야 한다.
② 설립등기신청서에는 다음 각 호의 사항을 적어야 한다.
1. 제16조제1항제1호와 제2호의 사항
2. 출자 총좌수와 납입한 출자금의 총액
3. 설립신고 연월일
4. 임원의 성명·주민등록번호 및 주소(임원이 법인인 경우에는 법인의 명칭, 법인등록번호 및 주소). 다만, 이사장이 아닌 임원의 주소는 제외한다.(2016.3.2 본호개정)
③ 설립등기를 할 때에는 이사장이 신청인이 된다.
④ 제2항의 설립등기신청서에는 설립신고서, 창립총회의사록 및 정관의 사본을 첨부하여야 한다.
⑤ 합병이나 분할로 인한 협동조합의 설립등기신청서에는 다음 각 호의 서류를 모두 첨부하여야 한다.(2014.1.21 본문개정)
1. 제4항에 따른 서류
2. 제53조에 따라 공고하거나 최고한 사실을 증명하는 서류
3. 제54조에 따라 이의를 신청한 채권자에게 변제나 담보를 제공한 사실을 증명하는 서류

제62조【지사무소의 설치등기】 협동조합이 지사무소를 설치하였으면 주된 사무소의 소재지에서는 21일 이내에, 지사무소의 소재지에서는 28일 이내에 등기하여야 한다.

제63조【이전등기】 ① 협동조합이 사무소를 이전하였으면 전소재지와 현소재지에서 각각 21일 이내에 이전등기를 하여야 한다.
② 제1항에 따른 등기를 할 때에는 이사장이 신청인이 된다.

제64조【변경등기】 ① 협동조합은 제61조제2항 각 호의 사항이 변경되면 주된 사무소 및 해당 지사무소의 소재지에서 각각 21일 이내에 변경등기를 하여야 한다.
② 제61조제2항제2호의 사항에 관한 변경등기는 제1항에도 불구하고 회계연도 말을 기준으로 그 회계연도가 끝난 후 3개월 이내에 등기하여야 한다.(2016.3.2 본항개정)
③ 제1항과 제2항에 따른 변경등기를 할 때에는 이사장이 신청인이 된다.
④ 제3항에 따른 등기신청서에는 등기 사항의 변경을 증명하는 서류를 첨부하여야 한다.
⑤ 출자감소, 합병 또는 분할로 인한 변경등기신청서에는 다음 각 호의 서류를 모두 첨부하여야 한다.
1. 제4항에 따른 서류
2. 제53조에 따라 공고하거나 최고한 사실을 증명하는 서류
3. 제54조에 따라 이의를 신청한 채권자에게 변제나 담보를 제공한 사실을 증명하는 서류

제65조【합병등기】 ① 협동조합이 합병한 경우에는 합병신고를 수리한 날(신고를 수리한 것으로 보는 경우를 포함한다)부터 14일 이내에 그 사무소의 소재지에서 합병 후 존속하는 협동조합은 변경등기를, 합병으로 소멸되는 협동조합은 해산등기를, 합병으로 설립되는 협동조합은 제61조에 따른 설립등기를 각 사무소의 소재지에서 하여야 한다.(2020.3.31 본항개정)
② 제1항에 따른 해산등기를 할 때에는 합병으로 소멸되는 협동조합의 이사장이 신청인이 된다.
③ 제2항의 경우에는 해산 사유를 증명하는 서류를 첨부하여야 한다.

제66조【해산등기】 ① 협동조합이 해산한 경우에는 합병과 파산의 경우 외에는 주된 사무소의 소재지에서는 14일 이내에, 지사무소의 소재지에서는 21일 이내에 해산등기를 하여야 한다.
② 제1항에 따른 해산등기를 할 때에는 청산인이 신청인이 된다.
③ 해산등기신청서에는 해산 사유를 증명하는 서류를 첨부하여야 한다.

제66조의2【계속등기】 ① 제57조의2제4항에 따라 협동조합을 계속하는 경우에는 주된 사무소의 소재지에서는 14일 이내에, 지사무소의 소재지에서는 21일 이내에 계속등기를 하여야 한다.
② 제1항에 따른 계속등기를 할 때에는 새로 선임된 이사장이 신청인이 된다.
③ 계속등기신청서에는 계속 사유를 증명하는 서류를 첨부하여야 한다.
(2020.3.31 본조신설)

제67조【청산인등기】 ① 청산인은 그 취임일부터 14일 이내에 주된 사무소의 소재지에서 그 성명·주민등록번호 및 주소를 등기하여야 한다.
② 제1항에 따른 등기를 할 때 이사장이 청산인이 아닌 경우에는 신청인의 자격을 증명하는 서류를 첨부하여야 한다.

제68조【청산종결등기】 ① 청산이 끝나면 청산인은 주된 사무소의 소재지에서는 14일 이내에, 지사무소의 소재지에서는 21일 이내에 청산종결의 등기를 하여야 한다.
② 제1항에 따른 등기신청서에는 제58조제3항에 따른 결산보고서의 승인을 증명하는 서류를 첨부하여야 한다.

제68조의2【조직변경의 등기】 법인등이 제60조의2에 따라 협동조합으로 조직변경을 한 경우에는 제60조의2제7항에 따라 신고를 수리한 날(같은 조 제8항에 따라 신고를 수리한 것으로 보는 경우를 포함한다)부터 본점 소재지에서는 14일 이내에, 지점 소재지에서는 21일 이내에 조직변경 전의 법인등은 해산등기를, 협동조합은 제61조에 따른 설립등기를 하여야 한다.(2020.3.31 본조개정)

제69조【등기부】 등기소는 협동조합등기부를 갖추어 두어야 한다.

제70조【「비송사건절차법」 등의 준용】 협동조합의 등기에 관하여 이 법에서 정한 사항 외에는 「비송사건절차법」 및 「상업등기법」 중 등기에 관한 규정을 준용한다.

제8절 감 독
(2020.3.31 본절신설)

제70조의2【감독】 시·도지사는 직권 또는 신고에 따라 협동조합의 활동사항을 조사하여 다음 각 호의 어느 하나에 해당하여 실제 활동하지 아니한다고 인정되는 협동조합에 대해서는 일정한 기한을 정하여 업무의 시정과 그 밖에 필요한 조치를 명할 수 있다.

1. 조합원 수가 제15조제1항에 따른 최저 발기인 수 미만으로 2년 이상 경과한 경우
2. 제28조에 따른 총회를 2년 이상 연속하여 개최하지 아니한 경우
3. 제45조에 따른 협동조합의 사업을 2년 이상 계속하여 수행하지 아니한 경우

제3장 협동조합연합회

제1절 설 립

제71조【설립신고 등】 ① 협동조합연합회(이하 "연합회"라 한다)를 설립하려는 경우에는 회원 자격을 가진 셋 이상의 협동조합이 발기인이 되어 정관을 작성하고 창립총회의 의결을 거친 후 기획재정부장관에게 신고하여야 한다. 신고한 사항을 변경하려는 경우에도 또한 같다.
(2014.1.21 본항개정)
② 기획재정부장관은 제1항에 따른 신고 또는 변경신고를 받은 날부터 20일 이내에 신고수리 또는 변경신고수리 여부를 신고인에게 통지하여야 한다.(2020.3.31 본항신설)
③ 기획재정부장관은 제2항에서 정한 기간 내에 신고수리 또는 변경신고수리 여부나 민원 처리 관련 법령에 따른 처리기간의 연장을 신고인에게 통지하지 아니하면 그 기간(민원 처리 관련 법령에 따라 처리기간이 연장 또는 재연장된 경우에는 해당 처리기간을 말한다)이 끝난 날의 다음 날에 신고수리 또는 변경신고수리를 한 것으로 본다.(2020.3.31 본항신설)
④ 창립총회의 의사는 창립총회 개의 전까지 발기인에게 설립동의서를 제출한 협동조합 과반수의 출석과 출석자 3분의 2 이상의 찬성으로 의결한다.
⑤ 제1항부터 제4항까지에서 규정한 사항 외에 연합회의 설립신고, 변경신고, 신고의 반려 또는 보완에 필요한 사항은 대통령령으로 정한다.(2020.3.31 본항개정)
제71조의2【신고확인증의 발급 등】 ① 기획재정부장관은 제71조에 따른 설립신고 또는 변경신고를 수리한 경우(같은 조 제3항에 따라 신고 또는 변경신고를 수리한 것으로 보는 경우를 포함한다)에는 신고확인증을 발급하여야 한다.(2020.3.31 본항개정)
② 제1항에 따른 신고확인증의 발급에 필요한 사항은 대통령령으로 정한다.
(2014.1.21 본조신설)
제72조【준용규정】 연합회의 설립에 관하여는 제16조부터 제19조까지의 규정을 준용한다. 이 경우 "협동조합"은 "연합회"로, "조합원"은 "회원"으로, "시·도지사"는 "기획재정부장관"으로 보고, 제16조제1항제3호 중 "조합원 및 대리인"은 "회원"으로 본다.

제2절 회 원

제73조【회원의 자격】 ① 연합회의 회원은 연합회의 설립 목적에 동의하고 회원으로서의 의무를 다하고자 하는 협동조합으로 한다.
② 연합회는 정관으로 정하는 바에 따라 회원의 자격을 제한할 수 있다.
제74조【탈퇴】 ① 회원은 정관으로 정하는 바에 따라 연합회에 탈퇴 의사를 알리고 탈퇴할 수 있다.
② 회원은 다음 각 호의 어느 하나에 해당하면 당연히 탈퇴된다.
1. 회원으로서의 자격을 상실한 경우
2. 해산 또는 파산한 경우
3. 그 밖에 정관으로 정하는 사유에 해당하는 경우
제75조【의결권 및 선거권】 연합회는 회원인 협동조합의 조합원 수, 연합회 사업참여량, 출자좌수 등 정관으로 정하는 바에 따라 회원의 의결권 및 선거권을 차등하여 부여할 수 있다.
제76조【준용규정】 연합회의 회원에 관하여는 제21조, 제22조 및 제25조부터 제27조까지의 규정을 준용한다. 이 경우 "협동조합"은 "연합회"로, "조합원"은 "회원"으로 보고, 제22조제2항 중 "조합원 1인"은 "한 회원"으로, "100분의 30"은 "100분의 40"으로 본다.(2014.1.21 전단개정)

제3절 기 관

제77조【총회】 ① 연합회에 총회를 둔다.
② 총회는 회장과 회원으로 구성한다.
제78조【임원】 임원은 정관으로 정하는 바에 따라 총회에서 회원에 속한 조합원 중에서 선출한다.
제79조【준용규정】 연합회의 기관에 관하여는 제28조제3항부터 제5항까지, 제29조부터 제36조까지, 제36조의2 및 제37조부터 제44조까지의 규정을 준용한다. 이 경우 "협동조합"은 "연합회"로, "이사장"은 "회장"으로, "조합원"은 "회원"으로 보고, 제40조제1항 중 "5분의 1"은 "3분의 1"로 보며, 제37조 중 "조합원"은 "회원에 속한 조합원"으로, "가입신청을 한 자"는 "가입신청을 한 협동조합에 속한 조합원"으로 본다.(2020.3.31 본조개정)

제4절 사 업

제80조【사업】 ① 연합회는 설립 목적을 달성하기 위하여 필요한 사업을 정관으로 정하되, 다음 각 호의 사업은 포함하여야 한다.
1. 회원에 대한 지도·지원·연락 및 조정에 관한 사업
2. 회원에 속한 조합원 및 직원에 대한 상담, 교육·훈련 및 정보 제공 사업
3. 회원의 사업에 관한 조사·연구 및 홍보 사업
② 연합회의 사업은 관계 법령에서 정하는 목적·요건·절차·방법 등에 따라 적법하고 타당하게 시행되어야 한다.
③ 연합회는 제1항과 제2항에도 불구하고 「통계법」 제22조제1항에 따라 통계청장이 고시하는 한국표준산업분류에 의한 금융 및 보험업을 영위할 수 없다.
제80조의2【공제사업】 ① 제80조제3항에도 불구하고 연합회는 회원들의 상호부조를 위한 공제사업(회원 간 상호부조를 목적으로 회원들이 각자 나누어 낸 공제료를 적립금으로 하여 그 적립금의 한도 내에서 공제료를 낸 회원들을 위하여 실시하는 사업을 말한다)을 할 수 있다. 다만, 회원의 채무 또는 의무 이행 등에 필요한 보증사업은 제외한다.
② 연합회가 제1항에 따른 공제사업을 하려는 때에는 기획재정부장관의 인가를 받아야 한다. 인가받은 사항을 변경하려는 때에도 또한 같다.
③ 기획재정부장관은 제2항에 따른 인가의 신청을 받은 날부터 60일 이내에 인가 여부를 신청인에게 통지하여야 한다.(2020.3.31 본항신설)
④ 기획재정부장관이 제3항에서 정한 기간 내에 인가 여부 또는 민원 처리 관련 법령에 따른 처리기간의 연장을 신청인에게 통지하지 아니하면 그 기간(민원 처리 관련 법령에 따라 처리기간이 연장 또는 재연장된 경우에는 해당 처리기간을 말한다)이 끝난 날의 다음 날에 인가를 한 것으로 본다.(2020.3.31 본항신설)
⑤ 제2항에 따른 인가의 요건 및 절차 등 인가에 필요한 사항은 대통령령으로 정한다.
⑥ 기획재정부장관은 공제사업의 건전한 육성 및 계약자의 보호를 위하여 공제사업의 감독에 필요한 기준을 정하여 운영할 수 있다.
(2014.1.21 본조신설)
제81조【사업의 이용】 ① 연합회는 대통령령으로 정하는 사업을 제외하고는 회원의 이용에 지장이 없는 범위에서 정관으로 정하는 바에 따라 회원이 아닌 자에게 그 사업을 이용하게 할 수 있다.(2014.12.30 본항개정)
② 회원인 조합의 조합원이 사업을 이용하는 경우에는 이를 회원이 이용한 것으로 본다. 다만, 제80조의2에 따른 공제사업의 경우에는 그러하지 아니하다.(2014.1.21 단서신설)

제5절 회 계

제82조【준용규정】 연합회의 회계에 관하여는 제47조부터 제49조까지, 제49조의2 및 제50조부터 제55조까지의 규정을 준용한다. 이 경우 "협동조합"은 "연합회"로, "조합원"은 "회원"으로 본다.(2014.1.21 전단개정)

제6절 합병·분할·해산 및 청산

제83조【준용규정】 연합회의 합병·분할·해산 및 청산에 관하여는 제56조제1항부터 제6항까지 및 제10항, 제57조, 제58조, 제59조제1항, 제60조를 준용한다. 이 경우 "협동조합"은 "연합회"로, "조합원"은 "회원"으로, "시·도지사"는 "기획재정부장관"으로 보고, 제56조제4항 중 "제15조, 제15조의2, 제16조 및 제17조"는 "제71조, 제71조의2 및 제72조"로 보며, 제58조제4항 중 "조합원"은 "회원"으로 본다.(2020.3.31 전단개정)

제7절 등 기

제84조【준용규정】 연합회의 등기에 관하여는 제61조부터 제66조까지, 제67조·제68조·제69조 및 제70조를 준용한다. 이 경우 "협동조합"은 "연합회"로, "이사장"은 "회장"으로 본다.(2020.3.31 전단개정)

제4장 사회적협동조합

제1절 설 립

제85조【설립인가 등】 ① 사회적협동조합을 설립하고자 하는 때에는 5인 이상의 조합원 자격을 가진 자가 발기인이 되어 정관을 작성하고 창립총회의 의결을 거친 후 기획재정부장관에게 인가를 받아야 한다.
② 창립총회의 의사는 창립총회 개의 전까지 발기인에게 설립동의서를 제출한 자 과반수의 출석과 출석자 3분의 2 이상의 찬성으로 의결한다.
③ 기획재정부장관은 다음 각 호의 어느 하나에 해당하는 경우를 제외하고는 제1항에 따른 설립을 인가하여야 한다.
1. 설립인가 구비서류가 미비된 경우
2. 설립의 절차, 정관 및 사업계획서의 내용이 법령을 위반한 경우
3. 그 밖에 설립인가 기준에 미치지 못하는 경우
(2020.3.31 본항개정)
④ 기획재정부장관은 제1항에 따른 인가의 신청을 받은 날부터 60일 이내에 인가 여부를 신청인에게 통지하여야 한다.(2020.3.31 본항신설)
⑤ 기획재정부장관이 제4항에서 정한 기간 내에 인가 여부 또는 민원 처리 관련 법령에 따른 처리기간의 연장을 신청인에게 통지하지 아니하면 그 기간(민원 처리 관련 법령에 따라 처리기간이 연장 또는 재연장된 경우에는 해당 처리기간을 말한다)이 끝난 날의 다음 날에 인가를 한 것으로 본다.(2020.3.31 본항신설)
⑥ 제1항 및 제3항의 설립인가에 관한 신청 절차와 조합원 수, 출자금, 그 밖에 인가에 필요한 기준, 인가 방법에 관한 상세한 사항은 대통령령으로 정한다.
제86조【정관】 ① 사회적협동조합의 정관에는 다음 각 호의 사항이 포함되어야 한다.
1. 목적
2. 명칭 및 주된 사무소의 소재지
3. 조합원 및 대리인의 자격
4. 조합원의 가입, 탈퇴 및 제명에 관한 사항
5. 출자 1좌의 금액과 납입 방법 및 시기, 조합원의 출자좌수 한도
6. 조합원의 권리와 의무에 관한 사항
7. 잉여금과 손실금의 처리에 관한 사항
8. 적립금의 적립방법 및 사용에 관한 사항
9. 사업의 범위 및 회계에 관한 사항
10. 기관 및 임원에 관한 사항
11. 공고의 방법에 관한 사항
12. 해산에 관한 사항
13. 출자금의 양도에 관한 사항
14. 그 밖에 총회·이사회의 운영 등에 관하여 필요한 사항
② 제1항제5호에 따른 출자 1좌의 금액은 균일하게 정하여야 한다.(2014.1.21 본항신설)
③ 사회적협동조합의 정관의 변경은 기획재정부장관의 인가를 받아야 그 효력이 발생한다.
④ 기획재정부장관은 제3항에 따른 정관의 변경에 대한 인가의 신청을 받은 날부터 10일 이내에 인가 여부를 신청인에게 통지하여야 한다.(2020.3.31 본항신설)
⑤ 기획재정부장관이 제4항에서 정한 기간 내에 인가 여부 또는 민원 처리 관련 법령에 따른 처리기간의 연장을 신청인에게 통지하지 아니하면 그 기간(민원 처리 관련 법령에 따라 처리기간이 연장 또는 재연장된 경우에는 해당 처리기간을 말한다)이 끝난 날의 다음 날에 인가를 한 것으로 본다.(2020.3.31 본항신설)
제87조【설립사무의 인계와 출자납입】 ① 발기인은 제85조제1항에 따라 설립인가를 받으면 지체 없이 그 사무를 이사장에게 인계하여야 한다.
② 제1항에 따라 이사장이 그 사무를 인수하면 기일을 정하여 조합원이 되려는 자에게 출자금을 납입하게 하여야 한다.
③ 현물출자자는 제2항에 따른 납입기일 안에 출자 목적인 재산을 인도하고 등기·등록, 그 밖의 권리의 이전에 필요한 서류를 구비하여 협동조합에 제출하여야 한다.
④ 사회적협동조합의 자본금은 조합원이 납입한 출자금의 총액으로 한다.(2014.1.21 본항신설)
제88조【준용규정】 사회적협동조합의 설립에 관하여는 제17조 및 제19조를 준용한다. 이 경우 "협동조합"은 "사회적협동조합"으로 보고, 제19조제1항 중 "제61조에 따른 설립등기"는 "제106조에 따른 설립등기"로 본다.

제2절 조합원

제89조【출자금환급청구권과 환급정지】 ① 탈퇴 조합원(제명된 조합원을 포함한다. 이하 이 조와 제90조에서 같다)은 탈퇴(제명을 포함한다. 이하 이 조와 제90조에서 같다) 당시 회계연도의 다음 회계연도부터 정관으로 정하는 바에 따라 그 출자금의 환급을 청구할 수 있다.
② 제1항에 따른 청구권은 2년간 행사하지 아니하면 시효로 인하여 소멸된다.
③ 사회적협동조합은 탈퇴 조합원이 사회적협동조합에 대한 채무를 다 갚을 때까지는 제1항에 따른 출자금의 환급을 정지할 수 있다.
제90조【탈퇴 조합원의 손실액 부담】 사회적협동조합은 사회적협동조합의 재산으로 그 채무를 다 갚을 수 없는 경우에는 제89조에 따른 출자금의 환급분을 계산할 때 정관으로 정하는 바에 따라 탈퇴 조합원이 부담하여야 할 손실액의 납입을 청구할 수 있다. 이 경우 제89조제2항을 준용한다.
제91조【준용규정】 사회적협동조합의 조합원에 관하여는 제20조부터 제22조까지 및 제23조부터 제25조까지의 규정을 준용한다. 이 경우 "협동조합"은 "사회적협동조합"으로 본다.(2020.3.31 전단개정)

제3절 기 관

제92조【준용규정】 사회적협동조합의 기관에 관하여는 제28조부터 제33조까지, 제34조제1항부터 제3항까지, 제35조, 제36조, 제36조의2, 제37조부터 제41조까지, 제42조제1항부터 제4항까지, 제43조제1항, 제44조를 준용한다. 이 경우 "협동조합"은 "사회적협동조합"으로 본다.
(2020.3.31 본조개정)

제4절 사 업

제93조【사업】 ① 사회적협동조합은 다음 각 호의 사업 중 하나 이상을 주 사업으로 하여야 한다.
1. 지역(시·도의 관할 구역을 말하되, 실제 생활권이 둘 이상인 시·도에 걸쳐 있는 경우에는 그 생활권 전체를 말한다. 이하 이 호에서 같다) 사회의 재생, 지역 경제의 활성화, 지역 주민들의 권익·복리 증진 및 그 밖에 지역 사회가 당면한 문제 해결에 기여하는 사업
2. 대통령령으로 정하는 취약계층에 복지·의료·환경 등의 분야에서 사회서비스를 제공하는 사업
(2014.1.21 1호~2호개정)
3. 대통령령으로 정하는 취약계층에 일자리를 제공하는 사업(2014.1.21 본호신설)
4. 국가·지방자치단체로부터 위탁받은 사업
5. 그 밖에 공익증진에 이바지 하는 사업
② 제1항 각 호에 따른 주 사업은 협동조합 전체 사업량의 100분의 40 이상이어야 한다.(2014.1.21 본항개정)
③ 제1항 각 호에 따른 주 사업의 판단기준은 대통령령으로 정한다.(2014.1.21 본항신설)
④ 제1항부터 제3항까지에서 규정한 사항 외에 사회적협동조합의 사업에 관하여는 제45조를 준용한다. 이 경우 "협동조합"은 "사회적협동조합"으로 본다.(2014.1.21 본항신설)

제94조【조합원에 대한 소액대출 및 상호부조】 ① 사회적협동조합은 제93조제4항에서 준용하는 제45조제3항에도 불구하고 상호복리 증진을 위하여 주 사업 이외의 사업으로 정관으로 정하는 바에 따라 조합원을 대상으로 납입 출자금 총액의 한도에서 소액대출과 상호부조를 할 수 있다. 다만, 소액대출은 납입 출자금 총액의 3분의 2를 초과할 수 없다.(2014.1.21 본문개정)
② 제1항의 사업에 따른 소액대출 이자율, 대출한도, 상호부조의 범위, 상호부조금, 상호부조계약 및 상호부조회비 등 필요한 세부 사항은 대통령령으로 정한다.

제95조【사업의 이용】 사회적협동조합은 대통령령으로 정하는 사업을 제외하고는 정관으로 정하는 바에 따라 조합원이 아닌 자에게 그 사업을 이용하게 할 수 있다.
(2014.1.21 본조개정)

제95조의2【공공기관의 우선 구매】 ①「중소기업제품 구매촉진 및 판로지원에 관한 법률」 제2조제2호에 따른 공공기관의 장은 구매하려는 재화나 서비스에 사회적협동조합이 생산하는 재화나 서비스가 있는 경우에는 해당 재화나 서비스의 우선 구매를 촉진하여야 한다.
② 제1항에 따른 공공기관의 장은 사회적협동조합이 생산하는 재화나 서비스의 구매 증대를 위한 구매 계획과 전년도 구매 실적을 기획재정부장관에게 통보하여야 한다.
③ 제2항에 따른 구매 계획과 구매 실적의 통보에 필요한 사항은 대통령령으로 정한다.
(2014.1.21 본조신설)

제5절 회계 등

제96조【운영의 공개】 ① 사회적협동조합은 다음 각 호의 사항을 적극 공개하여야 한다.
1. 정관과 규약 또는 규정
2. 총회·이사회의 의사록
3. 조합원 명부
4. 회계장부
5. 그 밖에 정관으로 정하는 사항
(2014.1.21 1호~5호신설)
② 사회적협동조합은 제1항 각 호의 사항이 포함된 서류를 주된 사무소에 갖추어 두어야 한다.
③ 협동조합의 채권자와 조합원은 제1항 각 호의 사항이 포함된 서류를 열람하거나 그 사본을 청구할 수 있다.
④ (2014.1.21 삭제)
(2014.1.21 본조개정)

제96조의2【경영공시】 ① 사회적협동조합은 기획재정부 또는 사회적협동조합연합회의 인터넷 홈페이지에 경영에 관한 다음 각 호의 사항에 대한 공시(이하 이 조에서 "경영공시"라 한다)를 하여야 한다.
1. 정관과 규약 또는 규정
2. 사업결산 보고서
3. 총회, 대의원총회 및 이사회의 활동 상황
4. 제93조제4항에서 준용하는 제45조제1항제1호부터 제3호까지의 사업을 포함한 사업결과 보고서
② 제1항에도 불구하고 기획재정부장관은 경영공시를 대신하여 같은 항 각 호의 사항을 별도로 표준화하고 이를 통합하여 공시할 수 있다.
③ 기획재정부장관은 제2항에 따른 통합 공시를 하기 위하여 필요한 자료를 사회적협동조합에 요구할 수 있다. 이 경우 사회적협동조합은 특별한 사정이 없으면 그 요구에 따라야 한다.
④ 제1항부터 제3항까지에서 규정한 사항 외에 사회적협동조합의 경영공시 또는 통합 공시의 절차 등에 관하여 필요한 사항은 대통령령으로 정한다.
(2014.1.21 본조신설)

제97조【법정적립금 및 임의적립금】 ① 사회적협동조합은 매 회계연도 결산의 결과 잉여금이 있는 때에는 해당 회계연도말 출자금 납입총액의 3배가 될 때까지 잉여금의 100분의 30 이상을 법정적립금으로 적립하여야 한다.(2014.1.21 본항개정)
② 사회적협동조합은 정관으로 정하는 바에 따라 사업준비금 등을 임의적립금으로 적립할 수 있다.
③ 사회적협동조합은 손실의 보전에 충당하거나 해산하는 경우 외에는 법정적립금을 사용하여서는 아니 된다.

제98조【손실금의 보전과 잉여금의 배당】 ① 사회적협동조합은 매 회계연도의 결산 결과 손실금(당기손실금을 말한다)이 발생하면 미처분이월금, 임의적립금, 법정적립금의 순으로 이를 보전하고, 보전 후에도 부족이 있을 때에는 이를 다음 회계연도에 이월한다.
② 사회적협동조합이 제1항에 따른 손실금을 보전하고 제97조에 따른 법정적립금 등을 적립한 이후에 발생하는 잉여금은 임의적립금으로 적립하여야 하고 이를 조합원에게 배당할 수 없다.

제99조【부과금의 면제】 사회적협동조합의 사업과 재산에 대하여는 국가와 지방자치단체의 조세 외의 부과금을 면제한다.

제100조【준용규정】 사회적협동조합의 회계에 관하여는 제47조, 제48조 및 제52조부터 제55조까지의 규정을 준용한다. 이 경우 "협동조합"은 "사회적협동조합"으로 본다.

제6절 합병·분할·해산 및 청산

제101조【합병 및 분할】 ① 사회적협동조합은 합병계약서 또는 분할계획서를 작성한 후 총회의 의결을 받아 합병 또는 분할할 수 있다.
② 사회적협동조합이 합병 또는 분할할 경우 기획재정부장관의 인가를 받아야 한다.
③ 합병 또는 분할로 인하여 존속하거나 설립되는 사회적협동조합은 합병 또는 분할로 소멸되는 사회적협동조합의 권리·의무를 승계한다.
④ 제1항에 따라 설립되는 사회적협동조합에 대하여는 제85조, 제86조 및 제88조를 준용한다.
⑤ (2014.1.21 삭제)
⑥ 사회적협동조합은 이 법에 따른 사회적협동조합 이외의 법인, 단체 및 협동조합 등과 합병하거나 이 법에 따른 사회적협동조합 이외의 법인, 단체 및 협동조합 등으로 분할할 수 없다.
⑦ 제6항에도 불구하고 사회적협동조합이 기획재정부장관의 인가를 받은 경우에는 다음 각 호의 법인을 흡수합병할 수 있다.
1. 「상법」에 따라 설립된 주식회사
2. 「상법」에 따라 설립된 유한회사
3. 「상법」에 따라 설립된 유한책임회사
4. 「민법」에 따라 설립된 사단법인
5. 협동조합
(2014.1.21 본항신설)
⑧ 기획재정부장관은 제7항에 따른 인가의 신청을 받은 날부터 60일 이내에 인가 여부를 신청인에게 통지하여야 한다.(2020.3.31 본항신설)
⑨ 기획재정부장관이 제8항에서 정한 기간 내에 인가 여부 또는 민원 처리 관련 법령에 따른 처리기간의 연장을 신청인에게 통지하지 아니하면 그 기간(민원 처리 관련 법령에 따라 처리기간이 연장 또는 재연장된 경우에는 해당 처리기간을 말한다)이 끝난 날의 다음 날에 인가를 한 것으로 본다.(2020.3.31 본항신설)
⑩ 제7항에 따른 인가의 기준·절차 등에 관하여 필요한 사항은 대통령령으로 정한다.(2014.1.21 본항신설)
⑪ 사회적협동조합의 합병 및 분할에 관하여는 제53조 및 제54조를 준용한다.

제102조【해산】 ① 사회적협동조합은 다음 각 호의 어느 하나에 해당하는 사유로 해산한다.
1. 정관으로 정한 해산 사유의 발생
2. 총회의 의결
3. 합병·분할 또는 파산
4. 설립인가의 취소
② 사회적협동조합이 제1항제1호부터 제3호까지의 규정에 따라 해산한 때에는 청산인은 파산의 경우를 제외하고는 그 취임 후 14일 이내에 기획재정부령으로 정하는 바에 따라 기획재정부장관에게 신고하여야 한다.
(2014.1.21 본항개정)

제102조의2【휴면사회적협동조합의 해산】 마지막 등기 후 5년이 경과한 사회적협동조합의 해산에 관하여는 제57조의2를 준용한다. 이 경우 "협동조합"은 "사회적협동조합"으로 본다.(2020.3.31 본조신설)

제103조【청산인】 ① 사회적협동조합이 해산하면 파산으로 인한 경우 외에는 이사장이 청산인이 된다. 다만, 총회에서 다른 사람을 청산인으로 선임하였을 경우에는 그에 따른다.
② 청산인은 취임 후 지체 없이 사회적협동조합의 재산상태를 조사하고 재산목록과 대차대조표를 작성한 다음 재산처분의 방법을 정하여 총회의 승인을 받아야 한다.
③ 청산사무가 종결된 때에는 청산인은 지체 없이 결산보고서를 작성하여 총회의 승인을 받아야 한다.
④ 제2항 및 제3항의 경우 총회를 2회 이상 소집하여도 총회가 구성되지 아니할 때에는 출석조합원 3분의 2 이상의 찬성이 있으면 총회의 승인이 있은 것으로 본다.
⑤ 기획재정부장관은 사회적협동조합의 청산 사무를 감독한다.

제104조【잔여재산의 처리】 사회적협동조합이 해산할 경우 부채 및 출자금을 변제하고 잔여재산이 있을 때에는 정관으로 정하는 바에 따라 다음 각 호의 어느 하나에 귀속된다.
1. 상급 사회적협동조합연합회
2. 유사한 목적의 사회적협동조합
3. 비영리법인·공익법인
4. 국고

제105조【「민법」 등의 준용】 사회적협동조합의 해산과 청산에 관하여는 「민법」 제79조, 제81조, 제87조, 제88조제1항·제2항, 제89조부터 제92조까지, 제93조제1항·제2항 및 「비송사건절차법」 제121조를 준용한다.

제6절의2 조직변경
(2014.1.21 본절신설)

제105조의2【협동조합, 비영리사단법인 및 법인등의 조직변경】 ① 다음 각 호에 따른 조합 또는 법인(이하 이 조 및 제108조의3에서 "조직변경대상법인"이라 한다)은 소속 구성원 전원의 동의에 따른 총회의 결의로 이 법에 따른 사회적협동조합으로 그 조직을 변경할 수 있다. 이 경우 기존의 조직변경대상법인과 조직이 변경된 사회적협동조합은 권리·의무 관계에서는 같은 법인으로 본다.(2020.3.31 전단개정)
1. 이 법에 따라 설립된 협동조합
2. 「민법」에 따라 설립된 비영리 사단법인
3. 「소비자생활협동조합법」에 따라 설립된 소비자생활협동조합 등 「민법」 외의 법률에 따라 설립된 비영리 사단법인
4. 법인등
(2016.3.2 1호~4호신설)
② 제1항에도 불구하고 제1항제2호 및 제3호의 조직변경대상법인의 소속 구성원이 200명을 초과하는 경우에는 구성원 3분의 2 이상의 동의에 따른 총회의 결의로 이 법에 따른 사회적협동조합으로 그 조직을 변경할 수 있다.(2016.3.2 본항신설)
③ 제1항에 따른 총회의 결의에서는 조직이 변경되는 사회적협동조합에 대한 다음 각 호의 사항을 정한다.
1. 정관
2. 출자금
3. 그 밖에 사회적협동조합으로의 조직변경에 필요한 사항
④ 제1항에 따른 사회적협동조합으로의 조직변경은 기존의 조직변경대상법인의 현존하는 순재산액보다 많은 금액을 사회적협동조합의 출자금 총액으로 하지 못한다.
(2016.3.2 본항개정)
⑤ 조직변경대상법인이 보유하고 있는 대통령령으로 정하는 사내유보금은 총회의 결의를 통하여 제97조에 따른 적립금으로 할 수 있다.(2016.3.2 본항개정)
⑥ 조직변경대상법인은 제1항에 따른 사회적협동조합으로의 조직변경을 위한 총회의 결의사항 중 관계 행정기관의 장의 인허가등이 필요한 경우에는 그 인허가등을 먼저 받아야 한다.(2016.3.2 본항개정)
⑦ 조직변경대상법인은 제1항에 따른 총회의 결의가 있는 경우에는 기획재정부장관에게 대통령령으로 정하는 바에 따라 사회적협동조합으로의 조직변경에 대하여 인가를 받아야 한다.(2016.3.2 본항개정)
⑧ 기획재정부장관은 다음 각 호의 어느 하나에 해당하는 경우를 제외하고는 제7항에 따른 조직변경을 인가하여야 한다.
1. 조직변경의 절차가 법령에 위반되는 경우
2. 정관 및 사업계획서의 내용이 법령에 위반되는 경우
3. 그 밖에 기획재정부장관이 사회적협동조합으로의 조직변경에 필요하다고 인정하여 고시하는 기준에 미치지 못하는 경우
(2020.3.31 본항신설)
⑨ 기획재정부장관은 제7항에 따른 인가의 신청을 받은 날부터 60일 이내에 인가 여부를 신청인에게 통지하여야 한다.(2020.3.31 본항신설)
⑩ 기획재정부장관이 제9항에서 정한 기간 내에 인가 여부 또는 민원 처리 관련 법령에 따른 처리기간의 연장을 신청인에게 통지하지 아니하면 그 기간(민원 처리 관련 법령에 따라 처리기간이 연장 또는 재연장된 경우에

는 해당 처리기간을 말한다)이 끝난 날의 다음 날에 인가를 한 것으로 본다.(2020.3.31 본항신설)

제105조의3【준용규정】 사회적협동조합으로의 조직변경에 관하여 이 법에서 규정한 사항을 제외하고는 「상법」 중 주식회사의 유한책임회사로의 조직변경에 관한 규정을 준용한다.

제7절 등 기

제106조【설립등기】 ① 사회적협동조합은 설립인가를 받은 날부터 60일 이내에 주된 사무소의 소재지에서 설립등기를 하여야 한다.(2016.3.2 본항개정)

② 설립등기신청서에는 다음 각 호의 사항을 적어야 한다.

1. 제86조제1항제1호와 제2호의 사항
2. 출자 총좌수와 납입한 출자금의 총액
3. 설립인가 연월일
4. 임원의 성명·주민등록번호 및 주소. 다만, 이사장이 아닌 임원의 주소는 제외한다.(2016.3.2 본호개정)

③ 설립등기를 할 때에는 이사장이 신청인이 된다.

④ 제2항의 설립등기신청서에는 설립인가서, 창립총회의사록 및 정관의 사본을 첨부하여야 한다.

⑤ 합병이나 분할로 인한 사회적협동조합의 설립등기신청서에는 다음 각 호의 서류를 모두 첨부하여야 한다.

1. 제4항에 따른 서류
2. 제53조에 따라 공고하거나 최고한 사실을 증명하는 서류
3. 제54조에 따라 이의를 신청한 채권자에게 변제나 담보를 제공한 사실을 증명하는 서류

제107조【합병등기】 ① 사회적협동조합이 합병한 경우에는 합병인가를 받은 날부터 14일 이내에 그 사무소의 소재지에서 합병 후 존속하는 사회적협동조합은 변경등기를, 합병으로 소멸되는 사회적협동조합은 해산등기를, 합병으로 설립되는 사회적협동조합은 제106조에 따른 설립등기를 각 사무소의 소재지에서 하여야 한다.

② 제1항에 따른 해산등기를 할 때에는 합병으로 소멸되는 사회적협동조합의 이사장이 신청인이 된다.

③ 제2항의 경우에는 해산 사유를 증명하는 서류를 첨부하여야 한다.

제108조【해산등기】 ① 사회적협동조합이 해산한 경우에는 합병과 파산의 경우 외에는 주된 사무소의 소재지에서는 14일 이내에, 지사무소의 소재지에서는 21일 이내에 해산등기를 하여야 한다.

② 제1항에 따른 해산등기를 할 때에는 제4항의 경우 외에는 청산인이 신청인이 된다.

③ 해산등기신청서에는 해산 사유를 증명하는 서류를 첨부하여야 한다.

④ 기획재정부장관은 설립인가의 취소로 인한 해산등기를 촉탁하여야 한다.

제108조의2【준용규정】 제102조의2에 따라 해산한 것으로 본 사회적협동조합의 계속등기에 관하여는 제66조의2를 준용한다. 이 경우 "협동조합"은 "사회적협동조합"으로 본다.(2020.3.31 본조신설)

제108조의3【조직변경의 등기】 조직변경대상법인이 제105조의2에 따라 사회적협동조합으로 조직변경을 한 경우에는 제105조의2제7항에 따라 인가를 받은 날부터 본점 소재지에서는 14일 이내에, 지점 소재지에서는 21일 이내에 조직변경 전의 조직변경대상법인은 해산등기를, 사회적협동조합은 제106조에 따른 설립등기를 하여야 한다.(2016.3.2 본조개정)

제109조【등기일의 기산일】 등기 사항으로서 기획재정부장관의 인가 등이 필요한 것은 그 인가 등의 문서가 도달한 날부터 등기 기간을 계산한다.

제110조【준용규정】 사회적협동조합의 등기에 관하여는 제62조부터 제64조까지, 제67조, 제68조, 제69조 및 제70조를 준용한다. 이 경우 "협동조합"은 "사회적협동조합"으로 본다.(2014.1.21 전단개정)

제8절 감 독

제111조【감독】 ① 기획재정부장관은 사회적협동조합의 자율성을 존중하여야 하며, 이 법에서 정하는 바에 따라 그 업무를 감독하고 감독을 위하여 필요한 명령을 할 수 있다.(2020.6.9 본항개정)

② 기획재정부장관은 다음 각 호의 어느 하나에 해당하는 경우 사회적협동조합(설립 중인 경우를 포함한다. 이하 이 조에서 같다)에 대하여 그 업무 및 재산에 관한 사항을 보고하게 하거나 소속 공무원으로 하여금 해당 사회적협동조합의 업무상황·장부·서류, 그 밖에 필요한 사항을 검사하게 할 수 있다.

1. 제85조에 따른 설립인가 및 절차에 적합한지 확인할 필요가 있는 경우
2. 이 법, 이 법에 따른 명령 또는 정관을 위반하였는지 확인할 필요가 있는 경우
3. 사회적협동조합의 사업이 관계 법령을 위반하였는지 확인할 필요가 있는 경우

③ 기획재정부장관은 직권 또는 신고에 따라 사회적협동조합의 활동사항을 조사하여 다음 각 호의 어느 하나에 해당하여 실제 활동하지 아니한다고 인정되는 사회적협동조합에 대해서는 일정한 기한을 정하여 업무의 시정과 그 밖에 필요한 조치를 명할 수 있다.

1. 조합원 수가 제85조제1항에 따른 최저 발기인 수 미만으로 1년 이상 경과한 경우
2. 제92조에 따라 준용되는 제28조에 따른 총회를 2년 이상 연속하여 개최하지 아니한 경우
3. 제93조에 따른 사회적협동조합의 사업을 1년 이상 계속하여 수행하지 아니한 경우

(2020.3.31 본항신설)

④ 제2항에 따른 검사를 하는 공무원은 그 권한을 표시하는 증표를 지니고 이를 관계인에게 내보여야 한다.

⑤ 기획재정부장관은 제1항에 따른 감독의 결과 사회적협동조합이 이 법, 이 법에 따른 명령 또는 정관을 위반한 사실이 발견된 때에는 해당 사회적협동조합에 대하여 시정에 필요한 조치를 명할 수 있다.

⑥ 기획재정부장관은 이 법의 효율적인 시행과 사회적협동조합에 대한 정책을 수립하기 위하여 필요한 경우 관계 중앙행정기관의 장에게 사회적협동조합에 대한 조사·검사·확인 또는 자료의 제출을 요구하게 하거나 시정에 필요한 조치를 명하게 할 수 있다.

제112조【설립인가의 취소】 ① 기획재정부장관은 사회적협동조합이 다음 각 호의 어느 하나에 해당하게 되면 설립인가를 취소할 수 있다. 다만, 제4호에 해당하는 경우에는 설립인가를 취소하여야 한다.(2014.1.21 단서신설)

1. 정당한 사유 없이 설립인가를 받은 날부터 1년 이내에 제93조제1항에 따른 주 사업을 개시하지 아니하거나 1년 이상 계속하여 사업을 실시하지 아니한 경우(2014.1.21 본호개정)
2. 2회 이상 제111조제5항 및 제6항에 따른 처분을 받고도 시정하지 아니한 경우(2020.3.31 본호개정)
3. 제85조제6항에 따라 대통령령으로 정한 설립인가 기준에 미달하게 된 경우(2020.3.31 본호개정)
4. 거짓이나 그 밖의 부정한 방법으로 설립인가를 받은 경우
5. 제106조제1항에 따른 기한까지 설립등기를 하지 아니한 경우(2020.6.9 본호개정)

② 기획재정부장관은 제1항에 따라 사회적협동조합의 설립인가를 취소하면, 즉시 그 사실을 대통령령으로 정하는 바에 따라 공고하여야 한다.(2014.1.21 본항개정)

제113조【청문】 기획재정부장관은 제112조에 따라 설립인가를 취소하고자 하는 경우에는 청문을 실시하여야 한다.

제5장 사회적협동조합연합회

제114조【설립인가 등】 ① 사회적협동조합연합회를 설립하고자 하는 때에는 회원 자격을 가진 셋 이상의 사회적협동조합이 발기인이 되어 정관을 작성하고 창립총회의 의결을 거친 후 기획재정부장관의 인가를 받아야 한다.

② 창립총회의 의사는 창립총회 개의 전까지 발기인에게 설립동의서를 제출한 사회적협동조합 과반수의 출석과 출석자 3분의 2 이상의 찬성으로 의결한다.

③ 제1항에 따른 사회적협동조합연합회 설립인가의 기준 및 절차 등에 관하여 필요한 사항은 대통령령으로 정한다.(2014.1.21 본항개정)

제115조【준용규정】 ① 사회적협동조합연합회에 관하여는 제2장 중 제17조, 제19조, 제21조, 제22조, 제25조, 제28조제3항부터 제5항까지, 제29조부터 제33조까지, 제34조제1항부터 제3항까지, 제35조, 제36조, 제36조의2, 제37조부터 제41조까지, 제42조제1항부터 제4항까지, 제43조제1항, 제44조, 제47조, 제48조, 제52조부터 제55조까지, 제62조부터 제64조까지, 제67조, 제68조, 제69조 및 제70조를 준용한다. 이 경우 "협동조합"은 "사회적협동조합연합회"로, "이사장"은 "회장"으로, "조합원"은 "회원"으로 보고, 제19조제1항 중 "제61조에 따른 설립등기"는 "제106조에 따른 설립등기"로 보며, 제22조제2항 중 "조합원 1인"은 "한 회원"으로, "100분의 30"은 "100분의 40"으로 보고, 제40조제1항 중 "5분의 1"은 "3분의 1"로 보며, 제37조 중 "조합원"은 "회원에 속한 조합원"으로, "가입신청을 한 자"는 "가입신청을 한 협동조합에 속한 조합원"으로 본다.(2020.3.31 본항개정)

② 사회적협동조합연합회에 관하여는 제3장 중 제73조부터 제75조까지, 제77조, 제78조, 제80조, 제80조의2 및 제81조제2항을 준용한다. 이 경우 "연합회"는 "사회적협동조합연합회"로 본다.

③ 사회적협동조합연합회에 관하여는 제4장 중 제85조제3항부터 제5항까지, 제86조, 제87조, 제89조, 제90조, 제96조, 제96조의2, 제97조부터 제99조까지, 제101조제1항부터 제6항까지 및 제11항, 제102조, 제103조부터 제105조까지, 제106조부터 제108조까지, 제109조 및 제111조부터 제113조까지의 규정을 준용한다. 이 경우 "사회적협동조합"은 "사회적협동조합연합회"로, "조합원"은 "회원"으로 보고, 제86조제1항제3호 중 "조합원 및 대리인"은 "회원"으로 보며, 제101조제4항 중 "제85조, 제86조 및 제88조"는 "제114조 및 제115조"로 보고, 제103조제4항 중 "조합원"은 "회원"으로 본다.(2020.3.31 전단개정)

(2014.1.21 본조개정)

제6장 이종협동조합연합회

(2020.3.31 본장신설)

제1절 설 립

제115조의2【설립인가】 ① 이종협동조합연합회를 설립하려는 경우에는 제115조의4에 따른 회원 자격을 가진 5개 이상의 조합이 발기인이 되어 정관을 작성하고 창립총회의 의결을 거친 후 기획재정부장관의 인가를 받아야 한다.

② 창립총회의 의사는 창립총회 개의 전까지 발기인에게 설립동의서를 제출한 조합 과반수의 출석과 출석조합 3분의 2 이상의 찬성으로 의결한다.

③ 제1항에 따른 이종협동조합연합회의 설립인가의 기준 및 절차 등에 관하여 필요한 사항은 대통령령으로 정한다.

제115조의3【준용규정】 ① 이종협동조합연합회의 설립에 관하여는 제17조 및 제19조를 준용한다. 이 경우 "협동조합"은 "이종협동조합연합회"로 보고, 제19조제1항 중 "제61조에 따른 설립등기"는 "제106조에 따른 설립등기"로 본다.

② 이종협동조합연합회의 설립인가, 정관 및 설립사무의 인계와 출자납입에 관하여는 제85조제3항부터 제5항까지, 제86조 및 제87조를 준용한다. 이 경우 "사회적협동조합"은 "이종협동조합연합회"로, "조합원"은 "회원"으로 보고, 제86조제1항제3호 중 "조합원 및 대리인"은 "회원"으로 본다.

제2절 회 원

제115조의4【회원의 자격】 ① 이종협동조합연합회의 회원은 이종협동조합연합회의 설립 목적에 동의하고 회원으로서의 의무를 다하려는 다음 각 호의 조합으로 한다.

1. 이 법에 따른 협동조합과 사회적협동조합
2. 「소비자생활협동조합법」에 따라 설립된 조합
3. 「신용협동조합법」에 따라 설립된 신용협동조합

② 이종협동조합연합회는 정관으로 정하는 바에 따라 회원의 자격을 제한할 수 있다.

제115조의5【준용규정】 ① 이종협동조합연합회 회원의 가입, 출자 및 책임, 제명 등에 관하여는 제21조, 제22조 및 제25조부터 제27조까지의 규정을 준용한다. 이 경우 "협동조합"은 "이종협동조합연합회"로, "조합원"은 "회원"으로 보고, 제22조제2항 중 "조합원 1인"은 "한 회원"으로, "100분의 30"은 "100분의 40"으로 본다.

② 제1항에도 불구하고 제115조의8제2항을 적용받는 이종협동조합연합회 회원의 가입, 출자 및 책임, 제명 등에 관하여는 제21조, 제22조, 제25조, 제89조 및 제90조를 준용한다. 이 경우 "협동조합" 또는 "사회적협동조합"은 "이종협동조합연합회"로, "조합원"은 "회원"으로 보고, 제22조제2항 중 "조합원 1인"은 "한 회원"으로, "100분의 30"은 "100분의 40"으로 본다.

③ 이종협동조합연합회 회원의 탈퇴, 의결권 및 선거권에 관하여는 제74조 및 제75조를 준용한다. 이 경우 "연합회"는 "이종협동조합연합회"로 본다.

제3절 기 관

제115조의6【준용규정】 이종협동조합연합회의 기관에 관하여는 제28조제3항부터 제5항까지, 제29조부터 제36조까지, 제36조의2, 제37조부터 제44조까지, 제77조 및 제78조의 규정을 준용한다. 이 경우 "협동조합" 또는 "연합회"는 "이종협동조합연합회"로, "이사장"은 "회장"으로, "조합원"은 "회원"으로 보고, 제37조 중 "조합원"은 "회원에 속한 조합원"으로, "가입신청을 한 자"는 "가입신청을 한 조합에 속한 조합원"으로 본다.

제4절 사 업

제115조의7【준용규정】 이종협동조합연합회의 사업에 관하여는 제80조, 제80조의2 및 제81조를 준용한다. 이 경우 "연합회"는 "이종협동조합연합회"로 본다.

제5절 회 계

제115조의8【준용규정】 ① 이종협동조합연합회의 회계에 관하여는 제47조부터 제49조까지, 제50조부터 제55조까지 및 제96조의2를 준용한다. 이 경우 "협동조합", "사회적협동조합" 및 "사회적협동조합연합회"는 "이종협동조합연합회"로, "조합원"은 "회원"으로 본다.

② 제1항에도 불구하고 비영리법인 성격의 이종협동조합연합회의 회계에 관하여는 제47조, 제48조, 제52조부터 제55조까지, 제96조, 제96조의2, 제97조 및 제98조를 준용한다. 이 경우 "협동조합", "사회적협동조합" 및 "사회적협동조합연합회"는 "이종협동조합연합회"로, "조합원"은 "회원"으로 본다.

제6절 합병·분할·해산 및 청산

제115조의9【준용규정】 ① 이종협동조합연합회의 합병·분할·해산 및 청산에 관하여는 제53조, 제54조, 제59조제1항, 제60조, 제101조제1항부터 제6항까지, 제102조 및 제103조를 준용한다. 이 경우 "협동조합" 및 "사회적협동조합"은 "이종협동조합연합회"로 보고, 제101조제4항 중 "제85조, 제86조 및 제88조"는 "제115조의2 및 제115조의3"으로 보며, 제103조제4항 중 "조합원"은 "회원"으로 본다.

② 제1항에도 불구하고 비영리법인 성격의 이종협동조합연합회의 합병·분할·해산 및 청산에 관하여는 제53조, 제54조, 제101조제1항부터 제6항까지, 제102조, 제103조부터 제105조까지의 규정을 준용한다. 이 경우 "협동조합" 및 "사회적협동조합"은 "이종협동조합연합회"로 보고, 제101조제4항 중 "제85조, 제86조 및 제88조"는 "제115조의2 및 제115조의3"으로 보며, 제103조제4항 중 "조합원"은 "회원"으로 본다.

제7절 등 기

제115조의10【준용규정】 ① 이종협동조합연합회의 설립, 합병, 해산 등기 등에 관하여는 제106조부터 제108조까지 및 제109조를 준용한다. 이 경우 "사회적협동조합"은 "이종협동조합연합회"로 본다.

② 제1항에서 규정한 사항 외에 이종협동조합연합회의 이전등기, 변경등기 및 청산종결등기 등에 관하여는 제62조부터 제64조까지, 제67조, 제68조, 제69조 및 제70조를 준용한다. 이 경우 "협동조합"은 "이종협동조합연합회"로, "이사장"은 "회장"으로 본다.

제8절 감 독

제115조의11【설립인가의 취소】 ① 기획재정부장관은 이종협동조합연합회가 다음 각 호의 어느 하나에 해당하게 되면 설립인가를 취소할 수 있다. 다만, 제1호에 해당하는 경우에는 설립인가를 취소하여야 한다.
1. 거짓이나 그 밖의 부정한 방법으로 설립인가를 받은 경우
2. 정당한 사유 없이 설립인가를 받은 날부터 1년 이상 계속하여 사업을 실시하지 아니한 경우
3. 제115조의2제3항에 따라 대통령령으로 정한 설립인가 기준에 미달한 경우
4. 제115조의10제1항에 따라 준용되는 제106조제1항에 따른 기한 내에 설립등기를 하지 아니한 경우
5. 2회 이상 제115조의13에 따라 준용되는 제111조제5항 및 제6항에 따른 처분을 받고도 시정하지 아니한 경우

② 기획재정부장관은 제1항에 따라 이종협동조합연합회의 설립인가를 취소하면 즉시 그 사실을 대통령령으로 정하는 바에 따라 공고하여야 한다.

제115조의12【청문】 기획재정부장관은 제115조의11에 따라 설립인가를 취소하려는 경우에는 청문을 실시하여야 한다.

제115조의13【준용규정】 이종협동조합연합회의 감독에 관하여는 제111조를 준용한다. 이 경우 "사회적협동조합"은 "이종협동조합연합회"로 보고, 제111조제2항제1호 중 "제85조"는 "제115조의2"로 본다.

제7장 보 칙

제116조【권한의 위임 및 위탁】 ① 이 법에 따른 기획재정부장관의 권한은 그 일부를 대통령령으로 정하는 바에 따라 시·도지사에게 위임할 수 있다.

② 이 법에 따른 기획재정부장관의 권한은 그 일부를 대통령령으로 정하는 바에 따라 제93조에 따른 사회적협동조합의 주 사업 소관 중앙행정기관의 장에게 위탁할 수 있다. 이 경우 주 사업이 둘 이상인 경우 등으로서 그 소관 중앙행정기관의 장이 분명하지 아니한 경우에는 사회적협동조합이 수행하는 구체적인 사업 내용, 성격 등을 고려하여 기획재정부장관이 소관 중앙행정기관의 장을 정하여 위탁한다.

③ 기획재정부장관은 이 법에 따른 권한의 일부를 대통령령으로 정하는 바에 따라 정부출연기관이나 민간단체에 위탁할 수 있다. 이 경우 위탁을 받은 기관 또는 단체의 업무 수행에 필요한 경비를 출연할 수 있다. (2014.1.21 본조개정)

제8장 벌 칙

제117조【벌칙】 ① 협동조합등 및 협동조합연합회등의 임직원 또는 청산인이 다음 각 호의 어느 하나에 해당하는 행위로 협동조합등 및 협동조합연합회등에 손해를 끼친 때에는 7년 이하의 징역 또는 7천만원 이하의 벌금에 처한다. 이 경우 징역형과 벌금형은 병과할 수 있다.
1. 협동조합등 및 협동조합연합회등의 사업목적 이외의 다른 용도로 자금을 사용한 경우
2. 투기를 목적으로 협동조합등 및 협동조합연합회등의 재산을 처분하거나 이용한 경우

(2020.3.31 본항개정)

② 협동조합등 및 협동조합연합회등의 임직원 또는 청산인이 다음 각 호의 어느 하나에 해당하는 행위를 한 때에는 3년 이하의 징역 또는 3천만원 이하의 벌금에 처한다.(2020.3.31 본문개정)
1. 제45조제3항, 제50조제1항·제3항, 제51조부터 제53조까지, 제55조, 제58조, 제80조제3항, 제97조제1항·제3항, 제98조, 제103조 및 제104조(제82조·제83조·제100조·제115조 또는 제115조의7부터 제115조의9까지의 규정에 따라 준용되는 경우를 포함한다)를 위반한 경우(2020.3.31 본호개정)
2. 거짓 또는 부정한 방법으로 등기를 한 경우
3. 총회의 의결을 받아야 하는 사항에 대하여 의결을 받지 아니하고 집행한 경우

③ 다음 각 호의 어느 하나에 해당하는 자는 2년 이하의 징역 또는 2천만원 이하의 벌금에 처한다.(2014.1.21 본문개정)
1. 제9조제2항을 위반하여 공직선거에 관여한 자
2. 제37조(제79조·제92조·제115조 및 제115조의6에 따라 준용되는 경우를 포함한다)를 위반한 자 (2020.3.31 본호개정)

제118조【양벌규정】 협동조합등 및 협동조합연합회등의 임직원 또는 청산인이 그 협동조합등 및 협동조합연합회등의 업무에 관하여 제117조제1항 및 제2항의 위반행위를 하면 그 행위자를 벌하는 외에 그 협동조합등 및 협동조합연합회등에도 해당 조문의 벌금형을 과(科)한다. 다만, 협동조합등 및 협동조합연합회등이 그 위반행위를 방지하기 위하여 해당 업무에 관하여 상당한 주의와 감독을 게을리하지 아니한 경우에는 그러하지 아니하다.(2020.3.31 본조개정)

제119조【과태료】 ① 다음 각 호의 어느 하나에 해당하는 자에게는 200만원 이하의 과태료를 부과한다.
1. 제3조제2항을 위반하여 중복되거나 혼동되는 명칭을 사용한 협동조합등 또는 협동조합연합회등(2020.3.31 본호개정)
2. 제3조제3항을 위반하여 같은 조 제1항에 따른 문자 또는 이와 유사한 문자를 명칭에 사용한 자
3. 제3조제5항에 따른 명칭의 사용 금지 또는 수정 명령을 따르지 아니한 협동조합연합회등(2020.3.31 본호개정) (2014.1.21 본항개정)

② 협동조합등 및 협동조합연합회등이 다음 각 호의 어느 하나에 해당하는 경우에는 200만원 이하의 과태료를 부과한다.(2020.3.31 본문개정)
1. 제22조제2항(제76조·제91조·제115조제1항 및 제115조의5제1항·제2항에 따라 준용되는 경우를 포함한다)을 위반하여 조합원등 1인의 출자좌수 제한을 초과하게 한 경우(2020.3.31 본호개정)
2. 제22조의2제2항·제3항을 위반하여 우선출자의 총액한도를 초과하게 한 경우(2020.3.31 본호신설)
3. 제23조제1항(제91조에 따라 준용되는 경우를 포함한다)을 위반하여 조합원의 의결권·선거권에 차등을 둔 경우
4. 제46조, 제81조 및 제95조(제115조제2항 및 제115조의7에 따라 준용되는 경우를 포함한다)를 위반하여 조합원등이 아닌 자에게 협동조합등의 사업을 이용하게 한 경우(2020.3.31 본호개정)
5. 제94조를 위반하여 소액대출 및 상호부조의 총사업한도, 이자율, 대출한도, 상호부조의 범위, 상호부조금, 상호부조계약 및 상호부조회비 등을 초과하게 한 경우

③ 협동조합등 및 협동조합연합회등의 임직원 또는 청산인이 다음 각 호의 어느 하나에 해당하는 때에는 100만원 이하의 과태료를 부과한다.(2020.3.31 본문개정)
1. 신고·등기를 게을리한 때
2. 제49조제2항(제82조 및 제115조의8제1항에 따라 준용되는 경우를 포함한다) 및 제96조제2항(제115조제3항 및 제115조의8제2항에 따라 준용되는 경우를 포함한다)에 따른 서류비치를 게을리한 때(2020.3.31 본호개정)
3. 제49조(제82조 및 제115조의8제1항에 따라 준용되는 경우를 포함한다), 제49조의2(제82조에 따라 준용되는 경우를 포함한다), 제96조(제115조제3항 및 제115조의8제2항에 따라 준용되는 경우를 포함한다) 및 제96조의2(제115조제3항 및 제115조의8에 따라 준용되는 경우를 포함한다)에 따른 운영의 공개를 게을리한 때 (2020.3.31 본호개정)
4. 감독기관 또는 총회에 대하여 거짓의 진술 또는 보고를 하거나 사실을 은폐한 때
5. 감독기관의 검사를 거부·방해 또는 기피한 때

④ 제1항부터 제3항까지의 규정에 따른 과태료는 대통령령으로 정하는 바에 따라 기획재정부장관 또는 시·도지사가 부과·징수한다.

부 칙 (2014.1.21)

제1조【시행일】 이 법은 공포 후 6개월이 경과한 날부터 시행한다. 다만, 제15조제4항, 제16조제2항·제3항, 제18조제4항, 제34조제4항, 제36조제1항제1호·제2호, 제37조제4항, 제44조제3항·제4항, 제56조제2항, 제57조제2항, 제61조제2항제4호, 같은 조 제5항, 제71조제3항, 제76조 전단, 제79조 후단, 제85조제5항, 제86조제2항·제3항, 제87조제4항, 제93조제2항부터 제4항까지, 제94조제1항, 제101조제5항, 제102조제2항, 제111조제6항, 제112조제2항, 제114조제3항, 제115조제1항 후단, 같은 조 제2항 전단, 같은 조 제3항 후단 및 제116조제1항·제2항의 개정규정은 공포한 날부터 시행하고, 제60조의2, 제68조의2, 제105조의2, 제105조의3 및 제108조의2의 개정규정은 2014년 12월 1일부터 시행한다.

제2조【신고확인증의 발급에 관한 적용례】 제15조의2, 제18조제1항, 제56조제4항, 제71조의2 및 제83조 후단(제15조의2 및 제71조의2의 개정규정과 관련된 부분으로 한정한다)의 개정규정은 이 법 시행 후 설립신고를 하는 경우부터 적용한다.

제3조【출자 1좌의 금액에 관한 적용례】 제16조제2항(제72조에 따라 준용되는 경우를 포함한다) 및 제86조제2항(제115조제3항에 따라 준용되는 경우를 포함한다)의 개정규정은 같은 개정규정 시행 후 설립신고를 하거나 설립인가를 받는 경우부터 적용한다.

제4조【대의원총회의 구성 및 운영에 관한 적용례】 ① 제31조제3항(제79조, 제92조 및 제115조제1항에 따라 준용되는 경우를 포함한다)의 개정규정은 이 법 시행 후 대의원총회를 구성하는 경우부터 적용한다.

② 제31조제5항(제79조, 제92조 및 제115조제1항에 따라 준용되는 경우를 포함한다)의 개정규정은 이 법 시행 후 대의원총회를 구성하는 경우부터 적용한다.

제5조【선거운동 제한에 관한 적용례】 제37조제4항(제79조, 제92조 및 제115조제1항에 따라 준용되는 경우를 포함한다)의 개정규정은 같은 개정규정 시행 후 선거일이 공고되는 선거부터 적용한다.

제6조【시정조치 명령 위반에 따른 설립인가의 취소에 관한 적용례】 제112조제1항제2호(제115조제3항에 따라 준용되는 경우를 포함한다)의 개정규정은 이 법 시행 후 제111조제4항(제115조제3항에 따라 준용되는 경우를 포함한다)에 따른 시정에 필요한 조치 명령을 받는 경우부터 적용한다.

제7조【출자 1좌의 금액에 관한 경과조치】 제16조제2항 및 제86조제2항의 개정규정 시행 당시 정관에서 출자 1좌의 금액을 균일하게 정하지 아니한 협동조합등 또는 사회적협동조합등은 같은 개정규정 시행 후 1년 이내에 제16조제2항(제72조에 따라 준용되는 경우를 포함한다) 및 제86조제2항(제115조제3항에 따라 준용되는 경우를 포함한다)의 개정규정에 따라 정관을 변경하여 출자 1좌의 금액을 균일하게 정하여야 한다.

제8조【대의원총회의 구성 및 운영에 관한 경과조치】 ① 이 법 시행 당시 대의원총회를 두고 있는 협동조합등 또는 사회적협동조합등은 이 법 시행 후 1년 이내에 제31조제3항(제79조, 제92조 및 제115조제1항에 따라 준용되는 경우를 포함한다)의 개정규정에 따라 대의원총회를 구성하여야 한다.

② 이 법 시행 당시 대의원총회를 두고 있는 협동조합등 또는 사회적협동조합등은 이 법 시행 후 1년 이내에 제31조제5항(제79조, 제92조 및 제115조제1항에 따라 준용되는 경우를 포함한다)의 개정규정에 따라 대의원총회의 운영에 필요한 사항을 정관으로 정하여야 한다.

제9조【금치산자 등에 대한 경과조치】 제36조제1항제1호 및 제2호의 개정규정에 따른 피성년후견인 또는 피한정후견인에는 법률 제10429호 민법 일부개정법률 부칙 제2조에 따라 금치산 또는 한정치산 선고의 효력이 유지되는 사람을 포함하는 것으로 본다.

제10조【임직원의 겸직 금지에 관한 경과조치】 이 법 시행 당시 종전의 규정에 따라 선출된 임원 또는 채용된 직원으로서 지방의회의원을 겸직하고 있는 사람은 제44조제5항(제79조, 제92조 및 제115조제1항에 따라 준용되는 경우를 포함한다)의 개정규정에도 불구하고 이 법 시행 후 6개월 이내에 임직원의 직을 사직하거나 지방의회의원의 직을 사직하여야 한다.

제11조【사업을 개시하지 아니하는 경우 등을 사유로 한 설립인가의 취소에 관한 경과조치】 이 법 시행 당시 설립인가를 받은 사회적협동조합이나 사회적협동조합연합회에 대해서는 제112조제1항제1호(제115조제3항에 따라 준용되는 경우를 포함한다)의 개정규정에도 불구하고 종전의 규정에 따른다. 다만, 이 법 시행 후 1년 이내에 제112조제1항제1호의 개정규정에 따라 주 사업을 개시하여야 하고, 주 사업을 개시한 후 1년 이상 계속하여 주 사업을 실시하지 아니한 경우에는 제112조제1항제1호의 개정규정에 따른다.

부 칙 (2014.12.30)

제1조【시행일】 이 법은 공포 후 6개월이 경과한 날부터 시행한다. 다만, 부칙 제2조는 공포한 날부터 시행한다.

제2조【협동조합 등에 대한 경과조치】 ① 2012년 12월 1일 이전에 협동조합과 유사한 목적을 위하여 이미 설립된 사업자가 이 법에 따른 협동조합이 되려면 2015년 11월 30일까지 제15조에서 정하는 설립 최소기준을 갖추어 구성원 과반수의 출석과 출석자 3분의 2 이상의 찬성으로 총회의 의결을 거친 후 제15조, 제15조의2 및 제16조부터 제19조까지의 설립절차를 거쳐 제61조에 따른

설립등기를 하여야 한다. 이 경우 설립등기 전 사업자와 설립등기 후 협동조합은 동일한 법인으로 본다.
② 2012년 12월 1일 이전에 사회적협동조합과 유사한 목적을 위하여 이미 설립된 사업자가 이 법에 따른 사회적협동조합이 되려면 2015년 11월 30일까지 제85조에서 정하는 설립 최소기준을 갖추어 구성원 과반수의 출석과 출석자 3분의 2 이상의 찬성으로 총회의 의결을 거친 후 제85조부터 제88조까지의 설립절차를 거쳐 제106조에 따른 설립등기를 하여야 한다. 이 경우 설립등기 전 사업자와 설립등기 후 사회적협동조합은 동일한 비영리법인으로 본다.

부 칙 (2016.3.2)

제1조【시행일】 이 법은 공포한 날부터 시행한다. 다만, 제3조제4항 단서의 개정규정은 공포 후 6개월이 경과한 날부터 시행한다.
제2조【설립등기 기한에 관한 적용례】 제106조제1항의 개정규정은 이 법 시행 전에 설립인가를 받고 이 법 시행 당시 설립인가를 받은 날부터 21일이 경과되지 아니한 사회적협동조합에 대해서도 적용한다.
제3조【협동조합 등에 대한 경과조치】 ① 2012년 12월 1일 이전에 협동조합과 유사한 목적을 위하여 이미 설립된 사업자가 이 법에 따른 협동조합이 되려면 2016년 11월 30일까지 제15조에서 정하는 설립 최소기준을 갖추어 구성원 과반수의 출석과 출석자 3분의 2 이상의 찬성으로 총회의 의결을 거친 후 제15조, 제15조의2 및 제16조부터 제19조까지의 설립절차를 거쳐 제61조에 따른 설립등기를 하여야 한다. 이 경우 설립등기 전 사업자와 설립등기 후 협동조합은 동일한 법인으로 본다.
② 2012년 12월 1일 이전에 사회적협동조합과 유사한 목적을 위하여 이미 설립된 사업자가 이 법에 따른 사회적협동조합이 되려면 2016년 11월 30일까지 제85조에서 정하는 설립 최소기준을 갖추어 구성원 과반수의 출석과 출석자 3분의 2 이상의 찬성으로 총회의 의결을 거친 후 제85조부터 제88조까지의 설립절차를 거쳐 제106조에 따른 설립등기를 하여야 한다. 이 경우 설립등기 전 사업자와 설립등기 후 사회적협동조합은 동일한 비영리법인으로 본다.

부 칙 (2020.3.31)

제1조【시행일】 이 법은 공포 후 6개월이 경과한 날부터 시행한다. 다만, 제15조, 제15조의2, 제56조제5항부터 제7항까지 및 같은 조 제10항·제11항, 제60조의2제7항·제8항, 제71조, 제71조의2 및 제83조의 개정규정은 공포 후 1개월이 경과한 날부터 시행하며, 제24조제2항제4호 및 제36조제1항제5호의 개정규정은 공포한 날부터 시행한다.
제2조【결격사유 및 당연퇴직 등에 관한 적용례】 제36조제1항제6호의2 및 제36조의2의 개정규정은 이 법 시행 이후 발생한 범죄행위로 형벌을 받는 사람부터 적용한다.
제3조【설립신고 등에 관한 적용례】 제15조제2항·제3항, 제56조제5항(제83조에 따라 준용되는 경우를 포함한다), 제60조의2제7항·제8항 및 제71조제2항·제3항의 개정규정은 같은 개정규정의 시행일 이후 설립신고, 변경신고, 합병신고 또는 조직변경신고를 하는 경우부터 적용한다.
제4조【합병·분할 등에 관한 적용례】 제56조제8항·제9항, 제80조의2의제3항·제4항, 제85조제3항부터 제5항까지, 제86조제4항·제5항, 제101조제8항·제9항, 제105조의2제8항부터 제10항까지의 개정규정(제101조제4항, 제115조제2항·제3항, 제115조의3 및 제115조의7에서 준용하는 경우를 포함한다)은 이 법 시행 이후 협동조합등, 협동조합연합회등 또는 제105조의2에 따른 조직변경대상법인이 인가를 신청하는 경우부터 적용한다.

부 칙 (2020.6.9)

이 법은 공포한 날부터 시행한다.(이하 생략)

부 칙 (2021.1.5)

제1조【시행일】 이 법은 공포한 날부터 시행한다.
제2조【선거운동 시 호별방문 등 금지기간에 관한 적용례】 제37조제2항의 개정규정(제79조, 제92조, 제115조 및 제115조의6에 따라 준용되는 경우를 포함한다)은 이 법 시행 이후 선거일이 공고되는 경우부터 적용한다.

외국인투자 촉진법

(약칭 : 외국인투자법)

(1998년 9월 16일 법 률 제5559호)

개정
1999. 1.21법 5654호(관광진흥법) <중략>
2008. 2.29법 8852호(정부조직)
2008. 3.21법 8974호(건축)
2008. 3.21법 8976호(도로법)
2008. 3.28법 9037호(환경영향평가법)
2008. 3.28법 9071호(도시교통정비촉진법)
2008.12.26법 9239호
2008.12.31법 9313호(자연공원법)
2009. 1.30법 9374호
2009. 1.30법 9401호(국유재산)
2009. 2. 3법 9407호(자본시장금융투자업)
2009. 2. 6법 9432호(식품위생)
2009. 6. 9법 9774호(측량·수로지적)
2010. 4. 5법10232호
2010. 4.15법10272호(공유수면관리및매립에관한법)
2010. 5.25법10310호(축산물위생관리법)
2010. 6. 4법10339호(정부조직)
2011. 6.15법10801호(해사안전법)
2011. 7.21법10892호(환경영향평가법)
2011. 8. 4법11020호(산업입지및개발에관한법)
2011. 8. 4법11029호(특수임무유공자예우및단체설립에관한법)
2011. 9.15법11042호(보훈보상대상자지원에관한법)
2012. 1.26법11232호(연구개발특구의육성에관한특별법)
2012.12.11법11535호
2013. 3.23법11690호(정부조직)
2014. 1.10법12225호
2014. 5.20법12592호(상업등기법)
2014.11.19법12844호(정부조직)
2015. 1.28법13082호(소재·부품전문기업등의육성에관한특별조치법)
2015. 7.24법13426호(제주자치법)
2016. 1.27법13854호
2017. 7.26법14839호(정부조직)
2018.12.31법16101호(부가세)
2018.12.31법16131호 2019. 8.20법16479호
2019.12.31법16859호(소재·부품·장비산업경쟁력강화를위한특별조치법)
2020. 2. 4법16944호
2020.12.22법17653호(부가세)
2020.12.22법17729호
2020.12.29법17799호(독점)
2021. 1. 5법17883호(5·18민주유공자예우및단체설립에관한법)
2022. 1.11법18755호(수산업법)
2023. 6.13법19438호(소재·부품·장비산업경쟁력강화및공급망안정화를위한특별조치법)

제1장 총 칙

(2009.1.30 본장개정)

제1조【목적】 이 법은 외국인투자를 지원하고 외국인투자에 편의를 제공하여 외국인투자 유치를 촉진함으로써 국민경제의 건전한 발전에 이바지함을 목적으로 한다.
제2조【정의】 ① 이 법에서 사용하는 용어의 뜻은 다음과 같다.
1. "외국인"이란 외국의 국적을 가지고 있는 개인, 외국의 법률에 따라 설립된 법인(이하 "외국법인"이라 한다) 및 대통령령으로 정하는 국제경제협력기구를 말한다.
2. "대한민국국민"이란 대한민국의 국적을 가지고 있는 개인을 말한다.
3. "대한민국 법인 또는 기업"이란 대한민국의 법률에 따라 설립된 법인 또는 사업자로 등록된 국내기업을 말한다.(2020.2.4 본호개정)
4. "외국인투자"란 다음 각 목의 어느 하나에 해당하는 것을 말한다.
가. 외국인이 이 법에 따라 대한민국 법인 또는 기업(설립 중인 법인을 포함한다. 이하 이 조에서 같다)의 경영활동에 참여하는 등 그 법인 또는 기업과 지속적인 경제관계를 수립할 목적으로 대통령령으로 정하는 바에 따라 그 법인이나 기업의 주식 또는 지분(이하 "주식등"이라 한다)을 다음 어느 하나의 방법으로 소유하는 것
1) 대한민국 법인 또는 기업이 새로 발행하는 주식등을 취득하는 것
2) 대한민국 법인 또는 기업이 이미 발행한 주식 또는 지분(이하 "기존주식등"이라 한다)을 취득하는 것
(2020.2.4 본목개정)
나. 다음의 어느 하나에 해당하는 자가 해당 외국인투자기업에 대부하는 5년 이상의 차관(최초의 대부계약 시에 정해진 대부기간을 기준으로 한다)
1) 외국인투자기업의 해외 모기업(母企業)
2) 1)의 기업과 대통령령으로 정하는 자본출자관계가 있는 기업
3) 외국투자가
4) 3)의 투자가와 대통령령으로 정하는 자본출자관계가 있는 기업
다. 외국인이 이 법에 따라 과학기술 분야의 대한민국 법인 또는 기업으로서 연구인력·시설 등에 관하여 대통령령으로 정하는 기준에 해당하는 비영리법인과 지속적인 협력관계를 수립할 목적으로 그 법인에 출연(出捐)하는 것(2020.2.4 본목개정)
라. 외국인투자기업이 미처분이익잉여금을 그 기업의 공장시설 신설 또는 증설 등 대통령령으로 정하는 용도에 사용하는 것(이 경우 외국인투자기업은 이 법의 외국인으로 보며 외국인투자금액은 사용하는 금액에 제5조제3항에 따른 외국인투자비율을 곱한 금액으로 한다)(2020.2.4 본목신설)
마. 그 밖에 외국인의 비영리법인에 대한 출연으로서 비영리법인의 사업내용 등에 관하여 대통령령으로 정하는 기준에 따라 제27조에 따른 외국인투자위원회(이하 "외국인투자위원회"라 한다)가 외국인투자로 인정하는 것
5. "외국투자가"란 이 법에 따라 주식등을 소유하고 있거나 출연을 한 외국인을 말한다.
6. "외국인투자기업이나 출연을 한 비영리법인"이란 외국투자가가 출자한 기업이나 출연을 한 비영리법인을 말한다.
7. "외국인투자환경 개선시설 운영자"란 외국인을 위한 학교 및 의료기관 등 외국인투자환경을 개선하기 위한 시설로서 대통령령으로 정하는 시설을 운영하는 자를 말한다.
8. "출자목적물(出資目的物)"이란 이 법에 따라 외국투자가가 주식등을 소유하기 위하여 출자하는 것으로서 다음 각 목의 어느 하나에 해당하는 것을 말한다.
가. 「외국환거래법」에 따른 대외지급수단 또는 이의 교환으로 생기는 내국지급수단
나. 자본재
다. 이 법에 따라 취득한 주식등으로부터 생긴 과실(果實)
라. 산업재산권, 대통령령으로 정하는 지식재산권, 그 밖에 이에 준하는 기술과 이의 사용에 관한 권리
마. 외국인이 국내에 있는 지점 또는 사무소를 폐쇄하여 다른 내국법인으로 전환하거나 외국인이 주식등을 소유하고 있는 내국법인이 해산하는 경우 해당 지점·사무소 또는 법인의 청산에 따라 해당 외국인에게 분배되는 남은 재산
바. 제4호나목에 따른 차관이나 그 밖에 해외로부터의 차입금 상환액
사. 대통령령으로 정하는 주식
아. 국내에 있는 부동산
자. 그 밖에 대통령령으로 정하는 내국지급수단
9. "자본재"란 산업시설(선박, 차량, 항공기 등을 포함한다)로서의 기계, 기자재, 시설품, 기구, 부분품, 부속품 및 농업·임업·수산업의 발전에 필요한 가축, 종자, 수목(樹木), 어패류, 그 밖에 주무부장관(해당 사업을 관장하는 중앙행정기관의 장을 말한다. 이하 같다)이 해당 시설의 첫 시험운전(시험사업을 포함한다)에 필요하다고 인정하는 원료·예비품 및 이의 도입에 따르는 운임·보험료와 시설을 하거나 조언을 하는 기술 또는 용역을 말한다.
9의2. "비수도권 국내복귀기업"이란 「해외진출기업의 국내복귀 지원에 관한 법률」 제7조에 따라 선정된 지원대상 국내복귀기업 중 「수도권정비계획법」 제2조제1호에 따른 수도권 외의 지역에 사업장을 신설·증설하는 기업을 말한다.(2020.12.22 본호신설)
10. (2016.1.27 삭제)
② 이 법을 적용할 때 대한민국의 국적을 가지고 외국에 영주하고 있는 개인 중 대통령령으로 정하는 사람에 대하여는 이 법 중 외국인에 대한 규정을 함께 적용한다.
(2016.1.27 본항개정)
제3조【외국인투자의 보호 등】 ① 외국투자가가 취득한 주식등으로부터 생기는 과실, 주식등의 매각 대금, 제2조제1항제4호나목에 따른 차관계약에 의하여 지급되는 원리금 및 수수료는 송금 당시 외국인투자의 신고내용 또는 허가내용에 따라 그 대외송금이 보장된다.
(2016.1.27 본항개정)
② 외국투자가와 외국인투자기업은 법률에 특별한 규정이 있는 경우 외에는 그 영업에 관하여 대한민국국민이나 대한민국 법인 또는 기업과 같은 대우를 받는다.
(2020.2.4 본항개정)
③ 대한민국국민이나 대한민국 법인 또는 기업에 적용되는 조세에 관한 법률 중 감면에 관한 규정은 법률에 특별한 규정이 있는 경우 외에는 외국투자가, 외국인투자기업, 제2조제1항제4호나목에 따른 차관의 대여자에 대하여도 같이 적용된다.(2020.2.4 본항개정)
④ 제1항에 따른 대외송금의 절차에 관하여 필요한 사항은 대통령령으로 정한다.(2016.1.27 본항신설)
제4조【외국인투자의 자유화 등】 ① 외국인은 법률에 특별한 규정이 있는 경우 외에는 제한을 받지 아니하고 국내에서 외국인투자업무를 수행할 수 있다.
② 외국인은 다음 각 호의 경우 외에는 이 법에 따른 외국인투자를 제한받지 아니한다.
1. 국가의 안전과 공공질서의 유지에 지장을 주는 경우
2. 국민의 보건위생 또는 환경보전에 해를 끼치거나 미풍양속에 현저히 어긋나는 경우
3. 대한민국의 법령을 위반하는 경우
③ 제2항 각 호의 어느 하나에 해당하여 외국인투자가 제한되는 업종과 제한 내용은 대통령령으로 정한다.
④ 산업통상자원부장관은 이 법 외의 다른 법령이나 고시 등에서 관계 행정기관의 장이 외국인 또는 외국인투자기업을 대한민국국민이나 대한민국 법인 또는 기업에 비하여 불리하게 대우하거나 외국인 또는 외국인투자기업에 추가적인 의무를 부담하게 하는 등 외국인투자를 제한하고 있는 경우에는 그 내용을 대통령령으로 정하는

바에 따라 매년 통합하여 공고하여야 한다. 관계 행정기관의 장이 이를 개정하거나 추가하려면 미리 산업통상자원부장관과 협의하여야 한다.(2020.2.4 전단개정)

제4조의2【외국인투자 촉진시책의 수립 등】 ① 산업통상자원부장관은 외국인투자를 촉진하기 위하여 매년 제3항에 따라 관계 중앙행정기관의 장 및 특별시장·광역시장·특별자치시장·도지사·특별자치도지사(이하 "시·도지사"라 한다)가 제출한 외국인투자 촉진계획을 종합·조정하여 외국인투자 촉진시책(이하 "촉진시책"이라 한다)을 수립하며, 외국인투자위원회의 심의를 거쳐 이를 확정한다.(2013.3.23 본항개정)

② 촉진시책에는 다음 각 호의 사항이 포함되어야 한다.

1. 외국인투자 촉진의 기본방향
2. 국내 기업의 해외진출 동향과 국내의 산업구조 등 외국인투자 여건의 분석
3. 외국인투자 유치방안
4. 외국인투자 유치활동 수행기관에 대한 지원방안

③ 관계 중앙행정기관의 장 및 시·도지사는 매년 12월 31일까지 다음 해 외국인투자 촉진계획을 산업통상자원부장관에게 제출하여야 한다.(2013.3.23 본항개정)

④ 산업통상자원부장관과 관계 중앙행정기관의 장 및 시·도지사는 다음 해 2월 말까지 전년도의 외국인투자 촉진 관련 추진실적을 외국인투자위원회에 제출하여야 하고, 외국인투자위원회는 이를 평가한다.(2013.3.23 본항개정)

⑤ 산업통상자원부장관은 시·도지사, 「대한무역투자진흥공사법」에 따른 대한무역투자진흥공사(이하 "대한무역투자진흥공사"라 한다)의 장 및 대통령령으로 정하는 관계 금융기관의 장에게 촉진시책의 수립 등에 필요한 자료를 요청할 수 있다.(2013.3.23 본항개정)

⑥ 제5항에 따른 요청을 받은 시·도지사, 대한무역투자진흥공사의 장 및 관계 금융기관의 장은 특별한 사유가 없으면 이에 따라야 한다.(2010.4.5 본항개정)

(2010.4.5 본조제목개정)

제4조의3【외국인투자기업 고용 실태조사】 ① 산업통상자원부장관은 촉진시책의 수립·시행, 외국인투자에 대한 지원 등을 보다 효율적으로 수행하기 위하여 외국인투자기업의 고용에 관한 실태조사를 3년마다 실시하여야 한다.

② 제1항의 실태조사는 다음 각 호의 사항을 포함한다.

1. 외국인투자기업의 지역별·업종별·직종별 고용실태 및 특성에 관한 사항
2. 외국인투자기업의 인력수요의 변화에 관한 사항
3. 외국인투자기업의 임금 등 근로조건에 관한 사항
4. 그 밖에 외국인투자기업의 고용현황과 관련하여 산업통상자원부장관이 필요하다고 인정한 사항

③ 산업통상자원부장관은 제1항의 실태조사를 위하여 필요한 경우에는 관계 중앙행정기관의 장, 시·도지사, 「공공기관의 운영에 관한 법률」에 따른 공공기관(이하 "공공기관"이라 한다)의 장, 외국인투자기업 또는 외국인투자기업 관련 단체에 자료 또는 의견의 제출을 요청할 수 있다. 이 경우 요청을 받은 자는 특별한 사유가 없으면 그 요청에 따라야 한다.

(2018.12.31 본조신설)

제2장 외국인투자 절차

제5조【외국인투자 신고】 ① 외국인(제2조제1항제4호가목2)에 해당하는 경우에는 대통령령으로 정하는 특수관계에 있는 자를 포함한다. 이하 이 조에서 같다)은 제2조제1항제4호 각 목에 해당하는 방법에 따라 외국인투자를 하려는 경우에는 산업통상자원부령으로 정하는 바에 따라 미리 산업통상자원부장관에게 신고하여야 한다.

② 제1항에도 불구하고 다음 각 호의 어느 하나에 해당하는 방법으로 외국인투자를 하는 경우에는 주식등을 취득한 후 60일 이내에 신고할 수 있다.

1. 「자본시장과 금융투자업에 관한 법률」에 따른 주권상장법인(같은 법 제152조제3항에 따른 공공적 법인 및 개별법상 주식취득이 제한되는 기업은 제외한다)이 발행한 기존주식등을 취득하는 경우
2. 외국투자가가 해당 외국인투자기업의 준비금, 재평가적립금, 그 밖에 다른 법령에 따른 적립금이 자본으로 전입됨으로써 발행되는 주식등을 취득하는 경우
3. 외국투자가가 해당 외국인투자기업이 다른 기업과 합병, 주식의 포괄적 교환·이전 및 회사분할을 하는 때에 소유하고 있던 주식등에 의하여 합병, 주식의 포괄적 교환·이전 및 회사분할 후 존속 또는 신설되는 법인의 주식등을 취득하는 경우
4. 외국인이 제21조에 따라 등록된 외국인투자기업의 주식등을 외국투자가로부터 매입, 상속, 유증(遺贈) 또는 증여에 의하여 취득하는 경우
5. 외국투자가가 법에 따라 취득한 주식등으로부터 생긴 과실을 출자하여 주식등을 취득하는 경우
6. 외국인이 전환사채, 교환사채, 주식예탁증서, 그 밖에 이와 유사한 것으로서 주식등으로 전환·인수 또는 교환할 수 있는 사채(社債)나 증서를 주식등으로 전환·인수 또는 교환하는 경우

③ 외국인은 제1항 또는 제2항에 따라 신고한 내용 중 외국인투자비율(외국인투자기업의 주식등에 대한 외국투자가 소유 주식등의 비율을 말한다. 이하 같다) 등 산업통상자원부령으로 정하는 사항이 변경된 경우에는 변경된 내용을 반영하여 산업통상자원부장관에게 신고할 수 있다.

④ 산업통상자원부장관은 제1항부터 제3항까지에 따른 신고를 받으면 지체 없이 신고인에게 신고증명서를 발급하여야 한다.

(2016.1.27 본조개정)

제6조【외국인투자 허가 등】 ① 외국인(대통령령으로 정하는 특수관계에 있는 자를 포함한다)이 대통령령으로 정하는 방위산업체를 경영하는 기업에 대하여 제2조제1항제4호가목의 방법에 따른 외국인투자를 하려는 경우에는 제5조제1항 및 제2항에도 불구하고 산업통상자원부령으로 정하는 바에 따라 미리 산업통상자원부장관의 허가를 받아야 한다. 허가받은 내용 중 외국인투자비율 등 산업통상자원부령으로 정하는 사항을 변경할 때에도 또한 같다.(2020.2.4 전단개정)

② 산업통상자원부장관은 제1항에 따른 허가신청을 받으면 대통령령으로 정하는 기간에 그 허가 여부를 결정하고 신청인에게 알려야 한다.

③ 산업통상자원부장관은 제2항에 따른 허가 여부를 결정하기 전에 대통령령으로 정하는 바에 따라 미리 주무부장관과 협의하여야 한다.

④ 산업통상자원부장관은 제2항에 따른 허가를 할 때 필요하다고 인정되면 조건을 달 수 있다.

⑤ 제1항에 따른 허가를 받지 아니하거나 제4항에 따른 조건을 위반하여 주식등을 취득한 자는 그 주식등에 따른 의결권을 행사할 수 없다.(2020.2.4 본항개정)

⑥ 산업통상자원부장관은 제1항에 따른 허가를 받지 아니하거나 제4항에 따른 조건을 위반하여 주식등을 취득한 자에 대해서는 대통령령으로 정하는 바에 따라 그 주식등의 양도를 명할 수 있다.(2020.2.4 본항개정)

⑦ 제1항부터 제6항까지에서 규정한 사항 외에 외국인투자의 허가와 관련하여 필요한 사항은 대통령령으로 정한다.

(2016.1.27 본조개정)

제7조~제8조의2 (2016.1.27 삭제)

제3장 외국인투자에 대한 지원

(2009.1.30 본장개정)

제9조【외국인투자에 대한 조세감면】 외국인투자에 대하여는 「조세특례제한법」 및 「지방세특례제한법」에서 정하는 바에 따라 조세를 감면할 수 있다.(2020.2.4 본조개정)

제10조~제12조 (1999.5.24 삭제)

제13조【국유·공유재산의 임대】 ① 기획재정부장관, 국유재산을 관리하는 중앙관서의 장, 지방자치단체의 장, 공공기관의 장 또는 「지방공기업법」에 따른 지방공기업(지방직영기업은 제외하며, 이하 이 조에서 "지방공기업"이라 한다)의 장은 국가·지방자치단체·공공기관 또는 지방공기업(이하 "국가등"이라 한다)이 소유하는 토지·공장 또는 그 밖의 재산(이하 "토지등"이라 한다)을 다음 각 호의 어느 하나에 해당하는 법률의 관련 규정에도 불구하고 수의계약으로 외국인투자기업 또는 외국인투자환경 개선시설 운영자(이하 이 조, 제13조의2부터 제13조의4까지 및 제14조에서 "외국인투자기업등"이라 한다)에게 사용·수익 또는 대부(이하 "임대"라 한다)할 수 있다. 다만, 토지등이 제18조제1항제1호에 해당하는 경우에는 비수도권 국내복귀기업에도 임대할 수 있다.

(2020.12.22 단서신설)

1. 「국유재산법」
2. 「공유재산 및 물품 관리법」
3. 「공공기관의 운영에 관한 법률」
4. 「도시개발법」
5. 「물류시설의 개발 및 운영에 관한 법률」
6. 「어촌·어항법」
7. 「마리나항만의 조성 및 관리 등에 관한 법률」

(2012.12.11 1호~7호신설)

② 제1항에 따라 토지등을 임대받을 수 있는 외국인투자기업은 대통령령으로 정하는 최저 외국인투자비율을 충족한 기업에 한하며, 임대받은 후에는 임대받은 날부터 대통령령으로 정하는 기간 동안 최저 외국인투자비율을 유지(산업통상자원부령으로 정하는 기간의 범위에서 일시적으로 유지하지 못하는 경우는 제외한다. 이하 같다)하여야 한다. 다만, 고용창출 규모, 외국인투자금액 및 기술이전 효과 등 국민경제에 대한 기여도가 큰 외국인투자기업으로서 다음 각 호의 어느 하나에 해당하는 경우에는 그러하지 아니하다.(2020.2.4 본문개정)

1. 3년 이내에 대통령령으로 정하는 상시 근로자 수를 초과하는 규모의 신규 고용을 창출하는 내용으로 외국인투자 신고를 한 경우
2. 5년 이내에 대통령령으로 정하는 투자금액 이상을 투자하는 내용으로 외국인투자 신고를 한 경우
3. 「조세특례제한법」 제121조의2제1항제1호에 따라 조세감면의 결정을 받은 경우
4. 사회간접자본의 확충, 산업구조의 조정이나 지방자치단체의 재정자립 등에 상당한 기여를 하는 사업으로서 산업통상자원부장관이 외국인투자위원회의 심의를 거쳐 필요하다고 인정하는 경우

(2016.1.27 1호~4호신설)

③ 제1항에 따라 국가등이 소유하는 토지등을 임대하는 경우 같은 항 제1호부터 제5호까지의 규정에 해당하는 임대기간은 다음 각 호의 규정에도 불구하고 50년의 범위 내로 할 수 있다. 이 경우 임대기간은 갱신할 수 있으며, 갱신기간은 갱신할 때마다 전단에 따른 기간을 초과할 수 없다.(2020.2.4 본문개정)

1. 「국유재산법」 제35조제1항 및 제46조제1항
2. 「공유재산 및 물품 관리법」 제21조제1항 및 제31조제1항
3. 「도시개발법」 제69조제2항

(2010.4.5 본항개정)

④ 제1항에 따라 국가나 지방자치단체가 소유하는 토지를 임대하는 경우에는 「국유재산법」 제18조제1항 및 「공유재산 및 물품 관리법」 제13조에도 불구하고 그 토지에 공장이나 그 밖의 영구시설물을 축조하게 할 수 있다. 이 경우 해당 시설물의 종류 등을 고려하여 임대기간이 끝날 때 그 시설물을 국가나 지방자치단체에 기부하거나 원상회복하여 반환하는 조건을 붙여야 한다.

(2020.2.4 본항개정)

⑤ 제1항에 따라 국가등이 소유하는 토지등을 임대하는 경우 같은 항제1호부터 제5호까지의 규정에 해당하는 임대료는 다음 각 호의 규정에도 불구하고 대통령령으로 정하는 바에 따르되, 이를 외화로도 표시할 수 있다.

(2020.2.4 본문개정)

1. 「국유재산법」 제32조제1항 및 제47조
2. 「공유재산 및 물품 관리법」 제22조·제32조 및 제35조
3. 「도시개발법」 제26조 및 제69조
4. 「물류시설의 개발 및 운영에 관한 법률」 제50조

(2010.4.5 본항개정)

⑥~⑪ (2020.2.4 삭제)

(2020.2.4 본조제목개정)

제13조의2【국유·공유재산의 임대료 감면 등】 ① 기획재정부장관 또는 국유재산을 관리하는 중앙관서의 장은 다음 각 호의 어느 하나에 해당하는 국가 소유의 토지등을 대통령령으로 정하는 사업을 경영하는 외국인투자기업에 임대하는 경우 또는 제18조제1항제1호에 해당하는 토지등을 대통령령으로 정하는 사업을 경영하는 비수도권 국내복귀기업에 임대하는 경우에는 산업통상자원부장관과 협의하여 「산업입지 및 개발에 관한 법률」 제38조에도 불구하고 대통령령으로 정하는 바에 따라 그 토지등의 임대료를 감면할 수 있다.(2020.12.22 본문개정)

1. 제18조에 따른 외국인투자지역에 있는 토지등
2. 「산업입지 및 개발에 관한 법률」 제6조에 따른 국가산업단지(이하 "국가산업단지"라 한다)에 있는 토지등
3. 「산업입지 및 개발에 관한 법률」 제7조·제7조의2 및 제8조에 따른 일반산업단지, 도시첨단산업단지 및 농공단지에 있는 토지등

② 기획재정부장관 또는 국유재산을 관리하는 중앙관서의 장은 국가 소유의 토지등을 외국인투자환경 개선시설 운영자에게 임대하는 경우 「국유재산법」 제32조제1항 및 제47조에도 불구하고 대통령령으로 정하는 바에 따라 그 토지등의 임대료를 감면할 수 있다.

③ 지방자치단체의 장은 그 지방자치단체가 소유하고 있는 토지등을 외국인투자기업등에 임대하는 경우에는 「공유재산 및 물품 관리법」 제22조·제24조·제32조 및 제34조에도 불구하고 대통령령으로 정하는 바에 따라 그 토지등의 임대료를 감면할 수 있다.

④ 제1항부터 제3항까지의 규정에 따라 임대료를 감면하여 임대하는 토지등이 「산업입지 및 개발에 관한 법률」 제2조제8호에 따른 산업단지의 토지등인 경우 그 임대기간은 같은 법 제38조에도 불구하고 50년의 범위 내로 할 수 있다.

⑤ 제4항의 임대기간은 갱신할 수 있다. 이 경우 갱신기간은 제4항에 따른 기간을 초과할 수 없다.

(2020.2.4 본조신설)

제13조의3【국유·공유재산의 매각】 ① 국가등은 소유하는 토지등을 제13조제1항 각 호의 어느 하나에 해당하는 법률의 관련 규정에도 불구하고 수의계약으로 외국인투자기업등에게 매각할 수 있다.

② 제1항에 따라 토지등을 매수할 수 있는 외국인투자기업은 대통령령으로 정하는 최저 외국인투자비율을 충족한 기업에 한정하며, 토지등을 취득한 날부터 대통령령으로 정하는 기간 동안 최저 외국인투자비율을 유지하여야 한다. 다만, 제13조제2항 각 호의 어느 하나에 해당하는 경우에는 그러하지 아니하다.

③ 제1항에 따른 토지등을 외국인투자기업등에 매각할 때 매입하는 자가 매입대금을 한꺼번에 납부하기 곤란하다고 인정되는 경우에는 「국유재산법」 제50조제1항, 「공유재산 및 물품 관리법」 제37조 및 「공공기관의 운영에 관한 법률」 제39조제3항에도 불구하고 대통령령으로 정하는 바에 따라 납부 기일을 연기하거나 분할 납부하게 할 수 있다.

(2020.2.4 본조신설)

제13조의4【국유·공유재산의 매각 해제 등】 ① 국가등은 제13조의3제1항에 따라 수의계약으로 토지등을 매수한 외국인투자기업등이 다음 각 호의 어느 하나에 해

당하는 경우에는 그 매각계약을 해지하거나 해제할 수 있다. 다만, 제1호 또는 제3호의 경우 국가등이 시정을 명한 후 산업통상자원부령으로 정하는 기간 이내에 매수한 외국인투자기업등이 이를 이행하는 때에는 그러하지 아니하다.
1. 매수대금을 체납한 경우
2. 거짓 진술, 거짓 증명 서류의 제출, 그 밖의 부정한 방법으로 그 계약을 체결한 사실이 발견된 경우
3. 수의계약 후 계약서상의 사업착수 예정일까지 특별한 사유 없이 사업을 착수하지 아니한 경우
4. 제13조제2항제1호부터 제4호까지의 규정에 따른 요건을 이행하지 아니한 경우
5. 제13조의3제2항에 따른 기간 동안 최저 외국인투자비율을 유지하지 못한 경우
6. 그 밖에 국가등과 외국인투자기업등이 협의하여 계약의 해지 또는 해제가 필요하다고 인정하는 경우
② 국가등이 제13조의3제1항에 따라 토지등을 매각하는 경우에는 외국인투자기업등이 제1항제2호부터 제6호까지의 어느 하나의 사유가 발생하면 그 매매계약을 해제할 수 있다는 내용의 특약등기를 하여야 한다.
③ 제1항에 따라 계약을 해지 또는 해제하는 경우 국가등은 지체 없이 토지 등의 권리회복에 필요한 조치를 하여야 한다.
(2020.2.4 본조신설)

제14조【지방자치단체의 외국인투자유치활동에 대한 지원】 ① 국가는 지방자치단체가 제18조에 따른 외국인투자지역의 조성, 외국인투자기업등에 임대할 용지 매입비의 융자, 토지등의 임대료 감면 및 분양가액 인하(대통령령으로 정하는 자가 소유하고 있는 토지등을 외국인투자기업등에 임대료를 감면하여 임대하거나 조성원가 이하로 분양할 수 있도록 그 감면분(減免分) 또는 분양가액과 조성원가의 차액에 대하여 지방자치단체가 지원하는 경우를 포함한다), 교육훈련보조금 등 각종 보조금의 지급, 그 밖에 외국인투자유치사업에 필요한 자금 지원을 요청하는 경우에는 최대한 지원하여야 한다.
② 제1항에 따라 국가가 지방자치단체에 자금을 지원하는 기준과 절차는 대통령령으로 정하는 바에 따라 외국인투자위원회가 정한다. 이 경우 자금지원 기준에는 지방자치단체의 외국인투자유치 노력과 실적 등이 고려되어야 한다.
③ 국가는 매년 제1항에 따른 지원자금의 규모를 미리 예측하여 이를 예산에 계상(計上)하여야 한다.
④ 지방자치단체는 외국인투자 유치를 촉진하거나 외국인투자환경의 개선을 위하여 필요하면 대통령령으로 정하는 고용보조금 등을 조례로 정하는 바에 따라 외국인투자기업등에 지급할 수 있다.

제14조의2【외국인투자에 대한 현금지원】 ① 국가와 지방자치단체는 외국인이 대통령령으로 정하는 외국인투자비율 이상으로 다음 각 호의 어느 하나에 해당하는 외국인투자를 하는 경우에는 외국인투자의 고도기술수반여부 및 기술이전효과, 고용창출규모, 국내투자와의 중복여부, 입지지역의 적정성 등을 고려하여 그 외국인에게 공장시설의 신설·증설, 연구개발 등 대통령령으로 정하는 용도에 필요한 자금을 현금으로 지원할 수 있다.
(2020.2.4 본문개정)
1. 「조세특례제한법」 제121조의2제1항제1호에 따른 사업을 경영하기 위하여 공장시설(제조업이 아닌 경우에는 사업장을 말한다)을 새로 설치하거나 증설하는 경우
(2010.4.5 본호개정)
2. 「산업발전법」 제5조에 따른 첨단기술 및 첨단제품의 사업을 경영하기 위하여 공장시설(제조업이 아닌 경우에는 사업장을 말한다)을 새로 설치하거나 증설하는 경우(2020.2.4 본호신설)
3. 「소재·부품·장비산업 경쟁력 강화 및 공급망 안정화를 위한 특별조치법」 제2조제1호 및 제2호에 따른 소재·부품 및 장비로서 대통령령으로 정하는 소재·부품 및 장비를 생산하기 위하여 공장시설을 새로 설치하거나 증설하는 경우(2023.6.13 본호개정)
4. 대통령령으로 정하는 상시 근로자 수를 초과하는 규모의 신규고용을 창출하는 경우로서 공장시설(제조업이 아닌 경우에는 사업장을 말한다)을 새로 설치하거나 증설하는 경우(2010.4.5 본호개정)
5. 「조세특례제한법」 제121조의2제1항제1호에 따른 사업, 「산업발전법」 제5조에 따른 첨단기술 및 첨단제품의 사업 또는 「소재·부품·장비산업 경쟁력 강화 및 공급망 안정화를 위한 특별조치법」 제2조제1호에 따른 소재·부품의 사업(이하 이 호에서 "사업"이라 한다)과 관련된 분야에서 석사학위 이상의 학위를 가지거나 사업과 관련된 분야의 학사학위 소지자로서 3년 이상 연구경력을 가진 연구전담인력의 상시 고용규모가 5명 이상이고, 다음 각 목의 어느 하나에 해당하는 요건을 갖춘 경우(2023.6.13 본문개정)
가. 사업을 위한 연구개발 활동을 위하여 연구시설을 새로 설치하거나 증설하는 경우
나. 제2조제1항제4호다목에 따라 출연을 받은 비영리법인이 연구시설을 새로 설치하거나 증설하는 경우
6. 그 밖에 투자금액에 비하여 국내 경제에 미치는 효과가 큰 투자로서 외국인투자가의 요건 등에 관하여 대통령령으로 정하는 기준에 따라 외국인투자위원회가 지원할 필요가 있다고 인정하는 경우
② 제1항에 따른 현금지원 금액은 그 외국인과의 협상 및 외국인투자위원회의 심의를 거쳐 정한다.
③ 제1항에 따른 현금지원의 방법 및 절차 등에 관하여 필요한 사항은 대통령령으로 정한다.
④ 지방자치단체는 제1항에 따른 현금지원을 하는 경우 제3항에서 정하는 사항 외에 현금지원의 결정, 현금지원 한도의 산정방법 및 외국인과의 투자지원협상절차 등에 필요한 사항을 조례로 정할 수 있다.
⑤ 국가와 지방자치단체는 제1항에 따른 현금지원을 신청인이 허위 또는 부당한 방법으로 신청하는 등 대통령령으로 정하는 사유가 발생하는 경우에는 외국인투자위원회의 심의를 거쳐 그 지원을 취소·철회하거나 지원금을 감액 또는 환수하여야 한다.(2020.2.4 본항신설)

제14조의3【외국인투자유치 포상금】 ① 지방자치단체의 장은 외국인투자 유치에 이바지한 공이 크다고 인정되는 자에게 조례로 정하는 바에 따라 외국인투자의 유치실적에 따른 포상금을 지급할 수 있다.
② 공공기관의 장은 외국인투자의 유치에 이바지한 공이 크다고 인정되는 자에게 산업통상자원부장관이 외국인투자위원회의 심의를 거쳐 정하는 기준에 따라 외국인투자의 유치실적에 따른 포상금을 지급할 수 있다. 다만, 제1항에 따른 포상금과 중복하여 지급할 수 없다.
(2013.3.23 본문개정)

제15조【외국인투자지원센터의 설치】 ① 외국인투자와 관련된 상담·안내·홍보·조사·연구와 민원사무의 처리 및 대행, 창업보육, 그 밖에 외국투자가 및 외국인투자기업에 대한 지원업무를 종합적으로 수행하기 위하여 대한무역투자진흥공사에 외국인투자지원센터(이하 "투자지원센터"라 한다)를 둔다.(2010.4.5 본항개정)
② 대한무역투자진흥공사의 장은 외국인투자 관련 업무를 수행하기 위하여 필요한 경우에는 관계 행정기관 및 외국인투자와 관련된 법인 또는 단체(이하 "유관기관"이라 한다)에 대하여 공무원 또는 유관기관의 임직원을 투자지원센터에 파견 근무하도록 요청할 수 있다. 다만, 공무원의 파견을 요청할 때에는 미리 주무부장관과 협의하여야 한다.
③ 대한무역투자진흥공사의 장은 외국투자가 또는 외국인투자기업의 외국인투자와 관련된 사무를 효율적으로 처리하기 위하여 필요하면 그 사무를 관장하는 관계 행정기관의 장에게 투자지원센터에 그 기관의 출장소를 설치하여 줄 것을 요청할 수 있다. 이 경우 요청을 받은 관계 행정기관의 장은 특별한 사유가 없으면 요청에 따라야 한다.
④ 투자지원센터는 외국인투자 관련 업무에 대하여 상당한 지식과 경험이 있는 대한무역투자진흥공사 소속 임직원을 중심으로 운영하며, 제2항에 따라 투자지원센터에 파견된 공무원 또는 유관기관의 임직원(이하 "파견관"이라 한다)은 투자지원센터의 업무를 지원한다.
⑤ 제2항에 따라 공무원 또는 임직원의 파견을 요청받은 관계 행정기관 또는 유관기관의 장은 특별한 사유가 없으면 업무수행에 적합한 사람을 선발·파견하여야 하며, 파견기간 중 파견 근무를 해제하려면 대한무역투자진흥공사의 장과 미리 협의하여야 한다.
⑥ 제2항에 따라 공무원 또는 임직원을 파견한 관계 행정기관 또는 유관기관의 장은 파견관에 대하여 승진, 전보, 포상, 후생복지 등에서 우대조치를 할 수 있다.
⑦ 대한무역투자진흥공사의 장은 제1항에 따른 업무를 수행할 때 필요하면 관계 행정기관 또는 유관기관에 협조를 요청할 수 있으며, 요청을 받은 기관의 장은 특별한 사유가 없으면 요청에 따라야 한다.
⑧ (2010.4.5 삭제)
⑨ 투자지원센터의 조직과 운영에 필요한 사항은 대통령령으로 정한다.(2010.4.5 본항개정)
(2010.4.5 본조제목개정)

제15조의2【외국인투자옴부즈만 등】 ① 외국투자가 및 외국인투자기업의 애로사항을 처리하기 위하여 외국인투자업무에 관하여 학식과 경험이 풍부한 사람 중에서 외국인투자옴부즈만을 위촉한다.(2010.4.5 본항개정)
② 제1항에 따른 외국인투자옴부즈만(이하 "외국인투자옴부즈만"이라 한다)은 산업통상자원부장관의 제청과 외국인투자위원회의 심의를 거쳐 대통령이 위촉한다.
(2013.3.23 본항개정)
③ 외국인투자옴부즈만은 외국투자가 및 외국인투자기업의 애로사항을 처리하기 위하여 필요하면 관계 행정기관 및 유관기관(이하 "관계 행정기관등"이라 한다)의 장에게 다음 각 호와 같은 필요한 협조를 요청할 수 있다. 이 경우 요청을 받은 관계 행정기관등의 장은 특별한 사유가 없으면 이에 따라야 한다.
1. 관계 행정기관등에 대한 설명 또는 대통령령으로 정하는 기준에 따른 자료의 제출
2. 관련직원·이해관계인 등의 의견진술
3. 현장방문 협조
(2010.4.5 본항개정)
④ 외국인투자옴부즈만은 외국투자가 및 외국인투자기업의 애로사항 처리결과에 따라 필요하면 해당 관계 행정기관 및 공공기관의 장에게 관련 사항의 개선을 권고할 수 있다.(2010.4.5 본항신설)
⑤ 제4항에 따라 개선권고를 받은 관계 행정기관 및 공공기관의 장은 대통령령으로 정하는 기간 내에 그 처리 결과를 외국인투자옴부즈만에게 문서로 통보하여야 한다.
(2012.12.11 본항신설)
⑥ 외국인투자옴부즈만은 관계 행정기관 및 공공기관의 장이 제4항에 따른 개선권고를 이행하지 아니할 경우 그 개선권고에 관한 사항을 외국인투자위원회에 안건으로 상정하도록 요청할 수 있다.(2012.12.11 본항신설)
⑦ 외국인투자옴부즈만은 외국투자가 및 외국인투자기업의 애로사항과 관련된 규제의 개선을 체계적으로 추진하기 위하여 대통령령으로 정하는 바에 따라 외국인투자를 저해하는 규제·제도의 현황과 그 개선실적 등 정비활동에 관한 연차보고서를 작성하여 외국인투자위원회에 보고하여야 한다.(2012.12.11 본항신설)
⑧ 외국인투자옴부즈만은 제3항에 따라 관계 행정기관 등의 장으로부터 받은 자료나 업무수행상 알게 된 비밀을 이 법에서 정하는 용도 외로 사용하거나 다른 사람에게 누설(漏泄)하여서는 아니 된다.(2010.4.5 본항개정)
⑨ 외국인투자옴부즈만은 「형법」 제129조부터 제132조까지의 규정에 따른 벌칙을 적용할 때에는 공무원으로 본다.
⑩ 외국인투자옴부즈만의 업무를 지원하기 위하여 대한무역투자진흥공사에 고충처리기구를 둔다.(2010.4.5 본항신설)
⑪ 고충처리기구의 조직 및 운영에 필요한 사항은 대통령령으로 정한다.(2010.4.5 본항신설)
(2010.4.5 본조제목개정)

제16조【외국인투자진흥관실】 ① 외국인투자와 관련된 허가·인가·면허·승인·지정·해제·신고·추천·협의 등(이하 "허가등"이라 한다)에 관한 민원사무의 원활한 처리를 독려하고, 외국투자가 및 외국인투자기업의 애로사항에 대한 신속한 처리를 지원하며, 관계기관 간의 협조체제를 구축하는 등 외국인투자를 효율적으로 지원하기 위하여 중앙행정기관, 특별시·광역시·특별자치시·도·특별자치도 및 시·군·구(자치구를 말한다)의 외국인투자업무를 담당하는 부서를 외국인투자진흥관실로 지정하거나 외국인투자진흥관실을 설치할 수 있다.(2012.12.11 본항개정)
② 외국인투자진흥관은 관계 행정기관, 투자지원센터 또는 고충처리기구로부터 외국인투자에 관한 민원사무 등과 관련하여 협조요청을 받으면 이에 적극 협조하여야 한다.(2010.4.5 본항개정)
③ 제1항 및 제2항에 규정한 사항 외에 외국인투자진흥관실의 기능 및 업무에 관하여 필요한 사항은 대통령령으로 정한다.

제17조【외국투자가 등의 민원사무처리에 관한 특례】
① 외국투자가 또는 외국인투자기업에 대하여 별표1 왼쪽 난의 허가등이 있는 경우에는 같은 표 오른쪽 난의 허가등이 있는 것으로 본다.
② 외국투자가 또는 외국인투자기업의 외국인투자와 관련된 민원사무 중 대통령령으로 정하는 민원사무(이하 "직접처리민원사무"라 한다)는 파견관이 직접 처리할 수 있다. 이 경우 파견관이 소속된 관계 행정기관의 장은 직접처리민원을 소속 파견관에게 위임 전결하게 하여야 한다.
③ 외국투자가 또는 외국인투자기업은 민원신청서류의 작성·제출 등 민원의 대행을 투자지원센터에 의뢰할 수 있으며, 의뢰를 받은 투자지원센터의 장은 그 중 별표1의 허가등에 관한 민원사무(이하 "일괄처리민원사무"라 한다)와 별표2의 외국인투자 관련 개별처리민원사무(이하 "개별처리민원사무"라 한다)를 민원처리기관의 장(일괄처리민원사무의 경우에는 별표1 왼쪽 난의 허가등에 관한 민원사무의 처리기관의 장을 말한다. 이하 같다)에게 이송(移送)하여 처리하도록 하고, 그 사실을 관할 외국인투자진흥관에게 알려야 한다.
④ 제3항에 따라 민원신청서류를 받거나 외국투자가 또는 외국인투자기업으로부터 민원신청서류를 접수한 민원처리기관의 장은 지체 없이 관계기관의 장과 협의하여야 하며, 협의요청을 받은 관계기관의 장은 제5항에 따른 처리기간에 의견을 제출하여야 한다. 이 경우 관계기관의 장은 협의 사항에 동의하지 아니할 때에는 그 사유를 구체적으로 밝혀야 하며, 관계기관의 장이 제5항에 따른 처리기간에 의견을 제출하지 아니하면 의견이 없는 것으로 본다.
⑤ 민원처리기관의 장 또는 파견관은 다른 법령의 규정에도 불구하고 일괄처리민원사무(별표1 오른쪽 난의 허가등에 관한 민원사무를 개별로 접수한 경우에는 그 민원사무를 말한다), 개별처리민원사무 및 직접처리민원사무를 대통령령으로 정하는 처리기간에 처리하여야 하며, 그 처리기간에 허가등의 거부에 관한 통지를 하지 아니하는 경우에는 처리기간이 끝난 날의 다음 날에 그 허가등을 한 것으로 본다. 이 경우 처리기간에 허가등의 거부에 관하여 통지를 할 때에는 대통령령으로 정하는 바에 따라 서면으로 외국인투자진흥관과 외국투자가 또는 외국인투자기업에 그 사유를 알려야 한다.
⑥ 제5항 전단에 따라 허가등을 한 것으로 보는 경우 민원처리기관의 장과 파견관은 외국투자가 또는 외국인투자기업의 신청을 받아 지체 없이 그 허가등을 하였음을 증명하는 서류를 외국투자가 또는 외국인투자기업에 발급하여야 한다.

⑦ 민원처리기관의 장 또는 파견관은 제5항 후단에 따라 거부통지를 받은 외국투자가 또는 외국인투자기업이 그 거부사유를 해소하여 관계 법령에 따른 허가등의 요건을 갖추었음을 증명하는 서류를 제출하는 경우에는 대통령령으로 정하는 기간에 당초의 허가등을 하여야 한다. 이 경우 허가등을 할 때 당초의 거부사유 외의 사유로써 그 허가등을 거부하지 못한다.
⑧ 제4항에 따른 협의에 관하여는 제7항을 준용한다.
⑨ 외국투자가 또는 외국인투자기업은 제2항부터 제8항까지의 규정에 따라 일괄처리민원사무, 개별처리민원사무 및 직접처리민원사무의 허가등을 받으려면 다른 법령에도 불구하고 산업통상자원부령으로 정하는 신청서류를 제출하여야 한다.(2013.3.23 본항개정)
⑩ 민원처리기관의 장은 대통령령으로 정하는 바에 따라 일괄처리민원사무의 허가등과 관련하여 첨부서류 등 일부요건이 갖추어지지 못한 경우에도 이를 보완하는 것을 조건으로 허가등을 할 수 있다.
⑪ 외국인투자신고를 한 때부터 사업을 시작할 때까지 관계 법령 등에 따른 허가등을 받아야 외국인투자기업이 그 목적을 실현할 수 있는 민원사무로서 다음 각 호의 어느 하나에 해당하지 아니하는 민원사무가 다른 법령에 규정되어 있는 경우에는 외국투자가 및 외국인투자기업의 외국인투자사업에 대하여는 그 법령을 적용하지 아니한다.
1. 일괄처리민원사무
2. 개별처리민원사무
3. 직접처리민원사무
4. 그 밖에 이 법에 따른 허가등에 관한 민원사무
⑫ (2003.12.31 삭제)
⑬ 제1항부터 제11항까지에서 규정한 사항 외에 외국인투자와 관련된 민원사무의 처리에 필요한 사항은 대통령령으로 정한다.

제4장 외국인투자지역
(2009.1.30 본장개정)

제18조【외국인투자지역의 지정】 ① 시·도지사는 다음 각 호의 지역을 외국인투자위원회의 심의를 거쳐 외국인투자지역(이하 "외국인투자지역"이라 한다)으로 지정할 수 있다. 이 경우 제2호에 해당하는 외국인투자지역을 「산업입지 및 개발에 관한 법률」 제7조 및 제7조의2에 따른 일반산업단지 및 도시첨단산업단지로 개발할 때에는 미리 개발계획을 수립하여야 한다.
1. 「산업입지 및 개발에 관한 법률」 제6조에 따른 국가산업단지 및 같은 법 제7조에 따른 일반산업단지 중에서 외국인투자기업 및 비수도권 국내복귀기업에 임대하거나 외국인투자기업에 전용(專用)으로 양도하기 위하여 지정하는 지역(2020.12.22 본호개정)
2. 외국투자가가 대통령령으로 정하는 기준에 해당하는 외국인투자를 하는 경우 그 외국투자가가 투자를 희망하는 지역
3. 「연구개발특구의 육성에 관한 특별법」 제2조제1호에 따른 연구개발특구 등 대통령령으로 정하는 지역(지역 내의 건물을 포함한다. 이하 이 호에서 같다) 중에서 연구개발을 수행하는 외국인투자기업에 전용으로 임대하거나 양도하기 위하여 지정하는 지역(2012.1.26 본호개정)
4. 금융 등 부가가치가 높은 서비스업으로서 대통령령으로 정하는 서비스업을 하는 외국인투자기업에 임대하거나 양도하기 위하여 관계 중앙행정기관의 장과 협의를 거쳐 지정하는 지역(건물을 포함한다). 이 경우 외국인투자 유치를 위하여 필요하다고 인정되는 때에는 전체 지정면적(건물의 경우에는 각 층의 바닥면적을 합한 면적) 중 대통령령으로 정하는 비율 이하의 범위에서 외국인투자기업과 동일한 업종의 기업에 대하여 임대하거나 양도할 수 있다.(2010.4.5 본호신설)
② 둘 이상의 외국투자가가 제1항 각 호 외의 부분 전단에 따라 같은 항 제2호의 지역을 시·도지사로부터 외국인투자지역으로 지정받으려는 경우에는 그 외국투자가가 투자하려는 업종 및 지역 등이 대통령령으로 정하는 기준을 충족하여야 한다.
③ 시·도지사는 제1항 각 호 외의 부분 전단에 따라 같은 항 제1호부터 제4호까지의 지역을 외국인투자지역으로 지정하려는 경우에는 다음 각 호의 사항이 포함된 지정계획을 수립하여 산업통상자원부장관에게 제출하여야 한다.(2013.3.23 본문개정)
1. 외국인투자지역의 목적, 명칭, 위치 및 범위
2. 외국인투자지역 입주대상 업종 및 입주기업의 자격
3. 외국인투자지역 지정에 따른 비용 및 효과
4. 외국인투자지역의 개발방법 및 관리방법
5. 외국인투자지역 조성사업의 시행방법 및 기간
6. 토지이용, 인구과밀방지 등 각 지역의 특성에 따라 대통령령으로 정하는 사항
(2010.4.5 본항신설)
④ 시·도지사는 제1항 및 제2항에 따라 외국인투자지역을 지정할 때에는 다음 각 호의 사항을 고시하여야 한다.
1. 외국인투자지역의 명칭·위치 및 면적
2. 개발 또는 관리 방법
3. 「산업입지 및 개발에 관한 법률」 제7조의4에 따른 고시사항(해당 외국인투자지역을 일반산업단지 및 도시첨단산업단지로 개발하는 경우만을 말한다)
4. 외국인투자지역에 입주한 외국인투자기업 및 비수도권 국내복귀기업의 투자내용, 고용규모 및 사업내용(2020.12.22 본호개정)
5. 그 밖에 대통령령으로 정하는 사항
⑤ 시·도지사는 제4항에 따라 고시한 사항을 변경하려면 외국인투자위원회의 심의를 거쳐야 한다. 다만, 대통령령으로 정하는 경미한 변경인 경우에는 그러하지 아니하다.(2010.4.5 본항개정)
⑥ 외국인투자지역의 지정 절차 및 방법에 필요한 사항은 대통령령으로 정한다.
(2020.2.4 본조제목개정)

제18조의2【외국인투자지역의 지정 해제】 ① 시·도지사는 외국인투자기업이나 외국인투자지역이 제18조제1항 및 제2항에 따른 대통령령으로 정하는 기준을 충족하지 못하게 된 경우에는 외국인투자위원회의 심의를 거쳐 외국인투자지역의 지정을 해제하여야 한다.
(2010.4.5 본항개정)
② 제1항에 따른 외국인투자지역의 지정 해제에 관한 절차 등에 관하여 필요한 사항은 대통령령으로 정한다.

제18조의3【외국인투자지역의 개발·관리】 ① 산업단지 중 국가산업단지에 지정된 외국인투자지역은 그 국가산업단지의 관리기관이 관리하고, 국가산업단지가 아닌 산업단지에 지정된 외국인투자지역은 관할 시·도지사가 관리하며, 산업단지가 아닌 지역에 지정된 외국인투자지역은 관할 시·도지사가 개발·관리한다.
② 외국인투자지역으로 지정된 지역에 공장 등을 설립하기 위하여 새로운 부지 조성이 필요한 경우에는 그 외국인투자지역을 일반산업단지 및 도시첨단산업단지로 개발할 수 있다.
③ 외국인투자지역을 제2항에 따라 일반산업단지 또는 도시첨단산업단지로 개발하는 경우에는 제18조제1항 및 제2항에 따른 외국인투자지역은 일반산업단지 및 도시첨단산업단지로 지정된 것으로 본다. 이 경우 제18조제1항 각 호 외의 부분 후단에 따른 개발계획은 「산업입지 및 개발에 관한 법률」 제7조제2항 및 제7조의2제4항에 따른 개발계획으로 보며, 제18조제4항에 따른 고시는 「산업입지 및 개발에 관한 법률」 제7조의4에 따른 고시로 본다.
④ 외국인투자지역을 제2항에 따라 일반산업단지 및 도시첨단산업단지로 개발할 때 제18조제1항부터 제4항까지의 규정에 따른 지정·고시가 있는 경우에는 「산업입지 및 개발에 관한 법률」 제12조제1항 중 "산업단지"를 "외국인투자지역"으로, 같은 법 제22조제2항 중 "산업단지의 지정·고시가 있는 때"를 "외국인투자지역의 지정·고시가 있는 때"로 본다.
⑤ 제1항에 따른 개발 및 입주계약 체결·해지 등 관리에 필요한 사항은 대통령령으로 정한다.
(2020.2.4 본조신설)

제19조【외국인투자지역에 대한 지원】 ① 외국인투자지역의 개발에 필요한 비용의 부담과 외국인투자지역의 조성을 원활하게 하기 위하여 필요한 항만, 도로, 용수시설, 철도, 통신, 전기시설 등 기반시설의 지원에 관하여는 「산업입지 및 개발에 관한 법률」 제28조 및 제29조를 준용한다. 다만, 이미 개발이 완료된 국가산업단지, 일반산업단지 및 도시첨단산업단지의 전부 또는 일부를 외국인투자지역으로 지정한 경우에는 이를 적용하지 아니한다.(2020.2.4 단서신설)
② 외국인투자지역의 시설물 등의 건축에 대하여는 「도시교통정비 촉진법」 제36조에 따른 교통유발부담금을 면제한다.

제20조【다른 법률에 대한 특례】 ① 외국인투자지역에서 토지를 분할하는 경우에는 「국토의 계획 및 이용에 관한 법률」 제56조제1항제4호를 적용하지 아니한다.
② 외국인투자지역에 입주하는 외국인투자기업에 대하여는 「대외무역법」 제11조에도 불구하고 산업통상자원부장관이 정하는 바에 따라 수출 또는 수입에 관한 제한을 완화할 수 있다.(2013.3.23 본항개정)
③ 외국인투자지역에 입주하는 외국인투자기업에 대하여는 다음 각 호의 법률을 적용하지 아니한다.
1. (2016.1.27 삭제)
2. 「국가유공자 등 예우 및 지원에 관한 법률」 제33조의2제1항, 「보훈보상대상자 지원에 관한 법률」 제39조제1항, 「5·18민주유공자예우 및 단체설립에 관한 법률」 제24조의2제1항, 「특수임무유공자 예우 및 단체설립에 관한 법률」 제21조제2항(2021.1.5 본호개정)
<2011.12.31까지 적용>
④ 외국인투자지역에 입주하는 외국인투자기업은 「산업집적활성화 및 공장설립에 관한 법률」 제20조제1항 본문에도 불구하고 성장관리권역에서 공장건축면적 500제곱미터 이상의 공장(지식산업센터를 포함한다)을 신설·증설 또는 이전하거나 업종을 변경할 수 있다.
(2010.4.5 본항신설)

제5장 외국인투자의 사후 관리
(2009.1.30 본장개정)

제21조【외국인투자의 사후 관리】 ① 외국투자가 또는 외국인투자기업은 다음 각 호의 어느 하나에 해당하는 경우(증자로 인하여 다음 각 호의 어느 하나에 해당하게 된 경우를 포함한다)에는 대통령령으로 정하는 바에 따라 외국인투자기업의 등록을 하여야 한다.
1. 출자목적물의 납입을 마친 경우
2. 제2조제1항제4호가목의 방법에 따른 주식등의 취득을 완료(그 주식등의 대금을 정산한 것을 말한다)한 경우(2016.1.27 본호개정)
3. 제2조제1항제4호다목 및 마목의 방법에 따른 출연을 완료한 경우(2020.2.4 본호개정)
4. (2016.1.27 삭제)
② 제1항에도 불구하고 외국투자가 또는 외국인투자기업은 제2조제1항제4호가목에 해당하는 외국인투자를 하는 경우 투자금액 등 대통령령으로 정하는 요건을 충족하는 때에는 제1항제1호에 따른 출자목적물의 납입 또는 제1항제2호에 따른 주식등의 취득을 완료하기 전이라도 외국인투자기업의 등록을 할 수 있다.(2016.1.27 본항개정)
③ 외국투자가 또는 외국인투자기업은 다음 각 호의 어느 하나에 해당하는 경우에는 산업통상자원부령으로 정하는 바에 따라 변경등록을 하여야 한다.
1. 제5조제2항제2호부터 제6호까지의 방법에 따른 외국인투자의 신고를 한 경우
2. 「조세특례제한법」 제121조의5제2항제2호에 해당하는 경우
3. 외국투자가가 제5조 또는 제6조에 따라 취득한 주식등을 양도하거나 해당 외국인투자기업의 자본감소로 자기소유의 주식등이 감소한 경우
4. 외국인투자비율, 외국인투자기업의 상호나 명칭 등 산업통상자원부령으로 정하는 사항이 변경된 경우
(2016.1.27 본항개정)
④ 산업통상자원부장관은 외국투자가 또는 외국인투자기업이 다음 각 호의 어느 하나에 해당하는 경우에는 그 허가를 취소하거나 등록을 말소할 수 있다. 다만, 제2호 또는 제3호에 해당하는 경우에는 허가를 취소하거나 등록을 말소하여야 한다.
1. 외국인투자기업이 「부가가치세법」 제8조제8항에 따라 폐업신고를 한 경우(2020.12.22 본호개정)
2. 외국투자가가 자기소유의 주식등의 전부를 대한민국 국민이나 대한민국 법인 또는 기업에 양도하거나 해당 외국인투자기업의 자본감소로 자기소유의 주식등의 전부가 없어지게 된 경우(2020.2.4 본호개정)
3. 출자목적물의 납입을 가장(假裝)하여 외국인투자기업의 등록을 한 경우
(2016.1.27 본항신설)
⑤ 제1항에 따라 등록된 외국인투자기업은 대통령령으로 정하는 기준에 해당하는 경우 외에는 다음 각 호의 어느 하나에 해당하는 행위를 해서는 아니 된다.
1. 제4조제3항에 따라 외국인투자가 제한되는 업종을 그 허용기준을 초과하여 운영하는 행위
2. 제4조제3항에 따라 외국인투자가 제한되는 업종을 운영하는 다른 국내기업의 주식등을 그 허용기준을 초과하여 취득하는 행위
(2016.1.27 본항신설)
⑥ 외국투자가 또는 외국인투자기업은 그 투자자금을 신고한 목적 또는 허가받은 목적 외의 용도로 사용하거나 외국인투자기업 등록증명서를 다른 사람에게 양도하거나 대여해서는 아니 된다.(2016.1.27 본항신설)

제22조【외국인투자 사후관리 협조】 ① 산업통상자원부장관은 제21조제3항에 따라 외국투자가 또는 외국인투자기업으로부터 주식등의 양도 또는 감소와 관련된 변경등록 신청을 받은 경우에는 그 변경등록 신청내용을 지체 없이 국세청장, 관세청장 및 시·도지사에게 알려야 한다.
② 산업통상자원부장관은 세무관서의 장에게 「부가가치세법」 제8조에 따른 사업자등록 정보 중 제21조에 따라 등록한 외국인투자기업의 폐업 여부 및 폐업일에 관한 정보를 요청할 수 있다.
③ 세무관서의 장은 제2항에 따라 산업통상자원부장관의 요청을 받은 경우 지체 없이 산업통상자원부장관에게 해당 정보를 제공하여야 한다.
④ 국세청장은 그 소관 업무와 관련된 사항에 관하여 산업통상자원부령으로 정하는 바에 따라 외국인투자기업이 제21조제5항 및 제6항을 위반하였는지를 조사하여 이를 산업통상자원부장관에게 통보하여야 한다.
(2016.1.27 본조개정)

제23조 (2016.1.27 삭제)

제24조【외국인투자에 관한 통계자료의 수집·작성】 ① 산업통상자원부장관은 시·도지사, 대한무역투자진흥공사의 장 및 외국인투자기업에 외국인투자가 경제성장, 국제수지, 고용 등 국민경제에 미치는 영향을 분석하기 위하여 필요한 자료·통계 등의 제공을 요구할 수 있다.(2013.3.23 본항개정)
② 제1항에 따라 자료·통계 등의 제공을 요구받은 시·도지사, 대한무역투자진흥공사의 장 및 외국인투자기업은 특별한 사유가 없으면 요구에 따라야 한다.
③ 제1항 및 제2항에 따라 외국인투자에 관한 자료·통계 등을 수집·작성하는 공무원은 해당 기업의 영업비밀과 관련된 정보를 누설하여서는 아니 된다.

제6장 기술도입계약

제25조~제26조 (2016.1.27 삭제)

제7장 보 칙

(2009.1.30 본장개정)

제27조【외국인투자위원회】 ① 다음 각 호의 사항을 심의하기 위하여 산업통상자원부에 외국인투자위원회를 둔다.(2013.3.23 본문개정)
1. 외국인투자에 관한 기본정책과 제도에 관한 중요 사항
2. 외국인투자환경의 개선에 관한 소관 부처별 대책의 종합 및 조정에 관한 사항
3. 외국인투자기업에 대한 조세감면의 기준에 관한 사항
4. 외국인투자와 관련하여 중앙행정기관과 특별시·광역시·특별자치시·도 또는 특별자치도와의 협조 및 의견조정에 관한 사항(2012.12.11 본호개정)
5. 촉진시책에 관한 사항
6. 제2조제1항제4호마목의 비영리법인에 대한 출연에 관한 사항(2020.2.4 본호개정)
7. 제14조의 지방자치단체에 대한 지원에 관한 사항
8. 제14조의2의 현금지원에 관한 사항
9. 제14조의3제2항의 외국인투자유치에 대한 포상금 지급에 관한 사항
10. 제18조 및 제19조의 외국인투자지역의 지정 및 지원에 관한 사항
11. 제30조제7항의 승인에 관한 사항(2014.1.10 본호신설)
12. 그 밖에 외국인투자유치에 관한 중요 사항

② 외국인투자위원회는 산업통상자원부장관이 위원장이 되고, 다음 각 호의 위원으로 구성한다.(2013.3.23 본문개정)
1. 기획재정부차관, 교육부차관, 과학기술정보통신부차관, 외교부차관, 국방부차관, 행정안전부차관, 문화체육관광부차관, 농림축산식품부차관, 환경부차관, 고용노동부차관, 국토교통부차관, 해양수산부차관, 방위사업청장, 금융위원회 부위원장(2020.2.4 본호개정)
2. 국가정보원장이 지명하는 국가정보원 차장(2020.2.4 본호신설)
3. 외국인투자위원회의 회의에 부치는 안건과 관련된 중앙행정기관의 차관·부위원장 또는 차장, 서울특별시 부시장, 시·도지사(서울특별시장은 제외한다) 또는 대한무역투자진흥공사의 장(2012.12.11 본호개정)

③ 외국인투자위원회에서 심의할 안건을 검토·조정하고 대통령령으로 정하는 바에 따라 외국인투자위원회가 위임한 안건을 심의하기 위하여 외국인투자실무위원회(이하 "실무위원회"라 한다)를 둔다.

④ 산업통상자원부장관은 제1항제2호에 따른 외국인투자환경의 개선에 관한 추진현황을 외국인투자위원회에 보고하여야 한다.(2013.3.23 본항개정)

⑤ 제1항부터 제3항까지에서 규정한 사항 외에 외국인투자위원회와 실무위원회의 구성 및 운영에 필요한 사항은 대통령령으로 정한다.

제28조【보고·조사 및 시정 등】 ① 산업통상자원부장관 및 주무부장관은 이 법에 따른 외국인투자와 관련하여 필요하다고 인정되는 사항에 관하여 외국투자가, 외국인투자기업, 대한무역투자진흥공사의 장, 관계 금융기관의 장, 그 밖의 이해관계인으로 하여금 보고를 하게 할 수 있다.(2016.1.27 본항개정)

② 산업통상자원부장관은 이 법의 운영과 관련하여 필요하다고 인정되면 소속 공무원 또는 관계 행정기관의 장으로 하여금 다음 각 호의 사항을 조사하게 할 수 있다.(2013.3.23 본문개정)
1. 외국인이 투자한 자금(출자목적물을 포함한다. 이하 이 조에서 같다) 및 자본재의 도입·사용·처분에 관한 사항
2. (2016.1.27 삭제)
3. 이 법에 따라 허가받은 내용 또는 신고한 내용의 이행에 관한 사항

③ 제2항에 따른 조사를 하는 경우에는 조사 7일 전까지 조사일시, 조사이유, 조사내용 등에 대한 조사계획을 피조사자에게 통지하여야 한다. 다만, 긴급히 조사하여야 하거나 사전에 통지하면 증거인멸 등으로 조사목적을 달성할 수 없다고 인정하는 경우에는 그러하지 아니하다.

④ 제2항에 따라 조사를 하는 사람은 그 권한을 표시하는 증표를 지니고 관계인에게 내보여야 하며, 출입 시 성명, 출입시간, 출입목적 등을 문서에 적어 관계인에게 내주어야 한다.

⑤ 산업통상자원부장관은 다음 각 호의 어느 하나에 해당하는 경우에는 외국투자가, 외국인투자기업, 외국인이 투자한 자금 및 자본재를 도입하거나 사용하는 자, 그 밖의 이해관계인에게 그 시정을 명하거나 그 밖에 필요한 조치를 할 수 있다.(2016.1.27 본문개정)
1. 이 법에 따라 허가받거나 신고한 사항을 이행하지 아니하거나 그 이행이 위법 또는 부당한 경우
2. 제4조제2항 각 호에 해당하는 사실을 발견한 경우

⑥ 외국투자가(제21조제1항에 따라 등록을 하지 아니한 외국투자가를 포함한다)는 다음 각 호에 해당하는 경우에는 다음 각 호에서 정한 날부터 6개월 이내에 자기가 소유하고 있는 주식등을 대한민국국민이나 대한민국 법인 또는 기업에 양도하여야 한다. 다만, 부득이한 사유가 있는 경우에는 산업통상자원부장관의 승인을 받아 6개월의 범위에서 양도기간을 연장할 수 있다.(2020.2.4 본문개정)
1. 제5항에 따른 시정명령을 받고도 이행하지 아니한 경우에는 그 시정명령의 이행기간이 끝난 날
2. 제21조제4항제3호에 따라 허가가 취소되거나 등록이 말소된 경우에는 허가가 취소된 날이나 등록이 말소된 날

(2016.1.27 본항신설)

⑦ 세관장은 외국인투자를 위하여 자금 및 자본재를 도입한 자가 「관세법」에 규정된 장치기간(藏置期間)에 자본재를 통관·인수하지 아니하면 대통령령으로 정하는 바에 따라 매각할 수 있다.

제29조【도입자본재등의 검토·확인】 ① 외국투자가 또는 외국인투자기업은 이 법에 따라 도입되는 조세감면 대상 자본재 등 대통령령으로 정하는 기준에 해당하는 자본재 또는 제2조제1항제4호다목 및 마목에 해당하는 외국인투자를 하기 위하여 도입하는 자본재가 아닌 물품(이하 이 조에서 "자본재등"이라 한다)을 도입하는 경우에는 주무부장관의 검토·확인을 받을 수 있다.(2020.2.4 본항개정)

② 제1항에 따라 주무부장관의 검토·확인을 받은 자본재등은 「대외무역법」에 따른 수입승인을 받은 것으로 본다.

제30조【다른 법률 및 국제조약과의 관계】 ① 이 법 중 외국환 및 대외거래에 관한 사항에 관하여는 이 법에 특별한 규정이 없으면 「외국환거래법」에서 정하는 바에 따른다.

② 외국인투자기업은 「상법」 제462조의2제1항 단서에도 불구하고 「상법」 제434조에 따른 특별 결의가 있는 경우에는 이익배당총액에 상당하는 금액까지 새로 발행하는 주식으로 이익을 배당할 수 있다.

③ 외국투자가가 제2조제1항제8호나목의 자본재를 현물출자하는 경우에는 「상법」 제299조에도 불구하고 관세청장이 현물출자의 이행과 그 목적물의 종류·수량·가격 등을 확인한 현물출자완료 확인서를 같은 조에 따른 검사인의 조사보고서로 본다. 회사설립 후 자본재를 현물출자하는 경우에도 또한 같다.(2014.5.20 전단개정)

④ 대통령령으로 정하는 기술평가기관이 제2조제1항제8호라목에 따른 산업재산권 등의 가격을 평가한 경우 그 평가내용은 「상법」 제299조의2에 따라 공인된 감정인이 감정한 것으로 본다.

⑤ 제2조제1항제4호가목1)에 따른 방법으로 외국인투자를 하기 위하여 신고를 한 외국투자가와 합작하여 해당 사업을 하려는 대한민국국민이나 대한민국 법인 또는 기업은 그 출자목적물에 대하여 「자산재평가법」 제4조에도 불구하고 매월 1일을 재평가일로 하여 「자산재평가법」에 따른 재평가를 할 수 있다.(2020.2.4 본항개정)

⑥ 일반지주회사의 손자회사는 다음 각 호의 요건을 모두 갖춘 경우에는 「독점규제 및 공정거래에 관한 법률」 제18조제4항제1호부터 제4호까지의 규정에도 불구하고 외국인과 함께 공동출자법인의 주식을 소유할 수 있다.(2020.12.29 본문개정)
1. 제18조제1항제2호의 기준에 따른 외국인투자에 해당할 것
2. 일반지주회사의 손자회사가 그 공동출자법인 발행주식총수의 100분의 50 이상을 소유할 것
3. 외국인이 그 공동출자법인 발행주식총수의 100분의 30 이상(외국인의 보유주식 비율은 공동출자법인이 되는 시점 및 그 이후에 소유한 주식에 한하여 산정한다)을 소유할 것
4. 일반지주회사의 손자회사가 그 공동출자법인의 발행주식 중 외국인이 소유한 주식 외의 모든 주식을 소유할 것

(2014.1.10 본항신설)

⑦ 일반지주회사의 손자회사가 제6항에 따라 공동출자법인의 주식을 소유하고자 하는 경우에는 외국인투자위원회의 승인을 받아야 한다. 이 경우 산업통상자원부장관은 손자회사와의 사업관련성 및 합작주체로서의 적절성 여부 등 대통령령으로 정하는 요건에 대하여 공정거래위원회의 사전 심의를 거쳐야 한다.(2014.1.10 본항신설)

⑧ 제6항 및 제7항에서 사용하는 "일반지주회사", "손자회사", "공동출자법인"의 정의는 「독점규제 및 공정거래에 관한 법률」에서 정하는 바에 따른다.(2014.1.10 본항신설)

⑨ 이 법은 대한민국이 체결·공포한 국제조약의 내용을 수정하거나 제한하는 것으로 해석되지 아니한다.

제31조【권한의 위임 등】 산업통상자원부장관, 주무부장관 또는 시·도지사는 대통령령으로 정하는 바에 따라 이 법에 따른 권한의 일부를 국세청장, 관세청장, 대한무역투자진흥공사의 장, 외국인투자지역 관리기관의 장, 그 밖에 대통령령으로 정하는 외국인투자 관련 기관의 장에게 위임하거나 위탁할 수 있다.(2013.3.23 본조개정)

제8장 벌 칙

제32조【벌칙】 이 법에 따른 대외송금, 외국인투자와 관련하여 국외에 외화자금을 도피시킨 자(기업의 경우에는 그 대표자를 포함한다)는 1년 이상의 유기징역 또는 도피액의 2배 이상 10배 이하에 상당하는 벌금에 처한다. 이 경우 도피시킨 외화자금은 몰수하고 이를 몰수할 수 없을 때에는 이에 상당하는 가액을 추징한다.(2016.1.27 전단개정)

제33조【벌칙】 제21조제3항제2호에 따른 변경등록을 하지 아니한 자는 5년 이하의 징역 또는 5천만원 이하의 벌금에 처한다.(2016.1.27 본조개정)

제34조【벌칙】 이 법에 따른 허가 또는 신고와 관련하여 거짓 서류를 제출한 자는 3년 이하의 징역 또는 3천만원 이하의 벌금에 처한다.(2009.1.30 본조개정)

제35조【벌칙】 다음 각 호의 어느 하나에 해당하는 자(기업의 경우에는 그 대표자를 포함한다)는 1년 이하의 징역 또는 1천만원 이하의 벌금에 처한다.
1. 제6조제1항을 위반하여 허가를 받지 아니하고 방위산업체를 경영하는 기업의 주식등을 취득한 자(2020.2.4 본호개정)
2. 제15조의2제8항을 위반하여 관계 행정기관등의 장으로부터 받은 자료나 업무수행상 알게 된 비밀을 이 법에서 정한 용도 외로 사용하거나 다른 사람에게 누설한 자(2012.12.11 본호개정)
3. 제28조제5항에 따른 시정명령 등의 조치를 이행하지 아니한 자

(2009.1.30 본조개정)

제36조【양벌규정】 법인의 대표자나 법인 또는 개인의 대리인, 사용인, 그 밖의 종업원이 그 법인 또는 개인의 업무에 관하여 제32조부터 제35조까지의 어느 하나에 해당하는 위반행위를 하면 그 행위자를 벌하는 외에 그 법인 또는 개인에게도 해당 조문의 벌금형을 과(科)한다. 다만, 법인 또는 개인이 그 위반행위를 방지하기 위하여 해당 업무에 관하여 상당한 주의와 감독을 게을리하지 아니한 경우에는 그러하지 아니하다.(2008.12.26 본조개정)

제37조【과태료】 ① 다음 각 호의 어느 하나에 해당하는 자에게는 1천만원 이하의 과태료를 부과한다.
1. 제5조제1항을 위반하여 신고를 하지 아니하고 제2조제1항제4호가목2)에 따른 기존주식등을 취득한 자
2. 제13조제1항 또는 제13조의3제1항에 따른 수의계약을 체결한 후 제13조제2항제1호 또는 제2호에 따라 기한 내에 고용창출 또는 투자를 하지 아니한 자(2020.2.4 본호개정)
3. 제13조제2항 본문 또는 제13조의3제2항 본문에 따른 최저 외국인투자비율을 충족하지 못하거나 대통령령으로 정하는 기간 동안 최저 외국인투자비율을 유지하지 못한 자(제18조제1항에 따라 지정된 외국인투자지역 내의 외국인투자기업은 제외한다)(2020.2.4 본호개정)
4. 제21조제6항을 위반하여 외국인투자기업 등록증명서를 다른 사람에게 양도하거나 대여한 자
5. 제28조제2항에 따른 조사에 응하지 아니하거나 이를 거부·방해 또는 기피한 자

(2016.1.27 본항개정)

② 제1항에 따른 과태료는 대통령령으로 정하는 바에 따라 산업통상자원부장관이 부과·징수한다.(2013.3.23 본항개정)

부 칙 (2004.12.31)

제1조【시행일】 이 법은 2005년 1월 1일부터 시행한다. 다만, 제20조제3항제2호의 개정규정은 공포한 날부터 시행한다.

제2조【적용시한】 제20조제3항제2호의 개정규정은 2011년 12월 31일까지 적용한다.(2009.1.30 본조개정)

제3조【외국인투자기업전용산업단지에 관한 경과조치】 이 법 시행 당시 종전의 산업집적활성화및공장설립에관한법률 제35조의3의 규정에 의하여 지정된 외국인투자기업전용산업단지는 이 법 제18조제1항의 개정규정에 의한 외국인투자지역으로 지정된 것으로 본다.

제4조【벌칙에 관한 경과조치】 이 법 시행전의 행위에 대한 벌칙의 적용에 있어서는 종전의 규정에 의한다.

제5조【다른 법률의 개정】 ①~② ※(해당 법령에 가제정리 하였음)

부 칙 (2012.12.11)

제1조【시행일】 이 법은 2012년 12월 31일부터 시행한다. 다만, 제13조, 제15조의2 및 제27조제2항의 개정규정은 공포 후 6개월이 경과한 날부터 시행한다.

제2조【국유·공유 재산 등의 사용·수익·대부 및 매입에 관한 적용례】 제13조제2항의 개정규정은 이 법 시행 후 최초로 토지등을 사용·수익 또는 대부받거나 매입하는 외국인투자기업부터 적용한다.

부 칙 (2016.1.27)

제1조【시행일】 이 법은 공포 후 6개월이 경과한 날부

터 시행한다.
제2조【외국인투자기업 변경등록에 관한 적용례】 제21조제3항제2호의 개정규정은 이 법 시행 전에 「조세특례제한법」 제121조의3에 따라 관세 등을 면제받고 이 법 시행 후 같은 법 제121조의5제2항제2호에 따라 추징하는 경우에도 적용한다.
제3조【외국인투자의 사후 관리에 관한 경과조치】 이 법 시행 전에 종전의 제21조제3항 각 호에 해당하는 외국투자가 또는 외국인투자기업에 대해서는 제21조제4항의 개정규정에도 불구하고 종전의 규정에 따른다.
제4조【기술도입계약의 신고 폐지에 따른 경과조치】 이 법 시행 전에 종전의 제25조에 따라 신고된 기술도입계약에 의하여 국내에서 근로를 제공(2014년 12월 31일까지 근로제공을 시작한 경우에 한정한다)하는 외국인 기술자의 조세감면에 관하여는 「조세특례제한법」에서 정하는 바에 따른다.
제5조【벌칙에 관한 경과조치】 이 법 시행 전의 행위에 대하여 벌칙을 적용할 때에는 종전의 규정에 따른다.
제6조【「주택법」 제15조에 관한 경과조치】 별표1 제9호라목의 개정규정 중 "「주택법」 제15조"는 2016년 8월 11일까지는 "「주택법」 제16조"로 본다.
제7조【다른 법률의 개정】 ①~⑨ ※(해당 법령에 가제정리 하였음)

부　칙 (2019.8.20)

이 법은 공포한 날부터 시행한다.

부　칙 (2019.12.31)

제1조【시행일】 이 법은 공포 후 3개월이 경과한 날부터 시행한다.(이하 생략)

부　칙 (2020.2.4)

제1조【시행일】 이 법은 공포 후 6개월이 경과한 날부터 시행한다. 다만, 제9조 및 제27조제2항의 개정규정은 공포한 날부터 시행한다.
제2조【국유·공유재산의 사용·수익·대부 및 매입에 관한 적용례】 제13조 및 제13조의2부터 제13조의4까지의 개정규정은 이 법 시행 이후 최초로 토지등을 사용·수익 또는 대부받거나 매입하는 외국인투자기업등부터 적용한다.
제3조【벌칙에 관한 경과조치】 이 법 시행 전의 행위에 대하여 벌칙을 적용할 때에는 종전의 규정에 따른다.

부　칙 (2020.12.22 법17653호)

제1조【시행일】 이 법은 2021년 1월 1일부터 시행한다.(이하 생략)

부　칙 (2020.12.22 법17729호)

이 법은 공포 후 6개월이 경과한 날부터 시행한다.

부　칙 (2020.12.29)

제1조【시행일】 이 법은 공포 후 1년이 경과한 날부터 시행한다.(이하 생략)

부　칙 (2021.1.5)

제1조【시행일】 이 법은 공포 후 3개월이 경과한 날부터 시행한다.(이하 생략)

부　칙 (2022.1.11)

제1조【시행일】 이 법은 공포 후 1년이 경과한 날부터 시행한다.(이하 생략)

부　칙 (2023.6.13)

제1조【시행일】 이 법은 공포 후 6개월이 경과한 날부터 시행한다.(이하 생략)

[별표] ➡ 「www.hyeonamsa.com」 참조

통계법

(2007년 4월 27일
전부개정법률 제8387호)

개정
2007. 7.23법 8541호(국민연금법)
2008.12.31법 9284호
2009. 4. 1법 9557호
2010. 3.31법10196호
2012.12.18법11553호
2014. 5.14법12571호
2014.11.19법12844호(정부조직)
2016. 1.27법13818호
2016.12.27법14467호
2017. 7.26법14839호(정부조직)
2017. 8. 9법14843호
2020. 6. 9법17339호(법률용어정비)
2023. 7.18법19543호

제1장 총　칙

제1조【목적】 이 법은 통계의 작성·보급 및 이용과 그 기반구축 등에 관하여 필요한 사항을 정함으로써 통계의 신뢰성과 통계제도 운용의 효율성을 확보함을 목적으로 한다.
제2조【기본이념】 ① 통계는 각종 의사결정을 합리적으로 수행하기 위한 공공자원으로서 사회발전에 기여할 수 있도록 작성·보급 및 이용되어야 한다.
② 통계는 정확성·시의성·일관성 및 중립성을 확보할 수 있도록 과학적인 방법에 따라 작성되어야 한다.
(2016.1.27 본항개정)
③ 통계는 개인이나 법인 또는 단체 등의 비밀이 보장되는 범위 안에서 널리 보급·이용되어야 한다.
제3조【정의】 이 법에서 사용하는 용어의 정의는 다음과 같다.
1. "통계"란 통계작성기관이 정부정책의 수립·평가 또는 경제·사회현상의 연구·분석 등에 활용할 목적으로 산업·물가·인구·주택·문화·환경 등 특정의 집단이나 대상 등에 관하여 직접 또는 다른 기관이나 법인 또는 단체 등(이하 "기관등"이라 한다)에 위임·위탁하여 작성하는 수량적 정보를 말한다. 다만, 통계작성기관이 내부적으로 사용할 목적으로 작성하는 수량적 정보 등 대통령령으로 정하는 수량적 정보는 제외한다.
(2020.6.9 단서개정)
2. "지정통계"란 제17조에 따라 통계청장이 지정·고시하는 통계를 말한다.
3. "통계작성기관"이란 중앙행정기관·지방자치단체 및 제15조에 따라 지정을 받은 통계작성지정기관을 말한다.
3의2. "통계등록부"란 통계청장이 통계작성기관의 통계작성을 지원하기 위하여 통계자료 및 행정자료 상의 개인, 법인 또는 단체 등에 관한 분야별 모집단의 기본정보를 수록하여 관리하는 자료를 말한다.(2023.7.18 본호신설)
4. "통계자료"란 통계작성기관이 통계의 작성을 위하여 수집·취득 또는 사용한 자료(데이터베이스 등 전산자료를 포함한다)로서 통계등록부를 제외한 것을 말한다.
(2023.7.18 본호개정)
5. "공공기관"이란 중앙행정기관, 지방자치단체 및 다음 각 목의 기관을 말한다.
가. 「공공기관의 운영에 관한 법률」에 따른 공공기관
나. 「지방공기업법」에 따른 지방공사 및 지방공단
다. 「유아교육법」, 「초·중등교육법」, 「고등교육법」, 그 밖의 다른 법률에 따라 설립된 각급 학교
라. 특별법에 따라 설립된 특수법인
마. 「신용정보의 이용 및 보호에 관한 법률」 제25조에 따라 금융위원회의 허가를 받은 종합신용정보집중기관
(2016.1.27 본목신설)
(2009.4.1 본호신설)
6. "통계종사자"란 통계작성기관에서 통계의 작성 또는 보급에 관한 사무에 종사하는 사람을 말한다.
(2012.12.18 본호신설)
7. "행정자료"란 공공기관이 직무상 작성·취득하여 관리하고 있는 문서·대장 및 도면과 데이터베이스 등 전산자료로서 통계등록부 및 통계자료를 제외한 것을 말한다.(2023.7.18 본호개정)
제4조【국가 등의 책무】 ① 국가 및 지방자치단체는 이 법의 목적과 기본이념을 구현하기 위하여 필요한 정책을 수립·시행하여야 한다.
② 통계청장은 통계가 사회발전에 이바지할 수 있도록 통계에 관한 사항을 종합적으로 조정·정비하고, 통계의 작성·보급 및 이용을 확대할 수 있는 조치를 강구하여야 한다.
③ 통계작성기관의 장은 통계의 작성을 위하여 질문을 받거나 자료제출 등의 요청을 받고 답변을 하거나 자료제출 등을 하는 개인이나 법인 또는 단체 등(이하 "통계응답자"라 한다)의 부담을 최소화하고, 비밀이 보호되도록 노력하여야 한다.
④ 통계작성기관의 장은 통계종사자의 교류, 통계작성기법의 공동연구와 개발 및 통계자료의 공유 등을 위하여 서로 협력하여야 한다.(2012.12.18 본항개정)
제4조의2【통계의 날】 국가는 통계의 중요성에 대한 국민 의식수준을 높이고 통계이용을 활성화하기 위하여 매년 9월 1일을 통계의 날로 정하여 기념행사를 개최한다.
(2009.4.1 본조신설)
제5조【다른 법률과의 관계】 ① 통계의 작성·보급 및 이용에 관하여 다른 법률에 특별한 규정이 있는 경우를 제외하고는 이 법으로 정하는 바에 따른다.
② 관계 행정기관의 장은 통계의 작성·보급 및 이용에 관한 사항을 내용으로 하는 법령을 제정·개정 또는 폐지하고자 하는 때에는 미리 통계청장과 협의하여야 한다.

제2장 통계의 작성·보급 및 이용 기반 구축

제5조의2【국가통계위원회】 ① 통계의 작성·보급 및 이용에 관한 사항을 심의·의결하기 위하여 기획재정부장관 소속으로 국가통계위원회(이하 "위원회"라 한다)를 둔다.
② 위원회는 다음 각 호의 사항을 심의·의결한다.
1. 국가통계 발전을 위한 중장기 정책목표와 추진방향에 관한 사항(2012.12.18 본호개정)
2. 제5조의5 및 제5조의6에 따른 국가통계 발전 기본계획 및 시행계획의 수립 및 변경에 관한 사항(2023.7.18 본호개정)
3. 유사·중복 통계의 조정, 통폐합 및 통계작성기관 간 협력에 관한 사항
4. 통계품질진단 및 개선 등 품질관리에 관한 사항
5. 통계 표준분류 등 통계 작성·보급 및 이용의 기준에 관한 사항
6. 행정자료의 활용에 관한 사항
7. 제7조의2에 따른 통계작성기관의 통계정보시스템 활용에 관한 사항(2012.12.18 본호신설)
8. 그 밖에 통계의 작성·보급 및 이용에 관한 사항으로서 대통령령으로 정하는 사항
③ 위원회는 위원장 1명을 포함한 30명 이내의 위원으로 구성하되, 기획재정부장관이 위원장이 된다.
④ 위원회의 구성·운영 등에 필요한 사항은 대통령령으로 정한다.
(2008.12.31 본조신설)
제5조의3【통계등록부의 구축 및 운영】 ① 통계청장은 통계작성기관이 효율적으로 통계를 작성할 수 있도록 지원하기 위하여 인구, 주택, 사업체 등의 분야별로 통계등록부를 구축·운영할 수 있다.
② 통계등록부는 행정자료, 통계자료, 제26조제4항에 따른 실지조사를 통하여 수집한 자료와 그 밖에 대통령령으로 정하는 자료를 바탕으로 구축한다.
③ 제1항 및 제2항에서 규정한 사항 외에 통계등록부의 종류, 종류별 구축항목 및 구축방법 등 통계등록부의 구축 및 운영에 필요한 사항은 대통령령으로 정한다.
(2023.7.18 본조신설)
제5조의4【총조사의 실시】 ① 통계청장은 정책수립과 각종 통계작성의 기초자료로 활용되는 기본통계를 작성하기 위하여 전국을 대상으로 하는 인구, 주택, 사업체 등에 관한 전수조사(이하 "총조사"라 한다)를 실시하여야 한다.
② 총조사의 범위·방법 등에 관하여 필요한 사항은 대통령령으로 정한다.
(2012.12.18 본조신설)
제5조의5【국가통계 발전 기본계획의 수립】 ① 정부는 국가통계 발전을 위한 중장기 정책목표 및 추진방향을 설정하고, 그에 따른 국가통계 발전 기본계획(이하 "기본계획"이라 한다)을 수립·추진하여야 한다.
② 통계청장은 관계 중앙행정기관의 장 및 특별시장·광역시장·도지사·특별자치도지사(교육감을 포함하며, 이하 "시·도지사"라 한다)와 협의하여 5년마다 기본계획을 수립하고, 위원회의 심의·의결을 거쳐 이를 확정한다. 확정된 기본계획을 변경하고자 하는 경우에도 또한 같다.
③ 기본계획에는 다음 각 호의 사항이 포함되어야 한다.
1. 국가통계 발전을 위한 중장기 정책목표와 추진방향에 관한 사항
2. 기간별 주요 추진과제와 그 추진방법에 관한 사항
3. 필요한 재원의 규모와 조달방안에 관한 사항
4. 그 밖에 국가통계 발전을 위하여 필요하다고 인정되는 사항
④ 기본계획의 수립절차 등에 관하여 필요한 사항은 대통령령으로 정한다.
⑤ 정부는 기본계획을 수립한 때에는 지체 없이 국회에 제출하여야 한다.
(2012.12.18 본조신설)
제5조의6【국가통계 발전 시행계획의 수립】 ① 통계청장은 기본계획을 수립한 때에는 관계 중앙행정기관의 장 및 시·도지사에게 통보하고, 관계 중앙행정기관의 장 및 시·도지사는 통보받은 기본계획에 따라 매년 연도별 추진계획을 수립하여 통계청장에게 제출하여야 한다.
② 통계청장은 관계 중앙행정기관의 장 및 시·도지사로부터 기본계획에 따른 연도별 추진계획을 제출받아 매년 국가통계 발전 시행계획(이하 "시행계획"이라 한다)을 수립하여야 한다.
③ 시행계획의 수립절차 등에 관하여 필요한 사항은 대통령령으로 정한다.
(2012.12.18 본조신설)

제6조【통계책임관의 지정 및 운영】 ① 통계작성기관의 장은 소관 통계의 작성·보급 및 이용에 관하여 다음 각 호의 사무를 총괄하게 하기 위하여 소속 직원 중에서 통계책임관을 지정·운영하여야 한다. 이 경우 지정대상자의 범위는 대통령령으로 정한다.
1. 통계작성기관 및 소속 기관의 통계업무의 종합·조정 및 품질관리에 관한 사무
2. 다른 통계작성기관과의 협력에 관한 사무
3. 통계 중 자연인이 포함된 경우 성별로 구분한 성별통계 작성 및 보급에 관한 사무(2010.3.31 본호신설)
4. 그 밖에 소관 통계의 작성·보급 및 이용에 관한 사무
② 통계작성기관의 장은 통계책임관을 지정 또는 변경한 때에는 지체 없이 통계청장에게 통보하여야 한다.
제7조【통계작성기관의 인력 및 예산 확보】 ① 통계작성기관의 장은 통계의 작성 및 보급에 필요한 인력과 예산을 확보하도록 노력하여야 한다.
② 통계청장은 통계작성기관의 통계 작성 및 보급에 필요한 인력과 예산이 현저히 부족하다고 판단되는 경우에는 통계작성기관의 장에게 필요한 인력과 예산의 확보를 권고할 수 있다.
제7조의2【통계정보시스템의 구축 및 운영】 ① 통계청장은 통계작성기관이 표준화된 절차에 따라 통계를 효율적으로 작성·보급 및 이용할 수 있도록 통계정보시스템을 구축·운영하여야 한다.
② 통계청장은 위원회의 심의를 거쳐 통계작성기관이 제1항에 따른 통계정보시스템을 활용하도록 권고할 수 있다.
(2012.12.18 본조신설)
제8조【통계에 관한 교육 및 통계교육기본계획 수립 등】 ① 통계청장은 통계종사자의 자질향상을 위하여 통계에 관한 교육을 실시하도록 노력하여야 한다.
(2010.3.31 본항개정)
② 통계청장은 제1항에 따른 교육을 효율적으로 실시하기 위하여 종합적이고 체계적인 교육 일정·과정 등을 내용으로 하는 통계교육기본계획을 수립하여 시행할 수 있다.(2010.3.31 본항신설)
③ 제1항에 따른 교육의 실시에 통계작성기관의 장은 적극 협조하여야 하고, 통계종사자는 적극 참여하여야 한다.(2010.3.31 본항개정)
④ 통계청장은 통계작성기관의 장에게 자체 통계교육의 실시를 권고할 수 있다.
⑤ 제1항 및 제4항에 따른 교육대상자의 범위, 교육내용, 그 밖에 필요한 사항은 대통령령으로 정한다.(2010.3.31 본항개정)
(2010.3.31 본조제목개정)
제9조【정기통계품질진단】 ① 통계청장은 정부의 각종 정책 수립·평가 또는 다른 통계의 작성 등에 널리 활용되는 통계로서 대통령령으로 정하는 주요 통계의 작성 및 보급의 제반과정에 대하여 10년의 범위 안에서 주기적으로 통계품질진단(이하 "정기통계품질진단"이라 한다)을 실시하여야 한다.(2012.12.18 본항개정)
② 통계청장은 다음 각 호의 사항이 포함된 정기통계품질진단계획을 수립하여 정기통계품질진단을 실시하는 해의 2월 말일까지 통계작성기관의 장에게 통보하여야 한다.
1. 정기통계품질진단의 대상 통계
2. 정기통계품질진단의 시기 및 방법
3. 정기통계품질진단 결과의 활용계획
4. 그 밖에 정기통계품질진단의 실시에 관하여 필요한 사항
③ 정기통계품질진단은 제35조에 따른 자료제출요구, 통계작성기관에 대한 방문 확인, 통계응답자에 대한 현지 확인 등의 방법으로 실시한다.
④ 통계청장은 제10조에 따른 수시통계품질진단을 실시 중이거나 대통령령으로 정하는 기간 내에 실시하였던 통계와 제11조에 따른 자체통계품질진단을 한 통계 중 그 품질이 우수하다고 판단되는 통계에 대하여는 정기통계품질진단을 면제할 수 있다.
⑤ 통계청장은 정기통계품질진단을 완료한 때에는 그 결과를 지체 없이 관계 통계작성기관의 장에게 통보하여야 한다.
⑥ 정기통계품질진단계획의 수립, 정기통계품질진단의 주기, 방법 및 절차 등에 관하여 필요한 사항은 대통령령으로 정한다.(2012.12.18 본항개정)
제10조【수시통계품질진단】 ① 통계청장은 제11조에 따른 자체통계품질진단을 실시하지 아니하거나 품질이 낮아졌다고 믿을만한 상당한 이유가 있는 통계에 대하여는 수시로 통계품질진단(이하 "수시통계품질진단"이라 한다)을 실시할 수 있다.(2020.6.9 본항개정)
② 통계청장은 수시통계품질진단을 실시하는 때에는 해당 통계작성기관에 미리 수시통계품질진단의 사유·시기 및 방법 등을 통보하여야 한다.
③ 제9조제3항 및 제5항은 수시통계품질진단에 관하여 준용한다.
④ 수시통계품질진단의 방법 및 절차 등에 관하여 필요한 사항은 대통령령으로 정한다.
제11조【자체통계품질진단】 ① 통계작성기관의 장은 소관 통계에 관하여 매년 통계품질진단(이하 "자체통계품질진단"이라 한다)을 실시하여야 한다. 다만, 작성주기가 1년을 초과하는 통계의 경우에는 그 통계를 작성하는 해 또는 그 다음 해에 실시할 수 있다.
② 통계작성기관의 장은 소관 통계에 대하여 정기통계품질진단 또는 수시통계품질진단을 받은 때에는 그 연도의 자체통계품질진단을 실시하지 아니할 수 있다.
③ 통계작성기관의 장은 자체통계품질진단을 실시한 해의 12월 31일까지 그 결과를 통계청장에게 제출하여야 한다.
④ 자체통계품질진단의 방법 및 절차 등에 관하여 필요한 사항은 대통령령으로 정한다.
제12조【통계의 작성·보급에 관한 사무에 대한 개선 요구 등】 ① 통계청장은 정기통계품질진단·수시통계품질진단 또는 자체통계품질진단 결과의 반영 또는 유사하거나 중복된 통계의 조정 등 통계의 신뢰성 및 통계제도 운용의 효율성을 확보하기 위하여 필요하다고 인정되는 경우에는 통계작성기관의 장에게 통계 작성의 중지·변경이나 그 밖에 통계의 작성·보급에 관한 사무의 개선을 요구할 수 있다.
② 통계작성기관의 장은 제1항에 따른 요구를 받은 때에는 정당한 사유가 없으면 그 요구를 따라야 한다.
(2020.6.9 본항개정)
제12조의2【통계기반정책평가】 ① 중앙행정기관의 장은 소관 법령의 제정 또는 개정을 통하여 새로운 정책과 제도를 도입하거나 종전의 정책과 제도의 중요 사항을 변경하는 경우에는 그 도입·변경되는 정책과 제도의 집행·평가에 적합한 통계의 구비 여부 등에 대한 평가(이하 "통계기반정책평가"라 한다)를 통계청장에게 요청하여야 한다. 다만, 다음 각 호의 어느 하나에 해당하는 경우에는 그러하지 아니하다.
1. 국가안보에 관한 사항
2. 행정절차, 행정조직에 관한 사항
3. 민사·상사·형사, 소송절차, 재판 및 형의 집행에 관한 사항
4. 그 밖에 통계기반정책평가가 적절하지 아니하다고 통계청장이 정하는 사항
② 통계청장이 제1항에 따른 요청을 받은 때에는 정책 및 제도가 통계에 기반하고 있는지를 평가하기 위하여 그 정책 및 제도 관련 통계의 적합성 여부, 통계 개발·개선 계획 등을 포함한 의견을 해당 중앙행정기관의 장에게 통보하여야 한다.
③ 중앙행정기관의 장은 해당 법령안을 국무회의에 상정할 때에는 제2항에 따른 통계청장의 평가의견을 함께 제출하여야 한다.
④ 통계청장은 통계기반정책평가에 관한 지침을 수립하여 중앙행정기관의 장에게 통보하여야 한다.
⑤ 통계기반정책평가의 방법·절차 등에 관하여 필요한 사항은 대통령령으로 정한다.
(2012.12.18 본조신설)
제13조【경비, 자문 및 기술의 지원】 ① 통계청장은 통계의 발전을 위하여 매년 예산의 범위에서 통계작성기관이나 통계의 교육·개발·진흥·품질진단 또는 홍보에 관한 사업을 하는 기관등에 대하여 그 운영 및 사업에 필요한 경비의 일부를 지원할 수 있으며, 통계의 작성 및 보급에 필요하다고 인정하는 경우에는 자문이나 기술지원을 할 수 있다.(2023.7.18 본항개정)
② 통계청장은 통계작성기관의 장으로부터 통계의 작성 및 보급에 필요한 자문이나 기술지원을 요청받은 경우에는 이에 적극 협조하여야 한다.
(2023.7.18 본조제목개정)
제14조【국제협력】 통계청장은 통계의 발전을 위하여 국제기구·외국정부 또는 외국기관과 다음 각 호의 사업을 수행할 수 있다.(2016.1.27 본문개정)
1. 통계의 작성 및 분석에 관한 공동연구·개발에 관한 사업
2. 통계작성기법의 전수에 관한 사업
3. 외국 통계종사자의 연수에 관한 사업
4. 기술지원 및 전수에 관한 사업
5. 그 밖의 교류·협력 등에 관한 사업
(2016.1.27 1호~5호신설)
제14조의2【국제기구 제공 통계의 모니터링】 ① 통계작성기관의 장은 국제기구에 통계를 제공할 수 있다.
② 통계작성기관의 장은 제1항에 따라 제공하는 통계의 현황과 활용에 대한 모니터링을 하고 보고서를 작성하여 통계청장에게 제출하여야 한다.
③ 제1항에 따른 통계 제공, 제2항에 따른 모니터링 및 보고서 제출 등에 필요한 사항은 대통령령으로 정한다.
(2016.1.27 본조신설)

제3장 통계작성지정기관 및 지정통계의 지정 등

제15조【통계작성지정기관의 지정】 ① 통계청장은 통계의 작성·보급 및 이용을 촉진하기 위하여 정부정책의 수립·평가 또는 경제·사회현상의 연구·분석 등에 이용되는 수량적 정보를 작성하고 있거나 작성하고자 하는 기관등의 신청이 있는 경우 해당 기관등을 통계작성지정기관으로 지정할 수 있다. 이 경우 지정요건은 통계작성 조직 및 예산, 통계작성계획 등을 고려하여 대통령령으로 정한다.
② 통계청장은 정부정책의 수립·평가 또는 경제·사회현상의 연구·분석 등에 이용되는 수량적 정보를 작성하고 있는 공공기관(중앙행정기관 및 지방자치단체는 제외한다)이 제1항에 따른 지정신청을 하지 아니하는 경우에는 위원회의 심의·의결을 거쳐 통계작성지정기관으로 지정할 수 있다.(2016.12.27 본항개정)
③ 통계작성지정기관의 지정신청, 지정의 절차 및 방법 등에 관하여 필요한 사항은 대통령령으로 정한다.
제16조【통계작성지정기관 지정의 취소】 ① 통계청장은 통계작성지정기관이 다음 각 호의 어느 하나에 해당하는 경우에는 통계작성지정기관의 지정을 취소할 수 있다.
1. 제12조제2항을 위반하여 통계 작성의 중지·변경요구나 그 밖에 통계의 작성·보급에 관한 사무의 개선요구를 따르지 아니한 경우(2020.6.9 본호개정)
2. 제15조제1항 후단에 따른 지정요건을 충족하지 아니하게 된 경우
2의2. 공공기관(중앙행정기관 및 지방자치단체는 제외한다)인 통계작성지정기관의 장이 해당 통계작성지정기관의 지정을 취소하여 줄 것을 신청하는 경우
(2016.12.27 본호신설)
3. 제18조제1항을 위반하여 통계청장의 승인을 받지 아니하고 새로운 통계를 작성한 경우 또는 통계의 작성을 중지하거나 승인을 받은 사항을 변경한 경우
4. 제20조제1항을 위반하여 통계청장과 협의를 하지 아니하고 통계를 작성한 경우 또는 통계의 작성을 중지하거나 협의를 한 사항을 변경한 경우
5. 제35조제2항을 위반하여 통계청장의 자료제출요구를 따르지 아니한 경우(2020.6.9 본호개정)
② 통계청장은 다음 각 호의 어느 하나에 해당하는 경우에는 통계작성지정기관의 지정을 취소하여야 한다. 다만, 제2호의 경우로서 해당 통계작성지정기관의 장이 새로운 통계를 작성하기 위한 계획을 제출하는 경우에는 대통령령으로 정하는 바에 따라 취소를 유예할 수 있다.
1. 공공기관이 아닌 통계작성지정기관의 장이 해당 통계작성지정기관의 지정을 취소하여 줄 것을 신청하는 경우(2020.6.9 본호개정)
2. 제19조에 따른 통계작성 승인의 취소로 인하여 더 이상 통계청장의 승인을 받은 소관 통계가 없게 되는 경우
③ 제1항 및 제2항에 따른 통계작성지정기관 지정의 취소가 있는 경우 해당 통계작성지정기관이 작성하고 있는 통계에 대한 제17조의 지정 또는 제18조의 승인은 각각 취소된 것으로 본다.
제17조【지정통계의 지정 및 지정취소】 ① 통계청장은 통계작성기관의 장의 신청에 따라 정부의 각종 정책의 수립·평가 또는 다른 통계의 작성 등에 널리 활용되는 통계로서 다음 각 호의 어느 하나에 해당하는 통계를 지정통계로 지정한다.
1. 전국을 대상으로 작성하는 통계
2. 지역발전을 위한 정책수립 및 평가의 기초자료가 되는 통계
3. 다른 통계의 모집단자료로 활용 가능한 통계
4. 국제연합 등 국제기구에서 권고하는 통일된 기준 및 작성방법에 따라 작성하는 통계
5. 그 밖에 지정통계로 지정할 필요가 있다고 통계청장이 인정하는 통계
② 통계청장은 지정통계가 제1항에 따른 지정요건을 갖추지 못하게 되는 경우에는 그 지정을 취소할 수 있다.
③ 통계청장은 지정통계를 지정하거나 지정통계의 지정을 취소한 때에는 이를 고시하여야 한다.
④ 지정통계 지정의 절차 및 방법과 제3항에 따른 고시에 포함되어야 할 사항 등에 관하여 필요한 사항은 대통령령으로 정한다.

제4장 통계의 작성·보급 및 이용

제1절 통계의 작성

제18조【통계작성의 승인】 ① 통계작성기관의 장은 새로운 통계를 작성하고자 하는 경우에는 그 명칭, 종류, 목적, 조사대상, 조사방법, 통계표 서식, 조사사항의 성별구분 등 대통령령으로 정하는 사항에 관하여 미리 통계청장의 승인을 받아야 한다. 승인을 받은 사항을 변경하거나 승인을 받은 통계의 작성을 중지하고자 하는 경우에도 또한 같다.(2016.1.27 전단개정)
② 통계작성기관의 장은 제1항에 따른 승인을 받거나 제20조에 따른 협의를 거치기 전에 행정자료를 활용한 통계의 작성이 가능한 것인지 여부를 미리 판단하여야 한다. 이 경우 통계작성기관의 장은 이에 대한 판단을 통계청장에게 의뢰할 수 있다.(2017.8.9 본항신설)
③ 통계청장은 다음 각 호의 어느 하나에 해당하는 경우에는 제1항에 따른 승인을 하지 아니할 수 있다.
1. 이미 승인을 받은 다른 통계와 조사 또는 보고의 대상·목적 및 방법 등 그 내용이 동일 또는 유사하다고 인정되는 경우
2. 표본규모가 지나치게 작거나 검증된 통계작성기법을 사용하지 아니하여 통계의 신뢰성을 확보할 수 없다고 인정되는 경우
3. 조사 또는 보고의 대상 또는 목적 등이 특정 이익집단 또는 특정부문에 편중되거나 영리적인 목적으로 작성되는 등 공공의 이익을 목적으로 작성된다고 보기 어려운 경우

④ 통계청장은 제1항에 따른 승인을 한 때에는 이를 고시하여야 한다. 이 경우 승인을 한 통계의 명칭, 통계작성기관의 명칭 등 고시에 포함되어야 할 사항은 대통령령으로 정한다.

제19조【통계작성 승인의 취소】 ① 통계청장은 제18조제1항에 따른 승인을 얻은 통계가 다음 각 호의 어느 하나에 해당하는 경우에는 그 승인을 취소할 수 있다.

1. 제12조제2항을 위반하여 통계 작성의 중지·변경요구나 그 밖에 통계의 작성·보급에 관한 사무의 개선 요구를 따르지 아니한 경우(2020.6.9 본호개정)
2. 제18조제3항 각 호의 어느 하나에 해당하게 된 경우(2017.8.9 본호개정)
3. 제22조제2항을 위반하여 통계청장이 작성·고시하는 표준분류를 따르지 아니하거나 통계청장의 동의를 받지 아니하고 표준분류와 다른 기준을 적용하여 통계를 작성한 경우
4. 정부정책의 수립·평가 또는 경제·사회현상의 연구·분석에의 활용도가 현저히 낮은 경우(2016.1.27 본호개정)

② 제1항에 따라 승인이 취소된 통계가 지정통계인 경우에는 승인취소와 동시에 지정통계의 지정이 취소된 것으로 본다.

③ 통계청장은 제1항에 따라 승인을 취소한 때에는 이를 고시하여야 한다. 이 경우 승인을 취소한 통계의 명칭, 통계작성기관의 명칭 등 고시에 포함되어야 할 사항은 대통령령으로 정한다.

제20조【통계작성의 협의】 ① 통계작성기관의 장은 다른 법률에 따라 통계를 작성하는 경우 제18조제1항에 따라 승인을 받아야 하는 사항 중 그 법률에서 정하지 아니한 사항에 관하여는 미리 통계청장과 협의하여야 한다. 협의를 거친 사항을 변경하거나 협의를 거친 통계의 작성을 중지하고자 하는 경우에도 또한 같다.

② 제1항에 따른 협의를 거친 경우에는 제18조제1항에 따른 승인을 받은 것으로 본다.

제21조【통계작성의 권고】 ① 통계청장은 경제·사회적 환경의 변화에 따라 새로운 통계를 작성할 필요가 있는 경우에는 관련 기관등에 이를 권고할 수 있다.

② 통계청장은 제1항에 따른 권고에 따라 통계를 작성하는 기관등에 대하여는 그 통계의 작성에 필요한 인력 및 기술 등을 지원할 수 있다.

제21조의2【통계작성의 요청】 ① 새로운 통계를 이용하려는 자는 통계작성기관의 장에게 다음 각 호의 요건을 모두 갖춘 새로운 통계의 작성을 요청할 수 있다.

1. 새로운 통계를 이용하려는 20명 이상의 공동 요청이 있을 것
2. 이미 승인을 받은 다른 통계와 동일 또는 유사하지 아니할 것
3. 정책수립의 기초자료로 활용될 가능성 등 대통령령으로 정하는 기준에 따라 경제적·사회적 가치가 있다고 인정될 것

② 통계작성기관의 장은 제1항에 따른 요청에 따라 새로운 통계의 사용목적·내용 등을 심사하여 타당하다고 판단되는 경우에는 제18조에 따른 통계청장의 승인을 받아 이를 작성할 수 있다.

③ 제1항 및 제2항에 따른 새로운 통계 작성의 요청 절차 및 심사방법 등에 필요한 사항은 대통령령으로 정한다.

(2016.1.27 본조신설)

제22조【표준분류】 ① 통계청장은 통계작성기관이 동일한 기준에 따라 통계를 작성할 수 있도록 국제표준분류를 기준으로 산업, 직업, 질병·사인(死因) 등에 관한 표준분류를 작성·고시하여야 한다. 이 경우 통계청장은 미리 관계 기관의 장과 협의하여야 한다.

② 통계작성기관의 장은 통계를 작성하는 때에는 통계청장이 제1항에 따라 작성·고시하는 표준분류에 따라야 한다. 다만, 통계의 작성목적상 불가피하게 표준분류와 다른 기준을 적용하고자 하는 때에는 미리 통계청장의 동의를 받아야 한다.

③ 통계청장은 효율적 통계작성을 위하여 필요한 경우에는 공공기관의 장에게 제1항에 따른 표준분류를 사용하여 행정자료를 작성·취득·관리하도록 요청할 수 있다.

(2023.7.18 본항신설)

④ 통계청장은 표준분류의 내용을 변경하거나 요약·발췌하여 발간함으로써 표준분류의 내용이 사실과 다르게 전달될 우려가 있다고 인정되는 경우에는 그 발간자에 대하여 시정을 명할 수 있다.

제23조【통계작성에 관한 협조】 ① 통계작성기관의 장은 제18조제1항 또는 제20조제1항에 따라 승인을 받거나 협의를 거친 통계를 작성하기 위하여 필요한 경우에는 관계 통계작성기관의 장에게 협조를 요청할 수 있다. 이 경우 협조요청을 받은 관계 통계작성기관의 장은 특별한 사유가 없으면 협조하여야 한다.(2020.6.9 후단개정)

② 제1항에 따른 협조에 소요된 경비는 다른 법령에 특별한 규정이 있는 경우를 제외하고는 협조를 요청한 기관이 부담한다. 다만, 작성된 통계를 협조의 요청을 받은 기관에서도 활용하게 되는 경우에는 서로 협의하여 소요경비를 분담할 수 있다.

제24조【행정자료의 제공】 ① 중앙행정기관의 장 또는 지방자치단체의 장은 통계의 작성을 위하여 필요한 경우에는 공공기관의 장에게 행정자료의 제공을 요청할 수 있다.(2012.12.18 본문개정)

1.~4. (2009.4.1 삭제)

② 통계청장은 통계등록부를 구축하려는 경우에는 공공기관의 장에게 행정자료의 제공을 요청할 수 있다.

(2023.7.18 본항신설)

③ 통계청장은 소관 통계의 중요성 등을 고려하여 대통령령으로 정하는 통계작성지정기관이 요청하는 경우로서 통계의 작성을 위하여 필요하다고 인정되는 경우에는 공공기관의 장에게 행정자료의 제공을 요청할 수 있다. 이 경우 통계청장은 제공받은 행정자료를 지체 없이 해당 통계작성지정기관에 제7항에도 불구하고 제공하여야 한다.(2023.7.18 본항신설)

④ 공공기관의 장은 제1항부터 제3항까지에 따라 행정자료의 제공을 요청받은 경우에는 국가기밀, 개인과 기업의 중대한 비밀의 침해 등 대통령령으로 정하는 정당한 사유가 없으면 그 요청을 따라야 한다.(2023.7.18 본항개정)

⑤ 공공기관의 장이 제4항에 따라 행정자료를 제공하는 경우 그 제공범위 및 방법 등에 관하여는 요청기관의 장과 제공기관의 장이 협의하여 결정한다.(2023.7.18 본항개정)

⑥ 제4항에 따라 행정자료를 제공받는 자는 제공받는 자료의 분실, 도난, 유출을 방지하기 위하여 대통령령으로 정하는 바에 따라 사전에 안전성 확보에 필요한 기술적·물리적 조치(이하 "정보보호조치"라 한다)를 하여야 한다.(2023.7.18 본항신설)

⑦ 제4항에 따라 행정자료를 제공받은 자는 그 자료를 통계작성 외의 목적으로 사용하거나 다른 자에게 제공하여서는 아니 된다.(2023.7.18 본항개정)

⑧ 행정자료 제공기관의 장은 해당 행정자료를 제공받는 기관의 장이 제6항에 따른 정보보호조치를 하지 아니하거나 제7항을 위반하는 경우에는 행정자료의 제공을 중지 또는 제한할 수 있다.(2023.7.18 본항개정)

제24조의2【사법기관 등의 자료 제공】 ① 통계청장은 통계의 작성을 위하여 필요한 경우에는 가족관계등록전산자료의 제공을 법원행정처장에게 요청할 수 있다.

② 통계청장은 통계의 작성을 위하여 필요한 경우에는 사망원인통계에 관련된 형사사법정보의 제공을 경찰청장 및 해양경찰청장 등에게 요청할 수 있다.(2017.7.26 본항개정)

③ 제1항 및 제2항에 따른 자료의 제공에 필요한 사항에 관하여는 제24조제4항부터 제8항까지를 준용한다.

(2023.7.18 본항개정)

④ 통계청장은 다음 각 호의 자료를 활용하여 출생, 사망, 혼인, 이혼 등 인구 변화를 파악하기 위한 통계(이하 "인구동태통계"라 한다)를 작성하여야 한다.

1. 제1항에 따른 가족관계등록전산자료
2. 다른 법률에 따라 출생, 사망, 혼인, 이혼 등의 신고를 하면서 신고인이 작성하여 제출한 자료 등 대통령령으로 정하는 자료

(2016.12.27 본항신설)

⑤ 제1항에 따라 제공을 요청할 수 있는 자료의 범위 및 제4항에 따른 인구동태통계 작성을 위한 조사 범위·방법 등에 관하여 필요한 사항은 대통령령으로 정한다.

(2016.12.27 본항신설)

(2014.5.14 본조신설)

제25조【자료제출요구 등】 ① 중앙행정기관의 장 또는 지방자치단체의 장은 지정통계의 작성을 위하여 관계 자료가 필요한 경우에는 제24조에 따라 제공받는 행정자료에 의하여 그 목적 달성이 가능한 것인지 여부를 미리 판단하여야 한다.(2017.8.9 본항신설)

② 제24조에 따라 제공받는 행정자료에 의하여 지정통계의 작성이 불가능한 경우에 중앙행정기관의 장 또는 지방자치단체의 장은 개인이나 법인 또는 단체 등에 관계 자료의 제출을 요구할 수 있다.

③ 통계청장은 통계작성지정기관이 요청하는 경우로서 지정통계의 작성을 위하여 필요하다고 인정되는 경우에는 제2항에 따른 요구를 할 수 있다.

④ 제2항 및 제3항에 따른 자료의 제출요구를 받은 자는 정당한 사유가 없으면 그 요구를 따라야 한다.(2020.6.9 본항개정)

⑤ 제2항 및 제3항에 따른 자료제출요구의 절차 및 방법 등에 관하여 필요한 사항은 대통령령으로 정한다.

(2017.8.9 본조개정)

제26조【실지조사 등】 ① 통계작성기관의 장은 제18조에 따라 통계청장의 승인을 받은 사항에 대하여 통계 작성을 위한 조사 또는 확인이 필요한 경우에는 해당 통계작성기관이 활용 가능한 행정자료에 의하여 그 목적 달성이 가능한 것인지 여부를 미리 판단하여야 한다. 이 경우 제15조에 따른 통계작성지정기관의 장은 이에 대한 판단을 통계청장에게 의뢰할 수 있다.(2017.8.9 본항신설)

② 제1항에 따른 행정자료에 의하여 그 목적 달성이 불가능한 경우에 통계작성기관의 장은 통계의 작성에 관한 사무에 종사하는 사람은 제18조에 따라 통계청장의 승인을 받은 사항에 관하여 관계인에게 관계 자료의 제출을 요구하거나 질문을 할 수 있다.(2020.6.9 본항개정)

③ 지정통계의 작성을 위한 조사 또는 확인을 하는 경우 제2항에 따른 관계 자료의 제출을 요구받거나 질문을 받은 자는 정당한 사유가 없으면 이에 응하여야 한다.

(2020.6.9 본항개정)

④ 통계청장은 통계등록부를 구축·운영하기 위하여 조사 또는 확인이 필요한 경우에는 통계등록부 구축에 관한 사무에 종사하는 사람으로 하여금 관계인에게 관계 자료의 제출을 요구하게 하거나 질문하게 할 수 있다.

(2023.7.18 본항신설)

⑤ 제2항 또는 제4항에 따른 직무를 수행하는 사람은 그 권한을 나타내는 증표를 지니고 이를 관계인에게 내보여야 한다.(2023.7.18 본항개정)

제2절 통계의 보급 및 이용

제27조【통계의 공표】 ① 통계작성기관의 장은 통계를 작성한 때에는 그 결과를 공표 예정 일시를 별도로 정하여 고지한 경우를 제외하고는 지체 없이 공표하여야 한다.(2016.1.27 본항개정)

② 통계작성기관의 장은 제1항에 따라 통계를 공표하는 때에는 통계이용자가 통계를 정확하게 이용할 수 있도록 조사의 대상·방법 등 필요한 사항을 함께 공표하여야 한다.

③ 제1항에도 불구하고 통계작성기관의 장은 작성한 통계가 다음 각 호의 어느 하나에 해당하는 경우에는 통계를 공표하지 아니할 수 있다. 이 경우 미리 통계청장의 승인을 받아야 한다.

1. 공표할 경우 국가안전보장·질서유지 또는 공공복리에 현저한 지장을 초래할 것으로 인정되는 경우
2. 통계의 신뢰성이 낮아 그 이용에 혼란이 초래될 것으로 인정되는 경우
3. 그 밖에 통계를 공표하지 아니할 필요가 있다고 인정되는 상당한 이유가 있는 경우

④ 통계청장은 제3항의 승인 내역 및 사유를 즉시 국회 소관 상임위원회에 제출하여야 한다.(2016.1.27 본항신설)

⑤ 통계작성기관의 장은 제3항에 따라 공표하지 아니한 통계로서 그 사유가 소멸되었다고 인정되는 때에는 이를 공표하여야 한다. 이 경우 미리 통계청장과 협의하여야 한다.

⑥ 통계작성기관의 장은 제1항 또는 제5항에 따라 통계를 공표한 때에는 지체 없이 그 결과를 통계청장에게 제출하여야 한다.(2016.1.27 본항개정)

제27조의2【통계작성·공표 과정에서의 영향력 행사, 누설 및 목적 외 사용의 금지 등】 ① 누구든지 정당한 사유 없이 통계작성기관에서 작성 중인 통계(통계작성기관의 결재권자로부터 결재를 받기 전의 통계로 이를 서술한 정보와 통계자료를 포함한다. 이하 같다) 또는 작성된 통계(통계작성기관의 결재권자로부터 결재를 받은 통계로 이를 서술한 정보와 통계자료를 포함한다. 이하 같다)를 공표 전에 변경하거나 공표 예정 일시를 조정할 목적으로 통계종사자(통계작성기관으로부터 통계 작성업무의 전부 또는 일부를 위탁받아 그 업무에 종사하는 자를 포함한다)에게 영향력을 행사해서는 아니 된다.

② 누구든지 통계작성기관에서 작성 중인 통계 또는 작성된 통계를 공표 전에 제공 또는 누설하거나 목적 외의 용도로 사용해서는 아니 된다. 다만, 다음 각 호의 어느 하나에 해당하는 경우에는 공표 전에 제공할 수 있다.

1. 통계작성기관이 새로운 통계를 작성하거나 기존의 통계를 변경하기 위하여 관계 기관(해당 통계의 대상이 되는 산업·물가·인구·주택·문화·환경 등과 관련된 기관을 말한다. 이하 같다) 및 전문가에게 의견을 구하거나 공청회를 개최할 때에 작성 중인 통계를 제공하는 경우
2. 다음 각 목의 어느 하나에 해당하는 경우로서 통계작성기관이 관계 기관에 작성된 통계를 제공하는 경우
   가. 행정자료를 단순 집계하여 작성하는 통계를 제공하는 경우
   나. 관계 기관이 업무수행을 위하여 필요하다고 요청하는 경우
3. 다른 기관으로부터 위임·위탁을 받아 작성된 통계를 통계작성기관이 그 위임·위탁 기관에 제공하는 경우

③ 통계작성기관은 제2항제2호나목에 따라 작성된 통계를 제공하는 경우 내용, 일시, 제공자, 제공 방법, 제공받은 기관명 및 담당자를 기록한 후 이를 증명할 수 있는 자료를 첨부하여 5년 동안 보존하여야 한다.

④ 통계작성기관은 제2항제2호나목에 따라 작성된 통계를 제공하는 경우 공표 예정일 전날 낮 12시 이후에 제공하여야 한다. 다만, 국제기구의 요청을 받아 통계를 제출하는 등 국제협력을 위하여 필요하거나 경제위기, 시장불안 등으로 관계 기관의 대응이 시급하다고 인정하는 경우 등 대통령령으로 정하는 경우는 그러하지 아니하다.

⑤ 통계작성기관은 제2항제2호나목에 따라 작성된 통계를 제공하는 경우 매년 3월 31일까지 전년도의 작성된 통계와 공표된 통계를 비교·점검한 결과(통계 내용, 공표 예정 일시의 변경 여부 및 변경 시 해당 사유를 말한다)를 대통령령으로 정하는 바에 따라 공개하고, 통계청장에게 제출하여야 한다.

(2016.1.27 본조신설)

제28조【통계의 보급】 ① 통계작성기관의 장은 통계를 공표하는 때에는 국민들이 신속하고 편리하게 이용할 수 있도록 통계데이터베이스의 구축 등 필요한 조치를 하여야 한다.
② 통계청장은 제27조제6항 및 제29조제2항에 따라 제출된 통계결과와 통계간행물 및 그 발간내역을 통계이용자에게 널리 제공할 수 있도록 통계데이터베이스의 구축·연계 및 통합 등 필요한 조치를 강구하여야 한다.(2016.1.27 본항개정)
③ 통계청장은 통계데이터베이스의 구축·연계 및 통합 등을 위하여 필요한 경우에는 통계작성기관이 보유하는 데이터베이스자료 등 세부적인 통계 관련 자료를 제출하도록 요구할 수 있다. 이 경우 요구를 받은 통계작성기관의 장은 특별한 사유가 없는 한 이에 응하여야 한다.
④ 제1항에 따라 통계작성기관의 장이 통계데이터베이스를 구축할 때에는 표준화된 통계데이터베이스 분류코드로 작성하여야 한다. 통계데이터베이스 분류코드의 표준화와 그 밖에 필요한 사항은 대통령령으로 정한다.
(2009.4.1 본항신설)

제29조【통계간행물의 발간 등】 ① 통계작성기관의 장은 통계의 원활한 보급을 위하여 통계간행물(통계 및 통계자료를 수록한 간행물을 말하며, 전자매체를 이용한 것을 포함한다. 이하 같다)을 직접 발간 또는 판매하거나 다른 기관등에 위탁하여 발간 또는 판매하게 할 수 있다.
② 통계작성기관의 장은 대통령령으로 정하는 통계간행물을 발간한 때에는 그 통계간행물 및 발간내역을 지체없이 통계청장에게 제출하여야 한다. 통계간행물의 명칭 또는 내용을 변경하거나 발간을 중지한 경우에도 또한 같다.

제29조의2【통계자료의 보유 및 관리】 ① 통계작성기관의 장은 통계의 보급 및 이용의 활성화를 위하여 통계자료를 보유·관리하여야 한다.
② 통계자료의 보유·관리 방법 등에 관하여 필요한 사항은 대통령령으로 정한다.
(2012.12.18 본조신설)

제29조의3【통계등록부 자료의 제공】 ① 통계작성기관의 장은 통계의 작성을 위하여 필요한 경우에는 통계청장에게 통계등록부 자료의 제공을 요청할 수 있다.
② 제1항에 따라 통계등록부 자료의 제공을 요청받은 통계청장은 요청기관의 장과 협의하여 그 제공 여부 및 범위 등을 결정한다.
③ 통계청장은 제2항에 따라 제공하려는 통계등록부 자료에 법인 또는 단체 등에 관한 정보가 포함되어 있는 경우에는 특정의 법인 또는 단체 등이 식별되는 형태로 제공할 수 있다.
④ 통계청장은 제2항에 따라 제공하려는 통계등록부 자료에 개인에 관한 정보가 포함되어 있는 경우에는 특정의 개인을 식별할 수 없는 형태로 처리한 후 제공하여야 한다. 다만, 통계작성기관의 장이 조사의 표본으로 사용하기 위하여 요청하는 경우로서 특정의 개인이 식별되는 형태로 제공하는 것이 불가피한 경우에는 특정의 개인이 식별되는 형태로 제공할 수 있다.
⑤ 제2항부터 제4항까지에 따라 통계등록부 자료를 제공받은 자는 그 자료를 제공받은 목적 외의 목적으로 사용하거나 다른 자에게 제공하여서는 아니 된다.
⑥ 제1항부터 제5항까지에서 규정한 사항 외에 통계등록부 자료의 제공 절차·방법 및 범위 등에 관하여 필요한 사항은 대통령령으로 정한다.
(2023.7.18 본조신설)

제30조【통계자료의 제공】 ① 통계작성기관의 장은 통계의 작성을 위하여 필요한 경우에는 다른 통계작성기관에 통계자료의 제공을 요청할 수 있다. 이 경우 요청을 받은 통계작성기관의 장은 특별한 사유가 없으면 그 요청을 따라야 한다.(2020.6.9 후단개정)
② 통계작성기관의 장은 다른 통계작성기관의 장에게 제1항에 따라 통계자료를 제공하는 경우에는 특정의 개인이나 법인 또는 단체 등을 식별할 수 없는 형태로 통계자료를 처리한 후 제공하여야 한다. 다만, 다른 통계작성기관의 장이 다음 각 호의 어느 하나에 해당하는 조사의 표본으로 사용하기 위하여 제1항에 따른 요청을 하는 경우로서 특정의 개인이나 법인 또는 단체 등이 식별되는 형태로 제공하는 것이 불가피한 경우에는 특정의 개인이나 법인 또는 단체 등이 식별되는 형태로 통계자료를 제공할 수 있다.(2023.7.18 본문개정)
1. 제18조제1항 또는 제20조제1항에 따라 승인을 받거나 협의를 거친 통계의 작성을 위하여 실시하는 조사
2. 제18조제1항에 따른 승인을 신청하거나 제20조제1항에 따른 협의를 요청한 후 그 통계의 작성을 위하여 예비적으로 실시하는 조사

(2012.12.18 1호~2호신설)
③ 제2항에 따라 통계작성기관으로부터 제공받은 통계자료는 이를 제공받은 목적 외의 목적으로 사용하거나 다른 자에게 제공하여서는 아니 된다.
④ 통계자료의 제공방법 등에 관하여 필요한 사항은 대통령령으로 정한다.

제31조【통계등록부 자료 또는 통계자료의 이용】 ① 통계등록부 자료를 이용하고자 하는 자는 대통령령으로 정하는 바에 따라 통계청장에게 통계등록부 자료의 제공을 신청할 수 있다.(2023.7.18 본항신설)
② 통계자료를 이용하고자 하는 자는 대통령령으로 정하는 바에 따라 통계작성기관의 장에게 통계자료의 제공을 신청할 수 있다.(2016.1.27 본항개정)
③ 통계청장 또는 통계작성기관의 장은 제1항 또는 제2항에 따른 신청을 받은 경우 통계등록부 자료 또는 통계자료의 사용목적·내용 및 범위의 타당성을 심사하여 타당하다고 판단되고, 영업상 비밀을 침해할 가능성이 없는 경우에는 이를 제공하여야 한다. 이 경우 통계청장 또는 통계작성기관의 장은 다음 각 호의 경우를 제외하고는 특정의 개인이나 법인 또는 단체 등을 식별할 수 없는 형태로 통계등록부 자료 또는 통계자료를 처리한 후 제공하여야 한다.(2023.7.18 본문개정)
1. 통계응답자가 자신이 응답한 자료를 요구하는 경우
(2016.1.27 본호신설)
2. 다음 각 목의 정보로서 사업체명, 업종, 주소 등 대통령령으로 정하는 정보를 제공하는 경우
가. 통계등록부에 수록된 정보
나. 사업체를 대상으로 하는 총조사를 통하여 취득한 정보
다. 사업체를 대상으로 하는 전수조사의 방법으로 작성된 통계를 통하여 취득한 정보

(2023.7.18 본호개정)
④ 제3항에도 불구하고 통계청장 또는 통계작성기관의 장은 해당 통계등록부 자료 또는 통계자료를 다른 자료와 대응 또는 연계함으로써 다음 각 호의 어느 하나에 해당하는 경우에는 통계등록부 자료 또는 통계자료를 제공하지 아니할 수 있다.(2023.7.18 본문개정)
1. 특정의 개인이나 법인 또는 단체 등의 식별이 가능하게 되는 경우
2. 사업체의 영업상 비밀을 침해하게 되는 경우

(2016.1.27 1호~2호신설)
⑤ 제3항에 따라 통계등록부 자료 또는 통계자료를 제공받은 자는 그 자료를 제공받은 목적 외의 목적으로 사용하거나 다른 자에게 제공하여서는 아니 된다.
(2023.7.18 본항개정)
⑥ 통계등록부 자료 또는 통계자료의 제공방법 등에 관하여 필요한 사항은 대통령령으로 정한다.(2023.7.18 본항개정)
(2023.7.18 본조제목개정)

제31조의2【통계데이터센터의 구축·운영】 ① 통계청장은 통계작성기관의 통계작성 및 통계이용자의 연구·분석 등을 지원하기 위하여 통계데이터센터(이하 "데이터센터"라 한다)를 구축·운영할 수 있다.
② 통계청장은 데이터센터를 통하여 다음 각 호의 업무를 수행한다.
1. 제29조의3, 제30조 및 제31조에 따른 통계등록부 자료 및 통계자료의 제공
2. 통계등록부 자료 및 통계자료의 분석 대상 또는 방법에 관한 통계이용자 교육 및 컨설팅
3. 그 밖에 통계청장이 통계작성기관의 통계작성 및 통계이용자의 연구·분석 지원을 위하여 필요하다고 인정하는 업무

③ 제1항 및 제2항에서 규정한 사항 외에 데이터센터의 구축·운영에 필요한 사항은 대통령령으로 정한다.
(2023.7.18 본조신설)

제5장 통계응답자의 의무 및 보호 등

제32조【통계응답자의 성실응답의무】 통계응답자는 통계의 작성에 관한 사무에 종사하는 자로부터 통계의 작성을 목적으로 질문 또는 자료제출 등의 요구를 받은 때에는 신뢰성 있는 통계가 작성될 수 있도록 조사사항에 대하여 성실하게 응답하여야 한다.

제33조【비밀의 보호】 ① 통계의 작성과정에서 알려진 사항으로서 개인이나 법인 또는 단체 등의 비밀에 속하는 사항은 보호되어야 한다.
② 통계의 작성을 위하여 수집된 개인이나 법인 또는 단체 등의 비밀에 속하는 자료는 통계작성 외의 목적으로 사용되어서는 아니 된다.

제34조【통계종사자 등의 의무】 통계종사자, 통계종사자이었던 자 또는 통계작성기관으로부터 통계 작성업무의 전부 또는 일부를 위탁받아 그 업무에 종사하거나 종사하였던 자는 직무상 알게 된 사항을 업무 외의 목적으로 사용하거나 다른 자에게 제공하여서는 아니 된다.

제6장 보 칙

제35조【자료제출요구】 ① 통계청장은 이 법에 따른 직무수행을 위하여 필요하다고 인정하는 경우에는 통계작성기관의 장에게 관계 자료의 제출을 요구할 수 있다.
② 제1항에 따른 통계청장의 요구를 받은 통계작성기관의 장은 정당한 사유가 없으면 그 요구를 따라야 한다.
(2020.6.9 본항개정)

제36조【위법행위의 시정 요구 등】 ① 통계청장은 통계작성기관이 다음 각 호의 어느 하나에 해당하는 위반행위를 한 경우에는 해당 기관의 장에게 그 위반행위의 시정을 요구하거나 재발 방지를 위한 조치계획을 수립할 것을 요구할 수 있다.
1. 제12조제2항을 위반하여 정당한 사유 없이 통계작성의 중지·변경 요구나 그 밖에 통계의 작성·보급에 관한 사무의 개선 요구를 따르지 아니한 경우
2. 제18조제1항을 위반하여 통계청장의 승인을 받지 아니하고 통계를 작성한 경우 또는 통계청장의 승인을 받지 아니하고 승인받은 사항을 변경하거나 승인받은 통계의 작성을 중지한 경우
3. 제20조제1항을 위반하여 통계청장과 협의를 하지 아니하고 통계를 작성한 경우 또는 통계청장과 협의를 하지 아니하고 협의한 사항을 변경하거나 협의한 통계의 작성을 중지한 경우
4. 제22조제2항을 위반하여 통계청장이 작성·고시하는 표준분류를 따르지 아니하거나 통계청장의 동의를 받지 아니하고 표준분류와 다른 기준을 적용하여 통계를 작성한 경우
5. 제27조제1항을 위반하여 통계를 공표하지 아니한 경우
6. 제27조제3항을 위반하여 통계청장의 승인을 받지 아니하고 통계를 공표하지 아니한 경우
7. 제27조제5항을 위반하여 통계청장과 협의를 하지 아니하고 통계를 공표하는 경우
8. 제27조제6항을 위반하여 통계청장에게 통계결과를 제출하지 아니한 경우
9. 제27조의2제3항을 위반하여 공표 전에 제공하는 작성된 통계의 제공 내용, 일시, 제공자, 제공 방법, 제공받은 기관명 및 담당자를 기록하지 아니하거나 그 기록을 증명할 수 있는 자료를 기록에 첨부하지 아니한 경우 또는 그 기록과 기록을 증명할 수 있는 자료를 5년 동안 보존하지 아니한 경우
10. 제27조의2제5항을 위반하여 비교·점검한 결과를 공개하지 아니하거나 통계청장에게 제출하지 아니한 경우
11. 제28조제3항 후단을 위반하여 자료를 제출하지 아니한 경우
12. 제35조제2항을 위반하여 자료를 제출하지 아니한 경우

② 통계청장은 제1항에 따른 요구를 하는 경우로서 요구의 상대방이 중앙행정기관의 장 또는 지방자치단체의 장인 경우에는 그 위반행위에 관하여 책임이 있는 통계종사자 또는 관계 공무원에 대한 주의 또는 징계 처분을 함께 요구할 수 있다.
③ 제1항 및 제2항에 따른 요구를 받은 통계작성기관의 장은 지체 없이 그 위반행위의 시정, 재발 방지 조치계획의 수립 또는 그 위반행위에 관하여 책임이 있는 통계종사자 또는 관계 공무원에 대한 주의 또는 징계 처분 등 필요한 조치를 취하고 그 결과를 통계청장에게 통보하여야 한다.
(2023.7.18 본조개정)

제37조【위임 및 위탁】 ① 이 법에 따른 중앙행정기관의 장의 권한은 그 일부를 대통령령으로 정하는 바에 따라 소속 기관의 장이나 시·도지사에게 위임하거나 다른 행정기관의 장 또는 통계작성지정기관에 위탁할 수 있다.(2012.12.18 본항개정)
② 통계청장은 다음 각 호의 사무를 대통령령으로 정하는 바에 따라 소속 기관 또는 통계의 개발·진흥·품질진단 또는 통계정보시스템의 구축 및 운영에 관한 사업을 하는 기관등에 위임 또는 위탁할 수 있다.(2023.7.18 본문개정)
1. 통계의 작성(통계의 작성을 위한 조사를 포함한다) 및 홍보
1의2. 제7조의2에 따른 통계정보시스템의 구축 및 운영
(2012.12.18 본호신설)
2. 제8조의 통계교육
3. 제9조의 정기통계품질진단의 실시
4. 제14조제1호부터 제4호까지의 규정에 따른 국제협력사무(2016.1.27 본호개정)
5. 제29조의3, 제30조 및 제31조에 따른 통계등록부 자료 또는 통계자료의 제공(2023.7.18 본호개정)
6. 제31조의2에 따른 데이터센터의 운영(2023.7.18 본호신설)

③ 통계작성기관의 장은 다음 각 호의 어느 하나에 해당하는 사무를 대통령령으로 정하는 바에 따라 통계청장에게 위탁할 수 있다.
1. 제29조의2에 따른 통계자료의 보유 및 관리
2. 제30조 및 제31조에 따른 통계자료의 제공

(2012.12.18 본항신설)
④ 통계청장은 제3항제2호에 따라 사무를 위탁받은 경우 위탁기관의 장의 승인을 받아 위탁받은 사무의 일부를 제2항에 따른 통계의 개발·진흥·품질진단 또는 통계정보시스템의 구축 및 운영에 관한 사업을 하는 기관등에 재위탁할 수 있다.(2016.1.27 본항신설)

제38조【벌칙 적용에서의 공무원 의제】 제29조제1항 및 제37조제2항제1호(통계의 홍보는 제외한다) 및 제3호에 따라 위탁한 업무에 종사하는 기관등의 임직원은 「형법」 제129조부터 제132조까지의 규정에 따른 벌칙을 적용할 때에는 공무원으로 본다.(2020.6.9 본조개정)

제7장 벌 칙

제39조【벌칙】 ① 다음 각 호의 어느 하나에 해당하는 자는 3년 이하의 징역 또는 3천만원 이하의 벌금에 처한다.(2016.1.27 본문개정)

1. 제27조의2제1항을 위반하여 통계종사자(통계작성기관으로부터 통계 작성업무의 전부 또는 일부를 위탁받아 그 업무에 종사하는 자를 포함한다)에게 영향력을 행사한 자(2016.1.27 본호신설)
2. 제27조의2제2항을 위반하여 작성 중인 통계 또는 작성된 통계를 공표 전에 제공 또는 누설하거나 목적 외의 용도로 사용한 자(2016.1.27 본호신설)
3. 통계의 작성을 목적으로 수집되거나 제공(제31조제3항에 따른 통계등록부 자료 또는 통계자료의 제공을 포함한다)을 받은 개인이나 법인 또는 단체 등의 비밀에 속하는 사항을 그 목적 외의 용도로 사용하거나 이를 다른 자에게 제공한 자(2023.7.18 본호개정)
4. 통계의 작성을 목적으로 수집되거나 제공(제31조제3항에 따른 통계등록부 자료 또는 통계자료의 제공을 포함한다)을 받은 개인이나 법인 또는 단체 등의 비밀에 속하는 사항을 속임수나 그 밖의 부정한 방법으로 열람하거나 제공받은 자(2023.7.18 본호개정)
5. 통계작성기관에서 통계의 작성 또는 보급을 위하여 수집·보유 또는 관리하고 있는 조사표 등 기초자료를 정당한 사유 없이 변경 또는 말소하거나 통계자료를 고의적으로 조작한 자. 다만, 통계작성기관 내부에서 내용검토 절차 또는 통계작성기법에 따라 조사오류 또는 입력오류 등을 수정 또는 변경한 자는 제외한다.(2020.6.9 단서개정)

② 제27조의2제4항 본문을 위반하여 작성된 통계를 공표 예정일 전날 낮 12시 이전에 제공한 자는 1년 이하의 징역 또는 1천만원 이하의 벌금에 처한다.(2016.1.27 본항신설)

제40조【양벌규정】 법인 또는 단체의 대표자나 법인·단체 또는 개인의 대리인, 사용인, 그 밖의 종업원이 그 법인·단체 또는 개인의 업무에 관하여 제39조의 위반행위를 하면 그 행위자를 벌하는 외에 그 법인·단체 또는 개인에게도 해당 조문의 벌금형을 과(科)한다. 다만, 법인·단체 또는 개인이 그 위반행위를 방지하기 위하여 해당 업무에 관하여 상당한 주의와 감독을 게을리하지 아니한 경우에는 그러하지 아니하다.(2008.12.31 본조개정)

제41조【과태료】 ① 통계작성기관이 제36조제1항에 따른 시정요구 또는 재발 방지 조치계획 수립 요구(같은 항 제9호의 위반행위로 인한 것으로 한정한다)를 이행하지 아니한 경우에는 500만원 이하의 과태료를 부과한다.(2023.7.18 본항개정)

② 제22조제4항을 위반하여 시정명령을 이행하지 아니한 자에게는 300만원 이하의 과태료를 부과한다.(2023.7.18 본항개정)

③ 통계작성지정기관이 제36조제1항에 따른 시정요구 또는 재발 방지 조치계획 수립 요구(같은 항 제9호의 위반행위로 인한 것은 제외한다)를 이행하지 아니한 경우에는 200만원 이하의 과태료를 부과한다.(2023.7.18 본항개정)

④ 다음 각 호의 어느 하나에 해당하는 자에게는 100만원 이하의 과태료를 부과한다.

1. 제24조제7항을 위반하여 공공기관으로부터 제공받은 행정자료(비밀에 속하는 사항은 제외한다)를 제공받은 목적 외의 목적으로 사용하거나 다른 자에게 제공한 자(2023.7.18 본호개정)
2. 제25조제4항을 위반하여 자료의 제출을 거부 또는 방해하거나 거짓 자료를 제출한 자(2017.8.9 본호개정)
3. 제26조제3항을 위반하여 관계 자료의 제출요구 또는 응답요구를 거부·방해·기피하거나 거짓으로 자료제출 또는 응답을 한 자(2017.8.9 본호개정)
4. 제29조의3제5항, 제30조제3항 또는 제31조제5항을 위반하여 통계청장으로부터 제공받은 통계등록부 자료 또는 통계작성기관의 장으로부터 제공받은 통계자료(비밀에 속하는 사항은 제외한다)를 제공받은 목적 외의 목적으로 사용하거나 다른 자에게 제공한 자(2023.7.18 본호개정)
5. 제34조를 위반하여 직무상 알게 된 사항(비밀에 속하는 사항은 제외한다)을 업무 외의 목적으로 사용하거나 다른 자에게 제공한 자(제39조제1항제2호에 따라 벌칙을 부과받은 경우는 제외한다)(2020.6.9 본호개정)

⑤ 제1항부터 제3항까지의 규정에 따른 과태료는 통계청장이, 제4항에 따른 과태료는 중앙행정기관의 장(같은 항 제3호부터 제5호까지의 경우 과태료 처분의 대상자가 통계작성지정기관의 통계 작성에 관한 사무에 종사하는 자로부터 자료의 제출을 요구받거나 질문을 받은 자 또는 통계작성기관으로부터 통계자료를 제공받은 자이거나 통계작성지정기관의 통계종사자, 통계종사자였던 자 또는 통계작성지정기관으로부터 통계 작성업무의 전부 또는 일부를 위탁받아 그 업무에 종사하거나 종사하였던 자인 경우에는 통계청장) 또는 지방자치단체의 장이 대통령령으로 정하는 바에 따라 부과·징수한다.(2016.1.27 본항개정)

제42조 (2008.12.31 삭제)

부 칙

제1조【시행일】 이 법은 공포 후 6개월이 경과한 날부터 시행한다.

제2조【지정기관에 대한 경과조치】 이 법 시행 당시 종전의 규정에 따라 통계작성기관으로 지정받은 지정기관은 제15조의 개정규정에 따라 통계작성지정기관으로 지정받은 것으로 본다.

제3조【지정통계에 관한 경과조치】 이 법 시행 당시 종전의 규정에 따라 지정통계로 지정받은 통계는 제17조의 개정규정에 따라 지정통계로 지정받은 것으로 본다.

제4조【통계작성의 승인을 받은 통계에 관한 경과조치】 이 법 시행 당시 종전의 규정에 따라 통계작성의 승인을 받은 통계는 제18조의 개정규정에 따라 통계작성의 승인을 받은 것으로 본다.

제5조【통계작성의 협의를 거친 통계에 관한 경과조치】 이 법 시행 당시 종전의 규정에 따라 통계작성의 협의를 거친 통계는 제20조의 개정규정에 따라 통계작성의 협의를 거친 것으로 본다.

제6조【종전의 위반행위에 대한 행정처분에 관한 경과조치】 이 법 시행 전의 행위에 대한 행정처분에 관하여는 종전의 규정에 따른다.

제7조【벌칙의 적용에 관한 경과조치】 이 법 시행 전의 행위에 대한 벌칙의 적용에 있어서는 종전의 규정에 따른다.

제8조【다른 법률의 개정】 ①~⑭ ※(해당 법령에 가제정리 하였음)

제9조【다른 법령과의 관계】 이 법 시행 당시 다른 법령에서 종전의 「통계법」의 규정을 인용한 경우에 이 법 중 그에 해당하는 규정이 있는 때에는 종전의 규정에 갈음하여 이 법의 해당 규정을 인용한 것으로 본다.

부 칙 (2020.6.9)

이 법은 공포한 날부터 시행한다.(이하 생략)

부 칙 (2023.7.18)

제1조【시행일】 이 법은 공포 후 6개월이 경과한 날부터 시행한다.

제2조【공공기관의 행정자료 제공 시 정보보호조치에 관한 경과조치】 이 법 시행 전에 중앙행정기관의 장 또는 지방자치단체의 장이 행정자료의 제공을 요청하여 이 법 시행 이후에 공공기관의 장이 그 자료를 제공하는 경우에 대한 정보보호조치에 관하여는 제24조제6항의 개정규정에도 불구하고 종전의 제24조제3항에 따른다.

제3조【통계작성기관의 위법행위에 대한 시정요구 등에 관한 경과조치】 이 법 시행 전에 통계작성기관(통계작성지정기관은 제외한다)이 한 종전의 제41조제3항 각 호의 위반행위에 대한 통계청장의 조치에 관하여는 제36조제1항의 개정규정에도 불구하고 종전의 규정에 따른다.

제4조【과태료 부과 등에 관한 경과조치】 다음 각 호의 위반행위에 대해서는 제36조제1항 및 제41조제1항·제3항의 개정규정에도 불구하고 시정요구 등의 절차를 거치지 아니하고 종전의 제41조제1항 및 제3항에 따라 과태료를 부과한다.

1. 이 법 시행 전에 통계작성기관이 한 종전의 제41조제1항에 따른 위반행위
2. 이 법 시행 전에 통계작성지정기관이 한 종전의 제41조제3항 각 호의 위반행위

담배사업법

(1988년 12월 31일
법 률 제4065호)

개정
1993.12.31법 4682호
1997.12.13법 5453호(행정절차)
1997.12.13법 5454호(정부부처명)
1999.12.31법 6078호
2001. 4. 7법 6460호
2002. 1.26법 6625호
2004. 1.20법 7067호
2005. 3.24법 7421호(청소년기본법)
2005.12.29법 7799호(청소년기본법)
2006. 3.24법 7881호
2007. 4.11법 8365호(약사)
2007. 7.19법 8518호
2008. 2.29법 8852호(정부조직)
2009.12.29법 9822호
2010. 1.18법 9932호(정부조직)
2011. 6. 7법10786호(마약)
2011. 9.15법11048호(청소년보호법)
2012. 6. 1법11461호(전자문서및전자거래기본법)
2013. 3.23법11690호(정부조직)
2014. 1.21법12269호
2014.11.19법12844호(정부조직)
2016. 3. 2법14042호
2017. 7.26법14839호(정부조직)
2020. 3.31법17142호
2020. 6. 9법17339호(법률용어정비)

제1장 총 칙
(2014.1.21 본장개정)

제1조【목적】 이 법은 담배의 제조 및 판매 등에 관한 사항을 정함으로써 담배 산업의 건전한 발전을 도모하고 국민경제에 이바지하게 함을 목적으로 한다.

제2조【정의】 이 법에서 사용하는 용어의 뜻은 다음과 같다.

1. "담배"란 연초(煙草)의 잎을 원료의 전부 또는 일부로 하여 피우거나, 빨거나, 증기로 흡입하거나, 씹거나, 냄새 맡기에 적합한 상태로 제조한 것을 말한다.
2. "저발화성담배"란 담배에 불을 붙인 후 피우지 아니하고 일정시간 이상 내버려둘 경우 저절로 불이 꺼지는 기능을 가진 담배로서 제11조의5제2항에 따른 인증을 받은 담배를 말한다.(2020.6.9 본호개정)

제3조 (2014.1.21 삭제)

제2장 연초의 경작 및 잎담배의 수매

제4조~제10조 (2001.4.7 삭제)

제3장 제조·판매 및 수입
(2014.1.21 본장개정)

제11조【담배제조업의 허가】 ① 담배제조업을 하려는 자는 대통령령으로 정하는 바에 따라 기획재정부장관의 허가를 받아야 한다. 허가받은 사항 중 대통령령으로 정하는 중요한 사항을 변경할 때에도 또한 같다.

② 기획재정부장관은 제1항에 따른 담배제조업의 허가(이하 "담배제조업허가"라 한다)를 받으려는 자가 대통령령으로 정하는 자본금, 시설, 기술인력, 담배 제조 기술의 연구·개발 및 국민건강 보호를 위한 품질관리 등에 관한 기준을 충족한 경우에는 허가를 하여야 한다.

제11조의2【담배제조업허가의 결격사유】 다음 각 호의 어느 하나에 해당하는 자는 담배제조업허가를 받을 수 없다.

1. 미성년자 또는 피성년후견인·피한정후견인
2. 파산선고를 받고 복권되지 아니한 자
3. 이 법을 위반하여 징역의 실형을 선고받고 그 집행이 끝나거나(집행이 끝난 것으로 보는 경우를 포함한다) 집행이 면제된 날부터 1년이 지나지 아니한 사람
4. 이 법을 위반하여 징역형의 집행유예를 선고받고 그 유예기간 중에 있는 사람
5. 제11조의4에 따라 담배제조업허가가 취소(이 조 제1호 또는 제2호에 해당하여 담배제조업허가가 취소된 경우는 제외한다)된 후 2년이 지나지 아니한 자(2020.3.31 본호개정)
6. 대표자가 제1호부터 제5호까지의 어느 하나에 해당하는 법인

제11조의3【담배제조업의 양도·양수 등】 ① 담배제조업허가를 받은 자(이하 "제조업자"라 한다)는 담배제조업을 양도하려고 하거나 다른 법인과 합병하려면 기획재정부령으로 정하는 바에 따라 기획재정부장관에게 신고하여야 한다.

② 제1항에 따른 양도 신고를 하였을 때에는 담배제조업을 양수한 자는 담배제조업을 양도한 자의 제조업자로서의 지위를 승계하며, 법인 합병의 신고를 하였을 때에는 합병으로 설립되거나 합병 후 존속하는 법인은 합병으로 소멸되는 법인의 제조업자로서의 지위를 승계한다.

③ 제조업자가 사망한 경우 상속인이 담배제조업을 계속하려면 피상속인이 사망한 날부터 30일 이내에 기획재정부령으로 정하는 바에 따라 기획재정부장관에게 신고하여야 한다.

④ 상속인이 제3항에 따른 상속 신고를 하였을 때에는 피상속인이 사망한 날부터 신고일까지의 기간 동안은 피상속인에 대한 담배제조업허가를 상속인에 대한 담배제조업허가로 본다.
⑤ 제3항에 따라 상속 신고를 한 상속인은 피상속인의 제조업자로서의 지위를 승계한다.
⑥ 제1항과 제3항에 따른 신고에 관하여는 제11조의2를 준용한다.

제11조의4【담배제조업허가의 취소 등】 기획재정부장관은 제조업자가 다음 각 호의 어느 하나에 해당하는 경우에는 담배제조업허가를 취소하거나 기획재정부령으로 정하는 바에 따라 1년 이내의 기간을 정하여 그 영업의 정지를 명할 수 있다. 다만, 제1호, 제3호 또는 제4호에 해당하는 경우에는 그 허가를 취소하여야 한다.
1. 부정한 방법으로 담배제조업허가를 받은 경우
2. 제11조제2항에 따른 담배제조업허가의 기준을 충족하지 못하게 된 경우
3. 제11조의2 각 호의 결격사유 중 어느 하나에 해당하게 된 경우. 다만, 법인의 대표자가 그 사유에 해당하게 된 경우로서 6개월 이내에 그 대표자를 바꾸어 임명한 경우는 제외한다.
4. 제11조의5제3항에 따른 화재방지성능인증서를 제출하지 아니한 담배를 제조하여 판매한 경우
5. 제12조제3항을 위반하여 담배를 판매한 경우
6. 제25조 또는 제25조의2를 위반한 경우
7. 그 밖에 이 법 또는 이 법에 따른 명령을 위반한 경우

제11조의5【저발화성담배의 제조 · 수입 및 성능인증】
① 제조업자 또는 수입판매업자(제13조제1항에 따른 담배수입판매업의 등록을 한 자를 말한다. 이하 같다)가 피우는 담배를 제조 및 수입하는 경우 그 담배는 대통령령으로 정하는 화재방지성능을 갖추어야 한다.
② 제조업자 또는 수입판매업자는 매 반기마다 소방청장으로부터 품목별로 저발화성담배의 화재방지성능에 관한 인증(이하 "화재방지성능인증"이라 한다)을 받아야 한다.(2017.7.26 본항개정)
③ 화재방지성능인증을 받은 제조업자 또는 수입판매업자는 화재방지성능인증서를 기획재정부장관에게 제출하여야 한다.
④ 화재방지성능인증을 위한 시험항목, 성능기준 및 수수료 등에 관한 사항과 화재방지성능인증 신청 및 성능인증서 발급절차 등에 관하여 필요한 사항은 대통령령으로 정한다.
⑤ 소방청장은 화재방지성능인증을 받지 아니한 담배를 제조 또는 수입 · 판매하는 것으로 의심되는 경우에는 해당 담배를 제조 또는 수입 · 판매한 자에게 화재방지성능인증을 받도록 명할 수 있다.(2017.7.26 본항개정)
(2014.1.21 본조신설)

제11조의6【화재방지성능인증기관의 지정】 ① 소방청장은 제11조의5에 따른 화재방지성능인증 업무를 효율적으로 실시하기 위하여 화재방지성능인증기관을 지정할 수 있다.(2017.7.26 본항개정)
② 제1항에 따른 화재방지성능인증기관의 지정에 필요한 시설, 전문인력 등의 요건과 지정절차 및 지정방법 등에 관하여 필요한 사항은 대통령령으로 정한다.
③ 제1항에 따라 지정된 화재방지성능인증기관은 제11조의5제4항의 인증기준에 적합한 담배에 대하여 화재방지성능인증서를 발급할 수 있다.
④ 소방청장은 제1항에 따라 지정된 화재방지성능인증기관이 다음 각 호의 어느 하나에 해당하면 그 지정을 취소하거나 9개월 이내의 범위에서 업무의 정지를 명할 수 있다. 다만, 제1호 · 제3호(고의 또는 중대한 과실인 경우에 한정한다) 또는 제4호에 해당하는 경우에는 지정을 취소하여야 한다.(2017.7.26 본문개정)
1. 거짓이나 그 밖의 부정한 방법으로 지정을 받은 경우
2. 제2항에 따른 지정요건에 미달된 경우
3. 제3항에 따른 화재방지성능인증서를 거짓으로 발급한 경우
4. 업무정지 기간 중에 업무를 한 경우
⑤ 제4항에 따른 행정처분의 기준 등 필요한 사항은 대통령령으로 정한다.
(2014.1.21 본조신설)

제12조【담배의 판매】 ① 제조업자가 제조한 담배는 그 제조업자가, 외국으로부터 수입한 담배는 그 수입판매업자가 다음 각 호에 해당하는 자에게 판매한다.
1. 도매업자(제13조제1항에 따른 담배도매업의 등록을 한 자를 말한다. 이하 같다)
2. 소매인(제16조제1항에 따른 소매인의 지정을 받은 자를 말한다. 이하 같다)
② 소매인이 아닌 자는 담배를 소비자에게 판매해서는 아니 된다.
③ 제조업자, 수입판매업자, 도매업자 또는 소매인은 다음 각 호의 담배를 판매해서는 아니 된다.
1. 담배제조업허가를 받지 아니한 자가 제조한 담배
2. 「관세법」 제14조에 따라 부과되는 관세를 내지 아니하거나, 같은 법 제235조에 따라 보호되는 상표권을 침해하거나, 같은 법 제241조에 따른 수입신고를 하지 아니하고 수입된 담배
3. 절취 또는 강취(強取)된 담배
4. 제11조의5제3항을 위반하여 화재방지성능인증서를 제출하지 아니한 담배
④ 소매인이 담배를 소비자에게 판매하는 경우에는 우편판매 및 전자거래(「전자문서 및 전자거래 기본법」 제2조제5호에 따른 전자거래를 말한다. 이하 같다)의 방법으로 하여서는 아니 된다.

제13조【담배판매업의 등록】 ① 담배수입판매업을 하려는 자는 그의 본점 또는 주된 사무소의 소재지를 관할하는 특별시장 · 광역시장 · 특별자치시장 · 도지사 또는 특별자치도지사(이하 "시 · 도지사"라 한다)에게 등록하고, 담배도매업(제조업자나 수입판매업자로부터 담배를 매입하여 다른 도매업자나 소매인에게 판매하는 영업을 말한다. 이하 같다)을 하려는 자는 그의 본점 또는 주된 사무소의 소재지를 관할하는 특별자치시장 · 특별자치도지사 · 시장 · 군수 또는 구청장(구청장은 자치구의 구청장을 말하며, 이하 "시장 · 군수 · 구청장"이라 한다)에게 등록하여야 한다. 등록한 사항 중 기획재정부령으로 정하는 중요사항을 변경할 때에도 또한 같다.
② 제1항에 따른 등록을 하려는 자는 대통령령으로 정하는 요건을 갖추어야 한다.
③ 제1항에 따라 담배수입판매업의 등록업무를 한 시 · 도지사는 등록한 날부터 7일 이내에 기획재정부장관, 행정안전부장관, 보건복지부장관, 환경부장관, 여성가족부장관, 관세청장 및 다른 시 · 도지사에게 각각 그 내용을 통보하여야 한다.(2017.7.26 본항개정)

제14조【담배판매업 등록의 결격사유】 다음 각 호의 어느 하나에 해당하는 자는 제13조제1항에 따른 담배수입판매업 또는 담배도매업의 등록을 할 수 없다.
1. 미성년자 또는 피성년후견인 · 피한정후견인
2. 파산선고를 받고 복권되지 아니한 자
3. 이 법을 위반하여 징역의 실형을 선고받고 그 집행이 끝나거나(집행이 끝난 것으로 보는 경우를 포함한다) 집행이 면제된 날부터 1년이 지나지 아니한 사람
4. 이 법을 위반하여 징역형의 집행유예를 선고받고 그 유예기간 중에 있는 사람
5. 제15조제1항에 따라 등록이 취소(이 조 제1호 또는 제2호에 해당하여 등록이 취소된 경우는 제외한다)된 후 2년이 지나지 아니한 자(2020.3.31 본호개정)
6. 대표자가 제1호부터 제5호까지의 어느 하나에 해당하는 법인

제15조【담배판매업 등록의 취소 등】 ① 시 · 도지사 또는 시장 · 군수 · 구청장은 수입판매업자 또는 도매업자가 다음 각 호의 어느 하나에 해당하는 경우에는 그 등록을 취소하여야 한다.
1. 부정한 방법으로 등록을 한 경우
2. 제11조의5제3항에 따른 화재방지성능인증서를 제출하지 아니한 담배를 수입하여 판매한 경우
3. 제14조 각 호의 결격사유 중 어느 하나에 해당하게 된 경우
4. 최근 5년간 2회의 영업정지처분을 받은 사실이 있는 자가 다시 제3항 각 호의 어느 하나에 해당하게 된 경우
5. 영업정지기간 중에 영업을 한 경우
6. 제22조의2제1항에 따른 휴업 또는 폐업 신고를 하지 아니하고 1년 이상 영업을 하지 아니한 경우
② 제1항은 법인의 대표자가 제14조제6호에 해당하게 된 날부터 6개월 이내에 그 대표자를 바꾸어 임명한 경우 또는 수입판매업자나 도매업자의 지위를 승계한 상속인이 제14조제1호부터 제5호까지의 어느 하나에 해당하게 된 날부터 6개월이 되는 날까지는 적용하지 아니한다.
③ 시 · 도지사 또는 시장 · 군수 · 구청장은 수입판매업자 또는 도매업자가 다음 각 호의 어느 하나에 해당하는 경우에는 기획재정부령으로 정하는 바에 따라 1년 이내의 기간을 정하여 그 영업의 정지를 명할 수 있다.
1. 제12조제2항을 위반하여 소비자에게 담배를 판매한 경우
2. 제12조제3항을 위반하여 담배를 판매한 경우
3. 수입판매업자가 제18조제1항 또는 제2항에 따른 판매가격의 신고를 하지 아니한 경우
4. 제20조를 위반하여 담배의 포장 및 내용물을 바꾸어 판매한 경우
5. 제22조의2제1항에 따른 휴업신고를 하지 아니하고 계속하여 6개월 이상 휴업한 경우
6. 제25조 또는 제25조의2를 위반한 경우
7. 그 밖에 이 법 또는 이 법에 따른 명령을 위반한 경우

제16조【소매인의 지정】 ① 담배소매업(직접 소비자에게 판매하는 영업을 말한다)을 하려는 자는 사업장의 소재지를 관할하는 시장 · 군수 · 구청장으로부터 소매인의 지정을 받아야 한다.
② 시장 · 군수 · 구청장은 제1항에 따른 소매인의 지정을 받으려는 자가 지정을 신청한 때에는 소매인 지정을 하여야 한다. 다만, 다음 각 호의 어느 하나에 해당하는 경우에는 그러하지 아니하다.
1. 다음 각 목의 어느 하나에 해당하는 자인 경우
가. 미성년자 또는 피성년후견인 · 피한정후견인
나. 파산선고를 받고 복권되지 아니한 자
다. 이 법을 위반하여 징역의 실형을 선고받고 그 집행이 끝나거나(집행이 끝난 것으로 보는 경우를 포함한다) 집행이 면제된 날부터 1년이 지나지 아니한 사람
라. 이 법을 위반하여 징역형의 집행유예를 선고받고 그 유예기간 중에 있는 사람
마. 제17조제1항에 따라 지정이 취소(이 호 가목 또는 나목에 해당하여 지정이 취소된 경우는 제외한다)된 날부터 2년이 지나지 아니한 자(2020.3.31 본목개정)
바. 대표자가 가목부터 마목까지의 어느 하나에 해당하는 법인
2. 청소년(「청소년 보호법」 제2조제1호에 따른 청소년을 말한다. 이하 같다)이 담배에 쉽게 접근할 수 있는 장소 등 담배판매업을 하는 것이 부적당하다고 인정되는 장소로서 기획재정부령으로 정하는 장소에서 담배를 판매하려는 경우
3. 영업소 간의 거리 등 기획재정부령으로 정하는 지정기준에 적합하지 아니한 경우
4. 그 밖에 이 법 또는 다른 법령에 따른 제한에 위반되는 경우
③ 소매인의 지정절차, 그 밖에 지정에 필요한 사항은 기획재정부령으로 정한다.

제17조【소매인 지정의 취소 등】 ① 시장 · 군수 · 구청장은 소매인이 다음 각 호의 어느 하나에 해당하는 경우에는 그 지정을 취소하여야 한다.
1. 부정한 방법으로 소매인의 지정을 받은 경우
2. 제16조제2항제1호 각 목의 결격사유 중 어느 하나에 해당하게 된 경우. 다만, 법인의 대표자가 그 사유에 해당하게 된 경우로서 6개월 이내에 그 대표자를 바꾸어 임명한 경우에는 그러하지 아니하다.
3. 최근 5년간 2회의 영업정지처분을 받은 사실이 있는 자가 다시 제2항 각 호의 어느 하나에 해당하게 된 경우
4. 영업정지기간 중에 영업을 한 경우
5. 폐업신고 또는 휴업신고를 하지 아니하고 60일 이상 영업을 하지 아니한 경우
6. 정당한 사유 없이 90일 이상 제조업자, 수입판매업자 또는 도매업자로부터 담배를 매입하지 아니한 경우
7. 소매인으로 지정된 후 제16조제2항제3호에 따라 기획재정부령으로 정하는 지정기준을 충족하지 못하게 된 경우. 다만, 그 소매인에게 책임이 없는 사유로 지정기준을 충족하지 못한 경우는 제외한다.
② 시장 · 군수 · 구청장은 소매인이 다음 각 호의 어느 하나에 해당하는 경우에는 1년 이내의 기간을 정하여 그 영업의 정지를 명할 수 있다. 다만, 소매인이 제7호에 해당하는 경우로서 청소년의 신분증 위조 · 변조 또는 도용으로 청소년인 사실을 알지 못하였거나 폭행 또는 협박으로 청소년임을 확인하지 못한 사정이 인정되는 경우에는 기획재정부령으로 정하는 바에 따라 영업정지 처분을 면제할 수 있다.(2020.3.31 단서신설)
1. 제12조제3항을 위반하여 담배를 판매한 경우
2. 제18조제5항을 위반하여 담배를 판매한 경우
3. 제20조를 위반하여 담배의 포장 및 내용물을 바꾸어 판매한 경우
4. 제25조제3항에 따른 광고물의 제거 등 시정에 필요한 명령이나 조치를 이행하지 아니한 경우
5. 정당한 사유 없이 기획재정부령으로 정하는 기간 동안 계속하여 담배를 판매하지 아니한 경우
6. 정당한 사유 없이 60일 이상 제조업자, 수입판매업자 또는 도매업자로부터 담배를 매입하지 아니한 경우
7. 청소년에게 담배를 판매한 경우
8. 그 밖에 이 법 또는 이 법에 따른 명령을 위반한 경우
③ 제2항에 따른 영업정지처분의 기준 및 절차 등에 관하여 필요한 사항은 기획재정부령으로 정한다.

제18조【담배의 판매가격】 ① 제조업자나 수입판매업자는 대통령령으로 정하는 바에 따라 그가 제조하거나 수입한 담배의 판매가격을 결정하여 다음 각 호의 구분에 따른 자에게 신고하여야 한다. 신고한 판매가격을 변경할 때에도 또한 같다.
1. 제조업자 : 기획재정부장관
2. 수입판매업자 : 시 · 도지사
② 동일인이 담배제조업과 담배수입판매업을 모두 하는 경우에는 제1항에도 불구하고 기획재정부장관에게 담배의 판매가격을 신고할 수 있다. 신고한 판매가격을 변경할 때에도 또한 같다.
③ 제1항에 따른 판매가격의 신고를 받은 시 · 도지사는 신고받은 날부터 7일 이내에 기획재정부장관에게 그 내용을 통보하여야 한다.
④ 제조업자나 수입판매업자는 제1항에 따른 판매가격을 결정하여 신고하였을 때에는 기획재정부령으로 정하는 바에 따라 그 가격을 공고하여야 한다.
⑤ 소매인은 제4항에 따라 공고된 판매가격으로 담배를 판매하여야 한다.

제19조【특수용 담배】 ① 제조업자는 대통령령으로 정하는 특수용 담배를 제조 · 판매할 수 있다.

② 제1항에 따른 특수용 담배는 그 용도 외의 목적으로 판매해서는 아니 된다.
제20조【다른 담배 포장지의 사용 금지 등】 누구든지 담배의 포장 및 내용물을 바꾸어 판매해서는 아니 된다.
제21조~제22조 (2001.4.7 삭제)
제22조의2【담배판매업 등의 휴업 또는 폐업】 ① 수입판매업자, 도매업자 또는 소매인은 기획재정부령으로 정하는 기간 이상 휴업하거나 폐업하려면 다음 각 호의 구분에 따른 자에게 신고하여야 한다.
1. 수입판매업자 : 시·도지사
2. 도매업자 및 소매인 : 시장·군수·구청장
② 제1항에 따른 신고를 할 때의 휴업기간, 신고절차, 그 밖에 휴업 또는 폐업의 신고에 필요한 사항은 기획재정부령으로 정한다.
제22조의3【청문】 기획재정부장관, 소방청장, 시·도지사 또는 시장·군수·구청장은 다음 각 호의 어느 하나에 해당하는 처분을 하려면 청문을 하여야 한다.
(2017.7.26 본문개정)
1. 제11조의4에 따른 담배제조업허가의 취소 또는 영업정지
2. 제11조의6제4항에 따른 화재방지성능인증기관의 지정의 취소
3. 제15조제1항에 따른 담배수입판매업 등록 또는 담배도매업 등록의 취소
4. 제15조제3항에 따른 수입판매업 또는 도매업의 영업정지
5. 제17조제1항에 따른 소매인 지정의 취소 또는 같은 조 제2항에 따른 영업정지

제4장 보 칙
(2014.1.21 본장개정)

제23조 (2004.1.20 삭제)
제24조【보고 및 관계 장부 등의 확인】 ① 이 법의 시행을 위하여 필요하다고 인정하면 기획재정부장관은 제조업자에게, 소방청장은 화재방지성능인증기관의 장에게, 시·도지사는 수입판매업자에게, 시장·군수·구청장은 도매업자 및 소매인에게 각각 그 업무에 관한 보고를 하게 하거나, 그 소속 직원으로 하여금 관계 장부나 서류 등을 확인하거나 열람하게 할 수 있다.(2017.7.26 본항개정)
② 제1항에 따라 확인 또는 열람을 하는 직원은 그 권한을 표시하는 증표를 지니고 이를 관계인에게 보여 주어야 한다.
제25조【담배에 관한 경고문구의 표시 및 광고의 제한】 ① 담배 갑(匣)의 포장지 및 대통령령으로 정하는 광고에는 흡연은 건강에 해롭다는 내용이 명확하게 표현된 경고문구를 표시하여야 한다.
② 기획재정부장관은 대통령령으로 정하는 바에 따라 담배에 관한 광고를 금지하거나 제한할 수 있다.
③ 제1항에 따른 경고문구의 표시가 없거나 제2항에 따른 광고의 금지 또는 제한 내용을 위반한 경우 기획재정부장관은 제조업자에 대하여, 시·도지사는 수입판매업자에 대하여, 시장·군수·구청장은 도매업자 및 소매인에 대하여 각각 해당 담배의 수입 또는 판매를 제한하거나 광고물의 제거 등 시정에 필요한 명령 또는 조치를 할 수 있다.
④ 제1항에 따른 경고문구는 기획재정부장관이 보건복지부장관 및 여성가족부장관과 협의하여 정한다.
제25조의2【담배 성분 등의 표시】 ① 제조업자와 수입판매업자는 담배 한 개비의 연기에 포함된 주요 성분과 그 함유량을 담배의 포장지 및 대통령령으로 정하는 광고에 표시하여야 한다. 다만, 액체형태의 담배의 경우에는 대통령령으로 정하는 바에 따라 니코틴 용액의 용량을 표시하여야 한다.(2016.3.2 본항개정)
② 제조업자와 수입판매업자는 판매 중인 담배에 대하여 분기마다 분기가 시작된 후 1개월 이내에 기획재정부장관이 지정하는 측정기관에 품목별로 담배 성분 측정을 의뢰하여야 한다.
③ 제1항에 따라 표시하여야 할 성분의 종류, 측정기준, 측정기관의 지정, 표시방법 및 허용 오차의 범위, 성분표시의 생략, 그 밖에 성분의 표시에 필요한 사항은 대통령령으로 정한다.
④ 제1항에 따른 성분과 그 함유량의 표시가 없거나 표시된 성분의 함유량이 허용 오차의 범위를 초과하는 경우에는 제25조제3항을 준용한다.
(2016.3.2 본조제목개정)
제25조의3【제조업자 등의 공익사업 참여】 ① 기획재정부장관은 제조업자로 하여금 그가 판매하는 담배 중 궐련에 대하여 20개비당 20원의 범위 안에서 기획재정부령으로 정하는 바에 따라 보건의료·환경보호등의 공익사업과 연초경작지원등의 사업을 직접 행하게 하거나 이들 사업을 하는 자에게 출연하도록 할 수 있다.
② 수입판매업자는 제1항에 준하는 공익사업을 직접 하거나 해당 사업을 하는 자에게 출연할 수 있다. 이 경우 제1항을 준용한다.
③ 기획재정부장관은 제1항 및 제2항에 따라 제조업자 또는 수입판매업자가 행하는 사업에 관한 기본적인 사항에 관하여 관계중앙행정기관의 장과 협의하여야 한다.
④ 제1항에 따라 제조업자로부터 출연을 받아 연초 경작자의 영농기술 개발을 직접 지원하는 사업을 하려는 자는 기획재정부장관의 승인을 받아 법인을 설립하여야 한다.
⑤ 제4항에 따른 법인의 설립 및 운용에 관하여 이 법에서 규정한 사항을 제외하고는 「민법」 중 재단법인에 관한 규정을 준용한다.
제25조의4【담배판매 촉진을 위한 금품 제공 등의 금지】 제조업자, 수입판매업자 및 도매업자는 소매인에게 담배의 판매를 촉진하기 위하여 금품을 제공하거나 그 밖에 이와 유사한 행위로서 대통령령으로 정하는 행위를 하여서는 아니 된다.
제25조의5【담배에 대한 오도문구 사용제한】 ① 제조업자 및 수입판매업자는 담배의 포장이나 광고에 담배가 건강에 미치는 영향이나 위험을 경시하여 담배에 관한 잘못된 인식을 가지게 할 우려가 있는 용어·문구·상표·형상 또는 그 밖의 표시(이하 "오도문구등"이라 한다)을 사용하여서는 아니 된다.
② 오도문구등은 대통령령으로 정한다.
(2014.1.21 본조신설)
제26조【권한의 위임】 이 법에 따른 기획재정부장관의 권한은 대통령령으로 정하는 바에 따라 그 일부를 지방자치단체의 장에게 위임할 수 있다.

제5장 벌 칙
(2014.1.21 본장제목개정)

제27조【벌칙】 ① 다음 각 호의 어느 하나에 해당하는 자는 3년 이하의 징역 또는 3천만원 이하의 벌금에 처한다.
1. 제11조를 위반하여 담배제조업허가를 받지 아니하고 담배를 제조한 자
2. 제11조의5제3항에 따른 화재방지성능인증서를 제출하지 아니하고 담배를 제조하여 판매하거나 수입하여 판매한 자
② 제1항의 경우 미수범도 처벌한다.
③ 제1항과 제2항의 경우에는 징역형과 벌금형을 병과(倂科)할 수 있다.
(2014.1.21 본조개정)
판례 손님이 직접 담뱃잎을 종이에 말아 담배를 만들 수 있도록 담배 재료와 제조기계를 비치해두고 궐련제조의 편의를 제공하는 설비를 무료로 제공하는 영업을 하는 '수제 담배 업소'가 담배사업법상 제조허가 및 소매인 지정 없이는 금지되는 담배 제조·판매에 해당하는지 여부와 관련하여, 담배사업법에서 규정하는 '담배의 제조'는 담배가공을 위한 일정한 작업의 수행을 전제로 한다. 수제 담배 업소에서는 이와 같은 작업의 수행은 손님에 의해 이루어지며, 업소는 다만 이를 위한 재료와 설비를 제공하는 데 불과하다. 따라서 이와 같은 작업을 수행하지 않은 자의 행위에 대하여 담배사업법을 위반하여 무허가 담배제조를 했다고 보는 것은 특별한 사정이 없는 한 문언의 가능한 의미를 벗어나 피고인에게 불리한 방향으로 해석한 것이어서 죄형법정주의의 내용인 확장해석금지 원칙에 어긋난다.(대판 2023.1.12, 2019도16782)
제27조의2【벌칙】 ① 다음 각 호의 어느 하나에 해당하는 자는 1년 이하의 징역 또는 1천만원 이하의 벌금에 처한다.
1. 제11조의3제1항 또는 제3항을 위반하여 담배제조업의 양도·양수 등에 관한 신고를 하지 아니한 자
2. 제11조의5제5항의 명령을 정당한 이유 없이 위반한 자
3. 제11조의6제3항에 따른 화재방지성능인증서를 거짓으로 발급한 자
3의2. 제19조제2항을 위반하여 특수용 담배를 다른 용도로 판매한 자(2016.3.2 본호신설)
4. 제25조제1항에 따른 경고문구가 표시되지 아니하거나 이를 위반한 경고문구를 표시한 담배를 제조하거나 수입한 자
5. 제25조제2항을 위반하여 담배에 관한 광고를 한 자
6. 제25조의2제1항에 따른 성분과 그 함유량이 표시되지 아니하거나 각 성분의 함유량을 거짓으로 표시한 담배를 제조하거나 수입한 자
7. 제25조의5를 위반하여 오도문구등을 표시한 담배를 제조 또는 수입한 자
② 다음 각 호의 어느 하나에 해당하는 자는 6개월 이하의 징역 또는 500만원 이하의 벌금에 처한다.
1. 제12조제2항을 위반하여 소매인 지정을 받지 아니하고 소비자에게 담배를 판매한 자
2. 제13조제1항을 위반하여 등록을 하지 아니하고 담배수입판매업 또는 담배도매업을 영위한 자
(2014.1.21 본조개정)
제27조의3【벌칙】 다음 각 호의 어느 하나에 해당하는 자는 500만원 이하의 벌금에 처한다.
1. 소매인으로서 제12조제4항을 위반하여 담배를 우편판매 및 전자거래의 방법으로 소비자에게 판매한 자
2. 제25조제3항에 따른 광고물의 제거 등 시정에 필요한 명령이나 조치를 이행하지 아니한 자
3. 제25조의2제4항에 따른 담배의 수입 또는 판매의 제한 등 시정에 필요한 명령이나 조치를 이행하지 아니한 자
4. 제25조의4를 위반하여 금품제공 등의 행위를 한 자
(2014.1.21 본조개정)
제28조【과태료】 ① 다음 각 호의 어느 하나에 해당하는 자에게는 200만원 이하의 과태료를 부과한다.
1. 제12조제3항을 위반하여 담배를 판매한 자
2. 제18조제1항 또는 제2항을 위반하여 판매가격의 신고(변경신고를 포함한다)를 하지 아니한 자
3. (2016.3.2 삭제)
4. 제20조를 위반하여 담배의 포장 및 내용물을 바꾸어 판매한 자
5. 제25조의2제2항에 따른 담배 성분 측정을 의뢰하지 아니한 자. 다만, 사실상 폐업 상태에 있는 것으로 인정되는 경우는 제외한다.
② 다음 각 호의 어느 하나에 해당하는 자에게는 100만원 이하의 과태료를 부과한다.
1. 제18조제5항을 위반하여 담배를 판매한 소매인
2. 제22조의2제2항에 따른 휴업기간을 초과하여 휴업한 소매인
(2014.1.21 본조개정)
제29조【과태료의 부과·징수】 제28조에 따른 과태료는 그 소관에 따라 기획재정부장관, 시·도지사 또는 시장·군수·구청장이 대통령령으로 정하는 바에 따라 부과·징수한다.(2014.1.21 본조개정)
제30조【몰수와 추징】 ① 제27조·제27조의2 및 제27조의3의 범죄에 관련된 연초의 잎과 담배는 몰수한다.
② 제1항의 물건을 몰수할 수 없을 때에는 그 가액(價額)을 추징한다.
(2014.1.21 본조개정)
제31조【「형법」의 적용 제한】 이 법에서 정한 죄를 저지른 자에 대해서는 「형법」 제9조, 제10조제2항, 제11조, 제16조, 제32조제2항, 제38조제1항제2호 중 벌금 경합에 관한 제한가중규정과 같은 법 제53조는 적용하지 아니한다. 다만, 징역형에 처할 경우 또는 징역형과 벌금형을 병과할 경우의 징역형에 대해서는 그러하지 아니하다.
(2020.6.9 본문개정)
제32조【양벌규정】 법인의 대표자나 법인 또는 개인의 대리인, 사용인, 그 밖의 종업원이 그 법인 또는 개인의 업무에 관하여 제27조, 제27조의2 또는 제27조의3의 위반행위를 하면 그 행위자를 벌하는 외에 그 법인 또는 개인에게도 해당 조문의 벌금형을 과(科)한다. 다만, 법인 또는 개인이 그 위반행위를 방지하기 위하여 해당 업무에 관하여 상당한 주의와 감독을 게을리하지 아니한 경우에는 그러하지 아니하다.(2009.12.29 본조개정)

부 칙 (2004.1.20)

제1조【시행일】 이 법은 2004년 7월 1일부터 시행한다.
제2조【우편 및 전자거래의 방법에 의한 담배판매금지에 관한 적용례】 제12조제3항 및 제27조의3제1호의2의 개정규정은 이 법 시행후 담배를 판매하는 분부터 적용한다.
제3조【소매인 지정의 취소에 관한 적용례】 제17조제1항제6호의 개정규정은 이 법 시행후 지정기준에 미달하게 된 소매인부터 적용한다.
제4조【담배대용품 등에 관한 경과조치】 ① 이 법 시행전에 제조 또는 수입된 것으로서 제3조의 개정규정에 의한 담배대용품에 해당되는 것은 종전의 규정에 의한다.
② 이 법 시행전에 다른 법률에 의하여 제3조의 개정규정에 의한 담배대용품에 해당되는 것의 제조에 관하여 허가를 받거나 신고 등을 한 자는 제11조의 규정에 의한 담배제조업허가를 받은 것으로 본다. 다만, 이 법 시행 후 2년 이내에 이 법에 의한 허가기준을 갖추어야 한다.
제5조【담배수입판매업의 등록 등에 관한 경과조치】 이 법 시행 당시 종전의 규정에 의하여 재정경제부장관에게 담배수입판매업의 등록을 한 자는 제13조제1항의 개정규정에 의하여 시·도지사에게 등록한 것으로 보며, 시·도지사에게 담배도매업의 등록을 한 자는 제13조제1항의 개정규정에 의하여 시장·군수·구청장에게 담배도매업의 등록을 한 것으로 본다.
제6조【담배판매업 등록취소에 관한 경과조치】 이 법 시행 당시 휴업 또는 폐업신고를 하지 아니하고 휴업 또는 폐업중인 자에 대하여 제15조제1항제5호의 개정규정에 의한 휴업 또는 폐업기간을 계산함에 있어서는 이 법 시행일에 휴업 또는 폐업한 것으로 본다.
제7조【담배의 판매가격 신고에 관한 경과조치】 이 법 시행 당시 종전의 규정에 의하여 수입판매업자가 재정경제부장관에게 신고한 담배의 판매가격은 제18조의 개정규정에 의하여 시·도지사에게 신고한 것으로 본다.

부 칙 (2014.1.21)

제1조【시행일】 이 법은 공포한 날부터 시행한다. 다만, 제11조의4제4호, 제11조의5제1항·제2항·제3항·제5항, 제12조제3항제4호, 제15조제1항제2호, 제27조제1항제2호의 개정규정은 공포 후 1년 6개월이 경과한 날부

터 시행하고, 제11조의4 각 호 외의 부분 본문, 제15조제3항, 제25조의5, 제27조의2제7호의 개정규정은 공포 후 1년이 경과한 날부터 시행한다.
제2조【시행일에 관한 경과조치】 부칙 제1조 단서에 따라 제11조의4 각 호 외의 부분 본문 및 제15조제3항의 개정규정이 시행되기 전까지는 그에 해당하는 종전의 제11조의4 각 호 외의 부분 본문 및 제15조제3항을 적용한다.
제3조【적용례】 ① 제11조의4제4호, 제11조의5제1항·제2항·제3항·제5항, 제12조제3항제4호, 제15조제1항제2호, 제27조제1항제2호의 개정규정은 같은 개정규정 시행 후 최초로 제조장 또는 보세구역에서 반출하는 분부터 적용한다.
② 제25조의5, 제27조의2제7호의 개정규정은 이 법 시행 후 최초로 제조장 또는 보세구역에서 반출하거나 광고하는 분부터 적용한다.
제4조【금치산자 등에 관한 경과조치】 제11조의2제1호, 제14조제1호 및 제16조제2항제1호가목의 개정규정에 따른 피성년후견인·피한정후견인에는 법률 제10429호 민법 일부개정법률 부칙 제2조에 따라 금치산 또는 한정치산 선고의 효력이 유지되는 자를 포함하는 것으로 본다.

부 칙 (2016.3.2)

제1조【시행일】 이 법은 공포 후 1년이 경과한 날부터 시행한다.
제2조【담배 성분 등의 표시에 관한 적용례】 제25조의2제1항의 개정규정은 이 법 시행 후 최초로 액체형태의 담배를 제조장 또는 보세구역으로부터 반출하거나 국내로 반입하는 분부터 적용한다.

부 칙 (2020.3.31)

제1조【시행일】 이 법은 공포 후 3개월이 경과한 날부터 시행한다.
제2조【소매인에 대한 영업정지처분 면제에 관한 적용례】 제17조제2항 단서의 개정규정은 이 법 시행 이후 소매인이 청소년에게 담배를 판매한 경우부터 적용한다.

부 칙 (2020.6.9)

이 법은 공포한 날부터 시행한다.(이하 생략)

인삼산업법

(1995년 12월 6일
법 률 제5022호)

개정
1996. 8. 8법 5153호(정부조직)
1997.12.13법 5453호(행정절차)
1999. 1.21법 5664호
1999. 1.21법 5667호(농수산물품질관리법)
2000. 1.21법 6189호　2001. 1.26법 6380호
2001. 1.29법 6399호(수산물품질관리법)
2003.12.11법 6998호
2004.12.31법 7275호(농수산물유통)
2007. 7.13법 8505호
2008. 2.29법 8852호(정부조직)
2009. 2. 6법 9432호(식품위생)
2009. 5. 8법 9664호
2009. 6. 9법 9759호(농산물품질관리법)
2010. 3.17법10123호
2011. 7.21법10885호(농수산물품질관리법)
2011. 7.25법10948호　2011.11.22법11099호
2013. 3.23법11690호(정부조직)
2014. 3.11법12417호　2015. 2. 3법13142호
2015. 6.22법13360호　2017. 4.18법14769호
2018.12.31법16101호(부가세)
2021.11.30법18534호　2023. 6.20법19490호

제1장 총 칙
(2011.7.25 본장개정)

제1조【목적】 이 법은 인삼 및 인삼류의 경작·제조·검사 등에 필요한 사항을 규정함으로써 인삼을 특산물로 보호·육성하고 인삼산업의 건전한 발전에 이바지함을 목적으로 한다.
제2조【정의】 이 법에서 사용하는 용어의 뜻은 다음과 같다.
1. "인삼"이란 오갈피나무과(科) 인삼속(人蔘屬) 식물을 말한다.
2. "수삼"(水蔘)이란 말리지 아니한 인삼을 말한다.
3. "홍삼"(紅蔘)이란 수삼을 증기나 그 밖의 방법으로 쪄서 익혀 말린 것으로서 농림축산식품부령으로 정하는 색상을 띠는 것을 말한다.(2013.3.23 본호개정)
4. "태극삼"(太極蔘)이란 수삼을 물로 익히거나 그 밖의 방법으로 익혀서 말린 것으로서 농림축산식품부령으로 정하는 색상을 띠는 것을 말한다.(2013.3.23 본호개정)
5. "백삼"(白蔘)이란 수삼을 햇볕·열풍 또는 그 밖의 방법으로 익히지 아니하고 말린 것을 말한다.
6. "그 밖의 인삼"이란 수삼을 원료로 하여 제조한 것(제3호부터 제5호까지에 해당하는 것은 제외한다)으로서 농림축산식품부령으로 정하는 것을 말한다.(2013.3.23 본호개정)
7. "인삼류"란 제2호부터 제6호까지에 규정된 것 모두를 말한다.
8. "연근"(年根)이란 인삼이 출아(出芽)하여 자란 햇수를 말한다.
9. "원산지"란 인삼이 생산된 국가나 지역을 말한다.
10. "인삼류제조"란 수삼을 원료로 하여 홍삼, 태극삼, 백삼 또는 그 밖의 인삼을 제조하는 것을 말한다.
11. "인삼제품류"란 「식품위생법」 제14조에 따른 식품등의 공전(公典) 또는 「건강기능식품에 관한 법률」 제19조에 따른 건강기능식품의 공전에 수록된 식품 중 인삼류를 원료로 하여 제조·가공된 식품을 말한다.
12. "생산자단체"란 「농업협동조합법」에 따른 인삼 관련 품목조합(이하 "조합"이라 한다), 농업협동조합중앙회 및 농림축산식품부령으로 정하는 인삼 관련 법인을 말한다.(2013.3.23 본호개정)
13. "인삼산업"이란 인삼류 및 인삼제품류의 생산·가공·제조·유통·판매 또는 수출과 관련된 산업을 말한다.(2017.4.18 본호신설)
제3조【인삼산업 종합계획의 마련】 ① 농림축산식품부장관은 인삼산업의 발전과 지원을 위하여 대통령령으로 정하는 바에 따라 5년마다 종합계획(이하 "종합계획"이라 한다)을 수립·시행하여야 한다.(2017.4.18 본항개정)
② 종합계획에는 다음 각 호의 사항이 포함되어야 한다.
1. 인삼산업 발전 및 지원을 위한 중장기 정책목표 및 기본방향
2. 인삼산업 발전을 위한 기술의 연구·개발 및 보급에 관한 사항
3. 인삼산업 발전을 위한 전문인력의 양성 및 교육
4. 인삼류 및 인삼제품류의 생산성 향상 및 가격안정에 관한 사항
5. 인삼류 및 인삼제품류의 유통·수출·판로지원에 관한 사항
6. 품질검사 등 인삼류 검사의 개선에 관한 사항
7. 인삼산업과 다른 산업 간의 연계 강화에 관한 사항
8. 그 밖에 농림축산식품부장관이 인삼산업의 발전을 위하여 필요하다고 인정하는 사항
(2017.4.18 본항신설)
③ 농림축산식품부장관은 생산자단체 및 농림축산식품부령으로 정하는 연구기관으로 하여금 인삼의 우량 종묘 개발 보급, 경작 및 검사기술의 개발·보급, 재배에 적합한 땅의 조사 및 인삼제품류의 개발 등에 관한 사업을 하게 할 수 있다.(2013.3.23 본항개정)
④ 국가 또는 지방자치단체는 예산의 범위에서 제1항 및 제3항에 따른 시책 또는 사업의 시행에 필요한 사업비를 보조하거나 융자할 수 있다.(2017.4.18 본항개정)
(2014.3.11 본조제목개정)
제3조의2【다른 법률과의 관계】 ① 「임업 및 산촌 진흥촉진에 관한 법률」 제2조제3호의2에 따른 특별관리임산물인 산양삼에 관하여 같은 법에서 규정한 사항에 대하여는 이 법을 적용하지 아니한다.
② 「약사법」 제31조 또는 같은 법 제42조에 따라 식품의약품안전처장의 품목허가를 받거나 품목신고를 한 인삼류에 관해서는 이 법을 적용하지 아니한다.(2015.6.22 본항신설)
(2011.7.25 본조신설)

제2장 인삼 경작 및 수확
(2011.7.25 본장개정)

제4조【경작신고】 ① 판매를 목적으로 인삼을 경작[수경재배(水耕栽培)는 제외한다]하려는 자는 농림축산식품부령으로 정하는 바에 따라 경작지를 관할하는 조합에 신고하여야 한다. 신고사항 중 농림축산식품부령으로 정하는 중요 사항을 변경하려는 경우에도 같다.(2023.6.20 전단개정)
② 다음 각 호의 어느 하나에 해당하는 자는 농림축산식품부령으로 정하는 바에 따라 경작지를 관할하는 조합에 상속·양수 또는 합병의 신고를 하여야 한다.
(2023.6.20 본문개정)
1. 제1항에 따라 신고를 한 경작지를 상속하거나 양수한 자
2. 제1항에 따라 신고를 한 경작자가 법인인 경우 그 법인의 합병 후 존속하는 법인이나 합병으로 설립된 법인
③ 조합은 제1항 전단에 따른 신고를 받은 날부터 2개월 이내에, 같은 항 후단에 따른 변경신고 또는 제2항에 따른 신고를 받은 날부터 10일 이내에 신고수리 여부를 신고인에게 통지하여야 한다.(2023.6.20 본항개정)
④ 조합이 제3항에서 정한 기간 내에 신고수리 여부 또는 민원 처리 관련 법령에 따른 처리기간의 연장을 신고인에게 통지하지 아니하면 그 기간(민원 처리 관련 법령에 따라 처리기간이 연장 또는 재연장된 경우에는 해당 처리기간을 말한다)이 끝난 날의 다음 날에 신고를 수리한 것으로 본다.(2023.6.20 본항개정)
⑤ 조합은 제1항 및 제2항에 따른 경작신고내용을 반기별로 농림축산식품부장관에게 알려야 한다.(2023.6.20 본항개정)
⑥ 농림축산식품부장관은 제5항에 따라 조합이 알린 경작신고내용을 「농수산자조금의 조성 및 운영에 관한 법률」 제2조제3호에 따른 자조금단체 중 인삼 관련 자조금단체(이하 "인삼자조금단체"라 한다)에 제공할 수 있다.
(2023.6.20 본항신설)
⑦ 제6항에 따라 인삼자조금단체에 제공하는 경작신고내용의 범위와 절차 등에 필요한 사항은 농림축산식품부령으로 정한다.(2023.6.20 본항신설)
⑧ 인삼자조금단체는 제6항에 따라 제공받은 경작신고내용을 「개인정보 보호법」에 따라 보호하여야 한다.
(2023.6.20 본항신설)
제5조～제7조 (1999.1.21 삭제)
제8조【경작방법 및 지도 등】 ① 농촌진흥청장은 인삼경작자의 소득 증진과 인삼류의 품질 향상을 위하여 생산자단체와 협의하여 표준인삼경작방법을 정하여 고시할 수 있다.
② 농촌진흥청장, 특별자치시장·특별자치도지사·시장·군수·구청장(자치구의 구청장을 말한다) 및 조합은 인삼경작자에게 제1항에 따른 경작방법에 따라 경작하도록 지도할 수 있다.(2023.6.20 본항개정)
③ 인삼경작자는 인삼을 경작할 때 농림축산식품부령으로 정하는 잔류성농약 및 화학비료를 사용하여서는 아니 된다. 다만, 수경재배(水耕栽培) 등 농림축산식품부장관이 정하여 고시하는 방법으로 경작하는 경우에는 농림축산식품부장관이 정하여 고시하는 화학비료를 사용할 수 있다.(2013.3.23 본항개정)
제9조【수삼의 연근확인】 ① 인삼경작자가 5년근 이상의 수삼을 수확하려는 경우에는 농림축산식품부령으로 정하는 바에 따라 조합에 연근의 확인을 신청할 수 있다.
(2013.3.23 본항개정)
② 조합은 제1항에 따른 신청을 받으면 검사담당 직원으로 하여금 수확에 참여하여 수삼의 연근을 확인하도록 하여야 한다.
③ 제1항 및 제2항에 따른 연근확인의 방법과 절차 및 검사담당 직원의 자격요건 등 연근확인에 필요한 사항은 농림축산식품부령으로 정한다.(2013.3.23 본항개정)

제3장 계약경작 및 수급조절
(2011.7.25 본장개정)

제10조【계약경작 등】 ① 농림축산식품부장관은 수삼의 수급조절(需給調節) 및 가격안정을 위하여 다음 각 호의 계약경작을 권장 및 알선할 수 있다.(2013.3.23 본문개정)

1. 인삼경작자와 생산자단체 사이의 계약경작
2. 인삼경작자와 인삼 제조업자·가공업자 사이의 계약경작
② 농림축산식품부장관은 제1항에 따른 계약경작의 확대 등을 위하여 해당 계약자에게 제3조제4항에 따른 사업비를 우선적으로 지원할 수 있다.(2017.4.18 본항개정)
③ 제1항 및 제2항에 따른 계약경작의 권장·알선과 사업비의 우선 지원에 필요한 사항은 농림축산식품부령으로 정한다.(2013.3.23 본항개정)
제11조【수매 비축 및 출하조절 등】 농림축산식품부장관은 인삼류의 가격안정을 위하여 필요하다고 인정할 때에는 생산자단체로 하여금 인삼류를 수매하여 비축(備蓄)·방출하게 할 수 있다.(2013.3.23 본조개정)

제4장 인삼류 등의 제조
(2011.7.25 본장개정)

제12조【인삼류제조업 및 인삼제품류 제조의 신고 등】
① 인삼류제조를 업(業)으로 하려는 자는 농림축산식품부령으로 정하는 바에 따라 제조장(製造場)을 관할하는 시장(특별자치시장 및 특별자치도지사를 포함한다), 군수 또는 자치구의 구청장(이하 "시장·군수"라 한다)에게 신고하여야 한다. 다만, 인삼경작자가 자기가 생산한 수삼을 원료로 하여 자가제조(自家製造)한 홍삼, 태극삼, 백삼 또는 그 밖의 인삼을 수출 또는 도매의 목적으로 수집하는 자(이하 "수집자"라 한다)에게 판매하는 경우에는 신고하지 아니할 수 있다.(2017.4.18 본문개정)
② 제1항에 따라 홍삼, 태극삼 또는 그 밖의 인삼의 제조업 신고를 하려는 자는 농림축산식품부령으로 정하는 시설기준을 갖추어야 한다.(2013.3.23 본항개정)
③ 제1항에 따라 신고를 한 자(이하 "인삼류제조업자"라 한다)는 그 신고 사항 중 시설의 임대 등 대통령령으로 정하는 중요 사항을 변경하였을 때 또는 그 영업을 휴업하거나 휴업한 영업을 재개하였을 때에는 그 사유가 발생한 날부터 20일 이내에 시장·군수에게 신고하여야 한다.
④ 시장·군수는 제1항 본문 또는 제3항에 따른 신고를 받은 날부터 10일 이내에 신고수리 여부를 신고인에게 통지하여야 한다.(2021.11.30 본항신설)
⑤ 시장·군수가 제4항에서 정한 기간 내에 신고수리 여부 또는 민원 처리 관련 법령에 따른 처리기간의 연장을 신고인에게 통지하지 아니하면 그 기간(민원 처리 관련 법령에 따라 처리기간이 연장 또는 재연장된 경우에는 해당 처리기간을 말한다)이 끝난 날의 다음 날에 신고를 수리한 것으로 본다.(2021.11.30 본항신설)
⑥ 인삼류제조업자는 인삼류를 제조하고 남은 부산물을 원료로 하여 인삼제품류 중 대통령령으로 정하는 품목을 제조·가공하려는 경우에는 시장·군수에게 신고할 수 있다. 이 경우 「식품위생법」 제37조에 따른 식품의 제조·가공에 관한 영업의 신고를 한 것으로 본다.
⑦ 제6항에 따른 신고를 하려는 인삼류제조업자는 「식품위생법」 제36조제1항제1호에 따른 시설기준에 적합한 시설을 갖추어야 한다.(2021.11.30 본항개정)
⑧ 시장·군수는 제6항에 따른 신고를 받았을 때에는 지체 없이 「식품위생법」 제37조에 따른 식품의 제조·가공에 관한 영업신고의 소관 행정기관의 장에게 그 내용을 통보하여야 한다.(2021.11.19 본항개정)
⑨ 시장·군수는 인삼류제조업자가 「부가가치세법」 제8조에 따라 관할 세무서장에게 폐업신고를 하거나 관할 세무서장이 사업자등록을 말소한 경우에는 신고 사항을 직권으로 말소할 수 있다.(2018.12.31 본항개정)
⑩ 시장·군수는 인삼류제조업자가 그 영업을 폐업하였는지를 확인하기 위하여 필요하면 관할 세무서장에게 필요한 자료의 제공을 요청할 수 있다. 이 경우 자료의 제공을 요청받은 관할 세무서장은 정당한 사유 없이 거부하여서는 아니 된다.
⑪ 제10항에 따라 시장·군수에게 제공되는 자료에 대하여는 수수료나 사용료 등을 면제한다.(2021.11.30 본항개정)
제13조 (1999.1.21 삭제)
제14조【영업자의 지위승계 등】 ① 다음 각 호의 어느 하나에 해당하는 자는 인삼류제조업자의 지위를 승계한다.
1. 인삼류제조업자가 사망한 경우 그 상속인
2. 인삼류제조업자가 영업을 양도한 경우 그 양수인
3. 법인인 인삼류제조업자가 합병한 경우 합병 후 존속하는 법인이나 합병으로 설립되는 법인
② 제1항에 따라 인삼류제조업자의 지위를 승계한 자는 농림축산식품부령으로 정하는 바에 따라 승계한 날부터 20일 이내에 시장·군수에게 신고하여야 한다. 이 경우 제12조제6항에서 규정하는 인삼제품류의 제조·가공을 승계하려는 경우에는 함께 신고할 수 있다.(2021.11.30 후단개정)
③ 시장·군수는 제2항에 따른 신고를 받은 날부터 10일 이내에 신고수리 여부를 신고인에게 통지하여야 한다.(2021.11.30 본항신설)
④ 시장·군수가 제3항에서 정한 기간 내에 신고수리 여부 또는 민원 처리 관련 법령에 따른 처리기간의 연장을 신고인에게 통지하지 아니하면 그 기간(민원 처리 관련 법령에 따라 처리기간이 연장 또는 재연장된 경우에는 해당 처리기간을 말한다)이 끝난 날의 다음 날에 신고를 수리한 것으로 본다.(2021.11.30 본항신설)
⑤ 제2항에 따라 인삼제품류 제조의 승계를 함께 신고한 자는 「식품위생법」 제39조제3항에 따른 영업의 승계에 관한 신고를 한 것으로 본다. 이 경우 시장·군수는 지체 없이 관계 행정기관의 장에게 그 신고내용을 통보하여야 한다.
제15조【인삼류의 제조기준 등】 ① 인삼류를 제조하는 자는 홍삼, 태극삼, 백삼 또는 그 밖의 인삼을 연근별로 구분하여 제조하고 해당 제품이나 그 용기·포장 등에 해당 연근 및 원산지를 표시하여야 한다. 이 경우 원산지의 표시방법 및 판정기준 등에 필요한 사항은 대통령령으로 정한다.
② 인삼류를 제조하는 자는 농림축산식품부령으로 정하는 제조기준을 준수하여야 한다.(2013.3.23 본항개정)
③ 농림축산식품부장관은 인삼류의 안전성 확보 및 소비자 보호를 위하여 국립농산물검사기관의 장 또는 제17조제1항에 따른 인삼류검사기관의 장으로 하여금 인삼류를 제조하는 자에게 제1항 및 제2항의 규정 준수에 관한 자료를 제출·보고하게 하거나 관계 직원을 제조업소에 출입시켜 제1항 및 제2항의 규정을 준수하는지를 확인하게 할 수 있다.(2013.3.23 본항개정)
④ 제3항의 경우 관계 직원은 그 권한을 표시하는 증표를 지니고 이를 관계인에게 보여주어야 한다.
제16조【영업폐쇄 등】 ① 시장·군수는 인삼류제조와 관련하여 인삼류제조업자가 다음 각 호의 어느 하나에 해당할 때에는 영업의 폐쇄를 명하거나 6개월 이내의 기간을 정하여 그 영업의 전부 또는 일부의 정지를 명할 수 있다. 다만, 제4호에 해당할 때에는 영업폐쇄를 명하여야 한다.
1. 제12조제2항에 따른 시설기준에 미달하게 되었을 때
2. 제15조제1항에 따른 제조방법을 위반하거나 연근 또는 원산지를 표시하지 아니하거나 거짓으로 표시하였을 때
3. 제15조제2항에 따른 제조기준을 위반하였을 때
4. 이 조에 따른 영업정지명령을 위반하여 영업정지기간에 영업을 하였을 때
② 제1항에 따라 영업의 폐쇄명령을 받은 후 1년이 지나지 아니한 자(법인의 경우에는 그 대표자 또는 임원을 포함한다)는 제12조제1항에 따른 인삼류제조업의 신고를 할 수 없다.
③ 제1항에 따른 영업의 폐쇄명령·정지처분의 세부기준은 농림축산식품부령으로 정한다.(2013.3.23 본항개정)

제5장 검사 및 수출입 등
(2011.7.25 본장개정)

제17조【검사】 ① 다음 각 호의 어느 하나에 해당하는 자는 농림축산식품부령으로 정하는 바에 따라 자체검사를 하거나 농림축산식품부장관이 정하여 고시하는 인삼류검사기관(이하 "인삼류검사기관"이라 한다)의 검사를 받아야 한다. 다만, 제12조제1항 단서에 따른 자가제조를 하는 경우와 그 밖에 대통령령으로 정하는 경우에는 검사를 받지 아니할 수 있다.(2013.3.23 본문개정)
1. 홍삼, 태극삼, 백삼 또는 그 밖의 인삼을 판매 또는 수출의 목적으로 제조한 자
2. 제12조제1항 단서에 따라 자가제조한 홍삼, 태극삼, 백삼 또는 그 밖의 인삼을 수출 또는 도매의 목적으로 수집한 수집자
3. 홍삼, 태극삼, 백삼 또는 그 밖의 인삼을 판매의 목적으로 수입한 자
② 인삼류검사기관과 제17조의2제2항에 따른 자체검사업체는 그 검사실적을 검사기록서에 기록하여 농림축산식품부령으로 정하는 품질보증기간 동안 보존하여야 한다.(2013.3.23 본항개정)
③ 제1항에 따른 검사는 연근검사·품질검사·포장검사 및 표시검사 등으로 구분하여 하되, 그 검사의 기준·방법 및 품질보증기간, 그 밖에 검사에 필요한 사항은 농림축산식품부령으로 정한다.(2013.3.23 본항개정)
④ 제1항에 따른 검사에 합격한 제품에 대하여는 농림축산식품부령으로 정하는 바에 따라 그 포장 등에 자체검사필증 또는 검사증지를 붙이거나 인쇄하여야 한다. 다만, 수출용 인삼류의 경우에는 자체검사필증 또는 검사증지를 붙이지 아니할 수 있다.(2013.3.23 본문개정)
⑤ 인삼류검사기관과 제17조의2제2항에 따른 자체검사업체는 검사수량과 검사성적서 등 농림축산식품부령으로 정하는 사항을 국립농산물검사기관의 장에게 제출하여야 한다.(2013.3.23 본항개정)
⑥ 인삼의 종자 또는 종묘를 생산하거나 수집하는 자는 농림축산식품부령으로 정하는 바에 따라 농림축산식품부장관이 정하여 고시하는 인삼종자·종묘검사기관으로부터 그 품질에 관한 검사를 받을 수 있다.(2013.3.23 본항개정)
⑦ 제1항 및 제6항에 따라 인삼류검사기관 또는 인삼종자·종묘검사기관의 검사를 받으려는 자는 농림축산식품부령으로 정하는 바에 따라 수수료를 검사기관에 내야 한다.(2013.3.23 본항개정)
제17조의2【자체검사업체의 지정 등】 ① 제17조제1항에 따라 자체검사를 하려는 자는 대통령령으로 정하는 시설·인력 및 자가제조하여 검사를 받은 실적과 제조관리기준서 등을 갖추어 국립농산물검사기관의 장으로부터 홍삼, 태극삼, 백삼 또는 그 밖의 인삼 등 인삼의 종류별 자체검사업체로 지정받아야 한다.
② 제1항에 따라 자체검사업체로 지정받은 자(이하 "자체검사업체"라 한다)는 수삼을 원료로 하여 자신이 직접 제조한 홍삼, 태극삼, 백삼 또는 그 밖의 인삼에 대하여는 자체검사를 할 수 있다. 다만, 수출용인 경우에는 자신이 직접 제조하지 아니한 홍삼, 태극삼, 백삼 또는 그 밖의 인삼에 대하여는 자가상표(自家商標)를 붙이고 자체검사를 할 수 있다.
③ 자체검사업체는 지정받은 시설이나 인력 등이 변경되는 경우 그 변경 사유가 발생한 날부터 1개월 이내에 국립농산물검사기관의 장에게 신고하여야 한다.
④ 국립농산물검사기관의 장은 제3항에 따른 신고를 받은 날부터 10일 이내에 신고수리 여부를 신고인에게 통지하여야 한다.(2021.11.30 본항신설)
⑤ 국립농산물검사기관의 장이 제4항에서 정한 기간 내에 신고수리 여부 또는 민원 처리 관련 법령에 따른 처리기간의 연장을 신고인에게 통지하지 아니하면 그 기간(민원 처리 관련 법령에 따라 처리기간이 연장 또는 재연장된 경우에는 해당 처리기간을 말한다)이 끝난 날의 다음 날에 신고를 수리한 것으로 본다.(2021.11.30 본항신설)
⑥ 제1항 및 제3항에 따른 자체검사업체의 지정절차 및 변경신고 등에 필요한 사항은 농림축산식품부령으로 정한다.(2013.3.23 본항개정)
제17조의3【자체검사업체 지정취소 등】 ① 국립농산물검사기관의 장은 자체검사업체가 다음 각 호의 어느 하나에 해당하는 경우에는 그 시정을 명하거나 6개월 이내의 검사정지를 명하거나 지정을 취소할 수 있다. 다만, 제6호의 경우에는 지정을 취소하여야 한다.
1. 제17조제1항을 위반하여 자체검사를 하지 아니하거나 인삼류검사기관의 검사를 받지 아니하고 인삼류를 판매하거나 판매할 목적으로 보관 또는 진열한 경우
2. 제17조제3항을 위반하여 검사의 기준에 미달하는 인삼류를 합격품으로 검사한 경우
3. 제17조제4항 본문을 위반하여 자체검사필증 또는 검사증지를 붙이지 아니하거나 인쇄하지 아니하고 인삼류를 판매한 경우
4. 제17조의2제2항을 위반하여 자신이 직접 제조하지 아니한 홍삼, 태극삼, 백삼 또는 그 밖의 인삼에 대하여 자체검사를 한 경우. 다만, 수출용으로서 자가상표를 붙여 자체검사를 한 경우는 제외한다.
5. 이 조에 따른 시정명령을 위반한 경우
6. 이 조에 따른 검사정지명령을 위반하여 검사정지기간에 검사를 한 경우
② 제1항에 따라 자체검사업체의 지정이 취소된 후 2년이 지나지 아니한 자(법인의 경우에는 그 대표자 또는 임원을 포함한다)는 제17조의2제1항에 따른 자체검사업체로 지정받을 수 없다.
③ 제1항에 따른 자체검사업체에 대한 시정명령·검사정지 또는 지정취소의 세부기준은 농림축산식품부령으로 정한다.(2013.3.23 본항개정)
제17조의4【검사합격품에 대한 확인검사】 ① 국립농산물검사기관의 장은 인삼류의 품질관리를 위하여 필요하다고 인정할 때에는 제17조제1항에 따른 검사에 합격한 제품에 대하여 확인검사를 할 수 있다.
② 국립농산물검사기관의 장은 제1항에 따른 확인검사 결과 해당 제품이 제17조제3항에 따른 검사의 기준에 미달되는 때에는 농림축산식품부령으로 정하는 바에 따라 제17조제1항 각 호의 어느 하나에 해당하는 자에게 해당 제품과 검사일이 같은 제품의 수거·폐기 또는 재검사를 명할 수 있고, 이에 따르지 아니하는 경우에는 소속 공무원으로 하여금 그 제품을 압류하게 할 수 있다. 이 경우 압류의 절차 등에 필요한 사항은 농림축산식품부령으로 정한다.(2013.3.23 본항개정)
③ 제2항에 따라 압류를 하려는 소속 공무원은 그 권한을 표시하는 증표를 지니고 이를 관계인에게 보여주어야 한다.
제17조의5【검사원의 자격 등】 ① 인삼류검사기관 및 자체검사업체는 제3항에 따른 교육을 받은 검사원으로 하여금 제17조제1항에 따른 검사를 하도록 하여야 한다.
② 제1항에 따른 검사원은 인삼의 품질관리에 관한 지식이나 경험이 있는 사람으로서 대통령령으로 정하는 자격을 갖추어야 한다.
③ 제2항에 따른 검사원은 국립농산물검사기관의 장이 인삼류의 품질관리를 위하여 실시하는 교육을 받아야 한다.
④ 제3항에 따른 교육의 내용·시간과 소요 경비의 징수 등에 필요한 사항은 농림축산식품부령으로 정한다.(2013.3.23 본항개정)
제17조의6【검사결과에 대한 이의신청 등】 ① 제17조제1항 및 제6항에 따라 인삼류검사기관 또는 인삼종자·종묘검사기관의 검사를 받은 자가 검사결과에 대하여 이의가 있을 때에는 검사를 한 검사기관의 장에게 이의를 신청하고 재검사를 받을 수 있다.
② 제1항에 따른 이의신청 및 재검사 절차 등에 필요한 사항은 농림축산식품부령으로 정한다.(2013.3.23 본항개정)

제18조 (2009.6.9 삭제)
제19조【미검사품의 거래제한 등】 ① 홍삼, 태극삼, 백삼 또는 그 밖의 인삼을 판매하는 자는 제15조제1항에 따른 연근표시를 제거 또는 변경하여 판매하거나 판매의 목적으로 보관 또는 진열하여서는 아니 된다.
② 제17조제1항에 따른 검사를 받지 아니하였거나 검사에 불합격된 홍삼, 태극삼, 백삼 또는 그 밖의 인삼은 판매 또는 수출하거나 판매의 목적으로 보관 또는 진열하여서는 아니 된다.
③ 국립농산물검사기관의 장은 제17조제1항에 따른 검사를 받지 아니하였거나 검사에 불합격된 홍삼, 태극삼, 백삼 또는 그 밖의 인삼을 판매·수출의 목적으로 보관 또는 진열 중인 것을 적발하였을 때에는 소속 공무원으로 하여금 해당 제품을 압류하게 하거나 제17조제1항 각 호의 어느 하나에 해당하는 자에게 해당 제품의 검사를 받도록 명할 수 있다.
④ 홍삼, 태극삼, 백삼 또는 그 밖의 인삼을 판매하는 자는 제17조제4항 본문에 따른 자체검사필증 또는 검사증지를 붙이거나 인쇄한 검사품의 포장을 뜯어 판매의 목적으로 보관 또는 진열하거나 그 내용물이나 포장단위를 변경하여서는 아니 된다.
⑤ 제3항에 따른 압류의 절차 등에 관하여는 제17조의4 제2항 및 제3항을 준용한다.
제20조【인삼류 시장접근물량 수입추천】 ① (1999.1.21 삭제)
② 「세계무역기구 설립을 위한 마라케쉬협정」에 따른 대한민국 양허표(讓許表)상의 시장접근물량에 해당하는 인삼류를 양허세율(讓許稅率)로 수입하려는 자는 농림축산식품부장관의 추천을 받아야 한다.(2013.3.23 본항개정)
③ 제2항에 따라 인삼류를 수입하는 자는 수입가격과 판매가격의 차액의 범위에서 농림축산식품부령으로 정하는 금액을 「농수산물유통 및 가격안정에 관한 법률」 제54조에 따른 농산물가격안정기금에 납부하여야 한다.
(2013.3.23 본항개정)
제20조의2【수출 촉진 등】 ① 국가 또는 지방자치단체는 인삼산업의 국제화와 인삼류 및 인삼제품류의 수출을 촉진하기 위하여 국제인삼유통센터를 설치·운영하거나 이를 설치·운영하려는 자에게 필요한 지원을 할 수 있다.
② 국가 또는 지방자치단체는 인삼산업의 국제화와 인삼류 및 인삼제품류의 수출을 촉진하기 위하여 다음 각 호의 사업을 추진할 수 있다.
1. 인삼산업과 관련한 정보·기술·인력의 국제교류
2. 인삼산업과 관련한 국제학술대회·국제박람회 등의 개최
3. 국제 인삼산업 시장의 조사·분석과 수집 정보의 체계적인 제공
4. 인삼산업의 해외진출에 관한 컨설팅 지원
5. 그 밖에 인삼산업의 국제화 및 수출 촉진을 위하여 필요하다고 인정하는 사업
③ 제1항에 따른 국제인삼유통센터의 설치 및 운영에 관하여 필요한 사항은 농림축산식품부령으로 정한다.
(2013.3.23 본항개정)
(2011.11.22 본조신설)
제20조의3【통계조사】 ① 농림축산식품부장관은 인삼산업의 진흥에 필요한 정책을 효율적으로 수립하기 위하여 인삼산업과 관련된 생산·유통·소비 등에 관하여 통계조사를 실시할 수 있으며, 그 결과를 인삼자조금단체에 제공할 수 있다. 이 경우 통계의 작성에 관하여는 「통계법」의 관련 규정을 준용한다.(2023.6.20 전단개정)
② 농림축산식품부장관은 통계조사에 필요하다고 인정하는 때에는 관계 중앙행정기관의 장, 지방자치단체의 장, 「공공기관의 운영에 관한 법률」 제4조에 따른 공공기관의 장, 관련 산업의 사업자에게 필요한 자료·정보의 제공을 요청할 수 있다. 이 경우 자료·정보의 제공을 요청받은 관계 중앙행정기관의 장 등은 특별한 사유가 없으면 자료·정보를 제공하여야 한다.
③ 제1항에 따른 통계조사의 실시에 필요한 사항은 농림축산식품부령으로 정한다.
(2014.3.11 본조신설)
제20조의4【인삼재배와 약용문화 계승·발전 등】 ① 국가, 지방자치단체 및 인삼자조금단체 등 생산자단체는 인삼재배와 약용문화의 계승·발전을 위하여 노력하여야 한다.
② 국가와 지방자치단체는 제1항에 따라 인삼재배와 약용문화의 계승·발전을 위하여 활동하는 생산자단체에 대하여 예산의 범위에서 필요한 지원을 할 수 있다.
(2023.6.20 본조신설)

제6장 인삼류의 표기 등
(2011.7.25 본장개정)

제21조 (1999.1.21 삭제)
제22조【고려인삼 등의 표시】 인삼류와 그 용기·포장등에 "고려인삼"·"고려수삼"·"고려홍삼"·"고려태극삼" 또는 "고려백삼" 등 "고려"(高麗)가 들어가는 용어를 사용하여 표시하려는 자는 「농수산물 품질관리법」에 따라 지리적표시의 등록을 하여야 한다.

제7장 인삼산업진흥기금

제23조~제27조 (2000.1.21 삭제)

제8장 보 칙
(2011.7.25 본장개정)

제27조의2【청문】 시장·군수 또는 국립농산물검사기관의 장은 다음 각 호의 어느 하나에 해당하는 경우에는 청문을 하여야 한다.
1. 제16조에 따른 영업의 폐쇄
2. 제17조의3제1항에 따른 자체검사업체의 지정취소
제28조【권한의 위임】 이 법에 따른 농림축산식품부장관의 권한은 대통령령으로 정하는 바에 따라 그 일부를 소속 기관의 장, 농촌진흥청장, 산림청장, 특별시장·광역시장·도지사·특별자치도지사, 시장·군수 또는 자치구의 구청장에게 위임할 수 있다.(2013.3.23 본조개정)
제29조【조사 등】 ① 농림축산식품부장관, 시장·군수 또는 국립농산물검사기관의 장은 인삼류의 안전성 확보, 소비자 보호 등 이 법의 시행을 위하여 필요하다고 인정할 때에는 소속 공무원으로 하여금 생산자단체·인삼제조업자·수집자·수출입업자·판매업자 또는 품질인증을 받은 자 등에 대하여 시설·장부·서류 또는 그 밖의 물건을 조사 또는 열람하게 하거나 검사에 필요한 시료(試料)를 수거하게 할 수 있다.(2013.3.23 본항개정)
② 제1항에 따라 조사·열람 또는 수거를 하는 공무원은 그 권한을 표시하는 증표를 지니고 이를 관계인에게 보여주어야 한다.
제30조 (2001.1.26 삭제)
제30조의2【벌칙 적용 시의 공무원 의제】 제9조에 따른 연근확인 업무에 종사하는 조합의 임원·직원과 제17조제1항·제6항에 따라 검사업무에 종사하는 인삼류검사기관 및 인삼종자·종묘검사기관의 임원·직원은 「형법」 제129조부터 제132조까지를 적용할 때에는 공무원으로 본다.

제9장 벌 칙
(2011.7.25 본장제목개정)

제31조【벌칙】 ① 다음 각 호의 어느 하나에 해당하는 자는 5년 이하의 징역 또는 5천만원 이하의 벌금에 처한다.(2015.2.3 본문개정)
1. 제15조제1항을 위반하여 연근을 거짓으로 표시하여 판매한 제조자
2. 제19조제1항을 위반하여 연근표시를 제거 또는 변경하여 홍삼, 태극삼, 백삼 또는 그 밖의 인삼을 판매하거나 판매할 목적으로 보관 또는 진열한 자
3. 제19조제2항을 위반하여 미검사품 또는 불합격품을 판매·수출하거나 판매의 목적으로 보관 또는 진열한 자
4. 제19조제4항을 위반하여 자체검사필증 또는 검사증지를 붙이거나 인쇄한 검사품의 포장을 뜯어 판매의 목적으로 보관 또는 진열하거나 그 내용물이나 포장단위를 변경한 자
② 다음 각 호의 어느 하나에 해당하는 자는 1년 이하의 징역 또는 1천만원 이하의 벌금에 처한다.
1. 제12조제1항에 따른 신고를 하지 아니하고 홍삼이나 5년근 이상의 태극삼, 백삼 또는 그 밖의 인삼을 제조·판매한 자
2. 제15조제2항에 따른 제조기준을 위반하여 홍삼, 태극삼, 백삼 또는 그 밖의 인삼을 제조한 자
3. 제15조제3항에 따른 관계 직원의 제조확인을 정당한 이유 없이 거부·방해 또는 기피한 자
4. 제17조의4제2항에 따른 명령을 위반하거나 압류를 거부·방해 또는 기피한 자
5. 제19조제3항에 따른 명령을 위반하거나 압류를 거부·방해 또는 기피한 자
(2011.7.25 본조개정)
제32조【양벌규정】 법인의 대표자나 법인 또는 개인의 대리인, 사용인, 그 밖의 종업원이 그 법인 또는 개인의 업무에 관하여 제31조의 위반행위를 하면 그 행위자를 벌하는 외에 그 법인 또는 개인에게도 해당 조문의 벌금형을 과(科)한다. 다만, 법인 또는 개인이 그 위반행위를 방지하기 위하여 해당 업무에 관하여 상당한 주의와 감독을 게을리하지 아니한 경우에는 그러하지 아니하다.
(2010.3.17 본조개정)
제33조【과태료】 ① 다음 각 호의 어느 하나에 해당하는 자에게는 500만원 이하의 과태료를 부과한다.
1. 제8조제3항을 위반하여 잔류성농약 또는 화학비료를 사용한 자
2. 제12조제1항에 따른 신고를 하지 아니하고 4년근 이하의 태극삼, 백삼 또는 그 밖의 인삼을 제조·판매한 자
3. 제12조제3항을 위반하여 중요 사항 변경, 휴업 또는 영업재개에 관한 신고를 하지 아니한 인삼류제조업자
4. 인삼류제조업자의 지위를 승계한 자로서 제14조제2항에 따른 신고를 하지 아니하고 홍삼, 태극삼, 백삼 또는 그 밖의 인삼을 제조·판매한 자
5. 제17조제2항에 따른 검사기록서를 보존하지 아니한 인삼류검사기관과 자체검사업체
6. 제17조제4항을 위반하여 자체검사필증 또는 검사증지를 붙이지 아니하거나 인쇄하지 아니하고 홍삼, 태극삼, 백삼 또는 그 밖의 인삼을 판매한 자
7. 제17조제5항을 위반하여 자체검사성적서 등을 제출하지 아니한 자
8. 제17조의2제3항에 따른 변경신고를 하지 아니한 자
9. 제17조의5제1항을 위반하여 교육을 받지 아니한 검사원으로 하여금 검사하게 한 자체검사업체
10. 제29조제1항에 따른 조사 등에 대하여 정당한 이유 없이 거부한 자
② 다음 각 호의 어느 하나에 해당하는 자에게는 300만원 이하의 과태료를 부과한다.
1. 제4조제1항을 위반하여 신고를 하지 아니하고 인삼을 경작한 자
2. 제4조제2항을 위반하여 상속·양수 또는 합병의 신고를 하지 아니한 자
(2023.6.20 본항신설)
③ 제1항 및 제2항에 따른 과태료는 대통령령으로 정하는 바에 따라 농림축산식품부장관, 국립농산물검사기관의 장 또는 시장·군수가 부과·징수한다.(2023.6.20 본항개정)
(2011.7.25 본조개정)

부 칙 (2011.7.25)

제1조【시행일】 이 법은 공포 후 6개월이 경과한 날부터 시행한다. 다만, 제12조제3항, 제7항부터 제9항까지 및 제33조제1항제3호의 개정규정은 공포한 날부터 시행한다.
제2조【과태료에 관한 적용례】 제33조제1항제3호의 개정규정은 이 법 시행 전의 위반행위에 대하여도 적용한다. 다만, 이 법 시행 전에 이미 행하여진 과태료 부과처분의 효력에 영향을 미치지 아니한다.

부 칙 (2021.11.30)

제1조【시행일】 이 법은 공포 후 1개월이 경과한 날부터 시행한다.
제2조【경작신고에 관한 적용례】 제4조제3항 및 제4항의 개정규정은 이 법 시행 이후 조합등이 경작신고 또는 변경신고를 받은 경우부터 적용한다.
제3조【인삼류제조업 신고에 관한 적용례】 제12조제4항 및 제5항의 개정규정은 이 법 시행 이후 시장·군수가 인삼류제조업 신고 또는 변경신고를 받은 경우부터 적용한다.
제4조【영업자의 지위승계 신고에 관한 적용례】 제14조제3항 및 제4항의 개정규정은 이 법 시행 이후 시장·군수가 영업자의 지위승계 신고를 받은 경우부터 적용한다.
제5조【자체검사업체의 변경신고에 관한 적용례】 제17조의2제4항 및 제5항의 개정규정은 이 법 시행 이후 국립농산물검사기관의 장이 자체검사업체의 변경신고를 받은 경우부터 적용한다.

부 칙 (2023.6.20)

제1조【시행일】 이 법은 공포 후 6개월이 경과한 날부터 시행한다.
제2조【인삼의 경작신고에 관한 경과조치】 이 법 시행 당시 인삼의 경작신고를 하지 아니하고 경작하고 있는 인삼에 대하여는 제4조제1항 및 제2항의 개정규정에도 불구하고 종전의 규정에 따른다.

金融編

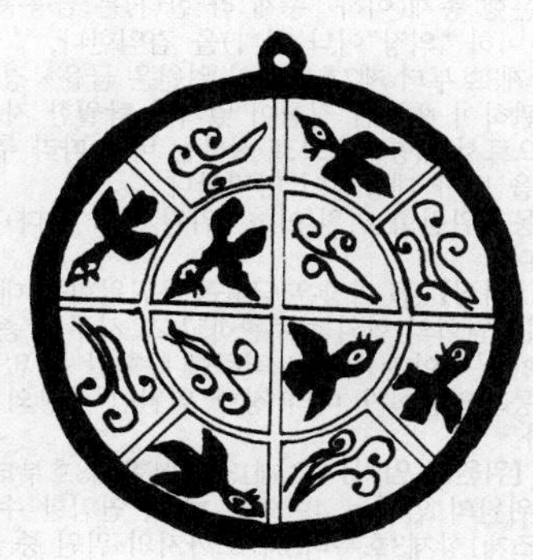

高麗 銅鏡(紋樣)

한국은행법

(1997년 12월 31일 전개법률 제5491호)

개정
1999. 9. 7법 6018호(농협)
2000. 1.28법 6256호(수협)
2000.10.23법 6274호(금융지주회사법)
2001. 3.28법 6429호(상호저축은행법)
2002.12.30법 6836호(국고금관리법)
2003. 9. 3법 6971호
2006.10. 4법 8050호(국가재정법)
2008. 2.29법 8852호(정부조직)
2008. 2.29법 8863호(금융위원회의설치등에관한법)
2010. 5.17법10303호(은행법)
2011. 3.31법10522호(농협)
2011. 9.16법11051호
2012. 3.21법11380호
2016. 3.29법14101호
2016. 5.29법14242호(수협)
2018. 3.13법15427호
2023. 5.16법19409호(국가유산기본법)

제1장 총 칙
(2016.3.29 본장개정)

제1조【목적】 ① 이 법은 한국은행을 설립하고 효율적인 통화신용정책의 수립과 집행을 통하여 물가안정을 도모함으로써 국민경제의 건전한 발전에 이바지함을 목적으로 한다.
② 한국은행은 통화신용정책을 수행할 때에는 금융안정에 유의하여야 한다.
제2조【법인격】 한국은행은 무자본 특수법인으로 한다.
제3조【한국은행의 중립성】 한국은행의 통화신용정책은 중립적으로 수립되고 자율적으로 집행되도록 하여야 하며, 한국은행의 자주성은 존중되어야 한다.
제4조【정부 정책과의 조화 등】 ① 한국은행의 통화신용정책은 물가안정을 해치지 아니하는 범위에서 정부의 경제정책과 조화를 이룰 수 있도록 하여야 한다.
② 한국은행은 통화신용정책을 수행할 때에는 시장기능을 중시하여야 한다.
제5조【한국은행의 공공성·투명성】 한국은행은 업무를 수행하고 기관을 운영할 때에는 공공성과 투명성을 확보하도록 노력하여야 한다.
제6조【통화신용정책 운영방향의 수립 등】 ① 한국은행은 정부와 협의하여 물가안정목표를 정한다.
② 한국은행은 매년 통화신용정책 운영방향을 수립하여 공표하여야 한다.
③ 한국은행은 제1항에 따른 물가안정목표를 달성하기 위하여 최선을 다하여야 한다.
제7조【사무소】 한국은행은 주된 사무소를 서울특별시에 두며, 업무수행상 필요하다고 인정할 때에는 정관(定款)으로 정하는 바에 따라 지사무소(支事務所) 및 대리점을 둘 수 있다.
제8조【정관】 ① 한국은행의 정관에는 다음 각 호의 사항이 포함되어야 한다.
1. 목적
2. 명칭
3. 사무소·지사무소 및 대리점에 관한 사항
4. 집행간부 및 직원에 관한 사항
5. 업무와 그 집행에 관한 사항
6. 예산 및 회계에 관한 사항
7. 공고 및 공표의 방법
8. 그 밖에 대통령령으로 정하는 사항
② 한국은행은 제12조에 따른 금융통화위원회의 심의·의결을 거쳐 정관을 변경할 수 있다.
제9조【등기】 ① 한국은행은 대통령령으로 정하는 바에 따라 등기하여야 한다.
② 한국은행은 주된 사무소의 소재지에서 설립등기를 함으로써 성립한다.
③ 한국은행은 등기를 하여야 하는 사항에 관하여는 그 등기를 한 후가 아니면 제3자에게 대항할 수 없다.
제10조【유사명칭의 사용금지】 한국은행이 아닌 자는 한국은행 또는 이와 유사한 명칭을 사용해서는 아니 된다.
제11조【금융기관의 범위】 ① 이 법에서 "금융기관"이란 「은행법」 제2조에 따른 은행과 「금융지주회사법」에 따른 은행지주회사를 말한다.
② (2016.5.29 삭제)
③ 보험회사와 상호저축은행업무 또는 신탁업무만을 하는 회사는 금융기관으로 보지 아니한다.

제2장 금융통화위원회
(2016.3.29 본장개정)

제1절 금융통화위원회의 구성

제12조【설치】 한국은행에 정책결정기구로서 금융통화위원회를 둔다.
제13조【구성】 ① 금융통화위원회는 다음의 7명의 위원으로 구성한다.
1. 한국은행 총재
2. 한국은행 부총재
3. 기획재정부장관이 추천하는 위원 1명
4. 한국은행 총재가 추천하는 위원 1명
5. 금융위원회 위원장이 추천하는 위원 1명
6. 대한상공회의소 회장이 추천하는 위원 1명
7. 사단법인 전국은행연합회 회장이 추천하는 위원 1명
② 한국은행 총재(이하 "총재"라 한다)는 금융통화위원회 의장(이하 "의장"이라 한다)을 겸임한다.
③ 제1항제3호부터 제7호까지의 위원은 금융·경제 또는 산업에 관하여 풍부한 경험이 있거나 탁월한 지식을 가진 사람으로서 대통령령으로 정하는 바에 따라 추천기관의 추천을 받아 대통령이 임명한다.
④ 금융통화위원회 위원(이하 "위원"이라 한다)은 상임으로 한다.
제14조【의장】 ① 의장은 금융통화위원회를 대표하며, 금융통화위원회의 회의를 주관하고 그 사무를 총괄한다.
② 의장이 부득이한 사유로 직무를 수행할 수 없을 때에는 금융통화위원회가 미리 정한 위원이 의장의 직무를 대행한다.
제15조【위원의 임기】 ① 제13조제1항제3호부터 제7호까지의 위원의 임기는 4년으로 하며, 연임할 수 있다.
② 제13조제1항제3호부터 제7호까지의 위원 중 전임(前任)위원의 임기만료 즉시 임명되지 아니한 위원의 경우(전임위원과 추천기관이 같은 경우를 말한다) 제1항의 임기는 전임위원의 임기만료 즉시 개시된 것으로 본다.(2018.3.13 본항신설)
제16조【보궐위원의 임기】 제13조제1항제3호부터 제7호까지의 위원에 결원이 생겼을 때에는 새로 임명하며, 새로 임명된 위원의 임기는 전임자 임기의 남은 기간으로 한다.
제17조【위원의 결격사유】 다음 각 호의 어느 하나에 해당하는 사람은 위원이 될 수 없다.
1. 대한민국 국민이 아닌 사람
2. 「국가공무원법」 제33조 각 호의 어느 하나에 해당하는 사람
제18조【위원의 신분보장 등】 ① 위원은 다음 각 호의 어느 하나에 해당하는 경우를 제외하고는 임기 중 그 의사(意思)에 반하여 해임되지 아니한다.
1. 제17조 각 호의 어느 하나에 해당하는 경우
2. 심신의 장애로 인하여 직무를 수행할 수 없게 된 경우
3. 이 법에 따른 직무상의 의무를 위반하여 위원으로서의 직무수행이 부적당하게 된 경우
② 위원이 제1항의 사유로 해임되는 경우 해임되기 전에 위원으로서 한 행위는 그 효력을 상실하지 아니한다.
제19조【정치활동의 금지】 위원은 「정당법」 제22조에도 불구하고 정당에 가입할 수 없으며, 정치운동에 관여할 수 없다.
제20조【겸직 등의 금지】 위원은 재직 중 다음 각 호의 어느 하나에 해당하는 직(職)을 겸하거나 영리를 목적으로 하는 사업을 해서는 아니 된다.
1. 국회의원 또는 지방의회의원의 직
2. 국가공무원 또는 지방공무원의 직
3. 그 밖에 보수를 받는 직

제2절 금융통화위원회의 운영

제21조【회의】 ① 금융통화위원회의 회의는 의장이 필요하다고 인정하는 경우 또는 위원 2명 이상이 요구하는 경우에 의장이 소집한다.
② 금융통화위원회의 회의는 이 법에 특별한 규정이 있는 경우를 제외하고는 위원 5명 이상의 출석과 출석위원 과반수의 찬성으로 의결한다.
③ 위원은 2명 이상의 찬성으로 의안을 발의할 수 있다. 다만, 의장은 단독으로 의안을 발의할 수 있다.
제22조【출석 발언 등】 ① 한국은행 부총재보는 금융통화위원회의 회의에 출석하여 발언할 수 있다.
② 금융통화위원회는 필요한 경우 관계 전문가 등을 회의에 출석시켜 의견을 들을 수 있다.
제23조【위원의 제척】 위원은 다음 각 호의 어느 하나에 해당하는 사항에 관한 심의·의결에서 제척(除斥)된다.
1. 자기와 직접적인 이해관계가 있는 사항
2. 배우자, 4촌 이내의 혈족 또는 2촌 이내의 인척의 관계에 있는 사람과 직접적인 이해관계가 있는 사항
제24조【의결서 작성 등】 ① 금융통화위원회가 의결을 하였을 때에는 의결서를 작성하여 의결에 참여한 위원이 기명(記名)하고 날인(捺印) 또는 서명(署名)하여야 한다.
② 금융통화위원회는 의사록을 작성하고, 금융통화위원회가 정하는 바에 따라 공개하여야 한다.
③ 제2항에도 불구하고 금융통화위원회는 국회 소관 상임위원회가 요구할 경우 다음 각 호의 어느 하나에 해당하는 자료를 비공개로 제출하여야 한다. 다만, 제2호의 경우에는 해당 금융통화위원회 개최 후 4년이 지난 경우로 한정한다.
1. 금융통화위원회 의결서
2. 익명으로 처리된 금융통화위원회 의사록 전문(全文)
제25조【손해배상책임】 ① 금융통화위원회가 고의 또는 중대한 과실로 인하여 한국은행에 손해를 끼친 경우에는 해당 회의에 출석한 모든 위원은 한국은행에 대하여 연대(連帶)하여 손해배상책임을 진다. 다만, 그 회의에서 명백히 반대의사를 표시한 위원은 그러하지 아니하다.
② 제1항에 따른 손해배상을 위한 소송에서는 감사가 한국은행을 대표한다.
제26조【긴급조치】 ① 총재는 내우외환·천재지변 또는 중대한 재정상·경제상의 위기로 인하여 통화신용정책에 관하여 긴급조치가 필요한 경우로서 금융통화위원회를 소집할 시간적 여유가 없을 때에는 금융통화위원회의 권한 범위에서 필요한 조치를 할 수 있다.
② 총재는 제1항에 따라 조치를 하였을 때에는 지체 없이 금융통화위원회의 회의를 소집하고 그 내용을 보고하여야 한다.
③ 금융통화위원회는 제1항에 따른 조치를 확인·수정 또는 정지할 수 있다.
제27조【회의 운영】 금융통화위원회의 회의 운영에 필요한 사항은 대통령령으로 정한다.

제3절 금융통화위원회의 권한

제28조【통화신용정책에 관한 의결】 금융통화위원회는 통화신용정책에 관한 다음 각 호의 사항을 심의·의결한다.
1. 한국은행권(韓國銀行券) 발행에 관한 기본적인 사항
2. 금융기관의 지급준비율, 최저지급준비금의 보유기간 및 보유방법
3. 한국은행의 금융기관에 대한 재할인 또는 그 밖의 여신업무(與信業務)의 기준 및 이자율
4. 한국은행의 금융기관에 대한 긴급여신에 관한 기본적인 사항
5. 한국은행이 여신을 거부할 수 있는 금융기관의 지정
6. 공개시장에서의 한국은행의 국채 또는 정부보증증권 등의 매매 및 대차(貸借)에 관한 기본적인 사항
7. 한국은행통화안정증권의 발행·매출·환매(還買) 및 상환(償還) 등에 관한 기본적인 사항
8. 한국은행통화안정계정의 설치 및 운용에 관한 기본적인 사항
9. 금융기관으로부터의 자금조달에 중대한 애로가 발생하거나 발생할 가능성이 높은 경우 금융기관 외의 영리기업에 대한 여신의 기본적인 사항
10. 제81조에 따른 지급결제제도의 운영·관리에 관한 기본적인 사항
11. 금융기관 및 지급결제제도 운영기관에 대한 자료 제출 요구. 다만, 통화신용정책의 수립 및 지급결제제도의 원활한 운영을 위하여 필요한 경우로 한정한다.
12. 제81조의2에 따른 일시적인 결제부족자금의 지원에 관한 사항
13. 제87조에 따른 금융기관 등에 대한 자료 제출 요구. 다만, 통화신용정책의 수립을 위하여 필요한 경우로 한정한다.
14. 금융감독원에 대한 금융기관 검사 및 공동검사 요구. 다만, 통화신용정책의 수립을 위하여 필요한 경우로 한정한다.
15. 금융기관의 각종 예금에 대한 이자나 그 밖의 지급금의 최고율
16. 금융기관의 각종 대출 등 여신업무에 대한 이자나 그 밖의 요금의 최고율
17. 금융기관 대출의 최장기한 및 담보의 종류에 대한 제한
18. 극심한 통화팽창기(通貨膨脹期) 등 국민경제상 절실한 경우 일정한 기간 내의 금융기관의 대출과 투자의 최고한도 또는 분야별 최고한도의 제한
19. 극심한 통화팽창기 등 국민경제상 절실한 경우 금융기관의 대출에 대한 사전 승인
20. 그 밖에 이 법과 다른 법률에서 금융통화위원회의 권한으로 규정된 사항

제29조【한국은행의 운영에 관한 의결】 금융통화위원회는 한국은행의 운영에 관한 다음 각 호의 사항을 심의·의결한다.
1. 한국은행의 정관 변경에 관한 사항
2. 한국은행의 조직 및 기구에 관한 사항
3. 한국은행의 예산 및 결산에 관한 사항
4. 한국은행 소속 직원의 보수기준에 관한 사항
5. 그 밖에 한국은행의 운영과 관련하여 이 법 또는 정관에서 금융통화위원회의 권한으로 규정된 사항

제30조【규정의 제정】 금융통화위원회는 그 직무를 수행하기 위하여 필요한 규정(規程)을 제정할 수 있다.
제31조【위원 업무의 보좌】 금융통화위원회는 한국은행 소속 직원으로 하여금 위원의 업무를 보좌하게 할 수 있다.

제3장 집행기관 및 감사
(2016.3.29 본장개정)

제1절 집행기관

제32조【집행간부】 한국은행에 집행간부로서 총재 및 부총재 각 1명과 부총재보 5명 이내를 둔다.
제33조【총재】 ① 총재는 국무회의 심의와 국회 인사청문을 거쳐 대통령이 임명한다.
② 총재의 임기는 4년으로 하며, 한 차례만 연임할 수 있다.
제34조【총재의 권한과 의무】 ① 총재는 한국은행을 대표하고 그 업무를 총괄한다.
② 총재는 금융통화위원회가 수립한 정책을 수행하며, 이 법과 정관에 따라 부여된 그 밖의 권한을 행사한다.
③ 총재는 금융통화위원회가 유의하여야 할 사항을 수시로 통보하며, 금융통화위원회의 심의·의결을 위하여 필요한 자료와 의견을 제공할 의무를 진다.
제35조【대리인의 선임】 ① 총재는 부총재·부총재보 및 직원 중에서 한국은행의 업무에 관하여 재판상 또는 재판 외의 모든 행위를 할 권한이 있는 대리인을 선임할 수 있다.
② 제1항에 따라 재판상 대리인으로 선임될 수 있는 직원의 범위는 대통령령으로 정한다.
제36조【부총재】 ① 부총재는 총재가 추천하여 대통령이 임명한다.
② 부총재의 임기는 3년으로 하며, 한 차례만 연임할 수 있다.
제36조의2【부총재보】 ① 부총재보는 총재가 임명한다.
② 부총재보의 임기는 3년으로 하며, 한 차례만 연임할 수 있다.
제37조【부총재 등의 직무】 부총재는 총재를 보좌하고, 부총재보는 총재와 부총재를 보좌하며, 각자 정관으로 정하는 바에 따라 업무를 나누어 맡는다.
제38조【부총재보의 해임】 총재는 부총재보가 다음 각 호의 어느 하나에 해당하는 경우에는 해임할 수 있다.
1. 파산선고를 받은 경우
2. 금고 이상의 형 또는 이 법이나 그 밖의 금융 관련 법령(외국의 금융 관련 법령을 포함한다)에 따라 벌금 이상의 형을 선고받은 경우
3. 심신의 장애로 인하여 직무를 수행할 수 없게 된 경우
4. 이 법이나 이에 따른 명령 또는 정관을 위반한 경우

제39조【직원의 임면】 한국은행의 직원은 총재가 임면(任免)한다.
제40조【집행기관의 책무】 ① 총재·부총재·부총재보 및 직원은 금융통화위원회가 수립한 통화신용정책을 성실히 집행하여야 한다.
② 금융통화위원회는 총재·부총재·부총재보 및 직원의 업무수행에 대하여 필요한 경우 총재에게 시정을 요구하거나 징계를 요구할 수 있다.
제41조【겸직 제한】 총재·부총재·부총재보 및 직원은 그 직무 외의 영리를 목적으로 하는 업무에 종사할 수 없으며, 해당 임명권자의 승인을 받지 아니하고는 다른 직무를 겸할 수 없다.
제42조【청렴 및 비밀유지 의무】 ① 총재·부총재·부총재보 및 직원은 금융기관 또는 그 기관의 임직원에게 여신을 강요하거나 금품이나 그 밖의 이익을 받아서는 아니 된다.
② 총재·부총재·부총재보 및 직원 또는 그 직에 있었던 사람은 직무상 알게 된 정보를 다른 사람에게 누설하거나 직무 외의 목적으로 사용해서는 아니 된다.

제2절 감 사

제43조【임명】 ① 한국은행에 감사(監事) 1명을 둔다.
② 감사는 기획재정부장관의 추천으로 대통령이 임명한다.
제44조【임기】 감사의 임기는 3년으로 하며, 한 차례만 연임할 수 있다.
제45조【임무】 ① 감사는 한국은행의 업무를 상시 감사(監査)하며, 그 결과를 수시로 금융통화위원회에 보고하여야 한다.
② 감사는 매년 종합감사보고서를 작성하여 정부와 금융통화위원회에 제출하여야 한다.
③ 총재는 감사의 직무수행상 필요한 직원의 임면에 관하여 감사와 협의하여야 한다. 다만, 정관으로 정하는 하급 직원의 임면에 관하여는 그러하지 아니하다.
제46조【감사의 겸직 제한 등】 감사의 해임, 겸직 제한, 청렴 및 비밀유지 의무에 관하여는 제38조, 제41조 및 제42조를 준용한다.

제4장 한국은행의 업무
(2016.3.29 본장제목개정)

제1절 한국은행권의 발행
(2016.3.29 본절제목개정)

제47조【화폐의 발행】 화폐의 발행권은 한국은행만이 가진다.(2016.3.29 본조개정)
제47조의2【화폐단위】 ① 대한민국의 화폐단위는 원으로 한다.
② 원은 계산의 단위가 되고 100전으로 분할된다.
③ 원은 영문으로 WON으로 표기한다.
④ 전은 영문으로 JEON으로 표기한다.
(2012.3.21 본조신설)
제48조【한국은행권의 통용】 한국은행이 발행한 한국은행권은 법화(法貨)로서 모든 거래에 무제한 통용된다.
(2016.3.29 본조개정)
제49조【한국은행권의 권종 등】 한국은행은 정부의 승인을 받아 금융통화위원회가 정하는 바에 따라 어떠한 규격·모양 및 권종(券種)의 한국은행권도 발행할 수 있다.
(2016.3.29 본조개정)
제49조의2【위조·변조된 한국은행권의 집중 관리】 ① 한국은행은 위조되거나 변조(變造)된 한국은행권에 대한 수사 및 재판이 끝난 후에는 그 위조 또는 변조된 한국은행권을 한국은행에 집중하여 관리할 수 있다.
② 제1항에 따른 위조 또는 변조된 한국은행권의 집중관리를 위하여 필요한 사항은 한국은행이 관계 기관과 협의하여 정한다.
(2016.3.29 본조개정)
제50조【한국은행 보유 한국은행권】 한국은행이 보유하는 한국은행권은 한국은행의 자산 또는 부채가 되지 아니한다.(2016.3.29 본조개정)
제51조【한국은행의 채권회수 등】 ① 한국은행은 한국은행권으로 채권을 회수하며 한국은행권으로 예금을 받아야 한다. 다만, 예금거래는 한국은행에 예금할 수 있는 자로 한정한다.
② 한국은행은 예금자의 요구에 의하여 즉시 한국은행권으로 예금을 돌려주어야 한다. 다만, 환급기(還給期)에 관하여 약정이 있는 경우에는 그 환급기가 된 후 돌려준다.
(2016.3.29 본조개정)
제52조【한국은행권의 교환 등】 ① 한국은행은 보유하고 있는 한국은행권의 사정이 허용하는 한 한국은행권 권종 간의 교환 요구에 따라야 한다.
② 한국은행은 훼손·오염 또는 그 밖의 사유로 통용에 적합하지 아니한 한국은행권을 신권(新券)으로 교환하여야 한다.
(2016.3.29 본조개정)
제53조【주화의 발행】 ① 한국은행은 주화(鑄貨)를 발행할 수 있다.
② 제1항에 따른 주화에 관하여는 제48조, 제49조, 제49조의2 및 제50조부터 제52조까지의 규정을 준용한다.
(2016.3.29 본조개정)
제53조의2【주화의 훼손 금지】 누구든지 한국은행의 허가 없이 영리를 목적으로 주화를 다른 용도로 사용하기 위하여 융해·분쇄·압착 또는 그 밖의 방법으로 훼손해서는 아니 된다.(2016.3.29 본조개정)
제53조의3【기념화폐의 발행】 한국은행은 널리 업적을 기릴 필요가 있는 인물이나, 국내외적으로 뜻깊은 사건 또는 행사, 「국가유산기본법」 제3조에 따른 국가유산 등을 기념하기 위한 한국은행권 또는 주화를 발행할 수 있다.
(2023.5.16 본조개정)

제2절 금융기관의 예금과 지급준비
(2016.3.29 본절개정)

제54조【한국은행의 예금 수입】 한국은행은 금융기관의 예금을 받을 수 있다.
제55조【지급준비금의 예치 등】 ① 금융기관은 예금채무와 그 밖에 대통령령으로 정하는 채무(이하 "지급준비금 적립대상 채무"라 한다)에 대하여 제56조에 따른 지급준비율을 적용하여 산정한 금액 이상의 금액을 지급준비금으로 보유하여야 한다.
② 제1항에 따른 지급준비금에 대해서는 금융통화위원회가 정하는 바에 따라 이자를 지급할 수 있다.
제56조【지급준비율의 결정 등】 ① 금융통화위원회는 각 금융기관이 보유하여야 할 지급준비금의 최저율(이하 "지급준비율"이라 한다)을 정하며, 필요하다고 인정할 때에는 이를 변경할 수 있다.
② 지급준비율은 제57조에서 규정하는 경우를 제외하고는 100분의 50 이하로 하며, 모든 금융기관에 일률적으로 적용한다.
제57조【한계지급준비금】 금융통화위원회는 현저한 통화팽창기에 필요하다고 인정하는 경우에는 금융통화위원회가 지정하는 날의 지급준비금 적립대상 채무액을 초과하는 증가액에 대하여 지급준비율을 적용하여 산정한 금액을 초과하여 전액까지를 최저지급준비금으로 추가로 보유하도록 요구할 수 있다.
제58조【지급준비금 적립대상 채무의 종류별·규모별 지급준비율】 금융통화위원회는 필요하다고 인정하는 경우에는 제55조 및 제57조의 범위에서 지급준비금 적립대상 채무의 종류별 및 규모별로 지급준비율을 달리 정할 수 있다.
제59조【최저지급준비금의 계산】 ① 각 금융기관이 보유할 최저지급준비금은 금융통화위원회가 정하는 바에 따라 월별로 계산한다.
② 각 금융기관의 최저지급준비금은 대한민국에 있는 그 본점·지점 및 출장소를 종합하여 계산한다.
제60조【과태금의 부과 등】 ① 제28조제2호에 따라 금융통화위원회가 정한 최저지급준비금 보유기간 중 보유한 지급준비금이 제59조에 따라 산출된 최저지급준비금에 미치지 못한 경우에는 해당 금융기관은 그 최저지급준비금 보유기간 동안의 평균 부족액의 50분의 1에 해당하는 과태금을 한국은행에 내야 한다.
② 지급준비금 부족이 연속하여 3기(期)의 최저지급준비금 보유기간에 걸쳐 계속된 경우에는 금융통화위원회는 해당 금융기관에 대하여 최저지급준비금을 1기의 최저지급준비금 보유기간 이상 보유할 때까지 신규의 대출·투자 또는 주주에 대한 배당금의 지급 등을 금지할 수 있다.
제61조【지급준비율의 인상】 금융통화위원회가 지급준비율을 인상하는 경우에는 점진적으로 하여야 하며, 모든 금융기관에 사전에 통보하여야 한다.
제62조【지급준비금의 사용】 한국은행에 보유된 지급준비금은 금융통화위원회가 정하는 바에 따라 한국은행 또는 다른 금융기관에 대한 결제자금으로 사용할 수 있다.
제63조【지급준비자산제도】 금융통화위원회는 필요하다고 인정하는 경우 대통령령으로 정하는 바에 따라 금융기관에 지급준비금과는 별도의 지급준비자산을 보유하도록 요구할 수 있다.

제3절 금융기관에 대한 대출
(2016.3.29 본절개정)

제64조【금융기관에 대한 여신업무】 ① 한국은행은 금융통화위원회가 정하는 바에 따라 금융기관에 대하여 다음 각 호의 여신업무를 할 수 있다.
1. 금융기관이 받은 약속어음·환어음 또는 그 밖의 신용증권의 재할인·할인 및 매매. 다만, 한국은행이 취득한 날부터 1년 이내에 만기가 되는 증권으로 한정한다.
2. 다음 각 목의 어느 하나에 해당하는 증권을 담보로 하는 1년 이내의 기한부(期限附) 대출
가. 제1호의 신용증권
나. 정부의 채무 또는 정부가 보증한 채무를 표시하는 유통증권
다. 한국은행의 채무를 표시하는 유통증권
라. 그 밖에 금융통화위원회가 정한 증권

② 제1항에 따라 재할인·할인 또는 매입하거나 담보로서 취득한 신용증권에는 그 증권을 제공한 금융기관의 배서(背書)가 있거나 양도증서가 첨부되어야 한다.
제65조【금융기관에 대한 긴급여신】 ① 한국은행은 다음 각 호의 어느 하나에 해당하는 경우에는 위원 4명 이상의 찬성으로 금융기관에 대한 긴급여신을 할 수 있다. 이 경우 제64조제1항에 따른 담보 외에 임시로 적격성을 부여한 자산도 담보로 할 수 있다.
1. 자금 조달 및 운용의 불균형 등으로 유동성이 악화된 금융기관에 긴급히 여신을 하는 경우
2. 전산정보처리조직의 장애나 그 밖의 우발적 사고 등으로 인하여 금융기관에 지급자금의 일시적 부족이 발생함으로써 업무수행에 현저한 지장이 초래될 것으로 인정되어 일시적으로 여신을 하는 경우

② 제1항제1호에 따라 여신을 받은 금융기관에 대해서는 이를 상환할 때까지 금융통화위원회가 대출과 투자를 제한할 수 있다.
③ 한국은행은 제1항에 따른 여신과 관련하여 필요하다고 인정하는 경우에는 해당 금융기관의 업무와 재산상황을 조사·확인할 수 있다.
④ 금융통화위원회는 제1항에 따른 긴급여신을 의결하려는 경우 정부의 의견을 들어야 한다.
제66조【한국은행의 융자 거부 등】 ① 한국은행에 융자를 신청한 금융기관이 다른 금융기관에 비하여 한국은행의 여신에 지나치게 의존하여 왔거나 불건전한 대출방침 또는 투자방침을 지속하여 왔다고 금융통화위원회가 인정하는 경우 한국은행은 해당 금융기관에 대한 융자를 거부할 수 있다.

金融

② 금융통화위원회는 제1항에 해당되는 금융기관에 여신을 허용하는 경우 해당 금융기관에 대한 여신에 적용하는 할인율 또는 이율을 인상할 수 있다.
제67조【한국은행의 여신 제한】 한국은행은 극심한 통화팽창기에는 금융기관에 대한 여신을 제한하여야 하며, 부득이한 경우에만 신규로 여신하되 조속히 여신액을 감축하도록 노력하여야 한다.

제4절 공개시장에서의 증권 매매 등
(2016.3.29 본절개정)

제68조【공개시장 조작】 ① 한국은행은 금융통화위원회가 정하는 바에 따라 통화신용정책을 수행하기 위하여 자기계산으로 다음 각 호의 증권을 공개시장에서 매매하거나 대차할 수 있다.
1. 국채(國債)
2. 원리금 상환을 정부가 보증한 유가증권
3. 그 밖에 금융통화위원회가 정한 유가증권
② 제1항 각 호의 유가증권은 자유롭게 유통되고 발행조건이 완전히 이행되고 있는 것으로 한정한다.
제69조【한국은행통화안정증권】 ① 한국은행은 법률과 금융통화위원회가 정하는 바에 따라 한국은행통화안정증권(이하 "통화안정증권"이라 한다)을 공개시장에서 발행할 수 있다.
② 한국은행은 통화안정증권을 환매하거나 만기일 전에 액면금액으로 추첨상환(抽籤償還)할 수 있다.
③ 통화안정증권의 이율·만기일 및 상환조건에 관한 사항은 금융통화위원회가 정한다.
④ 제2항에 따른 추첨상환은 금융통화위원회가 필요하다고 인정할 경우에만 할 수 있다.
⑤ 한국은행은 환매하거나 상환한 통화안정증권을 지체 없이 회수하여 폐기하여야 한다. 다만, 환매도(還賣渡)를 조건으로 매입하는 경우에는 그러하지 아니하다.
⑥ 한국은행이 보유하는 통화안정증권에 관하여는 제50조를 준용한다. 다만, 환매도를 조건으로 매입하는 경우에는 그러하지 아니하다.
제70조【한국은행통화안정계정의 설치】 ① 한국은행은 금융통화위원회가 정하는 바에 따라 한국은행통화안정계정을 설치하여 금융기관으로 하여금 그 계정에 예치하게 할 수 있다.
② 한국은행통화안정계정에 예치된 금액은 제4장제2절의 규정에 따른 지급준비금으로 보지 아니한다.

제5절 정부 및 정부대행기관과의 업무
(2016.3.29 본절개정)

제71조【예수기관】 한국은행은 대한민국 국고금의 예수기관(預受機關)으로서 「국고금 관리법」에서 정하는 바에 따라 국고금을 취급한다.
제72조【보호예수업무】 한국은행은 정부에 속하는 증권, 문서, 그 밖의 고가물(高價物)을 보호예수할 수 있다.
제73조【국가사무 취급】 한국은행은 법령에서 정하는 바에 따라 국가의 수입 징수를 보조하며, 국채의 발행·매각·상환 또는 그 밖의 사무를 취급할 수 있다.
제74조【수수료】 한국은행은 정부의 사무취급에 대하여 실비(實費)의 범위에서 요금 또는 수수료를 청구할 수 있다.
제75조【대정부 여신 등】 ① 한국은행은 정부에 대하여 당좌대출 또는 그 밖의 형식의 여신을 할 수 있으며, 정부로부터 국채를 직접 인수할 수 있다.
② 제1항에 따른 여신과 직접 인수한 국채의 총액은 금융기관과 일반에 대하여 정부가 부담하는 모든 채무를 합하여 국회가 의결한 기채(起債) 한도를 초과할 수 없다.
③ 제1항에 따른 여신에 대한 이율이나 그 밖의 조건은 금융통화위원회가 정한다.
제76조【정부보증채권의 직접인수】 ① 한국은행은 원리금 상환에 대하여 정부가 보증한 채권을 직접 인수할 수 있다.
② 제1항의 인수에 대한 이율이나 그 밖의 조건은 금융통화위원회가 정한다.
제77조【정부대행기관과의 여신·수신업무】 ① 한국은행은 정부대행기관의 예금을 받고, 이에 대하여 대출할 수 있다.
② 제1항에서 "정부대행기관"이란 생산·구매·판매 또는 배급에 있어서 정부를 위하여 공공의 사업 또는 기능을 수행하는 법인으로서 정부가 지정한 법인을 말한다.
③ 제1항에 따른 대출은 그 원리금 상환에 대하여 정부가 보증한 경우로 한정한다.
④ 금융통화위원회는 한국은행의 정부대행기관에 대한 대출이율이나 그 밖의 조건을 정한다.
제78조【정부대행기관에 대한 여신 제한】 한국은행은 극심한 통화팽창기에 정부대행기관에 대한 여신의 억제와 여신액의 감축을 위하여 노력하여야 한다.

제6절 민간에 대한 업무
(2016.3.29 본절개정)

제79조【민간과의 거래 제한】 한국은행은 이 법에서 정하는 경우를 제외하고는 정부·정부대행기관 또는 금융기관 외의 법인이나 개인과 예금 또는 대출의 거래를 하거나 정부·정부대행기관 또는 금융기관 외의 법인이나 개인의 채무를 표시하는 증권을 매입할 수 없다. 다만, 한국은행은 금융통화위원회가 정하는 바에 따라 업무수행에 필요하다고 인정하는 법인과 예금거래를 할 수 있다.
제80조【영리기업에 대한 여신】 ① 금융기관의 신용공여(信用供與)가 크게 위축되는 등 금융기관으로부터의 자금조달에 중대한 애로가 발생하거나 발생할 가능성이 높은 경우 한국은행은 제79조에도 불구하고 위원 4명 이상의 찬성으로 금융기관이 아닌 자로서 금융업을 하는 자 등 영리기업에 여신할 수 있다.
② 제1항에 따른 여신에 대해서는 금융통화위원회가 지정하는 조건을 준수하여야 한다.
③ 제1항에 따라 여신을 하는 경우에는 제65조제3항 및 제4항을 준용한다.

제7절 지급결제업무
(2016.3.29 본절개정)

제81조【지급결제업무】 ① 한국은행은 지급결제제도의 안전성과 효율성을 도모하기 위하여 한국은행이 운영하는 지급결제제도에 관하여 필요한 사항을 정할 수 있다.
② 한국은행은 한국은행 외의 자가 운영하는 지급결제제도에 대하여 필요한 경우 해당 운영기관 또는 감독기관에 운영기준 개선 등을 요청할 수 있다.
③ 한국은행은 지급결제제도의 원활한 운영을 위하여 제2항에 따른 지급결제제도의 운영기관에 지급결제 관련 자료를 요구할 수 있다. 이 경우 요구를 받은 기관은 이에 따라야 한다.
④ 한국은행은 제1항에 따른 지급결제제도의 참가기관에 필요한 자료의 제출을 요구할 수 있다.
제81조의2【일시 결제부족자금의 지원】 한국은행은 금융통화위원회가 정하는 바에 따라 한국은행이 직접 운영하는 지급결제제도의 참가기관에 일중(日中)의 일시적인 결제부족자금을 지원할 수 있다.

제8절 그 밖의 업무
(2016.3.29 본절개정)

제82조【외국환업무 등】 한국은행은 기획재정부장관의 인가를 받아 다음 각 호의 어느 하나에 해당하는 업무를 수행할 수 있다.
1. 외국환업무 및 외국환의 보유
2. 외국의 금융기관, 국제금융기구, 외국정부와 그 대행기관 또는 국제연합기구로부터의 예금의 수입(受入)
3. 귀금속의 매매
제82조의2【외화표시 자산의 운용 절차】 총재는 외화표시 자산의 운용과 관련된 주요 계획에 관하여 미리 금융통화위원회의 의견을 들어야 한다.
제83조【환율정책 등에 대한 협의】 한국은행은 정부의 환율정책, 외국환은행의 외화 여신·수신업무 및 외국환 매입·매도 초과액의 한도 설정에 관한 정책에 대하여 협의하는 기능을 수행한다.
제84조【환거래계약】 한국은행은 금융통화위원회가 정하는 바에 따라 금융기관과 환거래계약을 할 수 있다.
제85조【국제기구에서의 정부대표】 한국은행은 정부의 지시에 따라 대한민국이 회원으로 가입한 국제통화기구 또는 금융기구와의 사무·교섭 및 거래에서 정부를 대표한다.
제86조【통계자료의 수집·작성 등】 한국은행은 통화신용정책의 수립에 필요한 통화·은행업무·재정·물가·임금·생산·국제수지 또는 그 밖의 경제 일반에 관한 통계자료의 수집·작성과 경제에 관한 조사를 할 수 있으며, 이를 위하여 필요한 자료와 정보를 정부기관이나 지방자치단체, 법인 또는 개인에게 요구할 수 있다.
(2018.3.13 본조개정)

제5장 금융기관 검사 요구 등
(2016.3.29 본장개정)

제87조【자료제출요구권】 한국은행은 금융통화위원회가 통화신용정책 수행을 위하여 필요하다고 인정하는 경우 다음 각 호의 자에게 자료 제출을 요구할 수 있다. 이 경우 요구하는 자료는 자료 제출을 요구받는 자의 업무부담을 충분히 고려하여 필요한 최소한의 범위로 한정하여야 한다.
1. 금융기관
2. 금융기관이 아닌 자로서 금융업을 하는 자 중 한국은행과 당좌예금거래약정을 체결한 자
3. 제1호와 제2호 모두에 속하지 아니하는 자로서 「금융산업의 구조개선에 관한 법률」 제2조에 따른 금융기관 중 자산규모 등을 고려하여 대통령령으로 정하는 자
제88조【검사 및 공동검사의 요구 등】 ① 한국은행은 금융통화위원회가 통화신용정책 수행을 위하여 필요하다고 인정하는 경우 「금융위원회의 설치 등에 관한 법률」에 따라 설립된 금융감독원(이하 "금융감독원"이라 한다)에 구체적 범위를 정하여 금융기관에 대한 검사를 요구할 수 있으며, 필요시 한국은행 소속 직원이 금융감독원의 금융기관 검사에 공동으로 참여할 수 있도록 요구할 수 있다. 이 경우 금융감독원은 대통령령으로 정하는 바에 따라 지체 없이 이에 따라야 한다.
② 한국은행은 금융감독원에 제1항에 따른 검사 결과의 송부를 요청하거나 검사 결과에 따라 금융기관에 대한 필요한 시정조치를 요청할 수 있다. 이 경우 금융감독원은 이에 따라야 한다.
제89조【재의요구권】 ① 금융통화위원회는 금융위원회가 통화신용정책과 직접 관련되는 금융감독상의 조치를 하는 경우 이의가 있을 때에는 재의(再議)를 요구할 수 있다.
② 제1항에 따른 재의 요구가 있는 경우에 금융위원회가 재적위원 3분의 2 이상의 찬성으로 전과 같은 의결을 하였을 때에는 제1항의 조치는 확정된다.

제6장 정부 등과의 관계
(2016.3.29 본장개정)

제90조【총재의 국무회의 출석】 ① 총재는 금융통화에 관한 사항에 대하여 국무회의에 출석하여 발언할 수 있다.
② 정부는 총재에게 국무회의에 출석할 것을 요구할 수 있다.
제91조【열석 발언】 기획재정부차관 또는 금융위원회 부위원장은 금융통화위원회 회의에 열석(列席)하여 발언할 수 있다. 다만, 금융위원회 부위원장의 경우에는 금융위원회 소관 사항에 한정하여 열석하여 발언할 수 있다.
제92조【재의 요구】 ① 기획재정부장관은 금융통화위원회의 의결이 정부의 경제정책과 상충된다고 판단되는 경우에는 재의를 요구할 수 있다.
② 제1항에 따른 재의 요구가 있는 경우에 금융통화위원회가 위원 5명 이상의 찬성으로 전과 같은 의결을 하였을 때에는 대통령이 이를 최종 결정한다.
③ 기획재정부장관은 제1항에 따른 요구를 할 때에 대통령령으로 정하는 바에 따라 이를 즉시 공표하여야 한다.
제93조【정책 수립 시의 자문】 정부는 금융통화에 관한 중요한 정책을 수립할 때에는 금융통화위원회의 의견을 들어야 한다.
제94조【자료 협조】 기획재정부장관과 금융통화위원회 및 금융위원회는 정책 수립에 필요하다고 인정하는 경우 상호간에 자료를 요청할 수 있다. 이 경우 특별한 사유가 없으면 이에 따라야 한다.
제95조【감사원의 감사】 한국은행은 매년 감사원의 감사를 받는다.
제96조【국회 보고 등】 ① 한국은행은 매년 2회 이상 통화신용정책의 수행상황과 거시 금융안정상황에 대한 평가보고서를 작성하여 국회에 제출하여야 한다.
② 총재는 국회 또는 그 위원회가 제1항에 따라 제출한 보고서와 관련하여 출석을 요구하는 경우에는 출석하여 답변하여야 한다.

제7장 회계 등
(2016.3.29 본장개정)

제1절 회 계

제97조【회계연도】 한국은행의 회계연도는 정부의 회계연도에 따른다.
제98조【예산·결산】 ① 한국은행의 매 회계연도 예산은 금융통화위원회의 의결을 거쳐 확정한다.
② 한국은행은 제1항의 예산 중 급여성 경비 등 대통령령으로 정하는 예산에 대해서는 미리 기획재정부장관의 승인을 받아야 한다. 이 경우 지체 없이 국회 소관 상임위원회에 보고하여야 한다.
③ 한국은행은 해당 회계연도 개시 60일 전까지 기획재정부장관에게 제2항에 따른 예산의 예산서를 제출하여야 한다.
④ 총재는 회계연도가 끝난 후 2개월 이내에 외부감사를 받은 해당 연도 결산서(재무제표와 그 부속명세서 및 「공인회계사법」 제23조에 따른 회계법인의 감사보고서를 포함한다)를 국회 소관 상임위원회와 기획재정부장관에게 각각 제출하여야 한다.
제99조【이익금 처분】 ① 한국은행은 회계연도마다 결산상 순이익금을 자산의 감가상각에 충당한 후 나머지가 있을 때에는 결산상 순이익금의 100분의 30을 매년 적립하여야 한다.
② 한국은행은 결산상 순이익금을 제1항에 따라 적립한 후 나머지가 있을 때에는 정부의 승인을 받아 이를 특정한 목적을 위한 적립금으로 적립할 수 있다.
③ 한국은행은 결산상 순이익금을 제1항과 제2항에 따라 처분한 후 나머지가 있을 때에는 이를 정부에 세입(歲入)으로 납부하여야 한다.

제100조【손실보전】 한국은행의 회계연도에 있어서 발생한 손실은 적립금으로 보전(補塡)하고, 적립금이 부족할 때에는 「국가재정법」에서 정하는 바에 따라 정부가 보전한다.

제2절 대차대조표와 연차보고서 등

제101조【대차대조표의 공고】 ① 한국은행은 매월 20일 이내에 전월의 최종영업일 현재의 자산 및 부채를 일정한 항목으로 표시하는 대차대조표를 공고하여야 한다. 이 경우 매 회계연도 최종영업일 현재의 대차대조표는 해당 회계연도가 끝난 후 2개월 이내에 공고할 수 있다.
② 제1항에 따른 대차대조표에는 한국은행의 총재·감사 및 그 작성 담당 책임자가 기명하고 날인 또는 서명하여야 한다.

제102조【연차보고서의 공표】 ① 한국은행은 매 회계연도가 지난 후 3개월 이내에 해당 회계연도 중의 한국은행의 업무상태와 통화 및 정부의 외환에 관한 정책을 개략적으로 기술하고 금융경제상태를 분석한 연차보고서를 정부에 제출하고, 이를 공표하여야 한다.
② 제1항에 따른 연차보고서는 금융통화위원회의 의결을 거쳐야 한다.

제103조【영리행위의 금지 등】 한국은행은 직접·간접에 상관없이 영리행위를 하거나 영리기업의 소유 또는 운영에 참여할 수 없으며, 업무수행상 필요한 경우 외에는 부동산을 매입하거나 소유할 수 없다.

제8장 보 칙
(2016.3.29 본장개정)

제104조【벌칙】 제42조제2항(제46조에서 준용하는 경우를 포함한다)을 위반한 사람은 3년 이하의 징역 또는 2천만원 이하의 벌금에 처한다.

제105조【벌칙】 제10조를 위반한 자는 1년 이하의 징역 또는 1천만원 이하의 벌금에 처한다.

제105조의2【벌칙】 제53조의2를 위반하여 주화를 훼손한 자는 1년 이하의 징역 또는 1천만원 이하의 벌금에 처한다.

제106조【벌칙 적용에서 공무원 의제】 ① 금융통화위원회 위원과 한국은행의 부총재보·감사 및 직원은 「형법」이나 그 밖의 법률에 따른 벌칙을 적용할 때에는 공무원으로 본다.
② 제1항에 따라 공무원으로 보는 직원의 범위는 대통령령으로 정한다.

부 칙 (2012.3.21)

제1조【시행일】 이 법은 공포 후 1개월이 경과한 날부터 시행한다. 다만, 제33조제1항의 개정규정은 2012년 5월 30일부터 시행한다.

제2조【총재의 국회 인사청문에 관한 적용례】 제33조제1항의 개정규정은 이 법 시행 후 최초로 임명되는 총재부터 적용한다.

부 칙 (2018.3.13)

제1조【시행일】 이 법은 공포한 날부터 시행한다.

제2조【위원의 임기에 관한 특례】 이 법 시행 후 제13조제1항제4호·제5호의 위원(제16조에 따른 보궐위원은 제외한다)이 최초로 임명되는 경우 그 위원의 임기는 제15조제1항의 개정규정에도 불구하고 3년으로 한다.

부 칙 (2023.5.16)

제1조【시행일】 이 법은 공포 후 1년이 경과한 날부터 시행한다.(이하 생략)

국채법

(2014년 12월 30일
전부개정법률 제12864호)

개정
2023. 4.11법19327호

제1조【목적】 이 법은 국채(國債)의 발행·등록과 원금상환(償還) 등에 관한 기본적인 사항을 규정함으로써 국채시장을 안정적으로 관리하고 국채 관련 업무를 효율적으로 수행하게 함을 목적으로 한다.

제2조【정의】 이 법에서 사용하는 용어의 뜻은 다음과 같다.
1. "국채"란 정부가 이 법과 다른 법률에 따라 공공목적에 필요한 자금의 확보 등을 위하여 발행하는 채권(債券)을 말한다.
2. "회계"란 「국가재정법」 제4조에 따른 일반회계와 특별회계를 말한다.
3. "다른 기금"이란 「국가재정법」 제5조에 따른 기금을 말한다. 다만, 「공공자금관리기금법」 제2조에 따른 공공자금관리기금은 제외한다.

제3조【다른 법률과의 관계】 국채에 관하여 다른 법률에 특별한 규정이 있는 경우를 제외하고는 이 법에서 정하는 바에 따른다.

제4조【국채의 종류 등】 ① 국채의 종류는 다음 각 호와 같이 구분한다.
1. 「공공자금관리기금법」 제2조에 따른 공공자금관리기금의 부담으로 발행하는 다음 각 목의 국채(2023.4.11 본문개정)
가. 매입자격을 제한하지 아니하고 발행하는 국채(이하 "국고채권"이라 한다)
나. 매입자격을 개인으로 제한하여 발행하는 국채(이하 "개인투자용국채"라 한다)
(2023.4.11 가목~나목신설)
2. 다른 법률에 특별한 규정이 있는 경우 그 법률에 따라 회계, 다른 기금 또는 특별 계정의 부담으로 발행하는 국채
② 국고채권 및 개인투자용국채의 종목은 재정 수요와 국채시장의 상황 등을 고려하여 국고채권 및 개인투자용국채의 상환기한별 또는 종류별로 기획재정부장관이 정한다.(2023.4.11 본항개정)

제5조【국채의 발행】 ① 국채는 국회의 의결을 받아 기획재정부장관이 발행한다.
② 국채는 공개시장에서 발행하는 것을 원칙으로 한다.
③ 기획재정부장관은 제2항에도 불구하고 개인투자용국채의 경우 기획재정부장관이 사전에 공고한 이자율로 발행할 수 있다.(2023.4.11 본항신설)
④ 기획재정부장관은 제2항에도 불구하고 제13조 또는 다른 법률에 따라 특정인으로 하여금 국채를 매입(買入)하게 하거나 특정인에게 현금을 지급하는 대신 국채를 발행할 수 있다. 이 경우 그 국채의 이자율은 그 발행목적에 부합하는 범위에서 상환기한과 발행 당시의 시장금리를 고려하여 적정 수준으로 정하여야 한다.
⑤ 제4조제1항제2호에 따른 국채의 경우 다른 법률에 따라 회계, 다른 기금 또는 특별 계정을 관리하는 중앙행정기관의 장이 대통령령으로 정하는 바에 따라 기획재정부장관에게 그 발행을 요청하여야 한다.
⑥ 제2항부터 제4항까지에 따른 국채 발행의 방법 등에 필요한 사항은 기획재정부령으로 정한다.(2023.4.11 본항개정)
⑦ 제1항부터 제6항까지에서 규정한 사항 외에 국채 발행의 구체적인 조건과 범위 등에 필요한 사항은 기획재정부장관이 정한다.(2023.4.11 본항개정)

제6조【외화국채 등】 외국에서 원화 또는 외국통화로 표시하는 국채를 발행하거나 국내에서 외국통화로 표시하는 국채를 발행할 때에는 따로 국회의 의결을 받아야 한다.

제7조【국고채권의 통합발행】 ① 기획재정부장관은 국채의 유동성 조절 등을 위하여 필요한 경우에는 3년 이내의 범위에서 일정한 기간을 정하여 같은 종목으로 취급할 수 있도록 이자율과 상환기한 등이 같은 국고채권을 그 일정한 기간 동안 통합하여 발행할 수 있다.
② 기획재정부장관은 국채시장의 안정적 관리 등을 위하여 필요하다고 인정하는 경우에는 제1항에 따라 통합하여 발행한 국고채권에 대하여 그 일정한 기간이 끝난 후에도 해당 국고채권을 다시 발행할 수 있다.
③ 제1항과 제2항에 따른 국고채권의 발행·재발행의 조건과 범위 등에 필요한 사항은 기획재정부장관이 정한다.

제8조【국채의 등록 및 등록의 말소】 ① 제5조에 따라 발행된 국채는 증권(證券)을 발행하지 아니하고 전산정보처리조직을 이용하여 국채등록부(개인투자용국채의 경우에는 「주식·사채 등의 전자등록에 관한 법률」 제2조제3호에 따른 전자등록계좌부를 말한다)에 전자적인 방식으로 기명식 또는 무기명식으로 구분하여 등록한다. 다만, 전시·사변이나 이에 준하는 국가비상사태 등의 경우에는 기명식 또는 무기명식 증권을 발행할 수 있다.(2023.4.11 본항개정)
② 제1항에 따라 등록한 국채는 원금의 상환, 제13조에 따른 매입·교환, 시효로 인한 소멸 등으로 국채에 대한 권리가 소멸된 경우에는 그 등록을 말소한다.
③ 제1항과 제2항에 따른 등록과 등록의 말소 업무를 수행하는 기관은 「한국은행법」에 따른 한국은행(이하 "한국은행"이라 한다)으로 한다. 다만, 개인투자용국채의 등록과 등록의 말소 업무를 수행하는 기관은 「주식·사채 등의 전자등록에 관한 법률」 제5조에 따른 허가를 받은 전자등록기관(이하 "전자등록기관"이라 한다)으로 한다.(2023.4.11 본항개정)
④ 제1항과 제2항에 따른 국채의 등록, 등록 사항의 변경 및 등록의 말소와 증권의 발행 등에 필요한 사항은 대통령령으로 정한다.

제9조【등록국채의 이전 등】 ① 제8조에 따라 등록한 국채(이하 "등록국채"라 한다)를 이전(매매·증여나 그 밖에 권리의 변동을 수반하는 모든 행위를 포함한다. 이하 같다)하거나 등록국채에 질권(質權)을 설정한 경우에는 그 이전 사실 또는 질권 설정 사실을 등록하지 아니하면 정부나 그 밖의 제3자에게 대항할 수 없다.(2023.4.11 본항개정)
② 등록국채를 법령에 따라 담보로 제공하기 위하여 공탁(供託)하거나 임치(任置)하는 경우에는 그 공탁 또는 임치 사실을 등록함으로써 등록국채의 담보 제공을 대신할 수 있다.
③ 제1항 및 제2항에도 불구하고 개인투자용국채는 타인에게 이전[상속, 유증(遺贈) 및 강제집행의 경우는 제외한다]하거나 질권 등 담보권의 목적으로 할 수 없다.(2023.4.11 본항신설)
④ 제1항부터 제3항까지에 따른 등록국채의 이전 또는 질권의 설정 및 담보 제공의 절차와 등록의 말소에 관하여 필요한 사항은 대통령령으로 정한다.(2023.4.11 본항개정)

제10조【국채 등록의 정지】 ① 기획재정부장관은 권리 이전을 원인으로 하여 제9조에 따른 등록을 할 때에는 국채의 상환기일 또는 국채에 대한 이자 지급기일이 되기 전 1개월 이내의 기간 동안 대통령령으로 정하는 바에 따라 그 등록을 정지할 수 있다. 다만, 상속, 유증 및 강제집행의 경우에는 그러하지 아니하다.
② 제9조제4항에 따른 등록의 말소를 정지하는 경우에는 제1항을 준용한다.
(2023.4.11 본조개정)

제11조【국채 원금의 상환과 이자의 지급】 ① 국채의 원금과 이자는 해당 국채를 발행할 때에 정하는 바에 따라 상환·지급한다. 이 경우 국채 원금의 상환기일은 해당 국채를 발행할 때에 정하는 바에 따른다.
② 제1항에 따른 국채 원금의 상환과 이자 지급의 구체적인 방법 등에 필요한 사항은 대통령령으로 정한다.

제12조【이권 흠결에 따른 공제】 ① 이권(利券) 있는 무기명식 증권을 발행한 국채를 상환할 때 이권이 흠결된 경우에는 그 흠결된 이권에 상당하는 금액을 상환액으로부터 공제(控除)한다.
② 제1항에 따른 이권의 소지인은 언제든지 그 흠결된 이권과 상환하여 공제액의 지급을 청구할 수 있다.

제13조【국채 상환기일 이전의 매입·교환】 ① 기획재정부장관은 국채 상환기일의 분산이나 국채의 유동성 조절 등을 위하여 필요하다고 인정되는 경우에는 상환기일이 도래하지 아니한 국채를 매입할 수 있다.
② 기획재정부장관은 제1항에 따른 방법으로 국채를 매입하면서 동시에 국채를 발행하여 매입에 대한 대가로 지급하고, 그 차액은 정산하는 방법으로 국채를 교환할 수 있다.
③ 제1항과 제2항에 따라 국채의 상환기일 이전에 하는 매입·교환에 관한 다음 각 호의 사항은 기획재정부장관이 정하여 고시한다.
1. 제1항에 따른 상환기일이 도래하지 아니한 국채의 매입 방법
2. 제1항과 제2항에 따라 매입하거나 교환하여 발행한 국채의 상환액
3. 제2항에 따른 교환 대상 국채의 종목
4. 제2항에 따른 교환에 필요한 국채의 발행 예정액
5. 제2항에 따라 교환하여 발행한 국채의 상환기일
6. 그 밖에 국채의 상환기일 이전 매입·교환에 필요한 사항

제14조【국채의 소멸시효】 국채의 원금 및 이자를 받을 권리는 5년간 행사하지 아니하면 시효(時效)의 완성으로 소멸한다. 다만, 1년 이내의 기간에 정기적으로 지급되는 이자를 받을 권리는 3년간 행사하지 아니하면 시효의 완성으로 소멸한다.

제15조【국채에 관한 사무의 처리】 ① 국고채권의 발행과 국채 원금의 상환 등 국채에 관한 사무는 기획재정부령으로 정하는 바에 따라 한국은행(개인투자용국채의 발행과 원금의 상환 등에 관한 사무의 경우에는 전자등록기관을 말한다)이 처리한다.
② 제1항에 따라 한국은행 또는 전자등록기관이 처리하는 국채에 관한 사무 중 국채 발행에 따라 수입되는 자금과 국채 원금의 상환 및 이자 지급을 위한 자금 등의 출납과 보관에 관하여는 「국고금 관리법」 제36조제4항 및 제5항을 준용한다.
(2023.4.11 본조개정)

제16조【국채에 관한 사무 처리의 보고】 한국은행 총재 및 전자등록기관의 장은 제15조에 따른 국채에 관한 사무의 처리 내용을 기획재정부령으로 정하는 바에 따라 기획재정부장관에게 보고하여야 한다.(2023.4.11 본조개정)

제17조【자료 제출의 요청과 협의】 ① 기획재정부장관은 국채의 발행과 관리를 적절하게 하기 위하여 필요한 경우에는 관계 중앙행정기관의 장, 한국은행, 전자등록기관 또는 「자본시장과 금융투자업에 관한 법률」 제8조의2 제2항에 따른 거래소 등 국채에 관한 사무의 처리와 관련된 기관으로서 대통령령으로 정하는 자(이하 "국채사무 관계기관"이라 한다)에게 국채 관련 자료의 제출을 요청할 수 있다.(2023.4.11 본항개정)

② 제1항에 따라 국채 관련 자료의 제출을 요청받은 자는 특별한 사유가 없으면 요청에 따라야 한다.

③ 기획재정부장관은 국채시장에 관한 정책의 수립·운영에 필요한 경우에는 관계 중앙행정기관의 장이나 국채사무 관계기관과 사전에 협의할 수 있다.

부 칙

이 법은 공포 후 6개월이 경과한 날부터 시행한다.

부 칙 (2023.4.11)

이 법은 공포 후 1개월이 경과한 날부터 시행한다.

금융회사의 지배구조에 관한 법률(약칭 : 금융사지배구조법)

(2015년 7월 31일 법 률 제13453호)

개정
2015.12.22법13613호(예금자보호법)
2017. 4.18법14818호
2020.12.29법17799호(독점)
2023. 9.14법19700호(행정법제혁신을위한일부개정법령등)
2024. 1. 2법19913호→2024년 7월 3일 시행

제1장 총 칙

제1조【목적】 이 법은 금융회사 임원의 자격요건, 이사회의 구성 및 운영, 내부통제제도 등 금융회사의 지배구조에 관한 기본적인 사항을 정함으로써 금융회사의 건전한 경영과 금융시장의 안정성을 기하고, 예금자, 투자자, 보험계약자, 그 밖의 금융소비자를 보호하는 것을 목적으로 한다.

제2조【정의】 이 법에서 사용하는 용어의 뜻은 다음과 같다.

1. "금융회사"란 다음 각 목의 어느 하나에 해당하는 회사를 말한다.
 가. 「은행법」에 따른 인가를 받아 설립된 은행
 나. 「자본시장과 금융투자업에 관한 법률」에 따른 금융투자업자 및 종합금융회사
 다. 「보험업법」에 따른 보험회사
 라. 「상호저축은행법」에 따른 상호저축은행
 마. 「여신전문금융업법」에 따른 여신전문금융회사
 바. 「금융지주회사법」에 따른 금융지주회사
 사. 그 밖의 법률에 따라 금융업무를 하는 회사로서 대통령령으로 정하는 회사
2. "임원"이란 이사, 감사, 집행임원(「상법」에 따른 집행임원을 둔 경우로 한정한다) 및 업무집행책임자를 말한다.
3. "이사"란 사내이사, 사외이사 및 그 밖에 상시적인 업무에 종사하지 아니하는 이사(이하 "비상임이사"라 한다)를 말한다.
4. "사외이사"란 상시적인 업무에 종사하지 아니하는 이사로서 제17조에 따라 선임되는 사람을 말한다.
5. "업무집행책임자"란 이사가 아니면서 명예회장·회장·부회장·사장·부사장·행장·부행장·부행장보·전무·상무·이사 등 업무를 집행할 권한이 있는 것으로 인정될 만한 명칭을 사용하여 금융회사의 업무를 집행하는 사람을 말한다.
6. "대주주"란 다음 각 목의 어느 하나에 해당하는 주주를 말한다.
 가. 금융회사의 의결권 있는 발행주식(출자지분을 포함한다. 이하 같다) 총수를 기준으로 본인 및 그와 대통령령으로 정하는 특수한 관계가 있는 자(이하 "특수관계인"이라 한다)가 누구의 명의로 하든지 자기의 계산으로 소유하는 주식(그 주식과 관련된 증권예탁증권을 포함한다)을 합하여 그 수가 가장 많은 경우의 그 본인(이하 "최대주주"라 한다)
 나. 다음 각 1) 및 2)의 어느 하나에 해당하는 자(이하 "주요주주"라 한다)
  1) 누구의 명의로 하든지 자기의 계산으로 금융회사의 의결권 있는 발행주식 총수의 100분의 10 이상의 주식(그 주식과 관련된 증권예탁증권을 포함한다)을 소유한 자
  2) 임원(업무집행책임자는 제외한다)의 임면(任免) 등의 방법으로 금융회사의 중요한 경영사항에 대하여 사실상의 영향력을 행사하는 주주로서 대통령령으로 정하는 자
7. "금융관계법령"이란 대통령령으로 정하는 금융 관계 법령 및 이에 상당하는 외국의 금융 관계 법령을 말한다.

제3조【적용범위】 ① 다음 각 호의 어느 하나에 해당하는 자에게는 이 법을 적용하지 아니한다.

1. 금융회사의 국외 현지법인(국외지점을 포함한다)
2. 「자본시장과 금융투자업에 관한 법률」 제8조제9항에 따른 겸영금융투자업자(이하 "겸영금융투자업자"라 한다) 중 대통령령으로 정하는 자
3. 「자본시장과 금융투자업에 관한 법률」 제100조제1항에 따른 역외투자자문업자 또는 역외투자일임업자

② 외국의 법령에 따라 설립되어 외국에서 금융업을 영위하는 자(이하 "외국금융회사"라 한다)의 국내지점에 대해서는 제5조, 제7조, 제4장 및 제7장을 적용하며, 이 경우 외국금융회사의 국내지점의 대표자와 그 밖에 대통령령으로 정하는 사람은 이 법에 따른 금융회사의 임원으로 본다.

③ 자산규모, 영위하는 금융업무 등을 고려하여 대통령령으로 정하는 금융회사에 대해서는 다음 각 호의 사항을 적용하지 아니한다.

1. 제12조제1항 및 같은 조 제2항 본문, 제14조에 따른 이사회의 구성·운영에 관한 사항
2. 제16조제1항부터 제3항까지에 따른 이사회내 위원회의 설치에 관한 사항(2024.1.2 본호개정)
3. 제21조에 따른 위험관리위원회에 관한 사항
4. 제22조에 따른 보수위원회 및 보수체계 등에 관한 사항

4의2. 제22조의2에 따른 내부통제위원회에 관한 사항(2024.1.2 본호신설)

5. 제33조에 따른 소수주주권(「보험업법」 제2조제7호에 따른 상호회사인 보험회사의 경우 소수사원권을 말한다)의 행사에 관한 사항

제4조【다른 법률과의 관계】 ① 금융회사의 지배구조에 관하여 다른 금융관계법령에 특별한 규정이 있는 경우를 제외하고는 이 법에서 정하는 바에 따른다.

② 금융회사의 지배구조에 관하여 이 법에 특별한 규정이 없으면 「상법」을 적용한다.

제2장 임 원

제1절 임원의 자격요건

제5조【임원의 자격요건】 ① 다음 각 호의 어느 하나에 해당하는 사람은 금융회사의 임원이 되지 못한다.

1. 미성년자·피성년후견인 또는 피한정후견인
2. 파산선고를 받고 복권(復權)되지 아니한 사람
3. 금고 이상의 실형을 선고받고 그 집행이 끝나거나(집행이 끝난 것으로 보는 경우를 포함한다) 집행이 면제된 날부터 5년이 지나지 아니한 사람
4. 금고 이상의 형의 집행유예를 선고받고 그 유예기간 중에 있는 사람
5. 이 법 또는 금융관계법령에 따라 벌금 이상의 형을 선고받고 그 집행이 끝나거나(집행이 끝난 것으로 보는 경우를 포함한다) 집행이 면제된 날부터 5년이 지나지 아니한 사람
6. 다음 각 목의 어느 하나에 해당하는 조치를 받은 금융회사의 임직원 또는 임직원이었던 사람(그 조치를 받게 된 원인에 대하여 직접 또는 이에 상응하는 책임이 있는 사람으로서 대통령령으로 정하는 사람으로 한정한다)으로서 해당 조치가 있었던 날부터 5년이 지나지 아니한 사람
 가. 금융관계법령에 따른 영업의 허가·인가·등록 등의 취소
 나. 「금융산업의 구조개선에 관한 법률」 제10조제1항에 따른 적기시정조치
 다. 「금융산업의 구조개선에 관한 법률」 제14조제2항에 따른 행정처분
7. 이 법 또는 금융관계법령에 따라 임직원 제재조치(퇴임 또는 퇴직한 임직원의 경우 해당 조치에 상응하는 통보를 포함한다)를 받은 사람으로서 조치의 종류별로 5년을 초과하지 아니하는 범위에서 대통령령으로 정하는 기간이 지나지 아니한 사람
8. 해당 금융회사의 공익성 및 건전경영과 신용질서를 해칠 우려가 있는 경우로서 대통령령으로 정하는 사람

② 금융회사의 임원으로 선임된 사람이 제1항제1호부터 제8호까지의 어느 하나에 해당하게 된 경우에는 그 직(職)을 잃는다. 다만, 제1항제7호에 해당하는 사람으로서 대통령령으로 정하는 경우에는 그 직을 잃지 아니한다.

③ 제30조의2제1항에 따른 임원은 제30조의3제1항에 따른 책무구조도에서 정하는 자신의 책무를 수행하기에 적합한 전문성, 업무경험, 정직성 및 신뢰성을 갖춘 사람이어야 한다.(2024.1.2 본항신설)

제6조【사외이사의 자격요건】 ① 다음 각 호의 어느 하나에 해당하는 사람은 금융회사의 사외이사가 될 수 없다. 다만, 사외이사가 됨으로써 제1호에 따른 최대주주의 특수관계인에 해당하게 되는 사람은 사외이사가 될 수 있다.

1. 최대주주 및 그의 특수관계인(최대주주 및 그의 특수관계인이 법인인 경우에는 그 임직원을 말한다)
2. 주요주주 및 그의 배우자와 직계존속·비속(주요주주가 법인인 경우에는 그 임직원을 말한다)
3. 해당 금융회사 또는 그 계열회사(「독점규제 및 공정거래에 관한 법률」 제2조제12호에 따른 계열회사를 말한다. 이하 같다)의 상근(常勤) 임직원 또는 비상임이사이거나 최근 3년 이내에 상근 임직원 또는 비상임이사이었던 사람(2020.12.29 본호개정)
4. 해당 금융회사 임원의 배우자 및 직계존속·비속
5. 해당 금융회사 임직원이 비상임이사로 있는 회사의 상근 임직원
6. 해당 금융회사와 대통령령으로 정하는 중요한 거래관계가 있거나 사업상 경쟁관계 또는 협력관계에 있는 법인의 상근 임직원이거나 최근 2년 이내에 상근 임직원이었던 사람
7. 해당 금융회사에서 6년 이상 사외이사로 재직하였거나 해당 금융회사 또는 그 계열회사에서 사외이사로 재직한 기간을 합산하여 9년 이상인 사람
8. 그 밖에 금융회사의 사외이사로서 직무를 충실하게 이행하기 곤란하거나 그 금융회사의 경영에 영향을 미칠 수 있는 사람으로서 대통령령으로 정하는 사람

② 금융회사의 사외이사가 된 사람이 제1항 각 호의 어느 하나에 해당하게 된 경우에는 그 직을 잃는다.

③ 금융회사의 사외이사는 금융, 경제, 경영, 법률, 회계 등 분야의 전문지식이나 실무경험이 풍부한 사람으로서 대통령령으로 정하는 사람이어야 한다.

제7조【임원의 자격요건 적합 여부 보고 등】 ① 금융회사는 다음 각 호의 어느 하나에 해당하는 경우 해당 임원이 제5조 및 제6조의 자격요건을 충족하는지를 확인하여야 한다.

1. 임원(제30조의2제1항에 따른 임원을 포함한다)을 선임하려는 경우
2. 제30조의3제1항에 따른 책무구조도에서 정하는 임원의 직책을 변경하려는 경우
3. 제1호 및 제2호에 준하는 경우로서 대통령령으로 정하는 경우

(2024.1.2 본항개정)

② 금융회사는 제1항 각 호의 어느 하나에 해당하는 사실이 발생한 경우에는 지체 없이 그 사실 및 자격요건 적합 여부와 그 사유 등을 금융위원회가 정하여 고시하는 바에 따라 인터넷 홈페이지 등에 공시하고 금융위원회에 보고하여야 한다.(2024.1.2 본항개정)

③ 금융회사는 임원을 해임(사임을 포함한다)한 경우에는 금융위원회가 정하여 고시하는 바에 따라 지체 없이 그 사실을 인터넷 홈페이지 등에 공시하고 금융위원회에 보고하여야 한다.

제2절 주요업무집행책임자

제8조【주요업무집행책임자의 임면 등】 ① 전략기획, 재무관리, 위험관리 및 그 밖에 이에 준하는 업무로서 대통령령으로 정하는 주요업무를 집행하는 업무집행책임자(이하 "주요업무집행책임자"라 한다)는 이사회의 의결을 거쳐 임면한다.

② 주요업무집행책임자의 임기는 정관에 다른 규정이 없으면 3년을 초과하지 못한다.

③ 주요업무집행책임자와 해당 금융회사의 관계에 관하여는 「민법」 중 위임에 관한 규정을 준용한다.

제9조【주요업무집행책임자의 이사회 보고】 주요업무집행책임자는 이사회의 요구가 있으면 언제든지 이사회에 출석하여 요구한 사항을 보고하여야 한다.

제3절 임원 등 겸직

제10조【겸직제한】 ① 금융회사의 상근 임원은 다른 영리법인의 상시적인 업무에 종사할 수 없다. 다만, 다음 각 호의 어느 하나에 해당하는 경우에는 상시적인 업무에 종사할 수 있다.

1. 「채무자 회생 및 파산에 관한 법률」 제74조에 따라 관리인으로 선임되는 경우
2. 「금융산업의 구조개선에 관한 법률」 제10조제1항제4호에 따라 관리인으로 선임되는 경우
3. 금융회사 해산 등의 사유로 청산인으로 선임되는 경우

② 제1항 각 호 외의 부분 본문에도 불구하고 다음 각 호의 금융회사의 상근 임원은 다음 각 호의 구분에 따라 다른 회사의 상근 임직원을 겸직할 수 있다.

1. 해당 금융회사가 은행인 경우 : 그 은행이 의결권 있는 발행주식 총수의 100분의 15를 초과하는 주식을 보유하고 있는 다른 회사의 상근 임직원을 겸직하는 경우
2. 해당 금융회사가 상호저축은행인 경우 : 그 상호저축은행이 의결권 있는 발행주식 총수의 100분의 15를 초과하는 주식을 보유하고 있는 다른 상호저축은행의 상근 임직원을 겸직하는 경우
3. 해당 금융회사가 보험회사인 경우 : 그 보험회사가 의결권 있는 발행주식 총수의 100분의 15를 초과하는 주식을 보유하고 있는 다른 회사의 상근 임직원을 겸직하는 경우(「금융산업의 구조개선에 관한 법률」 제2조제1호가목부터 아목까지 및 차목에 따른 금융기관의 상근 임직원을 겸직하는 경우는 제외한다)

金融

4. 그 밖에 이해상충 또는 금융회사의 건전성 저해의 우려가 적은 경우로서 대통령령으로 정하는 경우
③ 은행의 임직원은 한국은행, 다른 은행 또는 「금융지주회사법」 제2조제1항제5호에 따른 은행지주회사의 임직원을 겸직할 수 없다. 다만, 「은행법」 제37조제5항에 따른 자은행의 임직원이 되는 경우에는 겸직할 수 있다.
④ 다른 법령, 제6조(제1항제3호는 제외한다), 이 조 제1항 및 제3항에도 불구하고 금융지주회사 및 그의 자회사등(「금융지주회사법」 제4조제1항제2호에 따른 자회사등을 말한다. 이하 같다)의 임직원은 다음 각 호의 어느 하나에 해당하는 경우에는 겸직할 수 있다.
1. 금융지주회사의 임직원이 해당 금융지주회사의 자회사등의 임직원을 겸직하는 경우
2. 금융지주회사의 자회사등(금융업을 영위하는 회사 또는 금융업의 영위와 밀접한 관련이 있는 회사로서 대통령령으로 정하는 회사로 한정한다. 이하 이 호에서 같다)의 임직원이 다른 자회사등의 임직원을 겸직하는 경우로서 다음 각 목의 어느 하나의 업무를 겸직하지 아니하는 경우
가. 「자본시장과 금융투자업에 관한 법률」 제6조제4항에 따른 집합투자업(대통령령으로 정하는 경우는 제외한다)
나. 「보험업법」 제108조제1항제3호에 따른 변액보험계약에 관한 업무
다. 그 밖에 자회사등의 고객과 이해가 상충하거나 해당 자회사등의 건전한 경영을 저해할 우려가 있는 경우로서 금융위원회가 정하여 고시하는 업무

제11조【겸직 승인 및 보고 등】 ① 금융회사는 해당 금융회사의 임직원이 제10조제2항부터 제4항까지의 규정에 따라 다른 회사의 임직원을 겸직하려는 경우에는 이해상충 방지 및 금융회사의 건전성 등에 관하여 대통령령으로 정하는 기준(이하 이 조에서 "겸직기준"이라 한다)을 갖추어 미리 금융위원회의 승인을 받아야 한다. 다만, 이해상충 또는 금융회사의 건전성 저해의 우려가 적은 경우로서 대통령령으로 정하는 경우에는 다음 각 호의 사항을 대통령령으로 정하는 방법 및 절차에 따라 금융위원회에 보고하여야 한다.
1. 겸직하는 회사에서 수행하는 업무의 범위
2. 겸직하는 업무의 처리에 대한 기록 유지에 관한 사항
3. 그 밖에 이해상충 방지 또는 금융회사의 건전성 유지를 위하여 필요한 사항으로서 대통령령으로 정하는 사항
② 금융회사는 해당 금융회사의 임원이 다른 금융회사의 임원을 겸직하는 경우(제10조에 따른 겸직은 제외한다)로서 대통령령으로 정하는 경우에는 대통령령으로 정하는 방법 및 절차에 따라 제1항 각 호의 사항을 금융위원회에 보고하여야 한다.
③ 금융위원회는 금융회사가 겸직기준을 충족하지 아니하는 경우 또는 제1항 단서에 따른 보고 방법 및 절차를 따르지 아니하거나 보고한 사항을 이행하지 아니하는 경우에는 해당 임직원 겸직을 제한하거나 그 시정을 명할 수 있다.
④ 임직원을 겸직하게 한 금융지주회사와 해당 자회사등은 금융업의 영위와 관련하여 임직원 겸직으로 인한 이해상충 행위로 고객에게 손해를 끼친 경우에는 연대하여 그 손해를 배상할 책임이 있다.다만, 다음 각 호의 어느 하나에 해당하는 경우에는 그러하지 아니하다.
1. 금융지주회사와 해당 자회사등이 임직원 겸직으로 인한 이해상충의 발생 가능성에 대하여 상당한 주의를 한 경우
2. 고객이 거래 당시에 임직원 겸직에 따른 이해상충 행위라는 사실을 알고 있었거나 이에 동의한 경우
3. 그 밖에 금융지주회사와 해당 자회사등의 책임으로 돌릴 수 없는 사유로 손해가 발생한 경우로서 대통령령으로 정하는 경우

제3장 이사회

제1절 이사회의 구성 및 운영 등

제12조【이사회의 구성】 ① 금융회사는 이사회에 사외이사를 3명 이상 두어야 한다.
② 사외이사의 수는 이사 총수의 과반수가 되어야 한다. 다만, 대통령령으로 정하는 금융회사의 경우 이사 총수의 4분의 1 이상을 사외이사로 하여야 한다.
③ 금융회사는 사외이사의 사임·사망 등의 사유로 사외이사의 수가 제1항 및 제2항에 따른 이사회의 구성요건에 미치지 못하게 된 경우에는 그 사유가 발생한 후 최초로 소집되는 주주총회(「보험업법」 제2조제7호에 따른 상호회사인 보험회사의 경우 사원총회를 포함한다. 이하 같다)에서 제1항 및 제2항에 따른 요건을 충족하도록 조치하여야 한다.

제13조【이사회 의장의 선임 등】 ① 이사회는 매년 사외이사 중에서 이사회 의장을 선임한다.
② 제1항에도 불구하고 이사회는 사외이사가 아닌 자를 이사회 의장으로 선임할 수 있으며, 이 경우 이사회는 그 사유를 공시하고, 사외이사를 대표하는 자(이하 "선임사외이사"라 한다)를 별도로 선임하여야 한다.
③ 선임사외이사는 다음 각 호의 업무를 수행한다.
1. 사외이사 전원으로 구성되는 사외이사회의의 소집 및 주재
2. 사외이사의 효율적인 업무수행을 위한 지원
3. 사외이사의 책임성 제고를 위한 지원
④ 금융회사 및 그 임직원은 선임사외이사가 제3항에 따른 업무를 원활하게 수행할 수 있도록 적극 협조하여야 한다.

제14조【이사회의 운영 등】 ① 금융회사는 주주와 예금자, 투자자, 보험계약자, 그 밖의 금융소비자의 이익을 보호하기 위하여 그 금융회사의 이사회의 구성과 운영, 이사회내 위원회의 설치, 임원의 전문성 요건, 임원 성과평가 및 최고경영자의 자격 등 경영승계에 관한 사항 등에 관하여 지켜야 할 구체적인 원칙과 절차(이하 "지배구조내부규범"이라 한다)를 마련하여야 한다.
② 지배구조내부규범에 규정하여야 할 세부적인 사항과 그 밖에 필요한 사항은 대통령령으로 정한다.
③ 금융회사는 다음 각 호의 사항을 금융위원회가 정하는 바에 따라 인터넷 홈페이지 등에 공시하여야 한다.
1. 지배구조내부규범을 제정하거나 변경한 경우 그 내용
2. 금융회사가 매년 지배구조내부규범에 따라 이사회 등을 운영한 현황

제15조【이사회의 권한】 ① 다음 각 호의 사항은 이사회의 심의·의결을 거쳐야 한다.
1. 경영목표 및 평가에 관한 사항
2. 정관의 변경에 관한 사항
3. 예산 및 결산에 관한 사항
4. 해산·영업양도 및 합병 등 조직의 중요한 변경에 관한 사항
5. 제24조에 따른 내부통제기준 및 제27조에 따른 위험관리기준의 제정·개정 및 폐지에 관한 사항
5의2. 내부통제 및 위험관리 정책의 수립 및 감독에 관한 사항(2024.1.2 본호신설)
6. 최고경영자의 경영승계 등 지배구조 정책 수립에 관한 사항
7. 대주주·임원 등과 회사 간의 이해상충 행위 감독에 관한 사항
② 이사회의 심의·의결 사항은 정관으로 정하여야 한다.
③ 「상법」 제393조제1항에 따른 이사회의 권한 중 지배인의 선임 또는 해임과 지점의 설치·이전 또는 폐지에 관한 권한은 정관에서 정하는 바에 따라 위임할 수 있다.
④ 이사회는 제30조의4에 따른 대표이사등의 내부통제등 총괄 관리의무의 이행을 감독한다.(2024.1.2 본항신설)

제2절 이사회내 위원회

제16조【이사회내 위원회의 설치 및 구성】 ① 금융회사는 「상법」 제393조의2에 따른 이사회내 위원회로서 다음 각 호의 위원회(이하 이 조에서 "위원회"라 한다)를 설치하여야 한다. 이 경우 제2호의 감사위원회는 「상법」 제415조의2에 따른 감사위원회로 본다.
1. 임원후보추천위원회
2. 감사위원회
3. 위험관리위원회
4. 보수위원회
5. 내부통제위원회(2024.1.2 본호신설)
② 제1항제4호에도 불구하고 금융회사의 정관에서 정하는 바에 따라 감사위원회가 제22조제1항 각 호에 관한 사항을 심의·의결하는 경우에는 보수위원회를 설치하지 아니할 수 있다. 다만, 대통령령으로 정하는 금융회사의 경우에는 그러하지 아니하다.
③ 제1항제5호에도 불구하고 금융회사의 정관으로 정하는 바에 따라 감사위원회 또는 위험관리위원회에서 제22조의2제1항 각 호에 관한 사항을 심의·의결하고, 같은 조 제2항에 따라 점검·평가 및 필요한 조치를 요구하는 경우에는 내부통제위원회를 설치하지 아니할 수 있다.(2024.1.2 본항신설)
④ 위원회 위원의 과반수는 사외이사로 구성한다.
⑤ 위원회의 대표는 사외이사로 한다.

제17조【임원후보추천위원회】 ① 임원후보추천위원회는 임원(사외이사, 대표이사, 대표집행임원, 감사위원에 한정한다. 이하 이 조에서 같다)후보를 추천한다.
② 임원후보추천위원회는 3명 이상의 위원으로 구성한다.
③ 금융회사는 주주총회 또는 이사회에서 임원을 선임하려는 경우 임원후보추천위원회의 추천을 받은 사람 중에서 선임하여야 한다.
④ 임원후보추천위원회가 사외이사 후보를 추천하는 경우에는 제33조제1항에 따른 주주제안권을 행사할 수 있는 요건을 갖춘 주주가 추천한 사외이사 후보를 포함시켜야 한다.
⑤ 임원후보추천위원회의 위원은 본인을 임원 후보로 추천하는 임원후보추천위원회 결의에 관하여 의결권을 행사하지 못한다.
⑥ 제2항과 제16조제4항·제5항은 최초로 제12조제1항에 따른 이사회를 구성하는 금융회사가 그 임원을 선임하는 경우에는 적용하지 아니한다.(2024.1.2 본항개정)

제18조【사외이사에 대한 정보제공】 ① 금융회사는 사외이사의 원활한 직무수행을 위하여 대통령령으로 정하는 바에 따라 충분한 자료나 정보를 제공하여야 한다.
② 사외이사는 해당 금융회사에 대하여 그 직무를 수행할 때 필요한 자료나 정보의 제공을 요청할 수 있다. 이 경우 금융회사는 특별한 사유가 없으면 이에 따라야 한다.

제19조【감사위원회의 구성 및 감사위원의 선임 등】 ① 감사위원회는 3명 이상의 이사로 구성한다. 이 경우 감사위원회 위원(이하 "감사위원"이라 한다) 중 1명 이상은 대통령령으로 정하는 회계 또는 재무 전문가이어야 한다.
② 제16조제4항에도 불구하고 사외이사가 감사위원의 3분의 2 이상이어야 한다.(2024.1.2 본항개정)
③ 금융회사는 감사위원의 사임·사망 등의 사유로 감사위원의 수가 제1항 및 제2항에 따른 감사위원회의 구성요건에 미치지 못하게 된 경우에는 그 사유가 발생한 후 최초로 소집되는 주주총회에서 제1항 및 제2항에 따른 요건을 충족하도록 조치하여야 한다.
④ 감사위원 후보는 제16조제1항제1호에 따른 임원후보추천위원회에서 추천한다. 이 경우 위원 총수의 3분의 2 이상의 찬성으로 의결한다.
⑤ 금융회사는 감사위원이 되는 사외이사 1명 이상에 대해서는 다른 이사와 분리하여 선임하여야 한다.
⑥ 감사위원을 선임하거나 해임하는 권한은 주주총회에 있다. 이 경우 감사위원이 되는 이사의 선임에 관하여는 감사 선임 시 의결권 행사의 제한에 관한 「상법」 제409조 제2항 및 제3항을 준용한다.
⑦ 최대주주, 최대주주의 특수관계인, 그 밖에 대통령령으로 정하는 자가 소유하는 금융회사의 의결권 있는 주식의 합계가 그 금융회사의 의결권 없는 주식을 제외한 발행주식 총수의 100분의 3을 초과하는 경우 그 주주는 100분의 3을 초과하는 주식에 관하여 감사위원이 되는 이사를 선임하거나 해임할 때에는 의결권을 행사하지 못한다. 다만, 금융회사는 정관으로 100분의 3보다 낮은 비율을 정할 수 있다.
⑧ 자산규모 등을 고려하여 대통령령으로 정하는 금융회사는 회사에 상근하면서 감사업무를 수행하는 감사(이하 "상근감사"라 한다)를 1명 이상 두어야 한다. 다만, 이 법에 따른 감사위원회를 설치한 경우(감사위원회 설치 의무가 없는 금융회사가 이 조의 요건을 갖춘 감사위원회를 설치한 경우를 포함한다)에는 상근감사를 둘 수 없다.
⑨ 상근감사를 선임하는 경우 감사 선임 시 의결권 행사의 제한에 관한 제7항 및 「상법」 제409조제2항·제3항을 준용한다.
⑩ 상근감사 및 사외이사가 아닌 감사위원의 자격요건에 관하여는 제6조제1항 및 제2항을 준용한다. 다만, 해당 금융회사의 상근감사 또는 사외이사가 아닌 감사위원으로 재임(在任) 중이거나 재임하였던 사람은 제6조제1항 제3호에도 불구하고 상근감사 또는 사외이사가 아닌 감사위원이 될 수 있다.

제20조【감사위원회 또는 감사에 대한 지원 등】 ① 감사위원회 또는 감사는 금융회사의 비용으로 전문가의 조력을 구할 수 있다.
② 금융회사는 감사위원회 또는 감사의 업무를 지원하는 담당부서를 설치하여야 한다.
③ 금융회사는 감사위원회 또는 감사의 업무 내용을 적은 보고서를 정기적으로 금융위원회가 정하는 바에 따라 금융위원회에 제출하여야 한다.
④ 감사위원(감사위원회가 설치되지 아니한 경우에는 감사를 말한다)에 대한 정보제공에 관하여는 제18조를 준용한다. 이 경우 "사외이사"는 "감사위원" 또는 "감사"로 본다.

제21조【위험관리위원회】 위험관리위원회는 다음 각 호에 관한 사항을 심의·의결한다.
1. 위험관리의 기본방침 및 전략 수립
2. 금융회사가 부담 가능한 위험 수준 결정
3. 적정투자한도 및 손실허용한도 승인
4. 제27조에 따른 위험관리기준의 제정 및 개정
5. 그 밖에 금융위원회가 정하여 고시하는 사항

제22조【보수위원회 및 보수체계 등】 ① 보수위원회는 대통령령으로 정하는 임직원에 대한 보수와 관련한 다음 각 호에 관한 사항을 심의·의결한다.
1. 보수의 결정 및 지급방식에 관한 사항
2. 보수지급에 관한 연차보고서의 작성 및 공시에 관한 사항
3. 그 밖에 금융위원회가 정하여 고시하는 사항
② 금융회사는 임직원이 과도한 위험을 부담하지 아니하도록 보수체계를 마련하여야 한다.
③ 금융회사는 대통령령으로 정하는 임직원에 대하여 보수의 일정비율 이상을 성과에 연동(連動)하여 미리 정해진 산정방식에 따른 보수(이하 "성과보수"라 한다)로 일정기간 이상 이연(移延)하여 지급하여야 한다. 이 경우 성과에 연동하는 보수의 비율, 이연 기간 등 세부 사항은 대통령령으로 정한다.
④ 금융회사는 대통령령으로 정하는 임직원의 보수지급에 관한 연차보고서를 작성하고 결산 후 3개월 이내에 금융위원회가 정하는 바에 따라 인터넷 홈페이지 등에 그 내용을 공시하여야 한다.
⑤ 제4항의 연차보고서에는 다음 각 호의 사항이 포함되어야 하며, 연차보고서의 작성에 관한 세부 기준은 대통령령으로 정한다.
1. 보수위원회의 구성, 권한 및 책임 등

金融

2. 임원의 보수총액(기본급, 성과보수, 이연 성과보수 및 이연 성과보수 중 해당 회계연도에 지급된 금액 등)
제22조의2【내부통제위원회】 ① 내부통제위원회는 다음 각 호에 관한 사항을 심의·의결한다.
1. 내부통제의 기본방침 및 전략 수립
2. 임직원의 직업윤리와 준법정신을 중시하는 조직문화의 정착방안 마련
3. 제14조제1항에 따른 지배구조내부규범의 마련 및 변경
4. 제24조제1항에 따른 내부통제기준의 제정 및 개정
5. 그 밖에 금융위원회가 정하여 고시하는 사항
② 내부통제위원회는 제30조의2제1항에 따른 임원과 제30조의2제2항에 따른 대표이사등이 각각 제30조의2 및 제30조의4에 따른 관리조치와 보고를 적절하게 수행하고 있는지 여부를 점검·평가하고 미흡한 사항에 대해서는 개선 등 필요한 조치를 요구하여야 한다.
③ 제1항 및 제2항에도 불구하고 대통령령으로 정하는 사항에 대해서는 금융회사의 정관에서 정하는 바에 따라 내부통제위원회가 아닌 감사위원회나 위험관리위원회가 담당하도록 할 수 있다.
(2024.1.2 본조신설)
제23조【금융지주회사의 완전자회사등의 특례】 ① 금융지주회사가 발행주식 총수를 소유하는 자회사 및 그 자회사가 발행주식 총수를 소유하는 손자회사(손자회사가 발행주식 총수를 소유하는 증손회사를 포함한다. 이하 이 조에서 "완전자회사등"이라 한다)는 경영의 투명성 등 대통령령으로 정하는 요건에 해당하는 경우에는 제12조 및 제16조에도 불구하고 사외이사를 두지 아니하거나 이사회내 위원회를 설치하지 아니할 수 있다.
② 제1항에 따라 완전자회사등이 감사위원회를 설치하지 아니할 때에는 상근감사를 선임하여야 한다.
③ 제2항에 따른 상근감사의 자격요건에 관하여는 제6조제1항 및 제2항을 준용한다. 다만, 해당 완전자회사등의 상근감사 또는 사외이사가 아닌 감사위원으로 재임 중이거나 재임하였던 사람은 제6조제1항제3호에도 불구하고 상근감사가 될 수 있다.

제4장 내부통제 및 위험관리 등

제24조【내부통제기준】 ① 금융회사는 법령을 준수하고, 경영을 건전하게 하며, 주주 및 이해관계자 등을 보호하기 위하여 금융회사의 임직원이 직무를 수행할 때 준수하여야 할 기준 및 절차(이하 "내부통제기준"이라 한다)를 마련하여야 한다.
② 제1항에도 불구하고 금융지주회사가 금융회사인 자회사등의 내부통제기준을 마련하는 경우 그 자회사등은 내부통제기준을 마련하지 아니할 수 있다.
③ 내부통제기준에서 정하여야 할 세부적인 사항과 그 밖에 필요한 사항은 대통령령으로 정한다.
제25조【준법감시인의 임면 등】 ① 금융회사(자산규모 등을 고려하여 대통령령으로 정하는 투자자문업자 및 투자일임업자는 제외한다)는 내부통제기준의 준수 여부를 점검하고 내부통제기준을 위반하는 경우 이를 조사하는 등 내부통제 관련 업무를 총괄하는 사람(이하 "준법감시인"이라 한다)을 1명 이상 두어야 하며, 준법감시인은 필요하다고 판단하는 경우 조사결과를 감사위원회 또는 감사에게 보고할 수 있다.
② 금융회사는 사내이사 또는 업무집행책임자 중에서 준법감시인을 선임하여야 한다. 다만, 자산규모, 영위하는 금융업무 등을 고려하여 대통령령으로 정하는 금융회사 또는 외국금융회사의 국내지점은 사내이사 또는 업무집행책임자가 아닌 직원 중에서 준법감시인을 선임할 수 있다.
③ 금융회사(외국금융회사의 국내지점은 제외한다)가 준법감시인을 임면하려는 경우에는 이사회의 의결을 거쳐야 하며, 해임할 경우에는 이사 총수의 3분의 2 이상의 찬성으로 의결한다.
④ 준법감시인의 임기는 2년 이상으로 한다.
⑤ 금융회사는 준법감시인을 제2항 단서에 따라 직원 중에서 선임하는 경우 「기간제 및 단시간근로자 보호 등에 관한 법률」에 따른 기간제근로자 또는 단시간근로자를 준법감시인으로 선임하여서는 아니 된다.
⑥ 금융회사는 준법감시인에 대하여 회사의 재무적 경영성과와 연동하지 아니하는 별도의 보수지급 및 평가 기준을 마련하여 운영하여야 한다.
제26조【준법감시인의 자격요건】 ① 준법감시인은 다음 각 호의 요건을 모두 충족한 사람이어야 한다.
1. 최근 5년간 이 법 또는 금융관계법령을 위반하여 금융위원회 또는 금융감독원(「금융위원회의 설치 등에 관한 법률」에 따른 금융감독원을 말한다. 이하 같다)의 원장(이하 "금융감독원장"이라 한다), 그 밖에 대통령령으로 정하는 기관으로부터 제35조제1항 각 호 및 제2항 각 호에 규정된 조치 중 문책경고 또는 감봉요구 이상에 해당하는 조치를 받은 사실이 없을 것
2. 다음 각 목의 어느 하나에 해당하는 사람. 다만, 다음 각 목(라목 후단의 경우는 제외한다)의 어느 하나에 해당하는 사람으로서 라목 전단에서 규정한 기관에서 퇴임하거나 퇴직한 후 5년이 지나지 아니한 사람은 제외한다.
가. 「금융위원회의 설치 등에 관한 법률」 제38조에 따른 검사 대상 기관(이에 상당하는 외국금융회사를 포함한다)에서 10년 이상 근무한 사람
나. 금융 관련 분야의 석사학위 이상의 학위소지자로서 연구기관 또는 대학에서 연구원 또는 조교수 이상의 직에 5년 이상 종사한 사람
다. 변호사 또는 공인회계사의 자격을 가진 사람으로서 그 자격과 관련된 업무에 5년 이상 종사한 사람
라. 기획재정부, 금융위원회, 「금융위원회의 설치 등에 관한 법률」 제19조에 따른 증권선물위원회, 감사원, 금융감독원, 한국은행, 「예금자보호법」 제3조에 따라 설립된 예금보험공사(이하 "예금보험공사"라 한다), 그 밖에 금융위원회가 정하여 고시하는 금융 관련 기관에서 7년 이상 근무한 사람. 이 경우 예금보험공사의 직원으로서 「예금자보호법」 제2조제5호에 따른 부실금융회사 또는 같은 조 제6호에 따른 부실우려금융회사와 같은 법 제36조의3에 따른 정리금융회사의 업무 수행을 위하여 필요한 경우에는 7년 이상 근무 중인 사람을 포함한다.(2015.12.22 후단개정)
마. 그 밖에 가목부터 라목까지의 규정에 준하는 자격이 있다고 인정되는 사람으로서 대통령령으로 정하는 사람
② 준법감시인이 된 사람이 제1항제1호의 요건을 충족하지 못하게 된 경우에는 그 직을 잃는다.
제27조【위험관리기준】 ① 금융회사는 자산의 운용이나 업무의 수행, 그 밖의 각종 거래에서 발생하는 위험을 제때에 인식·평가·감시·통제하는 등 위험관리를 위한 기준 및 절차(이하 "위험관리기준"이라 한다)를 마련하여야 한다.
② 제1항에도 불구하고 금융지주회사가 금융회사인 자회사등의 위험관리기준을 마련하는 경우 그 자회사등은 위험관리기준을 마련하지 아니할 수 있다.
③ 위험관리기준에서 정하여야 할 세부적인 사항과 그 밖에 필요한 사항은 대통령령으로 정한다.
제28조【위험관리책임자의 임면 등】 ① 금융회사(자산규모 및 영위하는 업무 등을 고려하여 대통령령으로 정하는 투자자문업자 및 투자일임업자는 제외한다)는 자산의 운용이나 업무의 수행, 그 밖의 각종 거래에서 발생하는 위험을 점검하고 관리하는 위험관리책임자를 1명 이상 두어야 한다.
② 위험관리책임자의 임면, 임기 등에 관하여는 제25조제2항부터 제6항까지를 준용한다. 이 경우 "준법감시인"은 "위험관리책임자"로 본다.
③ 위험관리책임자는 위험관리에 대한 전문적인 지식과 실무경험을 갖춘 사람으로서 다음 각 호의 요건을 모두 충족한 사람이어야 한다.
1. 최근 5년간 이 법 또는 금융관계법령을 위반하여 금융위원회 또는 금융감독원장, 그 밖에 대통령령으로 정하는 기관으로부터 제35조제1항 각 호 및 제2항 각 호에 규정된 조치 중 문책경고 또는 감봉요구 이상에 해당하는 조치를 받은 사실이 없을 것
2. 다음 각 목의 어느 하나에 해당하는 사람일 것. 다만, 다음 각 목의 어느 하나에 해당하는 사람으로서 다목에서 규정한 기관에서 퇴임하거나 퇴직한 후 5년이 지나지 아니한 사람은 제외한다.
가. 「금융위원회의 설치 등에 관한 법률」 제38조에 따른 검사 대상 기관(이에 상당하는 외국금융회사를 포함한다)에서 10년 이상 근무한 사람
나. 금융 관련 분야의 석사학위 이상의 학위소지자로서 연구기관 또는 대학에서 위험관리와 관련하여 연구원 또는 조교수 이상의 직에 5년 이상 종사한 사람
다. 금융감독원, 한국은행, 예금보험공사, 그 밖에 금융위원회가 정하는 금융 관련 기관에서 위험관리 관련 업무에 7년 이상 종사한 사람
라. 그 밖에 가목부터 다목까지의 규정에 준하는 자격이 있다고 인정되는 사람으로서 대통령령으로 정하는 사람
④ 위험관리책임자가 된 사람이 제3항제1호의 요건을 충족하지 못하게 된 경우에는 그 직을 잃는다.
제29조【겸직 금지 등】 준법감시인 및 위험관리책임자는 선량한 관리자의 주의로 그 직무를 수행하여야 하며, 다음 각 호의 업무를 수행하는 직무를 담당해서는 아니 된다.(2017.4.18 본문개정)
1. 자산 운용에 관한 업무
2. 해당 금융회사의 본질적 업무(해당 금융회사가 인가를 받거나 등록을 한 업무와 직접적으로 관련된 필수업무로서 대통령령으로 정하는 업무를 말한다) 및 그 부수업무
3. 해당 금융회사의 겸영(兼營)업무
4. 금융지주회사의 경우에는 자회사등의 업무(금융지주회사의 위험관리책임자가 그 소속 자회사등의 위험관리업무를 담당하는 경우는 제외한다)
5. 그 밖에 이해가 상충할 우려가 있거나 내부통제 및 위험관리업무에 전념하기 어려운 경우로서 대통령령으로 정하는 업무
제30조【준법감시인 및 위험관리책임자에 대한 금융회사의 의무】 ① 금융회사는 준법감시인 및 위험관리책임자가 그 직무를 독립적으로 수행할 수 있도록 하여야 한다.
② 금융회사는 준법감시인 및 위험관리책임자를 임면하였을 때에는 대통령령으로 정하는 바에 따라 그 사실을 금융위원회에 보고하여야 한다.
③ 금융회사 및 그 임직원은 준법감시인 및 위험관리책임자가 그 직무를 수행할 때 필요한 자료나 정보의 제출을 요구하는 경우 이에 성실히 응하여야 한다.
④ 금융회사는 준법감시인 및 위험관리책임자였던 사람에 대하여 그 직무수행과 관련된 사유로 부당한 인사상의 불이익을 주어서는 아니 된다.
제30조의2【임원의 내부통제등 관리의무】 ① 금융회사의 임원(해당 금융회사의 책무에 사실상 영향력을 미치는 다른 회사 임원을 포함하며, 금융회사의 자산규모, 담당하는 직책의 특성 등을 고려하여 대통령령으로 정하는 임원을 제외하거나 대통령령으로 정하는 직원을 포함한다. 이하 이 조, 제30조의3 및 제35조의2에서 같다)는 제30조의3제1항에 따른 책무구조도에서 정하는 자신의 책무와 관련하여 내부통제 및 위험관리(이하 "내부통제등"이라 한다)가 효과적으로 작동할 수 있도록 다음 각 호의 관리조치를 하여야 한다.
1. 이 법 및 금융관계법령에 따른 내부통제기준 및 위험관리기준(이하 "내부통제기준등"이라 한다)이 적정하게 마련되었는지 여부에 대한 점검
2. 내부통제기준등이 효과적으로 집행·운영되고 있는지 여부에 대한 점검
3. 임직원이 법령 또는 내부통제기준등을 충실하게 준수하고 있는지 여부에 대한 점검
4. 제1호부터 제3호까지에 따른 점검 과정에서 알게 된 법령 및 내부통제기준등의 위반사항이나 내부통제등에 관한 미흡한 사항에 대한 시정·개선 등 필요한 조치
5. 제1호부터 제4호까지에 따른 조치에 준하는 조치로서 내부통제등의 효과적 작동을 위해 대통령령으로 정하는 관리조치
② 금융회사의 임원은 다음 각 호의 사항에 관하여 대표이사(「상법」에 따른 집행임원을 둔 경우에는 대표집행임원, 외국금융회사의 국내지점의 경우 그 대표자를 포함하며, 이하 "대표이사등"이라 한다)에게 보고하여야 한다.
1. 제1항 각 호에 따른 관리조치의 내용과 결과
2. 제1항에 따른 관리조치를 수행하는 과정에서 알게 된 내부통제등에 관한 사항
3. 제1호 및 제2호에 준하는 사항으로서 대통령령으로 정하는 사항
③ 제1항에 따른 관리조치 및 제2항에 따른 보고 등에 관하여 필요한 사항은 대통령령으로 정한다.
(2024.1.2 본조신설)
제30조의3【책무구조도】 ① 금융회사의 대표이사등은 제30조의2에 따른 관리의무를 이행하여야 하는 임원과 임원의 직책별로 이 법, 「상법」, 「형법」, 금융관계법령 및 그 밖에 대통령령으로 정하는 금융 관련 법령에서 정한 사항으로서 대통령령으로 정하는 책무를 배분한 문서(이하 "책무구조도"라고 한다)를 마련하여야 한다.
② 책무구조도는 다음 각 호의 요건을 갖추어야 한다.
1. 제1항에 따른 책무별로 담당하는 임원이 반드시 존재할 것
2. 제1항에 따른 책무별로 담당하는 임원이 복수로 존재하지 아니할 것
3. 제1호 및 제2호에 준하는 요건으로서 내부통제등의 효과적 작동을 위하여 대통령령으로 정하는 요건
③ 대표이사등이 책무구조도를 마련하려는 경우에는 이사회의 의결을 거쳐야 한다. 다만, 외국금융회사의 국내지점의 경우에는 대통령령으로 정하는 절차에 따른다.
④ 금융회사는 대표이사등이 마련한 책무구조도를 금융위원회에 제출하여야 한다.
⑤ 금융위원회는 제4항에 따라 제출된 책무구조도가 다음 각 호의 어느 하나에 해당하는 경우에는 책무구조도의 기재내용을 정정하거나 보완하여 제출할 것을 요구할 수 있다.
1. 형식을 제대로 갖추지 아니한 경우
2. 중요사항을 누락한 경우
3. 기재내용이 불분명한 경우
4. 제1호부터 제3호까지에 준하는 사항으로서 금융위원회가 정하여 고시하는 사항
⑥ 제1항부터 제5항까지는 제출된 책무구조도의 기재내용에 대통령령으로 정하는 변경이 있는 경우에도 적용한다.
⑦ 제1항부터 제6항까지에 따른 책무구조도의 작성방법, 기재내용, 제출 방법 및 정정·보완 요구 등에 관하여 필요한 사항은 금융위원회가 정하여 고시한다.
(2024.1.2 본조신설)
제30조의4【대표이사등의 내부통제등 총괄 관리의무】 ① 금융회사의 대표이사등은 내부통제등의 전반적 집행 및 운영에 대한 최종적인 책임자로서 다음 각 호의 총괄적인 관리조치를 실효성 있게 하여야 한다.
1. 내부통제등 정책·기본방침 및 전략의 집행·운영
2. 임직원이 법령 및 내부통제기준등을 준수하기 위하여 필요한 인적·물적 자원의 지원 및 그 지원의 적정성에 대한 점검
3. 임직원의 법령 또는 내부통제기준등 위반사실을 대표이사등이 적시에 파악할 수 있도록 하기 위한 제보·신고 및 보고 등에 대한 관리체계의 구축·운영

金融

4. 각 임원이 제30조의2에 따른 관리의무를 적절하게 수행하고 있는지 여부에 대한 점검
5. 임직원의 법령 또는 내부통제기준등 위반을 초래할 수 있는 대통령령으로 정하는 잠재적 위험요인 또는 취약분야에 대한 점검
6. 임직원의 법령 또는 내부통제기준등 위반이 장기화 또는 반복되거나 조직적으로 또는 광범위하게 이루어지는 것을 방지하기 위한 조치로서 대통령령으로 정하는 조치
7. 제1호부터 제6호까지 및 제8호에 따른 관리조치를 하는 과정에서 알게 된 법령 및 내부통제기준등의 위반사항이나 내부통제등에 관한 미흡한 사항에 대한 시정·개선 등 필요한 조치
8. 그 밖에 내부통제등의 효과적 작동을 위한 대통령령으로 정하는 조치

② 금융회사의 대표이사등은 다음 각 호의 사항에 관하여 이사회에 보고하여야 한다.
1. 제1항 각 호에 따른 관리조치의 내용과 결과
2. 제1항에 따른 관리조치를 수행하는 과정에서 알게 된 내부통제등에 관한 중요한 사항
3. 제30조의2제2항에 따라 임원이 보고하는 사항 중 중요한 사항
4. 제1호 및 제2호에 준하는 사항으로서 대통령령으로 정하는 사항

③ 제1항에 따른 관리조치 및 제2항에 따른 보고 등에 관하여 필요한 사항은 대통령령으로 정한다.
(2024.1.2 본조신설)

제5장 대주주의 건전성 유지

제31조 【대주주 변경승인 등】 ① 금융회사(「은행법」에 따른 인가를 받아 설립된 은행, 「금융지주회사법」에 따른 은행지주회사, 「상호저축은행법」에 따른 인가를 받아 설립된 상호저축은행, 「자본시장과 금융투자업에 관한 법률」에 따른 투자자문업자 및 투자일임업자, 「여신전문금융업법」에 따른 시설대여업자, 할부금융업자, 신기술사업금융업자는 제외한다)가 발행한 주식을 취득·양수(실질적으로 해당 주식을 지배하는 것을 말하며, 이하 이 장에서 "취득등"이라 한다)하여 대주주(최대주주의 경우 최대주주의 특수관계인인 주주를 포함하며, 최대주주가 법인인 경우 그 법인의 중요한 경영사항에 대하여 사실상 영향력을 행사하고 있는 자로서 대통령령으로 정하는 자를 포함한다. 이하 이 조에서 같다)가 되고자 하는 자는 건전한 경영을 위하여 「독점규제 및 공정거래에 관한 법률」, 「조세범 처벌법」 및 금융과 관련하여 대통령령으로 정하는 법령을 위반하지 아니하는 등 대통령령으로 정하는 요건을 갖추어 미리 금융위원회의 승인을 받아야 한다. 다만, 대통령령으로 정하는 자는 그러하지 아니하다.
② 제1항에 따른 주식의 취득등이 기존 대주주의 사망 등 대통령령으로 정하는 사유로 인한 때에는 취득등을 한 날부터 3개월 이내에서 대통령령으로 정하는 기간 이내에 금융위원회에 승인을 신청하여야 한다.
③ 금융위원회는 제1항에 따른 승인을 받지 아니하고 취득등을 한 주식과 제2항에 따른 취득등을 한 후 승인을 신청하지 아니한 주식에 대하여 6개월 이내의 기간을 정하여 처분을 명할 수 있다.
④ 제1항에 따른 승인을 받지 아니하거나 제2항에 따른 승인을 신청하지 아니한 자는 승인 없이 취득하거나 취득 후 승인을 신청하지 아니한 주식에 대하여 의결권을 행사할 수 없다.
⑤ 「자본시장과 금융투자업에 관한 법률」에 따른 투자자문업자 및 투자일임업자, 「여신전문금융업법」에 따른 시설대여업자, 할부금융업자, 신기술사업금융업자는 대주주가 변경된 경우에는 이를 2주 이내에 금융위원회에 보고하여야 한다. 이 경우 투자자문업 또는 투자일임업과 「자본시장과 금융투자업에 관한 법률」 제6조제1항제1호부터 제3호까지 및 제6호의 어느 하나에 해당하는 금융투자업을 함께 영위하는 자로서 제1항에 따라 승인을 받은 때에는 보고를 한 것으로 본다.
⑥ 제1항부터 제3항까지에 따른 방법 및 절차에 관하여 필요한 세부사항은 대통령령으로 정한다.

제32조 【최대주주의 자격 심사 등】 ① 금융위원회는 금융회사(제31조제1항의 적용대상인 금융회사에 한정한다. 이하 이 조에서 같다)의 최대주주 중 최다출자자 1인(최다출자자 1인이 법인인 경우 그 법인의 최대주주 중 최다출자자 1인을 말하며, 그 최다출자자 1인도 법인인 경우에는 최다출자자 1인이 개인이 될 때까지 같은 방법으로 선정한다. 다만, 법인 간 순환출자 구조인 경우에는 최대주주 중 대통령령으로 정하는 최다출자자 1인으로 한다. 이하 이 조에서 "적격성 심사대상"이라 한다)에 대하여 대통령령으로 정하는 기간마다 변경승인요건 중 「독점규제 및 공정거래에 관한 법률」, 「조세범 처벌법」 및 금융과 관련하여 대통령령으로 정하는 법령을 위반하지 아니하는 등 대통령령으로 정하는 요건(이하 "적격성 유지요건"이라 한다)에 부합하는지 여부를 심사하여야 한다.
② 금융회사는 해당 금융회사의 적격성 심사대상이 적격성 유지요건을 충족하지 못하는 사유가 발생한 사실을 인지한 경우 지체 없이 그 사실을 금융위원회에 보고하여야 한다.
③ 금융위원회는 제1항에 따른 심사를 위하여 필요한 경우에는 금융회사 또는 적격성 심사대상에 대하여 필요한 자료 또는 정보의 제공을 요구할 수 있다.
④ 금융위원회는 제1항에 따른 심사 결과 적격성 심사대상이 적격성 유지요건을 충족하지 못하고 있다고 인정되는 경우 해당 적격성 심사대상에 대하여 6개월 이내의 기간을 정하여 해당 금융회사의 경영건전성을 확보하기 위한 다음 각 호의 전부 또는 일부를 포함한 조치를 이행할 것을 명할 수 있다.
1. 적격성 유지요건을 충족하기 위한 조치
2. 해당 적격성 심사대상과의 거래의 제한 등 이해상충 방지를 위한 조치
3. 그 밖에 금융회사의 경영건전성을 위하여 필요하다고 인정되는 조치로서 대통령령으로 정하는 조치

⑤ 금융위원회는 제1항에 따른 심사 결과 적격성 심사대상이 다음 각 호의 어느 하나에 해당하는 경우로서 법령 위반 정도를 감안할 때 건전한 금융질서와 금융회사의 건전성이 유지되기 어렵다고 인정되는 경우 5년 이내의 기간으로서 대통령령으로 정하는 기간 내에 해당 적격성 심사대상이 보유한 금융회사의 의결권 있는 발행주식(최다출자자 1인이 법인인 경우 그 법인이 보유한 해당 금융회사의 의결권 있는 발행주식을 말한다) 총수의 100분의 10 이상에 대하여는 의결권을 행사할 수 없도록 명할 수 있다.
1. 제1항에 규정된 법령의 위반으로 금고 1년 이상의 실형을 선고받고 그 형이 확정된 경우
2. 그 밖에 건전한 금융질서 유지를 위하여 대통령령으로 정하는 경우

⑥ 제1항에 규정된 법령의 위반에 따른 죄와 다른 죄의 경합범에 대하여는 「형법」 제38조에도 불구하고 이를 분리 심리하여 따로 선고하여야 한다.
⑦ 제1항부터 제5항까지에 따른 방법 및 절차 등에 관하여 필요한 세부사항은 대통령령으로 정한다.

제6장 소수주주의 권리행사의 특례

제33조 【소수주주권】 ① 6개월 전부터 계속하여 금융회사의 의결권 있는 발행주식 총수의 1만분의 10 이상에 해당하는 주식을 대통령령으로 정하는 바에 따라 보유한 자는 「상법」 제363조의2에 따른 주주의 권리를 행사할 수 있다.
② 6개월 전부터 계속하여 금융회사의 발행주식 총수의 1만분의 150 이상(대통령령으로 정하는 금융회사의 경우에는 1만분의 75 이상)에 해당하는 주식을 대통령령으로 정하는 바에 따라 보유한 자는 「상법」 제366조 및 제467조에 따른 주주의 권리를 행사할 수 있다. 이 경우 「상법」 제366조에 따른 주주의 권리를 행사할 때에는 의결권 있는 주식을 기준으로 한다.
③ 6개월 전부터 계속하여 금융회사의 발행주식 총수의 10만분의 250 이상(대통령령으로 정하는 금융회사의 경우에는 10만분의 125 이상)에 해당하는 주식을 대통령령으로 정하는 바에 따라 보유한 자는 「상법」 제385조(같은 법 제415조에서 준용하는 경우를 포함한다) 및 제539조에 따른 주주의 권리를 행사할 수 있다.
④ 6개월 전부터 계속하여 금융회사의 발행주식 총수의 100만분의 250 이상(대통령령으로 정하는 금융회사의 경우에는 100만분의 125 이상)에 해당하는 주식을 대통령령으로 정하는 바에 따라 보유한 자는 「상법」 제402조에 따른 주주의 권리를 행사할 수 있다.
⑤ 6개월 전부터 계속하여 금융회사의 발행주식 총수의 10만분의 1 이상에 해당하는 주식을 대통령령으로 정하는 바에 따라 보유한 자는 「상법」 제403조(같은 법 제324조, 제415조, 제424조의2, 제467조의2 및 제542조에서 준용하는 경우를 포함한다)에 따른 주주의 권리를 행사할 수 있다.
⑥ 6개월 전부터 계속하여 금융회사의 발행주식 총수의 10만분의 50 이상(대통령령으로 정하는 금융회사의 경우에는 10만분의 25 이상)에 해당하는 주식을 대통령령으로 정하는 바에 따라 보유한 자는 「상법」 제466조에 따른 주주의 권리를 행사할 수 있다.
⑦ 제5항의 주주가 「상법」 제403조(같은 법 제324조, 제415조, 제424조의2, 제467조의2 및 제542조에서 준용하는 경우를 포함한다)에 따른 소송을 제기하여 승소한 경우에는 금융회사에 소송비용, 그 밖에 소송으로 인한 모든 비용의 지급을 청구할 수 있다.
⑧ 제1항부터 제6항까지의 규정은 그 각 항에서 규정하는 「상법」의 해당 규정에 따른 소수주주권의 행사에 영향을 미치지 아니한다.

제7장 처분 및 제재절차

제34조 【금융회사에 대한 조치】 ① 금융위원회는 금융회사가 별표 각 호의 어느 하나에 해당하는 경우에는 다음 각 호의 어느 하나에 해당하는 조치를 할 수 있다.
1. 위법행위의 시정명령
2. 위법행위의 중지명령
3. 금융회사에 대한 경고
4. 금융회사에 대한 주의
5. 그 밖에 위법행위를 시정하거나 방지하기 위하여 필요한 조치로서 대통령령으로 정하는 조치

② 제1항에도 불구하고 제2조제1호가목, 다목 및 마목에 따른 금융회사가 별표 각 호의 어느 하나에 해당하는 경우에는 다음 각 호에서 정하는 바에 따른다.
1. 금융위원회는 제2조제1호가목에 따른 금융회사에 대해서는 금융감독원장의 건의에 따라 제1항제1호 및 제5호의 어느 하나에 해당하는 조치를 하거나, 금융감독원장으로 하여금 제1항제2호부터 제4호까지의 어느 하나에 해당하는 조치를 하게 할 수 있다.
2. 금융위원회는 제2조제1호다목 또는 마목에 따른 금융회사에 대해서는 금융감독원장의 건의에 따라 제1항 각 호의 어느 하나에 해당하는 조치를 하거나, 금융감독원장으로 하여금 제1항제3호 또는 제4호의 어느 하나에 해당하는 조치를 하게 할 수 있다.

제35조 【임직원에 대한 제재조치】 ① 금융위원회는 금융회사의 임원(업무집행책임자는 제외한다. 이하 이 조에서 같다)이 별표 각 호의 어느 하나에 해당하는 경우에는 다음 각 호의 어느 하나에 해당하는 조치를 할 수 있다.
1. 해임요구
2. 6개월 이내의 직무정지 또는 임원의 직무를 대행하는 관리인의 선임
3. 문책경고
4. 주의적 경고
5. 주의

② 금융위원회는 금융회사의 직원(업무집행책임자를 포함한다. 이하 이 조에서 같다)이 별표 각 호의 어느 하나에 해당하는 경우에는 다음 각 호의 어느 하나에 해당하는 조치를 할 것을 그 금융회사에 요구할 수 있다.
1. 면직
2. 6개월 이내의 정직
3. 감봉
4. 견책
5. 주의

③ 제1항에도 불구하고 제2조제1호가목, 다목 및 마목에 따른 금융회사의 임원에 대해서는 다음 각 호에서 정하는 바에 따른다.
1. 금융위원회는 제2조제1호가목에 따른 금융회사의 임원에 대해서는 금융감독원장의 건의에 따라 제1항제1호 또는 제2호의 어느 하나에 해당하는 조치를 할 수 있으며, 금융감독원장으로 하여금 제1항제3호부터 제5호까지의 어느 하나에 해당하는 조치를 하게 할 수 있다.
2. 금융위원회는 제2조제1호다목 또는 마목에 따른 금융회사의 임원에 대해서는 금융감독원장의 건의에 따라 제1항 각 호의 어느 하나에 해당하는 조치를 하거나, 금융감독원장으로 하여금 제1항제3호부터 제5호까지의 어느 하나에 해당하는 조치를 하게 할 수 있다.

④ 제2항에도 불구하고 제2조제1호가목, 다목 및 마목에 따른 금융회사의 직원에 대해서는 다음 각 호에서 정하는 바에 따른다.
1. 금융감독원장은 제2조제1호가목에 따른 금융회사의 직원에 대해서는 제2항 각 호의 어느 하나에 해당하는 조치를 할 것을 그 금융회사에 요구할 수 있다.
2. 금융위원회는 제2조제1호다목 또는 마목에 따른 금융회사의 직원에 대해서는 제2항 각 호의 어느 하나에 해당하는 조치를 할 것을 금융감독원장의 건의에 따라 그 금융회사에 요구하거나, 금융감독원장으로 하여금 요구하게 할 수 있다.

⑤ 금융위원회는 제1항부터 제4항까지의 규정에 따라 금융회사의 임직원에 대하여 조치를 하거나 해당 조치를 하도록 요구하는 경우 그 임직원에 대한 관리·감독의 책임이 있는 임직원에 대한 조치를 함께 하거나, 해당 조치를 하도록 요구할 수 있다. 다만, 관리·감독의 책임이 있는 사람이 그 임직원의 관리·감독에 상당한 주의를 다한 경우에는 조치를 감경하거나 면제할 수 있다.
⑥ 금융위원회(제3항 또는 제4항에 따라 조치를 하거나 조치를 할 것을 요구할 수 있는 금융감독원장을 포함한다)는 금융회사의 퇴임한 임원 또는 퇴직한 직원이 재임 또는 재직 중이었더라면 제1항부터 제5항까지에 해당하는 조치를 받았을 것으로 인정되는 경우에는 그 조치의 내용을 해당 금융회사의 장에게 통보할 수 있다. 이 경우 통보를 받은 금융회사의 장은 이를 퇴임·퇴직한 해당 임직원에게 통보하여야 한다.(2017.4.18 전단개정)

제35조의2 【내부통제등 관리의무 위반에 대한 제재 등】 ① 금융위원회는 임원이 제30조의2를 위반하거나 대표이사등이 제30조의4를 위반하는 경우에는 제35조에 따른 조치(같은 조 제5항에 따른 조치는 제외한다)를 할 수 있다.
② 금융위원회는 제1항에 따라 조치를 하는 경우에는 다음 각 호의 사항을 고려하여 제재조치를 감경하거나 면제할 수 있다.
1. 임직원의 법령 또는 내부통제기준등 위반행위의 발생 경위, 정도와 그 결과
2. 제1호에 따른 위반행위의 발생을 방지하기 위하여 상당한 주의를 다하여 제30조의2 또는 제30조의4에 따른 관리의무를 수행하였는지 여부

金融

③ 금융위원회는 제1항 및 제2항에 따라 임원 또는 대표이사등에 대하여 제재조치를 하는 경우 해당 금융회사에 대하여 제34조제1항 각 호의 조치를 할 수 있다. 이 경우 제2조제1호가목, 다목 및 마목에 따른 금융회사에 대한 조치는 제34조제2항 각 호에서 정하는 바에 따른다.
(2024.1.2 본조신설)

제36조【청문】 금융위원회는 제35조제1항부터 제5항까지 및 제35조의2에 따른 조치 중 임원의 해임요구 또는 직원의 면직요구의 조치를 할 경우 청문을 하여야 한다.
(2024.1.2 본조개정)

제37조【이의신청 특례】 ① 제34조, 제35조제1항부터 제5항까지 및 제35조의2에 따른 조치(해임요구 또는 면직요구의 조치는 제외한다)에 대하여 불복하는 자는 그 조치를 고지받은 날부터 30일 이내에 그 사유를 갖추어 금융위원회에 이의를 신청할 수 있다.(2024.1.2 본항개정)
② 금융위원회는 제1항에 따른 이의신청에 대하여 60일 이내에 결정을 하여야 한다. 다만, 부득이한 사정으로 그 기간 이내에 결정을 할 수 없는 경우에는 30일의 범위에서 그 기간을 연장할 수 있다.
③ 제1항 및 제2항에서 규정한 사항 외에 처분에 대한 이의신청에 관한 사항은 「행정기본법」 제36조에 따른다.
(2023.9.14 본항신설)
(2023.9.14 본조제목개정)

제38조【기록 및 조회 등】 ① 금융위원회는 제34조, 제35조 및 제35조의2에 따라 조치한 경우에는 그 내용을 기록하고 이를 유지·관리하여야 한다.(2024.1.2 본항개정)
② 금융회사는 금융위원회의 조치 요구에 따라 그 임직원을 조치한 경우 및 제35조제6항에 따라 통보를 받은 경우에는 그 내용을 기록하고 이를 유지·관리하여야 한다.
③ 금융회사 또는 그 임직원(임직원이었던 사람을 포함한다)은 금융위원회 또는 금융회사에 자기에 대한 제34조, 제35조 및 제35조의2에 따른 조치 여부 및 그 내용을 조회할 수 있다.(2024.1.2 본항개정)
④ 금융위원회 또는 금융회사는 제3항에 따른 조회를 요청받은 경우에는 정당한 사유가 없으면 조치 여부 및 그 내용을 그 조회요청자에게 통보하여야 한다.

제39조【이행강제금】 ① 금융위원회는 제31조제3항에 따른 주식처분명령을 받은 자가 그 정한 기간 이내에 그 명령을 이행하지 아니하면 이행기간이 지난 날부터 1일당 그 처분하여야 하는 주식의 장부가액에 1만분의 3을 곱한 금액을 초과하지 아니하는 범위에서 이행강제금을 부과할 수 있다.
② 이행강제금은 주식처분명령에서 정한 이행기간의 종료일의 다음 날부터 주식처분명령을 이행하는 날(주권지급일을 말한다)까지의 기간에 대하여 이를 부과한다.
③ 금융위원회는 주식처분명령을 받은 자가 주식처분명령에서 정한 이행기간의 종료일부터 90일이 지난 후에도 그 명령을 이행하지 아니하면 그 종료일부터 매 90일이 지나는 날을 기준으로 하여 이행강제금을 징수한다.
④ 이행강제금의 부과 및 징수에 관하여는 「은행법」 제65조의4부터 제65조의8까지, 제65조의10 및 제65조의11을 준용한다.
⑤ 그 밖에 이행강제금의 부과·납부·징수·환급 등에 관하여 필요한 사항은 대통령령으로 정한다.

제8장 보 칙

제40조【권한의 위탁】 금융위원회는 이 법에 따른 권한의 일부를 대통령령으로 정하는 바에 따라 금융감독원장에게 위탁할 수 있다.

제41조【공시】 ① 금융회사는 주주총회와 관련하여 주주의 참석률, 안건에 대한 찬반비율 등 대통령령으로 정하는 사항을 공시하여야 한다.
② 금융회사는 주주가 제33조에 따른 주주의 권리를 행사한 경우 이를 공시하여야 한다.

제9장 벌 칙

제42조【벌칙】 ① 다음 각 호의 어느 하나에 해당하는 자는 1년 이하의 징역 또는 1천만원 이하의 벌금에 처한다.
1. 제31조제1항 또는 제2항을 위반하여 승인을 받지 아니한 자 또는 승인신청을 하지 아니한 자
2. 제31조제3항에 따른 주식처분명령을 위반한 자
② 제1항의 징역과 벌금은 이를 병과할 수 있다.
③ 법인의 대표자나 법인 또는 개인의 대리인, 사용인, 그 밖의 종업원이 그 법인 또는 개인의 업무에 관하여 제1항의 위반행위를 하면 그 행위자를 벌하는 외에 그 법인 또는 개인에게도 해당 조문의 벌금형을 과(科)한다. 다만, 법인 또는 개인이 그 위반행위를 방지하기 위하여 해당 업무에 관하여 상당한 주의와 감독을 게을리하지 아니한 경우에는 그러하지 아니하다.

제43조【과태료】 ① 다음 각 호의 어느 하나에 해당하는 자에게는 1억원 이하의 과태료를 부과한다.(2017.4.18 본문개정)
1. 제8조제1항을 위반하여 이사회의 의결을 거치지 아니하고 주요업무집행책임자를 임면한 자
2. 제12조제1항 및 제2항을 위반하여 같은 항에 규정된 사외이사 선임의무를 이행하지 아니한 자
3. 제12조제3항을 위반하여 같은 조 제1항 및 제2항의 이사회의 구성요건을 충족시키지 아니한 자
4. 제13조제2항을 위반하여 선임사외이사를 선임하지 아니한 자
5. 제13조제4항을 위반하여 선임사외이사의 업무를 방해하거나 협조를 거부한 자
6. 제16조제1항 및 같은 조 제2항 단서를 위반하여 이사회 내 위원회를 설치하지 아니한 자
7. 제16조제4항을 위반하여 위원회 위원의 과반수를 사외이사로 두지 아니한 자(2024.1.2 본호개정)
8. 제17조제1항을 위반하여 임원후보를 추천하지 아니한 자
9. 제17조제2항을 위반하여 임원후보추천위원회를 구성한 자
10. 제17조제3항에 따라 임원을 선임하지 아니한 자
11. 제17조제4항을 위반하여 주주제안권을 행사할 수 있는 요건을 갖춘 주주가 추천한 사외이사 후보를 포함시키지 아니한 자
12. 제19조제1항 및 제2항을 위반하여 같은 항에 규정된 요건을 모두 충족하는 감사위원회를 설치하지 아니한 자
13. 제19조제3항을 위반하여 같은 조 제1항 및 제2항의 감사위원회의 구성요건을 충족시키지 아니한 자
14. 제19조제4항부터 제7항까지의 규정을 위반하여 감사위원의 선임절차를 준수하지 아니한 자
15. 제19조제8항을 위반하여 상근감사를 두지 아니한 자
16. 제24조제1항을 위반하여 내부통제기준을 마련하지 아니한 자
17. 제25조제1항을 위반하여 준법감시인을 두지 아니한 자
18. 제25조제2항에 따라 준법감시인을 선임하지 아니한 자
19. 제25조제3항에 따른 의결절차(제28조제2항에서 준용하는 경우를 포함한다)를 거치지 아니하고 준법감시인을 임면한 자
20. 제25조제5항을 위반하여 준법감시인을 선임한 자
21. 제27조제1항을 위반하여 위험관리기준을 마련하지 아니한 자
22. 제28조제1항을 위반하여 위험관리책임자를 두지 아니한 자
22의2. 제30조의3제3항에 따른 절차를 거치지 아니하고 책무구조도를 마련한 자(2024.1.2 본호신설)
23. 제32조제2항을 위반하여 보고를 하지 아니하거나 거짓으로 보고한 자
24. 제32조제3항에 따른 금융위원회의 자료 또는 정보의 제공 요구에 따르지 아니하거나 거짓 자료 또는 정보를 제공한 자
25. 제34조에 따른 시정명령·중지명령 및 조치를 이행하지 아니한 자
26. 제35조에 따른 임직원에 대한 조치요구를 이행하지 아니한 자
② 다음 각 호의 어느 하나에 해당하는 자에게는 3천만원 이하의 과태료를 부과한다.
1. 제7조제1항을 위반하여 임원의 자격요건 적합 여부를 확인하지 아니한 자
1의2. 제7조제2항을 위반하여 그 사실 및 자격요건 적합 여부와 그 사유 등에 관한 공시 또는 보고를 하지 아니하거나 거짓으로 공시 또는 보고를 한 자(2024.1.2 본호개정)
1의3. 제7조제3항을 위반하여 임원의 해임(사임을 포함한다)에 관한 공시 또는 보고를 하지 아니하거나 거짓으로 공시 또는 보고를 한 자(2017.4.18 본호신설)
2. 제10조를 위반하여 겸직하게 하거나 겸직한 자
2의2. 제11조제1항 본문을 위반하여 겸직승인을 받지 아니한 자(2017.4.18 본호신설)
2의3. 제11조제1항 단서 및 같은 조 제2항을 위반하여 겸직보고를 하지 아니하거나 거짓으로 보고한 자
(2017.4.18 본호신설)
2의4. 제13조제2항을 위반하여 사외이사가 아닌 자를 이사회 의장으로 선임하면서 그 사유를 공시하지 아니하거나 거짓으로 공시한 자(2017.4.18 본호신설)
2의5. 제14조제3항을 위반하여 공시를 하지 아니하거나 거짓으로 공시한 자(2017.4.18 본호신설)
3. 제18조(제20조제4항에서 준용하는 경우를 포함한다)를 위반하여 자료나 정보를 제공하지 아니하거나 거짓으로 제공한 자
4. 제20조제2항을 위반하여 담당부서를 설치하지 아니한 자
5. 제20조제3항을 위반하여 보고서를 제출하지 아니한 자
5의2. 제22조제4항 및 제5항에 따른 연차보고서의 공시를 하지 아니하거나 거짓으로 공시한 자(2017.4.18 본호신설)
6. 제25조제6항(제28조제2항에서 준용하는 경우를 포함한다)을 위반하여 준법감시인에 대한 별도의 보수지급 및 평가 기준을 운영하지 아니한 자
7. 제29조를 위반하여 준법감시인 또는 위험관리책임자가 같은 조 각 호의 어느 하나에 해당하는 업무를 수행하는 직무를 담당하거나 준법감시인 또는 위험관리책임자에게 이를 담당하게 한 자
8. 제30조제2항을 위반하여 준법감시인 및 위험관리책임자의 임면사실을 보고하지 아니하거나 거짓으로 보고한 자(2017.4.18 본호신설)
8의2. 제30조의3제4항을 위반하여 책무구조도를 제출하지 아니한 자(2024.1.2 본호신설)
9. 제41조제1항을 위반하여 주주총회와 관련한 공시를 하지 아니하거나 거짓으로 공시한 자(2017.4.18 본호신설)
10. 제41조제2항을 위반하여 주주가 주주의 권리를 행사한 내용을 공시하지 아니하거나 거짓으로 공시한 자
(2017.4.18 본호신설)
③ 금융회사의 임직원으로서 이 법에 따른 서류의 비치·제출·보고·공고 또는 공시를 게을리한 자에게는 2천만원 이하의 과태료를 부과한다.(2017.4.18 본항개정)
④ 제1항부터 제3항까지의 규정에 따른 과태료는 대통령령으로 정하는 바에 따라 금융위원회가 부과·징수한다.

부 칙

제1조【시행일】 이 법은 공포 후 1년이 경과한 날부터 시행한다.

제2조【임원의 자격요건 및 자격요건 적합 여부 보고 등에 관한 적용례】 제5조부터 제7조까지의 규정 및 제19조제10항은 이 법 시행 후 최초로 선임(연임을 포함한다)하는 임원부터 적용한다.

제3조【주요업무집행책임자의 선임에 관한 적용례】 제8조는 이 법 시행 후 최초로 선임하는 주요업무집행책임자부터 적용한다.

제4조【겸직 승인 및 보고에 관한 적용례】 제11조는 이 법 시행 후 최초로 겸직하는 경우부터 적용한다.

제5조【임원의 선임에 관한 적용례】 제17조는 이 법 시행 후 최초로 선임하는 임원부터 적용한다.

제6조【준법감시인의 선임에 관한 적용례】 제26조는 이 법 시행 후 최초로 선임하는 준법감시인부터 적용한다.

제7조【최대주주 자격 심사에 관한 적용례】 제32조는 이 법 시행 후 최초로 발생한 사유로 적격성 유지요건을 갖추지 못한 경우부터 적용한다.

제8조【임원의 자격요건 변경에 따른 경과조치】 이 법 시행 당시 재임 중인 금융회사의 임원자격에 관하여는 제5조, 제6조 및 제19조제10항에도 불구하고 그 임기가 만료되는 날까지는 종전의 「은행법」, 「자본시장과 금융투자업에 관한 법률」, 「보험업법」, 「상호저축은행법」, 「여신전문금융업법」 및 「금융지주회사법」에 따른다.

제9조【겸직제한에 관한 경과조치】 이 법 시행 당시 재임 중인 금융회사의 임원으로서 다른 회사의 임직원을 겸직하고 있는 사람은 제6조 및 제10조에도 불구하고 금융회사의 임원으로서의 임기 만료일과 그 임원이 겸직하고 있는 다른 회사의 임원으로서의 임기 만료일 중 먼저 도래하는 날(임기 만료일이 이 법 시행 후 3년 이후이거나 다른 회사의 직원을 겸직하고 있는 경우에는 이 법 시행 후 3년이 되는 날로 한다)까지는 이 법에 따라 겸직하고 있는 것으로 본다.

제10조【주요업무집행책임자의 임면 등에 관한 경과조치】 이 법 시행 당시 재임 또는 재직 중인 금융회사의 주요업무집행책임자에 관하여는 제8조에도 불구하고 그 임기가 만료되는 날(임기 만료일이 이 법 시행 후 3년 이후이거나 직원으로 재직 중인 경우에는 이 법 시행 후 3년이 되는 날로 한다)까지는 이 법에 따라 선임된 주요업무집행책임자로 본다.

제11조【이사회의 구성 및 운영에 관한 경과조치】 금융회사(제3조제3항에 해당하는 금융회사는 제외한다)는 이 법 시행 후 최초로 소집되는 주주총회일까지 제12조에 따라 이사회를 구성하여야 한다.

제12조【이사회내 위원회의 설치에 관한 경과조치】 금융회사(제3조제3항에 해당하는 금융회사는 제외한다)는 이 법 시행 후 최초로 소집되는 주주총회일까지 제16조에 따라 임원후보추천위원회, 감사위원회, 위험관리위원회 및 보수위원회를 설치하여야 한다.

제13조【감사위원 및 상근감사의 선임에 관한 경과조치】 ① 금융회사(제3조제3항에 해당하는 금융회사는 제외한다)는 이 법 시행 후 최초로 소집되는 주주총회일까지 제19조제1항부터 제7항까지 및 제10항에 적합하도록 감사위원을 선임하여야 한다.
② 제19조제8항 본문에 따라 대통령령으로 정하는 금융회사는 이 법 시행 후 최초로 소집되는 주주총회일까지 제19조제8항부터 제10항까지의 규정에 적합하도록 상근감사를 선임하여야 한다.

제14조【준법감시인에 대한 경과조치】 ① 이 법 시행 당시 재임 또는 재직 중인 금융회사의 준법감시인에 대하여는 그 임기가 만료되는 날(임기 만료일이 이 법 시행 후 2년 이후이거나 직원으로 재직 중인 경우에는 이 법 시행 후 2년이 되는 날로 한다)까지 이 법에 따라 선임된 준법감시인으로 본다.
② 제1항의 준법감시인의 자격요건에 대해서는 제26조에도 불구하고 종전의 「은행법」, 「자본시장과 금융투자업에 관한 법률」, 「보험업법」, 「상호저축은행법」, 「여신전문금융업법」 및 「금융지주회사법」에 따른다.

제15조【제재처분에 관한 경과조치】 이 법 시행 전에 종전의 「은행법」, 「자본시장과 금융투자업에 관한 법률」, 「보험업법」, 「상호저축은행법」, 「여신전문금융업법」 및 「금융지주회사법」의 위반행위에 대해서는 종전의 규정에 따른다.

제16조【과태료에 관한 경과조치】 이 법 시행 전에 종전의 「은행법」, 「자본시장과 금융투자업에 관한 법률」, 「보험업법」, 「상호저축은행법」, 「여신전문금융업법」 및 「금융지주회사법」의 위반행위에 대해서는 종전의 규정에 따른다.

제17조【금치산자 등에 대한 경과조치】 이 법 시행 당시 이미 금치산 또는 한정치산의 선고를 받은 사람에 대하여는 그 선고가 취소되거나 효력을 잃을 때까지 이 법에 따른 피성년후견인 또는 피한정후견인으로 본다.

제18조【다른 법률의 개정】 ①~⑳ ※(해당 법령에 가제정리 하였음)

부　칙 (2017.4.18.)

제1조【시행일】 이 법은 공포 후 6개월이 경과한 날부터 시행한다.

제2조【퇴임한 임원 등에 대한 조치 내용의 통보에 관한 적용례】 제35조제6항의 개정규정은 이 법 시행 전에 퇴임한 임원 또는 퇴직한 직원에 대해서도 적용한다.

부　칙 (2020.12.29)

제1조【시행일】 이 법은 공포 후 1년이 경과한 날부터 시행한다.(이하 생략)

부　칙 (2023.9.14)

제1조【시행일】 이 법은 공포한 날부터 시행한다.(이하 생략)

부　칙 (2024.1.2)

제1조【시행일】 이 법은 공포 후 6개월이 경과한 날부터 시행한다.

제2조【임원의 자격요건 적합여부 확인·공시·보고에 관한 적용례】 제5조제3항 및 제7조제1항·제2항의 개정규정은 부칙 제6조에 따라 최초로 책무구조도를 작성하여 금융위원회에 제출한 후에 최초로 선임(연임을 포함한다)되거나 책무구조도에서 정하는 직책이 변경되는 임원부터 적용한다.

제3조【이사회 심의·의결사항에 대한 적용례】 제15조제1항제5호의2의 개정규정은 이 법 시행 이후 최초로 소집되는 주주총회일부터 적용한다.

제4조【내부통제등 관리의무에 대한 적용례】 제30조의2 및 제30조의4의 개정규정은 부칙 제6조에 따라 최초로 책무구조도를 작성하여 금융위원회에 제출한 경우부터 적용한다.

제5조【이사회내 내부통제위원회 설치에 관한 경과조치】 금융회사는 이 법 시행 이후 최초로 소집되는 주주총회일까지 제16조제1항제5호의 개정규정에 따른 내부통제위원회를 설치하여야 한다.

제6조【책무구조도 마련·제출에 관한 경과조치】 금융회사는 제30조의3의 개정규정에도 불구하고 다음 각 호에 규정된 기간 이내에 같은 개정규정에 따른 책무구조도를 금융위원회에 제출하여야 한다.

1. 제2조제1호가목에 따른 은행 및 같은 호 바목에 따른 금융지주회사 : 이 법 시행 이후 6개월
2. 제2조제1호나목에 따른 금융투자업자(최근 사업연도 말 현재 자산총액이 5조원 이상이거나 운영하는 집합투자재산, 투자일임재산 및 신탁재산의 전체 합계액이 20조원 이상인 금융투자업자에 한정한다) 및 종합금융회사 : 이 법 시행 이후 1년
3. 제2조제1호다목에 따른 보험회사(최근 사업연도 말 현재 자산총액이 5조원 이상인 보험회사에 한정한다) : 이 법 시행 이후 1년
4. 그 밖의 금융회사 : 5년을 넘지 아니하는 범위에서 대통령령으로 정하는 기간

〔별표〕 ➡ 「www.hyeonamsa.com」 참조

은행법

(1998년　1월　13일
전개법률 제5499호)

개정
1998. 2.24법 5520호　　1998. 5.25법 5540호
1999. 2. 5법 5745호
1999. 5.24법 5982호(정부조직)
1999. 9. 7법 6018호(농협)
2000. 1.21법 6177호
2000. 1.28법 6256호(수협)
2001. 3.28법 6429호(상호저축은행법)
2002. 4.27법 6691호
2005. 3.31법 7428호(채무자회생파산)
2007. 8. 3법 8635호(자본시장금융투자업)
2008. 2.29법 8852호(정부조직)
2008. 2.29법 8863호(금융위원회의설치등에관한법)
2008. 3.14법 8905호　　2009. 6. 9법 9784호
2010. 5.17법10303호
2011. 3.31법10522호(농협)
2011. 7.21법10866호(고등교육)
2011. 9.16법11051호(한국은행법)
2013. 8.13법12101호
2015. 7.24법13448호(자본시장금융투자업)
2015. 7.31법13453호(금융회사의지배구조에관한법)
2015.12.22법13613호(예금자보호법)
2016. 3.22법14096호(주식·사채등의전자등록에관한법)
2016. 3.29법14129호
2016. 5.29법14242호(수협)
2017. 4.18법14826호
2017.10.31법15022호(주식회사등의외부감사에관한법)
2018.12.11법15936호　　2018.12.31법16190호
2020. 2. 4법16957호(신용정보의이용및보호에관한법)
2020. 3.24법17112호(금융소비자보호에관한법)
2020. 5.19법17293호
2020.12.29법17799호(독점)
2021. 4.20법18126호
2021. 4.20법18128호(자본시장금융투자업)
2021.12. 7법18573호　　2023. 3.21법19261호
2023. 9.14법19700호(행정법제혁신을위한일부개정법령등)

제1장　총　칙
(2010.5.17 본장개정)

제1조【목적】 이 법은 은행의 건전한 운영을 도모하고 자금중개기능의 효율성을 높이며 예금자를 보호하고 신용질서를 유지함으로써 금융시장의 안정과 국민경제의 발전에 이바지함을 목적으로 한다.

제2조【정의】 ① 이 법에서 사용하는 용어의 뜻은 다음과 같다.

1. "은행업"이란 예금을 받거나 유가증권 또는 그 밖의 채무증서를 발행하여 불특정 다수인으로부터 채무를 부담함으로써 조달한 자금을 대출하는 것을 업(業)으로 하는 것을 말한다.
2. "은행"이란 은행업을 규칙적·조직적으로 경영하는 한국은행 외의 모든 법인을 말한다.
3. "상업금융업무"란 대부분 요구불예금을 받아 조달한 자금을 1년 이내의 기한으로 대출하거나 금융위원회가 예금 총액을 고려하여 정하는 최고 대출한도를 초과하지 아니하는 범위에서 1년 이상 3년 이내의 기한으로 대출하는 업무를 말한다.
4. "장기금융업무"란 자본금·적립금 및 그 밖의 잉여금, 1년 이상의 기한부 예금 또는 사채(社債)나 그 밖의 채권을 발행하여 조달한 자금을 1년을 초과하는 기한으로 대출하는 업무를 말한다.
5. "자기자본"이란 국제결제은행의 기준에 따른 기본자본과 보완자본의 합계액을 말한다.
6. "지급보증"이란 은행이 타인의 채무를 보증하거나 인수하는 것을 말한다.
7. "신용공여"란 대출, 지급보증 및 유가증권의 매입(자금지원적 성격인 것만 해당한다), 그 밖에 금융거래상의 신용위험이 따르는 은행의 직접적·간접적 거래를 말한다.
8. "동일인"이란 본인 및 그와 대통령령으로 정하는 특수관계에 있는 자(이하 "특수관계인"이라 한다)를 말한다.
9. "비금융주력자"란 다음 각 목의 어느 하나에 해당하는 자를 말한다.
   가. 동일인 중 비금융회사(대통령령으로 정하는 금융업이 아닌 업종을 운영하는 회사를 말한다. 이하 같다)인 자의 자본총액(재무상태표상 자산총액에서 부채총액을 뺀 금액을 말한다. 이하 같다)의 합계액이 동일인 중 회사인 자의 자본총액의 합계액의 100분의 25 이상인 경우의 그 동일인(2021.4.20 본목개정)
   나. 동일인 중 비금융회사인 자의 자산총액의 합계액이 2조원 이상으로서 대통령령으로 정하는 금액 이상인 경우의 그 동일인
   다. 「자본시장과 금융투자업에 관한 법률」에 따른 투자회사(이하 "투자회사"라 한다)로서 가목 또는 나목의 자가 그 발행주식 총수의 100분의 4를 초과하여 주식을 보유(동일인이 자기 또는 타인의 명의로 주식을 소유하거나 계약 등에 의하여 의결권을 가지는 것을 말한다. 이하 같다)하는 경우의 그 투자회사
   (2013.8.13 본목개정)
   라. 「자본시장과 금융투자업에 관한 법률」에 따른 기관전용 사모집합투자기구(이하 "기관전용 사모집합투자기구"라 한다)로서 다음 각각의 어느 하나에 해당하는 기관전용 사모집합투자기구
      1) 가목부터 다목까지의 어느 하나에 해당하는 자가 기관전용 사모집합투자기구 출자총액의 100분의 10 이상 지분을 보유하는 유한책임사원인 경우(이 경우 지분계산에 있어서 해당 사원과 다른 유한책임사원으로서 해당 사원의 특수관계인의 지분을 포함한다)
      2) 가목부터 다목까지의 어느 하나에 해당하는 자가 기관전용 사모집합투자기구의 무한책임사원인 경우〔다만, 가목부터 다목까지의 어느 하나에 해당하지 아니하는 무한책임사원이 다른 기관전용 사모집합투자기구를 통하여 비금융회사의 주식 또는 지분에 투자함으로써 가목부터 다목까지의 어느 하나에 해당하게 된 경우에는 해당 기관전용 사모집합투자기구의 유한책임사원(해당 사원과 다른 유한책임사원으로서 해당 사원의 특수관계인을 포함한다)이 그 다른 기관전용 사모집합투자기구에 출자하지 아니한 경우에는 이를 제외한다〕
      3) 다른 상호출자제한기업집단(「독점규제 및 공정거래에 관한 법률」에 따른 상호출자제한기업집단을 말한다. 이하 같다)에 속하는 각각의 계열회사(「독점규제 및 공정거래에 관한 법률」에 따른 계열회사를 말한다. 이하 같다)가 취득한 기관전용 사모집합투자기구의 지분의 합이 기관전용 사모집합투자기구 출자총액의 100분의 30 이상인 경우
   (2021.4.20 본목개정)
   마. 라목에 해당하는 기관전용 사모집합투자기구(「자본시장과 금융투자업에 관한 법률」에 따른 투자목적회사의 주식 또는 지분을 취득한 자 중 이 호 가목부터 다목까지의 어느 하나에 해당하는 자를 포함한다)가 투자목적회사의 주식 또는 지분의 100분의 4를 초과하여 취득·보유하거나 임원의 임면 등 주요 경영사항에 대하여 사실상의 영향력을 행사하는 경우의 해당 투자목적회사(2021.4.20 본목개정)
10. "대주주(大株主)"란 다음 각 목의 어느 하나에 해당하는 자를 말한다.
   가. 은행의 주주 1인을 포함한 동일인이 은행의 의결권 있는 발행주식 총수의 100분의 10〔전국을 영업구역으로 하지 아니하는 은행(이하 "지방은행"이라 한다)의 경우에는 100분의 15〕을 초과하여 주식을 보유하는 경우의 그 주주 1인
   나. 은행의 주주 1인을 포함한 동일인이 은행(지방은행은 제외한다)의 의결권 있는 발행주식 총수(제16조의2제2항에 따라 의결권을 행사할 수 없는 주식은 제외한다)의 100분의 4를 초과하여 주식을 보유하는 경우로서 그 동일인이 최대주주이거나 대통령령으로 정하는 바에 따라 임원을 임면(任免)하는 등의 방법으로 그 은행의 주요 경영사항에 대하여 사실상 영향력을 행사하고 있는 자인 경우의 그 주주 1인(2013.8.13 본목개정)

② 자기자본 및 신용공여의 구체적 범위에 대하여는 대통령령으로 정하는 바에 따라 금융위원회가 정한다.

제3조【적용 법규】 ① 대한민국에 있는 모든 은행은 이 법, 「한국은행법」, 「금융위원회의 설치 등에 관한 법률」, 「금융회사의 지배구조에 관한 법률」 및 이에 따른 규정 및 명령에 따라 운영되어야 한다.(2015.7.31 본항개정)

② 이 법과 「한국은행법」은 「상법」이나 그 밖의 법령에 우선하여 적용한다.

제4조【법인】 법인이 아니면 은행업을 경영할 수 없다.

제5조 (2016.5.29 삭제)

제6조【보험사업자 등】 보험사업자와 상호저축은행업무 또는 신탁업무만을 경영하는 회사는 은행으로 보지 아니한다.

제7조【은행 해당 여부의 결정】 ① 법인이 은행에 해당하는지 여부는 금융위원회가 결정한다.

② 금융위원회는 제1항에 따른 결정을 위하여 필요하면 해당 법인에 장부와 그 밖의 서류를 제출하도록 요구할 수 있다.

제2장　은행업의 인가 등
(2010.5.17 본장개정)

제8조【은행업의 인가】 ① 은행업을 경영하려는 자는 금융위원회의 인가를 받아야 한다.

② 제1항에 따른 은행업 인가를 받으려는 자는 다음 각 호의 요건을 모두 갖추어야 한다.

1. 자본금이 1천억원 이상일 것. 다만, 지방은행의 자본금은 250억원 이상으로 할 수 있다.
2. 은행업 경영에 드는 자금 조달방안이 적정할 것

3. 주주구성계획이 제15조, 제15조의3 및 제16조의2에 적합할 것(2013.8.13 본호개정)
4. 대주주가 충분한 출자능력, 건전한 재무상태 및 사회적 신용을 갖출 것
5. 사업계획이 타당하고 건전할 것
6. 발기인(개인인 경우만 해당한다) 및 임원이 「금융회사의 지배구조에 관한 법률」 제5조에 적합할 것
(2015.7.31 본호개정)
7. 은행업을 경영하기에 충분한 인력, 영업시설, 전산체계 및 그 밖의 물적 설비를 갖출 것
③ 제2항에 따른 요건 등에 관하여 필요한 세부사항은 대통령령으로 정한다.
④ 금융위원회는 제1항에 따른 인가를 하는 경우에 금융시장의 안정, 은행의 건전성 확보 및 예금자 보호를 위하여 필요한 조건을 붙일 수 있다.
⑤ 제4항에 따라 조건이 붙은 은행업 인가를 받은 자는 사정의 변경, 그 밖에 정당한 사유가 있는 경우에는 금융위원회에 그 조건의 취소 또는 변경을 신청할 수 있다. 이 경우 금융위원회는 2개월 이내에 조건의 취소 또는 변경 여부를 결정하고, 그 결과를 지체 없이 신청인에게 문서로 알려야 한다.
제9조 【최저자본금】 은행은 제8조에 따른 인가를 받아 은행업을 경영할 때 같은 조 제2항제1호에 따른 자본금을 유지하여야 한다.
제10조 【자본금 감소의 승인】 ① 은행이 주식 수 감소 등 대통령령으로 정하는 자본금의 감소에 해당하는 행위를 하려는 경우에는 금융위원회의 승인을 받아야 한다.
② 제1항에 따른 승인을 받으려는 자는 다음 각 호의 요건을 모두 갖추어 신청하여야 한다.
1. 자본금 감소가 관계 법령에 위반되지 아니할 것
2. 재무구조의 개선 목적 등 자본금 감소의 불가피성이 인정될 것
3. 예금자 등 은행이용자의 권익을 침해하지 아니할 것
③ 금융위원회는 제2항에 따른 신청이 있는 때에는 신청일부터 30일 이내에 승인여부를 결정하여야 한다.
(2016.3.29 본항신설)
④ 제2항에 따른 요건 등에 관하여 필요한 세부 사항은 대통령령으로 정한다.(2016.3.29 본항신설)
⑤ 금융위원회가 제1항에 따른 승인을 하는 경우에는 제8조제4항 및 제5항을 준용한다.(2016.3.29 본항신설)
(2016.3.29 본조개정)
제11조 【신청서 등의 제출】 ① 제8조에 따른 인가를 받으려는 자는 신청서를 금융위원회에 제출하여야 한다.
② 제1항에 따른 신청서의 내용과 종류는 대통령령으로 정한다.
제11조의2 【예비인가】 ① 제8조에 따른 인가(이하 이 조에서 "본인가"라 한다)를 받으려는 자는 미리 금융위원회에 예비인가를 신청할 수 있다.
② 금융위원회는 제1항에 따른 예비인가 여부를 결정할 때 예비인가를 받으려는 자가 본인가 요건을 모두 충족할 수 있는지를 확인하여야 한다.
③ 금융위원회는 제2항에 따른 예비인가에 조건을 붙일 수 있다.
④ 금융위원회는 예비인가를 받은 자가 본인가를 신청하는 경우에는 제3항에 따른 예비인가 조건을 이행하였는지와 본인가 요건을 모두 충족하는지를 확인한 후 본인가 여부를 결정하여야 한다.
⑤ 예비인가에 관하여는 제8조제3항 및 제11조를 준용한다.
(2010.5.17 본조신설)
제12조 【인가 등의 공고】 금융위원회는 제8조에 따른 인가를 하거나 제53조제2항에 따라 인가를 취소한 경우에는 지체 없이 그 내용을 관보에 공고하고 인터넷 홈페이지 등을 이용하여 일반인에게 알려야 한다.
제13조 【국외현지법인 등의 신설】 ① 은행이 대한민국 외에 소재하는 제37조제2항에 따른 자회사등(이하 "국외현지법인"이라 한다) 또는 지점(이하 "국외지점"이라 한다)을 신설하려는 경우에는 신설계획을 수립하여야 한다.
② 제1항에 따른 신설계획을 수립한 은행 중 다음 각 호의 사항 등을 고려하여 대통령령으로 정하는 경우에는 그 계획을 미리 금융위원회에 신고하여야 한다.
1. 해당 은행, 그 국외현지법인 및 국외지점의 경영건전성
2. 해당 은행의 국외현지법인 및 국외지점의 진출방식
3. 해당 은행의 국외현지법인 및 국외지점의 업무범위
4. 해당 은행의 국외현지법인 및 국외지점이 소재할 국가의 특성
③ 금융위원회는 제2항에 따라 신고받은 내용이 은행의 경영건전성 및 금융시장의 안정성을 해칠 우려가 있는 경우 신설계획의 보완, 변경 및 제한을 명할 수 있다.
제14조 【유사상호 사용 금지】 한국은행과 은행이 아닌 자는 그 상호 중에 은행이라는 문자를 사용하거나 그 업무를 표시할 때 은행업 또는 은행업무라는 문자를 사용할 수 없으며, 은행·은행업 또는 은행업무와 같은 의미를 가지는 외국어 문자로서 대통령령으로 정하는 문자를 사용할 수 없다.

제3장 은행 주식의 보유한도 등
(2010.5.17 본장개정)

제15조 【동일인의 주식보유한도 등】 ① 동일인은 은행의 의결권 있는 발행주식 총수의 100분의 10을 초과하여 은행의 주식을 보유할 수 없다. 다만, 다음 각 호의 어느 하나에 해당하는 경우와 제3항 및 제16조의2제3항의 경우에는 그러하지 아니하다.
1. 정부 또는 「예금자보호법」에 따른 예금보험공사가 은행의 주식을 보유하는 경우
2. 지방은행의 의결권 있는 발행주식 총수의 100분의 15 이내에서 보유하는 경우
② 동일인(대통령령으로 정하는 자를 제외한다)은 다음 각 호의 어느 하나에 해당하게 된 경우에는 은행 주식보유상황 또는 주식보유비율의 변동상황 확인을 위하여 필요한 사항으로서 대통령령으로 정하는 사항을 금융위원회에 보고하여야 한다.
1. 은행(지방은행은 제외한다. 이하 이 항에서 같다)의 의결권 있는 발행주식 총수의 100분의 4를 초과하여 주식을 보유하게 되었을 때
2. 제1호에 해당하는 동일인이 해당 은행의 최대주주가 되었을 때
3. 제1호에 해당하는 동일인의 주식보유비율이 해당 은행의 의결권 있는 발행주식 총수의 100분의 1 이상 변동되었을 때
4. 은행의 의결권 있는 발행주식총수의 100분의 4를 초과하여 보유한 기관전용 사모집합투자기구의 경우 그 사원의 변동이 있을 때(2021.4.20 본호개정)
5. 은행의 의결권 있는 발행주식총수의 100분의 4를 초과하여 보유한 투자목적회사의 경우 그 주주 또는 사원의 변동이 있을 때(해당 투자목적회사의 주주 또는 사원인 기관전용 사모집합투자기구의 사원의 변동이 있을 때를 포함한다)(2021.4.20 본호개정)
③ 제1항 각 호 외의 부분 본문에도 불구하고 동일인은 다음 각 호의 구분에 따른 한도를 각각 초과할 때마다 금융위원회의 승인을 받아 은행의 주식을 보유할 수 있다. 다만, 금융위원회는 은행업의 효율성과 건전성에 기여할 가능성, 해당 은행 주주의 보유지분 분포 등을 고려하여 필요하다고 인정되는 경우에만 각 호에서 정한 한도 외에 따로 구체적인 보유한도를 정하여 승인할 수 있으며, 동일인이 그 승인받은 한도를 초과하여 주식을 보유하려는 경우에는 다시 금융위원회의 승인을 받아야 한다.
1. 제1항 각 호 외의 부분 본문에서 정한 한도(지방은행의 경우에는 제1항제2호에서 정한 한도)
2. 해당 은행의 의결권 있는 발행주식 총수의 100분의 25
3. 해당 은행의 의결권 있는 발행주식 총수의 100분의 33
④ 금융위원회는 제3항에 따른 승인을 하지 아니하는 경우에는 대통령령으로 정하는 기간 이내에 신청인에게 그 사유를 명시하여 알려야 한다.
⑤ 제2항을 적용할 때 보고의 절차·방법·세부기준과 제3항을 적용할 때 은행의 주식을 보유할 수 있는 자의 자격, 주식보유와 관련한 승인의 요건·절차, 그 밖에 필요한 사항은 다음 각 호의 사항 등을 고려하여 대통령령으로 정한다.
1. 해당 은행의 건전성을 해칠 위험성
2. 자산규모 및 재무상태의 적정성
3. 해당 은행으로부터 받은 신용공여의 규모
4. 은행업의 효율성과 건전성에 기여할 가능성
⑥ 투자회사가 제3항에 따른 승인을 받아 은행의 주식을 보유하는 경우 그 투자회사에 대하여는 「자본시장과 금융투자업에 관한 법률」 제81조제1항제1호가목부터 다목까지를 적용하지 아니한다.
⑦ 금융위원회는 해당 은행이 다음 각 호의 어느 하나에 해당하는 경우에는 제5항에 따른 승인의 요건을 갖추지 아니한 경우에도 승인을 할 수 있다.
1. 「금융산업의 구조개선에 관한 법률」 제2조제2호에 따른 부실금융기관인 경우
2. 「예금자보호법」 제2조제5호에 따른 부실금융회사인 경우(2015.12.22 본호개정)
3. 「예금자보호법」 제2조제6호에 따른 부실우려금융회사인 경우(2015.12.22 본호개정)
4. 제34조제2항에 따른 경영지도기준을 준수하지 못하는 등 금융위원회가 정하여 고시하는 경우
⑧ 금융위원회 또는 은행은 그 은행의 주식을 보유하고 있는 동일인과 그 동일인이 보유하는 주식의 범위를 확인하기 위하여 그 은행의 주주에게 필요한 자료의 제출을 요구할 수 있다.
⑨ 제8항에 따른 자료 제출 요구와 관련하여 필요한 사항은 대통령령으로 정한다.
제15조의2 (2013.8.13 삭제)
제15조의3 【기관전용 사모집합투자기구등의 주식보유에 대한 승인 등】 ① (2013.8.13 삭제)
② 기관전용 사모집합투자기구 또는 투자목적회사(이하 "기관전용 사모집합투자기구등"이라 한다)가 제15조제3항에 따른 승인을 받고자 하는 경우에는 다음 각 호의 요건을 모두 갖추어야 한다.
1. 기관전용 사모집합투자기구의 업무집행사원에 관한 요건
가. 법인으로서 자신이 업무집행사원으로 있거나 그 재산운용을 위탁받은 기관전용 사모집합투자기구등의 다른 사원 또는 주주의 특수관계인이 아닐 것
나. 자신이 업무집행사원으로 있거나 그 재산운용을 위탁받은 기관전용 사모집합투자기구등의 다른 사원 또는 주주가 해당 기관전용 사모집합투자기구등의 재산인 주식 또는 지분에 대하여 영향력을 행사하는 것을 배제할 수 있을 정도의 자산운용 능력·경험 및 사회적 신용을 갖출 것
2. 그 밖에 기관전용 사모집합투자기구등의 주식보유가 해당 은행의 건전성에 미치는 영향 등을 고려하여 대통령령으로 정하는 요건
(2021.4.20 본항개정)
③ 금융위원회는 제15조제3항에 따른 승인을 위한 심사를 함에 있어서 제2항의 요건에 해당하는지 여부를 확인하기 위하여 필요한 경우에는 해당 기관전용 사모집합투자기구등 또는 그 재산운용 등을 담당하는 업무집행사원에게 해당 기관전용 사모집합투자기구등의 정관, 그 밖에 그 주주 또는 사원 사이에 체결된 계약내용 등 대통령령으로 정하는 정보 또는 자료의 제공을 요구할 수 있다.
(2021.4.20 본항개정)
④ 금융위원회는 제15조제3항에 따른 승인을 하지 아니하는 경우에는 대통령령으로 정하는 기간 이내에 신청인에게 그 사유를 명시하여 통지하여야 한다.(2013.8.13 본항개정)
⑤ (2013.8.13 삭제)
⑥ 금융위원회는 제15조제3항에 따른 승인을 함에 있어서 해당 은행 주주의 보유지분분포·구성내역, 해당 기관전용 사모집합투자기구등의 사원 또는 주주의 구성내역 등을 고려하여 해당 기관전용 사모집합투자기구등이 은행의 주요 경영사항에 대하여 사실상 영향력 행사의 가능성이 높은 경우에는 경영관여 등과 관련하여 필요한 조건을 붙일 수 있다.(2021.4.20 본항개정)
⑦ 제15조제3항에 따른 승인의 절차·심사방법, 제2항의 요건의 세부기준, 그 밖에 필요한 사항은 대통령령으로 정한다.(2013.8.13 본항개정)
(2021.4.20 본조제목개정)
제15조의4 【기관전용 사모집합투자기구등의 보고사항】 제15조제3항에 따른 승인을 받아 은행의 주식을 보유한 기관전용 사모집합투자기구등이 제15조의3제3항에 따라 금융위원회에 제출한 정보 또는 자료의 내용에 변경이 있는 경우에는 지체 없이 그 사실을 금융위원회에 보고하여야 한다.(2021.4.20 본조개정)
제15조의5 【기관전용 사모집합투자기구등의 의무】 기관전용 사모집합투자기구등 또는 그 주주·사원은 제15조제3항에 따른 승인을 받아 은행의 주식을 보유한 경우 다음 각 호의 어느 하나에 해당하는 행위를 하여서는 아니 된다.(2021.4.20 본문개정)
1. 기관전용 사모집합투자기구의 유한책임사원 또는 투자목적회사로부터 재산운용을 위탁받은 기관전용 사모집합투자기구의 업무집행사원 이외의 자가 기관전용 사모집합투자기구등이 보유한 은행의 주식의 의결권 행사에 영향을 미치는 행위(2021.4.20 본호개정)
2. 비금융회사의 주식 또는 지분에 투자함으로써 「자본시장과 금융투자업에 관한 법률」 제249조의7제5항제1호 또는 제2호의 요건을 충족하게 되는 행위(2021.4.20 본호개정)
3. 이 법 또는 이 법에 따른 명령을 위반하는 행위
4. 주주 또는 사원 사이에 이 법 또는 다른 금융 관련 법령을 위반하는 계약을 체결하는 행위 등 대통령령으로 정하는 행위
(2021.4.20 본조제목개정)
제16조 【한도초과주식의 의결권 제한 등】 ① 동일인이 제15조제1항·제3항 또는 제16조의2제1항·제2항에 따른 주식의 보유한도를 초과하여 은행의 주식을 보유하는 경우 제15조제1항·제3항 또는 제16조의2제1항·제2항에 따른 한도를 초과하는 주식에 대하여는 그 의결권을 행사할 수 없으며, 지체 없이 그 한도에 적합하도록 하여야 한다.
② 제1항에도 불구하고 제33조제1항제3호에 따라 발행된 은행주식 전환형 조건부자본증권이 은행의 주식으로 전환됨에 따라 동일인이 다음 각 호의 어느 하나에 해당하게 되는 경우에는 해당 각 호의 구분에 따른다.
1. 제15조제1항·제3항에 따른 주식의 보유한도를 초과하여 은행의 주식을 보유하게 되는 경우 : 다음 각 목의 절차를 모두 완료하여야 하며, 그 완료 전까지는 보유한도를 초과하여 보유하는 주식에 대하여 그 의결권을 행사할 수 없다.
가. 대통령령으로 정하는 기간 이내에 제15조제1항·제3항에 따른 한도를 초과하는 은행 주식의 보유사실을 금융위원회에 보고할 것

나. 대통령령으로 정하는 기간 이내에 다음의 어느 하나에 해당하는 조치를 완료할 것. 다만, 불가피한 사유가 있는 경우에는 금융위원회의 승인을 받아 6개월 이내의 범위에서 그 기간을 연장할 수 있다.

1) 제15조제3항에 따른 금융위원회의 승인을 받는 조치

2) 제15조제1항 · 제3항에 따른 한도를 초과하지 아니하도록 하는 조치

2. 제16조의2제1항에 따른 주식의 보유한도(지방은행의 경우는 제외한다)를 초과하고, 같은 조 제2항에 따른 주식의 보유한도 이내에서 은행의 주식을 보유하게 되는 경우 : 보유한도를 초과하여 보유하는 주식에 대해서는 그 의결권을 행사할 수 없으며, 다음 각 목의 절차를 모두 완료하여야 한다.

가. 대통령령으로 정하는 기간 이내에 제16조의2제1항에 따른 한도를 초과하는 은행 주식의 보유사실을 금융위원회에 보고할 것

나. 대통령령으로 정하는 기간 이내에 다음의 어느 하나에 해당하는 조치를 완료할 것. 다만, 불가피한 사유가 있는 경우에는 금융위원회의 승인을 받아 6개월 이내의 범위에서 그 기간을 연장할 수 있다.

1) 제16조의2제2항에 따른 금융위원회의 승인을 받는 조치

2) 제16조의2제1항에 따른 한도를 초과하지 아니하도록 하는 조치

3. 제16조의2제1항에 따른 주식의 보유한도(지방은행의 경우만 해당한다) 또는 같은 조 제2항에 따른 주식의 보유한도를 초과하여 은행의 주식을 보유하게 되는 경우 : 보유한도를 초과하여 보유하는 주식에 대해서는 그 의결권을 행사할 수 없으며, 지체 없이 그 한도에 적합하도록 하여야 한다.

(2016.3.29 본항신설)

③ 금융위원회는 동일인이 제1항 또는 제2항을 준수하지 아니하는 경우에는 6개월 이내의 기간을 정하여 그 한도를 초과하는 주식을 처분할 것을 명할 수 있다.(2016.3.29 본항개정)

④ 제2항제1호가목 및 제2호가목에 따른 보고의 절차 및 방법 등은 금융위원회가 정하여 고시한다.(2016.3.29 본항신설)

(2013.8.13 본조개정)

제16조의2【비금융주력자의 주식보유제한 등】 ① 비금융주력자(「독점규제 및 공정거래에 관한 법률」 제32조에 따라 상호출자제한기업집단등에서 제외되어 비금융주력자에 해당하지 아니하게 된 자로서 그 제외된 날부터 대통령령으로 정하는 기간이 지나지 아니한 자를 포함한다. 이하 제2항에서 같다)는 제15조제1항에도 불구하고 은행의 의결권 있는 발행주식 총수의 100분의 4(지방은행의 경우에는 100분의 15)를 초과하여 은행의 주식을 보유할 수 없다.(2020.12.29 본항개정)

② 제1항에도 불구하고 비금융주력자가 제1항에서 정한 한도(지방은행인 경우는 제외한다)를 초과하여 보유하려는 은행의 주식에 대한 의결권을 행사하지 아니하는 조건으로 재무건전성 등 대통령령으로 정하는 요건을 충족하여 금융위원회의 승인을 받은 경우에는 제15조제1항 각 호 외의 부분 본문에서 정한 한도까지 주식을 보유할 수 있다.

③ 다음 각 호의 어느 하나에 해당하는 비금융주력자에 대하여는 제1항 · 제2항에도 불구하고 제15조제1항 각 호 외의 부분 본문 및 같은 조 제3항을 적용한다.(2013.8.13 본문개정)

1. 2년 이내에 비금융주력자가 아닌 자로 전환하기 위한 계획(이하 "전환계획"이라 한다)을 금융위원회에 제출하여 승인을 받은 비금융주력자

2. 「외국인투자 촉진법」에 따른 외국인(이하 "외국인"이라 한다)의 은행에 대한 주식보유비율 이내에서 주식을 보유하는 비금융주력자

3. 「국가재정법」 제5조에 따른 기금 또는 그 기금을 관리 · 운용하는 법인(법률에 따라 기금의 관리 · 운용을 위탁받은 법인을 포함하며, 이하 이 호에서 "기금등"이라 한다)으로서 다음 각 목의 요건을 모두 갖추어 금융위원회의 승인을 받은 비금융주력자

가. 은행의 주식을 보유한 기금등과 은행의 예금자, 다른 주주 등 이해관계자 사이에 발생할 수 있는 이해상충을 방지하기 위하여 대통령령으로 정하는 체계를 갖출 것

나. 가목의 이해상충의 방지를 위하여 금융위원회가 정하여 고시하는 기관으로부터 필요한 범위 내에서 감독 및 검사를 받을 것

다. 그 밖에 기금등의 주식보유가 은행의 건전성에 미치는 영향 등을 고려하여 대통령령으로 정하는 요건

④ 비금융주력자가 제3항제2호에 따라 은행의 주식을 보유한 후 외국인의 주식보유비율을 초과하게 된 경우에는 그 초과 보유한 주식에 대하여는 의결권을 행사할 수 없다.

⑤ 금융위원회는 1년 이내의 기간을 정하여 제4항에 따라 비금융주력자가 초과 보유한 주식을 처분할 것을 명할 수 있다. 다만, 금융위원회는 비금융주력자가 초과 보유한 주식의 규모, 증권시장의 상황 등에 비추어 부득이하다고 인정되는 경우에는 그 기간을 정하여 주식의 처분기한을 연장할 수 있다.

⑥ 비금융주력자가 제3항제2호에 따라 주식을 보유할 수 있는 은행의 수는 1개로 제한한다.

⑦ 제3항제1호에 따른 전환계획의 승인 요건 및 제3항제3호의 승인의 절차 · 방법, 그 밖에 승인 심사에 필요한 사항은 대통령령으로 정한다.

제16조의3【전환계획에 대한 평가 및 점검 등】 ① 제16조의2제3항제1호에 따른 승인을 신청하려는 비금융주력자는 전환계획을 금융위원회에 제출하여야 하며, 금융위원회는 전환계획에 대한 전문기관의 평가가 필요하다고 인정하는 경우에는 금융위원회가 정하는 바에 따라 그 평가를 할 수 있다.

② 금융위원회는 제16조의2제3항제1호에 따라 전환계획에 대한 승인을 받아 같은 조 제1항에서 정한 한도를 초과하여 은행의 주식을 보유하는 비금융주력자(이하 "전환대상자"라 한다)의 전환계획 이행 상황을 대통령령으로 정하는 바에 따라 정기적으로 점검하고 그 결과를 인터넷 홈페이지 등을 이용하여 공시하여야 한다.

③ 금융위원회는 제2항에 따른 점검 결과 전환대상자가 전환계획을 이행하지 아니하고 있다고 인정되는 경우에는 6개월 이내의 기간을 정하여 그 이행을 명할 수 있다.

④ 다음 각 호의 어느 하나에 해당하는 전환대상자는 제16조의2제1항에서 정한 한도를 초과하여 보유하는 은행의 주식에 대하여는 의결권을 행사할 수 없다.

1. 금융위원회로부터 제3항에 따른 이행명령을 받은 전환대상자

2. 제48조의2제1항제1호나목의 사유에 따라 제43조의2제1항에 따른 금융감독원의 검사 결과 은행과의 불법거래 사실이 확인된 전환대상자

⑤ 금융위원회는 전환대상자가 다음 각 호의 어느 하나에 해당하면 6개월 이내의 기간을 정하여 제16조의2제1항에서 정한 한도를 초과하여 보유하는 은행의 주식을 처분할 것을 명할 수 있다.

1. 제3항에 따른 이행명령을 이행하지 아니하는 경우

2. 제4항제2호에 해당하는 경우

제16조의4【한도초과보유주주등에 대한 적격성심사 등】 ① 금융위원회는 제15조제3항 및 제16조의2제3항에 따라 은행의 주식을 보유하는 자(이하 이 조에서 "한도초과보유주주등"이라 한다)가 그 주식을 보유한 후에도 각각 제15조제5항 및 제15조의3제7항에 따른 자격 및 승인의 요건(이하 이 조에서 "초과보유요건등"이라 한다)을 충족하는지 여부를 대통령령으로 정하는 바에 따라 심사하여야 한다.(2013.8.13 본항개정)

② 금융위원회는 제1항에 따른 심사를 위하여 필요한 경우에는 은행 또는 한도초과보유주주등에 대하여 필요한 자료 또는 정보의 제공을 요구할 수 있다.

③ 금융위원회는 제1항에 따른 심사 결과 한도초과보유주주등이 초과보유요건등을 충족하지 못하고 있다고 인정되는 경우에는 6개월 이내의 기간을 정하여 초과보유요건등을 충족하도록 명할 수 있다.

④ 제3항에 따른 명령을 받은 한도초과보유주주등은 그 명령을 이행할 때까지 제15조제3항제1호에서 정한 한도(한도초과보유주주등이 비금융주력자인 경우에는 제16조의2제1항에서 정한 한도를 말한다. 이하 제5항에서 같다)를 초과하여 보유하는 은행의 주식에 대하여는 의결권을 행사할 수 없다.(2013.8.13 본항개정)

⑤ 금융위원회는 제3항에 따른 명령을 받은 한도초과보유주주등이 그 명령을 이행하지 아니하는 경우에는 6개월 이내의 기간을 정하여 그 한도초과보유주주등이 제15조제3항제1호에서 정한 한도를 초과하여 보유하는 은행의 주식을 처분할 것을 명할 수 있다.

⑥ 금융위원회는 제1항의 초과보유요건등의 충족 여부를 심사할 경우 제16조의2제3항제3호에 해당하는 자에 대하여 같은 호 각 목의 요건을 충족하고 있는지 여부를 심사하여야 한다.

제16조의5【외국은행등에 대한 특례】 ① 금융위원회는 외국에서 은행업을 주로 경영하는 회사 또는 해당 법인의 지주회사(이하 이 조에서 "외국은행등"이라 한다)를 포함하는 동일인이 제2조제1항제9호가목 및 나목에 해당하는지 여부를 판단할 때 외국은행등이 다음 각 호의 요건을 모두 충족하는 경우로서 그 외국은행등의 신청이 있는 경우에는 제2조제1항제8호에도 불구하고 그 외국은행등이 직접적 · 간접적으로 주식 또는 출자지분을 보유하는 외국 법인으로서 외국법에 따라 설립된 법인(또는 이에 준하는 것으로서 금융위원회가 인정하는 단체 · 조합 등을 포함한다)을 동일인의 범위에서 제외할 수 있다. 다만, 그 외국 법인이 그 외국은행등이 주식을 보유하는 은행의 주식을 직접적 · 간접적으로 보유하는 경우에는 그러하지 아니하다.

1. 자산총액, 영업규모 등에 비추어 국제적 영업활동에 적합하고 국제적 신인도가 높을 것

2. 해당 외국의 금융감독기관으로부터 해당 외국은행등의 건전성 등과 관련한 감독을 충분히 받을 것

3. 금융위원회가 해당 외국의 금융감독당국과 정보교환 등 업무협조 관계에 있을 것

② 금융위원회는 제1항에 따른 요건의 세부기준, 해당 외국은행등의 신청의 절차 및 방법 등에 관하여 필요한 사항을 정하여 고시할 수 있다.

제17조 (2010.5.17 삭제)

제4장 지배구조
(2010.5.17 본장개정)

제18조 (2015.7.31 삭제)

제19조 (1999.2.5 삭제)

제20조 (2015.7.31 삭제)

제21조 (2010.5.17 삭제)

제21조의2【비공개정보 누설 등의 금지】 은행의 임직원(임직원이었던 자를 포함한다)은 업무상 알게 된 공개되지 아니한 정보 또는 자료를 외부(은행의 대주주 또는 그 대주주의 특수관계인을 포함한다)에 누설하거나 업무목적 외로 이용하여서는 아니 된다.

제22조~제25조 (2015.7.31 삭제)

제26조 (2010.5.17 삭제)

제5장 은행업무
(2010.5.17 본장개정)

제27조【업무범위】 ① 은행은 이 법 또는 그 밖의 관계 법률의 범위에서 은행업에 관한 모든 업무(이하 "은행업무"라 한다)를 운영할 수 있다.

② 은행업무의 범위는 다음 각 호와 같다.

1. 예금 · 적금의 수입 또는 유가증권, 그 밖의 채무증서의 발행

2. 자금의 대출 또는 어음의 할인

3. 내국환 · 외국환

제27조의2【부수업무의 운영】 ① 은행은 은행업무에 부수하는 업무(이하 "부수업무"라 한다)를 운영할 수 있다.

② 은행이 부수업무를 운영하려는 경우에는 그 업무를 운영하려는 날의 7일 전까지 금융위원회에 신고하여야 한다. 다만, 부수업무 중 다음 각 호에서 정하는 업무는 신고를 하지 아니하고 운영할 수 있다.

1. 채무의 보증 또는 어음의 인수

2. 상호부금(相互賦金)

3. 팩토링(기업의 판매대금 채권의 매수 · 회수 및 이와 관련된 업무를 말한다)

4. 보호예수(保護預受)

5. 수납 및 지급대행

6. 지방자치단체의 금고대행

7. 전자상거래와 관련한 지급대행

8. 은행업과 관련된 전산시스템 및 소프트웨어의 판매 및 대여

9. 금융 관련 연수, 도서 및 간행물 출판업무

10. 금융 관련 조사 및 연구업무

11. 그 밖에 은행업무에 부수하는 업무로서 대통령령으로 정하는 업무

③ 은행이 제2항에 따른 신고를 하는 경우에는 업무계획 및 예상손익에 관한 서류 등 대통령령으로 정하는 서류를 첨부하여야 한다.

④ 금융위원회는 제2항에 따른 신고내용이 다음 각 호의 어느 하나에 해당하는 경우에는 그 부수업무의 운영을 제한하거나 시정할 것을 명할 수 있다.

1. 은행의 경영건전성을 해치는 경우

2. 예금자 등 은행 이용자의 보호에 지장을 가져오는 경우

3. 금융시장 등의 안정성을 해치는 경우

⑤ 금융위원회는 제2항에 따라 신고받은 부수업무 및 제4항에 따라 제한 또는 시정명령을 한 부수업무를 대통령령으로 정하는 방법 및 절차에 따라 인터넷 홈페이지 등에 공고하여야 한다.

(2010.5.17 본조신설)

제28조【겸영업무의 운영】 ① 은행은 은행업이 아닌 업무로서 다음 각 호의 업무(이하 "겸영업무"라 한다)를 직접 운영할 수 있다.

1. 대통령령으로 정하는 금융 관련 법령에서 인가 · 허가 및 등록 등을 받아야 하는 업무 중 대통령령으로 정하는 금융업무

2. 대통령령으로 정하는 법령에서 정하는 금융 관련 업무로서 해당 법령에서 은행이 운영할 수 있도록 한 업무

3. 그 밖에 그 업무를 운영하여도 제27조의2제4항 각 호의 어느 하나에 해당할 우려가 없는 업무로서 대통령령으로 정하는 금융업무

② 은행이 겸영업무를 직접 운영하려는 경우에는 다음 각 호에 따라 금융위원회에 신고하여야 한다.

1. 제1항제1호에 따른 업무 : 금융 관련 법령에 따라 인가 · 허가 및 등록 등을 신청할 때 신고

2. 제1항제2호 및 제3호에 따른 업무 : 그 업무를 운영하려는 날의 7일 전까지 신고

③ 금융위원회는 제2항에 따른 신고내용이 제27조의2제4

金融

항 각 호의 어느 하나에 해당할 우려가 있는 경우에는 그 겸영업무의 운영을 제한하거나 시정할 것을 명할 수 있다.

제28조의2【이해상충의 관리】 ① 은행은 이 법에 따른 업무를 운영할 때 은행과 은행이용자 간, 특정 이용자와 다른 이용자 간의 이해상충(利害相衝)을 방지하기 위하여 대통령령으로 정하는 업무 간에는 이해상충이 발생할 가능성에 대하여 인식·평가하고 정보교류를 차단하는 등 공정하게 관리하여야 한다.

② 은행은 제1항에 따른 이해상충을 관리하는 방법 및 절차 등을 대통령령으로 정하는 바에 따라 「금융회사의 지배구조에 관한 법률」 제24조에 따른 내부통제기준(이하 "내부통제기준"이라 한다)에 반영하여야 한다.

(2015.7.31 본항개정)

③ 은행은 이해상충을 공정하게 관리하는 것이 어렵다고 인정되는 경우에는 그 사실을 미리 해당 이용자 등에게 충분히 알려야 하며, 그 이해상충이 발생할 가능성을 내부통제기준이 정하는 방법 및 절차에 따라 은행이용자 보호 등에 문제가 없는 수준으로 낮춘 후 거래를 하여야 한다.

④ 은행은 제3항에 따라 그 이해상충이 발생할 가능성을 낮추는 것이 어렵다고 판단되는 경우에는 거래를 하여서는 아니 된다.

⑤ 금융위원회는 은행이용자 보호 등을 위하여 필요하다고 인정되는 경우에는 이해상충에 관한 내부통제기준의 변경을 권고할 수 있다.

⑥ 은행은 대통령령으로 정하는 겸영업무 및 부수업무의 경우에는 대통령령으로 정하는 바에 따라 은행업무와 구별하고 별도의 장부와 기록을 보유하여야 한다.

(2010.5.17 본조신설)

제29조 (2010.5.17 삭제)

제30조【예금지급준비금과 금리 등에 관한 준수 사항】

① 은행은 「한국은행법」 제55조에 따른 지급준비금 적립 대상 채무에 대한 지급준비를 위하여 「한국은행법」 제4장제2절에 따른 최저율 이상의 지급준비금과 지급준비자산을 보유하여야 한다. 다만, 제28조에 따라 운영하는 신탁업무에 대하여는 지급준비금과 지급준비자산을 보유하지 아니할 수 있다.(2011.9.16 본항개정)

② 은행은 「한국은행법」에 따른 금융통화위원회가 하는 다음 각 호의 결정 및 제한 등을 준수하여야 한다.

1. 은행의 각종 예금에 대한 이자 및 그 밖의 지급금의 최고율의 결정
2. 은행의 각종 대출 등 여신업무에 대한 이자 및 그 밖의 요금의 최고율의 결정
3. 은행 대출의 최장기한 및 담보의 종류에 대한 제한
4. 극심한 통화팽창기 등 국민경제상 절실한 경우 일정한 기간 내의 은행의 대출과 투자의 최고한도 또는 분야별 최고한도의 제한
5. 극심한 통화팽창기 등 국민경제상 절실한 경우 은행의 대출에 대한 사전승인

제30조의2【금리인하 요구】 ① 은행과 신용공여 계약을 체결한 자는 재산 증가나 신용등급 또는 개인신용평점 상승 등 신용상태 개선이 나타났다고 인정되는 경우 은행에 금리인하를 요구할 수 있다.(2020.2.4 본항개정)

② 은행은 신용공여 계약을 체결하려는 자에게 제1항에 따라 금리인하를 요구할 수 있음을 알려야 한다.

③ 그 밖에 금리인하 요구의 요건 및 절차에 관한 구체적 사항은 대통령령으로 정한다.

(2018.12.11 본조신설)

제31조【상업금융업무 및 장기금융업무】 은행은 상업금융업무와 장기금융업무를 모두 운영할 수 있다.

제32조【당좌예금의 취급】 당좌예금은 상업금융업무를 운영하는 은행만이 취급할 수 있다.

제33조【금융채의 발행】 ① 은행은 자기자본의 5배의 범위에서 대통령령으로 정하는 한도 내에서 다음 각 호의 사채(이하 "금융채"라 한다)를 발행할 수 있다. 다만, 제4호의 사채는 비상장은행(「자본시장과 금융투자업에 관한 법률」 제9조제15항제4호에 따른 주권비상장법인인 은행을 말한다. 이하 같다)만이 발행할 수 있다.

1. 「상법」에 따른 사채
2. 「자본시장과 금융투자업에 관한 법률」 제165조의11제1항에 따른 사채 중 해당 사채의 발행 당시 객관적이고 합리적인 기준에 따라 미리 정하는 사유(이하 "예정사유"라 한다)가 발생하는 경우 그 사채의 상환과 이자지급 의무가 감면된다는 조건이 붙은 사채(이하 "상각형 조건부자본증권"이라 한다)
3. 「자본시장과 금융투자업에 관한 법률」 제165조의11제1항에 따른 사채 중 해당 사채의 발행 당시 예정사유가 발생하는 경우 은행의 주식으로 전환된다는 조건이 붙은 사채(이하 "은행주식 전환형 조건부자본증권"이라 한다)
4. 「상법」 제469조제2항, 제513조 및 제516조의2에 따른 사채와 다른 종류의 사채로서 해당 사채의 발행 당시 예정사유가 발생하는 경우 비상장은행의 주식으로 전환됨과 동시에 그 전환된 주식이 상장은행지주회사(해당 사채의 발행 당시 비상장은행의 발행주식 총수를 보유한 「자본시장과 금융투자업에 관한 법률」 제9조제15항제3호에 따른 주권상장법인인 은행지주회사를 말한다. 이하 같다)의 주식과 교환된다는 조건이 붙은 사채(이하 "은행지주회사주식 전환형 조건부자본증권"이라 한다)
5. 그 밖에 제1호부터 제4호까지의 사채에 준하는 사채로서 대통령령으로 정하는 사채

② 금융채의 발행조건 및 발행방법 등에 관하여 필요한 사항은 대통령령으로 정한다.

③ 금융위원회는 은행이 제33조의2 또는 제33조의3에 따른 이사회의 의결 또는 주주총회의 결의를 거치지 아니하고 금융채를 발행한 경우 그 은행에 대하여 6개월 이내의 기간을 정하여 금융채 발행의 금지를 명할 수 있다.

(2016.3.29 본조개정)

제33조의2【상각형 조건부자본증권 및 은행주식 전환형 조건부자본증권의 발행절차 등】 ① 상각형 조건부자본증권의 발행 등에 관하여는 「자본시장과 금융투자업에 관한 법률」 제165조의11제2항 및 제314조제8항을 준용한다.

② 은행주식 전환형 조건부자본증권의 발행 등에 관하여는 「자본시장과 금융투자업에 관한 법률」 제165조의6제1항·제2항·제4항, 제165조의9, 제165조의11제2항 및 제314조제8항을 준용한다.

(2016.3.29 본조신설)

제33조의3【은행지주회사주식 전환형 조건부자본증권의 발행절차 등】 ① 비상장은행이 은행지주회사주식 전환형 조건부자본증권을 발행하려면 비상장은행 및 상장은행지주회사는 각각의 정관으로 정하는 바에 따라 은행지주회사주식 전환형 조건부자본증권의 총액 등 대통령령으로 정하는 사항을 포함한 주식교환계약서를 작성하여 다음 각 호의 구분에 따른 절차를 거쳐야 한다.

1. 비상장은행의 경우 : 이사회의 의결
2. 상장은행지주회사의 경우 : 이사회의 의결과 「상법」 제434조에 따른 주주총회의 결의

② 비상장은행은 은행지주회사주식 전환형 조건부자본증권을 발행하는 경우 「공사채 등록법」 제3조에 따른 등록기관에 등록하여 발행하여야 한다. 이 경우 「자본시장과 금융투자업에 관한 법률」 제309조제5항에 따른 방법으로 그 은행지주회사주식 전환형 조건부자본증권이 등록되도록 하여야 한다.

③ 비상장은행 및 상장은행지주회사는 비상장은행이 은행지주회사주식 전환형 조건부자본증권을 발행한 경우 「상법」 제476조에 따른 납입이 완료된 날부터 2주일 이내에 각각의 본점 소재지에서 은행지주회사주식 전환형 조건부자본증권의 총액 등 대통령령으로 정하는 사항을 등기하여야 한다.

④ 제1항제2호에 따른 이사회의 의결이 있는 경우 그 의결에 반대하는 상장은행지주회사의 주주가 주주총회 전에 상장은행지주회사에 대하여 서면으로 그 의결에 반대하는 의사를 통지한 경우 그 주주총회의 결의일부터 20일 이내에 주식의 종류와 수를 적은 서면으로 상장은행지주회사에 대하여 자기가 소유하고 있는 주식의 매수를 청구할 수 있다. 이 경우 주식의 매수기간 및 매수가액의 결정 등에 관하여는 「상법」 제374조의2제2항부터 제5항까지의 규정을 준용한다.

⑤ 비상장은행 및 상장은행지주회사는 비상장은행이 은행지주회사주식 전환형 조건부자본증권을 발행하는 날부터 제6항에 따른 효력발생일과 만기일 중 먼저 도래하는 날까지 전환 및 교환으로 인하여 새로 발행할 주식의 수를 유보(留保)하여야 한다.

⑥ 은행지주회사주식 전환형 조건부자본증권의 비상장은행 주식으로의 전환 및 그 전환된 주식의 상장은행지주회사 주식과의 교환은 예정사유가 발생한 날부터 제15영업일이 되는 날까지 중 대통령령으로 정하는 날에 그 효력이 발생한다.

⑦ 「상법」 제355조제1항에도 불구하고 비상장은행은 제6항에 따른 효력이 발생하는 경우에도 주권을 발행하지 아니할 수 있다.

⑧ 비상장은행이 은행지주회사주식 전환형 조건부자본증권을 발행한 이후 상장은행지주회사가 비상장은행을 지배(「금융지주회사법」 제2조제1항제1호에 따른 지배를 말한다)하지 아니하게 된 때에는 그 때까지 발행된 예정사유가 발생하지 아니한 은행지주회사주식 전환형 조건부자본증권은 예정사유 및 전환의 조건이 동일한 은행주식 전환형 조건부자본증권으로 변경되는 것으로 본다. 다만, 제1항에 따른 주식교환계약서에서 달리 정한 경우에는 그러하지 아니하다.

⑨ 비상장은행 및 상장은행지주회사는 은행지주회사주식 전환형 조건부자본증권의 변경등기를 다음 각 호의 구분에 따라 각각의 본점 소재지에서 하여야 한다.

1. 제6항에 따른 전환·교환으로 인한 변경등기 : 같은 항에 따른 효력발생일부터 2주일 이내
2. 제8항에 따른 변경으로 인한 변경등기 : 같은 항에 따라 변경되는 날부터 2주일 이내

⑩ 은행지주회사주식 전환형 조건부자본증권의 발행에 관하여는 「상법」 제424조, 제424조의2 및 제429조부터 제432조까지의 규정과 「자본시장과 금융투자업에 관한 법률」 제165조의6제1항·제2항·제4항, 제165조의9 및 제314조제8항을 준용하며, 은행지주회사주식 전환형 조건부자본증권의 비상장은행 주식으로의 전환 및 그 전환된 주식의 상장은행지주회사 주식과의 교환에 관하여는 「상법」 제339조, 제348조, 제350조제2항·제3항, 제360조의4, 제360조의7, 제360조의11, 제360조의12 및 제360조의14를 준용한다.

⑪ 제1항부터 제10항까지에서 규정한 사항 외에 정관에 규정하여야 하는 사항, 예정사유의 구체적인 기준, 그 밖에 은행지주회사주식 전환형 조건부자본증권의 발행 등에 필요한 세부 사항은 대통령령으로 정한다.

(2016.3.29 본조신설)

제33조의4【소규모 은행지주회사주식 전환형 조건부자본증권의 발행절차 등에 관한 특례】 ① 비상장은행이 발행하는 은행지주회사주식 전환형 조건부자본증권의 발행가액이 상장은행지주회사 자본총액(재무상태표상 자산총액에서 부채총액을 뺀 금액을 말한다)의 100분의 5를 초과하지 아니하는 경우에는 제33조의3제1항제2호에 따른 상장은행지주회사 주주총회의 결의(이하 이 조에서 "특별결의"라 한다)는 같은 호에 따른 상장은행지주회사 이사회의 의결(정관에서 「상법」 제368조제1항에 따른 주주총회의 결의를 거치도록 한 경우에는 그 주주총회의 결의)로 갈음할 수 있다. 이 경우 제33조의3제1항에 따른 주식교환계약서에 특별결의를 거치지 아니하고 은행지주회사주식 전환형 조건부자본증권을 발행할 수 있다는 뜻을 적어야 한다.(2021.4.20 전단개정)

② 상장은행지주회사는 제1항 후단에 따라 주식교환계약서를 작성한 날부터 2주일 이내에 비상장은행의 상호와 본점, 은행지주회사주식 전환형 조건부자본증권을 발행할 날 및 특별결의를 거치지 아니하고 은행지주회사주식 전환형 조건부자본증권을 발행한다는 뜻을 공고하거나 주주에게 통지하여야 한다.

③ 상장은행지주회사의 발행주식 총수의 100분의 20 이상에 해당하는 주식을 가지는 주주가 제2항에 따른 공고 또는 통지를 한 날부터 2주일 이내에 상장은행지주회사에 대하여 서면으로 은행지주회사주식 전환형 조건부자본증권 발행에 반대하는 의사를 통지하는 경우에는 제1항에 따른 방법으로 은행지주회사주식 전환형 조건부자본증권을 발행할 수 없다.

④ 제1항의 경우에는 제33조의3제4항을 적용하지 아니한다.

⑤ 제1항부터 제4항까지에서 규정한 사항 외에 소규모 은행지주회사주식 전환형 조건부자본증권의 발행 등에 관하여는 「상법」 제360조의10제6항을 준용한다.

(2016.3.29 본조신설)

제33조의5【사채등의 등록】 ① 사채, 그 밖에 등록에 적합한 것으로서 대통령령으로 정하는 권리(이하 이 조에서 "사채등"이라 한다)의 소유자·질권자, 그 밖의 이해관계자는 해당 사채등을 발행하는 은행(이하 이 조에서 "발행은행"이라 한다)에 각각 그 권리를 등록할 수 있다.

② 등록한 사채등에 대해서는 증권(證券)이나 증서(證書)를 발행하지 아니하며, 발행은행은 이미 증권이나 증서가 발행된 사채등을 등록하는 경우에는 그 증권이나 증서를 회수하여야 한다.

③ 사채등의 소유자는 언제든지 발행은행에 사채등의 등록을 말소하고 사채등이 표시된 증권이나 증서의 발행을 청구할 수 있다. 다만, 사채등의 발행 조건에서 증권이나 증서를 발행하지 아니하기로 정한 경우에는 그러하지 아니하다.

④ 등록한 사채등을 이전하거나 담보권의 목적으로 하거나 신탁재산으로 위탁한 경우에는 그 사실을 등록하지 아니하면 발행은행이나 그 밖의 제3자에게 대항하지 못한다.

⑤ 등록한 사채등을 법령에 따라 담보로서 공탁(供託)하거나 임치(任置)하는 경우에는 그 사실을 등록함으로써 담보를 갈음할 수 있다.

⑥ 제1항부터 제5항까지에서 규정한 사항 외에 사채등의 등록 및 말소의 방법과 절차, 등록부의 작성·비치 및 관리 등에 필요한 사항은 대통령령으로 정한다.

(2016.3.22 본조신설)

제6장 건전경영의 유지

(2010.5.17 본장개정)

제34조【건전경영의 지도】 ① 은행은 은행업을 경영할 때 자기자본을 충실하게 하고 적정한 유동성을 유지하는 등 경영의 건전성을 확보하여야 한다.

② 은행은 경영의 건전성을 유지하기 위하여 다음 각 호의 사항에 관하여 대통령령으로 정하는 바에 따라 금융위원회가 정하는 경영지도기준을 지켜야 한다.

1. 자본의 적정성에 관한 사항
2. 자산의 건전성에 관한 사항
3. 유동성에 관한 사항
4. 그 밖에 경영의 건전성 확보를 위하여 필요한 사항

③ 제2항에 따라 금융위원회가 경영지도기준을 정할 때에는 국제결제은행이 권고하는 은행의 건전성 감독에 관한 원칙을 충분히 반영하여야 한다.

金融

④ 금융위원회는 은행이 제2항에 따른 경영지도기준을 충족시키지 못하는 등 경영의 건전성을 크게 해칠 우려가 있거나 경영의 건전성을 유지하기 위하여 불가피하다고 인정될 때에는 자본금의 증액, 이익배당의 제한, 유동성이 높은 자산의 확보, 일정한 규모의 조건부자본증권(제33조제1항제2호부터 제4호까지의 사채를 말한다)의 발행·보유 등 경영개선을 위하여 필요한 조치를 요구할 수 있다.(2016.3.29 본항개정)
(2010.5.17 본조신설)

제34조의2【불건전 영업행위의 금지】 ① 은행은 다음 각 호의 어느 하나에 해당하는 행위를 해서는 아니 된다.
1. 실제 자금을 수취하지 아니하였음에도 입금처리하는 행위 등 은행이용자에게 부당하게 편익을 제공하는 행위
2. 예금, 대출 등 은행이 취급하는 상품을 비정상적으로 취급하여 은행이용자의 조세포탈·회계분식·부당내부거래 등 부당한 거래를 지원하는 행위(2020.3.24 본호개정)
3. 은행업무, 부수업무 또는 겸영업무와 관련하여 은행이용자에게 정상적인 수준을 초과하여 재산상 이익을 제공하는 행위
4. 그 밖에 은행업무, 부수업무 또는 겸영업무와 관련하여 취득한 정보 등을 활용하여 은행의 건전한 운영 또는 신용질서를 해치는 행위

② 제1항 각 호에 따른 행위의 구체적인 유형 또는 기준은 대통령령으로 정한다.
(2016.3.29 본조신설)

제34조의3【금융사고의 예방】 ① 은행은 다음 각 호의 사항을 포함한 금융사고 예방대책을 마련하여 내부통제기준에 반영하고 이를 준수하여야 한다.(2017.4.18 본문개정)
1. 지점(대리점, 국외현지법인 및 국외지점을 포함한다. 이하 제2호에서 같다)의 금융사고 관리에 관한 사항으로서 대통령령으로 정하는 사항
2. 지점의 업무운영에 관한 자체적인 검사에 관한 사항으로서 대통령령으로 정하는 사항
3. 은행이용자의 정보보호에 관한 사항으로서 대통령령으로 정하는 사항
4. 전산사무, 현금수송사무 등 금융사고 가능성이 높은 사무에 관한 사항으로서 대통령령으로 정하는 사항

② (2017.4.18 삭제)
③ 은행은 은행의 경영에 중대한 영향을 미칠 수 있는 금융사고에 관한 사항으로서 대통령령으로 정하는 사항이 발생한 경우에는 대통령령으로 정하는 기간 이내에 그 내용을 금융위원회에 보고하고, 인터넷 홈페이지 등을 이용하여 공시하여야 한다.
(2016.3.29 본조신설)

제35조【동일차주 등에 대한 신용공여의 한도】 ① 은행은 동일한 개인·법인 및 그 개인·법인과 대통령령으로 정하는 신용위험을 공유하는 자[이하 "동일차주"(同一借主)라 한다]에 대하여 그 은행의 자기자본의 100분의 25를 초과하는 신용공여를 할 수 없다. 다만, 다음 각 호의 어느 하나에 해당하는 경우로서 대통령령으로 정하는 경우에는 그러하지 아니하다.
1. 국민경제를 위하여 또는 은행의 채권 확보의 실효성을 높이기 위하여 필요한 경우
2. 은행이 추가로 신용공여를 하지 아니하였음에도 불구하고 자기자본의 변동, 동일차주 구성의 변동 등으로 인하여 본문에 따른 한도를 초과하게 되는 경우

② 은행이 제1항제2호에 따라 제1항·제3항 및 제4항 본문에 규정된 한도를 초과하게 되는 경우에는 그 한도가 초과하게 된 날부터 1년 이내에 제1항·제3항 및 제4항 본문에 규정된 한도에 맞도록 하여야 한다. 다만, 대통령령으로 정하는 부득이한 사유에 해당하는 경우에는 금융위원회가 그 기간을 정하여 연장할 수 있다.
③ 은행은 동일한 개인이나 법인 각각에 대하여 그 은행의 자기자본의 100분의 20을 초과하는 신용공여를 할 수 없다. 다만, 제1항 단서에 해당하는 경우에는 그러하지 아니하다.
④ 동일한 개인이나 법인 또는 동일차주 각각에 대한 은행의 신용공여가 그 은행의 자기자본의 100분의 10을 초과하는 거액 신용공여인 경우 그 총합계액은 그 은행의 자기자본의 5배를 초과할 수 없다. 다만, 제1항 단서에 해당하는 경우에는 그러하지 아니하다.

제35조의2【은행의 대주주에 대한 신용공여한도 등】
① 은행이 그 은행의 대주주(국외현지법인을 제외한 특수관계인을 포함한다. 이하 이 조에서 같다)에게 할 수 있는 신용공여는 그 은행 자기자본의 100분의 25의 범위에서 대통령령으로 정하는 비율에 해당하는 금액과 그 대주주의 그 은행에 대한 출자비율에 해당하는 금액 중 적은 금액을 초과할 수 없다.
② 은행이 그 은행의 전체 대주주에게 할 수 있는 신용공여는 그 은행 자기자본의 100분의 25의 범위에서 대통령령으로 정하는 비율에 해당하는 금액을 초과할 수 없다.
③ 은행은 제1항 및 제2항에 따른 신용공여한도를 회피하기 위한 목적으로 다른 은행과 교차하여 신용공여를 하여서는 아니 된다.
④ 은행은 그 은행의 대주주에 대하여 대통령령으로 정하는 금액 이상의 신용공여(대통령령으로 정하는 거래를 포함한다. 이하 이 조에서 같다)를 하려는 경우에는 미리 이사회의 의결을 거쳐야 한다. 이 경우 이사회는 재적이사 전원의 찬성으로 의결한다.
⑤ 은행은 그 은행의 대주주에 대하여 대통령령으로 정하는 금액 이상의 신용공여를 한 경우에는 지체 없이 그 사실을 금융위원회에 보고하고 인터넷 홈페이지 등을 이용하여 공시하여야 한다.
⑥ 은행은 그 은행의 대주주에 대한 신용공여에 관한 사항을 대통령령으로 정하는 바에 따라 분기별로 인터넷 홈페이지 등을 이용하여 공시하여야 한다.
⑦ 은행은 그 은행의 대주주의 다른 회사에 대한 출자를 지원하기 위한 신용공여를 하여서는 아니 된다.
⑧ 은행은 그 은행의 대주주에게 자산을 무상으로 양도하거나 통상의 거래조건에 비추어 그 은행에게 현저하게 불리한 조건으로 매매 또는 교환하거나 신용공여를 하여서는 아니 된다.

제35조의3【대주주가 발행한 지분증권의 취득한도 등】
① 은행은 자기자본의 100분의 1의 범위에서 대통령령으로 정하는 비율에 해당하는 금액을 초과하여 그 은행의 대주주(제37조제2항에 따른 자회사등을 제외한 특수관계인을 포함한다. 이하 같다)가 발행한 지분증권(「자본시장과 금융투자업에 관한 법률」 제4조제4항에 따른 지분증권을 말한다. 이하 같다)을 취득(대통령령으로 정하는 바에 따라 신탁업무를 운영함으로써 취득하는 것을 포함한다. 이하 이 조에서 같다)하여서는 아니 된다. 다만, 「금융지주회사법」 제2조제1항제5호에 따른 은행지주회사의 자회사등(「금융지주회사법」 제4조제1항제2호에 따른 자회사등을 말한다. 이하 이 항에서 같다)인 은행이 그 은행지주회사의 다른 자회사등이 업무집행사원인 기관전용사모집합투자기구에 출자하는 경우에는 그러하지 아니하다.(2021.4.20 단서개정)
② 금융위원회는 제1항 본문에 따른 취득한도 내에서 지분증권의 종류별로 취득한도를 따로 정할 수 있다.
③ 은행의 대주주가 아닌 자가 새로 대주주가 됨에 따라 은행이 제1항에 따른 한도를 초과하게 되는 경우 그 은행은 대통령령으로 정하는 기간 이내에 그 한도를 초과한 지분증권을 처분하여야 한다.
④ 은행이 그 은행의 대주주가 발행한 지분증권을 대통령령으로 정하는 금액 이상으로 취득하려는 경우에는 미리 이사회의 의결을 거쳐야 한다. 이 경우 이사회는 재적이사 전원의 찬성으로 의결한다.
⑤ 은행이 그 은행의 대주주가 발행한 지분증권을 대통령령으로 정하는 금액 이상으로 취득한 경우에는 지체 없이 그 사실을 금융위원회에 보고하고 인터넷 홈페이지 등을 이용하여 공시하여야 한다.
⑥ 은행은 그 은행의 대주주가 발행한 지분증권의 취득에 관한 사항을 대통령령으로 정하는 바에 따라 분기별로 인터넷 홈페이지 등을 이용하여 공시하여야 한다.
⑦ 은행은 그 은행의 대주주가 발행한 지분증권의 의결권을 행사할 때 그 대주주 주주총회에 참석한 주주의 지분증권수에서 그 은행이 소유한 지분증권수를 뺀 지분증권수의 의결 내용에 영향을 미치지 아니하도록 의결권을 행사하여야 한다. 다만, 대주주의 합병, 영업의 양도·양수, 임원의 선임, 그 밖에 이에 준하는 사항으로서 그 은행에 손실을 입히게 될 것이 명백하게 예상되는 경우에는 그러하지 아니하다.

제35조의4【대주주의 부당한 영향력 행사의 금지】 은행의 대주주는 그 은행의 이익에 반하여 대주주 개인의 이익을 취할 목적으로 다음 각 호의 어느 하나에 해당하는 행위를 하여서는 아니 된다.
1. 부당한 영향력을 행사하기 위하여 그 은행에 대하여 외부에 공개되지 아니한 자료 또는 정보의 제공을 요구하는 행위. 다만, 「금융회사의 지배구조에 관한 법률」 제33조제6항 및 「상법」 제466조에 따른 권리의 행사에 해당하는 경우를 제외한다.(2015.7.31 단서개정)
2. 경제적 이익 등 반대급부의 제공을 조건으로 다른 주주와 담합하여 그 은행의 인사 또는 경영에 부당한 영향력을 행사하는 행위
3. 경쟁사업자의 사업활동을 방해할 목적으로 신용공여를 조기 회수하도록 요구하는 등 은행의 경영에 영향력을 행사하는 행위

3의2. 제35조의2제1항 및 제2항에서 정한 비율을 초과하여 은행으로부터 신용공여를 받는 행위
3의3. 은행으로 하여금 제35조의2제3항을 위반하게 하여 다른 은행으로부터 신용공여를 받는 행위
3의4. 은행으로 하여금 제35조의2제7항을 위반하게 하여 신용공여를 받는 행위
3의5. 은행으로 하여금 제35조의2제8항을 위반하게 하여 대주주에게 자산의 무상양도·매매·교환 및 신용공여를 하게 하는 행위
3의6. 제35조의3제1항에서 정한 비율을 초과하여 은행으로 하여금 대주주의 주식을 소유하게 하는 행위
4. 제1호부터 제3호까지의 행위에 준하는 행위로서 대통령령으로 정하는 행위

제35조의5【대주주에 대한 자료 제출 요구 등】 ① 금융위원회는 은행 또는 그 대주주가 제35조의2부터 제35조의4까지를 위반한 혐의가 있다고 인정할 때에는 은행 또는 그 대주주에 대하여 필요한 자료의 제출을 요구할 수 있다.
② 금융위원회는 은행 대주주(회사만 해당한다)의 부채가 자산을 초과하는 등 재무구조의 부실화로 인하여 은행의 경영건전성을 현저히 해칠 우려가 있는 경우로서 대통령령으로 정하는 경우에는 그 은행 또는 그 대주주에 대하여 필요한 자료의 제출을 요구할 수 있으며 그 은행에 대하여 그 대주주에 대한 신용공여의 제한을 명하는 등 대통령령으로 정하는 조치를 할 수 있다.
③ 금융위원회는 은행의 주주가 제2조제1항제10호나목에 따른 사실상 영향력을 행사하고 있는 자인지 여부를 확인하기 위하여 은행 및 주주에게 필요한 자료의 제출을 요구할 수 있다.(2021.12.7 본항신설)

제36조【정부대행기관에 대한 대출】 「한국은행법」에 따른 정부대행기관에 대한 은행의 대출은 그 원리금의 상환에 관하여 정부가 보증한 경우에만 할 수 있다.

제37조【다른 회사 등에 대한 출자제한 등】 ① 은행은 다른 회사등의 의결권 있는 지분증권의 100분의 15를 초과하는 지분증권을 소유할 수 없다.
② 은행은 제1항에도 불구하고 금융위원회가 정하는 업종에 속하는 회사 등에 출자하는 경우 또는 기업구조조정 촉진을 위하여 필요한 것으로 금융위원회의 승인을 받은 경우에는 의결권 있는 지분증권의 100분의 15를 초과하는 지분증권을 소유할 수 있다. 다만, 은행이 의결권 있는 지분증권의 100분의 15를 초과하는 지분증권을 소유하는 회사 등(이하 "자회사등"이라 한다)에 대한 출자 총액이 다음 각 호의 어느 하나의 금액을 초과하지 아니하는 경우만 해당한다.
1. 은행 자기자본의 100분의 20의 범위에서 대통령령으로 정하는 비율에 해당하는 금액
2. 은행과 그 은행의 자회사등의 경영상태 등을 고려하여 금융위원회가 정하여 고시하는 요건을 충족하는 경우에는 은행 자기자본의 100분의 40의 범위에서 대통령령으로 정하는 비율에 해당하는 금액

③ 은행은 그 은행의 자회사등과 거래를 할 때 다음 각 호의 어느 하나에 해당하는 행위를 하여서는 아니 된다.
1. 그 은행의 자회사등에 대한 신용공여로서 대통령령으로 정하는 기준을 초과하는 신용공여(그 은행의 자회사등이 합병되는 등 대통령령으로 정하는 경우는 제외한다)
2. 그 은행의 자회사등의 지분증권을 담보로 하는 신용공여와 그 은행의 자회사등의 지분증권을 사게 하기 위한 신용공여
3. 그 은행의 자회사등의 임직원에 대한 대출(금융위원회가 정하는 소액대출은 제외한다)
4. 그 밖에 그 은행의 건전한 경영을 해치거나 예금자 등 은행이용자의 이익을 해칠 우려가 있는 행위로서 대통령령으로 정하는 행위

④ 은행의 자회사등에 대한 출자에 관하여 구체적인 사항은 대통령령으로 정한다.
⑤ 제6항부터 제8항까지의 규정에서 "모은행(母銀行)" 및 "자은행"이란 은행이 다른 은행의 의결권 있는 발행주식 총수의 100분의 15를 초과하여 주식을 소유하는 경우의 그 은행과 그 다른 은행을 말한다. 이 경우 모은행과 자은행이 합하여 자은행이 아닌 다른 은행의 의결권 있는 발행주식 총수의 100분의 15를 초과하여 주식을 소유하는 경우 그 다른 은행은 그 모은행의 자은행으로 본다.
⑥ 자은행은 다음 각 호의 행위를 하여서는 아니 된다.
1. 모은행 및 그 모은행의 다른 자은행(이하 "모은행등"이라 한다)이 발행한 주식을 소유하는 행위(대통령령으로 정하는 경우는 제외한다)
2. 다른 은행의 의결권 있는 발행주식의 100분의 15를 초과하여 주식을 소유하는 행위
3. 대통령령으로 정하는 기준을 초과하여 모은행등에 신용공여를 하는 행위
4. 그 밖에 그 자은행의 건전한 경영을 해치거나 예금자 등 은행이용자의 이익을 해칠 우려가 있는 행위로서 대통령령으로 정하는 행위

⑦ 자은행과 모은행등 상호 간에 신용공여를 하는 경우에는 대통령령으로 정하는 기준에 따라 적정한 담보를 확보하여야 한다. 다만, 그 자은행과 모은행등의 구조조정에 필요한 신용공여 등 대통령령으로 정하는 요건에 해당하는 경우에는 그러하지 아니하다.
⑧ 자은행과 모은행등 상호 간에는 대통령령으로 정하는 불량자산을 거래하여서는 아니 된다. 다만, 그 자은행과 모은행등의 구조조정에 필요한 거래 등 금융위원회가 정하는 요건에 해당하는 경우에는 그러하지 아니하다.

제38조【금지업무】 은행은 다음 각 호의 어느 하나에 해당하는 업무를 하여서는 아니 된다.
1. 다음 각 목의 증권에 대한 투자의 총 합계액이 은행의 자기자본의 100분의 100의 범위에서 대통령령으로 정하는 비율에 해당하는 금액을 초과하는 투자. 이 경우 금융위원회는 필요한 경우 같은 투자한도의 범위에서 다음 각 목의 증권에 대한 투자한도를 따로 정할 수 있다.
가. 「자본시장과 금융투자업에 관한 법률」 제4조제3항에 따른 채무증권으로서 상환기간이 3년을 초과하는 것. 다만, 국채 및 한국은행 통화안정증권, 「금융산업

金融

의 구조개선에 관한 법률」 제11조제6항제2호에 따른 채권은 제외한다.
나. 지분증권. 다만, 「금융산업의 구조개선에 관한 법률」 제11조제6항제1호에 따른 주식은 제외한다.
다. 「자본시장과 금융투자업에 관한 법률」 제4조제7항에 따른 파생결합증권 중 대통령령으로 정하는 것
라. 그 밖에 「자본시장과 금융투자업에 관한 법률」 제4조제2항 각 호의 증권 중 대통령령으로 정하는 증권
2. 대통령령으로 정하는 업무용 부동산이 아닌 부동산(저당권 등 담보권의 실행으로 취득한 부동산은 제외한다)의 소유
3. 자기자본의 100분의 100의 범위에서 대통령령으로 정하는 비율에 해당하는 금액을 초과하는 업무용 부동산의 소유
4. 직접·간접을 불문하고 해당 은행의 주식을 담보로 하는 대출
5. 직접·간접을 불문하고 해당 은행의 주식을 사게 하기 위한 대출
6. 해당 은행의 임직원에 대한 대출(금융위원회가 정하는 소액대출은 제외한다)

제39조【비업무용 자산 등의 보고 및 처분】 은행은 그 소유물이나 그 밖의 자산 중 이 법에 따라 그 취득 또는 보유가 금지되거나 저당권 등 담보권의 실행으로 취득한 자산이 있는 경우에는 금융위원회가 정하는 바에 따라 금융위원회에 보고하고, 이를 처분하여야 한다.
(2021.12.7 본조개정)

제40조【이익준비금의 적립】 은행은 적립금이 자본금의 총액이 될 때까지 결산 순이익금을 배당할 때마다 그 순이익금의 100분의 10 이상을 적립하여야 한다.

제41조【재무제표의 공고 등】 ① 은행은 그 결산일 후 3개월 이내에 금융위원회가 정하는 서식에 따라 결산일 현재의 재무상태표, 그 결산기(決算期)의 손익계산서 및 금융위원회가 정하는 연결재무제표(聯結財務諸表)를 공고하여야 한다. 다만, 부득이한 사유로 3개월 이내에 공고할 수 없는 서류에 대하여는 금융위원회의 승인을 받아 그 공고를 연기할 수 있다.(2021.4.20 본문개정)
② 제1항에 따른 재무상태표, 손익계산서 및 연결재무제표에는 대표자 및 담당 책임자가 서명·날인하여야 한다.
(2021.4.20 본항개정)
③ 은행의 결산일은 12월 31일로 한다. 다만, 금융위원회는 결산일의 변경을 지시할 수 있으며, 은행은 금융위원회의 승인을 받아 결산일을 변경할 수 있다.

제42조【재무상태표 등의 제출】 ① 은행은 매월 말일을 기준으로 한 재무상태표를 다음 달 말일까지 한국은행이 정하는 서식에 따라 작성하여 한국은행에 제출하여야 하며, 한국은행은 이를 한국은행 통계월보(統計月報)에 게재하여야 한다.
② 제1항에 따른 재무상태표에는 담당 책임자 또는 그 대리인이 서명·날인하여야 한다.
③ 은행은 법률에서 정하는 바에 따라 제1항에 따른 재무상태표 외에 한국은행의 업무 수행에 필요한 정기적 통계자료 또는 정보를 한국은행에 제공하여야 한다.
(2021.4.20 본조개정)

제43조【자료 공개의 거부】 은행은 「상법」 제466조제1항에 따른 회계장부와 서류의 열람 또는 등사의 청구가 있는 경우에도 은행이용자의 권익을 심하게 해칠 염려가 있을 때에는 그 청구를 거부할 수 있다.

제43조의2【업무보고서 등의 제출】 ① 은행은 매월의 업무 내용을 기술한 보고서를 다음 달 말일까지 「금융위원회의 설치 등에 관한 법률」에 따라 설립된 금융감독원(이하 "금융감독원"이라 한다)의 원장(이하 "금융감독원장"이라 한다)이 정하는 서식에 따라 금융감독원장에게 제출하여야 한다.
② 제1항에 따른 보고서에는 대표자와 담당 책임자 또는 그 대리인이 서명·날인하여야 한다.
③ 은행은 금융감독원장이 감독 및 검사 업무를 수행하기 위하여 요구하는 자료를 제공하여야 한다.
(2010.5.17 본조신설)

제43조의3【경영공시】 은행은 예금자와 투자자를 보호하기 위하여 필요한 사항으로서 대통령령으로 정하는 사항을 금융위원회가 정하는 바에 따라 공시하여야 한다.
(2010.5.17 본조신설)

제43조의4【정기주주총회 보고】 ① 은행은 다음 각 호의 사항을 정기주주총회에 보고하여야 한다.
1. 해당 회계연도 중 변동된 부실여신 현황
2. 대통령령으로 정하는 금액 이상의 대출 및 지급보증 이용자에 대하여 해당 회계연도 중 신규 발생한 채권재조정 현황
3. 해당 회계연도 중 지출한 기부금내역
4. 자회사등의 영업성과와 재무상태에 관한 경영평가 결과
5. 그 밖에 은행의 경영건전성에 영향을 미치고 주주가 알아야 할 필요가 있는 사항으로서 대통령령으로 정하는 사항
② 제1항 각 호의 보고사항에 관한 세부기준, 제1항에 따른 보고의 방법 및 절차에 관하여 필요한 사항은 금융위원회가 정한다.
(2023.3.21 본조신설)

제7장 감독·검사
(2010.5.17 본장개정)

제44조【은행의 감독】 금융감독원은 금융위원회의 규정과 지시에서 정하는 바에 따라 이 법, 그 밖의 관계 법률, 금융위원회의 규정·명령 및 지시에 대한 은행의 준수 여부를 감독하여야 한다.

제45조 (2010.5.17 삭제)

제46조【예금지급불능 등에 대한 조치】 금융위원회는 은행의 파산 또는 예금지급불능의 우려 등 예금자의 이익을 크게 해칠 우려가 있다고 인정할 때에는 예금 수입(受入) 및 여신(與信)의 제한, 예금의 전부 또는 일부의 지급정지, 그 밖에 필요한 조치를 명할 수 있다.

제47조【정관변경 등의 보고】 은행이 다음 각 호의 어느 하나에 해당하는 경우에는 대통령령으로 정하는 바에 따라 그 사실을 금융위원회에 보고하여야 한다.
1. 정관을 변경한 때
2. 제10조제1항에 해당하지 아니하는 자본금의 감소를 한 때
3. 본점이 그 본점이 소재한 특별시·광역시·도·특별자치도(이하 "시·도"라 한다)에서 다른 시·도로 이전한 때
4. 제13조제2항에 해당하지 아니하는 국외현지법인 또는 국외지점을 신설한 때, 은행이 국외현지법인 또는 국외지점을 폐쇄한 때, 국외사무소 등을 신설·폐쇄한 때
5. 상호를 변경한 때
6. (2015.7.31 삭제)
7. 자회사등에 출자를 한 때(기업구조조정 촉진을 위하여 금융위원회의 승인을 받은 경우는 제외한다)
8. 다른 회사 등의 지분증권의 100분의 20을 초과하는 지분증권을 담보로 하는 대출을 한 때
9. 외국은행이 지점 또는 대리점을 동일한 시·도로 이전하거나 사무소를 폐쇄한 때
10. 그 밖에 은행의 건전한 경영을 해치거나 예금자 등 은행이용자의 이익을 해칠 우려가 있는 행위로서 대통령령으로 정하는 행위를 한 때

제48조【검사】 ① 금융감독원장은 은행의 업무와 재산 상황을 검사한다.
② 금융감독원장은 제1항에 따른 검사를 하면서 필요하다고 인정할 때에는 은행에 대하여 업무 또는 재산에 관한 보고, 자료의 제출, 관계자의 출석 및 의견의 진술을 요구할 수 있다.
③ 금융감독원장은 「주식회사 등의 외부감사에 관한 법률」에 따라 은행이 선임한 외부감사인에게 그 은행을 감사한 결과 알게 된 정보나 그 밖에 경영의 건전성에 관련되는 자료의 제출을 요구할 수 있다.(2017.10.31 본항개정)
④ 제1항에 따라 검사를 하는 사람은 그 권한을 표시하는 증표를 지니고 이를 관계자에게 내보여야 한다.

제48조의2【대주주등에 대한 검사】 ① 금융위원회는 다음 각 호의 어느 하나에 해당되는 자(이하 이 조에서 "대주주등"이라 한다)가 각각 다음 각 목의 어느 하나에 해당하는 경우에는 금융감독원장으로 하여금 그 목적에 필요한 최소한의 범위에서 해당 대주주등의 업무 및 재산 상황을 검사하게 할 수 있다.
1. 전환대상자
가. 제16조의3제2항에 따른 점검결과를 확인하기 위하여 필요한 경우
나. 전환대상자가 차입금의 급격한 증가, 거액의 손실 발생 등 재무상황의 부실화로 인하여 은행과 불법거래를 할 가능성이 크다고 인정되는 경우
2. 제16조의2제3항제3호에 따라 승인을 얻은 비금융주력자
가. 제16조의2제3항제3호가목 및 다목의 요건을 충족하는 지 여부를 확인하기 위하여 필요한 경우
나. 해당 비금융주력자가 지배하는 비금융회사의 차입금의 급격한 증가 등 재무상황 부실로 인하여 은행과 불법거래를 할 가능성이 크다고 인정되는 경우
3. 은행의 대주주(은행의 대주주가 되려고 하는 자를 포함한다)
가. 제15조제3항에 따른 승인심사를 위하여 필요한 경우
(2013.8.13 본목개정)
나. 제35조의4를 위반한 혐의가 인정되는 경우
다. 그 밖에 가목 및 나목에 준하는 경우로서 대통령령으로 정하는 경우
② 제1항에 따른 검사의 구체적 범위, 방법, 그 밖에 검사에 필요한 사항은 금융위원회가 정한다.
③ 제1항에 따른 검사에 관하여는 제48조제2항부터 제4항까지를 준용한다.

제49조 (2010.5.17 삭제)

제50조【적립금 보유 및 손실처리의 요구】 금융감독원장은 은행의 경영건전성 유지를 위하여 필요하다고 인정할 때에는 은행에 대하여 불건전한 자산을 위한 적립금의 보유 등 대통령령으로 정하는 조치를 요구할 수 있다.

제51조 (2010.5.17 삭제)

제52조【약관의 변경 등】 ① 은행은 이 법에 따른 업무를 취급할 때 은행 이용자의 권익을 보호하여야 하며, 금융거래와 관련된 약관을 제정하거나 변경하는 경우에는 약관의 제정 또는 변경 후 10일 이내에 금융위원회에 보고하여야 한다. 다만, 이용자의 권리나 의무에 중대한 영향을 미칠 우려가 있는 경우로서 대통령령으로 정하는 경우에는 약관의 제정 또는 변경 전에 미리 금융위원회에 신고하여야 한다.(2018.12.31 본항개정)
② 은행은 약관을 제정 또는 변경하는 경우 다음 각 호의 사항을 준수하여야 한다.
1. 이 법 또는 다른 법령에 위반되는 내용을 포함하지 아니할 것
2. 부당하게 은행이용자에게 불리한 내용을 포함하지 아니할 것
3. 예금자 등 은행이용자의 권익을 보호하고 건전한 금융거래질서를 유지하기 위하여 금융위원회가 정하여 고시하는 기준에 적합할 것
(2021.12.7 본항신설)
③ 은행은 약관을 제정하거나 변경한 경우에는 인터넷 홈페이지 등을 이용하여 공시하여야 한다.
④ 제1항에 따라 약관을 보고 또는 신고받은 금융위원회는 그 약관을 공정거래위원회에 통보하여야 한다. 이 경우 공정거래위원회는 통보받은 약관이 「약관의 규제에 관한 법률」 제6조부터 제14조까지의 규정에 해당하는 사실이 있다고 인정될 때에는 금융위원회에 그 사실을 통보하고 그 시정에 필요한 조치를 취하도록 요청할 수 있으며, 금융위원회는 특별한 사유가 없는 한 이에 응하여야 한다.(2018.12.31 전단개정)
⑤ 금융위원회는 건전한 금융거래질서를 유지하기 위하여 필요한 경우에는 은행에 대하여 제1항에 따른 약관의 변경을 권고할 수 있다.
⑥ 제1항에 따른 보고 또는 신고의 절차·방법 및 제5항에 따른 약관의 변경 권고와 관련한 심사기준 등은 금융위원회가 정하여 고시한다.(2021.12.7 본항개정)

제52조의2【금융거래상 중요 정보 제공】 ① (2020.3.24 삭제)
② 은행은 예금자 등 은행이용자를 보호하고 금융분쟁의 발생을 방지하기 위하여 은행이용자에게 금융거래상 중요 정보를 제공하는 등 적절한 조치를 마련하여야 한다.
③ 제2항에 따른 구체적 내용은 대통령령으로 정한다.
(2020.3.24 본항개정)
④ (2020.3.24 삭제)
⑤ 금융위원회는 은행이용자의 보호 등이 필요하다고 인정하는 경우 제2항에 따른 조치에 대하여 시정 또는 보완을 명할 수 있다.
(2020.3.24 본조제목개정)
(2010.5.17 본조신설)

제52조의3 (2020.3.24 삭제)

제52조의4【고객응대직원에 대한 보호 조치 의무】 ① 은행은 이 법에 따른 업무를 운영할 때 고객을 직접 응대하는 직원을 고객의 폭언이나 성희롱, 폭행 등으로부터 보호하기 위하여 다음 각 호의 조치를 하여야 한다.
1. 직원이 요청하는 경우 해당 고객으로부터의 분리 및 업무담당자 교체
2. 직원에 대한 치료 및 상담 지원
3. 고객을 직접 응대하는 직원을 위한 상시적 고충처리 기구 마련. 다만, 「근로자참여 및 협력증진에 관한 법률」 제26조에 따라 고충처리위원을 두는 경우에는 고객을 직접 응대하는 직원을 위한 고충처리위원의 선임 또는 위촉
4. 그 밖에 직원의 보호를 위하여 필요한 법적 조치 등 대통령령으로 정하는 조치
② 직원은 은행에 대하여 제1항 각 호의 조치를 요구할 수 있다.
③ 은행은 제2항에 따른 직원의 요구를 이유로 직원에게 불이익을 주어서는 아니 된다.
(2016.3.29 본조신설)

제53조【은행에 대한 제재】 ① 금융위원회는 은행이 이 법 또는 이 법에 따른 규정·명령 또는 지시를 위반하여 은행의 건전한 경영을 해칠 우려가 있다고 인정되거나 「금융회사의 지배구조에 관한 법률」 별표 각 호의 어느 하나에 해당하는 경우(제2호에 해당하는 조치로 한정한다), 「금융소비자 보호에 관한 법률」 제51조제1항제4호, 제5호 또는 같은 조 제2항 각 호 외의 부분 본문 중 대통령령으로 정하는 경우에 해당하는 경우(제2호에 해당하는 조치로 한정한다)에는 금융감독원장의 건의에 따라 다음 각 호의 어느 하나에 해당하는 조치를 하거나 금융감독원장으로 하여금 해당 위반행위의 중지 및 경고 등 적절한 조치를 하게 할 수 있다.(2020.3.24 본문개정)
1. 해당 위반행위에 대한 시정명령
2. 6개월 이내의 영업의 일부정지
② 금융위원회는 은행이 다음 각 호의 어느 하나에 해당하면 그 은행에 대하여 6개월 이내의 기간을 정하여 영업의 전부정지를 명하거나 은행업의 인가를 취소할 수 있다.
1. 거짓이나 그 밖의 부정한 방법으로 은행업의 인가를 받은 경우
2. 인가 내용 또는 인가 조건을 위반한 경우
3. 영업정지 기간에 그 영업을 한 경우
4. 제1항제1호에 따른 시정명령을 이행하지 아니한 경우

金融

5. 제1호부터 제4호까지의 경우 외의 경우로서 이 법 또는 이 법에 따른 명령이나 처분을 위반하여 예금자 또는 투자자의 이익을 크게 해칠 우려가 있는 경우
6. 「금융회사의 지배구조에 관한 법률」 별표 각 호의 어느 하나에 해당하는 경우(영업의 전부정지를 명하는 경우로 한정한다)(2015.7.31 본호신설)
7. 「금융소비자 보호에 관한 법률」 제51조제1항제4호 또는 제5호에 해당하는 경우(2020.3.24 본호신설)
8. 「금융소비자 보호에 관한 법률」 제51조제2항 각 호 외의 부분 본문 중 대통령령으로 정하는 경우(영업의 전부정지를 명하는 경우로 한정한다)(2020.3.24 본호신설)

제53조의2【기관전용 사모집합투자기구등에 대한 제재 등】 ① 기관전용 사모집합투자기구등(제15조제3항에 따른 승인을 얻어 은행의 주식을 보유한 기관전용 사모집합투자기구등에 한한다. 이하 이 조 제2항부터 제4항까지에서 같다)과 기관전용 사모집합투자기구등의 주주 또는 사원이 제15조의5를 위반하는 경우 해당 기관전용 사모집합투자기구등은 초과보유한 주식에 대하여 의결권을 행사할 수 없으며 초과보유한 주식은 지체 없이 처분하여야 한다.(2021.4.20 본항개정)
② 금융위원회는 기관전용 사모집합투자기구등이 제1항을 준수하지 아니하는 경우에는 1개월 이내의 기간을 정하여 초과보유 주식을 처분할 것을 명할 수 있다.
(2021.4.20 본항개정)
③ 금융위원회는 기관전용 사모집합투자기구등이 제15조의5 각 호의 어느 하나에 해당하는 경우 다음 각 호의 어느 하나에 해당하는 조치를 할 수 있다.(2021.4.20 본문개정)
1. 해당 행위의 시정명령 또는 중지명령
2. 해당 행위로 인한 조치를 받았다는 사실의 공표명령 또는 게시명령
3. 기관경고
4. 기관주의
5. 그 밖에 해당 행위를 시정하거나 방지하기 위하여 필요한 조치로서 대통령령으로 정하는 조치
④ 금융위원회는 기관전용 사모집합투자기구등의 재산운용 등을 담당하는 업무집행사원이 제15조의5 각 호의 어느 하나에 해당하는 경우 다음 각 호의 어느 하나에 해당하는 조치를 할 수 있다.(2021.4.20 본문개정)
1. 그 업무집행사원에 대한 조치
가. 해임요구
나. 6개월 이내의 직무정지
다. 기관경고
라. 기관주의
마. 그 밖에 해당 행위를 시정하거나 방지하기 위하여 필요한 조치로서 대통령령으로 정하는 조치
2. 그 업무집행사원의 임원(「금융회사의 지배구조에 관한 법률」 제2조제5호에 따른 업무집행책임자는 제외한다. 이하 제54조 및 제54조의2에서 같다)에 대한 조치
(2017.4.18 본문개정)
가. 해임요구
나. 6개월 이내의 직무정지
다. 문책경고
라. 주의적 경고
마. 그 밖에 해당 행위를 시정하거나 방지하기 위하여 필요한 조치로서 대통령령으로 정하는 조치
3. 그 업무집행사원의 직원(「금융회사의 지배구조에 관한 법률」 제2조제5호에 따른 업무집행책임자를 포함한다. 이하 제54조 및 제54조의2에서 같다)에 대한 조치요구
(2017.4.18 본문개정)
가. 면직
나. 6개월 이내의 정직
다. 감봉
라. 견책
마. 주의
바. 그 밖에 위법행위를 시정하거나 방지하기 위하여 필요한 조치로서 대통령령으로 정하는 조치
⑤ 다음 각 호의 어느 하나에 해당하는 기관전용 사모집합투자기구등(그 주주 또는 사원을 포함한다)에 대하여는 제2항부터 제4항까지를 준용한다. 이 경우 업무집행사원이 개인인 경우에는 제4항제2호를 준용한다.(2021.4.20 전단개정)
1. 제15조제1항·제3항에 따른 주식의 보유한도를 초과하여 은행의 주식을 보유하는 경우
2. (2013.8.13 삭제)
3. 제16조의4제5항에 따라 주식처분 명령을 받은 경우
⑥ 제5항제1호에 해당하는 기관전용 사모집합투자기구등에 대하여는 제16조제3항을 적용하지 아니한다.
(2021.4.20 본항개정)
(2021.4.20 본조제목개정)

제54조【임직원에 대한 제재】 ① 금융위원회는 은행의 임원이 이 법 또는 이 법에 따른 규정·명령 또는 지시를 고의로 위반하거나 은행의 건전한 운영을 크게 해치는 행위를 하는 경우에는 금융감독원장의 건의에 따라 해당 임원의 업무집행 정지를 명하거나 주주총회에 그 임원의 해임을 권고할 수 있으며, 금융감독원장으로 하여금 경고 등 적절한 조치를 하게 할 수 있다.
② 금융감독원장은 은행의 직원이 이 법 또는 이 법에 따른 규정·명령 또는 지시를 고의로 위반하거나 은행의 건전한 운영을 크게 해치는 행위를 하는 경우에는 면직·정직·감봉·견책 등 적절한 문책처분을 할 것을 해당 은행의 장에게 요구할 수 있다.

제54조의2【퇴임한 임원 등에 대한 조치 내용의 통보】 ① 금융위원회(제54조제1항에 따라 조치를 하거나 같은 조 제2항에 따라 문책처분을 할 것을 요구할 수 있는 금융감독원장을 포함한다)는 은행의 퇴임한 임원 또는 퇴직한 직원이 재임 중이었거나 재직 중이었더라면 제54조제1항 또는 제2항에 해당하는 조치를 받았을 것으로 인정되는 경우에는 그 조치의 내용을 해당 은행의 장에게 통보할 수 있다.
② 제1항에 따른 통보를 받은 은행의 장은 이를 퇴임·퇴직한 해당 임직원에게 통보하고, 그 내용을 기록·유지하여야 한다.
(2017.4.18 본조개정)

제8장 합병·폐업·해산
(2010.5.17 본장개정)

제55조【합병·해산·폐업의 인가】 ① 은행이 다음 각 호의 어느 하나에 해당하는 행위를 하려는 경우에는 대통령령으로 정하는 바에 따라 금융위원회의 인가를 받아야 한다.
1. 분할 또는 합병(분할합병을 포함한다)(2016.3.29 본호개정)
2. 해산 또는 은행업의 전부 또는 대통령령으로 정하는 중요한 일부의 폐업(2023.3.21 본호개정)
3. 영업의 전부 또는 대통령령으로 정하는 중요한 일부의 양도·양수
② 금융위원회가 제1항에 따른 인가를 하는 경우에는 제8조제4항 및 제5항을 준용한다.

제56조【인가 취소에 의한 해산】 ① (1999.2.5 삭제)
② 은행은 제53조에 따라 은행업의 인가가 취소된 경우에는 해산한다.
③ 법원은 은행이 제2항에 따라 해산한 경우에는 이해관계인이나 금융위원회의 청구 또는 법원의 직권으로 청산인을 선임하거나 해임할 수 있다.

제57조【청산인 등의 선임】 ① 은행이 해산하거나 파산한 경우에는 금융감독원장 또는 그 소속 직원 1명이 청산인이나 파산관재인으로 선임되어야 한다.
② 제1항에 따라 청산인이나 파산관재인으로 선임된 금융감독원장 또는 그 소속 직원은 그 임무에 대하여 보수를 청구할 수 없다. 다만, 그 임무를 수행하는 데에 든 정당한 경비는 해당 재산에서 받을 수 있다.

제9장 외국은행의 국내지점
(2010.5.17 본장개정)

제58조【외국은행의 은행업 인가 등】 ① 외국은행(외국 법령에 따라 설립되어 외국에서 은행업을 경영하는 자를 말한다. 이하 같다)이 대한민국에서 은행업을 경영하기 위하여 지점·대리점을 신설하거나 폐쇄하려는 경우에는 제8조제2항 및 제55조에도 불구하고 대통령령으로 정하는 바에 따라 금융위원회의 인가를 받아야 한다.
② 금융위원회가 제1항에 따른 인가를 하는 경우에는 제8조제4항 및 제5항을 준용한다.
③ 외국은행이 제1항에 따라 인가를 받은 지점 또는 대리점을 다른 시·도로 이전하거나 사무소를 신설하려는 경우에는 미리 금융위원회에 신고하여야 한다.

제59조【외국은행에 대한 법 적용】 ① 제58조제1항에 따라 인가를 받은 외국은행의 지점 또는 대리점은 이 법에 따른 은행으로 보며, 외국은행의 국내 대표자는 이 법에 따른 은행의 임원으로 본다. 다만, 제4조, 제9조, 제15조, 제15조의3부터 제15조의5까지, 제16조, 제16조의2부터 제16조의5까지, 제48조의2 및 제53조의2는 적용하지 아니한다.(2016.3.29 단서개정)
② 하나의 외국은행이 대한민국에 둘 이상의 지점 또는 대리점을 두는 경우 그 지점 또는 대리점 전부를 하나의 은행으로 본다.

제60조【인가취소 등】 ① 금융위원회는 외국은행의 본점이 다음 각 호의 어느 하나에 해당하게 되면 그 외국은행의 지점 또는 대리점에 관한 제58조제1항에 따른 인가를 취소할 수 있다.
1. 합병이나 영업의 양도로 인하여 소멸한 경우
2. 위법행위, 불건전한 영업행위 등의 사유로 감독기관으로부터 징계를 받은 경우
3. 휴업하거나 영업을 중지한 경우
② 외국은행의 지점·대리점 또는 사무소는 그 외국은행의 본점이 제1항 각 호의 어느 하나에 해당하게 되면 그 사유가 발생한 날부터 7일 이내에 그 사실을 금융위원회에 보고하여야 한다.
③ 외국은행의 본점이 해산 또는 파산하였거나 은행업을 폐업한 경우 또는 은행업의 인가가 취소된 경우에는 그 외국은행의 지점 또는 대리점에 대한 제58조제1항에 따른 인가는 그 사유가 발생한 날에 취소된 것으로 본다. 다만, 금융위원회는 예금자 등 은행이용자의 이익을 보호할 필요가 있는 경우 취소된 날을 달리 정할 수 있다.

제61조【인가취소 시의 지점폐쇄 및 청산】 ① 외국은행의 지점 또는 대리점이 제53조, 제60조제1항 또는 제3항에 따라 인가가 취소되거나 취소된 것으로 보게 되는 경우에는 그 지점 또는 대리점은 폐쇄되며 대한민국에 있는 재산의 전부를 청산하여야 한다.
② 법원은 제1항의 경우에 이해관계인이나 금융위원회의 청구 또는 법원의 직권으로 청산인을 선임하거나 해임할 수 있다.
③ 제1항에 따른 청산에 관하여는 「상법」 제620조제2항을 준용한다.

제62조【외국은행의 국내 자산】 ① 외국은행의 지점 또는 대리점은 대통령령으로 정하는 바에 따라 자산의 전부 또는 일부를 대한민국 내에 보유하여야 한다.
② 외국은행의 지점 또는 대리점이 청산을 하거나 파산한 경우 그 자산, 자본금, 적립금, 그 밖의 잉여금은 대한민국 국민과 대한민국에 주소 또는 거소(居所)를 둔 외국인의 채무를 변제하는 데에 우선 충당되어야 한다.
③ 외국은행의 지점 또는 대리점이 보유하는 대한민국 내 자산이 제1항에서 정한 자산보다 적은 경우 금융위원회가 정하여 고시하는 기간 이내에 이를 보전하여야 한다. 이 경우 금융위원회는 신속하게 보전할 필요가 있는 때에는 30일 이내의 기간을 정하여 부족한 자산을 보전할 것을 명할 수 있다.(2021.12.7 본항신설)

제63조【자본금에 관한 규정의 적용】 외국은행의 지점 또는 대리점에 대하여 이 법 중 은행의 자본금에 관한 규정을 적용할 때에는 대통령령으로 정하는 바에 따른다.

제10장 보 칙
(2010.5.17 본장개정)

제64조【청문】 금융위원회는 다음 각 호의 어느 하나에 해당하는 처분을 하려면 청문을 하여야 한다.
1. 제53조에 따른 인가의 취소
2. 제60조제1항에 따른 외국은행의 지점 또는 대리점의 인가의 취소

제65조【권한의 위탁】 금융위원회는 이 법에 따른 권한의 일부를 대통령령으로 정하는 바에 따라 금융감독원장에게 위탁할 수 있다.

제65조의2【전자문서에 의한 공고 등】 은행이 제41조, 제42조 또는 제43조의2에 따라 공고를 하거나 자료를 제출할 때에는 각각 금융위원회, 한국은행 총재 또는 금융감독원장이 정하는 바에 따라 전자문서의 방법으로 할 수 있다.

제11장 과징금 등의 부과 및 징수
(2010.5.17 본장개정)

제65조의3【과징금】 금융위원회는 은행이 제35조, 제35조의2, 제35조의3, 제37조, 제38조 또는 제62조를 위반하거나 대주주가 제35조의4를 위반한 경우에는 다음 각 호의 구분에 따라 과징금을 부과할 수 있다.
1. 제35조제1항·제3항·제4항 또는 제37조제3항제1호·제6항제3호에 따른 신용공여한도를 초과한 경우 : 초과한 신용공여액의 100분의 30 이하
2. 제35조의2제1항 또는 제2항에 따른 신용공여한도를 초과한 경우 : 초과한 신용공여액 이하
3. 제35조의3제1항에 따른 지분증권의 취득한도를 초과한 경우 : 초과 취득한 지분증권의 장부가액(帳簿價額) 합계액 이하
4. 제37조제1항·제2항 또는 제6항제2호에 따른 지분증권의 소유한도를 초과한 경우 : 초과 소유한 지분증권의 장부가액 합계액의 100분의 30 이하
5. 제37조제3항제2호를 위반하여 신용공여를 한 경우 : 해당 신용공여액의 100분의 5 이하
6. 제37조제6항제1호를 위반하여 주식을 소유한 경우 : 소유한 주식의 장부가액 합계액의 100분의 5 이하
7. 제37조제7항 본문을 위반하여 적정한 담보를 확보하지 아니하고 신용공여를 한 경우 : 해당 신용공여액의 100분의 30 이하
8. 제37조제8항 본문을 위반하여 불량자산을 거래한 경우 : 해당 불량자산의 장부가액의 100분의 30 이하
9. 제38조제1호에 따른 투자한도를 초과한 경우 : 초과 투자액의 100분의 30 이하
10. 제38조제2호를 위반하여 부동산을 소유한 경우 : 소유한 부동산 취득가액의 100분의 30 이하
11. 제38조제3호에 따른 부동산 소유한도를 초과한 경우 : 초과 소유한 부동산 취득가액의 100분의 30 이하
12. 제38조제4호를 위반하여 해당 은행의 주식을 담보로 대출한 경우 : 대출금액의 100분의 5 이하
13. 제38조제5호를 위반하여 대출한 경우 : 대출금액의 100분의 5 이하
14. 제62조제1항에 따른 자산을 보유하지 아니한 경우 : 위반 금액의 100분의 5 이하
15. 제35조의2제7항 또는 제8항을 위반하여 신용공여하거나 자산을 무상양도·매매·교환한 경우 : 해당 신용공여액 또는 해당 자산의 장부가액 이하

金融

16. 대주주가 제35조의4를 위반함으로써 은행이 제35조의2제1항 또는 제2항에 따른 신용공여한도를 초과하여 해당 대주주에게 신용공여한 경우 : 초과한 신용공여액 이하
17. 대주주가 제35조의4를 위반함으로써 은행이 제35조의2제7항 또는 제8항을 위반하여 해당 대주주에게 신용공여하거나 자산을 무상양도·매매·교환한 경우 : 해당 신용공여액 또는 해당 자산의 장부가액 이하
18. 대주주가 제35조의4를 위반함으로써 은행이 제35조의3제1항에 따른 주식취득한도를 초과하여 해당 대주주의 주식을 취득한 경우 : 초과취득한 주식의 장부가액 합계액 이하
(2017.4.18 1호~18호개정)

제65조의4【과징금의 부과】 ① 금융위원회는 제65조의3에 따라 과징금을 부과하는 경우에는 다음 각 호의 사항을 고려하여야 한다.
1. 위반행위의 내용 및 정도
2. 위반행위의 기간 및 횟수
3. 위반행위로 인하여 취득한 이익의 규모
② 과징금의 부과에 관하여 그 밖에 필요한 사항은 대통령령으로 정한다.

제65조의5【의견 제출】 ① 금융위원회는 과징금을 부과하기 전에 미리 당사자 또는 이해관계인 등에게 의견을 제출할 기회를 주어야 한다.
② 제1항에 따른 당사자 또는 이해관계인 등은 금융위원회의 회의에 출석하여 의견을 진술하거나 필요한 자료를 제출할 수 있다.

제65조의6【이의신청 특례】 ① 금융위원회는 제65조의3에 따른 과징금 부과처분에 대한 이의신청을 받으면 그 신청을 받은 날부터 30일 이내에 그 이의신청에 대한 결과를 신청인에게 통지하여야 한다. 다만, 부득이한 사유로 30일 이내에 통지할 수 없는 경우에는 그 기간을 만료일 다음 날부터 기산하여 30일의 범위에서 한 차례 연장할 수 있다.
② 제1항에서 규정한 사항 외에 이의신청에 관한 사항은 「행정기본법」 제36조에 따른다.
(2023.9.14 본조개정)

제65조의7【과징금의 납부기한 연기 및 분할 납부】 ① 금융위원회는 과징금을 부과받은 자(이하 "과징금납부의무자"라 한다)에 대하여 「행정기본법」 제29조 단서에 따라 과징금 납부기한을 연기하거나 과징금을 분할 납부하게 할 수 있으며, 이 경우 필요하다고 인정하면 담보를 제공하게 할 수 있다.
② 과징금납부의무자는 제1항에 따라 과징금의 납부기한을 연기받거나 분할 납부를 하려는 경우에는 그 납부기한의 10일 전까지 금융위원회에 신청하여야 한다.
③ 금융위원회는 제1항에 따라 과징금 납부기한이 연기되거나 분할 납부가 허용된 과징금납부의무자가 다음 각 호의 어느 하나에 해당하게 된 때에는 그 납부기한의 연기 또는 분할 납부 결정을 취소하고 과징금을 일시에 징수할 수 있다.
1. 분할 납부하기로 한 과징금을 그 납부기한까지 내지 아니한 경우
2. 담보 제공 요구에 따르지 아니하거나 제공된 담보의 가치를 훼손하는 행위를 한 경우
3. 강제집행, 경매의 개시, 파산선고, 법인의 해산, 국세 강제징수 또는 지방세 체납처분 등의 사유로 과징금의 전부 또는 나머지를 징수할 수 없다고 인정되는 경우
4. 「행정기본법」 제29조 각 호의 사유가 해소되어 과징금을 한꺼번에 납부할 수 있다고 인정되는 경우
5. 그 밖에 제1호부터 제4호까지에 준하는 사유가 있는 경우
④ 제1항부터 제3항까지에서 규정한 사항 외에 과징금의 납부기한 연기, 분할 납부 또는 담보 제공 등에 관하여 필요한 사항은 대통령령으로 정한다.
(2023.9.14 본조개정)

제65조의8【과징금 징수 및 체납처분】 ① 금융위원회는 과징금납부의무자가 납부기한까지 과징금을 내지 아니하면 납부기한의 다음 날부터 과징금을 낸 날의 전날까지의 기간에 대하여 대통령령으로 정하는 가산금을 징수할 수 있다. 이 경우 가산금을 징수하는 기간은 60개월을 초과하지 못한다.(2017.4.18 후단신설)
② 금융위원회는 과징금납부의무자가 납부기한까지 과징금을 내지 아니하면 기간을 정하여 독촉을 하고, 그 지정한 기간 이내에 과징금과 제1항에 따른 가산금을 내지 아니하면 국세 체납처분의 예에 따라 징수할 수 있다.
③ 금융위원회는 제1항 및 제2항에 따른 과징금 및 가산금의 징수 또는 체납처분에 관한 업무를 국세청장에게 위탁할 수 있다.
④ 과징금의 징수에 관하여 그 밖에 필요한 사항은 대통령령으로 정한다.

제65조의9【이행강제금】 ① 금융위원회는 제16조제3항·제16조의2제5항·제16조의3제5항·제16조의4제5항 또는 제53조의2제2항에 따른 주식처분명령을 받은 자가 그 정한 기간 이내에 그 명령을 이행하지 아니하면 이행기한이 지난 날부터 1일당 그 처분하여야 하는 주식의 장부가액에 1만분의 3을 곱한 금액을 초과하지 아니하는 범위에서 이행강제금을 부과할 수 있다.(2016.3.29 본항개정)
② 이행강제금은 주식처분명령에서 정한 이행기간의 종료일 다음 날부터 주식처분을 이행하는 날[주권(株券) 지급일을 말한다]까지의 기간에 대하여 부과한다.
③ 금융위원회는 주식처분명령을 받은 자가 주식처분명령에서 정한 이행기간의 종료일부터 90일이 지난 후에도 그 명령을 이행하지 아니하면 그 종료일부터 매 90일이 지나는 날을 기준으로 하여 이행강제금을 징수한다.
④ 이행강제금의 부과 및 징수에 관하여는 제65조의4부터 제65조의8까지를 준용한다.

제65조의10【과오납금의 환급】 ① 금융위원회는 과징금납부의무자가 이의신청의 재결 또는 법원의 판결 등의 사유로 과징금 과오납금의 환급을 청구하는 경우에는 지체 없이 환급하여야 하며, 과징금납부의무자의 청구가 없어도 금융위원회가 확인한 과오납금은 환급하여야 한다.
② 금융위원회가 제1항에 따라 과징금을 환급하는 경우에는 과징금을 납부한 날부터 환급한 날까지의 기간에 대하여 대통령령으로 정하는 가산금 이율을 적용하여 환급가산금을 환급받을 자에게 지급하여야 한다.
(2010.5.17 본조신설)

제65조의11【결손처분】 금융위원회는 과징금납부의무자에게 다음 각 호의 어느 하나에 해당하는 사유가 있으면 결손처분을 할 수 있다.
1. 체납처분이 끝나고 체납액에 충당된 배분금액이 체납액에 미치지 못하는 경우
2. 징수금 등의 징수권에 대한 소멸시효가 완성된 경우
3. 체납자의 행방이 분명하지 아니하거나 재산이 없다는 것이 판명된 경우
4. 체납처분의 목적물인 총재산의 추산가액이 체납처분 비용에 충당하면 남을 여지가 없음이 확인된 경우
5. 체납처분의 목적물인 총재산이 징수금 등보다 우선하는 국세, 지방세, 전세권·질권 또는 저당권으로 담보된 채권 등의 변제에 충당하면 남을 여지가 없음이 확인된 경우
6. 그 밖에 징수할 가망이 없는 경우로서 대통령령으로 정하는 사유에 해당하는 경우
(2010.5.17 본조신설)

제12장 벌　칙
(2010.5.17 본장개정)

제66조【벌칙】 ① 다음 각 호의 어느 하나에 해당하는 자는 10년 이하의 징역 또는 5억원 이하의 벌금에 처한다.
1. 제21조의2를 위반한 자
2. 제35조의2제1항부터 제3항까지 및 제7항·제8항을 위반하여 대주주에게 신용공여·무상양도를 한 자와 그로부터 신용공여·무상양도를 받은 대주주 또는 자산을 매매·교환한 당사자
3. 제35조의3제1항을 위반하여 대주주가 발행한 지분증권을 취득한 자
4. 제35조의4를 위반한 자
② 제8조에 따른 인가를 받지 아니하고 은행업을 경영하는 자는 5년 이하의 징역 또는 2억원 이하의 벌금에 처한다.

제67조【벌칙】 다음 각 호의 어느 하나에 해당하는 자는 3년 이하의 징역 또는 1억원 이하의 벌금에 처한다.
1. 제10조제1항을 위반하여 승인을 받지 아니하고 자본금의 감소에 해당하는 행위를 한 자(2017.4.18 본호신설)
2. 제35조제1항·제3항 또는 제4항을 위반하여 신용공여를 한 자
3. 제37조제1항·제3항 또는 제6항부터 제8항까지의 규정 중 어느 하나를 위반한 자

제68조【벌칙】 ① 은행의 임원, 지배인, 대리점주(대리점주가 법인인 경우에는 그 업무를 집행하는 사원, 임원, 지배인, 그 밖의 법인의 대표자) 또는 청산인(이하 "은행의 임원등"이라 한다)이나 그 직원이 다음 각 호의 어느 하나에 해당하는 행위를 한 경우에는 1년 이하의 징역 또는 3천만원 이하의 벌금에 처한다.
1. 제9조를 위반하여 최저자본금을 유지하지 아니한 경우
2. 제32조를 위반한 경우
3. 제33조를 위반하여 채권을 발행한 경우
4. 제38조를 위반하여 금지업무를 한 경우
5. 제40조를 위반하여 이익준비금을 적립하지 아니한 경우
6. 제55조제1항에 따른 인가를 받지 아니하고 같은 항 각 호에 규정된 행위를 한 경우
7. 제58조제1항(지점·대리점을 신설하기 위하여 인가를 받아야 하는 경우는 제외한다)을 위반한 경우
8. 제62조제1항 또는 제2항을 위반한 경우
② (2020.3.24 삭제)

제68조의2【양벌규정】 법인의 대표자나 법인 또는 개인의 대리인, 사용인, 그 밖의 종업원이 그 법인 또는 개인의 업무에 관하여 제66조부터 제68조까지의 어느 하나에 해당하는 위반행위를 하면 그 행위자를 벌하는 외에 그 법인 또는 개인에게도 해당 조문의 벌금형을 과(科)한다. 다만, 법인 또는 개인이 그 위반행위를 방지하기 위하여 해당 업무에 관하여 상당한 주의와 감독을 게을리하지 아니한 경우에는 그러하지 아니하다.

제69조【과태료】 ① 다음 각 호의 어느 하나에 해당하는 자에게는 1억원 이하의 과태료를 부과한다.(2017.4.18 본문개정)
1. 제13조제2항 또는 제27조의2제2항 또는 제28조제2항을 위반하여 신고하지 아니한 자
2. 제14조를 위반하여 유사상호를 사용한 자
3. 제15조제2항 및 제15조의4를 위반하여 보고를 하지 아니한 자(2013.8.13 본호개정)
4. 제15조의3제3항(제15조제3항에 따른 승인의 심사를 위한 경우를 포함한다), 제16조의4제2항 또는 제35조의5제1항·제2항에 따른 자료제공 등의 요구에 따르지 아니한 자
5. 제30조를 위반한 은행
5의2. 제34조의2제1항을 위반한 은행(2016.3.29 본호신설)
5의3. 제34조의3제1항을 위반한 은행(2016.3.29 본호신설)
6. 제35조의2제4항 또는 제35조의3제4항을 위반하여 이사회의 의결을 거치지 아니한 은행
7. 제35조의2제5항·제6항 또는 제35조의3제5항·제6항을 위반하여 금융위원회에 대한 보고 또는 공시를 하지 아니한 은행
7의2. 제41조에 따른 공고를 거짓으로 한 은행
7의3. 제43조의2를 위반하여 보고서를 제출하거나 보고서에 사실과 다른 내용을 적은 은행
7의4. 제43조의3을 위반하여 공시를 하거나 사실과 다른 내용을 공시한 은행
7의5. 제48조에 따른 검사를 거부·방해 또는 기피한 은행
(2017.4.18 7호의2~7호의5신설)
8. 제48조의2에 따른 검사를 거부·방해 또는 기피한 자
9. 제52조의2를 위반한 은행
10. (2020.3.24 삭제)
11. 그 밖에 이 법 또는 이 법에 따른 규정·명령 또는 지시를 위반한 은행
② 다음 각 호의 어느 하나에 해당하는 자에게는 5천만원 이하의 과태료를 부과한다.(2023.3.21 본문개정)
1. 제34조의3제3항을 위반하여 보고 또는 공시를 하지 아니한 은행
2. 제43조의4제1항을 위반하여 정기주주총회에 보고를 하지 아니하거나 사실과 다른 내용을 보고한 은행
(2023.3.21 1호~2호신설)
③ 제52조의4를 위반하여 직원의 보호를 위한 조치를 하지 아니하거나 직원에게 불이익을 준 은행에게는 3천만원 이하의 과태료를 부과한다.(2017.4.18 본항개정)
④ 제30조의2제2항을 위반하여 금리인하요구권을 알리지 아니한 은행에는 2천만원 이하의 과태료를 부과한다.
(2020.5.19 본항신설)
⑤ 은행의 임원등 또는 직원이 다음 각 호의 어느 하나에 해당하는 경우에는 2천만원 이하의 과태료를 부과한다.
(2017.4.18 본문개정)
1. (2020.5.19 삭제)
2. (2015.7.31 삭제)
2의2.~4. (2017.4.18 삭제)
5. 제48조에 따른 검사를 거부·방해 또는 기피한 경우
6. (2017.4.18 삭제)
7. 이 법에 따른 서류의 비치, 제출, 보고, 공고 또는 공시를 게을리한 경우
8. 그 밖에 이 법 또는 이 법에 따른 규정·명령 또는 지시를 위반한 경우
⑥ 제1항부터 제5항까지에 따른 과태료는 대통령령으로 정하는 바에 따라 금융위원회가 부과·징수한다.
(2020.5.19 본항개정)

부　칙 (2016.3.29)

제1조【시행일】 이 법은 공포 후 4개월이 경과한 날부터 시행한다. 다만, 제52조의4 및 제69조제3항의 개정규정은 공포 후 3개월이 경과한 날부터 시행한다.

제2조【한도초과주식의 의결권 제한 등에 관한 적용례】 제16조제2항의 개정규정은 이 법 시행 전에 발행된 「자본시장과 금융투자업에 관한 법률」 제165조의11제1항에 따른 사채(부칙 제4조에 따라 은행주식 전환형 조건부자본증권으로 보는 사채를 말한다)가 이 법 시행 이후에 은행의 주식으로 전환되는 경우에도 적용한다.

제3조【자본금 감소의 신고에 관한 경과조치】 이 법 시행 전에 종전의 제10조제1항에 따라 신고한 경우에는 제10조제1항의 개정규정에 따라 승인을 받은 것으로 본다.

제4조【조건부자본증권에 관한 경과조치】 이 법 시행 전에 은행(「중소기업은행법」에 따른 중소기업은행, 「한국산업은행법」에 따른 한국산업은행 및 「농업협동조합법」에 따른 농협은행을 포함한다)이 발행한 「자본시장과 금융투자업에 관한 법률」 제165조의11제1항에 따른 사채는 이 법 제33조제1항제2호·제3호의 개정규정에 따른 상각형 조건부자본증권 또는 은행주식 전환형 조건부자본증권으로 본다.

제5조【금융사고 예방대책의 내부통제기준 반영에 관한 경과조치】 이 법 시행 당시 제34조의3제1항의 개정규정에 적합하지 아니한 내부통제기준은 이 법 시행일부터 3개월 이내에 같은 개정규정에 적합하도록 하여야 한다.

제6조【은행의 합병에 대한 금융위원회의 인가에 관한 경과조치】 이 법 시행 전에 은행이 합병(분할합병을 포함한다)을 하기 위하여 제23조제1항제4호에 따라 이사회의 심의·의결을 거친 경우에는 제55조제1항제1호의 개정규정에도 불구하고 종전의 규정에 따른다.

제7조【벌칙에 관한 경과조치】 이 법 시행 전의 위반행위에 대하여 벌칙을 적용할 때에는 종전의 규정에 따른다.

제8조【다른 법률의 개정】 ①~② ※(해당 법령에 가제정리 하였음)

부　칙 (2017.4.18)

제1조【시행일】 이 법은 공포 후 6개월이 경과한 날부터 시행한다. 다만, 제34조의3제1항·제2항, 제52조의2제1항제3호, 제69조제4항제2호의2·제2호의3 및 제6호의 개정규정은 공포한 날부터 시행한다.
제2조【퇴임한 임원 등에 대한 조치 내용의 통보에 관한 적용례】 제54조의2제1항 및 제2항의 개정규정은 이 법 시행 전에 퇴임한 임원 또는 퇴직한 직원에 대해서도 적용한다.
제3조【가산금 징수기간에 관한 적용례】 제65조의8제1항 후단의 개정규정은 이 법 시행 전의 납부기한 내에 과징금을 납부하지 아니한 경우에도 적용하되, 이 법 시행 당시 가산금 징수기간이 60개월을 초과한 경우에는 이 법 시행 이후의 기간에 대해서는 가산금을 징수하지 아니한다.
제4조【과징금에 관한 경과조치】 이 법 시행 전의 위반행위에 대하여 과징금을 부과하는 경우에는 제65조의3의 개정규정에도 불구하고 종전의 규정에 따른다.
제5조【과태료에 관한 경과조치】 ① 제69조제4항 각 호 외의 부분, 같은 항 제1호·제3호·제4호의 개정규정 시행 전의 위반행위에 대하여 과태료를 적용할 때에는 같은 개정규정에도 불구하고 종전의 규정에 따른다.
② 제69조제4항제2호의2·제2호의3·제6호의 개정규정 시행 전의 위반행위에 대하여 과태료를 적용할 때에는 같은 개정규정에도 불구하고 종전의 규정에 따른다.

부　칙 (2020.2.4)

제1조【시행일】 이 법은 공포 후 6개월이 경과한 날부터 시행한다.(이하 생략)

부　칙 (2020.3.24)

제1조【시행일】 이 법은 공포 후 1년이 경과한 날부터 시행한다.(이하 생략)

부　칙 (2020.5.19)

이 법은 공포 후 3개월이 경과한 날부터 시행한다.

부　칙 (2020.12.29)

제1조【시행일】 이 법은 공포 후 1년이 경과한 날부터 시행한다.(이하 생략)

부　칙 (2021.4.20 법18126호)

이 법은 공포 후 3개월이 경과한 날부터 시행한다.

부　칙 (2021.4.20 법18128호)

제1조【시행일】 이 법은 공포 후 6개월이 경과한 날부터 시행한다.(이하 생략)

부　칙 (2021.12.7)
(2023.3.21)

이 법은 공포 후 6개월이 경과한 날부터 시행한다.

부　칙 (2023.9.14)

제1조【시행일】 이 법은 공포한 날부터 시행한다.(이하 생략)

은행법 시행령

(1998년 2월 20일 전개대통령령 제15651호)

개정
1998. 4. 1영15761호(금융감독기구의설치등에관한법률제정등에따른공사채등록법시행령등의정비에관한규정)
1998.12.29영15949호　1999. 5.12영16304호
1999. 5.13영16308호(산업발전법시)
2000. 6.23영16844호　2001. 6. 8영17231호
2002. 8.21영17717호
2002.12. 5영17791호(기술신용보증기금법시)
2004. 2.28영18297호(한국주택금융공사법시)
2004. 3.22영18325호(간접투자자산운용업법시)
2004.12. 3영18596호(간접투자자산운용업법시)
2005. 3. 8영18736호(사회기반시설민간투자시)
2005. 5.26영18832호(신용정보의이용및보호에관한법시)
2006. 3.29영19422호(채무자회생파산시)
2007.10.23영20331호(통계법시)
2008. 2.29영20653호(금융위원회의설치등에관한법시)
2008. 7.29영20947호(자본시장금융투자업시)
2008.12. 3영21154호
2009. 5.29영21518호(한국정책금융공사법시)
2009.10. 1영21765호(신용정보의이용및보호에관한법시)
2009.10. 9영21775호
2010. 5. 4영22151호(전자정부법시)
2010.11.15영22493호
2010.12.30영22577호(법인세법시)
2011.12.28영23427호
2012. 1. 6영23488호(민감정보고유식별정보)
2012. 2.29영23644호(대학교원자격기준등에관한규정)
2013. 7. 8영24658호
2013. 8.27영24697호(자본시장금융투자업시)
2013. 9. 9영24722호
2013.12.30영25050호(행정규제재검토에따른일부개정령)
2014. 2.11영25176호
2014. 3.24영25279호(금융부실시)
2014. 8. 6영25532호(민감정보고유식별정보)
2014.12. 9영25840호(규제기한정비)
2014.12.30영25945호(한국산업은행법시)
2015. 4.20영26205호(소재·부품전문기업등의육성에관한특별조치법시)
2015.10.23영26600호(자본시장금융투자업시)
2015.12.30영26817호(규제기한설정)
2016. 5.31영27205호(기술보증기금법시)
2016. 6.28영27290호
2016. 7.28영27414호(금융회사의지배구조에관한법시)
2017.10.17영28382호　2018. 5.29영28927호
2018.10.30영29269호(주식회사등의외부감사에관한법시)
2019. 6.11영29854호
2019. 6.25영29892호(주식·사채등의전자등록에관한법률시)
2019.12.31영30305호
2020. 8. 4영30893호(신용정보의이용및보호에관한법시)
2020. 8.19영30960호
2021. 2.17영31444호(조세시)
2021. 3.23영31553호(금융소비자보호에관한법시)
2021. 9.29영32018호(법령용어정비)
2021.10.21영32091호(자본시장금융투자업시)
2021.12.28영32274호(독점시)
2022. 3. 8영32528호(규제기한해제)
2022. 5. 9영32640호
2022.12.27영33140호(독점시)
2023. 5.16영33474호(주택저당채권유동화회사법시행령폐지령)
2023. 8.22영33679호
2023.12.12영33913호(행정법제혁신을위한일부개정법령등)

제1조【목적】 이 영은 「은행법」에서 위임된 사항과 그 시행에 필요한 사항을 규정함을 목적으로 한다.
(2010.11.15 본조개정)
제1조의2【자기자본의 범위】 「은행법」(이하 "법"이라 한다) 제2조제1항제5호에 따른 자기자본에 포함되는 기본자본과 보완자본은 다음 각 호의 기준에 따라 금융위원회가 정하여 고시하는 것으로 한다.
1. 기본자본은 다음 각 목의 합계액으로 할 것
가. 보통주 발행으로 인한 자본금·자본잉여금, 이익잉여금 등 은행의 손실을 가장 먼저 보전(補塡)할 수 있는 것
나. 영구적 성격을 지닌 자본증권의 발행으로 인한 자본금·자본잉여금 등으로서 은행의 손실을 가목의 기본자본 다음의 순위로 보전할 수 있는 것
(2011.12.28 본호개정)
2. 보완자본은 제1호에 준하는 성격의 것으로서 제1호에 포함되지 않는 후순위채권 등 은행의 청산 시 은행의 손실을 보전할 수 있는 것으로 할 것(2011.12.28 본호개정)
3. 해당 은행이 보유하고 있는 자기주식 등 실질적으로 자본충실에 기여하지 아니하는 것은 기본자본 및 보완자본에 포함시키지 아니할 것
(2010.11.15 본조개정)
제1조의3【신용공여의 범위】 ① 법 제2조제1항제7호에 따른 신용공여의 범위는 다음 각 호의 것으로서 금융위원회가 정하여 고시하는 것으로 한다.
1. 대출
2. 지급보증
3. 지급보증에 따른 대지급금(代支給金)의 지급
4. 어음 및 채권의 매입
5. 그 밖에 거래 상대방의 지급불능 시 이로 인하여 은행에 손실을 끼칠 수 있는 거래
6. 은행이 직접적으로 제1호부터 제5호까지에 해당하는 거래를 한 것은 아니나 실질적으로 그에 해당하는 결과를 가져올 수 있는 거래
② 금융위원회는 다음 각 호의 어느 하나에 해당하는 거래에 대해서는 제1항에도 불구하고 이를 신용공여의 범위에 포함시키지 아니할 수 있다.
1. 은행에 손실을 끼칠 가능성이 매우 적은 것으로 판단되는 거래
2. 금융시장에 미치는 영향 등 해당 거래의 상황에 비추어 신용공여의 범위에 포함시키지 아니하는 것이 타당하다고 판단되는 거래
(2010.11.15 본조개정)
제1조의4【특수관계인의 범위】 ① 법 제2조제1항제8호에서 "대통령령으로 정하는 특수관계에 있는 자"란 본인과 다음 각 호의 어느 하나에 해당하는 관계에 있는 자(이하 "특수관계인"이라 한다)를 말한다.
1. 배우자, 6촌 이내의 혈족 및 4촌 이내의 인척. 다만, 「독점규제 및 공정거래에 관한 법률 시행령」 제5조제1항제2호가목에 따른 독립경영자 및 같은 목에 따라 공정거래위원회가 동일인관련자의 범위로부터 분리를 인정하는 사람은 제외한다.(2021.12.28 단서개정)
2. 본인 및 제1호 또는 제4호의 사람이 임원의 과반수를 차지하거나 이들이 제3호 또는 제5호의 자와 합하여 100분의 50 이상을 출연하였거나 이들 중의 1명이 설립자로 되어 있는 비영리법인·조합 또는 단체
3. 본인 및 제1호·제2호·제4호의 자가 의결권 있는 발행주식 총수(지분을 포함한다. 이하 같다)의 100분의 30 이상을 소유하고 있거나 이들이 최다수 주식소유자로서 경영에 참여하고 있는 회사
4. 본인, 제2호 또는 제3호의 자에게 고용된 사람(사용자가 법인·조합 또는 단체인 경우에는 임원을 말하고, 개인인 경우에는 상업사용인, 고용계약에 따라 고용된 사람 또는 그 개인의 금전이나 재산으로 생계를 유지하는 사람을 말한다)
5. 본인 및 제1호부터 제4호까지의 자가 의결권 있는 발행주식 총수의 100분의 30 이상을 소유하고 있거나 이들이 최다수 주식소유자로서 경영에 참여하고 있는 회사
6. 본인이 「독점규제 및 공정거래에 관한 법률」 제2조제11호에 따른 기업집단(이하 "기업집단"이라 한다)을 지배하는 자(이하 "계열주"라 한다)인 경우에 그가 지배하는 기업집단에 속하는 회사(계열주가 단독으로 또는 같은 법 시행령 제4조제1항제1호 각 목의 어느 하나 및 같은 항 제2호 각 목의 어느 하나에 해당하는 관계에 있는 자와 합하여 같은 항 제1호 및 제2호의 요건에 해당하는 외국법인을 포함한다. 이하 이 조에서 같다) 및 그 회사의 임원(2022.12.27 본호개정)
7. 본인이 계열주와 제1호 또는 제2호에 따른 관계에 있는 자이거나 계열주가 지배하는 기업집단에 속하는 회사의 임원인 경우에 그 계열주가 지배하는 기업집단에 속하는 회사 및 그 회사의 임원
8. 본인이 기업집단에 속하는 회사인 경우에 그 회사와 같은 기업집단에 속하는 회사 및 그 회사의 임원
9. 본인 또는 제1호부터 제8호까지의 자와 합의 또는 계약 등으로 은행의 발행주식에 대한 의결권(의결권의 행사를 지시할 수 있는 권한을 포함한다)을 공동으로 행사하는 자
② 제1항에도 불구하고 다음 각 호의 어느 하나에 해당하는 자는 특수관계인의 범위에서 제외한다.
1. 「사회기반시설에 대한 민간투자법」 제8조의2에 따라 주무관청의 지정을 받은 민간투자대상사업을 경영하는 회사. 다만, 「국가재정법」 제5조에 따른 기금 또는 그 기금을 관리·운용하는 법인(법률에 따라 기금의 관리·운용을 위탁받은 법인을 포함하며, 이하 "기금등"이라 한다)이 포함된 동일인이 아닌 경우에는 「조세특례제한법」 제104조의31제1항에 해당하는 회사로 한정한다.(2021.2.17 단서개정)
2. 은행 또는 「금융지주회사법」 제2조제1항제5호에 따른 은행지주회사(이하 "은행지주회사"라 한다)의 자회사등(같은 법 제4조제1항제2호에 따른 자회사등을 말한다. 이하 이 조에서 같다)인 금융기관(같은 법 제2조제1항제1호에 따른 금융기관을 말한다)이 「기업구조조정촉진법」, 「채무자 회생 및 파산에 관한 법률」에 따른 기업구조조정이나 회생을 위하여 출자전환 등으로 다른 회사의 주식을 취득하는 경우(이에 준하는 경우를 포함한다) 그 다른 회사
3. 다음 각 목의 어느 하나에 해당하는 기관전용 사모집합투자기구(「자본시장과 금융투자업에 관한 법률」에 따른 기관전용 사모집합투자기구를 말한다. 이하 "기관전용 사모집합투자기구"라 한다)가 투자한 기업의 가치를 높여 그 수익을 사원에게 배분하기 위한 목적으로 다른 회사의 주식을 취득한 경우 그 다른 회사
가. 법 제37조제2항 각 호 외의 부분 단서에 따른 은행의 자회사등인 기관전용 사모집합투자기구
나. 은행지주회사의 자회사등인 기관전용 사모집합투자기구
(2021.10.21 본호개정)
(2010.11.15 본조개정)
제1조의5【금융업의 범위 등】 ① 법 제2조제1항제9호가목에서 "대통령령으로 정하는 금융업"이란 다음 각 호의 어느 하나에 해당하는 업종 또는 업무를 말한다.
1. 「통계법」 제22조제1항에 따라 통계청장이 고시하는 한국표준산업분류에 따른 금융 및 보험업(「금융지주회사법」 제2조제1항제1호에 따른 금융지주회사가 아닌 지주회사는 제외한다. 이하 "금융업"이라 한다)
(2017.10.17 본호개정)

2. 다음 각 목의 어느 하나에 해당하는 업무
가. 금융업을 경영하는 회사에 대한 전산·정보처리 등 용역의 제공
나. 금융업을 경영하는 회사가 보유한 부동산이나 그 밖의 자산의 관리
다. 금융업과 관련된 조사·연구
라. 그 밖에 금융업을 경영하는 회사의 고유 업무와 직접 관련되는 업무
② 법 제2조제1항제9호나목에서 "대통령령으로 정하는 금액"이란 2조원을 말한다.
(2010.11.15 본조개정)
제1조의6【사실상 영향력 행사 기준 및 경영 관여 기준】 ① 법 제2조제1항제10호나목에 따라 은행의 주요 경영사항에 대하여 사실상 영향력을 행사하는 자는 다음 각 호의 어느 하나에 해당하는 자로 한다.
1. 단독으로 또는 다른 주주와의 합의·계약 등으로 은행장 또는 이사의 과반수를 선임한 주주
2. 경영전략, 조직변경 등 주요 의사결정이나 업무집행에 지배적인 영향력을 행사한다고 인정되는 자로서 금융위원회가 지정한 자
② (2014.2.11 삭제)
(2010.11.15 본조개정)
제1조의7【은행업 인가의 세부요건】 ① 법 제8조제2항제5호에 따른 사업계획(이하 이 조에서 "사업계획"이라 한다)은 다음 각 호의 요건을 모두 갖추어야 한다.
1. 추정재무제표와 수익 전망이 타당하고 실현 가능성이 있을 것
2. 법 제34조제2항에 따른 경영지도기준을 충족할 수 있을 것
3. 위험관리와 금융사고 예방 등을 위한 적절한 내부통제장치가 마련되어 있을 것
4. 은행이용자 보호를 위한 적절한 업무방법을 갖출 것
② 법 제8조제2항제7호에 따른 인력, 영업시설, 전산체계 및 그 밖의 물적 설비는 다음 각 호의 요건을 충족하여야 한다.
1. 은행업에 관한 전문성과 건전성을 갖춘 인력과 은행업을 경영하기 위한 전산요원 등 필요한 인력을 적절하게 갖출 것
2. 다음 각 목의 물적 설비를 갖출 것
가. 은행업을 경영하기 위하여 필요한 전산설비와 통신수단
나. 전산설비 등의 물적 설비를 안전하게 보호할 수 있는 보안설비
다. 정전, 화재 등의 사고가 발생할 경우 업무의 연속성을 유지하기 위하여 필요한 보완설비
③ 제1항 및 제2항에서 규정한 사항 외에 은행업 인가의 세부요건은 금융위원회가 정하여 고시한다.
④ 금융위원회는 법 제8조제4항에 따라 은행업을 인가할 때에 조건을 붙인 경우에는 그 이행 여부를 확인하여야 한다.
(2010.11.15 본조개정)
제2조【자본금 감소의 승인】 ① 법 제10조제1항에서 "주식 수 감소 등 대통령령으로 정하는 자본금의 감소에 해당하는 행위"란 은행이 주식 수를 줄이거나 주식의 금액을 낮추어 자본금을 실질적으로 감소시키는 것을 말한다.
② 법 제10조제1항에 따른 승인을 받으려는 자는 다음 각 호의 사항을 적은 승인신청서를 금융위원회에 제출하여야 한다.
1. 자본금 감소의 목적
2. 자본금의 변동 내용
3. 자본금 감소 절차 및 일정 등에 관한 사항
4. 그 밖에 승인 신청에 필요한 사항으로서 금융위원회가 정하여 고시하는 사항
(2016.6.28 본항개정)
③ 제2항에 따른 승인신청서에는 다음 각 호의 서류를 첨부하여야 한다.
1. 정관
2. 승인을 신청하는 사유에 관하여 이사회나 주주총회의 의결이 있는 경우에는 그 의사록
3. 승인을 신청하는 사유와 관련된 계약서가 있는 경우에는 그 사본
4. 그 밖에 승인 심사에 필요한 서류로서 금융위원회가 정하여 고시하는 서류
(2016.6.28 본항신설)
(2016.6.28 본조제목개정)
(2010.11.15 본조개정)
제3조【은행업 인가신청서의 내용 등】 ① 법 제11조제1항에 따라 금융위원회에 제출하는 인가신청서에는 다음 각 호의 사항을 적어야 한다.
1. 상호
2. 본점과 지점 등 영업소의 소재지
3. 발기인(개인인 경우만 해당한다) 및 임원에 관한 사항
4. 자본금 등 재무에 관한 사항
5. 사업계획에 관한 사항
6. 인력, 영업시설, 전산체계 및 그 밖의 물적 설비에 관한 사항
7. 주주구성계획
8. 그 밖에 인가 요건의 심사에 필요한 사항으로서 금융위원회가 정하여 고시하는 사항
② 제1항에 따른 인가신청서에는 다음 각 호의 서류를 첨부하여야 한다.
1. 정관
2. 본점과 지점, 그 밖의 영업소의 소재지와 명칭을 적은 서류
3. 발기인총회, 창립주주총회 또는 이사회의 의사록 등 설립이나 인가 신청의 의사결정을 증명하는 서류
4. 발기인(개인인 경우만 해당한다) 및 임원이 「금융회사의 지배구조에 관한 법률」 제5조제1항 각 호의 어느 하나에 해당하지 아니함을 증명하는 서류(2016.7.28 본호개정)
5. 최근 3개 사업연도의 재무제표와 그 부속명세서(설립 중인 법인은 제외하며, 설립일부터 3개 사업연도가 지나지 아니한 법인의 경우에는 설립일부터 최근 사업연도까지의 재무제표와 그 부속명세서를 말한다)
6. 업무 개시 후 3개 사업연도의 사업계획서(추정재무제표를 포함한다) 및 예상수지계산서
7. 인력, 영업시설, 전산체계 및 그 밖의 물적 설비 등의 현황을 확인할 수 있는 서류
8. 주주구성계획이 법 제15조, 제15조의3 및 제16조의2에 적합함을 증명하는 서류(2014.2.11 본호개정)
9. 법 제11조의2에 따른 예비인가(이하 "예비인가"라 한다)에 조건을 붙인 경우에는 조건의 이행을 증명하는 서류
10. 그 밖에 인가요건의 심사에 필요한 서류로서 금융위원회가 정하여 고시하는 서류
③ 예비인가를 신청한 자로서 은행업 인가를 받으려는 자는 예비인가를 신청할 때 제출한 예비인가 신청서 및 첨부서류의 내용이 변경되지 아니한 경우에는 그 부분을 구체적으로 제시하여 이를 참조하는 뜻을 적는 방법으로 제1항에 따른 인가신청서의 기재사항 중 일부를 적지 아니하거나 제2항에 따른 첨부서류 중 일부의 제출을 생략할 수 있다.
④ 제1항부터 제3항까지에서 규정한 사항 외에 은행업 인가 신청과 심사에 필요한 사항은 금융위원회가 정하여 고시한다.
(2010.11.15 본조신설)
제3조의2【예비인가】 ① 법 제11조의2제1항에 따라 예비인가를 신청하려는 자는 다음 각 호의 사항을 적은 예비인가 신청서를 금융위원회에 제출하여야 한다.
1. 상호
2. 본점과 지점 등 영업소의 소재지
3. 발기인(개인인 경우만 해당한다) 및 임원에 관한 사항
4. 자본금 등 재무에 관한 사항
5. 사업계획에 관한 사항
6. 인력, 영업시설, 전산체계 및 그 밖의 물적 설비에 관한 사항
7. 주주구성계획
8. 그 밖에 예비인가 요건의 심사에 필요한 사항으로서 금융위원회가 정하여 고시하는 사항
② 제1항에 따른 예비인가 신청서에는 다음 각 호의 서류를 첨부하여야 한다.
1. 정관이나 정관안
2. 본점과 지점, 그 밖의 영업소의 소재지와 명칭을 적은 서류
3. 발기인총회, 창립주주총회 또는 이사회의 의사록 등 설립이나 인가 신청의 의사결정을 증명하는 서류
4. 발기인(개인인 경우만 해당한다) 및 임원이 「금융회사의 지배구조에 관한 법률」 제5조제1항 각 호의 어느 하나에 해당하지 아니함을 증명하는 서류(2016.7.28 본호개정)
5. 최근 3개 사업연도의 재무제표와 그 부속명세서(설립 중인 법인은 제외하며, 설립일부터 3개 사업연도가 지나지 아니한 법인의 경우에는 설립일부터 최근 사업연도까지의 재무제표와 그 부속명세서를 말한다)
6. 업무 개시 후 3개 사업연도의 사업계획서(추정재무제표를 포함한다) 및 예상수지계산서
7. 인력, 영업시설, 전산체계 및 그 밖의 물적 설비 등(채용, 구매 등이 예정된 인력 및 물적 설비 등을 포함한다)의 현황을 확인할 수 있는 서류
8. 주주구성계획이 법 제15조, 제15조의3 및 제16조의2에 적합함을 증명하는 서류(2014.2.11 본호개정)
9. 그 밖에 예비인가 요건의 심사에 필요한 서류로서 금융위원회가 정하여 고시하는 서류
(2010.11.15 본조신설)
제3조의3【국외현지법인 등의 신설계획 사전 신고 대상】 법 제13조제2항 각 호 외의 부분에서 "대통령령으로 정하는 경우"란 해당 은행의 개별 국외현지법인(법 제13조제1항에 따른 국외현지법인을 말한다. 이하 같다) 또는 국외지점(법 제13조제1항에 따른 국외지점을 말한다. 이하 같다)에 대한 투자액이 은행 자기자본의 100분의 1을 초과하는 경우로서 다음 각 호의 어느 하나에 해당하는 경우를 말한다.(2018.5.29 본문개정)
1. 해당 은행이 다음 각 목의 어느 하나에 해당하는 경우
가. 해당 은행의 전 분기 말 현재 국제결제은행의 기준에 따른 위험가중자산에 대한 자기자본비율이 금융위원회가 정하여 고시하는 기준 이하인 경우
나. 해당 은행에 대한 경영건전성을 평가한 결과가 금융위원회가 정하여 고시하는 기준 이하인 경우
2. 해당 은행이 금융위원회가 해당 은행의 자기자본 등을 고려하여 고시하는 규모를 초과하는 법인으로서 다음 각 목의 어느 하나에 해당하는 법인에 대하여 출자 또는 인수·합병의 방법으로 국외현지법인을 설립하려는 경우(2018.5.29 본문개정)
가. 금융위원회가 정하여 고시하는 투자적격 이하인 법인
나. 해당 법인의 경영건전성을 평가한 결과가 금융위원회가 정하여 고시하는 기준에 미치지 못하는 법인
(2014.2.11 가목~나목신설)
3. 국외현지법인 또는 국외지점이 다음 각 목의 구분에 따른 업무 외의 업무를 수행할 예정인 경우(2018.5.29 본문개정)
가. 국외현지법인의 경우
1) 법 제27조에 따른 은행업무(이하 "은행업무"라 한다)
2) 법 제27조의2에 따른 부수업무(이하 "부수업무"라 한다)
3) 법 제28조에 따른 겸영업무(이하 "겸영업무"라 한다)
나. 국외지점의 경우 : 해당 은행이 국외지점을 설립하려는 때에 수행하고 있는 업무
4. 국외현지법인 또는 국외지점이 있는 국가가 다음 각 목의 어느 하나에 해당하는 국가인 경우
가. 금융위원회가 정하여 고시하는 투자적격 이하인 국가
나. 대한민국과 수교하지 아니한 국가
5. 그 밖에 금융위원회가 정하여 고시하는 경우
(2010.11.15 본조신설)
제3조의4【상호의 제한】 법 제14조에서 "대통령령으로 정하는 문자"란 bank 또는 banking(그 한글표기문자를 포함한다)이나 그와 같은 의미를 가지는 다른 외국어문자(그 한글표기문자를 포함한다)를 말한다.
(2010.11.15 본조신설)
제4조【자료 제출 요구 등】 ① 은행은 동일인이 보유하는 주식의 범위를 확정하기 위하여 관련 주주에게 필요한 자료의 제출을 요구할 수 있다.
② 은행은 제1항에 따라 자료 제출을 요구받은 관련 주주가 자료 제출을 요구받은 날부터 10일 이내에 자료를 제출하지 아니하거나 거짓 자료를 제출한 경우에는 은행이 알고 있거나 얻을 수 있는 자료를 근거로 동일인이 보유하는 주식의 범위를 확정한다.
③ 은행은 제1항 및 제2항에 따라 동일인이 보유하는 주식의 범위를 확정하였을 때에는 관련 주주에게 이를 통지하여야 하며, 「금융위원회의 설치 등에 관한 법률」에 따라 설립된 금융감독원의 원장(이하 "금융감독원장"이라 한다)이 정하는 바에 따라 동일인의 해당 은행 주식보유현황을 금융감독원장에게 보고하여야 한다.
④ 금융감독원장은 은행이 확정한 동일인이 보유하는 주식의 범위에 오류가 있다고 인정되는 경우에는 관련 주주에게 직접 필요한 자료의 제출을 요구할 수 있다.
(2010.11.15 본조개정)
제4조의2【주식보유상황 등의 보고】 ① 법 제15조제2항 각 호 외의 부분에서 "대통령령으로 정하는 자"란 다음 각 호의 어느 하나에 해당하는 자를 말한다.
1. 정부
2. 「예금자보호법」에 따른 예금보험공사
3. 「한국산업은행법」에 따른 한국산업은행(「금융산업의 구조개선에 관한 법률」에 따라 설치된 금융안정기금의 부담으로 주식을 취득하는 경우로 한정한다)
(2014.12.30 본항개정)
② 법 제15조제2항 각 호 외의 부분에서 "대통령령으로 정하는 사항"이란 다음 각 호의 사항을 말한다.
1. 동일인에 관한 사항
2. 기관전용 사모집합투자기구등(법 제15조의3제2항에 따른 기관전용 사모집합투자기구등을 말한다. 이하 같다)의 경우 다음 각 목에 관한 사항(2021.10.21 본문개정)
가. 주주 또는 사원
나. 기관전용 사모집합투자기구의 유한책임사원·무한책임사원의 출자액(2021.10.21 본목개정)
3. 주식보유 또는 변동의 현황 및 사유에 관한 사항
4. 주식보유의 목적 및 은행에 대한 경영 관여 여부에 관한 사항
5. 그 밖에 주식보유상황 또는 주식보유비율의 변동상황을 확인하기 위하여 필요한 세부사항으로서 금융위원회가 정하여 고시하는 사항
③ 동일인은 법 제15조제2항에 따라 같은 항 각 호에 따른 보고 사유에 해당하게 된 날(은행의 주식을 취득하거나 매각하지 않았음에도 보고 사유에 해당하게 된 경우에는 그 사유에 해당하게 된 사실을 안 날을 말한다. 이하 제4항에서 같다)부터 10영업일 이내에 제2항 각 호의 사항을 금융위원회에 보고해야 한다. 이 경우 본인과 특수관계인이 함께 보고하는 경우에는 보유주식의 수가 가장 많은 자를 대표자로 선정하여 연명(連名)으로 보고할 수 있다.(2022.5.9 전단개정)
④ 제3항에도 불구하고 기금등, 그 밖에 금융위원회가 정하여 고시하는 자는 그 보고 사유에 해당하게 된 날이 속하는 분기의 다음 달 10일까지 보고할 수 있다.
⑤ 제1항부터 제4항까지에서 규정한 사항 외에 주식보유상황 등의 보고에 필요한 사항은 금융위원회가 정하여 고시한다.
(2010.11.15 본조개정)

제4조의3【주식보유 승인의 처리기간】 법 제15조제4항에서 "대통령령으로 정하는 기간"이란 승인신청을 받은 날부터 60일을 말한다. 다만, 승인신청서의 흠을 보완하는 기간 등 금융위원회가 정하여 고시하는 기간은 처리기간에 산입하지 아니한다.(2010.11.15 본조개정)

제5조【한도초과보유주주의 초과보유 요건】 법 제15조제5항에 따라 은행의 주식을 보유하려는 자는 별표1의 요건을 충족하여야 한다.(2010.11.15 본조개정)

제6조~제7조 (2002.8.21 삭제)

제8조【주식보유 승인의 방법 및 절차】 ① 금융위원회는 법 제15조제3항에 따른 승인을 할 때 신청인의 자격요건, 은행의 소유지분 분포 등에 비추어 보아 필요하다고 인정하면 주식취득의 시기 및 방법 등을 제한할 수 있다.
② 법 제15조제3항에 따른 승인을 받으려는 자는 다음 각 호의 사항을 적은 승인신청서를 금융위원회에 제출하여야 한다.
1. 신청인에 관한 사항
2. 은행이 발행한 주식의 보유 현황
3. 은행이 발행한 주식의 취득 계획
③ 제2항에 따른 승인신청서에는 다음 각 호의 서류를 첨부하여야 한다.
1. 정관(법인인 경우만 해당한다)
2. 외국기업의 경우에는 법인 등기사항증명서에 준하는 서류
3. 최근 사업연도 말 현재 재무제표 및 최근 사업연도 말 이후 반기재무제표(법인인 경우만 해당한다)
4. 제3호에 따른 재무제표에 대한 회계감사인(「주식회사 등의 외부감사에 관한 법률」 제2조제7호에 따른 감사인을 말한다. 이하 같다)의 감사보고서 및 검토보고서 (2018.10.30 본호개정)
5. 승인을 받으려는 자가 「금융위원회의 설치 등에 관한 법률」 제38조에 따라 금융감독원으로부터 검사를 받는 기관인 경우에는 그 기관에 적용되는 재무건전성 기준에 따라 산출한 재무상태 및 이에 대한 회계감사인의 검토보고서
6. 그 밖에 승인 요건의 심사에 필요한 서류로서 금융위원회가 정하여 고시하는 서류
④ 제2항에 따른 승인신청서를 받은 금융위원회는 「전자정부법」 제36조제1항에 따른 행정정보의 공동이용을 통하여 다음 각 호의 행정정보를 확인하여야 한다. 다만, 신청인이 제2호의 주민등록표 등본의 확인에 동의하지 아니하는 경우에는 그 서류를 첨부하게 하여야 한다.
1. 법인 등기사항증명서(국내 법인인 경우만 해당한다)
2. 주민등록표 등본(사업자등록증으로 갈음할 수 있다)
3. 주식을 취득하려는 은행의 법인 등기사항증명서
⑤ 제2항부터 제4항까지에서 규정한 사항 외에 은행 주식의 보유에 대한 승인신청서의 서식, 승인신청의 방법 및 절차 등에 관하여 필요한 세부사항은 금융위원회가 정하여 고시한다.
(2010.11.15 본조개정)

제9조 (2014.2.11 삭제)

제10조【기관전용 사모집합투자기구등의 주식보유에 대한 승인 등】 ① (2014.2.11 삭제)
② 법 제15조의3제2항에 따른 승인을 받으려는 기관전용 사모집합투자기구등은 그 기관전용 사모집합투자기구의 업무집행사원 또는 그 업무집행사원의 임원(「상법」 제401조의2제1항제3호에 해당하는 자를 포함한다. 이하 이 항에서 같다)이 다음 각 호의 기준을 모두 충족하여야 한다. (2021.10.21 본항개정)
1. 업무집행사원이 법인이며, 해당 법인 설립 후 3년이 지났을 것
2. 업무집행사원의 임원은 「금융회사의 지배구조에 관한 법률」 제5조제1항 각 호의 어느 하나에 해당하지 아니할 것(2016.7.28 본호개정)
3. 다음 각 목의 기준을 충족할 것. 다만, 금융위원회가 그 위반 등의 정도가 경미하다고 인정하는 경우는 제외한다.
  가. 최근 5년간 「금융회사의 지배구조에 관한 법률 시행령」 제5조에 따른 법령(이하 "금융관련법령"이라 한다), 「독점규제 및 공정거래에 관한 법률」 또는 「조세범 처벌법」을 위반하여 벌금형 이상에 해당하는 형사처벌을 받은 사실이 없을 것(2016.7.28 본목개정)
  나. 최근 5년간 「금융산업의 구조개선에 관한 법률」에 따라 부실금융기관으로 지정되었거나 금융관련법령에 따라 영업의 허가·인가 등이 취소된 기관의 최대주주, 의결권 있는 발행주식 총수의 100분의 10을 초과하여 보유한 주주 또는 그 특수관계인이 아닐 것. 다만, 법원의 판결에 의하여 부실책임이 없다고 인정된 자 또는 부실에 따른 경제적 책임을 부담하는 등 금융위원회가 정하여 고시하는 기준에 해당하는 자는 제외한다.(2016.7.28 본문개정)
4. 자신이 업무집행사원으로 있거나 있었던 기관전용 사모집합투자기구등이 다음 각 목의 어느 하나에 해당할 것
  가. 1개의 기관전용 사모집합투자기구등에 출자된 가액(해당 업무집행사원이 출자한 가액은 제외한다)이 5천억원 이상으로서 금융위원회가 정하여 고시하는 금액 이상인 경우
  나. 1개의 기관전용 사모집합투자기구등에 대하여 그 자산 운용대상을 미리 정하지 아니하고 주주 또는 사원이 기관전용 사모집합투자기구등에 출자하여 2개 이상의 투자대상기업에 실제 투자된 가액(해당 업무집행사원이 출자한 가액 중 투자된 가액은 제외한다)이 3천억원 이상으로서 금융위원회가 정하여 고시하는 금액 이상인 경우
(2021.10.21 본호개정)
5. 그 밖에 자산운용 능력·경험 및 사회적 신용 등에 관하여 필요한 세부사항으로서 금융위원회가 정하여 고시하는 기준
③ 법 제15조의3제3항에서 "기관전용 사모집합투자기구등의 정관, 그 밖에 그 주주 또는 사원 사이에 체결된 계약내용 등 대통령령으로 정하는 정보 또는 자료"란 다음 각 호의 정보 또는 자료를 말한다.(2021.10.21 본문개정)
1. 기관전용 사모집합투자기구등의 정관(2021.10.21 본호개정)
2. 기관전용 사모집합투자기구등의 주주 또는 사원 사이에 체결된 계약내용(2021.10.21 본호개정)
3. 기관전용 사모집합투자기구등의 주주 및 사원 내역 (2021.10.21 본호개정)
4. 기관전용 사모집합투자기구등의 주주 및 사원의 특수관계인의 내역(2021.10.21 본호개정)
5. 그 밖에 법 제15조의3제2항의 승인 요건에 해당하는지를 확인하기 위하여 필요한 것으로서 금융위원회가 정하여 고시하는 정보 또는 자료
④ 법 제15조의3제4항에서 "대통령령으로 정하는 기간"이란 승인신청을 받은 날부터 30일을 말한다. 다만, 승인신청서의 흠을 보완하는 기간 등 금융위원회가 정하여 고시하는 기간은 처리기간에 산입하지 아니한다.
⑤ 기관전용 사모집합투자기구등의 은행 주식보유 승인에 관하여는 제8조제2항부터 제5항까지의 규정을 준용한다.
(2021.10.21 본항개정)
(2021.10.21 본조제목개정)
(2010.11.15 본조개정)

제10조의2【한도초과주식의 의결권 제한 등】 ① 법 제16조제2항제1호가목 및 같은 항 제2호가목에서 "대통령령으로 정하는 기간"이란 각각 법 제33조제1항제3호에 따른 은행주식 전환형 조건부자본증권(이하 "은행주식 전환형 조건부자본증권"이라 한다)에 대하여 발행 당시 객관적이고 합리적인 기준에 따라 미리 정하는 사유(이하 "예정사유"라 한다)가 발생한 날부터 5영업일을 말한다.
② 법 제16조제2항제1호나목 본문 및 같은 항 제2호나목 본문에서 "대통령령으로 정하는 기간"이란 각각 은행주식 전환형 조건부자본증권의 예정사유가 발생한 날부터 6개월을 말한다.
(2016.6.28 본조신설)

제11조【비금융주력자로 간주되는 기간 등】 ① 법 제16조의2제1항에서 "대통령령으로 정하는 기간"이란 3개월을 말한다.
② 법 제16조의2제2항에서 "재무건전성 등 대통령령으로 정하는 요건"이란 별표2에 따른 요건을 말한다.
(2014.2.11 본항개정)
(2010.11.15 본조개정)

제11조의2【전환계획의 승인 요건 등】 ① 법 제16조의2제3항제1호에 따른 전환계획(이하 이 조에서 "전환계획"이라 한다)은 다음 각 호의 요건을 갖추어야 한다.
1. 시장상황에 대한 전망 등 전환계획의 전제가 된 가정이 합리적일 것
2. 처분 대상인 비금융회사의 발행주식 규모, 자산 규모 등에 비추어 전환계획이 제시된 이행기간 내에 실현될 수 있을 것
3. 분기별 이행계획이 포함되어 있을 것
② 법 제16조의3제2항에 따라 금융위원회는 전환계획 이행 상황을 분기별로 점검하여야 한다.
③ 금융위원회는 제1항 각 호의 요건에 관한 구체적인 기준 및 제2항에 따른 점검방법 등 전환계획 이행 상황의 점검을 위하여 필요한 사항을 정하여 고시할 수 있다.
(2010.11.15 본조개정)

제11조의3【기금등의 이해상충 방지 요건 등】 ① 법 제16조의2제3항제3호가목에서 "대통령령으로 정하는 체계"란 다음 각 호의 요건을 모두 갖춘 체계를 말한다.
1. 이해상충을 방지할 수 있는 의결권 행사기준을 마련할 것. 이 경우 해당 기준에는 의결권 행사기준에 마련되어 있지 아니한 사안에 대하여 의결권을 행사하는 경우로서 기금등이 보유한 은행의 주식 수가 법 제16조의2제1항에서 정한 한도에 해당하는 주식 수를 초과하는 경우에는 기금등이 보유한 주식을 발행한 은행의 주주총회에 참석한 주주가 보유한 주식 수에서 기금등이 보유한 주식 수 중 법 제16조의2제1항에서 정한 한도를 초과하는 주식 수를 뺀 주식 수의 결의 내용에 영향을 미치지 아니하도록 의결권을 행사한다는 내용이 포함되어야 한다.
2. 주식을 보유한 은행의 주주로서 취득한 정보는 주주권 행사 목적 외로 활용되지 아니하도록 관리하는 등 이해상충이 발생할 가능성을 파악·평가·관리할 수 있는 내부통제기준을 갖출 것
3. 그 밖에 이해상충을 방지하기 위하여 필요한 사항으로 금융위원회가 정하여 고시하는 사항
② 법 제16조의2제3항제3호다목에서 "대통령령으로 정하는 요건"이란 기금등이 「국가재정법」 제79조에 따라 정한 자산운용지침을 준수하는 것을 말한다.
(2010.11.15 본조개정)

제11조의4【한도초과보유주주등에 대한 적격성심사 절차 등】 ① 금융위원회는 법 제16조의4제1항에 따라 한도초과보유주주등이 초과보유요건등을 충족하는지를 반기(半期)마다 정기적으로 심사하여야 한다. 다만, 한도초과보유주주등과 은행과의 불법거래 징후가 있는 경우 등 특별히 필요하다고 인정할 때에는 수시심사를 할 수 있다.
② 제1항에 따른 한도초과보유주주등에 대한 적격성심사의 절차·방법 등에 관하여 필요한 세부사항은 금융위원회가 정하여 고시한다.
(2010.11.15 본조개정)

제12조~제13조 (2016.7.28 삭제)

제13조의2 (2002.8.21 삭제)

제14조 (1999.5.12 삭제)

제15조~제17조의5 (2016.7.28 삭제)

제18조【부수업무의 범위 등】 ① 법 제27조의2제2항제11호에서 "대통령령으로 정하는 업무"란 다음 각 호의 업무를 말한다.
1. 부동산의 임대. 다만, 제21조의2제4항에 따른 업무용 부동산이 아닌 경우에는 법 제39조에 따라 처분하여야 하는 날까지의 임대로 한정한다.(2016.6.28 본호개정)
2. 수입인지, 복권, 상품권 또는 입장권 등의 판매 대행 (2014.2.11 본호개정)
3. 은행의 인터넷 홈페이지, 서적, 간행물 및 전산 설비 등 물적 설비를 활용한 광고 대행
4. 그 밖에 법 제27조의2제4항 각 호의 어느 하나에 해당할 우려가 없는 업무로서 금융위원회가 정하여 고시하는 업무
② 법 제27조의2제3항에서 "업무계획 및 예상손익에 관한 서류 등 대통령령으로 정하는 서류"란 다음 각 호의 서류를 말한다.
1. 업무계획서
2. 손익예상서
3. 정관
4. 부수업무 운영을 결의한 이사회 의사록 사본
5. 그 밖에 부수업무 운영과 관련된 서류로서 금융위원회가 정하여 고시하는 서류
③ 금융위원회는 은행이 법 제27조의2제2항 각 호 외의 부분 본문에 따라 부수업무를 신고한 경우에는 신고일부터 7일 이내에 다음 각 호의 사항을 인터넷 홈페이지 등에 공고하여야 한다.
1. 은행의 명칭
2. 부수업무의 신고일
3. 부수업무의 개시 예정일
4. 부수업무의 내용
④ 금융위원회는 법 제27조의2제4항에 따라 제한 또는 시정명령을 한 경우에는 그 내용과 사유를 인터넷 홈페이지 등에 공고하여야 한다.
(2010.11.15 본조개정)

제18조의2【겸영업무의 범위】 ① 법 제28조제1항제1호에서 "대통령령으로 정하는 금융 관련 법령"이란 금융관련법령을 말한다.(2016.7.28 본항개정)
② 법 제28조제1항제1호에서 "대통령령으로 정하는 금융업무"란 다음 각 호의 업무를 말한다.
1. 「자본시장과 금융투자업에 관한 법률」 제3조제2항제2호에 따른 파생상품의 매매·중개 업무
2. 「자본시장과 금융투자업에 관한 법률」 제4조제7항제5호에 따른 파생결합증권(금융위원회가 정하여 고시하는 파생결합증권으로 한정한다)의 매매업무
3. 「자본시장과 금융투자업에 관한 법률」 제4조제3항에 따른 국채증권, 지방채증권 및 특수채증권의 인수·매출 업무
4. 「자본시장과 금융투자업에 관한 법률」 제4조제3항에 따른 국채증권, 지방채증권, 특수채증권 및 사채권의 매매업무
5. 「자본시장과 금융투자업에 관한 법률」 제4조제3항에 따른 국채증권, 지방채증권 및 특수채증권의 모집·매출 주선업무
6. 「자본시장과 금융투자업에 관한 법률」 제6조제4항에 따른 집합투자업(같은 법 제9조제18항제1호에 따른 투자신탁을 통한 경우로 한정하며, 이하 제18조의3에서 "집합투자업"이라 한다)(2013.9.9 본호개정)
7. 「자본시장과 금융투자업에 관한 법률」 제6조제6항에 따른 투자자문업(이하 제18조의3에서 "투자자문업"이라 한다)(2013.9.9 본호개정)
8. 「자본시장과 금융투자업에 관한 법률」 제6조제8항에 따른 신탁업(이하 제18조의3에서 "신탁업"이라 한다) (2013.9.9 본호개정)
9. 「자본시장과 금융투자업에 관한 법률」 제9조제21항에 따른 집합투자증권에 대한 투자매매업(이하 제18조의3에서 "집합투자증권에 대한 투자매매업"이라 한다) (2013.9.9 본호개정)
10. 「자본시장과 금융투자업에 관한 법률」 제9조제21항에 따른 집합투자증권에 대한 투자중개업(이하 제18조의3에서 "집합투자증권에 대한 투자중개업"이라 한다) (2013.9.9 본호개정)

11. 「자본시장과 금융투자업에 관한 법률」 제254조에 따른 일반사무관리회사의 업무(이하 제18조의3에서 "일반사무관리회사의 업무"라 한다)(2013.9.9 본호개정)
12. 「자본시장과 금융투자업에 관한 법률」 제365조에 따른 명의개서대행회사의 업무
13. 「자본시장과 금융투자업에 관한 법률 시행령」 제81조제1항제1호에 따른 환매조건부매도 및 같은 영 제85조제3호나목에 따른 환매조건부매수의 업무(이하 제18조의3에서 "환매조건부매매의 업무"라 한다)(2013.9.9 본호개정)
14. 「보험업법」 제91조에 따른 보험대리점의 업무
15. 「근로자퇴직급여 보장법」 제2조제13호에 따른 퇴직연금사업자의 업무(이하 제18조의3에서 "퇴직연금사업자의 업무"라 한다)(2013.9.9 본호개정)
16. 「여신전문금융업법」 제2조제2호에 따른 신용카드업
17. 「담보부사채신탁법」 제5조에 따른 담보부사채에 관한 신탁업(이하 제18조의3에서 "담보부사채에 관한 신탁업"이라 한다)(2013.9.9 본호개정)
18. 「자본시장과 금융투자업에 관한 법률 시행령」 제98조제2항에 따른 자산구성형 개인종합자산관리계약에 관한 「자본시장과 금융투자업에 관한 법률」 제6조제7항에 따른 투자일임업(2016.6.28 본호개정)
19. 「신용정보의 이용 및 보호에 관한 법률」에 따른 본인신용정보관리업(2020.8.4 본호신설)
20. 그 밖에 금융관련법령에 따라 인가·허가 및 등록 등을 받은 금융업무(2016.6.28 본호신설)

③ 법 제28조제1항제2호에서 "대통령령으로 정하는 법령"이란 금융관련법령을 말한다.(2016.7.28 본항개정)

④ 법 제28조제1항제3호에서 "대통령령으로 정하는 금융업무"란 다음 각 호의 업무를 말한다.

1. 「자산유동화에 관한 법률」 제2조제5호에 따른 유동화전문회사의 유동화자산 관리의 수탁업무 및 채권추심업무의 수탁업무
2. (2023.5.16 삭제)
3. 기업의 인수 및 합병의 중개·주선 또는 대리 업무
4. 기업의 경영, 구조조정 및 금융 관련 상담·조력 업무
5. 증권의 투자 및 대차거래(貸借去來) 업무
6. 상업어음 및 무역어음의 매출
7. 금융관련법령에 따라 금융업을 경영하는 자의 금융상품 및 「무역보험법」에 따른 무역보험의 판매 대행
8. 대출 및 대출채권매매의 중개·주선 또는 대리 업무(2016.6.28 본호개정)
9. 국외지점이 소재하는 국가의 관련 법령에 따라 영위할 수 있는 업무(해당 국외지점이 영위하는 경우로 한정한다)(2014.12.9 본호신설)
10. 그 밖에 해당 업무를 운영하여도 법 제27조의2제4항 각 호의 어느 하나에 해당할 우려가 없는 업무로서 금융위원회가 정하여 고시하는 업무

(2010.11.15 본조개정)

제18조의3【이해상충의 관리】 ① 은행은 법 제28조의2제1항에 따라 다음 각 호의 구분에 따른 해당 호에서의 업무 간에는 이해상충이 발생할 가능성에 대하여 인식·평가하고 정보교류를 차단하는 등 공정하게 관리하여야 한다.(2013.9.9 본문개정)

1. 다음 각 목의 업무 간의 경우
   가. 은행의 업무〔나목부터 라목까지의 업무, 제2호다목에 따른 업무 및 제4호나목에 따른 투자자문업·투자매매업등(같은 호 각 목 외의 부분에 해당하는 경우로 한정한다)을 제외한 은행업무, 부수업무 및 겸영업무를 말한다〕
   나. 집합투자업
   다. 신탁업
   라. 일반사무관리회사의 업무
   (2013.9.9 가목~라목개정)
2. 다음 각 목의 업무 간의 경우
   가. 집합투자업
   나. 일반사무관리회사의 업무
   다. 퇴직연금사업자의 업무, 담보부사채에 관한 신탁업, 제18조의2제4항제1호에 따른 유동화전문회사의 유동화자산 관리의 수탁업무 및 채권추심 업무의 수탁업무(2023.5.16 본목개정)
   (2013.9.9 본호신설)
3. 투자자문업과 제18조의2제4항제5호에 따른 업무 간의 경우(2013.9.9 본호개정)
4. 신탁업〔「자본시장과 금융투자업에 관한 법률」 제9조제20항에 따른 집합투자재산(이하 이 호에서 "집합투자재산"이라 한다)을 보관·관리하는 업무는 제외한다〕을 투자자문업 또는 투자매매업등(집합투자증권에 대한 투자매매업, 집합투자증권에 대한 투자중개업 및 환매조건부매매의 업무를 말한다. 이하 이 호에서 같다)과 함께 영위하는 경우에는 다음 각 목의 업무 간의 경우
   가. 집합투자업
   나. 신탁업(집합투자재산을 보관·관리하는 업무는 제외한다), 투자자문업 및 투자매매업등
   다. 신탁업(집합투자재산을 보관·관리하는 업무만 해당한다)
   라. 일반사무관리회사의 업무
   (2013.9.9 본호신설)

② 은행은 법 제28조의2제2항에 따라 이해상충의 관리를 위하여 다음 각 호의 구분에 따른 사항을 「금융회사의 지배구조에 관한 법률」 제24조제1항에 따른 내부통제기준(이하 "내부통제기준"이라 한다)에 반영하여야 한다.(2016.7.28 본문개정)

1. 제1항제1호 각 목의 업무 간의 경우, 같은 항 제2호 각 목의 업무 간의 경우 및 같은 항 제4호 각 목의 업무 간의 경우(같은 호 각 목 외의 부분에 해당하는 경우로 한정한다) : 「자본시장과 금융투자업에 관한 법률」 제250조제3항부터 제7항까지에서 규정한 사항(2013.9.9 본호개정)
2. 제1항제3호 업무 간의 경우 : 다음 각 목의 행위를 금지하기 위하여 필요한 사항(2013.9.9 본문개정)
   가. 금융투자상품(「자본시장과 금융투자업에 관한 법률」 제3조에 따른 금융투자상품을 말한다. 이하 이 목에서 같다)의 투자 판단 자문에 응한 내용, 금융투자상품의 매매 및 소유 현황의 정보를 제공하는 행위. 다만, 이해상충이 발생할 가능성이 크지 아니한 경우로서 금융위원회가 정하여 고시하는 경우는 제외한다.(2016.7.28 본문개정)
   나. 임원(대표이사, 감사 및 사외이사가 아닌 감사위원회의 위원은 제외한다) 또는 직원을 겸직하게 하는 행위
   다. 사무공간 또는 전산설비를 공동으로 이용하는 행위
   라. 업무 간에 담당 부서를 독립된 부서로 구분하지 아니하거나, 담당 부서가 그 업무를 독립적으로 처리하지 아니하는 행위

③ 법 제28조의2제6항에서 "대통령령으로 정하는 겸영업무 및 부수업무"란 다음 각 호의 어느 하나에 해당하는 업무를 말한다.

1. 집합투자업(2013.9.9 본호개정)
2. 신탁업(2013.9.9 본호개정)
3. 집합투자증권에 대한 투자매매업(2013.9.9 본호개정)
4. 집합투자증권에 대한 투자중개업(2013.9.9 본호개정)
5. 「여신전문금융업법」 제2조제2호에 따른 신용카드업

④ 제3항 각 호의 업무를 수행하는 은행은 법 제28조의2제6항에 따라 그 업무를 은행업무와 구별하여 별도의 장부와 기록을 보유하여야 한다. 이 경우 제3항제2호의 업무를 수행하는 은행은 해당 업무에 속하는 자금, 유가증권 또는 소유물을 구별하여 별도의 장부와 기록을 보유하여야 한다.

(2010.11.15 본조개정)

제18조의4【금리인하 요구】 ① 은행과 신용공여 계약을 체결한 자는 법 제30조의2제1항에 따라 다음 각 호의 어느 하나에 해당하는 경우 은행에 금리인하를 요구할 수 있다.

1. 개인이 신용공여 계약을 체결한 경우 : 취업, 승진, 재산 증가 또는 개인신용평점 상승 등 신용상태의 개선이 나타났다고 인정되는 경우(2020.8.4 본호개정)
2. 개인이 아닌 자(개인사업자를 포함한다)가 신용공여 계약을 체결한 경우 : 재무상태 개선, 신용등급 또는 개인신용평점 상승 등 신용상태의 개선이 나타났다고 인정되는 경우(2020.8.4 본호개정)

② 제1항에 따라 금리인하 요구를 받은 은행은 해당 요구의 수용 여부를 판단할 때 신용상태의 개선이 금리 산정에 영향을 미치는지 여부 등 금융위원회가 정하여 고시하는 사항을 고려할 수 있다.

③ 은행은 제1항에 따른 금리인하 요구를 받은 날부터 10영업일 이내(금리인하 요구자에게 자료의 보완을 요구하는 날부터 자료가 제출되는 날까지의 기간은 포함하지 않는다)에 해당 요구의 수용 여부 및 그 사유를 금리인하 요구자에게 전화, 서면, 문자메시지, 전자우편, 팩스 또는 그 밖에 이와 유사한 방법으로 알려야 한다.

④ 제1항부터 제3항까지에서 규정한 사항 외에 금리인하 요구의 요건 및 절차 등에 관하여 필요한 사항은 금융위원회가 정하여 고시한다.

(2019.6.11 본조신설)

제19조【금융채의 발행 등】 ① 법 제33조제1항 각 호 외의 부분 본문에서 "대통령령으로 정하는 한도"란 자기자본의 5배를 말한다. 다만, 법 제33조제1항 각 호의 채권(이하 "금융채"라 한다)를 새로 발행하지 아니하였음에도 불구하고 자기자본의 감소, 합병, 전환 등의 사유로 금융채의 발행금액이 자기자본의 5배를 초과하게 되는 경우에는 그 발행금액이 자기자본의 5배 이내가 될 때까지 새로 금융채를 발행할 수 없다.(2016.6.28 본항개정)

② 은행이 이미 발행한 금융채를 상환하기 위하여 새로 금융채를 발행하는 경우에는 상환할 금융채의 발행금액은 법 제33조제1항 각 호 외의 부분 본문에 따른 사채발행한도에 산입하지 아니한다. 이 경우 상환하기로 한 금융채는 새로 금융채를 발행한 후 1개월 이내에 상환하여야 한다.(2016.6.28 전단개정)

③ 은행은 금융채를 매출기간을 미리 정하여 매출의 방법으로 발행할 수 있다.

④ (2016.6.28 삭제)

⑤ 법 제33조제1항제5호에서 "대통령령으로 정하는 사채"란 은행이 국제결제은행의 기준에 따라 발행한 채무증권 또는 금융업을 경영하는 자가 금융관련법령 및 이에 상당하는 외국의 금융관련법령에 따라 발행할 수 있는 채무증권으로서 금융위원회가 정하여 고시한 사채를 말한다.(2016.6.28 본항신설)

⑥ 법 제33조제1항제2호부터 제4호까지에 따른 사채(이하 "조건부자본증권"이라 한다)를 발행하는 경우 그 만기를 발행은행이 청산·파산하는 때로 할 수 있다.(2016.6.28 본항신설)

⑦ 법 제33조제1항제2호부터 제4호까지에 따른 예정사유는 다음 각 호의 기준을 모두 충족하여야 한다.

1. 조건부자본증권을 발행하였거나 발행하려고 하는 은행(이하 "발행은행"이라 한다)이나 그 발행은행의 주주 및 투자자 등 조건부자본증권의 발행과 관련하여 이해관계를 가지는 자의 통상적인 노력으로 변동되거나 발생할 가능성이 현저히 낮은 사유로서 금융위원회가 정하여 고시하는 요건에 맞을 것
2. 「자본시장과 금융투자업에 관한 법률 시행령」 제176조의12제2항제2호에 따라 충분히 공시·공표될 수 있을 것(2016.6.28 본항신설)

⑧ 제1항부터 제7항까지에서 규정한 사항 외에 금융채의 발행조건 및 발행방법 등에 관하여 필요한 세부사항은 금융위원회가 정하여 고시한다.(2016.6.28 본항신설)

(2010.11.15 본조개정)

제19조의2【은행지주회사주식 전환형 조건부자본증권의 발행절차 등】 ① 법 제33조의3제1항 각 호 외의 부분에서 "은행지주회사주식 전환형 조건부자본증권의 총액 등 대통령령으로 정하는 사항"이란 다음 각 호의 사항을 말한다.

1. 은행지주회사주식 전환형 조건부자본증권의 총액
2. 법 제33조의3제11항에 따라 비상장은행 및 상장은행지주회사의 정관에 규정하여야 하는 사항
3. 비상장은행 및 상장은행지주회사의 자본금 또는 준비금이 증가하는 경우에는 증가하는 자본금 또는 준비금에 관한 사항
4. 법 제33조의3제1항제1호에 따른 비상장은행의 이사회 의결일 및 같은 항 제2호에 따른 상장은행지주회사의 이사회 의결일과 주주총회 결의일
5. 법 제33조의3제8항 단서에 따라 달리 정하려는 사항
6. 법 제33조의4제1항 후단에 따라 특별결의를 거치지 아니하고 은행지주회사주식 전환형 조건부자본증권을 발행할 수 있다는 뜻

② 법 제33조의3제3항에서 "은행지주회사주식 전환형 조건부자본증권의 총액 등 대통령령으로 정하는 사항"이란 다음 각 호의 사항을 말한다.

1. 은행지주회사주식 전환형 조건부자본증권의 총액
2. 각 은행지주회사주식 전환형 조건부자본증권의 금액
3. 각 은행지주회사주식 전환형 조건부자본증권의 납입금액
4. 제5항 각 호의 사항

③ 법 제33조의3제6항에서 "대통령령으로 정하는 날"이란 예정사유가 발생한 날부터 제10영업일이 되는 날을 말한다.

④ 법 제33조의3제11항에 따라 비상장은행 및 상장은행지주회사의 정관에 규정하여야 하는 사항은 다음 각 호와 같다.

1. 은행지주회사주식 전환형 조건부자본증권을 발행할 수 있다는 뜻
2. 은행지주회사주식 전환형 조건부자본증권의 총액
3. 예정사유
4. 전환 및 교환으로 인하여 발행할 주식의 종류와 내용
5. 주주에게 은행지주회사주식 전환형 조건부자본증권의 인수권을 준다는 뜻과 인수권의 목적인 은행지주회사주식 전환형 조건부자본증권의 금액
6. 주주 외의 자에게 은행지주회사주식 전환형 조건부자본증권을 발행한다는 뜻과 그 발행할 은행지주회사주식 전환형 조건부자본증권의 금액

⑤ 은행지주회사주식 전환형 조건부자본증권의 사채청약서 및 사채원부에는 다음 각 호의 사항이 기재되어야 한다.

1. 은행지주회사주식 전환형 조건부자본증권을 비상장은행의 주식으로 전환함과 동시에 그 전환된 주식을 상장은행지주회사의 주식과 교환할 수 있다는 뜻
2. 예정사유, 주식으로의 전환가격 등 전환 및 교환의 조건
3. 전환 및 교환으로 인하여 발행할 주식의 종류와 내용

⑥ 은행지주회사주식 전환형 조건부자본증권의 주식으로의 전환가격에 관하여 필요한 세부사항은 금융위원회가 정하여 고시한다.

⑦ 제1항부터 제6항까지에서 규정한 사항 외에 은행지주회사주식 전환형 조건부자본증권의 발행 등에 필요한 세부사항은 금융위원회가 정하여 고시한다.

(2016.6.28 본조신설)

제19조의3【사채등의 범위】 법 제33조의5제1항에서 "대통령령으로 정하는 권리"란 다음 각 호의 권리를 말한다.

1. 「중소기업은행법」 제36조의2에 따른 중소기업금융채권에 표시될 수 있거나 표시되어야 할 권리
2. 「한국산업은행법」 제23조에 따른 산업금융채권에 표시될 수 있거나 표시되어야 할 권리
3. 양도성 예금증서에 표시될 수 있거나 표시되어야 할 권리

(2019.6.25 본조신설)

제19조의4【사채등 등록의 신청】 ① 법 제33조의5제1항에 따른 사채등(이하 "사채등"이라 한다)의 소유자·질권자, 그 밖의 이해관계자가 그 권리를 등록하려는 경우에는 해당 사채등을 발행하는 은행(이하 "발행은행"이라 한다)

에 등록할 각 사채등의 금액, 채권 번호 및 그 밖에 등록에 필요한 사항을 적은 등록신청서를 제출해야 한다.
② 법 제33조의5제1항에 따른 등록의 원인이 양도나 질권 설정 등 상대방이 있는 행위인 경우에는 등록으로 권리를 취득하는 자(대리인을 포함하며, 이하 "등록권리자"라 한다) 및 그 상대방(대리인을 포함하며, 이하 "등록의무자"라 한다)은 공동으로 등록을 신청해야 한다. 다만, 등록의무자의 승낙서를 등록신청서에 첨부한 경우에는 등록권리자가 단독으로 등록을 신청할 수 있다.
③ 제1항 및 제2항에 따른 등록신청서, 등록의 방법·절차 및 제출서류 등 등록의 신청에 필요한 사항은 금융위원회가 정하여 고시한다.
(2019.6.25 본조신설)

제19조의5【등록증명서의 발급】 발행은행은 사채등의 등록을 마친 경우에는 금융위원회가 정하여 고시하는 바에 따라 등록증명서를 발급해야 한다.(2019.6.25 본조신설)

제19조의6【사채등 등록 말소의 신청】 ① 등록된 사채등의 등록 말소를 신청하려는 자는 등록 말소신청서에 등록을 말소해야 할 각 사채등의 금액 및 채권 번호와 그 밖에 필요한 사항을 적고 제19조의5에 따른 등록증명서를 첨부하여 제출해야 한다.
② 제1항에 따른 등록 말소신청서, 등록 말소의 방법·절차 및 제출서류 등 등록 말소의 신청에 필요한 사항은 금융위원회가 정하여 고시한다.
(2019.6.25 본조신설)

제19조의7【등록의무자가 행방불명인 경우의 등록 말소】 ① 등록권리자는 등록의무자의 행방을 알 수 없어 등록의 말소를 신청할 수 없는 경우에는 「민사소송법」에 따라 공시최고(公示催告)를 신청할 수 있다.
② 등록권리자는 등록의무자의 행방을 알 수 없어 등록의 말소를 신청할 수 없는 경우 제권판결(除權判決)이 있을 때에는 등록말소신청서에 제권판결 정본 또는 등본을 첨부하여 단독으로 등록 말소를 신청할 수 있다.
(2019.6.25 본조신설)

제19조의8【등록부의 작성·비치 및 관리】 ① 발행은행은 제19조의4제1항에 따라 등록신청서가 제출되면 접수번호, 등록의 연월일, 등록권리자의 성명 및 주소, 등록의 원인 등 등록에 필요한 사항을 기재하여 등록부를 작성해야 한다.
② 제1항에 따른 등록부의 작성방법 및 절차, 비치·관리 등에 필요한 사항은 금융위원회가 정하여 고시한다.
(2019.6.25 본조신설)

제19조의9【등록한 사채등에 관한 권리의 순위】 ① 등록을 한 사채등에 관한 권리의 순위는 등록을 한 순서에 따른다.
② 등록의 순서는 등록부 중 같은 난에서 한 등록의 경우는 순위번호에 따르고, 별란(別欄)에서 한 등록의 경우는 접수번호에 따른다.
③ 부기등록(附記登錄)의 순위는 주등록(主登錄)의 순위에 따른다. 다만, 같은 주등록에 관한 부기등록 상호간의 순위는 부기등록을 한 순서에 따른다.
(2019.6.25 본조신설)

제19조의10【등록한 무기명 사채등의 공탁】 등록한 무기명 사채등의 소유자에 관하여 「상법」 제491조제4항 및 제492조제2항과 「담보부사채신탁법」 제45조제2항 및 제84조제2항을 적용할 때에는 등록증명서의 공탁(供託)을 그 증권이나 증서의 공탁으로 본다.(2019.6.25 본조신설)

제20조【경영지도기준 등】 ① 법 제34조제2항에 따른 경영지도기준에는 다음 각 호의 사항이 포함되어야 한다.
1. 국제결제은행의 기준에 따른 위험가중자산에 대한 자기자본비율 등 은행의 신용위험에 대응하는 자기자본의 보유기준에 관한 사항
2. 대출채권 등 은행이 보유하는 자산의 건전성 분류기준에 관한 사항
3. 신용공여를 통합하여 관리할 필요가 있다고 인정하여 금융위원회가 정하여 고시하는 자에 대한 신용공여 관리기준에 관한 사항
4. 유동성부채에 대한 유동성자산의 보유기준에 관한 사항
5. 그 밖에 은행 경영의 건전성 확보를 위하여 금융위원회가 정하여 고시하는 사항
② 금융위원회는 법 제34조제4항에 따른 조치로서 은행이 제1항에 따른 경영지도기준을 준수하지 못할 우려가 있거나 경영상 취약한 부분이 있다고 판단되는 경우에는 해당 은행에 대하여 이의 개선을 위한 계획 또는 약정서를 제출하도록 요구하거나 해당 은행과 경영개선을 위한 협약을 체결할 수 있다.(2011.12.28 본항신설)
③ 제2항에 따른 계획 또는 약정서의 제출요구, 협약 체결에 대한 절차, 방법, 그 밖에 필요한 사항은 금융위원회가 정하여 고시한다.(2011.12.28 본항신설)
(2011.12.28 본조제목개정)
(2010.11.15 본조신설)

제20조의2【불건전 영업행위의 구체적인 유형 등】 법 제34조의2제1항 각 호에 따른 불건전 영업행위의 구체적인 유형 또는 기준은 다음 각 호와 같다.
1. 은행이용자에게 부당하게 편익을 제공하기 위하여 자기앞수표·양도성예금증서 등을 선(先)발행하는 등 실제 자금을 수취하지 아니하였음에도 입금처리하는 행위
2. 은행이용자의 조세포탈·회계분식·부당내부거래 등 부당한 거래를 지원하기 위하여 은행이용자가 대출을 받아 그 재원을 예금하고 예금담보대출을 받게 하는 행위 또는 타인이 은행이용자 명의로 양도성예금증서 또는 「자본시장과 금융투자업에 관한 법률」 제4조제3항에 따른 채무증권을 발행·매매하도록 하는 행위
3. 은행이용자에게 은행업무, 부수업무 또는 겸영업무(제18조의2제2항제1호부터 제6호까지, 제8호부터 제10호까지, 제13호 및 제18호에 따른 업무를 제외한다)와 관련하여 금융위원회가 정하여 고시하는 정상적인 수준을 초과하여 재산상 이익을 제공하는 행위(2018.5.29 본호개정)
4. 은행과 은행이용자 간, 특정 은행이용자와 다른 은행이용자 간에 이해상충이 발생할 수 있는 거래에 활용하기 위하여 은행업무, 부수업무 또는 겸영업무(이하 "은행업무등"이라 한다)과 관련하여 취득한 정보 등을 이용하는 행위(2018.5.29 본호개정)
5. 그 밖에 은행업무등과 관련하여 은행의 건전한 운영 또는 신용질서를 해치는 행위로서 금융위원회가 정하여 고시하는 행위
(2016.6.28 본조신설)

제20조의3【금융사고 예방대책 등】 ① 법 제34조의3제1항제1호에서 "대통령령으로 정하는 사항"이란 다음 각 호의 사항을 말한다.
1. 은행 임직원의 사기·횡령·배임·절도·금품수수 등 범죄혐의가 있는 행위에 대한 방지 대책
2. 과거에 발생한 금융사고 또는 이와 유사한 금융사고에 대한 재발 방지 대책
3. 그 밖에 위법 또는 부당한 업무처리로 은행이용자의 보호에 지장을 가져오는 행위를 방지하기 위한 대책으로서 금융위원회가 정하여 고시하는 사항
② 법 제34조의3제1항제2호에서 "대통령령으로 정하는 사항"이란 금융사고 예방대책 이행상황에 대한 점검·평가 등 지점의 업무운영에 관한 자체적인 검사 계획 및 검사 실시 기준을 말한다.
③ 법 제34조의3제1항제3호에서 "대통령령으로 정하는 사항"이란 은행이용자의 정보보호를 위하여 예금, 대출 등 은행이 취급하는 상품의 홍보·판매 등의 과정에서 준수하여야 하는 은행이용자의 정보이용 기준 및 절차를 말한다.(2021.3.23 본항개정)
④ 법 제34조의3제1항제4호에서 "대통령령으로 정하는 사항"이란 전산사무, 현금수송사무 등 금융사고 가능성이 높은 사무에 관하여 필요한 검사기법 개발·운영 대책 및 이와 관련된 금융사고 예방대책을 말한다.
⑤ 은행은 금융사고 금액(해당 금융사고가 발생한 때 은행이 입은 피해 금액으로서 회수가 될 것으로 예상되는 금액을 차감하지 아니한 금액을 말한다. 이하 같다)이 3억원 이상인 경우에는 법 제34조의3제3항에 따라 금융사고가 발생한 날의 다음 날까지 그 금융사고 내용을 금융위원회에 보고하고, 금융사고가 발생한 날부터 15일 이내에 은행 인터넷 홈페이지 등을 이용하여 공시하여야 한다. 다만, 해당 금융사고 금액이 10억원 미만인 경우에는 공시하지 아니할 수 있다.
⑥ 법 제34조의3제3항에 따른 보고·공시 절차 및 방법 등에 관하여 필요한 사항은 금융위원회가 정하여 고시한다.
(2016.6.28 본조신설)

제20조의4【신용위험을 공유하는 자의 범위】 법 제35조제1항 각 호 외의 부분 본문에서 "대통령령으로 정하는 신용위험을 공유하는 자"란 「독점규제 및 공정거래에 관한 법률」 제2조제11호에 따른 기업집단에 속하는 회사를 말한다.(2021.12.28 본조개정)

제20조의5【신용공여한도의 초과 사유】 ① 법 제35조제1항제1호의 사유로 은행의 신용공여가 자기자본의 100분의 25를 초과할 수 있는 경우는 다음 각 호와 같다.
1. 「채무자 회생 및 파산에 관한 법률」에 따른 회생절차가 진행 중이거나 기업구조조정 등을 위하여 은행 공동으로 경영 정상화를 추진 중인 회사에 대하여 추가로 신용공여를 하는 경우
2. 제1호에 해당하는 회사를 인수한 자에 대하여 인수계약에서 정하는 바에 따라 추가로 신용공여를 하는 경우
3. 사회기반시설사업의 추진 등 산업발전 또는 국민생활 안정을 위하여 불가피하다고 금융위원회가 인정하는 경우
② 법 제35조제1항제2호의 사유로 은행의 신용공여가 자기자본의 100분의 25를 초과할 수 있는 경우는 다음 각 호와 같다.
1. 환율변동에 따라 원화환산액이 증가한 경우
2. 해당 은행의 자기자본이 감소한 경우
3. 동일차주(同一借主)의 구성에 변동이 있는 경우
4. 신용공여를 받은 기업 간의 합병 또는 영업의 양도·양수가 있는 경우
5. 그 밖에 급격한 경제 여건의 변화 등 불가피한 사유로 은행의 귀책사유 없이 신용공여한도를 초과하였다고 금융위원회가 인정하는 경우
(2010.11.15 본조개정)

제20조의6【신용공여한도 초과기간의 연장 사유】 법 제35조제2항 단서에서 "대통령령으로 정하는 부득이한 사유에 해당하는 경우"란 다음 각 호의 어느 하나에 해당하는 경우를 말한다.
1. 이미 제공한 신용공여의 기한이 도래하지 아니하여 기간 내에 회수가 곤란한 경우
2. 제20조의5제2항제1호 또는 제2호에 따른 사유가 장기간 지속되고 해당 신용공여를 회수할 경우 신용공여를 받은 자의 경영안정을 크게 해칠 우려가 있는 경우(2016.6.28 본호개정)
3. 그 밖에 제1호 및 제2호에 준하는 경우로서 한도 초과 상태가 일정 기간 계속되어도 해당 은행의 자산건전성을 크게 해치지 아니한다고 금융위원회가 인정하는 경우
(2010.11.15 본조개정)

제20조의7【은행의 대주주에 대한 신용공여한도 등】 ① 법 제35조의2제1항에서 "대통령령으로 정하는 비율"이란 자기자본의 100분의 25를 말한다.
② 법 제35조의2제1항에 따른 대주주의 해당 은행에 대한 출자비율에 해당하는 금액은 대주주가 보유하는 해당 은행의 의결권 있는 주식 수를 해당 은행의 의결권 있는 발행주식 총수로 나눈 비율에 해당 은행의 자기자본을 곱한 금액으로 한다.
③ 법 제35조의2제2항에서 "대통령령으로 정하는 비율"이란 자기자본의 100분의 25를 말한다.
④ 은행이 추가로 신용공여를 하지 아니하였음에도 불구하고 다음 각 호의 어느 하나에 해당하는 사유로 제1항부터 제3항까지의 규정에서 정한 한도를 초과하게 된 경우에는 그 사유가 발생한 날부터 3개월 이내에 이를 적합하게 하기 위한 계획을 금융위원회에 제출하여 승인을 받아야 한다.
1. 환율변동에 따른 원화환산액의 증가
2. 해당 은행의 자기자본 감소
3. 동일인 구성의 변동
4. 기업 간 합병 또는 영업의 양수
5. 그 밖에 금융위원회가 인정하는 불가피한 사유
⑤ 법 제35조의2제4항 전단 및 제5항에서 "대통령령으로 정하는 금액"이란 단일거래금액이 자기자본의 1만분의 10에 해당하는 금액 또는 50억원 중 적은 금액을 말한다. 이 경우 단일거래금액의 구체적인 산정기준은 금융위원회가 정하여 고시한다.
⑥ 법 제35조의2제4항 전단에서 "대통령령으로 정하는 거래"란 「자본시장과 금융투자업에 관한 법률」 제9조제7항 및 제9항에 따른 모집 또는 매출의 방법으로 발행되는 사채권을 취득하는 거래를 말한다.
⑦ 법 제35조의2제6항에 따라 은행은 매 분기 말 현재 대주주에 대한 신용공여 규모, 분기 중 신용공여의 증감액, 신용공여의 거래조건, 그 밖에 금융위원회가 정하여 고시하는 사항을 매 분기가 지난 후 1개월 이내에 공시하여야 한다.
⑧ 법 제35조의2제8항에 따른 대주주에는 그 특수관계인 중 다음 각 호의 요건을 모두 충족하는 비영리법인·조합 또는 단체(이하 "공익법인등"이라 한다)는 포함되지 아니한다.
1. 「상속세 및 증여세법」 제16조제1항에 따른 공익법인등에 해당할 것
2. 법 제35조의2제8항에 따른 양도 또는 매매 등이 금융위원회가 정하여 고시하는 기준을 준수할 것
(2016.6.28 본항개정)
(2010.11.15 본조개정)

제20조의8【대주주가 발행한 지분증권의 취득한도 등】 ① 법 제35조의3제1항 본문에서 "대통령령으로 정하는 비율"이란 자기자본의 100분의 1을 말한다.
② 은행이 위탁자(위탁자가 지정하는 자를 포함한다)가 신탁재산인 금전의 운용방법을 지정하는 신탁에 의하여 지분증권(「자본시장과 금융투자업에 관한 법률」 제4조제4항에 따른 지분증권을 말한다. 이하 같다)을 취득하는 것은 법 제35조의3제1항 본문에 따른 지분증권의 취득으로 보지 아니한다.
③ 법 제35조의3제3항에서 "대통령령으로 정하는 기간"이란 1년을 말한다. 다만, 금융위원회는 은행이 초과 보유한 지분증권의 규모, 증권시장의 상황 등에 비추어 부득이하다고 인정되는 경우에는 그 기간을 정하여 연장할 수 있다.
④ 법 제35조의3제4항 전단 및 제5항에서 "대통령령으로 정하는 금액"이란 단일거래금액(법 제35조의3제4항의 경우에는 「자본시장과 금융투자업에 관한 법률」에 따른 증권시장 또는 이와 유사한 시장으로서 외국에 있는 시장에서 취득하는 금액은 제외한다)이 자기자본의 1만분의 10에 해당하는 금액 또는 50억원 중 적은 금액을 말한다.
⑤ 법 제35조의3제6항에 따라 은행은 매 분기 말 현재 대주주가 발행한 지분증권을 취득한 규모, 분기 중 보유한 지분증권의 증감액, 보유한 지분증권의 취득가격, 그 밖에 금융위원회가 정하여 고시하는 사항을 매 분기가 지난 후 1개월 이내에 공시하여야 한다.
(2010.11.15 본조개정)

제20조의9【대주주의 부당한 영향력 행사의 금지】 법 제35조의4제4호에서 "대통령령으로 정하는 행위"란 다음 각 호의 어느 하나에 해당하는 행위를 말한다.
1. 경쟁사업자에 대한 신용공여 시 정당한 이유 없이 금리, 담보 등 계약조건을 불리하게 하도록 요구하는 행위
2. 은행으로 하여금 제20조의7제8항에 따른 공익법인등에게 자산을 무상으로 양도하게 하거나 통상의 거래조건에 비추어 그 은행에게 현저하게 불리한 조건으로 매매·교환 또는 신용공여를 하게 하는 행위(2016.6.28 본호개정)
(2013.7.8 본조개정)

제20조의10【대주주와의 거래제한 등】 ① 법 제35조의5제2항에서 "대통령령으로 정하는 경우"란 대주주가 다음 각 호의 어느 하나의 사유에 해당하여 해당 은행과 불법거래할 가능성이 크다고 인정되는 경우를 말한다.
1. 부채가 자산을 초과하는 경우
2. 대주주에 대한 신용공여가 가장 많은 은행(해당 대주주가 대주주인 은행은 제외한다)이 금융위원회가 정하여 고시하는 자산건전성 분류기준에 따라 그 대주주의 신용위험을 평가한 결과 금융위원회가 정하여 고시하는 기준 이하로 분류된 경우
3. 「자본시장과 금융투자업에 관한 법률」 제335조의3에 따라 신용평가업인가를 받은 신용평가회사 둘 이상이 투자부적격 등급으로 평가한 경우(2013.8.27 본호개정)
② 법 제35조의5제2항에서 "대주주에 대한 신용공여의 제한을 명하는 등 대통령령으로 정하는 조치"란 다음 각 호의 조치를 말한다.
1. 대주주에 대한 신규 신용공여의 금지
2. 제20조의7제6항에 따른 거래의 제한(2016.6.28 본호개정)
3. 대주주가 발행한 주식의 신규 취득 금지
(2010.11.15 본조개정)

제21조【자회사등에 대한 출자한도 등】 ① 법 제37조제2항제1호에서 "대통령령으로 정하는 비율"이란 100분의 20을 말한다.(2016.6.28 본항개정)
② 법 제37조제2항제2호에 따라 금융위원회는 다른 회사의 지분증권을 취득할 수 있는 은행의 요건으로 다음 각 호의 사항에 관한 요건을 정할 수 있다.
1. 은행의 경영상태
2. 은행이 이미 출자한 자회사등(법 제37조제2항 각 호 외의 부분 단서에 따른 자회사등을 말한다. 이하 같다)의 경영상태
3. 자회사등에 대한 출자의 총한도
③ 법 제37조제2항제2호를 적용하는 경우 출자 총액을 산정할 때에는 원본(元本) 보전(補塡)의 약정이 있는 신탁계정에서의 출자액은 포함하되, 법령에 따라 출자하는 금액과 구조조정 등에 드는 금액으로서 금융위원회가 인정하는 금액은 제외한다.
④ 법 제37조제2항제2호에서 "대통령령으로 정하는 비율"이란 100분의 30을 말한다.
⑤ 법 제37조제3항제1호에서 "대통령령으로 정하는 기준"이란 자회사등 각각에 대해서는 해당 은행 자기자본의 100분의 10을, 자회사등 전체에 대해서는 해당 은행 자기자본의 100분의 20을 말한다.
⑥ 법 제37조제3항제1호에서 "그 은행의 자회사등이 합병되는 등 대통령령으로 정하는 경우"란 다음 각 호의 어느 하나에 해당하는 경우를 말한다.
1. 은행 이사회에서 합병하기로 결의한 자회사등에 대하여 신용공여를 하는 것이 불가피한 경우
2. 은행 공동으로 경영 정상화를 추진 중인 자회사등에 대하여 신용공여를 하기로 합의한 경우
⑦ 은행이 추가로 신용공여를 하지 아니하였음에도 불구하고 다음 각 호의 어느 하나에 해당하는 사유로 제5항에서 정한 기준을 초과하게 된 경우에는 이를 적합하게 하기 위한 계획을 그 사유가 발생한 날부터 1개월 이내에 금융위원회에 제출하여야 한다.
1. 환율변동에 따른 원화환산액의 증가
2. 해당 은행의 자기자본 감소
3. 자회사등 간의 합병 또는 영업의 양도·양수
4. 그 밖에 금융위원회가 정하여 고시하는 사유
⑧ 법 제37조제3항제4호에서 "대통령령으로 정하는 행위"란 다음 각 호의 어느 하나에 해당하는 행위를 말한다.
1. 정당한 사유 없이 자회사등이 부담하여야 할 경비를 부담하는 행위
2. 업무상 알게 된 은행이용자에 대한 정보를 은행이용자의 동의 없이 자회사등에 제공하거나 자회사등으로부터 제공받는 행위. 다만, 법령에 따라 제공하거나 제공받는 경우는 제외한다.
3. 그 밖에 정당한 사유 없이 자회사등을 우대하는 행위로서 금융위원회가 정하여 고시하는 행위
⑨ 법 제37조제6항제1호에서 "대통령령으로 정하는 경우"란 다음 각 호의 어느 하나에 해당하는 경우를 말한다.
1. 자은행이 모은행(법 제37조제5항에 따른 모은행을 말한다. 이하 같다)의 새로운 다른 자은행이 발행한 주식을 이미 소유하고 있는 경우
2. 모은행의 새로운 자은행이 그 모은행 또는 그 자은행이 발행한 주식을 이미 소유하고 있는 경우
3. 「상법」 제342조의2제1항에 따라 모은행등(법 제37조제6항제1호에 따른 모은행등을 말한다. 이하 같다)이 발행한 주식을 소유하는 경우
⑩ 자은행이 제9항 각 호의 어느 하나의 사유로 모은행등이 발행한 주식을 소유한 경우에는 그 날부터 2년 이내에 해당 주식을 처분하여야 한다. 다만, 금융위원회는 자은행이 소유한 주식의 규모, 증권시장의 상황 등에 비추어 부득이하다고 인정되는 경우에는 그 기간을 연장할 수 있다.
⑪ 법 제37조제6항제3호에서 "대통령령으로 정하는 기준"이란 다음 각 호의 기준을 말한다. 다만, 제12항 각 호에 해당하는 경우에는 그 사유가 발생한 날부터 2년 이내에 다음 각 호의 기준에 적합하도록 하되, 자은행의 신용공여 규모 등에 비추어 부득이하다고 인정되는 경우 금융위원회는 그 기간을 연장할 수 있다.
1. 모은행에 대한 신용공여의 금지
2. 다른 자은행에 대한 신용공여는 해당 자은행 자기자본의 100분의 10 이내
3. 다른 자은행에 대한 신용공여의 합계액은 해당 자은행 자기자본의 100분의 20 이내
⑫ 제11항에서 "제12항 각 호에 해당하는 경우"란 다음 각 호의 어느 하나에 해당하는 경우를 말한다.
1. 모자관계를 형성하기 이전에 이미 모은행에 신용공여를 한 경우
2. 모은행의 새로운 자은행에 대한 신용공여의 규모가 이미 제11항제2호 및 제3호에 따른 한도를 초과한 경우
3. 제20조의7제4항제1호·제2호·제4호 및 제5호의 사유로 제11항에 따른 기준을 위반하게 된 경우(2016.6.28 본호개정)
⑬ 법 제37조제6항제4호에서 "대통령령으로 정하는 행위"란 다음 각 호의 행위를 말한다."
1. 모은행등이 발행한 주식을 담보로 하거나 이를 매입시키기 위한 신용공여
2. 모은행등의 임원 또는 직원에 대한 대출(금융위원회가 정하는 소액대출은 제외한다)
⑭ 법 제37조제7항 본문에 따라 자은행이 모은행등에 대하여 신용공여를 하는 경우에는 신용공여액의 100분의 150의 범위에서 유가증권, 부동산 등 담보의 종류에 따라 금융위원회가 정하여 고시하는 비율 이상의 담보를 확보하여야 한다.
⑮ 법 제37조제7항 단서에서 "그 자은행과 모은행등의 구조조정에 필요한 신용공여 등 대통령령으로 정하는 요건에 해당하는 경우"란 다음 각 호의 어느 하나에 해당하는 경우를 말한다.
1. 해당 자은행과 모은행등의 구조조정에 필요한 신용공여에 해당하는 경우
2. 해당 자은행이 모은행의 자은행이 되기 전에 한 신용공여에 해당하는 경우. 다만, 해당 자은행이 모은행의 자은행이 된 날부터 2년 이내에 제13항에 적합하게 하는 경우로 한정한다.
3. 「자본시장과 금융투자업에 관한 법률」에 따른 자금중개회사를 통한 통상적 수준 이내에서의 단기자금거래에 해당하는 경우
4. 추심 중에 있는 자산을 근거로 제공한 일시적 신용공여에 해당하는 경우
5. 당일 자금 상환을 조건으로 제공한 통상적 수준 이내에서의 당좌대출에 해당하는 경우
⑯ 법 제37조제8항 본문에서 "대통령령으로 정하는 불량자산"이란 경영내용, 재무상태 및 미래의 현금흐름 등을 고려할 때 상환에 어려움이 있거나 있을 것으로 판단되는 채무자 등에 대한 채권 등으로서 금융위원회가 정하여 고시하는 자산을 말한다.
(2010.11.15 본조개정)

제21조의2【증권에 대한 투자한도 등】 ① 법 제38조제1호 각 목 외의 부분 전단에서 "대통령령으로 정하는 비율"이란 100분의 100을 말한다.(2014.12.9 본항개정)
② 법 제38조제1호다목에서 "대통령령으로 정하는 것"이란 「자본시장과 금융투자업에 관한 법률」 제4조제7항에 따른 파생결합증권으로서 상환기간이 3년을 초과하는 것을 말한다.
③ 법 제38조제1호라목에서 "대통령령으로 정하는 증권"이란 「자본시장과 금융투자업에 관한 법률」 제4조제2항에 따른 수익증권, 투자계약증권 및 증권예탁증권으로서 상환기간이 3년을 초과하는 것을 말한다.
④ 법 제38조제2호에서 "대통령령으로 정하는 업무용 부동산"이란 다음 각 호의 어느 하나에 해당하는 부동산을 말한다.
1. 영업소, 사무소 등 영업시설
2. 연수시설
3. 복리후생시설
4. 제1호부터 제3호까지의 시설 용도로 사용할 토지·건물 및 그 부대시설
⑤ 법 제38조제3호에서 "대통령령으로 정하는 비율"이란 100분의 60을 말한다.(2014.12.9 본항신설)
⑥ 은행이 제4항에 따른 업무용 부동산(이하 이 항에서 "업무용 부동산"이라 한다)을 새로 취득하지 아니하였음에도 불구하고 손실발생 등으로 부득이 하게 자기자본이 감소하여 제5항에 따른 한도를 초과하게 된 경우에는 초과하게 된 날부터 1년 이내에 그 한도에 적합하게 하여야 한다. 다만, 금융위원회는 은행이 초과 보유한 업무용 부동산의 규모, 부동산시장의 상황 등에 비추어 부득이하다고 인정되는 경우에는 해당 은행의 신청에 따라 그 기간을 연장할 수 있다.(2014.12.9 본항개정)
(2010.11.15 본조개정)

제21조의3 (2010.11.15 삭제)

제22조 (2002.8.21 삭제)

제23조【외국은행 지점의 이익준비금의 적립 시기】 외국은행의 지점(법 제59조제1항 본문에 따른 외국은행의 지점을 말한다. 이하 같다)이 법 제40조에 따라 이익준비금을 적립하는 경우 법 제40조에서 "결산 순이익금을 배당할 때"란 결산할 때를 말한다.(2010.11.15 본조개정)

제24조【경영공시】 ① 법 제43조의3에서 "대통령령으로 정하는 사항"이란 다음 각 호의 사항을 말한다.
1. 재무 및 손익에 관한 사항
2. 자금의 조달 및 운용에 관한 사항
3. 법 제53조에 따른 제재 조치나 「금융산업의 구조개선에 관한 법률」 제10조 및 제14조에 따른 조치 또는 처분을 받은 경우에는 그 내용
② 금융위원회는 제1항제1호부터 제3호까지의 공시사항에 관한 세부기준을 정할 수 있다.
(2010.11.15 본조개정)

제24조의2【정기주주총회 보고】 법 제43조의4제1항제2호에서 "대통령령으로 정하는 금액"이란 100억원을 말한다.(2023.8.22 본조신설)

제24조의3【정관변경 등의 보고】 ① 은행은 법 제47조 각 호의 어느 하나에 해당하는 경우에는 그 사실을 금융위원회에 지체 없이 보고하여야 한다. 다만, 법 제47조제7호에 해당하는 경우로서 금융위원회가 정하여 고시하는 자회사등에 유한책임사원으로 출자를 하는 경우에는 그 사실을 반기마다 보고할 수 있다.(2014.12.9 단서신설)
② 법 제47조제10호에서 "대통령령으로 정하는 행위를 한 때"란 다음 각 호의 어느 하나에 해당하는 때를 말한다.
1. 은행의 국외현지법인 또는 국외지점이 현지 감독기관으로부터 제재(미합중국 화폐 2천달러 미만의 금전 제재는 제외한다)를 받거나 금융사고가 발생하는 등 주요 변동사항이 있는 때(2022.5.9 본호개정)
2. 외국은행의 지점이 다음 각 목의 어느 하나에 해당할 때
가. 외국은행의 정관, 상호 및 자본금에 변동이 있을 때
나. 외국은행의 은행장이 해임되었을 때
다. 외국은행이 합병 또는 해산되었을 때
3. 영업의 일부를 양도하거나 양수하였을 때. 다만, 법 제55조제1항제3호에 따라 인가를 받았을 때는 제외한다.
4. 그 밖에 금융위원회가 정하여 고시하는 사항에 해당할 때
(2010.11.15 본조개정)

제24조의4【적립금 보유 등 요구】 법 제50조에서 "불건전한 자산을 위한 적립금의 보유 등 대통령령으로 정하는 조치"란 다음 각 호의 조치를 말한다.
1. 불건전한 자산을 위한 적립금의 보유
2. 자산의 장부가격의 변경
3. 가치가 없다고 인정되는 자산의 손실처리
(2010.11.15 본조개정)

제24조의5【약관의 변경 등】 ① 법 제52조제1항 단서에서 "대통령령으로 정하는 경우"란 다음 각 호의 어느 하나에 해당하는 경우를 말한다.
1. 금융거래와 관련된 약관(이하 "약관"이라 한다)의 제정으로서 기존 금융서비스의 제공 내용·방식·형태 등과 차별성이 있는 내용을 포함하는 경우
2. 은행이용자의 권리를 축소하거나 의무를 확대하기 위한 약관의 변경으로서 다음 각 목의 어느 하나에 해당하는 경우
가. 변경 전 약관을 적용받는 기존 이용자에게 변경된 약관을 적용하는 경우
나. 기존 금융서비스의 제공 내용·방식·형태 등과 차별성이 있는 내용을 포함하는 경우
3. 그 밖에 은행이용자 보호 등을 위하여 금융위원회가 정하여 고시하는 경우
② 제1항에도 불구하고 다음 각 호의 경우는 법 제52조제1항 단서에 따라 사전신고하는 경우에 해당하지 않는다.(2022.5.9 본문개정)
1. 법 제52조제1항에 따라 보고 또는 신고된 약관과 동일하거나 유사한 내용으로 약관을 제정하거나 변경하는 경우
2. 법 제44조에 따른 명령 또는 법 제52조제5항에 따른 변경권고에 따라 약관을 제정하거나 변경하는 경우
(2022.5.9 본호개정)
3. 「약관의 규제에 관한 법률」 제19조의3에 따른 표준약관의 제정 또는 변경에 따라 약관을 제정하거나 변경하는 경우
4. 법령의 제정 또는 개정에 따라 약관을 제정하거나 변경하는 경우
5. 그 밖에 이용자의 권리나 의무에 중대한 영향을 미칠 우려가 없다고 인정하는 경우로서 금융위원회가 정하여 고시하는 경우
(2019.12.31 본조신설)

제24조의6【금융거래상 중요 정보 제공】 ① (2021.3.23 삭제)
② 은행은 법 제52조의2제2항에 따라 예금자 등 은행이용자를 보호하고 금융분쟁의 발생을 방지하기 위하여 다음 각 호의 조치를 하여야 한다.
1. 금리, 계약 해지 및 예금자 보호에 관한 사항 등 은행이용자가 유의하여야 할 사항을 공시할 것
2. 금융거래(「금융소비자 보호에 관한 법률」에 따른 금융상품의 계약에 따른 거래는 제외한다) 단계별로 다음 각 목의 구분에 따라 해당 정보나 자료를 제공하고 그 내용을 설명할 것. 다만, 이미 체결된 계약과 같은 내용으로 계약을 갱신하는 경우 등 금융위원회가 정하여 고시하는 경우에는 정보나 자료의 제공 및 설명을 생략할 수 있다.(2021.3.23 본문개정)
가. 계약체결을 권유하는 경우 : 계약조건, 거래비용 등 계약의 주요 내용

나. 은행이용자가 청약하는 경우 : 약관
다. 계약을 체결하는 경우 : 계약 서류
③ 은행이용자(「금융소비자 보호에 관한 법률」에 따른 금융소비자는 제외한다)는 약관 및 계약서류에 대한 열람을 신청할 수 있다. 이 경우 은행은 정당한 사유가 없으면 이에 따라야 한다.(2021.3.23 전단개정)
④ 제2항 및 제3항에서 규정한 사항 외에 금융거래상 중요 정보 제공에 필요한 사항은 금융위원회가 정하여 고시한다.(2021.3.23 본항개정)
(2021.3.23 본조제목개정)
(2010.11.15 본조신설)
제24조의7【고객응대직원의 보호를 위한 조치】 법 제52조의4제1항제4호에서 "법적 조치 등 대통령령으로 정하는 조치"란 다음 각 호의 조치를 말한다.
1. 고객의 폭언이나 성희롱, 폭행 등(이하 "폭언등"이라 한다)이 관계 법률의 형사처벌규정에 위반된다고 판단되고 그 행위로 피해를 입은 직원이 요청하는 경우 : 관할 수사기관 등에 고발
2. 고객의 폭언등이 관계 법률의 형사처벌규정에 위반되지는 아니하나 그 행위로 피해를 입은 직원의 피해정도 및 그 직원과 다른 직원에 대한 장래 피해발생 가능성 등을 고려하여 필요하다고 판단되는 경우 : 관할 수사기관 등에 필요한 조치 요구
3. 직원이 직접 폭언등의 행위를 한 고객에 대한 관할 수사기관 등에 고소, 고발, 손해배상 청구 등의 조치를 하는 데 필요한 행정적, 절차적 지원
4. 고객의 폭언등을 예방하거나 이에 대응하기 위한 직원의 행동요령 등에 대한 교육 실시
5. 그 밖에 고객의 폭언등으로부터 직원을 보호하기 위하여 필요한 사항으로서 금융위원회가 정하여 고시하는 조치
(2016.6.28 본조신설)
제24조의8【기관전용 사모집합투자기구등에 대한 제재 등】 ① 법 제53조의2제3항제5호에서 "대통령령으로 정하는 조치"란 다음 각 호의 어느 하나에 해당하는 조치를 말한다.
1. 업무방법의 개선요구나 개선권고
2. 그 밖에 금융위원회가 법, 이 영, 그 밖의 관련 법령 등에 따라 할 수 있는 조치
② 법 제53조의2제4항제1호마목에서 "대통령령으로 정하는 조치"란 제1항 각 호의 어느 하나에 해당하는 조치를 말한다.
③ 법 제53조의2제4항제2호마목에서 "대통령령으로 정하는 조치"란 다음 각 호의 어느 하나에 해당하는 조치를 말한다.
1. 주의
2. 그 밖에 금융위원회가 법, 이 영, 그 밖의 관련 법령 등에 따라 할 수 있는 조치
④ 법 제53조의2제4항제3호바목에서 "대통령령으로 정하는 조치"란 다음 각 호의 어느 하나에 해당하는 조치를 말한다.
1. 경고
2. 그 밖에 금융위원회가 법, 이 영, 그 밖의 관련 법령 등에 따라 할 수 있는 조치
(2021.10.21 본조제목개정)
(2010.11.15 본조개정)
제24조의9【합병 등의 인가】 ① 금융위원회는 법 제55조제1항제1호에 따라 분할 또는 합병의 인가를 하려는 때에는 다음 각 호의 기준을 충족하는지를 심사하여야 한다.
1. 금융산업의 효율화와 신용질서의 유지에 지장을 주지 아니할 것
2. 분할 또는 합병에 따른 영업계획 및 조직운영계획이 적정할 것
3. 분할 또는 합병에 따른 은행의 소유구조 변경이 법령에 적합할 것
4. 「상법」 및 「자본시장과 금융투자업에 관한 법률」, 그 밖의 관계 법령에 따른 절차 이행에 하자가 없을 것
② 금융위원회는 법 제55조제1항제2호에 따라 해산 또는 은행업 폐지의 인가를 하려는 때에는 다음 각 호의 기준을 충족하는지를 심사하여야 한다.
1. 해당 은행의 경영 및 재무상태 등에 비추어 부득이할 것
2. 예금자 등 이용자 보호와 신용질서 유지에 지장을 주지 아니할 것
3. 「상법」 및 「자본시장과 금융투자업에 관한 법률」, 그 밖의 관계 법령에 따른 절차 이행에 하자가 없을 것
③ 법 제55조제1항제3호에 따른 영업양수의 인가에 관하여는 제1항을 준용하고 영업양도의 인가에 관하여는 제2항을 준용한다.
④ 금융위원회는 법 제55조제1항에 따른 인가의 세부요건·신청서류, 그 밖에 필요한 사항을 정할 수 있다.
⑤ 법 제55조제1항제2호에서 "대통령령으로 정하는 중요한 일부의 폐업"이란 은행업무 일부의 폐업으로서 다음 각 호의 어느 하나에 해당하는 폐업을 말한다.
1. 폐업하려는 업무에 속하는 자산의 합계액이 직전 사업연도 말 기준 재무제표(법 제41조제1항 본문의 연결재무제표를 작성하는 은행의 경우에는 연결재무제표를 말한다. 이하 이 조에서 같다)에 표시된 자산총액의 100분의 10 이상인 폐업
2. 폐업하려는 업무에 속하는 영업이익이 직전 사업연도말 기준 재무제표에 표시된 영업이익의 100분의 10 이상인 폐업
(2023.8.22 본항신설)
⑥ 법 제55조제1항제3호에서 "대통령령으로 정하는 중요한 일부의 양도·양수"란 은행업무, 부수업무 또는 겸영업무 일부의 양도·양수로서 다음 각 호의 어느 하나에 해당하는 양도·양수를 말한다.
1. 양도·양수하려는 업무에 속하는 자산의 합계액(직전 사업연도 말 기준 재무제표에 표시된 자산의 합계액과 양도·양수 계약서에 표시된 자산의 합계액 중 큰 금액을 말한다)이 직전 사업연도 말 기준 재무제표에 표시된 자산총액의 100분의 10 이상인 양도·양수
2. 양도·양수하려는 업무에 속하는 영업이익의 합계액이 직전 사업연도 말 기준 재무제표에 표시된 영업이익의 100분의 10 이상인 양도·양수
3. 양수하려는 업무에 속하는 부채의 합계액(직전 사업연도 말 기준 재무제표에 표시된 부채의 합계액과 양도·양수 계약서에 표시된 부채의 합계액 중 큰 금액을 말한다)이 직전 사업연도 말 기준 재무제표에 표시된 부채총액의 100분의 10 이상인 양수
(2023.8.22 본항개정)
(2010.11.15 본조개정)
제24조의10【외국은행의 지점 신설 등의 인가】 ① 금융위원회는 법 제58조제1항에 따라 외국은행의 지점·대리점의 신설인가를 하려는 때에는 해당 외국은행의 본점 및 대표자에 관한 사항을 확인하여야 한다.
② 금융위원회는 법 제58조제1항에 따라 외국은행의 지점·대리점의 폐쇄인가를 하려는 때에는 다음 각 호의 기준을 충족하는지를 심사하여야 한다.
1. 폐쇄에 따른 자산 및 부채의 정리계획이 적정하고 국내 예금자 등 채권자 보호에 지장을 주지 아니할 것
2. 내국인 근무 직원에 대한 퇴직금 지급 등의 조치계획이 적정할 것
③ 금융위원회는 법 제58조제1항에 따른 인가의 세부요건·인가신청서류, 그 밖에 필요한 사항을 정할 수 있다.
(2010.11.15 본조개정)
제25조【국내 보유 자산의 범위】 법 제62조제1항에 따라 외국은행의 지점이 국내에 보유하여야 하는 자산의 범위는 제26조에 따른 영업기금에 상당하는 자산으로 한다.
(2010.11.15 본조개정)
제26조【자본금의 의제】 법 제63조에 따라 외국은행의 지점에 대해서는 다음 각 호의 어느 하나에 해당하는 것으로서 금융위원회가 인정한 영업기금을 자본금으로 본다.
1. 외국은행의 지점 설치 및 영업행위를 위하여 그의 본점이 다음 각 목의 어느 하나에 해당하는 금융기관에 외화자금을 매각하여 해당 지점에 공급한 원화자금(2016.6.28 본문개정)
가. 「한국은행법」에 따른 한국은행
나. 「한국산업은행법」에 따른 한국산업은행
다. 「한국수출입은행법」에 따른 한국수출입은행
라. 「중소기업은행법」에 따른 중소기업은행
마. 「농업협동조합법」에 따른 농협은행
바. 「수산업협동조합법」에 따른 수협은행
사. 법 제8조에 따른 인가를 받은 은행
(2016.6.28 가목~사목신설)
2. 법 제40조에 따른 해당 외국은행의 지점 적립금에서 전입하는 자금
3. 외국은행의 지점을 추가로 설치하기 위하여 이미 국내에 설치된 외국은행의 지점 이월이익잉여금에서 전입하는 자금
4. 외국은행의 지점이 한국은행에 외화자금을 매각하여 조달한 원화자금
5. 외국은행의 본점 또는 국외지점으로부터 상환기간이 1년을 초과하는 조건으로 차입한 자금 중 국내에서 운용하는 자금
(2010.11.15 본조개정)
제26조의2【권한의 위탁】 ① 금융위원회는 법 제65조에 따라 별표3 각 호에 따른 권한을 금융감독원장에게 위탁한다.
② 금융감독원장은 제1항에 따라 위탁받은 업무의 처리 내용을 6개월마다 금융위원회에 보고하여야 한다. 다만, 금융위원회는 금융위원회가 정하여 고시하는 업무에 대해서는 보고 주기를 달리 정할 수 있다.
(2010.11.15 본조신설)
제26조의3【과징금의 부과기준 등】 ① 법 제65조의3에 따른 과징금의 부과기준은 별표3의2와 같다.(2017.10.17 본항신설)
② 금융위원회는 법 제65조의4에 따라 과징금을 부과하려는 때에는 그 위반행위의 종류와 해당 과징금의 금액을 구체적으로 밝혀 과징금을 낼 것을 서면으로 통지하여야 한다.
③ 제2항에 따라 통지를 받은 자는 통지받은 날부터 60일 이내에 금융위원회가 정하는 수납기관에 과징금을 내야 한다.(2017.10.17 본항개정)
④ 이 영에서 규정한 사항 외에 과징금의 부과에 필요한 사항은 금융위원회가 정하여 고시한다.
(2017.10.17 본조제목개정)
(2010.11.15 본조개정)
제26조의4【과징금의 납부기한 연기 및 분할 납부】 ① 금융위원회가 「행정기본법」 제29조 단서에 따라 법 제65조의7제1항에 따른 과징금의 납부기한을 연기하는 경우에는 그 납부기한의 다음 날부터 1년을 초과할 수 없다.
② 금융위원회가 「행정기본법」 제29조 단서에 따라 법 제65조의7제1항에 따른 과징금을 분할 납부하게 하는 경우 각 분할된 납부기한 간의 간격은 6개월 이내로 하며, 분할 납부의 횟수는 3회 이내로 한다.
③ 제1항 및 제2항에서 규정한 사항 외에 납부기한의 연기 또는 분할 납부의 신청서 등에 관하여 필요한 사항은 금융위원회가 정하여 고시한다.
(2023.12.12 본조개정)
제26조의5【가산금】 법 제65조의8제1항 전단에서 "대통령령으로 정하는 가산금"이란 체납된 과징금에 연 100분의 6을 적용하여 계산한 금액을 말한다.(2017.10.17 본조개정)
제26조의6【독촉】 ① 법 제65조의8제2항에 따른 독촉은 납부기한이 지난 후 15일 이내에 서면으로 하여야 한다.
② 제1항에 따라 독촉장을 발급하는 경우 체납된 과징금의 납부기한은 독촉장 발급일부터 10일 이내로 한다.
(2010.11.15 본조신설)
제26조의7【체납처분의 위탁】 ① 금융위원회는 법 제65조의8제3항에 따라 체납처분에 관한 업무를 국세청장에게 위탁할 때에는 다음 각 호의 서류를 첨부한 서면으로 하여야 한다.
1. 금융위원회의 의결서
2. 세입징수 결의서 및 고지서
3. 납부독촉장
② 국세청장은 제1항에 따라 체납처분 업무를 위탁받은 경우에는 그 사유가 발생한 날부터 30일 이내에 다음 각 호의 어느 하나에 해당하는 사항을 금융위원회에 서면으로 통보하여야 한다.
1. 체납처분에 관한 업무가 끝난 경우에는 그 업무가 끝난 일시와 그 밖에 필요한 사항
2. 금융위원회로부터 진행 상황에 대한 통보 요청을 받은 경우에는 그 진행 상황
(2010.11.15 본조개정)
제27조【환급가산금의 이율】 법 제65조의10제2항에서 "대통령령으로 정하는 가산금 이율"이란 은행의 1년 만기 정기예금 이자율을 고려하여 금융위원회가 정하여 고시하는 이율을 말한다.(2010.11.15 본조신설)
제28조【결손처분】 법 제65조의11제6호에서 "대통령령으로 정하는 사유"란 「채무자 회생 및 파산에 관한 법률」 제251조 본문에 따라 회생채권 등이 면책되는 것을 말한다.
(2010.11.15 본조신설)
제29조【민감정보 및 고유식별정보의 처리】 ① 금융위원회(제26조의2제1항 및 별표3에 따라 금융위원회의 권한을 위탁받은 자를 포함한다) 또는 금융감독원장은 다음 각 호의 사무를 수행하기 위하여 불가피한 경우 「개인정보 보호법 시행령」 제18조제2호에 따른 범죄경력자료에 해당하는 정보, 같은 법 시행령 제19조제1호 또는 제4호에 따른 주민등록번호 또는 외국인등록번호가 포함된 자료를 처리할 수 있다.
1. 법 제8조에 따른 은행업의 인가에 관한 사무
2. 법 제11조 및 이 영 제3조에 따른 신청서 등의 제출에 관한 사무
3. 법 제11조의2 및 이 영 제3조의2에 따른 예비인가에 관한 사무
4. 법 제15조, 이 영 제4조의2, 제8조에 따른 동일인 주식보유 한도 등에 관한 사무
5. (2014.2.11 삭제)
6. 법 제15조의3 및 이 영 제10조에 따른 기관전용 사모집합투자기구등의 주식보유에 관한 승인 등에 관한 사무
(2021.10.21 본호개정)
7. 법 제15조의4에 따른 기관전용 사모집합투자기구등의 보고사항에 관한 사무(2021.10.21 본호개정)
8. 법 제16조의2에 따른 비금융주력자의 주식보유제한 등에 관한 사무
9. 법 제16조의3에 따른 전환계획에 대한 평가 및 점검 등에 관한 사무
10. 법 제16조의4에 따른 한도초과보유주주등에 대한 적격성심사 등에 관한 사무
11. 법 제16조의5에 따른 외국은행등에 대한 특례에 관한 사무
12.～13. (2016.7.28 삭제)
14. 법 제35조에 따른 동일차주 등에 대한 신용공여의 한도에 관한 사무
15. 법 제35조의2 및 이 영 제20조의7에 따른 은행의 대주주에 대한 신용공여한도 등에 관한 사무(2016.6.28 본호개정)
16. 법 제35조의3에 따른 대주주가 발행한 자본증권의 취득한도 등에 관한 사무
17. 법 제35조의4에 따른 대주주의 부당한 영향력 행사의 금지에 관한 사무
18. 법 제35조의5에 따른 대주주에 대한 자료 제출 요구 및 이에 따른 사후조치 등에 관한 사무
19. 법 제37조 및 이 영 제21조에 따른 다른 회사 등에 대한 출자제한 등에 관한 사무

20. 법 제43조의2에 따른 업무보고서 등의 제출 등에 관한 사무
21. 법 제47조에 따른 정관변경 등의 보고에 관한 사무
22. 법 제48조에 따른 검사 및 이에 따른 사후조치 등에 관한 사무
23. 법 제48조의2에 따른 대주주등에 대한 검사 및 이에 따른 사후조치 등에 관한 사무
24. 법 제53조에 따른 은행에 대한 제재에 관한 사무
25. 법 제53조의2에 따른 기관전용 사모집합투자기구등에 대한 제재 등에 관한 사무(2021.10.21 본호개정)
26. 법 제54조에 따른 임직원에 대한 제재에 관한 사무
27. 법 제54조의2에 따른 퇴임한 임원 등에 대한 조치 내용의 통보에 관한 사무
28. 법 제55조 및 이 영 제24조의9에 따른 합병·해산·폐업의 인가에 관한 사무(2019.12.31 본호개정)
29. 법 제58조 및 이 영 제24조의10에 따른 외국은행의 은행업 인가 등에 관한 사무(2019.12.31 본호개정)
30. 법 제64조에 따른 청문에 관한 사무
31. 제4조에 따른 자료 제출 요구 등에 관한 사무
② 은행은 다음 각 호의 사무를 수행하기 위하여 불가피한 경우 「개인정보 보호법 시행령」 제19조제1호 또는 제4호에 따른 주민등록번호 또는 외국인등록번호가 포함된 자료를 처리할 수 있다.
1. 법 제27조의2제2항제4호에 따른 보호예수에 관한 사무
2. 법 제27조의2제2항제5호에 따른 수납 및 지급대행에 관한 사무
3. 법 제27조의2제2항제11호 및 이 영 제18조제1항제4호에 따른 부수업무에 관한 사무
3의2. 법 제33조의5 및 이 영 제19조의3부터 제19조의8까지의 규정에 따른 사채등의 등록 및 말소, 등록증명서의 발급 및 회수, 등록부의 작성·비치 및 관리에 관한 사무(2019.6.25 본호신설)
4. 법 제34조제2항제4호 및 이 영 제20조제1항제5호에 따른 경영의 건전성 확보를 위한 경영지도기준 준수에 관한 사무
5. (2021.3.23 삭제)
(2014.8.6 본항신설)
(2012.1.6 본조신설)
제30조【규제의 재검토】 금융위원회는 다음 각 호의 사항에 대하여 다음 각 호의 기준일을 기준으로 3년마다(매 3년이 되는 해의 기준일과 같은 날 전까지를 말한다) 그 타당성을 검토하여 개선 등의 조치를 해야 한다.(2022.3.8 본문개정)
1. 제18조의2제4항에 따른 겸영업무의 범위 : 2022년 1월 1일(2022.3.8 본호개정)
2. 제20조의4에 따른 신용위험을 공유하는 자의 범위 : 2014년 1월 1일(2016.6.28 본호개정)
3. 제21조의2에 따른 은행의 증권에 대한 투자한도 및 업무용 부동산의 범위 등 : 2014년 1월 1일
(2013.12.30 본조신설)
제31조【과태료의 부과기준】 법 제69조제1항부터 제5항까지에 따른 과태료의 부과기준은 별표4와 같다.
(2020.8.19 본조개정)

부 칙 (2010.11.15)

제1조【시행일】 이 영은 2010년 11월 18일부터 시행한다.
제2조【광고에 대한 준법감시인 사전확인에 관한 적용례】 제24조의5제1항제4호의 개정규정은 이 영 시행 후 최초로 행하는 은행상품의 광고부터 적용한다.
제3조【외국어 상호 사용 제한에 관한 경과조치】 이 영 시행 당시 제3조의4를 위반하여 상호를 사용하고 있는 자는 이 영 시행일부터 6개월까지는 그 상호를 사용할 수 있다.
제4조【다른 법령의 개정】 ①~⑮ ※(해당 법령에 가제정리 하였음)
제5조【다른 법령과의 관계】 이 영 시행 당시 다른 법령에서 종전의 「은행법 시행령」의 규정을 인용한 경우에 이 영 가운데 그에 해당하는 규정이 있으면 종전의 규정을 갈음하여 이 영의 해당 규정을 인용한 것으로 본다.

부 칙 (2017.10.17)

제1조【시행일】 이 영은 2017년 10월 19일부터 시행한다. 다만, 제1조의5제1항제1호의 개정규정 및 부칙 제3조는 공포한 날부터 시행한다.
제2조【과징금의 부과기준에 관한 적용례】 제26조의3제1항 및 별표3의2의 개정규정은 이 영 시행 이후 위반행위를 하는 경우부터 적용한다.
제3조【다른 법령의 개정】 ※(해당 법령에 가제정리 하였음)

부 칙 (2019.6.11)

이 영은 2019년 6월 12일부터 시행한다.

부 칙 (2019.6.25)

제1조【시행일】 이 영은 2019년 9월 16일부터 시행한다.(이하 생략)

부 칙 (2019.12.31)

이 영은 2020년 1월 1일부터 시행한다.

부 칙 (2020.8.4)

제1조【시행일】 ① 이 영은 2020년 8월 5일부터 시행한다.(이하 생략)

부 칙 (2020.8.19)

이 영은 2020년 8월 20일부터 시행한다.

부 칙 (2021.2.17)

제1조【시행일】 이 영은 공포한 날부터 시행한다.(이하 생략)

부 칙 (2021.3.23)

제1조【시행일】 이 영은 2021년 3월 25일부터 시행한다.(이하 생략)

부 칙 (2021.9.29)

이 영은 공포한 날부터 시행한다.

부 칙 (2021.10.21)

제1조【시행일】 이 영은 2021년 10월 21일부터 시행한다.(이하 생략)

부 칙 (2021.12.28)

제1조【시행일】 이 영은 2021년 12월 30일부터 시행한다.(이하 생략)

부 칙 (2022.3.8)

이 영은 공포한 날부터 시행한다.

부 칙 (2022.5.9)

제1조【시행일】 이 영은 공포한 날부터 시행한다. 다만, 제24조의4제2항제2호의 개정규정과 별표3의 개정규정 중 같은 표 제28호의4, 제28호의5, 제33호의2, 제34호의2, 제40호 및 제46호의2를 개정하는 부분은 2022년 6월 8일부터 시행한다.
제2조【주식보유상황 등의 보고 기간 연장에 따른 적용례】 제4조의2제3항의 개정규정은 이 영 시행일 전에 법 제15조제2항에 따른 보고 사유가 발생한 경우(은행의 주식을 취득하거나 매각하지 않았음에도 불구하고 보고 사유에 해당하게 된 경우에는 그 사유에 해당하게 된 사실을 안 경우를 말한다)로서 이 영 시행 당시 종전의 제4조의2제3항에 따른 보고 기간의 만료일이 이 영 시행 이후인 경우에도 적용한다.

부 칙 (2022.12.27)
(2023.5.16)

제1조【시행일】 이 영은 공포한 날부터 시행한다.(이하 생략)

부 칙 (2023.8.22)

제1조【시행일】 이 영은 2023년 9월 22일부터 시행한다.
제2조【은행업 일부 폐업 등의 인가에 관한 적용례】 ① 제24조의9제5항의 개정규정은 이 영 시행 이후 은행이 은행업무의 일부를 폐업하기 위하여 이사회의 의결을 거치는 경우부터 적용한다.
② 제24조의9제6항의 개정규정 중 부수업무 일부의 양도·양수에 관한 부분은 이 영 시행 이후 은행이 부수업무의 일부를 양도·양수하기 위하여 이사회의 의결을 거치는 경우부터 적용한다.
③ 제24조의9제6항의 개정규정은 이 영 시행 전에 종전의 규정에 따라 은행업무 또는 겸영업무의 일부를 양도·양수하기 위하여 인가를 신청한 경우에도 적용한다.

부 칙 (2023.12.12)

이 영은 공포한 날부터 시행한다.

[별표] ➡ 「法典 別冊」 參照

이중상환청구권부 채권 발행에 관한 법률(약칭 : 이중상환채권법)

(2014년 1월 14일
법 률 제12264호)

개정
2016. 5.29법14242호(수협)
2017.11.28법15147호 2018. 3.13법15471호
2021. 4.20법18127호

제1장 총 칙

제1조【목적】 이 법은 금융회사등의 이중상환청구권부 채권의 발행에 관한 사항과 이중상환청구권부 채권의 투자자 보호에 관한 사항을 정함으로써 금융회사등의 안정적인 장기자금 조달과 가계부채 구조개선을 통하여 금융시장 및 국민경제의 건전한 발전에 이바지함을 목적으로 한다.
제2조【정의】 이 법에서 사용하는 용어의 뜻은 다음과 같다.
1. "금융회사등"이란 다음 각 목의 어느 하나에 해당하는 자를 말한다.
가. 「은행법」에 따른 인가를 받아 설립된 은행
나. 「한국산업은행법」에 따른 한국산업은행
다. 「한국수출입은행법」에 따른 한국수출입은행
라. 「중소기업은행법」에 따른 중소기업은행
마. 「농업협동조합법」에 따른 농협은행
바. 「수산업협동조합법」에 따른 수협은행(2016.5.29 본목개정)
사. 「한국주택금융공사법」에 따른 한국주택금융공사(이하 "한국주택금융공사"라 한다)
아. (2017.11.28 삭제)
자. 그 밖에 다른 법률에 따라 금융업무를 하는 회사로서 대통령령으로 정하는 회사
2. "적격 발행기관"이란 제1호의 자 중 제4조에 따른 요건을 갖춘 자로서 이 법에 따른 이중상환청구권부 채권을 발행할 수 있는 자를 말한다.
3. "이중상환청구권부 채권"(커버드본드, Covered Bond)이란 발행기관에 대한 상환청구권과 함께 발행기관이 담보로 제공하는 기초자산집합에 대하여 제3자에 우선하여 변제받을 권리를 가지는 채권으로서 이 법에 따라 발행되는 것을 말한다.
4. "기초자산집합"(커버풀, Cover Pool)이란 이중상환청구권부 채권의 원리금 상환을 담보하는 자산으로서 제5조에 따라 구성되어 제6조제1항제2호에 따라 등록된 것을 말한다.
제3조【다른 법률과의 관계】 ① 이 법에 따라 발행된 이중상환청구권부 채권에 관하여는 「담보부사채신탁법」의 규정을 적용하지 아니한다.
② 이 법은 적격 발행기관의 이중상환청구권부 채권의 발행에 관하여는 「은행법」, 「상법」 및 「자본시장과 금융투자업에 관한 법률」에 우선하여 적용한다.

제2장 발행 및 등록

제4조【적격 발행기관의 요건】 ① 이중상환청구권부 채권을 발행하려는 금융회사등은 다음 각 호의 적격 발행기관 요건을 모두 갖추어야 한다.
1. 직전 회계연도 말 자본금이 1천억원 이상일 것
2. 다음 각 목의 구분에 따른 건전한 재무상태에 관한 기준을 갖출 것
가. 제2조제1호가목부터 바목까지의 금융회사등 : 직전 회계연도 말 국제결제은행의 기준에 따른 위험가중자산에 대한 자기자본비율이 100분의 10 이상일 것
나. 제2조제1호자목의 금융회사등 : 영위하는 금융업무의 특성을 고려하여 대통령령으로 정하는 기준
3. 이중상환청구권부 채권의 발행과 관련한 위험을 스스로 관리하고 통제할 수 있는 절차와 수단을 갖출 것
4. 그 밖에 국내 금융시장의 안정과 이중상환청구권부 채권 투자자 보호를 위하여 대통령령으로 정하는 요건을 갖출 것
② 제1항의 적격 발행기관 요건에 관하여 필요한 세부사항은 대통령령으로 정한다.
제5조【기초자산집합의 적격요건】 ① 이중상환청구권부 채권의 담보가 되는 기초자산집합은 다음 각 호의 자산으로 구성된다.
1. 기초자산
가. 다음의 요건을 모두 충족하는 주택담보대출채권
1) 「주택법」 제2조제1호에 따른 주택을 담보로 하는 대출일 것
2) 담보인정비율(주택 담보가치 대비 대출비율을 말한다)이 100분의 70 이하인 대출로서 총부채 상환비율(채무자의 연간 소득 대비 연간 대출 원리금 상환액의 비율을 말한다)과 관련된 요건 등 대출의 위험 관리를 위하여 대통령령으로 정하는 요건을 충족할 것
3) 「채무자 회생 및 파산에 관한 법률」에 따른 파산절차(이하 "파산절차"라 한다) 또는 회생절차(이하 "회

생절차"라 한다)가 신청되거나 개시된 자 또는 「기업구조조정 촉진법」에 따른 채권금융기관, 채권은행의 공동관리 또는 주채권은행에 의한 관리절차(이하 "기업구조조정 관리절차"라 한다)가 신청되거나 개시된 자에 대한 대출이 아닐 것
나. 국가, 지방자치단체 또는 법률에 따라 직접 설립된 법인에 대한 대출채권
다. 국채증권, 지방채증권 또는 특수채증권(법률에 따라 직접 설립된 법인이 발행한 채권을 말한다)
라. 선박, 항공기를 담보로 하는 대출채권으로서 담보인정비율 등 대출의 위험관리를 위하여 대통령령으로 정하는 요건을 갖춘 채권
마. 그 밖에 현금의 흐름을 안정적으로 확보할 수 있는 우량자산으로서 대통령령으로 정하는 자산
2. 유동성 자산
가. 현금(제3호에 따라 기초자산집합에 포함되는 현금은 제외한다)
나. 다른 금융회사등이 발행한 만기 100일 이내의 양도성예금증서
다. 그 밖에 3개월 이내에 현금으로 쉽게 전환할 수 있는 자산으로서 대통령령으로 정하는 자산
3. 그 밖의 자산
가. 제1호 및 제2호의 자산으로부터의 회수금
나. 제1호 및 제2호의 자산의 관리, 운용 및 처분에 따라 취득한 금전과 그 밖의 재산권
다. 이중상환청구권부 채권 발행계획(이하 "발행계획"이라 한다)에 따라 환율 또는 이자율의 변동, 그 밖에 기초자산집합과 관련한 위험을 회피하기 위하여 체결한 파생상품 거래로 인하여 취득하는 채권
② 적격 발행기관이 제6조에 따라 등록한 기초자산집합의 평가총액은 이중상환청구권부 채권의 총채권액(상환된 금액은 제외한다)의 100분의 105 이상(이하 "최소담보비율"이라 한다)이어야 한다.
③ 유동성 자산은 기초자산집합 평가총액의 100분의 10을 초과할 수 없다.
④ 금융위원회는 기초자산이 특정 금리체계로 편중되지 아니하도록 대통령령으로 정하는 바에 따라 그 구성을 제한할 수 있다.
⑤ 기초자산집합에 포함되는 각 자산별 구체적인 평가기준 및 방법 등은 대통령령으로 정한다.

제6조【이중상환청구권부 채권의 등록 등】 ① 이중상환청구권부 채권을 발행하려는 금융회사등은 다음 각 호의 사항을 금융위원회에 등록하여야 한다.
1. 발행계획에 관한 사항
가. 이중상환청구권부 채권을 발행하는 금융회사등(이하 "발행기관"이라 한다)의 명칭, 소재지, 임원 및 대통령령으로 정하는 주요 주주에 관한 사항
나. 자본금, 재무상태표 등 제4조에 따른 적격 발행기관 요건에 관한 사항(2021.4.20 본목개정)
다. 발행 시기, 발행 총액, 금리, 만기 등 발행조건에 관한 사항
라. 발행기관의 자금조달과 자금운용 구조, 이중상환청구권부 채권 발행을 통하여 조달한 자금의 운용계획(발행기관의 안정적인 자금 확보 또는 가계부채 구조 개선 등에 적합할 것)에 관한 사항
마. 그 밖에 발행계획에 관한 사항으로서 대통령령으로 정하는 사항
2. 기초자산집합에 관한 사항
가. 기초자산의 종류와 명세
나. 유동성 자산의 종류와 명세
다. 제5조제1항제3호다목에 해당하는 파생상품 거래계약의 종류와 명세
라. 기초자산집합에 포함되는 자산의 평가총액과 평가내용
마. 이중상환청구권부 채권의 총채권액(상환된 금액은 제외한다)에 대한 기초자산집합의 유지 비율(이하 "담보유지비율"이라 한다)
바. 기초자산집합의 관리·유지 방법
사. 기초자산집합의 처분 사유 및 방법
아. 수탁관리인에 관한 사항(기초자산집합에 대한 수탁관리인을 선임한 경우만 해당한다)
자. 기초자산집합 감시인에 관한 사항
차. 그 밖에 기초자산집합에 관한 사항으로서 대통령령으로 정하는 사항
② 발행기관은 발행계획 또는 기초자산집합에 관한 사항을 변경하는 경우에도 금융위원회에 미리 등록하여야 한다. 다만, 이중상환청구권부 채권의 상환에 영향을 미치지 아니하는 것으로서 대통령령으로 정하는 경미한 사항을 변경하는 경우에는 변경한 날부터 7일 이내에 금융위원회에 보고하여야 한다.
③ 금융위원회는 발행기관이 다음 각 호의 어느 하나에 해당하는 경우에는 제1항 및 제2항의 등록·변경등록을 거부하거나 발행계획 또는 기초자산집합에 관한 사항을 변경할 것을 요구할 수 있다. 이 경우 금융위원회는 등록신청서류의 제출일부터 10일 이내에 그 사유를 구체적으로 명시한 서면으로 통보하여야 한다.
1. 등록신청서류를 거짓으로 작성하거나 필요한 사항을 적지 아니한 경우
2. 발행기관이 제4조에 따른 요건을 갖추지 못한 경우
3. 제5조제1항에 따른 기초자산집합의 구성요건을 갖추지 못한 경우
4. 제5조제2항에 따른 최소담보비율을 충족하지 못한 경우
5. 제5조제3항을 위반하여 유동성 자산이 기초자산집합 평가총액의 100분의 10을 초과한 경우
6. 제5조제4항에 따라 제한되는 금리 구성비율을 충족하지 못한 경우
7. 제5조제5항에 따른 평가 기준 및 방법을 위반하여 기초자산집합에 포함되는 자산을 평가한 경우
8. 제7조제1항에 따른 발행한도를 초과하는 경우
9. 제8조제5항 후단에 따른 자격요건을 갖추지 아니한 수탁관리인을 선임한 경우
10. 제9조제1항을 위반하여 기초자산집합 감시인을 선임하지 아니하거나 같은 조 제2항에 따른 자격요건을 갖추지 아니한 기초자산집합 감시인을 선임한 경우
11. 그 밖에 발행계획 및 기초자산집합의 구성이 이 법 및 금융관계 법률에 위반되는 사항을 포함하거나 발행기관의 건전성, 금융시장의 안정 또는 투자자 보호를 해칠 우려가 있다고 인정하는 경우
④ 금융위원회는 발행기관이 제출한 제1항 및 제2항의 등록·변경등록에 관한 서류를 일반인이 열람할 수 있도록 제공하고 공시하여야 한다.
⑤ 발행기관이 제1항에 따라 이중상환청구권부 채권을 금융위원회에 등록하는 경우 등록신청서류 제출일에 「자본시장과 금융투자업에 관한 법률」 제119조에 따른 증권신고서가 금융위원회에 제출되어 수리된 것으로 보고, 대통령령으로 정하는 기간이 경과한 날에 효력이 발생한다. 다만, 제3항에 따라 금융위원회가 등록을 거부하거나 그 내용의 변경을 요구한 경우에는 그러하지 아니하다.
⑥ 발행기관이 이중상환청구권부 채권의 발행 이전에 제2항에 따른 변경등록을 하는 경우 변경등록신청서 제출일에 「자본시장과 금융투자업에 관한 법률」 제122조에 따른 정정신고서가 금융위원회에 제출되어 수리된 것으로 보고, 대통령령으로 정하는 기간이 경과한 날에 효력이 발생한다. 다만, 제3항에 따라 금융위원회가 등록을 거부하거나 그 내용의 변경을 요구한 경우에는 그러하지 아니하다.
⑦ 발행계획과 기초자산집합의 등록, 변경등록, 열람 및 공시 등에 관한 방법과 절차는 대통령령으로 정한다.

제7조【발행한도 등】 ① 제6조에 따라 발행계획 및 기초자산집합에 관한 사항을 등록한 발행기관은 발행예정일 직전 회계연도 말 총자산의 100분의 8 이하의 범위에서 대통령령으로 정하는 한도로 이중상환청구권부 채권을 발행할 수 있다.
② 이중상환청구권부 채권에는 다음 각 호의 조건이 명시되어야 한다.
1. 이중상환청구권부 채권의 만기
2. 기초자산집합의 종류와 액면가액 총액
3. 담보유지비율
③ 발행기관은 이중상환청구권부 채권을 발행하였을 때에는 지체 없이 발행 세부내역 및 기초자산집합에 관한 사항을 인터넷 홈페이지에 공시하고, 금융위원회에 발행사실을 보고하여야 한다.

제3장 기초자산집합의 관리

제8조【기초자산집합의 관리·유지】 ① 발행기관은 기초자산집합을 다른 발행계획으로 등록된 이중상환청구권부 채권의 기초자산집합 또는 발행기관의 다른 자산과 구분하여 관리하여야 한다.
② 발행기관은 기초자산집합의 관리에 관한 장부를 따로 작성하고 갖춰 두어야 한다.
③ 발행기관은 기초자산집합의 평가총액이 담보유지비율 이하로 내려갈 것으로 예상되거나 기초자산집합에 포함되는 자산이 제5조에 따른 기초자산집합의 적격요건(이하 "자산의 적격요건"이라 한다)을 충족하지 못하는 경우 지체 없이 기초자산 및 유동성 자산을 추가하거나 교체하여 담보유지비율과 자산의 적격요건을 준수하여야 한다. 이 경우 해당 자산이 추가되거나 교체될 때까지 해당 자산은 기초자산집합을 구성하는 것으로 본다.
④ 발행기관은 기초자산집합의 평가총액이 담보유지비율을 초과하는 경우에는 기초자산집합 감시인의 서면동의를 받은 후 담보유지비율을 준수하는 범위에서 발행계획에 따라 기초자산집합에 포함되는 자산 일부의 등록을 해지(解止)할 수 있다.
⑤ 발행기관은 제1항부터 제4항까지의 규정에 따른 기초자산집합의 관리와 투자자 보호를 위한 업무를 수행하기 위하여 수탁관리인을 선임할 수 있다. 이 경우 수탁관리인은 제9조제2항에 따른 기초자산집합 감시인의 자격요건을 갖추어야 한다.
⑥ 발행기관, 수탁관리인 또는 제9조에 따라 선임된 기초자산집합 감시인은 기초자산집합의 관리를 위하여 필요한 경우에는 대통령령으로 정하는 범위에서 일시적인 차입을 할 수 있다.
⑦ 기초자산집합의 관리·유지 방법과 절차, 수탁관리인의 선임절차 등에 관하여 필요한 사항은 대통령령으로 정한다.

제9조【기초자산집합 감시인의 선임 및 자격요건 등】 ① 발행기관은 기초자산집합의 적격성을 독립적으로 감시하기 위하여 금융위원회의 승인을 얻어 기초자산집합 감시인(이하 "감시인"이라 한다)을 선임하여야 한다.
② 감시인은 다음 각 호의 요건을 모두 충족한 자이어야 한다.
1. 다음 각 목의 어느 하나에 해당하는 자일 것
가. 「상법」 제480조의3에 따른 사채관리회사 자격을 갖춘 자
나. 한국주택금융공사(발행기관이 한국주택금융공사인 경우는 제외한다)
다. 감시인의 의무를 이행하는 데 필요한 다음 전문인력을 포함하여 5명 이상의 관리인력을 갖춘 법인으로서 자본금이 10억원 이상인 법인
1) 변호사, 공인회계사 또는 감정평가사 2명 이상
2) 채권관리, 유가증권발행 등 금융위원회가 정하여 고시하는 이중상환청구권부 채권 발행 관련 업무를 수행한 경력이 있는 사람 1명 이상
라. 가목부터 다목까지의 규정에 준하는 자격이 있다고 인정되는 자로서 대통령령으로 정하는 자
2. 다음 각 목의 결격사유에 해당하지 아니할 것
가. 발행기관이 제2조제1호가목부터 사목까지의 금융회사등인 경우 : 「은행법」 제2조제1항제8호의 특수관계인(최근 3년 이내에 특수관계인이었던 자를 포함한다)(2017.11.28 본목개정)
나. 발행기관이 제2조제1호자목의 금융회사등인 경우 : 영위하는 금융업무의 특성을 고려하여 대통령령으로 정하는 결격사유
③ 감시인은 이중상환청구권부 채권의 총채권액(상환된 금액은 제외한다. 이하 이 조에서 "총채권액"이라 한다)의 100분의 75 이상을 보유하는 채권자의 동의를 받아 사임할 수 있다.
④ 발행기관은 감시인이 다음 각 호의 어느 하나에 해당하는 경우 금융위원회의 승인 또는 총채권액의 100분의 75 이상을 보유하는 채권자의 동의를 받아 감시인을 해임할 수 있다.
1. 제9조에 따른 자격요건을 상실하게 된 경우
2. 제10조에 따른 의무를 위반한 경우
3. 제11조에 따른 업무를 성실히 수행하지 아니한 경우
4. 그 밖에 기초자산집합의 적격성을 독립적으로 감시하기에 적합하지 아니한 경우
⑤ 발행기관은 금융위원회 또는 총채권액의 100분의 75 이상을 보유하는 채권자가 제5항 각 호의 어느 하나에 해당하는 사유로 감시인의 해임을 요구하는 경우 감시인을 해임하여야 한다.
⑥ 감시인이 사임하거나 해임되는 경우 발행기관은 지체 없이 감시인을 재선임하여야 한다. 이 경우 감시인 선임에 관한 규정을 준용한다.
⑦ 사임하거나 해임된 감시인은 새로운 감시인이 선임될 때까지 기초자산집합 감시인의 업무를 수행하여야 한다.
⑧ 감시인의 보수는 발행기관이 지급한다.

제10조【감시인의 권한 및 의무】 ① 감시인은 제13조제3항의 우선변제권자를 위하여 기초자산집합의 관리·유지 및 처분에 필요한 재판상 또는 재판 외의 모든 행위를 할 권한이 있다.
② 제13조제3항에 따라 기초자산집합을 처분하는 경우 기초자산집합은 감시인의 고유재산을 구성하지 아니하며, 감시인은 이를 구분하여 관리하여야 한다.
③ 제13조제3항에 따라 기초자산집합을 처분하는 경우 감시인은 선량한 관리자의 주의로써 기초자산집합을 관리·유지 및 처분하여야 하며, 제13조제3항의 우선변제권자의 이익을 보호하여야 한다.

제11조【감시인의 업무】 ① 감시인은 다음 각 호의 업무를 수행한다.
1. 기초자산집합에 대한 회계감사
2. 기초자산집합에 포함되는 자산의 적격요건 및 담보유지비율 유지 여부에 대한 실사·평가
3. 발행기관의 발행계획 및 관계법규 준수 여부에 대한 점검·평가
4. 발행기관의 기초자산집합에 대한 관리가 제13조제3항의 우선변제권자의 권리를 침해하는 요인이 없는지에 대한 점검
5. 제1호부터 제4호까지의 업무와 관련하여 발행기관의 기초자산집합 관리·유지 및 우선변제권자 보호에 부적절한 사항이 있는 경우 발행기관에 대한 시정 요구
6. 제1호부터 제5호까지의 업무와 관련하여 수탁관리인에 대한 업무의 지시·감독(기초자산집합에 대한 수탁관리인을 선임한 경우만 해당한다)
7. 기초자산집합의 처분, 경매신청, 그 밖의 권리행사 등 제13조에 따른 우선변제권의 실행을 위하여 필요한 재판상 또는 재판 외의 행위 전부
② 감시인은 제1항제1호부터 제7호까지의 업무 수행에 관한 보고서를 분기별로 작성하여 대통령령으로 정하는 바에 따라 금융위원회에 제출하고, 이를 발행기관 및 열람을 요청하는 우선변제권자에게 제공하여야 한다.
③ 감시인은 발행기관에 대하여 제1항의 업무수행을 위하여 필요한 자료를 제공해 줄 것을 요청할 수 있다.
④ 「예금자보호법」 제3조에 따른 예금보험공사는 발행기관에 대하여 파산절차가 개시되는 경우 감시인에 대하여 제1항의 업무 수행과 관련한 자료를 요청할 수 있으며, 발행기관의 예금자 등 일반 채권자 보호를 위하여 필요

한 경우 감시인에 대하여 업무의 시정을 권고할 수 있다.
⑤ 예금보험공사는 감시인이 정당한 사유없이 제4항에 따른 시정권고를 이행하지 아니한 경우 금융위원회에 그 시정을 요청할 수 있고, 금융위원회는 해당 사실에 대한 조사 등을 통해서 그 이행을 명령할 수 있다.

제12조【기초자산집합의 파산절연 등】 ① 발행기관이 파산하거나 회생절차가 개시되는 경우 발행기관의 기초자산집합은 발행기관의 파산재단 또는 회생절차의 관리인이 관리 및 처분 권한을 가지는 채무자의 재산을 구성하지 아니한다.
② 발행기관의 기초자산집합은 강제집행(제13조제3항에 따라 우선변제권자의 우선변제를 위하여 강제집행하는 경우는 제외한다), 「채무자 회생 및 파산에 관한 법률」에 따른 보전처분, 중지명령 또는 포괄적 금지명령의 대상이 되지 아니한다.
③ 발행기관에 대하여 기업구조조정 관리절차가 개시된 경우 발행기관의 기초자산집합은 관리대상이 되는 재산을 구성하지 아니한다.
④ 발행기관에 대한 회생절차 또는 기업구조조정 관리절차에 따라 채무의 면책·조정·변경이나 그 밖의 제한이 이루어진 경우에도 제13조에 따른 우선변제권에는 영향을 미치지 아니한다.
⑤ 발행기관은 이중상환청구권부 채권의 상환되지 아니한 잔액이 존속하는 한 이 법에서 정하는 경우를 제외하고는 기초자산집합을 처분하거나 다른 채무에 대한 담보로 제공해서는 아니 되며, 이를 위반한 처분 또는 담보제공은 제13조제3항의 우선변제권자에 대해서는 효력이 없다.

제4장 우선변제권 및 이중상환청구권 등

제13조【우선변제권】 ① 이중상환청구권부 채권(원금에 대한 이자, 지연이자 채권과 채무불이행으로 인한 손해배상채권을 포함한다. 이하 같다)의 소지자는 기초자산집합으로부터 제3자에 우선하여 변제받을 권리(이하 "우선변제권"이라 한다)를 가진다.
② 다음 각 호의 채권을 보유하는 자는 이중상환청구권부 채권 소지자와 동일한 우선변제권을 가진다.
1. 제5조제1항제3호다목과 관련된 파생상품거래에서 거래상대방이 발행기관에 대하여 가지는 채권
2. 이중상환청구권부 채권의 상환·유지 및 관리와 기초자산집합의 관리·처분 및 집행을 위한 비용채권
3. 감시인의 보수채권
③ 감시인은 다음 각 호의 경우에 제6조에 따라 등록한 기초자산집합의 처분방법에 따라 기초자산집합을 처분하여 이중상환청구권부 채권 소지자 및 제2항 각 호의 권리를 보유하는 자(이하 "우선변제권자"라 한다)의 채권 변제에 충당할 수 있다.
1. 발행기관이 지급기일에 우선변제권자의 채권의 전부 또는 일부를 변제하지 못하는 경우
2. 제6조에 따라 등록한 기초자산집합의 처분사유가 발생한 경우
3. 우선변제권자의 채권에 대한 기한 이익 상실 사유가 발생한 경우
④ 우선변제권자가 우선변제권에 따라 채권 원리금의 전부 또는 일부를 변제받지 못한 경우에는 발행기관의 다른 재산으로부터 변제받을 수 있으며, 그 변제받지 못한 채권의 범위에서 발행기관의 파산절차나 회생절차에 참여할 수 있다.
⑤ 발행기관의 다른 재산에 대하여 기초자산집합보다 먼저 파산절차를 통한 배당 또는 회생절차를 통한 변제가 실시되는 경우에 우선변제권자는 이중상환청구권부 채권의 총채권액(상환된 금액은 제외한다)으로 해당 절차에 참여하여 배당을 받거나 변제받을 수 있다. 이 경우 다른 채권자는 우선변제권자에게 그 배당 또는 변제 금액의 공탁(供託)을 청구할 수 있다.
⑥ 감시인은 기초자산집합으로부터 회수하거나 기초자산집합의 처분 또는 집행으로 취득한 금원(金員) 중 우선변제권자의 채권 변제에 충당한 후 잔여분이 있는 경우에는 발행기관, 파산관재인이나 회생절차 관리인(발행기관에 대한 파산절차나 회생절차가 개시된 경우에 해당한다)에게 이전하여야 한다.

제14조【이중상환청구권】 우선변제권자는 우선변제권에도 불구하고 지급기일에 발행기관에 대하여 그 채권의 지급을 청구할 수 있으며, 발행기관은 우선변제권을 이유로 그 지급의 전부 또는 일부를 거절하거나 유예하지 못한다.

제15조【대항요건의 특례】 ① 발행기관 또는 감시인은 제13조제3항 각 호의 사유가 발생한 경우에 기초자산집합의 등록사실과 감시인의 처분권한에 관한 내용(이하 "등록사실등"이라 한다)을 해당 기초자산집합에 포함되는 채권의 채무자에게 통지하거나 채무자가 승낙하지 아니하면 등록사실등에 관하여 채무자에게 대항하지 못한다. 다만, 발행기관 또는 감시인이 채무자에게 다음 각 호의 어느 하나에 해당하는 주소로 2회 이상 내용증명우편으로 등록사실등에 대한 통지를 발송하였으나 소재 불명 등으로 반송된 때에는 채무자의 주소지를 주된 보급지역으로 하는 2개 이상의 일간신문(전국을 보급지역으로 하는 일간신문이 1개 이상 포함되어야 한다)과 발행기관의 인터넷 홈페이지에 등록사실등을 공고함으로써 그 공고일에 통지를 한 것으로 본다.
1. 제6조에 따라 등록한 기초자산집합에 관한 등록서류에 적혀 있는 채무자의 주소(등기부에 적혀 있는 주소가 채무자의 최후의 주소가 아닌 경우 발행기관 또는 감시인이 채무자의 최후의 주소를 알고 있을 때에는 그 최후의 주소를 말한다)
2. 제6조에 따라 등록한 기초자산집합에 관한 등록서류에 채무자의 주소가 적혀 있지 아니한 경우로서 발행기관 또는 감시인이 채무자의 최후의 주소를 알고 있을 때에는 그 최후의 주소
② 제1항에 따른 채무자에 대한 통지 또는 채무자의 승낙이 있는 경우 등록사실등에 관하여 승낙·통지의 효과와 금반언(禁反言)에 관한 「민법」 제451조 및 제452조의 규정을 준용한다. 이 경우 발행기관을 양도인으로, 감시인을 양수인으로 본다.
③ 기초자산집합에 대하여 제6조에 따른 등록을 한 때에는 해당 기초자산집합에 포함되는 채권의 채무자 외의 제3자에 대하여 해당 채권의 등록사실등에 관하여 「민법」 제450조제2항에 따른 대항요건을 갖춘 것으로 본다.

제16조【근저당권 관련 특례】 ① 근저당권으로 담보된 채권이 기초자산집합의 기초자산으로 등록된 경우 등록 이후에 해당 근저당권에 따라 담보되는 채권이 추가로 발생하게 된 때에는 기초자산집합으로 등록된 채권이 등록 이후 발생된 채권보다 해당 근저당권의 실행, 변제충당 및 그 밖의 권리의 실행에 있어서 우선한다.
② 기초자산집합에 포함된 기초자산으로서 근저당권으로 담보된 채권을 이 법에서 정하는 바에 따라 처분하는 경우에는 해당 근저당권으로 담보된 채권의 원본 확정 전에 그 피담보채권과 함께 해당 근저당권을 양도할 수 있다.

제5장 공시 및 감독

제17조【위험 관리 및 공시】 ① 발행기관은 이중상환청구권부 채권의 발행 및 상환과 관련한 별도의 위험 관리 기준 및 절차(이하 "위험관리체계"라 한다)를 마련하여야 한다.
② 발행기관은 제1항의 위험관리체계에 따라 다음 각 호의 사항에 대하여 분기마다 1회 이상 점검하여야 한다.
1. 이중상환청구권부 채권의 총채권액(상환된 금액은 제외한다) 및 만기
2. 기초자산집합의 구성 및 만기 기간별 분류
3. 모든 위험을 고려한 기초자산집합의 현재가치의 금액
4. 그 밖에 대통령령으로 정하는 사항
③ 발행기관은 다음 각 호의 사항을 분기마다 인터넷 홈페이지에 공시하여야 한다.
1. 제2항에 따른 위험 관리 점검 결과
2. 제11조제2항에 따라 감시인이 작성하여 금융위원회에 제출한 보고서
3. 이중상환청구권부 채권의 발행이 주택담보대출 채권의 채무자에게 혜택이 되었는지에 대한 평가 및 공시
④ 발행기관의 위험 관리 및 공시에 관한 구체적인 방법과 절차는 대통령령으로 정한다.

제18조【조사】 금융위원회는 투자자를 보호하기 위하여 필요하다고 인정하는 경우에는 발행기관과 그 수탁관리인 및 감시인(이하 "발행기관등"이라 한다)의 업무 또는 재산에 관한 자료의 제출을 요청하거나 소속 직원으로 하여금 그 업무 또는 재산에 대하여 조사하게 할 수 있다.

제19조【업무개선명령】 금융위원회는 발행기관등의 업무 운영이 이중상환청구권부 채권 소지자의 이익을 해칠 우려가 있다고 인정될 때에는 발행기관등에 업무의 종류 및 방법의 변경, 재산의 공탁, 그 밖에 업무의 운영 및 개선에 필요한 조치를 명할 수 있다.

제6장 보 칙

제20조【금융정보등의 제공】 ① 발행기관(수탁관리인을 선임한 경우에는 수탁관리인을 포함한다. 이하 같다)은 「금융실명거래 및 비밀보장에 관한 법률」 제4조에도 불구하고 이중상환청구권부 채권 발행과 관련하여 다음 각 호의 업무를 수행하는 데 필요한 최소한의 범위에서 기초자산집합에 포함되는 채권의 채무자의 금융거래정보, 신용정보 및 개인정보(자산의 적격요건 충족여부를 판단할 수 있는 정보로 한정하며, 이하 "금융정보등"이라 한다)를 감시인 또는 우선변제권자에게 제공할 수 있다. 다만, 우선변제권자에게는 개인정보를 제공하지 아니한다.
1. 제5조에 따른 기초자산집합의 구성
2. 제6조에 따른 이중상환청구권부 채권의 등록
3. 제8조에 따른 기초자산집합의 관리·유지
4. 제11조에 따른 감시인의 업무
② 제1항에 따라 금융거래정보를 제공하는 발행기관은 금융거래정보의 제공사실을 기초자산집합에 포함되는 채권의 채무자에게 통보하여야 한다. 다만, 해당 채무자의 동의가 있을 때에는 통보하지 아니할 수 있다.
③ 제1항 각 호의 업무에 종사하거나 종사하였던 자는 업무를 수행하면서 취득한 금융거래정보를 이 법에서 정한 목적 외의 용도로 사용하거나 다른 자에게 제공 또는 누설해서는 아니 된다.
④ 제1항에 따라 금융거래정보를 알게 된 자와 제1항 및 제3항을 위반하여 제공되거나 누설된 금융거래정보를 취득한 자(그로부터 금융거래정보를 다시 취득한 자를 포함한다)는 그 금융거래정보를 이 법에서 정한 목적 외의 용도로 사용하거나 다른 자에게 제공 또는 누설해서는 아니 된다.
⑤ 제1항 및 제2항에 따른 금융정보등의 제공 등에 관하여 필요한 사항은 대통령령으로 정한다.

제21조【고유식별정보의 처리】 ① 금융위원회(제23조에 따라 금융위원회의 업무를 위탁받은 금융감독원 원장을 포함한다)는 다음 각 호의 업무를 수행하기 위해 불가피한 경우 「개인정보 보호법」 제24조에 따른 고유식별정보(이하 이 조에서 "고유식별정보"라 한다)가 포함된 자료를 처리할 수 있다.
1. 제5조제4항에 따른 기초자산집합의 구성 제한
2. 제6조에 따른 이중상환청구권부 채권의 등록업무 처리, 열람 및 공시
3. 제9조에 따른 감시인의 선임에 대한 승인 또는 해임요구
4. 제11조제2항에 따른 감시인의 보고서 접수
5. 제18조에 따른 조사
6. 제19조에 따른 업무개선명령
② 발행기관 및 감시인은 다음 각 호의 사무를 수행하기 위하여 불가피한 경우 필요한 범위로 한정하여 해당 각 호의 구분에 따라 고유식별정보가 포함된 자료를 처리할 수 있다.
1. 제5조에 따른 기초자산집합의 구성
2. 제6조에 따른 이중상환청구권부 채권의 등록
3. 제8조에 따른 기초자산집합의 관리·유지
4. 제9조에 따른 감시인의 선임·사임·해임 및 재선임
5. 제11조에 따른 감시인의 업무
6. 제13조에 따른 우선변제권의 실행
7. 제15조에 따른 등록사실등의 통지

제22조【부실금융기관 지정 등 특례】 ① 금융위원회가 발행기관에 대하여 「금융산업의 구조개선에 관한 법률」 제10조에 따른 적기시정조치 또는 같은 법 제14조에 따른 행정처분으로서 계약이전, 영업정지, 영업의 인·허가 취소의 결정(이하 이 조에서 "금융구조조정 결정"이라 한다)을 하는 경우에는 6개월 이내의 기간을 정하여 이중상환청구권부 채권의 기초자산집합의 관리와 투자자 보호를 위한 수탁관리인을 선임하거나 변경할 수 있다.
② 금융위원회는 제1항에 따른 기간 이내에 금융구조조정 결정의 사유가 해소되지 아니하는 경우에는 이중상환청구권부 채권에 대한 권리의무 관계 및 기초자산집합 업무와 분리하여 「금융산업의 구조개선에 관한 법률」에 따른 조치를 취할 수 있다.
③ 금융위원회는 이중상환청구권부 채권 총채권액(상환된 금액은 제외한다)의 100분의 75 이상을 보유하는 채권자의 동의가 있는 경우에는 해당 이중상환청구권부 채권과 관련된 계약을 다른 적격 발행기관에 이전하도록 명령할 수 있다.

제23조【업무의 위탁】 금융위원회는 대통령령으로 정하는 바에 따라 이 법에 따른 권한의 일부를 금융감독원 원장에게 위탁할 수 있다.

제7장 벌칙 등

제24조【벌칙】 ① 제20조제3항 또는 제4항을 위반하여 금융거래정보를 이 법에서 정한 목적 외의 용도로 사용하거나 다른 자에게 제공 또는 누설한 자는 5년 이하의 징역 또는 5천만원 이하의 벌금에 처한다.(2018.3.13 본항개정)
② 다음 각 호의 어느 하나에 해당하는 자는 3년 이하의 징역 또는 3천만원 이하의 벌금에 처한다.(2018.3.13 본문개정)
1. 제6조제1항에 따른 등록신청서류를 거짓으로 작성한 자
2. 제8조제1항을 위반하여 기초자산집합을 다른 이중상환청구권부 채권의 기초자산집합 또는 발행기관의 다른 재산과 구분하여 관리하지 아니한 자
3. 제10조제2항을 위반하여 기초자산집합을 감시인의 다른 재산과 구분하여 관리하지 아니한 자
4. 제12조제5항을 위반하여 기초자산집합을 처분하거나 다른 채무에 대한 담보로 제공한 자
5. 제19조에 따른 업무개선명령을 이행하지 아니한 자

제25조【양벌규정】 법인의 대표자나 법인 또는 개인의 대리인, 사용인, 그 밖의 종업원이 그 법인 또는 개인의 업무에 관하여 제24조의 위반행위를 하면 그 행위자를 벌하는 외에 그 법인 또는 개인에게도 해당 조문의 벌금형을 과(科)한다. 다만, 법인 또는 개인이 그 위반행위를 방지하기 위하여 해당 업무에 관하여 상당한 주의와 감독을 게을리하지 아니한 경우에는 그러하지 아니하다.

제26조【과태료】 ① 다음 각 호의 어느 하나에 해당하는 자에게는 1천만원 이하의 과태료를 부과한다.
1. 제6조제2항에 따른 변경등록 또는 보고를 하지 아니한 자
2. 제7조제3항에 따른 공시 또는 보고를 하지 아니하거나 거짓으로 공시 또는 보고를 한 자
3. 제8조제2항을 위반하여 기초자산집합 관리에 관한 장부를 따로 작성하여 갖추어 두지 아니한 자

4. 제8조제3항을 위반하여 자산을 추가하거나 교체하지 아니한 자
5. 제9조제6항을 위반하여 감시인을 재선임하지 아니한 자
6. 제11조제5항을 위반하여 이행명령을 이행하지 아니한 자
7. 제17조에 따른 위험관리체계 마련 의무, 점검 의무 및 공시 의무를 위반한 자
8. 제20조제2항을 위반하여 금융거래정보 제공사실을 통보하지 아니한 자

② 제1항에 따른 과태료는 대통령령으로 정하는 바에 따라 금융위원회가 부과·징수한다.

부 칙 (2018.3.13)

이 법은 공포 후 6개월이 경과한 날부터 시행한다.

부 칙 (2021.4.20)

이 법은 공포 후 3개월이 경과한 날부터 시행한다.

이중상환청구권부 채권 발행에 관한 법률 시행령

(2014년 4월 14일 대통령령 제25303호)

개정
2014.12. 9영25840호(규제기한정비)
2018.10.30영29269호(주식회사등의외부감사에관한법시)
2021. 3. 2영31516호(규제기한해제)

제1조【목적】 이 영은 「이중상환청구권부 채권 발행에 관한 법률」에서 위임된 사항과 그 시행에 필요한 사항을 규정함을 목적으로 한다.

제2조【적격 발행기관의 요건】 「이중상환청구권부 채권 발행에 관한 법률」(이하 "법"이라 한다) 제4조제1항제3호에 따른 절차와 수단에는 다음 각 호의 사항이 포함되어야 한다.
1. 법 제8조제5항에 따라 수탁관리인을 선임할 경우 그 선임 및 감독에 관한 기준
2. 그 밖에 이중상환청구권부 채권의 발행 및 상환과 관련한 위험 관리 및 통제에 대한 세부 기준으로서 금융위원회가 정하여 고시하는 사항

제3조【기초자산집합의 적격요건】 ① 법 제5조제1항제1호가목2)에서 "총부채 상환비율(채무자의 연간 소득 대비 연간 대출 원리금 상환액의 비율을 말한다)과 관련된 요건 등 대출의 위험 관리를 위하여 대통령령으로 정하는 요건"이란 다음 각 호의 요건을 말한다.
1. 대출 실행 당시의 총부채 상환비율(채무자의 연간 소득 대비 연간 대출 원리금 상환액의 비율을 말한다)이 100분의 70 이하인 대출의 비중이 금융위원회가 정하여 고시하는 기준 이상일 것. 이 경우 총부채 상환비율의 구체적인 산정방식은 금융위원회가 정하여 고시한다.
2. 1순위 저당권 또는 1순위 근저당권에 의하여 담보된 대출일 것
3. 주택에 설정된 담보권이 저당권인 경우 대출금 전액이 저당권으로 담보되어 있고, 주택에 설정된 담보권이 근저당권인 경우 채권최고액이 금융위원회가 정하여 고시하는 기준 이상일 것
4. 주택담보대출의 채무자가 이중상환청구권부 채권을 발행하는 금융회사등(이하 "발행기관"이라 한다)에 대하여 현재 또는 장래에 상계할 수 있는 채권액이 금융위원회가 정하여 고시하는 기준 이상인 대출의 비중이 금융위원회가 정하여 고시하는 기준 이하일 것

② 법 제5조제1항제1호라목에서 "담보인정비율 등 대출의 위험관리를 위하여 대통령령으로 정하는 요건"이란 다음 각 호의 요건을 말한다.
1. 담보인정비율(선박 또는 항공기의 담보가치 대비 대출비율을 말한다)이 100분의 70 이하일 것
2. 담보목적물인 선박 또는 항공기가 금융위원회가 정하여 고시하는 기준 이상을 보험금액으로 하는 보험에 가입되어 있을 것

③ 법 제5조제1항제1호마목에서 "대통령령으로 정하는 자산"이란 법 제5조제1항제1호가목의 요건을 충족하는 주택담보대출채권을 기초 또는 담보로 하여 발행된 다음 각 호의 어느 하나에 해당하는 자산으로서 그 지급순위가 1순위인 것을 말한다.
1. 「자산유동화에 관한 법률」에 따른 유동화증권
2. 「한국주택금융공사법」에 따른 주택저당채권담보부채권
3. 「한국주택금융공사법」에 따른 주택저당증권

④ 법 제5조제1항제2호다목에서 "대통령령으로 정하는 자산"이란 다음 각 호의 자산을 말한다.
1. 신용등급 등을 고려하여 금융위원회가 정하여 고시하는 국가가 발행한 국채증권
2. 외국 법령에 따라 설립된 금융회사 중 신용등급 등을 고려하여 금융위원회가 정하여 고시하는 요건을 충족하는 금융회사(이하 이 항 및 제7조제2항에서 "외국 금융회사"라 한다)가 발행한 것으로서 법 제5조제1항제2호나목에 따른 양도성예금증서에 준하는 자산
3. 금융회사등 또는 외국 금융회사에 예치된 만기 3개월 이내의 예금·적금

⑤ 금융위원회는 법 제5조제1항제1호가목의 요건을 충족하는 주택담보대출채권이 기초자산에 포함되어 있는 경우에는 같은 조 제4항에 따라 그 주택담보대출채권 중 고정금리 방식으로 이자를 받는 주택담보대출채권이 금융위원회가 정하여 고시하는 기준 이상 되도록 할 수 있다.

제4조【기초자산집합의 평가 기준 및 방법】 ① 법 제5조제1항에 따른 기초자산집합에 포함되는 자산은 「자본시장과 금융투자업에 관한 법률」 제8조의2제4항제1호에 따른 증권시장(같은 법 시행령 제2조제1호에 따른 해외 증권시장을 포함한다)에서 거래된 최종시가에 따라 평가하고, 평가일 현재 신뢰할 만한 시가가 없는 경우에는 자산의 종류별로 다음 각 호의 사항을 고려한 공정가액으로 평가한다. 다만, 법 제5조에 따른 기초자산집합의 적격요건을 갖추지 못한 자산과 같은 조 제1항제3호다목에 따른 채권의 평가액은 영(零)으로 한다.
1. 「주식회사 등의 외부감사에 관한 법률」 제5조제1항에 따른 회계처리기준에 따라 산출된 해당 자산의 장부가격 (2018.10.30 본호개정)
2. 해당 자산의 액면가격
3. 해당 자산의 취득가격
4. 해당 자산의 거래가격
5. 해당 자산에 대하여 「자본시장과 금융투자업에 관한 법률 시행령」 제260조제2항제3호 각 목의 자가 제공한 가격
6. 평가 당시의 환율

② 이중상환청구권부 채권을 외화표시로 발행하는 경우에는 제1항에 따른 평가액을 다음 각 호의 구분에 따라 해당 호에서 정하는 환율로 환산하여 평가한다.
1. 발행기관이 제1항에 따른 기초자산집합의 평가총액에 대하여 법 제5조제1항제3호다목에 따른 환율의 변동 위험을 회피하기 위한 파생상품 거래계약(이하 이 항에서 "파생상품 거래계약"이라 한다)을 체결한 경우 : 기초자산집합의 평가총액을 해당 파생상품 거래계약에서 정한 환율로 환산하여 평가
2. 발행기관이 제1항에 따른 기초자산집합의 평가총액에 대하여 파생상품 거래계약을 체결하지 아니한 경우 : 기초자산집합의 평가총액을 평가 당시의 환율로 환산하여 평가
3. 발행기관이 제1항에 따른 기초자산집합의 평가총액 중 일부에 대해서만 파생상품 거래계약을 체결한 경우 : 그 일부에 대해서는 해당 파생상품 거래계약에서 정한 환율로 환산하여 평가하고, 나머지에 대해서는 평가 당시의 환율로 환산하여 평가

③ 금융위원회는 제1항 및 제2항에 따른 평가에 필요한 세부사항을 정하여 고시할 수 있다.

제5조【이중상환청구권부 채권의 등록 등】 ① 법 제6조제1항제1호가목에서 "대통령령으로 정하는 주요 주주"란 「자본시장과 금융투자업에 관한 법률」 제9조제1항에 해당하는 자를 말한다.

② 법 제6조제1항제1호마목에서 "대통령령으로 정하는 사항"이란 다음 각 호의 사항을 말한다.
1. 기초자산집합에 포함된 채권의 채무자 보호에 관한 사항
2. 기초자산집합의 규모를 확대하여 추가로 이중상환청구권부 채권을 발행할 계획이 있는 경우 추가 발행한도 및 발행 예정기한 등 추가 발행계획에 관한 사항
3. 이중상환청구권부 채권의 상환에 필요한 자금마련 계획에 관한 사항
4. 그 밖에 이중상환청구권부 채권의 발행, 유통 및 상환과 관련한 계획으로서 금융위원회가 정하여 고시하는 사항

③ 법 제6조제1항제2호차목에서 "대통령령으로 정하는 사항"이란 법 제8조제6항에 따른 일시적인 차입에 관한 사항을 말한다.

④ 법 제6조제2항 단서에서 "대통령령으로 정하는 경미한 사항"이란 다음 각 호의 사항을 말한다.
1. 오기(誤記) 등 명백한 오류
2. 발행기관의 명칭 또는 소재지
3. 그 밖에 법 제6조제1항제1호에 따른 발행계획에 관한 사항 중 이중상환청구권부 채권의 투자에 관한 판단에 영향을 미치지 아니하는 것으로서 금융위원회가 정하여 고시하는 사항

⑤ 금융위원회는 법 제6조제4항에 따라 발행기관이 제출한 등록·변경등록에 관한 서류를 3년간 일반인이 열람할 수 있도록 일정한 장소에 갖추어 두고, 인터넷 홈페이지를 이용하여 공시하여야 한다.

⑥ 법 제6조제5항 본문 및 같은 조 제6항 본문에서 "대통령령으로 정하는 기간"이란 각각 10일을 말한다.

제6조【이중상환청구권부 채권의 발행한도】 법 제7조제1항에서 "대통령령으로 정하는 한도"란 발행예정일 직전 회계연도 말 총자산의 100분의 4를 말한다. 다만, 금융위원회는 다음 각 호의 사항을 고려하여 발행기관의 예금자 등 일반 채권자의 이익을 해칠 우려가 있다고 인정되는 경우에는 발행한도를 발행예정일 직전 회계연도 말 총자산의 100분의 2로 할 수 있다.
1. 법 제6조제1항제2호마목에 따른 담보유지비율
2. 그 밖에 발행기관의 자본 적정성, 자산 건전성 및 유동성에 관한 사항으로서 금융위원회가 정하여 고시하는 사항

제7조【기초자산집합의 관리·유지 방법 등】 ① 발행기관은 법 제8조제2항에 따른 기초자산집합의 관리에 관한 장부를 전산정보체계를 이용하여 작성·관리할 수 있다.

② 발행기관은 기초자산집합에 속한 자산이 금전이나 그 밖의 대체물(代替物)인 경우에는 해당 발행기관에 개설된 별도의 계정이나 다른 금융회사등 또는 외국 금융회사의 계정에 예치하여 관리하여야 한다. 이 경우 해당 계정에 예치된 자산이 특정 기초자산집합에 속한다는 사실을 표시하여야 한다.

③ 발행기관은 법 제8조제5항에 따라 수탁관리인을 선임한 경우에는 그 선임 사실을 금융위원회에 지체 없이 알려야 한다.

④ 법 제8조제6항에서 "대통령령으로 정하는 범위"란 발행기관의 계산으로 법 제13조제2항제2호에 따른 비용채권의 변제에 충당하기 위하여 필요한 범위를 말한다.

제8조【기초자산집합 감시인의 보고서 제출방법】 법 제9조제1항에 따른 기초자산집합 감시인은 법 제11조제2항에 따라 업무 수행에 관한 보고서에 그 증명서류를 첨부하여 매 분기 종료일부터 30일 이내에 금융위원회에 제출하여야 한다.

제9조【위험 관리 및 공시】 ① 법 제17조제2항제4호에서 "대통령령으로 정하는 사항"이란 다음 각 호의 사항을 말한다.
1. 기초자산집합에 포함된 법 제5조제1항제3호다목에 따른 채권의 종류와 위험회피 비율
2. 법 제13조제3항 각 호의 어느 하나에 해당하는 경우의 발생 여부 및 그 발생 가능성
3. 그 밖에 이중상환청구권부 채권의 원리금 상환에 영향을 미칠 수 있는 것으로서 금융위원회가 정하여 고시하는 사항

② 발행기관은 법 제13조제3항 각 호의 어느 하나에 해당하는 경우가 발생하면 지체 없이 금융위원회에 알려야 한다.

③ 법 제17조제3항에 따른 공시는 매 분기 종료일부터 45일 이내에 하여야 한다.

제10조【통보 등의 방법 및 절차】 ① 법 제20조제2항 본문에 따른 통보는 발행기관이 해당 정보를 제공한 날부터 30일 이내에 서면, 전화(휴대전화 문자메시지를 포함한다) 또는 전자우편을 이용하는 방법으로 하여야 한다.

② 법 제20조제2항 단서에 따른 동의를 받는 방법 및 절차에 관하여는 「신용정보의 이용 및 보호에 관한 법률」 제32조제1항을 준용한다.

제11조【업무의 위탁】 ① 금융위원회는 법 제23조에 따라 다음 각 호의 업무를 「금융위원회의 설치 등에 관한 법률」에 따른 금융감독원의 원장(이하 "금융감독원장"이라 한다)에게 위탁한다.
1. 법 제6조제1항 및 같은 조 제2항 본문에 따른 등록·변경등록 신청의 접수 및 검토
2. 법 제6조제2항 단서에 따른 보고의 접수
3. 법 제6조제4항에 따른 열람 제공 및 공시
4. 법 제7조제3항에 따른 보고의 접수
5. 법 제9조제1항 및 제6항에 따른 기초자산집합 감시인 선임 및 재선임에 대한 승인 신청의 접수 및 검토
6. 법 제9조제4항에 따른 기초자산집합 감시인 해임에 대한 승인 신청의 접수 및 검토
7. 법 제11조제2항에 따른 업무 수행에 관한 보고서의 접수
8. 법 제18조에 따른 자료제출 요청 및 조사
9. 제7조제3항에 따른 수탁관리인의 선임 사실 보고의 접수
10. 제9조제2항에 따른 보고의 접수

② 금융감독원장은 제1항에 따라 위탁받은 업무의 처리 내용을 분기별로 금융위원회에 보고하여야 한다. 다만, 금융위원회는 금융위원회가 정하여 고시하는 업무에 대해서는 보고 주기를 달리 정할 수 있다.

제11조의2【규제의 재검토】 금융위원회는 제2조에 따른 적격 발행기관의 요건에 대하여 2015년 1월 1일을 기준으로 2년마다(매 2년이 되는 해의 1월 1일 전까지를 말한다) 그 타당성을 검토하여 개선 등의 조치를 해야 한다. (2021.3.2 본조개정)

제12조【과태료의 부과기준】 법 제26조제1항에 따른 과태료의 부과기준은 별표와 같다.

부 칙 (2018.10.30)

제1조【시행일】 이 영은 2018년 11월 1일부터 시행한다. (이하 생략)

부 칙 (2021.3.2)

이 영은 공포한 날부터 시행한다.

[별표] ➡ 「法典 別冊」 참조

(舊 : 금융회사부실자산 등의 효율적 처리 및 한국자산관리공사의 설립에 관한 법률)

한국자산관리공사 설립 등에 관한 법률(약칭 : 자산관리공사법)

(1997년 8월 22일 법 률 제5371호)

개정
1998. 1.13법 5505호(금융감독)
1999. 4.30법 5978호 1999.12.31법 6073호
2001.12.31법 6561호
2002. 1.26법 6627호(민사집행법)
2002.12. 5법 6737호
2003.12.31법 7058호(부담금관리기본법)
2005. 5.31법 7526호 2005. 7.29법 7621호
2005.12.29법 7796호(국가공무원)
2006. 3.24법 7885호(예금자보호법)
2006.12.30법 8140호
2007. 8. 3법 8635호(자본시장금융투자업)
2007.12.21법 8698호
2008. 2.29법 8852호(정부조직)
2008. 2.29법 8863호(금융위원회의설치등에관한법)
2009. 4. 1법 9617호(신용정보의이용및보호에관한법)
2009. 5.13법 9670호
2009. 5.21법 9703호(한국산업은행법)
2010. 5.17법10303호(은행법)
2011. 3.31법10522호(농협)
2011. 5.19법10682호 2012. 3.21법11408호
2014. 5.21법12663호(한국산업은행법)
2015. 3.27법13279호
2016. 5.29법14242호(수협)
2018.12.11법15930호 2019.11.26법16652호
2020. 2. 4법16957호(신용정보의이용및보호에관한법)
2021. 4.20법18130호 2021. 8.17법18437호
2023. 1.17법19218호

제1장 총 칙
(2011.5.19 본장개정)

제1조【목적】 이 법은 금융회사등이 보유하는 부실자산의 효율적 정리를 촉진하고 부실징후기업의 경영정상화 노력을 지원하기 위하여 필요한 사항을 규정하며, 한국자산관리공사를 설립하여 부실자산의 정리와 개인채무자 및 기업의 정상화를 지원하고 국가기관 등의 재산에 대한 관리·처분·개발 등 업무를 수행하게 함으로써 금융회사등의 건전성을 제고하고 경제주체들의 재기를 도모하며 공공자산의 가치를 제고하여 금융산업 및 국가경제의 발전에 이바지함을 목적으로 한다.(2021.8.17 본조개정)

제2조【정의】 이 법에서 사용하는 용어의 뜻은 다음과 같다.
1. "금융회사등"이란 다음 각 목의 어느 하나에 해당하는 것을 말한다.
   가. 「은행법」 제8조제1항에 따라 인가를 받은 자
   나. 「한국산업은행법」에 따라 설립된 한국산업은행
   다. 「중소기업은행법」에 따라 설립된 중소기업은행
   라. 「한국수출입은행법」에 따라 설립된 한국수출입은행
   마. 「농업협동조합법」에 따라 설립된 농협은행
   바. 「수산업협동조합법」에 따라 설립된 수협은행 (2016.5.29 본목개정)
   사. 그 밖에 법률에 따라 금융업무를 수행하는 기관으로서 대통령령으로 정하는 것
2. "부실채권"이란 금융회사등의 여신거래로 인하여 발생한 대출원리금, 지급보증 및 이에 준하는 채권으로서 대통령령으로 정하는 채권 중 다음 각 목의 어느 하나에 해당하는 것을 말한다.
   가. 부도 등의 사유로 정상적으로 변제되지 아니한 것으로서 회수조치나 관리방법을 마련할 필요가 있는 채권
   나. 채무자의 경영 내용, 재무상태 및 예상되는 현금의 흐름 등으로 보아 채권 회수에 상당한 위험이 발생하였거나 발생할 우려가 있는 경우로서 제22조에 따른 이사회가 인정하는 채권(2019.11.26 본목개정)
3. "부실징후기업"이란 금융회사등 또는 금융회사등으로 구성된 단체(이하 "채권금융회사등"이라 한다)가 여신거래기업 중 경영상태가 불량하여 경영위기에 처하거나 부실화될 가능성이 있다고 판단하는 기업을 말한다.

3의2. "구조개선기업"이란 합병·전환·정리 등 구조조정 또는 재무구조개선을 도모하는 법인과 그 계열기업을 말한다.(2021.8.17 본호신설)
4. "비업무용자산"이란 다음 각 목의 어느 하나에 해당하는 것을 말한다.
   가. 금융회사등이 부실채권을 변제받기 위하여 취득한 자산
   나. 금융회사등이 재무구조 개선 및 경영정상화 등을 위하여 매각하려는 자산으로서 대통령령으로 정하는 것
   다. 「법인세법」, 「지방세법」, 그 밖의 법령에 따른 비업무용자산
   라. 금융회사등이 부실채권을 출자전환하여 취득한 「자본시장과 금융투자업에 관한 법률」 제4조제2항제2호에 따른 지분증권(이하 "지분증권"이라 한다) (2021.8.17 본목신설)
5. "국외부실자산"이란 외국금융회사 등(외국 법령에 따라 설립되어 금융업을 경영하는 자로서 금융회사등에 준하는 자를 말한다) 또는 한국자산관리공사에 준하는 외국의 자산관리기관이 보유하는 자산으로서 부실채권 및 비업무용자산에 준하는 것을 말한다.
6. "자구계획"(自救計劃)이란 부실징후기업이 채권금융회사등과 협의하여 경영정상화를 위하여 수립한 부동산, 유가증권 등 보유자산 또는 계열기업(이하 "자구계획대상자산"이라 한다)의 정리계획을 말한다.
7. "계열기업"이란 해당 기업의 주주 1인이 「독점규제 및 공정거래에 관한 법률」에 따라 지정된 상호출자제한기업집단 또는 채무보증제한기업집단을 지배하는 경우에 그가 지배하는 그 기업집단에 속하는 기업을 말한다.
8. "인수"란 한국자산관리공사가 직접 또는 제38조에 따른 부실채권정리기금이나 제43조의2에 따른 구조조정기금의 부담으로 금융회사등이나 기업의 자산을 취득하는 것을 말한다.

제2장 부실자산 등의 효율적인 정리
(2011.5.19 본장개정)

제3조【금융회사등의 부실자산 관리】 ① 금융회사등은 여신거래에 대한 사후관리를 강화하여 부실채권이 발생하지 아니하도록 노력하여야 한다.
② 금융회사등은 보유하고 있는 부실채권 및 비업무용자산(이하 "부실자산"이라 한다)을 신속하게 정리하여야 하며, 이를 위하여 적절한 업무처리 기준 및 절차를 마련하는 등의 내부체계를 구축하여 운용하고 그 밖에 부실자산의 효율적인 정리를 위하여 필요한 조치를 취함으로써 경영의 건전성을 향상시키도록 노력하여야 한다. (2021.8.17 본항개정)

제4조【부실자산의 정리를 위한 수임·인수 등】 ① 금융회사등은 보유하고 있는 부실자산을 신속하게 정리하기 위하여 한국자산관리공사에 부실자산의 정리〔채권의 회수·추심(推尋), 채무조정 또는 재산의 매각을 말한다. 이하 같다〕를 위탁하거나 그 인수를 요청할 수 있다. (2021.8.17 본항개정)
② 한국자산관리공사는 제1항에 따라 금융회사등으로부터 부실자산의 정리를 수임(受任)하거나 그 인수를 요청받았을 때에는 부실자산이 신속하게 정리될 수 있도록 노력하여야 한다.
③ 한국자산관리공사가 제1항에 따라 수임하거나 인수하는 방법·절차, 인수의 우선순위·기준 등 수임 및 인수에 필요한 사항은 대통령령으로 정한다.

제5조【부실징후기업의 정상화 지원】 ① 채권금융회사등은 부실징후기업의 자구계획에 대한 지원을 한국자산관리공사에 요청할 수 있다.
② 한국자산관리공사는 제1항에 따라 채권금융회사등으로부터 부실징후기업의 자구계획에 대한 지원을 요청받은 경우에 부실징후기업이 자구계획대상자산의 매각을 위탁하거나 그 인수를 요청하면 자구계획대상자산의 매각을 수임하거나 인수하여 정리할 수 있다.
③ 한국자산관리공사는 제1항에 따라 채권금융회사등이 자구계획에 대한 지원을 요청하는 경우에는 부실징후기업에 대한 경영진단 및 경영정상화를 지원하기 위한 자문업무를 수행할 수 있다.
④ 한국자산관리공사가 제2항에 따라 수임하거나 인수하는 방법·절차 등 수임 및 인수에 필요한 사항은 대통령령으로 정한다.
⑤ 한국자산관리공사는 제2항에 따라 자구계획대상자산의 매각을 수임하여 정리하거나 인수하였을 때에는 그 대금이 부실징후기업의 채권금융회사등에 대한 채무의 변제에 우선 사용될 수 있게 하여야 한다.

제3장 한국자산관리공사
(2011.5.19 본장개정)

제1절 통 칙

제6조【설립】 이 법의 목적을 달성하기 위한 업무를 효율적으로 수행하기 위하여 한국자산관리공사(이하 "공사"라 한다)를 설립한다.(2021.8.17 본조개정)

제7조【법인격】 공사는 법인으로 한다.

제8조【사무소】 ① 공사의 주된 사무소의 소재지는 정관으로 정한다.
② 공사는 그 업무수행을 위하여 필요하면 정관으로 정하는 바에 따라 필요한 곳에 지사(支社) 또는 출장소를 둘 수 있다.

제9조【자본금】 ① 공사의 자본금은 7조원으로 한다. (2023.1.17 본항개정)
② 공사의 자본금은 금융회사등이 출자하여야 한다.
③ 정부는 공사의 업무수행을 지원하기 위하여 필요하다고 인정할 때에는 공사에 출자하거나 필요한 경비를 지원할 수 있다.
④ 제2항에 따른 금융회사등의 출자금은 금융회사등의 총자산 또는 납입자본금의 규모 등을 고려하여 기관별로 정하되 출자금의 산정방법, 납입 시기 및 방법 등 출자금의 납입에 필요한 사항은 대통령령으로 정한다.

제10조【주식】 공사의 자본은 주식으로 분할한다.

제11조【정관】 ① 공사의 정관에는 다음 각 호의 사항이 포함되어야 한다.
1. 목적
2. 명칭
3. 주된 사무소 및 지사·출장소에 관한 사항
4. 자본금 및 주식에 관한 사항
5. 제14조에 따른 운영위원회 및 제22조에 따른 이사회에 관한 사항(2019.11.26 본호개정)
6. 임직원에 관한 사항
7. 업무 및 그 집행에 관한 사항
8. 제38조에 따른 부실채권정리기금 및 제43조의2에 따른 구조조정기금에 관한 사항
9. 제40조에 따른 부실채권정리기금채권, 제43조의3제2항에 따른 구조조정기금채권 및 사채(社債)의 발행에 관한 사항
10. 회계에 관한 사항
11. 공고의 방법에 관한 사항
12. 정관의 변경에 관한 사항
13. 그 밖에 대통령령으로 정하는 사항

② 공사가 정관을 변경하려면 제14조에 따른 운영위원회의 의결을 거쳐 금융위원회의 인가를 받아야 한다. (2019.11.26 본항개정)

제12조【등기】 ① 공사는 주된 사무소의 소재지에서 설립등기를 함으로써 성립한다.
② 제1항에 따른 설립등기 사항은 다음 각 호와 같다.
1. 목적
2. 명칭
3. 주된 사무소의 소재지
4. 자본금
5. 임원의 성명과 주소
6. 공고의 방법

③ 이 법에서 규정한 사항 외에 공사의 등기에 필요한 사항은 대통령령으로 정한다.

제13조【유사명칭의 사용금지】 공사가 아닌 자는 한국자산관리공사 또는 이와 유사한 명칭을 사용하지 못한다.

제2절 운영위원회
(2019.11.26 본절제목개정)

제14조【운영위원회의 설치】 ① 공사에 운영위원회(이하 "위원회"라 한다)를 둔다.(2019.11.26 본항개정)
② 다음 각 호의 사항은 위원회의 심의·의결로 확정한다.
1. 공사의 업무운영에 관한 기본방침과 업무계획의 수립 및 변경
2. 정관의 변경
3. 업무방법서의 작성 및 변경
4. 예산의 편성 및 변경과 결산
5. 제38조에 따른 부실채권정리기금 및 제43조의2에 따른 구조조정기금 운용계획의 수립 및 변경
6. 그 밖에 공사, 제38조에 따른 부실채권정리기금 및 제43조의2에 따른 구조조정기금의 운영에 관한 사항으로서 정관으로 정하는 것(2019.11.26 본호개정)
7.～10. (2019.11.26 삭제)

③ (2019.11.18 삭제)
(2019.11.26 본조제목개정)

제15조【위원회의 구성】 ① 위원회는 다음 각 호의 위원 9명으로 구성한다.
1. 공사의 사장
2. 금융위원회의 고위공무원단에 속하는 일반직공무원 중에서 금융위원회가 지정하는 사람 1명
3. 기획재정부의 고위공무원단에 속하는 일반직공무원 중에서 기획재정부장관이 지정하는 사람 1명
4. 「한국산업은행법」에 따른 한국산업은행 회장이 그 소속 임원 중에서 지명하는 사람 1명(2014.5.21 본호개정)
5. 「민법」 제32조에 따라 금융위원회의 허가를 받아 설립된 사단법인 전국은행연합회 회장이 전국은행연합회의 부기관장 중에서 추천하는 사람 1명(2019.11.26 본호개정)
6. 금융산업 및 기업경영 분야에 관한 경험과 지식이 풍부한 사람으로서 다음 각 목에 해당하는 사람 중 금융위원회가 위촉하는 사람 각 2명(2019.11.26 본문개정)
   가. 변호사 또는 공인회계사
   나. 대학의 교수 또는 박사학위 소지자로서 관련 연구기관에 근무하는 사람

② 제1항제6호에 따른 위원의 임기는 3년으로 하고, 위원의 자격에 관하여는 대통령령으로 정하며, 위원의 신분보장에 관하여는 제20조를 준용한다.(2019.11.26 본항개정)

제16조【위원회의 운영】 ① 위원회의 위원장은 공사의 사장이 된다.
② 위원장은 위원회를 대표하고 위원회의 사무를 총괄한다.
③ 위원장이 부득이한 사유로 직무를 수행할 수 없을 때에는 제15조제1항제2호부터 제5호까지의 위원이 규정된 순서에 따라 그 직무를 대행한다.(2019.11.26 본항개정)
④ 위원장은 정관으로 정하는 바에 따라 위원회를 소집하고, 그 의장이 된다.
⑤ 위원회는 재적위원 과반수의 출석과 출석위원 과반수의 찬성으로 의결한다.
⑥ 이 법에서 규정한 사항 외에 위원회의 운영에 필요한 사항은 대통령령으로 정한다.

제3절 임원과 직원

제17조【임원】 ① 공사에 임원으로서 사장 1명, 부사장 1명, 이사 5명 이내 및 감사 1명을 둔다.

② 사장은 주주총회가 선임하여 금융위원회의 승인을 받아야 한다.
③ 부사장 및 이사는 사장의 제청으로 주주총회가 선임한다.
④ 감사는 금융위원회가 임면(任免)한다.
⑤ 임원의 임기는 3년으로 한다. 임원의 결원으로 인하여 새로 임명된 임원의 경우에도 또한 같다.

제18조【임원의 직무】 ① 사장은 공사를 대표하고 그 업무를 총괄한다.
② 부사장은 사장을 보좌하며, 사장이 부득이한 사유로 직무를 수행할 수 없을 때에는 그 직무를 대행한다.
③ 이사는 사장과 부사장을 보좌하고 정관으로 정하는 바에 따라 공사의 업무를 나누어 맡으며, 사장 및 부사장이 모두 부득이한 사유로 직무를 수행할 수 없을 때에는 정관으로 정하는 순서에 따라 그 직무를 대행한다.
④ 감사는 공사의 업무와 회계를 감사한다.

제19조【임원의 결격사유】 다음 각 호의 어느 하나에 해당하는 사람은 공사의 임원이 될 수 없다.
1. 대한민국 국민이 아닌 사람
2. 「국가공무원법」 제33조 각 호의 어느 하나에 해당하는 사람

제20조【임원의 신분보장】 임원은 다음 각 호의 어느 하나에 해당하는 경우를 제외하고는 임기 중에 그 의사에 반하여 해임되지 아니한다.
1. 제19조 각 호의 어느 하나에 해당하게 된 경우
2. 이 법 또는 이 법에 따른 명령이나 정관을 위반한 경우
3. 심신의 장애로 직무를 수행하기가 매우 곤란하게 된 경우

제21조【사장 등의 대표권 제한】 사장 또는 제18조제2항 및 제3항에 따라 그 직무를 대행하는 부사장 또는 이사는 그의 이익과 공사의 이익이 상반되는 사항에 대하여는 공사를 대표하지 못한다. 이 경우 감사가 공사를 대표한다.

제22조【이사회】 ① 공사의 업무에 관한 중요 사항을 심의·의결하기 위하여 공사에 이사회를 둔다.
(2019.11.26 본항개정)
② 이사회는 사장·부사장 및 이사로 구성한다.
③ 사장은 이사회를 소집하고, 그 의장이 된다.
④ 이사회는 구성원 과반수의 출석과 출석구성원 과반수의 찬성으로 의결한다.
⑤ 감사는 이사회에 출석하여 의견을 진술할 수 있다.

제23조【권리행사와 대리인의 선임】 사장이 지명하는 임원이나 직원은 공사의 업무수행에 필요한 재판상 또는 재판 외의 모든 행위를 할 수 있다.

제24조【직원의 임면】 공사의 직원은 사장이 임면한다.

제25조【겸직금지 의무 등】 ① 임직원은 그 직무 외에 영리를 목적으로 하는 업무에 종사하지 못한다.
② 임원은 금융위원회의 허가 없이 다른 직무를 겸하지 못하며, 직원은 사장의 허가 없이 다른 직무를 겸하지 못한다.
③ 위원회의 위원, 공사의 임원 또는 직원이나 그 직(職)에 있었던 사람은 직무상 알게 된 비밀을 누설하거나 업무를 수행하면서 취득한 정보 및 자료를 이 법에서 정한 목적 외의 다른 용도로 사용하여서는 아니 된다.
(2021.8.17 본항개정)
④ 임직원은 정관으로 정하는 바에 따라 공사의 업무수행과 관련한 재산을 취득하지 못한다.

제4절 업 무

제26조【업무】 ① 공사는 이 법의 목적을 달성하기 위하여 다음 각 호의 업무를 수행한다.
1. 부실자산의 효율적 정리를 위한 다음 각 목의 업무
  가. 부실채권의 보전·추심(「민사소송법」 및 「민사집행법」에 따른 경매 및 소송 등에 관한 모든 행위를 포함한다. 이하 같다)의 수임 및 인수정리
  나. 부실채권의 매입과 그 부실채권의 출자전환에 따른 지분증권의 인수
  다. 「자산유동화에 관한 법률」 제3조제1항에 따른 유동화전문회사등이 발행하는 채권·증권의 인수
  라. 나목에 따라 지분증권을 취득하였거나 제4호라목에 따라 출자를 한 법인(이하 "출자법인"이라 한다)에 대한 금전의 대여 및 공사의 납입자본금·이익준비금 및 사업확장적립금 합계액의 100분의 500의 범위에서 대통령령으로 정하는 한도에서의 지급보증
  마. 공사가 인수한 자산(담보물을 포함한다)의 매수자에 대한 연불매각(延拂賣却) 등 금융지원과 인수한 부실채권의 채무자의 경영정상화, 담보물의 가치의 보전·증대 등 부실자산의 효율적 정리에 필요한 자금의 대여·관리 및 라목에 따른 지급보증의 범위에서의 지급보증(차입원리금의 상환에 대한 지급보증은 제외한다)
  바. 부실채권의 보전·추심 및 채무관계자에 대한 재산조사
  사. 국외부실자산 정리 등에 관한 자문과 업무대행 및 대통령령으로 정하는 회사 등에 대하여 국외부실자산에 대한 투자를 목적으로 하는 출자·투자
2. 부실징후기업 및 구조개선기업의 경영정상화 지원을 위한 다음 각 목의 업무
  가. 부실징후기업의 자구계획대상자산의 관리·매각의 수임 및 인수정리
  나. 부실징후기업 및 구조개선기업에 대한 경영진단과 정상화 지원을 위한 자문 및 기업 인수·합병의 알선
  다. 「채무자 회생 및 파산에 관한 법률」 제34조 또는 제35조에 따라 법원에 회생절차개시를 신청한 기업 등에 대한 자금의 대여 및 지급보증을 위한 특수목적법인에 대한 출자. 이 경우 자금대여·지급보증의 대상·방식, 지급보증의 범위는 대통령령으로 정한다.
  라. 비업무용자산 및 구조개선기업의 자산의 관리·매각, 매매의 중개 및 인수정리
  마. 부실징후기업 및 구조개선기업의 경영정상화 지원을 위한 선박 관련 투자기구 등에 대한 출자·투자 및 제1호라목에 따른 지급보증의 범위에서의 지급보증
3. 공공자산의 가치 제고를 위한 다음 각 목의 업무
  가. 법령에 따라 국가기관, 지방자치단체, 「공공기관의 운영에 관한 법률」 제4조에 따른 공공기관 등(이하 "국가기관등"이라 한다)으로부터 대행을 의뢰받은 압류재산의 매각, 대금 배분 등 사후관리 및 해당 재산의 가치의 보전·증대 등을 위한 관련 재산(저당권 등 제한물권을 포함한다. 이하 같다)의 매입과 개발
  나. 법령에 따라 국가기관등으로부터 수임받은 재산의 관리·처분·개발, 채권의 보전·추심 및 해당 재산의 가치의 보전·증대 등을 위한 관련 재산의 매입과 개발
  다. 「국유재산법」에 따라 국가가 주식 또는 지분의 2분의 1 이상을 보유하는 회사의 청산업무
4. 제1호부터 제3호까지의 업무와 관련한 다음 각 목의 업무
  가. 제38조에 따른 부실채권정리기금 및 제43조의2에 따른 구조조정기금의 관리 및 운용
  나. 「자산유동화에 관한 법률」 제10조제1항에 따라 위탁받은 유동화자산의 관리에 관한 업무
  다. 정보통신망 등을 이용한 자산관리·처분시스템의 구축, 운영 및 대여, 그 밖의 관련 지원 업무
  라. 공사의 업무수행에 따른 출자·투자
  마. 「자본시장과 금융투자업에 관한 법률」에 따른 신탁업 중 부동산 담보신탁업무 및 구조개선기업의 부동산의 관리·처분신탁업무
  바. 제1호(사목은 제외한다), 제2호가목·라목 및 이 호 나목의 업무수행과 관련된 재산의 매입과 개발
  사. 라목에 따른 업무를 수행하기 위하여 설립하는 회사(라목에 따라 출자·투자한 회사 등을 포함한다)의 업무 대행
② 공사는 이 법의 목적을 달성하기 위하여 제1항의 업무에 딸린 업무로서 대상, 방법, 범위 등의 추가 등이 필요한 경우 금융위원회의 승인을 받아 부대업무를 수행한다.
③ 공사가 제1항제4호마목에 따른 업무를 수행할 때에는 「자본시장과 금융투자업에 관한 법률」에 따른 신탁업의 인가를 받은 것으로 본다.
④ 공사가 제1항제1호가목·바목, 같은 항 제3호나목 및 같은 항 제4호나목의 채권의 추심에 관한 업무를 수행할 때에는 「신용정보의 이용 및 보호에 관한 법률」 제2조제4호에 따른 신용정보업 및 같은 조 제10호에 따른 채권추심업의 허가를 받은 것으로 본다.
⑤ 공사는 위원회가 정하는 바에 따라 제1항제1호(사목 중 대통령령으로 정하는 회사 등에 대하여 국외부실자산에 대한 투자를 목적으로 하는 출자·투자 업무는 제외한다), 같은 항 제2호가목·나목·라목, 같은 항 제4호가목부터 다목까지, 사목 및 제2항의 업무수행과 관련한 수수료와 비용을 받을 수 있으며, 제1항제3호 및 같은 항 제4호마목의 업무에 대하여 해당 법령에서 정하는 바에 따라 수수료와 비용을 받을 수 있다.
⑥ 제1항제4호바목에 따른 개발 대상 부동산의 범위·기준 등에 관하여 필요한 사항은 대통령령으로 정한다.
⑦ 제1항제1호사목에 따른 출자 및 투자의 한도, 위험관리체제 등에 관하여 필요한 사항은 대통령령으로 정한다.
⑧ 공사는 제1항 및 제2항에 따른 업무수행에 필요한 업무방법서를 작성하여 위원회의 의결을 거쳐 확정하여야 한다. 이를 변경하려는 경우에도 또한 같다.
(2021.8.17 본조개정)

제27조【부동산 처분의 촉진】 ① 공사는 제26조제1항제1호가목부터 바목까지, 같은 항 제2호가목·라목, 같은 항 제3호가목·나목 및 같은 항 제4호나목의 업무수행과 관련하여 취득한 부동산이 행정상 제한이 있거나 용도상 제약 등으로 매각에 장애가 있는 경우에는 이용가치의 보전·증대에 필요한 조치를 할 수 있으며, 취득 대상 부동산의 이용가치의 보전·증대를 위하여 필요한 경우에는 그 인접 부동산을 함께 매입할 수 있다.(2021.8.17 본항개정)
② 제1항에 따른 인접 부동산의 범위·기준 및 매입절차 등에 필요한 사항은 대통령령으로 정한다.

제28조【동산·부동산 및 계열기업의 임대·운영 등】 ① 공사는 취득한 동산·부동산, 부실징후기업의 계열기업 및 구조개선기업에 속하는 계열기업을 매각할 때까지 임대할 수 있다.(2021.8.17 본항개정)
② 공사는 그 업무를 수행할 때 필요한 경우 다음 각 호에서 정하는 법인의 경영관리에 참여하거나 직원을 파견할 수 있다.
1. 출자법인
2. 제26조제1항제1호마목에 따라 공사가 자금을 대여하거나 지급보증을 한 법인(2021.8.17 본호개정)
3. 공사가 인수한 부실징후기업의 계열기업 및 구조개선기업에 속하는 계열기업(2021.8.17 본호개정)

제5절 재무 및 회계

제29조【회계연도】 공사의 회계연도는 정부의 회계연도와 같다.

제30조【업무계획, 예산 및 결산】 ① 공사의 업무계획 및 예산은 매 회계연도가 시작되기 전까지 위원회의 의결을 거쳐 확정하여야 한다.
② 공사의 결산보고서는 매 회계연도가 끝난 후 3개월 이내에 위원회의 의결을 거쳐 주주총회의 승인을 받아야 한다.(2021.8.17 본항개정)
③ 제1항 및 제2항에 따른 업무계획, 예산 및 결산보고서는 위원회의 의결 또는 주주총회의 승인 후 지체 없이 금융위원회에 제출하여야 한다.

제31조【수입과 지출】 ① 공사는 업무수행에 따른 수수료 및 매매차익과 그 밖에 여유자금의 운용 등으로 생기는 수익을 그 수입으로 한다.
② 공사는 공사의 관리경비와 그 밖에 공사의 업무수행에 필요한 경비를 그 지출로 한다.

제32조【손익금의 처리】 ① 공사는 매 회계연도의 결산결과 이익이 생겼을 때에는 다음 각 호의 순서에 따라 처리하여야 한다.
1. 이월손실금의 보전(補塡)
2. 제9조제1항에 따른 자본금에 이를 때까지 이익금의 100분의 20 이상을 이익준비금으로 적립
3. 사업확장적립금으로 적립
4. 주주에 대한 배당
② 공사는 매 회계연도의 결산결과 손실이 생겼을 때에는 제1항제3호에 따른 사업확장적립금으로 보전하되 그 적립금으로도 부족하면 같은 항 제2호에 따른 이익준비금으로 보전하며, 그 후에도 부족한 금액은 다음 회계연도로 이월한다.
③ 제1항제2호 및 제3호에 따른 이익준비금 및 사업확장적립금은 위원회의 의결을 거쳐 자본금, 제38조에 따른 부실채권정리기금 또는 제43조의2에 따른 구조조정기금으로 전입(轉入)할 수 있다.

제33조【사채의 발행】 ① 공사는 이사회의 의결을 거쳐 사채를 발행할 수 있다.
② 사채의 발행액은 공사의 납입자본금과 이익준비금 및 사업확장적립금 합계액의 10배를 초과하지 못한다.
③ 정부는 공사가 발행하는 사채의 원리금 상환을 보증할 수 있다. 이 경우 그 사채의 발행액은 제2항에 따른 한도에 포함되지 아니한다.
④ 사채의 소멸시효는 원금은 5년, 이자는 2년으로 완성한다.

제34조【자금의 차입】 공사는 그 업무를 수행하는 데에 필요한 자금을 국내외 금융회사등이나 그 밖의 자로부터 차입할 수 있다.

제35조【여유자금의 운용】 공사는 업무상의 여유자금을 다음 각 호의 방법으로 운용할 수 있다.
1. 금융회사등에의 예치
2. 국채·지방채의 매입 또는 정부나 금융회사등이 지급을 보증한 유가증권의 매입
3. 그 밖에 위원회가 정하는 방법

제36조【자료 제공의 요청】 ① 공사는 국가, 지방자치단체, 「국민연금법」에 따른 국민연금공단, 「국민건강보험법」에 따른 국민건강보험공단 및 「산업재해보상보험법」에 따른 근로복지공단, 그 밖에 대통령령으로 정하는 공공단체에 제26조제1항제1호가목·바목, 같은 항 제3호가목·나목, 같은 항 제4호나목 또는 같은 조 제2항(같은 조 제1항제1호가목·바목, 같은 항 제3호가목·나목 또는 같은 항 제4호나목의 업무에 딸린 업무에 한정한다. 이하 이 조에서 같다)에 따른 업무 수행에 필요한 자료의 제공을 요청할 수 있다.(2021.8.17 본항개정)
② 공사는 다음 각 호의 사항을 적은 문서로 관할 세무관서의 장 또는 지방자치단체의 장에게 과세정보(종합소득세 및 지방세 과세자료에 한정한다. 이하 이 조에서 같다)의 제공을 요청할 수 있다. 이 경우 과세정보 제공 요청은 제26조제1항제1호가목·바목, 같은 항 제3호가목·나목, 같은 항 제4호나목 또는 같은 조 제2항에 따른 업무 수행을 위하여 필요한 최소한의 범위에서 하여야 하며, 다른 목적을 위하여 남용하여서는 아니 된다.(2021.8.17 후단개정)
1. 납세자의 인적 사항
2. 사용 목적
③ 제1항 및 제2항에 따라 자료의 제공을 요청받은 자는 특별한 사유가 없으면 이에 따라야 한다.
④ 공사는 「채무자 회생 및 파산에 관한 법률」 제49조에 따라 회생절차개시결정을 받은 채무자의 경영정상화 지원을 위하여 필요한 경우에는 채무자의 영업·사업에 관한 정보 및 자료의 제공을 관리인에게 요청할 수 있다. 이 경우 공사의 요청에 관하여는 「채무자 회생 및 파산에 관한 법률」 제57조를 준용한다.(2021.8.17 본항신설)
⑤ 공사는 업무 수행을 위하여 제공받은 자료의 목적을 달성한 경우에는 「신용정보의 이용 및 보호에 관한 법률」에 따라 해당 자료를 관리·삭제하여야 한다.

⑥ 제1항, 제2항 또는 제4항에 따른 업무에 종사하고 있거나 종사하였던 사람은 다음 각 호의 어느 하나에 해당하는 경우를 제외하고는 업무를 수행하면서 취득한 정보 및 자료를 다른 사람 또는 기관에 제공하여서는 아니 된다.
1. 정보주체로부터 별도의 동의를 받은 경우
2. 다른 법률에 특별한 규정이 있는 경우
3. 법원의 제출명령 또는 법관이 발부한 영장에 따라 제공하는 경우
4. 취득한 정보 및 자료를 제3자에게 제공하지 아니하면 제1항, 제2항 또는 제4항에 따른 업무를 수행할 수 없는 경우로서 대통령령으로 정하는 경우
(2021.8.17 본항신설)
(2015.3.27 본조개정)
제37조【다른 법률과의 관계】 ① 공사에 관하여 이 법에 특별한 규정이 있는 경우를 제외하고는 「상법」 중 주식회사에 관한 규정을 준용한다.
② 제33조에 따른 사채는 「자본시장과 금융투자업에 관한 법률」 제4조제3항에 따른 특수채증권으로 본다.

제4장 부실채권정리기금
(2011.5.19 본장개정)

제38조【부실채권정리기금의 설치】 금융회사등이 보유하고 있는 부실채권 등을 효율적으로 정리하기 위하여 공사에 부실채권정리기금(이하 "기금"이라 한다)을 둔다.
제39조【기금의 조성】 ① 기금은 다음 각 호의 재원(財源)으로 조성한다.
1. 공사로부터의 전입금
2. 정부의 출연금
3. 「공적자금상환기금법」에 따른 공적자금상환기금으로부터의 출연금
4. 제40조에 따른 부실채권정리기금채권의 발행으로 조성한 자금
5. 「한국은행법」에 따른 한국은행(이하 "한국은행"이라 한다)으로부터의 차입금
6. 한국은행 외의 자로부터의 차입금
7. 기금운용수익(부실채권 및 자구계획대상자산의 정리에 따른 수입금을 포함한다)과 그 밖의 수입금
② (2003.12.31 삭제)
③ 제1항제5호에 따라 기금이 한국은행으로부터 자금을 차입하는 경우에 기금은 「한국은행법」 제77조제2항에 따른 정부대행기관으로 지정된 것으로 본다.
④ (2003.12.31 삭제)
제40조【부실채권정리기금채권의 발행 등】 ① 공사는 부실채권의 인수정리에 필요한 자금을 조달하기 위하여 위원회의 의결을 거쳐 기금의 부담으로 부실채권정리기금채권(이하 "채권"이라 한다)을 발행할 수 있다.
② 채권의 발행에 필요한 사항은 대통령령으로 정한다.
③ 채권의 소멸시효는 원금은 5년, 이자는 2년으로 완성한다.
④ 정부는 채권의 원리금 상환에 대하여 보증할 수 있다.
⑤ 공사는 채권을 발행하려는 경우에는 매회 그 금액·조건과 발행 및 상환의 방법을 정하여 금융위원회에 신고하여야 한다.
⑥ 채권에 관하여는 제37조제2항을 준용한다.
제41조【기금의 관리·운용 등】 ① 기금은 공사가 관리·운용한다.
② 기금은 다음 각 호의 용도에 사용한다. 다만, 제39조제1항제4호의 자금 및 같은 항 제7호의 기금운용수익 중 부실채권의 정리에 따른 수입금은 제4호의 용도로는 사용하지 못한다.
1. 금융회사등의 부실채권 및 대통령령으로 정하는 부실징후기업의 자구계획대상자산의 인수에 드는 자금. 다만, 부실징후기업의 자구계획대상자산의 인수에 드는 자금의 연간 규모는 금융회사등의 부실채권 인수에 드는 자금의 연간 규모를 초과할 수 없다.
2. 제39조제1항제5호 및 제6호에 따른 차입금의 원리금 상환
3. 채권의 원리금 상환
4. 공사가 제26조제1항제1호나목부터 마목까지, 같은 항 제2호라목 및 같은 항 제4호라목(같은 항 제1호사목에 따른 출자·투자는 제외한다)·바목의 업무를 수행하는 데에 드는 자금의 대여(2021.8.17 본호개정)
5. 「공적자금상환기금법」 제4조제3항에 따라 체결된 약정의 이행
6. 기금의 관리·운용 경비와 그 밖에 기금의 운영에 필요한 비용
③ 공사는 기금의 여유자금이 있을 때에는 제35조에 따른 방법으로 운용할 수 있다.
제42조【기금의 운용계획 등】 ① 공사는 회계연도마다 기금의 총수입과 총지출에 관한 기금운용계획을 작성하여 회계연도가 시작되기 전까지 위원회의 의결을 거쳐 확정하여야 한다.
② 공사는 매 회계연도가 끝난 후 2개월 이내에 기금에 관한 결산서, 재무상태표 및 손익계산서를 작성하여 위원회에 보고한 후 금융위원회에 제출하여야 한다.
(2021.4.20 본항개정)

제43조【기금의 회계】 ① 기금의 회계연도는 정부의 회계연도와 같다.
② 공사는 기금의 회계를 공사의 회계와 구분하여 경리(經理)하여야 한다.

제4장의2 구조조정기금
(2011.5.19 본장개정)

제43조의2【구조조정기금의 설치】 금융회사등이 보유하고 있는 부실자산, 부실징후기업 및 구조개선기업이 보유하고 있는 자산의 효율적인 인수정리 등을 위하여 공사에 구조조정기금을 둔다.
제43조의3【구조조정기금의 재원】 ① 구조조정기금은 다음 각 호의 재원으로 조성한다.
1. 금융회사등의 출연금
2. 공사로부터의 전입금
3. 정부의 출연금
4. 제2항에 따른 구조조정기금채권의 발행으로 조성한 자금
5. 한국은행으로부터의 차입금
6. 한국은행 외의 자로부터의 차입금
7. 구조조정기금의 운용수익(부실자산 등의 정리에 따른 수입금을 포함한다)과 그 밖의 수입금
② 공사는 금융회사등이 보유한 부실자산의 인수정리, 부실징후기업 및 구조개선기업이 보유한 자산의 인수정리 등에 필요한 자금을 조달하기 위하여 위원회의 의결을 거쳐 구조조정기금의 부담으로 구조조정기금채권을 발행할 수 있다. 이 경우 구조조정기금채권에 관하여는 제37조제2항 및 제40조제2항부터 제5항까지의 규정을 준용한다.
③ 구조조정기금이 제1항제5호에 따라 한국은행으로부터 자금을 차입하는 경우에는 제39조제3항을 준용한다.
제43조의4【구조조정기금의 관리·운용 등】 ① 구조조정기금은 공사가 관리·운용한다.
② 구조조정기금은 다음 각 호의 용도에 사용한다.
1. 부실채권(개인에 대한 채권은 제외한다)의 인수
2. 부실징후기업의 자구계획대상자산, 비업무용자산 및 금융회사등의 건전성 향상을 위한 구조개선기업의 자산의 인수
3. 제1호 및 제2호에 따른 부실채권 및 자산을 취득하기 위하여 설립하는 회사(취득한 부실채권 및 자산을 관리, 운용 및 처분하기 위하여 설립하는 회사를 포함한다)에 대한 출자 및 투자
4. 제1호 및 제2호에 따라 인수한 부실채권 및 자산을 정리하기 위한 다음 각 목의 업무 수행
가. 부실채권 및 자산을 정리하기 위하여 설립하는 회사에 대한 출자 및 투자
나. 부실채권의 출자전환에 따른 지분증권의 인수
다. 제3호 및 가목에 따라 출자를 한 회사에 대한 금전의 대여 및 지급보증
라. 나목에 따라 출자전환을 한 회사에 대한 경영정상화 지원을 위한 금전의 대여 및 지급보증
마. 「자산유동화에 관한 법률」 제3조제1항에 따른 유동화전문회사등이 발행하는 채권·증권의 인수
5. 제43조의3제1항제5호 및 제6호에 따른 차입금의 원리금 상환
6. 제43조의3제2항에 따른 구조조정기금채권의 원리금 상환
7. 구조조정기금의 관리·운용 경비와 그 밖에 구조조정기금의 운영에 필요한 비용
③ 구조조정기금의 운용과 회계에 관하여는 제41조제3항, 제42조 및 제43조를 준용한다.

제5장 부실자산 등의 정리 촉진을 위한 특례
(2011.5.19 본장개정)

제44조【지명채권양도의 대항요건에 대한 특례】 공사가 제26조제1항제1호가목에 따라 인수한 담보부 부실채권의 저당권 설정등기에 관하여 공사의 명의로 저당권 이전(移轉)의 부기등기를 마친 경우에는 부기등기를 마친 때에 「민법」 제450조에 따른 대항요건을 갖춘 것으로 본다.(2021.8.17 본조개정)
제45조【경매를 위한 담보제공에 관한 특례】 공사는 「민사집행법」에 따른 경매절차에서 매수신고인이 되려거나 제26조제1항제1호가목의 업무를 수행하기 위하여 채권의 회수를 위탁한 금융회사등을 대리하여 매수신고인이 되려는 경우에는 「민사집행법」 제113조에도 불구하고 공사의 지급확약서를 담보로 제공할 수 있다.(2021.8.17 본조개정)
제45조의2【경매에 대한 통지 또는 송달의 특례】 ① 제26조제1항 또는 제2항의 업무를 수행할 때 채권자 또는 채권 회수 수임인(受任人)으로서의 공사의 신청에 의하여 법원이 진행하는 「민사집행법」에 따른 경매절차(담보권 실행을 위한 경매절차만 해당한다)에서의 통지 또는 송달은 경매 신청 당시 해당 부동산의 등기부에 적혀 있는 주소(「주민등록법」에 따른 주민등록표에 적혀 있는 주소와 다른 경우에는 주민등록표에 적혀 있는 주소를 포함하며, 주소를 법원에 신고한 경우에는 그 주소로 한다)에 발송함으로써 송달된 것으로 본다. 다만, 등기부 및 주민등록표에 주소가 적혀 있지 아니하고 주소를 법원에 신고하지 아니한 경우에는 공시송달(公示送達)의 방법으로 하여야 한다.
② 제1항에 따른 경매절차에서 제26조제1항 또는 제2항의 업무를 수행할 때 채권자 또는 채권 회수 수임인으로서의 공사는 경매 신청 전에 경매실행 예정 사실을 해당 채무자 및 소유자에게 부동산의 등기부에 적혀 있는 주소(「주민등록법」에 따른 주민등록표에 적혀 있는 주소와 다른 경우에는 주민등록표에 적혀 있는 주소를 포함한다)로 통지하여야 한다. 이 경우 발송함으로써 송달된 것으로 본다.
(2021.8.17 본조개정)
제45조의3【부동산의 인수에 대한 특례】 공사가 제26조제1항 또는 제2항의 업무를 수행하기 위하여 인수한 부동산에 대하여는 「부동산등기 특별조치법」 제3조 및 같은 법 제4조를 적용하지 아니한다.(2021.8.17 본조개정)
제46조【조세지원 등】 국가 또는 지방자치단체는 공사의 업무수행에 필요한 세제상의 지원을 할 수 있다.

제6장 보칙
(2011.5.19 본장개정)

제47조【감독】 ① 금융위원회는 공사의 업무를 감독하며 그 감독상 필요한 명령을 할 수 있다.
② 국가기관등은 법령에 따라 공사에 대행을 의뢰하거나 위임·위탁한 사무의 처리에 대하여 공사를 지휘·감독하며, 필요하다고 인정하는 경우에는 공사에 필요한 지시를 하거나 조치를 명할 수 있다.(2021.8.17 본항신설)
제48조【보고·검사 등】 ① 금융위원회는 필요하다고 인정할 때에는 공사에 대하여 그 업무·회계 및 재산에 관한 사항 등을 보고하게 하거나 소속 공무원 또는 금융감독원(「금융위원회의 설치 등에 관한 법률」에 따른 금융감독원을 말한다. 이하 이 조에서 같다)의 소속 직원으로 하여금 공사의 업무상황이나 장부·서류·시설 또는 그 밖에 필요한 물건을 검사하게 할 수 있다.
② 금융위원회는 필요하다고 인정할 때에는 대통령령으로 정하는 바에 따라 제1항에 따른 검사를 금융감독원의 원장에게 위탁할 수 있다.
③ 제1항 및 제2항에 따라 검사를 하는 사람은 그 권한을 표시하는 증표를 지니고 이를 관계인에게 보여 주어야 한다.

제7장 벌칙
(2011.5.19 본장개정)

제49조【벌칙】 ① 다음 각 호의 어느 하나에 해당하는 사람은 2년 이하의 징역 또는 2천만원 이하의 벌금에 처한다.
1. 제25조제3항을 위반하여 직무상 알게 된 비밀을 누설하거나 업무를 수행하면서 취득한 정보 및 자료를 이 법에서 정한 목적 외의 다른 용도로 사용한 사람
2. 제36조제6항을 위반하여 업무를 수행하면서 취득한 정보 및 자료를 다른 사람 또는 기관에 제공한 사람
(2021.8.17 본항개정)
② (2012.3.21 삭제)
제49조의2【과태료】 ① 제13조를 위반하여 한국자산관리공사 또는 이와 유사한 명칭을 사용한 자에게는 1천만원 이하의 과태료를 부과한다.
② 제1항에 따른 과태료는 금융위원회가 부과·징수한다.
(2012.3.21 본조신설)
제50조【「형법」 적용 시의 공무원 의제】 제15조제1항제4호부터 제6호까지의 규정에 따른 위원과 공사의 임원은 「형법」 제129조부터 제132조까지의 규정을 적용할 때에는 공무원으로 본다.(2019.11.26 본조개정)

부칙 (2005.5.31)

제1조【시행일】 이 법은 공포한 날부터 시행한다.
제2조【유효기간】 제45조의2제1항제2호 내지 제9호의 규정은 2006년 6월 30일까지 효력을 가진다.
제3조【금융기관 등의 신청에 의하여 진행되는 경매절차의 특례에 관한 적용례】 부칙 제2조의 규정은 이 법 시행 후 최초로 경매신청하는 건부터 적용한다.
제4조【이미 경매신청한 건에 관한 경과조치】 2004년 12월 31일 이전에 종전의 제45조의2제3항의 규정에 의하여 경매신청한 건에 대하여는 종전의 규정에 의한다.

부칙 (2009.5.13)

제1조【시행일】 이 법은 공포한 날부터 시행한다.
제2조【구조조정기금의 운용기간 등】 ① 제43조의3제1항의 개정규정에 따른 구조조정기금(이하 이 조에서 "기금"이라 한다)의 운용은 이 법 시행 후 기금이 재원을 조성한 날부터 2014년 12월 31일까지 할 수 있다.
② 제1항의 기간 동안 제26조제1항제1호에 따른 부실채권(개인에 대한 채권은 제외한다), 같은 항 제3호에 따른 부실징후기업의 자구계획대상자산, 같은 항 제5호에 따른 비업무용자산 및 구조개선기업의 자산(이하 "부실자산등"이라 한다)의 인수는 구조조정기금의 재원으로 하여야 한다. 다만, 기금운용계획에 따라 부실자산등의 인

수를 위한 재원을 조성하여 사용하는 회계연도가 아닌 경우에는 그러하지 아니하다.(2012.3.21 본항개정)
③ 기금은 제1항에 따른 운용기간이 종료되는 날까지 구조조정기금채권 및 차입금의 원리금 상환과 인수자산의 정리 등을 완료하여야 하며, 운용기간 종료 후 3개월 이내에 잔여재산을 국고에 귀속시켜야 한다. 다만, 금융위원회가 기금의 자산과 부채를 실사한 결과 운용기간 종료일에 잔여재산이 있을 것이 확실하고 그 금액을 추정할 수 있는 경우에는 추정된 잔여재산의 일부를 운용기간 종료 전에 국고에 귀속시킬 수 있다.
④ 제3항에 따른 기금 정리에 관한 구체적인 처리 기준·시기·절차 및 방법, 그 밖에 필요한 사항은 대통령령으로 정한다.
제3조【2009년도 구조조정기금운용계획안에 관한 특례】 ① 공사는 「국가재정법」 제66조에도 불구하고 구조조정기금이 설치된 때에는 지체 없이 2009년도 구조조정기금운용계획안을 수립하여 위원회의 심의·의결을 거쳐 기획재정부장관에게 제출하여야 한다.
② 정부는 제1항에 따른 2009년도 구조조정기금운용계획안을 지체 없이 국회에 제출하여야 한다. 이 경우 2009년도 구조조정기금운용계획이 확정된 것으로 본다.
제4조【다른 법률의 개정】 ※(해당 법령에 가제정리 하였음)

부 칙 (2011.5.19)

제1조【시행일】 이 법은 공포한 날부터 시행한다.
제2조【다른 법률의 개정】 ①~㉔ ※(해당 법령에 가제정리 하였음)
제3조【다른 법률과의 관계】 이 법 시행 당시 다른 법령에서 종전의 「금융기관부실자산 등의 효율적 처리 및 한국자산관리공사의 설립에 관한 법률」 또는 그 규정을 인용한 경우에 이 법 가운데 그에 해당하는 규정이 있으면 종전의 「금융기관부실자산 등의 효율적 처리 및 한국자산관리공사의 설립에 관한 법률」 또는 그 규정을 갈음하여 이 법 또는 이 법의 해당 규정을 인용한 것으로 본다.

부 칙 (2019.11.26)

제1조【시행일】 이 법은 공포한 날부터 시행한다.
제2조【다른 법률의 개정】 ①~㊵ ※(해당 법령에 가제정리 하였음)
제3조【다른 법령과의 관계】 이 법 시행 당시 다른 법령에서 종전의 「금융회사부실자산 등의 효율적 처리 및 한국자산관리공사의 설립에 관한 법률」 또는 그 규정을 인용한 경우 이 법 중 그에 해당하는 규정이 있는 때에는 종전의 「금융회사부실자산 등의 효율적 처리 및 한국자산관리공사의 설립에 관한 법률」 또는 그 규정을 갈음하여 이 법 또는 이 법의 해당 조항을 인용한 것으로 본다.

부 칙 (2020.2.4)

제1조【시행일】 이 법은 공포 후 6개월이 경과한 날부터 시행한다.(이하 생략)

부 칙 (2021.4.20)

이 법은 공포 후 3개월이 경과한 날부터 시행한다.

부 칙 (2021.8.17)

제1조【시행일】 이 법은 공포 후 6개월이 경과한 날부터 시행한다.
제2조【부대업무에 대한 경과조치】 공사가 이 법 시행 당시 종전의 규정에 따라 금융위원회로부터 부대업무 승인을 받아 수행하던 업무는 제26조제2항의 개정규정에 따라 금융위원회의 승인을 받은 것으로 본다.
제3조【다른 법률의 개정】 ①~③ ※(해당 법령에 가제정리 하였음)

부 칙 (2023.1.17)

이 법은 공포한 날부터 시행한다.

한국자산관리공사 설립 등에 관한 법률 시행령

(1997년 11월 19일 대통령령 제15511호)

개정
1998. 4. 1영15761호(금융감독시)
1999. 4. 9영16234호(한국종합기술금융주식회사법시폐지령)
1999. 7.23영16476호 1999.11.27영16604호
2000. 2.14영16709호
2000. 3.24영16757호(농협시)
2000. 5.29영16821호
2002.12. 5영17791호(기술신용보증기금법시)
2002.12.26영17816호(국토이용시)
2006. 1.27영19299호
2008. 2.29영20653호(금융위원회의설치등에관한법시)
2008. 7.29영20947호(자본시장금융투자업시)
2008. 9.26영21049호 2008.12. 3영21156호
2009. 5. 6영21480호(산업발전법시)
2009. 5.28영21512호
2009. 5.29영21518호(한국정책금융공사법시)
2009.11.20영21835호(중소기업진흥시)
2010.11.15영22493호(은행법시)
2012. 1. 6영23488호(민감정보고유식별정보)
2012. 8.31영24077호(국민보험시)
2014. 3.24영25279호
2014.12.30영25945호(한국산업은행법시)
2015. 6.30영26369호(주택도시기금법시)
2015. 9.22영26543호
2015.10.23영26600호(자본시장금융투자업시)
2016. 3.11영27037호(예금자보호법시)
2016. 5.31영27205호(기술보증기금법시)
2016. 8.31영27472호(감정평가감정평가사시)
2016. 9.22영27511호(서민의금융생활지원에관한법시)
2019. 4. 2영29677호(중소기업진흥시)
2020. 8. 4영30893호(신용정보의이용및보호에관한법시)
2020. 8.11영30934호(벤처투자촉진에관한법시)
2021. 1. 5영31380호(법령용어정비)
2021.10.21영32091호(자본시장금융투자업시)
2022. 1.21영32352호(감정평가감정평가사시)
2022. 2.17영32449호 2022.12.20영33111호
2022.12.20영33112호(개인정보침해요인개선을위한일부개정령)
2023.12.19영34011호(벤처투자촉진에관한법시)

제1조【목적】 이 영은 「한국자산관리공사 설립 등에 관한 법률」에서 위임된 사항과 그 시행에 필요한 사항을 규정함을 목적으로 한다.(2022.2.17 본조개정)
제2조【금융업무를 수행하는 기관의 범위】 「한국자산관리공사 설립 등에 관한 법률」(이하 "법"이라 한다) 제2조제1호사목에서 "대통령령으로 정하는 것"이란 다음 각 호의 것을 말한다.(2022.2.17 본문개정)
1. 「농업협동조합법」에 따른 조합 및 중앙회
2. 「수산업협동조합법」에 따른 조합 및 중앙회
(2022.2.17 1호~2호개정)
3. (2014.12.30 삭제)
4. 「은행법」 제58조제1항에 따라 인가를 받은 외국은행의 지점 또는 대리점
5. 「보험업법」에 따른 보험회사
6. 「상호저축은행법」에 따른 상호저축은행
7. 「자본시장과 금융투자업에 관한 법률」에 따른 종합금융회사, 투자매매업자·투자중개업자, 집합투자업자 및 기관전용 사모집합투자기구(2021.10.21 본호개정)
8. 「신용협동조합법」에 따른 신용협동조합과 그 중앙회
9. 「신용보증기금법」에 따라 설립된 신용보증기금
10. 「여신전문금융업법」에 따라 허가를 받거나 등록을 한 여신전문금융회사
11. 「기술보증기금법」에 따른 기술보증기금(2016.5.31 본호개정)
12. 「벤처투자 촉진에 관한 법률」 제2조제10호에 따른 벤처투자회사(2023.12.19 본호개정)
13. 「새마을금고법」에 따른 새마을금고와 그 중앙회
14. 법 제2조제1호가목부터 바목까지의 금융회사등이 채권의 인수·정리를 위하여 설립한 회사로서 금융위원회가 부실채권의 효율적인 정리를 위하여 해당 회사가 보유하는 채권을 인수할 필요가 있다고 인정하는 회사
15. 「예금자보호법」 제36조의3에 따른 정리금융회사(2016.3.11 본호개정)
16. 「지역신용보증재단법」에 따른 신용보증재단과 그 중앙회
17. 「산림조합법」에 따른 산림조합과 그 중앙회
18. 「한국주택금융공사법」에 따른 한국주택금융공사
19. 「중소기업진흥에 관한 법률」에 따른 중소벤처기업진흥공단(2019.4.2 본호개정)
20. 「중소기업협동조합법」에 따른 중소기업협동조합과 그 중앙회
21. 「주택도시기금법」에 따른 주택도시보증공사(2015.6.30 본호개정)
22. 「건설산업기본법」에 따른 공제조합(2022.2.17 본호개정)
23. 「자산유동화에 관한 법률」에 따른 유동화전문회사
24. 「산업발전법」(법률 제9584호 산업발전법 전부개정법률로 개정되기 전의 것을 말한다) 제15조에 따라 등록된 기업구조조정조합 및 그 조합의 업무집행조합원인 기업구조조정전문회사 또는 「산업발전법」 제20조에 따른 기업구조개선 기관전용 사모집합투자기구(2021.10.21 본호개정)
25. 「대부업 등의 등록 및 금융이용자 보호에 관한 법률」 제3조에 따라 대부업을 하는 회사 중 다음 각 목의 자의 신용회복 지원 사업에 참여하는 회사(2022.2.17 본문개정)
가. 변제자력(辨濟資力) 부족 등의 이유로 금융회사등 등에 대한 채무를 연체하고 있는 자
나. 「국민기초생활 보장법」에 따른 수급자와 차상위계층 중 다음의 어느 하나에 해당하는 자(2022.2.17 본문개정)
1) 「국민기초생활 보장법」 제9조제5항에 따른 자활사업에 참가하는 자
2) 「국민건강보험법 시행령」 별표2 제3호라목에 따라 희귀난치성질환자로서 본인부담액을 경감받는 자
3) 「의료급여법 시행령」 제2조에 따라 의료급여를 받는 자
4) (2022.2.17 삭제)
5) 「장애인복지법」 제49조에 따른 장애수당을 받는 자와 같은 법 제50조제1항에 따른 장애아동수당을 받는 자
다. 「한부모가족지원법」 제5조에 따른 지원대상자
라. 「신용정보의 이용 및 보호에 관한 법률」에 따른 개인신용평가회사, 개인사업자신용평가회사 및 기업신용등급제공업무를 하는 기업신용조회회사가 제공한 신용정보에 따라 법 제22조에 따른 이사회가 신용도가 낮은 자로 인정한 자(2022.2.17 본목개정)
26. 「무역보험법」에 따른 한국무역보험공사
27. 「한국장학재단 설립 등에 관한 법률」에 따른 한국장학재단
28. 「서민의 금융생활 지원에 관한 법률」 제3조에 따른 서민금융진흥원(2016.9.22 본호신설)
29. 「서민의 금융생활 지원에 관한 법률」 제24조제1항제1호부터 제4호까지에서 규정한 업무수행을 위해 서민금융진흥원이 출자·출연한 회사(2022.2.17 본호신설)
30. 「농림수산업자 신용보증법」 제5조에 따른 관리기관(2022.2.17 본호신설)
31. 「한국농수산식품유통공사법」에 따른 한국농수산식품유통공사(2022.2.17 본호신설)
32. 그 밖에 제1호부터 제31호까지에 준하는 기관으로서 부실채권의 효율적인 정리를 위해 공사가 그 부실채권을 인수할 필요가 있다고 금융위원회가 정하여 고시하는 기관(2022.2.17 본호신설)
(2014.3.24 본조개정)
제2조의2【부실채권의 범위】 법 제2조제2호 각 목 외의 부분에서 "대통령령으로 정하는 채권"이란 다음 각 호의 채권을 말한다.
1. 금융위원회가 정하는 바에 따라 대손충당금을 설정하여야 하는 채권
2. 그 밖에 금융회사등의 유동성 및 건전성을 높이기 위하여 특히 필요하다고 판단되는 채권으로서 법 제22조에 따른 이사회가 인정한 채권(2022.2.17 본호개정)
(2014.3.24 본조개정)
제2조의3【금융회사등의 매각대상 자산의 범위】 법 제2조제4호나목에서 "대통령령으로 정하는 것"이란 다음 각 호의 자산을 말한다.
1. 금융회사등의 합병·전환 또는 정리로 인하여 업무에 사용하지 아니하게 된 고정자산(임차보증금을 포함한다. 이하 이 조에서 같다)
2. 금융회사등이 「금융산업의 구조개선에 관한 법률」 제10조에 따른 적기시정조치에 따라 처분하려는 고정자산
(2014.3.24 본조개정)
제3조【부실자산 정리의 수임 방법·절차】 금융회사등이 법 제4조제1항에 따라 법 제3조제2항에 따른 부실자산(이하 "부실자산"이라 한다)의 정리를 한국자산관리공사(이하 "공사"라 한다)에 위탁하는 경우에는 공사는 위탁사무의 처리에 필요한 사항을 금융회사등과 약정하여야 한다.(2014.3.24 본조개정)
제4조【부실자산의 인수 방법·절차】 ① 금융회사등이 법 제4조제1항에 따라 부실자산의 인수를 요청하는 경우에는 공사는 인수가격 등 인수조건을 해당 금융회사등과 협의하여 인수계약을 체결하고 다음 각 호의 방법으로 해당 부실자산을 인수한다.
1. 부실채권 : 채권원인서류의 수령 및 담보물권의 이전
2. 비업무용자산 : 소유권이전
② 공사는 제1항에 따른 방법 외에 금융회사등·공사 및 채무자(채무자가 담보물건의 소유자가 아닌 경우에는 담보물건의 소유자를 포함한다) 간의 계약에 의하여 금융회사등의 부실채권의 전부 또는 일부를 양수하고, 해당 부실채권의 담보물건의 소유권을 이전받아 부실채권을 정산하는 방법으로 부실채권을 인수·정리할 수 있다.
(2014.3.24 본조개정)
제5조【부실자산 인수가격의 산정 등】 ① 부실자산의 인수가격은 인수대상인 부실채권의 담보물건 또는 비업무용자산에 대하여 「감정평가 및 감정평가사에 관한 법률」에 따른 감정평가법인등이 감정평가한 가격 등 객관적인 가격을 기준으로 하되, 선순위의 채권·물권 및 임차권 등을 고려하여 산정한다.(2022.1.21 본항개정)

② 제1항에 따라 부실자산의 가격을 사전에 확정하기 곤란한 사유가 있는 경우에는 인수계약 체결 시 부실자산의 인수가격과 처분가격 간의 차액을 사후에 정산하는 것을 계약조건으로 붙일 수 있다.
(2014.3.24 본조개정)

제6조【부실자산 인수의 우선순위 · 기준 등】 ① 공사는 법 제38조에 따른 부실채권정리기금(이하 "기금"이라 한다) 및 법 제43조의2에 따른 구조조정기금의 효율적 운용을 위하여 다음 각 호의 어느 하나에 해당하는 부실자산을 우선적으로 인수할 수 있다.
1. 금융회사등의 경영의 건전성 보호 등 공익을 위하여 특히 인수할 필요가 있다고 인정되는 부실자산
2. 이해관계인이 많아 정리의 효과가 큰 부실자산
3. 처분에 대한 공법상의 제한이 적은 부실자산
4. 매각에 장애요소가 없어 조속한 매각대금 회수가 가능한 부실자산

② 공사는 부실채권의 담보물건에 설정된 금융회사등의 저당권으로 담보되는 채권에 우선하는 채권(국세 · 지방세 등 공과금채권을 포함한다)이 법 제26조제8항에 따른 공사의 업무방법서(이하 "업무방법서"라 한다)에서 정하는 기준을 초과하는 경우 등 해당 부실채권의 인수 후 저당권 실행의 실익이 없을 것으로 예상되는 경우에는 이를 인수해서는 안 된다.(2022.2.17 본항개정)
(2014.3.24 본조개정)

제7조【부실자산 인수대금의 지급】 부실자산의 인수대금은 현금으로 지급함을 원칙으로 한다. 다만, 공사는 금융회사등과의 협의에 따라 인수대금의 전부 또는 일부를 법 제40조에 따른 부실채권정리기금채권과 법 제43조의3 제2항에 따른 구조조정기금채권(이하 "채권"이라 한다) 또는 법 제33조에 따른 사채로 지급할 수 있다.
(2014.3.24 본조개정)

제8조【부실징후기업 자구계획대상자산의 수임 또는 인수】 ① 공사가 법 제5조제2항에 따라 부실징후기업의 자구계획대상자산의 매각을 수임하는 경우 수임 방법 · 절차에 관하여는 제3조를 준용한다.
② 공사가 법 제5조제2항에 따라 부실징후기업의 자구계획대상자산을 인수하는 경우 인수 절차 등에 관하여는 제4조제1항 · 제5조제1항 및 제7조를 준용한다. 이 경우 그 인수 방법은 다음 각 호에 따른다.
1. 부동산 : 소유권이전
2. 유가증권 : 실물인도 또는 명의변경 등 소유권이전
3. 계열기업 : 해당 기업을 지배할 수 있는 주식 또는 지분의 취득

③ 공사는 공익을 위하여 특히 인수할 필요가 있다고 인정되는 부실징후기업의 자구계획대상자산을 업무방법서에서 정하는 기준에 따라 우선적으로 인수할 수 있다.
(2014.3.24 본조개정)

제9조【출자금의 산정방법 등】 ① 법 제9조제4항에 따른 출자금은 금융회사등별로 납입자본금의 100분의 10의 범위에서 금융회사등의 총자산 규모 등을 기준으로 하여 공사의 정관으로 정하는 바에 따라 산정한다. 다만, 제2조에 따른 금융회사등은 법 제14조제1항에 따른 운영위원회의 의결을 거쳐 출자대상 금융회사등에서 제외할 수 있다.(2022.2.17 단서개정)
② 제1항에 따른 출자금은 현금으로 납입하여야 한다.
③ 금융회사등은 제1항에 따른 최초의 출자금을 공사의 설립등기 전에 납입하여야 한다.
④ 제3항에 따른 출자금 외의 출자금의 납입 시기는 정관으로 정한다.
(2014.3.24 본조개정)

제10조【지사 등의 설치등기】 공사가 지사 또는 출장소를 설치하였을 때에는 다음 각 호의 구분에 따라 해당 사항을 등기하여야 한다.
1. 주된 사무소의 소재지에서는 2주일 이내에 그 지사 또는 출장소를 설치한 뜻
2. 신설된 지사 또는 출장소의 소재지에서는 3주일 이내에 법 제12조제2항제1호부터 제3호까지(다른 지사 및 출장소의 소재지에 관한 사항은 제외한다) 및 제6호의 사항과 사장의 성명 · 주민등록번호 및 주소
(2014.3.24 본조개정)

제11조【이전등기】 ① 공사가 주된 사무소를 이전하였을 때에는 옛 소재지에서는 2주일 이내에 그 이전의 뜻을 등기하고, 새 소재지에서는 3주일 이내에 법 제12조제2항 각 호의 사항을 등기하여야 한다.
② 공사가 지사 또는 출장소를 이전하였을 때에는 옛 소재지에서는 3주일 이내에 이전한 뜻을 등기하고, 새 소재지에서는 4주일 이내에 제10조제2호의 사항을 등기하여야 한다.
(2014.3.24 본조개정)

제12조【변경등기】 법 제12조제2항 각 호의 사항이 변경되었을 때에는 주된 사무소의 소재지에서는 2주일 이내에 변경된 사항을 등기하여야 한다. 이 경우 제10조제2호의 사항이 변경되었을 때에는 지사 또는 출장소의 소재지에서도 3주일 이내에 변경된 사항을 등기하여야 한다.
(2014.3.24 본조개정)

제13조【대리인의 선임등기】 공사의 사장이 법 제23조에 따라 대리인(영업에 관한 포괄적 대리권을 가진 대리인으로 한정한다)을 선임하였을 때에는 2주일 이내에 대리인을 둔 주된 사무소, 지사 또는 출장소의 소재지에서 다음 각 호의 사항을 등기하여야 한다.
1. 대리인의 성명 · 주민등록번호와 주소
2. 대리인의 권한을 제한한 경우에는 그 제한의 내용
(2014.3.24 본조개정)

제14조【등기기간의 기산】 제10조부터 제13조까지의 규정에 따라 등기하여야 할 사항 중 금융위원회의 인가 또는 승인을 받아야 할 사항이 있는 경우에는 해당 인가서 또는 승인서가 도달한 날부터 등기기간을 기산한다.
(2014.3.24 본조개정)

제15조【등기의 신청인 등】 ① 제10조부터 제13조까지의 규정에 따른 등기의 신청은 공사의 사장이 하여야 한다.
② 제10조부터 제13조까지의 규정에 따른 등기신청서에는 각각 그 사유를 증명하는 서류를 첨부하여야 한다.
(2014.3.24 본조개정)

제16조 (2022.2.17 삭제)

제17조【운영위원회 위촉위원의 자격】 법 제15조제1항 제6호에 따라 금융위원회가 위촉하는 위원은 법 제19조에 따른 공사의 임원의 결격사유에 해당하지 않는 사람으로 한다.(2022.2.17 본조개정)

제18조【운영위원회의 운영】 ① 법 제14조제1항에 따른 운영위원회(이하 "운영위원회"라 한다)의 의사에 관하여는 의사록을 작성하고, 의장과 출석위원 모두가 이에 서명하거나 날인해야 한다.
② 운영위원회의 위원은 자기 또는 자기의 친족과 직접 이해관계가 있거나 그가 소속된 기관 또는 기업과 직접 이해관계가 있는 사항에 관한 회의에 참석하지 못한다.
③ 운영위원회의 회의에 출석한 위원에게는 공사의 예산의 범위에서 수당을 지급할 수 있다.
④ 제1항부터 제3항까지에서 규정한 사항 외에 운영위원회의 운영에 필요한 사항은 운영위원회의 의결을 거쳐 위원장이 정한다.
(2022.2.17 본조개정)

제18조의2【보증한도】 법 제26조제1항제1호라목에서 "대통령령으로 정하는 한도"란 공사의 납입자본금 · 이익준비금 및 사업확장적립금 합계액의 100분의 300을 말한다.(2022.2.17 본조개정)

제18조의3【출자 및 투자 대상회사】 법 제26조제1항제1호사목에서 "대통령령으로 정하는 회사 등"이란 다음 각 호의 것을 말한다.(2022.2.17 본문개정)
1. 국외부실자산에 대한 출자 및 투자(이하 "국외투자등"이라 한다)를 위하여 국외에 설립된 투자회사나 그 밖에 이에 준하는 집합투자기구(이하 "투자회사등"이라 한다)
2. 「자본시장과 금융투자업에 관한 법률」 제9조제19항제1호에 따른 기관전용 사모집합투자기구(2021.10.21 본호개정)
3. 투자회사등에 대한 국외투자등을 목적으로 국내외에 설립된 특수목적회사
4. 특수목적회사가 인수한 국외부실자산의 관리를 목적으로 설립된 자산관리회사
5. 그 밖에 금융위원회가 국외투자등을 할 필요가 있다고 인정하는 국내 회사
(2014.3.24 본조개정)

제18조의4【특수목적법인을 통한 자금대여 · 지급보증의 대상 · 방식 · 범위】 법 제26조제1항제2호다목에 따른 특수목적법인을 통한 자금대여 및 지급보증의 대상 · 방식 · 범위는 다음 각 호와 같다.
1. 자금대여 및 지급보증의 대상 : 다음 각 목의 기업
  가. 「채무자 회생 및 파산에 관한 법률」 제34조에 따라 법원에 회생절차개시를 신청한 기업
  나. 「채무자 회생 및 파산에 관한 법률」 제242조에 따라 인가된 회생계획에 따른 채무를 모두 변제한 부실징후기업 및 구조개선기업 중 공사가 경영정상화를 위해 자금대여 또는 지급보증이 필요하다고 인정하는 기업
  다. 「기업구조조정 촉진법」 제2조제7호에 따른 부실징후기업(2022.12.20 본목신설)
  라. 다음의 어느 하나에 해당하는 기업 중 공사가 경영정상화를 위하여 자금대여 또는 지급보증이 필요하다고 인정하는 기업
    1) 「기업구조조정 촉진법」 제8조에 따른 공동관리절차(이하 이 목에서 "공동관리절차"라 한다) 또는 같은 법 제21조에 따른 주채권은행 관리절차(이하 이 목에서 "주채권은행관리절차"라 한다)가 개시되어 그 절차가 진행 중인 기업
    2) 「기업구조조정 촉진법」 제20조(같은 법 제21조제2항에서 준용하는 경우를 포함한다)에 따라 공동관리절차 또는 주채권은행관리절차가 종료된 기업
  (2022.12.20 본목신설)
2. 자금대여 및 지급보증의 방식 : 다음 각 목의 구분에 따른 방식
  가. 자금대여 : 금전소비대차
  나. 지급보증 : 보험 가입, 보증금 예치 또는 신용보증서 발급
3. 지급보증의 범위 : 공사의 납입자본금 · 이익준비금과 사업확장적립금 합계액의 100분의 300에 해당하는 금액 이내의 금액
(2022.2.17 본조신설)

제19조 (2022.2.17 삭제)

제20조【출자 및 투자의 한도】 법 제26조제1항제1호사목에 따른 국외투자등의 총액의 한도는 직전 연도 말의 공사의 자기자본의 100분의 20 이내로 한다.(2022.2.17 본조개정)

제20조의2【국외투자위험관리위원회의 설치 및 구성】 ① 법 제26조제1항제1호사목에 따른 국외투자등의 위험(이하 "국외투자위험"이라 한다)관리를 위하여 공사에 국외투자위험관리위원회(이하 "위험관리위원회"라 한다)를 둔다.(2022.2.17 본항개정)
② 위험관리위원회는 다음 각 호의 사항을 심의한다.
1. 국외투자위험관리의 기본계획 및 방침에 관한 사항
2. 국외투자위험의 관리 및 대책수립에 관한 사항
3. 국외투자등의 타당성 및 건별 한도설정에 관한 사항
4. 국외투자등과 관련된 회사와의 계약에 관한 사항
5. 그 밖에 국외투자위험의 관리에 관하여 위원장이 회의에 부치는 사항

③ 위험관리위원회는 위원장 1명을 포함하여 7명의 위원으로 구성한다.
④ 위원장은 공사의 부사장이 되고, 위원은 다음 각 호의 사람 중에서 사장이 위촉하는 사람 5명과 해외사업 담당 임원 1명이 된다.
1. 금융 산업 및 투자 분야에 관한 학식과 경험이 풍부한 사람
2. 변호사
3. 공인회계사

⑤ 위원의 임기는 2년으로 한다. 다만, 당연직 위원의 임기는 그 직위에 재임하는 기간으로 한다.
(2014.3.24 본조개정)

제20조의3【위험관리위원회의 운영】 ① 위험관리위원회는 재적위원 3분의 1 이상의 요구가 있거나 위원장이 필요하다고 인정할 때에 위원장이 소집한다.
② 위험관리위원회의 회의는 재적위원 과반수의 출석으로 개의(開議)하고, 출석위원 과반수의 찬성으로 의결한다.
③ 이 영에서 규정한 사항 외에 위험관리위원회의 운영에 필요한 사항은 위험관리위원회의 의결을 거쳐 위원장이 정한다.
(2014.3.24 본조개정)

제20조의4【개발 대상 부동산의 범위 · 기준 등】 ① 법 제26조제1항제4호바목에 따른 개발 대상 부동산의 범위 · 기준은 현상대로 매각이 곤란하거나 적정한 가격을 받기 어려운 부동산 중 개발(분할 · 합병 · 형질변경 등 토지의 개량 또는 신축 · 증축 등 건축 및 용도전환을 말한다. 이하 같다)을 할 경우 적정한 가격으로 신속하게 매각될 것이 예상되는 부동산으로서 다음 각 호의 어느 하나에 해당하는 것으로 한다.(2022.2.17 본문개정)
1. 도시지역(「국토의 계획 및 이용에 관한 법률」 제6조제1호에 따른 도시지역을 말한다. 이하 같다)의 경우 : 개발에 드는 비용이 개발 대상 부동산의 인수가격의 5배를 초과하지 아니하는 부동산
2. 도시지역이 아닌 경우 : 개발에 드는 비용이 개발 대상 부동산의 인수가격의 10배를 초과하지 아니하는 부동산

② 매각에 장애요소가 없는 부동산으로서 다음 각 호의 어느 하나에 해당하는 부동산에 대해서는 제1항에도 불구하고 법 제22조에 따른 이사회의 승인을 받아 해당 부동산을 개발 대상 부동산으로 할 수 있다.(2022.2.17 본문개정)
1. 개발을 함으로써 다수의 인근지역 주민의 민원을 해소하거나 주민의 편익에 기여할 수 있는 부동산
2. 지역발전이나 그 밖의 공익을 위하여 지방자치단체 또는 공공단체가 개발을 요청하는 부동산

③ 제1항제1호 및 제2호를 적용할 때 개발에 드는 비용에는 사전에 예측할 수 없었던 사유로 인한 설계변경 등 불가피한 사유에 의한 비용 상승분은 포함하지 아니한다.
(2014.3.24 본조개정)

제21조【인접 부동산의 범위 · 기준 및 매입절차】 ① 법 제27조제2항에 따른 인접 부동산은 취득 대상 부동산과 토지이용상 불가분의 관계가 있는 부동산으로 한다. 다만, 그 면적과 가액이 모두 취득 대상 부동산의 면적과 가액을 초과하는 부동산은 제외한다.
② 공사가 인접 부동산을 매입하려는 경우에는 「감정평가 및 감정평가사에 관한 법률」에 따른 감정평가법인등이 평가한 가격 등 객관적인 가격을 기준으로 하여 인접 부동산의 소유자와 매입조건을 협의하여야 한다.
(2022.1.21 본항개정)
(2014.3.24 본조개정)

제22조 (2006.1.27 삭제)

제23조 (2008.9.26 삭제)

제24조【채권의 형식】 채권은 무기명식(無記名式)으로 한다. 다만, 응모자 또는 소지인이 청구하는 경우에는 기명식으로 할 수 있다.(2014.3.24 본조개정)

제25조【채권의 발행방법】 공사가 채권을 발행하는 경우에는 모집, 총액인수 또는 매출의 방법으로 발행한다.
(2014.3.24 본조개정)

제26조【채권의 응모 등】 ① 공사는 모집의 방법으로 채권을 발행하려는 경우에는 다음 각 호의 사항이 포함된 채권청약서를 작성하여 발급해야 한다.(2021.1.5 본문개정)
1. 공사의 명칭
2. 채권의 발행총액

3. 채권의 종류별 액면금액(2021.1.5 본호개정)
4. 채권의 이율
5. 원금상환의 방법 및 시기
6. 이자지급의 방법 및 시기
7. 채권의 발행가액 또는 그 최저가액
8. 상환되지 아니한 채권이 있는 경우에는 그 총액
② 채권의 모집에 응하려는 자는 제1항에 따른 채권청약서 2통에 응모하려는 채권의 수·금액과 청약자의 주소를 적고 기명날인하거나 서명하여 공사에 제출하여야 한다. 이 경우 채권의 최저가액을 정하여 발행하는 경우에는 응모가액을 적어야 한다.
(2014.3.24 본조개정)

제27조【총액인수 및 매출의 방법】 ① 총액인수의 방법으로 채권을 발행하는 경우에는 제26조를 적용하지 아니한다. 채권 모집을 위탁받은 자가 채권의 일부를 인수하는 경우 그 인수분에 대해서도 또한 같다.
② 공사는 매출의 방법으로 채권을 발행하려는 경우에는 제26조제1항제1호부터 제6호까지의 사항과 매출기간을 미리 공고하여야 한다.
(2014.3.24 본조개정)

제28조【채권의 발행총액】 ① 공사는 제26조에 따라 채권을 발행할 때 실제로 응모된 총액이 채권청약서에 적힌 채권의 발행총액에 미달되는 경우에도 채권을 발행할 수 있다. 이 경우 채권청약서에 그 뜻을 표시하여야 한다.
② 제1항의 경우 그 응모총액을 채권의 발행총액으로 한다.
(2014.3.24 본조개정)

제29조【채권 인수가액의 납입 등】 ① 공사는 채권의 응모가 완료되었을 때에는 지체 없이 응모자가 인수한 채권의 전액을 납입시켜야 한다.
② 채권 모집을 위탁받은 자는 공사를 위하여 자기명의로 제1항에 따른 행위를 할 수 있다.
③ 공사는 그 발행총액에 해당하는 납입금 전액이 납입된 후가 아니면 채권을 발행하지 못한다. 다만, 매출의 방법으로 채권을 발행하는 경우에는 그러하지 아니하다.
(2014.3.24 본조개정)

제30조【채권의 기재사항】 채권에는 다음 각 호의 사항을 적고 공사의 사장이 기명날인하여야 한다.
1. 제26조제1항제1호부터 제6호까지의 사항(매출의 방법으로 채권을 발행하는 경우에는 같은 항 제2호의 사항은 제외한다)
2. 채권번호
3. 채권의 발행연월일
(2014.3.24 본조개정)

제31조【채권원부】 ① 공사는 주된 사무소에 채권원부를 갖추어 두고, 다음 각 호의 사항을 적어야 한다.
1. 채권의 종류별 수와 번호(2021.1.5 본호개정)
2. 채권의 발행연월일
3. 제26조제1항제2호부터 제6호까지의 사항
② 채권이 기명식인 경우에는 제1항 각 호의 사항 외에 다음 각 호의 사항을 적어야 한다.
1. 채권 소유자의 성명 및 주소
2. 채권의 취득연월일
③ 채권의 소유자 또는 소지인은 공사에 채권원부의 열람을 요구할 수 있다.
(2014.3.24 본조개정)

제32조【기명식 채권의 이전】 기명식 채권의 이전은 제31조제2항 각 호의 사항을 채권원부에 적지 아니하면 공사나 그 밖의 제3자에게 대항하지 못한다.
(2014.3.24 본조개정)

제33조【기명식 채권에 대한 질권 설정】 ① 기명식 채권을 질권의 목적으로 할 때에는 질권자의 성명 및 주소를 채권원부에 등록하지 아니하면 공사나 그 밖의 제3자에게 대항하지 못한다.
② 제1항에 따라 질권이 설정된 경우에는 공사는 해당 채권에 그 뜻을 표시하여야 한다.
(2014.3.24 본조개정)

제34조【이권 흠결의 경우】 ① 이권(利券)이 있는 무기명식 채권을 상환하는 경우에 이권이 흠결된 경우에는 그 이권에 상당하는 금액을 상환액에서 공제한다.
② 제1항에 따른 이권의 소지인은 그 이권과 상환하여 공제된 금액의 지급을 청구할 수 있다.
(2014.3.24 본조개정)

제35조【채권 소지인 등에 대한 통지 등】 ① 채권을 발행하기 전의 그 응모자 또는 권리자에 대한 통지 또는 최고(催告)는 채권청약서에 적힌 주소로 하여야 한다. 이 경우 공사가 따로 주소를 통보받은 경우에는 그 주소로 하여야 한다.
② 기명식 채권의 소유자에 대한 통지 또는 최고는 채권원부에 적힌 주소로 하여야 한다. 이 경우 공사가 따로 주소를 통보받은 경우에는 그 주소로 하여야 한다.
③ 무기명식 채권의 소지인에 대한 통지 또는 최고는 공고의 방법으로 한다.
(2014.3.24 본조개정)

제36조【보고】 공사는 채권의 발행을 완료하였을 때에는 매회 그 내용을 금융위원회에 보고하여야 한다.
(2014.3.24 본조개정)

제36조의2【공공단체의 범위】 법 제36조제1항에서 "대통령령으로 정하는 공공단체"란 「공공기관의 운영에 관한 법률」 제4조에 따른 공공기관을 말한다.(2015.9.22 본조신설)

제36조의3【제3자에 대한 정보·자료 제공】 법 제36조제6항제4호에서 "대통령령으로 정하는 경우"란 법 제26조제1항제3호나목에 따른 업무(채권의 보전·추심은 제외한다. 이하 이 조에서 같다)의 수행을 위해 다음 각 호의 자에게 같은 목에 따른 재산에 관한 정보·자료(법 제36조제2항 및 제4항에 따라 취득한 정보·자료는 제외한다)를 제공하는 경우를 말한다.
1. 국가기관
2. 지방자치단체
3. 「공공기관의 운영에 관한 법률」 제4조에 따른 공공기관
4. 법 제26조제1항제3호나목에 따른 업무 수행을 위해 공사와 계약을 체결한 자
(2022.2.17 본조신설)

제37조【기금이 인수하는 부실징후기업의 자구계획대상자산의 범위】 ① 법 제41조제2항제1호 본문에서 "대통령령으로 정하는 부실징후기업의 자구계획대상자산"이란 인수금액이 50억원 이상인 자구계획대상자산으로서 업무방법서에서 정하는 기준에 해당하는 것을 말한다.
② 법 제41조제2항제1호 단서에 따른 자금의 연간 규모는 법 제42조제1항에 따른 기금운용계획에 따라 실제 사용된 자금의 연간 규모를 말한다.
(2014.3.24 본조개정)

제38조【개인식별번호의 처리】 금융위원회(제5호 및 제6호의 사무만 해당하며, 제6호의 사무의 경우에는 법 제48조제2항에 따라 금융위원회의 업무를 위탁받은 자를 포함한다) 또는 공사는 다음 각 호의 사무를 수행하기 위하여 불가피한 경우 「신용정보의 이용 및 보호에 관한 법률」 제2조제1호의2가목2)에 따른 개인식별번호가 포함된 자료를 처리할 수 있다.(2022.12.20 본문개정)
1. 법 제26조에 따른 부실자산 등의 효율적 처리를 위한 사무
2. 법 제27조에 따른 부동산 처분의 촉진에 관한 사무
3. 법 제28조에 따른 동산·부동산 및 계열기업의 임대·운영 등에 관한 사무
4. 법 제36조에 따른 자료 제공의 요청 및 이용에 관한 사무
5. 법 제47조에 따른 감독 및 이에 따른 사후 조치 등에 관한 사무
6. 법 제48조에 따른 보고·검사 및 이에 따른 사후 조치 등에 관한 사무
(2022.12.20 본조제목개정)
(2012.1.6 본조신설)

부 칙 (2009.5.28)

제1조【시행일】 이 영은 공포한 날부터 시행한다. 다만, 제2조제29호라목의 개정규정은 2009년 10월 2일부터 시행한다.

제2조【구조조정기금의 잔여재산 처리】 ① 법률 제9670호 금융기관부실자산 등의 효율적 처리 및 한국자산관리공사의 설립에 관한 법률 일부개정법률 부칙 제2조제3항 본문에 따라 공사는 구조조정기금의 잔여재산을 국고에 귀속시키려면 미리 구조조정기금의 재산목록 및 대차대조표를 작성하여 위원회의 승인을 받아야 하며, 잔여재산을 국고에 귀속시킨 후 지체 없이 결산보고서를 작성하여 위원회에 보고하여야 한다. 다만, 법률 제9670호 금융기관부실자산 등의 효율적 처리 및 한국자산관리공사의 설립에 관한 법률 일부개정법률 부칙 제2조제3항 단서에 따라 구조조정기금의 잔여재산 일부를 운용기간 종료 전에 국고에 귀속시키는 경우에는 해당 회계연도 종료 후 2개월 이내에 결산보고서를 작성하여 위원회에 보고할 수 있다.
② 구조조정기금의 잔여재산은 현금으로 국고에 귀속시켜야 한다. 다만, 기획재정부장관과 협의된 경우에는 위원회가 정하는 방법에 따라 현물로 국고에 귀속시킬 수 있다.

부 칙 (2014.3.24)

제1조【시행일】 이 영은 공포한 날부터 시행한다.
제2조【다른 법령의 개정】 ①~㉞ ※(해당 법령에 가제정리 하였음)
제3조【다른 법령과의 관계】 이 영 시행 당시 다른 법령에서 종전의 「금융기관부실자산 등의 효율적 처리 및 한국자산관리공사의 설립에 관한 법률 시행령」 또는 그 규정을 인용한 경우 이 영 중 그에 해당하는 규정이 있으면 종전의 「금융기관부실자산 등의 효율적 처리 및 한국자산관리공사의 설립에 관한 법률 시행령」 또는 그 규정을 갈음하여 이 영 또는 이 영의 해당 규정을 인용한 것으로 본다.

부 칙 (2019.4.2)

제1조【시행일】 이 영은 공포한 날부터 시행한다.(이하 생략)

부 칙 (2020.8.4)

제1조【시행일】 ① 이 영은 2020년 8월 5일부터 시행한다.(이하 생략)

부 칙 (2020.8.11)

제1조【시행일】 이 영은 2020년 8월 12일부터 시행한다.(이하 생략)

부 칙 (2021.1.5)

이 영은 공포한 날부터 시행한다.(이하 생략)

부 칙 (2021.10.21)

제1조【시행일】 이 영은 2021년 10월 21일부터 시행한다.(이하 생략)

부 칙 (2022.1.21)

제1조【시행일】 이 영은 2022년 1월 21일부터 시행한다.(이하 생략)

부 칙 (2022.2.17)

제1조【시행일】 이 영은 2022년 2월 18일부터 시행한다.
제2조【다른 법령의 개정】 ①~㊺ ※(해당 법령에 가제정리 하였음)
제3조【다른 법령과의 관계】 이 영 시행 당시 다른 법령에서 종전의 「금융회사부실자산 등의 효율적 처리 및 한국자산관리공사의 설립에 관한 법률 시행령」 또는 그 규정을 인용하고 있는 경우 이 영 가운데 그에 해당하는 규정이 있을 때에는 종전의 규정을 갈음하여 이 영 또는 이 영의 해당 규정을 인용한 것으로 본다.

부 칙 (2022.12.20 영33111호)

제1조【시행일】 이 영은 공포한 날부터 시행한다.
제2조【특수목적법인을 통한 자금대여 및 지급보증의 대상에 관한 적용례】 제18조의4제1호라목의 개정규정은 이 영 시행 전에 「기업구조조정 촉진법」 제8조에 따른 공동관리절차 또는 같은 법 제21조에 따른 주채권은행 관리절차가 같은 법 제20조(같은 법 제21조제2항에서 준용하는 경우를 포함한다)에 따라 종료된 기업에도 적용한다.

부 칙 (2022.12.20 영33112호)

이 영은 공포한 날부터 시행한다.

부 칙 (2023.12.19)

제1조【시행일】 이 영은 2023년 12월 21일부터 시행한다.(이하 생략)

금융산업의 구조개선에 관한 법률(약칭 : 금융산업구조개선법)

(1997년 1월 13일 전개법률 제5257호)

개정
1998. 1. 8법 5496호 1998. 9.14법 5549호
1999. 5.24법 5982호(정부조직)
2000. 1.21법 6178호
2000.10.23법 6274호(금융지주회사법)
2001. 3.28법 6429호(상호저축은행법)
2002.12.26법 6807호(예금자보호법)
2003. 5.29법 6891호(보험)
2005. 3.31법 7428호(채무자회생파산)
2007. 1.26법 8265호
2007. 8. 3법 8635호(자본시장금융투자업)
2008. 2.29법 8852호(정부조직)
2008. 2.29법 8863호(금융위원회의설치등에관한법)
2009. 2. 3법 9407호(자본시장금융투자업)
2009. 5.27법 9741호
2009. 7.31법 9785호(신문등의진흥에관한법)
2010. 3.12법10066호
2010. 5.17법10303호(은행법)
2013. 3.22법11630호
2013. 4. 5법11758호(자본시장금융투자업)
2013. 5.28법11845호(자본시장금융투자업)
2014. 5.21법12663호(한국산업은행법)
2015.12.22법13613호(예금자보호법)
2016. 3.29법14120호 2017.10.31법15018호
2020. 2. 4법16957호(신용정보의이용및보호에관한법)
2020.12.29법17799호(독점)
2020.12.29법17801호 2021. 4.20법18115호

제1장 총 칙
(2010.3.12 본장개정)

제1조【목적】 이 법은 금융기관의 합병·전환 또는 정리 등 금융산업의 구조개선을 지원하여 금융기관 간의 건전한 경쟁을 촉진하고, 시장상황의 급격한 변동에 따라 금융기관의 일시적인 유동성의 부족 등으로 금융의 중개기능이 원활하지 못한 경우에 금융기관의 자본 확충 등을 위하여 신속하게 자금지원을 하여 금융업무의 효율성을 높임으로써 금융산업의 균형 있는 발전과 금융시장의 안정에 이바지함을 목적으로 한다.

제2조【정의】 이 법에서 사용하는 용어의 뜻은 다음과 같다.
1. "금융기관"이란 다음 각 목의 어느 하나에 해당하는 것을 말한다.
  가. 「은행법」에 따라 설립된 은행(2010.5.17 본목개정)
  나. 「중소기업은행법」에 따른 중소기업은행
  다. 「자본시장과 금융투자업에 관한 법률」에 따른 투자매매업자·투자중개업자
  라. 「자본시장과 금융투자업에 관한 법률」에 따른 집합투자업자, 투자자문업자 또는 투자일임업자
  마. 「보험업법」에 따른 보험회사
  바. 「상호저축은행법」에 따른 상호저축은행
  사. 「자본시장과 금융투자업에 관한 법률」에 따른 신탁업자
  아. 「자본시장과 금융투자업에 관한 법률」에 따른 종합금융회사
  자. 「금융지주회사법」에 따른 금융지주회사
  차. 그 밖의 법률에 따라 금융업무를 하는 기관으로서 대통령령으로 정하는 기관
2. "부실금융기관"이란 다음 각 목의 어느 하나에 해당하는 금융기관을 말한다.
  가. 경영상태를 실제 조사한 결과 부채가 자산을 초과하는 금융기관이나 거액의 금융사고 또는 부실채권의 발생으로 부채가 자산을 초과하여 정상적인 경영이 어려울 것이 명백한 금융기관으로서 금융위원회나 「예금자보호법」 제8조에 따른 예금보험위원회가 결정한 금융기관. 이 경우 부채와 자산의 평가 및 산정(算定)은 금융위원회가 미리 정하는 기준에 따른다.
  나. 「예금자보호법」 제2조제4호에 따른 예금등 채권(이하 이 조에서 "예금등 채권"이라 한다)의 지급이나 다른 금융기관으로부터의 차입금 상환이 정지된 금융기관
  다. 외부로부터의 지원이나 별도의 차입(정상적인 금융거래에서 발생하는 차입은 제외한다)이 없이는 예금등 채권의 지급이나 차입금의 상환이 어렵다고 금융위원회나 「예금자보호법」 제8조에 따른 예금보험위원회가 인정한 금융기관
3. "인수"란 금융기관의 주주 또는 임원이 아니거나 대통령령으로 정하는 일정 비율 이하의 주식을 가진 자 등 그 금융기관의 경영에 직접적인 책임이 있다고 인정되지 아니하는 자가 그 금융기관의 주식을 취득하여 최대주주가 되는 경우로서 그 금융기관을 사실상 지배하게 되는 것을 말한다.
4. "파산참가기관"이란 다음 각 목의 어느 하나에 해당하는 것을 말한다.
  가. 제1호가목부터 다목까지 및 마목부터 아목까지의 금융기관에 대하여는 「예금자보호법」에 따라 설립된 예금보험공사(이하 "예금보험공사"라 한다)
  나. 제1호라목 및 자목의 금융기관에 대하여는 「금융위원회의 설치 등에 관한 법률」에 따라 설립된 금융감독원(이하 "금융감독원"이라 한다)
5. "예금채권"이란 금융기관이 제1호 각 목의 법률에 따라 인가·허가 등을 받아 경영하고 있는 업무의 하나로 불특정 다수인으로부터 조달한 금전에 대하여 거래상대방이 가지는 채권을 말한다.
6. "예금자"란 금융기관에 대하여 예금채권을 가진 자를 말한다.
7. "임원"이란 금융기관의 이사 및 감사(「상법」 또는 관계 법령에 따라 감사위원회를 설치한 경우 그 위원회의 위원을 포함한다)를 말한다.
8. "자금지원"이란 「한국산업은행법」에 따라 설립된 한국산업은행(이하 "한국산업은행"이라 한다)이 금융기관에 대하여 제23조의2에 따른 금융안정기금의 부담으로 제공하는 다음 각 목의 방법에 따른 지원을 말한다. (2014.5.21 본문개정)
  가. 자금의 대출 또는 예치
  나. 자산의 매수
  다. 채무의 보증 또는 인수
  라. 출자

제2장 금융기관의 합병 및 전환
(2010.3.12 본장개정)

제3조【금융기관의 합병 및 전환】 금융기관은 같은 종류 또는 다른 종류의 금융기관과 서로 합병하여 같은 종류 또는 다른 종류의 금융기관이 될 수 있으며, 단독으로 다른 종류의 금융기관으로 전환할 수 있다.

제4조【인가】 ① 금융기관이 이 법에 따른 합병 또는 전환을 하려면 미리 금융위원회의 인가를 받아야 한다.
② (1998.1.8 삭제)
③ 금융위원회는 제1항에 따른 인가를 할 때 다음 각 호의 기준에 적합한지를 심사하여야 한다.
1. 합병 또는 전환의 목적이 금융산업의 합리화와 금융구조조정의 촉진 등을 위한 것일 것
2. 합병 또는 전환이 금융거래를 위축시키거나 기존 거래자에게 불이익을 줄 우려가 없는 등 금융산업의 효율화와 신용질서의 유지에 지장이 없을 것
3. 합병 또는 전환이 금융기관 간 경쟁을 실질적으로 제한하지 아니할 것
4. 합병 또는 전환 후에 하려는 업무의 범위가 관계 법령 등에 위반되지 아니하고 영업계획이 적정할 것
5. 합병 또는 전환 후 업무를 할 수 있는 조직 및 인력의 체제와 능력을 갖추고 있을 것
6. 「상법」, 「자본시장과 금융투자업에 관한 법률」, 그 밖의 관계 법령에 위반되지 아니하고, 그 절차의 이행에 흠이 없을 것
7. 자기자본비율, 부채 등이 적절한 수준일 것
8. 대통령령으로 정하는 주요 출자자가 충분한 출자능력과 건전한 재무상태를 갖추고 있을 것
④ 금융위원회는 금융기관 간의 합병을 인가하려면 제3항제3호에서 규정한 금융기관 간의 경쟁을 실질적으로 제한하지 아니하는지에 대하여 미리 공정거래위원회와 협의하여야 한다.
⑤ 금융위원회는 제3항 각 호의 기준에 비추어 금융산업의 건전한 발전을 위하여 필요하다고 인정하면 제1항에 따른 인가에 조건을 붙일 수 있다.
⑥ 제3항 각 호의 심사기준에 필요한 구체적인 사항은 금융위원회가 정하여 고시한다.

제5조【합병·전환에 관한 절차의 간소화 등】 ① 금융기관이 제4조에 따른 합병 또는 전환의 인가를 받으면 제2조제1호 각 목에 규정된 법률에 따른 금융기관의 영업, 영업의 폐업 또는 합병에 대한 인가·허가 또는 지정을 받은 것으로 본다.
② (2009.5.27 삭제)
③ 금융기관은 주주총회에서 합병을 결의한 경우에는 「상법」 제527조의5제1항에도 불구하고 채권자에게 10일 이상의 기간을 정하여 이의를 제출할 것을 2개 이상의 일간신문(「신문 등의 진흥에 관한 법률」 제2조제1호가목에 따른 일반일간신문을 말한다. 이하 "일간신문"이라 한다)에 공고할 수 있다. 이 경우 개별채권자에 대한 최고(催告)는 생략할 수 있다.
④ 금융기관은 합병을 결의하기 위하여 주주총회를 소집할 때에는 「상법」 제363조제1항에도 불구하고 주주총회일 7일 전에 각 주주에게 서면으로 통지를 발송할 수 있다. 이 경우 금융기관은 서면통지 발송일 이전에 2개 이상의 일간신문에 주주총회를 소집하는 뜻과 회의의 목적사항을 공고하여야 한다.
⑤ 금융기관이 합병을 하는 경우에는 「상법」 제522조의2제1항에도 불구하고 합병승인을 위한 주주총회일 7일 전부터 합병을 하는 각 금융기관의 재무상태표를 그 금융기관의 본점에 비치(備置)할 수 있다.(2021.4.20 본항개정)
⑥ 금융기관은 합병을 결의하기 위하여 「상법」 제354조제1항에 따라 주주명부를 폐쇄하거나 기준일을 정할 때에는 같은 조 제4항에도 불구하고 그 폐쇄일 또는 기준일부터 7일 전에 이를 공고할 수 있다. 이 경우 2개 이상의 일간신문에 공고하여야 한다.
⑦ 금융기관이 합병으로 인하여 주식을 병합하는 경우에는 제12조제6항을 준용한다. 이 경우 주주에 대한 개별통지는 2개 이상의 일간신문에 공고함으로써 갈음할 수 있다.
⑧ 금융기관이 주주총회에서 합병을 결의하는 경우 주식매수청구에는 제12조제7항부터 제9항까지의 규정을 준용한다. 다만, 정부 또는 예금보험공사(이하 "정부등"이라 한다)의 지원 없이 합병하는 경우로서 그 금융기관이 「자본시장과 금융투자업에 관한 법률」에 따른 주권상장법인에 해당하면 주식매수가격의 결정에 관하여 같은 법 제165조의5제3항을 준용한다.
⑨ 이 법에 따른 합병의 경우 「조세특례제한법」과 그 밖에 조세 감면에 관한 법령에서 정하는 바에 따라 다음 각 호의 조세를 감면할 수 있다.
1. 부동산 등의 취득에 따른 취득세
2. 법인·부동산 등의 등기에 따른 등록세
3. 합병으로 소멸되는 금융기관의 청산소득에 대한 법인세
4. 합병으로 소멸되는 금융기관의 주주의 의제배당(擬制配當)에 대한 소득세 또는 법인세
5. 그 밖의 조세
⑩ 금융기관이 주주총회에서 합병을 결의하는 경우 「자본시장과 금융투자업에 관한 법률」 제294조에 따른 한국예탁결제원(이하 "예탁결제원"이라 한다)은 그 의결권을 행사할 수 있다. 다만, 예탁결제원이 의결권을 행사하는 경우에는 그 주주총회의 참석 주식수에서 예탁결제원이 의결권을 행사할 주식수를 뺀 주식수의 의결 내용에 영향을 미치지 아니하도록 의결권을 행사하여야 한다. (2013.5.28 본문개정)
⑪ 금융기관이 「상법」 제526조에 따른 흡수합병의 보고총회 또는 같은 법 제527조에 따른 신설합병의 창립총회를 소집하는 경우에는 제4항을 준용한다.

제5조의2【자본감소 및 주식병합절차의 간소화】 금융기관이 주식을 소각(消却)하거나 병합하여 자본감소를 결의하는 경우 채권자의 이의제출 및 주주총회의 소집기간과 절차에는 제5조제3항·제4항·제6항을 준용하며, 주식의 소각 및 병합의 기간과 절차에는 제12조제6항을 준용한다.

제6조【전환 전 금융기관의 사업연도 종료일】 금융기관이 사업연도 중에 전환을 하는 경우에는 그 전환 전 금융기관의 사업연도는 업종변경에 대한 정관의 변경등기일에 끝난 것으로 본다.

제7조【인가사항 실행의 보고 및 인가의 실효】 ① 금융기관은 제4조에 따른 합병 또는 전환을 한 경우에는 지체 없이 금융위원회에 보고하여야 한다.
② 금융기관이 제4조에 따른 인가를 받은 날부터 6개월 이내에 그 인가 내용에 따라 합병 또는 전환에 따른 등기를 마치지 아니하면 그 인가는 효력을 잃는다. 다만, 금융위원회가 불가피한 사유가 있다고 인정하면 합병 또는 전환에 따른 등기 기간을 연장할 수 있다.

제8조【금융기관의 합병·전환에 관한 지원】 ① 정부등은 금융기관의 자율적인 합병을 촉진하기 위하여 필요하다고 인정하면 이 법에 따른 합병으로 신설되는 금융기관 또는 존속하는 금융기관에 대하여 대통령령으로 정하는 바에 따라 출자 등 지원을 할 수 있다.
② 이 법에 따른 합병이나 전환으로 신설되는 금융기관, 존속하는 금융기관 또는 전환 후의 금융기관은 합병 전 업무 또는 전환 전 업무로서 그 금융기관에 적용되는 법령에 따라 수행할 수 없는 업무 중 대통령령으로 정하는 업무를 금융위원회의 인가를 받아 대통령령으로 정하는 기간 동안 계속할 수 있다. 이 경우 제9조제1항은 적용하지 아니한다.

제9조【합병 또는 전환에 따른 업무계속 등】 ① 이 법에 따른 합병이나 전환으로 신설되는 금융기관, 존속하는 금융기관 또는 전환 후의 금융기관이 그 금융기관에 적용되는 법령에 따라 수행할 수 없는 업무로서 체결한 계약에 관련된 권리·업무를 합병 또는 전환 전의 금융기관으로부터 승계한 경우에는 그 합병등기일 또는 업종변경에 대한 정관의 변경등기일부터 6개월까지는 합병 또는 전환 전의 금융기관이 수행하던 업무를 계속할 수 있다. 다만, 그 이행에 걸리는 기간이 6개월을 초과하는 계약에 관련된 권리·업무를 승계한 경우에는 그 계약기간이 끝날 때까지 승계한 업무와 금융위원회가 해당 업무를 이행하기 위하여 불가피하다고 인정하는 부수업무를 계속할 수 있다.
② 이 법에 따른 합병이나 전환으로 신설되는 금융기관, 존속하는 금융기관 또는 전환 후의 금융기관이 「은행법」에 따른 은행인 경우 동일인(「은행법」 제15조제1항에 따른 동일인을 말한다. 이하 같다)이 합병 또는 전환 당시 의결권 있는 발행주식 총수 중 「은행법」 제15조제1항에 따른 한도를 초과하게 주식을 소유하게 되거나 사실상 지배하게 되는 경우에는 그 합병등기일 또는 업종변경에 대한 정관의 변경등기일부터 3년 이내에 「은행법」 제15조제1항에 적합하게 하여야 하며, 이 경우 그 주식의 의결권 행사의 범위는 합병등기일 또는 업종변경에 대한 정관의 변경등기일부터 「은행법」 제15조제1항에 따른 한도로 제한된다. 다만, 금융위원회가 그 동일인을 금융기관의 합병 또는 전환 당시 「은행법」 제15조제5항에 적합한 자로 인정하는 경우에는 그 동일인은 같은 조 제2항 및 제3항에 따라 적법하게 금융기관의 주식을 소유하거나 사실상 지배하는 것으로 보며, 그 동일인이 금융기관의 합병 또는 전환 후 3년 이내에 「은행법」 제15조제5항에 적합한 자로 되는 경우에는 같은 조 제2항 및 제3항을 준용하여 금융위원회에 신고하거나 금융위원회의 승인을 받아 적법하게 금융기관의 주식을 소유할 수 있다. (2010.5.17 본문개정)

제2장의2 금융체계상 중요한 금융기관에 대한 자체정상화계획 및 부실정리계획의 수립 등
(2020.12.29 본장신설)

제9조의2【금융체계상 중요한 금융기관의 선정】 ① 금융위원회는 금융기관의 기능과 규모, 다른 금융기관과의 연계성 및 국내 금융시장에 미치는 영향력 등을 고려하여 대통령령으로 정하는 종류의 금융기관(그 자회사를 포함한다. 이하 이 장에서 같다) 중 매년 국내 금융시스템 측면에서 중요한 금융기관(이하 "금융체계상 중요한 금융기관"이라 한다)을 선정하여야 한다.
② 금융위원회는 제1항에 따라 금융체계상 중요한 금융기관을 선정한 경우 지체 없이 해당 금융체계상 중요한 금융기관에 그 사실을 통보하여야 한다.
③ 제1항에 따른 금융체계상 중요한 금융기관의 선정을 위한 금융기관의 기능 및 규모, 다른 금융기관과의 연계성 등 선정기준의 구체적인 내용에 관하여는 대통령령으로 정한다.
제9조의3【금융체계상 중요한 금융기관의 자체정상화계획 작성·제출】 ① 금융체계상 중요한 금융기관은 경영 위기상황에 대비하여 자체적으로 건전성을 회복하기 위한 자구 계획(이하 "자체정상화계획"이라 한다)을 작성하여야 한다.
② 금융체계상 중요한 금융기관은 제9조의2제2항에 따른 통보를 받은 날부터 3개월 이내에 대통령령으로 정하는 바에 따라 금융감독원의 원장(이하 "금융감독원장"이라 한다)에게 자체정상화계획을 제출하여야 한다.
③ 금융체계상 중요한 금융기관은 제2항에 따라 자체정상화계획을 제출한 이후 해당 금융체계상 중요한 금융기관의 영업 또는 조직구조의 변동 등 중대한 사항이 변경된 경우에는 지체 없이 그 변경내용을 반영한 자체정상화계획을 금융감독원장에게 다시 제출하여야 한다.
제9조의4【자체정상화계획의 평가 등】 ① 금융감독원장은 제9조의3제2항 또는 제3항에 따라 제출받은 자체정상화계획을 지체 없이 예금보험공사에 송부하고, 해당 자체정상화계획에 대한 평가보고서(이하 "평가보고서"라 한다)를 작성하여야 한다.
② 금융감독원장은 자체정상화계획을 제출받은 날부터 3개월 이내에 금융위원회에 자체정상화계획 및 평가보고서를 제출하여야 한다.
③ 금융감독원장은 평가보고서를 작성하기 위하여 필요한 범위에서 금융체계상 중요한 금융기관의 업무 및 재산 상황과 관련된 자료의 제출을 요구할 수 있다. 이 경우 요구를 받은 금융체계상 중요한 금융기관은 정당한 사유가 없으면 이에 따라야 한다.
④ 그 밖에 자체정상화계획의 평가 등에 필요한 사항은 금융위원회가 정하여 고시한다.
제9조의5【부실정리계획의 수립 등】 ① 예금보험공사는 제9조의4제1항에 따라 금융감독원장으로부터 자체정상화계획을 송부받은 날부터 6개월 내에 해당 금융체계상 중요한 금융기관이 자체적으로 건전성을 회복하기 불가능한 경우에 대비하기 위하여 해당 금융체계상 중요한 금융기관을 체계적으로 정리하기 위한 계획(이하 "부실정리계획"이라 한다)을 수립하여 금융위원회에 제출하여야 한다. 이 경우 예금보험공사는 제9조의3제3항에 따라 변경내용을 반영하여 작성된 자체정상화계획을 제9조의4제1항에 따라 송부받은 경우에는 지체 없이 부실정리계획을 다시 수립하여 금융위원회에 제출하여야 한다.
② 예금보험공사는 제1항에 따른 부실정리계획 수립을 위하여 필요한 범위에서 구체적인 범위를 정하여 금융감독원장에게 금융체계상 중요한 금융기관의 업무 및 재산상황과 관련된 자료의 제공을 요청할 수 있다. 이 경우 요청을 받은 금융감독원장은 이에 따라야 한다.
③ 금융감독원장은 제2항에 따른 예금보험공사의 요청이 있는 경우에는 금융체계상 중요한 금융기관에 해당 자료의 제출을 요구할 수 있다. 이 경우 요구를 받은 금융체계상 중요한 금융기관은 정당한 사유가 없으면 이에 따라야 한다.
④ 그 밖에 부실정리계획의 수립·제출 등에 필요한 사항은 금융위원회가 정하여 고시한다.
제9조의6【자체정상화계획 및 부실정리계획 심의위원회의 설치 등】 ① 자체정상화계획 및 부실정리계획의 심의 등을 위하여 금융위원회에 자체정상화계획 및 부실정리계획 심의위원회(이하 "심의위원회"라 한다)를 둔다.
② 심의위원회의 구성 및 운영 등에 필요한 사항은 대통령령으로 정한다.
제9조의7【심의위원회의 심의 및 금융위원회의 승인 등】 ① 금융위원회는 제9조의4제2항 및 제9조의5제1항에 따라 자체정상화계획·평가보고서 및 부실정리계획을 각각 제출받은 날부터 2개월 이내에 심의위원회의 심의를 거치고, 그 심의결과를 고려하여 자체정상화계획 및 부실정리계획에 대한 승인 여부를 결정하여야 한다.
② 금융위원회는 자체정상화계획 또는 부실정리계획이 미흡하다고 판단되는 경우 이를 승인하지 아니하고, 해당 금융체계상 중요한 금융기관 또는 예금보험공사에 대하여 기간을 정하여 보완 후 다시 제출할 것을 요구할 수 있다. 이 경우 요구를 받은 금융체계상 중요한 금융기관은 정당한 사유가 없으면 이에 따라야 한다.
③ 금융위원회는 제2항에 따라 자체정상화계획 또는 부실정리계획을 다시 제출받은 경우에는 심의위원회에 자체정상화계획 또는 부실정리계획의 적정성 등에 대하여 심의하도록 할 수 있다.
제9조의8【예상 장애요인의 해소 요구 등】 ① 금융위원회는 제9조의7제1항에 따른 심의위원회의 심의 결과 등을 고려하여 금융체계상 중요한 금융기관의 정리 시 예상되는 장애요인 등을 평가하고, 금융체계상 중요한 금융기관에 특정 장애요인의 해소를 요구할 수 있다. 이 경우 해당 금융체계상 중요한 금융기관은 금융위원회가 정하는 기간 내에 필요한 조치를 이행하고 그 결과를 금융위원회에 제출하여야 한다.
② 금융위원회는 제1항에 따라 이행된 조치의 적정성 등에 대하여 심의위원회에 심의하도록 할 수 있다.
제9조의9【금융체계상 중요한 금융기관의 조치 이행 등】 ① 금융체계상 중요한 금융기관은 제9조의7에 따라 금융위원회가 승인한 자체정상화계획에 기재된 경영 위기상황이 발생한 경우 해당 자체정상화계획에 따른 조치를 하여야 한다. 다만, 해당 자체정상화계획에 따른 조치를 이행하지 못할 불가피한 사유가 있는 경우에는 그러하지 아니하다.
② 금융위원회는 금융체계상 중요한 금융기관이 제1항에 따른 조치를 하지 아니하거나 조치가 미흡하다고 판단되는 경우 기간을 정하여 그 기간 내에 해당 조치의 이행을 요구할 수 있다. 이 경우 요구를 받은 금융체계상 중요한 금융기관은 정당한 사유가 없으면 이에 따라야 한다.
③ 제1항 또는 제2항에 따라 조치를 완료한 금융체계상 중요한 금융기관은 금융위원회가 정하여 고시하는 바에 따라 금융위원회에 이행 결과를 제출하여야 한다.
제9조의10【금융체계상 중요한 금융기관의 협조의무】 금융체계상 중요한 금융기관은 금융위원회, 금융감독원장, 예금보험공사 및 심의위원회가 행하는 자체정상화계획의 평가, 부실정리계획의 수립, 자체정상화계획·부실정리계획의 심의 등을 위한 자료의 제출 및 임직원과의 면담 등 필요한 사항에 대하여 적극적으로 협조하여야 한다.

제3장 부실금융기관의 정비
(2010.3.12 본장개정)

제10조【적기시정조치】 ① 금융위원회는 금융기관의 자기자본비율이 일정 수준에 미달하는 등 재무상태가 제2항에 따른 기준에 미달하거나 거액의 금융사고 또는 부실채권의 발생으로 금융기관의 재무상태가 제2항에 따른 기준에 미달하게 될 것이 명백하다고 판단되면 금융기관의 부실화를 예방하고 건전한 경영을 유도하기 위하여 해당 금융기관이나 그 임원에 대하여 다음 각 호의 사항을 권고·요구 또는 명령하거나 그 이행계획을 제출할 것을 명하여야 한다.
1. 금융기관 및 임직원에 대한 주의·경고·견책(譴責) 또는 감봉
2. 자본증가 또는 자본감소, 보유자산의 처분이나 점포·조직의 축소
3. 채무불이행 또는 가격변동 등의 위험이 높은 자산의 취득금지 또는 비정상적으로 높은 금리에 의한 수신(受信)의 제한
4. 임원의 직무정지나 임원의 직무를 대행하는 관리인의 선임
5. 주식의 소각 또는 병합
6. 영업의 전부 또는 일부 정지
7. 합병 또는 제3자에 의한 해당 금융기관의 인수(引受)
8. 영업의 양도나 예금·대출 등 금융거래와 관련된 계약의 이전(이하 "계약이전"이라 한다)
9. 그 밖에 제1호부터 제8호까지의 규정에 준하는 조치로서 금융기관의 재무건전성을 높이기 위하여 필요하다고 인정되는 조치
② 금융위원회는 제1항에 따른 조치(이하 "적기시정조치"라 한다)를 하려면 미리 그 기준 및 내용을 정하여 고시(告示)하여야 한다.
③ 금융위원회는 제2항에 따른 기준에 일시적으로 미달한 금융기관이 단기간에 그 기준을 충족시킬 수 있다고 판단되거나 이에 준하는 사유가 있다고 인정되는 경우에는 기간을 정하여 적기시정조치를 유예(猶豫)할 수 있다.
④ 금융위원회는 제2항에 따른 기준을 정할 때 금융기관이나 금융기관의 주주에게 중대한 재산상의 손실을 끼칠 우려가 있는 다음 각 호의 조치는 그 금융기관이 부실금융기관이거나 재무상태가 제2항에 따른 기준에 크게 미달하고 건전한 신용질서나 예금자의 권익을 해칠 우려가 뚜렷하다고 인정되는 경우에만 하여야 한다.
1. 영업의 전부정지
2. 영업의 전부양도
3. 계약의 전부이전
4. 주식의 전부소각에 관한 명령
5. 그 밖에 제1호부터 제4호까지의 규정에 준하는 조치
⑤ 금융위원회는 적기시정조치에 관한 권한을 대통령령으로 정하는 바에 따라 금융감독원장에게 위탁할 수 있다. (2020.12.29 본항개정)

제11조【적기시정조치의 이행을 위한 지원조치 등】 ① 금융위원회는 제10조제1항에 따라 금융기관에 대하여 합병, 영업의 양도 또는 계약이전을 명하는 경우에는 다른 금융기관을 지정하여 명령의 대상이 되는 금융기관과의 합병, 영업의 양수 또는 계약이전을 권고할 수 있다.
② 예금보험공사는 제1항에 따라 합병, 영업의 양수 또는 계약이전을 권고받은 금융기관에 대하여 그 이행을 전제로 「예금자보호법」 제2조제7호에 따른 자금지원의 금액과 조건 등을 미리 제시할 수 있다.(2015.12.22 본항개정)
③ 예금보험공사는 금융기관이 적기시정조치를 원활하게 이행할 수 있도록 하기 위하여 필요하다고 인정되면 금융기관 간의 합병이나 영업의 양도·양수 또는 제3자에 의한 인수를 알선할 수 있다.
④ 금융위원회는 다음 각 호의 어느 하나에 해당하는 경우에는 1년 이내의 기간 동안 그 금융기관의 인가 또는 허가를 취소하지 아니할 수 있다.
1. 제10조제1항에 따라 자본감소 또는 제12조제3항에 따라 주식의 일부 또는 전부의 소각이나 주식의 병합을 명령받은 금융기관이 그 명령을 이행하는 경우
2. 금융기관이 자본증가를 위하여 제5조제7항 또는 제5조의2에 따라 주식을 병합한 결과 자본금이 그 금융기관의 설립에 관한 법률에서 정하는 최저자본금 미만으로 감소하는 경우
⑤ 적기시정조치에 따른 금융기관 간의 합병·인수, 영업양도·양수 또는 계약이전의 결과가 다음 각 호의 법령에 어긋나게 되는 경우 그 금융기관은 금융위원회가 정하는 절차에 따라 3년 이내에 관련 법령에 적합하게 하여야 한다.
1. 「자본시장과 금융투자업에 관한 법률」 제81조, 제133조, 제165조의15, 제167조, 제340조, 제342조, 제344조 및 제347조(2013.4.5 본조개정)
2. 「보험업법」 제106조, 제108조 및 제109조
3. 「상호저축은행법」 제12조, 제17조, 제18조의2 및 제24조의2
4. 그 밖의 관련 법령의 규정
⑥ 다음 각 호의 어느 하나에 해당하는 주식 또는 채권의 취득은 「은행법」 제38조 및 「자본시장과 금융투자업에 관한 법률」 제344조에 따른 주식 또는 유가증권의 취득으로 보지 아니한다.
1. 제2조제1호가목 및 아목의 금융기관이 금융위원회가 정하는 바에 따라 기존의 대출금 등을 출자(出資)로 전환함으로써 소유하게 된 주식
2. 정부가 원리금의 지급을 보증한 채권(債券)
제11조의2【금융기관 임직원 등의 비밀유지의무】 ① 금융기관의 임직원(임직원이었던 사람을 포함한다. 이하 이 조에서 같다)은 소속된 금융기관에 대한 공개되지 아니한 적기시정조치에 관한 정보(이하 "비공개정보"라 한다)를 업무 외의 목적으로 이용하거나 외부(해당 금융기관의 설립근거가 되는 법률에 따른 대주주와 그의 특수관계인을 포함한다. 이하 같다)에 제공 또는 누설하여서는 아니 된다.
② 금융기관의 임직원으로부터 비공개정보를 제공받은 해당 금융기관의 대주주와 그의 특수관계인(해당 금융기관의 설립 근거가 되는 법률에 따른 대주주와 그의 특수관계인을 말한다)은 이를 해당 금융기관의 업무 외의 목적으로 이용하거나 타인에게 제공 또는 누설하여서는 아니 된다. (2013.3.22 본조신설)
제12조【부실금융기관에 대한 정부등의 출자 등】 ① 금융위원회는 부실금융기관이 계속된 예금인출 등으로 재무구조가 악화되어 영업을 지속하기가 어렵다고 인정되면 정부등에 대하여 그 부실금융기관에 대한 출자나 대통령령으로 정하는 유가증권의 매입을 요청할 수 있다.
② 제1항의 요청에 따라 정부등이 부실금융기관에 출자하는 경우 그 부실금융기관의 이사회는 「상법」 제330조, 제344조제2항, 제416조부터 제418조까지의 규정에도 불구하고 발행할 신주(新株)의 종류와 내용, 수량, 발행가액, 배정방법 및 그 밖의 절차에 관한 사항을 결정할 수 있다.
③ 금융위원회는 제1항에 따른 요청에 따라 정부등이 출자 또는 유가증권의 매입을 하였거나 출자 또는 유가증권의 매입을 하기로 결정한 부실금융기관에 대하여 특정주주(제1항에 따른 요청에 따라 정부등이 출자 또는 유가증권의 매입을 하거나 출자 또는 유가증권의 매입을 결정할 당시의 주주 또는 그 금융기관의 부실에 책임이 있다고 금융위원회가 인정하는 주주를 말한다. 이하 같다)가 소유한 주식의 일부 또는 전부를 유상 또는 무상으로 소각하거나 특정주주가 소유한 주식을 일정 비율로 병합하여 자본금을 감소하도록 명령할 수 있다. 이 경우 금융위원회는 정부등이 소유한 주식에 대하여는 제1항에 따른 출자 또는 유가증권의 매입의 지원을 고려하여 다른 특정주주가 소유한 주식보다 유리한 조건이나 방법으로 소각 또는 병합하도록 명령할 수 있다.
④ 부실금융기관이 제3항에 따라 자본감소를 명령받은 때에는 「상법」 제438조부터 제441조까지의 규정에도 불구하고 그 부실금융기관의 이사회에서 자본감소를 결의하거나 자본감소의 방법과 절차, 주식병합의 절차 등에 관한 사항을 정할 수 있다.
⑤ 제4항에 따라 자본을 감소하려는 부실금융기관은 채권자에게 10일 이상의 기간을 정하여 이의를 제출할 것을 2개 이상의 일간신문에 공고하여야 하며, 이의를 제출한

채권자가 있으면 그 채권자에게 변제하거나 상당한 담보를 제공하거나 변제 또는 담보제공을 목적으로 상당한 재산을 「자본시장과 금융투자업에 관한 법률」에 따른 신탁업자에게 신탁하여야 한다. 다만, 실제 자본감소금액(자기주식을 유상으로 매입하여 소각하는 경우 그 매입금액을 말한다)이 제2항에 따라 정부등이 출자하는 금액에 미달하는 경우에는 그러하지 아니하다.
⑥ 제3항 및 제4항에 따라 주식을 병합하는 경우 해당 부실금융기관은 5일 이상의 기간(그 기간 중 마지막 날을 "주식병합기준일"이라 한다. 이하 같다)을 정하여 병합 내용과 그 기간 내에 주권(株劵)을 회사에 제출할 것을 공고하고, 주식병합기준일부터 1개월 이내에 신주권(新株劵)을 교부하여야 한다. 다만, 「자본시장과 금융투자업에 관한 법률」에 따라 주권이 예탁결제원에 예탁되어 있는 주식을 병합하는 경우에는 주식병합기준일에 실질 주주명부의 기재에 따라 구주권(舊株劵)의 제출 및 신주권의 교부가 이루어진 것으로 할 수 있으며 이 경우 그 사실을 본문에 따른 공고를 할 때 함께 공고하여야 한다.
⑦ 부실금융기관은 제2항 또는 제4항에 따라 이사회가 결의를 한 경우에는 지체 없이 2개 이상의 일간신문에 다음 각 호의 사항을 공고하여야 한다.
1. 이사회의 결의사항
2. 그 결의사항에 반대하는 주주는 10일 이내에 주식의 종류와 수를 적은 서면으로 회사에 대하여 자기가 보유한 주식의 매수를 청구할 수 있다는 사실
⑧ 부실금융기관은 제7항에 따른 청구를 받았을 때에는 그 날부터 2개월 이내에 그 주식을 매수하여야 한다. 이 경우 주식의 매수가액은 주주와 회사가 협의하여 결정하며, 협의가 이루어지지 아니하는 경우에는 회계전문가가 정부등의 출자나 유가증권의 매입이 이루어지기 전의 부실금융기관의 재산가치 및 수익가치 등을 고려하여 산정한 가격으로 한다.
⑨ 회사 또는 주식의 매수를 청구한 주주가 보유한 주식의 100분의 30 이상이 제8항 후단에 따라 결정된 매수가액에 반대하는 경우에는 그 가액을 결정한 날부터 30일 이내에 법원에 매수가액 결정을 청구할 수 있다.

제13조【의결권 없는 주식의 발행에 관한 특례】 정부등이 다음 각 호의 어느 하나에 해당하는 금융기관에 출자하는 경우 그 금융기관은 「상법」 제370조제2항 및 「자본시장과 금융투자업에 관한 법률」 제165조의15제2항에 따른 한도를 초과하여 의결권 없는 주식을 발행할 수 있다.
1. 부실금융기관
2. 부실금융기관을 합병하거나 그 영업을 양수하는 금융기관
3. 제14조제2항에 따른 금융위원회의 계약이전의 결정에 따라 계약이전을 받는 금융기관

제13조의2【주식병합 등 자본금 감소절차의 간소화】 다음 각 호의 어느 하나에 해당하는 금융기관이 자본증가 또는 자본감소를 위하여 주식을 소각하거나 병합하려는 경우에는 제12조제4항부터 제9항까지의 규정을 준용한다.
1. 제10조제1항에 따라 금융위원회로부터 자본감소를 명령받은 금융기관
2. 주식의 시가(時價)가 액면가에 미달되는 금융기관으로서 제10조제1항에 따라 금융위원회로부터 자본증가를 명령받은 금융기관

제14조【행정처분】 ① 금융위원회는 금융기관이 다음 각 호의 어느 하나에 해당하는 경우에는 금융감독원장의 건의에 따라 그 금융기관 임원의 업무집행정지를 명하고, 그 임원의 업무를 대행할 관리인을 선임하거나 주주총회에 그 임원의 해임을 권고할 수 있다.
1. 제10조제1항에 따른 요구 또는 명령을 위반하거나 이를 이행하지 아니한 경우
2. 제12조제3항에 따른 명령을 이행하지 아니한 경우
② 금융위원회는 부실금융기관이 다음 각 호의 어느 하나에 해당하는 경우에는 그 부실금융기관에 대하여 계약이전의 결정, 6개월 이내의 영업정지, 영업의 인가·허가의 취소 등 필요한 처분을 할 수 있다. 다만, 제4호에 해당하면 6개월 이내의 영업정지처분만을 할 수 있으며, 제1호 및 제2호의 부실금융기관이 부실금융기관에 해당하지 아니하게 된 경우에는 그러하지 아니하다.
1. 제10조제1항 또는 제12조제3항에 따른 명령을 이행하지 아니하거나 이행할 수 없게 된 경우
2. 제10조제1항 및 제11조제3항에서 규정하는 명령 또는 알선에 따른 부실금융기관의 합병 등이 이루어지지 아니하는 경우
3. 부채(負債)가 자산을 뚜렷하게 초과하여 제10조제1항에 따른 명령의 이행이나 부실금융기관의 합병 등이 이루어지기 어렵다고 판단되는 경우
4. 자금사정의 급격한 악화로 예금등 채권의 지급이나 차입금의 상환이 어렵게 되어 예금자의 권익이나 신용질서를 해칠 것이 명백하다고 인정되는 경우
③ (1999.5.24 삭제)
④ 금융기관은 제2항에 따라 영업의 인가·허가 등이 취소된 때에는 해산(解散)한다.
⑤ 금융위원회는 제2항에 따라 계약이전의 결정을 할 때에는 필요한 범위에서 계약이전이 되는 계약의 범위, 계약이전의 조건 및 이전받는 금융기관을 정하여야 한다. 이 경우 계약이전을 받는 금융기관의 이사회의 동의를 미리 받아야 한다.
⑥ 제2항에 따른 계약이전은 관계 법률 및 정관의 규정에도 불구하고 계약이전을 하는 부실금융기관의 이사회 및 주주총회의 결의를 필요로 하지 아니한다.
⑦ 금융위원회는 제2항에 따라 계약이전의 결정을 한 때에는 부실금융기관의 관리인을 선임(選任)하여야 한다.
⑧ 금융위원회가 계약이전의 결정을 한 보험회사에 대하여는 「보험업법」 제139조에 따라 금융위원회로부터 해산·합병 등의 인가를 받은 것으로 본다.
⑨ 제2항에 따라 부실금융기관으로부터 계약이전을 받은 금융기관이 계약이전과 관련하여 주주총회결의, 주식매수청구, 채권자이의제출 등의 절차를 이행하는 경우에는 제5조를 준용한다.

판례 금융감독위원회가 같은 법 제14조제2항에 의하여 내린 계약이전결정의 법적 성질 : 금융감독위원회가 구 금융산업의구조개선에관한법률(1998.9.4. 법률 제5549호로 개정되기 전의 것) 제14조제2항에 의하여 부실금융기관에 대하여 내린 계약이전결정은 금융거래에서 발생한 계약상의 지위를 이전하는 형식으로 부실금융기관의 자산 및 부채 중 특정 부분을 제3자인 인수금융기관에게 양도 및 인수하게 하되, 이전되는 부채와 자산가치와의 차액을 인수금융기관에게 지급하는 부실금융기관 정리방식 중의 하나로서 이루어진 것으로서 그 성질은 금융감독위원회의 일방적인 결정에 의하여 금융거래상의 계약상의 지위가 이전되는 사법상의 법률효과를 가져오는 행정처분에 해당한다.
(대판 2002.4.12, 2001다38807)

제14조의2【계약이전 결정의 효력】 ① 제14조제2항에 따른 계약이전의 결정이 있는 경우 그 결정내용에 포함된 계약에 의한 부실금융기관의 권리와 의무는 계약이전의 결정이 있는 때 계약이전을 받는 금융기관(이하 "인수금융기관"이라 한다)이 승계한다. 다만, 계약이전의 대상이 되는 계약에 의한 채권을 피담보채권(被擔保債權)으로 하는 저당권이 있는 경우 그 저당권은 제2항에 따른 공고를 한 때 인수금융기관이 취득한다.
② 제14조제2항에 따른 계약이전의 결정이 있는 경우에는 해당 부실금융기관 및 인수금융기관은 공동으로 그 결정의 요지와 계약이전의 사실을 2개 이상의 일간신문에 지체 없이 공고하여야 한다.
③ 제2항에 따른 공고가 있는 경우에는 그 계약이전과 관련된 채권자·채무자·물상보증인(物上保證人) 및 그 밖의 이해관계인(이하 "이해관계인"이라 한다)과 해당 부실금융기관 사이의 법률관계는 인수금융기관이 동일한 내용으로 승계한다. 다만, 이해관계인은 제2항에 따른 공고 전에 그 부실금융기관과의 사이에 발생한 사유로 인수금융기관에 대항할 수 있다.
④ 제2항에 따른 공고가 있는 경우에는 그 공고로써 「민법」 제450조에 따른 지명채권양도(指名債權讓渡)의 대항요건을 갖춘 것으로 본다. 다만, 이해관계인은 공고 전에 그 부실금융기관과의 사이에 발생한 사유로 인수금융기관에 대항할 수 있다.
⑤ 제14조제2항에 따른 계약이전의 결정이 있는 경우에는 금융위원회는 해당 부실금융기관 및 인수금융기관으로 하여금 계약이전과 관련된 자료를 보관·관리하게 하고, 이해관계인이 열람할 수 있게 하여야 한다. 이 경우 보관·관리 및 열람에 필요한 기준 및 절차는 금융위원회가 정한다.

제14조의3【관리인의 선임 및 임무 등】 ① 제10조제1항제4호, 제14조제1항 또는 제14조제7항에 따라 선임된 관리인(이하 이 조에서 "관리인"이라 한다)은 관리인의 선임목적에 따라 대행할 임원의 직무를 수행할 권한이나 계약이전의 결정과 관련된 업무의 범위에서 부실금융기관의 자산·부채 등을 관리·처분할 권한을 가진다.
② 금융위원회는 관리인에게 그 업무수행에 필요한 명령을 할 수 있다.
③ 금융위원회는 필요하다고 인정하면 관리인을 해임할 수 있다.
④ 금융위원회는 관리인을 선임한 때에는 지체 없이 해당 금융기관의 본점 또는 주된 사무소의 소재지를 관할하는 지방법원에 그 취지를 알리고, 그 금융기관의 본점 및 지점 또는 각 사무소의 소재지를 관할하는 등기소에 그 등기를 촉탁(囑託)하여야 한다.
⑤ 관리인은 「상법」 제11조제1항 및 「채무자 회생 및 파산에 관한 법률」 제30조, 제360조부터 제362조까지의 규정을 준용한다. 이 경우 「채무자 회생 및 파산에 관한 법률」 중 "법원"은 "금융위원회"로 본다.

제14조의4【청문】 금융위원회가 제14조제2항에 따라 부실금융기관의 영업의 인가·허가 등을 취소하려면 청문을 하여야 한다.

제14조의5 (2008.2.29 삭제)

제14조의6【관리인의 선임에 관한 특례】 ① 금융위원회는 「예금자보호법」 제2조제1호에 따른 부보금융회사(附保金融會社)에 대하여 제10조제1항제6호에 따른 영업전부의 정지를 명하거나 제14조제2항에 따른 계약이전의 결정을 한 경우(일시적인 자금부족으로 영업전부의 정지명령을 받는 경우로서 경영정상화가 확실하다고 인정되는 경우는 제외한다)로서 관리인을 선임하는 경우에는 예금보험공사의 임직원을 그 금융기관의 관리인으로 선임한다. 다만, 금융위원회는 정부등에 의한 지원 및 예금보험공사에 의한 예금등 채권의 지급이 없거나 없다고 인정하는 경우에는 예금보험공사의 임직원이 아닌 사람을 관리인으로 선임할 수 있다.(2015.12.22 본문개정)
② 제1항 본문의 경우 금융위원회는 해당 금융기관의 경영상화나 일반채권자 보호를 위하여 필요하면 예금보험공사의 임직원 외에 다른 사람이 관리인으로 참여할 수 있도록 그 금융기관의 관리인으로 선임할 수 있다.
③ 제1항 본문 및 제2항에 따라 관리인으로 선임된 예금보험공사의 임원 또는 직원에 대하여는 제14조의3제3항을 적용하지 아니하며, 그 임기는 영업정지기간 또는 계약이전의 결정에 따른 처리가 끝나는 날까지로 한다. 다만, 영업정지기간 중 해당 금융기관이 해산하거나 파산한 경우의 임기는 해산결의일 또는 파산선고일까지로 한다.

제14조의7【자료제공의 요청】 ① 금융위원회는 부실금융기관의 부실책임을 밝히고 그 책임을 추궁하기 위하여 필요하다고 인정되면 관계 중앙행정기관, 지방자치단체, 그 밖에 대통령령으로 정하는 공공기관(이하 이 조에서 "공공기관등"이라 한다)의 장에 대하여 그 부실과 관련이 있다고 인정되는 자의 재산에 관한 자료 또는 정보의 제공을 요청할 수 있다.
② 제1항에 따른 요청을 받은 공공기관등의 장은 특별한 사유가 없으면 이에 따라야 한다.

제14조의8【금융기관의 특례】 「예금자보호법」 제36조의3에 따라 설립된 정리금융회사(이하 "정리금융회사"라 한다)가 제14조제2항에 따라 계약이전을 받는 경우에는 제2조제1호에 따른 금융기관으로 본다.(2015.12.22 본조개정)

제14조의9【금융체계상 중요한 금융기관의 적격금융거래에 대한 일시정지 조치 등】 ① 금융위원회는 금융체계상 중요한 금융기관이 체결한 적격금융거래(「채무자 회생 및 파산에 관한 법률」 제120조제3항에 따른 적격금융거래를 말한다)의 상대방에 대하여 다음 각 호의 어느 하나에 해당하는 조치를 사유로 하는 적격금융거래의 종료 및 정산을 최대 2영업일의 범위에서 대통령령으로 정하는 기간 동안 정지할 수 있다.
1. 부실금융기관으로의 결정
2. 「예금자보호법」 제2조제5호에 따른 부실금융회사로의 결정
3. 적기시정조치의 명령
4. 그 밖에 제1호부터 제3호까지의 규정에 준하는 조치로서 대통령령으로 정하는 조치
② 금융위원회는 제1항에 따라 적격금융거래의 종료 및 정산을 정지하는 결정을 한 경우 지체 없이 그 내용을 인터넷 홈페이지에 게시하고 관보 또는 일간신문 중 하나 이상에 공고하여야 한다.
③ 제1항에 따른 정지는 금융위원회의 정지 결정이 있은 때부터 효력이 발생한다.
④ 제1항에 따라 종료 및 정산이 정지된 적격금융거래가 다음 각 호의 어느 하나에 해당하는 경우 적격금융거래의 상대방은 제1항에 따른 정지 기간이 종료되더라도 제1항 각 호의 어느 하나에 해당하는 조치를 사유로 하여 그 거래의 종료 및 정산을 할 수 없다.
1. 제12조제1항에 따른 정부등의 출자를 통하여 자본이 증가하는 금융체계상 중요한 금융기관에 해당 적격금융거래의 잔여분이 있는 경우
2. 제14조제2항에 따른 계약이전이 되는 경우
(2020.12.29 본조신설)

제4장 금융기관의 청산 및 파산
(2010.3.12 본장개정)

제15조【청산인 또는 파산관재인】 ① 금융위원회는 금융기관이 해산하거나 파산한 경우에는 「상법」 제531조 및 「채무자 회생 및 파산에 관한 법률」 제355조에도 불구하고 다음 각 호의 사람 중에서 1명을 청산인(淸算人) 또는 파산관재인(破産管財人)으로 추천할 수 있으며, 법원은 금융위원회가 추천한 사람이 금융 관련 업무지식이 풍부하며 청산인 또는 파산관재인의 직무를 효율적으로 수행하기에 적합하다고 인정되면 청산인 또는 파산관재인으로 선임하여야 한다. 이 경우 금융위원회는 그 금융기관이 「예금자보호법」 제2조제1호에 따른 부보금융회사로서 예금보험공사 또는 정리금융회사가 그 금융기관에 대하여 대통령령으로 정하는 최대채권자(最大債權者)에 해당하면 제2호에 해당하는 사람을 추천하여야 한다.
(2015.12.22 후단개정)
1. 대통령령으로 정하는 금융전문가
2. 예금보험공사의 임직원
② 금융위원회는 제1항에 따른 청산인 또는 파산관재인의 추천을 금융감독원장에게 위탁할 수 있다.

제16조【파산의 신청】 ① 금융위원회는 금융기관에 「채무자 회생 및 파산에 관한 법률」 제306조에 따른 파산원인이 되는 사실이 있음을 알게 된 경우에는 파산의 신청을 할 수 있다.
② 금융감독원장 또는 파산참가기관은 금융위원회에 해당 금융기관에 대한 파산의 신청을 건의할 수 있다.

제17조【파산선고의 송달】 법원은 금융기관에 파산선고를 한 경우에는 「채무자 회생 및 파산에 관한 법률」 제313조제1항 각 호의 사항을 적은 서면을 파산참가기관에 송달(送達)하여야 한다.

제18조【채권신고기간 등에 관한 협의】 법원이 「채무자 회생 및 파산에 관한 법률」 제312조에 따라 채권신고의 기간과 채권조사의 기일을 정할 때에는 미리 파산참가기관의 의견을 들어야 한다.

제19조【의견 진술】 파산참가기관은 금융기관의 파산절차의 진행과정에서 법원에 의견을 제출하거나 진술할 수 있다.

제20조【예금자표의 작성 및 열람】 ① 파산참가기관은 제17조에 따른 송달을 받은 경우에는 알고 있는 예금채권에 대하여 지체 없이 「채무자 회생 및 파산에 관한 법률」 제448조제1항 각 호의 사항을 적은 예금자표(預金者表)를 작성하여야 한다.

② 파산참가기관은 제1항에 따른 예금자표를 작성한 경우에는 지체 없이 그 뜻과 열람 장소를 공고하고, 법원이 정한 채권신고기간(이하 "채권신고기간"이라 한다)의 말일까지 예금자가 열람할 수 있게 하여야 한다. 이 경우 예금자표의 열람 개시일과 채권신고기간의 말일 사이에는 2주 이상의 기간이 있어야 한다.

③ 파산참가기관은 예금자표의 열람이 시작된 후에 그 예금자표에 적혀 있지 아니한 예금채권이 있는 것을 알거나 그 밖에 예금자에게 이익이 되는 사실이 있는 것을 안 때에는 지체 없이 예금자표에 추가하여 적어야 한다.

제21조【예금자표의 제출】 ① 파산참가기관은 채권신고기간이 지난 후 지체 없이 예금자표를 법원에 제출하여야 한다.

② 제1항에 따라 법원에 제출된 예금자표에 적혀 있는 예금채권은 채권신고기간 내에 신고된 것으로 본다.

③ 파산참가기관은 예금자표를 법원에 제출한 후 예금자표에 적혀 있지 아니한 예금채권이 있는 것을 알게 된 때에는 지체 없이 법원에 알려야 한다. 이 경우 법원에 알린 예금채권은 채권신고기간이 지난 후에 신고된 것으로 본다.

제22조【예금자의 참가】 제21조제2항 및 제3항에 따라 신고된 것으로 보는 예금채권의 예금자가 직접 파산절차에 참가하려면 그 뜻을 법원에 신고하여야 한다. 이 경우 법원은 참가 사실을 파산참가기관에 알려야 한다.

제23조【파산참가기관의 권한】 파산참가기관은 제21조제2항 및 제3항에 따라 신고된 것으로 보는 예금채권의 예금자를 위하여 파산절차에 관한 모든 행위를 할 수 있다. 다만, 제22조에 따라 그 예금자가 직접 파산절차에 참가하는 경우에는 그러하지 아니하며, 예금채권의 확정에 관한 소송행위를 할 때에는 그 예금자의 수권(授權)이 있어야 한다.

제4장의2 금융의 중개기능 제고와 금융시장의 안정을 위한 조치

(2010.3.12 본장개정)

제23조의2【금융안정기금의 설치 등】 ① 시장상황의 급격한 변동에 대응하여 이 법에 따른 자금지원을 효율적으로 함으로써 금융의 중개기능 제고와 금융시장의 안정에 이바지하기 위하여 한국산업은행에 금융안정기금(이하 "기금"이라 한다)을 설치한다.(2014.5.21 본항개정)

② 기금은 다음 각 호의 재원으로 조성한다.

1. 금융기관의 출연금
2. 기업의 출연금
3. 제1호 및 제2호 외의 자의 출연금
4. 제23조의4에 따른 정부, 한국은행 등으로부터의 차입금
5. 제23조의5에 따른 금융안정기금채권(이하 "금융안정기금채권"이라 한다)을 발행하여 조성한 자금
6. 자금지원을 받은 금융기관으로부터 회수한 자금
7. 한국산업은행의 정관으로 정하는 수입금(2014.5.21 본호개정)
8. 기금운용수익 및 그 밖의 수입금

③ 기금은 다음 각 호의 용도에 사용한다.

1. 제23조의6에 따라 금융기관에 지원하는 자금과 그 부대비용
2. 차입금과 그 이자의 상환
3. 금융안정기금채권의 원리금 상환
4. 기금의 운용비용

제23조의3【기금의 운용·관리 및 회계 등】 ① 기금의 운용·관리 및 이 법에 따른 자금지원 업무는 한국산업은행이 수행한다.(2014.5.21 본항개정)

② 한국산업은행은 기금의 여유자금을 다음 각 호의 방법으로 운용할 수 있다. 이 경우 「국가재정법」 제76조 및 제84조를 준용한다.(2014.5.21 본문개정)

1. 국채·공채 등의 매입
2. 금융기관에의 예치 또는 대여
3. 그 밖에 금융위원회가 정하여 고시하는 방법

③ 한국산업은행은 기금의 회계와 한국산업은행의 회계를 구분하여 회계처리하여야 한다.(2014.5.21 본항개정)

제23조의4【차입】 ① 한국산업은행은 다음 각 호의 행위를 하기 위하여 필요한 경우에는 「한국은행법」 제79조에도 불구하고 미리 금융위원회의 승인을 받아 대통령령으로 정하는 바에 따라 정부, 한국은행, 금융기관, 그 밖에 대통령령으로 정하는 기관으로부터 기금의 부담으로 자금을 차입할 수 있다.(2014.5.21 본문개정)

1. 금융기관에 대한 자금지원
2. 금융안정기금채권 또는 기금의 차입금의 원리금 상환

② 정부는 제1항에 따라 한국산업은행이 한국은행으로부터 차입한 원리금의 상환에 대하여 보증할 수 있다.(2014.5.21 본항개정)

제23조의5【금융안정기금채권의 발행 등】 ① 한국산업은행은 금융기관에 대한 자금지원에 필요한 자금을 조달하기 위하여 기금의 부담으로 금융안정기금채권(이하 이 조에서 "채권"이라 한다)을 발행할 수 있다.(2014.5.21 본항개정)

② 한국산업은행은 채권을 발행하려는 때마다 발행금액, 발행조건과 발행 및 상환의 방법을 정하여 금융위원회에 신고하여야 한다.(2014.5.21 본항개정)

③ 채권의 발행에 관하여 필요한 사항은 대통령령으로 정한다.

④ 채권의 소멸시효는 원금은 5년, 이자는 2년으로 완성한다.

⑤ 정부는 채권의 원리금 상환에 대하여 보증할 수 있다.

⑥ 채권은 「자본시장과 금융투자업에 관한 법률」 제4조제3항에 따른 특수채증권으로 본다.

제23조의6【자금지원의 요건과 절차】 ① 금융기관은 자금지원을 받으려는 경우에는 2014년 12월 31일까지 금융위원회가 정하여 고시하는 바에 따라 한국산업은행에 신청하여야 한다.(2014.5.21 본항개정)

② 한국산업은행은 제1항에 따른 신청이 있으면 제3항에 따른 심사를 거쳐 「한국산업은행법」 제29조에 따른 기금운용심의회의 의결에 따라 기금의 부담으로 금융기관에 대하여 자금지원 여부를 결정한다.(2014.5.21 본항개정)

③ 한국산업은행은 자금지원을 신청하는 금융기관(이하 이 조 및 제23조의7에서 "신청기관"이라 한다)에 대하여 자금지원을 하려는 경우에는 신청기관이 다음 각 호의 요건을 갖추었는지를 심사하여야 한다. 이 경우 심사에 필요하면 신청기관에 자료를 요구할 수 있다.(2014.5.21 전단개정)

1. 신청기관이 정부 또는 예금보험공사로부터 제12조 또는 「예금자보호법」 제38조에 따른 지원을 받지 아니할 것
2. 시장상황이 급격하게 변하여 신청기관의 유동성이 경색되는 등의 사유로 금융의 중개기능이 원활하지 아니하여 신청기관의 재무구조 개선 또는 자본확충이 필요하다고 인정될 것
3. 제23조의7에 따른 금융기능제고계획의 내용이 신청기관의 경영건전성과 금융의 중개기능 제고에 적합할 것

④ 한국산업은행은 신청기관에 자금지원을 하지 아니하는 경우에는 금융위원회가 정하여 고시하는 기간 이내에 신청기관에 그 사유를 명시하여 통지하여야 한다.(2014.5.21 본항개정)

⑤ 한국산업은행은 신청기관에 자금지원을 하는 경우에는 금융위원회가 정하여 고시하는 기간 이내에 자금지원의 내용, 심사 결과 등을 금융위원회에 보고하여야 한다.(2014.5.21 본항개정)

⑥ 제3항에 따른 심사의 기준·방법 및 조건에 관하여 필요한 사항은 다음 각 호의 요소를 종합적으로 고려하여 금융위원회가 정하여 고시한다.

1. 신청기관의 업종
2. 신청기관의 현재 재무상태
3. 신청기관에 자체적인 증자(增資) 등에 참여할 수 있는 지배주주가 있는지 여부
4. 신청기관의 중소기업에 대한 신용공여 등 과거의 지원실적
5. 그 밖에 신청기관의 금융시장의 안정과 중개기능 제고에의 기여 가능성

제23조의7【금융기능제고계획】 ① 신청기관은 금융위원회가 정하여 고시하는 바에 따라 해당 신청기관의 경영건전성과 금융의 중개기능을 제고하기 위하여 다음 각 호의 사항을 포함한 계획(이하 "금융기능제고계획"이라 한다)을 한국산업은행에 제출하여야 한다.(2014.5.21 본문개정)

1. 자금지원 신청금액 및 그 용도
2. 다음 각 목의 사항을 포함하여 해당 신청기관별 특성에 따라 국민경제의 안정에 이바지하기 위한 방안
   가. 중소기업에 대한 신용공여 등 지원방안
   나. 채권금융기관으로서 기업구조조정에 관한 방안
   다. 제2조제1호가목의 금융기관의 경우 외화 유동성 확보를 위한 외화조달 방안
3. 금융기능제고계획을 이행하기 위한 기간
4. 그 밖에 해당 신청기관의 경영건전성과 금융의 중개기능을 제고하기 위한 사항으로서 대통령령으로 정하는 사항

② 한국산업은행은 제23조의6제3항제3호에 따라 금융기능제고계획의 적합성을 심사할 때 신청기관의 과거 중개기능 제고실적, 경영건전성 저하에 대한 책임 여부 등을 고려하여 그 적합성의 정도를 신청기관별로 다르게 평가할 수 있다.(2014.5.21 본항개정)

③ 금융기능제고계획 작성의 세부기준은 자금지원의 유형, 신청기관의 업종 등을 고려하여 금융위원회가 정하여 고시한다.

제23조의8【자금지원에 관한 특례】 ① 한국산업은행이 금융기관에 자금지원을 하는 경우에는 해당 금융기관은 「상법」 제370조제2항 및 「자본시장과 금융투자업에 관한 법률」 제165조의15제2항에 따른 한도를 초과하여 의결권 없는 주식을 발행할 수 있다.

② 한국산업은행이 자금지원 등과 관련하여 금융기관으로부터 지명채권을 양수하는 경우에는 2개 이상의 일간신문(전국을 보급지역으로 하는 일간신문 1개 이상을 포함하여야 한다)에 그 지명채권을 양수한 사실을 공고하면 「민법」 제450조에 따른 지명채권양도의 대항요건을 갖춘 것으로 본다. 다만, 해당 지명채권의 이해관계인(채권자는 제외한다)은 그 공고 전에 해당 채권양도인과의 사이에서 발생한 사유로 한국산업은행에 대항할 수 있다.(2014.5.21 본조개정)

제23조의9【금융기능제고계획 이행 점검 및 감독상 조치】 ① 자금지원을 받은 금융기관(이하 이 조에서 "피지원기관"이라 한다)은 대통령령으로 정하는 바에 따라 분기별로 금융기능제고계획 이행 상황을 한국산업은행과 금융위원회에 통보하여야 한다.(2014.5.21 본항개정)

② 금융위원회는 금융시장의 안정과 금융기능 제고에 필요하다고 인정되는 경우 또는 한국산업은행의 요청이 있는 경우에는 피지원기관의 금융기능제고계획 이행 상황을 점검할 수 있다.(2014.5.21 본항개정)

③ 금융위원회는 제2항에 따른 점검을 하기 위하여 피지원기관의 업무 또는 재산상황을 검사하거나 자료의 제출, 관계자의 출석 및 진술 등을 요구할 수 있다. 이 경우 해당 피지원기관은 특별한 사정이 없으면 이에 따라야 한다.

④ 금융위원회는 다음 각 호의 어느 하나에 해당하는 피지원기관에 대하여 감독상 필요한 조치를 할 수 있다.

1. 금융기능제고계획을 이행하지 아니한 경우
2. 금융기능제고계획 이행 상황을 제1항에 따라 통보하지 아니하거나 거짓의 통보를 한 경우
3. 제2항 또는 제3항에 따른 금융위원회의 업무 수행을 거부·방해 또는 기피한 경우
4. 제3항에 따른 금융위원회의 요구에 따르지 아니하거나 그 이행을 게을리하는 경우

⑤ 제4항에서 "감독상 필요한 조치"란 다음 각 호의 것을 말한다.

1. 해당 위반행위에 대한 시정명령
2. 피지원기관의 임원에 대한 주의·경고 요구
3. 피지원기관의 직원에 대한 문책 요구
4. 피지원기관 임원의 직무정지 또는 그 임원의 직무를 대행하는 관리인의 선임
5. 그 밖에 제1호부터 제4호까지의 규정에 준하는 조치로서 피지원기관을 감독하기 위하여 필요하다고 인정되는 조치

⑥ 금융위원회는 제2항에 따른 점검 및 제5항에 따른 조치를 한 경우에는 그 결과를 한국산업은행에 통보하여야 한다.(2014.5.21 본항개정)

제5장 금융기관을 이용한 기업결합의 제한

(2010.3.12 본장개정)

제24조【다른 회사의 주식소유한도】 ① 금융기관(제2조제1호나목에 따른 중소기업은행은 제외한다. 이하 이 장에서 같다) 및 그 금융기관과 같은 기업집단에 속하는 금융기관(이하 "동일계열 금융기관"이라 한다)은 다음 각 호의 어느 하나에 해당하는 행위를 하려면 대통령령으로 정하는 기준에 따라 미리 금융위원회의 승인을 받아야 한다. 다만, 그 금융기관의 설립근거가 되는 법률에 따라 인가·승인 등을 받은 경우에는 그러하지 아니하다.

1. 다른 회사의 의결권 있는 발행주식 총수의 100분의 20 이상을 소유하게 되는 경우
2. 다른 회사의 의결권 있는 발행주식 총수의 100분의 5 이상을 소유하고 동일계열 금융기관이나 동일계열 금융기관이 속하는 기업집단이 그 회사를 사실상 지배하는 것으로 인정되는 경우로서 대통령령으로 정하는 경우
3. 다른 회사의 의결권 있는 발행주식 총수의 100분의 10 이상을 소유하고 동일계열 금융기관이나 동일계열 금융기관이 속하는 기업집단이 그 회사를 사실상 지배하는 것으로 인정되는 경우로서 대통령령으로 정하는 경우
4. 다른 회사의 의결권 있는 발행주식 총수의 100분의 15 이상을 소유하고 동일계열 금융기관이나 동일계열 금융기관이 속하는 기업집단이 그 회사를 사실상 지배하는 것으로 인정되는 경우로서 대통령령으로 정하는 경우

(2016.3.29 3호~4호신설)

② 제1항에서 "기업집단"이란 「독점규제 및 공정거래에 관한 법률」 제2조제11호에 따른 기업집단을 말한다.(2020.12.29 본항개정)

③ 금융위원회는 제1항에 따른 승인을 할 때에는 해당 주식소유가 관련 시장에서의 경쟁을 실질적으로 제한하는지에 대하여 미리 공정거래위원회와 협의하여야 한다. 제1항 단서에 따라 인가·승인 등을 하는 경우에도 또한 같다.

④ 제1항에도 불구하고 다른 주주의 감자(減資) 등 대통령령으로 정하는 부득이한 사유로 제1항 각 호의 어느 하나에 해당하게 된 동일계열 금융기관은 그 사유가 발생한 날부터 대통령령으로 정하는 기간 내에 금융위원회에 승인을 신청하여야 한다. 이 경우 금융위원회는 제6항의 기준에 따라 승인 여부를 결정하여야 한다.

⑤ 동일계열 금융기관이 다음 각 호의 구분에 따른 한도를 초과하여 다른 회사의 주식을 소유하려면 제1항 및 제4항에도 불구하고 다시 금융위원회의 승인을 받아야 한다.

1. 의결권 있는 발행주식 총수의 100분의 25
2. 의결권 있는 발행주식 총수의 100분의 33

⑥ 금융위원회는 제1항·제4항 및 제5항에 따라 동일계열 금융기관에 대하여 승인을 할 때 다음 각 호의 요건(이하 "초과소유요건"이라 한다)을 심사하여야 한다. 심사를 위하여 필요하면 그 금융기관에 자료를 요구할 수 있다.

1. 해당 주식소유가 다음 각 목의 어느 하나에 해당하는 회사가 아닌 다른 회사를 사실상 지배하기 위한 것이 아닐 것
가. 금융업(「통계법」 제22조제1항에 따라 통계청장이 작성·고시하는 한국표준산업분류에 따른 금융 및 보험업을 말한다)을 경영하는 회사. 다만, 「독점규제 및 공정거래에 관한 법률」 제18조제2항제5호에 따른 일반지주회사는 금융업을 경영하는 회사로 보지 아니한다.(2020.12.29 단서개정)
나. 「사회기반시설에 대한 민간투자법」 제8조의2에 따라 주무관청이 지정한 민간투자대상사업을 경영하는 회사(「법인세법」 제51조의2제1항제6호의 회사만 해당한다)
다. 「신용정보의 이용 및 보호에 관한 법률」에 따른 신용정보업 및 채권추심업 등 그 금융기관의 업무와 직접적인 관련이 있거나 그 금융기관의 효율적인 업무수행을 위하여 필요한 사업을 경영하는 회사(2020.2.4 본목개정)
2. 해당 주식소유가 관련 시장에서의 경쟁을 실질적으로 제한하지 아니할 것
⑦ 금융위원회는 제1항·제4항 및 제5항에 따른 승인을 하지 아니하는 경우에는 대통령령으로 정하는 기간 내에 신청인에게 그 사유를 구체적으로 밝혀 알려야 한다.
⑧ 금융위원회는 동일계열 금융기관이 제1항·제4항 및 제5항에 따른 승인을 받은 후 대통령령으로 정하는 바에 따라 초과소유요건을 충족하는지를 심사하여야 한다.
⑨ 제1항 각 호 및 제5항 각 호의 발행주식의 범위와 주식소유비율의 산정방법은 금융위원회가 정하여 고시한다.
판례 동조의 법적 성격(=단속규정) : 위 규정을 효력규정으로 보아 이에 위반한 금융기관의 주식소유행위를 일률적으로 무효라고 할 경우 승인기준에 해당하여 결과적으로 위 규정에 의하여 규제될 필요가 없는 행위나 담보권실행으로 인한 주식취득 등 불가피한 사정이 있는 행위도 단지 사전승인을 받지 않았다는 이유로 그 효력이 부인되어 주식거래의 안전을 해칠 우려가 있을 뿐만 아니라 금융기관간의 건전한 경쟁을 촉진하고 금융업무의 효율성을 높임으로써 금융산업의 균형 있는 발전에 이바지함을 목적으로 입법된 법의 취지에 반하는 결과가 될 수 있으므로, 위 규정은 효력규정이 아니라 단속규정이라고 보아야 한다.(대판 2003.11.27, 2003다5337)

제24조의2【시정조치 등】 ① 금융위원회는 동일계열 금융기관이 제24조제1항·제4항 또는 제5항을 위반하여 금융위원회의 승인을 받지 아니하고 다른 회사의 주식을 소유한 경우에는 그 동일계열 금융기관에 대하여 다음 각 호의 어느 하나에 해당하는 조치를 할 수 있다.
1. 법 위반상태를 시정하기 위한 계획의 제출 요구 또는 그 계획의 수정 요구
2. 동일계열 금융기관에 대한 주의 또는 경고
3. 위반행위에 관련된 임직원에 대한 주의·경고 또는 문책의 요구
4. 위반행위에 관련된 임원의 해임권고 또는 직무정지의 요구
5. 소유한도를 초과하는 주식의 전부 또는 일부의 처분명령
② 동일계열 금융기관은 제24조제1항·제4항 또는 제5항을 위반하여 금융위원회의 승인을 받지 아니하고 같은 조 제1항 각 호 및 같은 조 제5항 각 호에 따른 주식소유한도를 초과하여 소유하고 있는 다른 회사의 주식에 대하여는 의결권을 행사할 수 없다.

제24조의3【이행강제금】 ① 금융위원회는 제24조의2제1항제5호에 따라 주식처분명령을 받은 동일계열 금융기관이 그 정한 기간 내에 그 명령을 이행하지 아니하면 매 1일당 그 처분하여야 하는 주식의 장부가액(帳簿價額)에 1만분의 3을 곱한 금액을 초과하지 아니하는 범위에서 이행강제금을 부과할 수 있다.
② 이행강제금은 주식처분명령에서 정한 기간의 종료일 다음 날부터 주식처분을 이행하는 날까지의 기간에 대하여 부과한다.
③ 금융위원회는 이행강제금을 징수할 때 주식처분명령에서 정한 이행기간의 종료일부터 90일이 지나도 주식처분명령이 이행되지 아니하면 그 종료일부터 기산하여 매 90일이 지나는 날을 기준으로 하여 이행강제금을 징수한다.
④ 이행강제금의 부과 및 징수 등에 관하여는 「금융지주회사법」 제65조부터 제69조까지의 규정을 준용한다. 이 경우 "과징금"은 "이행강제금"으로, "과징금납부의무자"는 "이행강제금 납부의무자"로 본다.

제6장 보 칙
(2010.3.12 본장개정)

제24조의4【다른 법률과의 관계】 금융기관의 합병 및 전환, 부실금융기관에 대한 조치, 금융기관의 청산 및 파산 등에 관하여 이 법에서 정하는 것을 제외하고는 그 금융기관의 영업의 인가·허가 등의 근거가 되는 법률과 「상법」, 「비송사건절차법」, 그 밖의 관계 법령에 따른다.

제25조【권한의 위탁】 금융위원회는 이 법에 따른 권한의 일부를 대통령령으로 정하는 바에 따라 금융감독원장 또는 예금보험공사 사장에게 위탁할 수 있다.

제26조【합병에 관한 규정의 준용】 금융기관이 영업의 전부를 다른 금융기관에 양도하고 소멸하는 경우와 다른 금융기관의 영업의 전부를 양수하는 경우에 관하여는 제3조부터 제5조까지, 제5조의2, 제6조부터 제8조까지 및 제9조제1항 중 합병에 관한 규정을 준용한다.

제7장 벌 칙
(2010.3.12 본장개정)

제26조의2【벌칙】 제11조의2를 위반하여 비공개정보를 해당 금융기관의 업무 외의 목적으로 이용하거나 외부 또는 타인에게 제공 또는 누설한 자는 10년 이하의 징역 또는 5억원 이하의 벌금에 처한다.(2013.3.22 본조신설)

제27조【벌칙】 금융기관의 임원, 관리인 또는 청산인(이하 "금융기관의 임원등"이라 한다)이 다음 각 호의 어느 하나에 해당하는 행위를 한 경우에는 1년 이하의 징역 또는 1천만원 이하의 벌금에 처한다.
1. 제10조제1항에 따른 명령을 이행하기 위한 절차·조치를 이행하지 아니한 경우
2. 제12조제3항에 따른 명령을 위반한 경우
3. 제14조제4항을 위반하여 해산에 필요한 절차를 이행하지 아니한 경우
4. 제24조제1항 또는 제5항을 위반하여 금융위원회의 승인을 받지 아니하고 주식을 소유하거나 같은 조 제4항을 위반하여 정하여진 기간 내에 승인을 신청하지 아니한 경우

제28조【과태료】 ① 금융기관이 다음 각 호의 어느 하나에 해당하는 행위를 한 경우에는 2천만원 이하의 과태료를 부과한다.
1. 제7조제1항에 따른 보고를 하지 아니하거나 보고를 거짓으로 한 경우
2. 제8조제2항을 위반하여 금융위원회의 인가를 받지 아니하고 법령에 따라 수행할 수 없는 업무를 계속한 경우
3. 제9조제1항을 위반하여 법령에 따라 수행할 수 없는 업무를 계속한 경우
4. 제9조제2항 본문에 따라 3년 이내에 「은행법」 제15조제1항에 적합하게 하지 아니하거나 의결권 행사의 범위를 초과하여 의결권을 행사한 경우
5. 제9조제2항 단서에 따라 금융위원회에 신고를 하지 아니하거나 승인을 받지 아니한 경우
6. 제9조의3제2항 또는 제3항을 위반하여 자체정상화계획을 제출하지 아니한 경우
7. 제9조의4제3항을 위반하여 정당한 사유 없이 금융감독원장의 자료 제출 요구에 따르지 아니한 경우
8. 제9조의5제3항을 위반하여 정당한 사유 없이 금융감독원장의 자료 제출 요구에 따르지 아니한 경우
9. 제9조의7제2항을 위반하여 정당한 사유 없이 금융위원회의 자체정상화계획 제출 요구에 따르지 아니한 경우
10. 제9조의8제1항을 위반하여 금융위원회의 요구를 이행하지 아니한 경우
11. 제9조의9제2항을 위반하여 정당한 사유 없이 금융위원회의 요구를 이행하지 아니한 경우
(2020.12.29 6호~11호신설)
12. 제10조제1항에 따른 요구 또는 명령을 이행하지 아니하거나 위반한 경우
13. 제11조제5항을 위반하여 금융위원회가 정한 절차에 따라 3년 이내에 관련 법령에 적합하게 하지 아니한 경우
14. 제12조제5항에 따른 공고를 하지 아니하거나 이의를 제출한 채권자에게 변제, 상당한 담보의 제공 또는 「자본시장과 금융투자업에 관한 법률」에 따른 신탁업자에 대한 상당한 재산의 신탁을 하지 아니한 경우
15. 제12조제6항을 위반하여 주식을 병합한 경우
16. 제12조제7항에 따른 공고를 하지 아니한 경우
17. 제12조제8항에 따른 주식의 매입을 하지 아니한 경우
18. 제14조제1항 또는 제2항에 따른 금융위원회의 명령 또는 처분을 위반하거나 이행하지 아니한 경우
19. 제14조의2제2항에 따른 공고를 하지 아니한 경우
20. 제14조의2제5항을 위반하여 계약이전과 관련된 자료를 보관·관리하지 아니하거나 이해관계인의 열람을 거부한 경우
21. 제24조제1항 또는 제5항을 위반하여 금융위원회의 승인을 받지 아니하고 다른 회사의 주식을 소유한 경우
22. 제24조제4항을 위반하여 정하여진 기간 내에 승인을 신청하지 아니한 경우
23. 제24조의2제2항을 위반하여 승인을 받지 아니하고 주식소유한도를 초과하여 소유하고 있는 다른 회사의 주식에 대한 의결권을 행사한 경우
② 금융기관의 임원등이 다음 각 호의 어느 하나에 해당하는 행위를 한 경우에는 1천만원 이하의 과태료를 부과한다.
1. 제7조제1항에 따른 보고를 하지 아니하거나 보고를 거짓으로 한 경우
2. 제12조제5항부터 제8항까지를 위반한 경우
3. 제14조의2제2항 또는 제5항을 위반한 경우
③ 제1항 및 제2항에 따른 과태료는 금융위원회가 부과·징수한다.

부 칙 (2007.1.26)

제1조【시행일】 이 법은 공포 후 3개월이 경과한 날부터 시행한다.

제2조【다른 회사의 주식취득에 따른 사후승인에 관한 경과조치】 이 법 시행 당시 다른 주주의 감자(減資) 등 대통령령이 정하는 부득이한 사유로 제24조제1항 각 호의 규정에 따른 주식소유한도를 초과하여 다른 회사의 주식을 소유하고 있는 동일계열 금융기관은 이 법 시행일부터 대통령령이 정하는 기간 내에 제24조제4항의 개정규정에 따라 금융위원회에 승인을 신청하여야 한다.(2008.2.29 본조개정)

제3조【다른 회사의 주식소유한도에 관한 경과조치】 이 법 시행 전에 제24조제1항의 규정에 따라 금융감독위원회의 승인을 얻어 다른 회사의 주식을 소유하고 있는 동일계열 금융기관이 이 법 시행 당시 제24조제5항의 개정규정에 따른 주식소유한도를 초과하여 다른 회사의 주식을 소유한 경우에는 같은 조 같은 항의 개정규정에 따라 금융감독위원회의 승인을 얻은 것으로 본다.

제4조【의결권 제한에 관한 경과조치】 ① 法律 第5257號 金融機關의合倂및轉換에관한法律改正法律 시행 이후부터 이 법 시행 당시까지 제24조제1항의 규정을 위반하여 금융감독위원회의 승인을 얻지 아니하고 다른 회사의 주식을 신규로 취득하여 소유하고 있는 동일계열 금융기관은 제24조제1항 각 호의 규정에 따른 주식소유한도를 초과하여 소유하고 있는 다른 회사의 주식에 대하여 의결권을 행사할 수 없다.
② 法律 第5257號 金融機關의合倂및轉換에관한法律改正法律 시행 당시 제24조제1항 각 호의 규정에 따른 주식소유한도를 초과하여 다른 회사의 주식을 소유하고 있는 동일계열 금융기관이 제24조제1항 각 호의 규정에 따른 주식소유한도를 초과하여 소유하고 있는 다른 회사의 주식에 대하여는 의결권 행사를 제한하되, 그 적용을 2년간 유예하고, 이 법 시행 후 2년이 경과한 날부터 「독점규제 및 공정거래에 관한 법률」 제11조의 규정을 적용한다.

제5조【시정조치 등에 관한 경과조치】 ① 法律 第5257號 金融機關의合倂및轉換에관한法律改正法律 시행 이후부터 이 법 시행 당시까지 제24조제1항의 규정을 위반하여 금융감독위원회의 승인을 얻지 아니하고 다른 회사의 주식을 신규로 취득하여 소유하고 있는 동일계열 금융기관은 자발적으로 이 법 시행일부터 5년 이내에 제24조제1항의 규정에 따른 주식소유한도에 적합하도록 하여야 한다.
② 금융위원회는 동일계열 금융기관이 제1항의 규정을 준수하지 아니하는 경우에는 제24조의2제1항제5호의 개정규정에 따라 그 한도를 초과하는 주식의 처분을 명하여야 한다.(2008.2.29 본항개정)

제6조【벌칙 및 과태료에 관한 경과조치】 이 법 시행 전의 행위에 대한 벌칙 및 과태료의 적용에 있어서는 종전의 규정에 따른다. 다만, 제24조제4항의 개정규정에 따른 부득이한 사유로 금융위원회의 승인 없이 다른 회사의 주식을 소유하고 있는 동일계열 금융기관이 부칙 제2조의 규정에 따라 대통령령이 정하는 기간 내에 승인을 신청한 경우에는 벌칙 또는 과태료를 부과하지 아니한다.(2008.2.29 본조개정)

제7조【다른 법률의 개정】 ※(해당 법령에 가제정리 하였음)

부 칙 (2009.5.27)

제1조【시행일】 이 법은 2009년 6월 1일부터 시행한다.

제2조【유효기간】 제23조의2제2항제1호부터 제3호까지 및 제5호의 개정규정은 2014년 12월 31일까지 효력을 가진다.

제3조【자금지원 심사·결정에 대한 적용례】 제23조의6제3항제1호의 개정규정은 이 법 시행 후 최초로 정부 또는 예금보험공사로부터 제12조 또는 「예금자보호법」 제38조에 따라 지원을 받은 분부터 적용한다.

제4조【다른 법률의 개정】 ※(해당 법령에 가제정리 하였음)

부 칙 (2020.2.4)

제1조【시행일】 이 법은 공포 후 6개월이 경과한 날부터 시행한다.(이하 생략)

부 칙 (2020.12.29 법17799호)

제1조【시행일】 이 법은 공포 후 1년이 경과한 날부터 시행한다.(이하 생략)

부 칙 (2020.12.29 법17801호)

제1조【시행일】 이 법은 공포 후 6개월이 경과한 날부터 시행한다.

제2조【적용례】 제9조의3 및 제14조의9의 개정규정은 이 법 시행 후 최초로 선정된 금융체계상 중요한 금융기관부터 적용한다.

부 칙 (2021.4.20)

이 법은 공포 후 3개월이 경과한 날부터 시행한다.

(2026.12.26까지 유효)

기업구조조정 촉진법

(2023년 12월 26일
법 률 제17852호)

제1장 총 칙

제1조【목적】 이 법은 부실징후기업의 기업개선이 신속하고 원활하게 추진될 수 있도록 필요한 사항을 규정함으로써 상시적 기업구조조정을 촉진하고 금융시장의 안정과 국민경제의 발전에 이바지하는 것을 목적으로 한다.

제2조【정의】 이 법에서 사용하는 용어의 뜻은 다음과 같다.

1. "금융채권"이란 기업 또는 타인에 대한 신용공여로 해당 기업에 대하여 행사할 수 있는 채권을 말한다.
2. "금융채권자"란 금융채권을 보유한 자를 말한다.
3. "채권금융기관"이란 금융채권자 중 「금융위원회의 설치 등에 관한 법률」 제38조 각 호에 해당하는 기관 및 그 밖에 법률에 따라 금융업무 또는 기업구조조정 업무를 행하는 기관으로서 대통령령으로 정하는 자를 말한다.
4. "채권은행"이란 금융채권자 중 은행업을 규칙적·조직적으로 영위하는 금융기관을 말한다.
5. "주채권은행"이란 해당 기업의 주된 채권은행(주된 채권은행이 없는 경우에는 신용공여액이 가장 많은 은행)을 말한다. 이 경우 주채권은행의 선정 및 변경 등에 관한 사항은 대통령령으로 정한다.
6. "기업"이란 「상법」에 따른 회사와 그 밖에 영리활동을 하는 자를 말한다. 다만, 다음 각 목의 어느 하나에 해당하는 자는 제외한다.
   가. 「공공기관의 운영에 관한 법률」에 따른 공공기관
   나. 금융회사와 그 밖에 금융업무를 하는 자로서 대통령령으로 정하는 자
   다. 외국법에 따라 설립된 기업
   라. 그 밖에 제4조제4항에 따른 신용위험평가 대상에 포함되지 아니한 자로서 대통령령으로 정하는 자
7. "부실징후기업"이란 주채권은행이 신용위험평가를 통하여 통상적인 자금차입 외에 외부로부터의 추가적인 자금유입 없이는 금융채권자에 대한 차입금 상환 등 정상적인 채무이행이 어려운 상태(이하 "부실징후"라 한다)에 있다고 인정한 기업을 말한다.
8. "신용공여"란 다음 각 목의 어느 하나에 해당하는 것으로서 금융위원회가 정하는 범위의 것을 말한다.
   가. 대출
   나. 어음 및 채권 매입
   다. 시설대여
   라. 지급보증
   마. 지급보증에 따른 대지급금의 지급
   바. 기업의 지급불능 시 거래상대방에 손실을 초래할 수 있는 직접적·간접적 금융거래
   사. 가목부터 바목까지에 해당하는 거래는 아니나 실질적으로 그에 해당하는 결과를 가져올 수 있는 거래
9. "채무조정"이란 금융채권자가 보유한 금융채권에 대하여 상환기일 연장, 원리금 감면, 채권의 출자전환 및 그 밖에 이에 준하는 방법으로 채무의 내용을 변경하는 것을 말한다.

제3조【다른 법률과의 관계】 이 법은 기업구조조정 등에 관하여 다른 법률(「채무자 회생 및 파산에 관한 법률」은 제외한다)에 우선하여 적용한다.

제2장 부실징후기업의 구조조정

제4조【신용위험의 평가】 ① 주채권은행은 거래기업에 대한 신용위험을 평가하여야 한다.
② 주채권은행이 아닌 채권은행은 거래기업의 신용위험을 평가한 결과 부실징후기업에 해당된다고 판단할 경우 그 사실을 지체 없이 주채권은행에 통보하여야 한다.
③ 제2항의 통보를 받은 주채권은행은 해당 거래기업의 부실징후 유무에 대하여 판단하여야 한다. 이 경우 주채권은행은 해당 채권은행에 대하여 필요한 자료의 제출 등 협조를 요청할 수 있다.
④ 제1항 및 제2항에 따른 신용위험평가의 대상 및 시기, 그 밖에 필요한 사항은 대통령령으로 정한다.

제5조【신용위험평가결과의 통보 등】 ① 주채권은행은 거래기업의 신용위험을 평가한 결과 부실징후가 있다고 판단하는 경우 그 사실과 이유를 해당 기업에 통보하여야 한다.
② 제1항에 따른 통보를 받은 부실징후기업은 주채권은행에 대하여 기업개선을 위한 자구계획서(이하 "자구계획서"라 한다)와 금융채권자의 목록을 첨부하여 다음 각 호의 관리절차의 개시를 신청할 수 있다.
1. 제8조에 따른 금융채권자협의회에 의한 공동관리절차(이하 "공동관리절차"라 한다)
2. 제21조에 따른 주채권은행에 의한 관리절차(이하 "주채권은행 관리절차"라 한다)

제6조【신용위험평가결과에 대한 이의제기】 ① 제5조제1항에 따라 부실징후기업으로 통보받은 기업이 평가결과에 대하여 이의가 있는 경우 통보받은 날부터 14일 이내에 주채권은행에 이의를 제기할 수 있다. 이 경우 대통령령으로 정하는 바에 따라 이의제기 사유를 제시하여야 한다.
② 주채권은행은 이의제기를 받은 날부터 1개월 이내에 이의제기에 대한 심사 결과를 해당 기업에 통보하여야 한다.

제7조【부실징후기업에 대한 점검】 주채권은행은 부실징후기업으로 통보받은 기업이 정당한 사유 없이 6개월의 범위에서 대통령령으로 정하는 기간에 이 법에 따른 관리절차나 「채무자 회생 및 파산에 관한 법률」에 따른 회생절차를 신청하지 아니하는 경우 부실징후기업의 신용위험으로 인하여 금융시장의 안정이 훼손되지 아니하도록 해당 기업의 신용위험 및 채무상환능력의 변화 등을 지속적으로 점검하여 필요한 조치를 강구하여야 한다.

제8조【금융채권자협의회에 의한 공동관리절차】 ① 금융채권자는 부실징후기업으로부터 공동관리절차의 신청이 있는 때에는 자구계획서, 금융채권자의 수 및 금융채권의 규모 등을 평가하여 기업개선의 가능성이 있다고 판단하는 경우 제22조에 따른 금융채권자협의회(이하 "협의회"라 한다)의 의결을 거쳐 공동관리절차를 개시할 수 있다.
② 금융채권자는 제1항에 따른 판단을 위하여 필요한 경우 주채권은행을 통하여 해당 기업이 제출한 자료의 보완을 요청할 수 있다.

제9조【공동관리절차의 개시를 위한 협의회의 소집】 ① 주채권은행은 부실징후기업으로부터 공동관리절차의 신청을 받은 날부터 14일 이내에 공동관리절차의 개시 여부를 결정하기 위한 협의회(이하 "제1차 협의회"라 한다)의 소집을 통보하여야 한다. 다만, 다음 각 호의 어느 하나에 해당하는 경우 제1차 협의회의 소집을 통보하지 아니할 수 있다.
1. 주채권은행 관리절차를 통하여 해당 기업의 부실징후가 해소될 수 있다고 판단하는 경우
2. 공동관리절차를 통하여도 해당 기업의 부실징후가 해소될 수 없다고 판단하는 경우
② 주채권은행이 제1차 협의회를 소집하는 때에는 금융채권자 및 해당 기업에 다음 각 호의 사항을 통보하여야 한다.
1. 회의의 일시 및 장소
2. 회의의 안건
3. 금융채권자의 목록에 관한 사항
4. 그 밖에 협의회의 소집 및 진행에 필요한 사항
③ 주채권은행이 제2항의 통보를 하는 경우에는 금융채권자에게 제1차 협의회의 종료 시까지 해당 기업에 대한 금융채권의 행사(상계, 담보권 행사, 추가 담보 취득을 포함하며, 시효중단을 위한 어음교환 회부는 제외한다)를 유예하도록 요구할 수 있다.
④ 제3항에 따라 금융채권의 행사유예를 요구받은 금융채권자가 금융채권을 행사한 때에는 공동관리절차의 개시 후 지체 없이 원상을 회복하여야 하며, 주채권은행은 협의회의 의결에 따라 해당 금융채권자에게 원상회복의 이행을 요청할 수 있다.
⑤ 제2항에도 불구하고 주채권은행은 신속하고 원활한 공동관리절차의 진행을 위하여 필요한 경우 다음 각 호의 어느 하나에 해당하는 자에 대해서는 제1차 협의회의 소집을 통보하지 아니할 수 있다.
1. 금융업(「통계법」 제22조제1항에 따라 통계청장이 작성·고시하는 한국표준산업분류에 따른 금융 및 보험업을 말한다)을 영위하지 아니하는 금융채권자
2. 금융채권자의 목록에 기재된 총 금융채권액의 100분의 1 미만인 소액금융채권자(소액금융채권자가 둘 이상인 경우에는 그 금융채권자의 합계액이 금융채권자의 목록에 기재된 총 금융채권액의 100분의 5를 초과하지 아니하는 소액금융채권자에 한정한다)
3. 그 밖에 공동관리절차에 참여할 필요성 등을 고려하여 대통령령으로 정하는 금융채권자
⑥ 제5항에 따라 소집을 통보받지 못한 금융채권자가 협의회에 참여를 원하는 경우 주채권은행은 해당 금융채권자를 협의회에서 배제할 수 없다. 이 경우 해당 금융채권자는 제1차 협의회의 소집을 통보받은 금융채권자로 보되, 그 전날까지 이루어진 협의회의 의결에 대하여 대항할 수 없다.
⑦ 제1차 협의회의 소집을 통보받은 금융채권자가 해당 기업에 대하여 보유하고 있는 금융채권(이 법에 따른 공동관리절차에서 출자전환된 주식을 포함한다)을 제3자에게 양도한 경우 양도인은 그 사실을 지체 없이 주채권은행에 통보하여야 한다. 이 경우 양수인은 협의회 의결로 달리 정하지 아니하는 한 이 법에 따른 양도인의 지위를 승계한다.
⑧ 제7항에도 불구하고 금융채권의 양도 전에 이 법 또는 협의회의 의결에 따라 양도인에게 발생한 의무는 양도인이 부담한다. 다만, 협의회는 양도인과 양수인이 함께 요청하는 경우 그 의결로 양도인의 의무를 양수인이 승계하도록 할 수 있다.
⑨ 주채권은행은 제1차 협의회를 소집하는 경우 그 사실과 내용을 제29조에 따른 금융채권자조정위원회와 「금융위원회의 설치 등에 관한 법률」에 따라 설립된 금융감독원의 원장에게 통보하여야 한다.

제10조【자료의 제공 요청】 ① 주채권은행은 제9조에 따른 제1차 협의회의 소집을 위하여 필요한 경우에는 「금융실명거래 및 비밀보장에 관한 법률」 제4조, 「신용정보의 이용 및 보호에 관한 법률」 제32조 및 「개인정보 보호법」 제18조에도 불구하고 채권대차거래중개기관(「자본시장과 금융투자업에 관한 법률」에 따른 한국예탁결제원, 증권금융회사, 투자매매업자 또는 투자중개업자를 말한다)에 대하여 다음 각 호의 사항에 관한 자료의 제공을 요청할 수 있다.
1. 금융채권자의 성명·주소 및 전화번호
2. 금융채권자의 금융채권액
② 주채권은행은 제1차 협의회의 소집을 위하여 필요한 최소한의 범위로 한정하여 자료제공을 요청하여야 하며, 제공받은 자료를 제공받은 목적 외의 용도로 이용하여서는 아니 된다.
③ 제1항에 따른 자료제공 요청을 받은 자가 주채권은행에 자료를 제공하는 경우 대통령령으로 정하는 바에 따라 금융채권자에게 그 제공 사실을 알려주어야 한다.
④ 주채권은행은 제1차 협의회 소집을 위하여 제공받은 자료의 목적을 달성한 경우 「신용정보의 이용 및 보호에 관한 법률」에 따라 해당 자료를 관리·삭제하여야 한다.
⑤ 제1항에 따른 자료제공을 요청받은 자는 직무상 알게 된 부실징후기업의 공동관리절차 개시 등에 관한 정보를 타인에게 누설하거나 부당한 목적으로 이용하여서는 아니 된다.

제11조【공동관리절차의 개시】 ① 금융채권자는 제9조제1항에 따른 소집의 통보를 받은 날부터 3개월의 범위에서 대통령령으로 정하는 기간에 개최되는 제1차 협의회에서 다음 각 호의 사항을 의결할 수 있다.
1. 공동관리절차에 참여할 금융채권자의 구성
2. 공동관리절차의 개시
3. 부실징후기업에 대한 채권행사유예 여부 및 유예기간의 결정
4. 그 밖에 공동관리절차의 개시를 위하여 필요한 사항
② 제1항제3호에 따른 유예기간은 공동관리절차 개시일부터 1개월(제12조에 따른 자산부채의 실사가 필요한 경우에는 3개월)을 초과하지 아니하는 범위로 하되, 1회에 한정하여 1개월의 범위에서 협의회의 의결을 거쳐 연장할 수 있다.
③ 제1항제1호의 의결에 따라 공동관리절차에 참여하지 아니하는 금융채권자(이하 "적용배제 금융채권자"라 한다)에 대하여는 이 법에 따른 공동관리절차가 적용되지 아니한다.
④ 제1항제1호에 따른 금융채권자의 구성에 관한 의결은 제24조제2항에도 불구하고 제1차 협의회의 소집을 통보받은 금융채권자의 총 금융채권액 중 4분의 3 이상의 금융채권액을 보유한 금융채권자의 찬성으로 한다.
⑤ 공동관리절차가 개시된 뒤에도 해당 기업 또는 금융채권자는 「채무자 회생 및 파산에 관한 법률」에 따른 회생절차 또는 파산절차를 신청할 수 있다. 이 경우 해당 기업에 대하여 회생절차의 개시결정 또는 파산선고가 있으면 공동관리절차는 중단된 것으로 본다.

제12조【자산부채의 실사】 ① 협의회는 공동관리절차가 개시된 기업(이하 "공동관리기업"이라 한다)에 대하여 그 기업과 협의하여 선임한 회계법인 등 외부전문기관으로부터 자산부채실사 및 계속기업으로서의 존속능력평가 등을 받도록 요청할 수 있다.
② 공동관리기업은 제1항에 따른 외부전문기관의 실사 및 평가에 대하여 필요한 자료를 제출하는 등 적극 협조하여야 한다.

제13조【기업개선계획의 작성 등】 ① 주채권은행은 공동관리기업에 대한 외부전문기관의 자산부채실사 결과 등을 고려하여 공동관리기업의 기업개선을 위한 계획(이하 "기업개선계획"이라 한다)을 작성하여 협의회에 제출하여야 한다. 이 경우 주채권은행은 기업개선계획에 대하여 사전에 해당 기업과 협의하여야 하며, 기업개선계획에는 해당 기업의 부실에 상당한 책임있는 자 간의 공평한 손실분담 방안이 포함되어야 한다.
② 기업개선계획에는 다음 각 호의 사항을 포함할 수 있다.
1. 채무조정
2. 신규 신용공여
3. 공동관리기업의 자구계획
4. 제1호 및 제2호의 사항을 이행하지 아니하는 금융채권자에게 부과하는 위약금
5. 그 밖에 공동관리기업의 기업개선을 위하여 필요한 사항

③ 협의회가 제11조제2항에 따른 채권행사 유예기간에 기업개선계획을 의결하지 못한 경우 그 다음 날부터 공동관리기업에 대한 공동관리절차는 중단된 것으로 본다.
④ 주채권은행은 기업개선계획이 의결된 후에도 공동관리기업의 기업개선을 위하여 필요하다고 판단하는 경우 협의회의 의결에 따라 기업개선계획을 변경할 수 있다.

제14조【기업개선계획의 이행을 위한 약정】 ① 협의회는 제13조에 따른 기업개선계획을 의결한 날부터 1개월 이내에 공동관리기업과 기업개선계획의 이행을 위한 약정(이하 "약정"이라 한다)을 체결하여야 한다.
② 약정에는 협의회가 의결한 기업개선계획 외에 공동관리기업의 기업개선 등을 위하여 다음 각 호의 사항을 포함할 수 있다.
1. 매출액·영업이익 등 해당 기업의 경영 목표수준
2. 제1호에 따른 목표수준을 달성하기 위하여 필요한 해당 기업의 인원·조직 및 임금의 조정 등 구조조정 계획과 신주의 발행, 자본의 감소 등 재무구조 개선 계획 등을 포함한 구체적인 이행계획. 이 경우 그 이행기간은 1년 이내로 하되, 협의회의 의결로 연장할 수 있다.
3. 제1호에 따른 목표수준을 달성하지 못할 경우 총 인건비의 조정 등 해당 기업이 추가적으로 추진할 이행계획
4. 제2호 및 제3호에 따른 사항과 관련하여 해당 기업의 주주 또는 노동조합 등 이해관계인의 동의가 필요한 사항에 대한 동의서
5. 기업의 현금흐름에 중대한 영향을 미치는 투자 및 중요한 재산의 양수·양도 등에 관한 사항
6. 제3자 매각, 경영위탁 등을 통하여 경영을 정상화할 경우 그 구체적인 계획
7. 이사회의 구성 등 지배구조의 개선에 관한 사항
8. 기업개선을 위하여 필요하다고 협의회에서 의결한 사항 및 향후 이행계획
9. 기업이 약정을 미이행한 경우의 조치에 관한 사항
10. 공동관리절차의 중단 및 종료에 관한 사항
11. 그 밖에 기업개선을 위하여 필요한 사항으로서 협의회와 공동관리기업이 합의한 사항

③ 협의회가 제1항에 따른 기한 이내에 약정을 체결하지 못한 경우 그 다음 날부터 공동관리절차는 중단된 것으로 본다. 이 경우 기업개선계획에 포함된 채무조정 및 신규 신용공여에 관한 사항은 소급적으로 효력을 상실한다.

제15조【약정의 이행점검】 ① 약정의 당사자는 체결된 약정을 성실히 준수하여야 한다.
② 주채권은행은 약정의 이행실적을 분기별〔공동관리기업이 「중소기업기본법」 제2조에 따른 중소기업(이하 "중소기업"이라 한다)인 경우에는 협의회가 정하는 시기별〕로 점검하여 그 결과를 협의회에 보고하여야 하며, 대통령령으로 정하는 바에 따라 기업개선계획의 진행상황을 연 1회 이상 공개하여야 한다. 다만, 다음 각 호의 어느 하나에 해당하는 정보는 공개하지 아니할 수 있다.
1. 영업비밀에 해당하거나 자산가치의 하락 등 원활한 기업개선의 추진에 어려움이 발생할 가능성이 있는 것으로 판단되는 정보
2. 중소기업 중에서 「자본시장과 금융투자업에 관한 법률」 제159조제1항에 따른 사업보고서 제출대상법인이 아닌 기업의 이행점검 결과

③ 주채권은행은 제2항에 따른 점검을 위하여 필요한 업무 또는 재산에 관한 보고, 자료의 제출, 관계자의 출석 및 진술 등을 공동관리기업에 요청할 수 있으며, 요청받은 기업은 정당한 사유가 없으면 이에 따라야 한다.
④ 제14조제2항제4호에 따른 동의서를 제출한 자는 약정의 이행상황 및 계획에 대한 설명을 대통령령으로 정하는 방법에 따라 공동관리기업을 통하여 주채권은행에 요청할 수 있으며, 주채권은행과 해당 기업은 정당한 사유가 없으면 지체 없이 이에 따라야 한다.

제16조【공동관리절차의 평가 및 공개】 ① 공동관리기업과 약정을 체결한 날부터 3년이 경과하는 날까지 공동관리절차가 종료되지 아니한 경우 주채권은행은 대통령령으로 정하는 바에 따라 경영평가위원회를 구성하여 공동관리절차의 효율성, 해당 기업의 기업개선 가능성, 공동관리절차의 지속 필요성 등을 평가하고 그 결과를 협의회에 보고하여야 한다. 다만, 공동관리기업이 중소기업인 경우에는 주채권은행이 협의회의 의결에 따라 공동관리절차의 평가시기를 달리 정할 수 있다.
② 주채권은행은 제1항의 보고일부터 7일 이내에 그 평가결과를 대통령령으로 정하는 방법에 따라 공개하여야 한다. 다만, 다음 각 호의 어느 하나에 해당하는 정보는 공개하지 아니할 수 있다.
1. 영업비밀에 해당하거나 자산가치의 하락 등 원활한 기업개선의 추진에 어려움이 발생할 가능성이 있는 것으로 판단되는 정보
2. 중소기업 중에서 「자본시장과 금융투자업에 관한 법률」 제159조제1항에 따른 사업보고서 제출대상법인이 아닌 기업의 평가결과

제17조【채무조정】 ① 금융채권자는 공동관리기업의 기업개선을 위하여 필요하다고 판단하는 경우 협의회의 의결에 따라 해당 기업에 대한 채무조정을 할 수 있다. 이 경우 채무조정에 관한 협의회의 의결은 권리의 순위를 고려하여 공정하고 형평에 맞게 이루어져야 한다.
② 제1항에 따른 채무조정에 관한 협의회의 의결은 금융채권자의 담보채권(해당 자산의 청산가치 범위에서 유효담보가액에 해당하는 채권을 말한다. 이하 같다) 총액 중 4분의 3 이상의 담보채권을 보유한 금융채권자가 찬성하여야 그 효력이 있다.
③ 채무조정 중 금융채권의 상환기일 연장 및 원리금 감면은 협의회 의결로 달리 정하지 아니하는 한 그 의결이 공동관리기업에 통보되는 때부터 효력을 발생한다.

제18조【신규 신용공여】 ① 금융채권자는 공동관리기업의 기업개선을 위하여 필요하다고 판단하는 경우 협의회의 의결에 따라 해당 기업에 대하여 신규 신용공여(기존 신용공여조건의 변경은 제외한다. 이하 같다)를 할 수 있다. 이 경우 신규 신용공여 금액은 협의회 의결로 달리 정하지 아니하는 한 제26조에 따라 신고된 금융채권액에 비례하여 정한다.
② 협의회는 공동관리기업의 기업개선을 위하여 필요하다고 판단하는 경우 해당 기업의 요청에 따라 금융채권자가 아닌 자가 해당 기업에 대하여 신규 신용공여를 하는 것을 의결할 수 있다.
③ 제1항 또는 제2항에 따른 신규 신용공여로 인한 금융채권은 법정담보권 다음으로 협의회를 구성하는 다른 금융채권자(제11조에 따라 공동관리절차에 참여하는 금융채권자를 말한다)의 금융채권에 우선하여 변제받을 권리를 가진다.
④ 제1항에 따라 협의회가 공동관리기업에 대한 신규 신용공여를 의결하는 때에는 신규 신용공여를 하지 아니하는 금융채권자가 신규 신용공여를 하는 금융채권자에 대하여 부담하는 손실분담에 관한 사항을 정할 수 있다. 이 경우 신규 신용공여에 따른 손실분담은 공정하고 형평에 맞게 이루어져야 한다.
⑤ 금융채권자가 공동관리기업에 대하여 신규 신용공여를 할 의무는 금융채권자가 해당 기업과 신규 신용공여에 관한 약정을 체결하는 때에 발생한다.

제19조【공동관리절차의 중단】 협의회는 다음 각 호의 어느 하나에 해당하는 경우 그 의결에 따라 공동관리절차를 중단할 수 있다.
1. 공동관리기업이 제출한 금융채권자의 목록이나 자구계획서에 중요한 사항에 관하여 고의적인 누락이나 허위 기재가 있는 경우
2. 공동관리기업이 정당한 사유 없이 제12조에 따른 외부전문기관의 실사 및 평가에 협조하지 아니하는 경우
3. 공동관리기업이 정당한 사유 없이 약정의 중요한 사항을 이행하지 아니하였거나 약정이 이행되기 어렵다고 판단되는 경우
4. 제15조제2항 본문에 따른 점검 또는 제16조제1항에 따른 평가의 결과 공동관리절차를 지속하는 것이 적절하지 아니하다고 판단되거나 공동관리기업의 부실징후가 해소될 가망이 없다고 판단되는 경우
5. 공동관리기업이 중단을 요청하는 경우
6. 그 밖에 약정에서 정한 공동관리절차의 중단사유가 발생한 경우

제20조【공동관리절차의 종료】 협의회는 다음 각 호의 어느 하나에 해당하는 경우 그 의결에 따라 공동관리절차를 종료할 수 있다.
1. 공동관리기업의 부실이 해소되었다고 판단한 경우
2. 약정이 계획대로 이행된 경우
3. 공동관리기업이 종료를 요청하는 경우
4. 그 밖에 약정에서 정한 공동관리절차의 종료사유가 발생한 경우

제21조【주채권은행 관리절차】 ① 주채권은행은 부실징후기업으로부터 주채권은행 관리절차의 신청이 있어 자구계획서 등을 평가하여 기업개선의 가능성이 있다고 판단하는 경우 단독으로 해당 기업에 대한 관리절차를 개시할 수 있다.
② 제1항에 따라 주채권은행 관리절차가 개시되는 경우에는 제11조제5항, 제12조부터 제15조까지, 제17조부터 제20조까지를 준용한다. 이 경우 "협의회"는 "주채권은행"으로 본다.

제3장 금융채권자협의회 등

제22조【금융채권자협의회】 ① 부실징후기업의 원활한 기업개선을 도모하기 위하여 해당 기업의 금융채권자로 구성된 금융채권자협의회를 둔다.
② 주채권은행은 협의회의 소집 및 운영을 주관하며, 협의회가 의결한 사항에 관하여 협의회를 대표한다.
③ 주채권은행은 제23조제1항 각 호의 사항을 심의·의결하기 위하여 협의회를 소집할 수 있다. 주채권은행이 아닌 금융채권자는 단독 또는 다른 금융채권자와 합하여 공동관리기업에 대한 금융채권액이 협의회를 구성하는 금융채권자가 보유한 총 금융채권액(이 법에 따른 공동관리절차에서 출자전환된 채권액을 포함하며, 이하 "협의회 총금융채권액"이라 한다)의 4분의 1을 초과하는 경우 주채권은행에 대하여 협의회의 소집을 요청할 수 있으며, 요청을 받은 주채권은행은 지체 없이 협의회 소집에 필요한 조치를 하여야 한다.
④ 이 법에서 정한 것 외에 협의회의 운영과 관련하여 필요한 사항은 대통령령으로 정하는 범위에서 협의회가 정한다.

제23조【협의회의 업무 등】 ① 협의회는 다음 각 호의 사항을 심의·의결한다.
1. 공동관리절차의 개시·연장·중단 및 종료
2. 채권행사 유예기간의 결정·연장 및 중단
3. 적용배제 금융채권자의 선정
4. 기업개선계획의 수립 및 변경
5. 약정의 체결
6. 약정 이행실적에 대한 점검 및 조치
7. 해당 기업의 경영정상화 가능성에 대한 점검·평가 및 조치
8. 채무조정 또는 신규 신용공여 계획의 수립
9. 제13조제2항제4호에 따른 위약금의 부과
10. 제14조제1항에 따라 체결된 약정의 미이행으로 인한 손해배상 예정액의 책정
11. 협의회 운영규정의 제정·개정
12. 제1호부터 제11호까지와 관련된 사항
13. 그 밖에 이 법에 따라 협의회의 의결이 필요한 사항

② 협의회는 제1항에 따라 심의·의결하는 경우 사전에 해당 기업의 경영인 및 제14조제2항제4호에 따른 동의서를 제출한 자에게 구두 또는 서면으로 의견을 개진할 수 있는 기회를 부여하여야 한다.
③ 협의회는 공동관리기업에 대한 효율적인 기업개선을 위하여 필요한 경우 그 의결로 제1항 각 호에 따른 업무의 전부 또는 일부를 협의회를 구성하는 금융채권자의 대표로 구성되는 운영위원회 또는 주채권은행에 위임할 수 있다.

제24조【협의회의 의결방법】 ① 협의회는 서면으로 의결할 수 있다.
② 협의회는 이 법 또는 협의회의 의결로 달리 정하는 경우를 제외하고 협의회 총금융채권액 중 4분의 3 이상의 금융채권액을 보유한 금융채권자의 찬성으로 의결한다. 다만, 단일 금융채권자가 보유한 금융채권액이 협의회 총금융채권액의 4분의 3 이상인 경우에는 해당 금융채권자를 포함하여 협의회를 구성하는 총 금융채권자 수의 5분의 2 이상의 찬성으로 의결한다.
③ 협의회가 제23조제1항제9호의 사항을 의결하는 경우에는 위약금 부과의 대상이 되는 금융채권자 및 그가 보유하는 금융채권은 제2항의 각 비율을 산정함에 있어서 포함되지 아니한다.
④ 협의회는 그 의결로 구체적인 사안의 범위를 정하여 제2항에 따른 의결방법을 다르게 정할 수 있다.

제25조【협의회 의결취소의 소】 ① 협의회의 소집절차 또는 의결방법이 이 법에 위반된 때에는 금융채권자 또는 공동관리기업은 협의회의 의결이 있었던 날부터 14일 이내에 주채권은행을 상대로 법원에 의결취소의 소를 제기할 수 있다.
② 제1항은 제17조에 따른 채무조정 또는 제18조에 따른 신규 신용공여에 관한 협의회의 의결이 이 법에 위반된 때에도 적용한다. 이 경우 제소기간은 협의회 의결이 있었던 날부터 1개월로 한다.
③ 협의회 의결을 취소하는 판결은 협의회를 구성하는 금융채권자에 대하여도 그 효력이 있다.
④ 제1항 및 제2항의 소는 주채권은행의 주된 사무소를 관할하는 지방법원의 관할에 전속한다. 이 경우 「상법」 제187조, 제188조, 제190조 본문, 제191조 및 제379조를 준용하며, 제187조의 "회사"는 "주채권은행"으로, 제191조의 "회사"는 "협의회"로 본다.

제26조【금융채권의 신고 등】 ① 주채권은행으로부터 제1차 협의회의 소집을 통보받은 금융채권자는 통보받은 날부터 5일 이내에 주채권은행에 소집통보일 직전일을 기준으로 해당 기업에 대한 금융채권의 내용과 금액을 신고하여야 한다.
② 금융채권자는 제1항에 따라 신고된 금융채권액에 비례하여 협의회에서 의결권을 행사한다.
③ 제1차 협의회의 소집을 통보받은 금융채권자가 제1항의 신고기간에 금융채권을 신고하지 아니한 경우에는 그 신고가 있을 때까지 해당 기업이 제출한 금융채권자의 목록에 기재된 금융채권액에 비례하여 의결권을 행사한다.
④ 협의회는 제1항의 금융채권자가 신고한 금융채권의 존재 여부 등에 관하여 다툼이 있는 경우 그 존재 여부 등이 확정될 때까지 그 의결권 행사를 제한할 수 있다.
⑤ 제4항에 따라 의결권 행사가 제한된 금융채권자는 금융채권의 존재 여부 등이 확정된 날부터 의결권을 행사할 수 있으며, 그 확정일 전 협의회의 의결에 대하여 대항할 수 없다. 이 경우 제27조제1항의 채권매수청구기간은 금융채권의 존재 여부 등이 확정된 날부터 계산한다.

⑥ 제1항의 신고기간이 경과한 후에 금융채권액을 신고하는 자는 그 금액이 확정된 날부터 의결권을 행사할 수 있으며, 그 확정일 전 협의회의 의결에 대하여 대항할 수 없다.
⑦ 해당 기업이 제출한 금융채권자의 목록에 누락되어 제1항에 따른 금융채권액을 신고하지 못한 금융채권자에 대해서도 이 법이 적용된다. 이 경우 제27조제1항의 채권매수청구기간은 금융채권액이 확정된 날부터 계산한다.

제27조【반대채권자의 채권매수청구권】 ① 다음 각 호의 어느 하나에 해당하는 사항에 대하여 협의회의 의결이 있는 경우 그 의결에 반대한 금융채권자(이하 "반대채권자"라 한다)는 협의회의 의결일부터 7일 이내(이하 "매수청구기간"이라 한다)에 주채권은행에 대하여 채권의 종류와 수를 기재한 서면으로 자기의 금융채권(공동관리절차에서 출자전환된 주식을 포함한다) 전부를 매수하도록 청구할 수 있다. 이 경우 채권의 매수를 청구할 수 있는 금융채권자는 협의회의 의결일까지 반대의 의사를 서면으로 표시한 자에 한정하며, 매수청구기간에 채권을 매수하도록 청구하지 아니한 자는 해당 협의회의 의결에 찬성한 것으로 본다.
1. 공동관리절차의 개시
2. 기업개선계획의 수립 및 변경
3. 채무조정
4. 신규 신용공여
5. 공동관리절차의 연장
6. 그 밖에 협의회의 의결로 정하는 사항

② 찬성채권자는 매수청구기간이 종료하는 날부터 6개월 이내에 연대하여 해당 채권을 매수하여야 한다. 다만, 반대채권매매의 당사자가 제5항에 따른 조정을 신청하거나 법원에 이의를 제기한 경우에는 그러하지 아니하다.
③ 반대채권자가 매수를 청구한 채권의 매수가액 및 조건은 찬성채권자(찬성채권자의 위임을 받은 협의회를 포함한다)와 채권의 매수를 청구한 반대채권자가 합의하여 결정한다. 이 경우 매수가액은 반대채권자가 해당 기업의 청산을 통하여 변제받을 수 있는 금액보다 불리하지 아니하도록 해당 기업의 가치 등 대통령령으로 정하는 사항을 고려한 공정한 가액으로 한다.
④ 찬성채권자는 반대채권자와 합의한 경우 해당 기업 또는 제3자로 하여금 반대채권자의 채권을 매수하도록 할 수 있다.
⑤ 제3항에 따른 합의가 이루어지지 아니하는 경우 찬성채권자 또는 채권의 매수를 청구한 반대채권자는 제29조에 따른 금융채권자조정위원회에 대하여 채권의 매수가액 및 조건에 대한 조정을 신청할 수 있다. 이 경우 금융채권자조정위원회는 찬성채권자와 채권의 매수를 청구한 반대채권자가 합의하여 선임한 회계전문가가 해당 기업의 가치와 재산상태, 약정의 이행가능성 및 그 밖의 사정을 참작하여 산정한 결과를 고려하여 공정한 가액으로 이를 결정하여야 한다.
⑥ 주채권은행은 제1항 각 호의 어느 하나에 해당하는 사항에 관한 협의회의 소집을 통보하는 때에는 채권매수청구권의 내용 및 행사방법을 알려야 한다.

제28조【협의회 의결사항의 이행】 ① 금융채권자(제27조제1항에 따라 채권의 매수를 청구한 금융채권자는 제외한다. 이하 이 조에서 같다)는 제23조제1항에 따라 협의회가 의결한 사항을 성실히 이행하여야 한다.
② 협의회는 금융채권자에 대하여 의결사항의 이행을 요구할 수 있다.
③ 협의회는 의결사항을 이행하지 아니하는 금융채권자에 대하여 그 의결에 따라 위약금을 부과할 수 있다.
④ 금융채권자는 협의회의 의결사항 또는 제14조에 따른 약정을 이행하지 아니하여 다른 금융채권자에게 손해를 발생시킨 경우 다른 금융채권자가 받은 손해의 범위에서 연대하여 손해를 배상할 책임이 있다.
⑤ 협의회는 의결사항의 불이행에 따르는 손해배상 예정액을 의결로 정할 수 있다.

제29조【금융채권자조정위원회】 ① 부실징후기업의 효율적이고 공정한 기업개선과 금융채권자 간의 이견조정 등을 위하여 금융채권자조정위원회(이하 "조정위원회"라 한다)를 둔다.
② 조정위원회는 다음 각 호의 어느 하나에 해당하는 사람으로서 대통령령으로 정하는 바에 따라 선임되는 7명의 위원으로 구성한다.
1. 금융기관 또는 금융 관련 분야에서 10년 이상 근무한 경험이 있는 사람
2. 변호사 또는 공인회계사의 자격을 가진 사람
3. 금융 또는 법률 관련 분야의 석사 이상의 학위소지자로서 연구기관·대학에서 연구원·조교수 이상의 직에 10년 이상 근무한 경험이 있고 기업구조조정에 관한 전문성이 있는 사람
4. 기업구조조정 업무에 3년 이상 종사한 경험이 있는 사람

③ 다음 각 호의 어느 하나에 해당하는 사람은 조정위원회 위원이 될 수 없으며, 위원이 된 후에 이에 해당하게 된 때에는 그 직을 상실한다.
1. 미성년자 또는 피성년후견인
2. 파산선고를 받은 사람으로서 복권되지 아니한 사람
3. 금고 이상의 실형을 선고받고 그 집행이 종료(집행이 종료된 것으로 보는 경우를 포함한다)되거나 집행이 면제된 날부터 5년이 경과하지 아니한 사람
4. 이 법 또는 대통령령으로 정하는 금융 관계 법령에 따라 벌금 이상의 형을 선고받고 그 집행이 종료(집행이 종료된 것으로 보는 경우를 포함한다)되거나 집행이 면제된 날부터 5년이 경과하지 아니한 사람
5. 금고 이상의 형의 집행유예를 선고받고 그 유예기간 중에 있는 사람
6. 이 법 또는 대통령령으로 정하는 금융 관계 법령에 따라 해임되거나 징계면직된 사람으로서 해임 또는 징계면직된 날부터 5년이 경과하지 아니한 사람
7. 정부·금융감독기관에 종사하고 있거나 최근 2년 이내에 종사하였던 사람

④ 조정위원회의 위원장 및 위원의 임기는 2년으로 하고, 1회에 한정하여 연임할 수 있으며, 위원장은 위원 중에서 호선한다.
⑤ 조정위원회는 다음 각 호의 업무를 수행한다.
1. 금융채권자 간의 자율적 협의에도 불구하고 해소되지 아니하는 이견(협의회가 의결한 후에 조정을 신청한 이견은 제외한다)의 조정으로서 대통령령으로 정하는 사항에 대한 조정
2. 제27조제5항에 따른 채권의 매수가액 및 조건에 대한 조정
3. 제28조제3항 및 제5항에 따른 위약금과 손해배상 예정액에 대한 조정
4. 제30조에 따른 부실징후기업고충처리위원회의 권고사항에 대한 협조
5. 협의회 의결사항의 위반 여부에 대한 판단과 그 이행에 대한 결정
6. 조정위원회의 운영과 관련한 규정의 제정·개정
7. 그 밖에 협의회의 운영과 관련하여 대통령령으로 정하는 사항

⑥ 조정위원회는 제5항의 업무를 수행하기 위하여 해당 기업 및 금융채권자에게 출석을 요구하여 의견을 듣거나 필요한 자료의 제출을 요청할 수 있다.
⑦ 조정위원회는 그 권한에 속하는 업무를 독립적으로 수행하여야 한다. 조정위원회 위원이 금융채권자 또는 부실징후기업과 대통령령으로 정하는 거래관계에 있는 경우 해당 금융채권자 및 부실징후기업과 관련이 있는 조정위원회의 업무에서 배제된다.
⑧ 조정위원회는 재적위원 3분의 2 이상의 찬성으로 의결한다. 제7항 후단의 경우 해당 조정위원회 위원은 재적위원 수에서 제외된다.
⑨ 그 밖에 조정위원회의 조직·운영 등에 관하여 필요한 사항은 대통령령으로 정한다.

제30조【부실징후기업고충처리위원회】 ① 부실징후기업의 고충을 처리하기 위하여 부실징후기업고충처리위원회(이하 "고충처리위원회"라 한다)를 둔다.
② 고충처리위원회는 위원장 1명을 포함한 6명의 위원으로 구성되며, 위원장은 조정위원회의 위원장이 겸임하고, 위원은 제29조제2항 각 호의 어느 하나에 해당하는 사람(정부·금융감독기관·금융채권자 및 부실징후기업에 종사하고 있는 사람은 제외한다) 중에서 대통령령으로 정하는 바에 따라 선임되는 자로 한다.
③ 고충처리위원회의 위원장 및 위원의 임기는 2년으로 하고, 1회에 한정하여 연임할 수 있다.
④ 고충처리위원회는 다음 각 호의 업무를 수행한다.
1. 부실징후기업의 고충 및 애로사항 수렴
2. 제14조제2항제4호에 따른 동의서를 제출한 자의 고충 및 애로사항 수렴
3. 금융채권자에 대한 고충처리 방안의 권고 및 이행점검
4. 제도적 지원이 필요한 사항의 경우 관계 기관에 대한 건의
5. 고충처리위원회의 운영과 관련한 규정의 제정·개정
6. 그 밖에 부실징후기업 고충의 처리와 관련한 사항

⑤ 고충처리위원회는 제4항의 업무를 수행하기 위하여 해당 기업 및 금융채권자에게 출석을 요구하여 의견을 들을 수 있다.
⑥ 고충처리위원회는 재적위원 3분의 2 이상의 찬성으로 의결한다.
⑦ 그 밖에 고충처리위원회의 조직·운영 등에 관하여 필요한 사항은 대통령령으로 정한다.
⑧ 협의회는 고충처리위원회가 권고하는 처리방안 등이 의결될 수 있도록 노력하여야 한다.

제31조【조정신청】 ① 금융채권자는 협의회의 심의사항과 관련하여 이의가 있는 경우 조정위원회에 서면으로 조정신청을 할 수 있다.
② 제1항에 따른 조정신청을 하는 자는 자율협의를 위한 노력을 다하였음을 소명하여야 한다.

제32조【조정결정】 ① 조정위원회는 제31조의 조정신청에 대한 조정결정의 내용을 지체 없이 해당 금융채권자 및 협의회에 통지하여야 한다.
② 조정위원회의 조정결정은 협의회의 의결과 동일한 효력을 가진다.
③ 조정결정에 불복하는 자는 조정결정이 있었던 날부터 1개월 이내에 법원에 변경결정을 청구할 수 있다.
④ 제3항에 따른 변경결정 청구에 대해서는 제25조제4항을 준용한다.

제4장 기업구조조정 촉진을 위한 특례

제33조【출자 및 재산운용제한 등에 대한 특례】 ① 채권금융기관이 이 법에 따른 기업구조조정을 위하여 채권을 출자전환하거나 협의회 의결에 따라 채무조정을 하는 경우에는 다음 각 호의 규정을 적용하지 아니한다.
1. 「은행법」 제37조 및 제38조제1호
2. 「보험업법」 제106조·제108조 및 제109조
3. 「자본시장과 금융투자업에 관한 법률」 제81조제1항제1호가목부터 다목까지 및 제344조
4. 「금융산업의 구조개선에 관한 법률」 제24조
5. 「금융지주회사법」 제19조
6. 「상호저축은행법」 제18조의2제1항제1호에 따라 금융위원회가 정하여 고시하는 동일회사 주식의 취득 제한 규정
7. 그 밖에 출자 및 재산운용제한 등에 관한 법령 중 대통령령으로 정하는 법령의 규정

② 제1항에 따라 채권금융기관이 채권을 출자전환하는 경우 부실징후기업은 「상법」 제417조에도 불구하고 같은 법 제434조에 따른 주주총회의 결의만으로 법원의 인가를 받지 아니하고도 주식을 액면미달의 가액으로 발행할 수 있다. 이 경우 그 주식은 주주총회에서 달리 정하는 경우를 제외하고는 주주총회의 결의일부터 1개월 이내에 발행하여야 한다.
③ 제1항은 이 법에 따른 관리절차가 종료 또는 중단된 후 2년이 경과하는 날까지 적용되며, 금융위원회의 승인을 받아 2년의 범위 에서 연장할 수 있다. 이 경우 금융위원회는 대통령령으로 정하는 사항을 고려하여 승인 여부를 결정한다.

제34조【채권금융기관 등에 대한 면책 특례】 채권금융기관 및 그 임직원이 고의 또는 중대한 과실 없이 이 법 및 조정위원회의 조정결정에 따라 기업구조조정을 위하여 업무를 적극적으로 처리한 경우에는 그 결과에 대하여 이 법, 「감사원법」 또는 「은행법」 등 금융 관계 법령에 따른 징계·문책 또는 그 요구를 하지 아니하는 등 그 책임을 면제한다. 다만, 그 업무처리에 있어 다음 각 호의 어느 하나에 해당하는 경우에는 그러하지 아니하다.
1. 기업구조조정의 절차와 관련한 법령을 준수하지 아니한 경우
2. 필요한 정보를 충분히 수집·검토하지 아니한 경우
3. 부정한 청탁에 의한 경우
4. 사적인 이해관계가 있는 경우

제5장 시정조치

제35조【채권금융기관에 대한 시정조치】 ① 금융위원회는 채권금융기관이 다음 각 호의 어느 하나에 해당하는 행위를 한 때에는 일정한 기간을 정하여 그 시정을 요구할 수 있다.
1. 제4조제1항 또는 제3항을 위반하여 신용위험을 평가하지 아니한 때
2. 제5조제1항을 위반하여 정당한 사유 없이 통보를 하지 아니한 때
3. 제7조를 위반하여 필요한 조치를 강구하지 아니한 때
4. 제9조제1항을 위반하여 정당한 사유 없이 협의회를 소집하지 아니한 때
5. 제15조제2항을 위반하여 약정의 이행을 점검하지 아니하거나 기업개선계획의 진행상황을 공개하지 아니한 때
6. 제15조제4항을 위반하여 정당한 사유 없이 약정의 이행상황 및 계획에 대한 설명 요청에 따르지 아니한 때
7. 제16조제1항 또는 제2항을 위반하여 경영평가위원회의 평가를 거치지 아니하거나 평가결과를 공개하지 아니한 때

② 제1항에 따른 시정요구를 받은 채권금융기관이 정당한 사유 없이 기간 내에 시정요구를 이행하지 아니하면 금융위원회는 해당 채권금융기관에 대하여 다음 각 호의 사항을 요구하거나 명할 수 있다.
1. 채권금융기관 또는 그 임직원에 대한 주의·경고·견책 또는 감봉
2. 임원의 직무정지 또는 임원의 직무를 대행하는 관리인의 선임
3. 그 밖에 제1호 및 제2호에 준하는 조치로서 위반사항의 시정을 위하여 필요하다고 인정되는 조치

제36조【과태료】 ① 다음 각 호의 어느 하나에 해당하는 자에게는 2천만원 이하의 과태료를 부과한다.
1. 제9조제4항을 위반하여 원상회복을 하지 아니한 자

2. 제23조제2항을 위반하여 공동관리기업의 경영인 및 제14조제2항제4호에 따른 동의서를 제출한 자에게 의견개진의 기회를 부여하지 아니한 자
3. 제26조제1항을 위반하여 금융채권을 신고하지 아니한 자
4. 제27조제6항을 위반하여 채권매수청구권의 내용과 행사방법을 알리지 아니한 자

② 제1항에 따른 과태료는 대통령령으로 정하는 바에 따라 금융위원회가 부과·징수한다.

부 칙

제1조【시행일】 이 법은 공포한 날부터 시행한다.

제2조【유효기간】 ① 이 법은 이 법 시행일부터 3년이 되는 날까지 효력을 가진다.

② 이 법의 유효기간에 주채권은행이 협의회 소집을 통보하는 경우에는 제5조제2항 각 호의 관리절차가 종료되거나 중단되기까지는 이 법의 적용을 받는다.

제3조【채권금융기관 등에 대한 면책 특례에 관한 적용례】 제34조 각 호 외의 부분 본문 중 조정위원회의 조정결정에 따라 기업구조조정을 위하여 업무를 적극적으로 처리한 경우에 대한 면책 특례는 이 법 시행 전의 업무조치에 대하여 이 법 시행 이후 이 법, 「감사원법」 또는 「은행법」 등 금융 관계 법령에 따른 징계·문책 또는 그 요구를 하는 경우에도 적용한다.

제4조【기존 관리절차에 대한 적용례】 법률 제15855호 기업구조조정 촉진법 부칙 제2조제2항 및 같은 부칙 제3조에도 불구하고, 이 법 시행 당시 진행 중인 관리절차에 대해서는 이 법 시행일부터 이 법을 적용한다. 이 경우 이 법 시행 전에 주채권은행, 금융채권자협의회 또는 협의회가 행한 의결, 채권행사의 유예, 기업개선계획의 이행을 위한 약정의 체결, 채권재조정, 그 밖의 행위는 이 법에 따라 주채권은행, 금융채권자협의회 또는 협의회가 행한 행위로 본다.

제5조【조정위원회 등에 대한 경과조치】 이 법 시행 당시 종전의 「기업구조조정 촉진법」(법률 제18113호 피한정후견인 결격조항 정비를 위한 가맹사업거래의 공정화에 관한 법률 등 5개 법률의 일부개정에 관한 법률로 개정된 것을 말한다. 이하 "종전의 「기업구조조정 촉진법」"이라 한다)에 따라 설치된 금융채권자조정위원회와 부실징후기업고충처리위원회는 이 법에 따른 금융채권자조정위원회와 부실징후기업고충처리위원회로 본다. 다만, 위원장 및 위원의 임기에 관한 규정을 적용할 때에는 종전의 「기업구조조정 촉진법」에 따라 선임된 임기와 횟수를 합산한다.

제6조【다른 법령과의 관계】 이 법 시행 당시 다른 법령에서 종전의 「기업구조조정 촉진법」 또는 그 규정 등을 인용하고 있는 경우 이 법 중 그에 해당하는 규정 등이 있는 때에는 종전의 규정 등을 갈음하여 이 법 또는 이 법의 해당 규정 등을 인용한 것으로 본다.

금융복합기업집단의 감독에 관한 법률(약칭 : 금융복합기업집단법)

(2020년 12월 29일 법 률 제17800호)

제1장 총 칙

제1조【목적】 이 법은 금융복합기업집단에 발생할 수 있는 재무·경영상의 위험 등을 효과적으로 관리·감독하기 위하여 필요한 사항을 정함으로써 금융복합기업집단의 건전한 경영과 금융시장의 안정을 도모하고 금융소비자를 보호하는 것을 목적으로 한다.

제2조【정의】 이 법에서 사용하는 용어의 뜻은 다음과 같다.

1. "금융회사"란 다음 각 목의 어느 하나에 해당하는 회사(외국 법인을 포함한다)를 말한다.
   가. 대통령령으로 정하는 금융업을 영위하는 회사
   나. 금융업의 영위와 밀접한 관련이 있는 사업의 영위를 목적으로 하는 회사로서 대통령령으로 정하는 회사
2. "기업집단"이란 「독점규제 및 공정거래에 관한 법률」 제2조제2호에 따른 기업집단을 말한다.
3. "금융복합기업집단"이란 동일한 기업집단에 속한 둘 이상의 금융회사로 구성된 집단으로서 제5조제1항에 따라 지정된 집단을 말한다.
4. "소속금융회사"란 금융복합기업집단에 속하는 금융회사를 말한다.
5. "대주주"란 「금융회사의 지배구조에 관한 법률」 제2조제6호에 따른 대주주를 말한다.
6. "위험집중"이란 금융복합기업집단의 거래 상대방이나 거래분야 등이 특정 대상이나 특정 분야 등에 편중되어 있어 해당 금융복합기업집단의 지급 여력 또는 재무 상황을 위태롭게 할 수 있는 상태를 말한다.
7. "내부거래"란 금융회사가 대주주(그와 대통령령으로 정하는 특수한 관계에 있는 자를 포함한다. 이하 같다)를 상대방으로 하거나 대주주를 위하여 하는 거래로서 다음 각 목의 어느 하나에 해당하는 행위를 말한다.
   가. 가지급금 또는 대여금 등의 자금을 제공 또는 거래하는 행위
   나. 주식 또는 회사채 등의 유가증권을 제공 또는 거래하는 행위
   다. 부동산 또는 무체재산권 등의 자산을 제공 또는 거래하는 행위
   라. 상품 또는 용역을 제공 또는 거래하는 행위
8. "금융관계법령"이란 대통령령으로 정하는 금융 관계 법령 및 이에 상당하는 외국의 금융 관계 법령을 말한다.

제3조【적용범위】 ① 이 법은 다음 각 호의 어느 하나에 해당하는 금융회사에는 적용하지 아니한다.

1. 「금융지주회사법」 제2조제1호에 따른 금융지주회사 및 같은 법 제4조제1항제2호에 따른 자회사등
2. 다음 각 목의 어느 하나에 해당하는 은행이 속한 기업집단의 금융회사
   가. 「한국산업은행법」에 따른 한국산업은행
   나. 「한국수출입은행법」에 따른 한국수출입은행
   다. 「중소기업은행법」에 따른 중소기업은행

② 금융위원회는 금융회사의 업무·규모 등을 감안하여 해당 규정을 적용할 실익이 크지 아니한 경우 등 대통령령으로 정하는 사유에 해당하는 경우에는 제7조에 따른 대표금융회사의 신청에 따라 해당 금융회사에 대하여 제14조부터 제16조까지 및 제20조의 규정을 적용하지 아니한다.

제4조【다른 법률과의 관계】 금융복합기업집단의 감독에 관하여 다른 법률에 특별한 규정이 있는 경우를 제외하고는 이 법에서 정하는 바에 따른다.

제2장 금융복합기업집단의 지정 등

제5조【금융복합기업집단의 지정】 ① 금융위원회는 동일한 기업집단에 속한 금융회사들이 다음 각 호의 요건을 모두 충족하는 경우 대통령령으로 정하는 바에 따라 해당 금융회사들로 구성된 집단을 금융복합기업집단으로 지정한다.

1. 영위하는 업(業)이 다음 각 목의 업 중 둘 이상에 해당할 것
   가. 다음의 어느 하나에 해당하는 업(이하 "여수신업"이라 한다)
      1) 「은행법」에 따른 은행업
      2) 「자본시장과 금융투자업에 관한 법률」에 따른 종합금융회사의 업무
      3) 「상호저축은행법」에 따른 상호저축은행의 업무
      4) 「여신전문금융업법」에 따른 여신전문금융업
      5) 「대부업 등의 등록 및 금융이용자 보호에 관한 법률」에 따른 대부업
      6) 그 밖에 여신(與信) 또는 수신(受信)을 하는 업으로서 대통령령으로 정하는 금융업
   나. 「자본시장과 금융투자업에 관한 법률」에 따른 금융투자업(이하 "금융투자업"이라 한다)
   다. 「보험업법」에 따른 보험업(이하 "보험업"이라 한다)
2. 대통령령으로 정하는 바에 따라 산정한 자산총액의 합계가 5조원 이상으로서 대통령령으로 정하는 금액 이상일 것
3. 금융관계법령에 따라 금융위원회의 인가 또는 허가를 받거나 금융위원회에 등록을 한 금융회사가 하나 이상일 것
4. 제2호에 따라 산정한 자산총액의 합계액에서 「금융산업의 구조개선에 관한 법률」에 따른 부실금융기관 또는 이에 준하는 금융회사로서 대통령령으로 정하는 금융회사의 자산총액의 합계액이 차지하는 비율이 대통령령으로 정하는 비율 이하일 것
5. 금융회사들이 영위하는 여수신업, 금융투자업, 보험업 각각의 자산이나 자기자본의 비중·규모 및 금융관계법령의 내용·취지 등을 고려할 때 이 법에 따른 감독의 실익이 적은 경우로서 대통령령으로 정하는 경우에 해당하지 아니할 것

② 금융위원회는 제1항에 따른 지정을 위하여 금융회사 또는 그 대주주에게 금융회사의 업종, 자산·자기자본, 종업원 수 등의 일반 현황, 금융회사의 주주 및 임원(「금융회사의 지배구조에 관한 법률」 제2조제2호에 따른 임원을 말한다. 이하 같다) 구성, 대주주 현황, 주식 소유 현황, 그 밖에 대통령령으로 정하는 자료의 제출을 요청할 수 있다.

③ 금융위원회는 제1항에 따라 금융복합기업집단을 지정하였을 때에는 그 사실을 제7조에 따른 대표금융회사(대표금융회사를 선정하지 못한 금융복합기업집단에 대해서는 자산총액이 가장 큰 금융회사를 말한다)에 서면으로 통지하여야 한다.

④ 제1항에 따라 새롭게 지정된 금융복합기업집단에 대해서는 지정 후 6개월이 지난 날부터 제9조부터 제16조까지 및 제20조의 규정을 적용한다.

제6조【금융복합기업집단 지정의 해제】 ① 금융위원회는 금융복합기업집단이 제5조제1항 각 호의 요건 중 어느 하나 이상에 해당하지 아니하게 된 경우 직권으로 또는 제7조에 따른 대표금융회사의 신청에 따라 금융복합기업집단의 지정을 해제한다. 다만, 지정요건을 일시적으로 충족하지 못하는 경우 등 금융복합기업집단의 지정을 유지할 필요성이 있는 경우로서 대통령령으로 정하는 경우에는 지정을 해제하지 아니할 수 있다.

② 제1항 본문에 따라 대표금융회사가 금융복합기업집단의 지정 해제를 신청하는 경우 해제 사유 및 관련 자료 등을 대통령령으로 정하는 바에 따라 금융위원회에 제출하여야 한다.

③ 금융위원회는 제1항에 따른 해제를 위하여 소속금융회사 또는 그 대주주에게 금융회사의 업종, 자산·자기자본, 종업원 수 등의 일반 현황, 금융회사의 주주 및 임원 구성, 대주주 현황, 주식 소유 현황, 그 밖에 대통령령으로 정하는 자료의 제출을 요청할 수 있다.

④ 금융위원회는 제1항에 따라 금융복합기업집단의 지정을 해제하거나 유지하기로 결정한 때에는 그 사실을 제7조에 따른 대표금융회사에 서면으로 통지하여야 한다.

제7조【대표금융회사의 선정】 ① 금융복합기업집단은 소속금융회사의 출자관계, 자산·자본총액 및 소유·지배구조 등에 관하여 대통령령으로 정하는 기준을 고려하여 해당 금융복합기업집단을 대표하는 금융회사(이하 "대표금융회사"라 한다)를 선정하여야 한다.

② 금융위원회는 금융복합기업집단이 제5조제1항에 따른 지정일부터 1개월 이내에 대표금융회사를 선정하지 아니하는 경우 소속금융회사 중에서 대표금융회사를 선정할 수 있다. 이 경우 선정된 대표금융회사에 대하여 그 사실을 서면으로 통지하여야 한다.

③ 금융복합기업집단은 제1항 및 제2항에도 불구하고 해당 금융복합기업집단에 속한 다른 소속금융회사를 대표금융회사로 선정하는 것이 적절하다고 판단되는 경우에는 소속금융회사들간의 협의를 거쳐 대표금융회사를 달리 선정하거나 선정된 대표금융회사를 변경할 수 있다.

④ 금융복합기업집단은 제1항 또는 제3항에 따라 대표금융회사를 선정하거나 변경한 경우 금융위원회에 그 사실을 보고하여야 한다.

제8조【대표금융회사의 업무 등】 ① 대표금융회사는 해당 금융복합기업집단에 대한 다음 각 호의 업무를 총괄한다.

1. 제9조 및 제10조에 따른 금융복합기업집단 내부통제정책 수립, 금융복합기업집단 내부통제기준 제정·개정 및 금융복합기업집단 내부통제체계에 관한 업무
2. 제11조 및 제12조에 따른 금융복합기업집단 위험관리정책 수립, 금융복합기업집단 위험관리기준 제정·개정 및 금융복합기업집단 위험관리체계에 관한 업무
3. 제13조부터 제16조까지의 규정에 따른 금융복합기업집단의 건전성 관리에 관한 업무
4. 제20조에 따른 보고·공시에 관한 업무
5. 제1호부터 제4호까지의 업무에 부수하는 업무

② 대표금융회사는 제1항 각 호의 업무를 총괄하기 위하여 해당 금융복합기업집단에 속한 다른 소속금융회사에 필요한 자료의 제출 및 이 법에 따른 조치의 이행 등을 요청할 수 있다. 이 경우 요청을 받은 소속금융회사는 특별한 사유가 없으면 그 요청에 적극적으로 협조하여야 한다.

제3장 금융복합기업집단의 내부통제 및 위험관리 등

제1절 금융복합기업집단의 내부통제 및 위험관리

제9조【내부통제정책 수립 등】 ① 금융복합기업집단은 금융복합기업집단의 건전한 내부통제를 위하여 다음 각 호의 사항을 포함한 금융복합기업집단 수준의 내부통제정책(이하 "금융복합기업집단 내부통제정책"이라 한다)을 수립하고 그 추진 상황을 정기적으로 평가·점검하여야 한다.
1. 금융복합기업집단 내부통제정책의 운영에 관한 사항
2. 금융복합기업집단의 금융관계법령 위반 방지 등을 위하여 업무 수행 시 준수하여야 할 원칙 등에 관한 사항
3. 금융복합기업집단의 내부통제 취약 부분에 대한 점검 및 대응방안에 관한 사항
4. 금융복합기업집단의 고객, 소속금융회사, 금융회사와 동일한 기업집단에 속한 회사 중 금융회사가 아닌 회사(이하 "소속비금융회사"라 한다) 등 이해관계자 사이의 이해상충 방지에 관한 사항
5. 소속금융회사의 임원 선임 시 금융복합기업집단 수준에서 고려하여야 할 원칙 등에 관한 사항
6. 금융복합기업집단 임원 또는 직원(이하 "임직원"이라 한다)의 윤리의식 및 준법의식 등 내부통제 수준 제고에 관한 사항

② 금융복합기업집단은 금융복합기업집단 수준에서 법령을 준수하고, 경영을 건전하게 하며, 주주 및 이해관계자 등을 보호하기 위하여 소속금융회사의 임직원이 직무를 수행할 때 준수하여야 할 기준 및 절차(이하 "금융복합기업집단 내부통제기준"이라 한다)를 마련하여야 한다.
③ 금융복합기업집단 내부통제정책 및 금융복합기업집단 내부통제기준에 관한 세부 사항은 대통령령으로 정한다.

제10조【금융복합기업집단 내부통제체계】 ① 금융복합기업집단 내부통제정책의 수립, 금융복합기업집단 내부통제기준의 주요 내용에 관한 제정·개정, 그 밖에 대통령령으로 정하는 금융복합기업집단의 내부통제에 관한 중요한 사항은 소속금융회사 간 협의를 거친 후 대표금융회사 이사회의 심의·의결을 거쳐 확정한다.
② 금융복합기업집단은 제1항에 따른 대표금융회사 이사회의 내부통제에 관한 업무를 보좌하기 위하여 금융복합기업집단 내부통제기구를 둘 수 있다.
③ 제2항의 금융복합기업집단 내부통제기구는 소속금융회사들이 참여하는 협의회로 구성한다. 다만, 소속금융회사의 사업비중이 크지 아니한 경우 등 협의회의 설치가 적절하지 아니한 경우 대표금융회사는 다음 각 호의 어느 하나에 해당하는 기구 또는 사람을 금융복합기업집단 내부통제기구로 지정할 수 있다.
1. 금융회사의 지배구조에 관한 법령에 따른 대표금융회사의 내부통제 관련 기구
2. 대표금융회사의 「금융회사의 지배구조에 관한 법률」 제25조제1항에 따른 준법감시인

④ 제2항 및 제3항에 따른 금융복합기업집단 내부통제기구의 구성·운영 등에 관한 세부 사항은 금융위원회가 정하여 고시한다.

제11조【위험관리정책의 수립 등】 ① 금융복합기업집단은 자산 운용이나 각종 거래, 그 밖의 업무 수행으로 발생하는 금융복합기업집단 차원의 위험을 관리하기 위하여 다음 각 호의 사항을 포함한 금융복합기업집단 수준의 위험관리정책(이하 "금융복합기업집단 위험관리정책"이라 한다)을 수립하고 그 추진상황을 정기적으로 평가·점검하여야 한다.
1. 금융복합기업집단 위험관리정책의 운영에 관한 사항
2. 금융복합기업집단의 위험에 대한 인식·평가·감시 및 통제에 관한 사항
3. 사업 영역, 거래 권역(圈域) 등 분야별, 소속금융회사별 위험부담한도의 설정 및 자본의 배분에 관한 사항
4. 금융복합기업집단의 고객, 소속금융회사, 소속비금융회사 등 이해관계자 사이의 이해상충으로 인한 위험관리에 관한 사항
5. 그 밖에 금융복합기업집단 차원의 위험을 관리하기 위하여 필요한 사항

② 금융복합기업집단은 금융복합기업집단 수준에서 자산의 운용이나 업무의 수행 또는 각종 거래에서 발생하는 위험을 제때에 인식·평가·감시 및 통제하는 등 위험관리를 하기 위한 기준 및 절차(이하 "금융복합기업집단 위험관리기준"이라 한다)를 마련하여야 한다.
③ 금융복합기업집단 위험관리정책 및 금융복합기업집단 위험관리기준에 관한 세부 사항은 대통령령으로 정한다.

제12조【금융복합기업집단 위험관리체계】 ① 금융복합기업집단 위험관리정책의 수립, 금융복합기업집단 위험관리기준의 주요 내용에 대한 제정·개정, 그 밖에 대통령령으로 정하는 금융복합기업집단의 위험관리에 관한 중요한 사항은 소속금융회사 간 협의를 거친 후 대표금융회사 이사회의 심의·의결을 거쳐 확정한다.
② 금융복합기업집단은 제1항에 따른 대표금융회사 이사회의 위험관리에 관한 업무를 보좌하기 위하여 금융복합기업집단 위험관리기구를 둘 수 있다.
③ 제2항의 금융복합기업집단 위험관리기구는 소속금융회사들이 참여하는 협의회로 구성한다. 다만, 소속금융회사의 사업비중이 크지 아니한 경우 등 협의회의 설치가 적절하지 아니한 경우 대표금융회사는 다음 각 호의 어느 하나에 해당하는 기구 또는 사람을 금융복합기업집단 위험관리기구로 지정할 수 있다.
1. 대표금융회사의 「금융회사의 지배구조에 관한 법률」 제16조제1항제3호에 따른 위험관리위원회
2. 대표금융회사의 「금융회사의 지배구조에 관한 법률」 제28조제1항에 따른 위험관리책임자

④ 제2항 및 제3항에 따른 금융복합기업집단 위험관리기구의 구성·운영 등에 관한 세부 사항은 금융위원회가 정하여 고시한다.

제2절 금융복합기업집단의 건전성 관리

제13조【금융복합기업집단 건전경영의 확보】 금융복합기업집단은 금융복합기업집단 수준의 자기자본을 충실히 하고 적정한 유동성을 유지하며 관련 위험을 적절히 관리하는 등 금융복합기업집단 수준의 경영 건전성을 확보하여야 한다.

제14조【금융복합기업집단의 자본적정성 관리】 ① 금융복합기업집단은 금융복합기업집단의 재무건전성을 확보할 수 있는 수준의 자기자본을 갖추어야 한다.
② 금융복합기업집단은 금융복합기업집단 수준의 추가적인 위험을 발생시킬 수 있는 다음 각 호의 사항을 고려하여 금융복합기업집단 수준의 자본적정성을 정기적으로 점검·평가하여야 한다.
1. 소속금융회사 간 자본의 중복이용
2. 내부거래 또는 위험집중에 따른 손실 가능성
3. 금융복합기업집단 내부통제체계 또는 금융복합기업집단 위험관리체계의 취약성에 따른 위험의 전이 가능성
4. 소속비금융회사와의 이해상충 및 소속비금융회사의 재무·경영 위험 등으로 인한 금융복합기업집단의 부실 가능성
5. 그 밖에 통상적인 금융거래 외의 요인으로 인한 위험 발생 가능성

③ 제2항에 따른 금융복합기업집단 수준의 추가적인 위험을 고려한 자본적정성의 점검·평가에 대한 구체적인 기준은 대통령령으로 정한다. 이 경우 추가적인 위험을 고려하는 사항이 서로 중복되지 아니하도록 하고, 제2항제3호에 따른 금융복합기업집단 내부통제체계와 금융복합기업집단 위험관리체계에 대한 평가 결과가 금융복합기업집단 위험의 감경요인이 되지 아니하도록 하여야 한다.
④ 금융위원회는 제1항 및 제2항에 따른 금융복합기업집단의 자본적정성을 정기적으로 평가·감독하여야 한다.

제15조【금융복합기업집단의 내부거래 및 위험집중 관리】 ① 금융복합기업집단은 내부거래 및 위험집중이 금융복합기업집단의 건전성에 미치는 영향을 적절하게 측정·감시 및 관리하여야 한다.
② 국내 소속금융회사의 대주주가 자기 또는 제3자의 계산으로 해당 금융회사와 대통령령으로 정하는 금액 이상의 내부거래를 하려는 경우 미리 이사회에 해당 거래의 주요 내용을 밝히고 이사회의 승인을 받아야 한다. 이 경우 이사회의 승인은 재적 이사 3분의 2 이상의 찬성으로 하여야 하고, 그 거래의 내용과 절차는 공정하여야 한다.

제16조【금융복합기업집단의 위험전이 관리】 ① 금융복합기업집단은 금융복합기업집단의 내부통제체계 또는 위험관리체계의 취약성 등에 따라 소속금융회사의 위험이 금융복합기업집단의 건전성에 미치는 영향을 적절하게 인식·평가·감시 및 통제하여야 한다.
② 금융복합기업집단은 소속비금융회사와의 이해상충 및 소속비금융회사의 재무·경영 위험 등으로 인하여 발생 가능한 금융복합기업집단 수준의 위험을 적절하게 인식·평가·감시 및 통제하여야 한다.
③ 금융복합기업집단은 제2항에 따른 위험을 인식·평가·감시 및 통제하는 경우 다음 각 호의 사항을 종합적으로 고려하여야 한다.
1. 소속비금융회사를 상대방으로 하는 거래 또는 소속비금융회사를 위한 대출, 지급보증, 보험의 인수, 유가증권의 취득·매입·보유 등 금융거래상의 손실위험을 수반하는 금융회사의 직접적·간접적 거래
2. 소속비금융회사를 상대방으로 하는 내부거래 또는 소속비금융회사를 위한 내부거래 비중
3. 소속비금융회사와의 이해상충 방지를 위한 장치의 적정성
4. 소속비금융회사의 대외적인 평판 하락 등 운영에 관한 위험

제4장 금융복합기업집단의 감독

제17조【감독】 금융위원회는 금융복합기업집단이 이 법 및 이 법에 따른 규정·지시 등을 준수하는지를 감독하기 위하여 필요한 경우 대표금융회사에 관련 자료의 제출, 보고 등을 하게 하거나 그 밖에 필요한 명령을 할 수 있다.

제18조【검사】 ① 대표금융회사는 금융복합기업집단의 내부통제, 위험관리 및 건전성 관리 업무에 관하여 금융감독원장의 검사를 받아야 한다.
② 금융감독원장은 제1항에 따른 검사를 위하여 필요한 경우 대표금융회사에 업무 또는 재산에 관한 보고, 자료의 제출, 관계자의 출석 및 진술을 요구할 수 있다.
③ 제1항에 따라 검사를 하는 사람은 그 권한을 표시하는 증표를 지니고 이를 관계인에게 내보여야 한다.
④ 금융감독원장은 제1항에 따라 검사를 한 경우 그 보고서를 금융위원회에 제출하여야 한다. 이 경우 이 법이나 금융관계법령 또는 이 법에 따른 금융위원회의 규정·명령 및 지시를 위반한 사실이 있는 경우 그 처리에 관한 의견서를 첨부하여야 한다.
⑤ 금융위원회는 검사의 방법·절차와 그 밖에 검사에 필요한 세부기준을 정할 수 있다.

제19조【감독 협의체의 운영】 ① 금융위원회는 금융복합기업집단에 대한 효율적인 감독을 위하여 금융위원회와 금융감독원 관계 부서로 구성된 협의체를 운영할 수 있다.
② 제1항에 따른 협의체는 금융복합기업집단의 문제점과 개선사항을 점검하고, 금융복합기업집단 감독에 대한 보완사항 등을 협의한다.
③ 제1항에 따른 협의체의 구성 및 운영에 필요한 세부 사항은 금융위원회가 정한다.

제20조【보고 및 공시】 금융복합기업집단은 금융소비자의 보호 등을 위하여 필요한 사항으로서 해당 금융복합기업집단에 관하여 대통령령으로 정하는 사항을 금융위원회가 정하여 고시하는 바에 따라 대표금융회사를 통하여 금융위원회에 보고하고, 인터넷 홈페이지 등을 통하여 공시하여야 한다.

제21조【금융복합기업집단 위험 관리실태 평가】 ① 금융위원회는 금융복합기업집단의 위험 현황 및 관리실태를 정기적으로 평가하여야 한다. 이 경우 다음 각 호의 사항을 종합적으로 고려하여야 한다.
1. 제10조에 따른 금융복합기업집단 내부통제체계의 적정성
2. 제12조에 따른 금융복합기업집단 위험관리체계의 적정성
3. 제14조에 따른 금융복합기업집단의 자본적정성
4. 제15조에 따른 내부거래 및 위험집중 관리의 적정성
5. 제16조에 따른 위험전이 관리의 적정성
6. 그 밖에 금융복합기업집단의 위험관리 등에 관한 사항으로서 대통령령으로 정하는 사항

② 제1항에 따른 평가의 시기, 방법 및 기준 등에 관한 세부 사항은 대통령령으로 정한다.

제22조【경영개선계획의 제출】 ① 금융위원회는 금융복합기업집단이 다음 각 호의 어느 하나에 해당하는 경우 금융복합기업집단의 부실화를 예방하고 건전한 경영을 유도하기 위하여 해당 금융복합기업집단의 대표금융회사에 금융복합기업집단 수준의 경영개선계획을 제출할 것을 명할 수 있다.
1. 제14조제4항에 따른 금융복합기업집단의 자본적정성 평가 또는 제21조제1항에 따른 금융복합기업집단의 위험 관리실태 평가의 결과가 대통령령으로 정하는 기준에 미달하는 경우
2. 거액의 금융사고 또는 부실채권의 발생으로 금융복합기업집단의 재무상태가 금융위원회가 정하여 고시하는 기준에 미달하게 될 것이 명백한 경우

② 제1항에 따른 제출명령을 받은 대표금융회사는 다음 각 호의 사항 중 일부 또는 전부를 포함한 경영개선계획을 제출하여야 한다.
1. 금융복합기업집단 내부통제체계 및 금융복합기업집단 위험관리체계의 개선
2. 자본의 확충 또는 위험자산의 축소
3. 내부거래의 축소·해소 또는 위험집중의 분산
4. 위험의 전이 가능성이 있는 소속비금융회사에 대한 출자 또는 그 밖의 거래관계에 대한 중단 또는 해소
5. 그 밖에 금융복합기업집단의 경영건전성을 높이기 위하여 필요한 사항으로서 대통령령으로 정하는 사항

③ 금융위원회는 일시적으로 제1항 각 호에 해당하게 된 금융복합기업집단이 단기간에 그 기준을 충족시킬 수 있다고 판단되거나 이에 준하는 사유가 있다고 인정되는 경우 기간을 정하여 제1항에 따른 경영개선계획 제출 명령을 유예할 수 있다.
④ 제1항부터 제3항까지의 규정에 따른 경영개선계획의 제출 및 그 유예 등에 관한 세부 사항은 대통령령으로 정한다.

제23조【경영개선계획 미제출·불이행 등과 관련한 조치】 ① 금융위원회는 금융복합기업집단이 제22조제2항에 따른 경영개선계획을 제출하지 아니하거나 제출한 경영개선계획이 경영건전성 제고에 적합하지 아니한 경우(대표금융회사의 경영개선계획 제출과 관련하여 다른 소속금융회사가 협조하지 아니한 경우를 포함한다), 경영개선계획을 이행하지 아니하거나 그 이행을 할 수 없게 된 경우 또는 금융복합기업집단의 위험관리가 현저하게 곤란하여 금융시장의 안정을 해칠 것이 명백하다고 인정되는 경우 해당 소속금융회사에 대하여 다음 각 호의 조치를 명할 수 있다.
1. 경영개선계획의 제출 또는 수정·보완
2. 제출한 경영개선계획의 이행
3. 금융복합기업집단의 경영건전성 유지를 위하여 불가피한 조치로서 다음 각 목의 어느 하나에 해당하는 조치

가. 해당 소속금융회사가 「은행법」에 따른 은행인 경우 : 같은 법 제34조제4항
나. 해당 소속금융회사가 「보험업법」에 따른 보험회사인 경우 : 같은 법 제123조제2항
다. 해당 소속금융회사가 「자본시장과 금융투자업에 관한 법률」에 따른 금융투자업자인 경우 : 같은 법 제31조제4항
라. 해당 소속금융회사가 「상호저축은행법」에 따른 상호저축은행인 경우 : 같은 법 제22조의4제2항
마. 해당 소속금융회사가 「여신전문금융업법」에 따른 여신전문금융회사인 경우 : 같은 법 제53조의3제2항
바. 해당 소속금융회사가 「금융산업의 구조개선에 관한 법률」에 따른 금융기관인 경우 : 같은 법 제10조제1항

② 제1항에도 불구하고 금융위원회는 일시적으로 제22조제1항 각 호에 해당하게 된 금융복합기업집단이 단기간에 그 기준을 충족시킬 수 있다고 판단되거나 이에 준하는 사유가 있다고 인정되는 경우 기간을 정하여 제1항에 따른 조치 명령을 유예할 수 있다.

③ 제1항 및 제2항의 규정에 따른 경영개선계획의 미제출·불이행 등과 관련한 조치 및 그 유예 등에 관한 세부사항은 대통령령으로 정한다.

제24조【비공개정보 누설 등의 금지】 ① 소속금융회사의 임직원(임직원이었던 사람을 포함한다. 이하 이 조에서 같다)은 제22조제1항 또는 제23조제1항에 따른 명령에 관한 정보로서 해당 금융복합기업집단 또는 소속금융회사의 공개되지 아니한 정보(이하 "비공개정보"라 한다)를 업무 외의 목적으로 이용하거나 소속금융회사 외의 자(해당 금융회사의 대주주와 관련된 명령 또는 조치가 아닌 경우 그 대주주를 포함한다. 이하 같다)에게 제공 또는 누설하여서는 아니 된다.

② 소속금융회사의 임직원으로부터 비공개정보를 제공받은 해당 금융회사의 대주주는 이를 해당 금융회사의 업무 외의 목적으로 이용하거나 타인에게 제공 또는 누설하여서는 아니 된다.

제5장 처분 및 제재절차

제25조【행정처분】 ① 금융위원회는 금융회사 및 그 임직원(임원에는 「금융회사의 지배구조에 관한 법률」 제2조제5호에 따른 업무집행책임자를 제외하고, 직원에는 그 업무집행책임자를 포함한다. 이하 이 조에서 같다)이 별표 각 호의 어느 하나에 해당하는 경우(임직원의 경우에는 고의 또는 중대한 과실이 있는 경우로 한정한다) 해당 금융회사 및 그 임직원에게 다음 각 호의 조치 또는 조치 요구를 할 수 있다. 이 경우 임원의 해임 또는 직원의 면직을 요구하려는 경우에는 청문을 하여야 한다.
1. 금융회사에 대한 위법행위의 시정명령 또는 중지명령
2. 금융회사에 대한 경고 또는 주의
3. 임원에 대한 다음 각 목의 어느 하나에 해당하는 조치
가. 해임요구
나. 6개월 이내의 직무정지
다. 임원의 직무를 대행하는 관리인의 선임
라. 문책경고나 주의적 경고 또는 주의
4. 직원에 대한 다음 각 목의 어느 하나에 해당하는 조치 요구
가. 면직
나. 6개월 이내의 정직 또는 감봉
다. 견책 또는 주의
5. 그 밖에 위법행위를 시정하거나 방지하기 위하여 필요한 조치 또는 조치 요구로서 대통령령으로 정하는 조치 또는 조치 요구

② 제1항에 따라 금융회사의 임직원에 대하여 별표 제1호부터 제5호까지 및 제7호의 어느 하나에 해당하여 조치 또는 조치 요구를 하려는 경우 해당 의무자가 그 의무를 이행하기 위하여 합리적으로 요구되는 충분한 주의의무를 다하는 등 대통령령으로 정하는 사유에 해당하는 경우에는 정당한 이유가 있는 것으로 본다.

③ 금융위원회는 제1항에 따라 금융회사의 임직원에 대하여 조치를 하거나 해당 조치를 하도록 요구하는 경우 그 임직원에 대한 관리·감독의 책임이 있는 임직원에 대해서도 조치를 함께 하거나, 해당 조치를 하도록 요구할 수 있다. 다만, 관리·감독의 책임이 있는 사람이 그 임직원의 관리·감독에 상당한 주의를 다한 경우 이를 감경하거나 면제할 수 있다.

④ 금융위원회는 금융회사의 퇴임한 임원 또는 퇴직한 직원이 재임 또는 재직 중이었더라면 제1항에 따른 조치 또는 조치 요구를 받았을 것으로 인정되는 경우 그 내용을 해당 금융회사의 장에게 통보할 수 있다. 이 경우 통보를 받은 금융회사의 장은 이를 퇴임·퇴직한 해당 임직원에게 통보하여야 한다.

제26조【행정처분의 기록 및 조회】 ① 금융위원회는 제25조에 따라 조치하거나 조치 요구를 한 경우 또는 통보한 경우 그 내용을 기록하고 이를 보관하여야 한다.

② 금융회사는 금융위원회의 조치 요구에 따라 그 임직원에 대하여 제25조제1항제3호가목 또는 같은 항 제4호에 따른 조치를 한 경우 또는 같은 조 제4항에 따라 통보를 받은 경우 그 내용을 기록하고 이를 보관하여야 한다.

③ 금융회사 또는 그 임직원(임직원이었던 사람을 포함한다)은 금융위원회 또는 금융회사에 자기에 대하여 제25조에 따라 이루어진 조치·조치 요구 또는 통보 여부 및 그 내용의 조회를 요청할 수 있다.

④ 금융위원회 또는 금융회사는 제3항에 따른 조회를 요청받은 경우 정당한 사유가 없으면 조회를 요청한 자에게 해당 사항을 통보하여야 한다.

제27조【이의신청】 ① 제25조제1항에 따른 조치 또는 조치 요구(해임 또는 면직 요구는 제외한다)에 불복하는 자는 그 조치 또는 조치 요구를 고지받은 날부터 30일 이내에 그 사유를 갖추어 금융위원회에 이의를 신청할 수 있다.

② 금융위원회는 제1항에 따른 이의신청에 대하여 60일 이내에 결정을 하여야 한다. 다만, 부득이한 사정으로 그 기간 이내에 결정을 할 수 없는 경우 30일의 범위에서 그 기간을 연장할 수 있다.

제6장 보 칙

제28조【인허가 등의 심사 시 고려사항】 금융위원회는 다음 각 호의 어느 하나에 해당하는 인가·허가·등록 또는 승인을 함으로써 해당 금융회사가 같은 기업집단 내 다른 금융회사와 함께 금융복합기업집단으로 지정될 것으로 판단하는 경우 금융관계법령의 규정에도 불구하고 해당 금융회사들로 구성된 집단의 재무 및 경영 건전성 등에 관하여 대통령령으로 정하는 요건을 충족하고 있는지를 고려하여야 한다.
1. 금융업을 영위하거나 금융회사를 설립하려는 자가 금융관계법령에 따라 금융위원회에 인가, 허가 또는 등록을 신청하는 경우
2. 합병, 분할합병 등을 하려는 자가 금융관계법령에 따라 금융위원회에 인가 또는 승인을 신청하는 경우
3. 금융회사가 발행한 주식을 취득·양수하려는 자가 금융관계법령에 따라 금융위원회에 승인을 신청하는 경우

제29조【고객정보의 제공·관리】 ① 소속금융회사는 「금융실명거래 및 비밀보장에 관한 법률」 제4조제1항 및 「신용정보의 이용 및 보호에 관한 법률」 제32조·제33조에도 불구하고 「금융실명거래 및 비밀보장에 관한 법률」 제4조에 따른 금융거래의 내용에 관한 정보 또는 자료(이하 "금융거래정보"라 한다) 및 「신용정보의 이용 및 보호에 관한 법률」 제2조제2호에 따른 개인신용정보(이하 "개인신용정보"라 한다)를 다음 각 호의 사항에 관하여 금융위원회가 정하는 방법과 절차(이하 "고객정보제공절차"라 한다)에 따라 금융복합기업집단의 내부통제·위험관리 등 대통령령으로 정하는 사항에 이용하게 할 목적으로 해당 금융복합기업집단에 속한 다른 소속금융회사에 제공할 수 있다.
1. 제공할 수 있는 정보의 범위
2. 제공 정보의 암호화 등 처리방법
3. 제공 정보의 분리 보관
4. 제공 정보의 이용기간 및 이용목적
5. 이용기간 경과 시 제공 정보의 삭제
6. 그 밖에 제공 정보의 엄격한 관리를 위하여 필요한 사항으로서 대통령령으로 정하는 사항

② 소속금융회사 중 「자본시장과 금융투자업에 관한 법률」에 따른 투자매매업자 또는 투자중개업자는 해당 투자매매업자 또는 투자중개업자를 통하여 증권을 매매하거나 매매하려는 위탁자가 예탁한 금전 또는 증권에 관한 정보 중 다음 각 호의 어느 하나에 해당하는 정보(이하 "증권총액정보등"이라 한다)를 고객정보제공절차에 따라 금융복합기업집단의 내부통제·위험관리 등 대통령령으로 정하는 사항에 이용하게 할 목적으로 해당 금융복합기업집단에 속한 다른 소속금융회사에 제공할 수 있다.
1. 예탁한 금전의 총액
2. 예탁한 증권의 총액
3. 예탁한 증권의 종류별 총액
4. 그 밖에 제1호부터 제3호까지에 준하는 정보로서 금융위원회가 정하여 고시하는 정보

③ 제1항 및 제2항에 따라 소속금융회사가 금융거래정보·개인신용정보 및 증권총액정보등(이하 "고객정보"라 한다)을 제공하는 경우에는 「신용정보의 이용 및 보호에 관한 법률」 제32조제10항을 적용하지 아니한다.

④ 소속금융회사는 제1항 및 제2항에 따라 고객정보를 제공하는 경우에는 그 제공내역을 고객에게 통지하여야 한다. 다만, 연락처 등 통지할 수 있는 개인정보를 수집하지 아니한 경우에는 그러하지 아니하다.

⑤ 제4항에 따라 통지하여야 하는 정보의 종류, 통지 주기 및 방법, 그 밖에 필요한 사항은 대통령령으로 정한다.

⑥ 소속금융회사는 고객정보의 엄격한 관리를 위하여 그 임원 중 1명 이상을 고객정보관리인으로 선임하여야 한다.

⑦ 제6항에 따른 고객정보관리인은 고객정보의 엄격한 관리를 위하여 금융위원회가 정하는 바에 따라 업무지침서를 작성하고, 그 내용을 금융위원회에 보고하여야 한다.

⑧ 소속금융회사는 대통령령으로 정하는 바에 따라 고객정보의 취급방침을 정하여야 하며, 이를 해당 금융회사의 거래상대방에게 통지 또는 공고하고 영업점에 게시하여야 한다.

제30조【시설 등의 공동사용】 소속금융회사들은 금융복합기업집단의 내부통제·위험관리 등 대통령령으로 정하는 사항에 이용할 목적으로 전산시스템, 사무공간, 그 밖에 대통령령으로 정하는 시설 등을 공동으로 사용할 수 있다.

제31조【권한의 위탁】 이 법에 따른 금융위원회의 권한은 대통령령으로 정하는 바에 따라 금융감독원장에게 위탁할 수 있다.

제7장 벌 칙

제32조【벌칙】 제24조를 위반하여 비공개정보를 해당 금융회사의 업무 외의 목적으로 이용하거나 소속금융회사 외의 자에게 제공 또는 누설한 자는 10년 이하의 징역 또는 5억원 이하의 벌금에 처한다.

제33조【양벌규정】 법인의 대표자나 법인 또는 개인의 대리인, 사용인, 그 밖의 종업원이 그 법인 또는 개인의 업무에 관하여 제32조의 위반행위를 하면 그 행위자를 벌하는 외에 그 법인 또는 개인에게도 해당 조문의 벌금형을 과(科)한다. 다만, 법인 또는 개인이 그 위반행위를 방지하기 위하여 해당 업무에 관하여 상당한 주의와 감독을 게을리하지 아니한 경우 그러하지 아니하다.

제34조【과태료】 ① 다음 각 호의 어느 하나에 해당하는 자에게는 1억원 이하의 과태료를 부과한다.
1. 제5조제2항 또는 제6조제3항에 따른 자료 제출 요청에 대하여 정당한 이유 없이 자료 제출을 거부하거나 거짓 자료를 제출한 자
2. 제17조를 위반하여 정당한 이유 없이 자료 제출 또는 보고를 하지 아니하거나 거짓으로 보고한 자 또는 명령을 위반한 자
3. 제18조제1항에 따른 검사를 정당한 이유 없이 거부·방해 또는 기피한 자
4. 제18조제2항에 따른 보고, 자료의 제출, 관계자의 출석 및 진술 요구를 정당한 이유 없이 거부·방해 또는 기피한 자
5. 제20조를 위반하여 보고 또는 공시를 하지 아니하거나 거짓으로 보고 또는 공시한 자
6. 제22조제1항 또는 제23조제1항에 따른 명령을 정당한 이유 없이 이행하지 아니한 자
7. 제25조제1항에 따른 조치에 따르지 아니하거나 조치 요구를 이행하지 아니한 자
8. 제29조제1항·제2항·제4항 및 제6항부터 제8항까지의 규정을 위반한 자

② 제1항제1호부터 제4호까지 및 제6호의 어느 하나에 해당하여 과태료를 부과하려는 경우 해당 의무자가 그 의무를 이행하기 위하여 합리적으로 요구되는 충분한 주의의무를 다하는 등 대통령령으로 정하는 사유에 해당하는 경우에는 정당한 이유가 있는 것으로 본다.

③ 제1항에 따른 과태료는 대통령령으로 정하는 바에 따라 금융위원회가 부과·징수한다.

부 칙

이 법은 공포 후 6개월이 경과한 날부터 시행한다.

〔별표〕 ➡ 「法典 別冊」 참조

공적자금관리 특별법

(약칭 : 공적자금관리법)

(2000년 12월 20일
법 률 제6281호)

개정
2002.12.26법 6807호(예금자보호법)
2004. 1.29법 7111호
2005. 3.31법 7428호(채무자회생파산)
2005.12.29법 7760호
2008. 2.29법 8863호(금융위원회의설치등에관한법)
2009. 5.27법 9742호　　2011. 5.19법10681호
2013. 3.23법11690호(정부조직)
2014. 5.21법12663호(한국산업은행법)
2015.12.22법13613호(예금자보호법)
2019.11.26법16652호(자산관리)

제1장 총 칙
(2011.5.19 본장개정)

제1조【목적】 이 법은 공적자금의 조성·운용·관리 등에 있어 공정성, 전문성 및 투명성을 높여 공적자금을 효율적으로 사용하고 국민 부담을 최소화하기 위하여 필요한 사항을 규정함을 목적으로 한다.

제2조【정의】 이 법에서 사용하는 용어의 뜻은 다음과 같다.
1. "공적자금"이란 다음 각 목의 기금 또는 재산 등에서 금융회사등 또는 기업의 구조조정에 지원되는 자금을 말한다.
  가. 「예금자보호법」에 따른 예금보험기금채권상환기금 및 예금보험기금. 다만, 예금보험기금의 경우에는 다음 어느 하나에 해당하는 재원(財源)을 수입으로 한 경우만 해당한다.
    1) 정부의 출연금
    2) 「예금자보호법」 제26조의2에 따라 정부가 원리금 상환에 대하여 보증한 예금보험기금채권으로 조성된 자금
    3) 「예금자보호법」 제24조의2에 따라 정부가 예금보험공사에 양여한 국유재산
  나. 「한국자산관리공사 설립 등에 관한 법률」에 따른 부실채권정리기금 및 구조조정기금(2019.11.26 본목개정)
  다. 「공공자금관리기금법」에 따른 공공자금관리기금
  라. 「국유재산법」에 따른 국유재산
  마. 「한국은행법」에 따른 한국은행이 금융회사등에 출자한 자금
  바. 「공공차관의 도입 및 관리에 관한 법률」에 따른 공공차관
  사. 「금융산업의 구조개선에 관한 법률」에 따른 금융안정기금
2. "금융회사등"이란 다음 각 목의 어느 하나에 해당하는 기관을 말한다.
  가. 「금융산업의 구조개선에 관한 법률」에 따른 금융기관
  나. 「예금자보호법」에 따른 부보금융회사(이하 "부보금융회사"라 한다)(2015.12.22 본목개정)
  다. 「한국자산관리공사 설립 등에 관한 법률」에 따른 금융회사등(2019.11.26 본목개정)

제2장 공적자금관리위원회의 설치 등
(2009.5.27 본장신설)

제3조【공적자금관리위원회의 설치 및 기능 등】 ① 공적자금의 운용 등에 관한 사항을 종합적으로 심의·조정하기 위하여 금융위원회에 공적자금관리위원회(이하 "위원회"라 한다)를 둔다.
② 위원회는 다음 각 호의 사항을 심의·조정한다.
1. 공적자금의 사용, 회수 후 재사용 등 운용에 관한 총괄·기획에 관한 사항
2. 공적자금 지원 대상 금융회사등 또는 기업의 선정 원칙에 관한 사항
3. 공적자금 지원 대상 금융회사등의 자구노력과 손실분담 등 공적자금 지원 원칙에 관한 사항
4. 공적자금 지원 실적의 정기적 점검에 관한 사항
5. 공적자금을 지원받은 금융회사등의 사후관리 원칙과 사후관리 체제에 관한 사항
6. 공적자금을 지원받은 금융회사등의 사후관리 상황의 정기적 점검에 관한 사항
7. 다음 각 목에 해당하는 기관이 보유하는 주식 등 자산의 매각 등 공적자금 회수에 관한 사항
  가. 정부
  나. 「예금자보호법」에 따른 예금보험공사(이하 "예금보험공사"라 한다)
  다. 한국자산관리공사 설립 등에 관한 법률」에 따른 한국자산관리공사(이하 "한국자산관리공사"라 한다)(2019.11.26 본목개정)
  라. 「한국산업은행법」에 따른 한국산업은행(이하 "한국산업은행"이라 한다)(2014.5.21 본목개정)
8. 공적자금과 관련된 법령 또는 규정의 제정·개정에 관한 사항
9. 그 밖에 공적자금의 사용 및 사후관리 등 공적자금의 효율성 제고에 관한 사항으로서 대통령령으로 정하는 사항
③ 정부, 금융위원회, 예금보험공사, 한국자산관리공사 및 한국산업은행 등 공적자금의 관련 기관은 공적자금의 조성·운용·사후관리 등 위원회의 기능과 관련된 사항을 위원회에 보고하여 심의를 받아야 한다.(2014.5.21 본항개정)
(2011.5.19 본조개정)

제4조【위원회의 구성 등】 ① 위원회는 다음 각 호의 위원으로 구성한다.
1. 금융위원회 위원장
2. 기획재정부차관
3. 국회 소관 상임위원회에서 추천하는 경제전문가로서 금융위원회 위원장이 위촉하는 사람 2명
4. 법원행정처장이 추천하는 법률전문가로서 금융위원회 위원장이 위촉하는 사람 1명
5. 「공인회계사법」에 따라 설립된 한국공인회계사회 회장이 추천하는 회계전문가로서 금융위원회 위원장이 위촉하는 사람 1명
6. 사단법인 전국은행연합회 회장이 추천하는 금융전문가로서 금융위원회 위원장이 위촉하는 사람 1명
7. 「상공회의소법」에 따라 산업통상자원부장관의 인가를 받아 설립된 대한상공회의소 회장이 추천하는 경제전문가로서 금융위원회 위원장이 위촉하는 사람 1명(2013.3.23 본호개정)
② 제1항제3호부터 제7호까지의 위원의 자격으로 요구되는 전문성에 관한 요건은 대통령령으로 정한다.
③ 예금보험공사 사장, 한국자산관리공사 사장 및 한국산업은행 회장은 위원회의 회의에 배석하여야 하며, 그 소관 사무와 관련하여 발언할 수 있다.(2014.5.21 본항개정)
(2011.5.19 본조개정)

제5조【위원장】 ① 위원회의 위원장은 다음 각 호의 사람이 공동으로 된다.
1. 금융위원회 위원장
2. 제4조제1항제3호부터 제7호까지의 위원 중에서 호선(互選)하는 사람 1명
② 위원장은 각자 위원회를 대표하며 위원회의 소집 등 업무를 총괄한다.
③ 위원장 모두가 부득이한 사유로 직무를 수행할 수 없는 경우에는 위원회가 미리 정한 위원이 위원장의 직무를 대행한다.
(2011.5.19 본조개정)

제6조【위원의 임기 등】 ① 제4조제1항제3호부터 제7호까지의 위원(이하 "민간위원"이라 한다)의 임기는 2년으로 하며, 한 차례만 연임할 수 있다.
② 민간위원이 결원되었을 때에는 새로 위촉하되 새로 위촉된 위원의 임기는 위촉된 날부터 계산한다.
(2011.5.19 본조개정)

제7조【위원의 결격사유】 다음 각 호의 어느 하나에 해당하는 사람은 민간위원이 될 수 없다.
1. 대한민국 국민이 아닌 사람
2. 「국가공무원법」 제33조에 따른 공무원의 결격사유에 해당하는 사람
3. 이 법이나 「은행법」 등 대통령령으로 정하는 금융 관계 법률(이에 상응하는 외국의 금융 관련 법률을 포함한다)에 따라 벌금형을 선고받고 5년이 지나지 아니한 사람
4. 이 법이나 「은행법」 등 대통령령으로 정하는 금융 관계 법률(이에 상응하는 외국의 금융 관련 법률을 포함한다)에 따라 해임되거나 면직된 후 5년이 지나지 아니한 사람
(2011.5.19 본조개정)

제8조【위원의 신분보장 등】 ① 위원은 다음 각 호의 어느 하나에 해당하는 경우를 제외하고는 본인의 의사에 반하여 면직되거나 위촉 해제되지 아니한다.
1. 제7조 각 호의 어느 하나에 해당하는 경우
2. 신체상 또는 정신상의 장애로 직무를 수행할 수 없게 된 경우
② 위원이 제1항의 사유로 위촉 해제되는 경우 위촉 해제되기 전에 위원으로서 한 행위는 그 효력을 잃지 아니한다.
(2011.5.19 본조개정)

제9조【의결정족수】 위원회의 회의는 재적위원 과반수의 찬성으로 의결한다.

제10조【사무국의 설치 등】 ① 위원회의 업무 보좌와 실무 지원을 위하여 금융위원회에 사무국을 설치한다.
② 사무국의 조직 및 운영에 필요한 사항은 대통령령으로 정한다.
(2011.5.19 본조개정)

제11조【자료 요구 등】 위원회는 제3조의 기능 수행과 관련하여 필요하다고 인정하는 경우에는 다음 각 호의 조치를 하여야 한다.
1. 금융위원회, 예금보험공사, 한국자산관리공사 및 한국산업은행 등 관련 기관에 대한 보고 또는 자료·서류 등의 제출 요구(2014.5.21 본호개정)
2. 이해관계인·참고인 또는 관계 공무원의 출석 및 의견 제출 요구
3. 관계 기관에 대한 실지조사
(2011.5.19 본조개정)

제12조【소위원회의 설치 등】 ① 위원회의 기능을 효율적으로 수행하기 위하여 필요한 경우에는 소위원회를 둘 수 있다.
② 위원회의 운영, 소위원회의 구성·운영 등에 필요한 사항은 대통령령으로 정한다.
(2011.5.19 본조개정)

제3장 공적자금 관리 등
(2011.5.19 본장개정)

제13조【최소비용의 원칙】 ① 정부, 예금보험공사, 한국자산관리공사 및 한국산업은행은 공적자금의 투입비용을 최소화하고 그 효율을 극대화할 수 있는 방식으로 공적자금을 지원하여야 한다.(2014.5.21 본항개정)
② 금융위원회가 「금융산업의 구조개선에 관한 법률」 제12조에 따라 정부 또는 예금보험공사(이하 "정부등"이라 한다)에 부실금융기관에 대한 출자 또는 유가증권의 매입을 요청하는 경우에는 제1항에 따른 최소비용의 원칙을 준수하였음을 입증하는 자료 및 해당 금융기관에 대한 자산부채 실사자료를 대통령령으로 정하는 바에 따라 정부등에 제출하여야 한다.
③ 정부, 예금보험공사 및 자산관리공사는 공적자금의 지원이 제1항에 따른 최소비용의 원칙에 따라 이루어졌음을 입증하는 자료를 작성·보관하여야 한다.
④ 제1항부터 제3항까지의 규정에 따른 최소비용의 원칙의 기준, 절차 등 세부적인 사항은 대통령령으로 정한다.

제14조【공평한 손실분담의 원칙 등】 ① 정부등은 공적자금을 지원하는 경우 지원 대상 금융회사등의 부실에 책임이 있는 자의 공평한 손실 분담을 전제로 공적자금을 지원하여야 한다.
② 정부등은 공적자금을 지원하는 경우 2회 이상 나누어 지원하여야 한다. 다만, 예금대지급 등 대통령령으로 정하는 경우에는 그러하지 아니하다.
③ 정부등은 공적자금 지원 대상 금융회사등의 자체 구조조정 노력을 전제로 공적자금을 지원하여야 한다.
④ 정부등은 부실금융기관의 경영책임과 감독책임을 부담할 자가 있을 때에는 관련 법령에 따라 지체 없이 손해배상의 청구 등 그 책임을 물어야 한다.
⑤ 제1항부터 제4항까지의 규정에 따른 지원의 기준, 절차 등 세부적인 사항은 대통령령으로 정한다.

제15조【국회에 대한 보고 등】 ① 금융위원회는 분기별로 1회 이상 공적자금의 사용, 회수 후 재사용 등 운용 등에 관한 보고서를 작성하여 국회에 제출하여야 한다. 다만, 공적자금을 사용하거나 회수 후 재사용하여 취득한 자산의 관리 현황에 관한 보고서는 매년 3월 31일까지 제출하여야 한다.
② 공적자금관리위원회 위원장은 국회가 제1항에 따라 제출한 보고서와 관련하여 출석을 요구하는 경우에는 출석하여 답변하여야 한다.

제16조【감사원의 감사 등】 감사원은 「감사원법」에 따라 공적자금과 관련하여 감사를 하고 감사보고서를 국회에 제출하여야 한다.

제17조【금융회사등과의 이행약정 체결 등】 ① 정부등이 공적자금을 지원하고자 할 때에는 대통령령으로 정하는 바에 따라 해당 금융회사등과 경영정상화 계획을 이행하기 위한 서면 약정(이하 이 조에서 "약정서"라 한다)을 체결하여야 한다.
② 약정서에는 해당 금융회사등의 경영정상화를 위한 다음 각 호의 사항을 포함하여야 한다.
1. 자기자본비율 등 대통령령으로 정하는 재무건전성 기준에 관한 해당 금융회사등의 목표 수준
2. 자산대비 수익률 등 대통령령으로 정하는 수익성 기준에 관한 해당 금융회사등의 목표 수준
3. 부실채권비율 등 대통령령으로 정하는 자산건전성 기준에 관한 해당 금융회사등의 목표 수준
4. 제1호부터 제3호까지의 규정에 따른 목표 수준을 이행하기 위하여 필요한 해당 금융회사등의 인원, 조직 및 임금의 조정 등 구조조정 계획과 자금조달 계획 등을 포함한 구체적인 실천계획
5. 제4호에 따른 사항으로서 해당 금융회사등의 노동조합의 동의가 필요한 사항에 대한 동의서
6. 제1호부터 제3호까지의 규정에 따른 목표 수준을 달성하지 못할 경우 총인건비 동결 등 해당 금융회사등이 추가적으로 추진할 이행계획

7. 그 밖에 대통령령으로 정하는 사항
③ 정부등은 약정서를 전자문서 등을 통하여 공개하여야 한다. 다만, 해당 금융회사등의 경영에 중대한 영향을 줄 수 있는 사항으로서 대통령령으로 정하는 사항은 제외할 수 있다.
④ 정부등은 약정서에 따른 이행 실적을 분기별로 점검하여 금융위원회에 보고하여야 한다.
⑤ 정부등은 제4항에 따른 이행 실적 점검을 위하여 공적자금이 지원된 금융회사등에 업무 또는 재산에 관한 보고, 자료 제출, 관계자의 출석 및 진술을 요구할 수 있다.
⑥ 정부등은 공적자금이 지원된 금융회사등의 임직원이 다음 각 호의 어느 하나에 해당하는 경우에는 그 기관의 장에게 이를 시정하게 하거나 해당 임원에 대한 해임·직무정지·경고·주의 또는 직원에 대한 징계·주의를 요구할 수 있다.
1. 이 법이나 이 법에 따른 규정·명령 또는 지시를 위반한 경우
2. 약정서를 이행하지 못한 경우
3. 이 법 또는 약정서에 따라 예금보험공사가 요구하는 보고서나 자료를 거짓으로 작성하거나 그 제출을 게을리한 경우
4. 이 법 또는 약정서에 따른 예금보험공사의 업무 수행을 거부·방해 또는 기피한 경우
5. 예금보험공사의 시정명령이나 징계 요구의 이행을 게을리한 경우
⑦ 한국산업은행이 공적자금을 지원하는 경우에는 해당 금융회사등의 경영건전성과 금융의 중개기능을 제고하기 위한 계획의 이행을 위한 약정을 해당 금융회사등과 체결하여야 한다.(2014.5.21 본항개정)
⑧ 제7항에 따른 계획의 이행약정의 내용 및 이행 상황의 점검 등에 대하여는 「금융산업의 구조개선에 관한 법률」 제23조의7 및 제23조의9에 따른다.

제18조【부실기업과의 약정 체결 등】 ① 제17조제1항에 따라 공적자금을 지원받은 금융회사등은 대통령령으로 정하는 부실기업에 신규로 자금을 지원하는 경우에는 해당 기업의 구조조정에 관한 관계자의 서면 동의와 그 밖에 대통령령으로 정하는 사항을 포함한 서면 약정을 해당 기업과 체결하여야 한다.
② 제1항에 따른 약정 체결 등에 관한 구체적 사항은 대통령령으로 정한다.
③ 제1항에 따라 약정을 체결한 금융회사등은 약정이 이행되지 아니하거나 이행되기 어렵다고 판단되는 경우에는 해당 기업에 추가적인 자금지원을 할 수 없다.

제19조【자산의 매각】 정부, 예금보험공사, 한국자산관리공사 및 한국산업은행은 공적자금으로 보유하게 된 금융회사등의 주식 등 자산을 적정한 가격으로 매각함으로써 국민의 부담을 최소화하도록 노력하여야 한다.
(2014.5.21 본조개정)

제20조【파산절차의 특례】 ① 법원은 「예금자보호법」에 따른 보험금 지급 등 공적자금이 지원되는 부보금융회사(「금융산업의 구조개선에 관한 법률」에 따라 계약이전이 결정된 부보금융회사를 포함한다)가 해산하거나 파산한 경우 공적자금을 효율적으로 회수할 필요가 있는 경우에는 「상법」 제531조 또는 「채무자 회생 및 파산에 관한 법률」 제355조 및 청산인이나 파산관재인의 선임에 관한 관련 법률에도 불구하고 예금보험공사 또는 그 임직원을 청산인이나 파산관재인으로 선임한다.
(2015.12.22 본항개정)
② 제1항에 따라 예금보험공사가 청산인이나 파산관재인으로 선임된 경우에는 「상법」 제539조제2항 및 「채무자 회생 및 파산에 관한 법률」 제364조·제492조·제493조를 적용하지 아니한다.

제21조【백서 발간】 위원회는 매년 8월 31일까지 공적자금 운용 실태에 관한 공적자금관리 백서를 대통령령으로 정하는 바에 따라 발간하여야 한다.

제21조의2【기록물의 보존기간】 위원회 및 법률 제6281호 공적자금관리특별법에 따라 설치된 공적자금관리위원회(이하 이 조에서 "각 위원회"라 한다)와 관련된 다음 각 호의 기록물은 그 보존기간을 영구로 한다.
1. 각 위원회의 심의·조정에 관련된 기록물
2. 각 위원회가 정부, 금융위원회, 금융감독위원회(종전의 「금융감독기구의 설치 등에 관한 법률」에 따른 금융감독위원회를 말한다. 이하 이 조에서 같다), 예금보험공사, 한국자산관리공사 및 한국산업은행 등 공적자금 관련 기관으로부터 보고받아 심의한 기록물
(2014.5.21 본호개정)
3. 각 위원회가 다음 각 목의 조치를 하여 제출받은 자료 등과 관련된 기록물
가. 금융위원회, 금융감독위원회, 예금보험공사, 한국자산관리공사 및 한국산업은행 등 관련 기관에 대한 보고 또는 자료·서류 등의 제출 요구(2014.5.21 본목개정)
나. 이해관계인, 참고인 또는 관계 공무원의 출석 및 의견 제출 요구
다. 관계 기관에 대한 실지조사

제4장 보 칙
(2011.5.19 본장개정)

제22조【여론의 수집】 ① 위원회는 필요하다고 인정하는 경우에는 공청회 또는 세미나 개최 등을 통하여 공적자금과 관련된 여론을 수집할 수 있다.
② 제1항에 따른 여론 수집을 위한 경비는 예산의 범위에서 지급할 수 있다.

제23조【경비의 지급】 민간위원에게는 예산의 범위에서 수당, 여비, 그 밖에 필요한 경비를 지급할 수 있다.

제24조【벌칙 적용 시의 공무원 의제】 민간위원은 「형법」이나 그 밖의 법률에 따른 벌칙을 적용할 때에는 공무원으로 본다.

부 칙 (2004.1.29)

① **【시행일】** 이 법은 공포한 날부터 시행한다.
② **【기록물의 보존기간에 관한 적용례】** 2001년 1월 1일 이전에 공적자금의 조성·투입·집행 과정에서 금융 및 기업의 구조조정에 관한 정책의 개발 및 구조조정업무의 체계적이고 효율적인 집행을 목적으로 금융감독위원회에 설치된 구조개혁기획단과 '기업구조조정촉진을위한 금융기관협약'에 따라 설립된 기업구조조정위원회가 작성·관리한 문서 등 다음 각호에 해당하는 문서 등의 보존기간에 관하여는 다른 법률의 규정에 불구하고 제21조의2의 개정규정을 적용한다.
1. 구조개혁기획단이 설치 이후부터 해산까지 작성·관리한 문서 및 서류
2. 기업구조조정위원회가 설치 이후부터 해산까지 작성·관리한 문서 및 서류
3. 금융감독기구의설치등에관한법률에 따른 금융감독기구가 기업구조조정위원회로부터 받은 기업구조조정위원회가 작성·관리한 문서 및 서류

부 칙 (2019.11.26)

제1조【시행일】 이 법은 공포한 날부터 시행한다.(이하 생략)

금융지주회사법

(2000년 10월 23일
법 률 제6274호)

개정
2002. 4.27법 6692호 2005. 1.17법 7338호
2005. 3.31법 7428호(채무자회생파산)
2005. 5.31법 7529호 2007. 8. 3법 8571호
2007. 8. 3법 8635호(자본시장금융투자업)
2008. 2.29법 8863호(금융위원회의설치등에관한법)
2008. 3.14법 8906호 2008. 3.28법 9086호
2009. 2. 3법 9407호(자본시장금융투자업)
2009. 4. 1법 9617호(신용정보의이용및보호에관한법)
2009. 7.31법 9788호
2010. 5.17법10303호(은행법)
2010. 6. 8법10361호(근로복지기본법)
2013. 4. 5법11758호(자본시장금융투자업)
2013. 8.13법12099호 2014. 5.28법12713호
2015. 3.11법13216호(신용정보의이용및보호에관한법)
2015. 7.24법13448호(자본시장금융투자업)
2015. 7.31법13453호(금융회사의지배구조에관한법)
2016. 3.29법14121호 2017. 4.18법14817호
2017.10.31법15022호(주식회사등의외부감사에관한법)
2018.12.31법16182호
2020.12. 8법17636호(보험)
2020.12.29법17799호(독점)
2021. 4.20법18116호
2021. 4.20법18128호(자본시장금융투자업)
2022.12.31법19211호(보험)
2023. 9.14법19700호(행정법제혁신을위한일부개정법령등)

제1장 총 칙

제1조【목적】 이 법은 금융지주회사의 설립을 촉진하면서 금융회사의 대형화·겸업화에 따라 발생할 수 있는 위험의 전이(轉移), 과도한 지배력 확장 등의 부작용을 방지하여 금융지주회사와 그 자회사등의 건전한 경영을 도모하고 금융소비자, 그 밖의 이해관계인의 권익을 보호함으로써 금융산업의 경쟁력을 높이고 국민경제의 건전한 발전에 이바지함을 목적으로 한다.(2009.7.31 본조개정)

제2조【정의】 ① 이 법에서 사용하는 용어의 정의는 다음과 같다.
1. "금융지주회사"라 함은 주식(지분을 포함한다. 이하 같다)의 소유를 통하여 금융업을 영위하는 회사(이하 "금융기관"이라 한다) 또는 금융업의 영위와 밀접한 관련이 있는 회사를 대통령령이 정하는 기준에 의하여 지배(이하 "지배"라 한다)하는 것을 주된 사업으로 하는 회사로서 다음 각 목에 모두 해당하는 것을 말한다.
(2009.7.31 본문개정)
가. 1 이상의 금융기관을 지배할 것
나. 자산총액이 대통령령으로 정하는 기준 이상일 것
다. 제3조에 따라 금융위원회의 인가를 받을 것
(2009.7.31 가목~다목신설)
2. "자회사"라 함은 금융지주회사에 의하여 지배받는 회사(외국 법인을 포함한다)를 말한다.(2007.8.3 본호개정)
3. "손자회사"라 함은 자회사에 의하여 지배받는 회사(외국 법인을 포함한다)를 말한다.(2007.8.3 본호개정)
3의2. "증손회사"란 손자회사에 의하여 지배받는 회사(외국 법인을 포함한다)를 말한다.(2009.7.31 본호신설)
4. "완전지주회사" 및 "완전자회사"라 함은 각각 금융지주회사가 자회사의 발행주식총수를 소유하는 경우의 당해 금융지주회사 및 당해 자회사를 말한다.
5. "은행지주회사"라 함은 다음 각 목의 어느 하나에 해당하는 회사를 포함하여 1 이상의 금융기관을 지배하는 금융지주회사를 말한다.(2007.8.3 본문개정)
가. 「은행법」에 따른 인가를 받아 설립된 은행
(2010.5.17 본목개정)
나. (2009.7.31 삭제)
다. 「은행법」 제2조제1항제1호의 은행업을 영위하는 금융기관으로서 대통령령이 정하는 금융기관
(2007.8.3 본목개정)
라. 가목 및 다목의 금융기관을 지배하는 금융지주회사
(2009.7.31 본목개정)
6. "지방은행지주회사"라 함은 다음 각목의 은행 또는 은행지주회사를 지배하지 아니하는 은행지주회사를 말한다.
가. 전국을 영업구역으로 하는 은행
나. 가목의 은행을 지배하는 은행지주회사
(2002.4.27 본호개정)
6의2. "비은행지주회사"란 제5호 각 목의 어느 하나에 해당하는 금융기관을 지배하지 아니하는 금융지주회사를 말한다.(2009.7.31 본호신설)
6의3. "보험지주회사"란 「보험업법」 제2조제6호의 보험회사(이하 "보험회사"라 한다)를 포함하여 1 이상의 금융기관을 지배하는 비은행지주회사를 말한다.
(2020.12.8 본호개정)
6의4. "금융투자지주회사"란 「자본시장과 금융투자업에 관한 법률」 제8조제1항의 금융투자업자(이하 "금융투자업자"라 한다)인 1 이상의 금융기관을 지배하면서 다음 각 목의 어느 하나에 해당하는 금융기관을 지배하지 아니하는 비은행지주회사를 말한다.
가. 보험회사
나. 「상호저축은행법」 제6조에 따른 인가를 받아 설립된 상호저축은행
다. 「자본시장과 금융투자업에 관한 법률」 제3조제1항

의 투자성이 없는 계약을 체결하면서, 이익을 얻거나 손실을 회피할 목적으로 금전, 그 밖의 재산적 가치가 있는 것을 지급하기로 약정함으로써 불특정다수로부터 자금을 취득하여 그 자금을 운용하는 것을 업으로 하는 자로서 대통령령으로 정하는 금융기관
라. 가목부터 다목까지의 금융기관을 지배하는 금융지주회사
(2009.7.31 본호신설)
7. "동일인"이라 함은 본인 및 그와 대통령령이 정하는 특수관계에 있는 자(이하 "특수관계인"이라 한다)를 말한다.(2002.4.27 본호개정)
8. "비금융주력자"라 함은 다음 각 목의 어느 하나에 해당하는 자를 말한다.(2007.8.3 본문개정)
가. 동일인중 비금융회사(대통령령이 정하는 금융업이 아닌 업종을 영위하는 회사를 말한다. 이하 같다)인 자의 자본총액(재무상태표상 자산총액에서 부채총액을 차감한 금액을 말한다. 이하 같다)의 합계액이 당해 동일인중 회사인 자의 자본총액의 합계액의 100분의 25 이상인 경우의 당해 동일인(2021.4.20 본목개정)
나. 동일인중 비금융회사인 자의 자산총액의 합계액이 2조원 이상으로서 대통령령이 정하는 금액 이상인 경우의 당해 동일인
다. 「자본시장과 금융투자업에 관한 법률」에 따른 투자회사(이하 "투자회사"라 한다)로서 가목 또는 나목의 자가 그 발행주식총수의 100분의 4를 초과하여 주식을 보유(동일인이 자기 또는 타인의 명의로 주식을 소유하거나 계약 등에 의하여 의결권을 가지는 것을 말한다. 이하 같다)하는 경우의 해당 투자회사
(2013.8.13 본목개정)
라. 「자본시장과 금융투자업에 관한 법률」에 따른 기관전용 사모집합투자기구(이하 "기관전용 사모집합투자기구"라 한다)로서 다음 각각의 어느 하나에 해당하는 기관전용 사모집합투자기구
(1) 가목부터 다목까지의 어느 하나에 해당하는 자가 기관전용 사모집합투자기구 출자총액의 100분의 10 이상의 지분을 보유하는 유한책임사원인 경우(이 경우 지분을 계산할 때 해당 사원 외의 유한책임사원으로서 해당 사원의 특수관계인인 자의 지분을 포함한다)
(2) 가목부터 다목까지의 어느 하나에 해당하는 자가 기관전용 사모집합투자기구의 무한책임사원인 경우. 다만, 가목부터 다목까지의 어느 하나에 해당하지 아니하는 무한책임사원이 다른 기관전용 사모집합투자기구를 통하여 비금융회사의 주식 또는 지분에 투자함으로써 가목부터 다목까지의 어느 하나에 해당하게 된 경우로서 해당 기관전용 사모집합투자기구의 유한책임사원(해당 사원 외의 유한책임사원으로서 해당 사원의 특수관계인인 자를 포함한다)이 그 다른 기관전용 사모집합투자기구에 출자하지 아니한 경우는 제외한다.
(3) 다른 상호출자제한기업집단(「독점규제 및 공정거래에 관한 법률」에 따른 상호출자제한기업집단을 말한다)에 속하는 각각의 계열회사(「독점규제 및 공정거래에 관한 법률」에 따른 계열회사를 말한다. 이하 같다)가 취득한 기관전용 사모집합투자기구의 지분의 합이 기관전용 사모집합투자기구 출자총액의 100분의 30 이상인 경우
(2021.4.20 본목개정)
마. 라목에 해당하는 기관전용 사모집합투자기구(「자본시장과 금융투자업에 관한 법률」에 따른 투자목적회사(이하 "투자목적회사"라 한다)의 주식 또는 지분을 취득한 자 중 가목부터 다목까지의 어느 하나에 해당하는 자를 포함한다)가 투자목적회사의 주식 또는 지분의 100분의 4를 초과하여 취득·보유하거나 임원의 임면 등 주요 경영사항에 대하여 사실상의 영향력을 행사하는 경우의 해당 투자목적회사(2021.4.20 본목개정)
(2002.4.27 본호신설)
9. "대주주"란 「금융회사의 지배구조에 관한 법률」 제2조 제6호에 따른 주주를 말한다.(2015.7.31 본호개정)
10. "주요출자자"란 다음 각 목의 어느 하나에 해당하는 자를 말한다.
가. 은행지주회사의 주주 1인을 포함한 동일인이 은행지주회사의 의결권 있는 발행주식 총수의 100분의 10(지방은행지주회사의 경우에는 100분의 15)을 초과하여 주식을 보유하는 경우의 해당 주주 1인
나. 은행지주회사의 주주 1인을 포함한 동일인이 은행지주회사(지방은행지주회사를 제외한다)의 의결권 있는 발행주식 총수(제8조의2제2항에 따라 의결권을 행사하지 못하는 주식을 제외한다)의 100분의 4를 초과하여 주식을 보유하는 경우로서 해당 동일인이 최대주주이거나 대통령령으로 정하는 바에 따라 임원의 임면 등의 방법으로 해당 은행지주회사 및 그 자회사·손자회사·증손회사(제19조의2에 따라 금융지주회사에 편입된 다른 회사를 포함하며, 이하 "은행지주회사등"이라 한다)의 주요 경영사항에 대하여 사실상의 영향력을 행사하고 있는 자인 경우의 해당 주주 1인(2013.8.13 본목개정)
(2007.8.3 본호신설)

② 제1항제1호의 금융업의 범위, 금융업의 영위와 밀접한 관련이 있는 회사의 범위 및 주된 사업의 기준은 대통령령으로 정한다.

제2장 금융지주회사의 설립 등

제3조【인가】 ① 제2조제1항제1호의 금융지주회사 요건(같은 호 다목에 따른 인가요건을 제외하며, 이하 "금융지주회사요건"이라 한다)에 해당하는 자는 미리 금융위원회의 인가를 받아야 한다.(2009.7.31 본항개정)
② 제1항의 규정에 의한 인가를 받고자 하는 자는 대통령령이 정하는 바에 의하여 신청서를 금융위원회에 제출하여야 한다.(2008.2.29 본항개정)
③ 금융위원회는 제1항에 따른 인가에 조건을 붙일 수 있다. 다만, 금융지주회사의 부채를 통한 자회사의 주식 소유 등으로 해당 금융지주회사의 경영건전성 등을 현저히 저해할 우려가 있다고 인정되는 경우 인가에 경영건전성 등의 개선을 위한 조건을 붙여야 한다.(2009.7.31 본항개정)
④ 금융위원회는 제1항에 따른 인가를 함에 있어서는 관련시장에서의 경쟁을 실질적으로 제한하는지 여부에 관한 사항을 미리 공정거래위원회와 협의하여야 한다.
(2009.7.31 본항개정)

제4조【인가의 기준】 ① 제3조에 따른 인가를 받고자 하는 자는 다음 각 호의 기준을 모두 갖추어야 한다.
(2007.8.3 본문개정)
1. 주식회사로서 사업계획이 타당하고 건전할 것
2. 자회사, 손자회사 및 증손회사(제19조의2, 제32조에 따라 금융지주회사에 편입된 다른 회사를 포함하며, 이하 "자회사등"이라 한다)가 되는 회사의 사업계획이 타당하고 건전할 것(2009.7.31 본호개정)
3. 대주주(최대주주의 특수관계인인 주주를 포함하며, 최대주주가 법인인 경우에는 그 법인의 주요 경영사항에 대하여 사실상의 영향력을 행사하고 있는 주주로서 대통령령으로 정하는 자를 포함한다)가 충분한 출자능력, 건전한 재무상태 및 사회적 신용을 갖추고 있을 것
(2015.7.31 본호개정)
4. 금융지주회사와 자회사등이 되는 회사의 재무상태 및 경영관리상태가 건전할 것
5. 「상법」 제360조의2에 따른 주식의 포괄적 교환(이하 "주식교환"이라 한다) 또는 동법 제360조의15에 따른 주식의 포괄적 이전(이하 "주식이전"이라 한다)에 의하여 완전지주회사가 되는 경우에는 주식의 교환비율이 적정할 것(2007.8.3 본호개정)
② 제1항에 따른 인가기준에 관한 세부기준은 대통령령으로 정한다.(2007.8.3 본항개정)
(2007.8.3 본조제목개정)

제5조 (2009.7.31 삭제)

제5조의2【인가받을 의무 등】 ① 자회사 주식의 가액증가 등 대통령령으로 정하는 부득이한 사유로 금융지주회사요건에 해당하게 된 자(이하 이 조에서 "인가대상금융지주회사"라 한다)는 대통령령으로 정하는 기간 이내에 그 사실을 금융위원회에 보고하여야 한다.(2009.7.31 본항개정)
② 인가대상금융지주회사는 대통령령으로 정하는 기간 이내에 제3조에 따른 인가를 받거나 금융지주회사요건에 해당되지 아니하도록 하여야 한다. 다만, 불가피한 사유가 있는 경우에는 금융위원회의 승인을 받아 1년의 범위 안에서 그 기간을 연장할 수 있다.(2009.7.31 본항개정)
③ 제1항에 따른 보고 절차 및 방법 등에 관하여 필요한 사항은 금융위원회가 정하여 고시한다.
(2008.2.29 본조개정)

제5조의3【상호사용 금지】 금융지주회사가 아닌 자는 그 상호나 명칭에 금융지주회사임을 표시하는 문자를 사용하여서는 아니 된다.(2007.8.3 본조신설)

제6조【인가 등의 공고】 금융위원회는 제3조의 규정에 의하여 인가를 하거나 제57조제2항의 규정에 의하여 인가를 취소한 때에는 지체없이 그 내용을 관보에 공고하고 컴퓨터통신 등을 이용하여 일반인에게 알려야 한다.
(2008.2.29 본조개정)

제6조의2【자본금 및 정관 변경의 신고】 ① 금융지주회사는 자본금을 감소시키거나 정관을 변경하려는 때에는 금융위원회에 미리 신고하여야 한다. 다만, 정관의 변경 사항 중 금융위원회가 정하는 경미한 사항을 변경하는 때에는 변경한 날부터 7일 이내에 그 사실을 금융위원회에 보고하여야 한다.
② 금융위원회는 제1항 본문에 따른 신고를 받은 날부터 14일 이내에 신고수리 여부를 신고인에게 통지하여야 한다.(2018.12.31 본항신설)
③ 금융위원회가 제2항에서 정한 기간 내에 신고수리 여부 또는 민원 처리 관련 법령에 따른 처리기간의 연장을 신고인에게 통지하지 아니하면 그 기간(민원 처리 관련 법령에 따라 처리기간이 연장 또는 재연장된 경우에는 해당 처리기간을 말한다)이 끝난 날의 다음 날에 신고를 수리한 것으로 본다.(2018.12.31 본항신설)
④ 금융위원회는 제1항 본문에 따라 신고받은 내용이 관계 법령에 위반되거나 금융지주회사의 경영의 건전성을 훼손할 우려가 있는 경우에는 해당 금융지주회사에 시정하거나 보완할 것을 권고할 수 있다.
(2008.2.29 본조개정)

제3장 금융지주회사의 소유제한 등

제6조의3【금융지주회사의 비금융회사 주식소유 제한】 금융지주회사는 이 법에 특별한 규정이 없는 한 비금융회사의 주식을 소유하여서는 아니 된다. 다만, 금융지주회사로 설립될 당시에 비금융회사의 주식을 소유하고 있는 때에는 금융지주회사로 설립된 날부터 2년간은 그 회사의 주식을 소유할 수 있다.(2009.7.31 본조신설)

제6조의4【금융지주회사의 계열회사 주식소유 제한】 금융지주회사는 자회사 외의 계열회사의 주식을 소유하여서는 아니 된다. 다만, 다음 각 호의 어느 하나에 해당하는 사유로 인하여 계열회사의 주식을 소유하고 있는 경우에는 그러하지 아니하다.
1. 금융지주회사요건에 해당하게 된 당시에 계열회사의 주식을 소유하고 있는 경우로서 금융지주회사요건에 해당하게 된 날부터 2년 이내인 경우
2. 주식을 소유하고 있지 아니한 계열회사를 자회사에 해당하게 하는 과정에서 그 계열회사의 주식을 소유하게 된 날부터 1년 이내인 경우(같은 기간 내에 자회사에 해당하게 된 경우에 한한다)
3. 자회사를 자회사에 해당하지 아니하게 하는 과정에서 당해 자회사가 자회사에 해당하지 아니하게 된 날부터 1년 이내인 경우
(2009.7.31 본조신설)

제7조【금융기관과 금융지주회사의 지배관계 제한】 ① 금융지주회사는 금융기관(외국의 법령에 의하여 설립된 금융기관을 포함한다)과 대통령령이 정하는 지배관계(이하 이 조에서 "지배관계"라 한다)에 있어서는 아니된다. 다만, 다음 각 호의 어느 하나에 해당하는 경우로서 대통령령으로 정하는 요건에 해당하는 때에는 그러하지 아니하다.
1. 금융지주회사가 다른 금융지주회사와 지배관계에 있는 경우
2. 투자회사·기관전용 사모집합투자기구 또는 투자목적회사가 금융지주회사와 지배관계에 있는 경우
(2021.4.20 본호개정)
3. 경영 능력, 규모 및 건전성 등을 감안하여 대통령령으로 정하는 외국 금융기관(외국의 법령에 따라 설립되어 외국에서 금융업을 영위하는 자를 말한다)으로서 금융위원회가 인정한 자가 금융지주회사와 지배관계에 있는 경우(2008.2.29 본호개정)
② 제1항 본문에도 불구하고 담보권의 실행 등 대통령령으로 정하는 부득이한 사유로 금융기관이 금융지주회사와 지배관계에 있게 된 경우에는 대통령령으로 정하는 기간 이내에 그 금융지주회사와 지배관계를 해소하여야 한다. 다만, 불가피한 사유가 있는 경우에는 금융위원회의 승인을 받아 1년의 범위 안에서 그 기간을 연장할 수 있다.(2009.7.31 본항개정)
③ 제1항제1호의 경우 금융지주회사와 지배관계에 있는 다른 금융지주회사와 그 자회사등은 제19조 및 제19조의2를 적용함에 있어서 해당 금융지주회사의 자회사등으로 보지 아니한다.(2009.7.31 본항신설)
(2007.8.3 본조개정)

제7조의2 (2015.7.31 삭제)

제8조【은행지주회사주식의 보유제한 등】 ① 동일인은 은행지주회사의 의결권있는 발행주식총수의 100분의 10을 초과하여 은행지주회사의 주식을 보유할 수 없다. 다만, 다음 각호의 1에 해당하는 경우와 제3항 및 제8조의2 제3항의 경우에는 그러하지 아니하다.
1. 정부 또는 예금자보호법에 의한 예금보험공사가 은행지주회사의 주식을 보유하는 경우
2. 금융지주회사가 지배하는 당해 은행지주회사의 주식을 보유하는 경우
3. 지방은행지주회사의 의결권있는 발행주식총수의 100분의 15 이내에서 보유하는 경우
② 동일인(대통령령이 정하는 자를 제외한다)은 다음 각호의 1에 해당하게 된 때에는 은행지주회사 주식보유 상황 또는 주식보유비율의 변동 상황 확인을 위하여 필요한 사항으로서 대통령령으로 정하는 사항을 금융위원회에 보고하여야 한다.(2009.7.31 본문개정)
1. 은행지주회사(지방은행지주회사를 제외한다. 이하 이 항에서 같다)의 의결권있는 발행주식총수의 100분의 4를 초과하여 주식을 보유하게 된 때
2. 제1호에 해당하는 동일인이 당해 은행지주회사의 최대주주가 된 때
3. 제1호에 해당하는 동일인의 주식보유비율이 당해 은행지주회사의 의결권있는 발행주식총수의 100분의 1 이상 변동된 때
4. 은행지주회사의 의결권 있는 발행주식총수의 100분의 4를 초과하여 보유한 기관전용 사모집합투자기구의 경우에는 그 사원의 변동이 있는 때(2021.4.20 본호개정)
5. 은행지주회사의 의결권 있는 발행주식총수의 100분의 4를 초과하여 보유한 투자목적회사의 경우에는 그 주주 또는 사원의 변동이 있는 때(해당 투자목적회사의 주주 또는 사원인 기관전용 사모집합투자기구의 사원의 변동이 있는 때를 포함한다)(2021.4.20 본호개정)
③ 제1항 각호외의 부분 본문의 규정에 불구하고 동일인은 다음 각호의 구분에 의한 한도를 각각 초과할 때마다

금융위원회의 승인을 얻어 은행지주회사의 주식을 보유할 수 있다. 다만, 금융위원회는 은행업의 효율성과 건전성에의 기여가능성, 당해 은행지주회사 주주의 보유지분 분포 등을 감안하여 필요하다고 인정되는 때에 한하여 각호에서 정한 한도외에 별도의 구체적 보유한도를 정하여 승인할 수 있으며, 동일인이 그 승인받은 한도를 초과하여 주식을 보유하고자 하는 경우에는 다시 금융위원회의 승인을 얻어야 한다.(2008.2.29 본문개정)

1. 제1항 각호외의 부분 본문에서 정한 한도(지방은행지주회사의 경우에는 제1항제3호에서 정한 한도)
2. 당해 은행지주회사의 의결권있는 발행주식총수의 100분의 25
3. 당해 은행지주회사의 의결권있는 발행주식총수의 100분의 33

④ 금융위원회는 제3항의 규정에 의한 승인을 하지 아니하는 경우에는 대통령령이 정하는 기간 이내에 신청인에게 그 사유를 명시하여 통지하여야 한다.(2008.2.29 본항개정)

⑤ 제2항을 적용함에 있어 보고의 절차, 방법, 세부기준, 그 밖에 필요한 사항과 제3항을 적용함에 있어 은행지주회사의 주식을 보유할 수 있는 자의 자격, 주식보유와 관련된 승인의 요건·절차, 그 밖에 필요한 사항은 당해 은행지주회사 등의 건전성을 저해할 위험성, 자산규모·재무상태의 적정성, 당해 은행지주회사등으로부터의 신용공여규모, 금융산업의 효율성과 건전성에의 기여가능성 등을 감안하여 대통령령으로 정한다.(2009.7.31 본항개정)

⑥ 투자회사가 제3항에 따라 승인을 얻어 은행지주회사의 주식을 보유하는 경우 해당 투자회사 및 그 투자회사의 법인이사인 자산운용회사에 대하여는 「자본시장과 금융투자업에 관한 법률」 제81조제1항제1호가목부터 다목까지의 규정을 적용하지 아니한다.(2009.7.31 본항개정)

(2002.4.27 본조개정)

제8조의2 【비금융주력자의 주식보유제한 등】 ① 비금융주력자(「독점규제 및 공정거래에 관한 법률」 제32조에 따라 상호출자제한기업집단에서 제외되어 비금융주력자에 해당하지 아니하게 된 자로서 그 제외된 날부터 대통령령이 정하는 기간이 경과하지 아니한 자를 포함한다. 이하 제2항에서 같다)는 제8조제1항의 규정에 불구하고 은행지주회사의 의결권있는 발행주식총수의 100분의 4(지방은행지주회사의 경우에는 100분의 15)를 초과하여 은행지주회사의 주식을 보유할 수 없다.(2020.12.29 본항개정)

② 제1항의 규정에 불구하고 비금융주력자가 제1항의 한도(지방은행지주회사의 경우를 제외한다)를 초과하여 보유하고자 하는 은행지주회사의 주식에 대한 의결권을 행사하지 아니하는 조건으로 재무건전성 등 대통령령이 정하는 요건을 충족하여 금융위원회의 승인을 얻은 경우에는 제8조제1항 각호외의 부분 본문에서 정한 한도까지 주식을 보유할 수 있다.(2008.2.29 본항개정)

③ 다음 각 호의 어느 하나에 해당하는 비금융주력자에 대하여는 제1항·제2항에도 불구하고 제8조제1항 각 호외의 부분 본문 및 같은 조 제3항을 적용한다.

(2013.8.13 본문개정)

1. 2년 이내에 비금융주력자가 아닌 자로 전환하기 위한 계획(이하 "전환계획"이라 한다)을 금융위원회에 제출하여 승인을 받은 비금융주력자
2. 「국가재정법」 제5조에 따른 기금 또는 그 기금을 관리·운용하는 법인(법률에 따라 기금의 관리·운용을 위탁받은 법인을 포함한다. 이하 이 호에서 "기금등"이라 한다)으로서 다음 각 목의 요건을 모두 갖추어 은행지주회사의 주식보유에 관하여 금융위원회의 승인을 받은 비금융주력자
   가. 은행지주회사의 주식을 보유한 기금등과 은행지주회사등의 다른 주주, 예금자 등 이해관계자 사이에 발생할 수 있는 이해상충을 방지하기 위하여 대통령령으로 정하는 체계를 갖출 것
   나. 가목에 따른 이해상충을 방지하기 위하여 금융위원회가 정하여 고시하는 기관으로부터 필요한 범위에서 감독 및 검사를 받을 것
   다. 그 밖에 기금등의 주식보유가 은행지주회사등의 건전성에 미치는 영향 등을 고려하여 대통령령으로 정하는 요건

(2009.7.31 본항개정)

④ 제3항제1호에 따른 전환계획의 승인요건, 같은 항 제2호에 따른 승인의 절차·방법 및 그 밖에 승인심사에 관하여 필요한 사항은 대통령령으로 정한다.(2009.7.31 본항개정)

제8조의3 【전환계획에 대한 평가 및 점검 등】 ① 제8조의2제3항제1호에 따른 승인을 신청하고자 하는 비금융주력자는 전환계획을 금융위원회에 제출하여야 하며, 금융위원회는 전환계획에 대한 전문기관의 평가가 필요하다고 인정하는 경우 금융위원회가 정하는 바에 따라 그 평가를 실시할 수 있다.(2009.7.31 본항개정)

② 금융위원회는 제8조의2제3항제1호에 따라 전환계획에 대한 승인을 얻어 동조제1항에서 정한 한도를 초과하여 은행지주회사의 주식을 보유하는 비금융주력자(이하 "전환대상자"라 한다)의 전환계획 이행상황을 대통령령이 정하는 바에 따라 정기적으로 점검하고 그 결과를 컴퓨터통신 등을 이용하여 공시하여야 한다.(2009.7.31 본항개정)

③ 금융위원회는 제2항의 규정에 의한 점검결과 전환대상자가 전환계획을 이행하지 아니하고 있다고 인정되는 경우에는 6월 이내의 기간을 정하여 그 이행을 명할 수 있다.(2008.2.29 본항개정)

④ 다음 각호의 1에 해당하는 전환대상자는 제8조의2제1항에서 정한 한도를 초과하여 보유하는 은행지주회사의 주식에 대하여는 의결권을 행사할 수 없다.

1. 금융위원회로부터 제3항의 규정에 의한 이행명령을 받은 전환대상자(2008.2.29 본호개정)
2. 제51조의2제1항제1호나목의 사유에 의한 금융감독원(「금융위원회의 설치 등에 관한 법률」에 따른 금융감독원을 말한다. 이하 같다)의 원장의 검사결과 은행지주회사등과의 불법거래 사실이 확인된 전환대상자

(2009.7.31 본호개정)

⑤ 금융위원회는 전환대상자가 다음 각호의 1에 해당하는 경우에는 6월 이내의 기간을 정하여 제8조의2제1항에서 정한 한도를 초과하여 보유하는 은행지주회사의 주식을 처분할 것을 명할 수 있다.(2008.2.29 본문개정)

1. 제3항의 규정에 의한 이행명령을 이행하지 아니하는 경우
2. 제4항제2호에 해당하는 경우

(2002.4.27 본조신설)

제8조의4 (2013.8.13 삭제)

제8조의5 【기관전용 사모집합투자기구등의 주식보유에 대한 승인 등】 ① (2013.8.13 삭제)

② 기관전용 사모집합투자기구 또는 투자목적회사(이하 "기관전용 사모집합투자기구등"이라 한다)가 제8조제3항에 따른 승인을 받고자 하는 경우 다음 각 호의 요건을 모두 갖추어야 한다.

1. 기관전용 사모집합투자기구의 업무집행사원에 관한 다음 각 목의 요건
   가. 법인으로서 자신이 업무집행사원으로 있거나 그 재산운용을 위탁받은 기관전용 사모집합투자기구등의 다른 사원 또는 주주의 특수관계인이 아닐 것
   나. 자신이 업무집행사원으로 있거나 그 재산운용을 위탁받은 기관전용 사모집합투자기구등의 다른 사원 또는 주주가 해당 기관전용 사모집합투자기구등의 재산인 주식 또는 지분에 대하여 영향력을 행사하는 것을 배제할 수 있을 정도의 자산운용 능력·경험 및 사회적 신용을 갖출 것
2. 그 밖에 기관전용 사모집합투자기구등의 주식보유가 해당 은행지주회사의 건전성에 미치는 영향 등을 고려하여 대통령령으로 정하는 요건

(2021.4.20 본항개정)

③ 금융위원회는 제8조제3항에 따른 승인을 위한 심사를 할 때 제2항의 요건에 해당하는지를 확인하기 위하여 필요하면 해당 기관전용 사모집합투자기구등 또는 그 재산운용 등을 담당하는 업무집행사원에게 해당 기관전용 사모집합투자기구등의 정관, 그 밖에 그 주주 또는 사원 사이에 체결된 계약내용 등 대통령령으로 정하는 정보 또는 자료의 제공을 요구할 수 있다.(2021.4.20 본항개정)

④ 금융위원회는 제8조제3항에 따른 승인을 하지 아니하는 경우에는 대통령령으로 정하는 기간 이내에 신청인에게 그 사유를 명시하여 통지하여야 한다.(2013.8.13 본항개정)

⑤ (2013.8.13 삭제)

⑥ 금융위원회는 제8조제3항에 따른 승인을 할 때 해당 은행지주회사 주주의 보유지분의 분포·구성내역, 해당 기관전용 사모집합투자기구등의 사원 또는 주주의 구성내역 등을 고려하여 해당 기관전용 사모집합투자기구등이 은행지주회사등의 주요 경영사항에 대하여 사실상의 영향력을 행사할 가능성이 높은 경우에는 경영관여 등과 관련하여 필요한 조건을 붙일 수 있다.(2021.4.20 본항개정)

⑦ 제8조제3항에 따른 승인의 절차·심사방법, 제2항의 요건의 세부기준 및 그 밖에 필요한 사항은 대통령령으로 정한다.(2013.8.13 본항개정)

(2021.4.20 본조제목개정)

제8조의6 【기관전용 사모집합투자기구등의 보고사항】 제8조제3항에 따른 승인을 받아 은행지주회사의 주식을 보유한 기관전용 사모집합투자기구등이 제8조의5제3항에 따라 금융위원회에 제출한 정보 또는 자료의 내용이 변경된 경우에는 지체 없이 그 사실을 금융위원회에 보고하여야 한다.(2021.4.20 본조개정)

제8조의7 【기관전용 사모집합투자기구등의 의무】 기관전용 사모집합투자기구등 또는 그 주주·사원은 제8조제3항에 따른 승인을 받아 은행지주회사의 주식을 보유한 경우에는 다음 각 호의 어느 하나에 해당하는 행위를 하여서는 아니 된다.(2021.4.20 본문개정)

1. 기관전용 사모집합투자기구의 유한책임사원 또는 투자목적회사로부터 재산운용을 위탁받은 기관전용 사모집합투자기구의 업무집행사원 외의 자가 기관전용 사모집합투자기구등이 보유한 은행지주회사 주식의 의결권 행사에 영향을 미치는 행위(2021.4.20 본호개정)
2. 비금융회사의 주식 또는 지분에 투자함으로써 「자본시장과 금융투자업에 관한 법률」 제249조의7제5항제1호 또는 제2호에 따른 투자에 해당하게 되는 행위

(2021.4.20 본호개정)

3. 이 법 또는 이 법에 따른 명령을 위반하는 행위
4. 주주 또는 사원 사이에 이 법 또는 다른 금융 관련 법령을 위반하는 계약을 체결하는 행위 등 대통령령으로 정하는 행위

(2021.4.20 본조제목개정)

(2009.7.31 본조신설)

제9조 【외국은행등에 대한 특례】 ① 금융위원회는 외국에서 은행업을 주로 수행하는 회사 또는 해당 법인의 지주회사(이하 이 조에서 "외국은행등"이라 한다)를 포함하는 동일인이 제2조제1항제8호가목 및 나목에 해당하는지를 판단할 때 외국은행등이 다음 각 호의 요건을 모두 충족하는 경우로서 해당 외국은행등이 신청한 경우에는 같은 항 제7호에도 불구하고 해당 외국은행등이 직접적·간접적으로 주식 또는 출자지분을 보유하는 외국법인으로서 외국법에 따라 설립된 법인(또는 이에 준하는 것으로서 금융위원회가 인정하는 단체나 조합 등을 포함한다)을 동일인의 범위에서 제외할 수 있다. 다만, 해당 외국법인이 해당 외국은행등이 주식을 보유하는 은행지주회사의 주식을 직접적·간접적으로 보유하는 경우에는 그러하지 아니하다.

1. 자산총액, 영업규모 등에 비추어 국제적 영업활동에 적합하고 국제적 신인도가 높을 것
2. 해당 외국의 금융감독당국으로부터 해당 외국은행등의 건전성 등과 관련된 감독을 충분히 받을 것
3. 금융위원회가 해당 외국의 금융감독당국과 정보교환 등 업무협조 관계에 있을 것

② 금융위원회는 제1항에 따른 요건의 세부기준 및 해당 외국은행등의 신청의 절차·방법 등에 관하여 필요한 사항을 정하여 고시할 수 있다.

(2009.7.31 본조신설)

제10조 【한도초과 주식의 의결권 제한 등】 ① 제8조제1항·제3항 또는 제8조의2제1항·제2항의 규정에 의한 주식의 보유한도를 초과하여 은행지주회사의 주식을 보유하는 자는 제8조제1항·제3항 또는 제8조의2제1항·제2항에 따른 한도를 초과하는 주식에 대하여는 그 의결권을 행사할 수 없으며, 지체없이 그 한도에 적합하도록 하여야 한다.

② 제1항에도 불구하고 제15조의2제1항제3호에 따라 발행된 전환형 조건부자본증권이 은행지주회사의 주식으로 전환되거나 「은행법」 제33조제1항제4호에 따라 발행된 은행지주회사주식 전환형 조건부자본증권이 같은 호에 따른 비상장은행의 주식으로 전환됨과 동시에 그 전환된 주식이 같은 호에 따른 상장은행지주회사의 주식과 교환되거나 「보험업법」 제114조의2제1항제3호에 따라 발행된 금융지주회사주식 전환형 조건부자본증권이 같은 호에 따른 주권비상장보험회사의 주식으로 전환됨과 동시에 그 전환된 주식이 같은 호에 따른 상장금융지주회사의 주식과 교환됨에 따라 다음 각 호의 어느 하나에 해당하게 되는 자는 해당 각 호의 구분에 따른다.

(2022.12.31 본문개정)

1. 제8조제1항·제3항에 따른 주식의 보유한도를 초과하여 은행지주회사의 주식을 보유하는 자의 경우 : 다음 각 목의 절차를 모두 완료하여야 하며, 그 완료 전까지는 보유한도를 초과하여 보유하는 주식에 대하여 그 의결권을 행사할 수 없다.
   가. 대통령령으로 정하는 기간 이내에 제8조제1항·제3항에 따른 한도를 초과하는 은행지주회사 주식의 보유사실을 금융위원회에 보고할 것
   나. 대통령령으로 정하는 기간 이내에 다음의 어느 하나에 해당하는 조치를 완료할 것. 다만, 불가피한 사유가 있는 경우에는 금융위원회의 승인을 받아 6개월 이내의 범위에서 그 기간을 연장할 수 있다.
      1) 제8조제3항에 따른 금융위원회의 승인을 받는 조치
      2) 제8조제1항·제3항에 따른 한도를 초과하지 아니하도록 하는 조치
2. 제8조의2제1항에 따른 주식의 보유한도(지방은행지주회사의 경우는 제외한다)를 초과하고, 같은 조 제2항에 따른 주식의 보유한도 이내에서 은행지주회사의 주식을 보유하는 자의 경우 : 보유한도를 초과하여 보유하는 주식에 대해서는 그 의결권을 행사할 수 없으며, 다음 각 목의 절차를 모두 완료하여야 한다.
   가. 대통령령으로 정하는 기간 이내에 제8조의2제1항에 따른 한도를 초과하는 은행지주회사 주식의 보유사실을 금융위원회에 보고할 것
   나. 대통령령으로 정하는 기간 이내에 다음의 어느 하나에 해당하는 조치를 완료할 것. 다만, 불가피한 사유가 있는 경우에는 금융위원회의 승인을 받아 6개월 이내의 범위에서 그 기간을 연장할 수 있다.
      1) 제8조의2제2항에 따른 금융위원회의 승인을 받는 조치
      2) 제8조의2제1항에 따른 한도를 초과하지 아니하도록 하는 조치
3. 제8조의2제1항에 따른 주식의 보유한도(지방은행지주회사의 경우만 해당한다) 또는 같은 조 제2항에 따른 주식의 보유한도를 초과하여 은행지주회사의 주식을 보유하는 자의 경우 : 보유한도를 초과하여 보유하는 주식에 대해서는 그 의결권을 행사할 수 없으며, 지체없이 그 한도에 적합하도록 하여야 한다.

(2016.3.29 본항신설)

③ 금융위원회는 제1항 또는 제2항을 준수하지 아니하는 자에 대하여는 6월 이내의 기간을 정하여 그 한도를 초과하는 주식을 처분할 것을 명할 수 있다.(2016.3.29 본항개정)
④ 제2항제1호가목 및 제2호가목에 따른 보고의 절차 및 방법 등은 금융위원회가 정하여 고시한다.(2016.3.29 본항신설)
(2013.8.13 본조개정)
제10조의2【한도초과보유주주등에 대한 적격성심사등】 ① 금융위원회는 제8조제3항 및 제8조의2제3항에 따라 은행지주회사의 주식을 보유하는 자(이하 이 조에서 "한도초과보유주주등"이라 한다)가 당해 주식을 보유한 후에도 각각 제8조제5항 및 제8조의5제2항에 따른 자격 및 승인의 요건(이하 이 조에서 "초과보유요건등"이라 한다)을 충족하는지 여부를 대통령령이 정하는 바에 따라 심사하여야 한다.(2013.8.13 본항개정)
② 금융위원회는 제1항의 규정에 의한 심사를 위하여 필요한 때에는 은행지주회사 또는 한도초과보유주주등에 대하여 필요한 자료 또는 정보의 제공을 요구할 수 있다.
③ 금융위원회는 제1항의 규정에 의한 심사결과 한도초과보유주주등이 초과보유요건등을 충족하지 못하고 있다고 인정되는 때에는 6월 이내의 기간을 정하여 초과보유요건등을 충족하도록 명할 수 있다.
④ 한도초과보유주주등이 제3항에 따른 명령을 받은 경우에는 그 명령을 이행할 때까지 다음 각 호의 구분에 따른 한도를 초과하여 보유하는 은행지주회사의 주식에 대하여는 의결권을 행사할 수 없다.(2013.8.13 본문개정)
1. 제8조제3항에 따른 승인을 받은 동일인 : 제8조제3항 제1호에서 정한 한도
2. 제8조의2제3항 각 호의 어느 하나에 해당하는 비금융주력자 : 제8조의2제1항에서 정한 한도
3. (2013.8.13 삭제)
⑤ 금융위원회는 제3항의 규정에 의한 명령을 받은 한도초과보유주주등이 해당 명령을 이행하지 아니하는 때에는 6월 이내의 기간을 정하여 당해 한도초과보유주주등이 제4항 각 호의 구분에 따른 한도를 초과하여 보유하는 은행지주회사의 주식을 처분할 것을 명할 수 있다.
(2013.8.13 본항개정)
⑥ 금융위원회는 제1항의 초과보유요건등의 충족 여부를 심사할 때 제8조의2제3항제2호에 해당하는 자에 대하여 같은 호 각 목의 요건을 충족하고 있는지를 심사하여야 한다.(2009.7.31 본항신설)
(2009.7.31 본조개정)
제11조~제12조 (2002.4.27 삭제)
제13조【은행지주회사에 대한 특례】 은행지주회사는 「은행법」 제15조제1항 각 호 외의 부분 본문에도 불구하고 의결권있는 발행주식총수의 100분의 10을 초과하여 은행의 주식을 보유할 수 있다.(2009.7.31 본조개정)
제14조 (2002.4.27 삭제)

제4장 금융지주회사의 업무 및 자회사의 편입 등

제15조【업무】 금융지주회사는 자회사의 경영관리업무와 그에 부수하는 업무로서 대통령령이 정하는 업무를 제외하고는 영리를 목적으로 하는 다른 업무를 영위할 수 없다.
제15조의2【금융채의 발행】 ① 은행지주회사는 다음 각 호의 사채(이하 "금융채"라 한다)를 발행할 수 있다.
1. 「상법」에 따른 사채
2. 「자본시장과 금융투자업에 관한 법률」 제165조의11제1항에 따른 사채 중 해당 사채의 발행 당시 객관적이고 합리적인 기준에 따라 미리 정하는 사유(이하 "예정사유"라 한다)가 발생하는 경우 그 사채의 상환과 이자지급 의무가 감면된다는 조건이 붙은 사채(이하 "상각형 조건부자본증권"이라 한다)
3. 「자본시장과 금융투자업에 관한 법률」 제165조의11제1항에 따른 사채 중 해당 사채의 발행 당시 예정사유가 발생하는 경우 은행지주회사의 주식으로 전환된다는 조건이 붙은 사채(이하 "전환형 조건부자본증권"이라 한다)
4. 그 밖에 제1호부터 제3호까지의 사채에 준하는 사채로서 대통령령으로 정하는 사채
② 금융채의 발행조건 및 발행방법 등에 관하여 필요한 사항은 대통령령으로 정한다.
③ 금융위원회는 은행지주회사가 제15조의3에 따라 준용되는 「자본시장과 금융투자업에 관한 법률」 제165조의11제2항에 따른 이사회의 의결 또는 주주총회의 결의를 거치지 아니하고 금융채(상각형 조건부자본증권 및 전환형 조건부자본증권에 한정한다. 이하 이 항에서 같다)를 발행한 경우 그 은행지주회사에 대하여 6개월 이내의 기간을 정하여 금융채 발행의 금지를 명할 수 있다.
(2017.4.18 본조신설)
제15조의3【상각형 조건부자본증권 및 전환형 조건부자본증권의 발행절차 등】 ① 상각형 조건부자본증권의 발행 등에 관하여는 「자본시장과 금융투자업에 관한 법률」 제165조의11제2항 및 제314조제8항을 준용한다.
② 전환형 조건부자본증권의 발행 등에 관하여는 「자본시장과 금융투자업에 관한 법률」 제165조의6제1항 · 제2항 · 제4항, 제165조의9, 제165조의11제2항 및 제314조제8항을 준용한다.
(2017.4.18 본조신설)
제16조【자회사등의 편입승인】 ① 금융지주회사(다른 금융지주회사에 의하여 지배받는 금융지주회사를 제외한다. 이하 이 장에서 같다)는 새로이 자회사등을 편입하는 경우에는 금융위원회의 승인을 얻어야 한다.
(2009.7.31 본항개정)
② 제1항의 규정에 의한 승인을 얻고자 하는 자는 대통령령이 정하는 바에 의하여 신청서를 금융위원회에 제출하여야 한다.
③ 금융위원회는 제1항에 따른 승인에 조건을 붙일 수 있다. 다만, 금융지주회사의 부채를 통한 자회사의 주식 소유 등으로 해당 금융지주회사의 경영건전성 등을 현저히 저해할 우려가 있다고 인정되는 경우 승인에 경영건전성 등의 개선을 위한 조건을 붙여야 한다.(2009.7.31 본항개정)
④ 제1항에 따라 자회사등을 편입하는 경우에는 「금융산업의 구조개선에 관한 법률」 제24조를 적용하지 아니한다.
(2009.7.31 본항신설)
(2008.2.29 본조개정)
제17조【자회사등의 편입 승인요건】 ① 제16조의 규정에 의한 승인을 얻고자 하는 금융지주회사는 다음 각호의 요건을 갖추어야 한다.
1. 자회사등으로 편입되는 회사의 사업계획이 타당하고 건전할 것
2. 금융지주회사 및 자회사등의 재무상태와 경영관리상태가 건전할 것
3. 주식교환에 의하여 자회사등으로 편입하는 경우에는 주식의 교환비율이 적정할 것(2002.4.27 본호개정)
② 금융위원회는 제1항의 승인을 함에 있어서는 당해 자회사등의 편입이 관련시장에서의 경쟁을 실질적으로 제한하는지의 여부에 관하여 미리 공정거래위원회와 협의하여야 한다.(2008.2.29 본항개정)
③ 제1항의 규정에 의한 승인의 세부요건은 대통령령으로 정한다.
제18조【자회사등의 편입신고 등】 ① 제16조제1항의 규정에 불구하고 업무의 종류 · 특성 등을 감안하여 대통령령이 정하는 회사(이하 "신고대상회사"라 한다)를 자회사등으로 편입한 금융지주회사는 대통령령이 정하는 바에 의하여 금융위원회에 신고하여야 한다. 이 경우 「독점규제 및 공정거래에 관한 법률」 제11조제1항을 적용하지 아니한다.(2020.12.29 후단개정)
② 금융위원회는 제1항의 규정에 의한 신고를 받은 때에는 당해 자회사등의 편입이 관련시장에서의 경쟁을 실질적으로 제한하는지의 여부에 관하여 공정거래위원회와 협의하여야 한다.(2008.2.29 본항개정)
③ 금융위원회는 제1항의 규정에 의하여 편입한 자회사등이 신고대상회사에 해당하지 아니하거나 당해 자회사등의 편입이 관련시장에서의 경쟁을 실질적으로 제한한다고 인정되는 때에는 6월 이내의 기간을 정하여 금융지주회사 또는 자회사에 대하여 새로이 편입한 자회사등의 주식을 처분할 것을 명할 수 있다.(2008.2.29 본항개정)
④ 금융지주회사 또는 그 자회사가 제3항의 규정에 의하여 주식처분명령을 받은 때에는 당해 명령을 받은 날부터 그 처분명령을 받은 주식에 대하여는 의결권을 행사할 수 없다.(2002.4.27 본항신설)
⑤ 금융지주회사 또는 그 자회사등이 제1항의 규정에 의하여 신고대상회사를 자회사등으로 편입하는 경우에는 금융산업의구조개선에관한법률 제24조의 규정을 적용하지 아니한다.(2009.7.31 본항개정)
제19조【손자회사 및 증손회사】 ① 금융지주회사의 자회사는 다음 각호의 회사를 제외한 다른 회사를 지배하여서는 아니된다. 다만, 자회사가 될 당시에 지배하고 있던 회사의 경우에는 당해 자회사가 된 날부터 2년간은 그러하지 아니하다.
1. 당해 자회사의 업무와 연관성이 있는 금융기관으로서 대통령령이 정하는 금융기관
2. 금융업의 영위와 밀접한 관련이 있는 회사로서 대통령령이 정하는 회사
② 금융지주회사의 손자회사는 다른 회사를 지배하여서는 아니 된다. 다만, 다음 각 호의 어느 하나에 해당하는 경우에는 그러하지 아니하다.
1. 외국에서 설립된 금융기관 또는 금융업의 영위와 밀접한 관련이 있는 회사를 지배하는 경우
2. 손자회사가 될 당시에 지배하고 있던 회사의 경우로서 손자회사에 해당하게 된 날부터 2년 이내인 경우
3. 주식을 소유하고 있는 계열회사가 아닌 회사가 계열회사에 해당하게 되어 지배하게 된 경우로서 해당 회사가 계열회사에 해당하게 된 날부터 1년 이내인 경우
(2009.7.31 본항개정)
③ 금융지주회사의 증손회사는 다른 회사를 지배하여서는 아니 된다. 다만, 다음 각 호의 어느 하나에 해당하는 경우에는 그러하지 아니하다.
1. 증손회사가 될 당시에 지배하고 있던 회사인 경우로서 증손회사에 해당하게 된 날부터 2년 이내인 경우
2. 주식을 소유하고 있는 계열회사가 아닌 회사가 계열회사에 해당하게 되어 지배하게 된 경우로서 해당 회사가 계열회사에 해당하게 된 날부터 1년 이내인 경우
(2009.7.31 본항신설)
④ 제3항은 금융지주회사에 편입된 자회사등이 제3항 이하의 단계로 수직적으로 출자하여 다른 회사를 지배하는 경우에 준용한다.(2009.7.31 본항신설)
(2009.7.31 본조제목개정)
제19조의2【금융투자업자인 손자회사 · 증손회사 등의 다른 회사 지배】 ① 금융지주회사의 자회사인 금융투자업자의 지배를 받는 손자회사가 제19조제2항에 따라 지배하는 외국 증손회사는 다음 각 호의 요건을 충족하는 경우에는 제19조제3항에도 불구하고 다른 회사를 지배할 수 있다.
1. 그 다른 회사가 외국에서 설립된 금융기관 또는 금융업의 영위와 밀접한 관련이 있는 회사일 것
2. 제43조의2제1항부터 제3항까지의 규정에서 정하는 소유기준 이상으로 다른 회사의 주식을 소유할 것
② 제1항에 따라 금융지주회사의 외국 증손회사의 지배를 받는 외국 금융투자업자(외국 법령에 따라 외국에서 「자본시장과 금융투자업에 관한 법률」 제6조의 금융투자업에 상당하는 영업을 영위하는 자를 말한다. 이하 이 조에서 같다)는 제19조제4항에도 불구하고 다음 각 호의 요건을 모두 충족하는 경우에는 다른 회사를 지배할 수 있다.
1. 그 다른 회사가 외국에서 설립된 금융기관 또는 금융업의 영위와 밀접한 관련이 있는 회사일 것
2. 제43조의2제1항부터 제3항까지의 규정에서 정하는 소유기준 이상으로 다른 회사의 주식을 소유할 것
③ 제2항은 금융지주회사에 편입된 외국 금융투자업자가 제2항 이하의 단계로 수직적으로 출자하여 다른 회사를 지배하는 경우에 준용한다.
(2009.7.31 본조신설)

제5장 비은행지주회사에 대한 특례
(2009.7.31 본장신설)

제1절 비은행지주회사 전환계획에 관한 특칙
(2014.5.28 본절제목개정)

제20조~제21조 (2014.5.28 삭제)
제22조【비은행지주회사 전환계획 제출자에 대한 특례】 ① 「독점규제 및 공정거래에 관한 법률」 제31조제1항에 따라 지정된 상호출자제한기업집단에 속하는 회사의 사업내용을 지배하는 자 또는 그의 특수관계인이 비은행지주회사로 전환하기 위한 계획(이하 이 조에서 "전환계획"이라 한다)을 금융위원회에 제출하여 승인을 얻은 때에는 그 때부터 전환계획의 이행시까지 그 전환계획에서 비은행지주회사와 자회사등으로 예정한 회사들(이하 이 조에서 "전환대상자"라 한다)을 이 법에 따른 금융지주회사 및 그 자회사등으로 본다.(2020.12.29 본항개정)
② 제1항에도 불구하고 전환대상자가 제1항에 따른 금융위원회의 승인을 얻을 당시에 다음 각 호의 어느 하나에 해당하는 규정(이하 이 조에서 "행위제한규정"이라 한다)의 내용과 달리 법률관계가 형성된 경우에도 그 승인 시로부터 5년의 범위 내에서 금융위원회가 승인한 당시에 인정한 기간 이내에는 해당 전환대상자에 대하여 행위제한규정을 적용하지 아니한다. 다만, 주식가격의 급격한 변동 등 경제여건의 변화, 사업의 현저한 손실, 그 밖의 사유로 인하여 전환대상자가 주식을 취득 · 처분하거나 자산을 매각하는 것 등이 곤란한 경우에 금융위원회는 2년의 범위 내에서 행위제한규정의 유예기간을 각각 연장할 수 있다.
1. 제5조의2제2항
2. 제6조의3
3. 제7조
4. 제15조
5. 제19조
6.~7. (2014.5.28 삭제)
8. 제43조의2
9. 제43조의3
10. 제44조
11. 제48조제1항제2호
12. 제48조제5항
③ 금융위원회는 제1항에 따른 전환계획을 승인함에 있어 금융기관의 건전성을 저해할 위험성 등을 고려하여 다음 각 호에 해당하는 내용의 적용을 배제하는 조건을 붙일 수 있다.
1. (2015.7.31 삭제)
2. 제47조제1항에 따른 자회사등 사이의 업무위탁
3. 제48조제4항에 따른 공동광고, 전산시스템 등 시설의 공동사용
4. 제48조의2제1항부터 제3항까지의 규정에 따른 정보제공
5. 「금융회사의 지배구조에 관한 법률」 제10조에 따른 임직원 겸직(2015.7.31 본호신설)
④ 금융위원회는 제1항에 따른 승인 및 제2항 단서에 따른 기간연장을 함에 있어서 관련시장에서의 경쟁을 실질적으로 제한하는지 여부 및 「독점규제 및 공정거래에 관한 법률」을 위반하였는지 여부에 관한 사항을 미리 공정거래위원회와 협의하여야 한다.
⑤ 금융위원회는 전환계획에 대한 전문기관의 평가가 필요하다고 인정하는 때에는 금융위원회가 정하여 고시하는 바에 따라 그 평가를 실시할 수 있다.

⑥ 금융위원회는 전환대상자의 전환계획 이행상황을 대통령령으로 정하는 바에 따라 정기적으로 점검하고 그 결과를 인터넷 홈페이지 등을 이용하여 공시하여야 한다.
⑦ 금융위원회는 제6항의 점검결과 전환대상자가 전환계획을 이행하지 아니하고 있다고 인정되는 경우에는 제3항 각 호 내용의 적용을 배제하거나 6개월 이내의 기간을 정하여 그 이행을 명할 수 있다.
⑧ 다음 각 호의 어느 하나에 해당하는 전환대상자는 행위제한규정(제43조의2 및 제43조의3을 제외한다)의 내용과 달리 보유하고 있는 주식에 대하여는 의결권을 행사할 수 없다.
1. 금융위원회로부터 제7항의 이행명령을 받은 전환대상자
2. 금융감독원의 원장(이하 "금융감독원장"이라 한다)의 검사결과 금융지주회사와 그 자회사등 간 또는 동일한 금융지주회사에 속하는 자회사등 간 불법거래 사실이 확인된 전환대상자
⑨ 금융위원회는 전환대상자가 다음 각 호의 어느 하나에 해당하는 경우에는 6개월 이내의 기간을 정하여 행위제한규정의 내용과 달리 보유하고 있는 금융기관의 주식을 처분할 것을 명할 수 있다.
1. 제7항의 이행명령을 이행하지 아니하는 경우
2. 제8항제2호에 해당하는 경우
⑩ 제1항의 승인, 제2항 단서의 기간연장, 제7항의 이행명령 및 제9항의 처분명령의 기준, 절차 및 방법 등에 관하여 필요한 사항은 대통령령으로 정한다.

제2절 보험지주회사에 관한 특칙

제23조【설립인가】 제3조의 인가를 받아 보험지주회사가 되려는 자는 제4조에도 불구하고 같은 조 제1항의 인가기준 중 보험계약자 보호와 과도한 지배력 확장을 방지하기 위하여 대통령령으로 정하는 기준을 갖추어야 한다.
제24조【자회사등의 편입승인 등】 보험지주회사가 새로이 자회사등을 편입하는 경우에는 제17조에도 불구하고 같은 조 제1항의 승인요건 중 보험계약자 보호와 과도한 지배력 확장을 방지하기 위하여 대통령령으로 정하는 기준을 갖추어야 한다.(2014.5.28 본조개정)
제25조【자회사의 다른 회사 지배 등】 ① 보험지주회사의 자회사인 보험회사는 제19조제1항에도 불구하고 다음 각 호의 어느 하나에 해당하는 회사를 제외한 다른 회사를 지배할 수 있다.
1. 비금융회사[「보험업법」 제115조에 따라 금융위원회의 승인(같은 조 제1항 단서에 따라 승인이 의제되거나 같은 조 제2항·제3항 또는 제5항에 따라 신고 또는 보고하는 경우를 포함한다)을 받아 소유하는 회사는 제외한다]
(2020.12.8 본호개정)
2. 제2조제1항제5호가목 및 다목의 금융기관(이하 이 장에서 "은행등"이라 한다)
3. 다음 각 목의 구분에 따른 회사
가. 자회사인 보험회사가 생명보험업의 보험종목 전부를 영위하는 경우 : 손해보험업의 보험종목 전부를 영위하는 보험회사
나. 자회사인 보험회사가 손해보험업의 보험종목 전부를 영위하는 경우 : 생명보험업의 보험종목 전부를 영위하는 보험회사
② 보험지주회사의 자회사인 금융회사[제2조제1항제6호의4 각 목의 금융기관 및 「여신전문금융업법」에 따른 여신전문금융회사(이하 이 장에서 "여신전문금융회사"라 한다)를 제외한다]는 제19조제1항에도 불구하고 다음 각 호의 어느 하나에 해당하는 회사를 제외한 다른 회사를 지배할 수 있다.(2014.5.28 후단삭제)
1. 은행등
2. 제2조제1항제6호의4 각 목의 금융기관
3. 비금융회사(2014.5.28 본호신설)
③ (2014.5.28 삭제)
제26조【손자회사의 다른 회사 지배의 특례】 ① 보험지주회사의 자회사인 보험회사의 지배를 받는 손자회사는 다른 국내 회사의 발행주식 총수를 소유하는 경우에는 제19조제2항에도 불구하고 다음 각 호의 어느 하나에 해당하는 회사를 제외한 다른 회사를 지배할 수 있다.
1. 비금융회사
2. 은행등
② 보험지주회사의 자회사인 금융회사(제2조제1항제6호의4 각 목의 금융기관 및 여신전문금융회사를 제외한다)의 지배를 받는 손자회사는 다른 국내 회사의 발행주식 총수를 소유하는 경우에는 제19조제2항에도 불구하고 제25조제2항 각 호의 회사를 제외한 다른 회사를 지배할 수 있다.
(2014.5.28 삭제)
③ (2014.5.28 삭제)
제27조 (2014.5.28 삭제)
제28조【상호저축은행 등을 지배하는 금융지주회사에 대한 특례】 보험회사를 지배하지 아니하면서 제2조제1항제6호의4나목부터 라목까지의 어느 하나에 해당하는 금융기관 또는 여신전문금융회사를 지배하는 비은행지주회사 또는 그 자회사등에 대하여는 제23조부터 제26조까지의 규정을 준용한다.(2014.5.28 본조개정)

제3절 금융투자지주회사에 관한 특칙

제29조【설립인가】 제3조의 인가를 받아 금융투자지주회사가 되려는 자는 제4조에도 불구하고 같은 조 제1항의 인가기준 중 금융투자업자와 투자자 간, 특정 투자자와 다른 투자자 간의 이해상충의 방지, 금융투자업자의 건전한 경영을 위하여 대통령령으로 정하는 기준을 갖추어야 한다.
제30조【자회사등의 편입승인 등】 금융투자지주회사가 새로이 자회사등을 편입하는 경우에는 제17조에도 불구하고 같은 조 제1항의 승인요건 중 금융투자업자와 투자자 간, 특정 투자자와 다른 투자자 간의 이해상충의 방지, 금융투자업자의 건전한 경영을 위하여 대통령령으로 정하는 기준을 갖추어야 한다.(2014.5.28 본조개정)
제31조【자회사의 다른 회사 지배 등】 금융투자지주회사의 자회사인 금융투자업자는 제19조제1항에도 불구하고 제25조제2항 각 호의 회사를 제외한 다른 회사를 지배할 수 있다.(2014.5.28 본조개정)
제32조【손자회사·증손회사 등의 다른 회사 지배의 특례】 ① 금융투자지주회사의 자회사·손자회사인 금융투자업자의 지배를 받는 손자회사·증손회사는 각각 제19조제2항·제3항에도 불구하고 다른 국내 회사의 발행주식 총수를 소유하는 경우에는 제25조제2항 각 호의 회사를 제외한 다른 회사를 지배할 수 있다.(2014.5.28 본항개정)
② (2014.5.28 삭제)
③ 제1항에 따라 금융투자지주회사의 증손회사의 지배를 받는 금융투자업자는 제19조제4항에도 불구하고 다음 각 호의 요건을 모두 충족하는 경우에는 다른 회사를 지배할 수 있다.
1. 제25조제2항 각 호의 회사를 지배하지 아니할 것
(2014.5.28 본호개정)
2. 해당 다른 회사의 발행주식 총수를 소유할 것
④ 제3항은 금융투자지주회사에 편입된 금융투자업자가 제3항 이하의 단계로 수직적으로 출자하여 다른 회사를 지배하는 경우에 준용한다.
제33조 (2014.5.28 삭제)

제4절 대주주·자회사등 간의 거래제한 등

제34조【대주주와의 거래 등의 제한 등】 ① 비은행지주회사 및 그 자회사등(이하 "비은행지주회사등"이라 한다)은 담보권의 실행 등 권리행사를 위하여 필요한 경우, 그 밖에 비은행지주회사등의 건전성을 해하지 아니하는 범위에서 금융업의 효율적 수행을 위하여 대통령령으로 정하는 경우를 제외하고 직접 또는 간접으로 해당 비은행지주회사의 대주주(그의 특수관계인을 포함한다. 이하 이 조에서 같다)의 다른 회사에 대한 출자를 지원하기 위한 신용공여를 하여서는 아니 된다.
② 비은행지주회사등(다른 비은행지주회사에 의하여 지배받는 금융지주회사는 제외한다. 이하 이 항 및 이 조 제3항부터 제7항까지에서 같다)이 그 비은행지주회사의 대주주에게 할 수 있는 신용공여의 합계액은 비은행지주회사등의 업종 등을 고려하여 대통령령으로 정하는 기준을 초과할 수 없다. 다만, 비은행지주회사등이 제45조제1항 단서의 사유에 해당하는 경우에는 그러하지 아니하다.
③ 비은행지주회사등은 해당 비은행지주회사등의 업종등을 고려하여 대통령령으로 정하는 기준을 초과하여 그 비은행지주회사의 대주주가 발행한 주식(출자지분을 포함한다)을 취득(신탁업무에 의하여 취득하는 것을 포함한다)하여서는 아니 된다. 이 경우 금융위원회는 전단에 따른 취득한도 이내에서 주식의 종류별로 취득한도를 따로 정할 수 있다.
④ 비은행지주회사의 대주주가 아닌 자가 새로 대주주가 됨에 따라 비은행지주회사등이 제3항에 따른 한도를 초과하게 되는 경우 해당 비은행지주회사등은 대통령령으로 정하는 기간 이내에 그 한도를 초과한 주식을 처분하여야 한다.
⑤ 비은행지주회사등은 비은행지주회사의 대주주에 대하여 대통령령으로 정하는 기준 이상의 신용공여를 하거나 해당 비은행지주회사의 대주주가 발행한 채권 또는 주식을 대통령령으로 정하는 기준 이상으로 취득하고자 하는 경우에는 미리 이사회의 의결을 거쳐야 한다. 이 경우 이사회 결의는 재적이사 전원의 찬성으로 한다.
⑥ 비은행지주회사등은 해당 비은행지주회사의 대주주와 다음 각 호의 어느 하나에 해당하는 행위를 한 때에는 지체 없이 그 사실을 금융위원회에 보고하고 인터넷 홈페이지 등을 이용하여 공시하여야 한다.
1. 대통령령으로 정하는 기준 이상의 신용공여
2. 해당 비은행지주회사의 대주주가 발행한 채권 또는 주식을 대통령령으로 정하는 기준 이상으로 취득하는 행위
3. 해당 비은행지주회사의 대주주가 발행한 주식에 대한 의결권의 행사
⑦ 비은행지주회사등은 해당 비은행지주회사의 대주주에 대한 신용공여 또는 해당 비은행지주회사의 대주주가 발행한 채권 또는 주식의 취득에 관한 사항을 대통령령으로 정하는 바에 따라 분기별로 금융위원회에 보고하고, 인터넷 홈페이지 등을 이용하여 공시하여야 한다.
⑧ 비은행지주회사의 자회사등인 보험회사가 해당 비은행지주회사의 대주주와 대통령령으로 정하는 바에 따른 거래를 하고자 하는 경우에는 해당 보험회사가 그 거래일로부터 30일 이전에 금융위원회에 보고하여야 한다.
⑨ 비은행지주회사의 대주주는 해당 비은행지주회사등의 이익에 반하여 대주주 개인의 이익을 위하여 다음 각 호의 어느 하나에 해당하는 행위를 하여서는 아니 된다.
1. 부당한 영향력을 행사하기 위하여 해당 비은행지주회사등에 대하여 외부에 공개되지 아니한 자료 또는 정보의 제공을 요구하는 행위. 다만, 「금융회사의 지배구조에 관한 법률」 제33조제6항 및 「상법」 제466조에 따른 권리의 행사에 해당하는 경우를 제외한다.
(2015.7.24 단서개정)
2. 경제적 이익 등 반대급부의 제공을 조건으로 다른 주주와 담합하여 해당 비은행지주회사등의 인사 또는 경영에 부당한 영향력을 행사하는 행위
3. 그 밖에 제1호 및 제2호에 준하는 행위로서 대통령령으로 정하는 행위
⑩ 금융위원회는 비은행지주회사의 대주주(회사에 한한다)의 부채가 자산을 초과하거나 채무상환능력이 현저히 약화되는 등 재무구조의 부실로 인하여 비은행지주회사등의 경영건전성을 현저히 해칠 우려가 있는 경우로서 대통령령으로 정하는 경우에는 그 비은행지주회사등에 대하여 다음 각 호의 조치를 할 수 있다.
1. 대주주에 대한 신규 신용공여의 금지
2. 대주주가 발행한 증권(「자본시장과 금융투자업에 관한 법률」에 따른 증권을 말한다. 이하 같다)의 신규 취득 금지
3. 그 밖에 대주주에 대한 자금지원 성격의 거래제한 등 대통령령으로 정하는 조치
⑪ 금융위원회는 비은행지주회사등 또는 비은행지주회사의 대주주가 제1항부터 제10항까지의 규정을 위반한 혐의가 있다고 인정될 경우에는 해당 비은행지주회사등 또는 대주주에 대하여 필요한 자료의 제출을 요구할 수 있다.
제35조【비은행지주회사의 부채비율】 비은행지주회사는 자본총액(재무상태표상의 자산총액에서 부채총액을 뺀 금액을 말한다. 이하 이 조에서 같다)의 2배를 초과하는 부채액을 보유할 수 없다. 다만, 비은행지주회사로 설립될 당시에 자본총액의 2배를 초과하는 부채액을 보유하고 있는 때에는 비은행지주회사로 설립된 날부터 2년간은 자본총액의 2배를 초과하는 부채액을 보유할 수 있다.
(2021.4.20 본문개정)
제36조【신용공여한도 및 자회사등의 행위제한에 대한 특칙】 ① 비은행지주회사등(다른 비은행지주회사에 의하여 지배받는 금융지주회사는 제외한다. 이하 이 항에서 같다)의 동일차주(「보험업법」 제2조제16호에 따른 동일차주를 말한다) 및 동일한 개인이나 법인 각각에 대한 신용공여의 합계액은 제45조에도 불구하고 비은행지주회사등의 업종 등을 고려하여 대통령령으로 정하는 기준을 초과할 수 없다. 다만, 비은행지주회사등이 제45조제1항 단서의 사유에 해당하는 경우에는 그러하지 아니하다.
(2020.12.8 본문개정)
② 비은행지주회사의 자회사등에 대하여는 제48조제1항제1호·제3호 및 제2항을 적용하지 아니한다.
③ 비은행지주회사등은 대주주 또는 다른 자회사등과 거래를 함에 있어 자산을 무상으로 양도하거나 그 외의 자를 상대방으로 하여 거래하는 경우 등 통상적인 거래조건과 비교하여 해당 비은행지주회사에 현저하게 불리한 조건으로 자산을 매매 또는 교환하거나 신용공여를 하여서는 아니 된다.
제37조 (2014.5.28 삭제)

제6장 금융지주회사의 운영

제38조~제42조 (2015.7.31 삭제)
제42조의2【금융지주회사의 자회사등의 대주주 기준에 관한 특례】 금융지주회사는 다음 각 호의 어느 하나에 해당하는 자회사등에 대하여 해당 금융관련법령에 따른 설립 인가·허가 또는 주식취득에 의한 대주주 변경 승인을 함에 있어서 요구되는 대주주 기준을 갖춘 것으로 본다.
1. 제3조의 인가를 받아 지배하게 된 자회사등
2. 제16조에 따라 금융위원회의 승인을 얻어 편입한 자회사등
3. 제18조에 따른 신고대상회사 중 대통령령으로 정하는 자회사등
(2009.7.31 본조신설)
제43조 (2009.7.31 삭제)
제43조의2【자회사주식의 소유의무】 ① 금융지주회사는 이 법에 특별한 규정이 없는 한 자회사의 주식을 해당 자회사의 발행주식 총수의 100분의 50[자회사가 주권상장법인(「자본시장과 금융투자업에 관한 법률」에 따른 주권상장법인을 말한다. 이하 같다)인 경우 또는 경영에 영향을 미칠 수 있는 상당한 지분을 소유하고 있는 2인 이상의 출자자가 계약 또는 이에 준하는 방법으로 출자지분의 양도를 현저히 제한하고 있어 출자자간 지분변동이 어려운 법인(이하 이 조에서 "공동출자법인"이라 한다)인 경우에는 100분의 30으로 하며, 이하 이 조에서 "주식소유기준"이라 한다] 이상 소유하여야 한다. 다만, 다음

각 호의 어느 하나에 해당하는 사유로 인하여 주식소유기준에 미달하게 된 경우에는 그러하지 아니하다.
(2017.4.18 본문개정)
1. 금융지주회사요건에 해당하게 된 당시에 자회사의 주식을 주식소유기준 미만으로 소유하고 있는 경우로서 금융지주회사요건에 해당하게 된 날부터 2년 이내인 경우
2. 주권상장법인이었던 자회사가 그에 해당하지 아니하게 되어 주식소유기준에 미달하게 된 경우로서 그 해당하지 아니하게 된 날부터 1년 이내인 경우(2009.7.31 본호개정)
3. 자회사가 주식을 모집하거나 매출하면서 「근로복지기본법」 제38조에 따라 우리사주조합에 우선배정하거나 해당 자회사가 「상법」 제513조 또는 제516조의2에 따라 발행한 전환사채 또는 신주인수권부사채의 전환이 청구되거나 신주인수권이 행사되어 주식소유기준에 미달하게 된 경우로서 그 미달하게 된 날부터 1년 이내인 경우(2010.6.8 본호개정)
4. 자회사가 아닌 회사가 자회사에 해당하게 되고 주식소유기준에는 미달하는 경우로서 해당 회사가 자회사에 해당하게 된 날부터 1년 이내인 경우
5. 자회사를 자회사에 해당하지 아니하게 하는 과정에서 주식소유기준에 미달하게 된 경우로서 그 미달하게 된 날부터 1년 이내인 경우(주식소유기준에 미달하게 된 날부터 1년 이내에 자회사에 해당하지 아니하게 된 경우에 한한다)
② 자회사가 주식을 해외에서 발행하여 해외시장에서 상장·등록한 경우에도 그 해외시장의 안정성·유동성·투명성, 외국의 거래소의 공시수준·자율규제체계 등을 고려하여 금융위원회가 인정하는 때에는 주식소유기준의 적용에 있어 주권상장법인으로 본다.(2008.2.29 본항개정)
③ 금융위원회는 금융지주회사가 외국법인인 자회사(이하 이 항에서 "외국 자회사"라 한다)에 대하여 대통령령으로 정하는 사실상의 지배력을 확보할 수 있음을 충분히 소명한 경우에는 해당 외국 자회사의 주식에 대한 소유기준을 제1항의 주식소유기준과 달리 완화하여 정할 수 있다. 이 경우 금융지주회사는 제1항에도 불구하고 금융위원회가 인정하는 소유기준 이상으로 외국 자회사의 주식을 소유하여야 한다.(2008.2.29 본항개정)
④ 제1항의 공동출자법인의 세부기준, 제2항의 외국의 유가증권시장 및 제3항의 주식소유기준의 완화에 관하여 필요한 사항은 대통령령으로 정한다.(2009.7.31 본항개정)
(2007.8.3 본조신설)

제43조의3【손자회사주식의 소유의무】 제43조의2(제1항제1호의 경우는 제외한다)는 이 법에 특별한 규정이 없는 한 금융지주회사의 자회사가 손자회사의 주식을 소유하는 경우 및 손자회사가 증손회사의 주식을 소유하는 경우에도 준용한다.(2009.7.31 본조신설)

제44조【다른 회사의 주식소유제한】 ① 금융지주회사는 자회사등이 아닌 회사의 발행주식총수의 100분의 5 이내에서 다른 회사의 주식을 소유할 수 있다. 다만, 해당 주식의 소유가 제6조의4에 따라 금지되는 계열회사 주식 소유에 해당하는 경우에는 그러하지 아니하다.
(2009.7.31 단서개정)
② 제1항 본문의 규정에 의하여 금융지주회사가 다른 회사(금융기관 및 금융업과 밀접한 관련이 있는 회사를 제외한다)의 주식을 소유하는 경우 당해 금융지주회사는 그 다른 회사의 주주총회의 참석 주식수에서 금융지주회사가 소유한 주식수를 차감한 주식수의 의결내용에 영향을 미치지 아니하도록 의결권을 행사하여야 한다.

제45조【신용공여한도】 ① 동일차주(은행법 제35조제1항의 규정에 의한 동일차주를 말한다)에 대한 금융지주회사(다른 금융지주회사에 의하여 지배받는 금융지주회사를 제외한다. 이하 이 조에서 같다) 및 자회사등(이하 이조에서 "금융지주회사등"이라 한다)의 신용공여의 합계액은 금융지주회사등의 자기자본의 순합계액의 100분의 25를 초과할 수 없다. 다만, 다음 각호의 1에 해당하는 경우로서 대통령령이 정하는 경우에는 그러하지 아니하다.
1. 국민경제를 위하여 또는 금융지주회사등의 채권확보의 실효성 확보를 위하여 필요한 경우
2. 금융지주회사등이 추가로 신용공여를 하지 아니하였음에도 불구하고 자기자본의 변동, 동일차주의 변동 등으로 인하여 본문의 규정에 의한 한도를 초과하게 되는 경우
② 동일한 개인이나 법인 각각에 대한 금융지주회사등의 신용공여의 합계액은 금융지주회사등의 자기자본의 순합계액의 100분의 20을 초과할 수 없다. 다만, 제1항 단서의 사유에 해당하는 경우에는 그러하지 아니하다.
(2002.4.27 단서개정)
③ 금융지주회사의 의결권있는 발행주식총수의 100분의 10을 초과하는 주식을 보유하는 동일인에 대한 금융지주회사등의 신용공여의 합계액은 금융지주회사등의 자기자본의 순합계액의 100분의 25의 범위안에서 대통령령이 정하는 방법에 의하여 산정한 금액을 초과할 수 없다. 다만, 제1항 단서의 사유에 해당하는 경우에는 그러하지 아니하다.(2002.4.27 단서개정)
④ 금융지주회사등은 제1항제2호의 사유로 같은 항 각 호 외의 부분 본문, 제2항 본문 또는 제3항 본문에 규정한 한도를 초과하게 되는 경우에는 당해 한도가 초과하게 된 날부터 1년 이내에 대통령령이 정하는 바에 따라 당해 한도에 적합하도록 하여야 한다. 다만, 대통령령이 정하는 부득이한 사유에 해당하는 경우에는 금융위원회가 그 기간을 정하여 연장할 수 있다.(2009.7.31 본문개정)
⑤ 제1항 내지 제4항의 자회사등의 범위, 신용공여의 기준, 자기자본 및 자기자본의 순합계액 산정방법은 대통령령으로 정한다.

제45조의2【은행지주회사의 주요출자자에 대한 신용공여한도 등】 ① 은행지주회사등(다른 은행지주회사에 의하여 지배받는 금융지주회사를 제외한다. 이하 이 조 및 제45조의3 내지 제45조의5에서 같다)이 그 은행지주회사의 주요출자자(그 특수관계인을 포함한다. 이하 같다)에게 할 수 있는 신용공여의 합계액은 당해 은행지주회사등의 자기자본의 순합계액의 100분의 25의 범위안에서 대통령령이 정하는 비율에 해당하는 금액과 그 주요출자자의 당해 은행지주회사에 대한 출자비율에 해당하는 금액중 적은 금액을 초과할 수 없다. 다만, 은행지주회사등이 제45조제1항 단서의 사유에 해당하는 경우에는 그러하지 아니하다.(2007.8.3 본항개정)
② 은행지주회사등이 그 은행지주회사의 주요출자자 모두에게 할 수 있는 신용공여의 합계액은 당해 은행지주회사등의 자기자본의 순합계액의 100분의 25의 범위안에서 대통령령이 정하는 비율에 해당하는 금액을 초과할 수 없다.(2007.8.3 본항개정)
③ 은행지주회사등은 제1항 및 제2항의 규정에 의한 신용공여한도를 회피하기 위한 목적으로 다른 은행지주회사등 또는 은행과 교차하여 신용공여를 하여서는 아니된다.
④ 은행지주회사등은 그 은행지주회사의 주요출자자에 대하여 대통령령이 정하는 금액 이상의 신용공여(대통령령이 정하는 거래를 포함한다. 이하 이 조에서 같다)를 하고자 하는 때에는 미리 이사회의 의결을 거쳐야 한다. 이 경우 이사회는 재적이사 전원의 찬성으로 의결한다.
(2007.8.3 전단개정)
⑤ 은행지주회사등이 그 은행지주회사의 주요출자자에 대하여 대통령령이 정하는 금액 이상의 신용공여를 한 때에는 지체없이 그 사실을 금융위원회에 보고하고 컴퓨터통신 등을 이용하여 공시하여야 한다.(2008.2.29 본항개정)
⑥ 은행지주회사등은 그 은행지주회사의 주요출자자에 대한 신용공여에 관한 사항을 대통령령이 정하는 바에 따라 분기별로 컴퓨터통신 등을 이용하여 공시하여야 한다.
(2007.8.3 본항개정)
⑦ 제1항 내지 제6항의 규정에 의한 자회사등의 범위, 신용공여의 기준, 자기자본 및 자기자본의 순합계액의 산정방법은 대통령령으로 정한다.
⑧ 은행지주회사등은 해당 은행지주회사의 주요출자자의 다른 회사에 대한 출자를 지원하기 위한 신용공여를 하여서는 아니 된다.(2009.7.31 본항신설)
⑨ 은행지주회사등은 해당 은행지주회사의 주요출자자에게 자산을 무상으로 양도하거나 통상의 거래조건에 비추어 해당 은행지주회사등에게 현저하게 불리한 조건으로 매매 또는 교환을 하거나 신용공여를 하여서는 아니된다.(2009.7.31 본항신설)
(2007.8.3 본조제목개정)
(2002.4.27 본조신설)

제45조의3【주요출자자가 발행한 주식의 취득한도 등】 ① 은행지주회사등은 자기자본의 순합계액의 100분의 1의 범위안에서 대통령령이 정하는 비율에 해당하는 금액을 초과하여 그 은행지주회사의 주요출자자가 발행한 주식(출자지분을 포함한다. 이하 이 조에서 같다)을 취득(신탁업무에 의하여 취득하는 것을 포함한다. 이하 이 조에서 같다)하여서는 아니된다. 이 경우 금융위원회는 전단의 규정에 의한 취득한도 이내에서 주식의 종류별로 취득한도를 따로 정할 수 있다.(2008.2.29 본항개정)
② 은행지주회사의 주요출자자가 아닌 자가 새로 주요출자자가 됨에 따라 은행지주회사등이 제1항의 규정에 의한 한도를 초과하게 되는 경우 당해 은행지주회사등은 대통령령이 정하는 기간 이내에 그 한도를 초과한 주식을 처분하여야 한다.(2007.8.3 본항개정)
③ 은행지주회사등이 그 은행지주회사의 주요출자자가 발행한 주식을 대통령령이 정하는 금액 이상으로 취득하고자 하는 때에는 미리 이사회의 의결을 거쳐야 한다. 이 경우 이사회는 재적이사 전원의 찬성으로 의결한다.
(2007.8.3 전단개정)
④ 은행지주회사등이 그 은행지주회사의 주요출자자가 발행한 주식을 대통령령이 정하는 금액 이상으로 취득한 때에는 지체없이 그 사실을 금융위원회에 보고하고 컴퓨터통신 등을 이용하여 공시하여야 한다.(2008.2.29 본항개정)
⑤ 은행지주회사등은 그 은행지주회사의 주요출자자가 발행한 주식의 취득에 관한 사항을 대통령령이 정하는 바에 따라 분기별로 컴퓨터통신 등을 이용하여 공시하여야 한다.(2007.8.3 본항개정)
⑥ 은행지주회사등은 그 은행지주회사의 주요출자자가 발행한 주식의 의결권을 행사함에 있어 그 주요출자자 주주총회의 참석주식수에서 당해 은행지주회사등이 소유한 주식수를 차감한 주식수의 의결내용에 영향을 미치지 아니하도록 의결권을 행사하여야 한다. 다만, 주요출자자의 합병, 영업의 양도·양수, 임원의 선임, 그 밖에 이에 준하는 사항으로서 당해 은행지주회사등에 손실을 초래할 것이 명백하게 예상되는 경우에는 그러하지 아니하다.(2007.8.3 본항개정)
(2007.8.3 본조제목개정)

제45조의4【주요출자자의 부당한 영향력 행사 금지】 은행지주회사의 주요출자자는 당해 은행지주회사의 이익에 반하여 주요출자자 개인의 이익을 취할 목적으로 다음 각 호의 어느 하나에 해당하는 행위를 하여서는 아니된다.(2007.8.3 본문개정)
1. 부당한 영향력을 행사하기 위하여 당해 은행지주회사등에 대하여 외부에 공개되지 아니한 자료 또는 정보의 제공을 요구하는 행위. 다만, 「금융회사의 지배구조에 관한 법률」 제33조제6항 및 「상법」 제466조에 따른 권리의 행사에 해당되는 경우를 제외한다.(2015.7.31 단서개정)
2. 경제적 이익 등 반대급부 제공을 조건으로 다른 주주와 담합하여 당해 은행지주회사등의 인사 또는 경영에 부당한 영향력을 행사하는 행위
3. 경쟁사업자의 사업활동을 방해할 목적으로 신용공여를 조기회수하도록 요구하는 등 은행지주회사등의 경영에 영향력을 행사하는 행위
3의2. 제45조의2제1항·제2항에서 정한 비율을 초과하여 은행지주회사등으로부터 신용공여를 받는 행위
3의3. 은행지주회사등으로 하여금 제45조의2제3항을 위반하게 하여 다른 은행지주회사등 또는 은행으로부터 신용공여를 받는 행위
3의4. 은행지주회사등으로 하여금 제45조의2제8항을 위반하게 하여 신용공여를 받는 행위
3의5. 은행지주회사등으로 하여금 제45조의2제9항을 위반하게 하여 주요출자자에게 자산의 무상양도·매매·교환 또는 신용공여를 하게 하는 행위
3의6. 제45조의3제1항에서 정한 비율을 초과하여 은행지주회사등으로 하여금 주요출자자의 주식을 소유하게 하는 행위
(2009.7.31 3호의2~3호의6신설)
4. 그 밖에 제1호부터 제3호까지 및 제3호의2부터 제3호의6까지의 규정에 준하는 행위로서 대통령령이 정하는 행위(2009.7.31 본호개정)
(2007.8.3 본조제목개정)
(2002.4.27 본조신설)

제45조의5【주요출자자에 대한 자료제출요구 등】 ① 금융위원회는 은행지주회사등 또는 그 은행지주회사의 주요출자자가 제45조의2 내지 제45조의4의 규정을 위반한 혐의가 있다고 인정할 때에는 은행지주회사등 또는 그 은행지주회사의 주요출자자에 대하여 필요한 자료의 제출을 요구할 수 있다.
② 금융위원회는 은행지주회사의 주요출자자(회사에 한한다)의 부채가 자산을 초과하는 등 재무구조의 부실화로 인하여 당해 은행지주회사등의 경영건전성을 현저히 저해할 우려가 있는 경우로서 대통령령이 정하는 경우에는 은행지주회사등 또는 은행지주회사의 주요출자자에 대하여 필요한 자료의 제출을 요구할 수 있으며, 은행지주회사등에 대하여는 그 은행지주회사의 주요출자자에 대한 신용공여의 제한을 명하는 등 대통령령이 정하는 조치를 할 수 있다.(2009.7.31 본항개정)
(2008.2.29 본조개정)

제46조 (2009.7.31 삭제)

제47조【자회사등 사이의 업무위탁】 ① 금융지주회사의 자회사등은 금융업 또는 금융업의 영위와 밀접한 관련이 있는 업무에 관하여 그 자회사등이 영위하는 업무의 일부를 다른 자회사등에게 위탁할 수 있다. 다만, 자회사등 사이의 위험의 전이, 고객과의 이해상충 또는 건전한 거래질서를 해할 우려가 있는 것으로서 대통령령으로 정하는 업무를 위탁하여서는 아니 된다.
② 금융지주회사는 제1항 본문에 따라 그 자회사등 사이에 업무위탁이 이루어지는 경우에는 「금융회사의 지배구조에 관한 법률」 제24조에 따른 내부통제기준의 적절성 등 대통령령으로 정하는 기준을 갖추어 미리 금융위원회의 승인을 얻어야 한다. 다만, 위험전이, 이해상충 또는 금융회사의 건전성 저해의 우려가 적은 경우로서 대통령령으로 정하는 경우에는 다음 각 호의 사항을 대통령령으로 정하는 방법 및 절차에 따라 금융위원회에 보고하여야 한다.(2015.7.31 본문개정)
1. 위탁하는 업무의 범위
2. 수탁자의 행위제한에 관한 사항
3. 위탁하는 업무의 처리에 대한 기록유지에 관한 사항
4. 그 밖에 자회사등 사이의 위험의 전이 방지, 고객과의 이해상충 방지 또는 건전한 거래질서를 위하여 필요한 사항으로서 대통령령으로 정하는 사항
③ 금융위원회는 제2항 단서에 따른 보고내용이 다음 각 호의 어느 하나에 해당하는 경우에는 해당 업무의 위탁을 제한하거나 시정할 것을 명할 수 있다.
1. 금융기관의 경영건전성을 저해하는 경우
2. 고객과의 이해상충을 초래하는 경우
3. 금융시장의 안정성을 저해하는 경우
4. 금융거래질서를 문란하게 하는 경우
④ 제1항 본문에 따라 위탁받는 업무가 본질적 업무(해당 금융기관 또는 금융업의 영위와 밀접한 관련이 있는 회사가 인가를 받거나 등록을 한 업무와 직접적으로 관련된 필수업무로서 대통령령으로 정하는 업무를 말한다. 이하 이 항에서 같다)인 경우 그 본질적 업무를 위탁받는 자회사등은 그 업무 수행에 필요한 인가를 받거나 등록을 한 자이어야 한다. 이 경우 그 업무를 위탁받는 자회사등이 외국 자회사등으로서 대통령령으로 정하는 요건을

갖춘 경우에는 그 업무수행에 필요한 인가를 받거나 등록을 한 것으로 본다.
⑤ 「민법」 제756조는 제1항의 업무를 위탁받은 자회사등이 그 위탁받은 업무를 영위하는 과정에서 고객에게 손해를 끼친 경우에 준용한다. 이 경우 금융지주회사와 업무를 위탁한 자회사등은 연대하여 그 손해를 배상할 책임이 있다.
⑥ 제1항 본문에 따른 업무위탁의 기준·방법 및 절차, 제2항에 따른 승인·보고의 대상이 되는 자회사등의 범위, 승인·보고의 방법 및 절차에 관하여 필요한 사항은 대통령령으로 정한다.
(2009.7.31 본조신설)
제48조【자회사등의 행위제한】 ① 금융지주회사의 자회사등은 다음 각호의 행위를 하여서는 아니된다. 다만, 당해 자회사등이 새로이 금융지주회사에 편입되는 등 대통령령이 정하는 경우에는 그러하지 아니하다.
1. 당해 자회사등이 속하는 금융지주회사에 대한 신용공여
2. 다음 각 목의 어느 하나에 해당하는 경우 이외에 해당 자회사등이 속하는 금융지주회사의 다른 자회사등의 주식을 소유하는 행위
가. 해당 자회사등에 의하여 직접 지배받는 회사의 주식을 소유하는 경우
나. 다른 자회사등이 지배하는 외국법인의 주식을 소유하는 경우로서 위험전이 방지 등을 위하여 대통령령으로 정하는 기준을 초과하지 아니하는 범위 내에서 해당 외국 법인의 주식을 소유하는 경우
(2009.7.31 본호개정)
3. 당해 자회사등이 속하는 금융지주회사의 다른 자회사등에 대한 신용공여로서 대통령령이 정하는 기준을 초과하는 신용공여
② 동일한 금융지주회사에 속하는 자회사등 상호간에 신용공여를 하는 경우에는 대통령령이 정하는 기준에 따라 적정한 담보를 확보하여야 한다. 다만, 자회사등의 구조조정에 필요한 신용공여 등 금융위원회가 정하는 요건에 해당하는 경우에는 그러하지 아니하다.(2008.2.29 본항개정)
③ 은행, 보험회사 및 그 밖에 이에 준하는 금융기관으로서 대통령령으로 정하는 자회사등은 해당 자회사등이 속하는 금융지주회사 및 자회사등(이하 "금융지주회사등"이라 한다)으로부터 대통령령으로 정하는 불량자산을 매입하여서는 아니 되며 금융지주회사와 자회사등 간 또는 자회사등 상호간에 불량자산을 거래하는 경우에는 그 외의 자를 상대방으로 하여 거래하는 경우 등 통상적인 거래조건과 비교하여 해당 금융지주회사 또는 자회사등에 현저하게 불리한 조건으로 해당 불량자산을 매매하여서는 아니 된다. 다만, 자회사등의 구조조정에 필요한 거래 등 금융위원회가 정하는 요건에 해당하는 경우에는 그러하지 아니하다.(2009.7.31 본항개정)
④ 금융지주회사등은 다른 법령에도 불구하고 공동광고를 하거나 전산시스템, 사무공간, 영업점, 그 밖에 대통령령으로 정하는 시설을 공동사용할 수 있다. 이 경우 대통령령으로 정하는 기준을 준수하여야 한다.(2009.7.31 본항개정)
⑤ 금융지주회사의 자회사등은 당해 금융지주회사의 주식을 소유하여서는 아니된다. 다만, 금융지주회사의 자회사가 제62조의2제1항 또는 상법 제342조의2의 규정에 의하여 당해 금융지주회사의 주식을 취득하는 경우에는 그러하지 아니하다.(2002.4.27 단서개정)
⑥ (2002.4.27 삭제)
⑦ 금융지주회사의 자회사등이 당해 금융지주회사 또는 당해 금융지주회사의 다른 자회사등의 주식을 소유하는 경우에는 그 주식에 대하여 의결권을 행사할 수 없다. 다만, 제1항제2호 각 목의 어느 하나에 해당하는 경우에는 그러하지 아니하다.(2009.7.31 본항개정)
⑧ 제1항제1호·제3호 및 제2항의 자회사 등의 범위, 신용공여의 기준은 대통령령으로 정한다.
제48조의2【고객정보의 제공 및 관리】 ① 금융지주회사등은 「금융실명거래 및 비밀보장에 관한 법률」 제4조제1항 및 「신용정보의 이용 및 보호에 관한 법률」 제32조·제33조에도 불구하고 「금융실명거래 및 비밀보장에 관한 법률」 제4조에 따른 금융거래의 내용에 관한 정보 또는 자료(이하 "금융거래정보"라 한다) 및 「신용정보의 이용 및 보호에 관한 법률」 제32조제1항에 따른 개인신용정보를 다음 각 호의 사항에 관하여 금융위원회가 정하는 방법과 절차(이하 "고객정보제공절차"라 한다)에 따라 그가 속하는 금융지주회사등에게 신용위험관리 등 대통령령으로 정하는 내부 경영관리상 이용하게 할 목적으로 제공할 수 있다.(2015.3.11 본문개정)
1. 제공할 수 있는 정보의 범위
2. 고객정보의 암호화 등 처리방법
3. 고객정보의 분리 보관
4. 고객정보의 이용기간 및 이용목적
5. 이용기간 경과 시 고객정보의 삭제
6. 그 밖에 고객정보의 엄격한 관리를 위하여 대통령령으로 정하는 사항
(2014.5.28 1호~6호신설)
② 금융지주회사의 자회사등인 「자본시장과 금융투자업에 관한 법률」에 따른 투자매매업자 또는 투자중개업자는 해당 투자매매업자 또는 투자중개업자를 통하여 증권을 매매하거나 매매하고자 하는 위탁자가 예탁한 금전 또는 증권에 관한 정보 중 다음 각 호의 어느 하나에 해당하는 정보(이하 "증권총액정보등"이라 한다)를 고객정보제공절차에 따라 그가 속하는 금융지주회사등에게 신용위험관리 등 대통령령으로 정하는 내부 경영관리상 이용하게 할 목적으로 제공할 수 있다.(2014.5.28 본문개정)
1. 예탁한 금전의 총액
2. 예탁한 증권의 총액
3. 예탁한 증권의 종류별 총액
4. 그 밖에 제1호부터 제3호까지에 준하는 것으로서 금융위원회가 정하여 고시하는 정보
③ 제1항 및 제2항에 따라 자회사등이 금융거래정보·개인신용정보 및 증권총액정보등(이하 "고객정보"라 한다)을 제공하는 경우에는 「신용정보의 이용 및 보호에 관한 법률」 제32조제10항을 적용하지 아니한다.(2015.3.11 본항개정)
④ 제1항 및 제2항에 따라 고객정보를 그가 속하는 금융지주회사등에게 제공하는 경우에는 그 제공내역을 고객에게 통지하여야 한다. 다만, 연락처 등 통지할 수 있는 개인정보를 수집하지 아니한 경우에는 그러하지 아니하다.
(2014.5.28 본항신설)
⑤ 제4항에 따라 통지하여야 하는 정보의 종류, 통지 주기 및 방법, 그 밖에 필요한 사항은 대통령령으로 정한다.
(2014.5.28 본항신설)
⑥ 금융지주회사등은 고객정보의 엄격한 관리를 위하여 그 임원 중에 1인 이상을 고객정보를 관리할 자(이하 "고객정보관리인"이라 한다)로 선임하여야 한다.
⑦ 고객정보관리인은 고객정보의 엄격한 관리를 위하여 금융위원회가 정하는 바에 따라 업무지침서를 작성하고, 그 내용을 금융위원회에 보고하여야 한다.
⑧ 금융지주회사등은 대통령령이 정하는 바에 따라 고객정보의 취급방침을 정하여야 하며, 이를 당해 금융지주회사등의 거래상대방에게 통지하거나 공고하고 영업점에 게시하여야 한다.
⑨ 제1항부터 제8항까지의 규정에 따른 적용을 받는 금융지주회사등 및 자회사등의 구체적인 범위는 대통령령으로 정한다.(2014.5.28 본항개정)
(2009.7.31 본조개정)
제48조의3【수뢰 등의 금지 등】 ① 금융지주회사의 임·직원은 직무와 관련하여 직접·간접을 불문하고 증여를 받거나 뇌물을 수수·요구 또는 약속하여서는 아니된다.
② 금융지주회사의 임·직원 또는 임·직원이었던 자는 업무상 알게 된 공개되지 아니한 정보 또는 자료를 다른 사람(금융지주회사의 대주주·주요출자자 또는 해당 대주주·주요출자자의 특수관계인을 포함한다)에게 누설하거나 업무외의 목적으로 이용하여서는 아니된다.
(2009.7.31 본항개정)
(2002.4.27 본조신설)

제7장 금융지주회사의 감독

제49조【감독】 ① 금융위원회는 금융지주회사등의 건전한 경영을 위하여 감독상 필요한 명령을 할 수 있다.
② 금융감독원은 금융위원회의 규정과 지시가 정하는 바에 의하여 이 법, 기타 금융관련법령, 금융위원회의 규정·명령 및 지시에 대한 금융지주회사등의 준수여부를 감독하여야 한다.
(2008.2.29 본조개정)
제50조【건전경영의 지도】 ① 금융지주회사는 자기자본을 충실히 하고 부채와 현금흐름 등을 적절히 관리하며, 자회사등에 대한 경영관리를 통하여 금융지주회사등 전체의 경영건전성을 확보하여야 한다.
② 금융지주회사는 경영의 건전성을 유지하기 위하여 다음 각 호의 사항에 관하여 대통령령으로 정하는 바에 따라 금융위원회가 정하는 경영지도기준을 준수하여야 한다.
1. 금융지주회사와 그 자회사등의 재무상태에 관한 사항
2. 금융지주회사와 그 자회사등의 경영관리상태에 관한 사항
3. 그 밖에 경영의 건전성 확보를 위하여 필요한 사항
③ 금융위원회는 금융지주회사가 제2항에 따른 경영지도기준을 준수하지 아니하는 등 경영의 건전성을 크게 해할 우려가 있다고 인정되는 때에는 경영개선계획의 제출, 자본금의 증액, 이익배당의 제한, 자회사 주식의 처분, 상각형 조건부자본증권 또는 전환형 조건부자본증권의 발행·보유 등 경영개선을 위하여 필요한 조치를 명할 수 있다.(2017.4.18 본항개정)
(2009.7.31 본조개정)
제51조【검사】 ① 금융지주회사 및 그 자회사등은 그 업무와 재산에 관하여 금융감독원장의 검사를 받아야 한다.
(2009.7.31 본항개정)
② 금융감독원장은 검사상 필요하다고 인정하는 때에는 금융지주회사 및 그 자회사등에 대하여 업무 또는 재산에 관한 보고, 자료의 제출, 관계자의 출석 및 진술을 요구할 수 있다.
③ 제1항의 규정에 의하여 검사를 하는 자는 그 권한을 표시하는 증표를 휴대하여 이를 관계인에게 내보여야 한다.
④ 금융감독원장은 「주식회사 등의 외부감사에 관한 법률」에 따라 금융지주회사 또는 그 자회사등이 선임한 감사인에 대하여 당해 금융지주회사 또는 그 자회사등을 감사한 결과 알게 된 정보 기타 경영의 건전성에 관련되는 자료의 제출을 요구할 수 있다.(2017.10.31 본항개정)
⑤ 금융감독원장은 제1항의 규정에 의하여 검사를 한 때에는 그 보고서를 금융위원회에 제출하여야 한다. 이 경우 당해 보고서에는 이 법 기타 금융관련법령, 이 법에 의한 금융위원회의 규정·명령 및 지시를 위반한 사실이 있는 때에는 그 처리에 관한 의견서를 첨부하여야 한다.
(2009.7.31 후단개정)
⑥ 금융위원회는 검사의 방법·절차 기타 검사업무와 관련하여 필요한 사항을 정할 수 있다.(2008.2.29 본항개정)
제51조의2【주요출자자등에 대한 검사】 ① 금융위원회는 다음 각 호의 어느 하나에 해당되는 자(이하 이 조에서 "주요출자자등"이라 한다)가 각각 해당 호 각 목의 어느 하나에 해당하는 경우에는 금융감독원장으로 하여금 그 목적에 필요한 최소한의 범위에서 해당 주요출자자등의 업무 및 재산상황을 검사하게 할 수 있다.
1. 전환대상자 : 다음 각 목의 어느 하나에 해당하는 경우
가. 제8조의3제2항에 따른 점검결과를 확인하기 위하여 필요한 경우
나. 전환대상자가 차입금의 급격한 증가, 거액의 손실발생 등 재무상황의 부실화로 인하여 은행지주회사등과 불법적인 거래를 할 가능성이 크다고 인정되는 경우
2. 제8조의2제3항제2호에 따라 승인을 받은 비금융주력자 : 다음 각 목의 어느 하나에 해당하는 경우
가. 제8조의2제3항제2호가목 및 다목의 요건을 충족하는지를 확인하기 위하여 필요한 경우
나. 해당 비금융주력자가 지배하는 비금융회사의 차입금의 급격한 증가 등 재무상황 부실로 인하여 은행지주회사등과 불법적인 거래를 할 가능성이 크다고 인정되는 경우
3. 은행지주회사의 주요출자자 및 그 주요출자자가 되려는 자 : 다음 각 목의 어느 하나에 해당하는 경우
가. 제8조제3항에 따른 승인심사를 위하여 필요한 경우
(2013.8.13 본목개정)
나. 제45조의4를 위반한 혐의가 인정되는 경우
다. 그 밖에 가목 및 나목에 준하는 경우로서 대통령령으로 정하는 경우
(2009.7.31 본호신설)
(2009.7.31 본항개정)
② 제1항의 규정에 의한 검사의 구체적 범위·방법 그 밖에 검사에 필요한 사항은 금융위원회가 정한다.
(2008.2.29 본항개정)
③ 제51조제2항 내지 제4항의 규정은 제1항의 규정에 의한 검사에 관하여 이를 준용한다.
(2009.7.31 본조제목개정)
(2002.4.27 본조신설)
제52조 (2009.7.31 삭제)
제53조【이익준비금의 적립】 금융지주회사는 적립금이 자본금의 총액에 달할 때까지 결산순이익금을 배당할 때마다 그 순이익금의 100분의 10 이상을 적립하여야 한다.
제54조【업무보고서】 ① 금융지주회사는 매 사업연도 개시일부터 3월간·6월간·9월간 및 12월간의 당해 금융지주회사등의 영업실적 및 재무상태 기타 대통령령이 정하는 사항을 기재한 업무보고서를 작성하여 각각 그 기간 경과후 1월 이내에 금융감독원장에게 제출하여야 한다. 이 경우 금융감독원장은 부득이한 사유가 있다고 인정되는 때에는 업무보고서의 제출기한을 연장할 수 있다.
② 제1항의 규정에 의한 업무보고서의 작성을 위한 세부사항 기타 필요한 사항은 금융위원회가 정한다.
(2008.2.29 본항개정)
(2002.4.27 본조개정)
제55조【재무제표의 공고 등】 금융지주회사는 그 결산일부터 3월 이내에 금융위원회가 정하는 서식에 의하여 결산일 현재의 재무상태표, 당해 결산기의 손익계산서 및 「주식회사 등의 외부감사에 관한 법률」에 따른 연결재무제표 중 금융위원회가 정하는 서류를 공고하여야 한다. 다만, 부득이한 사유로 3월 이내에 공고할 수 없는 서류에 대하여는 금융위원회의 승인을 얻어 그 공고를 연기할 수 있다.(2021.4.20 본문개정)
제55조의2【전자문서에 의한 제출 등】 금융지주회사가 제54조 및 제55조의 규정에 의하여 자료를 제출하거나 공고를 하는 때에는 금융감독원장 또는 금융위원회가 정하는 바에 따라 전자문서의 방법에 의할 수 있다.
(2008.2.29 본조개정)
제56조【경영공시】 금융지주회사는 자회사등의 예금자 및 투자자의 보호를 위하여 필요한 사항으로서 대통령령이 정하는 사항을 금융위원회가 정하는 바에 따라 공시하여야 한다.(2008.2.29 본조개정)
제57조【행정처분】 ① 금융위원회는 금융지주회사등(그 소속 임직원을 포함한다)이 이 법 또는 이 법에 따른 명령을 위반하여 금융지주회사등의 경영의 건전성을 해할 우려가 있다고 인정되거나 「금융회사의 지배구조에 관한 법률」 별표 각 호의 어느 하나에 해당하는 경우(제5호에 해당하는 조치로 한정한다)에는 다음 각 호의 어느 하나에 해당하는 조치를 할 수 있다. 금융지주회사(그 소속 임직원을 포함한다)가 자회사등(그 소속 임직원을 포함한다. 이하 이 항에서 같다)에 대한 영향력을 이용하여 자회사등으로 하여금 대통령령으로 정하는 금융관련법령 또는 그 법령에 따른 명령을 위반하게 한 경우에도 또한 같다.(2017.4.18 본문개정)

1. 금융지주회사등에 대한 주의·경고 또는 그 임직원에 대한 주의·경고·문책 요구(2017.4.18 본호개정)
2. 당해 위반행위에 대한 시정명령
3. (2002.4.27 삭제)
4. 임원(「금융회사의 지배구조에 관한 법률」 제2조제5호에 따른 업무집행책임자는 제외한다. 이하 이 호, 제57조의2 및 제57조의3에서 같다)의 해임권고·직무정지 또는 임원의 직무를 대행하는 관리인의 선임
4의2. 직원(「금융회사의 지배구조에 관한 법률」 제2조제5호에 따른 업무집행책임자를 포함한다. 이하 제57조의2 및 제57조의3에서 같다)에 대한 면직요구
(2017.4.18 4호~4호의2개정)
5. 위반행위를 한 자회사등에 대한 6월 이내의 영업의 일부정지
② 금융위원회는 금융지주회사등이 다음 각호의 1에 해당하는 경우에는 당해 금융지주회사등에 대하여 6월 이내의 영업의 전부정지 또는 그 자회사등의 주식의 처분을 명하거나 당해 금융지주회사의 인가를 취소할 수 있다.
(2008.2.29 본문개정)
1. 허위 기타 부정한 방법으로 제3조의 인가를 받은 경우
2. 제1항제2호의 규정에 의한 시정명령을 이행하지 아니한 경우
3. 제1항제5호의 영업의 정지기간중에 그 영업을 한 경우
4. 제1호 내지 제3호외의 경우로서 이 법 또는 이 법에 의한 명령이나 처분에 위반하여 자회사등의 예금자 또는 투자자의 이익을 크게 해할 우려가 있는 경우
5. 금융지주회사가 사업연도중에 소유주식의 감소, 자산의 증감 등의 사유로 제2조제1항제1호의 규정에 해당하지 아니하게 되는 경우(2002.4.27 본호신설)
6. 「금융회사의 지배구조에 관한 법률」 별표 각 호의 어느 하나에 해당하는 경우(영업의 전부정지를 명하는 경우로 한정한다)(2015.7.31 본호신설)
③ 금융지주회사는 제2항에 따라 그 인가가 취소된 때에는 3개월 이내에 금융지주회사요건에 해당되지 아니하도록 하여야 한다.(2007.8.3 본항신설)

제57조의2【퇴임한 임원 등에 대한 조치내용의 통보】 ① 금융위원회는 금융지주회사의 퇴임한 임원 또는 퇴직한 직원이 재임 또는 재직 중이었더라면 제57조제1항제1호·제4호 또는 제4호의2에 해당하는 조치를 받았을 것으로 인정되는 경우에는 그 조치의 내용을 해당 금융지주회사의 장에게 통보할 수 있다.
② 제1항에 따른 통보를 받은 금융지주회사의 장은 이를 퇴임·퇴직한 해당 임직원에게 통보하고, 그 내용을 기록·유지하여야 한다.
(2017.4.18 본조개정)

제57조의3【기관전용 사모집합투자기구등에 대한 제재 등】 ① 기관전용 사모집합투자기구등(제8조제3항에 따른 승인을 받아 은행지주회사의 주식을 보유한 기관전용 사모집합투자기구등만을 말한다. 이하 제4항까지에서 같다) 또는 기관전용 사모집합투자기구등의 주주·사원이 제8조의7을 위반하는 경우 해당 기관전용 사모집합투자기구등은 초과보유한 주식에 대하여 의결권을 행사할 수 없으며, 초과보유한 주식은 지체 없이 처분하여야 한다.
(2021.4.20 본항개정)
② 금융위원회는 기관전용 사모집합투자기구등이 제1항을 준수하지 아니하는 경우에는 1개월 이내의 기간을 정하여 초과보유 주식을 처분할 것을 명할 수 있다.
(2021.4.20 본항개정)
③ 금융위원회는 기관전용 사모집합투자기구등이 제8조의7 각 호의 어느 하나에 해당하는 경우에는 다음 각 호의 어느 하나에 해당하는 조치를 할 수 있다.(2021.4.20 본문개정)
1. 해당 행위의 시정명령 또는 중지명령
2. 해당 행위로 인하여 조치를 받았다는 사실의 공표명령 또는 게시명령
3. 기관경고
4. 기관주의
5. 그 밖에 해당 행위를 시정하거나 방지하기 위하여 필요한 조치로서 대통령령으로 정하는 조치
④ 금융위원회는 기관전용 사모집합투자기구등의 재산운용 등을 담당하는 업무집행사원이 제8조의7 각 호의 어느 하나에 해당하는 경우에는 다음 각 호의 구분에 따른 조치를 할 수 있다.(2021.4.20 본문개정)
1. 그 업무집행사원에 대한 다음 각 목의 어느 하나에 해당하는 조치
가. 해임요구
나. 6개월 이내의 직무정지
다. 기관경고
라. 기관주의
마. 그 밖에 해당 행위를 시정하거나 방지하기 위하여 필요한 조치로서 대통령령으로 정하는 조치
2. 그 업무집행사원의 임원에 대한 다음 각 목의 어느 하나에 해당하는 조치
가. 해임요구
나. 6개월 이내의 직무정지
다. 문책경고
라. 주의적 경고
마. 그 밖에 해당 행위를 시정하거나 방지하기 위하여 필요한 조치로서 대통령령으로 정하는 조치
3. 그 업무집행사원의 직원에 대한 다음 각 목의 어느 하나에 해당하는 조치의 요구
가. 면직
나. 6개월 이내의 정직
다. 감봉
라. 견책
마. 주의
바. 그 밖에 해당 행위를 시정하거나 방지하기 위하여 필요한 조치로서 대통령령으로 정하는 조치
⑤ 다음 각 호의 어느 하나에 해당하는 기관전용 사모집합투자기구등(그 주주 또는 사원을 포함한다)에 대하여는 제2항부터 제4항까지의 규정을 준용한다. 이 경우 업무집행사원이 개인인 경우에는 제4항제2호를 준용한다.
(2021.4.20 전단개정)
1. 제8조제1항·제3항에 따른 주식의 보유한도를 초과하여 은행지주회사의 주식을 보유하는 경우
2. (2013.8.13 삭제)
3. 제10조의2제5항에 따라 주식처분 명령을 받은 경우
⑥ 제5항제1호에 해당하는 기관전용 사모집합투자기구등에 대하여는 제10조제3항을 적용하지 아니한다.
(2021.4.20 본항개정)
(2021.4.20 본조제목개정)
(2009.7.31 본조신설)

제58조【시정조치 등】 ① 금융위원회는 제3조제1항, 제5조의2제2항, 제7조 또는 제57조제3항을 위반한 자에 대하여 다음 각 호의 어느 하나에 해당하는 시정조치를 명할 수 있다.(2008.2.29 본문개정)
1. 법 위반상태를 시정하기 위한 계획의 제출 또는 그 계획의 수정
2. 위반행위에 관련된 회사에 대한 주의·경고
3. 위반행위에 관련된 회사의 임원 또는 직원에 대한 주의, 경고 또는 문책의 요구
4. 주식의 전부 또는 일부의 처분
5. 그 밖에 법 위반상태를 시정하기 위하여 필요한 조치
② 제1항제4호에 따라 주식처분명령을 받은 자는 해당 명령을 받은 날부터 그 처분명령을 받은 주식에 대하여는 의결권을 행사할 수 없다.
(2007.8.3 본조개정)

제59조【청문】 금융위원회는 제57조제2항의 규정에 의하여 금융지주회사의 인가를 취소하고자 하는 경우에는 청문을 실시하여야 한다.(2008.2.29 본조개정)

제8장 보 칙

제60조【합병 등의 인가】 ① 금융지주회사가 해산하거나 다른 회사와 합병하고자 하는 때에는 대통령령이 정하는 바에 의하여 금융위원회의 인가를 받아야 한다.
(2008.2.29 본항개정)
② 금융위원회는 제1항의 규정에 의한 인가여부를 결정함에 있어서 해산 또는 합병이 경쟁을 제한하거나 건전한 금융시장질서를 저해하지 아니하는지 여부 등 대통령령이 정하는 사항을 심사하여야 한다.(2008.2.29 본항개정)
③ 제3조제2항 및 제3항의 규정은 제1항의 인가에 관하여 이를 준용한다.

제61조【보고사항】 금융지주회사는 다음 각 호의 어느 하나에 해당하는 경우에는 지체없이 그 사실을 금융위원회에 보고하여야 한다. 다만, 제8조제2항에 따라 보고하는 경우에는 그러하지 아니하다.(2008.2.29 본문개정)
1. (2015.7.31 삭제)
2. 최대주주가 변경된 경우(2007.8.3 본호개정)
2의2. 은행지주회사의 주요출자자가 변경된 경우
(2007.8.3 본호개정)
2의3. 대주주 또는 그의 특수관계인의 소유주식이 의결권 있는 발행주식 총수의 100분의 1 이상 변동된 경우
(2007.8.3 본호신설)
3. 상호를 변경한 경우
4. 해산사유가 발생한 경우
5. 금융지주회사 또는 그 자회사가 자회사 또는 손자회사를 지배하지 아니하게 된 경우(2007.8.3 본호개정)
6. 기타 금융지주회사등의 경영의 건전성을 해할 우려가 있는 경우로서 대통령령이 정하는 경우

제62조【다른 법률과의 관계】 ① 금융지주회사에 관하여 이 법에 특별한 규정이 있는 것을 제외하고는 「상법」, 「금융회사의 지배구조에 관한 법률」과 「자본시장과 금융투자업에 관한 법률」에 의한다.(2015.7.31 본항개정)
② (2002.4.27 삭제)

제62조의2【주식교환 및 주식이전에 관한 특례】 ① 주식교환 또는 주식이전에 의하여 자회사가 금융지주회사의 주식을 취득하거나 손자회사가 자회사의 주식을 취득한 때에는 당해 주식중 다음 각 호의 어느 하나에 해당하는 자기주식의 교환대가로 배정받은 금융지주회사 또는 자회사의 주식에 대하여 「상법」 제342조의2의 규정을 적용함에 있어서 동조제2항중 "6월"은 "3년"으로 본다.
(2007.8.3 본문개정)
1. 주식교환 또는 주식이전에 반대하는 주주의 주식매수청구권 행사로 인하여 취득한 자기주식
2. 「상법」 제341조제1항 또는 「자본시장과 금융투자업에 관한 법률」 제165조의3에 따라 취득한 자기주식으로서 주식교환계약서의 승인에 관한 이사회 결의일 또는 주식이전승인에 관한 이사회 결의일부터 주식매수청구권 행사 만료일까지 매입한 자기주식(2013.4.5 본호개정)
② 금융지주회사를 설립(금융지주회사등이 자회사 또는 손자회사를 새로 편입하는 경우를 포함한다. 이하 이 조에서 같다)하거나 기존 자회사 또는 손자회사의 주식을 모두 소유하기 위한 주식교환 또는 주식이전에 관하여 「상법」의 규정을 적용함에 있어서 동법 제354조제4항 본문, 제360조의4제1항 각 호 외의 부분, 제360조의5제2항, 제360조의9제2항 본문, 제360조의10제4항, 제360조의17제1항 각 호 외의 부분 및 제363조제1항 본문 중 "2주"는 각각 "7일"로, 같은 법 제360조의5제1항·제2항 중 "20일"은 각각 "10일"로, 같은 법 제360조의8제1항 각 호 외의 부분 중 "1월전에"는 "5일전에"로, 동법 제360조의10제5항중 "주식교환에 반대하는 의사를 통지한 때에는"은 "주식교환에 반대하는 의사를 제4항의 통지 또는 공고의 날부터 7일 이내에 통지한 때에는"으로, 동법 제360조의19제1항제2호중 "1월을 초과하여 정한 기간내에"는 "5일 이상의 기간을 정하여 그 기간내에"로, 동법 제374조의2제2항중 "2월 이내에"는 "1월 이내에"로 본다.(2009.7.31 본항개정)
③ 금융지주회사를 설립하거나 기존 자회사 또는 손자회사의 주식을 모두 소유하기 위한 주식교환 또는 주식이전에 반대하는 주주와 회사간에 주식 매수가격에 관한 협의가 이루어지지 아니하는 경우의 주식 매수가격은 「상법」 제360조의5제3항에서 준용하는 동법 제374조의2제4항 및 제5항의 규정에 불구하고 다음 각호의 구분에 의하여 산정된 금액으로 한다.(2007.8.3 본문개정)
1. 당해 회사가 주권상장법인인 경우 : 주식교환계약서의 승인 또는 주식이전승인에 관한 이사회의 결의일 이전에 증권시장에서 거래된 당해 주식의 거래가격을 기준으로 대통령령이 정하는 방법에 따라 산정된 금액
(2009.7.31 본호개정)
2. 당해 회사가 제1호외의 회사인 경우 : 회계전문가에 의하여 산정된 금액. 이 경우 회계전문가의 범위와 선임절차는 대통령령으로 정한다.
④ 금융지주회사를 설립하거나 기존 자회사 또는 손자회사의 주식을 모두 소유하기 위하여 주식교환 또는 주식이전을 하는 회사 또는 「상법」 제360조의5에 따라 주식매수를 청구한 주식수의 100분의 30 이상을 소유하는 주주가 제3항의 규정에 의하여 산정된 주식의 매수가격에 반대하는 경우 당해 회사 또는 주주는 같은 법 제374조의2제2항에 따라 매수를 종료하여야 하는 날의 10일 전까지 금융위원회에 그 매수가격의 조정을 신청할 수 있다.
(2009.7.31 본항개정)
(2002.4.27 본조신설)

제63조【권한의 위탁】 금융위원회는 이 법에 의한 권한의 일부를 대통령령이 정하는 바에 의하여 금융감독원장에게 위탁할 수 있다.(2008.2.29 본조개정)

제9장 과징금의 부과 및 징수

제64조【과징금】 금융위원회는 금융지주회사등이 제6조의3, 제6조의4, 제34조, 제36조, 제44조, 제45조, 제45조의2, 제45조의3, 제48조 또는 제62조의2제1항을 위반하거나 주요출자자가 제45조의4를 위반하는 경우에는 다음 각 호의 구분에 따라 과징금을 부과할 수 있다.(2017.4.18 본문개정)
1. 제6조의3 또는 제6조의4를 위반하여 주식을 소유한 경우 : 위반하여 소유하는 주식의 대통령령으로 정하는 재무상태표상 장부가액의 합계액(2021.4.20 본호개정)
1의2. 제34조제2항에 따른 신용공여한도를 초과한 경우 : 초과한 신용공여액 이하
1의3. 제34조제3항에 따른 주식취득한도를 초과한 경우 : 초과취득한 주식의 장부가액 합계액 이하
2. 제44조에 따른 주식소유한도를 초과한 경우 : 초과소유한 주식의 장부가액 합계액의 100분의 30 이하
3. 제36조제1항 및 제45조제1항부터 제3항까지의 규정에 따른 신용공여한도를 초과한 경우 : 초과한 신용공여액의 100분의 30 이하
4. 제45조의2제1항 및 제2항에 따른 신용공여한도를 초과한 경우 : 초과한 신용공여액 이하
4의2. 제45조의2제8항 또는 제9항을 위반하여 신용공여하거나 자산을 무상양도·매매·교환한 경우 : 해당 신용공여액 또는 해당 자산의 장부가액 이하
5. 제45조의3제1항에 따른 주식취득한도를 초과한 경우 : 초과취득한 주식의 장부가액 합계액 이하
5의2. 주요출자자가 제45조의4를 위반함으로써 은행지주회사등이 제45조의2제1항 또는 제2항에 따른 신용공여한도를 초과하여 해당 주요출자자에게 신용공여를 한 경우 : 초과한 신용공여액 이하
5의3. 주요출자자가 제45조의4를 위반함으로써 은행지주회사등이 제45조의2제8항 또는 제9항을 위반하여 해당 주요출자자에게 신용공여하거나 자산을 무상양도·매매·교환한 경우 : 해당 신용공여액 또는 해당 자산의 장부가액 이하
5의4. 주요출자자가 제45조의4를 위반함으로써 은행지주회사등이 제45조의3제1항에 따른 주식취득한도를 초과하여 해당 주요출자자의 주식을 취득한 경우 : 초과취득한 주식의 장부가액 합계액 이하
(2017.4.18 1호의2~5호의4개정)
6. (2009.7.31 삭제)

7. 제48조제1항제1호를 위반하여 자회사등이 금융지주회사에게 신용을 공여한 경우 : 신용공여액의 100분의 30 이하(2017.4.18 본호개정)
8. 제48조제1항제2호를 위반하여 자회사등의 주식을 소유한 경우 : 소유한 주식의 장부가액 합계액의 100분의 30 이하(2017.4.18 본호개정)
9. 제48조제1항제3호를 위반하여 자회사등 상호간의 신용공여한도를 초과한 경우 : 초과한 신용공여액의 100분의 30 이하(2017.4.18 본호개정)
10. 제48조제2항을 위반하여 적정한 담보를 확보하지 아니하고 신용을 공여한 경우 : 신용공여액의 100분의 30 이하(2017.4.18 본호개정)
11. 제48조제3항을 위반하여 불량자산을 거래한 경우 : 자산의 장부가액의 100분의 30 이하(2017.4.18 본호개정)
12. 제48조제5항을 위반하여 주식을 소유하는 경우 : 소유한 주식의 장부가액 합계액의 100분의 5 이하(2017.4.18 본호개정)
13. (2007.8.3 삭제)
14. 제62조의2제1항을 위반하여 주식을 소유하는 경우 : 소유한 주식의 장부가액 합계액의 100분의 5 이하(2017.4.18 본호개정)

제65조【과징금의 부과】 ① 금융위원회는 제64조의 규정에 의하여 과징금을 부과하는 경우에는 다음 각호의 사항을 참작하여야 한다.(2008.2.29 본문개정)
1. 위반행위의 내용 및 정도
2. 위반행위의 기간 및 회수
3. 위반행위로 인하여 취득한 이익의 규모

② 금융위원회는 이 법의 규정을 위반한 회사가 합병을 하는 경우 당해 회사가 행한 위반행위는 합병후 존속하거나 합병에 의하여 신설된 회사가 행한 행위로 보아 과징금을 부과·징수할 수 있다.(2008.2.29 본항개정)
③ 제1항의 규정에 의한 과징금의 부과기준 기타 과징금의 부과에 관하여 필요한 사항은 대통령령으로 정한다.

제66조【의견제출】 ① 금융위원회는 과징금을 부과하기 전에 미리 당사자 또는 이해관계인 등에게 의견을 제출할 기회를 주어야 한다.
② 제1항의 규정에 의한 당사자 또는 이해관계인 등은 금융위원회의 회의에 출석하여 의견을 진술하거나 필요한 자료를 제출할 수 있다.
(2008.2.29 본조개정)

제67조【이의신청 특례】 ① 금융위원회는 제64조에 따른 과징금 부과처분에 대한 이의신청을 받으면 그 신청을 받은 날부터 30일 이내에 그 이의신청에 대한 결과를 신청인에게 통지하여야 한다. 다만, 부득이한 사유로 30일 이내에 통지할 수 없는 경우에는 그 기간을 만료일 다음 날부터 기산하여 30일의 범위에서 한 차례 연장할 수 있다.
② 제1항에서 규정한 사항 외에 이의신청에 관한 사항은 「행정기본법」 제36조에 따른다.
(2023.9.14 본조개정)

제68조【과징금의 납부기한 연기 및 분할 납부】 ① 금융위원회는 과징금을 부과받은 자(이하 "과징금납부의무자"라 한다)에 대하여 「행정기본법」 제29조 단서에 따라 과징금 납부기한을 연기하거나 과징금을 분할 납부하게 할 수 있으며, 이 경우 필요하다고 인정하면 담보를 제공하게 할 수 있다.
② 과징금납부의무자는 제1항에 따라 과징금의 납부기한을 연기받거나 분할 납부를 하려는 경우에는 그 납부기한의 10일 전까지 금융위원회에 신청하여야 한다.
③ 금융위원회는 제1항에 따라 과징금의 납부기한이 연기되거나 분할 납부가 허용된 과징금납부의무자가 다음 각 호의 어느 하나에 해당하게 된 때에는 그 납부기한의 연기 또는 분할 납부 결정을 취소하고 과징금을 일시에 징수할 수 있다.
1. 분할 납부하기로 한 과징금을 그 납부기한까지 내지 아니한 경우
2. 담보 제공 요구에 따르지 아니하거나 제공된 담보의 가치를 훼손하는 행위를 한 경우
3. 강제집행, 경매의 개시, 파산선고, 법인의 해산, 국세 강제징수 또는 지방세 체납처분 등의 사유로 과징금의 전부 또는 나머지를 징수할 수 없다고 인정되는 경우
4. 「행정기본법」 제29조 각 호의 사유가 해소되어 과징금을 한꺼번에 납부할 수 있다고 인정되는 경우
5. 그 밖에 제1호부터 제4호까지에 준하는 사유가 있는 경우

④ 제1항부터 제3항까지에서 규정한 사항 외에 과징금의 납부기한 연기, 분할 납부 또는 담보 제공 등에 관하여 필요한 사항은 대통령령으로 정한다.
(2023.9.14 본조개정)

제69조【과징금 징수 및 체납처분】 ① 금융위원회는 과징금납부의무자가 납부기한내에 과징금을 납부하지 아니한 경우에는 납부기한의 다음날부터 납부한 날의 전일까지의 기간에 대하여 대통령령이 정하는 가산금을 징수할 수 있다. 이 경우 가산금을 징수하는 기간은 60개월을 초과하지 못한다.(2017.4.18 후단신설)
② 금융위원회는 과징금납부의무자가 납부기한내에 과징금을 납부하지 아니한 때에는 기간을 정하여 독촉을 하고, 그 지정한 기간내에 과징금 및 제1항의 규정에 의한 가산금을 납부하지 아니한 때에는 국세체납처분의 예에 따라 이를 징수할 수 있다.(2008.2.29 본항개정)
③ 금융위원회는 제1항 및 제2항의 규정에 의한 과징금 및 가산금의 징수 또는 체납처분에 관한 업무를 국세청장에게 위탁할 수 있다.(2008.2.29 본항개정)
④ 과징금의 징수에 관하여 필요한 사항은 대통령령으로 정한다.

제69조의2【이행강제금】 ① 금융위원회는 제8조의3제5항·제10조제3항·제10조의2제5항·제18조제3항·제22조제9항·제57조의3제2항 또는 제58조제1항제4호에 따른 주식처분명령을 받은 자가 그 정한 기간 이내에 당해 명령을 이행하지 아니하는 때에는 매 1일당 그 처분하여야 하는 주식의 장부가액에 1만분의 3을 곱한 금액을 초과하지 아니하는 범위안에서 이행강제금을 부과할 수 있다.
(2016.3.29 본항개정)
② 이행강제금은 주식처분명령에서 정한 이행기간의 종료일의 다음날부터 주식처분을 이행하는 날(주권교부일을 말한다)까지의 기간에 대하여 이를 부과한다.
③ 금융위원회는 이행강제금을 징수함에 있어서 주식처분명령에서 정한 이행기간의 종료일부터 90일을 경과하고서도 이행이 이루어지지 아니하는 경우에는 그 종료일부터 기산하여 매 90일이 경과하는 날을 기준으로 하여 이행강제금을 징수한다.(2008.2.29 본항개정)
④ 제65조 내지 제69조의 규정은 이행강제금의 부과 및 징수에 관하여 이를 준용한다.
(2002.4.27 본조신설)

제10장 벌 칙

제70조【벌칙】 ① 다음 각 호의 어느 하나에 해당하는 자는 10년 이하의 징역 또는 5억원 이하의 벌금에 처한다.
1. 제34조제1항 및 제2항을 위반하여 신용공여를 한 자와 그로부터 신용공여를 받은 자
2. 제34조제3항을 위반하여 대주주가 발행한 주식을 취득한 자
3. 제34조제9항을 위반한 자
4. 제36조제3항을 위반하여 신용공여·무상양도를 한 자와 그로부터 신용공여·무상양도를 받은 자 또는 자산을 매매·교환한 당사자
5. 제45조의2제1항부터 제3항까지 및 제8항·제9항을 위반하여 주요출자자에게 신용공여·무상양도를 한 자와 그로부터 신용공여·무상양도를 받은 주요출자자 또는 자산을 매매·교환한 당사자
6. 제45조의3제1항을 위반하여 주요출자자가 발행한 주식을 취득한 자
7. 제45조의4를 위반한 자
8. 제48조의3제2항을 위반한 자

② 다음 각 호의 어느 하나에 해당하는 자는 5년 이하의 징역 또는 2억원 이하의 벌금에 처한다.
1. 금융지주회사요건에 해당되는 자로서 제3조, 제5조의2제2항 본문 또는 제57조제3항을 위반하여 인가를 받지 아니하거나 금융지주회사요건을 해소하지 아니한 자
2. 제48조의3제1항을 위반한 자
3. 금융지주회사등의 임직원으로서 업무상 알게 된 고객정보를 해당 금융지주회사등 외의 자에게 제공 또는 누설하거나 업무 목적 외로 이용한 자(2014.5.28 본호개정)

③ 다음 각 호의 어느 하나에 해당하는 자는 3년 이하의 징역 또는 1억원 이하의 벌금에 처한다.
1. 제7조제1항 또는 제2항을 위반하여 금융지주회사와 지배관계에 있거나 금융지주회사와 지배관계를 해소하지 아니한 자
2. 제35조를 위반하여 부채총액을 보유한 자
3. 제36조제1항을 위반하여 신용공여한도를 초과하여 신용공여를 한 자
4. 제43조의2제1항 또는 제3항 후단을 위반하여 주식소유기준 또는 금융위원회가 완화하여 정한 소유기준 미만으로 자회사의 주식을 소유한 자(이 경우 제43조의3에 따라 준용되는 경우를 각각 포함한다)
5. 제44조를 위반하여 주식소유한도를 초과하여 주식을 취득한 자
6. 제45조를 위반하여 신용공여한도를 초과하여 신용공여를 한 자

④ 다음 각 호의 어느 하나에 해당하는 자는 1년 이하의 징역 또는 3천만원 이하의 벌금에 처한다.
1. 제15조를 위반한 자
1의2. 제15조의2를 위반하여 금융채를 발행한 경우
(2017.4.18 본호신설)
2. 제16조를 위반하여 승인을 받지 아니하고 자회사등을 편입한 자
3. 제19조를 위반하여 다른 회사를 지배하거나 제19조의2, 제25조제1항·제2항(제28조에 따라 준용되는 경우를 각각 포함한다), 제26조제1항·제2항(제28조에 따라 준용되는 경우를 각각 포함한다), 제31조, 제32조제1항 및 제3항(제32조제4항에 따라 준용되는 경우를 포함한다)에서 지배할 수 있는 회사로 정하지 아니한 다른 회사를 지배한 자(2014.5.28 본호개정)
4. 제6조의3, 제6조의4를 위반하는 행위를 한 자
(2014.5.28 본호개정)
5. (2014.5.28 삭제)
6. 제47조제1항 단서를 위반하여 업무위탁을 한 자
7. 제48조를 위반한 자
8. 제60조에 따른 인가를 받지 아니하고 해산 또는 합병을 한 자

⑤ 제18조를 위반하여 신고를 하지 아니하고 자회사등을 편입한 자는 6개월 이하의 징역 또는 1천만원 이하의 벌금에 처한다.(2014.5.28 본항개정)
(2009.7.31 본조개정)

제71조【양벌규정】 법인의 대표자나 법인 또는 개인의 대리인, 사용인, 그 밖의 종업원이 그 법인 또는 개인의 업무에 관하여 제70조의 위반행위를 하면 그 행위자를 벌하는 외에 그 법인 또는 개인에게도 해당 조문의 벌금형을 과(科)한다. 다만, 법인 또는 개인이 그 위반행위를 방지하기 위하여 해당 업무에 관하여 상당한 주의와 감독을 게을리하지 아니한 경우에는 그러하지 아니하다.
(2009.7.31 본조개정)

제72조【과태료】 ① 다음 각 호의 어느 하나에 해당하는 자에게는 1억원 이하의 과태료를 부과한다.(2017.4.18 본문개정)
1. 제5조의2제1항 또는 제8조제2항 및 제8조의6을 위반하여 보고를 하지 아니하거나 제6조의2제1항 본문을 위반하여 신고를 하지 아니한 자(2013.8.13 본호개정)
1의2. 제5조의3을 위반하여 금융지주회사임을 표시하는 문자를 사용한 자(2007.8.3 본호신설)
2. 제10조제3항에 의한 금융위원회의 명령을 위반한 자
(2016.3.29 본호개정)
3. 제8조의5제3항(제8조제3항에 따른 승인의 심사를 위한 경우를 포함한다), 제10조의2제2항, 제34조제11항 또는 제45조의5제1항·제2항에 따른 자료제공 등의 요구에 응하지 아니한 자(2009.7.31 본호개정)
3의2. (2014.5.28 삭제)
3의3.~3의6. (2015.7.31 삭제)
4. 제34조제5항, 제45조의2제4항 또는 제45조의3제3항을 위반하여 이사회의 의결을 거치지 아니한 금융지주회사등(2009.7.31 본호개정)
5. 제34조제6항·제7항, 제45조의2제5항·제6항 또는 제45조의3제4항·제5항을 위반하여 금융위원회에 대한 보고 또는 공시를 하지 아니한 금융지주회사등
(2009.7.31 본호개정)
5의2. 제34조제8항을 위반하여 보고를 하지 아니한 자
(2009.7.31 본호신설)
6. 제48조의2제1항·제2항·제4항 및 제6항부터 제8항까지의 규정을 위반한 자(2014.5.28 본호개정)
7. (2017.4.18 삭제)
8. 제54조를 위반하여 업무보고서를 제출하지 아니하거나 허위로 작성한 자(2017.4.18 본호신설)
9. 제55조를 위반하여 공고를 하지 아니하거나 허위로 공고한 자(2017.4.18 본호신설)
10. 제56조를 위반하여 공시를 하지 아니하거나 허위로 공시한 자(2017.4.18 본호신설)
11. 장부·서류의 은닉, 부실한 신고, 그 밖의 방법에 따라 이 법에 따른 검사를 거부·방해 또는 기피한 자
(2017.4.18 본호개정)
12. 그 밖에 이 법 또는 이 법에 의한 규정·명령 또는 지시를 위반한 금융지주회사
(2002.4.27 본항개정)

② 다음 각 호의 어느 하나에 해당하는 자에게는 2천만원 이하의 과태료를 부과한다.(2017.4.18 본문개정)
1. (2015.7.31 삭제)
2.~5. (2017.4.18 삭제)
6. 금융지주회사등의 임직원으로서 이 법에 의한 서류의 비치·제출·보고·공고 또는 공시를 게을리 한 자
(2009.7.31 본호개정)
7. 이 법 또는 이 법에 의한 규정·명령 또는 지시를 위반한 자(금융지주회사는 제외한다)(2009.7.31 본호개정)

③ 제1항 및 제2항의 규정에 의한 과태료는 대통령령이 정하는 바에 의하여 금융위원회가 부과·징수한다.
(2008.2.29 본항개정)
④~⑥ (2009.7.31 삭제)

부 칙 (2009.7.31)

제1조【시행일】 이 법은 공포 후 4개월이 경과한 날부터 시행한다. 다만, 다음 각 호의 어느 하나에 해당하는 개정규정은 각각 해당 호에서 정하는 날부터 시행한다.
1. 제2조제1항제8호·제10호, 제8조부터 제10조까지, 제10조의2, 제45조의2제8항·제9항, 제45조의4, 제45조의5제2항, 제48조의3제2항, 제51조의2 및 제57조의3의 개정규정(제64조, 제69조의2, 제70조부터 제72조까지의 개정규정 중 괄호 외에서 열거한 개정규정의 위반행위를 요건으로 하는 부분을 포함한다) : 2009년 10월 10일
2. 제39조, 제41조의5, 제43조, 제46조, 제47조, 제48조, 제48조의2의 개정규정(제64조, 제69조의2, 제70조부터 제72조까지의 개정규정 중 괄호 외에서 열거한 개정규정의 위반행위를 요건으로 하는 부분을 포함한다) : 공포 후 6개월이 경과한 날

제2조【임직원 겸직에 관한 적용례】 제39조제2항부터 제7항까지의 개정규정은 이 법 시행 후 최초로 금융지주회사와 자회사등 사이 또는 자회사등과 다른 자회사등 사이에 임직원 겸직이 있는 경우에 적용한다.

제3조【업무위탁에 관한 적용례】 제47조의 개정규정은 이 법 시행 후 최초로 자회사등 사이에 업무위탁을 하는 경우에 적용한다.

제4조【비금융주력자의 주식보유 승인에 관한 경과조치】 이 법 시행 당시 제8조의2제2항에 따라 금융위원회의 승인을 받아 주식을 보유하고 있는 비금융주력자는 제8조의4의 개정규정에 따른 승인을 받은 것으로 본다. 다만, 이 법 시행일부터 1년 이내에 제8조의4의 개정규정에 따른 승인을 다시 받아야 한다.

제5조【과징금에 관한 경과조치】 이 법 시행 전에 행한 행위에 대한 과징금부과처분에 관하여는 종전의 규정에 따른다.

제6조【벌칙 및 과태료에 관한 경과조치】 이 법 시행 전에 행한 행위에 대한 벌칙 및 과태료 규정의 적용에 관하여는 종전의 규정에 따른다.

부 칙 (2014.5.28)

제1조【시행일】 이 법은 공포 후 6개월이 경과한 날부터 시행한다. 다만, 제48조의2제4항 및 제5항의 개정규정은 공포 후 1년이 경과한 날부터 시행한다.

제2조【영업상 이용하게 할 목적으로 제공된 정보에 관한 경과조치】 이 법 시행 당시 종전의 제48조의2에 따라 금융지주회사등에게 제공된 정보 중 제48조의2의 개정규정에 부합하지 아니하는 정보를 제공받은 금융지주회사등은 이 법 시행 후 3개월 이내에 해당 정보를 파기하여야 한다.

제3조【벌칙과 과태료에 관한 경과조치】 이 법 시행 전의 행위에 대하여 벌칙이나 과태료의 규정을 적용할 때에는 종전의 규정에 따른다.

부 칙 (2016.3.29)

제1조【시행일】 이 법은 공포 후 4개월이 경과한 날부터 시행한다.

제2조【한도초과주식의 의결권 제한 등에 관한 적용례】 제10조제2항의 개정규정은 이 법 시행 전에 「자본시장과 금융투자업에 관한 법률」 제165조의11제1항에 따라 발행된 사채가 이 법 시행 이후에 은행지주회사의 주식으로 전환되는 경우에도 적용한다.

부 칙 (2017.4.18)

제1조【시행일】 이 법은 공포 후 6개월이 경과한 날부터 시행한다. 다만, 제10조제2항, 제15조의2, 제15조의3, 제50조제3항, 제70조제4항의 개정규정 및 부칙 제5조는 공포 후 4개월이 경과한 날부터 시행한다.

제2조【퇴임한 임원 등에 대한 조치 내용의 통보에 관한 적용례】 제57조의2제1항 및 제2항의 개정규정은 이 법 시행 전에 위반행위를 한 사람으로서 이 법 시행 이후 퇴임 또는 퇴직한 임직원에 대해서도 적용한다.

제3조【가산금 징수기간에 관한 적용례】 제69조제1항 후단의 개정규정은 이 법 시행 전의 납부기한 내에 과징금을 납부하지 아니한 경우에도 적용하되, 이 법 시행 당시 가산금 징수기간이 60개월을 초과한 경우에는 이 법 시행 이후의 기간에 대해서는 가산금을 징수하지 아니한다.

제4조【과징금에 관한 경과조치】 이 법 시행 전의 위반행위에 대하여 과징금을 부과하는 경우에는 제64조의 개정규정에도 불구하고 종전의 규정에 따른다.

제5조【다른 법률의 개정】 ※(해당 법령에 가제정리 하였음)

부 칙 (2020.12.8)

제1조【시행일】 이 법은 공포 후 6개월이 경과한 날부터 시행한다.(이하 생략)

부 칙 (2020.12.29)

제1조【시행일】 이 법은 공포 후 1년이 경과한 날부터 시행한다.(이하 생략)

부 칙 (2021.4.20 법18116호)

이 법은 공포 후 3개월이 경과한 날부터 시행한다.

부 칙 (2021.4.20 법18128호)

제1조【시행일】 이 법은 공포 후 6개월이 경과한 날부터 시행한다.(이하 생략)

부 칙 (2022.12.31)

제1조【시행일】 이 법은 2023년 1월 1일부터 시행한다.(이하 생략)

부 칙 (2023.9.14)

제1조【시행일】 이 법은 공포한 날부터 시행한다.(이하 생략)

금융지주회사법 시행령

(2000년 12월 20일 대통령령 제17014호)

개정
2001. 7. 7영17291호(증권시)
2002. 8.21영17716호
2002.12. 5영17791호(기술신용보증기금법시)
2004. 2.28영18297호(한국주택금융공사법시)
2004. 3.17영18312호(전자적민원처리를위한가석방자관리규정등)
2004.12. 3영18596호(간접투자자산운용업법시)
2005. 3. 8영18736호(사회기반시설민간투자시)
2005. 5.26영18834호
2006. 3.29영19422호(채무자회생파산시)
2007.10.23영20331호(통계법시)
2007.11.12영20367호
2008. 2.29영20653호(금융위원회의설치등에관한법시)
2008. 7.29영20947호(자본시장금융투자업시)
2008.12. 3영21155호
2008.12.31영21214호(직제)
2009. 2. 3영21291호(자본시장금융투자업시)
2009. 5.29영21518호(한국정책금융공사법시)
2009.10. 1영21765호(신용정보의이용및보호에관한법시)
2009.10. 9영21776호
2010. 1.18영21998호
2010. 5. 4영22151호(전자정부법시)
2010.11. 2영22467호(행정정보이용감축개정령)
2010.11.15영22493호(은행법시)
2010.12. 2영22509호
2010.12.30영22577호(법인세법시)
2011. 1.24영22637호(보험시)
2012. 1. 6영23488호(민감정보고유식별정보)
2012. 2.29영23644호(대학교원자격기준등에관한규정)
2013. 7. 8영24659호
2013. 8.27영24697호(자본시장금융투자업시)
2014. 2.11영25177호
2014. 3.24영25279호(금융부실시)
2014.11.24영25777호
2014.12.30영25945호(한국산업은행법시)
2015. 1. 6영26038호
2015.10.23영26600호(자본시장금융투자업시)
2015.12.30영26816호
2016. 5.31영27205호(기술보증기금법시)
2016. 7.28영27413호
2016. 7.28영27414호(금융회사의지배구조에관한법시)
2017. 8.16영28248호
2017.10.17영28382호(은행법시)
2018. 9.28영29194호(주민등록표등본·초본제출요구감축을위한일부개정령)
2018.10.30영29269호(주식회사등의외부감사에관한법시)
2020. 8. 4영30893호(신용정보의이용및보호에관한법시)
2020. 8.11영30934호(벤처투자촉진에관한법시)
2021. 1. 5영31380호(법령용어정비)
2021. 2.17영31444호(조세시)
2021. 5.18영31696호(자본시장금융투자업시)
2021. 6.29영31861호(금융산업의구조개선에관한법시)
2021. 9.29영32018호(법령용어정비)
2021.10.21영32091호(자본시장금융투자업시)
2021.12.28영32274호(독점시)
2022. 2.17영32449호(한국자산관리공사설립등에관한법시)
2022.12.20영33112호(개인정보침해요인개선을위한일부개정령)
2023. 6.27영33604호(보험시)
2023.12.12영33913호(행정법제혁신을위한일부개정법령등)
2023.12.19영34011호(벤처투자촉진에관한법시)

제1조【목적】 이 영은 「금융지주회사법」에서 위임된 사항과 그 시행에 관하여 필요한 사항을 규정함을 목적으로 한다.(2005.5.26 본조개정)

제2조【금융업의 범위 등】 ① 「금융지주회사법」(이하 "법"이라 한다) 제2조제1항제1호에서 "금융업"이라 함은 「통계법」 제22조제1항의 규정에 의하여 통계청장이 고시하는 한국표준산업분류에 의한 금융 및 보험업을 말한다. 다만, 금융지주회사가 아닌 지주회사는 제외한다.
(2017.10.17 단서신설)
② 법 제2조제1항제1호에서 "금융업의 영위와 밀접한 관련이 있는 회사"란 다음 각 호의 어느 하나에 해당하는 사업을 하는 것을 목적으로 하는 회사를 말한다.
(2015.12.30 본문개정)
1. 금융업을 영위하는 회사(이하 "금융기관"이라 한다)에 대한 전산·정보처리 등의 용역의 제공
2. 금융기관이 보유한 부동산 기타 자산의 관리
3. 금융업과 관련된 조사·연구
4. 「자본시장과 금융투자업에 관한 법률」에 따라 설립된 기관전용 사모집합투자기구(이하 "기관전용 사모집합투자기구"라 한다)의 재산 운용 등 그 업무집행사원이 행하는 업무(2021.10.21 본호개정)
5. 그 밖에 금융기관의 고유업무와 직접적인 관련이 있거나 금융기관의 효율적인 업무수행을 위하여 필요한 사업으로서 금융위원회가 정하여 고시하는 사업
(2015.12.30 본호개정)
③ 법 제2조제1항제1호 각 목 외의 부분에서 "대통령령이 정하는 기준"이란 회사가 단독으로 또는 「독점규제 및 공정거래에 관한 법률 시행령」 제16조제1호 및 제2호에 규정된 자(이하 이 항에서 "특수관계자"라 한다)와 합하여 「독점규제 및 공정거래에 관한 법률」 제2조제12호에 따른 계열회사(다음 각 호의 어느 하나에 해당하는 회사를 제외하며, 이하 "계열회사"라 한다)의 최다출자자(계열회사가 기관전용 사모집합투자기구인 경우에는 그 기관전용 사모집합투자기구의 업무집행사원)가 되는 것을 말한다. 다만, 회사가 소유하는 주식이 각각의 특수관계자가 소유하는 주식보다 적은 경우를 제외한다.(2021.12.28 본문개정)
1. 「벤처투자 촉진에 관한 법률」 제2조제10호에 따른 벤처투자회사가 창업자에게 투자하기 위한 목적으로 다른 국내회사의 주식을 취득한 경우 그 다른 국내회사
(2023.12.19 본호개정)
2. 「여신전문금융업법」에 따라 설립된 신기술사업금융업자가 신기술사업자를 지원하기 위한 목적으로 다른 국내회사의 주식을 취득한 경우 그 다른 국내회사
3. 기관전용 사모집합투자기구가 투자한 기업의 가치를 높여 그 수익을 사원에게 배분하기 위한 목적으로 다른 회사의 주식을 취득한 경우 그 다른 회사(2021.10.21 본호개정)
4. 금융지주회사의 자회사, 손자회사 및 증손회사(법 제19조의2 및 제32조에 따라 금융지주회사에 편입된 다른 회사를 포함한다. 이하 "자회사등"이라 한다)가 「사회기반시설에 대한 민간투자법」 제8조의2의 규정에 따라 주무관청에 의하여 지정을 받은 민간투자대상사업을 영위하기 위한 회사(「조세특례제한법」 제104조의31제1항에 해당하는 회사에 한한다)의 주식을 취득한 경우 그 민간투자대상사업을 영위하기 위한 회사(2021.2.17 본호개정)
5. 「자본시장과 금융투자업에 관한 법률」에 따른 투자매매업자가 같은 법에 따라 다른 회사의 주식을 인수·취득하여 취득하는 날부터 3개월 이내의 기간 동안 보유하는 경우 그 다른 회사(2010.1.18 본호신설)
6. 금융지주회사의 자회사등인 금융기관이 「기업구조조정 촉진법」 또는 기업구조조정을 추진하기 위한 채권자간의 자율적인 협약에 따른 공동관리절차(이하 "공동관리절차"라 한다), 「채무자 회생 및 파산에 관한 법률」에 따른 회생절차(이하 "회생절차"라 한다)가 진행 중인 다른 회사의 주식을 구조조정의 목적으로 출자전환 등을 통하여 취득하는 경우 그 다른 회사. 다만, 공동관리절차 또는 회생절차가 중단되거나 종료된 날부터 2년(「기업구조조정 촉진법」 제33조제3항에 따라 금융위원회의 승인을 받아 연장된 경우에는 그 기한을 말한다)이 경과한 회사는 제외한다.(2017.8.16 본호개정)
7. 「자본시장과 금융투자업에 관한 법률」 제9조제18항제2호에 따른 투자회사(외국 법령에 따라 설립된 투자회사를 포함한다)로서 다음 각 목의 어느 하나에 해당하지 아니하는 투자회사
가. 「자본시장과 금융투자업에 관한 법률」 제9조제19항에 따른 사모집합투자기구(외국 법령에 따라 설립된 사모집합투자기구를 포함한다)인 투자회사
나. 다른 회사를 지배(법 제2조제1항제1호 각 목 외의 부분에 따른 지배를 말한다. 이하 같다)하는 투자회사
(2015.12.30 본호신설)
(2005.5.26 본항개정)
④ 법 제2조제1항제1호에 따른 주된 사업의 기준은 회사가 소유하고 있는 자회사(외국법인은 제외한다)의 주식(지분을 포함한다. 이하 같다)가액의 합계액이 해당 회사의 자산총액의 100분의 50 이상인 것으로 한다. 이 경우 자회사의 주식가액 및 해당 회사의 자산총액은 다음 각 호의 어느 하나에 해당하는 날(이하 "기준일"이라 한다) 현재의 재무상태표에 표시된 금액을 기준으로 한다.
(2021.9.29 후단개정)
1. 해당 사업연도에 새로 설립되었거나 합병 또는 분할·분할합병·물적분할을 한 회사의 경우에는 각각 설립등기일·합병등기일 또는 분할등기일
2. 제1호 외의 회사의 경우에는 직전 사업연도 결산일. 다만, 해당 사업연도 결산일 이전에 자회사 주식가액의 합계액이 해당 회사의 자산총액의 100분의 50 이상인 경우에 해당되어 법 제3조에 따라 인가를 받으려는 경우에는 해당 사유가 발생한 날로 한다.
(2007.11.12 본항개정)
⑤ 법 제2조제1항제1호나목에서 "대통령령으로 정하는 기준 이상일 것"이란 기준일 현재의 재무상태표에 표시된 자산총액이 5천억원 이상일 것을 말한다.(2021.9.29 본항개정)
⑥ 법 제2조제1항제6호의4다목에서 "대통령령으로 정하는 금융기관"이란 다음 각 호의 어느 하나에 해당하는 회사를 말한다.
1. 「자본시장과 금융투자업에 관한 법률」 제9조제17항제3호에 따른 증권금융회사(이하 "증권금융회사"라 한다)
2. 「자본시장과 금융투자업에 관한 법률」 제336조제1항에 따른 종합금융회사(이하 "종합금융회사"라 한다). 다만, 「자본시장과 금융투자업에 관한 법률」에 따른 금융투자업자(이하 "금융투자업자"라 한다)가 「금융산업의 구조개선에 관한 법률」 제4조제1항에 따라 종합금융회사를 흡수합병한 경우는 제외한다.
(2010.1.18 본항신설)

제3조【특수관계인의 범위】 ① 법 제2조제1항제7호에서 "그와 대통령령이 정하는 특수관계에 있는 자"란 본인과 「은행법 시행령」 제1조의4제1항 각 호의 어느 하나에 해당하는 관계에 있는 자(이하 "특수관계인"이라 한다)를 말한다.
② 제1항에도 불구하고 다음 각 호의 어느 하나에 해당하는 자는 법 제2조제1항제7호의 동일인의 범위에서 제외한다.

1. 「사회기반시설에 대한 민간투자법」 제8조의2에 따라 주무관청의 지정을 받은 민간투자대상사업을 경영하는 회사. 다만, 「국가재정법」 제5조에 따른 기금 또는 그 기금을 관리·운용하는 법인(법률에 따라 기금의 관리·운용을 위탁받은 법인을 포함하며, 이하 "기금등"이라 한다)이 포함된 동일인이 아닌 경우에는 「조세특례제한법」 제104조의31제1항에 해당하는 회사로 한정한다.(2021.2.17 단서개정)
2. 은행(「은행법」에 따른 인가를 받은 은행을 말한다. 이하 같다) 또는 은행지주회사의 자회사등인 은행이 「기업구조조정 촉진법」, 「채무자 회생 및 파산에 관한 법률」에 따른 기업구조조정을 위하여 출자전환 등으로 다른 회사의 주식을 취득하는 경우(이에 준하는 경우를 포함한다) 그 다른 회사(2010.11.15 본호개정)
3. 다음 각 목의 어느 하나에 해당하는 기관전용 사모집합투자기구가 투자한 기업의 가치를 높여 그 수익을 사원에게 배분하기 위한 목적으로 다른 회사의 주식을 취득한 경우 그 다른 회사
 가. 「은행법」 제37조제2항 각 호 외의 부분 단서에 따른 은행의 자회사등인 기관전용 사모집합투자기구
 나. 은행지주회사의 자회사등인 기관전용 사모집합투자기구
(2021.10.21 본호개정)
(2009.10.9 본항개정)
(2008.12.3 본조개정)

제3조의2【비금융주력자의 정의】 ① 법 제2조제1항제8호가목에서 "대통령령이 정하는 금융업"이라 함은 제2조제1항의 규정에 의한 업종 또는 동조제2항 각호의 규정에 의한 업무를 말한다.
② 법 제2조제1항제8호나목에서 "대통령령이 정하는 금액"이라 함은 2조원을 말한다.
(2002.8.21 본조신설)

제3조의3【사실상 영향력 행사 및 경영 관여의 기준】 ① 법 제2조제1항제10호나목에 따라 주요 경영사항에 대하여 사실상의 영향력을 행사하는 자는 다음 각 호의 어느 하나에 해당하는 자로 한다.(2016.7.28 본문개정)
1. 단독으로 또는 다른 주주와의 합의·계약 등으로 금융지주회사(법 제2조제1항제10호나목의 경우에는 은행지주회사를 말한다)의 대표자 또는 이사의 과반수 이상을 선임한 주주
2. 경영전략·조직변경 등 금융지주회사 및 그 자회사와 손자회사[법 제2조제1항제10호나목의 경우에는 은행지주회사 및 그 자회사와 손자회사(이하 "은행지주회사등"이라 한다)를 말한다]의 주요 의사결정이나 업무집행에 지배적인 영향력을 행사한다고 인정되는 자로서 금융위원회가 지정한 자
② (2014.2.11 삭제)
(2009.10.9 본조개정)

제3조의4 (2010.1.18 삭제)

제4조【인가신청서】 ① 법 제3조제1항의 규정에 의한 인가를 받고자 하는 자는 다음 각호의 사항을 기재한 인가신청서를 금융위원회에 제출하여야 한다.(2008.2.29 본문개정)
1. 금융지주회사 및 그 자회사등(이하 "금융지주회사등"이라 한다)의 상호
2. 금융지주회사등의 본점의 소재지
3. 금융지주회사등의 대표자 및 임원의 성명·주민등록번호 및 주소
4. 금융지주회사등의 자본금에 관한 사항
5. 금융지주회사등의 인력 및 물적 시설에 관한 사항
6. 자회사등이 영위하는 업무의 종류
② 제1항의 인가신청서에는 다음 각 호의 서류를 첨부해야 한다. 이 경우 금융위원회는 「전자정부법」 제36조제1항에 따른 행정정보의 공동이용을 통하여 자회사등의 법인 등기사항증명서를 확인해야 한다.(2021.1.5 본문개정)
1. 금융지주회사등의 정관
2. 금융지주회사등의 향후 3개 사업연도의 사업계획서(추정재무제표를 포함한다) 및 예상수입·지출계산서(2021.1.5 본호개정)
3. 금융지주회사등의 본점·지점 등의 위치와 명칭을 기재한 서류
4. (2010.11.2 삭제)
5. 금융지주회사등의 재무제표와 그 부속서류
6. 금융지주회사등의 임원의 이력서 및 경력증명서
7. 인가신청일 현재 금융지주회사등의 발행주식총수의 100분의 1 이상을 소유하는 주주의 성명 또는 명칭과 그 소유주식수를 기재한 서류
8. 기타 법 또는 이 영에 의한 인가요건의 심사에 필요한 서류로서 금융위원회가 정하는 서류(2008.2.29 본호개정)
③ 제1항 및 제2항에도 불구하고 제1항에 따른 인가를 받으려는 자로서 정부 또는 제5조제3항제1호부터 제3호까지의 어느 하나에 해당하는 기관을 그의 최대주주로 하는 자는 제1항제5호의 사항을 적지 아니하거나 제2항제2호의 서류를 첨부하지 아니할 수 있다.(2010.12.2 본항신설)

제5조【인가의 세부기준】 ① 법 제4조제1항제1호 및 제2호의 규정에 의한 금융지주회사등의 사업계획은 다음 각 호의 기준에 모두 적합하여야 한다. 다만, 인가를 받으려는 자의 최대주주가 정부 또는 제3항제1호부터 제3호까지의 어느 하나에 해당하는 기관인 경우에는 제1호의 기준을 적용하지 아니할 수 있다.(2010.12.2 단서신설)
1. 사업계획이 지속적인 영업을 영위하기에 적합하고 추정재무제표 및 수익전망이 사업계획에 비추어 타당성이 있을 것
2. 사업계획의 추진에 소요되는 자본 등 자금의 조달방법이 적정할 것
3. 법령에 위반되지 아니하고 건전한 금융질서를 저해할 우려가 없을 것
4. (2010.1.18 삭제)
4의2. 외국법인인 자회사가 손자회사를 지배하려는 경우 그 손자회사가 국내 금융기관이 아닐 것(2007.11.12 본호신설)
5. 관련 시장에서의 경쟁을 실질적으로 제한하지 아니할 것(2010.1.18 본호개정)
② 법 제4조제1항제3호에서 "대통령령으로 정하는 자"란 다음 각 호의 어느 하나에 해당하는 자를 말한다.
1. 최대주주인 법인의 최대주주
2. 최대주주인 법인의 대표자
3. 최대주주인 법인의 주요 경영사항에 대하여 사실상의 영향력을 행사하는 주주
(2007.11.12 본항개정)
③ 대주주는 별표1에 규정된 요건에 적합하여야 한다. 다만, 다음 각 호의 어느 하나에 해당하는 자의 경우에는 그러하지 아니하다.(2007.11.12 본문개정)
1. (2014.12.30 삭제)
2. 「예금자보호법」에 따른 예금보험공사(이하 "예금보험공사"라 한다)(2009.10.9 본호개정)
3. 「한국자산관리공사 설립 등에 관한 법률」에 따른 한국자산관리공사(2022.2.17 본호개정)
4. 「한국산업은행법」에 의한 한국산업은행(이하 "한국산업은행"이라 한다)(2014.12.30 본호개정)
5. 「상법」 제360조의2의 규정에 의한 주식의 포괄적 교환(이하 "주식교환"이라 한다) 또는 동법 제360조의15의 규정에 의한 주식의 포괄적 이전(이하 "주식이전"이라 한다)에 의하여 대주주가 되는 자. 다만, 주식교환 또는 주식이전에 의하여 금융지주회사의 의결권있는 발행주식총수의 100분의 10(지방은행지주회사의 경우에는 100분의 15로 한다) 이상을 본인 단독으로 또는 그의 특수관계인과 함께 소유하면서 최대주주가 되는 자를 제외한다.(2010.12.2 단서개정)
6. 최대주주 또는 그의 특수관계인인 주주로서 금융지주회사의 의결권 있는 발행주식 총수의 100분의 1 미만을 소유하는 자. 다만, 주요 경영사항에 대하여 사실상의 영향력을 행사하는 자로서 금융위원회가 정하여 고시하는 자는 제외한다.(2010.12.2 본호신설)
④ 법 제4조제1항제4호의 규정에 의한 재무상태 및 경영관리상태의 건전성의 세부기준은 다음 각 호와 같다.
1. 금융지주회사등의 자기자본이 제28조제1호의 규정에 의하여 금융위원회가 정하여 고시하는 자본의 적정성에 관한 기준을 충족할 것(2008.2.29 본호개정)
2. 금융위원회가 정하여 고시하는 바에 따라 자회사등의 경영건전성 여부를 평가한 결과 그 자회사등의 경영상태가 건전할 것(2008.2.29 본호개정)
(2007.11.12 본항개정)
⑤ 법 제4조제1항제5호의 규정에 의하여 주식교환 또는 주식이전을 하는 경우의 주식교환비율(완전모회사가 되는 회사의 교환가격과 완전자회사가 되는 회사의 교환가격중 높은 가격을 낮은 가격으로 나눈 비율)은 다음 각호의 가격[「자본시장과 금융투자업에 관한 법률」에 따른 주권상장법인(이하 "주권상장법인"이라 한다)이 제1호 또는 제2호가목에 따른 가격을 산정할 수 없는 경우에는 제2호나목에 따른 가격으로 한다]을 기준으로 정하여야 한다. 다만, 주식교환 또는 주식이전의 당사자인 회사간의 협의에 의하여 100분의 30의 범위내에서 그 비율을 조정할 수 있다.(2010.1.18 본문개정)
1. 주권상장법인 간 주식교환 또는 주식이전의 경우에는 「자본시장과 금융투자업에 관한 법률 시행령」 제176조의5제1항제1호에 따라 산정한 가격(2009.2.3 본호개정)
2. 주권상장법인과 주권상장법인이 아닌 법인 간 주식교환 또는 주식이전의 경우에는 다음 각목의 기준에 의한 가격
 가. 주권상장법인인 경우에는 「자본시장과 금융투자업에 관한 법률 시행령」 제176조의5제1항제2호가목에 따라 산정한 가격(2009.2.3 본목개정)
 나. 주권상장법인이 아닌 법인의 경우에는 「자본시장과 금융투자업에 관한 법률 시행령」 제176조의5제1항제2호나목에 따라 산정한 가격(2009.2.3 본목개정)
3. 주권상장법인이 아닌 법인간 주식교환 또는 주식이전의 경우에는 「자본시장과 금융투자업에 관한 법률 시행령」 제176조의5제1항제2호나목에 따라 산정한 가격(2009.2.3 본호개정)
(2008.7.29 본항개정)
⑥ 제5항제2호의 규정에 의한 가격을 산정함에 있어서는 그 적정성에 관하여 「자본시장과 금융투자업에 관한 법률 시행령」 제176조의5제8항에 따른 외부평가기관의 평가를 받아야 한다. 다만, 코스닥상장법인(대통령령 제24697호 자본시장과 금융투자업에 관한 법률 시행령 일부개정령 부칙 제8조에 따른 코스닥시장에 상장된 주권을 발행한 법인을 말한다) 또는 코넥스상장법인(「자본시장과 금융투자업에 관한 법률 시행령」 제11조제2항에 따른 코넥스시장에 상장된 주권을 발행한 법인을 말한다)이 「자본시장과 금융투자업에 관한 법률 시행령」 제176조의5제1항제1호에 따라 산정한 가격을 기준으로 주식교환비율을 정한 때에는 그러하지 아니하다.(2013.8.27 본항개정)
⑦ 금융위원회는 제1항 내지 제6항의 세부요건에 관한 구체적인 기준을 정할 수 있다.(2008.2.29 본항개정)
(2007.11.12 본조제목개정)

제5조의2【인가대상금융지주회사의 보고 등】 ① 법 제5조의2제1항에서 "대통령령으로 정하는 부득이한 사유"란 다음 각 호의 어느 하나에 해당하는 경우를 말한다.
1. 자회사 주식의 가액이 증가한 경우
2. 자회사의 감자(減資), 다른 주주의 주식처분 또는 이에 준하는 것으로 금융위원회가 정하여 고시하는 원인에 의하여 자회사의 주주권이 변동된 경우(2008.2.29 본호개정)
3. 법 제5조의2에 따른 인가대상금융지주회사(이하 "인가대상금융지주회사"라 한다)의 자산총액이 감소한 경우
4. 인가대상금융지주회사가 담보권의 실행, 대물변제의 수령, 유증(遺贈) 또는 그 밖에 이에 준하는 것으로서 금융위원회가 정하여 고시하는 원인에 의하여 자회사의 주식을 소유하게 된 경우(2008.2.29 본호개정)
5. 인가대상금융지주회사가 금융위원회의 허가를 받아 「자본시장과 금융투자업에 관한 법률」 제9조제11항에 따른 증권의 인수업무를 영위하는 과정에서 자회사 주식을 소유하게 되는 경우(2008.7.29 본호개정)
6. 인가대상금융지주회사에 해당하는 금융기관이 그 금융기관에 적용되는 법령에 따른 업무 또는 자산운용의 범위에서 긴급하게 자회사 주식을 소유하게 되는 경우로서 금융위원회가 정하여 고시하는 경우(2008.2.29 본호개정)
② 법 제5조의2제1항에서 "대통령령으로 정하는 기간"이란 기준일(제2조제4항제2호 단서에 따른 기준일은 적용하지 아니한다. 이하 같다)부터 4개월을 말한다.
(2010.1.18 본항개정)
③ 법 제5조의2제2항 본문에서 "대통령령으로 정하는 기간"이란 기준일부터 1년을 말한다.(2010.1.18 본항개정)
(2007.11.12 본조신설)

제5조의3【금융기관과 금융지주회사의 지배관계】 법 제7조제1항 각 호 외의 부분 본문에서 "대통령령이 정하는 지배관계"란 금융기관이 「독점규제 및 공정거래에 관한 법률 시행령」 제4조에 따른 기준에 의하여 사실상 금융지주회사의 사업내용을 지배하는 것을 말한다.
(2021.12.28 본조개정)

제5조의4【금융지주회사와 다른 금융지주회사의 지배관계 허용 요건】 ① 법 제7조제1항제1호에 따라 금융지주회사가 다른 금융지주회사에 대하여 지배관계를 설정하려는 경우에는 다음 각 호의 요건을 모두 갖추어야 한다.
1. 금융지주회사가 지배관계를 설정하려는 다른 금융지주회사(이하 "중간지주회사"라 한다)의 발행주식 총수를 소유할 것. 다만, 주식교환 또는 주식이전에 의하여 설립되는 중간지주회사에 대하여 지배관계를 설정하는 경우로서 다음 각 목의 요건을 모두 갖춘 경우에는 그러하지 아니하다.
 가. 금융지주회사가 중간지주회사 발행주식 총수의 100분의 95 이상을 소유할 것
 나. 금융지주회사가 중간지주회사의 다른 주주가 될 자(이하 이 목에서 "소수주주"라 한다)에게 그 소유하는 주식을 매도할 것을 청구하였으나 그 소수주주가 매도청구를 받은 날부터 2개월 이내에 그 주식을 매도하지 아니하거나 그 소수주주의 소재를 확인할 수 없는 등 부득이한 사유로 중간지주회사의 발행주식 총수를 취득할 수 없을 것
2. 동일한 중간지주회사(외국법인인 자회사만을 지배하는 중간지주회사는 제외한다)에 의하여 지배받는 자회사가 영위하는 업종이 동일하거나 업무상 관련이 있을 것. 다만, 중간지주회사로 편입될 당시에 그 자회사 중 업종이 다르거나 업무상 관련이 없는 자회사가 있는 경우 그 편입된 날부터 2년간은 그러하지 아니하다.
3. 중간지주회사는 손자회사를 지배하지 아니할 것. 다만, 중간지주회사가 외국법인인 자회사만을 지배하는 경우에는 손자회사를 지배할 수 있다.
② 금융위원회는 제1항 각 호의 요건에 관한 세부기준을 정하여 고시할 수 있다.(2008.2.29 본항개정)
(2007.11.12 본조신설)

제5조의5【투자회사 등과 금융지주회사의 지배관계 허용 요건】 ① 「자본시장과 금융투자업에 관한 법률」에 따른 투자회사(이하 "투자회사"라 한다), 기관전용 사모집합투자기구 또는 같은 법에 따른 투자목적회사(이하 "투자목적회사"라 한다)가 법 제7조제1항제2호에 따라 금융지주회사에 대하여 지배관계를 설정하려는 경우에는 해당 투자회사, 기관전용 사모집합투자기구 또는 투자목적

회사가 다음 각 호의 구분에 따른 요건을 갖추어야 한다.(2021.10.21 본문개정)
1. 투자회사의 경우에는 다음 각 목의 요건을 모두 갖출 것
가. 금융기관이 보유하는 주식이 해당 투자회사의 발행주식총수의 100분의 30 미만일 것
나. 금융기관이 해당 투자회사의 주요 경영사항에 대하여 지배적인 영향력을 행사하지 아니할 것
2. 기관전용 사모집합투자기구의 경우에는 다음 각 목의 요건을 모두 갖출 것
가. 금융기관이 기관전용 사모집합투자기구의 업무집행사원이 아닐 것
나. 금융기관이 보유하는 지분이 해당 기관전용 사모집합투자기구의 출자총액의 100분의 30 미만일 것
다. 금융기관이 해당 기관전용 사모집합투자기구의 주요 경영사항에 대하여 지배적인 영향력을 행사하지 아니할 것
(2021.10.21 본호개정)
3. 투자목적회사의 경우에는 다음 각 목의 요건을 모두 갖출 것
가. 해당 투자목적회사의 주주나 사원인 기관전용 사모집합투자기구가 제2호 각 목의 요건을 모두 갖출 것(2021.10.21 본목개정)
나. 금융기관이 보유하는 주식 또는 지분이 해당 투자목적회사의 의결권 있는 발행주식 총수 또는 출자총액의 100분의 30 미만일 것
다. 금융기관이 해당 투자목적회사의 주요 경영사항에 대하여 지배적인 영향력을 행사하지 아니할 것
② 금융위원회는 제1항 각 호의 요건에 관한 세부기준을 정하여 고시할 수 있다.(2008.2.29 본항개정)
(2007.11.12 본조신설)

제5조의6【외국 금융기관의 요건】 ① 법 제7조제1항제3호에서 "대통령령으로 정하는 외국 금융기관"이란 외국에서 은행업, 금융투자업, 보험업 또는 이에 준하는 업으로서 금융위원회가 정하여 고시하는 금융업을 영위하는 회사(이하 이 조에서 "사업회사"라 한다)에 대하여 주식소유를 통하여 지배하거나 임원의 임면 등의 방법으로 지배적인 영향력을 행사하면서 사업회사의 경영을 관리하는 회사 및 그 특수관계인(이하 "외국금융지주회사"라 한다)을 말한다.(2010.1.18 본항개정)
② 외국금융지주회사 중에서 국내의 금융지주회사의 주식을 소유하는 회사 또는 이에 지배적인 영향력을 행사하는 회사는 다음 각 호의 요건을 모두 갖추어야 한다.
1. 자산총액, 영업규모 등이 국제적 영업활동에 적합하고 국제적 신인도가 높을 것
2. 최근 3년간 계속하여 국제결제은행의 기준에 따른 위험가중자산에 대한 자기자본비율이 100분의 8 이상이거나 이에 준하는 경우로서 금융위원회가 정하여 고시하는 기준에 적합할 것(2008.2.29 본호개정)
③ 제2항을 적용함에 있어서 해당 회사가 사업회사가 아니어서 같은 항 각 호의 요건 전부 또는 일부를 그 회사에 적용하는 것이 곤란하거나 불합리한 경우에는 외국금융지주회사 중 그 요건 전부 또는 일부를 충족하는 사업회사(해당 회사의 경영을 사실상 지배하고 있는 사업회사 또는 해당 회사가 경영을 사실상 지배하고 있는 사업회사에 한한다)가 있는 때에는 해당 회사가 그 요건을 충족하는 것으로 본다.
④ 금융위원회는 제2항 각 호의 요건에 관한 세부기준을 정하여 고시할 수 있다.(2008.2.29 본항개정)
(2007.11.12 본조신설)

제5조의7【외국 금융기관과 금융지주회사의 지배관계 허용 요건】 ① 법 제7조제1항제3호에 따라 외국 금융기관이 금융지주회사에 대하여 지배관계를 설정하려는 경우에는 다음 각 호의 요건을 갖추어야 한다.
1. 외국금융지주회사가 지배관계를 설정하려는 국내의 금융지주회사(이하 "국내지주회사"라 한다)의 발행주식 총수를 소유할 것. 다만, 주식교환 또는 주식이전에 의하여 설립되는 국내지주회사에 대하여 지배관계를 설정하는 경우로서 다음 각 목의 요건을 모두 갖춘 경우에는 그러하지 아니하다.
가. 외국금융지주회사가 국내지주회사 발행주식 총수의 100분의 95 이상을 소유할 것
나. 외국금융지주회사가 국내지주회사의 다른 주주가 될 자(이하 이 목에서 "소수주주"라 한다)에게 그 소유하는 주식을 매도할 것을 청구하였으나 그 소수주주가 매도청구를 받은 날부터 2개월 이내에 그 주식을 매도하지 아니하거나 그 소수주주의 소재를 확인할 수 없는 등의 부득이한 사유로 국내지주회사의 발행주식 총수를 취득할 수 없을 것
2. 외국금융지주회사의 계열회사인 국내 금융기관[해당 국내지주회사 및 그 자회사와 손자회사(이하 이 호에서 "국내지주회사등"이라 한다)는 제외한다. 이하 이 호에서 "국내계열회사"라 한다]이 있는 경우 법 제48조에 따른 자회사등의 행위제한에 관한 사항에 준하여 국내계열회사와 국내지주회사등 사이에 신용공여·자산거래·주식소유 등에 있어서 금융위원회가 정하여 고시하는 요건을 충족할 것(2008.2.29 본호개정)
② 금융위원회는 제1항 각 호의 요건에 관한 세부사항을 정하여 고시할 수 있다.(2008.2.29 본항개정)
(2007.11.12 본조신설)

제5조의8【금융지주회사와의 지배관계의 해소 등】 ① 법 제7조제2항 본문에서 "대통령령으로 정하는 부득이한 사유"란 다음 각 호의 어느 하나에 해당하는 경우를 말한다.
1. 금융지주회사의 감자, 다른 주주의 주식처분 또는 이에 준하는 것으로 금융위원회가 정하여 고시하는 원인에 의하여 그 회사의 주주권이 변동된 경우(2008.2.29 본호개정)
2. 금융지주회사와 지배관계에 있는 금융기관(이하 이 조에서 "지배금융기관"이라 한다)이 담보권의 실행, 대물변제의 수령, 유증 또는 그 밖에 이에 준하는 것으로서 금융위원회가 정하여 고시하는 원인에 의하여 금융지주회사의 주식을 소유하게 된 경우(2008.2.29 본호개정)
3. 지배금융기관이 금융위원회의 허가를 받아 「자본시장과 금융투자업에 관한 법률」 제9조제11항에 따른 증권의 인수업무를 영위하는 과정에서 금융지주회사의 주식을 소유하게 되는 경우(2008.7.29 본호개정)
4. 지배금융기관이 그 금융기관에 적용되는 법령에 따른 업무 또는 자산운용의 범위에서 긴급하게 금융지주회사의 주식을 소유하게 되는 경우로서 금융위원회가 정하여 고시하는 경우(2008.2.29 본호개정)
② 법 제7조제2항 본문에서 "대통령령으로 정하는 기간"이란 기준일부터 1년을 말한다.(2010.1.18 본항개정)
(2007.11.12 본조신설)

제6조 (2016.7.28 삭제)

제6조의2【주식보유상황 등의 보고】 ① 법 제8조제2항 각 호 외의 부분에서 "대통령령이 정하는 자"란 다음 각 호의 어느 하나에 해당하는 자를 말한다.
1. 정부
2. 예금보험공사
3. 한국산업은행(「금융산업의 구조개선에 관한 법률」에 따라 설치된 금융안정기금의 부담으로 주식을 취득하는 경우로 한정한다)(2014.12.30 본호개정)
4. 「은행법」 제15조제3항에 따라 금융위원회의 승인을 받아 같은 법 제16조의4제1항에 따른 은행의 한도초과보유주주등이었던 자가 주식교환 또는 주식이전으로 해당 은행을 자회사등으로 지배하는 금융지주회사의 법 제10조의2에 따른 한도초과보유주주등이 된 경우로서 법 제8조제3항에 따라 금융위원회 승인을 받은 자
② 법 제8조제2항 각 호 외의 부분에서 "대통령령으로 정하는 사항"이란 다음 각 호의 사항을 말한다.
1. 동일인에 관한 사항
2. 기관전용 사모집합투자기구등(법 제8조의5제2항에 따른 기관전용 사모집합투자기구등을 말한다. 이하 같다)의 경우 다음 각 목에 관한 사항(2021.10.21 본문개정)
가. 주주 또는 사원
나. 기관전용 사모집합투자기구의 유한책임사원·무한책임사원의 출자액(2021.10.21 본목개정)
3. 주식보유 또는 변동의 현황 및 사유에 관한 사항
4. 주식보유의 목적 및 은행지주회사등에 대한 경영 관여 여부에 관한 사항
5. 그 밖에 주식보유상황 또는 주식보유비율의 변동상황을 확인하기 위하여 필요한 세부사항으로서 금융위원회가 정하여 고시하는 사항
③ 법 제8조제2항 각 호의 어느 하나에 해당하게 된 동일인은 다음 각 호의 구분에 따른 기한까지 제2항 각 호의 사항을 금융위원회에 보고하여야 한다. 이 경우 본인과 특수관계인이 함께 보고하는 경우에는 보유주식의 수가 가장 많은 자를 대표자로 선정하여 연명으로 보고할 수 있다.
1. 법 제8조제2항제1호 및 제3호의 경우 : 그 보고사유에 해당하게 된 날(해당 동일인이 은행지주회사의 주식을 취득하거나 매각하지 아니하였음에도 불구하고 보고사유에 해당하게 된 경우에는 그 사유에 해당하게 된 사실을 안 날을 말한다. 이하 이 조에서 같다)이 속하는 달의 다음 달 말일(2017.8.16 본호개정)
2. 법 제8조제2항제2호, 제4호 및 제5호의 경우 : 그 보고사유에 해당하게 된 날이 속하는 달의 다음 달 10일(2010.12.2 본항개정)
④ 제3항에도 불구하고 기금등, 그 밖에 금융위원회가 정하여 고시하는 자는 그 보고사유에 해당하게 된 날이 속하는 분기의 다음 달 10일까지 보고할 수 있다.(2017.8.16 본항개정)
⑤ 제1항부터 제4항까지에서 규정한 사항 외에 주식보유상황 등의 보고에 관하여 필요한 사항은 금융위원회가 정하여 고시한다.
(2009.10.9 본조개정)

제6조의3【한도초과 주식보유의 승인요건·절차 등】 ① 법 제8조제3항의 규정에 의하여 은행지주회사의 주식을 보유하고자 하는 자는 별표2에 규정된 요건에 적합하여야 한다. 다만, 금융위원회는 「금융산업의 구조개선에 관한 법률」 제2조제2호에 따른 부실금융기관의 정리 등 특별한 사유가 있다고 인정되는 경우에는 별표2의 요건을 갖추지 아니한 자에 대하여도 승인할 수 있다.(2021.6.29 단서개정)
② 금융위원회는 법 제8조제3항의 규정에 의한 승인을 함에 있어서 신청인의 자격요건, 은행지주회사의 보유지분분포 등에 비추어 필요하다고 인정하는 경우에는 주식취득의 시기 및 방법 등을 제한할 수 있다.
③ 법 제8조제3항에 따른 승인을 받으려는 자는 다음 각 호의 사항을 적은 승인신청서를 금융위원회에 제출하여야 한다.
1. 신청인에 관한 사항
2. 은행지주회사가 발행한 주식의 보유 현황
3. 은행지주회사가 발행한 주식의 취득 계획
(2009.10.9 본항개정)
④ 제3항에 따른 승인신청서에는 다음 각 호의 서류를 첨부하여야 한다.
1. 정관(법인인 경우로 한정한다)
2. 외국기업의 경우에는 법인등기부 등본에 준하는 서류
3. 최근 사업연도 말 현재 재무제표 및 최근 사업연도 말 이후 반기재무제표(법인인 경우로 한정한다)
4. 제3호에 따른 재무제표에 대한 회계감사인(「주식회사 등의 외부감사에 관한 법률」 제2조제7호에 따른 감사인을 말한다. 이하 같다)의 감사보고서 및 검토보고서(2018.10.30 본호개정)
5. 승인을 받으려는 자가 「금융위원회의 설치 등에 관한 법률」 제38조에 따라 금융감독원으로부터 검사를 받는 기관인 경우 그 기관에 적용되는 재무건전성 기준에 따라 산출한 재무상태 및 이에 대한 회계감사인의 검토보고서
6. 그 밖에 승인요건의 심사에 필요한 서류로서 금융위원회가 정하여 고시하는 서류
(2009.10.9 본항신설)
⑤ 제3항에 따른 승인신청서를 제출받은 금융위원회는 「전자정부법」 제36조제1항에 따른 행정정보의 공동이용을 통하여 다음 각 호의 행정정보를 확인하여야 한다. 다만, 신청인이 제2호의 확인에 동의하지 아니하는 경우에는 해당 서류(사업자등록증의 경우에는 그 사본을 말한다)를 첨부하게 하여야 한다.
1. 법인 등기사항증명서(국내 법인인 경우로 한정한다)
2. 주민등록번호가 포함된 주민등록표 초본 또는 사업자등록증(2018.9.28 본호개정)
3. 주식을 취득하려는 은행지주회사의 법인 등기사항증명서
(2010.11.2 본항개정)
⑥ 제3항부터 제5항까지에서 규정한 사항 외에 은행지주회사 주식의 보유에 대한 승인신청서의 서식, 승인신청의 방법 및 절차 등에 관하여 필요한 세부사항은 금융위원회가 정하여 고시한다.(2009.10.9 본항신설)
(2008.2.29 본조개정)

제6조의4【주식보유승인의 처리기간】 법 제8조제4항에서 "대통령령이 정하는 기간"이라 함은 승인신청을 받은 날부터 60일을 말한다. 다만, 승인신청서의 흠결을 보완하는 기간 등 금융위원회가 정하여 고시하는 기간은 처리기간에 산입하지 아니한다.(2009.10.9 본조개정)

제6조의5【비금융주력자로 간주되는 기간 등】 ① 법 제8조의2제1항에서 "대통령령이 정하는 기간"이라 함은 3월을 말한다.
② 법 제8조의2제2항에서 "재무건전성 등 대통령령이 정하는 요건"이란 별표2 제1호가목 및 제4호가목부터 다목까지의 요건을 말한다.(2014.2.11 본항개정)
(2002.8.21 본조신설)

제6조의6【전환계획의 승인요건 등】 ① 법 제8조의2제3항제1호에 따른 전환계획은 다음 각 호의 요건을 모두 갖추어야 한다.(2009.10.9 본문개정)
1. 시장상황에 대한 전망 등 전환계획의 전제가 된 가정이 합리적일 것
2. 처분대상인 비금융회사의 발행주식규모, 자산규모 등에 비추어 전환계획이 제시된 이행기간내에 실현될 수 있을 것
3. 분기별 이행계획이 포함되어 있을 것
② 금융위원회는 법 제8조의3제2항에 따른 전환대상자의 전환계획 이행상황을 분기별로 점검하여야 한다.(2009.10.9 본항개정)
③ 금융위원회는 제1항 각 호의 요건에 관한 구체적인 기준 및 제2항에 따른 점검방법 등 전환계획 이행상황의 점검을 위하여 필요한 사항을 정하여 고시할 수 있다.(2009.10.9 본항개정)
(2002.8.21 본조신설)

제6조의7 (2009.10.9 삭제)

제7조【기금등의 이해상충 방지 요건 등】 ① 법 제8조의2제3항제2호가목에서 "대통령령으로 정하는 체계"란 다음 각 호의 요건을 모두 갖춘 체계를 말한다.
1. 이해상충을 방지할 수 있는 의결권 행사기준을 마련할 것. 이 경우 해당 기준에는 의결권 행사기준에 마련되어 있지 않은 사안에 대하여 의결권을 행사하는 경우로서 기금등이 보유한 은행지주회사의 주식 수가 법 제8조의2제1항에서 정한 한도에 해당하는 주식 수를 초과하는 경우에는 기금등이 보유한 주식을 발행한 은행지주회사의 주주총회에 참석한 주주가 보유한 주식 수에서 기금등이 보유한 주식 수 중 법 제8조의2제1항에서 정한

한도를 초과하는 주식 수를 뺀 주식 수의 결의내용에 영향을 미치지 아니하도록 의결권을 행사한다는 내용이 포함되어야 한다.
2. 주식을 보유한 은행지주회사의 주주로서 취득한 정보는 주주권 행사 목적 외로 활용되지 아니하도록 관리하는 등 이해상충이 발생할 가능성을 파악·평가·관리할 수 있는 내부통제기준(「금융회사의 지배구조에 관한 법률」 제24조제1항에 따른 내부통제기준을 말한다. 이하 같다)을 갖출 것(2016.7.28 본호개정)
3. 그 밖에 이해상충을 방지하기 위하여 필요한 사항으로 금융위원회가 정하여 고시하는 사항
② 법 제8조의2제3항제2호다목에서 "대통령령으로 정하는 요건"이란 기금등이 「국가재정법」 제79조에 따라 정한 자산운용지침을 준수하는 것을 말한다.
(2009.10.9 본조신설)
제8조 (2014.2.11 삭제)
제9조【기관전용 사모집합투자기구등의 주식보유에 대한 승인 등】 ① (2014.2.11 삭제)
② 법 제8조의5제2항에 따른 기관전용 사모집합투자기구등은 그 기관전용 사모집합투자기구의 업무집행사원 또는 그 업무집행사원의 임원(「상법」 제401조의2제1항제3호에 해당하는 자를 포함한다. 이하 이 항에서 같다)이 다음 각 호의 기준에 모두 적합하여야 한다.(2021.10.21 본문개정)
1. 업무집행사원이 법인이며, 해당 법인 설립 후 3년이 지났을 것
2. 업무집행사원의 임원은 「금융회사의 지배구조에 관한 법률」 제5조제1항 각 호의 어느 하나에 해당하지 아니할 것(2016.7.28 본호개정)
3. 다음 각 목의 기준을 충족할 것. 다만, 금융위원회가 그 위반 등의 정도가 경미하다고 인정하는 경우는 제외한다.
가. 최근 5년간 「금융회사의 지배구조에 관한 법률 시행령」 제5조에 따른 법령(이하 "금융관련법령"이라 한다), 「독점규제 및 공정거래에 관한 법률」 또는 「조세범 처벌법」을 위반하여 벌금형 이상에 해당하는 형사처벌을 받은 사실이 없을 것(2016.7.28 본목개정)
나. 최근 5년간 「금융산업의 구조개선에 관한 법률」에 따라 부실금융기관으로 지정되었거나 금융관련법령에 따라 영업의 허가·인가 등이 취소된 기관의 대주주 또는 그 특수관계인이 아닐 것. 다만, 법원의 판결에 의하여 부실책임이 없다고 인정된 자 또는 부실에 따른 경제적 책임을 부담하는 등 금융위원회가 정하여 고시하는 기준에 해당하는 자는 제외한다.
(2016.7.28 본문개정)
4. 자신이 업무집행사원으로 있거나 있었던 기관전용 사모집합투자기구등이 다음 각 목의 어느 하나에 해당할 것
가. 1개의 기관전용 사모집합투자기구등에 출자된 가액(해당 업무집행사원이 출자한 가액은 제외한다)이 5천억원 이상으로서 금융위원회가 정하여 고시하는 금액 이상인 경우
나. 1개의 기관전용 사모집합투자기구등에 대하여 그 자산 운용대상을 미리 정하지 아니하고 주주 또는 사원이 기관전용 사모집합투자기구등에 출자하여 2개 이상의 투자대상기업에 실제 투자된 가액(해당 업무집행사원이 출자한 가액 중 투자된 가액은 제외한다)이 3천억원 이상으로서 금융위원회가 정하여 고시하는 금액 이상인 경우
(2021.10.21 본호개정)
5. 그 밖에 자산운용 능력·경험 및 사회적 신용 등에 관하여 필요한 세부사항으로서 금융위원회가 정하여 고시하는 기준
③ 법 제8조의5제3항에서 "주주 또는 사원 사이에서 체결된 계약내용 등 대통령령으로 정하는 정보 또는 자료"란 다음 각 호의 정보 또는 자료를 말한다.
1. 기관전용 사모집합투자기구등의 정관(2021.10.21 본호개정)
2. 기관전용 사모집합투자기구등의 주주 또는 사원 사이에 체결된 계약 내용(2021.10.21 본호개정)
3. 기관전용 사모집합투자기구등의 주주 및 사원(주주 및 사원의 특수관계인을 포함한다)의 내역(2021.10.21 본호개정)
4. 그 밖에 법 제8조의5제2항의 승인요건에 해당하는지를 확인하기 위하여 필요한 것으로서 금융위원회가 정하여 고시하는 정보 또는 자료
④ 법 제8조의5제4항에서 "대통령령으로 정하는 기간"이란 승인신청을 받은 날부터 30일을 말한다. 다만, 승인신청서의 흠결을 보완하는 기간 등 금융위원회가 정하여 고시하는 기간은 처리기간에 산입하지 아니한다.
⑤ 기관전용 사모집합투자기구등의 금융기관 주식보유 승인에 관하여는 제6조의3제3항부터 제6항까지의 규정을 준용한다.(2021.10.21 본항개정)
(2021.10.21 본조제목개정)
(2009.10.9 본조신설)
제9조의2【주식보유한도 초과시 보고기간 등】 ① 법 제10조제2항제1호가목 및 같은 항 제2호가목에서 "대통령령으로 정하는 기간"이란 각각 법 제15조의2제1항제3호에 따라 발행된 전환형 조건부자본증권(이하 "전환형 조건부자본증권"이라 한다), 「은행법」 제33조제1항제4호에 따라 발행된 은행지주회사주식 전환형 조건부자본증권(이하 "은행지주회사주식 전환형 조건부자본증권"이라 한다) 및 「보험업법」 제114조의2제1항제3호에 따라 발행된 금융지주회사주식 전환형 조건부자본증권(이하 "금융지주회사주식 전환형 조건부자본증권"이라 한다)에 대하여 발행 당시 객관적이고 합리적인 기준에 따라 미리 정하는 사유(이하 "예정사유"라 한다)가 발생한 날부터 5영업일을 말한다.
② 법 제10조제2항제1호나목 본문 및 같은 항 제2호나목 본문에서 "대통령령으로 정하는 기간"이란 각각 전환형 조건부자본증권, 은행지주회사주식 전환형 조건부자본증권 및 금융지주회사주식 전환형 조건부자본증권의 예정사유가 발생한 날부터 6개월을 말한다.
(2023.6.27 본조개정)
제10조【한도초과보유주주등에 대한 적격성심사 절차 등】 ① 금융위원회는 법 제10조의2에 따라 한도초과보유주주등이 초과보유요건등을 충족하는지를 매반기 정기적으로 심사하여야 한다. 다만, 한도초과보유주주등과 은행지주회사등 사이에 불법거래 징후가 있는 경우 등 특별히 필요하다고 인정할 때에는 수시심사를 실시할 수 있다.
② 한도초과보유주주등에 대한 적격성 심사의 절차·방법 등에 관하여 필요한 세부사항은 금융위원회가 정하여 고시한다.
(2009.10.9 본조신설)
제11조【금융지주회사의 업무 등】 ① 법 제15조에서 "대통령령이 정하는 업무"란 다음 각 호의 업무를 말한다.
(2015.12.30 본문개정)
1. 경영관리에 관한 업무
가. 자회사등에 대한 사업목표의 부여 및 사업계획의 승인
나. 자회사등의 경영성과의 평가 및 보상의 결정
다. 자회사등에 대한 경영지배구조의 결정
라. 자회사등의 업무와 재산상태에 대한 검사
마. 자회사등에 대한 내부통제 및 위험관리 업무
(2010.1.18 본목신설)
바. 가목부터 마목까지의 업무에 부수하는 업무
(2010.1.18 본목개정)
2. 경영관리에 부수하는 업무
가. 자회사등에 대한 자금지원(금전·증권 등 경제적 가치가 있는 재산의 대여, 채무이행의 보증, 그 밖에 거래상의 신용위험을 수반하는 직접적·간접적 거래를 포함한다. 이하 이 조에서 같다)(2015.12.30 본목개정)
나. 자회사에 대한 출자 또는 자회사등에 대한 자금지원을 위한 자금조달
다. 자회사등의 금융상품의 개발·판매를 위한 지원, 그 밖에 자회사등의 업무에 필요한 자원의 제공
(2015.12.30 본목개정)
라. 전산, 법무, 회계 등 자회사등의 업무를 지원하기 위하여 자회사등으로부터 위탁받은 업무(2010.1.18 본목신설)
마. 그 밖에 법령에 의하여 인가·허가 또는 승인 등을 요하지 아니하는 업무(2010.1.18 본목개정)
② 제1항제2호다목 및 라목의 업무에 대한 세부 내용은 별표3과 같다.(2010.1.18 본항신설)
(2010.1.18 본조제목개정)
(2002.8.21 본조개정)
제11조의2【금융채의 발행 등】 ① 은행지주회사는 법 제15조의2제1항 각 호의 사채(이하 "금융채"라 한다)를 매출기간을 미리 정하여 매출의 방법으로 발행할 수 있다.
② 법 제15조의2제1항제2호와 제3호에 따른 예정사유는 다음 각 호의 기준을 모두 충족하여야 한다.
1. 법 제15조의2제1항제2호와 제3호에 따른 사채(이하 "조건부자본증권"이라 한다)를 발행하였거나 발행하려고 하는 은행지주회사(이하 "발행은행지주회사"라 한다)나 그 발행은행지주회사의 주주 및 투자자 등 조건부자본증권의 발행과 관련하여 이해관계를 가지는 자의 통상적인 노력으로 변동되거나 발생할 가능성이 현저히 낮은 사유로서 금융위원회가 정하여 고시하는 요건에 맞을 것
2. 사유가 「자본시장과 금융투자업에 관한 법률 시행령」 제176조의12제2항제2호에 따라 충분히 공시·공표될 수 있을 것
③ 법 제15조의2제1항제4호에서 "대통령령으로 정하는 사채"란 은행지주회사가 국제결제은행의 기준에 따라 발행하는 채무증권 또는 금융업을 경영하는 자가 금융관련법령 및 이에 상당하는 외국의 금융관련법령에 따라 발행하는 채무증권으로서 금융위원회가 정하여 고시한 사채를 말한다.
④ 조건부자본증권의 만기는 해당 발행은행지주회사가 청산·파산하는 때로 할 수 있다.
⑤ 제1항부터 제4항까지에서 규정한 사항 외에 금융채의 발행조건 및 발행방법 등에 관하여 필요한 세부사항은 금융위원회가 정하여 고시한다.
(2017.8.16 본조신설)
제12조【자회사등의 편입승인】 ① 법 제16조제1항의 규정에 의하여 자회사등의 편입승인을 얻고자 하는 자는 다음 각호의 사항을 기재한 승인신청서를 금융위원회에 제출하여야 한다.(2008.2.29 본문개정)
1. 금융지주회사 및 자회사등으로 편입하고자 하는 회사(이하 "편입대상회사"라 한다)의 상호
2. 금융지주회사 및 편입대상회사의 본점의 소재지
3. 금융지주회사 및 편입대상회사의 대표자 및 임원의 성명·주민등록번호 및 주소
4. 금융지주회사 및 편입대상회사의 자본금에 관한 사항
5. 금융지주회사 및 편입대상회사의 인력 및 물적 시설에 관한 사항
6. 편입대상회사가 영위하는 업무의 종류
② 제1항의 승인신청서에는 다음 각 호의 서류를 첨부해야 한다. 이 경우 금융위원회는 「전자정부법」 제36조제1항에 따른 행정정보의 공동이용을 통하여 금융지주회사 및 편입대상회사의 법인 등기사항증명서를 확인해야 한다.
(2021.1.5 본문개정)
1. 금융지주회사 및 편입대상회사의 정관
2. 편입대상회사를 자회사등으로 편입한 후 3개 사업연도의 금융지주회사 및 편입대상회사의 사업계획서(추정재무제표를 포함한다) 및 예상수입·지출계산서
(2021.1.5 본호개정)
3. 금융지주회사 및 편입대상회사의 본점·지점 등의 위치와 명칭을 기재한 서류
4. (2010.11.2 삭제)
5. 금융지주회사 및 편입대상회사의 재무제표와 그 부속서류
6. 금융지주회사 및 편입대상회사의 임원의 이력서 및 경력증명서
7. 승인신청일 현재 금융지주회사 및 편입대상회사의 발행주식총수의 100분의 1 이상을 소유하는 주주의 성명 또는 명칭과 그 소유주식수를 기재한 서류. 다만, 편입대상회사가 기관전용 사모집합투자기구인 경우에는 자회사등이 아닌 유한책임사원의 성명 또는 명칭은 생략할 수 있다.(2021.10.21 단서개정)
8. 기타 법 및 이 영에 의한 승인요건의 심사에 필요한 서류로서 금융위원회가 정하는 서류(2008.2.29 본호개정)
제13조【자회사등 편입승인의 세부요건】 ① 법 제17조제1항제1호에 따른 사업계획은 다음 각 호의 요건에 적합하여야 한다.(2015.12.30 본문개정)
1. 사업계획이 지속적인 영업의 영위와 금융지주회사 및 편입대상회사의 경영건전성 유지에 적합하고 추정재무제표 및 수익전망이 사업계획에 비추어 타당성이 있을 것
2. 사업계획의 추진에 소요되는 자본 등 자금의 조달방법이 적정할 것
3. 법령에 위반되지 아니하고 건전한 금융질서를 저해할 우려가 없을 것
4. (2010.1.18 삭제)
4의2. 자회사로 편입되는 외국 법인이 손자회사를 지배하려고 하거나 외국 법인인 자회사(이하 "외국 자회사"라 한다)가 새로이 손자회사를 편입하려는 경우 그 손자회사가 국내 금융기관이 아닐 것(2015.12.30 본호개정)
5. 관련 시장에서의 경쟁을 실질적으로 제한하지 아니할 것
② 법 제17조제1항제2호의 규정에 의한 재무상태 및 경영관리상태의 건전성의 세부요건은 다음 각 호와 같다.
1. 금융지주회사등 및 편입대상회사의 자기자본이 제28조제1호의 규정에 의하여 금융위원회가 정하여 고시하는 자본의 적정성에 관한 기준을 충족할 것
2. 금융위원회가 정하여 고시하는 바에 따라 금융지주회사등 및 편입대상회사의 경영건전성 여부를 평가한 결과 그 금융지주회사등 및 편입대상회사의 경영상태가 건전할 것
(2008.2.29 1호~2호개정)
(2007.11.12 본항개정)
③ 제5조제5항의 규정은 법 제17조제1항제3호의 규정에 의한 주식교환비율의 적정성에 관하여 이를 준용한다.
④ 금융위원회는 제1항 내지 제3항의 세부요건에 관한 구체적인 기준을 정할 수 있다.(2008.2.29 본항개정)
제14조【신고대상회사의 범위 등】 ① 법 제18조제1항에서 "대통령령이 정하는 회사"란 다음 각 호의 어느 하나에 해당하는 금융기관 및 회사를 말한다. 다만, 자회사가 손자회사를 편입하는 경우(자회사가 기관전용 사모집합투자기구의 업무집행사원이 되는 경우를 제외한다)로서 자회사가 손자회사로 편입되는 회사의 발행주식총수의 100분의 50(손자회사가 주권상장법인인 경우 또는 법 제43조의2제1항에 따른 공동출자법인(이하 이 항에서 "공동출자법인"이라 한다)인 경우에는 100분의 30) 미만을 소유하는 경우 해당 손자회사로 편입되는 회사(제2호의 경우 외국법인은 제외한다)는 제외하고, 손자회사가 증손회사를 편입하는 경우로서 손자회사가 증손회사로 편입되는 회사의 발행주식총수의 100분의 50(증손회사가 주권상장법인인 경우 또는 공동출자법인인 경우에는 100분의 30) 미만을 소유하게 되는 경우 해당 증손회사로 편입되는 회사(제2호의 경우 외국법인은 제외한다)는 제외

하며, 증손회사 이하 단계의 회사들이 그 아래 단계의 회사를 편입하는 경우에도 또한 같다.(2021.10.21 단서개정)
1. 당해 금융기관의 설립시 금융위원회의 인가·허가를 요하지 아니하는 금융기관[다만, 금융지주회사의 자회사 또는 손자회사(외국법인인 자회사의 지배를 받는 회사에 한한다)로 편입되는 외국법인으로서 설립시 금융위원회의 인가·허가를 요하는 국내 금융기관과 동일한 업종을 주로 영위하는 법인은 제외한다]
(2008.2.29 본호개정)
2. 최근 사업연도말 현재 자산총액이 1천억원 미만인 금융기관
3. 금융지주회사등 사이의 주식 소유관계의 변동, 자회사등 사이의 합병·분할·분할합병·물적분할, 그 밖에 금융위원회가 정하여 고시하는 원인에 의하여 법 제3조에 따른 인가 당시 금융지주회사의 자회사등이거나 법 제16조에 따라 새로 편입된 자회사등이 금융지주회사의 자회사등으로 되는 경우 그 자회사등(2010.12.2 본문개정)
가.~나. (2010.1.18 삭제)
4. (2014.2.11 삭제)
5. 제2조제2항에 따른 금융업의 영위와 밀접한 관련이 있는 회사(2010.12.2 본호신설)
② 법 제18조제1항의 규정에 의하여 신고대상회사를 자회사등으로 편입한 금융지주회사는 당해 신고대상회사를 자회사등으로 편입한 날부터 30일 이내에 제12조제1항 각호의 사항을 기재한 신고서를 금융위원회에 제출하여야 한다.(2008.2.29 본항개정)
③ 제2항에 따른 신고서에는 다음 각 호의 서류를 첨부하여야 한다.
1. 금융지주회사 및 편입대상회사의 정관
2. 편입대상회사를 자회사등으로 편입한 이후 3개 사업연도의 편입대상회사의 사업계획서(추정재무제표를 포함한다)
3. 그 밖에 금융위원회가 정하여 고시하는 서류
(2015.12.30 본항개정)
제15조【손자회사의 범위】 ① 법 제19조제1항제1호에서 "대통령령이 정하는 금융기관"이란 다음 각 호의 금융기관을 말한다.(2014.2.11 본문개정)
1. 외국에서 설립된 금융기관(2010.1.18 본호개정)
2. 자회사가 영위할 수 있는 업무중 법령에 의한 인가·허가 등을 요하지 아니하는 업무를 영위하는 금융기관
3. 자회사가 은행, 종합금융회사, 「자본시장과 금융투자업에 관한 법률」에 따른 투자매매업자·투자중개업자(이하 "투자매매업자·투자중개업자"라 한다) 또는 「보험업법」에 따른 보험회사(이하 "보험회사"라 한다)인 경우에는 다음 각 목의 구분에 따른 회사(2015.12.30 본문개정)
가. 자회사가 은행 또는 종합금융회사인 경우 : 「신용정보의 이용 및 보호에 관한 법률」에 따른 신용정보회사 및 채권추심회사, 「여신전문금융업법」에 의한 신용카드업자, 「자본시장과 금융투자업에 관한 법률」에 따른 신탁업자, 투자매매업자(「자본시장과 금융투자업에 관한 법률」에 따른 장내파생상품만을 취급하는 투자매매업자로 한정한다), 투자중개업자(「자본시장과 금융투자업에 관한 법률」에 따른 파생상품만을 취급하는 투자중개업자로 한정한다), 투자자문업자(이하 "투자자문업자"라 한다), 투자일임업자(이하 "투자일임업자"라 한다) 및 집합투자업자(이하 "집합투자업자"라 한다)(2020.8.4 본목개정)
나. 자회사가 투자매매업자·투자중개업자인 경우 : 집합투자업자, 투자자문업자, 투자일임업자 및 투자매매업자·투자중개업자
다. 자회사가 보험회사인 경우 : 집합투자업자
(2015.12.30 본목개정)
(2008.7.29 본호개정)
4. 기타 자회사의 업무와 밀접한 관련이 있는 금융기관으로서 총리령이 정하는 회사(2008.2.29 본호개정)
② 법 제19조제1항제2호에서 "대통령령이 정하는 회사"라 함은 제2조제2항의 규정에 의한 회사를 말한다.
제16조 (2014.11.24 삭제)
제16조의2【비은행지주회사의 전환계획의 승인 등】 ① 법 제22조제1항에 따른 승인을 받으려는 자는 비은행지주회사로 전환하기 위한 계획(이하 이 조에서 "전환계획"이라 한다)을 금융위원회에 제출하여야 한다.
② 제1항에 따른 전환계획은 다음 각 호의 요건을 모두 갖추어야 한다.
1. 시장상황에 대한 전망 등 전환계획의 전제가 된 가정 등이 타당하고 합리적일 것
2. 전환계획이 해당 기업집단 내 출자관계, 법 제22조제1항에 따른 전환대상자(이하 이 조에서 "전환대상자"라 한다)의 주주분포 등에 비추어 전환계획에 제시된 이행기간 내에 실현될 수 있을 것
3. 전환계획의 추진에 소요되는 자본 등에 대한 재원 조달방안이 적정할 것
4. 전환계획의 내용이 법령에 위반되지 아니하고 건전한 금융질서를 저해할 우려가 없을 것
5. 전환계획을 추진·관리하는 데에 필요한 조직 운영체제를 갖출 것
6. 분기별 이행계획이 포함되어 있을 것
7. 전환계획 이행 시까지 별표4 제1호나목 및 다목의 기준을 충족할 수 있을 것
8. 전환계획 이행 시까지 법 제22조제2항 각 호에 따른 규정에서 정한 요건을 충족할 수 있을 것
③ 법 제22조제2항 단서에 따라 행위제한규정의 유예기간을 연장 받으려는 전환대상자는 유예기간이 종료하는 날의 60일 전까지 금융위원회에 유예기간의 연장을 신청하여야 한다.
④ 금융위원회는 법 제22조제6항에 따라 전환대상자의 전환계획 이행상황을 분기별로 점검하여야 한다.
⑤ 금융위원회는 법 제22조제7항에 따라 전환계획의 이행을 명하는 경우에는 이행 필요사항, 이행기간 등을 명시하여 서면으로 하여야 한다.
⑥ 금융위원회는 법 제22조제9항에 따라 주식의 처분을 명하는 경우에는 처분대상 주식 및 그 주식 수, 처분기한 등을 구체적으로 밝힌 서면으로 하여야 한다.
⑦ 제1항부터 제6항까지에서 규정한 사항 외에 전환계획 승인신청서의 서식, 전환계획의 세부 요건, 유예기간 연장신청의 방법 및 절차, 분기별 점검 방법, 전환계획 이행명령 및 주식처분 명령의 세부 방법 등에 관하여 필요한 사항은 금융위원회가 정하여 고시한다.
(2010.1.18 본조신설)
제16조의3【보험지주회사 인가의 세부기준 등】 ① 법 제23조에서 "대통령령으로 정하는 기준"이란 별표4 제1호에 따른 보험지주회사의 인가기준 및 세부기준을 말한다.
② 법 제24조에서 "대통령령으로 정하는 기준"이란 별표4 제2호에 따른 보험지주회사의 자회사등 편입승인기준 및 세부기준을 말한다.(2014.11.24 본항개정)
③ 금융위원회는 제1항 및 제2항에 따른 세부기준의 구체적 내용을 정하여 고시할 수 있다.
(2010.1.18 본조신설)
제16조의4【금융투자지주회사 인가의 세부기준 등】 ① 법 제29조에서 "대통령령으로 정하는 기준"이란 별표4 제1호에 따른 금융투자지주회사의 인가기준 및 세부기준을 말한다.
② 법 제30조에서 "대통령령으로 정하는 기준"이란 별표4 제2호에 따른 금융투자지주회사의 자회사등 편입승인기준 및 세부기준을 말한다.(2014.11.24 본항개정)
③ 금융위원회는 제1항 및 제2항에 따른 세부기준의 구체적 내용을 정하여 고시할 수 있다.
(2010.1.18 본조신설)
제16조의5【대주주와의 거래 등의 제한 등】 ① 법 제34조제2항 본문에서 "대통령령으로 정하는 기준"이란 별표5 제1호에 따른 한도를 말한다.
② 법 제34조제3항 전단에서 "대통령령으로 정하는 기준"이란 별표5 제2호에 따른 한도를 말한다.
③ 비은행지주회사 및 그 자회사등(이하 "비은행지주회사등"이라 한다)이 위탁자(위탁자가 지정한 자를 포함한다. 이하 이 항에서 같다)가 신탁재산인 금전의 운용방법을 지정하는 신탁에 의하여 취득하는 것은 법 제34조제3항에 따른 주식(출자지분을 포함한다)의 취득으로 보지 아니한다. 다만, 위탁자가 비은행지주회사등인 경우에는 그러하지 아니하다.
④ 법 제34조제4항에서 "대통령령으로 정하는 기간"이란 1년을 말한다. 다만, 금융위원회는 비은행지주회사등이 초과보유한 주식의 규모, 증권시장의 상황 등에 비추어 부득이하다고 인정되는 경우에는 1년의 범위에서 그 기간을 연장할 수 있다.
⑤ 법 제34조제5항, 같은 조 제6항제1호 및 제2호에서 "대통령령으로 정하는 기준 이상"이란 각각 단일거래금액(법 제34조제5항에 따른 대주주가 발행한 채권 또는 주식을 취득하는 경우에는 「자본시장과 금융투자업에 관한 법률」에 따른 증권시장 또는 이와 유사한 시장으로서 외국에 있는 시장에서 취득하는 금액은 제외한다)이 해당 비은행지주회사등의 자기자본의 순합계액의 1만분의 10에 해당하는 금액 또는 10억원 중 적은 금액 이상을 말한다. 이 경우 단일거래금액의 구체적인 산정기준은 금융위원회가 정하여 고시한다.
⑥ 제5항에 따른 비은행지주회사등의 자기자본과 그 순합계액은 다음 각 호의 구분에 따른 방법으로 산정한다.
1. 법 제34조제5항 및 같은 조 제6항제1호에 따라 비은행지주회사등이 대주주에 대하여 신용공여를 하는 경우 : 제24조제3항 및 같은 조 제4항에서 정한 방법
2. 법 제34조제5항 및 같은 조 제6항제2호에 따라 비은행지주회사등이 대주주가 발행한 채권 또는 주식을 취득하는 경우 : 제24조의3제6항 및 같은 조 제7항에서 정한 방법
⑦ 법 제34조제7항에 따라 비은행지주회사등은 다음 각 호의 구분에 따른 사항을 매 분기 경과 후 1개월 이내에 금융위원회에 보고하고, 인터넷 홈페이지 등을 이용하여 공시하여야 한다.
1. 대주주에 대한 신용공여의 경우
가. 매 분기 말 현재 대주주에 대한 신용공여의 규모
나. 분기 중 신용공여의 증감액
다. 신용공여의 거래조건
라. 그 밖에 금융위원회가 정하여 고시하는 사항
2. 대주주가 발행한 채권 또는 주식을 취득하는 경우(다음 각 목의 사항을 채권과 주식으로 각각 구분하여 표시하여야 한다)
가. 매 분기 말 현재 대주주가 발행한 채권 또는 주식을 취득한 규모
나. 분기 중 보유채권 또는 주식의 증감액
다. 보유채권 또는 주식의 취득가격
라. 그 밖에 금융위원회가 정하여 고시하는 사항
⑧ 법 제34조제8항에 따라 비은행지주회사의 자회사등인 보험회사는 해당 비은행지주회사의 대주주와 단일거래금액이 해당 보험회사 총자산(최근 사업연도 말 현재의 재무상태표상의 총자산을 말한다)의 100분의 2 이하로서 금융위원회가 정하여 고시하는 비율에 해당하는 금액 이상으로 다음 각 호의 어느 하나에 해당하는 거래(제3자의 중개를 통하여 거래하는 경우를 포함한다)를 하려는 경우에는 그 거래일부터 30일 전에 금융위원회가 정하여 고시하는 방법 및 절차에 따라 금융위원회에 보고해야 한다. 이 경우 단일거래금액의 구체적인 산정기준은 금융위원회가 정하여 고시한다.(2021.9.29 전단개정)
1. 신용공여 등의 자금의 거래
2. 증권의 거래(대주주가 발행한 증권을 거래하는 경우를 포함한다)
3. 부동산 또는 무체재산권 등 자산의 거래
4. 상품 또는 용역 등의 거래
⑨ 법 제34조제9항제3호에서 "대통령령으로 정하는 행위"란 다음 각 호의 어느 하나에 해당하는 행위를 말한다.
1. 경쟁사업자의 사업활동을 방해할 목적으로 신용공여를 조기회수하도록 요구하는 등 비은행지주회사등의 경영에 영향을 행사하는 행위
2. 비은행지주회사등으로 하여금 법 제34조제1항을 위반하게 하여 신용공여를 받는 행위
3. 법 제34조제2항에서 정한 기준을 초과하여 비은행지주회사등으로부터 신용공여를 받는 행위
4. 법 제34조제3항에서 정한 기준을 초과하여 비은행지주회사등으로 하여금 대주주의 주식을 소유하게 하는 행위
5. 비은행지주회사등으로 하여금 법 제36조제3항을 위반하게 하여 대주주에게 자산의 무상양도·매매·교환 또는 신용공여를 하게 하는 행위
⑩ 법 제34조제10항 각 호 외의 부분에서 "대통령령으로 정하는 경우"란 다음 각 호의 어느 하나에 해당하는 경우를 말한다.
1. 대주주(회사만 해당한다)의 부채가 자산을 초과하는 경우
2. 대주주에 대한 신용공여가 가장 많은 금융기관(해당 대주주가 대주주인 금융기관은 제외한다)이 금융위원회가 정하여 고시하는 자산건전성분류기준에 따라 해당 대주주의 신용위험을 평가한 결과 금융위원회가 정하여 고시하는 기준 이하로 분류한 경우
3. 「자본시장과 금융투자업에 관한 법률」 제335조의3에 따라 신용평가업인가를 받은 신용평가회사 둘 이상이 해당 대주주를 투자부적격 등급으로 평가한 경우
(2013.8.27 본호개정)
⑪ 법 제34조제2항, 같은 조 제5항, 같은 조 제6항제1호에 따른 신용공여를 산정하는 경우에는 제24조제1항 각 호에 해당하지 않는 자회사등의 대주주에 대한 신용공여는 제외한다.
⑫ 법 제34조제2항, 같은 조 제5항, 같은 조 제6항제1호에 따른 신용공여는 제24조제2항에서 정한 기준에 따라 산정한다.
(2010.1.18 본조신설)
제16조의6【신용공여한도 등】 ① 법 제36조제1항 본문에서 "대통령령으로 정하는 기준"이란 각각 별표5 제3호 및 제4호에 따른 한도를 말한다.
② 법 제36조제1항에 따른 신용공여를 산정하는 경우에는 제24조제1항 각 호에 해당하지 않는 자회사등의 동일차주 및 동일한 개인이나 법인에 대한 신용공여는 제외한다.
③ 법 제36조제1항에 따른 신용공여는 제24조제2항에서 정한 기준에 따라 산정한다.
(2010.1.18 본조신설)
제17조~제20조 (2016.7.28 삭제)
제20조의2~제21조 (2010.1.18 삭제)
제21조의2【금융지주회사의 자회사등의 대주주 기준에 관한 특례】 법 제42조의2제3호에서 "대통령령으로 정하는 자회사등"이란 제14조제1항제1호 및 제3호에 해당하는 자회사등을 말한다.(2010.1.18 본조신설)
제21조의3【외국 자회사 주식소유기준의 완화 등】 ① 법 제43조의2제3항 전단에서 "대통령령으로 정하는 사실상의 지배력"이란 다음 각 호의 요건을 모두 갖춘 경우를 말한다.
1. 금융지주회사가 외국 자회사의 최다출자자일 것
(2015.12.30 본호개정)
2. 외국 자회사 주식의 분산도, 해당 국가의 법령 등에 비추어 금융지주회사가 그 외국 자회사에 대하여 주주권을 행사함에 있어 부당하게 제약받지 아니할 것
3. 금융지주회사의 임직원을 그 외국 자회사의 임원으로 선임하는 방법, 그 밖에 금융위원회가 정하여 고시하는 방법으로 금융지주회사가 그 외국 자회사의 경영을 관리할 수 있을 것(2008.2.29 본호개정)

② 법 제43조의2제3항에 따라 금융지주회사가 그 외국 자회사에 대하여 제1항에 따른 사실상의 지배력을 확보할 수 있음을 소명하는 절차와 방법에 관하여 구체적인 사항은 금융위원회가 정하여 고시할 수 있다.
(2008.2.29 본항개정)
③ 법 제43조의2제4항에 따라 같은 조 제1항에 따른 공동출자법인의 출자자를 판단하는 경우에는 금융지주회사와 금융지주회사의 대주주 및 그 특수관계인은 1인의 출자자로 본다.(2010.1.18 본항신설)
(2007.11.12 본조신설)
제22조【신용공여한도의 초과사유】 ① 법 제45조제1항제1호의 사유로 동일차주에 대한 금융지주회사등의 신용공여의 합계액이 금융지주회사등의 자기자본의 순합계액의 100분의 25를 초과할 수 있는 경우는 다음 각 호와 같다.(2017.8.16 본문개정)
1. 회생절차가 진행중이거나 기업구조조정 등을 위하여 금융기관 공동으로 경영의 정상화를 추진 중인 회사에 대하여 추가로 신용공여를 하는 경우(2017.8.16 본호개정)
2. 제1호에 해당하는 회사를 인수한 자에 대하여 인수계약에서 정하는 바에 따라 추가로 신용공여를 하는 경우
3. 사회기반시설사업의 추진 등 산업발전 또는 국민생활 안정을 위하여 불가피하다고 금융위원회가 인정하는 경우(2008.2.29 본호개정)
② 법 제45조제1항제2호의 사유로 동일차주에 대한 금융지주회사등의 신용공여의 합계액이 금융지주회사등의 자기자본의 순합계액의 100분의 25를 초과할 수 있는 경우는 다음 각호와 같다.
1. 금융지주회사를 새로 설립하는 경우
2. 자회사등이 아닌 회사를 새로 자회사등으로 편입하는 경우 등 자회사등의 구성에 변동이 있는 경우
3. 금융지주회사등의 자기자본이 감소한 경우
4. 환율변동에 따른 원화환산액이 증가한 경우
5. 동일차주의 구성에 변동이 있는 경우
6. 신용공여를 받은 기업간의 합병 또는 영업의 양도·양수가 있는 경우
7. 기타 급격한 경제여건의 변화 등 불가피한 사유로 인하여 금융지주회사등의 귀책사유없이 신용공여한도를 초과하였다고 금융위원회가 인정하는 경우
(2008.2.29 본호개정)
③ 법 제45조제3항 본문에서 "대통령령이 정하는 방법에 의하여 산정한 금액"이라 함은 금융지주회사등의 자기자본의 순합계액의 100분의 25에 해당하는 금액과 동일인의 당해 금융지주회사에 대한 출자비율에 해당하는 금액 중 적은 금액을 말한다.
제23조【초과신용공여의 축소】 ① 금융지주회사등은 법 제45조제1항제2호의 사유로 법 제45조제1항 각 호 외의 부분 본문, 같은 조 제2항 본문 및 같은 조 제3항 본문에 따른 신용공여한도를 초과한 경우에는 당해 한도를 초과하게 된 날부터 1년 이내에 다음 각호에 규정된 순서에 따라 당해 한도에 적합하도록 하여야 한다. 다만, 금융지주회사등이 금융위원회가 정하는 바에 따라 신용공여한도에 적합하도록 하기 위한 세부계획서를 금융위원회에 제출하여 승인을 얻은 경우에는 당해 계획서에 따른다.
(2010.1.18 본문개정)
1. 가장 최근에 제공한 신용공여
2. 동일한 날에 제공한 신용공여의 경우에는 신용공여의 금액이 적은 신용공여
② 법 제45조제4항 단서에서 "대통령령이 정하는 부득이한 사유에 해당하는 경우"라 함은 다음 각호의 1에 해당하는 경우를 말한다.
1. 이미 제공한 신용공여의 기한이 도래하지 아니하여 기간내에 회수가 곤란한 경우
2. 제22조제2항제3호 및 제4호의 규정에 의한 사유가 장기간 지속되고 당해 신용공여를 회수할 경우에는 신용공여를 받은 자의 경영안정이 크게 저해될 우려가 있는 경우
3. 기타 제1호 및 제2호에 준하는 경우로서 한도초과 상태가 일정기간 계속되어도 당해 금융기관의 자산건전성이 크게 저해되지 아니한다고 금융위원회가 정하는 경우
(2008.2.29 본호개정)
제24조【신용공여한도의 적용범위 등】 ① 법 제45조제5항의 규정에 의한 자회사등의 범위는 금융지주회사의 자회사등으로서 다음 각호에 해당하는 금융기관으로 한다.
1. 은행
2. 종합금융회사
3. 금융투자업자(2010.1.18 본호개정)
4. 보험회사(2010.1.18 본호신설)
5. 「상호저축은행법」에 따른 상호저축은행(이하 "상호저축은행"이라 한다)(2010.1.18 본호신설)
6. 「여신전문금융업법」에 따른 여신전문금융회사(이하 "여신전문금융회사"라 한다)(2010.1.18 본호신설)
② 법 제45조제5항에 따른 신용공여의 기준은 다음 각 호의 구분에 따른다.
1. 자회사등이 은행인 경우 : 「은행법」 제2조제1항제7호에 따른 신용공여
2. 자회사등이 종합금융회사인 경우 : 「자본시장과 금융투자업에 관한 법률」 제342조제1항에 따른 신용공여
3. 자회사등이 금융투자업자인 경우 : 금전, 증권 등 경제적 가치가 있는 재산의 대여, 채무이행의 보증, 자금 지원적 성격의 증권의 매입, 그 밖에 거래상의 신용위험을 수반하는 직접적·간접적 거래로서 금융위원회가 정하여 고시하는 거래
4. 자회사등이 보험회사인 경우 : 「보험업법」 제2조제13호에 따른 신용공여(2011.1.24 본호개정)
5. 자회사등이 상호저축은행인 경우 : 「상호저축은행법」 제2조제6호에 따른 신용공여(2015.12.30 본호개정)
6. 자회사등이 여신전문금융회사인 경우 : 「여신전문금융업법」 제2조제18호에 따른 신용공여
(2010.1.18 본항개정)
③ 법 제45조제5항에 따른 자기자본의 산정방법은 다음 각 호의 구분에 따른다.
1. 자회사등이 은행인 경우 : 「은행법」 제2조제1항제5호에 따른 자기자본
2. 자회사등이 종합금융회사인 경우 : 「자본시장과 금융투자업에 관한 법률」 제342조제1항에 따른 자기자본
3. 자회사등이 금융투자업자인 경우 : 「자본시장과 금융투자업에 관한 법률 시행령」 제37조제3항에 따른 자기자본
4. 자회사등이 보험회사인 경우 : 「보험업법」 제2조제15호에 따른 자기자본(2011.1.24 본호개정)
5. 자회사등이 상호저축은행인 경우 : 「상호저축은행법」 제2조제4호에 따른 자기자본
6. 자회사등이 여신전문금융회사인 경우 : 「여신전문금융업법」 제2조제19호에 따른 자기자본
7. 금융지주회사인 경우 : 제24조의3제7항제2호에 따른 자기자본
(2010.1.18 본항개정)
④ 법 제45조제5항의 규정에 의한 금융지주회사등의 자기자본의 순합계액의 산정방법은 금융지주회사와 제1항 각호의 규정에 의한 자회사등의 자기자본을 합한 금액에서 다음 각호의 규정에 해당하는 금액을 차감한 금액으로 한다.(2002.8.21 본문개정)
1. 금융지주회사가 보유하는 자회사등의 주식
2. 제1항 각호의 규정에 의한 자회사등간에 보유한 주식 및 동자회사등이 보유하는 금융지주회사의 주식
(2002.8.21 1호~2호신설)
제24조의2【은행지주회사의 주요출자자에 대한 신용공여한도 등】 ① 법 제45조의2제1항 본문에서 "대통령령이 정하는 비율"이라 함은 100분의 25를 말한다.
② 법 제45조의2제2항에서 "대통령령이 정하는 비율"이라 함은 100분의 25를 말한다.
③ 법 제45조의2제4항 및 제5항에서 "대통령령이 정하는 금액"이라 함은 단일거래금액이 은행지주회사등의 자기자본의 순합계액의 1만분의 10에 해당하는 금액 또는 50억원중 적은 금액을 말한다. 이 경우 신용공여의 유형별 단일거래금액의 구체적인 산정기준은 금융위원회가 정한다.(2008.2.29 후단개정)
④ 법 제45조의2제4항에서 "대통령령이 정하는 거래"라 함은 「자본시장과 금융투자업에 관한 법률」 제9조제7항 및 제9항에 따른 모집 또는 매출의 방법에 의하여 발행되는 사채권을 취득하는 거래를 말한다.(2008.7.29 본항개정)
⑤ 법 제45조의2제6항의 규정에 의하여 은행지주회사등은 매 분기말 현재 대주주에 대한 신용공여의 규모, 분기중 신용공여의 증감액, 신용공여의 거래조건 기타 금융위원회가 정하는 사항을 매 분기말 경과후 1월 이내에 공시하여야 한다.(2008.2.29 본항개정)
⑥ 제24조의 규정은 법 제45조의2제1항 내지 제5항의 규정에 의한 자회사등의 범위, 신용공여의 기준, 자기자본 및 자기자본의 순합계액의 산정방법에 관하여 이를 준용한다.
⑦ 법 제45조의2제9항에 따른 주요출자자에는 그 특수관계인 중 「상속세 및 증여세법」 제16조제1항에 따른 공익법인등에 해당하는 비영리법인·조합 또는 단체(이하 "공익법인등"이라 한다)는 포함되지 아니한다.(2013.7.8 본항신설)
(2010.1.18 본조제목개정)
(2002.8.21 본조신설)
제24조의3【주요출자자 발행주식의 취득한도 등】 ① 법 제45조의3제1항에서 "대통령령이 정하는 비율"이라 함은 100분의 1을 말한다.
② 은행지주회사등이 위탁자(위탁자가 지정하는 자를 포함한다. 이하 이 항에서 같다)가 신탁재산인 금전의 운용방법을 지정하는 신탁에 의하여 취득하는 것은 법 제45조의3제1항의 규정에 의한 주식의 취득으로 보지 아니한다. 다만, 위탁자가 은행지주회사등인 경우에는 그러하지 아니하다.
③ 법 제45조의3제2항에서 "대통령령이 정하는 기간"이라 함은 1년을 말한다. 다만, 금융위원회는 은행지주회사등이 초과보유한 주식의 규모, 증권시장의 상황 등에 비추어 부득이하다고 인정되는 경우에는 그 기간을 정하여 연장할 수 있다.(2008.2.29 단서개정)
④ 법 제45조의3제3항 및 제4항에서 "대통령령이 정하는 금액"이라 함은 단일거래금액(법 제45조의3제3항의 경우에는 「자본시장과 금융투자업에 관한 법률」에 따른 증권시장 또는 이와 유사한 시장으로서 외국에 있는 시장에서 취득하는 금액을 제외한다)이 은행지주회사등의 자기자본의 순합계액의 1만분의 10에 해당하는 금액 또는 50억원 중 적은 금액을 말한다.(2008.7.29 본항개정)
⑤ 법 제45조의3제5항의 규정에 의하여 은행지주회사등은 매 분기말 현재 대주주가 발행한 주식을 취득한 규모, 분기중 보유주식의 증감액, 보유주식의 취득가격 기타 금융위원회가 정하는 사항을 매 분기말 경과후 1월 이내에 공시하여야 한다.(2008.2.29 본항개정)
⑥ 법 제45조의3제1항 및 이 영 제4항에 따른 은행지주회사등의 자기자본의 순합계액의 산정방법은 당해 은행지주회사등의 자기자본을 합한 금액에서 다음 각호의 규정에 해당하는 금액을 차감한 금액으로 한다.(2010.1.18 본문개정)
1. 은행지주회사가 보유하는 자회사등의 주식
2. 자회사등간에 보유한 주식 및 자회사등이 보유하는 은행지주회사의 주식
⑦ 법 제45조의3제1항 및 이 영 제4항에 따른 자기자본의 산정방법은 다음 각 호의 구분에 따른다.
1. 제24조제1항 각 호의 어느 하나에 해당하는 금융기관인 자회사등의 경우 : 제24조제3항제1호부터 제6호까지의 규정에 따른 자기자본
2. 은행지주회사 및 제24조제1항 각 호 외의 자회사등의 경우 : 최근 분기 말 현재의 재무상태표(최근 분기 말 현재의 재무상태표가 없는 경우 최근 사업연도 말 현재의 재무상태표를 말한다)의 자산총액에서 부채총액을 차감한 금액. 이 경우 최근 분기 말(최근 분기 말 현재의 재무상태표가 없는 경우 최근 사업연도 말로 한다) 이후의 자본금의 증감분을 포함하여 계산한다.(2021.9.29 본호개정)
(2010.1.18 본항개정)
(2010.1.18 본조제목개정)
(2002.8.21 본조신설)
제24조의4【주요출자자의 부당한 영향력 행사의 금지】 법 제45조의4제4호에서 "대통령령이 정하는 행위"란 다음 각 호의 어느 하나에 해당하는 행위를 말한다.
1. 경쟁사업자에 대한 신용공여 시 정당한 이유 없이 금리, 담보 등 계약조건을 불리하게 하도록 요구하는 행위
2. 은행지주회사로 하여금 제24조의2제7항에 따른 공익법인등에게 자산을 무상으로 양도하게 하거나 통상의 거래조건에 비추어 해당 은행지주회사에게 현저하게 불리한 조건으로 매매·교환 또는 신용공여를 하게 하는 행위
(2013.7.8 본조개정)
제24조의5【주요출자자와의 거래제한 등】 ① 법 제45조의5제2항에서 "대통령령이 정하는 경우"라 함은 주요출자자(회사로 한정한다. 이하 이 조에서 같다)가 다음 각호의 1의 사유에 해당되어 당해 은행지주회사등과 불법거래를 할 가능성이 크다고 인정되는 경우를 말한다.
(2010.1.18 본문개정)
1. 부채가 자산을 초과하는 경우
2. 주요출자자에 대한 신용공여가 가장 많은 금융기관(해당 주요출자자가 대주주인 금융기관은 제외한다)이 금융위원회가 정하는 자산건전성분류기준에 따라 해당 주요출자자의 신용위험을 평가한 결과 금융위원회가 정하는 기준 이하로 분류한 경우(2010.1.18 본호개정)
3. 「자본시장과 금융투자업에 관한 법률」 제335조의3에 따라 신용평가업인가를 받은 신용평가회사 2 이상이 투자부적격 등급으로 평가한 경우(2013.8.27 본호개정)
② 법 제45조의5제2항에서 "주요출자자에 대한 신용공여의 제한을 명하는 등 대통령령이 정하는 조치"라 함은 다음 각호의 조치를 말한다.(2010.1.18 본문개정)
1. 주요출자자에 대한 신규 신용공여의 금지(2010.1.18 본호개정)
2. 제24조의2제4항의 규정에 의한 거래의 제한
3. 주요출자자가 발행한 주식의 신규취득 금지
(2010.1.18 본호개정)
(2010.1.18 본조제목개정)
(2002.8.21 본조신설)
제25조 (2010.1.18 삭제)
제26조【자회사등 사이의 업무위탁】 ① 법 제47조제1항 단서에서 "대통령령으로 정하는 업무"란 다음 각 호의 업무(해당 업무에 관한 의사결정권한까지 위탁하는 경우만 해당한다)를 말한다. 다만, 자회사등의 위험의 전이, 고객과의 이해상충 또는 건전한 거래질서를 해할 우려가 없는 경우로서 금융위원회가 정하여 고시하는 업무는 제외한다.
1. 준법감시인(「금융회사의 지배구조에 관한 법률」 제25조제1항에 따른 준법감시인을 말한다. 이하 같다)의 업무
2. 내부감사업무
3. 위험관리업무
(2021.5.18 본항개정)
② 법 제47조제2항 본문에서 "내부통제기준의 적절성 등 대통령령으로 정하는 기준"이란 다음 각 호의 기준을 말한다.
1. 「금융회사의 지배구조에 관한 법률」 제24조제1항에 따른 금융지주회사의 내부통제기준이 정해져 있을 것
(2016.7.28 본호개정)

2. 다음 각 목의 사항을 포함하는 금융지주회사의 업무위탁 운용기준이 마련되어 있을 것
가. 업무위탁에 따른 위험관리·평가에 관한 사항
나. 위탁의 결정·해지절차에 관한 사항
다. 수탁자에 대한 관리·감독에 관한 사항
라. 고객정보 보호에 관한 사항
마. 수탁자의 부도 등 우발상황에 대한 대책에 관한 사항
바. 위탁업무와 관련하여 자료를 요구할 수 있는 수단 확보에 관한 사항
사. 그 밖에 금융위원회가 정하여 고시하는 사항
3. 업무를 위탁하거나 위탁받는 자회사등 사이에 다음 각 목의 사항을 포함하는 업무위탁 계약이 체결되어 있을 것
가. 위탁하는 업무의 범위
나. 수탁자의 행위제한에 관한 사항
다. 위탁하는 업무의 처리에 대한 기록유지에 관한 사항
라. 업무위탁 계약의 해지에 관한 사항
마. 위탁보수 등에 관한 사항
바. 그 밖에 자회사등 사이의 위험의 전이 방지, 고객과의 이해상충 방지 또는 건전한 거래질서를 위하여 필요한 사항으로서 금융위원회가 정하여 고시하는 사항
4. 제3호에 따른 업무위탁 계약의 내용이 다음 각 목의 요건을 충족할 것
가. 금융기관의 경영건전성을 저해하지 아니할 것
나. 고객과의 이해상충을 초래하지 아니할 것
다. 금융시장의 안정성을 저해하지 아니할 것
라. 금융거래질서를 문란하게 하지 아니할 것
③ 금융지주회사는 그 자회사등 사이에 별표6에 따른 본질적 업무(다른 법령에서 위탁을 허용하면서 별도의 금융위원회 승인을 요구하지 않는 업무는 제외한다)의 위탁이 이루어지는 경우에는 금융위원회의 승인을 받아야 한다.(2015.12.30 본항개정)
④ 제3항에 따른 승인을 받으려는 금융지주회사는 금융위원회가 정하여 고시하는 승인신청서 및 첨부서류를 금융위원회에 제출하여야 한다.
⑤ 금융위원회는 제4항에 따른 승인신청서를 접수한 때에는 제2항에 따른 기준을 갖추고 있는지를 확인하여 승인신청서를 접수한 날부터 30일 이내에 그 승인 여부를 결정하고 이를 지체 없이 해당 금융지주회사에게 문서로 통보하여야 한다. 다만, 승인신청서의 흠결을 보완하는 기간 등 금융위원회가 정하여 고시하는 기간은 처리기간에 산입하지 아니한다.
⑥ 금융지주회사는 자회사등 사이에 제3항에 해당하지 않는 업무의 위탁이 이루어지는 경우에는 자회사등이 그 위탁받은 업무를 실제로 수행하려는 날의 7일 전까지 금융위원회가 정하여 고시하는 서류를 갖추어 금융위원회에 보고하여야 한다.
⑦ 제3항 및 제6항에도 불구하고 금융지주회사는 이미 승인을 받거나 보고를 한 업무위탁의 내용 중 위탁보수를 변경하는 등 금융위원회가 정하여 고시하는 경우에는 업무위탁의 반기별 현황을 매 반기 경과 후 1개월 내에 금융위원회가 정하여 고시하는 서류를 갖추어 금융위원회에 보고할 수 있다.
⑧ 법 제47조제2항제4호에서 "대통령령으로 정하는 사항"이란 다음 각 호의 사항을 말한다.
1. 업무위탁 계약의 해지에 관한 사항
2. 위탁보수 등에 관한 사항
3. 그 밖에 업무위탁에 따른 이해상충 방지체계 등 금융위원회가 정하여 고시하는 사항
⑨ 법 제47조제4항에서 "대통령으로 정하는 업무"란 별표6에서 본질적 업무로 규정된 업무를 말한다.
⑩ 법 제47조제4항 후단에서 "대통령령으로 정하는 요건"이란 외국 자회사등이 있는 국가에서 외국 감독기관의 허가·인가·등록 등을 받아 위탁받으려는 금융업 또는 금융업의 영위와 밀접한 관련이 있는 업무에 상당하는 영업을 하는 것을 말한다.
⑪ 제1항부터 제10항까지에서 규정한 사항 외에 금융지주회사의 자회사등 사이에 이루어지는 업무위탁의 승인·보고의 방법 및 절차 등에 관하여 필요한 세부사항은 금융위원회가 정하여 고시한다.
(2010.1.18 본조신설)
제27조【자회사등의 행위제한】 ① 법 제48조제1항 각 호 외의 부분 단서에서 "대통령령이 정하는 경우"라 함은 다음 각 호의 어느 하나에 해당하는 경우를 말한다.
(2007.11.12 본문개정)
1. 다음 각 목의 사유로 신용공여한도를 초과하게 되는 경우(2007.11.12 본문개정)
가. 금융지주회사를 새로 설립하는 경우
나. 자회사등이 아닌 회사가 새로 금융지주회사의 자회사등으로 편입되는 경우
다. 자회사등의 자기자본이 감소한 경우
라. 제22조제2항제4호, 제6호 및 제7호의 사유로 인하여 법 제48조제1항제3호의 규정에 의한 신용공여한도를 초과한 경우(2007.11.12 본목개정)
2. 다음 각목의 사유로 다른 자회사등의 주식을 소유하게 되는 경우
가. 자회사등이 아닌 회사를 자회사등으로 편입할 당시에 당해 회사의 주식을 이미 자회사등이 소유한 경우
나. 금융지주회사가 될 당시에 자회사등으로 편입되는 회사가 이미 자회사등으로 편입되는 다른 회사의 주식을 소유한 경우
다. 자회사등이 담보권의 실행으로 인하여 다른 자회사등의 주식을 소유하는 경우
라. 기관전용 사모집합투자기구에 출자하는 경우
(2021.10.21 본목개정)
② 자회사등이 제1항제1호 및 제2호가목부터 다목까지의 사유로 신용공여한도를 초과하거나 다른 자회사등의 주식을 소유한 때에는 그 날부터 2년 이내에 한도를 초과한 신용공여를 회수하거나 주식을 처분하여야 한다. 다만, 금융위원회가 정하여 고시하는 부득이한 사유에 해당되는 경우에는 금융위원회가 그 기간을 연장할 수 있다.
(2008.12.31 단서개정)
③ 법 제48조제1항제2호나목에 따라 자회사등은 해당 자회사등이 속하는 금융지주회사의 다른 자회사등이 지배하는 외국법인의 주식을 다음 각 호의 구분에 따른 한도를 초과하여 소유할 수 없다.
1. 다른 자회사등이 지배하는 개별 외국법인 주식 가액 : 해당 자회사등의 자기자본(제24조의3제7항 각 호의 구분에 따른 자기자본을 말한다. 이하 이 항에서 같다)의 100분의 10
2. 다른 자회사등이 지배하는 모든 외국법인 주식 가액의 합계액 : 해당 자회사등의 자기자본의 100분의 20
(2010.1.18 본항신설)
④ 법 제48조제1항제3호의 규정에 의하여 제24조제1항 각호의 1에 해당하는 자회사등은 당해 자회사등이 속하는 금융지주회사의 다른 자회사등에 대하여 다음 각호의 구분에 의한 한도를 초과하는 신용공여(제24조제2항 각호의 구분에 의한 신용공여 및 제1항제2호라목에 의한 출자를 말한다)를 할 수 없다.(2005.5.26 본문개정)
1. 다른 자회사등에 대한 신용공여 : 당해 자회사등의 자기자본(제24조제3항 각호의 구분에 의한 자기자본을 말한다. 이하 이 항에서 같다)의 100분의 10
2. 다른 자회사등에 대한 신용공여의 합계액 : 당해 자회사등의 자기자본의 100분의 20
⑤ 법 제48조제2항의 규정에 의하여 동일한 금융지주회사에 속하는 자회사등이 다른 자회사등에 대하여 신용공여를 하는 경우에는 신용공여액의 100분의 150의 범위내에서 유가증권·부동산 등 담보의 종류에 따라 금융위원회가 정하는 비율 이상의 담보를 확보하여야 한다.
(2008.2.29 본항개정)
⑥ 법 제48조제3항에서 "대통령령으로 정하는 자회사등"이란 다음 각 호의 금융기관을 말한다.
1. 상호저축은행
2. 증권금융회사
3. 종합금융회사
(2010.1.18 본항신설)
⑦ 법 제48조제3항에서 "대통령령으로 정하는 불량자산"이란 경영내용·재무상태 및 미래의 현금흐름 등을 감안할 때 채무상환에 어려움이 있거나 있을 것으로 판단되는 채무자 등에 대한 자산으로서 금융위원회가 정하는 자산을 말한다.(2010.1.18 본항개정)
⑧ 법 제48조제4항에서 "대통령령으로 정하는 시설"이란 다음 각 호의 어느 하나에 해당하는 시설을 말한다.
1. 전산자료 저장설비
2. 「정보통신망 이용촉진 및 정보보호 등에 관한 법률」 제2조제1호에 따른 정보통신망
3. 「전자금융거래법」 제2조제8호에 따른 전자적 장치
4. 고객 등의 전화에 응대하는 시설
(2010.1.18 본항신설)
⑨ 법 제48조제4항에 따라 금융지주회사등은 공동광고를 하거나 전산시스템, 사무공간, 영업점 및 제8항 각 호의 시설을 공동사용하는 경우 다음 각 호의 사항에 관하여 금융위원회가 정하여 고시하는 기준을 준수하여야 한다.
(2010.1.18 본문개정)
1. 예금자 또는 투자자의 보호에 관한 사항
2. 금융지주회사등 상호간의 이익상충의 방지에 관한 사항
3. 기타 건전한 금융질서를 유지하기 위하여 필요한 사항으로서 금융위원회가 정하는 사항(2008.2.29 본호개정)
⑩ 법 제48조제8항의 규정에 의한 자회사등의 범위는 당해 금융지주회사의 자회사등을 말한다.
⑪ 법 제48조제1항제1호, 제3호 및 같은 조 제2항에 따른 신용공여는 대출·지급보증 및 유가증권의 매입(자금지원적 성격의 것에 한한다) 기타 금융거래상의 신용위험을 수반하는 직접·간접적 거래로서 금융위원회가 정하여 고시하는 거래로 한다.(2010.1.18 본항개정)
제27조의2【고객정보의 제공 및 관리】 ① 법 제48조의2 제1항 및 제2항에서 "신용위험관리 등 대통령령으로 정하는 내부 경영관리"란 각각 고객에게 상품 및 서비스를 소개하거나 구매를 권유하는 업무가 아닌 업무로서 다음 각 호의 업무를 말한다
1. 신용위험관리 등 위험관리와 내부통제
2. 업무 및 재산상태에 대한 검사
3. 고객분석과 상품 및 서비스의 개발
4. 성과관리
5. 위탁업무 수행
(2014.11.24 본항신설)
② 법 제48조의2제1항제6호에서 "대통령령으로 정하는 사항"이란 다음 각 호의 사항을 말한다.
1. 고객정보의 요청 및 제공 시 법 제48조의2제6항에 따른 고객정보관리인의 승인에 관한 사항
2. 고객정보의 제공·이용에 대한 점검에 관한 사항
(2014.11.24 본항신설)
③ 금융지주회사등은 법 제48조의2제1항 및 제2항에 따라 고객정보를 그가 속하는 금융지주회사등에 제공하는 경우 금융위원회가 정하여 고시하는 절차에 따라 고객이 제4항 각 호에 따른 내용(이하 이 조에서 "조회사항"이라 한다)을 인터넷 홈페이지에서 조회할 수 있도록 하여야 한다. 이 경우 다음 각 호의 사항을 준수하여야 한다.
1. 고객이 조회사항을 편리하게 확인할 수 있도록 하기 위한 고객정보조회시스템을 구축하고, 인터넷 홈페이지 등에 그 고객정보조회시스템을 이용하는 방법 및 절차 등을 게시할 것
2. 조회를 요구하는 사람이 그 조회사항에 관한 고객정보 주체 본인인지 여부를 확인할 것. 이 경우 금융지주회사등은 금융거래 등 상거래관계의 유형·특성·위험도 등을 고려하여 본인 확인의 안전성과 신뢰성이 확보될 수 있는 수단을 채택하여 활용할 수 있다.
3. 조회사항을 조회한 고객이 제5항 각 호의 어느 하나에 해당하는 방법을 지정할 수 있도록 할 것
(2015.12.30 본항신설)
④ 금융지주회사등은 법 제48조의2제4항에 따라 연 1회 이상 다음 각 호의 사항을 고객에게 통지하여야 한다. 다만, 기존에 금융지주회사등에게 제공한 목적 범위에서 고객정보의 정확성·최신성을 유지하기 위한 경우로서 그 고객정보에 대한 다음 각 호의 사항을 통지하면서 해당 목적 범위에서 그 고객정보를 금융지주회사등에게 계속 제공한다는 사실을 고객에게 알린 경우에는 그 기존의 통지로 연 1회 이상 하여야 하는 통지를 갈음한다.
(2015.12.30 본문개정)
1. 고객정보를 제공하는 자
2. 고객정보를 제공받는 자
3. 고객정보의 제공목적
4. 고객정보의 제공항목
(2014.11.24 본항신설)
⑤ 법 제48조의2제4항에 따른 통지는 다음 각 호의 어느 하나의 방법으로 하여야 한다. 다만, 제3항제3호에 따라 고객이 통지 방법을 지정한 경우에는 그 방법에 따르되, 제3호 또는 제4호의 방법으로 통지할 경우 고객정보를 그가 속하는 금융지주회사등에 제공하였다는 사실과 고객이 제3항제1호에 따른 고객정보조회시스템을 이용하여 그 조회사항을 조회할 수 있다는 사실을 고객에게 알려주는 경우로 한정한다.(2017.8.16 단서개정)
1. 우편
2. 전자우편
3. 문자메시지(2017.8.16 본호개정)
4. 그 밖에 정보통신망을 통하여 수신자에게 부호·문자·화상 또는 영상을 전자적 형태로 전송하는 매체나 방식(2017.8.16 본호신설)
(2015.12.30 본항개정)
⑥ 법 제48조의2제8항에 따라 금융지주회사등이 정하는 고객정보 취급방침(이하 이 조에서 "정보취급방침"이라 한다)에는 다음 각 호의 사항이 포함되어야 한다.
(2014.11.24 본문개정)
1. 제공되는 고객정보의 종류
2. 고객정보의 제공처
3. 고객정보의 보호에 관한 내부방침
4. 고객정보 제공의 법적근거(2014.11.24 본호신설)
5. 그 밖에 고객정보의 엄격한 관리를 위하여 필요하다고 인정하여 금융위원회가 고시하는 사항(2014.11.24 본호신설)
(2010.1.18 본항개정)
⑦ 금융지주회사등은 정보취급방침을 최초로 정하거나 변경한 경우에는 지체없이 기존의 거래상대방에게 통지하거나 일간신문 등에 공고하고 본점·지점 등 영업점과 컴퓨터통신에 게시하여야 한다.
⑧ 금융지주회사등은 금융거래를 개시한 경우에는 거래상대방에게 정보취급방침을 교부·설명(컴퓨터통신으로 거래를 개시한 경우에는 통지)하여야 하고, 연 1회 정기적으로 이를 통지 또는 일간신문 등에 공고하여야 한다.
⑨ 제7항 및 제8항의 정보취급방침의 통지는 우편·전자우편 등의 방법으로 할 수 있다.(2015.12.30 본항개정)
⑩ 금융위원회는 제6항의 정보취급방침에 포함되는 내용에 관한 구체적인 사항을 정할 수 있다.(2015.12.30 본항개정)
⑪ 법 제48조의2제9항에 따라 같은 조 제1항부터 제8항까지의 규정을 적용받는 자회사등은 금융지주회사에 속하는 자회사등으로서 금융기관 또는 제2조제2항에 따른 금융업의 영위와 밀접한 관련이 있는 회사로 한정한다.
(2014.11.24 본항개정)
(2014.11.24 본조제목개정)
(2002.8.21 본조신설)

제28조【경영지도기준】 법 제50조제2항에 따라 금융위원회가 정하는 경영지도기준에는 다음 각 호의 사항이 포함되어야 한다.(2010.1.18 본문개정)
1. 금융지주회사등의 자본의 적정성에 관한 사항
2. 금융지주회사등의 자산의 건전성에 관한 사항
3. 금융지주회사등의 경영관리업무 수행체계 등 경영관리상태에 관한 사항(2014.2.11 본호개정)
4. 기타 금융지주회사등의 법령의 준수여부 등 경영의 건전성 확보를 위하여 필요하다고 인정되는 사항

제29조 (2010.1.18 삭제)

제30조【업무보고서】 법 제54조제1항에서 "기타 대통령령이 정하는 사항"이라 함은 다음 각호의 사항을 말한다.
1. 금융지주회사등의 연혁·조직 등 금융지주회사등의 개황
2. 자회사등이 영위하는 업무의 내용에 관한 사항
3. 금융지주회사등의 임원의 현황
4. 금융지주회사등의 사외이사 및 준법감시인의 약력에 관한 사항
5. 금융지주회사등의 최대주주(그의 특수관계인을 포함한다) 및 주요주주에 관한 사항
6. 금융지주회사등 상호간의 거래에 관한 사항
7. 금융지주회사등의 점포 및 인력의 관리에 관한 사항
8. 금융지주회사등 또는 그 임·직원이 최근 5년간 금융위원회 또는 금융감독원장 등으로부터 조치를 받은 경우에는 그 내용(2008.2.29 본호개정)
9. 기타 금융지주회사등의 영업 또는 경영에 관한 사항으로서 일반인에게 알릴 필요가 있다고 인정되어 금융위원회가 정하는 사항(2008.2.29 본호개정)

(2002.8.21 본조제목개정)

제31조【경영공시】 ① 법 제56조의 규정에 의하여 금융지주회사는 다음 각호의 사항을 공시하여야 한다.
1. 금융지주회사등의 재무 및 손익에 관한 사항
2. 금융지주회사등의 자금의 조달 및 운용에 관한 사항
3. 법 제57조 또는 「금융산업의 구조개선에 관한 법률」 제10조·제14조의 규정에 의한 조치를 받은 경우 그 내용(2005.5.26 본호개정)
4. 기타 예금자 및 투자자의 권익 보호를 위하여 필요하다고 인정되어 금융위원회가 정하는 사항(2008.2.29 본호개정)

② 금융위원회는 제1항제1호 내지 제3호의 공시사항에 관한 세부기준을 정할 수 있다.(2008.2.29 본항개정)

제31조의2【금융관련법령 등의 범위】 법 제57조제1항 후단에서 "대통령령으로 정하는 금융관련법령"이란 금융관련법령을 말한다.(2016.7.28 본조개정)

제31조의3【기관전용 사모집합투자기구등에 대한 제재 등】 ① 법 제57조의3제3항제5호에서 "대통령령으로 정하는 조치"란 다음 각 호의 어느 하나에 해당하는 조치를 말한다.
1. 업무방법의 개선요구나 개선권고
2. 그 밖에 금융위원회가 법, 이 영, 그 밖의 관련 법령에 따라 취할 수 있는 조치

② 법 제57조의3제4항제1호마목에서 "대통령령으로 정하는 조치"란 제1항 각 호의 어느 하나에 해당하는 조치를 말한다.

③ 법 제57조의3제4항제2호마목에서 "대통령령으로 정하는 조치"란 다음 각 호의 어느 하나에 해당하는 조치를 말한다.
1. 주의
2. 그 밖에 금융위원회가 법, 이 영, 그 밖의 관련 법령에 따라 취할 수 있는 조치

④ 법 제57조의3제4항제3호바목에서 "대통령령으로 정하는 조치"란 다음 각 호의 어느 하나에 해당하는 조치를 말한다.
1. 경고
2. 그 밖에 금융위원회가 법, 이 영, 그 밖의 관련 법령에 따라 취할 수 있는 조치

(2021.10.21 본조제목개정)
(2009.10.9 본조신설)

제32조【해산 및 합병의 인가】 ① 금융지주회사는 법 제60조제1항의 규정에 의하여 해산의 인가를 받고자 하는 때에는 신청서에 해산의 사유와 시기를 기재하고 다음 각호의 서류를 첨부하여 금융위원회에 제출하여야 한다.(2008.2.29 본문개정)
1. 해산을 결의한 주주총회 의사록
2. 해산 당시의 주주 및 임원의 명부
3. 해산 및 청산절차에 관한 일정
4. 최근 사업연도의 재무제표
5. 자산 및 부채의 처리 계획

② 금융지주회사는 법 제60조제1항에 따라 합병의 인가를 받으려는 경우에는 신청서에 합병의 사유와 시기를 기재하고 다음 각 호의 서류를 첨부하여 금융위원회에 제출해야 한다.(2021.9.29 본문개정)
1. 합병계약서
2. 합병후 존속하는 회사 또는 합병으로 인하여 설립되는 회사의 정관
3. 합병하는 각 회사의 재무상태표 및 재산목록 (2021.9.29 본호개정)

③ 금융위원회는 법 제60조제1항의 규정에 의한 해산 또는 합병의 인가를 하고자 하는 때에는 다음 각 호의 기준에 적합한지 여부를 심사하여야 한다.(2008.2.29 본문개정)
1. 해산 또는 합병이 관련시장의 경쟁을 제한하거나 건전한 금융시장 질서를 저해하지 아니할 것
2. 합병후 존속 또는 신설되는 금융지주회사가 법 제50조의 규정에 의하여 금융위원회가 정하는 경영지도기준을 충족할 것(2008.2.29 본호개정)
3. 해산 또는 합병으로 인하여 거래고객에게 부당한 불이익이 없을 것
4. 해산 또는 합병의 절차 및 내용이 「상법」, 「독점규제 및 공정거래에 관한 법률」 및 금융관련법령에 비추어 하자가 없을 것(2016.7.28 본호개정)

④ 금융위원회는 제1항 내지 제3항의 규정에 의한 해산 또는 합병인가의 신청서류 및 심사기준의 구체적인 기준을 정할 수 있다.(2008.2.29 본항개정)

제33조【보고사항】 법 제61조제6호에서 "대통령령이 정하는 경우"라 함은 다음 각 호의 경우를 말한다. (2007.11.12 본문개정)
1. 법 제70조 및 제71조에 따라 형벌을 받은 경우 (2007.11.12 본호개정)
2. 금융지주회사의 업무에 관하여 중대한 영향을 미칠 소송의 당사자로 된 경우
3. 「채무자 회생 및 파산에 관한 법률」에 따라 금융지주회사에 대한 파산신청이 있는 경우(2007.11.12 본호개정)
4. 「채무자 회생 및 파산에 관한 법률」에 따라 금융지주회사에 대한 회생절차개시 신청이 있는 경우, 법원의 회생계획의 인가결정이 확정된 경우 및 그 회생계획이 효력을 상실한 경우(2007.11.12 본호개정)
5. 조세체납처분을 받은 경우 및 조세에 관한 법령에 위반하여 처벌을 받은 경우
6. 금융지주회사로서의 요건을 충족하지 못하게 된 경우
7. 제2조제3항제6호에 따라 다른 회사의 주식을 취득하는 경우 또는 해당 주식을 처분하거나 관련 공동관리절차 또는 회생절차가 중단되거나 종료되는 경우 (2017.8.16 본호신설)

제33조의2【주식매수가격 산정방법 등】 ① 법 제62조의2제3항제1호에서 "대통령령이 정하는 방법에 따라 산정된 금액"이라 함은 「자본시장과 금융투자업에 관한 법률 시행령」 제176조의7제3항 각 호에 따라 산정된 금액을 말한다.(2013.8.27 본항개정)

② 법 제62조의2제3항제2호의 규정에 의한 회사는 주식의 매수가격에 대하여 주주와 협의가 이루어지지 아니하는 경우에는 지체없이 공인회계사법에 의한 회계법인으로서 다음 각호의 1에 해당하지 아니하는 회계법인을 주식의 매수가격을 산정할 회계전문가로 선임하여야 한다.
1. 「공인회계사법」에 의하여 금융위원회로부터 업무정지처분을 받은 회계법인으로서 그 업무정지기간중에 있는 회계법인(2008.2.29 본호개정)
2. 「주식회사 등의 외부감사에 관한 법률」에 의하여 증권선물위원회로부터 특정 회사에 대한 감사업무의 제한조치를 받은 회계법인으로서 그 제한기간중에 있는 회계법인(2018.10.30 본호개정)
3. 당해 회사의 특수관계인
4. 최근 2년간 당해 회사에 대한 감사업무를 수행한 회계법인 및 당해 사업연도에 당해 회사에 대한 감사업무를 수행하는 회계법인

(2002.8.21 본조신설)

제33조의3【권한의 위탁】 ① 금융위원회는 법 제63조에 따라 별표7 각 호에 따른 권한을 금융감독원장에게 위탁한다.

② 금융감독원장은 제1항에 따라 위탁받은 업무의 처리 내용을 6개월마다 금융위원회에 보고하여야 한다. 다만, 금융위원회는 금융위원회가 정하여 고시하는 업무에 대해서는 보고의 시기를 달리 정할 수 있다.
(2010.1.18 본조개정)

제33조의4【민감정보 및 개인식별번호의 처리】 금융위원회(제33조의3에 따라 금융위원회의 권한을 위탁받은 자를 포함한다) 및 금융감독원장은 다음 각 호의 업무를 수행하기 위하여 불가피한 경우 「개인정보 보호법 시행령」 제18조제2호에 따른 범죄경력자료에 해당하는 정보, 「신용정보의 이용 및 보호에 관한 법률」 제2조제1호의2 가목2)에 따른 개인식별번호가 포함된 자료를 처리할 수 있다.(2022.12.20 본문개정)
1. 법 제3조에 따른 인가에 관한 사무
2. 법 제5조의2제2항 단서에 따른 승인에 관한 사무
3. 법 제6조의2에 따른 자본금 및 정관 변경의 신고 등에 관한 사무
4. 법 제7조제2항 단서에 따른 승인에 관한 사무
5. (2016.7.28 삭제)
6. 법 제8조에 따른 은행지주회사주식의 보유제한 등에 관한 사무
7. 법 제8조의2 및 제8조의5에 따른 승인 등에 관한 사무 (2014.2.11 본호개정)
8. 법 제8조의3에 따른 전환계획에 대한 평가 등에 관한 사무
9. 법 제8조의6에 따른 기관전용 사모집합투자기구등의 보고에 관한 사무(2021.10.21 본호개정)
10. 법 제9조에 따른 외국은행등의 요건 충족 여부에 대한 심사에 관한 사무
11. 법 제10조에 따른 한도초과 주식의 의결권 제한 등에 관한 사무
12. 법 제10조의2에 따른 한도초과보유주주등에 대한 적격성심사 등에 관한 사무
13. 법 제16조, 제18조에 따른 자회사등의 편입 승인, 신고에 관한 사무
14. (2014.11.24 삭제)
15. 법 제22조부터 제24조까지, 제29조 및 제30조에 따른 승인 또는 인가 등에 관한 사무
16. 법 제34조에 따른 대주주와의 거래 등의 제한 등에 관한 사무
17. (2014.11.24 삭제)
18.～19. (2016.7.28 삭제)
20. 법 제43조의2에 따른 금융지주회사의 자회사주식 소유의무 심사 등에 관한 사무
21. 법 제43조의3에 따른 금융지주회사의 자회사의 손자회사 주식 소유의무 심사 등에 관한 사무
22. 법 제45조, 제45조의2에 따른 신용공여한도 등에 관한 사무
23. 법 제45조의3에 따른 주요출자자가 발행한 주식의 취득한도 등에 관한 사무
24. 법 제45조의5에 따른 주요출자자에 대한 자료제출요구 등에 관한 사무
25. 법 제47조에 따른 자회사등 사이의 업무위탁 등에 관한 사무
26. 법 제48조의2제7항에 따른 보고 등에 관한 사무 (2014.11.24 본호개정)
27. 법 제49조에 따른 금융지주회사등에 대한 감독 및 이에 따른 사후 조치 등에 관한 사무
28. 법 제51조에 따른 금융지주회사등에 대한 검사 및 이에 따른 사후 조치 등에 관한 사무
29. 법 제51조의2에 따른 주요출자자등에 대한 검사 및 이에 따른 사후 조치 등에 관한 사무
30. 법 제54조에 따른 업무보고서 제출 등에 관한 사무
31. 법 제55조 단서에 따른 승인에 관한 사무
32. 법 제55조의2에 따른 전자문서 제출 등에 관한 사무
33. 법 제56조에 따른 공시에 관한 사무
34. 법 제57조에 따른 행정처분에 관한 사무
35. 법 제57조의2에 따른 통보에 관한 사무
36. 법 제57조의3에 따른 기관전용 사모집합투자기구등에 대한 제재 등에 관한 사무(2021.10.21 본호개정)
37. 법 제58조에 따른 시정조치 등에 관한 사무
38. 법 제59조에 따른 청문에 관한 사무
39. 법 제60조에 따른 인가에 관한 사무
40. 법 제61조에 따른 보고에 관한 사무
41. 법 제64조 및 제69조에 따른 과징금 부과·징수에 관한 사무
42. 법 제69조의2에 따른 이행강제금 부과 등에 관한 사무 (2022.12.20 본조제목개정)

(2012.1.6 본조신설)

제34조【과징금의 부과기준 등】 ① 법 제64조제1호에서 "대통령령으로 정하는 재무상태표"란 금융지주회사의 최근 사업연도 말 현재의 재무상태표를 말한다. (2021.9.29 본항개정)

② 법 제64조에 따른 과징금의 부과기준은 별표7의2와 같다.(2017.8.16 본항개정)

③ (2017.8.16 삭제)

④ 금융위원회는 법 제65조에 따라 과징금을 부과하고자 하는 때에는 그 위반행위의 종별과 당해 과징금의 금액을 명시하여 이를 납부할 것을 서면으로 통지하여야 한다. (2010.1.18 본항개정)

⑤ 제4항에 따라 통지를 받은 자는 통지가 있은 날부터 60일 이내에 금융위원회가 정하는 수납기관에 과징금을 납부하여야 한다.(2010.1.18 본항개정)

⑥ 이 영에서 규정한 사항외에 과징금의 부과에 관하여 필요한 사항은 금융위원회가 정한다.(2008.2.29 본항개정)

제35조【과징금의 납부기한 연기 및 분할 납부】 ① 금융위원회가 「행정기본법」 제29조 단서에 따라 법 제68조제1항에 따른 과징금의 납부기한을 연기하는 경우에는 그 납부기한의 다음 날부터 1년을 초과할 수 없다.

② 금융위원회가 「행정기본법」 제29조 단서에 따라 법 제68조제1항에 따른 과징금을 분할 납부하게 하는 경우 각 분할된 납부기한 간의 간격은 6개월 이내로 하며, 분할 납부의 횟수는 3회 이내로 한다.

③ 제1항 및 제2항에서 규정한 사항 외에 과징금의 납부기한 연기나 분할 납부의 신청서 등에 관하여 필요한 사항은 금융위원회가 정하여 고시한다.
(2023.12.12 본조개정)

제36조【가산금】 법 제69조제1항 전단에서 "대통령령이 정하는 가산금"이란 체납된 과징금액에 연 100분의 6을 적용하여 계산한 금액을 말한다.(2017.8.16 본조개정)

제37조【독촉】 ① 법 제69조제2항의 규정에 의한 독촉은 납부기한 경과후 15일 이내에 서면으로 하여야 한다.

② 제1항의 규정에 의하여 독촉장을 발부하는 경우 체납된 과징금의 납부기한은 발부일부터 10일 이내로 한다.

제38조【체납처분의 위탁】 ① 금융위원회는 법 제69조제3항의 규정에 의하여 체납처분에 관한 업무를 국세청장에게 위탁하는 때에는 다음 각호의 서류를 첨부한 서면으로 하여야 한다.(2008.2.29 본문개정)
1. 금융위원회의 의결서(2008.2.29 본호개정)
2. 세입징수결의서 및 고지서
3. 납부독촉장
② 국세청장은 제1항의 규정에 의하여 체납처분 업무를 위탁받은 경우에는 그 사유가 발생한 날부터 30일 이내에 다음 각호의 1에 해당하는 사항을 금융위원회에 서면으로 통보하여야 한다.(2008.2.29 본문개정)
1. 체납처분에 관한 업무가 종료한 경우에는 그 업무종료의 일시 기타 필요한 사항
2. 금융위원회로부터 진행상황에 대한 통보요청이 있는 경우에는 그 진행상황(2008.2.29 본호개정)
제39조【과태료의 부과기준】 법 제72조제1항 및 제2항에 따른 과태료의 부과기준은 별표8과 같다.(2014.2.11 본조신설)

부 칙 (2010.1.18)

제1조【시행일】 이 영은 공포한 날부터 시행한다. 다만, 제11조, 제18조, 제19조의4, 제19조의5, 제20조의2, 제21조, 제25조, 제26조, 제27조 및 제27조의2의 개정규정은 2010년 2월 1일부터 시행한다.
제2조【계열회사 제외에 관한 적용례】 제2조제3항제5호의 개정규정은 투자매매업자가 이 영 시행 후 최초로 주식을 인수·취득하는 회사부터 적용한다.
제3조【자회사등 편입 신고의 적용례】 제14조제1항제4호의 개정규정은 2009년 12월 1일 이후 최초로 「기업구조조정 촉진법」 제29조제1항에 따라 금융지주회사의 자회사등인 채권금융기관이 채권의 출자전환 등으로 다른 회사를 지배하게 되는 경우부터 적용한다.
제4조【비은행지주회사의 인가기준 등의 적용례】 제16조의3 및 제16조의4의 개정규정은 이 영 시행 후 최초로 인가 또는 승인을 신청하는 경우부터 적용한다.
제5조【사외이사 자격에 관한 적용례】 제19조의 개정규정은 이 영 시행 후 최초로 선임되는 사외이사부터 적용한다.
제6조【신용공여한도 등의 경과조치】 제24조제1항의 개정규정에 따라 법 제45조제1항부터 제3항까지, 제45조의2제1항·제2항 및 제48조제1항제3호에서 정한 신용공여한도를 초과하게 되는 금융지주회사등은 이 영 시행일부터 1년 이내에 그 신용공여한도에 적합하도록 하여야 한다. 다만, 계약서상 중도상환 금지 규정(이 영 시행일 이전에 체결된 신용공여 계약인 경우로 한정한다) 등 부득이한 사유에 해당하는 경우에는 금융위원회가 1년의 범위에서 그 기간을 정하여 연장할 수 있다.

부 칙 (2010.12.2)

제1조【시행일】 이 영은 공포한 날부터 시행한다.
제2조【주식보유상황 등의 보고에 관한 적용례】 제6조의2제3항의 개정규정은 이 영 시행 후 최초로 보고사유에 해당하게 된 경우부터 적용한다.
제3조【자회사등 편입 신고에 관한 적용례】 제14조제1항 단서 및 같은 항 제5호의 개정규정은 이 영 시행 후 최초로 자회사등이 금융지주회사에 편입되는 경우부터 적용한다.
제4조【사외이사 결격사유에 관한 적용례】 제19조제3항제3호, 같은 조 제4항제6호 및 제8호의 개정규정은 이 영 시행 후 최초로 선임되는 사외이사부터 적용한다.

부 칙 (2016.7.28 영27413호)

제1조【시행일】 이 영은 2016년 7월 30일부터 시행한다. 다만, 제2조제5항 및 별표7 제1호의2의 개정규정은 공포한 날부터 시행한다.
제2조【금융지주회사의 자산총액 요건에 관한 적용례】 제2조제5항의 개정규정은 이 영 시행 전에 법 제5조의2제1항에 따라 금융위원회에 보고한 자에 대해서도 적용한다.

부 칙 (2017.8.16)

제1조【시행일】 이 영은 2017년 8월 19일부터 시행한다. 다만, 제34조, 별표7 제53호의2, 별표7의2 및 별표8의 개정규정은 2017년 10월 19일부터 시행한다.
제2조【구조조정기업의 계열회사 제외에 관한 적용례】 제2조제3항제6호의 개정규정은 이 영 시행 전에 구조조정의 목적으로 출자전환 등을 통하여 공동관리절차 또는 회생절차가 진행 중인 다른 회사의 주식을 취득한 경우에도 적용한다.
제3조【주식보유상황 등의 보고에 관한 경과조치】 이 영 시행 전에 법 제8조제2항제1호 또는 제3호의 사유로 보고의무가 발생한 경우에는 제6조의2제3항제1호의 개정규정에도 불구하고 종전의 규정에 따른다.
제4조【과징금의 부과기준에 관한 경과조치】 부칙 제1조 단서에 따른 시행일 전의 위반행위에 대하여 과징금의 부과기준을 적용할 때에는 제34조제2항 및 별표7의2의 개정규정에도 불구하고 종전의 제34조제2항 및 제3항에 따른다.

부 칙 (2020.8.4)

제1조【시행일】 ① 이 영은 2020년 8월 5일부터 시행한다.(이하 생략)

부 칙 (2020.8.11)

제1조【시행일】 이 영은 2020년 8월 12일부터 시행한다.(이하 생략)

부 칙 (2021.1.5)

이 영은 공포한 날부터 시행한다.(이하 생략)

부 칙 (2021.2.17)

제1조【시행일】 이 영은 공포한 날부터 시행한다.(이하 생략)

부 칙 (2021.5.18)

제1조【시행일】 이 영은 2021년 5월 20일부터 시행한다.(이하 생략)

부 칙 (2021.6.29)

제1조【시행일】 이 영은 2021년 6월 30일부터 시행한다.(이하 생략)

부 칙 (2021.9.29)

이 영은 공포한 날부터 시행한다.

부 칙 (2021.10.21)

제1조【시행일】 이 영은 2021년 10월 21일부터 시행한다.(이하 생략)

부 칙 (2021.12.28)

제1조【시행일】 이 영은 2021년 12월 30일부터 시행한다.(이하 생략)

부 칙 (2022.2.17)

제1조【시행일】 이 영은 2022년 2월 18일부터 시행한다.(이하 생략)

부 칙 (2022.12.20)

이 영은 공포한 날부터 시행한다.

부 칙 (2023.6.27)

제1조【시행일】 이 영은 2023년 7월 1일부터 시행한다.(이하 생략)

부 칙 (2023.12.12)

이 영은 공포한 날부터 시행한다.

부 칙 (2023.12.19)

제1조【시행일】 이 영은 2023년 12월 21일부터 시행한다.(이하 생략)

〔별표〕 ➡ 「法典 別册」 參照

금융위원회의 설치 등에 관한 법률(약칭 : 금융위원회법)

(1997년 12월 31일 법 률 제5490호)

개정
1999. 5.24법 5982호(정부조직)
1999. 9. 7법 6018호(농협)
2000. 1.28법 6256호(수협)
2001. 3.28법 6429호(상호저축은행법)
2003.10. 4법 6987호(간접투자자산운용업법)
2005. 3.31법 7428호(채무자회생파산)
2005.12.29법 7796호(국가공무원)
2006. 9.27법 7988호(소비자기본법)
2007. 8. 3법 8635호(자본시장금융투자업)
2008. 2.29법 8863호
2010. 1.25법 9968호(행정심판)
2010. 5.17법10303호(은행법)
2011. 3.31법10522호(농협)
2012. 3.21법11407호
2014. 5.28법12712호
2015.12.22법13613호(예금자보호법)
2016. 5.29법14242호(수협)
2017. 4.18법14816호
2017.11.28법15144호
2018. 2.21법15412호
2018. 4.17법15613호
2018.12.24법16088호
2020. 3.24법17112호(금융소비자보호에관한법)
2021. 4.20법18113호(피한정후견인결격조항정비를위한일부개정법률)
2023. 9.14법19700호(행정법제혁신을위한일부개정법령등)

제1장 총 칙
(2012.3.21 본장개정)

제1조【목적】 이 법은 금융위원회와 금융감독원을 설치하여 금융산업의 선진화와 금융시장의 안정을 도모하고 건전한 신용질서와 공정한 금융거래 관행(慣行)을 확립하며 예금자 및 투자자 등 금융 수요자를 보호함으로써 국민경제의 발전에 이바지함을 목적으로 한다.
제2조【공정성의 유지 등】 금융위원회와 금융감독원은 그 업무를 수행할 때 공정성을 유지하고 투명성을 확보하며 금융기관의 자율성을 해치지 아니하도록 노력하여야 한다.

제2장 금융위원회
(2012.3.21 본장개정)

제1절 금융위원회의 설치 및 구성

제3조【금융위원회의 설치 및 지위】 ① 금융정책, 외국환업무 취급기관의 건전성 감독 및 금융감독에 관한 업무를 수행하게 하기 위하여 국무총리 소속으로 금융위원회를 둔다.
② 금융위원회는 「정부조직법」 제2조에 따라 설치된 중앙행정기관으로서 그 권한에 속하는 사무를 독립적으로 수행한다.
제4조【금융위원회의 구성】 ① 금융위원회는 9명의 위원으로 구성하며, 위원장·부위원장 각 1명과 다음 각 호의 위원으로 구성한다.
1. 기획재정부차관
2. 금융감독원 원장
3. 예금보험공사 사장
4. 한국은행 부총재
5. 금융위원회 위원장이 추천하는 금융 전문가 2명
6. 대한상공회의소 회장이 추천하는 경제계대표 1명
② 금융위원회 위원장(이하 이 절과 제2절에서 "위원장"이라 한다)은 국무총리의 제청으로 대통령이 임명하며, 금융위원회 부위원장(이하 이 절과 제2절에서 "부위원장"이라 한다)은 위원장의 제청으로 대통령이 임명한다. 이 경우 위원장은 국회의 인사청문을 거쳐야 한다.
③ 제1항제5호 및 제6호의 위원은 대통령령으로 정하는 바에 따라 해당 기관의 추천을 받아 대통령이 임명한다.
④ 위원장과 부위원장은 정무직으로 하고, 제1항제5호의 위원은 고위공무원단에 속하는 일반직공무원으로서 「국가공무원법」 제26조의5에 따른 임기제공무원으로 임명하며, 제1항제6호의 위원은 비상임으로 한다.(2018.12.24 본항개정)
⑤ 위원장, 부위원장, 제1항제5호의 위원 및 제15조에 따른 사무처의 장은 「정부조직법」 제10조에도 불구하고 정부위원이 된다.
⑥ 위원장은 국무회의에 출석하여 발언할 수 있다.
제5조【위원장】 ① 위원장은 금융위원회를 대표하며, 금융위원회의 회의를 주재하고 사무를 총괄한다.
② 위원장이 부득이한 사유로 직무를 수행할 수 없을 때에는 부위원장이 위원장의 직무를 대행하며, 위원장·부위원장이 모두 부득이한 사유로 직무를 수행할 수 없을 때에는 금융위원회가 미리 정한 위원이 위원장의 직무를 대행한다.
제6조【위원의 임기 등】 ① 위원장·부위원장과 제4조제1항제5호 및 제6호의 위원(이하 "임명직 위원"이라 한다)의 임기는 3년으로 하며, 한 차례만 연임할 수 있다.
② 임명직 위원에 결원이 생겼을 때에는 새로 임명하되 새로 임명된 위원의 임기는 임명된 날부터 기산(起算)한다.

제7조【정치활동의 금지】 임명직 위원은 「정당법」 제22조에도 불구하고 정당에 가입할 수 없으며 정치운동에 관여할 수 없다.
제8조【위원의 결격사유】 다음 각 호의 어느 하나에 해당하는 사람은 임명직 위원이 될 수 없다.
1. 대한민국 국민이 아닌 사람
2. 피성년후견인(2021.4.20 본호개정)
3. 파산선고를 받고 복권되지 아니한 사람
4. 금고 이상의 형의 집행유예를 선고받고 그 유예기간 중에 있는 사람
5. 금고 이상의 실형을 선고받고 그 집행이 끝나거나(집행이 끝난 것으로 보는 경우를 포함한다) 집행이 면제된 날부터 5년이 지나지 아니한 사람
6. 이 법 또는 그 밖의 금융 관계 법령(외국의 금융 관계 법령을 포함한다)에 따라 벌금형을 선고받고 5년이 지나지 아니한 사람
7. 이 법 또는 그 밖의 금융 관계 법령(외국의 금융 관계 법령을 포함한다)에 따라 해임되거나 면직된 후 5년이 지나지 아니한 사람

제9조【겸직 등의 금지】 위원장, 부위원장 및 제4조제1항제5호의 위원은 재직 중 다음 각 호의 직(職)을 겸하거나 영리를 목적으로 하는 사업을 할 수 없다.
1. 국회의원 또는 지방의회의원
2. 국가공무원 또는 지방공무원
3. 이 법과 다른 법령에 따라 감독의 대상이 되는 단체의 임직원
4. 그 밖에 보수를 받는 직

제10조【위원의 신분보장 등】 ① 임명직 위원은 다음 각 호의 어느 하나에 해당하는 경우 외에는 임기 전에 그 의사에 반하여 해임되지 아니한다.
1. 제8조 각 호의 어느 하나에 해당하는 경우
2. 심신의 장애로 직무를 수행할 수 없게 된 경우
3. 이 법에 따른 직무상의 의무를 위반하여 금융위원회 위원으로서의 직무 수행이 부적당하게 된 경우

② 위원이 제1항의 사유로 해임되는 경우 해임되기 전에 위원으로서 한 행위는 그 효력을 잃지 아니한다.

제2절 금융위원회의 운영

제11조【회의 등】 ① 금융위원회의 회의는 3명 이상의 위원이 요구할 때에 위원장이 소집한다. 다만, 위원장은 단독으로 회의를 소집할 수 있다.
② 금융위원회의 회의는 그 의결방법에 관하여 이 법 또는 다른 법률에 특별한 규정이 있는 경우를 제외하고는 재적위원 과반수의 출석과 출석위원 과반수의 찬성으로 의결한다.
③ 금융위원회 위원은 3명 이상의 찬성으로 의안(議案)을 제의할 수 있다. 다만, 위원장은 단독으로 의안을 제의할 수 있다.
④ 위원은 다음 각 호의 어느 하나에 해당하는 사항에 대한 심의·의결에서 제척(除斥)된다.
1. 자기와 직접적인 이해관계가 있는 사항
2. 배우자, 4촌 이내의 혈족, 2촌 이내의 인척 또는 자기가 속한 법인과 이해관계가 있는 사항
3. 제4조제1항제2호 및 제3호의 위원인 경우에는 해당 기관의 예산·결산 및 정관 변경 등에 관한 사항

⑤ 당사자는 위원에게 공정한 심의·의결을 기대하기 어려운 사정이 있는 경우에는 기피신청을 할 수 있다. 위원장은 이 기피신청에 대하여 금융위원회의 의결을 거치지 아니하고 결정한다.
⑥ 위원 본인이 제4항 각 호의 어느 하나에 해당하거나 제5항의 사유에 해당하는 경우에는 스스로 그 사항의 심의·의결을 회피할 수 있다.
⑦ 금융감독원장은 위원장에게 제37조 각 호에 따른 금융감독원 업무의 범위에서 필요한 안건의 상정을 요청할 수 있다. 이 경우 위원장은 특별한 사유가 없으면 그 요청에 따라야 한다.
제12조【의결서 작성 등】 ① 금융위원회가 의결하는 경우에는 의결서를 작성하여야 하며, 의결에 참여한 위원은 그 의결서에 이름을 쓰고 도장을 찍거나 서명하여야 한다.
② 금융위원회는 다음 각 호의 사항을 기재한 의사록을 작성하고, 금융위원회가 정하는 바에 따라 이를 공개하여야 한다.(2017.11.28 본문개정)
1. 개의·회의중지 및 산회의 일시
2. 안건의 제목
3. 출석한 위원의 성명
4. 주요 발언 내용
5. 표결 결과(소수의견이 있는 경우 그 내용을 포함한다)
6. 그 밖에 위원장이 필요하다고 인정하는 사항

(2017.11.28 1호~6호신설)
제13조【의견 청취】 금융위원회는 심의에 필요하다고 인정할 때에는 제29조제1항에 따른 금융감독원 부원장, 부원장보(副院長補) 및 그 밖의 관계 전문가 등으로부터 의견을 들을 수 있다.
제14조【긴급조치】 ① 위원장은 내우외환, 천재지변 또는 중대한 금융 경제상의 위기로 긴급조치가 필요한 경우로서 금융위원회를 소집할 시간적 여유가 없을 때에는 금융위원회의 권한 내에서 필요한 조치를 할 수 있다.
② 위원장은 제1항의 조치를 하였을 때에는 지체 없이 금융위원회의 회의를 소집하고 그 내용을 보고하여야 한다.
③ 금융위원회는 제1항의 조치를 확인·수정 또는 정지할 수 있다.
제15조【사무처의 설치 등】 ① 금융위원회의 사무를 처리하기 위하여 금융위원회에 사무처를 두며, 이 법에 규정된 것 외에 금융위원회의 조직 및 정원에 관하여 필요한 사항은 대통령령으로 정한다.
② (1999.5.24 삭제)
③ 위원장은 금융위원회와 이 법 또는 다른 법령에 따라 금융위원회 소속으로 두는 기관의 예산 및 그 밖의 행정사무를 총괄한다.
제16조【운영 등】 이 법과 다른 법령에 규정된 것 외에 금융위원회의 운영 등에 필요한 사항은 금융위원회의 규칙으로 정한다.

제3절 금융위원회의 소관 사무 등

제17조【금융위원회의 소관 사무】 금융위원회의 소관 사무는 다음 각 호와 같다.
1. 금융에 관한 정책 및 제도에 관한 사항
2. 금융기관 감독 및 검사·제재(制裁)에 관한 사항
3. 금융기관의 설립, 합병, 전환, 영업의 양수·양도 및 경영 등의 인가·허가에 관한 사항
4. 자본시장의 관리·감독 및 감시 등에 관한 사항
5. 금융소비자의 보호와 배상 등 피해구제에 관한 사항 (2014.5.28 본호신설)
6. 금융중심지의 조성 및 발전에 관한 사항
7. 제1호부터 제6호까지의 사항에 관련된 법령 및 규정의 제정·개정 및 폐지에 관한 사항(2014.5.28 본호개정)
8. 금융 및 외국환업무 취급기관의 건전성 감독에 관한 양자 간 협상, 다자 간 협상 및 국제협력에 관한 사항
9. 외국환업무 취급기관의 건전성 감독에 관한 사항
10. 그 밖에 다른 법령에서 금융위원회의 소관으로 규정한 사항

제18조【금융감독원에 대한 지도·감독】 금융위원회는 이 법 또는 다른 법령에 따라 금융감독원의 업무·운영·관리에 대한 지도와 감독을 하며, 다음 각 호의 사항을 심의·의결한다.
1. 금융감독원의 정관 변경에 대한 승인
2. 금융감독원의 예산 및 결산 승인
3. 그 밖에 금융감독원을 지도·감독하기 위하여 필요한 사항

제4절 증권선물위원회

제19조【증권선물위원회의 설치】 이 법 또는 다른 법령에 따라 다음 각 호의 업무를 수행하기 위하여 금융위원회에 증권선물위원회를 둔다.
1. 자본시장의 불공정거래 조사
2. 기업회계의 기준 및 회계감리에 관한 업무
3. 금융위원회 소관 사무 중 자본시장의 관리·감독 및 감시 등과 관련된 주요 사항에 대한 사전 심의
4. 자본시장의 관리·감독 및 감시 등을 위하여 금융위원회로부터 위임받은 업무
5. 그 밖에 다른 법령에서 증권선물위원회에 부여된 업무

제20조【증권선물위원회의 구성 등】 ① 증권선물위원회는 위원장 1명을 포함한 5명의 위원으로 구성하며, 위원장을 제외한 위원 중 1명은 상임으로 한다.
② 증권선물위원회 위원장은 금융위원회 부위원장이 겸임하며, 증권선물위원회 위원은 다음 각 호의 어느 하나에 해당하는 사람 중에서 금융위원회 위원장의 추천으로 대통령이 임명한다.
1. 금융, 증권, 파생상품 또는 회계 분야에 관한 경험이 있는 2급 이상의 공무원 또는 고위공무원단에 속하는 일반직공무원이었던 사람
2. 대학에서 법률학·경제학·경영학 또는 회계학을 전공하고, 대학이나 공인된 연구기관에서 부교수 이상 또는 이에 상당하는 직에 15년 이상 있었던 사람
3. 그 밖에 금융, 증권, 파생상품 또는 회계 분야에 관한 학식과 경험이 풍부한 사람

③ 증권선물위원회의 위원장이 아닌 상임위원은 고위공무원단에 속하는 일반직공무원으로서 「국가공무원법」 제26조의5에 따른 임기제공무원으로 보(補)한다.
(2018.12.24 본항개정)
④ 증권선물위원회 위원장이 부득이한 사유로 직무를 수행할 수 없을 때에는 상임위원이 그 직무를 대행하며, 위원장과 상임위원이 모두 부득이한 사유로 직무를 수행할 수 없을 때에는 증권선물위원회가 미리 정한 위원이 위원장의 직무를 대행한다.
⑤ 위원장이 아닌 증권선물위원회 위원의 임기는 3년으로 하며, 한 차례만 연임할 수 있다.
⑥ 증권선물위원회에 관하여는 제6조제2항 및 제7조부터 제10조까지의 규정을 준용한다.
제21조【회의 등】 ① 증권선물위원회의 회의는 2명 이상의 증권선물위원회 위원이 요구할 때에 증권선물위원회 위원장이 소집한다. 다만, 증권선물위원회 위원장은 단독으로 회의를 소집할 수 있다.
② 증권선물위원회의 회의는 3명 이상의 찬성으로 의결한다.
③ 증권선물위원회에 관하여는 제11조제4항제1호·제2호, 같은 조 제5항·제6항, 제12조 및 제13조를 준용한다. 이 경우 제11조제5항, 제12조 및 제13조 중 "금융위원회"는 "증권선물위원회"로 본다.
제22조【조직·규칙 등】 ① 이 법에 규정된 것 외에 증권선물위원회의 조직에 관하여 필요한 사항은 금융위원회의 규칙으로 정한다.
② 이 법과 다른 법령에 규정된 것 외에 증권선물위원회의 운영 등에 필요한 사항은 규칙으로 정한다.
③ 제2항의 규칙을 제정할 때에는 금융위원회의 승인을 받아야 한다. 이를 변경할 때에도 또한 같다.
제23조【금융감독원에 대한 지도·감독】 증권선물위원회는 제19조 각 호의 업무에 관하여 금융감독원을 지도·감독한다.

제3장 금융감독원

(2012.3.21 본장개정)

제1절 통 칙

제24조【금융감독원의 설립】 ① 금융위원회나 증권선물위원회의 지도·감독을 받아 금융기관에 대한 검사·감독 업무 등을 수행하기 위하여 금융감독원을 설립한다.
② 금융감독원은 무자본(無資本) 특수법인으로 한다.
제25조【사무소】 ① 금융감독원의 주된 사무소는 서울특별시에 둔다.
② 금융감독원은 정관으로 정하는 바에 따라 필요한 곳에 지원(支院)이나 출장소를 둘 수 있다.
제26조【정관】 ① 금융감독원의 정관에는 다음 각 호의 사항이 포함되어야 한다.
1. 목적
2. 명칭
3. 사무소에 관한 사항
4. 직원에 관한 사항
5. 업무와 그 집행에 관한 사항
6. 예산과 회계에 관한 사항
7. 공고의 방법
8. 정관의 변경에 관한 사항
9. 그 밖에 대통령령으로 정하는 사항

② 금융감독원은 정관을 변경하려면 금융위원회의 승인을 받아야 한다.
제27조【등기】 ① 금융감독원은 대통령령으로 정하는 바에 따라 등기하여야 한다.
② 금융감독원은 주된 사무소의 소재지에서 설립등기를 함으로써 성립한다.
③ 제1항에 따라 등기가 필요한 사항에 관하여는 그 등기를 한 후가 아니면 제3자에게 대항하지 못한다.
제28조【유사명칭의 사용 금지】 금융감독원이 아닌 자는 금융감독원 또는 이와 유사한 명칭을 사용하지 못한다.

제2절 원장·부원장·부원장보 및 감사와 직원

제29조【집행간부 등】 ① 금융감독원에 원장 1명, 부원장 4명 이내, 부원장보 9명 이내와 감사 1명을 둔다.
② 금융감독원의 원장(이하 "원장"이라 한다)은 금융위원회의 의결을 거쳐 금융위원회 위원장의 제청으로 대통령이 임명한다.
③ 금융감독원의 부원장(이하 "부원장"이라 한다)은 원장의 제청으로 금융위원회가 임명하고, 금융감독원의 부원장보(이하 "부원장보"라 한다)는 원장이 임명한다.
④ 감사는 금융위원회의 의결을 거쳐 금융위원회 위원장의 제청으로 대통령이 임명한다.
⑤ 원장·부원장·부원장보 및 감사의 임기는 3년으로 하며, 한 차례만 연임할 수 있다.
⑥ 원장·부원장·부원장보와 감사에 결원이 생겼을 때에는 새로 임명하되, 그 임기는 임명된 날부터 기산한다.
제30조【직무】 ① 원장은 금융감독원을 대표하며, 그 업무를 총괄한다.
② 원장이 부득이한 사유로 직무를 수행할 수 없을 때에는 금융감독원의 정관으로 정하는 순서에 따라 부원장이 원장의 직무를 대행한다.
③ 부원장은 원장을 보좌하고 금융감독원의 업무를 분장(分掌)하며, 부원장보는 원장과 부원장을 보좌하고 금융감독원의 업무를 분장한다.
④ 감사는 금융감독원의 업무와 회계를 감사한다.
제31조【대표권의 제한】 원장의 이익과 금융감독원의 이익이 상반되는 사항에 관하여는 금융감독원의 정관으로 정하는 순서에 따라 직무를 대행하는 부원장이 금융감독원을 대표한다.
제32조【원장 등의 해임】 ① 원장 및 감사가 다음 각 호의 어느 하나에 해당하는 경우에는 금융위원회의 의결을 거쳐 금융위원회 위원장의 제청으로 대통령이 해임한다.
1. 파산선고를 받은 경우
2. 금고 이상의 형 또는 이 법이나 그 밖의 금융 관계 법령(외국의 금융 관계 법령을 포함한다)에 따라 벌금 이상의 형을 선고받은 경우

3. 심신의 장애로 직무를 집행하는 것이 매우 곤란하게 된 경우
4. 이 법 또는 이 법에 따른 명령이나 정관을 위반한 경우
② 부원장이 제1항 각 호의 어느 하나에 해당하는 경우에는 원장의 제청으로 금융위원회가 해임한다.
③ 부원장보가 제1항 각 호의 어느 하나에 해당하는 경우에는 원장이 해임한다.

제32조의2【의원면직의 제한】 제29조제1항에 따른 원장, 부원장, 부원장보 또는 감사의 임명권자 또는 제청권자는 의원면직을 신청한 원장, 부원장, 부원장보 또는 감사가 검찰, 경찰 등 수사기관과 감사원 등 감사기관에서 비위와 관련하여 수사 또는 감사를 받거나 금융감독원의 징계위원회에 중징계의결이 요구 중인 경우에는 의원면직을 허용하지 아니할 수 있다.(2018.12.24 본조신설)

제33조【직원의 임면】 직원은 원장이 임면(任免)한다.

제34조【겸직의 제한】 원장·부원장·부원장보 및 감사와 직원은 그 직무 외의 영리를 목적으로 하는 업무에 종사하지 못하며, 해당 임명권자의 승인 없이 다른 직무를 겸하지 못한다.

제35조【청렴 및 비밀유지 의무】 ① 원장·부원장·부원장보 및 감사와 직원은 이 법에 따라 검사·감독을 받는 금융기관 또는 그 기관의 임직원에게 대출을 강요하거나 금품이나 그 밖의 이익을 받아서는 아니 된다.
② 원장·부원장·부원장보 및 감사와 직원 또는 그 직에 있었던 사람은 직무상 알게 된 정보를 다른 사람에게 누설하거나 직무상의 목적 외에 이를 사용하여서는 아니 된다.

제36조【대리인의 선임】 ① 원장은 부원장·부원장보 또는 직원 중에서 금융감독원의 업무에 관하여 재판상 또는 재판 외의 모든 행위를 할 권한이 있는 대리인을 선임할 수 있다.
② 제1항에 따라 재판상 대리인으로 선임될 수 있는 직원의 범위는 대통령령으로 정한다.

제3절 업 무

제37조【업무】 금융감독원은 이 법 또는 다른 법령에 따라 다음 각 호의 업무를 수행한다.
1. 제38조 각 호의 기관의 업무 및 재산상황에 대한 검사
2. 제1호의 검사 결과와 관련하여 이 법과 또는 다른 법령에 따른 제재
3. 금융위원회와 이 법 또는 다른 법령에 따라 금융위원회 소속으로 두는 기관에 대한 업무지원
4. 그 밖에 이 법 또는 다른 법령에서 금융감독원이 수행하도록 하는 업무

제38조【검사 대상 기관】 금융감독원의 검사를 받는 기관은 다음 각 호와 같다.
1. 「은행법」에 따른 인가를 받아 설립된 은행
2. 「자본시장과 금융투자업에 관한 법률」에 따른 금융투자업자, 증권금융회사, 종합금융회사 및 명의개서대행회사(名義改書代行會社)
3. 「보험업법」에 따른 보험회사
4. 「상호저축은행법」에 따른 상호저축은행과 그 중앙회
5. 「신용협동조합법」에 따른 신용협동조합 및 그 중앙회
6. 「여신전문금융업법」에 따른 여신전문금융회사 및 겸영여신업자(兼營與信業者)
7. 「농업협동조합법」에 따른 농협은행
8. 「수산업협동조합법」에 따른 수협은행(2016.5.29 본호개정)
9. 다른 법령에서 금융감독원이 검사를 하도록 규정한 기관
10. 그 밖에 금융업 및 금융 관련 업무를 하는 자로서 대통령령으로 정하는 자

제39조【규칙의 제정】 ① 원장은 금융감독원의 업무 수행과 관련하여 필요한 경우에는 규칙을 제정할 수 있다.
② 금융감독원은 제1항의 규칙을 제정 또는 변경한 경우에는 금융위원회에 즉시 보고하여야 한다.
③ 금융위원회는 제1항 및 제2항에 따른 규칙이 위법하거나 부당한 경우에는 시정을 명할 수 있다.

제40조【자료의 제출요구 등】 ① 원장은 업무 수행에 필요하다고 인정할 때에는 제38조 각 호의 기관 또는 다른 법령에 따라 금융감독원에 검사가 위탁된 대상 기관에 대하여 업무 또는 재산에 관한 보고, 자료의 제출, 관계자의 출석 및 진술을 요구할 수 있다.
② 제37조제1호에 따라 검사를 하는 자는 그 권한을 표시하는 증표를 관계인에게 내보여야 한다.

제41조【시정명령 및 징계요구】 ① 원장은 제38조 각 호에 해당하는 기관의 임직원이 다음 각 호의 어느 하나에 해당하는 경우에는 그 기관의 장에게 이를 시정하게 하거나 해당 직원의 징계를 요구할 수 있다.
1. 이 법 또는 이 법에 따른 규정·명령 또는 지시를 위반한 경우
2. 이 법에 따라 원장이 요구하는 보고서 또는 자료를 거짓으로 작성하거나 그 제출을 게을리한 경우
3. 이 법에 따른 금융감독원의 감독과 검사 업무의 수행을 거부·방해 또는 기피한 경우
4. 원장의 시정명령이나 징계요구에 대한 이행을 게을리한 경우
② 제1항에 따른 징계는 면직·정직·감봉·견책 및 경고로 구분한다.

제42조【임원의 해임권고 등】 원장은 제38조 각 호에 해당하는 기관의 임원이 이 법 또는 이 법에 따른 규정·명령 또는 지시를 고의로 위반한 때에는 그 임원의 해임을 임면권자에게 권고할 수 있으며, 그 임원의 업무집행의 정지를 명할 것을 금융위원회에 건의할 수 있다.

제43조【영업정지 등】 원장은 제38조 각 호의 기관이 이 법 또는 이 법에 따른 규정·명령 또는 지시를 계속 위반하여 위법 또는 불건전한 방법으로 영업하는 경우에는 금융위원회에 다음 각 호의 어느 하나의 조치를 명할 것을 건의할 수 있다.
1. 해당 기관의 위법행위 또는 비행(非行)의 중지
2. 6개월의 범위에서의 업무의 전부 또는 일부 정지

제4절 회 계

제44조【회계】 금융감독원의 회계연도는 정부의 회계연도에 따른다.

제45조【예산과 결산】 ① 금융감독원의 예산과 결산은 금융위원회의 승인을 받아야 한다.
② 금융감독원은 회계연도 개시 90일 전까지 금융위원회에 예산서를 제출하여야 한다.
③ 금융감독원은 회계연도 종료 후 2개월 이내에 외부감사를 받은 해당 연도의 결산서(재무제표와 그 부속명세서 및 「공인회계사법」 제23조에 따른 회계법인의 감사보고서를 포함한다)를 금융위원회에 제출하여야 한다.
④ 금융감독원은 제1항에 따라 금융위원회의 승인을 받은 예산서 및 결산서를 국회 소관 상임위원회에 지체 없이 보고하여야 한다.(2018.2.21 본항신설)
(2018.2.21 본조개정)

제46조【재원】 금융감독원은 다음 각 호의 재원(財源)으로 그 경비를 충당한다.
1. 정부의 출연금(出捐金)
2. 한국은행의 출연금
3. 제38조 각 호에 해당하는 기관의 출연금
4. 제47조에 따른 분담금
5. 그 밖에 다른 법령이나 정관으로 정한 수입(收入)

제47조【분담금】 ① 금융감독원의 검사를 받는 제38조 각 호의 기관은 분담금을 금융감독원에 납부하여야 한다.
② 제1항에 따른 분담금에 관련된 사항을 심의하기 위하여 금융위원회에 분담금 관리위원회를 설치한다.
(2018.2.21 본항신설)
③ 제1항에 따른 분담금의 분담요율 및 한도와 그 밖에 분담금의 납부에 필요한 사항 및 제2항에 따른 분담금 관리위원회의 구성 및 운영에 필요한 사항은 대통령령으로 정한다.(2018.2.21 본항개정)

제48조【차입】 금융감독원은 필요한 경우에는 금융위원회의 승인을 받아 금융기관으로부터 자금을 차입할 수 있다.

제49조【국유재산의 무상 대부 등】 정부는 금융감독원에 대하여 국유재산을 무상으로 사용하게 하거나 대부(貸付)할 수 있다.

제50조【잉여금의 처리】 금융감독원의 결산상 잉여금은 금융위원회의 승인을 받아 다음 회계연도에 이월(移越)할 수 있다.

제5절 금융 분쟁의 조정

제51조~제57조 (2020.3.24 삭제)

제4장 보칙 및 벌칙
(2012.3.21 본장개정)

제58조【자료의 제출】 원장은 금융위원회나 증권선물위원회가 요구하는 금융감독 등에 필요한 자료를 제출하여야 한다.

제59조【검사의 결과 및 조치사항의 보고】 원장은 제37조제1호에 따라 검사를 한 경우에는 그 결과를 금융위원회에 보고하여야 한다. 제41조 및 제42조의 조치를 한 경우에도 또한 같다.

제60조【보고·검사 등】 금융위원회는 필요하다고 인정하는 경우에는 금융감독원의 업무·재산 및 회계에 관한 사항을 보고하게 하거나 금융위원회가 정하는 바에 따라 그 업무, 재산상황, 장부, 서류 및 그 밖의 물건을 검사할 수 있다.

제61조【금융위원회 등의 명령권 등】 ① 금융위원회나 증권선물위원회는 금융감독원의 업무를 지도·감독하는 데 필요한 명령을 할 수 있다.
② 금융위원회는 증권선물위원회나 금융감독원의 처분이 위법하거나 공익 보호 또는 예금자 등 금융 수요자 보호 측면에서 매우 부당하다고 인정하면 그 처분의 전부 또는 일부를 취소하거나 그 집행을 정지시킬 수 있다.
③ 증권선물위원회는 제19조 각 호의 업무에 관한 금융감독원의 처분이 위법하거나 매우 부당하다고 인정할 때에는 그 처분의 전부 또는 일부를 취소하거나 그 집행을 정지시킬 수 있다.

제62조【검사 또는 공동검사 요구 등】 ① 한국은행은 금융통화위원회가 통화신용정책을 수행하기 위하여 필요하다고 인정하는 경우에는 금융감독원에 대하여 「한국은행법」 제11조의 금융기관에 대한 검사를 요구하거나 한국은행 소속 직원이 금융감독원의 금융기관 검사에 공동으로 참여할 수 있도록 하여 줄 것을 요구할 수 있다. 이 경우 금융감독원은 대통령령으로 정하는 바에 따라 지체 없이 응하여야 한다.
② 한국은행은 금융감독원에 대하여 제1항에 따른 검사 결과의 송부를 요청하거나 검사 결과에 대하여 필요한 시정조치를 요구할 수 있다. 이 경우 금융감독원은 이에 응하여야 한다.
③ 한국은행이 제1항에 따른 검사 및 공동검사를 요구할 때에는 검사 목적, 대상 기관, 검사 범위 등을 구체적으로 밝혀야 한다.

제63조 (2008.2.29 삭제)

제64조 (1999.5.24 삭제)

제64조의2 (2008.2.29 삭제)

제65조【자료협조】 기획재정부장관과 금융위원회 및 금융통화위원회는 정책수행에 필요하다고 인정하는 경우에는 상호간에 자료를 요청할 수 있다. 이 경우 요청을 받은 기관은 특별한 사유가 없으면 그 요청에 응하여야 한다.

제65조의2【관계 기관 등의 장의 협조】 ① 금융위원회는 이 법의 시행을 위하여 필요하다고 인정할 때에는 관계 행정기관이나 그 밖의 기관 또는 단체의 장에게 필요한 조사를 의뢰하거나 필요한 자료를 요청할 수 있다.
② 금융위원회는 이 법에 따른 시정조치의 이행을 확보하기 위하여 필요하다고 인정할 때에는 관계 행정기관이나 그 밖의 기관 또는 단체의 장에게 필요한 협조를 의뢰할 수 있다.

제66조【예금보험공사의 검사요청】 ① 예금보험공사는 업무수행을 위하여 필요하다고 인정할 때에는 금융감독원에 「예금자보호법」 제2조제1호의 부보금융회사(附保金融會社) 및 해당 부보금융회사를 「금융지주회사법」에 따른 자회사등으로 두는 금융지주회사에 대한 검사를 실시할 것을 요청하거나 예금보험공사 소속 직원이 검사에 공동으로 참여하도록 「예금자보호법」 제8조에 따른 예금보험위원회의 의결을 거쳐 요청할 수 있다.(2015.12.22 본항개정)
② 예금보험공사가 제1항의 검사를 요청할 때에는 검사목적, 대상 기관, 검사 범위 등을 구체적으로 밝혀야 한다.
③ 예금보험공사는 금융감독원에 제1항에 따른 검사 결과의 송부를 요청하거나 검사 결과에 대하여 필요한 시정조치를 요청할 수 있다.
④ 금융감독원은 예금보험공사가 제1항 및 제3항에 따라 요청을 하는 경우 이에 응하여야 한다.

제67조【원장의 협조 요청】 원장은 직무수행상 필요하다고 인정할 때에는 행정기관이나 그 밖의 관계 기관에 협조를 요청할 수 있다.

제68조【벌칙】 제35조제2항을 위반하여 직무상 알게 된 비밀을 다른 사람에게 누설하거나 직무상의 목적 외에 이를 사용한 사람은 3년 이하의 징역 또는 2천만원 이하의 벌금에 처한다.

제68조의2【과태료】 ① 제28조를 위반하여 금융감독원 또는 이와 유사한 명칭을 사용한 자에게는 1천만원 이하의 과태료를 부과한다.
② 제1항에 따른 과태료는 금융위원회가 부과·징수한다.
(2012.3.21 본조신설)

제69조【벌칙 적용에서의 공무원 의제】 ① 금융위원회 위원 또는 증권선물위원회 위원으로서 공무원이 아닌 사람과 금융감독원의 집행간부 및 직원은 「형법」이나 그 밖의 법률에 따른 벌칙을 적용할 때에는 공무원으로 본다.
② 제1항에 따라 공무원으로 보는 직원의 범위는 대통령령으로 정한다.

제70조【이의신청 특례】 ① 금융위원회, 증권선물위원회 및 금융감독원은 처분에 대한 이의신청을 받으면 그 신청을 받은 날부터 60일 이내에 그 이의신청에 대한 결과를 신청인에게 통지하여야 한다. 다만, 부득이한 사유로 60일 이내에 통지할 수 없는 경우에는 그 기간을 만료일 다음 날부터 기산하여 30일의 범위에서 한 차례 연장할 수 있다.
② 제1항에도 불구하고 다른 법률에서 금융위원회, 증권선물위원회 및 금융감독원의 처분에 대한 이의신청 결과 통지기간 및 그 연장에 대하여 정하고 있는 경우에는 그 법률의 규정에 따른다.
③ 제1항 및 제2항에서 규정한 사항 외에 이의신청에 관한 사항은 「행정기본법」 제36조에 따른다.
(2023.9.14 본조개정)

제71조【권한의 위탁】 금융위원회 및 증권선물위원회는 금융감독의 효율성을 높이기 위하여 필요한 경우에는 이 법 또는 다른 법령에 따른 권한의 일부를 원장에게 위탁할 수 있다.

부 칙 (2008.2.29)

제1조【시행일】 이 법은 공포한 날부터 시행한다.

제2조【조직폐지 및 신설에 따른 소관사무 등에 대한 경과조치】 ① 이 법 시행 당시 「정부조직법」 제27조의 재정경제부장관 소관 사무 중 금융 및 외국환업무취급기관의 건전성 감독에 해당하는 사무와 「금융감독기구의 설치 등에 관한 법률」 제3조의 금융감독위원회의 사무(이하 이 조에서 "금융위원회승계사무"라 한다)는 금융위원회가 각각 승계한다.

② 이 법 시행 당시 금융위원회승계사무와 관련하여 종전의 규정에 따라 재정경제부장관 또는 금융감독위원회가 행한 인가 그 밖의 행위와 각종 신고 그 밖에 재정경제부장관 또는 금융감독위원회에 대한 행위는 이 법에 따른 금융위원회의 행위 또는 금융위원회에 대한 행위로 본다.

제3조【공무원에 대한 경과조치】 이 법 시행 당시 재정경제부 소속 공무원 중 금융 및 외국환업무취급기관의 건전성 감독에 해당하는 사무를 담당하는 공무원(공적자금관리위원회 사무국 및 금융정보분석원 소속 공무원을 포함한다) 및 금융감독위원회 소속 공무원은 금융위원회 소속 공무원으로 본다.

제4조【금융위원회의 구성 등에 관한 경과조치】 ① 이 법 제4조제2항의 개정규정 및 같은 조 제3항에 의하여 최초로 임명되는 금융위원회 위원장·부위원장 및 위원의 임명은 이 법 시행일 이후 1개월 이내에 한다.

② 이 법 시행 당시 종전 규정에 의해 임명된 금융감독위원회 위원은 이 법에 따라 새로이 금융위원회 위원이 임명될 때까지는 이 법 제4조제2항·제3항의 규정에 의하여 임명된 금융위원회 위원으로 본다.

③ 이 법 시행 당시 종전 규정에 의해 임명된 금융감독원의 부원장·부원장보 및 감사는 그 임기가 만료되는 때까지 이 법에 따라 임명된 것으로 본다.

④ 이 법 시행 당시 종전의 「예금자보호법」 제9조 및 「금융기관부실자산 등의 효율적 처리 및 한국자산관리공사의 설립에 관한 법률」 제15조에 따라 위촉·임명된 예금보험위원회 위원 및 경영관리위원회 위원은 그 임기가 만료되는 때까지 같은 법 같은 조의 개정규정에 따라 위촉·임명된 위원으로 본다.

제5조【다른 법률의 개정】 ①~㉟ ※(해당 법령에 가제정리 하였음)

부 칙 (2017.4.18)

제1조【시행일】 이 법은 공포한 날부터 시행한다.

제2조【금치산자 등의 결격사유에 관한 경과조치】 이 법 시행 당시 이미 금치산 또는 한정치산의 선고를 받고 법률 제10429호 민법 일부개정법률 부칙 제2조에 따라 금치산 또는 한정치산 선고의 효력이 유지되는 사람에 대해서는 제8조제2호의 개정규정에도 불구하고 종전의 규정에 따른다.

부 칙 (2018.4.17)

제1조【시행일】 이 법은 공포한 날부터 시행한다.

제2조【소멸시효의 중단에 관한 적용례】 이 법 시행 당시 이미 신청된 분쟁조정으로서 종전의 규정에 따른 소멸시효가 완성되지 아니한 분쟁조정에 대해서는 이 법의 개정규정을 적용한다.

부 칙 (2018.12.24)

제1조【시행일】 이 법은 공포한 날부터 시행한다.

제2조【금융위원회 상임위원 등의 공무원 구분 변경에 관한 경과조치】 이 법 시행 당시 종전의 제4조제4항 및 제20조제3항에 따라 금융위원회 및 증권선물위원회의 상임위원으로 재직 중인 별정직공무원은 이 법 시행일에 「국가공무원법」 제26조의5에 따른 임기제공무원으로 임용된 것으로 본다. 이 경우 그 임기는 상임위원으로 임명될 당시 임기의 남은 기간으로 한다.

부 칙 (2020.3.24)

제1조【시행일】 이 법은 공포 후 1년이 경과한 날부터 시행한다.(이하 생략)

부 칙 (2021.4.20)

이 법은 공포한 날부터 시행한다.

부 칙 (2023.9.14)

제1조【시행일】 이 법은 공포한 날부터 시행한다.(이하 생략)

국제금융기구에의 가입조치에 관한 법률(약칭 : 국제금융기구가입법)

(1963년 11월 11일 법 률 제1446호)

개정

1963.12.16법 1553호	1965.12.30법 1732호
1966. 4.25법 1787호	1968. 3. 7법 1987호
1971.11.16법 2311호	1972. 8.17법 2340호
1973. 2. 5법 2470호	1974.12.21법 2696호
1975. 7.25법 2778호	1979.12.28법 3192호
1981. 4.13법 3428호	1986.12.31법 3880호
1990.12.31법 4289호	1996.12.12법 5172호
2005. 1.27법 7342호	
2008. 2.29법 8852호(정부조직)	
2012. 3.21법11379호	2014.12.30법12863호
2015.12.22법13570호	2017.12.26법15287호
2019.11.26법16580호	

제1조【목적】 이 법은 대한민국이 각 국제금융기구에 가입하여 각 국제금융기구의 협정을 이행하는 데에 필요한 조치를 할 수 있게 함을 목적으로 한다.(2014.12.30 본조개정)

제2조【출자대상기구와 출자금】 ① 이 법에서 "국제금융기구"란 다음 각 호의 어느 하나에 해당하는 기구를 말한다.

1. 국제통화기금
2. 국제부흥개발은행
3. 국제개발협회
4. 국제금융공사
5. 아시아개발은행
6. 아프리카개발기금
7. 아프리카개발은행
8. 상품공동기금
9. 국제투자보증기구
10. 유럽부흥개발은행
11. 국제결제은행
12. 미주개발은행
13. 미주투자공사
14. 다자투자기금
15. 아시아 인프라 투자은행(2015.12.22 본호신설)
16. 아세안 및 한·중·일 거시경제조사기구(2017.12.26 본호신설)
17. 중미경제통합은행(2019.11.26 본호신설)

② 정부는 국제금융기구에 출자(출연을 포함한다. 이하 같다)하려는 경우에는 미리 국회의 의결을 받아야 한다. 다만, 다음 각 호의 어느 하나에 해당하는 경우에는 그러하지 아니하다.

1. 한국은행이 출자하는 국제결제은행의 경우
2. 제3항에 따라 한국은행이 납입하는 경우

③ 정부는 출자금을 예산에 반영하도록 노력하여야 하며, 재정여건과 출자수요에 대한 탄력적 대응 등을 고려하여 예산에 반영하기 어려운 경우에는 한국은행으로 하여금 출자금을 납입하게 할 수 있다.

④ 정부는 제3항에 따라 한국은행으로 하여금 납입하게 할 경우에는 매년 9월 30일까지 다음 각 호의 사항을 국회에 보고하여야 한다.

1. 다음 연도 출자 계획
2. 해당 연도 출자 실적
3. 그 밖에 국제금융기구 출자에 관한 중요 사항

⑤ 제2항과 제3항에 따른 출자금액 등 필요한 세부 사항은 대통령령으로 정한다.

(2014.12.30 본조개정)

제3조【출자방법】 ① 기획재정부장관은 국제금융기구에 출자를 할 때에는 국무회의의 심의를 거쳐 대통령의 승인을 받아 각 국제금융기구의 협정에서 규정하는 바에 따라 미합중국통화 또는 그 밖의 자유교환성 통화나 금(金)·지금(地金) 또는 내국통화로 그 출자금을 한꺼번에 또는 분할하여 납입할 수 있다.

② 기획재정부장관은 제1항에 따라 내국통화로 출자하는 경우에 그 출자액의 전부 또는 일부를 국무회의의 심의를 거쳐 대통령의 승인을 받아 내국통화로 표시된 증권으로 출자할 수 있다.

③ 제2항에 따라 발행하는 증권에 대해서는 이자를 지급하지 아니하며, 그 증권은 제4조제2항에 따라 한국은행이 매입하는 경우를 제외하고는 누구든지 해당 국제금융기구로부터 양수(讓受)할 수 없다.

④ 제2조제3항에 따라 한국은행이 출자금을 납입하는 경우에는 제1항과 제2항을 준용한다.

⑤ 제2조제3항 및 제4항에 따라 한국은행이 출자금을 납입하는 경우에 발행하는 증권에 관하여는 제3항을 준용한다.

(2014.12.30 본조개정)

제4조【증권에 대한 지급】 ① 기획재정부장관이나 한국은행 총재는 제3조에 따라 출자한 증권의 전부 또는 일부에 대하여 각 국제금융기구가 지급을 청구하면 지체 없이 이를 지급하여야 한다.

② 기획재정부장관은 제1항에 따른 지급의 청구를 받은 경우에 지급할 재원(財源)이 부족하여 그 청구금액의 전부 또는 일부를 지급할 수 없을 때에는 국무회의의 심의를 거쳐 대통령의 승인을 받아 한국은행으로부터 차입하여 지급하거나 한국은행으로 하여금 그 금액에 상당하는 증권을 해당 국제금융기구로부터 매입하게 할 수 있다.

③ 정부는 제2항에 따라 한국은행이 매입한 증권에 대해서는 제3조제3항에도 불구하고 매입한 날부터 그 매입대금을 상환하는 날까지의 이자를 지급한다.

(2014.12.30 본조개정)

제5조【위원】 ① 기획재정부장관은 각 국제금융기구의 대한민국의 정위원(正委員)이 되며, 한국은행 총재는 그 대리위원이 된다. 다만, 국제결제은행의 경우에는 한국은행 총재가 정위원이 된다.

② 한국은행 총재는 기획재정부장관의 지시를 받아 각 국제금융기구와 사무·교섭 및 거래를 하는 경우에 정부를 대표한다.

(2014.12.30 본조개정)

제6조【임치소】 한국은행은 각 국제금융기구의 협정에 따라 각 국제금융기구가 보유하는 내국통화 또는 그 밖의 자산의 임치소(任置所)가 된다.(2014.12.30 본조개정)

제7조 (2005.1.27 삭제)

부 칙 (2015.12.22)

이 법은 아시아 인프라 투자은행 협정이 대한민국에 대하여 효력을 발생하는 날부터 시행한다.<2015.12.25 시행>

부 칙 (2017.12.26)

제1조【시행일】 이 법은 공포한 날부터 시행한다.

제2조【출자에 관한 경과조치】 2016년 2월 9일 이후 기획재정부장관이 아세안 및 한·중·일 거시경제조사기구에 출자한 행위는 이 법에 따른 출자 행위로 본다.

부 칙 (2019.11.26)

이 법은 공포한 날부터 시행한다.

경제자유구역의 지정 및 운영에 관한 특별법(약칭 : 경제자유구역법)

(2002년 12월 30일
법 률 제6835호)

개정
2002.12.30법 6841호(산지관리법) <중략>
2010. 1.18법 9932호(정부조직)
2010. 3.31법 10220호(지방세특례제한법)
2010. 4.15법 10272호(공유수면관리및매립에관한법)
2010. 5.31법 10331호(산지관리법)
2010. 6. 4법 10339호(정부조직)
2011. 4. 4법 10529호
2011. 4.12법 10580호(부등)
2011. 4.14법 10599호(국토이용)
2011. 5.30법 10764호(택지개발촉진법)
2011. 7.21법 10892호(환경영향평가법)
2011. 9.15법 11042호(보훈보상대상자지원에관한법)
2011.12.31법 11141호(국민보험)
2012. 3.21법 11396호(지방공무원)
2012.12.11법 11531호(지방공무원)
2012.12.11법 11534호
2013. 3.23법 11690호(정부조직)
2014. 1.14법 12248호(도로법)
2014. 3.18법 12440호
2014. 6. 3법 12737호(지역개발및지원에관한법)
2014. 6. 3법 12738호(공간정보구축관리)
2014.12.30법 12924호
2014.12.31법 12959호(주택법)
2015. 7.24법 13433호(도시교통정비촉진법)
2015. 8.11법 13474호(공동주택관리법)
2015. 8.28법 13499호(민간임대주택에관한특별법)
2016. 1.19법 13797호(부동산거래신고등에관한법)
2016. 1.19법 13805호(주택법)
2016. 1.27법 13837호
2016. 1.27법 13854호(외국인투자)
2016.12. 2법 14307호
2016.12. 2법 14344호(주택법)
2016.12.27법 14480호(농어촌정비)
2017. 2. 8법 14569호(빈집및소규모주택정비에관한특례법)
2017. 7.26법 14839호(정부조직)
2017.12.26법 15309호(혁신도시조성및발전에관한특별법)
2018. 4.17법 15570호
2018. 4.17법 15607호(해양공간계획및관리에관한법)
2019. 4.30법 16407호(첨단의료복합단지육성에관한특별법)
2019. 4.30법 16413호(파견근로자보호등에관한법)
2019. 4.30법 16416호(건축물관리법)
2019. 8.20법 16474호
2020. 1.29법 16902호(항만법)
2020. 1.29법 16904호(항만재개발및주변지역발전에관한법)
2020. 2.18법 17007호(권한지방이양)
2020. 3.31법 17171호(전기안전관리법)
2021. 1.12법 17893호(지방자치)
2021. 6.15법 18268호
2021. 7.20법 18310호(공간정보구축관리)
2022. 1.11법 18750호(수도법)
2022.12.27법 19117호(산림자원조성관리)
2023. 6. 9법 19430호(지방자치분권및지역균형발전에관한특별법)
2024. 1. 9법 19952호

제1장 총 칙
(2009.1.30 본장개정)

제1조【목적】 이 법은 경제자유구역의 지정 및 운영을 통하여 외국인투자기업 및 국내복귀기업의 경영환경과 외국인의 생활여건을 개선함으로써 외국인투자와 기업 유치를 촉진하고 나아가 국가경쟁력의 강화와 지역 간의 균형발전을 도모함을 목적으로 한다.(2021.6.15 본조개정)

제2조【정의】 이 법에서 사용하는 용어의 뜻은 다음과 같다.
1. "경제자유구역"이란 외국인투자기업 및 국내복귀기업의 경영환경과 외국인의 생활여건을 개선하기 위하여 조성된 지역으로서 제4조에 따라 지정·고시되는 지역을 말한다.(2021.6.15 본호개정)
2. (2011.4.4 삭제)
3. "외국인"이란 「외국인투자 촉진법」 제2조제1항제1호에 해당하는 자를 말한다.
4. "외국인투자기업"이란 「외국인투자 촉진법」 제2조제1항제6호에 따른 기업을 말한다.
5. "외국교육기관"이란 외국의 법령에 근거하여 설립·운영되는 학교(분교를 포함한다)를 말한다.
6. "국내복귀기업"이란 「해외진출기업의 국내복귀 지원에 관한 법률」 제7조에 따라 지원대상으로 선정된 기업을 말한다.(2018.4.17 본호신설)
7. "첨단기술 및 첨단제품"이란 「산업발전법」 제5조에 따른 범위에서 산업통상자원부장관으로부터 확인서를 발급받은 기술 및 제품을 말한다.(2021.6.15 본호신설)
8. "핵심전략산업"이란 경제자유구역별 특성과 여건을 활용하여 특화시키려는 산업으로서 제7조의7에 따라 선정된 산업을 말한다.(2021.6.15 본호신설)

제2조의2【국가 등의 책무】 국가와 지방자치단체는 경제자유구역을 지정한 목적이 달성되도록 운영에 필요한 행정적·재정적 지원을 하여야 한다.(2014.3.18 본조신설)

제2조의3【다른 법률과의 관계】 이 법에 따른 경제자유구역에 대한 지원과 규제의 특례에 관한 규정은 다른 법률에 따른 지원과 규제의 특례에 관한 규정에 우선하여 적용한다. 다만, 다른 법률에 이 법에 따른 규제에 관한 특례보다 완화되는 규정이 있으면 그 법률에서 정하는 바에 따른다.(2011.4.4 본조신설)

제3조【다른 계획과의 관계】 이 법에 따른 경제자유구역개발계획은 다른 법률에 따른 개발계획에 우선한다. 다만, 「국토기본법」 제6조제2항제1호에 따른 국토종합계획, 「수도권정비계획법」에 따른 수도권정비계획 및 「군사기지 및 군사시설 보호법」에 따른 계획에 대하여는 그러하지 아니하다.

제2장 경제자유구역기본계획의 수립 및 경제자유구역의 지정 등
(2011.4.4 본장제목개정)

제3조의2【경제자유구역기본계획의 수립】 ① 산업통상자원부장관은 경제자유구역의 체계적인 발전을 위하여 계획기간을 10년 이상으로 하는 경제자유구역기본계획을 5년마다 수립하여야 한다.(2013.3.23 본항개정)
② 산업통상자원부장관은 제1항에 따른 경제자유구역기본계획(이하 "경제자유구역기본계획"이라 한다)을 수립하려는 경우에는 다음 각 호의 절차를 거쳐야 한다.(2013.3.23 본문개정)
1. 특별시장·광역시장·특별자치시장·도지사 또는 특별자치도지사(이하 "시·도지사"라 한다) 및 제27조의2제1항에 따른 행정기구의 장의 의견 청취(2016.1.27 본호개정)
2. 관계 중앙행정기관의 장과의 협의
3. 제25조에 따른 경제자유구역위원회(이하 "경제자유구역위원회"라 한다)의 심의·의결
③ 산업통상자원부장관은 제1항에 따라 경제자유구역기본계획을 수립한 때에는 그 내용을 관보에 고시하고 시·도지사와 제27조의2제1항에 따른 행정기구의 장에게 통보하여야 한다.(2013.3.23 본항개정)
④ 경제자유구역기본계획의 변경에 관하여는 제2항 및 제3항을 준용한다.
(2011.4.4 본조신설)

제3조의3【경제자유구역기본계획의 내용】 경제자유구역기본계획에는 다음 각 호의 사항이 포함되어야 한다.
1. 경제자유구역의 기본목표와 중장기 발전방향에 관한 사항
2. 경제자유구역의 개발에 관한 사항
3. 경제자유구역의 외국인투자 및 국내복귀기업 유치에 관한 사항(2021.6.15 본호개정)
4. 경제자유구역별 차별화된 발전전략에 관한 사항
5. 경제자유구역에서 실시되는 개발사업(이하 "개발사업"이라 한다)과 입주기업 지원 등에 관한 사항
6. 그 밖에 경제자유구역의 발전을 위하여 필요한 사항
(2011.4.4 본조신설)

제3조의4【경제자유구역발전계획 수립 등】 ① 시·도지사는 경제자유구역기본계획의 효율적인 추진을 위하여 5년마다 경제자유구역발전계획(이하 "발전계획"이라 한다)을 수립하고 시행하여야 한다. 이 경우 시·도지사는 미리 시장·군수·구청장(자치구의 구청장을 말한다. 이하 같다)의 의견을 들어야 한다.
② 발전계획에는 다음 각 호의 사항이 포함되어야 한다.
1. 경제자유구역별 발전목표에 관한 사항
2. 직전 발전계획의 추진 실적 및 성과 등 평가결과에 관한 사항
3. 해당 경제자유구역 내 핵심전략산업 유치현황과 여건 분석에 관한 사항
4. 경제자유구역별 향후 10년간 중점추진과제에 관한 사항
5. 경제자유구역 내 핵심전략산업의 육성계획 또는 특화계획에 관한 사항
6. 그 밖에 경제자유구역 발전을 위하여 필요한 사항
③ 시·도지사는 제1항에 따라 수립된 발전계획을 산업통상자원부장관에게 제출하여야 한다.
(2021.6.15 본조신설)

제4조【경제자유구역의 지정 등】 ① 시·도지사는 산업통상자원부장관에게 경제자유구역의 지정을 요청할 수 있다. 다만, 대상구역이 둘 이상의 특별시·광역시·특별자치시·도 또는 특별자치도(이하 "시·도"라 한다)에 걸쳐 있는 경우에는 해당 시·도지사가 공동으로 지정을 요청하여야 한다.(2016.1.27 단서개정)
② 시·도지사는 제1항에 따라 경제자유구역의 지정을 요청하려는 경우에는 제6조제1항 각 호의 사항이 포함된 경제자유구역개발계획(이하 "경제자유구역개발계획"이라 한다)을 작성하여 이를 제출하여야 한다. 이 경우 대통령령으로 정하는 바에 따라 주민의 의견을 미리 들어야 한다.(2011.4.4 본항개정)
③ 시·도지사는 경제자유구역개발계획에 「산업입지 및 개발에 관한 법률」 제2조제8호가목부터 다목까지의 규정에 따른 산업단지에 관한 사항이 포함되어 있으면 제1항에 따라 경제자유구역의 지정을 요청하기 전에 국토교통부장관과 협의를 하여야 한다. 이 경우 국토교통부장관은 「산업입지 및 개발에 관한 법률」 제3조에 따른 산업입지정책심의회의 심의를 거쳐야 한다.(2014.12.30 전단개정)
④ 제1항에 따라 경제자유구역의 지정을 요청받은 산업통상자원부장관은 관계 행정기관의 장과의 협의와 경제자유구역위원회의 심의·의결을 거쳐 경제자유구역개발계획을 확정하고 경제자유구역을 지정한다. 이 경우 제1항에 따라 경제자유구역의 지정을 요청한 시·도지사의 의견을 들어야 한다.(2013.3.23 전단개정)
⑤ 산업통상자원부장관은 경제자유구역의 개발이 필요하다고 인정하면 관할 시·도지사의 동의를 받은 후 경제자유구역위원회의 심의·의결을 거쳐 경제자유구역개발계획을 수립하고 경제자유구역을 지정할 수 있다.(2013.3.23 본항개정)
⑥ 산업통상자원부장관은 경제자유구역을 지정할 때 필요한 경우에는 경제자유구역을 둘 이상의 개발사업지구로 분할하여 개발하도록 할 수 있다.(2013.3.23 본항개정)
⑦ 산업통상자원부장관은 경제자유구역의 개발에 필요한 토지가 확보되어 있는 등 대통령령으로 정하는 요건에 해당하는 경우에는 단계적으로 개발하도록 할 수 있다.(2013.3.23 본항개정)
⑧ 산업통상자원부장관은 제4항이나 제5항에 따라 경제자유구역을 지정한 경우에는 대통령령으로 정하는 바에 따라 그 내용을 관보에 고시하고, 지체 없이 이를 관할 시·도지사에게 통지하여야 한다. 이 경우 지형도면의 고시에 관하여는 「토지이용규제 기본법」 제8조에 따른다.(2013.3.23 전단개정)
⑨ 제8항에 따른 통지를 받은 시·도지사는 그 내용을 14일 이상 일반인이 열람할 수 있게 하여야 한다.
(2011.4.4 본항개정)

제5조【경제자유구역의 지정요건】 경제자유구역은 다음 각 호의 요건을 갖춘 지역에 대하여 지정한다.
1. 경제자유구역기본계획에 부합할 것
2. 충분한 국내외 기업의 입주수요 확보가 가능할 것
3. 외국인 정주(定住)환경의 확보 또는 연계가 가능할 것
4. 경제자유구역의 개발에 필요한 부지와 광역교통망·정보통신망·용수(用水)·전력 등 기반시설의 확보가 가능할 것
5. 경제자유구역의 개발에 경제성이 있을 것
6. 지방자치단체의 재정부담, 민간자본 유치방안 등 자금조달계획이 실현 가능할 것
7. 그 밖에 전문인력 확보와 지속발전 가능성 등에 관하여 대통령령으로 정하는 요건을 갖출 것
(2011.4.4 본조개정)

제6조【경제자유구역개발계획】 ① 경제자유구역개발계획에는 다음 각 호의 사항이 포함되어야 한다.
1. 경제자유구역의 명칭·위치 및 면적
2. 경제자유구역 지정의 필요성
3. 개발사업의 시행예정자(2011.4.4 본호개정)
3의2. 경제자유구역을 둘 이상의 개발사업지구로 분할하여 경제자유구역의 개발을 시행하는 경우에는 분할된 개발사업지구(이하 "단위개발사업지구"라 한다)의 명칭·위치·면적(2011.4.4 본호신설)
4. 개발사업의 시행방법(단계적으로 개발하는 경우에는 단계적 시행시기를 포함한다)(2011.4.4 본호개정)
5. 재원(財源) 조달방법
6. 토지이용계획 및 주요 기반시설계획
7. 인구수용계획 및 주거시설 조성계획
8. 교통처리계획
9. 산업유치계획
10. 보건의료·교육·복지시설 설치계획
11. 환경보전계획
12. 외국인의 투자유치 및 정주를 위한 환경조성계획
13. 외국인투자기업, 국내복귀기업, 첨단기술 및 첨단제품 투자 기업, 핵심전략산업 투자 기업에 대한 전용용지의 공급에 관한 사항. 다만, 「수도권정비계획법」 제2조제1호에 따른 수도권(이하 "수도권"이라 한다)에 소재한 경제자유구역의 경우에는 국내복귀기업, 첨단기술 및 첨단제품 투자 기업, 핵심전략산업 투자 기업은 제외한다.(2021.6.15 본호개정)
14. 개발이익의 재투자에 관한 사항(2011.4.4 본호신설)
15. 수용 또는 사용할 토지·건축물 또는 물건이나 권리가 있는 경우에는 그 세부목록(2011.4.4 본호신설)
15의2. 토지소유자에게 환지(換地)할 토지가 있는 경우 환지에 관한 계획(2012.12.11 본호신설)
16. 그 밖에 대통령령으로 정하는 사항
② 산업통상자원부장관은 경제자유구역개발계획의 수립에 필요한 사항을 정하여 고시할 수 있다.(2013.3.23 본항개정)
(2009.1.30 본조개정)

제7조【경제자유구역개발계획의 변경】 ① 산업통상자원부장관은 경제자유구역개발계획을 변경할 수 있다. 시·도지사가 요청하는 경우에도 또한 같다.(2013.3.23 전단개정)
② 산업통상자원부장관은 개발사업의 시행자(이하 "개발사업시행자"라 한다)가 관할 시·도지사를 경유하여 경제자유구역개발계획의 변경을 요청하는 경우에는 그 경제자유구역개발계획을 변경할 수 있다. 이 경우 개발사업시행자는 개발사업의 구역이 2 이상의 시·도에 걸쳐 있는 때에는 해당 시·도지사를 각각 경유하여야 한다.(2013.3.23 전단개정)
③ 제1항 및 제2항에 따른 변경의 절차 및 요건에 관하여는 제4조부터 제6조까지의 규정을 준용한다. 다만, 다음 각 호의 규정은 다음 각 호의 구분에 따른 경우에만 준용한다.(2016.1.27 본문개정)
1. 제4조제2항 후단 : 대통령령으로 정하는 중요한 사항을 변경하려는 경우
2. 제4조제3항 : 산업단지면적의 100분의 10 이상을 증감하거나 산업단지 내 산업시설용지 면적의 100분의 10 이상을 증감하는 경우

3. 제4조제5항 : 제1항 전단에 따라 경제자유구역개발계획을 변경하는 경우
(2011.4.4 본항개정)
④ 제1항 및 제2항에 따라 경제자유구역개발계획 중 대통령령으로 정하는 경미한 사항을 변경하는 경우에는 경제자유구역위원회의 심의·의결을 거치지 아니할 수 있다.
(2011.4.4 본항개정)

제7조의2【경제자유구역 지정의 효과】 경제자유구역의 지정 또는 변경이 있은 때에는 그 경제자유구역개발계획의 내용에 따라 다음 각 호의 지정·결정·수립·확정·승인 또는 변경이 각각 있은 것으로 본다.(2016.1.27 본문개정)
1. 「도시개발법」 제3조에 따른 도시개발구역의 지정, 같은 법 제4조에 따른 도시개발사업계획의 수립
2. 「택지개발촉진법」 제3조에 따른 택지개발지구의 지정, 같은 법 제8조에 따른 택지개발계획의 수립(2011.5.30 본호개정)
3. 「산업입지 및 개발에 관한 법률」 제6조, 제7조 및 제7조의2에 따른 국가산업단지·일반산업단지 및 도시첨단산업단지의 지정
4. 「관광진흥법」 제52조에 따른 관광지 및 관광단지의 지정
5. 「물류시설의 개발 및 운영에 관한 법률」 제22조에 따른 물류단지의 지정
6. 「국토의 계획 및 이용에 관한 법률」 제18조, 제22조 및 제22조의2에 따른 도시·군기본계획의 수립·변경·확정 또는 승인(경제자유구역 외의 지역에 대한 도시·군기본계획 변경안을 마련하여 해당 도시·군기본계획의 수립권자에게 제출하여 확정 또는 승인받은 경우만 해당한다)(2014.12.30 본호개정)
7. 「공유수면 관리 및 매립에 관한 법률」 제23조 및 제27조에 따른 매립기본계획의 변경(2010.4.15 본호개정)
8. 「해양공간계획 및 관리에 관한 법률」 제5조에 따른 해양공간기본계획 및 같은 법 제7조에 따른 해양공간관리계획의 변경(2018.4.17 본호개정)
9. 「하천법」 제10조에 따른 하천구역의 결정 및 같은 법 제25조에 따른 하천기본계획의 변경(2016.1.27 본호개정)
10. 「수도법」 제5조에 따른 수도정비계획의 변경
(2022.1.11 본호개정)
11. 「하수도법」 제5조 및 제6조에 따른 하수도정비기본계획의 변경
(2009.1.30 본조개정)

제7조의3【경제자유구역 내 경제자유구역개발계획 미수립지역 개발시 협의】 경제자유구역 내 경제자유구역개발계획 미수립지역에 대하여 다른 법률에 따른 개발행위를 허가·인가·지정·승인 등을 하고자 하는 자는 산업통상자원부장관과 협의하여야 한다. 다만, 대통령령으로 정하는 경우에는 해당 시·도지사와 협의하여야 한다.
(2013.3.23 본문개정)

제7조의4【경제자유구역 연접 지역의 협의】 시·도지사 또는 시장·군수·구청장은 경제자유구역으로부터 연접하여 대통령령으로 정한 거리 이내에서 다음 각 호의 사항을 하고자 하는 때에는 사전에 해당 시·도지사와 협의하여야 한다.(2021.6.15 본문개정)
1. 산업단지의 조성
2. 도시·군관리계획의 결정 또는 변경결정(2011.4.14 본호개정)
3. 100세대 이상 공동주택의 공급
4. (2016.1.27 삭제)
(2009.1.30 본조신설)

제7조의5【행위의 제한】 ① 개발사업구역에서 토지의 형질변경, 건축물의 건축, 공작물의 설치 등 대통령령으로 정하는 행위를 하려는 자는 관할 시·도지사의 허가를 받아야 한다. 허가받은 사항을 변경할 때에도 또한 같다.
② 다음 각 호의 어느 하나에 해당하는 경우에는 제1항에도 불구하고 허가를 받지 아니하고 제1항에 따른 행위를 할 수 있다. 다만, 제1호의 응급조치를 한 경우에는 관할 시·도지사에게 지체 없이 신고하여야 한다.
1. 재해복구나 재난수습에 필요한 응급조치
2. 경작을 위한 토지의 형질변경 등 대통령령으로 정하는 행위
(2014.12.30 본항신설)
③ 시·도지사는 제1항을 위반하여 허가 또는 변경허가를 받지 아니한 자에게는 원상회복을 명할 수 있다.
④ 시·도지사는 제3항에 따라 원상회복 명령을 받은 자가 그 명령을 이행하지 아니한 경우에는 「행정대집행법」에 따라 이를 대집행(代執行)할 수 있다.(2014.12.30 본항개정)
(2009.1.30 본조개정)

제7조의6【다른 법률에 의한 개발계획의 변경】 ① 경제자유구역 내에서 다음 각 호의 계획이 수립·변경되어 경제자유구역개발계획의 변경이 필요한 경우에는 제7조제1항에도 불구하고 경제자유구역개발계획의 변경이 이루어진 것으로 본다. 이 경우 다음 각 호의 계획의 수립·변경·승인권자인 중앙행정기관의 장 또는 지방자치단체의 장은 사전에 경제자유구역개발계획의 변경사항에 대하여 산업통상자원부장관과 협의하여야 한다.
1. 「산업입지 및 개발에 관한 법률」 제6조, 제7조, 제7조의2에 따른 산업단지개발계획
2. 「자유무역지역의 지정 및 운영에 관한 법률」 제4조에 따른 자유무역지역 기본계획
3. 「항만법」 제5조에 따른 항만기본계획
4. 「항만법」 제46조에 따른 항만배후단지개발계획
(2020.1.29 본호개정)
5. 「항만 재개발 및 주변지역 발전에 관한 법률」 제9조에 따른 항만재개발사업계획(2020.1.29 본호개정)
6. 「마리나항만의 조성 및 관리 등에 관한 법률」 제8조에 따른 마리나항만의 조성 및 개발 등에 관한 사업계획
(2016.1.27 본호개정)
7. 「첨단의료복합단지 육성에 관한 특별법」 제4조에 따른 첨단의료복합단지 조성계획(2019.4.30 본호개정)
8. 「혁신도시 조성 및 발전에 관한 특별법」 제11조에 따른 혁신도시 개발계획(2017.12.26 본호개정)
9. 「관광진흥법」 제49조에 따른 관광개발 기본계획
10. 「수도권신공항건설 촉진법」 제4조에 따른 신공항건설에 관한 기본계획(2016.1.27 본호신설)
11. 「산업단지 인·허가 절차 간소화를 위한 특례법」 제8조에 따른 산업단지계획. 이 경우 제9조에 따른 경제자유구역개발사업 실시계획의 변경승인도 함께 이루어진 것으로 본다.(2021.6.15 본호신설)
② 제1항에 따른 경제자유구역개발계획의 변경 절차에 대해서는 제7조제3항 및 제4항을 준용한다.
(2014.12.30 본조신설)

제7조의7【핵심전략산업의 선정】 ① 제27조의2제1항에 따른 행정기구의 장은 관할 시·도지사의 승인을 받아 산업통상자원부장관에게 핵심전략산업의 선정을 요청할 수 있다.
② 제1항에 따라 핵심전략산업의 선정을 요청받은 산업통상자원부장관은 관계 중앙행정기관의 장과의 협의와 경제자유구역위원회의 심의·의결을 거쳐 핵심전략산업을 선정·고시할 수 있다.
③ 제2항에 따라 핵심전략산업을 선정하는 경우에는 다음 각 호의 사항을 고려하여야 한다.
1. 기술적·경제적 파급효과가 크고 연관 산업 발전에 기여할 수 있는 산업
2. 경제자유구역별 특성·여건을 고려하여 육성 또는 특화에 기여할 수 있는 산업
3. 경제자유구역의 발전역량을 강화시킬 수 있는 산업
4. 「지방자치분권 및 지역균형발전에 관한 특별법」 제14조제1항에 따른 해당 시·도의 지역특화산업(2023.6.9 본호개정)
④ 제1항부터 제3항까지의 규정에 따른 핵심전략산업의 선정절차에 관하여 필요한 사항은 대통령령으로 정한다.
(2021.6.15 본조신설)

제8조【경제자유구역의 지정 해제】 ① 산업통상자원부장관은 제4조에 따라 지정된 경제자유구역이 다음 각 호의 어느 하나에 해당하는 경우에는 경제자유구역의 지정을 해제하거나 해당 단위개발사업지구를 경제자유구역에서 제외할 수 있다. 시·도지사가 요청하는 경우에도 또한 같다.(2013.3.23 전단개정)
1. 다른 법령에 따른 개발행위의 제한이나 개발사업시행자의 사업참여 기피 등으로 상당한 기간 내에 경제자유구역을 개발할 수 없게 된 경우
2. 다른 법령에 따른 개발구역·지역·지구 등으로 중복 지정되어 경제자유구역의 개발·관리가 곤란한 경우
3. 외국인투자의 현저한 부진 등으로 경제자유구역의 지정목적을 달성할 수 없거나 달성할 수 없을 것이 예상되는 경우
4. 제1호부터 제3호까지의 규정에 준하는 사유로서 대통령령으로 정하는 사유가 있는 경우
② 제1항에 따라 경제자유구역의 지정이 해제된 경우에는 경제자유구역의 지정이 해제된 지역의 용도지역은 경제자유구역의 지정에 따라 변경되기 전의 용도지역으로 환원된다. 다만, 경제자유구역의 개발이 완료된 지역의 경우에는 그러하지 아니하다.
③ 제1항에 따른 경제자유구역의 지정 해제에 관하여는 제4조제1항부터 제5항까지, 제8항 및 제9항을 준용한다.
(2011.4.4 본조개정)

제8조의2【경제자유구역 지정 해제의 의제】 ① 제4조제8항에 따라 경제자유구역으로 지정·고시된 날(제4조제7항에 따라 경제자유구역의 개발을 단계적으로 시행하는 경우에는 대통령령으로 정하는 날)부터 3년(제9조제3항에 따라 승인기한이 연장된 경우에는 4년) 내에 해당 경제자유구역의 전부 또는 일부에 대하여 제9조제1항에 따른 실시계획의 승인을 신청하지 아니한 경우에는 그 기간이 만료한 날의 다음 날에 해당 지역에 대한 경제자유구역의 지정이 해제된 것으로 본다. 다만, 시·도지사의 요청으로 산업통상자원부장관이 경제자유구역위원회의 심의·의결을 거쳐 해당 경제자유구역의 효율적 개발 등을 위하여 불가피하다고 인정하는 경우에는 그러하지 아니하다.(2013.3.23 단서개정)
② 제1항에 따른 해제에 관하여는 제4조제8항 및 제9항을 준용한다.
(2011.4.4 본조신설)

제3장 경제자유구역 개발사업의 시행
(2009.1.30 본장개정)

제8조의3【개발사업시행자의 지정】 ① 시·도지사는 다음 각 호의 어느 하나에 해당하는 자 중에서 경제자유구역 또는 해당 단위개발사업지구(제4조제6항에 따라 분할하여 개발하는 경우에만 해당한다)에 대한 개발사업시행자를 지정한다.
1. 국가, 지방자치단체
2. 제27조의2제1항에 따른 행정기구(「지방자치법」 제176조에 따른 지방자치단체조합으로 설치된 경우만 해당한다)(2021.1.12 본호개정)
3. 「공공기관의 운영에 관한 법률」에 따른 공공기관으로서 대통령령으로 정하는 기관
4. 「지방공기업법」에 따라 설립된 지방공사
5. 공공부문에 해당하지 아니하는 자로서 자본금 등 대통령령으로 정하는 자격요건을 갖춘 자
6. 개발사업을 시행할 목적으로 설립한 법인으로서 제1호부터 제5호까지의 어느 하나에 해당하는 자 둘 이상의 출자비율이 100분의 70을 넘는 법인(2014.12.30 본호개정)
② 시·도지사는 「국토의 계획 및 이용에 관한 법률」 제38조에 따른 개발제한구역에서 해제된 지역에 대하여는 제1항에도 불구하고 다음 각 호의 어느 하나에 해당하는 자 중에서 개발사업시행자를 지정하여야 한다.
1. 제1항제1호부터 제4호까지의 어느 하나에 해당하는 자
2. 제1항제6호에 해당하는 자(제1항제1호부터 제4호까지의 어느 하나에 해당하는 자의 출자비율이 100분의 50을 넘는 경우만 해당한다)(2014.12.30 본호개정)
③ 시·도지사는 제1항 및 제2항에 따라 국가 또는 공공기관을 개발사업시행자로 지정하려는 경우에는 미리 산업통상자원부장관 또는 관계 부처의 장과 협의하여야 한다.
(2013.3.23 본항개정)
④ 시·도지사는 개발사업시행자를 지정할 경우에는 다음 각 호의 사항을 고려하여야 한다.
1. 외국인투자의 유치능력
2. 재무건전성과 소유자금 조달능력
3. 유사 개발사업의 시행경험
4. 개발사업의 원활한 수행을 위하여 산업통상자원부장관이 필요하다고 인정하여 고시하는 사항(2013.3.23 본호개정)
⑤ 시·도지사는 제1항 및 제2항에 따라 개발사업시행자를 지정한 경우에는 그 내용을 공보에 고시하여야 한다.
(2011.4.4 본조신설)

제8조의4【개발사업시행자의 의무 등】 ① 제8조의3제1항 또는 제2항에 따라 지정된 개발사업시행자는 제4조 및 제7조에 따라 확정 또는 변경확정 받은 경제자유구역개발계획 및 제9조에 따라 승인받은 실시계획대로 성실하게 개발사업을 시행하여야 한다.
② 시·도지사는 개발사업시행자가 제1항에 따라 개발사업을 성실하게 시행하지 아니하는 경우에는 대통령령으로 정하는 바에 따라 그 시행을 명할 수 있다.
(2011.4.4 본조신설)

제8조의5【개발사업시행자의 지정 취소 및 대체 지정 등】 ① 시·도지사는 다음 각 호의 어느 하나에 해당하는 경우에는 개발사업시행자의 지정을 취소할 수 있다.
1. 개발사업시행자가 거짓이나 부정한 방법으로 이 법에 따른 승인, 지정 등을 받은 경우
2. 개발사업시행자의 귀책사유로 토지의 매수 등이 지연되어 시행기간 내에 개발을 완료하지 못할 것으로 예상되는 경우
3. 개발사업시행자가 정당한 사유 없이 제9조제1항에 따른 실시계획을 이행하지 아니한 경우
4. 제8조의3제1항제5호 및 같은 조 제2항제2호에 따른 자격요건을 갖추지 못하게 된 경우
5. 개발사업시행자가 정당한 사유 없이 개발사업시행자로 지정된 날부터 2년 이내에 제9조제1항에 따른 실시계획의 승인을 신청하지 아니한 경우
6. 개발사업시행자가 정당한 사유 없이 제8조의4제2항에 따른 명령을 이행하지 아니한 경우
7. 개발사업시행자가 이 법을 위반한 경우로서 공익을 위하여 개발사업시행자 지정의 취소가 요청되는 경우
② 시·도지사는 제1항에 따라 개발사업시행자의 지정을 취소한 경우에는 새로운 개발사업시행자를 대체 지정할 수 있다. 이 경우 개발사업시행자의 지정에 관하여는 제8조의3제1항부터 제4항까지의 규정을 준용한다.
③ 제2항에 따라 대체 지정된 개발사업시행자는 경제자유구역개발계획과 제9조제1항에 따른 실시계획의 승인에 관한 종전의 개발사업시행자의 지위를 승계한다.
④ 시·도지사는 제1항 및 제2항에 따라 개발사업시행자의 지정을 취소하거나 대체하여 지정한 경우에는 그 내용을 공보에 고시하여야 한다.
(2011.4.4 본조신설)

제8조의6【조성토지의 매도명령 등】 ① 시·도지사는 제8조의5제1항에 따라 개발사업시행자의 지정을 취소한 경우에는 해당 사업을 위하여 개발사업시행자가 매수한

토지를 같은 조 제2항에 따라 대체 지정된 개발사업시행자에게 매도할 것을 명할 수 있다. 이 경우 시·도지사는 대체 지정된 개발사업시행자에게 그 사실을 통보하여야 한다.
② 제8조의5제2항에 따라 대체 지정된 개발사업시행자는 제1항에 따른 매도명령을 통보받은 때에는 지체 없이 종전의 개발사업시행자와 해당 토지의 매수협의에 착수하여야 한다.
③ 제2항에 따른 매수협의의 기준금액은 조성원가와 조성원가에 「민법」에 따른 법정이율을 곱한 금액을 합한 금액으로 한다. 이 경우 조성원가의 산정방법 등은 대통령령으로 정한다.
④ 시·도지사는 제1항에 따라 매도명령을 한 경우 개발사업시행자가 해당 토지를 이미 타인에게 매각하여 이익(매도금액에서 조성원가를 공제한 금액을 말한다)을 얻은 때에는 그 이익을 환수한다.
⑤ 제4항에 따른 환수금액의 부과·징수에 관하여는 국세 체납처분의 예에 따른다.
(2011.4.4 본조신설)
제9조【경제자유구역개발사업 실시계획의 승인】 ① 개발사업시행자는 개발사업시행자로 지정된 날부터 2년 이내에 대통령령으로 정하는 바에 따라 경제자유구역개발사업 실시계획(이하 "실시계획"이라 한다)을 작성하여 관할 시·도지사의 승인을 받아야 한다. 승인받은 사항을 변경할 때에도 또한 같다. 다만, 제4조제7항에 따라 경제자유구역의 개발을 단계적으로 시행하는 경우 최종 단계의 실시계획의 승인신청은 제4조제8항에 따른 고시일부터 10년의 범위에서 따로 정하는 때까지 하여야 한다.
(2011.4.4 본항개정)
② 시·도지사는 대통령령으로 정하는 기준에 해당하는 실시계획을 승인하거나 변경승인을 하는 경우에는 미리 산업통상자원부장관과 협의하여야 한다.(2013.3.23 본항개정)
③ 시·도지사는 개발사업시행자가 외국인투자의 지연, 자연재해 등의 불가피한 사유로 실시계획의 승인기한의 연장을 요청하는 경우에는 1년 이내의 범위에서 그 기한을 연장할 수 있다.(2011.4.4 본항개정)
④ 실시계획에는 「국토의 계획 및 이용에 관한 법률」 제52조에 따라 작성된 지구단위계획이 포함되어야 한다.
⑤ 시·도지사는 개발사업시행자와 관할 경제자유구역의 특성 및 여건을 고려하여 산업·유통시설용지 일부를 외국인투자기업에게 임대하거나 분양용지로 공급하는 방안 등을 협의하여 이를 실시계획에 반영하도록 하여야 한다.(2011.4.4 본항신설)
제9조의2【「국토의 계획 및 이용에 관한 법률」에 관한 특례】 ① 경제자유구역을 관할하는 특별시·광역시 또는 경제자유구역에 위치하는 시·군은 개발사업을 위하여 필요한 경우에는 「국토의 계획 및 이용에 관한 법률」 제77조 또는 제78조에도 불구하고 100분의 150의 범위에서 대통령령으로 정하는 바에 따라 경제자유구역에서의 건폐율 또는 용적률의 최대한도를 조례로 달리 정할 수 있다.
② 「국토의 계획 및 이용에 관한 법률」 제29조제2항제2호에 따른 도시·군관리계획은 같은 항 각 호 외의 부분 본문에도 불구하고 해당 시·도지사가 결정한다.
(2011.4.14 본항개정)
제9조의3【「체육시설의 설치·이용에 관한 법률」에 관한 특례】 개발사업시행자는 개발사업을 위하여 필요한 경우에는 「체육시설의 설치·이용에 관한 법률」 제11조에도 불구하고 실시계획에서 정한 시설물의 설치 및 부지면적에 따라 개발사업을 시행할 수 있다.
제9조의4【공공시설 및 토지 등의 귀속】 개발사업시행자가 개발사업의 시행으로 새로 공공시설(주차장과 운동장을 제외한다. 이하 이 조에서 같다)을 설치하거나 기존의 공공시설에 대체되는 시설을 설치한 경우 그 시설의 귀속에 관하여는 「국토의 계획 및 이용에 관한 법률」 제65조 및 제99조를 준용한다. 이 경우 행정청으로 보는 개발사업시행자는 제8조의3제1항제1호부터 제4호까지의 어느 하나에 해당하는 자로 한정한다.(2011.4.4 후단개정)
1.~3. (2011.4.4 삭제)
제9조의5【국공유지의 처분제한】 경제자유구역(경제자유구역개발계획이 수립된 지역만 해당한다)에 있는 국가 또는 지방자치단체 소유의 토지로서 개발사업에 필요한 토지는 개발사업 외의 목적으로 매각하거나 양도할 수 없다.
제9조의6【「농지법」에 관한 특례】 경제자유구역에서 농지를 전용(轉用)하려는 자는 「농지법」 제34조에도 불구하고 해당 시·도지사의 허가를 받아야 한다. 이 경우 같은 법 제34조제2항은 적용하지 아니한다.
제9조의7【조성토지의 처분방법 등】 ① 개발사업시행자는 경제자유구역 내 개발사업으로 조성되는 토지(이하 "조성토지"라 한다)를 실시계획으로 정하는 바에 따라 공급하여야 한다.
② 개발사업시행자가 외국인투자기업, 국내복귀기업, 첨단기술 및 첨단제품 투자 기업, 핵심전략산업 투자 기업의 유치 등 대통령령으로 정하는 목적으로 위하여 조성토지를 공급하는 경우에는 지정용도의 준수, 사용의무기간의 준수, 전매금지 및 환매특약 등의 조건을 붙여 공급할 수 있고, 그 공급가격을 조성원가 이하로 할 수 있다. 다만, 수도권에 소재한 경제자유구역의 경우에는 조성토지 공급대상에서 국내복귀기업, 첨단기술 및 첨단제품 투자 기업, 핵심전략산업 투자 기업은 제외한다.(2021.6.15 본항개정)
③ 개발사업시행자가 공급하는 조성토지의 용도별 공급 절차·방법, 가격기준, 그 밖의 공급조건에 관한 사항은 대통령령으로 정한다.
(2009.1.30 본조신설)
제9조의8【개발이익의 재투자】 ① 개발사업시행자는 대통령령으로 정하는 바에 따라 개발사업으로 발생하는 개발이익의 일부를 다음 각 호의 어느 하나에 해당하는 용도로 사용하여야 한다.
1. 해당 경제자유구역의 산업·유통시설용지의 분양가격이나 임대료의 인하
2. 기반시설이나 공공시설 설치비용에의 충당
② 개발사업시행자는 제1항에 따른 개발이익의 재투자가 차질 없이 이루어질 수 있도록 발생된 개발이익을 구분하여 회계처리하는 등 필요한 조치를 하여야 한다.
③ 제1항에 따른 개발이익의 산정에 관하여는 「개발이익 환수에 관한 법률」 제8조부터 제12조까지의 규정을 준용한다.
(2011.4.4 본조신설)
제10조【실시계획 승인의 고시 등】 ① 시·도지사는 제9조에 따라 실시계획을 승인하거나 변경승인한 경우에는 지체 없이 이를 공보에 고시하고 관계 서류의 사본을 산업통상자원부장관에게 송부하여야 한다.(2013.3.23 본항개정)
② 시·도지사는 실시계획 승인 또는 변경승인의 내용을 14일 이상 일반인이 열람할 수 있게 하여야 한다.
(2011.4.4 본조개정)
제11조【인가·허가 등의 의제】 ① 개발사업시행자가 제9조에 따라 실시계획의 승인 또는 변경승인을 받은 경우에는 다음 각 호의 허가·인가·지정·승인·협의 및 신고 등(이하 "허가등"이라 한다)을 받은 것으로 보며, 제10조에 따라 실시계획의 승인이 고시된 때에는 다음 각 호의 관계 법률에 따른 허가등의 고시 또는 공고가 있은 것으로 본다.
1. 「초지법」 제21조의2에 따른 토지의 형질변경 등의 허가, 같은 법 제23조에 따른 초지전용의 허가
2. 「산지관리법」 제14조·제15조에 따른 산지전용허가 및 산지전용신고, 같은 법 제15조의2에 따른 산지일시사용허가·신고, 같은 법 제25조에 따른 토석채취허가, 「산림자원의 조성 및 관리에 관한 법률」 제36조제1항·제5항에 따른 입목벌채등의 허가·신고, 「산림보호법」 제9조제1항 및 제2항제1호·제2호에 따른 산림보호구역(산림유전자원보호구역은 제외한다)에서의 행위의 허가·신고와 같은 법 제11조제1항제1호에 따른 산림보호구역의 지정해제(2022.12.27 본호개정)
3. 「농지법」 제31조에 따른 농업진흥지역 등의 변경·해제, 같은 법 제34조에 따른 농지전용의 허가 또는 협의
4. 「농어촌정비법」 제23조에 따른 농업생산기반시설의 사용허가, 같은 법 제82조제2항에 따른 농어촌 관광휴양단지 개발사업계획의 승인(2016.12.27 본호개정)
5. 「산업집적활성화 및 공장설립에 관한 법률」 제13조제1항 또는 제20조제2항에 따른 공장설립 등의 승인
6. 「하천법」 제6조에 따른 하천관리청과의 협의 또는 승인, 같은 법 제30조에 따른 하천공사 시행의 허가, 같은 법 제33조에 따른 하천 점용 등의 허가
7. 「공유수면 관리 및 매립에 관한 법률」 제8조에 따른 공유수면의 점용·사용허가, 같은 법 제17조에 따른 점용·사용 실시계획의 승인(매립면허를 받은 매립예정지는 제외한다), 같은 법 제28조에 따른 공유수면의 매립면허, 같은 법 제33조에 따른 고시, 같은 법 제35조에 따른 국가 등이 시행하는 매립의 협의 또는 승인 및 같은 법 제38조에 따른 공유수면매립실시계획의 승인·고시(2010.4.15 본호개정)
8. 「하수도법」 제11조에 따른 공공하수도(분뇨처리시설만을 말한다) 설치의 인가
9. 「폐기물관리법」 제29조에 따른 폐기물처리시설 설치의 승인 또는 신고
10. 「수도법」 제17조 및 제49조에 따른 일반수도사업 및 공업용수도사업의 인가, 같은 법 제52조 및 제54조에 따른 전용상수도 및 전용공업용수도 설치의 인가
11. 「전기사업법」 제7조에 따른 발전사업·송전사업·배전사업 또는 전기판매사업의 허가, 「전기안전관리법」 제8조에 따른 자가용전기설비 공사계획의 인가 또는 신고(2020.3.31 본호개정)
12. 「체육시설의 설치·이용에 관한 법률」 제12조에 따른 사업계획의 승인
13. 「관광진흥법」 제15조에 따른 사업계획의 승인, 같은 법 제54조에 따른 관광지·관광단지 조성계획의 승인
14. (2010.4.15 삭제)
15. 「도로법」 제36조에 따른 도로관리청이 아닌 자에 대한 도로공사 시행의 허가, 같은 법 제61조에 따른 도로의 점용 허가 및 같은 법 제107조에 따른 도로관리청과의 협의 또는 승인(2014.1.14 본호개정)
16. 「국토의 계획 및 이용에 관한 법률」 제30조에 따른 도시·군관리계획의 결정, 같은 법 제32조에 따른 지형도면 고시, 같은 법 제56조에 따른 토지의 분할·형질변경 허가, 같은 법 제86조에 따른 도시·군계획시설사업 시행자의 지정, 같은 법 제88조에 따른 실시계획의 인가
(2011.4.14 본호개정)
17. 「하수도법」 제16조에 따른 공공하수도 공사허가, 같은 법 제24조에 따른 공공하수도 점용 허가
18. 「장사 등에 관한 법률」 제27조에 따른 분묘의 개장허가
19. 「항만법」 제9조제2항에 따른 항만개발사업 시행의 허가 및 같은 법 제10조제2항에 따른 항만개발사업실시계획의 승인(2020.1.29 본호개정)
19의2. 「항만공사법」 제22조에 따른 실시계획의 승인
(2014.12.30 본호신설)
20. 「도시개발법」 제11조에 따른 도시개발사업시행자의 지정, 같은 법 제13조에 따른 조합 설립의 인가, 같은 법 제17조 및 제18조에 따른 실시계획의 인가·고시 등
21. 「택지개발촉진법」 제9조에 따른 택지개발사업실시계획의 승인
22. 「도시 및 주거환경정비법」 제50조 및 「빈집 및 소규모주택 정비에 관한 특례법」 제29조에 따른 사업시행계획인가(2017.2.8 본호개정)
23. 「사도법」 제4조에 따른 사도(私道) 개설허가
24. 「사방사업법」 제14조에 따른 벌채 등의 허가, 같은 법 제20조에 따른 사방지(砂防地) 지정의 해제
25. 「소하천정비법」 제6조에 따른 소하천정비종합계획의 승인, 같은 법 제10조에 따른 소하천 공사허가, 같은 법 제14조에 따른 소하천 점용허가
26. 「골재채취법」 제22조에 따른 골재채취 허가
27. 「국유재산법」 제30조에 따른 행정재산의 사용허가
(2016.1.27 본호개정)
28. 「공유재산 및 물품 관리법」 제20조에 따른 사용·수익허가
29. 「집단에너지사업법」 제4조에 따른 집단에너지의 공급타당성에 관한 협의
30. 「에너지이용 합리화법」 제10조에 따른 에너지사용계획의 협의
31. 「도시교통정비 촉진법」 제16조에 따른 교통영향평가서의 검토(2015.7.24 본호개정)
32. 「물류시설의 개발 및 운영에 관한 법률」 제28조에 따른 물류단지개발실시계획의 승인
33. 「산업입지 및 개발에 관한 법률」 제16조에 따른 산업단지개발사업시행자의 지정, 같은 법 제17조·제18조·제18조의2에 따른 국가산업단지개발·일반산업단지개발·도시첨단산업단지개발 실시계획의 승인
(2011.4.4 본호개정)
34. 「공간정보의 구축 및 관리 등에 관한 법률」 제15조제4항에 따른 지도등의 간행 심사(2021.7.20 본호개정)
35. 「공간정보의 구축 및 관리 등에 관한 법률」 제86조제1항에 따른 사업의 착수·변경 또는 완료의 신고
(2014.6.3 본호개정)
36. 「건축법」 제4조에 따른 건축위원회의 심의, 같은 법 제11조에 따른 건축허가, 같은 법 제20조에 따른 가설건축물의 건축허가·축조신고, 같은 법 제29조에 따른 건축협의
37. 「유통산업발전법」 제8조에 따른 대규모점포의 개설등록
38. (2014.6.3 삭제)
39. 「주택법」 제15조에 따른 사업계획의 승인(2016.1.19 본호개정)
② 시·도지사는 제9조에 따라 실시계획을 승인하거나 변경승인하는 경우 그 실시계획에 제1항 각 호의 어느 하나에 해당하는 사항이 포함되어 있으면 미리 관계 행정기관의 장과 협의하여야 하며, 협의를 요청받은 행정기관의 장은 대통령령으로 정하는 기간 내에 의견을 제출하여야 한다. 이 경우 관계 행정기관의 장이 그 기간 내에 의견을 제출하지 아니하면 의견이 없는 것으로 본다.
(2011.4.4 전단개정)
③ 제1항 각 호의 어느 하나에 해당하는 사항을 관장하는 관계 행정기관의 장은 그 처리기준을 산업통상자원부장관에게 통보하여야 한다. 이를 변경한 경우에도 또한 같다.
(2013.3.23 전단개정)
④ 산업통상자원부장관은 제3항에 따라 처리기준을 통보받으면 이를 통합하여 고시하여야 한다.(2013.3.23 본항개정)
⑤ 제1항에 따라 다른 법률에 따른 허가등을 받은 것으로 보는 경우에는 관계 법률에 따라 부과되는 수수료를 면제한다.
제12조【개발사업의 착수】 ① 경제자유구역에 대한 개발사업의 착수기한은 제9조제1항에 따라 실시계획의 승인을 받은 날부터 1년 이내로 한다. 다만, 시·도지사는 사업착수기한의 연기가 불가피하다고 인정되는 경우에는 1년의 범위에서 한 번만 사업 착수기한을 연기할 수 있다.(2020.2.18 단서개정)
② 제1항에 따른 사업 착수기한까지 그 사업에 착수하지 아니하면 사업 착수기한의 다음날에 그 실시계획의 승인은 효력을 잃는다.

제13조【토지수용】 ① 개발사업시행자는 개발사업을 시행하기 위하여 필요한 경우에는 「공익사업을 위한 토지 등의 취득 및 보상에 관한 법률」 제3조에 따른 토지·물건 및 권리(이하 "토지등"이라 한다)를 수용(사용을 포함한다. 이하 같다)할 수 있다.(2016.1.27 본항개정)
② 제10조에 따른 실시계획 승인의 고시가 있는 때에는 「공익사업을 위한 토지 등의 취득 및 보상에 관한 법률」 제20조 및 제22조에 따른 사업인정 및 사업인정의 고시가 있는 것으로 보며, 재결(裁決)의 신청은 같은 법 제23조 및 제28조에도 불구하고 실시계획에서 정하는 사업시행기간 내에 하여야 한다. 다만, 경제자유구역개발계획에 수용할 토지등의 세목이 포함되어 있는 경우에는 제4조제8항에 따른 경제자유구역개발계획의 고시를 「공익사업을 위한 토지 등의 취득 및 보상에 관한 법률」 제20조 및 제22조에 따른 사업인정 및 사업인정의 고시로 보며, 해당 토지등에 대한 재결의 신청은 경제자유구역개발계획에서 정하는 기간 내에 하여야 한다.(2016.1.27 단서개정)
③ 제1항에 따른 토지등의 수용에 관한 재결의 관할 토지수용위원회는 중앙토지수용위원회로 한다.
④ 제1항에 따른 토지등의 수용에 관하여 이 법에 특별한 규정이 있는 경우를 제외하고는 「공익사업을 위한 토지 등의 취득 및 보상에 관한 법률」을 준용한다.
제13조의2【토지소유자에 대한 환지】 ① 개발사업시행자는 개발사업을 시행하기 위하여 필요한 경우에는 토지소유자에 대한 환지를 실시할 수 있다.
② 제1항에 따른 환지에 관하여는 「도시개발법」 제4조제4항부터 제7항까지, 제28조부터 제32조까지, 제32조의2, 제32조의3, 제33조부터 제36조까지, 제36조의2 및 제37조부터 제49조까지의 규정을 준용한다. 다만, 개발사업시행자가 「도시개발법」 제28조제1항에 따른 환지 계획을 포함하여 실시계획의 승인을 받은 경우에는 같은 법 제29조에 따른 환지 계획의 인가를 받은 것으로 본다.
(2016.1.27 본문개정)
(2012.12.11 본조신설)
제14조【준공검사】 ① 개발사업시행자는 개발사업의 전부 또는 일부를 완료한 경우에는 대통령령으로 정하는 바에 따라 지체 없이 관할 시·도지사의 준공검사를 받아야 한다. 이 경우 관할 시·도지사는 미리 관계 행정기관의 장과 협의하여야 한다.(2011.4.4 본항개정)
② 개발사업시행자가 제1항에 따라 준공검사를 받은 경우에는 제11조제1항 각 호의 허가등에 따른 해당 사업의 준공검사 또는 준공인가를 받은 것으로 본다.
③ 제1항에 따른 준공검사 전에는 개발된 토지나 설치된 시설을 사용할 수 없다. 다만, 대통령령으로 정하는 바에 따라 관할 시·도지사의 사용허가를 받은 경우에는 그러하지 아니하다.(2011.4.4 단서개정)
④ 시·도지사는 개발사업이 준공된 지구를 제10조에 따라 고시된 실시계획에 포함된 지구단위계획에 따라 관리하여야 한다.
제14조의2【비용의 부담】 ① 개발사업에 필요한 비용은 이 법 또는 다른 법률에 특별한 규정이 있는 경우를 제외하고는 개발사업시행자가 부담한다.
② 경제자유구역(경제자유구역개발계획이 수립된 지역만 해당한다) 안의 다음 각 호의 시설은 대통령령으로 정하는 범위에서 다음 각 호의 구분에 따라 개발사업시행자가 아닌 자의 부담으로 설치한다. 다만, 관할 시·도지사와 개발사업시행자 간에 달리 정한 것이 있는 경우에는 그에 따른다.
1. 도로 및 상·하수도시설의 설치 : 시·도
2. 전기시설·가스공급시설 또는 지역난방시설의 설치 : 해당 지역에 전기·가스 또는 난방을 공급하는 자
3. 통신시설의 설치 : 해당 지역에 통신서비스를 제공하는 자
③ 제2항에 따른 시설의 설치는 특별한 사유가 없으면 제14조에 따른 준공검사를 신청하는 날까지 완료하여야 한다.
④ 개발사업시행자가 제2항 단서에 따라 같은 항 제1호의 도로 또는 상·하수도시설을 설치하는 경우에는 시·도에 그 설치사업의 대행을 요청할 수 있다. 이 경우 그 설치비용은 개발사업시행자가 부담하여야 한다.
제14조의3【개발이 진행 중인 산업단지 등의 개발절차】 경제자유구역으로 지정되기 전에 「산업입지 및 개발에 관한 법률」에 따른 산업단지 또는 「혁신도시 조성 및 발전에 관한 특별법」에 따른 혁신도시로 지정되어 개발 중인 지역에 대하여는 제9조, 제9조의2부터 제9조의7까지, 제10조부터 제14조까지 및 제14조의2에도 불구하고 「산업입지 및 개발에 관한 법률」과 「혁신도시 조성 및 발전에 관한 특별법」에서 정하는 개발절차에 따른다.
(2017.12.26 본조개정)
제15조【조세 및 부담금의 감면 등】 ① 국가 및 지방자치단체는 경제자유구역 개발사업을 원활히 시행하기 위하여 필요한 경우에는 개발사업시행자에 대하여 「조세특례제한법」, 「관세법」 및 「지방세특례제한법」에서 정하는 바에 따라 법인세·소득세·관세·취득세·등록면허세 및 재산세 등의 조세를 감면할 수 있다.(2010.3.31 본항개정)
② 국가 및 지방자치단체는 경제자유구역 개발사업을 원활히 시행하기 위하여 필요한 경우에는 개발사업시행자에 대하여 「개발이익환수에 관한 법률」, 「농지법」, 「초지법」, 「산지관리법」, 「도시교통정비 촉진법」, 「자연환경보전법」, 「공유수면관리 및 매립에 관한 법률」, 「환경개선비용 부담법」, 「국토의 계획 및 이용에 관한 법률」 및 「대도시권 광역교통관리에 관한 특별법」에서 정하는 바에 따라 개발부담금, 농지보전부담금, 대체초지조성비, 대체산림자원조성비, 교통유발부담금, 생태계보전협력금, 공유수면 점용료·사용료, 환경개선부담금, 기반시설설치비용 및 광역교통시설부담금을 감면하거나 부과하지 아니할 수 있다.(2010.4.15 본항개정)

제4장 외국인투자기업 등의 경영활동 지원
(2018.4.17 본장제목개정)

제16조【세제 및 자금지원】 ① 국가 및 지방자치단체는 경제자유구역에 입주하는 외국인투자기업(이하 "입주외국인투자기업"이라 한다) 및 대통령령으로 정하는 국내복귀기업(이하 "입주국내복귀기업"이라 한다)에 대하여 「조세특례제한법」, 「관세법」 및 「지방세특례제한법」에서 정하는 바에 따라 국세와 지방세를 감면할 수 있다.
(2018.4.17 본항개정)
② 지방자치단체는 다음 각 호에 해당하는 기업(제3호·제4호의 경우 수도권에 소재한 경제자유구역에 입주한 기업은 제외한다. 이하 "주요입주기업"이라 한다)에 대하여 임대할 부지의 조성, 토지등의 임대료 감면에 필요한 자금을 지원할 수 있고, 제1호 및 제2호에 해당하는 기업에 대하여 의료시설·교육시설·연구시설·주택 등 기업 및 투자 유치와 관련된 시설의 설치 및 운영에 필요한 자금을 지원할 수 있다.(2021.6.15 본문개정)
1. 입주외국인투자기업
2. 입주국내복귀기업
3. 첨단기술 및 첨단제품에 투자하는 경제자유구역 입주기업
4. 핵심전략산업에 투자하는 경제자유구역 입주기업
(2021.6.15 1호~4호신설)
③ 국가는 지방자치단체가 제2항에 따라 자금을 지원하는 경우에는 대통령령으로 정하는 바에 따라 이를 지원하여야 한다.
④ 국가 및 지방자치단체는 「국유재산법」, 「공유재산 및 물품 관리법」, 그 밖의 다른 법령의 규정에도 불구하고 2028년 12월 31일까지는 주요입주기업에 대하여 국유·공유재산의 사용료·대부료를 대통령령으로 정하는 바에 따라 감면할 수 있다. 다만, 입주외국인투자기업의 경우 다음 각 호의 요건을 모두 충족하여야 한다.(2021.6.15 본문개정)
1. 외국인이 해당 외국인투자기업의 의결권 있는 주식총수 또는 출자총액의 100분의 10 이상을 소유하는 기업일 것
2. 임대기간 동안 제1호에 따른 비율을 준수할 것
(2018.4.17 1호~2호신설)
⑤ 제4항에 따른 국유·공유재산의 사용료·대부료는 해당 국유·공유재산의 가액에 연 1천분의 10 이상의 요율을 곱하여 산출한 금액으로 한다.(2021.6.15 본항신설)
⑥ 국가 및 지방자치단체는 「국유재산법」, 「공유재산 및 물품 관리법」, 그 밖의 다른 법령의 규정에도 불구하고 경제자유구역 개발 활성화, 외국인투자 및 기업 유치 촉진을 위하여 필요한 경우에는 주요입주기업 및 개발사업시행자에 대하여 국가가 소유하는 국유재산을 수의계약에 의하여 사용허가하거나 지방자치단체가 소유하는 공유재산을 수의계약에 의하여 사용·수익허가 또는 대부하거나 매각할 수 있다. 다만, 입주외국인투자기업의 경우 다음 각 호의 요건을 모두 충족하여야 한다.(2021.6.15 본문개정)
1. 외국인이 해당 외국인투자기업의 의결권 있는 주식총수 또는 출자총액의 100분의 10 이상을 소유하는 기업일 것(2018.4.17 본호신설)
2. 임대기간(매각의 경우 매각 후 5년) 동안 제1호에 따른 비율을 준수할 것(2018.4.17 본호신설)
3. 국유·공유재산을 「국세기본법」 제2조제20호에 따른 특수관계인(외국인투자기업은 제외한다)에게 제공하지 아니할 것(2024.1.9 본호개정)
제17조【다른 법률의 적용배제 등】 ① 입주외국인투자기업 및 입주국내복귀기업에 대하여는 「국가유공자 등 예우 및 지원에 관한 법률」 제33조의2, 「보훈보상대상자 지원에 관한 법률」 제39조, 「장애인고용촉진 및 직업재활법」 제28조 및 「고용상 연령차별금지 및 고령자고용촉진에 관한 법률」 제12조를 적용하지 아니한다.
② (2011.4.4 삭제)
③ 입주외국인투자기업 및 입주국내복귀기업에 대하여는 「수도권정비계획법」 제7조·제8조·제12조·제18조 및 제19조를 적용하지 아니한다.
④ 입주외국인투자기업 및 입주국내복귀기업의 경우에는 「근로기준법」 제55조에도 불구하고 근로자에게 무급휴일을 줄 수 있다.
⑤ 고용노동부장관은 입주외국인투자기업 및 입주국내복귀기업에 대하여 「파견근로자 보호 등에 관한 법률」 제5조 및 제6조에도 불구하고 경제자유구역위원회의 심의·의결을 거친 전문업종에 한정하여 근로자파견 대상업무를 확대하거나 근로자 파견기간을 연장할 수 있다.
(2019.4.30 본항개정)
⑥ 주요입주기업에 대하여는 「국유재산법」 제18조제1항·제35조제1항·제46조제1항 및 「공유재산 및 물품 관리법」 제13조·제21조제1항·제31조제1항에도 불구하고 국·공유재산의 임대기간을 50년 이내로 할 수 있으며, 영구시설물을 축조하게 할 수 있다. 이 경우 해당 시설물의 종류 등을 고려하여 임대기간이 끝날 때 그 시설물을 국가 또는 지방자치단체에 기부하거나 원상회복하여 반환하는 조건을 붙일 수 있다.(2021.6.15 전단개정)
⑦ (2011.4.4 삭제)
(2018.4.17 본조개정)
제18조【기반시설에 대한 우선 지원】 국가 및 지방자치단체는 경제자유구역을 활성화하기 위하여 대통령령으로 정하는 바에 따라 도로, 용수 등 기반시설을 설치하는데 필요한 비용의 전액 또는 일부를 우선적으로 지원하여야 한다. 다만, 경제자유구역의 「산업입지 및 개발에 관한 법률」에 따른 산업단지(제7조의2제3호에 따라 지정된 것으로 보는 산업단지를 포함한다)에 대하여는 같은 법에서 정하는 바에 따른다.(2011.4.4 단서신설)
제19조【산업평화의 유지】 경제자유구역에 입주하는 기업의 사용주와 근로자는 노동쟁의에 관한 관계 법률상의 절차를 엄격히 준수함으로써 산업평화를 유지하도록 노력하여야 한다.

제5장 외국인 생활여건의 개선
(2009.1.30 본장개정)

제20조【외국어 서비스의 제공】 ① 시·도지사 및 시장·군수·구청장은 경제자유구역의 입주외국인투자기업 및 외국인의 편의증진을 위하여 공문서를 외국어로 발급하거나 외국어로 된 공문서를 접수·처리하는 등 외국어 서비스를 제공하여야 한다.
② 제1항에 따른 서비스의 제공범위 및 방법 등에 관하여 필요한 사항은 대통령령으로 정한다.
제21조【경상거래에 따른 지급】 경제자유구역에서 대통령령으로 정하는 규모 이하의 경상거래에 따른 대가는 거래당사자 간에 「외국환거래법」 제3조제1항제4호에 따른 대외지급수단으로 직접 지급할 수 있다.
제22조【외국교육기관의 설립·운영 등】 ① 외국학교법인은 「사립학교법」 제3조에도 불구하고 다음 각 호의 구분에 따른 승인권자의 승인을 받아 경제자유구역에 외국교육기관을 설립할 수 있다.(2020.2.18 본문개정)
1. 「유아교육법」 제2조제2호에 따른 유치원 또는 「초·중등교육법」 제2조에 따른 학교에 상응하는 외국교육기관 : 해당 외국교육기관이 설립되는 지역을 관할하는 교육감(2020.2.18 본호신설)
2. 「고등교육법」 제2조에 따른 학교에 상응하는 외국교육기관 : 교육부장관(2020.2.18 본호신설)
② 승인권자는 제1항에 따라 외국교육기관을 승인하려는 경우에는 경제자유구역위원회의 심의·의결을 거쳐야 한다.(2020.2.18 본항개정)
③ 제1항에 따라 외국교육기관을 설립할 수 있는 외국학교 법인의 자격, 외국교육기관의 승인조건 등 외국교육기관의 설립과 운영 등을 위하여 필요한 사항은 따로 법률로 정한다.
④ 제1항에 따라 설립되는 외국교육기관에 대하여는 「수도권정비계획법」 제7조·제8조 및 제18조를 적용하지 아니한다.
⑤ 국가는 국민이 경제자유구역에 있는 외국교육기관에 입학하려는 경우 외국거주요건 등을 이유로 입학을 제한하여서는 아니 된다.
⑥ 국가 및 지방자치단체는 경제자유구역에 설립되는 외국교육기관과 「초·중등교육법」 제60조의2에 따른 외국인학교 및 「유아교육법」 제16조에 따른 외국인유치원에 대하여 부지의 매입, 시설의 건축 또는 학교의 운영에 필요한 자금을 지원하거나 부지를 제공할 수 있다.
(2011.4.4 본항개정)
⑦ 경제자유구역에 소재하는 학교로서 국제관계 또는 외국의 특정지역에 관한 교육 등으로 국제화된 전문인력의 양성을 목적으로 하는 고등학교(이하 "국제고등학교"라 한다)의 경우에는 「초·중등교육법」 제21조, 「교육공무원법」 제6조·제32조제1항, 「사립학교법」 제52조 및 제54조의4제1항·제3항에도 불구하고 대통령령으로 정하는 바에 따라 임용자격, 임용기간, 급여, 근무조건, 업적 및 성과 등 계약조건을 정하여 교육과정 운영에 필요한 외국인 교원을 임용할 수 있다.
⑧ 국제고등학교에 대하여는 「초·중등교육법」 제23조·제24조·제26조·제29조 및 제46조를 적용하지 아니할 수 있다.
⑨ 국제고등학교의 장은 「초·중등교육법」 제47조에도 불구하고 중학교 졸업 이상의 학력이 있다고 인정된 외국인의 입학을 허용할 수 있다.
⑩ 지방자치단체 또는 「사회복지사업법」 제16조의 사회복지법인은 외국인 자녀의 효과적인 보육을 위하여 외국인 자녀 전용 보육시설을 설치·운영할 수 있으며, 지방자치단체는 해당 사회복지법인에 대하여 그 설치·운영에 필요한 비용을 지원할 수 있다. 이 경우 그 전용 보육시설의 설치·운영에 필요한 사항은 지방자치단체의 조례로 정한다.(2011.4.4 본항신설)

제23조【외국의료기관 또는 외국인전용 약국의 개설】 ① 외국인 또는 외국인이 의료업을 목적으로 설립한 「상법」상 법인으로서 다음 각 호의 요건을 모두 갖춘 법인은 「의료법」 제33조제2항에도 불구하고 보건복지부장관의 허가를 받아 경제자유구역에 외국의료기관을 개설할 수 있다. 이 경우 외국의료기관의 종류는 「의료법」 제3조제2항제3호에 따른 종합병원·병원·치과병원 및 요양병원으로 한다.(2010.1.18 전단개정)
1. 경제자유구역에 소재할 것
2. 「외국인투자 촉진법」 제5조제3항에 따른 외국인투자 비율이 100분의 50 이상일 것(2016.1.27 본호개정)
3. 그 밖에 자본금의 규모 등 대통령령으로 정하는 사항을 충족할 것
② 외국인은 시·도지사에게 등록하는 경우 경제자유구역에 외국인전용 약국을 개설할 수 있다.(2011.4.4 본항개정)
③ 보건복지부장관은 제1항에 따라 외국의료기관의 개설을 허가하는 경우에는 경제자유구역위원회의 심의·의결을 거쳐야 한다.(2010.1.18 본항개정)
④ 이 법에 따라 개설된 외국의료기관 또는 외국인전용 약국은 「의료법」 또는 「약사법」에 따라 개설된 의료기관 또는 약국으로 본다.
⑤ 제1항 및 제2항에 따라 개설된 외국의료기관 또는 외국인전용 약국은 「국민건강보험법」 제42조제1항에도 불구하고 같은 법에 따른 요양기관으로 보지 아니한다.(2011.12.31 본항개정)
⑥ 외국의 의사·치과의사 또는 약사 면허 소지자는 보건복지부장관이 정하는 기준에 적합한 경우 경제자유구역에 개설된 외국의료기관 또는 외국인전용 약국에 종사할 수 있다. 이 경우 외국의 의사·치과의사 면허 소지자는 「의료법」 제2조에 허용된 의료인 종별 업무범위를 벗어날 수 없다.(2010.1.18 전단개정)
⑦ 외국인전용 약국에 종사하는 약사는 내국인을 대상으로 의약품을 조제하거나 판매할 수 없다.
⑧ 외국인전용 약국 개설자는 시설의 내부와 외부에 외국인전용 약국임을 내국인이 알 수 있도록 명확하게 표시하여야 한다.
⑨ 이 법에서 정한 것 외에 외국의료기관 또는 외국인전용 약국의 개설·운영에 관하여는 「의료법」, 「약사법」 또는 따로 정하는 법률에 따른다.

제23조의2【의료기관의 부대사업에 관한 특례】 다음 각 호의 어느 하나에 해당하는 자는 「의료법」 제49조에도 불구하고 경제자유구역에서 「온천법」 제9조에 따른 보양온천을 설치·운영하는 등 대통령령으로 정하는 부대사업을 할 수 있다.
1. 경제자유구역에 의료기관을 개설한 의료법인
2. 제23조제1항에 따라 경제자유구역에 외국의료기관을 개설한 법인

제23조의3【외국인전용 카지노업 허가 등의 특례】 ① 문화체육관광부장관은 경제자유구역에서 카지노업의 허가를 받으려는 자가 외국인투자를 하려는 경우로서 다음 각 호의 요건을 모두 갖춘 경우에는 「관광진흥법」 제21조에도 불구하고 같은 법 제3조제1항제5호에 따른 카지노업(외국인전용 카지노업만 해당한다)의 허가를 할 수 있다.
1. 경제자유구역에서의 관광사업에 투자하려는 외국인투자 금액이 미합중국화폐 5억달러 이상일 것
2. 투자자금이 형의 확정판결에 따라 「범죄수익은닉의 규제 및 처벌 등에 관한 법률」 제2조제4호에 따른 범죄수익등에 해당하지 아니할 것
3. 그 밖에 투자자의 신용상태 등 대통령령으로 정하는 사항을 충족할 것
② 제1항에 따른 카지노업의 허가를 받으려는 자는 대통령령으로 정하는 바에 따라 문화체육관광부장관에게 허가를 신청하여야 한다.
③ 제1항에 따른 카지노업의 허가와 관련하여 영업의 장소 및 개시시기 등에 관하여 필요한 사항은 대통령령으로 정한다.
④ 제1항에 따라 카지노업의 허가를 받은 자는 영업을 개시하기 전까지 「관광진흥법」 제23조제1항에 따른 시설과 기구를 갖추어야 한다.
⑤ 문화체육관광부장관은 제1항에 따른 허가를 받은 자가 다음 각 호의 어느 하나에 해당하면 그 허가를 취소하여야 한다.
1. 제1항제1호에 따른 투자를 이행하지 아니하는 경우
2. 투자자금이 형의 확정판결에 따라 「범죄수익은닉의 규제 및 처벌 등에 관한 법률」 제2조제4호에 따른 범죄수익등에 해당하게 된 경우
⑥ 제1항에 따른 허가를 받은 자에게는 「관광진흥법」 제11조에도 불구하고 카지노업의 운영에 필요한 시설의 경영을 타인에게 위탁할 수 있다. 이 경우 경영을 위탁받은 자는 「관광진흥법」 제22조에 따른 결격사유에 해당하지 아니하여야 한다.
⑦ 이 법에서 정한 것 외에 카지노업의 허가 등에 관하여는 「관광진흥법」에 따른다.

제24조【외국방송의 재송신】 경제자유구역을 방송구역으로 하는 종합유선방송사업자는 「방송법」 제70조제1항에도 불구하고 대통령령으로 정하는 범위에서 외국방송을 재송신하는 채널의 수를 구성·운용할 수 있다.

제24조의2 (2016.1.27 삭제)

제24조의3【「출입국관리법」에 관한 특례】 법무부장관은 「출입국관리법」 제8조 및 제10조에도 불구하고 입주 외국인투자기업에 근무하는 외국인에 대한 사증발급의 절차와 1회에 부여할 수 있는 체류자격별 체류기간 상한을 산업통상자원부장관과 협의하여 달리 정할 수 있다.(2013.3.23 본조개정)

제6장 경제자유구역위원회 등
(2009.1.30 본장개정)

제25조【설치 및 운영】 ① 경제자유구역에 관한 사무를 수행하기 위하여 산업통상자원부에 경제자유구역위원회를 둔다.(2013.3.23 본항개정)
② 경제자유구역위원회는 다음 각 호의 사항을 심의·의결한다.
1. 경제자유구역에 관한 주요 정책과 제도에 관한 사항(2011.4.4 본호개정)
1의2. 경제자유구역기본계획의 수립에 관한 사항(2011.4.4 본호신설)
1의3. 제7조의7에 따른 핵심전략산업의 선정에 관한 사항(2021.6.15 본호신설)
2. 경제자유구역의 지정, 지정해제 및 변경에 관한 사항
3. 제6조에 따른 경제자유구역개발계획에 관한 사항
4. 경제자유구역에서 외국인투자기업들이 사업을 하는 데에 필요한 행정서비스의 지원에 관한 사항
5. 경제자유구역의 개발에 관한 사항
6. 경제자유구역과 관련하여 중앙행정기관의 장 및 시·도지사와의 의견 조정에 관한 사항
6의2. 제27조제2항에 따른 지방자치단체 등의 사무처리 특례의 적용배제에 관한 사항(2016.12.2 본호신설)
7. 그 밖에 경제자유구역의 지정·운영에 필요한 사항으로서 대통령령으로 정하는 사항
③ 경제자유구역위원회는 위원장 1명, 부위원장 1명, 당연직 위원과 10명 이내의 위촉위원으로 구성한다.
④ 위원장은 산업통상자원부장관이 되고, 부위원장은 제6항에 따른 위촉위원 중에서 호선(互選)되는 사람이 된다.(2013.3.23 본항개정)
⑤ 당연직 위원은 중앙행정기관과 이에 준하는 기관의 소속 공무원 중에서 대통령령으로 정하는 사람이 된다.(2011.4.4 본항개정)
⑥ 위촉위원은 공무원이 아닌 사람으로서 경제자유구역의 발전 및 운영에 이바지할 수 있는 지식과 경험이 풍부한 사람 중에서 위원장이 위촉한다.
⑦ 경제자유구역위원회의 구성 및 운영에 필요한 사항은 대통령령으로 정한다.

제26조 (2008.2.29 삭제)

제27조【지방자치단체 등의 사무처리 특례】 ① 경제자유구역의 시장·군수·구청장이 수행하는 사무 중 다음 각 호에 해당하는 사무는 시·도지사가 직접 수행한다. 다만, 제7호, 제9호 및 제18호의 사무로서 시·도의 조례로 정하는 사무에 대하여는 그러하지 아니하다.(2014.12.30 단서개정)
1. 「주택법」 제11조, 제11조의3, 제14조, 제15조제1항, 제43조, 제44조, 제49조, 제54조, 제57조, 제59조, 제93조, 제94조, 제96조 및 제106조에 따른 주택조합에 대한 감독 및 주택의 공급 등에 관한 사무(2016.12.2 본호개정)
2. 「건축법」 제4조, 제11조, 제14조, 제16조, 제18조, 제19조부터 제21조까지, 제22조, 제27조, 제29조, 제30조, 제37조부터 제39조까지, 제43조, 제45조, 제46조, 제60조, 제79조부터 제80조까지, 제83조, 제85조, 제88조, 제89조, 제113조, 「건축물관리법」 제30조, 제41조, 제54조에 따른 건축허가 및 건축물관리 등에 관한 사무(개발제한구역에서의 건축허가 및 건축물관리 등에 관한 사무는 제외한다)(2019.4.30 본호개정)
3. 「환경영향평가법」 제25조에 따른 환경영향평가 등에 관한 사무(2011.7.21 본호개정)
4. 「폐기물관리법」 제17조, 제39조, 제48조, 제49조 및 제68조에 따른 사업장폐기물의 처리 등에 관한 사무
5. (2014.12.30 삭제)
6. 「토양환경보전법」 제8조, 제12조부터 제14조까지, 제24조, 제26조의2 및 제32조에 따른 토양환경의 보전 등에 관한 사무
7. 「하수도법」 제8조, 제9조, 제22조부터 제24조까지, 제57조, 제58조, 제61조에 따른 공공하수도의 설치 등에 관한 사무(2014.12.30 본호개정)
8. 「산림자원의 조성 및 관리에 관한 법률」 제36조에 따른 입목벌채, 「산지관리법」 제14조, 제15조, 제15조의2, 제17조, 제19조, 제19조의2, 제20조, 제21조, 제25조, 제27조, 제30조, 제31조, 제37조부터 제44조까지, 제49조 및 제57조에 따른 산지전용·토석채취 허가 및 산지전용지 등의 복구 등 산림 이용 및 관리에 관한 사무(2010.5.31 본호개정)
9. 「도시공원 및 녹지 등에 관한 법률」 제16조, 제16조의2, 제17조, 제19조, 제27조, 제29조부터 제33조까지 및 제37조에 따른 도시공원조성계획의 입안 및 도시공원의 설치 등에 관한 사무(이 법 제9조의 실시계획에 따라 설치되는 도시공원에 관한 사무만 해당한다)(2014.12.30 본호개정)
10. 「농지법」 제35조부터 제43조까지, 제51조, 제54조, 제55조에 따른 농지전용의 신고 등에 관한 사무
11. 「관광진흥법」 제4조, 제5조, 제15조, 제35조부터 제38조까지, 제77조, 제78조 및 제86조에 따른 관광숙박업 등의 등록 및 관리, 사업계획 승인, 유원시설업의 허가 및 관리 등에 관한 사무
12. (2014.12.30 삭제)
13. 「공유수면 관리 및 매립에 관한 법률」 제6조, 제8조부터 제15조까지, 제17조부터 제21조까지, 제55조, 제57조, 제58조 및 제66조에 따른 공유수면의 점용·사용허가 및 관리 등에 관한 사무(2010.4.15 본호개정)
14. 「도시개발법」 제3조, 제7조, 제10조, 제11조, 제26조, 제29조 및 제46조에 따른 도시개발구역의 지정신청 등에 관한 사무(이 법 제6조의 경제자유구역개발계획에 따른 개발사업구역에 설치되는 도시개발구역에 관한 사무만 해당한다)
15. 「부동산등기 특별조치법」 제3조부터 제5조까지 및 제12조에 따른 부동산등기 해태(懈怠) 과태료의 부과·징수 등에 관한 사무
16. (2016.1.19 삭제)
17. 「국토의 계획 및 이용에 관한 법률」 제47조, 제56조부터 제58조까지, 제60조부터 제65조까지, 제85조, 제86조, 제89조, 제130조, 제133조, 제136조, 제137조 및 제144조에 따른 도시·군계획시설부지의 매수청구, 개발행위의 허가, 도시·군계획시설사업의 시행, 단계별 집행계획의 수립, 이행강제금의 부과·징수, 토지에의 출입, 청문, 보고·검사 및 과태료 부과·징수 등에 관한 사무(도시·군계획시설부지의 매수청구, 단계별 집행계획의 수립 및 도시·군계획시설사업의 시행에 관한 사무는 이 법 제6조의 경제자유구역개발계획에 따른 개발사업지역에 설치되는 도시·군계획시설 및 이 법 제18조에 따라 국가 또는 지방자치단체로부터 우선 지원받아 경제자유구역에 설치되는 기반시설에 대한 것으로 한정한다)(2016.1.19 본호개정)
18. 「도로법」 제10조, 제19조, 제21조, 제25조, 제39조 및 제40조에 따른 지방도·시도·군도의 신설, 도로구역의 결정, 접도구역의 지정 등에 관한 사무(이 법 제9조의 실시계획에 따라 설치되는 도로 및 이 법 제18조에 따라 국가 또는 지방자치단체로부터 우선 지원받아 설치되는 도로에 관한 사무만 해당한다)(2014.12.30 본호개정)
19. 「산업집적활성화 및 공장설립에 관한 법률」 제9조, 제13조, 제13조의2, 제13조의3, 제13조의5, 제14조, 제14조의2부터 제14조의4까지, 제15조, 제16조, 제16조의2, 제17조부터 제21조까지, 제28조의2, 제28조의4, 제28조의8 및 제55조에 따른 공장설립등의 승인, 공장의 등록 등에 관한 사무
20. 「도시가스사업법」 제11조, 제11조의2, 제14조부터 제17조까지, 제27조, 제29조, 제41조, 제44조의2 및 제54조에 따른 도시가스 시설공사계획의 승인 등에 관한 사무
21. 「고압가스 안전관리법」 제4조, 제10조, 제20조, 제36조의2 및 제43조에 따른 고압가스의 제조허가 등에 관한 사무
22. 「정보통신공사업법」 제36조 및 제72조의2에 따른 정보통신공사의 착공 전 기술기준 적합 여부 확인, 사용전 검사 및 사용 전 검사의 현황 보고에 관한 사무
23. 「공간정보의 구축 및 관리 등에 관한 법률」 제8조, 제24조, 제25조, 제27조, 제64조, 제66조, 제69조, 제74조부터 제90조까지, 제99조, 제102조, 제106조 및 제111조에 따른 토지의 조사 및 등록, 지번(地番)의 부여, 지적측량성과의 검사 등에 관한 사무(2014.6.3 본호개정)
24. 「부동산등기법」 제49조에 따른 부동산등기용등록번호의 부여에 관한 사무(2011.4.12 본호개정)
25. 「부동산 거래신고 등에 관한 법률」 제3조, 제5조, 제6조, 제8조, 제9조, 제10조부터 제18조 및 제28조에 따른 부동산 거래의 신고, 부동산 거래 신고가격의 검증 및 조사, 외국인등의 부동산등 취득 신고 및 허가, 토지거래계약에 관한 허가 및 과태료 부과·징수 등에 관한 사무(2016.1.19 본호개정)
26. 「소음·진동관리법」 제8조부터 제12조까지·제14조부터 제20조까지·제47조·제51조 및 제60조에 따른 소음·진동배출시설의 설치허가·신고 및 행정처분 등 관리에 관한 사무(2009.6.9 본호개정)
27. 「약사법」 제20조부터 제23조까지·제41조 및 제44조부터 제50조까지의 규정에 따른 약국 개설등록, 폐업 등의 신고, 의약품 조제, 약국제제의 제조, 의약품의 판매 등에 관한 사무
② 개발 및 투자가 대통령령으로 정하는 기준 이상으로 완료된 단위개발사업지구에 대하여 관할 시장·군수·구청장이 관할 시·도지사와 협의하여 제1항의 적용배제를 산업통상자원부장관에게 요청하고 산업통상자원부장관이 경제자유구역위원회의 심의·의결을 거쳐 이를 인정하는 경우에는 제1항을 적용하지 아니할 수 있다. 다만, 대통령령으로 정하는 연접한 단위개발사업지구들에 대해서는 일괄하여 요청하여야 한다.(2016.12.2 본항신설)

제27조의2【경제자유구역의 행정기구】 ① 시·도지사는 제3조의4·제27조·제30조의 사무를 처리하기 위하여 이를 전담하는 행정기구를 설치한다. 이 경우 경제자

유구역이 둘 이상의 시·도에 걸쳐 있는 경우에는 해당 시·도지사가 협의하여 공동 행정기구를 설치한다.
(2021.6.15 전단개정)
② 제1항에 따른 행정기구(이하 "경제자유구역청"이라 한다)의 장은 시·도지사가 임명하되, 산업통상자원부장관과 미리 협의하여야 한다. 이 경우 경제자유구역이 둘 이상의 시·도에 걸쳐 있는 경우에는 해당 시·도지사가 협의하여 공동 임명한다.(2013.3.23 전단개정)
③ 경제자유구역청의 장(이하 "경제자유구역청장"이라 한다)의 임기는 3년으로 하되, 연임할 수 있으며, 그 밖에 임용기준 등에 관한 사항은 대통령령으로 정한다.
④ 제1항에 따른 사무를 처리하기 위하여 경제자유구역청장과 시장·군수·구청장 상호 간에 지방세 및 수수료·사용료의 부과·징수, 민원서류의 발급 등에 필요한 자료를 제공하여야 한다.
⑤ 국가는 경제자유구역청의 운영에 드는 경비의 일부를 대통령령으로 정하는 바에 따라 지원하여야 한다.
⑥ 경제자유구역청에는 「지방자치법」과 그 관계 법령에서 정하는 바에 따라 해당 지방자치단체의 공무원의 정원을 둘 수 있다.(2011.4.4 본항신설)
(2011.4.4 본조개정)

제27조의3【기본운영규정】 ① 경제자유구역청장은 임명된 날부터 1개월 이내에 경제자유구역청의 조직 및 운영에 관한 기본운영규정을 작성하여 시·도지사의 승인을 받아야 한다. 승인받은 사항을 변경하는 경우에도 또한 같다.(2011.4.4 전단개정)
② 제1항에 따른 기본운영규정에는 다음 각 호의 사항이 포함되어야 한다.
1. 소관 업무 및 그 집행절차에 관한 기본적인 사항
2. 경제자유구역청의 조직운영과 공무원의 정원운영에 관한 사항(2011.4.4 본호개정)
3. 소속 공무원의 인사운영에 관한 사항
4. 예산 및 회계에 관한 사항
5. 그 밖에 경제자유구역청의 효율적 운영에 관한 사항으로서 대통령령으로 정하는 사항(2011.4.4 본호개정)
③ 경제자유구역청장(제27조의2제1항 후단에 따른 경제자유구역청의 장만 해당한다)이 작성하는 기본운영규정은 제1항에도 불구하고 「지방자치법」 제176조제1항에 따른 규약으로 정하는 바에 따른다.(2021.1.12 본항개정)

제27조의4【경제자유구역청의 업무】 경제자유구역청은 해당 경제자유구역과 관련한 다음 각 호의 업무를 수행한다.
1. 경제자유구역기본계획의 추진전략에 관한 사항
2. 발전계획 수립에 관한 사항
3. 경제자유구역의 핵심전략산업 육성 및 특화에 관한 사항
4. 입주기업의 신산업 추진을 위한 규제혁신과제 발굴에 관한 사항
5. 경제자유구역의 신산업과 기업의 육성 및 지원에 관한 사항
6. 경제자유구역의 산학연 공동 연구개발 등을 통한 혁신 기술개발에 관한 사항
7. 경제자유구역의 국내외 투자유치 대책 수립 및 시행에 관한 사항
8. 제7조의7에 따른 핵심전략산업의 선정 요청 및 투자유치 홍보 활동 등에 관한 사항
9. 그 밖에 대통령령으로 정하는 업무
(2021.6.15 본조신설)

제27조의5【임용권의 위임 등】 ① 시·도지사는 「지방공무원법」 제6조제2항에도 불구하고 대통령령으로 정하는 바에 따라 경제자유구역청 소속 공무원에 대한 임용권의 일부를 경제자유구역청장에게 위임할 수 있다.
② 경제자유구역청장은 「지방공무원법」 제7조제1항에도 불구하고 경제자유구역청에 제1항에 따른 임용권을 행사하기 위하여 필요한 인사위원회(이하 이 조에서 "인사위원회"라 한다)를 설치할 수 있다.(2011.4.4 본항신설)
③ 인사위원회의 설치 및 운영 등에 관하여는 「지방공무원법」 제7조제2항부터 제11항까지와 제8조·제9조·제9조의2·제10조·제10조의2·제10조의3 및 제11조를 준용하되, 위원장은 호선(互選)한다.(2012.3.21 본항개정)
④ 경제자유구역청장은 「지방공무원법」 제25조의5제2항에도 불구하고 인사위원회의 의결을 거쳐 지방임기제공무원의 채용자격기준을 달리 정할 수 있다.(2012.12.11 본항개정)
⑤ 경제자유구역청장은 경제자유구역의 개발사업, 외국인투자의 유치 및 행정서비스 수준의 향상 등을 위하여 해당 분야의 우수인력을 경제자유구역청 소속 공무원으로 확보하기 위한 대책을 수립하여야 한다.
⑥ 경제자유구역청장은 인사위원회의 의결을 거쳐 보조기관 또는 이에 상당하는 직위 총수의 100분의 30의 범위에서 개방형 직위를 지정·운영 할 수 있다.(2011.4.4 본항신설)
⑦ 경제자유구역청장은 경제자유구역청 총 정원의 100분의 30의 범위에서 임기제공무원을 임용할 수 있다.
(2012.12.11 본항개정)
(2011.4.4 본조개정)

제27조의6【공무원 파견기간】 경제자유구역청에 파견되는 공무원은 「지방공무원법」 제30조의4에도 불구하고 5년의 범위에서 파견기간을 정하되, 특별한 사유가 없으면 2년 이상으로 하여야 한다.(2011.4.4 본조개정)

제27조의7【경제자유구역청의 회계와 재정】 ① 시·도지사는 대통령령으로 정하는 바에 따라 경제자유구역청의 세입과 세출을 다음 각 호의 어느 하나의 방식으로 구분하여 관리하여야 한다.
1. 「지방재정법」에 따른 특별회계의 설치
2. 시·도의 일반회계나 특별회계에 별도의 계정 설치
② 시·도지사는 제1항에 따른 특별회계나 별도의 계정에서 시·도의 다른 회계 또는 계정으로 전출하여서는 아니 된다.(2016.1.27 단서삭제)
③ 시·도지사는 「공유재산 및 물품 관리법」 제12조 본문에 따라 제1항에 따른 특별회계나 별도의 계정에 속하는 재산을 다른 특별회계나 별도의 계정의 재산으로 유상(有償) 이관할 수 있다.(2016.1.27 본항신설)
(2011.4.4 본조신설)

제28조【옴부즈만 등】 ① 입주외국인투자기업이 경영 및 생활면에서 겪는 어려움을 해결하는 일을 지원하기 위하여 경제자유구역청에 옴부즈만을 둔다.
② 경제자유구역의 상사분쟁(商事紛爭)을 공정·신속하게 해결하고 국제거래질서를 확립하기 위하여 필요한 경우에는 경제자유구역청에 「중재법」 제40조에 따라 산업통상자원부장관이 지정하는 상사중재(商事仲裁)를 하는 사단법인의 지부(支部)를 설치할 수 있다.(2013.3.23 본항개정)
(2011.4.4 본조개정)

제7장 보 칙

(2009.1.30 본장개정)

제28조의2【보고 및 검사 등】 ① 산업통상자원부장관 또는 시·도지사는 경제자유구역의 개발에 필요하다고 인정하는 때에는 경제자유구역청장 및 개발사업시행자에게 산업통상자원부령으로 정하는 바에 따라 필요한 보고를 하게 하거나 자료의 제출을 명할 수 있으며, 소속 공무원에게 개발사업시행자의 사무실, 사업장, 그 밖의 필요한 장소에 출입하여 개발사업에 관한 업무와 회계에 관한 사항을 검사하거나 관계인에게 질문하게 할 수 있다.
(2014.12.30 본항개정)
② 제1항에 따른 검사를 하는 경우에는 검사 7일 전까지 검사일시, 검사목적 및 검사내용 등에 관한 검사계획을 해당 개발사업시행자에게 알려야 한다. 다만, 긴급한 경우 또는 검사계획을 미리 알리면 증거인멸 등으로 검사목적을 달성할 수 없다고 인정하는 경우에는 그러하지 아니하다.
(2011.4.4 본조신설)

제28조의3【경제자유구역별 사업성과의 평가】 ① 산업통상자원부장관은 경제자유구역의 발전을 위하여 대통령령으로 정하는 바에 따라 경제자유구역별로 사업성과를 평가하여야 한다.(2013.3.23 본항개정)
② 정부는 제1항에 따른 평가결과에 따라 경제자유구역별로 행정적·재정적인 지원을 달리 할 수 있다.
(2011.4.4 본조신설)

제28조의4【경제자유구역 통계의 작성】 ① 산업통상자원부장관은 경제자유구역의 개발 및 투자유치에 필요한 정보의 신속한 수집·분석을 위하여 관계 중앙행정기관의 장, 시·도지사, 또는 경제자유구역청장과 공동으로 경제자유구역에 관한 통계를 작성·관리할 수 있다.
② 제1항에 따른 경제자유구역 통계를 작성하는 자는 관계 중앙행정기관, 지방자치단체, 공기업(「공공기관의 운영에 관한 법률」 제5조에 따른 공기업을 말한다), 지방공기업(「지방공기업법」에 따라 설립된 지방공사를 말한다), 정부출연기관의 장이나 그 밖의 관련 기관의 장에게 경제자유구역 통계 작성을 위하여 필요한 자료 또는 정보의 제공을 요청할 수 있다. 이 경우 자료 또는 정보의 제공을 요청받은 기관의 장은 특별한 사유가 없으면 그 요청에 따라야 한다.
(2014.12.30 본조신설)

제28조의5【청문】 ① 시·도지사는 제8조의5에 따라 개발사업시행자의 지정을 취소하려면 청문을 하여야 한다.
② 문화체육관광부장관은 제23조의3제5항에 따라 허가를 취소하려면 청문을 하여야 한다.
(2011.4.4 본조신설)

제28조의6【시장·군수·구청장의 의견 수렴】 시·도지사는 다음 각 호의 행위를 하려는 경우 미리 관할 시장·군수·구청장의 의견을 들어야 한다.
1. 제3조의2제2항제1호에 따른 의견의 제출
2. 제4조제4항(제8조제3항에서 준용하는 경우를 포함한다)에 따른 의견의 제출
3. 제4조제5항(제8조제3항에서 준용하는 경우를 포함한다)에 따른 동의
(2016.1.27 본조신설)

제29조 (2016.1.27 삭제)

제30조【권한의 위임 및 위탁】 ① 중앙행정기관의 장은 이 법에 따른 권한의 일부를 대통령령으로 정하는 바에 따라 시·도지사에게 위임할 수 있다.
② 시·도지사는 제1항에 따라 위임된 사무 중 대통령령으로 정하는 사무를 처리하려는 경우에는 해당 중앙행정기관의 장과 사전에 협의하여야 한다.
③ 시·도지사는 이 법에 따른 권한의 일부를 대통령령으로 정하는 바에 따라 경제자유구역청장에게 위임하거나 위탁할 수 있다.(2011.4.4 본항신설)
(2011.4.4 본조제목개정)

제8장 벌 칙

제30조의2【벌칙】 다음 각 호의 어느 하나에 해당하는 자는 7년 이하의 징역 또는 7천만원 이하의 벌금에 처한다.
1. 거짓이나 그 밖의 부정한 방법으로 개발사업시행자로 지정받은 자
2. 거짓이나 그 밖의 부정한 방법으로 경제자유구역개발계획의 변경확정을 받거나 실시계획의 승인을 받은 자
3. (2014.3.18 삭제)
(2011.4.4 본조신설)

제31조【벌칙】 다음 각 호의 어느 하나에 해당하는 자는 5년 이하의 징역 또는 5천만원 이하의 벌금에 처한다.
1. 제23조제6항 전단을 위반하여 외국의료기관 또는 외국인전용 약국에 종사하는 외국의 의사·치과의사 또는 약사 면허 소지자
2. 제23조제6항 후단을 위반하여 「의료법」 제2조에서 허용된 의료인 종별 업무범위를 벗어난 행위를 한 외국의 의사·치과의사 면허 소지자
3. 제23조제7항을 위반하여 내국인을 대상으로 의약품을 조제하거나 판매한 약사
4. 실시계획의 승인을 받지 아니하고 경제자유구역의 개발사업을 시행한 자(2014.3.18 본호신설)
(2009.1.30 본조개정)

제32조【벌칙】 다음 각 호의 어느 하나에 해당하는 자는 3년 이하의 징역 또는 3천만원 이하의 벌금에 처한다.
1. 제22조제1항을 위반하여 거짓이나 그 밖의 부정한 방법으로 외국교육기관의 승인을 받은 자
2. 제22조제1항을 위반하여 승인권자의 승인 없이 학생을 모집하거나 학교의 명칭을 사용하여 시설을 사실상 학교의 형태로 운영한 자(2020.2.18 본호개정)
(2009.1.30 본조개정)

제33조【벌칙】 다음 각 호의 어느 하나에 해당하는 자는 1년 이하의 징역 또는 1천만원 이하의 벌금에 처한다.
1. 제7조의5제1항을 위반하여 허가 또는 변경허가를 받지 아니하고 개발사업구역에서 토지의 형질변경, 건축물의 건축, 공작물의 설치 등 대통령령으로 정하는 행위를 한 자(2011.4.4 본호개정)
2. 제23조제8항을 위반하여 외국인전용 약국의 표시를 하지 아니한 자
(2009.1.30 본조개정)

제34조【양벌규정】 법인의 대표자나 법인 또는 개인의 대리인, 사용인, 그 밖의 종업원이 그 법인 또는 개인의 업무에 관하여 제30조의2 또는 제31조의 위반행위를 하면 그 행위자를 벌하는 외에 그 법인 또는 개인에게도 해당 조문의 벌금형을 과(科)한다. 다만, 법인 또는 개인이 그 위반행위를 방지하기 위하여 해당 업무에 관하여 상당한 주의와 감독을 게을리하지 아니한 경우에는 그러하지 아니하다.(2011.4.4 본문개정)

제35조【과태료】 ① 제24조를 위반하여 외국방송의 재송신 채널의 수를 구성·운영한 자에게는 2천만원 이하의 과태료를 부과한다.
② 다음 각 호의 어느 하나에 해당하는 자에게는 1천만원 이하의 과태료를 부과한다.
1. 거짓 또는 그 밖의 부정한 방법으로 제16조제6항에 따라 국가 또는 지방자치단체와 수의계약을 체결한 자
(2021.6.15 본호개정)
2. 제16조제4항제2호 또는 같은 조 제6항제2호의 비율을 준수하지 못한 자(2021.6.15 본호개정)
3. 제28조의2제1항에 따른 보고 또는 자료제출을 하지 아니하거나 거짓으로 보고 또는 자료제출을 한 자
4. 제28조의2제1항에 따른 검사를 거부·방해 또는 기피한 자
(2011.4.4 본항신설)
③ 제1항에 따른 과태료는 과학기술정보통신부장관이 부과·징수하고, 제2항에 따른 과태료는 대통령령으로 정하는 바에 따라 산업통상자원부장관 또는 시·도지사가 부과·징수한다.(2017.7.26 본항개정)
(2009.1.30 본조개정)

부 칙 (2011.4.4)

제1조【시행일】 이 법은 공포 후 4개월이 경과한 날부터 시행한다. 다만, 제27조의6의 개정규정은 공포 후 6개월이 경과한 날부터 시행한다.

제2조【경제자유구역개발계획에 대한 산업입지정책심의회 심의 등에 관한 적용례】 제4조제3항의 개정규정은 이 법 시행 후 제4조제4항에 따라 최초로 확정되는 경제자유구역개발계획부터 적용한다.

제3조【경제자유구역개발계획 수립내용에 관한 적용례】 제6조제1항제3호, 제3호의2, 제4호 및 제13호부터 제15호까지의 개정규정은 이 법 시행 후 제4조제4항에 따라 최초로 확정되는 경제자유구역개발계획부터 적용한다.

제4조【실시계획의 승인에 관한 적용례】 제9조제1항부터 제3항까지의 개정규정은 이 법 시행 후 최초로 승인이나 변경승인이 신청되는 실시계획부터 적용한다.
제5조【외국인투자기업 전용용지의 공급 등에 관한 적용례】 제9조제5항의 개정규정은 이 법 시행 후 최초로 승인을 신청하는 실시계획부터 적용한다.
제6조【개발이익의 재투자에 관한 적용례】 제9조의8의 개정규정은 이 법 시행 후 최초로 완료되는 개발사업부터 적용한다.
제7조【허가등의 의제에 관한 적용례】 제11조제1항제33호의 개정규정은 이 법 시행 후 최초로 승인을 받거나 변경승인을 받는 실시계획부터 적용한다.
제8조【공무원의 파견기간에 관한 적용례】 제27조의5의 개정규정은 이 법 시행 후 최초로 파견되는 공무원부터 적용한다.
제9조【주민의견수렴절차에 관한 경과조치】 이 법 시행 당시 종전의 규정에 따라 수립하거나 수립 중인 경제자유구역개발계획에 대하여는 제4조제2항 후단의 개정규정에도 불구하고 종전의 규정에 따른다.
제10조【경제자유구역의 지정에 관한 경과조치】 이 법 시행 당시 종전의 규정에 따라 지정된 경제자유구역은 제4조 및 제5조의 개정규정에 따라 지정된 경제자유구역으로 본다.
제11조【경제자유구역의 지정 해제 의제에 관한 경과조치】 이 법 시행 전에 지정된 경제자유구역에 대하여 제8조의2제1항의 개정규정을 적용함에 있어서는 이 법 시행일을 해당 경제자유구역의 지정·고시일로 본다.
제12조【개발사업시행자에 대한 경과조치】 이 법 시행 전에 종전의 규정에 따라 개발사업시행자로 지정된 자는 제8조의3의 개정규정에 따라 지정된 개발사업시행자로 본다.
제13조【실시계획에 관한 경과조치】 이 법 시행 당시 종전의 규정에 따라 승인을 받거나 변경승인을 받은 실시계획은 제9조제1항부터 제3항까지의 개정규정에 따라 승인을 받거나 변경승인을 받은 것으로 본다.
제14조【준공검사 등 처분청 변경에 관한 경과조치】 ① 이 법 시행 당시 종전의 규정에 따라 지식경제부장관으로부터 준공검사를 받은 자는 제14조의 개정규정에 따라 시·도지사로부터 준공검사를 받은 것으로 본다.
② 이 법 시행 당시 종전의 규정에 따라 보건복지부장관에게 등록한 자는 제23조의 개정규정에 따라 시·도지사에게 등록한 것으로 본다.
제15조【기반시설에 대한 우선 지원에 관한 경과조치】 이 법 시행 당시 종전의 규정에 따라 우선 지원이 되고 있는 산업단지에 대하여는 제18조 단서의 개정규정에도 불구하고 종전의 규정에 따른다.
제16조【다른 법률의 개정】 ※(해당 법령에 가제정리하였음)
제17조【다른 법령과의 관계】 이 법 시행 당시 다른 법령에서 종전의 「경제자유구역의 지정 및 운영에 관한 특별법」의 규정을 인용한 경우에 이 법 가운데 그에 해당하는 규정이 있으면 종전의 규정을 갈음하여 이 법의 해당 규정을 인용한 것으로 본다.

부　칙 (2014.12.30)

제1조【시행일】 이 법은 공포 후 6개월이 경과한 날부터 시행한다. 다만, 제7조의6의 개정규정은 공포한 날부터 시행하고, 제27조의 개정규정은 공포 후 1년이 경과한 날부터 시행한다.
제2조【국유·공유재산특례의 존속기한에 관한 경과조치】 제16조제4항의 개정규정에도 불구하고 이 법 시행 전에 종전의 규정에 따라 체결된 국유·공유재산의 임대계약은 해당 계약기간까지는 효력을 가진다.

부　칙 (2016.1.27 법13837호)

제1조【시행일】 이 법은 공포한 날부터 시행한다.
제2조【외국인 전용 임대주택의 건설용지 공급에 관한 경과조치 및 분양전환에 관한 특례】 ① 이 법(법률 제13837호 경제자유구역의 지정 및 운영에 관한 특별법 일부개정법률을 말한다. 이하 이 조에서 같다) 시행 전에 제9조제1항에 따라 경제자유구역개발사업 실시계획의 승인을 받았거나 변경승인을 신청한 개발사업시행자에 대해서는 제24조의2의 개정규정에도 불구하고 종전의 규정에 따른다. 다만, 이 법 시행 후 외국인 전용 임대주택의 건설용지나 공급계획을 조정하는 내용으로 개발계획 또는 실시계획의 변경승인을 신청하여 승인을 받은 경우에는 그러하지 아니하다.
② 제1항 본문에 해당하는 개발사업시행자는 제1항 본문에도 불구하고 임대공고 후 1년 이상 임대되지 아니한 외국인 전용 임대주택에 대하여 관할 시·도지사에게 분양전환 승인을 신청할 수 있다.(2018.4.17 본항신설)
③ 토지가격의 정산, 분양전환가격의 산정 등 제2항에 따른 분양전환에 필요한 사항은 시·도지사가 개발사업시행자와 협의하여 정한다.(2018.4.17 본항신설)
(2018.4.17 본조개정)

부　칙 (2018.4.17 법15570호)

제1조【시행일】 이 법은 공포 후 6개월이 경과한 날부터 시행한다.
제2조【외국인투자기업에 대한 사용료등 감면 및 수의계약에 의한 사용허가등에 관한 적용례】 ① 제16조제4항의 개정규정은 이 법 시행 후 최초로 국가 및 지방자치단체와 사용료·대부료 감면에 관한 계약을 체결하거나 갱신하는 입주외국인투자기업부터 적용한다.
② 제16조제5항의 개정규정은 이 법 시행 후 최초로 국가 및 지방자치단체가 입주외국인투자기업과 수의계약을 체결하여 공유재산을 사용허가하거나 공유재산을 사용·수익허가, 대부 또는 매각하는 경우부터 적용한다.
제3조【외국인 전용 임대주택의 분양전환에 관한 적용례】 법률 제13837호 경제자유구역의 지정 및 운영에 관한 특별법 일부개정법률 부칙 제2조제2항의 개정규정은 이 법 시행 후 임대공고하여 1년 이상 임대되지 아니한 외국인 전용 임대주택부터 적용한다.

부　칙 (2020.1.29 법16902호)
(2020.1.29 법16904호)

제1조【시행일】 이 법은 공포 후 6개월이 경과한 날부터 시행한다.(이하 생략)

부　칙 (2020.2.18)

제1조【시행일】 이 법은 2021년 1월 1일부터 시행한다.(단서 생략)
제2조【사무이양을 위한 사전조치】 ① 관계 중앙행정기관의 장은 이 법에 따른 중앙행정권한 및 사무의 지방일괄 이양에 필요한 인력 및 재정 소요 사항을 지원하기 위하여 필요한 조치를 마련하여 이 법에 따른 시행일 3개월 전까지 국회 소관 상임위원회에 보고하여야 한다.
② 「지방자치분권 및 지방행정체제개편에 관한 특별법」 제44조에 따른 자치분권위원회는 제1항에 따른 인력 및 재정 소요 사항을 사전에 전문적으로 조사·평가할 수 있다.
제3조【행정처분 등에 관한 일반적 경과조치】 이 법 시행 당시 종전의 규정에 따라 행정기관이 행한 처분 또는 그 밖의 행위는 이 법의 규정에 따라 행정기관이 행한 처분 또는 그 밖의 행위로 보고, 종전의 규정에 따라 행정기관에 대하여 행한 신청·신고, 그 밖의 행위는 이 법의 규정에 따라 행정기관에 대하여 행한 신청·신고, 그 밖의 행위로 본다.
제4조【다른 법률의 개정】 (생략)

부　칙 (2020.3.31)
(2021.1.12)

제1조【시행일】 이 법은 공포 후 1년이 경과한 날부터 시행한다.(이하 생략)

부　칙 (2021.6.15)

제1조【시행일】 이 법은 공포 후 3개월이 경과한 날부터 시행한다.
제2조【경제자유구역발전계획 수립에 관한 특례】 시·도지사는 제3조의4의 개정규정에 따라 최초로 수립하는 경제자유구역발전계획을 2021년 12월 31일까지 수립하여야 한다.

부　칙 (2021.7.20)

제1조【시행일】 이 법은 공포 후 1년이 경과한 날부터 시행한다.(이하 생략)

부　칙 (2022.1.11)

제1조【시행일】 이 법은 공포한 날부터 시행한다.(이하 생략)

부　칙 (2022.12.27)

제1조【시행일】 이 법은 공포 후 6개월이 경과한 날부터 시행한다.(이하 생략)

부　칙 (2023.6.9)

제1조【시행일】 이 법은 공포 후 1개월이 경과한 날부터 시행한다.(이하 생략)

부　칙 (2024.1.9)

이 법은 공포한 날부터 시행한다.

특정 금융거래정보의 보고 및 이용 등에 관한 법률

(약칭 : 특정금융정보법)

(2001년 9월 27일
법　률 제6516호)

개정
2004.12.31법 7311호(수협)
2005. 1.17법 7336호
2007. 8. 3법 8635호(자본시장금융투자업)
2007.12.21법 8704호
2008. 2.29법 8863호(금융위원회의설치등에관한법)
2009. 4. 1법 9617호(신용정보의이용및보호에관한법)
2010. 1. 1법 9919호(조세범처벌)
2010. 2. 4법10043호
2010. 5.17법10303호(은행법)
2011. 3.31법10522호(농협)
2011. 5.19법10694호　2012. 3.21법11411호
2012.12.11법11546호　2013. 8.13법12103호
2014. 5.28법12710호(공중등협박목적및대량살상무기확산을위한자금조달행위의금지에관한법)
2014. 5.28법12716호
2014.11.19법12844호(정부조직)
2016. 3. 3법14071호(국민보호와공공안전을위한테러방지법)
2016. 3.29법14133호
2016. 5.29법14242호(수협)
2017. 7.26법14839호(정부조직)
2019. 1.15법16293호　2020. 3.24법17113호
2020. 5.19법17299호　2021. 1. 5법17880호
2021.12.28법18662호
2023. 7.18법19563호(가상자산이용자보호등에관한법)→2024년 7월 19일 시행

제1장 총　칙
(2020.3.24 본장제목신설)

제1조【목적】 이 법은 금융거래 등을 이용한 자금세탁행위와 공중협박자금조달행위를 규제하는 데 필요한 특정금융거래정보의 보고 및 이용 등에 관한 사항을 규정함으로써 범죄행위를 예방하고 나아가 건전하고 투명한 금융거래 질서를 확립하는 데 이바지함을 목적으로 한다.(2020.3.24 본조개정)
제2조【정의】 이 법에서 사용하는 용어의 뜻은 다음과 같다.
1. "금융회사등"이란 다음 각 목의 자를 말한다.
　가. 「한국산업은행법」에 따른 한국산업은행
　나. 「한국수출입은행법」에 따른 한국수출입은행
　다. 「중소기업은행법」에 따른 중소기업은행
　라. 「은행법」에 따른 은행
　마. 「자본시장과 금융투자업에 관한 법률」에 따른 투자매매업자, 투자중개업자, 집합투자업자, 신탁업자, 증권금융회사, 종합금융회사 및 명의개서대행회사
　바. 「상호저축은행법」에 따른 상호저축은행과 상호저축은행중앙회
　사. 「농업협동조합법」에 따른 조합과 농협은행
　아. 「수산업협동조합법」에 따른 조합과 수협은행 (2016.5.29 본목개정)
　자. 「신용협동조합법」에 따른 신용협동조합과 신용협동조합중앙회
　차. 「새마을금고법」에 따른 금고와 중앙회
　카. 「보험업법」에 따른 보험회사
　타. 「우체국예금·보험에 관한 법률」에 따른 체신관서
　파. 「관광진흥법」에 따라 허가를 받아 카지노업을 하는 카지노 사업자(이하 "카지노사업자"라 한다)
　하. 「가상자산 이용자 보호 등에 관한 법률」 제2조제2호에 따른 가상자산사업자(이하 "가상자산사업자"라 한다)(2023.7.18 본목개정)
　거. 제2호에 따른 금융거래등을 하는 자로서 대통령령으로 정하는 자(2020.3.24 본목개정)
2. "금융거래등"이란 다음 각 목의 것을 말한다.(2020.3.24 본문개정)
　가. 금융회사등이 금융자산(「금융실명거래 및 비밀보장에 관한 법률」 제2조제2호에 따른 금융자산을 말한다)을 수입·매매·환매·중개·할인·발행·상환·환급·수탁·등록·교환하거나 그 이자·할인액 또는 배당을 지급하는 것과 이를 대행하는 것, 그 밖에 금융자산을 대상으로 하는 거래로서 총리령으로 정하는 것
　나. 「자본시장과 금융투자업에 관한 법률」에 따른 파생상품시장에서의 거래, 그 밖에 대통령령으로 정하는 것
　다. 카지노사업자의 영업장에서 현금 또는 수표를 대신하여 쓰이는 것으로서 대통령령으로 정하는 것과 현금 또는 수표를 교환하는 거래
　라. 가상자산사업자가 「가상자산 이용자 보호 등에 관한 법률」에 따라 수행하는 업무(이하 "가상자산거래"라 한다)(2023.7.18 본목개정)
3. "가상자산"이란 「가상자산 이용자 보호 등에 관한 법률」 제2조제1호에 따른 가상자산을 말한다.(2023.7.18 본호개정)
4. "불법재산"이란 다음 각 목의 것을 말한다.
　가. 「범죄수익은닉의 규제 및 처벌 등에 관한 법률」 제2조제4호에 따른 범죄수익등
　나. 「마약류 불법거래 방지에 관한 특례법」 제2조제5항에 따른 불법수익등

다. 「공중 등 협박목적 및 대량살상무기확산을 위한 자금조달행위의 금지에 관한 법률」 제2조제1호에 따른 공중협박자금(2014.5.28 본목개정)
5. "자금세탁행위"란 다음 각 목의 행위를 말한다.
   가. 「범죄수익은닉의 규제 및 처벌 등에 관한 법률」 제3조에 따른 범죄행위
   나. 「마약류 불법거래 방지에 관한 특례법」 제7조에 따른 범죄행위
   다. 「조세범 처벌법」 제3조, 「관세법」 제270조, 「지방세기본법」 제102조 또는 「특정범죄 가중처벌 등에 관한 법률」 제8조의 죄를 범할 목적 또는 세법에 따라 납부하여야 하는 조세(「지방세기본법」에 따른 지방세를 포함한다. 이하 같다)를 탈루할 목적으로 재산의 취득·처분 또는 발생 원인에 관한 사실을 가장(假裝)하거나 그 재산을 은닉하는 행위(2020.5.19 본목개정)
6. "공중협박자금조달행위"란 「공중 등 협박목적 및 대량살상무기확산을 위한 자금조달행위의 금지에 관한 법률」 제6조제1항의 죄에 해당하는 행위를 말한다. (2014.5.28 본호개정)

(2011.5.19 본조개정)

제3조【금융정보분석원】 ① 다음 각 호의 업무를 효율적으로 수행하기 위하여 금융위원회 소속으로 금융정보분석원을 둔다.
1. 제4조·제4조의2 및 제9조에 따라 보고받거나 통보받은 사항의 정리·분석 및 제공(2020.3.24 본호개정)
2. 제4조·제4조의2·제5조·제5조의2·제5조의3·제5조의4 및 제8조에 따라 금융회사등이 수행하는 업무에 대한 감독 및 검사(2021.12.28 본호개정)
3. 제4조제6항제2호에 따른 외국금융정보분석기구와의 협조 및 정보 교환
4. 제7조에 따른 가상자산사업자의 신고에 관한 업무(2020.3.24 본호신설)
5. 제15조의2에 따른 외국 금융감독·검사기관과의 협조 및 정보교환(2020.3.24 본호개정)
6. 「공중 등 협박목적 및 대량살상무기확산을 위한 자금조달행위의 금지에 관한 법률」에 따른 업무(2014.5.28 본호개정)
7. 제1호부터 제6호까지의 업무와 관련된 업무로서 대통령령으로 정하는 업무(2020.3.24 본호개정)

② 금융정보분석원은 그 권한에 속하는 사무를 독립적으로 수행하며, 그 소속 공무원은 이 법과 「공중 등 협박목적 및 대량살상무기확산을 위한 자금조달행위의 금지에 관한 법률」에 따른 업무 외에 다른 업무에 종사하지 못한다. (2014.5.28 본항개정)
③ 금융정보분석원의 정원(다른 기관 소속 공무원의 정원을 포함한다)·조직 및 운영 등에 필요한 사항은 업무의 독립성, 정치적 중립성 등을 고려하여 대통령령으로 정한다.(2013.8.13 본항개정)
④ 금융정보분석원의 장(이하 "금융정보분석원장"이라 한다)은 제1항의 업무 수행과 관련하여 다음 각 호의 사항을 매년 정기국회에 보고하여야 한다.
1. 제4조에 따라 금융회사등으로부터 보고를 받은 건수
2. 제10조에 따라 특정금융거래정보의 제공을 요구받은 건수 및 제공한 건수(2020.3.24 본호개정)

2의2. 제10조의2에 따른 통보 및 통보유예 현황에 관한 통계자료(2020.3.24 본호개정)
3. 제11조에 따라 외국금융정보분석기구와 정보를 교환한 건수(2020.3.24 본호개정)
4. 그 밖에 금융정보분석원 업무와 관련된 통계자료

(2011.5.19 본조개정)

제2장 금융회사등의 의무
(2020.3.24 본장제목신설)

제4조【불법재산 등으로 의심되는 거래의 보고 등】 ① 금융회사등은 다음 각 호의 어느 하나에 해당하는 경우에는 대통령령으로 정하는 바에 따라 지체 없이 그 사실을 금융정보분석원장에게 보고하여야 한다.
1. 금융거래등과 관련하여 수수(授受)한 재산이 불법재산이라고 의심되는 합당한 근거가 있는 경우(2020.3.24 본호개정)
2. 금융거래등의 상대방이 「금융실명거래 및 비밀보장에 관한 법률」 제3조제3항을 위반하여 불법적인 금융거래등을 하는 등 자금세탁행위나 공중협박자금조달행위를 하고 있다고 의심되는 합당한 근거가 있는 경우 (2020.3.24 본호개정)
3. 「범죄수익은닉의 규제 및 처벌 등에 관한 법률」 제5조제1항 및 「공중 등 협박목적 및 대량살상무기확산을 위한 자금조달행위의 금지에 관한 법률」 제5조제2항에 따라 금융회사등의 종사자가 관할 수사기관에 신고한 경우 (2014.5.28 본호개정)

② (2013.8.13 삭제)
③ 금융회사등은 제1항에 따라 보고를 할 때에는 그 의심되는 합당한 근거를 분명하게 밝혀야 한다.(2013.8.13 본항개정)
④ (2019.1.15 삭제)
⑤ 금융정보분석원장은 제1항에 따라 금융회사등으로부터 보고받은 사항을 분석할 때에는 보고받은 사항이 제1항의 요건에 해당하는지를 심사하기 위하여 필요한 경우에만 제5조의4제1항제1호에 따라 금융회사등이 보존하는 관련 자료를 열람하거나 복사할 수 있다.(2019.1.15 본항개정)
⑥ 금융회사등에 종사하는 자는 제1항에 따른 보고를 하려고 하거나 보고를 하였을 때에는 그 사실을 그 보고와 관련된 금융거래등의 상대방을 포함하여 다른 사람에게 누설하여서는 아니 된다. 다만, 다음 각 호의 어느 하나에 해당하는 경우에는 그러하지 아니하다.(2020.3.24 본문개정)
1. 자금세탁행위와 공중협박자금조달행위를 방지하기 위하여 같은 금융회사등의 내부에서 그 보고 사실을 제공하는 경우
2. 제3조제1항 각 호의 업무에 상당하는 업무를 수행하는 외국의 기관(이하 "외국금융정보분석기구"라 한다)에 대하여 해당 외국의 법령에 따라 제1항에 따른 보고에 상당하는 보고를 하는 경우(2013.8.13 본호개정)

⑦ 제1항에 따른 보고를 한 금융회사등(금융회사등의 종사자를 포함한다)은 고의 또는 중대한 과실로 인하여 거짓 보고를 한 경우 외에는 그 보고와 관련된 금융거래등의 상대방 및 그의 관계자에 대하여 손해배상책임을 지지 아니한다.(2020.3.24 본항개정)

(2011.5.19 본조개정)

제4조의2【금융회사등의 고액 현금거래 보고】 ① 금융회사등은 5천만원의 범위에서 대통령령으로 정하는 금액 이상의 현금(외국통화는 제외한다)이나 현금과 비슷한 기능의 지급수단으로서 대통령령으로 정하는 것(이하 "현금등"이라 한다)을 금융거래등의 상대방에게 지급하거나 그로부터 영수(領收)한 경우에는 그 사실을 30일 이내에 금융정보분석원장에게 보고하여야 한다. 다만, 다음 각 호의 어느 하나에 해당하는 경우에는 그러하지 아니하다.(2020.3.24 본문개정)
1. 다른 금융회사등(대통령령으로 정하는 자는 제외한다)과의 현금등의 지급 또는 영수
2. 국가, 지방자치단체, 그 밖에 대통령령으로 정하는 공공단체와의 현금등의 지급 또는 영수
3. 자금세탁의 위험성이 없는 일상적인 현금등의 지급 또는 영수로서 대통령령으로 정하는 것

② 금융회사등은 금융거래등의 상대방이 제1항을 회피할 목적으로 금액을 분할하여 금융거래등을 하고 있다고 의심되는 합당한 근거가 있는 경우에는 그 사실을 금융정보분석원장에게 보고하여야 한다.(2020.3.24 본항개정)
③ 금융정보분석원장은 다음 각 호의 기관을 고액 현금거래 보고에 관한 자료를 중계하는 기관(이하 "중계기관"이라 한다)으로 지정·운영할 수 있다.
1. 「민법」 제32조에 따라 금융위원회의 허가를 받아 설립된 사단법인 전국은행연합회
2. 「자본시장과 금융투자업에 관한 법률」 제283조에 따라 설립된 한국금융투자협회
3. 「상호저축은행법」 제25조에 따라 설립된 상호저축은행중앙회

④ 제1항 및 제2항에 따른 보고의 방법과 제3항에 따른 중계기관의 지정·운영과 그 밖에 필요한 사항은 대통령령으로 정한다.

(2011.5.19 본조개정)

제5조【금융회사등의 조치 등】 ① 금융회사등은 제4조제1항 및 제4조의2에 따른 보고를 원활하게 하고 금융회사등을 통한 자금세탁행위와 공중협박자금조달행위를 효율적으로 방지하기 위하여 다음 각 호의 조치를 하여야 한다.(2019.1.15 본문개정)
1. 제4조제1항 및 제4조의2에 따른 보고 업무를 담당할 자의 임명 및 내부 보고 체제의 수립(2013.8.13 본호개정)
2. 자금세탁행위와 공중협박자금조달행위의 방지를 위하여 해당 금융회사등의 임직원이 직무를 수행할 때 따라야 할 절차 및 업무지침의 작성·운용(2012.3.21 본호개정)
3. 자금세탁행위와 공중협박자금조달행위의 방지를 위한 임직원의 교육 및 연수

② 주된 거래유형, 거래규모 등을 고려하여 대통령령으로 정하는 금융회사등에 대해서는 제1항 각 호의 조치 중 전부 또는 일부를 면제할 수 있다.(2019.1.15 본항신설)
③ 제1항제2호에 따른 절차 및 업무지침은 다음 각 호의 사항을 포함하여야 한다.
1. 금융거래등에 내재된 자금세탁행위와 공중협박자금조달행위의 위험을 식별, 분석, 평가하여 위험도에 따라 관리 수준을 차등화하는 업무체계의 구축 및 운영에 관한 사항
2. 자금세탁행위와 공중협박자금조달행위의 방지 업무를 수행하는 부서로부터 독립된 부서나 기관에서 그 업무수행의 적절성, 효과성을 검토·평가하고 이에 따른 문제점을 개선하기 위한 업무체계의 마련 및 운영에 관한 사항
3. 그 밖에 자금세탁행위와 공중협박자금조달행위를 효율적으로 방지하기 위하여 대통령령으로 정하는 사항 (2019.1.15 본항신설)

④ 금융회사등은 임직원이 직무를 수행할 때 제1항제2호에 따른 절차 및 업무지침을 준수하는지 여부를 감독하여야 한다.(2019.1.15 본항신설)

(2011.5.19 본조개정)

제5조의2【금융회사등의 고객 확인의무】 ① 금융회사등은 금융거래등을 이용한 자금세탁행위 및 공중협박자금조달행위를 방지하기 위하여 합당한 주의(注意)로서 다음 각 호의 구분에 따른 조치를 하여야 한다. 이 경우 금융회사등은 이를 위한 업무 지침을 작성하고 운용하여야 한다.(2020.3.24 전단개정)
1. 고객이 계좌를 신규로 개설하거나 대통령령으로 정하는 금액 이상으로 일회성 금융거래등을 하는 경우 : 다음 각 목의 사항을 확인(2020.3.24 본문개정)
   가. 대통령령으로 정하는 고객의 신원에 관한 사항
   나. 고객을 최종적으로 지배하거나 통제하는 자연인(이하 이 조에서 "실제 소유자"라 한다)에 관한 사항. 다만, 고객이 법인 또는 단체인 경우에는 대통령령으로 정하는 사항

   (2014.5.28 가목~나목신설)
2. 고객이 실제 소유자인지 여부가 의심되는 등 고객이 자금세탁행위나 공중협박자금조달행위를 할 우려가 있는 경우 : 다음 각 목의 사항을 확인(2014.5.28 본문개정)
   가. 제1호 각 목의 사항(2014.5.28 본목신설)
   나. 금융거래등의 목적과 거래자금의 원천 등 금융정보분석원장이 정하여 고시하는 사항(금융회사등이 자금세탁행위나 공중협박자금조달행위의 위험성에 비례하여 합리적으로 가능하다고 판단하는 범위에 한정한다)(2020.3.24 본목개정)
3. 고객이 가상자산사업자인 경우 : 다음 각 목의 사항을 확인
   가. 제1호 또는 제2호 각 목의 사항
   나. 제7조제1항 및 제2항에 따른 신고 및 변경신고 의무의 이행에 관한 사항
   다. 제7조제3항에 따른 신고의 수리에 관한 사항
   라. 제7조제4항에 따른 신고 또는 변경신고의 직권 말소에 관한 사항
   마. 다음 1) 또는 2)에 해당하는 사항의 이행에 관한 사항
      1) 예치금(가상자산사업자의 고객인 자로부터 가상자산거래와 관련하여 예치받은 금전을 말한다)을 고유재산(가상자산사업자의 자기재산을 말한다)과 구분하여 관리
      2) 「정보통신망 이용촉진 및 정보보호 등에 관한 법률」 제47조 또는 「개인정보 보호법」 제32조의2에 따른 정보보호 관리체계 인증(이하 "정보보호 관리체계 인증"이라 한다)의 획득

   (2020.3.24 본호신설)

② 제1항의 업무 지침에는 고객 및 금융거래등의 유형별로 자금세탁행위 또는 공중협박자금조달행위의 방지와 관련되는 적절한 조치의 내용·절차·방법이 포함되어야 한다.(2020.3.24 본항개정)
③ 제1항 각 호에 따른 확인 조치 등의 대상·기준·절차·방법과 그 밖에 필요한 사항은 대통령령으로 정한다.
④ 금융회사등은 다음 각 호의 어느 하나에 해당하는 경우에는 계좌 개설 등 해당 고객과의 신규 거래를 거절하고, 이미 거래관계가 수립되어 있는 경우에는 해당 거래를 종료하여야 한다.(2020.3.24 본문개정)
1. 고객이 신원확인 등을 위한 정보 제공을 거부하는 등 고객확인을 할 수 없는 경우
2. 가상자산사업자인 고객이 다음 각 목의 어느 하나에 해당하는 경우
   가. 제7조제1항 및 제2항에 따른 신고 및 변경신고 의무를 이행하지 아니한 사실이 확인된 경우
   나. 제7조제3항제1호 또는 제2호에 해당하는 사실이 확인된 경우
   다. 제7조제3항에 따라 신고가 수리되지 아니한 사실이 확인된 경우
   라. 제7조제4항에 따라 신고 또는 변경신고가 직권으로 말소된 사실이 확인된 경우
3. 그 밖에 고객이 자금세탁행위나 공중협박자금조달행위를 할 위험성이 특별히 높다고 판단되는 경우로서 대통령령으로 정하는 경우

(2020.3.24 1호~3호신설)

⑤ 제4항에 따라 거래를 거절 또는 종료하는 경우에는 금융회사등은 제4조에 따른 의심되는 거래의 보고 여부를 검토하여야 한다.(2014.5.28 본항신설)

(2011.5.19 본조개정)

제5조의3【전신송금 시 정보제공】 ① 금융회사등은 송금인이 전신송금(電信送金 : 송금인의 계좌보유 여부를 불문하고 금융회사등을 이용하여 국내외의 다른 금융회사등으로 자금을 이체하는 서비스를 말한다)의 방법으로 500만원의 범위에서 대통령령으로 정하는 금액 이상을 송금하는 경우에는 다음 각 호의 구분에 따라 송금인 및 수취인에 관한 정보를 송금받는 금융회사등(이하 "수취 금융회사"라 한다)에 제공하여야 한다.
1. 국내송금

가. 송금인의 성명(법인인 경우에는 법인의 명칭을 말한다. 이하 같다)
나. 송금인의 계좌번호(계좌번호가 없는 경우에는 참조 가능한 번호를 말한다. 이하 같다)
다. 수취인의 성명 및 계좌번호
2. 해외송금
가. 송금인의 성명
나. 송금인의 계좌번호
다. 송금인의 주소 또는 주민등록번호(법인인 경우에는 법인등록번호, 외국인인 경우에는 여권번호 또는 외국인등록번호를 말한다)
라. 수취인의 성명 및 계좌번호
② 국내송금의 경우 수취 금융회사와 금융정보분석원장은 제1항에 따라 송금한 금융회사등(이하 "송금 금융회사"라 한다)에 다음 각 호의 경우에 제1항제2호다목의 정보를 제공하여 줄 것을 요청할 수 있다.
1. 수취 금융회사가 제4조에 따른 보고를 하기 위하여 필요한 경우
2. 금융정보분석원장이 수취 금융회사로부터 보고받은 정보를 심사·분석하기 위하여 필요한 경우
③ 송금 금융회사는 제2항에 따라 송금정보의 제공을 요청받은 경우 3영업일 이내에 그 정보를 제공하여야 한다.
(2013.8.13 본조신설)

제5조의4【금융회사등의 금융거래등 정보의 보유기간 등】① 금융회사등은 제4조, 제4조의2, 제5조의2 및 제5조의3에 따른 의무이행(이하 이 조에서 "의무이행"이라 한다)과 관련된 다음 각 호의 자료 및 정보를 금융거래등의 관계가 종료한 때부터 5년간 보존하여야 한다.
(2020.3.24 본문개정)
1. 제4조 및 제4조의2에 따른 보고와 관련된 다음 각 목의 자료
가. 금융거래등 상대방의 실지명의(實地名義)를 확인할 수 있는 자료(2020.3.24 본목개정)
나. 보고 대상이 된 금융거래등 자료(2020.3.24 본목개정)
다. 금융회사등이 제4조제3항에 따라 의심되는 합당한 근거를 기록한 자료
2. 제5조의2제1항 각 호에 따른 고객확인자료
3. 제5조의3제1항 각 호에 따른 송금인 및 수취인에 관한 정보
4. 그 밖에 의무이행과 관련하여 금융정보분석원장이 정하여 고시하는 자료
② 제1항 각 호 외의 부분에서 "금융거래등의 관계가 종료한 때"의 기준은 다음 각 호의 날로 한다.(2020.3.24 본문개정)
1. 제2조제2호가목의 경우에는 금융회사등과 고객 사이에 모든 채권채무관계가 종료한 날
2. 제2조제2호나목에서 규정하는 파생상품시장에서의 거래의 경우에는 거래종료사유 발생으로 거래종료일이 도래한 날. 다만, 고객의 계좌가 개설되어 있는 경우에는 그 계좌가 폐쇄된 날로 본다.
3. 제2조제2호다목의 경우에는 카지노사업자와 고객 사이에 카지노거래로 인한 채권채무관계를 정산한 날
4. 제2조제2호라목의 경우에는 가상자산사업자와 고객 사이에 가상자산거래로 인한 채권채무관계를 정산한 날
(2020.3.24 본호신설)
5. 그 밖의 금융거래등의 경우에는 대통령령으로 정하는 날
(2020.3.24 본호개정)
③ 제1항에 따른 보존의 방법, 장소 등 그 밖에 필요한 사항은 대통령령으로 정한다.
(2020.3.24 본조제목개정)
(2019.1.15 본조신설)

제3장 가상자산사업자에 대한 특례
(2020.3.24 본장신설)

제6조【적용범위 등】① 이 장은 가상자산사업자에 대하여 적용한다.
② 가상자산사업자의 금융거래등에 대해서는 국외에서 이루어진 행위로서 그 효과가 국내에 미치는 경우에도 이 법을 적용한다.
③ 가상자산사업자에 대하여 제5조의3을 적용하는 경우 정보제공의 대상·기준·절차·방법과 그 밖에 필요한 사항은 대통령령으로 정한다.

제7조【신고】① 가상자산사업자(이를 운영하려는 자를 포함한다. 이하 이 조에서 같다)는 대통령령으로 정하는 바에 따라 다음 각 호의 사항을 금융정보분석원장에게 신고하여야 한다.
1. 상호 및 대표자의 성명
2. 사업장의 소재지, 연락처 등 대통령령으로 정하는 사항
② 제1항에 따라 신고한 자는 신고한 사항이 변경된 경우에는 대통령령으로 정하는 바에 따라 금융정보분석원장에게 변경신고를 하여야 한다.
③ 금융정보분석원장은 제1항에도 불구하고 다음 각 호의 어느 하나에 해당하는 자에 대해서는 대통령령으로 정하는 바에 따라 가상자산사업자의 신고를 수리하지 아니할 수 있다.
1. 정보보호 관리체계 인증을 획득하지 못한 자
2. 실명확인이 가능한 입출금 계정〔동일 금융회사등(대통령령으로 정하는 금융회사등에 한정한다)에 개설된 가상자산사업자의 계좌와 그 가상자산사업자의 고객의 계좌 사이에서만 금융거래등을 허용하는 계정을 말한다〕을 통하여 금융거래등을 하지 아니하는 자. 다만, 가상자산거래의 특성을 고려하여 금융정보분석원장이 정하는 자에 대해서는 예외로 한다.
3. 이 법, 「범죄수익은닉의 규제 및 처벌 등에 관한 법률」, 「공중 등 협박목적 및 대량살상무기확산을 위한 자금조달행위의 금지에 관한 법률」, 「외국환거래법」 및 「자본시장과 금융투자업에 관한 법률」 등 대통령령으로 정하는 금융관련 법률에 따라 벌금 이상의 형을 선고받고 그 집행이 끝나거나(집행이 끝난 것으로 보는 경우를 포함한다) 집행이 면제된 날부터 5년이 지나지 아니한 자(가상자산사업자가 법인인 경우에는 그 대표자와 임원을 포함한다)
4. 제4항에 따라 신고 또는 변경신고가 말소되고 5년이 지나지 아니한 자
④ 금융정보분석원장은 가상자산사업자가 다음 각 호의 어느 하나에 해당하는 경우에는 대통령령으로 정하는 바에 따라 제1항 또는 제2항에 따른 신고 또는 변경신고를 직권으로 말소할 수 있다.
1. 제3항 각 호의 어느 하나에 해당하는 경우. 다만, 제3항제1호에 해당하는 경우로서 대통령령으로 정하는 경우에는 그러하지 아니하다.
2. 「부가가치세법」 제8조에 따라 관할 세무서장에게 폐업신고를 하거나 관할 세무서장이 사업자등록을 말소한 경우
3. 제5항에 따른 영업의 전부 또는 일부의 정지 명령을 이행하지 아니한 경우
4. 거짓이나 그 밖의 부정한 방법으로 신고 또는 변경신고를 하는 등 대통령령으로 정하는 경우
⑤ 금융정보분석원장은 가상자산사업자가 다음 각 호의 어느 하나에 해당하는 경우에는 대통령령으로 정하는 바에 따라 6개월의 범위에서 영업의 전부 또는 일부의 정지를 명할 수 있다.
1. 제15조제2항제1호에 따른 시정명령을 이행하지 아니한 경우
2. 제15조제2항제2호에 따른 기관경고를 3회 이상 받은 경우
3. 그 밖에 고의 또는 중대한 과실로 자금세탁행위와 공중협박자금조달행위를 방지하기 위하여 필요한 조치를 하지 아니한 경우로서 대통령령으로 정하는 경우
⑥ 제1항에 따른 신고의 유효기간은 신고를 수리한 날부터 5년 이하의 범위에서 대통령령으로 정하는 기간으로 한다. 신고 유효기간이 지난 후 계속하여 같은 행위를 영업으로 하려는 자는 대통령령으로 정하는 바에 따라 신고를 갱신하여야 한다.
⑦ 금융정보분석원장은 제1항부터 제6항까지에 따른 가상자산사업자의 신고에 관한 정보 및 금융정보분석원장의 조치를 대통령령으로 정하는 바에 따라 공개할 수 있다.
⑧ 금융정보분석원장은 이 조에 따른 가상자산사업자의 신고와 관련된 업무로서 대통령령으로 정하는 업무를 「금융위원회의 설치 등에 관한 법률」에 따른 금융감독원의 원장(이하 "금융감독원장"이라 한다)에게 위탁할 수 있다.
⑨ 금융회사등이 제3항제2호에 따른 실명확인이 가능한 입출금 계정을 개시하는 기준, 조건 및 절차에 관하여 필요한 사항은 대통령령으로 정한다.

제8조【가상자산사업자의 조치】가상자산사업자는 제4조제1항 및 제4조의2에 따른 보고의무 이행 등을 위하여 고객별 거래내역을 분리하여 관리하는 등 대통령령으로 정하는 조치를 하여야 한다.

제4장 특정금융거래정보의 제공 등
(2020.3.24 본장제목신설)

제9조【외국환거래자료 등의 통보】① 한국은행 총재, 세관의 장, 그 밖에 대통령령으로 정하는 자는 「외국환거래법」 제17조에 따른 신고에 관련된 자료와 같은 법 제21조에 따른 통보에 관련된 자료를 금융정보분석원장에게 통보하여야 한다.
② 제1항에 따른 통보 대상 자료의 범위 및 통보 절차 등에 관하여 필요한 사항은 대통령령으로 정한다.
(2011.5.19 본조개정)

제10조【수사기관 등에 대한 정보 제공】① 금융정보분석원장은 불법재산·자금세탁행위 또는 공중협박자금조달행위와 관련된 형사사건의 수사, 조세탈루혐의 확인을 위한 조사업무, 조세체납자에 대한 징수업무, 관세 범칙사건 조사, 관세탈루혐의 확인을 위한 조사업무, 관세체납자에 대한 징수업무 및 「정치자금법」 위반사건의 조사, 금융감독업무 또는 테러위험인물에 대한 조사업무(이하 "특정형사사건의 수사등"이라 한다)에 필요하다고 인정되는 경우에는 다음 각 호의 정보(이하 "특정금융거래정보"라 한다)를 검찰총장, 행정안전부장관(「지방세기본법」에 따른 지방자치단체의 장에게 제공하기 위하여 필요한 경우에 한정한다. 이하 같다), 고위공직자범죄수사처장, 국세청장, 관세청장, 중앙선거관리위원회, 금융위원회 또는 국가정보원장에 제공한다.(2021.12.28 본문개정)
1. 제4조제1항 또는 제4조의2에 따라 금융회사등이 보고한 정보 중 특정형사사건의 수사등과의 관련성을 고려하여 대통령령으로 정하는 정보(2013.8.13 본호개정)
2. 제11조제1항에 따라 외국금융정보분석기구로부터 제공받은 정보 중 특정형사사건의 수사등과의 관련성을 고려하여 대통령령으로 정하는 정보(2020.3.24 본호개정)
3. 제1호 및 제2호의 정보 또는 제4조의2 및 제9조에 따라 보고·통보받은 정보를 정리하거나 분석한 정보
(2020.3.24 본호개정)
② 금융정보분석원장은 불법재산·자금세탁행위 또는 공중협박자금조달행위와 관련된 형사사건의 수사에 필요하다고 인정하는 경우에는 대통령령으로 정하는 특정금융거래정보를 경찰청장, 해양경찰청장에게 제공한다.
(2017.7.26 본항개정)
③ (2005.1.17 삭제)
④ 검찰총장, 고위공직자범죄수사처장, 경찰청장, 해양경찰청장, 행정안전부장관, 국세청장, 관세청장, 중앙선거관리위원회, 금융위원회, 국가정보원장(이하 "검찰총장등"이라 한다)은 특정형사사건의 수사등을 위하여 필요하다고 인정하는 경우에는 대통령령으로 정하는 바에 따라 금융정보분석원장에게 제1항제3호에 규정된 정보의 제공을 요구할 수 있다.(2021.1.5 본항개정)
⑤ 검찰총장등은 제4항에 따라 특정금융거래정보의 제공을 요구하는 경우에는 다음 각 호의 사항을 적은 문서로 하여야 한다.
1. 대상자의 인적사항
2. 사용 목적
3. 요구하는 정보의 내용
4. 범죄혐의와 조세탈루혐의 등 정보의 필요성과 사용 목적과의 관련성(2013.8.13 본호신설)
⑥ 금융정보분석원의 소속 공무원은 제5항을 위반하여 특정금융거래정보의 제공을 요구받은 경우에는 이를 거부하여야 한다.
⑦ 금융정보분석원장은 제1항, 제2항 및 제4항에 따라 특정금융거래정보를 제공하였을 때에는 다음 각 호의 사항을 문서 또는 전산정보처리조직에 의하여 금융정보분석원장이 정하는 표준양식으로 그 제공한 날부터 5년간 기록·보존하여야 한다.(2013.8.13 본문개정)
1. 심사분석 및 제공과정에 참여한 금융정보분석원 직원(담당자 및 책임자)의 직위 및 성명
2. 특정금융거래정보를 제공받은 기관의 명칭 및 제공일자
3. 특정금융거래정보를 수령한 공무원(담당자 및 책임자)의 소속 기관, 직위 및 성명
4. 요구한 특정금융거래정보의 내용 및 사용목적
5. 제공된 특정금융거래정보의 내용 및 제공사유
6. 명의인에게 통보한 날
7. 통보를 유예한 경우 통보유예를 한 날, 사유, 기간 및 횟수
(2013.8.13 1호~7호신설)
⑧ 금융정보분석원장 소속으로 정보분석심의회를 두고, 금융정보분석원장은 특정금융거래정보를 검찰총장등에게 제공하는 경우에는 정보분석심의회의 심의를 거쳐 제공한다.(2013.8.13 본항신설)
⑨ 제8항에 따른 정보분석심의회는 금융정보분석원장과 심사분석 총괄책임자를 포함한 금융정보분석원 소속 공무원 3명으로 구성하되, 금융정보분석원장과 심사분석 총괄책임자를 제외한 1명은 대통령령으로 정하는 자격을 가진 사람으로 한다.(2013.8.13 본항신설)
⑩ 그 밖에 정보분석심의회의 심의절차 및 운영 등에 대하여는 금융정보분석원 업무의 독립성과 중립성을 고려하여 대통령령으로 정한다.(2013.8.13 본항신설)
⑪ 행정안전부장관, 국세청장 및 관세청장은 제4항에 따라 금융정보분석원장으로부터 특정금융거래정보를 제공받아 조세·관세 탈루사건 조사 및 조세·관세 체납자에 대한 징수업무에 활용한 경우에는 1년 이내에 「금융실명거래 및 비밀보장에 관한 법률」 제4조제1항에 따라 금융회사등에 해당 거래정보 등의 제공을 요구하여야 한다.
(2020.5.19 본항개정)
⑫ 검찰총장등은 제1항, 제2항 및 제4항에 따라 제공받은 특정금융거래정보의 보존·관리에 관한 기준을 마련하고 이를 금융정보분석원장에게 통지하여야 한다.
(2014.5.28 본항신설)
(2011.5.19 본조개정)

제10조의2【특정금융거래정보 제공사실의 통보】① 금융정보분석원장은 제4조의2에 따라 금융회사등이 보고한 정보(제10조제1항제3호에 해당하는 정보는 제외한다)를 제10조에 따라 검찰총장등에게 제공한 경우에는 제공한 날(제2항 또는 제3항에 따라 통보를 유예한 경우에는 통보유예의 기간이 끝난 날)부터 10일 이내에 제공한 거래정보의 주요 내용, 사용 목적, 제공받은 자 및 제공일 등을 명의인에게 금융정보분석원장이 정하는 표준양식으로 통보하여야 한다.(2020.3.24 본항개정)

② 금융정보분석원장은 검찰총장등으로부터 다음 각 호의 어느 하나에 해당하는 사유로 통보의 유예를 서면으로 요청받은 경우에는 제1항에도 불구하고 6개월의 범위에서 통보를 유예하여야 한다.
1. 해당 통보가 사람의 생명이나 신체의 안전을 위협할 우려가 있는 경우
2. 해당 통보가 증거인멸, 증인 위협 등 공정한 사법절차의 진행을 방해할 우려가 명백한 경우
3. 해당 통보가 질문·조사 등의 행정절차의 진행을 방해하거나 과도하게 지연시킬 우려가 명백한 경우
③ 금융정보분석원장은 검찰총장등이 제2항 각 호의 어느 하나에 해당하는 사유가 지속되고 있음을 제시하고 통보의 유예를 서면으로 반복하여 요청하는 경우에는 요청받은 날부터 2회에 한정하여(제2항제1호의 경우는 제외한다) 매 1회 3개월의 범위에서 유예요청기간 동안 통보를 유예하여야 한다.
④ 금융정보분석원장은 제1항에 따라 명의인에게 통보하기 위하여 필요한 경우에는 관계 행정기관 등의 장에게 그 이용 목적을 분명하게 밝힌 문서로 다음 각 호의 자료의 제공을 요청할 수 있다.
1. 「주민등록법」 제30조제1항에 따른 주민등록전산정보자료
2. 사업장 소재지 등 사업자에 관한 기본사항
(2013.8.13 본조신설)

제11조【외국금융정보분석기구와의 정보 교환 등】 ① 금융정보분석원장은 이 법에 따른 목적을 달성하기 위하여 필요하다고 인정하는 경우에는 외국금융정보분석기구에 상호주의 원칙에 따라 특정금융거래정보를 제공하거나 이와 관련된 정보를 제공받을 수 있다.
② 제1항에 따라 금융정보분석원장이 외국금융정보분석기구에 특정금융거래정보를 제공하려면 다음 각 호의 요건을 모두 충족하여야 한다.
1. 외국금융정보분석기구에 제공된 특정금융거래정보가 제공된 목적 외의 다른 용도로 사용되지 아니할 것
2. 특정금융거래정보 제공 사실의 비밀이 유지될 것
3. 외국금융정보분석기구에 제공된 특정금융거래정보가 금융정보분석원장의 사전 동의 없이는 외국의 형사사건의 수사나 재판에 사용되지 아니할 것
③ 금융정보분석원장은 외국으로부터 요청을 받은 경우에는 법무부장관의 동의를 받아 제1항에 따라 제공한 특정금융거래정보를 그 요청과 관련된 형사사건의 수사나 재판에 사용하는 것에 동의할 수 있다.
(2011.5.19 본조개정)

제5장 보 칙

(2020.3.24 본장제목신설)

제12조【금융거래정보의 비밀보장 등】 ① 다음 각 호의 어느 하나에 해당하는 자는 그 직무와 관련하여 알게 된 특정금융거래정보, 제5조의3에 따라 제공받은 정보, 제13조에 따라 제공받은 정보 또는 자료, 제15조제7항에 따라 제공받은 정보 및 제10조제8항의 정보분석심의회에서 알게 된 사항을 다른 사람에게 제공 또는 누설하거나 그 목적 외의 용도로 사용하여서는 아니 된다.(2020.3.24 본문개정)
1. 금융정보분석원 소속 공무원
2. 금융정보분석원의 전산시스템(특정금융거래정보의 처리를 위한 전산시스템을 말한다)의 관리자 및 해당 전산시스템 관련 용역 수행자
3. 중계기관에 종사하는 사람
3의2. 수취 금융회사에 종사하는 사람(2013.8.13 본호신설)
4. 제10조에 따라 제공된 특정금융거래정보와 관련된 특정형사사건의 수사등에 종사하는 사람
5. 제15조제1항 및 제6항에 따른 감독 및 검사를 한 자
6. 제10조제9항에 따라 정보분석심의회에 참여하거나 정보분석심의회의 업무에 종사하게 된 사람
(2020.3.24 4호~6호개정)
(2012.3.21 본항개정)
② 누구든지 제1항 각 호의 어느 하나에 해당하는 자에게 특정금융거래정보, 제5조의3에 따라 제공받은 정보, 제13조에 따라 제공받은 정보 또는 자료 및 제15조제7항에 따라 제공받은 정보를 제공할 것을 요구하거나 목적 외의 다른 용도로 사용할 것을 요구하여서는 아니 된다.
(2020.3.24 본항개정)
③ 제10조에 따라 제공된 특정금융거래정보는 재판에서 증거로 할 수 없다.(2020.3.24 본항개정)
④ 제4조제1항에 따른 보고에 관여한 금융회사등의 종사자는 제16조 및 제17조와 관련된 재판을 제외하고는 그 보고와 관련된 사항에 관하여 증언을 거부할 수 있다. 다만, 중대한 공익상의 필요가 있는 경우에는 그러하지 아니하다.(2020.3.24 본문개정)
(2011.5.19 본조개정)

제12조의2【특정금융거래정보 등의 보존 및 폐기】 ① 금융정보분석원장은 특정금융거래정보, 제5조의3·제9조·제13조·제15조제7항에 따라 제공받거나 통보받은 정보 또는 자료(이하 이 조에서 "정보등"이라 한다)를 다른 법령에도 불구하고 대통령령으로 정하는 바에 따라 기간을 정하여 보존하여야 한다.(2020.3.24 본항개정)
② 금융정보분석원장은 제1항에 따른 보존기간이 경과된 때에는 「공공기록물 관리에 관한 법률」에서 정한 절차에 따라 그 정보등을 폐기하여야 한다. 다만, 이 법에 따른 목적을 달성하기 위하여 필요하다고 인정하여 대통령령으로 정하는 경우에는 그러하지 아니하다.
③ 금융정보분석원장은 제2항에 따라 정보등을 폐기하는 때에는 복구 또는 재생되지 아니하도록 조치하여야 한다.
④ 그 밖에 정보등의 폐기 방법 및 절차 등에 필요한 사항은 대통령령으로 정한다.
(2014.5.28 본조신설)

제13조【자료 제공의 요청 등】 ① 금융정보분석원장은 특정금융거래정보(제10조제1항제3호의 정보는 제외한다. 이하 이 조에서 같다)나 제4조의2 또는 제9조에 따라 보고·통보받은 정보를 분석하기 위하여 필요한 경우에는 관계 행정기관 등의 장에게 그 이용 목적을 분명하게 밝힌 문서로 다음 각 호의 자료(금융거래정보는 제외한다)의 제공을 요청할 수 있다.(2020.3.24 본문개정)
1. 「가족관계의 등록 등에 관한 법률」 제11조제6항에 따른 등록전산정보자료(2013.8.13 본호신설)
2. 「주민등록법」 제30조제1항에 따른 주민등록전산정보자료(2013.8.13 본호신설)
3. 「형의 실효 등에 관한 법률」 제5조의2제2항에 따른 범죄경력자료 및 수사경력자료(2013.8.13 본호신설)
3의2. 「국민건강보험법」 제69조제5항에 따른 보험료금액에 관한 자료(2016.3.29 본호신설)
4. 사업의 종목, 사업장 소재지 등 사업자에 관한 기본사항으로서 대통령령으로 정하는 자료(2013.8.13 본호신설)
5. 그 밖에 심사·분석을 위하여 필요한 자료로서 대통령령으로 정하는 자료(2013.8.13 본호신설)
② 금융정보분석원장은 특정금융거래정보의 분석을 위하여 필요한 경우에는 대통령령으로 정하는 바에 따라 「신용정보의 이용 및 보호에 관한 법률」 제25조에 따른 신용정보집중기관의 장에게 그 이용 목적을 분명하게 밝힌 문서로 신용정보(금융거래정보는 제외한다)의 제공을 요구할 수 있다.
③ 금융정보분석원장은 특정금융거래정보를 분석할 때에는 보고받거나 제공받은 사항이 제4조제1항의 요건에 해당한다고 판단하는 경우에만 다음 각 호의 사항을 적은 문서로 금융회사등의 장에게 「외국환거래법」에 규정된 외국환업무에 따른 거래를 이용한 금융거래등 관련 정보 또는 자료의 제공을 요구할 수 있다.(2020.3.24 본문개정)
1. 거래자의 인적사항
2. 사용 목적
3. 요구하는 금융거래등 관련 정보 또는 자료의 내용(2020.3.24 본호개정)
④ 제1항부터 제3항까지의 규정에 따른 정보 또는 자료 제공의 요청이나 요구는 필요한 최소한으로만 하여야 한다.
(2011.5.19 본조개정)

제14조【다른 법률과의 관계】 ① 제4조, 제4조의2, 제5조의3, 제9조, 제10조, 제10조의2, 제11조, 제13조 및 제15조제7항은 「금융실명거래 및 비밀보장에 관한 법률」 제4조, 「신용정보의 이용 및 보호에 관한 법률」 제32조·제42조 및 「외국환거래법」 제22조에 우선하여 적용한다.
(2020.3.24 본항개정)
② 금융회사등과 중계기관이 이 법에 따라 제공한 정보에 대하여는 「신용정보의 이용 및 보호에 관한 법률」 제35조를 적용하지 아니한다.
(2011.5.19 본조개정)

제6장 감독·검사

(2020.3.24 본장제목신설)

제15조【금융회사등의 감독·검사 등】 ① 금융정보분석원장은 제4조, 제4조의2, 제5조, 제5조의2, 제5조의3, 제5조의4 또는 제8조에 따라 금융회사등이 수행하는 업무를 감독하고, 감독에 필요한 명령 또는 지시를 할 수 있으며, 그 소속 공무원으로 하여금 금융회사등의 업무를 검사하게 할 수 있다.(2021.12.28 본항개정)
② 금융정보분석원장은 제1항에 따른 검사 결과 이 법 또는 이 법에 따른 명령 또는 지시를 위반한 사실을 발견하였을 때에는 해당 금융회사등에 대하여 다음 각 호의 어느 하나에 해당하는 조치를 할 수 있다.
1. 위반 행위의 시정명령
2. 기관경고
3. 기관주의
(2012.3.21 본항개정)
③ 금융정보분석원장은 제1항에 따른 검사 결과 이 법 또는 이 법에 따른 명령 또는 지시를 위반한 사실을 발견하였을 때에는 위반 행위에 관련된 임직원에 대하여 다음 각 호의 구분에 따른 조치를 하여 줄 것을 해당 금융회사등의 장에게 요구할 수 있다.
1. 임원 : 다음 각 목의 어느 하나에 해당하는 조치
가. 해임권고
나. 6개월 이내의 직무정지
다. 문책경고
라. 주의적 경고
마. 주의
2. 직원 : 다음 각 목의 어느 하나에 해당하는 조치
가. 면직
나. 6개월 이내의 정직
다. 감봉
라. 견책
마. 주의
(2012.3.21 본항신설)
④ 금융정보분석원장은 다음 각 호의 어느 하나에 해당하는 경우에는 해당 금융회사등의 영업에 관한 행정제재처분의 권한을 가진 관계 행정기관의 장에게 6개월의 범위에서 그 영업의 전부 또는 일부의 정지를 요구할 수 있다.
1. 제2항제1호에 따른 시정명령을 이행하지 아니한 경우
2. 제2항제2호에 따른 기관경고를 3회 이상 받은 경우
3. 그 밖에 고의 또는 중대한 과실로 자금세탁행위와 공중협박자금조달행위를 방지하기 위하여 필요한 조치를 하지 아니한 경우로서 대통령령으로 정하는 경우
(2012.3.21 본항신설)
⑤ 제4항에 따른 요구를 받은 관계 행정기관의 장은 정당한 사유가 없으면 그 요구에 따라야 한다.(2012.3.21 본항신설)
⑥ 금융정보분석원장은 대통령령으로 정하는 바에 따라 한국은행총재 또는 금융감독원장이나 그 밖에 대통령령으로 정하는 자에게 위탁하여 그 소속 직원으로 하여금 제1항에 따른 검사와 제2항 및 제3항에 따른 조치를 하게 할 수 있다.(2020.3.24 본항개정)
⑦ 제1항 또는 제6항에 따라 감독·검사를 하는 자는 감독·검사에 필요한 경우에는 금융회사등의 장에게 금융거래등의 정보나 제4조 및 제4조의2에 따라 보고한 정보를 요구할 수 있다. 이 경우 정보의 요구는 필요한 최소한에 그쳐야 한다.(2020.3.24 전단개정)
⑧ 제1항 또는 제6항에 따라 검사를 하는 자는 그 권한을 표시하는 증표를 지니고 이를 관계인에게 보여 주어야 한다.(2012.3.21 본항개정)
⑨ 제7항에 따라 금융회사등의 장에게 금융거래등 정보를 요구하는 경우에는 「금융실명거래 및 비밀보장에 관한 법률」 제4조제6항 및 제4조의3제3항을 준용한다.
(2020.3.24 본항개정)

제15조의2【외국 금융감독·검사기관과의 업무협조 등】 ① 금융정보분석원장(이하 이 조에서 제15조제6항에 따라 금융정보분석원장의 권한을 위탁받은 자를 포함한다)은 외국 금융감독·검사기관(제4조·제4조의2·제5조·제5조의2·제5조의3 또는 제5조의4에 따른 금융회사등의 의무를 감독·검사하는 업무를 수행하는 외국의 기관을 말한다. 이하 이 조에서 같다)이 외국의 법령(자금세탁행위 방지 및 공중협박자금조달행위 금지 관련 국제협약과 국제기구의 권고사항을 반영한 외국의 법령을 말한다. 이하 이 조에서 "외국법령"이라 한다)을 위반한 행위에 대하여 목적·범위 등을 밝혀 이 법에서 정하는 방법에 따른 감독·검사를 요청하는 경우 이에 협조할 수 있다. 이 경우 금융정보분석원장은 상호주의 원칙에 따라 감독·검사자료를 외국 금융감독·검사기관에 제공하거나 이를 제공받을 수 있다.(2020.3.24 전단개정)
② 금융정보분석원장은 다음 각 호의 요건을 모두 충족하는 경우에만 제1항 후단에 따라 외국 금융감독·검사기관에 감독·검사자료를 제공할 수 있다.
1. 외국 금융감독·검사기관에 제공된 감독·검사자료가 제공된 목적 외의 다른 용도로 사용되지 아니할 것
2. 감독·검사자료 및 그 제공사실의 비밀이 유지될 것. 다만, 감독·검사자료가 제공된 목적 범위에서 외국법령에 따른 처분 또는 그에 상응하는 절차에 사용되는 경우에는 그러하지 아니하다.
③ 제1항에 따른 감독·검사의 경우 제15조제7항을 준용한다.(2020.3.24 본항개정)
(2019.1.15 본조신설)

제7장 벌칙 등

(2020.3.24 본장제목신설)

제16조【벌칙】 다음 각 호의 어느 하나에 해당하는 자는 5년 이하의 징역 또는 5천만원 이하의 벌금에 처한다.
(2014.5.28 본문개정)
1. 제4조제5항 또는 제13조제3항의 요건에 해당하지 아니함에도 불구하고 직권을 남용하여 금융회사등이 보존하는 관련 자료를 열람·복사하거나 금융회사등의 장에게 금융거래등 관련 정보 또는 자료의 제공을 요구한 자
2. 제12조제1항을 위반하여 직무와 관련하여 알게 된 특정금융거래정보, 제5조의3에 따라 제공받은 정보, 제13조에 따라 제공받은 정보 또는 자료 및 제15조제7항에 따라 제공받은 정보를 다른 사람에게 제공 또는 누설하

거나 그 목적 외의 용도로 사용한 자 또는 특정금융거래정보, 제5조의3에 따라 제공받은 정보, 제13조에 따라 제공받은 정보 또는 자료 및 제15조제7항에 따라 제공받은 정보를 제공할 것을 요구하거나 목적 외의 용도로 사용할 것을 요구한 자
3. 제12조제1항을 위반하여 제10조제8항의 정보분석심의회에서 알게 된 사항을 다른 사람에게 제공 또는 누설하거나 그 목적 외의 용도로 사용한 자 또는 이를 제공할 것을 요구하거나 목적 외의 용도로 사용할 것을 요구한 자
(2020.3.24 1호~3호개정)

제17조【벌칙】 ① 제7조제1항을 위반하여 신고를 하지 아니하고 가상자산거래를 영업으로 한 자(거짓이나 그 밖의 부정한 방법으로 신고를 하고 가상자산거래를 영업으로 한 자를 포함한다)는 5년 이하의 징역 또는 5천만원 이하의 벌금에 처한다.(2020.3.24 본항신설)
② 제7조제2항을 위반하여 변경신고를 하지 아니한 자(거짓이나 그 밖의 부정한 방법으로 변경신고를 한 자를 포함한다)는 3년 이하의 징역 또는 3천만원 이하의 벌금에 처한다.(2020.3.24 본항신설)
③ 다음 각 호의 어느 하나에 해당하는 자는 1년 이하의 징역 또는 1천만원 이하의 벌금에 처한다.
(2014.5.28 본문개정)
1. 제4조제1항 및 제4조의2제1항·제2항에 따른 보고를 거짓으로 한 자(2013.8.13 본호개정)
2. 제4조제6항을 위반한 자
(2011.5.19 본조개정)

제18조【징역과 벌금의 병과】 제16조 및 제17조에 규정된 죄를 범한 자에게는 징역과 벌금을 병과(竝科)할 수 있다.(2020.3.24 본조개정)

제19조【양벌규정】 법인의 대표자나 법인 또는 개인의 대리인, 사용인, 그 밖의 종업원이 그 법인 또는 개인의 업무에 관하여 제17조의 위반행위를 한 경우에는 행위자를 벌하는 외에 그 법인 또는 개인에 대하여도 해당 조문의 벌금형을 과(科)한다. 다만, 법인 또는 개인이 그 위반행위를 방지하기 위하여 해당 업무에 관하여 상당한 주의와 감독을 게을리하지 아니한 경우에는 그러하지 아니하다.(2020.3.24 본문개정)

제20조【과태료】 ① 다음 각 호의 어느 하나에 해당하는 자에게는 1억원 이하의 과태료를 부과한다.
(2019.1.15 본문개정)
1. 제5조제1항을 위반하여 각 호에 따른 조치를 하지 아니한 자(2019.1.15 본호개정)
2. 제5조의2제1항제2호를 위반하여 확인 조치를 하지 아니한 자(2019.1.15 본호개정)
3. 제8조를 위반하여 조치를 하지 아니한 자(2020.3.24 본호신설)
4. 제15조제1항부터 제3항까지 또는 제6항에 따른 명령·지시·검사에 따르지 아니하거나 이를 거부·방해 또는 기피한 자(2020.3.24 본호개정)
② 다음 각 호의 어느 하나에 해당하는 자에게는 3천만원 이하의 과태료를 부과한다.
1. 제4조제1항제1호·제2호 또는 제4조의2제1항·제2항을 위반하여 보고를 하지 아니한 자
2. 제5조의2제1항제1호를 위반하여 확인 조치를 하지 아니한 자
3. 제5조의4제1항을 위반하여 자료 및 정보를 보존하지 아니한 자
(2019.1.15 본항신설)
③ 제1항 및 제2항에 따른 과태료는 대통령령으로 정하는 바에 따라 금융정보분석원장이 부과·징수한다.
(2019.1.15 본항개정)

부 칙 (2007.12.21)

제1조【시행일】 이 법은 공포한 날부터 시행한다. 다만, 제1조의 개정규정, 제2조제1호나목·제2호다목·제3호다목·제5호의 개정규정, 제3조제1항제4호·제5호·제2항의 개정규정, 제4조제1항·제2항의 개정규정과 같은 조 제6항제1호의 개정규정 중 공중협박자금조달행위 관련 부분, 제4조의2제1항제1호·제3항·제4항의 개정규정, 제5조·제5조의2의 개정규정, 제7조제1항·제2항의 개정규정, 제9조제1항의 개정규정, 제12조제2항의 개정규정 중 중계기관 관련 부분은 공포 후 1년이 경과한 날부터 시행한다.

제2조【자금세탁행위에 관한 적용례】 제2조제4호다목의 개정규정은 이 법 시행 후 최초로 하는 같은 목의 자금세탁행위부터 적용한다.

제3조【과태료에 관한 경과조치】 이 법 시행 전의 행위에 대한 과태료의 적용에 있어서는 종전의 규정에 따른다.

제4조【「자본시장과 금융투자업에 관한 법률」에 따른 경과조치】 ① 제2조제2호나목에 따른 파생상품시장에서의 거래는 2009년 2월 4일전까지는 「선물거래법」 제3조제1호 및 제2호에 따른 선물거래로 본다.
② 제4조의2제3항제2호에 따른 한국금융투자협회는 2009년 2월 4일 전까지는 「증권거래법」 제162조에 따라 설립된 한국증권업협회로 본다.

부 칙 (2013.8.13)

제1조【시행일】 이 법은 공포 후 3개월이 경과한 날부터 시행한다. 다만, 제7조제8항부터 제10항까지의 개정규정은 공포 후 6개월이 경과한 날부터 시행한다.

제2조【전신송금 시 정보제공에 관한 적용례】 제5조의3제2항의 개정규정은 이 법 시행 후 행하여진 전신송금에 관한 정보제공을 요청하는 것부터 적용한다.

제3조【벌칙 등에 관한 경과조치】 이 법 시행 전의 행위에 대하여 벌칙 및 과태료를 적용할 때는 종전의 규정에 따른다.

부 칙 (2014.5.28 법12716호)

제1조【시행일】 이 법은 공포 후 6개월이 경과한 날부터 시행한다. 다만, 제5조의2제1항·제4항·제5항, 제7조제12항 및 제9조의2의 개정규정은 2016년 1월 1일부터 시행한다.

제2조【특정금융거래정보 등의 보존 및 폐기에 관한 적용례】 제9조의2의 개정규정은 같은 개정규정 시행 당시 금융정보분석원장이 보유하고 있는 특정금융거래정보, 제5조의3·제6조·제10조·제11조제7항에 따라 제공받거나 통보받은 정보 또는 자료에 대하여도 적용한다.

부 칙 (2019.1.15)

이 법은 2019년 7월 1일부터 시행한다.

부 칙 (2020.3.24)

제1조【시행일】 이 법은 공포 후 1년이 경과한 날부터 시행한다.

제2조【금융회사등의 가상자산사업자에 대한 고객 확인의무에 관한 적용례】 금융회사등의 이 법 시행 전부터 영업 중인 가상자산사업자에 대한 제5조의2의 개정규정 적용은 이 법 시행 후 최초로 실시되는 금융거래등부터 한다. 다만, 이 법 시행 전부터 영업 중인 가상자산사업자가 이 법 시행일부터 6개월 이내에 제7조제1항의 개정규정에 따라 신고를 하고 같은 조 제3항 및 제4항의 개정규정에 따라 신고가 수리되지 아니하거나 직권으로 말소된 사실이 확인되지 아니한 경우에는 제5조의2제4항제2호가목의 개정규정은 적용하지 아니한다.

제3조【가상자산사업자의 고객 확인의무에 관한 적용례】 이 법 시행 전부터 영업 중인 가상자산사업자와 가상자산거래를 하는 고객에 대한 제5조의2의 개정규정의 적용은 이 법 시행 후 최초로 실시되는 가상자산거래부터 한다.

제4조【가상자산사업자의 신고에 관한 적용례】 제7조제3항제3호의 개정규정은 이 법 시행 후 최초로 법률 위반행위를 한 경우부터 적용한다.

제5조【가상자산사업자의 신고에 관한 경과조치】 제7조의 개정규정에도 불구하고 이 법 시행 전부터 영업 중인 가상자산사업자는 이 법 시행일부터 6개월 이내에 같은 개정규정에 따른 요건을 갖추어 신고하여야 한다.

제6조【다른 법률의 개정】 ①~④ ※(해당 법령에 가제정리 하였음)

부 칙 (2020.5.19)

이 법은 공포 후 1년이 경과한 날부터 시행한다.

부 칙 (2021.1.5)
(2021.12.28)

이 법은 공포한 날부터 시행한다.

부 칙 (2023.7.18)

제1조【시행일】 이 법은 공포 후 1년이 경과한 날부터 시행한다.(이하 생략)

자산유동화에 관한 법률

(약칭 : 자산유동화법)

(1998년 9월 16일
법 률 제5555호)

개정
1999.12.31법 6073호(금융부실)
2000. 1.21법 6181호
2000.10.23법 6275호(기업구조조정투자회사법)
2001. 3.28법 6429호(상호저축은행법)
2002. 1.26법 6642호(도시교통정비촉진법)
2003. 5.29법 6916호(주택법)
2005. 3.31법 7428호(채무자회생파산)
2005. 7.29법 7615호(신탁)
2007. 8. 3법 8635호(자본시장금융투자업)
2007.12.21법 8703호
2008. 2.29법 8863호(금융위원회의설치등에관한법)
2008. 3.28법 9071호(도시교통정비촉진법)
2008.12.26법 9258호
2009. 4. 1법 9617호(신용정보의이용및보호에관한법)
2010. 5.17법10303호(은행법)
2011. 3.31법10522호(농협)
2011. 4.12법10580호(부등)
2011. 5.19법10682호(금융부실)
2011. 5.19법10692호
2011. 7.25법10924호(신탁법)
2012.12.18법11599호(한국토지주택공사법)
2015. 1. 6법12989호(주택도시기금법)
2016. 1.19법13797호(부동산거래신고등에관한법)
2016. 3.29법14131호
2016. 5.29법14242호(수협)
2017.11.28법15148호
2019.11.26법16652호(자산관리)
2020. 2. 4법16957호(신용정보의이용및보호에관한법)
2021. 4.20법18129호　　2023. 7.11법19533호

제1장 총 칙

(2023.7.11 본장개정)

제1조【목적】 이 법은 금융기관과 일반기업 등의 자금조달을 원활하게 하여 재무구조의 건전성을 높이고, 장기적인 주택자금의 안정적인 공급을 통한 주택금융기반 확충을 위하여 자산유동화에 관한 제도를 확립하며, 자산유동화에 따라 발행되는 유동화증권에 투자한 투자자를 보호함으로써 국민경제의 건전한 발전에 기여함을 목적으로 한다.

제2조【정의】 이 법에서 사용하는 용어의 뜻은 다음과 같다.
1. "자산유동화"란 다음 각 목의 행위를 말한다.
가. 유동화전문회사(자산유동화업무를 전업(專業)으로 하는 외국법인을 포함한다)가 자산보유자로부터 양도받은 유동화자산을 기초로 유동화증권을 발행하고, 해당 유동화자산의 관리·운용·처분에 따른 수익이나 차입금 등으로 유동화증권의 원리금 또는 배당금을 지급하는 일련의 행위
나. 「자본시장과 금융투자업에 관한 법률」에 따른 신탁업자(이하 "신탁업자"라 한다)가 자산보유자로부터 신탁받은 유동화자산을 기초로 유동화증권을 발행하고, 해당 유동화자산의 관리·운용·처분에 따른 수익이나 차입금 등으로 유동화증권의 수익금을 지급하는 일련의 행위
다. 신탁업자가 유동화증권을 발행하여 신탁받은 금전으로 자산보유자로부터 유동화자산을 양도받아 해당 유동화자산의 관리·운용·처분에 따른 수익이나 차입금 등으로 유동화증권의 수익금을 지급하는 일련의 행위
라. 유동화전문회사 또는 신탁업자가 다른 유동화전문회사 또는 다른 신탁업자로부터 양도받거나 신탁받은 유동화자산 또는 유동화증권을 기초로 하여 유동화증권을 발행하고 당초에 양도받거나 신탁받은 유동화자산 또는 유동화증권의 관리·운용·처분에 따른 수익이나 차입금 등으로 자기가 발행한 유동화증권의 원리금·배당금 또는 수익금을 지급하는 일련의 행위
2. "자산보유자"란 유동화자산을 보유하고 있는 다음 각 목의 자를 말한다.
가. 국가
나. 지방자치단체
다. 「한국산업은행법」에 따른 한국산업은행
라. 「한국수출입은행법」에 따른 한국수출입은행
마. 「중소기업은행법」에 따른 중소기업은행
바. 「은행법」에 따른 인가를 받아 설립된 은행(같은 법 제59조, 「새마을금고법」 제6조 및 「신용협동조합법」 제6조에 따라 은행으로 보는 자를 포함한다)
사. 「자본시장과 금융투자업에 관한 법률」에 따른 투자매매업자·투자중개업자·집합투자업자 또는 종합금융회사
아. 「보험업법」에 따른 보험회사
자. 「상호저축은행법」에 따른 상호저축은행
차. 「여신전문금융업법」에 따른 여신전문금융회사
카. 「한국자산관리공사 설립 등에 관한 법률」에 따른 한국자산관리공사(이하 "한국자산관리공사"라 한다)
타. 「한국토지주택공사법」에 따른 한국토지주택공사

(이하 "한국토지주택공사"라 한다)
파. 「주택도시기금법」에 따른 주택도시기금을 운용·관리하는 자
하. 「주식회사 등의 외부감사에 관한 법률」 제4조제1항제1호 또는 제3호에 따라 외부감사를 받는 회사(해당 회사에 준하는 외국법인 중 자국의 법령에 따라 회계감사를 받는 외국법인을 포함한다) 중 자산규모 및 재무상태 등을 고려하여 금융위원회가 정하여 고시하는 기준을 충족하는 회사
거. 「기업구조조정투자회사법」에 따른 기업구조조정투자회사
너. 「농업협동조합법」에 따른 농협은행
더. 「수산업협동조합법」에 따른 수협은행
러. 그 밖에 가목부터 더목까지에 준하는 자로서 대통령령으로 정하는 자
3. "유동화자산"이란 자산유동화의 대상이 되는 채권(채무자의 특정 여부에 관계없이 장래에 발생할 채권을 포함한다), 부동산, 지식재산권 및 그 밖의 재산권을 말한다.
4. "유동화증권"이란 유동화자산을 기초로 하여 제3조에 따른 자산유동화계획에 따라 발행되는 주권, 출자증권, 사채(社債), 수익증권, 그 밖의 증권이나 증서를 말한다.
5. "유동화전문회사"란 제17조 및 제20조에 따라 설립되어 자산유동화업무를 하는 회사를 말한다.

제2장 자산유동화계획의 등록 및 유동화자산의 양도 등
(2023.7.11 본장개정)

제3조【자산유동화계획의 등록】 ① 유동화전문회사, 신탁업자 및 자산유동화업무를 전업으로 하는 외국법인(이하 "유동화전문회사등"이라 한다)은 자산유동화에 관하여 이 법의 적용을 받으려는 경우 유동화자산의 범위, 유동화증권의 종류, 유동화자산의 관리방법 등이 포함된 자산유동화에 관한 계획(이하 "자산유동화계획"이라 한다)을 금융위원회에 등록하여야 한다. 자산유동화계획을 변경하려는 경우(대통령령으로 정하는 경미한 사항을 변경하려는 경우는 제외한다)에도 또한 같다.
② 유동화전문회사등(신탁업자는 제외한다)이 제1항에 따라 등록할 수 있는 자산유동화계획은 유동화자산 및 자산보유자의 수에 관계없이 1개로 한정한다.
③ 유동화전문회사등이 제1항에 따른 등록 또는 변경등록을 하려는 경우에는 금융위원회가 정하여 고시하는 서류를 함께 제출하여야 한다.
제4조【자산유동화계획】 자산유동화계획에는 다음 각 호의 사항이 포함되어야 한다.
1. 유동화전문회사등의 명칭 및 사무소의 소재지
2. 자산보유자
3. 자산유동화계획기간
4. 유동화자산의 종류·총액 및 평가내용
5. 유동화증권의 종류·총액 및 발행조건
6. 유동화자산의 관리·운용 및 처분
7. 제10조제1항에 따라 유동화자산의 관리를 위탁받은 자
8. 그 밖에 자산유동화에 필요한 사항으로서 대통령령으로 정하는 사항
제5조【등록의 거부 등】 ① 금융위원회는 다음 각 호의 어느 하나에 해당하는 경우 자산유동화계획의 등록을 거부하거나 그 내용의 변경을 요구할 수 있다.
1. 등록신청서류를 거짓으로 적거나 필요한 사항을 적지 아니한 경우
2. 자산유동화계획의 내용에 법령을 위반한 사항이 포함되어 있는 경우
3. 유동화전문회사의 설립에 관하여 법령을 위반한 사항이 있는 경우
② 금융위원회는 제1항에 따라 자산유동화계획의 등록을 거부하거나 변경을 요구하려는 경우에는 지체 없이 그 사유를 구체적으로 적은 서면으로 유동화전문회사등에 통보하여야 한다.
제6조【자산양도 등의 등록】 ① 자산보유자 또는 유동화전문회사등은 자산유동화계획에 따른 유동화자산(유동화자산을 제3자가 점유하고 있는 경우 그 제3자에 대한 반환청구권을 포함한다. 이하 이 조에서 같다)의 양도·신탁 또는 반환이 있는 경우 다음 각 호의 구분에 따라 그 사실을 금융위원회에 지체 없이 등록하여야 한다.
1. 자산보유자 : 자산유동화계획에 따라 유동화자산을 유동화전문회사등에 양도하거나 신탁업자에게 신탁한 경우
2. 유동화전문회사등 : 자산유동화계획에 따라 유동화자산을 다른 유동화전문회사등에 양도하거나 그 양도한 유동화자산을 반환받은 경우
② 유동화전문회사등은 다음 각 호의 어느 하나에 해당하는 경우 그 사실을 금융위원회에 등록할 수 있다.
1. 자산유동화계획에 따라 유동화자산을 자산보유자에게 양도하거나 양도의 취소 등을 이유로 반환한 경우(신탁업자가 신탁의 종료를 이유로 반환한 경우를 포함한다)
2. 자산유동화계획에 따라 유동화증권의 투자자를 위하여 제3자에게 유동화자산에 대한 질권 또는 저당권을 설정·해지한 경우
3. 자산유동화계획에 따라 유동화증권의 투자자를 위하여 제3자에게 유동화자산을 신탁하거나 신탁의 종료 등을 이유로 반환받은 경우
③ 자산보유자 또는 유동화전문회사등이 제1항 및 제2항에 따른 등록을 하려는 경우에는 금융위원회가 정하여 고시하는 등록신청서에 해당 등록사유에 관한 증명서류를 첨부하여 금융위원회에 제출하여야 한다.
④ 제3항에 따른 등록신청서에는 다음 각 호의 사항을 적어야 하며, 제1호의 사항은 전자기록이나 이에 준하는 방법으로 작성하여 제출하여야 한다.
1. 유동화자산의 명세
2. 유동화자산의 양도·신탁 또는 반환의 방법·일정 및 대금지급방법
3. 유동화자산이 채권인 경우 채권양도의 대항요건이 갖추어져 있는지 여부
4. 유동화자산의 양도 등에 관한 계약의 취소요건
5. 양수인이 해당 유동화자산을 처분하는 경우 양도인 등이 우선매입권을 가지는지 여부
6. 그 밖에 투자자 보호를 위하여 필요한 사항으로서 금융위원회가 정하여 고시하는 사항
⑤ 유동화전문회사등은 유동화자산의 양도 등에 관한 계약서, 등기필증, 등기필정보통지서, 등록증, 그 밖의 증빙서류를 대통령령으로 정하는 바에 따라 보관·관리하여야 한다.
⑥ 유동화전문회사등은 금융위원회 또는 유동화증권에 투자한 자로부터 제5항에 따라 보관·관리하는 서류의 열람을 요구받은 경우 그 요구에 따라야 한다.
⑦ 제1항 및 제2항에 따른 등록 신청의 절차 및 방법이나 그 밖에 필요한 사항은 금융위원회가 정하여 고시한다.
제7조【채권양도의 대항요건에 관한 특례】 ① 자산유동화계획에 따른 채권의 양도·신탁 또는 반환은 양도인(위탁자를 포함한다. 이하 같다) 또는 양수인(수탁자를 포함한다. 이하 같다)이 채무자에게 통지하거나 채무자가 승낙하지 아니하면 채무자에게 대항하지 못한다. 다만, 양도인 또는 양수인이 해당 채무자에게 다음 각 호의 구분에 따른 주소로 두 번 이상 내용증명우편을 발송하여 채권양도(채권의 신탁 또는 반환을 포함한다. 이하 이 조에서 같다) 사실을 통지하였으나 그 소재를 알 수 없는 등의 사유로 반송된 경우에는 채무자의 주소지를 주된 보급지역으로 하는 둘 이상의 일간신문(전국을 보급지역으로 하는 일간신문이 하나 이상 포함되어야 한다)에 채권양도 사실을 공고한 날에 채무자에게 채권양도의 통지를 한 것으로 본다.
1. 해당 저당권의 등기부 또는 등록부에 적혀 있는 채무자의 주소(등기부 또는 등록부에 적혀 있는 주소가 채무자의 최후 주소가 아닌 경우로서 양도인 또는 양수인이 채무자의 최후 주소를 알고 있는 때에는 그 최후 주소로 한다)
2. 해당 저당권의 등기부 또는 등록부에 채무자의 주소가 적혀 있지 아니하거나 등기부 또는 등록부가 없는 경우로서 양도인 또는 양수인이 채무자의 최후 주소를 알고 있는 때에는 그 최후 주소
② 자산보유자 또는 유동화전문회사등이 채권을 양도·신탁 또는 반환한 사실을 제6조제1항 및 제2항에 따라 등록한 경우 해당 채권의 채무자(유동화자산에 대한 반환청구권의 양도인 경우 그 유동화자산을 점유하고 있는 제3자를 포함한다. 이하 같다) 외의 제3자에 대해서는 그 등록을 한 때에 「민법」 제450조제2항에 따른 대항요건을 갖춘 것으로 본다.
제7조의2【근저당권으로 담보된 채권의 확정】 자산유동화계획에 따라 양도하거나 신탁하려는 유동화자산이 근저당권으로 담보된 채권인 경우 자산보유자가 채무자에게 근저당권으로 담보된 채권의 금액을 정하여 추가로 채권을 발생시키지 아니하고 그 채권의 전부를 양도하거나 신탁하겠다는 의사를 적은 통지서를 내용증명우편으로 발송하였을 때에는 그 통지서를 발송한 날의 다음 날에 해당 채권이 확정된 것으로 본다. 다만, 채무자가 10일 이내에 이의를 제기하였을 때에는 해당 채권이 확정된 것으로 보지 아니한다.
제8조【저당권 등의 취득에 관한 특례】 ① 자산보유자 또는 유동화전문회사등이 자산유동화계획에 따라 질권 또는 저당권으로 담보된 채권을 양도·신탁 또는 반환한 사실을 제6조제1항 및 제2항에 따라 등록한 경우 그 채권을 양도·신탁 또는 반환받은 자산보유자 또는 유동화전문회사등(제6조제2항제3호에 따라 유동화자산을 신탁받은 제3자를 포함한다)은 그 등록을 한 때에 해당 질권 또는 저당권을 취득한다.
② 한국자산관리공사 또는 한국토지주택공사가 금융기관의 부실자산정리, 부실징후기업의 자구계획지원 및 기업의 구조조정을 위하여 취득한 부동산을 자산유동화계획에 따라 유동화전문회사등에 양도하거나 신탁한 경우 해당 유동화전문회사등은 제6조제1항에 따른 등록을 한 때에 그 부동산에 대한 소유권을 취득한다.
제9조【등록서류 등의 공시】 ① 금융위원회는 제3조 및 제6조에 따른 등록 또는 변경등록에 관한 서류와 제38조의2제1항에 따른 등록취소에 관한 서류를 금융위원회가 정하여 고시하는 방법으로 공시하여야 한다.
② 신탁업자, 제10조제1항에 따라 유동화자산의 관리를 위탁받은 자 및 제23조제1항에 따라 업무를 위탁받은 자는 유동화자산의 명세와 그 현황에 관한 서류를 작성·비치하고 해당 유동화전문회사등의 투자자가 열람할 수 있게 하여야 한다.
제10조【자산관리의 위탁】 ① 유동화전문회사등(신탁업자는 제외한다)은 자산관리위탁계약에 따라 다음 각 호의 자(이하 "자산관리자"라 한다)에게 유동화자산의 관리를 위탁하여야 한다.
1. 자산보유자
2. 「신용정보의 이용 및 보호에 관한 법률」 제2조제5호에 따른 신용정보회사 중 같은 조 제10호의 채권추심업 허가를 받은 자
3. 「신용정보의 이용 및 보호에 관한 법률」 제2조제10호의2에 따른 채권추심회사
4. 그 밖에 자산관리업무를 전문적으로 수행하는 자로서 대통령령으로 정하는 요건을 갖춘 자
② 제1항제1호 및 제4호에 따른 자산관리자는 「신용정보의 이용 및 보호에 관한 법률」 제4조 및 제5조에도 불구하고 유동화전문회사등이 양도받거나 신탁받은 유동화자산에 대하여 같은 법 제2조제10호에 따른 채권추심업을 수행할 수 있다. 이 경우 해당 채권추심업의 수행에 관하여는 「신용정보의 이용 및 보호에 관한 법률」 제27조제1항, 제42조제1항 및 제43조제4항을 준용한다.
③ 유동화전문회사등은 자산관리위탁계약의 해지에 따라 자산관리자의 변제수령권한이 소멸되었음을 이유로 유동화자산인 채권의 채무자에게 대항할 수 없다. 다만, 채무자가 자산관리자의 변제수령권한이 소멸되었음을 알았거나 알 수 있었을 경우에는 그러하지 아니하다.
제11조【유동화자산의 관리】 ① 자산관리자는 제10조제1항에 따른 위탁을 받아 관리하는 유동화자산(해당 유동화자산을 관리·운용·처분하여 취득한 금전 등의 재산권을 포함한다. 이하 이 조, 제12조 및 제40조제1호에서 같다)을 선량한 관리자의 주의로 관리하여야 하며, 유동화증권에 투자한 투자자의 이익을 보호하여야 한다.
② 자산관리자는 제10조제1항에 따른 위탁을 받아 관리하는 유동화자산을 그의 고유재산과 구분하여 관리하여야 한다.
③ 자산관리자는 제10조제1항에 따른 위탁을 받아 관리하는 유동화자산에 대해서는 그 관리에 관한 장부를 별도로 작성·비치하여야 한다.
제12조【자산관리자의 파산 등】 ① 자산관리자가 파산하는 경우 제10조제1항에 따른 위탁을 받아 관리하는 유동화자산은 자산관리자의 파산재단을 구성하지 아니하며, 유동화전문회사등은 그 자산관리자 또는 파산관재인에게 유동화자산의 인도를 청구할 수 있다.
② 「채무자 회생 및 파산에 관한 법률」에 따른 회생절차가 개시된 경우 그 유동화자산의 처리에 관하여는 제1항을 준용한다.
③ 자산관리자가 제10조제1항에 따른 위탁을 받아 관리하는 유동화자산은 자산관리자의 채권자가 강제집행할 수 없으며, 「채무자 회생 및 파산에 관한 법률」에 따른 보전처분 또는 중지명령의 대상이 되지 아니한다.
제13조【양도의 방식】 유동화자산의 양도는 자산유동화계획에 따라 다음 각 호의 방식으로 하여야 한다. 이 경우 해당 유동화자산의 양도는 담보권의 설정으로 보지 아니한다.
1. 매매 또는 교환으로 할 것
2. 유동화자산에 대한 수익권 및 처분권은 양수인이 가질 것. 이 경우 양수인이 해당 자산을 처분할 때에 양도인이 이를 우선적으로 매수할 수 있는 권리를 가지는 경우에도 수익권 및 처분권은 양수인이 가진 것으로 본다.
3. 양도인은 유동화자산에 대한 반환청구권을 가지지 아니하고, 양수인은 유동화자산에 대한 대가의 반환청구권을 가지지 아니할 것
4. 양수인이 양도된 자산에 관한 위험을 인수할 것. 다만, 해당 유동화자산에 대하여 양도인이 일정 기간 그 위험을 부담하거나 하자담보책임(채권의 양도인이 채무자의 지급능력을 담보하는 경우를 포함한다)을 지는 경우는 제외한다.
제14조【시설대여계약 등의 변경 또는 해지】 ① 자산보유자가 자산유동화계획에 따라 유동화전문회사등에 시설대여계약 또는 연불판매계약에 따른 채권을 양도하거나 신탁한 경우 해당 자산보유자는 자산유동화계획에 따르지 아니하고는 그 시설대여계약 또는 연불판매계약을 변경하거나 해지할 수 없다. 「채무자 회생 및 파산에 관

한 법률」에 따라 선임된 자산보유자의 관재인·보전관재인·관리인·보전관리인, 그 밖에 이와 유사한 직무를 하는 자도 또한 같다.
② 시설대여계약 또는 연불판매계약에 따른 채권의 채무자가 자산보유자로부터 자산유동화계획에 따라 해당 채권을 유동화전문회사등에 양도 또는 신탁한 사실을 통지받거나 양도 또는 신탁을 승낙한 경우 제1항을 위반한 시설대여계약 또는 연불판매계약의 변경이나 해지는 그 효력이 없다.
제15조【차임채권】 자산보유자가 파산하거나 자산보유자에 대하여 회생절차가 개시되는 경우 유동화자산 중 차임채권에 관하여는 「채무자 회생 및 파산에 관한 법률」 제124조 및 제340조를 적용하지 아니한다.
제16조【「자본시장과 금융투자업에 관한 법률」 등 적용의 특례】 ① 신탁업자가 다음 각 호의 어느 하나에 해당하는 경우에는 「자본시장과 금융투자업에 관한 법률」 제105조에 따른 신탁자금운용의 제한을 받지 아니한다.
1. 자산유동화계획에 따라 유동화자산을 양도받은 경우
2. 자산유동화계획에 따라 유동화자산을 양도받거나 신탁받아 해당 자산유동화계획에 따라 여유자금을 운용하는 경우
② 신탁업자가 자산유동화계획에 따라 유동화자산을 양도하거나 신탁하는 경우에는 「신탁법」 제3조제1항 및 「민법」 제563조·제596조에도 불구하고 자기계약을 할 수 있다.
③ 신탁업자가 유동화자산을 관리·운용하는 경우에는 「신탁법」 제37조제3항에도 불구하고 금전인 신탁재산도 고유재산이나 다른 신탁재산에 속하는 금전과 구별하여 관리하여야 한다.

제3장 유동화전문회사
(2023.7.11 본장개정)

제17조【회사의 형태】 ① 유동화전문회사는 주식회사 또는 유한회사로 한다.
② 유동화전문회사에 관하여는 이 법에서 달리 정한 것을 제외하고는 「상법」 제3편제4장 및 제5장을 적용한다.
제18조 (2023.7.11 삭제)
제19조【주주총회 등】 ① 유동화전문회사(주식회사의 경우에는 자본금 총액이 10억원 미만인 주식회사로 한정한다)의 주주총회 또는 사원총회의 결의는 「상법」 제363조제4항 또는 제577조제1항·제2항에도 불구하고 총주주나 총사원의 동의가 없는 경우에도 서면으로 할 수 있다.
② 자산유동화계획에 어긋나거나 유동화증권을 소지한 자의 권리를 해하는 주주총회 또는 사원총회의 결의는 효력이 없다.
제20조【겸업 등의 제한】 ① 유동화전문회사는 제22조제1항에 따른 업무 외의 업무를 할 수 없다.
② 유동화전문회사는 본점 외의 영업소를 설치할 수 없으며, 직원을 고용할 수 없다.
제21조【유사명칭의 사용금지】 유동화전문회사가 아닌 자는 그 상호 또는 업무를 표시할 때 유동화전문회사임을 나타내는 명칭을 사용하여서는 아니 된다.
제22조【업무】 ① 유동화전문회사는 자산유동화계획에 따라 다음 각 호의 업무를 수행한다.
1. 유동화자산의 양수·양도 또는 다른 신탁업자에 대한 위탁
2. 유동화자산의 관리·운용 및 처분
3. 유동화증권의 발행 및 상환
4. 자산유동화계획의 수행에 필요한 계약의 체결
5. 유동화증권의 상환 등에 필요한 자금의 일시적인 차입
6. 여유자금의 투자
7. 그 밖에 제1호부터 제6호까지에서 규정한 업무에 부수하는 업무
② 유동화전문회사는 금융위원회가 정하여 고시하는 회계처리기준에 따라 그 회계를 처리하여야 한다.
제23조【업무의 위탁】 ① 유동화전문회사는 자산유동화계획에서 정하는 바에 따라 자산보유자나 그 밖의 제3자에게 다음 각 호의 사항에 관한 업무를 제외한 업무를 위탁하여야 한다.
1. 주주총회 또는 사원총회의 의결을 받아야 하는 사항
2. 이사의 회사대표권에 속하는 사항
3. 감사의 권한에 속하는 사항
4. 유동화자산의 관리에 관한 사항
5. 그 밖에 위탁하기에 적합하지 아니한 사항으로서 대통령령으로 정하는 사항
② 제1항에 따라 업무를 위탁받을 수 있는 제3자의 범위는 대통령령으로 정하는 바에 따라 제한할 수 있다.
③ 제1항에 따라 업무를 위탁받은 자는 선량한 관리자의 주의로 위탁받은 업무를 수행하여야 하며, 유동화증권에 투자한 투자자의 이익을 보호하여야 한다.
제24조【해산사유】 유동화전문회사는 다음 각 호의 어느 하나에 해당하는 사유로 해산한다.
1. 정관이나 자산유동화계획에서 정한 해산사유가 발생하였을 때
2. 유동화증권의 상환을 전부 완료하였을 때
3. 파산하였을 때
4. 법원의 명령 또는 판결이 있을 때
제25조【합병 등의 금지】 유동화전문회사는 다른 회사와 합병하거나 다른 회사로 조직을 변경할 수 없다.
제26조【청산인 등의 선임】 「금융위원회의 설치 등에 관한 법률」에 따른 금융감독원의 원장(이하 "금융감독원장"이라 한다)은 유동화전문회사가 해산하거나 파산한 경우 「상법」 제531조(같은 법 제613조제1항에서 준용하는 경우를 포함한다) 및 「채무자 회생 및 파산에 관한 법률」 제355조에도 불구하고 청산인 또는 파산관재인을 법원에 추천할 수 있으며, 법원은 특별한 사유가 없으면 금융감독원장이 추천한 자를 청산인 또는 파산관재인으로 선임하여야 한다.

제4장 유동화증권의 발행
(2023.7.11 본장개정)

제27조【상법 등의 적용】 자산유동화계획에 따른 유동화증권의 발행에 관하여는 이 법에서 달리 정한 경우를 제외하고는 「상법」, 「자본시장과 금융투자업에 관한 법률」, 그 밖의 관계 법령에 따른다.
제28조【출자증권의 발행】 ① 유한회사인 유동화전문회사는 「상법」 제555조에도 불구하고 자산유동화계획에 따라 사원의 지분에 관한 무기명식의 증권(이하 "출자증권"이라 한다)을 발행할 수 있다.
② 출자증권에 관하여는 「상법」 제359조 및 제360조를 준용한다.
③ 유한회사인 유동화전문회사의 사원은 정관에서 달리 정한 경우를 제외하고는 자기의 지분에 관하여 출자증권을 발행하거나 소지하지 아니하겠다는 의사를 표시하여 그 소각을 청구할 수 있다.
제29조【출자증권의 작성사항】 출자증권에는 다음 각 호의 사항을 적고 이사가 기명날인 또는 서명하여야 한다.
1. 회사의 상호
2. 회사의 성립연월일
3. 회사의 총출자좌수(總出資座數)
4. 1좌의 금액
5. 배당이나 재산분배에 관하여 내용이 다른 여러 종류의 권리가 있는 경우에는 그 종류와 내용
6. 일련번호
제30조【출자증권 양도 등의 예외】 ① 출자증권의 양도에 관하여는 「상법」 제557조를 적용하지 아니한다.
② 유동화전문회사는 「상법」 제462조 및 제462조의3(같은 법 제583조에서 준용하는 경우를 포함한다)에도 불구하고 정관에서 정하는 바에 따라 그 이익(재무상태표상의 자산에서 부채·자본금 및 준비금을 뺀 금액을 말한다)을 초과하여 배당할 수 있다.
③ 유동화전문회사는 「상법」 제439조제1항(같은 법 제597조에서 준용하는 경우를 포함한다) 및 제586조에도 불구하고 자본의 감소 및 증가에 관한 사항을 정관으로 정할 수 있다.
④ 유동화전문회사의 회계에 관하여는 「상법」 제458조(같은 법 제583조제1항에서 준용하는 경우를 포함한다)를 적용하지 아니한다.
제31조【사채의 발행】 ① 유동화전문회사는 자산유동화계획에 따라 사채를 발행할 수 있다.
② 제1항에 따라 발행하는 사채 중 유한회사가 발행하는 사채에 관하여는 「상법」 제3편제4장제8절(제469조는 제외한다)을 준용한다.
제32조【수익증권의 발행】 ① 신탁업자는 자산유동화계획에 따라 수익증권을 발행할 수 있다.
② 제1항에 따른 수익증권의 발행에 관하여는 「자본시장과 금융투자업에 관한 법률」 제110조제1항부터 제4항까지를 적용하지 아니한다.
제33조【유동화증권의 발행한도】 유동화증권의 발행총액은 양도받거나 신탁받은 유동화자산의 매입가액 또는 평가가액의 총액을 한도로 한다. 이 경우 제22조제1항제5호에 따른 차입금액은 해당 발행총액에 포함하지 아니한다.
제33조의2【유동화증권의 발행내역 등 공개】 유동화전문회사등(제3조에 따라 자산유동화계획을 등록하지 아니한 회사를 포함한다. 이하 제33조의3에서 같다)이 유동화증권(제3조에 따라 자산유동화계획을 등록하지 아니한 회사가 발행한 유동화증권에 준하는 증권을 포함한다. 이하 이 조, 제33조의3 및 제38조의3에서 같다)을 발행한 경우에는 대통령령으로 정하는 바에 따라 다음 각 호의 사항을 공개하여야 한다.
1. 유동화증권의 종류·총액·발행조건 등 발행내역
2. 유동화자산, 자산보유자 등 유동화 관련 정보
3. 제33조의3에 따른 유동화증권의 보유내역
4. 그 밖에 유동화증권의 발행에 관한 사항으로서 대통령령으로 정하는 사항
(2023.7.11 본조신설)
제33조의3【유동화증권의 의무보유】 유동화전문회사등이 유동화증권을 발행하는 경우 유동화전문회사등에 자산을 양도하거나 신탁한 자와 그 밖에 대통령령으로 정하는 자는 해당 유동화전문회사등이 발행한 유동화증권 발행금액의 100분의 5에 해당하는 금액의 범위에서 대통령령으로 정하는 기준과 절차에 따라 그 유동화증권을 보유하여야 한다. 다만, 다음 각 호의 어느 하나에 해당하는 유동화증권은 제외한다.
1. 국가, 지방자치단체 또는 금융위원회가 정하여 고시하는 공공기관이 원리금의 지급을 보증하는 유동화증권
2. 신용위험이 낮거나 이해상충이 발생할 가능성이 낮은 유동화증권으로서 대통령령으로 정하는 유동화증권
(2023.7.11 본조신설)

제5장 보칙
(2023.7.11 본장개정)

제34조【조사】 ① 금융위원회는 이 법 또는 이 법에 따른 명령이나 처분을 위반한 사항이 있거나 투자자 보호 또는 건전한 거래질서를 위하여 필요하다고 인정되는 경우에는 다음 각 호의 자에게 참고가 될 보고 또는 자료의 제출을 명하거나 금융감독원장에게 장부·서류, 그 밖의 물건을 조사하게 할 수 있다.
1. 유동화전문회사등
2. 유동화전문회사등으로부터 업무 또는 자산관리를 위탁받은 자
3. 유동화전문회사등에 자산을 양도하거나 신탁한 자
4. 그 밖에 위반행위의 혐의가 있는 자
② 금융위원회는 제3조에 따라 자산유동화계획을 등록하지 아니한 회사가 발행한 유동화증권에 준하는 증권과 관련하여 제33조의2 또는 제33조의3을 위반한 사항이 있는 경우에는 제1항 각 호에 준하는 자에게 참고가 될 보고 또는 자료의 제출을 명하거나 금융감독원장에게 장부·서류, 그 밖의 물건을 조사하게 할 수 있다.
③ 제1항 및 제2항에 따른 조사에 관하여는 「자본시장과 금융투자업에 관한 법률」 제426조제2항 및 제4항을 준용한다.
④ 금융위원회는 제1항 및 제2항에 따른 조사 결과 이 법에 따른 위반사항이 있는 경우에는 시정명령, 그 밖에 대통령령으로 정하는 조치를 할 수 있으며, 조사 및 조치에 필요한 절차·조치기준, 그 밖에 필요한 사항을 정하여 고시할 수 있다.
제35조【업무개선명령】 금융위원회는 유동화전문회사등 또는 자산관리자의 업무 운영이 투자자의 이익을 침해할 우려가 있다고 인정되는 경우에는 투자자 보호를 위한 범위에서 해당 유동화전문회사등 또는 자산관리자에게 업무의 종류 및 방법의 변경, 재산의 공탁, 그 밖에 업무의 운영 및 개선에 필요한 조치를 명할 수 있다.
제35조의2【유동화전문회사등의 보고】 ① 유동화전문회사등은 다음 각 호의 어느 하나에 해당하는 사유가 있는 경우 지체 없이 그 사실을 금융위원회에 보고하여야 한다.
1. 제24조에 따른 유동화전문회사의 해산사유
2. 자산보유자의 파산
3. 그 밖에 투자자 보호를 위하여 대통령령으로 정하는 중대한 사유
② 금융위원회는 제1항에 따른 유동화전문회사등의 보고를 받은 경우 그 내용을 공시하여야 한다.
(2023.7.11 본조신설)
제36조【금융기관의 부실자산정리, 부실징후기업의 자구계획지원 및 기업의 구조조정을 위한 특례】 한국자산관리공사 또는 한국토지주택공사가 금융기관의 부실자산정리, 부실징후기업의 자구계획지원 및 기업의 구조조정을 위하여 취득한 부동산을 자산유동화계획에 따라 유동화전문회사등에 양도하거나 신탁하는 경우에는 다음 각 호의 규정을 적용하지 아니한다.
1. 「부동산등기 특별조치법」 제2조부터 제4조까지
2. 「도시교통정비 촉진법」 제36조
3. 「주택도시기금법」 제8조
4. 「부동산 거래신고 등에 관한 법률」 제3조제1항(거래당사자가 같은 법 제2조제4호의 외국인등인 경우로 한정한다), 제8조제2항 및 제11조
제36조의2【국민주택채권매입의 면제】 자산유동화계획에 따라 유동화자산을 양도·신탁하거나 유동화자산에 저당권을 설정하는 경우에는 「주택도시기금법」 제8조를 적용하지 아니한다.
제37조【채무자에 관한 정보의 제공 및 활용】 ① 자산보유자 또는 유동화전문회사등은 「금융실명거래 및 비밀보장에 관한 법률」 제4조 및 「신용정보의 이용 및 보호에 관한 법률」 제32조·제33조·제34조의2·제34조의3·

제42조제4항에도 불구하고 자산유동화계획의 수행을 위하여 필요한 범위에서 해당 유동화자산인 채권의 채무자의 지급능력에 관한 정보를 투자자, 양수인, 그 밖에 이에 준하는 이해관계인에게 제공할 수 있다.
② 자산유동화계획에 따라 유동화자산을 양도받거나 신탁받은 자(그 업무를 위탁받은 자를 포함한다)는 유동화자산인 채권의 채무자의 지급능력에 관한 정보를 해당 채권을 변제받기 위한 목적 외의 용도로 사용하여서는 아니 된다.

제38조【업무의 위탁】 금융위원회는 다음 각 호의 업무의 전부 또는 일부를 대통령령으로 정하는 바에 따라 금융감독원장에게 위탁할 수 있다.
1. 제3조에 따른 자산유동화계획의 등록
2. 제5조에 따른 자산유동화계획의 등록 거부 또는 변경요구
3. 제6조제1항 및 제2항에 따른 자산양도 등의 등록
4. 제9조제1항에 따른 등록서류 등의 공시
5. 제35조의2에 따른 보고의 접수 및 공시
6. 그 밖에 대통령령으로 정하는 업무

제38조의2【자산유동화계획의 등록취소】 ① 금융위원회는 유동화전문회사등이 다음 각 호의 어느 하나에 해당하는 경우에는 자산유동화계획의 등록을 취소할 수 있다.
1. 제3조제1항에 따른 등록 또는 변경등록을 거짓 또는 부정한 방법으로 한 경우
2. 제3조제1항 후단에 따른 변경등록을 하지 아니하고 자산유동화계획을 변경한 경우
3. 제6조제1항에 따른 등록을 하지 아니하거나 같은 조 제1항 또는 제2항에 따른 등록을 거짓으로 한 경우
4. 유동화전문회사가 제20조제1항을 위반하여 제22조제1항에 따른 업무 외의 업무를 한 경우
5. 제35조에 따른 업무개선명령을 이행하지 아니한 경우

② 금융위원회는 제1항에 따라 등록을 취소하려는 경우 청문을 하여야 한다.

제38조의3【과징금】 ① 금융위원회는 고의 또는 중대한 과실로 제33조의3을 위반하여 유동화증권을 보유하지 아니하거나 유동화증권의 보유 비율을 준수하지 아니한 자에게 대통령령으로 정하는 바에 따라 유동화증권 발행금액의 100분의 5에 해당하는 금액(20억원을 초과하는 경우에는 20억원을 말한다)의 범위에서 과징금을 부과할 수 있다.
② 제1항에 따른 과징금은 해당 위반행위가 종료된 날부터 5년이 지나면 부과할 수 없다.
③ 제1항에 따른 과징금의 부과·징수에 관하여는 「자본시장과 금융투자업에 관한 법률」 제431조부터 제433조(제1항은 제외한다)까지, 제434조, 제434조의2부터 제434조의4까지 및 제438조제2항을 준용한다.
(2023.7.11 본조신설)

제6장 벌 칙
(2023.7.11 본장제목개정)

제39조【벌칙】 다음 각 호의 어느 하나에 해당하는 자는 3년 이하의 징역 또는 2천만원 이하의 벌금에 처한다.
1. 제6조제3항에 따른 등록신청서 또는 등록사유에 관한 증명서류를 거짓으로 작성한 자
2. 제9조제2항에 따른 서류를 거짓으로 작성하거나 열람에 제공하지 아니한 자
3. 제37조제2항을 위반하여 채무자의 지급능력에 관한 정보를 해당 채권을 변제받기 위한 목적 외의 용도로 사용한 자

(2023.7.11 본조개정)

제40조【벌칙】 다음 각 호의 어느 하나에 해당하는 자는 1년 이하의 징역 또는 1천만원 이하의 벌금에 처한다.
1. 제11조제2항을 위반하여 관리위탁을 받은 유동화자산을 고유재산과 구분하여 관리하지 아니한 자
2. 제22조를 위반하여 자산유동화계획에 따르지 아니하고 자금을 차입하거나 여유자금을 투자한 자
3. 제35조에 따른 업무개선명령을 이행하지 아니한 자

(2023.7.11 본조개정)

제41조【양벌규정】 법인의 대표자나 법인 또는 개인의 대리인, 사용인, 그 밖의 종업원이 그 법인 또는 개인의 업무에 관하여 제39조 또는 제40조의 위반행위를 하면 그 행위자를 벌하는 외에 그 법인 또는 개인에게도 해당 조문의 벌금형을 과(科)한다. 다만, 법인 또는 개인이 그 위반행위를 방지하기 위하여 해당 업무에 관하여 상당한 주의와 감독을 게을리하지 아니한 경우에는 그러하지 아니하다.(2008.12.26 본조개정)

제42조【과태료】 ① 다음 각 호의 어느 하나에 해당하는 자에게는 1천만원 이하의 과태료를 부과한다.
1. 제11조제3항에 따른 장부를 작성·비치하지 아니한 자
2. 제21조를 위반하여 유동화전문회사임을 나타내는 명칭을 사용한 자
3. 제33조의2에 따른 공개를 하지 아니하거나 거짓으로 공개한 자
4. 제35조의2에 따른 보고를 하지 아니하거나 거짓으로 보고한 자

② 제1항에 따른 과태료는 대통령령으로 정하는 바에 따라 금융위원회가 부과·징수한다.
(2023.7.11 본조개정)

부 칙 (2019.11.26)

제1조【시행일】 이 법은 공포한 날부터 시행한다.(이하 생략)

부 칙 (2020.2.4)

제1조【시행일】 이 법은 공포 후 6개월이 경과한 날부터 시행한다.(이하 생략)

부 칙 (2021.4.20)

이 법은 공포 후 3개월이 경과한 날부터 시행한다.

부 칙 (2023.7.11)

제1조【시행일】 이 법은 공포 후 6개월이 경과한 날부터 시행한다.

제2조【유동화자산 양도 등의 임의등록에 관한 적용례】 제6조제2항의 개정규정은 이 법 시행 전에 종전의 제6조제1항제2호가목·다목의 사실이 발생한 경우(금융위원회에 해당 사실을 등록한 경우는 제외한다)에 대해서도 적용한다.

제3조【담보채권의 등록에 따른 저당권·질권의 취득에 관한 적용례】 제8조제1항의 개정규정은 이 법 시행 전에 질권 또는 저당권으로 담보된 채권을 양도하거나 신탁한 사실을 이 법 시행 이후 제6조제1항 및 제2항의 개정규정에 따라 등록한 경우부터 적용한다.

제4조【유동화증권의 발행내역 공개 및 의무보유에 관한 적용례 등】 ① 제33조의2 및 제33조의3의 개정규정은 이 법 시행 이후 유동화전문회사등이 제3조제1항 전단의 개정규정에 따라 자산유동화계획을 등록하는 경우부터 적용한다.
② 제1항에도 불구하고 제3조제1항 전단의 개정규정에 따라 자산유동화계획을 등록하지 아니한 회사의 경우에는 이 법 시행 이후 유동화증권에 준하는 증권의 발행을 위하여 다음 각 호의 어느 하나에 해당하는 조치를 한 경우부터 제33조의2 및 제33조의3의 개정규정을 적용한다.
1. 「자본시장과 금융투자업에 관한 법률」 제119조에 따라 증권신고서를 제출하거나 같은 법 제130조제1항에 따라 증권의 모집을 위한 공시 또는 그 밖의 조치를 한 경우
2. 「주식·사채 등의 전자등록에 관한 법률」 제25조제1항에 따라 전자등록을 신청한 경우
3. 「자본시장과 금융투자업에 관한 법률」 제309조에 따라 예탁결제원에 예탁을 한 경우

제5조【유동화전문회사등의 보고에 관한 적용례】 제35조의2의 개정규정은 이 법 시행 이후 발생하는 유동화전문회사등의 보고 사유부터 적용한다.

인터넷전문은행 설립 및 운영에 관한 특례법(약칭 : 인터넷전문은행법)

(2018년 10월 16일 법 률 제15856호)

개정
2020. 5.19법17294호 2023. 3.21법19262호

제1장 총 칙

제1조【목적】 이 법은 금융과 정보통신기술이 융합한 인터넷전문은행에 대하여 「은행법」의 특례를 정함으로써 금융혁신과 은행업의 건전한 경쟁을 촉진하고 금융소비자의 편익을 증진하여 금융산업 및 국민경제의 건전한 발전에 이바지함을 목적으로 한다.

제2조【정의】 이 법에서 "인터넷전문은행"이란 은행업을 주로 전자금융거래(「전자금융거래법」 제2조제1호에 따른 거래를 말한다. 이하 같다)의 방법으로 영위하는 은행을 말한다.

제3조【다른 법률과의 관계】 ① 인터넷전문은행에 관하여 이 법에 특별한 규정이 있는 경우를 제외하고는 「은행법」에서 정하는 바에 따른다.
② 이 법 및 「은행법」 이외의 다른 법률을 해석·적용할 때 이 법에 따른 인터넷전문은행은 「은행법」에 따라 인가를 받아 설립된 은행으로 본다.

제2장 인터넷전문은행의 설립 등

제4조【최저자본금의 특례】 ① 인터넷전문은행의 자본금은 「은행법」 제8조제2항제1호 본문에도 불구하고 250억원 이상으로 할 수 있다.
② 인터넷전문은행은 은행업을 영위할 때 제1항에 따른 자본금을 유지하여야 한다.

제5조【비금융주력자의 주식보유한도 특례】 ① 비금융주력자는 「은행법」 제16조의2제1항 및 제2항에도 불구하고 인터넷전문은행의 의결권 있는 발행주식 총수의 100분의 34 이내에서 주식을 보유할 수 있다.
② 제1항의 경우 「은행법」 제15조, 제16조, 제16조의4 및 제65조의9를 적용한다. 다만, 「은행법」 제15조제5항에 따른 은행의 주식을 보유할 수 있는 자의 자격 및 주식보유와 관련한 승인의 요건에도 불구하고 「은행법」 제15조제3항 본문에 따른 한도를 초과하여 인터넷전문은행의 주식을 보유할 수 있는 비금융주력자의 자격 및 주식보유와 관련한 승인의 요건은 다음 각 호의 사항을 감안하여 별표로 정한다.
1. 출자능력, 재무상태 및 사회적 신용
2. 경제력 집중에 대한 영향
3. 주주구성계획의 적정성
4. 정보통신업 영위 회사의 자산 비중
5. 금융과 정보통신기술의 융합 촉진 및 서민금융 지원 등을 위한 기여 계획

③ 금융위원회는 제1항에 따라 인터넷전문은행의 주식을 보유하는 자에 대해 「은행법」 제16조의4제1항에 따른 초과보유요건등을 심사하는 경우에는 제2항에 따른 별표의 요건을 심사하여야 한다.

제3장 건전경영의 유지

제6조【인터넷전문은행의 업무범위】 인터넷전문은행은 「은행법」 제27조 및 제27조의2제1항에도 불구하고 법인(「중소기업기본법」 제2조제1항에 따른 중소기업은 제외한다)에 대한 신용공여를 할 수 없다. 다만, 자산의 유동성과 건전성 관리를 목적으로 하는 다음 각 호의 신용공여 및 「한국은행법」 제55조에 따른 지급준비금의 예치는 할 수 있다.(2023.3.21 본문개정)
1. 국채의 매입
2. 지방채의 매입
3. 환매조건부채권 매매 거래
4. 콜론(call loan : 초단기 자금 대여)
5. 「독점규제 및 공정거래에 관한 법률」 제31조제1항에 따라 지정된 공시대상기업집단에 속하지 아니한 금융기관에서 발행한 유가증권의 매입

(2023.3.21 1호~5호신설)

제7조【동일차주 등에 대한 신용공여한도】 ① 「은행법」 제35조제1항 본문에도 불구하고 인터넷전문은행은 동일차주(「은행법」 제35조제1항 본문에 따른 동일차주를 말한다. 이하 같다)에 대하여 그 인터넷전문은행의 자기자본의 100분의 20을 초과하는 신용공여를 할 수 없다. 다만, 다음 각 호의 어느 하나에 해당하는 경우로서 대통령령으로 정하는 경우에는 그러하지 아니하다.
1. 국민경제를 위하여 또는 인터넷전문은행의 채권 확보의 실효성을 높이기 위하여 필요한 경우
2. 인터넷전문은행이 추가로 신용공여를 하지 아니하였음에도 불구하고 자기자본의 변동, 동일차주 구성의 변동 등으로 인하여 본문에 따른 한도를 초과하게 되는 경우

② 「은행법」 제35조제3항 본문에도 불구하고 인터넷전문은행은 동일한 개인이나 법인 각각에 대하여 그 인터넷전문은행의 자기자본의 100분의 15를 초과하는 신용공여를 할 수 없다. 다만, 제1항 단서에 해당하는 경우에는 그러하지 아니하다.
③ 인터넷전문은행이 제1항제2호에 따라 제1항 본문 및 제2항 본문에 규정된 한도를 초과하게 되는 경우에는 그 한도가 초과하게 된 날부터 1년 이내에 제1항 본문 및 제2항 본문에 규정된 한도에 맞도록 하여야 한다. 다만, 대통령령으로 정하는 부득이한 사유에 해당하는 경우에는 금융위원회가 그 기간을 정하여 연장할 수 있다.
제8조【대주주에 대한 신용공여 금지】 ① 인터넷전문은행은 「은행법」 제35조의2제1항에도 불구하고 그 인터넷전문은행의 대주주(「은행법」 제35조의2제1항에 따른 대주주를 말한다. 이하 이 조에서 같다)에게 신용공여를 하여서는 아니 된다. 다만, 기업 간 합병 또는 영업의 양수, 동일인 구성의 변동 등에 따라 대주주 아닌 자에 대한 신용공여가 대주주에 대한 신용공여로 되는 경우 및 그 밖에 불가피한 경우로서 대통령령으로 정하는 경우에는 그러하지 아니하다.
② 인터넷전문은행은 제1항에 따른 신용공여 금지를 회피하기 위한 목적으로 다른 은행과 교차하여 신용공여를 하여서는 아니 된다.
③ 인터넷전문은행은 그 인터넷전문은행의 대주주에게 자산을 무상으로 양도하거나 통상의 거래조건에 비추어 그 인터넷전문은행에게 현저하게 불리한 조건으로 거래를 하여서는 아니 된다.
④ 인터넷전문은행이 제1항 단서에 따라 신용공여를 하게 되는 경우에는 그 신용공여를 하게 된 날부터 1년 이내에 이를 해소하여야 한다. 다만, 대통령령으로 정하는 부득이한 사유에 해당하는 경우에는 금융위원회가 그 기간을 정하여 연장할 수 있다.
제9조【대주주가 발행한 지분증권의 취득금지】 ① 인터넷전문은행은 「은행법」 제35조의3제1항 본문에도 불구하고 그 인터넷전문은행의 대주주(「은행법」 제35조의3제1항 본문에 따른 대주주를 말한다. 이하 같다)가 발행한 지분증권(「자본시장과 금융투자업에 관한 법률」 제4조제4항에 따른 지분증권을 말한다. 이하 이 조에서 같다)을 취득해서는 아니 된다. 다만, 담보권의 실행 등 권리행사에 필요한 경우 및 그 밖에 불가피한 경우로서 대통령령으로 정하는 경우에는 그러하지 아니하다.
② 인터넷전문은행이 제1항 단서에 따라 대주주가 발행한 지분증권을 취득하게 되는 경우에는 그 지분증권을 취득하게 된 날부터 1년 이내에 해당 지분증권을 처분하여야 한다. 다만, 대통령령으로 정하는 부득이한 사유에 해당하는 경우에는 금융위원회가 그 기간을 정하여 연장할 수 있다.
제10조【대주주의 부당한 영향력 행사의 금지】 인터넷전문은행의 대주주는 그 인터넷전문은행의 이익에 반하여 다음 각 호의 어느 하나에 해당하는 행위를 하여서는 아니 된다.
1. 인터넷전문은행에 대하여 외부에 공개되지 아니한 자료 또는 정보의 제공을 요구하는 행위. 다만, 「금융회사의 지배구조에 관한 법률」 제33조제6항 및 「상법」 제466조에 따른 권리의 행사에 해당하는 경우는 제외한다.
2. 경제적 이익 등 반대급부의 제공을 조건으로 다른 주주와 담합하여 인터넷전문은행의 인사 또는 경영에 부당한 영향력을 행사하는 행위
3. 경쟁사업자의 사업활동과 관련하여 신용공여를 조기회수하도록 요구하는 등 인터넷전문은행의 경영에 영향력을 행사하는 행위
4. 인터넷전문은행으로 하여금 제8조제1항을 위반하게 하여 인터넷전문은행으로부터 신용공여를 받는 행위
5. 인터넷전문은행으로 하여금 제8조제2항을 위반하게 하여 다른 은행으로부터 신용공여를 받는 행위
6. 인터넷전문은행으로 하여금 제8조제3항을 위반하게 하여 대주주에게 자산의 무상양도 및 거래를 하게 하는 행위
7. 인터넷전문은행으로 하여금 제9조제1항을 위반하게 하여 대주주가 발행한 지분증권을 취득하게 하는 행위

제4장 감독 · 검사

제11조【대주주에 대한 자료 제출 요구】 금융위원회는 인터넷전문은행 또는 그 대주주가 제8조부터 제10조까지를 위반한 혐의가 있다고 인정할 때에는 인터넷전문은행 또는 그 대주주에 대하여 필요한 자료의 제출을 요구할 수 있다.
제12조【대주주에 대한 검사】 ① 금융위원회는 인터넷전문은행의 대주주가 제10조를 위반한 혐의가 인정되는 경우 금융감독원장으로 하여금 그 목적에 필요한 최소한의 범위에서 해당 대주주의 업무 및 재산 상황을 검사하게 할 수 있다.
② 제1항에 따른 검사에 관하여는 「은행법」 제48조제2항부터 제4항까지를 준용한다.
제13조【인터넷전문은행에 대한 제재】 ① 금융위원회는 인터넷전문은행이 이 법 또는 이 법에 따른 규정 · 명령 또는 지시를 위반하여 인터넷전문은행의 건전한 경영을 해칠 우려가 있다고 인정되는 경우에는 금융감독원장의 건의에 따라 다음 각 호의 어느 하나에 해당하는 조치를 하거나 금융감독원장으로 하여금 해당 위반행위의 중지 및 경고 등 적절한 조치를 하게 할 수 있다.
1. 해당 위반행위에 대한 시정명령
2. 6개월 이내의 영업의 일부정지
② 금융위원회는 인터넷전문은행이 다음 각 호의 어느 하나에 해당하면 그 인터넷전문은행에 대하여 6개월 이내의 기간을 정하여 영업의 전부정지를 명하거나 은행업의 인가를 취소할 수 있다.
1. 제1항제1호에 따른 시정명령을 이행하지 아니한 경우
2. 제1호 외의 경우로서 이 법 또는 이 법에 따른 명령이나 처분을 위반하여 예금자 또는 투자자의 이익을 크게 해칠 우려가 있는 경우
③ 인터넷전문은행은 제2항에 따라 은행업의 인가가 취소된 경우에는 해산한다.
제14조【임직원에 대한 제재】 ① 금융위원회는 인터넷전문은행의 임원이 이 법 또는 이 법에 따른 규정 · 명령 또는 지시를 고의로 위반하는 경우에는 금융감독원장의 건의에 따라 해당 임원의 업무집행 정지를 명하거나 주주총회에 그 임원의 해임을 권고할 수 있으며, 금융감독원장으로 하여금 경고 등 적절한 조치를 하게 할 수 있다.
② 금융감독원장은 인터넷전문은행의 직원이 이 법 또는 이 법에 따른 규정 · 명령 또는 지시를 고의로 위반하는 경우에는 면직 · 정직 · 감봉 · 견책 등 적절한 문책처분을 할 것을 해당 인터넷전문은행의 장에게 요구할 수 있다.
제15조【퇴임한 임원 등에 대한 조치 내용의 통보】 ① 금융위원회(제14조제1항에 따라 조치를 하거나 같은 조 제2항에 따라 문책처분을 할 것을 요구할 수 있는 금융감독원장을 포함한다)는 인터넷전문은행의 퇴임한 임원 또는 퇴직한 직원이 재임 중이었거나 재직 중이었더라면 제14조제1항 또는 제2항에 해당하는 조치를 받았을 것으로 인정되는 경우에는 그 조치의 내용을 해당 인터넷전문은행의 장에게 통보할 수 있다.
② 제1항에 따른 통보를 받은 인터넷전문은행의 장은 이를 퇴임 · 퇴직한 해당 임직원에게 통보하고, 그 내용을 기록 · 유지하여야 한다.

제5장 보 칙

제16조【금융소비자의 보호 및 편의증진】 제2조에도 불구하고 인터넷전문은행은 인터넷전문은행 이용자의 보호 및 편의증진을 위하여 불가피하다고 인정되는 경우 대통령령으로 정하는 방법으로 은행업을 영위할 수 있다. 이 경우 인터넷전문은행은 해당 영업의 내용, 방식, 범위 등을 대통령령으로 정하는 바에 따라 금융위원회에 사전보고하여야 한다.
제17조【공시에 대한 특례】 인터넷전문은행은 인터넷 홈페이지 등을 통하여 전자적 방법으로 관련 서류를 공시함으로써 다른 법률상의 본점, 지점 또는 영업점에서의 서류 게시 · 비치 또는 열람제공 의무를 갈음할 수 있다.
제18조【문서 등에 대한 특례】 인터넷전문은행은 「은행법」 제27조, 제27조의2 및 제28조에서 정한 업무를 수행할 때 다른 법령에도 불구하고 관련 법령에 따라 제출, 제공 또는 수령하여야 하는 문서 또는 서면자료를 「전자문서 및 전자거래 기본법」 제2조제1호에 따른 전자문서의 제출, 제공 또는 수령으로 갈음할 수 있고, 관련 법령에 따라 자필로 적도록 한 사항은 「전자서명법」 제2조제2호에 따른 전자서명이나 녹취의 방법으로 확인하는 것으로 갈음할 수 있다.
제19조【권한의 위탁】 금융위원회는 이 법에 따른 권한의 일부를 대통령령으로 정하는 바에 따라 금융감독원장에게 위탁할 수 있다.

제6장 과징금의 부과 및 징수

제20조【과징금】 금융위원회는 인터넷전문은행이 제6조, 제7조, 제8조 및 제9조를 위반하거나 대주주가 제10조를 위반한 경우에는 다음 각 호의 구분에 따라 과징금을 부과할 수 있다.
1. 제6조를 위반하여 신용공여를 한 경우 : 해당 신용공여액의 100분의 5 이하
2. 제7조제1항 · 제2항에 따른 신용공여한도를 초과한 경우 : 초과한 신용공여액의 100분의 30 이하
3. 제8조제1항을 위반하여 신용공여를 한 경우 : 해당 신용공여액 이하
4. 제8조제3항을 위반하여 자산을 무상양도하거나 현저하게 불리한 조건으로 거래를 한 경우 : 해당 자산의 장부가액 또는 해당 거래액 이하
5. 제9조제1항을 위반하여 대주주가 발행한 지분증권을 취득한 경우 : 취득한 지분증권의 장부가액 합계액 이하
6. 대주주가 제10조를 위반함으로써 인터넷전문은행이 제8조제1항을 위반하여 신용공여를 한 경우 : 해당 신용공여액 이하
7. 대주주가 제10조를 위반함으로써 인터넷전문은행이 제8조제3항을 위반하여 자산을 무상양도하거나 인터넷전문은행에게 불리한 조건으로 거래를 한 경우 : 해당 자산의 장부가액 또는 해당 거래액 이하
8. 대주주가 제10조를 위반함으로써 인터넷전문은행이 제9조제1항을 위반하여 해당 대주주가 발행한 지분증권을 취득한 경우 : 취득한 지분증권의 장부가액 합계액 이하

제7장 벌 칙

제21조【벌칙】 ① 다음 각 호의 어느 하나에 해당하는 자는 10년 이하의 징역 또는 5억원 이하의 벌금에 처한다.
1. 제8조를 위반하여 대주주에게 신용공여를 하거나 대주주와 거래를 한 자 및 그로부터 신용공여를 받거나 그와 거래를 한 대주주
2. 제9조제1항을 위반하여 대주주가 발행한 지분증권을 취득한 자
3. 제10조를 위반한 자
② 제7조제1항 또는 제2항을 위반하여 신용공여를 한 자는 3년 이하의 징역 또는 1억원 이하의 벌금에 처한다.
③ 제6조를 위반하여 법인에 대한 신용공여를 한 자는 1년 이하의 징역 또는 3천만원 이하의 벌금에 처한다.
제22조【양벌규정】 법인의 대표자나 법인 또는 개인의 대리인, 사용인, 그 밖의 종업원이 그 법인 또는 개인의 업무에 관하여 제21조의 어느 하나에 해당하는 위반행위를 하면 그 행위자를 벌하는 외에 그 법인 또는 개인에게도 해당 조문의 벌금형을 과(科)한다. 다만, 법인 또는 개인이 그 위반행위를 방지하기 위하여 해당 업무에 관하여 상당한 주의와 감독을 게을리하지 아니한 경우에는 그러하지 아니하다.
제23조【과태료】 ① 다음 각 호의 어느 하나에 해당하는 자에게는 1억원 이하의 과태료를 부과한다.
1. 제11조에 따른 자료 제출 요구에 따르지 아니한 자
2. 제12조제1항에 따른 검사를 거부 · 방해 또는 기피한 자
② 제1항에 따른 과태료는 대통령령으로 정하는 바에 따라 금융위원회가 부과 · 징수한다.

부 칙

제1조【시행일】 이 법은 공포 후 3개월이 경과한 날부터 시행한다.
제2조【경과조치】 이 법 시행 전 금융위원회가 은행업을 전자금융거래의 방법으로 영위할 것을 조건으로 「은행법」에 따라 인가한 은행은 이 법에 따른 인터넷전문은행으로 본다.
제3조【동일차주 등에 대한 신용공여에 관한 경과조치】 이 법 시행 당시 제7조에 따른 한도를 초과하여 신용공여를 하고 있는 인터넷전문은행은 이 법 시행일부터 1년 이내에 제7조에 적합하도록 하여야 한다. 다만, 금융위원회는 해당 인터넷전문은행의 동일차주 등에 대한 신용공여 규모 등을 고려하여 부득이하다고 인정되는 경우에는 그 기간을 연장할 수 있다.
제4조【대주주에 대한 신용공여에 관한 경과조치】 이 법 시행 당시 제8조에 따라 금지되는 신용공여를 하고 있는 인터넷전문은행은 이 법 시행일부터 1년 이내에 제8조에 적합하도록 하여야 한다. 다만, 금융위원회는 해당 인터넷전문은행의 대주주에 대한 신용공여 규모 등을 고려하여 부득이하다고 인정되는 경우에는 그 기간을 연장할 수 있다.
제5조【대주주가 발행한 지분증권에 관한 경과조치】 이 법 시행 당시 제9조에 따라 취득이 금지되는 지분증권을 소유하고 있는 인터넷전문은행은 이 법 시행일부터 1년 이내에 해당 지분증권을 처분하여야 한다. 다만, 금융위원회는 해당 인터넷전문은행의 대주주가 발행한 지분증권의 취득 규모 등을 고려하여 부득이하다고 인정되는 경우에는 그 기간을 연장할 수 있다.
제6조【다른 법령과의 관계】 이 법 시행 당시 다른 법령에서 「은행법」에 따른 은행 또는 「은행법」에 따라 인가한 은행을 인용하고 있는 경우에는 이 법에 따른 인터넷전문은행도 포함하여 인용한 것으로 본다.

부 칙 (2020.5.19)

이 법은 공포한 날부터 시행한다.

부 칙 (2023.3.21)

이 법은 공포 후 6개월이 경과한 날부터 시행한다.

〔별표〕 ➡ 「法典 別冊」 참조

온라인투자연계금융업 및 이용자 보호에 관한 법률

(약칭 : 온라인투자연계금융업법)

(2019년 11월 26일 법 률 제16656호)

개정
2023. 9.14법19700호(행정법제혁신을위한일부개정법령등)

제1장 총 칙

제1조【목적】 이 법은 온라인투자연계금융업의 등록 및 감독에 필요한 사항과 온라인투자연계금융업의 이용자 보호에 관한 사항을 정함으로써 온라인투자연계금융업을 건전하게 육성하고 금융혁신과 국민경제의 발전에 기여함을 목적으로 한다.

제2조【정의】 이 법에서 사용하는 용어의 뜻은 다음과 같다.
1. "온라인투자연계금융"이란 온라인플랫폼을 통하여 특정 차입자에게 자금을 제공할 목적으로 투자(이하 "연계투자"라 한다)한 투자자의 자금을 투자자가 지정한 해당 차입자에게 대출(어음할인·양도담보, 그 밖에 이와 비슷한 방법을 통한 자금의 제공을 포함한다. 이하 "연계대출"이라 한다)하고 그 연계대출에 따른 원리금수취권을 투자자에게 제공하는 것을 말한다.
2. "온라인투자연계금융업"이란 온라인투자연계금융을 업으로 하는 것을 말한다.
3. "온라인투자연계금융업자"란 제5조에 따라 온라인투자연계금융업의 등록을 한 자를 말한다.
4. "원리금수취권"이란 온라인투자연계금융업자가 회수하는 연계대출 상환금을 해당 연계대출에 제공된 연계투자 금액에 비례하여 지급받기로 약정함으로써 투자자가 취득하는 권리를 말한다.
5. "투자자"란 온라인투자연계금융업자를 통하여 연계투자를 하는 자(원리금수취권을 양수하는 자를 포함한다)를 말한다.
6. "차입자"란 온라인투자연계금융업자를 통하여 연계대출을 받는 자를 말한다.
7. "이용자"란 투자자와 차입자를 말한다.
8. "온라인플랫폼"이란 온라인투자연계금융업자가 연계대출계약 및 연계투자계약의 체결, 연계대출채권 및 원리금수취권의 관리, 각종 정보 공시 등 제5조에 따라 등록한 온라인투자연계금융업의 제반 업무에 이용하는 인터넷 홈페이지, 모바일 응용프로그램 및 이에 준하는 전자적 시스템을 말한다.
9. "임원"이란 이사 및 감사를 말한다.
10. "대주주"란 다음 각 목의 어느 하나에 해당하는 주주를 말한다.
   가. 최대주주 : 온라인투자연계금융업자의 의결권 있는 발행주식(출자지분을 포함한다. 이하 같다) 총수를 기준으로 본인 및 그와 대통령령으로 정하는 특수한 관계에 있는 자(이하 "특수관계인"이라 한다)가 누구의 명의로 하든지 자기의 계산으로 소유하는 주식(그 주식과 관련된 증권예탁증권을 포함한다)을 합하여 그 수가 가장 많은 경우의 그 본인
   나. 주요주주 : 다음의 어느 하나에 해당하는 자
      1) 누구의 명의로 하든지 자기의 계산으로 온라인투자연계금융업자의 의결권 있는 발행주식 총수의 100분의 10 이상의 주식(그 주식과 관련된 증권예탁증권을 포함한다)을 소유한 자
      2) 임원의 임면(任免) 등의 방법으로 온라인투자연계금융업자의 중요한 경영사항에 대하여 사실상의 영향력을 행사하는 주주로서 대통령령으로 정하는 자
11. "자기자본"이란 납입자본금·자본잉여금 및 이익잉여금 등의 합계액으로서 대통령령으로 정하는 금액을 말한다.

제3조【다른 법률과의 관계】 ① 이 법에 따라 등록한 온라인투자연계금융업자가 온라인투자연계금융업을 하는 경우에는 「은행법」 및 「한국은행법」을 적용하지 아니한다.
② 온라인투자연계금융업자가 온라인투자연계금융업을 하면서 차입자의 신용상태를 평가하여 그 결과를 투자자에게 제공하는 업무를 하는 경우에는 「신용정보의 이용 및 보호에 관한 법률」 제4조를 적용하지 아니한다.
③ 이 법에 따른 투자자가 연계투자를 하는 경우에는 「대부업 등의 등록 및 금융이용자 보호에 관한 법률」 제3조를 적용하지 아니한다.
④ 이 법에 따른 원리금수취권은 「자본시장과 금융투자업에 관한 법률」 제3조제1항에 따른 금융투자상품으로 보지 아니한다.

제2장 온라인투자연계금융업의 등록 등

제4조【미등록 영업행위의 금지】 누구든지 이 법에 따른 온라인투자연계금융업 등록을 하지 아니하고는 온라인투자연계금융업을 영위하여서는 아니 된다.

제5조【등록】 ① 온라인투자연계금융업을 하려는 자는 다음 각 호의 요건을 갖추어 금융위원회에 등록하여야 한다.
1. 신청인이 「상법」에 따른 주식회사일 것
2. 5억원 이상으로서 연계대출 규모 등을 고려하여 대통령령으로 정하는 금액 이상의 자기자본을 갖출 것
3. 이용자의 보호가 가능하고 온라인투자연계금융업을 수행하기에 충분한 인력과 전산설비, 그 밖의 물적 설비를 갖출 것
4. 운영하고자 하는 온라인투자연계금융업의 사업계획이 타당하고 건전할 것
5. 임원이 제6조제1항에 적합할 것
6. 특정 이용자와 다른 이용자 간, 온라인투자연계금융업자와 이용자 간의 이해상충을 방지하기 위한 체계(제18조의 이해상충방지 체계를 말한다)를 포함하여 적절한 내부통제장치가 마련되어 있을 것
7. 대주주(최대주주의 특수관계인인 주주를 포함하며, 최대주주가 법인인 경우에는 그 법인의 주요 경영상황에 대하여 사실상 영향력을 행사하고 있는 주주로서 대통령령으로 정하는 자를 포함한다. 이하 같다)가 대통령령으로 정하는 충분한 출자능력, 건전한 재무상태 및 사회적 신용을 갖출 것
8. 그 밖에 재무건전성 등 대통령령으로 정하는 건전한 재무상태와 법령 위반사실이 없는 등 대통령령으로 정하는 건전한 사회적 신용을 갖출 것
② 제1항에 따른 등록을 하려는 자는 등록신청서를 금융위원회에 제출하여야 한다.
③ 금융위원회는 제2항의 등록신청서를 접수한 경우에는 그 내용을 검토하여 2개월 이내에 등록 여부를 결정하고, 그 결과와 이유를 지체 없이 신청인에게 문서로 통지하여야 한다. 이 경우 등록신청서에 흠결이 있는 때에는 보완을 요구할 수 있다.
④ 제3항의 검토기간을 산정할 때 등록신청서 흠결의 보완기간 등 대통령령으로 정하는 기간은 검토기간에 산입하지 아니한다.
⑤ 금융위원회는 제3항의 등록 여부를 결정할 때 다음 각 호의 어느 하나에 해당하는 사유가 없으면 등록을 거부하여서는 아니 된다.
1. 제1항의 등록요건을 갖추지 아니한 경우
2. 제2항의 등록신청서를 거짓으로 작성한 경우
3. 제3항 후단의 보완 요구를 이행하지 아니한 경우
⑥ 금융위원회는 제3항에 따라 등록을 결정한 경우에는 온라인투자연계금융업자등록부에 필요한 사항을 기재하여야 하며, 등록결정한 내용을 관보 및 인터넷 홈페이지 등에 공고하여야 한다.
⑦ 온라인투자연계금융업자는 등록 이후 그 영업을 영위하는 경우에는 제1항 각 호의 등록요건(같은 항 제8호는 제외하며, 같은 항 제2호 및 제7호의 경우에는 대통령령으로 정하는 완화된 요건을 말한다)을 유지하여야 한다.
⑧ 제1항부터 제7항까지의 규정에 따른 등록요건, 등록신청서의 기재사항·첨부서류 등 등록의 신청에 관한 사항 및 등록검토의 방법·절차, 그 밖에 필요한 사항은 대통령령으로 정한다.

제6조【임원의 자격요건】 ① 「금융회사의 지배구조에 관한 법률」 제5조제1항 각 호의 어느 하나에 해당하는 사람은 온라인투자연계금융업자의 임원이 되지 못한다.
② 온라인투자연계금융업자의 임원으로 선임된 사람이 「금융회사의 지배구조에 관한 법률」 제5조제1항 각 호의 어느 하나에 해당하게 된 경우에는 그 직(職)을 잃는다. 다만, 같은 법 제5조제1항제7호에 해당하는 사람으로서 대통령령으로 정하는 경우에는 그 직을 잃지 아니한다.

제7조【변경등록】 ① 온라인투자연계금융업자는 제5조제2항에 따라 제출한 등록신청서의 기재사항이 변경된 경우에는 그 사유가 발생한 날부터 15일 이내에 대통령령으로 정하는 바에 따라 변경된 사항을 금융위원회에 변경등록하여야 한다. 다만, 대통령령으로 정하는 경미한 사항이 변경된 경우는 제외한다.
② 제1항에 따른 변경등록과 관련한 세부적인 사항은 대통령령으로 정한다.

제8조【상호 등】 이 법에 따른 온라인투자연계금융업자가 아닌 자는 그 상호 중에 온라인투자연계금융업, 온라인대출금융업, 온라인투자연계대출업, 온라인연계대출업 또는 이와 유사한 명칭(대통령령으로 정하는 외국어문자를 포함한다)을 사용하여서는 아니 된다.

제3장 영업행위 규칙

제9조【신의성실의무】 ① 온라인투자연계금융업자는 선량한 관리자의 주의로써 온라인투자연계금융업을 영위하여야 하며, 이용자의 이익을 보호하여야 한다.
② 온라인투자연계금융업자는 온라인투자연계금융업을 영위할 때 정당한 사유 없이 이용자의 이익을 해하면서 자기가 이익을 얻거나 제삼자가 이익을 얻도록 하여서는 아니 된다.

제10조【온라인투자연계금융업자의 정보공시】 ① 온라인투자연계금융업자는 이용자가 온라인투자연계금융업자의 영업건전성 및 온라인투자연계금융 이용방법 등을 쉽게 이해할 수 있도록 다음 각 호의 정보를 자신의 온라인플랫폼을 통하여 공시하여야 한다.
1. 온라인투자연계금융업의 거래구조 및 영업방식
2. 온라인투자연계금융업자의 재무 및 경영현황
3. 누적 연계대출 금액 및 연계대출 잔액
4. 차입자의 상환능력평가 체계
5. 연체율 등 연체에 관한 사항
6. 대출이자에 관한 사항
7. 수수료 등 부대비용에 관한 사항
8. 상환방식에 관한 사항
9. 채무불이행 시 채권추심 등 원리금 회수 방식에 관한 사항
10. 제26조의 투자금등의 예치기관에 관한 사항
11. 온라인투자연계금융업자의 등록취소, 해산결의, 파산선고 등 영업 중단 시 업무처리절차
12. 온라인투자연계금융 이용에 도움을 줄 수 있는 사항으로 대통령령으로 정하는 사항
② 제33조의 중앙기록관리기관 및 제37조의 온라인투자연계금융협회는 이용자에게 정보를 제공하기 위하여 온라인투자연계금융업자의 제1항 각 호에 따른 정보를 자신의 인터넷 홈페이지 등을 통하여 공개할 수 있다.
③ 제1항 및 제2항에 따른 정보의 세부기준, 정보 공개의 범위 및 공개 방식 등에 대해서는 금융위원회가 정하여 고시한다.

제11조【온라인투자연계금융업자의 수수료 수취】 ① 온라인투자연계금융업자가 온라인투자연계금융업과 관련하여 이용자로부터 수수료를 수취하는 경우에는 대통령령으로 정하는 사항을 준수하여야 한다.
② 온라인투자연계금융업자는 「대부업 등의 등록 및 금융이용자 보호에 관한 법률」 제15조제1항에서 정하는 율을 초과하여 차입자로부터 연계대출에 대한 이자를 받을 수 없다. 이 경우 이자율 산정 시 제1항에 따른 수수료 중에서 차입자로부터 수취하는 수수료(해당 거래의 체결과 변제 등에 관한 부대비용으로서 대통령령으로 정한 사항은 제외한다)를 포함한다.
③ 온라인투자연계금융업자는 이용자로부터 받는 수수료의 부과기준에 관한 사항을 정하고, 온라인플랫폼에 이를 공시하여야 한다.
④ 온라인투자연계금융업자는 제3항에 따른 수수료의 부과기준을 정할 때 이용자들을 정당한 사유 없이 차별하여서는 아니 된다.

제12조【온라인투자연계금융업 관련 준수사항】 ① 온라인투자연계금융업자는 자신 또는 자신의 대주주 및 임직원에게 연계대출을 하여서는 아니 된다.
② 온라인투자연계금융업자는 차입자가 요청한 연계대출 금액에 상응하는 투자금의 모집이 완료되지 않은 경우에는 연계대출을 실행하여서는 아니 된다.
③ 제2항에도 불구하고 차입자가 연계대출 금액의 변경을 요청한 경우에는 연계투자계약을 신청한 투자자들에게 투자의사를 재확인한 후 연계대출을 실행할 수 있다.
④ 온라인투자연계금융업자는 자기가 실행한 연계대출에 자기의 계산으로 연계투자를 할 수 없다. 다만, 다음 각 호의 요건을 모두 갖춘 경우에는 연계대출 모집 미달 금액의 범위 내에서 자기의 계산으로 연계투자를 할 수 있다.
1. 차입자가 신청한 연계대출 금액의 100분의 80 이하의 범위에서 대통령령으로 정하는 비율 이상 모집될 것
2. 자기의 계산으로 한 연계투자 잔액이 자기자본의 100분의 100 이하일 것
3. 온라인투자연계금융업자의 건전성 유지와 이용자 보호 등을 위하여 대통령령으로 정하는 사항을 준수할 것
⑤ 제4항 각 호의 구체적인 산정방식과 세부기준 등은 대통령령으로 정한다.
⑥ 제4항 각 호 외의 부분 단서에 따라 자기의 계산으로 연계투자를 한 온라인투자연계금융업자는 제4항 각 호 외의 부분 단서에 따른 누적 연계투자 금액, 연계투자 잔액, 연계투자의 투자금으로 실행한 연계대출의 연체율 등 연체에 관한 사항 및 자기자본 대비 연계투자 금액 등을 대통령령으로 정하는 방법에 따라 온라인플랫폼에 공시하여야 한다.
⑦ 온라인투자연계금융업자는 연계투자와 해당 연계투자의 투자금으로 실행하는 연계대출의 만기, 금리 및 금액(동일한 연계대출에 연계투자한 투자자들의 투자금을 합산한 금액을 말한다)을 다르게 하여서는 아니 된다. 다만, 이용자 보호 및 건전한 거래질서를 해할 우려가 없는 경우로서 대통령령으로 정하는 경우에는 그러하지 아니하다.
⑧ 온라인투자연계금융업자는 차입자에 관한 정보의 제공, 투자자 모집 및 원리금의 상환 등 업무수행을 할 때 특정한 이용자를 부당하게 우대하거나 차별하여서는 아니 된다.
⑨ 그 밖에 온라인투자연계금융업자는 이용자 보호 및 건전한 거래질서를 위하여 대통령령으로 정하는 사항을 준수하여야 한다.

제13조【업무】 온라인투자연계금융업자가 할 수 있는 업무는 다음 각 호의 업무로 제한한다.
1. 제5조에 따라 등록을 한 온라인투자연계금융업
2. 제12조제4항 각 호 외의 부분 단서에 따라 자기의 계산으로 하는 연계투자 업무
3. 제34조제2항에 따른 원리금수취권 양도·양수의 중개업무

4. 투자자에 대한 정보제공을 목적으로 차입자의 신용상태를 평가하여 그 결과를 투자자에게 제공하는 업무
5. 연계대출채권의 관리 및 추심 업무
6. 그 밖에 제1호부터 제5호까지의 규정과 관련된 업무로서 대통령령으로 정하는 업무
7. 그 업무를 함께 하여도 이용자 보호 및 건전한 거래질서를 해할 우려가 없는 업무로서 대통령령으로 정하는 금융업무
8. 온라인투자연계금융업에 부수하는 업무로서 소유하고 있는 인력·자산 또는 설비를 활용하는 업무

제14조【겸영업무·부수업무의 신고 등】 ① 온라인투자연계금융업자가 제13조제7호에 따른 겸영업무를 하려는 경우에는 그 업무를 영위하고자 하는 날의 7일 전까지 이를 금융위원회에 신고하여야 한다.
② 온라인투자연계금융업자가 제13조제8호에 따른 부수업무를 하려는 경우에는 그 업무를 영위하고자 하는 날의 7일 전까지 이를 금융위원회에 신고하여야 한다. 다만, 다음 각 호의 어느 하나에 해당하는 경우에는 신고를 하지 아니하고 그 부수업무를 할 수 있다.
1. 이용자 보호 및 건전한 거래질서를 해할 우려가 없는 업무로서 금융위원회가 정하여 고시하는 업무를 하는 경우
2. 제5항에 따라 공고된 다른 온라인투자연계금융업자와 같은 부수업무(제3항에 따라 제한명령 또는 시정명령을 받은 부수업무는 제외한다)를 하려는 경우
③ 금융위원회는 제2항에 따른 부수업무 신고내용이 다음 각 호의 어느 하나에 해당하는 경우에는 그 부수업무의 영위를 제한하거나 시정할 것을 명할 수 있다.
1. 온라인투자연계금융업자의 경영건전성을 저해하는 경우
2. 온라인투자연계금융업의 영위에 따른 이용자 보호에 지장을 초래하는 경우
3. 금융시장의 안정성을 저해하는 경우
4. 그 밖에 이용자 보호 및 건전한 거래질서 유지를 위하여 필요한 경우로서 대통령령으로 정하는 경우
④ 제3항에 따른 제한명령 또는 시정명령은 그 내용 및 사유가 구체적으로 기재된 문서로 하여야 한다.
⑤ 금융위원회는 제2항에 따라 신고받은 부수업무 및 제3항에 따라 제한명령 또는 시정명령을 한 부수업무를 대통령령으로 정하는 방법 및 절차에 따라 인터넷 홈페이지 등에 공고하여야 한다.

제15조【온라인투자연계금융업자의 업무위탁】 ① 온라인투자연계금융업자는 온라인투자연계금융업과 직접적으로 관련된 필수적인 업무로서 대통령령으로 정하는 업무를 제삼자(대통령령으로 정하는 자는 제외한다)에게 위탁하여서는 아니 된다.
② 온라인투자연계금융업자의 업무위탁의 절차 및 제한, 그 밖에 업무위탁에 필요한 사항은 금융위원회가 정하여 고시한다.

제16조【회계처리기준】 ① 온라인투자연계금융업자는 다음 각 호에 따라 회계처리를 하여야 한다.
1. 온라인투자연계금융업자의 고유재산과 투자자재산, 그 밖에 대통령령으로 정하는 재산을 명확히 구분하여 회계처리할 것
2. 「주식회사 등의 외부감사에 관한 법률」 제5조에 따른 회계처리기준을 따를 것
② 제1항에서 정하지 아니한 회계처리, 계정과목의 종류와 배열순서, 그 밖에 필요한 사항은 금융위원회가 정하여 고시한다.

제17조【내부통제기준】 ① 온라인투자연계금융업자는 법령을 준수하고, 경영을 건전하게 하며, 이용자를 보호하기 위하여 온라인투자연계금융업자의 임직원이 직무를 수행할 때 준수하여야 할 기준 및 절차(이하 "내부통제기준"이라 한다)를 마련하여야 한다.
② 온라인투자연계금융업자는 「금융회사의 지배구조에 관한 법률」 제26조제1항 각 호의 요건을 갖춘 준법감시인을 1명 이상 두어야 하며, 준법감시인은 내부통제기준의 준수여부를 점검하고 내부통제기준을 위반한 사실을 발견하는 경우에는 이를 감사 또는 감사위원회에 보고하여야 한다.
③ 온라인투자연계금융업자의 내부통제기준과 준법감시인에 관하여 필요한 사항은 대통령령으로 정한다.

제18조【이해상충의 관리】 ① 온라인투자연계금융업자는 온라인투자연계금융업자와 이용자 간, 특정 이용자와 다른 이용자 간의 이해상충을 방지하기 위하여 이해상충이 발생할 가능성을 파악·평가하고, 내부통제기준으로 정하는 방법 및 절차에 따라 이를 적절히 관리하여야 한다.
② 온라인투자연계금융업자는 제1항에 따라 이해상충이 발생할 가능성을 파악·평가한 결과 이해상충이 발생할 가능성이 있다고 인정되는 경우에는 그 사실을 미리 해당 이용자에게 알려야 하며, 그 이해상충이 발생할 가능성을 내부통제기준으로 정하는 방법 및 절차에 따라 이용자 보호에 문제가 없는 수준으로 낮춘 후 해당 이용자들의 연계투자를 받거나 연계대출을 실행하여야 한다.
③ 온라인투자연계금융업자는 제2항에 따라 그 이해상충이 발생할 가능성을 낮추는 것이 곤란하다고 판단되는 경우에는 해당 이용자들의 연계투자를 받거나 연계대출을 실행하여서는 아니 된다.

제19조【광고】 ① 온라인투자연계금융업자가 「표시·광고의 공정화에 관한 법률」에 따른 표시 또는 광고(이하 "광고"라 한다)를 하는 경우에는 다음 각 호의 어느 하나에 해당하는 행위를 하여서는 아니 된다.
1. 사실과 다르게 광고하거나 사실을 지나치게 부풀려 광고하는 행위
2. 사실을 은폐하거나 축소하는 방법으로 광고하는 행위
3. 비교대상 및 기준을 분명하게 밝히지 아니하거나 객관적인 근거 없이 유리하다고 광고하는 행위
4. 다른 온라인투자연계금융업자에 관하여 객관적인 근거가 없는 내용으로 광고하여 비방하거나 불리한 사실만을 광고하여 다른 온라인투자연계금융업자를 비방하는 광고행위
5. 원금보장, 확정수익 등 투자자들이 투자원금 및 수익이 보장된다고 오인할 소지가 있는 내용으로 광고하는 행위
6. 그 밖에 건전한 거래질서를 위하여 필요한 경우로서 대통령령으로 정하는 광고행위
② 온라인투자연계금융업자는 명시적으로 사전 동의를 하지 않은 고객에게 방문, 전화, 이메일 전송 등의 방법을 통하여 연계투자 및 연계대출을 광고하여서는 아니 된다.
③ 온라인투자연계금융업자는 연계투자 및 연계대출 광고를 받은 고객이 이를 거부하는 취지의 의사를 표시하였음에도 불구하고 해당 광고를 계속하는 행위를 하여서는 아니 된다. 다만, 이용자 보호 및 건전한 거래질서를 해할 우려가 없는 행위로서 대통령령으로 정하는 행위는 제외한다.
④ 온라인투자연계금융업자는 특정 연계투자 상품 또는 연계투자 조건에 관한 광고를 하는 경우에는 자신의 명칭, 연계투자 상품의 내용, 연계투자에 따른 위험, 그 밖에 대통령령으로 정하는 사항이 포함되도록 하여야 한다. 다만, 다른 매체를 이용하여 광고하는 경우에는 해당 연계투자 상품을 해당 매체의 운영자가 제공하는 것으로 오인하지 않도록 대통령령으로 정하는 사항을 준수하여야 한다.
⑤ 온라인투자연계금융업자는 특정 연계대출 상품 또는 연계대출 조건에 관한 광고를 하는 경우에는 자신의 명칭, 이자율 등 상품의 주요 내용, 과도한 채무의 위험성, 연계대출 이용에 따른 신용등급의 하락 가능성을 알리는 경고문구 및 그 밖에 차입자를 보호하기 위하여 필요한 사항으로서 대통령령으로 정하는 사항이 포함되도록 하여야 한다.
⑥ 그 밖에 광고의 방법 및 절차 등에 관하여 필요한 사항은 대통령령으로 정한다.

제4장 온라인투자연계금융업

제20조【차입자에 대한 정보확인 등】 ① 온라인투자연계금융업자는 차입자의 연계대출 정보를 온라인플랫폼에 게시하기 전에 차입자의 소득·재산 및 부채상황 등에 관한 것으로서 대통령령으로 정하는 증명서류 등을 제출받아 그 차입자의 소득·재산 및 부채상황 등 대통령령으로 정하는 내용에 관한 사항을 확인하여야 한다.
② 차입자는 제1항에 따라 온라인투자연계금융업자에게 정보를 제공하거나 증명서류를 제출하는 경우에는 허위의 정보를 제공하거나 허위의 증명서류를 제출하여서는 아니 된다.
③ 온라인투자연계금융업자는 차입자의 소득·재산·부채상황·신용·변제계획 및 담보물건 등을 고려하여 객관적인 변제능력을 초과하는 연계대출을 실행하여서는 아니 된다.
④ 온라인투자연계금융업자는 제1항에 따른 서류 및 정보 등을 차입자의 소득·재산 및 부채상황 등을 확인하기 위한 용도 외의 목적으로 사용하여서는 아니 된다.

제21조【투자자에 대한 정보확인 등】 ① 온라인투자연계금융업자는 투자자가 연계투자를 하려는 경우에는 투자자의 본인 확인을 시행하여야 한다.
② 온라인투자연계금융업자는 온라인투자연계금융 이용계약에 따라 투자자의 소득·재산 및 투자경험 등과 관련된 정보의 제공을 투자자에게 요구할 수 있다.
③ 투자자는 온라인투자연계금융업자에게 제1항 및 제2항에 따라 진실한 정보를 제공하여야 한다.
④ 온라인투자연계금융업자는 제2항에 따른 정보를 투자자의 소득·재산 및 투자경험 등을 확인하기 위한 용도 외의 목적으로 사용하여서는 아니 된다.

제22조【투자자에게 제공하는 정보】 ① 온라인투자연계금융업자는 투자자에게 다음 각 호에 해당하는 정보를 투자자가 쉽게 이해할 수 있도록 온라인플랫폼을 통하여 제공하여야 한다.
1. 대출예정금액, 대출기간, 대출금리, 상환 일자·일정·금액 등 연계대출의 내용
2. 제20조제1항에 따라 확인한 차입자에 관한 사항
3. 연계투자에 따른 위험
4. 수수료·수수료율
5. 이자소득에 대한 세금·세율
6. 연계투자 수익률·순수익률
7. 투자자가 수취할 수 있는 예상 수익률
8. 담보가 있는 경우에는 담보가치, 담보가치의 평가방법, 담보설정의 방법 등에 관한 사항
9. 채무불이행 시 추심, 채권매각 등 원리금상환 절차 및 채권추심수수료 등 관련비용에 관한 사항
10. 연계대출채권 및 차입자 등에 대한 사항에 변경이 있는 경우에는 그 변경된 내용
11. 그 밖에 투자자 보호를 위하여 필요한 정보로서 금융위원회가 정하여 고시하는 사항
② 온라인투자연계금융업자가 대통령령으로 정하는 연계투자 상품에 대하여 제1항에 따라 정보를 제공하려는 경우에는 투자금을 모집하기 전에 대통령령으로 정하는 기간 동안 온라인플랫폼을 통하여 제공하여야 한다.
③ 온라인투자연계금융업자는 투자자가 연계투자의 의사를 표시한 경우에는 제1항에 따라 게시한 내용을 투자자가 이해하였음을 서명(「전자서명법」 제2조에 따른 전자서명을 포함한다), 기명날인, 녹취, 전자우편, 그 밖의 대통령령으로 정하는 방법으로 확인받아야 한다.
④ 온라인투자연계금융업자는 제1항에 따라 연계투자에 관한 정보를 제공하는 경우에는 투자자의 합리적인 투자판단 또는 해당 상품의 가치에 중대한 영향을 미칠 수 있는 사항을 누락하거나 거짓 또는 왜곡된 정보를 제공하여서는 아니 된다.
⑤ 온라인투자연계금융업자는 연계대출의 연체가 발생하는 경우에는 대통령령으로 정하는 기간 안에 그 사유를 확인하여 연체 사실과 그 사유를 투자자에게 통지하고 자신의 온라인플랫폼에 게시하여야 한다.

제23조【연계투자계약의 체결 등】 ① 온라인투자연계금융업자는 투자자와 연계투자계약을 체결하는 경우에는 계약의 상대방임을 확인하고 제22조제1항 각 호의 정보가 포함된 연계투자설명서, 연계투자약관 등 계약서류를 투자자에게 교부하여야 한다.
② 제1항에도 불구하고 계약내용 등을 고려하여 투자자 보호를 해할 우려가 없는 경우로서 다음 각 호의 어느 하나에 해당하는 경우에는 그 계약서류를 교부하지 아니할 수 있다.
1. 투자자가 대통령령으로 정하는 금액 이하의 계속적·반복적인 연계투자를 하기 위하여 기본계약(대통령령으로 정하는 사항을 포함하여 연계투자와 관련하여 필요한 사항을 약정한 계약을 말한다)을 체결하고 그 계약내용에 따라 계속적·반복적으로 거래를 하는 경우
2. 투자자가 계약서류를 받기를 거부한다는 의사를 표시한 경우
3. 그 밖에 투자자 보호를 해할 우려가 없는 경우로서 금융위원회가 정하여 고시하는 경우
③ 투자자는 투자금 모집이 완료되기 전까지 대통령령으로 정하는 바에 따라 연계투자계약 신청을 철회할 수 있다. 이 경우 온라인투자연계금융업자는 그 투자자의 투자금을 지체 없이 반환하여야 한다.
④ 온라인투자연계금융업자는 투자자와의 연계투자계약과 관련된 자료(「전자문서 및 전자거래 기본법」에 따른 전자문서 또는 전자화문서를 포함한다)를 계약 체결일부터 채무 변제일 이후 5년이 되는 날까지 보관하여야 한다.

제24조【연계대출계약의 체결 등】 ① 온라인투자연계금융업자는 차입자와 연계대출계약을 체결하는 경우에는 다음 각 호의 사항이 포함된 계약서를 차입자에게 교부하여야 한다.
1. 온라인투자연계금융업자 및 차입자의 명칭 또는 성명 및 주소 또는 소재지
2. 계약일자
3. 대출금액
4. 대출이자율 및 연체이자율
5. 수수료 등 부대비용
6. 변제기간 및 변제방법
7. 손해배상액 또는 강제집행에 관한 약정이 있는 경우에는 그 내용
8. 채무의 조기상환 조건
9. 그 밖에 차입자를 보호하기 위하여 필요한 사항으로서 대통령령으로 정하는 사항
② 온라인투자연계금융업자는 제1항에 따라 연계대출계약을 체결하는 경우에는 제1항 각 호의 사항을 모두 설명하여야 하며, 해당 내용을 차입자가 이해하였음을 서명(「전자서명법」 제2조에 따른 전자서명을 포함한다), 기명날인, 녹취, 전자우편 또는 그 밖의 대통령령으로 정하는 방법으로 확인받아야 한다.
③ 온라인투자연계금융업자는 제1항에 따른 연계대출계약을 체결한 경우에는 그 계약서와 대통령령으로 정하는 계약관계서류에 대한 자료(「전자문서 및 전자거래 기본법」에 따른 전자문서 또는 전자화문서를 포함한다. 이하 이 조에서 같다)를 연계대출계약을 체결한 날부터 채무 변제일 이후 5년이 되는 날까지 보관하여야 한다.

④ 연계대출계약을 체결한 자 또는 그 대리인은 온라인투자연계금융업자에게 그 계약서와 대통령령으로 정하는 계약관계서류에 대한 자료의 열람을 요구하거나 채무와 관련된 증명서의 발급을 요구할 수 있다. 이 경우 온라인투자연계금융업자는 정당한 사유 없이 이를 거부하여서는 아니 된다.

제25조【약관의 제·개정 등】 ① 온라인투자연계금융업자는 이용자의 권익을 보호하여야 하며, 연계투자 및 연계대출과 관련된 약관(이하 "금융약관"이라 한다)을 제정하거나 개정하려는 경우에는 다음 각 호의 사항을 포함하여서는 아니 된다.

1. 이 법 또는 다른 법령에 위반되는 사항
2. 정당한 사유 없이 이용자의 권리를 배제하거나 제한하는 등 부당하게 불리한 사항으로서 금융위원회가 정하는 사항

② 온라인투자연계금융업자는 금융약관을 제정하거나 개정한 경우에는 대통령령으로 정하는 기간 이내에 그 내용을 금융위원회에 보고하고, 온라인플랫폼 등을 이용하여 공시하여야 한다. 다만, 이용자의 권익이나 의무에 중대한 영향을 미칠 우려가 있는 경우로서 금융위원회가 정하는 경우에는 온라인투자연계금융업자는 약관의 제정 또는 개정 전에 미리 금융위원회에 신고하여야 한다.

③ 온라인투자연계금융협회는 건전한 거래질서를 확립하고 불공정한 내용의 금융약관이 통용되는 것을 막기 위하여 연계투자 및 연계대출과 관련하여 표준이 되는 약관(이하 "표준약관"이라 한다)을 제정하거나 개정할 수 있다.

④ 온라인투자연계금융협회는 표준약관을 제정하거나 개정하려는 경우에는 금융위원회에 미리 신고하여야 한다.

⑤ 금융위원회는 제2항에 따라 금융약관의 신고 또는 보고를 받거나 제4항에 따라 표준약관을 신고받은 경우에는 그 금융약관 또는 표준약관의 내용을 공정거래위원회에 통보하여야 한다.

⑥ 공정거래위원회는 제5항에 따라 통보받은 금융약관 또는 표준약관의 내용이 「약관의 규제에 관한 법률」 제6조부터 제14조까지의 규정에 위반된다고 인정하면 금융위원회에 그 사실을 통보하고 그 시정에 필요한 조치를 하도록 요청할 수 있으며, 금융위원회는 특별한 사유가 없으면 이에 따라야 한다.

⑦ 금융위원회는 금융약관 또는 표준약관이 이 법 또는 금융 관련 법령에 위반되거나 그 밖에 이용자의 이익을 해칠 우려가 있다고 인정하면 온라인투자연계금융업자 또는 온라인투자연계금융협회에 그 내용을 구체적으로 적은 서면으로 금융약관 또는 표준약관을 변경할 것을 명령할 수 있다. 금융위원회는 이 변경명령을 하기 전에 공정거래위원회와 협의하여야 한다.

⑧ 제2항부터 제4항까지의 규정에 따른 금융약관 및 표준약관의 제정 또는 개정에 대한 신고 및 보고의 시기·절차, 그 밖에 필요한 사항은 금융위원회가 정한다.

제26조【투자금 및 상환금의 관리】 ① 온라인투자연계금융업자는 투자금 및 상환금(이하 "투자금등"이라 한다)을 고유재산 및 온라인투자연계금융업자가 제12조제4항 단서에 따라 자기의 계산으로 연계투자한 자금과 구분하여 자금보관 및 관리업무를 적절히 수행할 수 있는 「은행법」에 따른 은행 등 대통령령으로 정하는 공신력 있는 기관(이하 "예치기관"이라 한다)에 예치 또는 신탁하여야 한다.

② 온라인투자연계금융업자는 제1항에 따라 예치기관에 예치 또는 신탁된 투자자의 투자금등이 투자자의 재산이라는 뜻을 밝혀야 한다.

③ 누구든지 제1항에 따라 예치기관에 예치 또는 신탁된 투자금등을 상계·압류(가압류를 포함한다)하지 못하며, 온라인투자연계금융업자는 대통령령으로 정하는 경우 외에는 예치기관에 예치 또는 신탁된 투자금등을 양도하거나 담보로 제공하여서는 아니 된다.

④ 온라인투자연계금융업자는 등록취소, 해산결의, 파산선고 등 대통령령으로 정하는 사유가 발생한 경우에는 제1항에 따라 예치 또는 신탁된 투자금등이 투자자에게 우선하여 지급될 수 있도록 조치하여야 한다.

⑤ 온라인투자연계금융업자가 제12조제4항 단서에 따라 자기의 계산으로 연계투자 하는 경우에는 해당 자금을 예치기관에 예치 또는 신탁하여야 하고, 온라인투자연계금융업자의 운영자금과 분리하여야 한다.

⑥ 그 밖에 제1항부터 제5항까지의 투자금등의 예치 또는 신탁 등과 관련하여 필요한 사항은 대통령령으로 정한다.

제27조【연계대출채권 등 관리】 ① 온라인투자연계금융업자는 연계투자계약의 조건에 따라 연계대출채권의 원리금 상환, 연계대출채권에 대한 담보 등에 대하여 선량한 관리자의 주의로서 이를 관리하여야 한다.

② 온라인투자연계금융업자는 연계대출채권을 그 외의 자산과 구분하고 이를 연계대출 상품별로 구분하여 관리하여야 한다.

③ 온라인투자연계금융업자는 연계대출채권의 관리에 관한 장부를 따로 작성하여야 한다.

④ 온라인투자연계금융업자는 등록취소, 해산결의, 파산선고 등 영업중단 등에 대비하여 원리금 상환 배분 업무에 관한 계획 등 이용자 보호에 관한 것으로서 대통령령으로 정하는 사항을 「변호사법」에 따른 법무법인 등 대통령령으로 정하는 외부기관(이하 "수탁기관"이라 한다)에 위탁하는 등 공정하고 투명한 청산업무 처리절차를 마련하여야 한다.

제28조【연계대출채권의 파산절연 등】 ① 온라인투자연계금융업자가 파산하거나 회생절차가 개시되는 경우 온라인투자연계금융업자의 연계대출채권은 온라인투자연계금융업자의 파산재단 또는 회생절차의 관리인이 관리 및 처분권한을 가지는 채무자의 재산을 구성하지 아니한다.

② 온라인투자연계금융업자의 연계대출채권은 강제집행, 「채무자 회생 및 파산에 관한 법률」에 따른 보전처분, 중지명령 또는 포괄적 금지명령의 대상이 되지 아니한다. 다만, 투자자 및 제5항 각 호의 권리를 보유하는 자(이하 "우선변제권자"라 한다)의 우선변제를 위하여 강제집행을 하는 경우에는 그러하지 아니하다.

③ 온라인투자연계금융업자에 대하여 기업구조조정 관리절차가 개시된 경우 온라인투자연계금융업자의 연계대출채권은 관리대상이 되는 재산을 구성하지 아니한다.

④ 투자자는 연계대출채권으로부터 제삼자에 우선하여 변제받을 권리(이하 "우선변제권"이라 한다)를 가진다.

⑤ 다음 각 호의 권리를 보유하는 자는 투자자와 동일한 우선변제권을 가진다.

1. 원리금수취권의 상환·유지 및 관리와 연계대출채권의 관리·처분 및 집행을 위한 비용채권
2. 수탁기관의 보수채권

⑥ 온라인투자연계금융업자에 대한 회생절차 또는 기업구조조정 관리절차에 따라 채무의 면책·조정·변경이나 그 밖의 제한이 이루어진 경우에도 우선변제권에는 영향을 미치지 아니한다.

⑦ 온라인투자연계금융업자는 연계대출채권의 상환되지 아니한 잔액이 존속하는 한 연계투자계약에서 특별히 정하는 경우를 제외하고는 연계대출채권을 처분하거나 다른 채무에 대한 담보로 제공해서는 아니 되며, 이를 위반한 처분 또는 담보제공은 우선변제권자에 대해서는 효력이 없다.

제29조【연계대출채권추심】 온라인투자연계금융업자는 연계대출에 관한 권리를 직접 추심하거나, 「신용정보의 이용 및 보호에 관한 법률」 제4조제1항제3호에 따른 채권추심업을 허가받은 자에게 위탁하여 추심할 수 있다.

제30조【신용정보 및 개인정보의 보호】 ① 온라인투자연계금융업자, 중앙기록관리기관 및 온라인투자연계금융협회는 이용자의 개인정보 및 신용정보를 수집·처리할 때 「개인정보 보호법」 및 「신용정보의 이용 및 보호에 관한 법률」 등 관련 법령을 준수하여야 한다.

② 온라인투자연계금융업자는 온라인 정보관리 실태를 금융위원회가 정하는 바에 따라 연 1회 이상 점검한 후 그 결과를 3개월 이내에 금융위원회에 보고하고 온라인플랫폼에 게시하여야 한다.

제31조【손해배상책임】 ① 온라인투자연계금융업자는 온라인투자연계금융업을 영위하면서 법령·약관·계약서류(제23조제1항 및 제24조제1항에 따라 이용자에게 교부되는 서류를 말한다)에 위반하는 행위를 하거나 그 업무를 소홀히 하여 이용자에게 손해를 발생시킨 경우에는 그 손해를 배상할 책임이 있다. 다만, 배상의 책임을 질 온라인투자연계금융업자가 상당한 주의를 하였음을 증명한 경우에는 그러하지 아니하다.

② 온라인투자연계금융업자가 제1항에 따른 손해배상책임을 지는 경우로서 관련되는 임원에게도 귀책사유가 있는 경우에는 그 온라인투자연계금융업자와 관련되는 임원이 연대하여 그 손해를 배상할 책임이 있다.

③ 제1항에 따른 손해액의 추정 등에 관한 사항은 대통령령으로 정한다.

④ 온라인투자연계금융업자는 제1항에 따른 책임을 이행하기 위하여 금융위원회가 정하는 기준에 따라 보험 또는 공제에 가입하거나 준비금을 적립하는 등 필요한 조치를 하여야 한다.

제32조【대출한도 및 투자한도】 ① 온라인투자연계금융업자는 동일한 차입자에 대하여 자신이 보유하고 있는 총 연계대출채권 잔액의 100분의 10 이내에서 대통령령으로 정하는 한도를 초과하는 연계대출을 할 수 없다. 다만, 다음 각 호의 어느 하나에 해당하는 경우에는 그러하지 아니하다.

1. 온라인투자연계금융업자가 보유하고 있는 총 연계대출채권 잔액 및 시행하려는 연계대출의 규모가 대통령령으로 정하는 금액 이하인 경우
2. 온라인투자연계금융업자가 국가, 지방자치단체 및 대통령령으로 정하는 공공기관 등이 대통령령으로 정하는 지역개발사업, 사회기반시설사업 등을 할 때 직접 필요한 금액을 연계대출 하는 경우
3. 그 밖에 국민생활 안정 등을 위하여 불가피한 경우로서 대통령령으로 정하는 경우

② 투자자가 온라인투자연계금융업자를 통하여 연계투자를 할 수 있는 금액은 투자자의 투자목적, 재산상황, 투자경험, 연계투자 상품의 종류 및 차입자의 특성 등을 고려하여 대통령령으로 구분하여 정한다. 다만, 법인투자자 및 금융상품에 관한 전문성 구비 여부, 소유자산규모 등에 비추어 투자에 따른 위험감수능력이 있는 투자자로서 대통령령으로 정하는 개인전문투자자(이하 "전문투자자"라 한다)에 대하여는 이를 적용하지 아니한다.

③ 온라인투자연계금융업자는 제1항 및 제2항에 따른 차입자의 연계대출한도와 투자자의 연계투자한도가 준수될 수 있도록 대통령령으로 정하는 필요한 조치를 취하여야 한다.

제33조【중앙기록관리기관】 ① 온라인투자연계금융업자는 차입자로부터 연계대출 신청을 받거나 투자자로부터 연계투자 신청을 받은 경우(원리금수취권에 대한 양도·양수의 신청을 받은 경우를 포함한다)에는 신청의 내용, 이용자에 대한 정보 등 대통령령으로 정하는 자료를 지체 없이 중앙기록관리기관(대통령령으로 정하는 바에 따라 온라인투자연계금융업자로부터 이용자에 대한 정보를 제공받아 관리하는 기관을 말한다. 이하 같다)에 제공하여야 한다.

② 온라인투자연계금융업자는 제32조제3항에 따른 조치를 하기 위하여 필요한 사항을 중앙기록관리기관에 위탁하여야 한다.

③ 중앙기록관리기관은 제1항에 따라 제공받은 자료를 대통령령으로 정하는 방법에 따라 보관·관리하여야 한다.

④ 중앙기록관리기관은 제1항에 따라 제공받은 자료를 타인에게 제공하여서는 아니 된다. 다만, 자료의 정보주체인 이용자의 동의를 받은 온라인투자연계금융업자, 해당 투자자 본인 또는 해당 차입자 본인에게 제공하는 경우 및 그 밖에 대통령령으로 정하는 경우에는 이를 제공할 수 있다.

⑤ 중앙기록관리기관에 관하여는 제43조부터 제45조까지의 규정을 준용한다. 이 경우 "온라인투자연계금융업자"는 "중앙기록관리기관"으로 본다.

제34조【원리금수취권의 양도·양수】 ① 투자자는 보유하고 있는 원리금수취권을 양도할 수 없다. 다만, 다음 각 호의 어느 하나에 해당하는 경우에는 원리금수취권을 양도할 수 있다.

1. 전문투자자에게 양도하는 경우
2. 해당 원리금수취권의 투자 손실가능성 및 낮은 유통가능성 등을 인지하고 있는 자로서 대통령령으로 정하는 자에게 양도하는 경우

② 투자자가 제1항 각 호 외의 부분 단서에 따라 원리금수취권을 양도하거나 양수하는 경우에는 해당 원리금수취권을 제공한 온라인투자연계금융업자의 중개를 통하여야 한다.

③ 온라인투자연계금융업자는 제1항 및 제2항에 따른 사항이 준수될 수 있도록 대통령령으로 정하는 필요한 조치를 취하여야 한다.

제35조【금융기관 등의 연계투자에 관한 특례】 ① 「대부업 등의 등록 및 금융이용자 보호에 관한 법률」 제2조제4호의 여신금융기관과 그 밖에 대통령령으로 정하는 자(온라인투자연계금융업자는 제외한다. 이하 "여신금융기관등"이라 한다)는 연계대출 모집 금액의 100분의 40 이내에서 대통령령으로 정하는 한도를 초과하지 않는 범위 내에서 연계투자를 할 수 있다.

② 온라인투자연계금융업자는 제1항에 따른 여신금융기관등의 연계투자한도가 준수될 수 있도록 대통령령으로 정하는 필요한 조치를 취하여야 한다.

③ 제1항에 따라 연계투자 하는 여신금융기관등은 연계투자를 함에 있어서 그 인가 또는 허가 등을 받은 법령을 준수하여야 한다. 이 경우 여신금융기관등의 연계투자는 그 인가 또는 허가 등을 받은 법령에서 별도로 정하지 않는 경우에 한정하여 차입자에 대한 대출 또는 신용공여로 본다.

④ 제1항에 따른 여신금융기관등이 연계투자 할 수 있는 연계대출의 유형별 한도 등 세부사항과 그 밖에 여신금융기관등의 연계투자에 관하여 필요한 사항은 대통령령으로 정한다.

제36조【문서 등에 대한 특례】 온라인투자연계금융업자는 제13조 및 제14조에서 정한 업무를 수행할 때 다른 법령에도 불구하고 이 법 또는 관련 법령에 따라 제출, 제공, 수령, 보관, 유지, 교부 등을 하여야 하는 문서 또는 서면자료를 「전자문서 및 전자거래 기본법」 제2조제1호에 따른 전자문서의 제출, 제공, 수령, 보관, 유지, 교부 등으로 갈음할 수 있고, 이 법 또는 관련 법령에 따라 자필로 적도록 한 사항은 「전자서명법」 제2조제2호에 따른 전자서명이나 녹취의 방법으로 확인하는 것으로 갈음할 수 있다.

제5장 온라인투자연계금융협회

제37조【온라인투자연계금융협회 설립 등】 ① 온라인투자연계금융업의 업무질서를 유지하고, 온라인투자연계금융업의 건전한 발전과 이용자 보호를 위하여 온라인투자연계금융협회(이하 "협회"라 한다)를 설립한다.

② 협회는 법인으로 한다.
③ 협회는 정관으로 정하는 바에 따라 주된 사무소를 두고 필요한 곳에 지회를 둘 수 있다.
④ 협회는 대통령령으로 정하는 바에 따라 주된 사무소의 소재지에서 설립등기를 함으로써 성립한다.
⑤ 이 법에 따른 협회가 아닌 자는 온라인투자연계금융협회 또는 이와 유사한 명칭(대통령령으로 정하는 외국어문자를 포함한다)을 사용하여서는 아니 된다.

제38조【업무】 ① 협회는 다음 각 호의 업무를 한다.
1. 이 법 또는 관계 법령을 준수하도록 하기 위한 회원에 대한 지도와 권고
2. 회원 간의 건전한 영업질서 유지 및 이용자 보호를 위한 자율규제업무
3. 온라인투자연계금융업의 이용자 민원의 상담·처리
4. 표준약관의 제정 및 개정
5. 온라인투자연계금융업자에 대한 공시기준 마련 및 준수 여부 점검 업무
6. 온라인투자연계금융업자의 정보관리 실태 점검에 관한 업무
7. 그 밖에 협회의 목적을 달성하기 위하여 대통령령으로 정하는 업무

② 협회는 업무에 관한 규정을 제정·변경하거나 폐지한 경우에는 지체 없이 금융위원회에 이를 보고하여야 한다.

제39조【정관】 ① 협회의 정관에는 다음 각 호의 사항을 기재하여야 한다.
1. 목적
2. 명칭
3. 조직에 관한 사항
4. 사무소에 관한 사항
5. 업무에 관한 사항
6. 회원의 자격 및 권리의무에 관한 사항
7. 회원의 가입, 제명, 그 밖의 제재(회원의 임직원에 대한 제재의 권고를 포함한다)에 관한 사항
8. 회비에 관한 사항
9. 공고의 방법
10. 그 밖에 협회의 운영에 관한 사항으로서 대통령령으로 정하는 사항

② 협회는 정관 중 대통령령으로 정하는 사항을 변경하고자 하는 경우에는 금융위원회의 승인을 받아야 한다.

제40조【가입 등】 ① 온라인투자연계금융업자는 협회에 가입하여야 한다.
② 협회는 온라인투자연계금융업자가 협회에 가입하려는 경우에는 정당한 사유 없이 그 가입을 거부하거나 가입에 부당한 조건을 부과하여서는 아니 된다.
③ 협회는 회원에게 정관으로 정하는 바에 따라 회비를 징수할 수 있다.

제41조【협회에 대한 감독 등】 협회에 관하여는 제43조부터 제45조까지의 규정을 준용한다. 이 경우 "온라인투자연계금융업자"는 "협회"로 본다.

제42조【「민법」의 준용】 협회에 대하여 이 법에 특별한 규정이 없으면 「민법」 중 사단법인에 관한 규정을 준용한다.

제6장 감독 및 처분

제43조【감독】 ① 금융위원회는 온라인투자연계금융업자가 이 법 또는 이 법에 따른 명령이나 처분을 적절히 준수하는지 여부를 감독하여야 한다.
② 금융위원회는 제1항에 따른 감독을 위하여 필요한 경우에는 온라인투자연계금융업자에 대하여 그 업무 및 재무상태 등에 관한 보고를 하게 할 수 있다.

제44조【검사】 ① 「금융위원회의 설치 등에 관한 법률」에 따라 설립된 금융감독원의 원장(이하 "금융감독원장"이라 한다)은 그 소속 직원으로 하여금 온라인투자연계금융업자의 업무와 재산상황을 검사하게 할 수 있다.
② 제1항에 따라 검사를 하는 자는 그 권한을 표시하는 증표를 지니고 이를 관계자에게 내보여야 한다.
③ 금융감독원장은 온라인투자연계금융업자(온라인투자연계금융업자와 계약을 체결하여 온라인투자연계금융업의 전부 또는 일부를 위탁받은 자를 포함한다)에 대하여 검사에 필요한 장부·기록문서와 그 밖의 자료의 제출 또는 관계인의 출석 및 의견의 진술을 요구할 수 있다.
④ 금융감독원장은 「주식회사 등의 외부감사에 관한 법률」에 따라 온라인투자연계금융업자가 선임한 외부 감사인에게 그 온라인투자연계금융업자를 감사한 결과 알게 된 경영의 건전성과 관련되는 정보 및 자료의 제출을 요구할 수 있다.

제45조【금융위원회의 조치명령권】 금융위원회는 온라인투자연계금융업자 또는 그 임직원이 별표 각 호의 어느 하나에 해당하는 경우에는 다음 각 호의 어느 하나에 해당하는 조치를 할 수 있다.
1. 위법행위의 시정명령
2. 기관경고
3. 기관주의
4. 임원의 해임권고·직무정지
5. 직원의 면직 요구
6. 임직원에 대한 주의·경고·문책(問責)의 요구
7. 그 밖에 위법행위를 시정하거나 방지하기 위하여 필요한 조치로서 대통령령으로 정하는 조치

제46조【업무보고서의 제출】 온라인투자연계금융업자는 금융위원회가 정하는 바에 따라 업무 및 경영실적에 관한 보고서를 작성하여 금융위원회에 제출하여야 한다.

제47조【온라인투자연계금융업자 등에 대한 자료제출의 요구 등】 금융위원회는 온라인투자연계금융업자 또는 그의 대주주 및 임직원이 제12조제1항 및 제4항을 위반한 혐의가 있다고 인정되면 온라인투자연계금융업자 또는 그의 대주주 및 임직원에게 필요한 자료의 제출을 요구할 수 있다.

제48조【권한의 위탁】 ① 금융위원회는 온라인투자연계금융업자에 대한 감독의 효율성을 높이기 위하여 필요한 경우에는 이 법에 따른 권한의 일부를 대통령령으로 정하는 바에 따라 금융감독원장에게 위탁할 수 있다.
② 금융위원회는 이용자를 보호하기 위하여 필요하다고 인정하면 제1항에 따른 권한 외의 권한의 일부를 대통령령으로 정하는 바에 따라 협회의 장에게 위탁할 수 있다.

제49조【영업정지 및 등록취소 등】 ① 금융위원회는 온라인투자연계금융업자가 다음 각 호의 어느 하나에 해당하면 그 온라인투자연계금융업자에게 대통령령으로 정하는 기준에 따라 6개월 이내의 기간을 정하여 그 영업의 전부 또는 일부의 정지를 명할 수 있다.
1. 제11조제1항·제2항을 위반하여 수수료 또는 이자를 받은 경우
2. 제11조제4항을 위반하여 수수료의 부과기준을 정할 때 정당한 사유 없이 이용자들을 차별한 경우
3. 제12조의 온라인투자연계금융업 관련 준수사항을 위반한 경우
4. 제13조의 업무 범위를 위반하여 업무를 영위한 경우
5. 제14조제3항에 따른 제한명령 또는 시정명령을 위반한 경우
6. 제15조제1항을 위반하여 업무위탁을 한 경우
7. 제19조를 위반하여 광고를 한 경우
8. 제20조제1항·제4항을 위반하여 차입자에 관한 정보를 확인하지 아니하거나 용도 외의 목적으로 사용한 경우
9. 제20조제3항을 위반하여 차입자의 객관적인 변제능력을 초과하는 연계대출을 실행한 경우
10. 제21조제1항·제4항을 위반하여 투자자의 본인 확인을 시행하지 아니하거나, 투자자에 관한 정보를 용도 외의 목적으로 사용한 경우
11. 제22조에 따른 투자자에 대한 정보 제공 관련 의무를 위반한 경우
12. 제23조제1항·제4항을 위반하여 투자자에게 계약서류를 교부하지 아니하거나, 연계대출계약 관련 자료를 5년간 보관하지 아니한 경우
13. 제23조제3항을 위반하여 투자금을 지체 없이 반환하지 아니한 경우
14. 제24조제1항·제2항에 따른 차입자에 대한 계약서 교부 또는 설명 의무를 위반한 경우
15. 제24조제3항·제4항을 위반하여 연계대출계약 관련 자료를 5년간 보관하지 아니하거나, 열람 또는 증명서의 발급을 거부한 경우
16. 제26조제1항·제3항을 위반하여 투자금등을 예치기관에 예치 또는 신탁하지 아니하거나, 예치 또는 신탁된 투자금등을 양도 또는 담보로 제공한 경우
17. 제27조에 따른 연계대출채권 등에 관한 관리 의무를 위반한 경우
18. 제34조제3항을 위반하여 필요한 조치를 취하지 아니한 경우
19. 제35조제2항을 위반하여 필요한 조치를 취하지 아니한 경우
20. 제45조(제33조제5항 및 제41조에서 준용하는 경우를 포함한다)에 따른 명령이나 조치를 위반한 경우

② 금융위원회는 온라인투자연계금융업자가 다음 각 호의 어느 하나에 해당하면 그 온라인투자연계금융업자의 등록을 취소할 수 있다. 다만, 제1호에 해당하면 등록을 취소하여야 한다.
1. 거짓 또는 그 밖의 부정한 방법으로 제5조에 따른 등록을 한 경우
2. 제5조제1항의 요건을 충족하지 아니한 경우
3. 제5조제7항에 따른 등록요건의 유지의무를 위반한 경우
4. 온라인투자연계금융업자의 임원이 제6조제1항에 따른 결격사유에 해당하는 경우
5. 6개월 이상 계속하여 영업실적이 없거나 법인의 합병·파산·폐업 등으로 사실상 영업을 끝낸 경우
6. 제1항에 따른 영업정지 명령을 위반한 경우
7. 제1항에 따라 영업정지 명령을 받고도 그 영업정지 기간 이내에 영업정지 처분 사유를 시정하지 아니하여 동일한 사유로 제1항에 따른 영업정지 처분을 대통령령으로 정하는 횟수 이상 받은 경우

③ 금융위원회는 제2항에 따른 등록취소를 하기 전에 해당 온라인투자연계금융업자에게 청문을 하여야 한다.

제50조【온라인투자연계금융업자에 대한 과징금】 ① 금융위원회는 온라인투자연계금융업자가 제32조제1항을 위반한 경우에는 그 온라인투자연계금융업자에 대하여 한도를 초과한 연계대출 금액의 100분의 30을 초과하지 아니하는 범위에서 과징금을 부과할 수 있다.
② 금융위원회는 온라인투자연계금융업자에 대하여 제49조제1항에 따른 영업정지 처분이 이용자에게 심한 불편을 주거나 그 밖에 공익을 해할 우려가 있는 경우에는 영업정지 처분에 갈음하여 5천만원 이하의 과징금을 부과할 수 있다.
③ 금융위원회는 제1항 및 제2항에 따라 과징금을 부과하는 경우에는 다음 각 호의 사항을 고려하여야 한다.
1. 위반행위의 내용 및 정도
2. 위반행위의 기간 및 횟수
3. 위반행위로 인하여 취득한 이익의 규모

④ 과징금의 부과에 관하여 그 밖에 필요한 사항은 대통령령으로 정한다.

제51조【이의신청】 ① 제50조에 따른 과징금 부과처분에 불복하는 자는 그 처분을 고지받은 날부터 30일 이내에 그 사유를 갖추어 금융위원회에 이의를 신청할 수 있다.
② 금융위원회는 제1항에 따른 이의신청에 대하여 30일 이내에 결정을 하여야 한다. 다만, 부득이한 사정으로 그 기간에 결정을 할 수 없는 경우에는 30일의 범위에서 그 기간을 연장할 수 있다.
③ 제2항에 따른 결정에 불복하는 자는 행정심판을 청구할 수 있다.

제52조【과징금의 납부기한 연기 및 분할 납부】 ① 금융위원회는 과징금을 부과받은 자(이하 "과징금납부의무자"라 한다)에 대하여 「행정기본법」 제29조 단서에 따라 과징금 납부기한을 연기하거나 과징금을 분할 납부하게 할 수 있으며, 이 경우 필요하다고 인정하면 담보를 제공하게 할 수 있다.
② 과징금납부의무자는 제1항에 따라 과징금의 납부기한을 연기받거나 분할 납부를 하려는 경우에는 그 납부기한의 10일 전까지 금융위원회에 신청하여야 한다.
③ 금융위원회는 제1항에 따라 과징금 납부기한이 연기되거나 분할 납부가 허용된 과징금납부의무자가 다음 각 호의 어느 하나에 해당하게 된 때에는 그 납부기한의 연기 또는 분할 납부 결정을 취소하고 과징금을 일시에 징수할 수 있다.
1. 분할 납부하기로 한 과징금을 그 납부기한까지 내지 아니한 경우
2. 담보 제공 요구에 따르지 아니하거나 제공된 담보의 가치를 훼손하는 행위를 한 경우
3. 강제집행, 경매의 개시, 파산선고, 법인의 해산, 국세 강제징수 또는 지방세 체납처분 등의 사유로 과징금의 전부 또는 나머지를 징수할 수 없다고 인정되는 경우
4. 「행정기본법」 제29조 각 호의 사유가 해소되어 과징금을 한꺼번에 납부할 수 있다고 인정되는 경우
5. 그 밖에 제1호부터 제4호까지에 준하는 사유가 있는 경우

④ 제1항부터 제3항까지에서 규정한 사항 외에 과징금의 납부기한 연기, 분할 납부 또는 담보 제공 등에 관하여 필요한 사항은 대통령령으로 정한다.
(2023.9.14 본조개정)

제53조【과징금 징수 및 체납처분】 ① 금융위원회는 과징금납부의무자가 납부기한까지 과징금을 내지 아니하면 납부기한의 다음 날부터 과징금을 낸 날의 전날까지의 기간에 대하여 대통령령으로 정하는 가산금을 징수할 수 있다.
② 금융위원회는 과징금납부의무자가 납부기한까지 과징금을 내지 아니하면 기간을 정하여 독촉을 하고, 그 지정한 기간 이내에 과징금과 제1항에 따른 가산금을 내지 아니하면 국세 체납처분의 예에 따라 징수할 수 있다.
③ 금융위원회는 제1항 및 제2항에 따른 과징금 및 가산금의 징수 또는 체납처분에 관한 업무를 국세청장에게 위탁할 수 있다.
④ 그 밖에 과징금의 징수에 필요한 사항은 대통령령으로 정한다.

제54조【과오납금의 환급】 ① 금융위원회는 과징금납부의무자가 이의신청의 재결 또는 법원의 판결 등의 사유로 과징금 과오납금의 환급을 청구하는 경우에는 지체 없이 환급하여야 하며, 과징금납무의무자의 청구가 없어도 금융위원회가 확인한 과오납금은 환급하여야 한다.
② 금융위원회가 제1항에 따라 과징금을 환급하는 경우에는 과징금을 납부한 날부터 환급한 날까지의 기간에 대하여 대통령령으로 정하는 가산금 이율을 적용하여 환급가산금을 환급받을 자에게 지급하여야 한다.

제7장 벌 칙

제55조【벌칙】 ① 다음 각 호의 어느 하나에 해당하는 자는 3년 이하의 징역 또는 1억원 이하의 벌금에 처한다.
1. 제4조를 위반하여 등록을 하지 아니하고 온라인투자연계금융업을 영위하는 자

2. 제12조제1항을 위반하여 연계대출을 한 온라인투자연계금융업자와 그로부터 연계대출을 받은 대주주 및 임직원
3. 제28조제7항을 위반하여 연계대출채권을 처분하거나 다른 채무에 대한 담보로 제공한 자
② 다음 각 호의 어느 하나에 해당하는 자는 1년 이하의 징역 또는 3천만원 이하의 벌금에 처한다.
1. 제8조를 위반하여 유사한 상호를 사용한 자
2. 제37조제5항을 위반하여 유사한 명칭을 사용한 자

제56조【양벌규정】 법인의 대표자나 법인 또는 개인의 대리인, 사용인, 그 밖의 종업원이 그 법인 또는 개인의 업무에 관하여 제55조의 위반행위를 하면 그 행위자를 벌하는 외에 그 법인 또는 개인에게도 해당 조문의 벌금형을 과(科)한다. 다만, 법인 또는 개인이 그 위반행위를 방지하기 위하여 해당 업무에 관하여 상당한 주의와 감독을 게을리하지 아니한 경우에는 그러하지 아니하다.

제57조【과태료】 ① 다음 각 호의 어느 하나에 해당하는 자에게는 5천만원 이하의 과태료를 부과한다.
1. 제7조제1항을 위반하여 변경등록을 하지 아니한 자
2. 제11조제1항·제2항을 위반하여 수수료 또는 이자를 받은 자
3. 제11조제4항을 위반하여 수수료의 부과기준을 정할 때 정당한 사유 없이 이용자들을 차별한 자
4. 제12조제2항부터 제9항까지의 온라인투자연계금융업 관련 준수사항을 위반한 자
5. 제13조의 업무 범위를 위반하여 업무를 영위한 자
6. 제22조제1항·제2항에 따른 정보 제공 의무를 위반한 자
7. 제22조제3항을 위반하여 투자자가 이해하였음을 서명 등의 방법으로 확인받지 아니한 자
8. 제22조제4항을 위반하여 중대한 사항을 누락하거나 거짓 또는 왜곡된 정보를 제공한 자
9. 제22조제5항을 위반하여 연체사실과 그 사유를 투자자에게 통지하지 아니하거나 온라인플랫폼에 게시하지 아니한 자
10. 제25조제7항에 따른 변경명령을 이행하지 아니한 자
11. 제26조에 따른 투자금등에 관한 관리 의무를 위반한 자
12. 제27조에 따른 연계대출채권 등에 관한 관리 의무를 위반한 자
13. 제32조제3항을 위반하여 한도 준수에 필요한 조치를 취하지 아니한 자
14. 제34조제1항·제2항을 위반하여 원리금수취권을 양도한 자
15. 제34조제3항을 위반하여 필요한 조치를 취하지 아니한 자
16. 제35조제1항을 위반하여 연계투자를 한 자
17. 제35조제2항을 위반하여 필요한 조치를 취하지 아니한 자
18. 제40조제1항을 위반하여 협회에 가입을 하지 아니한 자
19. 제40조제2항을 위반하여 정당한 사유 없이 가입을 거부하거나 가입에 부당한 조건을 부과한 자
20. 제44조(제33조제5항 및 제41조에서 준용하는 경우를 포함한다)에 따른 검사를 거부·방해 또는 기피한 자
21. 제44조제3항(제33조제5항 및 제41조에서 준용하는 경우를 포함한다)을 위반하여 자료의 제출 또는 관계인의 출석 및 의견 진술 요구에 따르지 아니한 자
② 다음 각 호의 어느 하나에 해당하는 자에게는 3천만원 이하의 과태료를 부과한다.
1. 제9조제1항·제2항을 위반하여 이용자의 이익을 보호하지 아니하거나, 이용자의 이익을 해하면서 자기 또는 제삼자가 이익을 얻도록 하는 자
2. 제10조제1항에 따른 공시 의무를 위반한 자
3. 제11조제3항을 위반하여 수수료의 부과기준을 정하지 아니하거나, 온라인플랫폼에 공시하지 아니한 자
4. 제14조제1항·제2항을 위반하여 신고를 하지 아니한 자
5. 제15조제1항을 위반하여 업무위탁을 한 자
6. 제16조제1항을 위반하여 회계처리를 한 자
7. 제17조제1항·제2항을 위반하여 내부통제기준을 마련하지 아니하거나, 준법감시인을 선임하지 아니한 자
8. 제17조제2항에 따라 선임된 준법감시인으로서 내부통제기준 준수여부를 점검하지 않거나, 내부통제기준을 위반한 사실을 발견한 경우에도 감사 또는 감사위원회에 보고하지 아니한 자
9. 제18조에 따른 이해상충 관리에 관한 의무를 위반한 자
10. 제19조를 위반하여 광고를 한 자
11. 제20조제1항을 위반하여 차입자에 관한 정보를 확인하지 아니한 자
12. 제20조제3항을 위반하여 차입자의 객관적인 변제능력을 초과하는 연계대출을 실행한 자
13. 제20조제4항을 위반하여 차입자에 관한 정보를 용도 외의 목적으로 사용한 자
14. 제21조제1항을 위반하여 투자자의 본인 확인을 시행하지 아니한 자
15. 제21조제4항을 위반하여 투자자에 관한 정보를 용도 외의 목적으로 사용한 자
16. 제23조제1항에 따른 투자자에 대한 계약서류 교부 의무를 위반한 자
17. 제23조제3항을 위반하여 투자금을 지체 없이 반환하지 아니한 자
18. 제23조제4항을 위반하여 연계투자계약 관련 자료를 5년간 보관하지 아니한 자
19. 제24조제1항에 따른 차입자에 대한 계약서 교부 의무를 위반한 자
20. 제24조제2항에 따른 차입자에 대한 설명 의무를 위반한 자
21. 제24조제3항을 위반하여 연계대출계약 관련 자료를 5년간 보관하지 아니한 자
22. 제24조제4항을 위반하여 정당한 사유 없이 연계대출계약 관련 자료의 열람 또는 증명서의 발급을 거부한 자
23. 제25조제2항을 위반하여 보고, 공시 또는 신고를 하지 아니한 자
24. 제25조제4항을 위반하여 신고를 하지 아니한 자
25. 제30조제2항에 따른 온라인 정보관리 실태 점검 및 보고 의무를 위반한 자
26. 제31조제4항을 위반하여 손해배상책임을 이행하기 위하여 필요한 조치를 하지 아니한 자
27. 제33조제1항을 위반하여 중앙기록관리기관에 이용자에 관한 정보 등을 제공하지 아니한 자
28. 제33조제2항을 위반하여 제32조제3항에 따른 조치에 필요한 사항을 중앙기록관리기관에 위탁하지 아니한 자
29. 제33조제3항·제4항을 위반하여 이용자에 대한 자료를 보관·관리하지 아니하거나, 타인에게 제공한 자
30. 제43조제2항(제33조제5항 및 제41조에서 준용하는 경우를 포함한다)을 위반하여 보고 요구에 따르지 아니한 자
31. 제46조를 위반하여 보고서를 제출하지 아니하거나 보고를 하지 아니한 자(거짓의 보고서를 제출하거나 거짓으로 보고한 자를 포함한다)
32. 제47조를 위반하여 자료제출 요구에 따르지 아니한 자
③ 제1항 및 제2항의 과태료는 대통령령으로 정하는 바에 따라 금융위원회가 부과·징수한다.

부 칙

제1조【시행일】 이 법은 공포 후 9개월이 경과한 날부터 시행한다. 다만, 제32조, 제33조 및 제37조부터 제42조까지의 규정은 공포 후 1년 6개월을 넘지 아니하는 범위에서 대통령령으로 정하는 날부터 시행한다.

제2조【일반적 적용례】 이 법은 이 법 시행 후 온라인투자연계금융업자가 체결하는 연계투자계약 및 연계대출계약부터 적용한다.

제3조【임원의 자격요건에 관한 적용례】 제6조의 규정은 이 법 시행 후 최초로 선임(연임을 포함한다)되는 임원부터 적용한다.

제4조【온라인투자연계금융업 등록에 관한 경과조치】 ① 온라인투자연계금융업에 준하는 업무(이하 "온라인투자연계금융업등"이라 한다)를 영위하는 자(「대부업 등의 등록 및 금융이용자 보호에 관한 법률」 제3조제2항제6호에 해당하는 자를 포함한다. 이하 같다)는 이 법 시행 이후 1년 이내에 금융위원회에 등록하여야 한다.
② 이 법 시행 당시 온라인투자연계금융업등을 영위하는 자에 대하여는 제1항에 따른 등록을 마치는 날까지 이 법을 적용하지 아니한다.

제5조【온라인투자연계금융업 등록 특례】 이 법 공포 당시 온라인투자연계금융업등을 영위하는 자는 제5조의 등록요건을 갖추어 이 법 공포 후 7개월이 경과한 날부터 금융위원회에 등록을 신청할 수 있다.

제6조【임원의 자격요건 변경에 따른 경과조치】 이 법 시행 당시 재임 중인 임원의 자격요건에 관하여는 제6조의 규정에도 불구하고 그 임기가 만료되는 날까지는 종전의 규정에 따른다.

제7조【벌칙 등에 관한 경과조치】 ① 이 법 시행 전의 행위에 대하여 벌칙 또는 과태료를 적용할 때에는 종전의 규정에 따른다.
② 이 법 시행 전의 행위에 대하여 과징금의 부과처분, 그 밖의 행정처분을 적용할 때에는 종전의 규정에 따른다.

부 칙 (2023.9.14)

제1조【시행일】 이 법은 공포한 날부터 시행한다.(이하 생략)

〔별표〕 ➡ 「法典 別冊」 참조

신용협동조합법

(1998년 1월 13일 전개법률 제5506호)

개정
1999. 2. 1법 5739호
1999. 5.24법 5982호(정부조직)
1999. 9. 7법 6018호(농협)
2000. 1.21법 6187호(산림조합법)
2000. 1.28법 6204호
2000. 1.28법 6256호(수협)
2003. 7.30법 6957호
2005. 3.31법 7428호(채무자회생파산)
2006.12.30법 8145호
2007. 8. 3법 8635호(자본시장금융투자업)
2008. 1.17법 8840호
2008. 2.29법 8852호(정부조직)
2008. 2.29법 8863호(금융위원회의설치등에관한법)
2010. 5.17법 10303호(은행법)
2011. 3.31법 10522호(농협)
2011. 5.19법 10682호(금융부실)
2011. 7.21법 10866호(고등교육)
2011. 8. 4법 11039호
2012.12.11법 11545호
2014. 1.28법 12382호
2015. 1.20법 13067호
2016.12.20법 14457호
2017. 4.18법 14824호
2019. 1.15법 16292호
2019.11.26법 16652호(자산관리)
2020. 3.24법 17112호(금융소비자보호에관한법)
2020.12.29법 17803호
2021. 4.20법 18125호
2022. 1. 4법 18714호
2023. 3.21법 19259호
2023. 7.18법 19565호
2023.12.26법 19853호

제1장 총 칙

(2015.1.20 본장개정)

제1조【목적】 이 법은 공동유대(共同紐帶)를 바탕으로 하는 신용협동조직의 건전한 육성을 통하여 그 구성원의 경제적·사회적 지위를 향상시키고, 지역주민에게 금융편의를 제공함으로써 지역경제의 발전에 이바지함을 목적으로 한다.

제2조【정의】 이 법에서 사용하는 용어의 뜻은 다음과 같다.
1. "신용협동조합"(이하 "조합"이라 한다)이란 제1조의 목적을 달성하기 위하여 이 법에 따라 설립된 비영리법인을 말한다.
2. "신용협동조합중앙회"(이하 "중앙회"라 한다)란 조합의 공동이익을 도모하기 위하여 이 법에 따라 설립된 비영리법인을 말한다.
3. "공동유대"란 조합의 설립과 구성원의 자격을 결정하는 단위를 말한다.
4. "조합원"이란 제11조제1항 및 제2항에 따른 자격이 있는 자로서 조합의 정관(定款)에서 정하는 바에 따라 조합에 가입한 자를 말한다.
5. "불법·부실대출"이란 다음 각 목의 어느 하나에 해당하는 조합의 대출·어음할인(이하 "대출등"이라 한다) 및 가지급(假支給)한 금액(이하 이 호에서 "가지급금"이라 한다)을 말한다.
가. 제42조를 위반하여 한 대출등
나. 대출등 및 가지급금 중 그 회수가 곤란하거나 불가능하다고 인정되는 것으로서 금융위원회가 정하는 기준에 해당되는 것(이하 "부실대출"이라 한다)
6. "표준정관"이란 조합의 설립 및 운영에 필요한 사항을 규정하여 모든 조합에 공통적으로 적용하기 위하여 중앙회가 정하는 정관을 말한다.
7. "표준규정"이란 조합의 운영에 필요한 세부적인 사항을 규정하여 모든 조합에 공통적으로 적용하기 위하여 중앙회가 정하는 규정을 말한다.
8. "지역조합"이란 동일한 행정구역·경제권 또는 생활권을 공동유대로 하는 조합을 말한다.
9. "자기자본"이란 자본금, 적립금, 그 밖의 잉여금 등의 합계액으로서 대통령령으로 정하는 금액을 말한다.

제3조【명칭 등】 ① 조합은 그 명칭에 "신용협동조합" 또는 "신협"이라는 문자를 사용하여야 한다.
② 조합 또는 중앙회가 아닌 자는 그 명칭에 "신용협동조합"이나 이와 유사한 문자를 사용해서는 아니 된다.

제4조【등기】 ① 조합과 중앙회는 주된 사무소의 소재지에서 설립등기를 함으로써 성립한다.
② 등기소는 "신용협동조합등기부"를 따로 갖추어 두어야 한다.
③ 이 법에 규정된 것 외에 조합과 중앙회의 등기에 필요한 사항은 대통령령으로 정한다.
제5조【다른 협동조합과의 협력】 ① 중앙회는 조합의 발전을 위하여 다른 법률에 따른 협동조합 간의 상호협력, 이익증진, 공동사업개발 등을 위하여 노력하여야 한다.
② 중앙회는 제1항의 목적을 달성하기 위하여 필요하면 다른 법률에 따른 협동조합과 협의회를 구성·운영할 수 있다.
제6조【다른 법률과의 관계】 ① 조합과 중앙회의 공제사업에 관하여는 「보험업법」을 적용하지 아니한다.
② 조합 간의 합병 등에 관하여는 「금융산업의 구조개선에 관한 법률」 제5조제9항을 적용한다.
③ 제78조제1항제5호다목(내국환 업무로 한정한다) 및 라목에 따른 중앙회의 신용사업 부문은 「은행법」 제2조에 따른 은행 및 「한국은행법」 제11조에 따른 하나의 금융기관으로 본다.
④ 조합은 「한국자산관리공사 설립 등에 관한 법률」 제45조의2를 적용할 때에는 같은 조의 적용을 받는 자로 본다.
(2019.11.26 본항개정)

제2장 조 합
(2015.1.20 본장개정)

제1절 설 립

제7조【설립】 ① 조합을 설립하려면 조합의 공동유대에 소속된 30인 이상의 발기인이 정관을 작성하여 창립총회의 결의를 받아 대통령령으로 정하는 바에 따라 중앙회의 회장(이하 "중앙회장"이라 한다)을 거쳐 금융위원회의 인가를 받아야 한다.
② 창립총회의 의사(議事)는 발기인 대표에게 조합 설립동의서를 회의 개최일 전날까지 제출한 자 과반수의 출석과 출석한 자 3분의 2 이상의 찬성으로 결의한다.
③ 제1항에 따른 인가를 받으려는 자는 대통령령으로 정하는 바에 따라 신청서를 금융위원회에 제출하여야 한다.
④ 금융위원회는 제1항에 따른 인가에 조건을 붙일 수 있다.
제8조【인가의 요건】 ① 제7조제1항에 따른 조합 설립의 인가를 받으려는 자는 다음 각 호의 요건을 갖추어야 한다.
1. 제14조제4항 각 호에 따른 요건을 갖출 것
2. 조합원의 보호가 가능하고 조합의 사업을 수행하기에 충분한 전문인력과 전산설비 등 물적 시설을 갖추고 있을 것
3. 사업계획이 타당하고 건전할 것
4. 발기인이 충분한 출자능력, 건전한 재무상태 및 사회적 신용을 갖추고 있을 것
② 금융위원회는 조합 설립에 관한 신청을 받으면 신청서를 접수한 날부터 대통령령으로 정하는 기한까지 인가 여부를 신청인에게 알려야 한다. 이 경우 인가하지 아니할 때에는 그 이유를 분명히 밝혀야 한다.
③ 금융위원회가 제2항에서 정한 기간 내에 인가 여부 또는 민원 처리 관련 법령에 따른 처리기간의 연장을 신청인에게 알리지 아니하면 그 기간(민원 처리 관련 법령에 따라 처리기간이 연장 또는 재연장된 경우에는 해당 처리기간을 말한다)이 끝난 날의 다음 날에 인가를 한 것으로 본다.(2019.1.15 본항신설)
④ 제1항에 따른 인가의 세부 요건에 관하여 필요한 사항은 대통령령으로 정한다.
제8조의2【인가 등의 공고】 금융위원회는 제7조제1항에 따른 인가를 하거나 제85조에 따라 인가를 취소하였을 때에는 지체 없이 그 내용을 관보에 공고하고 컴퓨터 통신 등을 이용하여 일반인에게 알려야 한다.
제9조【공동유대와 사무소】 ① 조합의 공동유대는 행정구역·경제권·생활권 또는 직장·단체 등을 중심으로 하여 정관에서 정한다. 이 경우 공동유대의 범위, 종류 및 변경에 관한 사항은 대통령령으로 정하는 바에 따른다.
② 조합의 주된 사무소는 정관에서 정한다.
③ 조합은 중앙회장의 승인을 받아 지사무소(支事務所)를 둘 수 있다.
제10조【정관 기재사항】 조합의 정관에는 다음 각 호의 사항이 포함되어야 한다.
1. 목적
2. 명칭
3. 주된 사무소의 소재지
4. 공동유대에 관한 사항
5. 조합원의 자격과 가입·탈퇴 및 제명(除名)에 관한 사항
6. 출자 1좌(座)의 금액과 그 납입 방법 및 시기
7. 조합원의 권리와 의무에 관한 사항
8. 사업의 범위 및 회계에 관한 사항
9. 기관 및 임원에 관한 사항
10. 해산에 관한 사항
11. 공고의 방법
12. 출자금의 양도에 관한 사항
13. 그 밖에 총회의 운영 등에 필요한 사항

제2절 조합원과 출자

제11조【조합원의 자격】 ① 조합원은 조합의 공동유대에 소속된 자로서 제1회 출자금을 납입한 자로 한다.
② 제1항에도 불구하고 조합은 조합의 설립 목적 및 효율적인 운영을 저해하지 아니하는 범위에서 해당 공동유대에 소속되지 아니한 자 중 다음 각 호의 어느 하나에 해당하는 자를 조합원에 포함시킬 수 있다.(2023.12.26 본문개정)
1. 직장을 퇴직한 날부터 1년이 지나지 아니한 자
2. 그 밖에 대통령령으로 정하는 자
(2023.12.26 1호~2호신설)
③ 1조합의 조합원의 수는 100인 이상이어야 한다.
제12조 (1999.2.1 삭제)
제13조【자본금】 조합의 자본금은 조합원이 납입한 출자금의 총액으로 한다.
제14조【출자금 등】 ① 조합원은 출자 1좌 이상을 가져야 한다.
② 출자 1좌의 금액은 정관에서 정한다.
③ 조합원 1인의 출자좌수는 총 출자좌수의 100분의 10을 초과할 수 없다.
④ 출자금 합계액의 최저한도는 다음 각 호와 같다.
1. 지역조합의 경우에는 주된 사무소의 소재지에 따라 다음 각 목의 금액
가. 특별시·광역시 : 3억원
나. 특별자치시·시(「제주특별자치도 설치 및 국제자유도시 조성을 위한 특별법」 제15조제2항에 따른 행정시를 포함한다. 이하 같다) : 2억원
다. 군(광역시·특별자치시 또는 시에 속하는 읍·면을 포함한다. 이하 같다) : 5천만원
2. 직장조합의 경우에는 4천만원
3. 단체조합의 경우에는 주된 사무소의 소재지에 따라 다음 각 목의 금액
가. 특별시·광역시 : 1억원
나. 특별자치시·시 : 8천만원
다. 군 : 5천만원
⑤ 조합에 납입할 출자금은 현금으로 납입하여야 하며, 조합에 대한 채권과 상계(相計)할 수 없다.
⑥ 조합원의 출자금은 질권의 목적이 될 수 없다.
제15조【양도】 ① 조합원의 출자금은 정관에서 정하는 바에 따라 다른 조합원에게 양도할 수 있다.
② 출자금의 양수인은 양도인의 권리와 의무를 승계한다.
③ 조합원은 출자금을 공유할 수 없다.
제16조【탈퇴】 ① 조합원은 정관에서 정하는 바에 따라 조합에 탈퇴의 뜻을 미리 알리고 탈퇴할 수 있다.
② 조합원이 다음 각 호의 어느 하나에 해당하게 된 경우에는 탈퇴한 것으로 본다.
1. 조합원으로서의 자격이 상실된 경우
2. 사망한 경우
3. 파산한 경우
4. 피성년후견인이 된 경우
5. 조합원인 법인이 해산한 경우
③ 제2항제1호의 자격상실에 관한 사항은 정관에서 정한다.
제17조【탈퇴하거나 제명된 조합원에 대한 출자금 등의 환급】 ① 조합은 조합원이 탈퇴하거나 제명되었을 때에는 지체 없이 그의 출자금·예탁금 및 적금을 환급하여야 한다. 이 경우 출자금에 대한 배당금은 다른 조합원에 대하여 배당금을 지급할 때 지급할 수 있다.
② 조합은 조합의 재산으로 그 채무를 다 갚을 수 없는 경우에는 제1항에 따른 출자금을 환급할 때 정관에서 정하는 바에 따라 탈퇴하거나 제명된 조합원이 부담하여야 할 손실액을 빼고 환급할 수 있다.
제18조【제명】 ① 조합원이 다음 각 호의 어느 하나에 해당하는 경우에는 총회의 결의로 제명할 수 있다.
1. 출자금의 납입이나 그 밖에 조합에 대한 의무를 이행하지 아니한 경우
2. 이 법 및 이 법에 따른 명령이나 정관을 위반한 경우
3. 2년 이상 제39조제1항제1호가목·나목 또는 바목의 사업을 이용하지 아니한 경우
4. 출자가 1좌 미만이 된 후 6개월이 지난 경우
② 조합은 제1항에 따라 조합원을 제명하려면 총회 개회일 10일 전에 그 조합원에게 제명의 사유를 알리고, 총회에서 의견을 진술할 기회를 주어야 한다.
③ 제2항에 따른 의견진술의 기회를 주지 아니하고 한 총회의 제명에 관한 결의는 해당 조합원에게 대항할 수 없다.
제19조【의결권 및 선거권 등】 ① 조합원은 출자좌수에 관계없이 평등한 의결권과 선거권을 가진다. 다만, 정관에서 정하는 바에 따라 미성년자 또는 조합원 자격을 유지한 기간이 6개월 미만인 조합원의 의결권과 선거권은 제한할 수 있다.(2023.12.26 단서개정)
② 조합원은 대리인으로 하여금 의결권과 선거권을 행사하게 할 수 있다. 다만, 지역 또는 단체를 공동유대로 하는 조합의 조합원은 대리인으로 하여금 선거권을 행사하게 할 수 없다.
③ 제2항에 따라 조합원 1인이 대리할 수 있는 조합원의 수는 정관에서 정한다.
④ 제2항에 따른 대리인은 대리권을 증명하는 서면을 조합에 제출하여야 한다.
제20조【조합원의 책임】 조합원의 책임은 그 출자액을 한도로 한다.
제21조 (1999.2.1 삭제)
제22조【결의취소 등의 청구】 ① 총회 의결 또는 임원 선거의 효력에 관하여 이의가 있는 조합원은 의결일 또는 선거일부터 1개월 이내에 조합원 10분의 1 이상의 동의를 받아 그 결의 또는 당선의 취소를 중앙회장에게 청구할 수 있다.
② 중앙회장은 제1항의 청구를 받으면 3개월 이내에 이에 대한 처리 결과를 청구인에게 알려야 한다.

제3절 기 관

제23조【총회】 ① 조합에 총회를 둔다.
② 총회는 조합원으로 구성하되, 정기총회는 사업연도마다 1회 이사장이 소집하고, 임시총회는 이사장이 필요하다고 인정하거나 제26조에 따라 조합원 또는 감사의 청구로 정관에서 정하는 바에 따라 소집한다.
③ 이사장은 총회의 의장이 된다.
제24조【총회의 결의사항 등】 ① 다음 각 호의 사항은 총회의 결의를 거쳐야 한다.
1. 정관의 변경
2. 사업계획 및 예산의 결정
3. 임원의 선임과 해임
4. 결산보고서(사업보고서·재무상태표·손익계산서 및 잉여금처분안 또는 손실금처리안을 포함한다. 이하 같다)의 승인(2021.4.20 본호개정)
5. 감사보고서의 승인
6. 조합의 해산·합병·분할 또는 휴업
7. 조합원의 제명
8. 규약의 제정·변경 또는 폐지
9. 그 밖에 정관에서 정하는 중요한 사항
② 제1항제1호에 따라 정관을 변경하였을 때에는 중앙회장의 승인을 받은 후 이를 등기하여야 한다. 다만, 제75조제1항제1호에 따른 표준정관에 따라 변경하는 경우에는 중앙회장의 승인이 필요하지 아니하다.
제25조【총회의 개의와 결의】 ① 총회는 이 법에 다른 규정이 있는 경우를 제외하고는 재적조합원 과반수의 출석으로 개의(開議)하고 출석조합원 과반수의 찬성으로 결의한다. 다만, 재적조합원이 500인을 초과하는 경우에는 251인 이상의 출석으로 개의하고 출석조합원 과반수의 찬성으로 결의할 수 있다.
② 제24조제1항제1호 및 제6호의 사항은 출석조합원 3분의 2 이상의 찬성으로 결의한다.
③ 조합과 조합원의 이해가 상충되는 의사에 관하여 해당 조합원은 그 결의에 참여할 수 없다.
제26조【총회의 소집 청구】 ① 조합원은 조합원 5분의 1 이상의 동의를 받아 회의의 목적과 소집 이유를 적은 서면을 제출하여 총회의 소집을 이사장에게 청구할 수 있다.
② 감사는 제37조에 따른 감사 결과 부정한 사실이 발견되어 그 내용을 총회에 신속히 보고할 필요가 있을 때에는 회의의 목적과 소집 이유를 적은 서면을 제출하여 총회의 소집을 이사장에게 청구할 수 있다.
③ 이사장은 제1항 및 제2항에 따른 청구를 받으면 15일 이내에 총회를 개최하여야 한다.
④ 총회를 소집할 자가 없거나 제3항의 기간 이내에 정당한 이유 없이 이사장이 총회를 개최하지 아니한 경우에는 감사가 지체 없이 총회를 소집하여야 한다. 이 경우 감사가 의장의 직무를 대행한다.
⑤ 제1항에 따라 조합원이 총회의 소집을 청구한 경우로서 감사가 제4항에 따라 총회를 소집하지 아니한 경우에는 제1항에 따라 총회의 소집을 청구한 조합원의 대표가 총회를 소집한다. 이 경우 그 조합원의 대표가 의장의 직무를 대행한다.
⑥ 제4항 및 제5항에 따라 총회를 소집하는 경우에는 미리 중앙회장에게 보고하여야 한다.
제26조의2【총회 결의의 특례】 ① 다음 각 호의 사항에 대해서는 제24조제1항에도 불구하고 조합원의 투표로 총회의 결의를 갈음할 수 있다. 이 경우 조합원 투표의 통지·방법, 그 밖에 투표에 필요한 사항은 정관에서 정한다.
1. 조합의 해산·합병 또는 분할
2. 임원(제27조제3항에 따른 임원으로 한정한다)의 선임
② 제1항 각 호의 사항에 대한 조합원의 투표는 다음 각 호의 구분에 따른다.
1. 제1항제1호의 사항 : 재적조합원 과반수(재적조합원이 500인을 초과하는 경우에는 251인 이상을 말한다)의 투표와 투표한 조합원 3분의 2 이상의 찬성으로 결의
2. 제1항제2호의 사항 : 이사장과 부이사장은 선거인(정관으로 정하는 바에 따라 선거권을 가진 자를 말한다. 이하 같다) 과반수의 투표로써 다수 득표자를 당선인으로 결정하고, 이사장 및 부이사장을 제외한 임원 중 제27조제2항에 따라 조합원이어야 하는 임원은 선거인 과반수의 투표로써 다수 득표자순으로 당선인을 결정. 이 경우 제25조제1항 단서를 준용한다.
(2015.1.20 본조신설)

제27조【임원】 ① 조합에 임원으로 이사장 1명, 부이사장 1명을 포함하여 5명 이상 9명 이하의 이사와 감사 2명 또는 3명을 둔다.
② 임원은 정관에서 정하는 바에 따라 총회에서 선출(임원의 결원으로 인한 보궐선거의 경우에는 정관에서 따로 정하는 바에 따른다)하되, 이사장을 포함한 임원의 3분의 2 이상은 조합원이어야 한다.
③ 제24조제1항제3호에 따른 이사장과 부이사장의 선출은 선거인 과반수의 투표로써 다수 득표자를 당선인으로 결정하고, 이사장 및 부이사장을 제외한 임원 중 제2항에 따라 조합원이어야 하는 임원의 선출은 선거인 과반수의 투표로써 다수 득표자순으로 당선인을 결정한다. 이 경우 제25조제1항 단서를 준용한다.
④ 이사장은 조합의 업무를 총괄하고 조합을 대표한다.
⑤ 이사장이 부득이한 사유로 직무를 수행할 수 없을 때에는 부이사장, 정관에서 정하는 이사의 순서로 그 직무를 대행한다.
⑥ 자산 규모, 재무 구조 등을 고려하여 대통령령으로 정하는 조합은 이사장 또는 이사장이 아닌 이사(이하 "상임이사"라 한다) 중에서 1명 이상을 상임으로 한다. 다만, 대통령령으로 정하는 바에 따라 상임인 이사장을 두지 아니한 조합인 경우에는 상임이사를 두어야 한다.
(2017.4.18 본항개정)
⑦ 상임이사는 제39조제1항제1호·제3호의 사업 및 이에 부대하는 사업을 전담하여 처리한다. 이 경우 이사장은 해당 상임이사가 소관 사업을 독립하여 수행할 수 있도록 권한의 위임 등 적절한 조치를 하여야 한다.
(2017.4.18 본항개정)
⑧ 자산규모 등을 고려하여 대통령령으로 정하는 조합은 제1항의 감사 중 1명을 상임으로 두어야 한다. 이 경우 상임감사는 조합원이 아닌 자로 한다.(2017.4.18 본항신설)
⑨ 상임이사 및 상임감사(이하 "상임임원"이라 한다)는 조합 업무에 대한 전문지식과 경험이 풍부한 사람으로서 이사회의 결의를 거쳐 총회에서 선출한다.(2017.4.18 본항개정)
⑩ 상임임원의 임명 기준 및 요건에 관하여 필요한 사항은 대통령령으로 정한다.
⑪ 상임임원이 부득이한 사유로 직무를 수행할 수 없을 때에는 이사회가 정하는 순서에 따라 제30조에 따른 간부직원이 그 직무를 대행한다.
⑫ 상임인 이사장 및 상임임원의 보수는 중앙회장이 정하는 기준에 따라 총회에서 정한다.
⑬ 제6항 및 제8항에 따른 상임이 아닌 임원은 명예직으로 하되, 정관이 정하는 바에 따라 실비의 변상을 받을 수 있다.(2017.4.18 본항개정)

제27조의2【임원의 선거운동 제한】 ① 누구든지 자기 또는 특정인을 조합의 임원으로 당선되게 하거나 당선되지 못하게 할 목적으로 다음 각 호의 어느 하나에 해당하는 행위를 할 수 없다.
1. 조합원(공동유대에 소속된 자로서 선거인이 될 수 있는 자를 포함한다. 이하 이 조에서 같다)이나 그 가족(조합원의 배우자, 조합원 또는 그 배우자의 직계존속·비속과 형제자매, 조합원의 직계존속·비속 및 형제자매의 배우자를 말한다. 이하 같다) 또는 조합원이나 그 가족이 설립·운영하고 있는 기관·단체·시설에 대하여 금전·물품·향응, 그 밖의 재산상의 이익이나 공사(公私)의 직(職)을 제공 또는 제공의 의사표시를 하거나 그 제공을 약속하는 행위
2. 후보자가 되지 못하게 하거나 후보자를 사퇴하게 할 목적으로 후보자가 되려는 사람이나 후보자에게 제1호에 규정된 행위를 하는 경우
3. 제1호 또는 제2호에 규정된 이익이나 직을 제공받거나 그 제공의 의사표시를 승낙하는 행위
② 누구든지 임원 선거와 관련하여 다음 각 호의 방법 외의 선거운동을 할 수 없다. 다만, 선거에 관한 단순한 의견개진, 의사표시, 입후보와 선거운동을 위한 준비행위 또는 통상적인 업무행위는 선거운동으로 보지 아니한다.
1. 선전 벽보의 부착
2. 선거 공보의 배부
3. 합동 연설회 또는 공개 토론회의 개최
4. 전화(문자메시지를 포함한다) 또는 컴퓨터 통신(전자우편을 포함한다)을 이용한 지지 호소
5. 도로·시장 등 금융위원회가 정하여 고시하는 다수인이 왕래하거나 집합하는 공개된 장소에서의 지지 호소 및 명함 배부
③ 제2항에 따른 선거운동은 후보자등록마감일의 다음날부터 선거일 전일까지만 할 수 있다. 다만, 조합의 이사장을 선출하는 경우로서 후보자가 선거일에 자신의 소견을 발표하는 때에는 그러하지 아니하다.(2020.12.29 본항개정)
④ 제2항에 따른 선거운동 방법 등에 관한 세부적인 사항은 총리령으로 정한다.(2020.12.29 본항개정)
<2020.6.25 헌법재판소 단순위헌결정으로 이 조 제2항 내지 제4항은 모두 헌법에 위반>

제27조의3【조합선거관리위원회의 구성·운영 등】 ① 조합은 임원 선거를 공정하게 관리하기 위하여 대통령령으로 정하는 바에 따라 조합선거관리위원회를 구성·운영한다.
② 조합은 제27조제2항, 제3항 및 제9항에 따라 선출하는 임원 선거의 관리에 대하여 정관으로 정하는 바에 따라 그 주된 사무소의 소재지를 관할하는 「선거관리위원회법」에 따른 구·시·군선거관리위원회(이하 이 항에서 "구·시·군선거관리위원회"라 한다)에 위탁할 수 있다. 다만, 대통령령으로 정하는 규모 이상의 자산을 보유한 지역조합은 제27조제2항 및 제3항에 따라 선출하는 이사장 선거의 관리에 대하여 정관으로 정하는 바에 따라 구·시·군선거관리위원회에 위탁하여야 한다.(2023.7.18 본항개정)
(2019.1.15 본조신설)

제27조의4【이사장당선인 결정의 특례】 이사장 선거에 대하여는 제26조의2제2항제2호 및 제27조제3항에도 불구하고 후보자등록마감시각에 등록된 후보자가 1명이거나 후보자등록마감 후 선거일의 투표마감시각까지 후보자가 사퇴·사망하거나 등록이 무효로 되어 후보자수가 1명이 된 때에는 투표를 실시하지 아니하고 선거일에 그 후보자를 당선인으로 결정한다.(2023.7.18 본조신설)

제28조【임원 등의 자격 제한】 ① 다음 각 호의 어느 하나에 해당하는 사람은 조합의 임원이나 발기인이 될 수 없다.
1. 피성년후견인, 피한정후견인 및 파산선고를 받고 복권되지 아니한 사람
2. 금고 이상의 실형을 선고받고 그 집행이 끝나거나(집행이 끝난 것으로 보는 경우를 포함한다) 집행이 면제된 날부터 3년이 지나지 아니한 사람
3. 형의 집행유예를 선고받고 그 유예기간 중에 있는 사람
4. 금고 이상의 형의 선고유예를 받고 그 선고유예 기간 중에 있는 사람
5. 이 법 또는 대통령령으로 정하는 금융 관련 법령(이하 "금융관계법령"이라 한다)을 위반하여 벌금 이상의 형을 선고받고 그 집행이 끝나거나(집행이 끝난 것으로 보는 경우를 포함한다) 집행이 면제된 날부터 5년이 지나지 아니한 사람
6. 법원의 판결 또는 다른 법률에 따라 자격이 상실되거나 정지된 사람
6의2. 제11조제2항제1호에 따른 조합원(2023.12.26 본호신설)
7. 이 법 또는 금융관계법령에 따라 해임〔제84조제1항제1호에 따른 임원에 대한 개선(改選)을 포함한다. 이하 이 조에서 같다〕되거나 징계면직된 사람으로서 해임되거나 징계면직된 후 5년이 지나지 아니한 사람
8. 이 법 또는 금융관계법령에 따라 영업의 허가·인가 또는 등록이 취소된 법인 또는 회사의 임직원이었던 사람(그 취소 사유의 발생에 직접적 책임이 있거나 이에 상응하는 책임이 있는 사람으로서 대통령령으로 정하는 사람만 해당한다)으로서 그 법인이나 회사에 대한 취소 처분이 있었던 날부터 5년이 지나지 아니한 사람
9. 이 법 또는 금융관계법령에 따라 대통령령으로 정하는 정직·업무집행정지 이상의 제재 조치를 받은 사람으로서 대통령령으로 정하는 기간이 지나지 아니한 사람
10. 이 법 또는 금융관계법령에 따라 재임 중이었거나 재직 중이었더라면 해임요구 또는 징계면직의 조치를 받았을 것으로 통보된 퇴임한 임원 또는 퇴직한 직원으로서 그 통보가 있었던 날부터 5년(통보가 있었던 날부터 5년이 퇴임 또는 퇴직한 날부터 7년을 초과한 경우에는 퇴임 또는 퇴직한 날부터 7년으로 한다)이 지나지 아니한 사람
11. 이 법 또는 금융관계법령에 따라 재임 중이었거나 재직 중이었더라면 대통령령으로 정하는 정직·업무집행정지 이상의 제재 조치를 요구받았을 것으로 통보된 퇴임한 임원 또는 퇴직한 직원으로서 그 통보가 있었던 날부터 대통령령으로 정하는 기간(통보가 있었던 날부터 대통령령으로 정하는 기간이 퇴임 또는 퇴직한 날부터 6년을 초과한 경우에는 퇴임 또는 퇴직한 날부터 6년으로 한다)이 지나지 아니한 사람
12. 그 밖에 정관에서 정한 자격 제한 사유에 해당하는 사람
② 임원에게서 제1항(제9호는 제외한다)의 사유가 발견되거나 발생되었을 때에는 해당 임원은 즉시 면직된다.
③ 제2항에 따라 면직된 임원이 면직 전에 관여한 행위는 그 효력을 잃지 아니한다.

제29조 (1999.2.1 삭제)

제30조【간부직원】 ① 조합에 간부직원으로 전무 또는 상무를 둘 수 있다.
② 간부직원으로 전무 또는 상무를 둘 수 있는 조합의 기준과 임면(任免)에 관한 기준은 중앙회장이 정한다.
③ 전무 또는 상무는 이사장(제27조제7항에 따라 상임이사가 전담하여 처리하는 사업의 경우에는 상임이사를 말한다)의 명을 받아 조합의 재무 및 회계 업무를 처리하며, 재무 및 회계에 관한 증명서류의 보관, 금전의 출납 및 보관의 책임을 진다.(2017.4.18 본항개정)
④ 전무 또는 상무는 중앙회장이 인정하는 자격을 갖춘 사람 중에서 이사회의 결의를 거쳐 이사장이 임면한다.
⑤ 전무 또는 상무에 대해서는 「상법」 제11조제1항·제3항, 제12조, 제13조 및 제17조와 「상업등기법」 제23조제1항, 제50조 및 제51조를 준용한다.

제30조의2【수뢰 등의 금지】 조합의 임직원은 직무와 관련하여 직접 또는 간접을 불문하고 증여(贈與)나 그 밖의 수뢰(受賂)의 요구, 취득 또는 이에 관한 약속을 할 수 없다.

제31조【임기 등】 ① 조합의 임원의 임기는 4년으로 하며, 연임할 수 있다. 다만, 이사장은 두 차례만 연임할 수 있다.
② 보궐선거로 선출된 임원의 임기는 전임자 임기의 남은 기간으로 한다.
③ 제1항에도 불구하고 설립 당시의 임원의 임기는 4년의 기간 이내에서 정관에서 정한다.

제32조【채무를 이행하지 아니한 임원에 대한 제재】 이사회는 임원이 조합에 대한 그의 채무를 3개월 이내에 이행하지 아니한 경우에는 해당 임원에 대하여 그 업무집행을 정지시킬 수 있다.

제33조【임원의 책임 등】 ① 임원은 이 법, 이 법에 따른 명령, 정관·규정 및 총회와 이사회의 결의를 준수하고 조합을 위하여 성실히 그 직무를 수행하여야 한다.
② 임원이 그 직무를 수행하면서 고의 또는 중대한 과실(상임인 임원의 경우에는 고의 또는 과실)로 조합 또는 타인에게 끼친 손해에 대해서는 연대하여 손해배상의 책임을 진다.
③ 임원이 거짓으로 결산보고·등기 또는 공고를 하여 조합 또는 타인에게 손해를 끼쳤을 때에도 제2항과 같다.
④ 이사회가 고의 또는 중대한 과실로 조합 또는 타인에게 손해를 끼쳤을 때에는 그 고의 또는 중대한 과실에 관련된 이사회에 출석한 임원은 그 손해에 대하여 연대하여 손해배상의 책임을 진다. 다만, 그 회의에서 반대 의사를 표시한 임원은 그러하지 아니하다.
⑤ 조합의 임원에 대해서는 「민법」 제35조, 「상법」 제382조제2항, 제386조제1항, 제399조 및 제414조를 준용한다.

제34조【이사회】 ① 조합에 이사로 구성되는 이사회를 둔다.
② 이사장은 이사회의 의장이 된다.
③ 이사는 개인의 이익과 조합의 이익이 상반되는 사항에 대해서는 이사회의 의사에 관여할 수 없다.
④ 이사회는 제36조제1항에 따라 결의된 사항에 대하여 이사장(제27조제7항에 따라 상임이사가 전담하여 처리하는 사업의 경우에는 상임이사를 말한다) 및 간부직원의 업무집행을 감독하고, 필요한 사항을 이사회에 보고하도록 요구할 수 있다.(2017.4.18 본항개정)

제35조【이사회의 소집】 ① 이사회는 필요한 때에 정관에서 정하는 바에 따라 이사장이 소집한다.
② 이사장은 2명 이상의 이사 또는 감사의 요구가 있을 경우에는 지체 없이 이사회를 소집하여야 한다.

제36조【이사회의 결의사항】 ① 다음 각 호의 사항은 이사회의 결의를 거쳐야 한다.
1. 규정의 제정·변경 또는 폐지
2. 기본재산의 취득과 처분
3. 사업 집행에 대한 기본 방침의 결정
4. 필요한 자금의 차입(중앙회로부터 차입하는 경우에는 최고한도)
5. 제적립금(諸積立金)의 처분
6. 총회에 부칠 사항
7. 총회의 권한에 속하지 아니하는 중요 사항
② 이사회는 이사 과반수의 출석으로 개의하고, 출석이사 과반수의 찬성으로 결의한다.
③ 이사회의 운영 및 소집 방법 등은 정관에서 정한다.

제37조【감사의 임무】 ① 감사는 분기마다 1회 이상 감사 실시를 통보한 후 조합의 업무, 재산상태 및 장부·서류 등을 감사하여야 하며, 분기별 감사보고서는 이사회에 제출하고, 분기별 감사보고서를 종합한 연차보고서는 정기총회에 제출하여야 한다.
② 감사는 반기(半期)마다 1회 이상 예고 없이 상당수 조합원의 예탁금 통장이나 그 밖의 증서와 조합의 장부나 기록을 대조하고 확인하여야 한다.
③ 제1항의 감사 실시 통보 및 감사보고서 제출은 2명 이상의 감사가 공동으로 하여야 한다. 다만, 감사보고서를 제출할 때 감사의 의견이 일치하지 아니할 경우에는 각각 그 의견을 제출할 수 있다.
④ 감사의 직무에 관하여는 「상법」 제391조의2, 제402조, 제412조의2, 제413조 및 제413조의2를 준용한다.

판례 신용협동조합의 감사가 분식결산 등과 관련하여 임무를 해태한 데에 중대한 과실이 있는지 여부의 판단 방법 : 신용협동조합의 감사가 분식결산 등과 관련하여 그 임무를 해태한 데 중대한 과실이 있는지 여부는 감사의 개인적인 사정에 의해 가릴 것이 아니라 문제된 분식회계의 내용, 분식의 정도와 방법, 그 노출 정도와 발견가능성, 감사업무의 실제 수행 여부 등을 심리하여 그에 의해 밝혀진 사정을 토대로 하여 판단하여야 한다.(대판 2006.9.14, 2005다22879)

판례 신용협동조합의 감사가 불법·부당대출과 관련하여 신용협동조합에 대하여 손해배상책임을 지기 위한 요건 : 신용협동조합의 감사에게 불법·부당대출과 관련하여 조합에 대하여 손해배상책임을 묻기 위하여는 당해 대출이 불법·부당한 것임을 알았거나 조합의 장부 또는 대출관련서류상으로 불법·부당한 대출임이 명백하여 조금만 주의를 기울였다면 이를 알 수 있었을 것임에도 그러한 주의를 현저히 게을리함으로써 감사로서의 임무를 해태한 데에 중대한 과실이 있는 경우라야 할 것이다.(대판 2004.4.9, 2003다5252)

제38조【감사의 대표권】 조합이 이사장과의 소송, 계약 등의 법률 행위를 하는 경우에는 감사가 조합을 대표한다.

제4절 사 업

제39조【사업의 종류 등】 ① 조합은 그 목적을 달성하기 위하여 다음 각 호의 사업을 한다.
1. 신용사업
가. 조합원으로부터의 예탁금·적금의 수납

나. 조합원에 대한 대출
다. 내국환
라. 국가·공공단체·중앙회 및 금융기관의 업무 대리
마. 조합원을 위한 유가증권·귀금속 및 중요 물품의 보관 등 보호예수(保護預受) 업무
바. 어음할인
사. 「전자금융거래법」에서 정하는 직불전자지급수단의 발행·관리 및 대금의 결제(제78조제1항제5호사목에 따른 중앙회의 업무를 공동으로 수행하는 경우로 한정한다)
아. 「전자금융거래법」에서 정하는 선불전자지급수단의 발행·관리·판매 및 대금의 결제(제78조제1항제5호아목에 따른 중앙회의 업무를 공동으로 수행하는 경우로 한정한다)
2. 복지사업
3. 조합원을 위한 공제사업
4. 조합원의 경제적·사회적 지위 향상을 위한 교육
5. 중앙회가 위탁하는 사업
6. 국가 또는 공공단체가 위탁하거나 다른 법령에서 조합의 사업으로 정하는 사업
7. 제1호부터 제6호까지의 사업에 부대하는 사업
② 제1항제2호의 복지사업의 범위 및 사업 시행에 필요한 사항은 대통령령으로 정한다.
③ 금융위원회는 제1항제1호에 따른 조합의 신용사업과 관련하여 예탁금·적금 또는 대출등에 관한 업무방법을 고시할 수 있다.
제40조【비조합원의 사업 이용】 ① 조합은 조합원의 이용에 지장이 없는 범위에서 대통령령으로 정하는 바에 따라 조합원이 아닌 자에게 제39조제1항에 따른 조합의 사업을 이용하게 할 수 있다. 이 경우 "조합원"은 "비조합원"으로 본다.
② 조합원과 동일한 세대(世帶)에 속하는 사람과 다른 조합 및 다른 조합의 조합원이 제1항에 따른 사업을 이용하는 경우에는 조합원이 이용한 것으로 본다.
제41조【자금의 차입】 ① 조합은 제39조에 따른 사업을 수행하기 위하여 자금을 차입하는 경우에는 조합 자산총액의 100분의 5 또는 자기자본 중 큰 금액의 범위에서 대통령령으로 정하는 바에 따라 자금을 차입할 수 있다.
② 제1항에도 불구하고 금융위원회가 정하는 기준에 따라 중앙회장의 승인을 받은 경우에는 자산총액의 100분의 5 또는 자기자본 중 큰 금액의 범위를 초과하여 자금을 차입할 수 있다.
제42조【동일인에 대한 대출등의 한도】 조합은 동일인에 대하여 금융위원회가 정하는 기준에 따라 중앙회장의 승인을 받은 경우를 제외하고는 조합의 자기자본의 100분의 20 또는 자산총액의 100분의 1 중 큰 금액의 범위에서 대통령령으로 정하는 한도를 초과하는 대출등을 할 수 없다. 이 경우 본인의 계산으로 다른 사람의 명의에 의하여 하는 대출등은 그 본인의 대출등으로 본다.
제43조【상환준비금】 ① 조합은 전월 말일 현재의 예탁금 및 적금 잔액의 100분의 10 이상을 대통령령으로 정하는 바에 따라 상환준비금으로 보유하여야 하며, 대통령령으로 정한 비율과 방법에 따라 상환준비금의 일부를 중앙회에 예치하여야 한다.
② 제1항에 따라 중앙회에 예치된 상환준비금의 운용 및 운용 수익의 처분 등에 필요한 사항은 대통령령으로 정한다.
판례 신용협동조합이 신용협동조합중앙회에 상환준비금으로 예탁한 채권에 대하여 신용협동조합중앙회가 당해 조합에 대한 대출채권으로 상계하는 것이 금지된다고 볼 수 없다.
(대판 2003.3.14, 2002다58761)
제44조【여유자금의 운용】 조합은 다음 각 호의 어느 하나에 해당하는 방법으로 여유자금을 운용하여야 한다.
1. 중앙회에 예치
2. 대통령령으로 정하는 금융기관에 예치
3. 국채·공채의 매입 또는 대통령령으로 정하는 종류 및 한도에서의 유가증권 매입
제45조【부동산의 소유 제한】 ① 조합은 업무상 필요하거나 채무를 변제받기 위하여 부득이한 경우를 제외하고는 부동산을 소유할 수 없다.
② 제1항에 따라 채무를 변제받기 위하여 부동산을 소유한 조합은 대통령령으로 정하는 방법 및 절차에 따라 그 부동산을 처분하여야 한다.(2023.3.21 본항신설)
제45조의2【고객응대직원에 대한 보호 조치 의무】 ① 조합은 이 법에 따른 업무를 운영할 때 고객을 직접 응대하는 직원을 고객의 폭언이나 성희롱, 폭행 등으로부터 보호하기 위하여 다음 각 호의 조치를 하여야 한다.
1. 직원이 요청하는 경우 해당 고객으로부터의 분리 및 업무담당자 교체
2. 직원에 대한 치료 및 상담 지원
3. 고객을 직접 응대하는 직원을 위한 상시적 고충처리 기구 마련. 다만, 「근로자참여 및 협력증진에 관한 법률」 제26조에 따라 고충처리위원을 두는 경우에는 고객을 직접 응대하는 직원을 위한 고충처리위원의 선임 또는 위촉
4. 그 밖에 직원의 보호를 위하여 필요한 법적 조치 등 대통령령으로 정하는 조치
② 직원은 조합에 대하여 제1항 각 호의 조치를 요구할 수 있다.
③ 조합은 제2항에 따른 직원의 요구를 이유로 직원에게 불이익을 주어서는 아니 된다.
(2017.4.18 본조신설)
제45조의3【금리인하 요구】 ① 조합과 대출등의 계약을 체결한 자는 재산 증가나 신용등급 또는 개인신용평점 상승 등 신용상태 개선이 나타났다고 인정되는 경우 조합에 금리인하를 요구할 수 있다.
② 조합은 대출등의 계약을 체결하려는 자에게 제1항에 따라 금리인하를 요구할 수 있음을 알려야 한다.
③ 그 밖에 금리인하 요구의 요건 및 절차에 관한 구체적 사항은 대통령령으로 정한다.
(2022.1.4 본조신설)

제5절 회 계

제46조【사업연도】 조합의 사업연도는 정관에서 정한다.
제47조【회계 및 결산】 ① 조합의 회계는 일반회계와 특별회계로 구분하되, 각 회계별 사업 부문은 정관에서 정한다.
② 조합의 회계처리기준 및 결산에 관하여 필요한 사항은 금융위원회가 정한다. 다만, 계정과목 및 장부의 서식 등 세부 사항은 중앙회장이 따로 정할 수 있다.
③ (1999.2.1 삭제)
④ 조합은 매 사업연도가 끝난 후 총회에서 결산보고서를 승인받으면 30일 이내에 중앙회장에게 제출하여야 한다.
⑤ 직전 연도 말 자산총액이 대통령령으로 정하는 기준액 이상인 조합으로서 금융위원회가 조합원의 보호를 위하여 외부감사가 필요하다고 인정하여 감사를 의뢰한 조합은 매년 「주식회사의 외부감사에 관한 법률」 제3조에 따른 감사인의 감사를 받아야 한다.
⑥ 중앙회장은 제5항에 따른 감사를 받아야 하는 조합이 대통령령으로 정하는 사유에 해당하는 경우에는 그 조합에 대하여 중앙회장이 지명하는 자를 감사인으로 변경선임하거나 선정할 것을 요구할 수 있다.
⑦ 조합 및 감사인에 관하여는 「주식회사의 외부감사에 관한 법률」 제4조제1항 전단 및 같은 조 제4항·제5항, 제4조의4, 제4조의5, 제5조제1항, 제6조, 제7조, 제8조제1항, 제9조부터 제11조까지, 제14조, 제15조의2, 제16조의2, 제17조 및 제17조의2부터 제17조의4까지의 규정을 준용한다. 이 경우 「주식회사의 외부감사에 관한 법률」 제4조의4, 제4조의5, 제8조제1항, 제14조, 제15조의2 및 제16조의2 중 "증권선물위원회"는 "금융감독원장"으로 보고, 같은 법 제10조 및 제11조 중 "주주총회"는 "총회"로 본다.
제48조【사업계획 및 예산】 조합은 사업연도마다 중앙회장이 정하는 사업계획 및 예산편성지침에 따라 사업계획서와 예산서(추가경정예산을 편성하는 경우를 포함한다)를 작성하여 총회의 결의를 받아야 한다. 다만, 지급이자의 증가 등 불가피한 사유로 사업계획과 예산을 변경하는 경우에는 그러하지 아니하다.
제49조【법정적립금】 ① 조합은 매 사업연도 이익금의 100분의 10 이상을 납입출자금 총액의 2배가 될 때까지 법정적립금으로 적립하여야 한다.
② 조합은 다음 각 호의 경우 외에는 제1항에 따른 적립금을 사용하거나 배당에 충당할 수 없다.(2023.12.26 본문개정)
1. 조합이 분할하는 경우
2. 조합이 해산하는 경우
3. 손실금을 보전하는 경우
(2023.12.26 1호~3호신설)
제50조【임의적립금】 ① 조합은 사업연도마다 이익금의 일부를 임의적립금으로 적립할 수 있다.
② 임의적립금은 사업준비금 부문과 배당준비금 부문으로 구분하여 회계처리한다.
③ 배당준비금은 사업준비금의 총액을 초과하여 적립할 수 없다.
④ 배당준비금을 제53조제2항의 배당에 사용하려는 경우에는 중앙회장의 승인을 받아야 한다.
⑤ 중앙회장은 제4항에 따라 조합의 배당준비금 사용을 승인한 경우 이를 7일 이내에 금융감독원장에게 보고하여야 한다.
(2023.12.26 본조개정)
제51조【특별적립금】 조합은 정관에서 정하는 바에 따라 결손의 보전(補塡) 및 도난, 피탈(被奪) 및 화재 등의 불가항력적인 사고에 충당하기 위한 준비금으로서 사업연도마다 특별적립금을 적립할 수 있다.
제52조【손실금의 처리】 ① 조합의 사업연도 중에 생긴 손실금은 미처분이여금, 특별적립금, 임의적립금, 법정적립금의 순으로 보전하되, 잔여손실금(殘餘損失金)이 있으면 다음 사업연도로 이월한다.(2023.12.26 본항개정)
② 조합이 여러 사업연도에 걸쳐 계속하여 손실이 있고, 이를 보전할 적립금이 없을 때에는 총회에서 출석조합원 3분의 2 이상의 찬성에 의한 결의를 거쳐 중앙회장의 승인을 받아 자본금을 감소하여 각 조합원의 납입출자액이 감소된 것으로 할 수 있다.
제53조【이익금의 처분】 ① 조합은 손실금을 보전한 후가 아니면 이익금을 처분할 수 없다.
② 제49조부터 제51조까지의 규정에 따른 적립금을 공제한 잔여이익금(殘餘利益金)은 총회의 결의를 거쳐 납입출자금에 비례하여 조합원에게 배당한다. 이 경우 정관에서 정하는 바에 따라 이용실적에 비례한 배당을 병행할 수 있다.

제6절 해산·분할 및 합병

제54조【해산】 ① 조합은 다음 각 호의 어느 하나에 해당하는 사유가 있을 때에는 해산한다.
1. 정관에서 정하는 해산 사유의 발생
2. 총회의 해산 결의
3. 합병 또는 파산
4. 설립인가의 취소
② 제1항제2호의 경우에는 총회의 결의 후 지체 없이 중앙회에 해산 사유를 보고하여야 한다.
③ 조합은 제1항에 따라 해산하였을 때에는 14일 이내에 해산등기를 하여야 한다. 다만, 합병한 경우에는 존속하는 조합이 변경등기를 하여야 한다.
제55조【합병과 분할】 ① 조합은 총회의 결의로 합병하거나 분할할 수 있다. 이 경우 제7조, 제8조, 제8조의2, 제9조, 제10조 및 제25조제1항 단서를 준용한다.
② 정부 또는 중앙회는 조합의 합병을 촉진하기 위하여 필요하다고 인정되면 예산의 범위에서 자금 등을 지원할 수 있다.
③ 합병이나 분할로 존속하거나 설립되는 조합은 합병이나 분할로 소멸되는 조합의 공동유대 및 권리·의무를 승계한다.
④ 조합의 합병 후 등기부나 그 밖의 공부(公簿)에 표시된 소멸된 조합의 명의(名義)는 존속하거나 설립된 조합의 명의로 본다.(2019.1.15 본항신설)

제7절 청 산

제56조【청산 사무의 감독】 조합의 청산 사무는 중앙회장이 감독한다.
제57조【청산인】 ① 조합이 해산한 경우에는 파산의 경우를 제외하고는 이사장이 청산인이 된다. 다만, 중앙회장이 대통령령으로 정하는 바에 따라 따로 청산인을 선임한 경우에는 그러하지 아니하다.
② 청산인은 파산의 경우를 제외하고는 취임한 날부터 14일 이내에 다음 각 호의 사항을 주된 사무소 및 지사무소 소재지에서 등기하여야 한다. 등기사항이 변경된 경우에도 또한 같다.
1. 해산 사유
2. 해산 연월일
3. 청산인의 성명과 주소
4. 청산인의 대표권을 제한한 경우에는 그 제한 내용
제58조【청산잔여재산】 해산한 조합이 채무를 변제하고 청산잔여재산(清算殘餘財産)이 있을 때에는 정관에서 정하는 바에 따라 처분한다.
제59조【청산인의 임무 등】 ① 청산인은 취임 후 지체 없이 조합의 재산상태를 조사하고, 재산 목록과 재무상태표를 작성하여 총회의 승인을 받아야 한다. 청산 사무가 종결되었을 때의 결산보고서에 관하여도 또한 같다.
② 제1항의 경우 총회를 2회 이상 소집하여도 총회가 구성되지 아니할 때에는 중앙회장의 승인을 받은 경우 총회의 승인을 받은 것으로 본다.
③ 청산인은 조합의 채무를 변제하거나 변제에 상당하는 재산을 공탁하기 전에는 조합의 재산을 분배해서는 아니 된다.
④ 청산인은 청산 사무를 종결하였을 때에는 지체 없이 사무소 소재지에서 이를 등기하고 그 경위를 중앙회장에게 보고하여야 한다.
제60조【「민법」 등의 준용】 조합의 청산에 관하여는 이 법에서 규정한 것을 제외하고는 「민법」 제79조, 제81조, 제87조, 제88조제1항·제2항, 제89조부터 제92조까지 및 제93조제1항·제2항과 「비송사건절차법」 제121조를 준용한다.

제3장 중앙회
(2015.1.20 본장제목개정)

제1절 설립 및 출자
(2015.1.20 본절개정)

제61조【설립】 ① 조합의 업무를 지도·감독하며 그 공동이익의 증진과 건전한 발전을 도모하기 위하여 조합을 구성원으로 하는 중앙회를 둔다.
② 중앙회의 설립 및 인가에 관하여는 제7조 및 제8조를 준용한다.
제62조【회원】 모든 조합은 중앙회의 회원이 된다.
제63조【자본금과 출자】 ① 중앙회의 자본금은 조합의 납입출자금으로 한다.
② 조합은 1좌 이상 출자하여야 한다.
③ 출자 1좌의 금액 및 납입 기준은 정관에서 정하며, 조합의 책임은 그 납입출자액을 한도로 한다.
④ 중앙회에 납입할 출자금은 현금으로 납입하여야 하며, 중앙회에 대한 채권과 상계할 수 없다.

⑤ 중앙회에 대한 조합의 출자지분은 중앙회장의 승인을 받아 다른 조합에 양도할 수 있다. 이 경우 양수한 조합은 양도한 조합의 권리와 의무를 승계한다.
⑥ 중앙회는 조합이 해산하는 경우에는 해산하는 조합의 출자금을 환급하여 그 출자지분에 해당하는 금액을 자본금에서 감소시키거나 해산하는 조합의 출자지분을 다른 조합에 양도하게 할 수 있다.
제64조【정관 기재사항】 중앙회의 정관에는 다음 각 호의 사항이 포함되어야 한다.
1. 목적
2. 명칭
3. 주된 사무소의 소재지
4. 사업의 내용 및 회계에 관한 사항
5. 출자 1좌의 금액과 그 납입 방법 및 시기
6. 회비 부과와 징수에 관한 사항
7. 기관 및 임원에 관한 사항
8. 공고의 방법
9. 그 밖에 필요한 사항
제65조【구역과 사무소 등】 ① 중앙회는 1개를 두며 전국을 업무 구역으로 한다.
② 중앙회는 정관에서 정하는 바에 따라 주된 사무소를 두고 필요한 곳에 지부(支部)를 둘 수 있다.
③ 조합의 발전을 위하여 정보를 교류하고 조합 업무의 능률적인 수행을 돕기 위하여 제2항에 따른 지부에 협의회를 설치·운영할 수 있다.
④ 제3항에 따른 협의회의 조직·운영과 그 밖에 필요한 사항은 정관에서 정한다.
제66조【회비】 중앙회는 총회의 결의를 거쳐 조합으로부터 회비를 받을 수 있다.
제67조【해산】 중앙회의 해산에 관하여는 법률로 정한다.

제2절 기 관

제68조【총회】 ① 중앙회에 총회를 둔다.
② 총회는 중앙회장과 조합의 대표로 구성하며, 정기총회와 임시총회로 구분한다.
③ 정기총회는 중앙회장이 매년 1회 소집하고, 임시총회는 중앙회장이 필요하다고 인정하거나 제4항에 따라 준용되는 제26조에 따른 조합 대표의 청구로 정관에서 정하는 바에 따라 소집하며, 중앙회장이 총회의 의장이 된다.
④ 중앙회의 총회에 대해서는 제19조제1항 본문, 제25조제1항 본문, 제26조제1항부터 제5항까지 및 제26조의2를 준용한다. 이 경우 제26조 중 "감사"는 "제76조제3항에 따른 감사위원회의 대표자"로 본다.
(2015.1.20 본조개정)
제69조【총회의 결의사항】 ① 다음 각 호의 사항은 이 법에 다른 규정이 있는 경우를 제외하고는 총회의 결의를 거쳐야 한다.
1. 정관의 변경
2. 규약의 제정, 개정 및 폐지
3. 회비의 부과방법 및 금액의 결정
4. 사업계획·예산 및 결산보고서의 승인
5. 감사보고서의 승인
6. 임원의 임면에 관한 사항
7. 그 밖에 이사회 결의 또는 전체조합 5분의 1 이상의 동의를 받아 총회에 부치는 사항
② 제1항제1호에 따라 정관을 변경하였을 때에는 금융위원회의 인가를 받은 후 지체 없이 등기하여야 한다.
(2015.1.20 본조개정)
제70조【대의원회】 ① 중앙회에 총회를 갈음할 대의원회를 둔다.
② 총회의 결의사항은 대의원회에서 결의할 수 있다. 이 경우 그 결의는 총회의 결의로 본다.
③ 대의원회는 중앙회장과 대의원으로 구성한다.
④ 대의원의 정수는 200명 이내로 하며, 조합의 대표 중 정관에서 정하는 바에 따라 선출한다.
⑤ 대의원의 임기는 4년으로 하며, 보궐선거로 선출된 대의원의 임기는 전임자 임기의 남은 기간으로 한다.
⑥ 대의원회에 관하여는 총회에 관한 규정을 준용하되, 그 의결권과 선거권은 대리인으로 하여금 행사하게 할 수 없다.
(2015.1.20 본조개정)
제71조【임원의 정수 등】 ① 중앙회에 임원으로 회장 1명, 신용·공제사업 대표이사 1명 및 검사·감독이사 1명을 포함하여 15명 이상 25명 이하의 이사를 둔다.
② 제1항의 임원 중 신용·공제사업 대표이사 및 검사·감독이사는 상임으로 한다.
③ 제2항에 따른 상임 임원을 제외한 임원은 비상임으로 하되, 정관에서 정하는 바에 따라 실비의 변상을 받을 수 있다.
(2015.1.20 본조개정)
제71조의2【임원의 선임 및 자격요건】 ① 임원은 정관이 정하는 바에 따라 총회에서 선출하되, 신용·공제사업 대표이사 및 검사·감독이사를 포함한 임원의 3분의 1 이상은 조합의 임원 또는 간부직원이 아닌 자중에서 선출하여야 한다.(2015.1.20 본항개정)
② 중앙회장은 조합의 조합원이어야 한다.
③ 신용·공제사업 대표이사, 검사·감독이사 및 회원인 조합의 임원 또는 간부직원이 아닌 이사(이하 "외부전문이사"라 한다)는 금융에 관한 전문지식과 경험을 갖춘 자로서 대통령령이 정하는 요건에 적합한 자중에서 선출한다.
(2015.1.20 본항개정)
④ 중앙회장 또는 전문이사가 아닌 임원은 시·도 단위별로 추천한 임원 후보자 중에서 총회에서 선출한다. 이 경우 시·도 단위별 추천인원, 추천절차, 그 밖에 필요한 사항은 정관으로 정한다.(2023.12.26 본항신설)
⑤ 조합의 이사장이 중앙회장으로 선출된 경우에는 취임전에 그 직을 사임하여야 한다.
⑥ 임원의 선출방법 등에 관하여 이 법에 규정이 없는 경우에는 정관이 정하는 바에 의한다.
⑦ 제28조의 규정은 중앙회의 임원에 대하여 이를 준용한다.
(2003.7.30 본조신설)
제71조의3【인사추천위원회】 ① 중앙회에 제71조의2제3항에 따른 전문이사를 추천하기 위한 인사추천위원회를 둔다.
② 인사추천위원회는 다음과 같이 구성하고, 위원장은 위원 중에서 호선한다.
1. 이사회가 위촉하는 전문이사 2명(전문이사후보지원자로 등록한 사람은 제외한다) 및 회원 이사장 2명
2. 금융·법률에 관한 학식과 경험이 풍부한 외부전문가(공무원은 제외한다) 중에서 이사회가 위촉하는 3명
③ 그 밖에 인사추천위원회 구성과 운영에 필요한 사항은 정관으로 정한다.
(2015.1.20 본조신설)
제72조【임원의 직무와 임기 등】 ① 중앙회장은 중앙회를 대표하고 중앙회의 업무를 총괄한다. 다만, 제2항에 따라 신용·공제사업 대표이사가 전담하는 업무에 대해서는 그러하지 아니하다.
② 신용·공제사업 대표이사는 다음 각 호의 업무를 전담하여 처리하며, 그 업무에 관하여 중앙회를 대표한다.
1. 제78조제1항제5호 및 제6호의 사업과 같은 항 제7호부터 제9호까지의 사업 중 신용사업 및 공제사업에 관련되는 사업과 그 부대사업
2. 제1호의 소관 업무에 관한 경영목표의 설정, 사업계획 및 자금계획의 수립
③ 신용·공제사업 대표이사는 소관 업무에 대하여 전문경영인으로서 신의에 따라 성실하게 직무를 수행하여야 하며, 정관에서 정하는 바에 따라 실시하는 경영평가 결과를 이사회 및 총회에 보고하여야 한다.
④ 검사·감독이사는 제78조제1항제3호에 따른 조합에 대한 검사·감독업무를 전담처리하며, 중앙회장은 검사·감독이사가 소관 업무를 독립적으로 수행할 수 있도록 권한의 위임 등 적절한 조치를 하여야 한다.
⑤ 중앙회장은 신용·공제사업 대표이사가 제3항에 따른 경영평가 결과 경영실적이 부진하여 그 직무를 담당하기 곤란하다고 인정되거나 이 법, 「금융소비자 보호에 관한 법률」(이하 "이 법등"이라 한다) 또는 이 법등에 따른 명령·정관 및 규정을 위반하는 행위를 한 경우에는 총회에 해임을 요구할 수 있다.(2020.3.24 본항개정)
⑥ 중앙회장이 부득이한 사유로 직무를 수행할 수 없을 때에는 정관에서 정하는 임원의 순으로 그 직무를 대행한다.
⑦ 임원의 임기는 4년으로 하며, 연임할 수 있다. 다만, 중앙회장의 경우 한 차례만 연임할 수 있다.
⑧ 중앙회의 임원에 대해서는 제27조의2, 제27조의3제1항, 제31조제2항 및 제33조를 준용한다.(2023.7.18 본항개정)
⑨ 중앙회는 제71조의2제1항 및 제3항에 따라 선출하는 중앙회 임원 선거의 관리에 대하여 정관으로 정하는 바에 따라 「선거관리위원회법」에 따른 중앙선거관리위원회(이하 이 항에서 "중앙선거관리위원회"라 한다)에 위탁할 수 있다. 다만, 중앙회장 선거의 관리에 대하여는 정관으로 정하는 바에 따라 중앙선거관리위원회에 위탁하여야 한다.(2023.7.18 본항신설)
(2015.1.20 본조개정)
제73조【직원】 직원은 중앙회장이 임면한다. 다만, 제72조제2항에 따른 신용·공제사업 대표이사의 소관 업무에 종사하는 직원의 임면은 정관에서 정하는 바에 따라 신용·공제사업 대표이사와의 협의를 거쳐 중앙회장이 한다.(2015.1.20 본조개정)
제74조【이사회】 ① 중앙회에 이사회를 둔다.
② 이사회는 이사로 구성하며, 필요할 때에 정관에서 정하는 바에 따라 중앙회장이 소집하고 그 의장이 된다.
③ 중앙회장은 5명 이상의 이사가 요구하면 지체 없이 이사회를 소집하여야 한다.
④ 중앙회는 정관에서 정하는 바에 따라 신용사업 등 전문사항을 심의하기 위하여 이사회에 3명 이상의 이사로 구성되는 위원회를 설치할 수 있다.
(2015.1.20 본조개정)
제75조【이사회 결의사항】 ① 다음 각 호의 사항은 이사회의 결의를 거쳐야 한다.
1. 조합의 표준정관 제정·변경 및 폐지
2. 조합의 표준규정 제정·변경 및 폐지
3. 제규정(諸規程)의 제정·변경 및 폐지
4. 기본재산의 취득과 처분
5. 차입금의 최고한도
6. 총회로부터 위임된 사항과 총회에 부칠 사항
7. 회장 또는 이사의 3분의 1 이상이 필요하다고 인정하는 사항
8. 법령 및 정관에 규정된 총회의 권한에 속하지 아니하는 중요 사항
② 금융위원회는 표준정관 또는 표준규정이 위법하거나 조합의 건전한 경영을 저해한다고 인정되는 경우에는 이의 시정을 요구할 수 있다. 이 경우 이사회는 요구에 따라야 한다.
③ 중앙회의 이사회에 관하여는 제34조제3항 및 제36조제2항·제3항을 준용한다.
④ 이사회는 제1항에 따라 결의된 사항에 대한 상임 임원의 업무집행을 감독하고, 필요한 사항을 이사회에 보고하도록 요구할 수 있다.
(2015.1.20 본조개정)
제76조【감사위원회】 ① 중앙회는 이사회에 중앙회의 업무집행 및 회계 등을 감사하기 위한 위원회(이하 "감사위원회"라 한다)를 설치하여야 한다.
② 감사위원회는 3명 이상의 이사로 구성하되, 총 위원의 3분의 2 이상을 전문이사로 구성하여야 한다.
③ 감사위원회는 그 결의로써 위원회를 대표할 사람을 선정하여야 한다.
④ 감사위원회 위원의 사임이나 사망 등의 사유로 감사위원회의 구성이 제2항에 따른 요건을 충족하지 못하게 된 경우에는 그 사유가 발생한 날 이후 최초로 소집되는 총회에서 감사위원회의 구성이 같은 항에 따른 요건을 충족하도록 하여야 한다.
(2015.1.20 본조개정)
제76조의2【감사위원회의 임무 등】 ① 감사위원회는 분기마다 1회 이상 감사 실시를 통보한 후 중앙회의 업무, 재산상태 및 장부·서류 등을 감사하여야 하며, 분기별 감사보고서는 이사회에 제출하고, 분기별 감사보고서를 종합한 연차감사보고서는 정기총회 또는 정기대의원회에 제출하여야 한다.
② 감사위원회에 관하여는 제26조제2항부터 제5항까지, 제38조, 「상법」 제391조의2제2항, 제402조, 제412조, 제412조의2, 제413조, 제413조의2, 제414조, 제447조의3, 제447조의4 및 제450조를 준용한다. 이 경우 제26조제2항부터 제5항까지의 규정 중 "감사"는 "감사위원회의 대표자"로, 제38조 중 "이사장"은 "중앙회장 또는 신용·공제사업 대표이사"로, "감사"는 "감사위원회의 대표자"로, 「상법」 제413조의2, 제414조 및 제450조 중 "감사"는 "감사위원회의 위원"으로, 그 밖의 조항 중 "감사"는 "감사위원회"로 본다.
(2015.1.20 본조개정)
제76조의3【내부통제기준 등】 ① 중앙회는 법령을 준수하고 자산운용을 건전하게 하기 위하여 중앙회 임직원이 직무를 수행할 때 지켜야 할 기본적인 절차와 기준(이하 "내부통제기준"이라 한다)을 정하여야 한다.
② 중앙회는 내부통제기준의 준수 여부를 점검하고 내부통제기준을 위반하는 경우 이를 조사하여 감사위원회에 보고하는 사람(이하 "준법감시인"이라 한다)을 1명 이상 두어야 한다.
③ 중앙회장은 준법감시인을 임면하려면 이사회의 결의를 거쳐야 한다.
④ 준법감시인은 다음 각 호의 요건을 충족하는 사람이어야 한다.
1. 다음 각 목의 어느 하나에 해당하는 경력이 있는 사람일 것
가. 한국은행 또는 「금융위원회의 설치 등에 관한 법률」 제38조에 따른 검사 대상 기관(이에 상당하는 외국 금융기관을 포함한다)에서 10년 이상 근무한 경력이 있는 사람
나. 금융 관계 분야의 석사학위 이상의 학위 소지자로서 연구기관이나 대학에서 연구원 또는 조교수 이상의 직에 5년 이상 근무한 경력이 있는 사람
다. 변호사 또는 공인회계사의 자격을 가진 사람으로서 해당 자격과 관련된 업무에 5년 이상 종사한 경력이 있는 사람
라. 기획재정부, 금융위원회, 증권선물위원회 또는 금융감독원에서 5년 이상 근무한 경력이 있는 사람으로서 해당 기관에서 퇴임하거나 퇴직한 후 5년이 지난 사람
2. 제28조제1항 각 호의 어느 하나에 해당하지 아니할 것
3. 최근 5년간 금융관계법령을 위반하여 금융위원회 또는 금융감독원장으로부터 주의·경고의 요구 이상에 해당하는 조치를 받은 사실이 없을 것
⑤ 내부통제기준과 준법감시인에 관하여 필요한 사항은 대통령령으로 정한다.
(2015.1.20 본조신설)
제76조의4【대리인의 선임】 중앙회장 및 신용·공제사업 대표이사는 정관에서 정하는 바에 따라 검사·감독이사 또는 직원 중에서 중앙회의 업무에 관하여 재판상 또는 재판 외의 모든 행위를 할 권한이 있는 대리인을 선임할 수 있다.(2015.1.20 본조개정)
제77조【연수원】 ① 중앙회에 연수원을 둘 수 있다.
② 연수원의 설치와 조직에 관하여 필요한 사항은 정관에서 정한다.
(2015.1.20 본조개정)

제3절 사 업
(2015.1.20 본절개정)

제78조【사업의 종류 등】 ① 중앙회는 그 목적을 달성하기 위하여 다음 각 호의 사업을 한다.
1. 조합의 사업에 관한 지도·조정·조사연구 및 홍보
2. 조합원 및 조합의 임직원을 위한 교육사업
3. 조합에 대한 검사·감독
4. 조합의 사업에 대한 지원
5. 신용사업
 가. 조합으로부터 예치된 여유자금 및 상환준비금 등의 운용
 나. 조합에 대한 자금의 대출
 다. 조합 및 조합원을 위한 내국환 및 외국환 업무
 라. 국가·공공단체 또는 금융기관의 업무 대리
 마. 조합에 대한 지급보증 및 어음할인
 바. 「자본시장과 금융투자업에 관한 법률」 제4조제3항에 따른 국채증권 및 지방채증권의 인수·매출
 사. 「전자금융거래법」에서 정하는 직불전자지급수단의 발행·관리 및 대금의 결제
 아. 「전자금융거래법」에서 정하는 선불전자지급수단의 발행·관리·판매 및 대금의 결제
6. 조합 및 조합원을 위한 공제사업
7. 국가 또는 공공단체가 위탁하거나 보조하는 사업
8. 제1호부터 제7호까지의 사업에 부대하는 사업
9. 그 밖에 목적 달성에 필요한 사업
② 중앙회는 제1항의 사업을 수행하기 위하여 자금을 차입할 수 있다.
③ 중앙회는 제1항의 사업을 수행하기 위하여 필요한 경우에는 다른 법인에 출자할 수 있다.
④ 조합의 조합원이 사업을 이용하는 경우에는 조합이 이용하는 것으로 본다.
⑤ 중앙회가 제2항 및 제3항에 따라 자금을 차입(차입 목적 및 규모 등을 고려하여 대통령령으로 정하는 경우는 제외한다)하거나 출자(출자 목적 및 규모 등을 고려하여 대통령령으로 정하는 경우는 제외한다)하려는 경우에는 미리 금융위원회의 승인을 받아야 한다.
⑥ 중앙회는 제1항제5호가목에 따라 조합으로부터 예치되어 운용하는 여유자금에 대해서는 조합에 이자를 지급하거나 운용 실적에 따른 이익을 배분할 수 있다.

제78조의2【조합이 아닌 자의 사업 이용】 ① 중앙회는 조합의 이용에 지장이 없는 범위에서 조합이 아닌 자에게 제78조제1항제5호나목 및 같은 항 제6호의 사업을 이용하게 할 수 있다. 이 경우 제78조제1항제5호나목 중 "조합"과 같은 항 제6호 중 "조합 및 조합원"은 "조합이 아닌 자"로 본다.
② 제1항에 따른 대출을 할 때의 대출 범위, 대출 규모 및 동일인 대출한도 등에 대해서는 대통령령으로 정한다.

제79조【자금의 운용】 ① 중앙회는 제78조제1항제5호가목에 따라 조합으로부터 예치된 여유자금 및 상환준비금 등의 자금을 다음 각 호의 어느 하나에 해당하는 방법으로 운용하여야 한다.
1. 조합에 대한 대출
2. 국채, 공채, 회사채, 그 밖의 유가증권의 매입
3. 대통령령으로 정하는 금융기관에 예치
4. 그 밖에 대통령령으로 정하는 방법
② 제1항제2호에 따라 중앙회가 매입할 수 있는 유가증권의 종류 및 한도는 대통령령으로 정한다.

제79조의2【금리인하 요구의 준용】 중앙회와 대출등의 계약을 체결한 자의 금리인하 요구에 관하여는 제45조의3을 준용한다. 이 경우 "조합"은 "중앙회"로 본다.
(2022.1.4 본조신설)

제80조【인사관리위원회의 설치】 ① 조합 간의 인사교류 등을 위하여 인사관리위원회를 둘 수 있다.
② 인사관리위원회의 구성과 운영에 관한 사항은 중앙회 규약으로 정한다.

제4절 신용협동조합 예금자보호기금
(2015.1.20 본절개정)

제80조의2【신용협동조합 예금자보호기금의 설치 등】
① 중앙회는 조합의 조합원(제40조에 따른 비조합원을 포함하며, 이하 이 절에서 "조합원등"이라 한다)이 납입한 예탁금 및 적금과 중앙회의 자기앞수표를 결제하기 위한 별단예금(別段預金) 등 대통령령으로 정하는 금액(이하 "예탁금등"이라 한다)의 환급을 보장하고 조합의 건전한 육성을 도모하기 위하여 중앙회에 신용협동조합 예금자보호기금(이하"기금"이라 한다)을 설치·운영한다.
② 조합과 중앙회는 기금에 가입하여야 한다.
③ 중앙회는 기금의 운용에 관한 중요 사항을 심의·결정하기 위하여 기금관리위원회를 둔다.
④ 중앙회는 조합 또는 중앙회의 다른 회계에서 예탁금등을 조합원등에게 지급할 수 없는 경우에는 그 조합원등의 청구에 의하여 대통령령으로 정하는 바에 따라 해당 조합 또는 중앙회의 다른 회계를 갈음하여 이를 변제한다.(2019.1.15 본항개정)
⑤ 제3항에 따른 기금관리위원회의 구성·운영 등에 필요한 사항은 대통령령으로 정한다.
⑥ 제4항에 따른 조합원등의 변제금 청구권은 변제금 지급의 개시일부터 5년간 행사하지 아니하면 시효의 완성으로 소멸한다.(2019.1.15 본항신설)
⑦ 중앙회 또는 파산재단이 변제금 청구권의 행사를 촉구하기 위하여 예금자 등에게 행하는 안내·통지 등은 제6항 및 「민법」 제168조제3호에도 불구하고 시효중단의 효력이 없다.(2019.1.15 본항신설)

제80조의3【기금의 조성·운용 등】 ① 기금은 다음 각 호의 재원(財源)으로 조성한다.
1. 조합이 납입하는 출연금(出捐金)
2. 중앙회의 다른 회계로부터의 출연금, 전입금 및 차입금
3. 정부, 「한국은행법」에 따른 한국은행, 금융기관으로부터의 차입금(2019.1.15 본호개정)
4. 기금의 운용으로 발생하는 수익금
5. 그 밖의 수입금
② 제1항 각 호의 재원 조성 및 기금의 운용에 필요한 사항은 대통령령으로 정한다.
③ 조합과 중앙회의 다른 회계는 제1항제1호 및 제2호에 따라 납입한 출연금의 반환을 청구할 수 없다.

제80조의4【채권의 취득 등】 ① 중앙회는 제80조의2제4항에 따라 대위변제(代位辨濟)한 경우에는 그 지급한 범위에서 해당 조합에 대한 조합원등의 권리를 취득한다.
② 중앙회는 조합원등을 대신하여 지급 공고일 현재 조합원등이 해당 조합에 대하여 가지는 예탁금 및 적금 등 채권(본인 또는 타인을 위하여 담보로 제공된 채권은 제외한다)과 채무(보증채무는 제외한다)를 상계할 수 있다.
③ 중앙회는 조합원등이 해당 조합에 대하여 가지고 있는 보증채무 등 대통령령으로 정하는 금액에 대해서는 제80조의2제4항에도 불구하고 그 지급을 보류할 수 있다.

제80조의5【손해배상청구권의 행사 등】 ① 중앙회는 다음 각 호의 어느 하나에 해당하는 경우에는 해당 조합의 부실에 대하여 책임이 있다고 인정되는 전직·현직 임직원 및 「상법」 제401조의2제1항 각 호의 어느 하나에 해당하는 사람이나 그 밖의 제3자(이하 "부실관련자"라 한다)에 대하여 손해배상을 청구하도록 해당 조합(그 청산법인, 파산재단 또는 합병으로 존속하는 조합을 포함한다. 이하 제3항부터 제6항까지에서 같다)에 요구할 수 있다.
1. 제55조제2항에 따라 조합의 합병(조합의 경영정상화를 위한 합병만 해당한다)을 촉진하기 위하여 자금을 지원한 경우
2. 제80조의2제4항에 따라 대위변제한 경우
3. 제86조의4제3항에 따라 인수조합에 자금을 지원한 경우
4. 그 밖에 제80조의2제3항에 따른 기금관리위원회의 결정으로 조합의 경영정상화를 위하여 자금을 지원한 경우
② 제1항에 따른 중앙회의 요구는 그 이유, 청구방법 및 청구기간을 적은 서면으로 하여야 한다.
③ 중앙회는 조합이 제1항에 따른 요구를 이행하지 아니한 경우에는 즉시 그 조합을 대위하여 손해배상을 청구할 수 있다.
④ 중앙회는 조합이 제1항에 따른 손해배상청구의 소송을 하는 경우에는 그 소송의 계속(繫屬) 중에 그 조합을 보조하기 위하여 소송에 참가할 수 있다. 이 경우 「민사소송법」 제71조부터 제77조까지의 규정을 준용한다.
⑤ 중앙회는 제1항부터 제4항까지의 규정에 따른 손해배상의 요구, 손해배상청구권의 대위 행사 또는 소송 참가를 위하여 필요한 경우에는 해당 조합의 업무 및 재산 상황을 조사할 수 있다.
⑥ 중앙회가 제3항에 따라 손해배상청구권을 대위 행사하여 승소하거나 조합의 요청으로 제4항에 따른 소송 참가를 하는 경우 그 비용은 해당 조합이 부담한다.

제80조의6【자료 제공의 요청 등】 ① 금융위원회는 중앙회의 부실관련자에 대한 손해배상청구 또는 소송 참가를 위하여 필요하면 관계 중앙행정기관, 지방자치단체, 그 밖에 대통령령으로 정하는 공공기관(이하 이 조에서 "공공기관"이라 한다)의 장에게 부실관련자의 재산에 관한 자료 또는 정보의 제공을 요청할 수 있다. 이 경우 공공기관의 장은 특별한 사정이 없으면 그 요청에 따라야 한다.
② 금융위원회는 제1항에 따라 공공기관의 장으로부터 제공받은 정보를 중앙회에 제공하여 손해배상청구 또는 소송 참가에 활용하도록 할 수 있다.
(2015.1.20 본조신설)

제80조의7【기금의 목표적립규모 설정 등】 ① 중앙회는 기금의 적립액이 적정한 수준을 유지하도록 기금의 목표적립규모(이하 이 조에서 "목표적립규모"라 한다)를 설정하여야 한다.
② 목표적립규모는 기금관리위원회의 의결을 거쳐 기금의 효율적 운영을 저해하지 아니하는 범위에서 조합의 경영 및 재무 상황 등을 고려하여 정한다. 이 경우 목표적립규모는 상한 및 하한을 두어 일정 범위로 정할 수 있다.
③ 중앙회는 조합의 경영여건과 기금의 안정성 등을 고려하여 목표적립규모의 적정성을 주기적으로 검토하고, 필요한 경우에는 기금관리위원회의 의결을 거쳐 목표적립규모를 재설정할 수 있다.
④ 중앙회는 기금의 적립액이 목표적립규모에 도달한 경우에는 향후 예상되는 기금의 수입액과 지출액의 규모를 고려하여 대통령령으로 정하는 바에 따라 조합이 납부하는 출연금을 감면하여야 한다.
(2019.1.15 본조신설)

제5절 회 계
(2015.1.20 본절개정)

제81조【사업예산 및 결산 등】 ① 중앙회는 사업연도마다 사업계획서와 예산서를 작성하여 총회의 결의를 받아야 한다.
② 중앙회는 사업연도마다 「주식회사의 외부감사에 관한 법률」 제3조에 따른 감사인의 회계감사를 받아야 한다.
③ 중앙회는 매 사업연도 경과 후 3개월 이내에 해당 사업연도의 결산보고서와 감사위원회의 감사보고서 및 외부감사인의 감사보고서를 정기총회에 제출하여 승인을 받아야 한다.
④ 중앙회는 정기총회가 끝난 후 2주 이내에 제3항에 따른 승인을 받은 결산보고서 및 감사보고서를 금융위원회에 제출하여야 한다.
⑤ 중앙회의 회계에 대해서는 제46조, 제47조제1항·제2항, 제49조부터 제51조까지, 제52조제1항 및 제53조를 준용한다.

제82조【출자액의 감소】 중앙회가 여러 사업연도에 걸쳐 계속하여 손실이 있고 이를 보전할 적립금이 없을 때에는 총회의 결의를 거쳐 자본금을 감소할 수 있다.

제4장 감 독
(2015.1.20 본장제목개정)

제83조【금융위원회의 감독 등】 ① 금융위원회는 조합과 중앙회의 업무를 감독하고 감독상 필요한 명령을 할 수 있다.
② 금융감독원장은 그 소속 직원으로 하여금 조합 또는 중앙회의 업무와 재산에 관하여 검사를 하게 할 수 있다.
③ 금융감독원장은 제2항에 따른 검사를 할 때 필요하다고 인정하는 경우에는 조합과 중앙회에 대하여 업무 또는 재산에 관한 보고, 자료의 제출, 관계자의 출석 및 의견의 진술을 요구할 수 있다.
④ 제2항에 따라 검사를 하는 사람은 그 권한을 표시하는 증표를 관계자에게 보여 주어야 한다.
⑤ 금융감독원의 검사를 받는 조합 또는 중앙회는 검사 비용에 충당하기 위한 분담금을 금융감독원에 내야 한다.
⑥ 제5항에 따른 분담금의 분담요율·한도, 그 밖에 분담금의 납부에 필요한 사항은 대통령령으로 정한다.
(2015.1.20 본조개정)

제83조의2【경영 공시】 조합은 금융위원회가 정하는 바에 따라 경영상황에 관한 주요 정보 및 자료를 공시(公示)하여야 한다.(2015.1.20 본조개정)

제83조의3【경영건전성 기준】 ① 조합 및 중앙회는 경영의 건전성을 유지하고 금융사고를 예방하기 위하여 다음 각 호의 사항에 관하여 대통령령으로 정하는 바에 따라 금융위원회가 정하는경영건전성 기준을 준수하여야 한다.
1. 재무구조의 건전성에 관한 사항
2. 자산의 건전성에 관한 사항
3. 회계 및 결산에 관한 사항
4. 위험관리에 관한 사항
5. 그 밖에 경영의 건전성을 확보하기 위하여 필요한 사항
② 금융위원회는 중앙회가 제1항에 따른 경영건전성 기준을 충족시키지 못하는 등 경영의 건전성을 크게 해칠 우려가 있다고 인정하는 경우에는 자본금 증가, 보유자산의 축소 등 경영상태의 개선을 위한 조치를 이행하도록 명령할 수 있다.
(2015.1.20 본조개정)

제83조의4【업무보고서의 제출】 ① 조합은 매월의 업무 내용을 적은 보고서를 다음 달 말일까지 금융감독원장이 정하는 서식에 따라 중앙회장에게 제출하여야 한다.
② 제1항에 따른 보고서에는 대표자와 담당 책임자 또는 그 대리인이 서명날인하여야 한다.
③ 중앙회의 업무보고서 제출에 관하여는 제1항 및 제2항을 준용한다. 이 경우 제1항 중 "중앙회장"은 "금융감독원장"으로 본다.
(2015.1.20 본조개정)

제83조의5【운영의 공개】 ① 이사장은 정관, 총회의 의사록, 이사회 의사록, 조합원 명부 및 결산보고서를 주된 사무소에 갖추어 두어야 한다. 다만, 결산보고서는 정기총회 1주 전까지 갖추어 두어야 한다.
② 조합원과 조합의 채권자는 영업시간 내에 언제든지 이사회 의사록(조합원의 경우에만 해당한다)과 그 밖의 제1항에 따른 서류를 열람하거나 그 서류의 사본 발급을 청구할 수 있다. 이 경우 조합이 정한 비용을 지급하여야 한다.
③ 조합원은 조합원 100인 이상이나 총 조합원 수의 100분의 3 이상의 동의를 받아 조합의 회계장부 및 서류의 열람이나 사본의 발급을 청구할 수 있다.
④ 조합은 제3항의 청구에 대하여 특별한 사유가 없으면 발급을 거부할 수 없으며, 거부하려면 그 사유를 서면으로 알려야 한다.
(2015.1.20 본조개정)

제84조【임직원에 대한 행정처분】 ① 금융위원회는 조합 또는 중앙회의 임직원이 이 법 또는 이 법에 따른 명령·정관·규정에서 정한 절차·의무를 이행하지 아니한 경우에는 조합 또는 중앙회로 하여금 관련 임직원에 대하여 다음 각 호의 조치를 하게 할 수 있다.

1. 임원에 대해서는 개선, 직무의 정지 또는 견책
2. 직원에 대해서는 징계면직, 정직, 감봉 또는 견책
3. 임직원에 대한 주의·경고
② 제1항 및 제89조제7항제1호에 따라 조합 또는 중앙회가 임직원의 개선, 징계면직의 조치를 요구받은 경우 해당 임직원은 그 날부터 그 조치가 확정되는 날까지 직무가 정지된다.
③ 금융위원회는 조합 또는 중앙회의 업무를 집행할 임원이 없는 경우에는 임시임원을 선임할 수 있다.
④ 제3항에 따라 임시임원이 선임되었을 때에는 조합 또는 중앙회는 지체 없이 이를 등기하여야 한다. 다만, 조합 또는 중앙회가 그 등기를 해태(懈怠)하는 경우에는 금융위원회는 조합 또는 중앙회의 주된 사무소를 관할하는 등기소에 그 등기를 촉탁할 수 있다.
(2015.1.20 본조개정)

제84조의2【퇴임한 임원 등에 대한 조치 내용의 통보】 ① 금융위원회(제96조에 따라 제84조제1항 각 호의 어느 하나에 해당하는 조치 권한을 위탁받은 자를 포함한다)와 중앙회장은 조합 또는 중앙회의 퇴임한 임원 또는 퇴직한 직원이 재임 중이었거나 재직 중이었더라면 제84조제1항 또는 제89조제7항제1호에 따른 조치를 받았을 것으로 인정되는 경우에는 그 내용을 조합 또는 중앙회에 통보하여야 한다.(2023.12.26 본항개정)
② 제1항에 따른 통보를 받은 조합 또는 중앙회는 이를 해당 임원 또는 직원에게 통보하고, 기록·유지하여야 한다.
(2012.12.11 본조신설)

제85조【조합 등에 대한 행정처분】 ① 금융위원회는 조합 또는 중앙회가 이 법 또는 이 법에 따른 명령을 위반하여 건전한 운영을 해칠 우려가 있다고 인정하는 경우 또는 「금융소비자 보호에 관한 법률」 제51조제1항제4호, 제5호 또는 같은 조 제2항 각 호 외의 부분 본문 중 대통령령으로 정하는 경우에 해당하는 경우(제3호에 해당하는 조치로 한정한다)에는 다음 각 호의 어느 하나에 해당하는 조치를 할 수 있다.(2020.3.24 본문개정)
1. 조합 또는 중앙회에 대한 주의·경고
2. 해당 위반행위의 시정명령
3. 6개월 이내의 업무의 일부정지
② 금융위원회는 조합이 다음 각 호의 어느 하나에 해당하는 경우에는 6개월 이내의 기간을 정하여 업무의 전부정지를 명하거나 조합의 설립인가를 취소할 수 있다.
1. 거짓이나 그 밖의 부정한 방법으로 설립인가를 받은 경우
2. 인가내용 또는 인가조건을 위반한 경우
3. 업무의 정지기간에 그 업무를 한 경우
4. 제1항제2호에 따른 시정명령을 이행하지 아니한 경우
5. 조합원이 1년 이상 계속하여 100인 미만인 경우
6. 조합의 출자금 합계액이 1년 이상 계속하여 제14조제4항 각 호의 구분에 따른 금액에 미달한 경우
7. 정당한 사유 없이 1년 이상 계속하여 사업을 하지 아니한 경우
8. 설립인가를 받은 날부터 6개월 이내에 제4조에 따른 등기를 하지 아니한 경우
9. 「금융소비자 보호에 관한 법률」 제51조제1항제4호 또는 제5호에 해당하는 경우(2020.3.24 본호신설)
10. 「금융소비자 보호에 관한 법률」 제51조제2항 각 호 외의 부분 중 대통령령으로 정하는 경우(업무의 전부정지를 명하는 경우로 한정한다)(2020.3.24 본호신설)
③ 제2항에 따라 금융위원회가 업무의 전부정지를 명하거나 설립인가를 취소하려면 중앙회장의 의견을 들어야 한다.
(2015.1.20 본조개정)

제86조【경영관리】 ① 금융위원회는 다음 각 호의 어느 하나에 해당되어 조합원의 이익을 크게 해칠 우려가 있다고 인정되는 조합에 대해서는 관리인을 선임하여 경영관리를 하게 할 수 있다.
1. 제83조제2항에 따른 검사 결과 조합이 대통령령으로 정하는 불법·부실대출을 보유하고 이를 단기간에 통상적인 방법으로 회수하기가 곤란하여 자기자본의 전부가 잠식될 우려가 있다고 인정되는 경우
2. 조합 임직원의 위법·부당한 행위로 인하여 조합에 재산상의 손실이 발생하여 자력(自力)으로 경영정상화를 추진하는 것이 어렵다고 인정되는 경우
3. 조합의 파산 위험이 현저하거나 임직원의 위법·부당한 행위로 인하여 조합의 예탁금·적금 인출이 쇄도하거나 조합이 예탁금 및 적금을 지급할 수 없는 상태에 이른 경우
4. 제83조제2항에 따른 검사 결과 제1호부터 제3호까지의 경우에 해당되지 아니하는 경우로서 자본의 적정성, 자산의 건전성 등을 고려하여 대통령령으로 정하는 경우
5. 제89조제3항 및 제6항에 따른 경영 분석·평가 결과 또는 검사 결과 경영관리가 필요하다고 인정하여 중앙회장이 건의하는 경우. 이 경우 금융위원회는 제1호부터 제4호까지의 경우에 해당하는지를 확인하여야 한다.
② 금융위원회는 제1항에 따른 경영관리가 개시(開始)되었을 때에는 6개월의 범위에서 채무의 지급을 정지하거나 임원의 직무를 정지하고, 관리인으로 하여금 지체 없이 그 조합의 재산현황을 조사(이하 "재산실사"라 한다)하게 하여야 한다.
③ (2000.1.28 삭제)
④ 금융위원회는 제86조의2에 따른 조치에 필요한 자료를 중앙행정기관의 장에게 요청할 수 있다. 이 경우 요청받은 중앙행정기관의 장은 특별한 사유가 없으면 요청에 따라야 한다.
⑤ 금융위원회는 재산실사 결과 해당 조합의 경영정상화가 가능한 경우 등 대통령령으로 정하는 사유가 있을 때에는 제2항에 따른 정지의 전부 또는 일부를 철회할 수 있다.
⑥ 조합이 제1항에 따라 경영관리를 받게 되었을 때에는 대통령령으로 정하는 바에 따라 지체 없이 그 요지를 공고하여야 한다.
⑦ 제1항 및 제2항에 따른 경영관리, 채무의 지급정지 또는 임원의 직무정지의 방법, 기간 및 절차 등에 관하여 필요한 사항은 대통령령으로 정한다.
(2015.1.20 본조개정)

제86조의2【관리인의 자격 및 권한 등】 ① 해당 조합과 대통령령으로 정하는 이해관계 또는 특수관계에 있는 자는 제86조제1항 또는 제86조의4제5항에 따른 관리인(이하 이 조에서 "관리인"이라 한다)으로 선임될 수 없다.
② 관리인은 그 선임 목적에 따라 경영관리를 받는 조합의 업무를 집행하고 그 재산을 관리·처분할 권한 또는 계약이전의 결정과 관련된 업무의 범위에서 조합의 자산·부채 등을 관리·처분할 권한이 있다. 이 경우 관리인은 제86조의3 또는 제86조의4제6항에 따른 등기를 마친 후가 아니면 조합 재산의 처분 등 법률행위를 할 때 제3자에게 대항할 수 없다.
③ 관리인은 불법·부실대출에 따른 채권을 확보하기 위하여 필요한 경우에는 그 불법·부실대출에 책임이 있다고 인정되는 임직원(임직원이었던 사람을 포함한다) 또는 채무자의 재산을 조사하여 가압류 신청 등 필요한 조치를 하여야 한다.
④ 금융위원회는 필요하다고 인정하는 경우에는 관리인을 해임할 수 있다.
⑤ 관리인에 관하여는 「민법」 제35조제1항, 「상법」 제11조제1항, 「채무자 회생 및 파산에 관한 법률」 제30조 및 제360조부터 제362조까지의 규정을 준용한다. 이 경우 「채무자 회생 및 파산에 관한 법률」 제30조, 제360조 및 제362조 중 "법원"은 "금융위원회"로 본다.
(2015.1.20 본조개정)

제86조의3【경영관리의 통지 및 등기】 ① 금융위원회는 제86조에 따라 경영관리를 개시하였을 때에는 지체 없이 그 관리를 받는 조합의 주사무소의 주소지를 관할하는 지방법원에 그 취지를 통지하고 주사무소 및 지사무소를 관할하는 등기소에 그 등기를 촉탁하여야 한다.
② 등기소는 제1항에 따른 촉탁을 받으면 지체 없이 그 등기를 하여야 한다.
(2015.1.20 본조개정)

제86조의4【계약이전의 결정】 ① 금융위원회는 조합이 제86조제1항 각 호의 어느 하나에 해당되는 경우에는 제80조의2제3항에 따른 기금관리위원회의 의견을 들어 해당 조합(이하 "부실조합"이라 한다)에 대하여 사업과 관련된 계약의 이전(이하 "계약이전"이라 한다)을 결정할 수 있다.
② 금융위원회는 제1항에 따라 계약이전을 결정하는 때에는 필요한 범위에서 이전되는 계약의 범위·조건 및 이전받는 조합(이하 "인수조합"이라 한다)을 정하여야 한다. 이 경우 미리 인수조합의 동의를 받아야 한다.
③ 중앙회는 인수조합에 대하여 계약이전의 이행을 전제로 자금지원의 금액과 조건 등을 제시할 수 있다.
④ 중앙회는 인수조합이 제2항 후단에 따른 동의를 하기 위하여 총회를 소집하는 경우 미리 그 인수조합의 조합원에게 부실조합의 부실 정도 및 계약이전에 관한 조치 등 총회의 결의와 관련된 사항을 통지하여야 한다.
⑤ 금융위원회는 제1항에 따라 계약이전을 결정하는 부실조합에 대하여 관리인을 선임하여야 한다.
⑥ 금융위원회는 제5항에 따라 관리인을 선임하였을 때에는 지체 없이 해당 부실조합의 주사무소 주소지를 관할하는 지방법원에 그 취지를 통지하고, 주사무소 또는 지사무소를 관할하는 등기소에 그 등기를 촉탁하여야 한다.
⑦ 제1항에 따른 계약이전의 결정에 따른 계약이전에 관하여는 부실조합의 이사회 및 총회의 결의를 필요로 하지 아니한다.
(2015.1.20 본조개정)

제86조의5【계약이전 결정의 효력】 ① 제86조의4제1항에 따른 계약이전의 결정이 있는 경우 그 결정 내용에 포함된 부실조합의 권리·의무 및 공동유대는 그 결정이 있는 때에 인수조합이 승계한다.
② 제86조의4제1항에 따른 계약이전의 결정이 있는 경우 해당 부실조합 및 인수조합은 공동으로 그 결정의 요지 및 계약이전의 사실을 둘 이상의 일간신문에 지체 없이 공고하여야 한다.
③ 제2항에 따른 공고가 있는 때에는 그 계약이전과 관련된 채권자, 채무자, 물상보증인(物上保證人), 그 밖의 이해관계인(이하 "채권자등"이라 한다)과 해당 부실조합 사이의 법률관계는 인수조합이 동일한 내용으로 승계한다. 다만, 채권자등은 제2항에 따른 공고 전에 해당 부실조합과의 사이에 발생한 사유로 인수조합에 대항할 수 있다.
④ 제2항에 따른 공고가 있는 때에는 그 공고로써 「민법」 제450조에 따른 지명채권양도의 대항요건을 갖춘 것으로 본다. 다만, 채권자등은 공고 전에 해당 부실조합과의 사이에 발생한 사유로 인수조합에 대항할 수 있다.
⑤ 제86조의4제1항에 따른 계약이전의 결정이 있는 경우 재산의 이전에 등기·등록이 필요한 부동산 등에 관한 권리는 제2항에 따른 공고가 있는 때에 인수조합이 취득한다.
⑥ 금융위원회는 제86조의4제1항에 따른 계약이전의 결정을 한 경우 해당 부실조합 및 인수조합으로 하여금 계약이전과 관련된 자료를 보관·관리하도록 하고, 채권자등의 열람에 제공하도록 하여야 한다. 이 경우 보관·관리 및 열람에의 제공에 필요한 기준 및 절차는 금융위원회가 정한다.
(2015.1.20 본조개정)

제87조 (2000.1.28 삭제)

제88조【파산신청】 금융위원회는 제86조에 따라 경영관리를 받는 조합에 대한 재산실사 결과 해당 조합의 재산으로 채무를 완전히 변제할 수 없는 경우로서 다음 각 호의 어느 하나에 해당되는 경우 또는 제86조의4제1항에 따른 계약이전의 결정에 따라 부실조합의 계약이전이 이루어진 경우에는 해당 조합의 주사무소 소재지를 관할하는 지방법원에 파산신청을 할 수 있다.
1. 해당 조합을 합병하려는 조합이 없어 조합원을 보호하기 곤란한 경우
2. 중앙회가 해당 조합에 자금을 대출하더라도 3년 이내에 경영정상화가 곤란하다고 인정되는 경우
(2015.1.20 본조개정)

제88조의2【파산관재인】 중앙회장은 조합이 파산되는 때에는 「채무자 회생 및 파산에 관한 법률」 제355조에도 불구하고 기금관리위원회의 의결을 거쳐 중앙회의 임직원 중에서 1명을 법원에 파산관재인으로 추천할 수 있다.
(2019.1.15 본조개정)

제89조【중앙회의 지도·감독】 ① 중앙회장은 제78조제1항의 사업을 수행하기 위하여 조합을 지도·감독한다. 이 경우 중앙회장은 조합의 사업에 관한 지침 등을 작성하여 보급할 수 있으며, 필요한 경우에는 조합에 자료의 제출, 관계자의 출석 또는 진술을 요구할 수 있다.
(2016.12.20 본항개정)
② 제1항에 따라 자료의 제출, 관계자의 출석 또는 진술을 요구받은 조합은 지체 없이 요구에 따라야 한다.
③ 중앙회장은 제1항에 따라 조합으로부터 제출받은 자료를 금융위원회가 정하는 바에 따라 분석·평가하여 그 결과를 조합으로 하여금 공시하도록 할 수 있다.
④ 중앙회장은 제3항에 따른 분석·평가 결과 대통령령으로 정하는 바에 따라 금융위원회가 정하는 기준에 해당되어 건전한 경영이 어렵다고 인정되는 조합에 대해서는 합병을 권고하거나 보유자산의 처분, 조직의 축소 등 재무상태의 개선을 위한 조치를 하도록 요청하여야 한다.
⑤ 금융위원회는 조합이 제4항에 따른 재무상태의 개선을 위한 조치를 성실히 이행하지 아니한 경우에는 제86조제1항에 따른 경영관리 요건에 해당하는지를 판단하기 위하여 제83조제2항에 따른 검사를 하여야 한다.
⑥ 중앙회장은 필요하다고 인정할 때에는 그 소속 직원으로 하여금 조합의 업무를 검사하게 할 수 있다.
⑦ 중앙회장은 제6항에 따른 검사 결과에 따라 시정 등 필요한 조치를 명하거나 다음 각 호의 조치를 할 수 있다.
1. 제84조제1항에 따른 관련 임직원에 대한 조치요구
2. 제84조제3항에 따른 임시임원의 선임
3. 제84조제4항 단서에 따른 임시임원의 등기 촉탁
4. 제85조제1항에 따른 조치
5. 제85조제2항에 따른 업무의 전부정지
⑧ 중앙회장은 제6항에 따라 조합에 대한 검사를 한 결과 제101조제1항 각 호의 과태료 부과대상 행위를 확인한 경우에는 과태료 부과에 필요한 사항을 금융위원회에 보고하여야 한다.
(2015.1.20 본조개정)

제89조의2【조합원 또는 조합의 검사청구】 ① 조합원은 소속 조합의 업무집행 상황이 이 법등 또는 이 법등에 따른 명령·정관·규정에서 정한 절차나 의무에 위반된다고 판단하면 조합원 100분의 1 이상의 동의를 받은 경우에는 중앙회에, 조합원 100분의 3 이상의 동의를 받은 경우에는 금융감독원장에게 각각 소속 조합에 대한 검사를 청구할 수 있다.(2020.3.24 본항개정)
② 조합은 중앙회의 업무집행 상황이 이 법등 또는 이 법등에 따른 명령·정관·규정에서 정한 절차나 의무에 위반된다고 판단하면 조합 100분의 3 이상의 동의를 받아 금융감독원장에게 중앙회에 대한 검사를 청구할 수 있다.
(2020.3.24 본항개정)
③ 금융감독원장 또는 중앙회장은 제1항 또는 제2항에 따른 검사청구를 받으면 지체 없이 검사를 하여야 한다.
(2015.1.20 본조개정)

제90조 (2003.7.30 삭제)

제5장 보 칙

(2015.1.20 본장개정)

제91조 (1999.2.1 삭제)

제92조【정부의 협력 등】 ① 정부는 조합을 육성하기 위하여 조합과 중앙회의 사업에 필요한 지원을 하여야 하며, 국가 또는 공공단체의 시설을 조합과 중앙회가 우

선적으로 이용할 수 있도록 제공하여야 한다.
② 정부 또는 지방자치단체는 예산의 범위에서 조합과 중앙회의 사업에 필요한 보조금을 지급할 수 있다.
제93조【정치 관여의 금지】 조합과 중앙회는 정치에 관여하는 어떠한 행위도 해서는 아니 된다.
제94조【외국 기관과의 계약】 중앙회는 자금을 안전하게 관리하기 위하여 사업과 관련된 국제기구와 보험계약 등을 체결할 수 있다.
제95조【농업협동조합 등에 대한 특례】 ① 다음 각 호의 법인이 제39조제1항제1호 및 제6호의 사업을 하는 경우에는 이 법에 따른 신용협동조합으로 본다.
1. 「농업협동조합법」에 따라 설립된 지역농업협동조합과 지역축산업협동조합(신용사업을 하는 품목조합을 포함한다)
2. 「수산업협동조합법」에 따라 설립된 지구별 수산업협동조합(법률 제4820호 수산업협동조합법중개정법률 부칙 제5조에 따라 신용사업을 하는 조합을 포함한다)
3. 「산림조합법」에 따라 설립된 산림조합
② 제1항의 경우 중앙회의 사업(농업협동조합중앙회의 경우에는 제78조제1항제6호는 제외한다)은 제1항 각 호에 규정된 법률에 따라 설립된 중앙회가 각각 수행한다.
③ 제1항 및 제2항에 따른 각 조합 및 중앙회가 신용협동조합 사업을 하는 경우에는 다른 사업과 구분하여야 한다.
④ 제1항 및 제2항에 따른 각 조합 및 중앙회의 사업에 관하여는 제6조제3항·제4항, 제39조제1항제1호·제6호, 제42조, 제43조, 제45조, 제45조의3, 제78조제1항제3호(조합의 신용사업에 대한 검사·감독만 해당한다)·제5호, 제78조제6항, 제79조의2, 제83조, 제83조의2, 제83조의3, 제84조, 제89조제3항, 제96조, 제101조제1항제1호의3 및 같은 조 제3항을 제외하고는 이 법을 적용하지 아니한다.(2022.1.4 본항개정)
제96조【권한의 위탁】 ① 이 법에 따른 금융위원회의 권한은 대통령령으로 정하는 바에 따라 그 전부 또는 일부를 금융감독원장 또는 중앙회장에게 위탁할 수 있다.
② 금융감독원장은 필요하다고 인정할 때에는 이 법에 따른 권한 또는 제1항에 따라 금융위원회로부터 위탁받은 권한 중 일부를 대통령령으로 정하는 바에 따라 중앙회장에게 위탁할 수 있다.
제97조【공제사업】 ① 조합과 중앙회가 공제사업을 하는 경우에는 공제규정을 정하여 금융위원회의 인가를 받아야 한다.
② 제1항의 공제규정에는 금융위원회가 정하는 바에 따라 사업의 실시 방법, 공제계약, 공제료 등을 정하여야 한다.
③ 제1항에 따른 공제규정을 변경하거나 폐지하려면 금융위원회의 인가를 받아야 한다. 다만, 변경하려는 내용이 금융위원회가 정하여 고시하는 기준에 해당하는 경우에는 금융위원회에 신고하여야 한다.
④ 금융위원회는 제3항 단서에 따른 신고를 받은 날부터 금융위원회가 정하여 고시하는 기간 내에 신고수리 여부를 신고인에게 통지하여야 한다.(2019.1.15 본항신설)
⑤ 금융위원회가 제4항에서 정한 기간 내에 신고수리 여부 또는 민원 처리 관련 법령에 따른 처리기간의 연장을 신고인에게 통지하지 아니하면 그 기간(민원 처리 관련 법령에 따라 처리기간이 연장 또는 재연장된 경우에는 해당 처리기간을 말한다)이 끝난 날의 다음 날에 신고를 수리한 것으로 본다.(2019.1.15 본항신설)
제98조【청문】 금융위원회는 제85조제2항에 따라 설립인가를 취소하려면 청문을 하여야 한다.

제6장 벌 칙
(2015.1.20 본장제목개정)

제99조【벌칙】 ① 조합 또는 중앙회의 임직원 또는 청산인이 다음 각 호의 어느 하나에 해당하는 행위를 한 경우에는 3년 이하의 징역 또는 3천만원 이하의 벌금에 처하거나 이를 병과(倂科)할 수 있다.
1. 조합 또는 중앙회의 사업 목적 외의 용도로 자금을 사용하거나 재산을 처분 또는 이용하여 조합 또는 중앙회에 손해를 끼친 경우
2. 제7조를 위반하여 설립인가를 받은 경우
② 조합 또는 중앙회의 임직원 또는 청산인이 다음 각 호의 어느 하나에 해당하는 행위를 한 경우에는 2년 이하의 징역 또는 2천만원 이하의 벌금에 처한다.
1. 등기를 거짓으로 한 경우
2. 제42조를 위반하여 동일인에 대한 대출등의 한도를 초과한 경우
3. 제30조의2, 제49조제1항 또는 제59조제3항을 위반한 경우(2017.4.18 본호개정)
4. 제47조제2항에 따라 금융위원회가 정하는 회계처리기준 또는 결산에 관한 기준을 위반하여 거짓으로 재무제표를 작성하여 총회의 승인을 받은 경우
5. 제81조제3항 또는 제4항을 위반한 경우
6. 제86조제1항에 따른 경영관리에 응하지 아니한 경우
7. 제89조제2항을 위반하여 자료의 제출, 출석 또는 진술을 거부하거나 거짓으로 자료를 제출하거나 진술을 한 경우
8. (2017.4.18 삭제)
③ 제3조제2항, 제27조의2(제72조제8항에 따라 준용되는 경우를 포함한다) 또는 제93조를 위반한 자는 1년 이하의 징역 또는 1천만원 이하의 벌금에 처한다.
④ (2017.4.18 삭제)
(2015.1.20 본조개정)
제100조【양벌규정】 조합 또는 중앙회의 대표자나 대리인, 사용인, 그 밖의 종업원이 그 조합 또는 중앙회의 업무에 관하여 제99조제1항 또는 제2항의 위반행위를 하면 그 행위자를 벌하는 외에 그 조합 또는 중앙회에도 해당 조문의 벌금형을 과(科)한다. 다만, 조합 또는 중앙회가 그 위반행위를 방지하기 위하여 해당 업무에 관하여 상당한 주의와 감독을 게을리하지 아니한 경우에는 그러하지 아니하다.(2011.8.4 본조개정)
제101조【과태료】 ① 조합 또는 중앙회가 다음 각 호의 어느 하나에 해당하는 경우에는 2천만원 이하의 과태료를 부과한다.(2017.4.18 본문개정)
1. 제24조제2항을 위반하여 정관을 변경한 경우
1의2. 제43조제1항을 위반하여 상환준비금을 보유하지 아니하거나 중앙회에 예치하지 아니한 경우(2017.4.18 본호신설)
1의3. 제45조의3제2항(제79조의2에 따라 준용되는 경우를 포함한다)을 위반하여 금리인하를 요구할 수 있음을 알리지 아니한 경우(2022.1.4 본호신설)
2. 제47조제4항을 위반하여 결산보고서를 중앙회장에게 제출하지 아니한 경우
3. 정당한 사유 없이 제47조제5항 또는 제81조제2항에 따른 감사인의 회계감사를 받지 아니한 경우
3의2. 제83조의2를 위반하여 공시하지 아니하거나 거짓으로 공시한 경우(2017.4.18 본호신설)
4. 제83조의4에 따른 보고서를 제출하지 아니하거나 거짓으로 보고서를 제출한 경우
4의2. 제85조제1항제2호에 따른 시정명령을 이행하지 아니한 경우(2017.4.18 본호신설)
5. 제86조의5제2항을 위반하여 공고를 하지 아니한 경우
6. 제86조의5제6항을 위반하여 계약이전과 관련된 자료를 보관·관리하지 아니하거나 채권자등의 열람에 제공하지 아니한 경우
7. 감독기관의 검사를 거부·방해·기피한 경우(2017.4.18 본호신설)
② 제45조의2를 위반하여 직원의 보호를 위한 조치를 하지 아니하거나 직원에게 불이익을 준 조합에는 1천만원 이하의 과태료를 부과한다.(2017.4.18 본항신설)
③ 제1항 및 제2항에 따른 과태료는 대통령령으로 정하는 바에 따라 금융위원회가 부과·징수한다.(2017.4.18 본항개정)
(2015.1.20 본조개정)

부 칙 (2015.1.20)

제1조【시행일】 이 법은 공포 후 6개월이 경과한 날부터 시행한다.
제2조【출자금 환급에 관한 적용례】 제17조제2항의 개정규정은 이 법 시행 후 납입하는 출자금을 환급하는 경우부터 적용한다.
제3조【중앙회장에 대한 적용례】 제71조제3항의 개정규정은 이 법 시행 당시 재임 중인 중앙회장의 임기만료 등에 따라 이 법 시행 후 최초로 선임되는 중앙회장부터 적용한다.
제4조【여유자금에 관한 적용례】 제78조제6항의 개정규정은 이 법 시행 후 조합으로부터 예치되는 여유자금부터 적용한다.
제5조【손해배상청구 요구에 관한 적용례】 제80조의5제1항의 개정규정은 이 법 시행 후 같은 항 제1호·제3호 또는 제4호의 개정규정에 따라 자금을 지원하는 경우부터 적용한다.
제6조【금치산자 등에 대한 경과조치】 제16조제2항제4호 및 제28조제1항제1호의 개정규정에 따른 피성년후견인 또는 피한정후견인에는 법률 제10429호 민법 일부개정법률 부칙 제2조에 따라 금치산 또는 한정치산 선고의 효력이 유지되는 사람을 포함하는 것으로 본다.
제7조【조합의 상임임원 선임에 관한 경과조치】 이 법 시행 당시 종전의 제27조에 따라 선출되어 재임 중인 조합의 상임이사장 및 상임임원에 대해서는 제27조제6항의 개정규정에도 불구하고 그 임기가 만료될 때까지는 상임이사장 및 상임임원의 자격을 유지한다.
제8조【금융감독원의 검사를 받은 조합 등에 대한 경과조치】 다음 각 호의 어느 하나에 해당하는 조합에 대해서는 제47조제5항의 개정규정에도 불구하고 종전의 규정에 따른다.
1. 이 법 시행일이 속하는 연도에 이 법 시행 전까지 종전의 제47조제5항 단서에 따른 금융감독원의 검사를 받은 조합
2. 이 법 시행 당시 종전의 제47조제5항 단서에 따른 금융감독원의 검사를 받고 있는 조합

부 칙 (2017.4.18)

제1조【시행일】 이 법은 공포 후 6개월이 경과한 날부터 시행한다. 다만, 제27조, 제30조제3항 및 제34조제4항의 개정규정은 공포 후 1년이 경과한 날부터 시행한다.
제2조【상임감사의 선출에 관한 적용례】 제27조제8항 및 제9항의 개정규정은 같은 개정규정 시행 이후 감사를 선출하는 경우부터 적용한다.
제3조【벌칙에 관한 경과조치】 이 법 시행 전의 위반행위에 대하여 벌칙을 적용할 때에는 제99조제2항 및 제4항의 개정규정에도 불구하고 종전의 규정에 따른다.

부 칙 (2019.1.15)

제1조【시행일】 이 법은 공포 후 6개월이 경과한 날부터 시행한다.
제2조【조합설립 인가에 관한 적용례】 제8조제3항의 개정규정(제55조제1항 후단 및 제61조제2항에서 준용하는 경우를 포함한다)은 이 법 시행 이후 인가를 신청하는 경우부터 적용한다.
제3조【임원의 선출 등에 관한 적용례】 제27조의3(제72조에 따라 준용되는 경우를 포함한다)의 개정규정은 이 법 시행 후 최초로 조합 및 중앙회의 임원을 선출하는 경우부터 적용한다.
제4조【소멸시효에 관한 적용례】 제80조의2제6항 및 제7항의 개정규정은 이 법 시행 후 최초로 중앙회가 조합을 갈음하여 예탁금등을 변제하기로 결정한 경우부터 적용한다.
제5조【공제규정 인가사항의 변경신고에 관한 적용례】 제97조제4항 및 제5항의 개정규정은 이 법 시행 전에 제97조제3항 단서에 따라 변경신고를 한 경우로서 이 법 시행 당시 그 신고수리의 절차가 진행 중인 경우에도 적용한다.

부 칙 (2019.11.26)

제1조【시행일】 이 법은 공포한 날부터 시행한다.(이하 생략)

부 칙 (2020.3.24)

제1조【시행일】 이 법은 공포 후 1년이 경과한 날부터 시행한다.(이하 생략)

부 칙 (2020.12.29)

이 법은 공포 후 6개월이 경과한 날부터 시행한다.

부 칙 (2021.4.20)

이 법은 공포 후 3개월이 경과한 날부터 시행한다.

부 칙 (2022.1.4)

제1조【시행일】 이 법은 공포 후 6개월이 경과한 날부터 시행한다.
제2조【금리인하 요구에 관한 적용례】 제45조의3 및 제79조의2의 개정규정은 이 법 시행 이후 최초로 대출등의 계약을 체결하는 경우부터 적용한다.

부 칙 (2023.3.21)

제1조【시행일】 이 법은 공포 후 6개월이 경과한 날부터 시행한다.
제2조【부동산 처분에 관한 적용례】 이 법 시행 당시 종전의 제45조에 따라 채무를 변제받기 위하여 부동산을 소유하고 있는 조합은 제45조제2항의 개정규정에 따라 해당 부동산을 처분하여야 한다.

부 칙 (2023.7.18)

제1조【시행일】 이 법은 공포 후 3개월이 경과한 날부터 시행한다.
제2조【이사장당선인 결정에 관한 적용례】 제27조의4의 개정규정은 이 법 시행 이후 이사장을 선출하는 경우부터 적용한다.
제3조【중앙회장의 선거관리 위탁에 관한 적용례】 제72조제9항의 개정규정은 이 법 시행 이후 중앙회장을 선출하는 경우부터 적용한다.
제4조【지역조합 이사장의 동시선거에 따른 임기 및 선출 등에 관한 특례】 ① 이 법 시행일부터 2023년 11월 21일까지의 기간 동안 이사장의 임기가 시작되었거나 시작되는 경우에는 제31조제1항에도 불구하고 해당 이사장의 임기는 2025년 11월 20일까지로 한다.
② 2019년 11월 22일부터 이 법 시행일 전에 새로 선출되거나 임기가 시작되는 이사장의 임기가 만료되고 다음에 새로 임기가 시작되는 이사장의 경우에는 제31조제1항에도 불구하고 해당 이사장의 임기는 2029년 11월 20일까지로 한다.
③ 제1항 및 제2항에 따라 임기가 만료되는 이사장 다음에 새로 임기가 시작되는 이사장의 선거는 다음 각 호에 따라 최초로 동시 실시하고, 이후 임기만료에 따른 이사장의 선거는 임기가 만료되는 해당 연도 11월의 두 번째 수요일에 동시 실시한다.

1. 제1항에 따라 임기가 만료되는 이사장 다음에 새로 임기가 시작되는 이사장의 동시선거일 : 2025년 11월 12일
2. 제2항에 따라 임기가 만료되는 이사장 다음에 새로 임기가 시작되는 이사장의 동시선거일 : 2029년 11월 14일

④ 2023년 11월 22일 이후 재선거 또는 보궐선거로 선출되는 이사장의 임기는 전임자 임기의 남은 기간으로 한다. 다만, 그 실시사유가 발생한 날부터 임기만료일까지의 기간이 1년 미만인 경우에는 재선거 또는 보궐선거를 실시하지 아니한다.

⑤ 2023년 11월 22일 이후 다음 각 호의 어느 하나에 해당하는 조합에서 선출된 이사장의 임기는 그 임기개시일부터 제1항에 따른 임기만료일(이후 매 4년마다 도래하는 임기만료일을 포함하며, 이하 "동시선거임기만료일"이라 한다)까지의 기간이 2년 이상인 경우에는 해당 동시선거임기만료일까지로 하고, 그 임기개시일부터 최초로 도래하는 동시선거임기만료일까지의 기간이 2년 미만인 경우에는 차기 동시선거임기만료일까지로 한다.
1. 제7조에 따라 새로 설립되는 조합
2. 제55조에 따라 합병하거나 분할하는 조합

⑥ 다음 각 호의 어느 하나에 해당하는 경우 해당 조합은 이사회 의결에 따라 제3항에 따른 이사장 동시선거를 실시하지 아니할 수 있다.
1. 제55조제1항에 따른 합병의결이 있는 때
2. 다음 각 목의 어느 하나에 해당하여 금융위원회 또는 중앙회장이 선거를 실시하지 아니하도록 권고한 때
  가. 이 법에 따라 합병 권고·요구 또는 명령을 받은 경우
  나. 거액의 금융사고, 천재지변 등으로 선거를 실시하기 곤란한 경우

⑦ 제6항에 따라 이사장 동시선거를 실시하지 아니하였으나 같은 항 각 호에 해당하지 아니하게 된 때에는 지체 없이 이사회 의결로 선거일을 지정하여 30일 이내에 이사장 선거를 실시하여야 한다. 이 경우 이사장의 임기는 제3항에 따른 이사장 동시선거를 실시하지 아니하여 선출하지 못한 이사장 임기의 남은 기간으로 하며, 그 기간이 1년 미만인 경우에는 해당 이사장 선거를 실시하지 아니한다.

⑧ 제1항, 제2항 또는 제5항에 따라 이사장의 임기가 단축되는 경우에는 해당 임기를 제31조제1항 단서에 따른 연임제한 횟수에 포함하지 아니한다.

⑨ 제4항 단서 또는 제7항 후단에 따라 이사장을 선출하지 아니한 경우에 이사장의 직무는 다음 각 호에 따라 제27조제5항에 따른 직무대행자가 대행한다.
1. 제4항 단서에 따라 재선거 또는 보궐선거를 실시하지 아니하는 경우 : 전임 이사장 임기 만료일까지
2. 제7항 후단에 따라 이사장을 선출하지 아니하는 경우 : 제3항에 따른 이사장 동시선거를 실시하지 아니하여 선출하지 못한 이사장의 임기만료일까지

제5조【이사장 선거의 구·시·군선거관리위원회 위탁에 관한 경과조치】 이 법 시행 이후 부칙 제4조제3항 각 호에 따른 동시선거일 전까지 실시하는 이사장 선거에 관하여는 제27조의3제2항의 개정규정에도 불구하고 종전의 규정에 따른다.

부　칙 (2023.12.26)

제1조【시행일】 이 법은 공포한 날부터 시행한다. 다만, 제11조제2항, 제19조제1항 단서 및 제28조제1항제6호의2의 개정규정은 공포 후 6개월이 경과한 날부터 시행한다.

제2조【임의적립금에 관한 적용례】 제50조의 개정규정은 이 법 시행 당시 적립되어 있는 임의적립금부터 적용한다.

제3조【중앙회 임원 선출에 관한 적용례】 제71조의2제4항의 개정규정은 이 법 시행 이후 중앙회장 또는 전문이사가 아닌 임원의 임기만료에 따라 새롭게 중앙회장 또는 전문이사가 아닌 임원을 선출하는 경우부터 적용한다.

제4조【퇴임한 임원 등에 대한 조치 내용의 통보에 관한 적용례】 제84조의2제1항의 개정규정은 이 법 시행 전에 퇴임한 임원 또는 퇴직한 직원에게도 적용한다.

신용보증기금법

(1974년 12월 21일
법　률　제2695호)

개정
1979.12.28법 3190호　1984. 8. 7법 3748호
1990.12.31법 4287호
1993. 3. 6법 4541호(정부조직)
1995. 8. 4법 4953호　1996.12.30법 5187호
1997. 8.30법 5403호(한국주택은행법폐지법)
1998. 1.13법 5505호(금융감독)
1999. 9. 7법 6022호(지역신용보증재단법)
1999.12.31법 6073호(금융부실)
2000.12.30법 6324호
2001.12.31법 6561호(금융부실)
2007. 1.11법 8234호
2007. 8. 3법 8635호(자본시장금융투자업)
2008. 2.29법 8852호(정부조직)
2008. 2.29법 8863호(금융위원회의설치등에관한법)
2009. 2. 6법 9458호
2009. 4. 1법 9617호(신용정보의이용및보호에관한법)
2009. 5.21법 9685호(중소기업판로지원)
2010. 5.17법10303호(은행법)
2011. 5.19법10689호
2013. 3.23법11690호(정부조직)
2013. 5.28법11844호　2014. 1.14법12263호
2015. 1.20법13066호　2016. 3.29법14126호
2017. 7.26법14839호(정부조직)
2018.12.31법16172호(중소기업진흥)
2018.12.31법16187호
2019.11.26법16652호(자산관리)
2019.11.26법16654호
2020. 2. 4법16957호(신용정보의이용및보호에관한법)
2020.12.29법17802호　2021. 4.20법18123호
2021.12.31법18667호　2023.12.29법19866호

제1장　총　칙
(2011.5.19 본장개정)

제1조【목적】 이 법은 신용보증기금을 설립하여 담보능력이 미약한 기업의 채무를 보증하게 하여 기업의 자금융통을 원활히 하고, 신용정보의 효율적인 관리·운용을 통하여 건전한 신용질서를 확립함으로써 균형 있는 국민경제의 발전에 이바지함을 목적으로 한다.

제2조【정의】 이 법에서 사용하는 용어의 뜻은 다음과 같다.
1. "기업"이란 사업을 하는 개인 및 법인과 이들의 단체를 말한다.
2. "신용보증"이란 기업이 부담하는 다음 각 목의 채무를 신용보증기금(이하 "기금"이라 한다)이 보증하는 것을 말한다.
  가. 기업이 금융회사등으로부터 자금의 대출·급부 등을 받음으로써 금융회사등에 대하여 부담하는 금전채무
  나. 기업의 채무를 금융회사등이 보증하는 경우에 그 보증채무의 이행으로 인한 구상(求償)에 응하여야 할 금전채무
  다. 「자본시장과 금융투자업에 관한 법률」 제119조에 따라 모집하는 기업의 사채
  라. 그 밖에 기업의 채무 중 대통령령으로 정하는 금전채무
3. "금융회사등"이란 다음 각 목의 어느 하나에 해당하는 것을 말한다.
  가. 「은행법」 제2조제1항제2호에 따른 은행
  나. 「한국산업은행법」에 따른 한국산업은행
  다. 「중소기업은행법」에 따른 중소기업은행
  라. 「한국수출입은행법」에 따른 한국수출입은행
  마. 「자본시장과 금융투자업에 관한 법률」에 따른 신탁업자
  바. 「농업협동조합법」 제161조의11에 따른 농협은행
  사. 「수산업협동조합법」 제141조의4에 따른 수협은행 (2018.12.31 바목~사목신설)
  아. 기업에 자금을 융통하는 것을 업(業)으로 하는 자로서 대통령령으로 정하는 자
4. "채권자"란 기금이 신용보증을 한 채무의 채권자를 말한다.
5. "기본재산"이란 기금이 이 법의 목적을 달성하기 위하여 그 재산적 기초로서 출연 또는 그 밖의 방법으로 조성한 재산을 말한다.
6. "신용정보"란 「신용정보의 이용 및 보호에 관한 법률」 제2조제1호에 따른 신용정보를 말한다.
7. "재보증"이란 기금이 제23조의2제1항에 따른 원보증자(原保證者)가 보증(이하 "원보증"이라 한다)한 보증채무이행금액의 범위에서 이를 보전(補塡)하여 주는 것을 말한다.
8. "유동화회사보증"이란 기금이 「자산유동화에 관한 법률」에 따라 설립된 유동화전문회사(이하 "유동화회사"라 한다)가 부담하는 채무를 제23조의3제1항에 따라 보증하는 것을 말한다.
9. "보증연계투자"란 기금이 제23조의4제1항에 따라 기업에 투자하는 것을 말한다.(2020.12.29 본호개정)

제3조【우선적 보증】 ① 기금은 대통령령으로 정하는 바에 따라 담보력이 미약한 중소기업과 대통령령으로 정하는 목적에 부합하는 자금에 대하여 우선적으로 신용보증을 하여야 한다.

② 제1항에서 "중소기업"이란 「중소기업기본법」 제2조에 따른 중소기업을 말한다.

제4조【법인격 등】 ① 기금은 법인으로 한다.

② 기금은 이 법, 이 법에 따른 명령과 정관으로 정하는 바에 따라 운영한다.

제5조【본점, 지점, 출장소 및 대리점】 ① 기금은 정관으로 정하는 바에 따라 본점을 둔다.(2015.1.20 본항개정)

② 기금은 정관으로 정하는 바에 따라 필요한 곳에 지점, 출장소 및 대리점을 둘 수 있다.

제6조【기본재산의 조성】 ① 기금의 기본재산은 다음 각 호의 재원(財源)으로 조성한다.
1. 정부의 출연금
2. 금융회사등의 출연금
3. 기업의 출연금
4. 제1호부터 제3호까지 외의 자의 출연금

② 제1항제1호에 따른 정부의 출연금의 예산은 중소벤처기업부 소관으로 한다.(2017.7.26 본항개정)

③ 금융회사등은 해당 대출금에 대하여 연율(年率) 1천분의 3을 초과하지 아니하는 범위에서 총리령으로 정하는 비율(이하 "출연요율"이라 한다)에 따른 금액을 기금에 출연하여야 한다. 다만, 제2조제3호바목 및 사목에 따른 농협은행 및 수협은행의 경우에는 출연요율을 총리령으로 달리 정할 수 있다.(2018.12.31 본항개정)

④ 제3항에 따른 대출금의 범위, 출연의 방법 및 시기, 그 밖에 출연에 관하여 필요한 사항은 총리령으로 정한다.

제7조【정관】 ① 기금의 정관에는 다음 각 호의 사항이 포함되어야 한다.
1. 목적
2. 명칭
3. 본점, 지점, 출장소 및 대리점에 관한 사항
4. 기본재산에 관한 사항
5. 제10조에 따른 운영위원회에 관한 사항
6. 이사회에 관한 사항
7. 임직원에 관한 사항
8. 업무와 그 집행에 관한 사항
9. 회계에 관한 사항
10. 공고의 방법에 관한 사항
11. 정관의 변경에 관한 사항
12. 그 밖에 대통령령으로 정하는 사항

② 기금이 정관을 변경하려는 경우에는 제10조에 따른 운영위원회의 의결을 거쳐 금융위원회의 인가를 받아야 한다.

제8조【등기】 ① 기금은 대통령령으로 정하는 바에 따라 등기를 하여야 한다.

② 기금은 본점 소재지에서 설립등기를 함으로써 성립한다.

③ 제1항에 따라 등기가 필요한 사항은 그 등기를 한 후가 아니면 제3자에게 대항하지 못한다.

제9조【유사명칭의 사용금지】 이 법 또는 다른 법률에 따른 기금이 아닌 자는 신용보증기금 또는 이와 유사한 명칭을 사용하지 못한다.

제2장　운영위원회
(2011.5.19 본장개정)

제10조【운영위원회의 설치 등】 ① 기금에 운영위원회를 둔다.

② 운영위원회는 이 법, 이 법에 따른 명령과 정관으로 정하는 바에 따라 기금의 업무운영에 관한 기본방침을 수립한다.

제11조【운영위원회의 구성】 ① 운영위원회는 다음 각 호의 위원 12명으로 구성한다.
1. 기금의 이사장
2. 금융위원회 위원장이 소속 공무원 중에서 지명하는 사람 1명
3. 기획재정부장관이 소속 공무원 중에서 지명하는 사람 1명
4. 중소벤처기업부장관이 소속 공무원 중에서 지명하는 사람 1명(2017.7.26 본호개정)
5. 「한국은행법」에 따른 한국은행 총재가 소속 집행간부 중에서 지명하는 사람 1명
6. 「중소기업은행법」에 따른 중소기업은행의 은행장이 소속 임원 중에서 지명하는 사람 1명
7. 「은행법」 제2조제1항제2호에 따른 은행 중 일반국민 및 소규모기업에 대한 금융업무를 취급하는 은행으로서 금융위원회가 지정하는 은행의 장이 소속 임원 중에서 지명하는 사람 1명
8. 금융회사등의 임원 또는 집행간부 중 3명
9. 기업단체의 대표자 중 2명

② 제1항제8호 및 제9호의 위원은 금융위원회가 위촉한다. 다만, 제9호의 위원은 금융위원회가 산업통상자원부장관과 합의하여 위촉한다.(2013.3.23 단서개정)

③ 위원장은 기금의 이사장이 된다.

④ 제1항제1호 및 제5호부터 제8호까지의 위원은 해당 기관의 임원 또는 직원을 대리위원으로 지정하여 그 직무를 대행하게 할 수 있다.

제12조【위원의 임기】 제11조제1항제8호 및 제9호의 위원의 임기는 2년으로 한다. 다만, 보궐위원의 임기는 전임자 임기의 남은 기간으로 한다.

제13조【운영위원회의 운영】 운영위원회의 운영에 필요한 사항은 대통령령으로 정한다.

제3장 임원과 직원
(2011.5.19 본장개정)

제14조【임원】 기금에 임원으로서 이사장 1명, 전무이사 1명, 이사 7명 이내와 감사 1명을 둔다.

제15조【임원의 직무】 ① 이사장은 기금을 대표하고 그 업무를 총괄한다.
② 전무이사는 이사장을 보좌하고 이사장이 부득이한 사유로 직무를 수행할 수 없을 때에는 그 직무를 대행한다.
③ 이사는 이사장과 전무이사를 보좌하고, 기금의 업무를 나누어 맡는다.
④ 이사장과 전무이사가 모두 부득이한 사유로 직무를 수행할 수 없을 때에는 이사장이 미리 지정한 순위의 이사가 이사장의 직무를 대행한다.
⑤ 감사는 기금의 업무와 회계를 감사(監査)한다.

제15조의2【이사회】 ① 기금에 이사회를 둔다.
② 이사회는 이사장, 전무이사 및 이사로 구성한다.
③ 이사회는 기금의 업무에 관한 중요 사항을 의결한다.
④ 이사장은 이사회를 소집하고, 그 의장이 된다.
⑤ 이사회는 구성원 과반수의 출석으로 개의(開議)하고, 출석 구성원 과반수의 찬성으로 의결한다.
⑥ 감사는 이사회에 출석하여 의견을 진술할 수 있다.

제16조【임원의 임명】 ① 이사장과 감사는 금융위원회가 임명한다.
② 전무이사와 이사는 이사장의 제청으로 금융위원회가 임명한다.

제17조【임원의 임기】 임원의 임기는 3년으로 한다.

제18조【임원의 해임】 금융위원회는 기금의 임원이 다음 각 호의 어느 하나에 해당하는 경우에는 그 임원을 해임한다.
1. 이 법, 이 법에 따른 명령 또는 정관을 위반한 경우
2. 형사사건으로 유죄판결을 받은 경우
3. 파산선고를 받은 경우
4. 심신의 장애로 인하여 직무 수행이 곤란하게 된 경우

제19조【겸직금지 의무 등】 ① 기금의 임원은 금융위원회의 허가 없이 다른 직무에 종사하지 못한다.
② 기금의 임원·직원 및 그 직(職)에 있었던 사람은 직무상 알게 된 비밀을 누설하여서는 아니 된다.

제20조 (2011.5.19 삭제)

제21조【직원의 임면】 기금의 직원은 이사장이 임면(任免)한다.

제22조【대리인의 선임】 이사장은 전무이사·이사 또는 직원 중에서 기금의 업무에 관하여 재판상 또는 재판 외의 모든 행위를 할 권한이 있는 대리인을 선임할 수 있다.

제4장 업 무
(2011.5.19 본장개정)

제23조【업무】 ① 기금은 이 법의 목적을 달성하기 위하여 다음 각 호의 업무를 수행한다.
1. 기본재산의 관리
2. 신용보증
2의2. 보증연계투자(2013.5.28 본호신설)
2의3. 제23조의5제1항에 따른 중소·중견기업팩토링 운용
(2023.12.29 본호개정)
3. 경영지도
4. 신용조사 및 신용정보의 종합관리
5. 구상권(求償權)의 행사
6. 신용보증제도의 조사·연구
7. 제1호부터 제6호까지의 업무에 부수되는 업무로서 금융위원회의 승인을 받은 것
② 기금은 제1항의 업무 외에 재보증업무 및 유동화회사보증업무를 수행할 수 있다.

제23조의2【재보증】 ① 기금이 재보증을 하려는 경우에는 「지역신용보증재단법」에 따른 신용보증재단(이하 "원보증자"라 한다)과 계약을 체결하여야 한다.
② 제1항에 따른 계약에는 재보증 한도액, 재보증 기간, 재보증 요건 등에 관한 사항이 포함되어야 하며, 계약의 방식은 재보증계약에 따른 재보증 한도액 및 재보증 기간의 범위에서 재보증 요건을 충족하는 원보증을 재보증하는 포괄약정방식(包括約定方式)으로 한다.
③ 기금의 재보증금액은 원보증금액에 대통령령으로 정하는 비율(이하 "재보증비율"이라 한다)을 곱하여 산출한 금액으로 한다.
④ 원보증자가 대위변제(代位辨濟)한 경우에 기금이 지급하는 보전금(補塡金)은 원보증자의 대위변제금 중 구상권을 행사하여 회수하지 못한 금액에 재보증비율을 곱하여 산출한 금액으로 한다.
⑤ 원보증자가 원보증에 의한 구상권을 행사하여 대위변제금을 회수한 경우에는 회수한 금액에 재보증비율을 곱하여 산출한 금액을 기금에 반환하여야 한다.
⑥ 재보증채무의 이행청구는 원보증자의 대위변제일부터 대통령령으로 정하는 기간이 지난 후에 하여야 하며, 그 밖에 재보증채무의 이행청구에 필요한 사항은 대통령령으로 정한다.
⑦ 재보증의 운영과 관련하여 기금과 원보증자 간의 관계에 관하여 그 밖에 필요한 사항은 대통령령으로 정한다.

제23조의3【유동화회사보증 등】 ① 기금은 유동화회사가 기업의 회사채(전환사채, 신주인수권부사채를 포함한다), 대출채권 또는 대통령령으로 정하는 재산권을 유동화자산으로 하는 경우로서 다음 각 호의 어느 하나에 해당하는 경우에 부담하는 채무에 대하여 보증을 할 수 있다.
1. 유동화증권의 발행
2. 유동화회사에 대한 금융회사등의 신용공여(信用供與)
(2018.12.31 본호개정)
② 기금의 유동화회사보증 운영과 관련하여 자산보유자(「자산유동화에 관한 법률」 제2조제2호의 자를 말한다)가 같은 기업으로부터 인수할 수 있는 유동화자산의 최고한도는 대통령령으로 정한다.
③ 기금은 유동화회사보증을 받은 유동화회사로부터 「자산유동화에 관한 법률」 제10조제1항 및 제23조제1항에 따라 유동화자산의 관리 또는 그 밖의 업무를 수탁(受託)하여 수행할 수 있다.
④ 금융위원회는 기금의 효율적 운영과 적정한 위험분산을 위하여 필요하다고 인정하는 경우에는 따로 지침을 정하여 통보할 수 있다.

제23조의4【보증연계투자】 ① 기금은 신용보증관계가 성립한 기업에 대하여 다음 각 호의 어느 하나에 해당하는 방식으로 투자를 할 수 있다.
1. 주식의 인수
2. 전환사채의 인수
3. 신주인수권부사채의 인수
4. 교환사채의 인수
5. 「상법」 제287조의8 또는 제556조에 따른 지분의 인수
6. 그 밖에 제1호부터 제5호까지의 방식에 준하는 것으로서 대통령령으로 정하는 방식
(2020.12.29 본항개정)
② 기금의 보증연계투자 총액의 한도는 기금의 기본재산과 이월이익금의 합계액의 100분의 10을 초과하지 아니하는 범위에서 대통령령으로 정한다.
③ 기금이 같은 기업에 대하여 보증연계투자할 수 있는 한도는 대통령령으로 정한다.
④ 금융위원회는 기금의 효율적 운영과 적정한 위험분산을 위하여 필요한 때 따로 지침을 정하여 통보할 수 있다.
(2013.5.28 본조신설)

제23조의5【중소·중견기업팩토링 운용】 ① 정부는 다음 각 호의 어느 하나에 해당하는 자(이하 이 조에서 "중소기업자등"이라 한다)의 안정적인 자금 조달을 지원하기 위하여 중소기업자등이 물품이나 용역을 제공하고 취득한 매출채권을 상환청구권 없이 매입하여 해당 중소기업자등에게 자금을 제공하고 매출채권 만기일에 채무자로부터 대금을 회수하는 업무(이하 "중소·중견기업팩토링"이라 한다)를 신용보증기금으로 하여금 실시하게 할 수 있다.
1. 「중소기업진흥에 관한 법률」 제2조제1호가목 및 나목에 따른 중소기업자
2. 「중견기업 성장촉진 및 경쟁력 강화에 관한 특별법」 제2조제3호에 따른 중견기업자 중 매출액 등 기업규모를 고려하여 대통령령으로 정하는 중견기업자
(2023.12.29 1호~2호신설)
② 그 밖에 중소·중견기업팩토링 운용규모, 방법 및 절차 등에 필요한 사항은 대통령령으로 정한다.
(2023.12.29 본조개정)

제24조【업무방법서】 기금은 업무 수행에 필요한 다음 각 호의 사항에 관한 내용을 적은 업무방법서를 작성하여 운영위원회의 의결을 거쳐야 한다. 이를 변경하려는 때에도 또한 같다.
1. 신용보증에 관한 다음 각 목의 사항
가. 보증방법
나. 보증 제한업종
다. 보증기간
라. 보증료
마. 보증채무의 이행
2. 구상권의 행사
3. 재보증에 관한 다음 각 목의 사항
가. 재보증 방법
나. 재보증 기간
다. 재보증 제한업종
4. 유동화회사보증에 관한 다음 각 목의 사항
가. 보증 대상 채무
나. 유동화 대상 자산
다. 위험관리방안
라. 제23조의3제2항에 따라 같은 기업으로부터 인수할 수 있는 유동화자산의 최고한도
4의2. 보증연계투자에 관한 사항(2013.5.28 본호신설)
5. 그 밖에 기금의 업무 수행에 필요한 사항

제25조【보증 등의 한도】 ① 기금의 신용보증, 재보증 및 유동화회사보증의 총액한도는 기금의 기본재산과 이월이익금(移越利益金)의 합계액의 20배를 초과하지 아니하는 범위에서 대통령령으로 정한다.
② 기금이 같은 기업에 대하여 신용보증 또는 재보증을 할 수 있는 최고한도는 대통령령으로 정한다.

제26조【업무계획】 ① 기금은 사업연도마다 업무계획을 작성하여 운영위원회의 의결을 거쳐 금융위원회의 승인을 받아야 한다.
② 기금이 제1항의 승인을 받고자 할 때 그 업무계획서를 해당 연도 개시 1개월 전까지 금융위원회에 제출하여야 한다.
③ 기금이 업무계획을 변경하고자 할 때 운영위원회의 의결을 거쳐 금융위원회의 승인을 받아야 한다.
④ 기금이 업무계획을 작성하거나 변경할 때에는 제3조에 따라 우선적으로 보증하려는 내용을 구체적으로 밝혀야 한다.

제27조【조사의무】 기금이 제23조제1항제2호에 따라 신용보증(유동화회사보증을 포함한다. 이하 같다)을 할 경우 또는 같은 항 제4호에 따라 신용조사를 할 경우에는 그 경영상태, 사업전망, 신용상태 등을 공정·성실하게 조사하여야 한다.

제28조【보증관계의 성립 등】 ① 기금이 기업에 대하여 신용보증을 하기로 결정하였을 때에는 그 뜻을 그 기업과 그 기업의 채권자가 될 자에게 통지하여야 한다. 다만, 제2조제2호다목의 사채를 보증하는 경우와 유동화회사가 제23조의3제1항제1호에 따라 유동화증권을 발행함에 따라 부담하는 채무를 보증하는 경우에는 사채인수권자 또는 유동화증권 인수자에 대한 통지를 하지 아니하여도 된다.
② 신용보증관계는 제1항에 따라 통지를 받은 기업과 그 기업의 채권자 간에 주된 채권채무관계가 성립한 때에 성립한다.
③ 제1항에 따른 통지가 있는 날부터 60일 내에 주된 채권채무관계가 성립하지 아니한 경우 그 신용보증관계는 성립하지 아니한다.

판례 신용보증기금이 근보증의 보증기한을 연장하는 방법으로 종전에는 새로운 보증서를 발급하면서 그 특약사항으로 "본 보증서에 의한 보증한도는 구 보증서에 의한 보증잔액을 포함하여 운영하십 것"이라는 문구를 기재하여 왔는바, 이와 같은 방식의 새로운 보증은 기존 보증의 보증기한을 연장하는 이른바 '갱신보증'에 불과하고 새로운 보증서의 특약사항란에 기재된 문구의 취지는 신용보증기금의 보증채무 한도액이 기존 보증에 따른 주채무의 잔존액만큼 줄어든다는 것뿐만 아니라 기존의 잔존채무가 새로운 보증에 의하여도 담보된다는 의미로 해석하여야 한다.(대판 2002.12.10, 2002다56253)

제29조【보증채무의 이행】 ① 채권자는 대통령령으로 정하는 사유가 발생하였을 때에는 기금에 대하여 그 보증채무의 이행을 청구할 수 있다.
② 기금은 제1항에 따라 보증채무의 이행청구를 받았을 때에는 주채무와 대통령령으로 정하는 종속채무를 이행하여야 한다.

제30조【구상권의 행사 등】 ① 기금이 보증채무를 이행하였을 때에는 그 채권자는 지체 없이 기금이 구상권을 행사하는 데에 필요한 모든 서류를 기금에 보내고 그 구상권 행사에 적극 협조하여야 한다.
② 기금은 기금이 대위변제한 기업이 다음 각 호의 어느 하나에 해당하는 경우에는 이사회의 의결을 거쳐 그 기업에 대한 구상권 행사를 유예할 수 있다.
1. 기업의 재산이 구상권 행사에 따른 비용을 충당하고 남을 여지가 없다고 인정될 때
2. 구상권 행사를 유예함으로써 장래 기업의 채무상환 능력이 증가될 여지가 있다고 인정될 때
③ 기금은 제2항제2호에 따라 구상권 행사를 유예하였을 때에는 해당 기업에 기금의 임원 또는 직원을 파견하여 그 경영에 참여하게 할 수 있다.

제30조의2【구상채권의 매각】 기금은 구상채권의 효율적인 회수와 관리를 위하여 필요하다고 인정되는 경우에는 이사회의 의결을 거쳐 다음 각 호의 자에게 구상채권을 매각할 수 있다.
1. 「기업구조조정투자회사법」에 따른 기업구조조정투자회사
2. 「산업발전법」(법률 제9584호 산업발전법 전부개정법률로 개정되기 전의 것을 말한다) 제15조에 따라 등록된 기업구조조정조합
3. 「한국자산관리공사 설립 등에 관한 법률」에 따라 설립된 한국자산관리공사(2019.11.26 본호개정)
4. 「자산유동화에 관한 법률」에 따라 설립된 유동화전문회사
5. 그 밖에 부실채권의 매매·관리를 전문으로 하는 자로서 대통령령으로 정하는 자
(2013.5.28 본조신설)

제30조의3【연대보증채무의 감경·면제】 「채무자 회생 및 파산에 관한 법률」 제250조제2항, 제567조, 제625조제3항에도 불구하고 채권자가 기금인 경우에는 중소기업의 회생계획인가결정을 받는 시점 및 파산선고 이후 면책결정을 받는 시점에 주채무가 감경 또는 면제될 경우 연대보증채무도 동일한 비율로 감경 또는 면제한다.
(2013.5.28 본조신설)

제31조【채권자의 통지의무】 채권자 중 대통령령으로 정하는 자는 다음 각 호의 어느 하나에 해당하는 경우에는 지체 없이 그 사실을 기금에 통지하여야 한다.
1. 주된 채권채무관계가 성립하였을 때
2. 채무의 일부 또는 전부가 소멸하였을 때
3. 채무자가 기한의 이익을 상실하였을 때
4. 채무자가 채무를 이행하지 아니하였을 때
5. 그 밖에 보증채무에 영향을 미칠 우려가 있는 사유가 발생하였을 때

제31조의2【신용정보 종합관리 등의 위임규정】 신용정보의 종합관리, 신용분석 및 평가 등의 업무에 필요한 사항은 대통령령으로 정한다.

제32조【업무의 위탁】 ① 기금은 그 업무의 일부를 대통령령으로 정하는 바에 따라 금융회사등, 「한국자산관리공사 설립 등에 관한 법률」에 따른 한국자산관리공사 또는 「신용정보의 이용 및 보호에 관한 법률」에 따른 채권추심회사(이하 이 조에서 "채권추심회사"라 한다)에 위탁할 수 있다. 다만, 채권추심회사의 경우 위탁받을 수 있는 업무는 「신용정보의 이용 및 보호에 관한 법률」에 따라 허가받은 업무로 한정한다.
② 제1항에 따라 업무의 위탁을 받은 자는 그 업무에 관하여 기금을 갈음하여 재판상 또는 재판 외의 모든 행위를 할 수 있다. 다만, 채권추심회사의 경우에는 재판 외의 행위로 한정한다.
(2020.2.4 본조개정)

제33조【보증료 등】 ① 기금은 신용보증을 받은 기업으로부터 보증금액에 대하여 대통령령으로 정하는 바에 따라 신용도 등을 고려하여 보증료를 징수한다. 이 경우 신용보증을 받은 기업이 현저한 경영성과를 얻은 경우에는 대통령령으로 정하는 바에 따라 그 기업으로부터 별도의 약정에 따른 성과보증료를 받을 수 있다.
② 기금은 재보증을 받은 자로부터 재보증금액에 대하여 대통령령으로 정하는 바에 따라 재보증료를 징수한다.
③ 기금은 신용보증을 받은 기업이 보증료의 지급 기한까지 보증료를 지급하지 아니하였을 때에는 미지급 보증료에 대하여 대통령령으로 정하는 바에 따라 연체보증료를 받는다.

제33조의2【수수료】 기금은 제23조제1항제3호 · 제4호 및 제7호의 업무를 수행할 때 대통령령으로 정하는 바에 따라 수수료를 받을 수 있다.

제34조【위약금】 기금은 신용보증을 받은 기업이 기한까지 그 채무를 이행하지 아니하여 보증채무의 이행책임이 해제되지 아니한 경우에는 그 기업으로부터 보증한 채무 중 이행되지 아니한 금액에 대하여 대통령령으로 정하는 바에 따라 위약금을 징수한다.

제35조【손해금】 기금이 보증채무를 이행하였을 때에는 해당 기업으로부터 그 이행한 금액에 대하여 연율(年率) 100분의 25를 초과하지 아니하는 비율에 따른 손해금을 징수한다.

제5장 회 계
(2011.5.19 본장개정)

제36조【회계원칙】 ① 기금의 회계는 기업회계기준에 따라 회계처리하여야 한다.
② 기금의 기본재산은 자본금으로 회계처리한다.

제37조【회계연도】 기금의 회계연도는 정부의 회계연도에 따른다.

제38조【예산】 ① 기금은 사업연도마다 총수입과 총지출을 예산으로 편성하여 운영위원회의 의결을 거쳐 금융위원회의 승인을 받아야 한다.
② 기금이 제1항의 승인을 받으려면 그 예산서를 해당 연도 개시 1개월 전까지 금융위원회에 제출하여야 한다.
③ 기금이 예산을 변경하려는 경우에는 운영위원회의 의결을 거쳐 금융위원회의 승인을 받아야 한다.

제39조【결산】 기금은 회계연도마다 결산보고서, 재무상태표, 손익계산서 및 기본재산계산서를 작성하여 운영위원회의 의결을 거쳐 해당 연도경과 후 2개월 내에 금융위원회에 제출하여야 한다.(2021.4.20 본조개정)

제40조【기본재산의 운용】 ① 기금의 기본재산은 업무의 운영에 필요한 지출에 충당하고 그 여유금은 다음 각 호의 방법으로 운용한다. 다만, 제3호 및 제4호의 경우에는 금융위원회의 승인을 받아야 한다.
1. 금융회사등에 예치
2. 국채, 지방채 및 정부 · 지방자치단체 또는 금융회사등이 지급을 보증한 채권의 매입
3. 주식(출자증권을 포함한다) · 사채 및 그 밖의 유가증권의 인수 또는 매입
4. 그 밖에 이 법의 목적을 달성하기 위하여 필요한 방법

② 제1항에도 불구하고 기금은 기본재산의 일부를 「중소기업진흥에 관한 법률」에 따라 설립된 중소벤처기업진흥공단에 출연할 수 있다. 이 경우 기획재정부장관과 협의하여야 하며 금융위원회의 승인을 받아야 한다.
(2018.12.31 전단개정)

제41조【결손보전】 ① 기금의 결산에서 이익금이 생겼을 때에는 이를 전액 적립하여야 한다.
② 기금의 결산에서 손실금이 생겼을 때에는 제1항의 적립금으로 보전하고 그 적립금으로 보전하고도 부족할 때에는 정부가 이를 보전한다.

제6장 보 칙
(2011.5.19 본장개정)

제42조【감독】 금융위원회는 기금의 업무를 감독하고 감독에 필요한 명령을 할 수 있다.

제43조【보고 · 검사】 ① 금융위원회는 이 법의 목적을 달성하기 위하여 필요한 경우 기금, 기금으로부터 업무를 위탁받은 금융회사등(이하 "수탁자"라 한다) 또는 기금에 출연하는 금융회사등에 보고서의 제출을 요구하거나 소속 공무원으로 하여금 그 업무 상황이나 장부 · 서류 또는 그 밖에 필요한 물건을 검사하게 할 수 있다. 다만, 수탁자에 대하여는 그 위탁된 업무의 범위에 한정하고, 기금에 출연하는 금융회사등에 대하여는 그 출연사항에 한정한다.
② 금융위원회는 제1항에 따른 검사를 「금융위원회의 설치 등에 관한 법률」 제24조에 따른 금융감독원의 장에게 위탁할 수 있다.

제43조의2【자료제공 및 협조의 요청】 ① 기금은 국가, 지방자치단체, 「국민연금법」에 따른 국민연금공단, 「국민건강보험법」에 따른 국민건강보험공단 및 「산업재해보상보험법」에 따른 근로복지공단, 그 밖에 대통령령으로 정하는 공공단체에 제23조제1항제2호부터 제7호까지의 규정에 따른 업무를 수행하는 데에 필요한 자료의 제공을 요청할 수 있다.
② 기금의 이사장은 다음 각 호의 사항을 적은 문서로 관할 세무관서의 장 또는 지방자치단체의 장에게 과세정보(종합소득세 및 지방세 과세자료, 이와 관련된 사업자 등록자료의 구체적 항목에 한한다) 제공을 요청할 수 있다. 이 경우 과세정보 제공 요청은 제23조제1항제5호에 따른 구상권의 행사를 위하여 필요한 최소한의 범위에서 하여야 하며 다른 목적을 위하여 남용하여서는 아니 된다.
1. 납세자의 인적 사항
2. 사용 목적
(2014.1.14 본항신설)
③ 기금은 제23조제1항제4호에 따른 신용정보의 종합관리를 효율적으로 하기 위하여 기업에 협조를 요청할 수 있다.
④ 제1항부터 제3항까지에 따라 자료의 제공 또는 협조를 요청받은 자는 특별한 사유가 없으면 이에 따라야 한다.
(2014.1.14 본항개정)

제44조【배상책임】 ① 기금의 임원이 법령 또는 정관을 위반한 행위를 하거나 그 임무를 게을리한 경우에는 그 임원은 기금에 대하여 연대하여 손해를 배상할 책임을 진다.
② 기금의 신용보증업무에 종사하는 사람이 그 업무처리에 있어서 고의 또는 중대한 과실로 기금에 손해를 발생시켰을 때에는 이를 배상할 책임을 진다. 이 경우 고의로 손해를 발생시킨 경우를 제외하고는 그 책임을 경감할 수 있다.

제45조 (1995.8.4 삭제)

제46조【보증의 금지】 기금은 부당하게 채무를 면탈하여 기금의 건전성을 훼손한 기업이나 이러한 기업의 이사 또는 업무집행사원이 경영하거나 대표자로 있는 기업 등에 대하여는 제24조의 업무방법서에서 정하는 바에 따라 보증을 금지할 수 있다.(2016.3.29 본조개정)

제47조 (2001.12.31 삭제)

제48조 (2011.5.19 삭제)

제48조의2【벌칙 적용에서의 공무원 의제】 기금의 임원은 「형법」이나 그 밖의 법률에 따른 벌칙을 적용할 때에는 공무원으로 본다.(2011.5.19 본조신설)

제7장 벌 칙
(2011.5.19 본장개정)

제49조【벌칙】 ① 제19조제2항을 위반하여 비밀을 누설한 사람은 2년 이하의 징역 또는 2천만원 이하의 벌금에 처한다.(2019.11.26 본항개정)
② 제9조를 위반하여 신용보증기금 또는 이와 유사한 명칭을 사용한 자는 500만원 이하의 벌금에 처한다.

부 칙 (2013.5.28)

제1조【시행일】 이 법은 공포 후 3개월이 경과한 날부터 시행한다. 다만, 제30조의2 및 제30조의3의 개정규정은 공포한 날부터 시행한다.

제2조【연대보증채무 감경 또는 면제에 관한 적용례】 제30조의3의 개정 규정은 같은 개정규정 시행 후 최초로 회생계획인가결정 및 파산선고 이후 면책결정을 받아 주채무가 감경 또는 면제되는 연대보증채무부터 적용한다.

부 칙 (2020.2.4)

제1조【시행일】 이 법은 공포 후 6개월이 경과한 날부터 시행한다.(이하 생략)

부 칙 (2020.12.29)

이 법은 공포 후 6개월이 경과한 날부터 시행한다.

부 칙 (2021.4.20)
(2021.12.31)

이 법은 공포 후 3개월이 경과한 날부터 시행한다.

부 칙 (2023.12.29)

이 법은 2024년 1월 1일부터 시행한다.

(舊 : 기술신용보증기금법)

기술보증기금법

(1988년 12월 31일 전개법률 제4068호)

개정
1993. 3. 6법 4541호(정부조직)
1995. 8. 4법 4955호
1996.12.30법 5188호
1997. 8.28법 5374호(여신전문금융업법)
1997. 8.30법 5403호(한국주택은행법폐지법)
1998. 1.13법 5505호(금융감독)
1999. 1.29법 5701호
1999. 9. 7법 6022호(지역신용보증재단법)
2002. 8.26법 6705호
2006. 3.24법 7884호
2007. 7.23법 8541호(국민연금)
2007. 8. 3법 8635호(자본시장금융투자업)
2008. 2.29법 8852호(정부조직)
2008. 2.29법 8863호(금융위원회의설치등에관한법)
2009. 2. 6법 9456호
2009. 4. 1법 9584호(산업발전법)
2009. 4. 1법 9617호(신용정보의이용및보호에관한법)
2010. 5.17법10303호(은행법)
2011. 5.19법10683호
2012. 3.21법11409호
2013. 3.23법11690호(정부조직)
2013. 5.28법11843호
2014. 1.14법12259호
2016. 3.29법14122호
2016. 3.29법14127호(여신전문금융업법)
2017. 7.26법14839호(정부조직)
2018. 6.12법15685호
2019. 8.20법16522호
2019.11.26법16652호(자산관리)
2019.12.10법16814호
2020. 2. 4법16957호(신용정보의이용및보호에관한법)
2020. 2.11법16995호
2020.12. 8법17622호
2021. 4.20법18103호
2021.10.19법18511호
2022.10.18법19014호
2023. 1. 3법19175호

제1장 총 칙
(2011.5.19 본장개정)

제1조【목적】 이 법은 기술보증기금을 설립하여 기술보증제도를 정착 · 발전시킴으로써 신기술사업에 대한 자금의 공급을 원활하게 하고 나아가 지역균형발전 및 국민경제의 균형적 발전에 이바지함을 목적으로 한다.
(2021.10.19 본조개정)

제2조【정의】 이 법에서 사용하는 용어의 뜻은 다음과 같다.
1. "신기술사업자"란 기술을 개발하거나 이를 응용하여 사업화하는 중소기업(「중소기업기본법」 제2조에 따른 중소기업을 말한다. 이하 같다) 및 대통령령으로 정하는 기업과 「산업기술연구조합 육성법」에 따른 산업기술연구조합을 말한다.
2. "기업"이란 사업을 하는 개인 및 법인과 이들의 단체를 말한다.
3. "금융회사"란 다음 각 목의 어느 하나에 해당하는 것을 말한다.
가. 「은행법」 제2조제1항제2호에 따른 은행
나. 「한국산업은행법」에 따른 한국산업은행
다. 「중소기업은행법」에 따른 중소기업은행
라. 「한국수출입은행법」에 따른 한국수출입은행
마. 「자본시장과 금융투자업에 관한 법률」에 따른 신탁업자
바. 「농업협동조합법」 제161조의11에 따른 농협은행
(2019.8.20 본목신설)
사. 「수산업협동조합법」 제141조의4에 따른 수협은행
(2019.8.20 본목신설)
아. 기업에 자금을 융통하는 것을 업(業)으로 하는 자로서 대통령령으로 정하는 자
4. "기술보증"이란 신기술사업자가 부담하는 다음 각 목의 금전채무를 보증하는 것을 말한다.(2016.3.29 본문개정)
가. 「여신전문금융업법」에 따른 신기술사업금융업자 또는 금융회사(이하 "금융회사등"이라 한다)로부터 자금의 대출 · 급부 등을 받음으로써 금융회사등에 대하여 부담하는 금전채무(2016.3.29 본목개정)
나. 그 밖에 대통령령으로 정하는 금전채무
5. "신용보증"이란 상시 사용하는 종업원이 1천명 이하이고 총자산액이 1천억원 이하인 기업이 부담하는 다음 각 목의 금전채무를 보증(기술보증은 제외한다)하는 것을 말한다.(2016.3.29 본문개정)
가. 금융회사로부터 자금의 대출 · 급부 등을 받음으로써 금융회사에 대하여 부담하는 금전채무
나. 그 밖에 대통령령으로 정하는 금전채무
6. "재보증"이란 기술보증기금이 제28조의2제1항에 따른 원보증자(原保證者)가 보증(이하 "원보증"이라 한다)한 보증채무 이행금액의 범위에서 이를 보전(補塡)하여 주는 것을 말한다.(2016.3.29 본호개정)
7. "채권자"란 기술보증기금이 보증을 한 채무의 채권자를 말한다.(2016.3.29 본호개정)
8. "기본재산"이란 기술보증기금이 업무수행을 위하여 그 재산적 기초로서 출연 또는 그 밖의 방법으로 조성한 재산을 말한다.(2016.3.29 본호개정)
9. "유동화회사보증"이란 기술보증기금이 「자산유동화에 관한 법률」에 따라 설립된 유동화전문회사(이하 "유동화회사"라 한다)가 부담하는 금전채무를 제28조의3제1항에 따라 보증하는 것을 말한다.(2016.3.29 본호개정)
10. "보증연계투자"란 기술보증기금이 제28조의4제1항에 따라 신기술사업자에게 투자하는 것을 말한다.
(2021.10.19 본호개정)

11. "중소기업팩토링"이란 기술보증기금이 중소기업의 매출채권(물품 또는 용역을 제공하고 취득한 채권을 말한다)을 상환청구권 없이 매입하여 해당 중소기업에 자금을 제공하고, 그 매출채권의 만기일에 채무자로부터 대금을 회수하는 업무를 말한다.(2022.10.18 본호신설)

제3조 (1999.1.29 삭제)

제2장 신기술사업금융회사등

제4조~제11조 (1997.8.28 삭제)

제3장 기술보증기금
(2016.3.29 본장제목개정)

제1절 설립 등
(2011.5.19 본절개정)

제12조【기금의 설립】 ① 담보능력이 미약한 기업의 채무를 보증하게 하여 기업에 대한 자금 융통을 원활하게 하기 위하여 기술보증기금(이하 "기금"이라 한다)을 설립한다.(2016.3.29 본항개정)
② 기금은 법인으로 한다.

제13조【기본재산의 조성】 ① 기금의 기본재산은 다음 각 호의 재원(財源)으로 조성한다.
1. 금융회사등의 출연금
2. 정부의 출연금
3. 제1호 및 제2호 외의 자의 출연금
② 제1항제2호의 정부의 출연금의 예산은 중소벤처기업부 소관으로 한다.(2017.7.26 본항개정)
③ 금융회사등은 해당 융자금에 대하여 연율(年率) 1천분의 3을 초과하지 아니하는 범위에서 금융위원회와 협의하여 중소벤처기업부령으로 정하는 비율에 따른 금액을 기금에 출연하여야 한다. 다만, 제2조제3호바목 및 사목에 따른 농협은행 및 수협은행의 경우에는 그 비율을 달리 정할 수 있다.(2023.1.3 본문개정)
④ 제3항에 따른 융자금의 범위, 출연의 방법 및 시기, 그 밖에 출연에 관하여 필요한 사항은 금융위원회와 협의하여 중소벤처기업부령으로 정한다.(2017.7.26 본항개정)

제14조【본점, 지점, 출장소 및 대리점】 ① 기금은 정관으로 정하는 바에 따라 본점을 둔다.
② 기금은 정관으로 정하는 바에 따라 필요한 곳에 지점, 출장소 또는 대리점을 둘 수 있다.

제15조【정관】 ① 기금의 정관은 제17조에 따른 운영위원회(이하 "운영위원회"라 한다)의 의결을 거쳐 중소벤처기업부장관의 인가를 받아야 한다. 이를 변경할 때에도 또한 같다.(2017.7.26 본항개정)
② 기금의 정관에는 다음 각 호의 사항이 포함되어야 한다.
1. 목적
2. 명칭
3. 본점, 지점, 출장소 및 대리점에 관한 사항
4. 기본재산에 관한 사항
5. 운영위원회에 관한 사항
6. 이사회에 관한 사항
7. 임원과 직원에 관한 사항
8. 업무와 그 집행방법에 관한 사항
9. 회계에 관한 사항
10. 공고의 방법에 관한 사항
11. 정관의 변경에 관한 사항
12. 그 밖에 대통령령으로 정하는 사항

제16조【등기】 ① 기금은 본점의 소재지에서 설립등기를 함으로써 성립한다.
② 제1항에 따른 기금의 설립등기와 이전등기, 변경등기, 그 밖에 기금의 등기에 필요한 사항은 대통령령으로 정한다.
③ 제2항에 따라 등기가 필요한 사항은 그 등기를 한 후가 아니면 제3자에게 대항하지 못한다.

제2절 기관 및 임직원
(2011.5.19 본절개정)

제17조【운영위원회의 설치】 ① 기금의 업무 운영에 관한 기본 방침을 수립하기 위하여 기금에 운영위원회를 둔다.
② 운영위원회는 다음 각 호의 위원으로 구성한다.
1. 기금의 이사장
2. 중소벤처기업부장관이 소속 공무원 중에서 지명하는 사람 1명(2017.7.26 본호개정)
3. 기획재정부장관이 소속 공무원 중에서 지명하는 사람 1명
4. 금융위원회가 소속 공무원 중에서 지명하는 사람 1명(2017.7.26 본호개정)
5. 「중소기업은행법」에 따른 중소기업은행의 은행장이 소속 임원 중에서 지명하는 사람 1명
6. 일반 국민 및 소규모기업에 대한 금융업무를 취급하는 은행으로서 중소벤처기업부장관이 지정하는 은행의 장이 소속 임원 중에서 지명하는 사람 1명(2017.7.26 본호개정)
7. 금융회사등의 임원 또는 집행간부 중에서 중소벤처기업부장관이 금융위원회와 협의하여 위촉하는 사람 3명(2017.7.26 본호개정)
8. 「상공회의소법」에 따른 대한상공회의소 회장이 위촉하는 사람 1명
9. 「중소기업협동조합법」에 따른 중소기업중앙회 회장이 위촉하는 사람 1명
10. 기술 관련 전문가 중에서 중소벤처기업부장관이 과학기술정보통신부장관과 협의하여 위촉하는 사람 2명(2017.7.26 본호개정)
③ 위원장은 기금의 이사장이 된다.
④ 제2항제1호 및 제5호부터 제7호까지의 위원은 해당 기관의 임원 또는 직원을 대리위원으로 지정하여 그 직무를 대행하게 할 수 있다.
⑤ 제2항제7호부터 제10호까지의 위원의 임기는 2년으로 한다. 다만, 보궐위원의 임기는 전임자 임기의 남은 기간으로 한다.
⑥ 운영위원회의 운영 등에 필요한 사항은 대통령령으로 정한다.

제18조【이사회】 ① 기금에 이사회를 둔다.
② 이사회는 이사장, 전무이사 및 이사로 구성한다.
③ 이사회는 기금의 업무에 관한 중요 사항을 의결한다.
④ 이사장은 이사회를 소집하고, 그 의장이 된다.
⑤ 이사회는 구성원 과반수의 출석으로 개의(開議)하고, 출석 구성원 과반수의 찬성으로 의결한다.
⑥ 감사는 이사회에 출석하여 의견을 진술할 수 있다.

제19조【임원】 기금에 임원으로서 이사장 1명, 전무이사 1명, 5명 이내의 이사와 감사 1명을 둔다.

제20조【임원의 직무】 ① 이사장은 기금을 대표하고, 그 업무를 총괄한다.
② 전무이사는 이사장을 보좌하고, 이사장이 부득이한 사유로 직무를 수행할 수 없을 때에는 그 직무를 대행한다.
③ 이사는 이사장과 전무이사를 보좌하고, 정관으로 정하는 바에 따라 기금의 업무를 나누어 맡는다.
④ 이사장과 전무이사가 모두 부득이한 사유로 직무를 수행할 수 없을 때에는 이사장이 미리 지정한 순위의 이사가 이사장의 직무를 대행한다.
⑤ 감사는 기금의 업무와 회계를 감사(監査)한다.

제21조【임원의 임명】 ① 이사장과 감사는 중소벤처기업부장관이 임명한다.
② 전무이사와 이사는 이사장의 제청으로 중소벤처기업부장관이 임명한다.
(2017.7.26 본조개정)

제22조【임원의 임기】 임원의 임기는 3년으로 한다.

제23조【임원의 해임】 중소벤처기업부장관은 기금의 임원이 다음 각 호의 어느 하나에 해당하는 경우에는 해임할 수 있다.(2017.7.26 본문개정)
1. 이 법, 이 법에 따른 명령 또는 정관을 위반한 경우
2. 금고 이상의 형의 선고를 받은 경우
3. 파산선고를 받은 경우
4. 심신의 장애로 인하여 직무수행이 곤란하게 된 경우

제24조【겸직금지 의무 등】 ① 기금의 임원은 중소벤처기업부장관의 허가 없이 다른 직무에 종사하지 못한다.(2017.7.26 본항개정)
② 기금의 임원·직원 및 그 직(職)에 있었던 사람은 직무상 알게 된 비밀을 누설하여서는 아니 된다.

제25조【「형법」 적용 시의 공무원 의제】 기금의 임원은 「형법」 제129조부터 제132조까지의 규정을 적용할 때에는 공무원으로 본다.

제26조【대리인의 선임】 이사장은 전무이사·이사 또는 직원 중에서 기금의 업무에 관하여 재판상 또는 재판외의 모든 행위를 할 권한이 있는 대리인을 선임할 수 있다.

제27조【직원의 임면】 기금의 직원은 이사장이 임면(任免)한다.

제3절 업 무
(2011.5.19 본절개정)

제28조【기금의 업무】 ① 기금은 다음 각 호의 업무를 수행한다.
1. 기본재산의 관리
2. 기술보증(2016.3.29 본호개정)
3. 신용보증(2016.3.29 본호개정)
3의2. 보증연계투자(2012.3.21 본호신설)
4. 기업에 대한 경영지도 및 기술지도
4의2. 중소기업 기술보호(2020.2.11 본호신설)
4의3. 기술신탁관리(「기술의 이전 및 사업화 촉진에 관한 법률」에 따른 기술신탁관리업을 말한다)(2020.2.11 본호신설)
5. 신용조사 및 신용정보의 종합관리
6. 기술평가(해당 기술과 관련된 기술성·시장성·사업성 등을 종합적으로 평가하여 금액·등급·의견 또는 점수 등으로 표시하는 것을 말한다)
7. 구상권(求償權) 행사
8. 신용보증제도의 조사·연구
9. 중소기업팩토링(2022.10.18 본호신설)
10. 제1호부터 제3호까지, 제3호의2, 제4호, 제4호의2, 제4호의3, 제5호부터 제9호까지의 업무에 부수되는 업무로서 중소벤처기업부장관의 승인을 받은 업무(2022.10.18 본호개정)
② 기금은 제1항의 업무 외에 재보증업무 및 유동화회사보증업무를 수행할 수 있다.
③ 기금은 제1항제6호에 따른 기술평가의 객관성 및 공정성 등을 확보하기 위하여 기술평가의 기준·절차·방법·종류 등에 관한 사항을 미리 정하여야 한다.

제28조의2【재보증】 ① 기금이 재보증을 하려는 경우에는 「지역신용보증재단법」에 따른 신용보증재단(이하 "원보증자"라 한다)과 계약을 체결하여야 한다.
② 제1항에 따른 계약에는 재보증 한도액, 재보증 기간, 재보증 요건 등에 관한 사항이 포함되어야 하며, 계약의 방식은 재보증계약에 따른 재보증 한도액 및 재보증 기간의 범위에서 재보증 요건을 충족하는 원보증을 재보증하는 포괄약정방식(包括約定方式)으로 한다.
③ 기금의 재보증금액은 원보증금액에 대통령령으로 정하는 비율(이하 "재보증비율"이라 한다)을 곱하여 산출한 금액으로 한다.
④ 원보증자가 대위변제(代位辨濟)한 경우에 기금이 지급하는 보전금(補塡金)은 원보증자의 대위변제금 중 구상권을 행사하여 회수하지 못한 금액에 재보증비율을 곱하여 산출한 금액으로 한다.
⑤ 원보증자가 원보증에 의한 구상권을 행사하여 대위변제금을 회수한 경우에는 회수한 금액에 재보증비율을 곱하여 산출한 금액을 기금에 반환하여야 한다.
⑥ 재보증채무의 이행청구는 원보증자의 대위변제일부터 대통령령으로 정하는 기간이 지난 후에 하여야 하며, 그 밖에 재보증채무의 이행청구에 필요한 사항은 대통령령으로 정한다.
⑦ 재보증의 운영과 관련하여 기금과 원보증자 간의 관계에 관하여 그 밖에 필요한 사항은 대통령령으로 정한다.

제28조의3【유동화회사보증】 ① 기금은 유동화회사가 신기술사업자의 회사채(전환사채, 신주인수권부사채를 포함한다), 대출채권 또는 대통령령으로 정하는 재산권을 유동화자산으로 하는 경우로서 다음 각 호의 어느 하나에 해당하는 경우에 부담하는 채무에 대하여 보증을 할 수 있다.
1. 유동화증권의 발행
2. 유동화회사에 대한 금융회사등의 신용공여(信用供與)(2019.8.20 본호개정)
② 기금의 유동화회사보증 운영과 관련하여 자산보유자(「자산유동화에 관한 법률」 제2조제2호의 자를 말한다)가 같은 기업으로부터 인수할 수 있는 유동화자산의 최고한도는 대통령령으로 정한다.
③ 기금은 유동화회사보증을 받은 유동화회사로부터 「자산유동화에 관한 법률」 제10조제1항 및 제23조제1항에 따라 유동화자산의 관리 또는 그 밖의 업무를 수탁(受託)하여 수행할 수 있다.
④ 중소벤처기업부장관은 기금의 효율적 운영과 적정한 위험분산을 위하여 필요하다고 인정하는 경우에는 따로 지침을 정하여 통보할 수 있다.(2017.7.26 본항개정)

제28조의4【보증연계투자】 ① 기금은 기술보증 관계가 성립한 신기술사업자에 대하여 「벤처투자 촉진에 관한 법률」 제2조제1호에 따른 방식으로 투자를 할 수 있다.
(2021.10.19 본문개정)
1.~3. (2021.10.19 삭제)
② 기금의 보증연계투자 총액의 한도는 기금의 기본재산과 이월이익금(移越利益金)의 합계액의 100분의 20을 초과하지 아니하는 범위에서 대통령령으로 정한다.
(2018.6.12 본항개정)
③ 기금이 같은 기업에 대하여 보증연계투자할 수 있는 한도는 대통령령으로 정한다.
④ 중소벤처기업부장관은 기금의 효율적 운영과 적정한 위험분산을 위하여 필요한 때 따로 지침을 정하여 통보할 수 있다.(2017.7.26 본항개정)
(2012.3.21 본조신설)

제29조【업무방법서】 기금은 다음 각 호의 사항을 적은 업무방법서를 작성하여 운영위원회의 의결을 거쳐야 한다. 이를 변경하려는 경우에도 또한 같다.
1. 제28조제1항제2호 및 제3호에 따른 보증의 방법 및 기간과 제33조·제33조의2 및 제34조에 따른 보증료 등, 수수료 및 손해금에 관한 사항
2. 재보증 방법, 재보증 기간, 재보증 제한업종 등 재보증에 관한 사항
3. 유동화회사보증에 관한 다음 각 목의 사항
가. 보증 대상 채무
나. 유동화 대상 자산

다. 위험관리방안
라. 제28조의3제2항에 따라 같은 기업으로부터 인수할 수 있는 유동화자산의 최고한도
3의2. 보증연계투자에 관한 사항(2012.3.21 본호신설)
4. 보증채무 이행에 관한 사항
5. 구상권 행사에 관한 사항
6. 제28조제3항에 따른 기술평가의 기준·절차·방법·종류 등에 관한 사항
7. 중소기업팩토링에 관한 사항(2022.10.18 본호신설)
8. 그 밖에 기금의 업무수행에 필요한 사항
제30조【보증의 기준】 ① 기금은 사업전망, 경영능력 등을 공정·성실하게 조사하여 보증을 하여야 한다.
② 기금은 총보증금액의 4분의 3 이상이 기술보증이 되도록 하여야 한다.(2016.3.29 본항개정)
제31조【보증 등의 한도】 ① 기금의 보증채무부담 및 재보증 총액의 한도는 기금의 기본재산과 이월이익금의 합계액의 20배를 초과하지 아니하는 범위에서 대통령령으로 정한다.(2012.3.21 본항개정)
② 기금이 같은 기업에 대하여 보증 또는 재보증할 수 있는 보증채무의 최고한도는 대통령령으로 정한다.
③ 기금은 신기술사업자가 부담하는 채무액 중 중소벤처기업부장관이 정하는 한도의 금액에 대하여 보증할 수 있다.(2017.7.26 본항개정)
제32조【업무계획】 ① 기금은 사업연도마다 업무계획을 수립하여 운영위원회의 의결을 거쳐 중소벤처기업부장관의 승인을 받아야 한다.
② 기금이 제1항에 따른 승인을 받으려면 그 업무계획서를 해당 연도가 시작되기 1개월 전까지 중소벤처기업부장관에게 제출하여야 한다.
③ 기금이 업무계획을 변경하려는 경우에는 운영위원회의 의결을 거쳐 중소벤처기업부장관의 승인을 받아야 한다.
(2017.7.26 본조개정)
제33조【보증료 등】 ① 기금은 보증을 받은 기업으로부터 보증금액에 대하여 대통령령으로 정하는 바에 따라 신용도 등을 고려하여 보증료를 받는다. 이 경우 기술보증을 받은 신기술사업자의 해당 사업이 현저한 경영성과를 얻은 경우에는 대통령령으로 정하는 바에 따라 신기술사업자로부터 별도의 약정에 따른 성과보증료를 받을 수 있다.(2016.3.29 후단개정)
② 기금은 보증을 받은 기업이 그 기한까지 채무를 이행하지 아니하여 보증채무의 이행책임이 해제되지 아니하였을 때에는 보증한 채무 중 이행되지 아니한 금액에 대하여 그 기업으로부터 대통령령으로 정하는 바에 따라 추가보증료를 받는다.
③ 기금은 보증을 받은 기업이 보증료의 지급기한까지 보증료를 지급하지 아니하였을 때에는 미지급 보증료에 대하여 대통령령으로 정하는 바에 따라 연체보증료를 받는다.
④ 기금은 재보증을 받은 자로부터 재보증금액에 대하여 대통령령으로 정하는 바에 따라 재보증료를 징수한다.
제33조의2【수수료】 기금은 제28조제1항제4호·제4호의2·제5호·제6호·제9호 및 제10호의 업무를 수행할 때 대통령령으로 정하는 바에 따라 수수료를 받을 수 있다.
(2022.10.18 본조개정)
제34조【손해금】 기금이 보증채무를 이행하였을 때에는 해당 기업으로부터 그 이행한 금액에 대하여 연율(年率) 100분의 20을 초과하지 아니하는 범위에서 대통령령으로 정하는 바에 따라 손해금을 받는다.(2020.2.11 본조개정)
제35조【보증관계의 성립】 ① 기금은 기업에 대하여 보증을 하기로 결정하였을 때에는 그 뜻을 그 기업과 그 기업의 채권자가 될 자에게 통지하여야 한다. 다만, 유동화회사가 제28조의3제1항제1호에 따라 유동화증권을 발행함에 따라 부담하는 채무를 보증하는 경우에는 유동화증권 인수자에 대한 통지를 하지 아니하여도 된다.
② 보증관계는 제1항에 따라 통지를 받은 기업과 그의 채권자 간에 주된 채권채무관계가 성립한 때에 성립한다.
③ 제1항에 따른 통지가 있은 날부터 60일 내에 주된 채권채무관계가 성립하지 아니하면 그 보증관계는 성립하지 아니한다.
제36조【보증채무의 이행】 ① 채권자는 대통령령으로 정하는 사유가 발생하였을 때에는 기금에 대하여 그 보증채무의 이행을 청구할 수 있다.
② 기금은 제1항에 따라 보증채무의 이행청구를 받았을 때에는 주채무와 대통령령으로 정하는 종속채무를 이행하여야 한다.
제37조【구상권의 행사】 ① 기금은 보증채무를 이행하였을 때에는 구상권을 행사할 수 있다.
② 기금이 보증채무를 이행하였을 때에는 그 채권자는 기금의 구상권 행사에 필요한 모든 서류를 지체 없이 기금에 보내고 그 구상권 행사에 적극 협력하여야 한다.
③ 기금은 기금이 보증채무를 이행한 해당 기업이 다음 각 호의 어느 하나에 해당하는 경우에는 이사회의 의결을 거쳐 그 기업에 대한 구상권 행사를 유예할 수 있다.
1. 기업의 재산이 구상권 행사에 따른 비용에 충당하고 남을 여지가 없다고 인정될 때
2. 구상권 행사를 유예함으로써 장래 기업의 채무상환능력이 증가될 수 있다고 인정될 때
④ 기금은 제3항제2호에 따라 구상권 행사를 유예하였을 때에는 해당 기업에 기금의 임원 또는 직원을 파견하여 그 경영에 참여하게 할 수 있다.
제37조의2【구상채권의 매각】 기금은 구상채권의 효율적인 회수와 관리를 위하여 필요하다고 인정하는 경우에는 이사회의 의결을 거쳐 다음 각 호의 자에게 구상채권을 매각할 수 있다.
1. 「기업구조조정투자회사법」에 따른 기업구조조정투자회사
2. 「산업발전법」(법률 제9584호 산업발전법 전부개정법률로 개정되기 전의 것을 말한다) 제15조에 따라 등록된 기업구조조정조합
3. 그 밖에 부실채권의 매매·관리를 전문으로 하는 자로서 대통령령으로 정하는 자
제37조의3【연대보증채무의 감경·면제】 ① 「채무자 회생 및 파산에 관한 법률」 제250조제2항, 제567조, 제625조제3항에도 불구하고 채권자가 기금인 경우에는 중소기업의 회생계획인가결정을 받는 시점 및 파산선고 이후 면책결정을 받는 시점에 주채무가 감경 또는 면제될 경우 연대보증채무도 동일한 비율로 감경 또는 면제한다.
② 기금은 연대보증채무자의 재기 지원을 위하여 필요한 경우에는 제29조에 따른 업무방법서에서 정하는 바에 따라 연대보증채무를 감경 또는 면제할 수 있다.(2020.12.8 본항신설)
③ 제2항에 따라 채무를 감경 또는 면제받은 연대보증채무자가 아닌 다른 연대보증채무자는 「민법」 제485조에도 불구하고 기금에 면책을 주장할 수 없다.(2020.12.8 본항신설)
(2013.5.28 본조신설)
제38조【채권자의 의무】 채권자 중 대통령령으로 정하는 자는 다음 각 호의 어느 하나에 해당하는 경우에는 지체 없이 그 사실을 기금에 통지하여야 한다.
1. 주된 채권채무관계가 성립하였을 때
2. 채무의 전부 또는 일부가 소멸하였을 때
3. 채무자가 기한의 이익을 상실하였을 때
4. 채무자가 채무를 이행하지 아니하였을 때
5. 그 밖에 보증채무에 영향을 미칠 우려가 있는 사유가 발생하였을 때
제39조【보증의 금지】 기금은 부당하게 채무를 면탈하여 기금의 건전성을 훼손한 기업이나 이러한 기업의 이사 또는 업무집행사원이 경영하거나 대표자로 있는 기업 등에 대하여는 제29조의 업무방법서에서 정하는 바에 따라 보증을 금지할 수 있다.(2016.3.29 본조개정)
제40조【회계원칙】 ① 기금의 회계는 기업회계기준에 따라 회계처리하여야 한다.
② 기금의 기본재산은 자본금으로 회계처리한다.
제41조【회계연도】 기금의 회계연도는 정부의 회계연도에 따른다.
제42조【예산】 ① 기금은 사업연도마다 총수입과 총지출을 예산으로 편성하여 운영위원회의 의결을 거쳐 중소벤처기업부장관의 승인을 받아야 한다.
② 기금이 제1항에 따른 승인을 받으려면 그 예산서를 해당 연도가 시작되기 1개월 전까지 중소벤처기업부장관에게 제출하여야 한다.
③ 기금은 예산을 변경하려면 운영위원회의 의결을 거쳐 중소벤처기업부장관의 승인을 받아야 한다.
(2017.7.26 본조개정)
제43조【결산】 기금은 회계연도마다 결산보고서, 재무상태표, 손익계산서 및 기본재산계산서를 작성하여 운영위원회의 의결을 거쳐 해당 연도가 끝난 후 2개월 내에 중소벤처기업부장관에게 제출하여야 한다.(2021.4.20 본조개정)
제44조【여유금의 운용】 기금의 기본재산 중 업무의 운영에 필요한 자금 외의 여유금은 다음 각 호의 방법으로 운용한다. 다만, 제3호 및 제4호의 경우에는 중소벤처기업부장관의 승인을 받아야 한다.(2017.7.26 단서개정)
1. 금융회사에 예치
2. 국채, 지방채 및 정부·지방자치단체 또는 금융회사가 지급을 보증한 채권의 매입
3. 주식(출자증권을 포함한다)·사채 및 그 밖의 유가증권의 인수 또는 매입
4. 그 밖에 기금의 설립목적을 달성하기 위하여 필요한 방법
제45조【결손보전】 ① 기금의 결산에서 이익금이 생겼을 때에는 이를 전액 적립하여야 한다.
② 기금의 결산에서 손실금이 생겼을 때에는 제1항의 적립금으로 보전하고 그 적립금으로 보전하고도 부족할 때에는 정부가 이를 보전한다.
제45조의2【재무건전성의 유지】 기금은 재무건전성을 유지하기 위하여 노력하여야 한다.(2019.12.10 본조신설)

제4장 보 칙
(2011.5.19 본장개정)

제46조【감독】 중소벤처기업부장관은 기금의 업무를 감독하고, 감독에 필요한 명령을 할 수 있다. 다만, 경영의 건전성 확보를 위한 감독의 경우에는 중소벤처기업부장관이 금융위원회와 협의하여 감독한다.(2017.7.26 본조개정)
제47조【보고·검사】 ① 중소벤처기업부장관은 기금의 설립목적을 달성하기 위하여 필요하면 기금, 기금으로부터 업무의 위탁을 받은 금융회사(이하 이 조에서 "수탁자"라 한다) 또는 기금에 출연하는 금융회사등에 보고서의 제출을 요구하거나 소속 공무원으로 하여금 그 업무상황이나 장부·서류 또는 그 밖에 필요한 물건을 검사하게 할 수 있다. 다만, 수탁자에 대하여는 위탁받은 업무에 한정하고, 기금에 출연하는 금융회사등에 대하여는 출연에 관련된 사항에 한정한다.(2017.7.26 본문개정)
② 중소벤처기업부장관은 제1항에 따른 검사를 금융위원회에 요청할 수 있다.(2017.7.26 본항개정)
③ 제1항 및 제2항에 따라 검사를 하는 사람은 그 권한을 표시하는 증표를 지니고 이를 관계인에게 보여 주어야 한다.
제47조의2【업무의 위탁】 ① 기금은 그 업무의 일부를 대통령령으로 정하는 바에 따라 금융회사, 「한국자산관리공사 설립 등에 관한 법률」에 따른 한국자산관리공사 또는 「신용정보의 이용 및 보호에 관한 법률」에 따른 채권추심회사(이하 이 조에서 "채권추심회사"라 한다)에 위탁할 수 있다.
② 제1항에 따라 업무의 위탁을 받은 자는 그 업무에 관하여 기금을 갈음하여 재판상 또는 재판 외의 모든 행위를 할 수 있다. 다만, 채권추심회사의 경우에는 재판 외의 행위로 한정한다.
(2020.2.4 본조개정)
제48조【배상책임 등】 ① 기금의 임원이 법령 또는 정관을 위반하거나 그 임무를 게을리하여 기금에 손해를 발생시켰을 때에는 그 임원은 기금에 대하여 연대하여 손해를 배상할 책임을 진다.
② 기금의 보증업무에 종사하는 사람이 그 업무처리에 있어서 기금에 손해를 발생시켰을 때에는 그에게 고의 또는 중대한 과실이 있는 경우에만 이를 배상할 책임을 진다. 이 경우 고의로 손해를 발생시킨 경우를 제외하고는 그 책임을 경감할 수 있다.
제49조【유사명칭의 사용 금지】 이 법에 따른 기금이 아닌 자는 기술보증기금 또는 이와 유사한 명칭을 사용하지 못한다.(2016.3.29 본조개정)
제50조【자료제공의 요청 등】 ① 기금은 국가, 지방자치단체, 「국민연금법」에 따른 국민연금공단, 「국민건강보험법」에 따른 국민건강보험공단 및 「산업재해보상보험법」에 따른 근로복지공단, 그 밖에 대통령령으로 정하는 공공단체에 제28조제1항제2호, 제3호, 제3호의2, 제4호, 제4호의2, 제4호의3 및 제5호부터 제10호까지의 규정에 따른 업무를 수행하는 데에 필요한 자료의 제공을 요청할 수 있다.(2022.10.18 본항개정)
② 기금의 이사장은 다음 각 호의 사항을 적은 문서로 관할 세무관서의 장 또는 지방자치단체의 장에게 과세정보(종합소득세 및 지방세 과세자료, 이와 관련된 사업자 등록자료의 구체적 항목에 한한다) 제공을 요청할 수 있다. 이 경우 과세정보 제공 요청은 제28조제1항제7호에 따른 구상권 행사를 위하여 필요한 최소한의 범위에서 하여야 하며 다른 목적을 위하여 남용하여서는 아니 된다.
1. 납세자의 인적 사항
2. 사용 목적
(2014.1.14 본항신설)
③ 기금은 제28조제1항제5호에 따른 신용정보의 종합관리를 효율적으로 하기 위하여 기업에 협조를 요청할 수 있다.
④ 제1항부터 제3항까지에 따라 자료의 제공 또는 협조를 요청받은 자는 특별한 사유가 없으면 이에 따라야 한다.
(2014.1.14 본항개정)

제5장 벌 칙

제51조【벌칙】 제24조제2항을 위반하여 비밀을 누설한 사람은 2년 이하의 징역 또는 2천만원 이하의 벌금에 처한다.(2019.8.20 본조개정)
제52조【과태료】 ① 제49조를 위반하여 기술보증기금 또는 이와 유사한 명칭을 사용한 자에게는 1천만원 이하의 과태료를 부과한다.(2016.3.29 본항개정)
② 제1항에 따른 과태료는 대통령령으로 정하는 바에 따라 중소벤처기업부장관이 부과·징수한다.(2017.7.26 본항개정)

부 칙 (2013.5.28)

제1조【시행일】 이 법은 공포한 날부터 시행한다.

제2조【연대보증채무 감경 또는 면제에 관한 적용례】 제37조의3의 개정 규정은 이 법 시행 후 최초로 회생계획인가결정 및 파산선고 이후 면책결정을 받아 주채무가 감경 또는 면제되는 연대보증채무부터 적용한다.

부 칙 (2019.12.10)

이 법은 공포한 날부터 시행한다.

부 칙 (2020.2.4)

제1조【시행일】 이 법은 공포 후 6개월이 경과한 날부터 시행한다.(이하 생략)

부 칙 (2020.2.11)

제1조【시행일】 이 법은 공포한 날부터 시행한다. 다만, 제34조의 개정규정은 공포 후 6개월이 경과한 날부터 시행한다.

제2조【손해금에 관한 적용례】 제34조의 개정규정은 같은 개정규정 시행 후 최초로 기금이 보증채무를 이행한 경우부터 적용한다.

부 칙 (2020.12.8)

이 법은 공포 후 6개월이 경과한 날부터 시행한다.

부 칙 (2021.4.20)

이 법은 공포 후 3개월이 경과한 날부터 시행한다.

부 칙 (2021.10.19)

이 법은 공포한 날부터 시행한다.

부 칙 (2022.10.18)

이 법은 공포 후 6개월이 경과한 날부터 시행한다.

부 칙 (2023.1.3)

이 법은 공포한 날부터 시행한다.

한국주택금융공사법

(2003년 12월 31일 법 률 제7030호)

개정
2005. 1.27법 7341호
2005. 3.31법 7428호(채무자회생파산)
2005.12.31법 7837호(소득)
2006. 3.24법 7882호
2007. 1.11법 8236호
2007. 4.11법 8372호(근기)
2007. 8. 3법 8635호(자본시장금융투자업)
2008. 2.29법 8852호(정부조직)
2008. 2.29법 8863호(금융위원회의설치등에관한법)
2009. 2. 6법 9461호
2009. 4. 1법 9584호(산업발전법)
2009. 4. 1법 9617호(신용정보의이용및보호에관한법)
2010. 1.25법 9969호
2010. 3.31법 10219호(지방세기본법)
2010. 5.17법 10303호(은행법)
2011. 3.31법 10522호(농협)
2011. 4.12법 10580호(부등)
2011. 5.19법 10682호(금융부실)
2011. 7.25법 10924호(신탁)
2012. 3.21법 11412호
2013. 3.23법 11690호(정부조직)
2013. 7.30법 11983호
2014. 5.20법 12591호(상법)
2015. 1. 6법 12989호(주택도시기금법)
2015. 1.20법 13070호
2016. 1.19법 13805호(주택법)
2016. 3.29법 14134호
2016. 5.29법 14242호(수협)
2016.12.27법 14474호(지방세기본법)
2018. 2.21법 15417호
2019.11.26법 16652호(자산관리)
2020. 2. 4법 16957호(신용정보의이용및보호에관한법)
2020.12. 8법 17637호
2021. 4.20법 18131호
2021.12. 7법 18574호
2023. 7.11법 19534호

제1장 총 칙
(2010.1.25 본장제목개정)

제1조【목적】 이 법은 한국주택금융공사를 설립하여 주택저당채권 등의 유동화(流動化)와 주택금융 신용보증 및 주택담보노후연금보증 업무를 수행하게 함으로써 주택금융 등의 장기적·안정적 공급을 촉진하여 국민의 복지증진과 국민경제의 발전에 이바지함을 목적으로 한다.
(2010.1.25 본조개정)

제2조【정의】 이 법에서 사용하는 용어의 뜻은 다음과 같다.
1. "채권유동화"란 다음 각 목의 어느 하나에 해당하는 것을 말한다.
  가. 한국주택금융공사(이하 "공사"라 한다)가 금융기관으로부터 양수한 주택저당채권을 담보로 하여 주택저당채권담보부채권을 발행하고 그 소지자에게 원리금을 지급하는 행위
  나. 공사가 금융기관으로부터 양수한 주택저당채권을 기초로 주택저당증권을 발행하고 그 수익자에게 주택저당채권의 관리·운용 및 처분으로 생긴 수익을 분배하는 행위
  다. 공사가 금융기관으로부터 양수한 학자금대출채권을 기초로 학자금대출증권을 발행하고 그 수익자에게 학자금대출채권의 관리·운용 및 처분으로 생긴 수익을 분배하는 행위
2. "채권보유"란 공사가 채권유동화를 할 목적으로 금융기관으로부터 주택저당채권을 양수하여 보유하는 행위를 말한다.
3. "주택저당채권"이란 「주택법」 제2조제1호에 따른 주택(「소득세법」 제89조제1항제3호에 따른 고가주택의 기준에 해당하는 주택은 제외한다. 이하 "주택"이라 한다)에 설정된 저당권(근저당권을 포함한다. 이하 같다)에 의하여 담보된 채권으로서 다음 각 목의 어느 하나에 해당하는 대출자금에 대한 채권을 말한다.
  가. 해당 주택의 구입 또는 건축에 들어간 대출자금[주택의 구입 및 건축에 들어간 자금을 보전(補塡)하기 위한 대출자금을 포함한다]
  나. 가목의 대출자금을 상환하기 위한 대출자금
4. "주택저당채권담보부채권"이란 공사가 주택저당채권을 담보로 하여 발행하는 채권을 말한다.
5. "주택저당증권"이란 공사가 주택저당채권을 기초로 하여 발행하는 수익증권을 말한다.
6. "학자금대출채권"이란 금융기관이 「고등교육법」 제2조에 따른 학교(다른 법령에 따라 설치된 대학 또는 대학형태의 시설과 「평생교육법」 제33조에 따라 설치된 원격대학형태의 평생교육시설을 포함한다)의 학생에게 등록금과 학업을 위한 생활비 등의 용도로 대출한 자금에 대한 채권을 말한다.
7. "학자금대출증권"이란 공사가 학자금대출채권을 기초로 하여 발행하는 수익증권을 말한다.
8. "신용보증"이란 공사가 다음 각 목의 어느 하나의 경우에 발생하는 채무를 제55조에 따른 주택금융신용보증기금[제59조의2에 따른 주택담보노후연금보증계정(이하 "계정"이라 한다)은 제외한다. 이하 같다]의 부담으로 보증하는 행위를 말한다.
  가. 주택수요자(외국법에 따라 외국에 영주할 수 있는 권리를 가진 사람을 제외한 대한민국 국민만 해당한다. 이하 같다)가 주택을 건축·구입·임차(전세를 포함한다) 또는 개량하거나 이에 들어간 자금을 보전하기 위하여 금융기관으로부터 대출을 받는 경우
  나. 준주택수요자(외국법에 따라 외국에 영주할 수 있는 권리를 가진 사람을 제외한 대한민국 국민만 해당한다)가 「주택법」 제2조제4호에 따른 준주택(「소득세법」 제89조제1항제3호에 따른 고가주택의 기준에 해당하지 아니하는 준주택 중 대통령령으로 정하는 준주택에 한한다)을 주거목적으로 구입·임차(전세를 포함한다) 또는 개량하거나 이에 들어간 자금을 보전하기 위하여 금융기관으로부터 대출을 받는 경우
(2016.1.19 본목개정)
  다. 주택사업자가 주택수요자에게 분양하거나 임대할 목적으로 주택을 건설하거나 구입하기 위하여 금융기관으로부터 대출을 받는 경우
  라. 사업주가 대통령령으로 정하는 근로자에게 분양 또는 임대(무상대여를 포함한다)의 목적으로 주택을 건설하거나 구입하기 위하여 금융기관으로부터 대출을 받는 경우
  마. 그 밖에 주택금융의 원활한 공급을 위하여 필요한 경우로서 대통령령으로 정하는 경우
8의2. "주택담보노후연금보증"이란 주택소유자가 주택에 저당권 설정 또는 주택소유자와 공사가 체결하는 신탁계약(주택소유자 또는 주택소유자의 배우자를 수익자로 하되, 공사를 공동수익자로 하는 계약을 말한다)에 따른 신탁을 등기하고 금융기관으로부터 대통령령으로 정하는 연금 방식으로 노후생활자금을 대출받음으로써 부담하는 금전채무를 공사가 계정의 부담으로 보증하는 행위를 말한다. 이 경우 주택소유자 또는 주택소유자의 배우자가 대통령령으로 정하는 연령 이상이어야 하며, 그 연령은 공사의 보증을 받기 위하여 최초로 주택에 저당권 설정 등기 또는 신탁 등기를 하는 시점을 기준으로 한다.(2020.12.8 본호개정)
8의3. "주택담보노후연금채권"이란 금융기관이 주택담보노후연금보증을 받은 사람에게 대출한 자금에 대한 채권을 말한다.
9. "주택사업자"란 주택수요자에게 분양 또는 임대하는 것을 사업목적으로 주택을 건설하거나 구입하는 자로서 대통령령으로 정하는 자를 말한다.
10. "사업주"란 제8호라목에 따른 근로자와 고용계약을 체결하고 이들에게 급여를 지급하는 자로서 국가, 지방자치단체, 공공단체 및 그 밖의 사업체를 말한다.
(2013.7.30 본호개정)
11. "금융기관"이란 다음 각 목의 어느 하나에 해당하는 기금 또는 기관을 말한다.
  가. 「주택도시기금법」에 따른 주택도시기금(2015.1.6 본목개정)
  나. 「은행법」에 따라 인가를 받아 설립된 은행(같은 법 제59조에 따라 은행으로 보는 외국은행의 국내지점 또는 대리점을 포함한다)(2010.5.17 본목개정)
  다. 「한국산업은행법」에 따른 한국산업은행
  라. 「중소기업은행법」에 따른 중소기업은행
  마. 「신용협동조합법」에 따른 신용협동조합중앙회
  바. 「자본시장과 금융투자업에 관한 법률」에 따른 금융투자업자(부동산신탁업만을 운영하는 신탁업자는 제외한다) 및 증권금융회사
  사. 「보험업법」에 따른 보험회사
  아. 「상호저축은행법」에 따른 상호저축은행
  자. 「여신전문금융업법」에 따른 여신전문금융회사
  차. 「농업협동조합법」에 따른 농협은행(2011.3.31 본목개정)
  카. 「수산업협동조합법」에 따른 수협은행(2016.5.29 본목개정)
  타. 「새마을금고법」에 따른 새마을금고중앙회(2013.7.30 본목개정)
  파. 그 밖에 가목부터 타목까지의 규정에 준하는 자로서 대통령령으로 정하는 자
(2010.1.25 본조개정)

제3조【법인격】 ① 공사는 법인으로 한다.
② 공사는 이 법 및 「공공기관의 운영에 관한 법률」과 정관으로 정하는 바에 따라 운영한다.
(2010.1.25 본조개정)

제4조【사무소】 ① 공사는 정관으로 정하는 바에 따라 주된 사무소를 둔다.(2015.1.20 본항개정)
② 공사는 그 업무를 수행하기 위하여 필요한 경우에는 정관으로 정하는 바에 따라 지사 또는 출장소를 둘 수 있다.
(2010.1.25 본조개정)

제5조【자본금】 공사의 자본금은 5조원으로 하고, 정부 및 한국은행이 출자한다.(2016.3.29 본조개정)

제6조【정관】 ① 공사의 정관에는 다음 각 호의 사항이 포함되어야 한다.
1. 목적
2. 명칭
3. 주된 사무소, 지사 및 출장소에 관한 사항
4. 자본금에 관한 사항
5. 사채(社債)의 발행에 관한 사항
6. 제9조에 따른 주택금융운영위원회에 관한 사항
7. 이사회에 관한 사항
8. 임직원에 관한 사항

9. 업무와 그 집행에 관한 사항
10. 제55조에 따른 주택금융신용보증기금(이하 "기금"이라 한다)에 관한 사항
11. 계정에 관한 사항
12. 회계에 관한 사항
13. 공고의 방법에 관한 사항
14. 정관의 변경에 관한 사항
15. 그 밖에 대통령령으로 정하는 사항
② 공사는 정관을 변경하려면 제9조에 따른 주택금융운영위원회의 의결을 거쳐 금융위원회의 인가를 받아야 한다.
(2010.1.25 본조개정)

제7조【등기】 ① 공사는 대통령령으로 정하는 바에 따라 등기하여야 한다.
② 공사는 주된 사무소의 소재지에서 설립등기를 함으로써 성립한다.
③ 제1항에 따라 등기를 하여야 하는 사항은 그 등기를 한 후가 아니면 제3자에게 대항하지 못한다.
(2010.1.25 본조개정)

제8조【유사명칭의 사용 금지】 이 법에 따른 공사가 아닌 자는 한국주택금융공사 또는 이와 비슷한 명칭을 사용하지 못한다.(2010.1.25 본조개정)

제2장 주택금융운영위원회
(2010.1.25 본장개정)

제9조【설치 및 기능】 ① 공사의 업무 운영에 관한 기본방침을 수립하고 업무계획 등을 심의하기 위하여 공사에 주택금융운영위원회를 둔다.
② 주택금융운영위원회(이하 "위원회"라 한다)는 다음 각 호의 사항을 심의·의결한다.
1. 공사의 업무 운영에 관한 기본방침과 업무계획의 수립 및 변경
2. 정관의 변경
3. 예산의 편성·변경 및 결산
4. 주택저당채권의 양수기준에 관한 사항
5. 주택담보노후연금보증의 보증기준에 관한 사항
6. 기금운용계획의 수립 및 변경
7. 구상채권(求償債權)의 상각(償却)에 관한 사항
8. 그 밖에 공사 및 기금·계정의 운영에 관한 사항으로서 정관으로 정하는 사항
③ 제2항제4호에 따른 주택저당채권의 양수기준에는 다음 각 호의 사항이 포함되어야 한다.
1. 금융기관으로부터 주택을 담보로 대출받은 금액의 주택가격에 대한 비율
2. 금융기관에 담보로 제공된 주택에 대한 대통령령으로 정하는 금액 이내의 대출한도
3. 금융기관으로부터 주택을 담보로 대출을 받은 사람의 소득수준 대비 부채상환 능력
4. 금융기관으로부터 주택을 담보로 대출을 받은 사람의 보유 주택 수
5. 주택저당채권의 조기상환 수수료
6. 금융기관에 담보로 제공된 주택의 가격평가에 관한 사항
7. 그 밖에 대통령령으로 정하는 사항
④ 제2항제5호에 따른 주택담보노후연금보증의 보증기준에는 다음 각 호의 사항이 포함되어야 한다.
1. 주택담보노후연금보증을 받는 사람의 보유 주택 수
2. 주택담보노후연금대출의 한도
3. 주택담보노후연금보증을 위하여 담보로 제공된 주택의 가격평가에 관한 사항
4. 주택담보노후연금보증의 보증 금액을 결정하기 위하여 필요한 주택가격상승률, 그 밖에 대통령령으로 정하는 사항
⑤ 제4항제4호의 사항은 연 1회 이상 재산정(再算定)하여 재산정일 이후 주택담보노후연금보증을 받기로 계약을 체결하는 사람의 연금지급액을 결정하는 데에 반영하여야 한다.

제10조【구성】 ① 위원회는 위원장 1명을 포함한 6명의 위원으로 구성한다.
② 위원회의 위원은 다음 각 호의 사람이 된다.
1. 공사의 사장
2. 금융위원회가 소속 공무원 중에서 지명하는 사람 1명
3. 국토교통부장관이 소속 공무원 중에서 지명하는 사람 1명(2013.3.23 본호개정)
4. 금융기관 임원 또는 주택금융에 관한 전문지식이 풍부하다고 인정되는 사람 중에서 금융위원회가 위촉하는 사람 1명
5. 금융기관 임원 또는 주택금융에 관한 전문지식이 풍부하다고 인정되는 사람 중에서 국토교통부장관, 한국은행 총재로부터 1명씩 추천을 받아 금융위원회가 위촉하는 사람 2명(2013.3.23 본호개정)
③ 제2항제4호 및 제5호에 따른 위원의 임기는 2년으로 한다. 다만, 위원의 사임 등으로 인하여 새로 위촉된 위원의 임기는 전임위원 임기의 남은 기간으로 한다.

제11조【운영】 ① 위원회의 위원장은 공사의 사장이 된다.
② 위원장은 위원회를 대표하고, 위원회의 업무를 총괄한다.
③ 위원장이 부득이한 사유로 직무를 수행할 수 없을 때에는 위원회가 미리 정한 위원이 그 직무를 대행한다.
④ 위원회의 회의는 재적위원 과반수의 출석으로 개의하고, 출석위원 과반수의 찬성으로 의결한다.
⑤ 제1항부터 제4항까지에서 규정한 사항 외에 위원회의 운영에 필요한 사항은 대통령령으로 정한다.

제3장 임원 및 직원
(2010.1.25 본장개정)

제12조【임원】 ① 공사에 임원으로서 사장 1명, 부사장 1명, 상임이사 4명 이내 및 비상임이사 4명 이상과 감사 1명을 둔다.
② 임원에 결원이 있을 때에는 새로 임원을 임명하되, 그 임기는 임명된 날부터 계산한다.

제13조~제15조 (2010.1.25 삭제)

제16조【임원의 결격사유】 다음 각 호의 어느 하나에 해당하는 자는 공사의 임원이 될 수 없다.
1. 대한민국 국민이 아닌 사람
2. 「공공기관의 운영에 관한 법률」 제34조제1항 각 호의 어느 하나에 해당하는 사람

제17조【임원의 신분보장】 임원은 다음 각 호의 어느 하나에 해당하는 경우를 제외하고는 임기 중에 그 의사에 반하여 해임되지 아니한다.
1. 제16조 각 호의 어느 하나에 해당하게 된 경우
2. 이 법 또는 이 법에 따른 명령이나 정관을 위반한 경우
3. 심신의 장애로 직무를 수행하기가 매우 어렵게 된 경우

제18조 (2010.1.25 삭제)

제19조【대리인의 선임】 ① 사장은 부사장·이사 또는 직원 중에서 공사의 업무에 관하여 재판상 또는 재판 외의 모든 행위를 할 권한을 가지는 대리인을 선임할 수 있다.
② 제1항에 따라 재판상 대리인으로 선임될 수 있는 직원의 범위는 대통령령으로 정한다.

제20조【직원의 임면】 공사의 직원은 사장이 임면한다.

제21조【비밀누설금지】 공사의 임직원 및 그 직에 있었던 사람은 직무상 알게 된 비밀을 누설하여서는 아니 된다. 이 경우 「공익신고자 보호법」 제2조제3호에 따른 공익신고등에 해당하는 경우에는 이 법에 따른 직무상 비밀 누설 행위로 보지 아니한다.(2018.2.21 후단신설)

제4장 업 무
(2010.1.25 본장제목개정)

제22조【업무의 범위】 ① 공사는 다음 각 호의 업무를 수행한다.
1. 채권유동화
2. 채권보유
3. 다음 각 목의 증권에 대한 지급보증
가. 주택저당증권
나. 학자금대출증권
다. 「자산유동화에 관한 법률」 제3조제1항에 따른 유동화전문회사등이 주택저당채권을 유동화자산으로 하여 발행한 유동화증권
4. 금융기관에 대한 신용공여(信用供與)
5. 주택저당채권 또는 학자금대출채권에 대한 평가 및 실사(實査)
6. 기금·계정의 관리 및 운용
7. 신용보증
8. 제7호와 관련된 신용보증채무의 이행 및 구상권(求償權)의 행사
9. 주택담보노후연금보증
9의2. 제9호와 관련된 신탁(2020.12.8 본호신설)
10. 주택담보노후연금보증채무의 이행 및 구상권의 행사
11. 제43조의5에 따른 주택담보노후연금채권의 양수 및 보유와 이에 따른 주택담보노후연금의 지급
12. 제7호 및 제9호와 관련된 신용조사 및 신용정보의 종합관리
13. 주택금융에 관한 조사·연구 및 통계자료의 수집·작성과 국내외 유관기관과의 교류·협력
14. 제1호부터 제13호까지의 업무에 딸린 업무로서 금융위원회의 승인을 받은 업무
② 공사는 제1항 각 호의 업무를 수행할 때 주택가격의 변동 등을 고려하여 서민층의 주택 구입 등을 우선적으로 지원하여야 한다.
③ 공사는 위원회의 의결을 거쳐 제1항 각 호의 업무 또는 이와 비슷한 업무를 수행하는 법인에 그 자본금의 전부 또는 일부를 출자할 수 있다.
④ 제1항제9호의2에 따른 신탁에 관하여는 「자본시장과 금융투자업에 관한 법률」을 적용하지 아니한다.
(2020.12.8 본항신설)
(2010.1.25 본조개정)

제22조의2【주택저당채권의 사전 양수 약정】 공사는 금융기관이 채무자에게 대출하기 전에 금융기관으로부터 주택저당채권을 양수하기로 하는 약정을 체결할 수 있다. 이 경우 그 주택저당채권의 상환기간은 10년 이상이어야 한다.(2010.1.25 본조개정)

제23조【채권유동화계획의 등록 등】 ① 공사는 채권유동화 또는 채권보유를 하려는 경우에는 금융위원회가 정하는 서류를 갖추어 채권유동화 또는 채권보유에 관한 계획(이하 "채권유동화계획"이라 한다)을 금융위원회에 등록하여야 한다. 등록된 채권유동화계획을 변경하는 경우(대통령령으로 정하는 경미한 사항을 변경하는 경우는 제외한다)에도 또한 같다.
② 채권유동화계획에는 다음 각 호의 사항이 포함되어야 한다. 다만, 채권보유를 위하여 채권유동화계획을 등록하는 경우에는 제3호 중 평가가액(評價價額)과 제4호의 사항은 포함하지 아니한다.
1. 공사의 명칭 및 사무소의 소재지
2. 채권유동화계획의 기간
3. 주택저당채권의 명세·총액 및 평가가액
4. 발행하려는 주택저당채권담보부채권 및 주택저당증권의 종류·총액 및 발행조건
5. 주택저당채권의 관리·운용 및 처분(제32조제1항에 따라 신탁을 설정하는 경우를 포함한다)에 관한 사항
6. 제45조제1항에 따라 주택저당채권의 관리·운용 및 처분에 관한 업무를 위탁하려는 경우에는 그 위탁을 받을 채권관리자
7. 그 밖에 채권유동화계획에 관한 사항으로서 대통령령으로 정하는 사항
③ 금융위원회는 다음 각 호의 어느 하나에 해당하는 사유가 있는 경우에는 채권유동화계획의 등록을 거부하거나 그 내용의 변경을 요구할 수 있다.
1. 등록신청서류를 거짓으로 작성하거나 필요한 사항을 적지 아니한 경우
2. 채권유동화계획의 내용에 법령을 위반한 사항이 포함되어 있는 경우
④ 금융위원회는 제3항에 따라 등록을 거부하거나 채권유동화계획의 변경을 요구할 때에는 그 사유를 구체적으로 밝혀 공사에 서면으로 통보하여야 한다.
(2010.1.25 본조개정)

제24조【주택저당채권 양도등의 등록 등】 ① 공사는 채권유동화계획에 따른 주택저당채권의 양도·신탁 또는 반환(이하 "양도등"이라 한다)이 있는 때에는 지체 없이 그 사실을 금융위원회에 등록하여야 한다. 이 경우 반환에는 금융기관 또는 공사의 우선매입권 행사에 따른 반환을 포함한다.
② 공사는 제1항에 따라 주택저당채권 양도등의 등록을 하려는 경우에는 등록신청서와 주택저당채권의 양도등에 관한 계약서의 사본을 금융위원회에 제출하여야 한다.
③ 제2항에 따른 등록신청서에는 다음 각 호의 사항을 기재하여야 하며, 제1호의 사항은 전자기록이나 그 밖에 이에 준하는 방법으로 작성하여 제출하여야 한다.
1. 주택저당채권의 명세
2. 주택저당채권 양도등의 방법·일정 및 대금 지급방법
3. 채권양도의 대항요건이 갖추어져 있는지 여부
4. 주택저당채권의 양도등에 관한 계약의 취소요건
5. 주택저당채권의 양수인이 그 주택저당채권을 처분하는 경우에는 금융기관 또는 공사가 우선매입권을 가지는지 여부
6. 그 밖에 투자자를 보호하기 위하여 필요한 사항으로서 금융위원회가 정하는 사항
④ 금융위원회는 공사가 개별 주택저당채권의 등록에 관한 사실을 증명하는 서류의 발급을 요청하면 지체 없이 이를 발급하여야 한다.
⑤ 공사는 주택저당채권의 양도등에 관한 계약서, 등기필증, 등기필정보통지서 또는 등록증, 그 밖의 증명서류를 대통령령으로 정하는 바에 따라 보관·관리하여야 하며, 금융위원회 또는 해당 투자자가 열람을 요구하면 열람하게 하여야 한다.(2011.4.12 본항개정)
⑥ 제3항에 따른 등록신청서의 서식, 기재방법 및 처리절차 등에 관하여 필요한 사항은 금융위원회가 정한다.
(2010.1.25 본조개정)

제25조【양도의 방식】 주택저당채권의 양도는 채권유동화계획에 따라 다음 각 호의 방식으로 하여야 한다. 이 경우 이를 담보권의 설정으로 보지 아니한다.
1. 매매 또는 교환에 의할 것
2. 양수인이 주택저당채권에 대한 수익권 및 처분권을 가질 것. 이 경우 양수인이 그 주택저당채권을 처분할 때 양도인이 이를 우선적으로 매수할 수 있는 권리를 가지는 경우에도 수익권 및 처분권은 양수인이 가진 것으로 본다.
3. 양도인은 주택저당채권에 대한 반환청구권을 가지지 아니하고, 양수인은 주택저당채권에 대한 대가의 반환청구권을 가지지 아니할 것
4. 양수인이 양도된 자산에 관한 위험을 인수할 것. 다만, 해당 주택저당채권에 대하여 양도인이 일정 기간 그 위험을 부담하거나 하자담보책임(채권의 양도인이 채무자의 자금능력을 담보한 경우를 포함한다)을 지는 경우에는 그러하지 아니하다.
(2010.1.25 본조개정)

제26조【주택저당채권 양도등의 대항요건에 관한 특례】 ① 채권유동화계획에 따른 주택저당채권의 양도등은 양도인(위탁자를 포함한다. 이하 같다) 또는 양수인(수탁자를 포함한다. 이하 같다)이 그 사실을 채무자에게 통지하지 아니하거나 채무자가 그 양도등을 승낙하지 아니하면 채무자에게 대항하지 못한다. 다만, 양도인 또는 양수인이 채무자에게 다음 각 호의 어느 하나에 해당하는 주소로 2회 이상 내용증명우편을 발송하여 양도등의 통지를 하였으나 소재불명(所在不明) 등으로 반송된 경우에는 채무자의 주소지를 주된 보급지역으로 하는 둘

이상의 일간신문(전국을 보급지역으로 하는 일간신문이 하나 이상 포함되어야 한다)에 양도등의 사실을 공고함으로써 그 공고일에 채무자에 대한 양도등의 통지를 한 것으로 본다.
1. 등기부에 기재되어 있는 채무자의 주소(등기부에 기재되어 있는 주소가 채무자의 최후의 주소가 아닌 경우로서 양도인이나 양수인이 채무자의 최후의 주소를 알고 있는 경우에는 그 최후의 주소를 말한다)
2. 등기부에 채무자의 주소가 기재되어 있지 아니한 경우로서 양도인이나 양수인이 채무자의 최후의 주소를 알고 있는 경우에는 그 최후의 주소
② 채권유동화계획에 따라 행하는 주택저당채권의 양도등에 관하여 제24조제1항에 따른 등록을 한 경우 그 주택저당채권의 채무자 외의 제3자에 대하여는 그 등록이 있는 때에 「민법」 제450조제2항에 따른 대항요건을 갖춘 것으로 본다.
③ 제1항에 따른 통지는 양도등이 이루어지기 전에도 양도등이 이루어질 날짜를 명시하여 통지할 수 있다. 다만, 양도등이 통지한 날짜와 다른 날짜에 이루어진 경우에는 양도등이 이루어진 날짜를 명시하여 다시 통지하여야 한다.
④ 제1항에 따른 채무자의 승낙은 채권유동화계획의 등록 전에도 할 수 있다. 이 경우 채무자는 해당 주택저당채권의 양도 전에 발생한 사유로 공사에 대항할 수 있다.
(2010.1.25 본조개정)

제27조【근저당권으로 담보한 채권의 확정】 ① 채권유동화계획에 따라 양도하려는 주택저당채권에 근저당권이 설정되어 있는 경우 근저당권을 설정한 금융기관이 그 채권의 원본을 확정하여 추가로 채권을 발생시키지 아니하고 그 채권의 전부를 양도하겠다는 의사를 기재한 통지서를 채무자에게 내용증명우편으로 발송한 날의 다음 날에 그 채권은 확정된 것으로 본다. 다만, 채무자가 10일 이내에 이의를 제기한 경우에는 그러하지 아니하다.
② 금융기관과 채무자는 합의에 의하여 채권유동화계획의 등록 전에 채권유동화 또는 채권보유를 위하여 근저당권으로 담보한 채권을 확정할 수 있다.
(2010.1.25 본조개정)

제28조【저당권의 취득에 관한 특례 등】 ① 공사는 제24조제1항에 따른 등록이 있는 때에 채권유동화계획에 따라 양도 또는 신탁받은 주택저당채권을 담보하기 위하여 설정된 저당권을 취득한다.
② 제1항에 따라 취득한 저당권에 대하여 공사를 등기권리자로 하는 등기를 할 때에는 공사를 관공서로 보고 「부동산등기법」 제98조를 준용한다. 이 경우 등기원인(登記原因)을 증명하는 서면과 등기의무자의 승낙서는 제24조제4항에 따라 금융위원회가 발급하는 주택저당채권의 등록에 관한 사실을 증명하는 서류로 갈음한다.(2011.4.12 전단개정)
③ 제2항에 따라 공사가 등기하는 경우에는 대법원규칙으로 정하는 바에 따라 「부동산등기법」 제22조제3항에 따른 수수료를 100분의 50 이상 감면할 수 있다.
(2011.4.12 본항개정)
(2010.1.25 본조개정)

제29조【등록서류 등의 공시】 ① 금융위원회는 제23조 및 제24조에 따른 등록에 관한 서류를 일반인이 열람할 수 있게 하여야 한다.
② 공사는 주택저당채권의 명세와 그 현황에 관한 서류를 작성·비치(備置)하여 투자자가 열람할 수 있게 하여야 한다.
(2010.1.25 본조개정)

제30조【주택저당채권의 관리】 ① 공사는 제2조제1호에 따라 채권유동화의 대상이 된 주택저당채권(주택저당채권을 관리·운용 및 처분함에 따라 취득한 금전등의 재산권을 포함한다. 이하 이 조, 제31조제3항, 제45조제3항·제4항 및 제68조제1항제3호에서 같다)을 그 외의 자산과 구분하여 관리하여야 하며, 이를 채권유동화계획별로 구분하여 관리하여야 한다. 다만, 구분하여 관리하는 자산이 금전이면 채권유동화계획별로 그 계산을 명확하게 하는 경우 원본 및 배당수익의 대지급을 제외하고 통합하여 관리할 수 있다.
② 제1항에 따라 구분·관리되는 주택저당채권은 공사의 파산재단(破産財團)을 구성하지 아니한다.
③ 제1항에 따라 구분·관리되는 주택저당채권은 공사의 채권자가 강제집행할 수 없으며, 「채무자 회생 및 파산에 관한 법률」에 따른 보전처분 또는 중지명령의 대상이 되지 아니한다.
④ 「채무자 회생 및 파산에 관한 법률」에 따른 회생절차가 시작된 경우에는 제2항을 준용한다.
(2010.1.25 본조개정)

제31조【주택저당채권담보부채권의 발행】 ① 공사는 제30조에 따라 채권유동화계획별로 구분·관리하는 주택저당채권을 담보로 자기자본(국제결제은행의 기준에 따라 대통령령으로 정하는 기본자본과 보완자본의 합계액을 말한다. 이하 같다)의 50배를 초과하지 아니하는 범위에서 주택저당채권담보부채권을 발행할 수 있다.
② 주택저당채권담보부채권의 소지자는 다른 법률에서 정하는 경우를 제외하고는 해당 채권유동화계획에 따라 구분·관리되는 주택저당채권으로부터 제3자에 우선하여 변제받을 권리를 가진다.
③ 주택저당채권담보부채권의 소지자는 제2항에 따른 우선변제에 의하여 채권의 원리금의 전부 또는 일부를 변제받지 못한 경우에는 공사의 자산 중 제30조제1항에 따라 구분·관리되는 주택저당채권이 아닌 자산으로부터 변제받을 수 있다.
④ 제1항에 따라 발행하는 주택저당채권담보부채권은 「자본시장과 금융투자업에 관한 법률」 제4조제3항에 따른 특수채증권으로 본다.
(2010.1.25 본조개정)

제32조【주택저당증권의 발행 등】 ① 공사는 「신탁법」 제3조제1항에도 불구하고 채권유동화계획에 따라 자신을 수탁자로 하는 신탁을 설정하여 주택저당증권을 발행할 수 있다.(2011.7.25 본항개정)
② 제1항에 따른 신탁설정은 이를 금융위원회에 등록한 때부터 그 효력이 발생한다.
③ 주택저당증권은 무기명식(無記名式)으로 발행한다. 다만, 주택저당증권의 수익자가 청구하면 기명식으로 발행할 수 있다.
④ 주택저당증권의 양도나 그 밖의 권리 행사는 주택저당증권으로 하여야 한다. 다만, 기명식 주택저당증권의 경우에는 주식에 관한 「상법」 제337조·제338조·제340조 및 제358조의2를 준용한다.(2014.5.20 단서개정)
⑤ 주택저당증권을 취득하는 자는 그 주택저당증권에 관한 권리·의무를 승계한다.
⑥ 주택저당증권에는 다음 각 호의 사항을 기재하고 공사의 사장이 이에 기명날인하여야 한다.
1. 발행번호
2. 공사의 명칭
3. 발행총액 및 수익권의 형태
4. 발행의 기초가 되는 주택저당채권의 총액
5. 신탁설정의 내용
6. 그 밖에 대통령령으로 정하는 사항
⑦ 공사는 대통령령으로 정하는 바에 따라 「신탁법」 제36조에도 불구하고 채권유동화의 대상이 아닌 자산으로 공사가 발행한 주택저당증권을 취득할 수 있다.(2011.7.25 본항개정)
⑧ 공사는 신탁의 종료를 위하여 필요한 경우와 주택저당증권에 대한 지급보증 의무의 이행을 위하여 필요한 경우에는 「신탁법」 제34조에도 불구하고 신탁자산의 기초자산인 주택저당채권을 매입할 수 있다.(2011.7.25 본항개정)
⑨ 공사가 제1항에 따라 주택저당증권을 발행하는 경우 그 업무에 관하여는 「자본시장과 금융투자업에 관한 법률」 제12조에 따른 인가를 받은 것으로 본다. 이 경우 「신탁법」 제4조, 「자본시장과 금융투자업에 관한 법률」 제30조부터 제33조까지, 제38조제6항, 제105조, 제110조제1항부터 제4항까지, 제415조, 제416조, 제420조 및 제422조를 적용하지 아니한다.(2011.7.25 후단개정)
(2010.1.25 본조개정)

제33조【주택저당증권 등의 발행 예외】 공사는 다음 각 호의 어느 하나에 해당하는 경우에는 주택저당채권담보부채권 또는 주택저당증권을 발행하여서는 아니 된다.
1. 금리변동 등 경제환경의 변화로 인한 손실로 자기자본의 급격한 감소가 예상된다고 위원회가 인정하는 경우
2. 대출금의 조기상환·부실화 등 대통령령으로 정하는 사유가 발생한 경우
(2010.1.25 본조개정)

제34조【지급보증】 ① 공사는 주택저당증권·학자금대출증권 및 「자산유동화에 관한 법률」에 의한 유동화전문회사등이 주택저당채권을 유동화자산으로 하여 발행한 유동화증권에 대하여 공사의 자기자본의 50배를 초과하지 아니하는 범위안에서 지급보증을 할 수 있다.
② 공사는 제1항에도 불구하고 금융기관의 유동성 문제 등으로 인하여 주택금융 등의 안정적 공급이 곤란한 경우로서 긴급한 조치가 필요하다고 인정하는 경우에는 위원회의 심의·의결을 거쳐 금융위원회의 승인을 받아 자기자본의 70배를 초과하지 아니하는 범위에서 지급보증을 할 수 있다.(2009.2.6 본항신설)
(2007.1.11 본조개정)

제34조의2【채권유동화 등의 특례】 제34조제2항에 따라 지급보증의 범위가 확대된 경우에는 채권유동화 및 채권보유를 함에 있어서 제2조제3호에 따른 주택가액의 제한 및 대출자금의 용도의 제한과, 제9조제3항제2호 및 제4호에 따른 대출한도의 제한 및 주택보유수를 적용하지 아니한다.(2009.2.6 본조신설)

제35조【금융기관에 대한 신용공여】 ① 공사는 금융기관에 대하여 대통령령으로 정하는 바에 따라 자금의 대여 등 신용공여를 할 수 있다. 이 경우 신용공여를 받은 금융기관은 그 금액을 장기주택저당채권을 발생시키기 위한 대출목적으로 사용하여야 한다.
② 공사는 제1항에 따른 신용공여를 할 때에는 금융기관이 장기주택저당채권을 발생시키기 위한 대출에 적용할 조건을 정하여 이를 일간신문이나 정보통신망 등을 통하여 일반인에게 알려야 한다.
(2010.1.25 본조개정)

제36조【채무자에 대한 정보의 제공 및 활용】 ① 금융기관이나 공사는 「금융실명거래 및 비밀보장에 관한 법률」 제4조에도 불구하고 채권유동화계획을 수행하기 위하여 해당 주택저당채권의 채무자의 지급능력에 관한 정보를 대통령령으로 정하는 바에 따라 다음 각 호의 어느 하나에 해당하는 자에게 제공할 수 있다.
1. 주택저당채권의 양수인
2. 주택저당채권담보부채권의 투자자
3. 주택저당증권의 투자자
4. 제1호부터 제3호까지의 자에 준하는 이해관계인
② 채권유동화계획에 따른 주택저당채권의 양수인(그 업무를 위탁받은 자를 포함한다)은 주택저당채권의 채무자의 지급능력에 관한 정보를 해당 채권을 변제받기 위한 목적 외의 용도로 사용하여서는 아니 된다.
(2010.1.25 본조개정)

제37조【신용보증관계의 성립】 ① 공사가 신용보증을 하기로 결정한 때에는 그 뜻을 신용보증을 받는 자와 그 채권자가 될 자에게 각각 통지하여야 한다.
② 신용보증관계는 신용보증을 받은 자와 그 채권자 간에 주된 채권채무관계가 성립한 경우에 성립한다.
③ 제1항에 따른 통지가 있는 날부터 60일 이내에 주된 채권채무관계가 성립하지 아니한 경우에는 해당 신용보증관계는 성립하지 아니한다.
(2010.1.25 본조개정)

제38조【신용보증채무의 이행】 ① 신용보증을 받은 자의 채권자는 대통령령으로 정하는 채무불이행 사유가 발생한 때에 공사에 대하여 그 신용보증채무의 이행을 청구할 수 있다.
② 공사는 제1항의 이행청구가 있으면 주채무(主債務)와 대통령령으로 정하는 종속채무를 지체 없이 이행하여야 한다.
(2010.1.25 본조개정)

제39조【구상권의 행사 등】 ① 공사가 신용보증채무를 이행한 경우 그 채권자는 공사가 구상권을 행사하는 데에 필요한 모든 서류를 지체 없이 공사에 송부하고 그 구상권 행사에 적극 협조하여야 한다.
② 공사는 제38조에 따라 취득한 채무자에 대한 구상권의 사후관리로서 다음 각 호의 구분에 따른 조치를 할 수 있다.
1. 구상권을 보전하기 위하여 불가피한 경우 : 담보물의 취득
2. 법적 절차나 그 밖의 어떠한 방법으로도 구상권을 행사할 수 없는 경우 : 구상권의 상각(償却)
③ 공사는 제38조에 따라 신용보증채무를 이행한 경우에도 주채무자가 다음 각 호의 어느 하나에 해당하는 경우에는 그 주채무자에 대한 구상권의 행사를 유예할 수 있다.
1. 주채무자의 재산이 구상권의 행사에 따른 비용에 충당하고 나면 남을 것이 없다고 인정되는 경우
2. 주채무자에 대한 구상권의 행사를 유예함으로써 장래 주채무자의 채무상환능력이 높아질 가능성이 있다고 인정되는 경우
3. 그 밖에 구상채권의 회수(回收)를 높이기 위하여 필요한 경우로서 대통령령으로 정하는 경우
④ 공사는 구상채권의 효율적인 회수와 관리를 위하여 필요하다고 인정하는 경우에는 이사회의 의결을 거쳐 다음 각 호의 자에게 구상채권을 매각할 수 있다.
1. 「기업구조조정 투자회사법」에 따른 기업구조조정투자회사
2. 「산업발전법」(법률 제9584호 산업발전법 전부개정법률로 개정되기 전의 것을 말한다) 제15조에 따라 등록된 기업구조조정조합
3. 그 밖에 부실채권의 매매·관리를 전문으로 하는 자로서 대통령령으로 정하는 자
(2010.1.25 본조개정)

제40조【채권자의 의무】 제37조제1항에 따라 통지를 받은 채권자는 다음 각 호의 어느 하나에 해당하는 경우에는 그 사실을 공사에 지체 없이 통지하여야 한다.
1. 주된 채권채무관계가 성립한 경우
2. 주된 채무의 전부 또는 일부가 소멸한 경우
3. 채무자가 채무를 이행하지 아니한 경우
4. 채무자가 기한의 이익을 상실한 경우
5. 그 밖에 보증채무에 영향을 미칠 우려가 있는 사유가 발생한 경우
(2010.1.25 본조개정)

제41조【보증료 등】 ① 공사는 신용보증을 받는 자의 신용도와 기금의 운용 상황 등을 고려하여 신용보증을 받는 자로부터 보증금액의 연 100분의 2를 초과하지 아니하는 범위에서 대통령령으로 정하는 보증료를 받을 수 있다.
② 공사는 신용보증을 받은 자가 기한까지 그 채무를 이행하지 아니하여 보증채무의 이행책임이 해제되지 아니한 경우에는 그 신용보증을 받은 자로부터 보증한 채무 중 이행되지 아니한 금액에 대하여 대통령령으로 정하는 바에 따라 추가보증료를 받을 수 있다.
③ 공사는 신용보증을 받은 자가 보증료의 납부기한까지 보증료를 내지 아니한 경우에는 미납 보증료에 대하여 대통령령으로 정하는 바에 따라 연체보증료를 받을 수 있다.
(2010.1.25 본조개정)

제42조【손해금】 공사가 신용보증채무를 이행한 경우에는 해당 채무자로부터 그 이행한 금액에 대하여 연 100분의 20을 초과하지 아니하는 범위에서 대통령령으로 정하는 바에 따라 손해금을 징수한다.(2010.1.25 본조개정)

제43조【신용보증의 한도】① 기금의 신용보증 총액은 다음 각 호의 금액을 합산한 금액의 40배를 초과하지 아니하는 범위에서 대통령령으로 정하는 금액을 한도로 한다.
1. 기본재산(제56조제1항제1호 및 제2호의 합계액을 말한다)
2. 기금의 적립금
② 동일인 또는 동일기업에 대한 신용보증의 한도는 대통령령으로 정한다.
(2010.1.25 본조개정)
제43조의2【주택담보노후연금보증 관계의 성립 등】
① 공사는 주택담보노후연금보증을 받으려는 사람에게 주택담보노후연금보증과 관련하여 다음 각 호의 사항을 설명하여야 한다.
1. 주택담보노후연금으로 지급될 금액, 변제시기 및 변제방법에 관한 사항
2. 소유주택에 대한 저당권 설정 또는 신탁 등기에 관한 사항(2020.12.8 본호개정)
3. 제43조의4에 따른 주택담보노후연금채권 등의 행사 범위에 관한 사항
4. 제43조의7에 따른 저당권 설정 등의 제한에 관한 사항
5. 제43조의8에 따른 주택담보노후연금보증료에 관한 사항
② 공사는 주택담보노후연금보증을 위하여 주택담보노후연금보증을 받는 사람이 담보로 제공하는 주택에 저당권자를 공사로 하는 등기를 하거나 공동수익자를 공사로 하는 신탁 등기를 할 수 있다.(2020.12.8 본항개정)
③ 공사는 주택담보노후연금보증을 하기로 결정한 때에는 그 뜻을 주택담보노후연금보증을 받는 사람과 그 채권자가 될 자에게 각각 통지하여야 한다.
④ 주택담보노후연금보증관계는 주택담보노후연금보증을 받은 사람과 그 채권자 간에 주된 채권채무관계가 성립한 경우에 성립한다.
⑤ 제3항에 따른 통지가 있는 날부터 60일 이내에 주된 채권채무관계가 성립하지 아니한 경우에는 해당 주택담보노후연금보증관계는 성립하지 아니한다.
(2010.1.25 본조개정)
제43조의3【주택담보노후연금보증채무의 이행】① 금융기관은 주택담보노후연금보증을 받은 사람의 사망 및 대통령령으로 정하는 배우자의 사망 등 대통령령으로 정하는 사유가 발생한 경우에는 공사에 대하여 주택담보노후연금보증채무의 이행을 청구할 수 있다.
② 공사는 제1항에 따른 이행청구가 있을 때에는 주채무와 대통령령으로 정하는 종속채무를 지체 없이 이행하여야 한다.
(2010.1.25 본조개정)
제43조의4【주택담보노후연금채권 등의 행사 범위】① 주택담보노후연금채권 및 공사의 주택담보노후연금보증채무 이행으로 인한 구상권은 주택담보노후연금채권을 담보한 대상주택(이하 "담보주택"이라 한다)에 대하여만 행사할 수 있다.
② 제1항에도 불구하고 저당권 또는 신탁 수익권에 우선하는 다음 각 호의 어느 하나에 해당하는 사유로 공사와 금융기관이 담보주택에서 회수하지 못하는 금액에 대하여는 채무자의 다른 재산에 대하여도 주택담보노후연금채권 및 구상권을 행사할 수 있다.(2020.12.8 본문개정)
1. 「국세기본법」 제35조제1항 및 「지방세기본법」 제71조제1항에 따른 조세채권(2016.12.27 본호개정)
2. 「근로기준법」 제38조제2항 및 「근로자퇴직급여 보장법」 제11조제2항에 따른 임금, 재해보상금 및 퇴직금 채권
3. 주택담보노후연금보증을 받은 사람의 사망 등 계약해지 사유가 발생한 후에 지급된 주택담보노후연금 지급액
4. 주택담보노후연금보증을 받은 사람의 고의 또는 중과실에 의하여 담보주택이 훼손되어 회수하지 못하는 금액
③ 저당권의 실행방법 및 신탁 수익권의 행사방법에 대하여는 대통령령으로 정한다.(2020.12.8 본항개정)
④ 제1항부터 제3항까지의 규정에도 불구하고 공사는 신탁계약에서 정하는 바에 따라 담보주택을 계정의 부담으로 취득할 수 있다.(2020.12.8 본항신설)
(2010.1.25 본조개정)
제43조의5【주택담보노후연금채권의 양수 등】① 공사는 이미 지급된 주택담보노후연금대출의 원리금이 담보주택의 가격을 초과하는 등 대통령령으로 정하는 사유에 해당하는 주택담보노후연금채권을 계정의 부담으로 양수하여 보유할 수 있다.
② 공사는 제1항에 따라 주택담보노후연금채권을 양수하는 경우에는 금융기관이 주택담보노후연금보증을 받은 사람에 대하여 가지는 권리·의무를 승계한다.
(2010.1.25 본조개정)
제43조의6【주택담보노후연금보증을 받은 자의 보호】
① 주택담보노후연금을 받을 권리는 양도·압류하거나 담보로 제공할 수 없다.
② 주택담보노후연금보증을 받은 사람과 그 배우자의 제2조제8호의2에 따른 신탁 수익권은 양도·압류·가압류·가처분하거나 담보로 제공할 수 없다.(2020.12.8 본항신설)
③ 제43조의13제1항에 따라 지정된 주택연금전용계좌의 예금에 관한 채권은 압류할 수 없다.(2020.12.8 본항신설)
(2007.1.11 본조신설)

제43조의7【저당권 설정 등의 제한】① 주택담보노후연금보증을 받은 사람은 담보주택에 대하여 채권 확보에 지장이 없는 경우로서 대통령령으로 정하는 경우를 제외하고는 다음 각 호의 행위를 하여서는 아니 된다.
1. 담보주택에 저당권 또는 가등기담보권 등 담보물권을 설정하는 행위
2. 담보주택에 전세권을 설정하는 행위
3. 담보주택을 임대하는 행위
② 주택담보노후연금보증을 받은 사람은 공사의 동의 없이는 제한물권을 설정하거나 압류·가압류·가처분 및 임대차 등의 목적물이 될 수 없는 재산임을 담보주택의 소유권등기에 부기등기(附記登記)하여야 한다. 이 경우 부기등기의 시기·내용 및 말소에 관한 사항은 대통령령으로 정한다.
③ 제2항에 따른 부기등기일 이후에 담보주택에 제한물권이 설정된 경우 또는 담보주택이 압류·가압류·가처분·임대차 등의 목적물로 된 경우에는 그 효력을 무효로 한다.
④ 제2항에도 불구하고 제22조제1항제9호의2의 업무를 수행하는 경우에는 소유권등기에 부기등기하지 아니할 수 있다.(2020.12.8 본항신설)
(2010.1.25 본조개정)
제43조의8【주택담보노후연금보증료 등】① 공사는 주택담보노후연금보증계약을 체결하는 경우에는 주택담보노후연금보증을 받은 사람으로부터 담보주택 가격에 100분의 2를 초과하지 아니하는 범위에서 대통령령으로 정하는 요율을 곱하여 산출한 초기보증료를 받을 수 있다.
② 공사는 계정의 운용 상황 등을 고려하여 주택담보노후연금보증을 받은 사람으로부터 보증금액에 연 100분의 2를 초과하지 아니하는 범위에서 대통령령으로 정하는 요율을 곱하여 산출한 보증료를 받을 수 있다.
③ 제1항 및 제2항에 따른 초기보증료 및 보증료는 금융기관이 주택담보노후연금보증을 받은 사람의 부담으로 대통령령으로 정하는 바에 따라 공사에 납부하여야 한다.
(2010.1.25 본조개정)
제43조의9【주택담보노후연금보증의 총액한도】계정의 주택담보노후연금보증 총액은 다음 각 호의 금액을 합산한 금액의 40배를 초과하지 아니하는 범위에서 대통령령으로 정하는 금액을 한도로 한다.
1. 기본재산(제59조의3제1항제1호부터 제3호까지의 출연금 합계액을 말한다)
2. 계정의 적립금
(2010.1.25 본조개정)
제43조의10【규정의 준용】주택담보노후연금보증 업무에 관하여는 제39조·제40조 및 제42조를 준용한다. 이 경우 "신용보증채무"는 "주택담보노후연금보증채무"로 본다.(2010.1.25 본조개정)
제43조의11【주택담보노후연금보증 대상주택에 대한 특례】① 제2조제8호의2·제9조제4항·제43조의2·제43조의4·제43조의5·제43조의7 및 제43조의8에 따른 주택은 다음 각 호의 주택 또는 시설 등으로서 「부동산 가격공시에 관한 법률」에 따라 공시 또는 고시되는 가격(해당 가격이 없는 경우에는 위원회가 정한 제9조제4항제3호의 보증기준에 따른 가격을 말한다)이 대통령령으로 정하는 가격을 초과하지 아니하는 주택 또는 시설 등을 포함한다.(2023.7.11 본문개정)
1. 「노인복지법」 제32조제1항제3호에 따른 노인복지주택 중 분양된 노인복지주택
2. 「소득세법」 제89조제1항제3호에 따른 고가주택의 기준에 해당하는 주택
3. 「주택법」 제2조제4호에 따른 준주택 중 주거목적으로 사용되는 오피스텔
② 공사가 「소득세법」 제89조제1항제3호에 따른 고가주택의 기준에 해당하는 제1항 각 호의 주택 또는 시설 등에 대하여 주택담보노후연금보증을 하려는 경우 연금지급액을 결정할 때에는 「소득세법」 제89조제1항제3호에 따른 고가주택의 기준가액을 해당 담보주택의 가격으로 본다.
(2020.12.8 본조개정)
제43조의12【신탁 설정에 대한 특례】공사가 제22조제1항제9호의2의 업무를 수행하기 위하여 신탁을 설정하거나 해지하는 경우에는 「부동산등기 특별조치법」 제3조를 적용하지 아니한다.(2020.12.8 본조신설)
제43조의13【주택연금전용계좌】① 금융기관은 이 법에 따른 주택담보노후연금으로 지급되는 현금을 받는 자의 신청이 있는 경우에는 지급받는 자 명의의 지정된 계좌(이하 "주택연금전용계좌"라 한다)로 「민사집행법」 제195조제3호에서 정하는 금액 이하의 주택담보노후연금을 입금하여야 한다. 다만, 정보통신장애나 그 밖에 대통령령으로 정하는 불가피한 사유로 주택연금전용계좌로 이체할 수 없을 때에는 직접 현금으로 지급하는 등 대통령령으로 정하는 바에 따라 주택담보노후연금을 지급할 수 있다.
② 주택연금전용계좌가 개설된 금융기관은 주택담보노후연금만이 주택연금전용계좌에 입금되도록 관리하여야 한다.
③ 제1항에 따른 신청 방법·절차와 제2항에 따른 주택연금전용계좌의 관리에 필요한 사항은 대통령령으로 정한다.
(2020.12.8 본조신설)

제44조【금융위원회의 업무위탁】금융위원회는 대통령령으로 정하는 바에 따라 이 법에 따른 업무의 전부 또는 일부를 금융감독원장에게 위탁할 수 있다.
(2010.1.25 본조개정)
제45조【공사의 업무위탁】① 공사는 주택저당채권의 관리·운용 및 처분에 관한 업무를 채권관리위탁계약에 의하여 다음 각 호의 어느 하나에 해당하는 자(이하 "채권관리자"라 한다)에게 위탁할 수 있다. 이 경우 위탁을 받은 금융기관은 「신용정보의 이용 및 보호에 관한 법률」 제4조제1항에도 불구하고 위탁받은 업무의 범위에서 같은 법 제2조제10호에 따른 채권추심업 및 같은 법 제11조의2에 따른 채권추심회사의 부수업무를 수행할 수 있다.
(2020.2.4 후단개정)
1. 금융기관
2. 「한국자산관리공사 설립 등에 관한 법률」에 따른 한국자산관리공사(2019.11.26 본호개정)
3. 「신용정보의 이용 및 보호에 관한 법률」에 따라 허가를 받은 채권추심회사(이하 "채권추심회사"라 한다)
(2020.2.4 본호개정)
② 공사는 채권관리위탁계약을 해지한 경우 이로 인하여 채권관리자의 변제수령 권한이 소멸되었음을 이유로 하여 주택저당채권의 채무자에게 대항할 수 없다. 다만, 채무자가 채권관리자의 변제수령 권한이 소멸되었음을 알았거나 알 수 있었을 경우에는 그러하지 아니하다.
③ 채권관리자는 제1항에 따라 위탁을 받아 관리하는 주택저당채권을 그의 고유재산과 구분하여 관리하여야 하며, 그 주택저당채권의 관리에 관한 장부를 따로 작성하여 비치하여야 한다.
④ 채권관리자가 파산하는 경우 제1항에 따라 위탁을 받아 관리하는 주택저당채권은 채권관리자의 파산재단을 구성하지 아니하며, 공사는 그 채권관리자 또는 파산관재인에 대하여 주택저당채권의 인도를 청구할 수 있다.
⑤ 「채무자 회생 및 파산에 관한 법률」에 따른 회생절차가 시작된 경우에는 제4항을 준용한다.
⑥ 채권관리자가 제1항에 따라 위탁을 받아 관리하는 주택저당채권은 채권관리자의 채권자가 이를 강제집행할 수 없으며, 「채무자 회생 및 파산에 관한 법률」에 따른 보전처분 또는 중지명령의 대상이 되지 아니한다.
⑦ 공사는 제22조제1항제7호부터 제12호까지의 업무 및 그에 딸린 업무로서 금융위원회의 승인을 받은 업무의 일부를 대통령령으로 정하는 바에 따라 제1항 각 호의 어느 하나에 해당하는 자에게 위탁할 수 있다.
⑧ 제1항이나 제7항에 따라 업무의 위탁을 받은 자는 그 업무에 관하여 공사를 갈음하여 재판상 또는 재판 외의 모든 행위를 할 수 있다. 다만, 채권추심회사의 경우에는 재판 외의 행위만을 할 수 있다.(2020.2.4 단서개정)
(2010.1.25 본조개정)
제46조【학자금대출증권의 발행】① 공사는 학자금대출증권을 발행할 수 있다.
② 공사가 발행하는 학자금대출증권에 관하여는 제23조부터 제26조까지, 제29조, 제30조, 제32조, 제36조, 제44조 및 제45조를 준용한다. 이 경우 "주택저당채권"은 "학자금대출채권"으로, "주택저당증권"은 "학자금대출증권"으로 본다.
(2010.1.25 본조개정)

제5장 재무 및 회계

제47조【회계연도】공사의 회계연도는 정부의 회계연도에 따른다.
제48조【업무계획·예산 및 결산】① 공사의 업무계획 및 예산은 매 회계연도가 시작되기 전까지 위원회의 의결을 거쳐 금융위원회의 승인을 받아야 하며, 이를 변경하는 경우에도 또한 같다.
② 공사는 매 회계연도 경과 후 3개월 이내에 공사에 관한 결산서·재무상태표 및 손익계산서를 작성하여 위원회의 의결을 거쳐 금융위원회에 제출하여야 한다.
(2021.4.20 본항개정)
(2010.1.25 본조개정)
제49조【회계처리의 구분】공사의 회계, 기금의 회계 및 계정의 회계는 각각 구분하여 회계처리하여야 한다.
(2010.1.25 본조개정)
제50조【이익금의 처리】① 공사의 결산에서 이익금이 생긴 경우에는 다음 각 호의 순서에 따라 처리하여야 한다.
1. 자본의 총액이 될 때까지 이익금의 100분의 20을 적립한다.
2. 대통령령으로 정하는 바에 따라 기획재정부장관의 승인을 받아 출자자에게 이익금을 배당한다.
3. 제1호에 따른 적립금 및 제2호에 따른 배당금을 뺀 나머지 이익금은 위원회의 의결을 거쳐 금융위원회의 승인을 받아 처리한다.
② 기획재정부장관이 제1항제2호에 따른 승인을 할 때에는 공사의 경영 건전성과 채권유동화, 신용보증 등의 업무 수행에 미치는 영향을 고려하여 배당의 적정성 여부에 대하여 미리 금융위원회와 협의하여야 한다.
(2010.1.25 본조개정)

제51조【손실금의 보전】 공사의 결산에서 손실금이 생긴 경우에는 제50조제1호에 따라 적립한 금액으로 보전하고, 적립금이 부족할 때에는 정부가 보전한다.
(2010.1.25 본조개정)

제52조【사채등의 발행】 ① 공사는 이사회의 의결을 거쳐 자기자본의 10배의 범위에서 사채 또는 「자본시장과 금융투자업에 관한 법률」 제4조제3항에 따른 기업어음증권(이하 이 항에서 "사채등"이라 한다)을 발행할 수 있다. 이 경우 주택저당채권담보부채권의 발행총액은 사채등의 발행액에 포함되지 아니한다.
② 사채의 상환청구권은 원금의 경우 5년간, 이자의 경우 2년간 행사하지 아니하면 소멸시효가 완성된다.
(2010.1.25 본조개정)

제53조【자금의 차입】 공사는 업무 수행에 필요한 자금을 다음 각 호의 방법으로 차입할 수 있다.
1. 정부로부터의 차입
2. 금융기관 또는 국제금융기구로부터의 차입
(2010.1.25 본조개정)

제54조【여유자금의 운용】 공사의 여유자금은 다음 각 호의 방법으로 운용한다. 다만, 제3호 및 제4호의 경우에는 금융위원회의 승인을 받아야 한다.
1. 금융기관에의 예치(預置)
2. 국채·지방채의 매입과 정부·지방자치단체 또는 금융기관이 지급을 보증한 채권의 매입
3. 주식(출자증권을 포함한다)·사채 및 그 밖의 유가증권의 인수·매입
4. 그 밖에 이 법의 목적을 달성하기 위하여 필요한 방법
(2010.1.25 본조개정)

제6장 주택금융신용보증기금
(2010.1.25 본장개정)

제55조【주택금융신용보증기금의 설치】 신용보증을 통한 주택금융의 활성화를 위하여 공사에 주택금융신용보증기금을 설치한다.

제56조【기금의 조성】 ① 기금은 다음 각 호의 재원으로 조성한다.
1. 정부의 출연금
2. 금융기관의 출연금
3. 정부 및 금융기관 외의 자의 출연금
4. 보증료 수입금
5. 구상권 행사에 따른 수입금
6. 기금의 운용수익금
7. 금융기관 또는 정부가 관리·운용하는 기금으로부터의 차입금
8. 그 밖에 기금의 조성을 위하여 대통령령으로 정하는 자금
② 정부는 회계연도마다 예산의 범위에서 일정한 금액을 기금에 출연할 수 있다.
③ 제2조제11호가목부터 마목까지 및 차목부터 타목까지의 금융기관은 그 대출금에 연 1천분의 3을 초과하지 아니하는 범위에서 총리령으로 정하는 요율을 곱한 금액을 기금에 출연하여야 한다.(2012.3.21 본항개정)
④ 제3항에 따른 대출금의 범위, 출연의 방법과 시기, 그 밖에 출연에 관하여 필요한 사항은 총리령으로 정한다.

제57조【기금의 용도】 기금은 다음 각 호의 어느 하나에 해당하는 용도에 사용한다.
1. 신용보증채무의 이행
2. 차입금의 원리금 상환
3. 기금의 조성·운용 및 관리를 위한 경비
4. 기금의 육성을 위한 연구·개발
5. 그 밖에 기금의 설치목적을 달성하기 위하여 필요한 경우로서 대통령령으로 정하는 용도

제58조【기금의 관리·운용】 ① 기금은 공사가 관리·운용한다.
② 기금은 다음 각 호의 방법으로 운용한다.
1. 제2조제11호나목부터 라목까지 및 바목·차목·카목에 규정된 금융기관에의 예치
2. 그 밖에 기금의 설치목적을 달성하기 위하여 필요한 방법으로서 대통령령으로 정하는 방법

제59조【기금의 회계 및 결산】 ① 기금(계정을 포함한다. 이하 이 조에서 같다)의 회계연도는 정부의 회계연도에 따른다.
② 공사는 회계연도마다 기금의 총수입과 총지출에 관한 기금운용계획안을 작성하여 회계연도가 시작되기 전까지 금융위원회의 승인을 받아야 하며, 이를 변경하는 경우에도 또한 같다.
③ 공사는 매 회계연도 경과 후 3개월 이내에 기금에 관한 결산서·재무상태표 및 손익계산서를 작성하여 금융위원회에 제출하여야 한다.(2021.4.20 본항개정)
④ 기금의 결산에서 이익금이 생긴 경우에는 이를 전액 적립하여야 한다.
⑤ 기금의 결산에서 손실금이 생긴 경우에는 제4항에 따라 적립한 금액으로 보전하고 그 적립금으로도 부족할 때에는 정부가 보전한다.

제6장의2 주택담보노후연금보증 계정
(2010.1.25 본장개정)

제59조의2【주택담보노후연금보증 계정의 설치】 주택담보노후연금보증을 통한 노후생활자금을 원활하게 공급하기 위하여 기금에 주택담보노후연금보증 계정을 설치한다.

제59조의3【계정의 조성】 ① 계정은 다음 각 호의 재원으로 조성한다.
1. 정부의 출연금
2. 금융기관의 출연금
3. 정부 및 금융기관 외의 자의 출연금
4. 보증료 수입금
5. 구상권 행사에 따른 수입금
6. 계정 수입금의 운용수익금
7. 금융기관 또는 정부가 관리·운용하는 기금으로부터의 차입금
8. 그 밖에 계정의 조성을 위하여 대통령령으로 정하는 자금
② 정부는 회계연도마다 예산의 범위에서 일정한 금액을 계정에 출연할 수 있다.
③ 금융기관은 그 대출금에 연 1천분의 3을 초과하지 아니하는 범위에서 총리령으로 정하는 요율을 곱한 금액을 계정에 출연하여야 한다.
④ 제3항에 따른 대출금의 범위, 출연의 방법과 시기, 그 밖에 출연에 관하여 필요한 사항은 총리령으로 정한다.

제59조의4【계정의 용도】 계정은 다음 각 호의 용도에 사용한다.
1. 주택담보노후연금보증채무의 이행
2. 차입금의 원리금 상환
2의2. 제43조의4제4항에 따른 담보주택의 취득(2020.12.8 본호신설)
3. 제43조의5에 따른 주택담보노후연금채권의 양수 및 주택담보노후연금의 지급
4. 계정의 조성·운용 및 관리를 위한 경비
5. 주택담보노후연금제도의 발전을 위한 연구·개발
6. 그 밖에 계정의 설치목적을 달성하기 위하여 필요한 경우로서 대통령령으로 정하는 용도

제59조의5【기금규정의 준용】 계정의 관리·운용에 관하여는 제58조를 준용한다. 이 경우 "기금"은 "계정"으로 본다.

제7장 보 칙
(2010.1.25 본장개정)

제60조【감독】 ① 금융위원회는 대통령령으로 정하는 바에 따라 경영의 건전성 확보를 위하여 다음 각 호의 업무를 감독하고, 이에 필요한 명령을 할 수 있다.
1. 예산 및 결산
2. 업무계획의 수립 및 변경
3. 여유자금의 운용
4. 기금운용계획의 수립 및 변경
5. 기금의 결산
6. 제22조제1항제1호부터 제9호까지, 제9호의2 및 제10호부터 제13호까지의 업무(2020.12.8 본호개정)
7. 제6호의 업무에 딸린 업무로서 금융위원회의 승인을 받은 업무
② 국토교통부장관은 금융위원회에 대하여 공사의 감독상 필요한 요청을 할 수 있다.(2013.3.23 본항개정)
③ 금융위원회는 공사가 제1항에 따른 명령을 위반하여 공사의 건전한 경영을 해칠 우려가 있다고 인정되는 경우에는 다음 각 호의 어느 하나에 해당하는 조치를 할 수 있다.
1. 해당 위반행위의 시정명령
2. 6개월 이내의 영업의 일부 정지
3. 해당 위반행위의 중지 및 경고 등
④ 금융위원회는 공사의 임원이 제1항에 따른 명령을 고의로 위반하거나 공사의 건전한 경영을 크게 해치는 행위를 하는 경우에는 그 임원의 업무 집행의 정지, 해임 및 경고 등 적절한 조치를 할 수 있다.
⑤ 금융위원회는 공사의 직원이 제1항에 따른 명령을 고의로 위반하거나 공사의 건전한 경영을 크게 해치는 행위를 하는 경우에는 공사의 사장에게 면직·정직·감봉·견책 등 적절한 문책처분을 할 것을 요구할 수 있다.
⑥ 금융위원회는 퇴사한 공사의 임직원이 재임 중이거나 재직 중이었더라면 제4항 또는 제5항에 따른 조치를 받았을 것으로 인정되는 경우에는 그 조치의 내용을 공사의 사장에게 통보할 수 있다.
⑦ 제6항에 따른 통보를 받은 공사의 사장은 이를 해당 임원 또는 직원에게 통보하고, 인사기록부에 기록·유지하여야 한다.

제61조【보고서 제출 및 서류의 검사】 ① 금융위원회는 제60조에 따른 감독 업무를 수행할 때 필요하다고 인정하면 공사 및 제45조에 따라 공사로부터 업무의 위탁을 받은 자(이하 이 조에서 "수탁자"라 한다) 또는 기금(계정을 포함한다. 이하 이 조에서 같다)에 출연하는 금융기관에 대하여 보고서의 제출을 요구하거나, 소속 공무원 또는 금융감독원의 소속 직원으로 하여금 그 업무 상황 또는 장부·서류나 그 밖에 필요한 물건을 검사하게 할 수 있다. 다만, 수탁자에 대하여는 그 위탁된 업무의 범위에 관하여만 할 수 있고, 기금에 출연하는 금융기관에 대하여는 그 출연 사항에 관하여만 할 수 있다.
② 금융위원회는 필요하다고 인정할 때에는 대통령령으로 정하는 바에 따라 제1항에 따른 검사를 금융감독원장에게 위탁할 수 있다.
③ 제1항과 제2항에 따라 검사를 하는 자는 그 권한을 표시하는 증표를 지니고 관계인에게 내보여야 한다.

제62조【주택정책 관련 사항의 협의】 금융위원회는 공사의 업무에 관한 사항으로서 주택정책의 수행에 영향을 미친다고 인정하는 사항에 관하여는 미리 국토교통부장관과 협의하여야 한다.(2013.3.23 본조개정)

제63조【경매에 대한 통지 또는 송달의 특례】 ① 법원이 공사의 신청에 따라 진행하는 「민사집행법」에 따른 경매절차(담보권 실행을 위한 경매절차만 해당한다)에서 경매에 관한 통지 또는 송달은 경매신청 당시 해당 부동산의 등기부에 기재되어 있는 주소(「주민등록법」에 따른 주민등록표에 기재된 주소와 다른 경우에는 주민등록표에 기재된 주소를 포함하며, 주소를 법원에 신고한 경우에는 그 주소로 한다)에 발송함으로써 송달된 것으로 보며, 등기부 및 주민등록표에 주소가 기재되어 있지 아니하고 주소를 법원에 신고하지 아니한 경우에는 공시송달(公示送達)의 방법에 따라야 한다.
② 제1항에 따른 경매절차를 진행할 때 공사는 경매신청 전에 경매실행 예정 사실을 해당 채무자 및 소유자에게 부동산의 등기부에 기재되어 있는 주소(「주민등록법」에 따른 주민등록표에 기재된 주소와 다른 경우에는 주민등록표에 기재된 주소를 포함한다)로 알려야 한다. 이 경우 발송한 때에 송달된 것으로 본다.

제64조【자료제공의 요청】 ① 공사는 제22조제1항제1호, 제2호, 제5호, 제7호부터 제9호까지, 제9호의2 및 제10호부터 제12호까지에 따른 업무를 수행하기 위하여 필요한 최소한의 범위에서 주택금융 이용자, 그 배우자 등과 그 밖에 대통령령으로 정하는 자(이하 "대상자등"이라 한다)의 동의를 받아 대법원 등 국가기관, 지방자치단체, 금융회사등(「금융실명거래 및 비밀보장에 관한 법률」 제2조제1호의 금융회사등과 「신용정보의 이용 및 보호에 관한 법률」에 따른 신용정보회사등을 말한다. 이하 같다), 「국민연금법」에 따른 국민연금공단, 「국민건강보험법」에 따른 국민건강보험공단, 그 밖에 대통령령으로 정하는 공공단체(이하 "관계기관"이라 한다)의 장에게 다음 각 호의 자료 또는 정보의 제공을 요청할 수 있다.
1. 「가족관계의 등록 등에 관한 법률」에 따른 가족관계 등록사항, 「주민등록법」에 따른 주민등록전산정보자료 등 인적사항에 관한 자료 또는 정보
2. 국세 또는 지방세에 관한 자료 또는 정보
3. 국민연금·공무원연금·군인연금·사립학교교직원연금·별정우체국연금·건강보험·고용보험·산업재해보상보험·보훈급여 등 각종 연금·보험·급여에 관한 자료 또는 정보
4. 「금융실명거래 및 비밀보장에 관한 법률」에 따른 금융자산 및 금융거래, 「신용정보의 이용 및 보호에 관한 법률」에 따른 신용정보 및 「보험업법」에 따른 보험료 등 각종 금융·신용·보험에 관한 자료 또는 정보(대상자등의 소득·자산·연체정보 등 자격심사에 필요한 자료 또는 정보에 한정한다. 이하 "금융정보등"이라 한다)
5. 「공간정보의 구축 및 관리 등에 관한 법률」에 따른 토지대장, 「주택법」에 따른 분양권·주택의 소유현황 등 부동산에 관한 자료 또는 정보
6. 그 밖에 대상자등의 인적사항·소득·재산 등을 확인하기 위하여 필요한 범위에서 대통령령으로 정하는 자료 또는 정보
② 공사는 제1항에 따른 자료 또는 정보를 요청하기 전에 대상자등에게 같은 항 각 호의 자료 또는 정보를 관계기관으로부터 제공받는다는 사실에 대한 동의를 서면(「전자문서 및 전자거래 기본법」 제2조제1호에 따른 전자문서를 포함한다)으로 제출받아야 한다.
③ 제1항에 따른 요청을 받은 자는 특별한 사유가 없으면 요청에 따라야 한다.
④ 제1항부터 제3항까지의 규정에 따른 자료 또는 정보의 제공 요청, 제공, 보관 및 파기는 「개인정보 보호법」 및 「신용정보의 이용 및 보호에 관한 법률」에 따라야 한다.
⑤ 제1항에 따라 요청받은 자료 또는 정보를 제공하는 관계기관은 공사에 제공하는 자료에 대한 사용료, 수수료 등을 면제하여야 한다.(2021.12.7 본항신설)
⑥ 그 밖에 자료 또는 정보의 요청절차, 동의의 방법·절차 등에 필요한 사항은 대통령령으로 정한다.(2021.12.7 본항신설)
(2021.12.7 본조개정)

제64조의2【전산정보자료의 공동이용 등】 공사는 제64조제1항에 따른 자료 또는 정보를 제공받기 위하여 「사회보장기본법」 제37조제2항에 따른 사회보장정보시스템, 「가족관계의 등록 등에 관한 법률」 제12조에 따른 전산정보중앙관리소 등 대통령령으로 정하는 정보시스템 또는 정보체계를 연계하여 사용할 수 있다.(2021.12.7 본조신설)

제64조의3【금융정보등의 제공 요청 및 제공】 ① 공사는 「금융실명거래 및 비밀보장에 관한 법률」 제4조제1항 및 「신용정보의 이용 및 보호에 관한 법률」 제32조제2항에도 불구하고 대상자등이 제64조제2항에 따라 제출한 동의 서면을 전자적 형태로 바꾼 문서로 금융회사등의 장에게 금융정보등의 제공을 요청할 수 있다.
② 제1항에 따라 금융정보등의 제공을 요청받은 금융회사등의 장은 「금융실명거래 및 비밀보장에 관한 법률」 제4조제1항 및 「신용정보의 이용 및 보호에 관한 법률」 제32조제1항 및 제3항에도 불구하고 명의인의 금융정보등을 제공하여야 한다.
③ 제2항에 따라 금융정보등을 제공한 금융회사등의 장은 금융정보등의 제공사실을 명의인에게 통보하여야 한다. 다만, 명의인의 동의가 있는 경우에는 「금융실명거래 및 비밀보장에 관한 법률」 제4조의2제1항 및 「신용정보의 이용 및 보호에 관한 법률」 제32조제7항에도 불구하고 통보하지 아니할 수 있다.
④ 제1항 및 제2항에 따른 금융정보등의 제공 요청 및 제공은 「정보통신망 이용촉진 및 정보보호 등에 관한 법률」 제2조제1항제1호에 따른 정보통신망을 이용하여야 한다. 다만, 정보통신망의 손상 등 불가피한 경우에는 그러하지 아니하다.
⑤ 제1항·제2항 및 제4항에 따른 금융정보등의 제공 등에 필요한 사항은 대통령령으로 정한다.
(2021.12.7 본조신설)

제64조의4【제공받은 자료 등의 목적 외 이용·제공 및 누설 금지】 제64조, 제64조의2 및 제64조의3에 따른 업무에 종사하거나 종사하였던 사람은 업무를 수행하면서 취득한 자료 또는 정보를 이 법에서 정한 목적 외의 다른 용도로 사용하거나 다른 사람 또는 기관에 제공하거나 누설하여서는 아니 된다.(2021.12.7 본조신설)

제65조【배상책임 등】 ① 공사의 임원이 법령 또는 정관을 위반하거나 그 임무를 게을리하여 공사에 손해를 발생시킨 경우에는 그 임원은 공사에 대하여 연대하여 손해를 배상할 책임을 진다.
② 공사의 업무에 종사하는 자가 그 업무를 처리하면서 고의 또는 중대한 과실로 공사에 손해를 발생시킨 경우에는 이를 배상할 책임을 진다. 이 경우 고의로 손해를 발생시킨 경우가 아니면 그 책임을 경감할 수 있다.

제66조【유동화 등의 원활화를 위한 주택저당대출의 특례】 제2조제11호마목에 따른 신용협동조합중앙회는 대출채권 유동화 등의 원활화를 위하여 제9조제2항제4호에 따른 주택저당채권 양수기준에 맞는 경우(대통령령으로 정하는 경우만 해당한다)에는 주택저당대출을 할 수 있다.

제8장 벌 칙
(2010.1.25 본장개정)

제67조【벌칙】 ① 제64조의4를 위반하여 자료 또는 정보를 이 법에서 정한 목적 외의 다른 용도로 사용하거나 다른 사람 또는 기관에 제공하거나 누설한 자는 5년 이하의 징역 또는 5천만원 이하의 벌금에 처한다.(2021.12.7 본항신설)
② 제36조제2항을 위반하여 채무자의 지급능력에 관한 정보를 해당 채권을 변제받기 위한 목적 외의 용도로 사용한 자는 3년 이하의 징역 또는 3천만원 이하의 벌금에 처한다.
③ 제21조를 위반하여 비밀을 누설한 자는 2년 이하의 징역 또는 2천만원 이하의 벌금에 처한다.
(2018.2.21 본조개정)

제68조【과태료】 ① 다음 각 호의 어느 하나에 해당하는 자에게는 500만원 이하의 과태료를 부과한다.
1. 제8조를 위반하여 공사 또는 이와 비슷한 명칭을 사용한 자
2. 제35조제1항을 위반하여 공사로부터 신용공여를 받은 금액을 장기주택저당채권을 발생시키기 위한 대출목적으로 사용하지 아니한 자
3. 제45조제3항을 위반하여 위탁을 받아 관리하는 주택저당채권을 고유재산과 구분하여 관리하지 아니하거나 주택저당채권의 관리에 관한 장부를 따로 작성하여 비치하지 아니한 자
4. 제61조제1항에 따른 보고서를 제출하지 아니하거나 거짓 보고서를 제출한 자 또는 같은 항에 따른 검사를 거부·방해 또는 기피한 자

② 제1항에 따른 과태료는 대통령령으로 정하는 바에 따라 금융위원회가 부과·징수한다.

제69조【벌칙 적용 시 공무원 의제】 다음 각 호의 어느 하나에 해당하는 자는 「형법」 제129조부터 제132조까지의 규정을 적용할 때에는 공무원으로 본다.
1. 제10조제2항제4호 및 제5호에 따른 위원
2. 공사의 임원
3. 대통령령으로 정하는 공사의 직원

부 칙

제1조【시행일】 이 법은 2004년 3월 1일부터 시행한다. 다만, 부칙 제3조의 규정은 공포한 날부터 시행한다.

제2조【다른 법률의 폐지】 근로자의주거안정과목돈마련지원에관한법률은 이를 폐지한다.

제3조【설립위원회】 ① 재정경제부장관은 설립위원을 위촉하여 설립위원회를 구성하고, 공사의 설립준비에 관한 사무를 처리하게 한다. 이 경우 설립위원회 구성에 관하여는 건설교통부장관과 협의한다.
② 설립위원회는 공사의 정관을 작성하여 재정경제부장관의 인가를 받아야 한다.
③ 설립위원회는 제2항의 규정에 의한 인가를 받은 때에는 설립위원의 연명으로 공사의 설립등기를 하여야 한다.
④ 설립위원회는 제3항의 규정에 의한 설립등기를 완료한 때에는 그 사무와 재산을 공사의 사장에게 인계하여야 한다.
⑤ 설립위원은 제4항의 규정에 의하여 사무와 재산의 인계가 끝난 때에 해촉된 것으로 본다.
⑥ 공사의 설립비용은 공사가 이를 부담한다.

제4조【설립시의 직원채용】 공사 설립시 경력직원을 채용하는 경우에는 공사의 원활한 업무수행과 전문성 확보를 위하여 주택금융 관련분야 근무경험을 우선적으로 고려한다.

제5조【종전의 주택저당채권에 관한 경과조치】 다음 각 호의 1에 해당하는 채권은 이를 이 법에 의한 주택저당채권으로 본다.
1. 이 법 시행 당시 주택에 설정된 저당권에 의하여 담보된 상환기간 10년 이상의 대출자금에 대한 채권
2. 이 법 시행 당시 주택에 설정된 저당권에 의하여 담보된 대출자금에 대한 채권중 2009년 12월 31일까지 상환기간 10년 이상의 대출자금에 대한 채권으로 전환하는 경우 당해 채권

제6조【주택금융신용보증기금에 관한 경과조치】 ① 이 법 시행전에 종전의 근로자의주거안정과목돈마련지원에관한법률에 의한 주택금융신용보증기금은 제55조의 규정에 의한 주택금융신용보증기금으로 본다.
② 이 법 시행 당시 근로자의주거안정과목돈마련지원에관한법률에 의하여 이루어진 주택금융신용보증기금의 출연, 신용보증 및 그 밖의 법률행위는 이 법의 규정에 의하여 행하여진 것으로 본다.

제7조【승계재산의 명의변경】 공사가 승계한 신용보증기금법에 의한 신용보증기금이 관리한 주택금융신용보증기금의 재산에 관한 등기부 및 그 밖의 공부에 표시된 "주택금융신용보증기금 관리기관 신용보증기금" 또는 "신용보증기금"의 명의는 공사의 명의로 본다.

제8조【주택저당채권유동화회사와의 합병 및 영업양수에 관한 사항】 ① 공사는 채권유동화 업무를 효율적으로 수행하기 위하여 주택저당채권유동화회사법에 의한 주택저당채권유동화회사(이하 "유동화회사"라 한다)를 흡수합병하거나 유동화회사로부터 채권유동화에 관한 영업을 양수할 수 있다.
② 공사가 합병 또는 영업양수를 하고자 하는 경우에는 합병계약서 또는 영업양수계약서를 작성하여 재정경제부장관의 승인을 얻어야 한다.
③ 공사는 합병절차 또는 영업양수절차를 종료한 때에는 지체없이 재정경제부장관에게 합병 또는 영업양수에 관한 사항을 보고하여야 한다.

제9조【주택저당채권유동화회사와의 합병의 효력】 ① 공사는 부칙 제8조제3항의 규정에 의하여 재정경제부장관에게 합병에 관한 사항을 보고한 날부터 본점소재지에서는 2주 이내, 지점소재지에서는 3주 이내에 변경의 등기를 하여야 한다.
② 공사의 합병은 본점소재지에서 제1항의 등기를 함으로써 그 효력이 생긴다.
③ 공사가 합병을 하는 경우 유동화회사의 재산과 권리·의무는 공사가 이를 포괄승계한다. 이 경우 유동화회사에 설정된 신탁은 이 법에 따라 공사가 설정한 신탁으로 보며, 공사는 수탁자의 지위를 승계한다.
④ 공사와 합병한 유동화회사의 재산에 관한 등기부 및 그 밖의 공부에 표시된 유동화회사의 명의는 공사의 명의로 본다.
⑤ 공사와 합병한 유동화회사가 합병 당시 주택저당채권유동화회사법에 의하여 행한 채권유동화 및 그 밖의 법률행위는 이 법의 규정에 의하여 행하여진 것으로 본다.
⑥ 유동화회사와의 합병에 관하여 이 법에 규정된 사항을 제외하고는 상법의 규정을 적용한다.

제10조【주택저당채권유동화회사와의 영업양수의 효력등】 ① 공사는 부칙 제8조제3항의 규정에 의하여 재정경제부장관에게 영업양수에 관한 사항을 보고한 날부터 2주 이내에 전국을 보급지역으로 하는 2 이상의 일간신문에 영업을 양도한 유동화회사 및 영업양수의 대상인 채권유동화에 관한 사항을 특정하여 공고하여야 한다.
② 공사가 영업양수를 하는 경우 유동화회사의 채권유동화(지급보증을 포함한다. 이하 이 조에서 같다)에 관한 재산과 권리·의무는 제1항의 공고가 있은 다음날에 공사가 이를 승계한 것으로 본다. 이 경우 유동화회사가 설정한 신탁은 이 법에 따라 공사가 설정한 신탁으로 보며, 공사는 수탁자의 지위를 승계한다.
③ 유동화회사는 채권유동화에 관하여 제2항에 의하여 공사로 승계된 범위안에서 그 의무를 면한다.
④ 공사가 승계하는 채권유동화의 대상인 주택저당채권에 관하여는 제1항의 공고가 있는 때에 민법 제450조제2항에 의한 대항요건을 갖춘 것으로 본다. 다만, 주택저당채권의 채무자에 대한 대항요건은 제26조제1항 및 제3항의 규정에 의한다.
⑤ 공사가 승계하는 채권유동화의 대상인 주택저당채권 및 저당권 그 밖의 권리에 관한 등기부, 그 밖의 공부에 표시된 유동화회사의 명의는 공사의 명의로 본다.
⑥ 공사에게 영업을 양도한 유동화회사가 영업양도 당시 주택저당채권유동화회사법에 의하여 행한 채권유동화 및 기타 법률행위는 공사가 채권유동화에 관한 재산과 권리·의무를 승계하는 범위안에서는 이 법의 규정에 의하여 행하여진 것으로 본다.
⑦ 정부는 공사가 손실의 발생으로 인하여 제2항의 규정에 의하여 승계한 의무를 이행할 수 없을 때에는 공사의 의무이행을 위하여 제51조의 규정에 따라 공사의 손실을 보전하여야 한다.
⑧ 유동화회사의 영업양도에 관하여 이 법에 규정된 사항을 제외하고는 주택저당채권유동화회사법 및 상법의 규정을 적용한다.

제11조【다른 법률의 개정】 ①~⑤ ※(해당 법령에 가제정리 하였음)

제12조【다른 법률과의 관계】 ① 이 법 시행 당시 다른 법률에서 종전의 근로자의주거안정과목돈마련지원에관한법률 또는 그 규정을 인용하고 있는 경우 이 법중 그에 해당하는 규정이 있는 때에는 종전의 규정에 갈음하여 이 법 또는 이 법의 해당 규정을 인용한 것으로 본다.
② 이 법 시행 당시 다른 법률에서 주택금융신용보증기금을 인용하고 있는 경우 이 법에 의한 주택금융신용보증기금을 인용한 것으로 본다.

부 칙 (2007.1.11)

제1조【시행일】 이 법은 공포 후 3개월이 경과한 날부터 시행한다.

제2조【2007년도 기금운용계획의 변경에 관한 특례】 ① 공사의 사장은 계정이 설치된 때에는 지체 없이 2007년도 기금운용계획변경안을 수립하여 위원회의 심의를 거쳐 재정경제부장관에게 제출하여야 하며, 재정경제부장관은 기획예산처장관과 이에 대하여 협의하여야 한다.
② 재정경제부장관은 제1항의 규정에 따른 2007년도 기금운용계획변경안을 국무회의의 심의를 거쳐 대통령의 승인을 얻은 후 국회에 제출하여야 한다. 이 경우 「국가재정법」 및 「국회법」의 규정에 불구하고 2007년도 기금운용계획의 변경이 확정된 것으로 본다.

제3조【다른 법률의 개정】 ※(해당 법령에 가제정리 하였음)

부 칙 (2019.11.26)

제1조【시행일】 이 법은 공포한 날부터 시행한다.(이하 생략)

부 칙 (2020.2.4)

제1조【시행일】 이 법은 공포 후 6개월이 경과한 날부터 시행한다.(이하 생략)

부 칙 (2020.12.8)

이 법은 공포 후 6개월이 경과한 날부터 시행한다. 다만, 제43조의11의 개정규정은 공포한 날부터 시행한다.

부 칙 (2021.4.20)

이 법은 공포 후 3개월이 경과한 날부터 시행한다.

부 칙 (2021.12.7)

이 법은 공포 후 6개월이 경과한 날부터 시행한다.

부 칙 (2023.7.11)

이 법은 공포 후 3개월이 경과한 날부터 시행한다.

여신전문금융업법

(1997년 8월 28일
법 률 제5374호)

개정
1998. 1.13법 5505호(금융감독)
1999. 2. 1법 5741호
1999. 2. 8법 5819호(한국종합기술금융주식회사법폐지법)
1999. 5.24법 5982호(정부조직)
2000.12.29법 6316호(대외무역)
2001. 3.28법 6430호 2002. 3.30법 6681호
2002. 8.26법 6705호(기술신용보증기금법)
2003. 5.29법 6909호(의료기기법)
2004. 1.20법 7065호 2005. 1.27법 7343호
2005. 1.27법 7344호(신용정보의이용및보호에관한법)
2005. 3.31법 7428호(채무자회생파산)
2005. 5.31법 7531호
2006. 4.28법 7929호(전자금융거래법)
2007. 1.26법 8265호(금융산업의구조개선에관한법)
2007. 3.29법 8313호
2007. 4.11법 8356호(대외무역)
2007. 7.19법 8525호
2007. 8. 3법 8635호(자본시장금융투자업)
2008. 2.29법 8852호(정부조직)
2008. 2.29법 8863호(금융위원회의설치등에관한법)
2009. 2. 6법 9459호
2010. 1.18법 9932호(정부조직)
2010. 3.12법10062호
2011. 4. 7법10564호(의료기기법)
2011. 7.21법10866호(고등교육)
2012. 3.21법11410호
2012. 6. 1법11461호(전자문서및전자거래기본법)
2013. 3.22법11629호
2013. 4. 5법11758호(자본시장금융투자업)
2015. 1.20법13068호
2015. 7.24법13448호(자본시장금융투자업)
2015. 7.31법13453호(금융회사의지배구조에관한법)
2016. 3.29법14116호(항공안전법)
2016. 3.29법14122호(기술보증기금법)
2016. 3.29법14127호 2017. 4.18법14825호
2017.10.31법15022호(주식회사등의외부감사에관한법)
2018. 2.21법15416호 2018. 4.17법15615호
2018.12.11법15934호 2018.12.31법16189호
2020. 2. 4법16957호(신용정보의이용및보호에관한법)
2020. 3.24법17112호(금융소비자보호에관한법)
2023. 3.21법19260호

제1장 총 칙
(2009.2.6 본장개정)

제1조【목적】 이 법은 신용카드업, 시설대여업(施設貸與業), 할부금융업(割賦金融業) 및 신기술사업금융업(新技術事業金融業)을 하는 자의 건전하고 창의적인 발전을 지원함으로써 국민의 금융편의를 도모하고 국민경제의 발전에 이바지함을 목적으로 한다.

제2조【정의】 이 법에서 사용하는 용어의 뜻은 다음과 같다.
1. "여신전문금융업(與信專門金融業)"이란 신용카드업, 시설대여업, 할부금융업 또는 신기술사업금융업을 말한다.
2. "신용카드업"이란 다음 각 목의 업무 중 나목의 업무를 포함한 둘 이상의 업무를 업(業)으로 하는 것을 말한다.
가. 신용카드의 발행 및 관리
나. 신용카드 이용과 관련된 대금(代金)의 결제
다. 신용카드가맹점의 모집 및 관리
2의2. "신용카드업자"란 제3조제1항에 따라 신용카드업의 허가를 받거나 등록을 한 자를 말한다. 다만, 제3조제3항제1호의 요건에 해당하는 자가 제13조제1항제2호 및 제3호의 업무를 하는 경우에는 그 업무에 관하여만 신용카드업자로 본다.
3. "신용카드"란 이를 제시함으로써 반복하여 신용카드가맹점에서 다음 각 목을 제외한 사항을 결제할 수 있는 증표(證票)로서 신용카드업자(외국에서 신용카드업에 상당하는 영업을 영위하는 자를 포함한다)가 발행한 것을 말한다.(2010.3.12 본문개정)
가. 금전채무의 상환
나. 「자본시장과 금융투자업에 관한 법률」 제3조제1항에 따른 금융투자상품 등 대통령령으로 정하는 금융상품
다. 「게임산업진흥에 관한 법률」 제2조제1호의2에 따른 사행성게임물의 이용 대가 및 이용에 따른 금전의 지급. 다만, 외국인(「해외이주법」 제2조에 따른 해외이주자를 포함한다)이 「관광진흥법」에 따라 허가받은 카지노영업소에서 외국에서 신용카드업에 상당하는 영업을 영위하는 자가 발행한 신용카드로 결제하는 것은 제외한다.
라. 그 밖에 사행행위 등 건전한 국민생활을 저해하고 선량한 풍속을 해치는 행위로 대통령령으로 정하는 사항의 이용 대가 및 이용에 따른 금전의 지급
(2010.3.12 가목~라목신설)
4. "신용카드회원"이란 신용카드업자와의 계약에 따라 그로부터 신용카드를 발급받은 자를 말한다.
5. "신용카드가맹점"이란 다음 각 목의 자를 말한다.
가. 신용카드업자와의 계약에 따라 신용카드회원·직불카드회원 또는 선불카드소지자(이하 "신용카드회원등"이라 한다)에게 신용카드·직불(直拂)카드 또는 선불(先拂)카드(이하 "신용카드등"이라 한다)를 사용한 거래에 의하여 물품의 판매 또는 용역의 제공 등을 하는 자
나. 신용카드업자와의 계약에 따라 신용카드회원등에게 물품의 판매 또는 용역의 제공 등을 하는 자를 위하여 신용카드등에 의한 거래를 대행(代行)하는 자(이하 "결제대행업체"라 한다)
5의2. "수납대행가맹점"이란 신용카드업자와의 별도의 계약에 따라 다른 신용카드가맹점을 위하여 신용카드등에 의한 거래에 필요한 행위로서 대통령령으로 정하는 사항을 대행하는 신용카드가맹점을 말한다.
(2010.3.12 본호신설)
5의3. "가맹점모집인"이란 신용카드업자를 위하여 가맹점계약의 체결을 중개 또는 대리하고 부가통신업자를 위하여 신용카드 단말기를 설치하는 자로서 제16조의3에 따라 금융위원회에 등록을 한 자를 말한다.
(2015.1.20 본호신설)
5의4. "신용카드포인트"란 신용카드업자가 신용카드의 이용금액 등에 따라 신용카드회원에게 적립하여 재화를 구매하거나 서비스를 이용할 수 있도록 하는 경제상의 이익을 말한다.(2016.3.29 본호신설)
6. "직불카드"란 직불카드회원과 신용카드가맹점 간에 전자적(電子的) 또는 자기적(磁氣的) 방법으로 금융거래계좌에 이체(移替)하는 등의 방법으로 결제가 이루어질 수 있도록 신용카드업자가 발행한 증표[자금(資金)을 융통받을 수 있는 증표는 제외한다]를 말한다.
(2010.3.12 본호개정)
7. "직불카드회원"이란 신용카드업자와의 계약에 따라 그로부터 직불카드를 발급받은 자를 말한다.
8. "선불카드"란 신용카드업자가 대금을 미리 받고 이에 해당하는 금액을 기록(전자적 또는 자기적 방법에 따른 기록을 말한다)하여 발행한 증표로서 선불카드소지자가 신용카드가맹점에 제시하여 그 카드에 기록된 금액의 범위에서 결제할 수 있게 한 증표를 말한다.
(2010.3.12 본호개정)
8의2. "신용카드등부가통신업"이란 신용카드업자 및 신용카드가맹점과의 계약에 따라 단말기 설치, 신용카드등의 조회·승인 및 매출전표 매입·자금정산 등 신용카드등의 대금결제를 승인·중계하기 위한 전기통신서비스 제공을 업으로 하는 것을 말한다.(2015.1.20 본호신설)
8의3. "부가통신업자"란 신용카드등부가통신업에 대하여 제27조의2에 따라 금융위원회에 등록을 한 자를 말한다.(2015.1.20 본호신설)
9. "시설대여업"이란 시설대여를 업으로 하는 것을 말한다.
10. "시설대여"란 대통령령으로 정하는 물건(이하 "특정물건"이라 한다)을 새로 취득하거나 대여받아 거래상대방에게 대통령령으로 정하는 일정 기간 이상 사용하게 하고, 그 사용 기간 동안 일정한 대가를 정기적으로 나누어 지급받으며, 그 사용 기간이 끝난 후의 물건의 처분에 관하여는 당사자 간의 약정(約定)으로 정하는 방식의 금융을 말한다.
10의2. "시설대여업자"란 시설대여업에 대하여 제3조제2항에 따라 금융위원회에 등록한 자를 말한다.(2016.3.29 본호신설)
11. "연불판매(延拂販賣)"란 특정물건을 새로 취득하여 거래상대방에게 넘겨주고, 그 물건의 대금·이자 등을 대통령령으로 정하는 일정한 기간 이상 동안 정기적으로 나누어 지급받으며, 그 물건의 소유권 이전 시기와 그 밖의 조건에 관하여는 당사자 간의 약정으로 정하는 방식의 금융을 말한다.
12. "할부금융업"이란 할부금융을 업으로 하는 것을 말한다.
13. "할부금융"이란 재화(財貨)와 용역의 매매계약(賣買契約)에 대하여 매도인(賣渡人) 및 매수인(買受人)과 각각 약정을 체결하여 매수인에게 융자한 재화와 용역의 구매자금을 매도인에게 지급하고 매수인으로부터 그 원리금(元利金)을 나누어 상환(償還)받는 방식의 금융을 말한다.
13의2. "할부금융업자"란 할부금융업에 대하여 제3조제2항에 따라 금융위원회에 등록한 자를 말한다.(2016.3.29 본호신설)
14. "신기술사업금융"이란 제41조제1항 각 호에 따른 업무를 종합적으로 업으로서 하는 것을 말한다.
14의2. "신기술사업자"란 「기술보증기금법」 제2조제1호에 따른 신기술사업자와 기술 및 저작권·지적재산권 등과 관련된 연구·개발·개량·제품화 또는 이를 응용하여 사업화하는 사업(이하 "신기술사업"이라 한다)을 영위하는 「중소기업기본법」 제2조에 따른 중소기업, 「중견기업 성장촉진 및 경쟁력 강화에 관한 특별법」 제2조제1호에 따른 중견기업 및 「외국환거래법」 제3조제15호에 따른 비거주자를 말한다. 다만, 다음 각 목의 어느 하나에 해당하는 업종을 영위하는 자는 제외한다.
가. 「통계법」 제22조제1항에 따라 통계청장이 고시하는 한국표준산업분류에 따른 금융 및 보험업. 다만, 동 분류에 따른 금융 및 보험관련 서비스업으로서 대통령령으로 정하는 업종은 제외한다.
나. 「통계법」 제22조제1항에 따라 통계청장이 고시하는 한국표준산업분류에 따른 부동산업. 다만, 동 분류에 따른 부동산관련 서비스업으로서 대통령령으로 정하는 업종은 제외한다.
다. 그 밖에 신기술사업과 관련이 적은 업종으로서 대통령령으로 정하는 업종
(2018.2.21 본호개정)
14의3. "신기술사업금융업자"란 신기술사업금융업에 대하여 제3조제2항에 따라 금융위원회에 등록한 자를 말한다.(2016.3.29 본호신설)
14의4. "신기술사업금융전문회사"란 신기술사업금융업자로서 신용카드업·시설대여업·할부금융업, 그 밖에 대통령령으로 정하는 금융업을 함께 하지 아니하는 자를 말한다.(2016.3.29 본호신설)
14의5. "신기술사업투자조합"이란 신기술사업자에게 투자하기 위하여 설립된 조합으로서 다음 각 목의 어느 하나에 해당하는 조합을 말한다.
가. 신기술사업금융업자가 신기술사업금융업자 외의 자와 공동으로 출자하여 설립한 조합
나. 신기술사업금융업자가 조합자금을 관리·운용하는 조합
(2016.3.29 본호신설)
15. "여신전문금융회사"란 여신전문금융업에 대하여 제3조제1항 또는 제2항에 따라 금융위원회의 허가를 받거나 금융위원회에 등록을 한 자로서 제46조제1항 각 호에 따른 업무를 전업(專業)으로 하는 자를 말한다.
16. "겸영여신업자(兼營與信業者)"란 여신전문금융업에 대하여 제3조제3항 단서에 따라 금융위원회의 허가를 받거나 금융위원회에 등록을 한 자로서 여신전문금융회사가 아닌 자를 말한다.
17. "대주주"란 「금융회사의 지배구조에 관한 법률」 제2조제6호에 따른 주주를 말한다.(2015.7.31 본호개정)
18. "신용공여"란 대출, 지급보증 또는 자금 지원적 성격의 유가증권의 매입, 그 밖에 금융거래상의 신용위험이 따르는 여신전문금융회사의 직접적·간접적 거래로서 대통령령으로 정하는 것을 말한다.
19. "자기자본"이란 납입자본금·자본잉여금 및 이익잉여금 등의 합계액으로서 대통령령으로 정하는 것을 말한다.
20. "총자산"이란 유동자산 및 비유동자산 등의 합계액으로서 대통령령으로 정하는 것을 말한다.(2012.3.21 본호신설)

제2장 허가 또는 등록
(2009.2.6 본장개정)

제3조【영업의 허가·등록】 ① 신용카드업을 하려는 자는 금융위원회의 허가를 받아야 한다. 다만, 제3항제2호에 해당하는 자는 금융위원회에 등록하면 신용카드업을 할 수 있다.
② 시설대여업·할부금융업 또는 신기술사업금융업을 하고 있거나 하려는 자로서 이 법을 적용받으려는 자는 업별(業別)로 금융위원회에 등록하여야 한다.
③ 제1항이나 제2항에 따라 허가를 받거나 등록을 할 수 있는 자는 여신전문금융회사이거나 여신전문금융회사가 되려는 자로 제한한다. 다만, 다음 각 호의 어느 하나에 해당하는 자는 그러하지 아니하다.
1. 다른 법률에 따라 설립되거나 금융위원회의 인가(認可) 또는 허가를 받은 금융기관으로서 대통령령으로 정하는 자
2. 경영하고 있는 사업의 성격상 신용카드업을 겸하여 경영하는 것이 바람직하다고 인정되는 자로서 대통령령으로 정하는 자
④ 금융위원회는 제1항에 따른 허가에 조건을 붙일 수 있다.

제4조【허가·등록의 신청】 제3조제1항 또는 제2항에 따라 허가를 받거나 등록을 하려는 자는 다음 각 호의 사항을 적은 허가신청서나 등록신청서에 대통령령으로 정하는 서류를 첨부하여 금융위원회에 제출하여야 한다.
1. 상호(商號) 및 주된 사무소의 소재지
2. 자본금 및 출자자(총리령으로 정하는 소액출자자는 제외한다)의 성명 또는 명칭과 그 지분율(持分率)
3. 임원의 성명
4. 경영하려는 여신전문금융업
5. 여신전문금융회사가 되려는 자는 그 취지
6. 겸영여신업자가 되려는 자는 경영하고 있는 사업의 내용

제5조【자본금】 ① 여신전문금융업의 허가를 받거나 등록을 하여 여신전문금융회사가 될 수 있는 자는 주식회사로서 자본금이 다음 각 호의 구분에 따른 금액 이상인 자로 제한한다.

1. 신용카드업을 하려는 경우로서 시설대여업·할부금융업 또는 신기술사업금융업을 함께 하지 아니하거나 그 중 하나의 업을 함께 하려는 경우 : 200억원
2. 신용카드업을 하려는 경우로서 시설대여업·할부금융업 또는 신기술사업금융업 중 둘 이상의 업을 함께 하려는 경우 : 400억원
3. 시설대여업·할부금융업 또는 신기술사업금융업 중 어느 하나 또는 둘 이상의 업을 하려는 경우로서 신용카드업을 하지 아니하는 경우 : 200억원
4. 신기술사업금융업을 하려는 경우로서 신기술사업금융전문회사가 되려는 경우 : 100억원

(2016.3.29 본항개정)

② 제3조제3항제2호에 따른 겸영여신업자로서 신용카드업의 등록을 할 수 있는 자는 주식회사로서 자본금과 자기자본이 20억원 이상인 자로 제한한다.

제6조【허가·등록의 요건】 ① 다음 각 호의 어느 하나에 해당하는 자는 제3조에 따른 허가를 받거나 등록을 할 수 없다.

1. 제10조 또는 제57조제2항·제3항에 따른 등록·허가가 말소(抹消)되거나 취소된 날부터 3년이 지나지 아니한 법인 및 그 말소 또는 취소 당시 그 법인의 대통령령으로 정하는 출자자이었던 자로서 말소되거나 취소된 날부터 3년이 지나지 아니한 자
2. 「채무자 회생 및 파산에 관한 법률」에 따른 회생절차 중에 있는 회사 및 그 회사의 출자자 중 대통령령으로 정하는 출자자
3. 금융거래 등 상거래에서 약정한 날까지 채무(債務)를 변제(辨濟)하지 아니한 자로서 대통령령으로 정하는 자
4. 허가신청일 및 등록신청일을 기준으로 최근 3년 동안 대통령령으로 정하는 금융 관계 법령(이하 "금융관계법령"이라 한다)을 위반하여 벌금형 이상의 처벌을 받은 사실이 있는 자
5. 대통령령으로 정하는 재무건전성기준에 미치지 못하는 자(허가의 경우만 해당한다)
6. 제1호부터 제5호까지의 어느 하나에 해당하는 자가 출자자인 법인으로서 대통령령으로 정하는 법인
7. 신기술사업금융업자와 투자자 간, 특정 투자자와 다른 투자자 간의 이해관계의 충돌을 방지하기 위한 체계를 갖추지 아니한 자(제44조의2에 따른 공모신기술투자조합을 결성하려는 신기술사업금융업자만 해당한다)

② 제3조제1항 본문에 따라 신용카드업의 허가를 받으려는 자는 다음 각 호의 요건을 갖추어야 한다.

1. 제5조에 따른 자본금을 보유할 것
2. 거래자를 보호하고 취급하려는 업무를 하기에 충분한 전문인력과 전산설비 등 물적(物的) 시설을 갖추고 있을 것
3. 사업계획이 타당하고 건전할 것
4. 대주주(최대주주의 특수관계인인 주주를 포함하며, 최대주주가 법인인 경우에는 그 법인의 주요 경영사항에 대하여 사실상의 영향력을 행사하고 있는 주주로서 대통령령으로 정하는 자를 포함한다)가 충분한 출자능력, 건전한 재무상태 및 사회적 신용을 갖추고 있을 것

③~⑤ (2015.7.31 삭제)

⑥ 제2항의 규정에 따른 허가의 세부 요건은 대통령령으로 정한다.(2015.7.31 본항개정)

제6조의2【허가요건의 유지】 제3조제1항 본문에 따라 허가를 받아 신용카드업을 하고 있는 자는 제6조제2항제2호에서 정한 요건을 신용카드업의 허가를 받은 이후에도 계속 유지하여야 한다. 다만, 해당 회사의 경영건전성 확보, 거래자 등의 이익 보호를 위하여 대통령령으로 정하는 경우로서 금융위원회의 승인을 받는 경우에는 제6조제2항제2호에서 정한 요건을 유지하지 아니할 수 있다.

(2010.3.12 본조신설)

제7조【허가·등록의 실시】 ① 금융위원회는 제4조에 따른 허가신청서를 제출받은 날부터 3개월 안에 허가 여부를 결정하여 신청인에게 통보하여야 한다.

② 금융위원회는 제4조에 따른 등록신청서를 제출한 자가 제5조와 제6조의 요건에 맞는 경우에는 지체 없이 등록을 하고 그 사실을 신청인에게 통보하여야 한다.

③ 금융위원회는 제4조에 따라 제출받은 서류에 잘못되거나 부족한 부분이 있으면 서류를 제출받은 날부터 10일 안에 보완을 요청할 수 있다. 이 경우 보완에 걸린 기간은 제1항에 따른 기간에 넣어 계산하지 아니한다.

제8조【예비허가】 ① 제3조제1항 본문에 따른 허가(이하 이 조에서 "본허가"라 한다)를 받으려는 자는 미리 금융위원회에 예비허가를 신청할 수 있다.

② 금융위원회는 제1항에 따른 예비허가 여부를 결정할 때 예비허가를 받으려는 자가 본허가 요건을 모두 충족할 수 있는지를 확인하여야 한다.

③ 금융위원회는 제2항에 따른 예비허가에 조건을 붙일 수 있다.

④ 금융위원회는 예비허가를 받은 자가 본허가를 신청하는 경우에는 제3항에 따른 예비허가 조건을 이행하였는지와 본허가 요건을 모두 충족하는지를 확인한 후 본허가 여부를 결정하여야 한다.

⑤ 예비허가에 관하여는 제4조 및 제6조제1항·제2항·제6항을 준용한다.

(2016.3.29 본조신설)

제9조 (1999.2.1 삭제)

제10조【신청에 의한 등록의 말소】 ① 제3조제1항 단서 또는 제2항에 따라 등록을 한 자는 대통령령으로 정하는 바에 따라 그 등록의 말소를 신청할 수 있다.

② 금융위원회는 제1항에 따른 신청을 받으면 지체 없이 그 등록을 말소한다.

제11조【허가 등의 공고】 금융위원회는 다음 각 호의 어느 하나에 해당하면 지체 없이 그 내용을 관보(官報)에 공고(公告)하고 인터넷 홈페이지 등을 이용하여 일반인에게 알려야 한다.

1. 제3조제1항 또는 제2항에 따라 허가를 하거나 등록을 한 경우
2. 제10조제2항에 따라 등록을 말소한 경우
3. 제57조제1항부터 제3항까지의 규정에 따라 업무정지를 명하거나 허가 또는 등록을 취소한 경우

제3장 여신전문금융업

제1절 신용카드업

(2009.2.6 본절개정)

제12조【적용 범위】 이 절(節)은 신용카드업자가 하는 신용카드업과 제13조에 따른 부대업무(附帶業務)에 대하여 적용한다.

제13조【신용카드업자의 부대업무】 ① 신용카드업자는 대통령령으로 정하는 기준에 따라 다음 각 호에 따른 부대업무를 할 수 있다.

1. 신용카드회원에 대한 자금의 융통(融通)
2. 직불카드의 발행 및 대금의 결제
3. 선불카드의 발행·판매 및 대금의 결제

② 신용카드업자는 제1항에 따른 업무를 대통령령으로 정하는 바에 따라 제3자가 대행하도록 할 수 있다.

제14조【신용카드·직불카드의 발급】 ① 신용카드업자는 발급신청을 받아야만 신용카드나 직불카드를 발급할 수 있다. 다만, 이미 발급한 신용카드나 직불카드를 갱신하거나 대체 발급하는 것에 대하여 대통령령으로 정하는 바에 따라 신용카드회원이나 직불카드회원의 동의를 받은 경우에는 그러하지 아니하다.

② 신용카드업자는 제1항에 따른 발급신청이 다음 각 호의 요건을 갖추고 있는지를 확인하여야 한다. 다만, 제2호는 신용카드 발급신청인 경우에만 적용한다.

1. 본인이 신청할 것
2. 신용카드 한도액이 신용카드업자가 정하는 신용한도 산정(算定) 기준(다음 각 목의 사항이 포함되어야 한다)에 따른 개인신용한도를 넘지 아니할 것
   가. 소득과 재산에 관한 사항
   나. 타인에 대한 지급 보증(保證)에 관한 사항
   다. 신용카드이용대금을 결제할 수 있는 능력에 관한 사항
   라. 신청인이 신용카드 발급 당시 다른 금융기관으로부터 받은 신용공여액(信用供與額)에 관한 사항
   마. 그 밖에 신용한도 산정에 중요한 사항으로서 대통령령으로 정하는 사항

③ 신용카드업자는 다음 각 호의 요건을 갖춘 자에게 신용카드를 발급할 수 있다.

1. 제2항 각 호의 요건을 갖춘 자
2. 신용카드의 발급신청일 현재 대통령령으로 정하는 연령 이상인 자
3. 그 밖에 신용카드 발급에 중요한 요건으로서 대통령령으로 정하는 요건을 갖춘 자

④ 신용카드업자는 다음 각 호의 방법으로 신용카드회원을 모집하여서는 아니 된다.

1. 「방문판매 등에 관한 법률」 제2조제5호에 따른 다단계판매를 통한 모집
2. 인터넷을 통한 모집방법으로서 대통령령으로 정하는 모집
3. 그 밖에 대통령령으로 정하는 모집

⑤ 신용카드업자는 신용카드나 직불카드를 발급하는 경우 그 약관(約款)과 함께 신용카드회원이나 직불카드회원의 권익(權益)을 보호하기 위하여 필요한 사항으로서 대통령령으로 정하는 사항을 신청자에게 다음 각 호 중 어느 하나의 방법으로 제공한다. 이 경우 신청자가 다음 각 호 중 어느 하나의 방법을 요청하는 때에는 그 방법으로 제공하여야 한다.(2023.3.21 본문개정)

1. 서면(書面)
2. 팩스
3. 전자문서(「전자문서 및 전자거래 기본법」 제2조제1호에 따른 전자문서를 말한다. 이하 같다)

(2023.3.21 1호~3호신설)

제14조의2【신용카드회원의 모집】 ① 신용카드회원을 모집할 수 있는 자는 다음 각 호의 어느 하나에 해당하는 자이어야 한다.

1. 해당 신용카드업자의 임직원
2. 신용카드업자를 위하여 신용카드 발급계약의 체결을 중개(仲介)하는 자(이하 "모집인"이라 한다)
3. 신용카드업자와 신용카드회원의 모집에 관하여 업무제휴(提携) 계약을 체결한 자(신용카드회원의 모집을 주된 업으로 하는 자는 제외한다) 및 그 임직원

② 신용카드회원을 모집하는 자가 모집할 때 지켜야 할 사항과 모집방법에 관하여 필요한 사항은 대통령령으로 정한다.

제14조의3【모집인의 등록】 ① 신용카드업자는 소속 모집인이 되고자 하는 자를 금융위원회에 등록하여야 한다.

(2010.3.12 본항개정)

② 다음 각 호의 어느 하나에 해당하는 자는 모집인이 될 수 없다.

1. 피성년후견인 또는 피한정후견인(2016.3.29 본호개정)
2. 파산선고를 받고 복권(復權)되지 아니한 자
3. 이 법 또는 「금융소비자 보호에 관한 법률」(이하 "이 법등"이라 한다)에 따라 벌금 이상의 실형(實刑)을 선고받고 그 집행이 끝나거나(집행이 끝난 것으로 보는 경우를 포함한다) 집행이 면제된 날부터 2년이 지나지 아니한 자(2020.3.24 본호개정)
4. 제14조의4에 따라 모집인의 등록이 취소(이 항 제1호 또는 제2호에 해당하여 등록이 취소된 경우는 제외한다)된 후 2년이 지나지 아니한 자(2016.3.29 본호개정)
5. 영업에 관하여 성년자(成年者)와 같은 능력을 가지지 아니한 미성년자(未成年者)로서 그 법정대리인(法定代理人)이 제1호부터 제4호까지의 어느 하나에 해당하는 자
6. 법인 또는 법인이 아닌 사단(社團)이나 재단(財團)으로서 그 임원이나 관리인 가운데 제1호부터 제4호까지의 어느 하나에 해당하는 자가 있는 자

③ 금융위원회는 제1항에 따른 모집인의 등록에 관한 업무를 제62조제1항에 따른 여신전문금융업협회(이하 "여신전문금융업협회"라 한다)의 장에게 위탁한다.

(2016.3.29 본항개정)

④ 여신전문금융업협회는 모집인의 등록·관리, 건전한 모집질서 유지 및 신용카드회원등의 보호 등을 위하여 모집인운영협의회를 둘 수 있다.(2016.3.29 본항개정)

제14조의4【등록의 취소 등】 ① 금융위원회는 모집인이 다음 각 호의 어느 하나에 해당하면 6개월 안의 기간을 정하여 그 업무의 정지를 명하거나 그 등록을 취소할 수 있다.

1. 이 법에 따른 명령이나 처분을 위반한 경우
2. 모집에 관한 이 법의 규정을 위반한 경우
3. 「금융소비자 보호에 관한 법률」 제51조제1항제3호부터 제5호까지의 어느 하나에 해당하는 경우(2020.3.24 본호신설)
4. 「금융소비자 보호에 관한 법률」 제51조제2항 각 호 외의 부분 본문 중 대통령령으로 정하는 경우(업무의 정지를 명하는 경우로 한정한다)(2020.3.24 본호신설)

② 금융위원회는 모집인이 다음 각 호의 어느 하나에 해당하면 그 등록을 취소하여야 한다.

1. 제14조의3제2항 각 호의 어느 하나에 해당하게 된 경우
2. 등록 당시 제14조의3제2항 각 호의 어느 하나에 해당하는 자이었음이 밝혀진 경우
3. 거짓이나 그 밖의 부정한 방법으로 제14조의3제1항에 따른 등록을 한 경우

3의2. 제14조의5제2항제4호 또는 제5호를 위반한 경우(2016.3.29 본호신설)

4. 정당한 사유 없이 제14조의5제4항에 따른 조사를 거부하는 경우(2010.3.12 본호신설)

③ 금융위원회는 제1항이나 제2항에 따라 업무의 정지를 명하거나 등록을 취소하려면 모집인에게 해명(解明)을 위한 의견제출의 기회를 주어야 한다.

④ 금융위원회는 모집인의 업무의 정지를 명하거나 등록을 취소한 경우에는 지체 없이 이유를 적은 문서로 그 뜻을 모집인에게 알려야 한다.

제14조의5【모집질서 유지】 ① 신용카드업자는 제14조의2제1항 각 호의 어느 하나에 해당하는 자 외의 자에게 신용카드회원의 모집을 하게 하거나 모집에 관하여 수수료·보수, 그 밖의 대가를 지급하지 못한다.

② 모집인은 다음 각 호의 어느 하나의 행위를 하지 못한다.

1. 자신이 소속된 신용카드업자 외의 자를 위하여 신용카드회원을 모집하는 행위

2.~3. (2020.3.24 삭제)

4. 신용카드회원을 모집할 때 알게 된 발급신청인의 개인식별정보(「신용정보의 이용 및 보호에 관한 법률」 제34조에 따른 정보를 말한다. 이하 이 항에서 같다) 또는 신용정보(같은 법 제2조제1호에 따른 신용정보를 말한다. 이하 같다) 및 사생활 등 개인적 비밀을 업무 목적 외의 목적으로 누설하거나 이용하는 행위(2016.3.29 본호신설)
5. 거짓이나 그 밖의 부정한 수단 또는 방법으로 취득하거나 제공받은 개인식별정보 또는 신용정보를 모집에 이용하는 행위(2016.3.29 본호신설)

③ 신용카드회원을 모집하는 자는 제14조제4항 각 호의 행위 및 제24조의2(신용카드회원 모집행위와 관련된 행위에 한한다)에 따른 금지행위를 하여서는 아니 된다.

④ 금융위원회는 건전한 모집질서의 확립을 위하여 필요하다고 인정되는 경우에는 신용카드회원을 모집하는 자에 대하여 대통령령으로 정하는 바에 따라 조사를 할 수 있다.

⑤ 신용카드업자는 모집인의 행위가 이 법등 또는 이 법등에 따른 명령이나 조치에 위반된 사실을 알게 된 경우에는 이를 금융위원회에 신고하여야 한다.(2020.3.24 본항개정)

⑥ 신용카드업자는 모집인에게 모집인이 신용카드회원을 모집할 때 지켜야 하는 사항을 교육하여야 한다.
⑦ 제6항에 따른 교육 내용 및 방법에 관하여 필요한 사항은 금융위원회가 정하여 고시한다.
(2010.3.12 본조신설)

제15조【신용카드의 양도 등의 금지】 신용카드는 양도(讓渡)·양수(讓受)하거나 질권(質權)을 설정(設定)할 수 없다.

제16조【신용카드회원등에 대한 책임】 ① 신용카드업자는 신용카드회원이나 직불카드회원으로부터 그 카드의 분실·도난 등의 통지를 받은 때부터 그 회원에 대하여 그 카드의 사용에 따른 책임을 진다.
② 신용카드업자는 제1항에 따른 통지 전에 생긴 신용카드의 사용에 대하여 대통령령으로 정하는 기간의 범위에서 책임을 진다.
③ 제2항에도 불구하고 신용카드업자는 신용카드의 분실·도난 등에 대하여 그 책임의 전부 또는 일부를 신용카드회원이 지도록 할 수 있다는 취지의 계약을 체결한 경우에는 그 신용카드회원에 대하여 그 계약내용에 따른 책임을 지도록 할 수 있다. 다만, 저항할 수 없는 폭력이나 자기 또는 친족의 생명·신체에 대한 위해(危害) 때문에 비밀번호를 누설(漏泄)한 경우 등 신용카드회원의 고의(故意) 또는 과실(過失)이 없는 경우에는 그러하지 아니하다.
④ 신용카드업자는 제1항에 따른 통지를 받은 경우에는 즉시 통지의 접수자, 접수번호, 그 밖에 접수사실을 확인할 수 있는 사항을 그 통지인에게 알려야 한다.
⑤ 신용카드업자는 신용카드회원등에 대하여 다음 각 호에 따른 신용카드등의 사용으로 생기는 책임을 진다.
1. 위조(僞造)되거나 변조(變造)된 신용카드등의 사용
2. 해킹, 전산장애, 내부자정보유출 등 부정한 방법으로 얻은 신용카드등의 정보를 이용한 신용카드등의 사용
3. 다른 사람의 명의를 도용(盜用)하여 발급받은 신용카드등의 사용(신용카드회원등의 고의 또는 중대한 과실이 있는 경우는 제외한다)
⑥ 제5항에도 불구하고 신용카드업자가 제5항제1호 및 제2호에 따른 신용카드등의 사용에 대하여 그 신용카드회원등의 고의 또는 중대한 과실을 증명하면 그 책임의 전부 또는 일부를 신용카드회원등이 지도록 할 수 있다는 취지의 계약을 신용카드회원등과 체결한 경우에는 그 신용카드회원등이 그 계약내용에 따른 책임을 지도록 할 수 있다.
⑦ 제3항 및 제6항에 따른 계약은 서면 또는 전자문서로 한 경우에만 효력이 있으며, 신용카드회원등의 중대한 과실은 계약서에 적혀 있는 것만 해당한다.(2023.3.21 본항개정)
⑧ 신용카드업자는 제1항·제2항·제5항 및 제17조에 따른 책임을 이행하기 위하여 보험이나 공제(共濟)에 가입하거나 준비금을 적립하는 등 필요한 조치를 하여야 한다.
⑨ 제5항제3호, 제6항 및 제7항에 따른 신용카드회원등의 고의 또는 중대한 과실의 범위는 대통령령으로 정한다.
⑩ 신용카드회원이 서면, 전화, 전자문서 등으로 신용카드의 이용금액에 대하여 이의를 제기할 경우 신용카드업자는 이에 대한 조사를 마칠 때까지 그 신용카드회원으로부터 그 금액을 받을 수 없다.(2023.3.21 본항개정)

제16조의2【가맹점의 모집 등】 ① 신용카드가맹점을 모집할 수 있는 자는 다음 각 호의 어느 하나에 해당하는 자이어야 한다.
1. 해당 신용카드업자의 임직원
2. 가맹점모집인
② 신용카드가맹점을 모집하는 자가 모집할 때 지켜야 할 사항과 모집방법에 필요한 사항은 대통령령으로 정한다.
③ 금융위원회는 건전한 가맹점모집질서의 확립을 위하여 필요하다고 인정하는 경우에는 신용카드가맹점을 모집하는 자에 대하여 대통령령으로 정하는 바에 따라 조사를 할 수 있다.
(2015.1.20 본조개정)

제16조의3【가맹점모집인의 등록 등】 ① 부가통신업자는 소속 가맹점모집인이 되려는 자를 금융위원회에 등록하여야 한다.
② 다음 각 호의 어느 하나에 해당하는 자는 가맹점모집인이 될 수 없다.
1. 피한정후견인 또는 피성년후견인
2. 파산선고를 받고 복권되지 아니한 자
3. 이 법에 따라 벌금 이상의 실형을 선고받고 그 집행이 끝나거나(집행이 끝난 것으로 보는 경우를 포함한다) 집행이 면제된 날부터 2년이 지나지 아니한 자
4. 이 법에 따라 가맹점모집인의 등록이 취소(제1호 또는 제2호에 해당하여 등록이 취소된 경우는 제외한다)된 후 2년이 지나지 아니한 자(2018.4.17 본호개정)
5. 영업에 관하여 성년자와 같은 능력을 가지지 아니한 미성년자로서 그 법정대리인이 제1호부터 제4호까지의 어느 하나에 해당하는 자
6. 법인 또는 법인이 아닌 사단이나 재단으로서 그 임원이나 관리인 가운데 제1호부터 제4호까지의 어느 하나에 해당하는 자가 있는 자
③ 가맹점모집인의 등록요건 및 영업기준 등에 필요한 사항은 대통령령으로 정한다.
④ 금융위원회는 제1항에 따른 가맹점모집인의 등록에 관한 업무를 여신전문금융업협회의 장(이하 "여신전문금융업협회장"이라 한다)에게 위탁한다.(2016.3.29 본항개정)
(2015.1.20 본조신설)

제16조의4【등록의 취소 등】 ① 금융위원회는 가맹점모집인이 다음 각 호의 어느 하나에 해당하면 6개월 이내의 기간을 정하여 그 업무의 정지를 명하거나 그 등록을 취소할 수 있다.
1. 이 법에 따른 명령이나 처분을 위반한 경우
2. 가맹점모집에 관한 이 법의 규정을 위반한 경우
② 금융위원회는 가맹점모집인이 다음 각 호의 어느 하나에 해당하면 그 등록을 취소하여야 한다.
1. 정당한 사유 없이 제16조의2제3항에 따른 조사를 거부하는 경우
2. 거짓이나 그 밖의 부정한 방법으로 제16조의3제1항에 따른 등록을 한 경우
3. 제16조의3제2항에 해당하게 된 경우
4. 등록 당시 제16조의3제2항에 해당하는 자이었음이 밝혀진 경우
③ 등록취소의 절차에 관하여는 제14조의4제3항 및 제4항을 준용한다.
(2015.1.20 본조신설)

제16조의5【계약 해지에 따른 연회비 반환】 ① 신용카드업자는 신용카드회원이 신용카드업자와의 계약을 해지하는 경우 연회비를 반환하여야 한다.
② 제1항에 따른 연회비 반환사유, 반환금액, 그 밖에 필요한 사항은 대통령령으로 정한다.
(2013.3.22 본조신설)

제17조【가맹점에 대한 책임】 ① 신용카드업자는 다음 각 호의 어느 하나에 해당하는 거래에 따른 손실을 신용카드가맹점이 부담하도록 할 수 없다. 다만, 신용카드업자가 그 거래에 대한 그 신용카드가맹점의 고의 또는 중대한 과실을 증명하면 그 손실의 전부 또는 일부를 신용카드가맹점이 부담하도록 할 수 있다는 취지의 계약을 신용카드가맹점과 체결한 경우에는 그러하지 아니하다.
1. 잃어버리거나 도난당한 신용카드를 사용한 거래
2. 위조되거나 변조된 신용카드를 사용한 거래
3. 해킹, 전산장애, 내부자정보유출 등 부정한 방법으로 얻은 신용카드등의 정보를 이용하여 신용카드등을 사용한 거래
4. 다른 사람의 명의를 도용하여 발급받은 신용카드등을 사용한 거래
② 제1항 각 호 외의 부분 단서에 따른 계약은 서면 또는 전자문서로 한 경우에만 효력이 있으며, 신용카드가맹점의 중대한 과실은 계약서에 적혀 있는 사항만 해당한다.
(2023.3.21 본항개정)

제18조【거래조건의 주지의무】 신용카드업자는 다음 각 호의 사항을 총리령으로 정하는 방법에 따라 신용카드회원등과 신용카드가맹점에 알려야 한다.
1. 신용카드업자가 정하는 이자율·할인율·연체료율·가맹점수수료율 등 각종 요율(料率)(2012.3.21 본호개정)
2. 신용카드·직불카드 이용금액의 결제방법
3. 제16조에 따른 신용카드회원등에 대한 책임
4. 제17조와 제19조에 따른 신용카드가맹점에 대한 책임과 신용카드가맹점의 준수 사항
5. 그 밖에 총리령으로 정하는 사항

제18조의2【가맹점 단체 설립 등】 ① 연간 매출규모 등 대통령령으로 정하는 기준에 해당하는 신용카드가맹점은 신용카드업자와 가맹점수수료율 등 거래조건(이하 이 조에서 "거래조건"이라 한다)과 관련하여 합리적으로 계약을 체결·유지하기 위하여 단체를 설립할 수 있다.
② 금융위원회는 신용카드업자가 신용카드가맹점과의 거래조건과 관련하여 합리적으로 계약을 체결·유지하고 있는지 여부를 확인하기 위하여 신용카드업자에게 필요한 자료의 제출을 요구할 수 있다.
③ 금융위원회는 제2항에 따라 신용카드업자가 신용카드가맹점과의 거래조건과 관련하여 합리적으로 계약을 체결·유지하고 있는지 여부를 확인함에 있어서 신용카드가맹점 매출규모 조사 등 업무상 필요하다고 인정하는 경우에는 국가기관·지방자치단체에 대하여 필요한 자료의 제공을 요청할 수 있다. 이 경우 자료의 제공을 요청받은 국가기관·지방자치단체는 정당한 사유 없이 이를 거부하여서는 아니 된다.
(2010.3.12 본조신설)

제18조의3【가맹점수수료율의 차별금지 등】 ① 신용카드업자는 신용카드가맹점과의 가맹점수수료율을 정함에 있어서 공정하고 합리적으로 정하여야 하며 부당하게 가맹점수수료율을 차별하여서는 아니 된다.
② 금융위원회는 신용카드업자가 제1항에 따른 가맹점수수료율을 정함에 있어서 준수하여야 할 사항을 정하여야 한다.
③ 제1항에도 불구하고 신용카드업자는 대통령령으로 정하는 규모 이하의 영세한 중소신용카드가맹점(이하 "영세한 중소신용카드가맹점"이라 한다)에 대하여 금융위원회가 정하는 우대수수료율을 적용하여야 한다.
(2016.3.29 본항개정)
④ 대통령령으로 정하는 규모 이상의 대형 신용카드가맹점(이하 "대형신용카드가맹점"이라 한다)은 거래상의 우월적 지위를 이용하여 다음 각 호의 어느 하나에 해당하는 행위를 하여서는 아니 된다.(2015.1.20 본문개정)
1. 신용카드업자에게 부당하게 낮은 가맹점수수료율을 정할 것을 요구하는 행위
2. 신용카드와 관련한 거래를 이유로 부당하게 보상금, 사례금 등 명칭 또는 방식 여하를 불문하고 대가(이하 "보상금등"이라 한다)를 요구하거나 받는 행위
(2015.1.20 본호개정)
(2012.3.21 본조신설)

제18조의4【가맹점수수료율의 조정요구 등】 금융위원회는 신용카드업자와 신용카드가맹점이 제18조의3제1항·제3항 또는 제4항을 위반하는 경우 이를 조정하도록 요구하거나 관계 기관 통보 등 필요한 조치를 할 수 있다.
(2012.3.21 본조신설)

제19조【가맹점의 준수사항】 ① 신용카드가맹점은 신용카드로 거래한다는 이유로 신용카드 결제를 거절하거나 신용카드회원을 불리하게 대우하지 못한다.(2010.3.12 본항개정)
② 신용카드가맹점은 신용카드로 거래를 할 때마다 그 신용카드를 본인이 정당하게 사용하고 있는지를 확인하여야 한다.
③ 신용카드가맹점은 신용카드회원의 정보보호를 위하여 금융위원회에 등록된 신용카드 단말기를 설치·이용하여야 한다.(2015.1.20 본항신설)
④ 신용카드가맹점은 가맹점수수료를 신용카드회원이 부담하게 하여서는 아니 된다.
⑤ 신용카드가맹점은 다음 각 호의 어느 하나에 해당하는 행위를 하여서는 아니 된다. 다만, 결제대행업체의 경우에는 제1호·제4호 및 제5호를 적용하지 아니하고, 수납대행가맹점의 경우에는 제3호·제5호(제2조제5호의2에 따라 대행하는 행위에 한한다)를 적용하지 아니한다.
(2010.3.12 본문개정)
1. 물품의 판매 또는 용역의 제공 등이 없이 신용카드로 거래한 것처럼 꾸미는 행위
2. 신용카드로 실제 매출금액 이상의 거래를 하는 행위
3. 다른 신용카드가맹점의 명의(名義)를 사용하여 신용카드로 거래하는 행위
4. 신용카드가맹점의 명의를 타인에게 빌려주는 행위
5. 신용카드에 의한 거래를 대행하는 행위
⑥ 대형신용카드가맹점 및 그와 대통령령으로 정하는 특수한 관계에 있는 자(이하 "특수관계인"이라 한다)는 신용카드부가통신서비스 이용을 이유로 부가통신업자에게 부당하게 보상금등을 요구하거나 받아서는 아니 된다.
(2016.3.29 본항개정)
⑦ 결제대행업체는 다음 각 호의 사항을 지켜야 한다.
(2015.1.20 본문개정)
1. 물품의 판매 또는 용역의 제공 등을 하는 자의 신용정보 및 신용카드등에 따른 거래를 대행한 내용을 신용카드업자에게 제공할 것
2. 물품의 판매 또는 용역의 제공 등을 하는 자의 상호 및 주소를 신용카드회원등이 알 수 있도록 할 것
3. 신용카드회원등이 거래 취소 또는 환불 등을 요구하는 경우 이에 따를 것
4. 그 밖에 신용카드회원등의 신용정보보호 및 건전한 신용카드거래를 위하여 대통령령으로 정하는 사항
(2015.1.20 1호~4호신설)

판례 여신전문금융업법 제19조제1항은 국민의 금융편의를 도모하고 거래의 투명화를 통한 탈세를 방지함으로써 국민경제의 발전에 이바지하기 위한 것으로 입법목적의 정당성이 인정된다. 그리고 신용카드가맹점에 대하여 신용카드 수납의무 및 차별금지의무를 부과하는 것은 위와 같은 입법목적 달성에 효과적인 수단이므로 수단의 적합성도 인정된다. 또한 침해의 최소성 원칙에도 반하지 아니하며 법익의 균형성도 갖추고 있다. 그러므로 이 법률조항은 과잉금지원칙에 반하여 직업수행의 자유를 침해하지 아니한다.
(헌재결 2014.3.27, 2011헌마744)

제19조의2【수납대행가맹점의 준수사항】 수납대행가맹점은 다음 각 호의 사항을 준수하여야 한다.
1. 신용카드회원등의 신용정보 등이 업무 외의 목적에 사용되거나 외부에 유출되게 하지 아니할 것
2. 신용카드를 본인이 정당하게 사용하고 있는지를 확인할 것
3. 그 밖에 신용카드회원등의 신용정보보호 및 건전한 신용카드거래를 위하여 대통령령으로 정하는 사항
(2010.3.12 본조신설)

제20조【매출채권의 양도금지 등】 ① 신용카드가맹점은 신용카드에 따른 거래로 생긴 채권(신용카드업자에게 가지는 매출채권을 포함한다. 이하 이 항에서 같다)을 신용카드업자와 「은행법」에 따라 설립된 은행(「중소기업은행법」에 따라 설립된 중소기업은행과 「농업협동조합법」에 따라 설립된 농협은행을 포함한다. 이하 이 조에서 같다) 외의 자(이하 이 조에서 "신용카드업자등 외의 자"라 한다)에게 양도하여서는 아니 되고, 신용카드업자등 외의 자는 이를 양수하여서는 아니 된다. 다만, 신용카드가맹점이 신용카드업자에게 가지는 매출채권을 「자산유동화에 관한 법률」 제2조제1호에 따른 자산유동화를 위하여 양도하는 경우에는 신용카드가맹점은 신용카드에 따른 거래로 생긴 채권을 신용카드업자등 외의 자에게 양도할 수 있고, 신용카드업자등 외의 자도 이를 양수할 수 있다.(2016.3.29 본항개정)
② 신용카드가맹점이 아닌 자는 신용카드가맹점의 명의로 신용카드등에 의한 거래를 하여서는 아니 된다.

제21조【가맹점의 해지의무】 신용카드업자는 신용카드가맹점이 제19조 또는 제20조제1항을 위반하여 형을 선고받거나 관계 행정기관으로부터 같은 규정의 위반사실에 대하여 서면통보를 받는 등 대통령령으로 정하는 사유에 해당하는 경우에는 특별한 사유가 없으면 지체 없이 가맹점계약을 해지(解止)하여야 한다.

제22조 (2006.4.28 삭제)

제23조【가맹점 모집·이용방식의 제한】 ① 제3조제1항 단서에 따라 신용카드업의 등록을 한 겸영여신업자가 모집할 수 있는 신용카드가맹점의 범위는 대통령령으로 정한다.

② 금융위원회는 신용카드 이용의 편의와 신용카드업자의 업무 효율화를 위하여 신용카드업자(제1항에 따른 겸영여신업자는 제외한다. 이하 이 항에서 같다)에 대하여 다른 신용카드업자의 매출전표(賣出錢票)를 상호 매입하거나 접수 및 대금지급을 대행하는 등의 방법으로 신용카드가맹점을 공동으로 이용할 것을 명할 수 있다.

③ 금융위원회는 제2항에 따라 신용카드가맹점을 공동으로 이용하도록 명하는 경우에는 가맹점수수료율이 각 신용카드업자에 의하여 자율적으로 결정되고 신용카드업자 간에 지급되는 대가가 적정한 수준으로 결정되도록 하는 등 신용카드업자 간의 공정한 경쟁이 제한되지 아니하도록 하여야 한다.

제24조【신용카드등의 이용한도 제한 등】 금융위원회는 신용질서를 유지하고 소비자를 보호하기 위하여 신용카드업자가 지켜야 할 사항으로 다음 각 호에 대한 기준을 정하는 등 필요한 조치를 할 수 있다.

1. 신용카드에 의한 현금융통의 최고한도
2. 직불카드의 1회 또는 1일 이용한도
3. 선불카드의 총발행한도와 발행권면금액(發行券面金額)의 최고한도
4. 제14조제2항제2호에 따라 신용카드업자가 정하는 신용한도 산정 기준에 관한 사항
5. 신용카드 이용한도를 정할 때 지켜야 할 사항
6. 신용카드업자가 정하는 약관의 내용에 관한 사항
7. 가맹점 관리에 관한 사항
8. 채권을 추심할 때 지켜야 할 사항
9. 수수료율을 적용하기 위하여 회원을 분류할 때 지켜야 할 사항
10. 그 밖에 대통령령으로 정하는 사항

제24조의2【신용카드업자 등의 금지행위】 ① 신용카드업자는 소비자 보호 목적과 건전한 영업질서를 해칠 우려가 있는 다음 각 호의 행위(이하 "금지행위"라 한다)를 하여서는 아니 된다.

1. (2020.3.24 삭제)
2. 신용카드업자의 경영상태를 부실하게 할 수 있는 모집행위 또는 서비스 제공 등으로 신용카드등의 건전한 영업질서를 해치는 행위

② 금지행위의 세부적인 유형과 기준은 대통령령으로 정한다.

③ 신용카드업자와 부가통신업자는 대형신용카드가맹점이 자기와 거래하도록 대형신용카드가맹점 및 특수관계인에게 부당하게 보상금등을 제공하여서는 아니 된다.
(2016.3.29 본항개정)

(2015.1.20 본조제목개정)
(2009.2.6 본조신설)

제25조【공탁】 ① 금융위원회는 선불카드를 발행한 신용카드업자에게 선불카드 발행총액의 100분의 10의 범위에서 대통령령으로 정하는 금액을 공탁할 것을 명할 수 있다.

② 제1항에 따른 공탁은 선불카드를 발행한 신용카드업자의 본점 또는 주된 사무소의 소재지에서 하여야 한다.

③ 제1항에 따른 공탁명령을 받은 자가 이를 이행한 때에는 지체없이 그 사실을 금융위원회에 신고하여야 한다.

④ 제1항에 따라 공탁을 한 신용카드업자는 금융위원회의 승인을 받아 공탁물을 반환받을 수 있다.

⑤ 제1항에 따른 공탁물의 종류, 공탁의 시기, 그 밖에 공탁에 관하여 필요한 사항은 총리령으로 정한다.

제26조【공탁물의 배당 등】 ① 금융위원회는 제25조에 따라 공탁을 한 신용카드업자가 선불카드에 의하여 물품을 판매하거나 용역을 제공한 신용카드가맹점에게 지급하여야 할 선불카드대금 및 미상환선불카드의 잔액을 상환할 수 없게 된 때에는 해당 신용카드업자가 공탁한 공탁물을 출급하여 해당 신용카드가맹점 및 미상환선불카드의 소지자(이하 "미상환채권자"라 한다)에게 배당을 실행할 자(이하 "권리실행자"라 한다)를 지정하고 총리령으로 정하는 바에 따라 이를 공고하여야 한다.

② 권리실행자가 될 수 있는 자는 대통령령으로 정한다.

③ 미상환채권자는 권리실행자에게 상환받지 못한 금액을 신고하여 배당을 받을 수 있다.

④ 권리실행자는 총리령으로 정하는 바에 따라 제3항에 따른 신고의 기간·방법 및 장소를 공고하여야 한다.

⑤ 권리실행자는 다른 채권에 우선하여 제3항에 따라 신고된 금액의 합계액과 소요비용을 합산한 총액의 범위에서 금융위원회의 승인을 받아 공탁물을 출급할 수 있다.

⑥ 권리실행자는 출급한 공탁물을 금융위원회가 정하는 방법 및 절차에 따라 미상환채권자에게 배당하여야 한다.

⑦ 제25조에 따라 공탁을 한 신용카드업자는 제1항부터 제6항까지의 규정에 의한 배당절차가 완료되기 전에는 해당 공탁물을 반환받을 수 없다.

제27조【유사명칭의 사용금지】 이 법에 따른 신용카드업자가 아니면 그 상호에 신용카드 또는 이와 비슷한 명칭을 사용하지 못한다.

제27조의2【신용카드등부가통신업의 등록 등】 ① 신용카드등부가통신업을 하려는 자는 대통령령으로 정하는 기준에 따른 시설·장비 및 기술능력을 갖추어 금융위원회에 등록하여야 한다.

② 신용카드등부가통신업의 등록을 할 수 있는 자는 법인으로서 자본금이 20억원 이상인 자로 한다. 다만, 대통령령으로 정하는 규모 이하의 소규모 가맹점을 대상으로 서비스를 제공하는 자는 법인으로서 자본금이 10억원 이상인 자로 한다.

③ 다음 각 호의 어느 하나에 해당하는 자는 제1항에 따른 등록을 할 수 없다.

1. 제5항에 따라 등록이 말소되거나 제27조의3에 따라 등록이 취소된 날부터 3년이 지나지 아니한 법인 및 그 말소 또는 취소 당시 그 법인의 대통령령으로 정하는 출자자이었던 자로서 말소되거나 취소된 날부터 3년이 지나지 아니한 자
2. 「채무자 회생 및 파산에 관한 법률」에 따른 회생절차 중에 있는 회사 및 그 회사의 출자자 중 대통령령으로 정하는 출자자
3. 금융거래 등 상거래에서 약정한 날까지 채무를 변제하지 아니한 자로서 대통령령으로 정하는 자
4. 등록신청일을 기준으로 최근 3년 동안 금융관계법령을 위반하여 벌금형 이상의 처벌을 받은 사실이 있는 자
5. 제1호부터 제4호까지의 어느 하나에 해당하는 자가 출자자인 법인으로서 대통령령으로 정하는 법인

④ 제1항에 따라 등록한 사항을 변경하려는 때에는 대통령령으로 정하는 바에 따라 변경등록을 하여야 한다.

⑤ 제1항에 따라 등록한 자는 대통령령으로 정하는 바에 따라 그 등록의 말소를 신청할 수 있다. 이 경우 금융위원회는 지체 없이 그 등록을 말소한다.

⑥ 「금융회사의 지배구조에 관한 법률」 제5조제1항 각 호의 어느 하나에 해당하는 사람은 부가통신업자의 임원이 될 수 없으며, 임원이 된 후에 이에 해당하게 된 경우(같은 법 제5조제1항제7호에 해당하는 사람으로서 대통령령으로 정하는 경우는 제외한다)에는 그 직(職)을 잃는다.
(2018.12.11 본항신설)

⑦ 부가통신업자는 임원을 선임하거나 해임한 경우 대통령령으로 정하는 바에 따라 그 사실을 금융위원회에 보고하여야 한다.(2018.12.11 본항신설)

(2015.1.20 본조신설)

제27조의3【신용카드등부가통신업 등록의 취소】 ① 금융위원회는 부가통신업자가 다음 각 호의 어느 하나에 해당하는 경우에는 제27조의2에 따른 등록을 취소할 수 있다.

1. 거짓이나 그 밖의 부정한 방법으로 제27조의2에 따른 등록을 한 경우
2. 제27조의2제3항에 해당하는 경우
3. 제53조제4항에 따른 금융위원회의 조치를 정당한 사유 없이 이행하지 아니한 경우
4. 정당한 사유 없이 1년 이상 계속하여 영업을 하지 아니한 경우
5. 법인의 합병·파산·폐업 등으로 사실상 영업을 끝낸 경우

② 금융위원회는 제1항에 따라 등록을 취소하려는 경우에는 청문을 하여야 한다.

③ 부가통신업자는 제1항에 따라 등록이 취소된 경우에도 그 처분 전에 행하여진 신용카드등에 따른 대금의 결제를 위한 업무를 계속 할 수 있다.

(2015.1.20 본조신설)

제27조의4【신용카드 단말기의 등록】 ① 부가통신업자는 자신이 전기통신서비스를 제공하는 신용카드 단말기를 금융위원회에 등록하여야 한다. 다만, 부가통신업자가 전기통신서비스를 제공하지 아니하는 신용카드 단말기의 경우에는 신용카드가맹점이 금융위원회에 등록하여야 한다.

② 등록하려는 신용카드 단말기는 신용카드회원의 정보 보호를 위하여 금융위원회가 정하는 기술기준에 적합하여야 한다.

③ 신용카드 단말기의 등록요건 및 등록절차 등에 필요한 사항은 대통령령으로 정한다.

④ 금융위원회는 제1항 및 제2항에 따른 신용카드 단말기의 등록 및 기술기준에 관한 업무를 여신전문금융업협회장에게 위탁한다.

(2015.1.20 본조신설)

제27조의5【영세한 중소신용카드가맹점 대상 부가통신업자 지정】 ① 금융위원회는 영세한 중소신용카드가맹점을 대상으로 전기통신서비스를 제공하는 부가통신업자를 지정할 수 있다.

② 제1항에 따른 부가통신업자는 다음 각 호의 어느 하나에 해당하는 자 중에서 지정한다.

1. 「민법」 제32조 또는 다른 법률에 따라 설립된 비영리법인
2. 그 밖에 영세한 중소신용카드가맹점 자문·교육 등 대통령령으로 정하는 업무를 수행하는 것이 적합하다고 인정되는 법인

③ 제1항에 따라 지정된 부가통신업자는 신용카드등부가통신업과 관련하여 영세한 중소신용카드가맹점을 위한 자문·교육 등 대통령령으로 정한 업무를 할 수 있다.

④ 금융위원회는 신용카드등부가통신업의 건전한 거래질서 확립 및 영세한 중소신용카드가맹점 보호를 위하여 필요한 경우에는 제1항에 따라 지정된 부가통신업자에게 자료의 제출이나 의견의 진술을 요청할 수 있다. 이 경우 요청을 받은 부가통신업자는 특별한 사유가 없으면 요청에 따라야 한다.

⑤ 그 밖에 영세한 중소신용카드가맹점을 대상으로 전기통신서비스를 제공하는 부가통신업자의 지정기준 및 절차 등에 필요한 사항은 대통령령으로 정한다.

⑥ 금융위원회는 제1항부터 제4항까지와 관련된 업무를 여신전문금융업협회장에게 위탁한다.

(2016.3.29 본조신설)

제2절 시설대여업
(2009.2.6 본절개정)

제28조【적용 범위】 이 절은 시설대여업자가 하는 시설대여업과 연불판매업무에 적용한다.(2016.3.29 본조개정)

제29조【각종 자금의 이용】 시설대여업자와 시설대여 또는 연불판매 계약을 체결한 자(이하 "대여시설이용자"라 한다)가 기업의 설비투자를 지원하기 위하여 운용(運用)되는 자금의 융자대상자인 경우에는 시설대여업자가 그 대여시설이용자를 위하여 그 자금을 융자받아 특정물건을 취득하거나 대여받아 시설대여 또는 연불판매(이하 "시설대여등"이라 한다)를 할 수 있다.

제30조【「대외무역법」상의 특례】 시설대여업자가 시설대여등을 한 특정물건이 외화획득용 시설기재(施設機材)인 경우에는 대여시설이용자가 「대외무역법」 제16조제3항 본문에 따른 "그 수입에 대응하는 외화획득"을 하여야 한다.

제31조【「의료기기법」상의 특례】 ① 시설대여업자는 시설대여등의 목적으로 수입(輸入)하는 특정물건인 의료기기에 대하여 보건복지부장관이 지정하는 자의 시설과 기구를 이용하여 시험검사를 하는 경우에는 「의료기기법」 제15조제4항에도 불구하고 그 의료기기를 수입할 수 있다.

② 시설대여업자는 제1항에 따라 수입한 특정물건인 의료기기를 「의료기기법」 제17조제1항에도 불구하고 신고하지 아니하고 양도할 수 있다.

(2011.4.7 본조개정)

제32조【행정처분상의 특례】 시설대여업자가 시설대여등의 목적으로 특정물건을 취득·수입하거나 대여받으려는 경우에 제30조와 제31조에 규정된 사항 외에 법령에 따라 받아야 할 허가·승인·추천, 그 밖에 행정처분에 필요한 요건을 대여시설이용자가 갖춘 경우에는 시설대여업자가 해당 요건을 갖춘 것으로 본다.

제33조【등기·등록상의 특례】 ① 시설대여업자가 건설기계나 차량(車輛)의 시설대여등을 하는 경우에는 「건설기계관리법」 또는 「자동차관리법」에도 불구하고 대여시설이용자(연불판매의 경우 특정물건의 소유권을 취득한 자는 제외한다. 이하 같다)의 명의로 등록할 수 있다.

② 시설대여업자가 시설대여등의 목적으로 그 소유의 선박이나 항공기를 등기·등록하려는 경우 대여시설이용자가 「선박법」 제2조 또는 「항공안전법」 제10조에 따라 등기·등록에 필요한 요건을 갖추고 있는 경우에는 그 이용기간 동안 시설대여업자가 그 요건을 갖추고 있는 것으로 본다.(2016.3.29 본항개정)

제34조【의무이행상의 특례】 ① 대여시설이용자가 특정물건의 시설대여등을 받아 사용하는 경우에는 다른 법령에 따라 특정물건의 소유자에게 부과되는 검사 등 그 물건의 유지·관리에 관한 각종 의무를 대여시설이용자가 당사자로서 이행하여야 한다.

② 제1항에 따른 의무를 지게 된 시설대여업자는 지체 없이 이를 대여시설이용자에게 알려야 한다.

제35조【자동차 등의 손해배상책임】 대여시설이용자가 이 법에 따라 건설기계나 차량의 시설대여등을 받아 운행하면서 위법행위로 다른 사람에게 손해를 입힌 경우에는 「자동차손해배상 보장법」 제3조를 적용할 때 시설대여업자를 자기를 위하여 자동차를 운행하는 자로 보지 아니한다.

제36조【시설대여등의 표시】 ① 시설대여업자는 시설대여등(연불판매에서 특정물건의 소유권을 이전한 경우는 제외한다)을 하는 특정물건에 총리령으로 정하는 바에 따라 시설대여등을 나타내는 표지(標識)를 붙여야 한다.

② 해당 특정물건의 시설대여등을 한 시설대여업자 외의 자는 제1항의 표지를 손괴 또는 제거하거나 그 내용 또는 붙인 위치를 변경하여서는 아니 된다.

제37조【중소기업에 대한 지원】 ① 금융위원회는 대통령령으로 정하는 바에 따라 시설대여업자에게 시설대여등의 연간 실행액의 일정 비율 이상을 중소기업(「중소기업기본법」 제2조에 따른 중소기업을 말한다)에 대하여 운용하도록 명할 수 있다.

② 제1항에 따른 일정 비율은 100분의 50을 넘을 수 없다.

제3절 할부금융업
(2009.2.6 본절개정)

제38조【적용 범위】 이 절은 할부금융업자가 하는 할부금융업에 적용한다.(2016.3.29 본조개정)

제39조【거래조건의 주지 의무】 ① 할부금융업자는 할부금융계약을 체결한 재화와 용역의 매수인(이하 "할부금융이용자"라 한다)에게 다음 각 호의 사항을 제공하여야 한다.(2023.3.21 본문개정)
1. 할부금융업자가 정하는 이자율, 연체이자율 및 각종 요율. 이 경우 각종 요율은 취급수수료 등 그 명칭이 무엇이든 할부금융이용자가 할부금융업자에게 지급하는 금액이 포함되도록 산정하여야 한다.
2. 할부금융에 의한 대출액(이하 "할부금융자금"이라 한다)의 변제방법
3. 그 밖에 총리령으로 정하는 사항

② 할부금융업자는 제1항에 따른 사항을 다음 각 호 중 어느 하나의 방법으로 제공한다. 이 경우 할부금융이용자가 다음 각 호 중 어느 하나의 방법을 요청하는 때에는 그 방법으로 제공하여야 한다.
1. 서면
2. 팩스
3. 전자문서

(2023.3.21 본항신설)

제40조【할부금융업자의 준수사항】 ① 할부금융업자는 할부금융이용자에게 할부금융의 대상이 되는 재화 및 용역의 구매액(그 구매에 필요한 부대비용을 포함한다) 이상으로 할부금융자금을 대출할 수 없다.

② 할부금융업자는 할부금융자금을 할부금융의 대상이 되는 재화 및 용역의 매도인에게 직접 지급하여야 한다.

제4절 신기술사업금융업

제41조【적용 범위】 ① 이 절은 신기술사업금융업자가 하는 다음 각 호의 업무에 적용한다.(2016.3.29 본문개정)
1. 신기술사업자에 대한 투자
2. 신기술사업자에 대한 융자
3. 신기술사업자에 대한 경영 및 기술의 지도
4. 신기술사업투자조합의 설립
5. 신기술사업투자조합 자금의 관리·운용

②~③ (2016.3.29 삭제)

(2009.2.6 본조개정)

제42조【자금의 차입】 신기술사업금융업자는 제47조제1항에도 불구하고 정부 또는 대통령령으로 정하는 기금(基金)으로부터 신기술사업자에 대한 투자(投資)·융자(融資)에 필요한 자금을 차입(借入)할 수 있다.
(2009.2.6 본조개정)

제43조【세제상의 지원】 정부는 신기술사업금융업의 발전을 위하여 신기술사업금융업자, 신기술사업금융업자에게 투자한 자, 신기술사업투자조합 및 그 조합원에 대하여 「조세특례제한법」으로 정하는 바에 따라 세제(稅制)상의 지원을 할 수 있다.(2009.2.6 본조개정)

제44조【신기술사업투자조합】 ① 신기술사업투자조합(이하 이 조에서 "조합"이라 한다)의 규약(規約)에는 다음 각 호의 내용이 포함되어야 한다.
1. 신기술사업금융업자가 그 조합의 자금을 관리·운용한다는 내용. 이 경우 신기술사업금융업자는 조합과의 계약에 따라 조합자금 운용업무의 전부 또는 일부를 신기술사업금융업자 외의 자에게 위탁할 수 있다.
2. 조합의 자금은 신기술사업자에게 투자한다는 내용

② 조합은 그 자금을 관리·운용함에 따라 생긴 투자수익(投資收益)의 100분의 20을 넘지 아니하는 범위에서 규약으로 정하는 바에 따라 조합의 업무를 집행하는 신기술사업금융업자에게 그 업무집행에 대한 대가로서 투자수익의 일부를 배분할 수 있다.

③ 조합은 그 자금을 관리·운용함에 따라 투자손실이 생긴 경우에는 규약으로 정하는 바에 따라 신기술사업금융업자 외의 자에게 유리하도록 손실의 분배비율을 정할 수 있다.
(2009.2.6 본조개정)

제44조의2【공모신기술투자조합에 관한 특례】 「자본시장과 금융투자업에 관한 법률」 제11조부터 제16조까지, 제30조부터 제32조까지, 제34조부터 제36조까지, 제40조부터 제43조까지, 제50조부터 제53조까지, 제56조, 제58조, 제61조부터 제65조까지, 제80조부터 제83조까지, 제85조제2호·제3호 및 제6호부터 제8호까지, 제86조부터 제88조까지, 제90조, 제92조부터 제95조까지, 제181조, 제183조, 제184조제1항·제2항·제5항부터 제7항까지, 제185조부터 제187조까지, 제218조부터 제223조까지, 제229조부터 제249조까지, 제249조의2부터 제249조의22까지, 제250조, 제251조까지, 제415조부터 제425조까지, 「금융소비자 보호에 관한 법률」 제11조, 제12조, 제14조, 제16조, 제22조제6항, 제24조부터 제28조까지, 제44조, 제45조, 제47조부터 제66조까지 및 「금융회사의 지배구조에 관한 법률」(제24조부터 제26조까지의 규정은 제외한다)은 공모신기술투자조합(「자본시장과 금융투자업에 관한 법률」 제9조제19항에 따른 사모집합투자기구에 해당하지 아니하는 신기술투자조합을 말한다) 및 신기술사업금융업자(공모신기술투자조합이 아닌 신기술투자조합만을 설립하여 그 자금을 관리·운용하는 신기술사업금융업자를 제외한다)에 대하여는 적용하지 아니한다.
(2020.3.24 본조개정)

제45조【신기술사업금융업자의 준수사항】 신기술사업금융업자는 제41조제1항제2호에 따른 융자업무를 하는 경우에 총리령으로 정하는 융자한도를 넘겨서는 아니 된다.
(2009.2.6 본조개정)

제4장 여신전문금융회사
(2009.2.6 본장개정)

제46조【업무】 ① 여신전문금융회사가 할 수 있는 업무는 다음 각 호의 업무로 제한한다.
1. 제3조에 따라 허가를 받거나 등록을 한 여신전문금융업(시설대여업의 등록을 한 경우에는 연불판매업무를 포함한다)
2. 기업이 물품과 용역을 제공함으로써 취득한 매출채권(어음을 포함한다)의 양수·관리·회수(回收)업무
3. 대출(어음할인을 포함한다. 이하 이 조에서 같다)업무
4. 제13조제1항제2호 및 제3호에 따른 신용카드업자의 부대업무(신용카드업의 허가를 받은 경우만 해당한다)
5. 그 밖에 제1호부터 제4호까지의 규정과 관련된 업무로서 대통령령으로 정하는 업무
6. 제1호부터 제4호까지의 규정에 따른 업무와 관련된 신용조사 및 그에 따르는 업무

6의2. 그 업무를 함께 하여도 금융이용자 보호 및 건전한 거래질서를 해할 우려가 없는 업무로서 대통령령으로 정하는 금융업무(2016.3.29 본호신설)

7. 여신전문금융업에 부수하는 업무로서 소유하고 있는 인력·자산 또는 설비를 활용하는 업무(2016.3.29 본호개정)

② 제1항제3호에 따른 대출업무, 그 밖에 이와 유사한 업무로서 대통령령으로 정하는 업무에 따라 발생하는 채권액은 총자산(대통령령으로 정하는 업무에 따라 발생하는 채권액은 제외한다)의 100분의 100의 범위에서 금융위원회가 정하는 비율을 초과해서는 아니 된다.(2016.3.29 본항개정)

③ 제2항에 따른 채권액을 산정할 때 포함되는 채권의 범위, 산정 방식 등에 대해서는 대통령령으로 정한다.
(2016.3.29 본항신설)

제46조의2【부수업무의 신고】 ① 여신전문금융회사가 제46조제1항제7호에 따른 부수업무를 하려는 경우에는 그 부수업무를 하려는 날의 7일 전까지 이를 금융위원회에 신고하여야 한다. 다만, 다음 각 호의 어느 하나에 해당하는 경우에는 신고를 하지 아니하고 그 부수업무를 할 수 있다.
1. 금융이용자 보호 및 건전한 거래질서를 해할 우려가 없는 업무로서 금융위원회가 정하는 업무를 하는 경우
2. 제4항에 따라 공고된 다른 여신전문금융회사와 같은 부수업무(제2항에 따라 제한명령 또는 시정명령을 받은 부수업무는 제외한다)를 하려는 경우

② 금융위원회는 제46조제1항제7호에 따른 부수업무의 내용이 다음 각 호의 어느 하나에 해당하는 경우에는 그 부수업무를 하는 것을 제한하거나 시정할 것을 명할 수 있다.
1. 여신전문금융회사의 경영건전성을 저해하는 경우
2. 금융이용자 보호에 지장을 초래하는 경우
3. 금융시장의 안정성을 저해하는 경우
4. 그 밖에 금융이용자 보호 및 건전한 거래질서 유지를 위하여 필요한 경우로서 대통령령으로 정하는 경우

③ 제2항에 따른 제한명령 또는 시정명령은 그 내용 및 사유가 구체적으로 적힌 문서로 하여야 한다.

④ 금융위원회는 제1항에 따라 신고받은 부수업무 및 제2항에 따라 제한명령 또는 시정명령을 한 부수업무를 대통령령으로 정하는 방법 및 절차에 따라 인터넷 홈페이지 등에 공고하여야 한다.
(2016.3.29 본조신설)

제46조의3【겸영업무·부수업무의 회계처리】 신용카드업자가 제46조제1항제6호의2 또는 제7호에 따라 다른 금융업무 또는 부수업무를 하는 경우에는 대통령령으로 정하는 바에 따라 그 업무를 신용카드업과 구분하여 회계처리하여야 한다.(2016.3.29 본조신설)

제47조【자금조달방법】 ① 여신전문금융회사는 다음 각 호에서 정한 방법으로만 자금을 조달할 수 있다.
1. 다른 법률에 따라 설립되거나, 금융위원회의 인가 또는 허가를 받거나, 금융위원회에 등록한 금융기관으로부터의 차입
2. 사채(社債)나 어음의 발행
3. 보유하고 있는 유가증권의 매출
4. 보유하고 있는 대출채권(貸出債權)의 양도
5. 그 밖에 대통령령으로 정하는 방법

② 제1항제2호에 따른 사채나 어음의 발행 및 같은 항 제3호에 따른 유가증권의 매출에 대하여는 대통령령으로 정하는 바에 따라 그 방법이나 대상을 제한할 수 있다.

제48조【외형확대 위주의 경영제한】 ① 여신전문금융회사는 총자산이 자기자본의 10배의 범위에서 금융위원회가 정하는 배수(이하 "자기자본 대비 총자산 한도"라 한다)에 해당하는 금액을 초과하여서는 아니 된다.

② 금융위원회는 자기자본 대비 총자산 한도를 정함에 있어 여신전문금융업별 자산의 성격 및 건전성 등을 감안하여 신용카드업을 영위하는 여신전문금융회사와 신용카드업을 영위하지 아니하는 여신전문금융회사에 적용되는 한도를 달리 정할 수 있다.

③ 제1항 및 제2항에서 정한 것 외에 자기자본 대비 총자산 한도의 시행에 관하여 필요한 사항은 대통령령으로 정한다.(2012.3.21 본항신설)

④ (2012.3.21 삭제)

(2012.3.21 본조개정)

제49조【부동산의 취득제한】 ① 여신전문금융회사가 취득할 수 있는 업무용 부동산은 다음 각 호의 어느 하나에 해당하는 것으로 제한한다.
1. 본점(本店)·지점(支店), 그 밖의 사무소
2. 임직원용 사택(社宅), 합숙소 및 직원 연수원
3. 그 밖에 업무에 직접 필요한 부동산으로서 총리령으로 정하는 것

② 금융위원회는 여신전문금융회사가 너무 많은 부동산을 보유하는 것을 제한할 필요가 있다고 인정하면 여신전문금융회사가 제1항에 따라 취득할 수 있는 업무용 부동산의 총액을 자기자본의 100분의 100 이상 일정 비율 이내로 제한할 수 있다.

③ 제2항에 따른 업무용 부동산의 총액은 장부가액(帳簿價額)을 기준으로 산출(算出)한다.

④ 여신전문금융회사는 다음 각 호의 어느 하나에 해당하는 경우에만 업무용 부동산 외의 부동산을 취득할 수 있다.
1. 해당 부동산이 시설대여나 연불판매의 목적물인 경우
2. 담보권(擔保權)을 실행하여 부동산을 취득하는 경우

제49조의2【대주주에 대한 신용공여한도 등】 ① 여신전문금융회사가 그의 대주주(대통령령으로 정하는 대주주의 특수관계인을 포함한다. 이하 이 조에서 같다)에게 제공할 수 있는 신용공여의 합계액은 그 여신전문금융회사의 자기자본의 100분의 50을 넘을 수 없으며, 대주주는 그 여신전문금융회사로부터 그 한도를 넘겨 신용공여를 받아서는 아니 된다.

② 여신전문금융회사는 그의 대주주에게 제1항의 범위에서 대통령령으로 정하는 금액 이상의 신용공여(대통령령으로 정하는 거래를 포함한다. 이하 이 조에서 같다)를 하려는 경우에는 미리 이사회의 결의를 거쳐야 한다. 이 경우 이사회는 재적이사 전원의 찬성으로 의결한다.

③ 여신전문금융회사는 그의 대주주에게 제2항에 따라 대통령령으로 정하는 금액 이상의 신용공여를 한 경우에는 그 사실을 금융위원회에 지체 없이 보고하고, 인터넷 홈페이지 등을 이용하여 공시하여야 한다.

④ 여신전문금융회사는 제3항에 따른 보고사항 중 대통령령으로 정하는 사항을 종합하여 분기별로 금융위원회에 보고하고, 인터넷 홈페이지 등을 이용하여 공시하여야 한다.

⑤ 여신전문금융회사는 추가적인 신용공여를 하지 아니하였음에도 불구하고 자기자본의 변동, 대주주의 변경 등으로 제1항에 따른 한도를 넘게 되는 경우에는 대통령령으로 정하는 기간 내에 제1항에 따른 한도에 적합하도록 하여야 한다.

⑥ 제5항에도 불구하고 여신전문금융회사는 신용공여의 기한 및 규모 등에 따른 부득이한 사유가 있으면 금융위원회의 승인을 받아 그 기간을 연장할 수 있다.

⑦ 제6항에 따른 승인을 받으려는 여신전문금융회사는 제5항에 따른 기간이 만료되기 3개월 전까지 제1항에 따른 한도에 적합하도록 하기 위한 세부계획서를 금융위원회에 제출하여야 하고, 금융위원회는 세부계획서를 제출받은 날부터 1개월 내에 승인 여부를 결정·통보하여야 한다.

⑧ 여신전문금융회사는 그의 대주주의 다른 회사에 대한 출자를 지원하기 위한 목적으로 신용공여를 하여서는 아니 된다.
(2016.3.29 본조신설)

제50조【대주주가 발행한 주식의 소유한도 등】 ① 여신전문금융회사는 자기자본의 100분의 150의 범위에서 대통령령으로 정하는 비율에 해당하는 금액을 초과하여 그 여신전문금융회사의 대주주(대통령령으로 정하는 대주주의 특수관계인을 포함한다. 이하 이 조에서 같다)가 발행한 주식을 소유하여서는 아니 된다.(2016.3.29 본항개정)

② 여신전문금융회사는 그의 대주주가 발행한 주식을 제1항의 범위에서 대통령령으로 정하는 금액 이상으로 취득하려는 경우에는 미리 이사회의 결의를 거쳐야 한다. 이 경우 이사회는 재적이사 전원의 찬성으로 의결한다.
(2016.3.29 전단개정)

③ 여신전문금융회사는 제2항에 따라 그의 대주주가 발행한 주식을 대통령령으로 정하는 금액 이상으로 취득한 경우에는 그 사실을 금융위원회에 지체 없이 보고하고, 인터넷 홈페이지 등을 이용하여 공시하여야 한다.
(2016.3.29 본항개정)

④ 여신전문금융회사는 제3항에 따른 보고사항 중 대통령령으로 정하는 사항을 종합하여 분기별로 금융위원회에 보고하고, 인터넷 홈페이지 등을 이용하여 공시하여야 한다.

⑤ 여신전문금융회사의 대주주가 아닌 자가 새로 대주주가 됨에 따라 여신전문금융회사가 제1항에 따른 한도를 초과하게 되는 경우 그 여신전문금융회사는 대통령령으

로 정하는 기간 내에 그 한도를 초과한 주식을 처분하여야 한다.(2016.3.29 본항개정)
⑥ 제5항에도 불구하고 여신전문금융회사는 소유한 대주주 주식의 규모 등에 따른 부득이한 사유가 있으면 금융위원회의 승인을 받아 그 기간을 연장할 수 있다.
(2016.3.29 본항개정)
⑦ 제6항에 따른 승인을 받으려는 여신전문금융회사는 제5항에 따른 기간이 만료되기 3개월 전까지 제1항에 따른 한도에 적합하도록 하기 위한 세부계획서를 금융위원회에 제출하여야 하고, 금융위원회는 세부계획서를 제출받은 날부터 1개월 내에 승인 여부를 결정·통보하여야 한다.
(2016.3.29 본조제목개정)

제50조의2【자금지원 관련 금지행위 등】 ① 여신전문금융회사는 다른 금융기관(「금융산업의 구조개선에 관한 법률」 제2조제1호에 따른 금융기관을 말한다. 이하 이 조에서 같다) 또는 다른 회사와 다음 각 호의 행위를 하여서는 아니 된다.
1. 제49조의2제1항에 따른 신용공여한도의 제한을 피하기 위하여 의결권(議決權) 있는 주식을 서로 교차(交叉)하여 보유하거나 신용공여를 하는 행위(2016.3.29 본호개정)
2. 「상법」 제341조 또는 「자본시장과 금융투자업에 관한 법률」 제165조의3에 따른 자기주식(自己株式) 취득의 제한을 피하기 위하여 주식을 서로 교차하여 취득하는 행위(2013.4.5 본호개정)
3. 그 밖에 거래자의 이익을 크게 해칠 우려가 있는 행위로서 대통령령으로 정하는 행위
② 제1항을 위반하여 취득한 주식에 대하여는 의결권을 행사할 수 없다.
③ 여신전문금융회사는 해당 여신전문금융회사의 주식을 매입하도록 하기 위한 여신이나 제49조의2제1항에 따른 신용공여한도의 제한을 피하기 위한 자금중개 등의 행위를 하여서는 아니 된다.(2016.3.29 본항개정)
④ 금융위원회는 제1항이나 제3항을 위반하여 주식을 취득하거나 신용공여를 한 여신전문금융회사에 대하여 그 주식의 처분 또는 신용공여액의 회수를 명하는 등 필요한 조치를 할 수 있다.(2016.3.29 본항개정)
⑤ 여신전문금융회사의 대주주(그의 특수관계인을 포함한다. 이하 이 항에서 같다)는 회사의 이익에 반하여 대주주 자신의 이익을 목적으로 다음 각 호의 어느 하나에 해당하는 행위를 하여서는 아니 된다.
1. 부당한 영향력을 행사하기 위하여 여신전문금융회사에 대하여 외부에 공개되지 아니한 자료나 정보의 제공을 요구하는 행위. 다만, 「금융회사의 지배구조에 관한 법률」 제33조제6항에 따라 주주의 권리를 행사하는 경우는 제외한다.(2015.7.31 단서개정)
2. 경제적 이익 등 반대급부의 제공을 조건으로 다른 주주와 담합하여 여신전문금융회사의 인사 또는 경영에 부당한 영향력을 행사하는 행위
3. 그 밖에 제1호 및 제2호에 준하는 행위로서 대통령령으로 정하는 행위

제50조의3~제50조의7 (2015.7.31 삭제)

제50조의8【여신전문금융회사 등에 대한 자료제출의 요구 등】 ① 금융위원회는 여신전문금융회사 또는 그의 대주주가 제49조의2제1항부터 제5항까지, 제50조제1항부터 제5항까지 및 제50조의2제1항부터 제3항까지와 제5항을 위반한 혐의가 있다고 인정되면 여신전문금융회사 또는 그의 대주주에게 필요한 자료의 제출을 요구할 수 있다.(2016.3.29 본항개정)
② 금융위원회는 여신전문금융회사의 대주주(회사만 해당한다)의 부채가 자산을 넘는 등 재무구조의 부실로 그 여신전문금융회사의 경영 건전성을 뚜렷이 해칠 우려가 있는 경우로서 대통령령으로 정하는 경우에는 그 여신전문금융회사에 대하여 다음 각 호의 조치를 할 수 있다.
1. 그 대주주에 대한 신규 신용공여의 금지
2. 그 대주주가 발행한 유가증권의 신규 취득 금지
3. 그 밖에 그 대주주에 대한 자금지원 성격의 거래제한 등 대통령령으로 정하는 조치

제50조의9 (2020.3.24 삭제)

제50조의10【광고의 자율심의】 ① 여신전문금융회사와 겸영여신업자(이하 "여신전문금융회사등"이라 한다)가 제13조제1항제1호, 제46조제1항제1호·제3호, 그 밖에 대통령령으로 정하는 업무와 관련하여 취급하는 금융상품 중 대통령령으로 정하는 금융상품에 관하여 광고를 하려는 경우에는 광고계획신고서와 광고안을 협회에 제출하여 심의를 받아야 한다.(2020.3.24 본항개정)
② 협회는 제1항에 따른 심의 결과 광고의 내용이 사실과 다르거나 「금융소비자 보호에 관한 법률」 제22조를 위반하여 광고하려는 경우에는 해당 여신전문금융회사등에 대하여 광고의 시정이나 사용중단을 요구할 수 있다. 이 경우 해당 여신전문금융회사등은 정당한 사유가 없으면 협회의 요구에 성실히 응하여야 한다.(2020.3.24 전단개정)
③ 협회는 매분기별 광고 심의 결과를 해당 분기의 말일부터 1개월 이내에 금융위원회에 보고하여야 한다.
(2016.3.29 본조신설)

제50조의11 (2020.3.24 삭제)

제50조의12【고객응대직원에 대한 보호 조치 의무】 ① 여신전문금융회사는 고객을 직접 응대하는 직원을 고객의 폭언이나 성희롱, 폭행 등으로부터 보호하기 위하여 다음 각 호의 조치를 하여야 한다.
1. 직원이 요청하는 경우 해당 고객으로부터의 분리 및 업무담당자 교체
2. 직원에 대한 치료 및 상담 지원
3. 고객을 직접 응대하는 직원을 위한 상시적 고충처리 기구 마련. 다만, 「근로자참여 및 협력증진에 관한 법률」 제26조에 따라 고충처리위원을 두는 경우에는 고객을 직접 응대하는 직원을 위한 고충처리위원의 선임 또는 위촉
4. 그 밖에 직원의 보호를 위하여 필요한 법적 조치 등 대통령령으로 정하는 조치
② 직원은 여신전문금융회사에 대하여 제1항 각 호의 조치를 요구할 수 있다.
③ 여신전문금융회사는 제2항에 따른 직원의 요구를 이유로 직원에게 불이익을 주어서는 아니 된다.
(2016.3.29 본조신설)

제50조의13【금리인하 요구】 ① 여신전문금융회사와 신용공여 계약을 체결한 자는 재산 증가나 신용등급 또는 개인신용평점 상승 등 신용상태 개선이 나타났다고 인정되는 경우 여신전문금융회사에 금리인하를 요구할 수 있다.(2020.2.4 본항개정)
② 여신전문금융회사는 신용공여 계약을 체결하려는 자에게 제1항에 따라 금리인하를 요구할 수 있음을 알려야 한다.
③ 그 밖에 금리인하 요구의 요건 및 절차에 관한 구체적 사항은 대통령령으로 정한다.
(2018.12.11 본조신설)

제51조【유사상호의 사용금지】 이 법에 따른 여신전문금융회사가 아닌 자는 그 상호에 여신·신용카드·시설대여·리스·할부금융 또는 신기술금융과 같거나 비슷한 표시를 하여서는 아니 된다.

제52조【다른 법률과의 관계】 ① 여신전문금융회사와 제3조제3항제2호에 따른 겸영여신업자에 대하여는 「한국은행법」 및 「은행법」을 적용하지 아니한다.
② 여신전문금융회사에 대하여 「금융산업의 구조개선에 관한 법률」을 적용하는 경우에는 같은 법 제3조부터 제10조까지, 제11조제1항·제4항 및 제5항, 제13조의2, 제14조, 제14조의2부터 제14조의4까지, 제14조의7, 제15조부터 제19조까지, 제24조, 제24조의2, 제24조의3 및 제26조부터 제28조까지의 규정만 적용한다. 다만, 신기술사업금융업자가 신기술사업자에게 투자하는 경우에는 같은 법 제24조를 적용하지 아니한다.

제5장 감 독
(2009.2.6 본장개정)

제53조【감독】 ① 금융위원회는 여신전문금융회사등과 부가통신업자가 이 법 또는 이 법에 따른 명령을 지키는지를 감독한다.(2015.1.20 본항개정)
② 금융위원회는 제1항에 따른 감독을 위하여 필요한 경우에는 여신전문금융회사등과 부가통신업자에 대하여 그 업무 및 재무상태에 관한 보고를 하게 할 수 있다.
(2015.1.20 본항개정)
③ (2001.3.28 삭제)
④ 금융위원회는 여신전문금융회사등과 부가통신업자가 별표 각 호의 어느 하나에 해당하는 경우에는 금융감독원장의 건의에 따라 다음 각 호의 어느 하나에 해당하는 조치를 하거나 금융감독원장으로 하여금 제1호에 해당하는 조치를 하게 할 수 있다.(2015.1.20 본문개정)
1. 여신전문금융회사등과 부가통신업자에 대한 주의·경고 또는 그 임직원에 대한 주의·경고·문책(問責)의 요구(2015.1.20 본호개정)
2. 해당 위반행위에 대한 시정명령
3. 임원(「금융회사의 지배구조에 관한 법률」 제2조제5호에 따른 업무집행책임자는 제외한다. 이하 이 조에서 같다)의 해임권고·직무정지(2017.4.18 본호개정)
⑤ 금융위원회(제4항에 따라 조치를 할 수 있는 금융감독원장을 포함한다)는 여신전문금융회사등과 부가통신업자의 퇴임한 임원 또는 퇴직한 직원(「금융회사의 지배구조에 관한 법률」 제2조제5호에 따른 업무집행책임자를 포함한다)이 재임 또는 재직 중이었더라면 제4항제1호 또는 제3호에 해당하는 조치를 받았을 것으로 인정되는 경우에는 그 조치의 내용을 해당 여신전문금융회사등과 부가통신업자의 장에게 통보할 수 있다.(2017.4.18 본항개정)
⑥ 제5항에 따른 통보를 받은 여신전문금융회사등과 부가통신업자의 장은 이를 퇴임·퇴직한 해당 임직원에게 통보하고, 그 내용을 인사기록부에 기록·유지하여야 한다.
(2017.4.18 본항개정)

제53조의2【검사】 ① 금융감독원장은 그 소속직원으로 하여금 여신전문금융회사등과 부가통신사업자의 업무와 재산상황을 검사하게 할 수 있다.(2015.1.20 본항개정)
② 제1항에 따라 검사를 하는 자는 그 권한을 표시하는 증표를 지니고 이를 관계자에게 내보여야 한다.
③ 금융감독원장은 여신전문금융회사등과 부가통신업자(여신전문금융회사등이나 부가통신업자와 계약을 체결하여 여신전문금융업이나 신용카드등부가통신업의 전부 또는 일부를 위탁받은 자를 포함한다)에 대하여 검사에 필요한 장부·기록문서와 그 밖의 자료의 제출 또는 관계인의 출석 및 의견의 진술을 요구할 수 있다.(2015.1.20 본항개정)
④ 금융감독원장은 「주식회사 등의 외부감사에 관한 법률」에 따라 여신전문금융회사등이 선임한 외부 감사인에게 그 여신전문금융회사등을 감사한 결과 알게 된 경영의 건전성과 관련되는 정보 및 자료의 제출을 요구할 수 있다.
(2017.10.31 본항개정)

제53조의3【건전경영의 지도】 ① 금융위원회는 여신전문금융회사의 건전한 경영을 지도하고 금융사고를 예방하기 위하여 대통령령으로 정하는 바에 따라 다음 각 호의 어느 하나에 해당하는 경영지도의 기준을 정할 수 있다.
1. 자본의 적정성에 관한 사항
2. 자산의 건전성에 관한 사항
3. 유동성(流動性)에 관한 사항
4. 그 밖에 경영의 건전성 확보를 위하여 필요한 사항
② 금융위원회는 여신전문금융회사가 제1항에 따른 경영지도의 기준에 미치지 못하는 등 경영의 건전성을 크게 해칠 우려가 있다고 인정되면 자본금의 증액(增額), 이익배당의 제한 등 경영을 개선하기 위하여 필요한 조치를 요구할 수 있다.

제54조【업무보고서 등의 제출】 ① 여신전문금융회사등과 부가통신업자는 금융위원회가 정하는 바에 따라 업무 및 경영실적에 관한 보고서를 작성하여 금융위원회에 제출하여야 한다.(2015.1.20 본항개정)
② 여신전문금융회사와 부가통신업자는 다음 각 호의 어느 하나에 해당하는 경우에는 대통령령으로 정하는 바에 따라 그 사실을 금융위원회에 보고하여야 한다.(2015.1.20 본문개정)
1. 상호 또는 명칭을 변경한 경우
2. (2015.7.31 삭제)
3. 최대주주가 변경된 경우
4. 대주주 또는 그의 특수관계인의 소유주식이 의결권 있는 발행주식 총수의 100분의 1 이상 변동된 경우(부가통신업자는 제외한다)(2015.1.20 본호개정)

제54조의2【경영의 공시】 ① 금융위원회는 여신전문금융회사에 대하여 경영상황에 관한 주요 정보와 자료를 공시(公示)하게 할 수 있다.
② 제1항에 따른 공시의 종류·범위 및 방법에 관하여 필요한 사항은 금융위원회가 정한다.

제54조의3【약관의 개정 등】 ① 여신전문금융회사등은 금융이용자의 권익을 보호하여야 하며, 금융거래와 관련된 약관(이하 "금융약관"이라 한다)을 제정하거나 개정하는 경우에는 금융약관의 제정 또는 개정 후 10일 이내에 금융위원회에 보고하여야 한다. 다만, 금융이용자의 권리나 의무에 중대한 영향을 미칠 우려가 있는 경우로서 대통령령으로 정하는 경우에는 금융약관의 제정 또는 개정 전에 미리 금융위원회에 신고하여야 한다.
(2018.12.31 본항개정)
② 여신전문금융회사등은 금융약관을 제정하거나 개정한 경우에는 인터넷 홈페이지 등을 이용하여 공시하여야 한다.(2010.3.12 본항개정)
③ 여신전문금융업협회는 건전한 거래질서를 확립하고 불공정한 내용의 금융약관이 통용되는 것을 막기 위하여 여신전문금융업 금융거래와 관련하여 표준이 되는 약관(이하 "표준약관"이라 한다)을 제정하거나 개정할 수 있다.
(2016.3.29 본항개정)
④ 여신전문금융업협회는 표준약관을 제정하거나 개정하려는 경우에는 금융위원회에 미리 신고하여야 한다.
⑤ 제1항에 따라 금융약관의 신고 또는 보고를 받거나 제4항에 따라 표준약관을 신고받은 금융위원회는 그 금융약관 또는 표준약관의 내용을 공정거래위원회에 통보하여야 한다.
⑥ 공정거래위원회는 제5항에 따라 통보받은 금융약관 또는 표준약관의 내용이 「약관의 규제에 관한 법률」 제6조부터 제14조까지의 규정에 위반된다고 인정하면 금융위원회에 그 사실을 통보하고 그 시정에 필요한 조치를 하도록 요청할 수 있으며, 금융위원회는 특별한 사유가 없으면 이에 따라야 한다.
⑦ 금융위원회는 금융약관 또는 표준약관이 이 법 또는 금융 관련 법령에 위반되거나 그 밖에 금융이용자의 이익을 해칠 우려가 있다고 인정하면 여신전문금융회사등 또는 여신전문금융업협회에 그 내용을 구체적으로 적은 서면으로 금융약관 또는 표준약관을 변경할 것을 명령할 수 있다. 금융위원회는 이 변경명령을 하기 전에 공정거래위원회와 협의하여야 한다.(2010.3.12 전단개정)
⑧ 제1항부터 제4항까지의 규정에 따른 금융약관 및 표준약관의 제정 또는 개정에 대한 신고 및 보고의 시기·절차, 그 밖에 필요한 사항은 금융위원회가 정한다.
(2016.3.29 본항신설)
(2009.2.6 본조신설)

제54조의4【안전성확보의무】 ① 여신전문금융회사등과 부가통신업자는 금융거래가 안전하게 처리될 수 있도록 선량한 관리자로서의 주의를 다하여야 한다.
② 여신전문금융회사등과 부가통신업자는 금융거래의 안전성과 신뢰성을 확보할 수 있도록 전자적 전송이나 처리를 위한 인력, 시설, 전자적 장치, 소요경비 등의 정보기술부문 및 전자금융업무에 관하여 금융위원회가 정하는 기준을 준수하여야 한다.

③ 여신전문금융회사등과 부가통신업자는 안전한 금융거래를 위하여 대통령령으로 정하는 바에 따라 정보기술부문에 대한 계획을 매년 수립하여 대표자의 확인·서명을 받아 금융위원회에 제출하여야 한다.
(2015.1.20 본조신설)

제54조의5【신용정보보호】 ① 여신전문금융회사등과 부가통신업자는 신용정보가 분실·도난·유출·변조되지 아니하도록 신용정보의 보호 및 관리에 관한 조치를 하여야 한다.
② 여신전문금융회사등과 부가통신업자는 신용정보를 제3자에 제공하거나 이용하는 경우 신용정보 주체로부터 별도의 동의를 받아야 한다.
③ 여신전문금융회사등과 부가통신업자는 이 법에서 정한 업무 외의 목적을 위하여 신용정보를 수집 또는 사용하여서는 아니 된다.
④ 그 밖에 제1항부터 제3항에 관한 방법과 절차 등 세부사항은 대통령령으로 정한다.
(2015.1.20 본조신설)

제55조【회계처리】 여신전문금융회사등은 자금운용과 업무성과를 분석할 수 있도록 허가를 받거나 등록을 한 여신전문금융업을 업종별로 다른 업무와 구분하여 회계처리를 하여야 한다.

제56조【감사인의 지정】 금융위원회는 여신전문금융회사가 이 법등을 위반한 사실이 있는 등 대통령령으로 정하는 사유에 해당하면 증권선물위원회의 심의를 거쳐 그 여신전문금융회사의 감사인을 지정할 수 있다.
(2020.3.24 본조개정)

제57조【허가·등록의 취소 등】 ① 금융위원회는 여신전문금융회사등과 부가통신업자가 다음 각 호의 어느 하나에 해당하는 경우에는 6개월의 범위에서 기간을 정하여 제46조제1항제1호부터 제4호까지의 규정에 따른 업무(신용카드업자의 경우 제13조제1항제1호에 따른 부대업무를 포함한다) 또는 같은 항 제5호에 따른 업무 중 대통령령으로 정하는 업무와 신용카드등부가통신업의 전부 또는 일부의 정지를 명할 수 있다.(2016.3.29 본문개정)
1. 제13조제1항에 따른 기준을 위반하여 같은 항 각 호에 따른 부대업무를 한 경우
2. 제14조, 제14조의2, 제16조, 제17조, 제18조, 제21조, 제23조제1항, 제24조의2, 제25조제4항, 제46조(이 항 각 호 외의 부분에서 정하는 업무에 관한 규정으로 한정한다), 제54조의4제2항·제3항 또는 제54조의5를 위반한 경우(2016.3.29 본호개정)
3. 제18조의4, 제23조제2항, 제24조·제25조제1항, 제53조제4항, 제53조의3제2항에 따른 금융위원회의 명령이나 조치를 위반한 경우(2012.3.21 본호개정)
4. 「금융회사의 지배구조에 관한 법률」 별표 각 호의 어느 하나에 해당하는 경우(2015.7.31 본호신설)
5. 「금융소비자 보호에 관한 법률」 제51조제1항제4호 또는 제5호에 해당하는 경우(2020.3.24 본호신설)
6. 「금융소비자 보호에 관한 법률」 제51조제2항 각 호 외의 부분 본문 중 대통령령으로 정하는 경우(2020.3.24 본호신설)
② 금융위원회는 신용카드업자가 다음 각 호의 어느 하나에 해당하는 경우에는 그 허가 또는 등록을 취소할 수 있다.
1. 거짓이나 그 밖의 부정한 방법으로 제3조제1항에 따른 허가를 받거나 등록을 한 경우
2. 제6조제1항제2호부터 제4호까지의 어느 하나에 해당하는 자인 경우(여신전문금융회사인 경우만 해당한다)
3. 제1항에 따른 업무의 정지명령을 위반한 경우
3의2. 제6조의2에 따른 허가요건 유지의무를 위반한 경우
(2010.3.12 본호신설)
4. 정당한 사유 없이 1년 이상 계속하여 영업을 하지 아니한 경우
5. 법인의 합병·파산·폐업 등으로 사실상 영업을 끝낸 경우
6. 「금융소비자 보호에 관한 법률」 제51조제1항제4호 또는 제5호에 해당하는 경우(2020.3.24 본호신설)
③ 금융위원회는 시설대여업자, 할부금융업자 또는 신기술사업금융업자가 다음 각 호의 어느 하나에 해당하는 경우에는 그 등록을 취소할 수 있다.
1. 거짓이나 그 밖의 부정한 방법으로 제3조제2항에 따른 등록을 한 경우
2. 제6조제1항제2호부터 제4호까지의 어느 하나에 해당하는 자인 경우(여신전문금융회사인 경우만 해당한다)
3. 제53조제4항 또는 제53조의3제2항에 따른 금융위원회의 명령이나 조치를 위반한 경우
4. 등록을 한 날부터 1년 이내에 등록한 업에 관하여 영업을 시작하지 아니하거나 영업을 시작한 후 정당한 사유 없이 1년 이상 계속하여 영업을 하지 아니한 경우
(2016.3.29 본호개정)
5. 법인의 합병·파산·폐업 등으로 사실상 영업을 끝낸 경우
6. 「금융소비자 보호에 관한 법률」 제51조제1항제3호부터 제5호까지의 어느 하나에 해당하는 경우(2020.3.24 본호신설)

제58조【과징금】 ① 금융위원회는 여신전문금융회사가 제46조(제57조제1항 각 호 외의 부분에서 정하는 업무에 관한 규정으로 한정한다)를 위반한 경우에는 대통령령으로 정하는 바에 따라 3억원 이하의 과징금을 부과할 수 있다.(2017.4.18 본항개정)
② 금융위원회는 신용카드업자가 제57조제1항 각 호의 어느 하나에 해당하는 경우에는 대통령령으로 정하는 바에 따라 업무정지처분 대신에 1억원 이하의 과징금을 부과할 수 있다.
③ 금융위원회는 다음 각 호의 어느 하나에 해당하는 경우에는 대통령령으로 정하는 바에 따라 2억원 이하의 과징금을 부과할 수 있다.(2017.4.18 본문개정)
1. 시설대여업자가 제37조에 따른 금융위원회의 명령을 위반한 경우
2. 할부금융업자가 제39조나 제40조를 위반한 경우
3. 신기술사업금융업자가 제45조를 위반한 경우
4. 여신전문금융회사등(신용카드업은 제외한다)이나 부가통신업자가 제16조의3, 제27조의4, 제54조의4 또는 제54조의5를 위반한 경우(2015.1.20 본호신설)
④ 금융위원회는 여신전문금융회사가 제47조, 제48조, 제49조제1항·제4항, 제49조의2제1항·제8항 또는 제50조제1항을 위반하거나 제49조제2항에 따른 금융위원회의 명령을 위반한 경우에는 다음 각 호의 구분에 따른 범위에서 과징금을 부과할 수 있다.
1. 제47조를 위반하여 자금을 조달한 경우 : 조달한 자금의 100분의 30 이하
2. 제48조를 위반하여 자기자본 대비 총자산 한도를 초과한 경우 : 초과액의 100분의 30 이하
3. 제49조제1항·제4항을 위반하여 부동산을 취득한 경우 : 취득한 부동산 취득가액의 100분의 30 이하
4. 제49조제2항에 따른 금융위원회의 명령을 위반한 경우 : 초과 취득한 부동산 취득가액의 100분의 30 이하
(2017.4.18 1호~4호신설)
5. 제49조의2제1항에 따른 신용공여한도를 초과하여 신용공여를 한 경우 : 초과한 신용공여액 이하
6. 제49조의2제8항을 위반하여 신용공여를 한 경우 : 신용공여액 이하
7. 제50조제1항에 따른 주식의 소유한도를 초과하여 대주주가 발행한 주식을 소유한 경우 : 초과 소유한 주식 장부가액 합계액 이하
(2017.4.18 본항개정)
⑤ 제1항부터 제4항까지의 규정에 따른 과징금을 부과하는 위반행위의 종류와 위반 정도 등에 따른 과징금의 금액과 그 밖에 필요한 사항은 대통령령으로 정한다.
⑥ 금융위원회는 제1항부터 제4항까지의 규정에 따른 과징금을 부과받은 자가 그 기한까지 납부하지 아니하면 국세 체납처분의 예에 따라 이를 징수한다.
⑦ 금융위원회는 대통령령으로 정하는 바에 따라 과징금의 징수 및 체납처분에 관한 업무를 국세청장에게 위탁할 수 있다.
⑧ 금융위원회는 과징금을 부과하기 전에 미리 당사자 또는 이해관계인 등에게 의견을 제출할 기회를 주어야 한다.(2018.12.11 본항신설)
⑨ 제8항에 따른 당사자 또는 이해관계인 등은 금융위원회의 회의에 출석하여 의견을 진술하거나 필요한 자료를 제출할 수 있다.(2018.12.11 본항신설)

제58조의2【이의신청】 ① 제58조에 따른 과징금 부과처분에 대하여 불복하는 자는 그 처분의 고지를 받은 날부터 30일 이내에 그 사유를 갖추어 금융위원회에 이의를 신청할 수 있다.
② 금융위원회는 제1항에 따른 이의신청에 대하여 60일 이내에 결정을 하여야 한다. 다만, 부득이한 사정으로 그 기간 이내에 결정을 할 수 없을 경우에는 30일의 범위에서 그 기간을 연장할 수 있다.
③ 금융위원회는 제2항 단서에 따라 결정기간을 연장하는 경우에는 지체 없이 제1항에 따라 이의를 신청한 자에게 결정기간이 연장되었음을 통보하여야 한다.
(2010.3.12 본조신설)

제58조의3【과오납금의 환급】 금융위원회는 과징금 납부의무자가 이의신청의 재결 또는 법원의 판결 등의 사유로 과징금 과오납금의 환급을 청구하는 경우에는 지체 없이 환급하여야 하며, 과징금 납부의무자의 청구가 없어도 금융위원회가 확인한 과오납금은 환급하여야 한다.
(2010.3.12 본조신설)

제58조의4【환급가산금】 금융위원회는 제58조의3에 따라 과징금을 환급하는 경우에는 과징금을 납부한 날부터 환급한 날까지의 기간에 대하여 대통령령으로 정하는 가산금 이율을 적용하여 환급가산금을 환급받을 자에게 지급하여야 한다.(2010.3.12 본조신설)

제59조 (2001.3.28 삭제)

제60조【신용카드업의 허가 또는 등록 취소에 따른 조치】 신용카드업자는 제57조제2항에 따라 허가 또는 등록이 취소된 경우에도 그 처분 전에 행하여진 신용카드에 의한 거래대금의 결제를 위한 업무를 계속 할 수 있다.

제61조【청문】 금융위원회는 제57조제2항 또는 제3항에 따라 허가 또는 등록을 취소하려면 청문을 하여야 한다.

제6장 여신전문금융업협회
(2009.2.6 본장개정)

제62조【설립】 ① 여신전문금융회사등은 여신전문금융업의 건전한 발전을 도모하기 위하여 여신전문금융업협회(이하 "협회"라 한다)를 설립할 수 있다.
② 협회는 법인으로 한다.
③ 여신전문금융회사등이 협회를 설립하려면 창립총회에서 정관을 작성한 후 금융위원회의 허가를 받아야 한다.
④ 협회는 정관으로 정하는 바에 따라 회장·이사·감사, 그 밖의 임원을 둔다.
⑤ (1999.2.1 삭제)
⑥ 협회에 대하여 이 법에 특별한 규정이 없으면 「민법」 중 사단법인에 관한 규정을 준용한다.

제63조【가입】 협회는 여신전문금융회사등이 협회에 가입하려는 경우에 정당한 이유 없이 그 가입을 거부하거나 가입에 부당한 조건을 부과하여서는 아니 된다.

제64조【업무】 협회는 다음 각 호의 업무를 한다.
1. 이 법 또는 그 밖의 법령을 지키도록 하기 위한 회원에 대한 지도와 권고
2. 회원에 대한 건전한 영업질서의 유지 및 이용자 보호를 위한 업무방식의 개선권고
3. 회원의 재무상태에 대한 분석
4. 이용자 민원의 상담·처리
5. 회원 간의 신용정보의 교환
6. 신용카드가맹점에 대한 정보 관리
7. 여신전문금융업과 여신전문금융회사의 발전을 위한 조사·연구
8. 표준약관의 제정 및 개정
9. 영세한 중소신용카드가맹점을 대상으로 하는 신용카드 단말기 지원사업에 관한 업무(2016.3.29 본호신설)
10. 제27조의5에 따라 위탁받은 부가통신업자 지정 등에 관한 업무(2016.3.29 본호신설)
11. 제67조에 따라 설립된 기부금관리재단의 관리 및 운영 등에 관한 업무(2016.3.29 본호신설)
12. 그 밖에 협회의 목적을 달성하기 위하여 필요한 업무

제65조【정관】 협회의 정관에는 다음 각 호의 사항이 포함되어야 한다.
1. 목적, 명칭 및 사무소의 소재지
2. 회원의 자격
3. 임원의 선출에 관한 사항
4. 업무 범위
5. 회비의 분담과 예산 및 회계에 관한 사항
6. 회의에 관한 사항과 그 밖에 협회의 운영에 필요한 사항

제66조【협회에 대한 감독 및 검사】 협회에 관하여는 제53조 및 제53조의2를 준용한다. 이 경우 "여신전문금융회사등과 부가통신업자"는 "협회"로 본다.(2016.3.29 본조신설)

제67조【기부금관리재단의 설립 등】 ① 협회는 소멸시효가 완성된 선불카드의 사용잔액(이하 "선불카드 미사용잔액"이라 한다) 및 신용카드포인트 등 기부금을 통한 사회 공헌 사업의 효율적인 관리 및 운용 등을 위하여 기부금관리재단(이하 "재단"이라 한다)을 설립할 수 있다.
② 재단은 법인으로 한다.
③ 재단에 관하여 이 법에 특별한 규정이 없으면 「민법」 중 재단법인에 관한 규정을 준용한다.
(2016.3.29 본조신설)

제68조【선불카드 미사용잔액 등의 기부】 ① 신용카드업자는 선불카드 미사용잔액을 재단에 기부할 수 있다.
② 신용카드업자는 신용카드회원의 기부 요청이 있거나 신용카드포인트가 유효기한 내에 사용되지 아니한 경우 신용카드포인트의 재산상 이익에 상당하는 금액(신용카드업자의 부담으로 적립된 금액에 한정한다)을 재단에 기부할 수 있다.
③ 신용카드업자는 제1항 및 제2항에 따라 선불카드 미사용잔액 및 신용카드포인트(이하 "선불카드 미사용잔액등"이라 한다)를 기부하기로 결정한 경우에는 대통령령으로 정하는 금액 이상의 선불카드 미사용잔액등에 대하여 기부하기 1개월 전에 선불카드 미사용잔액등의 원권리자에게 기부에 관한 통지를 하고 동의를 얻어야 한다. 이 경우 통지 및 동의의 방법과 그 밖에 필요한 사항은 대통령령으로 정한다.
(2016.3.29 본조신설)

제68조의2【재단의 운영 재원】 재단은 다음 각 호의 재원으로 운영한다.
1. 제68조에 따라 기부받은 선불카드 미사용잔액등의 재산상 이익에 상당하는 금액
2. 기부금
3. 그 밖의 수익금
(2016.3.29 본조신설)

제7장 보 칙
(2009.2.6 본장개정)

제69조 (2009.2.6 삭제)

제69조의2【권한의 위탁】 ① 금융위원회는 여신전문금융회사 또는 부가통신업자에 대한 감독의 효율성을 높이기 위하여 필요한 경우에는 이 법에 따른 권한의 일부를 대통령령으로 정하는 바에 따라 금융감독원장에게 위탁할 수 있다.(2016.3.29 본항개정)
② 금융위원회는 거래자를 보호하기 위하여 필요하다고 인정하면 제1항에 따른 권한 외의 권한의 일부를 대통령령으로 정하는 바에 따라 협회 회장에게 위탁할 수 있다.

제8장 벌 칙
(2009.2.6 본장개정)

제70조【벌칙】 ① 다음 각 호의 어느 하나에 해당하는 자는 7년 이하의 징역 또는 5천만원 이하의 벌금에 처한다.
1. 신용카드등을 위조하거나 변조한 자
2. 위조되거나 변조된 신용카드등을 판매하거나 사용한 자
3. 분실하거나 도난당한 신용카드나 직불카드를 판매하거나 사용한 자
4. 강취(强取)·횡령하거나, 사람을 기망(欺罔)하거나 공갈(恐喝)하여 취득한 신용카드나 직불카드를 판매하거나 사용한 자
5. 행사할 목적으로 위조되거나 변조된 신용카드등을 취득한 자
6. 거짓이나 그 밖의 부정한 방법으로 알아낸 타인의 신용카드 정보를 보유하거나 이를 이용하여 신용카드로 거래한 자
7. 제3조제1항에 따른 허가를 받지 아니하거나 등록을 하지 아니하고 신용카드업을 한 자
8. 거짓이나 그 밖의 부정한 방법으로 제3조제1항에 따른 허가를 받거나 등록을 한 자
9. 제49조의2제1항 또는 제8항을 위반하여 대주주에게 신용공여를 한 여신전문금융회사와 그로부터 신용공여를 받은 대주주 또는 대주주의 특수관계인(2016.3.29 본호개정)
9의2. 제50조제1항을 위반하여 대주주가 발행한 주식을 소유한 여신전문금융회사(2016.3.29 본호신설)
10. 제50조의2제5항을 위반하여 같은 항 각 호의 어느 하나에 해당하는 행위를 한 대주주 또는 대주주의 특수관계인
② 제18조의3제4항제2호, 제19조제6항 또는 제24조의2제3항을 위반한 자는 5년 이하의 징역 또는 3천만원 이하의 벌금에 처한다.(2015.1.20 본항신설)
③ 다음 각 호의 어느 하나에 해당하는 자는 3년 이하의 징역 또는 2천만원 이하의 벌금에 처한다.
1. 거짓이나 그 밖의 부정한 방법으로 제3조제2항에 따른 등록을 한 자
2. 다음 각 목의 어느 하나에 해당하는 행위를 통하여 자금을 융통하여 준 자 또는 이를 중개·알선한 자
가. 물품의 판매 또는 용역의 제공 등을 가장하거나 실제 매출금액을 넘겨 신용카드로 거래하거나 이를 대행하게 하는 행위
나. 신용카드회원으로 하여금 신용카드로 구매하도록 한 물품·용역 등을 할인하여 매입하는 행위
다. 제15조를 위반하여 신용카드에 질권을 설정하는 행위
3. 제19조제5항제3호를 위반하여 다른 신용카드가맹점의 명의를 사용하여 신용카드로 거래한 자(2015.1.20 본호개정)
4. 제19조제5항제5호를 위반하여 신용카드에 의한 거래를 대행한 자(2015.1.20 본호개정)
5. 제20조제1항을 위반하여 매출채권을 양도한 자 및 양수한 자
6. 제20조제2항을 위반하여 신용카드가맹점의 명의로 신용카드등에 의한 거래를 한 자
7. 제27조의2제1항에 따른 등록을 하지 아니하고 신용카드등부가통신업을 한 자(2015.1.20 본호신설)
8. 거짓이나 그 밖의 부정한 방법으로 제27조의2제1항에 따른 등록을 한 자(2015.1.20 본호신설)
④ 다음 각 호의 어느 하나에 해당하는 자는 1년 이하의 징역 또는 1천만원 이하의 벌금에 처한다.
1.~2. (2015.7.31 삭제)
2의2. 제14조의2제1항 각 호의 어느 하나에 해당하지 아니한 자로서 신용카드회원을 모집한 자(2010.3.12 본호신설)
3. 제15조를 위반하여 신용카드를 양도·양수한 자
3의2. 제18조의3제4항제1호를 위반한 자(2015.1.20 본호개정)
4. 제19조제1항을 위반하여 신용카드로 거래한다는 이유로 물품의 판매 또는 용역의 제공 등을 거절하거나 신용카드회원을 불리하게 대우한 자
5. 제19조제4항을 위반하여 가맹점수수료를 신용카드회원이 부담하게 한 자(2015.1.20 본호개정)
6. 제19조제5항제4호를 위반하여 신용카드가맹점의 명의를 타인에게 빌려준 자(2015.1.20 본호개정)
7. 제27조, 제50조의2제1항·제3항 또는 제51조를 위반한 자
⑤ 제36조제2항을 위반한 자는 500만원 이하의 벌금에 처한다.
⑥ 제1항제1호 및 제2호의 미수범은 처벌한다.
⑦ 제1항제1호의 죄를 범할 목적으로 예비(豫備)하거나 음모(陰謀)한 자는 3년 이하의 징역 또는 2천만원 이하의 벌금에 처한다. 다만, 그 목적한 죄를 실행하기 전에 자수한 자에 대하여는 그 형(刑)을 감경(減輕)하거나 면제한다.
⑧ 제1항부터 제4항까지의 규정에 따른 징역형과 벌금형은 병과(倂科)할 수 있다.(2015.1.20 본항개정)

제71조【양벌규정】 법인의 대표자나 법인 또는 개인의 대리인, 사용인, 그 밖의 종업원이 그 법인 또는 개인의 업무에 관하여 제70조의 위반행위를 하면 그 행위자를 벌하는 외에 그 법인 또는 개인에게도 해당 조문의 벌금형을 과(科)한다. 다만, 법인 또는 개인이 그 위반행위를 방지하기 위하여 해당 업무에 관하여 상당한 주의와 감독을 게을리하지 아니한 경우에는 그러하지 아니하다.

제72조【과태료】 ① 다음 각 호의 어느 하나에 해당하는 자에게는 5천만원 이하의 과태료를 부과한다.
(2016.3.29 본문개정)
1. 제14조의5제1항부터 제3항까지의 규정을 위반한 자
2. 제14조의5제4항에 따른 조사를 거부한 자
3. 제14조의5제5항을 위반하여 모집인의 불법행위 신고를 하지 아니한 자
(2010.3.12 1호~3호신설)
4. 제16조의2제3항에 따른 조사를 거부한 자(2015.1.20 본호신설)
4의2. 제16조의5를 위반하여 연회비를 반환하지 아니한 자(2015.1.20 본호개정)
5. 제19조제3항·제7항 또는 제19조의2를 위반한 자(2015.1.20 본호개정)
5의2. 제27조의2제4항을 위반하여 변경등록을 하지 아니한 자(2015.1.20 본호신설)
5의3. 제46조의2제1항을 위반하여 부수업무의 신고를 하지 아니한 자(2017.4.18 본호신설)
6. 제49조의2제2항 또는 제50조제2항을 위반하여 이사회의 결의를 거치지 아니한 자(2016.3.29 본호개정)
7. 제49조의2제3항·제4항 또는 제50조제3항·제4항을 위반하여 보고 또는 공시를 하지 아니한 자(2016.3.29 본호개정)
8.~9. (2015.7.31 삭제)
10. 제50조의8제1항에 따른 자료제출 요구에 따르지 아니한 자
10의2. (2020.3.24 삭제)
10의3. 제53조의2제3항에 따른 자료제출 또는 관계인의 출석 및 의견진술 요구에 따르지 아니한 자(2015.1.20 본호신설)
10의4. 제54조를 위반하여 보고서를 제출하지 아니하거나 보고를 하지 아니한 자(거짓의 보고서를 제출하거나 거짓으로 보고한 자를 포함한다)(2017.4.18 본호신설)
11. 제54조의2에 따른 공시를 하지 아니하거나 거짓으로 공시한 자
12. 제54조의3을 위반하여 금융위원회에 신고하거나 보고하지 아니하고 금융약관 또는 표준약관을 제정하거나 개정한 자
13. 제55조를 위반하여 다른 업무와 구분하여 회계처리를 하지 아니한 자
② 제50조의12를 위반하여 직원의 보호를 위한 조치를 하지 아니하거나 직원에게 불이익을 준 자에게는 3천만원 이하의 과태료를 부과한다.(2017.4.18 본항신설)
③ 제50조의13제2항을 위반하여 신용공여 계약을 체결하려는 자에게 금리인하를 요구할 수 있음을 알리지 아니한 자에게는 2천만원 이하의 과태료를 부과한다.
(2018.12.11 본항신설)
④ 다음 각 호의 어느 하나에 해당하는 자에게는 1천만원 이하의 과태료를 부과한다.
1. 제14조의5제6항을 위반하여 모집인에 대한 교육을 하지 아니한 자
2. (2020.3.24 삭제)
3.~4. (2017.4.18 삭제)
(2016.3.29 본항개정)
⑤ 제1항부터 제4항까지의 규정에 따른 과태료는 대통령령으로 정하는 바에 따라 금융위원회가 부과·징수한다.
(2018.12.11 본항개정)

부 칙 (2015.1.20)

제1조【시행일】 이 법은 공포 후 6개월이 경과한 날부터 시행한다.
제2조【부가통신업자의 결격사유에 관한 적용례】 제27조의2제3항의 개정규정은 이 법 시행 후 발생한 사유로 인하여 결격사유에 해당하게 된 자부터 적용한다.
제3조【신용카드등부가통신업 등록에 관한 경과조치】 이 법 시행 당시 「전기통신사업법」에 따른 부가통신업자로서 신용카드등부가통신업을 하고 있는 자는 제27조의2의 개정규정에 따른 등록을 한 것으로 본다. 다만, 이 법 시행 후 1년 이내에 제27조의2의 개정규정에 따라 금융위원회에 등록하여야 한다.
제4조【신용카드 단말기의 등록에 관한 경과조치】 이 법 시행 당시 신용카드 거래와 관련하여 전기통신서비스를 제공하는 신용카드 단말기는 제27조의4의 개정규정에 따른 등록을 한 것으로 본다. 다만, 이 법 시행 후 3년 이내에 제27조의4의 개정규정에 따라 금융위원회에 등록하여야 한다.

부 칙 (2016.3.29 법14127호)

제1조【시행일】 이 법은 공포 후 6개월이 경과한 날부터 시행한다.
제2조【모집인의 등록 취소에 관한 적용례】 제14조의4제2항제3호의2의 개정규정은 이 법 시행 후 최초로 제14조의5제2항제4호 또는 제5호의 개정규정에 따른 위반행위를 한 경우부터 적용한다.
제3조【시설대여업자·할부금융업자·신기술사업금융업자의 등록 취소에 관한 적용례】 제57조제3항제4호의 개정규정은 이 법 시행 후 최초로 시설대여업·할부금융업 또는 신기술사업금융업의 등록을 신청한 자부터 적용한다.
제4조【선불카드 미사용잔액등의 기부에 관한 적용례】 제68조의 개정규정은 이 법 시행 후 최초로 소멸시효가 완성된 선불카드 미사용잔액등부터 적용한다.
제5조【여신전문금융회사등 및 그 임직원에 대한 처분사유에 관한 적용례】 별표 제30호의2부터 제30호의4까지, 제35호 및 제43호의2의 개정규정은 이 법 시행 후 최초로 여신전문금융회사등(그 소속 임직원을 포함한다)이 그 개정규정에 해당하는 행위를 하여 제53조제4항에 따라 금융위원회가 조치를 하거나 금융감독원장으로 하여금 조치를 하게 하는 경우부터 적용한다.
제6조【금치산자 등에 대한 경과조치】 제14조의3제2항제1호의 개정규정에 따른 피성년후견인 또는 피한정후견인에는 법률 제10429호 민법 일부개정법률 부칙 제2조에 따라 금치산 또는 한정치산 선고의 효력이 유지되는 사람을 포함하는 것으로 본다.
제7조【대주주에 대한 신용공여한도 등에 관한 경과조치】 이 법 시행 당시 제49조의2제1항의 개정규정에 따른 한도를 초과하였거나 같은 조 제8항의 개정규정에 따른 신용공여를 한 여신전문금융회사는 이 법 시행일부터 3년 이내에 그 한도에 적합하도록 하여야 한다. 다만, 금융위원회는 해당 여신전문금융회사의 대주주에 대한 신용공여 규모 등을 고려하여 부득이하다고 인정되는 경우에는 그 기간을 연장할 수 있다.
제8조【대주주가 발행한 주식의 소유한도에 관한 경과조치】 이 법 시행 당시 제50조제1항의 개정규정에 따른 한도를 초과하여 대주주가 발행한 주식을 소유한 여신전문금융회사는 이 법 시행일부터 2년 이내에 그 한도에 적합하도록 하여야 한다.
제9조【과징금 또는 과태료 부과에 관한 경과조치】 이 법 시행 전의 행위에 대하여 과징금 또는 과태료를 부과할 때에는 종전의 규정에 따른다.
제10조【벌칙에 관한 경과조치】 이 법 시행 전의 행위에 대하여 벌칙을 적용할 때에는 종전의 규정에 따른다.
제11조【다른 법률의 개정】 ①~⑩ ※(해당 법령에 가제정리 하였음)

부 칙 (2017.4.18)

제1조【시행일】 이 법은 공포 후 6개월이 경과한 날부터 시행한다.
제2조【퇴임한 임원 등에 대한 조치 내용의 통보에 관한 적용례】 제53조제5항 및 제6항의 개정규정은 이 법 시행 전에 퇴임한 임원 또는 퇴직한 직원에 대해서도 적용한다.
제3조【임원의 직무정지 요구에 관한 경과조치】 이 법 시행 전의 위반행위에 대해서는 제53조제4항제3호(직무정지에 한정한다)의 개정규정에도 불구하고 종전의 규정에 따른다.
제4조【과징금에 관한 경과조치】 이 법 시행 전의 위반행위에 대하여 과징금을 부과하는 경우에는 제58조제1항, 제3항 및 제4항의 개정규정에도 불구하고 종전의 규정에 따른다.

부 칙 (2018.12.11)

제1조【시행일】 이 법은 공포 후 6개월이 경과한 날부터 시행한다.
제2조【부가통신업자 임원의 자격요건 등에 관한 적용례】 제27조의2제6항 및 제7항의 개정규정은 이 법 시행 후 최초로 선임하는 부가통신업자의 임원부터 적용한다.
제3조【금리인하 요구에 관한 적용례】 제50조의13의 개정규정은 이 법 시행 후 최초로 신용공여 계약을 체결하는 경우부터 적용한다.

부 칙 (2020.2.4)

제1조【시행일】 이 법은 공포 후 6개월이 경과한 날부터 시행한다.(이하 생략)

부 칙 (2020.3.24)

제1조【시행일】 이 법은 공포 후 1년이 경과한 날부터 시행한다.(이하 생략)

부 칙 (2023.3.21)

이 법은 공포 후 3개월이 경과한 날부터 시행한다.

〔별표〕 ➡ 「法典 別冊」 참조

여신전문금융업법 시행령

(1997년 12월 31일 대통령령 제15569호)

개정
1998. 4. 1영15761호(금융감독)
1998. 6.24영15817호(여객자동차운수사업법시)
1999. 4.24영16261호
1999. 5.24영16323호(직제)
2001. 6.30영17264호 2002. 6.29영17645호
2003.12.30영18170호
2004. 2.28영18297호(한국주택금융공사법시)
2004. 3.17영18312호(전자적민원처리를위한가석방자관리규정등)
2004. 4.19영18365호
2004. 5.25영18401호(의료기기법시)
2007. 6.28영20120호(행정정보이용감축개정령)
2008. 1.18영20549호
2008. 2.29영20653호(금융위원회의설치등에관한법시)
2008. 7.29영20947호(자본시장금융투자업시)
2009. 8. 5영21674호
2009.10. 1영21765호(신용정보의이용및보호에관한법시)
2009.10. 9영21775호(은행법시)
2010. 5. 4영22151호(전자정부법시)
2010. 6.11영22196호
2010.11.15영22493호(은행법시)
2012. 1. 6영23488호(민감정보고유식별정보)
2012. 1. 6영23496호(농협시)
2012. 2.28영23643호
2012. 2.29영23644호(대학교원자격기준등에관한규정)
2012.10. 9영24136호 2012.12. 4영24219호
2013. 8.27영24697호(자본시장금융투자업시)
2013. 9.17영24759호
2013.12.30영25050호(행정규제재검토에따른일부개정령)
2014. 8. 6영25532호(민감정보고유식별정보)
2015. 1. 6영26037호 2015. 3.30영26178호
2015. 5.26영26248호(소상공인보호및지원에관한법시)
2015. 7.20영26423호
2015. 9.11영26517호(신용정보의이용및보호에관한법시)
2015.10.23영26600호(자본시장금융투자업시)
2016. 4.26영27111호
2016. 7.28영27414호(금융회사의지배구조에관한법시)
2016. 9.29영27534호
2016.10.25영27556호(수협시)
2017. 7.26영28209호 2017.10.17영28389호
2018. 8.21영29111호
2018.10.30영29269호(주식회사등의외부감사에관한법시)
2019. 1.29영29506호 2019. 6.11영29857호
2019.12.31영30308호
2020. 3. 3영30509호(규제기한해제)
2020. 4.21영30629호
2020. 8. 4영30893호(신용정보의이용및보호에관한법시)
2020.12. 8영31222호(전자서명법시)
2020.12.29영31335호
2021. 1. 5영31380호(법령용어정비)
2021. 2. 2영31429호(소상공인기본법시)
2021. 3.23영31553호(금융소비자보호에관한법시)
2021. 8.17영31947호 2021. 8.24영31954호
2021. 9.24영32014호(행정기본법시)
2021.10.21영32091호(자본시장금융투자업시)
2021.12.28영32274호(독점시)
2022. 6. 7영32684호(신용정보의이용및보호에관한법시)
2022. 6.15영32701호
2022. 8.23영32881호(벤처투자촉진에관한법시)
2023.12.12영33913호(행정법제혁신을위한일부개정법령등)

제1조【목적】 이 영은 「여신전문금융업법」에서 위임된 사항과 그 시행에 필요한 사항을 규정함을 목적으로 한다.(2009.8.5 본조개정)

제1조의2【결제금지 대상 범위 등】 ① 「여신전문금융업법」(이하 "법"이라 한다) 제2조제3호나목에서 "「자본시장과 금융투자업에 관한 법률」 제3조제1항에 따른 금융투자상품 등 대통령령으로 정하는 금융상품"이란 다음 각 호의 어느 하나에 해당하는 금융상품을 말한다.
1. 「자본시장과 금융투자업에 관한 법률」 제3조제1항에 따른 금융투자상품
2. 예금, 적금 및 부금
3. 제1호 및 제2호에 준하는 것으로서 총리령으로 정하는 금융상품
② 법 제2조제3호라목에서 "대통령령으로 정하는 사항의 이용 대가 및 이용에 따른 금전의 지급"이란 다음 각 호를 말한다.
1. 「관광진흥법」에 따른 카지노의 이용 대가 및 이용에 따른 금전의 지급. 다만, 외국인(「해외이주법」 제2조에 따른 해외이주자를 포함한다)이 「관광진흥법」에 따라 허가받은 카지노영업소에서 외국에서 신용카드업에 상당하는 영업을 영위하는 자가 발행한 신용카드로 결제하는 것은 제외한다.
2. 「경륜·경정법」 제2조제1호 및 제2호에 따른 경륜 및 경정의 이용 대가 및 이용에 따른 금전의 지급
3. 「사행행위 등 규제 및 처벌특례법」 제2조제1항제1호에 따른 사행행위의 이용 대가 및 이용에 따른 금전의 지급
4. 「전통 소싸움경기에 관한 법률」 제2조제2호에 따른 소싸움경기의 이용 대가 및 이용에 따른 금전의 지급
5. 「한국마사회법」 제2조제1호에 따른 경마의 이용 대가 및 이용에 따른 금전의 지급
6. 신용카드업자와 상품권 신용카드 거래 계약[상품권 발행자(발행자와 상품권 위탁판매계약을 맺은 자를 포함한다. 이하 같다)가 신용카드회원에게 신용카드를 사용한 거래에 의하여 발행자가 발행한 상품권을 제공하는 계약을 말한다. 이하 제7호에서 같다]을 체결하지 아니한 발행자가 발행한 상품권의 구입에 따른 금전의 지급
7. 개인 신용카드회원이 월 1백만원의 이용한도[선불카드 금액, 「전자금융거래법」 제2조제14호에 따른 선불전자지급수단(이하 "선불전자지급수단"이라 한다) 금액 및 상품권 금액을 합하여 산정한다]를 초과한 선불카드, 선불전자지급수단 및 상품권(신용카드업자와 상품권 신용카드 거래 계약을 체결한 발행자가 발행한 상품권으로 한정한다)의 구입에 따른 금전의 지급
(2018.8.21 본호개정)
③ 법 제2조제5호의2에서 "대통령령으로 정하는 사항"이란 다음 각 호의 어느 하나에 해당하는 행위를 말한다.
1. 신용카드에 의한 거래 시 그 신용카드를 본인이 정당하게 사용하고 있는지를 확인하는 행위
2. 신용카드에 의한 거래 시 신용카드회원이 제시하는 신용카드의 전자금융거래 정보를 신용카드업자에게 전송하기 위하여 「전자금융거래법」 제2조제8호에 따른 전자적 장치를 이용하는 행위
(2010.6.11 본조신설)

제2조【시설대여의 범위 등】 ① 법 제2조제10호에서 "대통령령으로 정하는 물건"이란 다음 각 호의 물건을 말한다.(2010.6.11 본문개정)
1. 시설, 설비, 기계 및 기구
2. 건설기계, 차량, 선박 및 항공기
3. 제1호 및 제2호의 물건에 직접 관련되는 부동산 및 재산권
4. 중소기업(「중소기업기본법」 제2조에 따른 중소기업을 말한다. 이하 이 조에서 같다)에 시설대여하기 위한 부동산으로서 금융위원회가 정하여 고시하는 기준을 충족하는 부동산(2015.3.30 본호개정)
5. 그 밖에 국민의 금융편의 등을 위하여 총리령으로 정하는 물건
②~③ (1999.4.24 삭제)
④ 법 제2조제10호에서 "대통령령으로 정하는 일정 기간"이란 「법인세법 시행령」 제28조·제29조 및 제29조의2에 따른 내용연수의 100분의 20에 해당하는 기간을 말한다. 다만, 제1항제4호에 따른 부동산을 시설대여하는 경우에는 3년으로 한다.(2015.3.30 단서신설)
⑤ 법 제2조제11호에서 "대통령령으로 정하는 일정한 기간"이란 1년을 말한다.
⑥ 법 제29조에 따른 시설대여등(이하 "시설대여등"이라 한다)의 계약이 해지(解止)되어 새로 시설대여등의 계약을 체결하는 경우에는 제4항 및 제5항의 기간을 적용할 때 종전의 계약이 해지되기 전에 지나간 기간은 이를 제외한다.
⑦ 금융위원회는 시설대여업자가 제1항제4호에 따라 중소기업에 부동산을 시설대여하는 경우 시설대여업자의 시설대여 방법 및 중소기업의 부동산 사용방법 등에 관한 구체적인 기준을 정하여 고시할 수 있다.(2016.9.29 본항개정)
(2009.8.5 본조개정)

제2조의2【신기술사업자의 범위 등】 ① 법 제2조제14호의2가목 단서에서 "대통령령으로 정하는 업종"이란 다음 각 호의 업종을 말한다.
1. 기타 금융지원 서비스업
2. 보험 및 연금관련 서비스업
② 법 제2조제14호의2나목 단서에서 "대통령령으로 정하는 업종"이란 다음 각 호의 업종을 말한다.
1. 부동산 관리업
2. 부동산 중개, 자문 및 감정평가업
③ 법 제2조제14호의2다목에서 "대통령령으로 정하는 업종"이란 다음 각 호의 업종을 말한다. 이 경우 업종의 분류는 「통계법」 제22조제1항에 따라 통계청장이 고시하는 한국표준산업분류(이하 "한국표준산업분류"라 한다)에 따른다.
1. 일반 유흥주점업
2. 무도 유흥주점업
3. 경주장 및 동물 경기장 운영업
4. 기타 사행시설 관리 및 운영업
5. 무도장 운영업
(2018.8.21 본조신설)

제2조의3【신기술사업금융전문회사의 업무제한】 법 제2조제14호의4에서 "대통령령으로 정하는 금융업"이란 한국표준산업분류에 따른 금융 및 보험업을 말한다. 다만, 다음 각 호의 어느 하나에 해당하는 업무는 제외한다.(2018.8.21 본문개정)
1. 신기술사업금융업
2. 제16조제2항제5호에 따른 기관전용 사모집합투자기구의 업무집행사원 업무(2021.10.21 본호개정)
3. 제16조제2항제10호에 따른 기업구조개선 기관전용 사모집합투자기구의 업무집행사원 업무(2021.10.21 본호개정)
(2016.9.29 본조신설)

제2조의4【신용공여의 범위】 ① 법 제2조제18호에서 "대통령령으로 정하는 것"이란 다음 각 호를 말한다.
1. 기업구매전용카드(구매기업·판매기업 및 신용카드업자 간의 계약에 따라 구매기업이 해당 판매기업에 대한 구매대금의 지급을 목적으로 신용카드업자로부터 발급받는 신용카드 또는 직불카드를 말한다)로 거래하여 발생한 채권액(2013.9.17 본호개정)
2. 신용카드 회원에 대한 자금의 융통(融通)금액
3. 시설대여업자가 시설대여계약에 따라 대여시설이용자에게 넘겨준 특정물건을 취득하는 데에 든 비용 및 대여시설이용자에 대한 시설대여에 든 모든 비용
4. 연불(延拂)판매액
5. 할부금융이용액(할부금융이용자가 물건매매계약에 따라 물건을 구매하는 데에 든 모든 비용을 포함한다)
6. 신기술사업자에 대한 투자액 및 융자액
7. 대출액
8. 어음할인액
9. 법 제46조제1항제2호에 따른 매출채권의 매입액
10. 제16조제1항제1호에 따른 채권 또는 유가증권의 매입액(2016.9.29 본호개정)
11. 지급보증액
12. (2015.3.30 삭제)
② 금융위원회는 다음 각 호의 어느 하나에 해당하는 거래에 대해서는 제1항에도 불구하고 신용공여의 범위에 포함시키지 아니할 수 있다.
1. 금융기관에 손실을 가져올 가능성이 극히 적은 것으로 판단되는 거래
2. 금융시장에 미치는 영향 등 해당 거래의 상황에 비추어 신용공여의 범위에 포함시키지 아니하는 것이 타당하다고 판단되는 거래
(2009.8.5 본조개정)

제2조의5【자기자본의 범위】 법 제2조제19호에서 "대통령령으로 정하는 것"이란 「주식회사 등의 외부감사에 관한 법률」 제2조제2호에 따른 재무제표의 납입자본금·자본잉여금 및 이익잉여금 등의 합계액에 결산상 오류에 따른 금액을 더하거나 뺀 금액을 말한다.(2018.10.16 본조개정)

제2조의6【총자산의 범위】 법 제2조제20호에서 "대통령령으로 정하는 것"이란 재무상태표상의 자산액(「주식회사 등의 외부감사에 관한 법률 시행령」 제3조제1항에 따른 한국채택국제회계기준을 적용하지 않는 여신전문금융회사의 경우에는 실질적인 신용위험을 부담하는 자산액을 포함한다)을 말한다.(2021.1.5 본조개정)

제3조【겸영여신업자】 ① 법 제3조제3항제1호에서 "대통령령으로 정하는 자"란 다음 각 호의 어느 하나에 해당하는 자를 말한다.
1. 「은행법」에 따라 인가를 받은 은행(2010.11.15 본호개정)
1의2. 「농업협동조합법」에 따른 농협은행(2012.1.6 본호신설)
1의3. 「수산업협동조합법」에 따른 수협은행(2016.10.25 본호신설)
2. 「한국산업은행법」에 따라 설립된 한국산업은행
3. 「중소기업은행법」에 따라 설립된 중소기업은행
4. 「한국수출입은행법」에 따라 설립된 한국수출입은행
5. 「자본시장과 금융투자업에 관한 법률」에 따른 종합금융회사
5의2. 「자본시장과 금융투자업에 관한 법률」에 따른 금융투자업자(신기술사업금융업을 하려는 경우만 해당한다)(2016.4.26 본호신설)
6. 「상호저축은행법」에 따라 설립된 상호저축은행중앙회
6의2. 「상호저축은행법」에 따라 인가를 받은 상호저축은행(할부금융업을 하려는 경우만 해당한다)(2015.3.30 본호신설)
7. 「신용협동조합법」에 따른 설립된 신용협동조합중앙회
8. 「새마을금고법」에 따라 설립된 새마을금고연합회
② 법 제3조제3항제2호에서 "대통령령으로 정하는 자"란 다음 각 호의 어느 하나에 해당하는 자를 말한다.
1. 「유통산업발전법」 제2조제3호에 따른 대규모점포를 운영하는 자
2. 계약에 따라 같은 업종의 여러 도매·소매점포에 대하여 계속적으로 경영을 지도하고 상품을 공급하는 것을 업(業)으로 하는 자
(2009.8.5 본조개정)

제3조의2【허가·등록의 첨부서류】 ① 법 제4조에 따라 신용카드업의 허가를 받으려는 자는 신청서(전자문서로 된 신청서를 포함한다)에 다음 각 호의 서류를 첨부하여 금융위원회에 제출하여야 한다. 이 경우 담당 직원은 「전자정부법」 제36조제1항 또는 제2항에 따른 행정정보의 공동이용을 통하여 법인등기부 등본을 확인하여야 한다.(2010.5.4 후단개정)
1. 정관
2. 자본금 납입을 증명하는 서류
3. 업무개시 후 3년간의 사업계획서(추정재무제표 및 예상수지계산서를 포함한다)
4. 재무제표와 그 부속서류
5. 제4조에 따른 대주주가 법인인 경우에는 그 법인의 재무제표 및 그 부속서류
6. 허가신청자가 여신전문금융회사 또는 겸영여신업자(兼營與信業者)인 경우에는 여신실적 및 거래자 수 등 영업현황을 나타내는 서류
7. 임원의 이력서 및 경력증명서
② 법 제4조에 따라 시설대여업, 할부금융업 또는 신기술사업금융업의 등록을 하려는 자는 신청서에 제1항제1호·제2호·제4호·제6호 및 제7호의 서류를 첨부하여 금융위원회에 제출하여야 한다. 이 경우 담당 직원은 「전자정부법」 제36조제1항 또는 제2항에 따른 행정정보의 공동이용을 통하여 법인등기부 등본을 확인하여야 한다.(2010.5.4 후단개정)
(2009.8.5 본조개정)

제4조【출자자의 범위】 ① 법 제6조제1항제1호에서 "대통령령으로 정하는 출자자"란 대주주(최대주주의 특수관계인인 주주를 포함한다)를 말한다.
② 법 제6조제1항제2호에서 "대통령령으로 정하는 출자자"란 대주주(최대주주의 특수관계인인 주주를 포함한다)를 말한다.
(2008.1.18 본조개정)
제5조【채무를 변제하지 아니한 자】 법 제6조제1항제3호에서 "대통령령으로 정하는 자"란 「신용정보의 이용 및 보호에 관한 법률 시행령」 제2조제6항제7호가목부터 마목까지, 같은 호 사목부터 버목까지, 같은 호 어목부터 처목까지, 같은 호 터목부터 허목까지, 같은 조 제18항제1호·제3호 및 제4호의 기관에 대손상각채권을 발생시켜 「신용정보의 이용 및 보호에 관한 법률」 제25조제2항제1호에 따른 종합신용정보집중기관에 이에 대한 신용정보가 집중관리·활용되는 자로서 그 집중관리·활용되는 날부터 3년이 지나지 아니한 자를 말한다.(2022.6.7 본조개정)
제6조【금융 관계 법령】 법 제6조제1항제4호에서 "대통령령으로 정하는 금융 관계 법령"이란 「금융회사의 지배구조에 관한 법률 시행령」 제5조에 따른 법령(이하 "금융관계법령"이라 한다)을 말한다.
1.~2. (2016.7.28 삭제)
3.~4. (2009.10.9 삭제)
(2016.7.28 본조개정)
제6조의2【신용카드업의 허가에 필요한 재무건전성기준 등】 ① 법 제6조제1항제5호에 따른 재무건전성기준은 다음 각 호의 구분에 따른다.
1. 허가신청자가 「금융위원회의 설치 등에 관한 법률」 제38조에 따라 금융감독원으로부터 검사를 받는 기관인 경우 : 해당 기관의 설립·운영 등에 관한 법령에서 정하는 경영건전성에 관한 기준 등을 고려하여 금융위원회가 정하는 재무건전성기준에 적합할 것
2. 허가신청자가 제1호외의 자인 경우 : 해당 기업〔대주주가 「독점규제 및 공정거래에 관한 법률」 제2조제11호에 따른 기업집단(같은 법 시행령 제38조제1항제1호 및 제2호에 해당하는 기업집단은 제외한다)에 속하는 기업인 경우에는 금융업이나 보험업을 경영하는 회사를 제외한 기업집단을 포함한다〕의 자기자본에 대한 부채총액의 비율이 100분의 200의 범위에서 금융위원회가 정하는 비율 이하일 것(2021.12.28 본호개정)
② 법 제6조제1항제6호에서 "대통령령으로 정하는 법인"이란 법 제6조제1항제1호부터 제5호까지의 어느 하나에 해당하는 자가 대주주(최대주주의 특수관계인인 주주를 포함한다)인 법인을 말한다.
③ 금융위원회는 제1항에 따른 기준에 관한 구체적인 사항을 정할 수 있다.
(2009.8.5 본조개정)
제6조의3【신용카드업 허가의 세부요건】 ① 법 제6조제2항제2호에 따라 신용카드업의 허가를 받으려는 자가 갖추어야 하는 전문인력 및 물적 시설의 세부요건은 다음 각 호와 같다.
1. 신용카드업에 관한 전문성을 갖춘 전문인력과 전산요원 등 필요한 인력을 갖출 것
2. 신용카드업을 하는 데에 필요한 전산설비를 구축하고 점포 등을 확보할 것
② 법 제6조제2항제3호에 따른 사업계획은 다음 각 호의 요건에 적합하여야 한다.
1. 신용카드업을 원활하게 하는 데에 필요한 신용카드회원 및 신용카드가맹점 확보계획이 타당하고 실현 가능성이 있을 것
2. 신용카드 이용과 관련된 대금을 신속하게 결제할 수 있는 자금의 조달계획이 타당하고 실현 가능성이 있을 것
3. 수입·지출 전망이 타당하고 실현 가능성이 있을 것
4. 건전한 금융질서를 해칠 우려가 없을 것
③ 법 제6조제2항제4호에서 "대통령령으로 정하는 자"란 다음 각 호의 자를 말한다.
1. 최대주주인 법인의 최대주주(최대주주인 법인의 주요 경영사항을 사실상 지배하는 자가 그 법인의 최대주주와 명백히 다른 경우에는 그 사실상 지배하는 자를 포함한다)
2. 최대주주인 법인의 대표자
④ 법 제6조제2항제4호에 따른 대주주는 별표1에 따른 요건에 적합하여야 한다.
⑤ (2016.7.28 삭제)
⑥ 법 제6조의2 단서에서 "대통령령으로 정하는 경우"란 다음 각 호의 요건을 모두 충족하는 경우를 말한다.
1. 개인정보의 보호에 차질이 없을 것
2. 신용카드 서비스 제공의 지연 등으로 신용카드회원, 신용카드가맹점의 이익을 저해할 우려가 없을 것
3. 「금융회사의 지배구조에 관한 법률」 제24조제1항에 따른 내부통제기준(이하 "내부통제기준"이라 한다) 준수에 차질이 없을 것(2016.7.28 본호개정)
(2010.6.11 본항신설)
⑦ 금융위원회는 제1항부터 제6항까지의 요건에 관한 구체적인 사항을 정할 수 있다.(2010.6.11 본항개정)
(2009.8.5 본조개정)
제6조의4【등록말소신청】 법 제10조제1항에 따라 등록의 말소(抹消)를 신청하려는 자는 다음 각 호의 사항을 적은 등록말소신청서를 금융위원회에 제출하여야 한다.
1. 회사의 명칭
2. 등록을 말소하려는 여신전문금융업의 내용
3. 등록을 말소하려는 사유
(2009.8.5 본조개정)
제6조의5【부대업무의 경영기준 등】 ① 법 제3조제1항 단서에 따라 신용카드업의 등록을 한 겸영여신업자는 법 제13조제1항에 따른 부대업무를 할 수 없다.
② 신용카드업자는 매 분기 말을 기준으로 법 제13조제1항제1호에 따른 신용카드회원에 대한 자금의 융통으로 인하여 발생한 채권(신용카드업자가 신용카드회원에 대한 채권 재조정을 위하여 채권의 만기, 금리 등 조건을 변경하여 그 신용카드회원에게 다시 자금을 융통하여 발생한 채권은 제외한다)의 분기 중 평균잔액이 다음 각 호의 금액의 합계액을 초과하도록 해서는 아니 된다.
1. 신용카드회원이 신용카드로 물품을 구입하거나 용역을 제공받는 등으로 인하여 발생한 채권(제2조의4제1항제1호에 따른 채권액은 제외한다)의 분기 중 평균잔액(2018.8.21 본호개정)
2. 직불카드회원의 분기 중 직불카드 이용대금
③ 신용카드업자는 법인 신용카드회원을 상대로 법 제13조제1항제1호에 따른 자금융통거래를 할 수 없다. 다만, 법인 신용카드회원이 비밀번호 사용을 약정하여 해외에서 현금융통을 하는 경우는 그러하지 아니하다.
(2016.9.29 본항신설)
④ 법 제13조제2항에 따라 신용카드업자는 다음 각 호의 업무를 제3자에게 대행하게 할 수 있다.
1. 직불카드 및 선불카드의 발행업무
2. 선불카드의 판매업무(환불업무를 포함한다)
3. 직불카드 및 선불카드 이용대금의 결제업무(거래의 승인업무를 포함한다)
(2009.8.5 본조개정)
제6조의6【신용카드·직불카드의 갱신 또는 대체 발급】 법 제14조제1항 단서에 따라 신용카드업자는 다음 각 호의 구분에 따른 동의를 받은 경우 신용카드·직불카드를 갱신(更新)하거나 대체 발급할 수 있다.
1. 갱신 또는 대체 발급 예정일 전 6개월 이내에 사용된 적이 없는 신용카드·직불카드 : 해당 신용카드·직불카드회원으로부터 갱신 또는 대체 발급에 대하여 서면(「전자문서 및 전자거래 기본법」 제2조제1호에 따른 전자문서를 포함한다) 또는 전화로 동의를 받은 경우
2. 갱신 또는 대체 발급 예정일전 6개월 이내에 사용된 적이 있는 신용카드·직불카드 : 갱신 또는 대체 발급 예정일부터 1개월 전에 해당 신용카드·직불카드회원에게 발급 예정사실과 20일 이내에 이의 제기를 할 수 있음을 알린 후 해당 기간 내에 그 회원으로부터 이의 제기가 없어 묵시적 동의를 받은 경우
(2020.12.29 본조개정)
제6조의7【신용카드의 발급 및 회원 모집방법 등】 ① 법 제14조제2항제2호마목에서 "대통령령으로 정하는 사항"이란 다음 각 호의 사항을 말한다.
1. 신용카드의 발급신청인이 그 신용카드업자나 다른 금융기관(「금융산업의 구조개선에 관한 법률」 제2조에 따른 금융기관을 말한다)에 상환(償還) 기일 내에 상환하지 못한 채무(이하 "연체채무"라 한다)의 존재 여부
2. 채무가 상환되거나 변제(辨濟)된 경우에는 그 상환방법이나 변제방법
② 법 제14조제3항제2호에서 "대통령령으로 정하는 연령 이상인 자"란 「민법」 제4조에 따른 성년 연령 이상인 사람을 말한다. 다만, 다음 각 호의 어느 하나에 해당하는 경우에는 성년 연령 미만인 사람(제2호의 경우에는 18세 이상인 사람을 말하고 제3호의 경우에는 12세 이상인 사람을 말한다)에게도 발급할 수 있다.(2019.6.11 단서개정)
1. 「아동복지법」 제38조에 따른 자립지원 등 국가 또는 지방자치단체의 정책적 필요에 따라 불가피하게 신용카드를 발급하여야 하는 경우
2. 발급신청일 현재 재직(在職)을 증명할 수 있는 경우
3. 제3항제1호나목에 해당하는 신용카드로서 「대중교통의 육성 및 이용촉진에 관한 법률」 제2조제6호에 따른 교통카드 기능을 이용할 목적으로 발급하는 경우
(2017.10.17 본항개정)
③ 법 제14조제3항제3호에서 "대통령령으로 정하는 요건"이란 다음 각 호의 요건을 말한다.
1. 신용카드의 발급신청일 현재 개인신용평점〔신용정보의 이용 및 보호에 관한 법률」 제2조제5호가목에 따른 개인신용평가회사(「신용정보의 이용 및 보호에 관한 법률」 제5조제1항에 따른 전문개인신용평가업을 영위하는 회사는 제외한다)가 책정한 것을 말한다〕이 금융위원회가 정하여 고시하는 기준을 충족할 것. 다만, 다음 각 목의 어느 하나에 해당하는 경우에는 이 기준을 적용하지 아니한다.(2020.8.4 본문개정)
가. 신용카드이용대금을 결제할 수 있는 능력이 충분하다는 것을 신용카드업자가 객관적인 자료로 확인할 수 있거나, 본인이 증명할 수 있는 경우
나. 직불카드와 신용카드의 기능을 동시에 갖추고 있는 카드로서 카드회원에게 이용 편의를 제공할 목적으로 금융위원회가 정하는 범위의 신용카드 이용한도를 부여한 경우
다. 제2항 단서에 따라 신용카드를 발급받는 경우
(2012.10.9 본호개정)
2. 본인 여부를 「신용정보의 이용 및 보호에 관한 법률 시행령」 제30조제3항 후단에 따른 방법으로 확인할 것
(2015.9.11 본호개정)
④ 법 제14조제4항제2호에서 "대통령령으로 정하는 모집"이란 신용카드업자가 「전자서명법」 제2조제2호에 따른 전자서명(사용자의 실지명의를 확인할 수 있는 것으로 한정한다)을 통하여 본인 여부를 확인하지 아니한 신용카드회원 모집을 말한다. 다만, 신청인의 신분증 발급기관·발급일 등 본인임을 식별할 수 있는 정보와 본인의 서명을 받는 방법 등으로 본인이 신청하였음을 확인할 수 있는 경우는 제외한다.(2020.12.8 본문개정)
⑤ 법 제14조제4항제3호에 따라 신용카드업자는 다음 각 호의 방법으로 신용카드회원을 모집해서는 아니 된다.
1. 신용카드 발급과 관련하여 그 신용카드 연회비(연회비가 주요 신용카드의 평균연회비 미만인 경우에는 해당 평균연회비를 말한다)의 100분의 10을 초과하는 경제적 이익을 제공하거나 제공할 것을 조건으로 하는 모집. 다만, 컴퓨터통신을 이용하여 스스로 신용카드회원이 되는 경우에는 그 신용카드 연회비의 100분의 100 이하의 범위에서 경제적 이익을 제공하거나 제공할 것을 조건으로 하여 모집할 수 있다.(2016.9.29 단서신설)
2. 「도로법」 제2조 및 「사도법」 제2조에 따른 도로 및 사도(私道) 등 길거리에서 하는 모집
3. 방문을 통한 모집. 다만, 미리 동의를 받은 후 방문하거나 사업장을 방문하는 경우는 제외한다.
⑥ 제5항제1호의 평균연회비, 제2호의 길거리의 범위, 제3호 단서의 사전동의 절차 및 사업장의 범위에 관한 사항은 금융위원회가 정하여 고시한다.
⑦ 법 제14조제5항 본문에서 "대통령령으로 정하는 사항"이란 다음 각 호의 사항을 말한다.(2013.9.17 본문개정)
1. 연회비, 이자율, 수수료, 이용한도, 결제방법, 결제일, 신용카드 유효기간 및 개인신용평점 등 거래조건
(2020.8.4 본호개정)
2. 신용카드업자와 신용카드회원 또는 직불카드회원간에 분쟁이 발생한 경우에 신용카드회원 또는 직불카드회원이 이의를 제기하는 절차
3. 신용카드 또는 직불카드의 도난·분실, 위조·변조가 발생한 경우에 신용카드회원 또는 직불카드회원에게 고의, 과실 또는 중과실이 있는 것으로 인정되는 사항
4. 제6조의11제1항에 따른 연회비 반환사유, 같은 조 제2항에 따른 연회비 반환금액 산정방식 및 같은 조 제3항에 따른 연회비 반환금액의 반환기한(2013.9.17 본호신설)
(2009.8.5 본조개정)
제6조의8【모집자의 준수사항 등】 ① 법 제14조의2제2항에 따라 신용카드회원을 모집하는 자(이하 "모집자"라 한다)는 신용카드회원을 모집할 때 다음 각 호의 사항을 지켜야 한다.
1. 신청인에게 자신이 법 제14조의2제1항에 따라 신용카드회원을 모집할 수 있는 사람임을 알릴 것
2. 신청인에게 신용카드에 대한 약관과 연회비 등 신용카드의 거래조건 및 제6조의7제7항제4호의 사항을 설명할 것(2013.9.17 본호개정)
3. 신청인이 본인임을 확인하고, 신청인이 직접 신청서(전자문서로 된 신청서를 포함한다) 및 신용카드 발급에 따른 관련서류(전자문서로 된 서류를 포함한다) 등을 작성하도록 할 것. 이 경우 다음 각 목의 사항을 지켜야 한다.(2015.3.30 본문개정)
가. 「장애인차별금지 및 권리구제 등에 관한 법률」 제2조에 따른 장애인에 대한 본인 확인 및 신용카드 발급 신청 서류(전자문서로 된 서류를 포함한다) 등의 작성을 할 때에는 같은 법 제4조제2항에 따른 정당한 편의를 제공할 것
나. 전자문서로 된 신청서 및 서류 등을 작성하는 경우 신청인이 작성하는 정보는 암호화되어 신용카드업자에게 전달되도록 할 것
(2015.3.30 가목~나목신설)
4. 신청인이 작성한 신용카드 발급신청서에 모집자의 성명과 등록번호(모집자임을 표시하는 다른 징표를 포함한다)를 적을 것
5. 신용카드업자 외의 자를 위하여 신용카드 발급계약의 체결을 중개하지 아니할 것
6. 신용카드회원을 모집할 때 법 제14조제4항 및 이 영 제6조의7제5항에 따른 방법으로 할 것
7. 신용카드회원을 모집할 때 알게 된 신청인의 신용정보(「신용정보의 이용 및 보호에 관한 법률」 제2조제1호에 따른 신용정보를 말한다) 및 사생활 등 개인적 비밀을 업무 목적 외의 목적으로 누설하거나 이용하지 아니할 것
8. 신용카드회원을 모집할 때 법 제13조제1항제1호에 따른 자금의 융통을 권유하는 경우에는 대출금리, 연체료율 및 취급수수료 등의 거래조건을 감추거나 왜곡하지 아니하고, 이해할 수 있도록 설명할 것(2013.9.17 본호신설)
② 금융위원회는 법 제14조의5제4항에 따른 조사를 위하여 필요하다고 인정되는 경우에는 모집자에 대하여 다음 각 호의 사항을 요구할 수 있다.
1. 조사사항에 대한 사실과 상황에 대한 진술서의 제출
2. 조사에 필요한 장부·서류와 그 밖의 물건의 제출
(2010.6.11 본항신설)

③ 제2항에 따라 조사를 하는 사람은 그 권한을 표시하는 증표를 지니고 관계인에게 보여 주어야 한다.(2010.6.11 본항신설)
(2013.9.17 본조제목개정)
(2009.8.5 본조개정)

제6조의9【신용카드회원등에 대한 책임】 ① 법 제16조제2항에서 "대통령령으로 정하는 기간"이란 같은 조 제1항에 따른 분실·도난 등의 통지를 받은 날부터 60일 전까지의 기간을 말한다.
② 법 제16조제9항에 따른 고의 또는 중대한 과실의 범위는 다음 각 호와 같다.
1. 고의 또는 중대한 과실로 비밀번호를 누설하는 경우(2016.9.29 본호개정)
2. 신용카드나 직불카드를 양도 또는 담보(擔保)의 목적으로 제공하는 경우(2016.9.29 본호개정)
3. 「전자금융거래법」 제9조제2항제1호 및 같은 법 시행령 제8조 각 호의 어느 하나에 해당하는 경우. 이 경우 "금융회사 또는 전자금융업자"는 "신용카드업자"로, "이용자"는 "신용카드회원등"으로 본다.(2016.9.29 본호신설)
(2015.7.20 본항신설)
(2016.9.29 본조제목개정)
(2009.8.5 본조개정)

제6조의10【가맹점모집인 등의 준수사항 등】 ① 법 제16조의2제2항에 따라 신용카드가맹점을 모집하는 자는 신용카드가맹점을 모집할 때 다음 각 호의 사항을 지켜야 한다.
1. 신용카드가맹점이 되려는 자에게 자신이 법 제16조의2제1항에 따라 신용카드가맹점을 모집할 수 있는 사람임을 알릴 것
2. 신용카드가맹점이 되려는 자의 사업장을 방문하여 영업 여부 등을 확인할 것
3. 신용카드가맹점이 되려는 자에게 다음 각 목의 사항을 설명할 것
가. 신용카드가맹점에 대한 약관
나. 법 제18조제4호에서 정하는 사항
4. 다른 사람으로 하여금 신용카드가맹점의 모집을 대신하게 하거나 다른 사람에게 그 모집을 위탁하지 아니할 것
5. 대형신용카드가맹점(법 제18조의3제4항 각 호 외의 부분에 따른 대형신용카드가맹점을 말한다. 이하 같다)이 되려는 자에게 자기와 거래하도록 부당하게 보상금등(법 제18조의3제4항제2호에 따른 보상금등을 말한다)을 제공(제공하겠다는 약속을 포함한다)하지 아니할 것(2016.9.29 본호개정)
6. 그 밖에 건전한 가맹점 모집질서의 확립을 위하여 필요하다고 인정하는 사항으로서 금융위원회가 정하여 고시하는 사항
② 금융위원회는 법 제16조의2제3항에 따른 조사를 위하여 필요하다고 인정되는 경우에는 신용카드가맹점을 모집하는 자에 대하여 다음 각 호의 사항을 요구할 수 있다.
1. 조사사항에 대한 사실과 상황에 대한 진술서의 제출
2. 조사에 필요한 장부·서류와 그 밖의 물건의 제출
③ 제2항에 따라 조사를 하는 사람은 그 권한을 표시하는 증표를 지니고 관계인에게 보여 주어야 한다.
④ 법 제16조의3제3항에 따라 가맹점모집인이 되려는 자는 관할 세무서장에게 사업자등록을 한 사업자이어야 한다.
⑤ 법 제16조의3제3항에 따른 가맹점모집인의 영업기준은 다음 각 호와 같다.
1. 신용카드가맹점에 법 제27조의4제1항에 따라 금융위원회에 등록된 신용카드 단말기를 설치할 것
2. 신용카드가맹점의 사업장을 방문하는 등의 방법으로 다음 각 목의 사항을 확인할 것
가. 신용카드가맹점이 실제로 영업을 하는지 여부
나. 제1호에 따라 설치된 신용카드 단말기를 사용하는지 여부
3. 「신용정보의 이용 및 보호에 관한 법률」 제42조제1항에서 정하는 사항을 지킬 것
(2015.7.20 본조개정)

제6조의11【계약 해지에 따른 연회비 반환사유 및 반환금액 등】 ① 법 제16조의5제2항에 따른 연회비 반환사유는 신용카드회원이 신용카드업자와의 계약을 해지하는 경우로 한다.(2015.7.20 본항개정)
② 법 제16조의5제2항에 따른 연회비 반환금액은 신용카드회원이 신용카드업자와의 계약을 해지한 날부터 일수에 비례하여 산정한다. 이 경우 신용카드회원이 이미 납부한 연회비에 반영된 다음 각 호의 비용은 반환금액 산정에서 제외된다.(2021.1.5 전단개정)
1. 신용카드의 발행·배송 등 신용카드 발급(신규로 발급된 경우로 한정한다)에 소요된 비용
2. 신용카드 이용 시 제공되는 추가적인 혜택 등 부가서비스 제공에 소요된 비용
③ 신용카드업자는 신용카드회원이 신용카드업자와의 계약을 해지한 날부터 10영업일 이내에 제2항에 따라 산정된 연회비 반환금액을 반환하여야 한다. 다만, 제2항제2호에 따른 부가서비스 제공내역 확인에 시간이 소요되는 등의 불가피한 사유로 계약을 해지한 날부터 10영업일 이내에 연회비 반환금액을 반환하기 어려운 경우에는 계약을 해지한 날부터 3개월 이내에 반환할 수 있다.
④ 신용카드업자는 제3항에 따라 연회비 반환금액을 반환할 때에는 그 연회비 반환금액의 산정방식을 함께 해당 신용카드업자와의 계약을 해지한 자에게 알려야 한다.
⑤ 신용카드업자는 제3항 단서에 따른 사유로 계약을 해지한 날부터 10영업일 이내에 연회비 반환금액을 반환하기 어려운 경우에는 그 10영업일이 지나기 전에 반환지연 사유 및 반환 예정일을 해당 신용카드업자와의 계약을 해지한 자에게 알려야 한다.
⑥ 제1항부터 제5항까지에서 규정한 사항 외에 연회비 반환에 필요한 세부사항은 금융위원회가 정하여 고시한다.
(2013.9.17 본조신설)

제6조의12【가맹점 단체 설립 기준】 ① 법 제18조의2제1항에서 "연간 매출규모 등 대통령령으로 정하는 기준"이란 다음 각 호의 요건을 모두 충족하는 것을 말한다.
1. 「소상공인기본법」 제2조에 따른 소상공인일 것(2021.2.2 본호개정)
2. 연간 매출액이 2억원 이하일 것(2012.12.4 본호개정)
② 금융위원회는 제1항 각 호에 따른 요건의 세부기준에 필요한 사항을 정하여 고시할 수 있다.
(2010.6.11 본조신설)

제6조의13【영세한 중소신용카드가맹점 기준】 ① 법 제18조의3제3항에서 "대통령령으로 정하는 규모 이하의 영세한 중소신용카드가맹점"이란 연간 매출액(사업기간이 1년 미만인 경우에는 그 기간 동안의 매출액을 12개월로 환산하며, 개인 또는 법인이 둘 이상의 신용카드가맹점을 소유하고 있는 경우에는 각 신용카드가맹점의 연간 매출액을 합산한 금액을 말한다. 이하 이 조에서 같다)이 30억원 이하인 개인 또는 법인 신용카드가맹점(이하 "영세한 중소신용카드가맹점"이라 한다)을 말한다.(2019.1.29 본항개정)
② 금융위원회는 법 제18조의3제3항에 따라 우대수수료율을 정할 때에는 제1항에 따른 영세한 중소신용카드가맹점을 다음 각 호와 같이 구분하여 그 우대수수료율을 달리 정할 수 있다.
1. 연간 매출액이 3억원 이하인 신용카드가맹점(2017.7.26 본호개정)
2. 연간 매출액이 3억원을 초과하고 5억원 이하인 신용카드가맹점(2017.7.26 본호개정)
3. 연간 매출액이 5억원을 초과하고 10억원 이하인 신용카드가맹점(2019.1.29 본호신설)
4. 연간 매출액이 10억원을 초과하고 30억원 이하인 신용카드가맹점(2019.1.29 본호신설)
(2015.1.6 본항신설)
③ 금융위원회는 제1항에 따른 영세한 중소신용카드가맹점의 연간 매출액 산정 등에 관한 세부기준을 정하여 고시할 수 있다.
(2012.12.4 본조신설)

제6조의14【대형신용카드가맹점의 기준】 ① 법 제18조의3제4항 각 호 외의 부분에서 "대통령령으로 정하는 규모 이상의 대형 신용카드가맹점"이란 직전 연도 1년 동안의 매출액(직전 연도의 사업기간이 1년 미만인 경우에는 그 기간 동안의 매출액을 12개월로 환산한 금액을 말한다)이 3억원(개인 또는 법인이 둘 이상의 신용카드가맹점을 소유하고 있는 경우에는 각 신용카드가맹점의 연간 매출액을 합산한 금액을 말한다)을 초과하는 개인 또는 법인 신용카드가맹점을 말한다.(2016.9.29 본항개정)
② 금융위원회는 매년 대형 신용카드가맹점을 공시할 수 있다.
③ 금융위원회는 제1항에 따른 대형 신용카드가맹점의 매출액의 산정 등에 관한 세부기준과 제2항에 따른 공시 등에 관한 세부기준을 정하여 고시할 수 있다.(2016.4.26 본항개정)
(2016.9.29 본조제목개정)
(2012.12.4 본조신설)

제6조의15【대형신용카드가맹점의 특수관계인의 범위】 법 제19조제6항에서 "대통령령으로 정하는 특수한 관계에 있는 자"란 다음 각 호의 어느 하나에 해당하는 사람을 말한다.
1. 대형신용카드가맹점이 개인인 경우 : 대표자의 배우자(사실상의 혼인관계에 있는 사람을 포함한다)
2. 대형신용카드가맹점이 법인인 경우 : 다음 각 목의 어느 하나에 해당하는 자
가. 대주주 또는 임원
나. 계열회사(「독점규제 및 공정거래에 관한 법률」 제2조제12호에 따른 계열회사를 말한다. 이하 이 조에서 같다)와 계열회사의 대주주 또는 임원(2021.12.28 본목개정)
3. 그 밖에 대형신용카드가맹점에 대하여 사실상의 영향력을 행사하고 있는 자로서 금융위원회가 정하여 고시하는 자
(2016.9.29 본조신설)

제6조의16【결제대행업체의 준수사항】 법 제19조제7항제4호에서 "대통령령으로 정하는 사항"이란 금융위원회가 정하여 고시하는 바에 따라 거래 대금결제, 거래 취소 또는 환불의 방법·절차에 관한 사항을 마련하여 공개하는 것을 말한다.(2021.8.17 본조신설)

제6조의17【수납대행가맹점의 준수사항】 법 제19조의2제3호에서 "대통령령으로 정하는 사항"이란 다음 각 호의 사항을 말한다.
1. 제1조의2제3항 각 호의 어느 하나에 해당하는 사항(이하 이 조에서 "수납"이라 한다)을 대행한 내역 및 수납을 위탁한 신용카드가맹점의 신용정보를 신용카드업자에게 제출할 것
2. 수납을 위탁한 신용카드가맹점의 상호 및 주소를 신용카드회원등(법 제2조제5호가목의 신용카드회원등을 말한다. 이하 같다)이 알 수 있도록 할 것(2015.7.20 본호개정)
3. 신용카드회원등이 거래 취소 또는 환불 등을 요구할 경우 이에 따를 것
4. 수납대행가맹점, 신용카드업자 및 수납을 위탁한 신용카드가맹점 상호간에 신용카드회원등의 신용정보 전송·처리를 위하여 이용되는 정보통신망 및 제1조의2제3항제2호에 따른 전자적 장치의 안전성과 신뢰성을 확보하기 위하여 금융위원회가 정하여 고시하는 사항
(2010.6.11 본조신설)

제6조의18【가맹점계약의 해지】 법 제21조에 따라 신용카드업자는 다음 각 호의 어느 하나에 해당하는 경우에는 신용카드가맹점과 체결한 가맹점계약을 해지하여야 한다.
1. 신용카드가맹점이 법 제19조제4항·제5항 또는 제20조제1항을 위반하여 형을 선고받은 경우(2018.8.21 본호개정)
2. 신용카드가맹점이 법 제19조제1항·제4항·제5항·제7항 및 제20조제1항을 위반한 사실에 관하여 세무관서로부터 서면통보를 받은 경우(2018.8.21 본호개정)
2의2. 신용카드가맹점이 법 제19조제3항을 위반하여 과태료를 부과받은 사실에 관하여 금융위원회로부터 서면통보를 받은 경우. 다만, 신용카드가맹점이 서면통보를 받은 이후 1개월 이내에 위반 사유를 해소한 경우는 제외한다.(2018.8.21 본호신설)
3. 그 밖에 제1호, 제2호 및 제2호의2에 준하는 경우로서 총리령으로 정하는 경우(2018.8.21 본호개정)
(2009.8.5 본조개정)

제7조【가맹점의 모집 제한】 법 제3조제1항 단서에 따라 신용카드업의 등록을 한 겸영여신업자가 법 제23조제1항에 따라 모집할 수 있는 신용카드가맹점의 범위는 다음 각 호와 같다.
1. 해당 겸영여신업자의 영업장에서 영업행위를 하는 사업자
2. 해당 겸영여신업자와 판매대리점 계약을 체결한 사업자
3. 경영위탁계약 등에 따라 해당 겸영여신업자의 상호, 상표 및 경영기법을 도입하여 영업하는 사업자
(2009.8.5 본조개정)

제7조의2【선불카드의 이용한도 제한 등】 ① 법 제24조에 따른 선불카드의 발행권면금액의 최고한도는 50만원으로 한다. 다만, 다음 각 호의 선불카드 발행권면금액의 최고한도는 해당 호에서 정한 금액으로 한다.(2022.6.15 단서개정)
1. 기명식(記名式) 선불카드의 경우 : 500만원
2. 「재난 및 안전관리 기본법」에 따른 재난에 대응하여 국가 또는 지방자치단체가 수급자, 사용처 및 사용기간 등을 정하여 지원금을 지급하기 위해 발행하는 무기명식(無記名式) 선불카드의 경우 : 300만원(2022.6.15 본호신설 : 2022.12.1까지 유효)
3. (2022.6.15 삭제)
(2020.4.21 본항개정)
② 법 제24조제10호에서 "대통령령으로 정하는 사항"이란 다음 각 호의 사항을 말한다.
1. 신용정보의 제공 및 이용에 대한 신용카드회원등의 별도 동의절차, 신용정보의 제공 및 이용에 대한 동의가 없는 경우 신용카드 발급 거절 금지 등을 포함한 신용정보의 보호 및 관리에 관한 사항
2. 법 제16조제10항에 따라 신용카드회원이 이용금액에 대하여 이의를 제기한 경우 그 조사절차에 관한 사항
3. 신용카드회원의 신용카드 최종 이용일(발급 후 신용카드를 전혀 이용하지 아니한 경우에는 발급일을 말한다)부터 1년 이상 이용실적이 없는 휴면신용카드의 해지절차에 관한 사항(2012.10.9 본호신설)
4. 모집자가 신용카드 회원을 모집할 때 준수해야 할 사항, 그 준수여부의 점검방법 및 모집인이 준수사항을 이행하지 아니한 경우의 조치방법 등 신용카드 모집질서 유지에 관한 사항(2012.12.4 본호신설)
5. 신용카드·직불카드 또는 선불카드(이하 "신용카드등"이라 한다)의 상품 설계 및 운용 시 지켜야 할 사항(2016.4.26 본호개정)
(2009.8.5 본조개정)

제7조의3【신용카드업자의 금지행위】 ① 법 제24조의2제2항에 따른 금지행위의 세부적인 유형과 기준은 별표1의3과 같다.
② 금융위원회는 제1항에 따른 금지행위 중 특정한 금지행위에 적용하기 위하여 필요하다고 인정하는 경우에는 제1항에 따른 금지행위의 유형과 기준에 대한 세부적인 기준을 정하여 고시할 수 있다.
(2009.8.5 본조신설)

제8조【공탁】 법 제25조제1항에서 "대통령령으로 정하는 금액"이란 매 분기 말 현재 선불카드 발행총액의 100분의 3에 상당하는 금액을 말한다.(2009.8.5 본조개정)

제9조【공탁의 권리실행자】 법 제26조제2항에 따라 권리실행자가 될 수 있는 자는 다음 각 호의 어느 하나에 해당하는 자로 한다.
1. 「은행법」에 따라 인가를 받은 은행(2010.11.15 본호개정)
2. 특별법에 따라 설립된 금융기관
3. 그 밖에 법 제62조에 따른 여신전문금융업협회(이하 "여신전문금융업협회"라 한다) 등 금융위원회의 인가를 받아 설립된 사단법인(2016.9.29 본호개정)
(2009.8.5 본조개정)

제9조의2【신용카드등부가통신업의 등록기준 등】 ① 법 제27조의2제1항에 따른 시설·장비 및 기술능력은 다음 각 호의 기준에 적합하여야 한다.
1. 경영하려는 신용카드등부가통신업에 관한 전문성과 기술능력을 갖춘 정보기술부문의 전문가 등 필요한 인력을 적절하게 갖출 것
2. 다음 각 목의 전산설비 등의 물적 시설 및 장비를 갖출 것
가. 경영하려는 신용카드등부가통신업을 수행하기에 필요한 전산설비와 사무장비
나. 전산설비 등의 물적 설비를 안전하게 보호할 수 있는 보안설비
다. 정전·화재 등의 사고가 발생할 경우에 업무의 연속성을 유지하기 위하여 필요한 보완설비와 보완장비
② 법 제27조의2제2항 단서에서 "대통령령으로 정하는 규모 이하의 소규모 가맹점을 대상으로 서비스를 제공하는 자"란 단말기 설치 및 신용카드등의 대금결제를 승인·중계하기 위한 전기통신서비스의 제공을 내용으로 하는 계약을 3만개 이하의 신용카드가맹점과 체결하려는 자를 말한다.
③ 제1항 각 호에 따른 기준에 관한 세부사항은 금융위원회가 정하여 고시한다.
(2015.7.20 본조신설)

제9조의3【신용카드등부가통신업의 등록절차】 ① 법 제27조의2제1항에 따라 신용카드등부가통신업의 등록을 하려는 자는 금융위원회가 정하여 고시하는 등록신청서를 금융위원회에 제출하여야 한다.
② 신용카드등부가통신업의 등록신청의 방법·절차, 등록 심사 등에 관한 세부사항은 금융위원회가 정하여 고시한다.
(2015.7.20 본조신설)

제9조의4【출자자의 범위】 법 제27조의2제3항제1호 및 제2호에서 "대통령령으로 정하는 출자자"란 다음 각 호의 어느 하나에 해당하는 주주를 말한다.
1. 부가통신업자의 의결권 있는 발행주식 총수를 기준으로 본인 및 특수관계인이 누구의 명의로 하든지 자기의 계산으로 소유하는 주식을 합하여 그 수가 가장 많은 경우의 그 본인
2. 누구의 명의로 하든지 자기의 계산으로 부가통신업자의 의결권 있는 발행주식 총수의 100분의 10 이상의 주식을 소유하는 자(2016.9.29 본호개정)
2의2. 임원의 임면 등의 방법으로 그 부가통신업자의 주요 경영사항에 대하여 사실상의 영향력을 행사하는 주주로서 다음 각 목의 어느 하나에 해당하는 자
가. 혼자서 또는 다른 주주와의 합의·계약 등에 따라 대표이사 또는 이사의 과반수를 선임(選任)한 주주
나. 부가통신업자의 경영전략·조직변경 등 주요 의사결정이나 업무집행에 지배적인 영향력을 행사한다고 인정되는 자로서 금융위원회가 정하는 주주
(2016.9.29 본호신설)
3. 제1호에서 정하는 자의 특수관계인인 주주
(2015.7.20 본조신설)

제9조의5【채무를 변제하지 아니한 자】 법 제27조의2제3항제3호에서 "대통령령으로 정하는 자"란 「신용정보의 이용 및 보호에 관한 법률 시행령」 제2조제6항제7호가목부터 마목까지, 같은 호 사목부터 버목까지, 같은 호 어목부터 처목까지, 같은 호 터목부터 허목까지, 같은 조 제18항제1호·제3호 및 제4호의 규정에서 정하는 기관에 대손상각채권을 발생시켜 「신용정보의 이용 및 보호에 관한 법률」 제25조제2항제1호에 따른 종합신용정보집중기관에 이에 대한 신용정보가 집중관리·활용되는 자로서 그 집중관리·활용되는 날부터 3년이 지나지 아니한 자를 말한다.(2022.6.7 본조개정)

제9조의6【출자자인 법인의 범위】 법 제27조의2제3항 제5호에서 "대통령령으로 정하는 법인"이란 제9조의4 각 호의 어느 하나에 해당하는 주주인 법인을 말한다.
(2015.7.20 본조신설)

제9조의7【신용카드등부가통신업의 변경등록】 ① 법 제27조의2제4항에 따라 변경등록을 하려는 자는 금융위원회가 정하여 고시하는 변경등록신청서를 금융위원회에 제출하여야 한다.
② 신용카드등부가통신업의 변경등록 신청의 방법·절차, 변경등록 심사 등에 관한 세부사항은 금융위원회가 정하여 고시한다.
(2015.7.20 본조신설)

제9조의8【신용카드등부가통신업의 등록말소】 ① 법 제27조의2제5항에 따라 등록말소를 신청하려는 자는 금융위원회가 정하여 고시하는 등록말소신청서를 금융위원회에 제출하여야 한다.
② 신용카드등부가통신업의 등록말소 신청의 방법·절차 등에 관한 세부사항은 금융위원회가 정하여 고시한다.
(2015.7.20 본조신설)

제9조의9【부가통신업자의 임원 결격사유 등】 ① 법 제27조의2제6항에서 "대통령령으로 정하는 경우"란 직무정지, 업무집행정지 또는 정직요구(재임 또는 재직 중이었더라면 조치를 받았을 것으로 통보를 받은 경우를 포함한다) 이하의 제재를 받은 경우를 말한다.
② 부가통신업자는 법 제27조의2제7항에 따라 임원을 선임하거나 해임한 날부터 7일 이내에 금융위원회에 보고해야 한다.
(2019.6.11 본조신설)

제9조의10【신용카드 단말기의 등록절차】 ① 법 제27조의4제1항에 따라 신용카드 단말기를 등록하려는 자는 금융위원회가 정하여 고시하는 등록신청서를 금융위원회에 제출하여야 한다.
② 신용카드 단말기의 등록신청의 방법·절차 등에 관한 세부사항은 금융위원회가 정하여 고시한다.
(2015.7.20 본조신설)

제9조의11【영세한 중소신용카드가맹점 대상 부가통신업자의 업무】 ① 법 제27조의5제2항제2호에서 "영세한 중소신용카드가맹점 자문·교육 등 대통령령으로 정하는 업무"란 다음 각 호의 업무를 말한다.
1. 영세한 중소신용카드가맹점에 대한 자문 및 교육 업무
2. 영세한 중소신용카드가맹점에 대한 법 제27조의4제1항 및 제2항에 따른 신용카드 단말기의 설치·관리 업무
② 법 제27조의5제3항에서 "영세한 중소신용카드가맹점을 위한 자문·교육 등 대통령령으로 정한 업무"란 제1항 각 호의 업무를 말한다.
(2016.9.29 본조신설)

제9조의12【영세한 중소신용카드가맹점 대상 부가통신업자 지정 등】 ① 법 제27조의5제1항에 따라 영세한 중소신용카드가맹점을 대상으로 전기통신서비스를 제공하는 부가통신업자로 지정받으려는 자는 다음 각 호의 요건을 모두 갖추어야 한다.
1. 부가통신업자일 것
2. 최근 3년간 금융관계법령에 따라 경고 이상의 제재 처분을 받은 사실이 없을 것
3. 건전한 재무상태와 사회적 신용을 갖추고 있을 것
4. 제9조의11제1항 각 호의 업무를 수행하기 위한 전문인력 및 물적시설을 갖출 것(2019.6.11 본호개정)
② 여신전문금융업협회의 장(이하 "여신전문금융업협회장"이라 한다)은 법 제27조의5제1항에 따라 지정된 부가통신업자가 다음 각 호의 어느 하나에 해당하는 경우에는 해당 부가통신업자에 대한 지정을 취소할 수 있다. 다만, 제1호의 경우에는 지정을 취소하여야 한다.
1. 거짓이나 그 밖의 부정한 방법으로 지정을 받은 경우
2. 금융관계법령에 따른 명령이나 처분을 위반한 경우
3. 제9조의11제1항 각 호의 업무를 성실히 수행하지 아니하는 경우(2019.6.11 본호개정)
4. 재무구조 악화 등으로 제9조의11제1항 각 호의 업무를 계속하는 것이 적합하지 아니하다고 인정되는 경우(2019.6.11 본호개정)
③ 여신전문금융업협회장은 법 제27조의5제1항에 따른 부가통신업자의 지정 및 그 지정의 취소를 위하여 영세한 중소신용카드가맹점 대상 부가통신업자 선정위원회(이하 "선정위원회"라 한다)를 설치·운영할 수 있다. 이 경우 여신전문금융업협회장은 선정위원회의 설치·운영에 필요한 규정을 정할 수 있다.
(2016.9.29 본조신설)

제10조【각종 자금의 이용】 ① 법 제29조에 따라 자금을 융자(融資)받으려는 시설대여업자는 시설대여등의 계약을 체결한 자(이하 "대여시설이용자"라 한다)가 그 자금의 융자대상자임을 증명하는 서류와 시설대여등의 계약서를 융자취급기관에 제출하여야 한다.
② 제1항의 경우 시설대여업자는 융자취급기관과 협의하여 융자금액 및 사용조건등을 포괄적으로 정하는 방식으로 융자를 받을 수 있다.
(2009.8.5 본조개정)

제11조【의료기기의 수입】 법 제31조제1항에 따라 특정물건인 의료기기를 수입하기 위하여 「약사법」 제42조제1항에 따른 허가를 받거나 신고를 하려는 시설대여업자는 신청서나 신고서에 시설대여등의 계약서를 첨부하여야 한다.(2009.8.5 본조개정)

제12조【행정처분상의 특례】 법 제32조에 따른 행정처분상의 특례를 적용받으려는 시설대여업자는 시설대여등의 계약서와 대여시설이용자가 해당 처분에 필요한 요건을 갖추고 있음을 증명하는 서류를 제출하여야 한다.
(2009.8.5 본조개정)

제13조【등기·등록상의 특례】 법 제33조제2항에 따라 그 소유의 선박 또는 항공기를 등기·등록하려는 시설대여업자는 신청서에 시설대여등의 계약서와 대여시설이용자가 등기·등록에 필요한 요건을 갖추고 있음을 증명하는 서류를 첨부하여야 한다.(2009.8.5 본조개정)

제13조의2【중소기업에 대한 시설대여】 법 제37조에 따른 중소기업에 대한 시설대여의 비율은 다음 각 호의 시설대여등을 제외한 시설대여등의 연간 실행액의 100분의 30 이상으로 한다.
1. 「공공기관의 운영에 관한 법률」에 따른 공공기관과 비영리단체에 대한 시설대여등
2. 대여시설이용자에 대하여 시설대여등을 하도록 하기 위하여 다른 시설대여업자에 대하여 하는 시설대여등
3. 승용자동차의 시설대여등
4. 중소기업이 생산한 물건의 시설대여등
(2009.8.5 본조개정)

제14조【기금의 범위】 법 제42조에서 "대통령령으로 정하는 기금"이란 「벤처투자 촉진에 관한 법률」 제71조제1항에 따른 기금을 말한다.(2022.8.23 본조개정)

제15조【행정정보의 공동이용】 여신전문금융회사는 법 제46조제1항 각 호의 업무를 수행하기 위하여 필요한 경우에는 「전자정부법」 제36조제2항에 따른 행정정보의 공동이용을 통하여 별표1의4에 따른 행정정보를 확인할 수 있다. 이 경우 「개인정보 보호법」 제2조제3호의 정보주체로부터 사전동의를 받아야 한다.(2018.8.21 본조신설)

제16조【업무】 ① 법 제46조제1항제5호에서 "대통령령으로 정하는 업무"란 다음 각 호의 업무를 말한다.
1. 법 제46조제1항제1호부터 제4호까지의 업무와 관련하여 다른 금융회사(「금융위원회의 설치 등에 관한 법률」 제38조 각 호의 기관을 말한다)가 보유한 채권 또는 이를 근거로 발행한 유가증권의 매입업무(2010.6.11 본호개정)
2. 지급보증업무
3. (2016.9.29 삭제)
4. 그 밖에 여신전문금융업 및 대출업무와 관련된 업무로서 총리령으로 정하는 업무
② 법 제46조제1항제6호의2에서 "대통령령으로 정하는 금융업무"란 다음 각 호의 업무를 말한다.
1. 「자본시장과 금융투자업에 관한 법률」에 따른 집합투자업
2. 「자본시장과 금융투자업에 관한 법률」에 따른 투자자문업
3. 「자본시장과 금융투자업에 관한 법률」에 따른 신탁업
4. 「자본시장과 금융투자업에 관한 법률」에 따른 집합투자증권에 대한 투자중개업
5. 「자본시장과 금융투자업에 관한 법률」에 따른 기관전용 사모집합투자기구의 업무집행사원 업무(2021.10.21 본호개정)
6. 「보험업법」에 따른 보험대리점 업무
7. 「외국환거래법」에 따른 외국환업무
8. 「자산유동화에 관한 법률」에 따른 유동화자산 관리업무
9. 「전자금융거래법」에 따른 전자금융업
10. 「산업발전법」 제20조에 따른 기업구조개선 기관전용 사모집합투자기구의 업무집행사원 업무(2021.10.21 본호개정)
11. 대출의 중개 또는 주선
12. 「신용정보의 이용 및 보호에 관한 법률」에 따른 본인신용정보관리업(2020.8.4 본호신설)
13. 「신용정보의 이용 및 보호에 관한 법률」에 따른 개인사업자신용평가업(2020.8.4 본호신설)
(2016.9.29 본항신설)
(2009.8.5 본조개정)

제17조【대출업무의 영위기준】 ① 신용카드업 및 법 제13조에 따른 부대업무와 관련하여 발생한 채권액은 법 제46조제2항에 따라 총자산에서 제외한다.(2016.9.29 본항신설)
② 법 제46조제2항에 따라 같은 조 제1항제3호에 따른 대출업무로 인하여 발생한 채권액을 산정할 때에는 다음 각 호의 채권은 제외한다.(2016.9.29 본문개정)
1. 기업에 대출하여 발생한 채권. 다만, 「대부업 등의 등록 및 금융이용자 보호에 관한 법률」에 따른 대부업자 및 대부중개업자에게 대출하여 발생한 채권은 제외한다.
(2018.8.21 단서신설)
2. 채무자의 채권 재조정을 위하여 채권의 만기, 금리 등 조건을 변경하여 그 채무자에게 다시 대출하여 발생한 채권
3. 「한국주택금융공사법」 제2조제3호에 따른 주택저당채권
4. 법 제13조제1항제1호에 따른 신용카드회원에 대한 자금의 융통업무로 인하여 발생한 채권
5. 할부금융과 유사한 방식의 자동차 구입자금 대출로 인하여 발생한 채권(2016.9.29 본호신설)
6. 대출 신청일 현재 개인신용평점(「신용정보의 이용 및 보호에 관한 법률」 제2조제5호가목에 따른 개인신용평가회사가 책정한 것을 말한다)이 일정 등급 이하인 사람을 주된 대상으로 하는 개인신용대출 중 대출금리 등 금융위원회가 정하여 고시하는 기준을 충족하는 대출로 인하여 발생한 채권의 100분의 20에 상당하는 채권
(2020.8.4 본호개정)
③ 법 제46조제2항에 따라 산정하는 채권액은 매 분기말을 기준으로 해당 분기 중 평균잔액으로 한다.
(2016.9.29 본항신설)
④ 여신전문금융회사는 채권액의 증가 없이 총자산이 감소하여 총자산 대비 채권액의 비율이 법 제46조제2항에 따른 비율을 초과하는 경우에는 그때부터 1년 이내에 법 제46조제2항에 따른 비율에 적합하도록 하여야 한다.
(2016.9.29 본항신설)
(2009.8.5 본조개정)

제17조의2【부수업무의 제한 및 공고 등】 ① 법 제46조의2제2항제4호에서 "대통령령으로 정하는 경우"란 다음 각 호의 어느 하나에 해당하는 경우를 말한다.
1. 법 제46조제1항제7호에 따른 부수업무(이하 이 조에서 "부수업무"라 한다)의 내용이 「대·중소기업 상생협력 촉진에 관한 법률」 제2조제11호에 따른 중소기업 적합 업종에 해당하는 경우
2. 그 밖에 부수업무의 내용이 여신전문금융회사가 영위하는 것이 바람직하지 아니하다고 인정되는 업무로서 금융위원회가 정하여 고시하는 업무에 해당하는 경우
② 금융위원회가 법 제46조의2제1항에 따라 부수업무를 신고 받은 경우에는 같은 조 제4항에 따라 신고일부터 7일 이내에 다음 각 호의 사항을 인터넷 홈페이지에 공고하여야 한다.
1. 해당 여신전문금융회사의 명칭
2. 신고일
3. 신고한 업무의 내용
4. 신고한 업무의 개시 예정일 또는 개시일
③ 금융위원회가 법 제46조의2제2항에 따라 제한명령 또는 시정명령을 한 경우에는 같은 조 제4항에 따라 명령일부터 7일 이내에 해당 명령의 내용과 사유를 인터넷 홈페이지에 공고하여야 한다.
(2016.9.29 본조신설)

제17조의3【겸영업무·부수업무의 회계처리】 신용카드업자는 법 제46조제1항제6호의2 또는 제7호에 따른 다른 금융업무 또는 부수업무의 직전 사업연도 매출액이 다음 각 호에 해당하는 수익의 합계액의 100분의 5 이상인 경우에는 법 제46조의3에 따라 해당 업무의 수익·비용을 신용카드업과 구분하여 회계처리 하여야 한다.
1. 가맹점수수료 수익
2. 카드자산과 관련한 이자 및 수수료 수익
3. 연회비 수익
(2016.9.29 본조신설)

제18조【자금조달방법】 ① 법 제47조제1항제5호에서 "대통령령으로 정하는 방법"이란 다음 각 호의 방법을 말한다.
1. 「외국환거래법」 제8조에 따라 외국환업무취급기관으로 등록하여 행하는 차입 및 외화증권의 발행
2. 법 제46조제1항제1호부터 제4호까지의 업무와 관련하여 보유한 채권의 양도
3. 법 제46조제1항제1호부터 제4호까지의 업무와 관련하여 보유한 채권을 근거로 한 유가증권의 발행
② 여신전문금융회사가 제1항제3호의 방법으로 자금을 조달하는 경우에는 제19조제1항을 준용한다.
(2009.8.5 본조개정)

제19조【사채 또는 어음발행등의 제한】 ① 법 제47조제2항에 따라 여신전문금융회사는 다음 각 호의 방법으로 사채나 어음을 발행하거나 보유하고 있는 유가증권을 매출해서는 아니 된다.
1. 개인에 대한 발행 또는 매출
2. 공모(公募), 창구매출, 그 밖의 이와 유사한 방법에 의한 불특정 다수의 법인에 대한 발행 또는 매출
② 다음 각 호의 방법에 따른 사채 또는 어음의 발행에 대해서는 제1항을 적용하지 아니한다.
1. 「자본시장과 금융투자업에 관한 법률」에 따라 투자매매업의 인가를 받은 자의 인수에 의한 사채의 발행
2. 「자본시장과 금융투자업에 관한 법률」에 따른 종합금융회사 또는 같은 법에 따른 투자매매업자·투자중개업자의 인수, 할인 또는 중개를 통한 어음의 발행
(2009.8.5 본조개정)

제19조의2【대주주의 특수관계인의 범위 등】 ① 법 제49조의2제1항 및 제50조제1항에서 "대통령령으로 정하는 대주주의 특수관계인"이란 최대주주의 특수관계인을 말한다. 다만, 여신전문금융회사가 합병을 목적으로 계열회사가 아닌 다른 회사의 주식을 취득하여 새롭게 계열회사가 된 경우로서 금융위원회가 정하여 고시하는 기준을 충족하는 계열회사는 제외한다.
② 법 제50조제1항에서 "대통령령으로 정하는 비율"이란 자기자본의 100분의 150을 말한다.(2016.9.29 본항신설)
(2016.9.29 본조개정)

제19조의3【대주주와의 거래금액 등】 ① 법 제49조의2제2항 전단 및 제50조제2항 전단에서 "대통령령으로 정하는 금액"이란 각각 금융위원회가 정하여 고시하는 단일거래금액(이하 이 조에서 "단일거래금액"이라 한다)이 자기자본의 1만분의 10에 해당하는 금액과 10억원 중 적은 금액을 말한다. 다만, 주식 취득의 경우에는 「자본시장과 금융투자업에 관한 법률」에 따른 증권시장, 다자간매매체결회사 또는 이와 비슷한 시장으로서 외국에 있는 시장에서 취득하는 금액은 단일거래금액에서 제외한다.
② 법 제49조의2제2항 전단에서 "대통령령으로 정하는 거래"란 「자본시장과 금융투자업에 관한 법률」 제9조제7항 또는 제9항에 따른 모집 또는 매출의 방법으로 발행되는 사채권을 취득하는 거래를 말한다.
(2016.9.29 본조개정)

제19조의4【대주주와의 거래의 보고 및 공시】 ① 법 제49조의2제4항 및 제50조제4항에서 "대통령령으로 정하는 사항"이란 각각 다음 각 호와 같다.(2016.9.29 본문개정)
1. 분기 말 현재 대주주에 대한 신용공여의 규모
2. 분기 중 신용공여의 증감액 및 신용공여의 거래조건
3. 분기 말 현재 대주주가 발행한 주식을 취득한 규모
4. 분기 중 보유주식의 증감액 및 보유주식의 취득가격
5. 그 밖에 금융위원회가 정하는 사항(2008.2.29 본호개정)
② 여신전문금융회사는 제1항의 사항을 매 분기 말일부터 1개월 이내에 보고·공시하여야 한다.
(2008.1.18 본조신설)

제19조의5【신용공여 및 주식소유 한도초과 유예기간】 법 제49조의2제5항 및 제50조제5항에서 "대통령령으로 정하는 기간"이란 각각 1년을 말한다.(2016.9.29 본조개정)

제19조의6【대주주의 부당한 영향력 행사의 범위】 법 제50조의2제5항제3호에서 "대통령령으로 정하는 행위"란 다음 각 호의 어느 하나에 해당하는 행위를 말한다.
1. 여신전문금융회사로 하여금 위법행위를 하도록 요구하는 행위
2. 금리, 수수료, 담보에 관하여 통상적인 거래조건과 다른 조건으로 대주주 자신 또는 제3자와 거래를 하도록 요구하는 행위
(2009.8.5 본조개정)

제19조의7～제19조의12 (2016.7.28 삭제)

제19조의13【대주주와의 거래제한 등】 법 제50조의8제2항 각 호 외의 부분에서 "대통령령으로 정하는 경우"란 대주주가 다음 각 호의 어느 하나에 해당하는 경우를 말한다.
1. 대주주(회사만 해당하며, 회사인 특수관계인을 포함한다. 이하 이 조에서 같다)의 부채가 자산을 초과하는 경우
2. 대주주에 대한 신용공여가 가장 많은 금융기관(해당 대주주가 대주주인 금융기관은 제외한다)이 금융위원회가 정하는 자산건전성 분류기준에 따라 해당 대주주의 신용위험을 평가한 결과 금융위원회가 정하는 기준 이하로 분류된 경우(2008.2.29 본호개정)
3. 대주주가 「자본시장과 금융투자업에 관한 법률」에 따른 신용평가회사 중 둘 이상의 신용평가회사에 의하여 투자부적격 등급으로 평가받은 경우(2013.8.27 본호개정)
(2008.1.18 본조신설)

제19조의14 (2021.3.23 삭제)

제19조의15【광고 자율심의 대상】 법 제50조의10제1항에서 "대통령령으로 정하는 여신금융상품"이란 개인을 대상으로 하는 여신금융상품으로서 다음 각 호의 어느 하나에 해당하는 금융상품을 말한다.
1. 법 제46조제1항제1호의 업무와 관련하여 취급하는 금융상품
2. 법 제46조제1항제3호의 업무(법 제13조제1항제1호의 업무를 포함한다)와 관련하여 취급하는 금융상품
3. 법 제46조제1항제7호에 따른 부수업무 중 금융위원회가 정하여 고시하는 업무와 관련하여 취급하는 금융상품
(2016.9.29 본조신설)

제19조의16 (2021.3.23 삭제)

제19조의17【고객응대직원에 대한 보호 조치】 법 제50조의12제1항제4호에서 "법적 조치 등 대통령령으로 정하는 조치"란 다음 각 호의 조치를 말한다.
1. 고객의 폭언이나 성희롱, 폭행 등(이하 "폭언등"이라 한다)이 관계 법률의 형사처벌규정에 위반된다고 판단되고, 그 행위로 피해를 입은 직원이 요청하는 경우 : 관할 수사기관 등에 고발
2. 고객의 폭언등이 관계 법률의 형사처벌규정에 위반되지는 아니하나 그 행위로 피해를 입은 직원의 피해정도 및 그 직원과 다른 직원에 대한 장래 피해발생 가능성 등을 고려하여 필요하다고 판단되는 경우 : 관할 수사기관 등에 필요한 조치 요구
3. 직원이 직접 폭언등의 행위를 한 고객에 대한 관할 수사기관 등에 고소, 고발, 손해배상 청구 등의 조치를 하는 데 필요한 행정적, 절차적 지원
4. 고객의 폭언등을 예방하거나 이에 대응하기 위한 직원의 행동요령 등에 대한 교육 실시
5. 그 밖에 고객의 폭언등으로부터 직원을 보호하기 위하여 필요한 사항으로서 금융위원회가 정하여 고시하는 조치
(2016.9.29 본조신설)

제19조의18【금리인하 요구】 ① 여신전문금융회사와 신용공여 계약을 체결한 자는 법 제50조의13제1항에 따라 다음 각 호의 어느 하나에 해당하는 경우 여신전문금융회사에 금리인하를 요구할 수 있다.
1. 개인이 신용공여 계약을 체결한 경우 : 취업, 승진, 재산 증가 또는 개인신용평점 상승 등 신용상태의 개선이 나타났다고 인정되는 경우(2020.8.4 본호개정)
2. 개인이 아닌 자(개인사업자를 포함한다)가 신용공여 계약을 체결한 경우 : 재무상태 개선, 신용등급 또는 개인신용평점 상승 등 신용상태의 개선이 나타났다고 인정되는 경우(2020.8.4 본호개정)
② 제1항에 따라 금리인하 요구를 받은 여신전문금융회사는 해당 요구의 수용 여부를 판단할 때 신용상태의 개선이 금리 산정에 영향을 미치는지 여부 등 금융위원회가 정하여 고시하는 사항을 고려할 수 있다.
③ 여신전문금융회사는 제1항에 따른 금리인하 요구를 받은 날부터 10영업일 이내(금리인하 요구자에게 자료의 보완을 요구하는 날부터 자료가 제출되는 날까지의 기간은 포함하지 않는다)에 해당 요구의 수용 여부 및 그 사유를 금리인하 요구자에게 전화, 서면, 문자메시지, 전자우편, 팩스 또는 그 밖에 이와 유사한 방법으로 알려야 한다.
④ 제1항부터 제3항까지에서 규정한 사항 외에 금리인하 요구의 요건 및 절차 등에 관하여 필요한 사항은 금융위원회가 정하여 고시한다.
(2019.6.11 본조신설)

제19조의19【여신전문금융회사등 및 그 임직원에 대한 처분 사유】 법 제53조제4항 각 호 외의 부분 및 별표 제57호에서 "대통령령으로 정하는 경우"란 다음 각 호의 경우를 말한다.
1. 법 제18조의3제1항을 위반하여 가맹점수수료율을 정하는 경우
2. 법 제18조의3제3항을 위반하여 우대수수료율을 적용하지 아니한 경우
3. 법 제24조제8호에 따른 채권 추심 시 준수사항과 관련된 의무를 위반한 경우
4. 법 제24조제10호 및 이 영 제7조의2제2항제1호에 따른 신용정보의 보호 및 관리에 관한 기준을 위반한 경우
5. 법 제24조제10호 및 이 영 제7조의2제2항제4호에 따른 신용카드회원 모집질서 유지와 관련된 의무를 위반한 경우
5의2. 법 제27조의4제1항을 위반하여 신용카드 단말기를 금융위원회에 등록하지 아니한 경우(2018.8.21 본호신설)
6. 법 제48조를 위반하여 자기자본 대비 총자산 한도를 초과한 경우
(2012.12.4 본조신설)

제19조의20【경영지도의 기준】 법 제53조의3제1항에 따른 경영지도의 기준에는 다음 각 호의 사항이 포함되어야 한다.
1. 자기자본의 보유기준에 관한 사항
2. 대출채권 등 여신전문금융회사가 보유하는 자산의 건전성 분류기준 및 운용기준에 관한 사항
3. 충당금 및 적립금의 적립기준에 관한 사항
4. 「금융회사의 지배구조에 관한 법률」 제27조제1항에 따른 위험관리기준 및 회계처리기준에 관한 사항(2016.7.28 본호개정)
(2009.8.5 본조개정)

제19조의21【보고사항】 ① 법 제54조제2항 각 호에서 정한 사유가 발생한 경우에는 그 사유가 발생한 날부터 14일 이내에 금융위원회에 보고해야 한다.(2021.8.17 본항개정)
② 법 제54조제2항제3호의 경우에 해당 최대주주가 「금융회사의 지배구조에 관한 법률」 제31조제1항 본문 및 같은 조 제2항에 따라 대주주 승인을 받은 때에는 법 제54조제2항에도 불구하고 보고를 한 것으로 본다.
(2016.7.28 본항개정)
(2009.8.5 본조개정)

제19조의22【약관의 개정 등】 ① 법 제54조의3제1항 단서에서 "대통령령으로 정하는 경우"란 다음 각 호의 어느 하나에 해당하는 경우를 말한다.
1. 금융거래와 관련된 약관(이하 "금융약관"이라 한다)의 제정으로서 기존 금융서비스의 제공 내용·방식·형태 등과 차별성이 있는 내용을 포함하는 경우. 다만, 신용카드포인트 등 신용카드 이용 시 제공되는 경제적 이익과 관련된 내용을 포함하는 경우는 제외한다.
2. 금융이용자의 권리를 축소하거나 의무를 확대하기 위한 금융약관의 개정으로서 다음 각 목의 어느 하나에 해당하는 경우
가. 개정 전 금융약관을 적용받는 기존 금융이용자에게 개정된 금융약관을 적용하는 경우
나. 기존 금융서비스의 제공 내용·방식·형태 등과 차별성이 있는 내용을 포함하는 경우
3. 그 밖에 금융이용자 보호 등을 위하여 금융위원회가 정하여 고시하는 경우
② 제1항에도 불구하고 다음 각 호의 어느 하나에 해당하는 경우는 법 제54조의3제1항 단서에 따라 사전신고하는 경우에 해당하지 않는다.
1. 법 제54조의3제1항에 따라 보고 또는 신고된 금융약관과 동일하거나 유사한 내용으로 금융약관을 제정하거나 개정하는 경우
2. 법 제54조의3제3항에 따른 표준약관의 제정 또는 개정에 따라 금융약관을 제정하거나 개정하는 경우
3. 법 제54조의3제7항의 변경명령에 따라 금융약관을 제정하거나 개정하는 경우
4. 법령의 제정 또는 개정에 따라 금융약관을 제정하거나 개정하는 경우
5. 그 밖에 금융이용자의 권리나 의무에 중대한 영향을 미칠 우려가 없다고 인정하는 경우로서 금융위원회가 정하여 고시하는 경우
(2019.12.31 본조신설)

제19조의23【정보기술부문에 대한 계획】 법 제54조의4제3항에 따른 정보기술부문에 대한 계획에 포함되어야 하는 사항, 해당 계획의 제출시기·방법 등에 대해서는 「전자금융거래법 시행령」 제11조의2제2항부터 제4항까지의 규정을 준용한다.(2015.7.20 본조신설)

제19조의24【신용정보보호】 ① 법 제54조의5제1항에 따른 여신전문금융회사등과 부가통신업자의 신용정보의 보호 및 관리에 관한 조치의 세부내용에 대해서는 「신용정보의 이용 및 보호에 관한 법률」 제19조 및 같은 법

시행령 제16조를 준용한다. 이 경우 "신용정보제공·이용자"는 "여신전문금융회사등과 부가통신업자"로 본다.
② 법 제54조의5제2항에 따라 여신전문금융회사등과 부가통신업자가 신용정보주체로부터 동의를 받는 방식 및 절차 등에 대해서는 「신용정보의 이용 및 보호에 관한 법률」 제32조제1항 및 같은 법 시행령 제28조제2항 및 제3항의 규정을 준용한다. 이 경우 "신용정보제공·이용자"는 "여신전문금융회사등과 부가통신업자"로, "개인신용정보"는 "신용정보"로 본다.(2015.9.11 본항개정)
(2015.7.20 본조신설)

제20조【감사인의 지정요구 사유】 법 제56조에서 "이 법 등을 위반한 사실이 있는 등 대통령령으로 정하는 사유에 해당하는 경우"란 다음 각 호의 어느 하나의 경우를 말한다.(2021.3.23 본문개정)
1. 최근 3년간 법 또는 「금융소비자 보호에 관한 법률」이나 법 또는 「금융소비자 보호에 관한 법률」에 따른 금융위원회의 명령을 위반한 사실이 있는 경우(2021.3.23 본호개정)
2. 법 제53조의2에 따른 검사 결과 감사인을 지정할 필요가 있다고 금융위원회가 인정하는 경우
(2009.8.5 본조개정)

제20조의2【업무정지의 대상】 법 제57조제1항 각 호 외의 부분에서 "대통령령으로 정하는 업무"란 제16조제1항제1호 및 제2호의 업무를 말한다.(2016.9.29 본조신설)

제21조【업무정지 및 과징금 부과의 기준 등】 ① 법 제57조제1항 또는 법 제58조제1항부터 제3항까지의 규정에 따라 업무정지를 명하거나 과징금을 부과할 수 있는 위반행위의 종류에 따른 업무정지의 기간 또는 과징금의 금액은 별표2와 같다.
② 금융위원회는 위반행위의 정도 및 횟수 등을 고려하여 제1항에 따른 업무정지의 기간 또는 업무정지명령에 갈음하여 부과하는 과징금의 금액을 2분의 1의 범위에서 늘리거나 줄일 수 있다. 다만, 늘리는 경우에도 업무정지의 총기간은 6개월을, 과징금의 총액은 1억원을 초과할 수 없다.(2017.10.17 본문개정)
③ 법 제58조제1항·제3항 및 제4항에 따른 과징금의 부과기준은 별표3과 같다.(2017.10.17 본항개정)
④ 이 영에서 규정한 사항 외에 과징금의 부과 등에 필요한 세부사항은 금융위원회가 정하여 고시한다.(2010.6.11 본항신설)
(2009.8.5 본조개정)

제22조【과징금의 부과 및 납부】 ① 금융위원회가 법 제58조제1항부터 제4항까지의 규정에 따라 과징금을 부과할 때에는 그 위반행위의 종류와 해당 과징금의 금액 등을 적은 서면으로 과징금을 납부할 것을 통지하여야 한다.(2010.6.11 본항개정)
② 제1항에 따라 통지를 받은 자는 20일 이내에 금융위원회가 정하는 수납기관에 과징금을 납부해야 한다.
(2023.12.12 본항개정)
③ 제2항에 따라 과징금을 납부받은 수납기관은 납부자에게 영수증을 발급하여야 한다.
④ 과징금의 수납기관은 제2항에 따라 과징금을 수납하였을 때에는 지체 없이 그 사실을 금융위원회에 통보하여야 한다.
⑤ (2021.9.24 삭제)
(2009.8.5 본조개정)

제22조의2【체납처분의 위탁】 ① 금융위원회는 법 제58조제7항에 따라 체납처분에 관한 업무를 국세청장에게 위탁할 때에는 다음 각 호의 서류를 첨부한 서면으로 하여야 한다.
1. 금융위원회의 의결서
2. 세입징수결의서 및 고지서
3. 납부독촉장
② 국세청장은 제1항에 따라 위탁받은 체납처분 업무가 종료한 경우에는 그 업무 종료의 일시 그 밖에 필요한 사항을 종료일부터 30일 이내에 금융위원회에 서면으로 통보하여야 한다.
(2009.8.5 본조개정)

제23조【환급가산금의 이율】 법 제58조의4에서 "대통령령으로 정하는 가산금 이율"이란 은행(「은행법」에 따라 은행업의 인가를 받은 자를 말한다)의 정기예금 이자율을 고려하여 금융위원회가 정하여 고시하는 이율을 말한다.(2010.6.11 본조신설)

제23조의2【선불카드 미사용잔액 등의 기부】 ① 법 제68조제3항 전단에서 "대통령령으로 정하는 금액"이란 5만원을 말한다.
② 신용카드업자는 법 제68조제3항에 따라 같은 항에 따른 선불카드 미사용잔액등(무기명식 선불카드 미사용잔액은 제외하며, 이하 "선불카드 미사용잔액등"이라 한다)의 원권리자에게 기부에 관한 통지를 하는 경우 다음 각 호의 사항을 포함하여 통지하여야 한다.
1. 기부금 액수
2. 기부예정일
3. 기부처
4. 원권리자가 기부에 관한 통지에 대하여 30일 이내에 이의를 제기하지 아니하는 경우에는 법 제68조제3항에 따른 원권리자의 동의가 있는 것으로 본다는 사실
5. 그 밖에 기부에 관하여 원권리자에게 통지하여야 하는 사항으로서 금융위원회가 정하여 고시하는 사항
③ 기부에 관한 통지는 다음 각 호의 어느 하나에 해당하는 방법으로 하여야 한다.
1. 서면
2. 「전자문서 및 전자거래 기본법」 제2조제1호에 따른 전자문서
3. 전자우편
4. 전화
④ 신용카드업자는 법 제68조제3항에 따라 선불카드 미사용잔액등의 원권리자에게 동의를 받는 경우에는 다음 각 호의 어느 하나에 해당하는 방법으로 한다. 다만, 원권리자가 기부에 관한 통지에 대하여 30일 이내에 이의를 제기하지 아니하는 경우에는 신용카드업자는 법 제68조제3항에 따른 원권리자의 동의가 있는 것으로 본다.
1. 서명(「전자서명법」 제2조제2호에 따른 전자서명을 포함한다)
2. 기명날인
3. 녹취
4. 전화자동응답시스템
(2016.9.29 본조신설)

제23조의3【업무의 위탁】 ① 금융위원회는 법 제69조의2제1항에 따라 다음 각 호의 업무를 「금융위원회의 설치 등에 관한 법률」에 따른 금융감독원의 원장(이하 이 조에서 "금융감독원장"이라 한다)에게 위탁한다.
1. 법 제3조, 제7조 및 제10조에 따른 등록신청의 수리, 등록 여부의 통보 및 등록말소
2. 법 제6조제1항 및 제2항에 따른 여신전문금융업의 허가 및 등록 요건을 갖추었는지에 대한 심사(2010.6.11 본호개정)
3. (2016.7.28 삭제)
4. 법 제6조의2 단서에 따른 승인 요건을 갖추었는지에 대한 심사(2010.6.11 본호개정)
5. 법 제14조의4제3항에 따른 의견 제출의 기회 부여 및 같은 조 제4항에 따른 모집인에 대한 통지(2010.6.11 본호개정)
6. 법 제14조의5제4항에 따른 조사 및 제6조의8제2항에 따른 제출 요구(2010.6.11 본호개정)
7. 법 제14조의5제5항에 따른 신고 접수(2010.6.11 본호신설)
7의2. 법 제16조의2제3항에 따른 조사 및 이 영 제6조의10제2항에 따른 제출 요구(2015.7.20 본호신설)
7의3. 법 제18조의2제2항에 따른 확인과 이에 필요한 자료제출 요구 및 같은 조 제3항에 따른 자료제공 요청(2012.2.28 본호신설)
7의4. 법 제27조의2에 따른 등록·변경등록·등록말소의 신청의 수리, 등록·변경등록 여부의 통보, 등록말소 및 임원 선임·해임 보고의 접수(2019.6.11 본호개정)
7의5. 법 제27조의3제1항에 따른 등록 취소 사유의 확인·검토(2021.8.17 본호신설)
7의6. 법 제46조의2제1항에 따른 신고의 접수, 같은 조 제2항에 따른 명령 및 같은 조 제4항에 따른 공고(2016.9.29 본호신설)
7의7. 법 제49조의2제7항 및 제50조제7항에 따른 세부계획서의 접수 및 승인의 심사(2016.9.29 본호개정)
7의8. 법 제50조의8제1항에 따른 자료의 제출 요구(2016.4.26 본호신설)
8. 법 제53조제2항에 따른 보고의 요구 및 접수(2010.6.11 본호신설)
8의2. 법 제53조의3제1항 각 호에 따른 사항 중 긴급한 상황의 발생 등을 고려하여 금융위원회가 정하여 고시하는 사항에 관한 경영지도 기준의 설정(2017.10.17 본호개정)
9. 법 제54조에 따른 보고서의 접수(2010.6.11 본호신설)
9의2. 법 제54조의2제2항에 따른 경영공시의 종류 및 범위에 관한 세부기준의 설정(2012.12.4 본호신설)
10. 법 제54조의3제1항 단서 및 같은 조 제4항에 따른 신고의 수리, 같은 조 제5항에 따른 금융약관 또는 표준약관 내용의 공정거래위원회에 대한 통보, 같은 조 제7항에 따른 명령(2019.12.31 본호개정)
10의2. 제6조의11제6항에 따른 연회비 반환에 필요한 세부사항의 설정(2013.9.17 본호신설)
10의3.~11. (2016.7.28 삭제)
12. 제19조의20 각 호에 따른 경영지도의 기준에 관한 세부기준의 설정(2019.6.11 본호개정)
12의2. 법 제54조의4제3항 및 이 영 제19조의23에 따라 제출되는 정보기술부문에 대한 계획의 접수(2019.12.31 본호개정)
13. 제20조제2호에 따른 감사인의 지정 필요성에 관한 인정기준의 설정(2012.12.4 본호신설)
② 금융위원회는 법 제69조의2제2항에 따라 다음 각 호의 업무를 여신전문금융업협회장에게 위탁한다.(2016.9.29 본문개정)
1. 법 제14조의4제4항에 따른 모집인의 등록취소의 통지 또는 업무정지의 통지에 관한 업무(2016.9.29 본호신설)
1의2. 법 제54조의2제2항에 따른 공시의 방법에 관하여 필요한 기준의 설정(2012.12.4 본호신설)
1의3. 법 제54조의3제1항 본문에 따른 보고의 접수(2019.12.31 본호개정)
1의4. 법 제14조의5제2항 및 제3항을 위반하여 법 제72조제1항제1호에 따라 모집인에게 부과되는 과태료 부과 통지에 관한 업무(2016.9.29 본호신설)
2. 제6조의14제2항에 따른 대형 신용카드가맹점에 대한 공시 및 공시에 관한 세부기준의 설정(2013.9.17 본호개정)
③ 금융감독원장과 여신전문금융업협회장은 제1항 및 제2항에 따라 위탁받은 업무의 처리 결과를 금융위원회가 정하는 바에 따라 금융위원회에 보고하여야 한다.
(2016.9.29 본항개정)
(2012.12.4 본조제목개정)
(2009.8.5 본조개정)

제24조【민감정보 및 고유식별정보의 처리】 ① 금융위원회(법 제14조의3제3항, 제16조의3제4항, 제58조제7항 및 이 영 제23조의3에 따라 금융위원회의 업무를 위탁받은 자를 포함한다), 금융감독원장은 다음 각 호의 사무를 수행하기 위하여 필요한 경우 「개인정보 보호법 시행령」 제18조제2호에 따른 범죄경력자료에 해당하는 정보와 같은 영 제19조제1호 또는 제4호에 따른 주민등록번호 또는 외국인등록번호가 포함된 자료를 처리할 수 있다.
(2016.9.29 본문개정)
1. 법 제3조, 제4조, 제6조, 제6조의2, 제10조, 제14조의3, 제16조의3 및 제27조의2에 따른 허가, 등록 등에 관한 사무(2016.4.26 본호개정)
2. 법 제14조의4, 제16조의4, 제27조의3, 제57조 및 제58조에 따른 등록의 취소 등, 과징금의 부과 및 징수 등에 관한 사무(2016.4.26 본호개정)
3. 법 제14조의5제4항, 제18조의2, 제50조의8, 제53조 및 제53조의2에 따른 조사, 자료제출 요구, 감독, 검사 및 이에 따른 사후조치 등에 관한 사무
4. 법 제14조의5제5항, 제49조의2제3항·제4항, 제50조제3항·제4항, 제54조 및 이 영 제19조의11제1항에 따른 신고, 보고 등에 관한 사무(2016.9.29 본호개정)
5. 법 제19조, 제19조의2에 따른 준수사항 등에 관한 사무(2016.7.28 본호신설)
6. 법 제49조의2제6항 및 제50조제6항에 따른 승인에 관한 사무(2016.9.29 본호개정)
7. (2016.7.28 삭제)
② 신용카드업자는 다음 각 호의 사무를 수행하기 위하여 불가피한 경우 「개인정보 보호법 시행령」 제19조제1호 또는 제4호에 따른 주민등록번호 또는 외국인등록번호가 포함된 자료를 처리할 수 있다.
1. 법 제14조의3제1항 및 제2항에 따른 모집인의 등록에 관한 사무
2. 법 제14조의5제5항에 따른 신고에 관한 사무
3. 법 제16조에 따른 신용카드회원 등에 대한 책임 여부 확인에 관한 사무
(2014.8.6 본항신설)
③ 여신전문금융업협회장은 다음 각 호의 사무를 수행하기 위하여 불가피한 경우 「개인정보 보호법 시행령」 제19조제1호 또는 제4호에 따른 주민등록번호 또는 외국인등록번호가 포함된 자료를 처리할 수 있다.(2016.9.29 본문개정)
1. 법 제14조의3에 따른 등록업무의 관리를 위한 법 제14조의4에 따른 등록 취소 등의 확인에 관한 사무
1의2. 법 제16조의3에 따른 등록업무의 관리를 위한 법 제16조의4에 따른 등록 취소 등의 확인에 관한 사무
(2016.4.26 본호신설)
2. 법 제64조제4호에 따른 업무 중 법 제14조의5제1항부터 제3항까지를 위반하는 사례에 대한 상담·처리에 관한 사무
3. 법 제64조제4호에 따른 업무 중 신용카드회원등의 요청에 따라 수행하는 출입국 사실 확인에 관한 사무
4. 법 제64조제5호 및 제6호에 따른 신용정보의 교환 및 정보 관리에 관한 사무
(2014.8.6 본항신설)
(2012.1.6 본조신설)

제25조【규제의 재검토】 금융위원회는 다음 각 호의 사항에 대하여 다음 각 호의 기준일을 기준으로 3년마다(매 3년이 되는 해의 기준일과 같은 날 전까지를 말한다) 그 타당성을 검토하여 개선 등의 조치를 하여야 한다.
1. 제6조의5에 따른 신용카드업자의 부대업무 경영기준 등 : 2014년 1월 1일
2.~3. (2020.3.3 삭제)
4. 제7조의2에 따른 선불카드의 발행권면금액의 최고한도 등 : 2014년 1월 1일
5. 제17조에 따른 여신전문금융회사의 대출업무 영위기준 : 2014년 1월 1일
6.~7. (2020.3.3 삭제)
8. 제19조의9에 따른 감사위원회의 위원구성 요건 : 2014년 1월 1일
(2013.12.30 본조개정)

제26조【과태료의 부과기준】 법 제72조제1항부터 제4항까지의 규정에 따른 과태료의 부과기준은 별표4와 같다.
(2019.6.11 본조개정)

부 칙 (2015.3.30)

제1조【시행일】 이 영은 공포 후 1개월이 경과한 날부터 시행한다.

제2조【임원의 자격요건에 관한 적용례】 제19조의7제5항의 개정규정은 이 영 시행 이후 여신전문금융회사의 임원이 되는 자부터 적용한다.
제3조【사외이사의 선임 등에 관한 경과조치】 제19조의8제1항의 개정규정에 따른 여신전문금융회사는 이 영 시행 이후 6개월 이내에 법 제50조의4제1항 및 제50조의5제1항에 적합하도록 하여야 한다.
제4조【업무정지 명령 등에 관한 경과조치】 이 영 시행 전의 위반행위에 대하여 업무정지를 명하거나 과징금을 부과할 때에는 별표2 제3호 및 제3호의2의 개정규정에도 불구하고 종전의 규정에 따른다.

부 칙 (2016.4.26)

제1조【시행일】 이 영은 공포한 날부터 시행한다.
제2조【업무의 위탁에 관한 경과조치】 이 영 시행 전에 금융위원회에 제출된 세부계획서에 대해서는 제23조의2제1항제7호의5의 개정규정에도 불구하고 종전의 규정에 따른다.

부 칙 (2017.10.17)

제1조【시행일】 이 영은 2017년 10월 19일부터 시행한다.
제2조【과징금의 부과기준에 관한 경과조치】 이 영 시행 전의 위반행위에 대하여 과징금의 부과기준을 적용할 때에는 제21조제2항·제3항, 별표2 및 별표3의 개정규정에도 불구하고 종전의 규정에 따른다.

부 칙 (2018.8.21)

제1조【시행일】 이 영은 공포한 날부터 시행한다. 다만, 제2조의2 및 별표1의5 제2호다목의 개정규정은 2018년 8월 22일부터 시행하고, 제17조제2항제1호 단서 및 같은 항 제6호의 개정규정은 2018년 10월 1일부터 시행한다.
제2조【개인 신용카드회원의 결제금지 대상 범위에 관한 적용례】 제1조의2제2항제7호의 개정규정은 이 영 시행 이후 개시되는 월 이용한도 분부터 적용한다.
제3조【대출업무의 영위기준에 관한 경과조치】 2018년 10월 1일 당시 제17조제2항제1호 단서 및 같은 항 제6호의 개정규정에 따라 법 제46조제2항에 따른 채권액의 비율을 초과하는 여신전문금융회사는 2018년 10월 1일부터 2년 이내에 법 제46조제2항에 따른 채권액의 비율에 적합하도록 하여야 한다.

부 칙 (2019.1.29)

이 영은 공포한 날부터 시행한다.

부 칙 (2019.6.11)

이 영은 2019년 6월 12일부터 시행한다. 다만, 제6조의7제2항 각 호 외의 부분 단서의 개정규정은 2020년 1월 1일부터 시행한다.

부 칙 (2019.12.31)

이 영은 2020년 1월 1일부터 시행한다.

부 칙 (2020.3.3)

이 영은 공포한 날부터 시행한다.

부 칙 (2020.4.21)

제1조【시행일】 이 영은 공포한 날부터 시행한다.
제2조【유효기간】 제7조의2제1항제2호의 개정규정은 2020년 9월 30일까지 효력을 가진다.
제3조【무기명식 선불카드 사용에 관한 경과조치】 제7조의2제1항제2호의 개정규정에 따라 발행한 무기명식 선불카드의 소지자는 부칙 제2조의 유효기간이 지난 후에도 그 선불카드에 기록된 금액과 사용기간의 범위에서 사용할 수 있다.

부 칙 (2020.8.4)

제1조【시행일】 ① 이 영은 2020년 8월 5일부터 시행한다.(이하 생략)

부 칙 (2020.12.8)

제1조【시행일】 이 영은 2020년 12월 10일부터 시행한다.(이하 생략)

부 칙 (2020.12.29)

제1조【시행일】 이 영은 공포한 날부터 시행한다. 다만, 별표1의3 제2호 바목의 개정규정은 2021년 7월 1일부터 시행한다.
제2조【법인회원에 대한 경제적 이익 제공 제한에 관한 적용례】 별표1의3 제2호바목의 개정규정은 부칙 제1조 단서에 따른 시행일 이후 경제적 이익을 제공하는 경우부터 적용한다. 이 경우 2021년 7월 1일부터 2021년 12월 31일까지는 같은 기간 동안 법인회원의 신용카드등(법인회원과의 계약을 통해 해당 법인의 임직원 등을 위해 발급한 신용카드등을 포함한다) 이용으로 발생한 총수익·총비용 및 이용 총액 등을 기준으로 별표1의3 제2호바목에 따른 초과 여부를 판단한다.

부 칙 (2021.1.5)

이 영은 공포한 날부터 시행한다.(이하 생략)

부 칙 (2021.2.2)

제1조【시행일】 이 영은 2021년 2월 5일부터 시행한다.(이하 생략)

부 칙 (2021.3.23)

제1조【시행일】 이 영은 2021년 3월 25일부터 시행한다.(이하 생략)

부 칙 (2021.8.17)

제1조【시행일】 이 영은 공포한 날부터 시행한다. 다만, 제6조의16부터 제6조의18까지 및 별표1 비고 제1호의 개정규정은 공포 후 3개월이 경과한 날부터 시행한다.
제2조【최대주주 등의 변경에 따른 보고기간에 관한 적용례】 제19조의21제1항의 개정규정은 이 영 시행 전에 법 제54조제2항 각 호의 사유가 발생한 경우로서 이 영 시행 당시 그 사유 발생일부터 7일이 경과하지 않은 경우에 대해서도 적용한다.
제3조【다른 법령의 개정】 ※(해당 법령에 가제정리 하였음)

부 칙 (2021.8.24)

제1조【시행일】 이 영은 공포한 날부터 시행한다.
제2조【유효기간】 제7조의2제1항제3호의 개정규정은 2022년 1월 31일까지 효력을 가진다.
제3조【무기명식 선불카드 사용에 관한 경과조치】 제7조의2제1항제3호의 개정규정에 따라 발행한 무기명식 선불카드의 소지자는 부칙 제2조의 유효기간이 지난 후에도 그 선불카드에 기록된 금액과 사용기간의 범위에서 해당 선불카드를 사용할 수 있다.

부 칙 (2021.9.24)

제1조【시행일】 이 영은 공포한 날부터 시행한다.(이하 생략)

부 칙 (2021.10.21)

제1조【시행일】 이 영은 2021년 10월 21일부터 시행한다.(이하 생략)

부 칙 (2021.12.28)

제1조【시행일】 이 영은 2021년 12월 30일부터 시행한다.(이하 생략)

부 칙 (2022.6.7)

제1조【시행일】 이 영은 공포한 날부터 시행한다.(이하 생략)

부 칙 (2022.6.15)

제1조【시행일】 이 영은 공포한 날부터 시행한다.
제2조【유효기간】 제7조의2제1항제2호의 개정규정은 2022년 12월 1일까지 효력을 가진다.

부 칙 (2022.8.23)

제1조【시행일】 이 영은 공포한 날부터 시행한다.(이하 생략)

부 칙 (2023.12.12)

이 영은 공포한 날부터 시행한다.

〔별표〕 ➡ 「法典 別冊」 참조

전자금융거래법

(2006년 4월 28일
법 률 제7929호)

개정
2007. 4.27법 8387호(통계법)
2008. 2.29법 8863호(금융위원회의설치등에관한법)
2008.12.31법 9325호
2010. 5.17법10303호(은행법)
2011.11.14법11087호
2012. 3.21법11407호(금융위원회의설치등에관한법)
2012. 6. 1법11461호(전자문서및전자거래기본법)
2013. 5.22법11814호
2014.10.15법12837호
2015. 1.20법13069호
2016. 1.27법13929호
2016. 3.29법14132호
2017. 4.18법14828호
2017. 7.26법14839호(정부조직)
2020. 5.19법17297호
2020. 6. 9법17354호(전자서명법)
2023. 9.14법19734호→2024년 9월 15일 시행이므로 「法典 別冊」 보유편 수록

제1장 총 칙

제1조【목적】 이 법은 전자금융거래의 법률관계를 명확히 하여 전자금융거래의 안전성과 신뢰성을 확보함과 아울러 전자금융업의 건전한 발전을 위한 기반조성을 함으로써 국민의 금융편의를 꾀하고 국민경제의 발전에 이바지함을 목적으로 한다.
제2조【정의】 이 법에서 사용하는 용어의 정의는 다음과 같다.
1. "전자금융거래"라 함은 금융회사 또는 전자금융업자가 전자적 장치를 통하여 금융상품 및 서비스를 제공(이하 "전자금융업무"라 한다)하고, 이용자가 금융회사 또는 전자금융업자의 종사자와 직접 대면하거나 의사소통을 하지 아니하고 자동화된 방식으로 이를 이용하는 거래를 말한다.(2013.5.22 본호개정)
2. "전자지급거래"라 함은 자금을 주는 자(이하 "지급인"이라 한다)가 금융회사 또는 전자금융업자로 하여금 전자지급수단을 이용하여 자금을 받는 자(이하 "수취인"이라 한다)에게 자금을 이동하게 하는 전자금융거래를 말한다.(2013.5.22 본호개정)
3. "금융회사"란 다음 각 목의 어느 하나에 해당하는 기관이나 단체 또는 사업자를 말한다.(2013.5.22 본문개정)
가. 「금융위원회의 설치 등에 관한 법률」 제38조제1호부터 제5호까지, 제7호 및 제8호에 해당하는 기관(2012.3.21 본목개정)
나. 「여신전문금융업법」에 따른 여신전문금융회사
다. 「우체국예금·보험에 관한 법률」에 따른 체신관서
라. 「새마을금고법」에 따른 새마을금고 및 새마을금고중앙회(2013.5.22 본목개정)
마. 그 밖에 법률의 규정에 따라 금융업 및 금융 관련 업무를 행하는 기관이나 단체 또는 사업자로서 대통령령이 정하는 자
4. "전자금융업자"라 함은 제28조의 규정에 따라 허가를 받거나 등록을 한 자(금융회사는 제외한다)를 말한다.(2013.5.22 본호개정)
5. "전자금융보조업자"라 함은 금융회사 또는 전자금융업자를 위하여 전자금융거래를 보조하거나 그 일부를 대행하는 업무를 행하는 자 또는 결제중계시스템의 운영자로서 「금융위원회의 설치 등에 관한 법률」 제3조에 따른 금융위원회(이하 "금융위원회"라 한다)가 정하는 자를 말한다.(2013.5.22 본호개정)
6. "결제중계시스템"이라 함은 금융회사와 전자금융업자 사이에 전자금융거래정보를 전달하여 자금정산 및 결제에 관한 업무를 수행하는 금융정보처리운영체계를 말한다.(2013.5.22 본호개정)
7. "이용자"라 함은 전자금융거래를 위하여 금융회사 또는 전자금융업자와 체결한 계약(이하 "전자금융거래계약"이라 한다)에 따라 전자금융거래를 이용하는 자를 말한다.(2013.5.22 본호개정)
8. "전자적 장치"라 함은 전자금융거래정보를 전자적 방법으로 전송하거나 처리하는데 이용되는 장치로서 현금자동지급기, 자동입출금기, 지급용단말기, 컴퓨터, 전화기 그 밖에 전자적 방법으로 정보를 전송하거나 처리하는 장치를 말한다.
9. "전자문서"라 함은 「전자문서 및 전자거래 기본법」 제2조제1호에 따른 작성, 송신·수신 또는 저장된 정보를 말한다.(2012.6.1 본호개정)
10. "접근매체"라 함은 전자금융거래에 있어서 거래지시를 하거나 이용자 및 거래내용의 진실성과 정확성을 확보하기 위하여 사용되는 다음 각 목의 어느 하나에 해당하는 수단 또는 정보를 말한다.
가. 전자식 카드 및 이에 준하는 전자적 정보
나. 「전자서명법」 제2조제3호에 따른 전자서명생성정보 및 같은 조 제6호에 따른 인증서(2020.6.9 본목개정)
다. 금융회사 또는 전자금융업자에 등록된 이용자번호(2013.5.22 본목개정)
라. 이용자의 생체정보
마. 가목 또는 나목의 수단이나 정보를 사용하는데 필요한 비밀번호

11. "전자지급수단"이라 함은 전자자금이체, 직불전자지급수단, 선불전자지급수단, 전자화폐, 신용카드, 전자채권 그 밖에 전자적 방법에 따른 지급수단을 말한다.
12. "전자자금이체"라 함은 지급인과 수취인 사이에 자금을 지급할 목적으로 금융회사 또는 전자금융업자에 개설된 계좌(금융회사에 연결된 계좌에 한한다. 이하 같다)에서 다른 계좌로 전자적 장치에 의하여 다음 각 목의 어느 하나에 해당하는 방법으로 자금을 이체하는 것을 말한다.
가. 금융회사 또는 전자금융업자에 대한 지급인의 지급지시
나. 금융회사 또는 전자금융업자에 대한 수취인의 추심지시(이하 "추심이체"라 한다)
(2013.5.22 본호개정)
13. "직불전자지급수단"이라 함은 이용자와 가맹점간에 전자적 방법에 따라 금융회사의 계좌에서 자금을 이체하는 등의 방법으로 재화 또는 용역의 제공과 그 대가의 지급을 동시에 이행할 수 있도록 금융회사 또는 전자금융업자가 발행한 증표(자금을 융통받을 수 있는 증표를 제외한다)또는 그 증표에 관한 정보를 말한다.
(2013.5.22 본호개정)
14. "선불전자지급수단"이라 함은 이전 가능한 금전적 가치가 전자적 방법으로 저장되어 발행된 증표 또는 그 증표에 관한 정보로서 다음 각 목의 요건을 모두 갖춘 것을 말한다. 다만, 전자화폐를 제외한다.
가. 발행인(대통령령이 정하는 특수관계인을 포함한다) 외의 제3자로부터 재화 또는 용역을 구입하고 그 대가를 지급하는데 사용될 것
나. 구입할 수 있는 재화 또는 용역의 범위가 2개 업종(「통계법」 제22조제1항의 규정에 따라 통계청장이 고시하는 한국표준산업분류의 중분류상의 업종을 말한다. 이하 이 조에서 같다) 이상일 것(2007.4.27 본목개정)
15. "전자화폐"라 함은 이전 가능한 금전적 가치가 전자적 방법으로 저장되어 발행된 증표 또는 그 증표에 관한 정보로서 다음 각 목의 요건을 모두 갖춘 것을 말한다.
가. 대통령령이 정하는 기준 이상의 지역 및 가맹점에서 이용될 것
나. 제14호가목의 요건을 충족할 것
다. 구입할 수 있는 재화 또는 용역의 범위가 5개 이상으로서 대통령령이 정하는 업종 수 이상일 것
라. 현금 또는 예금과 동일한 가치로 교환되어 발행될 것
마. 발행자에 의하여 현금 또는 예금으로 교환이 보장될 것
16. "전자채권"이라 함은 다음 각 목의 요건을 갖춘 전자문서에 기재된 채권자의 금전채권을 말한다.
가. 채무자가 채권자를 지정할 것
나. 전자채권에 채무의 내용이 기재되어 있을 것
다. 「전자서명법」 제2조제2호에 따른 전자서명(서명자의 실지명의를 확인할 수 있는 것을 말한다)이 있을 것(2020.6.9 본목개정)
라. 금융회사를 거쳐 제29조제1항의 규정에 따른 전자채권관리기관(이하 "전자채권관리기관"이라 한다)에 등록될 것(2013.5.22 본목개정)
마. 채무자가 채권자에게 가목 내지 다목의 요건을 모두 갖춘 전자문서를 「전자문서 및 전자거래 기본법」 제6조제1항에 따라 송신하고 채권자가 이를 같은 법 제6조제2항의 규정에 따라 수신할 것(2012.6.1 본목개정)
17. "거래지시"라 함은 이용자가 전자금융거래계약에 따라 금융회사 또는 전자금융업자에게 전자금융거래의 처리를 지시하는 것을 말한다.(2013.5.22 본호개정)
18. "오류"라 함은 이용자의 고의 또는 과실 없이 전자금융거래가 전자금융거래계약 또는 이용자의 거래지시에 따라 이행되지 아니한 경우를 말한다.
19. "전자지급결제대행"이라 함은 전자적 방법으로 재화의 구입 또는 용역의 이용에 있어서 지급결제정보를 송신하거나 수신하는 것 또는 그 대가의 정산을 대행하거나 매개하는 것을 말한다.
20. "가맹점"이라 함은 금융회사 또는 전자금융업자와의 계약에 따라 직불전자지급수단이나 선불전자지급수단 또는 전자화폐에 의한 거래에 있어서 이용자에게 재화 또는 용역을 제공하는 자로서 금융회사 또는 전자금융업자가 아닌 자를 말한다.(2013.5.22 본호개정)
21. "전자금융기반시설"이란 전자금융거래에 이용되는 정보처리시스템 및 「정보통신망 이용촉진 및 정보보호 등에 관한 법률」 제2조제1항제1호에 따른 정보통신망을 말한다.(2013.5.22 본호신설)
22. "전자적 침해행위"란 해킹, 컴퓨터 바이러스, 논리폭탄, 메일폭탄, 서비스 거부 또는 고출력 전자기파 등의 방법으로 전자금융기반시설을 공격하는 행위를 말한다.
(2013.5.22 본호신설)

제3조【적용범위】 ① 이 법은 다른 법률에 특별한 규정이 있는 경우를 제외하고 모든 전자금융거래에 적용한다. 다만, 금융회사 및 전자금융업자간에 따로 정하는 계약에 따라 이루어지는 전자금융거래 가운데 대통령령이 정하는 경우에는 이 법을 적용하지 아니한다.
② 제5장의 규정은 제2조제3호다목 및 라목의 금융회사에 대하여는 이를 적용하지 아니한다.
③ 금융회사 중 전자금융거래의 빈도, 회사의 규모 등을 고려하여 대통령령으로 정하는 금융회사에 대하여는 다음 각 호를 적용하지 아니한다.
1. 제21조제2항의 인력, 시설, 전자적 장치 등의 정보기술부문 및 전자금융업무에 관하여 금융위원회가 정하는 기준 준수
2. 제21조제4항의 정보기술부문의 계획수립 및 제출
3. 제21조의2의 정보보호최고책임자 지정
4. 제21조의3의 전자금융기반시설의 취약점 분석·평가
(2013.5.22 본항신설)
(2013.5.22 본조개정)

제4조【상호주의】 외국인 또는 외국법인에 대하여도 이 법을 적용한다. 다만, 대한민국 국민 또는 대한민국 법인에 대하여 이 법에 준하는 보호를 하지 아니하는 국가의 외국인 또는 외국법인에 대하여는 그에 상응하여 이 법 또는 대한민국이 가입하거나 체결한 조약에 따른 보호를 제한할 수 있다.

제2장 전자금융거래 당사자의 권리와 의무

제1절 통 칙

제5조【전자문서의 사용】 ① 전자금융거래를 위하여 사용되는 전자문서에 대하여는 「전자문서 및 전자거래 기본법」 제4조부터 제7조까지, 제9조 및 제10조를 적용한다.
(2012.6.1 본항개정)
② 금융회사 또는 전자금융업자가 거래지시와 관련하여 수신한 전자문서는 각 문서마다 독립된 것으로 본다. 다만, 금융회사 또는 전자금융업자와 이용자 사이에 전자금융거래계약에 따라 확인절차를 거치는 경우에는 그 절차에 따른다.(2013.5.22 본항개정)

제6조【접근매체의 선정과 사용 및 관리】 ① 금융회사 또는 전자금융업자는 전자금융거래를 위하여 접근매체를 선정하여 사용 및 관리하고 이용자의 신원, 권한 및 거래지시의 내용 등을 확인하여야 한다.(2013.5.22 본항개정)
② 금융회사 또는 전자금융업자가 접근매체를 발급할 때에는 이용자의 신청이 있는 경우에 한하여 본인임을 확인한 후에 발급하여야 한다. 다만, 다음 각 호의 어느 하나에 해당하는 경우에는 이용자의 신청이나 본인의 확인이 없는 때에도 발급할 수 있다.(2013.5.22 본문개정)
1. 선불전자지급수단 또는 제16조제1항 단서의 규정에 따른 전자화폐인 경우
2. 접근매체의 갱신 또는 대체발급 등을 위하여 대통령령이 정하는 바에 따라 이용자의 동의를 얻은 경우
③ 누구든지 접근매체를 사용 및 관리함에 있어서 다른 법률에 특별한 규정이 없는 한 다음 각 호의 행위를 하여서는 아니 된다. 다만, 제18조에 따른 선불전자지급수단이나 전자화폐의 양도 또는 담보제공을 위하여 필요한 경우(제3호의 행위 및 이를 알선·중개하는 행위를 제외한다)에는 그러하지 아니하다.(2020.5.19 단서개정)
1. 접근매체를 양도하거나 양수하는 행위
2. 대가를 수수(授受)·요구 또는 약속하면서 접근매체를 대여받거나 대여하는 행위 또는 보관·전달·유통하는 행위(2015.1.20 본호개정)
3. 범죄에 이용할 목적으로 또는 범죄에 이용될 것을 알면서 접근매체를 대여받거나 대여하는 행위 또는 보관·전달·유통하는 행위(2015.1.20 본호신설)
4. 접근매체를 질권의 목적으로 하는 행위
5. 제1호부터 제4호까지의 행위를 알선·중개·광고하거나 대가를 수수(授受)·요구 또는 약속하면서 권유하는 행위(2020.5.19 본호개정)
(2008.12.31 본항개정)
④ 금융회사·전자금융업자 및 전자금융보조업자(이하 "금융회사등"이라 한다)가 전자적 장치의 작동오류 등 불가피한 사유로 이용자의 접근매체를 획득한 경우 그 접근매체를 그 이용자에게 반환할 때에는 신분증 제시 요청 등의 방법으로 본인임을 확인할 수 있다.(2020.5.19 본항신설)
⑤ 제4항에 따른 본인확인을 요청할 수 있는 사유 및 본인확인 방법은 대통령령으로 정한다.(2020.5.19 본항신설)
[판례] A는 성명불상자로부터 "조건만남을 수락한 사람을 협박해 받아낸 돈을 체크카드 2장에 넣어뒀다. 돈을 인출해 지정한 계좌로 보내주면 인출금액의 10%를 주겠다"는 제안을 받고 이를 승낙했다. 같은 날 A는 체크카드 2장을 퀵서비스로 전달받아 보관하였다. A가 실제로 돈을 뽑지 않고 체크카드를 보관만 했더라도, 타인 명의 금융계좌를 불법적으로 이용하는 행위에 대해 대가를 받기로 약속하고, 그 불법적인 이용을 위해 접근매체를 보관한 경우라면 접근매체의 보관에 대응하는 경제적 이익을 약속받은 것으로 볼 수 있다. A가 받기로 한 수수료가 보관행위에 대한 직접적인 대가가 아니라거나 실제로는 그 체크카드를 이용한 범죄가 현실화될 수 없다는 이유로 대가관계나 범죄 이용 목적이 없다고 할 수는 없다.
(대판 2023.1.12, 2021도10861)
[판례] 전자금융거래법상 금지·처벌의 대상인 '접근매체의 양도'의 범위 : 일반적으로 양도라고 하면 권리나 물건 등을 남에게 넘겨주는 행위를 지칭하는데, 민법상 양도와 임대는 별도의 개념이므로 단순히 접근매체를 빌려 주거나 일시적으로 사용하게 하는 행위는 전자금융거래법상 금지되는 행위인 '접근매체의 양도'에 포함되지 아니한다.(대판 2012.7.5, 2011도16167)

제6조의2【불법 광고에 이용된 전화번호의 이용중지 등】 ① 검찰총장, 경찰청장 또는 금융감독원장(「금융위원회의 설치 등에 관한 법률」 제29조에 따른 금융감독원장을 말한다. 이하 같다)은 제6조제3항제5호에 따른 불법 광고에 이용된 전화번호를 확인한 때에는 과학기술정보통신부장관에게 해당 전화번호에 대한 전기통신역무 제공의 중지를 요청할 수 있다.(2017.7.26 본항개정)
② 제1항에 따른 요청으로 전기통신역무 제공이 중지된 사람은 전기통신역무 제공의 중지를 요청한 자에게 이의신청을 할 수 있다.
③ 제2항에 따른 이의신청의 절차 등에 필요한 사항은 대통령령으로 정한다.
(2016.1.27 본조신설)

제6조의3【계좌정보의 사용 및 관리】 누구든지 계좌와 관련된 정보를 사용 및 관리함에 있어서 범죄에 이용할 목적으로 또는 범죄에 이용될 것을 알면서 계좌와 관련된 정보를 제공받거나 제공하는 행위 또는 보관·전달·유통하는 행위를 하여서는 아니 된다.(2020.5.19 본조신설)

제7조【거래내용의 확인】 ① 금융회사 또는 전자금융업자는 이용자가 전자금융거래에 사용하는 전자적 장치(금융회사 또는 전자금융업자와 이용자 사이에 미리 약정한 전자적 장치가 있는 경우에는 그 전자적 장치를 포함한다)를 통하여 거래내용을 확인할 수 있도록 하여야 한다.
(2013.5.22 본항개정)
② 금융회사 또는 전자금융업자는 이용자가 거래내용을 서면(전자문서를 제외한다. 이하 같다)으로 제공할 것을 요청하는 경우에는 그 요청을 받은 날부터 2주 이내에 거래내용에 관한 서면을 교부하여야 한다.(2013.5.22 본항개정)
③ 제1항 및 제2항의 규정에 따라 제공하는 거래내용의 대상기간, 종류 및 범위 등에 관한 사항은 대통령령으로 정한다.

제8조【오류의 정정 등】 ① 이용자는 전자금융거래에 오류가 있음을 안 때에는 그 금융회사 또는 전자금융업자에게 이에 대한 정정을 요구할 수 있다.
② 금융회사 또는 전자금융업자는 제1항의 규정에 따른 오류의 정정요구를 받은 때에는 이를 즉시 조사하여 처리한 후 정정요구를 받은 날부터 2주 이내에 오류의 원인과 처리 결과를 대통령령으로 정하는 방법에 따라 이용자에게 알려야 한다.
③ 금융회사 또는 전자금융업자는 스스로 전자금융거래에 오류가 있음을 안 때에는 이를 즉시 조사하여 처리한 후 오류가 있음을 안 날부터 2주 이내에 오류의 원인과 처리 결과를 대통령령으로 정하는 방법에 따라 이용자에게 알려야 한다.
(2013.5.22 본조개정)

제9조【금융회사 또는 전자금융업자의 책임】 ① 금융회사 또는 전자금융업자는 다음 각 호의 어느 하나에 해당하는 사고로 인하여 이용자에게 손해가 발생한 경우에는 그 손해를 배상할 책임을 진다.(2013.5.22 본문개정)
1. 접근매체의 위조나 변조로 발생한 사고
2. 계약체결 또는 거래지시의 전자적 전송이나 처리 과정에서 발생한 사고
3. 전자금융거래를 위한 전자적 장치 또는 「정보통신망 이용촉진 및 정보보호 등에 관한 법률」 제2조제1항제1호에 따른 정보통신망에 침입하여 거짓이나 그 밖의 부정한 방법으로 획득한 접근매체의 이용으로 발생한 사고
(2013.5.22 1호~3호신설)
② 제1항의 규정에 불구하고 금융회사 또는 전자금융업자는 다음 각 호의 어느 하나에 해당하는 경우에는 그 책임의 전부 또는 일부를 이용자가 부담하게 할 수 있다.
(2013.5.22 본문개정)
1. 사고 발생에 있어서 이용자의 고의나 중대한 과실이 있는 경우로서 그 책임의 전부 또는 일부를 이용자의 부담으로 할 수 있다는 취지의 약정을 미리 이용자와 체결한 경우
2. 법인(「중소기업기본법」 제2조제2항에 의한 소기업을 제외한다)인 이용자에게 손해가 발생한 경우로 금융회사 또는 전자금융업자가 사고를 방지하기 위하여 보안절차를 수립하고 이를 철저히 준수하는 등 합리적으로 요구되는 충분한 주의의무를 다한 경우(2013.5.22 본호개정)
③ 제2항제1호의 규정에 따른 이용자의 고의나 중대한 과실은 대통령령이 정하는 범위 안에서 전자금융거래에 관한 약관(이하 "약관"이라 한다)에 기재된 것에 한한다.
④ 금융회사 또는 전자금융업자는 제1항의 규정에 따른 책임을 이행하기 위하여 금융위원회가 정하는 기준에 따라 보험 또는 공제에 가입하거나 준비금을 적립하는 등 필요한 조치를 하여야 한다.(2013.5.22 본항개정)
(2013.5.22 본조제목개정)

제10조【접근매체의 분실과 도난 책임】 ① 금융회사 또는 전자금융업자는 이용자로부터 접근매체의 분실이나 도난 등의 통지를 받은 때에는 그 때부터 제3자가 그 접근매체를 사용함으로 인하여 이용자에게 발생한 손해를 배상할 책임을 진다. 다만, 선불전자지급수단이나 전자화폐의 분실 또는 도난 등으로 발생하는 손해로서 대통령령이 정하는 경우에는 그러하지 아니하다.(2013.5.22 본문개정)
② 제1항 및 제9조의 규정에 불구하고 다른 법령에 이용자에게 유리하게 적용될 수 있는 규정이 있는 경우에는 그 법령을 우선 적용한다.

제11조【전자금융보조업자의 지위】 ① 전자금융거래와 관련하여 전자금융보조업자(전자채권관리기관을 포함한다. 이하 이 장에서 같다)의 고의나 과실은 금융회사 또는 전자금융업자의 고의나 과실로 본다.
② 금융회사 또는 전자금융업자는 전자금융보조업자의 고의나 과실로 인하여 발생한 손해에 대하여 이용자에게 그 손해를 배상한 경우에는 그 전자금융보조업자에게 구상할 수 있다.
③ 이용자는 금융회사 또는 전자금융업자와의 약정에 따라 금융회사 또는 전자금융업자에게 행하는 각종 통지를 전자금융보조업자에게 할 수 있다. 이 경우 전자금융보조업자에게 한 통지는 금융회사 또는 전자금융업자에게 한 것으로 본다.
(2013.5.22 본조개정)

제2절 전자지급거래 등

제12조【전자지급거래계약의 효력】 ① 금융회사 또는 전자금융업자는 지급인 또는 수취인과 전자지급거래를 하기 위하여 체결한 약정에 따라 수취인이나 수취인의 금융회사 또는 전자금융업자에게 지급인 또는 수취인이 거래지시한 금액을 전송하여 지급이 이루어지도록 하여야 한다.
② 금융회사 또는 전자금융업자는 제1항의 규정에 따른 자금의 지급이 이루어질 수 없게 된 때에는 전자지급거래를 하기 위하여 수령한 자금을 지급인에게 반환하여야 한다. 이 경우 지급인의 과실로 인하여 지급이 이루어지지 아니한 때에는 그 전송을 하기 위하여 지출한 비용을 공제할 수 있다.
(2013.5.22 본조개정)
제13조【지급의 효력발생시기】 ① 전자지급수단을 이용하여 자금을 지급하는 경우에는 그 지급의 효력은 다음 각 호의 어느 하나에서 정한 때에 생긴다.
1. 전자자금이체의 경우 : 거래지시된 금액의 정보에 대하여 수취인의 계좌가 개설되어 있는 금융회사 또는 전자금융업자의 계좌의 원장에 입금기록이 끝난 때
(2013.5.22 본호개정)
2. 전자적 장치로부터 직접 현금을 출금하는 경우 : 수취인이 현금을 수령한 때
3. 선불전자지급수단 및 전자화폐로 지급하는 경우 : 거래지시된 금액의 정보가 수취인이 지정한 전자적 장치에 도달한 때
4. 그 밖의 전자지급수단으로 지급하는 경우 : 거래지시된 금액의 정보가 수취인의 계좌가 개설되어 있는 금융회사 또는 전자금융업자의 전자적 장치에 입력이 끝난 때
(2013.5.22 본호개정)
② 총자산 등을 감안하여 대통령령으로 정하는 금융회사 또는 전자금융업자는 이용자가 원하는 경우 대통령령으로 정하는 절차와 방법에 따라 이용자가 거래지시를 하는 때부터 일정 시간이 경과한 후에 전자자금이체의 지급 효력이 발생하도록 하여야 한다.(2014.10.15 본항신설)
제14조【거래지시의 철회】 ① 이용자는 제13조제1항 각 호의 규정에 따라 지급의 효력이 발생하기 전까지 거래지시를 철회할 수 있다.(2014.10.15 본항개정)
② 제1항의 규정에 불구하고 금융회사 또는 전자금융업자와 이용자는 대량으로 처리하는 거래 또는 예약에 따른 거래 등의 경우에는 미리 정한 약정에 따라 거래지시의 철회시기를 달리 정할 수 있다.(2013.5.22 본항개정)
③ 금융회사 또는 전자금융업자는 제1항의 규정에 따른 거래지시의 철회방법 및 절차와 제2항의 규정에 따른 약정에 관한 사항을 약관에 기재하여야 한다.(2013.5.22 본항개정)
제15조【추심이체의 출금 동의】 ① 금융회사 또는 전자금융업자는 추심이체를 실행하기 위하여 대통령령이 정하는 바에 따라 미리 지급인으로부터 출금에 대한 동의를 얻어야 한다.
② 지급인은 수취인의 거래지시에 따라 지급인의 계좌의 원장에 출금기록이 끝나기 전까지 금융회사 또는 전자금융업자에게 제1항의 규정에 따른 동의의 철회를 요청할 수 있다.
③ 제2항의 규정에 불구하고 금융회사 또는 전자금융업자는 대량으로 처리하는 거래 또는 예약에 따른 거래 등의 경우에는 미리 지급인과 정한 약정에 따라 동의의 철회시기를 달리 정할 수 있다.
④ 금융회사 또는 전자금융업자는 제2항 및 제3항의 규정에 따른 동의의 철회방법 및 절차와 약정에 관한 사항을 약관에 기재하여야 한다.
(2013.5.22 본조개정)
제16조【전자화폐의 발행과 사용 및 환금】 ① 전자화폐를 발행하는 금융회사 또는 전자금융업자(이하 "전자화폐발행자"라 한다)는 전자화폐를 발행할 경우 접근매체에 식별번호를 부여하고 그 식별번호와 「금융실명거래 및 비밀보장에 관한 법률」 제2조제4호에서 규정한 이용자의 실지명의(이하 "실지명의"라 한다) 또는 예금계좌를 연결하여 관리하여야 한다. 다만, 발행권면 최고한도가 대통령령이 정하는 금액 이하인 전자화폐의 경우에는 그러하지 아니하다.(2013.5.22 본문개정)
② 전자화폐발행자는 현금 또는 예금과 동일한 가치로 교환하여 전자화폐를 발행하여야 한다.
③ 전자화폐발행자는 전자화폐보유자가 전자화폐를 사용할 수 있도록 발행된 전자화폐의 보관 및 사용 등에 필요한 조치를 하여야 한다.
④ 전자화폐발행자는 전자화폐보유자의 요청에 따라 전자화폐를 현금 또는 예금으로 교환할 의무를 부담한다.
⑤ 제1항 내지 제4항의 규정에 따른 전자화폐의 발행·교환의 방법 및 절차에 관하여는 대통령령으로 정한다.
제17조【전자화폐에 의한 지급의 효력】 전자화폐보유자가 재화를 구입하거나 용역을 제공받고 그 대금을 수취인과의 합의에 따라 전자화폐로 지급한 때에는 그 대금의 지급에 관한 채무는 변제된 것으로 본다.
제18조【전자화폐 등의 양도성】 ① 선불전자지급수단 보유자 또는 전자화폐 보유자는 발행자와의 약정에 따라 선불전자지급수단 또는 전자화폐를 타인에게 양도하거나 담보로 제공할 수 있다.
② 제1항의 규정에 따라 선불전자지급수단 또는 전자화폐를 양도하거나 담보로 제공하는 경우에는 반드시 발행자의 중앙전산시스템을 경유하여야 한다. 다만, 실지명의가 확인되지 아니하는 선불전자지급수단 또는 제16조제1항 단서의 규정에 따른 전자화폐의 경우에는 그러하지 아니하다.
제19조【선불전자지급수단의 환급】 ① 선불전자지급수단을 발행한 금융회사 또는 전자금융업자는 선불전자지급수단보유자가 선불전자지급수단에 기록된 잔액의 환급을 청구하는 경우에는 미리 약정한 바에 따라 환급하여야 한다.(2013.5.22 본항개정)
② 금융회사 또는 전자금융업자는 제1항의 규정에 따른 환급과 관련된 약정을 약관에 기재하고, 다음 각 호의 어느 하나에 해당하는 경우에는 선불전자지급수단에 기록된 잔액의 전부를 지급한다는 내용을 약관에 포함시켜야 한다.
(2013.5.22 본문개정)
1. 천재지변 등의 사유로 가맹점이 재화 또는 용역을 제공하기 곤란하여 선불전자지급수단을 사용하지 못하게 된 경우
2. 선불전자지급수단의 결함으로 가맹점이 재화 또는 용역을 제공하지 못하는 경우
3. 선불전자지급수단에 기록된 잔액이 일정비율 이하인 경우. 이 경우 일정비율은 100분의 20 미만으로 정할 수 없다.
제20조【전자채권양도의 대항요건】 ① 전자채권의 양도는 다음 각 호의 요건을 모두 갖춘 때에 「민법」 제450조제1항의 규정에 따른 대항요건을 갖춘 것으로 본다.
1. 양도인의 채권양도의 통지 또는 채무자의 승낙이 「전자서명법」 제2조제2호에 따른 전자서명(서명자의 실지명의를 확인할 수 있는 것을 말한다)을 한 전자문서에 의하여 이루어질 것(2020.6.9 본호개정)
2. 제1호의 규정에 따른 통지 또는 승낙이 기재된 전자문서가 전자채권관리기관에 등록될 것
② 제1항의 규정에 따른 통지 또는 승낙이 기재된 전자문서에 「전자서명법」 제18조에 따른 시점확인이 있고 제1항의 요건을 모두 갖춘 때에 「민법」 제450조제2항의 규정에 따른 대항요건을 갖춘 것으로 본다.(2020.6.9 본항개정)

제3장 전자금융거래의 안전성 확보 및 이용자 보호

제21조【안전성의 확보의무】 ① 금융회사등은 전자금융거래가 안전하게 처리될 수 있도록 선량한 관리자로서의 주의를 다하여야 한다.(2020.5.19 본항개정)
② 금융회사등은 전자금융거래의 안전성과 신뢰성을 확보할 수 있도록 전자적 전송이나 처리를 위한 인력, 시설, 전자적 장치, 소요경비 등의 정보기술부문, 전자금융업무 및 「전자서명법」에 의한 인증서의 사용 등 인증방법에 관하여 금융위원회가 정하는 기준을 준수하여야 한다.
(2014.10.15 본항개정)
③ 금융위원회는 제2항의 기준을 정할 때 특정 기술 또는 서비스의 사용을 강제하여서는 아니 되며, 보안기술과 인증기술의 공정한 경쟁이 촉진되도록 노력하여야 한다.
(2014.10.15 본항개정)
④ 대통령령으로 정하는 금융회사 및 전자금융업자는 안전한 전자금융거래를 위하여 대통령령으로 정하는 바에 따라 정보기술부문에 대한 계획을 매년 수립하여 대표자의 확인·서명을 받아 금융위원회에 제출하여야 한다.
(2013.5.22 본항신설)
제21조의2【정보보호최고책임자 지정】 ① 금융회사 또는 전자금융업자는 전자금융업무 및 그 기반이 되는 정보기술부문 보안을 총괄하여 책임질 정보보호최고책임자를 지정하여야 한다.(2013.5.22 본항개정)
② 총자산, 종업원 수 등을 감안하여 대통령령으로 정하는 금융회사 또는 전자금융업자는 정보보호최고책임자를 임원(「상법」 제401조의2제1항제3호에 따른 자를 포함한다)으로 지정하여야 한다.(2013.5.22 본항개정)
③ 총자산, 종업원 수 등을 감안하여 대통령령으로 정하는 금융회사 또는 전자금융업자의 정보보호최고책임자는 제4항의 업무 외의 다른 정보기술부문 업무를 겸직할 수 없다.(2014.10.15 본항신설)
④ 제1항에 따른 정보보호최고책임자는 다음 각 호의 업무를 수행한다.
1. 제21조제2항에 따른 전자금융거래의 안정성 확보 및 이용자 보호를 위한 전략 및 계획의 수립(2014.10.15 본호개정)
2. 정보기술부문의 보호(2014.10.15 본호개정)
3. 정보기술부문의 보안에 필요한 인력관리 및 예산편성
4. 전자금융거래의 사고 예방 및 조치
5. 그 밖에 전자금융거래의 안정성 확보를 위하여 대통령령으로 정하는 사항
⑤ 정보보호최고책임자의 자격요건 등에 필요한 사항은 대통령령으로 정한다.
(2011.11.14 본조신설)
제21조의3【전자금융기반시설의 취약점 분석·평가】 ① 금융회사 및 전자금융업자는 전자금융거래의 안전성과 신뢰성을 확보하기 위하여 전자금융기반시설에 대한 다음 각 호의 사항을 분석·평가하고 그 결과(「정보통신기반 보호법」 제9조에 따른 취약점 분석·평가를 한 경우에는 그 결과를 말한다)를 금융위원회에 보고하여야 한다.
1. 정보기술부문의 조직, 시설 및 내부통제에 관한 사항
2. 정보기술부문의 전자적 장치 및 접근매체에 관한 사항
3. 전자금융거래의 유지를 위한 침해사고 대응조치에 관한 사항
4. 그 밖에 대통령령으로 정하는 사항
② 금융회사 및 전자금융업자는 제1항에 따른 전자금융기반시설의 취약점 분석·평가 결과에 따른 필요한 보완조치의 이행계획을 수립·시행하여야 한다.
③ 금융위원회는 소속 공무원으로 하여금 제1항에 따른 전자금융기반시설의 취약점 분석·평가 결과 및 제2항에 따른 보완조치의 이행실태를 점검하게 할 수 있다.
④ 제1항에 따른 전자금융기반시설의 취약점 분석·평가의 내용 및 절차와 제2항에 따른 이행계획의 수립·시행, 그 밖에 필요한 사항은 대통령령으로 정한다.
(2013.5.22 본조신설)
제21조의4【전자적 침해행위 등의 금지】 누구든지 다음 각 호의 어느 하나에 해당하는 행위를 하여서는 아니 된다.
1. 접근권한을 가지지 아니하는 자가 전자금융기반시설에 접근하거나 접근권한을 가진 자가 그 권한을 넘어 저장된 데이터를 조작·파괴·은닉 또는 유출하는 행위
2. 전자금융기반시설에 대하여 데이터를 파괴하거나 전자금융기반시설의 운영을 방해할 목적으로 컴퓨터 바이러스, 논리폭탄 또는 메일폭탄 등의 프로그램을 투입하는 행위
3. 전자금융기반시설의 안정적 운영을 방해할 목적으로 일시에 대량의 신호, 고출력 전자기파 또는 데이터를 보내거나 부정한 명령을 처리하도록 하는 등의 방법으로 전자금융기반시설에 오류 또는 장애를 발생하게 하는 행위
(2013.5.22 본조신설)
제21조의5【침해사고의 통지 등】 ① 금융회사 및 전자금융업자는 전자적 침해행위로 인하여 전자금융기반시설이 교란·마비되는 등의 사고(이하 "침해사고"라 한다)가 발생한 때에는 금융위원회에 지체 없이 이를 알려야 한다.
② 금융회사 및 전자금융업자는 침해사고가 발생하면 그 원인을 분석하고 피해의 확산을 방지하기 위하여 필요한 조치를 하여야 한다.
(2013.5.22 본조신설)
제21조의6【침해사고의 대응】 ① 금융위원회는 침해사고에 대응하기 위하여 다음 각 호의 업무를 수행한다.
1. 침해사고에 관한 정보의 수집·전파
2. 침해사고의 예보·경보
3. 침해사고에 대한 긴급조치
4. 그 밖에 침해사고 대응을 위하여 대통령령으로 정하는 사항
② 제1항에 따른 업무를 수행하는 데 필요한 절차·방법 등은 대통령령으로 정한다.
(2013.5.22 본조신설)
제22조【전자금융거래기록의 생성·보존 및 파기】 ① 금융회사등은 전자금융거래의 내용을 추적·검색하거나 그 내용에 오류가 발생할 경우에 이를 확인하거나 정정할 수 있는 기록(이하 이 조에서 "전자금융거래기록"이라 한다)을 생성하여 5년의 범위 안에서 대통령령이 정하는 기간동안 보존하여야 한다.
② 금융회사등은 제1항에 따라 보존하여야 하는 기간이 경과하고 금융거래 등 상거래관계가 종료된 경우에는 5년 이내에 전자금융거래기록(「신용정보의 이용 및 보호에 관한 법률」에 따른 신용정보는 제외한다. 이하 이 항에서 같다)을 파기하여야 한다. 다만, 다음 각 호의 경우에는 그러하지 아니하다.
1. 다른 법률에 따른 의무를 이행하기 위하여 불가피한 경우
2. 그 밖에 전자금융거래기록을 보관할 필요성이 있는 경우로서 금융위원회가 정하는 경우
(2014.10.15 본항신설)
③ 제1항 및 제2항에 따라 금융회사등이 보존하여야 하는 전자금융거래기록의 종류, 보존방법, 파기절차·방법 및 상거래관계가 종료된 날의 기준 등은 대통령령으로 정한다.
(2014.10.15 본조개정)

제23조【전자지급수단 등의 발행과 이용한도】 ① 금융위원회는 전자지급수단의 특성을 감안하여 대통령령이 정하는 바에 따라 금융회사 또는 전자금융업자에게 다음 각 호에 규정된 한도를 제한하거나 그 밖에 필요한 조치를 할 수 있다.(2013.5.22 본문개정)
1. 전자화폐 및 선불전자지급수단의 발행권면 최고한도
2. 전자자금이체의 이용한도
3. 직불전자지급수단의 이용한도

② 금융위원회는 대통령령으로 정하는 바에 따라 금융회사 또는 전자금융업자에게 전자적 장치로부터의 현금 출금 최고한도를 제한하거나 그 밖에 필요한 조치를 할 수 있다.(2013.5.22 본항개정)
(2013.5.22 본조제목개정)

제24조【약관의 명시와 변경통지 등】 ① 금융회사 또는 전자금융업자는 이용자와 전자금융거래의 계약을 체결함에 있어서 약관을 명시하여야 하고, 이용자의 요청이 있는 경우에는 금융위원회가 정하는 방법에 따라 그 약관의 사본을 교부하고 그 약관의 내용을 설명하여야 한다.
(2013.5.22 본항개정)
② 금융회사 또는 전자금융업자는 제1항의 규정을 위반하여 계약을 체결한 때에는 당해 약관의 내용을 계약의 내용으로 주장할 수 없다.(2013.5.22 본항개정)
③ 금융회사 또는 전자금융업자는 약관을 변경하는 때에는 변경되는 약관의 시행일 1월 전에 금융위원회가 정하는 방법에 따라 이를 게시하고 이용자에게 알려야 한다. 다만, 법령의 개정으로 인하여 긴급하게 약관을 변경하는 때에는 금융위원회가 정하는 방법에 따라 이를 즉시 게시하고 이용자에게 알려야 한다.(2013.5.22 본문개정)
④ 이용자는 제3항의 규정에 따른 약관의 변경내용이 게시되거나 통지된 후부터 변경되는 약관의 시행일 전의 영업일까지 전자금융거래의 계약을 해지할 수 있다. 전단의 기간 안에 이용자가 약관의 변경내용에 대하여 이의를 제기하지 아니하는 경우에는 약관의 변경을 승인한 것으로 본다.

제25조【약관의 제정 및 변경】 ① 금융회사 또는 전자금융업자가 전자금융거래에 관한 약관을 제정하거나 변경하고자 하는 경우에는 미리 금융위원회에 보고하여야 한다. 다만, 이용자의 권익이나 의무에 불리한 영향이 없는 경우로서 금융위원회가 정하는 경우에는 약관의 제정 또는 변경 후 10일 이내에 금융위원회에 보고할 수 있다.
(2013.5.22 본문개정)
② 금융위원회는 건전한 전자금융거래질서를 유지하기 위하여 필요한 경우에는 금융회사 또는 전자금융업자에 대하여 제1항의 규정에 따른 약관의 변경을 권고할 수 있다.(2013.5.22 본항개정)
③ 금융위원회는 제1항의 규정에 따른 약관의 제정 또는 변경에 대한 보고의 시기·절차 그 밖에 필요한 사항을 정할 수 있다.(2008.2.29 본항개정)
④ 제1항 내지 제3항의 규정은 제2조제3호다목 및 라목의 금융회사에 대하여는 이를 적용하지 아니한다.
(2013.5.22 본항개정)

제26조【전자금융거래정보의 제공 등】 전자금융거래와 관련한 업무를 수행함에 있어서 다음 각 호의 어느 하나에 해당하는 사항을 알게 된 자는 이용자의 동의를 얻지 아니하고 이를 타인에게 제공·누설하거나 업무상 목적 외에 사용하여서는 아니된다. 다만, 「금융실명거래 및 비밀보장에 관한 법률」 제4조제1항 단서의 규정에 따른 경우 그 밖에 다른 법률에서 정하는 바에 따른 경우에는 그러하지 아니하다.
1. 이용자의 인적 사항
2. 이용자의 계좌, 접근매체 및 전자금융거래의 내용과 실적에 관한 정보 또는 자료

제27조【분쟁처리 및 분쟁조정】 ① 금융회사 또는 전자금융업자는 대통령령이 정하는 바에 따라 전자금융거래와 관련하여 이용자가 제기하는 정당한 의견이나 불만을 반영하고 이용자가 전자금융거래에서 입은 손해를 배상하기 위한 절차를 마련하여야 한다.(2013.5.22 본항개정)
② 이용자는 전자금융거래의 처리에 관하여 이의가 있을 때에는 제1항에서 정한 절차에 따라 손해배상 등 분쟁처리를 요구하거나 금융감독원 또는 한국소비자원 등을 통하여 분쟁조정을 신청할 수 있다.(2013.5.22 본항개정)
③ 제1항 및 제2항의 규정에 따른 분쟁처리 및 분쟁조정의 신청을 위한 구체적인 절차와 방법 등은 대통령령으로 정한다.
④ 금융회사 또는 전자금융업자는 전자금융거래의 계약을 체결하는 때에는 제1항 내지 제3항의 규정에 따른 절차를 명시하여야 한다.(2013.5.22 본항개정)

제4장 전자금융업의 허가와 등록 및 업무

제28조【전자금융업의 허가와 등록】 ① 전자화폐의 발행 및 관리업무를 행하고자 하는 자는 금융위원회의 허가를 받아야 한다. 다만, 「은행법」에 따른 은행 그 밖에 대통령령이 정하는 금융회사는 그러하지 아니하다.
(2013.5.22 단서개정)
② 다음 각 호의 업무를 행하고자 하는 자는 금융위원회에 등록하여야 한다. 다만, 「은행법」에 따른 은행 그 밖에 대통령령이 정하는 금융회사는 그러하지 아니하다.
(2013.5.22 단서개정)
1. 전자자금이체업무
2. 직불전자지급수단의 발행 및 관리
3. 선불전자지급수단의 발행 및 관리
4. 전자지급결제대행에 관한 업무
5. 그 밖에 대통령령이 정하는 전자금융업무

③ 제2항의 규정에 불구하고 다음 각 호의 어느 하나에 해당하는 자는 금융위원회에 등록하지 아니하고 같은 항 각 호의 업무를 행할 수 있다.(2008.2.29 본문개정)
1. 다음 각 목의 어느 하나의 경우에 해당하는 선불전자지급수단을 발행하는 자
 가. 특정한 건물 안의 가맹점 등 대통령령이 정하는 기준에 해당하는 가맹점에서만 사용되는 경우
 나. 총발행잔액이 대통령령이 정하는 금액 이하인 경우
 다. 이용자가 미리 직접 대가를 지불하지 아니한 선불전자지급수단으로서 이용자에게 저장된 금전적 가치에 대한 책임을 이행하기 위하여 대통령령이 정하는 방법에 따라 상환보증보험 등에 가입한 경우
2. 자금이동에 직접 관여하지 아니하고 전자지급거래의 전자적 처리를 위한 정보만을 전달하는 업무 등 대통령령이 정하는 전자지급결제대행에 관한 업무를 수행하는 자

④ 제3항제1호다목의 규정에 따라 등록이 면제된 선불전자지급수단을 발행하는 자에 대하여는 제4조, 제2장(제19조는 제외한다) 및 제3장(제21조제4항, 제21조의2, 제21조의3, 제23조 및 제25조는 제외한다), 제37조, 제38조, 제39조제1항·제6항, 제41조제1항, 제43조제2항·제3항, 제46조, 제46조의2 및 제47조의 전자금융업자에 관한 규정을 준용한다. 다만, 소속 임직원의 위법·부당한 행위로 지급불능 상태가 되는 등 대통령령이 정하는 금융사고가 발생하는 경우에는 제25조, 제39조제2항 내지 제5항 및 제40조제2항·제3항을 준용한다.(2014.10.15 본문개정)
⑤ 금융위원회는 제1항의 규정에 따른 허가에 조건을 붙일 수 있다.(2008.2.29 본항개정)

제29조【전자채권관리기관의 등록】 ① 전자채권의 등록 및 관리업무를 행하고자 하는 자는 금융위원회에 등록하여야 한다.(2008.2.29 본항개정)
② 제21조, 제22조, 제39조, 제41조 및 제43조의 규정은 제1항의 규정에 따라 전자채권의 등록 및 관리업무를 행하기 위하여 등록한 전자채권관리기관에 대하여 이를 준용한다.
③ 전자채권관리기관의 전자채권 등록에 관한 절차와 방법 그 밖에 필요한 사항은 대통령령으로 정한다.

제30조【자본금】 ① 제28조제1항의 규정에 따라 허가를 받고자 하는 자는 주식회사로서 자본금이 50억원 이상이어야 한다.
② 제28조제2항제1호부터 제3호까지의 규정에 따라 등록할 수 있는 자는 다음 각 호의 어느 하나에 해당하는 자로 하되, 업무의 종류별로 자본금 또는 출자총액이 20억원 이상으로서 대통령령으로 정하는 금액 이상이어야 한다.
1. 「상법」 제170조에서 정한 회사
2. 특별법에 따라 설립된 법인(해당 법률에서 정한 업무를 수행하기 위하여 행하는 제28조제2항제3호의 선불전자지급수단의 발행 및 관리업무로 한정한다)
(2013.5.22 본항개정)

③ 제28조제2항제4호·제5호 및 제29조의 규정에 따라 등록할 수 있는 자는 「상법」 제170조에서 정한 회사 또는 「민법」 제32조에서 정한 법인으로서 업무의 종류별로 자본금·출자총액 또는 기본재산이 다음 각 호의 구분에 따른 금액 이상이어야 한다.(2016.3.29 본문개정)
1. 분기별 전자금융거래 총액이 30억원 이하의 범위에서 금융위원회가 정하는 기준 이하로 운영하고자 하는 자(제29조에 따라 등록을 하고자 하는 자는 제외한다) : 3억원 이상으로 대통령령으로 정하는 금액
2. 제1호 외의 자 : 5억원 이상으로 대통령령으로 정하는 금액
(2016.3.29 1호~2호신설)

④ 제3항제1호에 해당하는 자가 제28조에 따라 등록을 한 후 2분기 이상 계속하여 제3항제1호의 금융위원회가 정하는 기준을 초과하는 경우에는 그 내용을 금융위원회에 신고하고 금융위원회가 정하는 기한 내에 제3항제2호에서 정하는 자본금요건을 갖추어야 한다.(2016.3.29 본항신설)

제31조【허가 및 등록의 요건】 ① 제28조 및 제29조의 규정에 따라 허가를 받거나 등록을 하고자 하는 자는 다음 각 호의 요건을 모두 갖추어야 한다. 제4호 및 제5호는 허가의 경우에 한한다.
1. 제30조의 규정에 의한 자본금 또는 기본재산을 보유할 것
2. 이용자의 보호가 가능하고 행하고자 하는 업무를 수행함에 있어서 충분한 전문인력과 전산설비 등 물적 시설을 갖추고 있을 것
3. 대통령령이 정하는 재무건전성 기준을 충족할 것
4. 사업계획이 타당하고 건전할 것
5. 대통령령이 정하는 주요출자자가 충분한 출자능력, 건전한 재무상태 및 사회적 신용을 갖추고 있을 것

② 제1항의 규정에 따른 허가 및 등록의 세부요건에 관하여 필요한 사항은 금융위원회가 정한다.(2008.2.29 본항개정)

제32조【허가와 등록의 결격사유】 다음 각 호의 어느 하나에 해당하는 자는 제28조 및 제29조의 규정에 따른 허가를 받거나 등록을 할 수 없다.
1. 제34조의 규정에 따라 등록이 말소된 날부터 1년이 지나지 아니한 법인 및 그 등록이 말소될 당시 그 법인의 대주주(대통령령이 정하는 출자자를 말한다. 이하 같다)이었던 자로서 그 말소된 날부터 1년이 지나지 아니한 자
2. 제43조제1항의 규정에 따른 허가 또는 등록의 취소가 있은 날부터 3년이 지나지 아니한 법인 및 그 취소 당시 그 법인의 대주주이었던 자로서 그 취소가 있은 날부터 3년이 지나지 아니한 자
3. 「채무자 회생 및 파산에 관한 법률」에 따른 회생절차 중에 있는 회사 및 그 회사의 대주주
4. 금융거래 등 상거래에 있어서 약정한 기일 내에 채무를 변제하지 아니한 자로서 금융위원회가 정하는 자
(2008.2.29 본호개정)
5. 허가 또는 등록 신청일을 기준으로 최근 3년간 대통령령이 정하는 금융관계법령을 위반하여 벌금형 이상의 처벌을 받은 사실이 있는 자
6. 제1호 내지 제5호에 해당하는 자가 대주주인 법인

제33조【허가·등록 및 인가의 신청 등】 ① 제28조, 제29조 및 제45조에 따라 허가·인가를 받거나 등록을 하고자 하는 자는 대통령령이 정하는 바에 따라 신청서를 금융위원회에 제출하여야 한다.
② 금융위원회는 제1항의 규정에 따라 신청서를 접수한 때에는 대통령령이 정하는 바에 따라 허가, 등록 또는 인가를 하고 그 결과를 신청인에게 통보하여야 한다.
③ 금융위원회는 제28조, 제29조 및 제45조에 따라 허가, 등록 또는 인가를 한 때에는 지체 없이 그 내용을 관보에 공고하고 컴퓨터통신 등을 이용하여 일반인에게 알려야 한다.
(2013.5.22 본조개정)

제33조의2【예비허가】 ① 제28조제1항에 따른 허가(이하 이 조에서 "본허가"라 한다)를 받으려는 자는 미리 금융위원회에 예비허가를 신청할 수 있다.
② 금융위원회는 제1항에 따른 예비허가 여부를 결정할 때에는 예비허가를 받으려는 자가 본허가 요건을 모두 충족할 수 있는지를 확인하여야 한다.
③ 금융위원회는 제2항에 따른 예비허가에 조건을 붙일 수 있다.
④ 금융위원회는 예비허가를 받은 자가 본허가를 신청하는 경우에는 제3항에 따른 예비허가 조건을 이행하였는지와 본허가 요건을 모두 충족하는지를 확인한 후 본허가 여부를 결정하여야 한다.
⑤ 예비허가에 관하여는 제33조제1항 및 제2항을 준용한다.
(2013.5.22 본조신설)

제34조【신청에 따른 등록의 말소】 ① 제28조제2항 및 제29조의 규정에 따라 등록을 한 자는 대통령령이 정하는 바에 따라 그 등록의 말소를 신청할 수 있다.
② 금융위원회는 제1항의 규정에 따른 신청이 있는 때에는 지체 없이 그 등록을 말소한다.(2008.2.29 본항개정)
③ 금융위원회는 제2항의 규정에 따라 등록을 말소한 때에는 지체 없이 그 내용을 관보에 공고하고 컴퓨터통신 등을 이용하여 일반인에게 알려야 한다.(2008.2.29 본항개정)

제35조【겸업제한】 ① 제28조제1항의 규정에 따라 허가를 받은 전자금융업자는 다음 각 호의 업무가 아닌 업무는 이를 겸영하지 못한다.
1. 제28조제2항 각 호의 업무(등록한 경우에 한한다)
2. 제28조제1항의 규정에 따라 허가를 받은 업무 및 제1호의 업무를 행하기 위하여 필요한 업무로서 대통령령이 정하는 업무

② 제1항의 규정에 불구하고 제28조제1항의 규정에 따라 허가를 받은 전자금융업자는 전자화폐 미상환잔액 전부에 대하여 대통령령이 정하는 금융회사로부터 지급보증을 받거나 상환보증보험에 가입한 경우에는 제1항 각 호의 규정에서 정한 업무 아닌 업무를 행할 수 있다.
(2013.5.22 본항개정)

제36조【유사명칭의 사용금지】 ① 제2조제15호의 전자화폐가 아닌 것에는 전자화폐라는 명칭을 사용하지 못한다.
② 제28조제1항의 규정에 따라 허가를 받지 아니한 자는 그 상호 중에 전자화폐라는 명칭을 사용하지 못한다.

제37조【가맹점의 준수사항 등】 ① 가맹점은 직불전자지급수단이나 선불전자지급수단 또는 전자화폐(이하 "전자화폐등"이라 한다)에 의한 거래를 이유로 재화 또는 용역의 제공 등을 거절하거나 이용자를 불리하게 대우하여서는 아니 된다.
② 가맹점은 이용자로 하여금 가맹점수수료를 부담하게 하여서는 아니 된다.
③ 가맹점은 다음 각 호의 어느 하나에 해당하는 행위를 하여서는 아니 된다.
1. 재화 또는 용역의 제공 등이 없이 전자화폐등에 의한 거래를 한 것으로 가장(假裝)하는 행위
2. 실제 매출금액을 초과하여 전자화폐등에 의한 거래를 하는 행위
3. 다른 가맹점 이름으로 전자화폐등에 의한 거래를 하는 행위
4. 가맹점의 이름을 타인에게 빌려주는 행위

5. 전자화폐등에 의한 거래를 대행하는 행위
④ 가맹점이 아닌 자는 가맹점의 이름으로 전자화폐등에 의한 거래를 하여서는 아니 된다.

제38조【가맹점의 모집 등】 ① 금융회사 또는 전자금융업자가 가맹점을 모집하는 경우에는 가맹점이 되고자 하는 자의 영업여부 등을 확인하여야 한다. 다만, 「여신전문금융업법」 제16조의2의 규정에 따라 이미 확인을 한 가맹점인 경우에는 그러하지 아니하다.(2013.5.22 본문개정)
② 금융회사 또는 전자금융업자는 다음 각 호의 어느 하나에 해당하는 거래에 따른 손실을 가맹점에 떠넘길 수 없다. 다만, 금융회사 또는 전자금융업자가 그 거래에 대하여 그 가맹점의 고의 또는 중대한 과실을 증명하는 경우에는 그 손실의 전부 또는 일부를 가맹점의 부담으로 할 수 있다는 취지의 계약을 가맹점과 체결한 경우에는 그러하지 아니하다.(2013.5.22 본문개정)
1. 분실되거나 도난된 전자화폐등에 의한 거래
2. 위조되거나 변조된 전자화폐등에 의한 거래
③ 금융회사 또는 전자금융업자는 다음 각 호의 사항을 금융위원회가 정하는 방법에 따라 가맹점에 알려야 한다.(2013.5.22 본문개정)
1. 가맹점수수료
2. 제2항의 규정에 따른 가맹점에 대한 책임
3. 제37조의 규정에 따른 가맹점의 준수사항
④ 금융회사 또는 전자금융업자는 가맹점이 제37조의 규정을 위반하여 형의 선고를 받거나 관계 행정기관으로부터 위반사실에 대하여 서면통보를 받는 등 대통령령이 정하는 사유에 해당하는 때에는 특별한 사유가 없는 한 지체 없이 가맹점계약을 해지하여야 한다.(2013.5.22 본항개정)

제5장 전자금융업무의 감독

제39조【감독 및 검사】 ① 금융감독원(「금융위원회의 설치 등에 관한 법률」 제24조제1항의 규정에 따른 "금융감독원"을 말한다. 이하 같다)은 금융위원회의 지시를 받아 금융회사 및 전자금융업자에 대하여 이 법 또는 이 법에 의한 명령의 준수여부를 감독한다.(2013.5.22 본항개정)
② 금융감독원장은 제1항의 규정에 따른 감독을 위하여 필요한 때에는 금융회사 또는 전자금융업자로 하여금 그 업무 및 재무상태에 관한 보고를 하게 할 수 있다.(2016.1.27 본항개정)
③ 금융감독원장은 금융회사 및 전자금융업자의 전자금융업무와 그와 관련된 재무상태를 검사하고, 검사를 위하여 필요하다고 인정하는 때에는 금융회사 및 전자금융업자에 대하여 업무와 재무상태에 관한 자료의 제출 또는 관계인의 출석을 요구할 수 있다.(2013.5.22 본항개정)
④ 제3항의 규정에 따라 검사를 하는 자는 그 권한을 표시하는 증표를 지니고 이를 관계인에게 내보여야 한다.
⑤ 금융감독원장은 제3항의 규정에 따라 검사를 한 때에는 그 결과를 금융위원회가 정하는 바에 따라 금융위원회에 보고하여야 한다.(2008.2.29 본항개정)
⑥ 금융위원회는 금융회사 또는 전자금융업자가 이 법 또는 이 법에 따른 명령을 위반하여 금융회사 또는 전자금융업자의 건전한 운영을 해칠 우려가 있다고 인정하는 때에는 금융감독원장의 건의에 따라 다음 각 호의 어느 하나에 해당하는 조치를 하거나 금융감독원장으로 하여금 제1호부터 제3호까지에 해당하는 조치를 하게 할 수 있다.(2017.4.18 본문개정)
1. 위반행위에 대한 시정명령
2. 금융회사 또는 전자금융업자에 대한 주의 또는 경고(2013.5.22 본호개정)
3. 임원과 직원에 대한 주의, 경고 또는 문책의 요구
4. 임원(「금융회사의 지배구조에 관한 법률」 제2조제5호에 따른 업무집행책임자는 제외한다. 이하 제39조의2에서 같다)의 해임권고 또는 직무정지(2017.4.18 본호개정)

제39조의2【퇴임한 임원 등에 대한 조치 내용의 통보】 ① 금융위원회(제39조제6항에 따라 조치를 할 수 있는 금융감독원장을 포함한다)는 금융회사 또는 전자금융업자의 퇴임한 임원 또는 퇴직한 직원(「금융회사의 지배구조에 관한 법률」 제2조제5호에 따른 업무집행책임자를 포함한다)이 재임 또는 재직 중이었더라면 제39조제6항제3호 또는 제4호에 해당하는 조치를 받았을 것으로 인정되는 경우에는 그 조치의 내용을 해당 금융회사 또는 전자금융업자의 장에게 통보할 수 있다.
② 제1항에 따른 통보를 받은 금융회사 또는 전자금융업자의 장은 이를 퇴임·퇴직한 해당 임직원에게 통보하고, 그 내용을 기록·유지하여야 한다.
(2017.4.18 본조신설)

제40조【외부주문등에 대한 감독 및 검사】 ① 금융회사 및 전자금융업자는 전자금융거래와 관련하여 전자금융보조업자와 제휴, 위탁 또는 외부주문(이하 이 조에서 "외부주문등"이라 한다)에 관한 계약을 체결하거나 변경하는 때(전자금융보조업자가 다른 전자금융보조업자와 외부주문등에 관한 계약을 체결하거나 변경하는 때를 포함한다)에는 전자금융거래의 안전성 및 신뢰성과 금융회사 및 전자금융업자의 건전성을 확보할 수 있도록 금융위원회가 정하는 기준을 준수하여야 한다.
② 금융위원회는 제1항의 규정에 따른 계약 내용이 금융회사 또는 전자금융업자의 경영의 건전성 및 이용자의 권익을 침해하는 것이라고 인정하는 때에는 그 금융회사 또는 전자금융업자에 대하여 관련 계약 내용의 시정 또는 보완을 지시할 수 있다.
③ 금융감독원장은 제1항의 규정에 따른 외부주문등과 관련하여 금융회사 또는 전자금융업자에 대한 검사를 하는 경우에는 금융위원회가 정하는 기준에 따라 그 전자금융보조업자에 대한 자료제출을 요구할 수 있다.
④ 금융감독원장은 전자금융보조업자가 제3항에 따른 자료를 제출하지 아니하거나 부실한 자료를 제출한 경우에는 해당 전자금융보조업자에 대하여 조사를 할 수 있다.(2013.5.22 본항신설)
⑤ 금융감독원장은 제4항에 따른 조사를 위하여 필요하다고 인정하는 경우에는 전자금융보조업자에게 다음 각 호의 사항을 요구할 수 있다.
1. 조사사항에 관한 진술서의 제출
2. 조사에 필요한 장부·서류, 그 밖의 물건의 제출
3. 관계인의 출석
(2013.5.22 본항신설)
⑥ 정보기술부문의 정보보호와 관련된 업무를 위탁받은 전자금융보조업자는 해당 업무를 제3자에게 재위탁하여서는 아니 된다. 다만, 전자금융거래정보의 보호 및 안전한 처리를 저해하지 아니하는 범위에서 금융위원회가 인정하는 경우에는 그러하지 아니하다.(2014.10.15 본항신설)
⑦ 제4항에 따른 조사에 관하여는 제39조제4항을 준용한다.(2013.5.22 본항신설)
(2013.5.22 본조개정)

제41조【한국은행의 자료제출 요구 등】 ① 한국은행은 금융통화위원회가 전자지급거래와 관련하여 통화신용정책의 수행 및 지급결제제도의 원활한 운영을 위하여 필요하다고 인정하는 때에는 금융회사 및 전자금융업자에 대하여 자료제출을 요구할 수 있다. 이 경우 요구하는 자료는 금융회사 및 전자금융업자의 업무부담을 고려하여 필요한 최소한의 범위로 한정하여야 한다.(2013.5.22 본항개정)
② 한국은행은 금융통화위원회가 통화신용정책의 수행을 위하여 필요하다고 인정하는 때에는 전자화폐발행자 및 제28조제2항제1호의 업무를 행하기 위하여 등록한 금융회사 또는 전자금융업자에 대하여 금융감독원에 검사를 요구하거나 한국은행과의 공동검사를 요구할 수 있다.(2013.5.22 본항개정)
③ 제1항 및 제2항의 요구 방법 및 절차는 「한국은행법」 제87조 및 제88조의 규정과 「금융위원회의 설치 등에 관한 법률」 제62조의 규정을 준용한다.(2008.2.29 본항개정)

제42조【회계처리 구분 및 건전경영지도】 ① 금융회사 및 전자금융업자는 자금운용과 전자금융거래와 관련한 업무의 성과를 분석할 수 있도록 제28조제1항 및 제2항에 규정된 업무별로 다른 업무와 구분하여 회계처리하고, 금융위원회가 정하는 바에 따라 전자금융거래와 관련한 업무 및 경영실적에 관한 보고서를 작성하여 금융위원회에 제출하여야 한다.(2014.10.15 본항개정)
② 금융위원회는 전자금융거래와 관련한 업무를 수행하는 금융회사 또는 전자금융업자의 건전경영을 지도하고 전자금융사고를 예방하기 위하여 대통령령이 정하는 바에 따라 다음 각 호의 사항에 관한 경영지도기준을 정할 수 있다.(2013.5.22 본문개정)
1. 자본의 적정성에 관한 사항
2. 자산의 건전성에 관한 사항
3. 유동성에 관한 사항
4. 그 밖에 경영의 건전성 확보를 위하여 필요한 사항
③ 금융위원회는 제28조제1항의 규정에 따라 허가를 받은 금융회사 또는 전자금융업자가 제2항의 경영지도기준을 충족하지 못하는 등 경영의 건전성을 크게 해할 우려가 있다고 인정하는 때에는 자본금의 증액, 이익배당의 제한 등 경영개선을 위하여 필요한 조치를 요구할 수 있다.(2013.5.22 본항개정)
④ 제28조제1항의 규정에 따라 허가를 받은 금융회사 또는 전자금융업자의 재무상태가 제2항의 경영지도기준에 미달하거나 거액의 금융사고 또는 부실채권의 발생으로 인하여 제2항의 경영지도기준에 미달하게 될 것이 명백하다고 판단되는 때에 필요한 조치 등에 관하여는 「금융산업의 구조개선에 관한 법률」 제10조, 제11조제1항·제4항·제5항, 제13조의2, 제14조, 제14조의2부터 제14조의4까지, 제14조의7, 제15조부터 제19조까지, 제27조 및 제28조를 준용한다.(2013.5.22 본항개정)

제43조【허가와 등록의 취소 등】 ① 금융위원회는 금융회사 또는 전자금융업자가 다음 각 호의 어느 하나에 해당하는 때에는 제28조의 규정에 따른 허가 또는 등록을 취소할 수 있다.(2013.5.22 본문개정)
1. 허위 그 밖의 부정한 방법으로 제28조의 규정에 따른 허가를 받거나 등록을 한 때
2. 제32조제1호 내지 제5호에 해당하는 때
3. 제2항의 규정에 따른 업무의 정지명령을 위반한 때
4. 정당한 사유 없이 1년 이상 계속하여 영업을 하지 아니한 때
5. 법인의 합병이나 파산이나 영업의 폐지 등으로 사실상 영업을 종료한 때
② 금융위원회는 금융회사 또는 전자금융업자가 다음 각 호의 어느 하나에 해당하는 때에는 6월의 범위 안에서 기간을 정하여 관련 업무의 전부 또는 일부의 정지를 명할 수 있다.(2013.5.22 본문개정)
1. 제6조제1항·제2항, 제16조제1항부터 제4항까지, 제19조제1항, 제21조제1항·제2항, 제21조의5제2항, 제35조, 제36조 또는 제38조제3항·제4항의 규정을 위반한 때(2013.5.22 본호개정)
2. 제8조제2항 및 제3항을 위반하여 오류를 조사하여 처리를 하지 아니한 때(2013.5.22 본호신설)
3. 제23조, 제39조제6항, 제40조제2항 또는 제42조제3항의 규정에 따른 금융위원회의 조치나 지시 또는 명령을 어긴 때(2008.2.29 본호개정)
4. 제30조제4항에서 정한 신고를 하지 아니하거나 기한 내 요건을 갖추지 아니한 때(2016.3.29 본호신설)
③ 금융회사 또는 전자금융업자는 제1항 및 제2항의 규정에 따라 업무의 전부 또는 일부가 정지되거나 허가 또는 등록이 취소된 경우에도 그 처분 전에 행하여진 전자금융거래의 지급 및 결제를 위한 업무를 계속하여 행할 수 있다.(2013.5.22 본항개정)
④ 금융위원회는 제1항의 규정에 따라 허가 또는 등록을 취소한 때에는 지체 없이 그 내용을 관보에 공고하고 컴퓨터통신 등을 이용하여 일반인에게 알려야 한다.(2008.2.29 본항개정)

제44조【청문】 금융위원회는 제43조제1항의 규정에 따라 허가 또는 등록을 취소하고자 하는 경우에는 청문을 실시하여야 한다.(2008.2.29 본조개정)

제45조【합병·해산·폐업 등의 인가】 ① 제28조제1항의 규정에 따라 허가를 받은 전자금융업자가 다음 각 호의 어느 하나에 해당하는 행위를 하고자 하는 때에는 대통령령이 정하는 바에 따라 금융위원회의 인가를 받아야 한다.(2008.2.29 본문개정)
1. 다른 금융회사 또는 전자금융업자와의 합병(2013.5.22 본호개정)
2. 해산 또는 전자금융업무의 폐지
3. 영업의 전부 또는 일부의 양도와 양수
② 금융위원회는 제1항의 규정에 따른 인가에 조건을 붙일 수 있다.(2008.2.29 본항개정)

제45조의2【예비인가】 ① 제45조제1항에 따른 인가(이하 이 조에서 "본인가"라 한다)를 받으려는 자는 미리 금융위원회에 예비인가를 신청할 수 있다.
② 금융위원회는 제1항에 따른 예비인가 여부를 결정할 때에는 예비인가를 받으려는 자가 본인가 요건을 모두 충족할 수 있는지를 확인하여야 한다.
③ 금융위원회는 제2항에 따른 예비인가에 조건을 붙일 수 있다.
④ 금융위원회는 예비인가를 받은 자가 본인가를 신청하는 경우에는 제3항에 따른 예비인가 조건을 이행하였는지와 본인가 요건을 모두 충족하는지를 확인한 후 본인가 여부를 결정하여야 한다.
⑤ 예비인가에 관하여는 제33조제1항 및 제2항을 준용한다.
(2013.5.22 본조신설)

제46조【과징금】 ① 금융위원회는 금융회사 또는 전자금융업자가 제21조제1항 또는 제2항을 위반하여 전자금융거래정보를 타인에게 제공 또는 누설하거나 업무상 목적 외에 사용한 경우에는 50억원 이하의 과징금을 부과할 수 있다.(2014.10.15 본항신설)
② 금융위원회는 금융회사 또는 전자금융업자가 제43조제2항 각 호의 어느 하나(제1항에 따라 과징금을 부과하는 경우는 제외한다)에 해당하게 된 때에는 대통령령이 정하는 바에 따라 업무정지명령에 갈음하여 5천만원 이하의 과징금을 부과할 수 있다.(2014.10.15 본항개정)
③ 제1항 또는 제2항에 따른 과징금을 부과하는 위반행위의 종별과 정도 등에 따른 과징금의 금액 그 밖에 필요한 사항은 대통령령으로 정한다.(2014.10.15 본항개정)
④ 금융위원회는 제1항 또는 제2항에 따른 과징금을 기한 이내에 납부하지 아니하는 때에는 국세체납처분의 예에 따라 이를 징수한다.(2014.10.15 본항개정)
⑤ 금융위원회는 대통령령이 정하는 바에 따라 과징금의 징수 및 체납처분에 관한 업무를 국세청장에게 위탁할 수 있다.(2008.2.29 본항개정)

제46조의2【과오납금의 환급】 ① 금융위원회는 과징금납부의무자가 이의신청의 재결 또는 법원의 판결 등의 사유로 과징금 과오납금의 환급을 청구하는 경우에는 지체 없이 환급하여야 하며, 과징금납부의무자의 청구가 없는 경우에도 금융위원회가 확인한 과오납금은 환급하여야 한다.
② 금융위원회는 제1항에 따라 과오납금을 환급하는 경우 환급받을 자가 금융위원회에 납부하여야 하는 다른 과징금이 있으면 환급하는 금액을 그 과징금에 충당할 수 있다.
③ 금융위원회가 제1항에 따라 과오납금을 환급하는 경우에는 과징금을 납부한 날의 다음 날부터 환급하는 날까지의 기간에 대하여 대통령령으로 정하는 가산금 이율을 적용하여 산정한 환급가산금을 환급받을 자에게 지급하여야 한다.
(2013.5.22 본조신설)

제6장 보 칙

제47조【전자금융거래 통계조사】 ① 한국은행은 전자금융거래의 현황 파악과 효과적인 통화신용정책의 수립 및 시행을 위하여 전자금융업 및 전자금융거래에 관한

통계조사를 할 수 있다. 이 경우 필요한 자료를 정부기관, 금융회사등과 전자금융거래 관련 법인과 단체에 요구할 수 있다.(2013.5.22 후단개정)
② 제1항의 규정에 따라 자료의 제출을 요구받은 정부기관, 금융회사등과 전자금융거래 관련 법인과 단체는 정당한 사유가 없는 한 이에 응하여야 한다.(2013.5.22 본항개정)
③ 제1항의 규정에 따른 통계조사의 대상과 방법 및 절차에 관하여 필요한 사항은 대통령령으로 정한다.

제48조【권한의 위탁】 금융위원회는 이 법에 따른 권한의 일부를 대통령령이 정하는 바에 따라 금융감독원장에게 위탁할 수 있다.(2008.2.29 본조개정)

제7장 벌 칙

제49조【벌칙】 ① 다음 각 호의 어느 하나에 해당하는 자는 10년 이하의 징역 또는 1억원 이하의 벌금에 처한다.
1. 제21조의4제1호를 위반하여 전자금융기반시설에 접근하거나 저장된 데이터를 조작·파괴·은닉 또는 유출한 자
2. 제21조의4제2호를 위반하여 데이터를 파괴하거나 컴퓨터 바이러스, 논리폭탄 또는 메일폭탄 등의 프로그램을 투입한 자
3. 제21조의4제3호를 위반하여 일시에 대량의 신호, 고출력 전자기파 또는 데이터를 보내거나 전자금융기반시설에 오류 또는 장애를 발생시킨 자
4. 제26조를 위반하여 전자금융거래정보를 타인에게 제공 또는 누설하거나 업무상 목적 외에 사용한 자(제28조제4항에 따라 이를 준용하는 선불전자지급수단을 발행하는 자를 포함한다)

(2014.10.15 본항신설)
② 다음 각 호의 어느 하나에 해당하는 자는 7년 이하의 징역 또는 5천만원 이하의 벌금에 처한다.
1. 접근매체를 위조하거나 변조한 자
2. 위조되거나 변조된 접근매체를 판매알선·판매·수출 또는 수입하거나 사용한 자
3. 분실되거나 도난된 접근매체를 판매알선·판매·수출 또는 수입하거나 사용한 자
4. 전자금융기반시설 또는 전자금융거래를 위한 전자적 장치에 침입하여 거짓이나 그 밖의 부정한 방법으로 접근매체를 획득하거나 획득한 접근매체를 이용하여 전자금융거래를 한 자(2013.5.22 본호개정)
5. 강제로 빼앗거나, 횡령하거나, 사람을 속이거나 공갈하여 획득한 접근매체를 판매알선·판매·수출 또는 수입하거나 사용한 자
6. (2014.10.15 삭제)

③ 전자화폐는 「형법」 제214조 내지 제217조에 정한 죄의 유가증권으로 보아 각 그 죄에 정한 형으로 처벌한다.
④ 다음 각 호의 어느 하나에 해당하는 자는 5년 이하의 징역 또는 3천만원 이하의 벌금에 처한다.
1. 제6조제3항제1호를 위반하여 접근매체를 양도하거나 양수한 자
2. 제6조제3항제2호 또는 제3호를 위반하여 접근매체를 대여받거나 대여한 자 또는 보관·전달·유통한 자
3. 제6조제3항제4호를 위반한 질권설정자 또는 질권자
4. 제6조제3항제5호를 위반하여 알선·중개·광고하거나 대가를 수수(授受)·요구 또는 약속하면서 권유하는 행위를 한 자
5. 제6조의3을 위반하여 계좌와 관련된 정보를 제공받거나 제공한 자 또는 보관·전달·유통한 자

(2020.5.19 본항신설)
⑤ 다음 각 호의 어느 하나에 해당하는 자는 3년 이하의 징역 또는 2천만원 이하의 벌금에 처한다.
1.～4. (2020.5.19 삭제)
5. 제28조 또는 제29조의 규정에 따라 허가를 받거나 등록을 하지 아니하고 그 업무를 행한 자
6. 허위 그 밖의 부정한 방법으로 제28조 또는 제29조의 규정에 따라 허가를 받거나 등록을 한 자
7. 제37조제3항제3호의 규정을 위반하여 다른 가맹점의 이름으로 전자화폐등에 의한 거래를 한 자
8. 제37조제3항제5호의 규정을 위반하여 전자화폐등에 의한 거래를 대행한 자
9. 제37조제4항의 규정을 위반하여 가맹점의 이름으로 전자화폐등에 의한 거래를 한 자
10. 허위 그 밖의 부정한 방법으로 전자금융거래정보를 열람하거나 제공받은 자

⑥ 다음 각 호의 어느 하나에 해당하는 자는 1년 이하의 징역 또는 1천만원 이하의 벌금에 처한다.
1. (2008.12.31 삭제)
2. (2013.5.22 삭제)
3. 제37조제1항의 규정을 위반하여 전자화폐등에 의한 거래를 이유로 재화 또는 용역의 제공을 거절하거나 이용자를 불리하게 대우한 자
4. 제37조제2항의 규정을 위반하여 이용자에게 가맹점수수료를 부담하게 한 자
5. 제37조제3항제4호의 규정을 위반하여 가맹점의 이름을 타인에게 빌려준 자
6. 제45조제1항의 규정에 따른 인가를 받지 아니하고 동항 각 호의 어느 하나에 해당하는 행위를 한 자
7. 제1항제1호·제2호 및 제3호와 제2항제1호·제2호 및 제4호의 미수범은 처벌한다.(2014.10.15 본항개정)

⑧ 제1항부터 제7항까지의 징역형과 벌금형은 병과할 수 있다.(2020.5.19 본항개정)

판례 '접근매체의 양수'의 의미 : 전자금융거래법 제49조제4항제1호에서 말하는 접근매체의 양수는 양도인의 의사에 기하여 접근매체의 소유권 내지 처분권을 확정적으로 이전받는 것을 의미하고, 단지 대여받거나 일시적인 사용을 위한 위임을 받는 행위는 이에 포함되지 않는다고 보는 것이 타당한데, 같은 법 제6조제3항제1호는 접근매체의 양도, 양수행위의 주체에 제한을 두지 않고 있으므로 반드시 접근매체의 명의자가 양도하거나 명의자로부터 양수한 경우에만 처벌대상이 된다고 볼 수 없다.
(대판 2013.8.23, 2013도4004)

제50조【양벌규정】 ① 법인의 대표자나 법인 또는 개인의 대리인, 사용인, 그 밖의 종업원이 그 법인 또는 개인의 업무에 관하여 제49조제1항, 제2항, 제3항(「형법」 제216조에서 정한 형으로 처벌하는 경우로 한정한다), 제4항부터 제7항까지의 어느 하나에 해당하는 위반행위를 하면 그 행위자를 벌하는 외에 그 법인 또는 개인에게도 해당 조문의 벌금형을 과(科)한다. 다만, 법인 또는 개인이 그 위반행위를 방지하기 위하여 해당 업무에 관하여 상당한 주의와 감독을 게을리하지 아니한 경우에는 그러하지 아니하다.(2020.5.19 본문개정)
② 법인의 대표자나 법인 또는 개인의 대리인, 사용인, 그 밖의 종업원이 그 법인 또는 개인의 업무에 관하여 제49조제3항(「형법」 제214조, 제215조 또는 제217조에서 정한 형으로 처벌하는 경우로 한정한다)의 위반행위를 하면 그 행위자를 벌하는 외에 그 법인 또는 개인을 5천만원 이하의 벌금에 처한다. 다만, 법인 또는 개인이 그 위반행위를 방지하기 위하여 해당 업무에 관하여 상당한 주의와 감독을 게을리하지 아니한 경우에는 그러하지 아니하다.
(2014.10.15 본조개정)

제51조【과태료】 ① 다음 각 호의 어느 하나에 해당하는 자(제3호의 경우에는 제28조제4항 단서에 따라 해당 규정을 준용하는 선불전자지급수단을 발행하는 자를 포함한다)에게는 5천만원 이하의 과태료를 부과한다.
(2017.4.18 본문개정)
1. 제21조제1항 또는 제2항을 위반하여 선량한 관리자로서의 주의를 다하지 아니하거나 금융위원회가 정하는 기준을 준수하지 아니한 자
2. 제36조를 위반하여 전자화폐의 명칭을 사용한 자
3. 제39조제3항(제29조제2항에서 준용하는 경우를 포함한다) 또는 제40조제3항·제4항에 따른 검사, 자료제출, 출석요구 및 조사를 거부 또는 방해하거나 기피한 자
4. 제42조제1항을 위반하여 보고서를 제출하지 아니하거나 거짓의 보고서를 제출한 자

(2017.4.18 3호～4호신설)
(2014.10.15 본항개정)
② 다음 각 호의 어느 하나에 해당하는 자에게는 2천만원 이하의 과태료를 부과한다.(2017.4.18 본문개정)
1. 제13조제2항을 위반하여 전자자금이체의 지급 효력이 발생하도록 하지 아니한 자(2014.10.15 본호신설)
2. 제21조의2제1항 또는 제2항을 위반하여 정보보호최고책임자를 지정하지 아니하거나 정보보호최고책임자를 임원으로 지정하지 아니한 자(2017.4.18 본호신설)
3. 제21조의2제3항을 위반하여 같은 조 제4항의 업무 외의 다른 정보기술부문 업무를 정보보호최고책임자로 하여금 겸직하게 하거나 겸직한 자(2017.4.18 본호신설)
4. 제21조의3제1항을 위반하여 전자금융기반시설의 취약점을 분석·평가하지 아니한 자
5. 제21조의3제2항을 위반하여 보완조치의 이행계획을 수립·시행하지 아니한 자
6. 제22조제2항을 위반하여 전자금융거래기록을 파기하지 아니한 자(2014.10.15 본호신설)
7. 제40조제6항을 위반하여 제3자에게 재위탁을 한 자(2014.10.15 본호신설)

③ 다음 각 호의 어느 하나에 해당하는 자(제1호, 제6호부터 제8호까지 및 제10호의 경우에는 제28조제4항에 따라 해당 규정을 준용하는 선불전자지급수단을 발행하는 자를 포함한다)에게는 1천만원 이하의 과태료를 부과한다.
(2017.4.18 본문개정)
1. 제7조제2항을 위반하여 거래내용에 관한 서면을 교부하지 아니한 자
2. 제8조제2항 및 제3항을 위반하여 오류의 원인과 처리결과를 알리지 아니한 자
3. 제18조제2항을 위반하여 선불전자지급수단 또는 전자화폐를 양도하거나 담보로 제공한 자
4. 제21조제4항을 위반하여 정보기술부문에 대한 계획을 제출하지 아니한 자
5. 제21조의3제1항을 위반하여 전자금융기반시설의 취약점 분석·평가의 결과를 보고하지 아니한 자
6. 제21조의5제1항을 위반하여 침해사고를 알리지 아니한 자
7. 제22조제1항(제29조제2항에서 준용하는 경우를 포함한다)을 위반하여 기록을 생성하거나 보존하지 아니한 자
8. 제24조제1항 또는 제3항을 위반하여 약관의 명시, 설명, 교부를 하지 아니하거나 게시 또는 통지하지 아니한 자
9. 제25조제1항을 위반하여 금융위원회에 보고하지 아니한 자
10. 제27조제1항을 위반하여 분쟁처리 절차를 마련하지 아니한 자
11. (2017.4.18 삭제)
12. 제42조제1항을 위반하여 제28조제1항 및 제2항의 업무별로 다른 업무와 구분하여 회계처리를 하지 아니한 자

(2017.4.18 본호개정)
④ 제1항부터 제3항까지의 규정에 따른 과태료는 대통령령으로 정하는 바에 따라 금융위원회가 부과·징수한다.
(2017.4.18 본항개정)
(2013.5.22 본조개정)

부 칙 (2013.5.22)

제1조【시행일】 이 법은 공포 후 6개월이 경과한 날부터 시행한다.

제2조【정보기술부문에 대한 계획의 제출에 관한 적용례】 제21조제4항의 개정규정에 따른 정보기술부문에 대한 계획의 제출은 이 법 시행 후 개시되는 사업연도부터 적용한다.

제3조【벌칙 및 과태료에 관한 경과조치】 이 법 시행 전의 위반행위에 대하여 벌칙 및 과태료를 적용할 때에는 종전의 규정에 따른다.

부 칙 (2014.10.15)

제1조【시행일】 이 법은 공포 후 6개월이 경과한 날부터 시행한다. 다만, 제13조제2항과 제21조제2항 및 제3항의 개정규정은 공포 후 1년이 경과한 날부터 시행한다.

제2조【정보보호최고책임자의 겸직금지에 관한 적용례】 제21조의2제3항의 개정규정은 이 법 시행 후 선임(재선임되는 경우를 포함한다)되는 정보보호최고책임자부터 적용한다.

제3조【정보보호와 관련된 업무의 재위탁 금지에 관한 적용례】 제40조제6항의 개정규정은 이 법 시행 후 재위탁하거나 재위탁 기간을 연장하는 것부터 적용한다.

제4조【과징금의 부과에 관한 적용례】 제46조제1항의 개정규정은 이 법 시행 후 위반행위를 한 금융회사 또는 전자금융업자부터 적용한다.

제5조【벌칙 및 과태료에 관한 경과조치】 이 법 시행 전의 행위에 대하여 벌칙 및 과태료를 적용할 때에는 종전의 규정에 따른다.

부 칙 (2017.4.18)

제1조【시행일】 이 법은 공포 후 6개월이 경과한 날부터 시행한다.

제2조【퇴임한 임원 등에 대한 조치 내용의 통보에 관한 적용례】 제39조의2의 개정규정은 이 법 시행 전에 위반행위를 한 사람으로서 이 법 시행 이후 퇴임 또는 퇴직한 임직원에 대해서도 적용한다.

제3조【임원의 직무정지 요구에 관한 경과조치】 이 법 시행 전의 위반행위에 대해서는 제39조제6항제4호(직무정지에 한정한다)의 개정규정에도 불구하고 종전의 규정에 따른다.

부 칙 (2020.5.19)

이 법은 공포 후 3개월이 경과한 날부터 시행한다. 다만, 제6조제4항·제5항 및 제21조의 개정규정은 공포 후 6개월이 경과한 날부터 시행한다.

부 칙 (2020.6.9)

제1조【시행일】 이 법은 공포 후 6개월이 경과한 날부터 시행한다.(이하 생략)

전자금융거래법 시행령

(2006년 12월 29일
대통령령 제19783호)

개정
2007. 3.27영19958호(소비자기본법시)
2007. 6.28영20112호
2008. 2.29영20653호(금융위원회의설치등에관한법시)
2008. 7. 9영20913호
2008. 7.29영20947호(자본시장금융투자업시)
2009. 3.31영21404호
2009. 5.29영21518호(한국정책금융공사법시)
2009. 6.30영21590호(한시적행정규제유예)
2009.10. 1영21765호(신용정보의이용및보호에관한법시)
2010. 5. 4영22151호(전자정부법시)
2010.11. 2영22467호(행정정보이용감축개정령)
2012. 1. 6영23488호(민감정보고유식별정보)
2012. 5. 7영23776호
2012. 8.31영24076호(전자문서및전자거래기본법시)
2013. 6.28영24638호(부가세시)
2013.11.22영24880호
2014. 3.24영25279호(금융부실시)
2014. 8. 6영25532호(민감정보고유식별정보)
2014.12. 9영25840호(규제기한정비)
2014.12.30영25945호(한국산업은행법시)
2015. 4.14영26199호
2015.12.30영26817호(규제기한설정)
2016. 5.31영27205호(기술보증기금법시)
2016. 6.28영27292호
2017. 7.26영28218호(직제)
2017. 9. 5영28283호(금융회사의지배구조에관한법시)
2017.10.17영28388호
2018.12.24영29421호(규제기한설정)
2019. 6.25영29892호(주식 · 사채등의전자등록에관한법시)
2020. 4.28영30654호
2020. 8. 4영30893호(신용정보의이용및보호에관한법시)
2020. 8.25영30967호(온라인투자연계금융업및이용자보호에관한법시)
2020.11.17영31165호
2021. 1. 5영31380호(법령용어정비)
2021. 3. 2영31516호(규제기한해제)
2021. 3.23영31553호(금융소비자보호에관한법시)
2021. 9.24영32014호(행정기본법시)
2021.12.28영32274호(독점시)
2022. 2.17영32449호(한국자산관리공사설립등에관한법시)
2022.12.20영33112호(개인정보침해요인개선을위한일부개정령)
2023. 5.16영33474호(주택저당채권유동화회사법시행령폐지령)
2023.12.12영33913호(행정법제혁신을위한일부개정법령등)

제1조【목적】 이 영은 「전자금융거래법」에서 위임된 사항과 그 시행에 관하여 필요한 사항을 규정함을 목적으로 한다.

제2조【금융회사의 범위】 「전자금융거래법」(이하 "법"이라 한다) 제2조제3호마목에서 "대통령령이 정하는 자"라 함은 다음 각 호의 어느 하나에 해당하는 자를 말한다.
1. 「한국산업은행법」에 따른 한국산업은행
1의2. (2014.12.30 삭제)
3. 「중소기업은행법」에 따른 중소기업은행
3. 「한국수출입은행법」에 따른 한국수출입은행
4. 「산림조합법」에 따른 조합과 그 중앙회의 신용사업부문
5. 「농업협동조합법」에 따른 조합
6. 「수산업협동조합법」에 따른 조합
7. 「자본시장과 금융투자업에 관한 법률」에 따른 거래소(2013.11.22 본호개정)
8. 「자본시장과 금융투자업에 관한 법률」에 따른 한국예탁결제원(2008.7.29 본호개정)
8의2. 「주식 · 사채 등의 전자등록에 관한 법률」에 따른 전자등록기관(2019.6.25 본호신설)
9. 「금융지주회사법」에 따른 금융지주회사와 「금융지주회사법 시행령」 제2조제2항제1호에 해당하는 회사
10. 「보험업법」에 따른 보험협회와 보험요율산출기관
11. 「화재로 인한 재해보상과 보험가입에 관한 법률」에 따른 한국화재보험협회
12. 「자본시장과 금융투자업에 관한 법률」에 따른 한국금융투자협회(2008.7.29 본호개정)
13. (2008.7.29 삭제)
14. 「신용정보의 이용 및 보호에 관한 법률」에 따른 신용정보회사, 채권추심회사 및 종합신용정보집중기관(2020.8.4 본호개정)
15. 「한국자산관리공사 설립 등에 관한 법률」에 따른 한국자산관리공사(2022.2.17 본호개정)
16. 「한국주택금융공사법」에 따른 한국주택금융공사
17. 「신용보증기금법」에 따른 신용보증기금
18. 「기술보증기금법」에 따른 기술보증기금(2016.5.31 본호개정)
19. 「온라인투자연계금융업 및 이용자 보호에 관한 법률」 제2조제3호에 따른 온라인투자연계금융업자(2020.8.25 본호신설)

(2013.11.22 본조제목개정)

제3조【선불전자지급수단의 요건】 법 제2조제14호가목에서 "대통령령이 정하는 특수관계인"이라 함은 발행인과 다음 각 호의 어느 하나에 해당하는 관계에 있는 자를 말한다.
1. 「상법」 제342조의2에 따른 모회사 또는 자회사
2. 「독점규제 및 공정거래에 관한 법률」 제2조제7호 또는 제8호에 따른 지주회사 또는 자회사(2021.12.28 본호개정)
3. 「금융지주회사법」 제2조제1항제1호에 따른 금융지주회사 또는 동항제2호에 따른 자회사

제4조【전자화폐의 범용성 요건】 ① 법 제2조제15호가목에서 "대통령령이 정하는 기준 이상의 지역 및 가맹점"이라 함은 2개 이상의 광역지방자치단체(「지방자치법」 제2조제1항제1호에 따른 지방자치단체를 말한다. 이하 같다) 및 500개 이상의 가맹점을 말한다.

② 법 제2조제15호다목에서 "대통령령이 정하는 업종수"라 함은 5개 업종을 말한다.

제5조【적용범위의 예외】 ① 법 제3조제1항 단서에서 "대통령령이 정하는 경우"라 함은 다음 각 호의 어느 하나에 해당하는 경우를 말한다.
1. 법 제2조제6호에 따른 결제중계시스템을 이용하는 전자금융거래
2. 「한국은행법」 제81조제1항에 따라 한국은행이 운영하는 지급결제제도를 이용하는 전자금융거래

② 법 제3조제3항 각 호 외의 부분에서 "대통령령으로 정하는 금융회사"란 다음 각 호의 어느 하나에 해당하는 금융회사로서 법 제2조제1호에 따른 전자금융업무를 하지 아니하는 금융회사를 말한다.
1. 법 제2조제3호가목부터 라목까지의 금융회사
2. 제2조제4호부터 제6호까지의 금융회사
3. 제2조제14호에 따른 신용정보회사 및 채권추심회사(2020.8.4 본호개정)
4. 제2조제19호에 따른 온라인투자연계금융업자(2020.8.25 본호신설)

(2013.11.22 본항신설)

제6조【접근매체의 갱신 · 대체발급 및 반환】 ① 금융회사 또는 전자금융업자는 법 제6조제2항 각 호 외의 부분 단서 및 같은 항 제2호에 따라 다음 각 호의 구분에 따른 동의를 얻은 경우에는 이용자의 신청이나 본인의 확인이 없는 때에도 접근매체를 갱신 또는 대체발급할 수 있다.
1. 갱신 또는 대체발급 예정일 전 6개월 이내에 사용된 적이 없는 접근매체 : 이용자로부터 갱신 또는 대체발급에 대하여 서면동의[「전자서명법」 제2조제2호에 따른 전자서명(서명자의 실지명의를 확인할 수 있는 것으로 한정한다)이 있는 전자문서에 의한 동의를 포함한다]를 얻은 경우
2. 갱신 또는 대체발급 예정일 전 6개월 이내에 사용된 적이 있는 접근매체 : 그 예정일부터 1개월 이전에 이용자에게 발급 예정사실과 20일 이내에 이의 제기를 할 수 있음을 알린 후 그 기간 내에 이용자로부터 이의 제기가 없어 묵시적 동의를 얻은 경우

② 금융회사 · 전자금융업자 및 전자금융보조업자(이하 "금융회사등"이라 한다)는 다음 각 호의 어느 하나에 해당하는 사유로 이용자의 접근매체를 획득한 경우에는 법 제6조제4항에 따라 그 접근매체를 이용자에게 반환할 때 이용자 본인임을 확인할 수 있다.
1. 전자적 장치의 장애 또는 오류 발생
2. 이용자의 접근매체 분실
3. 그 밖에 금융회사등이 불가피하게 접근매체를 획득하게 된 사유로서 금융위원회가 정하여 고시하는 사유

③ 법 제6조제4항에 따른 본인확인 방법은 다음 각 호와 같다.
1. 주민등록증, 운전면허증, 여권, 외국인등록증 등 신분증이나 그 밖에 본인을 확인할 수 있는 서류의 제시를 요청하여 확인하는 방법
2. 휴대전화를 통한 본인확인 등 「정보통신망 이용촉진 및 정보보호 등에 관한 법률」 제23조의3에 따른 본인확인기관에서 제공하는 본인확인의 방법
3. 그 밖에 접근매체의 이용자 본인임을 확인할 수 있는 방법으로서 금융위원회가 정하여 고시하는 방법

(2020.11.17 본조개정)

제6조의2【이의신청의 절차 등】 ① 법 제6조의2제1항에 따른 요청으로 전기통신역무 제공이 중지된 사람이 같은 조 제2항에 따라 이의신청을 하려면 전기통신역무 제공이 중지된 날부터 30일 이내에 다음 각 호의 사항을 적은 문서를 같은 조 제1항에 따른 전기통신역무 제공의 중지를 요청한 기관(이하 이 조에서 "제공중지요청기관"이라 한다)에 제출하여야 한다.
1. 이의신청인의 명칭 또는 성명과 주소 및 연락처
2. 이의신청의 사유
3. 전기통신역무 제공이 중지된 날

② 제공중지요청기관은 제1항에 따라 이의신청을 받은 날부터 15일 이내에 그 이의신청에 대하여 결정을 하고 그 결과를 이의신청인에게 문서로 통지하여야 한다. 다만, 부득이한 사유로 그 기간 이내에 결정을 할 수 없을 때에는 15일의 범위에서 그 기간을 연장할 수 있으며, 연장사유와 연장기간을 이의신청인에게 통지하여야 한다.

③ 제공중지요청기관은 제1항에 따라 제출된 문서에 흠결이 있거나 추가적인 사실 확인이 필요한 경우 보완을 요청할 수 있다. 이 경우 그 보완에 소요된 기간은 제2항 본문의 기간에 산입(算入)되지 아니한다.

④ 제공중지요청기관은 법 제6조의2제2항에 따른 이의신청이 이유가 있다고 인정할 때에는 지체 없이 과학기술정보통신부장관에게 해당 전기통신역무 제공의 중지를 해제하도록 요청하여야 한다.(2017.7.26 본항개정)

(2016.6.28 본조신설)

제7조【거래내용의 확인 등】 ① 금융회사 또는 전자금융업자는 법 제7조제1항에 따라 이용자가 전자적 장치를 통하여 거래내용을 확인할 수 있도록 하는 경우에 전자적 장치의 운영장애, 그 밖의 사유로 거래내용을 확인하게 할 수 없는 때에는 인터넷 등을 이용하여 즉시 그 사유를 알리고, 그 사유가 종료된 때부터 이용자가 거래내용을 확인할 수 있도록 하여야 한다.(2013.11.22 본항개정)

② 금융회사 또는 전자금융업자는 법 제7조제2항에 따라 이용자로부터 거래내용을 서면(전자문서를 제외한다. 이하 같다)으로 제공할 것을 요청받은 경우 전자적 장치의 운영장애, 그 밖의 사유로 거래내용을 제공할 수 없는 때에는 그 이용자에게 즉시 이를 알려야 한다. 이 경우 법 제7조제2항의 거래내용에 관한 서면의 교부기간을 산정함에 있어서 전자적 장치의 운영장애, 그 밖의 사유로 거래내용을 제공할 수 없는 기간은 산입하지 아니한다.(2013.11.22 전단개정)

③ 법 제7조제3항에 따른 거래내용의 대상기간은 제12조제1항 각 호에 따른 전자금융거래기록의 보존기간으로 한다.(2015.4.14 본항개정)

④ 법 제7조제3항에 따른 거래내용의 종류(조회거래를 제외한다. 이하 이 조에서 같다) 및 범위는 다음 각 호와 같다.
1. 전자금융거래의 종류(보험계약의 경우에는 보험계약의 종류를 말한다) 및 금액, 전자금융거래의 상대방에 관한 정보
2. 전자금융거래의 거래일시, 전자적 장치의 종류 및 전자적 장치를 식별할 수 있는 정보
3. 전자금융거래가 계좌를 통하여 이루어지는 경우 거래계좌의 명칭 또는 번호(보험계약의 경우에는 보험증권번호를 말한다)
4. 금융회사 또는 전자금융업자가 전자금융거래의 대가로 받은 수수료(2013.11.22 본호개정)
5. 법 제15조제1항에 따른 지급인의 출금 동의에 관한 사항
6. 그 밖에 이용자의 전자금융거래내용 확인에 필요한 사항으로서 금융위원회가 정하여 고시하는 사항(2008.2.29 본호개정)

⑤ 금융회사 또는 전자금융업자는 법 제7조제3항에 따른 거래내용의 서면 제공과 관련하여 그 요청의 방법 · 절차, 접수창구의 주소(전자우편주소를 포함한다) 및 전화번호 등을 전자금융거래와 관련한 약관(이하 "약관"이라 한다)에 규정하여야 한다.(2013.11.22 본항개정)

제7조의2【오류의 정정 통지 방법】 법 제8조제2항 및 제3항에서 "대통령령으로 정하는 방법"이란 문서, 전화 또는 전자우편으로 알리는 것을 말한다. 다만, 이용자가 문서로 알려줄 것을 요청하는 경우에는 문서로 알려야 한다.(2013.11.22 본조개정)

제8조【고의나 중대한 과실의 범위】 법 제9조제3항에 따른 고의나 중대한 과실의 범위는 다음 각 호와 같다.
1. 이용자가 접근매체를 제3자에게 대여하거나 그 사용을 위임한 경우 또는 양도나 담보의 목적으로 제공한 경우(법 제18조에 따라 선불전자지급수단이나 전자화폐를 양도하거나 담보로 제공한 경우를 제외한다)
2. 제3자가 권한 없이 이용자의 접근매체를 이용하여 전자금융거래를 할 수 있음을 알았거나 쉽게 알 수 있었음에도 불구하고 접근매체를 누설하거나 노출 또는 방치한 경우
3. 금융회사 또는 전자금융업자가 법 제6조제1항에 따른 확인 외에 보안강화를 위하여 전자금융거래 시 요구하는 추가적인 보안조치를 이용자가 정당한 사유 없이 거부하여 법 제9조제1항제3호에 따른 사고가 발생한 경우
4. 이용자가 제3호에 따른 추가적인 보안조치에 사용되는 매체 · 수단 또는 정보에 대하여 다음 각 목의 어느 하나에 해당하는 행위를 하여 법 제9조제1항제3호에 따른 사고가 발생한 경우
   가. 누설 · 노출 또는 방치한 행위
   나. 제3자에게 대여하거나 그 사용을 위임한 행위 또는 양도나 담보의 목적으로 제공한 행위

(2013.11.22 3호~4호신설)

제9조【선불전자지급수단이나 전자화폐의 분실과 도난 책임】 법 제10조제1항 단서에서 "대통령령이 정하는 경우"라 함은 선불전자지급수단이나 전자화폐의 분실 또는 도난의 통지를 하기 전에 저장된 금액에 대한 손해에 대하여 그 책임을 이용자의 부담으로 할 수 있다는 취지의 약정이 금융회사 또는 전자금융업자와 이용자 간에 미리 체결된 경우를 말한다.(2013.11.22 본조개정)

제9조의2【전자자금이체의 지급 효력 발생시기의 지연】 ① 법 제13조제2항에서 "대통령령으로 정하는 금융회사 또는 전자금융업자"란 법 제28조제2항에 따라 같은 항 제1호의 전자자금이체업무를 수행하는 금융회사 또는 전자금융업자를 말한다.

② 제1항에 따른 금융회사 또는 전자금융업자는 법 제13조제2항에 따라 거래지시를 하는 때부터 일정 시간이 경과한 후에 전자자금이체의 지급 효력이 발생(이하 이 항에서 "지연이체"라 한다)하기를 원하는 이용자가 컴퓨터, 전화기, 그 밖에 금융위원회가 정하여 고시하는 전자적 장치를 통하여 지연이체가 되는 거래지시를 할 수 있도록 하여야 한다.

(2015.4.14 본조신설)

제10조【출금 동의의 방법】 법 제15조제1항에 따라 지급인으로부터 출금에 대한 동의를 얻는 방법은 다음 각 호와 같다.

1. 금융회사 또는 전자금융업자가 지급인으로부터 서면(금융위원회가 정하여 고시하는 전자문서를 포함한다. 이하 이 조에서 같다) 또는 녹취 등 금융위원회가 정하는 방법으로 출금 동의를 받는 방법
2. 수취인이 지급인으로부터 서면 또는 녹취 등 금융위원회가 정하는 방법으로 출금 동의를 받아 금융회사 또는 전자금융업자에게 전달(전자적 방법으로 출금의 동의 내역을 전송하는 것을 포함한다)하는 방법

(2013.11.22 1호~2호개정)

제11조【전자화폐의 발행 및 환금방법】 ① 법 제16조제1항 단서에서 "대통령령이 정하는 금액"이라 함은 5만원을 말한다.

② 전자화폐발행자는 법 제16조제1항·제2항 및 제4항에 따라 전자화폐를 발행하거나 현금 또는 예금과 교환하는 경우에는 그 전자화폐발행자의 중앙전산시스템을 경유하여야 하며, 다음 각 호의 사항을 기록·관리하여야 한다. 다만, 법 제16조제1항 단서에 따른 전자화폐의 경우에는 전자화폐발행자의 중앙전산시스템을 경유하지 아니할 수 있으며, 제2호의 사항을 기록·관리하지 아니할 수 있다.
1. 전자화폐의 발행 또는 교환의 일시와 금액
2. 전자화폐의 발행신청인 또는 교환신청인
3. 전자화폐 접근매체의 식별번호
4. 그 밖에 전자화폐의 발행 또는 교환에 관한 사항

③ 전자화폐발행자는 전자화폐보유자가 전자화폐를 현금 또는 예금으로 교환하여 줄 것을 요청하는 경우에는 이를 발행하는 모든 장소에서 그 교환에 응하여야 한다. 다만, 법 제16조제1항 단서에 따른 전자화폐의 경우 교환의 편의성을 해치지 아니하는 범위에서 그 이용자에게 교환장소를 별도로 정하여 알린 경우에는 그 장소에서만 교환에 응할 수 있다.

④ 전자화폐발행자는 전자화폐보유자가 교환을 요구하면 교환요구금액 전부를 즉시 현금으로 지급하거나 전자화폐보유자의 예금계좌로 지급하여야 한다. 다만, 전자화폐의 파손 등으로 인하여 교환요구금액을 확인할 수 없으면 교환을 요구받은 날부터 15일 이내에 해당 전자화폐가맹점의 대금청구와 이에 따른 결제내역 등을 확인한 후 즉시 그 금액을 지급하여야 한다.

제11조의2【정보기술부문 계획수립의 대상 금융회사 등】 ① 법 제21조제4항에서 "대통령령으로 정하는 금융회사 및 전자금융업자"란 다음 각 호의 자를 말한다.
1. 법 제2조제3호가목·나목·마목의 금융회사
2. 전자금융업자

② 법 제21조제4항에 따른 정보기술부문에 대한 계획에는 다음 각 호의 사항이 포함되어야 한다.
1. 정보기술부문의 추진목표 및 추진전략
2. 정보기술부문의 직전 사업연도 추진실적 및 해당 사업연도 추진계획
3. 정보기술부문의 조직 등 운영 현황
4. 정보기술부문의 직전 사업연도 및 해당 사업연도 예산
5. 그 밖에 안전한 전자금융거래를 위하여 정보기술부문에 필요한 사항으로서 금융위원회가 정하여 고시하는 사항

③ 법 제21조제4항에 따른 정보기술부문에 대한 계획은 매 사업연도 초일(初日)부터 3개월 이내에 금융위원회에 제출하여야 한다.

④ 제2항에 따라 정보기술부문에 대한 계획에 포함되어야 하는 사항의 세부내용이나 제출방법 등에 관하여 필요한 사항은 금융위원회가 정하여 고시한다.

(2013.11.22 본조신설)

제11조의3【정보보호최고책임자 지정대상 금융회사 등】 ① 법 제21조의2제2항에서 "대통령령으로 정하는 금융회사 또는 전자금융업자"란 직전 사업연도 말을 기준으로 총자산이 2조원 이상이고, 상시 종업원 수가 300명 이상인 금융기관 또는 전자금융업자를 말한다. 이 경우 상시 종업원 수의 산정방식은 금융위원회가 정하여 고시한다.(2013.11.22 본항개정)

② 법 제21조의2제3항에서 "대통령령으로 정하는 금융회사 또는 전자금융업자"란 직전 사업연도 말을 기준으로 총자산이 10조원 이상이고, 상시 종업원 수가 1,000명 이상인 금융회사를 말한다. 이 경우 상시 종업원 수의 산정방식은 제1항 후단을 준용한다.(2015.4.14 본항신설)

③ 법 제21조의2제4항제5호에서 "대통령령으로 정하는 사항"이란 다음 각 호의 사항을 말한다.(2015.4.14 본문개정)
1. 전자금융업무 및 그 기반이 되는 정보기술부문 보안을 위한 자체심의에 관한 사항
2. 정보기술부문 보안에 관한 임직원 교육에 관한 사항

(2013.11.22 본항신설)

④ 법 제21조의2제5항에 따른 정보보호최고책임자의 자격요건은 별표1과 같다.(2015.4.14 본항개정)

(2013.11.22 본조제목개정)

제11조의4【전자금융기반시설 취약점 분석·평가의 내용】 법 제21조의3제1항제4호에서 "대통령령으로 정하는 사항"이란 다음 각 호의 사항을 말한다.
1. 정보기술부문과 연계된 전자금융보조업자의 정보처리시스템 등에 관한 사항
2. 그 밖에 전자금융거래의 안정성과 신뢰성을 확보하기 위하여 필요한 사항으로서 금융위원회가 정하여 고시하는 사항

(2013.11.22 본조신설)

제11조의5【전자금융기반시설 취약점 분석·평가의 절차 및 방법 등】 ① 금융회사 및 전자금융업자는 법 제21조의3제1항에 따라 전자금융기반시설의 취약점 분석·평가를 하려는 경우에는 자체전담반을 구성하여 실시하거나 전문성을 갖춘 외부 기관에 의뢰하여 실시하여야 한다. 이 경우 자체전담반의 구성기준과 의뢰할 수 있는 외부 기관의 기준은 금융위원회가 정하여 고시한다.

② 법 제21조의3제1항에 따른 전자금융기반시설의 취약점 분석·평가는 사업연도마다 1회 이상 하여야 한다. 다만, 다음 각 호의 어느 하나에 해당하는 경우에는 지체 없이 취약점 분석·평가를 하여야 한다.
1. 법 제21조의5제1항에 따른 침해사고가 발생하여 그 피해 및 피해 확산을 방지하기 위한 긴급한 조치가 필요한 경우
2. 정보처리시스템이나 인터넷 홈페이지 구축 등 정보기술부문 관련 사업을 실시하였거나 정보기술부문의 기능개선·변경을 수행한 경우

③ 금융회사 및 전자금융업자는 법 제21조의3제1항에 따라 전자금융기반시설의 취약점 분석·평가를 하였을 때에는 다음 각 호의 사항이 포함된 결과보고 및 보완조치 이행계획서를 그 취약점 분석·평가 종료 후 30일 이내에 금융위원회에 제출하여야 한다.
1. 취약점 분석·평가의 사유, 대상, 기간 등 실시개요
2. 취약점 분석·평가의 세부 수행방법
3. 취약점 분석·평가 결과
4. 취약점 분석·평가 결과에 따른 필요한 보완조치의 이행계획
5. 그 밖에 취약점 분석·평가의 적정성을 확보하기 위하여 필요한 사항으로서 금융위원회가 정하여 고시하는 사항

④ 제1항부터 제3항까지의 규정에도 불구하고 금융위원회는 전자금융거래의 빈도, 총자산 및 상시 종업원 수 등을 고려하여 금융위원회가 정하여 고시하는 기준에 미달하는 금융회사 및 전자금융업자에 대하여 다음 각 호의 사항을 완화하여 적용할 수 있는 기준을 정하여 고시할 수 있다.
1. 제1항에 따른 취약점 분석·평가의 방법
2. 제2항 각 호 외의 부분 본문에 따른 취약점 분석·평가의 실시 주기
3. 제3항에 따른 결과보고 및 보완조치 이행계획서의 제출 시기 및 제출 시 포함되어야 하는 사항

(2013.11.22 본조신설)

제11조의6【침해사고 대응을 위한 금융위원회의 업무 등】 ① 법 제21조의6제1항제4호에서 "대통령령으로 정하는 사항"이란 다음 각 호의 사항을 말한다.
1. 침해사고 대응을 총괄·관리하는 침해사고 대책본부의 운영 및 침해사고 긴급대응을 위한 침해사고 대응기관의 지정에 관한 사항
2. 침해사고 대응을 위한 비상계획의 수립 및 훈련 등에 관한 사항
3. 침해사고 조사 및 관련 금융회사·전자금융업자·전자금융보조업자 등에 대한 정보제공 등 요청에 관한 사항
4. 금융회사 및 전자금융업자가 사용하고 있는 소프트웨어 중 침해사고와 관련 있는 소프트웨어를 제작한 자 및 관계 행정기관 등에 대한 보안취약점 통보 등에 관한 사항

② 금융위원회는 법 제21조의6제1항에 따른 업무를 수행하기 위하여 필요한 경우 관계 행정기관 등에 관련 정보제공 등의 협조를 요청할 수 있다.

(2013.11.22 본조신설)

제12조【전자금융거래기록의 보존기간·보존방법 및 파기 절차·방법 등】 ① 법 제22조제1항 및 제3항에 따른 전자금융거래기록의 종류별 보존기간은 다음 각 호와 같다.(2015.4.14 본문개정)
1. 다음 각 목의 전자금융거래기록은 5년간 보존하여야 한다.(2015.4.14 본문개정)
   가. 제7조제4항제1호 내지 제5호에 관한 사항
   나. 해당 전자금융거래와 관련한 전자적 장치의 접속기록
   다. 전자금융거래의 신청 및 조건의 변경에 관한 사항
   라. 건당 거래금액이 1만원을 초과하는 전자금융거래에 관한 기록
2. 다음 각 목의 전자금융거래기록은 1년간 보존하여야 한다.(2015.4.14 본문개정)
   가. 건당 거래금액이 1만원 이하인 전자금융거래에 관한 기록
   나. 전자지급수단의 이용과 관련된 거래승인에 관한 기록
   다. 그 밖에 금융위원회가 정하여 고시하는 전자금융거래기록(2015.4.14 본목개정)

② 금융회사 또는 전자금융업자와 동일한 전자금융거래기록을 생성·보존하는 전자금융보조업자가 제1항제1호 각 목의 전자금융거래기록을 보존하여야 하는 기간은 같은 호에도 불구하고 3년으로 한다.(2015.4.14 본항개정)

③ 금융회사등은 제1항 및 제2항의 전자금융거래기록을 서면, 마이크로필름, 디스크 또는 자기테이프, 그 밖의 전산정보처리조직을 이용한 방법으로 보존해야 한다.

(2020.11.17 본항개정)

④ 금융회사등은 제3항에 따라 전자금융거래기록을 디스크, 자기테이프, 그 밖의 전산정보처리조직을 이용하여 보존하는 경우에는 「전자문서 및 전자거래 기본법」 제5조제1항 각 호의 요건을 모두 갖추어야 한다.(2015.4.14 본항개정)

⑤ 금융회사등이 법 제22조제2항에 따라 전자금융거래기록을 파기할 때 그 절차와 방법에 관하여는 「개인정보 보호법 시행령」 제16조를 준용한다.(2015.4.14 본항신설)

⑥ 법 제22조제3항에 따른 상거래관계가 종료된 날의 기준은 금융회사등과 거래상대방 간의 상거래관계에 관한 법령, 약관 또는 합의 등에 따라 계약기간의 만료, 해지권·해제권·취소권의 행사, 소멸시효의 완성, 변제 등으로 인한 채권의 소멸, 그 밖의 사유로 종료된 날을 그 기준으로 한다.(2015.4.14 본항신설)

(2015.4.14 본조제목개정)

제13조【이용한도 등】 ① 법 제23조제1항제1호에 따른 전자화폐의 발행권면 최고한도는 200만원으로, 선불전자지급수단의 발행권면 최고한도는 50만원으로 한다. 다만, 다음 각 호에 따라 발행하는 선불전자지급수단의 발행권면 최고한도는 다음 각 호의 구분에 따른 금액으로 한다.
1. 「재난 및 안전관리 기본법」 제3조제1호의 재난에 대응하여 국가 또는 지방자치단체가 수급자, 사용처 및 사용기간 등을 정하여 지원금을 지급하기 위해 발행하는 경우 : 300만원
   <2020.9.30까지 유효>
2. 제1호 외의 경우로서 「금융실명거래 및 비밀보장에 관한 법률」 제2조제4호에 따른 실지명의로 발행하는 경우 : 200만원

(2020.4.28 본항개정)

② 법 제23조제1항제2호에 따른 전자자금이체의 이용한도는 100억원의 범위에서 금융위원회가 정하여 고시한다. 다만, 금융회사 또는 전자금융업자와 이용자 간에 별도의 계약이 있는 경우에는 그 이용한도를 달리 정할 수 있다.

③ 법 제23조제1항제3호에 따른 직불전자지급수단의 이용한도는 1억원의 범위에서 금융위원회가 정하여 고시한다. 다만, 금융기관 또는 전자금융업자와 이용자 간에 별도의 계약이 있는 경우에는 그 이용한도를 달리 정할 수 있다.

④ 법 제23조제2항에 따른 전자적 장치로부터의 현금 출금 최고한도는 1천만원의 범위에서 금융위원회가 정하여 고시한다. 다만, 금융회사 또는 전자금융업자와 이용자 간에 별도의 계약이 있는 경우에는 그 최고한도를 달리 정할 수 있다.(2013.11.22 본항신설)

⑤ 제2항 본문 및 제3항 본문에 따른 이용한도와 제4항 본문에 따른 최고한도의 구체적인 사항은 전자자금이체의 방법, 이용횟수나 이용기간 등을 고려하여 금융위원회가 정하여 고시한다.

(2013.11.22 본조개정)

제14조【분쟁처리 및 분쟁조정 신청절차 등】 ① 금융회사 또는 전자금융업자는 법 제27조제1항에 따라 손해배상 등의 분쟁처리를 위한 분쟁처리책임자 및 담당자를 지정하고, 그 연락처(전화번호·팩스번호·전자우편주소 등을 말한다)를 인터넷 등을 통하여 이용자에게 알려야 한다.(2021.1.5 본항개정)

② 이용자는 법 제27조제2항에 따라 손해배상 등의 분쟁처리를 요구하는 경우에는 서면(전자문서를 포함한다) 또는 전자적 장치를 이용하여 금융회사 또는 전자금융업자의 본점이나 영업점에 분쟁의 처리를 신청할 수 있다. 이 경우 금융회사 또는 전자금융업자는 15일 이내에 손해배상 등 분쟁처리에 대한 조사 또는 처리 결과를 이용자에게 알려야 한다.(2013.11.22 본항개정)

③ 이용자는 법 제27조제2항에 따라 「금융위원회의 설치 등에 관한 법률」에 따른 금융감독원의 금융분쟁조정위원회 또는 「소비자기본법」에 따른 한국소비자원의 소비자분쟁조정위원회에 분쟁조정을 신청할 수 있다.

(2008.2.29 본항개정)

제15조【허가 또는 등록면제 등】 ① 법 제28조제1항 단서에서 "대통령령이 정하는 금융회사"란 다음 각 호의 어느 하나에 해당하는 금융회사를 말한다.(2013.11.22 본문개정)
1. 법 제2조제3호다목 및 라목에 따른 금융회사
   (2013.11.22 본호개정)
2. 「금융위원회의 설치 등에 관한 법률」 제38조제4호·제5호·제7호 및 제8호에 따른 기관(2013.11.22 본호개정)
3. 「여신전문금융업법」에 따른 여신전문금융회사 중 신용카드사업자
4. 제2조제1호, 제1호의2, 제2호부터 제6호까지의 기관
   (2009.5.29 본호개정)
5. (2009.5.29 삭제)

② 법 제28조제2항 각 호 외의 부분 단서에서 "대통령령이 정하는 금융기관"이란 다음 각 호의 어느 하나에 해당하는 금융회사를 말한다.
1. 제1항 각 호의 어느 하나에 해당하는 금융회사. 다만, 제1항제3호의 자는 법 제28조제2항제1호의 전자자금이체업무를 금융위원회에 등록하지 아니하고 행할 수 있는 금융회사에서 제외한다.(2013.11.22 본호개정)
2. 다음 각 목의 어느 하나에 해당하는 금융회사(법 제28조제2항제1호에 따른 전자자금이체업무로 제한한다)
   (2013.11.22 본문개정)

가. 「자본시장과 금융투자업에 관한 법률」에 따른 투자매매업자·투자중개업자 및 증권금융회사(2008.7.29 본목개정)
나. (2008.7.29 삭제)
다. 「자본시장과 금융투자업에 관한 법률」에 따른 종합금융회사(2008.7.29 본목개정)
라. 「보험업법」에 따른 보험회사(2008.7.9 본목신설)
마. 「온라인투자연계금융업 및 이용자 보호에 관한 법률」 제2조제3호에 따른 온라인투자연계금융업자(2020.8.25 본목신설)
③ 법 제28조제2항제5호에서 "대통령령이 정하는 전자금융업무"라 함은 전자금융거래와 관련하여 자금을 수수(授受)하거나 수수를 대행하는 전자금융업무로서 다음 각 호의 어느 하나에 해당하는 업무를 말한다.
1. 「전자상거래 등에서의 소비자보호에 관한 법률」 제13조제2항제10호에 따라 결제대금을 예치받는 업무
2. 수취인을 대행하여 지급인이 수취인에게 지급하여야 할 자금의 내역을 전자적인 방법으로 지급인에게 고지하고, 자금을 직접 수수하며 그 정산을 대행하는 업무
④ 법 제28조제3항제1호가목에서 "대통령령이 정하는 기준"이라 함은 다음 각 호의 어느 하나에 해당하는 것을 말한다.
1. 가맹점이 1개의 기초자치단체(「지방자치법」 제2조제1항제2호에 따른 지방자치단체를 말하며, 제주특별자치도의 경우에는 행정시를 말한다) 안에만 위치할 것
2. 가맹점 수가 10개 이하일 것
3. 가맹점이 1개의 건축물(「건축법」 제2조제1항제2호에 따른 건축물을 말한다) 안에만 위치할 것
4. 가맹점이 1개의 사업장(「부가가치세법 시행령」 제8조 및 제10조에 따른 사업장을 말한다) 안에만 위치할 것(2013.6.28 본호개정)
⑤ 법 제28조제3항제1호나목에서 "대통령령이 정하는 금액"이라 함은 30억원을 말한다. 이 경우 법 제28조제3항제1호나목에 따른 총발행잔액의 구체적인 산정방법은 금융위원회가 정하여 고시한다.(2008.2.29 후단개정)
⑥ 법 제28조제3항제1호다목에서 "대통령령이 정하는 방법에 따라 상환보증보험 등에 가입한 경우"라 함은 선불전자지급수단의 미상환잔액 전부에 대하여 제22조제2항 각 호의 어느 하나에 해당하는 금융회사로부터 지급보증을 받거나 상환보증보험(이에 상당하는 공제를 포함한다)에 가입한 경우를 말한다.(2013.11.22 본항개정)
⑦ 법 제28조제3항제2호에서 "대통령령이 정하는 전자지급결제대행에 관한 업무"라 함은 전자금융거래와 관련된 자금을 수수하거나 수수를 대행하지 아니하고 전자지급거래에 관한 정보만을 단순히 전달하는 업무를 말한다.
⑧ 법 제28조제4항 단서에서 "대통령령이 정하는 금융사고가 발생한 경우"라 함은 다음 각 호의 어느 하나에 해당하는 경우를 말한다.
1. 해당 법인 임직원의 위법하거나 부당한 행위로 이용자 또는 가맹점에 대한 환급 또는 정산이 사실상 불가능하게 된 경우
2. 해당 전자금융업무와 관련된 접근매체의 위조 또는 변조로 이용자 또는 가맹점에 손해가 발생한 경우
3. 해당 지급수단의 관리를 위한 정보처리시스템의 장애로 이용자 또는 가맹점에 손해가 발생한 경우
4. 해당 법인의 임직원 또는 가맹점이 이용자의 전자금융거래정보를 노출하거나 그 밖에 다른 법령에 따른 개인정보 또는 신용정보보호 관련 규정을 위반한 것이 명백한 경우

제16조 【전자채권 등록에 관한 절차와 방법 등】 ① 전자채권을 전자채권관리기관(법 제29조제1항에 따라 전자채권의 등록 및 관리업무를 행하기 위하여 등록한 자를 말한다. 이하 이 조에서 같다)에 등록하려는 자는 미리 금융회사와 전자채권의 발행 및 채무의 이행을 위한 계좌개설약정을 체결하여야 한다.(2013.11.22 본항개정)
② 전자채권관리기관은 금융회사를 거쳐 전자채권의 등록을 신청받은 때에는 그 전자채권의 발행 내역의 이상유무를 확인하고, 이상이 없으면 전자채권등록원장에 등록한 후 이를 채권자에게 통지하여야 한다.(2013.11.22 본항개정)
③ 전자채권관리기관이 제2항에 따라 전자채권을 등록하는 경우 그 등록사항은 다음 각 호와 같다.
1. 전자채권의 채권번호와 종류(보증채권인지 무보증채권인지 여부)
2. 채권자 및 채무자와 그 거래 금융회사에 관한 사항(2013.11.22 본호개정)
3. 전자채권의 발행일 및 변제기
4. 전자채권의 발행한도 및 발행금액
5. 그 밖에 전자채권의 등록에 필요한 사항
④ 전자채권관리기관은 등록된 전자채권에 대하여 다음 각 호의 사항을 관리하여야 한다.
1. 전자채권의 변제기와 관련된 사항의 채무자에 대한 통지
2. 전자채권의 변제내역 및 미변제내역
3. 전자채권의 양도내역
4. 금융회사 간 전자채권 관련 결제내역(2013.11.22 본호개정)
5. 전자채권 관련 거래의 정지에 관한 사항
6. 그 밖에 전자채권의 관리와 관련된 사항

제17조 【자본금 요건】 ① 법 제30조제2항 각 호 외의 부분에서 "대통령령으로 정하는 금액"이란 다음 각 호의 구분에 따른 금액을 말한다.(2013.11.22 본문개정)
1. 법 제28조제2항제1호의 전자자금이체업무의 경우 : 30억원
2. 법 제28조제2항제2호의 직불전자지급수단의 발행 및 관리의 경우 : 20억원
3. 법 제28조제2항제3호의 선불전자지급수단의 발행 및 관리의 경우 : 20억원
② 법 제30조제3항제1호에서 "대통령령으로 정하는 금액"이란 다음 각 호의 구분에 따른 금액을 말한다.
1. 법 제28조제2항제4호의 전자지급결제대행에 관한 업무의 경우 : 3억원
2. 제15조제3항제1호의 업무의 경우 : 3억원
3. 제15조제3항제2호의 업무의 경우 : 3억원
(2016.6.28 본항신설)
③ 법 제30조제3항제2호에서 "대통령령으로 정하는 금액"이란 다음 각 호의 구분에 따른 금액을 말한다.(2016.6.28 본문개정)
1. 법 제28조제2항제4호의 전자지급결제대행에 관한 업무의 경우 : 10억원
2. 제15조제3항제1호의 업무의 경우 : 10억원
3. 제15조제3항제2호의 업무의 경우 : 5억원
4. 법 제29조의 전자채권의 등록 및 관리업무의 경우 : 30억원
④ 법 제28조 및 법 제29조에 따른 업무를 둘 이상 영위하려는 경우에는 제1항부터 제3항까지의 구분에 따른 금액의 합계액을 자본금·출자총액 또는 기본재산으로 한다. 다만, 그 합계액이 50억원 이상이면 50억원으로 한다.(2016.6.28 본항개정)

제18조 【재무건전성 기준 등】 ① 법 제28조 및 법 제29조에 따른 허가를 받거나 등록을 하려는 자(이하 이 조에서 "신청인"이라 한다)가 「금융위원회의 설치 등에 관한 법률」 제38조에 규정된 금융감독원의 검사대상기관인 경우에는 그 기관의 설립·운영 등에 관한 법령에서 정하는 경영건전성에 관한 기준 등을 감안하여 금융위원회가 정하여 고시하는 재무건전성 기준에 적합하여야 한다.(2008.2.29 본항개정)
② 신청인이 제1항의 검사대상기관이 아닌 경우에는 신청인[신청인의 대주주가 「독점규제 및 공정거래에 관한 법률」 제2조제11호에 따른 기업집단(같은 법 시행령 제38조제1항제1호 및 제2호에 해당하는 기업집단은 제외한다)에 속하는 기업인 경우에는 금융업이나 보험업을 경영하는 회사를 제외한 그 기업집단을 포함한다]의 자기자본·출자총액 또는 기본재산에 대한 부채총액의 비율이 100분의 200의 범위 안에서 금융위원회가 정하여 고시하는 비율 이내이어야 한다. 다만, 다음 각 호의 요건을 모두 갖춘 신청인에 대하여는 금융위원회가 그 비율을 달리 정하여 고시할 수 있다.(2021.12.28 본문개정)
1. 정부 또는 광역지방자치단체(이하 "정부등"이라 한다)가 자본금·출자총액 또는 기본재산의 100분의 10 이상을 소유하고 있거나 출자하고 있을 것
2. 신청인의 사업 수행이 곤란하게 되는 경우 정부등이 해당 사업을 인수할 것을 확약하는 등 그 사업의 연속성에 대하여 정부등이 보장하고 있을 것
3. 금융위원회가 정하여 고시하는 요건에 맞추어 재무구조개선계획을 제출할 것(2008.2.29 본호개정)
③ 법 제31조제1항제5호에서 "대통령령이 정하는 주요출자자"라 함은 다음 각 호와 같다.
1. 의결권 있는 발행주식총수 또는 출자총액을 기준으로 본인 및 그와 「금융회사의 지배구조에 관한 법률 시행령」 제3조제1항 각 호의 어느 하나에 해당하는 관계에 있는 자(이하 "특수관계인"이라 한다)가 소유하는 주식의 수 또는 출자지분이 가장 많은 경우의 그 본인(이하 "최대주주"라 한다). 다만, 최대주주가 법인인 경우에는 다음 각 목의 어느 하나에 해당하는 자를 포함한다.(2017.9.5 본문개정)
가. 최대주주인 법인의 최대주주(최대주주인 법인을 사실상 지배하는 자가 그 법인의 최대주주와 다른 경우에는 그 사실상 지배하는 자를 포함한다)
나. 최대주주인 법인의 대표자
2. 최대주주의 특수관계인인 주주 또는 출자자
3. 누구의 명의로 하든지 자기의 계산으로 소유한 주식 또는 출자지분의 합계액이 의결권 있는 발행주식총수 또는 출자총액의 100분의 10 이상에 해당하는 자
4. 임원의 임면(任免) 등 해당 법인의 주요 경영사항에 대하여 사실상 영향력을 행사하고 있는 주주 또는 출자자

제19조 【대주주인 출자자 등】 ① 법 제32조제1호에서 "대통령령이 정하는 출자자"란 제18조제3항에 따른 주요출자자를 말한다.(2008.7.9 본항개정)
② 법 제32조제5호에서 "대통령령이 정하는 금융관계법령"이라 함은 별표1의2 각 호의 법령을 말한다.(2012.5.7 본항개정)

제20조 【허가와 등록의 신청방법 등】 ① 법 제28조 및 법 제29조에 따라 허가를 받거나 등록을 하려는 자는 다음 각 호의 사항을 기재한 허가 또는 등록신청서를 금융위원회에 제출하여야 한다.(2008.2.29 본문개정)
1. 상호 및 주된 사무소의 소재지
2. 임원에 관한 사항
3. 자본금 및 출자자(금융위원회가 정하여 고시하는 소액출자자를 제외한다)의 성명 또는 명칭과 그 지분율(2008.2.29 본호개정)
4. 영위하려는 전자금융업무
5. 전자금융업무 외의 사업을 영위하고 있거나 영위하려는 자의 경우에는 해당 사업의 내용(허가의 경우에 한한다)
② 제1항에 따른 신청서에는 다음 각 호의 서류를 첨부해야 한다. 이 경우 금융위원회는 「전자정부법」 제36조제1항에 따른 행정정보의 공동이용을 통하여 법인 등기사항증명서(신청인이 법인인 경우로 한정한다)를 확인해야 한다.(2021.1.5 본문개정)
1. 정관 및 자본금 납입 증명서류
2. 재무제표와 그 부속서류
3. 주주의 구성(허가의 경우만 해당한다)
4. 업무개시 후 3년 간의 사업계획서(추정 재무제표 및 예산수입·지출 계산서를 포함한다)(2021.1.5 본호개정)
5. 전문인력 및 시설현황을 기재한 서류
6. 영업현황(허가의 경우만 해당한다)을 기재한 서류
7. (2012.5.7 삭제)
8. 그 밖에 허가 또는 등록에 필요한 서류로서 금융위원회가 정하여 고시하는 서류
(2008.2.29 본항개정)
③ 금융위원회는 제1항에 따라 허가신청서를 제출받은 날부터 3월 이내에 허가 여부를 결정하고, 신청인에게 통보하여야 한다.(2008.2.29 본항개정)
④ 금융위원회는 제1항에 따라 등록신청서를 제출한 자가 법 제31조의 등록요건을 갖춘 경우에는 지체 없이 등록을 하고, 그 사실을 신청인에게 통보하여야 한다.(2008.2.29 본항개정)
⑤ 금융위원회는 제1항 및 제2항에 따라 제출받은 서류에 흠결이 있는 경우에는 서류를 제출받은 날부터 10일 이내에 보완할 것을 요청할 수 있다. 이 경우 보완에 걸린 기간은 제3항에 따른 기간에 산입하지 아니한다.(2008.2.29 전단개정)
⑥ 금융위원회는 제1항에 따른 신청서류의 서식을 정하여 고시한다.(2012.5.7 본항신설)

제21조 【등록말소신청】 ① 법 제34조제1항에 따라 등록의 말소를 신청하려는 자는 금융위원회가 정하여 고시하는 바에 따라 이용자 보호조치를 마친 후, 다음 각 호의 사항을 기재한 등록말소신청서를 금융위원회에 제출하여야 한다.(2008.2.29 본문개정)
1. 상호 및 주된 사무소 소재지
2. 등록을 말소하려는 전자금융업무의 종류
3. 등록말소의 사유
4. 등록말소에 따른 이용자 보호조치내역
② 금융위원회는 제1항에 따른 등록말소신청서류의 서식을 정하여 고시한다.(2012.5.7 본항신설)

제22조 【겸업가능 업무 등】 ① 법 제35조제1항제2호에서 "대통령령이 정하는 업무"라 함은 다음 각 호의 어느 하나에 해당하는 업무를 말한다.
1. 전자금융업과 관련된 정보처리시스템 및 소프트웨어의 개발·판매·대여
2. 금융회사 및 전자금융업자를 위한 전자금융업무의 일부 대행(2013.11.22 본호개정)
3. 그 밖에 법 제28조 또는 법 제29조에 따른 허가를 받거나 등록을 한 업무를 수행하기 위하여 필요한 업무로서 금융위원회가 정하여 고시하는 업무(2008.2.29 본호개정)
② 법 제35조제2항에서 "대통령령이 정하는 금융회사"란 다음 각 호의 어느 하나에 해당하는 금융회사를 말한다.(2013.11.22 본문개정)
1. 「금융위원회의 설치 등에 관한 법률」 제38조제1호·제2호(종합금융회사만 해당한다)·제7호 및 제8호의 기관(2013.11.22 본호개정)
2. 「신용보증기금법」에 따른 신용보증기금
3. 「기술보증기금법」에 따른 기술보증기금(2016.5.31 본호개정)
4. 「보험업법」에 따른 보험회사
5. 제2조제1호 및 제2호의 금융회사(2013.11.22 본호개정)

제23조 【전자금융업 가맹점계약 해지 사유】 법 제38조제4항에서 "대통령령이 정하는 사유"라 함은 다음 각 호의 어느 하나에 해당하는 경우를 말한다.
1. 가맹점이 법 제26조 또는 법 제37조제3항제3호 내지 제5호를 위반하여 형을 선고받은 경우
2. 가맹점이 법 제37조제1항·제2항 또는 제3항제3호 내지 제5호를 위반한 사실에 관하여 관계 행정기관으로부터 서면통보가 있는 경우
3. 관계 행정기관으로부터 해당 가맹점의 폐업사실을 서면으로 통보받은 경우

제24조 【경영지도의 기준】 법 제42조제2항에 따른 경영지도의 기준에는 다음 각 호의 사항이 포함되어야 한다.
1. 법 제28조 또는 법 제29조에 따른 허가 또는 등록의 요건인 자본금의 유지에 관한 사항
2. 자기자본의 보유기준에 관한 사항
3. 유동성부채에 대한 유동성자산의 보유기준에 관한 사항
4. 총자산 대비 투자위험성이 낮은 자산의 비율에 관한 사항(선불전자지급수단의 발행 및 전자화폐발행자의 경우는 제외한다)(2012.5.7 본호개정)

5. 미상환잔액 대비 자기자본의 비율에 관한 사항(선불전자지급수단의 발행인 및 전자화폐발행자에 한한다)
제25조【합병·해산·폐업 등의 인가】 ① 금융위원회는 법 제45조제1항에 따라 합병·해산 또는 폐지의 인가를 하는 경우에는 다음 각 호의 사항을 고려하여야 한다.(2008.2.29 본문개정)
1. 법 제45조제1항제1호에 따른 합병의 경우
가. 전자금융산업의 효율화와 신용질서의 유지에 지장을 주지 아니할 것
나. 합병에 따른 영업계획 및 조직운영계획이 적정할 것
다. 합병으로 인하여 설립되는 회사 또는 합병 후 존속하는 회사 등이 법 제30조 내지 제32조를 위반하지 아니할 것
라. 「상법」과 「자본시장과 금융투자업에 관한 법률」, 그 밖의 관계 법령에 따른 절차이행에 하자가 없을 것(2008.7.29 본목개정)
2. 법 제45조제1항제2호에 따른 해산 또는 폐지의 경우
가. 해당 금융회사의 경영 및 재무상태 등에 비추어 부득이한 사정이 있을 것(2013.11.22 본목개정)
나. 전자화폐 이용자 및 가맹점 보호와 신용질서유지에 지장을 주지 아니할 것
다. 「상법」과 「자본시장과 금융투자업에 관한 법률」, 그 밖에 관계 법령에 따른 절차이행에 하자가 없을 것(2008.7.29 본목개정)
② 법 제45조제1항제3호에 따른 영업의 전부 또는 일부의 양도 인가에 관하여는 제1항제1호를, 영업의 전부 또는 일부의 양도 인가에 관하여는 제1항제2호를 각각 준용한다.
③ 금융위원회는 법 제45조제1항에 따른 인가의 세부요건, 신청서류, 그 밖에 필요한 사항을 정하여 고시할 수 있다.(2008.2.29 본항개정)
제26조【업무정지 및 과징금부과의 기준 등】 ① 법 제46조제1항에 따른 과징금의 부과기준은 별표1의3과 같다.(2017.10.17 본항신설)
② 법 제43조제2항에 따라 업무정지를 명하거나 법 제46조제2항에 따라 과징금을 부과할 수 있는 위반행위의 종별에 따른 업무정지의 기간 및 과징금의 금액은 별표2와 같다.
③ 금융위원회는 위반행위의 정도 및 위반횟수 등을 참작하여 제2항에 따른 업무정지의 기간 또는 업무정지명령에 갈음하여 부과하는 과징금의 금액의 2분의 1의 범위 안에서 가중하거나 감경할 수 있다. 다만, 가중하는 경우에도 업무정지의 기간은 6개월을, 업무정지명령에 갈음하여 부과하는 과징금의 총액은 5천만원을 초과할 수 없다.
1.~2. (2017.10.17 삭제)
(2017.10.17 본조개정)
제27조【과징금의 부과 및 납부】 ① 금융위원회는 법 제46조제1항 또는 제2항에 따라 과징금을 부과하려는 때에는 그 위반행위의 종별과 해당 과징금의 금액 등을 명시하여 납부할 것을 서면으로 통지하여야 한다.(2015.4.14 본항개정)
② 제1항에 따라 통지를 받은 자는 20일 이내에 과징금을 금융위원회가 정하여 고시하는 수납기관에 납부해야 한다.(2023.12.12 본항개정)
③ 제2항에 따라 과징금을 납부받은 수납기관은 영수증을 납부자에게 교부하고, 지체 없이 수납한 사실을 금융위원회에 통보하여야 한다.(2008.2.29 본항개정)
④ (2021.9.24 삭제)
제28조【체납처분의 위탁】 ① 금융위원회는 법 제46조제5항에 따라 체납처분에 관한 업무를 국세청장에게 위탁하는 때에는 다음 각 호의 서류를 첨부한 서면으로 하여야 한다.(2015.4.14 본문개정)
1. 금융위원회 의결서(2008.2.29 본호개정)
2. 세입징수결의서 및 고지서
3. 납부독촉장
② 국세청장은 제1항에 따라 위탁받은 체납처분 업무를 종료한 경우에는 그 업무 종료 일시, 그 밖에 필요한 사항을 종료일부터 30일 이내에 금융위원회에 서면으로 통보하여야 한다.(2008.2.29 본항개정)
제28조의2【환급가산금의 이율】 법 제46조의2제3항에서 "대통령령으로 정하는 가산금 이율"이란 은행(「은행법」에 따라 은행업의 인가를 받은 은행을 말한다)의 정기예금 이자율을 고려하여 금융위원회가 정하여 고시하는 이율을 말한다.(2013.11.22 본조신설)
제29조【통계조사의 대상과 방법 등】 법 제47조제1항에 따라 한국은행이 실시하는 전자금융업 및 전자금융거래에 관한 통계조사는 다음 각 호의 사항을 대상으로 한다.
1. 전자금융업무를 영위하거나 이를 보조하는 기관 또는 단체나 사업자의 자산·부채 및 자본금, 전자금융거래에 관련된 매출·비용 및 수익에 관한 사항
2. 전자금융거래를 처리하는 정보처리시스템 현황에 관한 사항
3. 전자지급수단의 발행 및 이용과 전자자금이체, 전자지급결제대행 및 전자채권거래 등 전자금융거래의 현황에 관한 사항
4. 그 밖에 전자금융업 및 전자금융거래에 관한 현황파악 또는 통화신용정책의 수행에 필요한 사항
제30조【권한의 위탁】 ① 금융위원회는 법 제48조에 따라 다음 각 호의 업무를 금융감독원장에게 위탁한다.(2008.2.29 본문개정)
1. 법 제21조제2항에 따른 인증방법에 관한 기준의 설정(2015.4.14 본호개정)
1의2. 법 제21조제4항에 따른 정보기술부문에 대한 계획의 접수(2016.6.28 본호신설)
1의3. 법 제21조의3제1항에 따른 취약점 분석·평가 결과의 접수(2016.6.28 본호신설)
1의4. 법 제25조에 따른 약관의 제정 및 변경 보고의 접수, 약관 변경의 권고
2. 법 제28조·제29조·제33조 및 제34조에 따른 등록 및 등록 말소(2008.7.29 본호개정)
2의2. 법 제30조제4항에 따른 기준을 초과하는 경우 그 내용에 관한 신고의 접수(2016.6.28 본호신설)
2의3. 법 제33조제2항에 따른 허가·인가를 하기 위한 검토
2의4. 법 제33조의2제2항 및 제45조의2제2항에 따른 본허가·본인가의 요건을 충족할 수 있는지의 확인
2의5. 법 제33조의2제4항 및 제45조의2제4항에 따른 예비허가·예비인가의 조건 이행 여부 확인 및 본허가·본인가의 요건을 충족하는지의 확인
(2013.11.22 2호의3~2호의5신설)
3. 법 제40조에 따른 제휴, 위탁 또는 외부주문에 관한 계약에 대한 시정 또는 보완 지시(2013.11.22 본호개정)
4. 법 제42조제1항에 따른 업무 및 경영실적보고서의 제출방법 및 절차의 결정, 보고서의 접수(2012.5.7 본호개정)
5. 법 제42조제2항에 따른 경영지도기준의 구체적 산정방법의 설정(2012.5.7 본호신설)
② 금융감독원장은 제1항에 따라 위탁받은 업무의 처리결과를 금융위원회가 정하여 고시하는 바에 따라 금융위원회에 보고하여야 한다.(2008.2.29 본항개정)
제31조【민감정보 및 고유식별정보의 처리】 ① 금융위원회(제30조에 따라 금융위원회의 권한을 위탁받은 자를 포함한다)는 다음 각 호의 사무를 수행하기 위하여 불가피한 경우 「개인정보 보호법 시행령」 제18조제2호에 따른 범죄경력자료에 해당하는 정보, 같은 영 제19조제1호, 제2호 또는 제4호에 따른 주민등록번호, 여권번호 또는 외국인등록번호가 포함된 자료를 처리할 수 있다.
1. (2022.12.20 삭제)
2. 법 제28조, 제29조, 제33조에 따른 허가와 등록 등에 관한 사무
2의2. 법 제33조의2에 따른 예비허가에 관한 사무(2013.11.22 본호신설)
3. 법 제34조에 따른 등록의 말소에 관한 사무
4. 법 제39조제1항부터 제5항까지, 제40조에 따른 감독·검사 또는 자료제출 및 이에 따른 사후 조치 등에 관한 사무
5. 법 제39조제6항 및 제44조에 따른 조치, 청문 등에 관한 사무
6. 법 제41조제2항에 따른 공동검사에 관한 사무
7. 법 제42조에 따른 회계처리 구분 및 건전경영지도에 관한 사무
8. 법 제45조에 따른 인가에 관한 사무
9. 법 제45조의2에 따른 예비인가에 관한 사무(2013.11.22 본호신설)
② 금융감독원장 또는 한국소비자원(제1호의 사무만 해당한다)은 다음 각 호의 사무를 수행하기 위하여 불가피한 경우 제1항 각 호 외의 부분에 따른 개인정보가 포함된 자료를 처리할 수 있다.
1. 법 제27조에 따른 분쟁처리 및 분쟁조정에 관한 사무
2. 법 제39조제1항부터 제5항까지, 제40조에 따른 감독·검사 또는 자료제출 및 이에 따른 사후 조치 등에 관한 사무
3. 법 제39조제6항에 따른 조치에 관한 사무
③ 금융회사 또는 전자금융업자는 다음 각 호의 사무를 수행하기 위하여 불가피한 경우 「개인정보 보호법 시행령」 제19조제1호, 제2호 또는 제4호에 따른 주민등록번호, 여권번호 또는 외국인등록번호가 포함된 자료를 처리할 수 있다.
1. 법 제6조제2항에 따른 접근매체의 발급에 관한 사무
2. 법 제28조제2항제2호에 따른 직불전자지급수단의 발행에 관한 사무
3. 법 제28조제2항제3호에 따른 선불전자지급수단의 발행에 관한 사무
(2014.8.6 본항신설)
(2012.1.6 본조신설)
제32조 (2021.3.2 삭제)
제33조【과태료의 부과기준】 법 제51조제1항부터 제3항까지의 규정에 따른 과태료의 부과기준은 별표3과 같다.(2017.10.17 본조신설)

부　칙 (2013.11.22)

제1조【시행일】 이 영은 2013년 11월 23일부터 시행한다.
제2조【전자금융기반시설 취약점 분석·평가에 관한 적용례】 제11조의5제2항 각 호 외의 부분 본문의 개정규정은 이 영 시행 후 개시되는 사업연도부터 적용한다.
제3조【정보보호최고책임자의 자격에 관한 특례】 별표1 제3호나목의 개정규정에도 불구하고 이 영 시행 당시 조합·신용협동조합·지역금고의 장이나 그 장이 지정한 사람은 같은 개정규정에 따른 교육을 이수하지 아니하였어도 정보보호최고책임자의 자격을 가진다. 다만, 이 영 시행 후 1년 이내에 같은 개정규정에 따른 교육을 이수하여야 한다.
제4조【오류의 정정 통지 방법에 관한 경과조치】 이 영 시행 당시 법 제8조제2항 또는 제3항에 따라 오류의 정정 요구를 받았거나 오류가 있음을 안 경우에는 제7조의2의 개정규정에도 불구하고 종전의 규정에 따른다.

부　칙 (2017.10.17)

제1조【시행일】 이 영은 2017년 10월 19일부터 시행한다.
제2조【과징금의 부과기준에 관한 경과조치】 이 영 시행 전의 위반행위에 대하여 과징금의 부과기준을 적용할 때에는 제26조, 별표1의3 및 별표2의 개정규정에도 불구하고 종전의 제26조 및 별표2에 따른다.

부　칙 (2019.6.25)

제1조【시행일】 이 영은 2019년 9월 16일부터 시행한다.(이하 생략)

부　칙 (2020.4.28)

제1조【시행일】 이 영은 공포한 날부터 시행한다.
제2조【유효기간】 제13조제1항제1호의 개정규정은 2020년 9월 30일까지 효력을 가진다.
제3조【선불전자지급수단 사용에 관한 경과조치】 제13조제1항제1호의 개정규정에 따라 발행한 선불전자지급수단 소지자는 부칙 제2조의 유효기간이 지난 후에도 그 선불전자지급수단에 기록된 금액과 사용기간의 범위에서 사용할 수 있다.

부　칙 (2020.8.4)

제1조【시행일】 ① 이 영은 2020년 8월 5일부터 시행한다.(이하 생략)

부　칙 (2020.8.25)

제1조【시행일】 ① 이 영은 2020년 8월 27일부터 시행한다.(이하 생략)

부　칙 (2020.11.17)

이 영은 2020년 11월 20일부터 시행한다.

부　칙 (2021.1.5)

이 영은 공포한 날부터 시행한다.(이하 생략)

부　칙 (2021.3.2)

이 영은 공포한 날부터 시행한다.

부　칙 (2021.3.23)

제1조【시행일】 이 영은 2021년 3월 25일부터 시행한다.(이하 생략)

부　칙 (2021.9.24)

제1조【시행일】 이 영은 공포한 날부터 시행한다.(이하 생략)

부　칙 (2021.12.28)

제1조【시행일】 이 영은 2021년 12월 30일부터 시행한다.(이하 생략)

부　칙 (2022.2.17)

제1조【시행일】 이 영은 2022년 2월 18일부터 시행한다.(이하 생략)

부　칙 (2022.12.20)

이 영은 공포한 날부터 시행한다.

부　칙 (2023.5.16)

제1조【시행일】 이 영은 공포한 날부터 시행한다.(이하 생략)

부　칙 (2023.12.12)

이 영은 공포한 날부터 시행한다.

[별표] ➡ 「法典 別册」 참조

대부업 등의 등록 및 금융이용자 보호에 관한 법률(약칭 : 대부업법)

(2002년 8월 26일 법 률 제6706호)

개정
2005. 3.31법 7428호(채무자회생파산)
2005. 5.31법 7523호
2007.12.21법 8700호
2008. 2.29법 8852호(정부조직)
2008. 2.29법 8863호(금융위원회의설치등에관한법)
2009. 1.21법 9344호
2009. 2. 6법 9418호(채권의공정한추심에관한법)
2009. 4. 1법 9617호(신용정보의이용및보호에관한법)
2010. 1.25법 9970호
2011. 4.12법10580호(부등)
2012.12.11법11544호
2013. 3.23법11690호(정부조직)
2014. 1. 1법12156호
2014. 3.18법12493호
2014.11.19법12844호(정부조직)
2015. 3.11법13216호
2015. 7.24법13445호
2016. 3. 3법14072호
2017. 4.18법14820호
2017. 7.26법14839호(정부조직)
2018.12.24법16089호
2020. 2. 4법16957호(신용정보의이용및보호에관한법)
2020. 3.24법17112호(금융소비자보호에관한법)
2020. 6. 9법17354호(전자서명법)
2020.12.29법17799호(독점)
2022. 1. 4법18713호
2023. 9.14법19700호(행정법제혁신을위한일부개정법령등)

제1조【목적】 이 법은 대부업·대부중개업의 등록 및 감독에 필요한 사항을 정하고 대부업자와 여신금융기관의 불법적 채권추심행위 및 이자율 등을 규제함으로써 대부업의 건전한 발전을 도모하는 한편, 금융이용자를 보호하고 국민의 경제생활 안정에 이바지함을 목적으로 한다.
(2009.1.21 본조개정)

제2조【정의】 이 법에서 사용하는 용어의 뜻은 다음과 같다.
1. "대부업"이란 금전의 대부(어음할인·양도담보, 그 밖에 이와 비슷한 방법을 통한 금전의 교부를 포함한다. 이하 "대부"라 한다)를 업(業)으로 하거나 다음 각 목의 어느 하나에 해당하는 자로부터 대부계약에 따른 채권을 양도받아 이를 추심(이하 "대부채권매입추심"이라 한다)하는 것을 업으로 하는 것을 말한다. 다만, 대부의 성격 등을 고려하여 대통령령으로 정하는 경우는 제외한다.(2015.7.24 본문개정)
 가. 제3조에 따라 대부업의 등록을 한 자(이하 "대부업자"라 한다)
 나. 여신금융기관
2. "대부중개업"이란 대부중개를 업으로 하는 것을 말한다.
3. "대부중개업자"란 제3조에 따라 대부중개업의 등록을 한 자를 말한다.
4. "여신금융기관"이란 대통령령으로 정하는 법령에 따라 인가 또는 허가 등을 받아 대부업을 하는 금융기관을 말한다.(2015.7.24 본호개정)
5. "대주주"란 다음 각 목의 어느 하나에 해당하는 주주를 말한다.
 가. 최대주주 : 대부업자 또는 대부중개업자(이하 "대부업자등"이라 한다)의 의결권 있는 발행주식 총수 또는 출자지분을 기준으로 본인 및 그와 대통령령으로 정하는 특수한 관계에 있는 자(이하 "특수관계인"이라 한다)가 누구의 명의로 하든지 자기의 계산으로 소유하는 주식 또는 출자지분을 합하여 그 수가 가장 많은 경우의 그 본인
 나. 주요주주 : 다음의 어느 하나에 해당하는 자
  1) 누구의 명의로 하든지 자기의 계산으로 대부업자등의 의결권 있는 발행주식 총수 또는 출자지분의 100분의 10 이상의 주식 또는 출자지분을 소유하는 자
  2) 임원의 임면 등의 방법으로 대부업자등의 주요 경영사항에 대하여 사실상의 영향력을 행사하는 주주 또는 출자자로서 대통령령으로 정하는 자
 (2015.7.24 본호신설)
6. "자기자본"이란 납입자본금·자본잉여금 및 이익잉여금 등의 합계액으로서 대통령령으로 정하는 금액을 말한다.(2015.7.24 본호신설)
(2009.1.21 본조개정)

판례 피고인이 다수의 연예기획사에 투자금 명목으로 7회에 걸쳐 합계 8억 원의 자금을 융통하여 주고 투자수수료 등을 받은 사안에서, 평소 아무런 친분관계가 없던 연예기획사 관계자들을 소개받아 투자금이라는 명목으로 단기간 동안 사업자금을 융통하여 주면서 그 대가로 투자수수료 명목의 금원을 공제하여 수취하는 한편 사업의 이익이나 손실 발생 여부에 관계없이 확정수익금을 지급받기로 하고, 이를 불이행하는 경우에는 확정수익금을 포함한 미지급금 외에 이에 대한 지연손해금 및 위약금까지 가산하여 지급받기로 한 것은 명칭이나 명목 여하에 상관없이 실질적으로는 일정한 기간 금전을 이용하게 하고 그 대가로 이자를 지급 받는 금전의 대부행위를 하였다고 보아야 한다.(대판 2012.7.12, 2012도4390)

제3조【등록 등】 ① 대부업 또는 대부중개업(이하 "대부업등"이라 한다)을 하려는 자(여신금융기관은 제외한다)는 영업소별로 해당 영업소를 관할하는 특별시장·광역시장·특별자치시장·도지사 또는 특별자치도지사(이하 "시·도지사"라 한다)에게 등록하여야 한다. 다만, 여신금융기관과 위탁계약 등을 맺고 대부중개업을 하는 자(그 대부중개업을 하는 자가 법인인 경우 그 법인과 직접 위탁계약 등을 맺고 대부를 받으려는 자를 모집하는 개인을 포함하며, 이하 "대출모집인"이라 한다)는 당해 위탁계약 범위 내에서는 그러하지 아니하다.(2012.12.11 본항개정)
② 제1항에도 불구하고 대부업등을 하려는 자(여신금융기관은 제외한다)로서 다음 각 호의 어느 하나에 해당하는 자는 금융위원회에 등록하여야 한다. 다만, 대출모집인은 해당 위탁계약 범위에서는 그러하지 아니하다.
1. 둘 이상의 특별시·광역시·특별자치시·도·특별자치도(이하 "시·도"라 한다)에서 영업소를 설치하려는 자
2. 대부채권매입추심을 업으로 하려는 자
3. 「독점규제 및 공정거래에 관한 법률」 제31조에 따라 지정된 상호출자제한기업집단에 속하는 자(2020.12.29 본호개정)
4. 최대주주가 여신금융기관인 자
5. 법인으로서 자산규모 100억원을 초과하는 범위에서 대통령령으로 정하는 기준에 해당하는 자
6. 그 밖에 제1호부터 제5호까지의 규정에 준하는 등 대통령령으로 정하는 자
(2015.7.24 본항신설)
③ 제1항 또는 제2항에 따른 등록을 하려는 자는 다음 각 호의 사항을 적은 신청서와 대통령령으로 정하는 서류를 첨부하여 시·도지사 또는 금융위원회(이하 "시·도지사등"이라 한다)에 제출하여야 한다.(2015.7.24 본문개정)
1. 명칭 또는 성명과 주소
2. 등록신청인이 법인인 경우에는 주주 또는 출자자(대통령령으로 정하는 기준 이하의 주식 또는 출자지분을 소유하는 자는 제외한다)의 명칭 또는 성명, 주소와 그 지분율 및 임원의 성명과 주소(2015.7.24 본호개정)
3. 등록신청인이 영업소의 업무를 총괄하는 사용인(이하 "업무총괄 사용인"이라 한다)을 두는 경우에는 업무총괄 사용인의 성명과 주소(2012.12.11 본호개정)
4. 영업소의 명칭 및 소재지(2015.7.24 본호개정)
4의2. (2015.7.24 삭제)
5. 경영하려는 대부업등의 구체적 내용 및 방법
6. 제9조제2항 또는 제3항에 따른 표시 또는 광고에 사용되는 전화번호(홈페이지가 있으면 그 주소를 포함한다)
7. 자기자본(법인이 아닌 경우에는 순자산액)
8. 제11조의4제2항에 따른 보증금, 보험 또는 공제
(2015.7.24 7호~8호신설)
④ 제3항에 따라 등록신청을 받은 시·도지사등은 신청인이 제3조의5의 요건을 갖춘 경우에는 다음 각 호의 사항을 확인한 후 등록부에 제3항 각 호에 규정된 사항과 등록일자·등록번호를 적고 지체 없이 신청인에게 등록증을 교부하여야 한다.(2015.7.24 본문개정)
1. 신청서에 적힌 사항이 사실과 부합하는지 여부. 이 경우 신청서에 적힌 사항이 사실과 다르면 30일 이내의 기한을 정하여 등록증 교부 전에 신청인에게 신청서의 수정·보완을 요청할 수 있으며, 그 수정·보완 기간은 처리기간에 산입하지 아니한다.
2. 사용하려는 상호가 해당 시·도 또는 금융위원회에 이미 등록된 상호인지 여부. 이 경우 이미 등록된 상호이면 다른 상호를 사용할 것을 요청할 수 있다.
(2015.7.24 전단개정)
3.~4. (2015.7.24 삭제)
⑤ 시·도지사등은 제4항에 따른 등록부를 일반인이 열람할 수 있도록 하여야 한다. 다만, 등록부 중 개인에 관한 사항으로서 공개될 경우 개인의 사생활을 침해할 우려가 있는 것으로 대통령령으로 정하는 사항은 제외한다.
(2015.7.24 본문개정)
⑥ 제1항 또는 제2항에 따른 등록의 유효기간은 등록일부터 3년으로 한다.(2015.7.24 본항개정)
⑦ 대부업자등이 제4항 및 제3조의2에 따라 교부받은 등록증을 분실한 경우에는 시·도지사등에게 분실신고를 하고 등록증을 다시 교부받아야 한다.(2015.7.24 본항개정)
⑧ 제1항부터 제7항까지의 규정에 따른 등록 등의 구체적 절차는 대통령령으로 정한다.(2015.7.24 본항개정)
(2009.1.21 본조개정)

제3조의2【등록갱신】 ① 대부업자등이 제3조제6항에 따른 등록유효기간 이후에도 계속하여 대부업등을 하려는 경우에는 시·도지사등에게 유효기간 만료일 3개월 전부터 1개월 전까지 등록갱신을 신청하여야 한다.
② 제1항에 따른 등록갱신신청을 받은 시·도지사등은 신청인이 제3조의5의 요건을 갖춘 경우에는 제3조제4항 제1호의 사항을 확인한 후 등록부에 제3조제3항 각 호에 규정된 사항과 등록갱신일자·등록번호를 적고 지체 없이 신청인에게 등록증을 교부하여야 한다.
③ 제1항에 따른 등록갱신과 관련하여 시·도지사등은 유효기간 만료일 3개월 전까지 해당 대부업자등에게 갱신절차와 기간 내에 갱신을 신청하지 아니하면 유효기간이 만료된다는 사실을 알려야 한다.
④ 제1항 및 제2항에 따른 등록갱신의 구체적 절차 등은 대통령령으로 정한다.
(2015.7.24 본조개정)

제3조의3【등록증의 반납 등】 ① 제5조제2항에 따라 폐업하거나 제13조제2항에 따라 등록이 취소된 대부업자등은 지체 없이 시·도지사등에게 등록증을 반납하여야 한다.
② 제13조제1항에 따라 영업정지 명령을 받은 대부업자등은 등록증을 반납하여야 하고, 시·도지사등은 그 영업정지기간 동안 이를 보관하여야 한다.
③ 제1항 및 제2항에 따라 등록증을 반납하여야 하는 대부업자등은 등록증을 분실한 경우 제3조제7항에 따라 분실신고를 하여야 한다.
(2015.7.24 본조개정)

제3조의4【대부업등의 교육】 ① 제3조제1항 또는 제2항에 따라 대부업등의 등록을 하려는 자, 제3조의2제1항에 따라 대부업등의 등록갱신을 신청하려는 자 및 제5조제1항에 따라 대표자 또는 업무총괄 사용인에 대한 변경등록을 하려는 자는 미리 대부업등의 준수사항 등에 관한 교육을 받아야 한다. 다만, 대통령령으로 정하는 부득이한 사유로 미리 교육을 받을 수 없는 경우에는 대부업등의 등록, 등록갱신 또는 변경등록 후 대통령령으로 정하는 기간 내에 교육을 받을 수 있다.(2015.7.24 본문개정)
② 제1항에 따른 교육의 실시기관, 대상, 내용, 방법 및 절차 등에 관하여 필요한 사항은 대통령령으로 정한다.
(2009.1.21 본조신설)

제3조의5【등록요건 등】 ① 제3조제1항에 따라 등록하려는 자는 다음 각 호의 요건을 갖추어야 한다.
1. 1천만원 이상으로서 대통령령으로 정하는 금액 이상의 자기자본(법인이 아닌 경우에는 순자산액)을 갖출 것. 다만, 대부중개업만을 하려는 자는 그러하지 아니하다.
2. 제3조의4에 따른 대부업등의 교육을 이수할 것. 다만, 제3조의4제1항 단서에 따라 등록 후 교육을 받는 경우에는 등록 후 교육을 이수할 것
3. 대부업등을 위하여 대통령령으로 정하는 고정사업장을 갖출 것
4. 대표자, 임원, 업무총괄 사용인이 제4조제1항에 적합할 것
5. 등록신청인이 법인인 경우에는 다음 각 목의 요건을 충족할 것
 가. 최근 5년간 제4조제1항제6호 각 목의 규정을 위반하여 벌금형 이상을 선고받은 사실이 없을 것
 나. 파산선고를 받고 복권되지 아니한 사실이 없을 것
 다. 최근 1년간 제5조제2항에 따라 폐업한 사실이 없을 것(둘 이상의 영업소를 설치한 경우에는 영업소 전부를 폐업한 경우를 말한다)
 라. 최근 5년간 제13조제2항에 따라 등록취소 처분을 받은 사실이나 제5조제2항에 따라 폐업하지 아니하였다면 등록취소 처분을 받았을 상당한 사유가 없을 것
② 제3조제2항에 따라 등록하려는 자는 다음 각 호의 요건을 갖추어야 한다.
1. 신청인이 법인일 것
2. 1천만원 이상으로서 대통령령으로 정하는 금액 이상의 자기자본을 갖출 것. 다만, 대부중개업만을 하려는 자는 그러하지 아니하다.
3. 제1항제2호, 제3호, 제5호의 요건을 갖출 것
4. 임원, 업무총괄 사용인이 제4조제2항에 적합할 것
5. 「전기통신사업법」에 따른 전기통신사업자, 「사행산업통합감독위원회법」에 따른 사행산업 등 이해상충 가능성이 있거나 대부업 이용자의 권익 및 신용질서를 저해할 우려가 있는 업종으로서 대통령령으로 정하는 업을 하지 아니할 것
6. 대주주(최대주주가 법인인 경우에는 그 법인의 주요경영사항에 대하여 사실상 영향력을 행사하고 있는 주주로서 대통령령으로 정하는 자를 포함한다)가 대통령령으로 정하는 사회적 신용을 갖출 것
7. 그 밖에 대통령령으로 정하는 사회적 신용을 갖출 것
(2015.7.24 본조신설)

제4조【임원 등의 자격】 ① 다음 각 호의 어느 하나에 해당하는 자는 시·도지사에 등록된 대부업자등의 대표자, 임원 또는 업무총괄 사용인이 될 수 없다.(2015.7.24 본문개정)
1. 미성년자·피성년후견인 또는 피한정후견인
(2015.7.24 본호개정)
2. 파산선고를 받고 복권되지 아니한 자
3. 금고 이상의 실형을 선고받고 그 집행이 끝나거나(집행이 끝난 것으로 보는 경우를 포함한다) 면제된 날부터 5년이 지나지 아니한 자
4. 금고 이상의 형의 집행유예를 선고받고 그 유예기간 중에 있는 자
5. 금고 이상의 형의 선고유예를 받고 그 유예기간 중에 있는 자
6. 다음 각 목의 어느 하나에 해당하는 규정을 위반하여 벌금형을 선고받고 5년이 지나지 아니한 자(2015.7.24 본문개정)
 가. 이 법의 규정
 나. 「형법」 제257조제1항, 제260조제1항, 제276조제1항, 제283조제1항, 제319조, 제350조 또는 제366조(각각 채권추심과 관련된 경우만 해당한다)

다. 「폭력행위 등 처벌에 관한 법률」의 규정(채권추심과 관련된 경우만 해당한다)
라. 「신용정보의 이용 및 보호에 관한 법률」 제50조제1항부터 제3항까지의 규정(2015.7.24 본목개정)
마. 「채권의 공정한 추심에 관한 법률」의 규정 (2012.12.11 본목신설)
바. 「개인정보 보호법」 제71조, 제72조 또는 제73조 (2015.7.24 본목신설)
6의2. 제5조제2항에 따라 폐업한 날부터 1년이 지나지 아니한 자(둘 이상의 영업소를 설치한 경우에는 등록된 영업소 전부를 폐업한 경우를 말한다)(2012.12.11 본호신설)
7. 제13조제2항에 따라 등록취소 처분을 받은 후 5년이 지나지 아니한 자 또는 제5조제2항에 따라 폐업하지 아니하였다면 등록취소 처분을 받았을 상당한 사유가 있는 경우에는 폐업 후 5년이 지나지 아니한 자(등록취소 처분을 받은 자 또는 등록취소 처분을 받았을 상당한 사유가 있는 자가 법인인 경우에는 그 취소 사유 또는 등록취소 처분을 받았을 상당한 사유의 발생에 직접 책임이 있는 임원을 포함한다)
8. (2015.7.24 삭제)
② 다음 각 호의 어느 하나에 해당하는 자는 금융위원회에 등록한 대부업자등의 임원 또는 업무총괄 사용인이 될 수 없다.
1. 제1항 각 호의 어느 하나에 해당하는 자
2. 대통령령으로 정하는 금융관련 법령(이하 "금융관련법령"이라 한다)을 위반하여 벌금 이상의 형을 선고받고 그 집행이 끝나거나(집행이 끝난 것으로 보는 경우를 포함한다) 집행이 면제된 날부터 5년이 지나지 아니한 자
3. 금융관련법령에 따라 영업의 허가·인가·등록 등이 취소된 법인 또는 회사의 임직원이었던 자(그 취소사유의 발생에 관하여 직접 또는 이에 상응하는 책임이 있는 자로서 대통령령으로 정하는 자에 한정한다)로서 그 법인 또는 회사에 대한 취소가 있는 날부터 5년이 경과되지 아니한 자
4. 이 법, 금융관련법령에 따라 해임되거나 면직된 날부터 5년이 지나지 아니한 자
5. 재임 또는 재직 중이었더라면 이 법 또는 금융관련법령에 따라 해임요구 또는 면직요구의 조치를 받았을 것으로 통보된 퇴임한 임원 또는 퇴직한 직원으로서 그 통보된 날부터 5년(통보된 날부터 5년이 퇴임 또는 퇴직한 날부터 7년을 초과하는 경우에는 퇴임 또는 퇴직한 날부터 7년으로 한다)이 경과되지 아니한 자
(2015.7.24 본항개정)
③ 임원 또는 업무총괄 사용인이 된 후에 제1항 각 호 또는 제2항 각 호에 해당하게 된 경우에는 그 직을 잃는다.
(2015.7.24 본항신설)
(2015.7.24 본조제목개정)
(2009.1.21 본조개정)

제5조【변경등록 등】 ① 대부업자등은 제3조제3항 각 호의 기재사항이 변경된 경우에는 그 사유가 발생한 날부터 15일 이내에 대통령령으로 정하는 바에 따라 변경된 내용을 시·도지사등에게 변경등록하여야 한다. 다만, 대통령령으로 정하는 경미한 사항이 변경된 경우는 제외한다.
② 대부업자등이 폐업할 때에는 대통령령으로 정하는 바에 따라 시·도지사등에게 신고하여야 한다.
③ 제1항 및 제2항에 따른 변경등록 및 폐업신고와 관련한 세부적인 사항은 대통령령으로 정한다.
(2015.7.24 본조개정)

제5조의2【상호 등】 ① 대부업자(대부중개업을 겸영하는 대부업자를 포함한다)는 그 상호 중에 "대부"라는 문자를 사용하여야 한다.
② 대부중개업만을 하는 대부중개업자는 그 상호 중에 "대부중개"라는 문자를 사용하여야 한다.
③ 대부업등 외의 다른 영업을 겸영하는 대부업자등으로서 총영업수익 중 대부업등에서 생기는 영업수익의 비율 등을 고려하여 대통령령으로 정하는 기준에 해당하는 자는 제1항 및 제2항에도 불구하고 그 상호 중에 "대부" 및 "대부중개"라는 문자를 사용하지 아니할 수 있다.
④ 이 법에 따른 대부업자등이 아닌 자는 그 상호 중에 대부, 대부중개 또는 이와 유사한 상호를 사용하지 못한다.(2015.7.24 본항신설)
⑤ 대부업자등은 타인에게 자기의 명의로 대부업등을 하게 하거나 그 등록증을 대여하여서는 아니 된다.
(2009.1.21 본조개정)

제5조의3【업무총괄 사용인 등】 ① 대부업자등은 영업소마다 업무총괄 사용인을 두어야 한다. 다만, 등록신청인이 개인인 경우로서 단일 영업소를 두고 있는 경우에는 업무총괄 사용인을 두지 아니할 수 있다.
② 업무총괄 사용인의 업무범위 등에 관한 세부적인 사항은 대통령령으로 정한다.
(2012.12.11 본조신설)

제6조【대부계약의 체결 등】 ① 대부업자가 그의 거래상대방과 대부계약을 체결하는 경우에는 거래상대방이 본인임을 확인하고 다음 각 호의 사항이 적힌 대부계약서를 거래상대방에게 교부하여야 한다.
1. 대부업자(그 영업소를 포함한다) 및 거래상대방의 명칭 또는 성명 및 주소 또는 소재지
2. 계약일자
3. 대부금액
3의2. 제8조제1항에 따른 최고이자율(2014.1.1 본호신설)
4. 대부이자율(제8조제2항에 따른 이자율의 세부내역 및 연 이자율로 환산한 것을 포함한다)
5. 변제기간 및 변제방법
6. 제5호의 변제방법이 계좌이체 방식인 경우에는 변제를 받기 위한 대부업자 명의의 계좌번호(2010.1.25 본호개정)
7. 해당 거래에 관한 모든 부대비용
8. 손해배상액 또는 강제집행에 관한 약정이 있는 경우에는 그 내용
9. 보증계약을 체결한 경우에는 그 내용
10. 채무의 조기상환수수료율 등 조기상환조건(2017.4.18 본호개정)
11. 연체이자율(2010.1.25 본호신설)
12. 그 밖에 대부업자의 거래상대방을 보호하기 위하여 필요한 사항으로서 대통령령으로 정하는 사항
② 대부업자는 제1항에 따라 대부계약을 체결하는 경우에는 거래상대방에게 제1항 각 호의 사항을 모두 설명하여야 한다.
③ 대부업자가 대부계약과 관련하여 보증계약을 체결하는 경우에는 다음 각 호의 사항이 적힌 보증계약서 및 제1항에 따른 대부계약서 사본을 보증인에게 교부하여야 한다.
1. 대부업자(그 영업소를 포함한다)·주채무자 및 보증인의 명칭 또는 성명 및 주소 또는 소재지
2. 계약일자
3. 보증기간
4. 피보증채무의 금액
5. 보증의 범위
6. 보증인이 주채무자와 연대하여 채무를 부담하는 경우에는 그 내용
7. 그 밖에 보증인을 보호하기 위하여 필요한 사항으로서 대통령령으로 정하는 사항
④ 대부업자는 대부계약과 관련하여 보증계약을 체결하는 경우에는 보증인에게 제3항 각 호의 사항을 모두 설명하여야 한다.
⑤ 대부업자는 제1항에 따른 대부계약을 체결하거나 제3항에 따른 보증계약을 체결한 경우에는 그 계약서와 대통령령으로 정하는 계약관계서류(대부업자의 거래상대방 또는 보증인이 채무를 변제하고 계약서 및 계약관계서류의 반환을 서면으로 요구함에 따라 이를 반환한 경우에는 그 사본 및 반환요구서를 말한다. 이하 같다)를 대부계약 또는 보증계약을 체결한 날부터 채무변제일 이후 2년이 되는 날까지 보관하여야 한다.
⑥ 대부계약 또는 그와 관련된 보증계약을 체결한 자 또는 그 대리인은 대부업자에게 그 계약서와 대통령령으로 정하는 계약관계서류의 열람을 요구하거나 채무 및 보증채무와 관련된 증명서의 발급을 요구할 수 있다. 이 경우 대부업자는 정당한 사유 없이 이를 거부하여서는 아니 된다.(2014.3.18 전단개정)
(2009.1.21 본조개정)

제6조의2【중요 사항의 자필 기재】 ① 대부업자는 그의 거래상대방과 대부계약을 체결하는 경우에는 다음 각 호의 사항을 그 거래상대방이 자필로 기재하게 하여야 한다.
1. 제6조제1항제3호의 대부금액
2. 제6조제1항제4호의 대부이자율
3. 제6조제1항제5호의 변제기간
4. 그 밖에 대부업자의 거래상대방을 보호하기 위하여 필요한 사항으로서 대통령령으로 정하는 사항
② 대부업자는 대부계약과 관련하여 보증계약을 체결하는 경우에는 다음 각 호의 사항을 그 보증인이 자필로 기재하게 하여야 한다.
1. 제6조제3항제3호의 보증기간
2. 제6조제3항제4호의 피보증채무의 금액
3. 제6조제3항제5호의 보증의 범위
4. 그 밖에 보증인을 보호하기 위하여 필요한 사항으로서 대통령령으로 정하는 사항
③ 대부계약 또는 이와 관련된 보증계약을 체결할 때 다음 각 호의 어느 하나에 해당하는 경우에는 대부업자는 제1항 각 호의 사항 또는 제2항 각 호의 사항을 거래상대방 또는 보증인이 자필로 기재하게 한 것으로 본다.
1. 「전자서명법」 제2조제6호에 따른 인증서(서명자의 실지명의를 확인할 수 있는 것을 말한다)를 이용하여 거래상대방 또는 보증인이 본인인지 여부를 확인하고, 인터넷을 이용하여 제1항 각 호의 사항 또는 제2항 각 호의 사항을 거래상대방 또는 보증인이 직접 입력하게 하는 경우(2020.6.9 본호개정)
2. 그 밖에 거래상대방 또는 보증인이 본인인지 여부 및 제1항 각 호의 사항 또는 제2항 각 호의 사항에 대한 거래상대방 또는 보증인의 동의 의사를 음성 녹음 등 대통령령으로 정하는 방법으로 확인하는 경우
(2009.1.21 본조신설)

제7조【과잉 대부의 금지】 ① 대부업자는 대부계약을 체결하려는 경우에는 미리 거래상대방으로부터 그 소득·재산 및 부채상황에 관한 것으로서 대통령령으로 정하는 증명서류를 제출받아 그 거래상대방의 소득·재산 및 부채상황을 파악하여야 한다. 다만, 대부금액이 대통령령으로 정하는 금액 이하인 경우에는 그러하지 아니하다.
② 대부업자는 거래상대방의 소득·재산·부채상황·신용 및 변제계획 등을 고려하여 객관적인 변제능력을 초과하는 대부계약을 체결하여서는 아니 된다.
③ 대부업자는 제1항에 따른 서류를 거래상대방의 소득·재산 및 부채상황을 파악하기 위한 용도 외의 목적으로 사용하여서는 아니 된다.
(2009.1.21 본조개정)

제7조의2【담보제공 확인의무】 대부업자는 대부계약을 체결하고자 하는 자가 제3자의 명의로 된 담보를 제공하는 경우 그 제3자에게 담보제공 여부를 확인하여야 한다.
(2010.1.25 본조신설)

제7조의3【총자산한도】 ① 금융위원회에 등록한 대부업자는 총자산이 자기자본의 10배의 범위에서 대통령령으로 정하는 배수(이하 "총자산한도"라 한다)에 해당하는 금액을 초과해서는 아니 된다.
② 총자산한도의 산정기준 등 세부적인 사항은 대통령령으로 정한다.
(2015.7.24 본조신설)

제8조【대부업자의 이자율 제한】 ① 대부업자가 개인이나 「중소기업기본법」 제2조제2항에 따른 소기업(小企業)에 해당하는 법인에 대부를 하는 경우 그 이자율은 연 100분의 27.9 이하의 범위에서 대통령령으로 정하는 율을 초과할 수 없다.
② 제1항에 따른 이자율을 산정할 때 사례금, 할인금, 수수료, 공제금, 연체이자, 체당금(替當金) 등 그 명칭이 무엇이든 대부와 관련하여 대부업자가 받는 것은 모두 이자로 본다. 다만, 해당 거래의 체결과 변제에 관한 부대비용으로서 대통령령으로 정한 사항은 그러하지 아니하다.
③ 대부업자가 개인이나 「중소기업기본법」 제2조제2항에 따른 소기업(小企業)에 해당하는 법인에 대부를 하는 경우 대통령령으로 정하는 율을 초과하여 대부금에 대한 연체이자를 받을 수 없다.(2018.12.24 본항신설)
④ 대부업자가 제1항을 위반하여 대부계약을 체결한 경우 제1항에 따른 이자율을 초과하는 부분에 대한 이자계약은 무효로 한다.
⑤ 채무자가 대부업자에게 제1항과 제3항에 따른 이자율을 초과하는 이자를 지급한 경우 그 초과 지급된 이자 상당금액은 원본(元本)에 충당되고, 원본에 충당되고 남은 금액이 있으면 그 반환을 청구할 수 있다.(2018.12.24 본항개정)
⑥ 대부업자가 선이자를 사전에 공제하는 경우에는 그 공제액을 제외하고 채무자가 실제로 받은 금액을 원본으로 하여 제1항에 따른 이자율을 산정한다.
(2016.3.3 본조신설)

제9조【대부조건의 게시와 광고】 ① 대부업자는 등록증, 대부이자율, 이자계산방법, 변제방법·연체이자율, 그 밖에 대통령령으로 정하는 중요 사항을 일반인이 알 수 있도록 영업소마다 게시하여야 한다.(2012.12.11 본항개정)
② 대부업자가 대부조건 등에 관하여 표시 또는 광고(「표시·광고의 공정화에 관한 법률」에 따른 표시 또는 광고를 말한다. 이하 "광고"라 한다)를 하는 경우에는 다음 각 호의 사항을 포함하여야 한다.
1. 명칭 또는 대표자 성명
2. 대부업 등록번호
3. 대부이자율(연 이자율로 환산한 것을 포함한다) 및 연체이자율
4. 이자 외에 추가비용이 있는 경우 그 내용
5. 채무의 조기상환수수료율 등 조기상환조건(2017.4.18 본호신설)
6. 과도한 채무의 위험성 및 대부계약과 관련된 신용등급 또는 개인신용평점의 하락 가능성을 알리는 경고문구 및 그 밖에 대부업자의 거래상대방을 보호하기 위하여 필요한 사항으로서 대통령령으로 정하는 사항
(2020.2.4 본호개정)
③ 대부중개업자가 대부조건 등에 관하여 광고를 하는 경우에는 다음 각 호의 사항을 포함하여야 한다.
1. 명칭 또는 대표자 성명
2. 대부중개업 등록번호
3. 중개를 통하여 대부를 받을 경우 그 대부이자율(연 이자율로 환산한 것을 포함한다) 및 연체이자율
4. 이자 외에 추가비용이 있는 경우 그 내용
5. 채무의 조기상환수수료율 등 조기상환조건(2017.4.18 본호신설)
6. 과도한 채무의 위험성 및 대부계약과 관련된 신용등급 또는 개인신용평점의 하락 가능성을 알리는 경고문구 및 그 밖에 대부중개업자의 거래상대방을 보호하기 위하여 필요한 사항으로서 대통령령으로 정하는 사항
(2020.2.4 본호개정)
④ 대부업자등은 제2항 또는 제3항에 따라 광고를 하는

경우에는 일반인이 제2항 각 호의 사항 또는 제3항 각 호의 사항을 쉽게 알 수 있도록 대통령령으로 정하는 방식에 따라 광고의 문안과 표기를 하여야 한다.
⑤ 대부업자등은 다음 각 호에 따른 시간에는 「방송법」 제2조제1호에 따른 방송을 이용한 광고를 하여서는 아니 된다.
1. 평일 : 오전 7시부터 오전 9시까지 및 오후 1시부터 오후 10시까지
2. 토요일과 공휴일 : 오전 7시부터 오후 10시까지
(2015.7.24 본항신설)
(2009.1.21 본조개정)
제9조의2【대부업등에 관한 광고 금지】 ① 대부업자 또는 여신금융기관이 아니면 대부업에 관한 광고를 하여서는 아니 된다.
② 대부중개업자 또는 대출모집인이 아니면 대부중개업에 관한 광고를 하여서는 아니 된다.(2012.12.11 본항개정)
(2009.1.21 본조개정)
제9조의3【허위·과장 광고의 금지 등】 ① 대부업자등은 다음 각 호의 행위를 하여서는 아니 된다.
1. 대부이자율, 대부 또는 대부중개를 받을 수 있는 거래상대방, 대부중개를 통하여 대부할 대부업자, 그 밖에 대부 또는 대부중개의 내용에 관하여 다음 각 목의 방법으로 광고하는 행위
가. 사실과 다르게 광고하거나 사실을 지나치게 부풀리는 방법
나. 사실을 숨기거나 축소하는 방법
다. 비교의 대상 및 기준을 명시하지 아니하거나, 객관적인 근거 없이 자기의 대부 또는 대부중개가 다른 대부업자등의 대부 또는 대부중개보다 유리하다고 주장하는 방법
2. 대부 또는 대부중개를 받을 수 있는 것으로 오인하게 하거나 유인하여 다음 각 목의 방법으로 광고하는 행위
가. 이 법 또는 다른 법률을 위반하는 방법
나. 타인의 재산권을 침해하는 방법
3. 그 밖에 대부업자등의 거래상대방을 보호하거나 불법거래를 방지하기 위하여 필요한 경우로서 대통령령으로 정하는 광고 행위
② 시·도지사는 제1항을 위반한 대부업자등에게 제21조에 따라 과태료를 부과한 경우에는 지체 없이 그 내용을 공정거래위원회에 알려야 한다.
(2009.1.21 본조신설)
제9조의4【미등록대부업자로부터의 채권양수·추심 금지 등】 ① 대부업자는 제3조에 따른 대부업의 등록 또는 제3조의2에 따른 등록갱신을 하지 아니하고 사실상 대부업을 하는 자(이하 "미등록대부업자"라 한다)로부터 대부계약에 따른 채권을 양도받아 이를 추심하는 행위를 하여서는 아니 된다.
② 대부업자는 제3조에 따른 대부중개업의 등록 또는 제3조의2에 따른 등록갱신을 하지 아니하고 사실상 대부중개업을 하는 자(이하 "미등록대부중개업자"라 한다)로부터 대부중개를 받은 거래상대방에게 대부하여서는 아니 된다.(2012.12.11 본항신설)
③ 대부업자 또는 여신금융기관은 제3조제2항제2호에 따라 등록한 대부업자, 여신금융기관 등 대통령령으로 정한 자가 아닌 자에게 대부계약에 따른 채권을 양도해서는 아니 된다.(2015.7.24 본항신설)
(2012.12.11 본조제목개정)
(2009.1.21 본조신설)
제9조의5【고용 제한 등】 ① 대부업자등은 다음 각 호의 어느 하나에 해당하는 자를 고용하여서는 아니 된다.
1. 「폭력행위 등 처벌에 관한 법률」 제4조에 따른 단체 이상의 형을 선고받고 그 집행이 끝나거나(집행이 끝난 것으로 보는 경우를 포함한다) 면제된 날부터 5년이 지나지 아니한 자
2. 제4조제1항제6호 각 목의 어느 하나에 해당하는 규정을 위반하여 다음 각 목의 어느 하나에 해당하는 사람
(2015.7.24 본문개정)
가. 금고 이상의 실형을 선고받고 그 집행이 끝나거나(집행이 끝난 것으로 보는 경우를 포함한다) 면제된 날부터 2년이 지나지 아니한 사람
나. 금고 이상의 형의 집행유예 또는 선고유예를 선고받고 그 유예기간 중에 있는 사람
다. 벌금형을 선고받고 2년이 지나지 아니한 사람
② 대부업자등은 제1항 각 호의 어느 하나에 해당하는 사람에게 대부업등의 업무를 위임하거나 대리하게 하여서는 아니 된다.
(2010.1.25 본조신설)
제9조의6【불법 대부광고에 사용된 전화번호의 이용중지 등】 ① 시·도지사 등 대통령령으로 정하는 자는 제9조의2제1항 및 제2항을 위반한 광고를 발견한 때에는 과학기술정보통신부장관에게 해당 광고에 사용된 전화번호에 대한 전기통신역무 제공의 중지를 요청할 수 있다.
(2017.7.26 본항개정)
② 시·도지사등은 제9조제2항부터 제4항까지 또는 제9조의3제1항을 위반한 광고를 발견한 경우 광고를 한 자에게 기한을 정하여 해당 광고의 중단을 명할 수 있으며, 그 명을 따르지 아니하는 경우에는 과학기술정보통신부장관에게 광고에 사용된 전화번호에 대한 전기통신역무 제공의 중지를 요청할 수 있다.(2017.7.26 본항개정)
③ 제1항 또는 제2항에 따른 요청으로 전기통신역무 제공이 중지된 이용자는 전기통신역무 제공의 중지를 요청한 기관에 이의신청을 할 수 있다.
④ 제3항에 따른 이의신청의 절차 등에 필요한 사항은 대통령령으로 정한다.
(2014.3.18 본조신설)
제9조의7【대부업 이용자 보호기준】 ① 금융위원회에 등록한 대부업자등으로서 대통령령으로 정하는 자산규모 이상인 자는 법령을 지키고 거래상대방을 보호하기 위하여 임직원이 그 직무를 수행할 때 따라야 할 기본적인 절차와 기준(이하 "보호기준"이라 한다)을 정하여야 한다.
② 제1항에 따라 보호기준을 정하는 대부업자등은 보호기준을 지키는지를 점검하고, 보호기준을 위반하는 경우 이를 조사하여 감사(監査)하는 자(이하 "보호감시인"이라 한다)를 1명 이상 두어야 한다.
③ 제1항에 따른 대부업자등은 보호감시인을 임면하려면 이사회의 결의를 거쳐야 한다.
④ 보호감시인은 다음 각 호의 요건을 충족한 자이어야 하며, 보호감시인이 된 후 제2호 또는 제3호의 요건을 충족하지 못한 경우에는 그 직을 상실한다.
1. 다음 각 목의 어느 하나에 해당하는 경력이 있는 자일 것
가. 한국은행 또는 「금융위원회의 설치 등에 관한 법률」 제38조에 따른 검사 대상 기관(이에 상당하는 외국금융기관을 포함한다)에서 10년 이상 근무한 경력이 있는 자
나. 금융 또는 법학 분야의 석사 이상의 학위소지자로서 연구기관 또는 대학에서 연구원 또는 전임강사 이상의 직에서 5년 이상 근무한 경력이 있는 자
다. 변호사 자격을 가진 자로서 해당 자격과 관련된 업무를 합산하여 5년 이상 종사한 경력이 있는 자
라. 기획재정부, 금융위원회, 「금융위원회의 설치 등에 관한 법률」에 따라 설립된 금융감독원(이하 "금융감독원"이라 한다) 또는 같은 법에 따른 증권선물위원회에서 5년 이상 근무한 경력이 있는 자로서 그 기관에서 퇴임하거나 퇴직한 후 5년이 지난 자
마. 그 밖에 대부업 이용자 보호를 위하여 대통령령으로 정하는 자
2. 제4조제2항 각 호의 어느 하나에 해당되지 아니하는 자일 것
3. 최근 5년간 이 법, 금융관련법령을 위반하여 금융위원회 또는 금융감독원 원장(이하 "금융감독원장"이라 한다)으로부터 주의·경고의 요구 이상에 해당하는 조치를 받은 사실이 없는 자일 것
⑤ 보호기준 및 보호감시인에 관하여 필요한 사항은 대통령령으로 정한다.
(2015.7.24 본조신설)
제9조의8【차별금지】 대부업자는 대부계약을 체결하는 경우에 정당한 사유 없이 성별·학력·장애·사회적 신분 등을 이유로 계약조건에 관하여 거래상대방을 부당하게 차별해서는 아니 된다.(2020.3.24 본조신설)
제10조【대주주와의 거래제한 등】 ① 제3조제2항제3호에 따라 등록한 대부업자(이하 "상호출자제한기업집단 대부업자"라 한다)가 그 대주주(최대주주의 특수관계인을 포함한다. 이하 이 조에서 같다)에게 제공할 수 있는 대부, 지급보증 또는 자금 지원적 성격의 유가증권의 매입, 그 밖에 금융거래상의 신용위험이 따르는 대부업자의 직접적·간접적 거래로서 대통령령으로 정하는 것(이하 "신용공여"라 한다)의 합계액은 그 대부업자의 자기자본의 100분의 100을 넘을 수 없으며, 대주주는 그 대부업자로부터 그 한도를 넘겨 신용공여를 받아서는 아니 된다.
② 상호출자제한기업집단 대부업자는 그 대주주에게 대통령령으로 정하는 금액 이상으로 신용공여를 하려는 경우에는 그 사실을 금융위원회에 지체 없이 보고하고, 인터넷 홈페이지 등을 이용하여 공시하여야 한다.
③ 상호출자제한기업집단 대부업자는 추가적인 신용공여를 하지 아니하였음에도 불구하고 자기자본의 변동, 대주주의 변경 등으로 제1항에 따른 한도를 넘게 되는 경우에는 대통령령으로 정하는 기간 이내에 제1항에 따른 한도에 적합하도록 하여야 한다.
④ 제3항에도 불구하고 상호출자제한기업집단 대부업자는 신용공여의 기한 및 규모 등에 따른 부득이한 사유가 있으면 금융위원회의 승인을 받아 그 기간을 연장할 수 있다.
⑤ 제4항에 따른 승인을 받으려는 상호출자제한기업집단 대부업자는 제3항에 따른 기간이 만료되기 3개월 전까지 제1항에 따른 한도에 적합하도록 하기 위한 세부계획서를 금융위원회에 제출하여야 한다.
⑥ 금융위원회는 제5항에 따라 세부계획서를 제출받은 날부터 1개월 이내에 승인 여부를 결정·통보하여야 한다. 다만, 자료보완 등 필요한 경우에는 그 기간을 연장할 수 있다.
⑦ 여신금융기관이 최대주주인 대부업자는 제1항에도 불구하고 그 대주주에게 신용공여를 할 수 없으며, 대주주는 그 대부업자로부터 신용공여를 받아서는 아니 된다.
⑧ 금융위원회는 대부업자 또는 그 대주주가 제1항부터 제7항까지의 규정을 위반한 혐의가 있다고 인정되는 경우에는 대부업자 또는 그 대주주에게 필요한 자료의 제출을 명할 수 있다.
(2015.7.24 본조신설)
제10조의2【채권추심자의 소속·성명 명시 의무】 대부계약에 따른 채권의 추심을 하는 자는 채무자 또는 그의 관계인에게 그 소속과 성명을 밝혀야 한다.
(2009.1.21 본조신설)
제11조【미등록대부업자의 이자율 제한】 ① 미등록대부업자가 대부를 하는 경우의 이자율에 관하여는 「이자제한법」 제2조제1항 및 이 법 제8조제2항부터 제6항까지의 규정을 준용한다.(2018.12.24 본항개정)
② (2012.12.11 삭제)
(2012.12.11 본조제목개정)
제11조의2【중개의 제한 등】 ① 대부중개업자는 미등록대부업자에게 대부중개를 하여서는 아니 된다.
② 대부중개업자 및 대출모집인(이하 "대부중개업자등"이라 한다)과 미등록대부중개업자는 수수료, 사례금, 착수금 등 그 명칭이 무엇이든 대부중개와 관련하여 받는 대가(이하 "중개수수료"라 한다)를 대부를 받는 거래상대방으로부터 받아서는 아니 된다.(2012.12.11 본항개정)
③ 대부업자가 개인이나 대통령령으로 정하는 소규모 법인에 대부하는 경우 대부중개업자등에게 지급하는 중개수수료는 해당 대부금액의 100분의 5의 범위에서 대통령령으로 정하는 율에 해당하는 금액을 초과할 수 없다.
(2012.12.11 본항신설)
④ 여신금융기관이 대부중개업자등에게 중개수수료를 지급하는 경우의 중개수수료 상한에 관하여는 제3항을 준용한다.(2012.12.11 본항신설)
⑤ 금융위원회는 제4항을 위반하여 중개수수료를 지급한 여신금융기관에 대하여 그 시정을 명할 수 있다.
(2012.12.11 본항신설)
⑥ 대부중개업자등은 대부업자 또는 여신금융기관으로부터 제3항 및 제4항에 따른 금액을 초과하는 중개수수료를 지급받아서는 아니 된다.(2012.12.11 본항신설)
(2009.1.21 본조개정)
제11조의3【대부중개를 위탁한 대부업자 또는 여신금융기관의 배상책임】 ① 대부업자 또는 여신금융기관은 대부중개업자등이 그 위탁받은 대부중개를 하면서 이 법을 위반하여 거래상대방에게 손해를 발생시킨 경우에는 그 손해를 배상할 책임이 있다. 다만, 대부업자 또는 여신금융기관이 대부중개업자등에게 대부중개를 위탁하면서 상당한 주의를 하였고 이들이 대부중개를 하면서 거래상대방에게 손해를 입히는 것을 막기 위하여 노력한 경우에는 그러하지 아니하다.
② 제1항은 해당 대부중개업자등에 대한 대부업자 또는 여신금융기관의 구상권 행사를 방해하지 아니한다.
(2014.1.1 본조신설)
제11조의4【거래상대방에 대한 배상책임】 ① 대부업자등은 대부업등을 하면서 고의 또는 과실로 인한 위법행위로 거래상대방에게 손해를 발생시킨 경우에는 그 손해를 배상할 책임이 있다.
② 대부업자등은 업무를 개시하기 전에 제1항에 따른 손해배상책임을 보장하기 위하여 대통령령으로 정하는 바에 따라 보증금을 예탁하거나 보험 또는 공제에 가입하여야 한다.
(2015.7.24 본조신설)
제12조【검사 등】 ① 시·도지사등은 대부업자등에게 그 업무 및 업무와 관련된 재산에 관하여 보고하게 하거나, 자료의 제출, 그 밖에 필요한 명령을 할 수 있다.
(2015.7.24 본항개정)
② 시·도지사 또는 금융감독원장은 소속 공무원 또는 소속 직원(금융위원회에 등록한 대부업자등에 대한 검사로 한정한다)에게 그 영업소에 출입하여 그 업무 및 업무와 관련된 재산에 관하여 검사하게 할 수 있다.
(2015.7.24 본항개정)
③ 시·도지사는 대부업자등에 대한 전문적인 검사가 필요한 경우로서 대통령령으로 정하는 경우에는 제2항에도 불구하고 금융감독원장에게 대부업자등에 대한 검사를 요청할 수 있다.(2015.7.24 본항개정)
④ (2015.7.24 삭제)
⑤ 금융감독원장은 제2항 및 제3항에 따른 검사에 필요하다고 인정하면 대부업자등에 대하여 업무 및 업무와 관련된 재산에 관한 보고, 자료의 제출, 관계자의 출석 및 의견의 진술을 요구할 수 있다.(2015.7.24 본항개정)
⑥ 제2항 및 제3항에 따라 출입·검사를 하는 자는 그 권한을 표시하는 증표를 지니고 관계인에게 내보여야 한다.
(2015.7.24 본항개정)
⑦ 시·도지사등은 제1항부터 제3항까지의 규정에 따른 보고 또는 검사 결과에 따라 필요하면 대부업자등에게 시정명령 등 감독상 필요한 명령을 할 수 있다.(2015.7.24 본항개정)

⑧ 금융감독원장이 제2항에 따른 검사를 한 경우에는 그 보고서를 금융위원회에 제출하여야 한다. 이 경우 이 법 또는 이 법에 따른 명령이나 처분을 위반한 사실이 있을 때에는 그 처리에 관한 의견서를 첨부하여야 한다.
(2015.7.24 본항개정)
⑨ 대부업자등은 다음 각 호의 구분에 따른 사항을 적은 보고서를 대통령령으로 정하는 기간마다 대통령령으로 정하는 절차와 방법에 따라 관할 시·도지사등에게 제출하여야 한다.(2015.7.24 본문개정)
1. 대부업자의 경우
 가. 대부금액
 나. 대부를 받은 거래상대방의 수
 다. 그 밖에 영업소의 업무현황을 파악하기 위하여 필요한 사항으로서 대통령령으로 정하는 사항
2. 대부중개업자의 경우
 가. 대부를 중개한 금액
 나. 대부를 중개한 거래상대방의 수
 다. 그 밖에 영업소의 업무현황을 파악하기 위하여 필요한 사항으로서 대통령령으로 정하는 사항
(2009.1.21 본조개정)
제13조【영업정지 및 등록취소 등】 ① 시·도지사등은 대부업자등이 다음 각 호의 어느 하나에 해당하면 그 대부업자등에게 대통령령으로 정하는 기준에 따라 1년 이내의 기간을 정하여 그 영업의 전부 또는 일부의 정지를 명할 수 있다.(2015.7.24 본문개정)
1. 별표1 각 호의 어느 하나에 해당하는 경우, 「채권의 공정한 추심에 관한 법률」 제5조제1항, 제7조부터 제9조까지, 제10조제1항 및 제11조부터 제13조까지를 위반한 경우(2016.3.3 본호개정)
2. 해당 대부업자등의 영업소 중 같은 시·도지사에게 등록한 다른 영업소가 영업정지 처분을 받은 경우
(2015.7.24 본호개정)
② 시·도지사등은 대부업자등이 다음 각 호의 어느 하나에 해당하면 그 대부업자등의 등록을 취소할 수 있다. 다만, 제1호에 해당하면 등록을 취소하여야 한다.
(2015.7.24 본문개정)
1. 속임수나 그 밖의 부정한 방법으로 제3조 또는 제3조의2에 따른 등록 또는 등록갱신을 한 경우
2. 제3조의5제1항제3호의 요건을 충족하지 아니한 경우
(2015.7.24 본호개정)
2의2. 시·도지사에 등록한 대부업자등이 제3조의5제1항제5호가목 또는 나목의 요건을 충족하지 아니한 경우
(2015.7.24 본호신설)
2의3. 금융위원회에 등록한 대부업자등이 제3조의5제1항제5호가목, 나목 또는 같은 조 제2항제5호 또는 제6호의 요건을 충족하지 아니한 경우(2015.7.24 본호신설)
2의4. 시·도지사에 등록한 대부업자등의 대표자가 제4조제1항 각 호에 해당하는 경우(2015.7.24 본호신설)
3. 6개월 이상 계속하여 영업실적이 없는 경우
4. 제1항에 따른 영업정지 명령을 위반한 경우
5. 제1항에 따라 영업정지 명령을 받고도 그 영업정지 기간 이내에 영업정지 처분 사유를 시정하지 아니하여 동일한 사유로 제1항에 따른 영업정지 처분을 대통령령으로 정하는 횟수 이상 받은 경우
6. 대부업자등의 소재를 확인할 수 없는 경우로서 시·도지사등이 대통령령으로 정하는 바에 따라 소재 확인을 위한 공고를 하고 그 공고일부터 30일이 지날 때까지 그 대부업자등으로부터 통지가 없는 경우(2015.7.24 본호개정)
7. 대부업자등이 제1항제1호에 해당하는 경우로서 대부업자등의 거래상대방의 이익을 크게 해칠 우려가 있는 경우
8. 해당 대부업자등의 영업소 중 같은 시·도지사에게 등록한 다른 영업소가 등록취소 처분을 받은 경우
(2015.7.24 본호개정)
③ 시·도지사등은 제2항에 따른 등록취소를 하려면 다음 각 호의 방법에 따른 의견청취 절차를 거쳐야 한다. 다만, 제2항제6호의 경우에는 그러하지 아니하다.
(2015.7.24 본문개정)
1. 제2항제1호·제3호·제4호·제5호·제7호 및 제8호의 경우 : 청문
2. 제2항제2호, 제2호의2부터 제2호의4까지의 경우 : 의견제출 기회 부여(2015.7.24 본호개정)
④ 제3항에도 불구하고 다음 각 호의 경우에는 의견청취 절차를 거치지 아니할 수 있다.
1. 제2항제2호, 제2호의2부터 제2호의4까지에 해당함이 재판 등에 따라 객관적으로 증명된 경우(2015.7.24 본호개정)
2. 의견청취가 매우 어렵거나 명백히 불필요하다고 인정되는 상당한 이유가 있는 경우
3. 대부업자등이 의견청취 절차를 거치지 아니하여도 좋다는 의사를 명백히 표시하는 경우
⑤ 시·도지사등은 대부업자등에게 제1항 또는 제2항에 따른 영업정지 또는 등록취소 처분을 하는 경우에는 그 사실을 전산정보처리조직 등을 통하여 다른 시·도지사등에게 지체 없이 알려야 한다.(2015.7.24 본항개정)
⑥ 시·도지사등은 대부업자등 또는 그 임직원이 별표1 각 호의 어느 하나에 해당하는 경우에는 다음 각 호의 어느 하나에 해당하는 조치를 할 수 있다.(2022.1.4 본문개정)
1. 대부업자등에 대한 주의·경고 또는 그 임직원에 대한 주의·경고·문책의 요구
2. 임원의 해임 권고 또는 직무정지(2017.4.18 본호개정)
3. 직원의 면직 요구
(2015.7.24 본항신설)
⑦ 시·도지사등은 퇴임·퇴직한 대부업자등의 임직원이 재임·재직 중이었더라면 제6항 각 호에 해당하는 조치를 받았을 것으로 인정되는 경우에는 그 조치의 내용을 해당 대부업자등에게 통보할 수 있다.(2022.1.4 본항개정)
⑧ 제7항에 따른 통보를 받은 대부업자등은 이를 퇴임·퇴직한 해당 임직원에게 통보하고, 그 내용을 기록·유지하여야 한다.(2017.4.18 본항신설)
(2015.7.24 본조제목개정)
(2009.1.21 본조개정)
제14조【등록취소 등에 따른 거래의 종결】 다음 각 호의 어느 하나에 해당하는 대부업자등(대부업자등이 개인인 경우에는 그 상속인을 포함한다)은 그 대부업자등이 체결한 대부계약에 따른 거래를 종결하는 범위에서 대부업자등으로 본다.
1. 제3조제6항에 따른 등록의 유효기간이 만료된 경우
(2015.7.24 본호개정)
2. 제5조제2항에 따라 폐업신고를 한 경우
3. 제13조제2항에 따라 등록취소 처분을 받은 경우
(2009.1.21 본조개정)
제14조의2【과징금】 ① 금융위원회는 대부업자 또는 그 대주주(최대주주의 특수관계인을 포함한다. 이하 이 조에서 같다)가 다음 각 호의 어느 하나에 해당할 때에는 다음 각 호의 구분에 따라 과징금을 부과할 수 있다.
1. 대부업자
 가. 상호출자제한기업집단 대부업자가 제10조제1항에 따른 신용공여의 한도를 초과하여 신용공여를 한 경우 : 초과한 신용공여 금액 이하
 나. 여신금융기관이 최대주주인 대부업자가 제10조제7항을 위반하여 신용공여를 한 경우 : 신용공여 금액 이하
(2017.4.18 가목~나목개정)
2. 대주주
 가. 상호출자제한기업집단에 속하는 대주주가 제10조제1항에 따른 신용공여의 한도를 초과하여 신용공여를 받은 경우 : 초과한 신용공여 금액 이하
 나. 대부업자의 최대주주인 여신금융기관이 제10조제7항을 위반하여 신용공여를 받은 경우 : 신용공여 금액 이하
(2017.4.18 가목~나목개정)
② 금융위원회는 과징금을 부과받은 자(이하 "과징금납부의무자"라 한다)가 납부기한 내에 과징금을 납부하지 아니한 때에는 납부기한의 다음 날부터 납부한 날의 전날까지의 기간에 대하여 대통령령으로 정하는 가산금을 징수할 수 있다. 이 경우 가산금을 징수하는 기간은 60개월을 초과하지 못한다.(2017.4.18 후단신설)
③ 금융위원회는 과징금납부의무자가 그 기한까지 납부하지 아니하면 국세 체납처분의 예에 따라 이를 징수할 수 있다.
④ 금융위원회는 대통령령으로 정하는 바에 따라 과징금의 징수 및 체납처분에 관한 업무를 국세청장에게 위탁할 수 있다.
⑤ 과징금 부과기준 및 금액, 징수, 그 밖에 필요한 사항은 대통령령으로 정한다.
(2015.7.24 본조신설)
제14조의3 (2023.9.14 삭제)
제14조의4【과징금의 납부기한 연기 및 분할 납부】 ① 금융위원회는 과징금납부의무자에 대하여 「행정기본법」 제29조 단서에 따라 과징금 납부기한을 연기하거나 과징금을 분할 납부하게 할 수 있으며, 이 경우 필요하다고 인정하면 담보를 제공하게 할 수 있다.
② 과징금납부의무자는 제1항에 따라 과징금의 납부기한을 연기받거나 분할 납부를 하려는 경우에는 그 납부기한의 10일 전까지 금융위원회에 신청하여야 한다.
③ 금융위원회는 제1항에 따라 과징금 납부기한이 연기되거나 분할 납부가 허용된 과징금납부의무자가 다음 각 호의 어느 하나에 해당하게 된 때에는 그 납부기한의 연기 또는 분할 납부 결정을 취소하고 과징금을 일시에 징수할 수 있다.
1. 분할 납부하기로 한 과징금을 그 납부기한까지 내지 아니한 경우
2. 담보 제공 요구에 따르지 아니하거나 제공된 담보의 가치를 훼손하는 행위를 한 경우
3. 강제집행, 경매의 개시, 파산선고, 법인의 해산, 국세 강제징수 또는 지방세 체납처분 등의 사유로 과징금의 전부 또는 나머지를 징수할 수 없다고 인정되는 경우
4. 「행정기본법」 제29조 각 호의 사유가 해소되어 과징금을 한꺼번에 납부할 수 있다고 인정되는 경우
5. 그 밖에 제1호부터 제4호까지에 준하는 사유가 있는 경우
④ 제1항부터 제3항까지에서 규정한 사항 외에 과징금의 납부기한 연기 또는 분할 납부 등에 관하여 필요한 사항은 대통령령으로 정한다.
(2023.9.14 본조개정)
제14조의5【과징금 환급가산금】 ① 금융위원회는 과징금납부의무자가 이의신청의 재결 또는 법원의 판결 등의 사유로 과징금을 환급하는 경우에는 과징금을 납부한 날부터 환급한 날까지의 기간에 대하여 대통령령으로 정하는 바에 따라 환급가산금을 지급하여야 한다.
② 제1항에도 불구하고 법원의 판결에 의하여 과징금 부과처분이 취소되어 그 판결이유에 따라 새로운 과징금을 부과하는 경우에는 당초 납부한 과징금에서 새로 부과하기로 결정한 과징금을 공제한 나머지 금액에 대해서만 환급가산금을 계산하여 지급한다.
(2015.7.24 본조신설)
제15조【여신금융기관의 이자율의 제한】 ① 여신금융기관은 연 100분의 27.9 이하의 범위에서 대통령령으로 정하는 율을 초과하여 대부금에 대한 이자를 받을 수 없다.
(2016.3.3 본항신설)
② 제1항에 따른 이자율을 산정할 때에는 제8조제2항을 준용한다.(2016.3.3 본항신설)
③ 여신금융기관은 대부자금의 조달비용, 연체금의 관리비용, 연체금액, 연체기간, 금융업의 특성 등을 고려하여 대통령령으로 정하는 율을 초과하여 대부금에 대한 연체이자를 받을 수 없다.
④ 금융위원회는 제1항 및 제3항을 위반하여 이자 및 연체이자를 받는 여신금융기관에 대하여 그 시정을 명할 수 있다.
⑤ 여신금융기관이 제1항 및 제3항에 따른 기준을 초과하여 이자 또는 연체이자를 받은 경우 그 이자계약의 효력 등에 관하여는 제8조제4항부터 제6항까지의 규정을 준용한다.(2018.12.24 본항개정)
(2016.3.3 본조제목개정)
(2009.1.21 본조개정)
제15조의2【대부업정책협의회 등의 설치】 ① 대부업등 관련 정책을 종합적인 관점에서 일관성 있게 수립·추진하고, 관계 행정기관 간의 협의가 필요한 사항을 효율적으로 협의·조정하기 위하여 금융위원회에 대부업정책협의회를 둔다.
② 대부업정책협의회는 회의의 효율적 운영을 위하여 대부업정책실무협의회를 둘 수 있다.
③ 대부업등 관련 업무의 효율적 수행과 위법행위의 효과적 예방·단속에 관한 사항을 협의하기 위하여 시·도에 대부업관계기관협의회를 둔다.
④ 제1항에 따른 대부업정책협의회, 제2항에 따른 대부업정책실무협의회 및 제3항에 따른 대부업관계기관협의회의 구성·운영, 그 밖에 필요한 사항은 대통령령으로 정한다.
(2009.1.21 본조신설)
제16조【대부업자의 실태조사 등】 ① 시·도지사는 수시로 대통령령으로 정하는 방법 및 절차에 따라 대부업자등의 영업실태를 조사하여야 하며 그 결과를 매년 행정안전부장관 및 금융위원회에 제출하여야 한다.
② 행정안전부장관과 금융위원회는 시·도지사, 관계 행정기관 또는 공공단체의 장에게 대부업자등의 현황 파악과 제도 조사를 위하여 필요한 자료의 제공을 요청할 수 있다. 이 경우 시·도지사, 관계 행정기관 또는 공공단체의 장은 특별한 사유가 없으면 이에 협조하여야 한다.
③ 행정안전부장관과 금융위원회는 대부업자등의 현황 및 영업실태 조사결과 등을 대통령령으로 정하는 바에 따라 관보 또는 인터넷 홈페이지 등에 게재하여야 한다.
(2017.7.26 본조개정)
제16조의2【행정처분 사실 등의 공개】 ① 시·도지사등은 금융이용자 보호를 위하여 다음 각 호의 어느 하나에 해당하는 자에 대한 행정처분 또는 시정명령 사실을 공개하여야 한다.(2015.7.24 본문개정)
1. 최근 5년 이내에 제13조에 따른 영업정지 또는 등록취소 처분을 받은 자
2. 최근 5년 이내에 제15조제4항에 따른 시정명령을 받은 자
② 제1항에 따른 공개의 기준, 내용 및 절차 등에 필요한 사항은 대통령령으로 정한다.
(2014.1.1 본조신설)
제17조【등록수수료 등】 ① 제3조에 따른 등록을 하려는 자는 대통령령으로 정하는 바에 따라 수수료를 내야 한다.
② 제12조제2항 및 제3항에 따라 검사를 받는 대부업자등은 대통령령으로 정하는 검사수수료를 시·도지사나 금융감독원장에게 내야 한다.(2015.7.24 본항개정)
(2009.1.21 본조개정)
제18조【분쟁 조정】 ① 시·도지사에게 등록된 대부업자등과 거래상대방 간의 분쟁을 해결하기 위하여 해당 영업소를 관할하는 시·도지사 소속으로 분쟁조정위원회를 둔다.(2015.7.24 본항개정)

② 시·도지사에게 등록된 대부업자등과 거래상대방은 제1항에 따른 분쟁조정위원회에서 분쟁이 해결되지 아니하는 경우에는 「소비자기본법」 제60조에 따른 소비자분쟁조정위원회에 분쟁 조정을 신청할 수 있다.(2015.7.24 본항개정)
③ 제1항에 따른 분쟁조정위원회의 구성·운영과 분쟁조정의 절차·방법 등 분쟁 조정에 관하여 필요한 사항은 대통령령으로 정한다.
④ 금융위원회에 등록된 대부업자등과 거래상대방 간의 분쟁 조정에 관하여는 「금융소비자 보호에 관한 법률」 제33조부터 제43조까지의 규정을 준용한다.(2020.3.24 본항개정)
(2009.1.21 본조개정)

제18조의2【대부업 및 대부중개업 협회 설립 등】 ① 대부업등의 업무질서를 유지하고, 대부업등의 건전한 발전과 이용자 보호를 위하여 대부업 및 대부중개업 협회(이하 "협회"라 한다)를 설립한다.
② 협회는 법인으로 한다.
③ 협회는 정관으로 정하는 바에 따라 주된 사무소를 두고 필요한 곳에 지회(支會)를 둘 수 있다.(2015.7.24 본항개정)
④ 협회는 대통령령으로 정하는 바에 따라 주된 사무소의 소재지에서 설립등기를 함으로써 성립한다.
⑤ 이 법에 따른 협회가 아닌 자는 대부업 및 대부중개업 협회 또는 이와 비슷한 명칭을 사용하지 못한다.
(2009.1.21 본조신설)

제18조의3【업무】 ① 협회는 다음 각 호의 업무를 한다.
1. 이 법 또는 관계 법령을 준수하도록 하기 위한 회원에 대한 지도와 권고
2. 대부업등의 이용자 보호를 위한 회원에 대한 업무방식 개선·권고
3. 대부업등의 이용자 민원의 상담·처리
4. 그 밖에 협회의 목적을 달성하기 위하여 대통령령으로 정하는 업무

② 협회는 업무에 관한 규정을 제정·변경하거나 폐지한 경우에는 지체 없이 금융위원회에 이를 보고하여야 한다.(2016.3.3 본항개정)
(2009.1.21 본조신설)

제18조의4【정관】 ① 협회의 정관은 창립총회에서 작성한 후 금융위원회의 인가를 받아야 한다. 이를 변경하려는 경우에도 또한 같다.
② 협회의 정관에는 다음 각 호의 사항이 포함되어야 한다.
1. 목적, 명칭 및 주된 사무소의 소재지
2. 임직원에 관한 사항
3. 임원의 선출에 관한 사항
4. 회원의 권리와 의무에 관한 사항
5. 업무와 그 집행에 관한 사항
6. 회비의 분담과 예산 및 회계에 관한 사항
7. 회의에 관한 사항
8. 그 밖에 협회의 운영에 관한 사항

(2009.1.21 본조신설)

제18조의5【가입 등】 ① 대부업자등은 협회에 가입할 수 있다. 다만, 금융위원회에 등록된 대부업자등, 그 밖에 대통령령으로 정하는 자는 협회에 가입하여야 한다.
(2015.7.24 단서개정)
② 협회는 대부업자등이 협회에 가입하려는 경우 정당한 사유 없이 그 가입을 거부하거나 가입에 부당한 조건을 부과하여서는 아니 된다.
③ 협회는 회원에게 정관으로 정하는 바에 따라 회비를 징수할 수 있다.
(2009.1.21 본조신설)

제18조의6【「민법」의 준용】 협회에 대하여 이 법에 특별한 규정이 없으면 「민법」 중 사단법인에 관한 규정을 준용한다.(2009.1.21 본조신설)

제18조의7【업무의 위탁】 ① 이 법에 따른 시·도지사의 업무의 일부는 대통령령으로 정하는 바에 따라 협회에 위탁할 수 있다.
② 이 법에 따른 금융위원회의 업무의 일부는 대통령령으로 정하는 바에 따라 금융감독원장 또는 협회에 위탁할 수 있다.(2015.7.24 본항신설)
③ 금융감독원장 및 협회는 제1항 및 제2항에 따라 위탁받은 업무의 처리 결과를 매 분기별로 시·도지사등에게 보고하여야 한다.(2015.7.24 본항개정)
(2009.1.21 본조신설)

제18조의8【관계 기관에의 협조 요청】 시·도지사등은 대부업자등의 관리·감독 등을 위하여 관계 기관의 사실 확인이 필요하면 해당 기관에 그 확인을 요청할 수 있다. 이 경우 해당 기관은 특별한 사유가 없으면 사실을 확인하여 통보하여야 한다.(2015.7.24 전단개정)

제18조의9【협회에 대한 검사】 ① 협회는 그 업무와 재산상황에 관하여 금융감독원장의 검사를 받아야 한다.
② 금융감독원장은 제1항의 검사를 함에 있어서 필요하다고 인정하는 경우에는 협회에 업무 또는 재산에 관한 보고, 자료의 제출, 증인의 출석, 증언 및 의견의 진술을 요구할 수 있다.
③ 제1항에 따라 검사를 하는 자는 그 권한을 표시하는 증표를 지니고 이를 관계자에게 내보여야 한다.
④ 금융감독원장이 제1항에 따른 검사를 한 경우에는 그 보고서를 금융위원회에 제출하여야 한다. 이 경우 이 법 또는 이 법에 따른 명령이나 처분을 위반한 사실이 있는 때에는 그 처리에 관한 의견서를 첨부하여야 한다.
⑤ 금융위원회는 검사의 방법·절차, 검사결과에 대한 조치기준, 그 밖에 검사업무와 관련하여 필요한 사항을 정하여 고시할 수 있다.
(2016.3.3 본조신설)

제18조의10【협회에 대한 조치】 ① 금융위원회는 협회가 별표2 각 호의 어느 하나에 해당하는 경우에는 다음 각 호의 어느 하나에 해당하는 조치를 할 수 있다.
1. 6개월 이내의 업무의 일부의 정지
2. 위법행위의 시정명령
3. 기관경고
4. 기관주의
5. 그 밖에 위법행위를 시정하거나 방지하기 위하여 필요한 조치로서 대통령령으로 정하는 조치

② 금융위원회는 협회의 임원이 별표2 각 호의 어느 하나에 해당하는 경우에는 다음 각 호의 어느 하나에 해당하는 조치를 할 수 있다.
1. 해임요구
2. 6개월 이내의 직무정지
3. 문책경고
4. 주의적 경고
5. 주의
6. 그 밖에 위법행위를 시정하거나 방지하기 위하여 필요한 조치로서 대통령령으로 정하는 조치

③ 금융위원회는 협회의 직원이 별표2 각 호의 어느 하나에 해당하는 경우에는 다음 각 호의 어느 하나에 해당하는 조치를 협회에 요구할 수 있다.
1. 면직
2. 6개월 이내의 정직
3. 감봉
4. 견책
5. 경고
6. 주의
7. 그 밖에 위법행위를 시정하거나 방지하기 위하여 필요한 조치로서 대통령령으로 정하는 조치

④ 금융위원회는 제2항 또는 제3항에 따라 협회의 임직원에 대하여 조치를 하거나 이를 요구하는 경우 그 임직원에 대하여 관리·감독의 책임이 있는 임직원에 대한 조치를 함께 하거나 이를 요구할 수 있다. 다만, 관리·감독의 책임이 있는 자가 그 임직원의 관리·감독에 상당한 주의를 다한 경우에는 조치를 감면할 수 있다.
⑤ 금융위원회는 다음 각 호의 어느 하나에 해당하는 처분 또는 조치를 하고자 하는 경우에는 청문을 하여야 한다.
1. 제18조의4제1항에 따른 협회의 정관에 대한 인가의 취소
2. 제18조의10제2항 또는 제3항에 따른 협회의 임직원에 대한 해임요구 또는 면직요구

(2016.3.3 본조신설)

제18조의11【처분 등의 기록 및 공시 등】 ① 금융위원회는 제18조의10에 따라 처분 또는 조치한 경우에는 그 내용을 기록하고 이를 유지·관리하여야 한다.
② 금융위원회는 협회의 퇴임한 임원 또는 퇴직한 직원이 재임 또는 재직 중이었더라면 제18조의10제2항제1호부터 제5호까지 또는 같은 조 제3항제1호부터 제6호까지에 해당하는 조치를 받았을 것으로 인정되는 경우에는 그 받았을 것으로 인정되는 조치의 내용을 금융감독원장으로 하여금 협회에 통보하도록 할 수 있다. 이 경우 통보를 받은 협회는 이를 퇴임·퇴직한 그 임직원에게 통보하여야 한다.
③ 제1항은 협회가 금융위원회의 조치요구에 따라 그 임직원을 조치한 경우 및 제2항에 따라 통보를 받은 경우에 준용한다.
④ 협회 또는 그 임직원(임직원이었던 자를 포함한다)은 금융위원회에 자기에 대한 제18조의10에 따른 처분 또는 조치 여부 및 그 내용을 조회할 수 있다.
⑤ 금융위원회는 제4항의 조회요청을 받은 경우에는 정당한 사유가 없으면 처분 또는 조치 여부 및 그 내용을 그 조회 요청자에게 통보하여야 한다.
⑥~⑦ (2023.9.14 삭제)
(2016.3.3 본조신설)

제18조의12【처분 또는 조치에 대한 이의신청 특례】
① 제14조의2, 제18조의10제1항, 같은 조 제2항제2호부터 제6호까지 및 같은 조 제4항(제2항제2호부터 제6호까지의 어느 하나에 해당하는 조치에 한정한다)에 따른 처분 또는 조치에 대하여 불복하는 자는 그 처분 또는 조치의 고지를 받은 날부터 30일 이내에 그 사유를 갖추어 금융위원회에 이의신청을 할 수 있다.
② 금융위원회는 제1항에 따른 이의신청을 받으면 그 신청을 받은 날부터 60일 이내에 그 이의신청에 대한 결과를 신청인에게 통지하여야 한다. 다만, 부득이한 사유로 60일 이내에 통지할 수 없는 경우에는 그 기간을 만료일 다음 날부터 기산하여 30일의 범위에서 한 차례 연장할 수 있다.
③ 제1항 및 제2항에서 규정한 사항 외에 처분에 대한 이의신청에 관한 사항은 「행정기본법」 제36조에 따른다.
(2023.9.14 본조신설)

제19조【벌칙】 ① 다음 각 호의 어느 하나에 해당하는 자는 5년 이하의 징역 또는 5천만원 이하의 벌금에 처한다.
1. 제3조 또는 제3조의2를 위반하여 등록 또는 등록갱신을 하지 아니하고 대부업등을 한 자
2. 속임수나 그 밖의 부정한 방법으로 제3조 또는 제3조의2에 따른 등록 또는 등록갱신을 한 자
3. 제9조의2제1항 또는 제2항을 위반하여 대부업 또는 대부중개업 광고를 한 자
4. 제10조제1항 또는 제7항을 위반하여 신용공여를 한 자
5. 제10조제1항 또는 제7항을 위반하여 신용공여를 받은 자

(2015.7.24 4호~5호신설)
② 다음 각 호의 어느 하나에 해당하는 자는 3년 이하의 징역 또는 3천만원 이하의 벌금에 처한다.
1. 제5조의2제4항을 위반하여 그 상호 중에 대부, 대부중개 또는 이와 유사한 상호를 사용한 자(2015.7.24 본호신설)

1의2. 제5조의2제5항을 위반하여 타인에게 자기의 명의로 대부업등을 하게 하거나 등록증을 대여한 자
(2015.7.24 본호개정)
2. 제7조제3항을 위반하여 서류를 해당 용도 외의 목적으로 사용한 자
3. 제8조 또는 제11조제1항에 따른 이자율을 초과하여 이자를 받은 자
4. 제9조의4제1항 또는 제2항을 위반하여 미등록대부업자로부터 대부계약에 따른 채권을 양도받아 이를 추심하는 행위를 한 자 또는 미등록대부중개업자로부터 대부중개를 받은 거래상대방에게 대부행위를 한 자
(2012.12.11 본호개정)
5. 제9조의4제3항을 위반하여 대부계약에 따른 채권을 양도한 자(2015.7.24 본호신설)
6. 제11조의2제1항 또는 제2항을 위반하여 대부중개를 하거나 중개수수료를 받은 자
7. 제11조의2제3항에 따른 중개수수료를 초과하여 지급한 자(2012.12.11 본호신설)
8. 제11조의2제5항에 따른 시정명령을 이행하지 아니한 자(2012.12.11 본호신설)
9. 제11조의2제6항을 위반하여 중개수수료를 지급받은 자(2012.12.11 본호신설)
10. 제15조제4항에 따른 시정명령을 이행하지 아니한 자

③ 제1항 및 제2항의 징역형과 벌금형은 병과(倂科)할 수 있다.
(2009.1.21 본조개정)

제20조【양벌규정】 법인의 대표자나 법인 또는 개인의 대리인, 사용인, 그 밖의 종업원이 그 법인 또는 개인의 업무에 관하여 제19조의 위반행위를 하면 그 행위자를 벌하는 외에 그 법인 또는 개인에게도 해당 조문의 벌금형을 과(科)한다. 다만, 법인 또는 개인이 그 위반행위를 방지하기 위하여 해당 업무에 관하여 상당한 주의와 감독을 게을리하지 아니한 경우에는 그러하지 아니하다.
(2009.1.21 본조개정)

제21조【과태료】 ① 다음 각 호의 어느 하나에 해당하는 자에게는 5천만원 이하의 과태료를 부과한다.
(2017.4.18 본문개정)
1. 제5조제1항 또는 제2항을 위반하여 변경등록 또는 폐업신고를 하지 아니한 자
2. 제5조의2제1항 또는 제2항을 위반하여 상호 중에 "대부" 또는 "대부중개"라는 문자를 사용하지 아니한 자
3. 제6조제1항 또는 제3항을 위반하여 계약서를 교부하지 아니한 자 또는 같은 조 제1항 각 호 또는 같은 조 제3항 각 호에서 정한 내용 중 전부 또는 일부가 적혀 있지 아니한 계약서를 교부하거나 같은 조 제1항 각 호 또는 같은 조 제3항 각 호에서 정한 내용 중 전부 또는 일부를 거짓으로 적어 계약서를 교부한 자
4. 제6조제2항 또는 제4항을 위반하여 설명을 하지 아니한 자
5. 제6조의2를 위반하여 거래상대방 또는 보증인이 같은 조 제1항 각 호의 사항 또는 같은 조 제2항 각 호의 사항을 자필로 기재하게 하지 아니한 자
6. 제7조제1항을 위반하여 거래상대방으로부터 소득·재산 및 부채상황에 관한 증명서류를 제출받지 아니한 자

6의2. 제7조의2를 위반하여 제3자에게 담보제공 여부를 확인하지 아니한 자(2010.1.25 본호신설)
7. 제9조제1항을 위반하여 중요 사항을 게시하지 아니한 자
8. 제9조제2항, 제3항 또는 제5항을 위반하여 광고를 한 자(2015.7.24 본호개정)
9. 제9조의3제1항 각 호의 행위를 한 자
10. 제9조의5제1항 또는 제2항을 위반하여 종업원을 고용하거나 업무를 위임하거나 대리하게 한 자(2010.1.25 본호신설)

10의2. 제10조제2항을 위반하여 보고 또는 공시를 하지 아니한 자(2017.4.18 본호신설)

11. 제12조제2항 및 제3항에 따른 검사에 불응하거나 검사를 방해한 자(2015.7.24 본호개정)
12. 제12조제9항을 위반하여 보고서를 제출하지 아니하거나, 거짓으로 작성하거나, 기재하여야 할 사항의 전부 또는 일부를 기재하지 아니하고 제출한 자
② 다음 각 호의 어느 하나에 해당하는 자에게는 1천만원 이하의 과태료를 부과한다.(2017.4.18 본문개정)
1. 제3조제7항을 위반하여 분실신고를 하지 아니한 자(2015.7.24 본호개정)
2. 제3조의3제1항 또는 제2항을 위반하여 등록증을 반납하지 아니한 자
3. (2012.12.11 삭제)
4. 제6조제5항을 위반하여 계약서와 계약관계서류의 보관의무를 이행하지 아니한 자
5. 제6조제6항을 위반하여 정당한 사유 없이 계약서 및 계약관계서류의 열람을 거부하거나 관련 증명서의 발급을 거부한 자
6. 제9조제4항을 위반하여 광고의 문안과 표기에 관한 의무를 이행하지 아니한 자
7. (2017.4.18 삭제)
8. 제10조의2를 위반하여 소속과 성명을 밝히지 아니한 자
9. 제12조제1항 또는 제5항에 따른 보고 또는 자료의 제출을 거부하거나 거짓으로 보고 또는 자료를 제출한 자
10. 제18조의2제5항에 따른 대부업 및 대부중개업 협회 또는 이와 비슷한 명칭을 사용한 자
③ 제1항이나 제2항에 따른 과태료는 대통령령으로 정하는 바에 따라 시·도지사등이 부과·징수한다.
(2015.7.24 본항개정)
(2009.1.21 본조개정)

부 칙 (2010.1.25)

제1조【시행일】 이 법은 공포 후 3개월이 경과한 날부터 시행한다.
제2조【계약서 등 서류에 관한 적용례】 제6조제1항 및 제7조의2의 개정규정은 이 법 시행 후 최초로 체결한 대부계약부터 적용한다.
제3조【이자율 등의 제한에 관한 적용례】 이 법 시행 전에 성립한 대부계약상의 이자율에 대하여도 이 법 시행일부터 제8조제1항 및 제15조제1항의 개정규정을 적용한다.
제4조【대부업자등에 대한 경과조치】 이 법 시행 당시 종전의 제3조에 따라 대부업등의 등록을 한 자는 그 등록의 유효기간 만료일까지 제3조의 개정규정에 따라 대부업등의 등록을 한 것으로 본다.
제5조【대부업종사자의 결격사유에 관한 경과조치】 이 법 시행 당시 대부업등에 종사하고 있는 자가 이 법 시행 전에 발생한 사유로 인하여 제9조의5의 개정규정에 따른 결격사유에 해당하게 된 경우에는 같은 조의 개정규정에도 불구하고 종전의 규정에 따른다.
제6조【행정처분에 관한 경과조치】 이 법 시행 전의 행위에 대한 행정처분은 종전의 규정에 따른다.

부 칙 (2012.12.11)

제1조【시행일】 이 법은 공포 후 6개월이 경과한 날부터 시행한다.
제2조【폐업한 자에 대한 등록 제한에 관한 적용례】 제4조제6호의2의 개정규정은 이 법 시행 후 최초로 신청된 폐업행위부터 적용한다.
제3조【업무총괄 사용인 등에 관한 적용례】 이 법 시행일 당시 대부업등을 영위하는 자에 대하여는 제3조의2에 따른 등록갱신 시점부터 제5조의3의 개정규정을 적용한다.
제4조【대부중개수수료에 관한 적용례】 제11조의2의 개정규정은 이 법 시행 후 대부중개하는 행위부터 적용한다.
제5조【등록의 제한에 관한 경과조치】 이 법 시행 당시 재직 중인 임원, 대표자 또는 업무총괄 사용인이 이 법 시행 전에 발생한 사유로 인하여 제4조의 개정규정에 따른 결격사유에 해당하게 된 경우에는 같은 개정규정에도 불구하고 종전의 규정에 따른다.
제6조【행정처분에 관한 경과조치】 이 법 시행 전의 행위에 대하여 행정처분을 하는 경우에는 종전의 규정에 따른다.
제7조【벌칙 및 과태료에 관한 경과조치】 이 법 시행 전의 행위에 대하여 벌칙 및 과태료를 적용할 때에는 종전의 규정에 따른다.

부 칙 (2014.1.1)

제1조【시행일】 이 법은 공포한 날부터 시행한다. 다만, 제6조제1항제3호의2, 제11조의3, 제16조제3항, 제16조의2의 개정규정은 공포 후 3개월이 경과한 날부터 시행한다.
제2조【유효기간 등】 ① 제8조, 제11조제1항, 제15조제1항·제2항의 개정규정은 2015년 12월 31일까지 효력을 가진다.
② 제1항에 따른 유효기간 중 제8조, 제11조제1항, 제15조제1항·제2항의 개정규정을 위반하여 이자를 받은 자에 대하여는 제1항에 따른 유효기간이 만료한 후에도 제15조제4항 및 제19조제2항제3호·제10호를 적용한다.
제3조【초과이자에 관한 적용례】 제8조제4항의 개정규정(제11조제1항 및 제15조제5항에서 준용하는 경우를 포함한다)은 종전의 규정에 따라 이자율을 초과하는 이자를 지급한 경우에도 적용한다.
제4조【대부중개를 위탁한 대부업자 또는 여신금융기관의 배상책임에 관한 적용례】 제11조의3의 개정규정은 같은 개정규정 시행 후 최초로 손해를 발생시킨 분부터 적용한다.
제5조【행정처분 사실 등의 공개에 관한 적용례】 제16조의2의 개정규정은 같은 개정규정 시행 후 최초로 행정처분 또는 시정명령을 받은 분부터 적용한다.
제6조【이자율 제한 등에 관한 특례】 ① 제8조, 제15조제1항·제2항의 개정규정에도 불구하고 같은 개정규정에 따른 대통령령이 시행되기 전까지는 제2항부터 제5항까지의 규정에 따른다.
② 제8조제1항의 개정규정에서 "대통령령으로 정하는 소규모 법인"이란 「중소기업기본법」 제2조제2항에 따른 소기업에 해당하는 법인을 말한다.
③ 제8조제1항의 개정규정에서 "대통령령으로 정하는 율"이란 연 100분의 39(이 법 시행 후 3개월이 경과한 날부터는 연 100분의 34.9)를 말하며, 월 이자율 및 일 이자율은 연 100분의 39(이 법 시행 후 3개월이 경과한 날부터는 연 100분의 34.9)를 단리로 환산한다.
④ 제8조제2항의 개정규정 단서에서 "대통령령으로 정한 사항"이란 다음 각 호의 비용을 말한다.
1. 담보권 설정비용
2. 신용조회비용(「신용정보의 이용 및 보호에 관한 법률」 제4조제1항제1호의 업무를 허가받은 자에게 거래상대방의 신용을 조회하는 경우만 해당한다)
⑤ 제15조제1항의 개정규정에서 "대통령령으로 정하는 율"이란 연 100분의 39(이 법 시행 후 3개월이 경과한 날부터는 연 100분의 34.9)를 말하며, 월 이자율 및 일 이자율은 연 100분의 39(이 법 시행 후 3개월이 경과한 날부터는 연 100분의 34.9)를 단리로 환산한다.
제7조【이자율 제한에 관한 적용례】 ① 제8조, 제11조제1항, 제15조제1항·제2항의 개정규정에 따른 이자율은 이 법 시행 후 최초로 계약을 체결하거나 갱신하는 분부터 적용한다.
② 부칙 제6조제3항 및 제5항 중 연 100분의 34.9의 이자율은 이 법 시행 후 3개월이 경과한 날부터 체결하거나 갱신하는 계약분부터 적용한다.

부 칙 (2015.7.24)

제1조【시행일】 이 법은 공포 후 1년이 경과한 날부터 시행한다. 다만 제9조제5항 및 제21조제1항제8호의 개정규정은 공포 후 1개월이 경과한 날부터 시행하고, 제18조의2제3항의 개정규정은 공포한 날부터 시행한다.
제2조【대부업등 광고에 대한 적용례】 제9조제5항의 개정규정은 같은 개정규정 시행 후 최초로 광고에 관한 계약을 체결하는 분부터 적용한다.
제3조【대부업자등에 대한 경과조치】 이 법 시행 당시 종전의 제3조에 따라 대부업등의 등록을 한 자는 그 등록의 유효기간 만료일까지 제3조의 개정규정에 따라 대부업등의 등록을 한 것으로 본다.
제4조【대부업등의 등록업무 이관 등에 관한 경과조치】 ① 시·도지사는 이 법 시행 후 3개월 이내에 제3조제2항의 개정규정에 따라 금융위원회로 등록기관이 변경되는 대부업자등에 관한 모든 서류 및 그 밖의 자료 등을 금융위원회로 이관하여야 한다.
② 이 법 시행 전에 종전의 제3조의2제1항에 따라 시·도지사에게 등록갱신을 신청한 자로서 이 법 시행 당시 그 갱신절차가 진행 중인 자 중 제3조제2항의 개정규정에 따라 금융위원회로 등록기관이 변경되는 자의 해당 등록갱신 신청은 금융위원회에 한 것으로 본다.
제5조【등록요건 및 임원 등의 자격에 관한 경과조치】 ① 이 법 시행 당시 종전의 규정에 따라 등록한 대부업자등이 이 법 시행 전에 발생한 사유로 인하여 제3조의5의 개정규정에 의한 등록요건에 적합하지 아니하게 된 경우에는 같은 개정규정에도 불구하고 종전의 관련 규정에 따른다.
② 제1항에도 불구하고 이 법 시행 당시 종전의 규정에 따라 등록한 대부업자는 이 법 시행 후 6개월 이내에 제3조의5제1항제1호 또는 제2항제2호의 개정규정에 적합하게 하여야 한다.
③ 시·도지사등은 대부업자가 제2항의 의무를 이행하지 아니한 경우에는 해당 대부업자의 대부업 등록을 취소하여야 한다.
④ 이 법 시행 당시 대부업자등에 재직 중인 임원, 업무총괄 사용인이 이 법 시행 전에 발생한 사유로 인하여 제4조의 개정규정에 따른 임원 등의 결격사유에 해당하게 된 경우에는 같은 개정규정에도 불구하고 종전의 관련 규정에 따른다.
제6조【금치산자 등에 대한 경과조치】 제4조제1항제1호의 개정규정에 따른 피성년후견인 또는 피한정후견인에는 법률 제10429호 민법 일부개정법률 부칙 제2조에 따라 금치산 또는 한정치산 선고의 효력이 유지되는 자를 포함하는 것으로 본다.
제7조【대부업자의 총자산한도 초과에 관한 경과조치】 이 법 시행 당시 제7조의3의 개정규정에 따른 총자산한도에 해당하는 금액을 초과하는 대부업자는 이 법 시행일부터 2년 이내에 같은 개정규정에 적합하도록 하여야 한다.
제8조【고용 제한에 관한 경과조치】 이 법 시행 당시 대부업자등에 고용되어 있는 자가 이 법 시행 전에 발생한 사유로 인하여 제9조의5제1항제2호의 개정규정에 따른 고용 제한 사유에 해당하게 된 경우에는 같은 개정규정에도 불구하고 종전의 규정에 따른다.
제9조【상호출자제한기업집단 대부업자 등의 신용공여에 관한 경과조치】 ① 이 법 시행 당시 제10조제1항의 개정규정에 적합하지 아니한 상호출자제한기업집단 대부업자 및 그 대주주는 이 법 시행일부터 2년 이내에 같은 개정규정에 적합하도록 하여야 한다.
② 이 법 시행 당시 제10조제7항의 개정규정에 적합하지 아니한 여신금융기관이 최대주주인 대부업자 및 그 대주주는 이 법 시행일부터 1년 이내에 같은 개정규정에 적합하도록 하여야 한다.
제10조【대부업자등의 보증금 예탁 등에 관한 경과조치】 이 법 시행 당시 대부업자등 중 제11조의4제2항의 개정규정에 따른 보증금 예탁이나 보험 또는 공제에 가입하지 아니한 자는 이 법 시행일부터 6개월 이내에 같은 개정규정에 따른 보증금 예탁이나 보험 또는 공제에 가입하여야 한다.
제11조【행정처분 기준에 관한 경과조치】 이 법 시행 전의 행위에 대하여 행정처분을 하는 경우에는 종전의 규정에 따른다.
제12조【분쟁 조정에 관한 경과조치】 이 법 시행 당시 종전의 제18조제1항에 따라 분쟁 조정이 신청된 경우에는 같은 조 제4항의 개정규정에도 불구하고 종전의 규정에 따른다.

부 칙 (2016.3.3)

제1조【시행일】 이 법은 공포한 날부터 시행한다. 다만, 법률 제13445호 대부업 등의 등록 및 금융이용자 보호에 관한 법률 일부개정법률 제13조제6항의 개정규정은 2016년 7월 25일부터 시행하고, 제18조의3제2항, 제18조의9부터 제18조의11까지 및 별표2의 개정규정은 공포 후 6개월이 경과한 날부터 시행한다.
제2조 (2018.12.24 삭제)
제3조【초과이자에 관한 적용례】 제8조제4항의 개정규정(제11조제1항의 개정규정 및 제15조제5항에서 준용하는 경우를 포함한다)은 종전의 규정에 따라 이자율을 초과하는 이자를 지급한 경우에도 적용한다.
제4조【이자율 제한에 관한 적용례 등】 ① 제8조, 제11조제1항, 제15조제1항·제2항의 개정규정에 따른 이자율은 이 법 시행 후 최초로 계약을 체결 또는 갱신하거나 연장하는 분부터 적용한다.
② 부칙 제5조제2항 및 제4항 중 연 100분의 27.9의 이자율은 이 법 시행 후 최초로 계약을 체결 또는 갱신하거나 연장하는 분부터 적용한다.
③ 2016년 1월 1일부터 이 법 시행 전에 성립한 계약(그 계약의 갱신이나 연장을 제외한다)의 이자율에 대하여는 이 법 시행일부터 법률 제12156호 대부업 등의 등록 및 금융이용자 보호에 관한 법률 일부개정법률 제8조, 제11조제1항, 제15조제1항·제2항을 적용한다.
제5조【이자율 제한 등에 관한 특례】 ① 제8조, 제15조제1항·제2항의 개정규정에도 불구하고 같은 개정규정에 따른 대통령령이 시행되기 전까지는 제2항부터 제5항까지의 규정에 따른다.
② 제8조제1항의 개정규정에서 "대통령령으로 정하는 율"이란 연 100분의 27.9를 말하며, 월 이자율 및 일 이자율은 연 100분의 27.9를 단리로 환산한다.
③ 제8조제2항 단서의 개정규정에서 "대통령령으로 정한 사항"이란 다음 각 호의 비용을 말한다.
1. 담보권 설정비용
2. 신용조회비용(「신용정보의 이용 및 보호에 관한 법률」 제4조제1항제1호의 업무를 허가받은 자에게 거래상대방의 신용을 조회하는 경우만 해당한다)
④ 제15조제1항의 개정규정에서 "대통령령으로 정하는 율"이란 연 100분의 27.9를 말하며, 월 이자율 및 일 이자율은 연 100분의 27.9를 단리로 환산한다.
⑤ 제15조제2항의 개정규정에 따라 준용되는 제8조제2항 단서의 개정규정에서 "대통령령으로 정하는 사항"이란 다음 각 호의 비용을 말한다.
1. 담보권 설정비용
2. 신용조회비용(「신용정보의 이용 및 보호에 관한 법률」 제4조제1항제1호의 업무를 허가받은 자에게 거래상대방의 신용을 조회하는 경우만 해당한다)

3. 만기가 1년 이상인 대부계약의 대부금액을 조기상환함에 따라 발생하는 비용으로서 조기상환 금액의 100분의 1을 초과하지 아니하는 금액

제6조【행정처분 등에 관한 경과조치】 ① 이 법 시행 전의 행위에 대하여 행정처분을 하는 경우에는 종전의 규정에 따른다.

② 이 법 시행 전의 행위에 대하여 벌칙 및 과태료를 적용할 때에는 종전의 규정에 따른다.

부 칙 (2017.4.18)

제1조【시행일】 이 법은 공포 후 6개월이 경과한 날부터 시행한다.

제2조【대부계약의 체결 등에 관한 적용례】 제6조제1항제10호의 개정규정은 이 법 시행 이후 최초로 대부업자가 그의 거래상대방과 대부계약을 체결하는 경우부터 적용한다.

제3조【대부조건의 게시와 광고에 관한 적용례】 제9조제2항제5호·제6호 및 같은 조 제3항제5호·제6호의 개정규정은 이 법 시행 이후 최초로 대부업자 또는 대부중개업자가 대부조건 등에 관하여 표시 또는 광고하는 경우부터 적용한다.

제4조【퇴임한 임원 등에 대한 조치 내용의 통보에 관한 적용례】 ① 제13조제7항의 개정규정은 이 법 시행 전에 퇴임한 임원 또는 퇴직한 직원에 대해서도 적용한다.

② 제13조제8항의 개정규정은 이 법 시행 이후 최초로 대부업자등이 통보를 받는 경우부터 적용한다.

제5조【가산금 징수기간에 관한 적용례】 제14조의2제2항 후단의 개정규정은 이 법 시행 전의 납부기한 내에 과징금을 납부하지 아니한 경우에도 적용하되, 이 법 시행 당시 가산금 징수기간이 60개월을 초과한 경우에는 이 법 시행 이후의 기간에 대해서는 가산금을 징수하지 아니한다.

제6조【임원의 직무정지 요구에 관한 경과조치】 이 법 시행 전의 위반행위에 대해서는 제13조제6항제2호의 개정규정에도 불구하고 종전의 규정에 따른다.

제7조【과징금에 관한 경과조치】 이 법 시행 전의 위반행위에 대하여 과징금을 부과하는 경우에는 제14조의2제1항의 개정규정에도 불구하고 종전의 규정에 따른다.

부 칙 (2018.12.24)

제1조【시행일】 이 법은 공포한 날부터 시행한다. 다만, 제8조제3항·제5항, 제11조제1항 및 제15조제5항의 개정규정은 공포 후 6개월이 경과한 날부터 시행한다.

제2조【대부업자의 이자율 제한에 관한 적용례】 제8조제3항의 개정규정은 이 법 시행일 이후 최초로 계약을 체결 또는 갱신하거나 연장하는 분부터 적용한다.

부 칙 (2020.2.4)

제1조【시행일】 이 법은 공포 후 6개월이 경과한 날부터 시행한다.(이하 생략)

부 칙 (2020.3.24)

제1조【시행일】 이 법은 공포 후 1년이 경과한 날부터 시행한다.(이하 생략)

부 칙 (2020.6.9)

제1조【시행일】 이 법은 공포 후 6개월이 경과한 날부터 시행한다.(이하 생략)

부 칙 (2020.12.29)

제1조【시행일】 이 법은 공포 후 1년이 경과한 날부터 시행한다.(이하 생략)

부 칙 (2022.1.4)

제1조【시행일】 이 법은 공포 후 6개월이 경과한 날부터 시행한다.

제2조【대부업자등 및 그 임직원에 대한 주의·경고 등에 관한 적용례】 제13조제6항 및 제7항의 개정규정은 이 법 시행 후 시·도지사에게 등록한 대부업자등 또는 그 임직원이 별표1 각 호의 어느 하나에 해당하게 된 경우부터 적용한다.

부 칙 (2023.9.14)

제1조【시행일】 이 법은 공포한 날부터 시행한다.(이하 생략)

〔별표〕➡「法典 別冊」참조

대부업 등의 등록 및 금융이용자 보호에 관한 법률 시행령

(2002년 10월 28일 대통령령 제17765호)

개정
2004. 3.17영18312호(전자적민원처리를위한가석방자관리규정등)
2005. 8.31영19019호
2007.10. 4영20313호
2008. 2.29영20653호(금융위원회의설치등에관한법시)
2008. 3.28영20758호
2009. 4.21영21446호
2009. 8. 5영21673호
2010. 4.20영22135호
2010. 7.21영22298호
2011. 6.27영22991호
2011.11.30영23321호
2012. 1. 6영23488호(민감정보고유식별정보)
2012. 2.29영23644호(대학교원자격기준등에관한규정)
2012. 8.31영24076호(전자문서및전자거래기본법시)
2013. 3.23영24435호(직제)
2013. 6.11영24599호
2013. 6.28영24638호(부가세시)
2014. 4. 1영25293호
2014. 8. 6영25532호(민감정보고유식별정보)
2014. 9. 3영25588호
2014.11.19영25751호(직제)
2014.12. 9영25840호(규제기한정비)
2016. 7. 6영27322호
2016. 8.31영27472호(감정평가감정평가사시)
2017. 7.26영28218호(직제)
2017. 8.29영28257호
2017.10.17영28386호
2017.11. 7영28420호
2018.10.30영29269호(주식회사등의외부감사에관한법시)
2018.11.13영29287호
2019. 5.21영29782호
2019. 6.25영29886호(전기통신사업법시)
2019. 6.25영29892호(주식·사채등의전자등록에관한법시)
2020. 3. 3영30509호(규제기한해제)
2020. 3.31영30586호(소재·부품·장비산업경쟁력강화를위한특별조치법시)
2020. 8. 4영30893호(신용정보의이용및보호에관한법시)
2020. 8.25영30967호(온라인투자연계금융업및이용자보호에관한법시)
2020.11.24영31176호(법정공고방식확대)
2021. 3.23영31553호(금융소비자보호에관한법시)
2021. 4. 6영31613호
2021. 8.17영31946호
2021.12.28영32274호(독점시)
2022. 2.17영32449호(한국자산관리공사설립등에관한법시)
2022. 8.23영32881호(벤처투자촉진에관한법시)
2023. 6.13영33541호
2023.12. 5영33899호(소재·부품·장비산업경쟁력강화및공급망안정화를위한특별조치법시)
2023.12.12영33913호(행정법제혁신을위한일부개정법령등)
2024. 1. 9영34123호

제1조【목적】 이 영은「대부업 등의 등록 및 금융이용자 보호에 관한 법률」에서 위임된 사항과 그 시행에 필요한 사항을 규정함을 목적으로 한다.(2009.4.21 본조개정)

제2조【대부업에서 제외되는 범위】「대부업 등의 등록 및 금융이용자 보호에 관한 법률」(이하 "법"이라 한다) 제2조제1호 각 목 외의 부분 단서에서 "대통령령으로 정하는 경우"란 다음 각 호의 어느 하나에 해당하는 경우를 말한다.

1. 사업자가 그 종업원에게 대부하는 경우
2. 「노동조합 및 노동관계조정법」에 따라 설립된 노동조합이 그 구성원에게 대부하는 경우
3. 국가 또는 지방자치단체가 대부하는 경우
4. 「민법」이나 그 밖의 법률에 따라 설립된 비영리법인이 정관에서 정한 목적의 범위에서 대부하는 경우
5. 여신금융기관이「외국환거래법」제3조제1항제15호에 따른 비거주자 중 외국 국적을 가진 사람이나 외국 법령에 따라 설립된 법인에 외화로 대부하는 경우 (2024.1.9 본호신설)

(2009.4.21 본조개정)

제2조의2【여신금융기관의 범위】 법 제2조제4호에서 "대통령령으로 정하는 법령"이란 다음 각 호의 법률을 말한다.

1. 「은행법」
2. 「중소기업은행법」
3. 「한국산업은행법」
4. 「한국수출입은행법」
5. 「한국은행법」
6. 「자본시장과 금융투자업에 관한 법률」
7. 「상호저축은행법」
8. 「농업협동조합법」
9. 「수산업협동조합법」
10. 「신용협동조합법」
11. 「산림조합법」
12. 「새마을금고법」
13. 「보험업법」
14. 「여신전문금융업법」
15. 「자산유동화에 관한 법률」
16. 「우체국예금·보험에 관한 법률」
17. 「벤처투자 촉진에 관한 법률」(2022.8.23 본호개정)

17의2. 「온라인투자연계금융업 및 이용자 보호에 관한 법률」(2020.8.25 본호신설)

18. 그 밖에 금융위원회가 정하여 고시하는 법률

(2016.7.6 본조신설)

제2조의3【특수관계인의 범위 등】 ① 법 제2조제5호가목에서 "대통령령으로 정하는 특수한 관계에 있는 자"란 다음 각 호의 어느 하나에 해당하는 자(이하 "특수관계인"이라 한다)를 말한다.

1. 본인이 개인인 경우 : 다음 각 목의 어느 하나에 해당하는 자
   가. 배우자(사실상의 혼인관계에 있는 사람을 포함한다. 이하 같다)
   나. 6촌 이내의 부계혈족과 4촌 이내의 부계혈족의 처
   다. 3촌 이내의 부계혈족의 남편 및 자녀
   라. 3촌 이내의 모계혈족과 그 배우자 및 자녀
   마. 배우자의 2촌 이내의 부계혈족과 그 배우자
   바. 입양자 생가(生家)의 직계존속
   사. 출양자 및 그 배우자와 출양자 양가(養家)의 직계비속
   아. 혼인 외 출생자의 생모
   자. 본인의 금전이나 그 밖의 재산으로 생계를 유지하는 사람 및 생계를 함께 하는 사람
   차. 본인이 혼자서 또는 본인과 가목부터 자목까지의 관계에 있는 사람과 합하여 100분의 30 이상을 출자하거나 그 밖에 임원의 임면(任免) 등 법인 또는 단체(이하 "법인등"이라 한다)의 주요 경영사항에 대하여 사실상 영향력을 행사하고 있는 경우에는 해당 법인등과 그 임원
   카. 본인이 혼자서 또는 본인과 가목부터 차목까지의 관계에 있는 자와 합하여 100분의 30 이상을 출자하거나 그 밖에 임원의 임면 등 법인등의 주요 경영사항에 대하여 사실상 영향력을 행사하고 있는 경우에는 해당 법인등과 그 임원
2. 본인이 법인등인 경우 : 다음 각 목의 어느 하나에 해당하는 자
   가. 임원
   나. 「독점규제 및 공정거래에 관한 법률」제2조제12호에 따른 계열회사(이하 "계열회사"라 한다) 및 그 임원 (2021.12.28 본목개정)
   다. 혼자서 또는 제1호 각 목의 관계에 있는 자와 합하여 본인에게 100분의 30 이상을 출자하거나 그 밖에 임원의 임면 등 본인의 주요 경영사항에 대하여 사실상 영향력을 행사하고 있는 개인(그와 제1호 각 목의 관계에 있는 자를 포함한다) 또는 법인(계열회사는 제외한다. 이하 이 호에서 같다)·단체와 그 임원
   라. 본인이 혼자서 또는 본인과 가목부터 다목까지의 관계에 있는 자와 합하여 100분의 30 이상을 출자하는 경우나 그 밖에 임원의 임면 등 법인 또는 단체의 주요 경영사항에 대하여 사실상 영향력을 행사하고 있는 경우에는 해당 법인·단체와 그 임원

② 법 제2조제5호나목2)에서 "대통령령으로 정하는 자"란 다음 각 호의 어느 하나에 해당하는 자를 말한다.

1. 혼자서 또는 다른 주주(출자자를 포함한다. 이하 이 항에서 같다)와의 합의·계약 등에 따라 대표이사 또는 이사의 과반수를 선임한 주주
2. 경영전략, 조직 변경 등 주요 의사결정이나 업무집행에 지배적인 영향력을 행사한다고 인정되는 자로서 금융위원회가 정하는 주주

③ 법 제2조제6호에서 "대통령령으로 정하는 금액"이란「상법」제30조제2항에 따른 대차대조표 상 납입자본금·자본잉여금 및 이익잉여금 등의 합계액에 결산상 오류에 따른 금액을 더하거나 뺀 금액을 말한다.

(2016.7.6 본조신설)

제2조의4 (2020.8.25 삭제)

제2조의5【출자자의 범위】 법 제3조제3항제2호에서 "대통령령으로 정하는 기준"이란 발행주식총수 또는 출자총액의 100분의 1을 말한다.(2016.7.6 본조개정)

제2조의6【등록 등의 절차】 ① 법 제3조제1항 또는 제2항에 따라 대부업 또는 대부중개업(이하 "대부업등"이라 한다)을 등록하려는 자는 금융위원회가 정하여 고시하는 대부업등 등록신청서에 법 제3조제3항제4호에 따른 영업소의 소재지를 증명할 수 있는 서류(등기부등본 또는 임대차 등의 계약서 사본에 한정한다), 제2조의8제5항에 따른 교육이수증 사본(이하 "교육이수증 사본"이라 한다)과 그 밖에 금융위원회가 정하여 고시하는 서류를 첨부하여 영업소의 소재지를 관할하는 특별시장·광역시장·특별자치시장·도지사 또는 특별자치도지사(이하 "시·도지사"라 한다) 또는 금융위원회에 제출하여야 한다. 다만, 법 제3조의4제1항 단서에 해당되어 교육을 받은 경우에는 교육을 받은 날부터 1주일 이내에 교육이수증 사본을 제출하여야 한다.(2018.11.13 본문개정)

② 제1항에 따라 제출하는 교육이수증 사본은 등록신청일 전 6개월 이내의 교육에 대한 교육이수증〔등록하려는 시·도지사 또는 금융위원회(이하 "시·도지사등"이라 한다)가 교부한 것에 한정되지 아니한다〕사본이어야 한다.

③ 법 제3조제2항제5호에서 "대통령령으로 정하는 기준"이란 다음 각 호의 기준을 모두 충족하는 것을 말한다.

1. 직전 사업연도말을 기준으로 자산규모가 100억원을 초과할 것(2018.11.13 본호개정)
2. 제1호에 따른 자산 중 대부계약에 따른 채권(이하 "대부채권"이라 한다) 잔액이 50억원 이상일 것

(2016.7.6 본항신설)

④ 법 제3조제3항 각 호 외의 부분에서 "대통령령으로 정하는 서류"란 다음 각 호의 서류를 말한다.

1. 법 제3조의5제1항제1호 또는 같은 조 제2항제2호에 따른 자기자본(법인이 아닌 경우에는 순자산액)을 갖추었음을 증명하는 서류

2. 법 제11조의4제2항에 따라 보증금을 예탁하거나 보험 또는 공제에 가입하였음을 증명하는 서류
3. 그 밖에 법 또는 이 영에 따른 등록요건을 심사하기 위하여 필요한 서류로서 금융위원회가 정하여 고시하는 서류
(2016.7.6 본항신설)
⑤ 시·도지사에게 등록한 대부업자 또는 대부중개업자(이하 "대부업자등"이라 한다)가 법 제3조제2항 각 호에 해당하게 되어 등록기관이 금융위원회로 변경되거나 금융위원회에 등록한 대부업자등이 법 제3조제2항 각 호에 해당하지 아니하게 되어 등록기관이 시·도지사로 변경되는 경우 해당 대부업자등은 그 변경 사유의 발생일부터 15일 이내에 현재 등록되어 있는 시·도지사 또는 금융위원회에 금융위원회가 정하여 고시하는 변경신청과 관련된 서류를 제출하여야 한다.(2018.11.13 본항개정)
⑥ 법 제3조제4항 각 호 외의 부분에 따른 등록증의 서식은 금융위원회가 정하여 고시한다.
⑦ 법 제3조제5항 단서에서 "대통령령으로 정하는 사항"이란 다음 각 호의 사항을 말한다.
1. 법 제3조제3항제1호에 따른 등록신청인의 주소
2. 법 제3조제3항제2호에 따른 주주 또는 출자자 및 임원의 주소
3. 법 제3조제3항제3호에 따른 사용인의 주소
⑧ 법 제3조제7항에 따라 등록증을 다시 교부받으려는 자는 금융위원회가 정하여 고시하는 대부업등 등록증 분실신고서를 현재 등록되어 있는 시·도지사등에게 제출하여야 한다.
⑨ 제1항 또는 제5항에 따른 등록 등의 절차에 관하여 필요한 사항은 금융위원회가 정하여 고시한다.(2016.7.6 본항신설)
(2016.7.6 본조개정)

제2조의7【등록갱신 절차】 ① 법 제3조의2제1항에 따라 등록갱신을 신청하려는 자는 금융위원회가 정하여 고시하는 대부업등 등록갱신신청서에 법 제3조제3항제4호에 따른 영업소의 소재지를 증명할 수 있는 서류(등기부등본 또는 임대차 등의 계약서 사본에 한정한다), 교육이수증 사본과 그 밖에 금융위원회가 정하여 고시하는 서류를 첨부하여 현재 등록되어 있는 시·도지사등에게 제출하여야 한다.
② 제1항의 경우에는 제2조의6제1항 단서 및 같은 조 제2항을 준용한다.(2017.8.29 본항개정)
(2016.7.6 본조개정)

제2조의8【대부업등의 교육】 ① 법 제3조의4제1항 단서에서 "대통령령으로 정하는 부득이한 사유"란 다음 각 호의 어느 하나의 사유를 말한다.
1. 천재지변
2. 본인의 질병·사고, 업무상 국외 출장 등 부득이한 사유
3. 교육기관의 인적·물적 사정 등으로 교육을 받기 어려운 경우
② 법 제3조의4제1항 단서에서 "대통령령으로 정하는 기간"이란 1개월을 말한다.(2016.7.6 본항개정)
③ 법 제3조의4제1항에 따른 대부업등의 준수사항 등에 관한 교육은 시·도지사등이 다음 각 호의 구분에 따른 대부업자등의 임직원을 대상으로 실시한다.
1. 법 제3조제1항에 따라 대부업등의 등록을 하거나 해당 등록을 법 제3조의2제1항에 따라 갱신하려는 경우 : 다음 각 목의 구분에 따른 사람
가. 법인인 대부업자등의 지점 : 해당 지점의 업무를 총괄하는 사용인(이하 "업무총괄 사용인"이라 한다)
나. 가목 외의 자 : 대표자와 업무총괄 사용인
2. 법 제3조제2항에 따라 대부업등의 등록을 하거나 해당 등록을 법 제3조의2제1항에 따라 갱신하려는 경우 : 다음 각 목의 구분에 따른 사람
가. 법인인 대부업자등의 지점 : 해당 지점의 업무총괄 사용인
나. 가목 외의 자 : 다음의 사람
1) 대표자와 업무총괄 사용인
2) 임직원 총원(대표자 및 업무총괄 사용인을 포함한다)의 100분의 10 이상에 해당하는 수의 임직원
(2018.11.13 본항개정)
④ 제3항에 따른 교육의 내용은 다음 각 호와 같다.
1. 법 제8조에 따른 대부업자의 이자율 제한 및 이자율 계산 방법
2. 법 제12조제9항에 따른 보고서 작성 방법
3. 「채권의 공정한 추심에 관한 법률」에 따른 불법적 채권추심행위의 금지
4. 대부업자등의 광고에 관한 방법
5. 그 밖에 대부업자등이 대부업등을 경영하는 데 필요하다고 판단되는 사항
(2018.11.13 본항신설)
⑤ 시·도지사등은 제3항에 따른 교육을 받은 사람에게 금융위원회가 정하여 고시하는 교육이수증을 교부하여야 한다.(2016.7.6 본항개정)
(2009.4.21 본조신설)

제2조의9【자기자본】 ① 법 제3조의5제1항제1호에서 "대통령령으로 정하는 금액"이란 다음 각 호의 구분에 따른 금액을 말한다.
1. 등록신청인이 법인인 경우 : 5천만원
2. 등록신청인이 법인이 아닌 경우 : 1천만원
② 법 제3조의5제2항제2호에서 "대통령령으로 정하는 금액"이란 다음 각 호의 구분에 따른 금액을 말한다.
1. 등록신청인이 법 제3조제2항제2호에 따라 등록하려는 경우 : 5억원
2. 그 밖의 경우 : 3억원
(2018.11.13 본항개정)
③ 법 제3조의5제1항제1호 및 같은 조 제2항제2호에 따른 자기자본(법인이 아닌 경우에는 순자산액)의 산정방법은 금융위원회가 정하여 고시한다.
(2016.7.6 본조신설)

제2조의10【고정사업장】 법 제3조의5제1항제3호에서 "대통령령으로 정하는 고정사업장"이란 건축물대장에 기재된 건물(「건축법」 제2조제2항제1호에 따른 단독주택, 같은 항 제2호에 따른 공동주택 및 같은 항 제15호에 따른 숙박시설은 제외한다)에 대하여 소유, 임차 또는 사용대차 등의 방법으로 6개월 이상의 사용권을 확보한 장소를 말한다.(2016.7.6 본조개정)

제2조의11【겸업금지업종 등】 ① 법 제3조의5제2항제5호에서 "대통령령으로 정하는 업"이란 다음 각 호의 어느 하나에 해당하는 업을 말한다.
1. 「전기통신사업법」에 따른 전기통신사업 중 다음 각 목의 어느 하나에 해당하는 업
가. 「전기통신사업법」 제5조제2항에 따른 기간통신사업
나. (2019.6.25 삭제)
다. 「전기통신사업법」 제5조제3항에 따른 부가통신사업 중 이해상충 가능성이 있거나 대부업 이용자의 권익 및 신용질서를 저해할 우려가 있는 업종으로서 금융위원회가 구체적으로 정하여 고시하는 업(2019.6.25 본목개정)
(2017.8.29 본호개정)
2. 「사행산업통합감독위원회법」에 따른 사행산업
3. 「식품위생법 시행령」에 따른 단란주점영업 및 유흥주점영업
4. 「방문판매 등에 관한 법률」에 따른 다단계판매업
5. 그 밖에 이해상충 가능성이 있거나 대부업 이용자의 권익 및 신용질서를 현저히 저해할 우려가 있는 업종으로서 금융위원회가 정하여 고시하는 업
② 법 제3조의5제2항제6호에서 "대통령령으로 정하는 자"란 다음 각 호의 어느 하나에 해당하는 자를 말한다. 다만, 제1호의 경우 법인의 성격 등을 고려하여 금융위원회가 정하여 고시하는 자는 제외한다.
1. 최대주주인 법인의 최대주주(최대주주인 법인을 사실상 지배하는 자가 그 법인의 최대주주와 다른 경우에는 그 사실상 지배하는 자를 포함한다)
2. 최대주주인 법인의 대표자
③ 법 제3조의5제2항제6호 및 제7호에서 "대통령령으로 정하는 사회적 신용을 갖출 것"이란 각각 다음 각 호의 요건을 모두 갖춘 경우를 말한다. 다만, 다음 각 호의 위반 정도 등이 경미하다고 인정되는 경우는 사회적 신용을 갖춘 것으로 본다.
1. 최근 5년간 법, 이 영, 금융관련법령(제2조의12에 따른 금융관련법령을 말한다. 이하 같다), 「독점규제 및 공정거래에 관한 법률」 또는 「조세범 처벌법」을 위반하여 벌금형 이상에 상당하는 형사처벌을 받은 사실이 없을 것(2017.8.29 본호개정)
2. 최근 5년간 「신용정보의 이용 및 보호에 관한 법률」 제25조제2항제1호에 따른 종합신용정보집중기관에 금융질서 문란정보 거래처 또는 약정한 기일 내에 채무를 변제하지 아니한 자로 등록된 사실이 없을 것(2020.8.4 본호개정)
3. 「금융산업의 구조개선에 관한 법률」에 따라 부실금융기관으로 지정되었거나 법, 이 영 또는 금융관련법령에 따라 영업의 허가·인가·등록 등이 취소된 금융기관의 대주주 또는 그의 특수관계인(부실금융기관으로 지정되거나 영업의 허가 등이 취소될 당시 「독점규제 및 공정거래에 관한 법률 시행령」 제5조제1항제2호가목에 따른 독립경영자에 해당하거나 같은 목에 따라 공정거래위원회로부터 동일인관련자의 범위에서 분리되었다고 인정을 받은 자는 제외한다)이 아닐 것. 다만, 대주주 또는 그의 특수관계인으로서 법원의 판결에 따라 부실책임이 없다고 인정된 자 또는 부실에 따른 경제적 책임을 부담하는 등 금융위원회가 정하여 고시하는 기준에 해당하는 자는 제외한다.(2021.12.28 본문개정)
4. 그 밖에 금융위원회가 정하여 고시하는 건전한 금융거래질서를 해친 사실이 없을 것
(2016.7.6 본조신설)

제2조의12【금융관련법령】 법 제4조제2항제2호에서 "대통령령으로 정하는 금융관련법령"이란 다음 각 호의 법률을 말한다.
1. (2019.6.25 삭제)
2. 「공인회계사법」
3. 「근로자퇴직급여 보장법」
4. 「한국자산관리공사 설립 등에 관한 법률」(2022.2.17 본호개정)
5. 「금융산업의 구조개선에 관한 법률」
5의2. 「금융소비자 보호에 관한 법률」(2021.3.23 본호개정)
6. 「금융실명거래 및 비밀보장에 관한 법률」
7. 「금융위원회의 설치 등에 관한 법률」
8. 「금융지주회사법」
9. 「기술신용보증기금법」
10. 「농업협동조합법」
11. 「담보부사채신탁법」
12. 「문화산업진흥 기본법」
13. 「벤처투자 촉진에 관한 법률」(2022.8.23 본호개정)
14. 「보험업법」
15. 「감정평가 및 감정평가사에 관한 법률」(2016.8.31 본호개정)
16. 「부동산투자회사법」
17. 「사회기반시설에 대한 민간투자법」
18. 「산업발전법」
19. 「상호저축은행법」
20. 「선박투자회사법」
21. 「새마을금고법」
22. 「소재·부품·장비산업 경쟁력 강화 및 공급망 안정화를 위한 특별조치법」(2023.12.5 본호개정)
23. 「수산업협동조합법」
24. 「신용보증기금법」
25. 「신용정보의 이용 및 보호에 관한 법률」
26. 「신용협동조합법」
27. 「여신전문금융업법」
28. 「예금자보호법」
28의2. 「온라인투자연계금융업 및 이용자 보호에 관한 법률」(2020.8.25 본호신설)
29. 「외국인투자 촉진법」
30. 「외국환거래법」
31. 「유사수신행위의 규제에 관한 법률」
32. 「은행법」
33. 「이자제한법」
34. 「자본시장과 금융투자업에 관한 법률」
35. 「자산유동화에 관한 법률」
36. 「전자금융거래법」
36의2. 「주식·사채 등의 전자등록에 관한 법률」(2019.6.25 본호신설)
37. 「주식회사 등의 외부감사에 관한 법률」(2018.10.30 본호개정)
38. 「주택법」
39. 「중소기업은행법」
40. (2022.8.23 삭제)
41. 「채권의 공정한 추심에 관한 법률」
42. 「특정 금융거래정보의 보고 및 이용 등에 관한 법률」
43. 「한국산업은행법」
44. 「한국수출입은행법」
45. 「한국은행법」
46. 「한국주택금융공사법」
47. 「해외자원개발 사업법」
48. 그 밖에 금융위원회가 정하여 고시하는 법률
(2016.7.6 본조신설)

제3조【변경등록 등】 ① 법 제5조제1항 본문에 따라 변경등록을 하려는 대부업자등은 금융위원회가 정하여 고시하는 대부업등 변경등록신청서에 변경 사항을 증명하는 서류를 첨부하여 현재 등록되어 있는 시·도지사등에게 제출하여야 한다.(2016.7.6 본항개정)
② 법 제5조제1항 단서에서 "대통령령으로 정하는 경미한 사항이 변경된 경우"란 다음 각 호의 어느 하나에 해당하는 경우를 말한다.
1. 대표자, 임원, 출자자 및 업무총괄 사용인의 주소가 변경된 경우
2. 출자총액이 100분의 5 이하인 출자자의 명칭 또는 성명 및 지분율이 변경된 경우
3. 둘 이상의 영업소를 설치한 경우로서 영업소의 명칭 또는 소재지가 변경된 경우(명칭 또는 소재지가 변경된 해당 영업소는 제외한다)
4. 자기자본(법인이 아닌 경우에는 순자산액)의 변경사항이 법 제12조제9항에 따른 보고서에 반영되어 제출되는 경우(2018.11.13 본호개정)
(2014.9.3 본항개정)
③ 법 제5조제2항에 따라 폐업하려는 대부업자등은 폐업한 날부터 15일 이내에 금융위원회가 정하여 고시하는 대부업등 폐업신고서(「전자문서 및 전자거래 기본법」 제2조제1호에 따른 전자문서를 포함한다)를 현재 등록되어 있는 시·도지사등에게 제출하여야 한다.(2016.7.6 본항개정)
④ 제1항부터 제3항까지에서 규정한 사항 외에 법 제5조에 따른 변경등록 및 폐업신고에 관하여 필요한 사항은 금융위원회가 정하여 고시한다.(2016.7.6 본항신설)

제3조의2【상호 등】 ① 법 제5조의2제3항에서 "대통령령으로 정하는 기준"이란 총영업수익 중 대부업등에서 생기는 영업수익의 비율이 100분의 50 미만인 경우를 말한다.
② 제1항에 해당하여 상호(商號) 중에 "대부" 또는 "대부중개"라는 문자를 사용하지 아니한 대부업자등이 대부업등과 관련하여 광고 등의 영업행위를 할 때에는 상호와

함께 "대부" 또는 "대부중개"라는 글자를 쉽게 알아볼 수 있도록 적어야 한다.
③ 제1항의 영업수익의 비율은 직전 사업연도 말 손익계산서를 기준으로 하여 대부업등에서는 이자수익, 대부업등 외의 영업에서는 매출액으로 계산한다. 이 경우 유가증권에 대한 투자 및 금융회사에의 예치금 등 금융상품의 운용에 따른 수익은 영업수익의 비율 계산에서 제외한다.
(2009.4.21 본조신설)

제3조의3【업무총괄 사용인의 업무범위】 법 제5조의3 제2항에 따른 업무총괄 사용인의 업무범위는 다음 각 호와 같다.
1. 대부업자의 업무총괄 사용인
 가. 대부계약의 체결 및 이행에 관한 업무
 나. 채권추심에 관한 업무
 다. 민원의 상담·처리에 관한 업무
 라. 광고 등을 통한 거래상대방 모집에 관한 업무
 마. 그 밖에 거래상대방의 편의를 위하여 대부업자를 갈음하여 행하는 영업에 관한 업무
2. 대부중개업자의 업무총괄 사용인
 가. 대부계약의 중개에 관한 업무
 나. 대부업자와의 중개계약 체결 및 이행에 관한 업무
 다. 민원의 상담·처리에 관한 업무
 라. 광고 등을 통한 거래상대방 모집에 관한 업무
 마. 그 밖에 거래상대방의 편의를 위하여 대부중개업자를 갈음하여 행하는 영업에 관한 업무
(2013.6.11 본조신설)

제4조【대부계약서 등의 기재사항】 ① 법 제6조제1항제12호 및 같은 조 제3항제7호에서 "대통령령으로 정하는 사항"이란 다음 각 호의 사항을 말한다.(2010.4.20 본문개정)
1. 대부업등 등록번호
2. (2010.4.20 삭제)
3. 기한의 이익 상실에 관한 약정이 있는 경우에는 그 내용
4. 대부원리금의 변제 순서에 관한 약정이 있는 경우에는 그 내용
5. 채무 및 보증채무와 관련된 증명서의 발급비용과 발급기한(2011.11.30 본호신설)
② 법 제6조제5항 및 같은 조 제6항 전단에서 "대통령령으로 정하는 계약관계서류"란 다음 각 호의 서류를 말한다.
1. 대부계약대장
2. 채무자와 날짜별로 원리금 및 부대비용을 주고 받은 내역
3. 담보 관련 서류 등 거래상대방(보증인을 포함한다)이 대부계약 또는 그와 관련된 보증계약의 체결과 관련하여 제출한 서류(채무자가 채무를 변제하고 관련 서류의 반환을 서면으로 요구하여 반환한 경우에는 그 반환요구서)
(2009.4.21 본조개정)

제4조의2【중요 사항의 자필 기재】 ① 법 제6조의2제1항제4호 및 같은 조 제2항제4호에서 "대통령령으로 정하는 사항"이란 연체이자율을 말한다.
② 법 제6조의2제3항제2호에서 "음성 녹음 등 대통령령으로 정하는 방법"이란 다음 각 호의 사항을 모두 충족하는 방법을 말한다.
1. 유무선 통신을 이용하여 거래상대방이 본인인지 여부와 법 제6조의2제1항 각 호의 사항에 관하여 질문 또는 설명하고 그에 대한 거래상대방의 답변 또는 확인내용을 음성 녹음할 것
2. 제1호에 따른 음성 녹음 내용을 다음 각 목의 방법 중 거래상대방이 요청하는 방법으로 확인할 수 있도록 할 것. 이 경우 대부업자는 거래상대방에게 서면확인서를 요청할 수 있음을 대부계약 체결 전에 알려야 한다.
 가. 전화
 나. 인터넷 홈페이지
 다. 서면확인서
(2016.7.6 본항신설)
(2009.4.21 본조신설)

제4조의3【과잉 대부의 금지】 ① 법 제7조제1항 본문에서 "대통령령으로 정하는 증명서류"란 다음 각 호의 구분에 따른 서류를 말한다.
1. 거래상대방이 개인인 경우
 가. 「소득세법」 제143조에 따른 근로소득 원천징수영수증, 같은 법 제144조에 따른 사업소득 원천징수영수증, 소득금액증명원, 급여통장 사본, 연금증서 중 어느 하나의 소득증명서류
 나. 법 제6조제6항 전단에 따른 증명서로서 부채 잔액 증명서(「신용정보의 이용 및 보호에 관한 법률」에 따른 개인신용평가회사, 개인사업자신용평가회사, 기업신용조회회사(기업정보조회업무만을 하는 기업신용조회회사는 제외한다) 또는 같은 법 제25조제2항제1호에 따른 종합신용정보집중기관을 통한 신용정보조회(이하 "신용정보조회"라 한다) 결과를 제출하지 아니하는 경우만 해당한다)(2020.8.4 본목개정)
 다. 부동산 등기권리증, 부동산 임대차계약서 등 재산상 권리관계를 증명할 수 있는 서류(담보대출인 경우만 해당한다)
 라. 신용정보조회 결과(법 제3조제2항에 따라 등록한 대부업자가 대부계약을 체결하려는 경우만 해당한다)(2018.11.13 본목신설)
 마. 그 밖에 소득, 재산 및 부채상황을 파악할 수 있는 서류
2. 거래상대방이 법인인 경우
 가. 감사보고서(「주식회사 등의 외부감사에 관한 법률」 제4조에 따른 외부감사의 대상인 법인만 해당한다)(2018.10.30 본목개정)
 나. 「부가가치세법 시행령」 제11조제5항에 따른 사업자등록증, 지방세 세목별 과세증명서 및 지방세 납세증명서(2013.6.28 본목개정)
 다. 제1호나목, 다목 및 마목의 서류(2018.11.13 본목개정)
② 법 제7조제1항 단서에서 "대통령령으로 정하는 금액"이란 다음 각 호의 금액을 말한다. 이 경우 금액은 해당 대부업자가 대부계약을 체결하려는 거래상대방에게 이미 대부한 금액의 잔액과 새로 대부계약을 체결하려는 금액을 합하여 산정한다.(2018.11.13 전단개정)
1. 거래상대방이 29세 이하이거나 70세 이상인 경우 : 100만원
2. 제1호 외의 거래상대방인 경우 : 300만원
(2018.11.13 1호~2호신설)
(2009.4.21 본조신설)

제4조의4【총자산한도】 ① 법 제7조의3제1항에서 "대통령령으로 정하는 배수"란 10배를 말한다.
② 법 제7조의3제2항의 총자산한도는 「상법」 제30조제2항에 따른 대차대조표상 자산을 기준으로 산정한다. 다만, 법 제3조제2항제6호 및 이 영 제2조의4에 따라 금융위원회에 등록한 대부업자가 보유 대부채권의 전부에 대하여 원금과 이자의 수취만을 목적으로 하는 권리를 자금제공자에게 이전한 경우 해당 대부채권은 총자산한도 산정 시 총자산에 포함하지 아니한다.(2017.8.29 단서신설)
(2016.7.6 본조신설)

제5조【이자율의 제한】 ① (2017.8.29 삭제)
② 법 제8조제1항에서 "대통령령으로 정하는 율"이란 연 100분의 20을 말한다.(2021.4.6 본항개정)
③ 제2항의 율을 월 또는 일 기준으로 적용하는 경우에는 연 100분의 20을 단리로 환산한다.(2021.4.6 본항개정)
④ 법 제8조제2항 단서에서 "대통령령으로 정한 사항"이란 다음 각 호의 비용을 말한다.
1. 담보권 설정비용
2. 신용조회비용(「신용정보의 이용 및 보호에 관한 법률」에 따른 개인신용평가회사, 개인사업자신용평가회사 또는 기업신용조회회사에서 거래상대방의 신용을 조회하는 경우만 해당한다)(2020.8.4 본호개정)
⑤ 법 제8조제3항에서 "대통령령으로 정하는 율"이란 금융위원회가 대부자금의 조달비용, 연체금의 관리비용, 연체금액, 연체기간, 대부계약의 특성 등을 고려하여 정하는 연체이자율을 말한다. 이 경우 연 100분의 20을 초과할 수 없다.(2021.4.6 후단개정)
(2014.4.1 본조개정)

제6조【대부조건의 게시 등】 ① 법 제9조제1항에서 "대통령령으로 정하는 중요 사항"이란 다음 각 호의 사항을 말한다.
1. 대부업 등록번호
2. (2010.4.20 삭제)
3. 대부계약과 관련한 부대비용의 내용
② 법 제9조제2항제6호에서 "대통령령으로 정하는 사항"이란 다음 각 호의 사항을 말한다.(2017.10.17 본문개정)
1. 영업소의 주소와 법 제3조제3항제6호에 따라 등록된 표시 또는 광고(「표시·광고의 공정화에 관한 법률」에 따른 표시 또는 광고를 말한다. 이하 "광고"라 한다)에 사용되는 전화번호〔2 이상의 특별시·광역시·특별자치시·도 또는 특별자치도(이하 "시·도"라 한다)에 영업소를 설치한 대부업자인 경우에는 본점의 주소와 광고에 사용되는 전화번호를 말한다〕(2016.7.6 본호개정)
2. 현재 등록되어 있는 시·도 또는 금융위원회(이하 "시·도등"이라 한다)의 명칭과 등록정보를 확인할 수 있는 시·도등의 전화번호(2016.7.6 본호개정)
3. 과도한 채무의 위험성 및 대부계약과 관련된 신용등급 또는 개인신용평점의 하락 가능성을 알리는 별표1 제2호가목에 따른 경고문구(2020.8.4 본호개정)
③ 법 제9조제3항제6호에서 "대통령령으로 정하는 사항"이란 다음 각 호의 사항을 말한다.(2017.10.17 본문개정)
1. 영업소의 주소와 법 제3조제3항제6호에 따라 등록된 광고에 사용되는 전화번호(2 이상의 시·도에 영업소를 설치한 대부중개업자인 경우에는 본점의 주소와 광고에 사용되는 전화번호를 말한다)(2016.7.6 본호개정)
2. 현재 등록되어 있는 시·도등의 명칭과 등록정보를 확인할 수 있는 시·도등의 전화번호(2016.7.6 본호개정)
3. "중개수수료를 요구하거나 받는 것은 불법"이라는 문구
4. 과도한 채무의 위험성 및 대부계약과 관련된 신용등급 또는 개인신용평점의 하락 가능성을 알리는 별표1 제2호가목에 따른 경고문구(2020.8.4 본호개정)
(2009.4.21 본조개정)

제6조의2【대부업자등의 광고】 법 제9조제4항에서 "대통령령으로 정하는 방식"이란 다음 각 호의 방식을 말한다.
1. 대부업자등의 상호의 글자는 상표의 글자보다 크게 하고, 쉽게 알아볼 수 있도록 할 것
2. 등록번호, 전화번호, 대부이자율, 대부계약과 관련된 부대비용, 제6조제2항제3호 및 제3항제3호·제4호의 문구는 상호의 글자와 글자 크기를 같거나 크게 하고, 그 밖의 광고사항과 쉽게 구별할 수 있도록 할 것(2016.7.6 본호개정)
3. 별표1에 따른 대부업자등의 광고 표시기준을 준수할 것(2011.11.30 본호신설)
(2009.4.21 본조신설)

제6조의3【대부업자등의 허위·과장 광고】 법 제9조의3 제1항제3호에서 "대통령령으로 정하는 광고 행위"란 다음 각 호의 어느 하나에 해당하는 광고 행위를 말한다.
1. 다른 법률에 따라 허가·인가·등록 등을 받은 금융기관으로 오인될 수 있는 표현 등을 사용하는 광고 행위
2. 서민금융상품(서민 등 금융 소외계층을 지원하기 위한 상품으로서 금융위원회가 정하여 고시하는 상품을 말한다)으로 오인될 수 있는 표현 등을 사용하는 광고 행위
(2013.6.11 본조개정)

제6조의4【미등록대부업자 등에 대한 채권양도 금지】 법 제9조의4제3항에서 "대부업자, 여신금융기관 등 대통령령으로 정한 자"란 다음 각 호의 자를 말한다.
1. 법 제3조제2항제2호에 따라 등록한 대부업자
2. 여신금융기관
3. 「예금자보호법」에 따른 예금보험공사 및 정리금융회사
4. 「한국자산관리공사 설립 등에 관한 법률」에 따른 한국자산관리공사(2022.2.17 본호개정)
5. 「한국주택금융공사법」에 따른 한국주택금융공사
6. 외국 법령에 따라 설립되어 외국에서 여신금융기관이 영위하는 업(業)에 상당하는 업을 영위하는 자로서 금융위원회가 정하여 고시하는 경우에 해당하는 자(2024.1.9 본호신설)
7. 그 밖에 제1호부터 제6호까지에 준하는 자로서 금융위원회가 정하여 고시하는 자(2024.1.9 본호개정)
(2016.7.6 본조신설)

제6조의5【불법 대부광고에 사용된 전화번호의 이용중지 등】 ① 법 제9조의6제1항에서 "시·도지사 등 대통령령으로 정하는 자"란 다음 각 호의 자를 말한다.
1. 시·도지사
2. 검찰총장
3. 경찰청장
4. 금융감독원장(「금융위원회의 설치 등에 관한 법률」에 따른 금융감독원의 원장을 말한다. 이하 같다)
5. 「서민의 금융생활 지원에 관한 법률」 제3조에 따른 서민금융진흥원의 원장(2023.6.13 본호신설)
② 법 제9조의6제1항 또는 제2항에 따른 요청으로 전기통신역무 제공이 중지된 이용자가 같은 조 제3항에 따라 이의신청을 하려면 전기통신역무 제공이 중지된 날부터 30일 이내에 다음 각 호의 사항을 적은 문서를 같은 조 제1항 또는 제2항에 따른 전기통신역무 제공의 중지를 요청한 기관(이하 이 조에서 "제공중지요청기관"이라 한다)에 제출하여야 한다.
1. 이의신청인의 명칭 또는 성명과 주소 및 연락처
2. 이의신청의 사유
3. 전기통신역무 제공이 중지된 날
③ 제공중지요청기관은 제2항에 따라 이의신청을 받은 날부터 15일 이내에 그 이의신청에 대하여 결정을 하고 그 결과를 이의신청인에게 문서로 통지하여야 한다. 다만, 부득이한 사유로 그 기간 이내에 결정을 할 수 없을 때에는 15일의 범위에서 그 기간을 연장할 수 있으며, 연장사유와 연장기간을 이의신청인에게 통지하여야 한다.
④ 제공중지요청기관은 제2항에 따라 제출된 문서에 흠결이 있거나 추가적인 사실 확인이 필요한 경우 보완을 요청할 수 있다. 이 경우 그 보완에 소요된 기간은 제3항 본문의 기간에 산입(算入)되지 아니한다.
⑤ 제공중지요청기관은 법 제9조의6제3항에 따른 이의신청이 이유가 있다고 인정할 때에는 지체 없이 과학기술정보통신부장관에게 해당 전기통신역무 제공의 중지를 해제하도록 요청하여야 한다.(2017.7.26 본항개정)
(2014.9.3 본조신설)

제6조의6【대부업 이용자 보호기준】 ① 법 제9조의7제1항에서 "대통령령으로 정하는 자산규모"란 다음 각 호의 금액을 말한다.
1. 법 제3조제2항제2호에 따라 등록하여 대부채권매입추심을 업으로 하려는 대부업자 : 직전 사업연도말 기준으로 10억원
2. 그 밖의 대부업자등 : 직전 사업연도말 기준으로 500억원
(2018.11.13 본항개정)
② 법 제9조의7제1항에 따른 보호기준(이하 "보호기준"이라 한다)에는 다음 각 호의 사항이 포함되어야 한다.
1. 업무의 분장 및 조직구조에 관한 사항
2. 임직원이 업무를 수행할 때 준수하여야 하는 절차에 관한 사항

3. 임직원의 보호기준 준수 여부를 확인하는 절차 및 방법과 보호기준을 위반한 임직원의 처리에 관한 사항
4. 보호기준의 제정 또는 변경 절차에 관한 사항
5. 법 제9조의7제2항에 따른 보호감시인(이하 "보호감시인"이라 한다)의 임면절차에 관한 사항
6. 대부채권 추심 관련 불법행위를 방지하기 위한 채권의 추심·관리·매매 등에 대한 절차나 기준에 관한 사항
(2018.11.13 본호개정)
7. 채무자 보호를 위한 대출채권의 소멸시효 관리 등에 관한 사항(2018.11.13 본호신설)
8. 그 밖에 대부업 이용자 보호를 위하여 필요한 사항으로서 금융위원회가 정하여 고시하는 사항
③ 대부업자등이 보호기준을 제정하거나 변경하려는 경우에는 이사회의 결의를 거쳐야 한다. 다만, 이사회가 없는 경우에는 그러하지 아니하다.
④ 금융위원회는 법 제12조에 따른 검사 결과 법령을 위반한 사실이 드러난 대부업자등에 대해서는 법령 위반행위의 재발 방지를 위하여 보호기준의 변경을 권고할 수 있다.
⑤ 보호감시인은 다음 각 호의 업무를 수행한다.
1. 대부업 이용자 보호를 위한 계획의 수립
2. 법령 준수 여부와 관련한 영업실태와 관행에 대한 정기적인 점검 및 개선
3. 임직원에 대한 교육 계획의 수립
4. 그 밖에 대부업 이용자 보호를 위하여 금융위원회가 정하여 고시하는 사항
⑥ 보호감시인은 다른 영리법인의 상시적인 업무에 종사할 수 없다.
⑦ 보호감시인은 선량한 관리자의 주의로 그 직무를 수행하여야 하며, 다음 각 호의 어느 하나에 해당하는 업무를 수행하는 직무를 담당해서는 아니 된다. 다만, 직전 사업연도 말 기준으로 대부거래자 수가 1천명 미만인 대부업자등에 두는 보호감시인은 다음 각 호의 어느 하나에 해당하는 업무를 수행하는 직무를 담당할 수 있다.
1. 자산운용에 관한 업무
2. 법 제2조제1호 또는 제2호에 따라 대부업자등이 수행하는 업무 및 그 부수업무
⑧ 제1항부터 제7항까지에서 규정한 사항 외에 보호기준 및 보호감시인에 관하여 필요한 사항은 금융위원회가 정하여 고시한다.
(2016.7.6 본조신설)

제6조의7【대주주와의 거래제한 등】 ① 법 제10조제1항에서 "대통령령으로 정하는 것"이란 다음 각 호의 것을 말한다.
1. 대주주(그의 특수관계인을 포함한다. 이하 이 조에서 같다)를 위하여 담보를 제공하는 거래
2. 대주주를 위하여 어음을 배서(「어음법」 제15조제1항에 따른 담보적 효력이 없는 배서는 제외한다)하는 거래
3. 대주주에 대하여 출자의 이행을 약정하는 거래
4. 부동산, 증권 등 경제적 가치가 있는 재산의 대여
5. 대부, 지급보증 등 자금 지원적 성격의 유가증권의 매입
6. 제1호부터 제5호까지의 어느 하나에 해당하는 거래의 제한을 회피할 목적으로 하는 거래로서 다음 각 목의 어느 하나에 해당하는 거래
가. 제3자와의 계약 또는 담합 등에 의하여 서로 교차하는 방법으로 하는 거래
나. 장외파생상품거래, 신탁계약 또는 연계거래 등을 이용하는 거래
7. 대부업자가 직접적으로 제1호부터 제6호까지에 해당하는 거래를 한 것은 아니나 실질적으로 그에 해당하는 결과를 가져올 수 있는 거래
② 금융위원회는 다음 각 호의 어느 하나에 해당하는 거래에 대해서는 제1항에도 불구하고 이를 신용공여의 범위에 포함시키지 아니할 수 있다.
1. 대부업자에게 손실을 끼칠 가능성이 매우 적은 것으로 판단되는 거래
2. 금융시장에 미치는 영향 등 해당 거래의 상황에 비추어 신용공여의 범위에 포함시키지 아니하는 것이 타당하다고 판단되는 거래
③ 법 제10조제2항에서 "대통령령으로 정하는 금액"이란 금융위원회가 정하는 기준에 따른 단일거래금액이 자기자본의 1만분의 10에 해당하는 금액 또는 10억원 중 적은 금액을 말한다.
④ 법 제10조제3항에서 "대통령령으로 정하는 기간"이란 1년을 말한다.
(2016.7.6 본조신설)

제6조의8【중개수수료의 제한】 ① 법 제11조의2제3항에서 "대통령령으로 정하는 소규모 법인"이란 「중소기업기본법」 제2조제2항에 따른 소기업에 해당하는 법인을 말한다.
② 법 제11조의2제3항에서 "대통령령으로 정하는 율에 해당하는 금액"이란 다음 표의 구분에 따른 금액을 말한다.

대부금액	중개수수료 금액
5백만원 이하	대부금액의 100분의 3에 해당하는 금액
5백만원 초과	15만원＋대부금액 중 5백만원을 초과하는 금액의 100분의 2.25에 해당하는 금액

(2021.8.17 본항개정)
(2013.6.11 본조신설)

제6조의9【손해배상책임의 이행을 위한 보증금 예탁 등】 ① 대부업자등은 법 제11조의4제2항에 따라 다음 각 호의 구분에 따른 금액 이상을 법 제18조의2제1항에 따른 대부업 및 대부중개업 협회(이하 "협회"라 한다)에 보증금으로 예탁하거나 해당 금액을 최소 보장금액으로 하는 보험 또는 공제에 가입하고 등록기간 동안 이를 계속하여 유지하여야 한다.
1. 시·도지사에게 등록한 경우 : 1천만원
2. 금융위원회에 등록한 경우 : 5천만원
② 시·도지사등은 대부업자등의 거래규모, 법령 위반 등을 고려하여 대부업 이용자 보호를 위하여 필요하다고 인정하는 경우에는 제1항 각 호에 따른 금액의 증액을 명할 수 있다.
③ 대부업자등은 다음 각 호에 해당하는 사유가 발생한 날부터 3년의 범위에서 대부계약에 따른 거래를 종결하기 전까지 제1항 또는 제2항에 따른 보증금의 예탁이나 보험 또는 공제의 가입을 유지하여야 한다. 다만, 대부업자등의 불법행위로 인한 손해배상책임과 관련한 소송이 진행 중인 경우에는 해당 소송의 확정판결에 따른 보증금이나 보험 또는 공제의 지급이 종료되는 날까지 보증금의 예탁이나 보험 또는 공제의 가입을 유지하여야 한다.
1. 법 제3조제6항에 따른 등록의 유효기간이 만료되었으나 갱신등록을 하지 아니한 경우
2. 법 제5조제2항에 따라 폐업신고를 한 경우
3. 법 제13조제2항에 따라 등록취소 처분을 받은 경우
④ 제1항부터 제3항까지의 규정에 따른 보증금 예탁 등의 절차에 관하여 필요한 사항은 금융위원회가 정하여 고시한다.
(2016.7.6 본조신설)

제7조【금융감독원장에 대한 검사 요청 대상】 법 제12조제3항에서 "대통령령으로 정하는 경우"란 다음 각 호의 어느 하나에 해당하는 경우를 말한다.
1. (2016.7.6 삭제)
2. 매월 말을 기준으로 대부업자등의 월평균 대부금액의 잔액이 금융위원회가 정하는 금액을 초과하는 경우
3. 대부업자등의 영업행위가 법령에 위반되는 경우
(2010.4.20 본호개정)
4. 동일인이 2 이상의 등록업체의 대주주인 경우 등 분사(分社) 등의 수단을 통하여 법 제12조제2항에 따른 금융감독원장의 검사를 피하려는 의도가 있다고 의심되는 경우(2016.7.6 본호개정)
5. 대부업자등의 영업행위가 거래상대방(대부계약과 관련된 보증계약을 체결하는 경우에는 보증인을 포함한다)에게 불이익을 줄 가능성이 크고 「금융위원회의 설치 등에 관한 법률」 제38조에 따라 금융감독원의 검사를 받는 기관(이하 "금융기관"이라 한다)과 연계되어 있는 경우(2010.4.20 본호신설)
(2009.4.21 본조개정)

제7조의2 (2016.7.6 삭제)

제7조의3【대부업자등의 보고서 제출】 ① 법 제12조제9항에 따라 대부업자등은 금융위원회가 정하여 고시하는 보고서를 6월 30일 및 12월 31일을 기준으로 작성하여 그 기준일의 다음 달 말일까지 관할 시·도지사등에게 제출하여야 한다.(2016.7.6 본항개정)
② 법 제12조제9항제1호다목 및 같은 항 제2호다목에서 "대통령령으로 정하는 사항"이란 제1항에 따른 보고서에 기재된 영업소 일반현황 및 대부현황·대부중개현황·차입현황 등의 사항을 말한다.
(2009.4.21 본조신설)

제7조의4【영업정지 및 등록취소 기준】 ① 법 제13조제1항 각 호 외의 부분에서 "대통령령으로 정하는 기준"이란 별표2에 따른 기준을 말한다.
② 법 제13조제2항제5호에서 "대통령령으로 정하는 횟수"란 별표2에서 정한 횟수를 말한다.
(2011.11.30 본조개정)

제8조【공고내용 및 방법】 법 제13조제2항제6호에 따라 시·도지사등은 해당 대부업자등이 소재지를 통지하지 않는 경우 등록이 취소될 수 있다는 내용의 소재 확인을 위한 공고를 작성하여 관보, 시·도의 공보 또는 일간신문에 실어야 하며, 인터넷 홈페이지 등에도 게재해야 한다.
(2020.11.24 본조개정)

제8조의2【과징금의 부과기준】 법 제14조의2제1항에 따른 과징금의 부과기준은 별표2의2와 같다.
(2017.10.17 본조개정)

제8조의3【과징금의 부과절차】 ① 금융위원회는 법 제14조의2제1항에 따라 과징금을 부과할 때에는 그 위반행위의 종류와 해당 과징금의 금액을 구체적으로 밝혀 과징금을 낼 것을 서면으로 통지하여야 한다.
② 제1항에 따라 통지를 받은 자는 통지받은 날부터 60일 이내에 금융위원회가 정하는 수납기관에 과징금을 납부하여야 한다.
③ 제1항 및 제2항에서 규정한 사항 외에 과징금의 부과 절차에 관하여 필요한 사항은 금융위원회가 정하여 고시한다.
(2016.7.6 본조신설)

제8조의4【가산금】 법 제14조의2제2항 전단에서 "대통령령으로 정하는 가산금"이란 체납된 과징금에 연 100분의6을 적용하여 계산한 금액을 말한다.(2017.10.17 본조개정)

제8조의5【과징금의 납부기한 연기 및 분할 납부】 금융위원회가 「행정기본법」 제29조 단서에 따라 법 제14조의4에 따른 과징금의 납부기한을 연기하거나 분할 납부하게 하는 경우 납부기한의 연기는 그 납부기한의 다음 날부터 1년을 초과할 수 없고, 각 분할된 납부기한 간의 간격은 6개월 이내로 하며, 분할 납부의 횟수는 3회 이내로 한다.(2023.12.12 본조개정)

제8조의6【환급가산금의 이율】 금융위원회는 법 제14조의5제1항에 따라 은행의 1년 만기 정기예금의 이자율을 고려하여 금융위원회가 정하여 고시하는 이율을 적용한 환급가산금을 지급하여야 한다.(2016.7.6 본조신설)

제9조【여신금융기관의 이자율 등의 제한】 ① 법 제15조제1항에서 "대통령령으로 정하는 율"이란 연 100분의 20을 말한다.(2021.4.6 본항개정)
② 제1항의 율을 월 또는 일 기준으로 적용하는 경우에는 연 100분의 20을 단리로 환산한다.(2021.4.6 본항개정)
③ 법 제15조제2항에 따라 준용되는 법 제8조제2항 단서에서 "대통령령으로 정하는 사항"이란 다음 각 호의 비용을 말한다.
1. 담보권 설정비용
2. 신용조회비용(「신용정보의 이용 및 보호에 관한 법률」에 따른 개인신용평가회사, 개인사업자신용평가회사 또는 기업신용조회회사에 거래상대방의 신용을 조회하는 경우만 해당한다)(2020.8.4 본호개정)
3. 만기가 1년 이상인 대부계약의 대부금액을 조기상환함에 따라 발생하는 비용으로서 조기상환 금액의 100분의 1을 초과하지 아니하는 금액
(2014.9.3 본항신설)
④ 법 제15조제3항에서 "대통령령으로 정하는 율"이란 금융위원회가 각 금융업 및 대부계약의 특성 등을 반영하여 정하는 연체이자율을 말한다. 이 경우 연 100분의 20을 초과할 수 없다.(2021.4.6 후단개정)

제9조의2【실태조사의 방법 및 절차】 ① 시·도지사는 법 제16조제1항에 따라 대부업자등의 영업실태를 조사하는 경우 법 제12조제9항 각 호의 구분에 따른 사항을 매년 6월 30일 및 12월 31일을 기준으로 조사하여야 한다.
② 시·도지사는 제1항에 따른 실태조사의 결과를 법 제16조제1항에 따라 행정안전부장관과 금융위원회에 제출하는 경우 금융감독원장이 지정하는 전산정보시스템을 통하여 전자문서로 제출할 수 있다.
③ 행정안전부장관과 금융위원회는 법 제16조제3항에 따라 대부업자등의 현황 및 영업실태 조사결과 등을 매년 6월 30일과 12월 31일을 기준으로 작성하여 그 기준일부터 6개월 내에 관보 또는 인터넷 홈페이지에 게재하여야 한다.
(2017.10.17 본조개정)

제9조의3【행정처분 또는 시정명령 사실의 공개 내용 및 절차 등】 ① 시·도지사등은 법 제16조의2제1항에 따라 행정처분 또는 시정명령 사실을 공개하는 경우 다음 각 호의 사항을 모두 포함하여야 한다.(2016.7.6 본문개정)
1. 행정처분 또는 시정명령 사실의 공개임을 알 수 있는 제목
2. 상호, 소재지 및 성명(법인의 경우 대표자 성명을 말한다)
3. 대부업등 등록번호(여신금융기관의 경우 사업자등록번호를 말한다)
4. 위반행위
5. 위반행위에 대한 행정처분 또는 시정명령의 내용
6. 행정처분일·시정명령일 및 그 기간
② 제1항에 따른 공개는 시·도지사등이 해당 행정처분 또는 시정명령을 한 후 지체 없이 시·도등의 인터넷 홈페이지에 게재하는 방법으로 한다.(2016.7.6 본항개정)
③ 시·도지사등은 제1항제5호에 따른 행정처분 또는 시정명령이 취소된 경우에는 그 취소된 사실을 해당 행정처분 또는 시정명령 사실이 제2항에 따라 게재된 기간 이상 시·도등의 인터넷 홈페이지에 게재하는 방법으로 공개하여야 한다.(2016.7.6 본항개정)
(2014.4.1 본조신설)

제10조【등록수수료 등】 ① 대부업등의 등록을 하려는 자는 법 제17조제1항에 따라 각각의 사업에 대하여 영업소당 10만원의 수수료를 내야 한다. 다만, 10만원 이내에서 시·도의 조례로 그 금액을 다르게 정할 수 있다.
② 법 제17조제2항에서 "대통령령으로 정하는 검사수수료"란 검사일을 기준으로 연평균 대부금액 잔액의 1천분의 1 이내에서 금융위원회가 정하는 금액을 말한다. 다만, 시·도지사가 받는 검사수수료의 경우에는 연평균 대부금액 잔액의 1천분의 1 이내에서 시·도의 조례로 그 금액을 다르게 정할 수 있다.
(2009.4.21 본조개정)

제11조【분쟁조정위원회의 구성 및 운영】 ① 법 제18조제1항에 따른 분쟁조정위원회는 다음 각 호의 어느 하나에 해당하는 사람으로서 시·도지사가 임명하거나 위촉하는 5명의 위원으로 구성한다.(2016.7.6 본문개정)
1. 금융기관에서 3년 이상 근무한 경력이 있는 사람
2. 변호사 또는 공인회계사
3. 소비자단체에서 3년 이상 근무한 경력이 있는 사람
4. 금융·대부업 또는 소비자보호 분야에서 3년 이상 근무한 경력이 있는 공무원

5. 금융 또는 법학을 전공하여 대학에서 조교수 이상의 직(職)에 3년 이상 재직한 경력이 있는 사람(2012.2.29 본호개정)

② 위원장은 위원 중에서 호선(互選)하며, 위원장 및 위원의 임기는 1년으로 하되 연임할 수 있다.

③ 시·도지사는 제1항 각 호에 따른 위원이 다음 각 호의 어느 하나에 해당하는 경우에는 해당 위원을 해임(解任)하거나 해촉(解囑)할 수 있다.

1. 심신장애로 인하여 직무를 수행할 수 없게 된 경우
2. 직무와 관련된 비위사실이 있는 경우
3. 직무태만, 품위손상이나 그 밖의 사유로 인하여 위원으로 적합하지 아니하다고 인정하는 경우
4. 위원 스스로 직무를 수행하는 것이 곤란하다고 의사를 밝히는 경우

(2016.7.6 본항신설)

④ 분쟁조정위원회는 재적위원 3분의 2의 찬성으로 분쟁에 대한 조정안을 의결하며, 분쟁당사자에게 그 조정안의 수락을 권고할 수 있다.

⑤ 제1항부터 제4항까지에서 규정한 사항 외에 분쟁조정위원회의 효율적인 운영에 필요한 세부사항은 분쟁조정위원회가 정한다.(2016.7.6 본항개정)

(2009.4.21 본조개정)

제11조의2【대부업 및 대부중개업 협회】 ① 법 제18조의2제4항에 따라 협회는 정관을 작성하여 금융위원회의 인가를 받은 날부터 2주일 이내에 주된 사무소의 소재지에서 설립등기를 하여야 한다.(2016.7.6 본항개정)

② 제1항에 따른 설립등기에는 다음 각 호의 사항이 포함되어야 한다.

1. 목적
2. 명칭
3. 주된 사무소 및 지회(支會)의 소재지
4. 임원의 성명 및 주소
5. 공고의 방법

③ 제1항에 따른 설립등기의 신청서에는 다음 각 호의 서류를 첨부하여야 한다.

1. 정관
2. 정관인가서 사본

④ 법 제18조의3제1항제4호에서 "대통령령으로 정하는 업무"란 다음 각 호의 업무를 말한다.(2016.7.6 본문개정)

1. 대부업자등의 임직원에 대한 교육
2. 대부업자등의 발전을 위한 조사·연구
3. 대부업자등의 광고에 대한 자율심의(2011.11.30 본호신설)
4. 대부업자등, 법 제3조에 따라 등록을 하지 아니하고 사실상 대부업등을 하는 자의 법령위반사항 등에 대한 자율감시(2011.11.30 본호신설)
5. 법 제11조의4에 따른 대부업자등의 손해배상책임을 보장하기 위한 보증금 예탁 및 공제업무(2016.7.6 본호신설)
6. 대부업자등의 건전한 영업질서 유지를 위한 업무방법 표준화 및 지도 등 자율규제 업무(2018.11.13 본호신설)
7. 대부업자등의 공동이익을 위한 사업(2018.11.13 본호신설)
8. 그 밖에 협회의 목적을 달성하기 위하여 필요한 업무

⑤ 법 제18조의5제1항 단서에서 "대통령령으로 정하는 자"란 법 제3조제1항에 따라 등록한 법인인 대부업자등을 말한다.(2016.7.6 본항신설)

(2009.4.21 본조신설)

제11조의3【업무의 위탁】 ① 시·도지사등은 법 제18조의7제1항 및 제2항에 따라 법 제3조의4에 따른 대부업등의 준수사항 등에 관한 교육 업무를 협회에 위탁한다.(2016.7.6 본항개정)

② 금융위원회는 법 제18조의7제2항에 따라 다음 각 호의 업무를 금융감독원장에게 위탁한다.

1. 법 제3조·제3조의2 및 제3조의3에 따른 대부업등의 등록, 등록갱신, 등록증의 반납과 등록증의 분실신고 접수 등의 절차에 관한 업무
2. 법 제3조의5에 따른 대부업등의 등록요건 심사에 관한 업무
3. 법 제4조제2항에 따른 대부업자등의 임원 및 업무총괄 사용인의 자격심사에 관한 업무
4. 법 제5조에 따른 대부업등의 변경등록 및 폐업신고 접수에 관한 업무
5. 법 제10조제2항에 따른 상호출자제한기업집단 대부업자의 신용공여 사실에 관한 보고의 접수
6. 법 제10조제5항에 따른 세부계획서의 접수
7. 법 제10조제8항에 따른 신용공여한도 위반 혐의 대부업자 및 그 대주주에 대한 자료제출명령

7의2. 법 제11조의2제5항에 따른 시정명령 심사에 관한 업무(2018.11.13 본호신설)

8. 법 제12조제1항에 따른 대부업자등의 업무 및 업무와 관련된 재산에 관한 보고, 자료의 제출 및 그 밖에 필요한 명령

8의2. 법 제12조제7항에 따른 시정명령 심사에 관한 업무(2018.11.13 본호신설)

9. 법 제12조제9항에 따른 보고서의 접수
10. 법 제13조제6항제1호 및 제3호에 따른 조치

10의2. 법 제13조제7항에 따른 조치 내용의 결정 및 통보(같은 조 제6항제1호 및 제3호에 해당하는 조치를 받았을 것으로 인정되는 경우의 조치 내용의 결정 및 통보에 한정한다)(2017.10.17 본호신설)

10의3. 법 제15조제4항에 따른 시정명령 심사에 관한 업무(2018.11.13 본호신설)

11. 법 제16조에 따른 대부업자의 실태조사 등에 관한 업무
12. 법 제16조의2에 따른 행정처분 사실 등의 공개에 관한 업무
13. 법 제17조제1항에 따른 등록수수료에 관한 업무
14. 법 제18조의8에 따른 대부업자등의 관리·감독 등을 위하여 사실확인이 필요한 경우 관계 기관에의 협조 요청

(2016.7.6 본항신설)

제11조의4【협회에 대한 조치】 ① 법 제18조의10제1항제5호에서 "대통령령으로 정하는 조치"란 다음 각 호의 어느 하나에 해당하는 조치를 말한다.

1. 경영이나 업무방법의 개선요구나 개선권고
2. 변상 요구
3. 법을 위반한 경우에는 고발 또는 수사기관에의 통보
4. 다른 법률을 위반한 경우에는 관련기관이나 수사기관에의 통보
5. 그 밖에 금융위원회가 법 및 이 영과 그 밖의 관련 법령에 따라 취할 수 있는 조치

② 법 제18조의10제2항제6호 및 같은 조 제3항제7호에서 "대통령령으로 정하는 조치"란 각각 제1항제3호부터 제5호까지의 어느 하나에 해당하는 조치를 말한다.

(2017.8.29 본조신설)

제11조의5【고유식별정보의 처리】 ① 시·도지사등(제11조의3에 따라 시·도지사등의 업무를 위탁받은 자를 포함한다)은 다음 각 호의 사무를 수행하기 위하여 불가피한 경우 「개인정보 보호법 시행령」 제19조제1호, 제2호 또는 제4호에 따른 주민등록번호, 여권번호 또는 외국인등록번호(이하 이 조에서 "주민등록번호등"이라 한다)가 포함된 자료를 처리할 수 있다.(2016.7.6 본문개정)

1. 법 제3조에 따른 등록에 관한 사무
2. 법 제3조의2에 따른 등록갱신에 관한 사무
3. 법 제3조의3에 따른 등록증 반납 등에 관한 사무
4. 법 제3조의4에 따른 대부업등 교육에 관한 사무
5. 법 제4조에 따른 대부업자등의 대표자, 임원 또는 업무총괄 사용인의 자격요건 확인 등에 관한 사무(2016.7.6 본호신설)
6. 법 제5조에 따른 변경등록 및 폐업신고에 관한 사무
7. 법 제9조의7에 따른 보호기준 및 보호감시인에 관한 사무(2016.7.6 본호신설)
8. 법 제10조에 따른 상호출자제한기업집단 대부업자의 대주주와의 거래 관련 보고, 신용공여기간 연장 승인, 자료제출명령 등에 관한 사무(2016.7.6 본호신설)
9. 법 제11조의4제2항에 따른 손해배상책임을 보장하기 위한 보증금 예탁 등에 관한 사무(2016.7.6 본호신설)
10. 법 제12조, 제13조에 따른 검사, 영업정지, 등록취소 및 이에 따른 사후 조치 등에 관한 사무
11. 법 제14조의2에 따른 과징금 부과·징수에 관한 사무(2016.7.6 본호신설)
12. 법 제16조에 따른 대부업자의 실태조사 등에 관한 사무
13. 법 제18조에 따른 분쟁 조정에 관한 사무

② 행정안전부장관은 다음 각 호의 사무를 수행하기 위하여 불가피한 경우 주민등록번호등이 포함된 자료를 처리할 수 있다.(2017.7.26 본문개정)

1. 법 제12조에 따른 검사 및 이에 따른 사후조치 등에 관한 사무
2. 법 제16조에 따른 대부업자의 실태조사 등에 관한 사무

③ 대부업자등은 법 제9조의5에 따른 고용 제한 또는 업무 위임·대리 제한의 사유 확인에 관한 사무를 수행하기 위하여 불가피한 경우 주민등록번호등이 포함된 자료를 처리할 수 있다.(2014.8.6 본항신설)

(2012.1.6 본조신설)

제11조의6【규제의 재검토】 금융위원회는 제6조의8에 따른 중개수수료의 제한에 대하여 2015년 1월 1일을 기준으로 2년마다(매 2년이 되는 해의 1월 1일 전까지를 말한다) 그 타당성을 검토하여 개선 등의 조치를 해야 한다.

(2020.3.3 본조개정)

제12조【과태료 부과기준】 과태료의 부과기준은 별표3과 같다.(2011.11.30 본조개정)

부　칙 (2014.9.3)

제1조【시행일】 이 영은 2014년 9월 19일부터 시행한다. 다만, 제7조의2제1항 및 제9조제3항·제4항의 개정규정은 2015년 1월 1일부터 시행한다.

제2조【이자율 제한에 관한 적용례】 제9조제3항제3호의 개정규정은 2015년 1월 1일 이후 체결되거나 갱신되는 대부계약부터 적용한다.

부　칙 (2016.7.6)

제1조【시행일】 이 영은 2016년 7월 25일부터 시행한다.

제2조【위반행위의 횟수에 따른 행정처분기준에 관한 경과조치】 위반행위의 횟수에 따른 행정처분기준을 적용하는 경우 별표2 제1호나목의 개정규정에도 불구하고 이 영 시행 전의 위반행위로 받은 행정처분은 이 영 시행 후의 위반행위로부터 1년 이내에 받은 경우에 한정하여 위반행위의 횟수 산정에 포함한다.

제3조【위반행위의 횟수에 따른 과태료의 부과기준에 관한 경과조치】 위반행위의 횟수에 따른 과태료의 부과기준을 적용하는 경우 별표3 제1호가목의 개정규정에도 불구하고 이 영 시행 전의 위반행위로 받은 과태료 부과처분은 이 영 시행 후의 위반행위로부터 1년 이내에 받은 경우에 한정하여 위반행위의 횟수 산정에 포함한다.

제4조【다른 법령의 개정】 ①~⑤ ※(해당 법령에 가제정리 하였음)

부　칙 (2017.8.29)

제1조【시행일】 이 영은 공포한 날부터 시행한다.

제2조【등록에 관한 경과조치】 ① 이 영 시행 전에 법 제3조제1항에 따라 시·도지사에게 대부업의 등록을 한 후 제2조의4의 개정규정에 따른 대부업(이하 이 조에서 "온라인대출정보연계대부업"이라 한다)을 하고 있는 자는 이 영 시행일부터 6개월까지는 금융위원회에 법 제3조제2항에 따른 등록을 하지 아니하고 온라인대출정보연계대부업을 할 수 있다.

② 이 영 시행 전에 법 제3조제2항에 따라 금융위원회에 대부업의 등록을 한 후 온라인대출정보연계대부업을 하고 있는 자는 이 영 시행일부터 6개월까지는 금융위원회에 법 제5조제1항 본문에 따른 변경등록을 하지 아니하고 온라인대출정보연계대부업을 할 수 있다.

부　칙 (2017.10.17)

제1조【시행일】 이 영은 2017년 10월 19일부터 시행한다.

제2조【과징금의 부과기준에 관한 경과조치】 이 영 시행 전의 위반행위에 대하여 과징금의 부과기준을 적용할 때에는 제8조의2 및 별표2의2의 개정규정에도 불구하고 종전의 제8조의2에 따른다.

부　칙 (2017.11.7)

제1조【시행일】 이 영은 공포 후 3개월이 경과한 날부터 시행한다.

제2조【이자율의 제한에 관한 적용례】 제5조 및 제9조의 개정규정은 이 영 시행 이후 계약을 체결 또는 갱신하거나 연장하는 분부터 적용한다.

부　칙 (2018.11.13)

제1조【시행일】 이 영은 공포한 날부터 시행한다. 다만, 제6조의8제2항의 개정규정은 공포 후 3개월이 경과한 날부터 시행하고, 제2조의8제3항 및 제4항의 개정규정은 공포 후 6개월이 경과한 날부터 시행한다.

제2조【중개수수료의 제한에 관한 적용례】 제6조의8제2항의 개정규정은 부칙 제1조 단서에 따른 시행일 이후 대부중개업자 및 대출모집인에게 중개수수료를 지급하는 경우부터 적용한다.

제3조【등록의 절차에 관한 경과조치】 이 영 시행 당시 법 제3조제1항에 따라 대부업등의 등록을 한 자가 제2조의6제3항제1호의 개정규정에 해당되는 경우에는 이 영 시행일부터 6개월 이내에 법 제3조제2항 및 이 영 제2조의6제3항제1호의 개정규정에 따른 등록을 하여야 한다.

제4조【대부업등의 교육에 관한 경과조치】 법 제3조의4 제1항 단서에 따라 부득이한 사유로 미리 교육을 받을 수 없는 경우로서 대부업등의 등록, 등록갱신 또는 변경등록 후 교육을 이수하여야 하는 대부업자등이 이 영 시행 전에 대부업등의 등록, 등록갱신 또는 변경등록을 한 경우에는 제2조의8제3항의 개정규정에도 불구하고 종전의 규정에 따른다.

제5조【자기자본요건에 관한 경과조치】 이 영 시행 당시 종전의 규정에 따라 대부업의 등록을 한 자는 이 영 시행일부터 2년 이내에 제2조의9제2항의 개정규정에 따른 요건을 갖추어야 한다.

제6조【대부업 이용자 보호기준에 관한 경과조치】 이 영 시행 당시 종전의 규정에 따라 대부업등의 등록을 한 자로서 제6조의6제1항의 개정규정에 따라 보호기준을 정해야 하거나 같은 조 제2항제6호 및 제7호의 개정규정을 보호기준에 포함하여야 하는 대부업자등은 이 영 시행일부터 2년 이내에 제6조의6의 개정규정에 따른 요건을 갖추어야 한다.

부　칙 (2019.5.21)

이 영은 2019년 6월 25일부터 시행한다.

부　칙 (2019.6.25 영29886호)

제1조【시행일】 이 영은 2019년 6월 25일부터 시행한다. (이하 생략)

부 칙 (2019.6.25 영29892호)

제1조【시행일】 이 영은 2019년 9월 16일부터 시행한다.(이하 생략)

부 칙 (2020.3.3)

이 영은 공포한 날부터 시행한다.

부 칙 (2020.3.31)

제1조【시행일】 이 영은 2020년 4월 1일부터 시행한다.(이하 생략)

부 칙 (2020.8.4)

제1조【시행일】 ① 이 영은 2020년 8월 5일부터 시행한다.(이하 생략)

부 칙 (2020.8.25)

제1조【시행일】 ① 이 영은 2020년 8월 27일부터 시행한다.(이하 생략)

부 칙 (2020.11.24)

제1조【시행일】 이 영은 공포한 날부터 시행한다.
제2조【공고 등의 방법에 관한 일반적 적용례】 이 영은 이 영 시행 이후 실시하는 공고, 공표, 공시 또는 고시부터 적용한다.

부 칙 (2021.3.23)

제1조【시행일】 이 영은 2021년 3월 25일부터 시행한다.(이하 생략)

부 칙 (2021.4.6)

제1조【시행일】 이 영은 공포 후 3개월이 경과한 날부터 시행한다.
제2조【이자율 및 연체이자율의 제한에 관한 적용례】 제5조 및 제9조의 개정규정은 이 영 시행 이후 대부계약을 체결·갱신 또는 연장하는 분부터 적용한다.

부 칙 (2021.8.17)

제1조【시행일】 이 영은 공포한 날부터 시행한다.
제2조【중개수수료의 상한에 관한 경과조치】 이 영 시행 전에 체결한 대부계약의 중개수수료의 상한에 관하여는 제6조의8제2항의 개정규정에도 불구하고 종전의 규정에 따른다.

부 칙 (2021.12.28)

제1조【시행일】 이 영은 2021년 12월 30일부터 시행한다.(이하 생략)

부 칙 (2022.2.17)

제1조【시행일】 이 영은 2022년 2월 18일부터 시행한다.(이하 생략)

부 칙 (2022.8.23)

제1조【시행일】 이 영은 공포한 날부터 시행한다.(이하 생략)

부 칙 (2023.6.13)

이 영은 공포한 날부터 시행한다.

부 칙 (2023.12.5)

제1조【시행일】 이 영은 2023년 12월 14일부터 시행한다.(이하 생략)

부 칙 (2023.12.12)
(2024.1.9)

이 영은 공포한 날부터 시행한다.

[별표] ➡「法典 別冊」 참조

[별지서식] (2009.4.21 삭제)

유사수신행위의 규제에 관한 법률(약칭 : 유사수신행위법)

(2000년 1월 12일
법 률 제6105호)

개정
2010. 2. 4법10045호

제1조【목적】 이 법은 유사수신행위(類似受信行爲)를 규제함으로써 선량한 거래자를 보호하고 건전한 금융질서를 확립함을 목적으로 한다.(2010.2.4 본조개정)
제2조【정의】 이 법에서 "유사수신행위"란 다른 법령에 따른 인가·허가를 받지 아니하거나 등록·신고 등을 하지 아니하고 불특정 다수인으로부터 자금을 조달하는 것을 업(業)으로 하는 행위로서 다음 각 호의 어느 하나에 해당하는 행위를 말한다.
1. 장래에 출자금의 전액 또는 이를 초과하는 금액을 지급할 것을 약정하고 출자금을 받는 행위
2. 장래에 원금의 전액 또는 이를 초과하는 금액을 지급할 것을 약정하고 예금·적금·부금·예탁금 등의 명목으로 금전을 받는 행위
3. 장래에 발행가액(發行價額) 또는 매출가액 이상으로 재매입(再買入)할 것을 약정하고 사채(社債)를 발행하거나 매출하는 행위
4. 장래의 경제적 손실을 금전이나 유가증권으로 보전(補塡)하여 줄 것을 약정하고 회비 등의 명목으로 금전을 받는 행위
(2010.2.4 본조개정)
제3조【유사수신행위의 금지】 누구든지 유사수신행위를 하여서는 아니 된다.(2010.2.4 본조개정)
제4조【유사수신행위의 표시·광고의 금지】 누구든지 유사수신행위를 하기 위하여 불특정 다수인을 대상으로 하여 그 영업에 관한 표시 또는 광고(「표시·광고의 공정화에 관한 법률」에 따른 표시 또는 광고를 말한다)를 하여서는 아니 된다.(2010.2.4 본조개정)
제5조【금융업 유사상호 사용금지】 누구든지 유사수신행위를 하기 위하여 그 상호(商號) 중에 금융업으로 인식될 수 있는 명칭으로서 대통령령으로 정하는 명칭을 사용하여서는 아니 된다.(2010.2.4 본조개정)
제6조【벌칙】 ① 제3조를 위반하여 유사수신행위를 한 자는 5년 이하의 징역 또는 5천만원 이하의 벌금에 처한다.
② 제4조를 위반하여 표시 또는 광고를 한 자는 2년 이하의 징역 또는 2천만원 이하의 벌금에 처한다.
(2010.2.4 본조개정)
제7조【양벌규정】 법인의 대표자나 법인 또는 개인의 대리인, 사용인, 그 밖의 종업원이 그 법인 또는 개인의 업무에 관하여 제6조의 위반행위를 하면 그 행위자를 벌하는 외에 그 법인 또는 개인에게도 해당 조문의 벌금형을 과(科)한다. 다만, 법인 또는 개인이 그 위반행위를 방지하기 위하여 해당 업무에 관하여 상당한 주의와 감독을 게을리하지 아니한 경우에는 그러하지 아니하다.
(2010.2.4 본조개정)
제8조【과태료】 ① 제5조를 위반하여 유사수신행위를 하기 위하여 금융업 유사상호를 사용한 자에게는 5천만원 이하의 과태료를 부과한다.
② 제1항에 따른 과태료는 대통령령으로 정하는 바에 따라 금융위원회가 부과·징수한다.
(2010.2.4 본조신설)

부 칙 (2010.2.4)

① **【시행일】** 이 법은 공포한 날부터 시행한다.
② **【경과조치】** 이 법 시행 전의 행위에 대하여 벌칙을 적용할 때에는 종전의 규정에 따른다.

(2024년 7월 19일 시행)

가상자산 이용자 보호 등에 관한 법률

(약칭 : 가상자산이용자보호법)

(2023년 7월 18일
법 률 제19563호)

제1장 총 칙

제1조【목적】 이 법은 가상자산 이용자 자산의 보호와 불공정거래행위 규제 등에 관한 사항을 정함으로써 가상자산 이용자의 권익을 보호하고 가상자산시장의 투명하고 건전한 거래질서를 확립하는 것을 목적으로 한다.
제2조【정의】 이 법에서 사용하는 용어의 뜻은 다음과 같다.
1. "가상자산"이란 경제적 가치를 지닌 것으로서 전자적으로 거래 또는 이전될 수 있는 전자적 증표(그에 관한 일체의 권리를 포함한다)를 말한다. 다만, 다음 각 목의 어느 하나에 해당하는 것은 제외한다.
가. 화폐·재화·용역 등으로 교환될 수 없는 전자적 증표 또는 그 증표에 관한 정보로서 발행인이 사용처와 그 용도를 제한한 것
나. 「게임산업진흥에 관한 법률」 제32조제1항제7호에 따른 게임물의 이용을 통하여 획득한 유·무형의 결과물
다. 「전자금융거래법」 제2조제14호에 따른 선불전자지급수단 및 같은 조 제15호에 따른 전자화폐
라. 「주식·사채 등의 전자등록에 관한 법률」 제2조제4호에 따른 전자등록주식등
마. 「전자어음의 발행 및 유통에 관한 법률」 제2조제2호에 따른 전자어음
바. 「상법」 제862조에 따른 전자선하증권
사. 「한국은행법」에 따른 한국은행(이하 "한국은행"이라 한다)이 발행하는 전자적 형태의 화폐 및 그와 관련된 서비스
아. 거래의 형태와 특성을 고려하여 대통령령으로 정하는 것
2. "가상자산사업자"란 가상자산과 관련하여 다음 각 목의 어느 하나에 해당하는 행위를 영업으로 하는 자를 말한다.
가. 가상자산을 매도·매수(이하 "매매"라 한다)하는 행위
나. 가상자산을 다른 가상자산과 교환하는 행위
다. 가상자산을 이전하는 행위 중 대통령령으로 정하는 행위
라. 가상자산을 보관 또는 관리하는 행위
마. 가목 및 나목의 행위를 중개·알선하거나 대행하는 행위
3. "이용자"란 가상자산사업자를 통하여 가상자산을 매매, 교환, 이전 또는 보관·관리하는 자를 말한다.
4. "가상자산시장"이란 가상자산의 매매 또는 가상자산 간 교환을 할 수 있는 시장을 말한다.
제3조【국외행위에 대한 적용】 이 법은 국외에서 이루어진 행위로서 그 효과가 국내에 미치는 경우에도 적용한다.
제4조【다른 법률과의 관계】 가상자산 및 가상자산사업자에 관하여 다른 법률에서 특별히 정한 경우를 제외하고는 이 법에서 정하는 바에 따른다.
제5조【가상자산 관련 위원회의 설치】 ① 금융위원회는 이 법 또는 다른 법령에 따른 가상자산시장 및 가상자산사업자에 대한 정책 및 제도에 관한 사항의 자문을 위하여 가상자산 관련 위원회를 설치·운영할 수 있다.
② 제1항에 따른 위원회의 구성 및 운영 등에 관하여 필요한 사항은 대통령령으로 정한다.

제2장 이용자 자산의 보호

제6조【예치금의 보호】 ① 가상자산사업자는 이용자의 예치금(이용자로부터 가상자산의 매매, 매매의 중개, 그 밖의 영업행위와 관련하여 예치받은 금전을 말한다. 이하 같다)을 고유재산과 분리하여 「은행법」에 따른 은행 등 대통령령으로 정하는 공신력 있는 기관(이하 "관리기관"이라 한다)에 대통령령으로 정하는 방법에 따라 예치 또는 신탁하여 관리하여야 한다.
② 가상자산사업자는 제1항에 따라 관리기관에 이용자의 예치금을 예치 또는 신탁하는 경우에는 그 예치금이 이용자의 재산이라는 뜻을 밝혀야 한다.
③ 누구든지 제1항에 따라 관리기관에 예치 또는 신탁한 예치금을 상계·압류(가압류를 포함한다)하지 못하며, 예치금을 예치 또는 신탁한 가상자산사업자는 대통령령으로 정하는 경우 외에는 관리기관에 예치 또는 신탁한 예치금을 양도하거나 담보로 제공하여서는 아니된다.
④ 관리기관은 가상자산사업자가 다음 각 호의 어느 하나에 해당하게 된 경우에는 이용자의 청구에 따라 예치 또는 신탁된 예치금을 대통령령으로 정하는 방법과 절차에 따라 그 이용자에게 우선하여 지급하여야 한다.

1. 사업자 신고가 말소된 경우
2. 해산·합병의 결의를 한 경우
3. 파산선고를 받은 경우

제7조【가상자산의 보관】 ① 가상자산사업자가 이용자로부터 위탁을 받아 가상자산을 보관하는 경우 다음 각 호의 사항을 기재한 이용자명부를 작성·비치하여야 한다.
1. 이용자의 주소 및 성명
2. 이용자가 위탁하는 가상자산의 종류 및 수량
3. 이용자의 가상자산주소(가상자산의 전송 기록 및 보관 내역의 관리를 위하여 전자적으로 생성시킨 고유식별번호를 말한다)

② 가상자산사업자는 자기의 가상자산과 이용자의 가상자산을 분리하여 보관하여야 하며, 이용자로부터 위탁받은 가상자산과 동일한 종류와 수량의 가상자산을 실질적으로 보유하여야 한다.
③ 가상자산사업자는 제1항에 따라 보관하는 이용자의 가상자산 중 대통령령으로 정하는 비율 이상의 가상자산을 인터넷과 분리하여 안전하게 보관하여야 한다.
④ 가상자산사업자는 이용자의 가상자산을 대통령령으로 정하는 보안기준을 충족하는 기관에 위탁하여 보관할 수 있다.

제8조【보험의 가입 등】 가상자산사업자는 해킹·전산장애 등 대통령령으로 정하는 사고에 따른 책임을 이행하기 위하여 금융위원회가 정하여 고시하는 기준에 따라 보험 또는 공제에 가입하거나 준비금을 적립하는 등 필요한 조치를 하여야 한다.

제9조【거래기록의 생성·보존 및 파기】 ① 가상자산사업자는 매매 등 가상자산거래의 내용을 추적·검색하거나 그 내용에 오류가 발생할 경우 이를 확인하거나 정정할 수 있는 기록(이하 "가상자산거래기록"이라 한다)을 그 거래관계가 종료한 때부터 15년간 보존하여야 한다.
② 가상자산사업자가 보존하여야 하는 가상자산거래기록의 종류, 보관방법, 파기절차·방법 등에 관하여는 대통령령으로 정한다.

제3장 불공정거래의 규제

제10조【불공정거래행위 등 금지】 ① 다음 각 호의 어느 하나에 해당하는 자는 가상자산에 관한 미공개중요정보(이용자의 투자판단에 중대한 영향을 미칠 수 있는 정보로서 대통령령으로 정하는 방법에 따라 불특정 다수인이 알 수 있도록 공개되기 전의 것을 말한다. 이하 같다)를 해당 가상자산의 매매, 그 밖의 거래에 이용하거나 타인에게 이용하게 하여서는 아니 된다.
1. 가상자산사업자, 가상자산을 발행하는 자(법인인 경우를 포함한다. 이하 이 조에서 같다) 및 그 임직원·대리인으로서 그 직무와 관련하여 미공개중요정보를 알게 된 자
2. 제1호의 자가 법인인 경우 주요주주(「금융회사의 지배구조에 관한 법률」 제2조제6호나목에 따른 주요주주를 말한다. 이 경우 "금융회사"는 "법인"으로 본다)로서 그 권리를 행사하는 과정에서 미공개중요정보를 알게 된 자
3. 가상자산사업자 또는 가상자산을 발행하는 자에 대하여 법령에 따른 허가·인가·지도·감독, 그 밖의 권한을 가지는 자로서 그 권한을 행사하는 과정에서 미공개중요정보를 알게 된 자
4. 가상자산사업자 또는 가상자산을 발행하는 자와 계약을 체결하고 있거나 체결을 교섭하고 있는 자로서 그 계약을 체결·교섭 또는 이행하는 과정에서 미공개중요정보를 알게 된 자
5. 제2호부터 제4호까지의 어느 하나에 해당하는 자의 대리인(이에 해당하는 자가 법인인 경우에는 그 임직원 및 대리인을 포함한다)·사용인, 그 밖의 종업원(제2호부터 제4호까지의 어느 하나에 해당하는 자가 법인인 경우에는 그 임직원 및 대리인)으로서 그 직무와 관련하여 미공개중요정보를 알게 된 자
6. 제1호부터 제5호까지의 어느 하나에 해당하는 자(제1호부터 제5호까지의 어느 하나의 자에 해당하지 아니하게 된 날부터 1년이 경과하지 아니한 자를 포함한다)로부터 미공개중요정보를 받은 자
7. 그 밖에 이에 준하는 자로서 대통령령으로 정하는 자

② 누구든지 가상자산의 매매에 관하여 그 매매가 성황을 이루고 있는 듯이 잘못 알게 하거나, 그 밖에 타인에게 그릇된 판단을 하게 할 목적으로 다음 각 호의 어느 하나에 해당하는 행위를 하여서는 아니 된다.
1. 자기가 매도하는 것과 같은 시기에 그와 같은 가격으로 타인이 가상자산을 매수할 것을 사전에 그 자와 서로 짠 후 매매를 하는 행위
2. 자기가 매수하는 것과 같은 시기에 그와 같은 가격으로 타인이 가상자산을 매도할 것을 사전에 그 자와 서로 짠 후 매매를 하는 행위
3. 가상자산의 매매를 할 때 그 권리의 이전을 목적으로 하지 아니하는 거짓으로 꾸민 매매를 하는 행위
4. 제1호부터 제3호까지의 행위를 위탁하거나 수탁하는 행위

③ 누구든지 가상자산의 매매를 유인할 목적으로 가상자산의 매매가 성황을 이루고 있는 듯이 잘못 알게 하거나 그 시세를 변동 또는 고정시키는 매매 또는 그 위탁이나 수탁을 하는 행위를 하여서는 아니 된다.
④ 누구든지 가상자산의 매매, 그 밖의 거래와 관련하여 다음 각 호의 행위를 하여서는 아니 된다.
1. 부정한 수단, 계획 또는 기교를 사용하는 행위
2. 중요사항에 관하여 거짓의 기재 또는 표시를 하거나 타인에게 오해를 유발시키지 아니하기 위하여 필요한 중요사항의 기재 또는 표시가 누락된 문서, 그 밖의 기재 또는 표시를 사용하여 금전, 그 밖의 재산상의 이익을 얻고자 하는 행위
3. 가상자산의 매매, 그 밖의 거래를 유인할 목적으로 거짓의 시세를 이용하는 행위
4. 제1호부터 제3호까지의 행위를 위탁하거나 수탁하는 행위

⑤ 가상자산사업자는 다음 각 호의 어느 하나에 해당하는 경우 외에는 자기 또는 대통령령으로 정하는 특수한 관계에 있는 자(이하 "특수관계인"이라 한다)가 발행한 가상자산의 매매, 그 밖의 거래를 하여서는 아니 된다.
1. 특정 재화나 서비스의 지급수단으로 발행된 가상자산으로서 가상자산사업자가 이용자에게 약속한 특정 재화나 서비스를 제공하고, 그 반대급부로 가상자산을 취득하는 경우
2. 가상자산의 특성으로 인하여 가상자산사업자가 불가피하게 가상자산을 취득하는 경우로서 불공정거래행위의 방지 또는 이용자와의 이해상충 방지를 위하여 대통령령으로 정하는 절차와 방법을 따르는 경우

⑥ 제1항부터 제5항까지를 위반한 자는 그 위반행위로 인하여 이용자가 그 가상자산의 매매, 그 밖의 거래와 관련하여 입은 손해를 배상할 책임이 있다.

제11조【가상자산에 관한 임의적 입·출금 차단 금지】 ① 가상자산사업자는 이용자의 가상자산에 관한 입금 또는 출금을 대통령령으로 정하는 정당한 사유 없이 차단하여서는 아니 된다.
② 가상자산사업자가 이용자의 가상자산에 관한 입금 또는 출금을 차단하는 경우에는 그에 관한 사유를 미리 이용자에게 통지하고, 그 사실을 금융위원회에 즉시 보고하여야 한다.
③ 제1항을 위반한 자는 그 위반행위로 인하여 형성된 가격에 의하여 해당 가상자산에 관한 거래를 하거나 그 위탁을 한 자가 그 거래 또는 위탁으로 인하여 입은 손해에 대하여 배상할 책임을 진다.
④ 제3항에 따른 손해배상청구권은 청구권자가 제1항을 위반한 행위가 있었던 사실을 안 때부터 2년간 또는 그 행위가 있었던 때부터 5년간 이를 행사하지 아니한 경우에는 시효로 인하여 소멸한다.

제12조【이상거래에 대한 감시】 ① 가상자산시장을 개설·운영하는 가상자산사업자는 가상자산의 가격이나 거래량이 비정상적으로 변동하는 거래 등 대통령령으로 정하는 이상거래(이하 "이상거래"라 한다)를 상시 감시하고 이용자 보호 및 건전한 거래질서 유지를 위하여 금융위원회가 정하는 바에 따라 적절한 조치를 취하여야 한다.
② 제1항의 가상자산사업자는 제1항에 따른 업무를 수행하면서 제10조를 위반한 사항이 있다고 의심되는 경우에는 지체 없이 금융위원회 및 금융감독원장(「금융위원회의 설치 등에 관한 법률」 제24조제1항에 따라 설립된 금융감독원의 원장을 말한다. 이하 같다)에게 통보하여야 한다. 다만, 제10조를 위반한 혐의가 충분히 증명된 경우 등 금융위원회가 정하여 고시하는 경우에는 지체 없이 수사기관에 신고하고 그 사실을 금융위원회 및 금융감독원장에게 보고하여야 한다.

제4장 감독 및 처분 등

제13조【가상자산사업자의 감독·검사 등】 ① 금융위원회는 가상자산사업자가 이 법 또는 이 법에 따른 명령이나 처분을 적절히 준수하는지 여부를 감독하고, 가상자산사업자의 업무와 재산상황에 관하여 검사할 수 있다.
② 금융위원회는 이용자 보호 및 건전한 거래질서 유지를 위하여 필요한 경우 가상자산사업자 또는 대통령령으로 정하는 이해관계자에게 다음 각 호의 사항에 관하여 필요한 조치를 명할 수 있다.
1. 이 법 또는 이 법에 따른 명령이나 처분을 적절히 준수하는지 파악하기 위한 자료제출에 관한 사항
2. 고유재산의 운용에 관한 사항
3. 이용자 재산의 보관·관리에 관한 사항
4. 거래질서 유지에 관한 사항
5. 영업방법에 관한 사항
6. 해산결의, 파산선고 등 영업중단 시 이용자 보호에 관한 사항
7. 기타 이용자 보호 및 건전한 거래질서 유지를 위하여 필요한 사항으로서 대통령령으로 정하는 사항

③ 금융위원회는 제1항의 검사를 할 때 필요하다고 인정되는 경우에는 가상자산사업자에게 업무 또는 재산에 관한 보고, 자료의 제출, 증인의 출석, 증언 및 의견의 진술을 요구할 수 있다.
④ 제1항에 따라 검사를 하는 자는 그 권한을 표시하는 증표를 지니고 이를 관계자에게 내보여야 한다.
⑤ 금융위원회는 검사의 방법·절차, 검사결과에 대한 조치기준, 그 밖의 검사업무와 관련하여 필요한 사항을 정하여 고시할 수 있다.

제14조【불공정거래행위에 대한 조사·조치】 ① 금융위원회는 이 법 또는 이 법에 따른 명령이나 처분을 위반한 사항이 있거나 이용자 보호 또는 건전한 거래질서를 위하여 필요하다고 인정되는 경우에는 위반혐의가 있는 자, 그 밖의 관계자에게 참고가 될 보고 또는 자료의 제출을 명하거나 금융감독원장에게 장부·서류, 그 밖의 물건을 조사하게 할 수 있다.
② 금융위원회는 제1항에 따른 조사를 위하여 위반행위의 혐의가 있는 자, 그 밖의 관계자에게 다음 각 호의 사항을 요구할 수 있다.
1. 조사사항에 관한 사실과 상황에 대한 진술서의 제출
2. 조사사항에 관한 진술을 위한 출석
3. 조사에 필요한 장부·서류, 그 밖의 물건의 제출

③ 금융위원회는 제1항에 따른 조사를 할 때 제10조를 위반한 사항의 조사에 필요하다고 인정되는 경우에는 다음 각 호의 조치를 할 수 있다.
1. 제2항제3호에 따라 제출된 장부·서류, 그 밖의 물건의 영치
2. 관계자의 사무소 또는 사업장에 대한 출입을 통한 업무·장부·서류, 그 밖의 물건의 조사

④ 금융위원회는 제1항에 따른 조사를 할 때 필요하다고 인정되는 경우에는 가상자산사업자에게 대통령령으로 정하는 방법에 따라 조사에 필요한 자료의 제출을 요구할 수 있다.
⑤ 제3항제2호에 따라 조사를 하는 자는 그 권한을 표시하는 증표를 지니고 이를 관계자에게 내보여야 한다.
⑥ 금융위원회는 관계자에 대한 조사실적·처리결과, 그 밖에 관계자의 위법행위를 예방하는 데 필요한 정보 및 자료를 대통령령으로 정하는 방법에 따라 공표할 수 있다.
⑦ 금융감독원장은 제1항에 따른 조사를 한 경우에는 그 결과를 금융위원회에 보고하여야 한다.

제15조【가상자산사업자에 대한 조치】 ① 금융위원회는 가상자산사업자 또는 대통령령으로 정하는 이해관계자가 이 법 또는 이 법에 따른 명령이나 처분을 위반한 사실을 발견하였을 때에는 다음 각 호의 어느 하나에 해당하는 조치를 할 수 있다.
1. 해당 위반행위의 시정명령
2. 경고
3. 주의
4. 영업의 전부 또는 일부의 정지
5. 수사기관에의 통보 또는 고발

② 금융위원회는 가상자산사업자의 임직원이 이 법 또는 이 법에 따른 명령이나 처분을 위반한 사실을 발견하였을 때에는 위반행위에 관련된 임직원에 대하여 다음 각 호의 구분에 따른 조치를 할 수 있다.
1. 임원에 대한 해임권고 또는 6개월 이내의 직무정지
2. 직원에 대한 면직요구 또는 정직요구
3. 임직원에 대한 주의, 경고 또는 문책요구

③ 금융위원회는 제2항에 따른 해임권고 또는 면직요구에 해당하는 처분을 하고자 하는 경우에는 청문을 실시하여야 한다.

제16조【한국은행의 자료제출 요구】 한국은행은 금융통화위원회가 가상자산거래와 관련하여 통화신용정책의 수행, 금융안정 및 지급결제제도의 원활한 운영을 위하여 필요하다고 인정하는 경우에는 가상자산사업자에 대하여 자료제출을 요구할 수 있다. 이 경우 요구하는 자료는 해당 가상자산사업자의 업무부담을 충분히 고려하여 필요한 최소한의 범위로 한정하여야 한다.

제17조【불공정거래행위에 대한 과징금】 ① 금융위원회는 제10조제1항부터 제4항까지를 위반한 자에 대하여 그 위반행위로 얻은 이익(미실현 이익을 포함한다. 이하 이 조에서 같다) 또는 이로 인하여 회피한 손실액의 2배에 상당하는 금액 이하의 과징금을 부과할 수 있다. 다만, 그 위반행위와 관련된 거래로 얻은 이익 또는 이로 인하여 회피한 손실액이 없거나 산정하기 곤란한 경우에는 40억원 이하의 과징금을 부과할 수 있다.
② 금융위원회는 제1항에 따라 과징금을 부과할 때 동일한 위반행위로 제19조에 따라 벌금을 부과받은 경우에는 제1항의 과징금 부과를 취소하거나 벌금에 상당하는 금액(몰수나 추징을 당한 경우 해당 금액을 포함한다)의 전부 또는 일부를 과징금에서 제외할 수 있다.
③ 검찰총장은 금융위원회가 제1항에 따라 과징금을 부과하기 위하여 수사 관련 자료를 요구하는 경우에는 필요하다고 인정되는 범위에서 이를 제공할 수 있다.
④ 과징금 부과에 대한 의견제출, 이의신청, 과징금납부기한의 연장 및 분할납부, 과징금의 징수 및 체납처분, 과오납금의 환급, 환급가산금 및 결손처분에 대해서는 「자본시장과 금융투자업에 관한 법률」 제431조부터 제434조까지 및 제434조의2부터 제434조의4까지를 준용한다.
⑤ 제1항부터 제4항까지 외에 과징금의 부과 절차 및 기준에 관하여 필요한 사항은 대통령령으로 정한다.

제18조【권한의 위탁】 금융위원회는 이 법에 따른 업무의 일부를 대통령령으로 정하는 바에 따라 금융감독원장에게 위탁할 수 있다.

제5장 벌 칙

제19조【벌칙】 ① 다음 각 호의 어느 하나에 해당하는 자는 1년 이상의 유기징역 또는 그 위반행위로 얻은 이익 또는 회피한 손실액의 3배 이상 5배 이하에 상당하는 벌금에 처한다. 다만, 그 위반행위로 얻은 이익 또는 회피한 손실액이 없거나 산정하기 곤란한 경우 또는 그 위반행위로 얻은 이익 또는 회피한 손실액의 5배에 해당하는 금액이 5억원 이하인 경우에는 벌금의 상한액을 5억원으로 한다.

1. 제10조제1항을 위반하여 가상자산과 관련된 미공개중요정보를 해당 가산자산의 매매, 그 밖의 거래에 이용하거나 타인에게 이용하게 한 자
2. 제10조제2항을 위반하여 가상자산의 매매에 관하여 그 매매가 성황을 이루고 있는 듯이 잘못 알게 하거나, 그 밖에 타인에게 그릇된 판단을 하게 할 목적으로 같은 항 각 호의 어느 하나에 해당하는 행위를 한 자
3. 제10조제3항을 위반하여 가상자산의 매매를 유인할 목적으로 매매가 성황을 이루고 있는 듯이 잘못 알게 하거나 그 시세를 변동 또는 고정시키는 매매 또는 그 위탁이나 수탁을 하는 행위를 한 자
4. 가상자산의 매매, 그 밖의 거래와 관련하여 제10조제4항 각 호의 어느 하나에 해당하는 행위를 한 자

② 제10조제5항을 위반하여 자기 또는 특수관계인이 발행한 가상자산의 매매, 그 밖의 거래를 한 자는 10년 이하의 유기징역 또는 그 위반행위로 얻은 이익 또는 회피한 손실액의 3배 이상 5배 이하에 상당하는 벌금에 처한다. 다만, 그 위반행위로 얻은 이익 또는 회피한 손실액이 없거나 산정하기 곤란한 경우 또는 그 위반행위로 얻은 이익 또는 회피한 손실액의 5배에 해당하는 금액이 5억원 이하인 경우에는 벌금의 상한액을 5억원으로 한다.

③ 제1항의 위반행위로 얻은 이익 또는 회피한 손실액이 5억원 이상인 경우에는 제1항의 징역을 다음 각 호의 구분에 따라 가중한다.

1. 이익 또는 회피한 손실액이 50억원 이상인 경우 : 무기 또는 5년 이상의 징역
2. 이익 또는 회피한 손실액이 5억원 이상 50억원 미만인 경우 : 3년 이상의 유기징역

④ 제2항의 위반행위로 얻은 이익 또는 회피한 손실액이 5억원 이상인 경우에는 제2항의 징역을 다음 각 호의 구분에 따라 가중한다.

1. 이익 또는 회피한 손실액이 50억원 이상인 경우 : 3년 이상의 유기징역
2. 이익 또는 회피한 손실액이 5억원 이상 50억원 미만인 경우 : 2년 이상의 유기징역

⑤ 제1항부터 제4항까지에 따라 징역에 처하는 경우에는 10년 이하의 자격정지와 벌금을 병과(竝科)할 수 있다.

⑥ 제1항 및 제2항에 따른 위반행위로 얻은 이익(미실현 이익을 포함한다) 또는 회피한 손실액은 그 위반행위를 통하여 이루어진 거래로 발생한 총수입에서 그 거래를 위한 총비용을 공제한 차액을 말한다. 이 경우 각 위반행위의 유형별 구체적인 산정방식은 대통령령으로 정한다.

제20조【몰수·추징】 ① 제19조제1항 각 호 및 제2항 중 어느 하나에 해당하는 자가 해당 행위를 하여 취득한 재산은 몰수하며, 몰수할 수 없는 경우에는 그 가액을 추징한다.

② 제19조제1항제2호부터 제4호까지 및 제2항 중 어느 하나에 해당하는 자가 해당 행위를 위하여 제공하였거나 제공하려 한 재산은 몰수하며, 몰수할 수 없는 경우에는 그 가액을 추징한다.

제21조【양벌규정】 법인(단체를 포함한다. 이하 이 조에서 같다)의 대표자나 법인 또는 개인의 대리인, 사용인, 그 밖의 종업원이 그 법인 또는 개인의 업무에 관하여 제19조의 위반행위를 하면 그 행위자를 벌하는 외에 그 법인 또는 개인에게도 해당 조문의 벌금형을 과(科)한다. 다만, 법인 또는 개인이 그 위반행위를 방지하기 위하여 해당 업무에 관하여 상당한 주의와 감독을 게을리하지 아니한 경우에는 그러하지 아니하다.

제22조【과태료】 ① 다음 각 호의 어느 하나에 해당하는 자에 대하여는 1억원 이하의 과태료를 부과한다.

1. 제6조를 위반하여 이용자의 예치금을 적법하게 관리하지 아니한 자
2. 제7조를 위반하여 이용자의 가상자산을 적법하게 보관하지 아니한 자
3. 제8조를 위반하여 보험 또는 공제에 가입하거나 준비금을 적립하는 등 필요한 조치를 하지 아니한 자
4. 제9조를 위반하여 가상자산거래기록을 생성·보존 또는 파기하지 아니한 자
5. 제11조제2항에 따른 보고를 하지 아니하거나 거짓으로 보고한 자
6. 제12조제1항을 위반하여 이상거래에 대해 적절한 조치를 취하지 아니한 자
7. 제12조제2항에 따른 통보·보고를 하지 아니하거나 거짓으로 통보·보고한 자
8. 제13조부터 제15조까지에 따른 검사·조사·명령·요구에 따르지 아니하거나 이를 거부·방해 또는 기피한 자

② 제1항에 따른 과태료는 대통령령으로 정하는 방법 및 절차에 따라 금융위원회가 부과·징수한다.

부 칙

제1조【시행일】 이 법은 공포 후 1년이 경과한 날부터 시행한다. 다만, 부칙 제2조제6항은 2025년 1월 1일부터 시행한다.

제2조【다른 법률의 개정】 ①~⑧ ※(해당 법령에 가제정리 하였음)

전기통신금융사기 피해 방지 및 피해금 환급에 관한 특별법(약칭 : 통신사기피해환급법)

(2011년 3월 29일 법 률 제10477호)

개정
2014. 1.28법12384호
2016. 1.27법13928호
2016. 5.29법14242호(수협)
2017. 7.26법14839호(정부조직)
2018. 3.13법15472호
2020. 5.19법17296호
2023. 5.16법19418호

제1조【목적】 이 법은 전기통신금융사기를 방지하기 위하여 정부의 피해 방지 대책 및 금융회사의 피해 방지 책임 등을 정하고, 전기통신금융사기의 피해자에 대한 피해금 환급을 위하여 사기이용계좌의 채권소멸절차와 피해금환급절차 등을 정함으로써 전기통신금융사기를 예방하고 피해자의 재산상 피해를 신속하게 회복하는 데 이바지하는 것을 목적으로 한다.(2014.1.28 본조개정)

제2조【정의】 이 법에서 사용하는 용어의 뜻은 다음과 같다.

1. "금융회사"란 다음 각 목의 어느 하나에 해당하는 기관을 말한다.
 가. 「은행법」에 따른 은행
 나. 「한국산업은행법」에 따른 한국산업은행
 다. 「중소기업은행법」에 따른 중소기업은행
 라. 「한국수출입은행법」에 따른 한국수출입은행
 마. 「자본시장과 금융투자업에 관한 법률」에 따른 투자매매업자·투자중개업자·집합투자업자·신탁업자·증권금융회사·종합금융회사 및 명의개서대행회사
 바. 「상호저축은행법」에 따른 상호저축은행과 그 중앙회
 사. 「농업협동조합법」에 따른 농업협동조합과 그 중앙회 및 농협은행(2014.1.28 본목개정)
 아. 「수산업협동조합법」에 따른 수산업협동조합과 그 중앙회 및 수협은행(2016.5.29 본호개정)
 자. 「신용협동조합법」에 따른 신용협동조합과 그 중앙회
 차. 「새마을금고법」에 따른 금고와 그 중앙회
 카. 「보험업법」에 따른 보험회사
 타. 「우체국예금·보험에 관한 법률」에 따른 체신관서
 파. 그 밖에 금융업무를 행하는 기관으로서 대통령령으로 정하는 기관
2. "전기통신금융사기"란 「전기통신기본법」 제2조제1호에 따른 전기통신을 이용하여 타인을 기망(欺罔)·공갈(恐喝)함으로써 자금 또는 재산상의 이익을 취하거나 제3자에게 자금 또는 재산상의 이익을 취하게 하는 다음 각 목의 행위를 말한다. 다만, 재화의 공급 또는 용역의 제공 등을 가장한 행위는 제외하되, 대출의 제공·알선·중개를 가장한 행위는 포함한다.(2023.5.16 본문개정)
 가. 자금을 송금·이체하도록 하는 행위
 나. 개인정보를 알아내어 자금을 송금·이체하는 행위
 다. 자금을 교부받거나 교부하도록 하는 행위
 라. 자금을 출금하거나 출금하도록 하는 행위
 (2023.5.16 다목~라목신설)

2의2. "전자금융거래"란 금융회사가 전자적 장치를 통하여 금융상품 및 서비스를 제공하고, 이용자가 금융회사의 종사자와 직접 대면하거나 의사소통을 하지 아니하고 자동화된 방식으로 이를 이용하는 거래를 말한다.(2014.1.28 본호신설)
3. "피해자"란 전기통신금융사기로 인하여 재산상의 피해를 입은 자를 말한다.
4. "사기이용계좌"란 전기통신금융사기로 인하여 피해자의 자금이 송금·이체된 계좌, 피해자가 교부하였거나 피해자의 계좌에서 출금된 자금이 입금된 계좌 및 해당 계좌로부터 자금의 이전에 이용된 계좌를 말한다.(2023.5.16 본호개정)
5. "피해금"이란 전기통신금융사기로 인하여 피해자의 계좌에서 사기이용계좌로 송금·이체된 금전, 피해자가 교부한 금전 또는 피해자의 계좌에서 출금된 금전을 말한다.(2023.5.16 본호개정)
6. "피해환급금"이란 피해금을 환급하기 위하여 제9조에 따라 소멸된 채권을 기초로 하여 제10조에 따라 산정되어 금융회사가 피해자에게 지급하는 금전을 말한다.
7. "이용자"란 금융회사와 체결한 계약에 따라 전자금융거래를 이용하는 자를 말한다.(2014.1.28 본호신설)

제2조의2【전기통신금융사기에 대한 대응 등】 ① 금융위원회는 전기통신금융사기의 발생에 대비하고 그 피해를 최소화하기 위하여 다음 각 호의 업무를 수행한다.

1. 전기통신금융사기에 관한 정보의 수집·전파
2. 전기통신금융사기에 대한 예보·경보
3. 그 밖에 대통령령으로 정하는 전기통신금융사기 대응조치

② 금융위원회는 전기통신금융사기의 발생을 방지하기 위하여 필요하다고 인정하는 경우에는 연도별 피해환급금 지급액 및 사기이용계좌 발생건수를 고려하여 금융위원회가 정하는 기준에 해당하는 금융회사나 그 임직원에 대하여 다음 각 호의 사항을 권고·요구 또는 명령하거나 그 개선계획을 제출할 것을 명할 수 있다.

1. 금융회사 및 임직원에 대한 주의·경고·견책(譴責) 또는 감봉
2. 금융회사가 전자금융거래 업무를 수행함에 있어 안전성과 신뢰성을 확보하기 위한 전산인력, 전산시설 및 전자적 장치 등의 개선 또는 보완에 관한 사항

③ 금융위원회는 제1항 및 제2항에 따른 업무의 전부 또는 일부를 「금융위원회의 설치 등에 관한 법률」에 따라 설립된 금융감독원의 원장(이하 "금융감독원장"이라 한다)에게 위탁할 수 있다.

④ 금융감독원장이 제3항에 따라 제1항제3호의 업무를 위탁받은 때에는 신속하게 전기통신금융사기 대응에 필요한 실행계획을 수립·시행하여야 한다.(2023.5.16 본항신설)

(2014.1.28 본조신설)

제2조의3【국제협력】 정부는 전기통신금융사기 피해 방지를 위하여 다른 국가 또는 국제기구와 상호 협력하여야 한다.(2014.1.28 본조신설)

제2조의4【금융회사의 피해 방지 책임 등】 ① 금융회사는 전기통신금융사기 피해 방지를 위하여 이용자가 다음 각 호의 어느 하나에 해당하는 행위를 하는 경우에는 대통령령으로 정하는 바에 따라 본인임을 확인하는 조치(이하 "본인확인조치"라 한다)를 하여야 한다. 다만, 법인인 이용자가 본인확인조치를 희망하지 아니하거나 이용자가 국외에 체류하는 등의 사유로 본인확인조치를 하기 어려운 경우로서 대통령령으로 정하는 경우에 해당하면 그러하지 아니하다.(2016.1.27 단서개정)

1. 해당 금융회사에 대출을 신청하는 경우
2. 해당 금융회사와 체결한 계약에 따라 가입한 저축성 예금·적금·부금 또는 그 밖에 대통령령으로 정하는 금융상품을 해지하는 경우

② 금융회사는 제1항을 위반하여 본인확인조치를 하지 않음으로써 이용자에게 손해가 발생한 경우에는 그 손해를 배상할 책임을 진다.

(2014.1.28 본조신설)

제2조의5【이용자계좌에 대한 임시조치】 ① 금융회사는 자체점검을 통하여 이용자의 계좌가 전기통신금융사기의 피해를 초래할 수 있는 의심거래계좌(이하 "피해의심거래계좌"라 한다)로 이용되는 것으로 추정할 만한 사정이 있다고 인정되면 해당 이용자 계좌의 전부 또는 일부에 대하여 이체, 송금 또는 출금을 지연시키거나 일시 정지하는 조치(이하 "임시조치"라 한다)를 하여야 한다.(2023.5.16 본항개정)

② 금융회사는 제1항에 따라 임시조치를 한 경우 지체 없이 해당 이용자에게 임시조치에 관한 사항을 통지하고 본인확인조치를 하여야 한다.

③ 금융회사는 제2항에 따른 본인확인조치 결과 해당 이용자의 계좌가 피해의심거래계좌에 해당하지 아니하는 경우에는 제1항에 따른 임시조치를 해제하여야 한다.

(2014.1.28 본조신설)

제3조【피해구제의 신청 등】 ① 제2조제2호가목 또는 나목에 해당하는 행위로 인하여 재산상의 피해를 입은 피해자는 피해금을 송금·이체한 계좌를 관리하는 금융회사 또는 사기이용계좌를 관리하는 금융회사에 대하여 사기이용계좌의 지급정지 등 전기통신금융사기의 피해구제를 신청할 수 있다.

② 수사기관은 사기이용계좌를 관리하는 금융회사에 대하여 제2조제2호다목 또는 라목에 해당하는 행위와 관련된 사기이용계좌의 지급정지를 요청할 수 있다.(2023.5.16 본항신설)

③ 수사기관은 제2항에 따른 지급정지를 요청하는 경우 요청한 날부터 대통령령으로 정하는 기한 이내에 피해자 및 피해금을 특정하여 해당 사기이용계좌를 관리하는 금융회사에 통지하여야 한다.(2023.5.16 본항신설)

④ 제1항에 따른 피해구제의 신청 및 제2항에 따른 지급정지의 요청을 받은 금융회사는 다른 금융회사의 사기이용계좌로 피해금이 송금·이체된 경우 해당 금융회사에 대하여 필요한 정보를 제공하고 지급정지를 요청하여야 한다.

⑤ 제1항에 따른 피해구제의 신청, 제2항부터 제4항까지에 따른 지급정지의 요청 및 피해자·피해금의 통지에 관한 방법·절차 등에 필요한 사항은 대통령령으로 정한다.(2023.5.16 본조개정)

제4조【지급정지】 ① 금융회사는 다음 각 호의 어느 하나에 해당하는 경우 거래내역 등의 확인을 통하여 전기통신금융사기의 사기이용계좌로 의심할 만한 사정이 있다고 인정되면 즉시 해당 사기이용계좌의 전부에 대하여 지급정지 조치를 하여야 한다.(2014.1.28 본문개정)

1. 제3조제1항에 따른 피해구제 신청이나 같은 조 제2항 또는 제4항에 따른 지급정지 요청이 있는 경우(2023.5.16 본호개정)
2. 수사기관 또는 「금융위원회의 설치 등에 관한 법률」에 따라 설립된 금융감독원(이하 "금융감독원"이라 한다) 등으로부터 사기이용계좌로 의심된다는 정보제공이 있는 경우
3. 제2조의5제2항에 따른 피해의심거래계좌에 대한 본인확인조치 결과 사기이용계좌로 추정되는 경우(2014.1.28 본호개정)
4. 그 밖에 대통령령으로 정하는 경우

② 금융회사는 제1항에 따라 지급정지 조치를 한 경우 지체 없이 다음 각 호의 자에게 해당 지급정지 조치에 관한 사항을 통지하여야 한다. 다만, 제1호의 명의인의 소재를 알 수 없는 경우에는 금융회사의 인터넷 홈페이지 등에 지급정지 조치에 관한 사실을 공시하여야 하며, 제3호에 따른 피해자에게는 제3조제3항 또는 제6조제2항에 따른 수사기관의 통지가 있는 때에 통지하여야 한다.(2023.5.16 단서개정)

1. 제1항에 따라 지급정지된 사기이용계좌의 명의인(이하 "명의인"이라 한다)
2. 제3조제1항에 따라 피해구제신청을 한 피해자
3. 제3조제3항 또는 제6조제2항에 따라 금융회사에 통지된 피해자(2023.5.16 본호신설)
4. 피해금을 송금·이체한 계좌를 관리하는 금융회사(2014.1.28 본호개정)
5. 금융감독원(2014.1.28 본호신설)
6. 수사기관. 다만, 제1항제2호에 따라 정보를 제공한 경우와 제3조제2항에 따라 지급정지를 요청한 경우에 한정한다.(2023.5.16 단서개정)

③ 금융회사는 제1항제1호 또는 제2호를 위반하여 지급정지를 이행하지 아니함으로써 이용자에게 손해가 발생한 경우에는 그 손해를 배상할 책임을 진다.(2014.1.28 본항신설)

④ 제1항 및 제2항에 따른 지급정지의 절차·통지 등에 필요한 사항은 대통령령으로 정한다.

제4조의2【지급정지 이후 압류 금지 등】 ① 누구든지 제4조에 따라 지급정지가 된 사기이용계좌의 채권 전부 또는 일부와 관련하여 다음 각 호의 어느 하나에 해당하는 행위를 할 수 없다. 다만, 제8조에 따라 지급정지가 종료된 후에는 그러하지 아니하다.

1. 손해배상·부당이득반환청구소송 등의 제기
2. 「민사집행법」에 따른 압류·가압류 또는 가처분의 신청
3. 「국세징수법」에 따른 체납절차의 개시
4. 질권(質權)의 설정

② 제1항 본문에도 불구하고 명의인 또는 피해자는 그 상대방에 대하여 채무부존재확인·부당이득반환청구 소송 등을 제기할 수 있다.(2018.3.13 본항신설)
(2016.1.27 본조신설)

제5조【채권소멸절차의 개시 공고】 ① 금융회사는 제4조에 따라 지급정지 조치를 행한 경우 지체 없이 대통령령으로 정하는 바에 따라 금융감독원에 명의인의 채권이 소멸되는 절차(이하 "채권소멸절차"라 한다)를 개시하기 위한 공고를 요청하여야 한다. 다만, 명의인의 채권 전부 또는 일부가 다음 각 호의 어느 하나에 해당하는 경우에는 그러하지 아니하며, 제3조제2항에 따른 지급정지 요청에 따라 지급정지 조치를 행한 경우에는 같은 조 제3항에 따른 통지가 있는 때에 공고를 요청하여야 한다.(2023.5.16 단서개정)

1. 제4조에 따라 지급정지 조치를 하기 전에 손해배상·부당이득반환 등의 청구소송이 제기되어 법원에 계속(係屬) 중인 경우(2016.1.27 본호개정)
2. 제4조에 따라 지급정지 조치를 하기 전에 「민사집행법」에 따른 압류·가압류 또는 가처분의 명령이 집행된 경우(2016.1.27 본호개정)
3. 제4조에 따라 지급정지 조치를 하기 전에 「국세징수법」에 따른 체납절차가 개시된 경우(2016.1.27 본호개정)
4. 제4조에 따라 지급정지 조치를 하기 전에 질권이 설정된 경우(2016.1.27 본호개정)
5. 지급정지된 후에 제4조의2제2항에 따라 명의인과 피해자 간 채무부존재확인·부당이득반환청구 소송 등이 제기되어 법원에 계속 중인 경우(2018.3.13 본호신설)
6. 제4조에 따라 지급정지가 이루어진 사기이용계좌의 잔액이 3만원 이하의 금액으로서 대통령령으로 정하는 금액 이하인 경우. 다만, 피해자가 지급정지의 통지를 받은 날부터 30일 이내에 금융회사에 채권소멸절차의 개시를 요청한 경우에는 그러하지 아니하다.(2020.5.19 본호신설)

② 금융감독원은 제1항에 따라 채권소멸절차 개시의 공고 요청을 받은 경우 지체 없이 대통령령으로 정하는 바에 따라 다음 각 호의 사항을 공고하여야 한다.

1. 전기통신금융사기와 관련하여 채권소멸절차가 개시되었다는 취지
2. 사기이용계좌와 관련된 금융회사, 점포 및 예금 등의 종별 및 계좌번호
3. 명의인의 성명 또는 명칭
4. 공고 전 피해구제 신청에 따라 채권소멸대상에 해당하는 채권의 금액
5. 제6조에 따른 채권소멸절차 개시 이후의 피해구제 신청의 방법 및 절차
6. 제7조에 따른 명의인의 이의제기 방법 및 절차
7. 제13조의2제1항에 따른 전자금융거래제한대상자로 지정되었다는 취지와 이의제기 방법 및 절차(2014.1.28 본호신설)
8. 그 밖에 대통령령으로 정하는 사항

③ 금융감독원은 제2항에 따라 채권소멸절차의 개시에 관한 공고를 한 경우 지체 없이 명의인에게 채권소멸절차의 개시에 관한 사실을 통지하여야 한다. 다만, 명의인의 소재를 알 수 없는 경우에는 제2항에 따른 공고로 명의인에 대한 통지가 이루어진 것으로 본다.

제6조【채권소멸절차 개시 이후의 피해구제】 ① 제5조제2항에 따라 채권소멸절차 개시의 공고가 이루어진 사기이용계좌의 피해자로서 채권소멸절차 개시의 공고 전에 피해구제를 신청하지 아니한 자는 금융회사에 대하여 제5조제2항에 따른 공고일부터 2개월 이내에 피해구제의 신청을 할 수 있다.

② 수사기관은 제5조제2항에 따라 채권소멸절차 개시의 공고가 이루어진 사기이용계좌와 관련한 추가 피해자와 피해금을 제5조제2항에 따른 공고일부터 2개월 이내에 금융회사에 통지할 수 있다.(2023.5.16 본항개정)

③ 금융회사는 다음 각 호의 어느 하나에 해당하는 경우 금융감독원에 해당 피해금에 대한 채권소멸절차의 개시 공고를 요청하여야 한다.

1. 제1항에 따른 피해구제 신청에 대하여 해당 거래내역 등을 확인하여 피해자로 인정된다고 판단하는 경우
2. 제2항에 따른 수사기관의 통지가 있는 경우
(2023.5.16 본항신설)

④ 제3항에 따라 공고 요청을 받은 금융감독원은 지체 없이 해당 사항을 공고하여야 한다. 이 경우 채권소멸절차 개시의 공고 요청 및 공고에 관하여는 제5조제1항 및 제2항을 준용한다.(2023.5.16 전단개정)

⑤ 금융회사 및 금융감독원은 채권소멸절차 개시 공고 전에 피해구제의 신청을 하지 아니한 피해자가 제1항에 따라 피해구제의 신청을 할 수 있도록 필요한 정보를 제공하는 등 적극적인 노력을 하여야 한다.

제7조【지급정지 등에 대한 이의제기】 ① 명의인은 다음 각 호의 어느 하나에 해당하는 경우에는 제4조제1항에 따른 지급정지 또는 제13조의2제3항에 따른 전자금융거래 제한이 이루어진 날부터 제5조제2항에 따른 공고일을 기준으로 2개월이 경과하기 전까지 금융회사에 지급정지, 전자금융거래 제한 및 채권소멸절차에 대하여 이의를 제기할 수 있다.(2018.3.13 본문개정)

1. 해당 계좌가 사기이용계좌가 아니라는 사실을 소명하는 경우(2018.3.13 본호신설)
2. 제9조에 따라 소멸될 채권의 전부 또는 일부를 명의인이 재화 또는 용역의 공급에 대한 대가로 받았거나 그 밖에 정당한 권원에 의하여 취득한 것임을 객관적인 자료로 소명하는 경우. 다만, 해당 계좌가 전기통신금융사기에 이용된 사실을 사기이용계좌로 이용된 경위, 거래행태, 거래내역 등의 확인을 통하여 명의인이 알았거나 중대한 과실로 알지 못하였다고 인정되는 경우에는 그러하지 아니하다.(2018.3.13 본호신설)

② 금융회사는 제1항에 따른 이의제기가 제1항 각 호의 어느 하나에 해당하는 경우 이를 접수하고 즉시 피해구제 신청을 한 피해자(제3조제3항 또는 제6조제2항에 따라 금융회사에 통지된 피해자를 포함한다. 이하 같다) 및 금융감독원에 통지하여야 한다.(2023.5.16 본항개정)

③ 명의인의 이의제기 방법 및 절차 등에 필요한 사항은 대통령령으로 정한다.
(2014.1.28 본조제목개정)

제8조【지급정지 등의 종료】 ① 금융회사 및 금융감독원은 다음 각 호의 어느 하나에 해당하는 경우 사기이용계좌의 전부 또는 일부에 대하여 이 법에 따른 지급정지·채권소멸절차 및 명의인에 대한 전자금융거래 제한을 종료하여야 한다. 다만, 제1호 및 제13조의2제1항제1호부터 제3호까지에 해당하는 경우에는 전자금융거래 제한을 종료하지 아니 한다.(2020.5.19 단서개정)

1. 제5조제1항제1호부터 제4호까지의 어느 하나에 해당하는 사유가 발생한 경우(2018.3.13 본호개정)

1의2. 제5조제1항제5호에 해당하는 사유가 발생한 경우(2018.3.13 본호신설)

2. 제7조제1항에 따른 이의제기가 있는 경우
3. 금융감독원 또는 수사기관이 해당 계좌가 사기이용계좌가 아니라고 인정하는 경우
4. 피해환급금 지급이 종료된 경우
5. 그 밖에 대통령령으로 정하는 경우

② 금융회사는 제1항에도 불구하고 다음 각 호의 어느 하나에 해당하는 때에는 지급정지를 해제하지 아니한다.

1. 제5조제1항제1호에 따라 소송이 법원에 계속 중인 경우

1의2. 제5조제1항제5호에 따라 소송이 법원에 계속 중인 경우(해당 사기이용계좌에 예치된 금액 중 전기통신금융사기 피해금에 한정한다)(2018.3.13 본호신설)

2. 제7조제2항에 따라 명의인의 이의제기 사실을 피해자가 통보받은 날부터 2개월이 경과하기 전. 다만, 명의인이 제7조제1항제1호 또는 제2호에 해당함을 객관적인 자료로 충분히 소명하고 이에 상당한 이유가 있다고 인정되는 경우에는 지급정지를 해제할 수 있다.(2018.3.13 단서개정)

③ 금융회사 또는 금융감독원은 제1항 및 제2항에 따라 지급정지 및 채권소멸절차를 종료한 경우 지체 없이 해당 명의인과 피해구제 신청을 한 피해자 및 관련 금융회사에 통지하여야 한다.
(2014.1.28 본조제목개정)

제9조【채권의 소멸】 ① 명의인의 채권(제5조제2항 및 제6조제4항에 따른 채권소멸절차 개시 공고가 이루어진 금액에 한한다)은 제5조제2항에 따른 최초의 채권소멸절차 개시의 공고일부터 2개월이 경과하면 소멸한다.
(2023.5.16 본항개정)

② 금융감독원은 제1항에 따라 명의인의 채권이 소멸된 경우 다음 각 호의 사항을 해당 명의인, 제3조 및 제6조에 따라 피해구제를 신청한 피해자 및 관련 금융회사에게 통지하여야 한다. 다만, 명의인의 소재를 알 수 없는 경우에는 금융감독원 및 해당 금융회사의 인터넷 홈페이지 등에 해당 사실을 공시하여야 한다.

1. 제1항에 따라 해당 명의인의 채권이 소멸되었다는 사실
2. 소멸되는 채권의 금액
3. 그 밖에 대통령령으로 정하는 사항

제10조【피해환급금의 결정·지급】 ① 금융감독원은 제9조제1항에 따라 채권이 소멸된 날부터 14일 이내에 피해환급금을 지급받을 자 및 그 금액을 결정하여 그 내역을 제3조제1항 및 제6조제1항에 따라 피해구제를 신청한 피해자 및 금융회사에 통지하여야 하고, 통지를 받은 금융회사는 지체 없이 피해환급금을 피해자에게 지급하여야 한다.

② 제1항의 피해환급금은 총피해금액이 소멸채권 금액을 초과하는 경우 소멸채권 금액에 각 피해자의 피해금액의 총피해금액에 대한 비율을 곱한 금액으로 하며, 그 외의 경우에는 해당 피해금액으로 한다.

③ 금융감독원은 제2항에 따른 피해환급금의 결정을 위하여 금융회사에 필요한 자료의 제출을 요구할 수 있다.

④ 그 밖에 피해환급금의 결정 및 지급 등에 관하여 필요한 사항은 대통령령으로 정한다.

제11조【피해환급금을 지급받을 수 없는 자】 다음 각 호의 어느 하나에 해당하는 자는 피해환급금을 지급받을 수 없다.

1. 해당 전기통신금융사기로 인한 피해금의 전액 배상이 이루어진 경우의 피해자 및 그 승계인
2. 해당 전기통신금융사기 등과 관련하여 부당이득을 취한 자
3. 해당 전기통신금융사기 등에 공범으로 가담하였거나 자신에게 불법원인이 있는 자
4. 그 밖에 대통령령으로 정하는 자

제12조【손해배상청구권과의 관계】 피해자가 이 법에 따라 금융회사로부터 피해환급금을 지급받은 경우 해당 전기통신금융사기로 발생한 손해배상청구권 및 그 밖의 청구권은 환급을 받은 한도에서 소멸된다.

제13조【소멸채권 환급 청구】 ① 제9조에 따라 채권이 소멸된 명의인이 다음 각 호의 요건을 모두 갖춘 경우에는 금융감독원에 소멸된 채권의 환급을 청구할 수 있다.

1. 제7조제1항제1호 또는 제2호에 해당하는 경우(2018.3.13 본호개정)
2. 제7조제1항에 따른 이의제기를 하지 못한 정당한 사유가 있는 경우

② 금융감독원은 제1항에 따른 환급금 지급을 위하여 대통령령으로 정하는 바에 따라 보험 또는 공제에 가입하여야 한다.

제13조의2【사기이용계좌의 명의인에 대한 전자금융거래 제한】 ① 금융감독원은 제4조제2항에 따라 지급정지 조치에 관한 사항을 통지받거나 제4조제1항에 따라 지급정지 조치를 받은 적이 있는 명의인이 다음 각 호에 해당하는 사실을 확인한 경우 해당 명의인을 전자금융거래가 제한되는 자(이하 이 조에서 "전자금융거래제한대상자"라 한다)로 지정하여야 한다.(2020.5.19 본문개정)

1. 「전자금융거래법」 제49조제4항제1호부터 제3호까지의 어느 하나에 해당(전기통신금융사기와 관련된 경우에 한정한다)하면서 접근매체를 양도하거나 대여한 자 또는 접근매체에 대한 질권설정자로서 벌금형을 선고받은 날부터 3년이 경과하지 아니하거나 징역형(집행유예를 포함한다)을 선고받은 날부터 5년이 경과하지 아니한 것으로 확인된 경우
2. 「전자금융거래법」 제49조제4항제5호에 해당(전기통신금융사기와 관련된 경우에 한정한다)하면서 계좌와 관련된 정보를 제공한 자로서 벌금형을 선고받은 날부

터 3년이 경과하지 아니하거나 징역형(집행유예를 포함한다)을 선고받은 날부터 5년이 경과하지 아니한 것으로 확인된 경우

3. 그 밖에 전기통신금융사기를 목적으로 한 범죄로 벌금형을 선고받은 날부터 3년이 경과하지 아니하거나 징역형(집행유예를 포함한다)을 선고받은 날부터 5년이 경과하지 아니한 것으로 확인된 경우

(2020.5.19 1호~3호신설)

② 금융감독원은 제1항에 따라 명의인을 전자금융거래제한대상자로 지정한 경우 지체 없이 금융회사 및 명의인에게 이를 통지하여야 한다. 다만, 명의인의 소재를 알 수 없는 경우에는 제5조제2항에 따른 공고로 명의인에 대한 통지가 이루어진 것으로 본다.

③ 금융회사는 제2항에 따라 통지받은 전자금융거래제한대상자의 전자금융거래를 처리하여서는 아니 된다.

④ 금융감독원은 제1항에 따라 전자금융거래제한대상자로 지정된 자가 제8조제1항에 따라 전자금융거래의 제한이 해제된 때에는 전자금융거래제한대상자의 지정을 취소하고 이를 금융회사 및 명의인에게 통보하여야 한다.

(2014.1.28 본조신설)

제13조의3【전기통신금융사기에 이용된 전화번호의 이용중지 등】 ① 검찰총장, 경찰청장 또는 금융감독원장은 전기통신금융사기에 이용된 전화번호를 확인한 때에는 과학기술정보통신부장관에게 해당 전화번호에 대한 전기통신역무 제공의 중지를 요청할 수 있다.(2017.7.26 본항개정)

② 제1항에 따른 요청으로 전기통신역무 제공이 중지된 이용자는 전기통신역무 제공의 중지를 요청한 기관에 이의신청을 할 수 있다.

③ 제2항에 따른 이의신청의 절차 등에 필요한 사항은 대통령령으로 정한다.

(2016.1.27 본조신설)

제14조【수수료】 금융감독원장은 피해환급금을 지급받은 피해자에 대하여 대통령령으로 정하는 바에 따라 수수료를 받을 수 있다.

제14조의2【포상금의 지급】 ① 금융위원회는 전기통신금융사기의 사기이용계좌로 의심할 만한 사정을 수사기관 또는 금융감독원 등에 신고한 자에게 금융감독원장으로 하여금 금융감독원의 예산의 범위에서 포상금을 지급하게 할 수 있다.

② 제1항에 따른 포상금 지급대상자의 범위, 포상금 지급의 기준 및 절차 등에 필요한 사항은 금융위원회가 정하여 고시한다.

(2014.1.28 본조신설)

제15조【계좌자료 제공 등에 대한 특례】 ① 금융회사 및 금융감독원은 제3조제4항, 제4조제2항, 제5조제1항·제2항, 제6조제3항부터 제5항까지, 제7조제2항, 제8조제3항, 제9조제2항, 제10조제3항 및 제13조의2제2항·제3항, 제16조에 따라 필요한 자료를 「금융실명거래 및 비밀보장에 관한 법률」 제4조에도 불구하고 요청·제공하거나 공고할 수 있다.(2023.5.16 본항개정)

② 금융감독원장은 제5조제3항, 제9조제2항, 제10조제1항, 제13조의2제2항에 따른 통지를 위하여 행정안전부장관에게 「주민등록법」에 따른 주민등록자료 제공을 요청할 수 있다. 이 경우 행정안전부장관은 특별한 사유가 없으면 이에 따라야 한다.(2018.3.13 본항신설)

제15조의2【벌칙】 ① 전기통신금융사기를 행한 자는 1년 이상의 유기징역 또는 범죄수익의 3배 이상 5배 이하에 상당하는 벌금에 처하거나 이를 병과(倂科)할 수 있다.

(2023.5.16 본항개정)

② 제1항의 미수범은 처벌한다.

③ 상습적으로 제1항의 죄를 범한 자는 그 죄에 대하여 정하는 형의 2분의 1까지 가중한다.

(2014.1.28 본조신설)

제16조【벌칙】 다음 각 호의 어느 하나에 해당하는 자는 3년 이하의 징역 또는 3천만원 이하의 벌금에 처한다.

1. 거짓으로 제3조제1항에 따른 피해구제를 신청한 자
2. 거짓으로 제3조제4항에 따른 지급정지를 요청한 자 (2023.5.16 본호개정)
3. 거짓으로 제6조제1항에 따른 피해구제를 신청한 자
4. 거짓으로 제7조제1항에 따른 이의제기를 한 자

제17조【양벌규정】 법인의 대표자나 법인 또는 개인의 대리인, 사용인, 그 밖의 종업원이 그 법인 또는 개인의 업무에 관하여 제15조의2 및 제16조의 위반행위를 하면 그 행위자를 벌하는 외에 그 법인 또는 개인에게도 해당 조문의 벌금형을 과(科)한다. 다만, 법인 또는 개인이 그 위반행위를 방지하기 위하여 해당 업무에 관하여 상당한 주의와 감독을 게을리하지 아니한 경우에는 그러하지 아니하다.(2014.1.28 본문개정)

제18조【과태료】 ① 다음 각 호의 어느 하나에 해당하는 자에게는 1천만원 이하의 과태료를 부과한다.

1. 제2조의2제2항에 따른 개선계획을 제출·이행하지 아니한 금융회사(2014.1.28 본호신설)
2. 제2조의4제1항을 위반하여 본인확인조치를 하지 아니한 금융회사(2014.1.28 본호신설)
3. 제4조제1항제1호 또는 제2호를 위반하여 지급정지 등의 조치를 취하지 아니한 금융회사
4. 제5조제1항 또는 제6조제3항을 위반하여 채권소멸절차의 개시에 관한 공고 요청을 하지 아니한 금융회사 (2023.5.16 본호개정)
5. 제8조제1항을 위반하여 지급정지 및 채권소멸절차를 종료하지 아니한 금융회사
6. 제10조제1항을 위반하여 피해환급금을 피해자에게 지급하지 아니한 금융회사
7. 제13조의2제3항을 위반하여 전자금융거래를 처리한 금융회사(2014.1.28 본호신설)

② 다음 각 호의 어느 하나에 해당하는 자에게는 500만원 이하의 과태료를 부과한다.

1. 제3조제4항을 위반하여 지급정지 요청을 하지 아니한 금융회사(2023.5.16 본호개정)
2. 제4조제2항 각 호 외의 부분 본문을 위반하여 해당 지급정지 조치에 관한 사항을 통지하지 아니한 금융회사 (2014.1.28 본호개정)
3. 제7조제2항을 위반하여 명의인의 이의제기를 피해자에게 통지하지 아니한 금융회사

③ 제1항 및 제2항에 따른 과태료는 대통령령으로 정하는 바에 따라 금융위원회가 부과·징수한다.

부　칙 (2014.1.28)

제1조【시행일】 이 법은 공포 후 6개월이 경과한 날부터 시행한다.

제2조【금융회사의 피해 방지 책임 등에 관한 적용례】 제2조의4의 개정규정은 이 법 시행 후 이용자가 같은 조 제1항제1호 또는 제2호에 따른 행위를 하는 경우부터 적용한다.

제3조【사기이용계좌의 명의인에 대한 전자금융거래 제한에 관한 적용례】 제13조의2의 개정규정은 이 법 시행 후 최초로 채권소멸절차 개시의 공고가 이루어진 사기이용계좌의 명의인부터 적용한다.

제4조【대출의 제공·알선·중개를 가장한 행위의 피해자에 대한 경과조치】 ① 이 법 시행 전에 발생한 제2조제2호 단서의 개정규정에 따른 대출의 제공·알선·중개를 가장한 행위의 피해자는 이 법에 따른 피해자로 본다.

② 이 법 시행 당시 제2조제2호 단서의 개정규정에 따른 대출의 제공·알선·중개를 가장한 행위와 관련하여 지급정지가 되어 있는 사기이용계좌를 관리하는 금융회사는 지체 없이 제5조에 따라 금융감독원에 채권소멸절차의 개시에 관하여 공고하도록 요청하여야 한다.

부　칙 (2016.1.27)

제1조【시행일】 이 법은 공포 후 6개월이 경과한 날부터 시행한다.

제2조【압류 등의 금지에 관한 적용례】 제4조의2의 개정규정은 이 법 시행 당시 지급정지 된 사기이용계좌의 예금에 관한 채권부터 적용한다.

부　칙 (2018.3.13)

제1조【시행일】 이 법은 공포한 날부터 시행한다.

제2조【이의제기에 관한 적용례】 제7조제1항 및 제2항의 개정규정은 이 법 시행 당시 지급정지된 사기이용계좌부터 적용한다.

부　칙 (2020.5.19)

제1조【시행일】 이 법은 공포 후 6개월이 경과한 날부터 시행한다.

제2조【적용례】 제8조제1항 각 호 외의 부분 단서 및 제13조의2제1항의 개정규정은 이 법 시행 후 제13조의2제1항 각 호의 범죄로 벌금형 또는 징역형(집행유예를 포함한다)을 선고받은 사람부터 적용한다.

부　칙 (2023.5.16)

이 법은 공포 후 6개월이 경과한 날부터 시행한다.

예금자보호법

(1995년 12월 29일
법　률 제5042호)

개정
1997. 1.13법 5257호(금융산업)
1997. 8.30법 5403호(한국주택은행법폐지법)
1997.12.13법 5421호　1997.12.31법 5492호
1998. 9.16법 5556호　1999. 1.29법 5702호
1999. 9. 7법 6018호(농협)
2000. 1.21법 6173호
2000.10.23법 6274호(금융지주회사법)
2000.12.30법 6323호
2001. 3.28법 6429호(상호저축은행법)
2002. 1.26법 6626호(민사소송법)
2002.12.26법 6807호
2003. 5.29법 6891호(보험)
2003.12.31법 7027호
2005. 3.31법 7428호(채무자회생파산)
2005. 7.29법 7615호(신탁)
2006. 3.24법 7885호
2007. 8. 3법 8635호(자본시장금융투자업)
2007.12.21법 8702호
2008. 2.29법 8852호(정부조직)
2008. 2.29법 8863호(금융위원회의설치등에관한법)
2008. 9.26법 9134호　2009. 1.30법 9392호
2009. 1.30법 9401호(국유재산)
2009. 2. 3법 9406호
2010. 5.17법10303호(은행법)
2011. 3.29법10476호
2011. 3.31법10522호(농협)
2011. 5.19법10691호
2011. 7.14법10854호(금융실명)
2013. 5.28법11845호(자본시장금융투자업)
2014. 3.18법12494호　2014. 5.28법12714호
2015. 7.31법13453호(금융회사의지배구조에관한법)
2015.12.22법13613호　2016. 3.29법14128호
2016. 5.29법14242호(수협)
2018.12.11법15935호　2019.11.26법16655호
2020. 5.26법17336호　2020.12.29법17804호
2021. 1. 5법17878호　2021. 8.17법18436호

제1장　총　칙
(2015.12.22 본장개정)

제1조【목적】 이 법은 금융회사가 파산 등의 사유로 예금등을 지급할 수 없는 상황에 대처하기 위하여 예금보험제도 등을 효율적으로 운영함으로써 예금자등을 보호하고 금융제도의 안정성을 유지하는 데에 이바지함을 목적으로 한다.

제2조【정의】 이 법에서 사용하는 용어의 뜻은 다음과 같다.

1. "부보금융회사"(附保金融會社)란 이 법에 따른 예금보험의 적용을 받는 자로서 다음 각 목의 어느 하나에 해당하는 금융회사를 말한다.
   가. 「은행법」 제8조제1항에 따라 인가를 받은 은행
   나. 「한국산업은행법」에 따른 한국산업은행
   다. 「중소기업은행법」에 따른 중소기업은행
   라. 「농업협동조합법」에 따른 농협은행
   마. 「수산업협동조합법」에 따라 설립된 수협은행 (2016.5.29 본목개정)
   바. 「은행법」 제58조제1항에 따라 인가를 받은 외국은행의 국내 지점 및 대리점(대통령령으로 정하는 외국은행의 국내 지점 및 대리점은 제외한다)
   사. 「자본시장과 금융투자업에 관한 법률」 제12조에 따라 같은 법 제3조제2항에 따른 증권을 대상으로 투자매매업·투자중개업의 인가를 받은 투자매매업자·투자중개업자(「자본시장과 금융투자업에 관한 법률」 제78조에 따른 다자간매매체결회사, 예금등이 없는 투자매매업자·투자중개업자로서 대통령령으로 정하는 자 및 「농업협동조합의 구조개선에 관한 법률」 제2조제1호에 따른 조합은 제외한다)(2020.5.26 본목개정)
   아. 「자본시장과 금융투자업에 관한 법률」 제324조제1항에 따라 인가를 받은 증권금융회사
   자. 「보험업법」 제4조제1항에 따라 허가를 받은 보험회사(재보험 또는 보증보험을 주로 하는 보험회사로서 대통령령으로 정하는 보험회사는 제외한다)
   차. 「자본시장과 금융투자업에 관한 법률」에 따른 종합금융회사
   카. 「상호저축은행법」에 따른 상호저축은행 및 상호저축은행중앙회
2. "예금등"이란 다음 각 목의 어느 하나에 해당하는 것을 말한다. 다만, 대통령령으로 그 범위를 제한할 수 있다.
   가. 제1호가목부터 바목까지의 부보금융회사(이하 "은행"이라 한다)가 예금·적금·부금(賦金) 등을 통하여 불특정다수인에 대하여 채무를 부담함으로써 조달한 금전과 「자본시장과 금융투자업에 관한 법률」 제103조제3항에 따라 원본(元本)이 보전(補塡)되는 금전신탁 등을 통하여 조달한 금전
   나. 제1호사목 및 아목의 부보금융회사(이하 "투자매매업자·투자중개업자"라 한다)가 고객으로부터 「자본시장과 금융투자업에 관한 법률」 제3조제2항에 따른 증권의 매매, 그 밖의 거래와 관련하여 예탁받은 금전(제1호아목에 따른 증권금융회사의 경우에는 「자본시장과 금융투자업에 관한 법률」 제330조제1항에 따라 예탁받은 금전을 포함한다)과 같은 법 제103조제3

항에 따라 원본이 보전되는 금전신탁 등을 통하여 조달한 금전
다. 제1호자목의 부보금융회사(이하 "보험회사"라 한다)가 보험계약에 따라 받은 수입보험료, 「보험업법」 제108조제1항제3호에 따른 변액보험계약에서 보험회사가 보험금 등을 최저보증하기 위하여 받은 금전 및 「자본시장과 금융투자업에 관한 법률」 제103조제3항에 따라 원본이 보전되는 금전신탁 등을 통하여 조달한 금전
라. 제1호차목의 부보금융회사(이하 "종합금융회사"라 한다) 및 「금융산업의 구조개선에 관한 법률」에 따라 종합금융회사와 합병한 은행 또는 투자매매업자·투자중개업자가 「자본시장과 금융투자업에 관한 법률」 제336조제1항에 따라 어음을 발행하여 조달한 금전과 불특정다수인을 대상으로 자금을 모아 이를 유가증권에 투자하여 그 수익금을 지급하는 금융상품으로 조달한 금전
마. 제1호카목의 부보금융회사(이하 "상호저축은행"이라 한다)가 계금(契金)·부금·예금 및 적금 등으로 조달한 금전. 다만, 상호저축은행중앙회의 경우에는 자기앞수표를 발행하여 조달한 금전만 해당한다.
3. "예금자등"이란 부보금융회사에 대하여 예금등 채권을 가진 자를 말한다.
4. "예금등 채권"이란 예금자등이 예금등 금융거래를 하여 부보금융회사에 대하여 가지는 원금·원본·이자·이익·보험금 및 각종 지급금과 그 밖에 약정된 금전의 채권을 말한다.
5. "부실금융회사"란 다음 각 목의 어느 하나에 해당하는 부보금융회사를 말한다.
가. 경영상태를 실사(實査)한 결과 부채가 자산을 초과하는 부보금융회사나 거액의 금융사고 또는 부실채권의 발생으로 부채가 자산을 초과하게 되어 정상적인 경영이 어렵게 될 것이 명백한 부보금융회사로서 금융위원회 또는 제8조에 따른 예금보험위원회가 결정한 부보금융회사
나. 예금등 채권의 지급이나 다른 금융회사로부터의 차입금 상환이 정지 상태인 부보금융회사
다. 외부로부터의 자금지원 또는 별도의 차입(정상적인 금융거래에서 발생하는 차입은 제외한다)이 없이는 예금등 채권의 지급이나 차입금 상환이 어렵다고 금융위원회 또는 제8조에 따른 예금보험위원회가 인정한 부보금융회사
6. "부실우려금융회사"란 재무구조가 취약하여 부실금융회사가 될 가능성이 매우 크다고 제8조에 따른 예금보험위원회가 결정하는 부보금융회사를 말한다.
7. "자금지원"이란 제3조에 따라 설립된 예금보험공사가 제24조제1항에 따른 예금보험기금(이하 "예금보험기금"이라 한다) 또는 제26조의3제1항에 따른 예금보험기금채권상환기금(이하 "상환기금"이라 한다)의 부담으로 제공하는 다음 각 목의 것을 말한다.
가. 자금의 대출 또는 예치
나. 자산의 매수
다. 채무의 보증 또는 인수
라. 출자 또는 출연(出捐)
8. "보험사고"란 다음 각 목의 어느 하나에 해당하는 것을 말한다.
가. 부보금융회사의 예금등 채권의 지급정지(이하 "제1종 보험사고"라 한다)
나. 부보금융회사의 영업 인가·허가의 취소, 해산결의 또는 파산선고(이하 "제2종 보험사고"라 한다)
9. "착오송금"이란 송금인의 착오로 수취금융회사, 수취계좌번호 등을 잘못 기재하거나 입력하여 수취인에게 자금(「전자금융거래법」 제2조제11호에 따른 전자지급수단 중 대통령령으로 정하는 것을 포함한다)이 이동된 거래를 말한다.(2021.1.5 본호신설)
10. "자금이체 금융회사등"이란 「전자금융거래법」 제2조제3호에 따른 금융회사 및 같은 조 제4호에 따른 전자금융업자 중 대통령령으로 정하는 자를 말한다.
(2021.1.5 본호신설)

제2장 예금보험공사
(2015.12.22 본장개정)

제1절 통 칙

제3조【설립】 이 법에 따른 예금보험제도 등을 효율적으로 운영하기 위하여 예금보험공사를 설립한다.
제4조【법인격】 ① 예금보험공사(이하 "공사"라 한다)는 무자본특수법인으로 한다.
② 공사는 이 법 및 이 법에 따른 명령과 정관으로 정하는 바에 따라 운영한다.
제5조【등기】 ① 공사는 대통령령으로 정하는 바에 따라 등기하여야 한다.
② 공사는 그 주된 사무소의 소재지에서 설립등기를 함으로써 성립한다.
③ 제1항에 따라 등기가 필요한 사항은 그 등기를 한 후가 아니면 제3자에게 대항하지 못한다.
제5조의2【사무소】 ① 공사는 주된 사무소를 서울특별시에 둔다.
② 공사는 업무를 수행하기 위하여 필요하면 정관으로 정하는 바에 따라 지사무소(支事務所)나 출장소를 둘 수 있다.
제6조【정관】 ① 공사의 정관에는 다음 각 호의 사항이 포함되어야 한다.
1. 목적
2. 명칭
3. 사무소의 소재지
4. 예금보험기금 및 상환기금에 관한 사항
5. 예금보험위원회에 관한 사항
6. 이사회에 관한 사항
7. 임직원에 관한 사항
8. 업무와 그 집행에 관한 사항
9. 회계에 관한 사항
10. 정관의 변경에 관한 사항
11. 공고의 방법
② 공사가 정관을 변경하려면 제8조에 따라 설치된 예금보험위원회의 의결을 거쳐 금융위원회의 인가를 받아야 한다.
제7조【유사명칭의 사용 금지】 공사가 아닌 자는 예금보험공사 또는 이와 유사한 명칭을 사용하지 못한다.

제2절 예금보험위원회

제8조【예금보험위원회】 ① 공사에 예금보험위원회(이하 "위원회"라 한다)를 둔다.
② 위원회는 이 법 및 이 법에 따른 명령과 정관으로 정하는 바에 따라 공사의 업무 운영에 관한 기본방침을 수립하고 기금운용계획 등을 심의한다.
제9조【위원회의 구성】 ① 위원회는 다음 7명의 위원으로 구성한다.
1. 공사의 사장
2. 금융위원회 부위원장
3. 기획재정부장관이 지명하는 기획재정부차관
4. 한국은행 부총재
5. 금융위원회가 위촉하는 위원 1명과 기획재정부장관, 한국은행 총재가 각각 추천하여 금융위원회가 위촉하는 위원 2명
② 제1항제5호에 따른 위원의 자격에 관하여는 대통령령으로 정한다.
③ 제1항제5호에 따른 위원의 임기는 3년으로 하며, 연임할 수 있다.
제9조의2【정치활동의 금지】 제9조제1항제5호에 따른 위원은 「정당법」 제22조에도 불구하고 정당에 가입할 수 없으며, 정치운동에 관여할 수 없다.
제9조의3【위원의 신분보장 등】 ① 제9조제1항제5호에 따른 위원은 다음 각 호의 어느 하나에 해당하지 아니하면 임기 전에 그 의사에 반하여 위촉이 해제되지 아니한다.
1. 제16조 각 호의 어느 하나에 해당하게 된 경우
2. 심신의 장애로 직무 수행이 매우 곤란하게 된 경우
3. 이 법에 따른 직무상 의무를 위반하여 위원으로서 직무를 계속 수행하는 것이 부적당하게 된 경우
② 제9조제1항제5호에 따른 위원이 제1항 각 호의 사유로 위촉이 해제되는 경우 위촉이 해제되기 전에 위원으로서 한 행위는 그 효력을 상실하지 아니한다.
제10조【운영】 ① 위원회의 위원장은 공사의 사장이 된다.
② 위원장은 위원회를 대표하고, 위원회의 사무를 총괄한다.
③ 위원장이 부득이한 사유로 그 직무를 수행할 수 없을 때에는 제9조제1항제2호부터 제4호까지의 위원이 규정된 순서에 따라 그 직무를 대행한다.
④ 위원회는 위원 과반수의 출석과 출석위원 과반수의 찬성으로 의결한다. 다만, 제38조의4제3항에 따른 자금지원은 재적위원 3분의 2 이상의 찬성으로 의결한다.
⑤ 위원회는 다음 각 호의 사항을 기재한 의사록을 작성하고, 위원회가 정하는 바에 따라 공개하여야 한다.
(2018.12.11 본문개정)
1. 개의·정회 및 산회의 일시
2. 안건의 제목 및 주요 내용
3. 출석한 위원의 성명
4. 출석한 위원과 이해관계인의 주요 발언 내용
5. 표결 결과(소수의견이 있는 경우 그 내용을 포함한다)
6. 그 밖에 위원장이 필요하다고 인정하는 사항
(2018.12.11 1호~6호신설)
⑥ 위원회는 필요하면 부보금융회사를 대표한다고 인정되는 사람이나 관계 전문가 등을 위원회에 출석하게 하여 의견을 들을 수 있다.
⑦ 제1항부터 제6항까지에서 규정한 사항 외에 위원회의 운영에 필요한 사항은 대통령령으로 정한다.

제3절 임원 및 직원

제11조【임원】 ① 공사에 사장 1명을 두고, 부사장 1명을 포함한 5명 이내의 상임이사, 7명 이내의 비상임이사와 감사 1명을 둔다.
② 임원에 결원(缺員)이 생겼을 때에는 새로 임명하되, 그 임기는 임명된 날부터 기산(起算)한다.
제12조【임원의 직무】 ① 사장은 공사를 대표하고, 그 업무를 총괄한다.
② 부사장은 사장을 보좌하고, 부사장을 제외한 상임이사와 비상임이사(이하 "이사"라 한다)는 사장과 부사장을 보좌하되, 각각 정관으로 정하는 바에 따라 공사의 업무를 나눠 맡는다.
③ 감사는 공사의 업무와 회계를 감사한다.
제13조【임원의 신분보장】 임원은 다음 각 호의 어느 하나에 해당하는 경우 외에는 임기 전에 그 의사에 반하여 해임되지 아니한다.
1. 제16조 각 호의 어느 하나에 해당하게 된 경우
2. 이 법 또는 이 법에 따른 명령이나 정관을 위반한 경우
3. 심신의 장애로 직무 수행이 매우 곤란하게 된 경우
4. 「공공기관의 운영에 관한 법률」 제22조제1항, 제31조제6항, 제35조제2항·제3항, 제36조제2항 및 제48조제4항·제8항에 따라 그 임명권자가 해임하거나 정관으로 정한 사유가 있는 경우
제14조【이사회】 ① 공사에 이사회를 둔다.
② 이사회는 사장·부사장 및 이사로 구성한다.
③ 이사회는 공사의 업무에 관한 주요사항을 의결한다.
④ 감사는 이사회에 출석하여 의견을 진술할 수 있다.
제15조【직원의 임면】 공사의 직원은 사장이 임면한다.
제15조의2【대리인의 선임】 ① 사장은 부사장·이사 또는 직원 중에서 공사의 업무에 관하여 재판상 또는 재판 외의 모든 행위를 할 권한이 있는 대리인을 선임할 수 있다.
② 제1항에 따라 재판상 대리인으로 선임될 수 있는 직원의 범위는 대통령령으로 정한다.
제15조의3【공무원 등의 파견요청】 ① 사장은 업무를 수행하기 위하여 필요하다고 인정하면 관계 행정기관 또는 법인·단체에 그 소속 공무원 또는 임직원(이하 이 조에서 "파견직원"이라 한다)의 파견을 요청할 수 있다. 이 경우 금융위원회 위원장과 미리 협의하여야 한다.
② 사장은 제1항 후단에 따라 협의를 요청할 때에는 파견인원, 파견기간, 파견요청 사유 및 자격요건을 적은 서류를 금융위원회 위원장에게 제출하여야 한다.
③ 파견직원이 제18조에 따른 업무를 수행할 때에는 공사의 직원으로 본다.
제16조【임직원의 결격사유】 다음 각 호의 어느 하나에 해당하는 사람은 공사의 임원이 될 수 없으며, 제3호에 해당하는 사람은 공사의 직원이 될 수 없다.
1. 대한민국 국민이 아닌 사람
2. 「공공기관의 운영에 관한 법률」 제34조제1항제2호에 해당하는 사람
3. 「국가공무원법」 제33조 각 호의 어느 하나에 해당하는 사람
제17조【비밀 유지의 의무】 공사의 임직원과 임직원이었던 사람은 직무상 알게 된 비밀을 누설해서는 아니 된다.

제4절 업 무

제18조【업무의 범위】 ① 공사는 이 법의 목적을 달성하기 위하여 다음 각 호의 업무를 수행한다.
1. 예금보험기금의 관리 및 운용
2. 상환기금의 관리 및 운용
3. 제21조의2에 따른 손해배상청구권의 대위행사(代位行使) 등
4. 제30조에 따른 보험료 및 제30조의3에 따른 예금보험기금채권상환특별기여금(이하 "특별기여금"이라 한다)의 산정 및 수납
5. 제31조 및 제32조에 따른 보험금 등의 지급
6. 제4장에 따른 부실금융회사의 정리 등
6의2. 제5장에 따른 착오송금 반환지원(2021.1.5 본호신설)
7. 제1호부터 제6호까지 및 제6호의2의 업무에 부대하는 업무(2021.1.5 본호개정)
8. 예금자등을 보호하기 위하여 정부가 위탁하거나 지정하는 업무
9. 그 밖에 다른 법령에서 정하는 업무
② 공사는 위원회의 심의를 거쳐 업무 수행에 관한 규정을 제정할 수 있다.
제19조 (1997.12.31 삭제)
제20조【업무의 대행】 ① 공사는 필요하면 업무의 일부를 다른 기관(이하 "대행기관"이라 한다)이 대행하게 할 수 있다.
② 대행기관의 범위는 대통령령으로 정한다.
제21조【부보금융회사에 대한 자료제출 요구 등】 ① 공사는 부보금융회사 및 그 부보금융회사를 「금융지주회사법」에 따른 자회사등으로 두는 금융지주회사에 대하여 부실금융회사 또는 부실우려금융회사의 결정, 제30조 및 제30조의3에 따른 보험료 및 특별기여금의 산정 및 수납, 제31조 및 제32조에 따른 보험금 등의 지급 및 계산, 제4장에 따른 부실금융회사의 정리 등의 업무를 수행하기 위하여 필요한 범위에서 그 업무 및 재산 상황에 관련된 자료의 제출을 요구할 수 있다.
② 공사는 제1항에 따라 제출된 자료 등을 기초로 하여 대통령령으로 정하는 기준에 따라 부실 우려가 있다고 인정되거나, 제5항에 따른 확인이 이루어지지 아니한 경우에는 부보금융회사 및 그 부보금융회사를 「금융지주회

사법」에 따른 자회사등으로 두는 금융지주회사의 업무 및 재산 상황에 관하여 조사를 할 수 있다.
③ 공사는 예금자등의 보호와 금융제도의 안정성 유지를 위하여 필요하다고 인정하면 「금융위원회의 설치 등에 관한 법률」에 따라 설립된 금융감독원의 원장(이하 "금융감독원장"이라 한다)에게 구체적인 범위를 정하여 부보금융회사 및 그 부보금융회사를 「금융지주회사법」에 따른 자회사등으로 두는 금융지주회사에 대하여 검사를 할 것을 요청하거나, 공사 소속 직원이 해당 검사에 공동으로 참여하도록 위원회의 의결을 거쳐 요청할 수 있다. 이 경우 요청을 받은 금융감독원장은 이에 따라야 한다.
④ 공사는 예금자등을 보호하기 위하여 필요하다고 인정하면 금융감독원장에게 구체적인 범위를 정하여 부보금융회사 및 그 부보금융회사를 「금융지주회사법」에 따른 자회사등으로 두는 금융지주회사와 관련된 자료를 제공하여 줄 것을 요청할 수 있다. 이 경우 요청을 받은 금융감독원장은 이에 따라야 한다.
⑤ 공사는 부보금융회사가 보험사고의 위험이 있는지를 판단하기 위하여 제4항에 따라 제공받은 자료의 사실 여부를 확인할 필요가 있다고 인정되면 금융감독원장에게 1개월의 기간을 정하여 해당 부보금융회사 및 그 부보금융회사를 「금융지주회사법」에 따른 자회사등으로 두는 금융지주회사에 대한 검사 등을 통하여 그 자료의 사실 여부를 확인하여 줄 것을 요청할 수 있다.
⑥ 공사는 제2항에 따른 조사 결과에 따라 금융감독원장에게 해당 부보금융회사 및 그 부보금융회사를 「금융지주회사법」에 따른 자회사등으로 두는 금융지주회사에 대하여 필요한 시정조치를 하여 줄 것을 요청할 수 있다. 이 경우 요청을 받은 금융감독원장은 특별한 사유가 없으면 이에 따라야 하며, 그 조치결과 및 조치대상기관의 이행내역을 공사에 송부하여야 한다.
⑦ 공사는 제2항에 따른 조사 결과 보험사고의 위험이 있다고 판단되면 이를 금융위원회에 통보하고 적절한 조치를 해 줄 것을 요청할 수 있다. 이 경우 요청을 받은 금융위원회는 특별한 사유가 없으면 이에 따라야 한다.
⑧ 공사는 금융감독원장에게 제3항에 따른 검사 결과의 송부를 요청하거나 검사 결과에 따라 해당 부보금융회사 및 그 부보금융회사를 「금융지주회사법」에 따른 자회사등으로 두는 금융지주회사에 대하여 필요한 시정조치를 하여 줄 것을 요청할 수 있다. 이 경우 요청을 받은 금융감독원장은 이에 따라야 하며, 그 조치결과 및 조치대상기관의 이행내역을 공사에 송부하여야 한다.

제21조의2【손해배상청구권의 대위행사 등】 ① 공사는 다음 각 호의 어느 하나에 해당하는 경우에는 해당 부실금융회사 또는 부실우려금융회사(이하 "부실금융회사등"이라 하며, 이 조에서만 그 청산법인 또는 파산재단을 포함한다)로 하여금 그 부실 또는 부실 우려에 책임이 있다고 인정되는 부실관련자[부실금융회사등의 전직·현직 임직원, 「상법」 제401조의2제1항 각 호에 규정된 자, 부실금융회사등에 대하여 채무를 이행하지 아니한 채무자(채무자가 법인인 경우 그 법인의 전직·현직 임직원, 「상법」 제401조의2제1항 각 호에 규정된 자 및 대통령령으로 정하는 주요주주를 포함한다) 및 그 밖의 제3자를 말한다. 이하 "부실관련자"라 한다]에게 손해배상을 청구하도록 요구할 수 있다.
1. 제31조 및 제34조제1항에 따라 보험금의 지급을 결정하거나 보험금을 지급한 경우
2. 제36조의3제1항에 따른 정리금융회사가 영업 또는 계약을 양수(讓受)하기로 결정하거나 양수한 경우 또는 예금등 채권을 지급하기로 결정하거나 지급을 한 경우
3. 제38조에 따라 자금지원을 결정하거나 자금지원을 한 경우
② 제1항에 따른 공사의 요구는 그 이유·청구방법 및 청구기간을 적은 서면으로 하여야 한다.
③ 공사는 부실금융회사등이 제1항에 따른 요구에 따르지 아니하는 경우에는 즉시 해당 부실금융회사등을 대위(代位)하여 부실관련자에게 손해배상을 청구할 수 있다.
④ 공사는 부실금융회사등이 소를 제기하여 제1항에 따른 손해배상청구를 하는 경우에는 그 소송절차가 진행되는 동안 해당 부실금융회사등을 보조하기 위하여 소송에 참가할 수 있다. 이 경우 「민사소송법」 제71조부터 제77조까지의 규정을 준용한다.
⑤ 공사가 제3항에 따라 손해배상청구권을 대위행사하여 소송에서 승소(勝訴)하거나 부실금융회사등의 요청으로 제4항에 따른 소송참가(訴訟參加)를 하는 경우 그 비용은 해당 부실금융회사등이 부담한다.
⑥ 부실금융회사등이 파산한 경우 제5항에 따라 부담하지 아니한 비용에 대한 청구권은 재단채권으로 본다.
⑦ 공사는 제1항부터 제4항까지의 규정에 따른 손해배상청구의 요구, 손해배상청구권의 대위행사 또는 소송참가를 하기 위하여 필요하면 해당 부실금융회사등, 부실관련자 또는 다음 각 호의 어느 하나에 해당하는 이해관계인(이하 "이해관계인"이라 한다)에 대하여 업무 및 재산 상황에 관한 자료제출요구, 출석요구(이해관계인에 대한 출석요구는 제외한다) 등 조사를 할 수 있다. 다만, 부실관련자 중 그 밖의 제3자의 범위는 회계법인 또는 공인회계사로 한정한다.
1. 부실관련자의 배우자
2. 부실관련자의 직계 존속·비속
3. 부실관련자의 배우자의 직계 존속·비속
4. 재산권을 목적으로 부실관련자와 한 법률행위로 인하여 직접 이익을 받은 자 및 전득자(轉得者)
5. 그 밖에 부실관련자의 재산은닉에 관련이 있는 자
⑧ 부실금융회사등과의 합병이나 제3자에 의한 부실금융회사등의 인수 이후 존속하는 부보금융회사에 대해서는 제1항부터 제6항까지의 규정을 준용한다. 이 경우 공사는 해당 부보금융회사에 대하여 부실관련자에 대한 손해배상청구 또는 소송참가에 필요한 자료의 제출을 요청할 수 있으며, 요청을 받은 부보금융회사는 특별한 사유가 없으면 이에 따라야 한다.
⑨ 제7항에 따라 조사를 하는 자는 그 권한을 표시하는 증표를 지니고 관계인에게 보여 주어야 한다.
⑩ 제7항에 따른 조사의 방법·절차 등에 관하여 필요한 사항은 대통령령으로 정한다.

제21조의3【자료제공의 요구】 ① 공사는 제21조의2제1항부터 제4항까지의 규정에 따른 손해배상청구의 요구, 손해배상청구권의 대위행사 또는 소송참가를 하기 위하여 필요하면 법원행정처, 관계 중앙행정기관, 지방자치단체, 그 밖에 대통령령으로 정하는 공공기관 및 금융회사(이하 이 조에서 "공공기관등"이라 한다)의 장에게 부실관련자 또는 이해관계인의 가족관계등록사항과 재산 및 업무에 관한 자료 또는 정보의 제공을 요구할 수 있다. 다만, 금융회사의 장이나 그 특정점포에 부실관련자 또는 이해관계인의 금융거래의 내용에 대한 정보 또는 자료의 제공을 요구하는 경우에는 제21조의4를 적용한다. (2019.11.26 단서개정)
② 공사는 제21조의2제1항부터 제4항까지의 규정에 따른 손해배상청구의 요구, 손해배상청구권의 대위행사 또는 소송참가를 하기 위하여 필요하면 다음 각 호의 사항을 적은 문서로 관할 세무관서 및 지방자치단체의 장에게 과세정보의 제공을 요구할 수 있다. 이 경우 과세정보 제공 요구는 필요한 최소한의 범위에서 하여야 하며 다른 목적을 위하여 남용하여서는 아니 된다.
1. 납세자의 인적 사항
2. 사용 목적
③ 제1항 본문 및 제2항에 따른 요구를 받은 공공기관등 및 세무관서의 장은 특별한 사유가 없으면 이에 따라야 한다.
④ 제1항 본문, 제2항 및 제3항에 따른 자료제공 요구 및 자료제공은 「개인정보 보호법」에 따라야 한다.

제21조의4【금융거래정보등의 제공 요구】 ① 사장은 제21조의2제1항부터 제4항까지의 규정에 따른 손해배상청구의 요구, 손해배상청구권의 대위행사 및 소송참가와 같은 조 제7항에 따른 조사와 관련하여 금융거래의 내용에 대한 정보 또는 자료(이하 "금융거래정보등"이라 한다)에 의하지 아니하고는 부실관련자의 손해배상책임이나 부실관련자 또는 그 이해관계인의 재산은닉 등의 여부를 확인할 수 없다고 인정하는 경우에는 「금융실명거래 및 비밀보장에 관한 법률」 제4조에도 불구하고 같은 법 제2조제1호에 따른 금융회사등의 장이나 그 특정점포에 부실관련자(제21조의2제1항에 따른 부실관련자 중 그 밖의 제3자는 제외한다) 또는 그 이해관계인에 대한 금융거래정보등의 제공을 요구할 수 있다. 이 경우 요구를 받은 금융회사등의 장이나 그 특정점포는 이에 따라야 한다.
② 제1항에 따른 금융거래정보등의 제공 요구는 필요한 최소한에 그쳐야 한다.
③ 제1항에 따라 사장이 금융회사등의 장이나 그 특정점포에 금융거래정보등을 요구하는 경우에는 「금융실명거래 및 비밀보장에 관한 법률」 제4조제6항, 제4조의2제5항 및 제4조의3제3항을 준용한다.
(2019.11.26 본조개정)

제21조의5【정보보호심의위원회】 ① 공사는 제21조의3 및 제21조의4에 따른 자료 및 정보의 제공 요구와 그 활용의 적정성 및 이와 관련하여 제기된 이의사항 등을 심의하기 위하여 정보보호심의위원회(이하 "심의위원회"라 한다)를 둔다.
② 심의위원회는 다음 각 호의 위원 5명으로 구성한다.
1. 제21조의3 및 제21조의4에 따른 자료 및 정보의 제공 요구와 그 활용 업무를 담당하는 공사 임직원(제15조의3에 따른 파견직원을 포함한다) 중 사장이 지명한 사람 1명
2. 금융, 회계, 법률 또는 개인정보보호에 관한 학식과 경험이 풍부한 사람 중에서 사장이 위촉한 사람 4명
③ 심의위원회의 위원장은 제2항제1호의 위원으로 하고, 제2항제2호에 따른 위원의 임기는 2년으로 하며 연임할 수 있다.
④ 심의위원회는 위원 과반수의 출석과 출석위원 과반수의 찬성으로 의결하며, 그 결과를 위원회에 보고한다.
⑤ 제1항부터 제4항까지에서 규정한 사항 외에 심의위원회의 운영에 필요한 사항은 위원회가 정한다.
(2019.11.26 본조신설)

제5절 재무 및 회계

제22조【회계】 공사의 회계연도는 정부의 회계연도에 따른다.

제23조【예산과 결산】 공사의 예산과 결산은 위원회의 의결을 거쳐 금융위원회의 승인을 받아야 한다.

제24조【예금보험기금의 설치】 ① 다음 각 호의 업무를 수행하기 위하여 공사에 예금보험기금을 설치한다.
1. 제30조에 따른 보험료의 수납
2. 제31조 및 제32조에 따른 보험금 등의 지급
3. 제35조의2에 따른 예금등 채권의 매입
4. 제36조의3제4항에 따른 출자
5. 제36조의5제3항 및 제38조에 따른 자금지원
② 예금보험기금은 다음 각 호의 재원(財源)으로 조성한다.
1. 부보금융회사의 출연금
2. 정부의 출연금
3. 예금보험기금채권의 발행으로 조성한 자금
4. 제24조의2에 따라 정부가 공사에 무상으로 양여한 국유재산
5. 제26조에 따른 차입금
6. 제30조제1항에 따라 수납한 보험료
7. 제35조에 따라 취득한 채권을 회수한 자금
8. 제35조의2에 따라 매입한 예금등 채권을 회수한 자금
9. 제36조의5제3항 또는 제38조에 따른 부실금융회사의 정리 등을 위하여 지원한 자금을 회수한 자금
10. 예금보험기금의 운용수익과 그 밖의 수입금
③ 예금보험기금은 다음 각 호의 용도로 사용한다.
1. 예금보험기금채권의 원리금 상환
2. 보험금, 제35조의2에 따라 예금자등에게 지급하는 금액, 제36조의3제4항에 따른 출자금, 제36조의5제3항 또는 제38조에 따른 부실금융회사의 정리 등을 위하여 지원하는 자금과 그 부대비용
3. 국고에의 납입
4. 차입금과 그 이자의 상환
5. 제24조의3제1항에 따른 공사의 운영에 필요한 자금을 관리하는 회계로의 전출
④ 제2항제1호에 따른 출연금은 부보금융회사의 예금등의 잔액 등을 고려하여 납입자본금 또는 출자금의 100분의 1(종합금융회사와 상호저축은행의 경우에는 100분의 10)을 초과하지 아니하는 범위에서 부보금융회사별로 정하되, 그 납부금액·납부시기 및 납부방법 등은 대통령령으로 정한다.

제24조의2【국유재산의 무상 양여】 ① 정부는 예금자보호 및 신용질서의 안정을 위하여 필요하다고 인정하면 「국유재산법」 제55조에도 불구하고 같은 법 제6조제3항의 일반재산을 공사에 무상으로 양여할 수 있다.
② 정부는 제1항에 따른 무상 양여를 하기 전에 국무회의의 심의 및 대통령의 승인을 거쳐 국회의 동의를 받아야 한다. 다만, 예금자보호 및 신용질서의 안정을 위하여 매우 급하게 무상으로 양여할 필요가 있다고 인정되는 경우에는 국회의 사후 승인을 받아야 한다.

제24조의3【구분 회계처리】 ① 예금보험기금, 상환기금 및 제26조의4에 따른 착오송금반환지원계정(이하 "지원계정"이라 한다)은 상호간의 회계 및 공사의 운영에 필요한 자금을 관리하는 회계와 구분하여 회계처리하여야 한다.(2021.1.5 본항개정)
② 예금보험기금은 은행, 투자매매업자·투자중개업자, 생명보험회사, 손해보험회사, 종합금융회사, 상호저축은행별로 각각 계정(計定)을 설치하고 구분하여 회계처리하여야 하고, 상환기금은 은행, 투자매매업자·투자중개업자, 생명보험회사, 손해보험회사, 종합금융회사, 상호저축은행, 신용협동조합별로 각각 계정을 설치하고 구분하여 회계처리하여야 한다.
③ 제2항에 규정된 계정 상호간 자산 및 부채의 일괄 이전, 대출 등의 거래(대출한도를 포함한다), 공사와 제2항에 규정된 계정 간의 거래 및 공사의 운영경비의 배정방법 등은 위원회가 정한다.
④ 예금보험기금, 상환기금 및 지원계정은 상호간에 거래할 수 없다.(2021.1.5 본항개정)
⑤ 공사는 제3항에 따른 계정 상호간 대출에 대하여 10년의 범위에서 특정계정의 누적손실 규모가 커서 독자적으로 신속한 건전화가 어려운 경우에는 그 이자를 감면할 수 있고, 특정 계정의 유동성이 일시적으로 부족한 경우에는 그 이자의 납부를 유예할 수 있다.
⑥ 제5항에 따른 감면 또는 유예에 필요한 구체적인 방법과 절차 등은 대통령령으로 정한다.

제24조의4【상호저축은행 구조조정 특별계정의 설치 등】 ① 공사는 제24조의3제2항에 따라 예금보험기금에 설치된 상호저축은행계정의 건전화를 지원하기 위하여 예금보험기금에 상호저축은행 구조조정 특별계정(이하 "특별계정"이라 한다)을 설치하고, 제24조의3제2항에 따른 예금보험기금의 각 계정과 구분하여 회계처리하여야 한다.
② 특별계정은 다음 각 호의 재원을 수입으로 한다.
1. 정부의 출연금
2. 예금보험기금채권의 발행으로 조성한 자금
3. 제24조의3제2항에 따라 설치된 예금보험기금의 각 계정으로부터의 차입금
4. 제26조에 따른 차입금
5. 제30조제1항에 따라 각 부보금융회사가 납부하는 연간 보험료 중 100분의 45에 해당하는 보험료. 다만, 상호저축은행의 보험료는 특별계정의 상호저축은행계정에 대한 지원규모 등을 고려하여 보험료 전액의 범위에서 위원회가 정하는 비율에 해당하는 보험료로 할 수 있다.

6. 제30조제3항에 따른 연체료 중 제5호에 따라 특별계정의 수입이 되는 보험료분에 해당하는 연체료
7. 제35조에 따라 취득한 채권을 회수한 자금
8. 제35조의2에 따라 매입한 예금등 채권을 회수한 자금
9. 제36조의5제3항 또는 제38조에 따른 부실금융회사의 정리 등을 위하여 지원한 자금을 회수한 자금
10. 예금보험기금의 운용수익과 그 밖의 수입금
③ 공사는 위원회의 의결을 거쳐 예금보험기금의 상호저축은행계정의 자산 및 부채의 전부 또는 일부를 특별계정으로 이전할 수 있다.
④ 공사는 제3항에 따라 특별계정으로 자산 및 부채를 이전한 경우 상호저축은행과 관련하여 제24조제3항에 따른 예금보험기금의 지출을 특별계정에서 할 수 있다.
⑤ 공사는 제24조의3제2항에 따른 예금보험기금의 각 계정으로부터 차입하는 특별계정의 차입금에 대해서는 차입규모에 따른 각 계정 간 부담의 형평성 등을 고려하여 위원회의 의결을 거쳐 그 이자를 감면하거나 납부를 유예할 수 있다.
⑥ 공사는 매년 3월 31일까지 특별계정의 전년도 결산결과와 해당 연도 운용계획 등을 국회 소관 상임위원회에 보고하여야 한다.
⑦ 공사는 매년 3월 31일까지 특별계정의 운용 실태에 관한 특별계정관리백서를 대통령령으로 정하는 바에 따라 발간하여야 한다.
⑧ 특별계정에 관하여는 그 성질에 위배되지 아니하면 이 조에서 규정한 사항 외에는 제24조의3제2항에 따른 예금보험기금의 각 계정에 관한 규정(제30조의4는 제외한다)을 준용한다.
⑨ 특별계정의 운영에 관하여 그 밖에 필요한 사항은 대통령령으로 정한다.
<2026.12.31까지 유효>

제25조【여유자금의 운용】 공사는 예금보험기금 및 상환기금에 여유자금이 있으면 다음 각 호의 방법으로 운용할 수 있다.
1. 국채·공채의 매입 및 위원회가 지정하는 유가증권의 매입
2. 위원회가 지정하는 부보금융회사에 예치
3. 그 밖에 금융위원회가 정하는 방법

제26조【차입】 ① 공사는 다음 각 호의 사항을 위하여 필요하면 「한국은행법」 제79조에도 불구하고 대통령령으로 정하는 바에 따라 미리 금융위원회의 승인을 받아 정부, 한국은행, 부보금융회사, 그 밖에 대통령령으로 정하는 기관으로부터 예금보험기금, 상환기금 또는 지원계정의 부담으로 자금을 차입할 수 있다. 다만, 제3호의 경우 한국은행으로부터의 차입은 일시차입(차입기간은 1년 이내로 한정한다)만 할 수 있다.(2021.1.5 본문개정)
1. 제18조제1항제5호, 제6호 및 제6호의2에 따른 업무의 수행(2021.1.5 본호개정)
2. 예금보험기금채권 또는 예금보험기금의 차입금의 원리금 상환
3. 제26조의3제3항제1호부터 제3호까지의 규정에 따른 지출
② 정부는 제1항에 따라 공사가 한국은행으로부터 차입한 자금의 원리금 상환을 보증할 수 있다.

제26조의2【예금보험기금채권의 발행 등】 ① 공사는 예금자보호 및 신용질서의 안정에 필요한 자금을 조달하기 위하여 위원회의 의결을 거쳐 예금보험기금의 부담으로 예금보험기금채권을 발행할 수 있다.
② 공사는 예금보험기금채권을 발행하려면 발행할 때마다 그 금액, 조건, 발행방법 및 상환방법을 정하여 금융위원회에 신고하여야 한다.
③ 예금보험기금채권의 발행에 필요한 사항은 위원회가 정한다.
④ 예금보험기금채권의 소멸시효는 원금은 5년, 이자는 2년으로 완성된다.
⑤ 정부는 예금보험기금채권의 원리금 상환을 보증할 수 있다.
⑥ 예금보험기금채권은 「자본시장과 금융투자업에 관한 법률」 제4조제3항에 따른 특수채증권으로 본다.

제26조의3【예금보험기금채권상환기금의 설치 등】 ① 부보금융회사의 구조조정을 지원하는 과정에서 발생한 예금보험기금의 채무(2002년 12월 31일까지 발생한 채무로 한정한다)를 정리하기 위하여 공사에 예금보험기금채권상환기금을 설치한다.
② 상환기금은 다음 각 호의 재원으로 조성한다.
1. 「공적자금상환기금법」 제4조에 따른 공적자금상환기금으로부터의 출연금
2. 제4항에 따른 예금보험기금채권상환기금채권(이하 "상환기금채권"이라 한다)의 발행으로 조성한 자금
3. 제26조제1항에 따른 차입금
4. 제30조의3에 따라 받은 특별기여금
5. 제35조에 따라 취득한 채권을 회수한 자금
6. 제35조의2에 따라 매입한 예금등 채권을 회수한 자금
7. 제36조의5제3항 또는 제38조에 따른 부실금융회사의 정리 등을 위하여 지원한 자금을 회수한 자금
8. 상환기금의 운용수익과 그 밖의 수입금
③ 상환기금은 다음 각 호의 용도에 사용한다.
1. 예금보험기금채권(2002년 12월 31일 이전에 발행된 것으로 한정한다) 및 상환기금채권의 원리금 상환
2. 보험금, 제35조의2에 따라 예금자등에게 지급하는 금액, 제36조의5제3항 또는 제38조에 따른 부실금융회사의 정리 등을 위하여 지원하는 자금과 그 부대비용
3. 차입금과 그 이자의 상환
4. 제24조의3제1항에 따른 공사의 운영에 필요한 자금을 관리하는 회계로의 전출
5. 「공적자금상환기금법」 제4조제3항에 따라 체결되는 정산약정에 따른 출연금의 반환(2020.12.29 본호신설)
④ 공사는 예금보험기금채권 및 상환기금채권의 원리금을 상환하기 위하여 필요하면 위원회의 의결을 거쳐 상환기금의 부담으로 상환기금채권을 발행할 수 있다. 이 경우 제26조의2제2항부터 제6항까지의 규정을 준용한다.

제26조의4【착오송금반환지원계정 설치 및 운영】 ① 착오송금으로 인한 송금인의 피해 회복 지원을 위하여 공사에 착오송금반환지원계정을 설치한다.
② 지원계정은 다음 각 호의 재원으로 조성한다.
1. 제26조에 따른 차입금
2. 제39조의2에 따라 매입한 부당이득반환채권을 회수한 자금
3. 지원계정의 운용수익
4. 그 밖에 위원회에서 정하는 수입금
③ 지원계정은 다음 각 호의 용도에 사용한다.
1. 제39조의2에 따라 착오송금한 송금인에게 지급하는 금액(이하 "매입금액"이라 한다)과 그 부대비용
2. 차입금과 그 이자의 상환
3. 그 밖에 지원계정의 설치 목적 달성에 필요한 사항으로 위원회에서 정하는 사항
④ 공사가 지원계정의 여유자금을 운용하는 경우 제25조를 준용한다.
⑤ 지원계정의 운영에 관하여 그 밖에 필요한 사항은 위원회가 정한다.
(2021.1.5 본조신설)

제6절 감 독

제27조【감독】 ① 금융위원회는 공사의 업무를 지도·감독하고 이에 필요한 명령을 할 수 있다.
② 금융위원회는 이 법에 따른 공사의 처분이 위법하거나 예금자등을 보호하기 위하여 필요하다고 인정하면 그 처분의 전부 또는 일부를 취소하거나 그 집행을 정지시킬 수 있다.

제28조【보고·검사 등】 ① 금융위원회는 필요하다고 인정하면 공사에 대하여 그 업무·회계 및 재산에 관한 사항 등을 보고하게 하거나, 소속 공무원에게 공사의 업무 상황 또는 장부, 서류, 시설, 그 밖에 필요한 물건을 검사하게 할 수 있다.
② 제1항에 따라 소속 공무원이 검사를 할 때에는 그 권한을 표시하는 증표를 지니고 관계인에게 보여 주어야 한다.

제3장 예금보험
(2015.12.22 본장개정)

제29조【보험관계】 ① 공사와 부보금융회사 및 예금자등 사이의 보험관계는 예금자등이 부보금융회사에 대하여 예금등 채권을 가지게 된 때에 성립한다.
② 부보금융회사는 공사가 정하는 바에 따라 제1항에 따른 보험관계의 성립 여부와 그 내용을 표시하여야 한다.
③ 부보금융회사는 금융거래 계약을 체결하는 경우에는 공사가 정하는 바에 따라 다음 각 호의 사항을 상대방(부보금융회사 등 대통령령으로 정하는 자는 제외한다)에게 설명하여야 한다.
1. 제1항에 따른 보험관계 성립 여부
2. 제32조제2항에 따른 보험금의 한도
④ 부보금융회사는 제3항에 따라 설명한 내용을 상대방이 이해하였음을 서명, 기명날인, 녹취, 그 밖에 대통령령으로 정하는 방법 중 하나 이상의 방법으로 확인을 받아야 한다.
⑤ 공사는 부보금융회사에 대하여 제2항에 따른 보험관계 표시와 제3항 및 제4항에 따른 보험관계 설명 및 확인의 이행 여부를 조사할 수 있다.

제30조【보험료의 납부 등】 ① 각 부보금융회사는 매년 예금등의 잔액(보험회사의 경우에는 「보험업법」 제120조에 따른 책임준비금을 고려하여 대통령령으로 정하는 금액)에 1천분의 5를 초과하지 아니하는 범위에서 대통령령으로 정하는 비율을 곱한 금액(그 금액이 10만원보다 적은 경우에는 10만원)을 연간 보험료로 공사에 내야 한다. 이 경우 부보금융회사별로 경영상황 및 재무상황, 제24조의3제2항에 따른 각 계정별 적립금액 등을 고려하여 대통령령으로 정하는 바에 따라 그 비율을 다르게 한다.
② 공사는 제1항에도 불구하고 다음 각 호의 어느 하나에 해당하는 부보금융회사에 대해서는 위원회의 의결을 거쳐 제24조제2항제1호에 따른 출연금, 제1항 및 제3항에 따른 보험료 및 연체료의 전부 또는 일부를 감액(減額)하거나 기간을 정하여 그 납부를 유예할 수 있다.
1. 보험사고가 발생하였을 때 해당 보험사고에 관련된 부보금융회사
2. 재무상황 등에 비추어 예금등의 지급이 정지될 우려가 있는 등 정상적인 경영이 매우 곤란한 부보금융회사
③ 부보금융회사가 제1항에 따른 보험료를 납부기한까지 내지 아니할 경우에는 보험료에 대통령령으로 정하는 연체료를 더한 금액을 공사에 내야 한다.
④ 제1항 및 제3항에 따른 보험료와 연체료의 납부방법, 납부시기, 그 밖에 필요한 사항은 대통령령으로 정한다.
⑤ 공사는 보험사고가 발생한 부보금융회사가 내야 할 제24조제2항제1호에 따른 출연금, 제1항 및 제3항에 따른 보험료 및 연체료에 대하여 국세 및 지방세 다음으로 다른 채권에 우선하여 변제받을 권리를 가진다.
⑥ 공사는 부보금융회사가 제1항에 따른 보험료로 낸 금액 중 잘못 내거나 초과하여 낸 금액이 있는 경우에는 대통령령으로 정하는 이자를 더하여 되돌려 주어야 한다.
⑦ 제1항에 따른 보험료를 받을 공사의 권리는 납부기한부터 3년간, 제6항에 따른 환급을 받을 부보금융회사의 권리는 납부한 때부터 3년간 행사하지 아니하면 시효의 완성으로 소멸한다.

제30조의2【부보금융회사 등의 비밀유지 의무】 부보금융회사 및 그 임직원(임직원으로 재직하였던 사람을 포함한다)은 제30조제1항 후단에 따라 부보금융회사별로 다르게 정해진 비율(이하 "차등보험료율"이라 한다)에 관한 내용을 광고에 활용하거나, 해당 부보금융회사의 임직원 외의 일반인에게 공개하거나 누설해서는 아니 된다. 다만, 예금자 보호를 위하여 필요하다고 인정되는 경우로서 대통령령으로 정하는 경우는 제외한다.

제30조의3【예금보험기금채권상환특별기여금】 ① 부보금융회사는 매년 예금등의 잔액(보험회사의 경우에는 「보험업법」 제120조에 따른 책임준비금을 고려하여 대통령령으로 정하는 금액)에 1천분의 3을 초과하지 아니하는 범위에서 대통령령으로 정하는 비율을 곱한 금액(그 금액이 10만원보다 적은 경우에는 10만원)을 연간 특별기여금으로 공사에 내야 한다.
② 제1항에 따른 특별기여금의 납부에 관하여는 제30조 제2항부터 제7항까지의 규정을 준용한다.
<2027.12.31까지 유효>

제30조의4【예금보험기금의 적립액 목표규모의 설정 등】 ① 공사는 예금보험기금의 적립액이 적정한 수준을 유지하도록 예금보험기금 적립액 목표규모(이하 이 조에서 "목표규모"라 한다)를 설정하여야 한다.
② 목표규모는 위원회의 의결을 거쳐 예금보험제도의 효율적 운영을 해치지 아니하는 범위에서 부보금융회사의 경영상황 및 재무상황 등을 고려하여 제24조의3제2항에 열거된 각 계정별로 정한다. 이 경우 목표규모는 상한 및 하한을 두어 일정 범위로 정할 수 있다.
③ 공사는 국민경제의 전반적인 여건과 금융제도의 안정성 등을 고려하여 목표규모의 적정성을 주기적으로 검토하고, 필요하면 위원회의 의결을 거쳐 목표규모를 재설정할 수 있다.
④ 공사는 제30조제1항에도 불구하고 예금보험기금의 적립액이 목표규모에 도달한 경우에는 향후 예상되는 예금보험기금의 수입액과 지출액의 규모를 고려하여 대통령령으로 정하는 바에 따라 부보금융회사가 내는 보험료를 감면하여야 한다.
⑤ 공사는 제2항에도 불구하고 부보금융회사의 수가 적어 목표규모를 정하는 것이 적절하지 아니하다고 인정하는 경우에는 대통령령으로 정하는 바에 따라 해당 계정의 목표규모 설정을 미룰 수 있다.

제30조의5【차등보험료율에 대한 이의신청】 ① 부보금융회사는 차등보험료율에 대하여 이의가 있으면 공사에 이의신청을 할 수 있다.
② 제1항에 따른 이의신청은 부보금융회사가 차등보험료율을 공사로부터 통지받은 날부터 30일 안에 문서로 하여야 한다.
③ 이의신청에 대한 결정, 통지, 그 밖에 필요한 사항은 대통령령으로 정한다.

제31조【보험금 등의 지급】 ① 공사는 부보금융회사에 보험사고가 발생한 경우에는 그 부보금융회사의 예금자등의 청구에 의하여 보험금을 지급하여야 한다. 다만, 제1종 보험사고에 대해서는 제34조에 따른 보험금의 지급결정이 있어야 한다.
② 공사는 제1종 보험사고의 경우에는 예금자등의 청구에 의하여 대통령령으로 정하는 바에 따라 그 예금자등의 예금등 채권의 일부를 미리 지급할 수 있다.
③ 공사는 대통령령으로 정하는 바에 따라 제1항 또는 제2항에 따른 지급의 개시일, 기간, 방법, 그 밖에 필요한 사항을 공고하여야 한다.
④ 합병 또는 전환으로 신설되는 부보금융회사, 합병 후 존속하는 부보금융회사 또는 전환 후의 부보금융회사는 그 합병등기일 또는 변경등기일부터 1년까지는 제1항을 적용할 때에 합병 또는 전환으로 신설되는 부보금융회사, 합병 후 존속하는 부보금융회사 또는 전환 후의 부보금융회사와 합병 또는 전환으로 소멸하는 부보금융회사 또는 전환 전의 부보금융회사가 각각 독립된 부보금융회사로 존재하는 것으로 본다.
⑤ 제1종 보험사고가 발생한 후 제2종 보험사고가 발생한 경우 제1항을 적용할 때에는 제2종 보험사고를 독립된 보험사고로 보지 아니한다.
⑥ 공사는 제1항에 따른 보험금을 지급할 때 예금자등이 제21조의2제1항에 따른 부실관련자에 해당하거나 부실관련자와 대통령령으로 정하는 특수관계에 있는 경우에

는 그 예금자등의 예금등 채권에 대하여 대통령령으로 정하는 바에 따라 제3항에 따른 보험금 지급개시일 등의 공고일(이하 "보험금지급공고일"이라 한다)부터 6개월의 범위에서 보험금의 지급을 보류할 수 있다.
⑦ 제1항에 따른 예금자등의 보험금청구권은 제3항에 따른 지급의 개시일부터 5년간 행사하지 아니하면 시효의 완성으로 소멸한다.
⑧ 공사가 보험금청구권의 행사를 촉구하기 위하여 예금자등에게 하는 안내·통지 등은 제7항 및 「민법」 제168조 제3호에도 불구하고 시효중단의 효력이 없다.
⑨ 공사는 제1항에 따른 보험금을 지급할 때 보험사고가 발생한 부보금융회사가 예금자등에게 가지는 항변(抗辯)으로써 보험금청구권자에게 대항할 수 있다.

판례 예금자보호제도의 성격과 위 지급기간을 설정한 취지, 예금자들에 대한 동등 대우의 필요성 등에 비추어 보면, 예금보험공사의 보험금지급채무는 위 공고된 지급기간이 종료한 날에 이행기가 도래하며 미지급분에 대하여는 그 다음날부터 일괄하여 지체에 빠지는 것으로 봄이 상당하다.(대판 2002.11.26, 2001다5876)

제32조【보험금의 계산 등】 ① 제31조에 따라 공사가 각 예금자등에게 지급하는 보험금은 보험금지급공고일 현재 각 예금자등의 예금등 채권의 합계액에서 각 예금자등이 해당 부보금융회사에 대하여 지고 있는 채무(보증채무는 제외한다)의 합계액을 뺀 금액으로 한다. 다만, 대통령령으로 따로 정하는 경우에는 그러하지 아니하다.
② 제1항에 따른 보험금은 1인당 국내총생산액, 보호되는 예금등의 규모 등을 고려하여 대통령령으로 정하는 금액을 한도로 한다.
③ 각 예금자등이 제31조제2항에 따라 미리 지급받은 금액[이하 "가지급금"(假支給金)이라 한다]이 있는 경우에 보험금은 제1항 및 제2항에 따른 금액에서 가지급금을 뺀 금액으로 한다.
④ 각 예금자등에 대하여 지급된 가지급금의 금액이 제1항 및 제2항에 따른 보험금을 초과할 때에는 각 예금자등은 그 초과하는 금액을 공사에 되돌려 주어야 한다.

제33조【보험사고 등의 통지】 ① 부보금융회사는 보험사고가 발생하면 즉시 그 사실을 공사에 알려야 한다.
② 기획재정부장관·금융위원회 또는 금융감독원장은 다음 각 호의 어느 하나에 해당하는 경우에는 즉시 그 사실을 공사에 알려야 한다.
1. 부보금융회사의 예금등 채권의 지급정지 또는 영업정지를 명한 경우
2. 부보금융회사의 영업의 인가·허가를 취소하거나 해산결의를 인가한 경우
3. 법원으로부터 「채무자 회생 및 파산에 관한 법률」 제314조에 따른 통지를 받은 경우

제34조【지급의 결정】 ① 공사는 제1종 보험사고의 경우에는 제33조에 따른 통지를 받은 날부터 2개월 이내에 위원회의 의결에 따라 보험금의 지급 여부를 결정하여야 한다.
② 공사는 금융위원회의 승인을 받아 1개월을 초과하지 아니하는 기간 내에서 제1항에 따른 기한을 연장할 수 있다.

제35조【채권의 취득】 공사는 보험금 및 가지급금을 지급하거나 제35조의2에 따라 예금등 채권을 매입한 경우 그 지급 또는 매입한 범위에서 부실금융회사에 대한 예금자등의 권리를 취득한다.

제4장 부실금융회사의 정리 등
(2015.12.22 본장개정)

제35조의2【예금등 채권의 매입】 ① 공사는 제31조제1항에 따라 보험금을 지급하는 경우에는 해당 보험사고와 관련된 예금등 채권을 매입할 수 있다.
② 공사는 제1항에 따라 예금등 채권을 매입하는 경우에는 예금자등의 청구에 의하여 제3항에 따라 예금등 채권의 가치를 개산(槪算)한 금액[이하 "개산지급금"(槪算支給金)이라 한다]을 예금자등에게 지급하여야 한다. 이 경우 공사가 매입한 예금등 채권을 회수한 금액에서 소요 비용을 뺀 금액이 개산지급금을 초과할 때에는 그 초과하는 금액을 해당 예금자등에게 추가로 지급하여야 하고, 예금자등이 수령한 개산지급금이 공사가 매입한 예금등 채권을 회수한 금액에서 소요 비용을 뺀 금액을 초과할 때에는 해당 예금자등은 그 초과하는 금액을 공사에 되돌려 주어야 한다.
③ 개산지급금은 공사가 예금자등으로부터 매입하는 예금등 채권의 가액(價額)을 보험금지급공고일을 기준으로 산정한 금액(보증채무를 지고 있는 예금자등의 보증채무에 상당하는 금액의 예금등 채권과 담보권의 목적물로 되어 있는 예금등 채권의 금액은 제외한다)에 제35조의3에 따른 개산지급률을 곱하여 계산한 금액으로 한다.

제35조의3【개산지급률】 공사는 제35조의2제1항에 따라 예금등 채권을 매입할 때에는 해당 부실금융회사의 재무상황에 비추어 파산절차가 진행되는 경우 그 부실금융회사와 관련된 예금등 채권에 대하여 변제받을 수 있을 것으로 예상되는 금액을 고려하여 개산지급률을 결정하여야 한다.

제35조의4【개산지급금 지급의 승인】 공사는 제35조의2제2항에 따라 개산지급금을 지급하려면 제35조의3에 따른 개산지급률, 예금등 채권의 매입기간·매입방법 등을 정하여 위원회의 의결을 거쳐 금융위원회의 승인을 받아야 한다.

제35조의5【매입 공고】 공사는 제35조의4에 따른 승인을 받았으면 대통령령으로 정하는 바에 따라 예금등 채권의 매입을 공고하여야 한다.

제35조의6【대위상계권】 공사는 예금자등을 대신하여 보험금지급공고일 현재 각 예금자등의 예금등 채권(예금자등이 타인을 위하여 해당 부보금융회사에 담보로 제공하고 있는 예금등 채권은 제외한다)과 각 예금자등이 해당 부보금융회사에 대하여 지고 있는 채무(보증채무는 제외한다)를 상계(相計)할 수 있다.

제35조의7【관리인의 업무】 공사의 임원 또는 직원이 「금융산업의 구조개선에 관한 법률」 제14조의6제1항에 따라 관리인으로 선임된 경우 그 업무에 관하여는 제21조의3을 준용한다.

제35조의8【청산인 또는 파산관재인의 업무 등】 ① 법원은 공사가 보험금 지급 또는 자금지원을 하는 부보금융회사(「금융산업의 구조개선에 관한 법률」에 따라 계약이전이 결정된 부보금융회사로서 공사가 자금지원을 하려는 경우를 포함한다)가 해산 또는 파산한 경우 지원자금 등을 효율적으로 회수할 필요가 있을 때에는 「상법」 제531조 또는 「채무자 회생 및 파산에 관한 법률」 제355조 및 청산인 또는 파산관재인의 선임에 관한 관련 법률에도 불구하고 공사 또는 그 임직원을 청산인 또는 파산관재인으로 선임한다.
② 제1항에 따라 공사가 청산인 또는 파산관재인인 경우에는 「상법」 제539조제2항 및 「채무자 회생 및 파산에 관한 법률」 제364조·제492조를 적용하지 아니한다.
③ 제1항에 따라 공사 또는 그 임직원이 청산인으로 선임된 후 「상법」 제533조제1항 및 제540조제1항에 따른 주주총회가 성립되지 아니하는 경우에는 금융위원회의 승인으로 그 주주총회의 승인을 받은 것으로 본다.
④ 제1항에 따라 공사 또는 그 임직원이 청산인이나 파산관재인으로 선임된 경우 그 업무에 관하여는 제21조의3을 준용한다.
⑤ 제1항에 따라 청산인이나 파산관재인으로 선임된 공사 또는 그 임직원은 그 임무에 대하여 보수를 청구할 수 없다. 다만, 그 임무 수행에 들어간 정당한 경비는 그러하지 아니하다.

제35조의9【배상책임보험에의 가입】 ① 공사는 부보금융회사(대통령령으로 정하는 부보금융회사만 해당한다)에 대하여 그 부보금융회사의 임직원의 채무불이행 또는 불법행위로 인하여 그 부보금융회사가 입을 재산상 손해를 보전하기 위한 보험(이하 "배상책임보험"이라 한다)에 가입할 것을 요구할 수 있다.
② 공사는 부보금융회사가 제1항에 따른 보험가입 요구를 따르지 아니하는 경우에는 해당 부보금융회사를 대리하여 보험가입계약을 체결할 수 있다.
③ 공사는 부보금융회사가 제2항에 따라 체결된 보험가입계약의 보험료 등을 부담하지 아니하는 경우에는 그 부보금융회사가 제30조제1항에 따라 낸 보험료에서 이를 공제할 수 있다. 이 경우 이에 상당하는 금액은 보험료로 내지 아니한 것으로 본다.
④ 제1항 또는 제2항에 따른 배상책임보험의 가입 요구 또는 대리의 방법·절차 등에 관하여 필요한 사항은 대통령령으로 정한다.

제36조【합병 등의 알선】 공사는 예금자등의 보호 및 금융제도의 안정성 유지를 위하여 필요하다고 인정하면 부실금융회사 또는 그 부실금융회사등을 「금융지주회사법」에 따른 자회사등으로 두는 금융지주회사를 당사자로 하는 합병이나 영업의 양도·양수 또는 제3자에 의한 인수(이하 "부실금융회사등의 합병등"이라 한다)를 알선할 수 있다.

제36조의2【계약이전 등의 요청】 ① 공사는 예금자등의 보호를 위하여 필요하다고 인정되는 경우로서 대통령령으로 정하는 기준에 해당하는 경우에는 금융위원회에 해당 부실금융회사에 대한 계약이전의 명령, 파산신청 등 필요한 조치를 할 것을 요청할 수 있다.
② 제1항에 따라 공사의 요청을 받은 금융위원회는 그 결과를 지체 없이 공사에 통보하여야 한다.

제36조의3【정리금융회사의 설립 등】 ① 공사는 예금자등의 보호 및 금융제도의 안정성 유지를 위하여 필요하다고 인정하면 금융위원회의 승인을 받아 부실금융회사의 영업 또는 계약을 양수하거나 정리업무를 수행하기 위한 금융회사(이하 "정리금융회사"라 한다)를 설립할 수 있다.
② 정리금융회사는 주식회사로 한다.
③ 공사는 다음 각 호의 사항이 포함된 정리금융회사의 정관을 작성하여야 한다.
1. 목적
2. 명칭
3. 자본금 총액
4. 설립 시에 발행하는 주식의 총수
5. 주식 1주당 금액
6. 주된 사무소의 소재지
7. 공고의 방법
④ 정리금융회사의 자본금은 예금보험기금의 부담으로 공사가 전액 출자한다.
⑤ 정리금융회사는 은행·투자매매업자·투자중개업자·보험회사·종합금융회사 또는 상호저축은행 등의 명칭을 사용할 수 있으며, 부실금융회사의 정리와 관련된 범위에서는 부실금융회사로 보아 제35조, 제35조의2부터 제35조의9까지, 제36조, 제36조의2, 제37조, 제38조, 제38조의3부터 제38조의6까지 및 제39조를 적용한다.

제36조의4【임원의 선임 및 권한 등】 ① 정리금융회사에 사장 1명, 2명 이내의 이사와 감사 1명을 둔다.
② 사장·이사 및 감사는 공사가 선임한다. 이 경우 사장을 선임할 때에는 금융위원회의 승인을 받아야 한다.
③ 사장은 정리금융회사를 대표하며, 그 업무를 총괄한다.
④ 사장이 부득이한 사유로 업무를 수행할 수 없을 때에는 정관에서 정하는 순서에 따라 다른 임원이 사장의 직무를 대행한다.
⑤ 공사는 필요하다고 인정되면 사장·이사 또는 감사를 해임할 수 있다. 이 경우 사장을 해임할 때에는 금융위원회의 승인을 받아야 한다.
⑥ 해당 부실금융회사와 이해관계가 있는 사람은 사장·이사 또는 감사로 선임될 수 없다.
⑦ 정리금융회사에 대해서는 임원의 직무, 이사회 등에 관한 제12조제2항·제3항, 제14조, 제15조 및 제15조의2를 준용한다.
⑧ 사장은 이사회를 소집하고, 의장이 된다.
⑨ 이사회는 구성원 과반수의 출석과 출석 구성원 과반수의 찬성으로 의결한다.

제36조의5【정리금융회사의 업무 범위 등】 ① 정리금융회사는 예금등 채권의 지급, 대출 등 채권의 회수, 그 밖에 부실금융회사의 정리업무를 효율적으로 수행하기 위하여 필요한 업무로서 금융위원회가 승인한 업무를 수행한다.
② 제1항에 따라 정리금융회사가 예금자등에게 지급하는 예금등 채권의 금액은 보험금 및 개산지급금을 한도로 하고, 그 지급액은 제32조에 따른 보험금에서 뺀다.
③ 공사는 위원회의 의결에 따라 정리금융회사의 운영에 필요한 범위에서 자금지원을 할 수 있다.
④ 공사는 대통령령으로 정하는 바에 따라 정리금융회사의 업무를 지도·감독한다.
⑤ 금융감독원장은 필요하다고 인정하면 구체적인 범위를 정하여 필요한 자료를 제공할 것을 정리금융회사에 요청하거나 정리금융회사를 검사할 것을 공사에 요청할 수 있다. 이 경우 그 요청을 받은 정리금융회사 또는 공사는 특별한 사유가 없으면 이에 따라야 한다.

제36조의6【설립등기 및 공고】 ① 공사는 제36조의3에 따라 정리금융회사를 설립하면 정리금융회사의 주된 사무소의 소재지에서 설립등기를 하여야 한다.
② 공사는 정리금융회사를 설립하면 이를 공고하여야 한다.
③ 제1항의 등기 및 제2항의 공고에 필요한 사항은 대통령령으로 정한다.

제36조의7【정리금융회사의 영업기간 등】 ① 정리금융회사의 영업기간은 5년 이내로 한다. 다만, 금융위원회의 승인을 받아 영업기간을 연장할 수 있다.
② 공사는 정리금융회사의 영업기간 만료, 정리금융회사와 부보금융회사 간의 합병, 영업의 양도·양수 또는 제3자에 의한 정리금융회사의 인수 등의 경우에는 금융위원회의 승인을 받아 정리금융회사를 해산하여야 한다.
③ 공사는 정리금융회사가 영업을 계속하는 것이 예금자등의 이익을 해칠 우려가 있다고 인정되는 경우에는 금융위원회의 승인을 받아 정리금융회사를 해산할 수 있다.

제36조의8【다른 법률과의 관계】 ① 이 법에 특별한 규정이 있는 경우를 제외하고는 「한국은행법」, 「은행법」, 「자본시장과 금융투자업에 관한 법률」, 「보험업법」, 「상호저축은행법」, 「금융회사의 지배구조에 관한 법률」, 「신용협동조합법」 및 「상법」 제288조, 제289조제1항, 제295조, 제297조부터 제299조까지, 제299조의2, 제300조, 제317조, 제382조, 제382조의2, 제385조, 제389조제1항, 제393조, 제409조, 제409조의2, 제410조, 제517조부터 제520조까지 및 제520조의2는 정리금융회사에 대하여 적용하지 아니한다.(2015.7.31 본항개정)
② 정리금융회사에 관하여 이 법에 특별한 규정이 있는 경우에는 「상법」에 우선하여 이 법을 적용한다.

제37조【자금지원의 신청】 부실금융회사등 또는 그 부실금융회사등을 「금융지주회사법」에 따른 자회사등으로 두는 금융지주회사를 인수·합병하거나 그 영업을 양수하려는 자 또는 계약이전을 받으려는 자는 공사에 자금지원을 신청할 수 있다.

제38조【부보금융회사에 대한 자금지원】 ① 공사는 다음 각 호의 어느 하나에 해당하는 경우에는 위원회의 의결에 따라 부보금융회사 또는 그 부보금융회사를 「금융지주회사법」에 따른 자회사등으로 두는 금융지주회사에 자금지원을 할 수 있다.
1. 제37조에 따른 자금지원 신청이 있거나 부실금융회사등의 합병등이 원활하게 이루어질 수 있도록 하기 위하여 필요하다고 인정되는 경우
2. 예금자 보호 및 신용질서의 안정을 위하여 부실금융회사등의 재무구조 개선이 필요하다고 인정되는 경우
3. 「금융산업의 구조개선에 관한 법률」 제12조제1항에 따른 금융위원회의 요청이 있는 경우
② 제1항에 따른 자금지원의 기준·방법·조건과 그 밖에 필요한 사항은 대통령령으로 정한다.

제38조의2 (2000.12.30 삭제)

제38조의3【채권양도의 특례】① 공사 및 정리금융회사(이하 이 조에서 "공사등"이라 한다)가 다음 각 호의 어느 하나에 해당하는 자산의 취득으로 인하여 지명채권(指名債權)을 양도받는 경우에는 2개 이상의 일간신문(전국을 보급지역으로 하는 일간신문이 1개 이상 포함되어야 한다)에 그 지명채권 양수사실을 공고함으로써 「민법」 제450조에 따른 지명채권 양도의 대항요건을 갖춘 것으로 본다. 다만, 채무자, 물상보증인(物上保證人), 그 밖의 이해관계인은 공고 전에 그 채권양도인과의 사이에 발생한 사유로 공사등에 대항할 수 있다.
1. 공사가 제31조제1항에 따른 보험금의 지급이나 제38조에 따른 자금지원 등과 관련하여 양도받는 자산
2. 공사가 정리금융회사로부터 양도받는 자산
3. 정리금융회사가 제36조의5제1항에 따른 업무와 관련하여 양도받는 자산

② 공사등이 제1항에 따른 공고를 하였을 때에는 양도받은 채권과 관련된 자료를 보관·관리하고 이해관계인이 열람할 수 있게 하여야 한다. 이 경우 보관·관리 및 열람에 필요한 기준 및 절차는 위원회가 정한다.

제38조의4【최소비용의 원칙】① 공사는 부보금융회사 및 그 부보금융회사를 「금융지주회사법」에 따른 자회사등으로 두는 금융지주회사에 대하여 보험금을 지급하거나 자금지원을 하는 경우에는 예금보험기금의 손실이 최소화되는 방식을 적용하여야 한다.

② 공사는 보험금 지급 또는 자금지원이 제1항에 따라 이루어졌음을 입증하는 자료를 작성·보관하여야 한다.

③ 공사는 부실금융회사등의 청산 또는 파산 등이 금융제도의 안정성을 크게 해칠 우려가 있다고 위원회가 인정하는 경우에는 제1항에 따른 방식이 아닌 다른 방식으로 보험금을 지급하거나 자금지원을 할 수 있다.

④ 제1항부터 제3항까지의 규정에 따른 최소비용원칙의 기준, 절차 등에 관한 세부사항은 대통령령으로 정한다.

제38조의5【공평한 손실분담의 원칙 등】① 공사는 자금지원을 할 때에는 지원 대상인 부보금융회사의 부실에 책임이 있는 자가 공평한 손실분담을 하는 것을 전제로 하여야 한다.

② 공사가 자금지원을 할 때에는 대통령령으로 정하는 바에 따라 해당 부보금융회사와 경영정상화계획의 이행을 위한 서면약정(이하 "약정"이라 한다)을 체결하여야 한다. 이 경우 약정에는 그 부보금융회사의 경영정상화를 위한 다음 각 호의 사항이 포함되어야 한다.
1. 자기자본비율 등 대통령령으로 정하는 재무건전성 기준에 관한 해당 부보금융회사의 목표수준
2. 자산대비 수익률 등 대통령령으로 정하는 수익성 기준에 관한 해당 부보금융회사의 목표수준
3. 부실채권비율 등 대통령령으로 정하는 자산건전성 기준에 관한 해당 부보금융회사의 목표수준
4. 제1호부터 제3호까지의 규정에 따른 목표수준을 이행하기 위하여 필요한 해당 부보금융회사의 인원·조직 및 임금의 조정 등 구조조정계획과 자금조달계획 등을 포함한 구체적인 실천계획
5. 제4호에 따른 사항으로서 해당 부보금융회사 노동조합의 동의가 필요한 사항에 대한 동의서
6. 제1호부터 제3호까지의 규정에 따른 목표수준을 달성하지 못할 경우 총인건비의 동결 등 해당 부보금융회사가 추가적으로 추진할 이행계획
7. 그 밖에 대통령령으로 정하는 사항

③ 공사는 약정을 체결한 경우에는 전자문서 등을 통하여 이를 공개하여야 한다. 다만, 해당 부보금융회사의 경영에 중대한 영향을 줄 수 있는 사항으로서 대통령령으로 정하는 사항은 제외할 수 있다.

④ 공사는 약정에 따른 이행실적을 분기별로 점검하여 위원회에 보고하여야 한다.

⑤ 공사는 제4항에 따른 이행실적을 점검하기 위하여 자금지원을 한 부보금융회사에 업무 또는 재산에 관한 보고, 자료의 제출, 관계자의 출석 및 진술을 요구할 수 있다.

⑥ 공사는 자금지원을 한 부보금융회사의 임직원이 다음 각 호의 어느 하나에 해당하는 경우에는 해당 부보금융회사의 장에게 이를 시정하게 하거나 그 임원의 해임·직무정지·경고·주의 또는 직원의 징계·주의를 요구할 수 있다.
1. 약정을 이행하지 못한 경우
2. 이 조 또는 약정에 따라 공사가 요구하는 보고서 또는 자료를 거짓으로 작성하거나 그 제출을 게을리하는 경우
3. 이 조 또는 약정에 따른 공사의 업무수행을 거부·방해 또는 기피한 경우
4. 공사의 시정 명령이나 징계 요구의 이행을 게을리한 경우

제38조의6【경매에 관한 통지 또는 송달의 특례】① 법원이 다음 각 호의 어느 하나에 해당하는 자의 신청에 의하여 진행하는 「민사집행법」에 따른 경매절차(담보권 실행을 위한 경매절차만 해당한다)에서의 통지 또는 송달은 경매신청 당시 해당 부동산의 등기부에 기재되어 있는 주소(「주민등록법」에 따른 주민등록표에 기재된 주소와 다른 경우에는 주민등록표에 기재된 주소를 포함하며, 주소를 법원에 신고한 경우에는 그 주소로 한다)로 발송함으로써 송달된 것으로 보며, 등기부 및 주민등록표에 주소가 기재되어 있지 아니하고 법원에 신고된 주소도 없는 경우에는 공시송달의 방법으로 한다.
1. 이 법에 따른 공사 및 정리금융회사
2. 제35조의8 또는 「공적자금관리 특별법」 제20조에 따라 청산인·파산관재인으로 선임된 공사 또는 그 임직원

② 제1항에 따른 경매절차에서 제1항 각 호의 어느 하나에 해당하는 자는 경매신청 전에 경매실행 예정 사실을 해당 채무자 및 소유자에게 부동산의 등기부에 기재되어 있는 주소(「주민등록법」에 따른 주민등록표에 기재된 주소와 다른 경우에는 주민등록표에 기재된 주소를 포함한다)로 통지하여야 한다. 이 경우 통지서를 발송함으로써 송달된 것으로 본다.

제39조【업무계속의 특례】제37조에 따라 부실금융회사의 영업의 전부를 양수한 부보금융회사의 업무에 관하여는 「금융산업의 구조개선에 관한 법률」 제9조제1항을 준용한다.

제5장 착오송금 반환지원
(2021.1.5 본장신설)

제39조의2【매입대상 등】① 공사는 자금이체 금융회사등을 통해 착오송금한 송금인의 신청이 있는 경우 지원계정의 부담으로 착오송금 수취인에 대한 부당이득반환채권을 사후정산 등의 방식으로 매입하여 소송을 제외한 반환 안내 등의 방법으로 회수할 수 있다. 다만, 공사가 부당이득반환채권을 매입한 이후 착오송금 여부에 관하여 다툼이 있는 경우에는 대통령령으로 정하는 요건 및 절차에 따라 매입계약을 해제할 수 있다.

② 제1항에 따라 부당이득반환채권을 매입하는 경우 매입대상, 매입금액 및 매입절차 등 구체적인 기준은 위원회가 정한다.

제39조의3【관계기관등의 협조】① 공사는 착오송금한 송금인의 부당이득반환채권 매입 신청이 있는 경우 「금융실명거래 및 비밀보장에 관한 법률」 제4조에도 불구하고 자금이체 금융회사등의 장에게 착오송금 수취인의 반환불가사유에 대한 자료제출을 요구할 수 있다.

② 공사는 착오송금 반환지원 업무의 원활한 수행을 위하여 중앙행정기관, 자금이체 금융회사등 및 자금이체 금융회사등이 가입한 중앙회·연합회·협회(이하 이 조에서 "관계기관등"이라 한다)의 장에게 다음 각 호의 자료제출을 요구할 수 있다.
1. 착오송금 수취인의 「금융실명거래 및 비밀보장에 관한 법률」 제2조제4호에 따른 실지명의, 주소 및 연락처
2. 착오송금 발생 현황 등의 자료

③ 공사는 착오송금 수취인에게 연락하기 위한 목적으로 「전기통신사업법」 제2조제8호에 따른 전기통신사업자(이하 이 조에서 "통신사업자"라 한다)에게 착오송금 수취인의 휴대전화번호 제출을 요구할 수 있다.

④ 공사가 제1항부터 제3항까지의 규정에 따라 자료제출을 요구하는 경우 관계기관등의 장 및 통신사업자는 정당한 사유가 없으면 이에 따라야 한다.

제6장 벌 칙

제39조의4【벌칙】제21조의4에 따라 알게 된 금융거래정보등을 그 목적 외의 용도로 이용한 자는 5년 이하의 징역 또는 5천만원 이하의 벌금에 처한다.(2014.5.28 본조개정)

제40조【벌칙】다음 각 호의 어느 하나에 해당하는 자는 2년 이하의 징역 또는 2천만원 이하의 벌금에 처한다.
1. 제17조를 위반하여 비밀을 누설한 자
2. 제30조의2를 위반하여 부보금융회사별로 다르게 책정된 보험료에 관한 내용을 광고에 활용하거나 공개 또는 누설한 자

(2015.12.22 본조개정)

제41조【벌칙】다음 각 호의 어느 하나에 해당하는 자는 1년 이하의 징역 또는 1천만원 이하의 벌금에 처한다.
1. 제21조제1항, 제21조의2제8항 후단 또는 제21조의4를 위반하여 자료를 제출하지 아니하거나 거짓 자료를 제출한 자
2. 제21조제2항 또는 제21조의2제7항(이해관계인 부분은 제외한다)에 따른 조사를 거부·방해 또는 기피한 자

(2015.12.22 본조개정)

제42조【벌칙 적용에서 공무원 의제】① 공사의 임직원 및 제20조에 따른 대행기관의 임직원은 「형법」 제129조부터 제132조까지의 규정을 적용할 때에는 공무원으로 본다.

② 제1항에 따른 직원의 범위는 공사의 설립목적, 대행기관이 수행하는 업무의 성격, 해당 직원의 구체적인 업무 등을 고려하여 대통령령으로 정한다.

(2015.12.22 본조개정)

제43조【양벌규정】부보금융회사의 대표자, 대리인, 사용인, 그 밖의 종업원이 그 부보금융회사의 업무에 관하여 제40조제2호 또는 제41조의 위반행위를 하면 그 행위자를 벌하는 외에 그 부보금융회사에도 해당 조문의 벌금형을 과(科)한다. 다만, 부보금융회사가 그 위반행위를 방지하기 위하여 해당 업무에 관하여 상당한 주의와 감독을 게을리하지 아니한 경우에는 그러하지 아니하다.

(2015.12.22 본조개정)

제44조【과태료】① 제21조의2제7항에 따른 조사를 거부·방해 또는 기피한 이해관계인에게는 500만원 이하의 과태료를 부과한다.

② 다음 각 호의 어느 하나에 해당하는 자에게는 200만원 이하의 과태료를 부과한다.
1. 제7조를 위반하여 예금보험공사 또는 이와 유사한 명칭을 사용한 자
2. 제29조제2항을 위반하여 보험관계의 성립 여부와 그 내용을 표시하지 아니한 자
3. 제29조제4항을 위반하여 확인을 받지 아니한 자
4. 제29조제5항에 따른 조사를 거부·방해 또는 기피한 자
5. 제33조제1항을 위반하여 보험사고 발생 사실을 공사에 알리지 아니한 자

③ 제1항 및 제2항에 따른 과태료는 대통령령으로 정하는 바에 따라 금융위원회가 부과·징수한다.

(2015.12.22 본조개정)

부 칙 (2002.12.26)

제1조【시행일】① 이 법은 2003년 1월 1일부터 시행한다. 다만, 제2조제1호 하목, 동조제2호 바목 및 제35조의7의 개정규정은 2004년 1월 1일부터 시행한다.

② 제35조의7의 개정규정을 적용함에 있어서 2003년 12월 31일 이전에 신용협동조합법 제86조의2제5항의 규정에 의하여 관리인으로 선임된 공사의 임원 또는 직원에 대하여는 종전의 규정을 적용한다.

제2조【유효기간】제30조의3의 개정규정은 2027년 12월 31일까지 효력을 가진다.

제3조【부사장 선임에 관한 적용례】① 제11조의 개정규정은 재정경제부장관이 부사장을 임명하기 전까지는 종전의 규정에 의한다.

② 이 법 시행 당시 이사인 자가 제11조의 개정규정에 의하여 초대 부사장으로 임명되는 경우 초대 부사장의 임기는 당해 이사의 잔임기간으로 한다.

제4조【상환기금의 재원등에 관한 적용례】제26조의3 제2항제5호 내지 제7호 및 동조제3항제2호의 개정규정은 다음 각호의 1에 해당하는 경우에 한하여 적용한다.
1. 2002년 12월 31일 이전에 보험사고가 발생한 경우
2. 2002년 12월 31일 이전에 금융감독위원회 또는 위원회가 부실금융기관등으로 결정 또는 인정한 경우(당해 부실금융기관등에 대하여 공사가 자금지원을 하여 제2조제5호 또는 제2조제5호의2의 규정에 대한 결정 또는 인정 사유가 해소된 이후에 새로이 제38조의 규정에 의한 자금지원을 하는 경우는 제외한다)(2003.12.31 본호개정)

제5조【청산인 및 파산관재인에 관한 적용례】공적자금관리특별법 제20조제1항의 규정에 의하여 공사 또는 그 임·직원이 청산인이나 파산관재인으로 선임된 경우에는 종전의 제35조의8제3항 내지 제5항의 규정을 적용한다.

제6조【신용협동조합의 특별기여금 납부에 관한 적용례】제30조의3의 개정규정을 적용함에 있어서는 제2조제1호 하목 및 동조제2호 바목의 개정규정에 불구하고 2006년 1월 1일부터 2017년 12월 31일까지는 종전의 제2조제1호 하목 및 동조제2호 바목에 의한다.

제7조【운영위원회의 명칭변경에 따른 경과조치】이 법 시행 당시 종전의 규정에 의한 운영위원회는 이 법에 의한 예금보험위원회로 본다. 이 경우 종전의 규정에 의하여 위촉된 운영위원회의 위원은 이 법에 의하여 예금보험위원회의 위원으로 위촉된 것으로 본다.

제8조【공무원등의 파견에 따른 경과조치】이 법 시행 당시 공사에 파견된 파견직원은 제15조의3의 개정규정에 의하여 파견된 것으로 본다.

제9조【상환기금의 계리 등에 관한 경과조치】이 법 시행 당시 예금보험기금에 속하는 자산과 부채 그 밖의 권리·의무(이 법 시행일 이전에 납부기일이 도래하지 아니한 보험료를 제외한다)는 제26조의3의 개정규정에 의한 상환기금이 이를 포괄승계한다. 다만, 이 법 시행 당시 예금보험기금에 설치된 신용협동조합계정은 2010년 1월 1일에 이를 폐지하고, 같은 날 그 자산과 부채 그 밖의 권리·의무는 재정경제부장관이 정하는 기준과 방법 및 절차에 따라 신용협동조합법 제61조의 규정에 의한 중앙회로 이관한다.(2003.12.31 본조개정)

제10조【상환기금의 청산】상환기금은 2027년 12월 31일까지 청산하고, 잔여 자산 및 부채 그 밖의 권리·의무는 금융위원회가 「공적자금상환기금법」 제3조에 따른 공적자금상환기금(이하 이 조에서 "공적자금상환기금"이라 한다) 또는 예금보험기금 중 그 귀속주체를 정한다. 다만, 「공적자금상환기금법」 제7조제1항에 따라 상환기금의 자산 및 부채를 실사한 결과 상환기금의 청산 시에 잔여재산이 있을 것이 확실하고 그 금액을 추정할 수 있는 경우에는 추정되는 잔여재산의 일부를 상환기금의 청산 전에 공적자금상환기금에 귀속시킬 수 있다.

(2020.12.29 본조개정)

제11조【다른 법률의 개정】①~④ ※(해당 법령에 가제정리 하였음)

부 칙 (2008.9.26)

①【시행일】이 법은 공포한 날부터 시행한다.

② 【보험료율 한도에 관한 적용례】 제30조제1항의 개정규정에 관하여 2024년 8월 31일까지 각 부보금융기관이 매년 보험료로 납부하여야 하는 금액의 예금등의 잔액에 대한 비율의 한도를 다시 정하지 아니하는 경우에는 법률 제5492호 예금자보호법중개정법률 제30조제1항제1호부터 제6호까지의 규정을 적용한다.(2021.8.17 본항개정)

부 칙 (2011.3.29)

제1조 【시행일】 이 법은 2011년 4월 1일부터 시행한다.
제2조 【특별계정의 유효기간 등】 ① 제24조의4의 개정규정은 2026년 12월 31일까지 효력을 가진다.
② 공사는 제1항에 따른 유효기간의 경과로 특별계정을 폐지하는 경우 남는 자산은 위원회의 의결을 거쳐 제24조의4제2항제1호에 따라 정부가 출연한 금액의 범위까지는 국고에 납입하고, 나머지는 제24조의4제2항제5호에 따라 특별계정의 수입으로 한 부보금융기관별 보험료를 고려하여 예금보험기금의 각 계정(상호저축은행계정은 제외한다)으로 이전한다.
제3조 【특별계정의 보험료 재원에 관한 적용례】 제24조의4제2항제5호의 개정규정은 이 법 시행일 이후의 보험료부터 일할 계산하여 적용한다.
제4조 【특별계정으로의 자산 및 부채 이전에 관한 적용례】 제24조의4제3항의 개정규정은 2011년 1월 1일 이후 발생한 보험사고와 관련된 상호저축은행계정의 자산 및 부채부터 적용한다.

부 칙 (2011.5.19)

제1조 【시행일】 이 법은 공포한 날부터 시행한다.
제2조 【금융거래정보등의 제공요구의 유효기간】 ① 제21조의4의 개정규정은 이 법 시행일부터 2019년 3월 23일까지 효력을 가진다.(2014.3.18 본항개정)
② 제1항에 따른 유효기간 중 제21조의4의 개정규정을 위반하여 자료의 제출을 하지 아니하거나 거짓의 자료를 제출한 자에 대하여는 제1항의 유효기간이 경과한 후에도 이 법에 따라 처벌한다.

부 칙 (2015.12.22)

제1조 【시행일】 이 법은 공포한 날부터 시행한다. 다만, 제2조제2호다목, 제29조제3항부터 제5항까지, 제30조제6항·제7항, 제30조의3제2항 및 제44조제1항·제2항의 개정규정은 공포 후 6개월이 경과한 날부터 시행한다.
제2조 【보험료 및 특별기여금의 환급 및 소멸시효에 관한 적용례】 제30조제6항·제7항 및 제30조의3제2항의 개정규정은 부칙 제1조 단서에 따른 제30조제6항·제7항 및 제30조의3제2항의 개정규정 시행 후 내는 보험료 및 특별기여금부터 적용한다.
제3조 【과태료에 관한 경과조치】 이 법 시행 전의 위반행위에 대한 과태료에 관하여는 종전의 규정에 따른다.
제4조 【다른 법률의 개정】 ①~⑪ ※(해당 법령에 가제정리 하였음)

부 칙 (2018.12.11)

제1조 【시행일】 이 법은 공포한 날부터 시행한다.
제2조 【의사록의 작성 및 공개에 관한 적용례】 제10조제5항의 개정규정은 이 법 시행 후 최초로 소집되는 위원회의 회의부터 적용한다.

부 칙 (2019.11.26)

이 법은 공포한 날부터 시행한다.

부 칙 (2020.5.26)

제1조 【시행일】 이 법은 공포 후 6개월이 경과한 날부터 시행한다.
제2조 【적용례】 이 법 시행 당시 부보금융회사가 제2조제1호사목의 개정규정에 따라 부보금융회사에서 제외되는 경우에는 최초로 부보금융회사가 된 날부터 부보금융회사에서 제외된 것으로 본다.

부 칙 (2020.12.29)

이 법은 공포한 날부터 시행한다.

부 칙 (2021.1.5)

이 법은 공포 후 6개월이 경과한 날부터 시행한다.

부 칙 (2021.8.17)

이 법은 공포한 날부터 시행한다.

예금자보호법 시행령

(1998년 7월 25일
전개대통령령 제15842호)

개정
1998.10.10영15911호
2000. 2.14영16709호(금융부실시)
2000. 6. 7영16827호 2000. 8. 5영16936호
2000.10.31영16993호 2001. 3.17영17149호
2002.12.30영17823호
2005. 8.19영19010호(근로자퇴직급여보장법시)
2007. 2.28영19889호
2008. 2.29영20653호(금융위원회의설치등에관한법시)
2008. 7.29영20947호(자본시장금융투자업시)
2008.11.26영21136호 2009. 6. 9영21532호
2011. 4.12영22901호 2011. 6.27영22990호
2012. 1. 6영23488호(민감정보고유식별정보)
2012. 3.26영23683호 2013.12.30영25051호
2014. 3.24영25279호(금융부실시)
2014. 8. 6영25532호(민감정보고유식별정보)
2014.12. 9영25840호(규제기한정비)
2014.12.30영25945호(한국산업은행법시)
2015. 2.26영26124호 2016. 3.11영27037호
2016. 6.21영27247호
2017. 9. 5영28283호(금융회사의지배구조에관한법시)
2020. 6.23영30802호
2020.11.24영31176호(법정공고방식확대)
2021. 6.15영31782호
2022. 2.17영32449호(한국자산관리공사설립등에관한법시)
2022.12.27영33148호 2023.10.17영33817호

제1조 【목적】 이 영은 「예금자보호법」에서 위임된 사항과 그 시행에 필요한 사항을 규정함을 목적으로 한다.(2016.6.21 본조개정)
제2조 【부보금융회사에서 제외되는 금융회사】 ① 「예금자보호법」(이하 "법"이라 한다) 제2조제1호사목에서 "대통령령으로 정하는 자"란 다음 각 호의 어느 하나에 해당하는 자를 말한다.
1. 「자본시장과 금융투자업에 관한 법률」 제4조제3항에 따른 채무증권만을 대상으로 같은 법 제12조제1항제3호에 따른 전문투자자에 대해서만 투자매매업 또는 투자중개업의 인가를 받은 자
2. 「자본시장과 금융투자업에 관한 법률」 제4조제1항에 따른 증권을 대상으로 같은 법 제12조제1항제3호에 따른 전문투자자에 대해서만 투자중개업의 인가를 받은 자(해당 증권의 환매조건부매매를 중개하는 경우만 해당한다)
3. 「자본시장과 금융투자업에 관한 법률」 제117조의4에 따라 온라인소액투자중개업자의 등록을 한 자
(2016.6.21 본항신설)
② 법 제2조제1호자목에서 "대통령령으로 정하는 보험회사"란 재보험을 주로 하는 주식회사인 보험회사를 말한다.(2016.6.21 본항개정)
(2016.3.11 본조제목개정)
제3조 【예금등의 범위】 ① 법 제2조제2호 각 목 외의 부분 단서에 따라 부보금융회사가 조달한 금전으로서 다음 각 호의 어느 하나에 해당하는 금전은 예금등의 범위에 포함되지 아니한다.(2016.3.11 본문개정)
1. 정부 또는 지방자치단체로부터 조달한 금전
2. 한국은행, 「금융위원회의 설치 등에 관한 법률」에 의하여 설립된 금융감독원(이하 "금융감독원"이라 한다) 또는 법 제3조에 따라 설립된 예금보험공사(이하 "공사"라 한다)로부터 조달한 금전
3. 부보금융회사로부터 조달한 금전. 다만, 다음 각 목의 어느 하나에 해당하는 경우는 제외한다.
가. 「근로자퇴직급여 보장법」 제2조제9호에 따른 확정기여형퇴직연금제도(이하 "확정기여형퇴직연금제도"라 한다) 또는 같은 조 제10호에 따른 개인형퇴직연금제도(이하 "개인형퇴직연금제도"라 한다)의 자산관리업무를 수행하는 퇴직연금사업자인 부보금융회사로부터 적립금(예금등으로 운용되는 적립금으로 한정한다)을 예치받은 경우
나. 「조세특례제한법」 제91조의18제1항에 따른 개인종합자산관리계좌(이하 "개인종합자산관리계좌"라 한다)가 개설된 신탁업자인 부보금융회사로부터 금전(개인종합자산관리계좌에서 예금등으로 운용되는 금전으로 한정한다)을 예치받은 경우
(2016.3.11 본호개정)
(2009.6.9 본항개정)
② 법 제2조제1호가목부터 바목까지의 부보금융회사(이하 "은행"이라 한다)가 조달한 금전으로서 다음 각 호의 어느 하나의 방법으로 조달한 금전은 법 제2조제2호가목에 따른 예금등의 범위에 포함되지 아니한다.(2016.3.11 본문개정)
1. (2008.11.26 삭제)
2. 양도성예금증서(2007.2.28 본호개정)
3. 개발신탁
4. 채권의 발행
5. 환매조건부채권의 매도
③ 법 제2조제1호사목 및 아목의 부보금융회사(이하 "투자매매업자·투자중개업자"라 한다)가 투자자로부터 예탁받은 금전으로서 다음 각 호의 어느 하나에 해당하는 것은 법 제2조제2호나목에 따른 예금등(이하 이 항에서 "투자자예탁금"이라 한다)의 범위에 포함되지 아니한다.(2016.3.11 본문개정)
1. 투자자예탁금에 관하여 발생한 조세의 납부를 위하여 예탁되어 있는 금전(2008.7.29 본호개정)
2. 환매조건부채권을 매도하여 조달한 금전
3. 「자본시장과 금융투자업에 관한 법률」에 따라 모집 또는 매출되는 증권의 취득 또는 매수의 청약을 위하여 예탁되어 있는 금전(2008.7.29 본호개정)
3의2. 다음 각 목의 어느 하나에 해당하는 금전
가. 「자본시장과 금융투자업에 관한 법률」 제3조제2항제2호에 따른 파생상품의 매매, 그 밖의 거래와 관련하여 같은 법 제324조제1항에 따라 인가를 받은 증권금융회사(이하 "증권금융회사"라 한다)에 예탁되어 있는 금전
나. 「자본시장과 금융투자업에 관한 법률」 제117조의8에 따라 증권금융회사에 예탁되어 있는 금전
다. 「자본시장과 금융투자업에 관한 법률 시행령」 제137조제1항제3호의2에 따라 증권금융회사에 예탁되어 있는 금전
(2016.6.21 본호신설)
4. 「자본시장과 금융투자업에 관한 법률」에 따라 고객에게 대부한 증권의 담보를 위하여 예탁된 금전 중 증권금융회사에 보관된 금전(2016.6.21 본호개정)
④ 법 제2조제1호자목의 부보금융회사(이하 "보험회사"라 한다)가 수입한 수입보험료로서 다음 각 호의 어느 하나에 해당하는 것은 법 제2조제2호다목에 따른 예금등의 범위에 포함되지 아니한다.(2016.3.11 본문개정)
1. 보험계약자 및 보험료납부자가 법인인 보험계약에 의하여 수입한 수입보험료. 다만, 확정기여형퇴직연금제도, 개인형퇴직연금제도, 「근로자퇴직급여 보장법」 제2조제14호에 따른 중소기업퇴직연금기금제도(이하 "중소기업퇴직연금기금제도"라 한다) 또는 법률 제10967호 근로자퇴직급여 보장법 전부개정법률 부칙 제2조제1항 본문에 따른 퇴직보험계약에 의하여 수입한 수입보험료는 제외한다.(2023.10.17 단서개정)
1의2. 「근로자퇴직급여 보장법」 제2조제8호의 확정급여형퇴직연금제도에 따른 퇴직보험계약에 따라 수입한 수입보험료(2016.6.21 본호신설)
2. 보증보험계약에 의하여 수입한 수입보험료
3. 재보험계약에 의하여 수입한 수입보험료
⑤ 부보금융회사의 해외 지점이 조달한 금전으로서 해당 해외 지점이 소재한 국가의 예금보험제도 등에 의하여 보호되고 있다고 공사가 인정한 금전은 예금등의 범위에 포함되지 아니한다.(2016.3.11 본항개정)
⑥ 제5항에 따른 인정의 절차와 시기 등 필요한 사항은 공사가 정한다.(2009.6.9 본항신설)
제3조의2 【자금으로 보는 전자지급수단의 범위】 법 제2조제9호에서 "대통령령으로 정하는 것"이란 「전자금융거래법」 제2조제14호에 따른 선불전자지급수단을 말한다.(2021.6.15 본조신설)
제3조의3 【자금이체 금융회사등의 범위】 법 제2조제10호에서 "대통령령으로 정하는 자"란 다음 각 호의 자를 말한다.
1. 투자매매업자·투자중개업자
2. 「농업협동조합법」에 따른 농협은행 및 조합
3. 「산림조합법」에 따른 조합과 그 중앙회의 신용사업부문
4. 「상호저축은행법」에 따른 상호저축은행 및 그 중앙회
5. 「새마을금고법」에 따른 새마을금고 및 그 중앙회
6. 「수산업협동조합법」에 따른 수협은행 및 조합
7. 「신용협동조합법」에 따른 신용협동조합 및 그 중앙회
8. 「우체국예금·보험에 관한 법률」에 따른 체신관서
9. 「은행법」에 따른 인가를 받아 설립된 은행
10. 「자본시장과 금융투자업에 관한 법률」에 따른 종합금융회사(이하 "종합금융회사"라 한다)
11. 「전자금융거래법」 제28조제2항 각 호 외의 부분 본문에 따라 등록한 전자금융업자(같은 항 제1호 또는 제3호의 업무를 하는 자로 한정한다) 중 법 제8조에 따른 예금보험위원회(이하 "위원회"라 한다)가 정하는 전자금융업자
12. 「중소기업은행법」에 따른 중소기업은행
13. 「한국산업은행법」에 따른 한국산업은행
(2021.6.15 본조신설)
제4조 【설립등기】 ① 공사의 설립등기는 금융위원회로부터 정관의 인가를 받은 날부터 2주 이내에 주된 사무소의 소재지에서 하여야 한다.(2008.2.29 본항개정)
② 공사의 설립등기사항은 다음 각호와 같다.
1. 목적
2. 명칭
3. 주된 사무소의 소재지
4. 사장의 성명·주민등록번호 및 주소(2002.12.30 본호개정)
5. 부사장·이사 및 감사의 성명 및 주소(2002.12.30 본호신설)
6. 공고의 방법
제4조의2 【지사무소 등의 설치등기】 공사가 지사무소 또는 출장소를 설치한 때에는 다음 각호의 사항을 등기하여야 한다.
1. 주된 사무소의 소재지에서는 2주 이내에 지사무소 또는 출장소의 소재지와 설치연월일

2. 당해 지사무소 또는 출장소의 소재지에서는 3주 이내에 제4조제2항제1호 내지 제4호 및 제6호의 사항
(2002.12.30 본조신설)

제5조【이전등기】 ① 공사가 주된 사무소를 다른 등기소의 관할구역으로 이전한 때에는 구소재지에 있어서는 2주 이내에 그 이전의 뜻을, 신소재지에 있어서는 3주 이내에 제4조제2항 각호의 사항을 각각 등기하여야 한다.
② 공사가 지사무소 또는 출장소를 다른 등기소의 관할구역으로 이전한 때에는 3주 이내에 주된 사무소와 구소재지에서는 신소재지와 이전연월일을, 신소재지에서는 제4조제2항제1호 내지 제4호 및 제6호의 사항을 각각 등기하여야 한다.(2002.12.30 본항신설)
③ 동일한 등기소의 관할구역안에서 주된 사무소·지사무소 또는 출장소를 이전한 때에는 2주 이내에 그 이전의 뜻만을 등기한다.(2002.12.30 본항개정)

제6조【변경등기】 제4조제2항 각호의 사항에 변경이 있는 때에는 주된 사무소의 소재지에서 2주 이내에 변경된 사항을 등기하여야 한다. 다만, 제4조제2항제1호 내지 제4호 및 제6호의 사항이 변경된 때에는 지사무소 또는 출장소의 소재지에서도 3주 이내에 변경된 사항을 등기하여야 한다.(2002.12.30 단서신설)

제7조【대리인의 선임】 ① 공사의 사장이 법 제15조의2제1항의 규정에 의하여 대리인을 선임한 때에는 대리인을 둔 주된 사무소·지사무소 또는 출장소의 소재지에서 2주 이내에 다음 각호의 사항을 등기하여야 한다. 등기한 사항이 변경된 때에도 또한 같다.(2002.12.30 전단개정)
1. 대리인의 성명·주민등록번호 및 주소(2000.6.7 본호개정)
2. (2002.12.30 삭제)
3. 대리인의 권한을 제한한 때에는 그 제한의 내용
② 법 제15조의2제2항의 규정에 의하여 사장의 재판상 대리인으로 선임될 수 있는 직원은 재판에 관련된 업무에 2년 이상 근무한 경력이 있는 자로 한다.(2001.3.17 본항개정)
(2000.6.7 본조제목개정)

제8조【등기기간의 기산】 이 영의 규정에 의한 공사의 등기사항으로서 금융위원회의 인가 또는 승인을 얻어야 할 사항이 있는 때에는 그 인가 또는 승인에 관한 서류가 도달된 날부터 등기의 기간을 기산한다.(2008.2.29 본조개정)

제9조【등기의 신청인 등】 ① 제4조의 규정에 의한 설립등기는 설립위원이 공동으로 하는 신청에 의하고, 제4조의2 및 제5조부터 제7조까지의 규정에 의한 등기는 공사의 사장의 신청에 의하여야 한다.
② 제4조, 제4조의2 및 제5조부터 제7조까지의 규정에 의한 등기의 신청서에는 각각 그 사유를 증명하는 서류를 첨부하여야 한다.
(2009.6.9 본조개정)

제10조【예금보험위원회의 운영】 ① 위원회의 회의는 정관이 정하는 바에 따라 위원장이 이를 소집한다.
(2021.6.15 본항개정)
② 공사의 부사장·이사와 감사는 위원회의 회의에 출석하여 의견을 진술할 수 있다.(2002.12.30 본항개정)
③ 위원회의 회의에 출석한 위원에 대하여는 공사의 예산의 범위안에서 수당을 지급할 수 있다. 다만 공무원이 그 소관업무와 직접 관련하여 위원회에 출석하는 경우에는 그러하지 아니하다.
④ 이 영에 규정하는 사항외에 위원회의 운영에 관하여 필요한 사항은 위원회의 의결을 거쳐 위원장이 정한다.
(2002.12.30 본조제목개정)
(2001.3.17 본조개정)

제11조【예금보험위원회의 위촉위원의 자격】 법 제9조의 규정에 의하여 금융위원회가 위촉하는 위원은 법 제16조의 규정에 의한 공사의 임직원의 결격사유에 해당하지 아니하는 자로서 금융·경제 또는 법률에 관한 학식과 경험이 풍부한 자로 한다.(2008.2.29 본조개정)

제12조【업무의 대행】 ① 법 제20조에 따른 대행기관(이하 이 조에서 "대행기관"이라 한다)은 다음 각 호와 같다.
1. 「한국자산관리공사 설립 등에 관한 법률」에 따른 한국자산관리공사(이하 "한국자산관리공사"라 한다)
(2022.2.17 본호개정)
2. 부보금융회사
3. (2021.6.15 삭제)
4. 「신용협동조합법」에 따라 설립된 신용협동조합중앙회(이하 "신용협동조합중앙회"라 한다)
(2016.3.11 본항개정)
② 공사는 법 제20조의 규정에 의하여 업무를 대행하게 한 경우 위원회에서 정하는 바에 따라 대행기관에게 업무의 대행에 따른 수수료를 지급할 수 있다.(2001.3.17 본항개정)

제12조의2【부실우려 인정기준】 법 제21조제2항에서 "대통령령으로 정하는 기준"이란 「금융산업의 구조개선에 관한 법률」 제10조제2항에 따라 금융위원회가 정하는 기준을 말한다. 다만, 「상호저축은행법」에 따른 상호저축은행의 경우에는 다음 각 호의 어느 하나에 해당하는 경우를 말한다.(2016.3.11 본문개정)
1. 「금융산업의 구조개선에 관한 법률」 제10조제2항에 따라 금융위원회가 정하는 기준에 해당하는 경우
2. 자기자본비율이 제1호의 기준에 100분의 2를 더한 비율 미만인 경우
3. 최근 3 회계연도 연속하여 당기순손실이 발생한 경우
4. 공사가 자기자본비율의 하락추세 및 하락폭 등을 고려하여 금융감독원과 협의하여 조사의 필요성이 있다고 인정하는 경우
(2012.3.26 1호~4호신설)

제12조의3【주요주주의 범위】 법 제21조의2제1항 각 호 외의 부분에서 "대통령령으로 정하는 주요주주"란 다음 각호의 자를 말한다.(2016.3.11 본문개정)
1. 누구의 명의로 하든지 자기의 계산으로 채무자인 법인의 의결권있는 발행주식총수 또는 출자총액의 100분의 10 이상의 주식 또는 출자지분을 소유한 주주
2. 임원의 임면 등 채무자인 법인의 주요 경영사항에 대하여 사실상 영향력을 행사하고 있는 주주
(2001.3.17 본조신설)

제12조의4【조사의 방법 및 절차】 ① 공사는 법 제21조의2제7항에 따른 조사(이하 이 조에서 "조사"라 한다)를 하기 위하여 필요한 경우에는 그 소속직원으로 하여금 법 제21조의2제1항에 따른 부실금융회사등 및 부실관련자의 업무 및 재산상황에 관한 장부·서류 기타의 자료를 조사하게 할 수 있다.(2016.3.11 본항개정)
② 공사는 조사를 하는 경우 조사대상자에게 미리 조사사유 및 조사의 범위 등 필요한 사항을 통지하여야 한다. 다만, 사전통지를 하는 경우 증거인멸 등으로 조사목적을 달성할 수 없는 경우에는 그러하지 아니하다.
③ 공사는 조사를 하는 경우 조사 대상자에게 충분히 진술할 수 있는 기회를 주어야 한다.
④ 공사는 조사를 종료한 때에는 그 조사결과를 서면으로 당사자에게 통지하여야 한다.
(2001.3.17 본조신설)

제12조의5【공공기관 및 금융회사의 종류】 법 제21조의3제1항 본문에서 "대통령령으로 정하는 공공기관 및 금융회사"란 다음 각 호의 기관을 말한다.(2016.3.11 본문개정)
1. 정부가 납입자본금의 100분의 50 이상을 출자한 기업체(2009.6.9 본호개정)
2. 특별법에 의하여 설립된 법인
3. 「어음법」 또는 「수표법」에 의하여 지정된 어음교환소(2007.2.28 본호개정)
4. 「지방공기업법」 제2조제1항제7호 또는 제8호의 주택사업이나 토지개발사업을 경영하는 지방공사(2007.2.28 본호신설)
5. 「금융실명거래 및 비밀보장에 관한 법률」 제2조제1호에 따른 금융회사등(2016.3.11 본호개정)
(2016.3.11 본조제목개정)
(2000.6.7 본조신설)

제13조【예산과 결산】 법 제23조의 규정에 의하여 공사의 예산은 회계연도 개시전에 금융위원회의 승인을 얻어야 하고, 공사의 결산은 회계연도 종료후 3월 이내에 금융위원회의 승인을 얻어야 한다.(2008.2.29 본조개정)

제14조【출연금】 ① 부보금융회사는 예금보험의 적용을 받게 된 이후 업무를 개시한 날부터 1개월 이내에 인가 또는 허가에 필요한 최저자본금 또는 최저자기자본에 다음 각 호의 부보금융회사별로 해당 비율을 곱한 금액을 출연금으로 공사에 납부하여야 한다. 다만, 최저자기자본이 납입자본금보다 큰 경우에는 납입자본금에 다음 각 호의 부보금융회사별로 해당 비율을 곱한 금액을 출연금으로 공사에 납부하여야 한다.(2016.6.21 본문개정)
1. 은행 : 100분의 1
2. 투자매매업자·투자중개업자 : 100분의 1(2008.7.29 본호개정)
3. 보험회사 : 100분의 1(2007.2.28 본호개정)
4. 종합금융회사 : 100분의 5
5. 법 제2조제1호카목의 부보금융회사(이하 "상호저축은행"이라 한다) : 100분의 5(2016.3.11 본호개정)
6. (2007.2.28 삭제)
② 공사는 법 제24조제1항에 따라 설치된 예금보험기금(이하 "예금보험기금"이라 한다)의 부보금융회사별 계정의 적립액이 법 제2조제4호에 따른 예금등 채권(이하 "예금등 채권"이라 한다)을 가진 자(이하 "예금자등"이라 한다)에게 보험금으로 지급하여야 할 금액에 미달하는 경우에는 그 차액의 범위에서 위원회의 의결을 거쳐 금융위원회가 승인한 금액을 해당 계정의 부보금융회사로 하여금 공사가 보험금을 지급하기로 결정한 날부터 1개월 이내에 추가로 출연하게 할 수 있다. 이 경우 그 추가출연금은 법 제24조제4항에 따른 출연금의 납부한도를 넘지 아니하여야 한다.(2016.3.11 본항개정)
③ 제1항에도 불구하고 다음 각 호의 어느 하나에 해당하는 부보금융회사는 출연금을 공사에 납부하지 아니한다.
1. 부보금융회사가 합병되어 영업 또는 설립의 인가 또는 허가를 받은 부보금융회사
2. 부보금융회사의 영업을 양수하기 위하여 영업 또는 설립의 인가 또는 허가를 받은 부보금융회사. 다만, 「은행법」 제58조제1항에 따른 외국은행의 국내지점, 「보험업법」 제4조제6항에 따른 외국보험회사의 국내지점 또는 「자본시장과 금융투자업에 관한 법률」 제12조제2항에 따른 외국 금융투자업자의 국내지점(이하 "국내지점"이라 한다)의 영업을 양수하기 위하여 영업 또는 설립의 인가 또는 허가를 받은 부보금융회사는 제1항제1호부터 제3호까지에 따른 출연금에서 해당 국내지점이 인가 또는 허가를 받은 때에 납부한 출연금을 공제한 금액을 납부하여야 한다.
3. 부보금융회사에 해당하는 법 제36조의3에 따라 설립된 정리금융회사
(2016.6.21 본항개정)
④ 「자본시장과 금융투자업에 관한 법률」 제12조에 따른 인가업무 단위 중 일부를 선택하여 투자매매업·투자중개업 인가를 받은 자가 다른 인가업무 단위를 대상으로 도 투자매매업·투자중개업 인가를 받은 경우 부보금융회사의 출연금을 제1항에 따라 산정하는 경우에는 같은 항 제2호에 따른 출연금에서 이미 납부한 출연금을 공제한 금액을 납부하여야 한다.(2016.6.21 본항개정)
⑤ 공사는 위원회의 의결을 거쳐 제1항·제2항 및 제4항에 따른 출연금의 납부절차에 관하여 필요한 사항을 정하고, 이를 인터넷 홈페이지에 공고하여야 한다.(2009.6.9 본항개정)

제14조의2【이자 감면 또는 유예 방법 등】 ① 공사는 법 제24조의3제5항에 따라 예금보험기금 내 상호저축은행계정에 대하여는 2008년 12월 31일 현재 대출금 잔액의 범위에서 위원회의 의결을 거쳐 위원회가 정하는 날부터 10년간 이자를 감면할 수 있다.
② 공사는 법 제24조의3제5항에 따라 유동성이 일시적으로 부족한 특정 계정에 대하여는 위원회의 의결을 거쳐 이자의 납부를 유예할 수 있다.
(2009.6.9 본조신설)

제14조의3【백서의 발간】 법 제24조의4제7항에 따라 공사가 발간하는 특별계정관리백서에는 같은 조 제1항에 따른 상호저축은행 구조조정 특별계정의 지원실적 및 회수실적 등이 포함되어야 한다.(2011.4.12 본조신설)

제15조【차입의 방법 등】 ① (2021.6.15 삭제)
② 공사는 법 제26조제1항에 따라 자금을 차입하려는 경우 다음 각 호의 사항을 기재한 서류를 작성하여 금융위원회의 승인을 받아야 한다.(2021.6.15 본문개정)
1. 차입을 필요로 하는 이유
2. 차입금액
3. 차입이자율, 이자지급의 방법 및 기한
4. 차입금 상환의 방법 및 기한
③ 법 제26조제1항에 따라 공사가 자금을 차입할 수 있는 기관은 다음 각 호와 같다. 이 경우 한국자산관리공사로부터의 차입은 한국자산관리공사가 관리·운용하는 부실채권정리기금으로부터 차입하는 경우를 포함한다.
(2021.6.15 전단개정)
1.~2. (2021.6.15 삭제)
3. 「한국수출입은행법」에 의하여 설립된 한국수출입은행(2007.2.28 본호개정)
4. 신용협동조합중앙회(2009.6.9 본호개정)
5. 법 제36조의3에 따른 정리금융회사(2016.3.11 본호개정)
6. 한국자산관리공사(2009.6.9 본호개정)
7. (2014.12.30 삭제)
(1998.10.10 본조제목개정)

제15조의2【보험관계의 설명】 ① 법 제29조제3항 각 호 외의 부분에서 "부보금융회사 등 대통령령으로 정하는 자"란 다음 각 호의 어느 하나에 해당하는 자를 말한다.
1. 정부 또는 지방자치단체
2. 한국은행, 금융감독원 또는 예금보험공사
3. 부보금융회사
② 법 제29조제4항에서 "대통령령으로 정하는 방법"이란 다음 각 호의 어느 하나에 해당하는 방법을 말한다.
1. 전자우편, 그 밖에 이와 비슷한 전자통신
2. 우편
3. 전화자동응답시스템
4. 「전자서명법」 제2조제2호에 따른 전자서명
(2016.6.21 본조신설)

제16조【보험료의 납부시기 등】 ① 부보금융회사는 법 제30조제1항에 따라 매 사업연도 종료 후 3개월 이내에 별표1의 산식에 따른 보험료를 공사에 납부하여야 한다. 다만, 은행의 경우에는 매 분기 종료 후 1개월 이내에 납부하여야 한다.(2016.3.11 본항개정)
② 부보금융회사는 제1항에 따른 보험료를 납부기한까지 납부하지 아니한 경우에는 납부하지 아니한 보험료에 대하여 보험료 납부기한의 다음날부터 납부일까지의 일수에 부보금융회사의 일반자금 대출시의 연체이자율을 기준으로 위원회가 정하는 이자율을 곱한 금액의 연체료를 공사에 납부하여야 한다.(2016.3.11 본항개정)
③ 법 제30조제1항 전단에서 "대통령령으로 정하는 금액"이란 다음 각 호에 따른 금액의 합계액을 말한다.
1. 법 제2조제2호다목에 따른 보험회사의 보험계약의 경우 : 다음 각 목의 금액을 산술평균한 금액
가. 보험회사가 장래에 지급할 보험금, 환급금 및 계약자배당금(이하 "보험금등"이라 한다)의 지급을 위해 적립하는 다음의 금액으로서 해당 사업연도의 결산기말을 기준으로 산정한 금액을 갈음해 해당 사업연도의 매 분기 말일을 기준으로 산정한 금액을 각각 산술평균한 금액의 합계액

1) 매 결산기 말 현재 보험금등의 지급사유가 발생하지 않은 계약과 관련하여 장래에 보험금 및 환급금을 지급하기 위해 적립한 금액. 이 경우 「보험업법」 제5조제3호에 따른 보험료 및 책임준비금 산출방법서에서 정하는 방법에 따라 해약 시 지급해야 할 금액을 기준으로 계산한다.
2) 매 결산기 말 현재 보험금등의 지급사유가 발생하지 않은 계약과 관련하여 결산기 말 이전에 수입한 수입보험료 중 결산기 말 후의 기간에 해당하는 보험료를 적립한 금액
3) 매 결산기 말 현재 보험금등의 지급사유가 발생한 계약에 대해 보험금등에 관한 소송이 계속 중인 금액이나 지급이 확정된 금액과 보험금 지급사유가 이미 발생하였으나 보험금 지급금액의 미확정으로 인해 아직 지급하지 않은 금액
4) 보험회사가 보험계약자에게 배당하기 위해 적립한 금액
나. 법 제2조제2호다목에 따른 수입보험료(예금보험의 보험료 납부기한이 속하는 사업연도의 직전 사업연도에 수입한 수입보험료로 한정하되, 직전 사업연도의 기간이 1년 미만인 경우에는 그 수입한 수입보험료를 1년간으로 환산하여 계산한 금액으로 한다)
(2022.12.27 가목~나목개정)
2. 「보험업법」 제108조제1항제3호에 따른 변액보험계약의 경우 : 다음 각 목의 금액을 산술평균한 금액
가. 보험회사가 장래에 지급할 보험금등의 지급을 위해 적립하는 금액 중 매 결산기 말 현재 보험금등의 지급사유가 발생하지 않은 계약과 관련하여 보험금을 일정 수준 이상으로 지급하기 위해 적립한 금액으로서 해당 사업연도의 결산기 말을 기준으로 산정한 금액을 갈음하여 해당 사업연도의 매 분기 말일을 기준으로 산정한 금액을 산술평균한 금액(2022.12.27 본목개정)
나. 보험회사가 보험금등을 최저보증하기 위하여 「보험업법」 제108조제1항에 따른 특별계정으로부터 이체하는 금전(예금보험의 보험료 납부기한이 속하는 사업연도의 직전 사업연도에 이체하는 금전으로 한정하되, 직전 사업연도의 기간이 1년 미만인 경우에는 그 이체하는 금전을 1년간으로 환산하여 계산한 금전으로 한다)(2022.12.27 본목개정)
(2020.6.23 1호~2호개정)
3. 「자본시장과 금융투자업에 관한 법률」 제103조제3항에 따라 원본이 보전되는 금전신탁 등을 통하여 조달한 금전의 연평균잔액
(2016.6.21 본항개정)
④ 공사는 위원회의 의결을 거쳐 제1항 내지 제3항에 따른 보험료 및 연체료의 납부절차에 관하여 필요한 사항을 정하고, 이를 인터넷 홈페이지에 공고하여야 한다.
(2007.2.28 본항신설)
⑤ 법 제30조제6항에서 "대통령령으로 정하는 이자"란 잘못 내거나 초과하여 낸 금액에 대하여 보험료 납부일의 다음 날부터 환급일까지의 일수에 「국세기본법 시행령」 제43조의3제2항에 따른 국세환급가산금의 이자율을 곱하여 산정한 금액을 말한다.(2016.6.21 본항신설)

제16조의2 【차등보험료율의 적용 등】 ① 법 제30조제1항 후단에 따라 공사는 별표1의 산식에 따른 보험료율(제16조의5제1항의 경우에는 그 감액된 보험료에 따라 산정한 보험료율을 말한다)을 기준으로 100분의 10의 범위에서 부보금융회사별로 위원회가 정하는 보험료율(이하 "차등보험료율"이라 한다)을 적용한다.(2016.3.11 본항개정)
② 차등보험료율을 적용받는 부보금융회사는 제16조제1항에도 불구하고 매 사업연도 종료 후 6개월(은행의 경우에는 매 분기 종료 후 1개월) 이내에 차등보험료율에 따른 보험료를 공사에 납부하여야 한다.(2016.3.11 본항개정)
③ 차등보험료율을 적용받는 은행의 매 사업연도 1분기 보험료는 직전 사업연도의 보험료율을 적용하여 계산하고 해당 사업연도의 차등보험료율에 따른 2분기 보험료 납부 시 정산하되 차액에 대한 이자는 발생하지 아니한 것으로 본다.
④ 공사는 부보금융회사로부터 법 제30조의5에 따른 이의 신청을 받은 경우에는 위원회의 의결을 거쳐 이의신청을 받은 날부터 90일 이내에 처리결과를 통보하여야 한다.
(2016.3.11 본항개정)
⑤ 제1항부터 제4항까지의 규정에 따른 보험료의 납부, 차등보험료율의 산정, 이의신청 및 처리 등에 관한 구체적 절차와 방법 등에 관하여 필요한 사항은 위원회의 의결을 거쳐 공사가 정하여 인터넷 홈페이지에 공고하여야 한다.
(2009.6.9 본조신설)

제16조의3 【비밀유지의무의 예외】 ① 법 제30조의2 단서에 따라 부보금융회사는 예금자 보호를 위하여 차등보험료율에 관한 내용의 공개가 필요하다는 사실을 증명할 수 있는 자료를 제출하여 공개를 신청하고, 공사가 필요하다고 인정하면 부보금융회사는 차등보험료율을 공개할 수 있다.
② 공사는 제1항에 따라 차등보험료율 공개 신청을 받으면 위원회의 의결을 거쳐 신청을 받은 날부터 90일 이내에 신청의 처리 결과를 부보금융회사에 통보하여야 한다.
(2016.3.11 본조개정)

제16조의4 【예금보험기금채권상환특별기여금의 납부 등】 ① 부보금융회사는 법 제30조의3제1항에 따라 매 사업연도 종료 후 3개월 이내에 별표1의2의 산식에 따른 예금보험기금채권상환특별기여금(이하 "특별기여금"이라 한다)을 공사에 납부하여야 한다. 다만, 은행의 경우에는 매 분기 종료 후 1개월 이내에 납부하여야 한다.
(2016.3.11 본항개정)
② 부보금융회사는 제1항에 따른 특별기여금을 납부기한까지 납부하지 아니한 경우에는 납부하지 아니한 특별기여금에 대하여 특별기여금 납부기한의 다음날부터 납부일까지의 일수에 부보금융회사의 일반자금 대출시의 연체이자율을 기준으로 위원회가 정하는 이자율을 곱한 금액의 연체료를 공사에 납부하여야 한다.(2016.3.11 본항개정)
③ 법 제30조의3제1항에서 "대통령령으로 정하는 금액"이란 다음 각 호에 따른 금액의 합계액을 말한다.
1. 법 제2조제2호다목에 따른 보험회사의 보험계약의 경우 : 다음 각 목의 금액을 산술평균한 금액
가. 보험회사가 보험금등의 지급을 위해 적립하는 다음의 금액으로서 해당 사업연도의 결산기 말을 기준으로 산정한 금액의 합계액
1) 매 결산기 말 현재 보험금등의 지급사유가 발생하지 않은 계약과 관련하여 장래에 보험금 및 환급금을 지급하기 위해 적립한 금액. 이 경우 「보험업법」 제5조제3호에 따른 보험료 및 책임준비금 산출방법서에서 정하는 방법에 따라 해약 시 지급해야 할 금액을 기준으로 계산한다.
2) 매 결산기 말 현재 보험금등의 지급사유가 발생하지 않은 계약과 관련하여 결산기 말 이전에 수입한 수입보험료 중 결산기 말 후의 기간에 해당하는 보험료를 적립한 금액
3) 매 결산기 말 현재 보험금등의 지급사유가 발생한 계약에 대해 보험금등에 관한 소송이 계속 중인 금액이나 지급이 확정된 금액과 보험금 지급사유가 이미 발생하였으나 보험금 지급금액의 미확정으로 인해 아직 지급하지 않은 금액
4) 보험회사가 보험계약자에게 배당하기 위해 적립한 금액
나. 법 제2조제2호다목에 따른 수입보험료(특별기여금의 납부기한이 속하는 사업연도의 직전 사업연도에 수입한 수입보험료로 한정하되, 직전 사업연도의 기간이 1년 미만인 경우에는 그 수입한 수입보험료를 1년간으로 환산하여 계산한 금액으로 한다)
(2022.12.27 본호개정)
2. 「보험업법」 제108조제1항제3호에 따른 변액보험계약의 경우 : 다음 각 목의 금액을 산술평균한 금액
가. 보험회사가 장래에 지급할 보험금등의 지급을 위해 적립하는 금액 중 매 결산기 말 현재 보험금등의 지급사유가 발생하지 않은 계약과 관련하여 보험금을 일정 수준 이상으로 지급하기 위해 적립한 금액으로서 해당 사업연도의 결산기 말을 기준으로 산정한 금액
나. 보험회사가 보험금등을 최저보증하기 위해 「보험업법」 제108조제1항에 따른 특별계정으로부터 이체하는 금전(특별기여금의 납부기한이 속하는 사업연도의 직전 사업연도에 이체하는 금전으로 한정하되, 직전 사업연도의 기간이 1년 미만인 경우에는 그 이체하는 금전을 1년간으로 환산하여 계산한 금전으로 한다)
(2022.12.27 본호개정)
3. 「자본시장과 금융투자업에 관한 법률」 제103조제3항에 따라 원본이 보전되는 금전신탁 등을 통하여 조달한 금전의 연평균잔액
(2020.6.23 본항개정)
④ 공사는 위원회의 의결을 거쳐 제1항 내지 제3항에 따른 특별기여금 및 연체료의 납부절차에 관하여 필요한 사항을 정하고, 이를 인터넷 홈페이지에 공고하여야 한다.
(2007.2.28 본항신설)
⑤ 부보금융회사가 법 제30조의3제1항에 따른 특별기여금으로 납부한 금액 중 잘못 내거나 초과하여 낸 금액이 있는 경우에는 잘못 내거나 초과하여 낸 금액에 대하여 특별기여금 납부일의 다음 날부터 환급일까지의 일수에 「국세기본법 시행령」 제43조의3제2항에 따른 국세환급가산금의 이자율을 곱하여 산정한 금액을 더하여 되돌려주어야 한다.(2016.6.21 본항신설)

제16조의5 【목표규모의 설정 등】 ① 공사는 법 제30조의4제4항에 따라 공사의 직전 회계연도 말일 현재 예금보험기금의 계정별 기금 적립액이 목표규모의 하한을 초과하는 경우에는 위원회의 의결을 거쳐 해당 계정의 수입이 되는 보험료를 감액하여야 한다.(2011.4.12 본항개정)
② 공사는 법 제30조의4제4항에 따라 공사의 직전 회계연도 말일 현재 예금보험기금의 계정별 기금 적립액이 목표규모의 상한을 초과하는 경우에는 위원회의 의결을 거쳐 해당 계정의 상한을 초과하는 금액의 전부 또는 일부를 부보금융회사에 환급하거나 해당 계정의 수입이 되는 보험료의 납부를 면제하여야 한다. 다만, 납부를 면제하는 경우에도 법 제30조제1항 전단에 따라 10만원의 연간 보험료는 납부하여야 한다.(2016.3.11 본문개정)
③ 제2항 본문에 따라 개별 부보금융회사에 환급할 금액은 각 부보금융회사가 기금적립에 기여한 부분과 이미 환급받은 금액, 기금으로부터 지원받은 금액 등을 고려하여 위원회의 의결을 거쳐 공사가 정한다.(2016.3.11 본항개정)
④ 공사는 법 제30조의4제5항에 따라 위원회의 의결을 거쳐 목표규모의 설정을 미룰 수 있다.
⑤ 공사는 제2항 본문에도 불구하고 2011년 3월 31일 현재 예금보험기금의 계정별 기금 예상 적립액이 법 제24조의4제1항에 따른 상호저축은행 구조조정 특별계정의 설치로 재설정된 목표규모의 상한을 초과하는 경우에는 위원회의 의결을 거쳐 해당 계정에 대하여 2011년 4월 1일 이후분의 보험료를 면제하여야 한다.(2011.4.12 본항신설)
⑥ 제1항부터 제5항까지의 규정에 따른 목표규모의 설정, 보험료의 감액 및 보험료의 환급·면제 등의 구체적 절차와 방법 등에 관하여 필요한 사항은 위원회의 의결을 거쳐 공사가 정하여 인터넷 홈페이지에 공고하여야 한다.
(2011.4.12 본항개정)
(2009.6.9 본조신설)

제17조 【가지급금 등】 ① 공사는 법 제31조제2항의 규정에 의하여 법 제32조제2항의 규정에 의한 보험금의 지급한도안에서 위원회가 정하는 금액(이하 "가지급금"이라 한다)을 예금자등에게 미리 지급할 수 있다. 다만, 가지급금이 보험금을 넘는 경우에는 보험금을 그 지급최고한도금액으로 한다.(2001.3.17 본항개정)
② 공사는 법 제31조제3항에 따른 지급의 기간·방법 등을 서울특별시 및 부보금융회사의 주된 사무소가 소재한 지역에서 발행되는 각 1개 이상의 일간신문과 인터넷 홈페이지에 공고해야 한다. 다만, 상호저축은행의 예금자등에 대하여 보험금 또는 가지급금을 지급하는 경우에는 그 주된 사무소가 소재한 지역에서 발행되는 일간신문 1개를 포함하여 2개 이상의 일간신문과 인터넷 홈페이지에 공고해야 한다.(2020.11.24 본항개정)

제17조의2 【특수관계의 범위】 법 제31조제6항에서 "대통령령으로 정하는 특수관계에 있는 경우"란 예금자등이 부실관련자와 「금융회사의 지배구조에 관한 법률 시행령」 제3조제1항 각 호에 따른 관계에 있는 경우를 말한다.
(2017.9.5 본조개정)

제18조 【보험금의 계산방법의 예외 등】 ① 공사는 법 제32조제1항에 따라 보험금을 계산함에 있어 예금자등이 타인을 위하여 해당 부보금융회사에 대하여 담보로 제공하고 있는 예금등 채권(이하 이 조에서 "담보제공채권"이라 한다)이 있거나 보증채무를 지고 있는 경우에는 피담보채권이나 보증채무가 소멸할 때까지 담보제공채권 또는 보증채무에 상당하는 금액을 한도로 보험금의 지급을 보류할 수 있다.(2016.3.11 본항개정)
② 공사는 제1항 또는 법 제31조제6항의 규정에 의하여 보험금의 지급을 보류하는 때에는 당해 보험금의 지급을 청구한 예금자등에 대하여 다음 각호의 사항을 기재한 서면을 교부하여야 한다.(2001.3.17 본문개정)
1. 지급을 보류하는 보험금의 금액
2. 보험금의 지급보류사유(2001.3.17 본호개정)
3. 보험금의 지급보류기간(2001.3.17 본호개정)
4. 보험금의 지급보류사유가 소멸되거나 지급보류기간이 만료되어 예금자등이 보류된 보험금의 지급을 청구하는 경우의 그 절차 및 방법(2001.3.17 본호개정)
③ 법 제32조제1항 단서에 따라 확정기여형퇴직연금제도, 개인형퇴직연금제도, 중소기업퇴직연금기금제도 또는 법률 제10967호 근로자퇴직급여 보장법 전부개정법률 부칙 제2조제1항 본문에 따른 퇴직보험 또는 퇴직일시금신탁(이하 이 조에서 "확정기여형퇴직연금제도등"이라 한다)에 대하여 공사가 지급하는 보험금의 경우에는 법 제31조제3항에 따른 보험금 지급공고일(이하 이 조에서 "보험금 지급공고일"이라 한다) 현재 해당 가입자(「근로자퇴직급여 보장법」 제2조제11호에 따른 가입자를 말하며, 법률 제10967호 근로자퇴직급여 보장법 전부개정법률 부칙 제2조제1항 본문에 따른 퇴직보험 또는 퇴직일시금신탁의 피보험자 또는 수익자를 포함한다. 이하 이 조에서 같다)가 해당 부보금융회사에 대하여 가지고 있는 예금등 채권[확정기여형퇴직연금제도, 개인형퇴직연금제도 또는 중소기업퇴직연금기금제도의 자산관리업무를 수행하는 퇴직연금사업자(중소기업퇴직연금기금제도의 경우 「산업재해보상보험법」 제10조에 따른 근로복지공단을 말한다)가 가입자를 위하여 가지고 있는 예금등 채권을 포함한다. 이하 이 조에서 같다]의 합계액에서 해당 부보금융회사에 대하여 부담하고 있는 채무의 합계액을 공제하지 아니한다. 다만, 해당 부보금융회사가 해당 가입자로부터 「근로자퇴직급여 보장법」 제7조제2항에 따라 담보(확정기여형퇴직연금제도, 개인형퇴직연금제도 및 중소기업퇴직연금기금제도의 경우만 해당한다)를 제공받거나 서면으로 동의를 받은 경우에는 그러하지 아니하다.(2023.10.17 본항개정)
④ 투자매매업자·투자중개업자에 보험금 지급공고일이 전에 예금자등에 의하여 증권이 매매되어 보험금 지급공고일 후에 대금이 결제되는 때에는 그 결제되는 대금을 포함하여 보험금을 계산하며 그 대금이 결제되는 때까지 보험금의 지급을 보류할 수 있다.(2008.7.29 본항개정)
⑤ 법 제32조제1항에 따른 보험금을 계산하는 경우 예금등 채권의 금액은 예금등의 금액과 그 금액에 부보금융회사의 1년 만기 정기예금 또는 이에 준하는 금융상품의

평균이자율을 고려하여 위원회가 정하는 이자율을 곱한 금액을 합산한 금액을 그 한도로 한다. 다만, 보험회사에 대한 예금등 채권 중 보험금(보험기간이 종료되어 지급되는 보험금은 제외한다)의 경우에는 해당 보험금의 금액을 그 한도로 한다.(2021.6.15 본항개정)

⑥ 공사는 법 제32조제1항에 따라 보험금을 계산할 때 「자본시장과 금융투자업에 관한 법률」 제74조제5항에 따라 증권금융회사 또는 신탁업자가 그에게 예치되거나 신탁된 투자자예탁금을 예금자등에게 우선하여 지급하기로 한 경우에는 그 우선하여 지급하기로 한 투자자예탁금을 보험금에서 공제할 수 있다.(2022.12.27 본항신설)

⑦ 법 제32조제2항에 따른 보험금의 지급한도는 5천만원(이하 "보험금 지급한도"라 한다)으로 한다. 이 경우 다음 각 호의 경우에는 각 호에서 정한 바에 따라 보험금 지급한도를 적용한다.

1. 다음 각 목의 예금등 채권의 경우 : 해당 목의 예금등 채권에 대하여 각각 보험금 지급한도를 적용
  가. 확정기여형퇴직연금제도등에 따른 예금등 채권. 이 경우 가입자별로 보험금 지급한도를 적용한다.
  나. 다음의 예금등 채권을 합산한 예금등 채권
    1) 「소득세법 시행령」 제40조의2제1항제1호가목 및 다목에 따른 연금저축계좌의 예금등 채권
    2) 법률 제11614호 조세특례제한법 일부개정법률 부칙 제40조에 따른 개인연금저축의 예금등 채권 중 신탁업자인 부보금융회사와 보험회사에 대한 예금등 채권
    3) 법률 제11614호 조세특례제한법 일부개정법률 부칙 제41조에 따른 연금저축의 예금등 채권 중 신탁업자인 부보금융회사와 보험회사에 대한 예금등 채권
  다. 보험회사에 대한 예금등 채권(가목 및 나목의 예금등 채권은 제외한다) 중 보험금(보험기간이 종료되어 지급되는 보험금은 제외한다)
  라. 가목부터 다목까지에서 규정한 예금등 채권을 제외한 예금등 채권
2. 개인종합자산관리계좌의 예금등 채권의 경우 : 개인종합자산관리계좌의 예금등 채권과 제1호라목의 예금등 채권을 합산하여 보험금 지급한도를 적용. 이 경우 계좌 보유자별로 보험금 지급한도를 적용한다.

(2023.10.17 1호~2호개정)

(2016.3.11 본항개정)

제19조【개산지급률 등의 공고】 법 제35조의5에 따른 개산지급률 등의 공고에 관하여는 제17조제2항을 준용한다.

(2016.6.21 본조개정)

제19조의2【배상책임보험에의 가입】 ① 법 제35조의9 제1항에서 "대통령령으로 정하는 부보금융회사"란 다음 각 호의 부보금융회사를 제외한 부보금융회사를 말한다.

1. 「금융위원회의 설치 등에 관한 법률」 제37조제1호에 따라 금융감독원이 부보금융회사의 업무 및 재산상황을 검사한 결과 위원회가 정하는 기준을 충족하는 부보금융회사
2. 법 제2조제1호나목 및 다목에 따른 부보금융회사
3. 법 제2조제1호바목에 따른 부보금융회사로서 해당 부보금융회사의 주된 사무소에서 법 제35조의9제1항에 따른 배상책임보험(이하 "배상책임보험"이라 한다)과 같은 성격의 보험에 이미 가입하고 있는 부보금융회사
4. 법 제30조제2항에 따라 출연금, 보험료 및 연체료의 전부 또는 일부를 감액받거나 납부를 유예받은 사실이 없는 부보금융회사

(2016.3.11 본항개정)

② 공사는 법 제35조의9제1항에 따라 부보금융회사에 대하여 배상책임보험에 가입할 것을 요구하는 경우에는 보험금의 지급한도 등 공사가 위원회의 의결을 거쳐 정하는 사항을 명시한 서면으로 하여야 한다.(2016.3.11 본항개정)

③ (2009.6.9 삭제)

제20조【계약이전 등의 요청기준】 ① 공사는 법 제36조의2에 따라 부실금융회사의 채무가 재산을 초과하는 경우로서 다음 각 호의 어느 하나에 해당하는 경우에는 위원회의 의결을 거쳐 금융위원회에 대하여 해당 부실금융회사에 대한 계약이전의 명령, 파산신청 등 필요한 조치를 취할 것을 요청할 수 있다.

1. 법 제36조에 따른 부보금융회사와 부실금융회사간의 합병이나 영업의 양도·양수 또는 제3자에 의한 부실금융회사의 인수(이하 이 조에서 "부실금융회사의 합병등"이라 한다)가 지연되어 예금자등의 이익을 해하거나 예금보험기금의 부담이 가중되는 경우
2. 부실금융회사의 합병등이 심히 곤란하여 예금자등의 이익을 해하거나 예금보험기금의 부담이 가중되는 경우

② 공사는 법 제36조의3에 따라 부실금융회사의 영업 또는 계약을 양수하기 위한 금융회사(이하 "정리금융회사"라 한다)를 설립하는 경우에는 법 제36조의2제1항에 따라 금융위원회에 대하여 해당 부실금융회사의 계약을 정리금융회사로 이전하도록 명령할 것을 요청할 수 있다.

(2016.3.11 본조개정)

제21조【정리금융회사에 대한 지도·감독】 공사는 법 제36조의5제4항에 따른 지도·감독에 필요한 경우에는 정리금융회사에 그 업무에 관한 보고를 하게 하거나 자료의 제출을 요구할 수 있으며, 그 밖에 지도·감독에 필요한 조치를 할 수 있다.(2022.12.27 본조개정)

제22조【정리금융회사의 설립등기】 ① 정리금융회사의 설립등기는 금융위원회의 설립승인을 받은 날부터 2주 이내에 주된 사무소의 소재지에서 하여야 한다.

(2016.3.11 본항개정)

② 정리금융회사의 설립등기사항은 다음 각 호와 같다.

(2016.3.11 본문개정)

1. 목적
2. 명칭
3. 자본의 총액
4. 발행주식의 총수
5. 주식 1주당 금액
6. 임원의 성명 및 주소
7. 주된 사무소 및 지점의 소재지
8. 공고의 방법

(2016.3.11 본조제목개정)

제23조【정리금융회사의 이전등기 등】 제5조부터 제8조까지 및 제17조제2항의 규정은 정리금융회사의 이전등기, 변경등기, 대리인의 선임등기, 등기기간의 기산 및 설립공고에 관하여 이를 준용한다.(2016.3.11 본조개정)

제24조【정리금융회사의 등기의 신청인 등】 ① 제22조에 따른 설립등기는 공사의 사장이 신청하여야 하며, 제23조에 따른 등기는 정리금융회사의 사장이 신청하여야 한다.(2016.3.11 본항개정)

② 제22조 및 제23조의 규정에 의한 등기의 신청서에는 각각 그 사유를 증명하는 서류를 첨부하여야 한다.

(2016.3.11 본조제목개정)

제24조의2【부보금융회사 등에 대한 자금지원의 기준·방법 등】 ① 공사는 법 제38조제1항에 따른 자금지원 여부를 결정함에 있어 필요한 경우에는 부보금융회사 또는 해당 부보금융회사를 「금융지주회사법」 제4조제1항제2호에 따른 자회사등(이하 "자회사등"이라 한다)으로 두는 금융지주회사의 경영 및 재무상태를 객관적으로 파악하기 위하여 그 자산·부채 등에 대한 실사(實査)를 실시할 수 있다.(2016.3.11 본항개정)

② 공사는 법 제38조제1항에 따라 자금지원을 하는 경우에는 2회 이상 분할하여 자금을 지원할 수 있다.

③ 공사는 법 제38조의5제2항에 따라 경영정상화계획의 이행을 위한 서면약정을 체결한 부보금융회사가 정당한 사유 없이 그 약정을 이행하지 아니하는 경우에는 자금지원을 중단할 수 있다.(2016.3.11 본항개정)

(2016.3.11 본조제목개정)

(2007.2.28 본조신설)

제24조의3【최소비용원칙의 실현을 위한 절차】 공사는 보험금을 지급하거나 자금지원을 하는 경우에는 미리 부보금융회사 또는 해당 부보금융회사를 자회사등으로 두는 금융지주회사의 자산·부채 등에 대한 실사 등을 실시하여 경영 및 재무상태를 객관적으로 파악함으로써 법 제38조의4제1항에 따라 예금보험기금의 손실이 최소화되도록 하여야 한다.(2016.3.11 본조개정)

제24조의4【경영정상화이행약정의 체결】 ① 법 제38조의5제2항에 따라 공사가 부보금융회사에 대하여 자금지원을 하고자 하는 경우에는 자금지원 전까지 해당 부보금융회사와 경영정상화계획의 이행을 위한 서면약정을 체결하여야 한다. 다만, 다음 각 호의 어느 하나에 해당되는 경우에는 그러하지 아니하다.

1. 정리금융회사에 대하여 자금지원을 하는 경우
2. 법 제38조제1항제1호에 따른 자금지원을 하는 경우. 다만, 자금지원을 받는 자가 부실금융회사등인 경우를 제외한다.
3. 공사가 금융회사의 자산을 매수하는 방식으로 자금지원을 하는 경우
4. (2016.3.11 삭제)

(2016.3.11 본항개정)

② 법 제38조의5제2항제1호에서 "자기자본비율 등 대통령령으로 정하는 재무건전성 기준"이란 해당 부보금융회사의 설립근거가 되는 법령에 따라 해당 금융회사에 적용되는 재무건전성에 관한 기준으로서 금융위원회가 정하는 기준을 말한다.(2016.3.11 본항개정)

③ 법 제38조의5제2항제2호에서 "자산대비 수익률 등 대통령령으로 정하는 수익성 기준"이란 다음 각 호의 기준을 말한다. 다만, 공사는 법 제38조에 따라 자금을 지원받은 부보금융회사의 의결권 있는 발행주식총수 중 공사가 보유한 주식총수의 비율이나 해당 부보금융회사에 지원된 자금 중 회수된 금액의 비율을 고려하여 다음 각 호의 기준 중 2개 이하의 기준을 수익성 기준으로 할 수 있다.

(2016.6.21 단서신설)

1. 자산 또는 자본에 대한 수익의 비율
2. 수익에 대한 비용의 비율
3. 임·직원 1인당 생산성

④ 법 제38조의5제2항제3호에서 "부실채권비율 등 대통령령으로 정하는 자산건전성 기준"이란 대출채권에 대한 부실채권의 비율을 말한다.(2016.3.11 본항개정)

(2002.12.30 본조신설)

제24조의5【약정의 비공개】 법 제38조의5제3항 단서에서 "대통령령으로 정하는 사항"이란 다음 각 호의 어느 하나에 해당하는 사항을 말한다.(2016.3.11 본문개정)

1. 주식 또는 채권 등 유가증권의 발행에 관한 사항
2. 부동산 또는 채권 등 보유자산의 매각에 관한 사항
3. 경영정상화계획을 추진하기 위한 방법에 관한 사항

(2002.12.30 본조신설)

제24조의6【매입계약 해제의 요건 및 절차】 ① 공사는 법 제39조의2제1항 단서에 따라 다음 각 호의 어느 하나에 해당하는 경우 부당이득반환채권의 매입계약을 해제할 수 있다.

1. 송금인이 거짓이나 그 밖의 부정한 방법으로 부당이득반환채권의 매입을 신청한 경우
2. 송금인이 착오송금을 하지 않았다는 사실이 객관적인 자료로 명확하게 확인된 경우
3. 부당이득반환채권에 관한 소송 절차가 진행 중이거나 완료된 경우
4. 그 밖에 제1호부터 제3호까지의 경우에 준하는 것으로서 부당이득반환채권 매입계약의 해제가 필요하다고 위원회가 정하는 사유에 해당하는 경우

② 법 제39조의2제1항 단서에 따른 부당이득반환채권 매입계약의 해제는 다음 각 호의 방법으로 한다.

1. 서면 교부
2. 우편 또는 전자우편
3. 전화 또는 팩스
4. 휴대전화 문자메시지 또는 이에 준하는 전자적 의사표시

③ 제1항 및 제2항에서 규정한 사항 외에 부당이득반환채권의 매입계약 해제의 절차 및 방법 등에 관하여 필요한 세부 사항은 위원회가 정한다.

(2021.6.15 본조신설)

제24조의7【고유식별정보의 처리】 ① 금융위원회(제1호, 제5호 및 제6호의 사무만 해당한다), 금융감독원의 장(제1호의 사무만 해당한다), 공사 또는 정리금융회사(제15호, 제16호 및 제18호의 사무만 해당한다)는 다음 각 호의 사무를 수행하기 위하여 불가피한 경우 「개인정보 보호법 시행령」 제19조에 따른 주민등록번호, 여권번호, 운전면허의 면허번호 또는 외국인등록번호가 포함된 자료를 처리할 수 있다.(2016.3.11 본문개정)

1. 법 제21조에 따른 부보금융회사에 대한 자료제출요구 등에 관한 사무(2016.3.11 본호개정)
2. 법 제21조의2제1항·제3항·제4항·제7항·제8항에 따른 손해배상청구권의 대위행사 등에 관한 사무
3. 법 제21조의3제1항(법 제35조의7 및 제35조의8제4항에 따라 준용되는 경우를 포함한다)에 따른 자료제공의 요구에 관한 사무
4. 법 제21조의4제1항에 따른 금융거래정보 등의 제공 요구에 관한 사무
5. 법 제27조에 따른 감독 및 이에 따른 사후 조치 등에 관한 사무
6. 법 제28조에 따른 보고와 검사 및 이에 따른 사후 조치 등에 관한 사무

6의2. 법 제29조제5항에 따른 조사에 관한 사무

(2016.6.21 본호신설)

7. 법 제30조에 따른 보험료의 산정 및 수납에 관한 사무
8. 법 제30조의3에 따른 예금보험기금채권상환특별기여금의 산정 및 수납에 관한 사무
9. 법 제31조에 따른 보험금 등의 지급에 관한 사무

(2022.12.27 본호개정)

10. 법 제32조에 따른 보험금의 계산에 관한 사무
11. 법 제35조에 따른 채권의 취득
12. 법 제35조의2제1항·제2항에 따른 예금 등 채권의 매입 및 개산지급금 지급에 관한 사무
13. 법 제35조의6에 따른 대위상계에 관한 사무
14. 법 제35조의8제1항에 따른 청산인 또는 파산관재인의 업무
15. 법 제36조의5제1항·제2항·제4항·제5항에 따른 업무에 관한 사무
16. 법 제38조의3에 따른 채권의 양수 및 관련 자료의 보관·관리에 관한 사무
17. 법 제38조의4에 따른 최소비용원칙의 적용 등을 위한 사무
18. 법 제38조의6에 따른 경매에 관한 통지 또는 송달에 관한 사무
19. 법 제39조의2 및 제39조의3에 따른 착오송금 반환지원에 관한 사무(2021.6.15 본호신설)

② 법 제9조, 제11조 및 제15조에 따른 위촉·추천·제청·임면의 권한이 있는 자는 법 제16조에 따른 결격사유 확인에 관한 사무를 수행하기 위하여 불가피한 경우 「개인정보 보호법 시행령」 제19조에 따른 주민등록번호, 여권번호, 운전면허의 면허번호 또는 외국인등록번호가 포함된 자료를 처리할 수 있다.(2014.8.6 본항신설)

(2012.1.6 본조신설)

제25조【「형법」적용에 있어서 공무원으로 의제되는 직원의 범위】 법 제42조제2항의 규정에 의한 직원의 범위는 다음 각호와 같다.

1. 공사의 대리급 이상의 직원
2. 대행기관의 직원으로서 법 제20조제1항의 규정에 의한 대행업무에 종사하는 대리급 이상의 직원. 다만, 동 업무와 관련하여 「형법」에 의한 벌칙을 받는 경우에 한한다.

(2007.2.28 단서개정)

(2007.2.28 본조제목개정)

제26조【과태료 부과기준】 법 제44조제1항 및 제2항에 따른 과태료의 부과기준은 별표3과 같다.(2016.6.21 본조개정)

부 칙 (2016.6.21)

제1조【시행일】 이 영은 공포한 날부터 시행한다. 다만, 제15조의2, 제16조, 제16조의4, 제24조의6, 제26조 및 별표3의 개정규정은 2016년 6월 23일부터 시행한다.
제2조【부보금융회사 제외에 관한 적용례】 이 영 시행 당시 부보금융회사였던 자가 제2조제1항의 개정규정에 따라 부보금융회사에서 제외되는 경우에는 최초로 부보금융회사가 된 날부터 부보금융회사에서 제외된 것으로 본다.
제3조【예금등의 범위에 관한 적용례】 제3조제3항제3호의2의 개정규정은 이 영 시행 전에 증권금융회사에 예탁되어 있는 금전에 대해서도 적용한다.
제4조【보험료의 산정에 관한 경과조치】 은행, 보험회사, 종합금융회사 또는 상호저축은행이 투자매매업자·투자중개업자로서 납부하는 보험료 중 부칙 제1조 단서에 따른 시행일 전일까지의 보험료를 산정하는 경우에는 별표1 비고 제7호의 개정규정에도 불구하고 같은 표 제2호에 따른 비율을 적용한다.

부 칙 (2020.6.23)

제1조【시행일】 이 영은 공포한 날부터 시행한다.
제2조【공사에 납부하는 보험료 산정방법에 관한 적용례】 제16조제3항 및 별표1의 비고 제8호의 개정규정은 이 영 시행 이후 납부기한이 종료되는 보험료분부터 적용한다.
제3조【특별계정에 납부하는 보험료 산정에 관한 경과조치】 법 제24조의4제2항제5호에 따라 산정하여 같은 조 제1항에 따른 특별계정에 납입하는 보험료는 제16조제3항, 별표1의 비고 제8호의 개정규정 및 부칙 제2조에도 불구하고 2026년 12월 31일까지는 종전의 제16조제3항 및 별표1에 따른다.
제4조【다른 법령의 개정】 ※(해당 법령에 가제정리 하였음)

부 칙 (2020.11.24)

제1조【시행일】 이 영은 공포한 날부터 시행한다.
제2조【공고 등의 방법에 관한 일반적 적용례】 이 영은 이 영 시행 이후 실시하는 공고, 공표, 공시 또는 고시부터 적용한다.

부 칙 (2021.6.15)

이 영은 2021년 7월 6일부터 시행한다.

부 칙 (2022.2.17)

제1조【시행일】 이 영은 2022년 2월 18일부터 시행한다.
(이하 생략)

부 칙 (2022.12.27)

이 영은 2023년 1월 1일부터 시행한다.

부 칙 (2023.10.17)

이 영은 공포한 날부터 시행한다.

[별표] ➡「法典 別冊」參照

금융실명거래 및 비밀보장에 관한 법률(약칭 : 금융실명법)

(1997년 12월 31일
법 률 제5493호)

개정
1998. 9.16법 5552호(소득)
1999.12.28법 6051호(소득)
1999.12.28법 6062호(우체국예금·보험에관한법)
2001. 3.28법 6429호(상호저축은행법)
2002. 3.30법 6682호
2004. 1.29법 7115호
2004. 3.12법 7189호(공직선거및선거부정방지법)
2006. 3.24법 7886호
2007. 8. 3법 8635호(자본시장금융투자업)
2008. 2.29법 8863호(금융위원회의설치등에관한법)
2008.12.31법 9324호
2010. 5.17법10303호(은행법)
2011. 3.31법10522호(농협)
2011. 7.14법10854호
2013. 5.28법11845호(자본시장금융투자업)
2013. 8.13법12098호
2014. 5.28법12711호
2016. 5.29법14242호(수협)
2018.12.11법15929호
2019.11.26법16651호
2020. 3.24법17113호(특정금융거래정보의보고및이용등에관한법)
2020.12.29법17758호(국세징수)
2020.12.29법17799호(독점)
2021. 1.26법17914호

제1조【목적】 이 법은 실지명의(實地名義)에 의한 금융거래를 실시하고 그 비밀을 보장하여 금융거래의 정상화를 꾀함으로써 경제정의를 실현하고 국민경제의 건전한 발전을 도모함을 목적으로 한다.(2011.7.14 본조개정)
제2조【정의】 이 법에서 사용하는 용어의 뜻은 다음과 같다.
1. "금융회사등"이란 다음 각 목의 것을 말한다.
   가.「은행법」에 따른 은행
   나.「중소기업은행법」에 따른 중소기업은행
   다.「한국산업은행법」에 따른 한국산업은행
   라.「한국수출입은행법」에 따른 한국수출입은행
   마.「한국은행법」에 따른 한국은행
   바.「자본시장과 금융투자업에 관한 법률」에 따른 투자매매업자·투자중개업자·집합투자업자·신탁업자·증권금융회사·종합금융회사 및 명의개서대행회사
   사.「상호저축은행법」에 따른 상호저축은행 및 상호저축은행중앙회
   아.「농업협동조합법」에 따른 조합과 그 중앙회 및 농협은행
   자.「수산업협동조합법」에 따른 조합과 그 중앙회 및 수협은행(2016.5.29 본목개정)
   차.「신용협동조합법」에 따른 신용협동조합 및 신용협동조합중앙회
   카.「새마을금고법」에 따른 금고 및 중앙회
   타.「보험업법」에 따른 보험회사
   파.「우체국예금·보험에 관한 법률」에 따른 체신관서
   하. 그 밖에 대통령령으로 정하는 기관
2. "금융자산"이란 금융회사등이 취급하는 예금·적금·부금(賦金)·계금(契金)·예탁금·출자금·신탁재산·주식·채권·수익증권·출자지분·어음·수표·채무증서 등 금전 및 유가증권과 그 밖에 이와 유사한 것으로서 총리령으로 정하는 것을 말한다.
3. "금융거래"란 금융회사등이 금융자산을 수입(受入)·매매·환매·중개·할인·발행·상환·환급·수탁·등록·교환하거나 그 이자, 할인액 또는 배당을 지급하는 것과 이를 대행하는 것 또는 그 밖에 금융자산을 대상으로 하는 거래로서 총리령으로 정하는 것을 말한다.
4. "실지명의"란 주민등록표상의 명의, 사업자등록증상의 명의, 그 밖에 대통령령으로 정하는 명의를 말한다.
(2011.7.14 본조개정)

판례 대출이나 보증 등 특정인의 금융기관에 대한 채무부담을 내용으로 하는 거래는 이 법이 정하는 금융자산에 관한 거래라고 할 수 없다.(대판 2003.2.11, 2002도6154)

제3조【금융실명거래】 ① 금융회사등은 거래자의 실지명의(이하 "실명"이라 한다)로 금융거래를 하여야 한다.
② 금융회사등은 제1항에도 불구하고 다음 각 호의 어느 하나에 해당하는 경우에는 실명을 확인하지 아니할 수 있다.
1. 실명이 확인된 계좌에 의한 계속거래(繼續去來), 공과금 수납 및 100만원 이하의 송금 등의 거래로서 대통령령으로 정하는 거래
2. 외국통화의 매입, 외국통화로 표시된 예금의 수입(受入) 또는 외국통화로 표시된 채권의 매도 등의 거래로서 대통령령으로 정하는 기간 동안의 거래
3. 다음 각 목의 어느 하나에 해당하는 채권(이하 "특정채권"이라 한다)으로서 법률 제5493호 금융실명거래및비밀보장에관한법률 시행일(1997년 12월 31일) 이후 1998년 12월 31일 사이에 재정경제부장관이 정하는 발행기간·이자율 및 만기 등의 발행조건으로 발행된 채권의 거래
   가. 고용 안정과 근로자의 직업능력 향상 및 생활 안정 등을 위하여 발행되는 대통령령으로 정하는 채권
   나.「외국환거래법」제13조에 따른 외국환평형기금 채권으로서 외국통화로 표시된 채권
   다. 중소기업의 구조조정 지원 등을 위하여 발행되는 대통령령으로 정하는 채권
   라.「자본시장과 금융투자업에 관한 법률」제329조에 따라 증권금융회사가 발행한 사채
   마. 그 밖에 국민생활 안정과 국민경제의 건전한 발전을 위하여 발행되는 대통령령으로 정하는 채권

③ 누구든지「특정 금융거래정보의 보고 및 이용 등에 관한 법률」제2조제4호에 따른 불법재산의 은닉, 같은 조 제5호에 따른 자금세탁행위 또는 같은 조 제6호에 따른 공중협박자금조달행위 및 강제집행의 면탈, 그 밖에 탈법행위를 목적으로 타인의 실명으로 금융거래를 하여서는 아니 된다.(2020.3.24 본항개정)
④ 금융회사등에 종사하는 자는 제3항에 따른 금융거래를 알선하거나 중개하여서는 아니 된다.(2014.5.28 본항신설)
⑤ 제1항에 따라 실명이 확인된 계좌 또는 외국의 관계 법령에 따라 이와 유사한 방법으로 실명이 확인된 계좌에 보유하고 있는 금융자산은 명의자의 소유로 추정한다.(2014.5.28 본항신설)
⑥ 금융회사등은 금융위원회가 정하는 방법에 따라 제3항의 주요 내용을 거래자에게 설명하여야 한다.(2014.5.28 본항신설)
⑦ 실명거래의 확인 방법 및 절차, 확인 업무의 위탁과 그 밖에 필요한 사항은 대통령령으로 정한다.(2014.5.28 본항개정)
(2011.7.14 본조개정)

판례 예금출연자와 금융기관 사이에 예금명의인이 아닌 출연자에게 예금반환채권을 귀속시키기로 하는 약정이 있는 경우의 예금주 : 동조제1항에 따라 금융기관은 거래자의 실지명의에 의하여 금융거래를 하여야 하므로 원칙적으로 예금명의자를 예금주로 보아야 하지만, 특별한 사정으로 예금의 출연자와 금융기관 사이에 예금명의인이 아닌 출연자에게 예금반환채권을 귀속시키기로 하는 명시적 또는 묵시적 약정이 있는 경우에는 그 출연자를 예금주로 하는 금융거래계약이 성립된다.
(대판 2002.5.14, 2001다75660)

제4조【금융거래의 비밀보장】 ① 금융회사등에 종사하는 자는 명의인(신탁의 경우에는 위탁자 또는 수익자를 말한다)의 서면상의 요구나 동의를 받지 아니하고는 그 금융거래의 내용에 대한 정보 또는 자료(이하 "거래정보등"이라 한다)를 타인에게 제공하거나 누설하여서는 아니 되며, 누구든지 금융회사등에 종사하는 자에게 거래정보등의 제공을 요구하여서는 아니 된다. 다만, 다음 각 호의 어느 하나에 해당하는 경우로서 그 사용 목적에 필요한 최소한의 범위에서 거래정보등을 제공하거나 그 제공을 요구하는 경우에는 그러하지 아니하다.
1. 법원의 제출명령 또는 법관이 발부한 영장에 따른 거래정보등의 제공
2. 조세에 관한 법률에 따라 제출의무가 있는 과세자료 등의 제공과 소관 관서의 장이 상속·증여 재산의 확인, 조세탈루의 혐의를 인정할 만한 명백한 자료의 확인, 체납자(체납액 5천만원 이상인 체납자의 경우에는 체납자의 재산을 은닉한 혐의가 있다고 인정되는 다음 각 목에 해당하는 사람을 포함한다)의 재산조회,「국세징수법」제9조제1항 각 호의 어느 하나에 해당하는 사유로 조세에 관한 법률에 따른 질문·조사를 위하여 필요로 하는 거래정보등의 제공(2020.12.29 본문개정)
   가. 체납자의 배우자(사실상 혼인관계에 있는 사람을 포함한다)(2019.11.26 본목신설)
   나. 체납자의 6촌 이내 혈족(2019.11.26 본목신설)
   다. 체납자의 4촌 이내 인척(2019.11.26 본목신설)
3.「국정감사 및 조사에 관한 법률」에 따른 국정조사에 필요한 자료로서 해당 조사위원회의 의결에 따른 금융감독원장(「금융위원회의 설치 등에 관한 법률」제24조에 따른 금융감독원의 원장을 말한다. 이하 같다) 및 예금보험공사사장(「예금자보호법」제3조에 따른 예금보험공사의 사장을 말한다. 이하 같다)의 거래정보등의 제공
4. 금융위원회(증권시장·파생상품시장의 불공정거래조사의 경우에는 증권선물위원회를 말한다. 이하 이 조에서 같다), 금융감독원장 및 예금보험공사사장이 금융회사등에 대한 감독·검사를 위하여 필요로 하는 거래정보등의 제공으로서 다음 각 목의 어느 하나에 해당하는 경우와 제3호에 따라 해당 조사위원회에 제공하기 위한 경우
   가. 내부자거래 및 불공정거래행위 등의 조사에 필요한 경우
   나. 고객예금 횡령, 무자원(無資源) 입금 기표(記票) 후 현금 인출 등 금융사고의 적발에 필요한 경우
   다. 구속성예금 수입(受入), 자기앞수표 선발행(先發行) 등 불건전 금융거래행위의 조사에 필요한 경우
   라. 금융실명거래 위반, 장부 외 거래, 출자자 대출, 동일인 한도 초과 등 법령 위반행위의 조사에 필요한 경우
   마.「예금자보호법」에 따른 예금보험업무 및「금융산업의 구조개선에 관한 법률」에 따라 예금보험공사사장이 예금자표(預金者表)의 작성업무를 수행하기 위하여 필요한 경우
5. 동일한 금융회사등의 내부 또는 금융회사등 상호간에 업무상 필요한 거래정보등의 제공

6. 금융위원회 및 금융감독원장이 그에 상응하는 업무를 수행하는 외국 금융감독기관(국제금융감독기구를 포함한다. 이하 같다)과 다음 각 목의 사항에 대한 업무협조를 위하여 필요로 하는 거래정보등의 제공
가. 금융회사등 및 금융회사등의 해외지점·현지법인 등에 대한 감독·검사
나. 「자본시장과 금융투자업에 관한 법률」 제437조에 따른 정보교환 및 조사 등의 협조
7. 「자본시장과 금융투자업에 관한 법률」에 따라 거래소허가를 받은 거래소(이하 "거래소"라 한다)가 다음 각 목의 경우에 필요로 하는 투자매매업자·투자중개업자가 보유한 거래정보등의 제공(2013.5.28 본문개정)
가. 「자본시장과 금융투자업에 관한 법률」 제404조에 따른 이상거래(異常去來)의 심리 또는 회원의 감리를 수행하는 경우
나. 이상거래의 심리 또는 회원의 감리와 관련하여 거래소에 상응하는 업무를 수행하는 외국거래소 등과 협조하기 위한 경우. 다만, 금융위원회의 사전 승인을 받은 경우로 한정한다.(2013.5.28 본문개정)
8. 그 밖에 법률에 따라 불특정 다수인에게 의무적으로 공개하여야 하는 것으로서 해당 법률에 따른 거래정보등의 제공
② 제1항제1호부터 제4호까지 또는 제6호부터 제8호까지의 규정에 따라 거래정보등의 제공을 요구하는 자는 다음 각 호의 사항이 포함된 금융위원회가 정하는 표준양식에 의하여 금융회사등의 특정 점포에 이를 요구하여야 한다. 다만, 제1항제1호에 따라 거래정보등의 제공을 요구하거나 같은 항 제2호에 따라 거래정보등의 제공을 요구하는 경우로서 부동산(부동산에 관한 권리를 포함한다. 이하 이 항에서 같다)의 보유기간, 보유 수, 거래 규모 및 거래 방법 등 명백한 자료에 의하여 대통령령으로 정하는 부동산거래와 관련한 소득세 또는 법인세의 탈루혐의가 인정되어 그 탈루사실의 확인이 필요한 자(해당 부동산 거래를 알선·중개한 자를 포함한다)에 대한 거래정보등의 제공을 요구하는 경우 또는 체납액 1천만원 이상인 체납자의 재산조회를 위하여 필요한 거래정보등의 제공을 대통령령으로 정하는 바에 따라 요구하는 경우에는 거래정보등을 보관 또는 관리하는 부서에 이를 요구할 수 있다.
1. 명의인의 인적사항
2. 요구 대상 거래기간
3. 요구의 법적 근거
4. 사용 목적
5. 요구하는 거래정보등의 내용
6. 요구하는 기관의 담당자 및 책임자의 성명과 직책 등 인적사항
③ 금융회사등에 종사하는 자는 제1항 또는 제2항을 위반하여 거래정보등의 제공을 요구받은 경우에는 그 요구를 거부하여야 한다.
④ 제1항 각 호〔종전의 금융실명거래에관한법률(대통령긴급재정경제명령 제16호로 폐지되기 전의 것을 말한다) 제5조제1항제1호부터 제4호까지 및 금융실명거래및비밀보장에관한긴급재정경제명령(법률 제5493호로 폐지되기 전의 것을 말한다. 이하 같다) 제4조제1항 각 호를 포함한다〕에 따라 거래정보등을 알게 된 자는 그 알게 된 거래정보등을 타인에게 제공 또는 누설하거나 그 목적 외의 용도로 이용하여서는 아니 되며, 누구든지 거래정보등을 알게 된 자에게 그 거래정보등의 제공을 요구하여서는 아니 된다. 다만, 금융위원회 또는 금융감독원장이 제1항 제4호 및 제6호에 따라 알게 된 거래정보등을 외국 금융감독기관에 제공하거나 거래소가 제1항제7호에 따라 외국거래소 등에 거래정보등을 제공하는 경우에는 그러하지 아니하다.(2013.5.28 단서개정)
⑤ 제1항 또는 제4항을 위반하여 제공 또는 누설된 거래정보등을 취득한 자(그로부터 거래정보등을 다시 취득한 자를 포함한다)는 그 위반사실을 알게 된 경우 그 거래정보등을 타인에게 제공 또는 누설하여서는 아니 된다.
⑥ 다음 각 호의 법률의 규정에 따라 거래정보등의 제공을 요구하는 경우에는 해당 법률의 규정에도 불구하고 제2항에 따른 금융위원회가 정한 표준양식으로 하여야 한다.
1. 「감사원법」 제27조제2항
2. 「정치자금법」 제52조제2항
3. 「공직자윤리법」 제8조제5항
4. (2020.12.29 삭제)
5. 「상속세 및 증여세법」 제83조제1항
6. 「특정 금융거래정보의 보고 및 이용 등에 관한 법률」 제13조제3항(2020.3.24 본호개정)
7. 「과세자료의 제출 및 관리에 관한 법률」 제6조제1항(2011.7.14 본조개정)
<2022.2.24 헌법재판소 단순위헌결정으로 이 조 제1항 본문 중 '누구든지 금융회사등에 종사하는 자에게 거래정보등의 제공을 요구하여서는 아니 된다' 부분은 헌법에 위반>

판례 금융거래의 역할이나 중요성에 비추어 볼 때 그 비밀을 보장할 필요성은 인정되나, 금융거래는 금융기관을 매개로 하여서만 가능하므로 금융기관 및 그 종사자에 대하여 정보의 제공 또는 누설에 대하여 형사적 제재를 가하는 것만으로도 금융거래의 비밀은 보장될 수 있다. 금융거래정보 제공요구행위는 구체적인 사안에 따라 죄질과 책임을 달리하는데도 불구하고 정보제공요구의 사유나 경위, 행위 태양, 요구한 거래정보의 내용 등을 전혀 고려하지 아니하고 일률적으로 금지하고, 위반 시 형사처벌을 하는 것은 지나치게 일반 국민의 일반적 행동자유권을 제한하는 것이다.(헌재결 2022.2.24, 2020헌가5)

판례 노동조합의 위원장이 신용카드사의 콜센터를 통해 회사 임직원이 사용하는 법인카드 사용내역을 직접 받아 열람한 사건에서, 금융거래의 '내용'에 대한 정보 또는 자료는 비밀보장의 대상이 되는데, 신용카드 대금채무와 그 발생에 관한 정보, 신용카드 사용내역이나 승인내용이 바로 여기에 해당한다. 따라서 이 사건에서 노동조합 위원장이 신용카드사로부터 회사 임직원이 사용하는 법인카드 사용내역을 직접 받아 열람했다면 금융실명법 위반이다.
(대판 2021.6.30, 2021도3020)

판례 이른바 마이너스예금거래계좌로서 통상의 예금과 일정 한도액 범위 내의 자동적 대출이 하나의 통장으로 함께 관리되는 계좌인 경우, 조회 당시에 그 잔고가 일시적으로 마이너스 상태(예금이 없고 대출만 되어 있는 상태)에 있었다고 하더라도, 계좌개설이래 금융거래(예금 등의 거래)가 전혀 없이 대출만 행해졌다는 경우가 아닌 이상, 그러한 거래계좌에 관한 정보를 알려달라고 요구하거나 이에 응하여 그 내용을 알려주는 행위는 동조 제1항에서 금지하는 '거래정보등'의 제공의 요구 또는 그 제공에 해당한다.(대판 2003.2.11, 2002도6154)

제4조의2【거래정보등의 제공사실의 통보】 ① 금융회사등은 명의인의 서면상의 동의를 받아 거래정보등을 제공한 경우나 제4조제1항제1호·제2호(조세에 관한 법률에 따라 제출의무가 있는 과세자료 등의 경우는 제외한다)·제3호 및 제8호에 따라 거래정보등을 제공한 경우에는 제공한 날(제2항 또는 제3항에 따라 통보를 유예한 경우에는 통보유예기간이 끝난 날)부터 10일 이내에 제공한 거래정보등의 주요 내용, 사용 목적, 제공받은 자 및 제공일 등을 명의인에게 서면으로 통보하여야 한다.
② 금융회사등은 통보 대상 거래정보등의 요구자로부터 다음 각 호의 어느 하나에 해당하는 사유로 통보의 유예를 서면으로 요청받은 경우에는 제1항에도 불구하고 유예요청기간(제2호 또는 제3호의 사유로 요청을 받은 경우로서 그 유예요청기간이 6개월 이상인 경우에는 6개월) 동안 통보를 유예하여야 한다.
1. 해당 통보가 사람의 생명이나 신체의 안전을 위협할 우려가 있는 경우
2. 해당 통보가 증거 인멸, 증인 위협 등 공정한 사법절차의 진행을 방해할 우려가 명백한 경우
3. 해당 통보가 질문·조사 등의 행정절차의 진행을 방해하거나 과도하게 지연시킬 우려가 명백한 경우
③ 금융회사등은 거래정보등의 요구자가 제2항 각 호의 어느 하나에 해당하는 사유가 지속되고 있음을 제시하고 통보의 유예를 서면으로 반복하여 요청하는 경우에는 요청받은 날부터 두 차례만(제2항제1호의 경우는 제외한다) 매 1회 3개월의 범위에서 유예요청기간 동안 통보를 유예하여야 한다. 다만, 제4조제1항제2호(조세에 관한 법률에 따라 제출의무가 있는 과세자료 등의 경우는 제외한다)에 따른 거래정보등의 제공을 요구하는 자가 통보의 유예를 요청하는 경우에는 요청을 받은 때마다 그 날부터 6개월의 범위에서 유예요청기간 동안 통보를 유예하여야 한다.
④ 제1항에 따라 금융회사등이 거래정보등의 제공사실을 명의인에게 통보하는 경우에 드는 비용은 대통령령으로 정하는 바에 따라 제4조제1항에 따라 거래정보등의 제공을 요구하는 자가 부담한다.
⑤ 다음 각 호의 법률의 규정에 따라 거래정보등의 제공을 요구하는 경우에는 제1항부터 제4항까지의 규정을 적용한다.
1. 「감사원법」 제27조제2항
2. 「정치자금법」 제52조제2항
3. 「공직자윤리법」 제8조제5항
4. (2020.12.29 삭제)
5. 「상속세 및 증여세법」 제83조제1항
6. 「과세자료의 제출 및 관리에 관한 법률」 제6조제1항(2011.7.14 본조개정)

제4조의3【거래정보등의 제공내용의 기록·관리】 ① 금융회사등은 명의인의 서면상의 동의를 받아 명의인 외의 자에게 거래정보등을 제공한 경우나 제4조제1항제1호·제2호(조세에 관한 법률에 따라 제출의무가 있는 과세자료 등의 경우는 제외한다)·제3호·제4호·제6호·제7호 또는 제8호에 따라 명의인 외의 자로부터 거래정보등의 제공을 요구받거나 명의인 외의 자에게 거래정보등을 제공한 경우에는 다음 각 호의 사항이 포함된 금융위원회가 정하는 표준양식으로 기록·관리하여야 한다.
1. 요구자(담당자 및 책임자)의 인적사항, 요구하는 내용 및 요구일
1의2. 사용 목적(명의인의 서면상의 동의를 받아 명의인 외의 자에게 거래정보등을 제공한 경우는 제외한다)(2018.12.11 본호신설)
2. 제공자(담당자 및 책임자)의 인적사항 및 제공일
3. 제공된 거래정보등의 내용
4. 제공의 법적 근거
5. 명의인에게 통보한 날
6. 통보를 유예한 경우 통보유예를 한 날, 사유, 기간 및 횟수(2013.8.13 본호신설)
② 제1항에 따른 기록은 거래정보등을 제공한 날(제공을 거부한 경우에는 그 제공을 요구받은 날)부터 5년간 보관하여야 한다.
③ 다음 각 호의 법률의 규정에 따라 거래정보등의 제공을 요구하는 경우에는 제1항 및 제2항을 적용한다.
1. 「감사원법」 제27조제2항
2. 「정치자금법」 제52조제2항
3. 「공직자윤리법」 제8조제5항
4. (2020.12.29 삭제)
5. 「상속세 및 증여세법」 제83조제1항
6. 「특정 금융거래정보의 보고 및 이용 등에 관한 법률」 제13조제3항(2020.3.24 본호개정)
7. 「과세자료의 제출 및 관리에 관한 법률」 제6조제1항(2011.7.14 본조개정)

제4조의4【금융위원회의 업무】 금융위원회는 이 법 또는 다른 법률에 따른 거래정보등의 요구, 제공, 통보 및 통보유예 현황을 파악하여 분석하고 그 결과를 매년 정기국회에 보고하여야 한다.(2018.12.11 본조개정)

제5조【비실명자산소득에 대한 차등과세】 실명에 의하지 아니하고 거래한 금융자산에서 발생하는 이자 및 배당소득에 대하여는 소득세의 원천징수세율을 100분의 90〔특정채권에서 발생하는 이자소득의 경우에는 100분의 20(2001년 1월 1일 이후부터는 100분의 15)〕으로 하며, 「소득세법」 제14조제2항에 따른 종합소득과세표준의 계산에는 이를 합산하지 아니한다.(2011.7.14 본조개정)

제5조의2【행정처분】 ① 금융위원회는 금융회사등이 이 법 또는 이 법에 따른 명령이나 지시를 위반한 사실을 발견하였을 때에는 다음 각 호의 어느 하나에 해당하는 조치를 하거나 해당 금융회사등의 영업에 관한 행정제재처분의 권한을 가진 관계 행정기관의 장에게 그 조치를 요구할 수 있다.
1. 위반행위의 시정명령 또는 중지명령
2. 위법행위로 인한 조치를 받았다는 사실의 공표명령 또는 게시명령
3. 기관경고
4. 기관주의
② 금융위원회는 금융회사등이 다음 각 호의 어느 하나에 해당하는 경우에는 6개월 이내의 범위에서 그 업무의 전부 또는 일부의 정지를 명하거나 해당 금융회사등의 영업에 관한 행정제재처분의 권한을 가진 관계 행정기관의 장에게 그 조치를 요구할 수 있다.
1. 제1항제1호 및 제2호에 따른 명령을 이행하지 아니한 경우
2. 제1항제3호에 따른 기관경고를 3회 이상 받은 경우
3. 그 밖에 이 법 또는 이 법에 따른 명령이나 지시를 위반하여 건전한 금융거래의 질서 또는 거래자의 이익을 크게 해칠 우려가 있는 경우
③ 금융위원회는 금융회사등의 임원 또는 직원이 이 법 또는 이 법에 따른 명령이나 지시를 위반한 사실을 발견하였을 때에는 다음 각 호의 구분에 따른 조치를 하여줄 것을 해당 금융회사등의 장에게 요구할 수 있다.
1. 임원 : 다음 각 목의 어느 하나에 해당하는 조치
가. 해임
나. 6개월 이내의 직무정지
다. 문책경고
라. 주의적 경고
마. 주의
2. 직원 : 다음 각 목의 어느 하나에 해당하는 조치
가. 면직
나. 6개월 이내의 정직
다. 감봉
라. 견책
마. 주의
④ 제1항 또는 제2항에 따른 요구를 받은 관계 행정기관의 장은 정당한 사유가 없으면 그 요구에 따라야 한다.
(2014.5.28 본조신설)

제6조【벌칙】 ① 제3조제3항 또는 제4항, 제4조제1항 또는 제3항부터 제5항까지의 규정을 위반한 자는 5년 이하의 징역 또는 5천만원 이하의 벌금에 처한다.(2014.5.28 본항개정)
② 제1항의 징역형과 벌금형은 병과(倂科)할 수 있다.
(2011.7.14 본조개정)
<2022.2.24 헌법재판소 단순위헌결정으로 제4조제1항 본문 중 '누구든지 금융회사등에 종사하는 자에게 거래정보등의 제공을 요구하여서는 아니 된다' 부분 및 제6조제1항 중 해당 부분은 헌법에 위반>

제7조【과태료】 ① 제3조·제4조의2제1항 및 제5항(제4조의2제1항을 적용하는 경우로 한정한다)·제4조의3을 위반한 금융회사등의 임원 또는 직원에게는 3천만원 이하의 과태료를 부과한다.(2014.5.28 본항개정)
② 제1항에 따른 과태료는 대통령령으로 정하는 바에 따라 금융위원회가 부과·징수한다.
(2011.7.14 본조개정)

제8조【양벌규정】 법인의 대표자나 법인 또는 개인의 대리인, 사용인, 그 밖의 종업원이 그 법인 또는 개인의

업무에 관하여 제6조 또는 제7조의 위반행위를 하면 그 행위자를 벌하는 외에 그 법인 또는 개인에게도 해당 조문의 벌금 또는 과태료를 과(科)한다. 다만, 법인 또는 개인이 그 위반행위를 방지하기 위하여 해당 업무에 관하여 상당한 주의와 감독을 게을리하지 아니한 경우에는 그러하지 아니하다.(2011.7.14 본조개정)

제9조【다른 법률과의 관계】 ① 이 법과 다른 법률이 서로 일치하지 아니하는 경우에는 이 법에 따른다.

② 금융실명거래및비밀보장에관한긴급재정경제명령 시행 당시 같은 긴급재정경제명령보다 우선하여 적용하였던 법률은 제1항에도 불구하고 이 법에 우선하여 적용한다.(2011.7.14 본조개정)

제10조【권한의 위탁】 금융위원회는 이 법에 따른 권한의 일부를 대통령령으로 정하는 바에 따라 금융감독원장에게 위탁할 수 있다.(2021.1.26 본조신설)

부 칙

제1조【시행일】 이 법은 공포한 날부터 시행한다.

제2조【긴급명령의 폐지】 금융실명거래및비밀보장에관한긴급재정경제명령(이하 "긴급명령"이라 한다)은 이를 폐지한다.

제3조【일반적 경과조치】 이 법 시행전의 금융거래의 비밀보장·금융자산의 실명전환 및 금융자산에서 발생한 소득에 대한 소득세의 원천징수에 관하여 이 법이 따로 규정하지 아니하는 것에 대하여는 종전의 긴급명령에 의한다.

제4조【벌칙등에 관한 경과조치】 이 법 시행전의 행위에 대한 벌칙 및 과태료의 적용에 있어서는 종전의 긴급명령에 의한다.

제5조【기존금융자산에 대한 실명확인】 ① 금융기관은 종전의 긴급명령 시행전에 금융거래계좌가 개설된 금융자산(이하 "기존금융자산"이라 한다)중 이 법 시행전까지 실명확인되지 아니한 금융자산의 명의인에 대하여는 이 법 시행후 최초의 금융거래가 있는 때에 그 명의가 실명인지의 여부를 확인하여야 한다.

② 금융기관은 제1항의 규정에 의한 확인을 하지 아니하였거나 실명이 아닌 것으로 확인된 기존금융자산에 대한 지급·상환·환급·환매등을 하여서는 아니된다.

③ 제7조 및 제8조의 규정은 금융기관 임원 또는 직원의 제1항 또는 제2항의 위반행위에 대하여 이를 준용한다. 이 경우 제7조제1항중 "제3조"는 "부칙 제5조제1항 또는 제2항"으로 본다.

제6조【실명전환자에 대한 과징금부과】 ① 금융기관은 기존금융자산의 거래자가 이 법 시행후 그 명의를 실명으로 전환하는 경우에는 종전의 긴급명령 시행일 현재의 금융자산 가액에 100분의 50을 적용하여 계산한 금액을 과징금으로 원천징수하여 그 징수일이 속하는 달의 다음달 10일까지 정부에 납부하여야 한다.

② 기존금융자산의 거래자가 대통령령이 정하는 사유로 인하여 실명전환을 하는 것이 곤란하다고 인정되는 경우에는 그 사유가 소멸된 날부터 1월내에 실명전환하는 경우 제1항의 규정에 불구하고 과징금을 부과하지 아니한다.

③ 재정경제원장관은 제1항의 경우 금융기관이 징수하였거나 징수하여야 할 과징금을 기한내에 납부하지 아니하거나 미달하게 납부한 경우에는 그 금융기관으로부터 납부하지 아니한 과징금 또는 미달한 과징금외에 그 과징금의 100분의 10에 해당하는 금액을 가산금으로 징수한다.

④ 재정경제원장관은 제1항 및 제3항의 규정에 의한 과징금 및 가산금의 징수·납부·체납처분 및 환급(이하 "징수등"이라 한다)에 관한 업무를 국세청장에게 위임할 수 있다.

⑤ 제1항 및 제3항의 규정에 의한 과징금 및 가산금의 징수등에 관하여는 국세징수법·국세기본법 및 소득세법을 준용한다. 이 경우 "국세"는 "과징금"으로 본다.

제7조【실명전환자산에 대한 소득세 원천징수】 ① 금융기관은 이 법 시행후 실명으로 전환된 기존금융자산에서 발생한 이자 및 배당소득에 대하여는 다음 각호의 규정에 의한 소득세 원천징수 부족액의 합계액을 원천징수하여 실명전환일이 속하는 달의 다음 달 10일까지 정부에 납부하여야 한다.

1. 이 법 시행일이후 발생한 이자 및 배당소득에 대하여는 제5조에서 규정하는 원천징수세율을 적용하여 계산한 소득세 원천징수액에서 기원천징수한 소득세액을 차감한 잔액
2. 1993년 10월 13일이후 이 법 시행일전까지 발생한 이자 및 배당소득에 대하여는 종전의 긴급명령 제9조의 규정에 의한 원천징수세율을 적용하여 계산한 소득세 원천징수액에서 기원천징수한 소득세액을 차감한 잔액
3. 1993년 10월 12일까지 발생한 이자 및 배당소득에 대하여는 종전의 긴급명령 제8조제1항의 규정에 의하여 계산한 소득세 원천징수액

② 제1항의 규정에 의하여 원천징수하는 소득세액은 실명전환일 현재의 해당 금융자산가액을 한도로 한다.

③ 금융기관이 제1항의 규정에 의하여 소득세를 원천징수하여 납부한 경우에는 소득세법 제158조제1항의 규정을 적용하지 아니한다.

제8조【실명전환금융자산에 대한 세무조사의 특례등】 ① 이 법 시행후 실명으로 전환된 기존금융자산에 대하여는 조세에 관한 법률에 불구하고 실명전환과 관련하여 자금의 출처등을 조사하지 아니하며, 그 금융자산을 과세자료로 하여 종전의 긴급명령 시행전에 납세의무가 성립된 조세를 부과하지 아니한다. 다만, 다음 각호의 1에 해당하는 경우에는 그러하지 아니하다.

1. 30세미만인 자의 명의로 실명전환된 금융자산으로서 그 금융자산의 가액이 3천만원을 초과하는 경우
2. 그 금융자산외의 과세자료에 의하여 조세를 부과하는 경우

② 금융기관은 제1항제1호의 규정에 의한 금융자산에 대하여 그 전환내용을 대통령령이 정하는 바에 의하여 국세청장에게 통보하여야 한다.

③ 제1항의 규정은 이 법 시행전에 실명전환되어 국세청장에게 통보된 금융자산에 대하여도 이를 적용한다.

제9조【특정채권의 거래에 대한 세무조사의 특례등】 특정채권의 소지인에 대하여는 조세에 관한 법률에 불구하고 자금의 출처등을 조사하지 아니하며, 이를 과세자료로 하여 그 채권의 매입전에 납세의무가 성립된 조세를 부과하지 아니한다. 다만, 그 채권을 매입한 자금외의 과세자료에 의하여 조세를 부과하는 경우에는 그러하지 아니하다.

제10조【중소기업출자금등에 대한 세무조사의 특례등】 ① 소득세법 제1조의 규정에 의한 거주자가 대통령령이 정하는 기간동안 다음 각호의 1에 해당하는 경우에는 당해 자금에 대하여는 조세에 관한 법률에 불구하고 그 출자 또는 투자와 관련하여 자금의 출처등을 조사하지 아니하며, 이를 과세자료로 하여 그 출자 또는 투자전에 납세의무가 성립된 조세를 부과하지 아니한다. 다만, 그 출자 또는 투자하는 자금외의 과세자료에 의하여 조세를 부과하는 경우에는 그러하지 아니하다.

1. 대통령령이 정하는 중소기업(법인에 한한다)에 출자하는 경우
2. 중소기업창업지원법에 의한 중소기업창업투자회사 및 중소기업창업투자조합 기타 이와 유사한 법인 또는 조합으로서 대통령령이 정하는 것에 출자하는 경우
3. 중소기업에 대하여 자금을 지원하는 금융기관으로서 대통령령이 정하는 것에 출자하는 경우
4. 조세감면규제법 제13조의3제1항제2호에 규정하는 벤처기업투자신탁의 수익증권에 투자하는 경우

② 제1항제3호의 규정을 적용받고자 하는 거주자는 당해 출자에 대한 부담금(이하 "출자부담금"이라 한다)을 대통령령이 정하는 신용보증기관에 출연하여야 한다.

③ 다음 각호의 1에 해당하는 경우에는 제1항 본문의 규정을 적용하지 아니한다.

1. 30세미만인 자가 출자 또는 투자하는 경우
2. 타인의 출자지분이나 수익증권을 양수하는 방법으로 출자 또는 투자하는 경우
3. 출자일 또는 투자일부터 5년이 경과하기 전에 다음 각목의 1에 해당하는 경우. 다만, 출자자 또는 투자자의 사망 기타 대통령령이 정하는 사유로 인한 경우에는 그러하지 아니하다.
   가. 제1항제1호 내지 제3호에 규정하는 출자지분을 이전하거나 회수하는 경우
   나. 제1항제4호에 규정하는 벤처기업투자신탁의 수익증권을 양도하거나 증권투자신탁업법 제2조제3항의 규정에 의한 위탁회사가 당해 수익증권을 환매하는 경우
4. 조세를 회피할 목적으로 출자 또는 투자하였다고 인정되는 경우로서 대통령령이 정하는 경우

④ 제2항의 규정에 의한 출자부담금은 건별 출자액에 다음의 부담율을 적용하여 계산한 금액으로 한다.

<출자액>	<부담율>
10억원이하	출자액의 100분의 10
10억원초과	1억원+10억원을 초과하는 금액의 100분의 15

⑤ 출자부담금의 출연방법 기타 필요한 사항은 대통령령으로 정한다.

제11조【금융실명거래 및 종합과세의 추진】 종전의 긴급명령 제11조의 규정에 의하여 설치된 전담기구는 대통령령이 정하는 때까지 존속한다.

제12조 (1999.12.28 삭제)

제13조【다른 법률의 개정 및 다른 법령과의 관계】 ①~⑦ ※(해당 법령에 가제정리 하였음)

⑧ 이 법 시행당시 다른 법령에서 종전의 긴급명령 또는 그 규정을 인용한 경우에 이 법중 그에 해당하는 규정이 있는 때에는 이 법 또는 이 법의 해당 조항을 인용한 것으로 본다.

제14조【다른 법률의 개정에 따른 적용례】 ① 부칙 제13조제3항의 상속세및증여세법의 개정규정은 이 법 시행 후 최초로 상속세 또는 증여세를 결정하는 것부터 적용한다.

② 부칙 제13조제7항의 농어촌특별세법의 개정규정은 1998년 1월 1일이후 최초로 발생하는 소득을 지급하는 것부터 적용한다.

부 칙 (2011.7.14)

제1조【시행일】 이 법은 공포한 날부터 시행한다. 다만, 제2조제1호카목의 개정규정은 2011년 9월 9일부터 시행하고, 제4조제6항제2호, 제4조의2제5항제2호 및 제4조의3 제3항제2호의 개정규정은 공포 후 3개월이 경과한 날부터 시행한다.

제2조【「정치자금법」에 따른 거래정보등의 제공 요구 등에 관한 적용례】 제4조제6항제2호, 제4조의2제5항제2호 및 제4조의3제3항제2호의 개정규정은 이 법 시행 후 최초로 거래정보등을 요구하는 경우부터 적용한다.

제3조【다른 법률의 개정】 ①~⑯ ※(해당 법령에 가제정리 하였음)

부 칙 (2019.11.26)

이 법은 공포 후 1개월이 경과한 날부터 시행한다.

부 칙 (2020.3.24)

제1조【시행일】 이 법은 공포 후 1년이 경과한 날부터 시행한다.(이하 생략)

부 칙 (2020.12.29 법17758호)

제1조【시행일】 이 법은 2021년 1월 1일부터 시행한다.(이하 생략)

부 칙 (2020.12.29 법17799호)

제1조【시행일】 이 법은 공포 후 1년이 경과한 날부터 시행한다.(이하 생략)

부 칙 (2021.1.26)

이 법은 공포 후 6개월이 경과한 날부터 시행한다.

금융실명거래 및 비밀보장에 관한 법률 시행령

(1997년 12월 31일 대통령령 제15604호)

개정
1998. 3.25영15744호 1998. 5. 6영15788호
1998. 7. 1영15821호
1999. 4. 9영16234호(한국종합기술금융주식회사법시폐지령)
1999.12.31영16664호(소득시)
2000. 2.14영16709호(금융부실시)
2002. 6.29영17646호
2002.12. 5영17791호(기술신용보증기금법시)
2004. 3.17영18312호(전자적민원처리를위한가석방자관리규정등)
2004. 7.29영18491호 2005. 8.17영19002호
2007. 9.10영20261호(중소기업진흥시)
2008. 2.29영20653호(금융위원회의설치등에관한법시)
2008. 7.29영20947호(자본시장금융투자업시)
2009. 5.29영21518호(한국정책금융공사법시)
2009.11.20영21835호(중소기업진흥시)
2009.12.30영21928호(고용정책기본법시)
2013. 3.23영24435호(직제)
2014. 3.24영25279호(금융부실시)
2014.11.28영25790호
2014.12.30영25945호(한국산업은행법시)
2015.12.30영26791호(직제)
2016. 5.31영27205호(기술보증기금법시)
2016. 8.11영27444호(주택법시)
2017. 2. 3영27829호(소득시)
2017. 6.20영28141호
2017. 6.27영28145호(외국환거래법시)
2017. 7.26영28218호(직제)
2019. 4. 2영29677호(중소기업진흥시)
2019. 6.25영29892호(주식・사채등의전자등록에관한법시)
2020. 8.11영30934호(벤처투자촉진에관한법시)
2020. 8.25영30967호(온라인투자연계금융업및이용자보호에관한법시)
2020.12. 8영31222호(전자서명법시)
2021. 1. 5영31380호(법령용어정비)
2022. 2.17영32449호(한국자산관리공사설립등에관한법시)
2023. 4.11영33388호(직제)
2023.12.19영34011호(벤처투자촉진에관한법시)

제1조【목적】 이 영은 「금융실명거래 및 비밀보장에 관한 법률」에서 위임된 사항과 그 시행에 필요한 사항을 규정함을 목적으로 한다.(2014.11.28 본조개정)

제2조【금융회사등】 「금융실명거래 및 비밀보장에 관한 법률」(이하 "법"이라 한다) 제2조제1호하목에서 "대통령령으로 정하는 기관"이란 다음 각 호의 것을 말한다.(2014.11.28 본문개정)
1. (2019.6.25 삭제)
2. 「여신전문금융업법」에 따른 여신전문금융회사 및 신기술사업투자조합(2017.6.20 본호개정)
3. 「기술보증기금법」에 따른 기술보증기금(2016.5.31 본호개정)
4. 「대부업 등의 등록 및 금융이용자 보호에 관한 법률」 제3조에 따라 대부업 또는 대부중개업의 등록을 한 자(2017.6.20 본호신설)
5. 「벤처투자 촉진에 관한 법률」 제2조제10호 및 제11호에 따른 벤처투자회사 및 벤처투자조합(2023.12.19 본호개정)
6. 「신용보증기금법」에 따른 신용보증기금
7. 「산림조합법」에 따른 지역조합・전문조합과 그 중앙회
8. 「지역신용보증재단법」에 따른 신용보증재단
(2017.6.20 6호~8호개정)
9. 「온라인투자연계금융업 및 이용자 보호에 관한 법률」 제5조에 따라 등록한 온라인투자연계금융업자(2020.8.25 본호신설)
10. 「자본시장과 금융투자업에 관한 법률」에 따른 거래소(「자본시장과 금융투자업에 관한 법률」 제392조제2항에 따라 같은 법 제391조제2항제1호의 신고사항과 같은 항 제3호에 따른 신고 또는 확인 요구사항에 대하여 정보의 제공을 요청하는 경우만 해당한다)(2017.6.20 본호개정)
11. 「한국주택금융공사법」에 따른 한국주택금융공사(2017.6.20 본호개정)
12. 「외국환거래법」 제8조제3항제2호에 따라 등록한 소액해외송금업자(2017.6.27 본호신설)
13. 그 밖에 사실상 금융거래를 하는 개인 또는 법인으로서 총리령으로 정하는 자(2017.6.20 본호개정)
(2014.11.28 본조제목개정)

제3조【실지명의】 법 제2조제4호의 규정에 의한 실지명의는 다음 각호의 구분에 따른 명의로 한다.
1. 개인의 경우
주민등록표에 기재된 성명 및 주민등록번호. 다만, 재외국민의 경우에는 여권에 기재된 성명 및 여권번호(여권이 발급되지 아니한 재외국민은 「재외국민등록법」에 의한 등록부에 기재된 성명 및 등록번호)
2. 법인(「국세기본법」에 의하여 법인으로 보는 법인격없는 사단 등을 포함한다. 이하 같다)의 경우
「법인세법」에 의하여 교부받은 사업자등록증에 기재된 법인명 및 등록번호. 다만, 사업자등록증을 교부받지 아니한 법인은 법인세법에 의하여 납세번호를 부여받은 문서에 기재된 법인명 및 납세번호
3. 법인이 아닌 단체의 경우
당해 단체를 대표하는 자의 실지명의. 다만, 「부가가치세법」에 의하여 고유번호를 부여받거나 「소득세법」에 의하여 납세번호를 부여받은 단체의 경우에는 그 문서에 기재된 단체명과 고유번호 또는 납세번호
4. 외국인의 경우
「출입국관리법」에 의한 등록외국인기록표에 기재된 성명 및 등록번호. 다만, 외국인등록증이 발급되지 아니한 자의 경우에는 여권 또는 신분증에 기재된 성명 및 번호
(2005.8.17 1호~4호개정)
5. 제1호 내지 제4호의 규정에 의하는 것이 곤란한 경우 총리령이 정하는 실지명의(2008.2.29 본호개정)

제4조【실명확인의 생략】 ① 법 제3조제2항제1호 및 제2호의 규정에 의하여 실명의 확인을 하지 아니할 수 있는 거래는 다음 각호와 같다.
1. 실명이 확인된 계좌에 의한 계속거래
2. 각종 공과금 등의 수납
3. 100만원 이하의 원화 또는 그에 상당하는 외국통화의 송금(무통장 입금을 포함한다)과 100만원 이하에 상당하는 외국통화의 매입・매각(2017.6.27 본호개정)
4. 외국통화의 매입, 외국통화로 표시된 예금의 수입 또는 외국통화로 표시된 채권의 매도 등의 거래로서 법 시행일이후 1998년 12월 31일 사이에 이루어지는 거래
② 법 제3조제2항제3호가목・다목 및 마목의 규정에 의한 특정채권은 다음 각호와 같다.
1. (2009.12.30 삭제)
2. 「중소기업진흥에 관한 법률」 제65조에 따라 중소벤처기업진흥공단이 발행하는 채권(2019.4.2 본호개정)
3. 「예금자보호법」 제26조의2의 규정에 의한 예금보험기금채권(2005.8.17 본호개정)
4. 「한국자산관리공사 설립 등에 관한 법률」 제40조에 따른 부실채권정리기금채권(2022.2.17 본호개정)
(1998.3.25 본항신설)
③ 법 제3조제2항의 규정에 의한 특정채권의 거래에는 당해 특정채권의 거래에 사용되는 수표거래가 포함되는 것으로 한다.(1998.5.6 본항신설)

제4조의2【실명거래의 확인 등】 ① 금융거래를 할 때 실지명의는 다음 각 호의 구분에 따른 증표・서류에 의하여 확인한다.
1. 개인의 경우
가. 주민등록증 발급대상자는 주민등록증. 다만, 주민등록증에 의하여 확인하는 것이 곤란한 경우에는 국가기관, 지방자치단체 또는 「교육기본법」에 따른 학교의 장이 발급한 것으로서 실지명의의 확인이 가능한 증표 또는 주민등록번호를 포함한 주민등록표 초본과 신분을 증명할 수 있는 증표에 의하여 확인한다.
나. 주민등록증 발급대상자가 아닌 자는 주민등록번호를 포함한 주민등록표 초본과 법정대리인의 가목의 증표 또는 실지명의의 확인이 가능한 증표・서류
(2017.6.20 가목~나목개정)
다. 재외국민은 제3조제1호 단서에 따른 여권 또는 재외국민등록증
2. 법인의 경우 : 제3조제2호에 따른 사업자등록증이나 납세번호를 부여받은 문서 또는 그 사본
3. 법인이 아닌 단체의 경우 : 제3조제3호에 따른 해당 단체를 대표하는 자의 실지명의를 확인할 수 있는 제1호의 증표・서류. 다만, 제3조제3호 단서에 따른 단체는 고유번호 또는 납세번호를 부여받은 문서나 그 사본에 의하여 확인한다.
4. 외국인의 경우 : 제3조제4호에 따른 외국인등록증, 여권 또는 신분증
5. 제1호부터 제4호까지의 규정에 따라 실지명의를 확인하기 곤란한 경우 : 관계 기관의 장의 확인서・증명서 등 금융위원회가 정하는 증표・서류
② 금융회사등은 법 제3조제7항에 따라 실명거래의 확인업무를 다른 금융회사등에 위탁할 수 있다.
③ 금융위원회는 제2항에 따른 확인 업무 위탁의 절차와 방법 등에 관하여 필요한 세부사항을 정하여 고시할 수 있다.
(2014.11.28 본조신설)

제5조【금융회사등에 종사하는 자의 범위】 법 제4조에 따른 금융회사등에 종사하는 자는 금융회사등의 임・직원 및 그 대리인・사용인 기타 종업원으로서 금융거래의 내용에 대한 정보 또는 자료를 취급・처리하는 업무에 사실상 종사하는 자로 한다.(2014.11.28 본조개정)

제6조【거래정보등의 범위】 법 제4조제1항 및 이 영 제5조에 따른 금융거래의 내용에 대한 정보 또는 자료는 특정인의 금융거래사실과 금융회사등이 보유하고 있는 금융거래에 관한 기록의 원본・사본 및 그 기록으로부터 알게 된 것(이하 "거래정보등"이라 한다)으로 한다. 다만, 금융거래사실을 포함한 금융거래의 내용이 누구의 것인지를 알 수 없는 것(당해 거래정보등만으로 그 거래자를 알 수 없더라도 다른 거래정보등과 용이하게 결합하여 그 거래자를 알 수 있는 것을 제외한다)을 제외한다.
(2014.11.28 본조개정)

제6조의2【금융거래정보의 조회대상 부동산거래 등】 ① 법 제4조제2항 각호외의 부분 단서에서 "대통령령이 정하는 부동산거래"라 함은 다음 각호의 1에 해당하는 부동산(부동산에 관한 권리를 포함한다. 이하 이 조에서 같다)거래를 말한다.
1. 「부동산등기 특별조치법」을 위반한 부동산거래
2. 「부동산실권리자 명의등기에 관한 법률」을 위반한 부동산거래
3. 「부동산중개업법」의 규정에 의한 중개업자등이 동법을 위반하여 직접 취득한 부동산을 양도한 부동산거래(2005.8.17 1호~3호개정)
4. 「주택법」을 위반하여 투기과열지구에서 주택의 입주자로 선정된 지위를 양도한 부동산거래(2016.8.11 본호개정)
5. 「소득세법」 제88조제6호에 따른 1세대가 부동산을 양도하는 거래로서 다음 각목의 요건을 모두 충족하는 부동산거래(2017.2.3 본문개정)
가. 부동산을 양도한 날부터 소급하여 1년 이내의 기간 동안 3회 이상 부동산을 양도 또는 취득하였을 것
나. 양도한 부동산의 「소득세법」 제99조의 규정에 의한 기준시가의 합계액이 5억원 이상(「국토의 계획 및 이용에 관한 법률」 제117조의 규정에 의한 토지거래계약에 관한 허가구역 안에서 토지거래계약의 허가를 받아야 하는 면적을 초과하는 토지를 분할하여 양도하는 거래중 국세청장이 정하는 부동산거래로서 그 기준시가의 합계액이 5억원 미만인 경우를 포함한다)이거나 부동산에 관한 권리를 양도한 부동산거래가 포함되어 있을 것(2005.8.17 본목개정)
다. 거래당사자가 실지거래가액의 확인에 필요한 증거서류를 제시하지 아니하거나 제시한 증거서류의 내용이 허위임이 명백할 것
② 법 제4조제2항 각호외의 부분 단서에서 "대통령령이 정하는 바에 따라 요구하는 경우"라 함은 다음 각호의 1에 해당하는 자의 명의로 거래정보등의 제공을 요구하는 경우를 말한다.
1. 국세청장・지방국세청장
2. 관세청장・인천공항세관장・서울세관장・부산세관장・인천세관장・대구세관장・광주세관장(2023.4.11 본호개정)
3. 특별시장・광역시장・도지사
(2004.7.29 본조신설)

제7조【명의인의 요구에 의한 거래정보등의 제공】 ① 제5조에 따른 금융회사등에 종사하는 자(이하 "금융회사등종사자"라 한다)는 명의인으로부터 거래정보등의 제공을 요구받은 경우에는 그 요구자가 명의인인지의 여부를 확인하여야 한다.
② 금융회사등종사자는 명의인의 상속인 또는 유증에 의한 수증자 등 명의인의 금융자산에 대하여 법률상 명의인의 권한을 행사할 수 있는 지위에 있는 자가 거래정보등의 제공을 요구하는 때에는 그 권한의 유무를 확인하여야 한다.
③ 금융회사등은 명의인의 확인 또는 거래정보등의 제공과정에서 거래정보등이 다른 사람에게 유출되지 아니하도록 하여야 하며, 이를 위하여 명의인의 확인과 거래정보등의 제공에 관한 방법 및 절차를 정하여야 한다.
(2014.11.28 본조개정)

제8조【명의인의 동의에 의한 거래정보등의 제공】 ① 금융회사등은 명의인의 동의에 의하여 명의인 외의 자에게 거래정보등을 제공하려는 경우에는 미리 명의인에게 다음 각 호의 사항을 알리고, 해당 사항이 기재된 동의서(「전자문서 및 전자거래 기본법」 제2조제1호에 따른 전자문서를 포함한다. 이하 이 조에서 같다)를 제출받아야 한다. 이 경우 명의인이 2명 이상인 경우에는 명의인 전원의 동의서를 제출받아야 한다.(2017.6.20 본문개정)
1. 거래정보등을 제공받을 자
2. 거래정보등을 제공할 금융회사등(2014.11.28 본호개정)
3. 제공할 거래정보등의 내용 및 범위(2017.6.20 본호개정)
4. 거래정보등의 제공 목적(2017.6.20 본호신설)
5. 동의를 거부할 수 있다는 사실 및 동의 거부에 따른 불이익이 있는 경우에는 그 불이익의 내용(2017.6.20 본호신설)
6. (2017.6.20 삭제)
7. 동의서의 작성연월일
8. 동의서의 유효기간
② 금융회사등은 제1항에 따른 동의서를 제출받는 경우에 다음 각 호의 어느 하나에 해당하는 방법으로 명의인의 동의 여부를 확인하고, 그 확인에 사용된 문서 등 관련 자료를 보관해야 한다.(2021.1.5 본문개정)
1. 명의인의 자필서명 또는 손도장(명의인이 금융회사등에 동의서를 직접 제출하거나, 공무원이 공무수행을 위하여 명의인으로부터 동의서를 받아 금융회사등에 제출하는 경우로 한정한다)(2021.1.5 본호개정)
2. 「인감증명법」 제3조에 따라 신고한 인감・「상업등기법」 제25조에 따라 제출한 인감 또는 명의인이 해당 금융회사등에 등록한 인감(서명감을 포함한다)의 날인
3. 「본인서명사실 확인 등에 관한 법률」 제2조에 따른 본인서명사실확인서・전자본인서명확인서상의 서명
4. 「전자서명법」 제2조제2호에 따른 전자서명(2020.12.8 본호개정)
5. 제3조 각 호에 따른 실지명의의 확인
6. 전화를 통하여 동의 사항을 명의인에게 알리고 동의의 의사를 확인하는 방법
7. 그 밖에 안정성과 신뢰성이 확보될 수 있는 수단으로서 금융위원회가 정하여 고시하는 방법
(2017.6.20 본항신설)
③ 금융회사등은 제1항의 동의서의 기재내용이 불분명하거나 의심스러운 경우에는 명의인에게 그 내용을 확인할 수 있다.(2014.11.28 본항개정)

제9조【동일 금융회사등의 내부 또는 금융회사등 상호간의 거래정보등의 제공】 ① 법 제4조제1항제5호에 따라 동

일한 금융회사등의 내부에서 업무상 필요한 거래정보등을 제공하는 경우는 해당 금융회사등의 본점·지점·영업소 및 해당 금융회사등의 위탁을 받거나 그 밖의 계약에 의하여 그 금융회사등의 업무의 일부를 처리하는 자간에 업무상 필요한 거래정보등을 제공하는 경우로 한다.
② 법 제4조제1항제5호에 따라 금융회사등 상호간에 업무상 필요한 거래정보등을 제공하는 경우는 금융회사등이 다른 금융회사등에게 업무상 필요한 거래정보등을 제공하거나 금융회사등이 법령 또는 금융회사등간의 협약등에 의하여 거래정보등을 수집·관리·제공하는 자나 거래자간의 금융자산이체업무를 취급하는 자에게 업무상 필요한 거래정보등을 제공하는 경우로 한다. (2014.11.28 본조개정)

제10조【인적사항의 범위】 법 제4조제2항제1호에 따른 명의인의 인적사항은 다음 각 호의 어느 하나에 해당하는 것으로 한다.(2014.11.28 본문개정)
1. 명의인의 성명(법인 또는 단체의 경우에는 법인명 또는 단체명을 말한다)(2002.6.29 본호개정)
2. 주민등록번호(여권번호·사업자등록번호 등 금융거래시 명의인의 확인을 위하여 사용하는 모든 번호를 포함한다)(2002.6.29 본호개정)
3. 계좌번호
4. 증서번호
5. 그 밖에 금융회사등이 누구의 거래정보등을 요구하는 것인지를 알 수 있는 것(2014.11.28 본호개정)

제10조의2【명의인에의 통보에 소요되는 비용의 범위】 법 제4조의2제4항에 따라 거래정보등의 제공을 요구하는 자가 부담하여야 하는 비용은 금융회사등이 거래정보등의 제공사실을 명의인에게 통보하는 경우에 직접 소요되는 우송료로 한다.(2014.11.28 본조개정)

제11조【통계자료의 요청】 금융위원회는 금융회사등을 법령에 의하여 감독·검사하는 다음 각 호의 금융회사등 감독·검사기관의 장에게 금융회사등의 업종별로 요구받은 거래정보등의 요구·제공 건수 및 통보·통보유예 건수, 요구기관별 거래정보등의 요구·제공 건수 및 통보·통보유예 건수에 관한 통계자료를 매분기 종료후 2개월 이내에 제출하도록 요청할 수 있다. 이 경우 요청을 받은 금융회사등 감독·검사기관의 장은 특별한 사유가 없는 한 이에 협조하여야 한다.(2014.11.28 본문개정)
1. 과학기술정보통신부장관(2017.7.26 본호개정)
2. 금융감독원장
3. 「새마을금고법」에 따른 새마을금고중앙회장 (2014.11.28 본호개정)
4. 「산림조합법」에 의한 산림조합중앙회장(2005.8.17 본호개정)
(2002.6.29 본조개정)

제12조 (2002.6.29 삭제)

제13조【과태료의 부과기준 등】 ① 법 제7조제1항 및 법 제8조에 따른 과태료의 부과기준은 별표와 같다.
② 총리령으로 정하는 금융회사등 감독·검사기관의 장은 법 제7조제1항에 따른 위반행위를 조사하여 금융위원회에 통보하여야 한다.
③~⑤ (2014.11.28 삭제)
(2014.11.28 본조개정)

부 칙 (2020.8.11)

제1조【시행일】 이 영은 2020년 8월 12일부터 시행한다. (이하 생략)

부 칙 (2020.8.25)

제1조【시행일】 이 영은 2021년 5월 1일부터 시행한다. (이하 생략)

부 칙 (2020.12.8)

제1조【시행일】 이 영은 2020년 12월 10일부터 시행한다. (이하 생략)

부 칙 (2021.1.5)

이 영은 공포한 날부터 시행한다.(이하 생략)

부 칙 (2022.2.17)

제1조【시행일】 이 영은 2022년 2월 18일부터 시행한다. (이하 생략)

부 칙 (2023.4.11)

제1조【시행일】 이 영은 2023년 4월 18일부터 시행한다. (이하 생략)

부 칙 (2023.12.19)

제1조【시행일】 이 영은 2023년 12월 21일부터 시행한다. (이하 생략)

〔별표〕 ➡ 「法典 別冊」 參照

금융소비자 보호에 관한 법률

(약칭 : 금융소비자보호법)

(2020년 3월 24일)
(법 률 제17112호)

개정
2020.12.29법17799호(독점)
2023. 7.11법19532호
2023. 9.14법19700호(행정법제혁신을위한일부개정법령등)
2024년 1월 25일 제412회 국회 본회의 통과(자본시장금융투자업)→「法典 別冊」 보유편 수록

제1장 총 칙

제1조【목적】 이 법은 금융소비자의 권익 증진과 금융상품판매업 및 금융상품자문업의 건전한 시장질서 구축을 위하여 금융상품판매업자 및 금융상품자문업자의 영업에 관한 준수사항과 금융소비자 권익 보호를 위한 금융소비자정책 및 금융분쟁조정절차 등에 관한 사항을 규정함으로써 금융소비자 보호의 실효성을 높이고 국민경제 발전에 이바지함을 목적으로 한다.

제2조【정의】 이 법에서 사용하는 용어의 뜻은 다음과 같다.
1. "금융상품"이란 다음 각 목의 어느 하나에 해당하는 것을 말한다.
 가. 「은행법」에 따른 예금 및 대출
 나. 「자본시장과 금융투자업에 관한 법률」에 따른 금융투자상품
 다. 「보험업법」에 따른 보험상품
 라. 「상호저축은행법」에 따른 예금 및 대출
 마. 「여신전문금융업법」에 따른 신용카드, 시설대여, 연불판매, 할부금융
 바. 그 밖에 가목부터 마목까지의 상품과 유사한 것으로서 대통령령으로 정하는 것
2. "금융상품판매업"이란 이익을 얻을 목적으로 계속적 또는 반복적인 방법으로 하는 행위로서 다음 각 목의 어느 하나에 해당하는 업(業)을 말한다. 다만, 해당 행위의 성격 및 금융소비자 보호의 필요성을 고려하여 금융상품판매업에서 제외할 필요가 있는 것으로서 대통령령으로 정하는 것은 제외한다.
 가. 금융상품직접판매업 : 자신이 직접 계약의 상대방으로서 금융상품에 관한 계약의 체결을 영업으로 하는 것 또는 「자본시장과 금융투자업에 관한 법률」 제6조제3항에 따른 투자중개업
 나. 금융상품판매대리·중개업 : 금융상품에 관한 계약의 체결을 대리하거나 중개하는 것을 영업으로 하는 것
3. "금융상품판매업자"란 금융상품판매업을 영위하는 자로서 대통령령으로 정하는 금융 관계 법률(이하 "금융관계법률"이라 한다)에서 금융상품판매업에 해당하는 업무에 대하여 인허가 또는 등록을 하도록 규정한 경우에 해당 법률에 따른 인허가를 받거나 등록을 한 자(금융관계법률에서 금융상품판매업에 해당하는 업무에 대하여 해당 법률에 따른 인허가를 받거나 등록을 하지 아니하여도 그 업무를 영위할 수 있도록 규정한 경우에는 그 업무를 영위하는 자를 포함한다) 및 제12조제1항에 따라 금융상품판매업의 등록을 한 자를 말하며, 다음 각 목에 따라 구분한다.
 가. 금융상품직접판매업자 : 금융상품판매업자 중 금융상품직접판매업을 영위하는 자
 나. 금융상품판매대리·중개업자 : 금융상품판매업자 중 금융상품판매대리·중개업을 영위하는 자
4. "금융상품자문업"이란 이익을 얻을 목적으로 계속적 또는 반복적인 방법으로 금융상품의 가치 또는 취득과 처분결정에 관한 자문(이하 "금융상품자문"이라 한다)에 응하는 것을 말한다. 다만, 다음 각 목의 어느 하나에 해당하는 것은 제외한다.
 가. 불특정 다수인을 대상으로 발행되거나 송신되고, 불특정 다수인이 수시로 구입하거나 수신할 수 있는 간행물·출판물·통신물 또는 방송 등을 통하여 조언을 하는 것
 나. 그 밖에 변호사, 변리사, 세무사가 해당 법률에 따라 자문업무를 수행하는 경우 등 해당 행위의 성격 및 금융소비자 보호의 필요성을 고려하여 금융상품자문업에서 제외할 필요가 있는 것으로서 대통령령으로 정하는 것
5. "금융상품자문업자"란 금융상품자문업을 영위하는 자로서 금융관계법률에서 금융상품자문업에 해당하는 업무에 대하여 인허가 또는 등록을 하도록 규정한 경우에 해당 법률에 따른 인허가를 받거나 등록을 한 자 및 제12조제1항에 따라 금융상품자문업의 등록을 한 자를 말한다.
6. "금융회사"란 다음 각 목의 어느 하나에 해당하는 회사를 말한다.
 가. 「은행법」에 따른 은행(「중소기업은행법」 제3조제3항, 「한국산업은행법」 제3조제1항, 「신용협동조합법」 제6조제3항, 「농업협동조합법」 제161조의11제8항, 「수산업협동조합법」 제141조의4제2항, 「상호저축은행법」 제36조제4항에 따라 「은행법」의 적용을 받는 중소기업은행, 한국산업은행, 신용협동조합중앙회의 신용사업 부문, 농협은행, 수협은행 및 상호저축은행중앙회를 포함한다. 이하 같다)
 나. 「자본시장과 금융투자업에 관한 법률」 제8조에 따른 투자매매업자, 투자중개업자, 투자자문업자, 투자일임업자, 신탁업자 또는 같은 법 제336조에 따른 종합금융회사
 다. 「보험업법」에 따른 보험회사(「농업협동조합법」 제161조의12제1항에 따른 농협생명보험 및 농협손해보험을 포함한다. 이하 같다)
 라. 「상호저축은행법」에 따른 상호저축은행
 마. 「여신전문금융업법」에 따른 여신전문금융회사
 바. 그 밖에 가목부터 마목까지의 자와 유사한 자로서 금융소비자 보호의 필요성을 고려하여 대통령령으로 정하는 자
7. "금융회사등"이란 다음 각 목의 어느 하나에 해당하는 자를 말한다.
 가. 금융회사
 나. 「자본시장과 금융투자업에 관한 법률」 제51조제9항에 따른 투자권유대행인
 다. 「보험업법」 제2조제9호에 따른 보험설계사
 라. 「보험업법」 제2조제10호에 따른 보험대리점
 마. 「보험업법」 제2조제11호에 따른 보험중개사
 바. 「여신전문금융업법」 제2조제16호에 따른 겸영여신업자
 사. 「여신전문금융업법」 제14조의2제1항제2호에 따른 모집인
 아. 그 밖에 가목부터 사목까지의 자와 유사한 자로서 금융소비자 보호의 필요성을 고려하여 대통령령으로 정하는 자
8. "금융소비자"란 금융상품에 관한 계약의 체결 또는 계약 체결의 권유를 하거나 청약을 받는 것(이하 "금융상품계약체결등"이라 한다)에 관한 금융상품판매업자의 거래상대방 또는 금융상품자문업자의 자문업무의 상대방인 전문금융소비자 또는 일반금융소비자를 말한다.
9. "전문금융소비자"란 금융상품에 관한 전문성 또는 소유자산규모 등에 비추어 금융상품 계약에 따른 위험감수능력이 있는 금융소비자로서 다음 각 목의 어느 하나에 해당하는 자를 말한다. 다만, 전문금융소비자 중 대통령령으로 정하는 자가 일반금융소비자와 같은 대우를 받겠다는 의사를 금융상품판매업자 또는 금융상품자문업자(이하 "금융상품판매업자등"이라 한다)에게 서면으로 통지하는 경우 금융상품판매업자등은 정당한 사유가 있는 경우를 제외하고는 이에 동의하여야 하며, 금융상품판매업자등이 동의한 경우에는 해당 금융소비자는 일반금융소비자로 본다.
 가. 국가
 나. 「한국은행법」에 따른 한국은행
 다. 대통령령으로 정하는 금융회사
 라. 「자본시장과 금융투자업에 관한 법률」 제9조제15항제3호에 따른 주권상장법인(투자성 상품 중 대통령령으로 정하는 금융상품계약체결등을 할 때에는 전문금융소비자와 같은 대우를 받겠다는 의사를 금융상품판매업자등에게 서면으로 통지하는 경우만 해당한다)
 마. 그 밖에 금융상품의 유형별로 대통령령으로 정하는 자
10. "일반금융소비자"란 전문금융소비자가 아닌 금융소비자를 말한다.

제3조【금융상품의 유형】 금융상품은 다음 각 호와 같이 구분한다. 다만, 개별 금융상품이 다음 각 호의 상품유형 중 둘 이상에 해당하는 속성이 있는 경우에는 해당 상품유형에 각각 속하는 것으로 본다.
1. 예금성 상품 : 제2조제1호가목·라목에 따른 예금 및 이와 유사한 것으로서 대통령령으로 정하는 금융상품
2. 대출성 상품 : 제2조제1호가목·라목에 따른 대출, 같은 호 마목에 따른 신용카드·시설대여·연불판매·할부금융 및 이와 유사한 것으로서 대통령령으로 정하는 금융상품
3. 투자성 상품 : 제2조제1호나목에 따른 금융투자상품 및 이와 유사한 것으로서 대통령령으로 정하는 금융상품
4. 보장성 상품 : 제2조제1호다목에 따른 보험상품 및 이와 유사한 것으로서 대통령령으로 정하는 금융상품

제4조【금융회사등의 업종구분】 금융회사등은 다음 각 호에서 정하는 바에 따라 이 법에 따른 금융상품직접판매업자, 금융상품판매대리·중개업자 또는 금융상품자문업자로 구분한다. 다만, 다음 각 호의 금융회사등이 해당 호에서 정하지 아니하는 금융상품판매업등(금융상품판매업과 금융상품자문업을 말한다. 이하 같다)을 다른 법률에 따라 겸영하는 경우에는 겸영하는 업에 해당하는 금융상품판매업자등에도 해당하는 것으로 본다.
1. 「은행법」에 따른 은행 : 금융상품직접판매업자 또는 금융상품판매대리·중개업자
2. 「자본시장과 금융투자업에 관한 법률」에 따른 투자매매업자 : 금융상품직접판매업자 또는 금융상품판매대리·중개업자
3. 「자본시장과 금융투자업에 관한 법률」에 따른 투자중개업자 : 금융상품직접판매업자 또는 금융상품판매대리·중개업자
4. 「자본시장과 금융투자업에 관한 법률」에 따른 투자자문업자 : 금융상품자문업자
5. 「자본시장과 금융투자업에 관한 법률」에 따른 투자일임업자 : 금융상품직접판매업자

6. 「자본시장과 금융투자업에 관한 법률」에 따른 신탁업자 : 금융상품직접판매업자 또는 금융상품판매대리·중개업자
7. 「자본시장과 금융투자업에 관한 법률」에 따른 종합금융회사 : 금융상품직접판매업자 또는 금융상품판매대리·중개업자
8. 「자본시장과 금융투자업에 관한 법률」에 따른 투자권유대행인 : 금융상품판매대리·중개업자
9. 「보험업법」에 따른 보험회사 : 금융상품직접판매업자 또는 금융상품판매대리·중개업자
10. 「보험업법」에 따른 보험설계사 : 금융상품판매대리·중개업자
11. 「보험업법」에 따른 보험대리점 : 금융상품판매대리·중개업자
12. 「보험업법」에 따른 보험중개사 : 금융상품판매대리·중개업자
13. 「상호저축은행법」에 따른 상호저축은행 : 금융상품직접판매업자 또는 금융상품판매대리·중개업자
14. 「여신전문금융업법」에 따른 여신전문금융회사 및 같은 법에 따른 겸영여신업자 : 금융상품직접판매업자 또는 금융상품판매대리·중개업자
15. 「여신전문금융업법」에 따른 모집인 : 금융상품판매대리·중개업자
16. 제2조제7호아목에 해당하는 금융회사등 : 대통령령으로 정하는 금융상품판매업자 또는 금융상품자문업자

제5조【적용범위】 이 법은 「자본시장과 금융투자업에 관한 법률」 제6조제5항제1호에 해당하는 경우에는 적용하지 아니한다.

제6조【다른 법률과의 관계】 금융소비자 보호에 관하여 다른 법률에서 특별히 정한 경우를 제외하고는 이 법에서 정하는 바에 따른다.

제2장 금융소비자의 권리와 책무 및 국가와 금융상품판매업자등의 책무

제7조【금융소비자의 기본적 권리】 금융소비자는 다음 각 호의 기본적 권리를 가진다.
1. 금융상품판매업자등의 위법한 영업행위로 인한 재산상 손해로부터 보호받을 권리
2. 금융상품을 선택하고 소비하는 과정에서 필요한 지식 및 정보를 제공받을 권리
3. 금융소비생활에 영향을 주는 국가 및 지방자치단체의 정책에 대하여 의견을 반영시킬 권리
4. 금융상품의 소비로 인하여 입은 피해에 대하여 신속·공정한 절차에 따라 적절한 보상을 받을 권리
5. 합리적인 금융소비생활을 위하여 필요한 교육을 받을 권리
6. 금융소비자 스스로의 권익을 증진하기 위하여 단체를 조직하고 이를 통하여 활동할 수 있는 권리

제8조【금융소비자의 책무】 ① 금융소비자는 금융상품판매업자등과 더불어 금융시장을 구성하는 주체임을 인식하여 금융상품을 올바르게 선택하고, 제7조에 따른 금융소비자의 기본적 권리를 정당하게 행사하여야 한다.
② 금융소비자는 스스로의 권익을 증진하기 위하여 필요한 지식과 정보를 습득하도록 노력하여야 한다.

제9조【국가의 책무】 국가는 제7조에 따른 금융소비자의 기본적 권리가 실현되도록 하기 위하여 다음 각 호의 책무를 진다.
1. 금융소비자 권익 증진을 위하여 필요한 시책의 수립 및 실시
2. 금융소비자 보호 관련 법령의 제정·개정 및 폐지
3. 필요한 행정조직의 정비 및 운영 개선
4. 금융소비자의 건전하고 자주적인 조직활동의 지원·육성

제10조【금융상품판매업자등의 책무】 금융상품판매업자등은 제7조에 따른 금융소비자의 기본적 권리가 실현되도록 하기 위하여 다음 각 호의 책무를 진다.
1. 국가의 금융소비자 권익 증진 시책에 적극 협력할 책무
2. 금융상품을 제공하는 경우에 공정한 금융소비생활 환경을 조성하기 위하여 노력할 책무
3. 금융상품으로 인하여 금융소비자에게 재산에 대한 위해가 발생하지 아니하도록 필요한 조치를 강구할 책무
4. 금융상품을 제공하는 경우에 금융소비자의 합리적인 선택이나 이익을 침해할 우려가 있는 거래조건이나 거래방법을 사용하지 아니할 책무
5. 금융소비자에게 금융상품에 대한 정보를 성실하고 정확하게 제공할 책무
6. 금융소비자의 개인정보가 분실·도난·누출·위조·변조 또는 훼손되지 아니하도록 개인정보를 성실하게 취급할 책무

제3장 금융상품판매업자등의 등록 등

제11조【금융상품판매업자등을 제외한 영업행위 금지】 누구든지 이 법에 따른 금융상품판매업자등을 제외하고는 금융상품판매업등을 영위해서는 아니 된다.

제12조【금융상품판매업자등의 등록】 ① 금융상품판매업등을 영위하려는 자는 금융상품직접판매업자, 금융상품판매대리·중개업자 또는 금융상품자문업자별로 제3조에 따른 예금성 상품, 대출성 상품, 투자성 상품 및 보장성 상품 중 취급할 상품의 범위를 정하여 금융위원회에 등록하여야 한다. 다만, 다음 각 호의 어느 하나에 해당하는 경우에는 등록을 하지 아니하고 금융상품판매업등을 영위할 수 있다.
1. 금융관계법률에서 금융상품판매업등에 해당하는 업무에 대하여 인허가를 받거나 등록을 하도록 규정한 경우
2. 금융관계법률에서 금융상품판매업등에 해당하는 업무에 대하여 해당 법률에 따른 인허가를 받거나 등록을 하지 아니하여도 업무를 영위할 수 있도록 규정한 경우

② 제1항에 따라 금융상품직접판매업자 또는 금융상품자문업자로 등록하려는 자는 다음 각 호의 요건을 모두 갖추어야 한다. 다만, 금융상품직접판매업자에게는 제6호의 요건을 적용하지 아니한다.
1. 금융소비자 보호 및 업무 수행이 가능하도록 대통령령으로 정하는 인력과 전산 설비, 그 밖의 물적 설비를 갖출 것
2. 제1항에 따라 등록하려는 업무별로 대통령령으로 정하는 금액 이상의 자기자본을 갖출 것
3. 대통령령으로 정하는 건전한 재무상태와 사회적 신용을 갖출 것
4. 임원이 제4항제1호 각 목의 어느 하나에 해당하지 아니할 것
5. 금융소비자와의 이해 상충을 방지하기 위한 체계로서 대통령령으로 정하는 요건을 갖출 것
6. 금융상품판매업자와 이해관계를 갖지 않는 자로서 다음 각 목의 요건을 갖출 것
   가. 금융상품판매업(「자본시장과 금융투자업에 관한 법률」 제6조제8항에 따른 투자일임업은 제외한다)과 그 밖에 대통령령으로 정하는 금융업을 겸영하지 아니할 것
   나. 금융상품판매업자(「자본시장과 금융투자업에 관한 법률」 제8조제6항에 따른 투자일임업자는 제외한다. 이하 이 항에서 같다)와 「독점규제 및 공정거래에 관한 법률」 제2조제12호에 따른 계열회사 또는 대통령령으로 정하는 관계가 있는 회사(이하 "계열회사등"이라 한다)가 아닐 것(2020.12.29 본목개정)
   다. 임직원이 금융상품판매업자의 임직원 직위를 겸직하거나 그로부터 파견받은 자가 아닐 것
   라. 그 밖에 금융소비자와의 이해 상충 방지를 위하여 대통령령으로 정하는 요건

③ 제1항에 따라 금융상품판매대리·중개업자로 등록하려는 자는 다음 각 호의 요건을 모두 갖추어야 한다.
1. 교육 이수 등 대통령령으로 정하는 자격을 갖출 것
2. 제4항제2호 각 목의 어느 하나에 해당하지 아니할 것(금융상품판매대리·중개업자로 등록하려는 법인의 경우에는 임원이 제4항제2호 각 목의 어느 하나에 해당하지 아니할 것)
3. 그 밖에 금융소비자 권익 보호 및 건전한 거래질서를 위하여 필요한 사항으로서 금융상품판매대리·중개업자의 업무 수행기준, 필요한 인력의 보유 등 대통령령으로 정하는 요건을 갖출 것

④ 다음 각 호의 구분에 따라 해당 호 각 목의 어느 하나에 해당하는 사람은 제1항에 따른 등록을 한 금융상품직접판매업자, 금융상품자문업자 또는 법인인 금융상품판매대리·중개업자의 임원이 될 수 없다.
1. 금융상품직접판매업자 또는 금융상품자문업자의 경우
   가. 미성년자, 피성년후견인 또는 피한정후견인
   나. 파산선고를 받고 복권되지 아니한 사람
   다. 금고 이상의 실형을 선고받고 그 집행이 끝나거나(집행이 끝난 것으로 보는 경우를 포함한다) 집행이 면제된 날부터 5년이 지나지 아니한 사람
   라. 금고 이상의 형의 집행유예를 선고받고 그 유예기간 중에 있는 사람
   마. 이 법, 대통령령으로 정하는 금융 관련 법률 또는 외국 금융 관련 법령에 따라 벌금 이상의 형을 선고받고 그 집행이 끝나거나(집행이 끝난 것으로 보는 경우를 포함한다) 집행이 면제된 날부터 5년이 지나지 아니한 사람
   바. 이 법 또는 대통령령으로 정하는 금융 관련 법률에 따라 임직원 제재조치(퇴임 또는 퇴직한 임직원의 경우 해당 조치에 상응하는 통보를 포함한다)를 받은 사람으로서 그 조치의 종류별로 5년을 초과하지 아니하는 범위에서 대통령령으로 정하는 기간이 지나지 아니한 사람
   사. 금융소비자 보호 및 건전한 거래질서를 해칠 우려가 있는 경우로서 대통령령으로 정하는 사람
2. 법인인 금융상품판매대리·중개업자의 경우
   가. 제1호가목·나목 및 라목 중 어느 하나에 해당하는 사람
   나. 금고 이상의 실형을 선고받고 그 집행이 끝나거나(집행이 끝난 것으로 보는 경우를 포함한다) 집행이 면제된 날부터 2년이 지나지 아니한 사람
   다. 이 법, 대통령령으로 정하는 금융 관련 법률 또는 외국 금융 관련 법령에 따라 벌금 이상의 형을 선고받고 그 집행이 끝나거나(집행이 끝난 것으로 보는 경우를 포함한다) 집행이 면제된 날부터 2년이 지나지 아니한 사람

⑤ 제1항에 따라 금융상품판매업자등으로 등록을 신청하려는 자는 등록요건 심사 및 관리에 필요한 비용을 고려하여 대통령령으로 정하는 바에 따라 수수료를 내야 한다.
⑥ 제1항부터 제5항까지에서 규정한 사항 외에 금융상품판매업자등의 등록에 필요한 사항은 대통령령으로 정한다.

제4장 금융상품판매업자등의 영업행위 준수사항

제1절 영업행위 일반원칙

제13조【영업행위 준수사항 해석의 기준】 누구든지 이 장의 영업행위 준수사항에 관한 규정을 해석·적용하려는 경우 금융소비자의 권익을 우선적으로 고려하여야 하며, 금융상품 또는 계약관계의 특성 등에 따라 금융상품 유형별 또는 금융상품판매업자등의 업종별로 형평에 맞게 해석·적용되도록 하여야 한다.

제14조【신의성실의무 등】 ① 금융상품판매업자등은 금융상품 또는 금융상품자문에 관한 계약의 체결, 권리의 행사 및 의무의 이행을 신의성실의 원칙에 따라 하여야 한다.
② 금융상품판매업자등은 금융상품판매업등을 영위할 때 업무의 내용과 절차를 공정히 하여야 하며, 정당한 사유 없이 금융소비자의 이익을 해치면서 자기가 이익을 얻거나 제3자가 이익을 얻도록 해서는 아니 된다.

제15조【차별금지】 금융상품판매업자등은 금융상품 또는 금융상품자문에 관한 계약을 체결하는 경우 정당한 사유 없이 성별·학력·장애·사회적 신분 등을 이유로 계약조건에 관하여 금융소비자를 부당하게 차별해서는 아니 된다.

제16조【금융상품판매업자등의 관리책임】 ① 금융상품판매업자등은 임직원 및 금융상품판매대리·중개업자(「보험업법」 제2조제11호에 따른 보험중개사는 제외한다. 이하 이 조에서 같다)가 업무를 수행할 때 법령을 준수하고 건전한 거래질서를 해치는 일이 없도록 성실히 관리하여야 한다.
② 법인인 금융상품판매업자등으로서 대통령령으로 정하는 자는 제1항에 따른 관리업무를 이행하기 위하여 그 임직원 및 금융상품판매대리·중개업자가 직무를 수행할 때 준수하여야 할 기준 및 절차(이하 "내부통제기준"이라 한다)를 대통령령으로 정하는 바에 따라 마련하여야 한다.

제16조의2【방문판매 및 전화권유판매 임직원의 명부 작성 등】 ① 금융상품판매업자등은 방문판매(「방문판매 등에 관한 법률」 제2조제1호에 따른 방문판매를 말한다. 이하 같다) 및 전화권유판매(「방문판매 등에 관한 법률」 제2조제3호에 따른 전화권유판매를 말한다. 이하 같다) 방식으로 금융상품을 판매하려는 경우 방문판매 및 전화권유판매를 하려는 임직원의 명부를 대통령령으로 정하는 바에 따라 작성하여야 한다.
② 금융상품판매업자등은 금융소비자가 요청하면 언제든지 금융소비자로 하여금 방문판매 및 전화권유판매를 하려는 임직원의 신원을 확인할 수 있도록 하여야 한다.
③ 방문판매 및 전화권유판매로 금융상품을 판매하려는 경우에는 금융소비자에게 미리 해당 방문 또는 전화가 판매를 권유하기 위한 것이라는 점과 방문판매 및 전화권유판매를 하려는 임직원의 성명 또는 명칭, 판매하는 금융상품의 종류 및 내용을 밝혀야 한다.
(2023.7.11 본조신설)

제2절 금융상품 유형별 영업행위 준수사항

제17조【적합성원칙】 ① 금융상품판매업자등은 금융상품계약체결등을 하거나 자문업무를 하는 경우에는 상대방인 금융소비자가 일반금융소비자인지 전문금융소비자인지를 확인하여야 한다.
② 금융상품판매업자등은 일반금융소비자에게 다음 각 호의 금융상품 계약 체결을 권유(금융상품자문업자가 자문에 응하는 경우를 포함한다. 이하 이 조에서 같다)하는 경우에는 면담·질문 등을 통하여 다음 각 호의 구분에 따른 정보를 파악하고, 일반금융소비자로부터 서명(「전자서명법」 제2조제2호에 따른 전자서명을 포함한다. 이하 같다), 기명날인, 녹취 또는 그 밖에 대통령령으로 정하는 방법으로 확인을 받아 이를 유지·관리하여야 하며, 확인받은 내용을 일반금융소비자에게 지체 없이 제공하여야 한다.
1. 「보험업법」 제108조제1항제3호에 따른 변액보험 등 대통령령으로 정하는 보장성 상품
   가. 일반금융소비자의 연령
   나. 재산상황(부채를 포함한 자산 및 소득에 관한 사항을 말한다. 이하 같다)
   다. 보장성 상품 계약 체결의 목적
2. 투자성 상품(「자본시장과 금융투자업에 관한 법률」 제9조제27항에 따른 온라인소액투자중개의 대상이 되는 증권 등 대통령령으로 정하는 투자성 상품은 제외한다. 이하 이 조에서 같다) 및 운용 실적에 따라 수익률 등의 변동 가능성이 있는 금융상품으로서 대통령령으로 정하는 예금성 상품
   가. 일반금융소비자의 해당 금융상품 취득 또는 처분 목적

나. 재산상황
다. 취득 또는 처분 경험
3. 대출성 상품
가. 일반금융소비자의 재산상황
나. 신용 및 변제계획
4. 그 밖에 일반금융소비자에게 적합한 금융상품 계약의 체결을 권유하기 위하여 필요한 정보로서 대통령령으로 정하는 사항

③ 금융상품판매업자등은 제2항 각 호의 구분에 따른 정보를 고려하여 그 일반금융소비자에게 적합하지 아니하다고 인정되는 계약 체결을 권유해서는 아니 된다. 이 경우 적합성 판단 기준은 제2항 각 호의 구분에 따라 대통령령으로 정한다.

④ 제2항에 따라 금융상품판매업자등이 금융상품의 유형별로 파악하여야 하는 정보의 세부적인 내용은 대통령령으로 정한다.

⑤ 금융상품판매업자등이 「자본시장과 금융투자업에 관한 법률」 제249조의2에 따른 전문투자형 사모집합투자기구의 집합투자증권을 판매하는 경우에는 제1항부터 제3항까지의 규정을 적용하지 아니한다. 다만, 같은 법 제249조의2에 따른 적격투자자 중 일반금융소비자 등 대통령령으로 정하는 자가 대통령령으로 정하는 바에 따라 요청하는 경우에는 그러하지 아니하다.

⑥ 제5항에 따른 금융상품판매업자등은 같은 항 단서에 따라 대통령령으로 정하는 자에게 제1항부터 제3항까지의 규정의 적용을 별도로 요청할 수 있음을 대통령령으로 정하는 바에 따라 미리 알려야 한다.

제18조【적정성원칙】 ① 금융상품판매업자는 대통령령으로 각각 정하는 보장성 상품, 투자성 상품 및 대출성 상품에 대하여 일반금융소비자에게 계약 체결을 권유하지 아니하고 금융상품 판매 계약을 체결하려는 경우에는 미리 면담·질문 등을 통하여 다음 각 호의 구분에 따른 정보를 파악하여야 한다.
1. 보장성 상품 : 제17조제2항제1호 각 목의 정보
2. 투자성 상품 : 제17조제2항제2호 각 목의 정보
3. 대출성 상품 : 제17조제2항제3호 각 목의 정보
4. 금융상품판매업자가 금융상품 판매 계약이 일반금융소비자에게 적정한지를 판단하는 데 필요하다고 인정되는 정보로서 대통령령으로 정하는 사항

② 금융상품판매업자는 제1항 각 호의 구분에 따라 확인한 사항을 고려하여 해당 금융상품이 그 일반금융소비자에게 적정하지 아니하다고 판단되는 경우에는 대통령령으로 정하는 바에 따라 그 사실을 알리고, 그 일반금융소비자로부터 서명, 기명날인, 녹취, 그 밖에 대통령령으로 정하는 방법으로 확인을 받아야 한다. 이 경우 적정성 판단 기준은 제1항 각 호의 구분에 따라 대통령령으로 정한다.

③ 제1항에 따라 금융상품판매업자가 금융상품의 유형별로 파악하여야 하는 정보의 세부적인 내용은 대통령령으로 정한다.

④ 금융상품판매업자가 「자본시장과 금융투자업에 관한 법률」 제249조의2에 따른 전문투자형 사모집합투자기구의 집합투자증권을 판매하는 경우에는 제1항과 제2항을 적용하지 아니한다. 다만, 같은 법 제249조의2에 따른 적격투자자 중 일반금융소비자 등 대통령령으로 정하는 자가 대통령령으로 정하는 바에 따라 요청하는 경우에는 그러하지 아니하다.

⑤ 제4항에 따른 금융상품판매업자는 같은 항 단서에 따라 대통령령으로 정하는 자에게 제1항과 제2항의 적용을 별도로 요청할 수 있음을 대통령령으로 정하는 바에 따라 미리 알려야 한다.

제19조【설명의무】 ① 금융상품판매업자등은 일반금융소비자에게 계약 체결을 권유(금융상품자문업자가 자문에 응하는 것을 포함한다)하는 경우 및 일반금융소비자가 설명을 요청하는 경우에는 다음 각 호의 금융상품에 관한 중요한 사항(일반금융소비자가 특정 사항에 대한 설명만을 원하는 경우 해당 사항으로 한정한다)을 일반금융소비자가 이해할 수 있도록 설명하여야 한다.
1. 다음 각 목의 구분에 따른 사항
가. 보장성 상품
1) 보장성 상품의 내용
2) 보험료(공제료를 포함한다. 이하 같다)
3) 보험금(공제금을 포함한다. 이하 같다) 지급제한 사유 및 지급절차
4) 위험보장의 범위
5) 그 밖에 위험보장 기간 등 보장성 상품에 관한 중요한 사항으로서 대통령령으로 정하는 사항
나. 투자성 상품
1) 투자성 상품의 내용
2) 투자에 따른 위험
3) 대통령령으로 정하는 투자성 상품의 경우 대통령령으로 정하는 기준에 따라 금융상품직접판매업자가 정하는 위험등급
4) 그 밖에 금융소비자가 부담해야 하는 수수료 등 투자성 상품에 관한 중요한 사항으로서 대통령령으로 정하는 사항
다. 예금성 상품
1) 예금성 상품의 내용
2) 그 밖에 이자율, 수익률 등 예금성 상품에 관한 중요한 사항으로서 대통령령으로 정하는 사항
라. 대출성 상품
1) 금리 및 변동 여부, 중도상환수수료(금융소비자가 대출만기일이 도래하기 전 대출금의 전부 또는 일부를 상환하는 경우에 부과하는 수수료를 의미한다. 이하 같다) 부과 여부·기간 및 수수료율 등 대출성 상품의 내용
2) 상환방법에 따른 상환금액·이자율·시기
3) 저당권 등 담보권 설정에 관한 사항, 담보권 실행사유 및 담보권 실행에 따른 담보목적물의 소유권 상실 등 권리변동에 관한 사항
4) 대출원리금, 수수료 등 금융소비자가 대출계약을 체결하는 경우 부담하여야 하는 금액의 총액
5) 그 밖에 대출계약의 해지에 관한 사항 등 대출성 상품에 관한 중요한 사항으로서 대통령령으로 정하는 사항
2. 제1호 각 목의 금융상품과 연계되거나 제휴된 금융상품 또는 서비스 등(이하 "연계·제휴서비스등"이라 한다)이 있는 경우 다음 각 목의 사항
가. 연계·제휴서비스등의 내용
나. 연계·제휴서비스등의 이행책임에 관한 사항
다. 그 밖에 연계·제휴서비스등의 제공기간 등 연계·제휴서비스등에 관한 중요한 사항으로서 대통령령으로 정하는 사항
3. 제46조에 따른 청약 철회의 기한·행사방법·효과에 관한 사항
4. 그 밖에 금융소비자 보호를 위하여 대통령령으로 정하는 사항

② 금융상품판매업자등은 제1항에 따른 설명에 필요한 설명서를 일반금융소비자에게 제공하여야 하며, 설명한 내용을 일반금융소비자가 이해하였음을 서명, 기명날인, 녹취 또는 그 밖에 대통령령으로 정하는 방법으로 확인을 받아야 한다. 다만, 금융소비자 보호 및 건전한 거래질서를 해칠 우려가 없는 경우로서 대통령령으로 정하는 경우에는 설명서를 제공하지 아니할 수 있다.

③ 금융상품판매업자등은 제1항에 따른 설명을 할 때 일반금융소비자의 합리적인 판단 또는 금융상품의 가치에 중대한 영향을 미칠 수 있는 사항으로서 대통령령으로 정하는 사항을 거짓으로 또는 왜곡(불확실한 사항에 대하여 단정적 판단을 제공하거나 확실하다고 오인하게 할 소지가 있는 내용을 알리는 행위를 말한다)하여 설명하거나 대통령령으로 정하는 중요한 사항을 빠뜨려서는 아니 된다.

④ 제2항에 따른 설명서의 내용 및 제공 방법·절차에 관한 세부내용은 대통령령으로 정한다.

제20조【불공정영업행위의 금지】 ① 금융상품판매업자등은 우월적 지위를 이용하여 금융소비자의 권익을 침해하는 다음 각 호의 어느 하나에 해당하는 행위(이하 "불공정영업행위"라 한다)를 해서는 아니 된다.
1. 대출성 상품, 그 밖에 대통령령으로 정하는 금융상품에 관한 계약체결과 관련하여 금융소비자의 의사에 반하여 다른 금융상품의 계약체결을 강요하는 행위
2. 대출성 상품, 그 밖에 대통령령으로 정하는 금융상품에 관한 계약체결과 관련하여 부당하게 담보를 요구하거나 보증을 요구하는 행위
3. 금융상품판매업자등 또는 그 임직원이 업무와 관련하여 편익을 요구하거나 제공받는 행위
4. 대출성 상품의 경우 다음 각 목의 어느 하나에 해당하는 행위
가. 자기 또는 제3자의 이익을 위하여 금융소비자에게 특정 대출 상환방식을 강요하는 행위
나. 1)부터 3)까지의 경우를 제외하고 수수료, 위약금 또는 그 밖에 어떤 명목이든 중도상환수수료를 부과하는 행위
1) 대출계약이 성립한 날부터 3년 이내에 상환하는 경우
2) 다른 법령에 따라 중도상환수수료 부과가 허용되는 경우
3) 금융소비자 보호 및 건전한 거래질서를 해칠 우려가 없는 행위로서 대통령령으로 정하는 경우
다. 개인에 대한 대출 등 대통령령으로 정하는 대출상품의 계약과 관련하여 제3자의 연대보증을 요구하는 경우
5. 연계·제휴서비스등이 있는 경우 연계·제휴서비스등을 부당하게 축소하거나 변경하는 행위로서 대통령령으로 정하는 행위. 다만, 연계·제휴서비스등을 불가피하게 축소하거나 변경하더라도 금융소비자에게 그에 상응하는 다른 연계·제휴서비스등을 제공하는 경우와 금융상품판매업자등의 휴업·파산·경영상의 위기 등에 따른 불가피한 경우는 제외한다.
6. 그 밖에 금융상품판매업자등이 우월적 지위를 이용하여 금융소비자의 권익을 침해하는 행위

② 불공정영업행위에 관하여 구체적인 유형 또는 기준은 대통령령으로 정한다.

제21조【부당권유행위 금지】 금융상품판매업자등은 계약 체결을 권유(금융상품자문업자가 자문에 응하는 것을 포함한다. 이하 이 조에서 같다)하는 경우에 다음 각 호의 어느 하나에 해당하는 행위를 해서는 아니 된다. 다만, 금융소비자 보호 및 건전한 거래질서를 해칠 우려가 없는 행위로서 대통령령으로 정하는 행위는 제외한다.
1. 불확실한 사항에 대하여 단정적 판단을 제공하거나 확실하다고 오인하게 할 소지가 있는 내용을 알리는 행위
2. 금융상품의 내용을 사실과 다르게 알리는 행위
3. 금융상품의 가치에 중대한 영향을 미치는 사항을 미리 알고 있으면서 금융소비자에게 알리지 아니하는 행위
4. 금융상품 내용의 일부에 대하여 비교대상 및 기준을 밝히지 아니하거나 객관적인 근거 없이 다른 금융상품과 비교하여 해당 금융상품이 우수하거나 유리하다고 알리는 행위
5. 보장성 상품의 경우 다음 각 목의 어느 하나에 해당하는 행위
가. 금융소비자(이해관계인으로서 대통령령으로 정하는 자를 포함한다. 이하 이 호에서 같다)가 보장성 상품 계약의 중요한 사항을 금융상품직접판매업자에게 알리는 것을 방해하거나 알리지 아니할 것을 권유하는 행위
나. 금융소비자가 보장성 상품 계약의 중요한 사항에 대하여 부실하게 금융상품직접판매업자에게 알릴 것을 권유하는 행위
6. 투자성 상품의 경우 다음 각 목의 어느 하나에 해당하는 행위
가. 금융소비자로부터 계약의 체결권유를 해줄 것을 요청받지 아니하고 방문·전화 등 실시간 대화의 방법을 이용하는 행위
나. 계약의 체결권유를 받은 금융소비자가 이를 거부하는 취지의 의사를 표시하였는데도 계약의 체결권유를 계속하는 행위
7. 그 밖에 금융소비자 보호 또는 건전한 거래질서를 해칠 우려가 있는 행위로서 대통령령으로 정하는 행위

제21조의2【방문판매 및 전화권유판매 관련 준수사항】 ① 금융상품판매업자등은 서면, 전자문서 또는 구두에 의한 방법으로 다음 각 호의 사항을 일반금융소비자에게 알려야 한다.
1. 일반금융소비자가 금융상품판매업자등에 대하여 금융상품을 소개하거나 계약 체결을 권유할 목적으로 본인에게 연락하는 것을 금지하도록 요구할 수 있다는 사항
2. 제1호에 따른 권리의 행사방법 및 절차

② 금융상품판매업자등은 일반금융소비자가 제1항제1호의 요구를 하면 즉시 이에 따라야 한다.

③ 금융상품판매업자등은 금융상품을 소개하거나 계약 체결을 권유할 목적으로 야간(오후 9시 이후부터 다음 날 오전 8시까지를 말한다)에 금융소비자를 방문하거나 연락하여서는 아니 된다. 다만, 금융소비자가 요청하는 경우에는 제외한다.

④ 금융상품판매업자등은 대통령령으로 정하는 바에 따라 제2항에 따른 의무를 이행하기 위한 시스템을 갖추어야 한다.

⑤ 금융위원회는 제2항 또는 제3항의 위반 여부를 확인하기 위하여 금융상품판매업자등에 대하여 통신기록 등의 제출 또는 열람을 요청할 수 있다.

⑥ 그 밖에 제1항부터 제4항까지와 관련된 구체적인 내용 및 절차에 관하여 필요한 세부사항은 대통령령으로 정한다.
(2023.7.11 본조신설)

제22조【금융상품등에 관한 광고 관련 준수사항】 ① 금융상품판매업자등이 아닌 자 및 투자성 상품에 관한 금융상품판매대리·중개업자 등 대통령령으로 정하는 금융상품판매업자등은 금융상품판매업자등의 업무에 관한 광고 또는 금융상품에 관한 광고(이하 "금융상품등에 관한 광고"라 한다)를 해서는 아니 된다. 다만, 다음 각 호의 어느 하나에 해당하는 기관(이하 "협회등"이라 한다), 그 밖에 금융상품판매업자등이 아닌 자로서 금융상품판매업자등을 자회사 또는 손자회사로 하는 금융지주회사 등 대통령령으로 정하는 자는 금융상품등에 관한 광고를 할 수 있다.
1. 「자본시장과 금융투자업에 관한 법률」 제283조에 따라 설립된 한국금융투자협회
2. 「보험업법」 제175조에 따라 설립된 보험협회 중 생명보험회사로 구성된 협회
3. 「보험업법」 제175조에 따라 설립된 보험협회 중 손해보험회사로 구성된 협회
4. 「상호저축은행법」 제25조에 따라 설립된 상호저축은행중앙회
5. 「여신전문금융업법」 제62조에 따라 설립된 여신전문금융업협회
6. 그 밖에 제1호부터 제5호까지의 기관에 준하는 기관으로서 대통령령으로 정하는 기관

② 금융상품판매업자등(제1항 단서에 해당하는 자를 포함한다. 이하 이 조에서 같다)이 금융상품등에 관한 광고를 하는 경우에는 금융소비자가 금융상품의 내용을 오해하지 아니하도록 명확하고 공정하게 전달하여야 한다.

③ 금융상품판매업자등이 하는 금융상품등에 관한 광고에는 다음 각 호의 내용이 포함되어야 한다. 다만, 제17조제5항 본문에 따른 투자성 상품에 관한 광고에 대해서는 그러하지 아니하다.
1. 금융상품에 관한 계약을 체결하기 전에 금융상품 설명서 및 약관을 읽어 볼 것을 권유하는 내용
2. 금융상품판매업자등의 명칭, 금융상품의 내용
3. 다음 각 목의 구분에 따른 내용

가. 보장성 상품의 경우 : 기존에 체결했던 계약을 해지하고 다른 계약을 체결하는 경우에는 계약체결의 거부 또는 보험료 등 금융소비자의 지급비용(이하 이 조에서 "보험료등"이라 한다)이 인상되거나 보장내용이 변경될 수 있다는 사항
나. 투자성 상품의 경우
1) 투자에 따른 위험
2) 과거 운용실적을 포함하여 광고를 하는 경우에는 그 운용실적이 미래의 수익률을 보장하는 것이 아니라는 사항
다. 예금성 상품의 경우 : 만기지급금 등을 예시하여 광고하는 경우에는 해당 예시된 지급금 등이 미래의 수익을 보장하는 것이 아니라는 사항(만기 시 지급금이 변동하는 예금성 상품으로서 대통령령으로 정하는 금융상품의 경우에 한정한다)
라. 대출성 상품의 경우 : 대출조건
4. 그 밖에 금융소비자 보호를 위하여 대통령령으로 정하는 내용
④ 금융상품판매업자등이 금융상품등에 관한 광고를 하는 경우 다음 각 호의 구분에 따른 행위를 해서는 아니 된다.
1. 보장성 상품
가. 보장한도, 보장 제한 조건, 면책사항 또는 감액지급 사항 등을 빠뜨리거나 충분히 고지하지 아니하여 제한 없이 보장을 받을 수 있는 것으로 오인하게 하는 행위
나. 보험금이 큰 특정 내용만을 강조하거나 고액 보장 사례 등을 소개하여 보장내용이 큰 것으로 오인하게 하는 행위
다. 보험료를 일(日) 단위로 표시하거나 보험료의 산출기준을 불충분하게 설명하는 등 보험료등이 저렴한 것으로 오인하게 하는 행위
라. 만기 시 자동갱신되는 보장성 상품의 경우 갱신 시 보험료등이 인상될 수 있음을 금융소비자가 인지할 수 있도록 충분히 고지하지 아니하는 행위
마. 금리 및 투자실적에 따라 만기환급금이 변동될 수 있는 보장성 상품의 경우 만기환급금이 보장성 상품의 만기일에 확정적으로 지급되는 것으로 오인하게 하는 행위 등 금융소비자 보호를 위하여 대통령령으로 정하는 행위
2. 투자성 상품
가. 손실보전(損失補塡) 또는 이익보장이 되는 것으로 오인하게 하는 행위. 다만, 금융소비자를 오인하게 할 우려가 없는 경우로서 대통령령으로 정하는 경우는 제외한다.
나. 대통령령으로 정하는 투자성 상품에 대하여 해당 투자성 상품의 특성을 고려하여 대통령령으로 정하는 사항 외의 사항을 광고에 사용하는 행위
다. 수익률이나 운용실적을 표시하는 경우 수익률이나 운용실적이 좋은 기간의 수익률이나 운용실적만을 표시하는 행위 등 금융소비자 보호를 위하여 대통령령으로 정하는 행위
3. 예금성 상품
가. 이자율의 범위·산정방법, 이자의 지급·부과 시기 및 부수적 혜택·비용을 명확히 표시하지 아니하여 금융소비자가 오인하게 하는 행위
나. 수익률이나 운용실적을 표시하는 경우 수익률이나 운용실적이 좋은 기간의 것만을 표시하는 행위 등 금융소비자 보호를 위하여 대통령령으로 정하는 행위
4. 대출성 상품
가. 대출이자율의 범위·산정방법, 대출이자의 지급·부과 시기 및 부수적 혜택·비용을 명확히 표시하지 아니하여 금융소비자가 오인하게 하는 행위
나. 대출이자를 일 단위로 표시하여 대출이자가 저렴한 것으로 오인하게 하는 행위 등 금융소비자 보호를 위하여 대통령령으로 정하는 행위
⑤ 금융상품등에 관한 광고를 할 때 「표시·광고의 공정화에 관한 법률」 제4조제1항에 따른 표시·광고사항이 있는 경우에는 같은 법에서 정하는 바에 따른다.
⑥ 협회등은 금융상품판매업자등의 금융상품등에 관한 광고와 관련하여 대통령령으로 정하는 바에 따라 제1항부터 제4항까지의 광고 관련 기준을 준수하는지를 확인하고 그 결과에 대한 의견을 해당 금융상품판매업자등에게 통보할 수 있다.
⑦ 제2항부터 제4항까지의 규정과 관련된 구체적인 내용 및 광고의 방법과 절차는 대통령령으로 정한다.
제23조【계약서류의 제공의무】 ① 금융상품직접판매업자 및 금융상품자문업자는 금융소비자와 금융상품 또는 금융상품자문에 관한 계약을 체결하는 경우 금융상품의 유형별로 대통령령으로 정하는 계약서류를 금융소비자에게 지체 없이 제공하여야 한다. 다만, 계약내용 등이 금융소비자 보호를 해칠 우려가 없는 경우로서 대통령령으로 정하는 경우에는 계약서류를 제공하지 아니할 수 있다.
② 제1항에 따른 계약서류의 제공 사실 또는 계약체결 사실 및 그 시기에 관하여 금융소비자와 다툼이 있는 경우에는 금융상품직접판매업자 및 금융상품자문업자가 이를 증명하여야 한다.(2023.7.11 본항개정)
③ 제1항에 따른 계약서류 제공의 방법 및 절차는 대통령령으로 정한다.

제3절 금융상품판매업자등의 업종별 영업행위 준수사항

제24조【미등록자를 통한 금융상품판매 대리·중개 금지】 금융상품판매업자는 금융상품판매대리·중개업자가 아닌 자에게 금융상품계약체결등을 대리하거나 중개하게 해서는 아니 된다.
제25조【금융상품판매대리·중개업자의 금지행위】 ① 금융상품판매대리·중개업자는 다음 각 호의 어느 하나에 해당하는 행위를 해서는 아니 된다.
1. 금융소비자로부터 투자금, 보험료 등 계약의 이행으로서 급부를 받는 행위. 다만, 금융상품직접판매업자로부터 급부 수령에 관한 권한을 부여받은 경우로서 대통령령으로 정하는 행위는 제외한다.
2. 금융상품판매대리·중개업자가 대리·중개하는 업무를 제3자에게 하게 하거나 그러한 행위에 관하여 수수료·보수나 그 밖의 대가를 지급하는 행위. 다만, 금융상품직접판매업자의 이익과 상충되지 아니하고 금융소비자 보호를 해치지 아니하는 경우로서 대통령령으로 정하는 행위는 제외한다.
3. 그 밖에 금융소비자 보호 또는 건전한 거래질서를 해칠 우려가 있는 행위로서 대통령령으로 정하는 행위
② 금융상품판매대리·중개업자는 금융상품판매 대리·중개 업무를 수행할 때 금융상품직접판매업자로부터 정해진 수수료 외의 금품, 그 밖의 재산상 이익을 요구하거나 받아서는 아니 된다.
③ 제2항의 수수료의 범위, 재산상 이익의 내용에 관한 구체적인 사항은 대통령령으로 정한다.
제26조【금융상품판매대리·중개업자의 고지의무 등】 ① 금융상품판매대리·중개업자는 금융상품판매 대리·중개 업무를 수행할 때 금융소비자에게 다음 각 호의 사항 모두를 미리 알려야 한다.
1. 금융상품판매대리·중개업자가 대리·중개하는 금융상품직접판매업자의 명칭 및 업무 내용
2. 하나의 금융상품직접판매업자만을 대리하거나 중개하는 금융상품판매대리·중개업자인지 여부
3. 금융상품직접판매업자로부터 금융상품 계약체결권을 부여받지 아니한 금융상품판매대리·중개업자의 경우 자신이 금융상품계약을 체결할 권한이 없다는 사실
4. 제44조와 제45조에 따른 손해배상책임에 관한 사항
5. 그 밖에 금융소비자 보호 또는 건전한 거래질서를 위하여 대통령령으로 정하는 사항
② 금융상품판매대리·중개업자는 금융상품판매 대리·중개 업무를 수행할 때 자신이 금융상품판매대리·중개업자라는 사실을 나타내는 표지를 게시하거나 증표를 금융소비자에게 보여 주어야 한다.
③ 제2항에 따른 표지 게시 및 증표 제시에 관한 구체적인 사항은 대통령령으로 정한다.
제27조【금융상품자문업자의 영업행위준칙 등】 ① 금융상품자문업자는 금융소비자에 대하여 선량한 관리자의 주의로 자문에 응하여야 한다.
② 금융상품자문업자는 금융소비자의 이익을 보호하기 위하여 자문업무를 충실하게 수행하여야 한다.
③ 금융상품자문업자는 자문업무를 수행하는 과정에서 다음 각 호의 사항을 금융소비자에게 알려야 하며, 자신이 금융상품자문업자라는 사실을 나타내는 표지를 게시하거나 증표를 금융소비자에게 내보여야 한다.
1. 제12조제2항제6호 각 목의 요건을 갖춘 자(이하 이 조에서 "독립금융상품자문업자"라 한다)인지 여부
2. 금융상품판매업자로부터 자문과 관련한 재산상 이익을 제공받는 경우 그 재산상 이익의 종류 및 규모. 다만, 경미한 재산상 이익으로서 대통령령으로 정하는 경우는 제외한다.
3. 금융상품판매업을 겸영하는 경우 자신과 금융상품계약체결등 업무의 위탁관계에 있는 금융상품판매업자의 명칭 및 위탁 내용
4. 자문업무를 제공하는 금융상품의 범위
5. 자문업무의 제공 절차
6. 그 밖에 금융소비자 권익 보호 또는 건전한 거래질서를 위하여 대통령령으로 정하는 사항
④ 독립금융상품자문업자가 아닌 자는 "독립"이라는 문자 또는 이와 같은 의미를 가지고 있는 외국어 문자로서 대통령령으로 정하는 문자(이하 "독립문자"라 한다)를 명칭이나 광고에 사용할 수 없다.
⑤ 독립금융상품자문업자는 다음 각 호의 어느 하나에 해당하는 행위를 해서는 아니 된다.
1. 금융소비자의 자문에 대한 응답과 관련하여 금융상품판매업자(임직원을 포함한다)로부터 재산상 이익을 받는 행위. 다만, 금융상품판매업자의 자문에 응하여 그 대가를 받는 경우 등 대통령령으로 정하는 경우는 제외한다.
2. 그 밖에 금융소비자와의 이해상충이 발생할 수 있는 행위로서 대통령령으로 정하는 행위
제28조【자료의 기록 및 유지·관리 등】 ① 금융상품판매업자등은 금융상품판매업등의 업무와 관련한 자료로서 대통령령으로 정하는 자료를 기록하여야 하며, 자료의 종류별로 대통령령으로 정하는 기간 동안 유지·관리하여야 한다.
② 금융상품판매업자등은 제1항에 따라 기록 및 유지·관리하여야 하는 자료가 멸실 또는 위조되거나 변조되지 아니하도록 적절한 대책을 수립·시행하여야 한다.
③ 금융소비자는 제36조에 따른 분쟁조정 또는 소송의 수행 등 권리구제를 위한 목적으로 제1항에 따라 금융상품판매업자등이 기록 및 유지·관리하는 자료의 열람(사본의 제공 또는 청취를 포함한다. 이하 이 조에서 같다)을 요구할 수 있다.
④ 금융상품판매업자등은 제3항에 따른 열람을 요구받았을 때에는 해당 자료의 유형에 따라 요구받은 날부터 10일 이내의 범위에서 대통령령으로 정하는 기간 내에 금융소비자가 해당 자료를 열람할 수 있도록 하여야 한다. 이 경우 해당 기간 내에 열람할 수 없는 정당한 사유가 있을 때에는 금융소비자에게 그 사유를 알리고 열람을 연기할 수 있으며, 그 사유가 소멸하면 지체 없이 열람하게 하여야 한다.
⑤ 금융상품판매업자등은 다음 각 호의 어느 하나에 해당하는 경우에는 금융소비자에게 그 사유를 알리고 열람을 제한하거나 거절할 수 있다.
1. 법령에 따라 열람을 제한하거나 거절할 수 있는 경우
2. 다른 사람의 생명·신체를 해칠 우려가 있거나 다른 사람의 재산과 그 밖의 이익을 부당하게 침해할 우려가 있는 경우
3. 그 밖에 열람으로 인하여 해당 금융회사의 영업비밀(「부정경쟁방지 및 영업비밀보호에 관한 법률」 제2조제2호에 따른 영업비밀을 말한다)이 현저히 침해되는 등 열람하기 부적절한 경우로서 대통령령으로 정하는 경우
⑥ 금융상품판매업자등은 금융소비자가 열람을 요구하는 경우 대통령령으로 정하는 바에 따라 수수료와 우송료(사본의 우송을 청구하는 경우만 해당한다)를 청구할 수 있다.
⑦ 제3항 및 제4항에 반하는 특약으로서 일반금융소비자에게 불리한 것은 무효로 한다.(2023.7.11 본항신설)
⑧ 제3항부터 제5항까지의 규정에 따른 열람의 요구·제한, 통지 등의 방법 및 절차에 관하여 필요한 사항은 대통령령으로 정한다.

제5장 금융소비자 보호

제1절 금융소비자정책 수립 및 금융교육 등

제29조【금융소비자 보호】 ① 금융위원회는 금융소비자의 권익 보호와 금융상품판매업등의 건전한 시장질서 구축을 위하여 금융소비자정책을 수립하여야 한다.
② 금융위원회는 금융소비자의 권익 증진, 건전한 금융생활 지원 및 금융소비자의 금융역량 향상을 위하여 노력하여야 한다.
제30조【금융교육】 ① 금융위원회는 금융교육을 통하여 금융소비자가 금융에 관한 높은 이해력을 바탕으로 합리적인 의사결정을 내리고 이를 기반으로 하여 장기적으로 금융복지를 누릴 수 있도록 노력하여야 하며, 예산의 범위에서 이에 필요한 지원을 할 수 있다.
② 금융위원회는 금융환경 변화에 따라 금융소비자의 금융역량 향상을 위한 교육프로그램을 개발하여야 한다.
③ 금융위원회는 금융교육과 학교교육·평생교육을 연계하여 금융교육의 효과를 높이기 위한 시책을 수립·시행하여야 한다.
④ 금융위원회는 3년마다 금융소비자의 금융역량에 관한 조사를 하고, 그 결과를 금융교육에 관한 정책 수립에 반영하여야 한다.
⑤ 금융위원회는 제2항부터 제4항까지의 규정에 따른 금융교육에 관한 업무를 대통령령으로 정하는 바에 따라 금융감독원(「금융위원회의 설치 등에 관한 법률」에 따른 금융감독원을 말한다. 이하 같다)의 장(이하 "금융감독원장"이라 한다) 또는 금융교육 관련 기관·단체에 위탁할 수 있다.
제31조【금융교육협의회】 ① 금융교육에 대한 정책을 심의·의결하기 위하여 금융위원회에 금융교육협의회(이하 "협의회"라 한다)를 둔다.
② 협의회는 다음 각 호의 사항을 심의·의결한다.
1. 금융교육의 종합적 추진에 관한 사항
2. 금융소비자 교육과 관련한 평가, 제도개선 및 부처 간 협력에 관한 사항
3. 그 밖에 의장이 금융소비자의 금융역량 강화를 위하여 토의에 부치는 사항
③ 협의회는 의장 1명을 포함하여 25명 이내의 위원으로 구성한다.
④ 협의회의 의장은 금융위원회 부위원장이 된다.
⑤ 협의회의 위원은 다음 각 호의 사람이 된다.
1. 금융위원회, 공정거래위원회, 기획재정부, 교육부, 행정안전부, 고용노동부 등 금융교육과 관련 있는 대통령령으로 정하는 관계 행정기관의 고위공무원단에 속하는 공무원으로서 소속 기관의 장이 지명하는 사람
2. 금융소비자보호 업무를 담당하는 금융감독원의 부원장
⑥ 협의회는 제2항에 따른 심의·의결을 위하여 필요한 경우 관련 자료의 제출을 제5항 각 호의 기관에 요구할 수 있다.
⑦ 제1항부터 제6항까지에서 규정한 사항 외에 협의회의 구성 및 운영에 필요한 사항은 대통령령으로 정한다.

제32조【금융상품 비교공시 등】 ① 금융위원회는 금융소비자가 금융상품의 주요 내용을 알기 쉽게 비교할 수 있도록 제3조에 따른 금융상품의 유형별로 금융상품의 주요 내용을 비교하여 공시할 수 있다.
② 금융감독원장은 대통령령으로 정하는 금융상품판매업자등의 금융소비자 보호실태를 평가하고 그 결과를 공표할 수 있다.
③ 대통령령으로 정하는 금융상품판매업자등은 금융소비자 불만 예방 및 신속한 사후구제를 통하여 금융소비자를 보호하기 위하여 그 임직원이 직무를 수행할 때 준수하여야 할 기본적인 절차와 기준(이하 "금융소비자보호기준"이라 한다)을 정하여야 한다.
④ 제1항에 따른 비교공시 대상 금융상품의 범위, 내용 및 절차, 제2항에 따른 금융소비자 보호실태 내용 및 평가와 공표의 절차, 제3항에 따른 금융소비자보호기준의 내용 및 절차에 관하여 필요한 사항은 대통령령으로 정한다.

제2절 금융분쟁의 조정

제33조【분쟁조정기구】「금융위원회의 설치 등에 관한 법률」 제38조 각 호의 기관(이하 "조정대상기관"이라 한다), 금융소비자 및 그 밖의 이해관계인 사이에 발생하는 금융 관련 분쟁의 조정에 관한 사항을 심의·의결하기 위하여 금융감독원에 금융분쟁조정위원회를 둔다.
제34조【조정위원회의 구성】 ① 제33조에 따른 금융분쟁조정위원회(이하 "조정위원회"라 한다)는 위원장 1명을 포함하여 35명 이내의 위원으로 구성한다.
② 조정위원회 위원장은 금융감독원장이 소속 부원장 중에서 지명한다.
③ 조정위원회 위원은 금융감독원장이 소속 부원장보 중에서 지명하는 사람 및 다음 각 호의 어느 하나에 해당하는 사람 중에서 성별을 고려하여 금융감독원장이 위촉한 사람으로 한다.
1. 판사·검사 또는 변호사 자격이 있는 사람
2. 「소비자기본법」에 따른 한국소비자원 및 같은 법에 따라 등록한 소비자단체의 임원, 임원으로 재직하였던 사람 또는 15년 이상 근무한 경력이 있는 사람
3. 조정대상기관 또는 금융 관계 기관·단체에서 15년 이상 근무한 경력이 있는 사람
4. 금융 또는 소비자 분야에 관한 학식과 경험이 있는 사람
5. 전문의(專門醫) 자격이 있는 의사
6. 그 밖에 분쟁조정과 관련하여 금융감독원장이 필요하다고 인정하는 사람
④ 제3항 각 호의 위원의 임기는 2년으로 한다.
⑤ 조정위원회 위원장이 부득이한 사유로 직무를 수행할 수 없을 때에는 금융감독원장이 지명하는 조정위원회 위원이 직무를 대행한다.
⑥ 조정위원회의 위원 중 공무원이 아닌 위원은 「형법」 제129조부터 제132조까지의 규정을 적용할 때에는 공무원으로 본다.
제35조【조정위원회 위원의 지명철회·위촉해제】 금융감독원장은 조정위원회 위원이 다음 각 호의 어느 하나에 해당하는 경우에는 해당 위원의 지명을 철회하거나 해당 위원의 위촉을 해제할 수 있다.
1. 심신장애로 인하여 직무를 수행할 수 없게 된 경우
2. 직무와 관련된 비위사실이 있는 경우
3. 직무태만, 품위손상이나 그 밖의 사유로 위원에 적합하지 아니하다고 인정되는 경우
4. 제38조제1항 각 호의 어느 하나에 해당함에도 불구하고 회피하지 아니한 경우
5. 위원 스스로 직무를 수행하기 어렵다는 의사를 밝히는 경우
제36조【분쟁의 조정】 ① 조정대상기관, 금융소비자 및 그 밖의 이해관계인은 금융과 관련하여 분쟁이 있을 때에는 금융감독원장에게 분쟁조정을 신청할 수 있다.
② 금융감독원장은 제1항에 따른 분쟁조정 신청을 받았을 때에는 관계 당사자에게 그 내용을 통지하고 합의를 권고할 수 있다. 다만, 분쟁조정의 신청내용이 다음 각 호의 어느 하나에 해당하는 경우에는 합의를 권고하지 아니하거나 제4항에 따른 조정위원회에의 회부를 하지 아니할 수 있다.
1. 신청한 내용이 분쟁조정대상으로서 적합하지 아니하다고 금융감독원장이 인정하는 경우
2. 신청한 내용이 관련 법령 또는 객관적인 증명자료 등에 따라 합의권고절차 또는 조정절차를 진행할 실익이 없는 경우
3. 그 밖에 제1호나 제2호에 준하는 사유로서 대통령령으로 정하는 경우
③ 금융감독원장은 제2항 각 호 외의 부분 단서에 따라 합의권고를 하지 아니하거나 조정위원회에 회부하지 아니할 때에는 그 사실을 관계 당사자에게 서면으로 통지하여야 한다.
④ 금융감독원장은 분쟁조정 신청을 받은 날부터 30일 이내에 제2항 각 호 외의 부분 본문에 따른 합의가 이루어지지 아니할 때에는 지체 없이 조정위원회에 회부하여야 한다.
⑤ 조정위원회는 제4항에 따라 조정을 회부받았을 때에는 이를 심의하여 조정안을 60일 이내에 작성하여야 한다.
⑥ 금융감독원장은 조정위원회가 조정안을 작성하였을 때에는 신청인과 관계 당사자에게 제시하고 수락을 권고할 수 있다.
⑦ 신청인과 관계 당사자가 제6항에 따라 조정안을 제시받은 날부터 20일 이내에 조정안을 수락하지 아니한 경우에는 조정안을 수락하지 아니한 것으로 본다.
제37조【조정위원회의 회의】 ① 조정위원회의 회의는 조정위원회 위원장과 조정위원회 위원장이 회의마다 지명하는 6명 이상 10명 이하의 조정위원회 위원으로 구성하며, 회의는 조정위원회 위원장이 소집한다.
② 조정위원회는 제1항에 따른 구성원 과반수의 출석과 출석위원 과반수의 찬성으로 의결한다.
제38조【위원의 제척·기피 및 회피】 ① 조정위원회 위원은 다음 각 호의 어느 하나에 해당하는 경우에는 그 분쟁조정신청사건(이하 "사건"이라 한다)의 심의·의결에서 제척(除斥)된다.
1. 위원이나 그 배우자 또는 배우자였던 사람이 해당 사건의 당사자(당사자가 법인·단체 등인 경우에는 그 임원을 포함한다. 이하 이 호 및 제2호에서 같다)가 되거나 그 사건의 당사자와 공동권리자 또는 공동의무자인 경우
2. 위원이 해당 사건의 당사자와 친족이거나 친족이었던 경우
3. 위원이 해당 사건의 당사자인 법인 또는 단체(계열회사등을 포함한다. 이하 이 항에서 같다)에 속하거나 조정신청일 전 최근 5년 이내에 속하였던 경우
4. 위원 또는 위원이 속한 법인 또는 단체, 사무소가 해당 사건에 관하여 증언·법률자문 또는 손해사정 등을 한 경우
5. 위원 또는 위원이 속한 법인 또는 단체, 사무소가 해당 사건에 관하여 당사자의 대리인으로서 관여하거나 관여하였던 경우
② 당사자는 위원에게 공정한 심의·의결을 기대하기 어려운 사정이 있는 경우에는 조정위원회 위원장에게 기피(忌避)신청을 할 수 있으며, 조정위원회 위원장은 기피신청이 타당하다고 인정할 때에는 기피의 결정을 한다.
③ 위원이 제1항 각 호의 제척 사유에 해당하는 경우에는 스스로 그 사건의 심의·의결에서 회피(回避)하여야 한다.
제39조【조정의 효력】 양 당사자가 제36조제5항에 따른 조정안을 수락한 경우 해당 조정안은 재판상 화해와 동일한 효력을 갖는다.
제40조【시효의 중단】 ① 제36조제1항에 따른 분쟁조정의 신청은 시효중단의 효력이 있다. 다만, 같은 조 제2항 단서에 따라 합의권고를 하지 아니하거나 조정위원회에 회부하지 아니할 때에는 그러하지 아니하다.
② 제1항 단서의 경우에 1개월 이내에 재판상의 청구, 파산절차참가, 압류 또는 가압류, 가처분을 한 때에는 시효는 최초의 분쟁조정의 신청으로 인하여 중단된 것으로 본다.
③ 제1항 본문에 따라 중단된 시효는 다음 각 호의 어느 하나에 해당하는 때부터 새로이 진행한다.
1. 양 당사자가 조정안을 수락한 경우
2. 분쟁조정이 이루어지지 아니하고 조정절차가 종료된 경우
제41조【소송과의 관계】 ① 조정이 신청된 사건에 대하여 신청 전 또는 신청 후 소가 제기되어 소송이 진행 중일 때에는 수소법원(受訴法院)은 조정이 있을 때까지 소송절차를 중지할 수 있다.
② 조정위원회는 제1항에 따라 소송절차가 중지되지 아니하는 경우에는 해당 사건의 조정절차를 중지하여야 한다.
③ 조정위원회는 조정이 신청된 사건과 동일한 원인으로 다수인이 관련되는 동종·유사 사건에 대한 소송이 진행중인 경우에는 조정위원회의 결정으로 조정절차를 중지할 수 있다.
제42조【소액분쟁사건에 관한 특례】 조정대상기관은 다음 각 호의 요건 모두를 총족하는 분쟁사건(이하 "소액분쟁사건"이라 한다)에 대하여 조정절차가 개시된 경우에는 제36조제6항에 따라 조정안을 제시받기 전에는 소를 제기할 수 없다. 다만, 제36조제3항에 따라 서면통지를 받거나 제36조제5항에서 정한 기간 내에 조정안을 제시받지 못한 경우에는 그러하지 아니하다.
1. 일반금융소비자가 신청한 사건일 것
2. 조정을 통하여 주장하는 권리나 이익의 가액이 2천만원 이내에서 대통령령으로 정하는 금액 이하일 것
제43조【조정위원회의 운영 등】 조정위원회의 구성·운영 및 분쟁조정 절차에 관하여 필요한 사항은 대통령령으로 정한다.

제3절 손해배상책임 등

제44조【금융상품판매업자등의 손해배상책임】 ① 금융상품판매업자등이 고의 또는 과실로 이 법을 위반하여 금융소비자에게 손해를 발생시킨 경우에는 그 손해를 배상할 책임이 있다.
② 금융상품판매업자등이 제19조를 위반하여 금융소비자에게 손해를 발생시킨 경우에는 그 손해를 배상할 책임을 진다. 다만, 그 금융상품판매업자등이 고의 및 과실이 없음을 입증한 경우에는 그러하지 아니하다.
제45조【금융상품직접판매업자의 손해배상책임】 ① 금융상품직접판매업자는 금융상품계약체결등의 업무를 대리·중개한 금융상품판매대리·중개업자(제25조제1항 제2호 단서에서 정하는 바에 따라 대리·중개하는 제3자를 포함하고, 「보험업법」 제2조제11호에 따른 보험중개사는 제외한다) 또는 「보험업법」 제83조제1항제4호에 해당하는 임원 또는 직원(이하 이 조에서 "금융상품판매대리·중개업자등"이라 한다)이 대리·중개 업무를 할 때 금융소비자에게 손해를 발생시킨 경우에는 그 손해를 배상할 책임이 있다. 다만, 금융상품직접판매업자가 금융상품판매대리·중개업자등의 선임과 그 업무 감독에 대하여 적절한 주의를 하였고 손해를 방지하기 위하여 노력한 경우에는 그러하지 아니하다.
② 제1항 본문에 따른 금융상품직접판매업자의 손해배상책임은 금융상품판매대리·중개업자등에 대한 금융상품직접판매업자의 구상권 행사를 방해하지 아니한다.
제46조【청약의 철회】 ① 금융상품판매업자등과 대통령령으로 각각 정하는 보장성 상품, 투자성 상품, 대출성 상품 또는 금융상품자문에 관한 계약의 청약을 한 일반금융소비자는 다음 각 호의 구분에 따른 기간(거래 당사자 사이에 다음 각 호의 기간보다 긴 기간으로 약정한 경우에는 그 기간) 내에 청약을 철회할 수 있다.
1. 보장성 상품 : 일반금융소비자가 「상법」 제640조에 따른 보험증권을 받은 날부터 15일과 청약을 한 날부터 30일 중 먼저 도래하는 기간
2. 투자성 상품, 금융상품자문 : 다음 각 목의 어느 하나에 해당하는 날부터 7일
가. 제23조제1항 본문에 따라 계약서류를 제공받은 날
나. 제23조제1항 단서에 따른 경우 계약체결일
3. 대출성 상품 : 다음 각 목의 어느 하나에 해당하는 날〔다음 각 목의 어느 하나에 해당하는 날보다 계약에 따른 금전·재화·용역(이하 이 조에서 "금전·재화등"이라 한다)의 지급이 늦게 이루어진 경우에는 그 지급일〕부터 14일
가. 제23조제1항 본문에 따라 계약서류를 제공받은 날
나. 제23조제1항 단서에 따른 경우 계약체결일
② 제1항에 따른 청약의 철회는 다음 각 호에서 정한 시기에 효력이 발생한다.
1. 보장성 상품, 투자성 상품, 금융상품자문 : 일반금융소비자가 청약의 철회의사를 표시하기 위하여 서면(대통령령으로 정하는 방법에 따른 경우를 포함한다. 이하 이 절에서 "서면등"이라 한다)을 발송한 때
2. 대출성 상품 : 일반금융소비자가 청약의 철회의사를 표시하기 위하여 서면등을 발송하고, 다음 각 목의 금전·재화등(이미 제공된 용역은 제외하며, 일정한 시설을 이용하거나 용역을 제공받을 수 있는 권리를 포함한다. 이하 이 항에서 같다)을 반환한 때
가. 이미 공급받은 금전·재화등
나. 이미 공급받은 금전과 관련하여 대통령령으로 정하는 이자
다. 해당 계약과 관련하여 금융상품판매업자등이 제3자에게 이미 지급한 수수료 등 대통령령으로 정하는 비용
③ 제1항에 따라 청약이 철회된 경우 금융상품판매업자등이 일반금융소비자로부터 받은 금전·재화등의 반환은 다음 각 호의 어느 하나에 해당하는 방법으로 한다.
1. 보장성 상품 : 금융상품판매업자등은 청약의 철회를 접수한 날부터 3영업일 이내에 이미 받은 금전·재화등을 반환하고, 금전·재화등의 반환이 늦어진 기간에 대하여는 대통령령으로 정하는 바에 따라 계산한 금액을 더하여 지급할 것
2. 투자성 상품, 금융상품자문 : 금융상품판매업자등은 청약의 철회를 접수한 날부터 3영업일 이내에 이미 받은 금전·재화등을 반환하고, 금전·재화등의 반환이 늦어진 기간에 대해서는 대통령령으로 정하는 바에 따라 계산한 금액을 더하여 지급할 것. 다만, 대통령령으로 정하는 금액 이내인 경우에는 반환하지 아니할 수 있다.
3. 대출성 상품 : 금융상품판매업자등은 일반금융소비자로부터 제2항제2호에 따른 금전·재화등, 이자 및 수수료를 반환받은 날부터 3영업일 이내에 일반금융소비자에게 대통령령으로 정하는 바에 따라 해당 대출과 관련하여 일반금융소비자로부터 받은 수수료를 포함하여 이미 받은 금전·재화등을 반환하고, 금전·재화등의 반환이 늦어진 기간에 대해서는 대통령령으로 정하는 바에 따라 계산한 금액을 더하여 지급할 것
④ 제1항에 따라 청약이 철회된 경우 금융상품판매업자등은 일반금융소비자에 대하여 청약의 철회에 따른 손해배상 또는 위약금 등 금전의 지급을 청구할 수 없다.
⑤ 보장성 상품의 경우 청약이 철회된 당시 이미 보험금의 지급사유가 발생한 경우에는 청약 철회의 효력은 발생하지 아니한다. 다만, 일반금융소비자가 보험금의 지급사유가 발생했음을 알면서 청약을 철회한 경우에는 그러하지 아니하다.
⑥ 제1항부터 제5항까지의 규정에 반하는 특약으로서 일반금융소비자에게 불리한 것은 무효로 한다.
⑦ 제1항부터 제3항까지의 규정에 따른 청약 철회권의 행사 및 그에 따른 효과 등에 관하여 필요한 사항은 대통령령으로 정한다.
제47조【위법계약의 해지】 ① 금융소비자는 금융상품판매업자등이 제17조제3항, 제18조제2항, 제19조제1항·제3항, 제20조제1항 또는 제21조를 위반하여 대통령령으로 정하는 금융상품에 관한 계약을 체결한 경우 5년 이내

의 대통령령으로 정하는 기간 내에 서면등으로 해당 계약의 해지를 요구할 수 있다. 이 경우 금융상품판매업자등은 해지를 요구받은 날부터 10일 이내에 금융소비자에게 수락여부를 통지하여야 하며, 거절할 때에는 거절사유를 함께 통지하여야 한다.
② 금융소비자는 금융상품판매업자등이 정당한 사유 없이 제1항의 요구를 따르지 않는 경우 해당 계약을 해지할 수 있다.
③ 제1항 및 제2항에 따라 계약이 해지된 경우 금융상품판매업자등은 수수료, 위약금 등 계약의 해지와 관련된 비용을 요구할 수 없다.
④ 제1항부터 제3항까지의 규정에 따른 계약의 해지요구권의 행사요건, 행사범위 및 정당한 사유 등과 관련하여 필요한 사항은 대통령령으로 정한다.

제6장 감독 및 처분

제48조【금융상품판매업자등에 대한 감독】 ① 금융위원회는 금융소비자의 권익을 보호하고 건전한 거래질서를 위하여 금융상품판매업자등이 이 법 또는 이 법에 따른 명령이나 처분을 적절히 준수하는지를 감독하여야 한다.
② 제12조에 따라 등록을 한 금융상품자문업자는 매 사업연도 개시일부터 3개월간·6개월간·9개월간 및 12개월간의 업무보고서를 작성하여 각각의 기간 경과 후 45일의 범위에서 대통령령으로 정하는 기간 내에 업무보고서를 금융위원회에 제출하여야 한다.
③ 제12조에 따른 요건을 갖추어 등록한 금융상품판매업자등 중 대통령령으로 정하는 자는 등록요건 중 대통령령으로 정하는 사항이 변동된 경우 1개월 이내에 그 변동사항을 금융위원회에 보고하여야 한다.
④ 제2항에 따른 업무보고서의 기재사항 및 제3항에 따른 변경보고의 방법·절차, 그 밖에 필요한 사항은 대통령령으로 정한다.
제49조【금융위원회의 명령권】 ① 금융위원회는 금융소비자의 권익 보호 및 건전한 거래질서를 위하여 필요하다고 인정하는 경우에는 금융상품판매업자등에게 다음 각 호의 사항에 관하여 시정·중지 등 필요한 조치를 명할 수 있다.
1. 금융상품판매업자등의 경영 및 업무개선에 관한 사항
2. 영업의 질서유지에 관한 사항
3. 영업방법에 관한 사항
4. 금융상품에 대하여 투자금 등 금융소비자가 부담하는 급부의 최소 또는 최대한도 설정에 관한 사항
5. 그 밖에 금융소비자의 권익 보호 또는 건전한 거래질서를 위하여 필요한 사항으로서 대통령령으로 정하는 사항
② 금융위원회는 금융상품으로 인하여 금융소비자의 재산상 현저한 피해가 발생할 우려가 있다고 명백히 인정되는 경우로서 대통령령으로 정하는 경우에는 그 금융상품을 판매하는 금융상품판매업자에 대하여 해당 금융상품 계약 체결의 권유 금지 또는 계약 체결의 제한·금지를 명할 수 있다.
제50조【금융상품판매업자등에 대한 검사】 ① 금융상품판매업자등은 그 업무와 재산상황에 관하여 금융감독원장의 검사를 받아야 한다.
② 금융감독원장은 제1항에 따른 검사를 할 때 필요하다고 인정하는 경우에는 금융상품판매업자등에게 업무 또는 재산에 관한 보고, 자료의 제출, 관계인의 출석 및 의견진술을 요구하거나 금융감독원 소속 직원으로 하여금 금융상품판매업자등의 사무소나 사업장에 출입하여 업무상황이나 장부·서류·시설 또는 그 밖에 필요한 물건을 검사하게 할 수 있다.
③ 제2항에 따라 검사를 하는 사람은 그 권한을 표시하는 증표를 지니고 관계인에게 보여 주어야 한다.
④ 금융감독원장은 제1항에 따른 검사를 한 경우에는 그 결과를 금융위원회에 보고하여야 한다. 이 경우 이 법 또는 이 법에 따른 명령이나 처분을 위반한 사실이 있을 때에는 그 처리에 관한 의견서를 첨부하여야 한다.
⑤ 금융감독원장은 「주식회사 등의 외부감사에 관한 법률」에 따라 금융상품판매업자등이 선임한 외부감사인에게 해당 금융상품판매업자등을 감사한 결과 알게 된 정보, 그 밖에 영업행위와 관련되는 자료의 제출을 사용목적에 필요한 최소한의 범위에서 서면으로 요구할 수 있다.
⑥ 금융위원회는 검사의 방법·절차 등 검사업무와 관련하여 필요한 사항을 정하여 고시할 수 있다.
제51조【금융상품판매업자등에 대한 처분 등】 ① 금융위원회는 금융상품판매업자등 중 제12조에 따른 등록을 한 금융상품판매업자등이 다음 각 호의 어느 하나에 해당하는 경우에는 제12조에 따른 금융상품판매업등의 등록을 취소할 수 있다. 다만, 제1호에 해당하는 경우에는 그 등록을 취소하여야 한다.
1. 거짓이나 그 밖의 부정한 방법으로 제12조의 등록을 한 경우
2. 제12조제2항 또는 제3항에서 정한 요건을 유지하지 아니하는 경우. 다만, 일시적으로 등록요건을 유지하지 못한 경우로서 대통령령으로 정하는 경우는 제외한다.
3. 업무의 정지기간 중에 업무를 한 경우
4. 금융위원회의 시정명령 또는 중지명령을 받고 금융위원회가 정한 기간 내에 시정하거나 중지하지 아니한 경우
5. 그 밖에 금융소비자의 이익을 현저히 해칠 우려가 있거나 해당 금융상품판매업등을 영위하기 곤란하다고 인정되는 경우로서 대통령령으로 정하는 경우
② 금융위원회는 금융상품판매업자등이 제1항제2호부터 제5호까지의 어느 하나에 해당하거나 이 법 또는 이 법에 따른 명령을 위반하여 건전한 금융상품판매업등을 영위하지 못할 우려가 있다고 인정되는 경우로서 대통령령으로 정하는 경우에는 대통령령으로 정하는 바에 따라 다음 각 호의 어느 하나에 해당하는 조치를 할 수 있다. 다만, 제1호의 조치는 금융상품판매업자등 중 제12조에 따른 등록을 한 금융상품판매업자등에 한정한다.
1. 6개월 이내의 업무의 전부 또는 일부의 정지
2. 위법행위에 대한 시정명령
3. 위법행위에 대한 중지명령
4. 위법행위로 인하여 조치를 받았다는 사실의 공표명령 또는 게시명령
5. 기관경고
6. 기관주의
7. 그 밖에 위법행위를 시정하거나 방지하기 위하여 필요한 조치로서 대통령령으로 정하는 조치
③ 제2항에도 불구하고 제2조제6호가목·다목·마목, 같은 조 제7호라목·마목·바목에 해당하는 금융상품판매업자에 대해서는 다음 각 호에서 정하는 바에 따른다.
1. 금융위원회는 제2조제6호가목에 해당하는 금융상품판매업자등에 대해서는 금융감독원장의 건의에 따라 제2항제2호, 제4호 및 제7호의 어느 하나에 해당하는 조치를 하거나 금융감독원장으로 하여금 제2항제3호, 제5호 및 제6호에 해당하는 조치를 하게 할 수 있다.
2. 금융위원회는 제2조제6호다목·마목, 같은 조 제7호라목·마목·바목에 해당하는 금융상품판매업자등에 대해서는 금융감독원장의 건의에 따라 제2항제2호부터 제7호까지의 어느 하나에 해당하는 조치를 하거나 금융감독원장으로 하여금 제2항제5호 또는 제6호에 해당하는 조치를 하게 할 수 있다.
제52조【금융상품판매업자등의 임직원에 대한 조치】 ① 금융위원회는 법인인 금융상품판매업자등의 임원이 이 법 또는 이 법에 따른 명령을 위반하여 건전한 금융상품판매업등을 영위하지 못할 우려가 있다고 인정되는 경우로서 대통령령으로 정하는 경우에는 다음 각 호의 어느 하나에 해당하는 조치를 할 수 있다.
1. 해임요구
2. 6개월 이내의 직무정지
3. 문책경고
4. 주의적 경고
5. 주의
② 금융위원회는 금융상품판매업자등의 직원이 이 법 또는 이 법에 따른 명령을 위반하여 건전한 금융상품판매업등을 영위하지 못할 우려가 있다고 인정되는 경우로서 대통령령으로 정하는 경우에는 다음 각 호의 어느 하나에 해당하는 조치를 할 것을 그 금융상품판매업자등에게 요구할 수 있다.
1. 면직
2. 6개월 이내의 정직
3. 감봉
4. 견책
5. 주의
③ 제1항에도 불구하고 제2조제6호가목·다목·마목, 같은 조 제7호라목·마목·바목에 해당하는 금융상품판매업자등의 임원에 대해서는 다음 각 호에서 정하는 바에 따른다.
1. 금융위원회는 제2조제6호가목에 해당하는 금융상품판매업자등의 임원에 대해서는 금융감독원장의 건의에 따라 제1항제1호 또는 제2호의 조치를 할 수 있으며, 금융감독원장으로 하여금 제1항제3호부터 제5호까지의 어느 하나에 해당하는 조치를 하게 할 수 있다.
2. 금융위원회는 제2조제6호다목·마목, 같은 조 제7호라목·마목·바목에 해당하는 금융상품판매업자등의 임원에 대해서는 금융감독원장의 건의에 따라 제1항 각 호의 어느 하나에 해당하는 조치를 하거나, 금융감독원장으로 하여금 제1항제3호부터 제5호까지의 어느 하나에 해당하는 조치를 하게 할 수 있다.
④ 제2항에도 불구하고 제2조제6호가목·다목·마목, 같은 조 제7호라목·마목·바목에 해당하는 금융상품판매업자등의 직원에 대해서는 다음 각 호에서 정하는 바에 따른다
1. 금융감독원장은 제2조제6호가목에 해당하는 금융상품판매업자등의 직원에 대해서는 제2항 각 호의 어느 하나에 해당하는 조치를 그 금융상품판매업자에게 요구할 수 있다.
2. 금융위원회는 제2조제6호다목·마목, 같은 조 제7호라목·마목·바목에 해당하는 금융상품판매업자등의 직원에 대해서는 제2항 각 호의 어느 하나에 해당하는 조치를 할 것을 금융감독원장의 건의에 따라 그 금융상품판매업자에게 요구하거나 금융감독원장으로 하여금 요구하게 할 수 있다.
⑤ 금융위원회 또는 금융감독원장은 제1항부터 제4항까지의 규정에 따라 금융상품판매업자등의 임직원에 대하여 조치를 하거나 금융상품판매업자등에게 조치를 요구하는 경우 그 임직원에 대해서 관리·감독의 책임이 있는 임직원에 대한 조치를 함께 하거나 이를 요구할 수 있다. 다만, 관리·감독의 책임이 있는 사람이 그 임직원의 관리·감독에 적절한 주의를 다한 경우에는 조치를 감경하거나 면제할 수 있다.
제53조【퇴임한 임원 등에 대한 조치내용 통보】 금융위원회(제52조에 따라 조치를 하거나 조치를 할 것을 요구할 수 있는 금융감독원장을 포함한다)는 금융상품판매업자등의 퇴임한 임원 또는 퇴직한 직원이 재임 또는 재직 중이었더라면 제52조에 따른 조치를 받았을 것으로 인정되는 경우에는 그 받았을 것으로 인정되는 조치의 내용을 해당 금융상품판매업자등의 장에게 통보할 수 있다. 이 경우 통보를 받은 금융상품판매업자등은 그 내용을 해당 임원 또는 직원에게 통보하여야 한다.
제54조【청문】 금융위원회는 다음 각 호의 어느 하나에 해당하는 처분 또는 조치를 하려면 청문을 하여야 한다.
1. 제51조제1항에 따른 금융상품판매업자등에 대한 등록의 취소
2. 제52조제1항부터 제5항까지의 조치 중 임원의 해임요구 또는 직원의 면직요구
제55조【이의신청】 ① 제51조 및 제52조에 따른 처분 또는 조치(등록의 취소, 해임요구 또는 면직요구는 제외한다)에 불복하는 자는 처분 또는 조치를 고지받은 날부터 30일 이내에 불복 사유를 갖추어 이의를 신청할 수 있다.
② 금융위원회는 제1항에 따른 이의신청에 대하여 60일 이내에 결정을 하여야 한다. 다만, 부득이한 사정으로 그 기간 내에 결정을 할 수 없을 경우에는 30일의 범위에서 그 기간을 연장할 수 있다.
제56조【처분 등의 기록 등】 ① 금융위원회 및 금융감독원장은 제49조, 제51조 또는 제52조에 따라 처분 또는 조치를 한 경우에는 그 내용을 기록하고 유지·관리하여야 한다.
② 금융상품판매업자등은 제52조에 따른 금융위원회 또는 금융감독원장의 요구에 따라 해당 임직원을 조치한 경우와 제53조에 따라 퇴임한 임원 등에 대한 조치의 내용을 통보받은 경우에는 그 내용을 기록하고 유지·관리하여야 한다.
③ 금융상품판매업자등 또는 그 임직원(임직원이었던 사람을 포함한다)은 금융위원회, 금융감독원 또는 금융상품판매업자등에게 자기에 대한 제49조 또는 제51조부터 제53조까지에 따른 처분 또는 조치 여부 및 그 내용의 조회를 요청할 수 있다.
④ 금융위원회, 금융감독원 또는 금융상품판매업자등은 제3항에 따른 조회를 요청받은 경우에는 정당한 사유가 없으면 처분 또는 조치 여부 및 그 내용을 그 조회요청자에게 통보하여야 한다.
제57조【과징금】 ① 금융위원회는 금융상품직접판매업자 또는 금융상품자문업자가 다음 각 호의 어느 하나에 해당하는 경우 그 위반행위와 관련된 계약으로 얻은 수입 또는 이에 준하는 금액(이하 이 조에서 "수입등"이라 한다)의 100분의 50 이내에서 과징금을 부과할 수 있다. 다만, 위반행위를 한 자가 그 위반행위와 관련된 계약으로 얻은 수입등이 없거나 수입등의 산정이 곤란한 경우로서 대통령령으로 정하는 경우에는 10억원을 초과하지 아니하는 범위에서 과징금을 부과할 수 있다.
1. 제19조제1항을 위반하여 중요한 사항을 설명하지 아니하거나 같은 조 제2항을 위반하여 설명서를 제공하지 아니하거나 확인을 받지 아니한 경우
2. 제20조제1항 각 호의 어느 하나에 해당하는 행위를 한 경우
3. 제21조 각 호의 어느 하나에 해당하는 행위를 한 경우
4. 제22조제3항 또는 제4항을 위반하여 금융상품등에 관한 광고를 한 경우
② 금융위원회는 금융상품직접판매업자가 금융상품계약체결등을 대리하거나 중개하게 한 금융상품판매대리·중개업자(이 법 또는 다른 금융 관련 법령에 따라 하나의 금융상품직접판매업자만을 대리하는 금융상품판매대리·중개업자로 한정한다) 또는 금융상품직접판매업자의 소속 임직원이 제1항 각 호의 어느 하나에 해당하는 행위를 한 경우에는 그 금융상품직접판매업자에 대하여 그 위반행위와 관련된 계약으로 얻은 수입등의 100분의 50 이내에서 과징금을 부과할 수 있다. 다만, 금융상품직접판매업자가 그 위반행위를 방지하기 위하여 해당 업무에 관하여 적절한 주의와 감독을 게을리하지 아니한 경우에는 그 금액을 감경하거나 면제할 수 있다.
③ 금융위원회는 금융상품판매업자등에 대하여 제51조제2항제1호에 따라 업무정지를 명할 수 있는 경우로서 업무정지가 금융소비자 등 이해관계인에게 중대한 영향을 미치거나 공익을 침해할 우려가 있는 경우에는 대통령령으로 정하는 바에 따라 업무정지처분을 갈음하여 업무정지기간 동안 얻을 이익의 범위에서 과징금을 부과할 수 있다.
④ 제1항에 따른 위반행위와 관련된 계약으로 얻은 수입등의 산정에 관한 사항은 금융시장 환경변화로 인한 변동요인, 금융상품 유형별 특성, 금융상품계약체결등의 방식 및 금융상품판매업자등의 사업규모 등을 고려하여 대통령령으로 정한다.
제58조【과징금의 부과】 ① 금융위원회는 제57조에 따라 과징금을 부과하는 경우에는 대통령령으로 정하는 기준에 따라 다음 각 호의 사항을 고려하여야 한다.

1. 위반행위의 내용 및 정도
2. 위반행위의 기간 및 위반횟수
3. 위반행위로 인하여 취득한 이익의 규모
4. 업무정지기간(제57조제3항에 따라 과징금을 부과하는 경우만 해당한다)

② 금융위원회는 이 법을 위반한 법인이 합병을 하는 경우 그 법인이 한 위반행위는 합병 후 존속하거나 합병으로 신설된 법인이 행한 행위로 보아 과징금을 부과·징수할 수 있다.

③ 제1항과 제2항에서 규정한 사항 외에 과징금의 부과에 필요한 사항은 대통령령으로 정한다.

제59조【이의신청】 ① 제57조 또는 제58조제2항에 따른 과징금 부과처분에 불복하는 자는 처분을 고지받은 날부터 30일 이내에 불복 사유를 갖추어 금융위원회에 이의를 신청할 수 있다.

② 금융위원회는 제1항에 따른 이의신청에 대하여 60일 이내에 결정을 하여야 한다. 다만, 부득이한 사정으로 그 기간 내에 결정을 할 수 없을 경우에는 30일의 범위에서 그 기간을 연장할 수 있다.

제60조【과징금의 납부기한 연기 및 분할 납부】 ① 금융위원회는 제57조 또는 제58조제2항에 따라 과징금을 부과받은 자(이하 "과징금납부의무자"라 한다)에 대하여 「행정기본법」 제29조 단서에 따라 과징금 납부기한을 연기하거나 과징금을 분할 납부하게 할 수 있으며, 이 경우 필요하다고 인정하면 담보를 제공하게 할 수 있다.

② 과징금납부의무자는 제1항에 따라 과징금의 납부기한을 연기받거나 분할 납부를 하려는 경우에는 그 납부기한의 10일 전까지 금융위원회에 신청하여야 한다.

③ 금융위원회는 제1항에 따라 과징금 납부기한이 연기되거나 분할 납부가 허용된 과징금납부의무자가 다음 각 호의 어느 하나에 해당하게 된 때에는 그 납부기한의 연기 또는 분할 납부 결정을 취소하고 과징금을 일시에 징수할 수 있다.

1. 분할 납부하기로 한 과징금을 그 납부기한까지 내지 아니한 경우
2. 담보 제공 요구에 따르지 아니하거나 제공된 담보의 가치를 훼손하는 행위를 한 경우
3. 강제집행, 경매의 개시, 파산선고, 법인의 해산, 국세 강제징수 또는 지방세 체납처분 등의 사유로 과징금의 전부 또는 나머지를 징수할 수 없다고 인정되는 경우
4. 「행정기본법」 제29조 각 호의 사유가 해소되어 과징금을 한꺼번에 납부할 수 있다고 인정되는 경우
5. 그 밖에 제1호부터 제4호까지에 준하는 사유가 있는 경우

④ 제1항부터 제3항까지에서 규정한 사항 외에 과징금의 납부기한 연기, 분할 납부 또는 담보 제공 등에 관하여 필요한 사항은 대통령령으로 정한다.
(2023.9.14 본조개정)

제61조【과징금의 징수 및 체납처분】 ① 금융위원회는 과징금납부의무자가 납부기한까지 과징금을 납부하지 아니한 경우에는 납부기한의 다음 날부터 납부한 날의 전일까지의 기간에 대하여 대통령령으로 정하는 가산금을 징수할 수 있다. 이 경우 가산금을 징수하는 기간은 60개월을 초과할 수 없다.

② 금융위원회는 과징금납부의무자가 납부기한까지 과징금을 납부하지 아니한 경우에는 기간을 정하여 독촉을 하고, 그 지정된 기간 내에 과징금과 제1항에 따른 가산금을 납부하지 아니한 경우에는 국세체납처분의 예에 따라 징수한다.

③ 금융위원회는 제1항과 제2항에 따른 과징금 및 가산금의 징수 또는 체납처분에 관한 업무를 국세청장에게 위탁할 수 있다.

④ 제1항부터 제3항까지에서 규정한 사항 외에 과징금 또는 가산금의 징수에 필요한 사항은 대통령령으로 정한다.

제62조【과오납금의 환급】 ① 금융위원회는 과징금납부의무자가 이의신청의 재결 또는 법원의 판결 등을 근거로 과징금 과오납금의 환급을 청구하는 경우에는 지체 없이 환급하여야 하며, 과징금납부의무자의 청구가 없는 경우에도 금융위원회가 확인한 과오납금은 환급하여야 한다.

② 금융위원회는 제1항에 따라 과오납금을 환급하는 경우 환급받을 자가 금융위원회에 납부하여야 하는 다른 과징금이 있으면 환급하는 금액을 그 과징금에 충당할 수 있다.

제63조【환급가산금】 금융위원회는 제62조제1항에 따라 과징금을 환급하는 경우에는 과징금을 납부한 날부터 환급한 날까지의 기간에 대하여 대통령령으로 정하는 가산금 이율을 적용하여 환급가산금을 환급받을 자에게 지급하여야 한다.

제64조【결손처분】 금융위원회는 과징금납부의무자에게 다음 각 호의 어느 하나에 해당하는 사유가 있으면 결손처분을 할 수 있다.

1. 체납처분이 끝나고 체납액에 충당된 배분금액이 체납액에 미치지 못하는 경우
2. 과징금 등의 징수권에 대한 소멸시효가 완성된 경우
3. 체납자의 행방이 분명하지 아니하거나 재산이 없다는 것이 판명된 경우
4. 체납처분의 목적물인 총재산의 추산가액이 체납처분 비용에 충당하면 남을 여지가 없음이 확인된 경우
5. 체납처분의 목적물인 총재산이 과징금 등보다 우선하는 국세, 지방세, 전세권·질권·저당권 및 「동산·채권 등의 담보에 관한 법률」에 따른 담보권으로 담보된 채권 등의 변제에 충당하면 남을 여지가 없음이 확인된 경우
6. 그 밖에 징수할 가능성이 없는 경우로서 대통령령으로 정하는 사유에 해당하는 경우

제7장 보 칙

제65조【업무의 위탁】 ① 금융위원회는 이 법에 따른 업무의 일부를 대통령령으로 정하는 바에 따라 금융감독원장 또는 협회등에 위탁할 수 있다.

② 금융감독원장은 이 법에 따른 업무의 일부를 대통령령으로 정하는 바에 따라 협회등에 위탁할 수 있다.

③ 제1항과 제2항에 따라 금융위원회 또는 금융감독원장의 업무의 일부를 위탁받아 수행하는 협회등의 임직원은 「형법」 제129조부터 제132조까지의 규정을 적용할 때에는 공무원으로 본다.

제66조【금융감독원장에 대한 지도·감독 등】 ① 금융위원회는 이 법에 따른 권한을 행사하는 데에 필요한 경우에는 금융감독원장에 대하여 지도·감독, 그 밖에 감독상 필요한 조치를 명할 수 있다.

② 금융감독원은 이 법에 따라 금융위원회의 지도·감독을 받아 이 법에 따라 부여된 업무, 금융위원회로부터 위탁받은 업무를 수행한다.

제66조의2【전속관할】 방문판매 및 유선·무선·화상통신·컴퓨터 등 정보통신기술을 활용한 비대면 방식을 통한 금융상품 계약과 관련된 소(訴)는 제소 당시 금융소비자 주소를, 주소가 없는 경우에는 거소를 관할하는 지방법원의 전속관할로 한다. 다만, 제소 당시 금융소비자의 주소 또는 거소가 분명하지 아니한 경우에는 「민사소송법」의 관계 규정을 준용한다.(2023.7.11 본조신설)

제8장 벌 칙

제67조【벌칙】 다음 각 호의 어느 하나에 해당하는 자는 5년 이하의 징역 또는 2억원 이하의 벌금에 처한다.

1. 제12조를 위반하여 금융상품판매업등의 등록을 하지 아니하고 금융상품판매업등을 영위한 자
2. 거짓이나 그 밖의 부정한 방법으로 제12조에 따른 등록을 한 자
3. 제24조를 위반하여 금융상품판매대리·중개업자가 아닌 자에게 금융상품계약체결등을 대리하거나 중개하게 한 자

제67조의2【벌칙】 제16조의2제3항을 위반하여 성명 등을 거짓으로 밝힌 자는 1천만원 이하의 벌금에 처한다.
(2023.7.11 본조신설)

제68조【양벌규정】 법인(단체를 포함한다. 이하 이 조에서 같다)의 대표자나 법인 또는 개인의 대리인, 사용인, 그 밖의 종업원이 그 법인 또는 개인의 업무에 관하여 제67조의 위반행위를 하면 그 행위자를 벌하는 외에 그 법인 또는 개인에게도 해당 조문의 벌금형을 과(科)한다. 다만, 법인 또는 개인이 그 위반행위를 방지하기 위하여 해당 업무에 관하여 적절한 주의와 감독을 게을리하지 아니한 경우에는 그러하지 아니하다.

제69조【과태료】 ① 다음 각 호의 어느 하나에 해당하는 자에게는 1억원 이하의 과태료를 부과한다.

1. 제16조제2항을 위반하여 내부통제기준을 마련하지 아니한 자
2. 제19조제1항을 위반하여 중요한 사항을 설명하지 아니하거나 같은 조 제2항을 위반하여 설명서를 제공하지 아니하거나 확인을 받지 아니한 자
3. 제20조제1항 각 호의 어느 하나에 해당하는 행위를 한 자
4. 제21조 각 호의 어느 하나에 해당하는 행위를 한 자
5. 제22조제1항·제3항 또는 제4항을 위반하여 금융상품등에 관한 광고를 한 자
6. 금융상품판매대리·중개업자가 금융상품계약체결등의 업무를 대리하거나 중개하게 한 금융상품판매대리·중개업자가 다음 각 목의 어느 하나에 해당하는 행위를 한 경우에 그 업무를 대리하거나 중개하게 한 금융상품판매대리·중개업자. 다만, 업무를 대리하거나 중개하게 한 금융상품판매대리·중개업자로서 그 위반행위를 방지하기 위하여 해당 업무에 관하여 적절한 주의와 감독을 게을리하지 아니한 자는 제외한다.
   가. 제19조제1항을 위반하여 중요한 사항을 설명하지 아니하거나 같은 조 제2항을 위반하여 설명서를 제공하지 아니하거나 확인을 받지 아니한 경우
   나. 제20조제1항 각 호의 어느 하나에 해당하는 행위를 한 경우
   다. 제21조 각 호의 어느 하나에 해당하는 행위를 한 경우
   라. 제22조제3항 또는 제4항을 위반하여 금융상품등에 관한 광고를 한 경우
7. 제23조제1항을 위반하여 금융소비자에게 계약서류를 제공하지 아니한 자
8. 금융상품직접판매업자가 금융상품계약체결등의 업무를 대리하거나 중개하게 한 금융상품판매대리·중개업자가 제25조제1항제2호에 해당하는 행위를 한 경우에 그 업무를 대리하거나 중개하게 한 금융상품직접판매업자. 다만, 업무를 대리하거나 중개하게 한 금융상품직접판매업자로서 그 위반행위를 방지하기 위하여 해당 업무에 관하여 적절한 주의와 감독을 게을리하지 아니한 자는 제외한다.
9. 제27조제3항을 위반하여 같은 항 각 호의 어느 하나에 해당하는 사항을 금융소비자에게 알리지 아니한 자 또는 표지를 게시하지 아니하거나 증표를 내보이지 아니한 자
10. 제27조제4항을 위반하여 독립문자를 명칭에 사용하거나 광고에 사용한 자
11. 제27조제5항 각 호의 어느 하나에 해당하는 행위를 한 자
12. 제28조제1항을 위반하여 자료를 기록하지 아니하거나 자료의 종류별로 유지·관리하지 아니한 자
13. 제50조제1항에 따른 검사를 정당한 사유 없이 거부·방해 또는 기피한 자

② 다음 각 호의 어느 하나에 해당하는 자에게는 3천만원 이하의 과태료를 부과한다.

1. 제17조제2항을 위반하여 정보를 파악하지 아니하거나 확인을 받지 아니하거나 이를 유지·관리하지 아니하거나 확인받은 내용을 지체 없이 제공하지 아니한 자
2. 제17조제3항을 위반하여 계약 체결을 권유한 자
3. 제18조제1항을 위반하여 정보를 파악하지 아니한 자
4. 제18조제2항을 위반하여 해당 금융상품이 적정하지 아니하다는 사실을 알리지 아니하거나 확인을 받지 아니한 자
5. 제25조제1항 각 호의 어느 하나에 해당하는 행위를 한 자
6. 제25조제2항을 위반하여 수수료 외의 금품, 그 밖의 재산상 이익을 요구하거나 받은 자
7. 제26조제1항을 위반하여 같은 항 각 호의 어느 하나에 해당하는 사항을 미리 금융소비자에게 알리지 아니한 자 또는 같은 조 제2항을 위반하여 표지를 게시하지 아니하거나 증표를 보여 주지 아니한 자

③ 다음 각 호의 어느 하나에 해당하는 자에게는 1천만원 이하의 과태료를 부과한다.

1. 제21조의2제2항을 위반하여 일반금융소비자에게 금융상품을 소개하거나 계약 체결을 권유할 목적으로 연락한 자
2. 제21조의2제3항을 위반하여 일반금융소비자에게 금융상품을 소개하거나 계약 체결을 권유할 목적으로 방문하거나 연락한 자
3. 제48조제3항을 위반하여 등록요건에 대한 변동사항을 보고하지 아니한 자

(2023.7.11 본항개정)

④ 제16조의2제1항을 위반하여 방문판매 및 전화권유판매를 하려는 임직원의 명부를 작성하지 아니하거나 같은 조 제2항을 위반하여 방문판매 및 전화권유판매를 하려는 임직원의 신원을 확인할 수 있도록 하지 아니한 자 또는 같은 조 제3항을 위반하여 성명 등을 밝히지 아니한 자에게는 500만원 이하의 과태료를 부과한다.(2023.7.11 본항신설)

⑤ 제1항부터 제4항까지에 따른 과태료는 대통령령으로 정하는 바에 따라 금융위원회가 부과·징수한다.
(2023.7.11 본항개정)

부 칙

제1조【시행일】 이 법은 공포 후 1년이 경과한 날부터 시행한다. 다만, 제1호의 규정 중 금융상품자문업자 관련 부분과 제2호의 규정은 공포 후 1년 6개월이 경과한 날부터 시행한다.

1. 제10조, 제11조, 제12조제1항·제2항·제4항부터 제6항까지, 제13조부터 제15조까지, 제16조제1항, 제17조, 제19조부터 제21조까지, 제22조, 제23조, 제27조, 제32조제2항부터 제4항까지, 제44조, 제46조부터 제56조까지, 제57조제1항·제3항·제4항, 제58조부터 제64조까지, 제67조제1호·제2호, 제68조, 제69조제1항제1호부터 제5호까지, 제7호, 제9호부터 제13호까지, 같은 조 제2항제1호·제2호 및 같은 조 제3항
2. 제16조제2항 및 제28조

제2조【자료의 기록 및 유지·관리 등에 관한 적용례】 제28조는 이 법 시행 이후 금융상품 또는 금융상품자문에 관한 계약의 체결을 권유(금융상품자문업자가 자문에 응하는 경우를 포함한다)하거나 계약을 체결하는 경우부터 적용한다.

제3조【금융소비자의 금융역량에 관한 조사에 관한 적용례】 제30조제4항에 따라 최초로 실시하는 금융소비자의 금융역량에 관한 조사는 이 법 시행일 이후 3년 이내에 한다.

제4조【조정신청의 시효 중단 효력 등에 관한 적용례】 제40조부터 제42조까지의 규정은 이 법 시행 이후 분쟁조정을 신청하는 경우부터 적용한다.

제5조【금융상품판매업자등의 손해배상책임에 관한 적용례】 제44조제2항은 이 법 시행 이후 금융상품판매업자등이 제19조를 위반하여 금융소비자에게 손해를 발생시킨 경우부터 적용한다.
제6조【금융상품직접판매업자의 손해배상책임에 관한 적용례】 제45조는 이 법 시행 이후 금융상품판매대리·중개업자가 대리·중개 업무를 하는 경우부터 적용한다.
제7조【청약의 철회에 관한 적용례】 제46조는 이 법 시행 이후 계약의 청약을 한 경우부터 적용한다.
제8조【위법한 계약의 해지에 관한 적용례】 제47조는 이 법 시행 이후 계약을 체결하는 경우부터 적용한다.
제9조【업무보고서 제출에 관한 적용례】 제48조제2항은 이 법 시행 이후 시작되는 사업연도부터 적용한다.
제10조【금융분쟁조정위원회의 설치 등에 관한 경과조치】 ① 이 법 시행 당시 종전의 「금융위원회의 설치 등에 관한 법률」(부칙 제13조제1항에 따라 개정되기 전의 법률을 말한다. 이하 같다) 제51조에 따라 금융감독원에 둔 금융분쟁조정위원회는 이 법 제38조에 따른 조정위원회로 본다.
② 이 법 시행 전에 종전의 「금융위원회의 설치 등에 관한 법률」 제52조제2항에 따라 지명 또는 위촉된 금융분쟁조정위원회의 위원은 이 법 제34조에 따라 지명 또는 위촉된 조정위원회의 위원으로 보며, 그 임기는 종전의 「금융위원회의 설치 등에 관한 법률」 제52조제2항에 따라 위촉된 날부터 기산한다.
③ 이 법 시행 전에 종전의 「금융위원회의 설치 등에 관한 법률」 제53조에 따라 분쟁조정을 신청한 사건은 이 법 제36조에 따라 분쟁조정을 신청한 사건으로 본다. 다만, 이 경우 제40조부터 제42조까지의 규정은 적용하지 아니한다.
④ 이 법 시행 전에 종전의 「금융위원회의 설치 등에 관한 법률」에 따른 금융분쟁조정위원회 및 금융감독원장이 행한 금융 관련 분쟁조정과 관련된 행위는 이 법에 따른 조정위원회 및 금융감독원장이 행한 행위로 본다.
제11조【과징금 등에 관한 경과조치】 이 법 시행 전에 부칙 제13조에 따라 개정되기 전의 법률(이하 "종전 법률"이라 한다)의 위반행위로서 이 법 시행 전에 종료되거나 이 법 시행 이후에도 그 상태가 지속되는 위반행위에 대하여 제49조에 따른 명령, 제51조에 따른 금융상품판매업자등에 대한 처분, 제52조에 따른 임직원에 대한 조치, 제57조에 따른 과징금의 부과 등 행정처분을 할 때에는 그 위반한 행위에 대한 종전 법률의 규정에 따른다.
제12조【벌칙 등에 관한 경과조치】 이 법 시행 전에 행한 종전 법률의 위반행위에 대하여 벌칙 및 과태료를 적용할 때에는 그 위반한 행위에 대한 종전 법률의 규정에 따른다.
제13조【다른 법률의 개정】 ①~⑲ ※(해당 법령에 가제정리 하였음)

부 칙 (2020.12.29)

제1조【시행일】 이 법은 공포 후 1년이 경과한 날부터 시행한다.(이하 생략)

부 칙 (2023.7.11)

이 법은 공포 후 3개월이 경과한 날부터 시행한다.

부 칙 (2023.9.14)

제1조【시행일】 이 법은 공포한 날부터 시행한다.(이하 생략)

상호저축은행법

(1972년 8월 2일 법률 제2333호)

개정
1975. 7.25법 2779호　　1995. 1. 5법 4867호
1995.12.29법 5050호(신용관리기금법)
1998. 1.13법 5501호
1998. 1.13법 5507호(이자제한법폐지법)
1999. 2. 1법 5738호
1999. 5.24법 5982호(정부조직)
2000. 1.28법 6203호　　2001. 3.28법 6429호
2001.12.31법 6561호(금융부실)
2003.12.11법 6992호
2005. 3.31법 7428호(채무자회생파산)
2006.12.30법 8143호　　2007. 7.19법 8522호
2007. 8. 3법 8635호(자본시장금융투자업)
2008. 2.29법 8852호(정부조직)
2008. 2.29법 8863호(금융위원회의설치등에관한법)
2010. 3.22법 10175호
2010. 5.17법 10303호(은행법)
2011. 5.19법 10682호(금융부실)
2011. 7.21법 10866호(고등교육)
2013. 8.13법 12100호　　2015. 7.24법 13447호
2015. 7.31법 13453호(금융회사의지배구조에관한법)
2015.12.22법 13613호(예금자보호법)
2016. 3.29법 14125호　　2017. 4.18법 14822호
2017.10.31법 15022호(주식회사등의외부감사에관한법)
2018. 2.21법 15415호　　2018. 8.14법 15747호
2018.12.11법 15932호　　2018.12.31법 16186호
2019.11.26법 16652호(자산관리)
2020. 2. 4법 16957호(신용정보의이용및보호에관한법)
2020. 3.24법 17112호(금융소비자보호에관한법)
2021. 1.26법 17915호　　2021. 4.20법 18122호
2023. 6. 7법 19427호(강원특별자치도설치및미래산업글로벌도시조성을위한특별법)
2023. 7.18법 19564호
2023. 9.14법 19700호(행정법제혁신을위한일부개정법령등)
2023.12.26법 19839호(전북특별자치도설치및글로벌생명경제도시조성을위한특별법)

제1장 총 칙
(2010.3.22 본장개정)

제1조【목적】 이 법은 상호저축은행의 건전한 운영을 유도하여 서민과 중소기업의 금융편의를 도모하고 거래자를 보호하며 신용질서를 유지함으로써 국민경제의 발전에 이바지함을 목적으로 한다.
제2조【정의】 이 법에서 사용하는 용어의 뜻은 다음과 같다.
1. "중소기업"이란 「중소기업기본법」 제2조제1항에 따른 중소기업을 말한다.
2. "신용계업무(信用契業務)"란 일정한 계좌 수와 기간 및 금액을 정하고 정기적으로 계금(契金)을 납입하게 하여 계좌마다 추첨·입찰 등의 방법으로 계원(契員)에게 금전을 지급할 것을 약정하여 행하는 계금의 수입과 급부금의 지급 업무를 말한다.
3. "신용부금업무"란 일정한 기간을 정하고 부금(賦金)을 납입하게 하여 그 기간 중에 또는 만료 시에 부금자에게 일정한 금전을 지급할 것을 약정하여 행하는 부금의 수입과 급부금의 지급 업무를 말한다.
4. "자기자본"이란 국제결제은행의 기준에 따른 기본자본과 보완자본의 합계액으로서 대통령령으로 정하는 기준에 따라 금융위원회가 정하는 금액을 말한다.
5. "예금등"이란 계금, 부금, 예금, 적금, 그 밖에 대통령령으로 정하는 것을 말한다.
6. "신용공여"란 급부, 대출, 지급보증, 자금지원적 성격의 유가증권의 매입, 그 밖에 금융거래상의 신용위험이 따르는 상호저축은행의 직접적·간접적 거래로서 대통령령으로 정하는 것을 말한다. 이 경우 누구의 명의로 하든지 본인의 계산으로 하는 신용공여는 그 본인의 신용공여로 본다.
7. "거액신용공여"란 개별차주에 대한 신용공여로서 상호저축은행 자기자본의 100분의 10을 초과하는 신용공여를 말한다.
8. "불법·부실신용공여"란 다음 각 목의 어느 하나에 해당하는 신용공여 또는 가지급(假支給)한 금액(이하 "가지급금"이라 한다)을 말한다.
가. 개별차주에 대한 신용공여로서 제12조제1항에 따른 한도를 초과하는 금액(이하 "개별차주한도초과신용공여"라 한다)
나. 개별차주 및 그와 대통령령으로 정하는 신용위험을 공유하는 자(이하 "동일차주"라 한다)에 대한 신용공여로서 제12조제3항에 따른 한도를 초과하는 금액(이하 "동일차주한도초과신용공여"라 한다)
다. 거액신용공여의 합계로서 제12조제2항에 따른 한도를 초과하는 금액(이하 "불법거액신용공여"라 한다)
라. 제37조를 위반하여 한 신용공여와 가지급금(이하 "대주주신용공여"라 한다)
마. 금융위원회가 정하는 기준에 따라 회수가 어렵거나 손실로 추정되는 신용공여와 가지급금(이하 "부실신용공여"라 한다)
9. "경영지도"란 상호저축은행의 경영에 관한 다음 각 목의 사항에 대하여 지도하는 것을 말한다.
가. 불법·부실신용공여의 회수 및 채권의 확보
나. 자금의 수급(需給) 및 여신(與信)·수신(受信)에 관한 업무
다. 그 밖에 상호저축은행의 경영에 관하여 대통령령으로 정하는 사항
10. "경영관리"란 제24조의3제1항에 따른 관리인(이하 "관리인"이라 한다)이 부실 상호저축은행의 경영정상화를 위하여 해당 상호저축은행의 경영을 맡아 업무를 집행하거나 재산을 관리·처분하는 것을 말한다.
11. "대주주"란 다음 각 목의 어느 하나에 해당하는 주주를 말한다.
가. 최대주주 : 상호저축은행의 의결권 있는 발행주식 총수를 기준으로 본인 및 그와 대통령령으로 정하는 특수한 관계에 있는 자(이하 "특수관계인"이라 한다)가 누구의 명의로 하든지 자기의 계산으로 소유하는 주식을 합하여 그 수가 가장 많은 경우의 그 본인
나. 주요주주 : 누구의 명의로 하든지 자기의 계산으로 상호저축은행의 의결권 있는 발행주식 총수의 100분의 10 이상의 주식을 소유하는 자 또는 임원의 임면 등의 방법으로 상호저축은행의 주요 경영사항에 대하여 사실상의 영향력을 행사하는 주주로서 대통령령으로 정하는 자
제3조【상호저축은행의 형태】 상호저축은행은 주식회사로 한다.
제4조【상호저축은행의 영업구역】 ① 상호저축은행의 영업구역은 주된 영업소(이하 "본점"이라 한다) 소재지를 기준으로 다음 각 호의 어느 하나에 해당하는 구역으로 한다.
1. 서울특별시
2. 인천광역시·경기도를 포함하는 구역
3. 부산광역시·울산광역시·경상남도를 포함하는 구역
4. 대구광역시·경상북도·강원특별자치도를 포함하는 구역(2023.6.7 본호개정)
5. 광주광역시·전라남도·전북특별자치도·제주특별자치도를 포함하는 구역(2023.12.26 본호개정)
6. 대전광역시·세종특별자치시·충청남도·충청북도를 포함하는 구역(2018.8.14 본호개정)
② 제1항에도 불구하고 합병상호저축은행 및 계약이전을 받는 상호저축은행은 합병에 의하여 소멸되는 상호저축은행 또는 계약이전을 하는 상호저축은행의 영업구역을 해당 상호저축은행의 영업구역으로 포함시킬 수 있다.
제5조【상호저축은행의 자본금】 ① 상호저축은행의 자본금은 다음 각 호의 구분에 따른 금액 이상이어야 한다.
1. 본점이 특별시에 있는 경우 : 120억원
2. 본점이 광역시에 있는 경우 : 80억원
3. 본점이 특별자치시·도 또는 특별자치도에 있는 경우 : 40억원(2018.8.14 본호개정)
② 상호저축은행은 본점이나 제7조제3항 전단에 따른 지점등을 동일한 영업구역 내에서 다음 각 호의 어느 하나에 해당하는 지역으로부터 다른 각 호의 지역으로 이전하는 경우에는 이전한 해당 지역에 적용되는 자본금, 그 상호저축은행의 자기자본 등을 고려하여 대통령령으로 정하는 요건을 갖추어야 한다.(2023.7.18 본문개정)
1. 특별시
2. 광역시
3. 특별자치시·도 또는 특별자치도(2018.8.14 본호개정)
③ 제1항 및 제2항의 자본금은 납입된 자본금으로 한다.
제6조【영업의 인가】 ① 제11조제1항 각 호의 업무를 영리를 목적으로 조직적·계속적으로 하려는 자는 다른 법률에 특별한 규정이 없으면 금융위원회로부터 상호저축은행의 인가를 받아야 한다.
② 제1항의 인가(이하 "본인가"라 한다)를 받으려는 자는 대통령령으로 정하는 바에 따라 신청서를 금융위원회에 제출하여야 한다.
③ 제2항에 따라 본인가를 신청하려는 자는 금융위원회에 예비인가를 신청할 수 있다. 이 경우 금융위원회는 2개월 이내에 심사하여 예비인가 여부를 알려야 한다. 다만, 금융위원회가 정하는 바에 따라 그 기간을 연장할 수 있다.
④ 금융위원회는 본인가 또는 예비인가를 하려는 경우에는 상호저축은행의 건전한 운영과 거래자 보호 등을 위하여 필요한 조건을 붙일 수 있다.
⑤ 금융위원회는 예비인가를 받은 자가 본인가를 신청하는 경우에는 예비인가의 조건을 이행하였는지를 확인한 후 본인가를 하여야 한다.
⑥ 본인가 및 예비인가의 세부절차 등에 관하여 필요한 사항은 금융위원회가 정한다.
⑦ 제4항에 따라 조건이 붙은 상호저축은행 본인가 또는 예비인가를 받은 자는 사정의 변경, 그 밖에 정당한 사유가 있는 경우에는 금융위원회에 제4항에 따른 조건의 취소 또는 변경을 신청할 수 있다. 이 경우 금융위원회는 2개월 이내에 조건의 취소 또는 변경 여부를 결정하고, 그 결과를 지체 없이 신청인에게 문서로 알려야 한다.
제6조의2【인가의 요건】 ① 제6조제1항에 따른 인가를 받을 수 있는 자는 다음 각 호의 요건을 모두 갖추어야 한다.
1. 제5조제1항에 따른 요건을 충족할 것
2. 거래자를 보호하고 경영하려는 업무를 하기에 충분한 전문 인력과 전산설비 등 물적 시설을 갖추고 있을 것
3. 사업계획이 타당하고 건전할 것

4. 대주주(최대주주의 특수관계인인 주주를 포함하며, 최대주주가 법인인 경우에는 그 법인의 중요한 경영사항에 대하여 사실상 영향력을 행사하고 있는 주주로서 대통령령으로 정하는 자를 포함한다)가 충분한 출자능력, 건전한 재무상태 및 사회적 신용을 갖추고 있을 것
② 제1항에 따른 인가의 세부 요건에 관하여 필요한 사항은 대통령령으로 정한다.

제6조의3【인가 등의 공고】 금융위원회는 제6조제1항에 따른 인가를 하거나 제24조제2항에 따라 인가를 취소한 경우에는 지체 없이 그 내용을 관보에 공고하고 인터넷 홈페이지 등을 이용하여 일반인에게 알려야 한다.

제7조【지점 및 출장소의 설치】 ① 상호저축은행이 제4조에 따른 영업구역에 지점을 설치하려는 경우에는 대통령령으로 정하는 바에 따라 금융위원회에 신고하여야 한다. 이 경우 금융위원회는 그 신고 내용을 검토하여 이 법에 적합하면 신고를 수리하여야 한다.
② 상호저축은행이 제4조에 따른 영업구역에 출장소(본점 또는 지점에 종속되어 업무를 수행하는 별도의 영업소, 사무소, 지사 및 그 밖의 업무처리장소로서 총리령으로 정하는 기준을 갖춘 것을 말한다. 이하 같다)를 설치한 경우에는 총리령으로 정하는 바에 따라 금융위원회에 보고하여야 한다.
③ 대통령령으로 정하는 기준에 따라 최대주주가 변경되거나 계약이전 등을 받은 상호저축은행이 제4조에 따른 영업구역 밖에 지점 또는 출장소(이하 "지점등"이라 한다)를 설치하려는 경우에는 대통령령으로 정하는 바에 따라 금융위원회의 인가를 받아야 한다. 이 경우 금융위원회는 그 인가에 조건을 붙일 수 있다.
④ 상호저축은행이 제1항 및 제3항에 따라 지점을 설치하는 경우에는 그 지점마다 대통령령으로 정하는 금액 이상의 자본금을 증액하여야 한다. 이 경우 자본금은 납입된 자본금으로 한다.
(2023.7.18 본조개정)

제8조 (1999.2.1 삭제)

제9조【명칭의 사용 등】 ① 상호저축은행은 그 명칭 중에 "상호저축은행" 또는 "저축은행"이라는 명칭을 사용하여야 한다.
② 이 법에 따른 상호저축은행이 아닌 자는 상호저축은행, 저축은행, 상호신용금고, 무진회사(無盡會社), 서민금고 또는 이와 비슷한 명칭을 사용하지 못한다.

제10조【해산·합병 등의 인가】 ① 상호저축은행이 다음 각 호의 어느 하나에 해당하는 행위를 하려면 금융위원회의 인가를 받아야 한다.
1. 해산·합병
2. 영업 전부(이에 준하는 경우를 포함한다)의 폐업·양도 또는 양수
3. 자본금의 감소
② 금융위원회는 제1항에 따른 인가에 조건을 붙일 수 있다.
③ 제1항에 따른 인가의 구체적인 기준 등에 관하여 필요한 사항은 대통령령으로 정한다.(2021.1.26 본항신설)
(2021.1.26 본조제목개정)

제10조의2【신고 사항 등】 ① 상호저축은행은 다음 각 호의 어느 하나에 해당하면 미리 금융위원회에 신고하여야 한다.
1. 정관을 변경(대통령령으로 정하는 경미한 사항을 변경하는 경우는 제외한다)하는 경우(2021.1.26 본호개정)
2. 업무의 종류 및 방법을 변경(대통령령으로 정하는 경미한 사항을 변경하는 경우는 제외한다)하는 경우
(2021.1.26 본호개정)
3. 영업 일부를 양도하거나 양수하는 경우
4. 본점을 동일한 영업구역 내에서 이전하는 경우로서 다음 각 목의 어느 하나에 해당하는 경우(2023.7.18 본문개정)
가. 제5조제2항 각 호의 어느 하나에 해당하는 지역에서 같은 항 다른 각 호의 지역으로 이전하는 경우
나. 광역시에서 다른 광역시로 이전하는 경우
다. 특별자치도에서 도로 이전하거나 도에서 특별자치도로 이전하는 경우
라. 도에서 다른 도로 이전하는 경우
마. 특별자치시에서 도 또는 특별자치도로 이전하거나 도 또는 특별자치도에서 특별자치시로 이전하는 경우
(2018.8.14 본목신설)
5. 그 밖에 거래자를 보호하기 위하여 필요한 경우로서 대통령령으로 정하는 경우
② 금융위원회는 제1항에 따라 신고받은 내용이 관계 법령에 위반되거나 상호저축은행 거래자의 권익을 침해하는 것이라고 인정되면 해당 상호저축은행에 신고받은 내용의 시정이나 보완을 권고할 수 있다.(2021.1.26 본항개정)
③ 금융위원회는 제1항에 따른 신고를 받은 경우 그 내용을 검토하여 이 법에 적합하면 신고를 수리하여야 한다.
(2021.1.26 본항신설)
④ 상호저축은행은 다음 각 호의 어느 하나에 해당하면 금융위원회가 정하는 바에 따라 금융위원회에 보고하여야 한다.
1. 대통령령으로 정하는 주주가 변경된 경우
2. 최대주주가 변경된 경우
3. 대주주 또는 그의 특수관계인의 소유주식이 의결권 있는 발행주식 총수의 100분의 1 이상 변동된 경우
4. 본점을 이전하거나 지점등을 이전 또는 폐쇄하는 경우(제1항제4호에 따라 미리 신고하여야 하는 경우는 제외한다)
5. 본점 및 지점등의 업무를 정지하거나 재개(再開)하는 경우
6. (2015.7.31 삭제)
7. 그 밖에 상호저축은행의 경영에 중요한 영향을 미치는 경우로서 대통령령으로 정하는 경우

제10조의3～제10조의5 (2015.7.31 삭제)

제10조의6【대주주의 자격심사 등】 ① 상호저축은행의 의결권 있는 주식의 취득·양수(실질적으로 해당 주식을 지배하는 것을 말하며, 이하 이 조에서 "취득등"이라 한다)로 해당 상호저축은행의 의결권 있는 발행주식 총수의 100분의 30을 초과하거나 대통령령으로 정하는 대주주가 되려는 자는 제6조의2제1항제4호에 따른 대주주의 요건과 같은 조 제2항에 따른 인가의 세부 요건 중 금융사고 방지를 위하여 대통령령으로 정하는 요건(이하 이 조에서 "금융사고방지요건"이라 한다)을 갖추어 미리 금융위원회의 승인을 받아야 한다.
② 제1항에 따른 주식의 취득등이 기존 대주주의 사망 등 대통령령으로 정하는 사유로 인한 때에는 취득등을 한 날부터 3개월 이내에서 대통령령으로 정하는 기간 이내에 금융위원회에 승인을 신청하여야 한다.
③ 금융위원회는 대통령령으로 정하는 대주주에 대하여 대통령령으로 정하는 기간마다 제6조의2제1항제4호에 따른 대주주의 요건과 금융사고방지요건 중 대통령령으로 정하는 요건(이하 이 조에서 "대주주적격성유지요건"이라 한다)에 부합하는지 여부를 심사하여야 한다. 이 경우 금융위원회는 심사에 필요하면 상호저축은행 또는 대주주에 대하여 필요한 자료나 정보의 제공을 요구할 수 있다.
④ 금융위원회는 제1항에 따른 승인을 받지 아니하거나 제2항에 따른 승인신청을 하지 아니한 주식에 대하여 6개월 이내의 기간을 정하여 처분을 명할 수 있다.
⑤ 제1항에 따른 승인을 받지 아니하고 주식의 취득등을 한 자는 승인 없이 취득등을 한 주식(제2항에 따라 주식의 취득등을 한 자의 승인을 받지 아니한 주식을 포함한다)에 대하여 의결권을 행사할 수 없다.
⑥ 금융위원회는 제3항에 따른 심사 결과 대주주적격성유지요건을 충족하지 못하고 있다고 인정되는 대주주에 대하여 6개월 이내의 기간을 정하여 대주주적격성유지요건을 충족할 것을 명할 수 있다.
⑦ 제6항에 따른 명령을 받은 대주주는 상호저축은행의 의결권 있는 발행주식 총수의 100분의 10 이상 보유하는 주식에 대하여는 의결권을 행사할 수 없다.
⑧ 금융위원회는 제6항에 따른 명령을 받은 대주주가 해당 명령을 이행하지 아니하는 경우에는 6개월 이내의 기간을 정하여 해당 대주주가 보유하는 상호저축은행의 의결권 있는 발행주식 총수의 100분의 10 이상에 해당하는 주식을 처분할 것을 명할 수 있다.
⑨ 제1항에서 제8항까지의 승인, 승인신청, 자료나 정보의 제공요구 및 명령에 관하여 그 밖에 필요한 사항은 대통령령으로 정한다.
(2010.3.22 본조신설)

제2장 업 무

(2010.3.22 본장개정)

제11조【업무】 ① 상호저축은행은 영리를 목적으로 조직·계속적으로 다음 각 호의 업무를 할 수 있다.
1. 신용계 업무
2. 신용부금 업무
3. 예금 및 적금의 수입 업무
4. 자금의 대출 업무
5. 어음의 할인 업무
6. 내·외국환(內·外國換) 업무
7. 보호예수(保護預受) 업무
8. 수납 및 지급대행 업무
9. 기업 합병 및 매수의 중개·주선 또는 대리 업무
10. 국가·공공단체 및 금융기관의 대리 업무
11. 제25조에 따른 상호저축은행중앙회를 대리하거나 그로부터 위탁받은 업무
12. 「전자금융거래법」에서 정하는 직불전자지급수단의 발행·관리 및 대금의 결제(제25조의2제1항제9호에 따른 상호저축은행중앙회의 업무를 공동으로 하는 경우만 해당한다)
13. 「전자금융거래법」에서 정하는 선불전자지급수단의 발행·관리·판매 및 대금의 결제(제25조의2제1항제10호에 따른 상호저축은행중앙회의 업무를 공동으로 하는 경우만 해당한다)
14. 「자본시장과 금융투자업에 관한 법률」에 따라 금융위원회의 인가를 받은 투자중개업, 투자매매업 및 신탁업
15. 「여신전문금융업법」에 따른 할부금융업(거래자 보호 등을 위하여 재무건전성 등 대통령령으로 정하는 요건을 충족하는 상호저축은행만 해당한다)(2013.8.13 본호신설)
16. 제1호부터 제15호까지의 업무에 부대되는 업무 또는 제1조의 목적 달성에 필요한 업무로서 금융위원회의 승인을 받은 업무(2013.8.13 본호개정)
② 제1항의 업무를 할 때 신용공여 총액에 대한 영업구역 내의 개인과 중소기업에 대한 신용공여 합계액의 최소 유지 비율, 그 밖에 상호저축은행이 지켜야 할 구체적인 사항은 대통령령으로 정한다.
③ 상호저축은행은 제1항에 따른 업무를 할 때 이 법과 이 법에 따른 명령에 따라 서민과 중소기업에 대한 금융편의를 도모하여야 한다.

제12조【개별차주 등에 대한 신용공여의 한도】 ① 상호저축은행은 개별차주에게 해당 상호저축은행의 자기자본의 100분의 20 이내에서 대통령령으로 정하는 한도를 초과하는 신용공여를 할 수 없으며, 금융위원회가 정하는 바에 따라 연결 재무제표를 작성하여야 하는 계열관계에 있는 상호저축은행(이하 "동일계열상호저축은행"이라 한다)의 개별차주에 대한 신용공여 합계액은 연결 재무제표에 따른 자기자본의 100분의 20 이내에서 대통령령으로 정하는 한도를 초과할 수 없다.
② 개별차주(대통령령으로 정하는 자는 제외한다)에 대한 거액신용공여의 합계액은 상호저축은행의 자기자본의 5배를 초과하여서는 아니 된다.
③ 상호저축은행은 동일차주에게 해당 상호저축은행의 자기자본의 100분의 25 이내에서 대통령령으로 정하는 한도를 초과하는 신용공여를 할 수 없으며, 동일계열상호저축은행의 동일차주에 대한 신용공여의 합계액은 연결 재무제표에 따른 자기자본의 100분의 25 이내에서 대통령령으로 정하는 한도를 초과할 수 없다.
④ 다음 각 호의 어느 하나에 해당하는 경우로서 대통령령으로 정하는 경우에는 제1항부터 제3항까지의 규정을 적용하지 아니한다.
1. 국민경제를 위하거나 상호저축은행 또는 동일계열상호저축은행의 채권 확보의 실효성을 높이기 위하여 필요한 경우
2. 상호저축은행 또는 동일계열상호저축은행이 추가로 신용공여를 하지 아니하였음에도 불구하고 자기자본의 변동, 동일차주 구성의 변동 등으로 인하여 제1항부터 제3항까지의 규정에 따른 한도를 초과하게 되는 경우
3. 국가, 지방자치단체 및 대통령령으로 정하는 공공기관이 대통령령으로 정하는 지역개발사업 등을 할 때 직접 필요한 금액을 신용공여하는 경우
⑤ 상호저축은행 및 동일계열상호저축은행이 제4항제2호에 따라 제1항부터 제3항까지의 규정에 따른 한도를 초과하게 된 경우에는 그 한도를 초과하게 된 날부터 1년 이내에 그 한도에 적합하도록 하여야 한다.
⑥ 제5항에도 불구하고 상호저축은행 및 동일계열상호저축은행은 신용공여의 기한 및 규모 등에 따른 부득이한 사유가 있으면 금융위원회의 승인을 받아 그 기간을 연장할 수 있다.
⑦ 제6항에 따른 승인을 받으려는 상호저축은행 및 동일계열상호저축은행은 제5항에 따른 기간이 끝나기 3개월 전까지 제1항부터 제3항까지의 규정에 따른 한도에 적합하도록 하기 위한 세부 계획서를 금융위원회에 제출하여야 하고, 금융위원회는 세부 계획서를 제출받은 날부터 1개월 이내에 승인 여부를 결정·통보하여야 한다.
⑧ 동일계열상호저축은행의 신용공여한도는 연결 재무제표를 작성하여야 하는 상호저축은행(이하 "모상호저축은행"이라 한다)이 관리하며, 모상호저축은행은 신용공여한도 관리 목적 범위에서 동일계열상호저축은행의 신용공여 현황에 관한 자료를 요구할 수 있다.

제12조의2【대주주가 발행한 주식의 취득요건 등】 ① 상호저축은행은 그의 대주주(그의 특수관계인을 포함한다. 이하 이 조, 제12조의3 및 제22조의4에서 같다)가 발행한 주식을 대통령령으로 정하는 금액 이상으로 취득하려는 경우에는 미리 이사회의 결의를 거쳐야 한다. 이 경우 이사회는 재적이사 전원의 찬성으로 의결한다.
② 상호저축은행은 그의 대주주가 발행한 주식을 대통령령으로 정하는 금액 이상으로 취득한 경우에는 그 사실을 금융위원회에 지체 없이 보고하고, 인터넷 홈페이지 등을 이용하여 공시하여야 한다.
③ 상호저축은행은 제2항에 따른 보고사항 중 대통령령으로 정하는 사항을 종합하여 분기별로 금융위원회에 보고하고, 인터넷 홈페이지 등을 이용하여 공시하여야 한다.

제12조의3【대주주의 부당한 영향력 행사의 금지】 상호저축은행의 대주주는 상호저축은행의 이익에 반하여 대주주 자신의 이익을 목적으로 다음 각 호의 어느 하나에 해당하는 행위를 하여서는 아니 된다.
1. 부당한 영향력을 행사하기 위하여 상호저축은행에 대하여 외부에 공개되지 아니한 자료 또는 정보의 제공을 요구하는 행위. 다만, 「금융회사의 지배구조에 관한 법률」 제33조제6항에 해당하는 경우는 제외한다.
(2015.7.31 단서개정)
2. 경제적 이익 등 반대급부의 제공을 조건으로 다른 주주와 담합하여 상호저축은행의 인사 또는 경영에 부당한 영향력을 행사하는 행위
3. 그 밖에 제1호 및 제2호에 준하는 행위로서 대통령령으로 정하는 행위

제13조【여신심사위원회 등】 ① 상호저축은행(자산규모 등을 고려하여 대통령령으로 정하는 기준에 해당하는 상호저축은행만 해당한다)은 여신의 건전성 확보 등을 위하여 여신심사위원회와 여신심사 및 여신사후관리에 대한 감리업무를 담당하는 부서를 설치·운영하여야 한다.

② 제1항에 따른 여신심사위원회 및 감리부서의 구성·운영방법, 그 밖에 필요한 사항은 대통령령으로 정한다. (2013.8.13 본조신설)

제14조 (2020.3.24 삭제)

제14조의2【금리인하 요구】 ① 상호저축은행과 신용공여 계약을 체결한 자는 재산 증가나 신용등급 또는 개인신용평점 상승 등 신용상태 개선이 나타났다고 인정되는 경우 상호저축은행에 금리인하를 요구할 수 있다. (2020.2.4 본항개정)

② 상호저축은행은 신용공여 계약을 체결하려는 자에게 제1항에 따라 금리인하를 요구할 수 있음을 알려야 한다.

③ 그 밖에 금리인하 요구의 요건 및 절차에 관한 구체적 사항은 대통령령으로 정한다. (2018.12.11 본조신설)

제15조【지급준비자산의 보유】 상호저축은행은 수입한 부금·예금 및 적금 총액의 100분의 50 이내에서 금융위원회가 정하는 바에 따라 지급준비자산으로 현금, 금융기관에의 예금, 제25조에 따른 상호저축은행중앙회에의 예탁금 또는 대통령령으로 정하는 유가증권을 보유하여야 한다.

제16조 (1999.2.1 삭제)

제17조【차입의 제한】 상호저축은행은 자기자본을 초과하여 차입을 할 수 없다. 다만, 금융위원회의 승인을 받은 경우에는 그러하지 아니하다.

제18조【여유금의 운용 방법】 상호저축은행은 여유금이 있는 경우에는 다음 각 호의 방법으로 운용하여야 한다.
1. 금융위원회가 정하여 고시하는 금융기관에의 예치
2. 금융위원회가 정하는 유가증권의 매입
3. 제25조에 따른 상호저축은행중앙회에의 예탁
4. 그 밖에 금융위원회가 정하는 방법

제18조의2【금지 행위】 ① 상호저축은행은 다음 각 호의 행위를 하여서는 아니 된다.
1. 자기자본을 초과하는 유가증권(담보권 실행으로 취득한 유가증권과 투자의 안정성, 단기간 내 유동화 가능성 및 신용회복·구조조정 지원의 필요성 등을 고려하여 금융위원회가 정하는 것은 제외한다)에 대한 투자. 이 경우 금융위원회는 상호저축은행의 건전한 경영을 위하여 자기자본 규모 등을 고려하여 유가증권의 종류별로 투자한도를 따로 정할 수 있다.(2013.8.13 본호개정)
2. 업무용부동산 외의 부동산의 소유. 다만, 담보권의 실행으로 취득하는 경우는 제외한다.
3. 채무의 보증이나 담보의 제공(보증이나 담보의 제공에 따른 신용위험이 현저하게 낮은 경우로서 대통령령으로 정하는 보증이나 담보의 제공은 제외한다)
4. 직접·간접을 불문하고 그 상호저축은행의 주식을 매입하도록 하기 위한 신용공여 또는 그 상호저축은행의 주식을 담보로 하는 신용공여
5. 상품 또는 유가증권에 대한 투기를 목적으로 하는 신용공여
6. 타인의 명의를 이용한 신용공여
7. 정당한 이유 없이 제37조제1항에 따른 대주주등에게 금전, 서비스, 그 밖의 재산상 이익을 제공하는 행위. 다만, 대주주등에 대한 신용공여 금지 및 가지급금 지급금지에 관하여는 제37조에 따른다.
8. 동일한 부동산 개발·공급 사업에 참여하는 대통령령으로 정하는 자에 대한 신용공여로서 해당 부동산 개발·공급 사업에서 발생하는 수입을 그 주된 상환재원으로 하는 대통령령으로 정하는 신용공여의 합계가 자기자본의 100분의 25 이내에서 대통령령으로 정하는 한도를 초과하는 행위
9. 후순위채권의 모집 또는 매출. 다만, 재무건전성 등 대통령령으로 정하는 요건을 충족하는 상호저축은행이 「자본시장과 금융투자업에 관한 법률」 제12조에 따라 채무증권의 투자중개업 인가를 받은 금융투자업자에게 모집·매출의 주선을 위탁하여 후순위채권을 모집하거나 매출하는 행위는 제외한다.
10. 「자본시장과 금융투자업에 관한 법률」 제9조제6항에 따른 일반투자자(대통령령으로 정하는 대주주는 제외한다)를 대상으로 사모(私募)의 방법으로 후순위채권을 발행하는 행위
11. 다음 각 목의 어느 하나에 해당하지 아니하는 사유로 영업의 전부 또는 일부를 정지하는 행위
  가. 본점 및 지점등의 이전 또는 폐쇄
  나. 이 법 또는 금융 관련 법령에 따른 영업의 전부 또는 일부의 정지
  다. 천재지변·전시·사변, 그 밖에 이에 준하는 사태의 발생

(2013.8.13 8호~11호신설)

② 동일계열상호저축은행은 다음 각 호의 어느 하나에 해당하는 행위를 하여서는 아니 된다.
1. 연결 재무제표에 따른 자기자본을 초과하는 유가증권(담보권 실행으로 취득한 유가증권과 투자의 안정성, 단기간 내 유동화 가능성 및 신용회복·구조조정 지원의 필요성 등을 고려하여 금융위원회가 정하는 것은 제외한다)에 대한 투자. 이 경우 금융위원회는 상호저축은행의 건전한 경영을 위하여 연결 재무제표에 따른 자기자본 규모 등을 고려하여 유가증권의 종류별로 투자한도를 따로 정할 수 있다.
2. 동일한 부동산 개발·공급 사업에 참여하는 대통령령으로 정하는 자에 대한 신용공여로서 해당 부동산 개발·공급 사업에서 발생하는 수입을 그 주된 상환재원으로 하는 대통령령으로 정하는 신용공여의 합계가 연결 재무제표에 따른 자기자본의 100분의 25 이내에서 대통령령으로 정하는 한도를 초과하는 행위

(2013.8.13 본항신설)

③ 상호저축은행 및 동일계열상호저축은행은 자기자본의 변동 등 대통령령으로 정하는 사유로 제1항 및 제2항에 따른 한도를 초과하게 된 경우에는 그 한도를 초과하게 된 날부터 1년 이내에 그 한도에 적합하도록 하여야 한다. 다만, 유가증권 규모, 투자 기간 등을 고려하여 부득이한 사유가 있는 경우에는 금융위원회의 승인을 받아 그 기간을 연장할 수 있다.(2013.8.13 본항신설)

제18조의3【약관의 개정 등】 ① 상호저축은행은 금융이용자의 권익을 보호하여야 하며, 금융거래와 관련된 약관(이하 "약관"이라 한다)을 제정하거나 개정하는 경우에는 약관의 제정 또는 개정 후 10일 이내에 금융위원회에 보고하여야 한다. 다만, 금융이용자의 권리나 의무에 중대한 영향을 미칠 우려가 있는 경우로서 대통령령으로 정하는 경우에는 약관의 제정 또는 개정 전에 미리 금융위원회에 신고하여야 한다.(2018.12.31 본항개정)

② 상호저축은행은 약관을 제정하거나 개정한 경우에는 인터넷 홈페이지 등을 이용하여 공시하여야 한다.

③ 상호저축은행중앙회(제25조에 따라 설립된 상호저축은행중앙회를 말한다. 이하 이 조에서 "중앙회"라 한다) 회장은 건전한 거래질서를 확립하고 불공정한 내용의 약관이 통용되는 것을 막기 위하여 상호저축은행업 금융거래와 관련하여 표준이 되는 약관(이하 "표준약관"이라 한다)을 제정하거나 개정할 수 있다.

④ 중앙회 회장은 표준약관을 제정하거나 개정하려는 경우에는 금융위원회에 미리 신고하여야 한다.

⑤ 금융위원회는 제1항 단서 또는 제4항에 따른 신고를 받은 경우 그 내용을 검토하여 이 법에 적합하면 신고를 수리하여야 한다.(2021.1.26 본항신설)

⑥ 금융위원회는 제1항 및 제4항에 따라 신고 또는 보고받은 약관 또는 표준약관을 공정거래위원회에 통보하여야 한다. 이 경우 공정거래위원회는 통보받은 약관 또는 표준약관이 「약관의 규제에 관한 법률」 제6조부터 제14조까지의 규정에 위반되는 사실이 있다고 인정되면 금융위원회에 그 사실을 통보하고 그 시정에 필요한 조치를 하도록 요청할 수 있으며, 금융위원회는 특별한 사유가 없으면 요청에 따라야 한다.

⑦ 금융위원회는 약관 또는 표준약관이 이 법 또는 금융 관련 법령에 위반되거나 그 밖에 금융이용자의 이익을 해칠 우려가 있다고 인정하면 상호저축은행또는 중앙회 회장에 대하여 그 내용을 구체적으로 적은 서면으로 약관 또는 표준약관을 변경할 것을 명할 수 있다. 이 경우 금융위원회는 변경명령을 하기 전에 공정거래위원회와 협의하여야 한다.

(2010.3.22 본조신설)

제18조의4【집합투자재산 운용 기준 등】 ① 상호저축은행은 자산을 운용할 때 다음 각 호의 어느 하나에 해당하는 경우에는 건전한 자산운용에 필요한 자산운용방법 등 대통령령으로 정하는 기준을 준수하여야 한다.
1. 「자본시장과 금융투자업에 관한 법률」 제9조제19항에 따른 사모집합투자기구(이하 "사모집합투자기구"라 한다)의 수익자·주주·조합원·사원 등이 해당 상호저축은행과 그 특수관계인으로만 구성되어 있는 경우
2. 사모집합투자기구가 발행한 「자본시장과 금융투자업에 관한 법률」 제9조제21항에 따른 집합투자증권(이하 "집합투자증권"이라 한다) 중 상호저축은행이 보유한 집합투자증권의 비율(이하 "투자비율"이라 한다)이 100분의 50 이상인 경우
3. 상호저축은행이 운용방법을 지정하는 금전신탁계약을 통하여 자산을 운용하는 경우
4. 제1호부터 제3호까지의 경우에 준하는 것으로서 대통령령으로 정하는 경우

② 다음 각 호를 적용할 때 제1항 각 호에 따른 사모집합투자기구의 재산, 신탁재산 등은 해당 사모집합투자기구의 재산, 신탁재산 등에 대한 상호저축은행의 투자비율 등에 따라 해당 상호저축은행 또는 해당 상호저축은행이 속한 동일계열상호저축은행이 보유한 자산으로 본다.
1. 제12조제1항부터 제3항까지의 규정에 따른 신용공여한도
2. 제18조의2제1항제1호 및 제2항제1호에 따른 유가증권 투자한도
3. 그 밖에 상호저축은행의 자산운용, 경영건전성 등과 관련된 것으로서 대통령령으로 정하는 사항

③ 제2항에 따라 상호저축은행 또는 동일계열상호저축은행이 보유한 것으로 보는 자산의 범위·규모에 대한 세부적인 기준은 대통령령으로 정한다.

(2013.8.13 본조신설)

제18조의5 (2020.3.24 삭제)

제18조의6【광고의 자율심의】 ① 상호저축은행이 예금등, 대출, 후순위채권 등 자신이 취급하는 상품에 관하여 광고를 하려는 경우에는 광고계획신고서와 광고안을 제25조에 따른 상호저축은행중앙회(이하 이 조에서 "중앙회"라 한다)에 제출하여 심의를 받아야 한다.(2020.3.24 본항개정)

② 중앙회는 제1항에 따른 심의 결과 광고의 내용이 사실과 다르거나 「금융소비자 보호에 관한 법률」 제22조를 위반하여 광고하려는 경우에는 해당 상호저축은행에 대하여 광고의 시정이나 사용중단을 요구할 수 있다. 이 경우 해당 상호저축은행은 정당한 사유가 없으면 중앙회의 요구에 성실히 응하여야 한다.(2020.3.24 전단개정)

③ 중앙회는 매분기별 광고 심의 결과를 해당 분기의 말일부터 1개월 이내에 금융위원회에 보고하여야 한다.

(2013.8.13 본조신설)

제18조의7【고객응대직원에 대한 보호 조치 의무】 ① 상호저축은행은 고객을 직접 응대하는 직원을 고객의 폭언이나 성희롱, 폭행 등으로부터 보호하기 위하여 다음 각 호의 조치를 하여야 한다.
1. 직원이 요청하는 경우 해당 고객으로부터의 분리 및 업무담당자 교체
2. 직원에 대한 치료 및 상담 지원
3. 고객을 직접 응대하는 직원을 위한 상시적 고충처리 기구 마련. 다만, 「근로자참여 및 협력증진에 관한 법률」 제26조에 따라 고충처리위원을 두는 경우에는 고객을 직접 응대하는 직원을 위한 고충처리위원의 선임 또는 위촉
4. 그 밖에 직원의 보호를 위하여 필요한 법적 조치 등 대통령령으로 정하는 조치

② 직원은 상호저축은행에 대하여 제1항 각 호의 조치를 요구할 수 있다.

③ 상호저축은행은 제2항에 따른 직원의 요구를 이유로 직원에게 불이익을 주어서는 아니 된다.

(2016.3.29 본조신설)

제19조【이익금의 처리】 ① 상호저축은행은 자본금의 총액이 될 때까지 매 사업연도의 이익금의 100분의 10 이상을 적립금으로 적립하여야 한다.

② 제1항의 적립금은 손실금의 보전과 자본전입의 경우 외에는 사용하지 못한다.

제20조 (1999.2.1 삭제)

제21조【해산】 상호저축은행은 다음 각 호의 어느 하나에 해당하는 사유가 있으면 해산한다.
1. 제24조제2항에 따른 영업인가의 취소
2. 제10조제1항제1호에 따른 합병 또는 같은 항 제2호에 따른 영업전부의 폐업·양도
3. 제24조의9제3항, 제24조의11제1항 또는 제24조의15제2항에 따른 계약의 전부이전
4. 「금융산업의 구조개선에 관한 법률」 제14조제2항에 따른 계약이전(계약의 전부이전만 해당한다) 또는 같은 법 제26조에 따른 영업의 전부양도

제3장 감 독

(2010.3.22 본장개정)

제22조【감독】 ① 상호저축은행은 금융위원회가 감독한다.

② 금융위원회는 상호저축은행에 대하여 거래자의 권익을 해칠 우려가 있다고 인정되면 감독상 필요한 명령을 할 수 있다.

제22조의2【경영건전성 기준】 ① 금융위원회는 상호저축은행의 건전한 경영을 유도하고 금융 사고를 예방하기 위하여 대통령령으로 정하는 바에 따라 다음 각 호에 해당하는 경영건전성의 기준을 정할 수 있다.
1. 재무건전성 기준
2. 자산건전성 분류 기준
3. 회계 및 결산 기준
4. 위험관리 기준
5. 유동성 기준

② 상호저축은행은 제11조에 따른 업무를 할 때 제1항에 따른 경영건전성 기준을 준수하여야 한다.

③ 금융위원회는 상호저축은행의 제2항에 따른 경영건전성 기준 준수, 그 밖에 상호저축은행의 경영건전성 확보 등을 위하여 상호저축은행의 경영실태에 대한 분석·평가를 할 수 있다.(2013.8.13 본항신설)

제22조의3 (2015.7.31 삭제)

제22조의4【상호저축은행 등에 대한 자료제출 요구 등】 ① 금융위원회는 상호저축은행 또는 제37조제1항에 따른 대주주등이 제12조의2·제12조의3 또는 제37조를 위반한 혐의가 있다고 인정하는 경우에는 상호저축은행 또는 제37조제1항에 따른 대주주등에게 필요한 자료의 제출을 요구할 수 있다.(2013.8.13 본항개정)

② 금융위원회는 상호저축은행의 대주주(회사만 해당한다)의 부채가 자산을 초과하는 등 재무구조의 부실로 그 상호저축은행의 경영건전성을 현저하게 해칠 우려가 있는 경우로서 대통령령으로 정하는 경우에는 그 상호저축은행에 대하여 다음 각 호의 조치를 할 수 있다.
1. 대주주가 발행한 유가증권의 신규 취득 금지
2. 그 밖에 대주주에 대한 자금지원 성격의 거래제한 등 대통령령으로 정하는 조치

제22조의5【업무보고서 등의 제출】 ① 상호저축은행은 매월의 업무 내용을 적은 보고서를 다음 달 말일까지 「금융위원회의 설치 등에 관한 법률」에 따라 설립된 금융감독원의 원장(이하 "금융감독원장"이라 한다)이 정하는 바에 따라 금융감독원장에게 제출하여야 한다.(2015.7.31 본항개정)
② 제1항에 따른 보고서에는 대표자와 담당책임자 또는 그 대리인이 서명 또는 날인하여야 한다.
③ 상호저축은행은 금융위원회 또는 금융감독원장이 감독 또는 검사 업무를 수행하기 위하여 요구하는 자료를 제출하여야 한다.(2013.8.13 본항신설)
(2013.8.13 본조제목개정)
(2010.3.22 본조신설)
제22조의6【대주주에 대한 검사 등】 ① 금융감독원장은 상호저축은행의 대주주가 제12조의3을 위반한 혐의가 인정되는 경우에는 소속 직원으로 하여금 그 목적에 필요한 최소한의 범위에서 해당 대주주의 업무와 재산에 관하여 검사하게 할 수 있다.
② 금융감독원장은 제37조제1항제1호 및 제2호에 따른 자가 같은 조 제1항부터 제3항까지의 규정을 위반한 혐의가 인정되는 경우에는 소속 직원으로 하여금 그 목적에 필요한 최소한의 범위에서 그의 업무와 재산에 관하여 검사하게 할 수 있다.
③ 제1항 및 제2항에 따른 검사에 관하여는 제23조제2항 및 제3항을 준용한다.
(2013.8.13 본조신설)
제23조【검사】 ① 금융감독원장은 그 소속 직원으로 하여금 상호저축은행의 업무와 재산에 관하여 검사하게 할 수 있다.
② 금융감독원장은 제1항에 따른 검사를 할 때 필요하다고 인정하면 상호저축은행에 대하여 업무나 재산에 관한 보고, 자료의 제출, 관계자의 출석 및 의견의 진술을 요구할 수 있다.
③ 제1항에 따라 검사를 하는 자는 그 권한을 표시하는 증표를 지니고 이를 관계자에게 내보여야 한다.
④ 금융감독원장은 「주식회사 등의 외부감사에 관한 법률」에 따라 상호저축은행이 선임한 외부감사인에게 그 상호저축은행을 감사한 결과 알게 된 정보나 그 밖에 경영건전성과 관련되는 자료의 제출을 사용목적에 필요한 최소한의 범위에서 서면으로 요구할 수 있다.(2017.10.31 본항개정)
제23조의2【경영 공시】 상호저축은행은 거래자 보호와 신용질서 유지를 위하여 필요한 사항으로서 대통령령으로 정하는 사항을 금융위원회가 정하는 바에 따라 공시하여야 한다.
제23조의3【위법행위의 신고 및 신고자 보호】 ① 누구든지 이 법 또는 「금융소비자 보호에 관한 법률」 위반행위를 알게 되었거나 이를 강요 또는 제의받은 경우에는 대통령령으로 정하는 바에 따라 금융위원회 또는 금융감독원장에게 신고 또는 제보할 수 있다.(2020.3.24 본항개정)
② 금융위원회 또는 금융감독원장(그 상호저축은행의 임직원을 통하여 신고 또는 제보를 한 경우에는 그 임직원을 포함한다)은 제1항에 따라 신고 또는 제보를 받은 경우 신고자 또는 제보자(이하 이 조에서 "신고자등"이라 한다)의 신분 등에 관한 비밀을 유지하여야 한다.
③ 신고자등이 소속된 기관·단체 또는 회사는 그 신고자등에 대하여 그 신고 또는 제보와 관련하여 직접 또는 간접적인 방법으로 불리한 대우를 하여서는 아니 된다.
④ 금융위원회 및 금융감독원장은 대통령령으로 정하는 바에 따라 신고자등에게 포상금을 지급할 수 있다.
(2010.3.22 본조신설)
제23조의4~제23조의9 (1995.12.29 삭제)
제23조의10 (1999.2.1 삭제)
제23조의11【청산】 ① 상호저축은행이 다음 각 호의 어느 하나에 해당하는 사유로 해산하면 금융위원회는 청산인을 선임한다.
1. 제24조의9제3항에 따른 계약이전의 인가, 제24조의11 제1항 또는 제24조의15제2항에 따른 결정
2. 제24조제2항에 따른 영업인가의 취소
② 청산인은 취임 후 지체 없이 상호저축은행의 재산상태를 조사하고 재산 목록과 재무상태표를 작성하여 주주총회의 승인을 받아야 한다. 청산 사무가 종결된 때의 결산보고서에 관하여도 또한 같다.(2021.4.20 전단개정)
③ 제2항의 경우 2회 이상의 소집에도 불구하고 주주총회가 성립되지 아니하거나 주주총회의 승인을 받지 못하면 청산인의 신청에 따른 금융위원회의 승인으로 주주총회의 승인을 받은 것으로 본다.
④ 금융위원회가 청산인을 선임한 경우에는 상호저축은행으로 하여금 보수를 지급하게 할 수 있다.
⑤ 금융위원회는 필요하면 직권으로 또는 이해관계인의 청구에 따라 청산인을 해임할 수 있다.
⑥ 상호저축은행의 청산에 관하여는 이 법에 정한 것 외에는 「상법」 중 청산에 관한 규정을 준용한다.
제24조【행정처분】 ① 금융위원회는 상호저축은행 또는 그 임직원이 별표1 각 호의 어느 하나에 해당하거나 「금융회사의 지배구조에 관한 법률」 별표 각 호의 어느 하나에 해당하는 경우(제5호에 해당하는 조치로 한정한다), 「금융소비자 보호에 관한 법률」 제51조제1항제4호, 제5호 또는 같은 조 제2항 각 호 외의 부분 본문 중 대통령령으로 정하는 경우(제5호에 해당하는 조치로 한정한다)에 해당하면 다음 각 호의 어느 하나에 해당하는 조치를 할 수 있다.(2020.3.24 본문개정)
1. 상호저축은행에 대한 주의·경고 또는 그 임직원에 대한 주의·경고·문책의 요구
2. 해당 위반행위의 시정명령
3. 임원(「금융회사의 지배구조에 관한 법률」 제2조제5호에 따른 업무집행책임자는 제외한다. 이하 제35조의3에서 같다)의 해임 권고 또는 직무정지(2017.4.18 본호개정)
4. 직원(「금융회사의 지배구조에 관한 법률」 제2조제5호에 따른 업무집행책임자를 포함한다. 이하 제35조의3에서 같다)의 면직 요구(2017.4.18 본호개정)
5. 6개월 이내의 영업의 일부정지
② 금융위원회는 상호저축은행이 다음 각 호의 어느 하나에 해당하면 6개월 이내의 기간을 정하여 영업의 전부 정지를 명하거나 영업의 인가를 취소할 수 있다.
1. 거짓이나 그 밖의 부정한 방법으로 영업의 인가를 받은 경우
2. 결손으로 자기자본의 전액이 잠식(蠶食)된 경우
3. 인가를 받지 아니하고 제10조제1항 각 호의 어느 하나에 해당하는 행위를 한 경우
4. 제1항제2호에 따른 시정명령을 이행하지 아니한 경우
5. 영업의 정지기간 중에 그 영업을 한 경우
6. 「금융회사의 지배구조에 관한 법률」 별표 각 호의 어느 하나에 해당하는 경우(영업의 전부정지를 명하는 경우로 한정한다)(2015.7.31 본호신설)
7. 제18조의2제1항제11호에 해당하는 행위를 한 경우 (2013.8.13 본호신설)
8. 「금융소비자 보호에 관한 법률」 제51조제1항제4호 또는 제5호에 해당하는 경우(2020.3.24 본호신설)
9. 「금융소비자 보호에 관한 법률」 제51조제2항 각 호 외의 부분 본문 중 대통령령으로 정하는 경우(영업의 전부정지를 명하는 경우로 한정한다)(2020.3.24 본호신설)
10. 그 밖에 법령 또는 정관을 위반하거나 재산상태 또는 경영이 건전하지 못하여 공익을 크게 해칠 우려가 있는 경우

제3장의2 부실 상호저축은행의 경영정상화
(2010.3.22 본장개정)

제24조의2【경영지도 등】 ① 금융위원회는 상호저축은행이 다음 각 호의 어느 하나에 해당하는 경우에는 예금자 등 거래자 보호, 상호저축은행의 경영정상화 및 재산 보전 등을 위하여 경영지도를 할 수 있다. 이 경우 금융위원회는 금융감독원장 및 「예금자보호법」 제3조에 따라 설립된 예금보험공사(이하 "예금보험공사"라 한다) 사장으로 하여금 금융감독원 및 예금보험공사의 직원을 상호저축은행의 본점 또는 지점등에 파견하여 상주하면서 공동으로 경영지도를 하게 할 수 있다.(2015.7.31 후단개정)
1. 제23조제1항에 따른 검사 결과 대통령령으로 정하는 개별차주한도초과신용공여·불법거액신용공여 또는 대주주신용공여를 보유하는 경우
2. 임원이 제24조제1항제1호 또는 제3호에 따른 처분(대통령령으로 정하는 처분만 해당한다)을 받은 경우
3. 제23조제1항에 따른 검사 결과 경영지도가 필요하다고 인정되는 경우
4. 상호저축은행이 「금융산업의 구조개선에 관한 법률」 제10조에 따라 적기시정조치를 받은 경우
5. 그 밖에 대규모 예금인출 발생 등 거래자의 권익 및 신용질서를 저해할 우려가 있는 경우로서 대통령령으로 정하는 경우(2013.8.13 본호신설)
② 제1항에 따른 경영지도의 종료 요건, 방법, 기간 및 절차 등에 관하여 필요한 사항은 대통령령으로 정한다. (2013.8.13 본조제목개정)
제24조의3【경영관리】 ① 금융위원회는 상호저축은행이 다음 각 호의 어느 하나의 요건에 해당하면 지체 없이 관리인을 선임하여 해당 상호저축은행에 대하여 경영관리를 하게 할 수 있다.
1. 제23조제1항에 따른 검사 결과 상호저축은행이 불법·부실신용공여를 보유하여 자본의 전부가 잠식될 우려가 있고, 이를 단기간에 통상적인 방법으로는 회수할 가능성이 없어 자력으로 경영정상화를 추진하는 것이 어렵다고 인정되는 경우
2. 제24조제2항에 따른 영업인가 취소의 사유에 해당하는 경우로서 예금자보호를 위하여 경영관리의 필요성이 인정되는 경우
3. 경영지도를 장기간 또는 반복하여 받거나 이 법 또는 「금융소비자 보호에 관한 법률」을 위반하여 시정명령을 받고도 상당 기간 시정하지 아니하여 경영관리를 통하여 시정할 필요성이 인정되는 경우(2020.3.24 본호개정)
4. 제37조제1항 각 호의 어느 하나에 해당하는 자에게 같은 조 제1항 또는 같은 조 제2항에 따라 신용공여 또는 교차신용공여를 반복하거나 그 신용공여금액이 과다하여 공익 또는 예금자보호를 위하여 경영관리의 필요성이 인정되는 경우
② 제1항제1호·제3호 및 제4호에 따른 경영관리의 구체적인 요건은 대통령령으로 정한다.
③ 제1항에 따른 경영관리가 시작되면 관리인은 지체 없이 상호저축은행의 재산현황을 조사(이하 "재산실사"라 한다)한다.
④ 경영관리의 기간은 6개월 이내로 하되, 금융위원회가 경영정상화를 추진하기 위하여 불가피하다고 인정하면 6개월의 범위에서 한 번만 연장할 수 있다. 다만, 제24조의13에 따라 파산신청을 한 경우에는 「채무자 회생 및 파산에 관한 법률」 제355조에 따른 파산관재인(破産管財人)이 선임될 때까지 경영관리 기간을 연장할 수 있다.
⑤ 상호저축은행은 제1항에 따라 경영관리를 받게 되면 지체 없이 대통령령으로 정하는 바에 따라 그 요지를 공고하여야 한다.
⑥ 제1항에 따른 관리인의 선임에 관하여는 「금융산업의 구조개선에 관한 법률」 제14조의3제2항 및 같은 법 제14조의6제1항·제2항을 준용한다.
제24조의4【지급정지 등】 ① 제24조의3제5항에 따른 경영관리의 공고가 있으면 그때부터 채무의 지급(제세공과금 등 대통령령으로 정하는 경우는 제외한다), 임원의 직무집행 및 주주명의개서는 정지된다.
② 금융위원회는 재산실사 결과 해당 상호저축은행의 경영정상화가 가능한 경우 등 대통령령으로 정하는 사유가 있으면 제1항에 따른 정지의 전부 또는 일부를 해제할 수 있다.
제24조의5【관리인의 권한 등】 ① 해당 상호저축은행과 이해관계가 있거나 특수한 관계에 있는 자는 관리인으로 선임될 수 없다.
② 관리인은 경영관리를 받는 상호저축은행의 업무를 집행하고 그 재산을 관리·처분하는 권한을 가진다. 이 경우 관리인은 제24조의6에 따른 등기를 마친 후가 아니면 상호저축은행의 재산의 처분 등 법률행위를 할 때 제3자에게 대항하지 못한다.
③ 관리인은 불법·부실신용공여에 관한 채권을 확보하기 위하여 필요하면 제37조의3에 따라 예금등과 관련된 채무에 대하여 연대하여 변제할 책임을 지는 자, 「상법」 제399조제1항, 제414조제1항에 따라 손해를 배상할 책임이 있는 자 또는 채무자의 재산을 조사하여 가압류신청 등 필요한 조치를 할 수 있다.
④ 관리인은 상호저축은행의 임원이나 대주주에게 2주 이상 1개월 이내의 기간을 정하여 증자, 추가담보의 제공 등 해당 상호저축은행의 경영정상화 방안을 제출하도록 요구할 수 있다.
⑤ 관리인이 그 권한 내의 행위를 할 때에는 경영관리를 받는 상호저축은행을 위하여 하는 것임을 표시하여야 한다.
⑥ 관리인이 제5항의 표시를 하지 아니하면 그 행위는 자기를 위하여 한 것으로 본다.
⑦ 금융위원회는 필요하다고 인정하면 관리인을 해임할 수 있다.
⑧ 관리인에 관하여는 「민법」 제35조제1항, 「상법」 제11조제1항 및 「채무자 회생 및 파산에 관한 법률」 제30조, 제360조부터 제362조까지의 규정을 준용한다. 이 경우 「채무자 회생 및 파산에 관한 법률」 제30조, 제360조 및 제362조 중 "법원"은 "금융위원회"로 본다.
제24조의6【경영관리의 통지 및 등기】 ① 금융위원회는 제24조의3에 따라 경영관리를 시작하게 한 경우에는 지체 없이 그 관리를 받는 상호저축은행의 본점 소재지를 관할하는 지방법원에 그 취지를 알리고 본점 및 지점 소재지를 관할하는 등기소에 그 등기를 촉탁하여야 한다.
② 등기소는 제1항에 따른 촉탁을 받으면 지체 없이 그 등기를 하여야 한다.
제24조의7【경영관리의 종료】 ① 금융위원회는 제24조의3에 따른 경영관리의 요건을 해소하고 자력으로 경영정상화를 추진하는 것이 가능하다고 인정되어 경영관리가 필요 없게 된 때에는 지체 없이 이를 종료하게 하여야 한다.
② 제1항에 따른 경영관리 종료의 통지 및 등기에 관하여는 제24조의6을 준용한다.
제24조의8【계약이전의 요구】 ① 금융위원회는 제24조의3에 따라 경영관리를 받는 상호저축은행에 대한 재산실사 결과 상호저축은행의 재산으로 그 채무를 전부 변제할 수 없는 경우로서 다음 각 호의 어느 하나에 해당하는 경우에는 계약이전을 받을 자를 지정하여 계약의 이전(이하 "계약이전"이라 한다)을 해당 상호저축은행에 요구할 수 있다.
1. 계약이전을 받으려는 상호저축은행이 있는 경우
2. 대통령령으로 정하는 기준에 따라 상호저축은행이 파산하는 것보다 계약이전하는 것이 바람직하다고 인정되는 경우
② 제1항에 따른 계약이전을 받으려는 상호저축은행은 금융위원회에 신청하여 그 지정을 받아야 한다.
③ 제2항에 따른 지정의 기준과 절차 등은 대통령령으로 정한다.
④ 제1항에 따른 계약이전 요구의 공고에 관하여는 제24조의3제5항을 준용한다.
제24조의9【계약이전의 협의와 인가】 ① 상호저축은행은 제24조의8제1항에 따라 계약이전의 요구를 받으면 계약이전의 지정을 받은 상호저축은행과 계약이전에 관한 협의(이하 이 조에서 "협의"라 한다)를 하여야 한다.

② 협의는 쌍방의 상호저축은행이 「상법」 제434조에 따른 결의(합자회사의 경우에는 총 사원의 3분의 2 이상의 동의)를 받아야 한다.
③ 협의가 성립된 때에는 쌍방의 상호저축은행은 지체 없이 금융위원회로부터 계약이전의 인가를 받아야 한다.
제24조의10【자금지원의 요청 등】 ① 금융위원회는 제24조의8제2항에 따라 계약이전을 받을 상호저축은행을 지정할 때 자금지원이 필요하다고 인정하면 예금보험공사에 「예금자보호법」 제38조에 따라 자금지원의 내용과 조건 등을 미리 정하여 주도록 요청할 수 있다.
② 예금보험공사는 제1항의 요청을 받으면 지체 없이 자금지원의 내용과 조건 등을 결정하여 금융위원회에 통지하여야 한다.
③ 금융위원회는 제24조의9제3항에 따른 인가 또는 제24조의11제1항에 따른 결정을 할 때 필요한 경우에는 「예금자보호법」 제38조에도 불구하고 제2항에 따라 예금보험공사가 통지한 최고한도의 범위에서 자금지원의 내용과 조건을 결정할 수 있다.
④ 금융위원회는 상호저축은행에 예금인출 사태가 발생하거나 발생할 우려가 있어 자금 지원이 필요하다고 인정하면 제25조에 따른 상호저축은행중앙회에 대하여 해당 상호저축은행에 자금을 지원하도록 요청할 수 있다.
제24조의11【계약이전의 결정】 ① 제24조의8에 따라 계약이전의 요구를 받은 상호저축은행과 계약이전을 받을 자로 지정된 상호저축은행 간에 협의가 성립되지 아니하거나 협의를 하지 아니한 경우에는 금융위원회는 계약이전의 결정을 할 수 있다.
② 금융위원회는 제1항에 따라 계약이전의 결정을 하는 경우 계약이전 받을 상호저축은행에 대하여 지원이 필요한 자금의 내용과 조건이 제24조의10제2항에 따라 예금보험공사가 통지한 내용과 조건의 최고한도를 초과하는 경우에는 미리 예금보험공사와 협의하여야 한다.
③ 금융위원회는 제1항의 결정을 한 경우에는 결정의 내용을 쌍방의 상호저축은행과 예금보험공사에 통지하여야 한다.
제24조의12【계약이전의 효력과 공고】 ① 계약이전은 제24조의9제3항에 따른 인가 또는 제24조의11제1항에 따른 결정이 있는 때에 그 효력이 발생한다.
② 제1항에 따른 인가 또는 결정을 받은 상호저축은행은 각각 대통령령으로 정하는 바에 따라 그 취지와 해당 계약이전에 관한 인가 또는 결정의 요지를 공고하여야 한다.
제24조의13【파산신청】 금융위원회는 제24조의3에 따라 경영관리를 받는 상호저축은행에 대한 재산실사 결과 해당 상호저축은행의 재산으로 그 채무를 전부 변제할 수 없는 경우로서 제24조의8제1항 각 호의 어느 하나의 요건에 해당되지 아니하거나 제24조의9제3항에 따른 인가 또는 제24조의11제1항에 따른 결정이 이루어지지 아니한 경우에는 직권으로 또는 예금보험공사의 건의에 따라 해당 상호저축은행의 본점 소재지를 관할하는 지방법원에 파산신청을 할 수 있다.
제24조의14【감사인의 지명】 「주식회사 등의 외부감사에 관한 법률」에 따라 외부감사를 받아야 하는 상호저축은행이 대통령령으로 정하는 사유에 해당하는 경우 금융위원회는 「금융위원회의 설치 등에 관한 법률」 제19조에 따른 증권선물위원회에 「주식회사 등의 외부감사에 관한 법률」 제11조에 따라 해당 상호저축은행의 감사인의 지명을 의뢰할 수 있다.(2017.10.31 본조개정)
제24조의15【경영정상화 추진의 조정】 ① 금융위원회는 예금자보호와 신용질서의 확립을 위하여 필요하다고 인정하면 제24조의2부터 제24조의12까지의 규정에 따라 경영정상화를 추진하고 있는 상호저축은행에 영업 또는 주식의 양도나 합병을 권고하거나 알선할 수 있다.
② 금융위원회는 상호저축은행의 경영 또는 재산상태가 현저하게 불건전하거나 해당 상호저축은행의 임직원 또는 대통령령으로 정하는 주주가 재산을 도피시킬 우려가 있는 등 예금자보호를 위하여 필요하다고 인정하면 경영관리를 거치지 아니하고 제24조의11제1항에 따른 계약이전의 결정이나 제24조의13에 따른 파산신청, 영업양도·합병의 알선, 그 밖에 경영정상화를 추진하기 위하여 필요한 조치를 할 수 있다.
③ 제2항의 결정이나 조치에 따른 자금지원에 관하여는 제24조의10을 준용한다.

제4장 상호저축은행중앙회
(2010.3.22 본장개정)

제25조【설립】 ① 상호저축은행을 건전하게 발전시키고 상호저축은행 간의 업무협조와 신용질서의 확립 및 거래자의 보호를 위하여 상호저축은행중앙회(이하 "중앙회"라 한다)를 설립한다.
② 중앙회는 법인으로 한다.
③ 상호저축은행은 중앙회의 회원이 된다.
④ 중앙회는 정관으로 정하는 바에 따라 주된 사무소를 두고 필요한 곳에 지회(支會)를 둘 수 있다.(2015.7.24 본항개정)
⑤ 중앙회는 대통령령으로 정하는 바에 따라 주된 사무소의 소재지에서 설립등기를 함으로써 성립한다.
⑥ 중앙회는 총회 및 이사회를 두어야 하며, 총회 및 이사회의 운영과 의결사항에 관하여는 대통령령으로 정한다.
제25조의2【업무】 ① 중앙회는 이 법의 목적을 달성하기 위하여 다음 각 호의 업무를 한다.
1. 상호저축은행 업무의 개선과 발전을 위한 연구·조사 업무
2. 상호저축은행 간의 업무협조와 신용질서의 확립 및 거래자 보호를 위한 업무
3. 상호저축은행으로부터의 예탁금 및 지급준비예탁금의 수입 및 운용
4. 상호저축은행에 대한 대출, 상호저축은행이 보유하거나 매출하는 어음의 매입
5. 상호저축은행에 대한 지급보증
6. 내국환업무 및 국가·공공단체 또는 금융기관의 대리 업무
7. 「자본시장과 금융투자업에 관한 법률」 제4조제3항에 따른 국채증권·지방채증권의 모집·인수 및 매출
8. 상호저축은행의 공동이익을 위한 자회사의 설립·운영 또는 다른 법인에의 출자
9. 「전자금융거래법」에서 정하는 직불전자지급수단의 발행·관리 및 대금의 결제
10. 「전자금융거래법」에서 정하는 선불전자지급수단의 발행·관리·판매 및 대금의 결제
11. 국가기관, 지방자치단체, 그 밖의 공공단체가 위탁하는 업무
12. 제1호부터 제11호까지의 업무에 부수되는 업무
13. 그 밖에 대통령령으로 정하는 업무
② 중앙회는 제1항의 업무를 하려면 대통령령으로 정하는 바에 따라 업무방법서를 작성하여 금융위원회의 승인을 받아야 한다. 이를 변경하려는 경우에도 또한 같다.
제25조의3【정관】 ① 중앙회의 정관에 기재할 사항은 대통령령으로 정한다.
② 중앙회의 정관은 금융위원회의 인가를 받아야 한다. 이를 변경하려는 경우에도 또한 같다.
제25조의4【임원】 ① 중앙회의 임원으로 회장 1명, 전무이사 1명, 10명 이내의 이사와 감사 1명을 두되, 이사의 구성 등에 관한 사항은 대통령령으로 정한다.
② 중앙회 임원의 임기는 3년으로 한다.
제25조의5【회비】 중앙회는 정관으로 정하는 바에 따라 회원으로부터 회비를 징수할 수 있다.
제25조의6【회계의 원칙】 ① 중앙회의 회계는 기업회계기준에 따라 회계처리하여야 한다.(2018.2.21 본항개정)
② 중앙회는 지급준비예탁금의 수입 및 운용업무를 할 때 별도의 계정을 설치하여 회계처리를 구분하여야 한다.(2018.2.21 본항개정)
③ 금융위원회는 제2항에 따른 지급준비예탁금의 수입 및 운용업무와 관련하여 자산의 건전성, 대손충당금의 설정 등에 관한 구체적인 기준을 정할 수 있다.
제25조의7~제25조의8 (1999.2.1 삭제)
제25조의9【차입】 중앙회는 업무 수행에 필요하면 대통령령으로 정하는 바에 따라 금융위원회의 승인을 받아 자금을 차입할 수 있다.
제25조의10【대리인의 선임】 중앙회 회장은 이사회의 결의를 거쳐 전무이사·이사 또는 직원 중에서 중앙회의 업무에 관한 재판상 또는 재판 외의 모든 행위를 할 수 있는 대리인을 선임할 수 있다.
제25조의11 (1999.2.1 삭제)
제26조 (1998.1.13 삭제)
제27조 (1999.2.1 삭제)
제28조【정치활동의 금지 등】 ① 중앙회는 정치에 관여하는 모든 행위를 하여서는 아니 된다.
② 중앙회의 임원은 정당이나 그 밖의 정치단체에 가입하지 못한다.
제29조【중앙회 및 그 임직원에 대한 행정처분】 금융위원회는 중앙회 또는 그 임직원이 별표2 각 호의 어느 하나에 해당하면 다음 각 호의 어느 하나에 해당하는 조치를 할 수 있다.
1. 중앙회에 대한 주의·경고 또는 그 임직원에 대한 주의·경고·문책의 요구
2. 해당 위반행위의 시정명령
3. 임원의 해임 권고 또는 직무정지(2017.4.18 본호개정)
4. 직원의 면직 요구
5. 6개월 이내의 업무의 일부정지
(2010.3.22 본조신설)
제29조의2~제33조의2 (1995.1.5 삭제)
제34조【준용】 ① 중앙회에 대하여는 이 법에 규정한 사항 외에는 「민법」 중 사단법인에 관한 규정을 준용한다.
② 중앙회에 관하여는 제22조 및 제23조를 준용한다. 이 경우 "상호저축은행"은 "중앙회"로 본다.

제5장 보 칙
(2010.3.22 본장개정)

제34조의2【권한의 대행】 ① 제23조의11제1항·제3항부터 제5항까지, 제24조의2제1항, 제24조의3제1항·제4항, 제24조의4제2항, 제24조의5제7항·제8항, 제24조의6제1항, 제24조의7, 제24조의8제1항·제2항, 제24조의9제3항, 제24조의10, 제24조의11, 제24조의13, 제24조의14 및 제24조의15에 따른 금융위원회의 권한은 부실 상호저축은행의 경영정상화를 추진할 때 전문지식과 효율적인 업무 수행이 필요하다고 인정되는 경우에는 대통령령으로 정하는 바에 따라 금융감독원장이 대행하도록 할 수 있다. 이 경우 금융감독원장이 대행한 행위는 금융위원회가 한 것으로 본다.
② 금융감독원장은 제1항에 따라 권한을 행사할 때에는 금융위원회를 대행하여 하는 것임을 표시하여야 한다.
③ 금융감독원장이 제2항의 표시를 하지 아니하면 그 행위는 자기를 위하여 한 것으로 본다.
④ 금융감독원장은 제1항에 따른 금융위원회의 권한을 대행할 때 중요 사항은 금융위원회에 보고하여야 한다.
⑤ 제1항에 따른 금융위원회의 권한대행에 관한 업무처리의 기준과 절차, 그 밖에 필요한 사항은 대통령령으로 정할 수 있다.
⑥ 금융감독원장은 제1항의 업무를 대행할 때 필요하면 예금보험공사, 중앙회 등 관련 기관으로 구성되는 협의회를 운영할 수 있다.
⑦ 금융감독원장은 제1항에 따라 부실 상호저축은행에 대한 경영정상화를 추진하는 경우에는 이에 필요한 자료를 중앙행정기관의 장에게 요청할 수 있다. 이 경우 요청을 받은 중앙행정기관의 장은 특별한 사유가 없으면 요청에 따라야 한다.
제35조【권한의 위탁】 ① 금융위원회는 제34조의2제1항에 따른 권한이 아닌 권한의 일부를 대통령령으로 정하는 바에 따라 금융감독원장, 중앙회 회장 또는 예금보험공사 사장에게 위탁할 수 있다.
② 금융감독원장은 제1항의 권한을 행사할 때 상호저축은행(그 임직원을 포함한다) 또는 제37조제1항에 따른 대주주등이 다음 각 호의 어느 하나에 해당함을 알게 된 때에는 금융위원회에 필요한 행정조치를 건의하여야 한다.(2013.8.13 본문개정)
1. 제24조제2항 각 호의 어느 하나에 해당하는 경우
2. 제38조의2 각 호의 어느 하나에 해당하는 경우
(2013.8.13 1호~2호신설)
3. 제40조제1항·제2항·제4항 각 호의 어느 하나 또는 같은 조 제3항에 해당하는 경우(2017.4.18 본호개정)
4. 별표1 각 호의 어느 하나에 해당하는 경우(2013.8.13 본호신설)
③ 금융감독원장, 중앙회 회장 또는 예금보험공사 사장은 제1항의 권한을 행사할 때 중요 사항은 금융위원회에 보고하여야 한다.
제35조의2 (2015.7.31 삭제)
제35조의3【퇴임한 임원 및 퇴직한 직원에 대한 조치】
① 금융위원회는 상호저축은행 및 중앙회의 퇴임한 임원 또는 퇴직한 직원이 재임 또는 재직 중이었더라면 제24조제1항제1호·제3호·제4호 또는 제29조제1호·제3호·제4호의 조치를 받았을 것으로 인정되는 경우에는 그 조치의 내용을 해당 상호저축은행 또는 중앙회에 통보할 수 있다.
② 제1항에 따른 통보를 받은 상호저축은행 또는 중앙회는 이를 퇴임·퇴직한 해당 임직원에게 통보하고, 그 내용을 기록·유지하여야 한다.
(2017.4.18 본조개정)
제36조【다른 법률과의 관계】 ① 상호저축은행에 대하여는 「한국은행법」(제80조제1항 및 제3항은 제외한다)과 「은행법」을 적용하지 아니한다.
② 상호저축은행은 「한국자산관리공사 설립 등에 관한 법률」 제45조의2를 적용할 경우에 같은 조의 적용을 받는 기관으로 본다.(2019.11.26 본항개정)
③ 상호저축은행은 「주식회사 등의 외부감사에 관한 법률」 제4조를 적용할 때 주식회사로 본다.(2017.10.31 본항개정)
④ 중앙회는 제25조의2제1항제6호부터 제11호까지의 업무를 할 때 「은행법」 제2조에 따른 은행 및 「한국은행법」 제11조에 따른 금융기관으로 본다.(2010.5.17 본항개정)
제37조【대주주등에 대한 신용공여 등의 금지】 ① 상호저축은행은 다음 각 호의 어느 하나에 해당하는 자(이하 "대주주등"이라 한다)에 대하여 신용공여 및 예금등을 하거나 가지급금을 지급하지 못하며, 대주주등은 상호저축은행으로부터 신용공여 및 예금등을 받거나 가지급금을 받지 못한다. 다만, 대주주등에 대한 자금지원의 목적이 없는 것으로서 대통령령으로 정하는 예금등과 채권의 회수에 위험이 없거나 직원의 복리후생을 위한 것으로서 대통령령으로 정하는 신용공여의 경우는 제외한다.
1. 대주주(대통령령으로 정하는 주주를 포함한다)
2. 상호저축은행의 임직원
3. 제1호와 제2호의 자 또는 상호저축은행과 대통령령으로 정하는 친족 또는 특수한 관계에 있는 자
4. 제1호부터 제3호까지의 어느 하나에 해당하지 아니하는 자로서 대주주의 특수관계인(2013.8.13 본호신설)
② 상호저축은행은 제1항에 따른 신용공여 및 예금등의 금지 또는 가지급금의 지급 금지를 피할 목적으로 다른 상호저축은행과 서로 교차하여 다른 상호저축은행의 대주주등에게 신용공여 및 예금등을 하거나 가지급금을 지급하여서는 아니 된다.
③ 상호저축은행의 대주주등은 해당 상호저축은행으로 하여금 제2항을 위반하게 하여 다른 상호저축은행으로부터 신용공여 및 예금등을 받거나 가지급금을 받아서는 아니 된다.(2013.8.13 본항신설)
제37조의2 (2010.3.22 삭제)

제37조의3【임원 등의 연대책임】 ① 상호저축은행의 임원은 그 직무를 수행하면서 고의나 중과실로 상호저축은행 또는 타인에게 손해를 입힌 경우에는 상호저축은행의 예금등과 관련된 채무에 대하여 상호저축은행과 연대하여 변제할 책임을 진다.(2023.7.18 본항개정)

② 상호저축은행의 과점주주(「국세기본법」 제39조제2항에 규정된 과점주주에 해당하는 자를 말한다)는 상호저축은행의 경영에 영향력을 행사하여 부실을 초래한 경우에는 상호저축은행의 예금등과 관련된 채무에 대하여 상호저축은행과 연대하여 변제할 책임을 진다.

판례 과점주주가 금고에 대한 자신의 영향력을 이용하여 임원에게 업무집행을 지시 또는 요구하는 등 금고의 경영에 영향력을 행사하였다는 사실에 관한 입증책임은 이를 주장하는 측에게 있다.(대판 2005.11.25, 2004다48409)

제37조의4 (2015.7.31 삭제)

제37조의5【수뢰 등의 금지】 상호저축은행의 임직원은 직무와 관련하여 횡령, 배임, 직접·간접을 불문하고 증여, 그 밖에 수뢰의 요구, 취득 또는 이에 관한 약속을 하여서는 아니 된다.(2010.3.22 본조신설)

제38조【청문】 금융위원회는 제24조제2항에 따라 영업인가를 취소하려면 청문을 하여야 한다.

제5장의2 과징금의 부과 및 징수
(2007.7.19 본장신설)

제38조의2【과징금의 부과】 금융위원회는 상호저축은행, 동일계열상호저축은행 또는 대주주등이 다음 각 호의 경우에 해당할 때에는 다음 각 호의 구분에 따라 과징금을 부과할 수 있다.
1. 상호저축은행
 가. 상호저축은행이 제12조제1항부터 제3항까지의 규정 및 제18조의2제1항제8호에 따른 신용공여의 한도를 초과하여 신용공여를 한 경우 : 초과한 신용공여 금액의 100분의 30 이하(2017.4.18 본목개정)
 나. 상호저축은행이 제18조의2제1항제2호를 위반하여 부동산을 소유한 경우 : 소유한 부동산 취득가액의 100분의 30 이하(2017.4.18 본목신설)
 다. 상호저축은행이 제37조제1항 또는 제2항을 위반하여 신용공여 및 예금등을 하거나 가지급금을 지급한 경우 : 신용공여 및 예금등을 하거나 가지급한 금액 이하(2017.4.18 본목개정)
2. 동일계열상호저축은행이 제12조제1항 또는 제3항에 따른 신용공여의 한도를 초과하여 신용공여를 한 경우 : 초과한 신용공여 금액의 100분의 30 이하
3. 대주주등이 제37조제1항 또는 제3항을 위반하여 신용공여 및 예금등을 받거나 가지급금을 받은 경우 : 신용공여 및 예금등을 받거나 가지급금으로 받은 금액 이하
(2017.4.18 2호~3호개정)
(2013.8.13 본조개정)

제38조의3【과징금의 부과기준 등】 ① 제38조의2에 따른 과징금의 부과기준은 다음 각 호의 사항을 고려하여 대통령령으로 정한다.
1. 위반행위의 내용 및 정도
2. 위반행위의 기간 및 횟수
3. 위반행위로 인하여 취득한 이익의 규모

② 그 밖에 과징금의 부과에 관하여 필요한 사항은 대통령령으로 정한다.

제38조의4【의견제출】 ① 금융위원회는 과징금을 부과하기 전에 미리 당사자 또는 이해관계인 등에게 의견을 제출할 기회를 주어야 한다.

② 당사자 또는 이해관계인 등은 금융위원회의 회의에 출석하여 의견을 진술하거나 필요한 자료를 제출할 수 있다.
(2008.2.29 본조개정)

제38조의5【과징금 부과처분에 대한 이의신청 특례】
① 금융위원회는 제38조의2에 따른 과징금 부과처분에 대한 이의신청을 받으면 그 신청을 받은 날부터 30일 이내에 그 이의신청에 대한 결과를 신청인에게 통지하여야 한다. 다만, 부득이한 사유로 30일 이내에 통지할 수 없는 경우에는 그 기간을 만료일 다음 날부터 기산하여 30일의 범위에서 한 차례 연장할 수 있다.

② 제1항에서 규정한 사항 외에 이의신청에 관한 사항은 「행정기본법」 제36조에 따른다.
(2023.9.14 본조개정)

제38조의6【과징금의 납부기한 연기 및 분할 납부】 ① 금융위원회는 과징금을 부과받은 자(이하 "과징금납부의무자"라 한다)에 대하여 「행정기본법」 제29조 단서에 따라 과징금 납부기한을 연기하거나 과징금을 분할 납부하게 할 수 있으며, 이 경우 필요하다고 인정하면 담보를 제공하게 할 수 있다.

② 과징금납부의무자는 제1항에 따라 과징금의 납부기한을 연기받거나 분할 납부를 하려는 경우에는 그 납부기한의 10일 전까지 금융위원회에 신청하여야 한다.

③ 금융위원회는 제1항에 따라 과징금 납부기한이 연기되거나 분할 납부가 허용된 과징금납부의무자가 다음 각 호의 어느 하나에 해당하게 된 때에는 그 납부기한의 연기 또는 분할 납부 결정을 취소하고 과징금을 일시에 징수할 수 있다.
1. 분할 납부하기로 한 과징금을 그 납부기한까지 내지 아니한 경우
2. 담보 제공 요구에 따르지 아니하거나 제공된 담보의 가치를 훼손하는 행위를 한 경우
3. 강제집행, 경매의 개시, 파산선고, 법인의 해산, 국세 강제징수 또는 지방세 체납처분 등의 사유로 과징금의 전부 또는 나머지를 징수할 수 없다고 인정되는 경우
4. 「행정기본법」 제29조 각 호의 사유가 해소되어 과징금을 한꺼번에 납부할 수 있다고 인정되는 경우
5. 그 밖에 제1호부터 제4호까지에 준하는 사유가 있는 경우

④ 제1항부터 제3항까지에서 규정한 사항 외에 과징금의 납부기한 연기, 분할 납부 또는 담보 제공 등에 관하여 필요한 사항은 대통령령으로 정한다.
(2023.9.14 본조개정)

제38조의7【과징금의 징수 및 체납처분】 ① 금융위원회는 과징금납부의무자가 납부기한 내에 과징금을 납부하지 아니한 때에는 납부기한의 다음 날부터 납부한 날의 전 날까지의 기간에 대하여 대통령령으로 정하는 가산금을 징수할 수 있다.(2008.2.29 본항개정)

② 금융위원회는 과징금납부의무자가 납부기한 내에 과징금을 납부하지 아니하는 때에는 기간을 정하여 독촉을 하고, 그 지정한 기간 내에 과징금 및 제1항에 따른 가산금을 납부하지 아니하는 때에는 국세 체납처분의 예에 따라 징수할 수 있다.(2008.2.29 본항개정)

③ 금융위원회는 제1항 및 제2항에 따른 과징금 및 가산금의 징수 또는 체납처분에 관한 업무를 국세청장에게 위탁할 수 있다.(2008.2.29 본항개정)

④ 그 밖에 과징금의 징수에 관하여 필요한 사항은 대통령령으로 정한다.

제38조의8【이행강제금】 ① 금융위원회는 제10조의6제4항 또는 제8항에 따른 주식처분명령을 받은 자가 그 정한 기간 이내에 해당 명령을 이행하지 아니하는 때에는 매 1일당 그 처분하여야 하는 주식의 장부가액에 1만분의 3을 곱한 금액을 초과하지 아니하는 범위에서 이행강제금을 부과할 수 있다.

② 이행강제금은 주식처분명령에서 정한 이행기간의 종료일의 다음 날부터 주식처분을 이행하는 날(주권교부일을 말한다)까지의 기간에 대하여 부과한다.

③ 금융위원회는 이행강제금을 징수함에 있어서 주식처분명령에서 정한 이행기간의 종료일부터 90일을 경과하고서도 이행이 이루어지지 아니하는 경우에는 그 종료일부터 기산하여 매 90일이 경과하는 날을 기준으로 하여 이행강제금을 징수한다.

④ 이행강제금의 부과 및 징수에 관하여는 제38조의3부터 제38조의7까지의 규정을 준용한다.
(2010.3.22 본조신설)

제6장 벌 칙
(2010.3.22 본조제목개정)

제39조【벌칙】 ① 다음 각 호의 어느 하나에 해당하는 자는 10년 이하의 징역 또는 5억원 이하의 벌금에 처한다.
1. 제12조의3을 위반하여 같은 조 각 호의 어느 하나에 해당하는 행위를 한 대주주 또는 대주주의 특수관계인
2. 제18조의2제1항제2호 또는 제11호를 위반하여 영업의 전부 또는 일부를 정지한 자(2017.4.18 본호개정)
3. 제37조제1항 또는 제2항을 위반하여 신용공여 및 예금등을 하거나 가지급금을 지급한 자
4. 제37조제1항 또는 제3항을 위반하여 신용공여 및 예금등을 받거나 가지급금을 받은 자

② 다음 각 호의 어느 하나에 해당하는 자는 1년 이상 10년 이하의 징역 또는 1천만원 이상 1억원 이하의 벌금에 처한다.
1. 상호저축은행의 자본금의 납입을 가장(假裝)한 자 또는 이에 응하거나 이를 중개한 자
2. 상호저축은행의 발기인, 임원, 관리인, 청산인, 지배인 및 그 밖에 상호저축은행의 영업에 관한 어느 종류 또는 특정한 사항의 위임을 받은 사용인으로서 그 업무에 위배한 행위로 재산상의 이익을 취득하거나 제3자에게 취득하게 하여 상호저축은행에 손해를 입힌 자

③ 제6조제1항을 위반하여 인가를 받지 아니하고 업무를 한 자는 5년 이하의 징역 또는 5천만원 이하의 벌금에 처한다.

④ 다음 각 호의 어느 하나에 해당하는 자는 3년 이하의 징역 또는 3천만원 이하의 벌금에 처한다.
1. (2020.3.24 삭제)
2. 제23조의3제2항을 위반하여 신고자등의 신분 등에 관한 비밀을 누설한 자

⑤ 다음 각 호의 어느 하나에 해당하는 자는 1년 이하의 징역 또는 1천만원 이하의 벌금에 처한다.
1. 제7조제3항 전단을 위반하여 지점등을 설치한 자(2023.7.18 본호개정)
2. 제9조를 위반하여 명칭의 사용등과 관련된 의무를 이행하지 아니한 자
3. 제10조를 위반하여 인가를 받지 아니하고 같은 조 제1항 각 호의 어느 하나에 해당하는 행위를 한 자
4. 제10조의6제1항 또는 제2항을 위반하여 승인을 받지 아니한 자 또는 승인신청을 하지 아니한 자
5. 제10조의6제4항 또는 제8항에 따른 주식처분명령을 위반한 자
6. 제12조제1항부터 제3항까지 또는 제5항을 위반한 자
7. 제18조의2제1항 또는 제2항을 위반하여 각각 같은 항 각 호의 어느 하나에 해당하는 행위를 하거나 같은 조 제3항을 위반한 자(제18조의2제1항제2호 또는 제11호를 위반한 자는 제외한다)(2017.4.18 본호개정)
8. 제24조의3제1항에 따른 경영관리를 거부·방해 또는 기피한 자
9. 제24조의3제1항에 따라 선임된 관리인에게로의 사무 인계를 거부·방해 또는 기피한 자
10. 제24조의4제1항을 위반하여 지급, 직무집행 또는 주주명의개서를 한 자
11. 제24조의11제1항 또는 제24조의15제2항에 따른 계약이전의 결정에 따르지 아니한 자

⑥ 다음 각 호의 어느 하나에 해당하는 자는 6개월 이하의 징역 또는 500만원 이하의 벌금에 처한다.
1. (2017.4.18 삭제)
2. 제17조를 위반하여 차입한 자
3. 제19조제1항 또는 제2항을 위반하여 적립금을 적립하지 아니하거나 적립금을 사용한 자

⑦ 제1항부터 제6항까지의 징역과 벌금은 병과(倂科)할 수 있다.
(2013.8.13 본조개정)

제39조의2【양벌규정】 법인의 대표자나 법인 또는 개인의 대리인, 사용인, 그 밖의 종업원이 그 법인 또는 개인의 업무에 관하여 제39조의 위반행위를 하면 그 행위자를 벌하는 외에 그 법인 또는 개인에게도 해당 조문의 벌금형을 과(科)한다. 다만, 법인 또는 개인이 그 위반행위를 방지하기 위하여 해당 업무에 관하여 상당한 주의와 감독을 게을리하지 아니한 경우에는 그러하지 아니하다.
(2010.3.22 본조개정)

제40조【과태료】 ① 다음 각 호의 어느 하나에 해당하는 자에게는 5천만원 이하의 과태료를 부과한다.
1. 제7조제1항을 위반하여 지점을 설치한 자(2023.7.18 본호신설)
2. 제10조의6제3항 후단 또는 제22조의4제1항에 따른 금융위원회의 자료제출 요구에 따르지 아니하거나 거짓 자료를 제출한 자
3. 제12조의2제1항을 위반하여 이사회의 결의를 거치지 아니하고 대주주의 발행주식을 취득한 상호저축은행
3의2. 제12조의2제2항 또는 제3항을 위반하여 금융위원회에 보고를 하지 아니하거나 공시를 하지 아니한 상호저축은행
4. (2020.3.24 삭제)
5. 제18조의3제1항 또는 제4항을 위반하여 금융위원회에 신고하거나 보고하지 아니하고 약관 또는 표준약관을 제정하거나 개정한 자 및 같은 조 제7항에 따른 변경명령을 이행하지 아니한 자(2021.1.26 본호개정)
5의2. 제18조의5제3항을 위반하여 대출과 관련된 신용등급 또는 개인신용평점의 하락 가능성을 알리는 경고문구 등 거래자를 보호하기 위한 사항을 광고에 포함하지 아니한 상호저축은행(2020.2.4 본호개정)
6. (2020.3.24 삭제)
7. 제22조의4제2항에 따른 조치를 위반한 자
7의2. 제22조의5제1항 또는 제3항에 따른 보고서 또는 자료를 제출하지 아니하거나 거짓 내용을 제출한 자
(2017.4.18 본호신설)
8. 제22조의6제1항 또는 제2항에 따른 검사를 거부·방해 또는 기피한 자
9. 제23조제1항에 따른 검사를 거부·방해 또는 기피한 자
10. 제23조제2항(제22조의6제3항에서 준용하는 경우를 포함한다)에 따른 보고, 자료의 제출 또는 출석·진술(이하 이 호에서 "보고등"이라 한다)을 하지 아니하거나 거짓으로 보고등을 한 자
11. 제23조의2를 위반하여 공시를 하지 아니하거나 거짓으로 한 자
12. 제24조제1항제1호부터 제4호까지의 규정에 따른 요구 또는 명령을 이행하지 아니한 자
13. 제24조의2제1항에 따른 경영지도에 따르지 아니한 자
14. 제25조의2제2항을 위반하여 금융위원회의 승인을 받지 아니한 자(2017.4.18 본호신설)

② 다음 각 호의 어느 하나에 해당하는 자에게는 3천만원 이하의 과태료를 부과한다.
1.~3. (2015.7.31 삭제)
4. 제22조제2항(제34조제2항에서 준용하는 경우를 포함한다)에 따른 명령을 위반한 자
5. (2017.4.18 삭제)
6. 제23조제2항(제34조제2항에서 준용하는 경우만 해당한다)에 따른 보고, 자료의 제출 또는 출석·진술(이하 이 호에서 "보고등"이라 한다)을 하지 아니하거나 거짓으로 보고등을 한 자
7. 제23조의3제3항을 위반하여 신고자등에 대하여 불리한 대우를 한 자

③ 다음 각 호의 어느 하나에 해당하는 자에게는 2천만원 이하의 과태료를 부과한다.
1. 제7조제2항을 위반하여 출장소의 설치 보고를 하지 아니한 자(2023.7.18 본호신설)
2. 제14조의2제2항을 위반하여 거래자에게 금리인하 요구를 할 수 있음을 알리지 아니한 상호저축은행

3. 제15조를 위반하여 지급준비자산을 보유하지 아니한 자(2018.12.11 본항개정)

④ 다음 각 호의 어느 하나에 해당하는 자에게는 1천만원 이하의 과태료를 부과한다.

1. 제10조의2제1항 또는 제4항을 위반하여 신고 또는 보고를 하지 아니한 자(2021.1.26 본호개정)

1의2. 제18조의7을 위반하여 직원의 보호를 위한 조치를 하지 아니하거나 직원에게 불이익을 준 자(2016.3.29 본호신설)

2. 제24조의3제5항(제24조의8제4항에서 준용하는 경우를 포함한다) 또는 제24조의12제2항에 따른 공고를 하지 아니하거나 거짓으로 한 자

3. 제25조의3제2항을 위반한 자(2017.4.18 본호개정)

4. 제29조제1호에 따른 요구를 이행하지 아니한 자

5. 제34조의2제4항 또는 제35조제3항에 따른 보고를 하지 아니하거나 거짓 보고를 한 자

⑤ 제1항부터 제4항까지의 규정에 따른 과태료는 대통령령으로 정하는 바에 따라 금융위원회가 부과·징수한다.(2017.4.18 본항개정)

(2013.8.13 본조개정)

제41조 (1998.1.13 삭제)

부　칙 (2010.3.22)

제1조【시행일】 이 법은 공포 후 6개월이 경과한 날부터 시행한다. 다만, 제2조제4호 및 제22조의2제1항제5호의 개정규정은 2010년 7월 1일부터 시행한다.

제2조【기존 대주주의 사망에 따른 상속 등으로 대주주가 된 자에 대한 적용례】 제10조의6제2항의 개정규정은 이 법 시행 후 최초로 기존 대주주의 사망에 따른 상속 등으로 주식의 취득등을 한 대주주부터 적용한다.

제3조【대주주에 대한 적격성심사에 관한 적용례】 제10조의6제3항의 개정규정은 이 법 시행 후 최초로 금융위원회의 승인을 받은 상호저축은행의 대주주와 이 법 시행 후 최초로 대주주적격성유지요건을 갖추지 못하게 된 기존 대주주부터 적용한다.

제4조【상근 임원의 겸직 제한에 관한 적용례】 제37조의4의 개정규정은 이 법 시행 후 최초로 선임되는 상호저축은행의 상근 임원부터 적용한다.

제5조【상호저축은행의 금지행위에 관한 경과조치】 ① 이 법 시행 당시 제18조의2제4호부터 제6호까지 및 제37조의 개정규정 중 어느 하나에 해당하는 행위를 한 상호저축은행은 이 법 시행일부터 1년 이내에 같은 개정규정에 적합하도록 하여야 한다.

② 상호저축은행은 제1항에도 불구하고 신용공여의 규모, 그 밖의 부득이한 사유가 있으면 금융위원회의 승인을 받아 그 기간을 연장할 수 있다.

③ 제2항에 따른 승인을 받으려는 상호저축은행은 제1항에 따른 기간이 만료되기 3개월 전까지 제18조의2제4호부터 제6호까지 및 제37조의 개정규정에 적합하도록 하기 위한 세부계획서를 금융위원회에 제출하여야 하고, 금융위원회는 세부계획서를 제출받은 날부터 1개월 이내에 승인 여부를 결정·통보하여야 한다.

제6조【약관에 관한 경과조치】 이 법 시행 당시 사용 중인 상호저축은행의 약관 또는 표준약관은 제18조의3의 개정규정에 따라 금융위원회에 신고하거나 보고한 것으로 본다.

제7조【상호저축은행중앙회의 총회 등에 관한 경과조치】 상호저축은행중앙회는 이 법 시행일 이후 최초로 개최되는 정기총회일까지 제25조제6항 및 제25조의4제1항의 개정규정에 적합하도록 하여야 한다.

제8조【결격사유 등에 관한 경과조치】 ① 이 법 시행 당시 상호저축은행의 임원 또는 준법감시인이 이 법 시행 전에 발생한 사유로 제35조의2제1항 각 호의 개정규정에 해당하게 되거나 제22조의3제4항제2호의 요건을 위반하게 된 경우 그 재임기간 동안에는 제35조의2의 개정규정에도 불구하고 종전의 규정에 따른다.

② 제35조의2제2항 단서의 개정규정을 적용함에 있어 재임기간이 2년 이상이거나 재임기간을 정하지 아니한 경우에는 2년 동안에는 그러하지 아니하다.

제9조【벌칙 및 과태료에 관한 경과조치】 이 법 시행 전의 행위에 대하여 벌칙 및 과태료를 적용할 때에는 종전의 규정에 따른다.

제10조【다른 법률의 개정】 ※(해당 법령에 가제정리 하였음)

부　칙 (2013.8.13)

제1조【시행일】 이 법은 공포 후 6개월이 경과한 날부터 시행한다. 다만, 제18조의4제2항 및 제3항의 개정규정은 공포 후 2년이 경과한 날부터 시행한다.

제2조【상호저축은행의 금지행위에 관한 적용례】 ① 제18조의2제1항제9호의 개정규정은 이 법 시행 후 후순위채권의 모집 또는 매출을 위하여 이사회에서 결의한 경우부터 적용한다.

② 제18조의2제1항제10호의 개정규정은 이 법 시행 후 사모의 방법으로 후순위채권을 발행하기 위하여 이사회에서 결의한 경우부터 적용한다.

제3조【임원의 결격사유에 관한 적용례 등】 ① 제35조의2제1항의 개정규정은 이 법 시행 후 발생하는 사유로 인하여 정직요구·업무집행정지 및 직무정지에 해당하는 조치를 받은 자부터 적용한다.

② 이 법 시행 전에 발생한 사유로 인하여 제35조의2제1항의 개정규정에 따른 결격사유에 해당하게 된 자는 같은 개정규정에도 불구하고 종전의 규정에 따른다.

제4조【상호저축은행의 금지행위에 관한 경과조치】 ① 이 법 시행 당시 제18조의2제1항제8호 또는 제2항제2호의 개정규정에 따른 한도를 초과한 상호저축은행 또는 동일계열상호저축은행은 같은 조 제3항의 개정규정에도 불구하고 이 법 시행 후 2년 이내에 그 한도에 적합하도록 하여야 한다.

② 이 법 시행 당시 제18조의2제2항제1호의 개정규정에 따른 한도를 초과한 동일계열상호저축은행은 같은 조 제3항의 개정규정에도 불구하고 이 법 시행 후 5년 이내에 그 한도에 적합하도록 하여야 한다.

③ 제1항 및 제2항에도 불구하고 신용공여의 규모 및 유가증권 투자계약의 내용 등을 고려하여 금융위원회가 불가피한 사유가 있다고 인정하는 경우에는 금융위원회의 승인을 받아 1년의 범위에서 그 기간을 연장할 수 있다.

④ 제3항에 따른 승인을 받으려는 상호저축은행 및 동일계열상호저축은행은 제1항 및 제2항에 따른 기간이 만료되기 3개월 전까지 각각 제18조의2제1항제8호 및 같은 조 제2항제1호·제2호의 개정규정에 적합하도록 하기 위한 세부계획서를 금융위원회에 제출하여야 하고, 금융위원회는 세부계획서를 제출받은 날부터 1개월 이내에 승인 여부를 결정·통보하여야 한다.

제5조【대주주등에 대한 신용공여 등의 금지에 관한 경과조치】 이 법 시행 당시 제37조제1항제4호의 개정규정에 따라 대주주등에 해당된 자에게 신용공여 및 예금등을 하거나 가지급금을 지급하여 같은 조 제1항부터 제3항까지의 규정을 위반한 행위를 한 상호저축은행 및 대주주등은 이 법 시행 후 3년 이내에 같은 개정규정에 적합하도록 하여야 한다.

제6조【과징금에 관한 경과조치】 이 법 시행 전의 행위에 대하여 과징금을 부과할 때에는 종전의 과징금 규정에 따른다.

제7조【벌칙 및 과태료에 관한 경과조치】 이 법 시행 전의 행위에 대하여 벌칙 및 과태료를 적용할 때에는 종전의 규정에 따른다.

부　칙 (2017.4.18)

제1조【시행일】 이 법은 공포 후 6개월이 경과한 날부터 시행한다.

제2조【퇴직한 직원에 대한 조치 내용의 통보에 관한 적용례】 제35조의3제1항 및 제2항의 개정규정은 이 법 시행 전에 위반행위를 한 사람으로서 이 법 시행 이후 퇴직한 직원에 대해서도 적용한다.

제3조【과징금에 관한 적용례】 제38조의2제1호나목의 개정규정은 이 법 시행 이후 위반행위부터 적용한다.

제4조【임원의 직무정지 요구에 관한 경과조치】 이 법 시행 전의 위반행위에 대해서는 제24조제1항제3호(직무정지에 한정한다) 및 제29조제3호의 개정규정에도 불구하고 종전의 규정에 따른다.

제5조【과징금에 관한 경과조치】 이 법 시행 전의 위반행위에 대하여 과징금을 부과하는 경우에는 제38조의2제1호가목·다목, 같은 조 제2호 및 제3호의 개정규정에도 불구하고 종전의 규정에 따른다.

제6조【벌칙에 관한 경과조치】 이 법 시행 전의 위반행위에 대하여 벌칙을 적용할 때에는 제39조제5항제7호 및 제6항제1호의 개정규정에도 불구하고 종전의 규정에 따른다.

부　칙 (2018.2.21)

제1조【시행일】 이 법은 공포 후 6개월이 경과한 날부터 시행한다.

제2조【대출 상품에 대한 광고에 관한 적용례】 제18조의5제3항의 개정규정은 이 법 시행 후 최초로 상호저축은행이 광고하는 경우부터 적용한다.

부　칙 (2018.12.11)

제1조【시행일】 이 법은 공포 후 6개월이 경과한 날부터 시행한다.

제2조【금리인하 요구에 관한 적용례】 제14조의2의 개정규정은 이 법 시행 후 최초로 신용공여 계약을 체결하는 경우부터 적용한다.

부　칙 (2018.12.31)

이 법은 공포 후 1년이 경과한 날부터 시행한다.

부　칙 (2019.11.26)

제1조【시행일】 이 법은 공포한 날부터 시행한다.(이하 생략)

부　칙 (2020.2.4)

제1조【시행일】 이 법은 공포 후 6개월이 경과한 날부터 시행한다.(이하 생략)

부　칙 (2020.3.24)

제1조【시행일】 이 법은 공포 후 1년이 경과한 날부터 시행한다.(이하 생략)

부　칙 (2021.1.26)

이 법은 공포한 날부터 시행한다. 다만, 제10조제3항 및 제10조의2제1항의 개정규정은 공포 후 6개월이 경과한 날부터 시행한다.

부　칙 (2021.4.20)

이 법은 공포 후 3개월이 경과한 날부터 시행한다.

부　칙 (2023.6.7)

제1조【시행일】 이 법은 2023년 6월 11일부터 시행한다.(이하 생략)

부　칙 (2023.7.18)

제1조【시행일】 이 법은 공포 후 6개월이 경과한 날부터 시행한다. 다만, 제37조의3제1항의 개정규정은 공포한 날부터 시행한다.

제2조【지점등의 설치에 관한 경과조치】 ① 이 법 시행 전에 종전의 제7조제1항 단서에 따라 지점등을 설치한 경우에는 제7조제1항 및 제2항의 개정규정에 따라 지점의 설치 신고 또는 출장소의 설치 보고를 한 것으로 본다.

② 이 법 시행 전에 종전의 제7조제1항 단서에 따라 지점등의 설치를 위한 인가를 신청하여 그 절차가 진행 중인 경우에는 제7조제1항 및 제2항의 개정규정에 따른 지점의 설치 신고 절차가 진행 중이거나 출장소의 설치 보고를 한 것으로 본다.

제3조【지점등의 이전 신고에 관한 경과조치】 이 법 시행 전에 종전의 제10조의2제1항제4호에 따라 지점등의 이전을 위한 신고를 하여 그 절차가 진행 중인 경우에는 제10조의2제4항제4호에 따라 보고한 것으로 본다.

제4조【상호저축은행 임원의 연대책임에 관한 경과조치】 부칙 제1조 단서에 따른 시행일 전에 상호저축은행의 임원이 상호저축은행 또는 타인에게 손해를 입힌 경우에는 제37조의3제1항의 개정규정에도 불구하고 종전의 규정에 따른다.

제5조【벌칙 및 과태료에 관한 경과조치】 이 법 시행 전의 위반행위에 대하여 벌칙 또는 과태료를 적용할 때에는 종전의 규정에 따른다.

제6조【행정처분에 관한 경과조치】 이 법 시행 전의 위반행위에 대하여 상호저축은행 또는 그 임직원에 대하여 행정처분을 할 때에는 별표1 제4호부터 제6호까지의 개정규정에도 불구하고 종전의 규정에 따른다.

부　칙 (2023.9.14)

제1조【시행일】 이 법은 공포한 날부터 시행한다.(이하 생략)

부　칙 (2023.12.26)

제1조【시행일】 이 법은 2024년 1월 18일부터 시행한다.(이하 생략)

〔별표〕 ➡ 「法典 別冊」 참조

담보부사채신탁법

(1962년 1월 20일
법 률 제991호)

개정
1997.12.13법 5453호(행정절차)
1998. 1.13법 5505호(금융감독)
1999. 2. 5법 5747호
2002. 1.26법 6627호(민사집행법)
2007. 8. 3법 8635호(자본시장금융투자업)
2008. 2.29법 8863호(금융위원회의설치등에관한법)
2010. 5.17법10303호(은행법)
2011. 4.12법10580호(부등)
2011. 5.30법10765호
2018. 2.21법15413호
2021. 4.20법18120호

제1장 총 칙
(2011.5.30 본장개정)

제1조【목적】 이 법은 담보부사채(擔保附社債)의 발행에 관하여 그 신탁업무를 지도·감독하고 사채권자를 보호하여 사채(社債)에 대한 일반투자를 쉽게 함을 목적으로 한다.

제2조【정의】 이 법에서 "신탁업자"란 담보부사채에 관한 신탁업을 하는 자를 말한다.

제3조【사채의 발행】 사채에 물상담보(物上擔保)를 붙이려면 그 사채를 발행하는 회사(이하 "위탁회사"라 한다)와 신탁업자 간의 신탁계약에 의하여 사채를 발행하여야 한다.

제4조【물상담보의 종류】 ① 사채에 붙일 수 있는 물상담보는 다음 각 호의 것으로 한정한다.
1. 동산질(動産質)
2. 증서가 있는 채권질(債權質)
3. 주식질(株式質)
4. 부동산저당이나 그 밖에 법령에서 인정하는 각종 저당
5. 「동산·채권 등의 담보에 관한 법률」에서 정하는 담보권
6. 그 밖에 재산적 가치가 있는 것으로서 대통령령으로 정하는 담보권
(2018.2.21 5호~6호신설)

② 「상법」 제542조의2에 따른 상장회사가 아닌 회사가 발행한 주식을 물상담보의 목적으로 하려면 금융위원회의 인가를 받아야 한다.(2018.2.21 본항개정)

제5조【신탁업의 등록 등】 ① 담보부사채에 관한 신탁업을 하려는 자는 금융위원회에 등록하여야 한다.
② 제1항에 따른 등록을 할 수 있는 자는 「자본시장과 금융투자업에 관한 법률」에 따른 신탁업자 또는 「은행법」에 따른 은행으로 한정한다.
③ 제1항에 따른 등록을 하려는 자는 다음 각 호의 사항을 적은 등록신청서를 금융위원회에 제출하여야 한다.
1. 상호(商號)
2. 본점의 소재지
3. 자본에 관한 사항
4. 임원에 관한 사항
5. 그 밖에 등록 심사에 필요한 사항으로서 총리령으로 정하는 사항
④ 제3항에 따른 등록신청서에는 다음 각 호의 서류를 첨부하여야 한다.
1. 정관
2. 전년도의 재무상태표(2021.4.20 본호개정)
3. 주주의 성명 및 소유주식 수를 적은 서류
4. 법인 등기사항증명서
⑤ 금융위원회는 제1항에 따른 등록 신청을 받으면 등록신청서 또는 그 첨부서류 중 중요한 사항에 관하여 거짓으로 적거나 기재사항을 누락한 경우를 제외하고는 그 등록을 거부하지 못하며, 등록을 하였을 때에는 다음 각 호의 사항을 적은 등록증을 신청인에게 발급하여야 한다.
1. 등록번호 및 등록일
2. 회사의 상호 및 소재지
3. 대표자의 성명
4. 등록 내용
⑥ 금융위원회는 제5항에 따라 등록을 거부하였을 때에는 지체 없이 그 뜻을 신청인에게 알려야 한다.

제6조 (1999.2.5 삭제)

제7조【업무의 감독】 신탁업무에 관하여는 금융위원회가 감독한다.

제8조【업무의 검사】 ① 금융위원회는 수시로 신탁업자의 업무의 재산 상태를 검사하거나 신탁업자로 하여금 그 업무에 관한 보고를 하게 할 수 있다.
② 금융위원회는 필요하다고 인정할 때에는 제1항에 따른 검사업무를 「금융위원회의 설치 등에 관한 법률」 제24조에 따른 금융감독원의 장(이하 이 항에서 "금융감독원장"이라 한다)에게 위탁할 수 있다. 이 경우 금융감독원장은 금융위원회가 정하는 바에 따라 검사 수수료를 징수할 수 있다.

제9조【업무 변경과 그 밖의 명령】 금융위원회는 신탁업자의 업무 또는 재산 상태가 기탁업(寄託業)을 집행하기에 적당하지 아니하다고 인정할 때에는 그 업무의 정지 또는 업무집행 방법의 변경을 명하거나 그 밖에 위탁회사와 사채권자의 이익을 보호하는 데에 필요한 명령을 할 수 있다.

제10조【등록의 취소 등】 금융위원회는 신탁업자가 다음 각 호의 어느 하나에 해당하는 경우에는 업무정지명령 또는 임원해임 요구를 하거나 등록을 취소할 수 있다.
1. 신탁업자가 법령, 정관 또는 이 법에 따른 명령을 위반한 경우
2. 공익을 해치는 행위를 한 경우

제10조의2【청문】 금융위원회는 제10조에 따라 신탁업의 등록을 취소하려는 경우에는 청문을 하여야 한다.

제11조【사채의 국외모집】 ① 외국에서 물상담보를 붙이는 사채를 모집하려는 자는 금융위원회의 인가를 받아 외국회사와 신탁계약을 체결할 수 있다.
② 제1항에 따라 신탁을 인수한 외국회사가 대한민국에 지점을 두지 아니한 경우에는 대한민국에 있는 대표자를 정하여야 한다.
③ 상사회사(商事會社)는 제2항의 대표자가 될 수 있다.
④ 제2항에 따라 대표자를 정하였을 때에는 지체 없이 그 성명과 주소 또는 상호와 본점을 금융위원회에 신고하여야 한다.
⑤ 대한민국에 있는 외국회사의 대표자는 신탁업무에 관하여 신탁업자의 이사 또는 신탁업자를 대표하는 사원과 동일한 권한을 가진다.

제2장 신탁증서
(2011.5.30 본장개정)

제12조【신탁계약】 신탁계약은 신탁증서에 의하여 체결하여야 한다.

제13조【신탁증서의 기재사항】 신탁증서에는 다음 각 호의 사항을 적고 위탁회사와 신탁업자의 대표자가 기명날인하여야 한다.
1. 위탁회사와 신탁업자의 상호
2. 사채의 총액
3. 각 사채의 금액
4. 사채 발행의 가액(價額) 또는 최저가액
5. 사채의 이율
6. 사채 상환의 방법과 기한
7. 이자 지급의 방법과 기한
8. 채권(債券)에 적을 사항의 표시와 이표(利票)를 붙인 채권일 때에는 그 사실의 표시
9. 담보의 종류, 목적물, 순위, 선순위의 담보를 붙인 채권의 금액, 그 밖에 목적물에 관하여 담보권자에게 대항할 수 있는 권리의 표시
10. 제28조제1항에 따른 사채인 경우에는 그 사실과 각 회사의 부담 부분

제14조【분할발행 시의 기재사항】 ① 사채의 총액을 여러 차례에 나누어 발행하는 경우의 신탁증서에는 제13조제3호부터 제8호까지의 사항을 갈음하여 다음 각 호의 사항을 적어야 한다.
1. 사채의 총액을 여러 차례에 나누어 발행한다는 뜻의 표시
2. 사채 이율의 최고한도
② 신탁계약에서 제1회 또는 그 후에 발행하는 사채에 대하여 발행금액과 제13조제3호부터 제8호까지의 사항을 정하였을 때에는 그 상태도 적어야 한다.

제15조【분할발행에 대한 추가계약】 ① 사채의 총액을 여러 차례에 나누어 발행하는 경우 신탁계약에 제14조제2항의 사항을 정하지 아니하였을 때에는 위탁회사는 신탁업자와 계약으로써 발행할 때마다 그 사항을 정하여야 한다.
② 제1항의 계약에는 위탁회사와 신탁업자의 각 대표자가 기명날인하여야 한다.
③ 제1항의 계약은 신탁계약과 동일한 효력이 있다.
④ 제2항의 계약증서에 관하여는 제16조와 제25조를 준용한다.
⑤ 각 사채의 금액은 사채의 총액에 대하여 균일하거나 최저액으로 나누어 떨어져야 한다.

제16조【신탁증서의 보존과 열람】 ① 신탁증서는 위탁회사와 신탁업자가 각각 한 통씩 보존하여야 한다.
② 제1항의 신탁증서는 그 원본을 본점에 갖추어 두고, 등본을 각 지점에 갖추어 두어야 한다.
③ 제2항의 신탁증서의 원본 또는 등본은 위탁회사의 주주, 채권자 또는 사채응모자가 청구하면 영업시간 내에는 언제든지 열람하거나 복사할 수 있도록 하여야 한다.

제3장 사채 모집
(2011.5.30 본장개정)

제17조【모집공고】 ① 신탁계약에 의하여 물상담보를 붙이는 사채를 모집하는 회사는 다음 각 호의 사항을 공고하여야 한다.
1. 제13조제1호부터 제7호까지 및 제10호의 사항
2. 물상담보를 붙이는 사채의 표시
3. 신탁증서의 표시
4. 담보의 가격을 알리는 데에 필요한 정도로 제13조제9호의 사항의 개요 표시
5. 신탁업자가 담보의 가격에 대하여 조사한 결과의 표시
6. 이전에 사채를 모집하였을 때에는 아직 상환하지 아니한 총액
7. 회사의 자본과 납입한 주금(株金)의 총액
8. 최종 재무상태표에 따른 현존(現存)하는 재산액
(2021.4.20 본호개정)
9. 응모자가 신탁증서나 그 등본을 열람하거나 복사할 수 있는 시일과 장소
② 사채의 총액을 여러 차례에 나누어 발행하는 경우에는 제1항 각 호의 사항 외에 다음 각 호의 사항도 공고하여야 한다. 다만, 제13조제3호부터 제7호까지의 사항은 그 차례에 발행하는 사채에 관한 것으로 한다.
1. 사채의 총액을 여러 차례에 나누어 발행한다는 뜻의 표시와 그 차례의 발행 금액
2. 이미 발행한 매 차례의 금액, 그 미상환액과 미상환액의 이율 및 상환 기한
3. 그 차례의 발행에 대하여 제15조제1항의 계약증서가 있을 때에는 그 증서의 표시
4. 제3호의 계약증서 또는 그 등본을 응모자가 열람하거나 복사할 수 있는 시일과 장소
③ 제1항과 제2항의 공고는 신탁업자의 승인을 받고 하여야 한다.

제18조【사채 모집의 위임】 위탁회사는 신탁계약에 의하여 사채의 모집을 신탁업자에게 위임할 수 있다. 이 경우 신탁계약에 따로 정하지 아니하였을 때에는 신탁업자는 채권의 발행, 사채 상환과 이자의 지급에 관한 모든 행위를 할 수 있는 권한을 가진다.

제19조【모집공고의 대행】 ① 제18조의 경우에는 신탁업자가 제17조에 따른 공고를 하여야 한다.
② 제1항의 공고에는 신탁업자가 위탁회사를 갈음하여 사채를 모집한다는 뜻을 적어야 한다.

제20조【신탁업자의 사채인수】 ① 신탁업자는 신탁계약에서 정하는 바에 따라 사채의 총액을 인수할 수 있다.
② 제1항의 경우에는 제17조와 제19조에 따른 공고를 필요로 하지 아니한다.

제21조【채권의 분할 발행】 ① 제20조제1항의 경우에 신탁업자는 그 인수한 사채를 나누어 이에 상당하는 채권의 발행을 위탁회사에 청구할 수 있다.
② 신탁업자가 신탁계약에 의하여 채권 발행의 권한을 가졌을 때에는 위탁회사에 통지하여 제1항의 채권을 발행할 수 있다.

제22조【인수한 사채의 양도】 ①~② (2018.2.21 삭제)
③ 신탁업자는 사채를 양수하려는 자가 청구하면 영업시간 내에는 언제든지 신탁증서나 그 등본을 열람하거나 복사할 수 있도록 하여야 한다.
④ 신탁업자가 사채를 양도하였을 때에는 위탁회사를 갈음하여 그 사채의 상환과 이자의 지급에 관한 모든 행위를 할 수 있는 권한을 가진다.(2018.2.21 본항개정)

제23조【제3자의 사채총액 인수】 ① 위탁회사 또는 신탁업자는 신탁계약에서 정하는 바에 따라 제3자로 하여금 사채의 총액을 인수하게 할 수 있다.
② 제1항에 따른 사채총액의 인수는 상행위(商行爲)로 본다.
③ 제1항에 따라 사채의 총액을 인수한 자는 그 인수한 사채를 나누어 이에 상당하는 채권의 발행을 위탁회사에 청구할 수 있다.
④ 신탁업자가 신탁계약에 의하여 채권 발행의 권한을 가졌을 때에는 신탁업자에게 제3항의 청구를 할 수 있다.

제24조【사채총액 인수의 준용】 ① 제23조제1항에 따라 제3자가 사채의 총액을 인수한 경우에는 제20조제2항, 제22조제4항을 준용한다.(2018.2.21 본항개정)
② 제23조제1항에 따라 제3자가 사채의 총액을 인수한 경우에는 그 제3자가 담보의 가격에 대하여 조사한 결과의 표시로써 제17조제1항제5호의 사항을 갈음할 수 있다.

제25조【신탁증서의 등본 발급】 ① 위탁회사 또는 신탁업자는 신탁증서의 등본을 제23조제1항에 따라 사채의 총액을 인수한 자에게 발급하여야 한다.
② 위탁회사 또는 신탁업자의 대표자는 제1항의 등본에 기명날인하고 원본과 다름없음을 인증하여야 한다.
③ 제1항의 등본에 관하여는 제22조제3항을 준용한다.

제26조【사채의 분할 발행 기간】 사채의 총액을 여러 차례에 나누어 발행하는 경우에 그 최종회의 발행은 신탁증서 작성일부터 5년 이내에 하여야 한다.

제27조【분할 발행과 사채총액의 감액】 ① 사채의 총액을 여러 차례에 나누어 발행하는 경우에 발행을 마치지 아니한 것이 있을 때에는 위탁회사는 신탁업자와의 계약으로써 사채의 총액을 이미 발행한 금액까지만으로 줄일 수 있다. 이 경우 신탁업자는 정당한 사유 없이 계약 체결을 거부할 수 없다.
② 제1항의 계약 체결로 인하여 신탁업자가 입은 손해는 위탁회사가 배상하여야 한다.
③ 제1항의 계약에 관하여는 제15조제2항 및 제67조를 준용한다.
제28조【합동사채의 발행】 ① 회사는 합동하여 사채를 발행할 수 있다. 이 경우 사채의 모집을 신탁업자에게 위임하거나 신탁업자로 하여금 사채의 총액을 인수하게 하여야 한다.
② 제1항의 경우에 신탁업자는 채권 발행, 사채의 상환 및 이자 지급에 관한 모든 행위를 할 수 있는 권한을 가진다.
제29조【사채의 분할 인수】 사채의 총액을 여러 차례에 나누어 발행하는 경우에는 그 매회의 발행금액의 인수를 사채 총액의 인수로 본다.
제30조 (1999.2.5 삭제)

제4장 채 권
(2011.5.30 본장개정)

제31조【채권의 기재사항】 신탁증서에 의한 채권에는 다음 각 호의 사항을 적어야 한다.
1. 제13조제1호부터 제3호까지 및 제5호부터 제7호까지의 사항
2. 제17조제1항제2호 및 제3호의 사항
3. 사채의 총액을 여러 차례에 나누어 발행할 때에는 제17조제2항제1호 및 제3호의 사항
4. 채권의 번호
제32조【채권의 증명】 ① 신탁업자는 위탁회사가 신탁계약의 조항에 부합하는 채권을 발행하였을 때에는 그 청구에 의하여 채권이 신탁증서에 의한 채권임을 증명하여 이를 위탁회사 또는 그 지정한 자에게 인도하여야 한다.
② 제1항의 증명은 각 채권에 적고 그 신탁업자의 이사나 대표하는 사원이 기명날인하여야 한다.
제33조【채권의 무효】 신탁증서에 의한 채권은 제32조의 증명이 없으면 효력이 없다.
제34조【채권 발행의 대행】 ① 신탁업자가 위탁회사를 갈음하여 채권을 발행하였을 때에는 그 뜻을 각 채권에 적고 신탁업자의 이사나 대표하는 사원이 기명날인하여야 한다.
② 제1항의 경우에는 제32조와 제33조를 적용하지 아니한다.
제35조【채권발행 대행자의 권리·의무】 신탁업자가 위탁회사를 갈음하여 채권을 발행하였을 때에는 「상법」 제479조와 그 준용규정에 따른 기재는 신탁업자가 하고, 「상법」 제480조와 그 준용규정에 따른 청구는 신탁업자에게 한다.

제5장 사채원부
(2011.5.30 본장개정)

제36조【사채원부의 기재사항】 ① 회사가 물상담보를 붙이고 사채를 발행하였을 때에는 사채원부에 「상법」 제488조 각 호의 사항 외에 다음 각 호의 사항을 적어야 한다.
1. 제13조제1호·제9호 및 제10호의 사항
2. 제17조제1항제2호 및 제3호의 사항
3. 제18조에 따른 위임 또는 제20조제1항에 따른 인수가 있을 때에는 그 사실
4. 제23조제1항에 따른 인수자가 있을 때에는 그 사실과 인수자의 성명 또는 상호
② 사채의 총액을 여러 차례에 나누어 발행하는 경우에는 발행할 때마다 제1항의 사항 외에 제17조제2항제1호 및 제3호의 사항도 사채원부에 적어야 한다.
제37조【등본의 작성】 ① 위탁회사는 사채원부의 등본을 작성하여 신탁업자 또는 제23조제1항에 따라 사채의 총액을 인수한 자에게 교부하여야 한다.
② 제1항의 등본에는 위탁회사의 이사나 대표하는 사원이 기명날인하여 원본과 다름없음을 인증하여야 한다.
③ 신탁업자는 제2항의 등본을 그 본점에 갖추어 두고 사채권자가 청구할 때에는 영업시간 내에는 언제든지 열람하거나 복사할 수 있도록 하여야 한다.
제38조【발행자의 사채원부 작성 대행 및 등본 발급】
① 신탁업자가 위탁회사를 갈음하여 채권을 발행하였을 때에는 신탁업자가 사채원부를 작성하여 그 본점에 갖추어 두어야 하며, 그 등본을 위탁회사와 제23조제1항에 따라 사채의 총액을 인수한 자에게 교부하여야 한다.
② 제1항의 경우에는 제37조제2항·제3항, 제39조 및 「상법」 제396조제2항을 준용한다.
제39조【사채원부가 변경된 경우】 ① 사채원부의 기재사항이 변경되었을 때에는 그때마다 위탁회사나 신탁업자는 이사나 대표하는 사원이 기명날인한 문서로써 다른 쪽 회사에 통지하여야 한다.
② 신탁업자 또는 위탁회사가 제1항의 문서를 받았을 때에는 사채원부의 등본에 첨부하여 보존하여야 한다.
제40조【사채원부 변경 취급의 경우】 위탁회사, 신탁업자 또는 제23조제1항에 따라 사채의 총액을 인수한 자가 사채원부의 기재사항에 변경이 생길 취급을 하였을 때에는 그때마다 문서로써 사채원부를 갖추어 둔 회사에 그 사실을 통지하여야 한다.

제6장 사채권자 집회
(2011.5.30 본장개정)

제41조【사채권자 집회의 소집】 신탁업자 또는 제23조제1항에 따라 사채의 총액을 인수한 자는 필요할 때에는 언제든지 사채권자 집회(이하 "집회"라 한다)를 소집할 수 있다.
제42조【소집청구권】 ① 위탁회사 또는 사채총액의 10분의 1에 해당하는 사채권자는 집회의 목적과 집회 소집 이유를 적은 문서를 신탁업자 또는 제23조제1항에 따라 사채의 총액을 인수한 자에게 제출하여 집회 소집을 청구할 수 있다.
② 제1항의 청구를 받은 자가 청구가 있은 후 2주일 내에 집회 소집 절차를 밟지 아니하면 그 청구를 한 자는 금융위원회의 인가를 받아 집회를 소집할 수 있다.
제43조【자율적 집회 소집】 ① 제78조, 제83조 또는 제87조에 규정된 집회는 사채총액의 10분의 1에 해당하는 사채권자가 스스로 소집할 수 있다.
② 제1항의 소집은 신탁계약에 따로 정하지 아니하였을 때에는 신탁업자 본점의 소재지에서 하여야 한다.
③ 제83조 또는 제87조에 규정된 집회는 위탁회사도 스스로 소집할 수 있다.
제44조【「상법」의 준용】 집회의 소집에 관하여는 「상법」 제363조제1항부터 제3항까지의 규정을 준용한다.
제45조【집회의 의사】 ① 집회의 의사(議事)는 신탁계약에 따로 정하지 아니하였을 때에는 행사된 의결권의 과반수로써 결의한다. 다만, 제55조, 제57조제1항, 제65조, 제74조, 제75조 및 제86조제1항에 따른 사항에 대하여는 기명채권을 가진 자와 제2항에 따라 채권을 공탁한 자의 반수 이상으로써 사채총액의 반수 이상에 해당하는 사채권자가 의결권을 행사한 경우가 아니면 결의하지 못한다.
② 집회의 결의에 관하여는 「상법」 제368조제2항부터 제4항까지의 규정을 준용한다.
③ 집회에 출석하지 아니한 사채권자는 신탁계약에 따로 정한 경우를 제외하고는 문서로써 의결권을 행사할 수 있다.
④ 사채권자는 사채의 최저금액마다 1개의 의결권을 가진다. 다만, 사채의 최저금액의 11배 이상을 가진 사채권자의 의결권은 신탁계약으로써 제한할 수 있다.
제46조【사채인수자의 출석권】 제23조제1항에 따라 사채의 총액을 인수한 자 또는 그 대표자는 집회에 출석하여 발언하거나 문서로써 의견을 진술할 수 있다.
제47조【신탁업자 대표자의 출석권】 신탁업자의 대표자는 집회가 제78조제2항에 규정된 사항에 대하여 소집된 경우를 제외하고는 집회에 출석하여 발언하거나 문서로써 의견을 진술할 수 있다.
제48조【집회 소집의 통지】 ① 집회를 소집한 자는 제46조와 제47조에 따른 자 또는 그 대표자에게 소집 통지를 하여야 한다.
② 제1항의 통지에 관하여는 「상법」 제363조제1항 및 제2항을 준용한다.
제49조【집회출석 요구권】 집회에서 필요하다고 인정하거나 집회를 소집한 자가 필요하다고 인정할 때에는 위탁회사에 통지하여 그 대표자의 출석을 요구할 수 있다.
제50조【결의무효선언 청구권】 ① 집회 소집의 절차 또는 그 결의방법이 이 법 또는 신탁계약의 조항을 위반하였을 때에는 위탁회사, 신탁업자 또는 각 사채권자는 그 결의의 무효를 법원에 청구할 수 있다.
② 제1항의 청구는 결의한 날부터 1개월 이내에 하여야 한다.
③ 제1항의 청구를 한 사채권자는 그 채권을 공탁하여야 하며 소집을 한 자가 청구하면 적당한 담보를 제공하여야 한다.
제51조【결의사항】 집회의 결의사항은 이 법에 규정된 것 외에는 따로 신탁계약에서 정한 것으로 한정한다.
제52조【의사록 작성과 열람】 ① 집회를 소집한 자는 의사록을 작성하여야 한다.
② 신탁업자 외의 자가 의사록을 작성하였을 때에는 원본을 보존하고 그 등본을 신탁업자에게 교부하여야 한다.
③ 신탁업자는 집회 의사록의 원본 또는 등본을 본점과 지점에 갖추어 두어야 한다.
④ 신탁업자는 위탁회사 또는 사채권자가 청구하면 영업시간 내에는 언제든지 제3항의 의사록을 열람하거나 복사할 수 있도록 하여야 한다.
제53조【비용의 부담】 집회의 비용은 신탁업자 또는 제23조제1항에 따라 사채의 총액을 인수한 자가 소집한 경우를 제외하고는 집회를 소집한 자가 부담한다.
제54조【결의의 집행자】 집회의 결의는 신탁업자가 집행한다. 다만, 그 성질이 신탁업자가 집행할 것이 아닐 때에는 집회에서 집행할 자를 정한다.
제55조【결의사항의 위임】 ① 신탁계약에서 따로 정하지 아니하였을 때에는 집회가 1인 또는 여럿의 대표자를 선임하여 그 결의할 사항의 결정을 위임할 수 있다.
② 대표자는 제23조제1항에 따라 사채의 총액을 인수한 자 또는 사채총액의 10분의 1 이상을 가진 자 중에서 선임한다.
③ 대표자가 여럿인 경우에 집회에서 따로 정하지 아니하였을 때에는 대표자의 권한에 속하는 사항은 그 과반수의 찬성으로써 결정한다.
제56조【대표자의 취임 공고와 권한】 ① 대표자가 취임하였을 때에는 그 뜻을 공고하고 위탁회사, 신탁업자 및 제23조제1항에 따라 사채의 총액을 인수한 자에게 통지하여야 한다.
② 대표자는 제54조 단서에 해당하는 경우에는 그 권한에 속하는 사항을 스스로 집행하거나 타인으로 하여금 집행하게 할 수 있다.
제57조【대표자의 해임과 권한 변경】 ① 집회는 언제든지 대표자를 해임하거나 그 권한을 변경할 수 있다.
② 제1항의 경우에 집회는 그 사실을 공고하고 위탁회사와 제23조제1항에 따라 사채의 총액을 인수한 자에게 통지하여야 한다.
제58조【사채의 분할발행 시의 집회결의】 ① 사채의 총액을 여러 차례로 나누어 발행하는 경우에 어느 차례만의 사채권자에게 이해관계가 있고 그 밖의 차례의 사채권자에게는 손해를 입히지 아니하는 사항은 그 차례의 사채권자 집회의 결의로써 정한다.
② 집회의 결의가 어느 차례만의 사채권자에게 손해를 입힐 때에는 그 차례의 사채권자 집회의 결의가 있어야 한다.
③ 제2항의 사채권자 집회에 관하여는 집회에 관한 규정을 준용한다.

제7장 신탁계약의 효력
(2011.5.30 본장개정)

제59조【신탁업자의 의무】 신탁업자는 신의에 따라 공평하고 성실하게 업무를 처리하여야 하며 위탁회사와 사채권자에 대하여 선량한 관리자의 주의(注意)로써 신탁사무를 처리하여야 한다.
제60조【물상담보의 귀속】 ① 신탁계약에 의한 물상담보는 신탁증서에 적은 총사채를 위하여 신탁업자에게 귀속된다.
② 신탁업자는 총사채권자를 위하여 담보권을 보존하고 실행하여야 한다.
제61조【사채권자의 이익】 사채권자는 그 채권액에 따라 평등하게 담보의 이익을 받는다.
제62조【물상담보의 효력】 신탁계약에 의한 물상담보는 사채 성립 이전에도 그 효력이 생긴다.
제63조【「민법」, 「상법」의 적용 배제】 신탁계약에 의한 담보권에 관하여는 「민법」 제336조 및 「상법」 제59조를 적용하지 아니한다.
제64조【담보의 추가】 신탁업자는 위탁회사와의 계약으로써 담보를 추가할 수 있다.
제65조【담보의 변경】 신탁업자는 집회의 결의에 의하여 위탁회사와의 계약으로써 담보를 변경할 수 있다.
제66조【추가·변경 계약의 효력】 제64조와 제65조의 계약은 신탁계약과 동일한 효력이 있다.
제67조【추가·변경 계약의 공고 등】 ① 제64조와 제65조의 계약은 위탁회사와 신탁업자의 각 대표자가 기명날인한 문서로써 하고 위탁회사와 신탁업자가 지체 없이 공고하여야 한다. 다만, 알려진 사채권자와 제23조제1항에 따라 사채의 총액을 인수한 자에게는 따로 각각 통지하여야 한다.
② 제1항의 계약증서에 관하여는 제16조와 제25조를 준용한다.
제68조【담보권의 행사 범위】 신탁계약에 의한 담보권은 총사채권자를 위하여만 행사할 수 있다.
제69조【상환과 이자 지급】 ① 위탁회사가 정기(定期)로 사채의 일부를 상환할 경우에 2개월을 지연하거나, 이자를 지급할 경우에 3개월을 지연하였을 때에는 신탁업자는 집회의 결의에 의하여 일정 기간 내에 상환 또는 지급을 하여야 한다는 뜻과 그 기간 내에 상환 또는 지급을 하지 아니할 때에는 사채의 총액에 대하여 기한의 이익을 상실한다는 뜻을 위탁회사에 최고(催告)할 수 있다.
② 위탁회사가 제1항의 기간 내에 상환 또는 지급을 하지 아니할 때에는 사채의 총액에 대하여 기한의 이익을 상실한다.
③ 제1항의 최고는 문서로써 하여야 한다.
제70조【기한의 이익 상실의 공고와 통지】 제69조에 따라 위탁회사가 기한의 이익을 상실하였을 때에는 신탁업자는 지체 없이 그 사실을 공고하여야 한다. 다만, 알려진 사채권자와 제23조제1항에 따라 사채의 총액을 인수한 자에게는 따로 각각 통지하여야 한다.
제71조【담보권의 실행】 ① 기한이 만료되어도 사채가 변제되지 아니하거나 위탁회사가 사채를 완전히 변제하지 아니하고 해산하였을 때에는 신탁업자는 지체 없이 집회의 결의에 의하여 담보권을 실행하여야 한다.

② 신탁계약에 의한 동산질에 관하여는 「민법」 제338조 제2항을 적용하지 아니한다.

제72조【강제집행】 ① 신탁업자는 총사채권자를 위하여 부여된 집행력 있는 정본(正本)에 의하여 담보물에 대한 강제집행을 하거나 「민사집행법」에 따른 경매의 신청 또는 위임을 할 수 있다.

② 제1항의 경우에 채권자에 대한 이의는 신탁업자에게 주장할 수 있다.

제73조【채권 변제에 관한 권한】 신탁업자는 신탁계약에서 따로 정하지 아니하였을 때에는 총사채권자를 위하여 채권 변제를 받는 데에 필요한 모든 행위를 할 권한을 가진다.

제74조【지급 유예, 책임 면제 또는 화해】 신탁업자는 집회의 결의에 의하여 총사채에 대하여 지급을 유예하거나 불이행으로 인하여 생긴 책임을 면제하거나 화해할 수 있다.

제75조【소송행위】 신탁업자는 집회의 결의에 의하여 총사채권자를 위한 소송행위를 하거나 파산절차에 따르는 모든 행위를 할 수 있다.

제76조【완료사항의 공고와 통지】 신탁업자는 제71조, 제74조 또는 제75조에 따른 행위를 완료하였을 때에는 지체 없이 그 사실을 공고하여야 한다. 다만, 알려진 사채권자와 제23조제1항에 따라 사채의 총액을 인수한 자에게는 따로 각각 통지하여야 한다.

제77조【변제금의 지급】 ① 신탁업자가 사채권자를 위하여 변제받은 금액은 지체 없이 채권액에 따라 각 사채권자에게 지급하여야 한다.

② 신탁업자가 제1항의 금액을 자기를 위하여 소비하였을 때에는 「민법」 제685조를 준용한다.

③ 사채권자를 알 수 없을 때 또는 사채권자가 변제금을 받기를 거부하거나 받을 수 없을 때에는 신탁업자는 그 사채권자를 위하여 제1항의 금액을 공탁하여야 한다.

④ 신탁업자는 필요하다고 인정하는 경우에는 제23조제1항에 따라 사채의 총액을 인수한 자에게 제1항과 제3항의 행위를 위임할 수 있다.

제78조【특별대리인의 선임】 ① 신탁업자가 총사채권자를 위하여 하여야 할 행위를 게을리하였을 때에는 금융위원회는 집회의 신청에 의하여 특별대리인을 선임(選任)하여 그 행위를 하게 할 수 있다.

② 사채권자와 신탁업자의 이익이 상반되는 경우에 총사채권자를 위하여 재판상 또는 재판 외의 행위를 할 필요가 있을 때에도 또한 제1항과 같다.

제79조【총사채권자의 대리행위】 이 법에 따라 총사채권자를 갈음하여 재판상 또는 재판 외의 행위를 하는 경우에는 따로 각각 사채권자를 표시할 필요가 없다.

제80조【보수의 청구】 ① 신탁업자는 신탁업무의 처리에 대하여 상당한 보수를 위탁회사에 청구할 수 있다.

② 신탁계약에 신탁업자의 보수청구권에 관한 사항을 따로 정하지 아니하였을 때에는 「민법」 제686조제2항 및 제3항을 준용한다.

제81조【비용의 상환】 ① 위탁회사는 신탁업자가 신탁업무를 처리할 때 정당하게 지출한 모든 비용과 지출한 날 이후의 이자를 상환하여야 하며 신탁업자가 과실 없이 입은 모든 손해를 배상하여야 한다.

② 신탁업자는 신탁업무를 처리하는 데에 드는 비용을 미리 지급할 것을 위탁회사에 청구할 수 있다.

③ 제23조제1항에 따라 사채의 총액을 인수한 자에 대하여는 제1항 및 제2항을 준용한다.

제82조【우선변제의 수취】 ① 신탁계약에 의한 물상담보는 제81조제1항에 따라 신탁업자에게 생길 채권을 위하여도 그 효력이 있다.

② 신탁업자는 제1항의 채권에 대하여 사채권자에 우선하여 담보물로부터 변제받을 권리를 가진다.

제83조【공탁금】 ① 신탁업자가 고의 또는 과실로 물상담보를 소멸하게 하였거나 그 가격을 감소하게 하였을 때에는 금융위원회는 위탁회사 또는 집회의 신청에 의하여 신탁업자로 하여금 상당한 금액을 공탁하게 할 수 있다. 이 경우 위탁회사가 공탁금에 질권(質權)을 설정한 것으로 본다.

② 제1항의 질권은 신탁계약에 의한 물상담보로 된다.

제84조【담보물의 검사】 ① 위탁회사, 제55조제1항에 따라 선임된 대표자 또는 사채총액의 10분의 1 이상에 해당하는 사채권자는 언제든지 신탁업자의 담보물 보관 상태를 검사할 수 있다.

② 무기명식(無記名式) 채권을 가진 자는 그 채권을 신탁업자에게 공탁하지 아니하면 제1항의 검사를 하지 못한다.

제85조【「민법」의 적용 배제】 신탁계약에 의한 질권에 대하여는 「민법」 제324조제3항을 적용하지 아니한다.

제8장 신탁업무의 승계와 종료
(2011.5.30 본장개정)

제86조【신탁업자의 사임】 ① 신탁업자는 신탁계약에서 정하는 바에 따라 또는 위탁회사와 집회의 동의를 받아 신탁업무를 승계할 회사를 정하고 사임할 수 있다. 다만, 부득이한 이유가 있을 때에는 금융위원회의 인가를 받아 사임할 수 있다.

② 신탁업무를 승계할 회사가 외국회사인 경우에는 제11조제1항을 준용한다.

제87조【신탁업자의 해임】 금융위원회는 다음 각 호의 사유가 있는 경우에는 위탁회사 또는 집회의 신청에 의하여 신탁업자를 해임할 수 있다.

1. 신탁업자가 그 업무를 위반한 경우
2. 신탁업자가 신탁업무를 처리하기에 적합하지 아니한 경우
3. 그 밖에 신탁업자를 해임할 정당한 사유가 있는 경우

제88조【승계자의 선임】 제86조제1항 단서 및 제87조에 따라 신탁업자가 사임하거나 해임되었을 때 또는 등록이 취소되거나 해산하였을 때에는 금융위원회는 다시 신탁업자를 선임하고 신탁업무를 승계하게 하여야 한다.

제89조【승계의 요식행위】 ① 제86조에 따른 신탁업무의 승계는 위탁회사와 이전 신탁업자 및 새로운 신탁업자의 각 대표자가 기명날인한 계약서를 작성함으로써 그 효력이 생긴다.

② 제1항의 계약을 체결하였을 때에는 위탁회사와 이전 신탁업자 및 새로운 신탁업자는 지체 없이 문서로써 그 사실을 금융위원회에 신고하여야 한다.

③ 제2항에 따른 승계는 새로운 신탁업자에 대한 금융위원회의 명령서가 교부됨으로써 그 효력이 생긴다.

제90조【승계의 공고】 신탁업무의 승계는 제86조에 따른 경우에는 위탁회사와 이전 신탁업자 및 새로운 신탁업자가, 제88조에 따른 경우에는 위탁회사와 새로운 신탁업자가 지체 없이 그 사실을 공고하여야 한다. 다만, 알려진 사채권자와 제23조제1항에 따라 사채의 총액을 인수한 자에게는 따로 각각 통지하여야 한다.

제91조【승계자의 업무처리】 ① 제86조에 따라 정하여지거나 제88조에 따라 선임된 새로운 신탁업자는 이전 신탁업자가 체결한 조항에 따라 신탁업무를 처리하여야 한다.

② 사채권자 또는 위탁회사를 위하여 이전 신탁업자에게 귀속한 권리·의무는 이전 신탁업자의 사임, 해임, 등록 취소 또는 해산 시로 소급하여 새로운 신탁업자에게 이전한다. 다만, 이전 신탁업자의 계약 위반 또는 불법행위로 인하여 생긴 책임은 예외로 한다.

제92조【불법처분】 이전 신탁업자의 불법처분으로 인하여 질물(質物)을 점유한 자가 악의였을 때에는 새로운 신탁업자의 점유물이 그 자 때문에 탈취된 것으로 본다.

제93조【인계절차】 ① 이전 신탁업자의 이사, 이전 신탁업자를 대표하는 사원 또는 파산관재인은 지체 없이 그 위탁회사 또는 사채권자를 위하여 보관한 물건과 신탁업무에 관한 서류를 새로운 신탁업자에게 이관하고 그 밖의 신탁업무를 새로운 신탁업자에게 인계하기 위하여 필요한 모든 행위를 하여야 한다.

② 제1항에 따른 인계를 마쳤을 때에는 위탁회사와 신구 신탁업자는 공동으로 문서에 의하여 금융위원회에 인계의 완료를 신고하여야 한다.

③ 제2항의 신고서에는 옮긴 물건의 목록을 첨부하여야 한다.

제94조【감독】 승계에 관한 사무는 금융위원회가 감독한다.

제95조【종료의 공고】 신탁업자가 신탁업무를 마쳤을 때에는 총계산서를 작성하여 공고하여야 한다.

제9장 등 기
(2011.5.30 본장개정)

제96조【등기기간의 기산】 신탁회사가 등기할 사항으로서 금융위원회의 인가 또는 등록이 필요한 것에 대하여는 인가서 또는 등록증이 도달한 날부터 등기기간을 기산(起算)한다.

제97조【업무정지·등록취소 등의 등기】 금융위원회가 제9조 또는 제10조에 따라 업무의 정지를 명하거나 등록을 취소하였을 때에는 등기소는 금융위원회의 촉탁에 의하여 그 등기를 하여야 한다.

제98조~제99조 (1999.2.5 삭제)

제100조【등기권리자】 신탁계약에 의한 담보권 설정의 등기에 대해서는 신탁업자를 등기권리자로 한다.

제101조【담보권설정등기의 기록사항】 ① 신탁계약에 의한 담보권설정의 등기를 할 때에는 「부동산등기법」 제75조제1항제1호의 채권액은 사채의 총액만을 기록할 수 있다.

② 제1항의 경우 사채총액을 여러 차례에 나누어 발행하는 때에는 「부동산등기법」 제75조에도 불구하고 사채의 총액, 사채의 총액을 여러 차례에 나누어 발행하는 뜻과 사채 이율의 최고한도만을 기록한다.

③ 제1항의 등기를 신청하는 경우에는 신청서에 제1항 및 제2항의 등기사항을 적어야 한다.

(2011.4.12 본조개정)

제102조 (1999.2.5 삭제)

제10장 벌 칙
(2011.5.30 본장개정)

제103조【벌칙】 제5조를 위반하여 신탁업을 한 자는 1천만원 이하의 벌금에 처한다.

제104조【벌칙】 회사의 업무를 집행하는 사원, 이사, 파산관재인, 제78조의 특별대리인 또는 외국회사의 대표자가 이 법에 따른 금융위원회의 명령을 위반한 경우에는 500만원 이하의 벌금에 처한다.

제105조【과태료】 ① 회사의 업무를 집행하는 사원, 이사, 파산관재인, 제78조의 특별대리인 또는 외국회사의 대표자가 다음 각 호의 어느 하나에 해당하는 경우에는 500만원 이하의 과태료를 부과한다.

1. 이 법에 따른 금융위원회의 검사를 방해한 경우
2. 제11조제1항 또는 제86조제2항을 위반한 경우
3. 이 법에 따라 채권에 적을 사항을 적지 아니하거나 부정(不正)하게 적은 경우
4. 위탁회사가 채권을 발행하는 경우에 제32조에 따른 절차를 밟지 아니하고 채권을 교부한 경우
5. 제60조제2항에 따른 담보권의 보존 또는 실행을 게을리한 경우
6. 제77조제1항 또는 제3항을 위반한 경우
7. 제84조제1항에 따른 검사를 방해한 경우
8. 제93조제1항에 따른 사무의 인계를 게을리한 경우
9. 사채권자 집회의 결의에 의하여야 할 경우에 그 결의에 의하지 아니하거나 결의를 위반한 경우
10. 사채권자 집회 또는 그 대표자에 대하여 부실한 보고를 하거나 사실을 은폐한 경우

② 회사의 업무를 집행하는 사원, 이사, 파산관재인, 제23조제1항에 따라 사채의 총액을 인수한 자, 제55조의 대표자, 제78조의 특별대리인 또는 외국회사의 대표자가 다음 각 호의 어느 하나에 해당하는 경우에는 100만원 이하의 과태료를 부과한다.

1. 이 법에 따른 신고·공고 또는 통지를 게을리하거나 부정한 공고 또는 통지를 한 경우
2. 이 법에 따라 교부할 서류를 교부하지 아니하거나 서류에 부정하게 적은 경우
3. 이 법에 따라 열람 또는 복사를 허용할 서류에 대하여 정당한 이유 없이 열람 또는 복사를 허용하지 아니한 경우
4. 이 법에 따라 갖추어 둘 서류를 갖추어 두지 아니한 경우 또는 그 서류에 적을 사항을 적지 아니하거나 부정하게 적은 경우

③ 제1항 및 제2항에 따른 과태료는 대통령령으로 정하는 바에 따라 금융위원회가 부과·징수한다.

제106조 (1998.1.13 삭제)

부 칙 (2018.2.21)

이 법은 공포 후 6개월이 경과한 날부터 시행한다.

부 칙 (2021.4.20)

이 법은 공포 후 3개월이 경과한 날부터 시행한다.

보험업법

(2003년 5월 29일 전개법률 제6891호)

개정
2005. 1.27법 7379호(근로자퇴직급여보장법)
2005. 3.31법 7428호(채무자회생파산)
2006. 8.29법 7971호
2007. 4.27법 8386호
2007. 7.19법 8520호
2007. 8. 3법 8572호(기업구조조정촉진법)
2007. 8. 3법 8635호(자본시장금융투자업)
2008. 2.29법 8852호(정부조직)
2008. 2.29법 8863호(금융위원회의설치등에관한법)
2008. 3.14법 8902호
2009. 4. 1법 9617호(신용정보의이용및보호에관한법)
2010. 5.17법 10303호(은행법)
2010. 7.23법 10394호
2011. 5.19법 10688호
2011. 7.21법 10866호(고등교육)
2013. 4. 5법 11758호(자본시장금융투자업)
2014. 1.14법 12262호
2014.10.15법 12836호
2015. 3.11법 13216호(신용정보의이용및보호에관한법)
2015. 7.24법 13446호
2015. 7.31법 13453호(금융회사의지배구조에관한법)
2015.12.22법 13612호
2015.12.22법 13613호(예금자보호법)
2016. 3.29법 14124호
2017. 4.18법 14821호
2017.10.31법 15019호
2017.10.31법 15022호(주식회사등의외부감사에관한법)
2018. 2.21법 15414호
2018. 4.17법 15614호
2018.12.11법 15931호
2018.12.31법 16185호
2020. 2. 4법 16957호(신용정보의이용및보호에관한법)
2020. 3.24법 17112호(금융소비자보호에관한법)
2020. 5.19법 17292호
2020.12. 8법 17636호
2021. 4.20법 18121호
2021. 8.17법 18435호
2022.12.31법 19211호
2023.10.24법 19780호→2024년 10월 25일 시행이므로「法典 別冊」보유편 수록
2024. 2. 6법 20242호→2024년 8월 7일 시행

제1장 총 칙
(2010.7.23 본장개정)

제1조【목적】 이 법은 보험업을 경영하는 자의 건전한 경영을 도모하고 보험계약자, 피보험자, 그 밖의 이해관계인의 권익을 보호함으로써 보험업의 건전한 육성과 국민경제의 균형 있는 발전에 기여함을 목적으로 한다.

제2조【정의】 이 법에서 사용하는 용어의 뜻은 다음과 같다.

1. "보험상품"이란 위험보장을 목적으로 우연한 사건 발생에 관하여 금전 및 그 밖의 급여를 지급할 것을 약정하고 대가를 수수(授受)하는 계약(「국민건강보험법」에 따른 건강보험, 「고용보험법」에 따른 고용보험 등 보험계약자의 보호 필요성 및 금융거래 관행 등을 고려하여 대통령령으로 정하는 것은 제외한다)으로서 다음 각 목의 것을 말한다.
   가. 생명보험상품 : 위험보장을 목적으로 사람의 생존 또는 사망에 관하여 약정한 금전 및 그 밖의 급여를 지급할 것을 약속하고 대가를 수수하는 계약으로서 대통령령으로 정하는 계약
   나. 손해보험상품 : 위험보장을 목적으로 우연한 사건(다목에 따른 질병·상해 및 간병은 제외한다)으로 발생하는 손해(계약상 채무불이행 또는 법령상 의무불이행으로 발생하는 손해를 포함한다)에 관하여 금전 및 그 밖의 급여를 지급할 것을 약속하고 대가를 수수하는 계약으로서 대통령령으로 정하는 계약
   다. 제3보험상품 : 위험보장을 목적으로 사람의 질병·상해 또는 이에 따른 간병에 관하여 금전 및 그 밖의 급여를 지급할 것을 약속하고 대가를 수수하는 계약으로서 대통령령으로 정하는 계약
2. "보험업"이란 보험상품의 취급과 관련하여 발생하는 보험의 인수(引受), 보험료 수수 및 보험금 지급 등을 영업으로 하는 것으로서 생명보험업·손해보험업 및 제3보험업을 말한다.
3. "생명보험업"이란 생명보험상품의 취급과 관련하여 발생하는 보험의 인수, 보험료 수수 및 보험금 지급 등을 영업으로 하는 것을 말한다.
4. "손해보험업"이란 손해보험상품의 취급과 관련하여 발생하는 보험의 인수, 보험료 수수 및 보험금 지급 등을 영업으로 하는 것을 말한다.
5. "제3보험업"이란 제3보험상품의 취급과 관련하여 발생하는 보험의 인수, 보험료 수수 및 보험금 지급 등을 영업으로 하는 것을 말한다.
6. "보험회사"란 제4조에 따른 허가를 받아 보험업을 경영하는 자를 말한다.
7. "상호회사"란 보험업을 경영할 목적으로 이 법에 따라 설립된 회사로서 보험계약자를 사원(社員)으로 하는 회사를 말한다.
8. "외국보험회사"란 대한민국 이외의 국가의 법령에 따라 설립되어 대한민국 이외의 국가에서 보험업을 경영하는 자를 말한다.
9. "보험설계사"란 보험회사·보험대리점 또는 보험중개사에 소속되어 보험계약의 체결을 중개하는 자[법인이 아닌 사단(社團)과 재단을 포함한다]로서 제84조에 따라 등록된 자를 말한다.
10. "보험대리점"이란 보험회사를 위하여 보험계약의 체결을 대리하는 자(법인이 아닌 사단과 재단을 포함한다)로서 제87조에 따라 등록된 자를 말한다.
11. "보험중개사"란 독립적으로 보험계약의 체결을 중개하는 자(법인이 아닌 사단과 재단을 포함한다)로서 제89조에 따라 등록된 자를 말한다.
12. "모집"이란 보험계약의 체결을 중개하거나 대리하는 것을 말한다.
13. "신용공여"란 대출 또는 유가증권의 매입(자금 지원적 성격인 것만 해당한다)이나 그 밖에 금융거래상의 신용위험이 따르는 보험회사의 직접적·간접적 거래로서 대통령령으로 정하는 바에 따라 금융위원회가 정하는 거래를 말한다.
14. "총자산"이란 재무상태표에 표시된 자산에서 영업권 등 대통령령으로 정하는 자산을 제외한 것을 말한다. (2022.12.31 본호개정)
15. "자기자본"이란 납입자본금·자본잉여금·이익잉여금, 그 밖에 이에 준하는 것(자본조정은 제외한다)으로서 대통령령으로 정하는 항목의 합계액에서 영업권, 그 밖에 이에 준하는 것으로서 대통령령으로 정하는 항목의 합계액을 뺀 것을 말한다.
16. "동일차주"란 동일한 개인 또는 법인 및 이와 신용위험을 공유하는 자로서 대통령령으로 정하는 자를 말한다.
17. "대주주"란 「금융회사의 지배구조에 관한 법률」 제2조제6호에 따른 주주를 말한다.(2015.7.31 본호개정)
18. "자회사"란 보험회사가 다른 회사(「민법」 또는 특별법에 따른 조합을 포함한다)의 의결권 있는 발행주식(출자지분을 포함한다) 총수의 100분의 15를 초과하여 소유하는 경우의 그 다른 회사를 말한다.
19. "전문보험계약자"란 보험계약에 관한 전문성, 자산규모 등에 비추어 보험계약의 내용을 이해하고 이행할 능력이 있는 자로서 다음 각 목의 어느 하나에 해당하는 자를 말한다. 다만, 전문보험계약자 중 대통령령으로 정하는 자가 일반보험계약자와 같은 대우를 받겠다는 의사를 보험회사에 서면으로 통지하는 경우 보험회사는 정당한 사유가 없으면 이에 동의하여야 하며, 보험회사가 동의한 경우에는 해당 보험계약자는 일반보험계약자로 본다.
   가. 국가
   나. 한국은행
   다. 대통령령으로 정하는 금융기관
   라. 주권상장법인
   마. 그 밖에 대통령령으로 정하는 자
20. "일반보험계약자"란 전문보험계약자가 아닌 보험계약자를 말한다.

제3조【보험계약의 체결】 누구든지 보험회사가 아닌 자와 보험계약을 체결하거나 중개 또는 대리하지 못한다. 다만, 대통령령으로 정하는 경우에는 그러하지 아니하다.

제2장 보험업의 허가 등
(2010.7.23 본장개정)

제4조【보험업의 허가】 ① 보험업을 경영하려는 자는 다음 각 호에서 정하는 보험종목별로 금융위원회의 허가를 받아야 한다.

1. 생명보험업의 보험종목
   가. 생명보험
   나. 연금보험(퇴직보험을 포함한다)
   다. 그 밖에 대통령령으로 정하는 보험종목
2. 손해보험업의 보험종목
   가. 화재보험
   나. 해상보험(항공·운송보험을 포함한다)
   다. 자동차보험
   라. 보증보험
   마. 재보험(再保險)
   바. 그 밖에 대통령령으로 정하는 보험종목
3. 제3보험업의 보험종목
   가. 상해보험
   나. 질병보험
   다. 간병보험
   라. 그 밖에 대통령령으로 정하는 보험종목

② 제1항에 따른 허가를 받은 자는 해당 보험종목의 재보험에 대한 허가를 받은 것으로 본다. 다만, 제9조제2항제2호의 보험회사는 그러하지 아니하다.(2020.12.8 단서신설)

③ 생명보험업이나 손해보험업에 해당하는 보험종목의 전부(제1항제2호라목에 따른 보증보험 및 같은 호 마목에 따른 재보험은 제외한다)에 관하여 제1항에 따른 허가를 받은 자는 제3보험업에 해당하는 보험종목에 대한 허가를 받은 것으로 본다.

④ 생명보험업 또는 손해보험업에 해당하는 보험종목의 전부(제1항제2호라목에 따른 보증보험 및 같은 호 마목에 따른 재보험은 제외한다)에 관하여 제1항에 따른 허가를 받은 자는 경제질서의 건전성을 해친 사실이 없으면 해당 생명보험업 또는 손해보험업의 종목으로 신설되는 보험종목에 대한 허가를 받은 것으로 본다.

⑤ 제3보험업에 관하여 제1항에 따른 허가를 받은 자는 제10조제3호에 따른 보험종목을 취급할 수 있다.

⑥ 보험업의 허가를 받을 수 있는 자는 주식회사, 상호회사 및 외국보험회사로 제한하며, 제1항에 따라 허가를 받은 외국보험회사의 국내지점(이하 "외국보험회사국내지점"이라 한다)은 이 법에 따른 보험회사로 본다.

⑦ 금융위원회는 제1항에 따른 허가에 조건을 붙일 수 있다.

⑧ 제7항에 따라 조건이 붙은 보험업 허가를 받은 자는 사정의 변경, 그 밖의 정당한 사유가 있는 경우에는 금융위원회에 그 조건의 취소 또는 변경을 신청할 수 있다. 이 경우 금융위원회는 2개월 이내에 조건의 취소 또는 변경 여부를 결정하고, 그 결과를 지체 없이 신청인에게 문서로 알려야 한다.(2020.12.8 본항신설)

제5조【허가신청서 등의 제출】 제4조제1항에 따라 허가를 받으려는 자는 신청서에 다음 각 호의 서류를 첨부하여 금융위원회에 제출하여야 한다. 다만, 보험회사가 취급하는 보험종목을 추가하려는 경우에는 제1호의 서류는 제출하지 아니할 수 있다.

1. 정관
2. 업무 시작 후 3년간의 사업계획서(추정재무제표를 포함한다)
3. 경영하려는 보험업의 보험종목별 사업방법서, 보험약관, 보험료 및 해약환급금의 산출방법서(이하 "기초서류"라 한다) 중 대통령령으로 정하는 서류(2022.12.31 본호개정)
4. 제1호부터 제3호까지의 규정에 따른 서류 이외에 대통령령으로 정하는 서류

제6조【허가의 요건 등】 ① 보험업의 허가를 받으려는 자(외국보험회사 및 제3항에 따라 보험종목을 추가하려는 보험회사는 제외한다)는 다음 각 호의 요건을 갖추어야 한다.

1. 제9조제1항 및 제2항에 따른 자본금 또는 기금을 보유할 것
2. 보험계약자를 보호할 수 있고 그 경영하려는 보험업을 수행하기 위하여 필요한 전문 인력과 전산설비 등 물적(物的) 시설을 충분히 갖추고 있을 것. 이 경우 대통령령으로 정하는 바에 따라 업무의 일부를 외부에 위탁하는 경우에는 그 위탁한 업무와 관련된 전문 인력과 물적 시설을 갖춘 것으로 본다.
3. 사업계획이 타당하고 건전할 것
4. 대주주(최대주주의 특수관계인인 주주를 포함한다. 이하 이 조에서 같다)가 「금융회사의 지배구조에 관한 법률」 제5조제1항 각 호의 어느 하나에 해당하지 아니하고, 충분한 출자능력과 건전한 재무상태를 갖추고 있으며, 건전한 경제질서를 해친 사실이 없을 것(2015.7.31 본호개정)

② 보험업의 허가를 받으려는 외국보험회사는 다음 각 호의 요건을 갖추어야 한다.

1. 제9조제3항에 따른 영업기금을 보유할 것
2. 국내에서 경영하려는 보험업과 같은 보험업을 외국 법령에 따라 경영하고 있을 것
3. 자산상황·재무건전성 및 영업건전성이 국내에서 보험업을 경영하기에 충분하고, 국제적으로 인정받고 있을 것
4. 제1항제2호 및 제3호의 요건을 갖출 것

③ 보험종목을 추가하여 허가를 받으려는 보험회사는 다음 각 호의 요건을 갖추어야 한다.

1. 제1항 또는 제2항의 요건을 충족할 것(다만, 제1항제4호의 허가 요건은 같은 호에도 불구하고 대통령령으로 정하는 완화된 요건을 적용한다)(2020.12.8 본호개정)

2. 대통령령으로 정하는 건전한 재무상태와 사회적 신용을 갖출 것
④ 보험회사는 제1항제2호의 요건을 대통령령으로 정하는 바에 따라 보험업의 허가를 받은 이후에도 계속하여 유지하여야 한다. 다만, 보험회사의 경영건전성을 확보하고 보험가입자 등의 이익을 보호하기 위하여 대통령령으로 정하는 경우로서 금융위원회의 승인을 받은 경우에는 그러하지 아니하다.
⑤~⑦ (2015.7.31 삭제)
⑧ 제1항부터 제4항까지의 규정에 따른 허가, 승인의 세부 요건에 관하여 필요한 사항은 대통령령으로 정한다.
(2015.7.31 본항개정)
제7조【예비허가】 ① 제4조에 따른 허가(이하 이 조에서 "본허가"라 한다)를 신청하려는 자는 미리 금융위원회에 예비허가를 신청할 수 있다.
② 제1항에 따른 신청을 받은 금융위원회는 2개월 이내에 심사하여 예비허가 여부를 통지하여야 한다. 다만, 총리령으로 정하는 바에 따라 그 기간을 연장할 수 있다.
③ 금융위원회는 제2항에 따른 예비허가에 조건을 붙일 수 있다.
④ 금융위원회는 예비허가를 받은 자가 제3항에 따른 예비허가의 조건을 이행한 후 본허가를 신청하면 허가하여야 한다.
⑤ 예비허가의 기준과 그 밖에 예비허가에 관하여 필요한 사항은 총리령으로 정한다.
제8조【상호 또는 명칭】 ① 보험회사는 그 상호 또는 명칭 중에 주로 경영하는 보험업의 종류를 표시하여야 한다.
② 보험회사가 아닌 자는 그 상호 또는 명칭 중에 보험회사임을 표시하는 글자를 포함하여서는 아니 된다.
제9조【자본금 또는 기금】 ① 보험회사는 300억원 이상의 자본금 또는 기금을 납입함으로써 보험업을 시작할 수 있다. 다만, 보험회사가 제4조제1항에 따른 보험종목의 일부만을 취급하려는 경우에는 50억원 이상의 범위에서 대통령령으로 자본금 또는 기금의 액수를 다르게 정할 수 있다.
② 제1항에도 불구하고 모집수단 또는 모집상품의 종류·규모 등이 한정된 보험회사로서 다음 각 호의 어느 하나에 해당하는 보험회사는 다음 각 호의 구분에 따른 금액 이상의 자본금 또는 기금을 납입함으로써 보험업을 시작할 수 있다.
1. 전화·우편·컴퓨터통신 등 통신수단을 이용하여 대통령령으로 정하는 바에 따라 모집을 하는 보험회사(제2호에 따른 소액단기전문보험회사는 제외한다) : 제1항에 따른 자본금 또는 기금의 3분의 2에 상당하는 금액
2. 모집할 수 있는 보험상품의 종류, 보험기간, 보험금의 상한액, 연간 총보험료 상한액 등 대통령령으로 정하는 기준을 충족하는 소액단기전문보험회사 : 10억원 이상의 범위에서 대통령령으로 정하는 금액
(2020.12.8 본항개정)
③ 외국보험회사가 대한민국에서 보험업을 경영하려는 경우에는 대통령령으로 정하는 영업기금을 제1항 또는 제2항의 자본금 또는 기금으로 본다.
제10조【보험업 겸영의 제한】 보험회사는 생명보험업과 손해보험업을 겸영(兼營)하지 못한다. 다만, 다음 각 호의 어느 하나에 해당하는 보험종목은 그러하지 아니하다.
1. 생명보험의 재보험 및 제3보험의 재보험
2. 다른 법령에 따라 겸영할 수 있는 보험종목으로서 대통령령으로 정하는 보험종목
3. 대통령령으로 정하는 기준에 따라 제3보험의 보험종목에 부가되는 보험
제11조【보험회사의 겸영업무】 보험회사는 경영건전성을 해치거나 보험계약자 보호 및 건전한 거래질서를 해칠 우려가 없는 금융업무로서 다음 각 호에 규정된 업무를 할 수 있다. 이 경우 보험회사는 제1호 또는 제3호의 업무를 하려면 그 업무를 시작하려는 날의 7일 전까지 금융위원회에 신고하여야 한다.(2020.12.8 후단개정)
1. 대통령령으로 정하는 금융 관련 법령에서 정하고 있는 금융업무로서 해당 법령에서 보험회사가 할 수 있도록 한 업무
2. 대통령령으로 정하는 금융업으로서 해당 법령에 따라 인가·허가·등록 등이 필요한 금융업무
3. 그 밖에 보험회사의 경영건전성을 해치거나 보험계약자 보호 및 건전한 거래질서를 해칠 우려가 없다고 인정되는 금융업무로서 대통령령으로 정하는 금융업무
제11조의2【보험회사의 부수업무】 ① 보험회사는 보험업에 부수(附隨)하는 업무를 하려면 그 업무를 하려는 날의 7일 전까지 금융위원회에 신고하여야 한다. 다만, 제5항에 따라 공고된 다른 보험회사의 부수업무(제3항에 따라 제한명령 또는 시정명령을 받은 것은 제외한다)와 같은 부수업무를 하려는 경우에는 신고를 하지 아니하고 그 부수업무를 할 수 있다.(2020.12.8 단서신설)
② 금융위원회는 제1항 본문에 따른 신고를 받은 경우 그 내용을 검토하여 이 법에 적합하면 신고를 수리하여야 한다.(2020.12.8 본항신설)
③ 금융위원회는 보험회사가 하는 부수업무가 다음 각 호의 어느 하나에 해당하면 그 부수업무를 하는 것을 제한하거나 시정할 것을 명할 수 있다.(2020.12.8 본문개정)
1. 보험회사의 경영건전성을 해치는 경우
2. 보험계약자 보호에 지장을 가져오는 경우
3. 금융시장의 안정성을 해치는 경우
④ 제3항에 따른 제한명령 또는 시정명령은 그 내용 및 사유가 구체적으로 적힌 문서로 하여야 한다.(2020.12.8 본항개정)
⑤ 금융위원회는 제1항 본문에 따라 신고받은 부수업무 및 제3항에 따라 제한명령 또는 시정명령을 한 부수업무를 대통령령으로 정하는 방법에 따라 인터넷 홈페이지 등에 공고하여야 한다.(2020.12.8 본항개정)
(2010.7.23 본조신설)
제11조의3【겸영업무·부수업무의 회계처리】 보험회사가 제11조 및 제11조의2에 따라 다른 금융업 또는 부수업무를 하는 경우에는 대통령령으로 정하는 바에 따라 그 업무를 보험업과 구분하여 회계처리하여야 한다.
(2015.7.24 본조개정)
제12조【외국보험회사 등의 국내사무소 설치 등】 ① 외국보험회사, 외국에서 보험대리 및 보험중개를 업(業)으로 하는 자 또는 그 밖에 외국에서 보험과 관련된 업을 하는 자(이하 "외국보험회사등"이라 한다)는 보험시장에 관한 조사 및 정보의 수집이나 그 밖에 이와 비슷한 업무를 하기 위하여 국내에 사무소(이하 "국내사무소"라 한다)를 설치할 수 있다.
② 외국보험회사등이 제1항에 따라 국내사무소를 설치하는 경우에는 그 설치한 날부터 30일 이내에 금융위원회에 신고하여야 한다.
③ 국내사무소는 다음 각 호의 어느 하나에 해당하는 행위를 하여서는 아니 된다.
1. 보험업을 경영하는 행위
2. 보험계약의 체결을 중개하거나 대리하는 행위
3. 국내 관련 법령에 저촉되는 방법에 의하여 보험시장의 조사 및 정보의 수집을 하는 행위
4. 그 밖에 국내사무소의 설치 목적에 위반되는 행위로서 대통령령으로 정하는 행위
④ 국내사무소는 그 명칭 중에 사무소라는 글자를 포함하여야 한다.
⑤ 금융위원회는 국내사무소가 이 법 또는 이 법에 따른 명령 또는 처분을 위반한 경우에는 6개월 이내의 기간을 정하여 업무의 정지를 명하거나 국내사무소의 폐쇄를 명할 수 있다.

제3장 보험회사
(2010.7.23 본장제목개정)

제1절 임직원

제13조~제17조 (2015.7.31 삭제)

제2절 주식회사
(2010.7.23 본절개정)

제18조【자본감소】 ① 보험회사인 주식회사(이하 "주식회사"라 한다)가 자본감소를 결의한 경우에는 그 결의를 한 날부터 2주 이내에 결의의 요지와 재무상태표를 공고하여야 한다.(2021.4.20 본항개정)
② 제1항에 따른 자본감소를 결의할 때 대통령령으로 정하는 자본감소를 하려면 미리 금융위원회의 승인을 받아야 한다.
③ 자본감소에 관하여는 제141조제2항·제3항, 제149조 및 제151조제3항을 준용한다.
제19조 (2015.7.31 삭제)
제20조【조직 변경】 ① 주식회사는 그 조직을 변경하여 상호회사로 할 수 있다.
② 제1항에 따른 상호회사는 제9조에도 불구하고 기금의 총액을 300억원 미만으로 하거나 설정하지 아니할 수 있다.
③ 제1항의 경우에는 손실 보전(補塡)에 충당하기 위하여 금융위원회가 필요하다고 인정하는 금액을 준비금으로 적립하여야 한다.
제21조【조직 변경 결의】 ① 주식회사의 조직 변경은 주주총회의 결의를 거쳐야 한다.
② 제1항의 결의는 「상법」 제434조에 따른다.
제22조【조직 변경 결의의 공고와 통지】 ① 주식회사가 조직 변경을 결의한 경우 그 결의를 한 날부터 2주 이내에 결의의 요지와 재무상태표를 공고하고 주주명부에 적힌 질권자(質權者)에게는 개별적으로 알려야 한다.
(2021.4.20 본항개정)
② 제1항의 경우에는 제141조제2항·제3항과 「상법」 제232조를 준용한다.
제23조【조직 변경 결의 공고 후의 보험계약】 ① 주식회사는 제22조제1항에 따른 공고를 한 날 이후에 보험계약을 체결하려면 보험계약자가 될 자에게 조직 변경 절차가 진행 중임을 알리고 그 승낙을 받아야 한다.
② 제1항에 따른 승낙을 한 보험계약자는 조직 변경 절차를 진행하는 중에는 보험계약자가 아닌 자로 본다.
제24조【보험계약자 총회의 소집】 ① 제22조제1항의 공고에 대하여 제141조제2항에서 규정하는 기간에 이의를 제출한 보험계약자의 수와 그 보험금이 제141조제3항에서 규정하는 비율을 초과하지 아니하는 경우에는 이사는 「상법」 제232조에 따른 절차가 끝나면 7일 이내에 보험계약자 총회를 소집하여야 한다.
② 제1항의 경우 보험계약자에 대한 통지에 관하여는 「상법」 제353조를 준용한다.
제25조【보험계약자 총회 대행기관】 ① 주식회사는 조직 변경을 결의할 때 보험계약자 총회를 갈음하는 기관에 관한 사항을 정할 수 있다.
② 제1항에 따른 기관에 대하여는 보험계약자 총회에 관한 규정을 준용한다.
③ 제1항에 따른 기관에 관한 사항을 정한 경우에는 그 기관의 구성방법을 제22조제1항에 따른 공고의 내용에 포함하여야 한다.
제26조【보험계약자 총회의 결의방법】 ① 보험계약자 총회는 보험계약자 과반수의 출석과 그 의결권의 4분의 3 이상의 찬성으로 결의한다.
② 보험계약자총회에 관하여는 제55조와 「상법」 제363조제1항·제2항, 제364조, 제367조, 제368조제3항·제4항, 제371조제2항, 제372조, 제373조 및 제376조부터 제381조까지의 규정을 준용한다.
제27조【보험계약자 총회에서의 보고】 주식회사의 이사는 조직 변경에 관한 사항을 보험계약자 총회에 보고하여야 한다.
제28조【보험계약자 총회의 결의 등】 ① 보험계약자 총회는 정관의 변경이나 그 밖에 상호회사의 조직에 필요한 사항을 결의하여야 한다.
② 제21조제1항에 따른 결의는 제1항의 결의로 변경할 수 있다. 이 경우 주식회사의 채권자의 이익을 해치지 못한다.
③ 제2항에 따른 변경으로 주주에게 손해를 입히게 되는 경우에는 주주총회의 동의를 받아야 한다. 이 경우 제21조제2항을 준용한다.
④ 제1항의 결의에 관하여는 「상법」 제316조제2항을 준용한다.
제29조【조직 변경의 등기】 ① 주식회사가 그 조직을 변경한 경우에는 변경한 날부터 본점과 주된 사무소의 소재지에서는 2주 이내에, 지점과 종(從)된 사무소의 소재지에서는 3주 이내에 주식회사는 해산의 등기를 하고 상호회사는 제40조제2항에 따른 등기를 하여야 한다.
② 제1항에 따른 등기의 신청서에는 정관과 다음 각 호의 사항이 적힌 서류를 첨부하여야 한다.
1. 제21조제1항의 결의
2. 제22조제1항의 공고
3. 제28조의 결의 및 동의
4. 제141조제3항의 이의(異義)
5. 「상법」 제232조에 따른 절차를 마쳤음을 증명하는 내용
제30조【조직 변경에 따른 입사】 주식회사의 보험계약자는 조직 변경에 따라 해당 상호회사의 사원이 된다.
제31조【「상법」 등의 준용】 주식회사의 조직 변경에 관하여는 제145조와 「상법」 제40조, 제339조, 제340조제1항·제2항, 제439조제1항, 제445조 및 제446조를 준용한다. 이 경우 「상법」 제446조 중 "제192조"는 "제238조"로 본다.
제32조【보험계약자 등의 우선취득권】 ① 보험계약자나 보험금을 취득할 자는 피보험자를 위하여 적립한 금액을 다른 법률에 특별한 규정이 없으면 주식회사의 자산에서 우선하여 취득한다.
② 제108조에 따라 특별계정이 설정된 경우에는 제1항은 특별계정과 그 밖의 계정을 구분하여 적용한다.
제33조【예탁자산에 대한 우선변제권】 ① 보험계약자나 보험금을 취득할 자는 피보험자를 위하여 적립한 금액을 주식회사가 이 법에 따른 금융위원회의 명령에 따라 예탁한 자산에서 다른 채권자보다 우선하여 변제를 받을 권리를 가진다.
② 제1항의 경우에는 제32조제2항을 준용한다.

제3절 상호(相互)회사
(2010.7.23 본절제목개정)

제1관 설 립
(2010.7.23 본관개정)

제34조【정관기재사항】 상호회사의 발기인은 정관을 작성하여 다음 각 호의 사항을 적고 기명날인하여야 한다.
1. 취급하려는 보험종목과 사업의 범위
2. 명칭
3. 사무소 소재지
4. 기금의 총액
5. 기금의 갹출자가 가질 권리
6. 기금과 설립비용의 상각 방법
7. 잉여금의 분배 방법
8. 회사의 공고 방법
9. 회사 성립 후 양수할 것을 약정한 자산이 있는 경우에는 그 자산의 가격과 양도인의 성명
10. 존립시기 또는 해산사유를 정한 경우에는 그 시기 또는 사유
제35조【명칭】 상호회사는 그 명칭 중에 상호회사라는 글자를 포함하여야 한다.
제36조【기금의 납입】 ① 상호회사의 기금은 금전 이외의 자산으로 납입하지 못한다.
② 기금의 납입에 관하여는 「상법」 제295조제1항, 제305조제1항·제2항 및 제318조를 준용한다.

제37조【사원의 수】 상호회사는 100명 이상의 사원으로써 설립한다.

제38조【입사청약서】 ① 발기인이 아닌 자가 상호회사의 사원이 되려면 입사청약서 2부에 보험의 목적과 보험금액을 적고 기명날인하여야 한다. 다만, 상호회사가 성립한 후 사원이 되려는 자는 그러하지 아니하다.
② 발기인은 제1항에 따른 입사청약서를 다음 각 호의 사항을 포함하여 작성하고, 이를 비치(備置)하여야 한다.
1. 정관의 인증 연월일과 그 인증을 한 공증인의 이름
2. 제34조 각 호의 사항
3. 기금 갹출자의 이름·주소와 그 각자가 갹출하는 금액
4. 발기인의 이름과 주소
5. 발기인이 보수를 받는 경우에는 그 보수액
6. 설립 시 모집하려는 사원의 수
7. 일정한 시기까지 창립총회가 끝나지 아니하면 입사청약을 취소할 수 있다는 뜻
③ 상호회사 성립 전의 입사청약에 대하여는 「민법」 제107조제1항 단서를 적용하지 아니한다.

제39조【창립총회】 ① 상호회사의 발기인은 상호회사의 기금의 납입이 끝나고 사원의 수가 예정된 수가 되면 그 날부터 7일 이내에 창립총회를 소집하여야 한다.
② 창립총회는 사원 과반수의 출석과 그 의결권의 4분의 3 이상의 찬성으로 결의한다.
③ 상호회사의 창립총회에 관하여는 제55조와 「상법」 제363조제1항·제2항, 제364조, 제368조제3항·제4항, 제371조제2항, 제372조, 제373조 및 제376조부터 제381조까지의 규정을 준용한다.

제40조【설립등기】 ① 상호회사의 설립등기는 창립총회가 끝난 날부터 2주 이내에 하여야 한다.
② 제1항에 따른 설립등기에는 다음 각 호의 사항이 포함되어야 한다.
1. 제34조 각 호의 사항
2. 이사와 감사의 이름 및 주소
3. 대표이사의 이름
4. 여러 명의 대표이사가 공동으로 회사를 대표할 것을 정한 경우에는 그 규정
③ 제1항과 제2항에 따른 설립등기는 이사 및 감사의 공동신청으로 하여야 한다.

제41조【등기부】 관할 등기소에 상호회사 등기부를 비치하여야 한다.

제42조【배상책임】 이사가 다음 각 호의 어느 하나에 해당하는 행위로 상호회사에 손해를 입힌 경우에는 사원총회의 동의가 없으면 그 손해에 대한 배상책임을 면제하지 못한다.
1. 위법한 이익 배당에 관한 의안을 사원총회에 제출하는 행위
2. 다른 이사에게 금전을 대부하는 행위
3. 그 밖의 부당한 거래를 하는 행위

제43조【발기인에 대한 소송】 상호회사의 발기인에 관하여는 「금융회사의 지배구조에 관한 법률」 제33조와 「상법」 제400조를 준용한다.(2015.7.31 본조개정)

제44조【「상법」의 준용】 상호회사에 관하여는 「상법」 제10조부터 제15조까지, 제17조, 제22조, 제23조, 제26조, 제27조, 제29조부터 제33조까지, 제35조, 제37조부터 제40조까지, 제87조부터 제89조까지, 제91조, 제92조, 제171조부터 제173조까지, 제176조, 제177조, 제181조부터 제183조까지, 제288조, 제289조제3항, 제292조, 제310조부터 제316조까지 및 제322조부터 제327조까지의 규정을 준용한다.

제45조【「비송사건절차법」의 준용】 상호회사에 관하여는 「비송사건절차법」 제72조제1항·제2항, 제73조, 제77조, 제78조, 제80조, 제81조, 제84조, 제85조, 제90조부터 제100조까지, 제117조부터 제121조까지 및 제123조부터 제127조까지의 규정을 준용한다.

제45조의2【「상업등기법」의 준용】 상호회사에 관하여는 「상업등기법」 제3조, 제5조제2항·제3항, 제6조부터 제11조까지, 제14조, 제17조부터 제30조까지, 제53조부터 제55조까지, 제61조제2항, 제66조, 제67조, 제94조, 제95조, 제102조, 제114조부터 제128조까지 및 제131조를 준용한다.(2010.7.23 본조신설)

제2관 사원의 권리와 의무
(2010.7.23 본관제목개정)

제46조【간접책임】 상호회사의 사원은 회사의 채권자에 대하여 직접적인 의무를 지지 아니한다.(2010.7.23 본조개정)

제47조【유한책임】 상호회사의 채무에 관한 사원의 책임은 보험료를 한도로 한다.

제48조【상계의 금지】 상호회사의 사원은 보험료의 납입에 관하여 상계(相計)로써 회사에 대항하지 못한다.(2010.7.23 본조개정)

제49조【보험금액의 삭감】 상호회사는 정관으로 보험금액의 삭감에 관한 사항을 정하여야 한다.(2010.7.23 본조개정)

제50조【생명보험계약 등의 승계】 생명보험 및 제3보험을 목적으로 하는 상호회사의 사원은 회사의 승낙을 받아 타인으로 하여금 그 권리와 의무를 승계하게 할 수 있다.

제51조【손해보험의 목적의 양도】 손해보험을 목적으로 하는 상호회사의 사원이 보험의 목적을 양도한 경우에는 양수인은 회사의 승낙을 받아 양도인의 권리와 의무를 승계할 수 있다.(2010.7.23 본조개정)

제52조【사원명부】 상호회사의 사원명부에는 다음 각 호의 사항을 적어야 한다.
1. 사원의 이름과 주소
2. 각 사원의 보험계약의 종류, 보험금액 및 보험료
(2010.7.23 본조개정)

제53조【통지와 최고】 상호회사의 입사청약서나 사원에 대한 통지 및 최고(催告)에 관하여는 「상법」 제353조를 준용한다. 다만, 보험관계에 속하는 사항의 통지 및 최고에 관하여는 그러하지 아니하다.(2010.7.23 본조개정)

제3관 회사의 기관
(2010.7.23 본관제목개정)

제54조【사원총회 대행기관】 ① 상호회사는 사원총회를 갈음할 기관을 정관으로 정할 수 있다.
② 제1항에 따른 기관에 대하여는 사원총회에 관한 규정을 준용한다.
(2010.7.23 본조개정)

제55조【의결권】 상호회사의 사원은 사원총회에서 각각 1개의 의결권을 가진다. 다만, 정관에 특별한 규정이 있는 경우에는 그러하지 아니하다.

제56조【총회소집청구권】 ① 상호회사의 100분의 5 이상의 사원은 회의의 목적과 그 소집의 이유를 적은 서면을 이사에게 제출하여 사원총회의 소집을 청구할 수 있다. 다만, 이 권리의 행사에 관하여는 정관으로 다른 기준을 정할 수 있다.
② 제1항의 경우에는 「상법」 제366조제2항 및 제3항을 준용한다.
(2010.7.23 본조개정)

제57조【서류의 비치와 열람 등】 ① 상호회사의 이사는 정관과 사원총회 및 이사회의 의사록을 각 사무소에, 사원명부를 주된 사무소에 비치하여야 한다.
② 상호회사의 사원과 채권자는 영업시간 중에는 언제든지 제1항의 서류를 열람하거나 복사할 수 있고, 회사가 정한 비용을 내면 그 등본 또는 초본의 발급을 청구할 수 있다.
(2010.7.23 본조개정)

제58조【상호회사의 소수사원권의 행사】 상호회사에 관하여는 「금융회사의 지배구조에 관한 법률」 제33조를 준용한다. 이 경우 "발행주식 총수"는 "사원 총수"로, "주식을 대통령령으로 정하는 바에 따라 보유한 자"는 "사원"으로 본다.(2015.7.31 전단개정)

제59조【「상법」 등의 준용】 ① 상호회사의 사원총회에 관하여는 「상법」 제362조, 제363조제1항·제2항, 제364조, 제365조제1항·제3항, 제367조, 제368조제1항·제3항·제4항, 제371조제2항, 제372조, 제373조 및 제375조부터 제381조까지의 규정을 준용한다.
② 상호회사의 이사에 관하여는 「상법」 제382조, 제383조제2항·제3항, 제385조, 제386조, 제388조, 제389조, 제393조, 제395조, 제398조, 제399조제1항, 제401조제1항, 제407조 및 제408조를 준용한다.
③ 상호회사의 감사에 관하여는 「금융회사의 지배구조에 관한 법률」 제33조와 「상법」 제382조, 제385조, 제386조, 제388조, 제394조, 제399조제1항, 제401조제1항, 제407조, 제410조부터 제412조까지, 제412조의2부터 제412조의4까지, 제413조, 제413조의2 및 제414조제3항을 준용한다.
(2015.7.31 본항개정)
(2010.7.23 본조개정)

제4관 회사의 계산
(2010.7.23 본관개정)

제60조【손실보전준비금】 ① 상호회사는 손실을 보전하기 위하여 각 사업연도의 잉여금 중에서 준비금을 적립하여야 한다.
② 제1항에 따른 준비금의 총액과 매년 적립할 최저액은 정관으로 정한다.

제61조【기금이자 지급 등의 제한】 ① 상호회사는 손실을 보전하기 전에는 기금이자를 지급하지 못한다.
② 상호회사는 설립비용과 사업비의 전액을 상각(償却)하고 제60조제1항에 따른 준비금을 공제하기 전에는 기금의 상각 또는 잉여금의 분배를 하지 못한다.
③ 상호회사가 제1항 또는 제2항을 위반하여 기금이자의 지급, 기금의 상각 또는 잉여금의 분배를 한 경우에는 회사의 채권자는 이를 반환하게 할 수 있다.

제62조【기금상각적립금】 상호회사가 기금을 상각할 때에는 상각하는 금액과 같은 금액을 적립하여야 한다.

제63조【잉여금의 분배】 상호회사의 잉여금은 정관에 특별한 규정이 없으면 각 사업연도 말 당시 사원에게 분배한다.

제64조【「상법」의 준용】 상호회사의 계산에 관하여는 「상법」 제447조, 제447조의2부터 제447조의4까지, 제448조부터 제450조까지, 제452조 및 제468조를 준용한다.

제5관 정관의 변경
(2010.7.23 본관개정)

제65조【정관의 변경】 ① 상호회사의 정관을 변경하려면 사원총회의 결의를 거쳐야 한다.
② 제1항의 경우에는 제55조와 「상법」 제363조제1항·제2항, 제364조, 제368조제3항·제4항, 제371조제2항, 제372조, 제373조, 제376조부터 제381조까지 및 제433조제2항을 준용한다.

제6관 사원의 퇴사
(2010.7.23 본관개정)

제66조【퇴사이유】 ① 상호회사의 사원은 다음 각 호의 사유로 퇴사한다.
1. 정관으로 정하는 사유의 발생
2. 보험관계의 소멸
② 상호회사의 사원이 사망한 경우에는 「상법」 제283조를 준용한다.

제67조【환급청구권】 ① 상호회사에서 퇴사한 사원은 정관이나 보험약관으로 정하는 바에 따라 그 권리에 따른 금액의 환급을 청구할 수 있다.
② 퇴사한 사원이 회사에 대하여 부담한 채무가 있는 경우에는 회사는 제1항의 금액에서 그 채무액을 공제할 수 있다.

제68조【환급기한 및 시효】 ① 상호회사에서 퇴사한 사원의 권리에 따른 금액의 환급은 퇴사한 날이 속하는 사업연도가 종료한 날부터 3개월 이내에 하여야 한다.
② 퇴사원의 환급청구권은 제1항의 기간이 지난 후 2년 동안 행사하지 아니하면 시효로 소멸한다.

제7관 해 산
(2010.7.23 본관개정)

제69조【해산의 공고】 ① 상호회사가 해산을 결의한 경우에는 그 결의가 제139조에 따라 인가를 받은 날부터 2주 이내에 결의의 요지와 재무상태표를 공고하여야 한다.
(2021.4.20 본항개정)
② 제1항의 경우에는 제141조제2항부터 제4항까지, 제145조 및 제149조를 준용한다.

제70조【「상법」의 준용】 ① 상호회사에 관하여는 「상법」 제174조제3항, 제175조제1항, 제228조, 제232조, 제234조부터 제240조까지, 제522조제1항·제2항, 제526조제1항, 제527조제1항·제2항, 제528조제1항 및 제529조를 준용한다. 이 경우 「상법」 제528조제1항 중 "제317조"는 "「보험업법」 제40조"로 본다.
② 「상법」 제175조제1항에 따른 선임에 관하여는 제39조제2항을 준용한다.

제8관 청 산
(2010.7.23 본관개정)

제71조【청산】 상호회사가 해산한 경우에는 합병과 파산의 경우가 아니면 이 관의 규정에 따라 청산을 하여야 한다.

제72조【자산 처분의 순위 등】 ① 상호회사의 청산인은 다음 각 호의 순위에 따라 회사자산을 처분하여야 한다.
1. 일반채무의 변제
2. 사원의 보험금액과 제158조제2항에 따라 사원에게 환급할 금액의 지급
3. 기금의 상각
② 제1항에 따른 처분을 한 후 남은 자산은 상호회사의 정관에 특별한 규정이 없으면 잉여금을 분배할 때와 같은 비율로 사원에게 분배하여야 한다.

제73조【「상법」 등의 준용】 상호회사의 청산에 관하여는 제56조, 제57조, 「금융회사의 지배구조에 관한 법률」 제33조와 「상법」 제245조, 제253조부터 제255조까지, 제259조, 제260조 단서, 제264조, 제328조, 제362조, 제367조, 제373조제2항, 제376조, 제377조, 제382조제2항, 제386조, 제388조, 제389조, 제394조, 제398조, 제399조제1항, 제401조제1항, 제407조, 제408조, 제411조, 제412조, 제412조의2부터 제412조의4까지, 제413조, 제414조제3항, 제448조부터 제450조까지, 제531조부터 제537조까지, 제539조제1항, 제540조 및 제541조를 준용한다.
(2015.7.31 본조개정)

제4절 외국보험회사국내지점
(2010.7.23 본절개정)

제74조【외국보험회사국내지점의 허가취소 등】 ① 금융위원회는 외국보험회사의 본점이 다음 각 호의 어느 하나에 해당하게 되면 그 외국보험회사국내지점에 대하여 청문을 거쳐 보험업의 허가를 취소할 수 있다.
1. 합병, 영업양도 등으로 소멸한 경우
2. 위법행위, 불건전한 영업행위 등의 사유로 외국감독기

관으로부터 제134조제2항에 따른 처분에 상당하는 조치를 받은 경우
3. 휴업하거나 영업을 중지한 경우
② 금융위원회는 외국보험회사국내지점이 다음 각 호의 어느 하나에 해당하는 사유로 해당 외국보험회사국내지점의 보험업 수행이 어렵다고 인정되면 공익 또는 보험계약자 보호를 위하여 영업정지 또는 그 밖에 필요한 조치를 하거나 청문을 거쳐 보험업의 허가를 취소할 수 있다.
1. 이 법 또는 이 법에 따른 명령이나 처분을 위반한 경우
2. 「금융소비자 보호에 관한 법률」 또는 같은 법에 따른 명령이나 처분을 위반한 경우
3. 외국보험회사의 본점이 그 본국의 법령을 위반한 경우
4. 그 밖에 해당 외국보험회사국내지점의 보험업 수행이 어렵다고 인정되는 경우
(2020.3.24 본항개정)
③ 외국보험회사국내지점은 그 외국보험회사의 본점이 제1항 각 호의 어느 하나에 해당하게 되면 그 사유가 발생한 날부터 7일 이내에 그 사실을 금융위원회에 알려야 한다.
제75조【국내자산 보유의무】 ① 외국보험회사국내지점은 대한민국에서 체결한 보험계약에 관하여 제120조에 따라 적립한 책임준비금 및 비상위험준비금에 상당하는 자산을 대한민국에서 보유하여야 한다.
② 제1항에 따라 대한민국에서 보유하여야 하는 자산의 종류 및 범위 등에 관하여는 대통령령으로 정한다.
제76조【국내 대표자】 ① 외국보험회사국내지점에 관하여는 「상법」 제209조를 준용한다.
② 외국보험회사국내지점의 대표자는 퇴임한 후에도 후임 대표자의 이름 및 주소에 관하여 「상법」 제614조제3항에 따른 등기가 있을 때까지는 계속하여 대표자의 권리와 의무를 가진다.
③ 외국보험회사국내지점의 대표자는 이 법에 따른 보험회사의 임원으로 본다.
제77조【잔무처리자】 ① 제4조에 따라 허가를 받은 외국보험회사의 본점이 보험업을 폐업하거나 해산한 경우 또는 대한민국에서의 보험업을 폐업하거나 그 허가가 취소된 경우에는 금융위원회가 필요하다고 인정하면 잔무(殘務)를 처리할 자를 선임하거나 해임할 수 있다.
② 제1항의 잔무처리자에 관하여는 제76조제1항 및 제157조를 준용한다.
③ 제1항의 경우에는 제160조를 준용한다.
제78조【등기】 ① 상호회사인 외국보험회사(이하 "외국상호회사"라 한다) 국내지점에 관하여는 제41조를 준용한다.
② 외국상호회사 국내지점이 등기를 신청하는 경우에는 그 외국상호회사 국내지점의 대표자는 신청서에 대한민국에서의 주된 영업소와 대표자의 이름 및 주소를 적고 다음 각 호의 서류를 첨부하여야 한다.
1. 대한민국에 주된 영업소가 있다는 것을 인정할 수 있는 서류
2. 대표자의 자격을 인정할 수 있는 서류
3. 회사의 정관이나 그 밖에 회사의 성격을 판단할 수 있는 서류
③ 제2항 각 호의 서류는 해당 외국상호회사 본국의 관할 관청이 증명한 것이어야 한다.
제79조【「상법」의 준용】 ① 외국상호회사 국내지점에 관하여는 「상법」 제1편제3장(제16조는 제외한다), 제22조·제23조 및 제24조, 제26조, 제1편제5장·제6장, 제2편제5장(제90조는 제외한다) 및 제177조를 준용한다.
② 외국보험회사국내지점이 대한민국에 종된 영업소를 설치하거나 외국보험회사국내지점을 위하여 모집을 하는 자가 영업소를 설치한 경우에는 「상법」 제619조 및 제620조제1항·제2항을 준용한다.
제80조【「비송사건절차법」의 준용】 외국상호회사의 국내지점에 관하여는 「비송사건절차법」 제72조제3항, 제101조제2항 및 제128조를 준용한다.
제80조의2【「상업등기법」의 준용】 외국상호회사의 국내지점에 관하여는 「상업등기법」 제3조, 제5조제2항·제3항, 제7조부터 제11조까지, 제14조, 제17조부터 제19조까지, 제22조부터 제24조까지, 제26조부터 제30조까지, 제53조, 제55조, 제61조제2항, 제66조, 제67조, 제113조부터 제119조까지, 제121조부터 제128조까지 및 제131조를 준용한다.(2010.7.23 본조신설)
제81조【총회 결의의 의제】 제141조, 제142조, 제144조제1항 및 제146조제2항을 외국보험회사국내지점에 적용할 경우 제141조제1항 중 "제138조에 따른 결의를 한 날"은 "이전계약서를 작성한 날"로, 제142조 및 제144조제1항 중 "주주총회등의 결의가 있었던 때"는 각각 "이전계약서를 작성한 때"로, 제146조제2항 중 "보험계약 이전의 결의를 한 후"는 "이전계약서를 작성한 후"로 본다.
제82조【적용 제외】 ① 외국보험회사국내지점에 관하여는 제8조, 제138조, 제139조 중 해산 및 합병에 관한 부분, 제141조제4항, 제148조, 제149조, 제151조부터 제154조까지, 제156조, 제157조 및 제159조부터 제161조까지의 규정을 적용하지 아니한다.(2015.7.31 본항개정)
② 외국보험회사국내지점에 관하여는 제8장 중 총회의 결의에 관한 규정을 적용하지 아니한다.

제4장 모 집
(2010.7.23 본장개정)

제1절 모집종사자

제83조【모집할 수 있는 자】 ① 모집을 할 수 있는 자는 다음 각 호의 어느 하나에 해당하는 자이어야 한다.
1. 보험설계사
2. 보험대리점
3. 보험중개사
4. 보험회사의 임원(대표이사·사외이사·감사 및 감사위원은 제외한다. 이하 이 장에서 같다) 또는 직원
② 제91조에 따른 금융기관보험대리점등은 대통령령으로 정하는 바에 따라 그 금융기관 소속 임직원이 아닌 자로 하여금 모집을 하게 하거나, 보험계약 체결과 관련한 상담 또는 소개를 하게 하고 상담 또는 소개의 대가를 지급하여서는 아니 된다.
제84조【보험설계사의 등록】 ① 보험회사·보험대리점 및 보험중개사(이하 이 절에서 "보험회사등" 이라 한다)는 소속 보험설계사가 되려는 자를 금융위원회에 등록하여야 한다.
② 다음 각 호의 어느 하나에 해당하는 자는 보험설계사가 되지 못한다.
1. 피성년후견인 또는 피한정후견인(2018.4.17 본호개정)
2. 파산선고를 받은 자로서 복권되지 아니한 자
3. 이 법 또는 「금융소비자 보호에 관한 법률」에 따라 벌금 이상의 형을 선고받고 그 집행이 끝나거나(집행이 끝난 것으로 보는 경우를 포함한다) 집행이 면제된 날부터 2년이 지나지 아니한 자(2020.3.24 본호개정)
4. 이 법 또는 「금융소비자 보호에 관한 법률」에 따라 금고 이상의 형의 집행유예를 선고받고 그 유예기간 중에 있는 자(2020.3.24 본호개정)
5. 이 법에 따라 보험설계사·보험대리점 또는 보험중개사의 등록이 취소(제1호 또는 제2호에 해당하여 등록이 취소된 경우는 제외한다)된 후 2년이 지나지 아니한 자(2018.4.17 본호개정)
6. 제5호에도 불구하고 이 법에 따라 보험설계사·보험대리점 또는 보험중개사 등록취소 처분을 2회 이상 받은 경우 최종 등록취소 처분을 받은 날부터 3년이 지나지 아니한 자
7. 이 법 또는 「금융소비자 보호에 관한 법률」에 따라 과태료 또는 과징금 처분을 받고 이를 납부하지 아니하거나 업무정지 및 등록취소 처분을 받은 보험대리점·보험중개사 소속의 임직원이었던 자(처분사유의 발생에 관하여 직접 또는 이에 상응하는 책임이 있는 자로서 대통령령으로 정하는 자만 해당한다)로서 과태료·과징금·업무정지 및 등록취소 처분이 있었던 날부터 2년이 지나지 아니한 자(2020.3.24 본호개정)
8. 영업에 관하여 성년자와 같은 능력을 가지지 아니한 미성년자로서 그 법정대리인이 제1호부터 제7호까지의 규정 중 어느 하나에 해당하는 자
9. 법인 또는 법인이 아닌 사단이나 재단으로서 그 임원이나 관리인 중에 제1호부터 제7호까지의 규정 중 어느 하나에 해당하는 자가 있는 자
10. 이전에 모집과 관련하여 받은 보험료, 대출금 또는 보험금을 다른 용도에 유용(流用)한 후 3년이 지나지 아니한 자
③ 보험설계사의 구분·등록요건·영업기준 및 영업범위 등에 관하여 필요한 사항은 대통령령으로 정한다.
제85조【보험설계사에 의한 모집의 제한】 ① 보험회사등은 다른 보험회사등에 소속된 보험설계사에게 모집을 위탁하지 못한다.
② 보험설계사는 자기가 소속된 보험회사등 이외의 자를 위하여 모집을 하지 못한다.
③ 다음 각 호의 어느 하나에 해당하는 경우에는 제1항 및 제2항을 적용하지 아니한다.
1. 생명보험회사 또는 제3보험업을 전업(專業)으로 하는 보험회사에 소속된 보험설계사가 1개의 손해보험회사를 위하여 모집을 하는 경우
2. 손해보험회사 또는 제3보험업을 전업으로 하는 보험회사에 소속된 보험설계사가 1개의 생명보험회사를 위하여 모집을 하는 경우
3. 생명보험회사나 손해보험회사에 소속된 보험설계사가 1개의 제3보험업을 전업으로 하는 보험회사를 위하여 모집을 하는 경우
④ 제3항을 적용받는 보험회사 및 보험설계사가 모집을 할 때 지켜야 할 사항은 대통령령으로 정한다.
제85조의2【보험설계사 등의 교육】 ① 보험회사등은 대통령령으로 정하는 바에 따라 소속 보험설계사에게 보험계약의 모집에 관한 교육을 하여야 한다.
② 법인이 아닌 보험대리점 및 보험중개사는 대통령령으로 정하는 바에 따라 제1항에 따른 교육을 받아야 한다.
(2010.7.23 본조신설)
제85조의3【보험설계사에 대한 불공정 행위 금지】 ① 보험회사등은 보험설계사에게 보험계약의 모집을 위탁할 때 다음 각 호의 행위를 하여서는 아니 된다.
1. 보험모집 위탁계약서를 교부하지 아니하는 행위
2. 위탁계약서상 계약사항을 이행하지 아니하는 행위
3. 위탁계약서에서 정한 해지요건 외의 사유로 위탁계약을 해지하는 행위(2014.10.15 본호신설)
4. 정당한 사유 없이 보험설계사가 요청한 위탁계약 해지를 거부하는 행위(2014.10.15 본호신설)
5. 위탁계약서에서 정한 위탁업무 외의 업무를 강요하는 행위(2014.10.15 본호신설)
6. 정당한 사유 없이 보험설계사에게 지급되어야 할 수수료의 전부 또는 일부를 지급하지 아니하거나 지연하여 지급하는 행위(2014.10.15 본호신설)
7. 정당한 사유 없이 보험설계사에게 지급한 수수료를 환수하는 행위(2014.10.15 본호신설)
8. 보험설계사에게 보험료 대납(代納)을 강요하는 행위(2014.10.15 본호신설)
9. 그 밖에 대통령령으로 정하는 불공정한 행위
② 제175조에 따른 보험협회(이하 "보험협회"라 한다)는 보험설계사에 대한 보험회사등의 불공정한 모집위탁행위를 막기 위하여 보험회사등이 지켜야 할 규약을 정할 수 있다.
③ 보험협회가 제2항에 따른 규약을 제정·개정 또는 폐지할 때에는 금융위원회가 정하여 고시하는 바에 따라 보험설계사 등 이해관계자의 의견을 수렴하는 절차를 거쳐야 한다.(2024.2.6 본항신설)
(2010.7.23 본조신설)
제85조의4【고객응대직원에 대한 보호 조치 의무】 ① 보험회사는 고객을 직접 응대하는 직원을 고객의 폭언이나 성희롱, 폭행 등으로부터 보호하기 위하여 다음 각 호의 조치를 하여야 한다.
1. 직원이 요청하는 경우 해당 고객으로부터의 분리 및 업무담당자 교체
2. 직원에 대한 치료 및 상담 지원
3. 고객을 직접 응대하는 직원을 위한 상시적 고충처리 기구 마련. 다만, 「근로자참여 및 협력증진에 관한 법률」 제26조에 따라 고충처리위원을 두는 경우에는 고객을 직접 응대하는 직원을 위한 전담 고충처리위원의 선임 또는 위촉
4. 그 밖에 직원의 보호를 위하여 필요한 법적 조치 등 대통령령으로 정하는 조치
② 직원은 보험회사에 대하여 제1항 각 호의 조치를 요구할 수 있다.
③ 보험회사는 제2항에 따른 직원의 요구를 이유로 직원에게 불이익을 주어서는 아니 된다.
(2016.3.29 본조신설)
제86조【등록의 취소 등】 ① 금융위원회는 보험설계사가 다음 각 호의 어느 하나에 해당하는 경우에는 그 등록을 취소하여야 한다.
1. 제84조제2항 각 호의 어느 하나에 해당하게 된 경우
2. 등록 당시 제84조제2항 각 호의 어느 하나에 해당하는 자이었음이 밝혀진 경우
3. 거짓이나 그 밖의 부정한 방법으로 제84조에 따른 등록을 한 경우
4. 이 법에 따라 업무정지 처분을 2회 이상 받은 경우
② 금융위원회는 보험설계사가 다음 각 호의 어느 하나에 해당하는 경우에는 6개월 이내의 기간을 정하여 그 업무의 정지를 명하거나 그 등록을 취소할 수 있다.
1. 모집에 관한 이 법의 규정을 위반한 경우
2. 보험계약자, 피보험자 또는 보험금을 취득할 자로서 제102조의2를 위반한 경우(2014.1.14 본호신설)
3. 제102조의3을 위반한 경우(2014.1.14 본호신설)
4. 이 법에 따른 명령이나 처분을 위반한 경우
5. 이 법에 따라 과태료 처분을 2회 이상 받은 경우
6. 「금융소비자 보호에 관한 법률」 제51조제1항제3호부터 제5호까지의 어느 하나에 해당하는 경우(2020.3.24 본호신설)
7. 「금융소비자 보호에 관한 법률」 제51조제2항 각 호 외의 부분 본문 중 대통령령으로 정하는 경우(업무의 정지를 명하는 경우로 한정한다)(2020.3.24 본호신설)
③ 금융위원회는 제1항 또는 제2항에 따라 등록을 취소하거나 업무의 정지를 명하려면 보험설계사에 대하여 청문을 하여야 한다.
④ 금융위원회는 보험설계사의 등록을 취소하거나 업무의 정지를 명한 경우에는 지체 없이 그 이유를 적은 문서로 보험설계사 및 해당 보험설계사가 소속된 보험회사등에 그 뜻을 알려야 한다.
제87조【보험대리점의 등록】 ① 보험대리점이 되려는 자는 개인과 법인을 구분하여 대통령령으로 정하는 바에 따라 금융위원회에 등록하여야 한다.
② 다음 각 호의 어느 하나에 해당하는 자는 보험대리점이 되지 못한다.
1. 제84조제2항 각 호의 어느 하나에 해당하는 자
2. 보험설계사 또는 보험중개사로 등록된 자
3. 다른 보험회사등의 임직원
4. 외국의 법령에 따라 제1호에 해당하는 것으로 취급되는 자
5. 그 밖에 경쟁을 실질적으로 제한하는 등 불공정한 모집행위를 할 우려가 있는 자로서 대통령령으로 정하는 자
③ 금융위원회는 제1항에 따른 등록을 한 보험대리점으로 하여금 금융위원회가 지정하는 기관에 영업보증금을 예탁하게 할 수 있다.
④ 보험대리점의 구분, 등록요건, 영업기준 및 영업보증

금의 한도액 등에 관하여 필요한 사항은 대통령령으로 정한다.

제87조의2【법인보험대리점 임원의 자격】 ① 다음 각 호의 어느 하나에 해당하는 자는 법인인 보험대리점(이하 "법인보험대리점"이라 한다)의 임원(이사·감사 또는 사실상 이와 동등한 지위에 있는 자로서 대통령령으로 정하는 자를 말한다)이 되지 못한다.
1. 「금융회사의 지배구조에 관한 법률」 제5조제1항제1호·제2호 및 제4호에 해당하는 자(2015.7.31 본호개정)
2. 제84조제2항제5호부터 제7호까지에 해당하는 자
3. 금고 이상의 실형을 선고받고 그 집행이 끝나거나(집행이 끝난 것으로 보는 경우를 포함한다) 집행이 면제된 날부터 3년이 지나지 아니한 자
4. 이 법 또는 「금융소비자 보호에 관한 법률」에 따라 벌금 이상의 형을 선고받고 그 집행이 끝나거나(집행이 끝난 것으로 보는 경우를 포함한다) 집행이 면제된 날부터 3년이 지나지 아니한 자(2020.3.24 본호개정)

② 제1항에 따른 임원의 자격요건에 관하여 구체적인 사항은 대통령령으로 정한다.
(2010.7.23 본조신설)

제87조의3【법인보험대리점의 업무범위 등】 ① 법인보험대리점은 보험계약자 보호 등을 해칠 우려가 없는 업무로서 대통령령으로 정하는 업무 또는 보험계약의 모집 업무 이외의 업무를 하지 못한다.
② 법인보험대리점은 경영현황 등 대통령령으로 정하는 업무상 주요 사항을 대통령령으로 정하는 바에 따라 공시하고 금융위원회에 알려야 한다.
(2010.7.23 본조신설)

제88조【보험대리점의 등록취소 등】 ① 금융위원회는 보험대리점이 다음 각 호의 어느 하나에 해당하는 경우에는 그 등록을 취소하여야 한다.
1. 제87조제2항 각 호의 어느 하나에 해당하게 된 경우
2. 등록 당시 제87조제2항 각 호의 어느 하나에 해당하는 자이었음이 밝혀진 경우
3. 거짓이나 그 밖에 부정한 방법으로 제87조에 따른 등록을 한 경우
4. 제87조의3제1항을 위반한 경우
5. 제101조를 위반한 경우

② 금융위원회는 보험대리점이 다음 각 호의 어느 하나에 해당하는 경우에는 6개월 이내의 기간을 정하여 그 업무의 정지를 명하거나 그 등록을 취소할 수 있다.
1. 모집에 관한 이 법의 규정을 위반한 경우
2. 보험계약자, 피보험자 또는 보험금을 취득할 자로서 제102조의2를 위반한 경우(2014.1.14 본호신설)
3. 제102조의3을 위반한 경우(2014.1.14 본호신설)
4. 이 법에 따른 명령이나 처분을 위반한 경우
5. 「금융소비자 보호에 관한 법률」 제51조제1항제3호부터 제5호까지의 어느 하나에 해당하는 경우(2020.3.24 본호신설)
6. 「금융소비자 보호에 관한 법률」 제51조제2항 각 호 외의 부분 본문 중 대통령령으로 정하는 경우(업무의 정지를 명하는 경우로 한정한다)(2020.3.24 본호신설)
7. 해당 보험대리점 소속 보험설계사가 제1호, 제4호부터 제6호까지에 해당하는 경우(2020.3.24 본호개정)

③ 보험대리점에 관하여는 제86조제3항 및 제4항을 준용한다.

제89조【보험중개사의 등록】 ① 보험중개사가 되려는 자는 개인과 법인을 구분하여 대통령령으로 정하는 바에 따라 금융위원회에 등록하여야 한다.
② 다음 각 호의 어느 하나에 해당하는 자는 보험중개사가 되지 못한다.
1. 제84조제2항 각 호의 어느 하나에 해당하는 자
2. 보험설계사 또는 보험대리점으로 등록된 자
3. 다른 보험회사등의 임직원
4. 제87조제2항제4호 및 제5호에 해당하는 자
5. 부채가 자산을 초과하는 법인

③ 금융위원회는 제1항에 따른 등록을 한 보험중개사가 보험계약 체결 중개와 관련하여 보험계약자에게 입힌 손해의 배상을 보장하기 위하여 보험중개사로 하여금 금융위원회가 지정하는 기관에 영업보증금을 예탁하게 하거나 보험 가입, 그 밖에 필요한 조치를 하게 할 수 있다.
④ 보험중개사의 구분, 등록요건, 영업기준 및 영업보증금의 한도액 등에 관하여 필요한 사항은 대통령령으로 정한다.

제89조의2【법인보험중개사 임원의 자격】 ① 다음 각 호의 어느 하나에 해당하는 자는 법인인 보험중개사(이하 "법인보험중개사"라 한다)의 임원이 되지 못한다.
1. 「금융회사의 지배구조에 관한 법률」 제5조제1항제1호·제2호 및 제4호에 해당하는 자(2015.7.31 본호개정)
2. 제84조제2항제5호부터 제7호까지에 해당하는 자
3. 금고 이상의 실형을 선고받고 그 집행이 끝나거나(집행이 끝난 것으로 보는 경우를 포함한다) 집행이 면제된 날부터 3년이 지나지 아니한 자
4. 이 법 또는 「금융소비자 보호에 관한 법률」에 따라 벌금 이상의 형을 선고받고 그 집행이 끝나거나(집행이 끝난 것으로 보는 경우를 포함한다) 집행이 면제된 날부터 3년이 지나지 아니한 자(2020.3.24 본호개정)

② 제1항에 따른 임원의 자격요건에 관하여 구체적인 사항은 대통령령으로 정한다.
(2010.7.23 본조신설)

제89조의3【법인보험중개사의 업무범위 등】 ① 법인보험중개사는 보험계약자 보호 등을 해칠 우려가 없는 업무로서 대통령령으로 정하는 업무 또는 보험계약의 모집 업무 이외의 업무를 하지 못한다.
② 법인보험중개사는 경영현황 등 대통령령으로 정하는 업무상 주요사항을 대통령령으로 정하는 바에 따라 공시하고 금융위원회에 알려야 한다.
(2010.7.23 본조신설)

제90조【보험중개사의 등록취소 등】 ① 금융위원회는 보험중개사가 다음 각 호의 어느 하나에 해당하는 경우에는 그 등록을 취소하여야 한다.
1. 제89조제2항 각 호의 어느 하나에 해당하게 된 경우. 다만, 같은 항 제5호의 경우 일시적으로 부채가 자산을 초과하는 법인으로서 대통령령으로 정하는 법인인 경우에는 그러하지 아니하다.
2. 등록 당시 제89조제2항 각 호의 어느 하나에 해당하는 자이었음이 밝혀진 경우
3. 거짓이나 그 밖의 부정한 방법으로 제89조에 따른 등록을 한 경우
3의2. 제89조의3제1항을 위반한 경우
4. 제101조를 위반한 경우

② 금융위원회는 보험중개사가 다음 각 호의 어느 하나에 해당하는 경우에는 6개월 이내의 기간을 정하여 그 업무의 정지를 명하거나 그 등록을 취소할 수 있다.
1. 모집에 관한 이 법의 규정을 위반한 경우
2. 보험계약자, 피보험자 또는 보험금을 취득할 자로서 제102조의2를 위반한 경우(2014.1.14 본호신설)
3. 제102조의3을 위반한 경우(2014.1.14 본호신설)
4. 이 법에 따른 명령이나 처분을 위반한 경우
5. 「금융소비자 보호에 관한 법률」 제51조제1항제3호부터 제5호까지의 어느 하나에 해당하는 경우(2020.3.24 본호신설)
6. 「금융소비자 보호에 관한 법률」 제51조제2항 각 호 외의 부분 본문 중 대통령령으로 정하는 경우(업무의 정지를 명하는 경우로 한정한다)(2020.3.24 본호신설)
7. 해당 보험중개사 소속 보험설계사가 제1호, 제4호부터 제6호까지에 해당하는 경우(2020.3.24 본호개정)

③ 보험중개사에 관하여는 제86조제3항 및 제4항을 준용한다.

제91조【금융기관보험대리점 등의 영업기준】 ① 다음 각 호의 어느 하나에 해당하는 기관(이하 "금융기관"이라 한다)은 제87조 또는 제89조에 따라 보험대리점 또는 보험중개사로 등록할 수 있다.
1. 「은행법」에 따라 설립된 은행
2. 「자본시장과 금융투자업에 관한 법률」에 따른 투자매매업자 또는 투자중개업자
3. 「상호저축은행법」에 따른 상호저축은행
4. 그 밖에 다른 법률에 따라 금융업무를 하는 기관으로서 대통령령으로 정하는 기관

② 제1항에 따라 보험대리점 또는 보험중개사로 등록한 금융기관(이하 "금융기관보험대리점등"이라 한다)이 모집할 수 있는 보험상품의 범위는 금융기관에서의 판매 용이성(容易性), 불공정거래 가능성 등을 고려하여 대통령령으로 정한다.
③ 금융기관보험대리점등의 모집방법, 모집에 종사하는 모집인의 수, 영업기준 등과 그 밖에 필요한 사항은 대통령령으로 정한다.

제91조의2【금융기관보험대리점등에 대한 특례】 금융기관보험대리점등에 대하여는 제87조의2제1항 및 제87조의3을 적용하지 아니한다.(2010.7.23 본조신설)

제92조【보험중개사의 의무 등】 ① 보험중개사는 보험계약의 체결을 중개할 때 그 중개와 관련된 내용을 대통령령으로 정하는 바에 따라 장부에 적고 보험계약자에게 알려야 하며, 그 수수료에 관한 사항을 비치하여 보험계약자가 열람할 수 있도록 하여야 한다.
② 보험중개사는 보험회사의 임직원이 될 수 없으며, 보험계약의 체결을 중개하면서 보험회사·보험설계사·보험대리점·보험계리사 및 손해사정사의 업무를 겸할 수 없다.

제93조【신고사항】 ① 보험설계사·보험대리점 또는 보험중개사는 다음 각 호의 어느 하나에 해당하는 경우에는 지체 없이 그 사실을 금융위원회에 신고하여야 한다.
1. 제84조·제87조 및 제89조에 따른 등록을 신청할 때 제출한 서류에 적힌 사항이 변경된 경우
2. 제84조제2항 각 호의 어느 하나에 해당하게 된 경우
3. 모집업무를 폐지한 경우
4. 개인의 경우에는 본인이 사망한 경우
5. 법인의 경우에는 그 법인이 해산한 경우
6. 법인이 아닌 사단 또는 재단의 경우에는 그 단체가 소멸한 경우
7. 보험대리점 또는 보험중개사가 소속 보험설계사와 보험모집에 관한 위탁을 해지한 경우
8. 제85조제3항에 따라 보험설계사가 다른 보험회사를 위하여 모집을 한 경우나, 보험대리점 또는 보험중개사가 생명보험계약의 모집과 손해보험계약의 모집을 겸하게 된 경우

② 제1항제4호의 경우에는 그 상속인, 같은 항 제5호의 경우에는 그 청산인·업무집행임원이었던 자 또는 파산관재인, 같은 항 제6호의 경우에는 그 관리인이었던 자가 각각 제1항의 신고를 하여야 한다.
③ 보험회사는 모집을 위탁한 보험설계사 또는 보험대리점이 제1항 각 호의 어느 하나에 해당하는 사실을 알게 된 경우에는 제1항 및 제2항에도 불구하고 그 사실을 금융위원회에 신고하여야 한다.
④ 보험대리점 및 보험중개사에 관하여는 제3항을 준용한다. 이 경우 "보험설계사 또는 보험대리점"은 "보험설계사"로 본다.

제94조【등록수수료】 제84조·제87조 및 제89조에 따라 보험설계사·보험대리점 또는 보험중개사가 되려는 자가 등록을 신청하는 경우에는 총리령으로 정하는 바에 따라 수수료를 내야 한다.

제2절 모집 관련 준수사항

제95조【보험안내자료】 ① 모집을 위하여 사용하는 보험안내자료(이하 "보험안내자료"라 한다)에는 다음 각 호의 사항을 명백하고 알기 쉽게 적어야 한다.
1. 보험회사의 상호나 명칭 또는 보험설계사·보험대리점 또는 보험중개사의 이름·상호나 명칭
2. 보험 가입에 따른 권리·의무에 관한 주요 사항
3. 보험약관으로 정하는 보장에 관한 사항
3의2. 보험금 지급제한 조건에 관한 사항
4. 해약환급금에 관한 사항
5. 「예금자보호법」에 따른 예금자보호와 관련된 사항
6. 그 밖에 보험계약자를 보호하기 위하여 대통령령으로 정하는 사항

② 보험안내자료에 보험회사의 자산과 부채에 관한 사항을 적는 경우에는 제118조에 따라 금융위원회에 제출한 서류에 적힌 사항과 다른 내용의 것을 적지 못한다.
③ 보험안내자료에는 보험회사의 장래의 이익 배당 또는 잉여금 분배에 대한 예상에 관한 사항을 적지 못한다. 다만, 보험계약자의 이해를 돕기 위하여 금융위원회가 필요하다고 인정하여 정하는 경우에는 그러하지 아니하다.
④ 방송·인터넷 홈페이지 등 그 밖의 방법으로 모집을 위하여 보험회사의 자산 및 부채에 관한 사항과 장래의 이익 배당 또는 잉여금 분배에 대한 예상에 관한 사항을 불특정다수인에게 알리는 경우에는 제2항 및 제3항을 준용한다.

제95조의2【설명의무 등】 ①~② (2020.3.24 삭제)
③ 보험회사는 보험계약의 체결 시부터 보험금 지급 시까지의 주요 과정을 대통령령으로 정하는 바에 따라 일반보험계약자에게 설명하여야 한다. 다만, 일반보험계약자가 설명을 거부하는 경우에는 그러하지 아니하다.
④ 보험회사는 일반보험계약자가 보험금 지급을 요청한 경우에는 대통령령으로 정하는 바에 따라 보험금의 지급절차 및 지급내역 등을 설명하여야 하며, 보험금을 감액하여 지급하거나 지급하지 아니하는 경우에는 그 사유를 설명하여야 한다.
(2010.7.23 본조신설)

제95조의3~제95조의4 (2020.3.24 삭제)

제95조의5【중복계약 체결 확인 의무】 ① 보험회사 또는 보험의 모집에 종사하는 자는 대통령령으로 정하는 보험계약을 모집하기 전에 보험계약자가 되려는 자의 동의를 얻어 모집하고자 하는 보험계약과 동일한 위험을 보장하는 보험계약을 체결하고 있는지를 확인하여야 하며 확인한 내용을 보험계약자가 되려는 자에게 즉시 알려야 한다.
② 제1항의 중복계약 체결의 확인 절차 등에 관하여 필요한 사항은 대통령령으로 정한다.
(2010.7.23 본조신설)

제96조【통신수단을 이용한 모집·철회 및 해지 등 관련 준수사항】 ① 전화·우편·컴퓨터통신 등 통신수단을 이용하여 모집을 하는 자는 제83조에 따라 모집을 할 수 있는 자이어야 하며, 다른 사람의 평온한 생활을 침해하는 방법으로 모집을 하여서는 아니 된다.
② 보험회사는 다음 각 호의 어느 하나에 해당하는 경우 통신수단을 이용할 수 있도록 하여야 한다.
1. 보험계약을 청약한 자가 청약의 내용을 확인·정정 요청하거나 청약을 철회하고자 하는 경우
2. 보험계약자가 체결한 계약의 내용을 확인하고자 하는 경우
3. 보험계약자가 체결한 계약을 해지하고자 하는 경우(보험계약자가 계약을 해지하기 전에 안전성 및 신뢰성이 확보되는 방법을 이용하여 보험계약자 본인임을 확인받은 경우에 한정한다)(2021.8.17 본호개정)

③ 제1항에 따른 통신수단을 이용하여 모집을 하는 방법과 제2항에 따른 통신수단을 이용한 청약 철회 등을 하는 방법에 관하여 필요한 사항은 대통령령으로 정한다.

제97조【보험계약의 체결 또는 모집에 관한 금지행위】 ① 보험계약의 체결 또는 모집에 종사하는 자는 그 체결 또는 모집에 관하여 다음 각 호의 어느 하나에 해당하는 행위를 하여서는 아니 된다.
1.~4. (2020.3.24 삭제)
5. 보험계약자나 피보험자로 하여금 이미 성립된 보험계약(이하 이 조에서 "기존보험계약"이라 한다)을 부당하게 소멸시킴으로써 새로운 보험계약(대통령령으로 정하는 바에 따라 기존보험계약과 보장 내용 등이 비슷한 경우만 해당한다. 이하 이 조에서 같다)을 청약하게 하거나 새로운 보험계약을 청약하게 함으로써 기존보

험계약을 부당하게 소멸시키거나 그 밖에 부당하게 보험계약을 청약하게 하거나 이러한 것을 권유하는 행위
6. 실제 명의인이 아닌 자의 보험계약을 모집하거나 실제 명의인의 동의가 없는 보험계약을 모집하는 행위
7. 보험계약자 또는 피보험자의 자필서명이 필요한 경우에 보험계약자 또는 피보험자로부터 자필서명을 받지 아니하고 서명을 대신하거나 다른 사람으로 하여금 서명하게 하는 행위
8. 다른 모집 종사자의 명의를 이용하여 보험계약을 모집하는 행위
9. 보험계약자 또는 피보험자와의 금전대차의 관계를 이용하여 보험계약자 또는 피보험자로 하여금 보험계약을 청약하게 하거나 이러한 것을 요구하는 행위
10. 정당한 이유 없이 「장애인차별금지 및 권리구제 등에 관한 법률」 제2조에 따른 장애인의 보험가입을 거부하는 행위
11. 보험계약의 청약철회 또는 계약 해지를 방해하는 행위 (2014.1.14 본호신설)

② (2020.3.24 삭제)

③ 보험계약의 체결 또는 모집에 종사하는 자가 다음 각 호의 어느 하나에 해당하는 행위를 한 경우에는 제1항제5호를 위반하여 기존보험계약을 부당하게 소멸시키거나 소멸하게 하는 행위를 한 것으로 본다.
1. 기존보험계약이 소멸된 날부터 1개월 이내에 새로운 보험계약을 청약하게 하거나 새로운 보험계약을 청약하게 한 날부터 1개월 이내에 기존보험계약을 소멸하게 하는 행위. 다만, 보험계약자가 기존 보험계약 소멸 후 새로운 보험계약 체결 시 손해가 발생할 가능성이 있다는 사실을 알고 있음을 자필로 서명하는 등 대통령령으로 정하는 바에 따라 본인의 의사에 따른 행위임이 명백히 증명되는 경우에는 그러하지 아니하다.
2. 기존보험계약이 소멸된 날부터 6개월 이내에 새로운 보험계약을 청약하게 하거나 새로운 보험계약을 청약하게 한 날부터 6개월 이내에 기존보험계약을 소멸하게 하는 경우로서 해당 보험계약자 또는 피보험자에게 기존보험계약과 새로운 보험계약의 보험기간 및 예정 이자율 등 대통령령으로 정하는 중요한 사항을 비교하여 알리지 아니하는 행위

④ 보험계약자는 보험계약의 체결 또는 모집에 종사하는 자(보험중개사는 제외한다. 이하 이 항에서 같다)가 제1항제5호를 위반하여 기존보험계약을 소멸시키거나 소멸하게 하였을 때에는 그 보험계약의 체결 또는 모집에 종사하는 자가 속하거나 모집을 위탁한 보험회사에 대하여 그 보험계약이 소멸한 날부터 6개월 이내에 소멸된 보험계약의 부활을 청구하고 새로운 보험계약은 취소할 수 있다.

⑤ 제4항에 따라 보험계약의 부활의 청구를 받은 보험회사는 특별한 사유가 없으면 소멸된 보험계약의 부활을 승낙하여야 한다.

⑥ 제4항과 제5항에 따라 보험계약의 부활을 청구하는 절차 및 방법과 그 밖에 보험계약의 부활에 관하여 필요한 사항은 대통령령으로 정한다.

제98조【특별이익의 제공 금지】 보험계약의 체결 또는 모집에 종사하는 자는 그 체결 또는 모집과 관련하여 보험계약자나 피보험자에게 다음 각 호의 어느 하나에 해당하는 특별이익을 제공하거나 제공하기로 약속하여서는 아니 된다.
1. 금품(대통령령으로 정하는 금액을 초과하지 아니하는 금품은 제외한다)
2. 기초서류에서 정한 사유에 근거하지 아니한 보험료의 할인 또는 수수료의 지급
3. 기초서류에서 정한 보험금액보다 많은 보험금액의 지급 약속
4. 보험계약자나 피보험자를 위한 보험료의 대납 (2014.10.15 본호개정)
5. 보험계약자나 피보험자가 해당 보험회사로부터 받은 대출금에 대한 이자의 대납
6. 보험료로 받은 수표 또는 어음에 대한 이자 상당액의 대납
7. 「상법」 제682조에 따른 제3자에 대한 청구권 대위행사의 포기

제99조【수수료 지급 등의 금지】 ① 보험회사는 제83조에 따라 모집할 수 있는 자 이외의 자에게 모집을 위탁하거나 모집에 관하여 수수료, 보수, 그 밖의 대가를 지급하지 못한다. 다만, 다음 각 호의 어느 하나에 해당하는 경우에는 그러하지 아니하다.
1. 기초서류에서 정하는 방법에 따른 경우
2. 보험회사가 대한민국 밖에서 외국보험사와 공동으로 원보험계약(原保險契約)을 인수하거나 대한민국 밖에서 외국의 모집조직(외국의 법령에 따라 모집을 할 수 있도록 허용된 경우만 해당한다)을 이용하여 원보험계약 또는 재보험계약을 인수하는 경우
3. 그 밖에 대통령령으로 정하는 경우

② (2020.3.24 삭제)

③ 보험중개사는 대통령령으로 정하는 경우 이외에는 보험계약 체결의 중개와 관련한 수수료나 그 밖의 대가를 보험계약자에게 청구할 수 없다.

제100조【금융기관보험대리점등의 금지행위 등】 ① 금융기관보험대리점등은 모집을 할 때 다음 각 호의 어느 하나에 해당하는 행위를 하여서는 아니 된다.
1. (2020.3.24 삭제)
2. 대출 등 해당 금융기관이 제공하는 용역(이하 이 조에서 "대출등"이라 한다)을 받는 자의 동의를 미리 받지 아니하고 보험료를 대출등의 거래에 포함시키는 행위 (2020.3.24 본호개정)
3. 해당 금융기관의 임직원(제83조에 따라 모집할 수 있는 자는 제외한다)에게 모집을 하도록 하거나 이를 용인하는 행위
4. 해당 금융기관의 점포 외의 장소에서 모집을 하는 행위
5. 모집과 관련이 없는 금융거래를 통하여 취득한 개인정보를 미리 그 개인의 동의를 받지 아니하고 모집에 이용하는 행위
6. 그 밖에 제2호부터 제5호까지의 행위와 비슷한 행위로서 대통령령으로 정하는 행위(2020.3.24 본호개정)

② 금융기관보험대리점등은 모집을 할 때 다음 각 호의 사항을 지켜야 한다.
1. 해당 금융기관이 대출등을 받는 자에게 보험계약의 청약을 권유하는 경우 대출등을 받는 자가 그 금융기관이 대리하거나 중개하는 보험계약을 체결하지 아니하더라도 대출등을 받는 데 영향이 없음을 알릴 것
2. 해당 금융기관이 보험회사가 아니라 보험대리점 또는 보험중개사라는 사실과 보험계약의 이행에 따른 지급책임은 보험회사에 있음을 보험계약을 청약하는 자에게 알릴 것
3. 보험을 모집하는 장소와 대출등을 취급하는 장소를 보험계약을 청약하는 자가 쉽게 알 수 있을 정도로 분리할 것
4. 제1호부터 제3호까지의 사항과 비슷한 사항으로서 대통령령으로 정하는 사항

③ 금융기관보험대리점등이나 금융기관보험대리점등이 되려는 자는 보험계약 체결을 대리하거나 중개하는 조건으로 보험회사에 대하여 다음 각 호의 어느 하나의 행위를 하여서는 아니 된다.
1. 해당 금융기관을 계약자로 하는 보험계약의 할인을 요구하거나 그 금융기관에 대한 신용공여, 자금지원 및 보험료 등의 예탁을 요구하는 행위
2. 보험계약 체결을 대리하거나 중개하면서 발생하는 비용 또는 손실을 보험회사에 부당하게 떠넘기는 행위
3. 그 밖에 금융기관의 우월적 지위를 이용하여 부당한 요구 등을 하는 행위로서 대통령령으로 정하는 행위

④ 제3항에 따른 행위의 구체적 기준은 대통령령으로 정하는 바에 따라 금융위원회가 정한다.

제101조【자기계약의 금지】 ① 보험대리점 또는 보험중개사는 자기 또는 자기를 고용하고 있는 자를 보험계약자 또는 피보험자로 하는 보험을 모집하는 것을 주된 목적으로 하지 못한다.

② 보험대리점 또는 보험중개사가 모집한 자기 또는 자기를 고용하고 있는 자를 보험계약자나 피보험자로 하는 보험의 보험료 누계액(累計額)이 그 보험대리점 또는 보험중개사가 모집한 보험의 보험료의 100분의 50을 초과하게 된 경우에는 그 보험대리점 또는 보험중개사는 제1항을 적용할 때 자기 또는 자기를 고용하고 있는 자를 보험계약자 또는 피보험자로 하는 보험을 모집하는 것을 그 주된 목적으로 한 것으로 본다.

제101조의2【「금융소비자 보호에 관한 법률」의 준용】 ① 보험회사 임직원의 설명의무 및 부당권유행위 금지에 관하여는 「금융소비자 보호에 관한 법률」 제19조제1항·제2항 및 제21조를 준용한다. 이 경우 "금융상품판매업자등"은 "보험회사 임직원"으로 본다.

② 보험회사 임직원의 광고 관련 준수사항에 관하여는 「금융소비자 보호에 관한 법률」 제22조제2항부터 제7항의 규정을 준용한다. 이 경우 "금융상품판매업자등"은 "보험회사 임직원"으로 본다.

③ 보험회사 임직원의 제3자에 대한 모집위탁에 관하여는 「금융소비자 보호에 관한 법률」 제25조제1항 각 호 외의 부분 및 같은 항 제2호를 준용한다. 이 경우 "금융상품판매대리·중개업자는"은 "보험회사 임직원은"으로, "금융상품판매대리·중개업자가 대리·중개하는 업무"는 "보험회사 임직원의 모집 업무"로 한다. (2020.3.24 본조신설)

제3절 보험계약자의 권리

제102조 (2020.3.24 삭제)

제102조의2【보험계약자 등의 의무】 보험계약자, 피보험자, 보험금을 취득할 자, 그 밖에 보험계약에 관하여 이해관계가 있는 자는 보험사기행위를 하여서는 아니 된다.

제102조의3【보험 관계 업무 종사자의 의무】 보험회사의 임직원, 보험설계사, 보험대리점, 보험중개사, 손해사정사, 그 밖에 보험 관계 업무에 종사하는 자는 다음 각 호의 어느 하나에 해당하는 행위를 하여서는 아니 된다.
1. 보험계약자, 피보험자, 보험금을 취득할 자, 그 밖에 보험계약에 관하여 이해가 있는 자로 하여금 고의로 보험사고를 발생시키거나 발생하지 아니한 보험사고를 발생한 것처럼 조작하여 보험금을 수령하도록 하는 행위
2. 보험계약자, 피보험자, 보험금을 취득할 자, 그 밖에 보험계약에 관하여 이해가 있는 자로 하여금 이미 발생한 보험사고의 원인, 시기 또는 내용 등을 조작하거나 피해의 정도를 과장하여 보험금을 수령하도록 하는 행위 (2014.1.14 본조신설)

제102조의4~제102조의5 (2020.3.24 삭제)

제103조【영업보증금에 대한 우선변제권】 보험계약자나 보험금을 취득할 자가 보험중개사의 보험계약체결 중개행위와 관련하여 손해를 입은 경우에는 그 손해액을 제89조제3항에 따른 영업보증금에서 다른 채권자보다 우선하여 변제받을 권리를 가진다.

제5장 자산운용

(2010.7.23 본장개정)

제1절 자산운용의 원칙

제104조【자산운용의 원칙】 ① 보험회사는 그 자산을 운용할 때 안정성·유동성·수익성 및 공익성이 확보되도록 하여야 한다.

② 보험회사는 선량한 관리자의 주의로써 그 자산을 운용하여야 한다.

제105조【금지 또는 제한되는 자산운용】 보험회사는 그 자산을 다음 각 호의 어느 하나에 해당하는 방법으로 운용하여서는 아니 된다.
1. 대통령령으로 정하는 업무용 부동산이 아닌 부동산(저당권 등 담보권의 실행으로 취득하는 부동산은 제외한다)의 소유
2. 제108조제1항제2호에 따라 설정된 특별계정을 통한 부동산의 소유
3. 상품이나 유가증권에 대한 투기를 목적으로 하는 자금의 대출
4. 직접·간접을 불문하고 해당 보험회사의 주식을 사도록 하기 위한 대출
5. 직접·간접을 불문하고 정치자금의 대출
6. 해당 보험회사의 임직원에 대한 대출(보험약관에 따른 대출 및 금융위원회가 정하는 소액대출은 제외한다)
7. 자산운용의 안정성을 크게 해칠 우려가 있는 행위로서 대통령령으로 정하는 행위

제106조【자산운용의 방법 및 비율】 ① 보험회사는 일반계정(제108조제1항제1호 및 제4호의 특별계정을 포함한다. 이하 이 조에서 같다)에 속하는 자산과 제108조제1항제2호에 따른 특별계정(이하 이 조에서 특별계정이라 한다)에 속하는 자산을 운용할 때 다음 각 호의 비율을 초과할 수 없다. 다만, 특별계정의 자산으로서 자산운용의 손실이 일반계정에 영향을 미치는 자산 중 대통령령으로 정하는 자산의 경우에는 일반계정에 포함하여 자산운용비율을 적용한다.(2022.12.31 단서신설)
1. 동일한 개인 또는 법인에 대한 신용공여
   가. 일반계정 : 총자산의 100분의 3
   나. 특별계정 : 각 특별계정 자산의 100분의 5
2. 동일한 법인이 발행한 채권 및 주식 소유의 합계액
   가. 일반계정 : 총자산의 100분의 7
   나. 특별계정 : 각 특별계정 자산의 100분의 10
3. 동일차주에 대한 신용공여 또는 그 동일차주가 발행한 채권 및 주식 소유의 합계액
   가. 일반계정 : 총자산의 100분의 12
   나. 특별계정 : 각 특별계정 자산의 100분의 15
4. 동일한 개인·법인, 동일차주 또는 대주주(그의 특수관계인을 포함한다. 이하 이 절에서 같다)에 대한 총자산의 100분의 1을 초과하는 거액 신용공여의 합계액
   가. 일반계정 : 총자산의 100분의 20
   나. 특별계정 : 각 특별계정 자산의 100분의 20
5. 대주주 및 대통령령으로 정하는 자회사에 대한 신용공여
   가. 일반계정 : 자기자본의 100분의 40(자기자본의 100분의 40에 해당하는 금액이 총자산의 100분의 2에 해당하는 금액보다 큰 경우에는 총자산의 100분의 2)
   나. 특별계정 : 각 특별계정 자산의 100분의 2
6. 대주주 및 대통령령으로 정하는 자회사가 발행한 채권 및 주식 소유의 합계액
   가. 일반계정 : 자기자본의 100분의 60(자기자본의 100분의 60에 해당하는 금액이 총자산의 100분의 3에 해당하는 금액보다 큰 경우에는 총자산의 100분의 3)
   나. 특별계정 : 각 특별계정 자산의 100분의 3
7. 동일한 자회사에 대한 신용공여
   가. 일반계정 : 자기자본의 100분의 10
   나. 특별계정 : 각 특별계정 자산의 100분의 4
8. 부동산의 소유
   가. 일반계정 : 총자산의 100분의 25
   나. 특별계정 : 각 특별계정 자산의 100분의 15
9. 「외국환거래법」에 따른 외국환이나 외국부동산의 소유(외화표시 보험에 대하여 지급보험금과 같은 외화로 보유하는 자산의 경우에는 금융위원회가 정하는 바에 따라 책임준비금을 한도로 자산운용비율의 산정 대상에 포함하지 아니한다)
   가. 일반계정 : 총자산의 100분의 50(2020.5.19 본목개정)
   나. 특별계정 : 각 특별계정 자산의 100분의 50 (2020.5.19 본목개정)
10. (2022.12.31 삭제)

② 제1항 각 호에 따른 자산운용비율은 자산운용의 건전성 향상 또는 보험계약자 보호에 필요한 경우에는 대통령령으로 정하는 바에 따라 그 비율의 100분의 50의 범위에서 인하하거나, 발행주체 및 투자수단 등을 구분하여 별도로 정할 수 있다.

③ 제1항에도 불구하고 대통령령으로 정하는 금액 이하의 특별계정에 대하여는 일반계정에 포함하여 자산운용비율을 적용한다.

제107조【자산운용 제한에 대한 예외】 ① 다음 각 호의 어느 하나에 해당하는 경우에는 제106조를 적용하지 아니한다.(2022.12.31 단서삭제)

1. 보험회사의 자산가격의 변동 등 보험회사의 의사와 관계없는 사유로 자산상태가 변동된 경우(2022.12.31 본호개정)
2. 보험회사에 적용되는 회계처리기준(「주식회사 등의 외부감사에 관한 법률」 제5조제1항제1호에 따른 회계처리기준을 말한다)의 변경으로 보험회사의 자산 또는 자기자본 상태가 변동된 경우(2022.12.31 본호신설)
3. 다음 각 목의 어느 하나에 해당하는 경우로서 금융위원회의 승인을 받은 경우
 가. 보험회사가 제123조에 따라 재무건전성 기준을 지키기 위하여 필요한 경우
 나. 「기업구조조정 촉진법」에 따른 출자전환 또는 채무재조정 등 기업의 구조조정을 지원하기 위하여 필요한 경우
 다. 그 밖에 보험계약자의 이익을 보호하기 위하여 필수적인 경우

② 제1항에도 불구하고 제1항제1호 또는 제2호의 사유로 자산운용비율을 초과하게 된 경우에는 해당 보험회사는 그 비율을 초과하게 된 날부터 다음 각 호의 구분에 따른 기간 이내에 제106조에 적합하도록 하여야 한다. 다만, 대통령령으로 정하는 사유에 해당하는 경우에는 금융위원회가 정하는 바에 따라 그 기간을 연장할 수 있다.
1. 제1항제1호의 사유로 자산운용비율을 초과하게 된 경우 : 1년
2. 제1항제2호의 사유로 자산운용비율을 초과하게 된 경우 : 3년

(2022.12.31 본항신설)

제108조【특별계정의 설정·운용】 ① 보험회사는 다음 각 호의 어느 하나에 해당하는 계약에 대하여는 대통령령으로 정하는 바에 따라 그 준비금에 상당하는 자산의 전부 또는 일부를 그 밖의 자산과 구별하여 이용하기 위한 계정(이하 "특별계정"이라 한다)을 각각 설정하여 운용할 수 있다.
1. 「소득세법」 제20조의3제1항제2호 각 목 외의 부분에 따른 연금저축계좌를 설정하는 계약(2020.12.8 본호개정)
2. 「근로자퇴직급여 보장법」 제29조제2항에 따른 보험계약 및 법률 제10967호 근로자퇴직급여 보장법 전부개정법률 부칙 제2조제1항 본문에 따른 퇴직보험계약 (2020.12.8 본호개정)
3. 변액보험계약(보험금이 자산운용의 성과에 따라 변동하는 보험계약을 말한다)
4. 그 밖에 금융위원회가 필요하다고 인정하는 보험계약

② 보험회사는 특별계정에 속하는 자산은 다른 특별계정에 속하는 자산 및 그 밖의 자산과 구분하여 회계처리하여야 한다.(2015.7.24 본항개정)

③ 보험회사는 특별계정에 속하는 이익을 그 계정상의 보험계약자에게 분배할 수 있다.

④ 특별계정에 속하는 자산의 운용방법 및 평가, 이익의 분배, 자산운용실적의 비교·공시, 운용전문인력의 확보, 의결권 행사의 제한 등 보험계약자 보호에 필요한 사항은 대통령령으로 정한다.

제109조【다른 회사에 대한 출자 제한】 보험회사는 다른 회사의 의결권 있는 발행주식(출자지분을 포함한다) 총수의 100분의 15를 초과하는 주식을 소유할 수 없다. 다만, 제115조에 따라 금융위원회의 승인(같은 조 제1항 단서에 따라 승인이 의제되거나 같은 조 제2항 및 제3항에 따라 신고 또는 보고하는 경우를 포함한다)을 받은 자회사의 주식은 그러하지 아니하다.(2020.12.8 단서개정)

제110조【자금지원 관련 금지행위】 ① 보험회사는 다른 금융기관(「금융산업의 구조개선에 관한 법률」 제2조제1호에 따른 금융기관을 말한다. 이하 이 조에서 같다) 또는 회사와 다음 각 호의 행위를 하여서는 아니 된다.
1. 제106조와 제108조에 따른 자산운용한도의 제한을 피하기 위하여 다른 금융기관 또는 회사의 의결권 있는 주식을 서로 교차하여 보유하거나 신용공여를 하는 행위
2. 「상법」 제341조와 「자본시장과 금융투자업에 관한 법률」 제165조의3에 따른 자기주식 취득의 제한을 피하기 위한 목적으로 서로 교차하여 주식을 취득하는 행위 (2013.4.5 본호개정)
3. 그 밖에 보험계약자의 이익을 크게 해칠 우려가 있는 행위로서 대통령령으로 정하는 행위

② 보험회사는 제1항을 위반하여 취득한 주식에 대하여는 의결권을 행사할 수 없다.

③ 금융위원회는 제1항을 위반하여 주식을 취득하거나 신용공여를 한 보험회사에 대하여 그 주식의 처분 또는 공여한 신용의 회수를 명하는 등 필요한 조치를 할 수 있다.

제110조의2 (2020.3.24 삭제)

제110조의3【금리인하 요구】 ① 보험회사와 신용공여 계약을 체결한 자는 재산 증가나 신용등급 또는 개인신용평점 상승 등 신용상태 개선이 나타났다고 인정되는 경우 보험회사에 금리인하를 요구할 수 있다.(2020.2.4 본항개정)

② 보험회사는 신용공여 계약을 체결하려는 자에게 제1항에 따라 금리인하를 요구할 수 있음을 알려야 한다.

③ 그 밖에 금리인하 요구의 요건 및 절차에 관한 구체적 사항은 대통령령으로 정한다.

(2018.12.11 본조신설)

제111조【대주주와의 거래제한 등】 ① 보험회사는 직접 또는 간접으로 그 보험회사의 대주주(그의 특수관계인인 보험회사의 자회사는 제외한다. 이하 이 항에서 같다)와 다음 각 호의 행위를 하여서는 아니 된다.(2015.7.24 본문개정)
1. 대주주가 다른 회사에 출자하는 것을 지원하기 위한 신용공여
2. 자산을 대통령령으로 정하는 바에 따라 무상으로 양도하거나 일반적인 거래 조건에 비추어 해당 보험회사에 뚜렷하게 불리한 조건으로 자산에 대하여 매매·교환·신용공여 또는 재보험계약을 하는 행위

② 보험회사는 그 보험회사의 대주주에 대하여 대통령령으로 정하는 금액 이상의 신용공여를 하거나 그 보험회사의 대주주가 발행한 채권 또는 주식을 대통령령으로 정하는 금액 이상으로 취득하려는 경우에는 미리 이사회의 의결을 거쳐야 한다. 이 경우 이사회는 재적이사 전원의 찬성으로 의결하여야 한다.

③ 보험회사는 그 보험회사의 대주주와 다음 각 호의 어느 하나에 해당하는 행위를 하였을 때에는 7일 이내에 그 사실을 금융위원회에 보고하고 인터넷 홈페이지 등을 이용하여 공시하여야 한다.
1. 대통령령으로 정하는 금액 이상의 신용공여
2. 해당 보험회사의 대주주가 발행한 채권 또는 주식을 대통령령으로 정하는 금액 이상으로 취득하는 행위
3. 해당 보험회사의 대주주가 발행한 주식에 대한 의결권을 행사하는 행위

④ 보험회사는 해당 보험회사의 대주주에 대한 신용공여나 그 보험회사의 대주주가 발행한 채권 또는 주식의 취득에 관한 사항을 대통령령으로 정하는 바에 따라 분기별로 금융위원회에 보고하고, 인터넷 홈페이지 등을 이용하여 공시하여야 한다.

⑤ 보험회사의 대주주는 해당 보험회사의 이익에 반하여 대주주 개인의 이익을 위하여 다음 각 호의 어느 하나에 해당하는 행위를 하여서는 아니 된다.
1. 부당한 영향력을 행사하기 위하여 해당 보험회사에 대하여 외부에 공개되지 아니한 자료 또는 정보의 제공을 요구하는 행위. 다만, 「금융회사의 지배구조에 관한 법률」 제33조제7항(제58조에 따라 준용되는 경우를 포함한다)에 해당하는 경우는 제외한다.(2015.7.31 단서개정)
2. 경제적 이익 등 반대급부를 제공하는 조건으로 다른 주주 또는 출자자와 담합(談合)하여 해당 보험회사의 인사 또는 경영에 부당한 영향력을 행사하는 행위
3. 제106조제1항제4호 및 제5호에서 정한 비율을 초과하여 보험회사로부터 신용공여를 받는 행위
4. 제106조제1항제6호에서 정한 비율을 초과하여 보험회사에게 대주주의 채권 및 주식을 소유하게 하는 행위
5. 그 밖에 보험회사의 이익에 반하여 대주주 개인의 이익을 위한 행위로서 대통령령으로 정하는 행위

⑥ 금융위원회는 보험회사의 대주주(회사만 해당한다)의 부채가 자산을 초과하는 등 재무구조가 부실하여 보험회사의 경영건전성을 뚜렷하게 해칠 우려가 있는 경우로서 대통령령으로 정하는 경우에는 그 보험회사에 대하여 다음 각 호의 조치를 할 수 있다.
1. 대주주에 대한 신규 신용공여 금지
2. 대주주가 발행한 유가증권의 신규 취득 금지
3. 그 밖에 대주주에 대한 자금지원 성격의 거래제한 등 대통령령으로 정하는 조치

제112조【대주주 등에 대한 자료 제출 요구】 금융위원회는 보험회사 또는 그 대주주가 제106조 및 제111조를 위반한 혐의가 있다고 인정되는 경우에는 보험회사 또는 그 대주주에 대하여 필요한 자료의 제출을 요구할 수 있다.

제113조【타인을 위한 채무보증의 금지】 보험회사는 타인을 위하여 그 소유자산을 담보로 제공하거나 채무보증을 할 수 없다. 다만, 이 법 및 대통령령으로 정하는 바에 따라 채무보증을 할 수 있는 경우에는 그러하지 아니하다.

제114조【자산평가의 방법 등】 보험회사가 취득·처분하는 자산의 평가방법, 채권 발행 또는 자금차입의 제한 등에 관하여 필요한 사항은 대통령령으로 정한다.

제114조의2【사채의 발행 등】 ① 보험회사는 제123조에 따른 재무건전성 기준을 충족시키기 위한 경우 또는 적정한 유동성을 유지하기 위한 경우에는 다음 각 호의 어느 하나에 해당하는 방법으로 사채를 발행하거나 자금을 차입할 수 있다. 다만, 제3호는 「자본시장과 금융투자업에 관한 법률」 제9조제15항제4호에 따른 주권비상장법인인 보험회사(이하 "주권비상장보험회사"라 한다)만이 할 수 있다.
1. 「자본시장과 금융투자업에 관한 법률」 제165조의11제1항에 따른 사채 중 해당 사채의 발행 당시 객관적이고 합리적인 기준에 따라 미리 정하는 사유(이하 "예정사유"라 한다)가 발생하는 경우 그 사채의 상환과 이자지급 의무가 감면된다는 조건이 붙은 사채(이하 "상각형 조건부자본증권"이라 한다)의 발행
2. 「자본시장과 금융투자업에 관한 법률」 제165조의11제1항에 따른 사채 중 해당 사채의 발행 당시 예정사유가 발생하는 경우 보험회사의 주식으로 전환된다는 조건이 붙은 사채(이하 "보험회사주식 전환형 조건부자본증권"이라 한다)의 발행
3. 「상법」 제469조제2항, 제513조 및 제516조의2에 따른 사채와 다른 종류의 사채로서 해당 사채의 발행 당시 예정사유가 발생하는 경우 주권비상장보험회사의 주식으로 전환됨과 동시에 그 전환된 주식이 상장금융지주회사(해당 사채의 발행 당시 주권비상장보험회사의 발행주식 총수를 보유한 「자본시장과 금융투자업에 관한 법률」 제9조제15항제3호에 따른 주권상장법인인 금융지주회사를 말한다. 이하 같다)의 주식과 교환된다는 조건이 붙은 사채(이하 "금융지주회사주식 전환형 조건부자본증권"이라 한다)의 발행
4. 「상법」에 따른 사채의 발행
5. 그 밖에 제1호부터 제4호까지의 방법에 준하는 것으로서 대통령령으로 정하는 사채의 발행 및 자금의 차입

② 제1항에 따른 사채발행 및 자금차입에 관한 조건, 절차 및 제한사항 등에 관하여 필요한 사항은 대통령령으로 정한다.

(2022.12.31 본조신설)

제114조의3【상각형 조건부자본증권 및 보험회사주식 전환형 조건부자본증권의 발행절차 등】 ① 상각형 조건부자본증권의 발행 등에 관하여는 「자본시장과 금융투자업에 관한 법률」 제165조의11제2항 및 제314조제8항을 준용한다.

② 보험회사주식 전환형 조건부자본증권의 발행 등에 관하여는 「자본시장과 금융투자업에 관한 법률」 제165조의6제1항·제2항·제4항, 제165조의9, 제165조의11제2항 및 제314조제8항을 준용한다.

(2022.12.31 본조신설)

제114조의4【금융지주회사주식 전환형 조건부자본증권의 발행절차 등】 ① 주권비상장보험회사가 금융지주회사주식 전환형 조건부자본증권을 발행하려면 주권비상장보험회사 및 상장금융지주회사는 각각의 정관으로 정하는 바에 따라 금융지주회사주식 전환형 조건부자본증권의 총액 등 대통령령으로 정하는 사항을 포함한 주식교환계약서를 작성하여 다음 각 호의 구분에 따른 절차를 거쳐야 한다.
1. 주권비상장보험회사의 경우 : 이사회의 의결
2. 상장금융지주회사의 경우 : 이사회의 의결과 「상법」 제434조에 따른 주주총회의 결의

② 주권비상장보험회사는 금융지주회사주식 전환형 조건부자본증권을 발행하는 경우 「주식·사채 등의 전자등록에 관한 법률」 제2조제2호에 따른 전자등록의 방법으로 발행하여야 한다.

③ 주권비상장보험회사 및 상장금융지주회사는 주권비상장보험회사가 금융지주회사주식 전환형 조건부자본증권을 발행한 경우 「상법」 제476조에 따른 납입이 완료된 날부터 2주일 이내에 각각의 본점 소재지에서 금융지주회사주식 전환형 조건부자본증권의 총액 등 대통령령으로 정하는 사항을 등기하여야 한다.

④ 제1항제2호에 따른 이사회의 의결이 있는 경우 그 의결에 반대하는 상장금융지주회사의 주주가 주주총회 전에 상장금융지주회사에 대하여 서면으로 그 의결에 반대하는 의사를 통지한 경우에는 그 주주총회의 결의일부터 20일 이내에 주식의 종류와 수를 적은 서면으로 상장금융지주회사에 대하여 자기가 소유하고 있는 주식의 매수를 청구할 수 있다. 이 경우 주식의 매수기간 및 매수가액의 결정 등에 관하여는 「상법」 제374조의2제2항부터 제5항까지의 규정을 준용한다.

⑤ 주권비상장보험회사 및 상장금융지주회사는 주권비상장보험회사가 금융지주회사주식 전환형 조건부자본증권을 발행하는 날부터 제6항에 따른 효력발생일과 만기일 중 먼저 도래하는 날까지 전환 및 교환으로 인하여 새로 발행할 주식의 수를 유보하여야 한다.

⑥ 금융지주회사주식 전환형 조건부자본증권의 주권비상장보험회사 주식으로의 전환 및 그 전환된 주식의 상장금융지주회사 주식과의 교환은 예정사유가 발생한 날부터 15영업일 이내에 대통령령으로 정하는 날에 그 효력이 발생한다.

⑦ 「상법」 제355조제1항에도 불구하고 주권비상장보험회사는 제6항에 따른 효력이 발생하는 경우에도 주권을 발행하지 아니할 수 있다.

⑧ 주권비상장보험회사가 금융지주회사주식 전환형 조건부자본증권을 발행한 이후 상장금융지주회사가 주권비상장보험회사를 지배(「금융지주회사법」 제2조제1항제1호에 따른 지배를 말한다)하지 아니하게 된 때에는 그 때까지 발행된 금융지주회사주식 전환형 조건부자본증권 중 예정사유가 발생하지 아니한 금융지주회사주식 전환형 조건부자본증권은 예정사유 및 전환의 조건이 동일한 보험회사주식 전환형 조건부자본증권으로 변경되는 것으로 본다. 다만, 제1항에 따른 주식교환계약서에서 달리 정한 경우에는 그러하지 아니하다.

⑨ 주권비상장보험회사 및 상장금융지주회사는 금융지주회사주식 전환형 조건부자본증권의 변경등기를 다음 각 호의 구분에 따라 각각의 본점 소재지에서 하여야 한다.
1. 제6항에 따른 전환·교환으로 인한 변경등기 : 같은 항에 따른 효력발생일부터 2주일 이내
2. 제8항에 따른 변경으로 인한 변경등기 : 같은 항에 따라 변경되는 날부터 2주일 이내

⑩ 금융지주회사주식 전환형 조건부자본증권의 발행에 관하여는 「상법」 제424조, 제424조의2 및 제429조부터 제432조까지의 규정과 「자본시장과 금융투자업에 관한 법

률」 제165조의6제1항 · 제2항 · 제4항, 제165조의9 및 제314조제8항을 준용하며, 금융지주회사주식 전환형 조건부자본증권의 주권비상장보험회사 주식으로의 전환 및 그 전환된 주식의 상장금융지주회사 주식과의 교환에 관하여는 「상법」 제339조, 제348조, 제350조제2항, 제360조의4, 제360조의7, 제360조의11, 제360조의12 및 제360조의14를 준용한다.
⑪ 제1항부터 제10항까지에서 규정한 사항 외에 정관에 규정하여야 하는 사항, 예정사유의 구체적인 기준, 그 밖에 금융지주회사주식 전환형 조건부자본증권의 발행 등에 필요한 세부 사항은 대통령령으로 정한다.
(2022.12.31 본조신설)

제114조의5【의결권 제한 등】 ① 제114조의2제1항제2호 및 제3호에 따라 보험회사 또는 상장금융지주회사 주식으로 전환되어 「금융회사의 지배구조에 관한 법률」 제2조제6호에 따른 대주주가 되는 자는 같은 법 제31조제2항에 따른 금융위원회의 승인을 받을 때까지는 같은 조 제4항에 따라 그 의결권을 행사하지 못한다.
② 제1항에서 대주주가 되는 자는 주식 전환일로부터 1개월 이내에 「금융회사의 지배구조에 관한 법률」 제31조제2항에 따라 금융위원회에 승인을 신청하여야 한다.
③ 금융위원회는 제1항에 따른 승인을 받지 못하거나, 제2항에 따라 승인을 신청하지 아니한 주식에 대하여 「금융회사의 지배구조에 관한 법률」 제31조에 따라 6개월 이내의 기간을 정하여 처분을 명할 수 있다.
(2022.12.31 본조신설)

제2절 자회사

제115조【자회사의 소유】 ① 보험회사는 다음 각 호의 어느 하나에 해당하는 업무를 주로 하는 회사를 금융위원회의 승인을 받아 자회사로 소유할 수 있다. 다만, 그 주식의 소유에 대하여 금융위원회로부터 승인 등을 받은 경우 또는 금융기관의 설립근거가 되는 법률에 따라 금융위원회로부터 그 주식의 소유에 관한 사항을 요건으로 설립 허가 · 인가 등을 받은 경우에는 승인을 받은 것으로 본다.(2020.12.8 단서개정)
1. 「금융산업의 구조개선에 관한 법률」 제2조제1호에 따른 금융기관이 경영하는 금융업
2. 「신용정보의 이용 및 보호에 관한 법률」에 따른 신용정보업 및 채권추심업(2020.2.4 본호개정)
3. 보험계약의 유지 · 해지 · 변경 또는 부활 등을 관리하는 업무
4. 그 밖에 보험업의 건전성을 저해하지 아니하는 업무로서 대통령령으로 정하는 업무

② 제1항 본문에도 불구하고 보험회사는 보험업의 경영과 밀접한 관련이 있는 업무 등으로서 대통령령으로 정하는 업무를 주로 하는 회사를 미리 금융위원회에 신고하고 자회사로 소유할 수 있다.(2020.12.8 본항신설)
③ 제1항 본문에도 불구하고 보험회사는 자산운용과 밀접한 관련이 있는 업무로서 대통령령으로 정하는 업무를 주로 하는 회사를 금융위원회의 승인을 받지 아니하고 자회사로 소유할 수 있다. 이 경우 보험회사는 대통령령으로 정하는 기간 이내에 금융위원회에 보고하여야 한다.(2020.12.8 본항신설)
④ 제1항제1호에도 불구하고 보험회사의 대주주가 「은행법」 제16조의2제1항에 따른 비금융주력자인 경우에는 그 보험회사는 「은행법」에 따른 은행을 자회사로 소유할 수 없다.
⑤ 보험회사가 소유하고 있는 자회사가 업무를 추가하거나 변경하는 경우에는 제1항부터 제3항까지의 규정을 준용한다.(2020.12.8 본항개정)
⑥ 금융위원회는 제2항에 따른 신고를 받은 경우(제5항에 따라 준용되는 경우를 포함한다) 그 내용을 검토하여 이 법에 적합하면 신고를 수리하여야 한다.(2020.12.8 본항신설)
⑦ 제1항부터 제3항까지의 규정에 따른 승인, 신고 또는 보고의 요건, 절차 등 필요한 사항은 대통령령으로 정한다.(2020.12.8 본항개정)

제116조【자회사와의 금지행위】 보험회사는 자회사와 다음 각 호의 행위를 하여서는 아니 된다.
1. 자산을 대통령령으로 정하는 바에 따라 무상으로 양도하거나 일반적인 거래 조건에 비추어 해당 보험회사에 뚜렷하게 불리한 조건으로 매매 · 교환 · 신용공여 또는 재보험계약을 하는 행위
2. 자회사가 소유하는 주식을 담보로 하는 신용공여 및 자회사가 다른 회사에 출자하는 것을 지원하기 위한 신용공여
3. 자회사 임직원에 대한 대출(보험약관에 따른 대출과 금융위원회가 정하는 소액대출은 제외한다)

제117조【자회사에 관한 보고의무 등】 ① 보험회사는 자회사를 소유하게 된 날부터 15일 이내에 그 자회사의 정관과 대통령령으로 정하는 서류를 금융위원회에 제출하여야 한다.
② 보험회사는 자회사의 사업연도가 끝난 날부터 3개월 이내에 자회사의 재무상태표와 대통령령으로 정하는 서류를 금융위원회에 제출하여야 한다.(2021.4.20 본항개정)
③ 보험회사의 자회사가 대통령령으로 정하는 자회사인 경우에는 제1항 및 제2항에 따른 제출서류 일부를 대통령령으로 정하는 바에 따라 제출하지 아니할 수 있다.

제6장 계 산

(2010.7.23 본장개정)

제118조【재무제표 등의 제출】 ① 보험회사는 매년 대통령령으로 정하는 날에 그 장부를 폐쇄하여야 하고 장부를 폐쇄한 날부터 3개월 이내에 금융위원회가 정하는 바에 따라 재무제표(부속명세서를 포함한다) 및 사업보고서를 금융위원회에 제출하여야 한다.
② 보험회사는 매월의 업무 내용을 적은 보고서를 다음 달 말일까지 금융위원회가 정하는 바에 따라 금융위원회에 제출하여야 한다.
③ 보험회사는 제1항 및 제2항에 따른 제출서류를 대통령령으로 정하는 바에 따라 전자문서로 제출할 수 있다.

제119조【서류의 비치 등】 보험회사는 제118조제1항에 따른 재무제표 및 사업보고서를 일반인이 열람할 수 있도록 금융위원회에 제출하는 날부터 본점과 지점, 그 밖의 영업소에 비치하거나 전자문서로 제공하여야 한다.

제120조【책임준비금 등의 적립】 ① 보험회사는 결산기마다 보험계약의 종류에 따라 대통령령으로 정하는 책임준비금과 비상위험준비금을 계상(計上)하고 따로 작성한 장부에 각각 기재하여야 한다.
② 제1항에 따른 책임준비금과 비상위험준비금의 계상에 관하여 필요한 사항은 총리령으로 정한다.
③ 금융위원회는 제1항에 따른 책임준비금과 비상위험준비금의 적정한 계상과 관련하여 필요한 경우에는 보험회사의 자산 및 비용, 그 밖에 대통령령으로 정하는 사항에 관한 회계처리기준을 정할 수 있다.

제120조의2【책임준비금의 적정성 검증】 ① 보험회사가 경영하는 보험종목의 특성 또는 보험회사의 총자산 규모 등을 고려하여 대통령령으로 정하는 보험회사는 제128조제2항에 따른 독립계리업자 또는 제176조에 따른 보험요율 산출기관으로부터 제120조제1항에 따라 계상된 책임준비금의 적정성에 대하여 검증을 받아야 한다.
② 제1항에 따른 검증의 구체적인 내용, 절차 및 방법과 그 밖에 검증에 필요한 사항은 대통령령으로 정한다.
(2020.12.8 본조신설)

제121조【배당보험계약의 회계처리 등】 ① 보험회사는 배당보험계약(해당 보험계약으로부터 발생하는 이익의 일부를 보험회사가 보험계약자에게 배당하기로 약정한 보험계약을 말한다. 이하 이 조 및 제121조의2에서 같다)에 대하여는 대통령령으로 정하는 바에 따라 다른 보험계약과 구분하여 회계처리하여야 한다.(2020.12.8 본항개정)
② 보험회사는 대통령령으로 정하는 바에 따라 배당보험계약의 보험계약자에게 배당을 할 수 있다.
③ 제2항에 따른 보험계약자에 대한 배당기준은 배당보험계약자의 이익과 보험회사의 재무건전성 등을 고려하여 정하여야 한다.
(2015.7.24 본조제목개정)

제121조의2【배당보험계약 이외의 보험계약에 대한 회계처리】 보험회사는 배당보험계약 이외의 보험계약에 대하여 자산의 효율적 관리와 계약자 보호를 위하여 필요한 경우에는 보험계약별로 대통령령으로 정하는 바에 따라 금융위원회의 승인을 받아 자산 또는 손익을 구분하여 회계처리할 수 있다.(2015.7.24 본조개정)

제122조【재평가적립금의 사용에 관한 특례】 보험회사가 「자산재평가법」에 따른 재평가를 한 경우 그 재평가에 따른 재평가적립금은 같은 법 제28조제2항 각 호에 따른 처분 이외에 금융위원회의 허가를 받아 보험계약자에 대한 배당을 위하여도 처분할 수 있다.

제7장 감 독

(2010.7.23 본장개정)

제123조【재무건전성의 유지】 ① 보험회사는 보험금 지급능력과 경영건전성을 확보하기 위하여 다음 각 호의 사항에 관하여 대통령령으로 정하는 재무건전성 기준을 지켜야 한다.
1. 자본의 적정성에 관한 사항
2. 자산의 건전성에 관한 사항
3. 그 밖에 경영건전성 확보에 필요한 사항

② 금융위원회는 보험회사가 제1항에 따른 기준을 지키지 아니하여 경영건전성을 해칠 우려가 있다고 인정되는 경우에는 대통령령으로 정하는 바에 따라 자본금 또는 기금의 증액명령, 주식 등 위험자산의 소유 제한 등 필요한 조치를 할 수 있다.

제124조【공시 등】 ① 보험회사는 보험계약자를 보호하기 위하여 필요한 사항으로서 대통령령으로 정하는 사항을 금융위원회가 정하는 바에 따라 즉시 공시하여야 한다.
② 보험협회는 보험료 · 보험금 등 보험계약에 관한 사항으로서 대통령령으로 정하는 사항을 금융위원회가 정하는 바에 따라 보험소비자가 쉽게 알 수 있도록 비교 · 공시하여야 한다.(2022.12.31 본항개정)
③ 보험협회가 제2항에 따른 비교 · 공시를 하는 경우에는 대통령령으로 정하는 바에 따라 보험상품공시위원회를 구성하여야 한다.
④ 보험회사는 제2항에 따른 비교 · 공시에 필요한 정보를 보험협회에 제공하여야 한다.
⑤ 보험협회 이외의 자가 보험계약에 관한 사항을 비교 · 공시하는 경우에는 제2항에 따라 금융위원회가 정하는 바에 따라 객관적이고 공정하게 비교 · 공시하여야 한다.
⑥ 금융위원회는 제2항 및 제5항에 따른 비교 · 공시가 거짓이거나 사실과 달라 보험계약자 등을 보호할 필요가 있다고 인정되는 경우에는 공시의 중단이나 시정조치 등을 요구할 수 있다.

제125조【상호협정의 인가】 ① 보험회사가 그 업무에 관한 공동행위를 하기 위하여 다른 보험회사와 상호협정을 체결(변경하거나 폐지하려는 경우를 포함한다)하려는 경우에는 대통령령으로 정하는 바에 따라 금융위원회의 인가를 받아야 한다. 다만, 대통령령으로 정하는 경미한 사항을 변경하려는 경우에는 신고로써 갈음할 수 있다.
② 금융위원회는 공익 또는 보험업의 건전한 발전을 위하여 특히 필요하다고 인정되는 경우에는 보험회사에 대하여 제1항에 따른 협정의 체결 · 변경 또는 폐지를 명하거나 그 협정의 전부 또는 일부에 따를 것을 명할 수 있다.
③ 금융위원회는 제1항 또는 제2항에 따라 상호협정의 체결 · 변경 또는 폐지의 인가를 하거나 협정에 따를 것을 명하려면 미리 공정거래위원회와 협의하여야 한다. 다만, 대통령령으로 정하는 경미한 사항을 변경하려는 경우에는 그러하지 아니하다.

제126조【정관변경의 보고】 보험회사는 정관을 변경한 경우에는 변경한 날부터 7일 이내에 금융위원회에 알려야 한다.

제127조【기초서류의 작성 및 제출 등】 ① 보험회사는 취급하려는 보험상품에 관한 기초서류를 작성하여야 한다.
② 보험회사는 기초서류를 작성하거나 변경하려는 경우 그 내용이 다음 각 호의 어느 하나에 해당하는 경우에 한정하여 미리 금융위원회에 신고하여야 한다.(2020.12.8 본문개정)
1. 법령의 제정 · 개정에 따라 새로운 보험상품이 도입되거나 보험상품 가입이 의무가 되는 경우
2. (2020.12.8 삭제)
3. 보험계약자 보호 등을 위하여 대통령령으로 정하는 경우

③ 금융위원회는 보험계약자 보호 등을 위하여 필요하다고 인정되면 보험회사에 대하여 취급하고 있는 보험상품의 기초서류에 관한 자료 제출을 요구할 수 있다.
(2020.12.8 본항개정)
④ 금융위원회는 제2항에 따른 신고를 받은 경우 그 내용을 검토하여 이 법에 적합하면 신고를 수리하여야 한다.
(2020.12.8 본항신설)
⑤ 제2항 및 제3항에 따른 신고 또는 제출의 절차 및 방법과 그 밖에 필요한 사항은 대통령령으로 정한다.
(2020.12.8 본조제목개정)

제127조의2【기초서류의 변경 권고】 ① 금융위원회는 보험회사가 제127조제2항에 따라 신고한 기초서류의 내용 및 같은 조 제3항에 따라 제출한 기초서류에 관한 자료의 내용이 제128조의3 및 제129조를 위반하는 경우에는 대통령령으로 정하는 바에 따라 기초서류의 변경을 권고할 수 있다.
② 제1항에 따른 변경권고는 그 내용 및 사유가 구체적으로 적힌 문서로 하여야 한다.
(2010.7.23 본조신설)

제127조의3【기초서류 기재사항 준수의무】 보험회사는 기초서류에 기재된 사항을 준수하여야 한다.
(2010.7.23 본조신설)

제128조【기초서류에 대한 확인】 ① 금융위원회는 보험회사가 제127조제2항에 따라 기초서류를 신고할 때 필요하면 「금융위원회의 설치 등에 관한 법률」에 따라 설립된 금융감독원(이하 "금융감독원"이라 한다)의 확인을 받도록 할 수 있다.(2015.7.31 본항개정)
② 금융위원회는 보험회사가 제127조제2항에 따라 기초서류를 신고하는 경우 보험료 및 해약환급금 산출방법서에 대하여 제176조에 따른 보험요율 산출기관 또는 대통령령으로 정하는 보험계리업자(이하 "독립계리업자"라 한다)의 검증확인서를 첨부하도록 할 수 있다.(2022.12.31 본항개정)

제128조의2【기초서류 관리기준】 ① 보험회사는 기초서류를 작성하거나 변경할 때 지켜야 할 절차와 기준(이하 "기초서류관리기준"이라 한다)을 정하고 이를 지켜야 한다.
② 기초서류관리기준에는 다음 각 호의 사항이 포함되어야 한다.
1. 기초서류 작성 · 변경의 절차 및 기준
2. 기초서류의 적정성에 대한 내부 · 외부 검증 절차 및 방법
3. 기초서류 작성 오류에 대한 통제 및 수정 방법
4. 기초서류 작성 및 관리과정을 감시 · 통제 · 평가하는 방법 및 관련 임직원 또는 제181조제2항에 따른 선임계리사의 역할과 책임
5. 그 밖에 기초서류관리기준의 제정 · 개정 절차 등 대통령령으로 정하는 사항

③ 보험회사는 기초서류관리기준을 제정 · 개정하는 경우에는 금융위원회에 보고하여야 하며, 금융위원회는 해당 기준이나 그 운용이 부당하다고 판단되면 기준의 변경 또는 업무의 개선을 명할 수 있다.
④ 제1항부터 제3항까지에 규정한 사항 외에 기초서류관리기준의 작성 및 운용 등에 필요한 사항은 대통령령으로 정한다.
(2010.7.23 본조신설)

제128조의3【기초서류 작성·변경 원칙】 ① 보험회사는 기초서류를 작성·변경할 때 다음 각 호의 사항을 지켜야 한다.
1. 이 법 또는 다른 법령에 위반되는 내용을 포함하지 아니할 것
2. 정당한 사유 없는 보험계약자의 권리 축소 또는 의무 확대 등 보험계약자에게 불리한 내용을 포함하지 아니할 것
3. 그 밖에 보험계약자 보호, 재무건전성 확보 등을 위하여 대통령령으로 정하는 바에 따라 금융위원회가 정하는 기준에 적합할 것
② 보험회사가 기초서류를 작성·변경할 때 그 내용이 제127조제2항 각 호의 어느 하나에 해당하지 아니하면 제1항 각 호의 사항을 지켜 작성·변경한 것으로 추정(推定)한다.
(2010.7.23 본조신설)
제128조의4【보험약관 등의 이해도 평가】 ① 금융위원회는 보험소비자와 보험의 모집에 종사하는 자 등 대통령령으로 정하는 자(이하 이 조에서 "보험소비자등"이라 한다)를 대상으로 다음 각 호의 사항에 대한 이해도를 평가하고 그 결과를 대통령령으로 정하는 바에 따라 공시할 수 있다.
1. 보험약관
2. 보험안내자료 중 금융위원회가 정하여 고시하는 자료
(2020.5.19 1호~2호신설)
② 금융위원회는 제1항에 따른 보험약관과 보험안내자료(이하 이 조에서 "보험약관등"이라 한다)에 대한 보험소비자등의 이해도를 평가하기 위해 평가대행기관을 지정할 수 있다.
③ 제2항에 따라 지정된 평가대행기관은 조사대상 보험약관등에 대하여 보험소비자등의 이해도를 평가하고 그 결과를 금융위원회에 보고하여야 한다.
④ 보험약관등의 이해도 평가에 수반되는 비용의 부담, 평가 시기, 평가 방법 등 평가에 관한 사항은 금융위원회가 정한다.
(2020.5.19 본조개정)
제129조【보험요율 산출의 원칙】 보험회사는 보험요율을 산출할 때 객관적이고 합리적인 통계자료를 기초로 대수(大數)의 법칙 및 통계신뢰도를 바탕으로 하여야 하며, 다음 각 호의 사항을 지켜야 한다.
1. 보험요율이 보험금과 그 밖의 급부(給付)에 비하여 지나치게 높지 아니할 것
2. 보험요율이 보험회사의 재무건전성을 크게 해칠 정도로 낮지 아니할 것
3. 보험요율이 보험계약자 간에 부당하게 차별적이지 아니할 것
4. 자동차보험의 보험요율인 경우 보험금과 그 밖의 급부와 비교할 때 공정하고 합리적인 수준일 것(2016.3.29 본호신설)
제130조【보고사항】 보험회사는 다음 각 호의 어느 하나에 해당하는 사유가 발생한 경우에는 그 사유가 발생한 날부터 5일 이내에 금융위원회에 보고하여야 한다.
1. 상호나 명칭을 변경한 경우
2. (2015.7.31 삭제)
3. 본점의 영업을 중지하거나 재개(再開)한 경우
4. 최대주주가 변경된 경우
5. 대주주가 소유하고 있는 주식 총수가 의결권 있는 발행주식 총수의 100분의 1 이상만큼 변동된 경우
6. 그 밖에 해당 보험회사의 업무 수행에 중대한 영향을 미치는 경우로서 대통령령으로 정하는 경우
제131조【금융위원회의 명령권】 ① 금융위원회는 보험회사의 업무운영이 적정하지 아니하거나 자산상황이 불량하여 보험계약자 및 피보험자 등의 권익을 해칠 우려가 있다고 인정되는 경우에는 다음 각 호의 어느 하나에 해당하는 조치를 명할 수 있다.
1. 업무집행방법의 변경
2. 금융위원회가 지정하는 기관에의 자산 예탁
3. 자산의 장부가격 변경
4. 불건전한 자산에 대한 적립금의 보유
5. 가치가 없다고 인정되는 자산의 손실처리
6. 그 밖에 대통령령으로 정하는 필요한 조치
② 금융위원회는 보험회사의 업무 및 자산상황, 그 밖의 사정의 변경으로 공익 또는 보험계약자의 보호와 보험회사의 건전한 경영을 크게 해칠 우려가 있거나 보험회사의 기초서류에 법령을 위반하거나 보험계약자에게 불리한 내용이 있다고 인정되는 경우에는 청문을 거쳐 기초서류의 변경 또는 그 사용의 정지를 명할 수 있다. 다만, 대통령령으로 정하는 경미한 사항에 관하여 기초서류의 변경을 명하는 경우에는 청문을 하지 아니할 수 있다.
③ 금융위원회는 제2항에 따라 기초서류의 변경을 명하는 경우 보험계약자·피보험자 또는 보험금을 취득할 자의 이익을 보호하기 위하여 특히 필요하다고 인정하면 이미 체결된 보험계약에 대하여도 장래에 향하여 그 변경의 효력이 미치게 할 수 있다.
④ 금융위원회는 제3항에도 불구하고 제2항에 따라 변경명령을 받은 기초서류 때문에 보험계약자·피보험자 또는 보험금을 취득할 자가 부당한 불이익을 받을 것이 명백하다고 인정되는 경우에는 이미 체결된 보험계약에 따라 납입된 보험료의 일부를 되돌려주거나 보험금을 증액하도록 할 수 있다.
⑤ 보험회사는 제2항에 따른 명령을 받은 경우에는 대통령령으로 정하는 바에 따라 그 요지를 공고하여야 한다.
제131조의2【보험금 지급불능 등에 대한 조치】 금융위원회는 보험회사의 파산 또는 보험금 지급불능 우려 등 보험계약자의 이익을 크게 해칠 우려가 있다고 인정되는 경우에는 보험계약 체결 제한, 보험금 전부 또는 일부의 지급정지 또는 그 밖에 필요한 조치를 명할 수 있다.
(2010.7.23 본조신설)
제132조【준용】 국내사무소·보험대리점 및 보험중개사에 관하여는 제131조제1항을 준용한다. 이 경우 "보험회사"는 "국내사무소"·"보험대리점" 또는 "보험중개사"로 본다.
제133조【자료 제출 및 검사 등】 ① 금융위원회는 공익 또는 보험계약자 등을 보호하기 위하여 보험회사에 이 법에서 정하는 감독업무의 수행과 관련한 주주 현황, 그 밖에 사업에 관한 보고 또는 자료 제출을 명할 수 있다.
② 보험회사는 그 업무 및 자산상황에 관하여 금융감독원의 검사를 받아야 한다.
③ 금융감독원의 원장(이하 "금융감독원장"이라 한다)은 제2항에 따른 검사를 할 때 필요하다고 인정하면 보험회사에 대하여 업무 또는 자산에 관한 보고, 자료의 제출, 관계인의 출석 및 의견의 진술을 요구할 수 있다.
(2015.7.31 본항개정)
④ 제2항에 따라 검사를 하는 자는 그 권한을 표시하는 증표를 지니고 이를 관계인에게 내보여야 한다.
⑤ 금융감독원장은 제2항에 따라 검사를 한 경우에는 그 결과에 따라 필요한 조치를 하고, 그 내용을 금융위원회에 보고하여야 한다.
⑥ 금융감독원장은 「주식회사 등의 외부감사에 관한 법률」에 따라 보험회사가 선임한 외부감사인에게 그 보험회사를 감사한 결과 알게 된 정보나 그 밖에 경영건전성과 관련되는 자료의 제출을 요구할 수 있다.(2017.10.31 본항개정)
제134조【보험회사에 대한 제재】 ① 금융위원회는 보험회사(그 소속 임직원을 포함한다)가 이 법 또는 이 법에 따른 규정·명령 또는 지시를 위반하여 보험회사의 건전한 경영을 해치거나 보험계약자, 피보험자, 그 밖의 이해관계인의 권익을 침해할 우려가 있다고 인정되는 경우 또는 「금융회사의 지배구조에 관한 법률」 별표 각 호의 어느 하나에 해당하는 경우(제4호에 해당하는 조치로 한정한다), 「금융소비자 보호에 관한 법률」 제51조제1항제4호, 제5호 또는 같은 조 제2항 각 호 외의 부분 본문 중 대통령령으로 정하는 경우에 해당하는 경우(제4호에 해당하는 조치로 한정한다)에는 금융감독원장의 건의에 따라 다음 각 호의 어느 하나에 해당하는 조치를 하거나 금융감독원장으로 하여금 제1호의 조치를 하게 할 수 있다.
(2020.12.8 본문개정)
1. 보험회사에 대한 주의·경고 또는 그 임직원에 대한 주의·경고·문책의 요구
2. 해당 위반행위에 대한 시정명령
3. 임원(「금융회사의 지배구조에 관한 법률」 제2조제5호에 따른 업무집행책임자는 제외한다. 이하 제135조에서 같다)의 해임권고·직무정지(2017.4.18 본호개정)
4. 6개월 이내의 영업의 일부정지
② 금융위원회는 보험회사가 다음 각 호의 어느 하나에 해당하는 경우에는 6개월 이내의 기간을 정하여 영업 전부의 정지를 명하거나 청문을 거쳐 보험업의 허가를 취소할 수 있다.
1. 거짓이나 그 밖의 부정한 방법으로 보험업의 허가를 받은 경우
2. 허가의 내용 또는 조건을 위반한 경우
3. 영업의 정지기간 중에 영업을 한 경우
4. 제1항제2호에 따른 시정명령을 이행하지 아니한 경우
5. 「금융회사의 지배구조에 관한 법률」 별표 각 호의 어느 하나에 해당하는 경우(영업의 전부정지를 명하는 경우로 한정한다)(2015.7.31 본호신설)
6. 「금융소비자 보호에 관한 법률」 제51조제1항제4호 또는 제5호에 해당하는 경우(2020.3.24 본호신설)
7. 「금융소비자 보호에 관한 법률」 제51조제2항 각 호 외의 부분 본문 중 대통령령으로 정하는 경우(영업 전부의 정지를 명하는 경우로 한정한다)(2020.3.24 본호신설)
③ 금융위원회는 금융감독원장의 건의에 따라 보험회사가 제1항에 따른 조치, 제2항에 따른 영업정지 또는 허가취소 처분을 받은 사실을 대통령령으로 정하는 바에 따라 공표하도록 할 수 있다.
제135조【퇴임한 임원 등에 대한 조치 내용의 통보】 ① 금융위원회(제134조제1항에 따라 조치를 할 수 있는 금융감독원장을 포함한다)는 보험회사의 퇴임한 임원 또는 퇴직한 직원(「금융회사의 지배구조에 관한 법률」 제2조제5호에 따른 업무집행책임자를 포함한다)이 재임 또는 재직 중이었더라면 제134조제1항제1호 및 제3호에 해당하는 조치를 받았을 것으로 인정되는 경우에는 그 조치의 내용을 해당 보험회사의 장에게 통보할 수 있다.
② 제1항에 따른 통보를 받은 보험회사의 장은 이를 퇴임·퇴직한 해당 임직원에게 알리고, 그 내용을 인사기록부에 기록·유지하여야 한다.
(2017.4.18 본조개정)
제136조【준용】 ① 국내사무소·보험대리점 및 보험중개사에 관하여는 제133조 및 제134조를 준용한다. 이 경우 "보험회사"는 각각 "국내사무소"·"보험대리점" 또는 "보험중개사"로 본다.
② 보험업과 밀접하게 관련된 업무로서 대통령령으로 정하는 업무를 하는 자회사에 관하여는 제133조를 준용한다. 이 경우 "보험회사"는 "자회사"로 본다.
③ 보험업과 밀접하게 관련된 업무로서 대통령령으로 정하는 업무를 보험회사로부터 위탁받은 자에 관하여는 제133조를 준용한다. 이 경우 "보험회사"는 "위탁받은 자"로 본다.

제8장 해산·청산

(2010.7.23 본장제목개정)

제1절 해 산

(2010.7.23 본절제목개정)

제137조【해산사유 등】 ① 보험회사는 다음 각 호의 사유로 해산한다.
1. 존립기간의 만료, 그 밖에 정관으로 정하는 사유의 발생
2. 주주총회 또는 사원총회(이하 "주주총회등"이라 한다)의 결의(2015.7.31 본호개정)
3. 회사의 합병
4. 보험계약 전부의 이전
5. 회사의 파산
6. 보험업의 허가취소
7. 해산을 명하는 재판
② 보험회사가 제1항제6호의 사유로 해산하면 금융위원회는 7일 이내에 그 보험회사의 본점과 지점 또는 각 사무소 소재지의 등기소에 그 등기를 촉탁(囑託)하여야 한다.
③ 등기소는 제2항의 촉탁을 받으면 7일 이내에 그 등기를 하여야 한다.
(2010.7.23 본조개정)
제138조【해산·합병 등의 결의】 해산·합병과 보험계약의 이전에 관한 결의는 제39조제2항 또는 「상법」 제434조에 따라 하여야 한다.(2010.7.23 본조개정)
제139조【해산·합병 등의 인가】 해산의 결의·합병과 보험계약의 이전은 금융위원회의 인가를 받아야 한다.
(2008.2.29 본조개정)
제140조【보험계약 등의 이전】 ① 보험회사는 계약의 방법으로 책임준비금 산출의 기초가 같은 보험계약의 전부를 포괄하여 다른 보험회사에 이전할 수 있다.
② 보험회사는 제1항에 따른 계약에서 회사자산을 이전할 것을 정할 수 있다. 다만, 금융위원회가 그 보험회사의 채권자의 이익을 보호하기 위하여 필요하다고 인정하는 자산은 유보하여야 한다.
(2010.7.23 본조개정)
제141조【보험계약 이전 결의의 공고 및 통지와 이의제기】 ① 보험계약을 이전하려는 보험회사는 제138조에 따른 결의를 한 날부터 2주 이내에 계약 이전의 요지와 각 보험회사의 재무상태표를 공고하고, 대통령령으로 정하는 방법에 따라 보험계약자에게 통지하여야 한다.
(2021.4.20 본항개정)
② 제1항에 따른 공고 및 통지에는 이전될 보험계약의 보험계약자로서 이의가 있는 자는 일정한 기간 동안 이의를 제출할 수 있다는 뜻을 덧붙여야 한다. 다만, 그 기간은 1개월 이상으로 하여야 한다.(2020.12.8 본문개정)
③ 제2항의 기간에 이의를 제기한 보험계약자가 이전될 보험계약자 총수의 10분의 1을 초과하거나 그 보험금액이 이전될 보험금 총액의 10분의 1을 초과하는 경우에는 보험계약을 이전하지 못한다. 제143조에 따라 계약조항의 변경을 정하는 경우에 이의를 제기한 보험계약자로서 그 변경을 받을 자가 변경을 받을 보험계약자 총수의 10분의 1을 초과하거나 그 보험금액이 변경을 받을 보험계약자의 보험금 총액의 10분의 1을 초과하는 경우에도 또한 같다.
④ 상호회사가 제54조제1항의 기관에 의하지 아니하고 보험계약 이전의 결의를 한 경우에는 제2항 및 제3항을 적용하지 아니한다.
(2020.12.8 본조제목개정)
(2010.7.23 본조개정)
제142조【신계약의 금지】 보험계약을 이전하려는 보험회사는 주주총회등의 결의가 있었던 때부터 보험계약을 이전하거나 이전하지 아니하게 될 때까지 그 이전하려는 보험계약과 같은 종류의 보험계약을 하지 못한다. 다만, 보험회사의 부실에 따라 보험계약을 이전하려는 경우가 아닌 경우로서 대통령령으로 정하는 경우에는 그러하지 아니하다.(2020.12.8 단서신설)
제143조【계약조건의 변경】 보험회사는 보험계약의 전부를 이전하는 경우에 이전할 보험계약에 관하여 이전계약의 내용으로 다음 각 호의 사항을 정할 수 있다.
1. 계산의 기초의 변경
2. 보험금액의 삭감과 장래 보험료의 감액
3. 계약조항의 변경
(2010.7.23 본조개정)
제144조【자산 처분의 금지 등】 ① 제143조에 따라 보험금액을 삭감하기로 정하는 경우에는 보험계약을 이전하려는 보험회사는 주주총회등의 결의가 있었던 때부터 보험계약을 이전하거나 이전하지 아니하게 될 때까지 그 자산을 처분하거나 채무를 부담하는 행위를 하지 못한다. 다만, 보험업을 유지하기 위하여 필요한 비용을 지출하는 경우 또는 자산의 보전이나 그 밖의 특별한 필요에 따라 금융위원회의 허가를 받아 자산을 처분하는 경우에

는 그러하지 아니하다.
② 보험계약이 이전된 경우에는 보험계약에 따라 발생한 채권으로서 제1항에 따라 지급이 정지된 것에 관하여 이 전계약에서 정한 보험금액 삭감의 비율에 따라 그 금액을 삭감하여 지급하여야 한다.
③ 제143조에 따라 계약조항의 변경을 정하는 경우에 그 변경을 하려는 보험회사에 대하여도 제1항을 적용한다. 다만, 보험계약으로 발생한 채무를 변제하거나 금융위원회의 허가를 받아 그 변경과 관계없는 행위를 하는 경우에는 그러하지 아니하다.
(2010.7.23 본조개정)
제145조【보험계약 이전의 공고】 보험회사는 보험계약을 이전한 경우에는 7일 이내에 그 취지를 공고하여야 한다. 보험계약을 이전하지 아니하게 된 경우에도 또한 같다.(2010.7.23 본조개정)
제146조【권리·의무의 승계】 ① 보험계약을 이전한 보험회사가 그 보험계약에 관하여 가진 권리와 의무는 보험계약을 이전받은 보험회사가 승계한다. 이전계약으로써 이전할 것을 정한 자산에 관하여도 또한 같다.
② 보험계약 이전의 결의를 한 후 이전할 보험계약에 관하여 발생한 수지(收支)나 그 밖에 이전할 보험계약 또는 자산에 관하여 발생한 변경은 이전을 받은 보험회사에 귀속된다.
(2010.7.23 본조개정)
제147조【계약 이전으로 인한 입사】 보험계약이 이전된 경우 이전을 받은 보험회사가 상호회사인 경우에는 그 보험계약자는 그 상호회사에 입사한다.
(2010.7.23 본조개정)
제148조【해산 후의 계약 이전 결의】 ① 보험회사는 해산한 후에도 3개월 이내에는 보험계약 이전을 결의할 수 있다.
② 제1항의 경우에는 제158조를 적용하지 아니한다. 다만, 보험계약을 이전하지 아니하게 된 경우에는 그러하지 아니하다.
(2010.7.23 본조개정)
제149조【해산등기의 신청】 보험계약의 이전에 따른 해산등기의 신청서에는 다음 각 호의 모든 서류를 첨부하여야 한다.
1. 이전계약서
2. 각 보험회사 주주총회등의 의사록
3. 제141조의 공고 및 이의에 관한 서류
4. 보험계약 이전의 인가를 증명하는 서류
(2010.7.23 본조개정)
제150조【영업양도·양수의 인가】 보험회사는 그 영업을 양도·양수하려면 금융위원회의 인가를 받아야 한다.
(2010.7.23 본조개정)
제151조【합병 결의의 공고】 ① 보험회사가 합병을 결의한 경우에는 그 결의를 한 날부터 2주 이내에 합병계약의 요지와 각 보험회사의 재무상태표를 공고하여야 한다.
(2021.4.20 본항개정)
② 합병의 경우에는 제141조제2항부터 제4항까지, 제145조 및 제149조를 준용한다.
③ 제1항 및 제2항에 따른 합병은 이의를 제기한 보험계약자나 그 밖에 보험계약으로 발생한 권리를 가진 자에 대하여도 그 효력이 미친다.
(2010.7.23 본조개정)
제152조【계약조건의 변경】 ① 보험회사가 합병을 하는 경우에는 합병계약으로써 그 보험계약에 관한 계산의 기초 또는 계약조항의 변경을 정할 수 있다.
② 제1항에 따라 계약조항의 변경을 정하는 경우 그 변경을 하려는 보험회사에 관하여는 제142조 및 제144조제3항을 준용한다.
(2010.7.23 본조개정)
제153조【상호회사의 합병】 ① 상호회사는 다른 보험회사와 합병할 수 있다.
② 제1항의 경우 합병 후 존속하는 보험회사 또는 합병으로 설립되는 보험회사는 상호회사이어야 한다. 다만, 합병하는 보험회사의 한 쪽이 주식회사인 경우에는 합병 후 존속하는 보험회사 또는 합병으로 설립되는 보험회사는 주식회사로 할 수 있다.
③ 상호회사와 주식회사가 합병하는 경우에는 이 법 또는 「상법」의 합병에 관한 규정에 따른다.
④ 합병계약서에 적을 사항이나 그 밖에 합병에 관하여 필요한 사항은 대통령령으로 정한다.
(2010.7.23 본조개정)
제154조【합병의 경우의 사원관계】 ① 제153조에 따른 합병이 있는 경우 합병 후 존속하는 보험회사 또는 합병으로 설립되는 보험회사가 상호회사인 경우에는 합병으로 해산하는 보험회사의 보험계약자는 그 회사에 입사하고, 주식회사인 경우에는 상호회사의 사원은 그 지위를 잃는다. 다만, 보험관계에 속하는 권리와 의무는 합병계약에서 정하는 바에 따라 합병 후 존속하는 주식회사 또는 합병으로 설립된 주식회사가 승계한다.
② 제1항에 따라 합병 후 존속하는 상호회사에 입사할 자는 「상법」 제526조제1항에 따른 사원총회에서 사원과 같은 권리를 가진다. 다만, 합병계약에 따로 정한 것이 있으면 그러하지 아니하다.
③ 합병으로 설립되는 상호회사의 창립총회에 관하여는 제39조제2항·제55조와 「상법」 제311조, 제312조, 제316조제2항, 제363조제1항·제2항, 제364조, 제368조제3항·제4항, 제371조제2항, 제372조, 제373조 및 제376조부터 제381조까지의 규정을 준용한다.
(2010.7.23 본조개정)
제155조【정리계획서의 제출】 보험회사가 그 보험업의 전부 또는 일부를 폐업하려는 경우에는 그 60일 전에 사업 폐업에 따른 정리계획서를 금융위원회에 제출하여야 한다.(2010.7.23 본조개정)

제2절 청 산
(2010.7.23 본절개정)

제156조【청산인】 ① 보험회사가 보험업의 허가취소로 해산한 경우에는 금융위원회가 청산인을 선임한다.
② 「상법」 제193조·제252조 및 제531조제2항에 따른 청산인은 금융위원회가 선임한다. 이 경우 이해관계인의 청구 없이 선임할 수 있다.
③ 제1항과 제2항의 경우에는 「상법」 제255조제2항을 준용한다.
④ 금융위원회는 다음 각 호의 어느 하나에 해당하는 자의 청구에 따라 청산인을 해임할 수 있다.
1. 감사
2. 3개월 전부터 계속하여 자본금의 100분의 5 이상의 주식을 가진 주주
3. 100분의 5 이상의 사원
⑤ 상호회사는 제4항에 따른 청구를 하는 사원에 관하여 정관으로 다른 기준을 정할 수 있다.
⑥ 금융위원회는 중요한 사유가 있으면 제4항의 청구 없이 청산인을 해임할 수 있다.
제157조【청산인의 보수】 제156조에 따라 청산인을 선임하는 경우에는 청산 중인 회사로 하여금 금융위원회가 정하는 보수를 지급하게 할 수 있다.
제158조【해산 후의 보험금 지급】 ① 보험회사는 제137조제1항제2호·제6호 또는 제7호의 사유로 해산한 경우에는 보험금 지급 사유가 해산한 날부터 3개월 이내에 발생한 경우에만 보험금을 지급하여야 한다.
② 보험회사는 제1항의 기간이 지난 후에는 피보험자를 위하여 적립한 금액이나 아직 지나지 아니한 기간에 대한 보험료를 되돌려주어야 한다.
제159조【채권신고기간 내의 변제】 보험회사에 관하여 「상법」 제536조제2항을 적용할 때 "법원"은 "금융위원회"로 본다.
제160조【청산인의 감독】 금융위원회는 청산인을 감독하기 위하여 보험회사의 청산업무와 자산상황을 검사하고, 자산의 공탁을 명하며, 그 밖에 청산의 감독상 필요한 명령을 할 수 있다.
제161조【해산 후의 강제관리】 ① 금융위원회는 해산한 보험회사의 업무 및 자산상황으로 보아 필요하다고 인정하는 경우에는 업무와 자산의 관리를 명할 수 있다.
② 제1항의 명령이 있는 경우에는 제148조제2항을 준용한다.

제9장 관계자에 대한 조사
(2010.7.23 본장개정)

제162조【조사대상 및 방법 등】 ① 금융위원회는 다음 각 호의 어느 하나에 해당하는 경우에는 보험회사, 보험계약자, 피보험자, 보험금을 취득할 자, 그 밖에 보험계약에 관하여 이해관계가 있는 자(이하 이 장에서 "관계자"라 한다)에 대한 조사를 할 수 있다.
1. 이 법 및 이 법에 따른 명령 또는 조치를 위반한 사실이 있는 경우
2. 공익 또는 건전한 보험거래질서의 확립을 위하여 필요한 경우
② 금융위원회는 제1항에 따른 조사를 위하여 필요하다고 인정되는 경우에는 관계자에게 다음 각 호의 사항을 요구할 수 있다.
1. 조사사항에 대한 사실과 상황에 대한 진술서의 제출
2. 조사에 필요한 장부, 서류, 그 밖의 물건의 제출
③ 제1항 및 제2항의 조사에 관하여는 제133조제4항을 준용한다.
④ 금융위원회는 관계자가 제1항에 따른 조사를 방해하거나 제2항에 따라 제출하는 자료를 거짓으로 작성하거나 그 제출을 게을리한 경우에는 관계자가 소속된 단체의 장에게 관계자에 대한 문책 등을 요구할 수 있다.
제163조【보험조사협의회】 ① 제162조제1항에 따른 조사업무를 효율적으로 수행하기 위하여 금융위원회에 보건복지부, 금융감독원, 보험 관련 기관 및 단체 등으로 구성되는 보험조사협의회를 둘 수 있다.
② 제1항에 따른 보험조사협의회의 구성·운영 등에 관하여 필요한 사항은 대통령령으로 정한다.
제164조【조사 관련 정보의 공표】 금융위원회는 관계자에 대한 조사실적, 처리결과, 그 밖에 관계자의 위법행위 예방에 필요한 정보 및 자료를 대통령령으로 정하는 바에 따라 공표할 수 있다.

제10장 손해보험계약의 제3자 보호
(2010.7.23 본장개정)

제165조【제3자의 보험금 지급보장】 손해보험회사는 손해보험계약의 제3자가 보험사고로 입은 손해에 대한 보험금의 지급을 이 장에서 정하는 바에 따라 보장하여야 한다.
제166조【적용범위】 이 장의 규정은 법령에 따라 가입이 강제되는 손해보험계약(자동차보험계약의 경우에는 법령에 따라 가입이 강제되지 아니하는 보험계약을 포함한다. 이하 이 장에서 같다)으로서 대통령령으로 정하는 손해보험계약에만 적용한다. 다만, 대통령령으로 정하는 법인을 계약자로 하는 손해보험계약에는 적용하지 아니한다.
제167조【지급불능의 보고】 ① 손해보험회사는 「예금자보호법」 제2조제8호의 사유로 손해보험계약의 제3자에게 보험금을 지급하지 못하게 된 경우에는 즉시 그 사실을 보험협회 중 손해보험회사로 구성된 협회(이하 "손해보험협회"라 한다)의 장에게 보고하여야 한다.
② 손해보험회사는 「예금자보호법」 제2조제8호나목에 따른 보험업 허가취소 등이 있었던 날부터 3개월 이내에 제3자에게 보험금을 지급하여야 할 사유가 발생하면 즉시 그 사실을 손해보험협회의 장에게 보고하여야 한다.
(2015.12.22 본조개정)
제168조【출연】 ① 손해보험회사는 손해보험계약의 제3자에 대한 보험금의 지급을 보장하기 위하여 수입보험료 및 책임준비금을 고려하여 대통령령으로 정하는 비율을 곱한 금액을 손해보험협회에 출연(出捐)하여야 한다.
② 손해보험회사는 제167조에 따른 지급불능 보고를 한 후 제1항의 출연을 할 수 있다.
③ 제1항과 제2항에 따른 출연금의 납부방법 및 절차에 관하여 필요한 사항은 대통령령으로 정한다.
제169조【보험금의 지급】 ① 손해보험협회의 장은 제167조에 따른 보고를 받으면 금융위원회의 확인을 거쳐 손해보험계약의 제3자에게 대통령령으로 정하는 보험금을 지급하여야 한다.
② 제1항에 따른 보험금의 지급방법 및 절차 등에 관하여 필요한 사항은 대통령령으로 정한다.
제170조【자료 제출 요구】 손해보험협회의 장은 제168조에 따른 출연금을 산정하고 제169조에 따른 보험금을 지급하기 위하여 필요한 범위에서 손해보험회사의 업무 및 자산상황에 관한 자료 제출을 요구할 수 있다.
제171조【자금의 차입】 ① 손해보험협회는 제169조에 따른 보험금의 지급을 위하여 필요한 경우에는 정부, 「예금자보호법」 제3조에 따른 예금보험공사, 그 밖에 대통령령으로 정하는 금융기관으로부터 금융위원회의 승인을 받아 자금을 차입할 수 있다.
② 손해보험회사는 제168조제1항에 따라 그 손해보험회사가 출연하여야 하는 금액의 범위에서 제1항에 따른 손해보험협회의 차입에 대하여 보증할 수 있다.
제172조【출연금 등의 회계처리】 제168조에 따른 출연금 및 제171조에 따른 차입금은 손해보험협회의 일반예산과 구분하여 회계처리하여야 한다.(2015.7.24 본조개정)
제173조【구상권】 손해보험협회는 제169조에 따라 보험금을 지급한 경우에는 해당 손해보험회사에 대하여 구상권을 가진다.
제174조【정산】 손해보험협회는 제168조에 따라 손해보험회사로부터 출연받은 금액으로 제169조에 따른 보험금을 지급하고 남거나 부족한 금액이 있는 경우 또는 제173조에 따른 구상권의 행사로 수입(收入)한 금액이 있는 경우에는 정산하여야 한다.

제11장 보험 관계 단체 등
(2010.7.23 본장개정)

제1절 보험협회 등

제175조【보험협회】 ① 보험회사는 상호 간의 업무질서를 유지하고 보험업의 발전에 기여하기 위하여 보험협회를 설립할 수 있다.
② 보험협회는 법인으로 한다.
③ 보험협회는 정관으로 정하는 바에 따라 다음 각 호의 업무를 한다.
1. 보험회사 간의 건전한 업무질서의 유지
1의2. 제85조의3제2항에 따른 보험회사등이 지켜야 할 규약의 제정·개정
1의3. 대통령령으로 정하는 보험회사 간 분쟁의 자율조정 업무(2024.2.6 본호신설)
2. 보험상품의 비교·공시 업무
3. 정부로부터 위탁받은 업무
4. 제1호·제1호의2 및 제2호의 업무에 부수하는 업무
5. 그 밖에 대통령령으로 정하는 업무
제176조【보험요율 산출기관】 ① 보험회사는 보험금의 지급에 충당되는 보험료(이하 "순보험료"라 한다)를 결정하기 위한 요율(이하 "순보험요율"이라 한다)을 공정하고 합리적으로 산출하고 보험과 관련된 정보를 효율적으로 관리·이용하기 위하여 금융위원회의 인가를 받아 보험요율 산출기관을 설립할 수 있다.
② 보험요율 산출기관은 법인으로 한다.
③ 보험요율 산출기관은 정관으로 정하는 바에 따라 다음 각 호의 업무를 한다.
1. 순보험요율의 산출·검증 및 제공
2. 보험 관련 정보의 수집·제공 및 통계의 작성
3. 보험에 대한 조사·연구
4. 설립 목적의 범위에서 정부기관, 보험회사, 그 밖의 보험 관계 단체로부터 위탁받은 업무

5. 제1호부터 제3호까지의 업무에 딸린 업무
6. 그 밖에 대통령령으로 정하는 업무
④ 보험요율 산출기관은 보험회사가 적용할 수 있는 순보험요율을 산출하여 금융위원회에 신고할 수 있다. 이 경우 신고를 받은 금융위원회는 그 내용을 검토하여 이 법에 적합하면 신고를 수리하여야 한다.(2020.12.8 후단신설)
⑤ 보험요율 산출기관은 순보험요율 산출 등 이 법에서 정하는 업무 수행을 위하여 보험 관련 통계를 체계적으로 통합·집적(集積)하여야 하며 필요한 경우 보험회사에 자료의 제출을 요청할 수 있다. 이 경우 보험회사는 이에 따라야 한다.
⑥ 보험회사가 제4항에 따라 보험요율 산출기관이 신고한 순보험요율을 적용하는 경우에는 순보험료에 대하여 제127조제2항 및 제3항에 따른 신고 또는 제출을 한 것으로 본다.(2020.12.8 본항개정)
⑦ 보험회사는 이 법에 따라 금융위원회에 제출하는 기초서류를 보험요율 산출기관으로 하여금 확인하게 할 수 있다.
⑧ 보험요율 산출기관은 그 업무와 관련하여 정관으로 정하는 바에 따라 보험회사로부터 수수료를 받을 수 있다.
⑨ 보험요율 산출기관은 보험계약자의 권익을 보호하기 위하여 필요하다고 인정되는 경우에는 다음 각 호의 어느 하나에 해당하는 자료를 공표할 수 있다.
1. 순보험요율 산출에 관한 자료
2. 보험 관련 각종 조사·연구 및 통계자료
⑩ 보험요율 산출기관은 순보험요율을 산출하기 위하여 필요한 경우 또는 보험회사의 보험금 지급업무에 필요한 경우에는 음주운전 등 교통법규 위반 또는 운전면허(「건설기계관리법」 제26조제1항 본문에 따른 건설기계조종사면허를 포함한다. 이하 제177조에서 같다)의 효력에 관한 개인정보를 보유하고 있는 기관의 장으로부터 그 정보를 제공받아 보험회사가 보험계약자에게 적용할 순보험료의 산출 또는 보험금 지급업무에 이용하게 할 수 있다.
(2015.12.22 본항개정)
⑪ 보험요율 산출기관은 순보험요율을 산출하기 위하여 필요하면 질병에 관한 통계를 보유하고 있는 기관의 장으로부터 그 질병에 관한 통계를 제공받아 보험회사로 하여금 보험계약자에게 적용할 순보험료의 산출에 이용하게 할 수 있다.
⑫ 보험요율 산출기관은 이 법 또는 다른 법률에 따라 제공받아 보유하는 개인정보를 다음 각 호의 어느 하나에 해당하는 경우 외에는 타인에게 제공할 수 없다.
1. 보험회사의 순보험료 산출에 필요한 경우
1의2. 제10항에 따른 정보를 제공받은 목적대로 보험회사가 이용하게 하기 위하여 필요한 경우(2014.1.14 본호신설)
2. 「신용정보의 이용 및 보호에 관한 법률」 제33조제1항 제2호부터 제5호까지의 어느 하나에서 정하는 사유에 따른 경우(2020.2.4 본호개정)
3. 정부로부터 위탁받은 업무를 하기 위하여 필요한 경우
4. 이 법에서 정하고 있는 보험요율 산출기관의 업무를 하기 위하여 필요한 경우로서 대통령령으로 정하는 경우
⑬ 보험요율 산출기관이 제10항에 따라 제공받는 개인정보와 제11항에 따라 제공받는 질병에 관한 통계 이용의 범위·절차 및 방법 등에 관하여 필요한 사항은 대통령령으로 정한다.
⑭ 보험요율 산출기관이 제12항에 따라 개인정보를 제공하는 절차·방법 등에 관하여 필요한 사항은 대통령령으로 정한다.

제177조【개인정보이용자의 의무】 제176조제10항에 따라 제공받은 교통법규 위반 또는 운전면허의 효력에 관한 개인정보와 그 밖에 보험계약과 관련하여 보험계약자 등으로부터 제공받은 질병에 관한 개인정보를 이용하여 순보험료의 산출·적용 업무 또는 보험금 지급업무에 종사하거나 종사하였던 자는 그 업무상 알게 된 개인정보를 누설하거나 타인에게 이용하도록 제공하는 등 부당한 목적을 위하여 사용하여서는 아니 된다.(2014.1.14 본조개정)

제178조【그 밖의 보험 관계 단체】 ① 보험설계사, 보험대리점, 보험중개사, 보험계리사, 손해사정사, 그 밖에 보험 관계 업무에 종사하는 자는 공익이나 보험계약자 및 피보험자 등을 보호하고 모집질서를 유지하기 위하여 각각 단체를 설립할 수 있다.
② 제1항에 따른 보험 관계 단체는 법인으로 한다.
③ 제1항에 따른 보험 관계 단체는 정관으로 정하는 바에 따라 다음 각 호의 업무를 한다.
1. 회원 간의 건전한 업무질서 유지
2. 회원에 대한 연수·교육 업무
3. 정부·금융감독원 또는 보험협회로부터 위탁받은 업무
4. 제1호 및 제2호에 딸린 업무
5. 그 밖에 대통령령으로 정하는 업무

제179조【감독】 보험협회, 보험요율 산출기관 및 제178조에 따른 보험 관계 단체에 관하여는 제131조제1항·제133조·제134조 및 제135조를 준용한다.

제180조【「민법」의 준용】 보험협회, 보험요율 산출기관 및 제178조에 따른 보험 관계 단체에 관하여는 이 법 또는 이 법에 따른 명령에 특별한 규정이 없으면 「민법」 중 사단법인에 관한 규정을 준용한다.

제2절 보험계리 및 손해사정

제181조【보험계리】 ① 보험회사는 보험계리에 관한 업무(기초서류의 내용 및 배당금 계산 등의 정당성 여부를 확인하는 것을 말한다)를 보험계리사를 고용하여 담당하게 하거나, 보험계리를 업으로 하는 자(이하 "보험계리업자"라 한다)에게 위탁하여야 한다.
② 보험회사는 제184조제1항에 따라 보험계리에 관한 업무 전반을 관리하고 이를 검증 및 확인하는 등 보험계리 관련 업무를 총괄하는 보험계리사(이하 "선임계리사"라 한다)를 선임하여야 한다.(2022.12.31 본항개정)
③ 제1항과 제2항에 따른 보험계리사, 선임계리사 또는 보험계리업자의 구체적인 업무범위는 총리령으로 정한다.
(2022.12.31 본항개정)

제181조의2【선임계리사의 임면 등】 ① 보험회사가 선임계리사를 선임하려는 경우에는 이사회의 의결을 거쳐 선임계리사의 선임 후에 금융위원회에 보고하여야 하고, 선임계리사를 해임하려는 경우에는 선임계리사의 해임 전에 이사회의 의결을 거쳐 금융위원회에 신고하여야 한다. 다만, 외국보험회사의 국내지점의 경우에는 이사회의 의결을 거치지 아니할 수 있다.
② 보험회사는 다른 보험회사의 선임계리사를 해당 보험회사의 선임계리사로 선임할 수 없다.
③ 보험회사는 제1항에 따른 선임계리사의 해임 신고를 할 때 그 해임사유를 제출하여야 하며, 금융위원회는 해임사유에 대하여 해당 선임계리사의 의견을 들을 수 있다.
④ 보험회사는 선임계리사가 제192조제1항에 따라 업무정지명령을 받은 경우에는 업무정지 기간 중 그 업무를 대행할 사람을 선임하여 금융위원회에 보고하여야 한다.
⑤ 그 밖에 보험회사의 선임계리사의 임면 등에 관하여 필요한 사항은 총리령으로 정한다.
(2022.12.31 본조신설)

제182조【보험계리사】 ① 보험계리사가 되려는 자는 금융감독원장이 실시하는 시험에 합격하고 일정 기간의 실무수습을 마친 후 금융위원회에 등록하여야 한다.
② 제1항에 따른 시험 과목 및 시험 면제와 실무수습 기간 등에 관하여 필요한 사항은 총리령으로 정한다.

제183조【보험계리업】 ① 보험계리를 업으로 하려는 자는 금융위원회에 등록하여야 한다.
② 보험계리를 업으로 하려는 법인은 대통령령으로 정하는 수 이상의 보험계리사를 두어야 한다.
③ 제1항에 따른 등록을 하려는 자는 총리령으로 정하는 수수료를 내야 한다.
④ 그 밖에 보험계리업의 등록 및 영업기준 등에 관하여 필요한 사항은 대통령령으로 정한다.

제184조【선임계리사의 의무 등】 ① 선임계리사는 기초서류의 내용 및 보험계약에 따른 배당금의 계산 등이 정당한지 여부를 검증하고 확인하여야 한다.
② 선임계리사는 보험회사가 기초서류관리기준을 지키는지를 점검하고 이를 위반하는 경우에는 조사하여 그 결과를 이사회에 보고하여야 하며, 기초서류에 법령을 위반한 내용이 있다고 판단하는 경우에는 금융위원회에 보고하여야 한다.
③ 선임계리사·보험계리사 또는 보험계리업자는 그 업무를 할 때 다음 각 호의 행위를 하여서는 아니 된다.
1. 고의로 진실을 숨기거나 거짓으로 보험계리를 하는 행위
2. 업무상 알게 된 비밀을 누설하는 행위
3. 타인으로 하여금 자기의 명의로 보험계리업무를 하게 하는 행위
4. 그 밖에 공정한 보험계리업무의 수행을 해치는 행위로서 대통령령으로 정하는 행위
④ 보험회사가 선임계리사를 선임한 경우에는 그 선임일이 속한 사업연도의 다음 사업연도부터 연속하는 3개 사업연도가 끝나는 날까지 그 선임계리사를 해임할 수 없다. 다만, 다음 각 호의 어느 하나에 해당하는 경우에는 그러하지 아니하다.
1. 선임계리사가 회사의 기밀을 누설한 경우
2. 선임계리사가 그 업무를 게을리하여 회사에 손해를 발생하게 한 경우
3. 선임계리사가 계리업무와 관련하여 부당한 요구를 하거나 압력을 행사한 경우
4. 제192조에 따른 금융위원회의 해임 요구가 있는 경우
⑤ (2022.12.31 삭제)
⑥ 금융위원회는 선임계리사에게 그 업무범위에 속하는 사항에 관하여 의견을 제출하게 할 수 있다.
⑦ 선임계리사는 다음 각 호의 직무를 담당하여서는 아니 된다.
1. 보험상품 개발 업무(기초서류 등을 검증 및 확인하는 업무는 제외한다)를 직접 수행하는 직무
2. 보험회사의 대표이사, 보험회사의 최고경영자 또는 최고재무관리 책임자의 직무
3. 그 밖에 이해가 상충할 우려가 있거나 선임계리사 업무에 전념하기 어려운 경우로서 대통령령으로 정하는 직무
(2022.12.31 본항신설)

제184조의2【선임계리사의 자격 요건】 ① 제181조의2에 따라 선임계리사가 되려는 사람은 다음 각 호의 요건을 모두 갖추어야 한다.
1. 제182조제1항에 따라 등록된 보험계리사일 것
2. 보험계리업무에 10년 이상 종사한 경력이 있을 것. 이 경우 손해보험회사의 선임계리사가 되려는 사람은 대통령령으로 정하는 보험계리업무에 3년 이상 종사한 경력을 포함하여 보험계리업무에 10년 이상 종사한 경력이 있어야 한다.
3. 최근 5년 이내에 제134조제1항제1호(경고·문책만 해당한다) 및 제3호, 제190조 또는 제192조제1항에 따른 조치를 받은 사실이 없을 것
② 보험회사는 선임계리사로 선임된 사람이 선임 당시 제1항에 따른 자격요건을 갖추지 못하였던 것으로 판명되었을 때에는 해임하여야 한다.
(2022.12.31 본조신설)

제184조의3【선임계리사의 권한 및 독립성 보장 등】
① 선임계리사는 보험회사에 대하여 업무 수행에 필요한 정보나 자료의 제공을 요청할 수 있으며, 보험회사는 정당한 사유 없이 그 요청을 거부해서는 아니 된다.
② 선임계리사는 그 업무 수행과 관련하여 이사회(「상법」 제393조의2에 따른 이사회 내 위원회를 포함한다)에 참석할 수 있다.
③ 선임계리사는 제184조제1항에 따른 업무와 관련된 사항을 검증·확인하였을 때에는 그 의견서(이하 "선임계리사검증의견서"라 한다)를 이사회와 감사 또는 감사위원회(이하 이 조에서 "이사회등"이라 한다)에 제출하여야 한다. 다만, 기초서류 등 대통령령이 정하는 사항에 대한 선임계리사검증의견서는 대표이사에게 제출함으로써 이사회등에의 제출을 갈음할 수 있다.
④ 제3항의 보고를 받은 이사회등은 선임계리사검증의견서에 따라 필요한 조치를 하여야 한다. 다만, 선임계리사의 의견이 부적절하다고 판단되는 경우에는 그러하지 아니하다.
⑤ 보험회사는 선임계리사가 그 업무를 원활하게 수행할 수 있도록 선임계리사를 보조하는 인력 및 전산시설 등의 시설을 지원하여야 하며, 그 구체적인 기준은 대통령령으로 정한다.
⑥ 보험회사는 선임계리사에 대하여 직무 수행과 관련한 사유로 부당한 인사상의 불이익을 주어서는 아니 된다.
(2022.12.31 본조신설)

제185조【손해사정】 ① 대통령령으로 정하는 보험회사는 보험사고에 따른 손해액 및 보험금의 사정(이하 "손해사정"이라 한다)에 관한 업무를 직접 수행하거나 손해사정사 또는 손해사정을 업으로 하는 자(이하 "손해사정업자"라 한다)를 선임하여 그 업무를 위탁하여야 한다. 다만, 다음 각 호의 어느 하나에 해당하는 경우에는 그러하지 아니하다.(2024.2.6 본문개정)
1. 보험사고가 외국에서 발생한 경우
2. 보험계약자 등이 금융위원회가 정하는 기준에 따라 손해사정사를 따로 선임한 경우로서 보험회사가 이에 동의한 경우
(2024.2.6 1호~2호신설)
② 보험계약자 등이 손해사정사를 선임하려고 보험회사에 알리는 경우 보험회사는 그 손해사정사가 금융위원회가 정하는 손해사정사 선임에 관한 동의기준을 충족하는 경우에는 이에 동의하여야 한다.(2024.2.6 본항신설)
③ 보험회사는 제1항 본문에 따라 손해사정업무를 직접 수행하는 경우에는 다음 각 호의 사항을 준수하여야 한다.
1. 손해사정사를 고용하여 손해사정업무를 담당하게 할 것
2. 고용한 손해사정사에 대한 평가기준에 보험금 삭감을 유도하는 지표를 사용하지 아니할 것
3. 손해사정서를 작성한 경우에 지체 없이 대통령령으로 정하는 방법에 따라 보험계약자, 피보험자 및 보험금청구권자에게 손해사정서를 내어 주고, 그 중요한 내용을 알려 줄 것
4. 그 밖에 공정한 손해사정을 위하여 필요한 사항으로서 금융위원회가 정하여 고시하는 사항을 준수할 것
(2024.2.6 본항신설)
④ 보험회사는 제1항 본문에 따라 손해사정업무를 위탁하는 경우에는 다음 각 호의 사항을 준수하여야 한다.
1. 손해사정사 또는 손해사정업자 선정기준 등 대통령령으로 정하는 사항을 포함한 업무위탁기준을 마련하고 이를 준수할 것
2. 전체 손해사정업무 중 대통령령으로 정하는 비율을 초과하는 손해사정업무를 자회사인 손해사정업자에게 위탁하는 경우에는 제1호에 따른 선정기준과 그 기준에 따른 선정 결과를 이사회에 보고하고 인터넷홈페이지에 공시할 것
3. 그 밖에 공정한 손해사정을 위하여 필요한 사항으로서 금융위원회가 정하여 고시하는 사항을 준수할 것
(2024.2.6 본항신설)
⑤ 보험회사는 제1항 본문에 따라 손해사정업무를 위탁하는 경우 다음 각 호의 어느 하나에 해당하는 행위를 하여서는 아니 된다.
1. 손해사정 위탁계약서를 교부하지 아니하는 행위
2. 위탁계약서상 계약사항을 이행하지 아니하거나 위탁계약서에서 정한 업무 외의 업무를 강요하는 행위
3. 위탁계약서에서 정한 해지요건 외의 사유로 위탁계약을 해지하는 행위
4. 정당한 사유 없이 손해사정사 또는 손해사정업자가 요청한 위탁계약 해지를 거부하는 행위
5. 손해사정업무를 위탁받은 손해사정사 또는 손해사정

업자에게 지급하여야 하는 수수료의 전부 또는 일부를 정당한 사유 없이 지급하지 아니하거나 지연하여 지급하는 행위
6. 정당한 사유 없이 손해사정사 또는 손해사정업자에게 지급한 수수료를 환수하는 행위
7. 손해사정을 보험회사에 유리하게 하도록 손해사정사 또는 손해사정업자에게 강요하는 행위 등 정당한 사유 없이 위탁한 손해사정업무에 개입하는 행위
8. 그 밖에 대통령령으로 정하는 불공정한 행위
(2024.2.6 본항신설)

제186조【손해사정사】 ① 손해사정사가 되려는 자는 금융감독원장이 실시하는 시험에 합격하고 일정 기간의 실무수습을 마친 후 금융위원회에 등록하여야 한다.
② 제1항에 따른 손해사정사의 등록, 시험 과목 및 시험 면제와 실무수습 기간 등에 관하여 필요한 사항은 총리령으로 정한다.
③ 손해사정사는 금융위원회가 정하는 바에 따라 업무와 관련된 보조인을 둘 수 있다.

제186조의2【손해사정사 교육】 ① 보험회사 및 법인인 손해사정업자는 대통령령으로 정하는 바에 따라 소속 손해사정사(제186조제3항에 따른 보조인을 포함한다)에게 손해사정에 관한 교육을 하여야 한다.
② 개인인 손해사정업자(제186조제3항에 따른 보조인을 포함한다)는 대통령령으로 정하는 바에 따라 제1항에 따른 교육을 받아야 한다.
(2024.2.6 본조신설)

제187조【손해사정업】 ① 손해사정을 업으로 하려는 자는 금융위원회에 등록하여야 한다.
② 손해사정을 업으로 하려는 법인은 대통령령으로 정하는 수 이상의 손해사정사를 두어야 한다.
③ 제1항에 따른 등록을 하려는 자는 총리령으로 정하는 수수료를 내야 한다.
④ 제1항에 따라 등록을 한 손해사정업자는 경영현황 등 대통령령으로 정하는 사항을 금융위원회가 정하는 바에 따라 공시하여야 한다.(2024.2.6 본항신설)
⑤ 그 밖에 손해사정업의 등록, 영업기준 및 공시 등에 관하여 필요한 사항은 대통령령으로 정한다.(2024.2.6 본항개정)

제187조의2【유사명칭의 사용금지】 이 법에 따른 손해사정사나 손해사정업자가 아닌 자는 손해사정, 손해사정업자 또는 이와 유사한 명칭을 사용하지 못한다.
(2024.2.6 본조신설)

제188조【손해사정사 등의 업무】 손해사정사 또는 손해사정업자의 업무는 다음 각 호와 같다.
1. 손해 발생 사실의 확인
2. 보험약관 및 관계 법규 적용의 적정성 판단
3. 손해액 및 보험금의 사정
4. 제1호부터 제3호까지의 업무와 관련된 서류의 작성·제출의 대행
5. 제1호부터 제3호까지의 업무 수행과 관련된 보험회사에 대한 의견의 진술

제189조【손해사정사의 의무 등】 ① 보험회사로부터 손해사정업무를 위탁받은 손해사정사 또는 손해사정업자는 손해사정업무를 수행한 후 손해사정서를 작성한 경우에 지체 없이 대통령령으로 정하는 방법에 따라 보험회사, 보험계약자, 피보험자 및 보험금청구권자에게 손해사정서를 내어 주고, 그 중요한 내용을 알려주어야 한다.
(2018.2.21 본항개정)
② 보험계약자 등이 선임한 손해사정사 또는 손해사정업자는 손해사정업무를 수행한 후 지체 없이 보험회사 및 보험계약자 등에 대하여 손해사정서를 내어 주고, 그 중요한 내용을 알려주어야 한다.
③ 손해사정사(제186조제3항에 따른 보조인을 포함한다) 또는 손해사정업자는 손해사정업무를 수행할 때 보험계약자, 그 밖의 이해관계자들의 이익을 부당하게 침해하여서는 아니 되며, 다음 각 호의 행위를 하여서는 아니 된다.
(2024.2.6 본문개정)
1. 고의로 진실을 숨기거나 거짓으로 손해사정을 하는 행위
1의2. 보험회사 또는 보험계약자 등 어느 일방에 유리하도록 손해사정업무를 수행하는 행위(2024.2.6 본호신설)
2. 업무상 알게 된 보험계약자 등에 관한 개인정보를 누설하는 행위
3. 타인으로 하여금 자기의 명의로 손해사정업무를 하게 하는 행위
4. 정당한 사유 없이 손해사정업무를 지연하거나 충분한 조사를 하지 아니하고 손해액 또는 보험금을 산정하는 행위
5. 보험회사 및 보험계약자 등에 대하여 이미 제출받은 서류와 중복되는 서류나 손해사정과 관련이 없는 서류 또는 정보를 요청함으로써 손해사정을 지연하는 행위
(2018.2.21 본호개정)
6. 보험금 지급을 요건으로 합의서를 작성하거나 합의를 요구하는 행위(2018.2.21 본호신설)
7. 그 밖에 공정한 손해사정업무의 수행을 해치는 행위로서 대통령령으로 정하는 행위

제189조의2【손해사정의 표시·광고】 ① 손해사정사 또는 손해사정업자가 아닌 자는 손해사정업무를 수행하는 것으로 오인될 우려가 있는 표시·광고를 하여서는 아니 된다.
② 손해사정사 또는 손해사정업자는 과대, 허위 등의 내용으로 보험계약자 등에게 피해를 줄 우려가 있는 표시·광고를 하여서는 아니 된다.
(2024.2.6 본조신설)

제190조【등록의 취소 등】 보험계리사·선임계리사·보험계리업자·손해사정사 및 손해사정업자에 관하여는 제86조를 준용한다. 이 경우 제86조제1항제3호에서 "제84조"는 각각 "제182조제1항"·"제183조제1항"·"제186조제1항" 또는 "제187조제1항"으로 보고, 제86조제2항제1호에서 "모집"은 보험계리사·선임계리사·보험계리업자의 경우에는 "보험계리"로, 손해사정사·손해사정업자의 경우에는 "손해사정"으로 본다.(2024.2.6 본조개정)

제191조【손해배상의 보장】 금융위원회는 보험계리업자 또는 손해사정업자가 그 업무를 할 때 고의 또는 과실로 타인에게 손해를 발생하게 한 경우 그 손해의 배상을 보장하기 위하여 보험계리업자 또는 손해사정업자에게 금융위원회가 지정하는 기관에의 자산 예탁, 보험 가입, 그 밖에 필요한 조치를 하게 할 수 있다.

제192조【감독】 ① 금융위원회는 보험계리사·선임계리사·보험계리업자·손해사정사 또는 손해사정업자가 그 직무를 게을리하거나 직무를 수행하면서 부적절한 행위를 하였다고 인정되는 경우에는 6개월 이내의 기간을 정하여 업무의 정지를 명하거나 해임하게 할 수 있다.
(2014.10.15 본항개정)
② 보험계리업자 및 손해사정업자에 관하여는 제131조제1항·제133조 및 제134조제1항을 준용한다. 이 경우 "보험회사"는 각각 "보험계리업자", "손해사정업자"로 본다.

제12장 보 칙
(2010.7.23 본장개정)

제193조【공제에 대한 협의】 ① 금융위원회는 법률에 따라 운영되는 공제업과 이 법에 따른 보험업 간의 균형 있는 발전을 위하여 필요하다고 인정하는 경우에는 그 공제업을 운영하는 자에게 기초서류에 해당하는 사항에 관한 협의를 요구하거나 그 공제업 관련 중앙행정기관의 장에게 재무건전성에 관한 사항에 관한 협의를 요구할 수 있다.(2020.12.8 본항개정)
② 제1항의 요구를 받은 자는 정당한 사유가 없으면 그 요구에 따라야 한다.
③ 제1항에 따른 중앙행정기관의 장은 공제업의 재무건전성 유지를 위하여 필요하다고 인정하는 경우에는 공제업을 운영하는 자에 대한 공동검사에 관한 협의를 금융위원회에 요구할 수 있다.(2020.12.8 본항신설)

제194조【업무의 위탁】 ① 다음 각 호의 업무는 보험협회에 위탁한다.
1. 제84조에 따른 보험설계사의 등록업무
2. 제87조에 따른 보험대리점의 등록업무
② 다음 각 호의 업무는 금융감독원장에게 위탁한다.
1. 제89조에 따른 보험중개사의 등록업무
2. 제182조에 따른 보험계리사의 등록업무
3. 제183조에 따른 보험계리를 업으로 하려는 자의 등록업무
4. 제186조에 따른 손해사정사의 등록업무
5. 제187조에 따른 손해사정을 업으로 하려는 자의 등록업무
③ 금융위원회는 이 법에 따른 업무의 일부를 대통령령으로 정하는 바에 따라 금융감독원장에게 위탁할 수 있다.
④ 금융감독원장은 이 법에 따른 업무의 일부를 대통령령으로 정하는 바에 따라 보험협회의 장, 보험요율 산출기관의 장 또는 제178조에 따른 보험 관계 단체의 장, 자격검정 등을 목적으로 설립된 기관에 위탁할 수 있다.

제195조【허가 등의 공고】 ① 금융위원회는 제4조제1항에 따른 허가를 하거나 제74조제1항 또는 제134조제2항에 따라 허가를 취소한 경우에는 지체 없이 그 내용을 관보에 공고하고 인터넷 홈페이지 등을 이용하여 일반인에게 알려야 한다.
② 금융위원회는 다음 각 호의 사항을 인터넷 홈페이지 등을 이용하여 일반인에게 알려야 한다.
1. 제4조에 따라 허가받은 보험회사
2. 제12조에 따라 설치된 국내사무소
3. 제125조에 따라 인가된 상호협정
③ 금융감독원장은 다음 각 호의 사항을 인터넷 홈페이지 등을 이용하여 일반인에게 알려야 한다.
1. 제89조에 따라 등록된 보험중개사
2. 제182조에 따라 등록된 보험계리사 및 제183조에 따라 등록된 보험계리업자
3. 제186조에 따라 등록된 손해사정사 및 제187조에 따라 등록된 손해사정업자
④ 보험협회는 제87조에 따라 등록된 보험대리점을 인터넷 홈페이지 등을 이용하여 일반인에게 알려야 한다.

제196조【과징금】 ① 금융위원회는 보험회사가 제98조, 제99조, 제105조, 제106조, 제110조, 제111조, 제127조, 제127조의3, 제128조의3, 제131조를 위반한 경우에는 다음 각 호의 구분에 따라 과징금을 부과할 수 있다.(2020.3.24 본문개정)
1. (2020.3.24 삭제)
2. 제98조를 위반하여 특별이익을 제공하거나 제공하기로 약속하는 경우 : 특별이익의 제공 대상이 된 해당 보험계약의 연간 수입보험료 이하
3. 제99조제1항을 위반하여 모집을 할 수 있는 자 이외의 자에게 모집을 위탁한 경우 : 해당 보험계약의 수입보험료의 100분의 50 이하
3의2. 제105조제1호를 위반하여 업무용 부동산이 아닌 부동산(저당권 등 담보권의 실행으로 취득하는 부동산은 제외한다)을 소유하는 경우 : 업무용이 아닌 부동산 취득가액의 100분의 30 이하(2017.4.18 본호신설)
4. 제106조제1항제1호부터 제3호까지의 규정에 따른 신용공여 등의 한도를 초과한 경우 : 초과한 신용공여액 등의 100분의 30 이하
5. 제106조제1항제5호에 따른 신용공여의 한도를 초과한 경우 : 초과한 신용공여액 이하
6. 제106조제1항제6호에 따른 채권 또는 주식의 소유한도를 초과한 경우 : 초과 소유한 채권 또는 주식의 장부가액 합계액 이하
6의2. 제110조제1항을 위반하여 자금지원 관련 금지행위를 하는 경우 : 해당 신용공여액 또는 주식의 장부가액 합계액의 100분의 30 이하(2017.4.18 본호신설)
7. 제111조제1항을 위반하여 신용공여를 하거나 자산의 매매 또는 교환 등을 한 경우 : 해당 신용공여액 또는 해당 자산의 장부가액 이하
8. 제127조를 위반한 경우 : 해당 보험계약의 연간 수입보험료의 100분의 50 이하
9. 제127조의3을 위반한 경우 : 해당 보험계약의 연간 수입보험료의 100분의 50 이하
10. 제128조의3을 위반하여 기초서류를 작성·변경한 경우 : 해당 보험계약의 연간 수입보험료의 100분의 50 이하
11. 제131조제2항 및 제4항에 따라 금융위원회로부터 기초서류의 변경·사용중지 명령 또는 보험료환급·보험금증액 명령을 받은 경우 : 해당 보험계약의 연간 수입보험료의 100분의 50 이하
(2017.4.18 본항개정)
② 금융위원회는 보험회사의 소속 임직원 또는 소속 보험설계사가 제95조의2·제96조제1항·제97조제1항을 위반한 경우에는 그 보험회사에 대하여 해당 보험계약의 수입보험료의 100분의 50 이하의 범위에서 과징금을 부과할 수 있다. 다만, 보험회사가 그 위반행위를 막기 위하여 해당 업무에 관하여 상당한 주의와 감독을 게을리하지 아니한 경우에는 그러하지 아니하다.(2017.4.18 본문개정)
③ 제98조, 제106조제1항제1호부터 제3호까지·제5호·제6호 또는 제111조제1항을 위반한 자에게는 정상(情狀)에 따라 제200조 또는 제202조에 따른 벌칙과 제1항에 따른 과징금을 병과(倂科)할 수 있다.
④ 제1항부터 제3항까지의 규정에 따른 과징금의 부과 및 징수 절차 등에 관하여는 「은행법」 제65조의4부터 제65조의8까지의 규정을 준용한다.

제13장 벌 칙
(2010.7.23 본장개정)

제197조【벌칙】 ① 보험계리사, 손해사정사 또는 상호회사의 발기인, 제70조제1항에서 준용하는 「상법」 제175조제1항에 따른 설립위원·이사·감사, 제59조에서 준용하는 「상법」 제386조제2항 및 제407조제1항에 따른 직무대행자나 지배인, 그 밖에 사업에 관하여 어떠한 종류의 사항이나 특정한 사항을 위임받은 사용인이 그 임무를 위반하여 재산상의 이익을 취득하거나 제3자로 하여금 취득하게 하여 보험회사에 재산상의 손해를 입힌 경우에는 10년 이하의 징역 또는 1억원 이하의 벌금에 처한다.
(2017.10.31 본항개정)
② 상호회사의 청산인 또는 제73조에서 준용하는 「상법」 제386조제2항 및 제407조제1항에 따른 직무대행자가 제1항에 열거된 행위를 한 경우에도 제1항과 같다.

제198조【벌칙】 제25조제1항 또는 제54조제1항의 기관을 구성하는 자가 그 임무를 위반하여 재산상의 이익을 취득하거나 제3자로 하여금 취득하게 하여 보험계약자나 사원에게 손해를 입힌 경우에는 7년 이하의 징역 또는 7천만원 이하의 벌금에 처한다.(2017.10.31 본조개정)

제199조【벌칙】 제197조제1항에 열거된 자 또는 상호회사의 검사인이 다음 각 호의 어느 하나에 해당하는 행위를 한 경우에는 7년 이하의 징역 또는 7천만원 이하의 벌금에 처한다.(2017.10.31 본문개정)
1. 상호회사를 설립하면서 사원의 수, 기금총액의 인수, 기금의 납입 또는 제34조제4호부터 제6호까지 및 제9호와 제38조제2항제3호 및 제5호에 열거된 사항에 관하여 법원 또는 총회에 보고를 부실하게 하거나 사실을 숨긴 경우
2. 명의에 관계없이 보험회사의 계산으로 부정하게 그 주식을 취득하거나 질권의 목적으로 받은 경우
3. 법령 또는 정관을 위반하여 기금의 상각, 기금이자의 지급 또는 이익이나 잉여금의 배당을 한 경우
4. 보험업을 하기 위한 목적 이외의 투기거래를 위하여 보험회사의 자산을 처분한 경우

제200조【벌칙】 다음 각 호의 어느 하나에 해당하는 자는 5년 이하의 징역 또는 5천만원 이하의 벌금에 처한다.
(2017.10.31 본문개정)
1. 제4조제1항을 위반한 자

2. 제106조제1항제4호 및 제5호를 위반하여 신용공여를 한 자
3. 제106조제1항제6호를 위반하여 채권 및 주식을 소유한 자
4. 제111조제1항을 위반하여 같은 항 각 호의 어느 하나에 해당하는 행위를 한 자
5. 제111조제5항을 위반하여 같은 항 각 호의 어느 하나에 해당하는 행위를 한 대주주 또는 그의 특수관계인

제201조【벌칙】 ① 제197조 및 제198조에 열거된 자 또는 상호회사의 검사인이 그 직무에 관하여 부정한 청탁을 받고 재산상의 이익을 수수·요구 또는 약속한 경우에는 5년 이하의 징역 또는 5천만원 이하의 벌금에 처한다.(2017.10.31 본항개정)
② 제1항의 이익을 약속 또는 공여(供與)하거나 공여 의사를 표시한 자도 제1항과 같다.

제202조【벌칙】 다음 각 호의 어느 하나에 해당하는 자는 3년 이하의 징역 또는 3천만원 이하의 벌금에 처한다.(2017.10.31 본문개정)
1. 제18조제2항을 위반하여 승인을 받지 아니하고 자본감소의 결의를 한 주식회사(2017.4.18 본호신설)
2. 제75조를 위반한 자
3. 제98조에서 규정한 금품 등을 제공(같은 조 제3호의 경우에는 보험금액 지급의 약속을 말한다)한 자 또는 이를 요구하여 수수(收受)한 보험계약자 또는 피보험자
4. 제106조제1항제1호부터 제3호까지의 규정을 위반한 자
5. 제177조를 위반한 자
6. 제183조제1항 또는 제187조제1항에 따른 등록을 하지 아니하고 보험계리업 또는 손해사정업을 한 자
7. 거짓이나 그 밖의 부정한 방법으로 제183조제1항 또는 제187조제1항에 따른 등록을 한 자
8. 제189조제3항제2호를 위반한 자(2024.2.6 본호신설)

제203조【벌칙】 ① 다음 각 호의 사항에 관하여 부정한 청탁을 받고 재산상의 이익을 수수·요구 또는 약속한 자는 1년 이하의 징역 또는 1천만원 이하의 벌금에 처한다.
1. 보험계약자총회, 상호회사의 창립총회 또는 사원총회에서의 발언이나 의결권 행사
2. 제3장제2절·제3절 및 제8장제2절에서 규정하는 소(訴)의 제기 또는 자본금의 100분의 5 이상에 상당하는 주주 또는 100분의 5 이상의 사원의 권리의 행사
② 제1항의 이익을 약속 또는 공여하거나 공여 의사를 표시한 자도 제1항과 같다.

제204조【벌칙】 ① 다음 각 호의 어느 하나에 해당하는 자는 1년 이하의 징역 또는 1천만원 이하의 벌금에 처한다.
1. 제8조제2항을 위반한 자
2. 제83조제1항을 위반하여 모집을 한 자
3. 거짓이나 그 밖의 부정한 방법으로 보험설계사·보험대리점 또는 보험중개사의 등록을 한 자
3의2. 제86조제2항(제190조에 따라 준용하는 경우를 포함한다)에 따른 업무정지의 명령을 위반하여 모집, 보험계리업무 또는 손해사정업무를 한 자(2024.2.6 본호신설)
4. 제88조제2항, 제90조제2항에 따른 업무정지의 명령을 위반하여 모집을 한 자(2024.2.6 본호개정)
5. (2017.4.18 삭제)
6. 제150조를 위반한 자
7. 제181조제1항 및 제184조제1항을 위반하여 정당한 사유 없이 확인을 하지 아니하거나 부정한 확인을 한 보험계리사 및 선임계리사
8. 제184조제3항제1호를 위반한 선임계리사 및 보험계리사
9. 제189조제3항제1호를 위반한 손해사정사
② 보험계리사나 손해사정사에게 제1항제7호부터 제9호까지의 규정에 따른 행위를 하게 하거나 이를 방조한 자는 정범에 준하여 처벌한다.

제205조【미수범】 제197조 및 제198조의 미수범은 처벌한다.

제206조【병과】 제197조부터 제205조까지에 규정된 죄를 범한 자에게는 정상에 따라 징역과 벌금을 병과할 수 있다.

제207조【몰수】 제201조 및 제203조의 경우 범인이 수수하였거나 공여하려 한 이익은 몰수한다. 그 전부 또는 일부를 몰수할 수 없는 경우에는 그 가액(價額)을 추징한다.

제208조【양벌규정】 ① 법인(법인이 아닌 사단 또는 재단으로서 대표자 또는 관리인이 있는 것을 포함한다. 이하 이 항에서 같다)의 대표자나 법인 또는 개인의 대리인, 사용인, 그 밖의 종업원이 그 법인 또는 개인의 업무에 관하여 제200조, 제202조 또는 제204조의 어느 하나에 해당하는 위반행위를 하면 그 행위자를 벌하는 외에 그 법인 또는 개인에게도 해당 조문의 벌금형을 과(科)한다. 다만, 법인 또는 개인이 그 위반행위를 방지하기 위하여 해당 업무에 관하여 상당한 주의와 감독을 게을리하지 아니한 경우에는 그러하지 아니하다.
② 제1항에 따라 법인이 아닌 사단 또는 재단에 대하여 벌금형을 과하는 경우에는 그 대표자 또는 관리인이 그 소송행위에 관하여 그 사단 또는 재단을 대표하는 법인을 피고인으로 하는 경우의 형사소송에 관한 법률을 준용한다.

제209조【과태료】 ① 보험회사가 다음 각 호의 어느 하나에 해당하는 경우에는 1억원 이하의 과태료를 부과한다.(2017.4.18 본문개정)
1. 제10조 또는 제11조를 위반하여 다른 업무 등을 겸영한 경우
1의2. 제11조의2제1항을 위반하여 부수업무를 신고하지 아니한 경우(2017.4.18 본호신설)
2. 제95조를 위반한 경우
3. 제96조를 위반한 경우
4. 보험회사 소속 임직원이 제101조의2제3항을 위반한 경우 해당 보험회사. 다만, 보험회사가 그 위반행위를 방지하기 위하여 해당 업무에 관하여 상당한 주의와 감독을 게을리하지 아니한 경우는 제외한다.(2020.3.24 본문개정)
5. 제106조제1항제7호부터 제9호까지의 규정을 위반한 경우(2022.12.31 본호개정)
6. 제109조를 위반하여 다른 회사의 주식을 소유한 경우
7. (2017.4.18 삭제)
7의2. (2020.3.24 삭제)
7의3. 제111조제2항을 위반하여 이사회의 의결을 거치지 아니한 경우(2017.4.18 본호신설)
7의4. 제111조제3항 또는 제4항에 따른 보고 또는 공시를 하지 아니하거나 거짓으로 보고 또는 공시한 경우(2017.4.18 본호개정)
8. 제113조를 위반한 경우
9. 제116조를 위반한 경우
10. 제118조를 위반하여 재무제표 등을 기한까지 제출하지 아니하거나 사실과 다르게 작성된 재무제표 등을 제출한 경우
10의2. 제120조제1항을 위반하여 책임준비금이나 비상위험준비금을 계상하지 아니하거나 과소·과다하게 계상하는 경우 또는 장부에 기재하지 아니한 경우(2017.4.18 본호신설)
11. 제124조제1항을 위반하여 공시하지 아니한 경우
12. 제124조제4항을 위반하여 정보를 제공하지 아니하거나 부실한 정보를 제공한 경우
13. 제128조의2를 위반한 경우
14. 제131조제1항·제2항 및 제4항에 따른 명령을 위반한 경우
15. 제133조에 따른 검사를 거부·방해 또는 기피한 경우
16. 제181조제2항을 위반하여 선임계리사를 선임하지 아니한 경우(2022.12.31 본호신설)
17. 제181조의2에 따른 선임계리사 선임 및 해임에 관한 절차를 위반한 경우(2022.12.31 본호신설)
18. 제184조의2에 따른 선임계리사의 요건을 충족하지 못한 자를 선임계리사로 선임한 경우(2022.12.31 본호신설)
② 제91조제1항에 따른 금융기관보험대리점등 또는 금융기관보험대리점등이 되려는 자가 제83조제2항 또는 제100조를 위반한 경우에는 1억원 이하의 과태료를 부과한다.(2017.4.18 본항개정)
③ 보험회사가 제95조의5를 위반한 경우에는 5천만원 이하의 과태료를 부과한다.(2020.12.8 본항신설)
④ 보험회사가 다음 각 호의 어느 하나에 해당하는 행위를 한 경우에는 3천만원 이하의 과태료를 부과한다.(2022.12.31 본문개정)
1. 제85조의4를 위반하여 직원의 보호를 위한 조치를 하지 아니하거나 직원에게 불이익을 준 경우(2022.12.31 본호신설)
2. 제184조제7항을 위반하여 같은 항 각 호의 어느 하나에 해당하는 직무를 담당하게 한 경우(2022.12.31 본호신설)
3. 제184조의3제1항, 제5항 또는 제6항을 위반하여 선임계리사의 권한과 업무 수행의 독립성에 관하여 필요한 사항을 이행하지 아니한 경우(2022.12.31 본호신설)
⑤ 제110조의3제2항을 위반하여 신용공여 계약을 체결하려는 자에게 금리인하 요구를 할 수 있음을 알리지 아니한 보험회사에는 2천만원 이하의 과태료를 부과한다.(2020.5.19 본항신설)
⑥ 보험회사의 발기인·설립위원·이사·감사·검사인·청산인, 「상법」 제386조제2항 및 제407조제1항에 따른 직무대행자(제59조 및 제73조에서 준용하는 경우를 포함한다) 또는 지배인이 다음 각 호의 어느 하나에 해당하는 행위를 한 경우에는 2천만원 이하의 과태료를 부과한다.
1. 보험회사가 제10조 또는 제11조를 위반하여 다른 업무 등을 겸영한 경우
2. (2015.7.31 삭제)
3. 제18조를 위반하여 자본감소의 절차를 밟은 경우
4. 관청·총회 또는 제25조제1항 및 제54조제1항의 기관에 보고를 부실하게 하거나 진실을 숨긴 경우
5. 제38조제2항을 위반하여 입사청약서를 작성하지 아니하거나 입사청약서에 적을 사항을 적지 아니하거나 부실하게 적은 경우
6. 정관·사원명부·의사록·자산목록·재무상태표·사업계획서·사무보고서·결산보고서, 제44조에서 준용하는 「상법」 제29조제1항의 장부에 적을 사항을 적지 아니하거나 부실하게 적은 경우(2021.4.20 본호개정)
7. 제57조제1항(제73조에서 준용하는 경우를 포함한다)이나 제64조 및 제73조에서 준용하는 「상법」 제448조제1항을 위반하여 서류를 비치하지 아니한 경우
8. 사원총회 또는 제54조제1항의 기관을 제59조에서 준용하는 「상법」 제364조를 위반하여 소집하거나 정관으로 정한 지역 이외의 지역에서 소집하거나 제59조에서 준용하는 「상법」 제365조제1항을 위반하여 소집하지 아니한 경우
9. 제60조 또는 제62조를 위반하여 준비금을 적립하지 아니하거나 준비금을 사용한 경우
10. 제69조를 위반하여 해산절차를 밟은 경우
11. 제72조 또는 정관을 위반하여 보험회사의 자산을 처분하거나 그 남은 자산을 배분한 경우
12. 제73조에서 준용하는 「상법」 제254조를 위반하여 파산선고의 신청을 게을리한 경우
13. 청산의 종결을 지연시킬 목적으로 제73조에서 준용하는 「상법」 제535조제1항의 기간을 부당하게 정한 경우
14. 제73조에서 준용하는 「상법」 제536조를 위반하여 채무를 변제한 경우
15. 제79조제2항에서 준용하는 「상법」 제619조 또는 제620조를 위반한 경우
16. 제85조제1항을 위반한 경우
17. 보험회사가 제95조를 위반한 경우
18. 보험회사의 임직원이 제95조의2, 제95조의5, 제97조 또는 제101조의2제1항·제2항을 위반한 경우(2020.12.8 본호개정)
19. 보험회사가 제96조를 위반한 경우
20. 제106조제1항제4호 또는 제7호부터 제9호까지의 규정을 위반하여 자산운용을 한 경우(2022.12.31 본호개정)
21. 제109조를 위반하여 다른 회사의 주식을 소유한 경우
22. 제110조를 위반한 경우
22의2. (2020.5.19 삭제)
23. 제113조를 위반한 경우
24. 제116조를 위반한 경우
25. 제118조를 위반하여 재무제표 등의 제출기한을 지키지 아니하거나 사실과 다르게 작성된 재무제표 등을 제출한 경우
26. 제119조를 위반하여 서류의 비치나 열람의 제공을 하지 아니한 경우
27. 제120조제1항을 위반하여 책임준비금 또는 비상위험준비금을 계상하지 아니하거나 장부에 기재하지 아니한 경우
28. 제124조제1항을 위반하여 공시하지 아니한 경우
29. 제124조제4항을 위반하여 정보를 제공하지 아니하거나 부실한 정보를 제공한 경우
30. 제125조를 위반한 경우
31. 제126조를 위반하여 정관변경을 보고하지 아니한 경우
32. 제127조를 위반한 경우
33. 보험회사가 제127조의3을 위반한 경우
34. 보험회사가 제128조의2를 위반한 경우
35. 보험회사가 제128조의3을 위반하여 기초서류를 작성·변경한 경우
36. 제130조를 위반하여 보고하지 아니한 경우
37. 제131조에 따른 명령을 위반한 경우
38. 제133조에 따른 검사를 거부·방해 또는 기피한 경우
39. 금융위원회가 선임한 청산인 또는 법원이 선임한 관리인이나 청산인에게 사무를 인계하지 아니한 경우
40. 제141조를 위반하여 보험계약의 이전절차를 밟은 경우
41. 제142조를 위반하여 보험계약을 하거나 제144조(제152조제2항에서 준용하는 경우를 포함한다)를 위반하여 자산을 처분하거나 채무를 부담할 행위를 한 경우
42. 제151조제1항·제2항, 제153조제3항 또는 제70조제1항에서 준용하는 「상법」 제232조를 위반하여 합병절차를 밟은 경우
43. 이 법에 따른 등기를 게을리한 경우
44. 이 법 또는 정관에서 정한 보험계리사에 결원이 생긴 경우에 그 선임절차를 게을리한 경우(2015.7.31 본호개정)
⑦ 다음 각 호의 어느 하나에 해당하는 자에게는 1천만원 이하의 과태료를 부과한다.
1. 제3조를 위반한 자
2. 제85조제2항을 위반한 자
2의2. 제85조의3제1항을 위반한 자(2014.10.15 본호신설)
2의3. (2017.4.18 삭제)
2의4. 제87조의3제2항을 위반한 자(2018.12.31 본호신설)
3. 제92조를 위반한 자
4. 제93조에 따른 신고를 게을리한 자
5. 제95조를 위반한 자
6. 제95조의2를 위반한 자
7. 보험대리점·보험중개사 소속 보험설계사가 제95조의2·제96조제1항·제97조제1항 및 제99조제3항을 위반한 경우 해당 보험대리점·보험중개사. 다만, 보험대리점·보험중개사가 그 위반행위를 방지하기 위하여 해당 업무에 관하여 상당한 주의와 감독을 게을리하지 아니한 경우는 제외한다.(2020.3.24 본문개정)
7의2. 제95조의5를 위반한 자(2020.12.8 본호신설)
8. (2020.3.24 삭제)
9. 제96조제1항을 위반한 자
10. 제97조제1항을 위반한 자
11. 제99조제3항을 위반한 자(2020.3.24 본호개정)
11의2. 제101조의2를 위반한 자(2020.3.24 본호개정)
12. 제112조에 따른 자료 제출을 거부한 자
13. 제124조제5항을 위반하여 비교·공시한 자
14. 제131조제1항을 준용하는 제132조·제179조·제192조제2항, 제133조제1항을 준용하는 제136조·제179조·제192조제2항 및 제192조제1항에 따른 명령을 위반한 자

15. 제133조제3항을 준용하는 제136조 · 제179조 및 제192조제2항에 따른 검사를 거부 · 방해 또는 기피한 자
16. 제133조제3항을 준용하는 제136조 · 제179조 · 제192조제2항에 따른 요구에 응하지 아니한 자
17. 제162조제2항에 따른 요구를 정당한 사유 없이 거부 · 방해 또는 기피한 자
18. 제185조제5항을 위반하여 같은 항 각 호의 어느 하나에 해당하는 행위를 한 자
19. 제189조제1항 및 제2항을 위반한 자
20. 제189조제3항을 위반하여 같은 항 각 호(제1호 및 제2호를 제외한다)의 어느 하나에 해당하는 행위를 한 자
21. 제189조의2를 위반하여 손해사정의 표시 · 광고를 한 자

(2024.2.6 18호~21호신설)

⑧ 제187조의2를 위반하여 손해사정사, 손해사정업자 또는 이와 유사한 명칭을 사용한 자에게는 5백만원 이하의 과태료를 부과한다.(2024.2.6 본항신설)

⑨ 제1항부터 제7항까지의 과태료는 대통령령으로 정하는 바에 따라 금융위원회가 부과 · 징수한다.(2020.12.8 본항개정)

제210조 (2010.7.23 삭제)

부 칙

제1조【시행일】 이 법은 공포후 3월이 경과한 날부터 시행한다. 다만, 제85조제3항 및 제4항의 개정규정은 이 법 시행일부터 5년이 경과한 날부터 시행한다.(2006.8.29 단서개정)

제2조【임원자격에 관한 적용례】 제13조제1항 및 제14조의 개정규정은 이 법 시행후 최초로 선임되는 보험회사의 임원부터 적용한다.

제3조【준법감시인에 관한 적용례】 제17조제3항 및 제4항의 개정규정은 이 법 시행후 최초로 선임되는 보험회사의 준법감시인부터 적용한다.

제4조【제3보험업에 관한 특례】 제2조제4호 및 제10조의 개정규정에 불구하고 생명보험회사는 이 법 시행후 2년까지는 질병 · 상해 또는 이로 인한 간병에 관하여 손해의 보상을 약속하고 금전을 수수할 수 없다. 다만, 보험계약자로 될 자가 대통령령이 정하는 단체인 경우에는 그러하지 아니하다.

제5조【자본금 또는 기금에 관한 특례】 이 법 시행전에 이미 외국정부와의 협정 등으로 자본금 또는 기금에 관하여 제9조의 개정규정과 다르게 정한 것이 있는 경우에는 그에 의한다.

제6조【사외이사 선임에 관한 특례】 이 법 시행후 최초로 사외이사를 선임하여야 하는 보험회사는 이 법 시행후 최초로 소집되는 정기주주총회등에서 이를 선임하여야 한다. 이 경우 당해 정기주주총회에서 사외이사로 선임된 자는 제15조제2항의 개정규정에 의하여 사외이사후보추천위원회의 추천을 받은 것으로 본다.

제7조【감사위원회 설치에 관한 특례】 이 법 시행후 최초로 감사위원회를 설치하여야 하는 보험회사는 이 법 시행후 최초로 소집되는 정기주주총회등에서 이를 설치하여야 한다.

제8조【대주주가 발행한 채권 또는 주식 소유에 관한 특례】 제106조제1항제6호의 개정규정을 적용함에 있어서 이 법 시행일부터 1년이 경과하는 날까지는 동 개정규정중 "자기자본의 100분의 60(자기자본의 100분의 60에 해당하는 금액이 총자산의 100분의 3에 해당하는 금액보다 클 경우 총자산의 100분의 3)"은 이를 "총자산의 100분의 3"으로 본다.

제9조【비상장주식에 관한 특례 등】 ① 제106조제1항제9호의 개정규정을 적용함에 있어서 이 법 시행일부터 2005년 3월 31일까지는 동 개정규정중 "총자산의 100분의 10"은 이를 "총자산의 100분의 5"로 본다.

② 제1항의 규정에 불구하고 2002년 3월 25일 현재 총자산의 100분의 5를 초과하여 비상장주식을 소유하고 있는 보험회사에 대하여는 2005년 3월 31일까지 종전의 규정을 적용한다. 이 경우 당해 보험회사는 그가 소유하는 비상장주식이 총자산의 100분의 5 이하가 될 때까지 추가로 비상장주식을 취득할 수 없다.

제10조【보험계약자보호예탁금에 대한 경과조치】 금융감독원은 이 법 시행 당시 종전의 규정에 의한 보험계약자보호예탁금을 이 법 시행일부터 1월 이내에 보험회사에 반환하여야 한다.

제11조【보험사업에 대한 경과조치】 이 법 시행 당시 인보험사업 또는 손해보험사업의 영위에 관하여 금융감독위원회의 허가를 받은 자(인보험사업 또는 손해보험사업에 해당하는 보험종목중 일부만의 영위에 관하여 허가를 받은 자를 제외한다)는 이 법에 의한 제3보험업에 해당하는 보험종목에 관하여 제4조제1항의 규정에 의한 허가를 받은 것으로 본다.

제12조【보험사업자에 대한 경과조치】 이 법 시행 당시의 보험사업자(보험사업자로 보는 경우를 포함한다)는 이 법에 의한 보험회사로 본다.

제13조【외국보험사업자에 대한 경과조치】 이 법 시행 당시의 외국보험사업자는 이 법에 의한 외국보험회사로 본다.

제14조【외국보험사업자 등의 국내사무소에 관한 경과조치】 이 법 시행 당시의 외국보험사업자등의 국내사무소는 이 법에 의한 외국보험회사 등의 국내사무소로 본다.

제15조【임원에 대한 경과조치】 이 법 시행 당시 보험사업자의 임원은 이 법에 의한 보험회사의 임원으로 본다.

제16조【사외이사에 대한 경과조치】 이 법 시행 당시 보험사업자의 사외이사는 이 법에 의한 보험회사의 사외이사로 본다.

제17조【임원의 임기에 관한 경과조치】 이 법 시행 당시 재임 중에 있는 보험회사의 이사와 감사의 임기는 그 임기가 종료되는 날까지는 종전의 규정에 의한다.

제18조【감사위원회 설치에 따른 상근감사에 관한 경과조치】 이 법 시행후 최초로 부칙 제7조의 규정에 의하여 감사위원회를 설치하여야 하는 보험회사의 상근감사로 재임하는 자(상근감사가 2인 이상인 경우에는 당해 보험회사의 이사회에서 지명한 상근감사를 말한다)는 부칙 제7조의 규정에 의하여 감사위원회를 설치하여야 하는 정기주주총회일까지 그 임기가 만료되지 아니하고 당해 주주총회에서 해임되지 아니하는 경우 그 임기가 만료될 때까지 당해 보험회사의 감사위원회 위원중 사외이사가 아닌 위원으로 본다. 이 경우 당해 상근감사는 그 임기의 종료시까지 「상법」 제382조제1항의 규정에 따라 주주총회에서 선임된 이사로 본다.

제19조【준법감시인에 대한 경과조치】 이 법 시행 당시 보험사업자의 준법감시인은 이 법에 의한 보험회사의 준법감시인으로 본다.

제20조【보험모집인에 대한 경과조치】 이 법 시행 당시의 보험모집인은 이 법에 의한 보험설계사로 본다.

제21조【보험대리점에 대한 경과조치】 이 법 시행 당시 보험대리점은 이 법에 의한 보험대리점으로 본다.

제22조【보험중개인에 대한 경과조치】 이 법 시행 당시의 보험중개인은 이 법에 의한 보험중개사로 본다.

제23조【자회사에 대한 경과조치】 이 법 시행 당시 종전의 규정에 의하여 승인을 얻은 보험회사의 자회사는 이 법에 의하여 승인을 얻은 자회사로 본다.

제24조【신용공여 등에 대한 경과조치】 ① 이 법 시행 당시 제106조제1항제1호 내지 제3호의 개정규정에 의한 한도를 초과하여 신용공여하거나 채권 및 주식을 소유하고 있는 보험회사는 이 법 시행일부터 3년이 경과하는 날까지 동 개정규정에 적합하도록 하여야 하며, 이를 이행하기 위한 세부계획서를 이 법 시행일부터 1월이 경과하는 날까지 금융감독위원회에 제출하여 승인을 얻어야 한다.

② 이 법 시행 당시 제106조제1항제5호의 개정규정에 의한 한도를 초과하여 신용공여하고 있는 보험회사는 이 법 시행일부터 3년이 경과하는 날까지 동 개정규정에 적합하도록 하여야 하며, 이를 이행하기 위한 세부계획서를 이 법 시행일부터 1월이 경과하는 날까지 금융감독위원회에 제출하여 승인을 얻어야 한다.

③ 이 법 시행 당시 제106조제1항제6호의 개정규정에 의한 한도를 초과하여 채권 또는 주식을 소유하고 있는 보험회사는 이 법 시행일부터 3년이 경과하는 날까지 동 개정규정에 적합하도록 하여야 하며, 이를 이행하기 위한 세부계획서를 이 법 시행일부터 1년이 경과하는 날까지 금융감독위원회에 제출하여 승인을 얻어야 한다.

④ 제2항 및 제3항의 규정에 불구하고 이 법 시행일이 속하는 사업연도의 직전사업연도말 총자산 규모가 대통령령이 정하는 규모에 미달하는 보험회사는 금융감독위원회의 승인을 얻어 이 법 시행일부터 5년이 경과하는 날까지 동 개정규정에 적합하도록 하여야 한다.

제25조【자금지원관련 금지행위에 대한 경과조치】 보험회사가 이 법 시행전의 행위로 인하여 제110조의 개정규정에 위반하게 된 때에는 이 법 시행후 6월 이내에 당해 주식을 처분하거나 공여한 신용을 회수하여야 한다.

제26조【보험계리인에 대한 경과조치】 ① 이 법 시행 당시의 보험계리인은 이 법에 의한 보험계리사로 본다.

② 종전의 규정에 의한 확인업무를 담당하는 보험계리인은 제181조제2항의 개정규정에 의한 선임계리사로 보고, 제184조제3항의 개정규정은 2002년 3월 25일 이후 최초로 선임되는 선임계리사부터 적용한다.

제27조【보험계리업자에 대한 경과조치】 이 법 시행 당시 보험계리업자는 이 법에 의한 보험계리업자로 본다.

제28조【손해사정인에 대한 경과조치】 이 법 시행 당시의 손해사정인은 이 법에 의한 손해사정사로 본다.

제29조【손해사정업자에 대한 경과조치】 이 법 시행 당시 손해사정업자는 이 법에 의한 손해사정업자로 본다.

제30조【보험관계단체에 관한 경과조치】 이 법 시행전에 종전의 규정 또는 「민법」 제32조의 규정에 의하여 설립된 보험에 관한 단체 또는 사단법인은 이 법에 의하여 설립된 것으로 본다.

제31조【벌칙에 관한 경과조치】 이 법 시행전의 행위에 대한 벌칙의 적용에 있어서는 종전의 규정에 의한다.

제32조【일반적 경과조치】 ① 이 법 시행전에 종전의 규정에 의하여 재정경제부장관 · 금융감독위원회 또는 금융감독원이 행한 허가 · 인가 · 승인 · 명령 · 처분 그 밖의 행위는 이 법에 의하여 재정경제부장관 · 금융감독위원회 또는 금융감독원이 행한 행위로 본다.

② 이 법 시행전에 종전의 규정에 의하여 재정경제부장관 · 금융감독위원회 또는 금융감독원에 대하여 행한 신고 · 보고 그 밖의 행위는 이 법에 의하여 재정경제부장관 · 금융감독위원회 또는 금융감독원에 대하여 행한 행위로 본다.

제33조【다른 법률의 개정】 ①~⑧ ※(해당 법령에 가제정리 하였음)

제34조【다른 법령과의 관계】 이 법 시행 당시 다른 법령에서 종전의 「보험업법」의 규정을 인용한 경우에 이 법중 그에 해당하는 규정이 있는 때에는 종전의 규정에 갈음하여 이 법의 해당 조항을 인용한 것으로 본다.

부 칙 (2020.2.4)

제1조【시행일】 이 법은 공포 후 6개월이 경과한 날부터 시행한다.(이하 생략)

부 칙 (2020.3.24)

제1조【시행일】 이 법은 공포 후 1년이 경과한 날부터 시행한다.(이하 생략)

부 칙 (2020.5.19)

제1조【시행일】 이 법은 공포 후 6개월이 경과한 날부터 시행한다.

제2조【자산운용 방법을 위반한 보험회사 등에 대한 조치 등에 관한 경과조치】 이 법 시행 전에 한 위반행위에 대하여 제134조제1항에 따른 조치 및 제135조에 따른 통보 등을 적용하는 경우에는 제106조제1항제9호의 개정규정에도 불구하고 종전의 규정에 따른다.

제3조【다른 법률의 개정】 ※(해당 법령에 가제정리 하였음)

부 칙 (2020.12.8)

제1조【시행일】 이 법은 공포 후 6개월이 경과한 날부터 시행한다. 다만, 제127조 및 제176조의 개정규정은 공포한 날부터 시행한다.

제2조【조건의 취소 · 변경에 관한 적용례】 제4조제8항의 개정규정은 이 법 시행 전에 조건이 붙은 보험업 허가를 받은 자에 대해서도 적용한다.

제3조【책임준비금의 적정성 검증에 관한 적용례】 제120조의2제1항의 개정규정은 이 법 시행 이후 제120조제1항에 따라 계상되는 책임준비금부터 적용한다.

제4조【보험계약 이전 결의의 통지에 관한 적용례】 제141조제1항의 개정규정은 이 법 시행 이후 제138조에 따라 이전 결의하는 보험계약부터 적용한다.

제5조【자회사 소유 절차 등을 위반한 보험회사 등에 대한 조치 등에 관한 경과조치】 이 법 시행 전에 한 위반행위에 대하여 제134조제1항에 따른 조치, 제135조에 따른 통보 등, 제209조제1항제6호 또는 같은 조 제6항(종전의 제5항)제21호에 따른 과태료를 적용하는 경우에는 제109조 및 제115조의 개정규정에도 불구하고 종전의 규정에 따른다.

제6조【다른 법률의 개정】 ①~④ ※(해당 법령에 가제정리 하였음)

부 칙 (2021.4.20)

이 법은 공포 후 3개월이 경과한 날부터 시행한다.

부 칙 (2021.8.17)

이 법은 공포 후 6개월이 경과한 날부터 시행한다.

부 칙 (2022.12.31)

제1조【시행일】 이 법은 2023년 1월 1일부터 시행한다. 다만, 제106조제1항 단서, 제114조의2부터 제114조의5까지, 제181조, 제181조의2, 제184조, 제184조의2, 제184조의3, 제209조제1항제16호부터 제18호까지 및 같은 조 제4항의 개정규정은 공포 후 6개월이 경과한 날부터 시행한다.

제2조【다른 법률의 개정】 ①~② ※(해당 법령에 가제정리 하였음)

부 칙 (2024.2.6)

제1조【시행일】 이 법은 공포 후 6개월이 경과한 날부터 시행한다.

제2조【보험협회의 규약에 관한 적용례】 제85조의3제3항의 개정규정은 이 법 시행 이후 보험협회가 같은 조 제2항에 따른 규약을 제정 · 개정 또는 폐지하는 경우부터 적용한다.

보험업법 시행령

(2003년 8월 27일 전개대통령령 제18093호)

개정
2004. 2.28영18297호(한국주택금융공사법시) <중략>
2010. 5. 4영22151호(전자정부법시)
2010.11. 2영22467호(행정정보이용감축개정령)
2010.11.15영22493호(은행법시)
2011. 1.24영22637호 2011. 9.29영23179호
2011.12.31영23479호
2012. 1. 6영23488호(민감정보고유식별정보)
2012. 1. 6영23496호(농협시)
2012. 2.29영23644호(대학교원자격기준등에관한규정)
2012. 6. 1영23826호
2012. 7.24영23987호(근로자퇴직급여보장법시)
2012. 7.31영24001호(야생생물보호및관리에관한법시)
2012. 8.31영24076호(전자문서및전자거래기본법시)
2012. 9. 7영24097호(낚시관리및육성법시)
2013. 7. 8영24657호
2013. 8.27영24697호(자본시장금융투자업시)
2013.12.30영25050호(행정규제재검토에따른일부개정령)
2014. 3.24영25279호(금융부실시)
2014. 4.15영25311호 2014. 7.14영25459호
2014. 8. 6영25532호(민감정보고유식별정보)
2014.11.19영25751호(직제)
2014.12.23영25887호
2014.12.30영25945호(한국산업은행법시)
2015. 1. 6영26040호 2015. 4.14영26200호
2015. 4.20영26205호(소재·부품전문기업등의육성에관한특별조치법시)
2015. 7.24영26438호(액화석유가스의안전관리및사업법시)
2015. 9.11영26517호(신용정보의이용및보호에관한법시)
2015.10.23영26600호(자본시장금융투자업시)
2016. 1.19영26917호
2016. 3.11영27037호(예금자보호법시)
2016. 4. 1영27080호
2016. 5.31영27205호(기술보증기금법시)
2016. 6.28영27288호
2016. 7.28영27414호(금융회사의지배구조에관한법시)
2016. 8.31영27472호(감정평가감정평가사시)
2016.10.25영27556호(수협시)
2017. 2.28영27923호
2017. 3.29영27970호(항공사업법시)
2017. 6.20영28142호
2017. 6.27영28152호(농협시)
2017. 7.26영28218호(직제)
2017.10.17영28383호 2018. 6. 5영28945호
2018. 6. 5영28946호(일본식용어정비)
2018. 8. 7영29089호 2018.12.24영29429호
2019. 1.22영29498호(승강기안전관리법시)
2019. 6.11영29855호 2019. 6.25영29928호
2019.10. 1영30105호
2020. 8. 4영30893호(신용정보의이용및보호에관한법시)
2020. 8.11영30934호(벤처투자촉진에관한법시)
2020.12. 1영31213호
2020.12. 8영31222호(전자서명법시)
2021. 1. 5영31380호(법령용어정비)
2021. 3.23영31553호(금융소비자보호에관한법시)
2021. 6. 1영31722호
2021. 9.29영32018호(법령용어정비)
2021.10.21영32091호(자본시장금융투자업시)
2021.12.28영32274호(독점시)
2022. 2. 8영32407호
2022. 2.17영32449호(한국자산관리공사설립등에관한법시)
2022. 2.17영32450호 2022. 4.19영32599호
2022.12.27영33147호
2023. 5.16영33474호(주택저당채권유동화회사법시행령폐지령)
2023. 6. 7영33518호(수상레저안전법시)
2023. 6.27영33604호
2023.12.19영34011호(벤처투자촉진에관한법시)
2023.12.29영34083호

제1장 총 칙
(2011.1.24 본장개정)

제1조【목적】 이 영은 「보험업법」에서 위임된 사항과 그 시행에 필요한 사항을 규정함을 목적으로 한다.
제1조의2【보험상품】 ① 「보험업법」(이하 "법"이라 한다) 제2조제1호 각 목 외의 부분에서 "대통령령으로 정하는 것"이란 다음 각 호의 것을 말한다.
1. 「고용보험법」에 따른 고용보험
2. 「국민건강보험법」에 따른 건강보험
3. 「국민연금법」에 따른 국민연금
4. 「노인장기요양보험법」에 따른 장기요양보험
5. 「산업재해보상보험법」에 따른 산업재해보상보험
6. 「할부거래에 관한 법률」 제2조제2호에 따른 선불식 할부계약

② 법 제2조제1호가목에서 "대통령령으로 정하는 계약"이란 다음 각 호의 계약을 말한다.
1. 생명보험계약
2. 연금보험계약(퇴직보험계약을 포함한다)

③ 법 제2조제1호나목에서 "대통령령으로 정하는 계약"이란 다음 각 호의 계약을 말한다.
1. 화재보험계약
2. 해상보험계약(항공·운송보험계약을 포함한다)
3. 자동차보험계약
4. 보증보험계약
5. 재보험계약
6. 책임보험계약
7. 기술보험계약
8. 권리보험계약
9. 도난보험계약
10. 유리보험계약
11. 동물보험계약
12. 원자력보험계약
13. 비용보험계약
14. 날씨보험계약

④ 법 제2조제1호다목에서 "대통령령으로 정하는 계약"이란 다음 각 호의 계약을 말한다.
1. 상해보험계약
2. 질병보험계약
3. 간병보험계약

⑤ 제2항부터 제4항까지의 규정에 따른 보험계약의 구체적 구분기준은 금융위원회가 정하여 고시한다.
(2011.1.24 본조신설)
제2조【신용공여의 범위】 ① 법 제2조제13호에 따른 신용공여의 범위는 다음 각 호의 것으로서 그 구체적인 내용은 금융위원회가 정하여 고시한다.
1. 대출
2. 어음 및 채권의 매입
3. 그 밖에 거래 상대방의 지급불능 시 이로 인하여 보험회사에 손실을 초래할 수 있는 거래
4. 보험회사가 직접적으로 제1호부터 제3호까지에 해당하는 거래를 한 것은 아니나 실질적으로 제1호부터 제3호까지에 해당하는 거래를 한 것과 같은 결과를 가져올 수 있는 거래

② 금융위원회는 제1항에도 불구하고 다음 각 호의 어느 하나에 해당하는 거래를 신용공여의 범위에 포함시키지 아니할 수 있다.
1. 보험회사에 손실을 초래할 가능성이 적은 것으로 판단되는 거래
2. 금융시장에 미치는 영향 등 해당 거래의 상황에 비추어 신용공여의 범위에 포함시키지 아니하는 것이 타당하다고 판단되는 거래

제3조【총자산의 범위】 ① 법 제2조제14호에서 "영업권 등 대통령령으로 정하는 자산"이란 영업권과 법 제108조제1항제2호 및 제3호에 따른 특별계정 자산(제50조제1항의 특별계정 자산은 제외한다)을 말한다.(2023.6.27 본항개정)
② 제1항에 따른 자산의 범위 등에 관하여 필요한 세부사항은 금융위원회가 정하여 고시한다.
제4조【자기자본의 범위】 법 제2조제15호에 따른 자기자본을 산출할 때 합산하여야 할 항목 및 빼야 할 항목은 다음 각 호의 기준에 따라 금융위원회가 정하여 고시한다.
1. 합산하여야 할 항목 : 납입자본금, 자본잉여금 및 이익잉여금 등 보험회사의 자본 충실에 기여하거나 영업활동에서 발생하는 손실을 보전(補塡)할 수 있는 것
2. 빼야 할 항목 : 영업권 등 실질적으로 자본 충실에 기여하지 아니하는 것

제5조【동일차주의 범위】 법 제2조제16호에서 "대통령령으로 정하는 자"란 「독점규제 및 공정거래에 관한 법률」 제2조제11호에 따른 기업집단에 속하는 회사를 말한다.(2021.12.28 본조개정)
제6조 (2016.7.28 삭제)
제6조의2【전문보험계약자의 범위 등】 ① 법 제2조제19호 각 목 외의 부분 단서에서 "대통령령으로 정하는 자"란 다음 각 호의 자를 말한다.
1. 지방자치단체
2. 주권상장법인
3. 제2항제15호에 해당하는 자
4. 제3항제15호, 제16호 및 제18호에 해당하는 자

② 법 제2조제19호다목에서 "대통령령으로 정하는 금융기관"이란 다음 각 호의 금융기관을 말한다.
1. 보험회사
2. 「금융지주회사법」에 따른 금융지주회사
3. 「농업협동조합법」에 따른 농업협동조합중앙회
4. 「산림조합법」에 따른 산림조합중앙회
5. 「상호저축은행법」에 따른 상호저축은행 및 그 중앙회
6. 「새마을금고법」에 따른 새마을금고연합회
7. 「수산업협동조합법」에 따른 수산업협동조합중앙회
8. 「신용협동조합법」에 따른 신용협동조합중앙회
9. 「여신전문금융업법」에 따른 여신전문금융회사
10. 「은행법」에 따른 은행
11. 「자본시장과 금융투자업에 관한 법률」에 따른 금융투자업자(같은 법 제22조에 따른 겸영금융투자업자는 제외한다), 증권금융회사, 종합금융회사 및 자금중개회사
12. 「중소기업은행법」에 따른 중소기업은행
13. 「한국산업은행법」에 따른 한국산업은행
14. 「한국수출입은행법」에 따른 한국수출입은행
15. 제1호부터 제14호까지의 기관에 준하는 외국금융기관

③ 법 제2조제19호마목에서 "대통령령으로 정하는 자"란 다음 각 호의 자를 말한다.
1. 지방자치단체
2. 법 제83조에 따라 모집을 할 수 있는 자
3. 법 제175조에 따른 보험협회(이하 "보험협회"라 한다), 법 제176조에 따른 보험요율 산출기관(이하 "보험요율 산출기관"이라 한다) 및 법 제178조에 따른 보험 관계 단체(2021.6.1 본호개정)
4. 「한국자산관리공사 설립 등에 관한 법률」에 따른 한국자산관리공사(2022.2.17 본호개정)
5. 「금융위원회의 설치 등에 관한 법률」에 따른 금융감독원(이하 "금융감독원"이라 한다)
6. 「예금자보호법」에 따른 예금보험공사 및 정리금융회사(2016.3.11 본호개정)
7. 「자본시장과 금융투자업에 관한 법률」에 따른 한국예탁결제원 및 같은 법 제373조의2에 따라 허가를 받은 거래소(이하 "거래소"라 한다)(2013.8.27 본호개정)
8. 「자본시장과 금융투자업에 관한 법률」에 따른 집합투자기구. 다만, 금융위원회가 정하여 고시하는 집합투자기구는 제외한다.
9. 「한국주택금융공사법」에 따른 한국주택금융공사
10. 「한국투자공사법」에 따른 한국투자공사
11. (2014.12.30 삭제)
12. 「기술보증기금법」에 따른 기술보증기금(2016.5.31 본호개정)
13. 「신용보증기금법」에 따른 신용보증기금
14. 법률에 따라 공제사업을 하는 법인
15. 법률에 따라 설립된 기금(제12호와 제13호에 따른 기금은 제외한다) 및 그 기금을 관리·운용하는 법인
16. 해외 증권시장에 상장된 주권을 발행한 국내법인
17. 다음 각 목의 어느 하나에 해당하는 외국인
   가. 외국 정부
   나. 조약에 따라 설립된 국제기구
   다. 외국 중앙은행
   라. 제1호부터 제15호까지 및 제18호의 자에 준하는 외국인
18. 그 밖에 보험계약에 관한 전문성, 자산규모 등에 비추어 보험계약의 내용을 이해하고 이행할 능력이 있는 자로서 금융위원회가 정하여 고시하는 자

(2011.1.24 본조신설)
제7조【보험계약의 체결】 ① 법 제3조 단서에 따라 보험회사가 아닌 자와 보험계약을 체결할 수 있는 경우는 다음 각 호의 어느 하나에 해당하는 경우로 한다.
1. 외국보험회사와 생명보험계약, 수출적하보험계약, 수입적하보험계약, 항공보험계약, 여행보험계약, 선박보험계약, 장기상해보험계약 또는 재보험계약을 체결하는 경우
2. 제1호 외의 경우로서 대한민국에서 취급되는 보험종목에 관하여 셋 이상의 보험회사로부터 가입이 거절되어 외국보험회사와 보험계약을 체결하는 경우
3. 대한민국에서 취급되지 아니하는 보험종목에 관하여 외국보험회사와 보험계약을 체결하는 경우
4. 외국에서 보험계약을 체결하고, 보험기간이 지나기 전에 대한민국에서 그 계약을 지속시키는 경우
5. 제1호부터 제4호까지 외에 보험회사와 보험계약을 체결하기 곤란한 경우로서 금융위원회의 승인을 받은 경우

② 제1항제1호부터 제3호까지에 따라 체결할 수 있는 보험계약의 확인방법 및 외국보험회사의 대한민국에서의 보험계약의 체결 또는 모집방법 등에 관하여 필요한 사항은 금융위원회가 정하여 고시한다.

제2장 보험업의 허가 등
(2011.1.24 본장개정)

제8조【보험종목 등】 ① 법 제4조제1항제2호바목에서 "대통령령으로 정하는 보험종목"이란 다음 각 호의 어느 하나에 해당하는 보험종목을 말한다.
1. 책임보험
2. 기술보험
3. 권리보험
4. 도난·유리·동물·원자력 보험(2014.4.15 본호개정)
5.~7. (2014.4.15 삭제)
8. 비용보험
9. 날씨보험

② 법 제4조제1항 각 호에 따른 보험종목의 구체적 구분기준은 금융위원회가 정하여 고시한다.
제9조【허가신청】 ① 법 제5조에 따라 보험업의 허가를 신청하는 자는 금융위원회에 제출하는 신청서에 다음 각 호의 사항을 적어야 한다.
1. 상호
2. 주된 사무소의 소재지
3. 대표자 및 임원의 성명·주민등록번호 및 주소
4. 자본금 또는 기금에 관한 사항
5. 시설, 설비 및 인력에 관한 사항
6. 허가를 받으려는 보험종목

② 법 제5조제3호에서 "대통령령으로 정하는 서류"란 보험종목별 사업방법서를 말한다.
③ 법 제5조제4호에서 "대통령령으로 정하는 서류"란 다음 각 호의 구분에 따른 서류를 말한다. 이 경우 금융위원회는 「전자정부법」 제36조제1항 또는 제2항에 따른 행정정보의 공동이용을 통하여 회사의 법인 등기사항증명서(외국보험회사를 제외한 주식회사 또는 상호회사의 경우만 해당한다)를 확인해야 한다.(2021.9.29 후단개정)
1. 외국보험회사를 제외한 주식회사 또는 상호회사의 경우에는 다음 각 목의 서류. 다만, 취급하려는 보험종목을 추가하려는 경우에는 가목부터 다목까지의 서류를 제출하지 아니할 수 있다.
   가. 발기인회의의 의사록
   나. 임원 및 발기인의 이력서 및 경력증명서
   다. 합작계약서(외국기업과 합작하여 보험업을 하려는 경우만 해당한다)
   라. 법 제9조제1항 및 제2항에 따른 자본금 또는 기금의 납입을 증명하는 서류
   마. 재무제표와 그 부속서류
   바. 주주(상호회사의 경우에는 사원)의 성명 또는 명칭과 소유 주식 수(상호회사의 경우에는 출자지분)를 적은 서류

사. 그 밖에 법 또는 이 영에 따른 허가 요건의 심사에 필요한 서류로서 총리령으로 정하는 서류
2. 외국보험회사의 경우에는 다음 각 목의 서류. 다만, 취급하는 보험종목을 추가하려는 경우에는 나목, 라목 및 마목의 서류를 제출하지 않을 수 있다.(2021.9.29 단서개정)
가. 외국보험회사의 본점이 적법한 보험업을 경영하고 있음을 증명하는 해당 외국보험회사가 속한 국가의 권한 있는 기관의 증명서
나. 대한민국에서 외국보험회사를 대표하는 자(이하 이 호에서 "대표자"라 한다)의 대표권을 증명하는 서류
다. 외국보험회사 본점의 최근 3년간의 재무상태표와 포괄손익계산서(2022.12.27 본목개정)
라. 법 제9조제3항에 따른 영업기금의 납입을 증명하는 서류
마. 대표자의 이력서 및 경력증명서
바. 재무제표와 그 부속서류
사. 그 밖에 법 또는 이 영에 따른 허가 요건의 심사에 필요한 서류로서 총리령으로 정하는 서류
④ 금융위원회는 법 제5조에 따른 허가신청을 받았을 때에는 2개월(법 제7조에 따라 예비허가를 받은 경우에는 1개월) 이내에 이를 심사하여 신청인에게 허가 여부를 통지해야 한다.(2022.4.19 단서삭제)
⑤ 제4항에 따른 통지기간을 산정할 때 다음 각 호의 구분에 따른 기간은 통지기간에 산입(算入)하지 않는다.
1. 법 제4조제1항에 따라 보험업의 허가를 받으려는 자 또는 그 허가를 받으려는 자의 대주주(법 제6조제1항제4호에 따른 대주주를 말한다)를 상대로 형사소송 절차가 진행되고 있거나 금융위원회, 공정거래위원회, 국세청, 검찰청 또는 금융감독원 등에서 조사·검사 등의 절차가 진행되고 있고, 소송이나 조사·검사 등의 내용이 법 제4조제1항에 따른 허가에 중대한 영향을 미칠 수 있다고 인정되는 경우 : 그 소송이나 조사·검사 등과 관련하여 금융위원회가 정하여 고시하는 기간
2. 법 제5조에 따라 제출된 허가신청서 및 첨부서류의 흠결에 대하여 보완을 요구한 경우 : 그 보완기간
3. 법 제6조에 따른 허가요건을 갖추었는지 확인하기 위하여 다른 기관 등에 필요한 자료를 요청한 경우 : 그 자료를 제공받는 데에 걸리는 기간
4. 그 밖에 법 제6조에 따른 허가요건의 심사를 진행하기 곤란하다고 인정되는 경우 : 금융위원회가 정하여 고시하는 기간
(2022.4.19 본항신설)

제10조【허가의 세부 요건 등】 ① 법 제6조제1항제2호에 따라 보험업의 허가를 받으려는 자가 갖추어야 하는 전문 인력 및 물적 시설의 세부 요건은 다음 각 호와 같다.
1. 임원이 「금융회사의 지배구조에 관한 법률」 제5조제1항에 따른 임원의 결격사유에 해당되지 아니하여야 하며, 허가를 받으려는 보험업에 관한 전문성과 건전성을 갖춘 보험 전문 인력과 보험회사의 업무 수행을 위한 전산요원 등 필요한 인력을 갖출 것(2019.6.25 본호개정)
2. 허가를 받으려는 보험업을 경영하는 데에 필요한 전산설비를 구축하고 사무실 등 공간을 충분히 확보할 것
② 보험업의 허가를 받으려는 자가 다음 각 호의 어느 하나에 해당하는 업무를 외부에 위탁하는 경우에는 법 제6조제1항제2호 후단에 따라 그 업무와 관련된 전문 인력과 물적 시설을 갖춘 것으로 본다.
1. 손해사정업무
2. 보험계약 심사를 위한 조사업무
3. 보험금 지급심사를 위한 보험사고 조사업무
4. 전산설비의 개발·운영 및 유지·보수에 관한 업무
5. 정보처리 업무(2019.6.25 본호신설)
③ 법 제6조제1항제3호에 따른 사업계획은 다음 각 호의 요건을 모두 충족하여야 한다.
1. 사업계획이 지속적인 영업을 수행하기에 적합하고 추정재무제표 및 수익 전망이 사업계획에 비추어 타당성이 있을 것
2. 사업계획을 추진하는 데 드는 자본 등 자금의 조달방법이 적절할 것
3. 사업방법서가 보험계약자를 보호하기에 적절한 내용일 것
④ 법 제6조제1항제4호에 따른 대주주는 별표1의 요건을 갖추어야 한다.
⑤ 법 제6조제3항제1호 단서에서 "대통령령으로 정하는 완화된 요건"이란 다음 각 호의 구분에 따른 요건을 말한다.
1. 대주주가 별표1 제1호부터 제3호까지의 어느 하나에 해당하는 자인 경우 : 같은 표 제1호라목 및 마목1)·3)에 한정하여 그 요건을 충족할 것. 이 경우 별표1 제1호마목1) 중 "최근 5년간"은 "최대주주가 최근 5년간"으로, "벌금형"은 "5억원의 벌금형"으로 본다.
2. 대주주가 별표1 제4호 또는 제5호라목에 해당하는 자인 경우 : 같은 표 제1호마목1)·3) 및 제4호라목에 한정하여 그 요건을 충족할 것. 이 경우 별표1 제1호마목1) 중 "최근 5년간"은 "최대주주가 최근 5년간"으로, "벌금형"은 "5억원의 벌금형"으로 보고, 같은 표 제4호라목 중 "최근 3년간"은 "최대주주가 최근 3년간"으로, "해당 외국법인이 속한 국가의 감독기관으로부터 법인경고 이상에 상당하는 행정처분을 받거나 벌금형 이상에 상당하는 형사처벌을 받은 사실"은 "해당 외국법인이 속한 국가의 사법기관으로부터 5억원의 벌금형 이상에 상당하는 형사처벌을 받은 사실"로 본다.
3. 대주주가 별표1 제5호(라목은 제외한다)에 해당하는 자인 경우 : 같은 표 제1호마목1)·3)에 한정하여 그 요건을 충족할 것. 이 경우 별표1 제1호마목1) 중 "최근 5년간"은 "최대주주가 최근 5년간"으로, "벌금형"은 "5억원의 벌금형"으로 본다.
⑥ 법 제6조제3항제2호에서 "대통령령으로 정하는 건전한 재무상태와 사회적 신용"이란 다음 각 호의 구분에 따른 사항을 말한다.
1. 건전한 재무상태 : 보험회사의 보험금 지급능력과 경영건전성을 확보하기 위한 것으로서 금융위원회가 정하여 고시하는 재무건전성 기준을 충족할 수 있는 상태
2. 사회적 신용 : 다음 각 목의 요건을 모두 충족할 것. 다만, 그 위반 등의 정도가 경미하다고 인정되는 경우는 제외한다.
가. 최근 3년간 「금융회사의 지배구조에 관한 법률 시행령」 제5조에 따른 법령(이하 "금융관련법령"이라 한다), 「독점규제 및 공정거래에 관한 법률」 및 「조세범 처벌법」을 위반하여 벌금형 이상에 상당하는 형사처벌을 받은 사실이 없을 것(2016.7.28 본목개정)
나. 최근 3년간 채무불이행 등으로 건전한 신용질서를 해친 사실이 없을 것
다. 「금융산업의 구조개선에 관한 법률」에 따라 부실금융기관으로 지정되거나 금융관련법령에 따라 허가·인가 또는 등록이 취소된 자가 아닐 것. 다만, 법원의 판결에 따라 부실책임이 없다고 인정된 자 또는 부실에 따른 경제적 책임을 부담하는 등 금융위원회가 정하여 고시하는 기준에 해당하는 자는 제외한다.(2016.7.28 본문개정)
라. 「금융회사의 지배구조에 관한 법률」 제2조제7호에 따른 금융관계법령에 따라 금융위원회, 외국 금융감독기관 등으로부터 지점이나 그 밖의 영업소의 폐쇄 또는 그 업무의 전부나 일부의 정지 이상의 조치를 받은 후 다음 구분에 따른 기간이 지났을 것
(2016.7.28 본문개정)
1) 업무의 전부정지 : 업무정지가 끝난 날부터 3년
2) 업무의 일부정지 : 업무정지가 끝난 날부터 2년
3) 지점이나 그 밖의 영업소의 폐쇄 또는 그 업무의 전부나 일부의 정지 : 해당 조치를 받은 날부터 1년
⑦ 보험회사가 보험업 허가를 받은 이후 전산설비의 성능 향상이나 보안체계의 강화 등을 위하여 그 일부를 변경하는 경우에는 법 제6조제4항 본문에서 정하는 바에 따라 물적 시설을 유지한 것으로 본다.
⑧ 법 제6조제4항 단서에서 "대통령령으로 정하는 경우"란 보험계약자의 이익 보호에 지장을 주지 아니하고 해당 보험회사의 경영효율성 향상 등을 위하여 불가피한 경우로서 다음 각 호의 요건을 모두 충족하는 경우를 말한다.
1. 개인정보 보호에 차질이 없을 것
2. 보험서비스 제공의 지연 등으로 인한 민원 발생의 우려가 없을 것
3. 보험계약과 관련한 신뢰성 있는 보험통계를 제때에 산출할 수 있을 것
4. 해당 보험회사에 대한 감독·검사 업무의 수행에 지장을 주지 아니할 것
⑨ 금융위원회는 제1항부터 제8항까지의 요건에 관한 세부 기준을 정하여 고시할 수 있다.

제11조 (2016.7.28 삭제)

제12조【보험종목별 자본금 또는 기금】 ① 법 제9조제1항 단서에 따라 보험종목의 일부만을 취급하려는 보험회사가 납입하여야 하는 보험종목별 자본금 또는 기금의 액수는 다음 각 호의 구분에 따른다.
1. 생명보험 : 200억원
2. 연금보험(퇴직보험을 포함한다) : 200억원
3. 화재보험 : 100억원
4. 해상보험(항공·운송보험을 포함한다) : 150억원
5. 자동차보험 : 200억원
6. 보증보험 : 300억원
7. 재보험 : 300억원
8. 책임보험 : 100억원
9. 기술보험 : 50억원
10. 권리보험 : 50억원
11. 상해보험 : 100억원
12. 질병보험 : 100억원
13. 간병보험 : 100억원
14. 제1호부터 제13호까지 외의 보험종목 : 50억원
② 제1항제7호는 재보험을 전업(專業)으로 하려는 보험회사에 한정하여 적용한다. 다만, 취급하고 있는 보험종목에 대한 재보험을 하려는 경우에는 그러하지 아니하다.
③ 보험회사가 제1항 각 호의 보험종목 중 둘 이상의 보험종목을 취급하려는 경우에는 제1항 각 호의 구분에 따른 금액의 합계액을 자본금 또는 기금으로 한다. 다만, 그 합계액이 300억원 이상인 경우에는 300억원으로 한다.

제13조【통신판매전문보험회사】 ① 법 제9조제2항제1호에서 "대통령령으로 정하는 바에 따라 모집을 하는 보험회사"란 총보험계약건수 및 수입보험료의 100분의 90 이상을 전화, 우편, 컴퓨터통신 등 통신수단을 이용하여 모집하는 보험회사(이하 "통신판매전문보험회사"라 한다)를 말한다.(2021.6.1 본항개정)
② 통신판매전문보험회사가 제1항에 따른 모집비율을 위반한 경우에는 그 비율을 충족할 때까지 제1항에 따른 통신수단 외의 방법으로 모집할 수 없다.
③ 모집비율의 산정기준 등 통신수단을 이용한 모집에 필요한 사항은 금융위원회가 정하여 고시한다.

제13조의2【소액단기전문보험회사】 ① 법 제9조제2항제2호에서 "모집할 수 있는 보험상품의 종류, 보험기간, 보험금의 상한액, 연간 총보험료 상한액 등 대통령령으로 정하는 기준"이란 다음 각 호의 구분에 따른 기준을 말한다.
1. 모집할 수 있는 보험상품의 종류 : 다음 각 목의 보험상품
가. 생명보험상품 중 제1조의2제2항제1호에 따른 보험상품
나. 손해보험상품 중 제1조의2제3항제6호, 제9호부터 제11호까지, 제13호 또는 제14호에 따른 보험상품
다. 제3보험상품 중 제1조의2제4항제1호 또는 제2호에 따른 보험상품
2. 보험기간 : 2년 이내의 범위에서 금융위원회가 정하여 고시하는 기간
3. 보험금의 상한액 : 5천만원
4. 연간 총보험료 상한액 : 500억원
② 법 제9조제2항제2호에서 "대통령령으로 정하는 금액"이란 20억원을 말한다.
(2021.6.1 본조신설)

제14조【외국보험회사의 영업기금】 법 제9조제3항에 따른 외국보험회사의 영업기금은 30억원 이상으로 한다.

제15조【겸영 가능 보험종목】 ① 법 제10조제2호에서 "대통령령으로 정하는 보험종목"이란 다음 각 호의 보험을 말한다. 다만, 법 제4조제1항제2호에 따른 손해보험업의 보험종목(재보험과 보증보험은 제외한다. 이하 이 조에서 같다) 일부만을 취급하는 보험회사와 제3보험업만을 경영하는 보험회사는 겸영할 수 없다.
1. 「소득세법」 제20조의3제1항제2호 각 목 외의 부분에 따른 연금저축계좌를 설정하는 계약(2021.6.1 본호개정)
2. 「근로자퇴직급여 보장법」 제29조제2항에 따른 보험계약 및 법률 제10967호 근로자퇴직급여 보장법 전부개정법률 부칙 제2조제1항 본문에 따른 퇴직보험계약
(2021.6.1 본호개정)
② 법 제10조제3호에서 "대통령령으로 정하는 기준에 따라 제3보험의 보험종목에 부가되는 보험"이란 질병을 원인으로 하는 사망을 제3보험의 특약 형식으로 담보하는 보험으로서 다음 각 호의 요건을 충족하는 보험을 말한다.
(2018.6.5 본문개정)
1. 보험만기는 80세 이하일 것
2. 보험금액의 한도는 개인당 2억원 이내일 것
3. 만기 시에 지급하는 환급금은 납입보험료 합계액의 범위 내일 것

제16조【겸영업무의 범위】 ① 법 제11조제1호에서 "대통령령으로 정하는 금융 관련 법령에서 정하고 있는 금융업무"란 다음 각 호의 어느 하나에 해당하는 업무를 말한다.
1. 「자산유동화에 관한 법률」에 따른 유동화자산의 관리업무
2. (2023.5.16 삭제)
3. 「한국주택금융공사법」에 따른 채권유동화자산의 관리업무
4. 「전자금융거래법」 제28조제2항제1호에 따른 전자자금이체업무[같은 법 제2조제6호에 따른 결제중계시스템(이하 이 호에서 "결제중계시스템"이라 한다)의 참가기관으로서 하는 전자자금이체업무와 보험회사의 전자자금이체업무에 따른 자금정산 및 결제를 위하여 결제중계시스템에 참가하는 기관을 거치는 방식의 전자자금이체업무는 제외한다]
5. 「신용정보의 이용 및 보호에 관한 법률」에 따른 본인신용정보관리업(2020.8.4 본호신설)
② 법 제11조제2호에서 "대통령령으로 정하는 금융업"이란 다음 각 호의 업무를 말한다.(2022.4.19 본문개정)
1. 「자본시장과 금융투자업에 관한 법률」 제6조제4항에 따른 집합투자업
2. 「자본시장과 금융투자업에 관한 법률」 제6조제6항에 따른 투자자문업
3. 「자본시장과 금융투자업에 관한 법률」 제6조제7항에 따른 투자일임업
4. 「자본시장과 금융투자업에 관한 법률」 제6조제8항에 따른 신탁업
5. 「자본시장과 금융투자업에 관한 법률」 제9조제21항에 따른 집합투자증권에 대한 투자매매업
6. 「자본시장과 금융투자업에 관한 법률」 제9조제21항에 따른 집합투자증권에 대한 투자중개업
7. 「외국환거래법」 제3조제16호에 따른 외국환업무
8. 「근로자퇴직급여 보장법」 제2조제13호에 따른 퇴직연금사업자의 업무(2012.7.24 본호개정)
9. 보험업의 경영이나 법 제11조의2에 따라 보험업에 부수(附隨)하는 업무의 수행에 필요한 범위에서 영위하는 「전자금융거래법」에 따른 선불전자지급수단의 발행 및 관리 업무(2022.4.19 본호신설)
③ 법 제11조제3호에서 "대통령령으로 정하는 금융업무"란 다른 금융기관의 업무 중 금융위원회가 정하여 고시하는 바에 따라 그 업무의 수행방법 또는 업무 수행을 위한 절차상 본질적 요소가 아니면서 중대한 의사결정을

필요로 하지 아니한다고 판단하여 위탁한 업무를 말한다.

제16조의2【부수업무 등의 공고】 ① 금융위원회는 보험회사가 법 제11조의2제1항에 따라 보험업에 부수(附隨)하는 업무(이하 "부수업무"라 한다)를 신고한 경우에는 그 신고일부터 7일 이내에 다음 각 호의 사항을 인터넷 홈페이지 등에 공고하여야 한다.

1. 보험회사의 명칭
2. 부수업무의 신고일
3. 부수업무의 개시 예정일
4. 부수업무의 내용
5. 그 밖에 보험계약자의 보호를 위하여 공시가 필요하다고 인정되는 사항으로서 금융위원회가 정하여 고시하는 사항

② 금융위원회는 법 제11조의2제3항에 따라 부수업무를 하는 것을 제한하거나 시정할 것을 명한 경우에는 그 내용과 사유를 인터넷 홈페이지 등에 공고해야 한다. (2021.6.1 본항개정)

(2011.1.24 본조신설)

제17조【겸영업무 · 부수업무의 회계처리】 ① 법 제11조의3에 따라 보험회사가 제16조제1항제1호부터 제3호까지, 제2항제2호부터 제4호까지의 업무 및 부수업무(직전 사업연도 매출액이 해당 보험회사 수입보험료의 1천분의 1 또는 10억원 중 많은 금액에 해당하는 금액을 초과하는 업무만 해당한다)를 하는 경우에는 해당 업무에 속하는 자산 · 부채 및 수익 · 비용을 보험업과 구분하여 회계처리하여야 한다.

② 제1항에 따른 회계처리의 세부 기준 등 그 밖에 필요한 사항은 금융위원회가 정하여 고시한다.

(2016.4.1 본조개정)

제18조【행정정보의 공동이용】 ① 보험회사는 법 제2조제2호의 업무를 수행하기 위해 필요한 경우 「전자정부법」 제36조제2항에 따른 행정정보의 공동이용을 통해 별표2에 따른 행정정보를 확인할 수 있다.

② 보험협회는 제84조제6호의 업무를 수행하기 위해 필요한 경우 「전자정부법」 제36조제2항에 따른 행정정보의 공동이용을 통해 다음 각 호의 행정정보를 확인할 수 있다.

1. 주민등록표 초본
2. 가족관계등록 전산정보
3. 외국인등록 사실증명
4. 자동차 운전면허증

③ 보험회사 및 보험협회는 제1항 및 제2항에 따라 행정정보(「전자정부법 시행령」 제49조제2항제3호에 따른 행정정보는 제외한다)를 확인하려는 경우 「개인정보 보호법」 제2조제3호의 정보주체로부터 사전동의를 받아야 한다.

(2021.6.1 본조신설)

제3장 보험회사
(2011.1.24 본장개정)

제19조~제23조 (2016.7.28 삭제)

제23조의2【자본감소】 법 제18조제2항에서 "대통령령으로 정하는 자본감소"란 주식 금액 또는 주식 수의 감소에 따른 자본금의 실질적 감소를 말한다.(2011.1.24 본조신설)

제24조 (2016.7.28 삭제)

제25조【설립등기신청서의 첨부서류】 법 제40조에 따라 상호회사의 설립등기를 하려는 경우에는 등기신청서에 다음 각 호의 서류를 첨부하여야 한다.

1. 정관
2. 사원명부
3. 사원을 모집하는 경우에는 각 사원의 입사청약서
4. 이사, 감사 또는 검사인의 조사보고서 및 그 부속서류
5. 창립총회의 의사록
6. 대표이사에 관한 이사회의 의사록

제25조의2【외국보험회사국내지점의 자산 보유 등】 법 제75조제1항에 따라 외국보험회사국내지점은 다음 각 호의 어느 하나에 해당하는 자산을 대한민국에서 보유하여야 한다.

1. 현금 또는 국내 금융기관에 대한 예금, 적금 및 부금
2. 국내에 예탁하거나 보관된 증권
3. 국내에 있는 자에 대한 대여금, 그 밖의 채권
4. 국내에 있는 고정자산
5. (2022.12.27 삭제)
6. 국내에 적립된 제63조제2항에 따른 재보험자산 (2014.4.15 본호신설)
7. 제1호부터 제6호까지의 자산과 유사한 자산으로서 금융위원회가 정하여 고시하는 자산(2014.4.15 본호개정)

(2011.1.24 본조신설)

제4장 모 집
(2011.1.24 본장개정)

제26조【모집할 수 있는 자】 ① 법 제83조제2항에 따라 법 제91조제2항에 따른 금융기관보험대리점등(이하 "금융기관보험대리점등"이라 한다) 중 다음 각 호의 어느 하나에 해당하는 자는 소속 임직원이 아닌 자로 하여금 모집을 하게 하거나, 보험계약 체결과 관련한 상담 또는 소개를 하게 하고 상담 또는 소개의 대가를 지급할 수 있다. (2011.12.31 본문개정)

1. 제40조제1항제3호에 따른 신용카드업자(2011.12.31 본호신설)
2. 제40조제1항제4호에 따른 조합(「농업협동조합법」 제161조의12에 따라 설립된 농협생명보험 또는 농협손해보험이 판매하는 보험상품을 모집하는 경우로 한정한다) (2017.6.27 본호개정)

② 제1항제2호에 따라 보험을 모집하거나 보험계약을 상담 또는 소개하게 할 수 있는 조합의 소속 임직원이 아닌 자는 보험설계사로서 구체적인 범위는 금융위원회가 정하여 고시한다.(2011.12.31 본항신설)

<제1항제2호 및 제2항의 개정규정은 2027.3.1까지 유효>

제27조【보험설계사의 구분 및 등록요건】 ① 법 제84조에 따른 보험설계사는 생명보험설계사, 손해보험설계사〔제30조제1항에 따른 간단손해보험대리점 소속의 손해보험설계사(이하 "간단손해보험설계사"라 한다)를 포함한다. 이하 같다〕 및 제3보험설계사로 구분한다. (2018.6.5 본항개정)

② 제1항에 따른 보험설계사의 등록요건은 별표3과 같다.

③ 법 제84조제2항제7호에서 "대통령령으로 정하는 자"란 다음 각 호의 어느 하나에 해당하는 사람을 말한다.

1. 직무정지 이상의 조치를 받은 임원
2. 정직 이상의 조치를 받은 직원
3. 제1호나 제2호에 따른 제재를 받기 전에 사임 또는 사직한 사람

④ 보험설계사 등록의 신청방법과 그 밖에 보험설계사의 등록에 필요한 사항은 금융위원회가 정하여 고시한다.

제28조【보험설계사의 영업범위】 ① 보험설계사의 영업범위는 다음 각 호의 구분에 따른다.

1. 생명보험설계사 : 법 제4조제1항제1호의 보험종목
2. 손해보험설계사 : 법 제4조제1항제2호의 보험종목. 다만, 간단손해보험설계사의 영업범위는 제30조제1항에 따른 간단손해보험대리점이 영위하는 본업과의 관련성 등을 고려하여 금융위원회가 정하여 고시하는 보험종목으로 한다.(2018.6.5 단서개정)
3. 제3보험설계사 : 법 제4조제1항제3호의 보험종목

② 제1항에서 규정한 사항 외에 보험설계사의 영업에 관하여 필요한 사항은 금융위원회가 정하여 고시한다.

제29조【보험설계사의 교차모집】 ① 보험설계사가 법 제85조제3항에 따라 소속 보험회사 외의 보험회사를 위하여 모집(이하 이 조에서 "교차모집"이라 한다)하려는 경우에는 교차모집을 하려는 보험회사의 명칭 등 금융위원회가 정하여 고시하는 사항을 적은 서류를 보험협회에 제출해야 한다.(2021.6.1 본항개정)

② 교차모집을 하려는 보험설계사(이하 이 조에서 "교차모집보험설계사"라 한다)는 모집하려는 보험계약의 종류에 따라 제27조제1항 및 제2항의 구분에 따른 등록요건을 갖추어 보험협회에 보험설계사 등록을 하여야 한다.

③ 법 제85조제4항에 따라 교차모집보험설계사의 소속 보험회사 또는 교차모집을 위탁한 보험회사는 다음 각 호의 행위를 하여서는 아니 된다.

1. 교차모집보험설계사에게 자사 소속의 보험설계사로 전환하도록 권유하는 행위
2. 교차모집보험설계사에게 자사를 위하여 모집하는 경우 보험회사가 정한 수수료 · 수당 외에 추가로 대가를 지급하기로 약속하거나 이를 지급하는 행위
3. 교차모집보험설계사가 다른 보험회사를 위하여 모집한 보험계약을 자사의 보험계약으로 처리하도록 유도하는 행위
4. 교차모집보험설계사에게 정당한 사유 없이 위탁계약 해지, 위탁범위 제한 등 불이익을 주는 행위
5. 교차모집보험설계사의 소속 영업소를 변경하거나 모집한 계약의 관리자를 변경하는 등 교차모집을 제약 · 방해하는 행위
6. 그 밖에 보험계약자 보호와 모집질서 유지를 위하여 총리령으로 정하는 행위

④ 교차모집보험설계사는 다음 각 호의 어느 하나에 해당하는 행위를 하여서는 아니 된다.

1. 업무상 알게 된 특정 보험회사의 정보를 다른 보험회사에 제공하는 행위
2. 보험계약을 체결하려는 자의 의사에 반하여 다른 보험회사와의 보험계약 체결을 권유하는 등 모집을 위탁한 보험회사 중 어느 한 쪽의 보험회사만을 위하여 모집하는 행위
3. 모집을 위탁한 보험회사에 대하여 회사가 정한 수수료 · 수당 외에 추가로 대가를 지급하도록 요구하는 행위
4. 그 밖에 보험계약자 보호와 모집질서 유지를 위하여 총리령으로 정하는 행위

제29조의2【보험설계사 등의 교육】 ① 법 제85조의2제1항에 따라 보험회사, 보험대리점 및 보험중개사(이하 이 조에서 "보험회사등"이라 한다)는 소속 보험설계사에게 법 제84조에 따라 최초로 등록(등록이 유효한 경우로 한정한다)한 날부터 2년이 지날 때마다 2년이 된 날부터 6개월 이내에 별표4 제1호 및 제3호의 기준에 따라 교육을 해야 한다.

② 법 제85조의2제2항에 따라 법인이 아닌 보험대리점 및 보험중개사는 법 제87조 또는 제89조에 따라 등록한 날부터 2년이 지날 때마다 2년이 된 날부터 6개월 이내에 별표4 제1호 및 제3호의 기준에 따라 교육을 받아야 한다.

③ 보험회사등은 전년도 불완전판매 건수 및 비율이 금융위원회가 정하여 고시하는 기준 이상인 소속 보험설계사에게 제1항에 따른 교육과는 별도로 해당 사업연도에 별표4 제2호의 기준에 따라 불완전 판매를 방지하기 위한 교육(이하 "불완전판매방지교육"이라 한다)을 해야 한다. (2021.6.1 본항개정)

④ 전년도 불완전판매 건수 및 비율이 금융위원회가 정하여 고시하는 기준 이상인 법인이 아닌 보험대리점 및 보험중개사는 제2항에 따른 교육과는 별도로 해당 사업연도에 별표4 제2호의 기준에 따라 불완전판매방지교육을 받아야 한다.(2021.6.1 본항개정)

⑤ 보험협회는 매월 제1항부터 제4항까지의 규정에 따른 교육 대상을 보험회사등에 알려야 하며, 보험회사등은 불완전 판매 건수 등 보험협회가 교육 대상을 파악하기 위해 필요한 정보를 제공해야 한다.(2019.10.1 본항신설)

⑥ 보험협회, 보험회사등은 제1항부터 제4항까지의 규정에 따른 교육을 효율적으로 실시하기 위하여 필요한 단체를 구성 · 운영할 수 있다.

⑦ 제1항부터 제4항까지의 규정에 따른 교육의 세부적인 기준, 방법 및 절차, 제6항에 따른 단체의 구성 및 운영에 필요한 사항은 금융위원회가 정하여 고시한다.

(2019.10.1 본조개정)

제29조의3【고객응대직원의 보호를 위한 조치】 법 제85조의4제1항제4호에서 "법적 조치 등 대통령령으로 정하는 조치"란 다음 각 호의 조치를 말한다.

1. 고객의 폭언이나 성희롱, 폭행 등(이하 "폭언등"이라 한다)이 관계 법률의 형사처벌규정에 위반된다고 판단되고 그 행위로 피해를 입은 직원이 요청하는 경우 : 관할 수사기관 등에 고발
2. 고객의 폭언등이 관계 법률의 형사처벌규정에 위반되지는 아니하나 그 행위로 피해를 입은 직원의 피해정도 및 그 직원과 다른 직원에 대한 장래 피해발생 가능성 등을 고려하여 필요하다고 판단되는 경우 : 관할 수사기관 등에 필요한 조치 요구
3. 직원이 직접 폭언등의 행위를 한 고객에 대한 관할 수사기관 등에 고소, 고발, 손해배상 청구 등의 조치를 하는 데 필요한 행정적, 절차적 지원
4. 고객의 폭언등을 예방하거나 이에 대응하기 위한 직원의 행동요령 등에 대한 교육 실시
5. 그 밖에 고객의 폭언등으로부터 직원을 보호하기 위하여 필요한 사항으로서 금융위원회가 정하여 고시하는 조치

(2016.6.28 본조신설)

제30조【보험대리점의 구분 및 등록요건】 ① 법 제87조에 따른 보험대리점은 개인인 보험대리점(이하 "개인보험대리점"이라 한다)과 법인인 보험대리점(이하 "법인보험대리점"이라 한다)으로 구분하고, 각각 생명보험대리점 · 손해보험대리점〔재화의 판매, 용역의 제공 또는 사이버몰(「전자상거래 등에서의 소비자보호에 관한 법률」 제2조제4호에 따른 사이버몰을 말한다. 이하 같다)을 통한 재화 · 용역의 중개를 본업으로 하는 자가 판매 · 제공 · 중개하는 재화 또는 용역과 관련 있는 보험상품을 모집하는 손해보험대리점(이하 "간단손해보험대리점"이라 한다)을 포함한다. 이하 같다〕 및 제3보험대리점으로 구분한다.(2018.6.5 본항개정)

② 제1항에 따른 보험대리점의 등록요건은 별표3과 같다.

③ 보험대리점 등록의 신청방법과 그 밖에 보험대리점의 등록에 필요한 사항은 금융위원회가 정하여 고시한다.

제31조【보험대리점의 영업범위】 ① 보험대리점〔법 제91조제1항에 따라 보험대리점으로 등록한 금융기관(이하 "금융기관보험대리점"이라 한다)은 제외한다. 이하 이 조에서 같다〕의 영업범위는 다음 각 호의 구분에 따른다.

1. 생명보험대리점 : 법 제4조제1항제1호의 보험종목
2. 손해보험대리점 : 법 제4조제1항제2호의 보험종목. 다만, 간단손해보험대리점의 영업범위는 개인 또는 가계의 일상생활 중 발생하는 위험을 보장하는 보험종목으로서 간단손해보험대리점을 통하여 판매 · 제공 · 중개되는 재화 또는 용역과의 관련성 등을 고려하여 금융위원회가 정하여 고시하는 보험종목으로 한다.(2018.6.5 단서개정)
3. 제3보험대리점 : 법 제4조제1항제3호의 보험종목

② 제1항에서 규정한 사항 외에 보험대리점의 영업에 관하여 필요한 사항은 금융위원회가 정하여 고시한다.

제32조【보험대리점의 등록 제한】 ① 법 제87조제2항제5호에서 "대통령령으로 정하는 자"란 다음 각 호의 어느 하나에 해당하는 자를 말한다.

1. 국가기관과 특별법에 따라 설립된 기관 및 그 기관의 퇴직자로 구성된 법인 또는 단체
2. 제1호의 기관, 「금융지주회사법」에 따른 금융지주회사 또는 법 제91조제1항 각 호의 금융기관(겸영업무로 「자본시장과 금융투자업에 관한 법률」에 따른 투자매매업 또는 투자중개업 인가를 받은 보험회사는 제외한다)이 출연 · 출자하는 등 금융위원회가 정하여 고시하는 방법과 기준에 따라 사실상의 지배력을 행사하고 있다고 인정되는 법인 또는 단체
3. 「금융위원회의 설치 등에 관한 법률」 제38조 각 호의 기관 중 다음 각 목의 기관을 제외한 기관
   가. 법 제91조제1항 각 호의 금융기관

나. 「금융위원회의 설치 등에 관한 법률」 제38조제9호에 따른 기관 중 금융위원회가 정하여 고시하는 기관(2022.4.19 본호개정)
4. 제1호부터 제3호까지의 법인·단체 또는 기관의 임원 또는 직원
5. 그 밖에 보험대리점을 운영하는 것이 공정한 보험거래 질서 확립 및 보험대리점 육성을 저해한다고 금융위원회가 인정하는 자
② 제1항제3호에도 불구하고 「전자금융거래법」 제2조제4호에 따른 전자금융업자(법 제91조제1항 각 호의 금융기관은 제외한다)는 간단손해보험대리점으로 등록할 수 있다.(2018.6.5 본항신설)

제33조【보험대리점의 영업보증금】 ① 법 제87조제4항에 따른 보험대리점의 영업보증금은 1억원(법인보험대리점의 경우에는 3억원)의 범위에서 보험회사와 대리점이 협의하여 정할 수 있다. 다만, 금융기관보험대리점에 대해서는 영업보증금 예탁의무를 면제한다.
② 금융위원회는 보험계약자의 보호와 모집질서의 유지를 위하여 필요하다고 인정하면 제1항에도 불구하고 영업보증금의 증액을 명할 수 있다.
③ 보험대리점의 등록을 한 자는 제1항 및 제2항에 따른 영업보증금을 금융위원회가 지정하는 기관(이하 "영업보증금예탁기관"이라 한다)에 예탁하지 아니하고는 영업을 할 수 없다.(2014.4.15 본항개정)
④ 제1항 및 제2항에 따른 영업보증금은 현금 또는 다음 각 호의 어느 하나에 해당하는 증권 등으로 예탁할 수 있다.
1. 거래소에 상장된 증권 중 금융위원회가 인정하는 증권(2013.8.27 본호개정)
2. 금융위원회가 인정하는 보증보험증권
3. 금융위원회가 인정하는 기관이 발행한 지급보증서
⑤ 보험대리점의 등록을 한 자는 제4항에 따라 예탁된 증권 등이 그 평가액의 변동으로 제1항 및 제2항에 따른 금액에 미치지 못하게 되었거나 보험기간이 만료되었을 때에는 금융위원회가 정하는 기간 내에 그 부족한 금액을 보전하거나 제1항 및 제2항에 따른 영업보증금을 다시 예탁하여야 한다.(2014.4.15 본항개정)
⑥ 제4항에 따라 예탁된 증권 등의 평가방법 및 평가액 결정은 「금융위원회의 설치 등에 관한 법률」에 따른 금융감독원장(이하 "금융감독원장"이라 한다)이 정하는 바에 따른다.(2016.7.28 본항개정)

제33조의2【보험대리점의 영업기준 등】 ① 법 제87조제4항에 따라 보험설계사가 100명 이상인 법인보험대리점으로서 금융위원회가 정하여 고시하는 법인보험대리점은 다음 각 호의 요건을 모두 갖추어야 한다.
1. 법령을 준수하고 보험계약자를 보호하기 위한 업무지침을 정할 것
2. 제1호에 따른 업무지침의 준수 여부를 점검하고 그 위반사항을 조사하는 임원 또는 직원을 1명 이상 둘 것
3. 보험계약자를 보호하고 보험계약의 모집 업무를 수행하기 위하여 필요한 전산설비 등 물적 시설을 충분히 갖출 것
② 보험대리점과 그 보험대리점에 소속된 임직원 및 보험설계사는 법 제95조제1항에 따른 보험안내자료(이하 "보험안내자료"라 한다) 등 보험계약의 체결 또는 모집을 위하여 제공하는 자료에서 보험대리점의 상호를 사용하는 경우에는 그 상호 중에 "보험대리점"이라는 글자를 사용해야 한다.(2021.3.23 본항개정)
③ 보험대리점은 그 보험대리점에 소속된 보험설계사와의 위탁계약서, 수입 및 지출 명세에 관한 회계장부 등을 보관하고 관리하여야 한다.
④ 간단손해보험대리점은 다음 각 호의 사항을 준수하여야 한다.
1. 소비자에게 재화 또는 용역의 판매·제공·중개를 조건으로 보험가입을 강요하지 아니할 것
2. 판매·제공·중개하는 재화 또는 용역과 별도로 소비자가 보험계약을 체결 또는 취소하거나 보험계약의 피보험자가 될 수 있는 기회를 보장할 것
3. 단체보험계약(보험계약자에게 피보험이익이 없고 피보험자가 보험료의 전부를 부담하는 경우만 해당한다. 이하 이 조에서 같다)을 체결하는 경우 사전에 서면, 문자메세지, 전자우편 또는 팩스 등의 방법으로 다음 각 목의 사항이 포함된 안내자료를 피보험자가 되려는 자에게 제공할 것
가. 제42조의2제1항제1호부터 제11호까지에서 규정한 사항
나. 단체보험계약의 피보험자에서 제외되는 방법 및 절차에 관한 사항
다. 제2호에 따라 소비자에게 보장되는 기회에 관한 사항
라. 보험계약자 등 소비자 보호를 위하여 금융위원회가 정하여 고시하는 사항
4. 재화·용역을 구매하면서 동시에 보험계약을 체결하는 경우와 보험계약만 체결하는 경우 간에 보험료, 보험금의 지급조건 및 보험금의 지급규모 등에 차이가 발생하지 아니하도록 할 것
5. 제32조제2항에 따라 등록한 간단손해보험대리점의 경우에는 인터넷 홈페이지[이동통신단말장치에서 사용되는 애플리케이션(Application) 및 그 밖에 이와 비슷한 응용프로그램을 통하여 가상의 공간에 개설하는 장소를 포함한다]를 통해서만 다음 각 목의 행위를 할 것
가. 보험을 모집하는 행위
나. 단체보험계약을 위하여 피보험자로 이루어진 단체를 구성하는 행위
(2018.6.5 본항신설)
⑤ 제1항부터 제4항까지에서 규정한 사항 외에 보험대리점의 영업기준과 관련하여 필요한 사항은 금융위원회가 정하여 고시한다.(2018.6.5 본항개정)
(2011.1.24 본조신설)

제33조의3【법인보험대리점 임원의 자격요건】 법 제87조의2제1항 각 호 외의 부분에서 "대통령령으로 정하는 자"란 「상법」 제401조의2제1항 각 호의 어느 하나에 해당하는 사람을 말한다.(2011.1.24 본조신설)

제33조의4【법인보험대리점의 업무범위 등】 ① 법 제87조의3제1항에 따라 법인보험대리점은 다음 각 호의 어느 하나에 해당하는 업무를 하지 못한다.
1. 「방문판매 등에 관한 법률」에 따른 다단계판매업
2. 「대부업 등의 등록 및 금융이용자 보호에 관한 법률」에 따른 대부업 또는 대부중개업
② 법 제87조의3제2항에서 "경영현황 등 대통령령으로 정하는 업무상 주요 사항"이란 다음 각 호의 사항을 말한다.
1. 경영하고 있는 업무의 종류
2. 모집조직에 관한 사항
3. 모집실적에 관한 사항
4. 그 밖에 보험계약자 보호를 위하여 금융위원회가 정하여 고시하는 사항
③ 법 제87조의3제2항에 따른 공시를 위하여 보험회사는 공시에 필요한 자료를 모집에 관한 위탁계약을 체결한 법인보험대리점에 제공하여야 하며, 보험회사 또는 보험협회는 법인보험대리점을 대신하여 제2항 각 호의 사항을 금융위원회에 알릴 수 있다.
④ 법인보험대리점은 법 제87조의3제2항에 따라 제2항 각 호의 사항을 보험협회의 인터넷 홈페이지 등을 통하여 반기별로 공시하여야 한다.
⑤ 제2항부터 제4항까지에서 규정한 사항 외에 법인보험대리점의 공시 등의 방법 및 절차에 관하여 필요한 사항은 금융위원회가 정하여 고시한다.
(2011.1.24 본조신설)

제34조【보험중개사의 구분 및 등록요건 등】 ① 법 제89조에 따른 보험중개사는 개인인 보험중개사(이하 "개인보험중개사"라 한다)와 법인인 보험중개사(이하 "법인보험중개사"라 한다)로 구분하고, 각각 생명보험중개사·손해보험중개사 및 제3보험중개사로 구분한다.
② 제1항에 따른 보험중개사의 등록요건은 별표3과 같다.
③ 보험중개사 등록의 신청방법과 그 밖에 보험중개사의 등록에 필요한 사항은 금융위원회가 정하여 고시한다.

제35조【보험중개사의 영업범위】 보험중개사[법 제91조제1항에 따라 보험중개사로 등록한 금융기관(이하 "금융기관보험중개사"라 한다)은 제외한다]의 영업범위는 다음 각 호의 구분에 따른다.
1. 생명보험중개사 : 법 제4조제1항제1호의 보험종목 및 그 재보험
2. 손해보험중개사 : 법 제4조제1항제2호의 보험종목 및 그 재보험
3. 제3보험중개사 : 법 제4조제1항제3호의 보험종목 및 그 재보험

제36조【보험중개사의 영업기준】 ① 법 제89조제4항에 따라 법인보험중개사로서 금융위원회가 정하여 고시하는 법인보험중개사는 다음 각 호의 요건을 모두 갖추어야 한다.
1. 법령을 준수하고 보험계약자를 보호하기 위한 업무지침을 정할 것
2. 제1호에 따른 업무지침의 준수 여부를 점검하고 그 위반사항을 조사하는 임원 또는 직원을 1명 이상 둘 것
3. 보험계약자를 보호하고 보험계약의 모집 업무를 수행하기 위하여 필요한 전산설비 등 물적 시설을 충분히 갖출 것
② 보험중개사와 그 보험중개사에 소속된 임직원 및 보험설계사는 보험안내자료 등 보험계약의 중개를 위하여 소비자에게 제공하는 자료에서 보험중개사의 상호를 사용하는 경우에는 그 상호 중에 "보험중개사"라는 글자를 사용해야 한다.(2021.3.23 본항개정)
③ 보험중개사는 그 보험중개사에 소속된 보험설계사와의 위탁계약서, 수입 및 지출 명세에 관한 회계장부 등을 보관하고 관리하여야 한다.
④ 제1항부터 제3항까지에서 규정한 사항 외에 보험중개사의 영업기준과 관련하여 필요한 사항은 금융위원회가 정하여 고시한다.

제37조【보험중개사의 영업보증금】 ① 법 제89조제3항에 따른 보험중개사의 영업보증금은 개인은 1억원 이상, 법인은 3억원 이상으로 하며, 그 구체적인 금액은 해당 보험중개사의 영업 규모를 고려하여 총리령으로 정한다. 다만, 금융기관보험중개사에 대해서는 영업보증금 예탁의무를 면제한다.
② 금융위원회는 보험계약자의 보호와 모집질서의 유지를 위하여 필요하다고 인정하면 제1항에도 불구하고 최근 사업연도의 보험중개와 관련된 총수입금액의 5배의 범위에서 영업보증금의 증액을 명할 수 있다.
③ 금융위원회는 보험중개사가 다음 각 호의 어느 하나에 해당하는 경우에는 총리령으로 정하는 바에 따라 영업보증금의 전부 또는 일부를 반환한다.
1. 보험중개사가 보험중개업무를 폐지한 경우
2. 보험중개사인 개인이 사망한 경우
3. 보험중개사인 법인이 파산 또는 해산하거나 합병으로 소멸한 경우
4. 법 제90조제1항에 따라 등록이 취소된 경우
5. 보험중개사의 업무상황 변화 등으로 이미 예탁한 영업보증금이 예탁하여야 할 영업보증금을 초과하게 된 경우
④ 보험중개사의 영업보증금의 예탁방법 등에 관하여는 제33조제3항부터 제6항까지의 규정을 준용한다.
(2014.4.15 본항개정)
⑤ 제1항에 따른 영업보증금의 산출기준 등 보험중개사의 영업보증금에 관하여 필요한 사항은 금융위원회가 정하여 고시한다.

제38조【보험중개사의 손해배상】 ① 보험중개사의 보험계약 체결의 중개행위와 관련하여 손해를 입은 보험계약자 등은 그 보험중개사의 영업보증금의 한도에서 영업보증금예탁기관에 손해배상금의 지급을 신청할 수 있다.
② 영업보증금예탁기관의 장은 제1항에 따른 손해배상금의 지급신청을 받았을 때에는 총리령으로 정하는 절차에 따라 해당 보험중개사의 영업보증금에서 손해배상금의 전부 또는 일부를 지급할 수 있다.
③ 보험중개사는 제2항에 따라 영업보증금예탁기관의 장으로부터 손해배상금의 전부 또는 일부를 지급받은 보험계약자 등에 대하여 그 금액만큼 손해배상책임을 면한다.

제38조의2【법인보험중개사의 업무범위 등】 ① 법 제89조의3제1항에 따라 법인보험중개사는 제33조의4제1항 각 호의 어느 하나에 해당하는 업무를 하지 못한다.
② 법 제89조의3제2항에서 "경영현황 등 대통령령으로 정하는 업무상 주요사항"이란 다음 각 호의 사항을 말한다.
1. 경영하고 있는 업무의 종류
2. 모집조직에 관한 사항
3. 모집실적에 관한 사항
4. 그 밖에 보험계약자 보호를 위하여 금융위원회가 정하여 고시하는 사항
③ 법 제89조의3제2항에 따른 공시를 위하여 보험회사는 공시에 필요한 자료를 보험계약 체결을 중개한 법인보험중개사에 제공하여야 한다.
④ 법인보험중개사는 법 제89조의3제2항에 따라 제2항 각 호의 사항을 법인보험중개사의 인터넷 홈페이지 등을 통하여 반기별로 공시하여야 한다.
⑤ 제2항부터 제4항까지에서 규정한 사항 외에 법인보험중개사의 공시 등의 방법 및 절차에 관하여 필요한 사항은 금융위원회가 정하여 고시한다.
(2011.1.24 본조신설)

제39조【보험중개사에 대한 등록취소의 예외】 ① 법 제90조제1항제1호 단서에서 "대통령령으로 정하는 법인"이란 보험중개사의 사업 개시에 따른 투자비용의 발생, 급격한 영업환경의 변화, 그 밖에 보험중개사에게 책임을 물을 수 없는 사유로 보험중개사의 재산상태에 변동이 생겨 부채가 자산을 초과하게 된 법인으로서 등록취소 대신 6개월 이내에 이를 개선하는 조건으로 금융위원회의 승인을 받은 법인을 말한다.
② 금융위원회는 제1항에 따라 승인을 받은 날부터 6개월이 지난 후에도 해당 보험중개사의 부채가 자산을 초과하는 경우에는 지체 없이 그 등록을 취소하여야 한다.
③ 제1항에 따른 승인의 방법 및 절차에 관하여 필요한 사항은 금융위원회가 정하여 고시한다.

제40조【금융기관보험대리점등의 영업기준 등】 ① 법 제91조제1항제4호에서 "대통령령으로 정하는 기관"이란 다음 각 호의 기관을 말한다.
1. 「한국산업은행법」에 따라 설립된 한국산업은행
2. 「중소기업은행법」에 따라 설립된 중소기업은행
2의2. (2012.6.1 삭제)
3. 「여신전문금융업법」에 따라 허가를 받은 신용카드업자(겸영여신업자는 제외한다. 이하 같다)
4. 「농업협동조합법」에 따라 설립된 조합 및 농협은행(2011.12.31 본호신설)
② 법 제91조제2항에 따라 금융기관보험대리점등이 모집할 수 있는 보험상품의 범위는 별표5와 같다. 다만, 제1항제3호에 따른 신용카드업자가 모집할 수 있는 보험상품의 범위는 금융기관보험대리점등이 아닌 보험대리점이 모집할 수 있는 보험상품의 범위와 같고, 같은 항 제4호에 따른 조합이 모집할 수 있는 보험상품의 범위는 법률 제10522호 농업협동조합법 일부개정법률 부칙 제15조제8항에 따라 허가받은 것으로 보는 보험상품으로서 구체적인 보험상품의 범위는 금융위원회가 정하여 고시한다.
(2011.12.31 단서개정)
③ 금융기관보험대리점등은 다음 각 호의 어느 하나에 해당하는 방법으로 모집하여야 한다. 다만, 제3호의 방법은 제1항제3호에 따른 신용카드업자만 사용할 수 있다.
1. 법 제100조제2항제3호에 따라 해당 금융기관보험대리점등의 점포 내의 지정된 장소에서 보험계약자와 직접 대면하여 모집하는 방법
2. 인터넷 홈페이지를 이용하여 불특정 다수를 대상으로 보험상품을 안내하거나 설명하여 모집하는 방법
3. 법 제96조제1항에 따른 전화, 우편, 컴퓨터통신 등의 통신수단을 이용하여 모집하는 방법

④ 금융기관보험대리점등(제1항제3호에 따른 신용카드업자는 제외한다)은 그 금융기관보험대리점등의 본점·지점 등 점포별로 2명(보험설계사 자격을 갖춘 사람으로서 금융위원회가 정한 기준과 방법에 따라 채용된 사람은 제외한다)의 범위에서 법 제84조제1항에 따라 등록된 소속 임원 또는 직원으로 하여금 모집에 종사하게 할 수 있다.
⑤ 금융기관보험대리점등에서 모집에 종사하는 사람은 대출 등 불공정 모집의 우려가 있는 업무를 취급할 수 없다.
⑥ 금융기관보험대리점등(최근 사업연도 말 현재 자산총액이 2조원 이상인 기관만 해당한다. 이하 제7항에서 같다)이 모집할 수 있는 1개 생명보험회사 또는 1개 손해보험회사 상품의 모집액은 매 사업연도별로 해당 금융기관보험대리점등이 신규로 모집하는 생명보험회사 상품의 모집총액 또는 손해보험회사 상품의 모집총액 각각의 100분의 25(제7항에 따라 보험회사 상품의 모집액을 합산하여 계산하는 경우에는 100분의 33)를 초과할 수 없다. 다만, 제1항제3호에 따른 신용카드업자가 다음 각 호의 구분에 따른 요건을 충족하는 경우 해당 사업연도에 신규로 모집하는 생명보험회사 상품의 모집총액 또는 손해보험회사 상품의 모집총액 중 1개 생명보험회사 또는 1개 손해보험회사 상품의 모집액이 차지하는 비율의 상한은 100분의 50(제7항에 따라 보험회사 상품의 모집액을 합산하여 계산하는 경우에는 100분의 66)으로 한다. (2023.12.29 본문개정)
1. 생명보험회사 상품 모집 : 직전 사업연도 말 현재 제1항제3호에 따른 신용카드업자 각각이 신규로 모집한 생명보험회사 상품의 모집액을 생명보험회사별로 합산한 경우 그 합산 금액이 10억원 이상인 생명보험회사의 수가 4개 이하일 것(2023.12.29 본호신설)
2. 손해보험회사 상품 모집 : 직전 사업연도 말 현재 제1항제3호에 따른 신용카드업자 각각이 신규로 모집한 손해보험회사 상품의 모집액을 손해보험회사별로 합산한 경우 그 합산 금액이 15억원 이상인 손해보험회사의 수가 4개 이하일 것(2023.12.29 본호신설)
⑦ 제6항에 따른 1개 보험회사 상품의 모집액 산정 시 금융기관보험대리점등과 대리점계약을 체결한 보험회사(이하 이 조에서 "체약보험회사"라 한다)와 다음 각 호의 어느 하나에 해당하는 관계에 있는 보험회사 상품의 모집액은 합산하여 계산한다.
1. 최대주주가 동일한 보험회사
2. 체약보험회사 지분의 100분의 15 이상을 소유한 금융기관보험대리점등이 지분의 100분의 15 이상을 소유한 보험회사
3. 체약보험회사 지분의 100분의 15 이상을 소유한 금융기관보험대리점등의 지주회사가 지분의 100분의 15 이상을 소유한 보험회사
4. 제1호부터 제3호까지에 준하는 경우로서 금융위원회가 정하여 고시하는 관계에 있는 보험회사
⑧ 금융기관보험대리점등은 해당 금융기관에 적용되는 모집수수료율을 모집을 하는 점포의 창구 및 인터넷 홈페이지에 공시하여야 하며 보험회사는 모집을 위탁한 금융기관보험대리점등의 모집수수료율을, 보험협회는 전체 금융기관보험대리점등의 모집수수료율을 각각 비교·공시하여야 한다.
⑨ 금융기관보험대리점등은 보험계약의 체결을 대리하거나 중개할 때에는 금융위원회가 정하여 고시하는 바에 따라 다음 각 호의 모든 사항을 보험계약자에게 설명하여야 한다.
1. 대리하거나 중개하는 보험계약의 주요 보장 내용
2. 대리하거나 중개하는 보험계약의 환급금
3. 그 밖에 불완전 판매를 방지하기 위하여 필요한 경우로서 금융위원회가 정하여 고시하는 사항
⑩ 제2항부터 제9항까지의 규정에 관한 세부 기준·방법 등 그 밖에 금융기관보험대리점등의 모집에 필요한 사항은 금융위원회가 정하여 고시한다. 다만, 「전자상거래 등에서의 소비자보호에 관한 법률」 등 소비자 관련 법령에서 규율하고 있는 사항에 대해서는 그러하지 아니하다.
⑪ 금융감독원장은 제6항에 따른 금융기관보험대리점등의 모집총액과 제8항에 따른 모집수수료율 등에 관한 보고서를 금융기관보험대리점등의 사업연도별로 작성하여야 한다.
⑫ 제1항제4호에 따른 조합이 농업인을 대상으로 다음 각 호의 보험상품을 모집하는 경우에는 제3항, 제4항 또는 제6항을 적용하지 아니한다.
1. 「농어업재해보험법」 제2조제2호에 따른 농어업재해보험
2. 「농어업인 삶의 질 향상 및 농어촌지역 개발촉진에 관한 특별법」 제3조제3호에 따른 농어업인등의 복지증진 및 농어촌의 개발촉진 등을 위하여 정부나 지방자치단체가 보험료의 일부를 지원하는 보험상품으로서 금융위원회가 정하여 고시하는 보험상품
(2011.12.31 본항신설)

제41조【보험중개사의 의무】 ① 법 제92조제1항에 따라 보험중개사가 장부에 적어야 할 사항은 다음 각 호와 같다.
1. 「상법」 제96조에 따라 작성·교부하는 결약서(이하 "결약서"라 한다)의 기재사항으로서 금융위원회가 정하여 고시하는 사항
2. 보험계약 체결의 중개와 관련하여 해당 보험중개사가 받은 수수료·보수와 그 밖의 대가
3. 법 제101조에 따른 자기 또는 자기를 고용하고 있는 자를 보험계약자 또는 피보험자로 하는 보험계약의 체결을 중개한 경우에는 그 내용
② 법 제92조제1항에 따라 보험중개사가 갖춰 두어야 할 장부 및 서류는 다음 각 호와 같다.
1. 결약서 사본
2. 제1항제2호 및 제3호의 사항을 적은 서류
3. 제3항에 따라 발급한 서류
4. 보험회사와 중개업무계약을 체결하거나 보험계약자와 보수계약을 체결한 경우에는 그 계약서
③ (2021.3.23 삭제)
④ 보험중개사는 보험계약자가 요청하는 경우에는 보험계약체결의 중개와 관련하여 보험회사로부터 받은 수수료·보수와 그 밖의 대가를 알려 주어야 한다.
⑤ 보험중개사는 제2항에 따라 갖춰 두고 있는 장부 또는 서류를 보험계약자나 이해당사자가 열람할 수 있도록 하고 보험계약자 등이 요청할 때에는 그 내용에 대한 증명서를 발급하여야 한다.
⑥ 제2항에 따른 장부 및 서류의 비치방법 등에 관하여 그 밖에 필요한 사항은 금융위원회가 정하여 고시한다.

제42조【보험안내자료의 기재사항 등】 ① 법 제95조제1항제2호에 따른 보험 가입에 따른 권리·의무에 관한 사항에는 법 제108조제1항제3호에 따른 변액보험계약(이하 "변액보험계약"이라 한다)의 경우 다음 각 호의 사항이 포함된다.
1. 변액보험자산의 운용성과에 따라 납입한 보험료의 원금에 손실이 발생할 수 있으며 그 손실은 보험계약자에게 귀속된다는 사실
2. 최저로 보장되는 보험금이 설정되어 있는 경우에는 그 내용
② 보험안내자료에는 다음 각 호의 사항을 적어서는 아니 된다.
1. 「독점규제 및 공정거래에 관한 법률」 제45조에 따른 사항(2021.12.28 본호개정)
2. 보험계약의 내용과 다른 사항
3. 보험계약자에게 유리한 내용만을 골라 안내하거나 다른 보험회사 상품과 비교한 사항
4. 확정되지 아니한 사항이나 사실에 근거하지 아니한 사항을 기초로 다른 보험회사 상품에 비하여 유리하게 비교한 사항
③ 법 제95조제1항제6호에서 "대통령령으로 정하는 사항"이란 다음 각 호의 사항을 말한다.
1. 보험금이 금리에 연동되는 보험상품의 경우 적용금리 및 보험금 변동에 관한 사항
2. 보험금 지급제한 조건의 예시(2015.1.6 본호개정)
3. 보험안내자료의 제작자·제작일, 보험안내자료에 대한 보험회사의 심사 또는 관리번호
4. 보험 상담 및 분쟁의 해결에 관한 사항
④ 금융위원회는 보험계약자를 보호하고 정보취득자의 오해를 방지하기 위하여 보험안내자료의 작성 및 관리 등에 필요한 사항을 정하여 고시할 수 있다.

제42조의2【설명의무의 중요 사항 등】 ①~② (2021.3.23 삭제)
③ 보험회사는 법 제95조의2제3항 본문 및 제4항에 따라 다음 각 호의 단계에서 중요 사항을 항목별로 일반보험계약자에게 설명해야 한다. 다만, 제1호에 따른 보험계약 체결 단계(마목에 따른 보험계약 승낙 거절 시 거절사유로 한정한다), 제2호에 따른 보험금 청구 단계 또는 제3호에 따른 보험금 심사·지급 단계의 경우 일반보험계약자가 계약 체결 전에 또는 보험금 청구권자가 보험금 청구단계에서 동의한 경우에 한정하여 서면, 문자메시지, 전자우편 또는 팩스 등으로 중요 사항을 통보하는 것으로 이를 대신할 수 있다.(2021.1.5 본문개정)
1. 보험계약 체결 단계
가. 보험의 모집에 종사하는 자의 성명, 연락처 및 소속
나. 보험의 모집에 종사하는 자가 보험회사를 위하여 보험계약의 체결을 대리할 수 있는지 여부
다. 보험의 모집에 종사하는 자가 보험료나 고지의무사항을 보험회사를 대신하여 수령할 수 있는지 여부
라. 보험계약의 승낙절차
마. 보험계약 승낙거절 시 거절 사유
바. 「상법」 제638조의3제2항에 따라 3개월 이내에 해당 보험계약을 취소할 수 있다는 사실 및 그 취소 절차·방법(2016.4.1 본목신설)
사. 그 밖에 일반보험계약자가 보험계약 체결 단계에서 설명받아야 하는 사항으로서 금융위원회가 정하여 고시하는 사항(2016.4.1 본목신설)
2. 보험금 청구 단계
가. 담당 부서, 연락처 및 보험금 청구에 필요한 서류
나. 보험금 심사 절차, 예상 심사기간 및 예상 지급일
다. 일반보험계약자가 보험사고 조사 및 손해사정에 관하여 설명받아야 하는 사항으로서 금융위원회가 정하여 고시하는 사항
라. 그 밖에 일반보험계약자가 보험금 청구 단계에서 설명받아야 하는 사항으로서 금융위원회가 정하여 고시하는 사항
(2016.4.1 본호개정)
3. 보험금 심사·지급 단계
가. 보험금 지급일 등 지급절차
나. 보험금 지급 내역
다. 보험금 심사 지연 시 지연 사유 및 예상 지급일
라. 보험금을 감액하여 지급하거나 지급하지 아니하는 경우에는 그 사유
마. 그 밖에 일반보험계약자가 보험금 심사·지급 단계에서 설명받아야 하는 사항으로서 금융위원회가 정하여 고시하는 사항
(2016.4.1 본호개정)
④ (2016.4.1 삭제)
⑤ 제3항과 관련하여 필요한 세부 사항은 금융위원회가 정하여 고시한다.(2021.3.23 본항개정)
(2011.1.24 본조신설)

제42조의3~제42조의4 (2021.3.23 삭제)

제42조의5【중복계약 체결 확인 의무】 ① 법 제95조의5제1항에서 "대통령령으로 정하는 보험계약"이란 실제 부담한 의료비만 지급하는 제3보험상품계약(이하 "실손의료보험계약"이라 한다)과 실제 부담한 손해액만을 지급하는 것으로서 금융감독원장이 정하는 보험상품계약(이하 "기타손해보험계약"이라 한다)을 말한다. 다만, 다음 각 호의 보험계약은 제외한다.(2018.6.5 본문개정)
1. (2014.4.15 삭제)
2. 여행 중 발생한 위험을 보장하는 보험계약으로서 다음 각 목의 어느 하나에 해당하는 보험계약
가. 「관광진흥법」 제4조에 따라 등록한 여행업자가 여행자를 위하여 일괄 체결하는 보험계약
나. 특정 단체가 그 단체의 구성원을 위하여 일괄 체결하는 보험계약
(2015.1.6 본호개정)
3. 국외여행, 연수 또는 유학 등 국외체류 중 발생한 위험을 보장하는 보험계약
② 보험회사 또는 보험의 모집에 종사하는 자가 실손의료보험계약 또는 기타손해보험계약을 모집하는 경우에는 법 제95조의5제1항에 따라 피보험자가 되려는 자가 이미 다른 실손의료보험계약 또는 보장내용이 동일한 기타손해보험계약의 피보험자로 되어 있는지를 확인하여야 한다.(2018.6.5 본항개정)
③ 제2항에 따른 확인 결과, 피보험자가 되려는 자가 다른 실손의료보험계약 또는 보장내용이 동일한 기타손해보험계약의 피보험자로 되어 있는 경우에는 보험금 비례분담 등 보장금 지급에 관한 세부 사항을 안내하여야 한다.
(2018.6.5 본항개정)
④ 제2항 및 제3항에 따른 확인 및 안내에 관한 세부 사항은 금융위원회가 정하여 고시한다.
(2011.1.24 본조신설)

제43조【통신수단을 이용한 모집·철회 및 해지 등 관련 준수사항】 ① 법 제96조제1항에 따른 통신수단을 이용한 모집은 통신수단을 이용한 모집에 대하여 동의를 한 자를 대상으로 하여야 한다.(2016.4.1 본문개정)
1.~4. (2016.4.1 삭제)
② 법 제96조제1항에 따른 통신수단 중 전화를 이용하여 모집하는 자는 보험계약의 청약이 있는 경우 보험계약자의 동의를 받아 청약 내용, 보험료의 납입, 보험기간, 고지의무, 약관의 주요 내용 등 보험계약 체결을 위하여 필요한 사항을 질문 또는 설명하고 그에 대한 보험계약자의 답변 및 확인 내용을 음성녹음하는 등 증거자료를 확보·유지하여야 하며, 우편이나 팩스 등을 통하여 지체 없이 보험계약자로부터 청약서에 자필서명을 받아야 한다. 이 경우 「전자문서 및 전자거래 기본법」 제2조제1호에 따른 전자문서(이하 "전자문서"라 한다)를 이용하여 보험계약 체결에 필요한 사항을 질문 또는 설명하고 그에 대한 보험계약자의 답변 및 확인 내용에 관한 증거자료를 확보·유지할 수 있다.(2023.6.27 후단신설)
③ 제2항에도 불구하고 청약자의 신원을 확인할 수 있는 증명자료가 있는 등 금융위원회가 정하여 고시하는 경우에는 제2항에 따른 자필서명을 받지 아니할 수 있다.
④ 법 제96조제1항에 따른 통신수단 중 동영상과 음성을 동시에 송수신하는 인터넷 화상장치를 이용하여 모집하는 자는 다음 각 호의 사항을 준수해야 한다.
1. 보험회사가 구축한 인터넷 화상장치를 이용할 것
2. 보험계약의 청약이 있는 경우 보험계약자의 동의를 받아 청약 내용, 보험료의 납입, 보험기간, 고지의무, 약관의 주요 내용 등 보험계약 체결을 위하여 필요한 사항을 질문 또는 설명하고 그에 대한 보험계약자의 답변 및 확인 내용 등을 음성녹음하거나 전자문서로 저장하는 등 증거자료를 확보·유지할 것
3. 보험계약자의 청약 내용에 대해서는 다음 각 목의 어느 하나에 해당하는 경우 외에는 우편이나 팩스 등을 통하여 지체 없이 보험계약자로부터 청약서에 자필서명을 받을 것
가. 「전자서명법」 제2조제2호에 따른 전자서명(서명자의 실지명의를 확인할 수 있는 것으로 한정한다)을 받은 경우
나. 그 밖에 금융위원회가 정하는 기준을 준수하는 안전성과 신뢰성이 확보될 수 있는 수단을 활용하여 청약 내용에 대하여 보험계약자의 확인을 받은 경우
4. 그 밖에 보험계약자 보호를 위해 금융위원회가 정하여 고시하는 사항을 준수할 것
(2023.6.27 본항신설)

⑤ 사이버몰을 이용하여 모집하는 자는 다음 각 호의 사항을 준수하여야 한다.(2018.6.5 본문개정)
1. (2016.4.1 삭제)
2. 사이버몰에는 보험약관의 주요 내용을 표시하여야 하며 보험계약자의 청약 내용에 대해서는 다음 각 목의 어느 하나에 해당하는 경우 외에는 보험계약자로부터 자필서명을 받을 것(2016.4.1 본문개정)
가. 「전자서명법」 제2조제2호에 따른 전자서명(서명자의 실지명의를 확인할 수 있는 것으로 한정한다)을 받은 경우(2020.12.8 본목개정)
나. 그 밖에 금융위원회가 정하는 기준을 준수하는 안전성과 신뢰성이 확보될 수 있는 수단을 활용하여 청약 내용에 대하여 보험계약자의 확인을 받은 경우(2016.4.1 본목신설)
3. 보험약관 또는 보험증권을 전자문서로 발급하는 경우에는 보험계약자가 해당 문서를 수령하였는지를 확인하여야 하며 보험계약자가 서면으로 발급해 줄 것을 요청하는 경우에는 서면으로 발급할 것
⑥ 보험회사는 법 제96조제2항제1호에 따라 보험계약을 청약한 자가 전화를 이용하여 청약의 내용을 확인·정정 요청하거나 청약을 철회하려는 경우에는 상대방의 동의를 받아 청약 내용, 청약자 본인인지를 확인하고 그 내용을 음성녹음하는 등 증거자료를 확보·유지하여야 한다.
⑦ 보험회사는 법 제96조제2항제1호에 따라 보험계약을 청약한 자가 컴퓨터통신을 이용하여 청약의 내용을 확인·정정 요청하거나 청약을 철회하려는 경우에는 다음 각 호의 어느 하나에 해당하는 방법을 이용하여 청약자 본인인지를 확인하여야 한다.(2016.4.1 본문개정)
1. 「전자서명법」 제2조제2호에 따른 전자서명(서명자의 실지명의를 확인할 수 있는 것으로 한정한다)(2020.12.8 본호개정)
2. 그 밖에 금융위원회가 정하는 기준을 준수하는 안전성과 신뢰성이 확보될 수 있는 수단을 활용하여 청약자 본인인지를 확인하는 방법(2016.4.1 본호신설)
⑧ 보험회사는 법 제96조제2항제2호에 따라 보험계약자가 전화를 이용하여 체결한 계약의 내용을 확인하려는 경우에는 상대방의 동의를 받아 보험계약자 본인인지를 확인하고 그 내용을 음성녹음하는 등 증거자료를 확보·유지하여야 한다.
⑨ 보험회사는 법 제96조제2항제3호에 따라 보험계약자가 전화를 이용하여 체결한 계약을 해지하려는 경우에는 상대방의 동의를 받아 보험계약자 본인인지를 확인하고 그 내용을 음성녹음하는 등 증거자료를 확보·유지해야 한다.(2022.2.17 본문개정)
1.~2. (2022.2.17 삭제)
3. (2011.12.31 삭제)
⑩ 보험회사는 법 제96조제2항제3호에 따라 보험계약자가 컴퓨터통신을 이용하여 체결한 계약을 해지하려는 경우에는 다음 각 호의 방법으로 보험계약자 본인인지를 확인해야 한다.
1. 「전자서명법」에 따른 전자서명(서명자의 실지명의를 확인할 수 있는 것으로 한정한다)
2. 그 밖에 금융위원회가 정하여 고시하는 기준을 충족하는 수단으로서 안전성 및 신뢰성이 확보된 수단을 이용하여 보험계약자 본인인지를 확인할 수 있는 방법
3. (2011.12.31 삭제)
(2022.2.17 본항개정)
⑪ 금융위원회는 사이버몰의 표시사항, 통신수단을 이용한 모집, 청약 내용의 확인, 청약의 철회, 계약 내용의 확인 및 계약의 해지에 필요한 세부 사항을 정하여 고시할 수 있다. 다만, 「전자상거래 등에서의 소비자보호에 관한 법률」 등 소비자 관련 법령에서 규율하고 있는 사항에 대해서는 그러하지 아니하다.

제43조의2【보험계약의 체결 또는 모집에 관한 금지행위】 ① 법 제97조제1항제5호에 따라 이미 성립된 보험계약(이하 "기존보험계약"이라 한다)과 보장 내용 등이 비슷한 새로운 보험계약은 다음 각 호의 사항에 모두 해당하여야 한다. 다만, 기존보험계약 또는 새로운 보험계약의 보험기간이 1년 이하인 경우 또는 컴퓨터통신을 이용하여 새로운 보험계약을 체결하는 경우에는 그러하지 아니하다.(2016.4.1 단서개정)
1. 기존보험계약과 새로운 보험계약의 피보험자가 같을 것
2. 기존보험계약과 새로운 보험계약의 위험보장의 범위가 법 제2조제1호 각 목의 생명보험상품, 손해보험상품, 제3보험상품의 구분에 따라 비슷할 것
② 법 제97조제3항제1호 단서에 따른 본인 의사의 증명은 다음 각 호의 어느 하나에 해당하는 방법으로 한다.
1. 서명(「전자서명법」 제2조제2호에 따른 전자서명을 포함한다)(2011.12.31 본호개정)
2. 기명날인
3. 녹취
4. 그 밖에 금융위원회가 정하는 기준을 준수하는 안전성과 신뢰성이 확보될 수 있는 수단을 활용하여 보험계약자 본인의 의사에 따른 행위임을 명백히 증명하는 방법(2016.4.1 본호신설)
③ 보험회사는 제2항 각 호의 어느 하나에 해당하는 방법에 의한 본인 의사 증명 사실을 확인할 수 있는 서류 등을 금융위원회가 정하여 고시하는 방법에 따라 보관·관리하여야 한다.(2014.4.15 본항신설)
(2011.1.24 본조신설)

제44조【보험계약 변경 시 비교·고지사항】 ① 법 제97조제3항제2호에서 "보험기간 및 예정 이자율 등 대통령령으로 정하는 중요한 사항"이란 다음 각 호의 사항을 말한다.
1. 보험료, 보험기간, 보험료 납입주기 및 납입기간
2. 보험가입금액 및 주요 보장 내용
3. 보험금액 및 환급금액
4. 예정 이자율 중 공시이율
5. 보험 목적
6. 보험회사의 면책사유 및 면책사항
② 보험회사는 제1항 각 호의 사항을 비교하여 알린 사실을 확인할 수 있는 서류 등을 금융위원회가 정하여 고시하는 방법에 따라 보관·관리하여야 한다.(2014.4.15 본항신설)

제45조【보험계약의 부활 청구 절차 등】 ① 법 제97조제4항에 따라 소멸된 보험계약의 부활을 청구하고 새로운 보험계약을 취소하려는 보험계약자는 보험계약 부활청구서에 다음 각 호의 서류를 첨부하여 보험회사에 제출하여야 한다.
1. 기존보험계약의 소멸을 증명하는 서류
2. 새로운 보험계약의 보험증권
② 보험회사는 제1항에 따른 서류를 접수하였을 때에는 접수증을 발급하고 부활사유 및 제출된 서류의 기재사항 등을 확인하여야 한다.
③ 보험회사는 보험계약의 부활 청구를 받은 날(건강진단을 받는 계약의 경우에는 진단일)부터 30일 이내에 승낙 또는 거절의 통지를 하여야 하며 그 기간에 통지가 없을 때에는 승낙한 것으로 본다.
④ 법 제97조제4항에 따른 소멸된 보험계약의 부활 및 새로운 보험계약의 취소의 효력은 다음 각 호의 요건을 충족하였을 때에 발생한다.
1. 기존보험계약의 소멸로 인하여 보험계약자가 수령한 해약환급금의 반환
2. 새로운 보험계약으로부터 보험계약자가 제급부금을 수령한 경우 그 반환
⑤ 법 제97조제4항 및 제5항에 따른 보험계약의 부활 및 취소는 해당 보험계약이 같은 보험회사를 대상으로 한 계약에만 적용한다.
⑥ 금융위원회는 보험계약의 부활에 필요한 세부 사항을 정하여 고시할 수 있다.

제46조【특별이익의 제공 금지】 법 제98조제1호에서 "대통령령으로 정하는 금액"이란 보험계약 체결 시부터 최초 1년간 납입되는 보험료의 100분의 10과 3만원(보험계약에 따라 보장되는 위험을 감소시키는 물품의 경우에는 20만원) 중 적은 금액을 말한다.(2023.6.27 본조개정)

제47조【수수료 지급 등의 금지 예외】 ① 법 제99조제3항에서 "대통령령으로 정하는 경우"란 보험계약 체결의 중개와는 별도로 보험계약자에게 특별히 제공한 서비스에 대하여 일정 금액으로 표시되는 보수나 그 밖의 대가를 지급할 것을 미리 보험계약자와 합의한 서면약정서에 의하여 청구하는 경우를 말한다.
② 보험중개사는 제1항에 따른 보수나 그 밖의 대가를 청구하려는 경우에는 해당 서비스를 제공하기 전에 제공할 서비스별 내용이 표시된 보수명세표를 보험계약자에게 알려야 한다.

제48조【금융기관보험대리점등의 금지행위 등】 ① 법 제100조제1항제6호에서 "대통령령으로 정하는 행위"란 다음 각 호의 어느 하나에 해당하는 행위를 말한다.
1. 제40조제4항에 따라 모집에 종사하는 자 외에 소속 임직원으로 하여금 보험상품의 구입에 대한 상담 또는 소개를 하게 하거나 상담 또는 소개의 대가를 지급하는 행위(2021.1.5 본호개정)
2.~5. (2021.3.23 삭제)
② 법 제100조제2항제4호에서 "대통령령으로 정하는 사항"이란 보험계약자 등의 보험민원을 접수하여 처리할 전담창구를 해당 금융기관의 본점에 설치·운영하는 것을 말한다.
③ 법 제100조제3항제3호에서 "대통령령으로 정하는 행위"란 모집수수료 외에 금융기관보험대리점등이 모집한 보험계약에서 발생한 이익의 배분을 요구하는 행위(금융위원회가 정하여 고시하는 기준에 따라 이익의 배분을 요구하는 경우는 제외한다)를 말한다.
④ 법 제100조제4항에 따라 금융기관보험대리점등 또는 금융기관보험대리점등이 되려는 자의 금지행위 기준은 다음 각 호와 같다.
1. 금융기관보험대리점등이 요구하는 행위가 일반적인 거래조건에 비추어 명백히 보험회사의 이익에 반하는 것으로 인정될 수 있을 것
2. 해당 행위가 보험회사의 경영건전성이나 보험계약자의 이익, 그 밖에 건전한 모집질서를 명백히 해치는 것으로 인정될 수 있을 것
⑤ 제1항부터 제4항까지의 규정에 따른 금융기관보험대리점등의 금지행위 기준 및 우월적 지위 남용 방지를 위한 기준 등에 관하여 필요한 사항은 금융위원회가 정하여 고시한다.

제48조의2 (2021.3.23 삭제)

제5장 자산운용 등
(2011.1.24 본장개정)

제49조【금지 또는 제한되는 자산운용】 ① 법 제105조제1호에서 "대통령령으로 정하는 업무용 부동산"이란 「법인세법 시행령」 제49조제1항제1호에 해당하지 아니하는 부동산으로서 다음 각 호의 어느 하나에 해당하는 것을 말한다.
1. 업무시설용 부동산 : 영업장(연면적의 100분의 10 이상을 보험회사가 직접 사용하고 있는 것만 해당한다), 연수시설, 임원 또는 직원의 복리후생시설 및 이에 준하는 용도로 사용하고 있거나 사용할 토지·건물과 그 부대시설. 다만, 영업장은 원칙적으로 단일 소유권의 객체가 되는 부동산이어야 하며, 단일 건물에 구분소유되어 있는 경우에는 다음 각 목의 요건을 모두 충족하여야 한다.
가. 구분소유권의 객체인 여러 개의 층이 연접해 있거나 물리적으로 하나의 부동산으로 인정될 수 있을 것
나. 부동산의 소유 목적, 경제적 효용 및 거래관행에 비추어 복수 부동산 취득의 불가피성이 인정될 것
2. 투자사업용 부동산 : 주택사업, 부동산임대사업, 장묘사업 등 사회복지사업, 도시재개발사업, 사회기반시설사업 등 공공성 사업과 해외부동산업을 위한 토지·건물 및 그 부대시설
② 법 제105조제7호에서 "대통령령으로 정하는 행위"란 다음 각 호의 어느 하나에 해당하는 행위를 말한다.
1. 금융위원회가 정하는 기준을 충족하지 아니하는 외국환(「외국환 거래법」 제3조제13호에 따른 외국환 중 대외지급수단, 외화증권, 외화채권만 해당한다) 및 파생금융거래(「외국환 거래법」 제3조제9호에 따른 파생상품에 관한 거래로서 채무불이행, 신용등급 하락 등 계약당사자 간의 약정된 조건에 의한 신용사건 발생 시 신용위험을 거래 당사자 한쪽에게 전가(轉嫁)하는 거래 또는 이와 유사한 거래를 포함한다)
2. (2011.12.31 삭제)
3. 그 밖에 자산운용의 안정성을 크게 해칠 우려가 있는 행위로서 금융위원회가 정하여 고시하는 행위
③ 제1항 및 제2항에 관한 세부 사항은 금융위원회가 정하여 고시한다.

제50조【자산운용의 비율】 ① 법 제106조제1항 각 호 외의 부분 단서에서 "대통령령으로 정하는 자산"이란 「근로자퇴직급여 보장법」 제29조제2항에 따른 보험계약(납입보험료 운용손익이 전부 보험계약자에게 귀속되는 보험계약은 제외한다) 및 법률 제10967호 근로자퇴직급여보장법 전부개정법률 부칙 제2조제1항 본문에 따른 퇴직보험계약에 대하여 설정된 특별계정의 자산을 말한다.(2023.6.27 본항신설)
② 법 제106조제1항제5호 각 목 외의 부분 및 제6호 각 목 외의 부분에서 "대통령령으로 정하는 자회사"란 다음 각 호의 어느 하나에 해당하지 아니하는 자회사를 말한다.
1. 제59조제3항제1호부터 제14호까지에 해당하는 업무를 수행하는 회사로서 보험회사가 해당 회사의 의결권 있는 발행주식(출자지분을 포함한다)의 전부를 소유하는 회사(2021.6.1 본호개정)
1의2. 「벤처투자 촉진에 관한 법률」 제2조제10호 및 제11호에 따른 벤처투자회사 및 벤처투자조합(2023.12.19 본호개정)
2. 「자본시장과 금융투자업에 관한 법률」에 따른 집합투자기구(2014.4.15 본호개정)
3. 「부동산투자회사법」에 따른 부동산투자회사
4. 「선박투자회사법」에 따른 선박투자회사
4의2. (2020.8.11 삭제)
4의3. 「여신전문금융업법」에 따른 신기술사업투자조합(2014.12.23 본호신설)
5. 제59조제3항제15호에 따른 업무를 수행하는 회사(2021.6.1 본호개정)
5의2. 제59조제4항제3호에 따른 업무를 수행하는 회사(2021.6.1 본호개정)
6. 제59조제2항제1호에 따른 업무를 수행하는 회사
③ 법 제106조제2항에 따라 법 제106조제1항제8호가목에 따른 부동산 소유에 대한 자산운용비율을 총자산의 100분의 15로 한다.
④ 법 제106조제3항에서 "대통령령으로 정하는 금액"이란 매 분기 말 기준으로 300억원을 말한다.

제51조【자산운용 제한의 예외】 법 제107조제2항 각 호 외의 부분 단서에서 "대통령령으로 정하는 사유"란 보험회사가 자산운용비율의 한도를 초과하게 된 날부터 법 제107조제2항에 따른 기간 이내에 한도를 초과하는 자산을 처분하는 것이 일반적인 경우에 비추어 해당 보험회사에 현저한 재산상의 손실이나 재무건전성의 악화를 초래할 것이 명백하다고 금융위원회가 인정하는 경우를 말한다.(2023.6.27 본조개정)

제52조【특별계정의 설정·운용】 ① 법 제108조제1항에 따른 특별계정을 설정·운용하는 보험회사는 같은 항 각 호의 구분에 따른 보험계약별로 별도의 특별계정을 설정·운용하여야 한다.
② 보험회사는 특별계정의 효율적인 운용을 위하여 금융위원회가 필요하다고 인정하는 경우에는 법 제108조제1

항 각 호의 구분에 따른 보험계약별로 둘 이상의 특별계정을 설정·운용할 수 있다.

제53조【특별계정자산의 운용비율】 ① 보험회사는 특별계정(법 제108조제1항제3호의 계약에 따라 설정된 특별계정은 제외한다)의 자산으로 취득한 주식에 대하여 의결권을 행사할 수 없다. 다만, 주식을 발행한 회사의 합병, 영업의 양도·양수, 임원의 선임, 그 밖에 이에 준하는 사항으로서 특별계정의 자산에 손실을 초래할 것이 명백하게 예상되는 사항에 관하여는 그러하지 아니하다.

② 보험회사는 법 제108조제1항제2호의 계약에 대하여 설정된 특별계정의 부담으로 차입(借入)할 수 없다. 다만, 각 특별계정별로 자산의 100분의 10의 범위에서 다음 각 호의 어느 하나에 해당하는 방법으로 차입하는 경우에는 그러하지 아니하다.(2016.7.28 본문개정)

1. 「은행법」에 따른 은행으로부터의 당좌차월
2. 금융기관으로부터의 만기 1개월 이내의 단기자금 차입
3. 일반계정(특별계정에 속하는 보험계약을 제외한 보험계약이 속하는 계정을 말한다. 이하 같다)으로부터의 만기 1개월 이내의 단기자금 차입. 이 경우 금리는 금융위원회가 정하여 고시하는 기준에 따른다.
4. 제1호부터 제3호까지에 준하는 방법으로서 금융위원회가 정하여 고시하는 방법

③ 보험회사는 특별계정의 자산을 운용할 때 다음 각 호의 어느 하나에 해당하는 행위를 하여서는 아니 된다.

1. 보험계약자의 지시에 따라 자산을 운용하는 행위
2. 변액보험계약에 대하여 사전수익률을 보장하는 행위
3. 특별계정에 속하는 자산을 일반계정 또는 다른 특별계정에 편입하거나 일반계정의 자산을 특별계정에 편입하는 행위. 다만, 다음 각 목의 어느 하나에 해당하는 행위는 제외한다.
   가. 특별계정의 원활한 운영을 위하여 금융위원회가 정하여 고시하는 바에 따라 초기투자자금을 일반계정에서 편입받는 행위
   나. 특별계정이 일반계정으로부터 만기 1개월 이내의 단기자금을 금융위원회가 정하여 고시하는 금리 기준에 따라 차입받는 행위
   다. 법률 제10967호 근로자퇴직급여 보장법 전부개정법률 부칙 제2조제1항 본문에 따른 퇴직보험등을 「근로자퇴직급여 보장법」 제29조제2항에 따른 보험계약으로 전환함에 따라 자산을 이전하는 행위(2022.12.27 본목개정)
   라. 법 제108조제1항제3호의 계약에 따라 설정된 특별계정을 「자본시장과 금융투자업에 관한 법률」 제233조에 따른 모자형집합투자기구로 전환하면서 모집합투자기구로 자집합투자기구의 자산을 이전하는 행위(2016.4.1 본목개정)
   마. 그 밖에 가목부터 라목까지에 준하는 행위로서 금융위원회가 정하여 고시하는 행위
4. 보험료를 어음으로 수납하는 행위
5. 특정한 특별계정 자산으로 제3자의 이익을 꾀하는 행위

④ 보험회사의 자산가격의 변동, 담보권의 실행, 그 밖에 보험회사의 의사에 의하지 아니하는 사유로 자산상태에 변동이 있는 경우에는 법 제106조제1항을 적용하지 아니한다. 이 경우 그 보험회사는 그 한도를 초과하게 된 날부터 1년 이내에 법 제106조제1항에 적합하게 하여야 하고, 제51조에서 정하는 사유에 해당하는 경우에는 금융위원회가 그 기간을 연장할 수 있다.

제54조【특별계정 자산의 평가 및 손익배분】 ① 특별계정(법 제108조제1항제3호의 계약에 따라 설정된 특별계정은 제외한다)에 속하는 자산은 금융위원회가 정하는 방법으로 평가한다.

② 보험회사는 변액보험 특별계정의 운용수익에서 해당 특별계정의 운용에 대한 보수 및 그 밖의 수수료를 뺀 수익을 해당 특별계정 보험계약자의 몫으로 처리하여야 한다.

제55조【특별계정 운용실적의 공시 등】 ① 보험회사는 특별계정(법 제108조제1항제3호의 계약에 따라 설정된 특별계정은 제외한다)의 자산운용에 관한 다음 각 호의 사항을 공시하여야 한다.

1. 매월 말 현재의 특별계정별 자산·부채 및 자산구성 내용
2. 자산운용에 대한 보수 및 수수료
3. 그 밖에 보험계약자의 보호를 위하여 공시가 필요하다고 인정되는 사항으로서 금융위원회가 정하여 고시하는 사항

② 보험협회는 보험회사별로 보험회사가 설정하고 있는 특별계정별 자산의 기준가격 및 수익률 등 자산운용실적을 비교·공시할 수 있다.

③ 보험회사는 특별계정(법 제108조제1항제3호의 계약에 따라 설정된 특별계정은 제외한다)으로 설정·운용되는 보험계약의 관리 내용을 매년 1회 이상 보험계약자에게 제공하여야 한다.

④ 제1항부터 제3항까지의 규정에 따른 공시의 방법·절차, 그 밖에 필요한 사항은 금융위원회가 정하여 고시한다.

제56조【특별계정의 운용전문인력 확보의무 등】 ① 특별계정(법 제108조제1항제3호의 계약에 따라 설정된 특별계정은 제외한다)을 설정·운용하는 보험회사는 특별계정의 공정한 관리를 위하여 특별계정의 관리 및 운용을 전담하는 조직과 인력을 갖춰야 한다. 다만, 특별계정을 통해 다음 각 호의 업무를 하는 경우에는 내부통제기준의 준수 여부에 대한 준법감시인의 확인을 거쳐 일반계정의 운용인력 및 조직을 이용할 수 있다.(2022.4.19 본문개정)

1. 대출업무
2. 만기 1개월 이내의 단기상품 매매업무
3. 그 밖에 전담하는 조직과 인력이 없더라도 특별계정의 공정한 관리가 가능하다고 인정되는 업무로서 금융위원회가 정하여 고시하는 업무

(2022.4.19 1호~3호신설)

② 법 제83조제1항 각 호의 자가 변액보험계약을 모집하려는 경우에는 금융위원회가 정하여 고시하는 바에 따라 변액보험계약의 모집에 관한 연수과정을 이수하여야 한다.

제56조의2 (2021.3.23 삭제)

제56조의3【금리인하 요구】 ① 보험회사와 신용공여 계약을 체결한 자는 법 제110조의3제1항에 따라 다음 각 호의 어느 하나에 해당하는 경우 보험회사에 금리인하를 요구할 수 있다.

1. 개인이 신용공여 계약을 체결한 경우 : 취업, 승진, 재산 증가 또는 개인신용평점 상승 등 신용상태의 개선이 나타났다고 인정되는 경우(2020.8.4 본호개정)
2. 개인이 아닌 자(개인사업자를 포함한다)가 신용공여 계약을 체결한 경우 : 재무상태 개선, 신용등급 또는 개인신용평점 상승 등 신용상태의 개선이 나타났다고 인정되는 경우(2020.8.4 본호개정)

② 제1항에 따라 금리인하 요구를 받은 보험회사는 해당 요구의 수용 여부를 판단할 때 신용상태의 개선이 금리 산정에 영향을 미치는지 여부 등 금융위원회가 정하여 고시하는 사항을 고려할 수 있다.

③ 보험회사는 제1항에 따른 금리인하 요구를 받은 날부터 10영업일 이내(금리인하 요구자에게 자료의 보완을 요구하는 날부터 자료가 제출되는 날까지의 기간은 포함하지 않는다)에 해당 요구의 수용 여부 및 그 사유를 금리인하 요구자에게 전화, 서면, 문자메시지, 전자우편, 팩스 또는 그 밖에 이와 유사한 방법으로 알려야 한다.

④ 제1항부터 제3항까지에서 규정한 사항 외에 금리인하 요구의 요건 및 절차 등에 관하여 필요한 사항은 금융위원회가 정하여 고시한다.

(2019.6.11 본조신설)

제57조【대주주와의 거래제한 등】 ① 법 제111조제1항 제2호에 따라 보험회사는 직접 또는 간접으로 그 보험회사의 대주주와 다음 각 호의 행위를 하여서는 아니 된다.

1. 증권, 부동산, 무체재산권 등 경제적 가치가 있는 유형·무형의 자산을 무상으로 제공하는 행위
2. 제1호의 자산을 정상가격(일반적인 거래에서 적용되거나 적용될 것으로 판단되는 가격을 말한다. 이하 이 조에서 같다)에 비하여 뚜렷하게 낮거나 높은 가격으로 매매하는 행위
3. 제1호의 자산을 정상가격에 비하여 뚜렷하게 낮은 가격의 자산과 교환하는 행위
4. 정상가격에 비하여 뚜렷하게 낮은 가격의 자산을 대가로 신용공여를 하는 행위
5. 정상가격에 비하여 뚜렷하게 낮거나 높은 보험료를 지급받거나 지급하고 재보험계약을 체결하는 행위

② 법 제111조제1항제2호를 적용할 때 같은 항 각 호 외의 부분에 따른 대주주에는 그와 「금융회사의 지배구조에 관한 법률 시행령」 제3조제1항 각 호의 어느 하나에 해당하는 특수한 관계가 있는 자(이하 "특수관계인"이라 한다) 중 「상속세 및 증여세법」 제16조제1항에 따른 공익법인등에 해당하는 비영리법인 또는 단체(이하 이 조에서 "공익법인등"이라 한다)는 포함되지 아니한다.(2016.7.28 본항개정)

③ 법 제111조제2항 전단 및 같은 조 제3항제1호·제2호에서 "대통령령으로 정하는 금액"이란 단일거래금액(법 제111조제2항 및 같은 조 제3항제2호에 따른 대주주가 발행한 주식을 취득하는 경우에는 「자본시장과 금융투자업에 관한 법률」에 따른 증권시장·다자간매매체결회사 또는 이와 유사한 시장으로서 외국에 있는 시장에서 취득하는 금액은 제외한다)이 자기자본의 1천분의 1에 해당하는 금액 또는 10억원 중 적은 금액을 말한다. 이 경우 단일거래금액의 구체적인 산정기준은 금융위원회가 정하여 고시한다.(2013.8.27 전단개정)

④ 법 제111조제4항에 따라 보험회사는 매 분기 말 현재 대주주에 대한 신용공여 규모, 분기 중 신용공여의 증감액, 신용공여의 거래조건, 해당 보험회사의 대주주가 발행한 채권 또는 주식의 취득 규모, 그 밖에 금융위원회가 정하여 고시하는 사항을 매 분기 말이 지난 후 1개월 이내에 금융위원회에 보고하고, 인터넷 홈페이지 등을 이용하여 공시하여야 한다.

⑤ 법 제111조제5항제5호에서 "대통령령으로 정하는 행위"란 다음 각 호의 어느 하나에 해당하는 행위를 말한다.

1. 대주주의 경쟁사업자에 대하여 신용공여를 할 때 정당한 이유 없이 금리, 담보 등 계약조건을 불리하게 하도록 요구하는 행위
2. 보험회사로 하여금 제2항에 따른 공익법인등에게 자산을 무상으로 양도하게 하거나 일반적인 거래 조건에 비추어 해당 보험회사에게 뚜렷하게 불리한 조건으로 매매·교환·신용공여 또는 재보험계약을 하게 하는 행위

(2013.7.8 본항개정)

⑥ 법 제111조제6항 각 호 외의 부분 중 "대통령령으로 정하는 경우"란 대주주가 다음 각 호의 어느 하나에 해당하는 경우를 말한다.

1. 대주주(회사만 해당하며, 회사인 특수관계인을 포함한다. 이하 이 항에서 같다)의 부채가 자산을 초과하는 경우
2. 대주주가 「자본시장과 금융투자업에 관한 법률」에 따른 신용평가회사 중 둘 이상의 신용평가회사에 의하여 투자부적격 등급으로 평가받은 경우(2013.8.27 본호개정)

제57조의2【타인을 위한 채무보증 금지의 예외】 ① 보험회사는 법 제113조 단서에 따라 신용위험을 이전하려는 자가 신용위험을 인수한 자에게 금전 등의 대가를 지급하고, 신용사건이 발생하면 신용위험을 인수한 자가 신용위험을 이전한 자에게 손실을 보전해 주기로 하는 계약에 기초한 증권(「자본시장과 금융투자업에 관한 법률」 제3조제2항제1호에 따른 증권을 말한다) 또는 예금을 매수하거나 가입할 수 있다.(2011.12.31 본항개정)

② 보험회사는 법 제113조 단서에 따라 법 제115조제1항에 따른 자회사(외국에서 보험업을 경영하는 자회사를 말한다. 이하 이 조에서 같다)를 위한 채무보증을 할 수 있다. 이 경우 다음 각 호의 요건을 모두 갖추어야 한다.

1. 채무보증 한도액이 보험회사 총자산의 100분의 3 이내일 것
2. 보험회사의 직전 분기 말 지급여력비율이 100분의 200 이상일 것
3. 보험금 지급 채무에 대한 채무보증일 것
4. 보험회사가 채무보증을 하려는 자회사의 의결권 있는 발행주식(출자지분을 포함한다) 총수의 100분의 50을 초과하여 소유할 것(외국 정부에서 최대 소유 한도를 정하는 경우 그 한도까지 소유하는 것을 말한다)

(2011.12.31 본항신설)

③ 금융위원회는 제2항 각 호의 요건을 갖추었는지를 확인하기 위하여 보험회사에 필요한 자료의 제출을 요청할 수 있다.(2011.12.31 본항신설)

④ 제2항에 따른 채무보증 한도액, 지급여력비율의 산정 및 제3항에 따른 자료제출 요청 방법 등에 관한 구체적인 사항은 금융위원회가 정하여 고시한다.(2011.12.31 본항신설)

제58조【자산평가의 방법】 법 제114조에 따라 보험회사가 자산의 취득·처분 또는 대출 등을 위한 감정을 필요로 하는 경우에는 「감정평가 및 감정평가사에 관한 법률」에 따라야 한다.(2023.6.27 본조개정)

제58조의2【사채의 발행 등】 ① 법 제114조의2제1항제5호에서 "대통령령으로 정하는 사채의 발행 및 자금의 차입"이란 다음 각 호의 어느 하나에 해당하는 방법으로 사채를 발행하거나 자금을 차입하는 것을 말한다.

1. 「은행법」에 따른 은행으로부터의 당좌차월
2. 어음의 발행
3. 환매조건부채권의 매도
4. 후순위차입
5. 신종자본증권(만기의 영구성, 배당지급의 임의성, 채무변제의 후순위성 등의 특성을 갖는 자본증권을 말한다)의 발행
6. 그 밖에 보험회사의 경영건전성을 해칠 우려가 없는 사채의 발행 또는 자금 차입 방법으로서 금융위원회가 정하여 고시하는 방법

② 다음 각 호의 방법에 따른 사채의 발행 및 자금의 차입의 총 한도는 직전 분기 말 현재 자기자본의 범위 내로 한다.

1. 법 제114조의2제1항제1호부터 제4호까지의 사채의 발행
2. 제1항제5호에 따른 신종자본증권의 발행
3. 제1항제6호의 사채의 발행

③ 법 제114조의2제1항제1호부터 제3호까지에 따른 객관적이고 합리적인 기준에 따라 미리 정하는 사유(이하 "예정사유"라 한다)는 다음 각 호의 기준을 모두 충족해야 한다.

1. 법 제114조의2제1항제1호부터 제3호까지의 사채(이하 "상각형조건부자본증권등"이라 한다)를 발행하였거나 발행하려고 하는 보험회사(이하 "발행보험회사"라 한다)나 그 발행보험회사의 주주 및 투자자 등 상각형조건부자본증권등의 발행과 관련하여 이해관계를 가지는 자의 통상적인 노력으로 변동되거나 발생할 가능성이 현저히 낮은 사유로서 금융위원회가 정하여 고시하는 요건에 맞을 것
2. 예정사유가 증권시장 등을 통하여 충분히 공시·공표될 수 있을 것. 다만, 보험회사가 「자본시장과 금융투자업에 관한 법률」 제159조제1항에 따른 사업보고서 제출대상법인인 경우에는 같은 법 시행령 제176조의12제2항제2호에 따라 예정사유를 공시·공표해야 한다.

④ 상각형조건부자본증권등 또는 제1항제5호의 신종자본증권을 발행하는 경우 그 만기를 발행보험회사가 청산·파산하는 때로 할 수 있다.

⑤ 제1항부터 제4항까지에서 규정한 사항 외에 사채발행과 자금차입의 조건 및 절차 등에 관하여 필요한 세부사항은 금융위원회가 정하여 고시한다.

(2023.6.27 본조신설)

제58조의3【금융지주회사주식 전환형 조건부자본증권의 발행절차 등】 ① 법 제114조의4제1항 각 호 외의 부분에서 "금융지주회사주식 전환형 조건부자본증권의 총액 등 대통령령으로 정하는 사항"이란 다음 각 호의 사항을 말한다.

1. 금융지주회사주식 전환형 조건부자본증권의 총액
2. 법 제114조의4제11항에 따른 주권비상장보험회사 및 상장금융지주회사의 정관에 규정해야 하는 사항
3. 주권비상장보험회사 및 상장금융지주회사의 자본금 또는 준비금이 증가하는 경우에는 증가하는 자본금 또는 준비금에 관한 사항
4. 법 제114조의4제1항제1호에 따른 주권비상장보험회사의 이사회 의결 예정일 및 같은 항 제2호에 따른 상장금융지주회사의 이사회 의결 예정일과 주주총회 결의 예정일
5. 법 제114조의4제8항 단서에 따라 예정사유 및 전환의 조건이 동일한 보험회사주식 전환형 조건부자본증권으로 변경되는 것으로 보지 않고 달리 정하려는 경우 그 사항

② 법 제114조의4제3항에서 "금융지주회사주식 전환형 조건부자본증권의 총액 등 대통령령으로 정하는 사항"이란 다음 각 호의 사항을 말한다.
1. 금융지주회사주식 전환형 조건부자본증권의 총액
2. 각 금융지주회사주식 전환형 조건부자본증권의 금액
3. 각 금융지주회사주식 전환형 조건부자본증권의 납입금액
4. 제5항 각 호의 사항

③ 법 제114조의4제6항에서 "대통령령으로 정하는 날"이란 예정사유가 발생한 날부터 10영업일이 되는 날을 말한다.

④ 법 제114조의4제11항에 따라 주권비상장보험회사 및 상장금융지주회사의 정관에 규정해야 하는 사항은 다음 각 호와 같다.
1. 금융지주회사주식 전환형 조건부자본증권을 발행할 수 있다는 뜻
2. 금융지주회사주식 전환형 조건부자본증권의 총액
3. 예정사유
4. 전환 및 교환으로 인하여 발행할 주식의 종류와 내용
5. 주주에게 금융지주회사주식 전환형 조건부자본증권의 인수권을 준다는 뜻과 인수권의 목적인 금융지주회사주식 전환형 조건부자본증권의 금액
6. 주주 외의 자에게 금융지주회사주식 전환형 조건부자본증권을 발행한다는 뜻과 그 발행할 금융지주회사주식 전환형 조건부자본증권의 금액

⑤ 금융지주회사주식 전환형 조건부자본증권의 사채청약서 및 사채원부에는 다음 각 호의 사항을 적어야 한다.
1. 금융지주회사주식 전환형 조건부자본증권을 주권비상장보험회사의 주식으로 전환함과 동시에 그 전환된 주식을 상장금융지주회사의 주식과 교환할 수 있다는 뜻
2. 예정사유, 주식으로의 전환가격 등 전환 및 교환의 조건
3. 전환 및 교환으로 인해 발행할 주식의 종류와 내용

⑥ 금융지주회사주식 전환형 조건부자본증권의 주식으로의 전환가격에 관하여 필요한 세부사항은 금융위원회가 정하여 고시한다.

⑦ 제1항부터 제6항까지에서 규정한 사항 외에 금융지주회사주식 전환형 조건부자본증권의 발행 등에 필요한 세부사항은 금융위원회가 정하여 고시한다.
(2023.6.27 본조신설)

제59조【자회사의 소유】 ① (2021.6.1 삭제)

② 법 제115조제1항제4호에서 "대통령령으로 정하는 업무"란 다음 각 호의 어느 하나에 해당하는 업무를 말한다.
1. 외국에서 하는 업무(제3항제15호 각 목의 업무는 제외한다)(2023.12.29 본호개정)
2. 기업의 후생복지에 관한 상담 및 사무처리 대행업무
2의2. 「신용정보의 이용 및 보호에 관한 법률」에 따른 본인신용정보관리업(2021.6.1 본호신설)
3. 그 밖에 제3항 및 제4항에 따른 업무가 아닌 업무로서 보험회사의 효율적인 업무수행을 위해 필요하고 보험업과 관련되는 것으로 금융위원회가 인정하는 업무
(2021.6.1 본호개정)

③ 법 제115조제2항에서 "대통령령으로 정하는 업무"란 다음 각 호의 업무를 말한다.
1. 보험회사의 사옥관리업무
2. 보험수리업무
3. 손해사정업무
4. 보험대리업무
5. 보험사고 및 보험계약 조사업무
6. 보험에 관한 교육·연수·도서출판·금융리서치 및 경영컨설팅 업무
7. 보험업과 관련된 전산시스템·소프트웨어 등의 대여·판매 및 컨설팅 업무
8. 보험계약 및 대출 등과 관련된 상담업무
9. 보험에 관한 인터넷 정보서비스의 제공업무
10. 자동차와 관련된 긴급출동·차량관리 및 운행정보 등 부가서비스 업무
11. 보험계약자 등에 대한 위험관리 업무
12. 건강·장묘·장기간병·신체장애 등의 사회복지사업 및 이와 관련된 조사·분석·조언 업무
13. 「노인복지법」 제31조에 따른 노인복지시설의 설치·운영에 관한 업무 및 이와 관련된 조사·분석·조언 업무
14. 건강 유지·증진 또는 질병의 사전 예방 등을 위해 수행하는 업무
15. 외국에서 하는 다음 각 목의 업무
가. 제1호부터 제14호까지의 규정에 따른 업무
나. 보험업, 보험중개업무, 투자자문업, 투자일임업, 집합투자업 및 부동산업
다. 「외국환거래법」에 따른 증권, 파생상품 및 채권에 투자하는 업무로서 금융위원회가 정하여 고시하는 업무
(2023.12.29 본호개정)
(2021.6.1 본항신설)

④ 법 제115조제3항 전단에서 "대통령령으로 정하는 업무"란 다음 각 호의 업무를 말한다.
1. 「벤처투자 촉진에 관한 법률」에 따른 벤처투자회사 및 벤처투자조합의 업무(2023.12.19 본호개정)
2. 「부동산투자회사법」에 따른 부동산투자회사의 업무
3. 「사회기반시설에 대한 민간투자법」에 따른 사회기반시설사업 및 사회기반시설사업에 대한 투융자사업
4. 「선박투자회사법」에 따른 선박투자회사의 업무
5. 「여신전문금융업법」에 따른 신기술사업투자조합의 업무
6. 「자본시장과 금융투자업에 관한 법률」에 따른 투자회사 또는 기관전용 사모집합투자기구가 하는 업무
(2021.10.21 본호개정)
7. 「자산유동화에 관한 법률」에 따른 자산유동화업무 및 유동화자산의 관리업무
8. 그 밖에 제1호부터 제7호까지의 업무와 유사한 것으로서 금융위원회가 정하여 고시하는 업무
(2021.6.1 본항신설)

⑤ 법 제115조제3항 후단에서 "대통령령으로 정하는 기간"이란 해당 자회사를 소유한 날부터 2개월까지의 기간을 말한다.(2021.6.1 본항신설)

⑥ 법 제115조제1항부터 제3항까지의 규정에 따라 자회사 소유의 승인을 받거나 신고 또는 보고를 하려는 보험회사는 다음 각 호의 요건을 모두 갖추어야 한다.
(2021.6.1 본문개정)
1. 보험회사의 재무상태와 경영관리상태가 건전할 것
2. 자회사의 재무상태가 적정할 것
3. 법 제106조제1항제6호에 따른 자산운용의 비율 한도를 초과하지 아니할 것

⑦ 금융위원회는 법 제115조제1항 또는 제2항에 따라 자회사 소유의 승인 신청 또는 신고를 받은 경우에는 2개월 이내에 승인 또는 신고의 수리 여부를 신청인 또는 신고인에게 알려야 한다.(2021.6.1 본항개정)

⑧ 제6항 및 제7항에서 규정한 사항 외에 자회사 소유의 승인, 신고 또는 보고의 요건 및 절차 등에 관하여 필요한 세부 사항은 금융위원회가 정하여 고시한다.(2021.6.1 본항개정)

제59조의2【자회사와의 금지행위】 법 제116조제1호에 따라 보험회사는 자회사와 제57조제1항 각 호의 어느 하나에 해당하는 행위를 하여서는 아니 된다. 다만, 보험회사가 외국에서 보험업을 경영하는 자회사(자회사로 편입된 지 5년이 경과하지 아니한 경우만 해당한다)에 대하여 무형의 자산을 무상으로 제공하는 행위는 제외한다.
(2016.4.1 단서신설)

제60조【자회사에 관한 보고서류 등】 ① 법 제117조제1항에서 "대통령령으로 정하는 서류"란 다음 각 호의 서류를 말한다.
1. 정관
2. 업무의 종류 및 방법을 적은 서류
3. 주주현황
4. 재무상태표 및 포괄손익계산서 등의 재무제표와 영업보고서(2022.12.27 본호개정)
5. 자회사가 발행주식 총수의 100분의 10을 초과하여 소유하고 있는 회사의 현황

② 법 제117조제2항에서 "대통령령으로 정하는 서류"란 다음 각 호의 서류를 말한다.
1. 재무상태표 및 포괄손익계산서 등의 재무제표와 영업보고서(2022.12.27 본호개정)
2. 자회사와의 주요거래 상황을 적은 서류

③ 법 제117조제3항에서 "대통령령으로 정하는 자회사"란 다음 각 호의 어느 하나에 해당하는 회사를 말한다.
1. 「자본시장과 금융투자업에 관한 법률」에 따른 투자회사 및 외국에서 이와 같은 유형의 사업을 수행하는 회사
2. 설립일부터 1년이 지나지 아니한 회사

④ 제3항에 따른 자회사를 소유한 보험회사는 법 제117조제3항에 따라 다음 각 호의 구분에 따른 서류를 제출하지 아니할 수 있다.
1. 제3항제1호에 해당하는 자회사를 소유한 경우 : 제1항제1호 및 제2호의 서류, 제2항제2호의 서류
2. 제3항제2호에 해당하는 자회사를 소유한 경우 : 제1항제4호의 서류

제61조【장부폐쇄일】 법 제118조제1항에서 "대통령령으로 정하는 날"이란 12월 31일을 말한다.

제62조【전자문서의 제출방법】 ① 보험회사는 법 제118조제3항에 따라 같은 조 제1항 및 제2항에 따른 서류를 정보통신망(「정보통신망 이용촉진 및 정보보호 등에 관한 법률」에 따른 정보통신망을 말한다)을 이용한 전자문서로 제출할 수 있다.(2023.6.27 본항개정)

② 금융위원회는 제1항에 따른 서류 제출 방법에 관하여 필요한 세부 기준을 정하여 고시할 수 있다.

제63조【책임준비금 등의 계상】 ① 보험회사는 법 제120조제1항에 따라 장래에 지급할 보험금·환급금 및 계약자배당금(이하 이 조에서 "보험금등"이라 한다)의 지급에 충당하기 위해 다음 각 호의 구분에 따라 산출한 금액을 책임준비금으로 계상해야 한다.
1. 보험계약부채 : 다음 각 목의 구분에 따른 금액을 합한 금액
가. 발생사고요소 : 매 결산기 말 현재 보험계약 상 지급사유가 발생한 보험금등을 지급하기 위해 미래현금흐름에 대한 현행추정치를 적용하여 적립한 금액
나. 잔여보장요소 : 매 결산기 말 현재 보험계약 상 보험금등의 지급사유가 발생하지 않았으나 장래에 그 보험금등을 지급하기 위해 미래현금흐름에 대한 현행추정치를 적용하여 적립한 금액
2. 투자계약부채 : 보험계약 중 「주식회사 등의 외부감사에 관한 법률」 제5조제1항제1호에 따른 회계처리기준 제1117호의 적용을 받지 않아 투자계약으로 분류된 보험계약에 대해 보험회사가 장래에 보험금등을 지급하기 위해 적립한 금액
3. 그 밖에 금융위원회가 정하는 방법에 따라 미래현금흐름에 대한 현행추정치를 적용하여 적립한 금액
(2022.12.27 본항개정)

② 보험회사가 다음 각 호의 요건을 모두 충족하는 재보험에 가입하는 경우로서 그 재보험을 받은 보험회사는 재보험을 받은 부분에 대해 제1항제1호의 방법으로 산출한 금액을 책임준비금으로 계상해야 한다. 이 경우 재보험에 가입한 보험회사는 원보험계약(原保險契約) 당시 계상한 책임준비금과 일관된 가정으로 산출한 금액을 별도의 자산(이하 이 조에서 "재보험자산"이라 한다)으로 계상해야 한다.
1. 보험위험의 전가가 있을 것
2. 해당 재보험계약으로 인하여 재보험을 받은 회사에 손실 발생 가능성이 있을 것
(2022.12.27 본항개정)

③ 재보험에 가입한 보험회사는 재보험을 받은 보험회사가 보험금 지급을 불이행하는 등 재보험자산에 손실이 예상되는 경우에는 금융위원회가 정하여 고시하는 방법에 따라 그 손실액을 추정하여 재보험자산에서 그 추정액을 감액해야 한다.(2022.12.27 본항개정)

④ 손해보험업을 경영하는 보험회사는 법 제120조제1항에 따라 해당 사업연도의 보험료 합계액의 100분의 50(보증보험의 경우 100분의 150)의 범위에서 금융위원회가 정하여 고시하는 기준에 따라 비상위험준비금을 계상하여야 한다.(2014.4.15 본항개정)

⑤ 법 제120조제3항에서 "대통령령으로 정하는 사항"이란 다음 각 호의 사항을 말한다.
1. 장래의 손실 보전을 목적으로 하는 준비금의 적립에 관한 사항
2. 책임준비금 및 비상위험준비금의 계상과 관련된 손익의 처리에 관한 사항

제63조의2【책임준비금의 적정성 검증】 ① 법 제120조의2제1항에서 "대통령령으로 정하는 보험회사"란 다음 각 호의 어느 하나에 해당하는 보험회사를 말한다.
1. 직전 사업연도 말의 재무상태표에 따른 자산총액이 1조원 이상인 보험회사
2. 다음 각 목의 어느 하나에 해당하는 보험종목을 취급하는 보험회사
가. 생명보험
나. 연금보험
다. 자동차보험
라. 상해보험
마. 질병보험
바. 간병보험

② 법 제120조의2제1항에 따라 보험회사가 받아야 하는 책임준비금 적정성 검증의 내용은 다음 각 호와 같다.
1. 책임준비금의 규모에 관한 사항
2. 책임준비금의 산출 기준 및 방법에 관한 사항
3. 제1호 및 제2호와 유사한 것으로서 금융위원회가 정하여 고시하는 사항

③ 보험회사는 법 제120조의2제1항에 따라 책임준비금을 계상한 날이 속하는 사업연도의 종료 후 6개월 이내에 책임준비금의 적정성 검증을 받아야 한다. 이 경우 보험회사가 같은 독립계리업자(법 제128조제2항에 따른 독립계리업자를 말한다. 이하 같다) 또는 보험요율 산출기관으로부터 연속해서 책임준비금의 적정성 검증을 받을 수 있는 기간은 3개 사업연도로 한정한다.

④ 법 제120조의2제1항에 따라 책임준비금의 적정성 검증을 수행하는 독립계리업자 또는 보험요율 산출기관은 해당 보험회사에 대해 적정성 검증에 필요한 추가 또는 보완 자료를 요청할 수 있다.

⑤ 제1항부터 제4항까지에서 규정한 사항 외에 책임준비금 적정성 검증의 절차 및 방법 등에 관하여 필요한 세부사항은 금융위원회가 정하여 고시한다.
(2021.6.1 본조신설)

제64조【배당보험계약의 회계처리 등】 ① 법 제121조제1항에 따라 보험회사는 매 결산기 말에 배당보험계약의 손익과 무배당보험계약의 손익을 구분하여 회계처리하고, 배당보험계약 이익의 계약자지분 중 일부는 금융위원회가 정하여 고시하는 범위에서 배당보험계약의 손실 보전을 위한 준비금으로 적립할 수 있다.(2016.4.1 본항개정)

② 보험회사는 법 제121조제2항에 따라 배당을 할 때 이

익 발생에 대한 기여도, 보험회사의 재무건전성 등을 고려하여 총리령으로 정하는 기준에 따라 계약자지분과 주주지분을 정하여야 한다.
③ 보험회사는 다음 각 호의 어느 하나의 재원으로 배당보험계약에 대하여 배당을 할 수 있다. 다만, 제1호의 재원은 제1항에 따른 준비금 적립의 재원으로 사용할 수 있다.
1. 해당 회계연도에 배당보험계약에서 발생한 계약자지분
2. 해당 회계연도 이전에 발생한 계약자지분 중 배당에 지급되지 아니하고 총액으로 적립된 금액
3. 제1호 및 제2호의 재원으로 배당재원이 부족한 경우에는 주주지분
④ 배당보험계약에서 손실이 발생한 경우에는 제1항에 따른 준비금을 우선 사용하여 보전하고, 손실이 남는 경우에는 총리령으로 정하는 방법에 따라 이를 보전한다.
⑤ 배당보험계약의 계약자지분은 계약자배당을 위한 재원과 배당보험계약의 손실을 보전하기 위한 목적 외에 다른 용도로 사용할 수 없다.
⑥ 제1항부터 제5항까지에서 규정한 사항 외에 배당보험계약의 계약자배당에 필요한 사항은 금융위원회가 정하여 고시한다.
(2016.4.1 본조제목개정)

제64조의2【배당보험계약 외의 보험계약에 대한 회계처리】 ① 법 제121조의2에 따른 배당보험계약 외의 보험계약별 자산 또는 손익의 회계처리는 다음 각 호의 어느 하나에 해당하는 방식으로 한다.(2016.4.1 본문개정)
1. 자산을 보험계약별로 구분하지 아니하고 통합하여 운용하되, 이 경우 발생한 손익을 전체 보험계약의 평균 책임준비금에 대한 보험계약별 평균 책임준비금의 비율을 기준으로 구분하여 보험계약별로 배분하는 방식
2. 자산을 보험계약별로 구분하지 아니하고 통합하여 운용하되, 이 경우 발생한 손익을 자산을 취득할 때 필요한 자금에 대한 보험계약별로 조성된 자금의 비율을 기준으로 구분하여 보험계약별로 배분하는 방식
3. 자산을 보험계약별로 구분하여 운용하되, 이 경우 발생한 손익을 보험계약별로 직접 배분하는 방식
4. 그 밖에 금융위원회가 합리적이라고 인정하는 배분 방식
② 제1항제3호 또는 제4호의 방식에 따르는 경우에는 미리 금융위원회의 승인을 받아야 한다.
③ 제1항 및 제2항에 관한 세부 적용기준, 그 밖에 필요한 사항은 금융위원회가 정하여 고시한다.
(2016.4.1 본조제목개정)

제6장 감 독
(2011.1.24 본장개정)

제65조【재무건전성 기준】 ① 이 조에서 사용하는 용어의 뜻은 다음 각 호와 같다.
1. "지급여력금액"이란 자본금, 이익잉여금, 후순위차입금, 그 밖에 이에 준하는 것으로서 금융위원회가 정하여 고시하는 금액을 합산한 금액에서 영업권, 그 밖에 이에 준하는 것으로서 금융위원회가 정하여 고시하는 금액을 뺀 금액을 말한다.(2022.12.27 본호개정)
2. "지급여력기준금액"이란 보험업을 경영함에 따라 발생할 수 있는 손실위험을 금융위원회가 정하여 고시하는 방법에 따라 금액으로 환산한 것을 말한다.
(2022.12.27 본호개정)
3. "지급여력비율"이란 지급여력금액을 지급여력기준금액으로 나눈 비율을 말한다.
② 법 제123조제1항에 따라 보험회사가 지켜야 하는 재무건전성 기준은 다음 각 호와 같다.
1. 지급여력비율은 100분의 100 이상을 유지할 것
2. 대출채권 등 보유자산의 건전성을 정기적으로 분류하고 대손충당금을 적립할 것
3. 보험회사의 위험, 유동성 및 재보험의 관리에 관하여 금융위원회가 정하여 고시하는 기준을 충족할 것
③ 법 제123조제2항에 따라 금융위원회가 보험회사에 대하여 자본금 또는 기금의 증액명령, 주식 등 위험자산 소유의 제한 등의 조치를 하려는 경우에는 다음 각 호의 사항을 고려하여야 한다.
1. 해당 조치가 보험계약자의 보호를 위하여 적절한지 여부
2. 해당 조치가 보험회사의 부실화를 예방하고 건전한 경영을 유도하기 위하여 필요한지 여부
④ 금융위원회는 제1항부터 제3항까지의 규정에 관하여 필요한 세부 기준을 정하여 고시할 수 있다.

제66조【재무건전성 평가의 실시】 금융위원회는 법 제123조제2항에 따라 보험회사의 재무건전성 확보를 위한 경영실태 및 위험에 대한 평가를 실시하여야 한다.

제67조【공시사항】 ① 법 제124조제1항에서 "대통령령으로 정하는 사항"이란 다음 각 호의 사항을 말한다.
1. 재무 및 손익에 관한 사항
2. 자금의 조달 및 운용에 관한 사항
3. 법 제123조제2항, 제131조제1항, 제134조 및 「금융산업의 구조개선에 관한 법률」 제10조, 제14조에 따른 조치를 받은 경우 그 내용
4. 보험약관 및 사업방법서, 보험료 및 해약환급금, 공시이율 등 보험료 비교에 필요한 자료
5. 그 밖에 보험계약자의 보호를 위하여 공시가 필요하다고 인정되는 사항으로서 금융위원회가 정하여 고시하는 사항
② 법 제124조제2항에서 "대통령령으로 정하는 사항"이란 다음 각 호의 사항을 말한다.
1. 보험료, 보험금, 보험기간, 보험계약에 따라 보장되는 위험, 보험회사의 면책사유, 공시이율 등 보험료 비교에 필요한 자료
2. 그 밖에 보험계약자 보호 및 보험계약 체결에 필요하다고 인정되는 사항으로 금융위원회가 정하여 고시하는 사항
③ 금융위원회는 제1항 및 제2항에 따른 공시사항에 관한 세부 기준, 공시 방법 및 절차 등에 관하여 필요한 사항을 정하여 고시할 수 있다.

제68조【보험상품공시위원회】 ① 법 제124조제3항에 따른 보험상품공시위원회(이하 이 조에서 "위원회"라 한다)는 보험협회가 실시하는 보험상품의 비교·공시에 관한 중요 사항을 심의·의결한다.
② 위원회는 위원장 1명을 포함하여 9명의 위원으로 구성한다.
③ 위원회의 위원장은 위원 중에서 호선하며, 위원회의 위원은 금융감독원 상품담당 부서장, 보험협회의 상품담당 임원, 보험요율 산출기관의 상품담당 임원 및 보험협회의 장이 위촉하는 다음 각 호의 사람으로 구성한다.
(2015.1.6 본문개정)
1. 보험회사 상품담당 임원 또는 선임계리사 2명
(2015.1.6 본호개정)
2. 판사, 검사 또는 변호사의 자격이 있는 사람 1명
3. 소비자단체에서 추천하는 사람 2명(2015.1.6 본호개정)
4. 보험에 관한 학식과 경험이 풍부한 사람 1명
④ 위원의 임기는 2년으로 한다. 다만, 금융감독원 상품담당 부서장과 보험협회의 상품담당 임원 및 보험요율 산출기관의 상품담당 임원인 위원의 임기는 해당 직(職)에 재직하는 기간으로 한다.(2016.7.28 단서개정)
⑤ 위원회의 회의는 재적위원 과반수의 출석으로 개의(開議)하고 출석위원 과반수의 찬성으로 의결한다.
⑥ 제1항부터 제5항까지에서 규정한 사항 외에 위원회의 구성 및 운영에 필요한 사항은 위원회의 의결을 거쳐 위원장이 정한다.

제69조【상호협정의 인가】 ① 보험회사는 법 제125조제1항에 따라 상호협정의 체결·변경 또는 폐지의 인가를 받으려는 경우에는 다음 각 호의 사항을 적은 신청서에 총리령으로 정하는 서류를 첨부하여 금융위원회에 제출하여야 한다.
1. 상호협정을 체결하는 경우
가. 상호협정 당사자의 상호 또는 명칭과 본점 또는 주된 사무소의 소재지
나. 상호협정의 명칭과 그 내용
다. 상호협정의 효력의 발생시기와 기간
라. 상호협정을 하려는 사유
마. 상호협정에 관한 사무를 총괄하는 점포 또는 사무소가 있는 경우에는 그 명칭과 소재지
바. 외국보험회사와의 상호협정인 경우에는 그 보험회사의 영업 종류와 현재 수행 중인 사업의 개요 및 현황
2. 상호협정을 변경하는 경우
가. 제1호가목 및 나목의 기재사항
나. 변경될 상호협정의 효력의 발생시기와 기간
다. 상호협정을 변경하려는 사유 및 변경 내용
3. 상호협정을 폐지하는 경우
가. 폐지할 상호협정의 명칭
나. 상호협정 폐지의 효력 발생시기
다. 상호협정을 폐지하려는 사유
② 금융위원회는 제1항의 신청서를 받았을 때에는 다음 각 호의 사항을 심사하여 그 인가 여부를 결정하여야 한다.
1. 상호협정의 내용이 보험회사 간의 공정한 경쟁을 저해하는지 여부
2. 상호협정의 내용이 보험계약자의 이익을 침해하는지 여부
③ 법 제125조제1항 단서 및 같은 조 제3항 단서에서 "대통령령으로 정하는 경미한 사항"이란 각각 다음 각 호의 사항을 말한다.(2022.4.19 본문개정)
1. 보험회사의 상호 변경, 보험회사 간의 합병, 보험회사의 신설 등으로 상호협정의 구성원이 변경되는 사항
2. 조문체제의 변경, 자구수정 등 상호협정의 실질적인 내용이 변경되지 아니하는 사항
3. 법령의 제정·개정·폐지에 따라 수정·반영해야 하는 사항(2022.4.19 본호신설)

제70조【정관변경의 보고 등】 ① 금융위원회는 법 제126조에 따라 보고받은 내용이 이 법 또는 관계 법령에 위반되거나 보험계약자 및 피보험자 등의 권익을 침해하는 내용이 있는 경우에는 해당 보험회사에 대하여 이를 보완하도록 요구할 수 있다.
② 법 제126조에 따른 정관변경의 보고의 방법 및 절차 등에 관하여 필요한 사항은 금융위원회가 정하여 고시한다.

제71조【기초서류의 작성 및 변경】 ① 법 제127조제2항 제3호에 따라 보험회사가 기초서류(법 제5조제3호에 따른 기초서류를 말한다. 이하 같다)를 작성하거나 변경하려는 경우 미리 금융위원회에 신고하여야 하는 사항은 별표6과 같다. 다만, 조문체제의 변경, 자구수정 등 보험회사가 이미 신고한 기초서류의 내용의 본래 취지를 벗어나지 아니하는 범위에서 기초서류를 변경하는 경우는 제외한다.(2016.4.1 단서신설)
② 보험회사는 법 제127조제2항에 따라 기초서류를 신고하는 경우에는 판매개시일 30일(법 제127조의2제1항에 따라 권고받은 사항을 반영하여 신고하는 경우에는 15일을 말한다) 전까지 금융위원회가 정하여 고시하는 보험상품신고서에 다음 각 호의 서류를 첨부하여 제출해야 한다. 다만, 다른 법령의 개정에 따라 기초서류의 내용을 변경하는 경우 등 금융위원회가 정하여 고시하는 경우에는 금융위원회가 정하여 고시하는 기한까지 보험상품신고서를 제출할 수 있다.(2021.6.1 본문개정)
1. 법 제184조제1항에 따라 선임계리사가 검증·확인한 기초서류
2. 보험료, 해약환급금 및 위험률 산출의 변경이 있는 경우에는 그 변경이 적절한지에 대한 보험요율 산출기관 또는 독립계리업자의 검증확인서(2023.12.29 본호개정)
③ (2021.6.1 삭제)
④ 금융위원회는 법 제127조제3항에 따라 보험계약자 보호 등에 필요하다고 인정되면 보험회사로 하여금 매 분기 종료일의 다음 달 말일까지 금융위원회가 정하여 고시하는 바에 따라 분기별 보험상품 판매 목록을 제출하게 할 수 있다.(2016.4.1 본항개정)
⑤ 금융위원회는 법 제127조제3항에 따라 보험계약자 보호 등을 위하여 확인이 필요하다고 인정되는 보험상품에 대해서는 그 사유를 적어 서면으로 법 제184조제1항에 따라 선임계리사가 검증·확인한 기초서류를 제출하도록 요구할 수 있다.
⑥ 금융위원회는 제5항에 따라 확인한 보험상품에 대하여 보험료 및 책임준비금의 적절성 검증이 필요하다고 판단한 경우에는 그 사유를 적어 서면으로 제5항의 제출서류 외에 보험요율 산출기관 또는 독립계리업자의 검증확인서 및 제2항에 따른 보험상품신고서를 제출하도록 요구할 수 있다. 이 경우 보험회사는 제출요구일부터 30일 이내에 검증확인서를 제출해야 한다.(2021.6.1 본항개정)
⑦ 제1항부터 제6항까지의 규정과 관련하여 필요한 세부사항은 금융위원회가 정하여 고시한다.(2016.1.19 본항개정)

제71조의2【기초서류의 변경 권고】 금융위원회는 법 제127조의2제1항에 따라 보험회사가 제71조제2항에 따라 신고한 기초서류 및 같은 조 제5항에 따라 제출한 기초서류의 내용이 법 제128조의3 또는 제129조를 위반하는 경우에는 신고접수일 또는 제출접수일(제71조제6항에 따라 검증확인서를 제출한 경우에는 검증확인서의 제출일을 말한다)부터 20일(권고받은 사항에 대하여 다시 변경을 권고하는 경우에는 10일을 말한다) 이내에 그 기초서류의 변경을 권고할 수 있다.(2016.1.19 본조개정)

제71조의3【독립계리업자의 자격 요건】 법 제128조제2항에서 "대통령령으로 정하는 보험계리업자"란 법 제183조제1항에 따라 등록된 법인(5명 이상의 상근 보험계리사를 두고 있는 법인만 해당한다)인 보험계리업자를 말한다. 다만, 다음 각 호의 어느 하나에 해당하는 보험계리업자는 제외한다.
1. 법 제181조제1항에 따라 해당 보험회사로부터 보험계리에 관한 업무를 위탁받아 수행 중인 보험계리업자
2. 대표자가 최근 2년 이내에 해당 보험회사에 고용된 사실이 있는 보험계리업자
3. 대표자나 그 배우자가 해당 보험회사의 대주주인 보험계리업자
4. 보험회사의 자회사인 보험계리업자
5. 보험계리업자 또는 보험계리업자의 대표자가 최근 5년 이내에 다음 각 목의 어느 하나에 해당하는 제재조치를 받은 사실이 있는 경우 해당 보험계리업자
가. 법 제134조제1항제1호에 따른 경고 또는 문책
나. 법 제134조제1항제3호에 따른 해임 또는 직무정지
다. 법 제190조에 따른 보험계리업자 등록의 취소
라. 법 제192조제1항에 따른 업무의 정지 또는 해임
(2011.1.24 본조신설)

제71조의4【기초서류관리기준】 ① 법 제128조의2제2항제5호에서 "기초서류관리기준의 제정·개정 절차 등 대통령령으로 정하는 사항"이란 다음 각 호의 사항을 말한다.
1. 법 제128조의2제1항에 따른 기초서류관리기준(이하 "기초서류관리기준"이라 한다)의 제정 및 개정 절차
2. 기초서류 작성·변경과 관련한 업무의 분장 및 기초서류 관리책임자에 관한 사항
3. 임직원의 기초서류관리기준 준수 여부를 확인하는 절차·방법과 그 기준을 위반한 임직원의 처리에 관한 사항
4. 그 밖에 법령을 준수하고 보험계약자를 보호하기 위하여 기초서류를 작성·변경할 때 따라야 할 사항으로서 금융위원회가 정하여 고시하는 사항
② 금융위원회는 법 제128조의2제3항에 따라 보험회사가 보고한 기초서류관리기준이 부당하다고 판단되면 보고일부터 15일 이내에 해당 기준의 변경 또는 업무의 개선을 명할 수 있다.
(2011.1.24 본조신설)

제71조의5【기초서류 작성·변경 원칙】 법 제128조의3제1항에 따라 보험회사가 기초서류를 작성·변경할 때 지켜야 할 사항은 별표7과 같다.(2011.1.24 본조신설)

제71조의6【보험약관 이해도 평가】 ① 법 제128조의4제1항에서 "보험소비자와 보험의 모집에 종사하는 자 등

대통령령으로 정하는 자"란 다음 각 호의 사람을 말한다.
(2019.6.25 본문개정)
1. 금융감독원장이 추천하는 보험소비자 3명(2019.6.25 본호개정)
2. 「소비자기본법」에 따라 설립된 한국소비자원의 장이 추천하는 보험소비자 3명(2019.6.25 본호개정)
3. (2019.6.25 삭제)
4. 보험요율 산출기관의 장이 추천하는 보험 관련 전문가 1명
5. 보험협회 중 생명보험회사로 구성된 협회(이하 "생명보험협회"라 한다)의 장이 추천하는 보험의 모집에 종사하는 자 1명
6. 보험협회 중 손해보험회사로 구성된 협회(이하 "손해보험협회"라 한다)의 장이 추천하는 보험의 모집에 종사하는 자 1명
7. 「민법」 제32조에 따라 금융위원회의 허가를 받아 설립된 사단법인 보험연구원의 장이 추천하는 보험 관련 법률전문가 1인
② 법 제128조의4제2항에 따라 지정된 평가대행기관(이하 "평가대행기관"이라 한다)은 제1항에 따른 평가대상자에 의한 보험약관 이해도 평가 외에 별도의 보험소비자만을 대상으로 하는 보험약관의 이해도 평가를 실시할 수 있다.(2019.6.25 본항신설)
③ 법 제128조의4제1항에 따른 보험약관 이해도 평가결과에 대한 공시기준은 다음 각 호와 같다.
1. 공시대상 : 보험약관의 이해도 평가 기준 및 해당 기준에 따른 평가 결과
2. 공시방법 : 평가대행기관의 홈페이지에 공시
(2019.6.25 본호개정)
3. 공시주기 : 연 2회 이상
④ 제1항에 따른 보험약관 이해도 평가대상자의 추천 기준 및 추천 절차 등에 관하여 필요한 세부사항은 금융위원회가 정하여 고시한다.
(2011.9.29 본조개정)
제72조【보고사항】 법 제130조제6호에서 "대통령령으로 정하는 경우"란 다음 각 호의 어느 하나에 해당하는 경우를 말한다.
1. 자본금 또는 기금을 증액한 경우
2. 법 제21조에 따른 조직 변경의 결의를 한 경우
3. 법 제13장에 따른 처벌을 받은 경우
4. 조세 체납처분을 받은 경우 또는 조세에 관한 법령을 위반하여 형벌을 받은 경우
5. 「외국환 거래법」에 따른 해외투자를 하거나 외국에 영업소, 그 밖의 사무소를 설치한 경우
6. 보험회사의 주주 또는 주주였던 자가 제기한 소송의 당사자가 된 경우
제73조【금융위원회의 명령권】 ① 법 제131조제1항제6호에서 "대통령령으로 정하는 필요한 조치"란 보험계약자 보호에 필요한 사항의 공시를 명하는 것을 말한다.
② 법 제131조제2항 단서에서 "대통령령으로 정하는 경미한 사항"이란 법령의 개정에 따라 기초서류의 변경이 필요한 사항을 말한다.
③ 법 제131조제5항에 따른 공고는 전국적으로 배포되는 둘 이상의 일간신문에 각각 1회 이상 하여야 하며, 금융위원회가 필요하다고 인정하는 경우에는 보험계약자 등에게 서면으로 안내하여야 한다.
제73조의2【제재 사실의 공표】 ① 금융위원회는 법 제134조제3항에 따라 보험회사가 같은 조 제1항 및 제2항에 따른 제재를 받은 경우에는 그 사실을 다음 각 호의 구분에 따라 공표하도록 할 수 있다.
1. 보험회사에 대한 경고, 임원의 해임권고·직무정지의 요구 : 해당 보험회사의 인터넷 홈페이지에 7영업일 이상 게재
2. 시정명령, 영업의 일부 또는 전부의 정지, 허가취소 : 전국적으로 배포되는 일간신문에 1회 이상 게재 및 해당 보험회사의 본점과 영업소에 7영업일 이상 게시
② 제1항에서 규정한 사항 외에 제재 사실의 공표에 필요한 세부 사항은 금융위원회가 정하여 고시한다.
(2011.1.24 본조신설)
제74조【자료 제출 및 검사 등에 관한 규정의 준용】 ① 법 제136조제2항 전단에서 "대통령령으로 정하는 업무"란 제59조제3항제2호·제3호 및 제5호의 업무를 말한다.
② 법 제136조제3항 전단에서 "대통령령으로 정하는 업무"란 제59조제3항 및 제4항에 따른 업무를 말한다.
(2021.6.1 본조개정)

제7장 해산·청산

제75조【합병계약서의 기재사항 등】 ① 보험회사가 법 제139조에 따라 합병의 인가를 받으려는 경우에는 법 제141조제2항에 따른 이의제출 기간이 지난 후 1개월 이내에 신청서에 다음 각 호의 서류를 첨부하여 양쪽 회사가 공동으로 금융위원회에 제출해야 한다.(2021.9.29 본문개정)
1. 합병계약서
2. 합병 후 존속하는 회사 또는 합병으로 인하여 설립되는 회사의 정관
3. 각 회사의 재산목록과 재무상태표(2021.9.29 본호개정)
4. 각 회사의 보험계약건수·금액·계약자수 및 그 지역별 통계표
5. 그 밖에 합병인가에 필요한 서류로서 금융위원회가 정하여 고시하는 서류
② 법 제153조제4항에 따라 합병 후 존속하는 회사가 상호회사인 경우에는 합병계약서에 다음 각 호의 사항을 적어야 한다.
1. 존속하는 회사가 그 사원총회에서의 사원의 의결권을 증가시킬 것을 정한 경우에는 그 수
2. 합병으로 인하여 소멸되는 회사의 보험계약자 또는 사원이 존속하는 회사의 사원총회에서 가질 수 있는 권리에 관한 사항
3. 합병으로 인하여 소멸되는 회사의 주주 또는 기금의 갹출자나 사원에게 지급할 금액을 정한 경우에는 그 규정
4. 각 회사에서 합병의 결의를 할 주주총회 또는 사원총회의 기일
5. 합병의 시기를 정한 경우에는 그 시기
6. 제1호부터 제5호까지에 준하는 사항으로서 금융위원회가 정하여 고시하는 사항
③ 합병으로 인하여 설립되는 회사가 상호회사인 경우에는 합병계약서에 다음 각 호의 사항을 적어야 한다.
1. 법 제34조제2호 및 제4호부터 제7호까지의 기재사항과 주된 사무소의 소재지
2. 합병으로 인하여 설립되는 회사의 사원총회에서의 의결권 수와 각 회사의 보험계약자 또는 사원에 대한 의결권의 배정에 관한 사항
3. 각 회사의 주주 또는 기금의 갹출자나 사원에게 지급할 금액을 정한 경우에는 그 규정
4. 이전하여야 할 보험계약에 관한 책임준비금, 그 밖의 준비금의 금액과 그 산출방법
5. 이전하여야 할 재산의 총액과 그 종류별 수량 및 가격
6. 제1호부터 제5호까지에 준하는 경우로서 금융위원회가 정하여 고시하는 사항
④ 주식회사와 상호회사가 합병하는 경우에 합병 후 존속하는 회사가 주식회사인 경우에는 합병계약서에 다음 각 호의 사항을 적어야 한다.
1. 존속하는 회사가 자본을 증가시킬 것을 정한 경우에는 그 증가액
2. 제1호의 경우에는 존속하는 회사가 발행할 신주(新株)의 종류·수 및 납입금액과 신주의 배정에 관한 사항
3. 제2항제3호부터 제5호까지의 기재사항
4. 제1호부터 제3호까지에 준하는 사항으로서 금융위원회가 정하여 고시하는 사항
⑤ 주식회사와 상호회사가 합병하는 경우에 합병으로 인하여 설립되는 회사가 주식회사인 경우에는 합병계약서에 다음 각 호의 사항을 적어야 한다.
1. 「상법」 제524조제1호의 기재사항
2. 합병으로 인하여 설립되는 회사가 발행할 주식의 종류·수 및 납입금액과 주식의 배정에 관한 사항
3. 제3항제3호부터 제5호까지의 기재사항
4. 제1호부터 제3호까지에 준하는 사항으로서 금융위원회가 정하여 고시하는 사항
⑥ 해산의 결의, 보험계약 이전 및 해산·합병 등에 대한 인가 절차·방법, 그 밖에 필요한 사항은 금융위원회가 정하여 고시한다.
(2011.1.24 본조개정)
제75조의2【보험계약 이전 결의의 통지】 법 제141조제1항에서 "대통령령으로 정하는 방법"이란 다음 각 호의 방법을 말한다.
1. 서면 교부
2. 우편 또는 전자우편
3. 전화 또는 팩스
4. 휴대전화 문자메시지 또는 이에 준하는 전자적 의사표시
(2021.6.1 본조신설)
제75조의3【신계약 금지의 예외】 법 제142조 단서에서 "대통령령으로 정하는 경우"란 다음 각 호의 경우를 말한다.
1. 외국보험회사의 국내지점을 국내법인으로 전환함에 따라 국내지점의 보험계약을 국내법인으로 이전하려는 경우
2. 모회사에서 자회사인 보험회사를 합병함에 따라 자회사의 보험계약을 모회사로 이전하려는 경우
3. 그 밖에 제1호 및 제2호에 준하는 경우로서 금융위원회가 정하여 고시하는 경우
(2021.6.1 본조신설)

제8장 관계자에 대한 조사
(2011.1.24 본장개정)

제76조【보험조사협의회의 구성】 ① 법 제163조제1항에 따른 보험조사협의회(이하 "협의회"라 한다)는 다음 각 호의 사람 중에서 금융위원회가 임명하거나 위촉하는 15명 이내의 위원으로 구성할 수 있다.
1. 금융위원회가 지정하는 소속 공무원 1명
2. 보건복지부장관이 지정하는 소속 공무원 1명
2의2. (2017.7.26 삭제)
3. 경찰청장이 지정하는 소속 공무원 1명(2014.4.15 본호신설)
4. 해양경찰청장이 지정하는 소속 공무원 1명(2017.7.26 본호신설)
5. 금융감독원장이 추천하는 사람 1명
6. 생명보험협회의 장, 손해보험협회의 장, 보험요율 산출기관의 장이 추천하는 사람 각 1명
7. 보험사고의 조사를 위하여 필요하다고 금융위원회가 지정하는 보험 관련 기관 및 단체의 장이 추천하는 사람
8. 그 밖에 보험계약자·피보험자·이해관계인의 권익보호 또는 보험사고의 조사 등 보험에 관한 학식과 경험이 있는 사람(2014.4.15 본호개정)
② 협의회의 의장(이하 "협의회장"이라 한다)은 위원 중에서 호선(互選)한다.
③ 협의회 위원의 임기는 3년으로 한다.
④ 협의회의 구성에 필요한 사항은 금융위원회가 정하여 고시한다.
제76조의2【협의회 위원의 해임 및 해촉】 금융위원회는 협의회 위원이 다음 각 호의 어느 하나에 해당하는 경우에는 해당 위원을 해임 또는 해촉할 수 있다.
1. 심신장애로 인하여 직무를 수행할 수 없게 된 경우
2. 직무와 관련된 비위사실이 있는 경우
3. 직무 태만, 품위 손상, 그 밖의 사유로 인하여 위원으로 적합하지 아니하다고 인정되는 경우
4. 위원 스스로 직무를 수행하는 것이 곤란하다고 의사를 밝히는 경우
(2016.4.1 본조신설)
제77조【협의회의 기능】 협의회는 보험조사와 관련된 다음 각 호의 사항을 심의한다.
1. 법 제162조에 따른 조사업무의 효율적 수행을 위한 공동 대책의 수립 및 시행에 관한 사항
2. 조사한 정보의 교환에 관한 사항
3. 공동조사의 실시 등 관련 기관 간 협조에 관한 사항
4. 조사 지원에 관한 사항
5. 그 밖에 협의회장이 협의회의 회의에 부친 사항
제78조【협의회의 운영】 ① 협의회장은 협의회를 대표하고 회의를 총괄한다.
② 협의회 회의는 협의회장이 필요하다고 인정하거나 재적위원 3분의 1 이상이 요구할 때에 협의회장이 소집한다.
③ 협의회의 회의는 재적위원 과반수 이상의 출석으로 개의하고 출석위원 과반수 이상의 찬성으로 의결한다.
④ 협의회장은 제2항에 따라 회의를 소집하려는 경우에는 회의 개최 2일 전까지 회의의 일시·장소 및 회의에 부치는 사항을 위원에게 서면으로 알려야 한다. 다만, 긴급한 사정이 있거나 부득이한 경우에는 그러하지 아니하다.
⑤ 협의회는 보험조사에 필요한 경우 제76조제1항제7호에 따른 기관 및 단체에 자료 제공을 요청할 수 있다.
(2016.4.1 본항개정)
⑥ 협의회의 운영에 필요한 사항은 협의회의 의결을 거쳐 협의회장이 정한다.
제79조【조사 관련 정보의 공표】 법 제164조에 따라 금융위원회는 조사대상 행위의 유형 및 조사의 처리결과에 관한 통계자료와 위법행위의 예방에 필요한 홍보자료를 신문, 방송 또는 인터넷 홈페이지 등을 통하여 공표할 수 있다.

제9장 손해보험계약의 제3자 보호
(2011.1.24 본장개정)

제80조【보장대상 손해보험계약의 범위】 ① 법 제166조 본문에서 "대통령령으로 정하는 손해보험계약"이란 다음 각 호의 어느 하나에 해당하는 손해보험계약을 말한다.
1. 「자동차손해배상 보장법」 제5조에 따른 책임보험계약
2. 「화재로 인한 재해보상과 보험가입에 관한 법률」 제5조에 따른 신체손해배상특약부화재보험계약
3. 「도시가스사업법」 제43조, 「고압가스 안전관리법」 제25조 및 「액화석유가스의 안전관리 및 사업법」 제57조에 따라 가입이 강제되는 손해보험계약(2015.7.24 본호개정)
4. 「선원법」 제98조에 따라 가입이 강제되는 손해보험계약
5. 「체육시설의 설치·이용에 관한 법률」 제26조에 따라 가입이 강제되는 손해보험계약
6. 「유선 및 도선사업법」 제33조에 따라 가입이 강제되는 손해보험계약
7. 「승강기 안전관리법」 제30조에 따라 가입이 강제되는 손해보험계약(2019.1.22 본호개정)
8. 「수상레저안전법」 제49조에 따라 가입이 강제되는 손해보험계약(2023.6.7 본호개정)
9. 「청소년활동 진흥법」 제25조에 따라 가입이 강제되는 손해보험계약
10. 「유류오염손해배상 보장법」 제14조에 따라 가입이 강제되는 유류오염 손해배상 보장계약
11. 「항공사업법」 제70조에 따라 가입이 강제되는 항공보험계약(2017.3.29 본호개정)
12. 「낚시 관리 및 육성법」 제48조에 따라 가입이 강제되는 손해보험계약(2012.9.7 본호개정)
13. 「도로교통법 시행령」 제63조제1항, 제67조제2항 및 별표5 제9호에 따라 가입이 강제되는 손해보험계약
14. 「국가를 당사자로 하는 계약에 관한 법률 시행령」 제53조에 따라 가입이 강제되는 손해보험계약
15. 「야생생물 보호 및 관리에 관한 법률」 제51조에 따라 가입이 강제되는 손해보험계약(2012.7.31 본호개정)

16. 「자동차손해배상 보장법」에 따라 가입이 강제되지 아니한 자동차보험계약
17. 제1호부터 제15호까지 외에 법령에 따라 가입이 강제되는 손해보험으로서 총리령으로 정하는 보험계약
② 법 제166조 단서에서 "대통령령으로 정하는 법인"이란 「예금자보호법 시행령」 제3조제4항제1호에서 수입보험료가 예금등의 범위에 포함되지 아니하는 보험계약의 보험계약자 및 보험납부자인 법인을 말한다.
제81조【출연 비율 등】 ① 법 제168조제1항에 따라 개별 손해보험회사(재보험과 보증보험을 전업으로 하는 손해보험회사는 제외한다. 이하 이 조 및 제82조에서 같다)는 법 제169조제1항에 따라 손해보험계약의 제3자에게 손해보험회사가 지급하여야 하는 금액에 제2항에 따라 산정한 비율을 곱한 금액을 손해보험협회에 출연하여야 한다.
② 법 제168조제1항에서 "대통령령으로 정하는 비율"이란 개별 손해보험회사의 수입보험료(법 제167조에 따른 지급불능의 보고가 있은 사업연도의 직전 사업연도 수입보험료를 말한다. 이하 이 조에서 같다)와 책임준비금의 산술평균액을 전체 손해보험회사의 수입보험료와 책임준비금의 산술평균액으로 나눈 비율을 말한다. 다만, 그 비율을 산정할 때 금융위원회가 정하여 고시하는 장기보험계약은 포함하지 아니한다.
③ 제1항 및 제2항에도 불구하고 자동차보험만을 취급하는 손해보험회사는 제80조제1항제1호 및 제16호의 보험계약에 제1항 및 제2항을 적용하여 산정한 금액만을 출연하며, 자동차보험을 취급하지 아니하는 손해보험회사는 제80조제1항제2호부터 제15호까지 및 제17호의 보험계약에 제1항 및 제2항을 적용하여 산정한 금액을 출연한다.
④ 제1항에 따라 손해보험회사가 출연하여야 하는 출연금은 연도별로 분할하여 출연하되, 연간 출연금은 「예금자보호법 시행령」 제16조제1항에 따른 보험료 금액의 범위에서 금융위원회가 정하여 고시한다.
⑤ 손해보험회사는 손해보험협회로부터 출연금 납부 통보를 받은 날부터 1개월 이내에 제1항에 따른 출연금을 손해보험협회에 내야 한다. 다만, 경영상의 문제 등으로 인하여 출연금을 한꺼번에 내기 어렵다고 손해보험협회의 장이 인정하는 경우에는 6개월 이내의 범위에서 출연금의 납부를 유예할 수 있다.
⑥ 제5항에 따른 납부기한까지 출연금을 내지 아니한 경우에는 내야 할 출연금에 대하여 손해보험회사의 일반자금 대출 시의 연체이자율을 기준으로 손해보험협회의 장이 정하는 이자율을 곱한 금액을 지체기간에 따라 가산하여 출연하여야 한다.
⑦ 손해보험협회의 장은 출연금의 납부 및 관리에 필요한 세부 기준을 정할 수 있다.
제82조【지급보험금 등】 ① 법 제169조제1항에서 "대통령령으로 정하는 보험금"이란 법 제167조제1항에 따른 지급불능의 보고를 한 손해보험회사가 제80조제1항 각 호에 해당하는 손해보험계약에 따라 피해를 입은 제3자의 신체손해에 대하여 지급하여야 하는 보험금(이하 "지급불능금액"이라 한다)을 다음 각 호의 기준에 따라 산정한 금액에서 「예금자보호법 시행령」 제18조제6항에 따른 보장금액을 뺀 금액을 말한다.
1. 제80조제1항 각 호의 손해보험계약 중 손해보험회사가 지급하여야 할 보험금액의 한도를 해당 법령에서 따로 정하고 있는 보험계약의 경우 : 해당 법령에서 정한 보험금액의 한도액
2. 제80조제1항 각 호의 손해보험계약 중 손해보험회사가 지급하여야 할 보험금액의 한도를 해당 법령에서 따로 정하고 있지 아니하는 보험계약의 경우에는 「자동차손해배상 보장법 시행령」 제3조제1항에 따른 금액
② 제1항에도 불구하고 제80조제1항제16호의 보험계약에 대해서는 피해자 1명당 1억원을 초과하지 아니하는 범위에서 제1항의 지급불능금액의 100분의 80에 해당하는 금액을 지급한다.
③ 손해보험협회의 장은 제1항 및 제2항에 따른 보험금을 지급하기 전에 보험금 지급대상, 보험금 지급 신청기간, 보험금 지급 시기 및 방법 등을 전국적으로 배포되는 둘 이상의 일간신문에 1회 이상 공고하여야 한다.
④ 손해보험협회의 장은 보험금의 지급 방법 및 절차 등에 관하여 필요한 세부 기준을 정할 수 있으며, 세부 기준을 정한 경우에는 그 내용을 지체 없이 금융위원회에 보고하여야 한다.
⑤ 금융위원회는 출연금의 납부로 인하여 여러 손해보험회사의 경영이 부실화되고 보험시장의 혼란이 초래될 수 있다고 판단되는 경우에는 제1항 각 호 및 제2항에 따른 지급보험금을 인하·조정할 수 있다.
제83조【자금차입 금융기관】 법 제171조제1항에서 "대통령령으로 정하는 금융기관"이란 다음 각 호의 어느 하나에 해당하는 금융기관을 말한다.
1. 「은행법」에 따라 인가를 받아 설립된 은행
2. 「한국산업은행법」에 따른 한국산업은행
3. 「중소기업은행법」에 따른 중소기업은행
4. 「농업협동조합법」에 따른 농협은행(2012.1.6 본호개정)
5. 「수산업협동조합법」에 따른 수협은행(2016.10.25 본호개정)
6. 보험회사
7. 「상호저축은행법」에 따른 상호저축은행
8. 「신용협동조합법」에 따른 신용협동조합

제10장 보험관계단체 등

(2011.1.24 본장개정)

제84조【보험협회의 업무】 법 제175조제3항제5호에서 "대통령령으로 정하는 업무"란 다음 각 호의 업무를 말한다.
1. 법 제194조제1항 및 제4항에 따라 위탁받은 업무
2. 다른 법령에서 보험협회가 할 수 있도록 정하고 있는 업무
3. 보험회사의 경영과 관련된 정보의 수집 및 통계의 작성업무
4. 차량수리비 실태 점검업무
5. 모집 관련 전문자격제도의 운영·관리 업무
5의2. 보험설계사 및 개인보험대리점의 모집에 관한 경력(금융위원회가 정하여 고시하는 사항으로 한정한다)의 수집·관리·제공에 관한 업무(2015.1.6 본호신설)
6. 보험가입 조회업무(2020.8.4 본호개정)
7. 설립 목적의 범위에서 보험회사, 그 밖의 보험 관계 단체로부터 위탁받은 업무
8. 보험회사가 공동으로 출연하여 수행하는 사회 공헌에 관한 업무
9. 「보험사기방지 특별법」에 따른 보험사기행위를 방지하기 위한 교육·홍보 업무(2023.6.27 본호신설)
10. 「보험사기방지 특별법」에 따른 보험사기행위를 방지하는 데 기여한 자에 대한 포상금 지급 업무(2023.6.27 본호신설)
제85조【보험요율 산출기관의 설립인가】 ① 법 제176조제1항에 따라 보험요율 산출기관의 설립인가를 받으려는 자는 다음 각 호의 사항을 적은 신청서를 금융위원회에 제출하여야 한다.
1. 명칭
2. 설립 목적
3. 사무소의 소재지
4. 발기인과 임원에 관한 사항
② 제1항의 신청서에는 다음 각 호의 서류를 첨부하여야 한다.
1. 정관
2. 업무 개시 후 2년간의 사업계획서 및 예상 수지계산서
3. 발기인의 이력서
4. 업무의 종류와 방법을 적은 서류
5. 그 밖에 금융위원회가 설립인가의 심사에 필요하다고 인정하는 서류
③ 제1항에 따라 인가신청을 하는 자는 다음 각 호의 요건을 모두 충족하여야 한다.
1. 법 제176조제3항 각 호의 업무 수행에 필요한 전문 인력을 확보할 것
2. 임원 등 경영진을 보험사업에 관한 충분한 지식과 경험이 있는 사람들로 구성할 것
3. 제10조제3항제1호 및 제2호의 요건을 충족할 것
제86조【보험요율 산출기관의 업무】 법 제176조제3항제6호에서 "대통령령으로 정하는 업무"란 다음 각 호의 업무를 말한다.
1. 보유정보의 활용을 통한 자동차사고 이력, 자동차 기준가액 및 자동차 주행거리의 정보 제공 업무(2019.10.1 본호개정)
1의2. 자동차 제작사, 보험회사 등으로부터 수집한 사고기록정보(「자동차관리법」 제2조제10호에 따른 사고기록장치에 저장된 정보를 말한다), 운행정보, 자동차의 차대번호·부품 및 사양 정보의 관리(2020.12.1 본호신설)
2. 보험회사 등으로부터 제공받은 보험정보 관리를 위한 전산망 운영 업무
3. 보험수리에 관한 업무
3의2. 법 제120조의2제1항에 따른 책임준비금의 적정성 검증(2021.6.1 본호신설)
4. 법 제125조의 상호협정에 따라 보험회사가 공동으로 인수하는 보험계약(국내 경험통계 등의 부족으로 담보위험에 대한 보험요율을 산출할 수 없는 보험계약은 제외한다)에 대한 보험요율의 산출
4의2. 자동차보험 관련 차량수리비에 관한 연구(2020.12.1 본호신설)
5. 법 제194조제4항에 따라 위탁받은 업무
6. 「근로자퇴직급여 보장법」 제28조제2항에 따라 퇴직연금사업자로부터 위탁받은 업무(2012.7.24 본호개정)
7. 다른 법령에서 보험요율 산출기관이 할 수 있도록 정하고 있는 업무
제87조【참조순보험요율의 산출 및 검증】 ① 보험요율 산출기관의 장은 보험회사의 경험통계 등을 기초로 보험종목별·위험별 특성에 따른 위험률을 산출하거나 조정하여 금융위원회에 신고한 순보험요율(이하 "참조순보험요율"이라 한다)을 보험회사가 요청하는 경우에 제시할 수 있다.
② 제1항에 따른 신고는 참조순보험요율 시행예정일 90일(법률에 따라 가입의무가 부과되는 보험의 참조순보험요율의 경우에는 30일) 전까지 해야 한다.(2022.4.19 본항개정)
③ 보험요율 산출기관의 장은 참조순보험요율의 적정성 여부를 파악하고 참조순보험요율이 합리적인 수준을 유지할 수 있도록 매년(생명보험, 그 밖에 이와 유사한 보험상품으로서 금융위원회가 정하여 고시하는 보험상품은 5년마다) 이에 대한 검증을 실시하고, 그 검증보고서를 사업연도가 끝난 후 6개월 이내에 금융위원회에 제출하여야 한다.(2016.4.1 본항개정)
④ 그 밖에 참조순보험요율의 산출 및 검증에 관하여 필요한 사항은 금융위원회가 정하여 고시한다.(2016.4.1 본항신설)
제88조【통계의 집적 및 관리 등】 ① 보험요율 산출기관의 장은 법 제176조제5항에 따라 경험생명표 등 참조순보험요율의 산출·검증을 위하여 연 1회(자동차보험계약 정보의 경우 월 1회)에 한정하여 보험회사에 보험계약 정보의 제공을 요청할 수 있다. 이 경우 제공받은 보험계약 정보는 참조순보험요율을 산출하거나 검증하는 용도로만 활용하여야 한다.
② 법 제176조제12항제4호에서 "대통령령으로 정하는 경우"란 다음 각 호의 어느 하나에 해당하는 경우를 말한다.
1. 보험회사의 보험계약 체결·유지 및 보험금 지급업무에 필요한 경우
2. 법 또는 다른 법률에 따른 보험계약의 이전에 필요한 경우
제89조【교통법규 위반 및 운전면허의 효력에 관한 개인정보의 이용 절차 및 범위】 ① 보험요율 산출기관의 장은 법 제176조제10항 및 제13항에 따라 교통법규 위반 또는 운전면허의 효력에 관한 개인정보를 보유하고 있는 기관의 장에게 교통법규 위반 또는 운전면허의 효력과 관련이 있는 다음 각 호의 개인정보의 제공을 요청할 수 있다.(2014.7.14 본문개정)
1. 교통법규 위반자의 성명·주민등록번호 및 운전면허번호
2. 교통법규의 위반일시 및 위반 항목
3. 운전면허 취득자의 성명, 주민등록번호 및 운전면허번호(2014.7.14 본호신설)
4. 운전면허의 범위, 정지·취소 여부 및 정지기간·취소일(2014.7.14 본호신설)
② 보험요율 산출기관의 장은 제1항제1호 및 제2호에 따라 제공받은 교통법규 위반에 관한 개인정보를 기초로 하여 교통법규 위반자별로 보험요율을 산출하고 이를 보험회사에 제공하거나 보험회사가 열람하도록 할 수 있다.(2014.7.14 본항개정)
③ 보험요율 산출기관의 장이 제1항에 따라 제공받은 교통법규 위반 또는 운전면허의 효력에 관한 개인정보는 다음 각 호의 어느 하나에 해당하는 경우에만 이용할 수 있다.(2014.7.14 본문개정)
1. 금융위원회 및 금융감독원장이 보험요율의 산출·적용에 관한 감독·검사를 위하여 이용하는 경우
2. 보험요율 산출기관이 보험요율을 산출하기 위하여 이용하는 경우
3. 보험회사가 자동차보험계약의 체결·유지 및 관리를 위한 보험요율 적용 또는 보험금 지급업무에 이용하는 경우(2014.7.14 본호신설)
(2014.7.14 본조제목개정)
제90조【질병에 관한 통계의 이용 절차 및 범위】 ① 보험요율 산출기관의 장은 법 제176조제11항 및 제13항에 따라 질병에 관한 통계를 보유하고 있는 기관의 장에게 질병에 대한 다음 각 호의 자료(이하 "질병에 관한 통계자료"라 한다)의 제공을 요청할 수 있다.
1. 질병의 종류 및 질병 발생자의 성(性)·연령·직업, 그 밖에 보험요율 산출에 필요한 질병의 발생·진행·결과 및 치료비용 등에 관한 통계
2. 보험요율 산출에 필요한 질병의 관리실태에 관한 통계
② 보험요율 산출기관의 장은 제1항에 따라 제공받은 질병에 관한 통계자료를 기초로 하여 질병에 대한 보험요율을 산출하고 이를 보험회사에 제공하거나 보험회사가 열람하도록 할 수 있다.
③ 보험요율 산출기관의 장이 제1항에 따라 제공받은 질병에 관한 통계자료는 다음 각 호의 어느 하나에 해당하는 경우에만 이용할 수 있다.
1. 금융위원회 및 금융감독원장이 보험요율의 산출·적용에 관한 감독·검사를 위하여 이용하는 경우
2. 보험요율 산출기관이 보험요율을 산출하기 위하여 이용하는 경우
3. 보험회사가 해당 질병을 보장하는 보험계약의 체결·유지 및 관리를 위한 보험요율 적용에 이용하는 경우
제91조【보험요율 산출기관의 보유정보 제공 방법 및 절차 등】 ① 법 제176조제14항에 따라 보험요율 산출기관은 보유하고 있는 개인정보를 타인에게 제공한 경우에는 제공대상자, 제공정보, 제공 목적, 그 밖에 금융위원회가 정하여 고시하는 사항을 기록·관리하여야 한다.
② 보험요율 산출기관은 제89조제1항 및 제90조제1항에 따라 제공받거나 그 밖에 보유하고 있는 개인정보의 보안유지 및 관리를 위하여 필요한 규정을 정하여 운영하여야 한다.
③ 보험요율 산출기관이 보유하고 있는 개인정보의 취급자, 이용 절차 및 방법 등에 관한 세부 사항은 금융위원회가 정하여 고시한다.
제92조【보험계리업의 등록】 ① 법 제183조제1항에 따라 보험계리업의 등록을 하려는 자는 다음 각 호의 사항을 적은 신청서를 금융위원회에 제출하여야 한다.
1. 성명(법인인 경우에는 상호 및 대표자의 성명)

2. 사무소의 소재지
3. 수행하려는 업무의 종류와 범위
4. 제93조에 따른 보험계리사의 고용에 관한 사항
② 제1항에 따른 신청서에는 다음 각 호의 서류를 첨부하여야 한다.
1. 정관(법인인 경우만 해당한다)
2. 대표자(법인인 경우에는 임원을 포함한다) 및 소속 보험계리사의 이력서
3. 영업용 재산상황을 적은 서류
③ 금융위원회는 제1항에 따른 등록 신청이 다음 각 호의 어느 하나에 해당하는 경우를 제외하고는 등록을 해주어야 한다.
1. 법 제190조에서 준용하는 법 제86조제1항제1호에 해당하는 경우
2. 제1항 및 제2항에 따른 등록신청서류를 거짓으로 기재한 경우
3. 그 밖에 법, 이 영 또는 다른 법령에 따른 제한에 위반되는 경우
(2011.12.31 본항신설)
④ 제1항 및 제2항에 따라 등록을 한 보험계리업자는 등록한 사항이 변경되었을 때에는 1주일 이내에 그 변경사항을 금융위원회에 신고하여야 한다.

제93조【보험계리업의 영업기준】 ① 법 제183조제2항에 따라 보험계리를 업(業)으로 하려는 법인은 2명 이상의 상근 보험계리사를 두어야 한다.
② 제1항에 따른 인원에 결원이 생겼을 때에는 2개월 이내에 충원해야 한다.(2022.4.19 본항개정)
③ 제1항에 따른 인원에 결원이 생긴 기간이 제2항에 따른 기간을 초과하는 경우에는 그 기간 동안 보험계리업자는 보험계리업무를 수행할 수 없다.
④ 법 제183조제4항에 따라 개인으로서 보험계리를 업으로 하려는 사람은 보험계리사의 자격이 있어야 한다.
⑤ 법 제183조제4항에 따라 보험계리업자는 등록일부터 1개월 내에 업무를 시작하여야 한다. 다만, 불가피한 사유가 있다고 금융위원회가 인정하는 경우는 그 기간을 연장할 수 있다.
⑥ 법 제183조제4항에 따라 보험계리업자가 지켜야 할 영업기준은 다음 각 호와 같다.
1. 상호 중에 "보험계리"라는 글자를 사용할 것
2. 장부폐쇄일은 보험회사의 장부폐쇄일을 따를 것

제94조【선임계리사 등의 금지행위】 법 제184조제3항제4호에서 "대통령령으로 정하는 행위"란 다음 각 호의 어느 하나에 해당하는 행위를 말한다.
1. 정당한 이유 없이 보험계리업무를 게을리하는 행위
2. 충분한 조사나 검증을 하지 아니하고 보험계리업무를 수행하는 행위
3. 업무상 제공받은 자료를 무단으로 보험계리업무와 관련이 없는 자에게 제공하는 행위

제95조【손해보험회사 선임계리사의 자격요건】 법 제184조의2제1항제2호 후단에서 "대통령령으로 정하는 보험계리업무"란 일반손해보험계약(금융위원회가 정하여 고시하는 장기보험계약을 제외한 손해보험계약을 말한다)에 관한 보험계리업무를 말한다.(2023.6.27 본조개정)

제96조【이사회 등에의 제출을 갈음하여 대표이사에게 제출하는 선임계리사검증의견서의 대상】 법 제184조의3제3항 단서에서 "기초서류 등 대통령령으로 정하는 사항"이란 기초서류를 말한다.(2023.6.27 본조개정)

제96조의2【선임계리사 보조인력 및 전산시설의 기준】 ① 법 제184조의3제5항에 따라 보험회사는 선임계리사를 보조하는 인력(이하 "보조인력"이라 한다)을 2명 이상 두어야 한다.
② 보험회사는 직전 사업연도 말 수입보험료와 책임준비금을 합산한 금액이 다음 각 호에 해당하는 경우에는 해당 호에서 정한 보조인력을 제1항에 따른 보조인력 외에 추가로 두어야 한다.
1. 1조원 이상이고 5조원 미만인 경우 : 1명 이상
2. 5조원 이상이고 10조원 미만인 경우 : 2명 이상
3. 10조원 이상이고 20조원 미만인 경우 : 3명 이상
4. 20조원 이상이고 50조원 미만인 경우 : 4명 이상
5. 50조원 이상이고 100조원 미만인 경우 : 5명 이상
6. 100조원 이상인 경우 : 6명 이상
③ 보험회사(직전 사업연도 말 수입보험료와 책임준비금을 합산한 금액이 5조원 미만인 보험회사는 제외한다. 이하 이 항 및 제4항에서 같다)는 제1항 및 제2항에 따른 보조인력 중 2명 이상을 다음 각 호의 어느 하나에 해당하는 사람으로 두어야 한다. 이 경우 제2호에 해당하는 사람으로 보조인력을 두거나 제3호에 해당하는 사람으로 보조인력을 둘 때에는 다른 호에 해당하는 사람을 1명 이상 포함해야 한다.
1. 보험계리사
2. 보험계리에 관한 업무에 5년 이상 종사한 경력이 있는 사람
3. 보험상품 개발 업무(기초서류 등 검증 및 확인 업무를 포함한다)에 5년 이상 종사한 경력이 있는 사람
④ 제3항에도 불구하고 재보험을 전업으로 하는 보험회사는 제1항 및 제2항에 따른 보조인력 중 1명 이상을 제3항제1호 또는 제2호에 해당하는 사람으로 두어야 한다.
⑤ 법 제184조의3제5항에 따라 보험회사는 다음 각 호의 장비를 갖춘 전산시설을 갖춰야 한다.
1. 중앙처리장치, 입출력장치 및 통신회선 등 전산설비
2. 보험료 및 책임준비금 등의 적정성 검증·확인에 필요한 소프트웨어
⑥ 제1항부터 제5항까지에서 규정한 사항 외에 보조인력 및 전산시설의 기준에 관하여 필요한 세부사항은 금융위원회가 정하여 고시한다.
(2023.6.27 본조신설)

제96조의3【손해사정사 고용의무】 법 제185조 본문에서 "대통령령으로 정하는 보험회사"란 다음 각 호의 어느 하나에 해당하는 보험회사를 말한다.
1. 손해보험상품(보증보험계약은 제외한다)을 판매하는 보험회사
2. 제3보험상품을 판매하는 보험회사
(2011.1.24 본조신설)

제97조【손해사정업의 등록】 ① 법 제187조제1항에 따라 손해사정업의 등록을 하려는 자는 다음 각 호의 사항을 적은 신청서를 금융위원회에 제출하여야 한다.
1. 성명(법인인 경우에는 상호 및 대표자의 성명)
2. 사무소의 소재지
3. 수행하려는 업무의 종류와 범위
4. 제98조에 따른 손해사정사의 고용에 관한 사항
② 제1항에 따른 신청서에는 다음 각 호의 서류를 첨부하여야 한다.
1. 정관(법인인 경우만 해당한다)
2. 대표자(법인인 경우에는 임원을 포함한다) 및 소속 손해사정사의 이력서
3. 영업용 재산상황을 적은 서류
③ 금융위원회는 제1항에 따른 등록 신청이 다음 각 호의 어느 하나에 해당하는 경우를 제외하고는 등록을 해주어야 한다.
1. 법 제190조에서 준용하는 법 제86조제1항제1호에 해당하는 경우
2. 제1항 및 제2항에 따른 등록신청서류를 거짓으로 기재한 경우
3. 그 밖에 법, 이 영 또는 다른 법령에 따른 제한에 위반되는 경우
(2011.12.31 본항신설)
④ 제1항 및 제2항에 따라 등록을 한 손해사정업자는 등록한 사항이 변경되었을 때에는 1주일 이내에 그 변경사항을 금융위원회에 신고하여야 한다.

제98조【손해사정업의 영업기준】 ① 법 제187조제2항에 따라 손해사정을 업으로 하려는 법인은 2명 이상의 상근 손해사정사를 두어야 한다. 이 경우 총리령으로 정하는 손해사정사의 구분에 따라 수행할 업무의 종류별로 1명 이상의 상근 손해사정사를 두어야 한다.
② 제1항에 따른 법인이 지점 또는 사무소를 설치하려는 경우에는 각 지점 또는 사무소별로 총리령으로 정하는 손해사정사의 구분에 따라 수행할 업무의 종류별로 1명 이상의 손해사정사를 두어야 한다.
③ 제1항 및 제2항에 따른 인원에 결원이 생겼을 때에는 2개월 이내에 충원해야 한다.(2022.4.19 본항개정)
④ 제1항 및 제2항에 따른 인원에 결원이 생긴 기간이 제3항에 따른 기간을 초과하는 경우에는 그 기간 동안 손해사정업자는 손해사정업무를 할 수 없다.
⑤ 법 제187조제4항에 따라 개인으로서 손해사정을 업으로 하려는 사람은 총리령으로 정하는 구분에 따른 손해사정사의 자격이 있어야 한다.
⑥ 법 제183조제4항에 따라 손해사정업자는 등록일부터 1개월 내에 업무를 시작하여야 한다. 다만, 불가피한 사유가 있다고 금융위원회가 인정하는 경우에는 그 기간을 연장할 수 있다.
⑦ 법 제187조제4항에 따라 손해사정업자가 지켜야 할 영업기준은 다음 각 호와 같다.
1. 상호 중에 "손해사정"이라는 글자를 사용할 것
2. 장부폐쇄일은 보험회사의 장부폐쇄일을 따를 것
3. 그 밖에 공정한 손해사정업무를 수행하기 위하여 필요하다고 인정되는 사항으로서 금융위원회가 정하여 고시하는 사항을 준수할 것(2022.4.19 본호신설)

제99조【손해사정사 등의 의무】 ① 법 제189조제1항에서 "대통령령으로 정하는 방법"이란 서면, 문자메시지, 전자우편, 팩스 또는 그 밖에 이와 유사한 방법을 말한다.
(2018.8.7 본항신설)
② 보험회사로부터 손해사정업무를 위탁받은 손해사정사 또는 손해사정업자는 법 제189조제1항에 따른 손해사정서에 피보험자의 건강정보 등 「개인정보 보호법」 제23조제1항에 따른 민감정보가 포함된 경우 피보험자의 동의를 받아야 하며, 동의를 받지 아니한 경우에는 해당 민감정보를 삭제하거나 식별할 수 없도록 하여야 한다.
(2018.8.7 본항신설)
③ 법 제189조제3항제7호에서 "대통령령으로 정하는 행위"란 다음 각 호의 어느 하나에 해당하는 행위를 말한다.
(2018.8.7 본문개정)
1. 등록된 업무범위 외의 손해사정을 하는 행위
2. 자기 또는 자기와 총리령으로 정하는 이해관계를 가진 자의 보험사고에 대하여 손해사정을 하는 행위
3. 자기와 총리령으로 정하는 이해관계를 가진 자가 모집한 보험계약에 관한 보험사고에 대하여 손해사정을 하는 행위(보험회사 또는 보험회사가 출자한 손해사정법인에 소속된 손해사정사가 그 소속 보험회사 또는 출자한 보험회사가 체결한 보험계약에 관한 보험사고에 대하여 손해사정을 하는 행위는 제외한다)

제100조【금융위원회 업무의 위탁】 ① 금융위원회는 법 제194조제3항에 따라 별표8에 따른 업무를 금융감독원장에게 위탁한다.
② 금융감독원장은 제1항에 따라 위탁받은 업무의 처리내용을 반기별로 금융위원회에 보고하여야 한다. 다만, 금융위원회는 금융위원회가 정하여 고시하는 업무에 대해서는 보고의 시기를 달리 정할 수 있다.

제101조【금융감독원장 업무의 위탁】 ① 금융감독원장은 법 제194조제4항에 따라 다음 각 호의 업무를 보험협회의 장에게 위탁한다.
1. 법 제86조제4항에 따른 보험설계사의 등록취소 또는 업무정지 통지에 관한 업무
2. 법 제88조제3항에 따른 보험대리점의 등록취소 또는 업무정지 통지에 관한 업무
3. 법 제93조제1항제1호부터 제6호까지 및 제8호에서 정한 사항 중 보험설계사에 관한 신고의 수리
4. 법 제93조제1항에서 정한 사항 중 보험대리점에 관한 신고의 수리
② 금융감독원장은 법 제194조제4항에 따라 법 제182조제1항 및 제186조제1항의 시험에 관한 업무 중 다음 각 호의 업무를 보험요율 산출기관의 장에게 위탁한다.
1. 시험 응시원서의 교부 및 접수
2. 시험의 시행 및 그에 부수하는 업무
③ 금융감독원장은 법 제136조에 따른 보험대리점에 대한 검사업무 중 보험대리점 및 소속 모집인의 영업행위에 대한 검사업무의 일부를 보험협회의 장 또는 법 제178조에 따른 보험 관계 단체의 장에게 위탁한다. 이 경우 검사업무 수탁기관은 위탁받은 검사업무를 공정하고 독립적으로 수행할 수 있는 조직구조를 갖추어 금융감독원장에게 미리 확인을 받아야 한다.
④ 금융감독원장은 제3항에 따른 위탁 검사업무의 대상, 범위, 방법 및 절차 등에 관하여 기준을 정할 수 있다.
⑤ 제3항의 검사업무 위탁에 관하여는 「행정권한의 위임 및 위탁에 관한 규정」 제11조제2항·제3항, 제12조제1항·제3항 및 제13조부터 제16조까지의 규정을 준용한다.

제102조【민감정보 및 고유식별정보의 처리】 ① 금융위원회(법 제194조 및 이 영 제100조에 따라 금융위원회의 업무를 위탁받은 자를 포함한다) 또는 금융감독원장(법 제194조 및 이 영 제101조에 따라 금융감독원장의 업무를 위탁받은 자를 포함한다)은 다음 각 호의 사무를 수행하기 위해 불가피한 경우 「개인정보 보호법 시행령」 제19조에 따른 주민등록번호, 여권번호, 운전면허의 면허번호 또는 외국인등록번호가 포함된 자료를 처리할 수 있다.
1. 법 제12조에 따른 국내사무소 설치신고에 관한 사무
2. 법 제89조에 따른 영업보증금 예탁·관리에 관한 사무
3. 법 제93조에 따른 보험설계사 등의 신고사항 처리에 관한 사무
4. 법 제107조에 따른 자산운용비율 한도 초과 예외 승인에 관한 사무
5. 법 제111조에 따른 대주주와의 거래 관련 보고 등에 관한 사무
6. 법 제112조에 따른 대주주 등에 대한 자료 제출 요구에 관한 사무
7. 법 제114조에 따른 자산평가의 방법 등에 관한 사무
8. 법 제115조, 제117조에 따른 자회사 소유 승인, 신고 또는 보고에 관한 사무
9. 법 제118조에 따른 재무제표 등의 제출에 관한 사무
10. 법 제120조에 따른 책임준비금 적립 등의 심의에 관한 사무
11. 법 제131조(법 제132조에서 준용하는 경우를 포함한다) 및 제131조의2에 따른 조치, 명령 등에 관한 사무
12. 법 제139조에 따른 해산·합병·계약이전 등의 인가에 관한 사무
13. 법 제150조에 따른 영업양도·양수의 인가에 관한 사무
14. 법 제156조에 따른 청산인의 선임·해임에 관한 사무
15. 법 제160조에 따른 청산인에 대한 감독 등에 관한 사무
16. 법 제163조에 따른 보험조사협의회 구성에 관한 사무
17. 법 제176조에 따른 순보험요율 신고에 관한 사무
(2023.12.29 본호신설)
② 금융위원회(법 제194조 및 이 영 제100조에 따라 금융위원회의 업무를 위탁받은 자를 포함한다) 또는 금융감독원장(법 제194조 및 이 영 제101조에 따라 금융감독원장의 업무를 위탁받은 자를 포함한다)은 다음 각 호의 사무를 수행하기 위해 불가피한 경우 「개인정보 보호법」 제23조에 따른 건강에 관한 정보, 같은 법 시행령 제18조제2호에 따른 범죄경력자료에 해당하는 정보, 같은 영 제19조에 따른 주민등록번호, 여권번호, 운전면허의 면허번호 또는 외국인등록번호가 포함된 자료를 처리할 수 있다.
1. 법 제3조 단서 및 이 영 제7조에 따른 보험계약 체결 승인에 관한 사무
2. 법 제4조부터 제7조까지의 규정에 따른 허가, 승인, 예비허가 등에 관한 사무(2016.7.28 본호개정)
4. 법 제20조제3항에 따른 손실보전 준비금적립액 산정에 관한 사무
5. 법 제74조에 따른 외국보험회사국내지점의 허가취소 등에 관한 사무
6. 법 제84조, 제87조, 제89조, 제182조, 제183조, 제186조

및 제187조에 따른 보험설계사, 보험대리점, 보험중개사, 보험계리사, 보험계리업, 손해사정사 및 손해사정업의 등록 및 자격시험 운영·관리에 관한 사무
(2014.8.6 본호개정)
7. 법 제86조, 제88조, 제90조, 제190조 및 제192조에 따른 보험설계사, 보험대리점, 보험중개사, 보험계리사, 선임계리사, 보험계리업자, 손해사정사, 손해사정업자의 등록취소 및 업무정지 등 제재에 관한 사무
8. 법 제130조에 따른 보고에 관한 사무
9. 법 제133조·제134조(법 제136조에서 준용하는 경우를 포함한다), 제135조 및 제179조에 따른 자료 제출, 검사, 제재, 통보 및 이에 따른 사후조치 등에 관한 사무
10. 법 제162조에 따른 조사 및 이에 따른 사후조치 등에 관한 사무
11. 법 제196조에 따른 과징금 부과에 관한 사무
12. (2016.7.28 삭제)
③ 보험요율 산출기관은 법 제176조제3항제1호·제2호 및 이 영 제86조제2호에 따른 사무를 수행하기 위하여 불가피한 경우 제2항 각 호 외의 부분에 따른 개인정보가 포함된 자료를 처리할 수 있다.
④ 보험협회의 장은 다음 각 호의 사무를 수행하기 위하여 불가피한 경우 「개인정보 보호법」 제23조에 따른 건강에 관한 정보, 같은 법 시행령 제19조에 따른 주민등록번호, 여권번호, 운전면허의 면허번호 또는 외국인등록번호가 포함된 자료를 처리할 수 있다. 다만, 제6호의 사무의 경우에는 「개인정보 보호법」 제23조에 따른 건강에 관한 정보 및 같은 법 시행령 제19조에 따른 운전면허의 면허번호가 포함된 자료는 제외한다.(2023.6.27 단서신설)
1. 법 제95조의5에 따라 중복계약의 체결을 확인하거나 이 영 제7조제2항에 따라 보험계약을 확인하는 경우 그에 따른 사무
2. 법 제125조에 따라 금융위원회로부터 인가받은 상호협정을 수행하는 경우 그에 따른 사무
3. 법 제169조, 제170조에 따른 보험금 지급 및 자료 제출 요구에 관한 사무
3의2. 제56조제2항에 따른 변액보험계약의 모집에 관한 연수과정의 운영·관리에 관한 사무(2014.8.6 본호신설)
4. 제84조제4호에 따른 차량수리비 실태 점검에 관한 사무
4의2. 제84조제5호의2에 따른 보험설계사 및 개인보험대리점의 모집 경력 수집·관리·제공에 관한 사무
(2015.1.6 본호신설)
5. 제84조제6호에 따른 보험가입 조회에 관한 사무
(2014.8.6 본호신설)
6. 제84조제10호에 따른 포상금 지급에 관한 사무
(2023.6.27 본호신설)
⑤ 보험회사는 다음 각 호의 사무를 수행하기 위하여 필요한 범위로 한정하여 해당 각 호의 구분에 따라 「개인정보 보호법」 제23조에 따른 민감정보 중 건강에 관한 정보(이하 이 항에서 "건강정보"라 한다)나 같은 법 시행령 제19조에 따른 주민등록번호, 여권번호, 운전면허의 면허번호 또는 외국인등록번호(이하 이 항에서 "고유식별정보"라 한다)가 포함된 자료를 처리할 수 있다.
1. 「상법」 제639조에 따른 타인을 위한 보험계약의 체결, 유지·관리, 보험금의 지급 등에 관한 사무 : 피보험자에 관한 건강정보 또는 고유식별정보
2. 「상법」 제719조(「상법」 제726조에서 준용하는 재보험계약을 포함한다) 및 제726조의2에 따라 제3자에게 배상할 책임을 이행하기 위한 사무 : 제3자에 관한 건강정보 또는 고유식별정보
3. 「상법」 제733조에 따른 보험수익자 지정 또는 변경에 관한 사무 : 보험수익자에 관한 고유식별정보
4. 「상법」 제735조의3에 따른 단체보험계약의 체결, 유지·관리, 보험금지급 등에 관한 사무 : 피보험자에 관한 건강정보 또는 고유식별정보
5. 제1조의2제3항제4호에 따른 보증보험계약으로서 「주택임대차보호법」 제2조에 따른 주택의 임차인이 임차주택에 대한 보증금을 반환받지 못하여 입은 손해를 보장하는 보험계약의 체결, 유지·관리 및 보험금의 지급 등에 관한 사무 : 임대인에 관한 고유식별정보
(2017.6.20 본호신설)
5의2. 제1조의2제3항제4호에 따른 보증보험계약으로서 「상가건물 임대차보호법」 제2조에 따른 상가건물의 임차인이 임차상가건물에 대한 보증금을 반환받지 못해 입은 손해를 보장하는 보험계약의 체결, 유지·관리 및 보험금의 지급 등에 관한 사무 : 임대인에 관한 고유식별정보(2019.10.1 본호신설)
6. 제1조의2제3항제4호에 따른 보증보험계약으로서 임대인의 「상가건물 임대차보호법」 제10조의4제1항 위반으로 임차인이 입은 손해를 보장하는 보험계약의 체결, 유지·관리 및 보험금의 지급 등에 관한 사무 : 임대인에 관한 고유식별정보(2019.6.25 본호신설)
(2012.6.1 본항신설)
⑥ 보험회사등은 법 제84조, 제87조 및 제93조에 따른 보험설계사·보험대리점의 등록 및 신고에 관한 사무를 수행하기 위하여 불가피한 경우 「개인정보 보호법 시행령」 제19조제1호에 따른 주민등록번호가 포함된 자료를 처리할 수 있다.(2014.8.6 본항신설)
⑦ 손해사정사 또는 손해사정업자는 법 제188조에 따른 사무를 수행하기 위하여 불가피한 경우 해당 보험계약자 등의 동의를 받아 「개인정보 보호법 시행령」 제19조제1호에 따른 주민등록번호가 포함된 자료를 처리할 수 있다.
(2014.8.6 본항신설)
⑧ 다음 각 호의 어느 하나에 해당하는 자는 법 제124조제2항, 제4항 또는 제5항에 따라 자동차보험계약의 보험료 비교·공시에 관한 사무를 수행하기 위하여 불가피한 경우 「개인정보 보호법 시행령」 제19조제1호에 따른 주민등록번호가 포함된 자료를 처리할 수 있다.(2019.6.25 본문개정)
1. 보험협회
2. 보험협회 외의 자로서 법 제124조제5항에 따라 보험계약에 관한 사항을 비교·공시하는 자
3. 자동차보험을 판매하는 손해보험회사(2019.6.25 본호신설)
(2017.2.28 본항신설)
(2012.1.6 본조신설)

제103조【규제의 재검토】 금융위원회는 다음 각 호의 사항에 대하여 다음 각 호의 기준일을 기준으로 3년마다(매 3년이 되는 해의 기준일과 같은 날 전까지를 말한다) 그 타당성을 검토하여 개선 등의 조치를 하여야 한다.
1. 제40조에 따른 금융기관보험대리점등의 영업기준 등 : 2014년 1월 1일
2. 제59조에 따른 보험회사의 자회사 소유 범위 및 승인요건 등 : 2014년 1월 1일
(2013.12.30 본조신설)

제104조【과태료의 부과기준】 법 제209조제1항부터 제7항까지의 규정에 따른 과태료의 부과기준은 별표9와 같다.(2021.6.1 본조개정)

부 칙 (2011.1.24)

제1조【시행일】 이 영은 2011년 1월 24일부터 시행한다. 다만, 별표3 제1호(연수과정 및 교육과 관련된 개정부분만 해당한다), 제2호(연수과정 및 교육과 관련된 개정부분만 해당한다) 및 제3호(교육과 관련된 개정부분만 해당한다)의 개정규정은 2011년 7월 24일부터, 제96조의2의 개정규정은 2012년 1월 24일부터, 제61조(「농업협동조합법」에 따라 설립되는 농업생명보험 및 농업손해보험은 제외한다) 및 별표6 제4호다목의 개정규정은 2013년 4월 1일부터 각각 시행한다.(2011.12.31 단서개정)

제2조【임원의 자격요건에 관한 적용례】 제19조의 개정규정은 이 영 시행 후 최초로 선임되는 보험회사의 임원부터 적용한다.

제3조【사외이사의 선임에 관한 적용례】 제21조의2제2항제5호의 개정규정은 이 영 시행 후 최초로 선임되는 보험회사의 사외이사부터 적용한다.

제4조【준법감시인에 관한 적용례】 제23조제1항의 개정규정은 이 영 시행 후 최초로 임명되는 보험회사의 준법감시인부터 적용한다.

제5조【보험설계사 등의 교육에 관한 적용례】 제29조의2의 개정규정 시행 당시 종전의 규정에 따라 등록된 보험설계사(종전의 법 제83조제1항제5호에 따라 신고된 사람을 포함한다), 개인보험대리점, 개인보험중개사 중 등록 후 2년이 지난 사람은 이 영 시행 후 최초로 도래하는 등록일부터 6개월 이내에 개정규정에 따른 교육을 이수하여야 한다.

제6조【보험대리점 영업보증금에 관한 적용례】 제33조제1항의 개정규정은 이 영 시행 후 최초로 보험회사와 모집에 관한 위탁계약을 체결하거나 갱신하는 보험대리점부터 적용한다.

제7조【법인보험대리점 공시에 관한 적용례】 제33조의4제4항의 개정규정은 이 영 시행 후 최초로 도래하는 사업연도부터 적용한다.

제8조【법인보험중개사의 공시에 관한 적용례】 제38조의2제4항의 개정규정은 이 영 시행 후 최초로 도래하는 사업연도부터 적용한다.

제9조【특별계정자산 운용에 관한 적용례】 제53조제3항제3호라목의 개정규정은 이 영 시행 후 최초로 설정되는 특별계정부터 적용한다.

제10조【재보험자산 감액에 관한 적용례】 제63조제3항의 개정규정은 이 영 시행 후 최초로 체결되는 재보험계약부터 적용한다.

제11조【기초서류 신고대상에 관한 적용례】 제71조제1항 및 별표6의 개정규정은 이 영 시행 후 최초로 작성·변경되는 기초서류부터 적용한다.

제12조【기초서류 작성·변경 원칙에 관한 적용례】 제71조의5 및 별표7의 개정규정은 이 영 시행 후 최초로 작성·변경되는 기초서류부터 적용한다.

제13조【보험종목 허가에 관한 경과조치】 이 영 시행 당시 종전의 규정에 따라 제8조제1항제8호의 개정규정의 비용보험 허가를 받은 보험회사는 같은 조 제1항제9호의 개정규정의 날씨보험 허가를 받은 것으로 본다.

제14조【겸영업무의 신고에 관한 경과조치】 보험회사는 이 영 시행 당시 종전의 규정에 따라 경영하고 있는 업무가 제16조의 개정규정에 따른 겸영업무에 해당하는 경우에는 이 영 시행일부터 6개월 이내에 해당 업무를 겸영업무로 금융위원회에 신고하여야 한다. 다만, 종전의 법 제11조제1항제2호에 따라 금융위원회의 인가를 받은 업무는 그러하지 아니하다.

제15조【보험설계사에 관한 경과조치】 ① 종전의 규정에 따라 보험설계사로 등록한 사람은 제27조제1항의 개정규정에 따른 보험설계사로 본다.
② 이 영 시행 당시 종전의 별표3 제1호가목에 따른 연수과정을 이수한 사람의 등록신청 유효기간은 종전의 규정에 따른다.

제16조【보험대리점 등록에 관한 경과조치】 ① 이 영 시행 당시 종전의 규정에 따라 보험대리점으로 등록한 자는 제30조제1항의 개정규정에 따른 보험대리점으로 본다.
② 이 영 시행 당시 종전의 별표3 제2호가목에 따른 연수과정을 이수한 사람의 등록신청 유효기간은 종전의 규정에 따른다.

제17조【보험대리점 상호 사용 의무에 관한 경과조치】 이 영 시행 당시 제33조의2제2항을 위반하여 보험안내자료 및 광고를 사용하고 있는 보험대리점과 그 보험대리점에 소속된 임직원 및 보험설계사는 이 영 시행일부터 3개월까지는 그 보험안내자료 및 광고를 사용할 수 있다.

제18조【보험중개사에 관한 경과조치】 ① 이 영 시행 당시 종전의 규정에 따라 보험중개사로 등록한 자는 제34조제1항의 개정규정에 따른 보험중개사로 본다.
② 이 영 시행 당시 종전의 별표3 제3호가목에 따른 보험중개사 시험에 합격한 사람의 등록신청 유효기간은 종전의 규정에 따른다.

제19조【보험중개사 상호 사용 의무에 관한 경과조치】 이 영 시행 당시 제36조제2항의 개정규정을 위반하여 보험안내자료 및 광고를 사용하고 있는 보험중개사와 그 보험중개사에 소속된 임직원 및 보험설계사는 이 영 시행일부터 3개월까지는 그 보험안내자료 및 광고를 사용할 수 있다.

제20조【모집광고에 관한 경과조치】 이 영 시행 당시 제42조의4의 개정규정을 위반하여 보험상품에 관하여 광고를 하고 있는 보험회사 또는 보험의 모집에 종사하는 자는 이 영 시행일부터 3개월까지는 그 광고를 할 수 있다.

제21조【자회사 소유에 관한 경과조치】 이 영 시행 당시 보험회사가 제59조제1항제15호, 제16호, 제17호(중소기업창업투자조합이 하는 업무만 해당한다), 제18호, 제19호, 제21호, 제22호의 개정규정에 따른 업무를 주로 하는 자회사를 소유하고 있는 경우에는 제59조제3항의 개정규정에 따른 요건을 갖추어 이 영 시행일부터 6개월 이내에 금융위원회에 신고하여야 한다.

제22조【다른 법령의 개정】 ①~⑬ ※(해당 법령에 가제정리 하였음)

제23조【다른 법령과의 관계】 이 영 시행 당시 다른 법령에서 종전의 「보험업법 시행령」의 규정을 인용한 경우에 이 영 가운데 그에 해당하는 규정이 있으면 종전의 규정을 갈음하여 이 영의 해당 규정을 인용한 것으로 본다.

부 칙 (2011.12.31)

제1조【시행일】 이 영은 공포한 날부터 시행한다. 다만, 제26조, 제40조의 개정규정은 2012년 3월 2일부터, 제57조의2의 개정규정은 2012년 4월 1일부터 각각 시행한다.

제2조【유효기간】 제26조제1항제2호 및 같은 조 제2항의 개정규정은 2027년 3월 1일까지 효력을 가진다.
(2022.2.8 본조개정)

제3조【농협생명보험 및 농협손해보험 설립에 따른 경과조치】 ① 법률 제10522호 농업협동조합법 일부개정법률의 시행 당시 종전의 「농업협동조합법」에 따른 농업협동조합중앙회에서 공제계리업무에 종사한 경력은 제95조제1항제2호에 따른 보험계리업무에 종사한 경력으로 본다.
② 농협생명보험 및 농협손해보험이 법률 제10522호 농업협동조합법 일부개정법률 부칙 제15조제7항에 따라 보험상품을 신고하는 경우 같은 법 일부개정법률의 시행 이전에 종전의 예에 따라 농림수산식품부장관에게 이미 신고된 위험률(생명보험, 그 밖에 이와 유사한 보험상품으로서 금융위원회가 정하여 고시하는 보험상품에 사용된 위험률만 해당한다)에 대해서는 2013년 12월 31일까지 제71조제2항제2호에 따른 검증확인서를 제출하지 아니할 수 있다.

부 칙 (2014.4.15)

제1조【시행일】 이 영은 공포한 날부터 시행한다. 다만, 제33조제3항·제5항, 제37조제4항, 제42조의4제4항제3호부터 제6호까지, 제42조의5제1항제1호, 제43조의2제3항 및 제44조제2항의 개정규정은 공포 후 6개월이 경과한 날부터 시행한다.

제2조【보험설계사 등의 등록신청 유효기간에 관한 적용례】 별표3 제1호의 비고 및 같은 표 제2호의 비고의 개정규정은 이 영 시행 전에 연수과정을 이수하거나 교육을 이수한 사람에 대해서도 적용한다.

제3조【보험종목 허가에 관한 경과조치】 이 영 시행 당시 종전의 규정에 따라 도난보험, 유리보험, 동물보험 또는 원자력보험 중 어느 하나에 대하여 허가를 받은 보험회사에 대해서는 제8조제1항제4호의 개정규정에 따른 도난·유리·동물·원자력 보험에 대한 허가를 받은 것으로 본다.

제4조【임원의 자격요건에 관한 경과조치】 이 영 시행 전에 제19조제5항제1호 또는 제2호에 해당하는 사유로

조치를 받기 전에 퇴임(사임을 포함한다)하거나 퇴직(사직을 포함한다)한 사람에 대해서는 제19조제5항제3호의 개정규정에도 불구하고 종전의 규정에 따른다.

부 칙 (2014.12.23)

제1조【시행일】이 영은 공포한 날부터 시행한다.
제2조【신용카드업자에 관한 경과조치】① 대통령령 제21911호 보험업법 시행령 일부개정령 부칙 제3조의 개정규정에도 불구하고 이 영 시행 당시 금융기관보험대리점등인 신용카드업자에 대해서는 2020년 1월 1일 이후 시작하는 사업연도부터 제40조제6항 및 제7항을 적용한다. 다만, 2020년 1월 1일부터 2023년 12월 31일까지의 사이에 시작되는 사업연도의 경우에는 제40조제6항 및 제7항에도 불구하고 해당 사업연도에 신규로 모집하는 생명보험회사 상품의 모집총액 또는 손해보험회사 상품의 모집총액 중 1개 생명보험회사 또는 1개 손해보험회사 상품의 모집액이 각각 차지하는 비율의 상한은 다음 각 호에서 정하는 바에 따른다.(2020.12.1 단서신설)
1. 2020년 1월 1일부터 2020년 12월 31일까지의 사이에 시작되는 사업연도의 경우 100분의 99
2. 2021년 1월 1일부터 2021년 12월 31일까지의 사이에 시작되는 사업연도의 경우 100분의 66
3. 2022년 1월 1일부터 2022년 12월 31일까지의 사이에 시작되는 사업연도의 경우 100분의 50(제40조제7항에 따라 보험회사 상품의 모집액을 합산하여 계산하는 경우에는 100분의 66)
4. 2023년 1월 1일부터 2023년 12월 31일 사이에 시작되는 사업연도의 경우 100분의 33(제40조제7항에 따라 보험회사 상품의 모집액을 합산하여 계산하는 경우에는 100분의 50)
(2020.12.1 1호~4호신설)
② (2017.6.20 삭제)

부 칙 (2015.1.6)

제1조【시행일】이 영은 공포 후 6개월이 경과한 날부터 시행한다. 다만, 다음 각 호의 구분에 따른 개정규정은 각각 해당 호에서 정하는 날부터 시행한다.
1. 제42조의5제1항제2호, 제63조제1항제1호나목·다목 및 제71조제1항의 개정규정 : 공포한 날
2. 제42조의4제2항, 제68조제3항 및 같은 조 제4항 단서의 개정규정 : 2015년 1월 20일
3. 제71조제2항, 같은 조 제5항 후단 및 제71조의2의 개정규정 : 2015년 4월 1일
제2조【보험상품공시위원회의 구성에 관한 경과조치】
① 2015년 1월 20일 전에 종전의 제68조제3항 각 호 외의 부분에 따라 지명된 위원회 위원장의 임기가 만료될 때까지는 제68조제3항 각 호 외의 부분의 개정규정(위원장을 호선하는 부분과 보험협회의 상품담당 임원이 위원이 되는 부분만 해당한다) 및 제68조제4항 단서의 개정규정(보험협회의 상품담당 임원인 위원의 임기에 관한 부분만 해당한다)에도 불구하고 종전의 규정에 따른다.
② 2015년 1월 20일 전에 종전의 제68조제3항제1호에 따라 위촉된 보험회사 상품담당 임원 또는 선임계리사인 위원 중 그 임기가 가장 먼저 만료되는 위원의 임기가 만료될 때까지는 제68조제3항제1호 및 제3호의 개정규정에도 불구하고 종전의 규정에 따른다.
제3조【보험회사의 검증확인서 등 제출에 관한 경과조치】2015년 4월 1일 전에 보험회사가 제71조제5항 전단에 따라 검증확인서 및 보험상품신고서의 제출을 요구받은 경우에는 같은 항 후단의 개정규정에도 불구하고 종전의 규정에 따른다.
제4조【기초서류의 변경 권고에 관한 경과조치】2015년 4월 1일 전에 보험회사가 종전의 제71조제2항 또는 제4항에 따라 기초서류를 신고하거나 제출한 경우에는 제71조의2의 개정규정에도 불구하고 종전의 규정에 따른다.

부 칙 (2016.4.1)

제1조【시행일】이 영은 공포한 날부터 시행한다. 다만, 별표4 제1호다목의 개정규정은 2016년 7월 1일부터 시행하고, 제42조의2제3항·제4항 및 제87조제2항의 개정규정은 2016년 10월 1일부터 시행한다.
제2조【특별계정자산 운용에 관한 적용례】제53조제3항제3호라목의 개정규정은 이 영 시행 전에 설정된 특별계정을 모자형집합투자기구로 전환하면서 모집합투자기구로 자집합투자기구의 자산을 이전하는 경우에 대해서도 적용한다.
제3조【참조순보험요율의 검증에 관한 특례】보험요율 산출기관의 장은 제87조제3항의 개정규정에도 불구하고 생명보험 및 그 밖에 이와 유사한 보험상품으로서 금융위원회가 정하여 고시하는 보험상품의 참조순보험요율에 대한 검증을 2018년 12월 31일까지 실시하여야 한다.
제4조【보험설계사 등의 교육에 관한 경과조치】제29조의2제1항 및 제2항에 따라 교육을 받아야 하는 자로서 2016년 7월 1일 전에 교육을 받지 아니한 자에 대해서는 별표4 제1호다목의 개정규정에도 불구하고 종전의 규정에 따른다.

부 칙 (2018.6.5 영28945호)

제1조【시행일】이 영은 공포한 날부터 시행한다. 다만, 제42조의5의 개정규정은 공포 후 6개월이 경과한 날부터 시행한다.
제2조【겸영 가능 보험종목에 관한 적용례】제15조제2항의 개정규정은 이 영 시행 전 제3보험업에 관하여 허가를 받은 자에 대해서도 적용한다.
제3조【중복계약 체결 확인 의무에 관한 적용례】제42조의5의 개정규정은부칙 제1조 단서의 시행일 이후 보험계약을 모집하는 경우부터 적용한다.
제4조【단종손해보험설계사 및 단종손해보험대리점의 명칭 변경에 관한 경과조치】이 영 시행 당시 종전의 규정에 따른 단종손해보험설계사 및 단종손해보험대리점은 제27조제1항 및 제30조제1항의 개정규정에 따른 간단손해보험설계사 및 간단손해보험대리점으로 본다.

부 칙 (2019.6.11)

이 영은 2019년 6월 12일부터 시행한다.

부 칙 (2019.6.25)

제1조【시행일】이 영은 2019년 7월 1일부터 시행한다. 다만, 제71조의6의 개정규정은 2019년 11월 1일부터 시행한다.
제2조【사채 및 신종자본증권 총 발행한도에 관한 특례】2019년 6월 30일 현재 자기자본을 초과하여 사채 및 신종자본증권을 발행한 보험회사는 제58조제3항의 개정규정에도 불구하고 2022년 12월 31일까지 다음 각 호의 금액 중 큰 금액을 한도로 사채 및 신종자본증권을 발행할 수 있다.
1. 사채 및 신종자본증권 발행일 기준 직전 분기 말 현재 자기자본
2. 2019년 6월 30일 현재 사채 및 신종자본증권 발행액
제3조【허가요건에 관한 경과조치】이 영 시행 전에 보험업 허가 또는 예비허가를 신청한 자에 대한 허가요건에 관하여는 제10조 및 별표1의 개정규정에도 불구하고 종전의 규정에 따른다.

부 칙 (2019.10.1)

이 영은 공포한 날부터 시행한다. 다만, 제29조의2 및 별표4의 개정규정은 2020년 1월 1일부터 시행한다.

부 칙 (2020.8.4)

제1조【시행일】① 이 영은 2020년 8월 5일부터 시행한다.(이하 생략)

부 칙 (2020.8.11)

제1조【시행일】이 영은 2020년 8월 12일부터 시행한다.(이하 생략)

부 칙 (2020.12.1)

이 영은 공포한 날부터 시행한다.

부 칙 (2020.12.8)

제1조【시행일】이 영은 2020년 12월 10일부터 시행한다.(이하 생략)

부 칙 (2021.1.5)

이 영은 공포한 날부터 시행한다.(이하 생략)

부 칙 (2021.3.23)

제1조【시행일】이 영은 2021년 3월 25일부터 시행한다.(이하 생략)

부 칙 (2021.6.1)

이 영은 2021년 6월 9일부터 시행한다. 다만, 제6조의2제3항제3호, 제15조제1항제1호·제2호, 제29조제1항, 제29조의2제3항·제4항 및 제71조제3항의 개정규정은 공포한 날부터 시행한다.

부 칙 (2021.9.29)

이 영은 공포한 날부터 시행한다.

부 칙 (2021.10.21)

제1조【시행일】이 영은 2021년 10월 21일부터 시행한다.(이하 생략)

부 칙 (2021.12.28)

제1조【시행일】이 영은 2021년 12월 30일부터 시행한다.(이하 생략)

부 칙 (2022.2.8)

이 영은 공포한 날부터 시행한다.

부 칙 (2022.2.17 영32449호)

제1조【시행일】이 영은 2022년 2월 18일부터 시행한다.(이하 생략)

부 칙 (2022.2.17 영32450호)

이 영은 2022년 2월 18일부터 시행한다.

부 칙 (2022.4.19)

제1조【시행일】이 영은 공포한 날부터 시행한다.
제2조【보험계리사 또는 손해사정사의 결원 충원 기한에 관한 적용례】제93조제2항 및 제98조제3항의 개정규정은 이 영 시행 전에 보험계리 또는 손해사정을 업으로 하는 법인의 지점·사무소의 보험계리사 또는 손해사정사 인원에 결원이 생긴 경우로서 이 영 시행 당시 종전의 규정에 따른 결원 충원 기간이 지나지 않은 경우에도 적용한다.
제3조【상호협정의 변경신고에 관한 경과조치】이 영 시행 당시 제69조제3항제3호의 개정규정에 해당하는 사유로 법 제125조제1항 본문에 따라 변경 인가를 신청하여 그 절차가 진행 중인 보험회사는 같은 항 단서에 따라 상호협정의 변경신고를 한 것으로 본다.

부 칙 (2022.12.27)

제1조【시행일】이 영은 2023년 1월 1일부터 시행한다.
제2조【책임준비금의 계상에 관한 특례】이 영 시행 전에 「주식회사 등의 외부감사에 관한 법률」 제5조제1항제1호에 따른 회계처리기준 제1117호로 변경하여 회계처리를 한 보험회사는 종전의 제63조제1항 및 제2항에도 불구하고 이 영 시행일이 속하는 사업연도의 직전 사업연도에 대해 제63조제1항 및 제2항의 개정규정에 따라 산출한 금액을 책임준비금으로 계상할 수 있다.
제3조【지급여력금액 및 지급여력기준금액 산정에 관한 경과조치】이 영 시행일이 속하는 사업연도의 직전 사업연도에 대한 지급여력금액 및 지급여력기준금액의 산정에 관하여는 제65조제1항제1호 및 제2호의 개정규정에도 불구하고 종전의 규정에 따른다.

부 칙 (2023.5.16)

제1조【시행일】이 영은 공포한 날부터 시행한다.(이하 생략)

부 칙 (2023.6.7)

제1조【시행일】이 영은 2023년 6월 11일부터 시행한다.(이하 생략)

부 칙 (2023.6.27)

제1조【시행일】이 영은 2023년 7월 1일부터 시행한다.
제2조【특별이익 제공 금지 금품 범위에 관한 적용례】제46조의 개정규정은 이 영 시행 이후 보험계약을 체결 또는 모집하는 경우부터 적용한다.
제3조【선임계리사 보조인력 기준에 관한 경과조치】이 영 시행 당시 종전의 제96조제5항에 따라 선임계리사를 지원하기 위한 인력을 둔 보험회사는 제96조의2의 개정규정에 따른 보조인력의 기준을 갖춘 것으로 본다. 다만, 보험회사는 이 영 시행 이후 6개월 이내에 제96조의2의 개정규정에 따른 보조인력을 두어야 한다.
제4조【다른 법령의 개정】①~② ※(해당 법령에 가제정리 하였음)

부 칙 (2023.12.19)

제1조【시행일】이 영은 2023년 12월 21일부터 시행한다.(이하 생략)

부 칙 (2023.12.29)

제1조【시행일】이 영은 공포한 날부터 시행한다.
제2조【신용카드업자의 보험회사 상품 모집액 비율에 관한 적용례】제40조제6항 단서 및 같은 항 각 호의 개정규정은 2023년 1월 1일 이후 시작한 사업연도의 보험회사 상품의 모집액 비율에 대해서도 적용한다.

[별표] ➡「法典 別冊」 참조

보험사기방지 특별법

(약칭 : 보험사기방지법)

(2016년 3월 29일 / 법 률 제14123호)

개정
2024년 1월 25일 제412회 국회 본회의 통과→「法典 別冊」 보유편 수록

제1조【목적】 이 법은 보험사기행위의 조사·방지·처벌에 관한 사항을 정함으로써 보험계약자, 피보험자, 그 밖의 이해관계인의 권익을 보호하고 보험업의 건전한 육성과 국민의 복리증진에 이바지함을 목적으로 한다.

제2조【정의】 이 법에서 사용하는 용어의 뜻은 다음과 같다.

1. "보험사기행위"란 보험사고의 발생, 원인 또는 내용에 관하여 보험자를 기망하여 보험금을 청구하는 행위를 말한다.
2. "보험회사"란 「보험업법」 제4조에 따른 허가를 받아 보험업을 경영하는 자를 말한다.

제3조【다른 법률과의 관계】 보험사기행위의 조사·방지 및 보험사기행위자의 처벌에 관하여는 다른 법률에 우선하여 이 법을 적용한다.

제4조【보험사기행위의 보고 등】 보험회사는 보험계약의 보험계약자, 피보험자, 보험금을 취득할 자, 그 밖에 보험계약 또는 보험금 지급에 관하여 이해관계가 있는 자(이하 "보험계약자등"이라 한다)의 행위가 보험사기행위로 의심할 만한 합당한 근거가 있는 경우에는 금융위원회에 보고할 수 있다.

제5조【보험계약자등의 보호】 ① 보험회사는 보험사고 조사 과정에서 보험계약자등의 개인정보를 침해하지 아니하도록 노력하여야 한다.

② 보험회사는 대통령령으로 정하는 사유 없이 보험사고 조사를 이유로 보험금의 지급을 지체 또는 거절하거나 삭감하여 지급하여서는 아니 된다.

제6조【수사기관 등에 대한 통보】 ① 금융위원회, 금융감독원, 보험회사는 보험계약자등의 행위가 보험사기행위로 의심할 만한 합당한 근거가 있는 경우에는 관할 수사기관에 고발 또는 수사의뢰하거나 그 밖에 필요한 조치를 취하여야 한다.

② 제1항에 따라 관할 수사기관에 고발 또는 수사의뢰를 한 경우에는 해당 보험사고와 관련된 자료를 수사기관에 송부하여야 한다.

제7조【수사기관의 입원적정성 심사의뢰 등】 ① 수사기관은 보험사기행위 수사를 위하여 보험계약자등의 입원이 적정한 것인지 여부(이하 "입원적정성"이라 한다)에 대한 심사가 필요하다고 판단되는 경우 「국민건강보험법」 제62조에 따른 건강보험심사평가원(이하 "건강보험심사평가원"이라 한다)에 그 심사를 의뢰할 수 있다.

② 건강보험심사평가원은 제1항에 따른 의뢰를 받은 경우 보험계약자등의 입원적정성을 심사하여 그 결과를 수사기관에 통보하여야 한다.

제8조【보험사기죄】 보험사기행위로 보험금을 취득하거나 제3자에게 보험금을 취득하게 한 자는 10년 이하의 징역 또는 5천만원 이하의 벌금에 처한다.

제9조【상습범】 상습으로 제8조의 죄를 범한 자는 그 죄에 정한 형의 2분의 1까지 가중한다.

제10조【미수범】 제8조 및 제9조의 미수범은 처벌한다.

제11조【보험사기죄의 가중처벌】 ① 제8조 및 제9조의 죄를 범한 사람은 그 범죄행위로 인하여 취득하거나 제3자로 하여금 취득하게 한 보험금의 가액(이하 이 조에서 "보험사기이득액"이라 한다)이 5억원 이상일 때에는 다음 각 호의 구분에 따라 가중처벌한다.

1. 보험사기이득액이 50억원 이상일 때 : 무기 또는 5년 이상의 징역
2. 보험사기이득액이 5억원 이상 50억원 미만일 때 : 3년 이상의 유기징역

② 제1항의 경우 보험사기이득액 이하에 상당하는 벌금을 병과할 수 있다.

제12조【비밀유지의무】 보험사기행위 조사업무에 종사하는 자 또는 해당 업무에 종사하였던 자는 직무수행 중 취득한 정보나 자료를 타인에게 제공 또는 누설하거나 그 직무상 목적 외의 용도로 사용하여서는 아니 된다.

제13조【권한의 위탁】 금융위원회는 필요한 경우에는 이 법에 따른 권한의 일부를 대통령령으로 정하는 바에 따라 금융감독원의 원장에게 위탁할 수 있다.

제14조【벌칙】 제12조를 위반하여 직무수행 중 취득한 정보나 자료를 타인에게 제공 또는 누설하거나 목적 외의 용도로 사용한 자는 3년 이하의 징역 또는 3천만원 이하의 벌금에 처한다.

제15조【과태료】 ① 제5조제2항을 위반하여 보험금의 지급을 지체 또는 거절하거나 보험금을 삭감하여 지급한 보험회사에게는 1천만원 이하의 과태료를 부과한다.

② 제1항에 따른 과태료는 대통령령으로 정하는 바에 따라 금융위원회가 부과·징수한다.

제16조【준용규정】 제11조를 위반하여 처벌받은 사람에 대하여는 「특정경제범죄 가중처벌 등에 관한 법률」 제14조를 준용한다.

부 칙

제1조【시행일】 이 법은 공포 후 6개월이 경과한 날부터 시행한다.

제2조【벌칙 등에 관한 경과조치】 이 법 시행 전의 행위에 대한 벌칙과 과태료의 적용에 있어서는 종전의 규정에 따른다.

화재로 인한 재해보상과 보험가입에 관한 법률

(약칭 : 화재보험법)

(1973년 2월 6일 / 법 률 제2482호)

개정
1988.12.31법 4069호(보험)
1997. 1.13법 5258호
1998. 1.13법 5505호(금융감독)
1999. 1.29법 5697호
1999. 5.24법 5982호(정부조직)
2000. 1.12법 6106호
2003. 5.29법 6891호(보험)
2004. 3.11법 7186호(정부조직)
2008. 2.29법 8863호(금융위원회의설치등에관한법)
2010. 3.22법10174호
2011. 5.19법10695호
2014.11.19법12844호(정부조직)
2017. 4.18법14829호
2017. 7.26법14839호(정부조직)
2019. 1.15법16272호(산업안전)
2023. 3.21법19265호

제1조【목적】 이 법은 화재로 인한 인명 및 재산상의 손실을 예방하고 화재 발생 시 신속한 재해복구와 인명 및 재산 피해에 대한 적정한 보상을 하게 함으로써 국민생활의 안정에 이바지함을 목적으로 한다.(2017.4.18 본조개정)

제2조【정의】 이 법에서 사용하는 용어의 뜻은 다음과 같다.

1. "손해보험회사"란 「보험업법」 제4조에 따른 화재보험업의 허가를 받은 자를 말한다.
2. "특약부화재보험"이란 화재로 인한 건물의 손해와 제4조제1항에 따른 손해배상책임을 담보하는 보험을 말한다.(2017.4.18 본호개정)
3. "특수건물"이란 국유건물·공유건물·교육시설·백화점·시장·의료시설·흥행장·숙박업소·다중이용업소·운수시설·공장·공동주택과 그 밖에 여러 사람이 출입 또는 근무하거나 거주하는 건물로서 화재의 위험이나 건물의 면적 등을 고려하여 대통령령으로 정하는 건물을 말한다.
4. "소방시설"이란 「소방시설 설치 및 관리에 관한 법률」 제2조제2호에 따른 소방시설등, 「건축법」 제49조에 따른 피난시설, 그 밖에 소방 관련 시설로서 대통령령으로 정하는 것을 말한다.(2023.3.21 본호신설)

(2011.5.19 본조개정)

제3조 (2017.4.18 삭제)

제4조【특수건물 소유자의 손해배상책임】 ① 특수건물의 소유자는 그 특수건물의 화재로 인하여 다른 사람이 사망하거나 부상을 입었을 때 또는 다른 사람의 재물에 손해가 발생한 때에는 과실이 없는 경우에도 제8조제1항제2호에 따른 보험금액의 범위에서 그 손해를 배상할 책임이 있다. 이 경우 「실화책임에 관한 법률」에도 불구하고 특수건물의 소유자에게 경과실(輕過失)이 있는 경우에도 또한 같다.(2017.4.18 본항개정)

② 특수건물 소유자의 손해배상책임에 관하여는 이 법에서 규정하는 것 외에는 「민법」에 따른다.

(2011.5.19 본조개정)

제5조【보험 가입의 의무】 ① 특수건물의 소유자는 그 특수건물의 화재로 인한 해당 건물의 손해를 보상받고 제4조제1항에 따른 손해배상책임을 이행하기 위하여 그 특수건물에 대하여 손해보험회사가 운영하는 특약부화재보험에 가입하여야 한다. 다만, 종업원에 대하여 「산업재해보상보험법」에 따른 산업재해보상보험에 가입하고 있는 경우에는 그 종업원에 대한 제4조제1항에 따른 손해배상책임 중 사망이나 부상에 따른 손해배상책임을 담보하는 보험에 가입하지 아니할 수 있다.(2017.4.18 본항개정)

② 특수건물의 소유자는 특약부화재보험에 부가하여 풍재(風災), 수재(水災) 또는 건물의 무너짐 등으로 인한 손해를 담보하는 보험에 가입할 수 있다.

③ 손해보험회사는 제1항과 제2항에 따른 보험계약의 체결을 거절하지 못한다.

④ 특수건물의 소유자는 다음 각 호에서 정하는 날부터 30일 이내에 특약부화재보험에 가입하여야 한다.(2017.4.18 본문개정)

1. 특수건물을 건축한 경우 : 「건축법」 제22조에 따른 건축물의 사용승인, 「주택법」 제49조에 따른 사용검사 또는 관계 법령에 따른 준공인가·준공확인 등을 받은 날
2. 특수건물의 소유권이 변경된 경우 : 그 건물의 소유권을 취득한 날
3. 그 밖의 경우 : 특수건물의 소유자가 그 건물이 특수건물에 해당하게 된 사실을 알았거나 알 수 있었던 시점 등을 고려하여 대통령령으로 정하는 날

(2017.4.18 1호~3호신설)

⑤ 특수건물의 소유자는 제4항의 특약부화재보험에 관한 계약을 매년 갱신하여야 한다.(2017.4.18 본항개정)

(2011.5.19 본조개정)

제6조【외국인 등의 소유 건물에 대한 특례】 특수건물 중 다음 각 호의 어느 하나에 해당하는 건물에 대하여는 제4조와 제5조를 적용하지 아니한다.

1. 대한민국에 파견된 외국의 대사·공사(公使) 또는 그 밖에 이에 준하는 사절(使節)이 소유하는 건물
2. 대한민국에 파견된 국제연합의 기관 및 그 직원(외국인만 해당한다)이 소유하는 건물
3. 대한민국에 주둔하는 외국 군대가 소유하는 건물
4. 군사용 건물과 외국인 소유 건물로서 대통령령으로 정하는 건물

(2011.5.19 본조개정)

제7조【보험 가입의 촉진】 ① 금융위원회는 제5조에 따른 보험의 가입 의무자가 그 보험에 가입하지 아니한 경우에는 관계 행정기관에 대하여 가입 의무자에 대한 인가·허가의 취소, 영업의 정지, 건물사용의 제한 등 필요한 조치를 할 것을 요청할 수 있다.

② 제1항에 따른 요청을 받은 행정기관은 정당한 이유가 없으면 요청에 따라야 한다.

(2011.5.19 본조개정)

제8조【보험금액】 ① 제5조에 따라 가입하는 보험의 보험금액은 다음 각 호의 구분에 따른다.

1. 화재보험 : 특수건물의 시가(時價)에 해당하는 금액
2. 손해배상책임을 담보하는 보험에 해당하는 부분 중 다음 각 목의 구분에 따른 금액
   가. 사망의 경우 : 피해자 1명마다 5천만원 이상으로서 대통령령으로 정하는 금액
   나. 부상의 경우 : 피해자 1명마다 사망자에 대한 보험금액의 범위에서 대통령령으로 정하는 금액
   다. 재물에 대한 손해가 발생한 경우 : 화재 1건마다 1억원 이상으로서 국민의 안전 및 특수건물의 화재위험성 등을 고려하여 대통령령으로 정하는 금액

   (2017.4.18 본호개정)
3. (2017.4.18 삭제)

② 제1항제1호에 따른 시가의 결정에 관한 기준은 총리령으로 정한다.

(2011.5.19 본조개정)

제9조【보험금액의 청구】 제4조제1항에 따른 손해배상책임이 발생하였을 때에는 피해자는 대통령령으로 정하는 바에 따라 손해보험회사에 대하여 제8조제1항제2호에 따른 보험금의 지급을 청구할 수 있다.(2017.4.18 본조개정)

제10조【압류의 금지】 이 법에 따른 보험금 청구권 중 손해배상책임을 담보하는 보험의 청구권은 압류할 수 없다.(2017.4.18 본조개정)

제11조【한국화재보험협회의 설립】 손해보험회사는 대통령령으로 정하는 바에 따라 금융위원회의 허가를 받아 화재예방 및 소방시설에 대한 안전점검과 이에 관한 연구·계몽 등을 그 업무로 하는 한국화재보험협회(이하 "협회"라 한다)를 설립하여야 한다.(2023.3.21 본조개정)

제12조【법인격】 ① 협회는 사단법인으로 한다.

② 협회에 관하여 이 법에서 규정한 것을 제외하고는 「민법」 중 사단법인에 관한 규정을 준용한다.

(2011.5.19 본조개정)

제13조【명칭 사용의 제한】 이 법에 따른 협회가 아닌 자는 한국화재보험협회 또는 이와 유사한 명칭을 사용하지 못한다.(2011.5.19 본조개정)

제14조【출연】 손해보험회사는 대통령령으로 정하는 바에 따라 협회의 설립과 운영에 필요한 비용을 출연하여야 한다.(2011.5.19 본조개정)

제15조【업무】 협회는 다음 각 호의 업무를 한다.

1. 화재예방 및 소방시설에 대한 안전점검(2023.3.21 본호개정)
2. 화재보험에 있어서의 소화설비(消火設備)에 따른 보험요율의 할인등급에 대한 사정(査定)
3. 화재예방과 소방시설에 관한 자료의 조사·연구 및 계몽(2023.3.21 본호개정)
4. 행정기관이나 그 밖의 관계 기관에 화재예방에 관한 건의
5. 그 밖에 금융위원회의 인가를 받은 업무

(2011.5.19 본조개정)

제16조【안전점검】 ① 협회는 보험계약을 체결할 때 또는 보험계약을 갱신할 때마다 해당 특수건물의 화재예방 및 소방시설의 안전점검을 하여야 한다. 다만, 다음 각 호의 어느 하나에 해당하는 특수건물에 대하여는 대통령령으로 정하는 바에 따라 일정 기간 안전점검을 하지 아니할 수 있다.(2023.3.21 본문개정)

1. 안전점검 결과 총리령으로 정하는 화재위험도지수(「보험업법」 제176조에 따른 보험요율 산출기관이 정한 화재위험도지수를 말한다)가 낮은 특수건물
2. 「고압가스 안전관리법」 제13조의2제1항에 따라 안전성향상계획을 작성하는 건물로서 총리령으로 정하는 위험도가 낮은 특수건물

3. 「산업안전보건법」 제44조제1항에 따라 공정안전보고서를 작성하는 건물로서 총리령으로 정하는 위험도가 낮은 특수건물(2019.1.15 본호개정)

② 협회는 필요하다고 인정할 때에는 특약부화재보험에 가입한 특수건물에 대하여 화재예방 및 소방시설의 안전점검을 할 수 있다. 이 경우 제1항 단서를 준용한다.
(2023.3.21 전단개정)

③ 협회는 제1항 및 제2항에 따른 안전점검을 실시함에 있어 총리령으로 정하는 서식을 활용하여야 한다.
(2023.3.21 본항신설)

④ 특수건물의 소유자는 정당한 이유가 없으면 제1항과 제2항에 따른 안전점검에 응하여야 한다.

⑤ 특수건물의 소유자가 제1항이나 제2항에 따른 안전점검에 응하지 아니하면 협회는 소방관서의 장에게 그에 대한 안전점검을 요청할 수 있다.

⑥ 협회는 제1항과 제2항에 따른 안전점검을 할 때에 어떠한 명목의 비용도 받을 수 없다.

⑦ 협회는 제1항 및 제2항에 따른 안전점검을 실시한 경우 그 점검결과를 총리령으로 정하는 바에 따라 시장·군수·구청장 및 소방관서의 장에게 통보하여야 한다. 이 경우 제17조에 따른 개선 요청이 있는 경우에는 이를 포함하여 통보하여야 한다.(2023.3.21 본항신설)

⑧ 제1항과 제2항에 따른 안전점검 및 제7항에 따른 통보 등에 관하여 필요한 세부사항은 대통령령으로 정한다.
(2023.3.21 본항개정)
(2011.5.19 본조개정)

제17조【안전점검 결과에 대한 개선 요청】 협회는 제16조에 따른 안전점검 결과 화재예방 및 대응 등을 위하여 필요하다고 인정할 때에는 관계 행정기관에 그 소방시설의 개선에 필요한 조치를 하여 줄 것을 요청하여야 한다.
(2023.3.21 본조개정)

제18조【소화기기의 기증 등】 ① 협회는 정관으로 정하는 바에 따라 행정기관이나 그 밖의 관계 기관에 소화기기를 기증하거나 특수건물의 소유자에게 소화설비 개량에 필요한 자금을 대여할 수 있다.

② 손해보험회사나 협회는 정관으로 정하는 바에 따라 소화기기의 제조 공장을 설립하거나 소화기기를 제조하는 자에게 필요한 자금을 대여할 수 있다.
(2011.5.19 본조개정)

제19조【업무계획】 ① 협회는 사업연도마다 업무계획을 작성하여 해당 연도가 시작되기 전에 금융위원회에 제출하여야 한다.

② 금융위원회는 제1항에 따른 업무계획을 받으면 소방청장에게 통지하여야 한다.(2017.7.26 본항개정)

③ 제1항의 업무계획을 변경할 때에도 제1항과 제2항을 준용한다.
(2011.5.19 본조개정)

제20조【임원】 ① 「보험업법」 제13조에 따라 보험회사의 임원으로 선임될 수 없는 사람은 협회의 임원이 될 수 없다.

② 협회의 일상 업무에 종사하는 임원이 다른 업무에 종사하려면 금융위원회의 승인을 받아야 한다.

③ 금융위원회는 협회의 임원이 다음 각 호의 어느 하나에 해당하면 그 해임을 명할 수 있다.
1. 이 법 또는 이 법에 따른 명령이나 정관을 위반한 경우
2. 형사사건으로 유죄판결을 받은 경우
3. 파산선고를 받은 경우
4. 공익을 해치는 행위를 한 경우
5. 심신의 장애로 인하여 직무 수행이 곤란하게 된 경우
6. 제1항에 해당하는 사유가 발생하거나 선임 당시 그에 해당하는 사람이었음이 판명된 경우
(2011.5.19 본조개정)

제21조【감독】 ① 금융위원회는 협회를 효율적으로 운영하기 위하여 필요하다고 인정할 때에는 협회의 정관 또는 업무 방법의 변경을 명하거나 감독상 필요한 명령을 할 수 있다.

② 소방청장은 제15조에 따른 협회의 업무 중 같은 조 제1호 및 제3호의 업무에 관하여 감독상 필요한 명령을 할 수 있다.(2017.7.26 본항개정)
(2011.5.19 본조개정)

제22조【보고와 검사】 ① 금융위원회는 필요하다고 인정할 때에는 정기적으로 또는 수시로 협회에 대하여 그 업무에 관한 보고서의 제출을 명하거나, 「금융위원회의 설치 등에 관한 법률」 제24조에 따른 금융감독원의 원장으로 하여금 협회의 업무상황 또는 장부·서류나 그 밖에 필요한 물건을 검사하게 할 수 있다.(2017.4.18 본항개정)

② 소방청장이 제15조제1호 및 제3호의 협회 업무에 관하여 필요하다고 인정할 때에도 제1항을 준용한다.
(2017.7.26 본항개정)

③ 제1항과 제2항에 따른 검사를 하는 사람은 그 권한을 표시하는 증표를 지니고 이를 관계인에게 보여 주어야 한다.
(2011.5.19 본조개정)

제23조【벌칙】 제5조제1항을 위반하여 특약부화재보험에 가입하지 아니한 자는 500만원 이하의 벌금에 처한다.
(2011.5.19 본조개정)

제24조【과태료】 제13조를 위반하여 한국화재보험협회 또는 이와 유사한 명칭을 사용한 자에게는 300만원 이하의 과태료를 부과한다.(2011.5.19 본조개정)

제25조 (2011.5.19 삭제)

부　칙 (2017.4.18)

제1조【시행일】 이 법은 공포 후 6개월이 경과한 날부터 시행한다.

제2조【특수건물 소유자의 의무보험 가입 범위에 관한 적용례】 제5조제1항의 개정규정은 이 법 시행 이후 특약부화재보험에 관한 계약을 새로 체결하거나 갱신하는 경우부터 적용한다.

제3조【손해배상책임의 범위 등에 관한 경과조치】 이 법 시행 전에 발생한 특수건물의 화재로 인하여 손해가 발생한 경우에는 제4조제1항 및 제8조제1항의 개정규정에도 불구하고 종전의 규정에 따른다.

부　칙 (2019.1.15)

제1조【시행일】 이 법은 공포 후 1년이 경과한 날부터 시행한다.(이하 생략)

부　칙 (2023.3.21)

이 법은 공포 후 6개월이 경과한 날부터 시행한다.

신용정보의 이용 및 보호에 관한 법률(약칭 : 신용정보법)

(2009년 4월 1일 전부개정법률 제9617호)

개정
2010. 4. 5법10228호(무역보험법)
2011. 3.29법10465호(개인정보보호법)
2011. 5.19법10690호
2013. 3.23법11690호(정부조직)
2013. 5.28법11845호(자본시장금융투자업)
2014.11.19법12844호(정부조직)
2015. 3.11법13216호
2016. 3.29법14122호(기술보증기금법)
2017. 4.18법14823호
2017. 7.26법14839호(정부조직)
2017.11.28법15146호　2018. 8.14법15748호
2018.12.11법15933호　2018.12.31법16188호
2020. 2. 4법16930호(개인정보보호법)
2020. 2. 4법16957호
2020. 6. 9법17354호(전자서명법)
2020.12.29법17799호(독점)
2021. 4.20법18124호
2023. 3.14법19234호(개인정보보호법)
2024년 1월 25일 제412회 국회 본회의 통과→「法典 別册」 보유편 수록

제1장　총　칙

제1조【목적】 이 법은 신용정보 관련 산업을 건전하게 육성하고 신용정보의 효율적 이용과 체계적 관리를 도모하며 신용정보의 오용·남용으로부터 사생활의 비밀 등을 적절히 보호함으로써 건전한 신용질서를 확립하고 국민경제의 발전에 이바지함을 목적으로 한다.
(2020.2.4 본조개정)

제2조【정의】 이 법에서 사용하는 용어의 뜻은 다음과 같다.
1. "신용정보"란 금융거래 등 상거래에서 거래 상대방의 신용을 판단할 때 필요한 정보로서 다음 각 목의 정보를 말한다.(2020.2.4 본문개정)
　가. 특정 신용정보주체를 식별할 수 있는 정보(나목부터 마목까지의 어느 하나에 해당하는 정보와 결합되는 경우만 신용정보에 해당한다)(2020.2.4 본목개정)
　나. 신용정보주체의 거래내용을 판단할 수 있는 정보
　다. 신용정보주체의 신용도를 판단할 수 있는 정보
　라. 신용정보주체의 신용거래능력을 판단할 수 있는 정보
　마. 가목부터 라목까지의 정보 외에 신용정보주체의 신용을 판단할 때 필요한 정보(2020.2.4 본목개정)
(2011.5.19 본호개정)

1의2. 제1호가목의 "특정 신용정보주체를 식별할 수 있는 정보"란 다음 각 목의 정보를 말한다.
　가. 살아 있는 개인에 관한 정보로서 다음 각각의 정보
　　1) 성명, 주소, 전화번호 및 그 밖에 이와 유사한 정보로서 대통령령으로 정하는 정보
　　2) 법령에 따라 특정 개인을 고유하게 식별할 수 있도록 부여된 정보로서 대통령령으로 정하는 정보(이하 "개인식별번호"라 한다)
　　3) 개인의 신체 일부의 특징을 컴퓨터 등 정보처리장치에서 처리할 수 있도록 변환한 문자, 번호, 기호 또는 그 밖에 이와 유사한 정보로서 특정 개인을 식별할 수 있는 정보
　　4) 1)부터 3)까지와 유사한 정보로서 대통령령으로 정하는 정보
　나. 기업(사업을 경영하는 개인 및 법인과 이들의 단체를 말한다. 이하 같다) 및 법인의 정보로서 다음 각각의 정보
　　1) 상호 및 명칭
　　2) 본점·영업소 및 주된 사무소의 소재지
　　3) 업종 및 목적
　　4) 개인사업자(사업을 경영하는 개인을 말한다. 이하 같다)·대표자의 성명 및 개인식별번호
　　5) 법령에 따라 특정 기업 또는 법인을 고유하게 식별하기 위하여 부여된 번호로서 대통령령으로 정하는 정보
　　6) 1)부터 5)까지와 유사한 정보로서 대통령령으로 정하는 정보
(2020.2.4 본호신설)

1의3. 제1호나목의 "신용정보주체의 거래내용을 판단할 수 있는 정보"란 다음 각 목의 정보를 말한다.
　가. 신용정보제공·이용자에게 신용위험이 따르는 거래로서 다음 각각의 거래의 종류, 기간, 금액, 금리, 한도 등에 관한 정보
　　1) 「은행법」 제2조제7호에 따른 신용공여
　　2) 「여신전문금융업법」 제2조제3호·제10호 및 제13호에 따른 신용카드, 시설대여 및 할부금융 거래
　　3) 「자본시장과 금융투자업에 관한 법률」 제34조제2항, 제72조, 제77조의3제4항 및 제342조제1항에 따른 신용공여
　　4) 1)부터 3)까지와 유사한 거래로서 대통령령으로 정하는 거래
　나. 「금융실명거래 및 비밀보장에 관한 법률」 제2조제3호에 따른 금융거래의 종류, 기간, 금액, 금리 등에 관한 정보
　다. 「보험업법」 제2조제1호에 따른 보험상품의 종류, 기간, 보험료 등 보험계약에 관한 정보 및 보험금의 청구 및 지급에 관한 정보
　라. 「자본시장과 금융투자업에 관한 법률」 제3조에 따른 금융투자상품의 종류, 발행·매매 명세, 수수료·보수 등에 관한 정보
　마. 「상법」 제46조에 따른 상행위에 따른 상거래의 종류, 기간, 내용, 조건 등에 관한 정보
　바. 가목부터 마목까지의 정보와 유사한 정보로서 대통령령으로 정하는 정보
(2020.2.4 본호신설)

1의4. 제1호다목의 "신용정보주체의 신용도를 판단할 수 있는 정보"란 다음 각 목의 정보를 말한다.
　가. 금융거래 등 상거래와 관련하여 발생한 채무의 불이행, 대위변제, 그 밖에 약정한 사항을 이행하지 아니한 사실과 관련된 정보
　나. 금융거래 등 상거래와 관련하여 신용질서를 문란하게 하는 행위와 관련된 정보로서 다음 각각의 정보
　　1) 금융거래 등 상거래에서 다른 사람의 명의를 도용한 사실에 관한 정보
　　2) 보험사기, 전기통신금융사기를 비롯하여 사기 또는 부정한 방법으로 금융거래 등 상거래를 한 사실에 관한 정보
　　3) 금융거래 등 상거래의 상대방에게 위조·변조하거나 허위인 자료를 제출한 사실에 관한 정보
　　4) 대출금 등을 다른 목적에 유용(流用)하거나 부정한 방법으로 대출·보험계약 등을 체결한 사실에 관한 정보
　　5) 1)부터 4)까지의 정보와 유사한 정보로서 대통령령으로 정하는 정보
　다. 가목 또는 나목에 관한 신용정보주체가 법인인 경우 실제 법인의 경영에 참여하여 법인을 사실상 지배하는 자로서 대통령령으로 정하는 자에 관한 정보
　라. 가목부터 다목까지의 정보와 유사한 정보로서 대통령령으로 정하는 정보
(2020.2.4 본호신설)

1의5. 제1호라목의 "신용정보주체의 신용거래능력을 판단할 수 있는 정보"란 다음 각 목의 정보를 말한다.
　가. 개인의 직업·재산·채무·소득의 총액 및 납세실적
　나. 기업 및 법인의 연혁·목적·영업실태·주식 또는 지분보유 현황 등 기업 및 법인의 개황(槪況), 대표자 및 임원에 관한 사항, 판매명세·수주실적 또는 경영상의 주요 계약 등 사업의 내용, 재무제표(연결재무제표를 작성하는 기업의 경우에는 연결재무제표를 포함한다) 등 재무에 관한 사항과 감사인(「주식회사 등의 외부감사에 관한 법률」 제2조제7호에 따른 감사인을 말한다)의 감사의견 및 납세실적
　다. 가목 및 나목의 정보와 유사한 정보로서 대통령령으로 정하는 정보
(2020.2.4 본호신설)

1의6. 제1호마목의 "가목부터 라목까지의 정보 외에 신용정보주체의 신용을 판단할 때 필요한 정보"란 다음 각 목의 정보를 말한다.
　가. 신용정보주체가 받은 법원의 재판, 행정처분 등과 관련된 정보로서 대통령령으로 정하는 정보
　나. 신용정보주체의 조세, 국가채권 등과 관련된 정보로서 대통령령으로 정하는 정보
　다. 신용정보주체의 채무조정에 관한 정보로서 대통령령으로 정하는 정보
　라. 개인의 신용상태를 평가하기 위하여 정보를 처리함

으로써 새로이 만들어지는 정보로서 기호, 숫자 등을 사용하여 점수나 등급 등으로 나타낸 정보(이하 "개인신용평점"이라 한다)

마. 기업 및 법인의 신용을 판단하기 위하여 정보를 처리함으로써 새로이 만들어지는 정보로서 기호, 숫자 등을 사용하여 점수나 등급 등으로 표시한 정보(이하 "기업신용등급"이라 한다). 다만, 「자본시장과 금융투자업에 관한 법률」 제9조제26항에 따른 신용등급은 제외한다.

바. 기술(「기술의 이전 및 사업화 촉진에 관한 법률」 제2조제1호에 따른 기술을 말한다. 이하 같다)에 관한 정보

사. 기업 및 법인의 신용을 판단하기 위하여 정보(기업 및 법인의 기술과 관련된 기술성·시장성·사업성 등을 대통령령으로 정하는 바에 따라 평가한 결과를 포함한다)를 처리함으로써 새로이 만들어지는 정보로서 대통령령으로 정하는 정보(이하 "기술신용정보"라 한다). 다만, 「자본시장과 금융투자업에 관한 법률」 제9조제26항에 따른 신용등급은 제외한다.

아. 그 밖에 제1호의2부터 제1호의5까지의 규정에 따른 정보 및 가목부터 사목까지의 규정에 따른 정보와 유사한 정보로서 대통령령으로 정하는 정보

(2020.2.4 본호신설)

2. "개인신용정보"란 기업 및 법인에 관한 정보를 제외한 살아 있는 개인에 관한 신용정보로서 다음 각 목의 어느 하나에 해당하는 정보를 말한다.(2020.2.4 본문개정)

가. 해당 정보의 성명, 주민등록번호 및 영상 등을 통하여 특정 개인을 알아볼 수 있는 정보

나. 해당 정보만으로는 특정 개인을 알아볼 수 없더라도 다른 정보와 쉽게 결합하여 특정 개인을 알아볼 수 있는 정보

(2020.2.4 가목~나목신설)

3. "신용정보주체"란 처리된 신용정보로 알아볼 수 있는 자로서 그 신용정보의 주체가 되는 자를 말한다.

(2020.2.4 본호개정)

4. "신용정보업"이란 다음 각 목의 어느 하나에 해당하는 업(業)을 말한다.(2020.2.4 본문개정)

가. 개인신용평가업

나. 개인사업자신용평가업

다. 기업신용조회업

라. 신용조사업

(2020.2.4 가목~라목신설)

5. "신용정보회사"란 제4호 각 목의 신용정보업에 대하여 금융위원회의 허가를 받은 자로서 다음 각 목의 어느 하나에 해당하는 자를 말한다.(2020.2.4 본문개정)

가. 개인신용평가회사 : 개인신용평가업 허가를 받은 자

나. 개인사업자신용평가회사 : 개인사업자신용평가업 허가를 받은 자

다. 기업신용조회회사 : 기업신용조회업 허가를 받은 자

라. 신용조사회사 : 신용조사업 허가를 받은 자

(2020.2.4 가목~라목신설)

6. "신용정보집중기관"이란 신용정보를 집중하여 관리·활용하는 자로서 제25조제1항에 따라 금융위원회로부터 허가받은 자를 말한다.(2015.3.11 본호개정)

7. "신용정보제공·이용자"란 고객과의 금융거래 등 상거래를 위하여 본인의 영업과 관련하여 얻거나 만들어 낸 신용정보를 타인에게 제공하거나 타인으로부터 신용정보를 제공받아 본인의 영업에 이용하는 자와 그 밖에 이에 준하는 자로서 대통령령으로 정하는 자를 말한다.

8. "개인신용평가업"이란 개인의 신용을 판단하는 데 필요한 정보를 수집하고 개인의 신용상태를 평가(이하 "개인신용평가"라 한다)하여 그 결과(개인신용평점을 포함한다)를 제3자에게 제공하는 행위를 영업으로 하는 것을 말한다.(2020.2.4 본호개정)

8의2. "개인사업자신용평가업"이란 개인사업자의 신용을 판단하는 데 필요한 정보를 수집하고 개인사업자의 신용상태를 평가하여 그 결과를 제3자에게 제공하는 행위를 영업으로 하는 것을 말한다. 다만, 「자본시장과 금융투자업에 관한 법률」 제9조제26항에 따른 신용평가업은 제외한다.(2020.2.4 본호신설)

8의3. "기업신용조회업"이란 다음 각 목에 따른 업무를 영업으로 하는 것을 말한다. 다만, 「자본시장과 금융투자업에 관한 법률」 제9조제26항에 따른 신용평가업은 제외한다.

가. 기업정보조회업무 : 기업 및 법인인 신용정보주체의 거래내용, 신용거래능력 등을 나타내기 위하여 대통령령으로 정하는 정보를 제외한 신용정보를 수집하고, 대통령령으로 정하는 방법으로 통합·분석 또는 가공하여 제공하는 행위

나. 기업신용등급제공업무 : 기업 및 법인인 신용정보주체의 신용상태를 평가하여 기업신용등급을 생성하고, 해당 신용정보주체 및 그 신용정보주체의 거래상대방 등 이해관계를 가지는 자에게 제공하는 행위

다. 기술신용평가업무 : 기업 및 법인인 신용정보주체의 신용상태 및 기술에 관한 가치를 평가하여 기술신용정보를 생성한 다음해당 신용정보주체 및 그 신용정보주체의 거래상대방 등 이해관계를 가지는 자에게 제공하는 행위

(2020.2.4 본호신설)

9. "신용조사업"이란 제3자의 의뢰를 받아 신용정보를 조사하고, 그 신용정보를 그 의뢰인에게 제공하는 행위를 영업으로 하는 것을 말한다.(2020.2.4 본호개정)

9의2. "본인신용정보관리업"이란 개인인 신용정보주체의 신용관리를 지원하기 위하여 다음 각 목의 전부 또는 일부의 신용정보를 대통령령으로 정하는 방식으로 통합하여 그 신용정보주체에게 제공하는 행위를 영업으로 하는 것을 말한다.

가. 제1호의3가목1)·2) 및 나목의 신용정보로서 대통령령으로 정하는 정보

나. 제1호의3다목의 신용정보로서 대통령령으로 정하는 정보

다. 제1호의3라목의 신용정보로서 대통령령으로 정하는 정보

라. 제1호의3마목의 신용정보로서 대통령령으로 정하는 정보

마. 그 밖에 신용정보주체 본인의 신용관리를 위하여 필요한 정보로서 대통령령으로 정하는 정보

(2020.2.4 본호신설)

9의3. "본인신용정보관리회사"란 본인신용정보관리업에 대하여 금융위원회로부터 허가를 받은 자를 말한다.

(2020.2.4 본호신설)

10. "채권추심업"이란 채권자의 위임을 받아 변제하기로 약정한 날까지 채무를 변제하지 아니한 자에 대한 재산조사, 변제의 촉구 또는 채무자로부터의 변제금 수령을 통하여 채권자를 대신하여 추심채권을 행사하는 행위를 영업으로 하는 것을 말한다.(2020.2.4 본호개정)

10의2. "채권추심회사"란 채권추심업에 대하여 금융위원회로부터 허가를 받은 자를 말한다.(2020.2.4 본호신설)

11. 채권추심의 대상이 되는 "채권"이란 「상법」에 따른 상행위로 생긴 금전채권, 판결 등에 따라 권원(權原)이 인정된 민사채권으로서 대통령령으로 정하는 채권, 특별법에 따라 설립된 조합·공제조합·금고 및 그 중앙회·연합회 등의 조합원·회원 등에 대한 대출·보증, 그 밖의 여신 및 보험 업무에 따른 금전채권 및 다른 법률에서 채권추심회사에 대한 채권추심의 위탁을 허용한 채권을 말한다.(2020.2.4 본호개정)

12. (2013.5.28 삭제)

13. "처리"란 신용정보의 수집(조사를 포함한다. 이하 같다.), 생성, 연계, 연동, 기록, 저장, 보유, 가공, 편집, 검색, 출력, 정정(訂正), 복구, 이용, 결합, 제공, 공개, 파기(破棄), 그 밖에 이와 유사한 행위를 말한다.

(2020.2.4 본호개정)

14. "자동화평가"란 제15조제1항에 따른 신용정보회사등의 종사자가 평가 업무에 관여하지 아니하고 컴퓨터 등 정보처리장치로만 개인신용정보 및 그 밖의 정보를 처리하여 개인인 신용정보주체를 평가하는 행위를 말한다.

15. "가명처리"란 추가정보를 사용하지 아니하고는 특정 개인인 신용정보주체를 알아볼 수 없도록 개인신용정보를 처리(그 처리 결과가 다음 각 목의 어느 하나에 해당하는 경우로서 제40조의2제1항 및 제2항에 따라 그 추가정보를 분리하여 보관하는 등 특정 개인인 신용정보주체를 알아볼 수 없도록 개인신용정보를 처리한 경우를 포함한다)하는 것을 말한다.

가. 어떤 신용정보주체와 다른 신용정보주체가 구별되는 경우

나. 하나의 정보집합물(정보를 체계적으로 관리하거나 처리할 목적으로 일정한 규칙에 따라 구성되거나 배열된 둘 이상의 정보들을 말한다. 이하 같다)에서나 서로 다른 둘 이상의 정보집합물 간에서 어떤 신용정보주체에 관한 둘 이상의 정보가 연계되거나 연동되는 경우

다. 가목 및 나목과 유사한 경우로서 대통령령으로 정하는 경우

16. "가명정보"란 가명처리한 개인신용정보를 말한다.

17. "익명처리"란 더 이상 특정 개인인 신용정보주체를 알아볼 수 없도록 개인신용정보를 처리하는 것을 말한다.

18. "대주주"란 다음 각 목의 어느 하나에 해당하는 주주를 말한다.

가. 신용정보회사, 본인신용정보관리회사 및 채권추심회사의 의결권 있는 발행주식(출자지분을 포함한다. 이하 같다) 총수를 기준으로 본인 및 그와 대통령령으로 정하는 특수한 관계가 있는 자(이하 "특수관계인"이라 한다)가 누구의 명의로 하든지 자기의 계산으로 소유하는 주식(그 주식과 관련된 증권예탁증권을 포함한다)을 합하여 그 수가 가장 많은 경우의 그 본인(이하 "최대주주"라 한다)

나. 다음 각 1) 및 2)의 어느 하나에 해당하는 자

1) 누구의 명의로 하든지 자기의 계산으로 신용정보회사, 본인신용정보관리회사 및 채권추심회사의 의결권 있는 발행주식 총수의 100분의 10 이상의 주식(그 주식과 관련된 증권예탁증권을 포함한다)을 소유한 자

2) 임원(이사, 감사, 집행임원(「상법」 제408조의2에 따라 집행임원을 둔 경우로 한정한다)을 말한다. 이하 같다)의 임면(任免) 등의 방법으로 신용정보회사, 본인신용정보관리회사 및 채권추심회사의 중요한 경영사항에 대하여 사실상의 영향력을 행사하는 주주로서 대통령령으로 정하는 자

(2020.2.4 14호~18호신설)

제3조【신용정보 관련 산업의 육성】 ① 금융위원회는 신용정보 제공능력의 향상과 신용정보의 원활한 이용에 필요하다고 인정하면 신용정보 관련 산업의 육성에 관한 계획을 세울 수 있다.(2020.2.4 본항개정)

② 금융위원회는 제1항에 따른 계획을 원활하게 추진하기 위하여 필요하면 관계 행정기관의 장에게 협조를 요청할 수 있으며, 그 요청을 받은 관계 행정기관의 장은 정당한 사유가 없으면 그 요청에 따라야 한다.

(2020.2.4 본조제목개정)

제3조의2【다른 법률과의 관계】 ① 신용정보의 이용 및 보호에 관하여 다른 법률에 특별한 규정이 있는 경우를 제외하고는 이 법에서 정하는 바에 따른다.

② 개인정보의 보호에 관하여 이 법에 특별한 규정이 있는 경우를 제외하고는 「개인정보 보호법」에서 정하는 바에 따른다.

(2015.3.11 본조신설)

제2장 신용정보업 등의 허가 등

(2020.2.4 본장제목개정)

제4조【신용정보업 등의 허가】 ① 누구든지 이 법에 따른 신용정보업, 본인신용정보관리업, 채권추심업 허가를 받지 아니하고는 신용정보업, 본인신용정보관리업 또는 채권추심업을 하여서는 아니 된다.(2020.2.4 본항개정)

② 신용정보업, 본인신용정보관리업 및 채권추심업을 하려는 자는 금융위원회로부터 허가를 받아야 한다.

(2020.2.4 본항개정)

③ 제2항에 따라 허가를 받으려는 자는 대통령령으로 정하는 바에 따라 금융위원회에 신청서를 제출하여야 한다.

④ 금융위원회는 제2항에 따른 허가에 조건을 붙일 수 있다.

⑤ 제2항에 따른 허가와 관련된 허가신청서의 작성 방법 등 허가신청에 관한 사항, 허가심사의 절차 및 기준에 관한 사항, 그 밖에 필요한 사항은 총리령으로 정한다.

(2020.2.4 본조제목개정)

제5조【신용정보업 등의 허가를 받을 수 있는 자】 ① 개인신용평가업, 신용조사업 및 채권추심업 허가를 받을 수 있는 자는 다음 각 호의 자로 제한한다. 다만, 대통령령으로 정하는 금융거래에 관한 개인신용정보 및 제25조제2항제1호에 따른 종합신용정보집중기관이 집중관리·활용하는 개인신용정보를 제외한 정보만 처리하는 개인신용평가업(이하 "전문개인신용평가업"이라 한다)에 대해서는 그러하지 아니하다.(2020.2.4 본문개정)

1. 대통령령으로 정하는 금융기관 등이 100분의 50 이상을 출자한 법인
2. 「신용보증기금법」에 따른 신용보증기금
3. 「기술보증기금법」에 따른 기술보증기금(2016.3.29 본호개정)
4. 「지역신용보증재단법」에 따라 설립된 신용보증재단
5. 「무역보험법」에 따라 설립된 한국무역보험공사

(2010.4.5 본호개정)

6. 신용정보업이나 채권추심업의 전부 또는 일부를 허가받은 자가 100분의 50 이상을 출자한 법인. 다만, 출자자가 출자를 받은 법인과 같은 종류의 업을 하는 경우는 제외한다.(2020.2.4 본호개정)

② 개인사업자신용평가업 허가를 받을 수 있는 자는 다음 각 호의 어느 하나에 해당하는 자로 한다.

1. 개인신용평가회사(전문개인신용평가회사를 제외한다)
2. 기업신용등급제공업무를 하는 기업신용조회회사
3. 「여신전문금융업법」에 따른 신용카드업자
4. 제1항제1호에 따른 자
5. 제1항제6호에 따른 자

(2020.2.4 본항신설)

③ 기업신용조회업 허가를 받을 수 있는 자는 다음 각 호의 어느 하나에 해당하는 자로 한다. 다만, 기업신용등급제공업무 또는 기술신용평가업무를 하려는 자는 제1호·제2호 및 제4호의 자로 한정한다.

1. 제1항제1호에 따른 자
2. 제1항제2호부터 제6호까지의 규정에 따른 자
3. 「상법」에 따라 설립된 주식회사
4. 기술신용평가업무의 특성, 법인의 설립 목적 등을 고려하여 대통령령으로 정하는 법인

(2020.2.4 본항신설)

④ 제3항에도 불구하고 다음 각 호의 어느 하나에 해당하는 자는 제2조제8호의3나목 및 다목에 따른 업무의 허가를 받을 수 없다.

1. 「독점규제 및 공정거래에 관한 법률」 제31조제1항에 따른 공시대상기업집단 및 상호출자제한기업집단에 속하는 회사가 100분의 10을 초과하여 출자한 법인

(2020.12.29 본호개정)

2. 「자본시장과 금융투자업에 관한 법률」 제9조제17항제3호의2에 따른 자(이하 이 조에서 "신용평가회사"라 한다) 또는 외국에서 신용평가회사와 유사한 업을 경영하는 회사가 100분의 10을 초과하여 출자한 법인
3. 제1호 또는 제2호의 회사가 최대주주인 법인

(2020.2.4 본항신설)

(2020.2.4 본조제목개정)

제6조【허가의 요건】 ① 신용정보업, 본인신용정보관리업 또는 채권추심업의 허가를 받으려는 자는 다음 각 호의 요건을 갖추어야 한다.(2020.2.4 본문개정)

1. 신용정보업, 본인신용정보관리업 또는 채권추심업을 하기에 충분한 인력(본인신용정보관리업은 제외한다)과 전산설비 등 물적 시설을 갖출 것(2020.2.4 본호개정)

1의2. 개인사업자신용평가업을 하려는 경우 : 50억원 이상(2020.2.4 본호신설)

1의3. 기업신용조회업을 하려는 경우에는 제2조제8호의3 각 목에 따른 업무 단위별로 다음 각 목의 구분에 따른 금액 이상

가. 기업정보조회업무 : 5억원

나. 기업신용등급제공업무 : 20억원

다. 기술신용평가업무 : 20억원

(2020.2.4 본호신설)

1의4. 본인신용정보관리업을 하려는 경우 : 5억원 이상(2020.2.4 본호신설)

2. 사업계획이 타당하고 건전할 것

3. 대주주가 충분한 출자능력, 건전한 재무상태 및 사회적 신용을 갖출 것(2020.2.4 본호개정)

3의2. 임원이 제22조제1항 · 제2항, 제22조의8 또는 제27조제1항에 적합할 것(2020.2.4 본호신설)

4. 신용정보업, 본인신용정보관리업 또는 채권추심업을 하기에 충분한 전문성을 갖출 것(2020.2.4 본호개정)

② 신용정보업, 본인신용정보관리업 또는 채권추심업의 허가를 받으려는 자는 다음 각 호의 구분에 따른 자본금 또는 기본재산을 갖추어야 한다.(2020.2.4 본문개정)

1. 개인신용평가업을 하려는 경우 : 50억원 이상. 다만, 전문개인신용평가업만 하려는 경우에는 다음 각 목의 구분에 따른 금액 이상으로 한다.

가. 다음 각각의 신용정보제공 · 이용자가 수집하거나 신용정보주체에 대한 상품 또는 서비스 제공의 대가로 생성한 거래내역에 관한 개인신용정보를 처리하는 개인신용평가업을 하려는 경우 : 20억원

1)「전기통신사업법」에 따른 전기통신사업자

2)「한국전력공사법」에 따른 한국전력공사

3)「한국수자원공사법」에 따른 한국수자원공사

4) 1)부터 3)까지와 유사한 신용정보제공 · 이용자로서 대통령령으로 정하는 자

나. 가목에 따른 각 개인신용정보 외의 정보를 처리하는 개인신용평가업을 하려는 경우 : 5억원

(2020.2.4 본호개정)

2. 신용조사업 및 채권추심업을 각각 또는 함께 하려는 경우에는 50억원 이내에서 대통령령으로 정하는 금액 이상

③ 제1항에 따른 허가의 세부요건에 관하여 필요한 사항은 대통령령으로 정한다.

④ 신용정보회사, 본인신용정보관리회사 및 채권추심회사는 해당 영업을 하는 동안에는 제1항제1호에 따른 요건을 계속 유지하여야 한다.(2020.2.4 본항개정)

제7조【허가 등의 공고】 금융위원회는 다음 각 호의 어느 하나에 해당하는 경우 지체 없이 그 내용을 관보에 공고하고 인터넷 홈페이지 등을 이용하여 일반인에게 알려야 한다.

1. 제4조제2항에 따라 신용정보업, 본인신용정보관리업 및 채권추심업 허가를 한 경우
2. 제10조제1항에 따라 양도 · 양수 등을 인가한 경우
3. 제10조제4항에 따른 폐업신고를 수리한 경우
4. 제11조의2제1항에 따른 부수업무의 신고를 수리한 경우
5. 제11조의2제8항에 따라 부수업무에 대하여 제한명령 또는 시정명령을 한 경우
6. 제14조제1항에 따라 신용정보업, 본인신용정보관리업 및 채권추심업 허가 또는 양도 · 양수 등의 인가를 취소한 경우
7. 제26조의4제1항에 따라 데이터전문기관을 지정한 경우

(2020.2.4 본조개정)

제8조【신고 및 보고 사항】 ① 신용정보회사, 본인신용정보관리회사 및 채권추심회사가 제4조제2항에 따라 허가받은 사항 중 대통령령으로 정하는 사항을 변경하려면 미리 금융위원회에 신고하여야 한다. 다만, 대통령령으로 정하는 경미한 사항을 변경하려면 그 사유가 발생한 날부터 7일 이내에 그 사실을 금융위원회에 보고하여야 한다.(2020.2.4 본문개정)

② 금융위원회는 제1항 본문에 따른 신고를 받은 경우 그 내용을 검토하여 이 법에 적합하면 신고를 수리하여야 한다.(2018.12.31 본항신설)

제9조【대주주의 변경승인 등】 ① 신용정보회사, 본인신용정보관리회사 및 채권추심회사가 발행한 주식을 취득 · 양수(실질적으로 해당 주식을 지배하는 것을 말하며, 이하 "취득등"이라 한다)하여 대주주(최대주주의 경우 최대주주의 특수관계인인 주주를 포함하며, 최대주주가 법인인 경우 그 법인의 중요한 경영사항에 대하여 사실상 영향력을 행사하고 있는 자로서 대통령령으로 정하는 자를 포함한다. 이하 이 조에서 같다)가 되고자 하는 자는 건전한 경영을 위하여 「조세범 처벌법」 및 금융과 관련하여 대통령령으로 정하는 법률을 위반하지 아니하는 등 대통령령으로 정하는 요건을 갖추어 미리 금융위원회의 승인을 받아야 한다. 다만, 국가 및 「공공기관의 운영에 관한 법률」 제4조에 따른 공공기관 등 건전한 금융질서를 저해할 우려가 없는 자로서 대통령령으로 정하는 자는 그러하지 아니하다.

② 제1항에 따른 주식의 취득등이 기존 대주주의 사망 등 대통령령으로 정하는 사유로 인한 때에는 취득등을 한 날부터 3개월 이내에서 대통령령으로 정하는 기간 이내에 금융위원회에 승인을 신청하여야 한다.

③ 금융위원회는 제1항에 따른 승인을 받지 아니하고 취득등을 한 주식과 제2항에 따른 취득등을 한 후 승인을 신청하지 아니한 주식에 대하여 6개월 이내의 기간을 정하여 처분을 명할 수 있다.

④ 제1항에 따른 승인을 받지 아니하거나 제2항에 따른 승인을 신청하지 아니한 자는 승인 없이 취득하거나 취득 후 승인을 신청하지 아니한 주식에 대하여 의결권을 행사할 수 없다.

⑤ 제1항부터 제3항까지에 따른 방법 및 절차에 관하여 필요한 세부사항은 대통령령으로 정한다.

(2020.2.4 본조개정)

제9조의2【최대주주의 자격심사 등】 ① 금융위원회는 대통령령으로 정하는 개인신용평가회사 및 개인사업자신용평가회사(이하 이 조에서 "심사대상회사"라 한다)의 최대주주 중 최다출자자 1인(최다출자자 1인이 법인인 경우 그 법인의 최대주주 중 최다출자자 1인을 말하며, 그 최다출자자 1인도 법인인 경우에는 최다출자자 1인이 개인이 될 때까지 같은 방법으로 선정한다. 다만, 법인 간 순환출자 구조인 경우에는 최대주주 중 대통령령으로 정하는 최다출자자 1인으로 한다. 이하 이 조에서 "적격성 심사대상"이라 한다)에 대하여 대통령령으로 정하는 기간마다 제9조제1항에 따른 요건 중 「조세범 처벌법」 및 금융과 관련하여 대통령령으로 정하는 법률을 위반하지 아니하는 등 대통령령으로 정하는 요건(이하 "적격성 유지요건"이라 한다)에 부합하는지 여부를 심사하여야 한다.

② 심사대상회사는 해당 심사대상회사의 적격성 심사대상이 적격성 유지요건을 충족하지 못하는 사유가 발생한 사실을 인지한 경우 지체 없이 그 사실을 금융위원회에 보고하여야 한다.

③ 금융위원회는 제1항에 따른 심사를 위하여 필요한 경우에는 심사대상회사 또는 적격성 심사대상에 대하여 필요한 자료 또는 정보의 제공을 요구할 수 있다.

④ 금융위원회는 제1항에 따른 심사 결과 적격성 심사대상이 적격성 유지요건을 충족하지 못하고 있다고 인정되는 경우 해당 적격성 심사대상에 대하여 6개월 이내의 기간을 정하여 해당 심사대상회사의 경영건전성을 확보하기 위한 다음 각 호의 전부 또는 일부를 포함한 조치를 이행할 것을 명할 수 있다.

1. 적격성 유지요건을 충족하기 위한 조치
2. 해당 적격성 심사대상과의 거래의 제한 등 이해상충 방지를 위한 조치
3. 그 밖에 심사대상회사의 경영건전성을 위하여 필요하다고 인정되는 조치로서 대통령령으로 정하는 조치

⑤ 금융위원회는 제1항에 따른 심사 결과 적격성 심사대상이 다음 각 호의 어느 하나에 해당하는 경우로서 법령 위반 정도를 감안할 때 건전한 금융질서와 심사대상회사의 건전성이 유지되기 어렵다고 인정되는 경우 5년 이내에서 대통령령으로 정하는 기간 내에 해당 적격성 심사대상이 보유한 심사대상회사의 의결권 있는 발행주식(최다출자자 1인이 법인인 경우 그 법인이 보유한 해당 심사대상회사의 의결권 있는 발행주식을 말한다) 총수의 100분의 10 이상에 대하여는 의결권을 행사할 수 없도록 명할 수 있다.

1. 제1항에 규정된 법률의 위반으로 금고 1년 이상의 실형을 선고받고 그 형이 확정된 경우
2. 그 밖에 건전한 금융질서 유지를 위하여 대통령령으로 정하는 경우

⑥ 제1항에 규정된 법률의 위반에 따른 죄와 다른 죄의 경합범에 대하여는 「형법」 제38조에도 불구하고 이를 분리 심리하여 따로 선고하여야 한다.

⑦ 제1항부터 제5항까지의 규정에 따른 방법 및 절차에 관하여 필요한 세부사항은 대통령령으로 정한다.

(2020.2.4 본조신설)

제10조【양도 · 양수 등의 인가 등】 ① 신용정보회사, 본인신용정보관리회사 및 채권추심회사가 그 사업의 전부 또는 일부를 양도 · 양수 또는 분할하거나, 다른 법인과 합병(「상법」 제530조의2에 따른 분할합병을 포함한다. 이하 같다)하려는 경우에는 대통령령으로 정하는 바에 따라 금융위원회의 인가를 받아야 한다.(2020.2.4 본항개정)

② 신용정보회사, 본인신용정보관리회사 및 채권추심회사가 제1항에 따라 인가를 받아 그 사업을 양도 또는 분할하거나 다른 법인과 합병한 경우에는 양수인, 분할 후 설립되는 법인 또는 합병 후 존속하는 법인(신용정보회사, 본인신용정보관리회사 및 채권추심회사인 법인이 신용정보회사, 본인신용정보관리회사 및 채권추심회사가 아닌 법인을 흡수합병하는 경우는 제외한다)이나 합병에 따라 설립되는 법인은 양도인, 분할 전의 법인 또는 합병 전의 법인의 신용정보회사, 본인신용정보관리회사 및 채권추심회사로서의 지위를 승계한다. 이 경우 종전의 신용정보회사, 본인신용정보관리회사 및 채권추심회사에 대한 허가는 그 효력(제1항에 따른 일부 양도 또는 분할의 경우에는 그 양도 또는 분할한 사업의 범위로 제한한다)을 잃는다.(2020.2.4 본항개정)

③ 제1항 및 제2항에 따른 양수인, 합병 후 존속하는 법인 및 분할 또는 합병에 따라 설립되는 법인에 대하여는 제5조, 제6조, 제22조, 제22조의8 및 제27조제1항부터 제7항까지의 규정을 준용한다.(2020.2.4 본항개정)

④ 신용정보회사, 본인신용정보관리회사 및 채권추심회사가 영업의 전부 또는 일부를 일시적으로 중단하거나 폐업하려면 총리령으로 정하는 바에 따라 미리 금융위원회에 신고하여야 한다.(2020.2.4 본항개정)

⑤ 금융위원회는 제4항에 따른 신고를 받은 경우 그 내용을 검토하여 이 법에 적합하면 신고를 수리하여야 한다.(2018.12.31 본항신설)

(2020.2.4 본조제목개정)

제11조【겸영업무】 ① 신용정보회사, 본인신용정보관리회사 및 채권추심회사는 총리령으로 정하는 바에 따라 금융위원회에 미리 신고하고 신용정보주체 보호 및 건전한 신용질서를 저해할 우려가 없는 업무(이하 "겸영업무"라 한다)를 겸영할 수 있다. 이 경우 이 법 및 다른 법률에 따라 행정관청의 인가 · 허가 · 등록 및 승인 등의 조치가 필요한 겸영 업무는 해당 개별 법률에 따라 인가 · 허가 · 등록 및 승인 등을 미리 받아야 할 수 있다.(2020.2.4 본문개정)

1.~4. (2020.2.4 삭제)

② 개인신용평가회사의 겸영업무는 다음 각 호와 같다.

1. 개인신용평가업 외의 신용정보업
2. 채권추심업
3. 「정보통신망 이용촉진 및 정보보호 등에 관한 법률」 제23조의3에 따른 본인확인기관의 업무
4. 그 밖에 신용정보주체 보호 및 건전한 신용질서를 저해할 우려가 없는 업무로서 대통령령으로 정하는 업무

(2020.2.4 본항개정)

③ 개인사업자신용평가회사의 겸영업무는 다음 각 호와 같다.

1. 개인사업자신용평가업 외의 신용정보업
2. 채권추심업
3. 「정보통신망 이용촉진 및 정보보호 등에 관한 법률」 제23조의3에 따른 본인확인기관의 업무
4. 그 밖에 신용정보주체 보호 및 건전한 신용질서를 저해할 우려가 없는 업무로서 대통령령으로 정하는 업무

(2020.2.4 본항신설)

④ 기업신용조회회사의 겸영업무는 다음 각 호와 같다.

1. 기업신용조회업 외의 신용정보업
2. 채권추심업
3. 그 밖에 신용정보주체 보호 및 건전한 신용질서를 저해할 우려가 없는 업무로서 대통령령으로 정하는 업무

(2020.2.4 본항신설)

⑤ 신용조사회사의 겸영업무는 다음 각 호와 같다.

1. 신용조사업 외의 신용정보업
2. 「자산유동화에 관한 법률」 제10조에 따른 유동화자산 관리 업무
3. 그 밖에 신용정보주체 보호 및 거래질서를 저해할 우려가 없는 업무로서 대통령령으로 정하는 업무

(2020.2.4 본항신설)

⑥ 본인신용정보관리회사의 겸영업무는 다음 각 호와 같다.

1. 「자본시장과 금융투자업에 관한 법률」 제6조제1항제4호 또는 제5호에 따른 투자자문업 또는 투자일임업(신용정보주체의 보호 및 건전한 신용질서를 저해할 우려가 없는 경우로서 대통령령으로 정하는 경우로 한정한다)
2. 그 밖에 신용정보주체 보호 및 건전한 거래질서를 저해할 우려가 없는 업무로서 대통령령으로 정하는 업무

(2020.2.4 본항신설)

⑦ 채권추심회사의 겸영업무는 다음 각 호와 같다.

1. 신용정보업
2. 「자산유동화에 관한 법률」 제10조에 따른 유동화자산 관리 업무
3. 그 밖에 신용정보주체 보호 및 거래질서를 저해할 우려가 없는 업무로서 대통령령으로 정하는 업무

(2020.2.4 본항신설)

⑧ 금융위원회는 제1항 각 호 외의 부분 전단에 따른 신고를 받은 경우 그 내용을 검토하여 이 법에 적합하면 신고를 수리하여야 한다.(2018.12.31 본항신설)

(2020.2.4 본조제목개정)

제11조의2【부수업무】 ① 신용정보회사, 본인신용정보관리회사 및 채권추심회사는 해당 허가를 받은 영업에 부수하는 업무(이하 "부수업무"라 한다)를 할 수 있다. 이 경우 신용정보회사, 본인신용정보관리회사 및 채권추심회사는 그 부수업무를 하려는 날의 7일 전까지 이를 금융위원회에 신고하여야 한다.

② 개인신용평가회사의 부수업무는 다음 각 호와 같다.

1. 새로이 만들어 낸 개인신용평점, 그 밖의 개인신용평가 결과를 신용정보주체 본인에게 제공하는 업무
2. 개인신용정보나 이를 가공한 정보를 본인이나 제3자에게 제공하는 업무
3. 가명정보나 익명처리한 정보를 이용하거나 제공하는 업무
4. 개인신용정보, 그 밖의 정보를 기초로 하는 데이터 분석 및 컨설팅 업무

5. 개인신용정보 관련 전산처리시스템, 솔루션 및 소프트웨어(개인신용평가 및 위험관리 모형을 포함한다) 개발 및 판매 업무
6. 그 밖에 신용정보주체 보호 및 건전한 신용질서를 저해할 우려가 없는 업무로서 대통령령으로 정하는 업무
③ 개인사업자신용평가회사의 부수업무는 다음 각 호와 같다.
1. 새로이 만들어 낸 개인사업자의 신용상태에 대한 평가의 결과를 해당 개인사업자에게 제공하는 업무
2. 개인사업자에 관한 신용정보나 이를 가공한 정보를 해당 개인사업자나 제3자에게 제공하는 업무
3. 가명정보나 익명처리한 정보를 이용하거나 제공하는 업무
4. 개인사업자에 관한 신용정보, 그 밖의 정보를 기초로 하는 데이터 분석 및 컨설팅 업무
5. 개인사업자신용정보 관련 전산처리시스템, 솔루션 및 소프트웨어(개인사업자의 신용상태에 대한 평가 및 위험관리 모형을 포함한다) 개발 및 판매 업무
④ 기업신용조회회사의 부수업무는 다음 각 호와 같다. 다만, 제1호의 부수업무는 기업신용등급제공업무 또는 기술신용평가업무를 하는 기업신용조회회사로 한정한다.
1. 기업 및 법인에 관한 신용정보나 이를 가공한 정보를 본인이나 제3자에게 제공하는 업무
2. 가명정보나 익명처리한 정보를 이용하거나 제공하는 업무
3. 기업 및 법인에 관한 신용정보, 그 밖의 정보를 기초로 하는 데이터 분석 및 컨설팅 업무
4. 기업 및 법인에 관한 신용정보 관련 전산처리시스템, 솔루션 및 소프트웨어(기업신용등급 산출 및 위험관리 모형을 포함한다) 개발 및 판매 업무
5. 그 밖에 신용정보주체 보호 및 건전한 신용질서를 저해할 우려가 없는 업무로서 대통령령으로 정하는 업무
⑤ 신용조사회사의 부수업무는 다음 각 호와 같다.
1. 부동산과 동산의 임대차 현황 및 가격조사 업무
2. 사업체 및 사업장의 현황조사 업무
3. 그 밖에 신용정보주체 보호 및 건전한 신용질서를 저해할 우려가 없는 업무로서 대통령령으로 정하는 업무
⑥ 본인신용정보관리회사의 부수업무는 다음 각 호와 같다.
1. 해당 신용정보주체에게 제공된 본인의 개인신용정보를 기초로 그 본인에게 하는 데이터 분석 및 컨설팅 업무
2. 신용정보주체 본인에게 자신의 개인신용정보를 관리·사용할 수 있는 계좌를 제공하는 업무
3. 제39조의3제1항 각 호의 권리를 대리 행사하는 업무
4. 그 밖에 신용정보주체 보호 및 건전한 신용질서를 저해할 우려가 없는 업무로서 대통령령으로 정하는 업무
⑦ 채권추심회사의 부수업무는 다음 각 호와 같다.
1. 채권자 등에 대한 채권관리시스템의 구축 및 제공 업무
2. 대통령령으로 정하는 자로부터 위탁받아 「채권의 공정한 추심에 관한 법률」 제5조에 따른 채무확인서를 교부하는 업무
3. 그 밖에 신용정보주체 보호 및 건전한 신용질서를 저해할 우려가 없는 업무로서 대통령령으로 정하는 업무
⑧ 금융위원회는 부수업무에 관한 신고내용이 다음 각 호의 어느 하나에 해당하는 경우 그 부수업무를 하는 것을 제한하거나 시정할 것을 명할 수 있다.
1. 신용정보회사, 본인신용정보관리회사 및 채권추심회사의 경영건전성을 해치는 경우
2. 신용정보주체의 보호 및 건전한 신용질서 유지를 위하여 필요한 경우로서 대통령령으로 정하는 경우
⑨ 제8항에 따른 제한명령 또는 시정명령은 그 내용 및 사유가 구체적으로 적힌 문서로 하여야 한다.
(2020.2.4 본조신설)

제12조【유사명칭의 사용 금지】 이 법에 따라 허가받은 신용정보회사, 본인신용정보관리회사, 채권추심회사 또는 신용정보집중기관이 아닌 자는 상호 또는 명칭 중에 신용정보·신용조사·개인신용평가·신용관리·마이데이터(MyData)·채권추심 또는 이와 비슷한 문자를 사용하지 못한다. 다만, 신용정보회사, 본인신용정보관리회사, 채권추심회사 또는 신용정보집중기관과 유사한 업무를 수행할 수 있도록 다른 법령에서 허용한 경우 등 대통령령으로 정하는 경우는 제외한다.(2020.2.4 본조개정)

제13조【임원의 겸직 금지】 신용정보회사, 본인신용정보관리회사 및 채권추심회사의 상임 임원은 금융위원회의 승인 없이 다른 영리법인의 상무(常務)에 종사할 수 없다.(2020.2.4 본조개정)

제14조【허가 등의 취소와 업무의 정지】 ① 금융위원회는 신용정보회사, 본인신용정보관리회사 및 채권추심회사가 다음 각 호의 어느 하나에 해당하는 경우에는 허가 또는 인가를 취소할 수 있다. 다만, 신용정보회사, 본인신용정보관리회사 및 채권추심회사가 다음 각 호의 어느 하나에 해당하더라도 대통령령으로 정하는 사유에 해당하면 6개월 이내의 기간을 정하여 허가 또는 인가를 취소하기 전에 시정명령을 할 수 있다.(2020.2.4 본문개정)
1. 거짓이나 그 밖의 부정한 방법으로 제4조제2항에 따른 허가를 받거나 제10조제1항에 따른 인가를 받은 경우
2. 제5조제1항제1호·제2항제4호·제3항제1호에 따른 금융기관 등의 출자요건을 위반한 경우. 다만, 신용정보회사 및 채권추심회사의 주식이 「자본시장과 금융투자업에 관한 법률」 제8조의2제4항제1호에 따른 증권시장에 상장되어 있는 경우로서 제5조제1항제1호에 따른 금융기관 등이 100분의 33 이상을 출자한 경우에는 제외한다.(2020.2.4 본호개정)
3. (2013.5.28 삭제)
4. 신용정보회사, 본인신용정보관리회사 및 채권추심회사〔허가를 받은 날부터 3개 사업연도(개인신용평가업, 개인사업자신용평가업 및 기업신용조회업이 포함된 경우에는 5개 사업연도)가 지나지 아니한 경우는 제외한다〕의 자기자본(최근 사업연도 말 현재 재무상태표상 자산총액에서 부채총액을 뺀 금액을 말한다. 이하 같다)이 제6조제2항에 따른 자본금 또는 기본재산의 요건에 미치지 못한 경우(2021.4.20 본호개정)
5. 업무정지명령을 위반하거나 업무정지에 해당하는 행위를 한 자가 그 사유발생일 전 3년 이내에 업무정지처분을 받은 사실이 있는 경우(2015.3.11 본호개정)
6. 제22조의7제1항제1호를 위반하여 의뢰인에게 허위 사실을 알린 경우(2020.2.4 본호개정)
6의2. 제22조의7제1항제2호를 위반하여 신용정보에 관한 조사 의뢰를 강요한 경우
6의3. 제22조의7제1항제3호를 위반하여 신용정보 조사 대상자에게 조사자료의 제공과 답변을 강요한 경우
6의4. 제22조의7제1항제4호를 위반하여 금융거래 등 상거래관계 외의 사생활 등을 조사한 경우
(2020.2.4 6호의2～6호의4신설)
7. (2013.5.28 삭제)
8. 「채권의 공정한 추심에 관한 법률」 제9조 각 호의 어느 하나를 위반하여 채권추심행위를 한 경우(채권추심업만 해당한다)
9. 허가 또는 인가의 내용이나 조건을 위반한 경우
10. 정당한 사유 없이 1년 이상 계속하여 허가받은 영업을 하지 아니한 경우
11. 제41조제1항을 위반하여 채권추심행위를 한 경우(채권추심업만 해당한다)
② 금융위원회는 신용정보회사, 본인신용정보관리회사 및 채권추심회사가 다음 각 호의 어느 하나에 해당하는 경우에는 6개월의 범위에서 기간을 정하여 그 업무의 전부 또는 일부의 정지를 명할 수 있다.(2020.2.4 본문개정)
1. 제6조제4항을 위반한 경우
2. 제11조 및 제11조의2를 위반한 경우(2020.2.4 본호개정)
3. (2020.2.4 삭제)
4. 제17조제4항 또는 제19조를 위반하여 신용정보를 분실·도난·유출·변조 또는 훼손당한 경우(2015.3.11 본호신설)
5. 제22조제1항·제2항, 제22조의8 및 제27조제1항을 위반한 경우(2020.2.4 본호개정)
5의2. 제22조의9제3항을 위반하여 신용정보를 수집하거나 같은 조 제4항을 위반하여 개인신용정보를 전송한 경우(2020.2.4 본호신설)
5의3. 제33조제2항을 위반한 경우(2020.2.4 본호신설)
6. (2020.2.4 삭제)
7. 제40조제1항제5호를 위반하여 정보원, 탐정, 그 밖에 이와 비슷한 명칭을 사용한 경우(2020.2.4 본호개정)
8. 제42조제1항·제3항 또는 제4항을 위반한 경우 (2015.3.11 본호신설)
9. 별표에 규정된 처분 사유에 해당하는 경우
10. 「채권의 공정한 추심에 관한 법률」 제12조제2호·제5호를 위반하여 채권추심행위를 한 경우(채권추심업만 해당한다)
11. 그 밖에 법령 또는 정관을 위반하거나 경영상태가 건전하지 못하여 공익을 심각하게 해치거나 해칠 우려가 있는 경우

제3장 신용정보의 수집 및 처리
(2020.2.4 본장제목개정)

제15조【수집 및 처리의 원칙】 ① 신용정보회사, 본인신용정보관리회사, 채권추심회사, 신용정보집중기관 및 신용정보제공·이용자(이하 "신용정보회사등"이라 한다)는 신용정보를 수집하고 이를 처리할 수 있다. 이 경우 이 법 또는 정관으로 정한 업무 범위에서 수집 및 처리의 목적을 명확히 하여야 하며, 이 법 및 「개인정보 보호법」 제3조제1항 및 제2항에 따라 그 목적 달성에 필요한 최소한의 범위에서 합리적이고 공정한 수단을 사용하여 신용정보를 수집 및 처리하여야 한다.(2020.2.4 본항개정)
② 신용정보회사등이 개인신용정보를 수집하는 때에는 해당 신용정보주체의 동의를 받아야 한다. 다만, 다음 각 호의 어느 하나에 해당하는 경우에는 그러하지 아니하다.
1. 「개인정보 보호법」 제15조제1항제2호부터 제7호까지의 어느 하나에 해당하는 경우(2023.3.14 본호개정)
2. 다음 각 목의 어느 하나에 해당하는 정보를 수집하는 경우
가. 법령에 따라 공시(公示)되거나 공개된 정보
나. 출판물이나 방송매체 또는 「공공기관의 정보공개에 관한 법률」 제2조제3호에 따른 공공기관의 인터넷 홈페이지 등의 매체를 통하여 공시 또는 공개된 정보
다. 신용정보주체가 스스로 사회관계망서비스 등에 직접 또는 제3자를 통하여 공개한 정보. 이 경우 대통령령으로 정하는 바에 따라 해당 신용정보주체의 동의가 있었다고 객관적으로 인정되는 범위 내로 한정한다.
3. 제1호 및 제2호에 준하는 경우로서 대통령령으로 정하는 경우
(2020.2.4 2호～3호개정)
4. (2020.2.4 삭제)
(2020.2.4 본조제목개정)
(2015.3.11 본조개정)

제16조 (2020.2.4 삭제)

제17조【처리의 위탁】 ① 신용정보회사등은 제3자에게 신용정보의 처리 업무를 위탁할 수 있다. 이 경우 개인신용정보의 처리 위탁에 대해서는 「개인정보 보호법」 제26조제1항부터 제3항까지의 규정을 준용한다.(2020.2.4 본항개정)
② 신용정보회사등은 신용정보의 처리를 위탁할 수 있으며 이에 따라 위탁을 받은 자(이하 "수탁자"라 한다)의 위탁받은 업무의 처리에 관하여는 제19조부터 제21조까지, 제22조의4부터 제22조의7까지, 제22조의9, 제40조, 제43조, 제43조의2, 제45조, 제45조의2 및 제45조의3(해당 조문에 대한 벌칙 및 과태료규정을 포함한다)을 준용한다.
(2020.2.4 본항개정)
③ 제2항에 따라 신용정보의 처리를 위탁하려는 신용정보회사등으로서 대통령령으로 정하는 자는 제공하는 신용정보의 범위 등을 대통령령으로 정하는 바에 따라 금융위원회에 알려야 한다.
④ 신용정보회사등은 제2항에 따라 신용정보의 처리를 위탁하기 위하여 수탁자에게 개인신용정보를 제공하는 경우 특정 신용정보주체를 식별할 수 있는 정보는 대통령령으로 정하는 바에 따라 암호화 등의 보호 조치를 하여야 한다.(2015.3.11 본항신설)
⑤ 신용정보회사등은 수탁자에게 신용정보를 제공한 경우 신용정보를 분실·도난·유출·위조·변조 또는 훼손당하지 아니하도록 대통령령으로 정하는 바에 따라 수탁자를 교육하여야 하고 수탁자의 안전한 신용정보 처리에 관한 사항을 위탁계약에 반영하여야 한다.(2020.2.4 본항개정)
⑥ 수탁자가 개인신용정보를 이용하거나 제3자에게 제공하는 경우에는 「개인정보 보호법」 제26조제5항에 따른다.
(2020.2.4 본항개정)
⑦ 수탁자는 제2항에 따라 위탁받은 업무를 제3자에게 재위탁하여서는 아니 된다. 다만, 신용정보의 보호 및 안전한 처리를 저해하지 아니하는 범위에서 금융위원회가 인정하는 경우에는 그러하지 아니하다.(2015.3.11 본항신설)
(2020.2.4 본조제목개정)

제17조의2【정보집합물의 결합 등】 ① 신용정보회사등(대통령령으로 정하는 자는 제외한다. 이하 이 조 및 제40조의2에서 같다)은 자기가 보유한 정보집합물을 제3자가 보유한 정보집합물과 결합하려는 경우에는 제26조의4에 따라 지정된 데이터전문기관을 통하여 결합하여야 한다.
② 제26조의4에 따라 지정된 데이터전문기관이 제1항에 따라 결합된 정보집합물을 해당 신용정보회사등 또는 그 제3자에게 전달하는 경우에는 가명처리 또는 익명처리가 된 상태로 전달하여야 한다.
③ 제1항 및 제2항에서 규정한 사항 외에 정보집합물의 결합·제공·보관의 절차 및 방법에 대해서는 대통령령으로 정한다.
(2020.2.4 본조신설)

제4장 신용정보의 유통 및 관리
(2020.2.4 본장제목개정)

제18조【신용정보의 정확성 및 최신성의 유지】 ① 신용정보회사등은 신용정보의 정확성과 최신성이 유지될 수 있도록 대통령령으로 정하는 바에 따라 신용정보의 등록·변경 및 관리 등을 하여야 한다.
② 신용정보회사등은 신용정보주체에게 불이익을 줄 수 있는 신용정보를 그 불이익을 초래하게 된 사유가 해소된 날부터 최장 5년 이내에 등록·관리 대상에서 삭제하여야 한다. 다만, 다음 각 호의 어느 하나에 해당하는 경우에는 그러하지 아니하다.(2020.2.4 단서신설)
1. 제25조의2제1호의3에 따른 업무를 수행하기 위한 경우
2. 그 밖에 신용정보주체의 보호 및 건전한 신용질서를 저해할 우려가 없는 경우로서 대통령령으로 정하는 경우
(2020.2.4 1호～2호신설)
③ 제2항에 따른 해당 신용정보의 구체적인 종류, 기록보존 및 활용기간 등은 대통령령으로 정한다.(2011.5.19 본항신설)

제19조【신용정보전산시스템의 안전보호】 ① 신용정보회사등은 신용정보전산시스템(제25조제6항에 따른 신용정보공동전산망을 포함한다. 이하 같다)에 대한 제3자의 불법적인 접근, 입력된 정보의 변경·훼손 및 파괴, 그 밖의 위험에 대하여 대통령령으로 정하는 바에 따라 기술적·물리적·관리적 보안대책을 수립·시행하여야 한다.
(2015.3.11 본항개정)
② 신용정보제공·이용자가 다른 신용정보제공·이용자 또는 개인신용평가회사, 개인사업자신용평가회사, 기업신용조회회사와 서로 이 법에 따라 신용정보를 제공하는 경우에는 금융위원회가 정하여 고시하는 바에 따라 신용정보 보안관리 대책을 포함한 계약을 체결하여야 한다.
(2020.2.4 본항개정)

제20조【신용정보 관리책임의 명확화 및 업무처리기록의 보존】 ① 신용정보회사등은 신용정보의 수집·처리·이용 및 보호 등에 대하여 금융위원회가 정하는 신용정보 관리기준을 준수하여야 한다.(2015.3.11 본항개정)
② 신용정보회사등은 다음 각 호의 구분에 따라 개인신용정보의 처리에 대한 기록을 3년간 보존하여야 한다.(2020.2.4 본문개정)
1. 개인신용정보를 수집·이용한 경우
  가. 수집·이용한 날짜
  나. 수집·이용한 정보의 항목
  다. 수집·이용한 사유와 근거
2. 개인신용정보를 제공하거나 제공받은 경우
  가. 제공하거나 제공받은 날짜
  나. 제공하거나 제공받은 정보의 항목
  다. 제공하거나 제공받은 사유와 근거
3. 개인신용정보를 폐기한 경우
  가. 폐기한 날짜
  나. 폐기한 정보의 항목
  다. 폐기한 사유와 근거
(2020.2.4 1호~3호개정)
4. 그 밖에 대통령령으로 정하는 사항
③ 신용정보회사, 본인신용정보관리회사, 채권추심회사, 신용정보집중기관 및 대통령령으로 정하는 신용정보제공·이용자는 제4항에 따른 업무를 하는 신용정보관리·보호인을 1명 이상 지정하여야 한다. 다만, 총자산, 종업원 수 등을 감안하여 대통령령으로 정하는 자는 신용정보관리·보호인을 임원(신용정보의 관리·보호 등을 총괄하는 지위에 있는 사람으로서 대통령령으로 정하는 사람을 포함한다)으로 하여야 한다.(2020.2.4 본항개정)
④ 제3항에 따른 신용정보관리·보호인은 다음 각 호의 업무를 수행한다.
1. 개인신용정보의 경우에는 다음 각 목의 업무
  가. 「개인정보 보호법」 제31조제3항제1호부터 제5호까지에 따른 업무(2023.3.14 본목개정)
  나. 임직원 및 전속 모집인 등의 신용정보보호 관련 법령 및 규정 준수 여부 점검
  다. 그 밖에 신용정보의 관리 및 보호를 위하여 대통령령으로 정하는 업무
2. 기업신용정보의 경우 다음 각 목의 업무
  가. 신용정보의 수집·보유·제공·삭제 등 관리 및 보호 계획의 수립 및 시행
  나. 신용정보의 수집·보유·제공·삭제 등 관리 및 보호 실태와 관행에 대한 정기적인 조사 및 개선
  다. 신용정보 열람 및 정정청구 등 신용정보주체의 권리행사 및 피해구제
  라. 신용정보 유출 등을 방지하기 위한 내부통제시스템의 구축 및 운영
  마. 임직원 및 전속 모집인 등에 대한 신용정보보호 교육계획의 수립 및 시행
  바. 임직원 및 전속 모집인 등의 신용정보보호 관련 법령 및 규정 준수 여부 점검
  사. 그 밖에 신용정보의 관리 및 보호를 위하여 대통령령으로 정하는 업무
(2020.2.4 1호~2호개정)
3.~7. (2020.2.4 삭제)
(2015.3.11 본항신설)
⑤ 신용정보관리·보호인의 업무수행에 관하여는 「개인정보 보호법」 제31조제4항 및 제6항을 준용한다.
(2023.3.14 본항개정)
⑥ 대통령령으로 정하는 신용정보회사등의 신용정보관리·보호인은 처리하는 개인신용정보의 관리 및 보호 실태를 대통령령으로 정하는 절차와 방법에 따라 정기적으로 점검하고, 그 결과를 금융위원회에 제출하여야 한다.
(2020.2.4 본항신설)
⑦ 제3항에 따른 신용정보관리·보호인의 자격요건과 그 밖에 지정에 필요한 사항, 제6항에 따른 제출 방법에 대해서는 대통령령으로 정한다.(2020.2.4 본항개정)
⑧ 「금융지주회사법」 제48조의2제6항에 따라 선임된 고객정보관리인이 제3항의 자격요건에 해당하면 제3항에 따라 지정된 신용정보관리·보호인으로 본다.(2015.3.11 본항개정)

제20조의2【개인신용정보의 보유기간 등】 ① 신용정보제공·이용자는 금융거래 등 상거래관계(고용관계는 제외한다. 이하 같다)가 종료된 날부터 금융위원회가 정하여 고시하는 기한까지 해당 신용정보주체의 개인신용정보가 안전하게 보호될 수 있도록 접근권한을 강화하는 등 대통령령으로 정하는 바에 따라 관리하여야 한다.
② 「개인정보 보호법」 제21조제1항에도 불구하고 신용정보제공·이용자는 금융거래 등 상거래관계가 종료된 날부터 최장 5년 이내(해당 기간 이전에 정보 수집·제공 등의 목적이 달성된 경우에는 그 목적이 달성된 날부터 3개월 이내)에 해당 신용정보주체의 개인신용정보를 관리대상에서 삭제하여야 한다. 다만, 다음 각 호의 경우에는 그러하지 아니하다.(2020.2.4 본문개정)
1. 이 법 또는 다른 법률에 따른 의무를 이행하기 위하여 불가피한 경우(2020.2.4 본호개정)
2. 개인의 급박한 생명·신체·재산의 이익을 위하여 필요하다고 인정되는 경우
2의2. 가명정보를 이용하는 경우로서 그 이용 목적, 가명처리의 기술적 특성, 정보의 속성 등을 고려하여 대통령령으로 정하는 기간 동안 보존하는 경우(2020.2.4 본호신설)
3. 그 밖에 다음 각 목의 어느 하나에 해당하는 경우로서 대통령령으로 정하는 경우(2020.2.4 본문개정)
  가. 예금·보험금의 지급을 위한 경우
  나. 보험사기자의 재가입 방지를 위한 경우
  다. 개인신용정보를 처리하는 기술의 특성 등으로 개인신용정보를 보존할 필요가 있는 경우
  라. 가목부터 다목까지와 유사한 경우로서 개인신용정보를 보존할 필요가 있는 경우
(2020.2.4 가목~라목신설)
③ 신용정보제공·이용자가 제2항 단서에 따라 개인신용정보를 삭제하지 아니하고 보존하는 경우에는 현재 거래 중인 신용정보주체의 개인신용정보와 분리하는 등 대통령령으로 정하는 바에 따라 관리하여야 한다.
④ 신용정보제공·이용자가 제3항에 따라 분리하여 보존하는 개인신용정보를 활용하는 경우에는 신용정보주체에게 통지하여야 한다.
⑤ 제1항 및 제2항에 따른 개인신용정보의 종류, 관리기간, 삭제의 방법·절차 및 금융거래 등 상거래관계가 종료된 날의 기준 등은 대통령령으로 정한다.
(2015.3.11 본조신설)

제21조【폐업 시 보유정보의 처리】 신용정보회사등(신용정보제공·이용자는 제외한다)이 폐업하려는 경우에는 금융위원회가 정하여 고시하는 바에 따라 보유정보를 처분하거나 폐기하여야 한다.(2020.2.4 본조개정)

제5장 신용정보 관련 산업
(2020.2.4 본장제목개정)

제1절 신용정보업
(2020.2.4 본절제목개정)

제22조【신용정보회사 임원의 자격요건 등】 ① 개인신용평가회사, 개인사업자신용평가회사 및 기업신용조회회사의 임원에 관하여는 「금융회사의 지배구조에 관한 법률」 제5조를 준용한다.
② 신용조사회사는 다음 각 호의 어느 하나에 해당하는 자를 임직원으로 채용하거나 고용하여서는 아니 된다.
1. 미성년자. 다만, 금융위원회가 정하여 고시하는 업무에 채용하거나 고용하는 경우는 제외한다.
2. 피성년후견인 또는 피한정후견인
3. 파산선고를 받고 복권되지 아니한 사람
4. 금고 이상의 실형을 선고받고 그 집행이 끝나거나(집행이 끝난 것으로 보는 경우를 포함한다) 집행이 면제된 날부터 3년이 지나지 아니한 사람
5. 금고 이상의 형의 집행유예를 선고받고 그 유예기간 중에 있는 사람
6. 이 법 또는 그 밖의 법령에 따라 해임되거나 면직된 후 5년이 지나지 아니한 사람
7. 이 법 또는 그 밖의 법령에 따라 영업의 허가·인가 등이 취소된 법인이나 회사의 임직원이었던 사람(그 취소사유의 발생에 직접 또는 이에 상응하는 책임이 있는 사람으로서 대통령령으로 정하는 사람만 해당한다)으로서 그 법인 또는 회사에 대한 취소가 있은 날부터 5년이 지나지 아니한 사람
8. 재임 또는 재직 중이었더라면 이 법 또는 그 밖의 법령에 따라 해임권고(해임요구를 포함한다) 또는 면직요구의 조치를 받았을 것으로 통보된 퇴임한 임원 또는 퇴직한 직원으로서 그 통보가 있었던 날부터 5년(통보가 있었던 날부터 5년이 퇴임 또는 퇴직한 날부터 7년을 초과한 경우에는 퇴임 또는 퇴직한 날부터 7년으로 한다)이 지나지 아니한 사람
(2020.2.4 본조개정)

제22조의2【신용정보 등의 보고】 개인신용평가회사, 개인사업자신용평가회사, 기업신용조회회사 및 본인신용정보관리회사는 신용정보의 이용범위, 이용기간, 제공 대상자를 대통령령으로 정하는 바에 따라 금융위원회에 보고하여야 한다.(2020.2.4 본조개정)

제22조의3【개인신용평가 등에 관한 원칙】 ① 개인신용평가회사 및 그 임직원은 개인신용평가에 관한 업무를 할 때 다음 각 호의 사항을 고려하여 그 업무를 수행하여야 한다.
1. 개인신용평가 결과가 정확하고 그 평가체계가 공정한지 여부
2. 개인신용평가 과정이 공개적으로 투명하게 이루어지는지 여부
② 기업신용등급제공업무 또는 기술신용평가업무를 하는 기업신용조회회사 및 그 임직원은 기업신용등급이나 기술신용정보의 생성에 관한 업무를 할 때 독립적인 입장에서 공정하고 충실하게 그 업무를 수행하여야 한다.
③ 개인사업자신용평가회사 및 그 임직원에 대해서는 제1항 및 제2항을 준용한다.
(2020.2.4 본조개정)

제22조의4【개인신용평가회사의 행위규칙】 ① 개인신용평가회사가 개인인 신용정보주체의 신용상태를 평가할 경우 그 신용정보주체에게 개인신용평가에 불이익이 발생할 수 있는 정보 외에 개인신용평가에 혜택을 줄 수 있는 정보도 함께 고려하여야 한다.
② 개인신용평가회사가 개인신용평가를 할 때에는 다음 각 호의 행위를 하여서는 아니 된다.
1. 성별, 출신지역, 국적 등으로 합리적 이유 없이 차별하는 행위
2. 개인신용평가 모형을 만들 때 특정한 평가항목을 합리적 이유 없이 유리하게 또는 불리하게 반영하는 행위
3. 그 밖에 신용정보주체 보호 또는 건전한 신용질서를 저해할 우려가 있는 행위로서 대통령령으로 정하는 행위
③ 전문개인신용평가업을 하는 개인신용평가회사는 계열회사(「독점규제 및 공정거래에 관한 법률」 제2조제12호에 따른 계열회사를 말한다. 이하 같다)로부터 상품 또는 서비스를 제공받는 개인인 신용정보주체의 개인신용평점을 높이는 등 대통령령으로 정하는 불공정행위를 하여서는 아니 된다.(2020.12.29 본항개정)
(2020.2.4 본조신설)

제22조의5【개인사업자신용평가회사의 행위규칙】 ① 개인사업자신용평가회사가 개인사업자의 신용상태를 평가할 경우에는 다음 각 호의 사항을 따라야 한다.
1. 해당 개인사업자에게 평가에 불이익이 발생할 수 있는 정보 외에 평가에 혜택을 줄 수 있는 정보도 함께 고려할 것
2. 개인사업자신용평가회사와 금융거래 등 상거래 관계가 있는 자와 그 외의 자를 합리적 이유 없이 차별하지 아니할 것
② 개인사업자신용평가회사는 다음 각 호의 어느 하나에 해당하는 행위를 하여서는 아니 된다.
1. 개인사업자의 신용상태를 평가하는 과정에서 개인사업자신용평가회사 또는 그 계열회사의 상품이나 서비스를 구매하거나 이용하도록 강요하는 행위
2. 그 밖에 신용정보주체 보호 또는 건전한 신용질서를 저해할 우려가 있는 행위로서 대통령령으로 정하는 행위
③ 개인사업자신용평가회사는 그 임직원이 직무를 수행할 때 지켜야 할 적절한 기준 및 절차로서 다음 각 호의 사항을 포함하는 내부통제기준을 정하여야 한다. 다만, 개인신용평가회사가 제11조제2항에 따라 개인사업자신용평가업을 하는 경우로서 자동화평가의 방법으로 개인사업자의 신용상태를 평가하는 경우에는 제1호를 포함하지 아니할 수 있다.
1. 평가조직과 영업조직의 분리에 관한 사항
2. 이해상충 방지에 관한 사항
3. 불공정행위의 금지에 관한 사항
4. 개인사업자의 특성에 적합한 신용상태의 평가기준에 관한 사항
5. 그 밖에 내부통제기준에 관하여 필요한 사항으로서 대통령령으로 정하는 사항
(2020.2.4 본조신설)

제22조의6【기업신용조회회사의 행위규칙】 ① 기업신용조회회사(기업정보조회업무만 하는 기업신용조회회사는 제외한다. 이하 제2항 및 제3항에서 같다)가 기업 및 법인의 신용상태를 평가할 경우에는 해당 기업 및 법인에게 평가에 불이익이 발생할 수 있는 정보 외에 평가에 혜택을 줄 수 있는 정보도 함께 고려하여야 한다.
② 기업신용조회회사는 다음 각 호의 어느 하나에 해당하는 행위를 하여서는 아니 된다.
1. 기업신용조회회사와 일정한 비율 이상의 출자관계에 있는 등 특수한 관계에 있는 자로서 대통령령으로 정하는 자와 관련된 기업신용등급 및 기술신용정보를 생성하는 행위
2. 기업신용등급 및 기술신용정보의 생성 과정에서 기업신용조회회사 또는 그 계열회사의 상품이나 서비스를 구매하거나 이용하도록 강요하는 행위
3. 그 밖에 신용정보주체 보호 또는 건전한 신용질서를 저해할 우려가 있는 행위로서 대통령령으로 정하는 행위
③ 기업신용조회회사는 그 임직원이 직무를 수행할 때 지켜야 할 적절한 기준 및 절차로서 다음 각 호의 사항을 포함하는 내부통제기준을 정하여야 한다.
1. 평가조직과 영업조직의 분리에 관한 사항
2. 이해상충 방지에 관한 사항
3. 불공정행위의 금지에 관한 사항
4. 기업 및 법인의 특성에 적합한 기업신용등급의 생성기준 또는 기술신용평가의 기준에 관한 사항
5. 그 밖에 내부통제기준에 관하여 필요한 사항으로서 대통령령으로 정하는 사항
④ 기업정보조회업무를 하는 기업신용조회회사는 신용정보의 이용자 관리를 위하여 대통령령으로 정하는 바에 따라 이용자관리규정을 정하여야 한다.
(2020.2.4 본조신설)

제22조의7【신용조사회사의 행위규칙】 ① 신용조사회사는 다음 각 호의 어느 하나에 해당하는 행위를 하여서는 아니 된다.
1. 의뢰인에게 허위 사실을 알리는 행위
2. 신용정보에 관한 조사 의뢰를 강요하는 행위

3. 신용정보 조사 대상자에게 조사자료의 제공과 답변을 강요하는 행위
4. 금융거래 등 상거래관계 외의 사생활 등을 조사하는 행위
② 신용조사업에 종사하는 임직원이 신용정보를 조사하는 경우에는 신용조사업에 종사하고 있음을 나타내는 증표를 지니고 이를 상대방에게 내보여야 한다.
(2020.2.4 본조신설)

제2절 본인신용정보관리업
(2020.2.4 본절신설)

제22조의8【본인신용정보관리회사의 임원의 자격요건】 본인신용정보관리회사의 임원에 관하여는 「금융회사의 지배구조에 관한 법률」 제5조를 준용한다.

제22조의9【본인신용정보관리회사의 행위규칙】 ① 본인신용정보관리회사는 다음 각 호의 어느 하나에 해당하는 행위를 하여서는 아니 된다.
1. 개인인 신용정보주체에게 개인신용정보의 전송요구를 강요하거나 부당하게 유도하는 행위
2. 그 밖에 신용정보주체 보호 또는 건전한 신용질서를 저해할 우려가 있는 행위로서 대통령령으로 정하는 행위
② 본인신용정보관리회사는 제11조제6항에 따른 업무 및 제11조의2제6항제3호에 따른 업무를 수행하는 과정에서 개인인 신용정보주체와 본인신용정보관리회사 사이에 발생할 수 있는 이해상충을 방지하기 위한 내부관리규정을 마련하여야 한다.
③ 본인신용정보관리회사는 다음 각 호의 수단을 대통령령으로 정하는 방식으로 사용·보관함으로써 신용정보주체에게 교부할 신용정보를 수집하여서는 아니 된다.
1. 대통령령으로 정하는 신용정보제공·이용자나 「개인정보 보호법」에 따른 공공기관으로서 대통령령으로 정하는 공공기관 또는 본인신용정보관리회사(이하 이 조 및 제33조의2에서 "신용정보제공·이용자등"이라 한다)이 선정하여 사용·관리하는 신용정보주체 본인에 관한 수단으로서 「전자금융거래법」 제2조제10호에 따른 접근매체
2. 본인임을 확인 받는 수단으로서 본인의 신분을 나타내는 증표 제시 또는 전화, 인터넷 홈페이지의 이용 등 대통령령으로 정하는 방법
④ 신용정보제공·이용자등은 개인인 신용정보주체가 본인신용정보관리회사에 본인에 관한 개인신용정보의 전송을 요구하는 경우에는 정보제공의 안전성과 신뢰성이 보장될 수 있는 방식으로서 대통령령으로 정하는 방식으로 해당 개인인 신용정보주체의 개인신용정보를 그 본인신용정보관리회사에 직접 전송하여야 한다.
⑤ 제4항에도 불구하고 신용정보제공·이용자등의 규모, 금융거래 등 상거래의 빈도 등을 고려하여 대통령령으로 정하는 경우에 해당 신용정보제공·이용자등은 대통령령으로 정하는 중계기관을 통하여 본인신용정보관리회사에게 개인신용정보를 전송할 수 있다.
⑥ 신용정보제공·이용자등은 제33조의2제4항에 따라 개인신용정보를 정기적으로 전송할 경우에는 필요한 범위에서 최소한의 비용을 본인신용정보관리회사가 부담하도록 할 수 있다.
⑦ 제4항 및 제5항의 전송의 절차·방법, 제6항에 따른 비용의 산정기준 등에 대해서는 대통령령으로 정한다.

제3절 공공정보의 이용·제공
(2020.2.4 본절제목신설)

제23조【공공기관에 대한 신용정보의 제공 요청 등】 ① (2015.3.11 삭제)
② 신용정보집중기관이 국가·지방자치단체 또는 대통령령으로 정하는 공공단체(이하 "공공기관"이라 한다)의 장에게 신용정보주체의 신용도·신용거래능력 등의 판단에 필요한 신용정보로서 대통령령으로 정하는 신용정보의 제공을 요청하면 그 요청을 받은 공공기관의 장은 다음 각 호의 법률에도 불구하고 해당 신용정보집중기관에 정보를 제공할 수 있다. 이 경우 정보를 제공하는 기준과 절차 등은 대통령령으로 정한다.(2015.3.11 본문개정)
1. 「공공기관의 정보공개에 관한 법률」
2. 「개인정보 보호법」(2011.3.29 본호개정)
3. 「국민건강보험법」
4. 「국민연금법」
5. 「한국전력공사법」
6. 「주민등록법」
③ 신용정보집중기관은 제2항에 따라 공공기관으로부터 제공받은 신용정보를 대통령령으로 정하는 신용정보의 이용자에게 제공할 수 있다.(2015.3.11 본항개정)
④ 신용정보집중기관 또는 제3항에 따른 신용정보의 이용자가 제2항 및 제3항에 따라 공공기관으로부터 제공받은 개인신용정보를 제공하는 경우에는 제32조제3항에서 정하는 바에 따라 제공받으려는 자가 해당 개인으로부터 신용정보 제공·이용에 대한 동의를 받았는지를 확인하여야 한다. 다만, 제32조제6항 각 호의 어느 하나에 해당하는 경우에는 그러하지 아니하다.(2020.2.4 본항개정)
⑤ 제4항에 따라 개인신용정보를 제공받은 자는 그 정보를 제3자에게 제공하여서는 아니 된다.(2020.2.4 본항개정)
⑥ 제2항에 따라 신용정보의 제공을 요청하는 자는 관계 법령에 따라 열람료 또는 수수료 등을 내야 한다.(2015.3.11 본항개정)
⑦ 신용정보회사등은 공공기관의 장이 관계 법령에서 정하는 공무상 목적으로 이용하기 위하여 신용정보의 제공을 문서로 요청한 경우에는 그 신용정보를 제공할 수 있다.
(2015.3.11 본조제목개정)

제24조【주민등록전산정보자료의 이용】 ① 신용정보집중기관 및 대통령령으로 정하는 신용정보제공·이용자는 다음 각 호의 어느 하나에 해당하는 경우에는 행정안전부장관에게 「주민등록법」 제30조제1항에 따른 주민등록전산정보자료의 제공을 요청할 수 있다. 이 경우 요청을 받은 행정안전부장관은 특별한 사유가 없으면 그 요청에 따라야 한다.(2017.7.26 본문개정)
1. 「상법」 제64조 등 다른 법률에 따라 소멸시효가 완성된 예금 및 보험금 등의 지급을 위한 경우로서 해당 예금 및 보험금 등의 원권리자에게 관련 사항을 알리기 위한 경우
2. 금융거래계약의 만기 도래, 실효(失效), 해지 등 계약의 변경사유 발생 등 거래 상대방의 권리·의무에 영향을 미치는 사항을 알리기 위한 경우
② 제1항에 따라 주민등록전산정보자료를 요청하는 경우에는 금융위원회위원장의 심사를 받아야 한다.
③ 제2항에 따라 금융위원회위원장의 심사를 받은 경우에는 「주민등록법」 제30조제1항에 따른 관계 중앙행정기관의 장의 심사를 거친 것으로 본다. 처리절차, 사용료 또는 수수료 등에 관한 사항은 「주민등록법」에 따른다.

제4절 신용정보집중기관 및 데이터전문기관 등
(2020.2.4 본절제목신설)

제25조【신용정보집중기관】 ① 신용정보를 집중하여 수집·보관함으로써 체계적·종합적으로 관리하고, 신용정보회사등 상호 간에 신용정보를 교환·활용(이하 "집중관리·활용"이라 한다)하려는 자는 금융위원회로부터 신용정보집중기관으로 허가를 받아야 한다.(2015.3.11 본항개정)
② 제1항에 따른 신용정보집중기관은 다음 각 호의 구분에 따라 허가를 받아야 한다.(2015.3.11 본문개정)
1. 종합신용정보집중기관 : 대통령령으로 정하는 금융기관 전체로부터의 신용정보를 집중관리·활용하는 신용정보집중기관
2. 개별신용정보집중기관 : 제1호에 따른 금융기관 외의 같은 종류의 사업자가 설립한 협회 등의 협약 등에 따라 신용정보를 집중관리·활용하는 신용정보집중기관
(2015.3.11 본호개정)
③ 제1항에 따른 신용정보집중기관으로 허가를 받으려는 자는 다음 각 호의 요건을 갖추어야 한다.(2015.3.11 본문개정)
1. 「민법」 제32조에 따라 설립된 비영리법인일 것
(2015.3.11 본호개정)
2. 신용정보를 집중관리·활용하는 데 있어서 대통령령으로 정하는 바에 따라 공공성과 중립성을 갖출 것
(2015.3.11 본호신설)
3. 대통령령으로 정하는 시설·설비 및 인력을 갖출 것
④ 제1항 및 제2항에 따른 허가 및 그 취소 등에 필요한 사항과 집중관리·활용되는 신용정보의 내용·범위 및 교환 대상자는 대통령령으로 정한다. 다만, 신용정보집중기관과 개인신용평가회사, 개인사업자신용평가회사, 기업신용조회회사(기업정보조회업무만 하는 기업신용조회회사는 제외한다) 사이의 신용정보 교환 및 이용은 개인신용평가회사, 개인사업자신용평가회사, 기업신용조회회사(기업정보조회업무만 하는 기업신용조회회사는 제외한다)의 의뢰에 따라 신용정보집중기관이 개인신용평가회사, 개인사업자신용평가회사, 기업신용조회회사(기업정보조회업무만 하는 기업신용조회회사는 제외한다)에 신용정보를 제공하는 방식으로 한다.(2020.2.4 단서개정)
⑤ 제2항제1호에 따른 종합신용정보집중기관(이하 "종합신용정보집중기관"이라 한다)은 집중되는 신용정보의 정확성·신속성을 확보하기 위하여 제26조에 따른 신용정보집중관리위원회가 정하는 바에 따라 신용정보를 제공하는 금융기관의 신용정보 제공의무 이행 실태를 조사할 수 있다.(2015.3.11 본항개정)
⑥ 신용정보집중기관은 대통령령으로 정하는 바에 따라 신용정보공동전산망(이하 "공동전산망"이라 한다)을 구축할 수 있으며, 공동전산망에 참여하는 자는 그 유지·관리 등에 필요한 협조를 하여야 한다. 이 경우 신용정보집중기관은 「전기통신사업법」 제2조제1항제1호에 따른 전기통신사업자이어야 한다.

제25조의2【종합신용정보집중기관의 업무】 종합신용정보집중기관은 다음 각 호의 업무를 수행한다.
1. 제25조제2항제1호에 따른 금융기관 전체로부터의 신용정보 집중관리·활용(2020.2.4 본호개정)
1의2. 제23조제2항에 따라 공공기관으로부터 수집한 신용정보의 집중관리·활용(2020.2.4 본호신설)
1의3. 제39조의2에 따라 신용정보주체에게 채권자변동정보를 교부하거나 열람하게 하는 업무(2020.2.4 본호신설)
2. 공공 목적의 조사 및 분석 업무
3. 신용정보의 가공·분석 및 제공 등과 관련하여 대통령령으로 정하는 업무
3의2. 제26조의3에 따른 개인신용평가체계 검증위원회의 운영(2020.2.4 본호신설)
4. (2020.2.4 삭제)
5. 이 법 및 다른 법률에서 종합신용정보집중기관이 할 수 있도록 정한 업무(2020.2.4 본호개정)
6. 그 밖에 제1호부터 제5호까지에 준하는 업무로서 대통령령으로 정하는 업무
(2015.3.11 본조신설)

제26조【신용정보집중관리위원회】 ① 다음 각 호의 업무를 수행하기 위하여 종합신용정보집중기관에 신용정보집중관리위원회(이하 "위원회"라 한다)를 둔다.
(2015.3.11 본문개정)
1. 제25조의2 각 호의 업무로서 대통령령으로 정하는 업무와 관련한 중요 사안에 대한 심의(2020.2.4 본호개정)
2. 신용정보의 집중관리·활용에 드는 경상경비, 신규사업의 투자비 등의 분담에 관한 사항
3. 제25조제2항제1호에 따른 금융기관의 신용정보제공의무 이행 실태에 관한 조사 및 대통령령으로 정하는 바에 따른 제재를 부과하는 사항
4. 신용정보의 업무목적 외 누설 또는 이용의 방지대책에 관한 사항
5. 그 밖에 신용정보의 집중관리·활용에 필요한 사항
② (2015.3.11 삭제)
③ 위원회는 제1항 각 호의 사항을 결정한 경우 금융위원회가 정하는 바에 따라 금융위원회에 보고하여야 한다.
(2015.3.11 본항개정)
(2015.3.11 본조제목개정)

제26조의2【신용정보집중관리위원회의 구성·운영 등】
① 위원회는 위원장 1명을 포함한 15명 이내의 위원으로 구성한다.
② 위원회의 위원장은 종합신용정보집중기관의 장으로 하며, 위원은 공익성, 중립성, 업권별 대표성, 신용정보에 관한 전문지식 등을 고려하여 구성한다.
③ 그 밖에 위원회의 구성 및 운영 등에 필요한 사항은 대통령령으로 정한다.
(2015.3.11 본조신설)

제26조의3【개인신용평가체계 검증위원회】 ① 다음 각 호의 업무를 수행하기 위하여 종합신용정보집중기관에 개인신용평가체계 검증위원회를 둔다.
1. 개인신용평가회사 및 개인사업자신용평가회사(이하 이 조에서 "개인신용평가회사등"이라 한다)의 평가에 사용되는 기초정보에 관한 심의
2. 개인신용평가회사등의 평가모형의 예측력, 안정성 등에 관한 심의
3. 제1호 및 제2호와 유사한 것으로서 대통령령으로 정하는 사항
② 개인신용평가체계 검증위원회는 위원장 1명을 포함한 7명 이내의 위원으로 구성한다.
③ 개인신용평가체계 검증위원회는 제1항 각 호의 사항을 심의하여 그 결과를 금융위원회가 정하여 고시하는 바에 따라 금융위원회에 보고하고, 해당 개인신용평가회사등에 알려야 한다.
④ 금융위원회는 제3항에 따라 보고받은 심의결과를 금융위원회가 정하여 고시하는 바에 따라 인터넷 홈페이지 등을 이용하여 공개하여야 한다.
⑤ 제1항에 따른 개인신용평가체계 검증위원회의 구성 및 운영, 제2항부터 제4항까지의 규정에 따른 심의결과의 제출 방법, 시기 및 절차 등에 관하여는 대통령령으로 정한다.
(2020.2.4 본조신설)

제26조의4【데이터전문기관】 ① 금융위원회는 제17조의2에 따른 정보집합물의 결합 및 제40조의2에 따른 익명처리의 적정성 평가를 전문적으로 수행하는 법인 또는 기관(이하 "데이터전문기관"이라 한다)을 지정할 수 있다.
② 데이터전문기관은 다음 각 호의 업무를 수행한다.
1. 신용정보회사등이 보유하는 정보집합물과 제3자가 보유하는 정보집합물 간의 결합 및 전달
2. 신용정보회사등의 익명처리에 대한 적정성 평가
3. 제1호 및 제2호와 유사한 업무로서 대통령령으로 정하는 업무
③ 데이터전문기관은 제2항제1호 및 제2호의 업무를 전문적으로 수행하기 위하여 필요하면 대통령령으로 정하는 바에 따라 적정성평가위원회를 둘 수 있다.
④ 데이터전문기관은 다음 각 호의 어느 하나에 해당하는 경우에는 대통령령으로 정하는 위험관리체계를 마련하여야 한다.
1. 제2항제1호의 업무와 같은 항 제2호의 업무를 함께 수행하는 경우
2. 제2항 각 호의 업무와 이 법 또는 다른 법령에 따른 업무를 함께 수행하는 경우
⑤ 제1항에 따른 지정의 기준 및 취소, 제3항에 따른 적정성평가위원회의 구성·운영 등에 관하여 필요한 사항은 대통령령으로 정한다.
(2020.2.4 본조신설)

제5절 채권추심업
(2020.2.4 본절제목신설)

제27조【채권추심업 종사자 및 위임직채권추심인 등】 ① 채권추심회사는 다음 각 호의 어느 하나에 해당하는 자를 임직원으로 채용하거나 고용하여서는 아니 되며, 위임 또는 그에 준하는 방법으로 채권추심업무를 하여서는 아니 된다.(2020.2.4 본문개정)
1. 미성년자. 다만, 금융위원회가 정하여 고시하는 업무에 채용하거나 고용하는 경우는 제외한다.
2. 피성년후견인 또는 피한정후견인(2017.4.18 본호개정)
3. 파산선고를 받고 복권되지 아니한 자
4. 금고 이상의 실형을 선고받고 그 집행이 끝나거나(집행이 끝난 것으로 보는 경우를 포함한다) 집행이 면제된 날부터 3년이 지나지 아니한 자
5. 금고 이상의 형의 집행유예를 선고받고 그 유예기간 중에 있는 자
6. 이 법 또는 그 밖의 법령에 따라 해임되거나 면직된 후 5년이 지나지 아니한 자
7. 이 법 또는 그 밖의 법령에 따라 영업의 허가·인가 등이 취소된 법인이나 회사의 임직원이었던 자(그 취소 사유의 발생에 직접 또는 이에 상응하는 책임이 있는 자로서 대통령령으로 정하는 자만 해당한다)로서 그 법인 또는 회사에 대한 취소가 있은 날부터 5년이 지나지 아니한 자
8. 제2항제2호에 따른 위임직채권추심인이었던 자로서 등록이 취소된 지 5년이 지나지 아니한 자
9. 재임 또는 재직 중이었더라면 이 법 또는 그 밖의 법령에 따라 해임권고(해임요구를 포함한다) 또는 면직요구의 조치를 받았을 것으로 통보된 퇴임한 임원 또는 퇴직한 직원으로서 그 통보가 있었던 날부터 5년(통보가 있었던 날부터 5년이 퇴임 또는 퇴직한 날부터 7년을 초과한 경우에는 퇴임 또는 퇴직한 날부터 7년으로 한다)이 지나지 아니한 사람(2017.4.18 본호신설)

② 채권추심회사는 다음 각 호의 어느 하나에 해당하는 자를 통하여 추심업무를 하여야 한다.
1. 채권추심회사의 임직원
2. 채권추심회사가 위임 또는 그에 준하는 방법으로 채권추심업무를 하도록 한 자(이하 "위임직채권추심인"이라 한다)

③ 채권추심회사는 그 소속 위임직채권추심인이 되려는 자를 금융위원회에 등록하여야 한다.
④ 위임직채권추심인은 소속 채권추심회사 외의 자를 위하여 채권추심업무를 할 수 없다.
⑤ 채권추심회사는 추심채권이 아닌 채권을 추심할 수 없으며 다음 각 호의 어느 하나에 해당하는 위임직채권추심인을 통하여 채권추심업무를 하여서는 아니 된다.
1. 제3항에 따라 등록되지 아니한 위임직채권추심인
2. 다른 채권추심회사의 소속으로 등록된 위임직채권추심인
3. 제7항에 따라 업무정지 중에 있는 위임직채권추심인

⑥ 금융위원회는 위임직채권추심인이 다음 각 호의 어느 하나에 해당하면 그 등록을 취소할 수 있다.
1. 거짓이나 그 밖의 부정한 방법으로 제3항에 따른 등록을 한 경우
2. 제7항에 따른 업무정지명령을 위반하거나 업무정지에 해당하는 행위를 한 자가 그 사유발생일 전 1년 이내에 업무정지처분을 받은 사실이 있는 경우
3. (2020.2.4 삭제)
4. 「채권의 공정한 추심에 관한 법률」 제9조 각 호의 어느 하나를 위반하여 채권추심행위를 한 경우
5. 등록의 내용이나 조건을 위반한 경우
6. 정당한 사유 없이 1년 이상 계속하여 등록한 영업을 하지 아니한 경우

⑦ 금융위원회는 위임직채권추심인이 다음 각 호의 어느 하나에 해당하면 6개월의 범위에서 기간을 정하여 그 업무의 전부 또는 일부의 정지를 명할 수 있다.
1. 제4항을 위반한 경우
2. (2020.2.4 삭제)
3. 제40조제1항제5호를 위반한 경우(2020.2.4 본호개정)
4. 「채권의 공정한 추심에 관한 법률」 제12조제2호·제5호를 위반한 경우
5. 그 밖에 법령 또는 소속 채권추심회사의 정관을 위반하여 공익을 심각하게 해치거나 해칠 우려가 있는 경우

⑧ 채권추심업에 종사하는 임직원이나 위임직채권추심인이 채권추심업무를 하려는 경우에는 채권추심업에 종사함을 나타내는 증표를 지니고 이를 「채권의 공정한 추심에 관한 법률」에 따른 채무자 또는 관계인에게 내보여야 한다.(2020.2.4 본항개정)
⑨ 채권추심회사는 그 소속 위임직채권추심인이 채권추심업무를 함에 있어 법령을 준수하고 건전한 거래질서를 해하는 일이 없도록 성실히 관리하여야 한다. 이 경우 그 소속 위임직채권추심인이 다음 각 호의 구분에 따른 위반행위를 하지 아니하도록 하여야 한다.
1. 「채권의 공정한 추심에 관한 법률」 제8조의3제1항, 제9조, 제10조제1항, 제11조제1호 또는 제2호를 위반하는 행위
2. 「채권의 공정한 추심에 관한 법률」 제8조의3제2항, 제11조제3호부터 제5호까지, 제12조, 제13조 또는 제13조의2제2항을 위반하는 행위
(2017.11.28 본항신설)

⑩ 위임직채권추심인의 자격요건 및 등록절차는 대통령령으로 정한다.
⑪ 위임직채권추심인이 되고자 하는 자가 등록을 신청한 때에는 총리령으로 정하는 바에 따라 수수료를 내야 한다.
(2020.2.4 본조제목개정)

제27조의2【무허가 채권추심업자에 대한 업무위탁의 금지】 대통령령으로 정하는 여신금융기관, 대부업자 등 신용정보제공·이용자는 채권추심회사 외의 자에게 채권추심업무를 위탁하여서는 아니 된다.(2017.11.28 본조신설)

제28조~제30조 (2013.5.28 삭제)

제6장 신용정보주체의 보호

제31조【신용정보활용체제의 공시】 ① 개인신용평가회사, 개인사업자신용평가회사, 기업신용조회회사, 신용정보집중기관 및 대통령령으로 정하는 신용정보제공·이용자는 다음 각 호의 사항을 대통령령으로 정하는 바에 따라 공시하여야 한다.
1. 개인신용정보 보호 및 관리에 관한 기본계획(총자산, 종업원 수 등을 고려하여 대통령령으로 정하는 자로 한정한다)
2. 관리하는 신용정보의 종류 및 이용 목적
3. 신용정보를 제공받는 자
4. 신용정보주체의 권리의 종류 및 행사 방법
5. 신용평가에 반영되는 신용정보의 종류, 반영비중 및 반영기간(개인신용평가회사, 개인사업자신용평가회사 및 기업신용등급제공업무·기술신용평가업무를 하는 기업신용조회회사로 한정한다)
6. 「개인정보 보호법」 제30조제1항제6호 및 제7호의 사항
7. 그 밖에 신용정보의 처리에 관한 사항으로서 대통령령으로 정하는 사항

② 제1항 각 호의 공시 사항을 변경하는 경우에는 「개인정보 보호법」 제30조제2항에 따른 방법을 준용한다.
(2020.2.4 본조개정)

제32조【개인신용정보의 제공·활용에 대한 동의】 ① 신용정보제공·이용자가 개인신용정보를 타인에게 제공하려는 경우에는 대통령령으로 정하는 바에 따라 해당 신용정보주체로부터 다음 각 호의 어느 하나에 해당하는 방식으로 개인신용정보를 제공할 때마다 미리 개별적으로 동의를 받아야 한다. 다만, 기존에 동의한 목적 또는 이용 범위에서 개인신용정보의 정확성·최신성을 유지하기 위한 경우에는 그러하지 아니하다.(2015.3.11 본문개정)
1. 서면
2. 「전자서명법」 제2조제2호에 따른 전자서명(서명자의 실지명의를 확인할 수 있는 것을 말한다)이 있는 전자문서(「전자문서 및 전자거래 기본법」 제2조제1호에 따른 전자문서를 말한다)(2020.6.9 본호개정)
3. 개인신용정보의 제공 내용 및 제공 목적 등을 고려하여 정보 제공 동의의 안정성과 신뢰성이 확보될 수 있는 유무선 통신으로 개인비밀번호를 입력하는 방식
4. 유무선 통신으로 동의 내용을 해당 개인에게 알리고 동의를 받는 방법. 이 경우 본인 여부 및 동의 내용, 그에 대한 해당 개인의 답변을 음성녹음하는 등 증거자료를 확보·유지하여야 하며, 대통령령으로 정하는 바에 따른 사후 고지절차를 거친다.
5. 그 밖에 대통령령으로 정하는 방식

② 개인신용평가회사, 개인사업자신용평가회사, 기업신용조회회사 또는 신용정보집중기관으로부터 개인신용정보를 제공받으려는 자는 대통령령으로 정하는 바에 따라 해당 신용정보주체로부터 제1항 각 호의 어느 하나에 해당하는 방식으로 개인신용정보를 제공받을 때마다 개별적으로 동의(기존에 동의한 목적 또는 이용 범위에서 개인신용정보의 정확성·최신성을 유지하기 위한 경우는 제외한다)를 받아야 한다. 이 경우 개인신용정보를 제공받으려는 자는 개인신용정보의 조회 시 개인신용평점이 하락할 수 있는 때에는 해당 신용정보주체에게 이를 고지하여야 한다.(2020.2.4 본항개정)
③ 개인신용평가회사, 개인사업자신용평가회사, 기업신용조회회사 또는 신용정보집중기관이 개인신용정보를 제2항에 따라 제공하는 경우에는 해당 개인신용정보를 제공받으려는 자가 제2항에 따른 동의를 받았는지를 대통령령으로 정하는 바에 따라 확인하여야 한다.
(2020.2.4 본항개정)
④ 신용정보회사등은 개인신용정보의 제공 및 활용과 관련하여 동의를 받을 때에는 대통령령으로 정하는 바에 따라 서비스 제공을 위하여 필수적 동의사항과 그 밖의 선택적 동의사항을 구분하여 설명한 후 각각 동의를 받아야 한다. 이 경우 필수적 동의사항은 서비스 제공과의 관련성을 설명하여야 하며, 선택적 동의사항은 정보제공에 동의하지 아니할 수 있다는 사실을 고지하여야 한다.
(2015.3.11 본항신설)
⑤ 신용정보회사등은 신용정보주체가 선택적 동의사항에 동의하지 아니한다는 이유로 신용정보주체에게 서비스의 제공을 거부하여서는 아니 된다.(2015.3.11 본항신설)
⑥ 신용정보회사등(제9호의3을 적용하는 경우에는 데이터전문기관을 포함한다)이 개인신용정보를 제공하는 경우로서 다음 각 호의 어느 하나에 해당하는 경우에는 제1항부터 제5항까지를 적용하지 아니한다.(2020.2.4 본문개정)
1. 신용정보회사 및 채권추심회사가 다른 신용정보회사 및 채권추심회사 또는 신용정보집중기관과 서로 집중관리·활용하기 위하여 제공하는 경우(2020.2.4 본호개정)
2. 제17조제2항에 따라 신용정보의 처리를 위탁하기 위하여 제공하는 경우(2020.2.4 본호개정)
3. 영업양도·분할·합병 등의 이유로 권리·의무의 전부 또는 일부를 이전하면서 그와 관련된 개인신용정보를 제공하는 경우
4. 채권추심(추심채권을 추심하는 경우만 해당한다), 인가·허가의 목적, 기업의 신용도 판단, 유가증권의 양수 등 대통령령으로 정하는 목적으로 사용하는 자에게 제공하는 경우
5. 법원의 제출명령 또는 법관이 발부한 영장에 따라 제공하는 경우
6. 범죄 때문에 피해자의 생명이나 신체에 심각한 위험 발생이 예상되는 등 긴급한 상황에서 제5호에 따른 법관의 영장을 발부받을 시간적 여유가 없는 경우로서 검사 또는 사법경찰관의 요구에 따라 제공하는 경우. 이 경우 개인신용정보를 제공받은 검사는 지체 없이 법관에게 영장을 청구하여야 하고, 사법경찰관은 검사에게 신청하여 검사의 청구로 영장을 청구하여야 하며, 개인신용정보를 제공받은 때부터 36시간 이내에 영장을 발부받지 못하면 지체 없이 제공받은 개인신용정보를 폐기하여야 한다.
7. 조세에 관한 법률에 따른 질문·검사 또는 조사를 위하여 관할 관서의 장이 서면으로 요구하거나 조세에 관한 법률에 따라 제출의무가 있는 과세자료의 제공을 요구함에 따라 제공하는 경우
8. 국제협약 등에 따라 외국의 금융감독기구에 금융회사가 가지고 있는 개인신용정보를 제공하는 경우
9. 제2조제1호의4나목 및 다목의 정보를 개인신용평가회사, 개인사업자신용평가회사, 기업신용등급제공업무·기술신용평가업무를 하는 기업신용조회회사 및 신용정보집중기관에 제공하거나 그로부터 제공받는 경우
(2020.2.4 본호개정)
9의2. 통계작성, 연구, 공익적 기록보존 등을 위하여 가명정보를 제공하는 경우. 이 경우 통계작성에는 시장조사 등 상업적 목적의 통계작성을 포함하며, 연구에는 산업적 연구를 포함한다.
9의3. 제17조의2제1항에 따른 정보집합물의 결합 목적으로 데이터전문기관에 개인신용정보를 제공하는 경우
9의4. 다음 각 목의 요소를 고려하여 당초 수집한 목적과 상충되지 아니하는 목적으로 개인신용정보를 제공하는 경우
가. 양 목적 간의 관련성
나. 신용정보회사등이 신용정보주체로부터 개인신용정보를 수집한 경위
다. 해당 개인신용정보의 제공이 신용정보주체에게 미치는 영향
라. 해당 개인신용정보에 대하여 가명처리를 하는 등 신용정보의 보안대책을 적절히 시행하였는지 여부
(2020.2.4 9호의2~9호의4신설)
10. 이 법 및 다른 법률에 따라 제공하는 경우
(2020.2.4 본호개정)
11. 제1호부터 제10호까지의 규정에 준하는 경우로서 대통령령으로 정하는 경우(2020.2.4 본호신설)

⑦ 제6항 각 호에 따라 개인신용정보를 타인에게 제공하려는 자 또는 제공받은 자는 대통령령으로 정하는 바에 따라 개인신용정보의 제공 사실 및 이유 등을 사전에 해당 신용정보주체에게 알려야 한다. 다만, 대통령령으로 정하는 불가피한 사유가 있는 경우에는 인터넷 홈페이지 게재 또는 그 밖에 유사한 방법을 통하여 사후에 알리거나 공시할 수 있다.(2015.3.11 본항개정)
⑧ 제6항제3호에 따라 개인신용정보를 타인에게 제공하는 신용정보제공·이용자로서 대통령령으로 정하는 자는 제공하는 신용정보의 범위 등 대통령령으로 정하는 사항에 관하여 금융위원회의 승인을 받아야 한다.
(2015.3.11 본항개정)
⑨ 제8항에 따른 승인을 받아 개인신용정보를 제공받은 자는 해당 개인신용정보를 금융위원회가 정하는 바에 따라 현재 거래 중인 신용정보주체의 개인신용정보와 분리하여 관리하여야 한다.(2015.3.11 본항신설)
⑩ 신용정보회사등이 개인신용정보를 제공하는 경우에는 금융위원회가 정하여 고시하는 바에 따라 개인신용정보를 제공받는 자의 신원(身元)과 이용 목적을 확인하여야 한다.
⑪ 개인신용정보를 제공한 신용정보제공·이용자는 제1항에 따라 미리 개별적 동의를 받았는지 여부 등에 대한 다툼이 있는 경우 이를 증명하여야 한다.(2015.3.11 본항개정)

제33조【개인신용정보의 이용】 ① 개인신용정보는 다음 각 호의 어느 하나에 해당하는 경우에만 이용하여야 한다.
1. 해당 신용정보주체가 신청한 금융거래 등 상거래관계의 설정 및 유지 여부 등을 판단하기 위한 목적으로 이용하는 경우
2. 제1호의 목적 외의 다른 목적으로 이용하는 것에 대하여 신용정보주체로부터 동의를 받은 경우
3. 개인이 직접 제공한 개인신용정보(그 개인과의 상거래에서 생긴 신용정보를 포함한다)를 제공받은 목적으로 이용하는 경우(상품과 서비스를 소개하거나 그 구매를 권유할 목적으로 이용하는 경우는 제외한다)
4. 제32조제6항 각 호의 경우
5. 그 밖에 제1호부터 제4호까지의 규정에 준하는 경우로서 대통령령으로 정하는 경우
② 신용정보회사등이 개인의 질병, 상해 또는 그 밖에 이와 유사한 정보를 수집·조사하거나 제3자에게 제공하려면 미리 제32조제1항의 각 호의 방식으로 해당 개인의 동의를 받아야 하며, 대통령령으로 정하는 목적으로만 그 정보를 이용하여야 한다.
(2020.2.4 본조개정)
제33조의2【개인신용정보의 전송요구】 ① 개인인 신용정보주체는 신용정보제공·이용자등에 대하여 그가 보유하고 있는 본인에 관한 개인신용정보를 다음 각 호의 어느 하나에 해당하는 자에게 전송하여 줄 것을 요구할 수 있다.
1. 해당 신용정보주체 본인
2. 본인신용정보관리회사
3. 대통령령으로 정하는 신용정보제공·이용자
4. 개인신용평가회사
5. 그 밖에 제1호부터 제4호까지의 규정에서 정한 자와 유사한 자로서 대통령령으로 정하는 자
② 제1항에 따라 개인인 신용정보주체가 전송을 요구할 수 있는 본인에 관한 개인신용정보의 범위는 다음 각 호의 요소를 모두 고려하여 대통령령으로 정한다.
1. 해당 신용정보주체(법령 등에 따라 그 신용정보주체의 신용정보를 처리하는 자를 포함한다. 이하 이 호에서 같다)와 신용정보제공·이용자등 사이에서 처리된 신용정보로서 다음 각 목의 어느 하나에 해당하는 정보일 것
가. 신용정보제공·이용자등이 신용정보주체로부터 수집한 정보
나. 신용정보주체가 신용정보제공·이용자등에게 제공한 정보
다. 신용정보주체와 신용정보제공·이용자등 간의 권리·의무 관계에서 생성된 정보
2. 컴퓨터 등 정보처리장치로 처리된 신용정보일 것
3. 신용정보제공·이용자등이 개인신용정보를 기초로 별도로 생성하거나 가공한 신용정보가 아닐 것
③ 제1항에 따라 본인으로부터 개인신용정보의 전송요구를 받은 신용정보제공·이용자등은 제32조 및 다음 각 호의 어느 하나에 해당하는 법률의 관련 규정에도 불구하고 지체 없이 본인에 관한 개인신용정보를 컴퓨터 등 정보처리장치로 처리가 가능한 형태로 전송하여야 한다.
1. 「금융실명거래 및 비밀보장에 관한 법률」 제4조
2. 「국세기본법」 제81조의13
3. 「지방세기본법」 제86조
4. 「개인정보 보호법」 제18조
5. 그 밖에 제1호부터 제4호까지의 규정에서 정한 규정과 유사한 규정으로서 대통령령으로 정하는 법률의 관련 규정
④ 제1항에 따라 신용정보주체 본인이 개인신용정보의 전송을 요구하는 경우 신용정보제공·이용자등에 대하여 해당 개인신용정보의 정확성 및 최신성이 유지될 수 있도록 정기적으로 같은 내역의 개인신용정보를 전송하여 줄 것을 요구할 수 있다.
⑤ 개인인 신용정보주체가 제1항 각 호의 어느 하나에 해당하는 자에게 제1항에 따른 전송요구를 할 때에는 다음 각 호의 사항을 모두 특정하여 전자문서나 그 밖에 안전성과 신뢰성이 확보된 방법으로 하여야 한다.
1. 신용정보제공·이용자등으로서 전송요구를 받는 자
2. 전송을 요구하는 개인신용정보
3. 전송요구에 따라 개인신용정보를 제공받는 자
4. 정기적인 전송을 요구하는지 여부 및 요구하는 경우 그 주기
5. 그 밖에 제1호부터 제4호까지의 규정에서 정한 사항과 유사한 사항으로서 대통령령으로 정하는 사항
⑥ 제3항에 따라 개인신용정보를 제공한 신용정보제공·이용자등은 제32조제7항 및 다음 각 호의 어느 하나에 해당하는 법률의 관련 규정에도 불구하고 개인신용정보의 전송 사실을 해당 신용정보주체 본인에게 통보하지 아니할 수 있다.
1. 「금융실명거래 및 비밀보장에 관한 법률」 제4조의2
2. 그 밖에 개인신용정보의 처리에 관한 규정으로서 대통령령으로 정하는 법률의 관련 규정
⑦ 개인인 신용정보주체는 제1항에 따른 전송요구를 철회할 수 있다.
⑧ 제1항에 따라 본인으로부터 개인신용정보의 전송요구를 받은 신용정보제공·이용자등은 신용정보주체의 본인 여부가 확인되지 아니하는 경우 등 대통령령으로 정하는 경우에는 전송요구를 거절하거나 전송을 정지·중단할 수 있다.
⑨ 제1항 및 제4항에 따른 전송요구의 방법, 제3항에 따른 전송의 기한 및 방법, 제7항에 따른 전송요구 철회의 방법, 제8항에 따른 거절이나 정지·중단의 방법에 대해서는 대통령령으로 정한다.
(2020.2.4 본조신설)
제34조【개인식별정보의 수집·이용 및 제공】 신용정보회사등이 개인을 식별하기 위하여 필요로 하는 정보로서 대통령령으로 정하는 정보를 수집·이용 및 제공하는 경우에는 제15조, 제32조 및 제33조를 준용한다.
(2020.2.4 본조개정)
제34조의2【개인신용정보 등의 활용에 관한 동의의 원칙】 ① 신용정보회사등은 제15조제2항, 제32조제1항·제2항, 제33조제1항제2호, 제34조에 따라 신용정보주체로부터 동의(이하 "정보활용 동의"라 한다. 이하 이 조 및 제34조의3에서 같다)를 받는 경우 「개인정보 보호법」 제15조제2항, 제17조제2항 및 제18조제3항에 따라 신용정보주체에게 해당 각 조항에서 규정한 사항(이하 이 조에서 "고지사항"이라 한다)을 알리고 정보활용 동의를 받아야 한다. 다만, 동의 방식이나 개인신용정보의 특성 등을 고려하여 대통령령으로 정하는 경우에 대해서는 그러하지 아니하다.
② 대통령령으로 정하는 신용정보제공·이용자는 다음 각 호의 사항을 고려하여 개인인 신용정보주체로부터 정보활용 동의를 받아야 한다.
1. 보다 쉬운 용어나 단순하고 시청각적인 전달 수단 등을 사용하여 신용정보주체가 정보활용 동의 사항을 이해할 수 있도록 할 것
2. 정보활용 동의 사항과 금융거래 등 상거래관계의 설정 및 유지 등에 관한 사항이 명확하게 구분되도록 할 것
3. 정보를 활용하는 신용정보회사등이나 정보활용의 목적별로 정보활용 동의 사항을 구분하여 신용정보주체가 개별적으로 해당 동의를 할 수 있도록 할 것(제32조제4항의 선택적 동의사항으로 한정한다)
③ 대통령령으로 정하는 신용정보제공·이용자는 제1항에도 불구하고 고지사항 중 그 일부를 생략하거나 중요한 사항만을 발췌하여 그 신용정보주체에게 알리고 정보활용 동의를 받을 수 있다. 다만, 개인인 신용정보주체가 고지사항 전부를 알려줄 것을 요청한 경우에는 그러하지 아니하다.
④ 제3항 본문에 따라 고지사항 중 그 일부를 생략하거나 중요한 사항만을 발췌하여 정보활용 동의를 받는 경우에는 같은 항 단서에 따라 신용정보주체에게 고지사항 전부를 별도로 요청할 수 있음을 알려야 한다.
⑤ 제3항 본문에 따른 생략·발췌에 관한 사항, 같은 항 단서에 따른 요청의 방법, 제4항에 따라 알리는 방법에 대해서는 대통령령으로 정한다.
(2020.2.4 본조신설)
제34조의3【정보활용 동의등급】 ① 대통령령으로 정하는 신용정보제공·이용자는 정보활용 동의 사항에 대하여 금융위원회가 평가한 등급(이하 이 조에서 "정보활용 동의등급"이라 한다)을 신용정보주체에게 알리고 정보활용 동의를 받아야 한다. 정보활용 동의 사항 중 대통령령으로 정하는 중요사항을 변경한 경우에도 또한 같다.
② 금융위원회는 제1항에 따른 평가를 할 때 다음 각 호의 사항을 고려하여 정보활용 동의등급을 부여하여야 한다.
1. 정보활용에 따른 사생활의 비밀과 자유를 침해할 위험에 관한 사항(활용되는 개인신용정보가 「개인정보 보호법」 제23조에 따른 민감정보인지 여부를 포함한다)
2. 정보활용에 따라 신용정보주체가 받게 되는 이익이나 혜택
3. 제34조의2제2항제1호 및 제2호의 사항
4. 그 밖에 제1호부터 제3호까지의 규정에서 정한 사항과 유사한 사항으로서 대통령령으로 정하는 사항
③ 금융위원회는 제1항에 따른 신용정보제공·이용자가 거짓이나 그 밖의 부정한 방법으로 정보활용 동의등급을 부여받은 경우, 그 밖에 대통령령으로 정하는 경우에는 부여한 정보활용 동의등급을 취소하거나 변경할 수 있다.
④ 제1항 및 제2항에 따른 정보활용 동의등급의 부여, 제3항에 따른 취소·변경의 방법·절차 등에 대해서는 대통령령으로 정한다.
(2020.2.4 본조신설)
제35조【신용정보 이용 및 제공사실의 조회】 ① 신용정보회사등은 개인신용정보를 이용하거나 제공한 경우 대통령령으로 정하는 바에 따라 다음 각 호의 구분에 따른 사항을 신용정보주체가 조회할 수 있도록 하여야 한다. 다만, 내부 경영관리의 목적으로 이용하거나 반복적인 업무위탁을 위하여 제공하는 경우 등 대통령령으로 정하는 경우에는 그러하지 아니하다.
1. 개인신용정보를 이용한 경우 : 이용 주체, 이용 목적, 이용 날짜, 이용한 신용정보의 내용, 그 밖에 대통령령으로 정하는 사항
2. 개인신용정보를 제공한 경우 : 제공 주체, 제공받은 자, 제공 목적, 제공한 날짜, 제공한 신용정보의 내용, 그 밖에 대통령령으로 정하는 사항
② 신용정보회사등은 제1항에 따라 조회를 한 신용정보주체의 요청이 있는 경우 개인신용정보를 이용하거나 제공하는 때에 제1항 각 호의 구분에 따른 사항을 대통령령으로 정하는 바에 따라 신용정보주체에게 통지하여야 한다.
③ 신용정보회사등은 신용정보주체에게 제2항에 따른 통지를 요청할 수 있음을 알려주어야 한다.
(2015.3.11 본조개정)
제35조의2【개인신용평점 하락 가능성 등에 대한 설명의무】 대통령령으로 정하는 신용정보제공·이용자는 개인인 신용정보주체와 신용위험이 따르는 금융거래로서 대통령령으로 정하는 금융거래를 하는 경우 다음 각 호의 사항을 해당 신용정보주체에게 설명하여야 한다.
1. 해당 금융거래로 인하여 개인신용평가회사가 개인신용평점을 만들어 낼 때 해당 신용정보주체에게 불이익이 발생할 수 있다는 사실
2. 그 밖에 해당 금융거래로 인하여 해당 신용정보주체에게 영향을 미칠 수 있는 사항으로서 대통령령으로 정하는 사항
(2020.2.4 본조신설)
제35조의3【신용정보제공·이용자의 사전통지】 ① 대통령령으로 정하는 신용정보제공·이용자가 제2조제1호다목의 정보 중 개인신용정보를 개인신용평가회사, 개인사업자신용평가회사, 기업신용조회회사 및 신용정보집중기관에 제공하여 그 업무에 이용하게 하는 경우에는 다음 각 호의 사항을 신용정보주체 본인에게 통지하여야 한다.
1. 채권자
2. 약정한 기일까지 채무를 이행하지 아니한 사실에 관한 정보로서 다음 각 목의 정보
가. 금액 및 기산일
나. 해당 정보 등록이 예상되는 날짜
3. 정보 등록시 개인신용평점 또는 기업신용등급이 하락하고 금리가 상승하는 등 불이익을 받을 수 있다는 사실(신용정보집중기관에 등록하는 경우에는 신용정보집중기관이 제3자에게 정보를 제공함으로써 신용정보주체가 불이익을 받을 수 있다는 사실)
4. 그 밖에 제1호부터 제3호까지의 규정에서 정한 사항과 유사한 사항으로서 대통령령으로 정하는 사항
② 제1항에 따른 통지의 시기와 방법 등에 대하여 필요한 사항은 대통령령으로 정한다.
(2020.2.4 본조신설)
제36조【상거래 거절 근거 신용정보의 고지 등】 ① 신용정보제공·이용자가 개인신용평가회사, 개인사업자신용평가회사, 기업신용조회회사(기업정보조회업무만 하는 기업신용조회회사는 제외한다) 및 신용정보집중기관으로부터 제공받은 개인신용정보로서 대통령령으로 정하는 정보에 근거하여 상대방과의 상거래관계 설정을 거절하거나 중지한 경우에는 해당 신용정보주체의 요구가 있으면 그 거절 또는 중지의 근거가 된 정보 등 대통령령으로 정하는 사항을 본인에게 고지하여야 한다.
(2020.2.4 본항개정)
② 신용정보주체는 제1항에 따라 고지받은 본인정보의 내용에 이의가 있으면 제1항에 따른 고지를 받은 날부터 60일 이내에 해당 신용정보를 수집·제공한 개인신용평가회사, 개인사업자신용평가회사, 기업신용조회회사(기업정보조회업무만 하는 기업신용조회회사는 제외한다) 및 신용정보집중기관에게 그 신용정보의 정확성을 확인하도록 요청할 수 있다.(2020.2.4 본항개정)
③ 제2항에 따른 확인절차 등에 관하여는 제38조를 준용한다.
제36조의2【자동화평가 결과에 대한 설명 및 이의제기 등】 ① 개인인 신용정보주체는 개인신용평가회사 및 대통령령으로 정하는 신용정보제공·이용자(이하 이 조에서 "개인신용평가회사등"이라 한다)에 대하여 다음 각 호의 사항을 설명하여 줄 것을 요구할 수 있다.
1. 다음 각 목의 행위에 자동화평가를 하는지 여부
가. 개인신용평가
나. 대통령령으로 정하는 금융거래의 설정 및 유지 여부, 내용의 결정(대통령령으로 정하는 신용정보제공·이용자에 한정한다)
다. 그 밖에 컴퓨터 등 정보처리장치로만 처리하면 개인신용정보 보호를 저해할 우려가 있는 경우로서 대통령령으로 정하는 행위
2. 자동화평가를 하는 경우 다음 각 목의 사항
가. 자동화평가의 결과
나. 자동화평가의 주요 기준
다. 자동화평가에 이용된 기초정보(이하 이 조에서 "기초정보"라 한다)의 개요
라. 그 밖에 가목부터 다목까지의 규정에서 정한 사항과 유사한 사항으로서 대통령령으로 정하는 사항
② 개인인 신용정보주체는 개인신용평가회사등에 대하여 다음 각 호의 행위를 할 수 있다.
1. 해당 신용정보주체에게 자동화평가 결과의 산출에 유리하다고 판단되는 정보의 제출

2. 자동화평가에 이용된 기초정보의 내용이 정확하지 아니하거나 최신의 정보가 아니라고 판단되는 경우 다음 각 목의 어느 하나에 해당하는 행위
가. 기초정보를 정정하거나 삭제할 것을 요구하는 행위
나. 자동화평가 결과를 다시 산출할 것을 요구하는 행위
③ 개인신용평가회사등은 다음 각 호의 어느 하나에 해당하는 경우에는 제1항 및 제2항에 따른 개인인 신용정보주체의 요구를 거절할 수 있다.
1. 이 법 또는 다른 법률에 특별한 규정이 있거나 법령상 의무를 준수하기 위하여 불가피한 경우
2. 해당 신용정보주체의 요구에 따르게 되면 금융거래 등 상거래관계의 설정 및 유지 등이 곤란한 경우
3. 그 밖에 제1호 및 제2호에서 정한 경우와 유사한 경우로서 대통령령으로 정하는 경우
④ 제1항 및 제2항에 따른 요구의 절차 및 방법, 제3항의 거절의 통지 및 그 밖에 필요한 사항은 대통령령으로 정한다.
(2020.2.4 본조신설)

제37조【개인신용정보 제공 동의의 철회권 등】 ① 개인인 신용정보주체는 제32조제1항 각 호의 방식으로 동의를 받은 신용정보제공·이용자에게 개인신용평가회사, 개인사업자신용평가회사 또는 신용정보집중기관에 제공하여 개인의 신용도 등을 평가하기 위한 목적 외의 목적으로 행한 개인신용정보 제공 동의를 대통령령으로 정하는 바에 따라 철회할 수 있다. 다만, 동의를 받은 신용정보제공·이용자 외의 신용정보제공·이용자에게 해당 개인신용정보를 제공하지 아니하면 해당 신용정보주체와 약정한 용역의 제공을 하지 못하게 되는 등 계약 이행이 어려워지거나 제33조제1항제1호에 따른 목적을 달성할 수 없는 경우에는 고객이 동의를 철회하려면 그 용역의 제공을 받지 아니할 의사를 명확하게 밝혀야 한다.
(2020.2.4 본항개정)
② 개인인 신용정보주체는 대통령령으로 정하는 바에 따라 신용정보제공·이용자에 대하여 상품이나 용역을 소개하거나 구매를 권유할 목적으로 본인에게 연락하는 것을 중지하도록 청구할 수 있다.
③ 신용정보제공·이용자는 서면, 전자문서 또는 구두에 의한 방법으로 제1항 및 제2항에 따른 권리의 내용, 행사방법 등을 거래 상대방인 개인에게 고지하고, 거래 상대방이 제1항 및 제2항의 요구를 하면 즉시 이에 따라야 한다. 이 때 구두에 의한 방법으로 이를 고지한 경우 대통령령으로 정하는 바에 따른 추가적인 사후 고지절차를 거쳐야 한다.
④ 신용정보제공·이용자는 대통령령으로 정하는 바에 따라 제3항에 따른 의무를 이행하기 위한 절차를 갖추어야 한다.
⑤ 신용정보제공·이용자는 제2항에 따른 청구에 따라 발생하는 전화요금 등 금전적 비용을 개인인 신용정보주체가 부담하지 아니하도록 대통령령으로 정하는 바에 따라 필요한 조치를 하여야 한다.
(2020.2.4 본조제목개정)

제38조【신용정보의 열람 및 정정청구 등】 ① 신용정보주체는 신용정보회사등에 본인의 신분을 나타내는 증표를 내보이거나 전화, 인터넷 홈페이지의 이용 등 대통령령으로 정하는 방법으로 본인임을 확인받아 신용정보회사등이 가지고 있는 신용정보주체 본인에 관한 신용정보로서 대통령령으로 정하는 신용정보의 교부 또는 열람을 청구할 수 있다.
② 제1항에 따라 자신의 신용정보를 열람한 신용정보주체는 본인 신용정보가 사실과 다른 경우에는 금융위원회가 정하여 고시하는 바에 따라 정정을 청구할 수 있다.
(2020.2.4 본항신설)
③ 제2항에 따라 정정청구를 받은 신용정보회사등은 정정청구에 정당한 사유가 있다고 인정하면 지체 없이 해당 신용정보의 제공·이용을 중단한 후 사실인지를 조사하여 사실과 다르거나 확인할 수 없는 신용정보는 삭제하거나 정정하여야 한다.
④ 제3항에 따라 신용정보를 삭제하거나 정정한 신용정보회사등은 해당 신용정보를 최근 6개월 이내에 제공받은 자와 해당 신용정보주체가 요구하는 자에게 해당 신용정보에서 삭제하거나 정정한 내용을 알려야 한다.
⑤ 신용정보회사등은 제3항 및 제4항에 따른 처리결과를 7일 이내에 해당 신용정보주체에게 알려야 하며, 해당 신용정보주체는 처리결과에 이의가 있으면 대통령령으로 정하는 바에 따라 금융위원회에 그 시정을 요청할 수 있다. 다만, 개인신용정보에 대한 제45조의3제1항에 따른 상거래기업 및 법인의 처리에 대하여 이의가 있으면 대통령령으로 정하는 바에 따라 「개인정보 보호법」에 따른 개인정보 보호위원회(이하 "보호위원회"라 한다)에 그 시정을 요청할 수 있다.
⑥ 금융위원회 또는 보호위원회는 제5항에 따른 시정을 요청받으면 「금융위원회의 설치 등에 관한 법률」 제24조에 따라 설립된 금융감독원의 원장(이하 "금융감독원장"이라 한다) 또는 보호위원회가 지정한 자로 하여금 그 사실 여부를 조사하게 하고, 조사결과에 따라 신용정보회사등에 대하여 시정을 명하거나 그 밖에 필요한 조치를 할 수 있다. 다만, 필요한 경우 보호위원회는 해당 업무를 직접 수행할 수 있다.
⑦ 제6항에 따라 조사를 하는 자는 그 권한을 표시하는 증표를 지니고 이를 관계인에게 내보여야 한다.
⑧ 신용정보회사등이 제6항에 따른 금융위원회 또는 보호위원회의 시정명령에 따라 시정조치를 한 경우에는 그 결과를 금융위원회 또는 보호위원회에 보고하여야 한다.
(2020.2.4 본조개정)

제38조의2【신용조회사실의 통지 요청】 ① 신용정보주체는 개인신용평가회사, 개인사업자신용평가회사에 대하여 본인의 개인신용정보가 조회되는 사실을 통지하여 줄 것을 요청할 수 있다. 이 경우 신용정보주체는 금융위원회가 정하는 방식에 따라 본인임을 확인받아야 한다.
(2020.2.4 전단개정)
② 제1항의 요청을 받은 개인신용평가회사 또는 개인사업자신용평가회사는 명의도용 가능성 등 대통령령으로 정하는 사유에 해당하는 개인신용정보 조회가 발생한 때에는 해당 조회에 따른 개인신용정보의 제공을 중지하고 그 사실을 지체 없이 해당 신용정보주체에게 통지하여야 한다.(2020.2.4 본항개정)
③ 제2항의 정보제공 중지 및 통지 방법, 통지에 따른 비용 부담 등에 필요한 사항은 대통령령으로 정한다.
(2015.3.11 본조신설)

제38조의3【개인신용정보의 삭제 요구】 ① 신용정보주체는 금융거래 등 상거래관계가 종료되고 대통령령으로 정하는 기간이 경과한 경우 신용정보제공·이용자에게 본인의 개인신용정보의 삭제를 요구할 수 있다. 다만, 제20조의2제2항 각 호의 어느 하나에 해당하는 경우에는 그러하지 아니하다.
② 신용정보제공·이용자가 제1항의 요구를 받았을 때에는 지체 없이 해당 개인신용정보를 삭제하고 그 결과를 신용정보주체에게 통지하여야 한다.
③ 신용정보제공·이용자는 신용정보주체의 요구가 제1항 단서에 해당될 때에는 다른 개인신용정보와 분리하는 등 대통령령으로 정하는 바에 따라 관리하여야 하며, 그 결과를 신용정보주체에게 통지하여야 한다.
④ 제2항 및 제3항에 따른 통지의 방법은 금융위원회가 정하여 고시한다.
(2015.3.11 본조신설)

제39조【무료 열람권】 개인인 신용정보주체는 1년 이내로서 대통령령으로 정하는 일정한 기간마다 개인신용평가회사(대통령령으로 정하는 개인신용평가회사는 제외한다)에 대하여 다음 각 호의 신용정보를 1회 이상 무료로 교부받거나 열람할 수 있다.(2020.2.4 본문개정)
1. 개인신용평점
2. 개인신용평점의 산출에 이용된 개인신용정보
3. 그 밖에 제1호 및 제2호에서 정한 정보와 유사한 정보로서 대통령령으로 정하는 신용정보
(2020.2.4 1호~3호신설)

제39조의2【채권자변동정보의 열람 등】 ① 대통령령으로 정하는 신용정보제공·이용자는 개인인 신용정보주체와의 금융거래로서 대통령령으로 정하는 금융거래로 인하여 발생한 채권을 취득하거나 제3자에게 양도하는 경우 해당 채권의 취득·양도·양수 사실에 관한 정보, 그 밖에 신용정보주체의 보호를 위하여 필요한 정보로서 대통령령으로 정하는 정보(이하 이 조에서 "채권자변동정보"라 한다)를 종합신용정보집중기관에 제공하여야 한다.
② 개인인 신용정보주체는 제1항에 따라 종합신용정보집중기관이 제공받아 보유하고 있는 신용정보주체 본인에 대한 채권자변동정보를 교부받거나 열람할 수 있다.
③ 종합신용정보집중기관은 제1항에 따라 제공받은 채권자변동정보를 제25조제1항에 따라 집중관리·활용하는 정보, 그 밖에 대통령령으로 정하는 정보와 대통령령으로 정하는 바에 따라 분리하여 보관하여야 한다.
④ 제1항 및 제2항에 따른 채권자변동정보의 제공 및 열람권 행사의 비용 등에 대해서는 대통령령으로 정한다.
(2020.2.4 본조신설)

제39조의3【신용정보주체의 권리행사 방법 및 절차】 ① 신용정보주체는 다음 각 호의 권리행사(이하 "열람등요구"라 한다)를 서면 등 대통령령으로 정하는 방법·절차에 따라 대리인에게 하게 할 수 있다.
1. 제33조의2제1항에 따른 전송요구
2. 제36조제1항에 따른 고지요구
3. 제36조의2제1항에 따른 설명 요구 및 제2항 각 호의 어느 하나에 해당하는 행위
4. 제37조제1항에 따른 동의 철회 및 제2항에 따른 연락중지 청구
5. 제38조제1항 및 제2항에 따른 열람 및 정정청구
6. 제38조의2제1항에 따른 통지 요청
7. 제39조에 따른 무료열람
8. 제39조의2제2항에 따른 교부 또는 열람
② 만 14세 미만 아동의 법정대리인은 신용정보회사등에 그 아동의 개인신용정보에 대하여 열람등요구를 할 수 있다.
(2020.2.4 본조신설)

제39조의4【개인신용정보 누설통지 등】 ① 신용정보회사등은 개인신용정보가 업무 목적 외로 누설되었음을 알게 된 때에는 지체 없이 해당 신용정보주체에게 통지하여야 한다. 이 경우 통지하여야 할 사항은 「개인정보 보호법」 제34조제1항 각 호의 사항을 준용한다.
(2020.2.4 본문개정)
1.~5. (2020.2.4 삭제)
② 신용정보회사등은 개인신용정보가 누설된 경우 그 피해를 최소화하기 위한 대책을 마련하고 필요한 조치를 하여야 한다.(2020.2.4 본항개정)
③ 신용정보회사등은 대통령령으로 정하는 규모 이상의 개인신용정보가 누설된 경우 제1항에 따른 통지 및 제2항에 따른 조치결과를 지체 없이 금융위원회 또는 대통령령으로 정하는 기관(이하 이 조에서 "금융위원회등"이라 한다)에 신고하여야 한다. 이 경우 금융위원회등은 피해 확산 방지, 피해 복구 등을 위한 기술을 지원할 수 있다.
(2020.2.4 전단개정)
④ 제3항에도 불구하고 제45조의3제1항에 따른 상거래기업 및 법인은 보호위원회 또는 대통령령으로 정하는 기관(이하 이 조에서 "보호위원회등"이라 한다)에 신고하여야 한다.(2020.2.4 본항신설)
⑤ 금융위원회등은 제3항에 따른 신고를 받은 때에는 이를 개인정보 보호위원회에 알려야 한다.(2020.2.4 본항개정)
⑥ 금융위원회등 또는 보호위원회등은 제2항에 따라 신용정보회사등이 행한 조치에 대하여 조사할 수 있으며, 그 조치가 미흡하다고 판단되는 경우 금융위원회 또는 보호위원회는 시정을 요구할 수 있다.(2020.2.4 본항개정)
⑦ 제1항에 따른 통지의 시기, 방법 및 절차 등에 필요한 사항은 대통령령으로 정한다.
(2020.2.4 본조제목개정)
(2015.3.11 본조신설)

제40조【신용정보회사등의 금지사항】 ① 신용정보회사등은 다음 각 호의 행위를 하여서는 아니 된다.
(2020.2.4 본문개정)
1.~3. (2020.2.4 삭제)
4. 특정인의 소재 및 연락처(이하 "소재등"이라 한다)를 알아내는 행위. 다만, 채권추심회사가 그 업무를 하기 위하여 특정인의 소재등을 알아내는 경우 또는 다른 법령에 따라 특정인의 소재등을 알아내는 것이 허용되는 경우에는 그러하지 아니하다.(2020.2.4 본호개정)
5. 정보원, 탐정, 그 밖에 이와 비슷한 명칭을 사용하는 일
6. (2013.5.28 삭제)
7. (2020.2.4 삭제)
② 신용정보회사등이 개인신용정보 또는 개인을 식별하기 위하여 필요한 정보를 이용하여 영리목적의 광고성 정보를 전송하는 경우에 대하여는 「정보통신망 이용촉진 및 정보보호 등에 관한 법률」 제50조를 준용한다.
(2020.2.4 본항신설)

제40조의2【가명처리·익명처리에 관한 행위규칙】 ① 신용정보회사등은 가명처리에 사용한 추가정보를 대통령령으로 정하는 방법으로 분리하여 보관하거나 삭제하여야 한다.
② 신용정보회사등은 가명처리한 개인신용정보에 대하여 제3자의 불법적인 접근, 입력된 정보의 변경·훼손 및 파괴, 그 밖의 위험으로부터 가명정보를 보호하기 위하여 내부관리계획을 수립하고 접속기록을 보관하는 등 대통령령으로 정하는 바에 따라 기술적·물리적·관리적 보안대책을 수립·시행하여야 한다.
③ 신용정보회사등은 개인신용정보에 대한 익명처리가 적정하게 이루어졌는지 여부에 대하여 금융위원회에 그 심사를 요청할 수 있다.
④ 금융위원회가 제3항의 요청에 따라 심사하여 적정하게 익명처리가 이루어졌다고 인정한 경우 더 이상 해당 개인인 신용정보주체를 알아볼 수 없는 정보로 추정한다.
⑤ 금융위원회는 제3항의 심사 및 제4항의 인정 업무에 대해서는 대통령령으로 정하는 바에 따라 제26조의4에 따른 데이터전문기관에 위탁할 수 있다.
⑥ 신용정보회사등은 영리 또는 부정한 목적으로 특정 개인을 알아볼 수 있게 가명정보를 처리하여서는 아니 된다.
⑦ 신용정보회사등은 가명정보를 이용하는 과정에서 특정 개인을 알아볼 수 있게 된 경우 즉시 그 가명정보를 회수하여 처리를 중지하고, 특정 개인을 알아볼 수 있게 된 정보는 즉시 삭제하여야 한다.
⑧ 신용정보회사등은 개인신용정보를 가명처리나 익명처리를 한 경우 다음 각 호의 구분에 따라 조치 기록을 3년간 보존하여야 한다.
1. 개인신용정보를 가명처리한 경우
가. 가명처리한 날짜
나. 가명처리한 정보의 항목
다. 가명처리한 사유와 근거
2. 개인신용정보를 익명처리한 경우
가. 익명처리한 날짜
나. 익명처리한 정보의 항목
다. 익명처리한 사유와 근거
(2020.2.4 본조신설)

제40조의3【가명정보에 대한 적용 제외】 가명정보에 관하여는 제32조제7항, 제33조의2, 제35조, 제35조의2, 제35조의3, 제36조, 제36조의2, 제37조, 제38조, 제38조의2, 제38조의3, 제39조 및 제39조의2부터 제39조의4까지의 규정을 적용하지 아니한다.(2020.2.4 본조신설)

제41조【채권추심회사의 금지 사항】 ① 채권추심회사는 자기의 명의를 빌려주어 타인으로 하여금 채권추심업을 하게 하여서는 아니 된다.
② 채권추심회사는 다른 법령에서 허용된 경우 외에는 상호 중에 "신용정보"라는 표현이 포함된 명칭 이외의 명

칭을 사용하여서는 아니 된다. 다만, 채권추심회사가 신용조회업 또는 「자본시장과 금융투자업에 관한 법률」 제335조의3제1항에 따라 신용평가업인가를 받아 신용평가업을 함께하는 경우에는 그러하지 아니하다.(2013.5.28 단서개정)

제41조의2【모집업무수탁자의 모집경로 확인 등】 ① 신용정보제공·이용자는 본인의 영업을 영위할 목적으로 모집업무(그 명칭과 상관없이 본인의 영업과 관련한 계약체결을 대리하거나 중개하는 업무를 말한다. 이하 같다)를 제3자에게 위탁하는 경우 그 모집업무를 위탁받은 자로서 대통령령으로 정하는 자(이하 "모집업무수탁자"라 한다)에 대하여 다음 각 호의 사항을 확인하여야 한다.
1. 거짓이나 그 밖의 부정한 수단이나 방법으로 취득하거나 제공받은 신용정보(이하 "불법취득신용정보"라 한다)를 모집업무에 이용하였는지 여부
2. 모집업무에 이용한 개인신용정보 등을 취득한 경로
3. 그 밖에 대통령령으로 정하는 사항

② 신용정보제공·이용자는 모집업무수탁자가 불법취득신용정보를 모집업무에 이용한 사실을 확인한 경우 해당 모집업무수탁자와의 위탁계약을 해지하여야 한다.
③ 신용정보제공·이용자는 제2항에 따라 모집업무수탁자와의 위탁계약을 해지한 경우 이를 금융위원회 또는 대통령령으로 정하는 등록기관에 알려야 한다.
④ 제1항에 따른 확인, 제3항에 따른 보고의 시기·방법 등에 필요한 사항은 대통령령으로 정한다.
(2015.3.11 본조신설)

제42조【업무 목적 외 누설금지 등】 ① 신용정보회사등과 제17조제2항에 따라 신용정보의 처리를 위탁받은 자의 임직원이거나 임직원이었던 자(이하 "신용정보업관련자"라 한다)는 업무상 알게 된 타인의 신용정보 및 사생활 등 개인적 비밀(이하 "개인비밀"이라 한다)을 업무 목적 외에 누설하거나 이용하여서는 아니 된다.
② 신용정보회사등과 신용정보업관련자가 이 법에 따라 신용정보회사등에 신용정보를 제공하는 행위는 제1항에 따른 업무 목적 외의 누설이나 이용으로 보지 아니한다.
③ 제1항을 위반하여 누설된 개인비밀을 취득한 자(그로부터 누설된 개인비밀을 다시 취득한 자를 포함한다)는 그 개인비밀이 제1항을 위반하여 누설된 것임을 알게 된 경우 그 개인비밀을 타인에게 제공하거나 이용하여서는 아니 된다.
④ 신용정보회사등과 신용정보업관련자로부터 개인신용정보를 제공받은 자는 그 개인신용정보를 타인에게 제공하여서는 아니 된다. 다만, 이 법 또는 다른 법률에 따라 제공이 허용되는 경우에는 그러하지 아니하다.

제42조의2【과징금의 부과 등】 ① 금융위원회(제45조의3제1항에 따른 상거래기업 및 법인이 다음 각 호의 어느 하나에 해당하는 행위를 한 경우에는 보호위원회를 말한다)는 다음 각 호의 어느 하나에 해당하는 행위가 있는 경우에는 전체 매출액의 100분의 3 이하에 해당하는 금액을 과징금으로 부과할 수 있다. 다만, 제1호에 해당하는 행위가 있는 경우에는 50억원 이하의 과징금을 부과할 수 있다.(2020.2.4 본문개정)
1. 제19조제1항을 위반하여 개인신용정보를 분실·도난·누출·변조 또는 훼손당한 경우(2020.2.4 본호개정)
1의2. 제32조제6항제9호의2에 해당하지 아니함에도 제32조제1항 또는 제2항을 위반하여 신용정보주체의 동의를 받지 아니하고 개인신용정보를 제3자에게 제공한 경우 및 그 사정을 알면서도 영리 또는 부정한 목적으로 개인신용정보를 제공받은 경우(2020.2.4 본호신설)
1의3. 제32조제6항제9호의2 및 제33조제1항제4호에 해당하지 아니함에도 제33조제1항을 위반하여 개인신용정보를 이용한 경우(2020.2.4 본호신설)
1의4. 제40조의2제6항을 위반하여 영리 또는 부정한 목적으로 특정 개인을 알아볼 수 있게 가명정보를 처리한 경우(2020.2.4 본호신설)
2. 제42조제1항을 위반하여 개인비밀을 업무 목적 외에 누설하거나 이용한 경우
3. 제42조제3항을 위반하여 불법 누설된 개인비밀임을 알고 있음에도 그 개인비밀을 타인에게 제공하거나 이용한 경우

② 제1항에 따른 과징금을 부과하는 경우 신용정보회사등이 매출액 산정자료의 제출을 거부하거나 거짓의 자료를 제출한 때에는 해당 신용정보회사등과 비슷한 규모의 신용정보회사등의 재무제표나 그 밖의 회계자료 등의 자료에 근거하여 매출액을 추정할 수 있다. 다만, 매출액이 없거나 매출액의 산정이 곤란한 경우로서 대통령령으로 정하는 경우에는 200억원 이하의 과징금을 부과할 수 있다.
③ 금융위원회 또는 보호위원회는 제1항에 따른 과징금을 부과하려면 다음 각 호의 사항을 고려하여야 한다.
(2020.2.4 본문개정)
1. 위반행위의 내용 및 정도
2. 위반행위의 기간 및 횟수
3. 위반행위로 인하여 취득한 이익의 규모

④ 제1항에 따른 과징금은 제3항을 고려하여 산정하되, 구체적인 산정기준과 산정절차는 대통령령으로 정한다.
⑤ 금융위원회 또는 보호위원회는 제1항에 따른 과징금을 내야 할 자가 납부기한까지 이를 내지 아니하면 납부기한의 다음 날부터 내지 아니한 과징금의 연 100분의 6에 해당하는 가산금을 징수한다. 이 경우 가산금을 징수하는 기간은 60개월을 초과하지 못한다.(2020.2.4 전단개정)
⑥ 금융위원회 또는 보호위원회는 제1항에 따른 과징금을 내야 할 자가 납부기한까지 이를 내지 아니한 경우에는 기간을 정하여 독촉을 하고, 그 지정된 기간에 과징금과 제5항에 따른 가산금을 내지 아니하면 국세 체납처분의 예에 따라 징수한다.(2020.2.4 본항개정)
⑦ 법원의 판결 등의 사유로 제1항에 따라 부과된 과징금을 환급하는 경우에는 과징금을 낸 날부터 환급하는 날까지 연 100분의 6에 해당하는 환급가산금을 지급하여야 한다.
⑧ 신용정보제공·이용자가 위탁계약을 맺고 거래하는 모집인(「여신전문금융업법」 제14조의2제2호에 따른 모집인을 말한다) 등 대통령령으로 정하는 자가 제1항 각 호에 해당하는 경우에는 그 위반행위의 범위에서 해당 신용정보제공·이용자의 직원으로 본다. 다만, 그 신용정보제공·이용자가 그 모집인 등의 위반행위를 방지하기 위하여 상당한 주의와 감독을 다한 경우에는 그러하지 아니하다.
⑨ 그 밖에 과징금의 부과·징수에 관하여 필요한 사항은 대통령령으로 정한다.
(2015.3.11 본조신설)

제43조【손해배상의 책임】 ① 신용정보회사등과 그로부터 신용정보를 제공받은 자가 이 법을 위반하여 신용정보주체에게 손해를 가한 경우에는 해당 신용정보주체에 대하여 그 손해를 배상할 책임이 있다. 다만, 신용정보회사등과 그로부터 신용정보를 제공받은 자가 고의 또는 과실이 없음을 증명한 경우에는 그러하지 아니하다.
(2020.2.4 본항개정)
② 신용정보회사등이나 그 밖의 신용정보 이용자(수탁자를 포함한다. 이하 이 조에서 같다)가 고의 또는 중대한 과실로 이 법을 위반하여 개인신용정보가 누설되거나 분실·도난·누출·변조 또는 훼손되어 신용정보주체에게 피해를 입힌 경우에는 해당 신용정보주체에 대하여 그 손해의 5배를 넘지 아니하는 범위에서 배상할 책임이 있다. 다만, 신용정보회사등이나 그 밖의 신용정보 이용자가 고의 또는 중대한 과실이 없음을 증명한 경우에는 그러하지 아니하다.(2020.2.4 본문개정)
③ 법원은 제2항의 배상액을 정할 때에는 다음 각 호의 사항을 고려하여야 한다.
1. 고의 또는 손해 발생의 우려를 인식한 정도
2. 위반행위로 인하여 입은 피해 규모
3. 위반행위로 인하여 신용정보회사등이나 그 밖의 신용정보 이용자가 취득한 경제적 이익
4. 위반행위에 따른 벌금 및 과징금
5. 위반행위의 기간·횟수 등
6. 신용정보회사등이나 그 밖의 신용정보 이용자의 재산상태
7. 신용정보회사등이나 그 밖의 신용정보 이용자의 개인신용정보 분실·도난·누출 후 해당 개인신용정보 회수 노력의 정도
8. 신용정보회사등이나 그 밖의 신용정보 이용자의 피해구제 노력의 정도

(2015.3.11 본항신설)
④ 채권추심회사 또는 위임직채권추심인이 이 법을 위반하여 「채권의 공정한 추심에 관한 법률」에 따른 채무자 또는 관계인에게 손해를 가한 경우에는 그 손해를 배상할 책임이 있다. 다만, 채권추심회사 또는 위임직채권추심인이 자신에게 고의 또는 과실이 없음을 증명한 경우에는 그러하지 아니하다.(2020.2.4 본문개정)
⑤ 신용정보회사가 자신에게 책임 있는 사유로 의뢰인에게 손해를 가한 경우에는 그 손해를 배상할 책임이 있다.
(2020.2.4 본항개정)
⑥ 제17조제1항에 따라 신용정보의 처리를 위탁받은 자가 이 법을 위반하여 신용정보주체에게 손해를 가한 경우에는 위탁자는 수탁자와 연대하여 그 손해를 배상할 책임이 있다.(2020.2.4 본항개정)
⑦ 위임직채권추심인이 이 법 또는 「채권의 공정한 추심에 관한 법률」을 위반하여 「채권의 공정한 추심에 관한 법률」에 따른 채무자 또는 관계인에게 손해를 가한 경우 채권추심회사는 위임직채권추심인과 연대하여 그 손해를 배상할 책임이 있다. 다만, 채권추심회사가 위임직채권추심인 선임 및 관리에 있어서 자신에게 고의 또는 과실이 없음을 증명한 경우에는 그러하지 아니하다.
(2020.2.4 본항개정)

제43조의2【법정손해배상의 청구】 ① 신용정보주체는 신용정보회사등이나 그로부터 신용정보를 제공받은 자가 이 법의 규정을 위반한 경우에는 신용정보회사등이나 그로부터 신용정보를 제공받은 자에게 제43조에 따른 손해배상을 청구하는 대신 300만원 이하의 범위에서 상당한 금액을 손해액으로 하여 배상을 청구할 수 있다. 이 경우 해당 신용정보회사등이나 그로부터 신용정보를 제공받은 자는 고의 또는 과실이 없음을 입증하지 아니하면 책임을 면할 수 없다.
1.~2. (2020.2.4 삭제)
② 제1항에 따른 손해배상 청구의 변경 및 법원의 손해액 인정에 관하여는 「개인정보 보호법」 제39조의2제2항 및 제3항을 준용한다.
③ (2020.2.4 삭제)
(2020.2.4 본조개정)

제43조의3【손해배상의 보장】 대통령령으로 정하는 신용정보회사등은 제43조에 따른 손해배상책임의 이행을 위하여 금융위원회가 정하는 기준에 따라 보험 또는 공제에 가입하거나 준비금을 적립하는 등 필요한 조치를 하여야 한다.(2015.3.11 본조신설)

제44조【신용정보협회】 ① 신용정보회사, 본인신용정보관리회사 및 채권추심회사는 신용정보 관련 산업의 건전한 발전을 도모하고 신용정보회사, 본인신용정보관리회사 및 채권추심회사 사이의 업무질서를 유지하기 위하여 신용정보협회를 설립할 수 있다.(2020.2.4 본항개정)
② 신용정보협회는 법인으로 한다.
③ 신용정보협회는 정관으로 정하는 바에 따라 다음 각 호의 업무를 한다.
1. 신용정보회사, 본인신용정보관리회사 및 채권추심회사 간의 건전한 업무질서를 유지하기 위한 업무
2. 신용정보 관련 산업의 발전을 위한 조사·연구 업무
3. 신용정보 관련 민원의 상담·처리
(2020.2.4 1호~3호개정)
3의2. 이 법 및 다른 법령에서 신용정보협회가 할 수 있도록 허용한 업무(2020.2.4 본호신설)
4. 그 밖에 대통령령으로 정하는 업무

④ 신용정보협회에 대하여 이 법에서 정한 것을 제외하고는 「민법」 중 사단법인에 관한 규정을 준용한다.

제7장 보 칙

제45조【감독·검사 등】 ① 금융위원회는 신용정보회사등(데이터전문기관을 포함하며, 다음 각 호에 해당하는 자 외의 자로서 대통령령으로 정하는 자는 제외한다. 이하 이 조 및 제45조의2에서 같다)에 대하여 이 법 또는 이 법에 따른 명령의 준수 여부를 감독한다.
1. 신용정보회사 및 채권추심회사
2. 본인신용정보관리회사
3. 신용정보집중기관
4. 신용정보제공·이용자로서 「금융위원회의 설치 등에 관한 법률」 제38조 각 호의 어느 하나에 해당하는 자
5. 제4호 외의 자로서 대통령령으로 정하는 금융업 또는 보험업을 하는 자

(2020.2.4 본항개정)
② 금융위원회는 제1항에 따른 감독에 필요하면 신용정보회사등에 대하여 그 업무 및 재산상황에 관한 보고 등 필요한 명령을 할 수 있다.
③ 금융감독원장은 그 소속 직원으로 하여금 이 법에 따른 신용정보회사등의 업무와 재산상황을 검사하도록 할 수 있다.
④ 금융감독원장은 제3항에 따른 검사에 필요하다고 인정하면 자료의 제출, 관계자의 출석 및 의견의 진술을 신용정보회사등에 요구할 수 있다.
⑤ 제3항에 따라 검사를 하는 자는 그 권한을 표시하는 증표를 지니고 이를 관계인에게 내보여야 한다.
⑥ 금융감독원장은 제3항에 따른 검사를 마치면 그 결과를 금융위원회가 정하는 바에 따라 금융위원회에 보고하여야 한다.
⑦ 금융위원회는 신용정보회사등이 이 법(채권추심회사의 경우에는 「채권의 공정한 추심에 관한 법률」을 포함한다. 이하 이 항에서 같다) 또는 이 법에 따른 명령을 위반하여 신용정보 관련 산업의 건전한 경영과 신용정보주체의 권익을 해칠 우려가 있다고 인정하면 다음 각 호의 어느 하나에 해당하는 조치를 하거나, 금융감독원장으로 하여금 제1호부터 제3호까지의 규정에 해당하는 조치를 하게 할 수 있다.(2020.2.4 본문개정)
1. 신용정보회사등에 대한 주의 또는 경고
2. 임원에 대한 주의 또는 경고
3. 직원에 대한 주의 및 정직, 감봉, 견책 등의 문책 요구
4. 임원에 대한 해임권고, 직무정지 또는 직원에 대한 면직 요구(2017.4.18 본호개정)
5. 위반행위에 대한 시정명령
6. 신용정보제공의 중지

⑧ 금융위원회는 개인신용정보가 유출되는 등 신용질서의 중대한 침해가 발생하지 않도록 관리할 책임을 진다.
(2020.2.4 본항신설)

제45조의2【금융위원회의 조치명령권】 금융위원회는 신용정보주체를 보호하고 건전한 신용질서를 확립하기 위하여 신용정보회사등에 다음 각 호의 사항에 관하여 자료제출, 처리중단, 시정조치, 공시 등 필요한 조치를 명할 수 있다.
1. 신용정보회사등이 보유하는 신용정보에 관한 사항
2. 신용정보의 처리에 관한 사항
3. 신용정보회사등의 업무 개선에 관한 사항
4. 신용정보활용체제의 공시에 관한 사항
5. 그 밖에 신용정보주체 보호 또는 건전한 신용질서 확립을 위하여 필요한 사항으로서 대통령령으로 정하는 사항

(2020.2.4 본조신설)

제45조의3【보호위원회의 자료제출 요구·조사 등】 ① 보호위원회는 다음 각 호의 어느 하나에 해당하는 경우에는 제45조에 따라 금융위원회의 감독을 받지 아니하는 신용정보제공·이용자(이하 "상거래기업 및 법인"이라 한다)에게 관계 물품·서류 등 자료를 제출하게 할 수 있다.

1. 상거래기업 및 법인이 다음 각 목의 규정(이하 "상거래정보보호규정"이라 한다)을 위반하는 사항을 발견하거나 혐의가 있음을 알게 된 경우
가. 제15조 및 제17조
나. 제19조 및 제20조의2
다. 제32조·제33조·제34조·제36조·제37조·제38조·제38조의3·제39조의4·제40조의2 및 제42조
2. 상거래기업 및 법인의 상거래정보보호규정 위반에 대한 신고를 받거나 민원이 접수된 경우
3. 그 밖에 개인신용정보 보호를 위하여 필요한 경우로서 대통령령으로 정하는 경우
② 보호위원회는 상거래기업 및 법인이 제1항에 따른 자료를 제출하지 아니하거나 상거래정보보호규정을 위반한 사실이 있다고 인정되면 소속 공무원으로 하여금 상거래기업 및 법인 및 상거래정보보호규정 위반사실과 관련한 관계인의 사무소나 사업장에 출입하여 업무 상황, 장부 또는 서류 등을 조사하게 할 수 있다. 이 경우 검사를 하는 공무원은 그 권한을 나타내는 증표를 지니고 이를 관계인에게 내보여야 한다.
③ 보호위원회는 제1항에 따라 제출받거나 수집한 서류·자료 등을 이 법에 따른 경우를 제외하고는 제3자에게 제공하거나 일반에게 공개하여서는 아니 된다.
④ 보호위원회는 정보통신망을 통하여 자료의 제출 등을 받은 경우나 수집한 자료 등을 전자화한 경우에는 개인신용정보·영업비밀 등이 유출되지 아니하도록 제도적·기술적 보안조치를 하여야 한다.
(2020.2.4 본조신설)

제45조의4【보호위원회의 시정조치】 보호위원회는 상거래정보보호규정과 관련하여 개인신용정보가 침해되었다고 판단할 상당한 근거가 있고 이를 방치할 경우 회복하기 어려운 피해가 발생할 우려가 있다고 인정되면 상거래기업 및 법인에 대하여 다음 각 호에 해당하는 조치를 명할 수 있다.
1. 개인신용정보 침해행위의 중지
2. 개인신용정보 처리의 일시적인 정지
3. 그 밖에 개인정보의 보호 및 침해 방지를 위하여 필요한 조치
(2020.2.4 본조신설)

제45조의5【개인신용정보 활용·관리 실태에 대한 상시평가】 ① 금융위원회는 대통령령으로 정하는 신용정보회사등이 제20조제6항에 따라 신용정보관리·보호인을 통하여 점검한 결과를 제출받아 확인하고, 그 결과를 점수 또는 등급으로 표시할 수 있다.
② 금융위원회는 제1항에 따라 표시한 점수 또는 등급, 그 밖에 대통령령으로 정하는 사항을 금융감독원장에게 송부하여 제45조제3항에 따른 검사에 활용하도록 할 수 있다.
③ 제1항에 따른 점검결과의 확인 및 점수·등급의 표시, 제2항에 따른 송부의 방법 및 절차 등에 대해서는 금융위원회가 정하여 고시한다.
(2020.2.4 본조신설)

제46조【퇴임한 임원 등에 대한 조치 내용의 통보】 ① 금융위원회(제45조제7항에 따라 조치를 할 수 있는 금융감독원장을 포함한다)는 신용정보회사등에서 퇴임한 임원 또는 퇴직한 직원이 재임 또는 재직 중이었더라면 제45조제7항제2호부터 제4호까지의 규정에 따른 조치 중 어느 하나에 해당하는 조치를 받았을 것으로 인정되는 경우에는 그 조치의 내용을 해당 신용정보회사등의 장에게 통보할 수 있다.
② 제1항에 따른 통보를 받은 신용정보회사등의 장은 이를 퇴임·퇴직한 해당 임직원에게 통보하고, 그 내용을 기록·유지하여야 한다.
(2017.4.18 본조신설)

제47조【업무보고서의 제출】 ① 신용정보회사, 본인신용정보관리회사, 채권추심회사, 신용정보집중기관 및 데이터전문기관은 매 분기의 업무보고서를 매 분기 마지막 달의 다음 달 말일까지 금융감독원장이 정하는 서식에 따라 작성하여 금융감독원장에게 제출하여야 한다.
(2020.2.4 본항개정)
② 제1항에 따른 보고서에는 대표자, 담당 책임자 또는 그 대리인이 서명 또는 기명·날인하여야 한다.
(2020.2.4 본항개정)
③ 제1항에 따른 업무보고서를 작성하기 위한 세부 사항과 그 밖에 필요한 사항은 금융감독원장이 정한다.

제48조【청문】 금융위원회는 다음 각 호의 어느 하나에 해당하는 처분을 하려면 청문을 하여야 한다.
1. 제14조제1항에 따른 신용정보업, 본인신용정보관리업 및 채권추심업의 허가 또는 인가의 취소
2. 제27조제6항에 따른 위임직채권추심인의 등록 취소
(2020.2.4 본조개정)

제49조【권한의 위임·위탁】 이 법에 따른 금융위원회의 권한 중 대통령령으로 정하는 권한은 대통령령으로 정하는 바에 따라 특별시장·광역시장·특별자치시장·도지사·특별자치도지사, 금융감독원장, 종합신용정보집중기관, 데이터전문기관, 신용정보협회, 그 밖에 대통령령으로 정하는 자에게 위임하거나 위탁할 수 있다.
(2020.2.4 본조개정)

제50조【벌칙】 ① 제42조제1항 또는 제3항을 위반한 자는 10년 이하의 징역 또는 1억원 이하의 벌금에 처한다.
② 다음 각 호의 어느 하나에 해당하는 자는 5년 이하의 징역 또는 5천만원 이하의 벌금에 처한다.
1. 제4조제1항을 위반하여 신용정보업, 본인신용정보관리업 또는 채권추심업 허가를 받지 아니하고 신용정보업, 본인신용정보관리업 또는 채권추심업을 한 자
(2020.2.4 본호개정)
2. 거짓이나 그 밖의 부정한 방법으로 제4조제2항 또는 제10조제1항에 따른 허가 또는 인가를 받은 자
3. (2020.2.4 삭제)
4. 제17조제6항을 위반한 자
4의2. 제17조의2제1항을 위반하여 정보집합물을 결합한 자(2020.2.4 본호신설)
5. 권한 없이 제19조제1항에 따른 신용정보전산시스템의 정보를 변경·삭제하거나 그 밖의 방법으로 이용할 수 없게 한 자 또는 권한 없이 신용정보를 검색·복제하거나 그 밖의 방법으로 이용한 자
5의2. 제25조제1항을 위반하여 신용정보집중기관 허가를 받지 아니하고 신용정보집중기관 업무를 한 자
(2020.2.4 본호신설)
5의3. 제27조의2를 위반하여 채권추심회사 외의 자에게 채권추심업무를 위탁한 자(2017.11.28 본호신설)
6. 제32조제1항 또는 제2항(제34조에 따라 준용하는 경우를 포함한다)을 위반한 자 및 그 사정을 알고 개인신용정보를 제공받거나 이용한 자(2020.2.4 본호개정)
7. 제33조(제34조에 따라 준용하는 경우를 포함한다)를 위반한 자
7의2. 제40조의2제6항을 위반하여 영리 또는 부정한 목적으로 특정 개인을 알아볼 수 있게 가명정보를 처리한 자
(2020.2.4 본호신설)
8. 제42조제4항을 위반한 자
③ 다음 각 호의 어느 하나에 해당하는 자는 3년 이하의 징역 또는 3천만원 이하의 벌금에 처한다.
1. 제14조제2항에 따른 업무정지 기간에 업무를 한 자
1의2. 제22조의7제1항제1호를 위반하여 의뢰인에게 허위 사실을 알린 자
1의3. 제22조의7제1항제2호를 위반하여 신용정보에 관한 조사 의뢰를 강요한 자
1의4. 제22조의7제1항제3호를 위반하여 신용정보 조사 대상자에게 조사자료 제공과 답변을 강요한 자
1의5. 제22조의7제1항제4호를 위반하여 금융거래 등 상거래관계 외의 사생활 등을 조사한 자
(2020.2.4 1호의2~1호의5신설)
2. 신용정보집중기관이 아니면서 제25조제6항에 따른 공동전산망을 구축한 자
3. 제40조제1항제4호 본문을 위반하여 특정인의 소재등을 알아낸 자(2020.2.4 본호개정)
3의2. 제40조제1항제5호를 위반하여 정보원, 탐정, 그 밖에 이와 비슷한 명칭을 사용한 자(2020.2.4 본호신설)
4. 제41조제1항을 위반한 자
5. 제41조의2제1항을 위반하여 모집업무수탁자가 불법취득신용정보를 모집업무에 이용하였는지 등을 확인하지 아니한 자
④ 다음 각 호의 어느 하나에 해당하는 자는 1년 이하의 징역 또는 1천만원 이하의 벌금에 처한다.
1. 제9조제1항을 위반하여 금융위원회의 승인 없이 신용정보회사, 본인신용정보관리회사 및 채권추심회사의 주식에 대하여 취득등을 하여 대주주가 된 자
(2020.2.4 본호개정)
1의2. 제9조제2항을 위반하여 승인 신청을 하지 아니한 자(2020.2.4 본호신설)
2. 제9조제3항에 따른 명령을 위반하여 승인 없이 취득한 주식을 처분하지 아니한 자(2020.2.4 본호개정)
3. (2020.2.4 삭제)
4. 제18조제2항을 위반한 자
5. 제20조제2항을 위반한 자
6. 제27조제3항을 위반하여 위임직채권추심인으로 금융위원회에 등록하지 아니하고 채권추심업무를 한 자
7. 제27조제4항을 위반한 자
8. 제27조제5항을 위반하여 추심채권이 아닌 채권을 추심하거나 등록되지 아니한 위임직채권추심인, 다른 채권추심회사의 소속으로 등록된 위임직채권추심인 또는 업무정지 중인 위임직채권추심인을 통하여 채권추심업무를 한 자
9. 제27조제7항에 따른 업무정지 중에 채권추심업무를 한 자
(2015.3.11 본조개정)

제51조【양벌규정】 법인의 대표자나 법인 또는 개인의 대리인, 사용인, 그 밖의 종업원이 그 법인 또는 개인의 업무에 관하여 제50조의 위반행위를 하면 그 행위자를 벌하는 외에 그 법인 또는 개인에게도 해당 조문의 벌금형을 과(科)한다. 다만, 법인 또는 개인이 그 위반행위를 방지하기 위하여 해당 업무에 관하여 상당한 주의와 감독을 게을리하지 아니한 경우에는 그러하지 아니하다.

제52조【과태료】 ① 다음 각 호의 어느 하나에 해당하는 자에게는 1억원 이하의 과태료를 부과한다.
1. 제9조의2제2항을 위반하여 보고를 하지 아니하거나 거짓으로 보고한 자
2. 제9조의2제3항에 따른 금융위원회의 자료 또는 정보의 제공 요구에 따르지 아니하거나 거짓 자료 또는 정보를 제공한 자
(2020.2.4 본항신설)
② 다음 각 호의 어느 하나에 해당하는 자에게는 5천만원 이하의 과태료를 부과한다.
1. 제12조를 위반하여 허가받은 신용정보회사, 본인신용정보관리회사, 채권추심회사 또는 신용정보집중기관이 아님에도 불구하고 상호 또는 명칭 중에 신용정보·신용조사·개인신용평가·신용관리·마이데이터(MyData)·채권추심 또는 이와 비슷한 명칭을 사용한 자(2020.2.4 본호개정)
2. 제15조제2항을 위반한 자
2의2. 제17조의2제2항을 위반하여 가명처리 또는 익명처리가 되지 아니한 상태로 전달한 자(2020.2.4 본호신설)
3. 제19조를 위반한 자
4. 제20조제6항을 위반한 자(2020.2.4 본호개정)
4의2. 제22조의9제3항을 위반하여 신용정보를 수집한 자
(2020.2.4 본호신설)
4의3. 제22조의9제4항 및 제5항을 위반하여 개인신용정보를 전송한 자(2020.2.4 본호신설)
4의4. 채권추심회사 소속 위임직채권추심인이 제27조제9항제1호의 위반행위를 한 경우 해당 채권추심회사. 다만, 채권추심회사가 그 위반행위를 방지하기 위하여 해당 업무에 관한 관리에 상당한 주의를 게을리하지 아니한 경우는 제외한다.(2017.11.28 본호신설)
5. 제32조제4항 또는 제5항(제34조에 따라 준용하는 경우를 포함한다)을 위반한 자
5의2. 제39조의2제3항을 위반하여 분리하여 보관하지 아니한 자(2020.2.4 본호신설)
6. 제41조의2제2항을 위반하여 모집업무수탁업자와 위탁계약을 해지하지 아니한 자
7. 제45조제2항부터 제4항까지의 규정에 따른 명령에 따르지 아니하거나 검사 및 요구를 거부·방해 또는 기피한 자(2017.4.18 본호신설)
8. 제47조를 위반하여 보고서를 제출하지 아니하거나 사실과 다른 내용의 보고서를 제출한 자(2017.4.18 본호신설)
③ 다음 각 호의 어느 하나에 해당하는 자에게는 3천만원 이하의 과태료를 부과한다.
1. 제17조제4항을 위반한 자
2. 제20조제1항 또는 제3항을 위반한 자
2의2. 제20조제3항 및 제4항을 위반하여 신용정보관리·보호인을 지정하지 아니한 자(2020.2.4 본호신설)
3. 제20조의2제2항을 위반한 자
4. 제21조를 위반한 자
4의2. 제22조의4제1항 및 제2항을 위반하여 신용상태를 평가한 자(2020.2.4 본호신설)
4의3. 제22조의4제3항을 위반하여 불공정행위를 한 자
(2020.2.4 본호신설)
4의4. 제22조의5제1항 및 제22조의6제1항을 위반하여 신용상태를 평가한 자(2020.2.4 본호신설)
4의5. 제22조의5제2항을 위반한 자(2020.2.4 본호신설)
4의6. 제22조의5제3항을 위반한 자(2020.2.4 본호신설)
4의7. 제22조의6제2항을 위반한 자(2020.2.4 본호신설)
4의8. 제22조의6제3항을 위반한 자(2020.2.4 본호신설)
4의9. 제22조의9제1항을 위반한 자(2020.2.4 본호신설)
4의10. 제22조의9제2항을 위반한 자(2020.2.4 본호신설)
5. 제23조제5항을 위반한 자
5의2. 채권추심회사 소속 위임직채권추심인이 제27조제9항제2호의 위반행위를 한 경우 해당 채권추심회사. 다만, 채권추심회사가 그 위반행위를 방지하기 위하여 해당 업무에 관한 관리에 상당한 주의를 게을리하지 아니한 경우는 제외한다.(2017.11.28 본호신설)
6. 제32조제8항 또는 제9항(제34조에 따라 준용하는 경우를 포함한다)을 위반한 자
6의2. 제33조의2제3항 또는 제4항을 위반하여 개인신용정보를 전송하지 아니한 자
6의3. 제34조의2제1항을 위반하여 신용정보주체에게 알려야 할 사항을 알리지 아니한 자
6의4. 제34조의2제3항 단서를 위반하여 신용정보주체가 요청하였음에도 불구하고 이에 따르지 아니한 자
6의5. 제34조의2제4항을 위반하여 별도로 요청할 수 있음을 알리지 아니한 자
6의6. 제35조의3제1항을 위반하여 통지하지 아니한 자
(2020.2.4 6호의2~6호의6신설)
7. 제36조제1항 또는 제3항을 위반한 자
7의2. 제36조의2제1항을 위반하여 설명을 하지 아니한 자
(2020.2.4 본호신설)
8. 제37조제3항을 위반한 자
9. 제38조제3항부터 제6항까지 또는 제8항을 위반한 자
(2020.2.4 본호개정)
10. 제38조의2를 위반한 자
11. 제38조의3을 위반한 자
12. 제39조를 위반한 자
13. 제39조의4제1항을 위반하여 신용정보주체에게 같은 항 각 호의 사실을 알리지 아니한 자(2020.2.4 본호개정)

14. 제39조의4제3항을 위반하여 조치결과를 신고하지 아니한 자(2020.2.4 본호개정)
15. 제40조제2항을 위반하여 영리목적의 광고성 정보를 전송하는 행위에 이용한 자(2020.2.4 본호개정)
16. 제40조의2제1항을 위반하여 가명처리에 사용한 추가정보를 분리하여 보관하거나 삭제하지 아니한 자
17. 제40조의2제2항을 위반하여 가명처리한 개인신용정보에 대하여 기술적·물리적·관리적 보안대책을 수립·시행하지 아니한 자
18. 제40조의2제7항을 위반하여 처리를 중지하거나 정보를 즉시 삭제하지 아니한 자
(2020.2.4 16호~18호신설)
④ 제10조제4항 또는 제17조제7항을 위반한 자에게는 2천만원 이하의 과태료를 부과한다.
⑤ 다음 각 호의 어느 하나에 해당하는 자에게는 1천만원 이하의 과태료를 부과한다.
1. 제8조제1항을 위반한 자(2018.12.31 본호개정)
2. 제11조제1항을 위반하여 금융위원회에 신고하지 아니하고 겸영업무를 한 자(2020.2.4 본호개정)
2의2. 제11조의2제1항을 위반하여 금융위원회에 신고하지 아니하고 부수업무를 한 자(2020.2.4 본호신설)
2의3. 제11조의2제8항에 따른 금융위원회의 제한명령 또는 시정명령에 따르지 아니한 자(2020.2.4 본호신설)
2의4. 제13조를 위반하여 금융위원회의 승인 없이 다른 영리법인의 상무에 종사한 자(2020.2.4 본호신설)
3. (2020.2.4 삭제)
4. 제17조제5항을 위반한 자
5. 제18조제1항을 위반한 자
6. 제20조의2제1항·제3항 또는 제4항을 위반한 자
7. 제22조의2를 위반하여 금융위원회에 보고를 하지 아니한 자
7의2. 제22조의6제4항을 위반하여 이용자관리규정을 정하지 아니한 자(2020.2.4 본호신설)
8. 제27조제8항을 위반하여 채권추심업무를 할 때 증표를 내보이지 아니한 자
9. 제31조를 위반한 자
10. 제32조제3항·제7항 또는 제10항(제34조에 따라 준용하는 경우를 포함한다)을 위반한 자
11. 제35조를 위반한 자
11의2. 제35조의2를 위반하여 해당 신용정보주체에게 설명하지 아니한 자(2020.2.4 본호신설)
11의3. 제40조의2제8항을 위반하여 개인신용정보를 가명처리하거나 익명처리한 기록을 보존하지 아니한 자(2020.2.4 본호신설)
12. 제41조의2제3항을 위반하여 위탁계약 해지에 관한 사항을 알리지 아니한 자
13.~14. (2017.4.18 삭제)
⑥ 제1항부터 제5항까지의 규정에 따른 과태료는 대통령령으로 정하는 바에 따라 금융위원회가 부과·징수한다. 다만, 상거래기업 및 법인의 상거래정보보호규정 위반과 관련된 제2항부터 제5항까지의 규정에 따른 과태료 부과는 대통령령으로 정하는 바에 따라 보호위원회가 부과·징수한다.(2020.2.4 본항개정)
⑦ 제2항제4호의2 본문에 해당하는 채권추심회사가 「채권의 공정한 추심에 관한 법률」에 따라 형사처벌을 받은 경우에는 과태료를 부과하지 아니하며, 과태료를 부과한 후 형사처벌을 받은 경우에는 그 과태료 부과를 취소한다.(2020.2.4 본항개정)
(2015.3.11 본조개정)

부 칙

제1조【시행일】 이 법은 공포 후 6개월이 경과한 날부터 시행한다.
제2조【유사명칭 사용에 관한 적용례】 법률 제6428호 신용정보의이용및보호에관한법률중개정법률 시행 전에 그 상호 중에 신용평가 또는 이와 비슷한 명칭을 사용한 자에 대하여는 제12조의 개정규정을 적용하지 아니한다.
제3조【개인신용정보의 제공·활용에 관한 특례】 이 법 시행 전에 개인인 신용정보주체가 제32조제1항의 개정규정에 따른 동의를 받아 개인신용정보를 확인한 후 해당 개인과 금융거래 등 상거래관계를 설정한 경우 그 상거래관계의 유지·관리를 위한 목적으로 해당 신용정보주체에 관한 개인신용정보를 제공받으려는 경우에는 제32조제2항의 개정규정을 적용하지 아니한다.
제4조【신용정보업자에 대한 경과조치】 이 법 시행 당시 종전의 규정에 따라 신용정보업의 허가를 받은 신용정보업자는 이 법에 따라 허가받은 신용정보회사로 본다.
제5조【벌칙 및 과태료에 관한 경과조치】 이 법 시행 전의 행위에 대하여 벌칙을 적용하거나 과태료를 부과하는 경우에는 종전의 규정에 따른다.
제6조【신용조사회사에 대한 경과조치】 ① 법률 제4866호 신용정보의이용및보호에관한법률로 폐지된 「신용조사업법」에 따라 신용조사업의 허가를 받은 자가 제6조제2항제1호의 개정규정의 자본금 요건을 충족하는 경우에는 제5조제1항의 개정규정에도 불구하고 신용조회업 허가를 할 수 있으며, 제6조제2항제2호의 개정규정의 자본금 요건을 충족하는 경우에는 제5조제1항의 개정규정에도 불구하고 채권추심업 허가를 할 수 있다.
② 제1항에 따른 신용조사업의 허가를 받은 자가 그 사업을 양도하려는 경우에는 그 양수인은 제4조제2항의 개정규정에 따라 신용정보업 허가를 받은 법인이어야 한다.
제7조【변경허가에 관한 경과조치】 이 법 시행 당시 종전의 규정에 따라 신용정보업의 변경허가를 받은 자는 제8조의 개정규정에 따라 변경 신고 또는 보고를 한 것으로 본다.
제8조【지배주주 변경승인에 관한 경과조치】 이 법 시행 당시 신용정보회사의 지배주주는 제9조의 개정규정에 따라 지배주주의 변경승인을 받은 것으로 본다.
제9조【신용정보업 종사자의 결격사유에 관한 경과조치】 이 법 시행 당시 신용정보업에 종사하고 있는 자가 이 법 시행 전에 생긴 사유로 제22조제1항, 제27조제1항 및 제28조의 개정규정에 따른 결격사유에 해당하게 된 경우에는 각 개정규정에도 불구하고 종전의 규정에 따른다.
제10조【위임직채권추심인 등록에 관한 경과조치】 채권추심회사는 제27조제5항의 개정규정에도 불구하고 이 법 시행일 현재 제27조제3항의 개정규정에 따라 등록되지 아니한 자사 소속 위임직채권추심인을 통하여 채권추심업무를 할 수 있다. 다만, 이 법 시행일부터 3개월 이내에 제27조제3항의 개정규정에 따른 등록을 하여야 하며 같은 기간 경과 후에는 등록되지 아니한 위임직채권추심인을 통하여 채권추심업무를 하여서는 아니 된다.
제11조【협회 설립 등에 관한 경과조치】 이 법 시행 전 종전의 「민법」에 따라 설립된 사단법인 신용정보협회는 제44조의 개정규정에 따라 설립된 신용정보협회로 본다.
제12조【다른 법률의 개정】 ①~㉔ ※(해당 법령에 가제정리 하였음)
제13조【다른 법령과의 관계】 이 법 시행 당시 다른 법령에서 종전의 「신용정보의 이용 및 보호에 관한 법률」의 규정을 인용한 경우에 이 법 중 그에 해당하는 규정이 있는 경우에는 종전의 규정을 갈음하여 이 법의 해당 규정을 인용한 것으로 본다.

부 칙 (2015.3.11)

제1조【시행일】 이 법은 공포 후 6개월이 경과한 날부터 시행한다. 다만, 제20조의2, 제32조, 제33조제3호, 제34조, 제35조, 제38조의2, 제38조의3의 개정규정은 공포 후 1년이 경과한 날부터 시행한다.
제2조【신용정보회사의 출자요건에 관한 적용례】 제14조제1항제2호의 개정규정은 이 법 시행 후 최초로 주식이 「자본시장과 금융투자업에 관한 법률」 제8조의2제4항제1호에 따른 증권시장에 상장되는 신용정보회사부터 적용한다.
제3조【허가 또는 인가의 취소에 관한 적용례】 제14조제1항제5호의 개정규정은 이 법 시행 후 최초로 업무정지 처분을 받는 신용정보회사부터 적용한다.
제4조【업무정지에 관한 적용례】 ① 제14조제2항제4호 및 제8호의 개정규정은 이 법 시행 후 최초로 위반행위를 한 신용정보회사부터 적용한다.
② 제14조제2항제6호의 개정규정은 이 법 시행 후 최초로 계열회사 등에 신용정보를 제공한 신용조회회사부터 적용한다.
제5조【과징금의 부과에 관한 적용례】 제42조의2의 개정규정은 이 법 시행 후 최초로 위반행위를 한 신용정보회사등부터 적용한다.
제6조【손해배상 책임에 관한 적용례】 제43조의 개정규정은 이 법 시행 후 최초로 신용정보가 유출되어 손해배상 책임을 지는 신용정보회사등이나 그 밖의 신용정보이용자부터 적용한다.
제7조【법정손해배상 책임에 관한 적용례】 제43조의2의 개정규정은 이 법 시행 후 최초로 신용정보가 유출되어 손해배상 책임을 지는 신용정보회사등이나 그 밖의 신용정보 이용자부터 적용한다.
제8조【신용조회회사의 딸린 업무 및 겸업에 관한 경과조치】 ① 이 법 시행 당시 신용조회회사가 종전의 제4조제1항 각 호의 딸린 업무 또는 제11조에 따른 겸업을 하고 있는 경우 이미 체결된 계약에 대하여는 제4조제1항제1호 및 제11조제2항의 개정규정에도 불구하고 이 법 시행 후 3년까지 종전의 규정을 적용한다.
② 신용조회회사는 제4조제1항제1호의 개정규정에도 불구하고 이 법 시행 후 1년 6개월까지 신용정보주체 주소 변경의 통보대행 업무를 수행할 수 있다.
제9조【처리위탁에 관한 경과조치】 이 법 시행 당시 종전의 규정에 따라 신용정보의 처리를 위탁한 경우에는 제17조의 개정규정에도 불구하고 종전의 규정에 따른다.
제10조【개인신용정보의 삭제에 관한 경과조치】 제20조의2제2항의 개정규정 시행 당시 상거래관계 종료일부터 5년이 경과한 개인신용정보를 보유한 신용정보제공·이용자는 같은 개정규정에도 불구하고 같은 개정규정 시행 후 3개월 이내에 해당 개인신용정보를 삭제하여야 한다.
제11조【신용정보집중기관의 등록 등에 관한 경과조치】 ① 이 법 시행 당시 종전의 규정에 따라 등록한 신용정보집중기관은 제25조의 개정규정에 따라 금융위원회의 허가를 받은 것으로 본다. 다만, 해당 신용정보집중기관은 이 법 시행 후 6개월 이내에 이 법에 따른 요건을 갖추어 금융위원회의 허가를 받아야 한다.
② 이 법 시행 당시 종전의 규정에 따라 종합신용정보집중기관에 둔 신용정보협의회는 제26조의 개정규정에 따른 신용정보집중관리위원회로 본다. 다만, 해당 신용정보집중기관은 제1항 단서에 따라 금융위원회에 허가를 신청하기 전까지 제26조의2의 개정규정에 적합하도록 하여야 한다.
제12조【개인신용정보 제공·활용의 동의에 관한 경과조치】 제32조의 개정규정 시행 당시 종전의 규정에 따라 신용정보제공·이용자가 적법하게 제공·활용하고 있는 개인신용정보의 경우에는 같은 개정규정에 따라 동의를 받은 것으로 본다.
제13조【개인식별정보 제공·이용의 동의에 관한 경과조치】 제34조의 개정규정 시행 당시 종전의 규정에 따라 신용정보제공·이용자가 개인식별정보의 제공·이용에 대한 동의를 받은 경우에는 같은 개정규정에 따라 동의를 받은 것으로 본다.
제14조【벌칙과 과태료에 관한 경과조치】 이 법 시행 전의 행위에 대하여 벌칙이나 과태료의 규정을 적용할 때에는 종전의 규정에 따른다.
제15조【다른 법률의 개정】 ①~⑫ ※(해당 법령에 가제정리 하였음)

부 칙 (2017.4.18)

제1조【시행일】 이 법은 공포 후 6개월이 경과한 날부터 시행한다.
제2조【임원 또는 직원의 자격제한에 관한 적용례】 제22조제1항제8호 및 제27조제1항제9호의 개정규정은 이 법 시행 이후 최초로 발생하는 사유로 인하여 임원 또는 직원 자격제한사유에 해당하게 되는 사람부터 적용한다.
제3조【가산금 징수기간에 관한 적용례】 제42조의2제5항 후단의 개정규정은 이 법 시행 전의 납부기한 내에 과징금을 납부하지 아니한 경우에도 적용하되, 이 법 시행 당시 가산금 징수기간이 60개월을 초과한 경우에는 이 법 시행 이후의 기간에 대해서는 가산금을 징수하지 아니한다.
제4조【퇴임한 임원 등에 대한 조치 내용의 통보에 관한 적용례】 제46조의 개정규정은 이 법 시행 전에 위반행위를 한 사람으로서 이 법 시행 이후 퇴임 또는 퇴직한 임직원에 대해서도 적용한다.
제5조【금치산자 등의 결격사유에 관한 경과조치】 이 법 시행 당시 이미 금치산 또는 한정치산의 선고를 받고 법률 제10429호 민법 일부개정법률 부칙 제2조에 따라 금치산 또는 한정치산 선고의 효력이 유지되는 사람에 대해서는 제22조제1항제2호 및 제27조제1항제2호의 개정규정에도 불구하고 종전의 규정에 따른다.
제6조【임원의 직무정지 요구에 관한 경과조치】 이 법 시행 전의 위반행위에 대해서는 제45조제7항제4호의 개정규정에도 불구하고 종전의 규정에 따른다.

부 칙 (2020.2.4 법16957호)

제1조【시행일】 이 법은 공포 후 6개월이 경과한 날부터 시행한다. 다만, 다음 각 호의 구분에 따른 개정규정은 각각 해당 호에서 정하는 날부터 시행한다.
1. 제33조의2, 제34조의2, 제34조의3, 제45조의5 및 제52조제3항제6호의2부터 제6호의5까지의 개정규정 : 이 법 공포 후 1년을 넘지 아니하는 범위에서 대통령령으로 정하는 날
2. 제22조의9제3항부터 제7항까지 및 제52조제2항제4호의2·제4호의3의 개정규정 : 이 법 공포 후 1년 6개월을 넘지 아니하는 범위에서 대통령령으로 정하는 날
제2조【기업신용조회업 허가에 관한 적용례】 제5조제4항의 개정규정은 이 법 시행 이후 기업신용등급제공업무 또는 기술신용평가업무를 하려는 경우로서 해당 업무에 관한 기업신용조회업 허가를 신청하는 경우부터 적용한다.
제3조【대주주의 변경승인 등에 대한 적용례】 제9조의 개정규정은 이 법 시행 이후 최초로 발생한 사유로 해당 개정규정에 따른 대주주의 변경승인 요건 등을 갖추지 못한 경우부터 적용한다.
제4조【최대주주의 자격심사 등에 관한 적용례】 제9조의2의 개정규정은 이 법 시행 이후 최초로 발생한 사유로 적격성 유지요건을 갖추지 못한 경우부터 적용한다.
제5조【임원의 자격요건에 관한 적용례】 제22조제1항·제2항 및 제22조의8의 개정규정은 이 법 시행 이후 최초로 선임(연임을 포함한다)되는 임원부터 적용한다.
제6조【신용정보업 허가 특례】 ① 이 법 공포 당시 신용정보업을 하는 자는 그 하고 있는 업무의 범위에서 제6조제4항의 유지요건을 갖추어 이 법 공포 후 4개월이 경과한 날부터 2개월 이내에 금융위원회에 신고할 수 있다.
② 금융위원회는 제1항에 따른 신고를 받은 경우에는 신고인이 제6조제4항의 유지요건을 갖추었는지를 확인하여 이 법 시행일 전일까지 그 결과를 신고인에게 통보하여야 한다. 이 경우 제6조제4항의 유지요건을 갖춘 것으

로 통보받은 자는 이 법 시행일에 신용정보업 허가를 받은 것으로 본다.
③ 제1항에 따라 신고를 한 자는 제2항에 따라 제6조제4항의 유지요건을 갖추지 아니한 것으로 통보받은 경우에도 이 법 시행 이후 6개월까지는 종전에 영위하고 있는 업무를 할 수 있다. 이 경우 그 업무를 영위하는 범위에서 이 법에 따른 신용정보회사로 본다.
④ 제2항에 따라 통보를 받은 신고인 중 제6조제4항의 유지요건을 갖추지 아니한 것으로 통보받은 자는 이 법 시행일부터 3개월 이내에 그 요건을 갖추어 금융위원회에 다시 신고할 수 있다.
⑤ 금융위원회는 제4항에 따라 신고를 받은 경우에는 신고인이 제6조제4항의 유지요건을 갖추었는지를 확인하여 이 법 시행일부터 6개월 이내에 그 결과를 신고인에게 통보하여야 한다.
제7조【본인신용정보관리업에 관한 경과조치】 이 법 시행 당시 본인신용정보관리업을 하는 자는 이 법 시행 이후 6개월 이내에 이 법에 따른 요건을 갖추어 금융위원회로부터 허가를 받아야 한다.
제8조【임원의 자격요건 변경에 따른 경과조치】 이 법 시행 당시 재임 중인 임원자격에 관하여는 제22조제1항 · 제2항 및 제22조의8의 개정규정에도 불구하고 그 임기가 만료되는 날까지는 종전의 규정에 따른다.
제9조【신용정보활용체제의 공시에 관한 경과조치】 ① 이 법 시행 당시 종전의 규정에 따른 신용정보활용체제의 공시는 제31조제1항의 개정규정에 따른 신용정보활용체제의 공시로 본다.
② 신용정보회사등은 이 법 시행 이후 6개월 이내에 제1항에 따른 신용정보활용체제를 제31조제1항의 개정취지에 맞도록 개정하여야 한다.
제10조【개인신용정보 등의 활용 동의 등에 관한 경과조치】 이 법 시행 당시 종전의 규정에 따라 개인인 신용정보주체로부터 받은 동의는 제34조의2 및 제34조의3의 개정규정에 따라 동의를 받은 것으로 본다.
제11조【벌칙 등에 관한 경과조치】 ① 이 법 시행 전의 행위에 대하여 벌칙 또는 과태료를 적용할 때에는 종전의 규정에 따른다.
② 이 법 시행 전의 행위에 대하여 과징금의 부과처분, 그 밖의 행정처분을 적용할 때는 종전의 규정에 따른다.
제12조【다른 법률의 개정】 ①~㉙ ※(해당 법령에 가제정리 하였음)
제13조【다른 법령과의 관계】 이 법 시행 당시 다른 법령에서 종전의 「신용정보의 이용 및 보호에 관한 법률」의 규정을 인용하고 있는 경우 이 법 중 그에 해당하는 규정이 있을 때에는 종전의 규정을 갈음하여 이 법의 해당 규정을 인용한 것으로 본다.

부　칙 (2020.6.9)

제1조【시행일】 이 법은 공포 후 6개월이 경과한 날부터 시행한다.(이하 생략)

부　칙 (2020.12.29)

제1조【시행일】 이 법은 공포 후 1년이 경과한 날부터 시행한다.(이하 생략)

부　칙 (2021.4.20)

이 법은 공포 후 3개월이 경과한 날부터 시행한다.

부　칙 (2023.3.14)

제1조【시행일】 이 법은 공포 후 6개월이 경과한 날부터 시행한다.(이하 생략)

〔별표〕➡「法典 別册」 참조

신용정보의 이용 및 보호에 관한 법률 시행령

(2009년 10월 1일 전부개정대통령령 제21765호)

개정
2010. 5. 4영22151호(전자정부법시)
2010. 6.28영22220호(무역보험법시)
2010.11. 2영22467호(행정정보이용감축개정령)
2010.11.15영22493호(은행법시)
2011. 1.17영22626호(엔지니어링산업진흥법시)
2011. 8.17영23076호
2012. 1. 6영23488호(민감정보고유식별정보)
2012. 1.25영23535호(한국농수산식품유통공사법시)
2012. 8.31영24076호(전자문서및전자거래기본법시)
2013. 8.27영24697호(자본시장금융투자업시)
2014. 2.11영25155호(국가채권관리법시)
2014. 8. 6영25532호(민감정보고유식별정보)
2014.12.30영25945호(한국산업은행법시)
2015. 6.30영26369호(주택도시기금법시)
2015. 9.11영26517호
2016. 3.11영27037호(예금자보호법시)
2016. 3.29영27070호
2016. 5.31영27205호(기술보증기금법시)
2016. 7. 6영27322호(대부업등의등록및금융이용자보호에관한법시)
2016. 9.22영27511호(서민의금융생활지원에관한법시)
2016.10.25영27556호(수협시)
2017. 1.10영27786호
2017. 6.27영28150호(주민등록시)
2017. 6.27영28152호(농협시)
2017. 9. 5영28283호(금융회사의지배구조에관한법시)
2017.10.17영28387호　2018. 5.28영28918호
2018.10.30영29269호(주식회사등의외부감사에관한법시)
2019. 4. 2영29677호(중소기업진흥시)
2019. 6.25영29892호(주식 · 사채등의전자등록에관한법시)
2019.12.10영30235호(유연한규제혁신)
2020. 8. 4영30893호
2020. 8.11영30934호(벤처투자촉진에관한법시)
2020.12. 8영31221호(소프트웨어진흥법시)
2021.10.21영32091호(자본시장금융투자업시)
2021.12.28영32274호(독점시)
2022. 6. 7영32684호
2022. 6.28영32733호(중소기업창업시)
2023. 6.27영33587호(발명시)
2023.12.12영33913호(행정법제혁신을위한일부개정법령등)
2023.12.19영34011호(벤처투자촉진에관한법시)

제1장 총　칙
(2020.8.4 본장제목신설)

제1조【목적】 이 영은 「신용정보의 이용 및 보호에 관한 법률」에서 위임된 사항과 그 시행에 필요한 사항을 규정함을 목적으로 한다.
제2조【정의】 ① 「신용정보의 이용 및 보호에 관한 법률」(이하 "법"이라 한다) 제2조제1호의2가목1)에서 "대통령령으로 정하는 정보"란 다음 각 호의 정보를 말한다.
1. 전자우편주소
2. 사회 관계망 서비스(Social Network Service) 주소
3. 그 밖에 제1호 및 제2호의 정보와 유사한 정보로서 금융위원회가 정하여 고시하는 정보
(2020.8.4 본항개정)
② 법 제2조제1호의2가목2)에서 "대통령령으로 정하는 정보"란 다음 각 호의 정보(이하 "개인식별번호"라 한다)를 말한다.
1. 「주민등록법」 제7조의2제1항에 따른 주민등록번호
2. 「여권법」 제7조제1항제1호에 따른 여권번호
3. 「도로교통법」 제80조에 따른 운전면허의 면허번호
4. 「출입국관리법」 제31조제5항에 따른 외국인등록번호
5. 「재외동포의 출입국과 법적지위에 관한 법률」 제7조제1항에 따른 국내거소신고번호
(2020.8.4 본항개정)
③ 법 제2조제1호의2가목4)에서 "대통령령으로 정하는 정보"란 다음 각 호의 정보를 말한다.
1. 「정보통신망 이용촉진 및 정보보호 등에 관한 법률」 제23조의3에 따른 본인확인기관이 특정 개인을 고유하게 식별할 수 있도록 부여한 정보
2. 법 제15조제1항 전단에 따른 신용정보회사등(이하 "신용정보회사등"이라 한다)이 개인식별번호를 사용하지 않고 특정 개인을 고유하게 식별하거나 동일한 신용정보주체를 구분하기 위해 부여한 정보
3. 그 밖에 제1호 및 제2호의 정보와 유사한 정보로서 금융위원회가 정하여 고시하는 정보(2022.6.7 본호개정)
(2020.8.4 본항신설)
④ 법 제2조제1호의2나목5)에서 "대통령령으로 정하는 정보"란 다음 각 호의 정보를 말한다.
1. 법인등록번호
2. 「부가가치세법 시행령」 제12조제1항 및 제2항에 따른 등록번호 및 고유번호
3. 그 밖에 제1호 및 제2호의 정보와 유사한 정보로서 금융위원회가 정하여 고시하는 정보
(2020.8.4 본항신설)
⑤ 법 제2조제1호의2나목6)에서 "대통령령으로 정하는 정보"란 다음 각 호의 정보를 말한다.
1. 설립연월일
2. 팩시밀리번호
3. 그 밖에 제1호 및 제2호의 정보와 유사한 정보로서 금융위원회가 정하여 고시하는 정보
(2020.8.4 본항신설)
⑥ 법 제2조제1호의3가목4)에서 "대통령령으로 정하는 거래"란 다음 각 호의 거래를 말한다.
1. 「상호저축은행법」 제2조제6호에 따른 신용공여
2. 「신용협동조합법」 제2조제5호에 따른 대출등
3. 「새마을금고법」 제28조제1항제1호나목에 따른 대출
4. 「대부업 등의 등록 및 금융이용자 보호에 관한 법률」 제6조에 따른 대부계약
5. 「보험업법」 제2조제13호에 따른 신용공여 및 같은 법 제100조제1항제1호에 따른 대출등
6. 「온라인투자연계금융업 및 이용자 보호에 관한 법률」 제2조제1호에 따른 연계대출
7. 그 밖에 제1호부터 제6호까지의 규정에 따른 거래와 유사한 거래로서 다음 각 목 및 제21조제2항 각 호의 기관이 수행하는 거래(2022.6.7 본문개정)
가. 「금융지주회사법」에 따른 금융지주회사
나. 「기술보증기금법」에 따른 기술보증기금
다. 「농업협동조합법」에 따른 농업협동조합
라. 「농업협동조합법」에 따른 농업협동조합중앙회
마. 「농업협동조합법」 제161조의11에 따른 농협은행
바. 「무역보험법」에 따른 한국무역보험공사
사. 「보험업법」에 따른 보험회사
아. 「산림조합법」에 따른 산림조합
자. 「산림조합법」에 따른 산림조합중앙회
차. 「상호저축은행법」에 따른 상호저축은행
카. 「상호저축은행법」에 따른 상호저축은행중앙회
타. 「새마을금고법」에 따른 새마을금고
파. 「새마을금고법」에 따른 새마을금고중앙회
하. 「수산업협동조합법」에 따른 수산업협동조합
거. 「수산업협동조합법」에 따른 수산업협동조합중앙회
너. 「수산업협동조합법」에 따른 수협은행
더. 「신용보증기금법」에 따른 신용보증기금
러. 「신용협동조합법」에 따른 신용협동조합
머. 「신용협동조합법」에 따른 신용협동조합중앙회
버. 「여신전문금융업법」에 따른 여신전문금융회사(「여신전문금융업법」 제3조제3항제1호에 따라 허가를 받거나 등록을 한 자를 포함한다)
서. 「예금자보호법」에 따른 예금보험공사 및 정리금융회사
어. 「은행법」에 따라 인가를 받아 설립된 은행(같은 법 제59조에 따라 은행으로 보는 자를 포함한다)
저. 「자본시장과 금융투자업에 관한 법률」에 따른 금융투자업자 · 증권금융회사 · 종합금융회사 · 자금중개회사 및 명의개서대행회사
처. 「중소기업은행법」에 따른 중소기업은행
커. 「지역신용보증재단법」에 따른 신용보증재단과 그 중앙회
터. 「한국산업은행법」에 따른 한국산업은행
퍼. 「한국수출입은행법」에 따른 한국수출입은행
허. 「한국주택금융공사법」에 따른 한국주택금융공사
고. 외국에서 가목부터 버목까지 및 어목부터 허목까지의 금융기관과 유사한 금융업을 경영하는 금융기관
노. 외국 법령에 따라 설립되어 외국에서 신용정보업 또는 채권추심업을 수행하는 자
(2022.6.7 가목~노목신설)
(2020.8.4 본항신설)
⑦ 법 제2조제1호의3바목에서 "대통령령으로 정하는 정보"란 다음 각 호의 정보를 말한다.
1. 특별법에 따라 설립된 법인 또는 단체로서 다음 각 목의 어느 하나에 해당하는 자(이하 "공제조합등"이라 한다)와 구성원 상호 간에 체결한 공제계약의 종류 · 기간 · 공제료 등에 관한 정보 및 공제금의 청구 · 지급에 관한 정보
가. 공제조합
나. 공제회
다. 그 밖에 가목 및 나목의 법인 또는 단체와 유사한 법인 또는 단체로서 같은 직장 · 직종에 종사하거나 같은 지역에 거주하는 구성원의 상호부조, 복리증진 등을 목적으로 구성되어 공제사업을 하는 법인 또는 단체
2. 「우체국예금 · 보험에 관한 법률」에 따른 보험계약의 종류 · 기간 · 보험료 등에 관한 정보 및 보험금의 청구 · 지급에 관한 정보
3. 다음 각 목의 어느 하나에 해당하는 거래의 종류 · 기간 · 내용 등에 관한 정보
가. 「신용보증기금법」 제2조제2호 · 제7호 및 제8호에 따른 신용보증, 재보증 및 유동화회사보증
나. 「기술보증기금법」 제2조제4호부터 제6호까지 및 제9호에 따른 기술보증, 신용보증, 재보증 및 유동화회사보증
다. 「지역신용보증재단법」 제2조제5호 및 제9호에 따른 신용보증 및 재보증
라. 「무역보험법」 제3조에 따른 무역보험, 같은 법 제3조의2에 따른 공동보험 · 재보험, 같은 법 제53조제1항제2호에 따른 수출신용보증 및 수출용 원자재 수입신용보증

마. 「주택도시기금법」 제26조제1항제2호 및 제4호에 따른 보증
바. 그 밖에 가목부터 마목까지의 규정에 따른 거래와 유사한 거래로서 금융위원회가 정하여 고시하는 거래
4. 법 제2조제1호의3가목1)부터 4)까지의 규정에 따른 거래와 관련된 계약의 청약 및 승낙에 관한 정보
5. 법 제2조제1호의3가목1)부터 4)까지의 규정에 따른 거래로 발생한 채권이 소멸한 사실 및 그 원인에 관한 정보
6. 법 제2조제1호의3 각 목, 이 조 제6항제1호부터 제7호까지의 규정 및 이 항 제3호 각 목에 따른 거래와 관련된 채무의 보증 및 담보에 관한 정보
7. 그 밖에 제1호부터 제6호까지의 규정에 따른 정보와 유사한 정보로서 금융위원회가 정하여 고시하는 정보
(2020.8.4 본항신설)
⑧ 법 제2조제1호의4나목5)에서 "대통령령으로 정하는 정보"란 다음 각 호의 정보를 말한다.
1. 거짓이나 그 밖의 부정한 방법으로 「채무자 회생 및 파산에 관한 법률」에 따른 회생·간이회생·개인회생·파산·면책 및 복권과 관련된 결정 또는 이와 유사한 판결을 받은 사실에 관한 정보
2. 부정한 목적으로 금융거래 등 상거래를 하려는 타인에게 자신의 개인식별정보를 제공한 사실에 관한 정보
3. 그 밖에 제1호 및 제2호의 정보와 유사한 정보로서 금융위원회가 정하여 고시하는 정보
(2020.8.4 본항신설)
⑨ 법 제2조제1호의4다목에서 "대통령령으로 정하는 자"란 다음 각 호의 자를 말한다.
1. 「국세기본법」 제39조제2호에 따른 과점주주(이하 이 항에서 "과점주주"라 한다) 중 최다출자자인 자로서 해당 법인의 경영에 참여하여 법인을 사실상 지배하는 자
2. 과점주주인 동시에 해당 법인의 이사 또는 감사로서 그 법인의 채무에 연대보증을 하고, 해당 법인의 경영에 참여하여 법인을 사실상 지배하는 자
3. 해당 법인의 의결권 있는 발행주식총수 또는 지분총액의 100분의 30 이상을 소유하고 있는 자로서 법인의 경영에 참여하여 법인을 사실상 지배하는 자
4. 해당 법인의 무한책임사원으로서 법인의 경영에 참여하여 법인을 사실상 지배하는 자
(2020.8.4 본항신설)
⑩ 법 제2조제1호의4라목에서 "대통령령으로 정하는 정보"란 다음 각 호의 정보를 말한다.
1. 어음 또는 수표를 지급하기로 한 약정을 이행하지 않은 사실에 관한 정보
2. 그 밖에 금융거래 등 상거래와 관련하여 신용정보주체의 신용도를 판단할 수 있는 사실에 관한 정보로서 금융위원회가 정하여 고시하는 정보
(2020.8.4 본항신설)
⑪ 법 제2조제1호의5다목에서 "대통령령으로 정하는 정보"란 다음 각 호의 정보를 말한다.
1. 기업(사업을 경영하는 개인 및 법인과 이들의 단체를 말한다. 이하 같다) 및 법인의 영업 관련 정보로서 정부조달 실적 또는 수출·수입액 등에 관한 정보
2. 기업 및 법인의 등록 관련 정보로서 설립, 휴업·폐업, 양도·양수, 분할·합병, 주식 또는 지분 변동 등에 관한 정보
3. 기업 및 법인 자산의 구매명세·매출처·매입처, 재고자산의 명세·입출내역 및 재고자산·매출채권의 연령에 관한 정보
(2020.8.4 본항신설)
⑫ 법 제2조제1호의6가목에서 "대통령령으로 정하는 정보"란 다음 각 호의 정보를 말한다.
1. 「민법」에 따른 성년후견·한정후견·특정후견과 관련된 심판에 관한 정보
2. 「민법」에 따른 실종선고와 관련된 심판에 관한 정보
3. 「민사집행법」에 따른 채무불이행자명부의 등재·말소 결정에 관한 정보
4. 「민사집행법」에 따른 경매개시결정·경락허가결정 등 경매와 관련된 결정에 관한 정보
5. 「근로기준법」 제43조의2 및 제43조의3에 따른 체불사업주에 관한 정보
6. 법 또는 다른 법령에 따라 국가 또는 지방자치단체로부터 받은 행정처분 중에서 금융거래 등 상거래와 관련된 처분에 관한 정보
7. 그 밖에 제1호부터 제6호까지의 규정에 따른 정보와 유사한 정보로서 금융위원회가 정하여 고시하는 정보
(2020.8.4 본항신설)
⑬ 법 제2조제1호의6나목에서 "대통령령으로 정하는 정보"란 다음 각 호의 정보를 말한다.
1. 국세·지방세·관세 또는 국가채권의 체납에 관한 정보
2. 벌금·과태료·과징금 또는 추징금 등의 체납에 관한 정보
(2020.8.4 본항신설)
⑭ 법 제2조제1호의6다목에서 "대통령령으로 정하는 정보"란 다음 각 호의 정보를 말한다.
1. 「채무자 회생 및 파산에 관한 법률」에 따른 회생·간이회생·개인회생과 관련된 결정에 관한 정보
2. 「채무자 회생 및 파산에 관한 법률」에 따른 파산·면책·복권과 관련된 결정에 관한 정보
3. 「서민의 금융생활 지원에 관한 법률」에 따른 채무조정에 관한 정보
4. 「기업구조조정 촉진법」 제2조제9호에 따른 채무조정에 관한 정보
5. 「한국자산관리공사 설립 등에 관한 법률」에 따른 한국자산관리공사(이하 "한국자산관리공사"라 한다)의 채무재조정 약정에 관한 정보
6. 그 밖에 제1호부터 제5호까지의 규정에 따른 정보와 유사한 정보로서 금융위원회가 정하여 고시하는 정보
(2020.8.4 본항신설)
⑮ 법 제2조제1호의6사목 본문에 따른 기업 및 법인의 기술과 관련된 기술성·시장성·사업성 등의 평가는 업종, 규모 등 일정한 기준에 따라 기술을 분류하고 거래내용, 신용거래능력 등 기업 및 법인의 정보를 체계적으로 배열하여 평가하는 것으로 한다.(2020.8.4 본항신설)
⑯ 법 제2조제1호의6사목 본문에서 "대통령령으로 정하는 정보"란 기업 및 법인인 신용정보주체의 신용을 판단하기 위하여 기술평가(「기술보증기금법」 제28조제1항제6호의 기술평가를 말한다)를 하고 신용정보와 해당 기업 및 법인의 기술에 관한 정보를 활용함으로써 그 판단의 결과를 기호, 숫자 등을 사용하여 평점 또는 등급으로 표시한 정보, 그 기술의 가액 또는 평가의견 등(이하 "기술신용정보"라 한다)을 말한다.(2020.8.4 본항신설)
⑰ 법 제2조제1호의6아목에서 "대통령령으로 정하는 정보"란 다음 각 호의 정보를 말한다.
1. 「동산·채권 등의 담보에 관한 법률」 등에 따른 담보약정, 동산담보권, 채권담보권 및 지식재산권담보권에 관한 정보
2. 「부동산등기법」에 따른 등기부 및 그 부속서류에 기록되어 있는 사항에 관한 정보
3. 사회보험료·공공요금 또는 수수료 등에 관한 정보
4. 개인의 주민등록 관련 정보로서 출생·사망·이민·부재에 관한 정보 및 주민등록번호·성명의 변경 등에 관한 정보
5. 개인신용평가회사 및 개인사업자신용평가회사의 신용정보 제공기록 또는 신용정보주체의 신용회복 등에 관한 정보로서 금융위원회가 정하여 고시하는 정보
6. 신용정보주체의 신용도 판단에 이용되는 정보를 제3자에게 제공한 신용조회기록
7. 「공장 및 광업재단 저당법」 제2조제2호 및 제3호에 따른 공장재단 및 광업재단에 관한 정보
8. 「상훈법」에 따라 서훈이 확정된 사람에 대한 정보로서 금융위원회가 정하여 고시하는 정보
9. 그 밖에 제1호부터 제8호까지의 규정에 따른 정보와 유사한 정보로서 금융위원회가 정하여 고시하는 정보
(2020.8.4 본항신설)
⑱ 법 제2조제7호에서 "대통령령으로 정하는 자"란 다음 각 호의 자를 말한다.(2022.6.7 본문개정)
1. 「우체국예금·보험에 관한 법률」에 따른 체신관서
2. 「상호저축은행법」에 따른 상호저축은행중앙회
3. 「벤처투자 촉진에 관한 법률」에 따른 벤처투자회사 및 벤처투자조합 및 개인투자조합(2023.12.19 본호개정)
4. 「국채법」에 따른 국채등록기관(2019.6.25 본호개정)
5. 특별법에 따라 설립된 조합·금고 및 그 중앙회·연합회(2015.9.11 본호개정)
6. 특별법에 따라 설립된 공사·공단·은행·보증기금·보증재단 및 그 중앙회·연합회
6의2. 특별법에 따라 설립된 법인 또는 단체로서 다음 각 목의 어느 하나에 해당하는 자
가. 공제조합
나. 공제회
다. 그 밖에 이와 비슷한 법인 또는 단체로서 같은 직장·직종에 종사하거나 같은 지역에 거주하는 구성원의 상호부조, 복리증진 등을 목적으로 구성되어 공제사업을 하는 법인 또는 단체
(2015.9.11 본호신설)
7. 감사인(2015.9.11 본호개정)
8. 그 밖에 금융위원회가 정하여 고시하는 자
⑲ 법 제2조제8호의3가목에서 "대통령령으로 정하는 정보"란 기업신용등급(법 제2조제1호의6마목 본문에 따른 기업신용등급을 말한다) 및 기술신용정보를 말한다.
(2020.8.4 본항신설)
⑳ 법 제2조제8호의3가목에서 "대통령령으로 정하는 방법"이란 신용정보를 금융거래 등 상거래에 활용하도록 하기 위해 신용정보회사가 아닌 자에게 제공하는 방법(공시를 통해 일반 대중에 공개하는 등 금융위원회가 정하여 고시하는 방법은 제외한다)을 말한다.(2020.8.4 본항신설)
㉑ 법 제2조제9호의2 각 목 외의 부분에서 "대통령령으로 정하는 방식"이란 신용정보제공·이용자 또는 「개인정보 보호법」에 따른 공공기관이 보유한 개인신용정보 등을 수집하고 수집된 정보의 전부 또는 일부를 신용정보주체가 조회·열람할 수 있게 하는 방식을 말한다. 다만, 금융위원회가 정하여 고시하는 방식은 제외한다.
(2020.8.4 본항신설)
㉒ 법 제2조제9호의2가목부터 라목까지의 규정에서 "대통령령으로 정하는 정보"란 각각 별표1에 해당하는 정보를 말한다.(2020.8.4 본항신설)
㉓ 법 제2조제9호의2마목에서 "대통령령으로 정하는 정보"란 다음 각 호의 정보를 말한다.
1. 법 제2조제1호의3가목3) 및 4)의 신용정보로서 별표1에 해당하는 정보
2. 그 밖에 금융위원회가 정하여 고시하는 정보
(2020.8.4 본항신설)
㉔ 법 제2조제11호에서 "대통령령으로 정하는 채권"이란 「민사집행법」 제24조·제26조 또는 제56조에 따라 강제집행을 할 수 있는 금전채권을 말한다.
㉕ 법 제2조제18호가목에서 "대통령령으로 정하는 특수한 관계가 있는 자"란 본인과 다음 각 호의 구분에 따른 관계가 있는 자(이하 "특수관계인"이라 한다)를 말한다.
1. 본인이 개인인 경우 : 다음 각 목의 어느 하나에 해당하는 자. 다만, 「독점규제 및 공정거래에 관한 법률 시행령」 제5조제1항제2호가목에 따른 독립경영친족 및 같은 목에 따라 공정거래위원회가 동일인관련자의 범위로부터 분리를 인정하는 자는 제외한다.(2021.12.28 단서개정)
가. 배우자(사실상의 혼인관계에 있는 사람을 포함한다. 이하 같다)
나. 6촌 이내의 혈족
다. 4촌 이내의 인척
라. 양자의 생가(生家)의 직계존속
마. 양자 및 그 배우자와 양가(養家)의 직계비속
바. 혼인 외의 출생자의 생모
사. 본인의 금전이나 그 밖의 재산으로 생계를 유지하는 사람 및 생계를 함께 하는 사람
아. 본인이 혼자서 또는 그와 가목부터 사목까지의 규정에 따른 관계에 있는 사람과 합하여 법인이나 단체에 100분의 30 이상을 출자하거나, 그 밖에 임원의 임면 등 법인이나 단체의 중요한 경영사항에 대해 사실상의 영향력을 행사하고 있는 경우에는 해당 법인 또는 단체와 그 임원(본인이 혼자서 또는 그와 가목부터 사목까지의 규정에 따른 관계에 있는 사람과 합하여 임원의 임면 등의 방법으로 그 법인 또는 단체의 중요한 경영사항에 대해 사실상의 영향력을 행사하고 있지 않음이 본인의 확인서 등을 통해 확인되는 경우에 그 임원은 제외한다)
자. 본인이 혼자서 또는 그와 가목부터 아목까지의 규정에 따른 관계에 있는 자와 합하여 법인이나 단체에 100분의 30 이상을 출자하거나, 그 밖에 임원의 임면 등 법인이나 단체의 중요한 경영사항에 대해 사실상의 영향력을 행사하고 있는 경우에는 해당 법인 또는 단체와 그 임원(본인이 혼자서 또는 그와 가목부터 아목까지의 규정에 따른 관계에 있는 자와 합하여 임원의 임면 등의 방법으로 그 법인 또는 단체의 중요한 경영사항에 대해 사실상의 영향력을 행사하고 있지 않음이 본인의 확인서 등을 통해 확인되는 경우에 그 임원은 제외한다)
2. 본인이 법인이나 단체인 경우 : 다음 각 목의 어느 하나에 해당하는 자
가. 임원
나. 「독점규제 및 공정거래에 관한 법률」 제2조제12호에 따른 계열회사(이하 "계열회사"라 한다) 및 그 임원
(2021.12.28 본목개정)
다. 혼자서 또는 제1호 각 목의 관계에 있는 자와 합하여 본인에게 100분의 30 이상을 출자하거나, 그 밖에 임원의 임면 등 본인의 중요한 경영사항에 대해 사실상의 영향력을 행사하고 있는 개인(그와 제1호 각 목의 관계에 있는 자를 포함한다) 또는 법인(계열회사는 제외한다. 이하 이 호에서 같다), 단체와 그 임원
라. 본인이 혼자서 또는 그와 가목부터 다목까지의 규정에 따른 관계에 있는 자와 합하여 다른 법인이나 단체에 100분의 30 이상을 출자하거나, 그 밖에 임원의 임면 등 다른 법인이나 단체의 중요한 경영사항에 대해 사실상의 영향력을 행사하고 있는 경우에는 해당 법인, 단체와 그 임원(본인이 혼자서 또는 그와 가목부터 다목까지의 규정에 따른 관계에 있는 자와 합하여 임원의 임면 등의 방법으로 그 법인 또는 단체의 중요한 경영사항에 대해 사실상의 영향력을 행사하고 있지 않음이 본인의 확인서 등을 통해 확인되는 경우에 그 임원은 제외한다)
(2020.8.4 본항신설)
㉖ 법 제2조제18호나목2)에서 "대통령령으로 정하는 자"란 다음 각 호의 자를 말한다.
1. 혼자서 또는 다른 주주와의 합의·계약 등에 따라 대표이사 또는 이사의 과반수를 선임한 주주
2. 신용정보회사, 본인신용정보관리회사 및 채권추심회사의 경영전략·조직변경 등 주요 의사결정이나 업무집행에 지배적인 영향력을 행사한다고 인정되는 자로서 금융위원회가 정하여 고시하는 주주
(2020.8.4 본항신설)

제2장 신용정보업 등의 허가 등
(2020.8.4 본장제목신설)

제3조 (2020.8.4 삭제)
제4조【영업의 허가 신청】 법 제4조제2항에 따른 신용정보업, 본인신용정보관리업 및 채권추심업의 허가를 받

으려는 자는 금융위원회가 정하여 고시하는 신청서(전자문서로 된 신청서를 포함한다)에 다음 각 호의 서류를 첨부하여 금융위원회에 제출해야 한다. 이 경우 금융위원회는 「전자정부법」 제36조제1항에 따른 행정정보의 공동이용을 통하여 법인 등기사항증명서를 확인해야 한다.
(2020.8.4 본문개정)
1. 정관
2. 자본금 또는 기본재산의 지분을 적은 서류
3. 재무제표
4. 2년간의 사업계획서 및 예상 수입·지출 계산서
5. 그 밖에 금융위원회가 정하여 고시하는 서류
(2022.6.7 본호개정)

제5조【신용정보업 등의 허가를 받을 수 있는 자】 ① 법 제5조제1항 각 호 외의 부분 단서에서 "대통령령으로 정하는 금융거래에 관한 개인신용정보"란 다음 각 호의 정보를 말한다. 다만, 같은 항 각 호 외의 부분 단서에 따른 전문개인신용평가업(이하 "전문개인신용평가업"이라 한다)이 처리하는 정보에서 다음 각 호의 정보를 제외하는 것이 신용정보주체의 이익을 침해하는 정보로서 전문개인신용평가업의 취지를 훼손하지 않는 범위에서 금융위원회가 정하여 고시하는 정보는 제외한다.
1. 신용정보주체의 거래내용을 판단할 수 있는 정보 중 금융거래와 관련된 정보
2. 신용정보주체의 신용도를 판단할 수 있는 정보 중 금융거래와 관련된 정보
3. 그 밖에 제1호 및 제2호의 정보와 유사한 정보로서 금융위원회가 정하여 고시하는 정보
(2020.8.4 본항신설)
② 법 제5조제1항제1호에서 "대통령령으로 정하는 금융기관"이란 제2조제6항제7호가목, 나목, 라목부터 사목까지, 자목, 카목, 파목, 거목부터 더목까지 및 머목부터 노목까지의 기관을 말한다.(2022.6.7 본항개정)
③ 법 제5조제3항제4호에서 "대통령령으로 정하는 법인"이란 다음 각 호의 법인을 말한다.
1. 「변리사법」 제6조의3에 따라 설립된 특허법인
2. 「공인회계사법」 제24조에 따라 설립된 회계법인
(2020.8.4 본항신설)
(2020.8.4 본조제목개정)

제6조【허가의 세부요건 등】 ① 법 제6조제1항 및 제3항에 따라 신용정보업, 본인신용정보관리업 또는 채권추심업의 허가를 받으려는 자가 갖추어야 할 인력 및 물적 시설의 세부요건은 다음 각 호의 구분에 따른다.
1. 가목부터 다목까지의 규정에 따른 업(業) 중 하나 이상의 업을 하거나 가목부터 다목까지의 규정에 따른 업 중 하나 이상의 업과 라목 또는 마목의 업을 함께 하는 경우 : 제2항제1호 각 목(마목은 제외한다)의 어느 하나에 해당하는 상시고용인력 10명 이상 및 같은 항 제2호에 따른 설비를 갖출 것
가. 개인신용평가업(전문개인신용평가업은 제외한다)
나. 개인사업자신용평가업
다. 기업신용등급제공업무 또는 기술신용평가업무를 하는 기업신용조회업
라. 전문개인신용평가업
마. 기업정보조회업무를 하는 기업신용조회업
2. 전문개인신용평가업만 하는 경우 : 제2항제1호다목·바목·사목의 어느 하나에 해당하는 상시고용인력 5명(법 제6조제2항제1호나목에 따른 전문개인신용평가업만 하는 경우 2명) 이상 및 제2항제2호에 따른 설비를 갖출 것
3. 기업정보조회업무를 하는 기업신용조회업을 하는 경우 : 다음 각 목의 구분에 따른 상시고용인력 및 설비를 갖출 것
가. 전문개인신용평가업을 함께 하지 않는 경우 : 제2항제1호가목·마목·바목·사목의 어느 하나에 해당하는 상시고용인력 2명 이상 및 같은 항 제2호에 따른 설비를 갖출 것
나. 전문개인신용평가업을 함께 하는 경우 : 제2항제1호가목·다목·마목·바목·사목의 어느 하나에 해당하는 상시고용인력 7명(법 제6조제2항제1호나목에 따른 전문개인신용평가업만 함께 하는 경우 4명) 이상 및 제2항제2호에 따른 설비를 갖출 것
4. 신용조사업과 채권추심업을 각각 또는 함께 하는 경우 : 20명 이상의 상시고용인력 및 제2항제2호에 따른 설비를 갖출 것
5. 본인신용정보관리업을 하는 경우 : 제2항제2호에 따른 설비를 갖출 것
② 제1항 각 호(상시고용인력의 경우 같은 항 제4호는 제외한다)에 따른 상시고용인력 및 설비는 다음 각 호의 구분에 따른다.
1. 상시고용인력
가. 공인회계사
나. 변호사, 기술거래사 또는 변리사
다. 3년 이상 신용정보주체에 대한 신용상태를 평가하는 업무에 종사했던 사람
라. 3년 이상 기술에 관한 가치를 평가하는 업무에 종사했던 사람
마. 3년 이상 기업정보조회업무에 종사했던 사람
바. 3년 이상 신용정보 등의 분석에 관한 업무(정보분석 및 정보기획업무 등을 포함한다)에 종사했던 사람
사. 3년 이상 신용정보집중기관에 근무한 경력이 있는 사람
2. 설비 : 신용정보 등의 처리를 적정하게 수행할 수 있다고 금융위원회가 정하여 고시하는 정보처리·정보통신 설비
③ 법 제6조제1항제2호에 따른 사업계획은 다음 각 호의 요건에 적합해야 한다.
1. 수입·지출 전망이 타당하고 실현 가능성이 있을 것
2. 사업계획상의 조직구조 및 관리·운용체계가 사업계획의 추진에 적합하고 이해상충 및 불공정 행위 등으로 신용정보업, 본인신용정보관리업 또는 채권추심업을 건전하게 하는 데에 지장을 주지 않을 것
④ 법 제6조제1항제3호에 따른 대주주는 별표1의2의 요건에 적합해야 한다.
⑤ 법 제6조제2항제1호가목4)에서 "대통령령으로 정하는 자"란 다음 각 호의 자를 말한다.
1. 「도시가스사업법」 제2조제2호에 따른 도시가스사업자
2. 「공공기관의 운영에 관한 법률」 제4조에 따라 지정된 공공기관
3. 그 밖에 제1호 및 제2호의 자와 유사한 자로서 금융위원회가 정하여 고시하는 자
(2020.8.4 본조개정)

제7조【자본금】 법 제6조제2항제2호에서 "대통령령으로 정하는 금액"이란 30억원을 말한다.

제8조【신고 및 보고 사항】 ① 법 제8조제1항 본문에서 "대통령령으로 정하는 사항"이란 다음 각 호의 사항을 말한다.(2020.8.4 본문개정)
1. 자본금 또는 기본재산의 감소
2. 상호 등 정관의 변경
② 법 제8조제1항 단서에서 "대통령령으로 정하는 경미한 사항"이란 다음 각 호의 사항을 말한다.(2020.8.4 본문개정)
1. 대표자 및 임원의 변경
2. 법령의 개정 내용을 반영하거나 법령에 따라 인가·허가받은 내용을 반영하는 사항
3. 정관의 실질적인 내용이 변경되지 아니하는 조문체계의 변경, 자구(字句) 수정 등에 관한 사항

제9조【대주주 변경승인 등】 ① 법 제9조제1항 본문에서 "대통령령으로 정하는 자"란 다음 각 호의 자를 말한다.
1. 법 제2조제18호가목에 따른 최대주주(이하 "최대주주"라 한다)인 법인의 최대주주(최대주주인 법인의 주요 경영사항을 사실상 지배하는 자가 그 법인의 최대주주와 명백히 다른 경우에는 그 사실상 지배하는 자를 포함한다)
2. 최대주주인 법인의 대표자(2020.8.4 본호신설)
(2020.8.4 본항개정)
② 법 제9조제1항 본문에서 "대통령령으로 정하는 법률"이란 다음 각 호의 법률 및 이에 상당하는 외국의 금융관계 법률(이하 "금융관계법률"이라 한다)을 말한다.
1. 「금융회사의 지배구조에 관한 법률」
2. 「금융회사의 지배구조에 관한 법률 시행령」 제5조 각 호의 법률
(2020.8.4 본항신설)
③ 법 제9조제1항 본문에서 "대통령령으로 정하는 요건"이란 별표1의2의 요건을 말한다.(2020.8.4 본항개정)
④ 법 제9조제1항 단서에서 "대통령령으로 정하는 자"란 다음 각 호의 자를 말한다.
1. 국가
2. 「예금자보호법」 제3조에 따라 설립된 예금보험공사
3. 「한국산업은행법」에 따른 한국산업은행(「금융산업의 구조개선에 관한 법률」 제23조의2제1항에 따라 설치된 금융안정기금의 부담으로 주식을 취득하는 경우만 해당한다)
4. 최대주주 또는 그의 특수관계인인 주주로서 신용정보회사, 본인신용정보관리회사 및 채권추심회사의 의결권 있는 발행주식 총수 또는 지분의 100분의 1 미만을 소유하는 자. 다만, 제2조제26항 각 호의 어느 하나에 해당하는 자는 제외한다.
5. 한국자산관리공사
6. 「국민연금법」에 따른 국민연금공단(이하 "국민연금공단"이라 한다)
7. 회사의 합병·분할에 대해 금융관계법률에 따라 금융위원회의 승인을 받은 신용정보회사, 본인신용정보관리회사 및 채권추심회사의 신주를 배정받아 대주주가 된 자
(2020.8.4 본항신설)
⑤ 법 제9조제2항에 따라 대주주 변경승인을 신청하려는 자는 다음 각 호의 구분에 따른 기간 내에 금융위원회에 승인을 신청해야 한다.
1. 기존 주주의 사망에 따른 상속·유증·사인증여로 주식을 취득·양수(실질적으로 해당 주식을 지배하는 것을 말하며, 이하 이 항에서 "취득등"이라 한다)하여 대주주가 되는 경우 : 기존 주주가 사망한 날부터 3개월
2. 담보권의 실행, 대물변제의 수령 또는 그 밖에 이에 준하는 것으로서 금융위원회가 정하여 고시하는 원인으로 주식의 취득등을 하여 대주주가 되는 경우 : 주식취득등을 한 날부터 1개월
3. 다른 주주의 감자(減資) 또는 주식처분 등의 원인으로 대주주가 되는 경우 : 대주주가 된 날부터 1개월
(2020.8.4 본항신설)
⑥ 법 제9조제1항 또는 제2항에 따라 승인을 받으려는 자는 다음 각 호의 사항이 기재된 대주주 변경승인신청서(이하 "변경승인신청서"라 한다)를 금융위원회에 제출해야 한다.
1. 신청인에 관한 사항
2. 대주주가 되기 위해 신용정보회사, 본인신용정보관리회사 및 채권추심회사의 주식을 취득하려는 경우 해당 회사가 발행한 주식의 소유현황
3. 법 제9조제1항에 따라 대주주가 되려는 자가 주식취득 대상 신용정보회사, 본인신용정보관리회사 및 채권추심회사가 발행했거나 발행할 주식을 취득하려는 경우 그 취득계획
4. 그 밖에 승인요건 심사에 필요한 사항으로서 금융위원회가 정하여 고시하는 사항
(2020.8.4 본항개정)
⑦ 변경승인신청서에는 다음 각 호의 구분에 따른 서류를 첨부해야 한다.
1. 대주주가 되려는 자가 법인인 경우
가. 정관
나. 최근 사업연도 말 현재의 재무제표(최근 사업연도 말 이후 6개월이 지난 경우에는 해당 연도의 반기재무제표)
다. 나목에 따른 재무제표에 대한 회계감사인의 감사보고서 및 검토보고서
2. 대주주가 되려는 자가 다음 각 목의 어느 하나에 해당하는 경우
가. 외국 법인인 경우 : 법인 등기사항증명서에 준하는 서류
나. 「금융위원회의 설치 등에 관한 법률」 제38조에 따라 금융감독원의 검사를 받는 기관(「자본시장과 금융투자업에 관한 법률」 제9조제19항제1호에 따른 기관전용 사모집합투자기구 또는 같은 법 제249조의13제1항에 따른 투자목적회사 및 「국가재정법」 제5조에 따른 기금 또는 그 기금을 관리·운용하는 법인은 제외한다. 이하 이 조 및 제9조의2에서 "금융기관"이라 한다)인 경우 : 그 금융기관에 적용되는 재무건전성 기준에 따라 산출한 재무상태와 이에 대한 회계감사인의 검토보고서(2021.10.21 본목개정)
다. 「독점규제 및 공정거래에 관한 법률」에 따른 상호출자제한기업집단 및 채무보증제한기업집단 또는 전년말 현재 금융기관으로부터의 신용공여 잔액이 전전년말 현재 금융기관의 전체 신용공여잔액 대비 100,000분의 75 이상인 계열기업군에 속하는 경우(이하 "주채무계열"이라 한다)에 속하는 경우 : 부채비율 산출명세서 및 회계법인의 확인서
3. 그 밖에 승인요건의 심사에 필요한 서류로서 금융위원회가 정하여 고시하는 서류
(2020.8.4 본항신설)
⑧ 제6항에 따라 변경승인신청서를 제출받은 금융위원회는 「전자정부법」 제36조제1항에 따른 행정정보의 공동이용을 통하여 다음 각 호의 행정정보를 확인해야 한다. 다만, 제2호 서류의 경우에는 신청인이 확인에 동의하지 않으면 주민등록표 등본 또는 사업자등록증 사본을 첨부하도록 해야 한다.(2020.8.4 본문개정)
1. 법인 등기사항증명서(신청인이 국내 법인인 경우만 해당한다)(2020.8.4 본호개정)
2. 주민등록표 등본 또는 사업자등록증
3. 주식취득 대상 신용정보회사, 본인신용정보관리회사 및 채권추심회사의 법인 등기사항증명서(2020.8.4 본호개정)
(2011.8.17 본항개정)
⑨ 금융위원회는 제6항에 따라 변경승인신청서를 제출받은 경우에는 그 내용을 심사하여 60일 이내에 승인 여부를 결정하고, 그 결과와 이유를 지체 없이 신청인에게 문서로 통지해야 한다. 이 경우 변경승인신청서에 흠이 있는 경우에는 보완을 요구할 수 있다.(2020.8.4 본항개정)
⑩ 제9항에 따른 심사기간을 계산할 때 변경승인신청서 흠의 보완기간 등 금융위원회가 정하여 고시하는 기간은 심사기간에 넣지 않는다.(2020.8.4 본항개정)
⑪ 금융위원회는 법 제9조제3항에 따라 주식의 처분을 명하는 경우에는 처분 대상 주식의 수, 처분 기한 등을 명시한 서면으로 해야 한다.(2020.8.4 본항개정)
⑫ 제1항부터 제11항까지의 규정에 따른 변경승인에 관한 세부 사항은 금융위원회가 정하여 고시한다.(2020.8.4 본항개정)
(2020.8.4 본조제목개정)

제9조의2【최대주주의 자격심사 등】 ① 법 제9조의2제1항 본문에서 "대통령령으로 정하는 개인신용평가회사"란 전문개인신용평가회사를 제외한 개인신용평가회사를 말한다.
② 법 제9조의2제1항 단서에서 "대통령령으로 정하는 최다출자자"란 순환출자 구조의 법인이 속한 기업집단(「독점규제 및 공정거래에 관한 법률」 제2조제11호에 따른 기업집단을 말한다)의 동일인(같은 호에 따른 동일인을 말한다) 또는 그 밖에 이에 준하는 자로서 금융위원회가 정하는 자를 말한다. 다만, 동일인이 법인인 경우에는 그

법인의 최대주주 중 최다출자자 1인을 말하며, 그 최다출자자 1인도 법인인 경우에는 최다출자자 1인이 개인이 될 때까지 같은 방법으로 선정한다.(2021.12.28 본문개정)

③ 법 제9조의2제1항 단서에서 "대통령령으로 정하는 기간"이란 2년을 말한다. 다만, 다음 각 호의 어느 하나에 해당하는 경우에는 금융위원회가 2년의 범위에서 정하여 고시하는 기간을 말한다.

1. 법 제9조의2제1항 본문에 따른 심사대상회사(이하 "심사대상회사"라 한다)가 같은 조 제2항에 따라 금융위원회에 보고하는 경우
2. 법 제9조의2제1항 단서에 따른 적격성 심사대상(이하 "적격성 심사대상"이라 한다)과 심사대상회사의 불법거래 징후가 있는 등 특별히 필요하다고 인정하는 경우

④ 법 제9조의2제1항 단서에서 "대통령령으로 정하는 법률"이란 금융관계법률을 말한다.

⑤ 법 제9조의2제1항 단서에서 "대통령령으로 정하는 요건"이란 다음 각 호의 요건(이하 "적격성 유지요건"이라 한다)을 말한다.

1. 「금융회사의 지배구조에 관한 법률」 제5조제1항제1호·제2호·제5호·제6호 및 제7호에 해당하지 않을 것
2. 다음 각 목의 요건을 모두 충족할 것. 다만, 그 위반 등의 정도가 경미하다고 인정되거나 해당 심사대상회사의 건전한 업무 수행을 어렵게 한다고 볼 수 없는 경우는 제외한다.
   가. 최근 5년간 금융관계법률 또는 「조세범 처벌법」을 위반하여 벌금형 이상에 상당하는 형사처벌을 받은 사실이 없을 것
   나. 「금융산업의 구조개선에 관한 법률」 제2조제2호에 따른 부실금융기관으로 지정되었거나 금융관계법률에 따라 영업의 허가·인가·등록 등이 취소된 금융기관의 대주주 또는 그 특수관계인이 아닐 것. 다만, 법원의 판결에 따라 부실책임이 없다고 인정된 자 또는 부실에 따른 경제적 책임을 부담하는 등 금융위원회가 정하여 고시하는 기준에 해당하는 자는 제외한다.
   다. 최근 5년간 부도발생 및 그 밖에 이에 준하는 사유로 은행거래정지처분을 받은 사실이 없을 것
   라. 최근 3년간 법 제25조제2항제1호에 따른 종합신용정보집중기관(이하 "종합신용정보집중기관"이라 한다)에 법 제2조제1호의4 각 목의 정보의 주체로 등록된 사실이 없을 것
   마. 최근 5년간 「채무자 회생 및 파산에 관한 법률」에 따른 회생절차 또는 파산절차를 진행 중인 기업의 최대주주 또는 주요주주로서 해당 기업을 회생절차 또는 파산절차에 이르게 한 책임이 인정되지 않고 이에 직접 또는 간접으로 관련된 사실이 없을 것

⑥ 심사대상회사는 법 제9조의2제2항에 따라 적격성 심사대상이 적격성 유지요건을 충족하지 못하는 사유가 발생한 사실을 알게 된 경우에는 그 사실을 알게 된 날부터 7영업일 이내에 다음 각 호의 사항을 금융위원회에 보고해야 한다.

1. 적격성 심사대상이 충족하지 못하는 적격성 유지요건의 내용 및 충족하지 못하게 된 사유
2. 향후 적격성 유지요건 충족 가능 여부
3. 적격성 심사대상과 해당 심사대상회사의 거래 관계

⑦ 금융위원회가 법 제9조의2제3항에 따라 해당 심사대상회사 또는 해당 적격성 심사대상에게 다음 각 호의 구분에 따른 자료 또는 정보의 제출을 요구하는 경우 해당 심사대상회사 또는 해당 적격성 심사대상은 10영업일 이내에 자료 또는 정보를 제출해야 하며, 제출하기 어려운 경우에는 그 사유를 소명해야 한다.

1. 심사대상회사 : 해당 심사대상회사 또는 그 최대주주 중 최다출자자 1인인 법인 등의 주주명부, 해당 적격성 심사대상 및 그 특수관계인에 대한 정보
2. 적격성 심사대상 : 주식예탁증서, 주식실물 사본, 특수관계인 범위 확인에 필요한 자료
3. 그 밖에 심사에 필요한 자료 또는 정보로서 금융위원회가 정하는 자료 또는 정보

⑧ 법 제9조의2제4항제3호에서 "대통령령으로 정하는 조치"란 다음 각 호의 조치를 말한다.

1. 적격성 심사대상의 적격성 유지조건을 충족하지 못하는 사유 및 법 제9조의2제4항제1호 및 제2호의 조치와 관련한 사항을 해당 심사대상회사의 주주 및 금융소비자들이 알 수 있도록 인터넷 홈페이지 등에 공시
2. 그 밖에 심사대상회사의 경영건전성을 위하여 필요하다고 인정되는 조치로서 금융위원회가 정하여 고시하는 조치

⑨ 법 제9조의2제5항 각 호 외의 부분에서 "대통령령으로 정하는 기간"이란 5년을 말한다. 다만, 적격성 심사대상의 법령 위반 정도를 고려하여 필요하다고 인정하는 경우에는 금융위원회가 5년의 범위에서 정하여 고시하는 기간을 말한다.

⑩ 법 제9조의2제5항제2호에서 "대통령령으로 정하는 경우"란 다음 각 호의 어느 하나에 해당하는 경우를 말한다. 다만, 제2호 및 제3호는 그 사실이 발생한 날부터 1개월 이내에 그 사실이 해소된 경우는 제외한다.

1. 제5항제2호나목의 요건을 충족하지 못하는 경우
2. 최근 5년간 부도발생 및 그 밖에 이에 준하는 사유로 인해 은행거래정지처분을 받은 경우
3. 최근 3년간 종합신용정보집중기관에 법 제2조제1호의4 각 목의 정보의 주체로 등록된 경우

⑪ 제1항부터 제10항까지의 규정에 따른 적격성 심사에 관한 세부 사항은 금융위원회가 정하여 고시한다.
(2020.8.4 본조신설)

제10조【신용정보업 등의 양도·양수 등의 인가】 ① 금융위원회는 법 제10조제1항에 따라 신용정보업, 본인신용정보관리업 및 채권추심업의 양도·양수 또는 분할이나 합병의 인가를 하려는 경우에는 다음 각 호의 구분에 따른 기준에 적합한지를 심사해야 한다.(2020.8.4 본문개정)

1. 양도의 경우
   가. 해당 신용정보회사, 본인신용정보관리회사 및 채권추심회사의 경영 및 재무 상태 등에 비추어 부득이한 경우일 것(2020.8.4 본목개정)
   나. 신용정보주체의 보호 및 건전한 신용질서 유지에 지장을 주지 않을 것
   다. 「상법」 및 그 밖의 관계 법령에 따른 절차 이행에 하자가 없을 것
2. 양수·분할·합병의 경우
   가. 신용정보업, 본인신용정보관리업 및 채권추심업의 효율화 및 건전한 신용질서의 유지에 지장을 주지 않을 것(2020.8.4 본목개정)
   나. 사업의 양수·분할·합병에 따른 영업계획 및 조직운영계획이 적절할 것
   다. 사업의 양수·분할·합병에 따른 신용정보회사, 본인신용정보관리회사 및 채권추심회사의 소유구조 변경이 법령에 적합할 것(2020.8.4 본목개정)
   라. 「상법」 및 그 밖의 관계 법령에 따른 절차 이행에 하자가 없을 것

② 금융위원회는 법 제10조제1항에 따른 인가의 세부요건, 신청서류, 그 밖에 필요한 사항을 정하여 고시할 수 있다.
(2020.8.4 본조제목개정)

제11조【겸영업무】 ① 법 제11조제2항제4호에서 "대통령령으로 정하는 업무"란 다음 각 호의 업무를 말한다.

1. 본인신용정보관리업
2. 전자문서중계 업무 및 「전자문서 및 전자거래 기본법」 제31조의18에 따른 공인전자문서중계자의 업무
3. 전문개인신용평가업의 경우 금융관계법률 외의 법률(이하 "비금융법률"이라 한다)에서 금지하지 않는 업무(비금융법률에 따라 행정관청의 인가·허가·등록 및 승인 등의 조치가 있는 경우 할 수 있는 업무로서 해당 행정관청의 인가·허가·등록 및 승인 등의 조치가 있는 경우를 포함한다)
4. 「클라우드컴퓨팅 발전 및 이용자 보호에 관한 법률」 제2조제3호에 따른 클라우드컴퓨팅서비스를 제공하는 자(이하 "클라우드컴퓨팅서비스 제공자"라 한다)의 업무
5. 그 밖에 금융위원회가 정하여 고시하는 업무

② 법 제11조제3항제4호에서 "대통령령으로 정하는 업무"란 다음 각 호의 업무를 말한다.

1. 「여신전문금융업법」 제2조제15호에 따른 여신전문금융회사의 경우 같은 법 제46조제1항 각 호에 따른 업무
2. 본인신용정보관리업
3. 클라우드컴퓨팅서비스 제공자의 업무
4. 그 밖에 금융위원회가 정하여 고시하는 업무

③ 법 제11조제4항제3호에서 "대통령령으로 정하는 업무"란 다음 각 호의 업무를 말한다.

1. 「기술의 이전 및 사업화 촉진에 관한 법률」 제10조에 따른 기술거래기관의 사업(기술신용평가업무를 하는 기업신용조회회사에 한정한다)
2. 「기술의 이전 및 사업화 촉진에 관한 법률」 제12조에 따른 사업화 전문회사의 업무(기술신용평가업무를 하는 기업신용조회회사에 한정한다)
3. 「기술의 이전 및 사업화 촉진에 관한 법률」 제35조에 따른 기술평가기관의 업무(기술신용평가업무를 하는 기업신용조회회사에 한정한다)
4. 「발명진흥법」 제28조제1항에 따른 발명 등의 평가 업무(2023.6.27 본호개정)
5. 「특허법」 제58조제1항에 따른 선행기술의 조사 업무
6. 클라우드컴퓨팅서비스 제공자의 업무
7. 본인신용정보관리업
8. 기업정보조회업무만을 하는 기업신용조회업의 경우 비금융법률이 금지하지 않는 업무(비금융법률에 따라 행정관청의 인가·허가·등록 및 승인 등의 조치가 있는 경우 할 수 있는 업무로서 해당 행정관청의 인가·허가·등록 및 승인 등의 조치가 있는 경우를 포함한다)
9. 그 밖에 금융위원회가 정하여 고시하는 업무

④ 법 제11조제5항제3호에서 "대통령령으로 정하는 업무"란 다음 각 호의 업무를 말한다.

1. 채권추심업
2. 그 밖에 금융위원회가 정하여 고시하는 업무

⑤ 법 제11조제6항제1호에서 "대통령령으로 정하는 경우"란 「자본시장과 금융투자업에 관한 법률 시행령」 제2조제6호에 따른 전자적 투자조언장치를 활용하여 「자본시장과 금융투자업에 관한 법률」 제9조제6항에 따른 일반투자자를 대상으로 같은 법 제6조제1항제4호 또는 제5호에 따른 투자자문업 또는 투자일임업을 수행하는 경우를 말한다.

⑥ 법 제11조제6항제2호에서 "대통령령으로 정하는 업무"란 다음 각 호의 업무를 말한다.

1. 「전자금융거래법」 제28조에 따른 전자금융업
2. 「금융소비자 보호에 관한 법률」 제2조제4호에 따른 금융상품자문업
3. 신용정보업
4. 금융관계법률에 따라 허가·인가·등록 등을 받아 영업 중인 금융회사의 경우 해당 법령에서 허용된 고유·겸영·부대업무
5. 비금융법률이 금지하지 않는 업무(비금융법률에 따라 행정관청의 인가·허가·등록 및 승인 등의 조치가 있는 경우 할 수 있는 업무로서 해당 행정관청의 인가·허가·등록 및 승인 등의 조치가 있는 경우를 포함한다)
6. 대출의 중개 및 주선 업무(법 제2조제1호의3가목1)부터 4)까지의 규정에 따른 거래의 확정 금리·한도를 비교·분석하고 판매를 중개하는 업무를 말한다)
7. 그 밖에 금융위원회가 정하여 고시하는 업무

(2020.8.4 본조개정)

제11조의2【부수업무】 ① 법 제11조의2제2항제6호에서 "대통령령으로 정하는 업무"란 다음 각 호의 업무를 말한다.

1. 금융상품에 대한 광고, 홍보 및 컨설팅
2. 신용정보업과 관련된 연수, 교육 및 출판, 행사기획 등 업무
3. 신용정보업과 관련된 연구, 조사 등 용역업무 및 상담업무
4. 본인인증 및 신용정보주체의 식별확인 업무
5. 법 제2조제8호에 따른 개인신용평가(이하 "개인신용평가"라 한다)에 활용된 신용정보 아닌 정보 또는 이를 가공한 정보를 본인 또는 제3자에게 제공하는 업무
6. 금융회사 등의 위탁에 따른 연체사실 등의 통지 대행
7. 그 밖에 금융위원회가 정하여 고시하는 업무

② 법 제11조의2제4항제5호에서 "대통령령으로 정하는 업무"란 다음 각 호의 업무를 말한다.

1. 금융상품에 대한 광고, 홍보 및 컨설팅
2. 허가받은 신용정보업과 관련된 연수, 교육 및 출판, 행사기획 등 업무
3. 허가받은 신용정보업과 관련된 연구·조사 등 용역업무 및 상담업무
4. 사업체 및 사업장 현황조사
5. 기업 및 법인의 유동자산에 대한 가치평가
6. 기업 및 법인에 관한 신용정보 관련 조사, 분석, 연구, 컨설팅, 자문, 리서치 및 통계자료의 생성
7. 공개정보 중 신용정보가 아닌 정보를 제공하거나 이 정보를 기초로 하는 데이터 분석 및 컨설팅 업무
8. 기업신용평가에 활용된 정보 또는 이를 가공한 정보를 제3자에게 제공하는 업무(기업정보조회업무를 하는 기업신용조회회사는 제외한다)
9. 법 제2조제1호의6라목에 따른 개인신용평점(이하 "개인신용평점"이라 한다) 및 그 밖에 개인신용평가 결과에 관한 정보를 제외한 정보로서 사업체의 실제 경영자 등에 대한 개인신용정보나 이를 가공한 정보를 본인이나 제3자에게 제공하는 업무(기업정보조회업무를 하는 기업신용조회회사는 제외한다)
10. 그 밖에 금융위원회가 정하여 고시하는 업무

③ 법 제11조의2제5항제3호에서 "대통령령으로 정하는 업무"란 다음 각 호의 업무를 말한다.

1. 허가받은 신용정보업과 관련된 연수, 교육 및 출판, 행사기획 등 업무
2. 허가받은 신용정보업과 관련된 연구·조사 등 용역업무 및 상담업무
3. 그 밖에 금융위원회가 정하여 고시하는 업무

④ 법 제11조의2제6항제4호에서 "대통령령으로 정하는 업무"란 다음 각 호의 업무를 말한다.

1. 금융상품에 대한 광고, 홍보 및 컨설팅
2. 본인신용정보관리업과 관련된 연수, 교육 및 출판, 행사기획 등 업무
3. 본인신용정보관리업과 관련된 연구·조사 용역 및 상담업무
4. 본인인증 및 신용정보주체의 식별확인 업무
5. 그 밖에 금융위원회가 정하여 고시하는 업무

⑤ 법 제11조의2제7항제3호에서 "대통령령으로 정하는 업무"란 다음 각 호의 업무를 말한다.

1. 「상법」에 따라 설립된 주식회사 국민행복기금(이하 "국민행복기금"이라 한다) 지원업무
2. 금융회사 등의 고객 관리업무 및 서류수령 대행 등의 업무
3. 그 밖에 금융위원회가 정하여 고시하는 업무

(2020.8.4 본조개정)

제11조의3【유사명칭의 사용 금지】 법 제12조 단서에서 "신용정보회사, 본인신용정보관리회사, 채권추심회사 또는 신용정보집중기관과 유사한 업무를 수행할 수 있도록 다른 법령에서 허용한 경우 등 대통령령으로 정하는 경우"란 다음 각 호의 어느 하나에 해당하는 경우를 말한다.

1. 「자본시장과 금융투자업에 관한 법률」 제335조의3에 따른 인가를 받은 신용평가회사가 상호 또는 명칭 중에 신용평가 또는 이와 비슷한 문자를 사용하는 경우
2. 본인신용정보관리 관련 정책을 추진하기 위하여 필요한 경우로서 기업 및 법인의 상호 또는 명칭 중에 마이데이터(MyData) 또는 이와 비슷한 문자를 사용할 수 있도록 관련 중앙행정기관의 장이 인정하는 경우

3. 법 제2조제9호의2 각 목의 어느 하나에 해당하는 개인신용정보를 수집하지 않는 등 본인신용정보관리업 또는 이와 유사한 서비스를 제공하지 않는 자가 상호 또는 명칭 중에 마이데이터(MyData) 또는 이와 비슷한 문자를 사용하는 경우
(2020.8.4 본조신설)

제12조【허가 등의 취소 유예】 법 제14조제1항 단서에서 "대통령령으로 정하는 사유"란 신용정보회사, 본인신용정보관리회사 및 채권추심회사가 법 제14조제1항제2호, 제4호 또는 제9호에 따른 허가 또는 인가의 취소사유에 해당하는 경우를 말한다. 다만, 취소사유가 해소될 가능성이 매우 적거나 공익을 해칠 우려가 있는 등 시정명령의 실익(實益)이 없다고 인정되는 경우는 제외한다.
(2020.8.4 본문개정)

제3장 신용정보의 수집 및 처리
(2020.8.4 본장제목신설)

제13조【수집 및 처리의 원칙】 다음 각 호의 사항을 고려하여 신용정보주체의 동의가 있었다고 객관적으로 인정되는 범위의 정보는 법 제15조제2항제2호다목 후단에 따른 동의가 있는 정보로 본다.
1. 공개된 개인정보의 성격, 공개의 형태, 대상 범위
2. 제1호로부터 추단되는 신용정보주체의 공개 의도 및 목적
3. 신용정보회사등의 개인정보 처리의 형태
4. 수집 목적이 신용정보주체의 원래의 공개 목적과 상당한 관련성이 있는지 여부
5. 정보 제공으로 인하여 공개의 대상 범위가 원래의 것과 달라졌는지 여부
6. 개인정보의 성질 및 가치와 이를 활용해야 할 사회·경제적 필요성
(2020.8.4 본조개정)

제14조【수집된 신용정보 처리의 위탁】 ① (2020.8.4 삭제)
② 법 제17조제3항에서 "대통령령으로 정하는 자"란 신용정보회사, 본인신용정보관리회사, 채권추심회사, 신용정보집중기관 및 제2조제6항제7호 각 목에 따른 금융기관 중 금융위원회가 정하여 고시하는 자를 말한다.
(2022.6.7 본항개정)
③ 법 제17조제3항에 따라 신용정보의 처리를 위탁하려는 자는 위탁계약 체결 예정일부터 7영업일 이전에 금융위원회가 정하여 고시하는 서식에 따라 제공하는 신용정보의 범위, 제공 목적 및 기간과 고객정보 관리체계 등을 금융위원회에 알려야 한다. 다만, 미리 알려야 할 필요성이 크지 아니한 경우로서 금융위원회가 정하여 고시하는 경우에는 위탁계약을 체결한 날부터 금융위원회가 정하여 고시하는 기간 이내에 알려야 한다.(2015.9.11 단서신설)
④ 법 제17조제4항에 따라 신용정보회사등이 개인신용정보를 제공하는 경우 다음 각 호의 구분에 따른 보호조치를 하여야 한다.
1. 정보통신망 또는 보조저장매체를 통하여 제공하는 경우 : 금융위원회가 정하여 고시하는 절차와 방법에 따른 보안서버의 구축 또는 암호화, 그 밖에 금융위원회가 정하여 고시하는 보호조치
2. 제1호 외의 방법으로 제공하는 경우 : 봉함(封緘), 그 밖에 금융위원회가 정하여 고시하는 보호조치
(2015.9.11 본항신설)
⑤ 법 제17조제5항에 따라 신용정보회사등은 수탁자와 위탁계약을 체결하거나 갱신하는 경우에는 연 1회 이상(위탁계약기간이 1년 미만인 경우에는 그 기간 동안 1회 이상을 말한다. 이하 이 항에서 같다) 신용정보의 분실·도난·유출·변조·훼손의 방지 및 안전한 신용정보의 처리에 관하여 수탁자의 소속 임직원에 대한 교육을 실시한다는 내용을 위탁계약에 반영하여야 하며, 그 위탁계약에 따라 교육을 실시하여야 한다. 이 경우 수탁자가 연 1회 이상 그 소속 임직원에 대한 교육을 실시한다는 내용이 위탁계약에 반영되어 있고, 신용정보회사등이 수탁자가 그 위탁계약에 따라 해당 교육을 실시한 사실을 확인한 경우에는 신용정보회사등이 수탁자의 소속 임직원에게 교육을 실시한 것으로 본다.(2015.9.11 본항신설)
⑥ 제3항부터 제5항까지의 규정에서 정한 사항 외에 위탁계약에 반영하여야 할 세부사항, 그 밖에 수집된 신용정보의 처리의 위탁에 필요한 구체적 사항은 금융위원회가 정하여 고시한다.(2015.9.11 본항신설)
(2015.9.11 본조제목개정)

제14조의2【정보집합물의 결합 등】 ① 법 제17조의2제1항에서 "대통령령으로 정하는 자"란 법 제45조의3에 따른 상거래기업 및 법인(이하 "상거래 기업 및 법인"이라 한다)을 말한다.
② 법 제17조의2제1항에 따라 정보집합물을 결합하려는 신용정보회사등 및 제3자(이하 이 조에서 "결합의뢰기관"이라 한다)는 공동으로 법 제26조의4에 따른 데이터전문기관(이하 "데이터전문기관"이라 한다)에 금융위원회가 정하여 고시하는 바에 따라 정보집합물의 결합을 신청해야 한다.(2022.6.7 본항개정)
③ 결합의뢰기관 및 데이터전문기관은 정보집합물을 결합·제공·보관하는 경우에는 다음 각 호의 사항을 모두 준수해야 한다.
1. 결합의뢰기관이 정보집합물을 데이터전문기관에 제공하는 경우 다음 각 목의 조치를 하여 제공할 것
가. 하나의 정보집합물과 다른 정보집합물 간에 둘 이상의 정보를 연계, 연동하기 위하여 사용되는 정보는 해당 개인을 식별할 수 없으나 구별할 수 있는 정보(이하 "결합키"라 한다)로 대체할 것
나. 개인신용정보가 포함된 정보집합물은 가명처리할 것
2. 결합의뢰기관이 결합키를 생성하는 절차와 방식은 금융위원회가 정하여 고시하는 바에 따라 결합의뢰기관 상호 협의하여 결정할 것
3. 결합의뢰기관이 데이터전문기관에 정보집합물을 제공하거나 데이터전문기관이 결합한 정보집합물을 결합의뢰기관에 전달하는 경우에는 해당 정보집합물의 내용을 제3자가 알 수 없도록 암호화 등의 보호조치를 하여 전달할 것
4. 데이터전문기관은 결합된 정보집합물을 결합의뢰기관에 전달하기 전 결합키를 삭제하거나 금융위원회가 정하여 고시하는 방법으로 대체할 것
5. 데이터전문기관은 결합된 정보집합물의 가명처리 또는 익명처리의 적정성을 평가한 후 적정하지 않다고 판단되는 경우 다시 가명처리 또는 익명처리하여 전달할 것
6. 데이터전문기관은 결합한 정보집합물을 결합의뢰기관에 전달한 후 결합한 정보집합물 및 결합 전 정보집합물을 지체 없이 삭제할 것
④ 데이터전문기관은 금융위원회가 정하여 고시하는 방법에 따라 결합 관련 사항을 기록·관리하고 매년 1회 금융위원회에 보고해야 한다.
⑤ 데이터전문기관은 데이터 결합 등에 필요한 비용을 결합의뢰기관에 청구할 수 있다.
⑥ 데이터전문기관은 결합의뢰기관이 결합된 데이터를 전달받기 전에 데이터전문기관의 전산설비 등을 활용하여 결합된 정보집합물을 분석하기를 요청하는 경우 데이터전문기관의 전산설비 등을 활용하여 가명처리 또는 익명처리가 된 상태의 정보집합물을 분석하게 할 수 있다.
⑦ 제1항부터 제6항까지의 규정에 따른 정보집합물 결합·제공·처리·보관의 절차 및 방법에 관한 세부 사항은 금융위원회가 정하여 고시한다.
⑧ 제2항, 제3항 및 제5항부터 제7항까지의 규정은 결합의뢰기관이 데이터전문기관 중 「개인정보 보호법」 제28조의3제1항에 따른 전문기관으로도 지정된 기관에서 같은 조 제3항에 따른 결합 절차와 방법, 반출 및 승인 기준·절차 등에 따라 정보집합물을 결합하려는 경우에는 적용하지 않는다.
(2020.8.4 본조신설)

제4장 신용정보의 유통 및 관리
(2020.8.4 본장제목신설)

제15조【신용정보의 정확성 및 최신성의 유지】 ① 법 제18조제1항에 따라 신용정보제공·이용자는 신용정보를 신용정보집중기관 또는 개인신용평가회사, 개인사업자신용평가회사 또는 기업신용조회회사에 제공하려는 경우에는 그 정보의 정확성을 확인하여 사실과 다른 정보를 등록해서는 안 된다.(2020.8.4 본항개정)
② 신용정보집중기관과 개인신용평가회사, 개인사업자신용평가회사 또는 기업신용조회회사는 등록되는 신용정보의 정확성을 점검할 수 있는 기준 및 절차를 마련하고 이에 따라 등록되는 신용정보의 정확성을 점검·관리해야 한다.(2020.8.4 본항개정)
③ 신용정보회사, 채권추심회사, 신용정보집중기관 및 신용정보제공·이용자는 신용정보의 정확성과 최신성이 유지될 수 있도록 금융위원회가 정하여 고시하는 기준과 절차에 따라 신용정보를 등록·변경·관리해야 한다.
(2020.8.4 본항개정)
④ 법 제18조제2항에 따라 등록·관리 대상에서 삭제해야 하는 신용정보의 종류는 다음 각 호와 같다.(2020.8.4 본문개정)
1. 법 제2조제1호의4에 따른 신용정보 중 연체, 부도, 대위변제 및 대지급과 관련된 정보(2020.8.4 본호개정)
2. 법 제2조제1호의4에 따른 신용정보 중 신용질서 문란행위와 관련된 정보(2020.8.4 본호개정)
3. 법 제2조제1호의6다목에 따른 신용정보 중 법원의 파산선고·면책·복권 결정 및 회생·간이회생·개인회생의 결정과 관련된 정보(2020.8.4 본호개정)
4. 법 제2조제1호의6나목에 따른 체납 관련 정보(2020.8.4 본호개정)
5. 법 제2조제1호의6아목 및 이 영 제2조제17항제3호에 따른 신용정보 중 체납 관련 정보(2020.8.4 본호개정)
6. 그 밖에 제1호부터 제5호까지의 정보와 유사한 형태의 불이익정보로서 금융위원회가 정하여 고시하는 신용정보
(2011.8.17 본항개정)
⑤ 법 제18조제2항제2호에서 "대통령령으로 정하는 경우"란 다음 각 호의 어느 하나에 해당하는 경우를 말한다.
1. 종합신용정보집중기관이 법 제25조의2제2호에 따른 업무를 수행하기 위한 경우
2. 신용정보제공·이용자가 종합신용정보집중기관에 소멸시효 완성, 채무 면제 등 거래 종료 사유를 등록하기 위한 경우
(2020.8.4 본항신설)
⑥ 제4항 각 호에 따른 신용정보의 활용기간 및 보존기간은 3년 이상 5년 이내의 범위에서 금융위원회가 정하여 고시한다. 다만, 금융위원회는 신용정보의 특성, 활용용도 및 활용빈도 등을 고려하여 그 활용기간 및 보존기간을 단축할 수 있다.(2011.8.17 본항신설)
⑦ 제4항 각 호에 따른 신용정보의 삭제 방법, 기준 및 절차 등에 관하여 필요한 세부사항은 금융위원회가 정하여 고시한다.(2011.8.17 본항신설)

제16조【기술적·물리적·관리적 보안대책의 수립】 ① 법 제19조제1항에 따라 신용정보회사등은 신용정보전산시스템의 안전보호를 위하여 다음 각 호의 사항이 포함된 기술적·물리적·관리적 보안대책을 세워야 한다.
1. 신용정보에 제3자가 불법적으로 접근하는 것을 차단하기 위한 침입차단시스템 등 접근통제장치의 설치·운영에 관한 사항
2. 신용정보전산시스템에 입력된 정보의 변경·훼손 및 파괴를 방지하기 위한 사항
3. 신용정보 취급·조회 권한을 직급별·업무별로 차등 부여하는 데에 관한 사항 및 신용정보 조회기록의 주기적인 점검에 관한 사항
4. 그 밖에 신용정보의 안정성 확보를 위하여 필요한 사항
② 금융위원회는 제1항 각 호에 따른 사항의 구체적인 내용을 정하여 고시할 수 있다.

제16조의2 (2020.8.4 삭제)

제17조【신용정보관리·보호인의 지정 등】 ① 법 제20조제3항 본문에서 "대통령령으로 정하는 신용정보제공·이용자"란 제2조제6항제7호가목부터 허목까지 및 제21조제2항제1호부터 제21호까지의 자를 말한다.(2022.6.7 본항개정)
② 법 제20조제3항 단서에서 "총자산, 종업원 수 등을 감안하여 대통령령으로 정하는 자"란 다음 각 호의 어느 하나에 해당하는 자를 말한다.
1. 종합신용정보집중기관(2020.8.4 본호개정)
2. 개인신용평가회사, 개인사업자신용평가회사, 기업신용조회회사 및 본인신용정보관리회사(2020.8.4 본호개정)
3. 신용조사회사, 채권추심회사 및 제1항에서 정하는 자로서 직전 사업연도 말 기준으로 총자산이 2조원 이상이고 상시 종업원 수가 300명 이상인 자. 이 경우 상시 종업원 수의 산정방식은 금융위원회가 정하여 고시한다.
③ 법 제20조제3항 본문에 따라 지정하는 신용정보관리·보호인은 다음 각 호의 어느 하나에 해당하는 사람으로 하여야 한다.
1. 사내이사
2. 집행임원(「상법」 제408조의2에 따라 집행임원을 둔 경우로 한정한다)
3. 「상법」 제401조의2제1항제3호에 해당하는 자로서 신용정보의 제공·활용·보호 및 관리 등에 관한 업무집행 권한이 있는 사람(2015.9.11 본호신설)
4. 그 밖에 신용정보의 제공·활용·보호 및 관리 등을 총괄하는 위치에 있는 직원(2015.9.11 본호신설)
④ 법 제20조제3항 단서에서 "대통령령으로 정하는 사람"이란 제3항제2호 또는 제3호에 해당하는 사람을 말한다.
(2020.8.4 본항개정)
⑤ 제3항 및 제4항에도 불구하고 신용정보회사등은 다른 법령에 따라 준법감시인을 두는 경우에는 그를 신용정보관리·보호인으로 지정할 수 있다. 다만, 법 제20조제3항 단서에 해당하는 경우 신용정보관리·보호인으로 지정될 수 있는 준법감시인은 제3항제1호부터 제3호까지의 규정의 어느 하나에 해당하는 사람으로 하여야 한다.
(2015.9.11 본항신설)
⑥ 제5항에 따라 준법감시인을 신용정보관리·보호인으로 지정한 경우에는 법 제20조제4항 각 호의 업무에 관한 사항을 준법감시인 선임의 근거가 된 법령에 따른 내부통제기준에 반영하여야 한다.(2015.9.11 본항신설)
⑦ 법 제20조제6항에서 "대통령령으로 정하는 신용정보회사등"이란 다음 각 호의 기관을 말한다.
1. 신용정보회사, 본인신용정보관리회사, 채권추심회사 및 신용정보집중기관
2. 제2조제6항제7호가목, 다목부터 카목까지, 하목부터 버목까지, 어목부터 처목까지 및 터목부터 허목까지의 자
(2022.6.7 본호개정)
3. 제21조제2항제4호, 제5호, 제8호, 제16호, 제18호 및 제19호(직전 사업연도 말 기준으로 총 자산이 100억원을 초과하는 기관에 한정한다)의 기관
4. 그 밖에 금융위원회가 정하여 고시하는 기관
(2020.8.4 본항신설)
⑧ 법 제20조제6항에서 "대통령령으로 정하는 절차와 방법"이란 신용정보관리·보호인이 법 제20조제4항제1호 각 목에 따른 업무에 대하여 연 1회 이상 점검을 실시한 후, 그 결과를 대표자 및 이사회에 보고하고 금융위원회가 정하여 고시하는 기준과 서식에 따라 금융위원회에 제출하는 것을 말한다.(2020.8.4 본항신설)
(2015.9.11 본조개정)

제17조의2【개인신용정보의 관리방법 등】 ① 신용정보제공·이용자는 법 제20조의2제1항에 따라 다음 각 호의 구분에 따른 방법으로 금융거래 등 상거래관계(고용관계는 제외한다. 이하 같다)가 종료된 신용정보주체의 개인신용정보를 관리하여야 한다.

1. 금융거래 등 상거래관계의 설정 및 유지 등에 필수적인 개인신용정보의 경우 : 다음 각 목의 방법
   가. 상거래관계가 종료되지 아니한 다른 신용정보주체의 정보와 별도로 분리하는 방법
   나. 금융위원회가 정하여 고시하는 절차에 따라 신용정보제공·이용자의 임직원 중에서 해당 개인신용정보에 접근할 수 있는 사람을 지정하는 방법
   다. 그 밖에 해당 신용정보주체의 개인신용정보가 안전하게 보호될 수 있는 방법으로서 금융위원회가 정하여 고시하는 방법
2. 제1호 외의 개인신용정보의 경우 : 그 정보를 모두 삭제하는 방법

② 신용정보제공·이용자는 금융거래 등 상거래관계가 종료된 경우 제1항 각 호의 구분에 따른 필수적인 개인신용정보와 그 밖의 개인신용정보로 구분한 때에는 다음 각 호의 사항 등을 고려하여야 한다.

1. 해당 개인신용정보가 없었다면 그 종료된 상거래관계가 설정·유지되지 아니하였을 것인지 여부
2. 해당 개인신용정보가 그 종료된 상거래관계에 따라 신용정보주체에게 제공된 재화 또는 서비스(신용정보주체가 그 신용정보제공·이용자에게 신청한 상거래관계에서 제공하기로 한 재화 또는 서비스를 그 신용정보제공·이용자와 별도의 계약 또는 약정 등을 체결한 제3자가 신용정보주체에게 제공한 경우를 포함한다)와 직접적으로 관련되어 있는지 여부
3. 해당 개인신용정보를 삭제하는 경우 법 또는 다른 법령에 따른 의무를 이행할 수 없는지 여부

③ 법 제20조의2제2항제2호의2에서 "대통령령으로 정하는 기간"이란 다음 각 호의 사항을 고려하여 가명처리한 자가 가명처리 시 정한 기간을 말한다.

1. 추가정보 및 가명정보에 대한 관리적·물리적·기술적 보호조치 수준
2. 가명정보의 재식별 시 정보주체에 미치는 영향
3. 가명정보의 재식별 가능성
4. 가명정보의 이용목적 및 그 목적 달성에 필요한 최소기간

(2020.8.4 본항신설)

④ 법 제20조의2제2항제3호에서 "대통령령으로 정하는 경우"란 다음 각 호의 어느 하나에 해당하는 경우를 말한다.

1. 「서민의 금융생활 지원에 관한 법률」 제2조제3호에 따른 휴면예금등의 지급을 위해 필요한 경우(2020.8.4 본호개정)
2. 대출사기, 보험사기, 거짓이나 부정한 방법으로 알아낸 타인의 신용카드 정보를 이용한 거래, 그 밖에 건전한 신용질서를 저해하는 행위를 방지하기 위하여 그 행위와 관련된 신용정보주체의 개인신용정보가 필요한 경우
3. 위험관리체제의 구축과 신용정보주체에 대한 신용평가모형 및 위험관리모형의 개발을 위하여 필요한 경우. 이 경우 다른 법률에 따른 의무를 이행하기 위하여 불가피한 경우 등을 제외하고 개인인 신용정보주체를 식별할 수 없도록 조치해야 한다.(2020.8.4 전단개정)
4. 신용정보제공·이용자 또는 제3자의 정당한 이익을 달성하기 위하여 필요한 경우로서 명백하게 신용정보주체의 권리보다 우선하는 경우. 이 경우 신용정보제공·이용자 또는 제3자의 정당한 이익과 상당한 관련이 있고 합리적인 범위를 초과하지 아니하는 경우로 한정한다.
5. 신용정보주체가 개인신용정보(제15조제4항 각 호의 개인신용정보는 제외한다)의 삭제 전에 그 삭제를 원하지 아니한다는 의사를 명백히 표시한 경우
6. 개인신용정보를 처리하는 기술의 특성 상 개인신용정보 삭제 시 신용정보전산시스템의 안전성, 보안성 등을 해치는 경우로서 금융위원회가 정하여 고시하는 보호조치를 하는 경우(2020.8.4 본호신설)

⑤ 법 제20조의2제1항 및 제2항에 따른 금융거래 등 상거래관계가 종료된 날은 신용정보제공·이용자와 신용정보주체 간의 상거래관계가 계약 법령, 약관 또는 합의 등에 따라 계약기간의 만료, 해지권·해제권·취소권의 행사, 소멸시효의 완성, 변제 등으로 인한 채권의 소멸, 그 밖의 사유로 종료된 날로 한다.

⑥ 신용정보제공·이용자는 법 제15조제2항 각 호 외의 부분 본문 및 법 제32조제2항 전단에 따른 동의를 받을 때 제5항에 따른 금융거래 등 상거래관계가 종료된 날을 신용정보주체에게 알려야 한다.(2020.8.4 본항개정)

⑦ 신용정보제공·이용자는 제1항제2호 및 법 제20조의2제2항 각 호 외의 부분 본문에 따라 신용정보주체의 개인신용정보를 삭제하는 경우 그 삭제된 개인신용정보가 복구 또는 재생되지 아니하도록 조치하여야 한다.

⑧ 법 제20조의2제3항에 따라 신용정보제공·이용자가 개인신용정보를 관리하는 경우에는 제1항제1호 각 목의 방법에 따른다.

(2015.9.11 본조신설)

제5장 신용정보 관련 산업

(2020.8.4 본장제목신설)

제1절 신용정보업

(2020.8.4 본절제목신설)

제18조【신용조사사업 종사자의 결격요건】 법 제22조제2항제7호에서 "대통령령으로 정하는 사람"이란 허가·인가 등의 취소 원인이 되는 사유가 발생했을 당시의 임직원(「금융산업의 구조개선에 관한 법률」 제14조에 따라 허가·인가 등이 취소된 법인 또는 회사의 경우에는 같은 법 제10조에 따른 적기시정조치의 원인이 되는 사유 발생 당시의 임직원)으로서 다음 각 호의 어느 하나에 해당하는 사람을 말한다.(2020.8.4 본문개정)

1. 감사 또는 감사위원회의 위원
2. 허가·인가 등의 취소 원인이 되는 사유의 발생과 관련하여 위법 또는 부당한 행위로 금융위원회 또는 금융감독원(「금융위원회의 설치 등에 관한 법률」에 따른 금융감독원을 말한다. 이하 같다)의 원장으로부터 주의, 경고, 문책, 직무정지, 해임요구 또는 그 밖의 조치를 받은 임원(2015.9.11 본호개정)
3. 허가·인가 등의 취소 원인이 되는 사유의 발생과 관련하여 위법 또는 부당한 행위로 금융위원회 또는 금융감독원의 원장(이하 "금융감독원장"이라 한다)으로부터 정직요구 이상에 해당하는 조치를 받은 직원(2015.9.11 본호개정)
4. 제2호 또는 제3호에 따른 제재 대상자로서 그 제재를 받기 전에 사임하거나 사직한 사람

(2020.8.4 본조제목개정)

제18조의2【신용정보 등의 보고】 ① 개인신용평가회사, 개인사업자신용평가회사, 기업신용조회회사 및 본인신용정보관리회사는 법 제22조의2에 따라 전년도에 수행한 다음 각 호의 업무내용을 그 다음 해 1월 31일까지 금융위원회에 보고해야 한다.(2020.8.4 본문개정)

1. 신용정보의 수집·조사 대상자 및 수집·조사·처리 정보의 종류 등에 관한 사항
2. 신용정보의 제공 대상자 및 제공 범위 등에 관한 사항
3. 신용정보의 활용기간 및 보존기간 등에 관한 사항

② 금융위원회는 제1항에 따른 보고내용이 건전한 신용질서 또는 금융소비자의 권익에 반하는 것으로 판단되는 경우에는 개인신용평가회사, 개인사업자신용평가회사, 기업신용조회회사 및 본인신용정보관리회사에 해당 보고내용과 관련된 업무처리절차 등을 개선하도록 권고할 수 있다.(2020.8.4 본항개정)

(2011.8.17 본조신설)

제18조의3【개인신용평가회사의 행위규칙】 ① 법 제22조의4제2항제3호에서 "대통령령으로 정하는 행위"란 다음 각 호의 행위를 말한다.

1. 정당한 이유 없이 개인신용평가회사 또는 그 계열회사의 상품이나 서비스를 구매하거나 이용하는 것을 조건으로 개인신용평점을 유리하게 산정하는 행위
2. 정당한 이유 없이 계열회사와 금융거래 등 상거래 관계를 맺거나 맺으려는 사람의 개인신용평점을 다른 사람의 개인신용평점에 비해 유리하게 산정하는 등 차별적으로 취급하는 행위
3. 그 밖에 금융위원회가 정하여 고시하는 행위

② 법 제22조의4제3항에서 "계열회사로부터 상품 또는 서비스를 제공받는 개인인 신용정보주체의 개인신용평점을 높이는 등 대통령령으로 정하는 불공정행위"란 다음 각 호의 행위를 말한다.

1. 정당한 이유 없이 전문개인신용평가회사 또는 그 계열회사의 상품이나 서비스를 구매하거나 이용하는 것을 조건으로 개인신용평점을 유리하게 산정하는 행위
2. 정당한 이유 없이 계열회사와 금융거래 등 상거래 관계를 맺거나 맺으려는 사람의 개인신용평점을 다른 사람의 개인신용평점에 비해 유리하게 산정하는 등 차별적으로 취급하는 행위
3. 그 밖에 금융위원회가 정하여 고시하는 행위

(2020.8.4 본조신설)

제18조의4【개인사업자신용평가회사의 행위규칙】 ① 법 제22조의5제2항제2호에서 "대통령령으로 정하는 행위"란 다음 각 호의 어느 하나에 해당하는 행위를 말한다.

1. 정당한 이유 없이 개인사업자신용평가회사 또는 계열회사의 상품이나 서비스를 구매하거나 이용하는 것을 조건으로 신용평가 결과를 유리하게 산정하는 행위
2. 정당한 이유 없이 계열회사와 금융거래 등 상거래 관계를 맺거나 맺으려는 자의 신용평가결과를 그 외의 자의 신용평가결과에 비해 유리하게 산정하는 등 차별적으로 취급하는 행위
3. 개인사업자신용평가정보 또는 그에 활용된 정보를 제공함에 있어 합리적 이유 없이 차별적으로 취급하는 행위
4. 신용평가와 관련하여 신용평가의 요청인 및 그의 이해관계자에게 재산상 이익을 제공하거나 이들로부터 재산상 이익을 제공받는 행위
5. 개인사업자신용평가업의 수행과정에서 업무상 취득한 정보를 이용하여 부당한 이익을 얻거나 타인이 부당한 이익을 얻도록 하는 행위
6. 개인사업자신용평가업무 수행을 위해 신용정보집중기관으로부터 제공받은 개인식별정보 등을 활용하여 유·무선 마케팅 등에 활용하는 행위
7. 그 밖에 금융위원회가 정하여 고시하는 행위

② 법 제22조의5제3항제5호에서 "대통령령으로 정하는 사항"이란 다음 각 호의 사항을 말한다.

1. 신용평가 관련 자료의 기록과 보관에 관한 사항
2. 신용평가의 적정성을 검토하기 위한 내부절차 마련에 관한 사항
3. 다음 각 목의 사항을 포함하여 임직원이 업무를 수행할 때 준수해야 하는 절차에 관한 사항
   가. 임직원의 내부통제기준 준수 여부를 확인하는 절차·방법
   나. 불공정행위, 금지 및 제한사항의 위반을 방지하기 위한 절차나 기준에 관한 사항
4. 이해상충의 파악·평가와 관리에 관한 사항(개인사업자신용평가업과 법 제11조제3항에 따른 겸영업무 간 이해상충 행위 방지 및 담당 부서의 인적 분리 등에 관한 사항을 포함한다)
5. 그 밖에 금융위원회가 정하여 고시하는 사항

(2020.8.4 본조신설)

제18조의5【기업신용조회회사의 행위규칙】 ① 법 제22조의6제2항제1호에서 "대통령령으로 정하는 자"란 다음 각 호의 어느 하나에 해당하는 자를 말한다.

1. 해당 기업신용조회회사에 100분의 5 이상 출자한 법인
2. 해당 기업신용조회회사가 100분의 5 이상 출자한 법인
3. 해당 기업신용조회회사와 계열회사의 관계에 있는 법인
4. 해당 기업신용조회회사와 제1호부터 제3호까지의 관계에 있는 법인이 합하여 100분의 40 이상 출자한 법인
5. 그 밖에 신용평가업무와 관련하여 이해상충의 소지가 있는 자로서 금융위원회가 정하여 고시하는 자

② 법 제22조의6제2항제3호에서 "대통령령으로 정하는 행위"란 다음 각 호의 어느 하나에 해당하는 행위를 말한다.

1. 정당한 이유 없이 기업신용조회회사 또는 그 계열회사의 상품이나 서비스를 구매하거나 이용하는 것을 조건으로 기업신용평가 결과를 유리하게 산정하는 행위
2. 정당한 이유 없이 계열회사와 금융거래 등 상거래 관계를 맺거나 맺으려는 자의 기업신용평가결과를 그 외의 자의 기업신용평가결과에 비해 유리하게 산정하는 등 차별적으로 취급하는 행위
3. 법 제22조의6제2항제1호 또는 제2호에 따른 금지 또는 제한을 회피할 목적으로 기업신용조회회사와 특수한 관계에 있는 자에 대해 다른 기업신용조회회사 간에 교차하여 신용평가를 하는 행위
4. 기업신용평가정보 또는 그에 활용된 정보 및 법 제2조제1호의6마목 본문에 따른 기업신용등급 등을 제공함에 있어 합리적 이유 없이 차별적으로 취급하는 행위
5. 신용평가와 관련하여 신용평가의 요청인 및 그의 이해관계자에게 재산상 이익을 제공하거나 이들로부터 재산상 이익을 제공받는 행위
6. 기업신용조회업의 수행과정에서 업무상 취득한 정보를 이용하여 부당한 이익을 얻거나 타인이 부당한 이익을 얻도록 하는 행위
7. 신용평가계약의 체결 또는 특정 신용평가결과가 부여될 가능성 또는 예상되는 신용등급(신용등급의 범위를 포함한다)에 대한 정보를 요청인 또는 그의 이해관계자에게 제공하는 행위
8. 신용평가계약의 체결을 유인하기 위해 신용등급을 이용하는 행위
9. 의뢰자에 홍보자료, 유선·방문설명 등을 통해 관대한 평가결과를 암시하거나 약속하는 행위
10. 신용평가계약에 따른 대가로 사은품을 제공하는 행위
11. 은행 영업점 방문 등을 통한 기술평가자의 직접적인 영업행위
12. 기술평가자 대상 실적평가 등에 평가유치 실적 및 은행 방문 등의 영업요소를 포함하는 행위
13. 그 밖에 금융위원회가 정하여 고시하는 행위

③ 법 제22조의6제3항제5호에서 "대통령령으로 정하는 사항"이란 다음 각 호의 사항을 말한다.

1. 신용평가 관련 자료의 기록과 보관에 관한 사항
2. 신용평가의 적정성을 검토하기 위한 내부절차 마련에 관한 사항
3. 다음 각 목의 사항을 포함하여 임직원이 업무를 수행할 때 준수해야 하는 절차에 관한 사항
   가. 임직원의 내부통제기준 준수 여부를 확인하는 절차·방법
   나. 불공정행위, 금지 및 제한사항의 위반을 방지하기 위한 절차나 기준에 관한 사항
4. 이해상충의 파악·평가와 관리에 관한 사항(기업신용조회업과 법 제11조제4항에 따른 겸영업무 간 이해상충 행위 방지 및 담당 부서의 인적 분리 등에 관한 사항을 포함한다)
5. 그 밖에 금융위원회가 정하여 고시하는 사항

④ 법 제22조의6제4항에 따른 이용자관리규정에는 다음 각 호의 사항을 포함해야 한다.

1. 이용자의 자격에 관한 사항
2. 이용자의 권리와 의무에 관한 사항
3. 그 밖에 금융위원회가 정하여 고시하는 사항

(2020.8.4 본조신설)

제2절 본인신용정보관리업
(2020.8.4 본절신설)

제18조의6【본인신용정보관리회사의 행위규칙 등】 ① 법 제22조의9제1항제2호에서 "대통령령으로 정하는 행위"란 다음 각 호의 어느 하나에 해당하는 행위를 말한다.
1. 본인신용정보관리회사 자신에 대해서만 전송요구를 하도록 강요하거나 부당하게 유도하는 행위
2. 본인신용정보관리회사 자신이 아닌 제3자에게 전송요구를 하지 않도록 강요·유도하거나 제3자에 대한 전송요구를 철회하도록 강요하는 행위(본인신용정보관리회사 자신에게 전송요구를 하는 방법보다 제3자에게 전송요구를 하는 방법을 어렵게 하는 행위를 포함한다)
3. 법 제39조의3제1항의 권리에 대한 대리행사를 강요하거나 부당하게 유도하는 행위
4. 본인신용정보관리회사 자신 또는 제3자에 대한 전송요구의 변경 및 철회의 방법을 최초 전송요구에 필요한 절차보다 어렵게 하는 행위
5. 본인신용정보관리회사 자신에게 전송요구를 철회한다는 이유로 정당한 이유 없이 수수료, 위약금 등 금전적, 경제적 대가를 요구하는 행위
6. 본인신용정보관리회사의 이익을 위해 금융소비자에게 적합하지 않다고 인정되는 계약 체결을 추천 또는 권유하는 행위
7. 금융소비자에게 금융상품에 관한 중요한 사항을 이해할 수 있도록 설명하지 않는 행위
8. 개인인 신용정보주체의 요구에도 불구하고 해당 신용정보주체의 신용정보를 즉시 삭제하지 않는 행위
9. 본인신용정보관리회사 자신이 보유한 개인인 신용정보주체의 신용정보 삭제 방법을 전송요구에 필요한 절차보다 어렵게 하는 행위
10. 개인인 신용정보주체의 동의 없이 전송요구의 내용을 변경하거나 법 제22조의9제3항제1호에 따른 신용정보제공·이용자등(이하 "신용정보제공·이용자등"이라 한다)에게 신용정보주체 본인이 전송요구한 범위 이상의 개인신용정보를 요구하는 행위
11. 그 밖에 제1호부터 제10호까지와 유사한 행위로서 금융위원회가 정하여 고시하는 행위

② 법 제22조의9제2항에 따른 내부관리규정에 포함돼야 할 세부 사항은 금융위원회가 정하여 고시한다.
③ 법 제22조의9제3항 각 호 외의 부분에서 "대통령령으로 정하는 방식"이란 같은 항 각 호의 수단(이하 "접근수단"이라 한다)을 다음 각 호의 어느 하나에 해당하는 방법을 통해 위임·대리·대행, 그 밖에 이와 유사한 방식으로 신용정보주체의 이름으로 열람하는 것을 말한다.
1. 접근수단을 직접 보관하는 방법
2. 개인인 신용정보주체의 접근수단에 접근할 수 있는 권한을 확보하는 방법
3. 접근수단에 대한 지배권, 이용권 또는 접근권 등을 사실상 확보하는 방법
4. 그 밖에 제1호부터 제3호까지의 규정에 따른 방법과 유사한 방법으로서 금융위원회가 정하여 고시하는 방법

④ 법 제22조의9제3항제1호에서 "대통령령으로 정하는 신용정보제공·이용자"란 다음 각 호의 자를 말한다.
1. 제2조제6항제7호가목부터 허목까지 및 제21조제2항 각 호의 자(2022.6.7 본호개정)
2. 「전자금융거래법」 제2조제4호에 따른 전자금융업자
3. 「자본시장과 금융투자업에 관한 법률」에 따른 한국거래소 및 예탁결제원
4. 신용정보회사, 본인신용정보관리회사 및 채권추심회사
5. 「여신전문금융업법」 제2조제16호에 따른 겸영여신업자
6. 「전기통신사업법」 제6조에 따른 기간통신사업을 등록한 전기통신사업자
7. 「한국전력공사법」에 따른 한국전력공사
8. 「한국수자원공사법」에 따른 한국수자원공사
9. 그 밖에 제1호부터 제8호까지의 규정에 따른 자와 유사한 자로서 금융위원회가 정하여 고시하는 자

⑤ 법 제22조의9제3항제1호에서 "대통령령으로 정하는 공공기관"이란 다음 각 호의 기관을 말한다.
1. 행정안전부
2. 보건복지부
3. 고용노동부
4. 국세청
5. 관세청
6. 조달청
7. 「공무원연금법」 제4조에 따른 공무원연금공단
8. 「주택도시기금법」 제16조에 따른 주택도시보증공사
9. 「한국주택금융공사법」에 따른 한국주택금융공사
10. 「산업재해보상보험법」 제10조에 따른 근로복지공단
11. 「서민의 금융생활 지원에 관한 법률」 제56조에 따른 신용회복위원회(이하 "신용회복위원회"라 한다)
12. 지방자치단체 및 지방자치단체조합
13. 「국민건강보험법」 제13조에 따른 국민건강보험공단
14. 국민연금공단
15. 그 밖에 금융위원회가 정하여 고시하는 기관

⑥ 법 제22조의9제3항제2호에서 "대통령령으로 정하는 방법"이란 신용정보주체가 신용정보회사등에 본인의 신분을 나타내는 증표를 내보이거나, 전화 또는 인터넷 홈페이지 등을 이용하여 본인임을 확인받은 경우를 말한다.
⑦ 법 제22조의9제4항에서 "대통령령으로 정하는 방식"이란 제3항에 따른 방식 외의 방식으로서 다음 각 호의 요건을 모두 갖춘 방식을 말한다.
1. 개인신용정보를 전송하는 자와 전송받는 자 사이에 미리 정한 방식일 것
2. 개인신용정보를 전송하는 자와 전송받는 자가 상호 식별·인증할 수 있는 방식일 것
3. 개인신용정보를 전송하는 자와 전송받는 자가 상호 확인할 수 있는 방식일 것
4. 정보 전송 시 상용 암호화 소프트웨어 또는 안전한 알고리즘을 사용하여 암호화하는 방식일 것
5. 그 밖에 금융위원회가 정하여 고시하는 요건을 갖출 것

⑧ 법 제22조의9제5항에서 "대통령령으로 정하는 경우"란 신용정보제공·이용자등의 특성을 고려하여 자산 규모, 관리하고 있는 개인신용정보의 수, 시장 점유율, 외부 전산시스템 이용 여부 등 금융위원회가 정하여 고시하는 기준에 해당하는 경우를 말한다.
⑨ 법 제22조의9제5항에서 "대통령령으로 정하는 중계기관"이란 다음 각 호의 기관을 말한다.
1. 종합신용정보집중기관
2. 「민법」 제32조에 따라 금융위원회의 허가를 받아 설립된 사단법인 금융결제원
3. 「상호저축은행법」 제25조에 따른 상호저축은행중앙회, 각 협동조합의 중앙회 및 「새마을금고법」 제54조에 따른 새마을금고중앙회
4. 「온라인투자연계금융업 및 이용자 보호에 관한 법률」 제33조에 따른 중앙기록관리기관
5. 그 밖에 제1호부터 제4호까지의 규정에 따른 기관과 유사한 기관으로서 금융위원회가 지정하는 기관

⑩ 법 제22조의9제4항 및 제5항에 따라 개인신용정보를 전송한 신용정보제공·이용자등과 개인신용정보를 전송받은 중계기관 및 본인신용정보관리회사는 전송내역에 대한 기록을 작성하고 보관해야 하며, 본인신용정보관리회사는 전송받은 신용정보내역에 관한 기록을 신용정보주체에게 연 1회 이상 통지해야 한다.
⑪ 법 제22조의9제7항에 따른 비용의 산정기준 등은 전송요구권 행사 대상 개인신용정보의 특성·처리비용 및 요청한 개인신용정보의 범위·양 등을 고려하여 금융위원회가 정하여 고시한다.

제3절 공공정보의 이용·제공
(2020.8.4 본절제목신설)

제19조【공공기관에 대한 신용정보의 제공 요청 등】 ① 법 제23조제2항 각 호 외의 부분 전단에서 "대통령령으로 정하는 공공단체"란 다음 각 호의 기관을 말한다.
(2022.6.7 본문개정)
1. 「공공기관의 운영에 관한 법률」 제4조에 따른 공공기관으로서 금융위원회가 정하여 고시하는 기관
2. 국가 또는 지방자치단체가 자본금·기금 또는 경비를 투자·출연 또는 보조하는 기관으로서 금융위원회가 정하여 고시하는 기관
3. 특별법에 따라 설립된 특수법인으로서 금융위원회가 정하여 고시하는 기관
4. 「어음법」 및 「수표법」에 따라 지정된 어음교환소와 「전자어음의 발행 및 유통에 관한 법률」 제3조에 따라 지정된 전자어음관리기관
5. 「초·중등교육법」, 「고등교육법」 및 그 밖의 다른 법률에 따라 설치된 각급 학교
6. 「보험업법」에 따른 보험요율산출기관
7. 신용회복위원회(2022.6.7 본호개정)

② 법 제23조제2항 각 호 외의 부분 전단에서 "대통령령으로 정하는 신용정보"란 다음 각 호의 신용정보를 말한다.
(2022.6.7 후단삭제)
1. 고용보험, 산업재해보상보험, 국민건강보험 및 국민연금에 관한 정보로서 보험료 납부 정보
2. 전기사용에 관한 정보로서 전력사용량 및 전기요금 납부 정보
3. 정부 납품 실적 및 납품액
4. 사망자 정보, 주민등록번호 및 성명 변경 정보
5. 국외 이주신고 및 이주포기신고의 정보
6. 공공기관(국가·지방자치단체 또는 제1항에 따른 공공단체를 말한다. 이하 이 조에서 같다)이 보유하고 있는 신용정보로서 관계 법령에 따라 신용정보집중기관에 제공할 수 있는 신용정보(2022.6.7 본호개정)
7. 다음 각 목의 기업 및 조합의 인증·인가·인정·지정·등록 등의 여부에 관한 정보
가. 「사회적기업 육성법」 제2조제1호에 따른 사회적기업
나. 「협동조합 기본법」 제2조제1호 및 제3호에 따른 협동조합 및 사회적협동조합
다. 「국민기초생활 보장법」 제18조에 따른 자활기업
라. 「도시재생 활성화 및 지원에 관한 특별법」 제2조제1항제9호에 따른 마을기업
마. 그 밖에 가목부터 라목까지의 기업 및 조합과 유사한 것으로서 금융위원회가 정하여 고시하는 기업 및 조합(2022.6.7 본목신설)

(2020.8.4 본호신설)
③ 법 제23조제2항에 따라 신용정보집중기관에 제공할 수 있는 신용정보의 구체적인 범위는 공공기관의 장과 신용정보집중기관이 협의하여 결정한다.(2022.6.7 본항신설)
④ 법 제23조제2항에 따라 제2항 각 호의 정보를 제공받으려는 신용정보집중기관은 공공기관의 장에게 신용정보의 제공을 문서로 요청하여야 하며, 공공기관의 장은 그 신용정보를 제공하려는 경우에는 문서 또는 주기적 파일로 제공하거나 「전자정부법」 제37조제1항에 따른 행정정보공동이용센터 등을 통하여 제공하여야 한다.
(2015.9.11 본항개정)
⑤ 금융위원회는 공공기관의 장이 제공하는 정보의 활용 필요성 등을 고려하여 해당 정보의 등록 및 이용기준 등을 정하여 고시하여야 한다.
⑥ 법 제23조제3항에서 "대통령령으로 정하는 신용정보의 이용자"란 다음 각 호의 자를 말한다.(2022.6.7 본문개정)
1. 제2조제6항제7호가목부터 버목까지 및 어목부터 허목까지의 자(2022.6.7 본호개정)
2. 제21조제2항 각 호의 어느 하나에 해당하는 자
3. 개인신용평가회사(2020.8.4 본호개정)
4. 개인사업자신용평가회사(2020.8.4 본호신설)
5. 기업신용조회회사(기업정보조회업무만을 하는 기업신용조회회사는 제외한다)(2020.8.4 본호신설)

(2015.9.11 본항개정)
(2015.9.11 본조제목개정)

제20조【주민등록전산정보자료의 이용】 법 제24조제1항에서 "대통령령으로 정하는 신용정보제공·이용자"란 제2조제6항제7호 각 목의 자를 말한다.(2022.6.7 본조개정)

제4절 신용정보집중기관 및 데이터전문기관 등
(2020.8.4 본절제목신설)

제21조【신용정보의 집중관리·활용】 ① 법 제25조제1항에 따라 신용정보집중기관으로 허가를 받으려는 자는 금융위원회가 정하여 고시하는 신청서(전자문서로 된 신청서를 포함한다)에 다음 각 호의 사항을 적고 정관을 첨부하여 금융위원회에 제출하여야 한다. 이 경우 금융위원회는 「전자정부법」 제36조제1항에 따른 행정정보의 공동이용을 통하여 법인 등기사항증명서를 확인하여야 한다.
(2015.9.11 전단개정)
1. 기관의 명칭, 주소 및 대표자의 성명
2. 집중관리·활용하려는 신용정보의 범위 및 교환 대상자
3. 집중관리·활용의 필요성

② 법 제25조제2항제1호에서 "대통령령으로 정하는 금융기관"이란 제2조제6항제7호가목부터 버목까지, 같은 호 어목부터 허목까지 및 다음 각 호의 기관을 말한다.
(2022.6.7 본문개정)
1. 「건설산업기본법」에 따른 공제조합
2. 「국채법」에 따른 국채등록기관(2019.6.25 본호개정)
3. 「한국농수산식품유통공사법」에 따른 한국농수산식품유통공사(2012.1.25 본호개정)
4. 신용회복위원회(2022.6.7 본호개정)
5. 「산업재해보상보험법」에 따른 근로복지공단
6. 「소프트웨어 진흥법」에 따른 소프트웨어공제조합(2020.12.8 본호개정)
7. 「엔지니어링산업 진흥법」에 따른 엔지니어링공제조합(2011.1.17 본호개정)
8. 「예금자보호법」에 따른 정리금융회사(2016.3.11 본호개정)
9. 「우체국예금·보험에 관한 법률」에 따른 체신관서
10. 「전기공사공제조합법」에 따른 전기공사공제조합
11. 「주택도시기금법」에 따른 주택도시보증공사(2015.6.30 본호개정)
12. 「중소기업진흥에 관한 법률」에 따른 중소벤처기업진흥공단(2019.4.2 본호개정)
13. 「벤처투자 촉진에 관한 법률」 제2조제10호 및 제11호에 따른 벤처투자회사 및 벤처투자조합(2023.12.19 본호개정)
14. 「중소기업협동조합법」에 따른 중소기업중앙회
15. 「한국장학재단 설립 등에 관한 법률」에 따른 한국장학재단
16. 한국자산관리공사(2020.8.4 본호개정)
17. 국민행복기금(2020.8.4 본호개정)
18. 「서민의 금융생활 지원에 관한 법률」 제3조에 따른 서민금융진흥원(이하 "서민금융진흥원"이라 한다)(2020.8.4 본호개정)
19. 「대부업 등의 등록 및 금융이용자 보호에 관한 법률」 제3조제2항에 따라 금융위원회에 등록한 대부업자등(2016.7.6 본호개정)
20. 「산업발전법」 제40조제1항제1호에 따른 자본재공제조합(2015.9.11 본호신설)

21. 「소상공인 보호 및 지원에 관한 법률」 제17조제1항에 따른 소상공인시장진흥공단(2015.9.11 본호신설)
22. 「자산유동화에 관한 법률」에 따라 금융위원회에 자산유동화계획을 등록한 유동화전문회사(2015.9.11 본호신설)
23. 「농업협동조합의 구조개선에 관한 법률」 제29조에 따른 농업협동조합자산관리회사(2018.5.28 본호신설)
24. 「한국교직원공제회법」에 따른 한국교직원공제회 (2020.8.4 본호신설)
25. 「여객자동차 운수사업법」 제61조제1항에 따라 설립된 공제조합(2020.8.4 본호신설)
26. 「화물자동차 운수사업법」 제51조의2제1항에 따라 설립된 공제조합(2020.8.4 본호신설)
27. 기술신용평가 업무를 하는 기업신용조회회사 (2020.8.4 본호신설)
28. 「온라인투자연계금융업 및 이용자 보호에 관한 법률」 제2조제3호에 따른 온라인투자연계금융업자(이하 "온라인투자연계금융업자"라 한다)(2020.8.4 본호신설)
29. 그 밖에 신용정보를 보유한 금융기관 중 금융위원회가 정하여 고시하는 기관(2022.6.7 본호신설)
③ 종합신용정보집중기관을 통하여 집중관리·활용되는 신용정보의 범위는 별표2와 같다. 다만, 금융위원회는 별표2에서 규정한 정보 외에 집중관리·활용이 필요하다고 인정하는 정보를 추가로 집중관리·활용의 대상이 될 정보로 지정하여 고시할 수 있다.(2015.9.11 본항개정)
④ 법 제25조제2항제2호에 따른 개별신용정보집중기관은 같은 종류의 사업자 간의 협약 등으로 집중관리·활용 대상 정보의 범위를 정하여 정관에 반영하여야 한다. (2015.9.11 본항개정)
⑤ 신용정보집중기관으로 허가를 받으려는 자는 법 제25조제3항제2호에 따라 공공성과 중립성의 확보를 위하여 다음 각 호의 구분에 따른 요건을 모두 갖춰야 한다. (2022.6.7 본문개정)
1. 종합신용정보집중기관의 경우 : 다음 각 목의 요건
가. 신용정보의 유출 등을 방지하기 위한 위험관리체계와 신용정보주체의 권익을 보호하기 위한 내부통제장치가 마련되어 있을 것
나. 법 제25조의2 각 호의 업무(이하 이 조에서 "집중기관업무"라 한다) 외의 다른 업무를 하는 경우에는 집중기관업무와 그 다른 업무를 구분하는 등 이해상충을 방지하기 위한 체계를 마련할 것
다. 법령을 위반하지 아니하고 건전한 신용질서를 해칠 염려가 없을 것
라. 제2조제6항제7호가목부터 버목까지, 같은 호 어목부터 허목까지 및 제21조제2항 각 호의 기관 간 또는 그 기관의 유형·업무특성 등에 따라 분류된 집단 간에 업무집행의 중립성을 보장하고 해당 집단의 대표성이 확보될 수 있도록 사원의 구성에 관한 계획 및 업무방법 등을 마련할 것(2022.6.7 본목개정)
2. 개별신용정보집중기관의 경우 : 제1호가목부터 다목까지의 규정에 따른 요건
(2015.9.11 본항신설)
⑥ 법 제25조제3항제3호에 따라 신용정보집중기관으로 허가를 받으려는 자가 갖춰야 할 시설·설비 및 인력의 세부요건은 다음 각 호와 같다.(2022.6.7 본문개정)
1. 신용정보 집중관리·활용 업무를 적절하게 수행할 수 있다고 금융위원회가 정하여 고시하는 정보처리설비 및 정보통신설비를 갖출 것
2. 상시고용인력에는 제2조제6항제7호 각 목 및 같은 조 제18항제1호·제3호·제4호의 기관 또는 다음 각 목의 금융 관련 단체에서 3년 이상 신용정보 관련 업무에 종사한 경력이 있는 사람 5명 이상이 포함될 것(2022.6.7 본문개정)
가. 개인신용평가회사(2020.8.4 본목개정)
나. 개인사업자신용평가회사(2020.8.4 본목신설)
다. 기업신용조회회사(2020.8.4 본목신설)
라. 본인신용정보관리회사(2020.8.4 본목신설)
마. 신용정보집중기관
바. 「민법」 제32조에 따라 금융위원회의 허가를 받아 설립된 금융결제원(2020.8.4 본목개정)
사. 「보험업법」에 따른 보험요율산출기관
⑦ 제5항 및 제6항에 따른 허가요건에 관하여 필요한 세부적인 기준은 금융위원회가 정하여 고시한다.(2015.9.11 본항신설)
⑧ 법 제25조제4항에 따라 금융위원회는 신용정보집중기관이 다음 각 호의 어느 하나에 해당하게 된 경우에는 그 허가를 취소할 수 있다.
1. 거짓이나 그 밖의 부정한 방법으로 법 제25조제1항에 따른 허가를 받은 경우
2. 법 제25조제3항에 따른 허가요건을 유지하지 못한 경우
3. 허가의 조건을 위반한 경우
4. 같은 종류의 업체 간에 협약의 불성립 또는 다른 법령에 따른 집중 제한 등 신용정보를 집중관리·활용할 수 없는 사유가 발생한 경우
5. 집중관리·활용하는 신용정보를 무단으로 교환하거나 활용하는 등 신용정보 보호에 관한 의무를 위반한 경우
6. 법 또는 다른 법령을 위반하여 공익을 심각하게 해친 경우
(2015.9.11 본항개정)
⑨ 법 제25조제4항에 따라 집중관리·활용되는 신용정보의 교환 대상자는 다음 각 호의 자로 하되, 다음 각 호의 자 사이에 집중관리·활용되는 신용정보의 구체적인 범위 및 신용정보별 세부적인 교환 대상자는 금융위원회가 정하여 고시한다.
1. 신용정보제공·이용자와 그 신용정보제공·이용자가 신용정보를 제공한 신용정보집중기관 간
2. 신용정보집중기관과 신용정보회사 간
3. 신용정보집중기관 간
⑩ 신용정보집중기관과 개인신용평가회사, 개인사업자신용평가회사 또는 기업신용등급제공업무를 하는 기업신용조회회사가 제9항에 따라 집중관리·활용되는 신용정보를 교환할 때 개인인 신용정보주체를 식별할 수 있는 정보를 제공하려면 제14조제4항 각 호의 구분에 따른 보호조치를 해야 한다.(2020.8.4 본항개정)
⑪ 법 제25조제6항에 따른 신용정보공동전산망은 제2항에 따른 금융기관으로부터 신용정보를 제공받아 집중관리·활용하는 신용정보집중기관과 제2항에 따른 금융기관 외의 같은 업종의 사업자들로부터 신용정보를 제공받아 집중관리·활용하는 신용정보집중기관이 공동전산망에 참여하는 자를 각각 달리하여 구축한다.

제21조의2 【종합신용정보집중기관의 업무】 ① 법 제25조의2제3호에서 "대통령령으로 정하는 업무"란 다음 각 호의 업무를 말한다.
1. 신용정보를 활용하여 통계작성, 연구, 공익적 기록보존 등의 목적을 위하여 가명처리 또는 익명처리한 정보로 제공하는 업무(2020.8.4 본호개정)
2. 제21조제9항에 따른 교환 대상자로부터 위탁받은 조사 및 분석 업무
3. 신용정보의 이용에 관한 컨설팅 업무
② 법 제25조의2제6호에서 "대통령령으로 정하는 업무"란 다음 각 호의 업무를 말한다.
1. 신용정보와 관련한 교육·홍보·출판업무
2. 기술신용정보를 만들어 내는 데에 필요한 기술에 관한 정보의 수집·조사 및 처리
2의2. 신용정보주체가 동의내역 등을 관리할 수 있도록 지원하는 업무(2020.8.4 본호신설)
2의3. 신용정보주체 식별, 전송요구 권리행사 현황 관리, 제28조의4 각 호에 따른 업무 등 개인신용정보의 전송(법 제22조의9제5항에 따른 중계기관을 통한 전송을 포함한다)요구가 원활히 운영될 수 있도록 지원하는 업무(2020.8.4 본호신설)
2의4. 신용정보의 표준화에 관한 업무(2022.6.7 본호신설)
3. 그 밖에 금융위원회가 정하여 고시하는 업무
(2015.9.11 본조신설)

제22조 【신용정보집중관리위원회의 업무 등】 ① 법 제26조제1항제1호에서 "대통령령으로 정하는 업무"란 다음 각 호의 업무를 말한다.
1. 법 제25조의2제1호부터 제1호의3까지의 업무
2. 이 영 또는 다른 법령에서 법 제26조제1항에 따른 신용정보집중관리위원회(이하 "신용정보집중관리위원회"라 한다)의 업무로 규정한 업무
3. 그 밖에 업무의 중요성 등을 고려하여 금융위원회가 정하여 고시하는 업무
(2020.8.4 본항신설)
② 법 제26조제1항제3호에서 "대통령령으로 정하는 바에 따른 제재"란 제21조제2항에 따른 금융기관 및 기관의 신용정보 제공의 누락 및 지연, 거짓 등록 등 위반행위의 종류와 정도에 따라 제재금(制裁金)을 부과하는 것을 말한다.
③ 제2항에 따른 제재금의 부과에 관한 세부적인 기준과 절차는 신용정보집중관리위원회가 정한다.(2020.8.4 본항개정)
④ 신용정보집중관리위원회는 법 제26조제1항제1호부터 제4호까지의 규정에 따른 업무 외에 다음 각 호의 업무를 한다.
1. 신용정보의 집중관리·활용업무에 관한 예산 및 결산의 심의
2. 신용정보집중기관의 임원의 인사에 관한 심의
(2015.9.11 본항신설)
⑤ 금융위원회는 법 제26조제3항에 따라 신용정보집중관리위원회가 보고한 내용이 건전한 신용질서 또는 금융소비자의 권익에 반(反)하는 것으로 판단되는 경우에는 그 결정 사항의 변경을 권고할 수 있다.
(2015.9.11 본조개정)

제22조의2 【신용정보집중관리위원회의 구성과 운영】
① 신용정보집중관리위원회는 다음 각 호의 위원으로 구성한다.
1. 종합신용정보집중기관의 장
2. 집중관리·활용되는 신용정보의 규모, 경비분담비율, 업권별 대표성 등을 고려하여 종합신용정보집중기관의 정관이 정하는 협회·중앙회·연합회 등의 장이 추천하는 사람 중에서 종합신용정보집중기관의 장이 위촉하는 사람
3. 신용정보의 집중관리·활용에 관한 공익성·전문성·중립성 및 성별 등을 고려하여 종합신용정보집중기관의 장이 위촉하는 사람
② 신용정보집중관리위원회는 집중관리·활용하는 신용정보의 특성 등을 고려하여 그 업무를 효율적으로 처리하기 위하여 소위원회를 둘 수 있다.
③ 제1항 및 제2항에서 규정한 사항 외에 신용정보집중관리위원회의 구성 및 운영 등에 필요한 사항은 종합신용정보집중기관의 정관으로 정한다.
(2015.9.11 본조신설)

제22조의3 【개인신용평가체계 검증위원회】 ① 법 제26조의3제1항제3호에서 "대통령령으로 정하는 사항"이란 다음 각 호의 사항을 말한다.
1. 개인신용평가 및 개인사업자신용평가 관련 민원처리 분석결과 등에 관한 심의
2. 그 밖에 금융위원회가 정하여 고시하는 사항
② 법 제26조의3제1항에 따른 개인신용평가체계 검증위원회(이하 "검증위원회"라 한다)의 위원장(이하 이 조에서 "위원장"이라 한다)은 종합신용정보집중기관의 장으로 한다.
③ 검증위원회의 위원은 다음 각 호의 어느 하나에 해당하는 사람 중에서 위원장이 위촉한다.
1. 경영학·경제학·통계학 또는 법학 등을 전공하고 신용평가·개인정보 보호·금융소비자 보호 관련 전문지식을 갖춘 사람으로서 공인된 연구기관에서 조교수 이상 또는 이에 상당하는 직에 5년 이상 재직한 사람
2. 변호사·공인회계사로서 5년 이상 해당 분야에서 종사하고 신용평가·개인정보 보호·금융소비자 보호 관련 업무경험이 풍부한 사람
3. 그 밖에 신용평가·개인정보 보호·금융소비자 보호 관련 학식과 경험이 풍부한 사람으로서 금융위원회가 정하여 고시하는 사람
④ 위원장을 제외한 검증위원회의 위원의 임기는 2년으로 하며, 두 차례만 연임할 수 있다.
⑤ 검증위원회는 법 제26조의3제3항에 따른 심의를 반기별로 1회 실시해야 한다.
⑥ 검증위원회는 법 제26조의3제1항 각 호의 업무를 수행하기 위하여 같은 항 제1호에 따른 개인신용평가회사등(이하 "개인신용평가회사등"이라 한다)에 금융위원회가 정하여 고시하는 자료의 제출이나 의견의 진술 등을 요구할 수 있다.
⑦ 제6항에 따른 자료 제출 등을 요구받은 자는 특별한 사정이 없으면 이에 따라야 한다.
⑧ 검증위원회 위원이 다음 각 호의 어느 하나에 해당하는 경우에는 해당 심의·의결에서 제척된다.
1. 위원 또는 그 배우자나 배우자였던 사람이 해당 안건의 당사자(당사자가 법인·단체 등인 경우에는 그 임원을 포함한다. 이하 이 호 및 제2호에서 같다)가 되거나 그 안건의 당사자와 공동권리자 또는 공동의무자인 경우
2. 위원이 해당 안건의 당사자와 「민법」 제777조에 따른 친족이거나 친족이었던 경우
3. 위원이나 위원이 속한 법인·단체 등이 해당 안건의 당사자의 대리인이거나 대리인이었던 경우
⑨ 해당 안건의 당사자는 제8항에 따른 제척사유가 있거나 위원에게 공정한 평가를 기대하기 어려운 사정이 있는 경우에는 검증위원회에 기피 신청을 할 수 있고, 검증위원회는 의결로 이를 결정한다. 이 경우 기피 신청의 대상인 위원은 그 심의에 참여하지 못한다. 또한, 위원이 제척 사유에 해당하는 경우에는 스스로 심의에서 회피(回避)해야 한다.
⑩ 위원장은 위원이 다음 각 호의 어느 하나에 해당하는 경우에는 해당 위원을 해촉할 수 있다.
1. 심신장애(心神障礙)등의 사유로 직무를 수행할 수 없게 된 경우
2. 검증위원회의 활동으로 알게 된 정보를 다른 사람에게 누설하거나 자신의 이익을 위하여 사용한 경우 등 직무와 관련한 비위사실이 있는 경우
3. 직무태만, 품위손상, 그 밖의 사유로 위원의 직을 유지하는 것이 적합하지 않다고 인정되는 경우
4. 제8항 각 호의 어느 하나에 해당함에도 불구하고 회피하지 않은 경우
5. 위원 스스로 직무를 수행하는 것이 어렵다는 의사를 밝히는 경우
⑪ 검증위원회는 제5항에 따른 심의 결과를 1개월 이내에 금융위원회에 보고하고, 지체 없이 해당 개인신용평가회사등에 통보해야 한다.
⑫ 제1항부터 제11항까지의 규정에 따른 검증위원회의 구성·운영 및 심의 결과의 보고·통보 등에 관한 세부사항은 금융위원회가 정하여 고시한다.
(2020.8.4 본조신설)

제22조의4 【데이터전문기관】 ① 금융위원회는 법 제26조의4제1항에 따라 다음 각 호의 요건을 모두 갖춘 법인 또는 기관을 데이터전문기관으로 지정할 수 있다.

1. 다음 각 목의 어느 하나에 해당하는 법인 또는 기관일 것
가. 「민법」 제32조에 따라 설립된 비영리법인
나. 「개인정보 보호법」 제2조제6호에 따른 공공기관
다. 금융위원회가 정하여 고시하는 자본금 및 매출액 등 요건을 갖춘 법인
2. 금융위원회가 정하여 고시하는 시설·설비, 인력·조직 및 재정능력을 갖출 것
3. 신용정보의 유출 등을 방지하기 위한 위험관리체계와 신용정보주체의 권익을 보호하기 위한 내부통제장치가 마련되어 있을 것
4. 그 밖에 금융위원회가 정하여 고시하는 요건을 갖출 것
② 제1항에 따라 데이터전문기관 지정을 받으려는 자는 금융위원회가 정하여 고시하는 지정신청서에 다음 각 호의 서류(전자문서를 포함한다. 이하 같다)를 첨부하여 금융위원회에 제출해야 한다. 이 경우 금융위원회는 「전자정부법」 제36조제1항에 따른 행정정보의 공동이용을 통하여 해당 법인의 등기사항증명서(법인인 경우에만 해당한다)를 확인해야 하며, 해당 법인이 확인에 동의하지 않는 경우에는 이를 제출하도록 해야 한다.
1. 정관 또는 이에 준하는 규정
2. 제1항에 따른 요건을 갖췄는지를 확인할 수 있는 서류
3. 그 밖에 금융위원회가 정하여 고시하는 서류
③ 금융위원회는 제2항에 따른 신청을 받아 데이터전문기관을 지정한 경우에는 금융위원회가 정하여 고시하는 서식에 따른 데이터전문기관 지정서를 발급하고, 법 제7조에 따라 해당 데이터전문기관의 명칭·주소·전화번호 및 대표자의 성명을 공고해야 한다.
④ 금융위원회는 제3항에 따라 지정된 데이터전문기관이 다음 각 호의 어느 하나에 해당하는 경우에는 데이터전문기관 지정을 취소할 수 있다. 다만, 제1호 또는 제2호에 해당하는 경우에는 데이터전문기관 지정을 취소해야 한다.
1. 거짓이나 그 밖의 부정한 방법으로 데이터전문기관 지정을 받은 경우
2. 지정된 데이터전문기관 스스로 지정 취소를 원하는 경우나 해산·폐업한 경우
3. 제1항에 따른 요건을 충족하지 못하게 된 경우
4. 고의 또는 중대한 과실로 데이터전문기관 업무를 부실하게 수행하는 등 그 업무를 적정하게 수행할 수 없다고 인정되는 경우
⑤ 금융위원회는 제4항에 따라 데이터전문기관 지정을 취소하려면 청문을 해야 한다.
⑥ 제1항부터 제5항까지의 규정에 따른 데이터전문기관 지정 및 취소에 관한 세부 사항은 금융위원회가 정하여 고시한다.
⑦ 법 제26조의4제2항제3호에서 "대통령령으로 정하는 업무"란 다음 각 호의 업무를 말한다.
1. 정보집합물 간의 결합과 가명처리 또는 익명처리에 관한 조사·연구 및 이와 유사한 업무
2. 정보집합물 간의 결합과 가명처리 또는 익명처리의 표준화에 관한 업무
3. 데이터전문기관 간 업무 표준화 등을 위한 상호 협력에 관한 업무
4. 그 밖에 제1호부터 제3호까지와 유사한 업무로서 금융위원회가 정하여 고시하는 업무
⑧ 법 제26조의4제3항에 따른 적정성평가위원회(이하 "평가위원회"라 한다)의 업무는 다음 각 호와 같다.
1. 데이터전문기관이 결합한 정보집합물의 가명처리 또는 익명처리에 대한 적정성 평가
2. 신용정보회사등의 익명처리에 대한 적정성 평가
3. 그 밖에 제1호 및 제2호와 유사한 업무로서 금융위원회가 정하여 고시하는 업무
⑨ 평가위원회의 구성 및 운영에 관한 세부 사항은 데이터전문기관의 장이 정한다.
⑩ 법 제26조의4제4항 각 호 외의 부분에서 "대통령령으로 정하는 위험관리체계"란 다음 각 호의 구분에 따른 위험관리체계를 말한다.
1. 법 제26조의4제4항제1호의 경우 : 다음 각 목의 요건을 갖춘 위험관리체계
가. 법 제26조의4제2항제1호의 업무를 담당하는 직원이 같은 항 제2호의 업무를 동시에 담당하지 않을 것. 다만, 대표자 및 부서장 등 업무의 집행을 지시하거나 감독하는 자는 그렇지 않다.
나. 그 밖에 금융위원회가 정하여 고시하는 기준을 갖출 것
2. 법 제26조의4제4항제2호의 경우 : 다음 각 목의 요건을 갖춘 위험관리체계
가. 법 제26조의4제2항 각 호의 업무(이하 "전문기관업무"라 한다)를 담당하는 직원이 「개인정보 보호법」 제28조의3제1항에 따라 전문기관이 수행하는 업무 외에는 법 또는 다른 법령에 따른 다른 업무를 동시에 담당하지 않을 것. 다만, 대표자 및 부서장 등 업무의 집행을 지시하거나 감독하는 자는 그렇지 않다.(2022.6.7 본문개정)
나. 전문기관업무를 수행하는 서버와 가목 본문에 따라 동시에 담당할 수 없는 업무를 수행하는 서버를 별도로 분리할 것(2022.6.7 본목개정)
다. 그 밖에 금융위원회가 정하여 고시하는 기준을 갖출 것
(2020.8.4 본조신설)

제23조 【신용조사회사 및 채권추심회사의 종사자】 법 제27조제1항제7호에서 "대통령령으로 정하는 자"란 제18조 각 호의 어느 하나에 해당하는 자를 말한다.

제24조 【위임직채권추심인의 자격요건 및 등록절차】 ① 법 제27조제10항에 따른 위임직채권추심인으로 등록할 수 있는 사람은 다음 각 호의 어느 하나에 해당하는 사람으로 한다.(2018.5.28 본문개정)
1. 다음 각 목의 어느 하나에 해당하는 기관에서 채권추심업무에 관한 연수과정을 이수한 사람
가. 법 제44조에 따른 신용정보협회(이하 "신용정보협회"라 한다)
나. 신용정보협회가 지정하는 채권추심회사
다. 그 밖에 금융위원회가 정하여 고시하는 기관
2. (2015.9.11 삭제)
3. 그 밖에 제1호에 준하는 자격이 있다고 금융위원회가 인정한 사람(2015.9.11 본호개정)
② 채권추심회사가 그 소속 위임직채권추심인이 되려는 자를 등록하는 경우에는 금융위원회가 정하여 고시하는 신청서에 그 위임직채권추심인이 제1항의 자격요건을 갖추었는지를 확인할 수 있는 서류를 첨부하여 금융위원회에 제출하여야 한다.(2015.9.11 본항개정)

제24조의2 【무허가 채권추심업자에 대한 업무위탁 금지 기관】 법 제27조의2에서 "대통령령으로 정하는 여신금융기관, 대부업자 등 신용정보제공·이용자"란 다음 각 호의 자를 말한다.(2022.6.7 본문개정)
1. 「농업협동조합법」에 따른 농협은행, 농업협동조합과 그 중앙회
2. 「대부업 등의 등록 및 금융이용자 보호에 관한 법률」에 따른 대부업자
3. 「보험업법」에 따른 보험회사
4. 「산림조합법」에 따른 산림조합과 그 중앙회
5. 「상호저축은행법」에 따른 상호저축은행과 그 중앙회
6. 「새마을금고법」에 따른 새마을금고와 그 중앙회(2022.6.7 본호개정)
7. 「수산업협동조합법」에 따른 수협은행, 수산업협동조합과 그 중앙회
8. 「신용협동조합법」에 따른 신용협동조합과 그 중앙회
9. 「은행법」에 따른 은행(같은 법 제59조에 따라 은행으로 보는 자를 포함한다)
10. 「여신전문금융업법」에 따른 여신전문금융회사(같은 법 제3조제3항제1호에 따라 허가를 받거나 등록을 한 자를 포함한다)
11. 「자본시장과 금융투자업에 관한 법률」에 따른 금융투자업자·증권금융회사·종합금융회사
12. 「중소기업은행법」에 따른 중소기업은행
13. 「한국산업은행법」에 따른 한국산업은행
14. 「한국수출입은행법」에 따른 한국수출입은행
15. 온라인투자연계금융업자(2020.8.4 본호신설)
(2018.5.28 본조신설)

제25조~제26조 (2013.8.27 삭제)

제6장 신용정보주체의 보호
(2020.8.4 본조제목신설)

제27조 【신용정보활용체제의 공시】 ① 법 제31조제1항 각 호 외의 부분에서 "대통령령으로 정하는 신용정보제공·이용자"란 제2조제6항제7호가목부터 허목까지 및 제21조제2항제1호부터 제21호까지의 자를 말한다.(2022.6.7 본항개정)
② 법 제31조제1항제1호에서 "대통령령으로 정하는 자"란 다음 각 호의 요건을 모두 갖춘 자를 말한다.
1. 개인신용평가회사, 개인사업자신용평가회사, 기업신용조회회사 및 신용정보집중기관 중 어느 하나에 해당하는 기관일 것
2. 직전 사업연도 말 기준으로 총자산이 2조원 이상이고 상시 종업원 수가 300명 이상일 것. 이 경우 상시 종업원 수의 산정방식은 금융위원회가 정하여 고시한다.
(2020.8.4 본항개정)
③ 법 제31조제1항제7호에서 "대통령령으로 정하는 사항"이란 다음 각 호의 사항을 말한다.
1. 검증위원회의 심의 결과(법 제26조의3에 따른 개인신용평가체계 검증 대상인 자에 한정한다)
2. 그 밖에 금융위원회가 정하여 고시하는 사항
(2020.8.4 본항신설)
④ 법 제31조제1항에 따라 같은 항 각 호의 사항을 공시하는 경우에는 다음 각 호의 어느 하나에 해당하는 방법으로 해야 한다.(2020.8.4 본문개정)
1. 점포·사무소 안의 보기 쉬운 장소에 갖춰 두고 열람하게 하는 방법
2. 해당 기관의 인터넷 홈페이지를 통하여 해당 신용정보주체가 열람할 수 있게 하는 방법

제28조 【개인신용정보의 제공·활용에 대한 동의】 ① (2015.9.11 삭제)
② 신용정보제공·이용자는 법 제32조제1항 각 호 외의 부분 본문에 따라 해당 신용정보주체로부터 동의를 받으려면 다음 각 호의 사항을 미리 알려야 한다. 다만, 동의 방식의 특성상 동의 내용을 전부 표시하거나 알리기 어려운 경우에는 해당 기관의 인터넷 홈페이지 주소나 사업장 전화번호 등 동의 내용을 확인할 수 있는 방법을 안내하고 동의를 받을 수 있다.(2015.9.11 본문개정)
1. 개인신용정보를 제공받는 자
2. 개인신용정보를 제공받는 자의 이용 목적
3. 제공하는 개인신용정보의 내용
4. 개인신용정보를 제공받는 자(개인신용평가회사, 개인사업자신용평가회사, 기업신용조회회사 및 신용정보집중기관은 제외한다)의 정보 보유 기간 및 이용 기간
(2020.8.4 본호개정)
5. 동의를 거부할 권리가 있다는 사실 및 동의 거부에 따른 불이익이 있는 경우에는 그 불이익의 내용
(2020.8.4 본호신설)
③ 신용정보제공·이용자는 법 제32조제1항제4호에 따라 유무선 통신을 통하여 동의를 받은 경우에는 1개월 이내에 서면, 전자우편, 휴대전화 문자메시지, 그 밖에 금융위원회가 정하여 고시하는 방법으로 제2항 각 호의 사항을 고지하여야 한다.
④ 법 제32조제1항제5호에서 "대통령령으로 정하는 방식"이란 정보 제공 동의의 안전성과 신뢰성이 확보될 수 있는 수단을 활용함으로써 해당 신용정보주체에게 동의 내용을 알리고 동의의 의사표시를 확인하여 동의를 받는 방식을 말한다.(2015.9.11 본항신설)
⑤ 제4항의 방식으로 해당 신용정보주체로부터 개인신용정보의 제공에 관한 동의를 받는 경우 신용정보제공·이용자와 개인신용평가회사, 개인사업자신용평가회사, 기업신용조회회사 또는 신용정보집중기관으로부터 개인신용정보를 제공받으려는 자는 다음 각 호의 사항 등을 고려하여 정보 제공 동의의 안전성과 신뢰성이 확보될 수 있는 수단을 채택하여 활용해야 한다.(2020.8.4 본문개정)
1. 금융거래 등 상거래관계의 유형·특성·위험도
2. 다음 각 목의 어느 하나에 해당하는 자의 업무 또는 업종의 특성
가. 신용정보제공·이용자
나. 개인신용평가회사, 개인사업자신용평가회사, 기업신용조회회사로부터 개인신용정보를 제공받으려는 자
다. 신용정보집중기관으로부터 개인신용정보를 제공받으려는 자
(2020.8.4 본호개정)
3. 정보 제공 동의를 받아야 하는 신용정보주체의 수
(2015.9.11 본항개정)
⑥ 법 제32조제2항에 따라 개인신용평가회사, 개인사업자신용평가회사, 기업신용조회회사 또는 신용정보집중기관으로부터 개인신용정보를 제공받으려는 자는 다음 각 호의 사항을 해당 개인에게 알리고 동의를 받아야 한다. 다만, 동의방식의 특성상 동의 내용을 전부 표시하거나 알리기 어려운 경우에는 해당 기관의 인터넷 홈페이지 주소나 사업장 전화번호 등 동의 내용을 확인할 수 있는 방법을 안내하고 동의를 받을 수 있다.(2020.8.4 본문개정)
1. 개인신용정보를 제공하는 자
2. 개인신용정보를 제공받는 자의 이용 목적
3. 제공받는 개인신용정보의 항목
4. 개인신용정보를 제공받는 것에 대한 동의의 효력기간
5. 동의를 거부할 권리가 있다는 사실 및 동의 거부에 따른 불이익이 있는 경우에는 그 불이익의 내용(2020.8.4 본호신설)
⑦ 법 제32조제3항에 따라 개인신용평가회사, 개인사업자신용평가회사, 기업신용조회회사 또는 신용정보집중기관은 개인신용정보를 제공받으려는 자가 해당 신용정보주체로부터 동의를 받았는지를 서면, 전자적 기록 등으로 확인하고, 확인한 사항의 진위 여부를 주기적으로 점검해야 한다.(2020.8.4 본항개정)
⑧ 법 제32조제4항 전단에 따라 신용정보제공·이용자가 필수적 동의사항과 그 밖의 선택적 동의사항을 구분하는 경우에는 다음 각 호의 사항 등을 고려해야 한다.
(2020.8.4 본문개정)
1. 신용정보주체가 그 동의사항에 대하여 동의하지 아니하면 그 신용정보주체와의 금융거래 등 상거래관계를 설정·유지할 수 없는지 여부
2. 해당 신용정보주체가 그 동의사항에 대하여 동의함으로써 제공·활용되는 개인신용정보가 신용정보제공·이용자와의 상거래관계에 따라 신용정보주체에게 제공되는 재화 또는 서비스(신용정보주체가 그 신용정보제공·이용자에게 신청한 상거래관계에서 제공하기로 한 재화 또는 서비스를 그 신용정보제공·이용자와 별도의 계약 또는 약정 등을 체결한 제3자가 신용정보주체에게 제공하는 경우를 포함한다)와 직접적으로 관련되어 있는지 여부(2020.8.4 본호개정)

3. 신용정보주체가 그 동의사항에 대하여 동의하지 아니하면 법 또는 다른 법령에 따른 의무를 이행할 수 없는지 여부
(2015.9.11 본항신설)
⑨ 신용정보제공·이용자가 법 제32조제4항 전단에 따라 필수적 동의 사항과 그 밖의 선택적 동의사항을 구분하여 동의를 받는 경우 동의서 양식을 구분하는 등의 방법으로 신용정보주체가 각 동의사항을 쉽게 이해할 수 있도록 해야 한다.(2020.8.4 본항개정)
⑩ 법 제32조제6항제4호에서 "채권추심(추심채권을 추심하는 경우만 해당한다), 인가·허가의 목적, 기업의 신용도 판단, 유가증권의 양수 등 대통령령으로 정하는 목적"이란 다음 각 호의 목적을 말한다.(2015.9.11 본문개정)
1. 채권추심을 의뢰한 채권자가 채권추심의 대상이 되는 자의 개인신용정보를 채권추심회사에 제공하거나 채권추심회사로부터 제공받기 위한 목적
2. 채권자 또는 채권추심회사가 변제기일까지 채무를 변제하지 않은 자 또는 채권추심의 대상이 되는 자에 대한 개인신용정보를 개인신용평가회사, 개인사업자신용평가회사 및 기업신용조회회사로부터 제공받기 위한 목적
3. 행정기관이 인가·허가 업무에 사용하기 위하여 개인신용평가회사, 개인사업자신용평가회사 및 기업신용조회회사로부터 개인신용정보를 제공받기 위한 목적
4. 해당 기업과의 금융거래 등 상거래관계의 설정 및 유지 여부 등을 판단하기 위하여 그 기업의 대표자 및 제2조제9항 각 호의 어느 하나에 해당하는 자의 개인신용정보를 개인신용평가회사, 개인사업자신용평가회사, 기업신용조회회사 및 신용정보집중기관으로부터 제공받기 위한 목적
5. 제21조제2항에 따른 금융기관이 상거래관계의 설정 및 유지 여부 등을 판단하기 위하여 또는 어음·수표 소지인이 어음·수표의 발행인, 인수인, 배서인 및 보증인의 변제 의사 및 변제자력을 확인하기 위하여 개인신용평가회사, 개인사업자신용평가회사, 기업신용조회회사 및 신용정보집중기관으로부터 어음·수표의 발행인, 인수인, 배서인 및 보증인의 개인신용정보를 제공받기 위한 목적
(2020.8.4 2호~5호개정)
6. 「민법」 제450조에 따라 지명채권을 양수한 신용정보제공·이용자가 다음 각 목의 어느 하나에 해당하는 경우에 그 지명채권의 채무자의 개인신용정보를 개인신용평가회사, 개인사업자신용평가회사, 기업신용조회회사 또는 신용정보집중기관에 제공하거나 개인신용평가회사, 개인사업자신용평가회사, 기업신용조회회사 또는 신용정보집중기관으로부터 제공받기 위한 목적
(2020.8.4 본문개정)
가. 지명채권의 양도인이 그 지명채권의 원인이 되는 상거래관계가 설정될 당시 법 제32조제1항 각 호의 어느 하나에 해당하는 방식으로 채무자의 개인신용정보를 제공하거나 제공받는 것에 대하여 해당 채무자로부터 동의를 받은 경우
나. 법 또는 다른 법령에 따라 그 지명채권의 채무자의 개인신용정보를 제공하거나 제공받을 수 있는 경우
(2015.9.11 본호신설)
7. (2020.8.4 삭제)
⑪ 법 제32조제6항제11호에서 "대통령령으로 정하는 경우"란 다음 각 호의 경우를 말한다.
1. 장외파생상품 거래의 매매에 따른 위험 관리 및 투자자보호를 위해 장외파생상품 거래와 관련된 정보를 금융위원회, 금융감독원 및 한국은행에 제공하는 경우
2. 「상법」 제719조에 따른 책임보험계약의 제3자에 대한 정보를 보험사기 조사·방지를 위해 신용정보집중기관에 제공하거나 그로부터 제공받는 경우
3. 「상법」 제726조의2에 따른 자동차보험계약의 제3자의 정보를 보험사기 조사·방지를 위해 신용정보집중기관에 제공하거나 그로부터 제공받는 경우
(2020.8.4 본항개정)
⑫ 신용정보회사등이 법 제32조제7항 본문에 따라 신용정보주체에게 개인신용정보의 제공 사실 및 이유 등을 사전에 알리는 경우와 같은 항 단서에 따라 불가피한 사유로 인하여 사후에 알리거나 공시하는 경우에 그 제공의 이유 및 그 알리거나 공시하는 자별로 알리거나 공시하는 시기 및 방법은 별표2의2와 같다.(2015.9.11 본항개정)
⑬ 법 제32조제8항에서 "대통령령으로 정하는 자"란 제2조제6항제7호가목부터 허목까지의 자를 말한다.
(2022.6.7 본항개정)
⑭ 법 제32조제8항에서 "제공하는 신용정보의 범위 등 대통령령으로 정하는 사항"이란 제공하는 개인신용정보의 범위, 제공받는 자의 신용정보 관리·보호 체계를 말한다.
(2015.9.11 본항개정)

제28조의2【개인신용정보의 이용】 법 제33조제2항에서 "대통령령으로 정하는 목적"이란 다음 각 호의 어느 하나에 해당하는 업무를 수행하기 위해 필요한 경우 해당 각 호의 자가 개인의 질병, 상해 또는 그 밖에 이와 유사한 정보를 그 업무와 관련하여 이용하기 위한 목적을 말한다.
1. 「보험업법」 제2조제6호에 따른 보험회사가 수행하는 같은 조 제2호에 따른 보험업 또는 같은 법 제11조의2에 따른 부수업무로서 개인의 건강 유지·증진 또는 질병의 사전예방 및 악화 방지 등의 목적으로 수행하는 업무
2. 「여신전문금융업법」 제2조제2호의2에 따른 신용카드업자가 수행하는 같은 법 제46조제1항제7호에 따른 부수업무로서 신용카드회원으로부터 수수료를 받고 신용카드회원에게 사망 또는 질병 등 특정 사고 발생 시 신용카드회원의 채무(같은 법 제2조제2호나목과 관련된 채무에 한정한다)를 면제하거나 그 채무의 상환을 유예하는 업무
3. 「우체국예금·보험에 관한 법률」에 따라 체신관서가 수행하는 보험업무
4. 공제조합등이 수행하는 공제사업
5. 본인신용정보관리회사가 수행하는 본인신용정보관리업으로서 개인인 신용정보주체에게 본인의 질병에 관한 정보를 통합하여 제공하기 위한 업무
6. 법 제25조의2에 따라 종합신용정보집중기관이 수행하는 업무
7. 제1호부터 제6호까지에서 규정한 업무 외에 금융기관이 금융소비자에게 경제적 혜택을 제공하거나 금융소비자의 피해를 방지하기 위해 수행하는 업무로서 총리령으로 정하는 업무
(2020.8.4 본조신설)

제28조의3【개인신용정보의 전송요구】 ① 법 제33조의2제1항제3호에서 "대통령령으로 정하는 신용정보제공·이용자"란 제2조제6항제7호가목부터 버목까지, 같은 호 어목부터 허목까지 및 제21조제2항 각 호의 자를 말한다.
(2022.6.7 본항개정)
② 법 제33조의2제1항제5호에서 "대통령령으로 정하는 자"란 다음 각 호의 자를 말한다.
1. 개인사업자신용평가회사
2. 그 밖에 금융위원회가 정하여 고시하는 자
③ 개인인 신용정보주체는 법 제33조의2제1항 및 제4항에 따라 개인신용정보의 전송요구권을 행사하는 경우에는 법 제32조제1항 각 호의 어느 하나에 해당하는 방법으로 해야 한다. 다만, 개인인 신용정보주체의 요청으로 특약사항을 기재하거나 약정하여 해당 정보의 제3자 제공을 금지한 경우 또는 비대면 정보 조회를 금지한 경우에는 해당 정보에 대하여 대면으로 전송요구권을 행사해야 한다.
④ 제3항에 따라 개인신용정보의 전송요구를 받은 신용정보제공·이용자등은 전송요구를 받은 개인신용정보를 컴퓨터 처리가 가능한 방식으로 즉시 전송해야 한다. 다만, 최근 5년 내의 개인신용정보가 아닌 경우에는 신용정보제공·이용자등이 정하는 방식으로 제공할 수 있다.
⑤ 제4항에 따른 개인신용정보의 전송이 전산시스템 장애 등으로 지연되거나 불가한 경우에는 전송이 지연된 사실 및 그 사유를 개인인 신용정보주체에게 통지하고, 그 사유가 해소된 즉시 개인신용정보를 전송해야 한다.
⑥ 법 제33조의2제2항에 따라 개인인 신용정보주체가 전송을 요구할 수 있는 본인에 관한 개인신용정보의 범위는 다음 각 호와 같다.
1. 법 제2조제9호의2 각 목에 따른 정보
2. 국세, 관세 및 지방세 납부정보(2022.6.7 본호개정)
3. 고용보험, 산업재해보상보험, 국민건강보험, 국민연금 및 공적연금에 관한 정보로서 보험료 납부 정보
4. 법 제18조의6제4항제6호에 따른 전기통신사업자에 대한 통신료 납부정보, 소액결제정보 및 이와 유사한 정보로서 신용정보주체의 거래내역을 확인할 수 있는 정보
5. 그 밖에 제1호부터 제4호까지의 규정에 따른 정보와 유사하고 개인인 신용정보주체의 거래내역을 확인할 수 있는 정보로서 금융위원회가 정하여 고시하는 정보
⑦ 법 제33조의2제3항제5호에서 "대통령령으로 정하는 법률의 관련 규정"이란 다음 각 호의 규정을 말한다.
1. 「개인정보 보호법」 제17조
2. 「관세법」 제116조
3. 「여신전문금융업법」 제54조의5
4. 「전자정부법」 제42조
5. 「과세자료의 제출 및 관리에 관한 법률」 제11조
6. 「온라인투자연계금융업 및 이용자 보호에 관한 법률」 제33조제4항
7. 「외국환거래법」 제21조
⑧ 법 제33조의2제5항제5호에서 "대통령령으로 정하는 사항"이란 다음 각 호의 사항을 말한다.
1. 전송요구의 종료시점
2. 그 밖에 금융위원회가 정하여 고시하는 사항
⑨ 법 제33조의2제6항제2호에서 "대통령령으로 정하는 법률의 관련 규정"이란 다음 각 호의 규정을 말한다.
1. 「개인정보 보호법」 제20조
2. 「위치정보의 보호 및 이용 등에 관한 법률」 제19조
⑩ 개인인 신용정보주체는 법 제33조의2제7항에 따라 전송요구를 철회하는 경우 법 제32조제1항 각 호의 어느 하나에 해당하는 방법으로 한다.
⑪ 법 제33조의2제8항에서 "대통령령으로 정하는 경우"란 다음 각 호의 어느 하나에 해당하는 경우를 말한다.
1. 개인인 신용정보주체 본인이 전송요구를 한 사실이 확인되지 않은 경우
2. 신용정보주체 본인이 전송요구를 했으나 제3자의 기망이나 협박 때문에 전송요구를 한 것으로 의심되는 경우
3. 법 제33조의2제1항 각 호의 자가 아닌 자에게 전송해 줄 것을 요구한 경우
4. 법 제33조의2제5항에서 정한 사항이 준수되지 않은 경우
5. 개인인 신용정보주체의 인증정보 탈취 등 부당한 방법으로 인한 전송요구임을 알게 된 경우
6. 그 밖에 제1호부터 제5호까지의 규정에 따른 경우와 유사한 경우로서 금융위원회가 정하여 고시하는 경우
⑫ 법 제33조의2제8항에 따라 전송요구를 받은 신용정보제공·이용자등이 전송요구를 거절하거나 전송을 정지·중단한 경우에는 지체 없이 해당 사실을 개인인 신용정보주체에게 통지해야 한다.
⑬ 제1항부터 제12항까지의 규정에 따른 개인신용정보의 전송요구, 전송요구 철회·거절 및 전송정지·중단에 관한 세부 사항은 금융위원회가 정하여 고시한다.
(2020.8.4 본조신설)

제28조의4【개인신용정보 전송에 관한 협의회 등의 운영】 종합신용정보집중기관, 「민법」 제32조에 따라 금융위원회의 허가를 받아 설립된 금융보안원(이하 "금융보안원"이라 한다) 및 그 밖에 금융위원회가 지정하는 자는 법 제22조의9제4항부터 제6항까지의 규정 및 법 제33조의2에 따른 개인신용정보의 전송에 관한 다음 각 호의 업무를 지원하는 협의회 및 기관 등을 둘 수 있다.
1. 전송을 요구할 수 있는 개인신용정보의 범위, 개인신용정보 규격 표준화, 검증 및 오류 관리
2. 전송요구에 따른 비용 산정
3. 금융소비자 권리 보장
4. 법 제22조의9제4항 및 법 제33조의2제5항에 따른 안전성과 신뢰성이 보장된 방식의 관리
5. 개인신용정보 전송·관리를 위한 신용정보주체 등의 인증 기준
6. 안전한 개인신용정보 전송·관리를 위한 정보보호 및 보안
7. 그 밖에 제1호부터 제6호까지의 규정에 따른 업무와 유사한 업무로서 금융위원회가 정하여 고시하는 업무
(2020.8.4 본조신설)

제29조【개인식별정보의 수집·이용 및 제공】 법 제34조에서 "대통령령으로 정하는 정보"란 개인식별번호를 말한다.(2020.8.4 본조개정)

제29조의2【개인신용정보 등의 활용에 관한 동의의 원칙】 ① 법 제34조의2제1항 단서에서 "대통령령으로 정하는 경우"란 다음 각 호의 어느 하나에 해당하는 경우를 말한다.
1. 전화 등 동의 방식의 특성상 동의 내용을 전부 표시하거나 알리기 어려운 경우로서 신용정보회사등의 인터넷 홈페이지 주소나 사업자 전화번호 등 동의내용을 확인할 수 있는 방법을 안내하고 동의를 받는 경우
2. 그 밖에 제1호와 유사한 경우로서 금융위원회가 정하여 고시하는 경우
② 법 제34조의2제2항 각 호 외의 부분 및 같은 조 제3항 본문에서 "대통령령으로 정하는 신용정보제공·이용자"란 각각 제17조제7항제2호부터 제4호까지의 자를 말한다.
③ 법 제34조의2제3항 본문에 따라 같은 조 제1항 본문에 따른 고지사항(이하 "고지사항"이라 한다) 중 그 일부를 생략하거나 중요한 사항만을 발췌하여 그 신용정보주체에게 알리고 같은 항 본문에 따른 정보활용 동의(이하 "정보활용 동의"라 한다)를 받는 경우에는 각 호의 사항을 반드시 고지해야 한다.
1. 고지사항 중 다음 각 목의 사항
가. 「개인정보 보호법」 제15조제2항 각 호의 사항을 범주화한 사항
나. 「개인정보 보호법」 제17조제2항제1호부터 제4호까지의 사항을 범주화한 사항
다. 「개인정보 보호법」 제18조제3항제1호부터 제4호까지의 사항을 범주화한 사항
2. 법 제34조의2제4항에 따라 고지사항 전부를 별도로 요청할 수 있다는 사실
3. 법 제32조제4항에 따른 선택적 동의사항에 대해 부여된 법 제34조의3제1항에 따른 정보활용 동의등급
④ 법 제34조의2제3항 단서에 따라 개인인 신용정보주체가 고지사항 전부를 알려줄 것을 요청한 경우에는 지체없이 고지사항 전부를 알려주어야 한다.
⑤ 법 제34조의2제3항 본문에 따라 고지사항을 알리는 경우 신용정보주체에게 불이익한 조치를 취할 수 있는 사항을 축소하여 알려서는 안 된다.
(2020.8.4 본조신설)

제29조의3【정보활용 동의등급】 ① 법 제34조의3제1항 전단에서 "대통령령으로 정하는 신용정보제공·이용자"란 제29조의2제2항에 해당하는 자를 말한다.
② 법 제34조의3제1항 후단에서 "대통령령으로 정하는 중요사항"이란 다음 각 호의 사항을 말한다.
1. 고지사항
2. 법 제34조의3제1항에 따른 정보활용 동의등급
3. 그 밖에 금융위원회가 정하여 고시하는 사항

③ 법 제34조의3제2항제4호에서 "대통령령으로 정하는 사항"이란 다음 각 호의 사항을 말한다.
1. 신용정보주체가 정보활용 동의사항을 읽기 쉽도록 글자 크기나 줄 간격을 확대하는 등의 방법으로 표기했는지 여부
2. 법 제34조의2제3항 본문에 따라 고지사항 중 그 일부를 생략하거나 중요한 사항만을 발췌하여 그 신용정보주체에게 알린 것인지 여부
3. 그 밖에 금융위원회가 정하여 고시하는 사항
④ 법 제34조의3제3항에서 "대통령령으로 정하는 경우"란 다음 각 호의 어느 하나에 해당하는 경우를 말한다.
1. 정보활용 동의등급 기준 변경, 고지사항의 변경 등으로 기존에 부여한 정보활용 동의등급을 유지하는 것이 신용정보주체 보호나 건전한 신용질서 유지의 측면에서 불합리한 경우
2. 해당 신용정보제공·이용자가 해산하거나 폐업한 경우
3. 부여된 정보활용 동의등급의 미표시 및 왜곡 등으로 신용정보주체가 정보활용 동의등급을 쉽게 인지하기 어렵게 된 경우
4. 그 밖에 금융위원회가 정하여 고시하는 경우
⑤ 금융위원회는 법 제34조의3제3항에 따라 정보활용 동의등급을 취소하거나 변경하는 경우 미리 해당 신용정보제공·이용자에게 알려야 한다. 다만, 신용정보주체의 보호 및 건전한 신용질서를 유지하기 위해 급박한 경우에는 미리 알리지 않을 수 있다.
⑥ 제1항부터 제5항까지의 규정에 따른 정보활용 동의등급의 부여·취소 및 변경의 방법·절차에 관한 세부 사항은 금융위원회가 정하여 고시한다.
(2020.8.4 본조신설)

제30조【신용정보 이용 및 제공사실의 조회 등】 ① 신용정보회사등은 법 제35조제1항 각 호 외의 부분 본문에 따라 다음 각 호의 구분에 따른 방법으로 개인신용정보를 이용하거나 제공한 날부터 금융위원회가 정하여 고시하는 기간 이내에 신용정보주체에게 조회사항(같은 항 각 호의 구분에 따른 사항을 말한다. 이하 이 조에서 같다)을 조회할 수 있도록 해야 한다. 다만, 법 제32조제7항 단서에 따른 불가피한 사유가 있는 경우에는 별표2의2에 따라 알리거나 공시하는 시기에 조회할 수 있도록 해야 한다.(2020.8.4 본문개정)
1. 신용정보회사등으로서 다음 각 목의 어느 하나에 해당하는 자의 경우 : 신용정보주체가 조회사항을 편리하게 확인할 수 있도록 하기 위한 개인신용정보조회시스템을 구축하고, 인터넷 홈페이지 등에 그 개인신용정보조회시스템을 이용하는 방법 및 절차 등을 게시하는 방법
가. 신용정보집중기관
나. 개인신용평가회사(2020.8.4 본목개정)
다. 개인사업자신용평가회사(2020.8.4 본목신설)
라. 기업신용조회회사(2020.8.4 본목신설)
마. 본인신용정보관리회사(2020.8.4 본목신설)
바. 제2조제6항제7호가목부터 허목까지의 기관(개인신용정보를 관리하는 전산시스템이 없는 기관으로서 1만명 미만의 신용정보주체에 관한 개인신용정보를 보유한 기관은 제외한다)(2022.6.7 본목개정)
사. 제21조제2항제1호부터 제23호까지의 규정에 따른 기관(개인신용정보를 관리하는 전산시스템이 없는 기관으로서 1만명 미만의 신용정보주체에 관한 개인신용정보를 보유한 기관은 제외한다)(2020.8.4 본목개정)
2. 신용정보회사등으로서 제1호에서 정하는 자 외의 자의 경우 : 제1호에서 정하는 방법 또는 사무소·점포 등에서 신용정보주체가 조회사항을 열람하게 하는 방법
② 제1항에 따라 신용정보회사등이 신용정보주체에게 조회할 수 있도록 하여야 하는 조회사항은 그 조회가 의뢰된 날을 기준으로 최근 3년간의 조회사항으로 한다.
③ 신용정보회사등은 제1항에 따라 조회사항을 신용정보주체가 조회할 수 있도록 하는 경우에는 그 조회를 요구하는 사람이 그 조회사항에 관한 신용정보주체 본인인지 여부를 확인하여야 한다. 이 경우 신용정보회사등은 금융거래 등 상거래관계의 유형·특성·위험도 등을 고려하여 본인 확인의 안전성과 신뢰성이 확보될 수 있는 수단을 채택하여 활용할 수 있다.
④ 법 제35조제1항 단서에서 "내부 경영관리의 목적으로 이용하거나 반복적인 업무위탁을 위하여 제공하는 경우 등 대통령령으로 정하는 경우"란 다음 각 호의 목적으로 이용하거나 제공하는 경우를 말한다. 다만, 상품 및 서비스를 소개하거나 구매를 권유할 목적으로 이용하거나 제공하는 경우는 제외한다.(2022.6.7 본문개정)
1. 신용위험관리 등 위험관리와 내부통제
2. 고객분석과 상품 및 서비스의 개발
3. 성과관리
4. 위탁업무의 수행
5. 업무와 재산상태에 대한 검사
5의2. 법 제33조의2제3항에 따른 신용정보제공·이용자 등의 개인신용정보 전송(2022.6.7 본호신설)
6. 그 밖에 다른 법령에서 정하는 바에 따른 국가 또는 지방자치단체에 대한 자료 제공(2016.3.29 본호신설)
⑤ 법 제35조제1항제1호에서 "대통령령으로 정하는 사항"이란 해당 개인신용정보의 보유기간 및 이용기간을 말한다.
⑥ 법 제35조제1항제2호에서 "대통령령으로 정하는 사항"이란 해당 개인신용정보를 제공받은 자의 보유기간 및 이용기간을 말한다.(2015.9.11 본항신설)
⑦ 신용정보회사등은 법 제35조제2항에 따라 신용정보주체로부터 통지의 요청을 받으면 금융위원회가 정하여 고시하는 서식 및 방법에 따라 그 요청을 받은 때부터 정기적으로 해당 신용정보주체에게 조회사항을 통지하여야 한다.(2015.9.11 본항신설)
⑧ 신용정보회사등은 제1항에 따른 조회나 제7항에 따른 통지에 직접 드는 비용을 그 신용정보주체에게 부담하게 할 수 있다. 다만, 제1항에 따른 개인신용정보조회시스템을 통하여 조회사항을 조회할 수 있도록 한 경우에는 신용정보주체가 1년에 1회 이상 무료로 조회할 수 있도록 하여야 한다.(2015.9.11 본항신설)
⑨ 신용정보회사등은 제1항에 따라 신용정보주체가 조회한 내용과 제7항에 따라 신용정보주체에게 통지한 내용을 3년간 보존하여야 한다.(2015.9.11 본항신설)
(2015.9.11 본조개정)

제30조의2【개인신용평점 하락 가능성 등에 대한 설명 의무】 ① 법 제35조의2 각 호 외의 부분에서 "대통령령으로 정하는 신용정보제공·이용자"란 다음 각 호의 자를 말한다.
1. 「금융위원회의 설치 등에 관한 법률」 제38조 각 호의 자
2. 그 밖에 금융위원회가 정하여 고시하는 기관
② 법 제35조의2 각 호 외의 부분에서 "대통령령으로 정하는 금융거래"란 법 제2조제1호의3가목에 따른 신용정보제공·이용자에게 신용위험이 따르는 거래를 말한다.
③ 법 제35조의2제2호에서 "대통령령으로 정하는 사항"이란 다음 각 호의 사항을 말한다.
1. 개인신용평점 하락 시 불이익 발생 가능성이 있는 금융거래 종류
2. 평균적으로 연체율이 높은 금융권역의 신용공여는 은행 등 다른 금융권역의 신용공여보다 신용점수가 더 큰 폭으로 하락할 수 있다는 사실
3. 평균적으로 연체율이 높은 형태의 신용공여는 일반적인 신용공여보다 신용점수가 더 큰 폭으로 하락할 수 있다는 사실
4. 그 밖에 해당 금융거래로 해당 신용정보주체에게 영향을 미칠 수 있는 사항으로서 금융위원회가 정하여 고시하는 사항
(2020.8.4 본조신설)

제30조의3【신용정보제공·이용자의 사전통지】 ① 법 제35조의3제1항에서 "대통령령으로 정하는 신용정보제공·이용자"란 다음 각 호의 자를 말한다.
1. 제2조제6항제7호 각 목의 자(2022.6.7 본호개정)
2. 제21조제2항 각 호의 자
3. 상거래 기업 및 법인
4. 그 밖에 금융위원회가 정하여 고시하는 자
② 법 제35조의3제1항제4호에서 "대통령령으로 정하는 사항"이란 다음 각 호의 사항을 말한다.
1. 정보 등록 후 연체금을 상환하여도 신용점수가 일정기간 회복되지 않을 수 있다는 사실
2. 정보 등록 후 연체금을 상환하여도 일정기간 그 기록이 보관된다는 사실
3. 그 밖에 금융위원회가 정하여 고시하는 사항
③ 법 제35조의3제1항에 따른 통지는 개인신용정보를 제공하기 5영업일 전까지 다음 각 호의 어느 하나에 해당하는 방법으로 해야 한다.(2022.6.7 본문개정)
1. 서면
2. 전화
3. 전자우편
4. 휴대전화 문자메시지
5. 그 밖에 신용정보주체에게 개인신용정보 조회 등에 관한 사항을 통지하기에 적합하다고 금융위원회가 인정하여 고시하는 방법
④ 제3항에도 불구하고 다음 각 호의 경우 법 제35조의3제1항에 따른 통지는 해당 호에서 정한 기한까지 할 수 있다.
1. 신용정보주체가 정보제공으로 불이익을 받지 않는 경우로서 금융위원회가 정하여 고시하는 경우 : 개인신용정보를 제공하기 전
2. 연체사실에 관한 정보를 제공하는 경우로서 연체 발생일부터 해당 정보의 등록이 예상되는 날까지의 기간이 5영업일 미만인 경우(제1호의 경우는 제외한다) : 개인신용정보를 제공하기 1영업일 전
(2022.6.7 본항신설)
(2020.8.4 본조신설)

제31조【상거래 거절 근거 신용정보의 고지 등】 ① 법 제36조제1항에서 "대통령령으로 정하는 정보"란 다음 각 호의 신용정보를 말한다.(2015.9.11 본문개정)
1. 법 제2조제1호의4에 따른 신용정보(2020.8.4 본호개정)
2. 법 제2조제1호의6 각 목의 신용정보. 다만, 같은 호 라목, 마목 및 사목의 신용정보는 제외하며, 같은 호 아목의 신용정보는 제2조제17항제3호(체납 관련 정보에 한정한다), 제5호 및 제6호의 정보에 한정한다.(2020.8.4 본호개정)
② 법 제36조제1항에서 "거절 또는 중지의 근거가 된 정보 등 대통령령으로 정하는 사항"이란 다음 각 호의 사항을 말한다.
1. 상거래관계 설정의 거절이나 중지의 근거가 된 신용정보
2. 제1호의 정보를 제공한 개인신용평가회사, 개인사업자신용평가회사, 기업신용조회회사 및 신용정보집중기관의 명칭·주소 및 전화번호 등(2020.8.4 본호개정)
3. 개인신용평가회사, 개인사업자신용평가회사, 기업신용조회회사 및 신용정보집중기관이 상거래관계의 설정을 거절하거나 중지하도록 결정한 것이 아니라는 사실 및 개인신용평가회사, 개인사업자신용평가회사, 기업신용조회회사 또는 신용정보집중기관으로부터 제공받은 정보 외에 다른 정보를 함께 사용했을 경우에는 그 사실과 그 다른 정보(2020.8.4 본호개정)

제31조의2【개인신용평가 결과에 대한 설명 및 이의제기 등】 ① 법 제36조의2제1항 각 호 외의 부분에서 "대통령령으로 정하는 신용정보제공·이용자"란 「금융위원회의 설치 등에 관한 법률」 제38조 각 호의 자를 말한다.
② 법 제36조의2제1항제1호나목에서 "대통령령으로 정하는 금융거래"란 다음 각 호의 거래를 말한다.
1. 법 제2조제1호의3가목1)부터 4)까지의 규정에 따른 거래
2. 그 밖에 제1호와 유사한 거래로서 금융위원회가 정하여 고시하는 거래
③ 법 제36조의2제1항제1호나목에서 "대통령령으로 정하는 신용정보제공·이용자"란 제1항에 따른 신용정보제공·이용자를 말한다.
④ 법 제36조의2제1항제1호다목에서 "대통령령으로 정하는 행위"란 제2항에 따른 거래에 관한 계약의 청약 또는 승낙 여부의 결정을 말한다.
⑤ 법 제36조의2제3항제3호에서 "대통령령으로 정하는 경우"란 다음 각 호의 어느 하나에 해당하는 경우를 말한다.
1. 개인인 신용정보주체가 정정 또는 삭제 요청한 내용이 사실과 다른 경우
2. 정당한 사유 없이 동일한 금융거래 등에 대해 3회 이상 반복적으로 법 제36조의2제1항 및 제2항에 따른 권리를 행사하는 경우
⑥ 개인인 신용정보주체는 서면, 전자우편, 인터넷 홈페이지 또는 어플리케이션 등을 통해 금융위원회가 정하여 고시하는 서식에 따라 법 제36조의2제1항 및 제2항에 따른 권리를 행사해야 한다.
⑦ 개인신용평가회사등은 법 제36조의2제1항 및 제2항에 따른 권리를 행사한 신용정보주체에게 설명·정정·삭제 등 필요조치를 하고 그 결과를 서면, 전자우편, 인터넷 홈페이지 또는 어플리케이션 등을 통해 금융위원회가 정하여 고시하는 서식에 따라 해당 신용정보주체에게 설명해야 한다.
⑧ 개인신용평가회사등은 개인인 신용정보주체에게 설명을 하는 경우 다음 각 호의 구분에 따라 설명해야 한다.
1. 법 제36조의2제1항제2호가목의 사항을 설명하는 경우 : 개인인 신용정보주체의 별도 요청이 없으면 요구 시점에서 가장 최근에 실시한 자동화평가의 결과로서, 개인신용평가회사등이 자체적으로 정한 신용등급 또는 점수(백분율을 포함한다) 등으로 표시할 수 있다.
2. 법 제36조의2제1항제2호나목의 사항을 설명하는 경우 : 자동화평가시 법 제2조제1호에서 정하고 있는 신용정보의 종류별(신용거래 판단정보, 신용도 판단정보, 신용거래능력 판단정보 등) 반영 비중을 안내하거나 또는 각 금융권역 협회에서 마련한 양식에 따라 안내할 수 있다.
3. 법 제36조의2제1항제2호다목의 사항을 설명하는 경우 : 설명을 요구한 개인인 신용정보주체 본인, 종합신용정보집중기관 및 개인신용평가회사등으로부터 금융회사 등이 직접 입수한 신용정보를 안내할 수 있다. 다만, 금융회사 등이 기초정보를 자체적으로 가공하여 생성 또는 추론한 정보는 제외할 수 있다.
⑨ 개인신용평가회사등은 법 제36조의2제3항에 따라 개인인 신용정보주체의 요구를 거절한 경우 거절의 근거 및 사유를 서면, 전자우편, 인터넷 홈페이지 또는 어플리케이션 등을 통해 안내해야 한다.
(2020.8.4 본조신설)

제32조【개인신용정보 제공·이용 동의의 철회권 등】 ① 법 제37조제1항에 따라 개인인 신용정보주체는 동의의 철회의 대상 및 내용 등을 특정하여 해당 기관의 인터넷 홈페이지, 유무선 통신, 서면, 그 밖에 금융위원회가 정하여 고시하는 방법으로 동의를 철회할 수 있다.(2015.9.11 단서삭제)
② 법 제37조제2항에 따라 개인인 신용정보주체는 상품이나 용역을 소개하거나 구매를 권유할 목적으로 연락하는 신용정보제공·이용자에 대하여 연락중지 청구의 대상 및 내용 등을 특정하여 제1항의 방법으로 본인에게 연락하는 것을 중지할 것을 청구할 수 있다.

③ 제1항 및 제2항에 따른 청구를 받은 신용정보제공·이용자는 청구를 받은 날부터 1개월 이내에 그에 따른 조치를 완료하여야 한다.
④ 법 제37조제3항에 따라 신용정보제공·이용자가 거래 상대방인 개인에게 구두에 의한 방법으로 고지한 경우에는 고지한 날부터 1개월 이내에 고지 내용을 서면, 전자우편, 휴대전화 문자메시지, 인터넷 홈페이지 및 그 밖에 금융위원회가 정하는 방법으로 추가 고지하여야 한다.
⑤ 법 제37조제4항 및 제5항에 따라 신용정보제공·이용자는 수신자 부담 전화, 수취인 부담 우편 등의 조치를 마련하여야 한다.

제33조【신용정보의 열람 및 정정청구 등】 ① 법 제38조제1항에서 "본인의 신분을 나타내는 증표를 내보이거나 전화, 인터넷 홈페이지의 이용 등 대통령령으로 정하는 방법"이란 다음 각 호의 방법을 말한다.
1. 본인의 신분을 나타내는 증표를 내보이는 방법
2. 전화, 인터넷 홈페이지를 이용하는 방법
3. 제1호 및 제2호의 방법 외의 방법으로서 본인 확인의 안전성과 신뢰성이 확보될 수 있는 수단을 활용하여 본인정보의 제공·열람을 청구하는 자가 신용정보주체 본인임을 확인하는 방법. 이 경우 신용정보회사등은 금융거래 등 상거래관계의 유형·특성·위험도 등을 고려하여 본인 확인의 안전성과 신뢰성이 확보될 수 있는 수단을 채택하여 활용할 수 있다.
(2015.9.11 본항개정)
② 법 제38조제1항에 따라 신용정보주체는 본인정보를 제공받거나 열람하는 경우 서면, 전자문서 또는 인터넷 홈페이지 등을 통하여 할 수 있다.
③ 법 제38조제1항에서 "대통령령으로 정하는 신용정보"란 법 제33조의2제2항에 따른 개인신용정보 범위에 속하는 개인신용정보를 말한다.(2020.8.4 본항신설)
④ 신용정보주체가 법 제38조제5항에 따라 시정 요청을 하려는 경우에는 처리결과의 통지를 받은 날(통지가 없는 경우에는 같은 조 제2항에 따른 정정청구를 하고 7영업일이 지난 날)부터 15일 이내에 금융위원회가 정하여 고시하는 시정요청서에 다음 각 호의 서류를 첨부하여 금융위원회에 제출해야 한다.(2022.6.7 본문개정)
1. 법 제38조제2항에 따라 신용정보회사등에 정정청구를 한 내용을 적은 서면(2022.6.7 본호개정)
2. 신용정보회사등으로부터 법 제38조제5항에 따른 처리결과를 통지받은 경우에는 그 통지 내용(2022.6.7 본호개정)
3. 시정 요청의 대상이 된 신용정보의 사실 여부를 확인할 수 있는 근거자료
⑤ 신용정보주체가 법 제38조제5항 단서에 따라 「개인정보 보호법」 제7조에 따른 개인정보 보호위원회(이하 "보호위원회"라 한다)에 시정 요청을 하려는 경우에는 처리결과의 통지를 받은 날(통지가 없는 경우에는 법 제38조제2항에 따른 정정청구를 하고 7영업일이 지난 날을 말한다)부터 15일 이내에 금융위원회가 정하여 고시하는 시정요청서에 다음 각 호의 서류를 첨부하여 보호위원회에 제출해야 한다.
1. 법 제38조제2항에 따라 신용정보회사등에 정정청구를 한 내용을 적은 서면
2. 상거래 기업 및 법인으로부터 법 제38조제5항에 따른 처리결과를 통지받은 경우에는 그 통지내용
3. 시정 요청의 대상이 된 신용정보의 사실 여부를 확인할 수 있는 근거자료
(2020.8.4 본항신설)

제33조의2【정보제공 중지의 요건 및 신용정보주체에 대한 통지사항 등】 ① 개인신용평가회사 또는 개인사업자신용평가회사는 법 제38조의2제2항에 따라 신용정보주체로부터 같은 조 제1항의 요청을 받은 경우로서 다음 각 호의 어느 하나에 해당하는 사실이 발생함에 따라 그 요청을 받은 것으로 인정되는 경우에 그 사실로 인하여 그 신용정보주체의 개인신용정보가 도용됨으로써 신용정보제공·이용자, 그 밖의 이용자(이하 이 조에서 "정보제공의뢰자"라 한다)로부터 개인신용정보의 제공을 의뢰받은 것으로 의심되면 지체 없이 해당 신용정보주체의 개인신용정보를 정보제공의뢰자에게 제공하는 행위를 중지해야 한다.(2020.8.4 본문개정)
1. 해당 신용정보주체의 개인신용정보가 누설된 사실
2. 해당 신용정보주체가 신분증을 분실한 사실
3. 제1호 또는 제2호와 비슷한 사실로서 금융위원회가 정하여 고시하는 사실
② 법 제38조의2제1항 전단 및 제2항에 따라 개인신용평가회사 또는 개인사업자신용평가회사가 신용정보주체에게 통지해야 할 사항은 다음 각 호의 구분에 따른다.
(2020.8.4 본문개정)
1. 정보제공의뢰자에게 해당 신용정보주체의 개인신용정보를 제공하여 법 제38조의2제1항에 따라 통지한 경우 : 개인신용정보를 제공받은 자, 제공의 목적, 제공한 내용, 제공한 날짜
2. 정보제공의뢰자에게 해당 신용정보주체의 개인신용정보를 제공하지 아니하고 법 제38조의2제2항에 따라 통지한 경우 : 정보제공의뢰자, 의뢰의 목적, 의뢰된 날짜

③ 개인신용평가회사 또는 개인사업자신용평가회사는 법 제38조의2제3항에 따라 다음 각 호의 어느 하나에 해당하는 방법으로 해당 신용정보주체에게 제2항 각 호의 구분에 따른 사항을 통지해야 한다.(2020.8.4 본문개정)
1. 서면
2. 전화
3. 전자우편
4. 휴대전화 문자메시지
5. 제1호부터 제4호까지의 규정에 따른 방법과 비슷한 방법
6. 그 밖에 신용정보주체에게 개인신용정보 조회 등에 관한 사항을 통지하기에 적합하다고 금융위원회가 인정하여 고시하는 방법(2019.12.10 본호신설)
④ 개인신용평가회사 또는 개인사업자신용평가회사는 법 제38조의2제3항에 따라 해당 신용정보주체에게 제2항 및 제3항에 따른 통지에 드는 비용을 부담하게 할 수 있다. 다만, 제1항제1호에 해당하는 사실이 발생한 경우로서 신용정보회사등에 책임 있는 사유로 그 사실이 발생함에 따라 그 통지를 하게 된 경우에는 그 신용정보회사등에 그 비용을 부담하게 해야 한다.(2020.8.4 본항개정)
(2020.8.4 본조제목개정)
(2015.9.11 본조신설)

제33조의3【개인신용정보의 삭제 요구】 ① 법 제38조의3제1항 본문에 따른 "대통령령으로 정하는 기간"은 다음 각 호의 구분에 따른 기간으로 한다.
1. 제17조의2제1항제1호에 따른 개인신용정보의 경우 : 5년
2. 제17조의2제1항제2호에 따른 개인신용정보의 경우 : 3개월
② 법 제38조의3제1항 본문에 따른 삭제요구에 따라 신용정보제공·이용자가 개인신용정보를 삭제함으로써 해당 신용정보주체에게 불이익이 발생하는 경우에는 그 정보를 삭제하기 전에 그러한 불이익이 발생할 수 있다는 것을 해당 신용정보주체에게 알려야 한다.
③ 법 제38조의3제3항에 따라 신용정보제공·이용자가 개인신용정보를 관리하는 경우에는 제17조의2제1항제1호 각 목의 방법에 따라 관리한다.
(2015.9.11 본조신설)

제34조【무료 열람권】 ① 법 제39조에서 "대통령령으로 정하는 일정한 기간"이란 4개월을 말한다.
② 법 제39조 각 호 외의 부분에서 "대통령령으로 정하는 개인신용평가회사"란 전문개인신용평가회사를 말한다.
(2020.8.4 본항신설)
③ 법 제39조제3호에서 "대통령령으로 정하는 신용정보"란 다음 각 호의 정보를 말한다.
1. 법 제36조의2제1항제2호다목의 정보
2. 그 밖에 금융위원회가 정하여 고시하는 정보
(2020.8.4 본항신설)
(2011.8.17 본조개정)

제34조의2【채권자변동정보의 열람 등】 ① 법 제39조의2제1항에서 "대통령령으로 정하는 신용정보제공·이용자"란 제2조제6항제7호가목부터 버목까지, 같은 호 어목부터 허목까지 및 제21조제2항 각 호의 자를 말한다.
(2022.6.7 본항개정)
② 법 제39조의2제1항에서 "대통령령으로 정하는 금융거래"란 다음 각 호의 거래를 말한다.
1. 법 제2조제1호의3가목에 따른 거래로서 개인인 신용정보주체가 채무자가 되는 거래
2. 제1호와 유사한 거래로서 금융위원회가 정하여 고시하는 거래
③ 법 제39조의2제1항에서 "대통령령으로 정하는 정보"란 다음 각 호의 정보를 말한다.
1. 채권의 취득·양도·양수 사실에 관한 정보로서 다음 각 목의 정보
   가. 최초 대출일
   나. 최초 대출일 이후 채권의 양도·양수 내역 및 양도·양수 기관 내역
   다. 최종거래의 양도자, 양수자 및 거래일
   라. 최종 양도·양수 당시 이전된 채권원금
2. 채권의 소멸시효 완성 여부(소멸시효가 완성되지 않은 경우에는 소멸시효 기산일을 포함한다)
3. 기한의 이익 상실 여부 및 상실일
4. 채무 관련 가압류, 강제집행 등 법적 조치 집행 여부 및 집행일
5. 채권추심회사에 대한 채권추심의 위탁 여부 및 위탁업체의 이름
6. 신용정보주체가 연락을 취할 수 있는 신용정보제공·이용자의 연락처
④ 종합신용정보집중기관은 법 제39조의2제3항에 따라 같은 조 제1항에 따른 채권자변동정보(이하 "채권자변동정보"라 한다)를 법 제25조제1항에 따라 집중관리·활용하는 정보(이하 이 조에서 "집중관리정보"라 한다)와 분리하여 보관하기 위해 채권자변동정보와 집중관리정보의 관리 기준, 접근 권한 및 저장 공간 등을 각각 별도로 마련하여 운영해야 한다.

⑤ 제1항에 따른 자가 종합신용정보집중기관에 채권자변동정보를 제공하거나 종합신용정보집중기관이 개인인 신용정보주체 본인에게 채권자변동정보를 교부하거나 열람하게 하는 경우 채권자변동정보의 축적 및 보관 등에 소요되는 비용 등을 고려하여 신용정보집중관리위원회가 정하는 비용을 청구할 수 있다.
⑥ 제1항부터 제5항까지의 규정에 따른 채권자변동정보의 제공·교부·열람 및 열람권 행사의 비용 부담에 관한 세부 사항은 신용정보집중관리위원회가 정한다.
(2020.8.4 본조신설)

제34조의3【신용정보주체의 권리행사 방법 및 절차】 법 제39조의3제1항 각 호 외의 부분에서 "서면 등 대통령령으로 정하는 방법·절차"란 서면, 전자문서, 인터넷 홈페이지, 어플리케이션 또는 메신저 등 안전성과 신뢰성이 확보될 수 있는 수단을 사용하여 대리의 구체적인 내용과 범위 및 기간을 포함하여 대리권을 위임하는 것을 말한다.
(2020.8.4 본조개정)

제34조의4【개인신용정보의 누설사실의 통지 등】 ① 신용정보회사등이 법 제39조의4제1항에 따라 통지하려는 경우에는 제33조의2제3항 각 호의 어느 하나에 해당하는 방법으로 개별 신용정보주체에게 개인신용정보가 누설되었다는 사실을 통지해야 한다.(2020.8.4 본항개정)
② 신용정보회사등은 법 제39조의4제3항 전단에 해당하는 경우에는 제1항에 따른 방법 외에 다음 각 호의 어느 하나에 해당하는 방법으로 금융위원회가 정하여 고시하는 기간 동안 개인신용정보가 누설되었다는 사실을 널리 알려야 한다.(2020.8.4 본문개정)
1. 인터넷 홈페이지에 그 사실을 게시하는 방법
2. 사무실이나 점포 등에서 해당 신용정보주체로 하여금 그 사실을 열람하게 하는 방법
3. 주된 사무소가 있는 특별시·광역시·특별자치시·도 또는 특별자치도 이상의 지역을 보급지역으로 하는 일반일간신문, 일반주간신문 또는 인터넷신문(「신문 등의 진흥에 관한 법률」 제2조제1호가목·다목 또는 같은 조 제2호에 따른 일반일간신문, 일반주간신문 또는 인터넷신문을 말한다)에 그 사실을 게재하는 방법
③ 제1항에도 불구하고 개인신용정보 누설에 따른 피해가 없는 것이 명백하고 법 제39조의4제2항에 따라 누설된 개인신용정보의 확산 및 추가 유출을 방지하기 위한 조치가 긴급히 필요하다고 인정되는 경우에는 해당 조치를 취한 후 지체 없이 신용정보주체에게 알릴 수 있다. 이 경우 그 조치의 내용을 함께 알려야 한다.(2020.8.4 전단개정)
④ 법 제39조의4제3항 전단에서 "대통령령으로 정하는 규모 이상의 개인신용정보"란 1만명 이상의 신용정보주체에 관한 개인신용정보를 말한다.(2020.8.4 본항개정)
⑤ 법 제39조의4제3항 전단에서 "대통령령으로 정하는 기관"이란 금융감독원을 말한다.(2020.8.4 본항개정)
⑥ 법 제39조의4제3항 전단에 따라 신고해야 하는 신용정보회사등(상거래 기업 및 법인은 제외한다)은 그 신용정보가 누설되었음을 알게 된 때 지체 없이 금융위원회가 정하여 고시하는 신고서를 금융위원회 또는 금융감독원에 제출해야 한다.(2020.8.4 본항개정)
⑦ 제6항에도 불구하고 제3항 전단에 해당하는 경우에는 우선 금융위원회 또는 금융감독원에 그 개인신용정보가 누설된 사실을 알리고 추가 유출을 방지하기 위한 조치를 취한 후 지체 없이 제6항에 따른 신고서를 제출할 수 있다. 이 경우 그 조치의 내용을 함께 제출해야 한다.
(2020.8.4 본항개정)
⑧ 법 제39조의4제4항에서 "대통령령으로 정하는 기관"이란 「개인정보 보호법」 제34조제3항에 따른 전문기관을 말한다.(2020.8.4 본항신설)
(2020.8.4 본조제목개정)
(2015.9.11 본조신설)

제34조의5【가명처리·익명처리에 관한 행위규칙】 ① 법 제40조의2제1항에서 "대통령령으로 정하는 방법"이란 금융위원회가 정하여 고시하는 기술적·물리적·관리적 보호조치를 통해 추가 정보에 대한 접근을 통제하는 방법을 말한다.
② 신용정보회사등은 법 제40조의2제2항에 따라 다음 각 호의 사항이 포함된 기술적·물리적·관리적 보안대책을 수립·시행하고 가명정보의 처리 목적, 처리·보유 기간 및 파기 등 금융위원회가 정하여 고시하는 사항을 작성하여 보관해야 한다.
1. 가명정보에 제3자가 불법적으로 접근하는 것을 차단하기 위한 침입차단시스템 등 접근통제장치의 설치·운영에 관한 사항
2. 가명정보의 변경·훼손 및 파괴를 방지하기 위한 사항
3. 가명정보 취급·조회 권한을 직급별·업무별로 차등 부여하는 것에 관한 사항 및 가명정보 접근기록의 주기적인 점검에 관한 사항
4. 가명처리 전 개인신용정보와 가명정보의 분리에 관한 사항
5. 법 제32조제6항제9호의2에 해당하는 경우 해당 목적 외 활용 방지에 관한 사항
6. 그 밖에 가명정보의 안전성 확보를 위하여 금융위원회가 정하여 고시하는 사항

③ 금융위원회는 제2항 각 호에 따른 사항의 구체적인 내용을 정하여 고시할 수 있다.
④ 금융위원회는 법 제40조의2제5항에 따라 데이터전문기관에 같은 조 제3항의 심사 및 같은 조 제4항의 인정 업무를 위탁하는 경우 해당 데이터전문기관이 해당 업무를 적절히 수행할 수 있는지 여부를 확인한 후 위탁해야 한다.
(2020.8.4 본조신설)

제35조【채권추심회사 등의 금지사항】 채권추심회사 및 소속 위임직채권추심인은 채권추심행위를 하는 과정에서 「채권의 공정한 추심에 관한 법률」 제5조, 제6조 및 제8조를 준수하여야 하며, 같은 법 제9조부터 제13조까지의 규정을 위반하여 채권추심을 해서는 아니 된다.

제35조의2【모집업무수탁자의 모집경로 확인 등】 ① 법 제41조의2제1항에 따른 모집업무수탁자는 다음 각 호의 어느 하나에 해당하는 자로 한다.
1. 「여신전문금융업법」 제14조의2제1항제2호 또는 제3호에 따라 신용카드회원을 모집할 수 있는 자
2. 「여신전문금융업법」에 따른 가맹점모집인
3. 「보험업법」에 따른 보험설계사
4. 「보험업법」에 따른 보험대리점
5. 「자본시장과 금융투자업에 관한 법률」 제51조제9항에 따른 투자권유대행인
6. 「대부업 등의 등록 및 금융이용자 보호에 관한 법률」 제3조제1항 단서에 따른 대출모집인
② 법 제41조의2제1항제3호에서 "대통령령으로 정하는 사항"이란 다음 각 호의 사항을 말한다.
1. 모집업무에 이용한 개인신용정보를 안전하게 보관하고 있지 아니한지 여부 및 그 이용 목적을 달성하였거나 이용기간이 종료되었음에도 불구하고 아직 그 정보를 파기하지 아니하였는지 여부
2. 제1호의 개인신용정보를 모집업무 목적 외에 이용하였거나 제3자에게 제공하였는지 여부
③ 법 제41조의2제3항에서 "대통령령으로 정하는 등록기관"이란 제1항 각 호의 어느 하나에 해당하는 자가 신용정보제공·이용자로부터 위탁받은 모집업무에 관한 법령 등에 따라 등록·등재한 기관(이하 이 조에서 "등록기관"이라 한다)을 말한다.
④ 신용정보제공·이용자는 법 제41조의2제1항 각 호의 사항을 매 분기마다 1회 이상 확인하여야 한다.
⑤ 신용정보제공·이용자는 제4항에 따라 확인한 사항을 다음 각 호의 구분에 따른 기한까지 등록기관에 알려야 한다.
1. 모집업무수탁자가 법 제41조의2제1항제1호에 따른 불법취득 신용정보를 모집업무에 이용한 사실을 확인한 경우 : 그 확인한 날부터 7일 이내
2. 제1호에서 정하는 사항 외의 사항을 확인한 경우 : 매 분기의 말일을 기준으로 해당 분기의 말일부터 1개월 이내
⑥ 신용정보제공·이용자는 제5항제1호의 경우에 제4항에 따라 확인한 사실을 금융위원회에도 알려야 한다.
⑦ 등록기관은 제5항에 따라 신용정보제공·이용자가 알린 사항을 매 분기의 말일을 기준으로 해당 분기의 말일부터 2개월 이내에 금융위원회에 보고하여야 한다.
(2015.9.11 본조신설)

제35조의3【과징금의 산정기준 등】 ① 법 제42조의2제1항 각 호 외의 부분 본문에 따른 전체 매출액은 해당 신용정보회사등의 직전 3개 사업연도의 연평균 매출액(이하 이 조에서 "연평균 매출액"이라 한다)으로 한다. 다만, 다음 각 호의 구분에 따른 경우에는 그 금액을 연평균 매출액으로 한다.(2020.8.4 본문개정)
1. 해당 사업연도 첫날을 기준으로 사업을 개시한지 3년이 되지 아니한 경우 : 그 사업개시 후 직전 사업연도 말일까지의 매출액을 연평균 매출액으로 환산한 금액
2. 해당 사업연도에 사업을 개시한 경우 : 사업개시일부터 위반행위일까지의 매출액을 연평균 매출액으로 환산한 금액
② 법 제42조의2제2항 단서에서 "대통령령으로 정하는 경우"란 다음 각 호의 어느 하나에 해당하는 경우를 말한다.
1. 영업을 개시하지 아니하거나 영업을 중단하는 등의 사유로 영업실적이 없는 경우
2. 재해 등으로 인하여 매출액 산정자료가 소멸되거나 훼손되는 등 객관적인 매출액의 산정이 곤란한 경우
③ 법 제42조의2에 따른 과징금의 산정기준은 별표2의3과 같다.(2017.10.17 본항개정)
④ 법 제42조의2제2항 단서에 해당하는 경우에는 다음 각 호의 금액 중 가장 적은 금액을 과징금 부과의 최고한도 금액으로 한다.
1. 해당 신용정보회사등과 비슷한 규모의 신용정보회사등의 연평균 매출액의 100분의 3
2. 해당 신용정보회사등과 같은 종류의 신용정보회사등의 연평균 매출액의 100분의 3
3. 200억원
⑤ (2017.10.17 삭제)
⑥ 금융위원회(상거래 기업 및 법인에 대해 과징금을 부과하는 경우에는 보호위원회를 말한다. 이하 제35조의4부터 제35조의7까지에서 같다)는 제1항에 따른 매출액 산정을 위하여 재무제표 등 자료가 필요한 경우 20일 이내의 기간을 정하여 해당 신용정보회사등에 관련 자료의 제출을 요청할 수 있다.(2020.8.4 본항개정)
⑦ 법 제42조의2제8항에서 "대통령령으로 정하는 자"란 제35조의2제1항 각 호의 어느 하나에 해당하는 자를 말한다.
(2015.9.11 본조신설)

제35조의4【의견제출】 ① 금융위원회는 법 제42조의2에 따른 과징금을 부과하기 전에 당사자 또는 이해관계인 등에게 의견을 제출할 기회를 주어야 한다.
② 제1항에 따른 당사자 또는 이해관계인 등은 금융위원회의 회의에 출석하여 의견을 진술하거나 필요한 자료를 제출할 수 있다.
③ 당사자 또는 이해관계인 등은 제2항에 따른 의견 진술 또는 자료 제출을 하는 경우 변호인의 도움을 받거나 그를 대리인으로 지정할 수 있다.
(2015.9.11 본조신설)

제35조의5【과징금의 부과 및 납부절차 등】 ① 금융위원회는 법 제42조의2에 따른 과징금을 부과하려는 경우에는 위반사실, 부과금액, 이의제기 방법 및 이의제기 기간 등을 구체적으로 밝혀 과징금을 낼 것을 서면으로 통지하여야 한다.
② 제1항에 따라 통지를 받은 자는 통지받은 날부터 60일 이내에 금융위원회가 정하는 수납기관에 과징금을 내야 한다.
③ 제1항 및 제2항에서 정하는 사항 외에 과징금의 부과에 필요한 세부사항은 금융위원회가 정하여 고시한다.
(2015.9.11 본조신설)

제35조의6【과징금의 납부기한 연기 및 분할 납부】 금융위원회가 「행정기본법」 제29조 단서에 따라 법 제42조의2제1항에 따른 과징금의 납부기한을 연기하거나 분할 납부하게 하는 경우 납부기한의 연기는 그 납부기한의 다음 날부터 1년을 초과할 수 없고, 각 분할된 납부기한 간의 간격은 6개월 이내로 하며, 분할 납부의 횟수는 3회 이내로 한다.(2023.12.12 본조개정)

제35조의7【결손처분】 법 제42조의2제9항에 따라 금융위원회는 과징금납부의무자에게 다음 각 호의 어느 하나에 해당하는 사유가 있으면 결손처분을 할 수 있다.
1. 체납처분이 끝나고 체납액에 충당된 배분금액이 체납액에 미치지 못하는 경우
2. 징수금 등의 징수권에 대한 소멸시효가 완성된 경우
3. 체납자의 행방이 분명하지 아니하거나 재산이 없다는 것이 판명된 경우
4. 체납처분의 목적물인 총재산의 추산가액이 체납처분 비용에 충당하면 남을 여지가 없음이 확인된 경우
5. 체납처분의 목적물인 총재산이 징수금 등보다 우선하는 국세, 지방세, 전세권·질권 또는 저당권으로 담보된 채권 등의 변제에 충당하면 남을 여지가 없음이 확인된 경우
6. 그 밖에 징수 가능성이 없는 경우로서 「채무자 회생 및 파산에 관한 법률」 제251조 본문에 따라 회생채권 등이 면책되는 경우
(2015.9.11 본조신설)

제35조의8 (2020.8.4 삭제)

제35조의9【손해배상 책임의 이행을 위한 보험 등 가입의무가 있는 신용정보회사등의 범위】 법 제43조의3에서 "대통령령으로 정하는 신용정보회사등"이란 다음 각 호의 자 중에서 금융위원회가 정하여 고시하는 자를 말한다.
1. 신용정보집중기관
2. 신용정보회사
2의2. 본인신용정보관리회사(2020.8.4 본호신설)
2의3. 채권추심회사(2020.8.4 본호신설)
3. 제2조제6항제7호가목부터 허목까지의 자(2022.6.7 본호개정)
4. 제21조제2항 각 호의 어느 하나에 해당하는 자
(2015.9.11 본조신설)

제36조【신용정보협회의 업무】 법 제44조제3항제4호에서 "대통령령으로 정하는 업무"란 다음 각 호의 업무를 말한다.
1. 신용정보회사, 본인신용정보관리회사 및 채권추심회사의 경영과 관련된 정보의 수집 및 통계의 작성 업무
2. 신용정보 관련 산업에 관한 교육(제4호에 따른 교육은 제외한다) 및 출판 업무(관련 시설의 운영을 포함한다)
(2020.8.4 1호~2호개정)
3. 법 또는 다른 법령에서 신용정보협회에 위임·위탁한 업무
4. 신용정보 관련 산업 임직원 등에 대한 교육 및 표준교재 제작 업무(2020.8.4 본호신설)
5. 그 밖에 금융위원회가 정하여 고시하는 업무

제36조의2【감독·검사 등】 법 제45조제1항 각 호 외의 부분에서 "대통령령으로 정하는 자"란 다음 각 호의 자를 제외한 자를 말한다.
1. 「자산유동화에 관한 법률」에 따라 금융위원회에 자산유동화계획을 등록한 유동화전문회사
2. 서민금융진흥원
3. 신용회복위원회
4. 국민행복기금
5. 「예금자보호법」 제36조의3제1항에 따라 설립된 정리금융회사
6. 그 밖에 금융위원회가 정하여 고시하는 자
(2020.8.4 본조신설)

제36조의3【금융위원회의 조치명령권】 법 제45조의2제5호에서 "대통령령으로 정하는 사항"이란 다음 각 호의 사항을 말한다.
1. 법 제11조제1항에 따른 겸영업무(이하 "겸영업무"라 한다) 및 법 제11조의2에 따른 부수업무(이하 "부수업무"라 한다)에 관한 사항
2. 법 제22조의5제3항에 따른 내부통제기준에 관한 사항
3. 법 제22조의6제3항 및 제4항에 따른 내부통제기준 및 이용자관리규정에 관한 사항
4. 신용정보회사등의 서비스 운영에 관한 사항
5. 신용정보회사등의 영업, 재무 및 위험에 관한 사항
6. 업무내용의 보고에 관한 사항
(2020.8.4 본조신설)

제36조의4【보호위원회의 자료제출 요구·조사 등】 ① 법 제45조의3제1항제3호에서 "대통령령으로 정하는 경우"란 개인신용정보 누설 등 신용정보주체의 개인신용정보에 관한 권리 또는 이익을 침해하는 사건·사고 등이 발생했거나 발생할 가능성이 높은 경우를 말한다.
② 보호위원회는 법 제45조의3제1항에 따른 자료의 제출 요구·조사 등을 위해 「개인정보 보호법」 제62조제2항에 따라 지정된 전문기관에 기술적인 사항의 자문 등 필요한 지원을 요청할 수 있다.
(2020.8.4 본조신설)

제36조의5【개인신용정보 활용·관리 실태에 대한 상시평가】 ① 법 제45조의5제1항에서 "대통령령으로 정하는 신용정보회사등"이란 제17조제7항 각 호의 자를 말한다.
② 법 제45조의5제2항에서 "대통령령으로 정하는 사항"이란 같은 조 제1항에 따라 금융위원회가 제출받은 점검의 결과에 대한 내용 중 금융감독원장이 요청한 사항을 말한다.
③ 금융위원회는 법 제45조의5제1항에 따른 점수 또는 등급이 우수한 기관을 대상으로 개인신용정보 활용·관리 안전성 인증마크(이하 "인증마크"라 한다)를 부여할 수 있다. 이 경우 인증마크의 부여를 위한 기준 등 세부사항은 금융위원회가 정하여 고시한다.
(2020.8.4 본조신설)

제37조【권한의 위임 또는 위탁】 ① 법 제49조에서 "대통령령으로 정하는 권한"이란 제2항부터 제6항까지의 규정에 따른 권한 및 업무를 말하며, "대통령령으로 정하는 자"란 금융보안원을 말한다.(2020.8.4 본항신설)
② 금융위원회는 법 제49조에 따라 별표3에 따른 권한을 금융감독원장에게 위탁한다.(2020.8.4 본항개정)
③ 금융위원회는 법 제49조에 따라 다음 각 호의 업무를 종합신용정보집중기관에 위탁한다.
1. 법 제26조의3제4항에 따른 개인신용평가체계 검증위원회의 심의결과의 공개
2. 법 제34조의3에 따른 정보활용 동의등급의 부여 및 취소·변경
(2020.8.4 본항신설)
④ 금융위원회는 법 제49조에 따라 다음 각 호의 업무를 데이터전문기관에 위탁한다.
1. 법 제40조의2제3항에 따른 익명처리의 적정성 심사 요청 접수
2. 법 제40조의2제4항에 따른 익명처리의 적정성 인정
(2020.8.4 본항신설)
⑤ 금융위원회는 법 제49조에 따라 법 제27조제3항에 따른 위임직채권추심인의 등록업무를 신용정보협회에 위탁한다.(2020.8.4 본항신설)
⑥ 금융위원회는 법 제49조에 따라 다음 각 호의 업무를 금융보안원에 위탁한다.
1. 법 제20조제6항에 따른 개인신용정보의 관리 및 보호 실태 점검 결과의 접수
2. 법 제45조의5제1항에 따른 신용정보관리·보호인의 점검 결과 제출의 확인, 그 결과의 점수 또는 등급 표시 및 같은 조 제2항에 따른 그 결과의 송부
(2020.8.4 본항신설)
⑦ 금융감독원장, 종합신용정보집중기관, 데이터전문기관, 신용정보협회 및 금융보안원은 제2항부터 제6항까지의 규정에 따라 위탁받은 업무의 처리 내용을 6개월마다 금융위원회에 보고해야 한다.(2020.8.4 본항개정)

제37조의2【민감정보 및 고유식별정보의 처리】 ① 금융위원회(제37조에 따라 금융위원회의 업무를 위탁받은 자를 포함한다), 금융감독원장 및 보호위원회는 다음 각 호의 사무(보호위원회는 제8호, 제8호의2, 제8호의5, 제11호 및 제12호의 사무에 한정한다)를 수행하기 위하여 불가피한 경우 「개인정보 보호법 시행령」 제18조제2호에 따른 범죄경력자료에 해당하는 정보, 개인식별번호가 포함된 자료를 처리할 수 있다.(2020.8.4 본문개정)
1. 법 제4조에 따른 신용정보업 허가 및 법 제8조에 따른 신고 또는 보고에 관한 사무(2015.9.11 본호개정)

1의2. 법 제4조에 따른 본인신용정보관리업 허가에 관한 사무(2020.8.4 본호신설)
2. 법 제9조에 따른 대주주 변경승인에 관한 사무(2020.8.4 본호개정)
2의2. 법 제9조의2에 따른 최대주주의 자격심사에 관한 사무(2020.8.4 본호신설)
3. 법 제10조에 따른 신용정보업·본인신용정보관리업 및 채권추심업의 양도·양수 등의 인가 등에 관한 사무
4. 법 제11조제1항에 따른 겸영업무 신고 수리에 관한 사무(2020.8.4 3호~4호개정)
5. 법 제13조에 따른 임원 겸직 승인에 관한 사무
6. 법 제14조에 따른 허가 등의 취소와 업무의 정지에 관한 사무
6의2. 법 제26조의4제1항에 따른 데이터전문기관의 지정에 관한 사무(2020.8.4 본호신설)
7. 법 제27조에 따른 위임직채권추심인의 등록에 관한 사무
8. 법 제38조제5항·제6항·제8항에 따른 시정요청 처리에 관한 사무(2020.8.4 본호개정)
8의2. 법 제39조의4제6항에 따른 시정요구 처리에 관한 사무(2020.8.4 본호신설)
8의3. 법 제40조의2제4항에 따른 익명처리의 적정성 심사 및 인정 업무에 관한 사무(2020.8.4 본호신설)
8의4. 법 제41조의2제1항에 따른 모집업무수탁자에 대한 확인에 관한 사무 및 같은 조 제3항에 따른 보고에 관한 사무(2015.9.11 본호신설)
8의5. 법 제42조의2에 따른 과징금의 부과 및 징수 등에 관한 사무(2015.9.11 본호신설)
9. 법 제45조에 따른 감독·검사에 관한 사무 및 이에 따른 사후조치 등에 관한 사무
10. 법 제45조의2에 따른 조치명령에 관한 사무
11. 법 제45조의3에 따른 자료제출요구·조사 등에 관한 사무
12. 법 제45조의4에 따른 시정조치에 관한 사무
13. 법 제45조의5에 따른 평가에 관한 사무
(2020.8.4 10호~13호신설)
14. 법 제48조에 따른 청문에 관한 사무
② 신용정보회사, 본인신용정보관리회사 및 채권추심회사는 다음 각 호의 사무를 수행하기 위하여 불가피한 경우 「개인정보 보호법 시행령」 제18조제2호에 따른 범죄경력자료에 해당하는 정보, 개인식별번호가 포함된 자료를 수집·처리할 수 있다. 다만, 개인식별번호를 개인으로부터 직접 수집할 경우에는 그 개인의 동의를 받아야 한다.
1. 법 제4조제1항에 따른 신용정보업, 본인신용정보관리업 및 금융거래와 관련하여 수행하는 채권추심업에 관한 사무
2. 겸영업무 및 부수업무와 관련된 사무
3. 법 제22조제1항·제2항, 법 제22조의8 및 제27조제1항에 따른 임직원 채용·고용 시 결격사유 확인에 관한 사무
(2020.8.4 본항개정)
③ 신용정보집중기관 및 법 제25조제4항에 따른 교환 대상자는 법 제25조제1항 및 제25조의2 각 호에 따른 업무를 수행하기 위해 불가피한 경우 개인식별번호를 수집·처리할 수 있다. 다만, 개인식별번호를 개인으로부터 직접 수집할 경우에는 그 개인의 동의를 받아야 한다.
(2015.9.11 본항개정)
④ 제21조제2항에 따른 기관은 금융거래를 위하여 신용정보를 이용하는 사무를 수행하기 위하여 불가피한 경우 개인식별번호가 포함된 자료를 수집·처리할 수 있다. 다만, 개인식별번호를 개인으로부터 직접 수집할 경우에는 그 개인의 동의를 받아야 한다.(2015.9.11 본항개정)
⑤ 본인신용정보관리회사는 개인인 신용정보주체의 신용정보를 통합하여 신용정보주체 본인에게 제공하기 위해 불가피한 경우 개인식별번호가 포함된 자료를 처리할 수 있다. 다만, 개인식별번호를 개인으로부터 직접 수집하는 경우에는 그 개인의 동의를 받아야 한다.(2020.8.4 본항신설)
⑥ 신용정보제공·이용자등(본인신용정보관리회사는 제외한다)은 보유하고 있는 개인식별번호를 법 제22조의9 제4항 및 법 제33조의2제5항에 따라 개인인 신용정보주체를 식별하여 그 개인의 신용정보를 전송하기 위해 필요한 경우 개인식별번호가 포함된 자료를 처리할 수 있다.
(2020.8.4 본항신설)
(2012.1.6 본조신설)

제38조【위반행위별 과태료의 부과기준】 법 제52조제1항부터 제5항까지의 규정에 따른 과태료의 부과기준은 별표4와 같다.(2020.8.4 본조개정)

부　칙

제1조【시행일】 이 영은 공포한 날부터 시행한다.
제2조【자본금에 관한 경과조치】 이 영 시행 당시 종전의 규정에 따라 허가를 받은 신용조사회사 및 채권추심회사는 2012년 결산 시까지 제7조의 개정규정에 적합하도록 하여야 한다.
제3조【다른 법령의 인용에 따른 경과조치】 2009년 11월 21일까지는 제21조제2항제12호의 개정규정 중 "「중소기업진흥에 관한 법률」"은 "「중소기업진흥 및 제품구매촉진에 관한 법률」"로 본다.
제4조【다른 법령의 개정】 ①~㉛ ※(해당 법령에 가제정리 하였음)
제5조【다른 법령과의 관계】 이 영 시행 당시 다른 법령에서 종전의 「신용정보의 이용 및 보호에 관한 법률 시행령」의 규정을 인용한 경우에 이 영 가운데 그에 해당하는 규정이 있으면 종전의 규정을 갈음하여 이 영의 해당 규정을 인용한 것으로 본다.

부　칙 (2011.8.17)

제1조【시행일】 이 영은 2011년 8월 20일부터 시행한다.
제2조【신용조회회사의 보고에 관한 적용례】 제18조의2 제1항의 개정규정은 신용조회회사가 2012년 1월 1일부터 12월 31일까지 수행한 업무내용의 보고부터 적용한다.
제3조【신용정보활용체제의 공시에 관한 적용례】 제27조제2항제7호의 개정규정은 이 영 시행 후 최초로 공시하는 것부터 적용한다.
제4조【무료 열람권의 기준일에 대한 적용례】 제34조의 개정규정은 이 영 시행 후 최초로 신용조회회사로부터 본인정보를 제공받거나 열람하는 자부터 적용한다.
제5조【신용정보의 활용기간 등에 관한 경과조치】 이 영 시행 당시 신용정보회사등에 등록·관리되어 있는 신용정보로서 법 제18조제2항에 따른 불이익 사유가 해소된 경우에는 제15조제4항부터 제6항까지의 개정규정에도 불구하고 종전의 규정에 따른다.
제6조【신용정보주체에 대한 통지 또는 공시에 대한 경과조치】 이 영 시행 당시 종전의 규정에 따라 신용정보주체에 대하여 행하여지고 있는 통지 또는 공시는 제28조제9항 또는 제10항의 개정규정에 따른 통지 또는 공시로 본다.

부　칙 (2015.9.11)

제1조【시행일】 이 영은 2015년 9월 12일부터 시행한다. 다만, 제16조의2, 제17조의2, 제28조, 제29조, 제30조, 제33조의2, 제33조의3의 개정규정은 2016년 3월 12일부터 시행한다.
제2조【금치산자 등에 관한 경과조치】 제2조제1항제5호의 개정규정에 따른 성년후견·한정후견·특정후견과 관련된 심판에는 법률 제10429호 민법 일부개정법률 부칙 제2조에 따라 금치산 또는 한정치산 선고의 효력이 유지되는 사람에 대한 금치산 또는 한정치산과 관련된 심판이 포함되는 것으로 본다.
제3조【신용정보관리·보호인의 지정 등에 관한 경과조치】 제17조제1항 및 제2항의 개정규정에 해당하는 자는 이 영 시행 이후 3개월 이내에 법 제20조제3항에 적합하도록 하여야 한다.
제4조【손해배상 책임의 이행을 위한 보험 등 가입의무가 있는 신용정보회사등의 범위에 관한 경과조치】 제35조의9의 개정규정에 해당하는 자는 이 영 시행 이후 1개월 이내에 법 제43조의3에 적합하도록 하여야 한다.
제5조【과태료의 부과기준에 관한 경과조치】 이 영 시행 전의 행위에 대하여 과태료의 부과기준을 적용할 경우에는 별표4의 개정규정에도 불구하고 종전의 규정에 따른다.
제6조【다른 법령의 개정】 ①~⑤ ※(해당 법령에 가제정리 하였음)

부　칙 (2019.4.2)

제1조【시행일】 이 영은 공포한 날부터 시행한다.(이하 생략)

부　칙 (2019.6.25)

제1조【시행일】 이 영은 2019년 9월 16일부터 시행한다.(이하 생략)

부　칙 (2019.12.10)

이 영은 공포한 날부터 시행한다.

부　칙 (2020.8.4)

제1조【시행일】 ① 이 영은 2020년 8월 5일부터 시행한다. 다만, 다음 각 호의 구분에 따른 개정규정은 각각 해당 호에서 정하는 날부터 시행한다.
1. 제28조의3, 제28조의4, 제29조의2, 제29조의3, 제36조의5 및 별표4(법률 제16957호 신용정보의 이용 및 보호에 관한 법률 일부개정법률 제52조제3항제6호의2부터 제6호의5까지의 개정규정에 관한 부분에 한정한다)의 개정규정 : 2021년 2월 4일
2. 제18조의6제3항부터 제11항까지 및 별표4(법률 제16957호 신용정보의 이용 및 보호에 관한 법률 일부개정법률 제52조제2항제4호의2 및 제4호의3의 개정규정에 관한 부분에 한정한다)의 개정규정 : 2021년 8월 4일
② 법률 제16957호 신용정보의 이용 및 보호에 관한 법률 일부개정법률 부칙 제1조제1호에서 "대통령령으로 정하는 날"이란 2021년 2월 4일을 말한다.
③ 법률 제16957호 신용정보의 이용 및 보호에 관한 법률 일부개정법률 부칙 제1조제2호에서 "대통령령으로 정하는 날"이란 2021년 8월 4일을 말한다.
제2조【손해배상 책임의 이행을 위한 보험 등 가입의무가 있는 신용정보회사등의 범위에 관한 특례】 제35조의9 제2호의2 및 제2호의3의 개정규정에 해당하는 자는 같은 개정규정에도 불구하고 이 영 시행 이후 1개월 이내에 법 제43조의3에 따라 보험 가입 등의 조치를 해야 한다.
제3조【다른 법령의 개정】 ①~㉟ ※(해당 법령에 가제정리 하였음)
제4조【다른 법령과의 관계】 이 영 시행 당시 다른 법령에서 종전의 규정을 인용하고 있는 경우 이 영 중 그에 해당하는 규정이 있을 때에는 종전의 규정을 갈음하여 이 영의 해당 규정을 인용한 것으로 본다.

부　칙 (2020.8.11)

제1조【시행일】 이 영은 2020년 8월 12일부터 시행한다.(이하 생략)

부　칙 (2020.12.8)

제1조【시행일】 이 영은 2020년 12월 10일부터 시행한다.(이하 생략)

부　칙 (2021.10.21)

제1조【시행일】 이 영은 2021년 10월 21일부터 시행한다.(이하 생략)

부　칙 (2021.12.28)

제1조【시행일】 이 영은 2021년 12월 30일부터 시행한다.(이하 생략)

부　칙 (2022.6.7)

제1조【시행일】 이 영은 공포한 날부터 시행한다. 다만, 제14조의2 및 별표1의2의 개정규정은 공포 후 3개월이 경과한 날부터 시행하고, 제30조의3의 개정규정은 공포 후 6개월이 경과한 날부터 시행한다.
제2조【신용정보제공·이용자의 사전통지 기한에 관한 경과조치】 ① 부칙 제1조 단서에 따른 제30조의3의 개정규정의 시행일까지 종전의 제30조의3제3항 각 호 외의 부분 본문에 따른 통지를 하지 않은 경우로서 그 시행일부터 개인신용정보의 제공일까지의 기간이 7일 미만인 경우(제30조의3제4항제1호의 개정규정에 해당하는 경우는 제외한다)의 사전통지 기한에 관하여는 종전의 제30조의3제3항 각 호 외의 부분 본문에 따른다.
② 부칙 제1조 단서에 따른 제30조의3의 개정규정의 시행일까지 종전의 제30조의3제3항 각 호 외의 부분 단서에 따른 통지를 하지 않은 경우로서 그 시행일부터 개인신용정보의 제공일까지의 기간이 1일 이하인 경우(제30조의3제4항제1호의 개정규정에 해당하는 경우는 제외한다)의 사전통지 기한에 관하여는 종전의 제30조의3제3항 각 호 외의 부분 단서에 따른다.
제3조【다른 법령의 개정】 ※(해당 법령에 가제정리 하였음)

부　칙 (2022.6.28)

제1조【시행일】 이 영은 2022년 6월 29일부터 시행한다.(이하 생략)

부　칙 (2023.6.27)

제1조【시행일】 이 영은 2023년 7월 4일부터 시행한다.(이하 생략)

부　칙 (2023.12.12)

이 영은 공포한 날부터 시행한다.

부　칙 (2023.12.19)

제1조【시행일】 이 영은 2023년 12월 21일부터 시행한다.(이하 생략)

[별표] ➡「法典 別册」참조

자본시장과 금융투자업에 관한 법률(약칭 : 자본시장법)

(2007년 8월 3일
법 률 제8635호)

개정
2008. 2.29법 8852호(정부조직)
2008. 2.29법 8863호(금융위원회의설치등에관한법)
2009. 2. 3법 9407호
2009. 2. 3법 9408호(주식회사의외부감사에관한법)
2009. 4.22법 9625호(저작)
2009. 6. 9법 9784호(은행법)
2010. 3.12법10063호
2010. 5.17법10303호(은행법)
2010. 6. 8법10361호(근로복지기본법)
2010. 6.10법10366호(동산·채권등의담보에관한법)
2011. 4.12법10580호(부등)
2011. 5.19법10629호(지식재산기본법)
2011. 7.21법10866호(고등교육)
2011. 7.25법10924호(신탁)
2011. 8. 4법11040호 2013. 4. 5법11758호
2013. 5.28법11845호 2013. 8.13법12102호
2014. 1.28법12383호
2014.12.30법12892호(채무자회생파산)
2014.12.30법12947호 2015. 7.24법13448호
2015. 7.31법13453호(금융회사의지배구조에관한법)
2016. 1.19법13782호(감정평가감정평가사)
2016. 3.18법14075호(기업구조조정촉진법)
2016. 3.22법14096호(주식·사채등의전자등록에관한법)
2016. 3.29법14129호(은행법)
2016. 3.29법14130호
2016. 5.29법14242호(수협)
2016.12.20법14458호
2017. 4.18법14817호(금융지주회사법)
2017. 4.18법14827호 2017.10.31법15021호
2017.10.31법15022호(주식회사등의외부감사에관한법)
2018. 3.27법15549호 2018.12.31법16191호
2019.11.26법16657호
2019.12.31법16859호(소재·부품·장비산업경쟁력강화를위한특별조치법)
2020. 2. 4법16957호(신용정보의이용및보호에관한법)
2020. 2. 4법16958호
2020. 2.11법16998호(벤처투자촉진에관한법)
2020. 3.24법17112호(금융소비자보호에관한법)
2020. 4. 7법17219호(감정평가감정평가사)
2020. 5.19법17295호
2020.12.29법17764호(상법)
2020.12.29법17799호(독점)
2020.12.29법17805호 2021. 1. 5법17879호
2021. 4.20법18128호 2021. 6. 8법18228호
2021.12.21법18585호(국가재정법)
2021.12.28법18661호(중소기업창업)
2022.12.31법19211호(보험)
2023. 3.21법19263호
2023. 6.13법19438호(소재·부품·장비산업경쟁력강화및공급망안정화를위한특별조치법)
2023. 7.18법19566호
2023. 9.14법19700호(행정법제혁신을위한일부개정법령등)
2024. 1. 9법19990호(벤처기업육성에관한특별법)→2024년 7월 10일 시행
2024. 1.23법20137호→2024년 7월 24일 시행
2024년 1월 25일 제412회 국회 본회의 통과→「法典 別冊」 보유편 수록

제1편 총 칙

제1조【목적】 이 법은 자본시장에서의 금융혁신과 공정한 경쟁을 촉진하고 투자자를 보호하며 금융투자업을 건전하게 육성함으로써 자본시장의 공정성·신뢰성 및 효율성을 높여 국민경제의 발전에 이바지함을 목적으로 한다.

제2조【국외행위에 대한 적용】 이 법은 국외에서 이루어진 행위로서 그 효과가 국내에 미치는 경우에도 적용한다.

제3조【금융투자상품】 ① 이 법에서 "금융투자상품"이란 이익을 얻거나 손실을 회피할 목적으로 현재 또는 장래의 특정(特定) 시점에 금전, 그 밖의 재산적 가치가 있는 것(이하 "금전등"이라 한다)을 지급하기로 약정함으로써 취득하는 권리로서, 그 권리를 취득하기 위하여 지급하였거나 지급하여야 할 금전등의 총액(판매수수료 등 대통령령으로 정하는 금액을 제외한다)이 그 권리로부터 회수하였거나 회수할 수 있는 금전등의 총액(해지수수료 등 대통령령으로 정하는 금액을 포함한다)을 초과하게 될 위험(이하 "투자성"이라 한다)이 있는 것을 말한다. 다만, 다음 각 호의 어느 하나에 해당하는 것을 제외한다.
1. 원화로 표시된 양도성 예금증서
2. 「신탁법」 제78조제1항에 따른 수익증권발행신탁이 아닌 신탁으로서 다음 각 목의 어느 하나에 해당하는 신탁(제103조제1항제1호의 재산을 신탁받는 경우는 제외하고 수탁자가 「신탁법」 제46조부터 제48조까지의 규정에 따라 처분 권한을 행사하는 경우는 포함한다. 이하 "관리형신탁"이라 한다)의 수익권
가. 위탁자(신탁계약에 따라 처분권한을 가지고 있는 수익자를 포함한다)의 지시에 따라서만 신탁재산의 처분이 이루어지는 신탁
나. 신탁계약에 따라 신탁재산에 대하여 보존행위 또는 그 신탁재산의 성질을 변경하지 아니하는 범위에서 이용·개량 행위만을 하는 신탁
(2013.5.28 본호개정)
3. 그 밖에 해당 금융투자상품의 특성 등을 고려하여 금융투자상품에서 제외하더라도 투자자 보호 및 건전한 거래질서를 해할 우려가 없는 것으로서 대통령령으로 정하는 금융투자상품(2013.5.28 본호신설)

② 제1항의 금융투자상품은 다음 각 호와 같이 구분한다.
1. 증권
2. 파생상품
가. 장내파생상품
나. 장외파생상품

제4조【증권】 ① 이 법에서 "증권"이란 내국인 또는 외국인이 발행한 금융투자상품으로서 투자자가 취득과 동시에 지급한 금전등 외에 어떠한 명목으로든지 추가로 지급의무(투자자가 기초자산에 대한 매매를 성립시킬 수 있는 권리를 행사하게 됨으로써 부담하게 되는 지급의무를 제외한다)를 부담하지 아니하는 것을 말한다. 다만, 다음 각 호의 어느 하나에 해당하는 증권은 제2편제5장, 제3편제1장(제8편부터 제10편까지의 규정 중 제2편제5장, 제3편제1장의 규정에 따른 의무 위반행위에 대한 부분을 포함한다) 및 제178조·제179조를 적용하는 경우에만 증권으로 본다.(2015.7.24 단서개정)
1. 투자계약증권
2. 지분증권, 수익증권 또는 증권예탁증권 중 해당 증권의 유통 가능성, 이 법 또는 금융관련 법령에서의 규제 여부 등을 종합적으로 고려하여 대통령령으로 정하는 증권
(2013.5.28 1호~2호신설)

② 제1항의 증권은 다음 각 호와 같이 구분한다.
1. 채무증권
2. 지분증권
3. 수익증권
4. 투자계약증권
5. 파생결합증권
6. 증권예탁증권

③ 이 법에서 "채무증권"이란 국채증권, 지방채증권, 특수채증권(법률에 의하여 직접 설립된 법인이 발행한 채권을 말한다. 이하 같다), 사채권(「상법」 제469조제2항제3호에 따른 사채의 경우에는 제7항제1호에 해당하는 것으로 한정한다. 이하 같다), 기업어음증권(기업이 사업에 필요한 자금을 조달하기 위하여 발행한 약속어음으로서 대통령령으로 정하는 요건을 갖춘 것을 말한다. 이하 같다), 그 밖에 이와 유사(類似)한 것으로서 지급청구권이 표시된 것을 말한다.(2013.5.28 본항개정)

④ 이 법에서 "지분증권"이란 주권, 신주인수권이 표시된 것, 법률에 의하여 직접 설립된 법인이 발행한 출자증권, 「상법」에 따른 합자회사·유한책임회사·유한회사·합자조합·익명조합의 출자지분, 그 밖에 이와 유사한 것으로서 출자지분 또는 출자지분을 취득할 권리가 표시된 것을 말한다.(2013.5.28 본항개정)

⑤ 이 법에서 "수익증권"이란 제110조의 수익증권, 제189조의 수익증권, 그 밖에 이와 유사한 것으로서 신탁의 수익권이 표시된 것을 말한다.

⑥ 이 법에서 "투자계약증권"이란 특정 투자자가 그 투자자와 타인(다른 투자자를 포함한다. 이하 이 항에서 같다) 간의 공동사업에 금전등을 투자하고 주로 타인이 수행한 공동사업의 결과에 따른 손익을 귀속받는 계약상의 권리가 표시된 것을 말한다.

⑦ 이 법에서 "파생결합증권"이란 기초자산의 가격·이자율·지표·단위 또는 이를 기초로 하는 지수 등의 변동과 연계하여 미리 정하여진 방법에 따라 지급하거나 회수하는 금전등이 결정되는 권리가 표시된 것을 말한다. 다만, 다음 각 호의 어느 하나에 해당하는 것은 제외한다.
(2013.5.28 본문개정)
1. 발행과 동시에 투자자가 지급한 금전등에 대한 이자, 그 밖의 과실(果實)에 대하여만 해당 기초자산의 가격·이자율·지표·단위 또는 이를 기초로 하는 지수 등의 변동과 연계된 증권(2013.5.28 본호개정)
2. 제5조제1항제2호에 따른 계약상의 권리(제5조제1항 각 호 외의 부분 단서에서 정하는 금융투자상품은 제외한다)(2013.5.28 본호신설)
3. 해당 사채의 발행 당시 객관적이고 합리적인 기준에 따라 미리 정하는 사유가 발생하는 경우 주식으로 전환되거나 그 사채의 상환과 이자지급 의무가 감면된다는 조건이 붙은 것으로서 제165조의11제1항에 따라 주권상장법인이 발행하는 사채(2017.4.18 본호개정)
3의2. 「은행법」 제33조제1항제2호부터 제4호까지의 규정에 따른 상각형 조건부자본증권, 은행주식 전환형 조건부자본증권 및 은행지주회사주식 전환형 조건부자본증권(2016.3.29 본호신설)
3의3. 「금융지주회사법」 제15조의2제1항제2호 또는 제3호에 따른 상각형 조건부자본증권 또는 전환형 조건부자본증권(2017.4.18 본호신설)
3의4. 「보험업법」 제114조의2제1항제1호에서 제3호까지의 규정에 따른 상각형 조건부자본증권, 보험회사주식 전환형 조건부자본증권 및 금융지주회사주식 전환형 조건부자본증권(2022.12.31 본호신설)
4. 「상법」 제469조제2항제2호, 제513조 및 제516조의2에 따른 사채(2013.5.28 본호신설)
5. 그 밖에 제1호부터 제3호까지, 제3호의2부터 제3호의4까지 및 제4호에 따른 금융투자상품과 유사한 것으로서 대통령령으로 정하는 금융투자상품(2022.12.31 본호개정)

⑧ 이 법에서 "증권예탁증권"이란 제2항제1호부터 제5호까지의 증권을 예탁받은 자가 그 증권이 발행된 국가가 외의 국가에서 발행한 것으로서 그 예탁받은 증권에 관련된 권리가 표시된 것을 말한다.

⑨ 제2항 각 호의 어느 하나에 해당하는 증권에 표시될 수 있거나 표시되어야 할 권리는 그 증권이 발행되지 아

니한 경우에도 그 증권으로 본다.
⑩ 이 법에서 "기초자산"이란 다음 각 호의 어느 하나에 해당하는 것을 말한다.
1. 금융투자상품
2. 통화(외국의 통화를 포함한다)
3. 일반상품(농산물·축산물·수산물·임산물·광산물·에너지에 속하는 물품 및 이 물품을 원료로 하여 제조하거나 가공한 물품, 그 밖에 이와 유사한 것을 말한다)
4. 신용위험(당사자 또는 제삼자의 신용등급의 변동, 파산 또는 채무재조정 등으로 인한 신용의 변동을 말한다)
5. 그 밖에 자연적·환경적·경제적 현상 등에 속하는 위험으로서 합리적이고 적정한 방법에 의하여 가격·이자율·지표·단위의 산출이나 평가가 가능한 것

제5조【파생상품】 ① 이 법에서 "파생상품"이란 다음 각 호의 어느 하나에 해당하는 계약상의 권리를 말한다. 다만, 해당 금융투자상품의 유통 가능성, 계약당사자, 발행사유 등을 고려하여 증권으로 규제하는 것이 타당한 것으로서 대통령령으로 정하는 금융투자상품은 그러하지 아니하다.(2013.5.28 단서신설)
1. 기초자산이나 기초자산의 가격·이자율·지표·단위 또는 이를 기초로 하는 지수 등에 의하여 산출된 금전등을 장래의 특정 시점에 인도할 것을 약정하는 계약
2. 당사자 어느 한쪽의 의사표시에 의하여 기초자산이나 기초자산의 가격·이자율·지표·단위 또는 이를 기초로 하는 지수 등에 의하여 산출된 금전등을 수수하는 거래를 성립시킬 수 있는 권리를 부여하는 것을 약정하는 계약
3. 장래의 일정기간 동안 미리 정한 가격으로 기초자산이나 기초자산의 가격·이자율·지표·단위 또는 이를 기초로 하는 지수 등에 의하여 산출된 금전등을 교환할 것을 약정하는 계약
4. 제1호부터 제3호까지의 규정에 따른 계약과 유사한 것으로서 대통령령으로 정하는 계약(2013.5.28 본호신설)
② 이 법에서 "장내파생상품"이란 다음 각 호의 어느 하나에 해당하는 것을 말한다.
1. 파생상품시장에서 거래되는 파생상품
2. 해외 파생상품시장(파생상품시장과 유사한 시장으로서 해외에 있는 시장과 대통령령으로 정하는 해외 파생상품거래가 이루어지는 시장을 말한다)에서 거래되는 파생상품
3. 그 밖에 금융투자상품시장을 개설하여 운영하는 자가 정하는 기준과 방법에 따라 금융투자상품시장에서 거래되는 파생상품
(2013.5.28 본항개정)
③ 이 법에서 "장외파생상품"이란 파생상품으로서 장내파생상품이 아닌 것을 말한다.
④ 제1항 각 호의 어느 하나에 해당하는 계약 중 매매계약이 아닌 계약의 체결은 이 법을 적용함에 있어서 매매계약의 체결로 본다.

제6조【금융투자업】 ① 이 법에서 "금융투자업"이란 이익을 얻을 목적으로 계속적이거나 반복적인 방법으로 행하는 행위로서 다음 각 호의 어느 하나에 해당하는 업(業)을 말한다.
1. 투자매매업
2. 투자중개업
3. 집합투자업
4. 투자자문업
5. 투자일임업
6. 신탁업
② 이 법에서 "투자매매업"이란 누구의 명의로 하든지 자기의 계산으로 금융투자상품의 매도·매수, 증권의 발행·인수 또는 그 청약의 권유, 청약, 청약의 승낙을 영업으로 하는 것을 말한다.
③ 이 법에서 "투자중개업"이란 누구의 명의로 하든지 타인의 계산으로 금융투자상품의 매도·매수, 그 중개나 청약의 권유, 청약, 청약의 승낙 또는 증권의 발행·인수에 대한 청약의 권유, 청약, 청약의 승낙을 영업으로 하는 것을 말한다.(2013.5.28 본항개정)
④ 이 법에서 "집합투자업"이란 집합투자를 영업으로 하는 것을 말한다.
⑤ 제4항에서 "집합투자"란 2인 이상의 투자자로부터 모은 금전등을 투자자로부터 일상적인 운용지시를 받지 아니하면서 재산적 가치가 있는 투자대상자산을 취득·처분, 그 밖의 방법으로 운용하고 그 결과를 투자자에게 배분하여 귀속시키는 것을 말한다. 다만, 다음 각 호의 어느 하나에 해당하는 경우를 제외한다.(2018.3.27 본문개정)
1. 대통령령으로 정하는 법률에 따라 사모(私募)의 방법으로 금전등을 모아 운용·배분하는 것으로서 대통령령으로 정하는 투자자의 총수가 대통령령으로 정하는 수 이하인 경우
2. 「자산유동화에 관한 법률」 제3조의 자산유동화계획에 따라 금전등을 모아 운용·배분하는 경우
3. 그 밖에 행위의 성격 및 투자자 보호의 필요성 등을 고려하여 대통령령으로 정하는 경우
⑥ 제5항 각 호 외의 부분 본문에도 불구하고 다음 각 호의 어느 하나에 해당하는 자로부터 위탁받은 금전등을 그 자로부터 일상적인 운용지시를 받지 아니하면서 재산적 가치가 있는 투자대상자산을 취득·처분, 그 밖의 방법으로 운용하고 그 결과를 그 자에게 귀속시키는 행위는 집합투자로 본다.
1. 「국가재정법」 제9조제4항에 따른 기금관리주체(이에 준하는 외국기관으로서 대통령령으로 정하는 자를 포함한다)(2021.12.21 본호개정)
2. 「농업협동조합법」에 따른 농업협동조합중앙회
3. 「수산업협동조합법」에 따른 수산업협동조합중앙회
4. 「신용협동조합법」에 따른 신용협동조합중앙회
5. 「상호저축은행법」에 따른 상호저축은행중앙회
6. 「산림조합법」에 따른 산림조합
7. 「새마을금고법」에 따른 새마을금고중앙회
8. 「우체국예금·보험에 관한 법률」에 따른 체신관서
9. 제251조제1항 전단에 따라 보험회사가 설정한 투자신탁
10. 법률에 따라 설립된 법인 또는 단체로서 다음 각 목의 어느 하나에 해당하는 자 중에서 대통령령으로 정하는 자
가. 공제조합
나. 공제회
다. 그 밖에 이와 비슷한 법인 또는 단체로서 같은 직장·직종에 종사하거나 같은 지역에 거주하는 구성원의 상호부조, 복리증진 등을 목적으로 구성되어 공제사업을 하는 법인 또는 단체
11. 그 밖에 제7항에 따른 금융투자상품등에 대한 투자를 목적으로 2인 이상의 자로부터 금전등을 모아 설립한 기구 또는 법인 등으로서 효율적이고 투명한 투자구조, 관리주체 등 대통령령으로 정하는 요건을 갖춘 자
(2018.3.27 본항신설)
⑦ 이 법에서 "투자자문업"이란 금융투자상품, 그 밖에 대통령령으로 정하는 투자대상자산(이하 "금융투자상품등"이라 한다)의 가치 또는 금융투자상품등에 대한 투자판단(종류, 종목, 취득·처분, 취득·처분의 방법·수량·가격 및 시기 등에 대한 판단을 말한다. 이하 같다)에 관한 자문에 응하는 것을 영업으로 하는 것을 말한다.
(2013.5.28 본항개정)
⑧ 이 법에서 "투자일임업"이란 투자자로부터 금융투자상품등에 대한 투자판단의 전부 또는 일부를 일임받아 투자자별로 구분하여 그 투자자의 재산상태나 투자목적 등을 고려하여 금융투자상품등을 취득·처분, 그 밖의 방법으로 운용하는 것을 영업으로 하는 것을 말한다.
(2013.5.28 본항개정)
⑨ 이 법에서 "신탁업"이란 신탁을 영업으로 하는 것을 말한다.
⑩ 이 법에서 "전담중개업무"란 제9조제19항제2호에 따른 일반 사모집합투자기구, 그 밖에 대통령령으로 정하는 투자자(이하 이 조 및 제77조의3에서 "일반 사모집합투자기구등"이라 한다)에 대하여 다음 각 호의 어느 하나에 해당하는 업무를 효율적인 신용공여와 담보관리 등을 위하여 대통령령으로 정하는 방법에 따라 연계하여 제공하는 업무를 말한다.(2021.4.20 본문개정)
1. 증권의 대여 또는 그 중개·주선이나 대리업무
2. 금전의 융자, 그 밖의 신용공여
3. 일반 사모집합투자기구등의 재산의 보관 및 관리
(2021.4.20 본호개정)
4. 그 밖에 일반 사모집합투자기구등의 효율적인 업무 수행을 지원하기 위하여 필요한 업무로서 대통령령으로 정하는 업무(2021.4.20 본호개정)
(2013.5.28 본항신설)

제7조【금융투자업의 적용배제】 ① 자기가 증권을 발행하는 경우에는 투자매매업으로 보지 아니한다. 다만, 다음 각 호의 어느 하나에 해당하는 증권은 그러하지 아니하다.(2013.5.28 본문개정)
1. 투자신탁의 수익증권
2. 대통령령으로 정하는 파생결합증권
3. 제77조제1항에서 정하는 투자성 있는 예금계약, 그 밖에 이에 준하는 것으로서 대통령령으로 정하는 계약에 따른 증권
4. 제77조제2항에서 정하는 투자성 있는 보험계약에 따른 증권
(2013.5.28 1호~4호신설)
② 제51조제9항의 투자권유대행인이 투자권유를 대행하는 경우에는 투자중개업으로 보지 아니한다.
③ 불특정 다수인을 대상으로 발행 또는 송신되고, 불특정 다수인이 수시로 구입 또는 수신할 수 있는 간행물·출판물·통신물 또는 방송 등을 통하여 조언을 하는 경우에는 투자자문업으로 보지 아니한다.
④ 투자중개업자가 투자자의 매매주문을 받아 이를 처리하는 과정에서 금융투자상품에 대한 투자판단의 전부 또는 일부를 일임받을 필요가 있는 경우로서 대통령령으로 정하는 경우에는 투자일임업으로 보지 아니한다.
⑤ 「담보부사채신탁법」에 따른 담보부사채에 관한 신탁업, 「저작권법」에 따른 저작권신탁관리업의 경우에는 신탁업으로 보지 아니한다.(2009.4.22 본항개정)
⑥ 제1항부터 제5항까지 규정된 것 외에 다음 각 호의 어느 하나에 해당하는 경우에는 대통령령으로 정하는 바에 따라 제6조제1항 각 호의 금융투자업으로 보지 아니한다.
1. 제8조의2제2항에 따른 거래소가 증권시장 또는 파생상품시장을 개설·운영하는 경우(2013.5.28 본호개정)
2. 투자매매업자를 상대방으로 하거나 투자중개업자를 통하여 금융투자상품을 매매하는 경우
3. 제9조제29항에 따른 일반 사모집합투자업자가 자신이 운용하는 제9조제19항제2호에 따른 일반 사모집합투자기구의 집합투자증권을 판매하는 경우(2021.4.20 본호개정)
4. 그 밖에 해당 행위의 성격 및 투자자 보호의 필요성 등을 고려하여 금융투자업의 적용에서 제외할 필요가 있는 것으로서 대통령령으로 정하는 경우

제8조【금융투자업자】 ① 이 법에서 "금융투자업자"란 제6조제1항 각 호의 금융투자업에 대하여 금융위원회의 인가를 받거나 금융위원회에 등록하여 이를 영위하는 자를 말한다.(2008.2.29 본항개정)
② 이 법에서 "투자매매업자"란 금융투자업자 중 투자매매업을 영위하는 자를 말한다.
③ 이 법에서 "투자중개업자"란 금융투자업자 중 투자중개업을 영위하는 자를 말한다.
④ 이 법에서 "집합투자업자"란 금융투자업자 중 집합투자업을 영위하는 자를 말한다.
⑤ 이 법에서 "투자자문업자"란 금융투자업자 중 투자자문업을 영위하는 자를 말한다.
⑥ 이 법에서 "투자일임업자"란 금융투자업자 중 투자일임업을 영위하는 자를 말한다.
⑦ 이 법에서 "신탁업자"란 금융투자업자 중 신탁업을 영위하는 자를 말한다.
⑧ 이 법에서 "종합금융투자사업자"란 투자매매업자 또는 투자중개업자 중 제77조의2에 따라 금융위원회의 지정을 받은 자를 말한다.(2013.5.28 본항신설)
⑨ 이 법에서 "겸영금융투자업자"란 다음 각 호의 어느 하나에 해당하는 자로서 금융투자업을 겸영(兼營)하는 자를 말한다.
1. 「은행법」 제2조의 은행(이하 "은행"이라 한다)
(2016.5.29 본호개정)
2. 「보험업법」 제2조의 보험회사(이하 "보험회사"라 한다)
3. 그 밖에 대통령령으로 정하는 금융기관 등
(2015.7.31 본항신설)

제8조의2【금융투자상품시장 등】 ① 이 법에서 "금융투자상품시장"이란 증권 또는 장내파생상품의 매매를 하는 시장을 말한다.
② 이 법에서 "거래소"란 증권 및 장내파생상품의 공정한 가격 형성과 그 매매, 그 밖의 거래의 안정성 및 효율성을 도모하기 위하여 제373조의2에 따른 금융위원회의 허가를 받아 금융투자상품시장을 개설하는 자를 말한다.
③ 이 법에서 "거래소시장"이란 거래소가 개설하는 금융투자상품시장을 말한다.
④ 거래소시장은 다음 각 호와 같이 구분한다.
1. 증권시장 : 증권의 매매를 위하여 거래소가 개설하는 시장
2. 파생상품시장 : 장내파생상품의 매매를 위하여 거래소가 개설하는 시장
⑤ 이 법에서 "다자간매매체결회사"란 정보통신망이나 전자정보처리장치를 이용하여 동시에 다수의 자를 거래상대방 또는 각 당사자로 하여 다음 각 호의 어느 하나에 해당하는 매매가격의 결정방법으로 증권시장에 상장된 주권, 그 밖에 대통령령으로 정하는 증권(이하 "매매체결대상상품"이라 한다)의 매매 또는 그 중개·주선이나 대리 업무(이하 "다자간매매체결업무"라 한다)를 하는 투자매매업자 또는 투자중개업자를 말한다.
1. 경쟁매매의 방법(매매체결대상상품의 거래량이 대통령령으로 정하는 기준을 넘지 아니하는 경우로 한정한다)
2. 매매체결대상상품이 상장증권인 경우 해당 거래소가 개설하는 증권시장에서 형성된 매매가격을 이용하는 방법
3. 그 밖에 공정한 매매가격 형성과 매매체결의 안정성 및 효율성 등을 확보할 수 있는 방법으로서 대통령령으로 정하는 방법
(2013.5.28 본조신설)

제9조【그 밖의 용어의 정의】 ① 이 법에서 "대주주"란 「금융회사의 지배구조에 관한 법률」 제2조제6호에 따른 주주를 말한다. 이 경우 "금융회사"는 "법인"으로 본다.
(2015.7.31 본항개정)
② 이 법에서 "임원"이란 이사 및 감사를 말한다.
③ 이 법에서 "사외이사"란 상시적인 업무에 종사하지 아니하는 사람으로서 「금융회사의 지배구조에 관한 법률」 제17조에 따라 선임되는 이사를 말한다.(2015.7.31 본항개정)
④ 이 법에서 "투자권유"란 특정 투자자를 상대로 금융투자상품의 매매 또는 투자자문계약·투자일임계약·신탁계약(관리형신탁계약 및 투자성 없는 신탁계약을 제외한다)의 체결을 권유하는 것을 말한다.(2013.5.28 본항개정)
⑤ 이 법에서 "전문투자자"란 금융투자상품에 관한 전문성 구비 여부, 소유자산규모 등에 비추어 투자에 따른 위험감수능력이 있는 투자자로서 다음 각 호의 어느 하나에 해당하는 자를 말한다. 다만, 전문투자자 중 대통령령으로 정하는 자가 일반투자자와 같은 대우를 받겠다는 의사를 금융투자업자에게 서면으로 통지하는 경우 금융투자업자는 정당한 사유가 있는 경우를 제외하고는 이에 동의하여야 하며, 금융투자업자가 동의한 경우에는 해당 투자자는 일반투자자로 본다.
1. 국가
2. 한국은행

3. 대통령령으로 정하는 금융기관
4. 주권상장법인. 다만, 금융투자업자와 장외파생상품 거래를 하는 경우에는 전문투자자와 같은 대우를 받겠다는 의사를 금융투자업자에게 서면으로 통지하는 경우에 한한다.(2009.2.3 단서신설)
5. 그 밖에 대통령령으로 정하는 자
⑥ 이 법에서 "일반투자자"란 전문투자자가 아닌 투자자를 말한다.
⑦ 이 법에서 "모집"이란 대통령령으로 정하는 방법에 따라 산출한 50인 이상의 투자자에게 새로 발행되는 증권의 취득의 청약을 권유하는 것을 말한다.
⑧ 이 법에서 "사모"란 새로 발행되는 증권의 취득의 청약을 권유하는 것으로서 모집에 해당하지 아니하는 것을 말한다.
⑨ 이 법에서 "매출"이란 대통령령으로 정하는 방법에 따라 산출한 50인 이상의 투자자에게 이미 발행된 증권의 매도의 청약을 하거나 매수의 청약을 권유하는 것을 말한다.
⑩ 이 법에서 "발행인"이란 증권을 발행하였거나 발행하고자 하는 자를 말한다. 다만, 증권예탁증권을 발행함에 있어서는 그 기초가 되는 증권을 발행하였거나 발행하고자 하는 자를 말한다.
⑪ 이 법에서 "인수"란 제삼자에게 증권을 취득시킬 목적으로 다음 각 호의 어느 하나에 해당하는 행위를 하거나 그 행위를 전제로 발행인 또는 매출인을 위하여 증권의 모집·사모·매출을 하는 것을 말한다.(2013.5.28 본문개정)
1. 그 증권의 전부 또는 일부를 취득하거나 취득하는 것을 내용으로 하는 계약을 체결하는 것(2013.5.28 본호개정)
2. 그 증권의 전부 또는 일부에 대하여 이를 취득하는 자가 없는 때에 그 나머지를 취득하는 것을 내용으로 하는 계약을 체결하는 것
⑫ 이 법에서 "인수인"이란 증권을 모집·사모·매출하는 경우 인수를 하는 자를 말한다.(2013.5.28 본항개정)
⑬ 이 법에서 "주선인"이란 제11항에 따른 행위 외에 발행인 또는 매출인을 위하여 해당 증권의 모집·사모·매출을 하거나 그 밖에 직접 또는 간접으로 증권의 모집·사모·매출을 분담하는 자를 말한다.(2013.5.28 본항개정)
⑭ 이 법에서 "매출인"이란 증권의 소유자로서 스스로 또는 인수인이나 주선인을 통하여 그 증권을 매출하였거나 매출하려는 자를 말한다.(2013.5.28 본항개정)
⑮ 이 법에서 "상장법인", "비상장법인", "주권상장법인" 및 "주권비상장법인"이란 각각 다음 각 호의 자를 말한다.
1. 상장법인 : 증권시장에 상장된 증권(이하 "상장증권"이라 한다)을 발행한 법인
2. 비상장법인 : 상장법인을 제외한 법인
3. 주권상장법인 : 다음 각 목의 어느 하나에 해당하는 법인
가. 증권시장에 상장된 주권을 발행한 법인
나. 주권과 관련된 증권예탁증권이 증권시장에 상장된 경우에는 그 주권을 발행한 법인
(2009.2.3 본호개정)
4. 주권비상장법인 : 주권상장법인을 제외한 법인
⑯ 이 법에서 "외국법인등"이란 다음 각 호의 어느 하나에 해당하는 자를 말한다.
1. 외국 정부
2. 외국 지방자치단체
3. 외국 공공단체
4. 외국 법령에 따라 설립된 외국 기업
5. 대통령령으로 정하는 국제기구
6. 그 밖에 외국에 있는 법인 등으로서 대통령령으로 정하는 자
⑰ 이 법에서 "금융투자업관계기관"이란 다음 각 호의 자를 말한다.
1. 제283조에 따라 설립된 한국금융투자협회(이하 "협회"라 한다)
2. 제294조에 따라 설립된 한국예탁결제원(이하 "예탁결제원"이라 한다)
2의2. 제323조의3에 따라 인가를 받은 자(이하 "금융투자상품거래청산회사"라 한다)(2013.4.5 본호신설)
3. 제324조제1항에 따라 인가를 받은 자(이하 "증권금융회사"라 한다)
3의2. 제335조의3에 따라 인가를 받은 자(이하 "신용평가회사"라 한다)(2013.5.28 본호신설)
4. 제336조에 따른 종합금융회사
5. 제355조제1항에 따라 인가를 받은 자(이하 "자금중개회사"라 한다)
6. 제360조제1항에 따라 인가를 받은 자(이하 "단기금융회사"라 한다)
7. 제365조제1항에 따라 등록한 자(이하 "명의개서대행회사"라 한다)(2009.2.3 본호개정)
8. 제370조에 따라 설립된 금융투자 관계 단체
⑱ 이 법에서 "집합투자기구"란 집합투자를 수행하기 위한 기구로서 다음 각 호의 것을 말한다.
1. 집합투자업자인 위탁자가 신탁업자에게 신탁한 재산을 신탁업자로 하여금 그 집합투자업자의 지시에 따라 투자·운용하게 하는 신탁 형태의 집합투자기구(이하 "투자신탁"이라 한다)
2. 「상법」에 따른 주식회사 형태의 집합투자기구(이하 "투자회사"라 한다)
3. 「상법」에 따른 유한회사 형태의 집합투자기구(이하 "투자유한회사"라 한다)
4. 「상법」에 따른 합자회사 형태의 집합투자기구(이하 "투자합자회사"라 한다)
4의2. 「상법」에 따른 유한책임회사 형태의 집합투자기구(이하 "투자유한책임회사"라 한다)(2013.5.28 본호신설)
5. 「상법」에 따른 합자조합 형태의 집합투자기구(이하 "투자합자조합"이라 한다)(2013.5.28 본호개정)
6. 「상법」에 따른 익명조합 형태의 집합투자기구(이하 "투자익명조합"이라 한다)
7. (2015.7.24 삭제)
⑲ 이 법에서 "사모집합투자기구"란 집합투자증권을 사모로만 발행하는 집합투자기구로서 대통령령으로 정하는 투자자의 총수가 대통령령으로 정하는 방법에 따라 산출한 100인 이하인 것을 말하며, 다음 각 호와 같이 구분한다.
1. 제249조의11제6항에 해당하는 자만을 사원으로 하는 투자합자회사인 사모집합투자기구(이하 "기관전용 사모집합투자기구"라 한다)
2. 기관전용 사모집합투자기구를 제외한 사모집합투자기구(이하 "일반 사모집합투자기구"라 한다)
(2021.4.20 본항개정)
⑳ 이 법에서 "집합투자재산"이란 집합투자기구의 재산으로서 투자신탁재산, 투자회사재산, 투자유한회사재산, 투자합자회사재산, 투자유한책임회사재산, 투자합자조합재산 및 투자익명조합재산을 말한다.(2013.5.28 본항개정)
㉑ 이 법에서 "집합투자증권"이란 집합투자기구에 대한 출자지분(투자신탁의 경우에는 수익권을 말한다)이 표시된 것을 말한다.
㉒ 이 법에서 "집합투자규약"이란 집합투자기구의 조직, 운영 및 투자자의 권리·의무를 정한 것으로서 투자신탁의 신탁계약, 투자회사·투자유한회사·투자합자회사·투자유한책임회사의 정관 및 투자합자조합·투자익명조합의 조합계약을 말한다.(2013.5.28 본항개정)
㉓ 이 법에서 "집합투자자총회"란 집합투자기구의 투자자 전원으로 구성된 의사결정기관으로서 수익자총회, 주주총회, 사원총회, 조합원총회 및 익명조합원총회를 말한다.
㉔ 이 법에서 "신탁"이란 「신탁법」 제2조의 신탁을 말한다.(2011.7.25 본항개정)
㉕ 이 법에서 "금융투자상품거래청산업"이란 금융투자업자 및 대통령령으로 정하는 자(이하 "청산대상업자"라 한다)를 상대방으로 하여 청산대상업자가 대통령령으로 정하는 금융투자상품의 거래(이하 "청산대상거래"라 한다)를 함에 따라 발생하는 채무를 채무인수, 경개(更改), 그 밖의 방법으로 부담하는 것을 영업으로 하는 것을 말한다.(2013.4.5 본항신설)
㉖ 이 법에서 "신용평가업"이란 다음 각 호의 어느 하나에 해당하는 것에 대한 신용상태를 평가(이하 "신용평가"라 한다)하여 그 결과에 대하여 기호, 숫자 등을 사용하여 표시한 등급(이하 "신용등급"이라 한다)을 부여하고 그 신용등급을 발행인, 인수인, 투자자, 그 밖의 이해관계자에게 제공하거나 열람하게 하는 행위를 영업으로 하는 것을 말한다.
1. 금융투자상품
2. 기업·집합투자기구, 그 밖에 대통령령으로 정하는 자
(2013.5.28 본항신설)
㉗ 이 법에서 "온라인소액투자중개업자"란 온라인상에서 누구의 명의로 하든지 타인의 계산으로 다음 각 호의 자가, 대통령령으로 정하는 방법으로 발행하는 채무증권, 지분증권, 투자계약증권의 모집 또는 사모에 관한 중개(이하 "온라인소액투자중개"라 한다)를 영업으로 하는 투자중개업자를 말한다.
1. 「중소기업창업 지원법」 제2조제3호에 따른 창업기업 중 대통령령으로 정하는 자(2021.12.28 본호개정)
2. 그 밖에 대통령령으로 정하는 요건에 부합하는 자
(2015.7.24 본항신설)
㉘ 이 법에서 "일반 사모집합투자업"이란 집합투자업 중 일반 사모집합투자기구를 통한 집합투자를 영업으로 하는 것을 말한다.(2021.4.20 본항개정)
㉙ 이 법에서 "일반 사모집합투자업자"란 집합투자업자 중 일반 사모집합투자업을 영위하는 자를 말한다.
(2021.4.20 본항개정)
제10조 【다른 법률과의 관계】 ① 금융투자업에 관하여는 다른 법률에 특별한 규정이 있는 경우를 제외하고는 이 법이 정하는 바에 따른다.
② 금융투자업자가 금융투자업을 영위하는 경우에는 「형법」 제246조를 적용하지 아니한다.
③ 기업어음증권을 발행하는 경우에는 「전자어음의 발행 및 유통에 관한 법률」 제6조의2를 적용하지 아니한다.
(2010.3.12 본항신설)

제2편 금융투자업

제1장 금융투자업의 인가 및 등록

제1절 인가요건 및 절차

제11조 【무인가 영업행위 금지】 누구든지 이 법에 따른 금융투자업인가(변경인가를 포함한다)를 받지 아니하고는 금융투자업(투자자문업, 투자일임업 및 일반 사모집합투자업은 제외한다. 이하 이 절에서 같다)을 영위하여서는 아니 된다.(2021.4.20 본조개정)
제11조의2 【알선·중개행위 금지】 누구든지 제11조에 따른 무인가 영업행위를 목적으로 계좌의 대여를 알선하거나 중개하여서는 아니 된다.(2021.6.8 본조신설)
제12조 【금융투자업의 인가】 ① 금융투자업을 영위하려는 자는 다음 각 호의 사항을 구성요소로 하여 대통령령으로 정하는 업무 단위(이하 "인가업무 단위"라 한다)의 전부나 일부를 선택하여 금융위원회로부터 하나의 금융투자업인가를 받아야 한다.(2008.2.29 본문개정)
1. 금융투자업의 종류(투자매매업, 투자중개업, 집합투자업 및 신탁업을 말하되, 투자매매업 중 인수업을 포함한다)
2. 금융투자상품(집합투자업의 경우에는 제229조에 따른 집합투자기구의 종류를 말하며, 신탁업의 경우에는 제103조제1항 각 호의 신탁재산을 말한다)의 범위(증권, 장내파생상품 및 장외파생상품을 말하되, 증권 중 국채증권, 사채권, 그 밖에 대통령령으로 정하는 것을 포함하고 파생상품 중 주권을 기초자산으로 하는 파생상품·그 밖에 대통령령으로 정하는 것을 포함한다)
3. 투자자의 유형(전문투자자 및 일반투자자를 말한다. 이하 같다)
② 제1항에 따라 금융투자업인가를 받으려는 자는 다음 각 호의 요건을 모두 갖추어야 한다.
1. 다음 각 목의 어느 하나에 해당하는 자일 것(2013.5.28 단서삭제)
가. 「상법」에 따른 주식회사이거나 대통령령으로 정하는 금융기관
나. 외국 금융투자업자(외국 법령에 따라 외국에서 금융투자업에 상당하는 영업을 영위하는 자를 말한다. 이하 같다)로서 외국에서 영위하고 있는 영업에 상당하는 금융투자업 수행에 필요한 지점, 그 밖의 영업소를 설치한 자
2. 인가업무 단위별로 5억원 이상으로서 대통령령으로 정하는 금액 이상의 자기자본을 갖출 것
3. 사업계획이 타당하고 건전할 것
4. 투자자의 보호가 가능하고 그 영위하고자 하는 금융투자업을 수행하기에 충분한 인력과 전산설비, 그 밖의 물적 설비를 갖출 것
5. 임원이 「금융회사의 지배구조에 관한 법률」 제5조에 적합할 것(2015.7.31 본호개정)
6. 대주주나 외국 금융투자업자가 다음 각 목의 구분에 따른 요건을 갖출 것
가. 제1호가목의 경우 대주주(최대주주의 특수관계인인 주주를 포함하며, 최대주주가 법인인 경우 그 법인의 중요한 경영사항에 대하여 사실상 영향력을 행사하고 있는 자로서 대통령령으로 정하는 자를 포함한다)가 충분한 출자능력, 건전한 재무상태 및 사회적 신용을 갖출 것
나. 제1호나목의 경우 외국 금융투자업자가 충분한 출자능력, 건전한 재무상태 및 사회적 신용을 갖출 것
6의2. 대통령령으로 정하는 건전한 재무상태와 사회적 신용을 갖출 것(2010.3.12 본호신설)
7. 금융투자업자와 투자자 간, 특정 투자자와 다른 투자자 간의 이해상충(利害相衝)을 방지하기 위한 체계를 갖출 것
③ 제2항의 인가요건에 관하여 필요한 세부사항은 대통령령으로 정한다.
제13조 【인가의 신청 및 심사】 ① 제12조제1항에 따른 금융투자업인가를 받으려는 자는 인가신청서를 금융위원회에 제출하여야 한다.(2008.2.29 본항개정)
② 금융위원회는 제1항의 인가신청서를 접수한 경우에는 그 내용을 심사하여 3개월(제14조에 따른 예비인가를 받은 경우에는 1개월) 이내에 금융투자업인가 여부를 결정하고, 그 결과와 이유를 지체 없이 신청인에게 문서로 통지하여야 한다. 이 경우 인가신청서에 흠결(欠缺)이 있는 때에는 보완을 요구할 수 있다.(2008.2.29 전단개정)
③ 제2항 및 제5항 후단의 심사기간을 산정함에 있어서 인가신청서 흠결의 보완기간 등 총리령으로 정하는 기간은 심사기간에 산입(算入)하지 아니한다.(2013.5.28 본항개정)
④ 금융위원회는 제2항에 따라 금융투자업인가를 하는 경우에는 경영의 건전성 확보 및 투자자 보호에 필요한 조건을 붙일 수 있다.(2008.2.29 본항개정)
⑤ 제4항에 따라 조건이 붙은 금융투자업인가를 받은 자는 사정의 변경, 그 밖에 정당한 사유가 있는 경우에는 금융위원회에 조건의 취소 또는 변경을 신청할 수 있다. 이 경우 금융위원회는 2개월 이내에 조건의 취소 또는 변경 여부를 결정하고, 그 결과를 지체 없이 신청인에게 문서로 통지하여야 한다.(2008.2.29 본항개정)
⑥ 금융위원회는 제2항에 따라 금융투자업인가를 하거나 제5항에 따라 그 인가의 조건을 취소 또는 변경한 경우에는 다음 각 호의 사항을 관보 및 인터넷 홈페이지 등에 공고하여야 한다.(2008.2.29 본문개정)
1. 금융투자업인가의 내용
2. 금융투자업인가의 조건(조건을 붙인 경우에 한한다)
3. 금융투자업인가의 조건을 취소하거나 변경한 경우 그 내용(조건을 취소하거나 변경한 경우에 한한다)

⑦ 제1항부터 제6항까지의 규정에 따른 인가신청서 또는 조건의 취소·변경 신청서의 기재사항·첨부서류 등 인가신청 또는 조건의 취소·변경의 신청에 관한 사항과 심사의 방법·절차, 그 밖에 필요한 사항은 대통령령으로 정한다.(2013.5.28 본항개정)

제14조【예비인가】 ① 제12조에 따른 금융투자업인가(이하 이 조에서 "본인가"라 한다)를 받으려는 자는 미리 금융위원회에 예비인가를 신청할 수 있다.(2008.2.29 본항개정)

② 금융위원회는 예비인가를 신청받은 경우에는 2개월 이내에 제12조제2항 각 호의 요건을 갖출 수 있는지 여부를 심사하여 예비인가 여부를 결정하고, 그 결과와 이유를 지체 없이 신청인에게 문서로 통지하여야 한다. 이 경우 예비인가신청에 관하여 흠결이 있는 때에는 보완을 요구할 수 있다.(2008.2.29 전단개정)

③ 제2항의 심사기간을 산정함에 있어서 예비인가신청과 관련된 흠결의 보완기간 등 총리령으로 정하는 기간은 심사기간에 산입하지 아니한다.(2008.2.29 본항개정)

④ 금융위원회는 제2항에 따라 예비인가를 하는 경우에는 경영의 건전성 확보 및 투자자 보호에 필요한 조건을 붙일 수 있다.(2008.2.29 본항개정)

⑤ 금융위원회는 예비인가를 받은 자가 본인가를 신청하는 경우에는 제4항에 따른 예비인가의 조건을 이행하였는지 여부와 제12조제2항 각 호의 요건을 갖추었는지 여부를 확인한 후 본인가 여부를 결정하여야 한다.
(2008.2.29 본항개정)

⑥ 제1항부터 제5항까지의 규정에 따른 예비인가의 신청서 및 그 기재사항·첨부서류 등 예비인가의 신청에 관한 사항과 예비인가심사의 방법·절차, 그 밖에 예비인가에 관하여 필요한 사항은 대통령령으로 정한다.

제15조【인가요건 등의 유지】 ① 금융투자업자는 제12조에 따른 금융투자업인가를 받아 그 영업을 영위함에 있어서 제12조제2항 각 호의 인가요건(같은 조 같은 항 제6호가목 및 같은 항 제6호의2를 제외하며, 같은 항 제2호 및 같은 항 제6호나목의 경우에는 대통령령으로 정하는 완화된 요건을 말한다)을 유지하여야 한다.

② 제16조의2에 따라 업무 단위 추가등록을 한 투자매매업자 또는 투자중개업자는 업무 단위 추가등록 이후 그 영업을 영위할 때에는 제12조제2항 각 호의 요건(같은 항 제3호, 제6호 및 제6호의2는 제외하며, 같은 항 제2호의 경우에는 대통령령으로 정하는 완화된 요건을 말한다)을 유지하여야 한다.(2021.6.8 본항신설)
(2021.6.8 본조제목개정)
(2015.7.31 본조개정)

제16조【업무의 추가 및 인가의 변경】 ① 금융투자업자는 제12조에 따라 인가받은 인가업무 단위 외에 다른 인가업무 단위를 추가하여 금융투자업을 영위하려는 경우에는 제12조 및 제13조에 따라 금융위원회의 변경인가를 받아야 한다. 이 경우 제14조를 적용한다.(2009.2.3 후단개정)

② 제1항에 따른 변경인가를 함에 있어서 제12조제2항제6호의 인가요건에 관하여는 같은 호에도 불구하고 대통령령으로 정하는 완화된 요건을 적용한다.(2010.3.12 본항신설)

제16조의2【투자매매업 등의 업무 단위 추가 및 등록】
① 제12조에 따라 금융투자업인가를 받은 투자매매업자 또는 투자중개업자(겸영금융투자업자는 제외한다)가 같은 금융투자업의 종류에 속하는 금융투자상품을 구성요소로 하여 대통령령으로 정하는 업무 단위를 추가하여 금융투자업을 영위하려는 경우에는 제12조제1항에도 불구하고 금융위원회에 이를 등록(이하 "업무 단위 추가등록"이라 한다)하여야 한다.

② 제1항에 따라 업무 단위 추가등록을 하려는 금융투자업자는 제12조제2항 각 호의 요건(같은 항 제3호 및 제6호는 제외한다)을 갖추어 금융위원회에 등록신청서를 제출하여야 한다.

③ 금융위원회는 제2항의 등록신청서를 접수한 경우에는 그 내용을 검토하여 2개월 이내에 업무 단위 추가등록 여부를 결정하고, 그 결과와 이유를 지체 없이 신청인에게 문서로 통지하여야 한다. 이 경우 등록신청서에 흠결이 있는 때에는 보완을 요구할 수 있다.

④ 금융위원회는 제3항에 따라 업무 단위 추가등록 여부를 결정하는 경우 다음 각 호의 어느 하나에 해당하는 사유가 없으면 등록을 거부하여서는 아니 된다.
1. 제2항에 따른 업무 단위 추가등록 요건을 갖추지 아니한 경우
2. 제2항에 따른 등록신청서를 거짓으로 작성한 경우
3. 제3항 후단에 따른 보완요구를 이행하지 아니한 경우

⑤ 금융위원회는 제3항에 따라 업무 단위 추가등록을 결정하는 경우 경영의 건전성 확보 및 투자자 보호에 필요한 조건을 붙일 수 있다.

⑥ 제5항에 따라 조건이 붙은 업무 단위 추가등록을 한 자는 사정의 변경, 그 밖의 정당한 사유가 있는 경우에는 금융위원회에 조건의 취소 또는 변경을 신청할 수 있다. 이 경우 금융위원회는 그 내용을 심사하여 2개월 이내에 조건의 취소 또는 변경 여부를 결정하고, 그 결과를 지체 없이 신청인에게 문서로 통지하여야 한다.

⑦ 제3항의 검토기간 및 제6항의 심사기간을 산정할 때에는 등록신청서 흠결의 보완기간 등 총리령으로 정하는 기간은 그 기간에서 제외한다.

⑧ 금융위원회는 제3항에 따라 업무 단위 추가등록을 결정하거나 제6항에 따라 그 등록의 조건을 취소 또는 변경한 경우에는 투자매매업자등록부 또는 투자중개업자등록부에 필요한 사항을 기재하여야 하며, 다음 각 호의 사항을 관보 및 인터넷 홈페이지 등에 공고하여야 한다.
1. 업무 단위 추가등록의 내용
2. 업무 단위 추가등록의 조건(조건을 붙인 경우에 한정한다)
3. 업무 단위 추가등록의 조건을 취소하거나 변경한 경우 그 내용(조건을 취소하거나 변경한 경우에 한정한다)

⑨ 제3항부터 제8항까지의 규정에 따른 업무 단위 추가등록의 신청 또는 조건의 취소·변경의 신청에 관한 사항과 등록검토 또는 조건의 취소·변경 심사의 방법·절차, 그 밖에 필요한 사항은 대통령령으로 정한다.

⑩ 제1항에 따라 업무 단위 추가등록을 한 자는 제16조제1항에 따른 변경인가를 받은 것으로 본다.
(2021.6.8 본조신설)

제16조의3【외국 금융투자업자의 조직형태 변경에 따른 인가에 관한 특례】 제12조제2항제1호 각 목에 따라 금융투자업인가를 받은 외국 금융투자업자 또는 대통령령으로 정하는 외국 금융투자업자의 국내법인이 대통령령으로 정하는 조직형태 변경을 통하여 금융투자업 전부(이에 준하는 경우를 포함한다)를 양도하는 경우로서 영업을 양수하는 자가 제12조에 따른 금융투자업인가를 받아야 하는 경우에는 대통령령으로 정하는 바에 따라 제12조제2항제3호·제4호 및 제6호의 요건 중 전부 또는 일부를 갖춘 것으로 본다.(2021.6.8 본조신설)

제2절 등록요건 및 절차

제17조【미등록 영업행위의 금지】 누구든지 이 법에 따른 금융투자업등록(변경등록을 포함한다)을 하지 아니하고는 투자자문업 또는 투자일임업을 영위하여서는 아니 된다.

제18조【투자자문업 또는 투자일임업의 등록】 ① 투자자문업 또는 투자일임업을 영위하려는 자는 다음 각 호의 사항을 구성요소로 하여 대통령령으로 정하는 업무단위(이하 "등록업무 단위"라 한다)의 전부나 일부를 선택하여 금융위원회에 하나의 금융투자업등록을 하여야 한다.(2008.2.29 본문개정)
1. 투자자문업 또는 투자일임업
2. 금융투자상품등의 범위(증권, 장내파생상품, 장외파생상품 및 그 밖에 대통령령으로 정하는 투자대상자산을 말한다)(2013.5.28 본호개정)
3. 투자자의 유형

② 제1항에 따라 금융투자업등록을 하려는 자는 다음 각 호의 요건을 모두 갖추어야 한다.
1. 다음 각 목의 어느 하나에 해당하는 자일 것. 다만, 외국 투자자문업자(외국 법령에 따라 외국에서 투자자문업에 상당하는 영업을 영위하는 자를 말한다. 이하 같다) 또는 외국 투자일임업자(외국 법령에 따라 외국에서 투자일임업에 상당하는 영업을 영위하는 자를 말한다. 이하 같다)가 외국에서 국내 거주자를 상대로 직접 영업을 하거나 통신수단을 이용하여 투자자문업 또는 투자일임업을 영위하는 경우에는 적용하지 아니한다.
   가. 「상법」에 따른 주식회사이거나 대통령령으로 정하는 금융기관(2011.8.4 본목개정)
   나. 외국 투자자문업자로서 투자자문업의 수행에 필요한 지점, 그 밖의 영업소를 설치한 자
   다. 외국 투자일임업자로서 투자일임업의 수행에 필요한 지점, 그 밖의 영업소를 설치한 자
2. 등록업무 단위별로 1억원 이상으로서 대통령령으로 정하는 금액 이상의 자기자본을 갖출 것
3. 다음 각 목의 구분에 따른 투자권유자문인력(제286조제1항제3호가목에 따른 투자권유자문인력을 말한다. 이하 같다) 또는 투자운용인력(제286조제1항제3호다목에 따른 투자운용인력을 말한다. 이하 같다)을 갖출 것. 이 경우 제1호 각 목 외의 부분 단서에 규정된 자가 해당 국가에서 투자권유자문인력 또는 투자운용인력에 상당하는 자를 다음 각 목의 수 이상 확보하고 있는 때에는 해당 요건을 갖춘 것으로 본다.
   가. 투자자문업의 경우에는 투자권유자문인력을 대통령령으로 정하는 수 이상 갖출 것
   나. 투자일임업의 경우에는 투자운용인력을 대통령령으로 정하는 수 이상 갖출 것
4. 임원이 「금융회사의 지배구조에 관한 법률」 제5조에 적합할 것(2015.7.31 본호개정)
5. 대주주나 외국 투자자문업자 또는 외국 투자일임업자가 다음 각 목의 구분에 따른 요건을 갖출 것
   가. 제1호가목의 경우 대주주(제12조제2항제6호가목의 대주주를 말한다)가 대통령령으로 정하는 사회적 신용을 갖출 것
   나. 제1호 각 목 외의 부분 단서 및 같은 호 나목·다목의 경우 외국 투자자문업자 또는 외국 투자일임업자가 대통령령으로 정하는 사회적 신용을 갖출 것
5의2. 대통령령으로 정하는 건전한 재무상태와 사회적 신용을 갖출 것(2010.3.12 본호신설)
6. 금융투자업자와 투자자 간, 특정 투자자와 다른 투자자 간의 이해상충을 방지하기 위한 체계로서 대통령령으로 정하는 요건을 갖출 것

제19조【등록의 신청 등】 ① 제18조에 따른 금융투자업등록을 하려는 자는 등록신청서를 금융위원회에 제출하여야 한다.(2008.2.29 본항개정)

② 금융위원회는 제1항의 등록신청서를 접수한 경우에는 그 내용을 검토하여 2개월 이내에 금융투자업등록 여부를 결정하고, 그 결과와 이유를 지체 없이 신청인에게 문서로 통지하여야 한다. 이 경우 등록신청서에 흠결이 있는 때에는 보완을 요구할 수 있다.(2008.2.29 전단개정)

③ 제2항의 검토기간을 산정함에 있어서 등록신청서 흠결의 보완기간 등 총리령으로 정하는 기간은 검토기간에 산입하지 아니한다.(2008.2.29 본항개정)

④ 금융위원회는 제2항의 금융투자업등록 여부를 결정함에 있어서 다음 각 호의 어느 하나에 해당하는 사유가 없는 한 등록을 거부하여서는 아니 된다.(2008.2.29 본문개정)
1. 제18조제2항의 금융투자업등록요건을 갖추지 아니한 경우
2. 제1항의 등록신청서를 거짓으로 작성한 경우
3. 제2항 후단의 보완요구를 이행하지 아니한 경우

⑤ 금융위원회는 제2항에 따라 금융투자업등록을 결정한 경우 투자자문업자등록부 또는 투자일임업자등록부에 필요한 사항을 기재하여야 하며, 등록결정한 내용을 관보 및 인터넷 홈페이지 등에 공고하여야 한다.(2008.2.29 본항개정)

⑥ 제1항부터 제5항까지의 규정에 따른 등록신청서의 기재사항·첨부서류 등 등록의 신청에 관한 사항과 등록검토의 방법·절차, 그 밖에 필요한 사항은 대통령령으로 정한다.

제20조【등록요건의 유지】 투자자문업자 또는 투자일임업자는 금융투자업등록 이후 그 영업을 영위함에 있어서 제18조제2항 각 호의 등록요건(같은 조 같은 항 제5호의2를 제외하며, 같은 항 제2호 및 제5호의 경우에는 대통령령으로 정하는 완화된 요건을 말한다)을 유지하여야 한다.(2010.3.12 본조개정)

제20조의2【등록의 직권말소】 ① 금융위원회는 투자자문업자, 투자일임업자 및 일반 사모집합투자업자가 다음 각 호의 어느 하나에 해당하는 경우에는 그 등록을 직권으로 말소할 수 있다.
1. 해당 등록업무 단위별 최저자기자본의 100분의 70 이상을 6개월 이상 계속해서 유지하지 아니한 경우
2. 등록을 한 날부터 6개월(일반 사모집합투자업자의 경우에는 1년) 이내에 정당한 사유 없이 영업을 시작하지 아니하거나, 영업을 시작한 후 정당한 사유 없이 등록한 업무를 6개월 이상 계속해서 하지 아니한 경우
3. 해당 등록업무 단위별 투자권유자문인력 또는 투자운용인력 요건을 6개월 이상 계속해서 유지하지 아니한 경우
4. 월별 업무보고서를 6개월 이상 계속 제출하지 아니하고, 금융위원회로부터 그 보고서 제출요구를 받은 날부터 1개월 이내에 이를 제출하지 아니한 경우
5. 관할 세무서장에게 폐업신고를 하거나 관할 세무서장이 사업자등록을 말소한 경우
6. 파산선고를 받은 경우

② 금융위원회는 제1항의 등록 말소를 위하여 관할 세무서장에게 영업자의 폐업 여부에 관한 정보를 요청할 수 있다. 이 경우 관할 세무서장은 그 정보를 제공하여야 한다.
(2021.4.20 본조신설)

제21조【업무의 추가 및 변경등록】 ① 금융투자업자는 제18조에 따라 등록한 등록업무 단위 외에 다른 등록업무 단위를 추가하여 금융투자업을 영위하려는 경우에는 제18조 및 제19조에 따라 금융위원회에 변경등록하여야 한다.(2008.2.29 본항개정)

② 제1항에 따른 변경등록을 함에 있어서 제18조제2항제5호의 등록요건에 관하여는 같은 호에도 불구하고 대통령령으로 정하는 완화된 요건을 적용한다.(2010.3.12 본항신설)

제2장 금융투자업자의 지배구조

제22조~제28조 (2015.7.31 삭제)

제28조의2【파생상품업무책임자】 ① 자산규모 및 금융투자업의 종류 등을 고려하여 대통령령으로 정하는 금융투자업자(겸영금융투자업자를 포함한다)는 상근 임원(「상법」 제401조의2제1항 각 호의 자를 포함한다)으로서 대통령령으로 정하는 파생상품업무책임자를 1인 이상 두어야 한다.(2016.3.29 본항개정)

② 제1항의 파생상품업무책임자는 다음 각 호의 업무를 수행한다.
1. 파생상품 투자자보호에 필요한 절차나 기준의 수립 및 집행에 관한 관리·감독업무
2. 장외파생상품 매매에 대한 승인 업무
3. 그 밖에 대통령령으로 정하는 업무
(2009.2.3 본조신설)

제29조 (2015.7.31 삭제)

제3장 건전경영 유지

제1절 경영건전성 감독

제30조【재무건전성 유지】 ① 금융투자업자(겸영금융투자업자, 그 밖에 대통령령으로 정하는 금융투자업자를 제외한다. 이하 이 조에서 같다)는 제1호의 합계액에서 제2호의 합계액을 뺀 금액(이하 "영업용순자본"이라 한다)을 금융투자업자의 자산 및 부채에 내재하거나 업무에 수반되는 위험을 금액으로 환산하여 합계한 금액(이하 "총위험액"이라 한다) 이상으로 유지하여야 한다.
1. 자본금·준비금, 그 밖에 총리령으로 정하는 금액
2. 고정자산, 그 밖에 단기간 내에 유동화가 어려운 자산으로서 총리령으로 정하는 자산

(2008.2.29 1호~2호개정)

② 제1항의 영업용순자본과 총위험액의 산정에 관한 구체적인 기준 및 방법은 금융위원회가 정하여 고시한다.(2008.2.29 본항개정)

③ 금융투자업자는 매 분기의 말일을 기준으로 영업용순자본에서 총위험액을 뺀 금액을 기재한 서면을 해당 분기의 말일부터 45일 이내로서 대통령령으로 정하는 기간 이내에 금융위원회에 보고하여야 하며, 보고기간 종료일부터 3개월간 본점과 지점, 그 밖의 영업소에 비치하고, 인터넷 홈페이지 등을 이용하여 공시하여야 한다.(2008.2.29 본항개정)

제31조【경영건전성기준】 ① 금융투자업자(겸영금융투자업자를 제외한다. 이하 이 절에서 같다)는 경영의 건전성을 유지하기 위하여 다음 각 호의 사항에 관하여 금융위원회가 정하여 고시하는 경영건전성기준을 준수하여야 하며, 이를 위한 적절한 체계를 구축·시행하여야 한다.(2008.2.29 본문개정)
1. 자기자본비율, 그 밖의 자본의 적정성에 관한 사항
2. 자산의 건전성에 관한 사항
3. 유동성에 관한 사항
4. 그 밖에 경영의 건전성 확보를 위하여 필요한 사항으로서 대통령령으로 정하는 사항

② 금융위원회는 제1항에 따른 경영건전성기준을 정함에 있어서 금융투자업자가 영위하는 금융투자업의 종류 등을 고려하여 금융투자업별로 그 내용을 달리 정할 수 있다.(2008.2.29 본항개정)

③ 금융위원회는 금융투자업자의 경영건전성 확보를 위한 경영실태 및 위험에 대한 평가를 할 수 있다. 다만, 자산규모 등을 고려하여 대통령령으로 정하는 금융투자업자에 대하여는 평가를 실시하여야 한다.(2009.2.3 본항개정)

④ 금융위원회는 금융투자업자가 제1항 및 제2항의 기준을 충족하지 못하거나 제30조제1항 및 제2항을 위반한 경우에는 금융투자업자에 대하여 자본금의 증액, 이익배당의 제한 등 경영건전성 확보를 위한 필요한 조치를 명할 수 있다.(2008.2.29 본항개정)

제32조【회계처리】 ① 금융투자업자는 다음 각 호에 따라 회계처리를 하여야 한다.
1. 회계연도를 금융투자업별로 총리령으로 정하는 기간으로 할 것(2008.2.29 본호개정)
2. 금융투자업자의 고유재산과 신탁재산, 그 밖에 총리령으로 정하는 투자자재산을 명확히 구분하여 회계처리할 것(2008.2.29 본호개정)
3. 증권선물위원회의 심의를 거쳐 금융위원회가 정하여 고시하는 금융투자업자 회계처리준칙 및 「주식회사 등의 외부감사에 관한 법률」 제5조에 따른 회계처리기준을 따를 것(2017.10.31 본호개정)

② 금융투자업자의 고유재산의 회계처리에 관한 사항으로서 제1항에서 정하지 아니한 회계처리, 계정과목의 종류와 배열순서, 그 밖에 필요한 사항은 금융위원회가 정하여 고시한다.(2008.2.29 본항개정)

제33조【업무보고서 및 공시 등】 ① 금융투자업자는 매 사업연도 개시일부터 3개월간·6개월간·9개월간 및 12개월간의 업무보고서를 작성하여 그 기간 경과 후 45일 이내로서 대통령령으로 정하는 기간 이내에 금융위원회에 제출하여야 한다.(2008.2.29 본항개정)

② 금융투자업자는 제1항에 따른 업무보고서를 금융위원회에 제출한 날부터 그 업무보고서 중 중요사항을 발췌한 공시서류를 1년간 본점과 지점, 그 밖의 영업소에 이를 비치하고, 인터넷 홈페이지 등을 이용하여 공시하여야 한다.(2008.2.29 본항개정)

③ 금융투자업자는 거액의 금융사고 또는 부실채권의 발생 등 금융투자업자의 경영상황에 중대한 영향을 미칠 사항으로서 금융투자업의 종류별로 대통령령으로 정하는 사항이 발생한 경우에는 금융위원회에 보고하고, 인터넷 홈페이지 등을 이용하여 공시하여야 한다.(2009.2.3 본항개정)

④ 금융투자업자는 제1항에 따른 업무보고서 외에 매월의 업무 내용을 적은 보고서를 다음 달 말일까지 금융위원회에 제출하여야 한다.(2009.2.3 본항신설)

⑤ 제1항에 따른 업무보고서, 제2항에 따른 공시서류의 기재사항 및 제3항에 따른 경영상황 공시, 제4항에 따른 보고서, 그 밖에 필요한 사항은 대통령령으로 정한다.
(2009.2.3 본항개정)
(2009.2.3 본조제목개정)

제2절 대주주와의 거래제한 등

제34조【대주주와의 거래 등의 제한】 ① 금융투자업자(겸영금융투자업자는 제외한다. 이하 이 절에서 같다)는 다음 각 호의 어느 하나에 해당하는 행위를 하여서는 아니 된다. 다만, 담보권의 실행 등 권리행사에 필요한 경우, 제176조제3항제1호에 따른 안정조작 또는 같은 항 제2호에 따른 시장조성을 하는 경우, 그 밖에 금융투자업자의 건전성을 해치지 아니하는 범위에서 금융투자업의 효율적 수행을 위하여 대통령령으로 정하는 경우에는 그러하지 아니하며, 이 경우 금융위원회는 다음 각 호별로 그 소유기한 등을 정하여 고시할 수 있다.(2009.2.3 본문개정)
1. 그 금융투자업자의 대주주가 발행한 증권을 소유하는 행위
2. 그 금융투자업자의 특수관계인(금융투자업자의 대주주를 제외한다) 중 대통령령으로 정하는 자가 발행한 주식, 채권 및 약속어음(기업이 사업에 필요한 자금을 조달하기 위하여 발행한 것에 한한다)을 소유하는 행위. 다만, 대통령령으로 정하는 비율의 범위에서 소유하는 경우를 제외한다.
3. 그 밖에 금융투자업자의 건전한 자산운용을 해할 우려가 있는 행위로서 대통령령으로 정하는 행위

② 금융투자업자는 대주주(그의 특수관계인을 포함한다. 이하 이 조에서 같다)에 대하여 신용공여(금전·증권 등 경제적 가치가 있는 재산의 대여, 채무이행의 보증, 자금 지원적 성격의 증권의 매입, 그 밖에 거래상의 신용위험을 수반하는 직접적·간접적 거래로서 대통령령으로 정하는 거래를 말한다. 이하 이 절에서 같다)를 하여서는 아니 되며, 대주주는 그 금융투자업자로부터 신용공여를 받아서는 아니 된다. 다만, 대주주에 대한 신용공여가 다음 각 호의 어느 하나에 해당하는 경우에는 이를 할 수 있다.(2020.12.29 단서개정)
1. 임원에 대하여 연간 급여액(근속기간 중에 그 금융투자업자로부터 지급된 소득세 과세대상이 되는 급여액을 말한다)과 대통령령으로 정하는 금액 중 적은 금액의 범위에서 하는 신용공여
2. 금융투자업자가 발행주식총수 또는 출자총액의 100분의 50 이상을 소유 또는 출자하거나 대통령령으로 정하는 기준에 의하여 사실상 경영을 지배하는 해외현지법인에 대한 신용공여
3. 그 밖에 금융투자업자의 건전성을 해할 우려가 없는 신용공여로서 대통령령으로 정하는 신용공여

(2020.12.29 1호~3호신설)

③ 금융투자업자는 제1항제2호 단서 또는 제2항 단서에 해당하는 행위(대통령령으로 정하는 행위를 제외한다)를 하고자 하는 경우에는 미리 이사회 결의를 거쳐야 한다. 이 경우 이사회 결의는 재적이사 전원의 찬성으로 한다.

④ 금융투자업자는 제1항제2호 단서 또는 제2항 단서에 해당하는 행위(대통령령으로 정하는 행위를 제외한다)를 한 경우에는 그 사실을 금융위원회에 지체 없이 보고하고, 인터넷 홈페이지 등을 이용하여 공시하여야 한다.(2008.2.29 본항개정)

⑤ 금융투자업자는 제4항에 따른 보고사항 중 대통령령으로 정하는 사항을 종합하여 분기별로 금융위원회에 보고하고, 인터넷 홈페이지 등을 이용하여 공시하여야 한다.(2008.2.29 본항개정)

⑥ 금융위원회는 금융투자업자 또는 그의 대주주가 제1항부터 제5항까지의 규정을 위반한 혐의가 있다고 인정될 경우에는 금융투자업자 또는 그의 대주주에게 필요한 자료의 제출을 명할 수 있다.(2008.2.29 본항개정)

⑦ 금융위원회는 금융투자업자의 대주주(회사에 한한다)의 부채가 자산을 초과하는 등 재무구조의 부실로 인하여 금융투자업자의 경영건전성을 현저히 해칠 우려가 있는 경우로서 대통령령으로 정하는 경우에는 금융투자업자에 대하여 대주주가 발행한 증권의 신규취득 및 제2항 단서에 따른 신용공여를 제한할 수 있다.(2008.2.29 본항개정)

제35조【대주주의 부당한 영향력 행사의 금지】 금융투자업자의 대주주(그의 특수관계인을 포함한다. 이하 이 조 및 제36조에서 같다)는 금융투자업자의 이익에 반하여 대주주 자신의 이익을 얻을 목적으로 다음 각 호의 어느 하나에 해당하는 행위를 하여서는 아니 된다.
1. 부당한 영향력을 행사하기 위하여 금융투자업자에 대하여 외부에 공개되지 아니한 자료 또는 정보의 제공을 요구하는 행위. 다만, 「금융회사의 지배구조에 관한 법률」 제33조제6항 또는 「상법」 제466조에 따른 권리의 행사에 해당하는 경우를 제외한다.(2015.7.31 단서개정)
2. 경제적 이익 등 반대급부의 제공을 조건으로 다른 주주와 담합하여 금융투자업자의 인사 또는 경영에 부당한 영향력을 행사하는 행위
3. 그 밖에 제1호 및 제2호에 준하는 행위로서 대통령령으로 정하는 행위

제36조【금융위원회의 자료 제출명령】 금융위원회는 금융투자업자의 대주주가 제35조를 위반한 혐의가 있다고 인정될 경우에는 금융투자업자 또는 그의 대주주에게 필요한 자료의 제출을 명할 수 있다.(2008.2.29 본조개정)

제4장 영업행위 규칙

제1절 공통 영업행위 규칙

제1관 신의성실의무 등

제37조【신의성실의무 등】 ① 금융투자업자는 신의성실의 원칙에 따라 공정하게 금융투자업을 영위하여야 한다.

② 금융투자업자는 금융투자업을 영위함에 있어서 정당한 사유 없이 투자자의 이익을 해하면서 자기가 이익을 얻거나 제삼자가 이익을 얻도록 하여서는 아니 된다.

제38조【상호】 ① 금융투자업자가 아닌 자는 그 상호 중에 "금융투자"라는 문자 또는 이와 같은 의미를 가지는 외국어 문자로서 대통령령으로 정하는 문자를 사용하여서는 아니 된다.(2009.2.3 본항신설)

② 증권을 대상으로 하여 투자매매업 또는 투자중개업을 영위하는 자가 아닌 자는 그 상호 중에 "증권"이라는 문자 또는 이와 같은 의미를 가지는 외국어문자로서 대통령령으로 정하는 문자를 사용하여서는 아니 된다. 다만, 제229조제1호의 증권집합투자기구는 제183조제1항에 따라 "증권"이라는 문자 또는 이와 같은 의미를 가지는 외국어문자로서 대통령령으로 정하는 문자를 사용할 수 있다.

③ 장내파생상품 또는 장외파생상품을 대상으로 하여 투자매매업 또는 투자중개업을 영위하는 자가 아닌 자는 그 상호 중에 "파생" 또는 "선물"이라는 문자 또는 이와 같은 의미를 가지는 외국어문자로서 대통령령으로 정하는 문자를 사용하여서는 아니 된다.(2009.2.3 본항개정)

④ 집합투자업자가 아닌 자는 그 상호 중에 "집합투자", "투자신탁" 또는 "자산운용"이라는 문자 또는 이와 같은 의미를 가지는 외국어문자로서 대통령령으로 정하는 문자를 사용하여서는 아니 된다. 다만, 투자신탁인 집합투자기구는 "투자신탁"이라는 문자 또는 이와 같은 의미를 가지는 외국어문자로서 대통령령으로 정하는 문자를 사용할 수 있다.

⑤ 투자자문업자가 아닌 자는 그 상호 중에 "투자자문"이라는 문자 또는 이와 같은 의미를 가지는 외국어문자로서 대통령령으로 정하는 문자를 사용하여서는 아니 된다. 다만, 「부동산투자회사법」에 따른 부동산투자자문회사는 "투자자문"이라는 문자 또는 이와 같은 의미를 가지는 외국어문자로서 대통령령으로 정하는 문자를 사용할 수 있다.

⑥ 투자일임업자가 아닌 자는 그 상호 중에 "투자일임"이라는 문자 또는 이와 같은 의미를 가지는 외국어문자로서 대통령령으로 정하는 문자를 사용하여서는 아니 된다.

⑦ 신탁업자가 아닌 자는 그 상호 중에 "신탁"이라는 문자 또는 이와 같은 의미를 가지는 외국어문자로서 대통령령으로 정하는 문자를 사용하여서는 아니 된다. 다만, 집합투자업자 또는 제7조제5항에 따른 업을 영위하는 자는 그 상호 중에 "신탁"이라는 문자 또는 이와 같은 의미를 가지는 외국어문자로서 대통령령으로 정하는 문자를 사용할 수 있다.

제39조【명의대여의 금지】 금융투자업자는 자기의 명의를 대여하여 타인에게 금융투자업을 영위하게 하여서는 아니 된다.

제40조【금융투자업자의 다른 금융업무 영위】 ① 금융투자업자(겸영금융투자업자, 그 밖에 대통령령으로 정하는 금융투자업자를 제외한다. 이하 이 조에서 같다)는 투자자 보호 및 건전한 거래질서를 해할 우려가 없는 금융업무로서 다음 각 호의 금융업무를 영위할 수 있다. 이 경우 금융투자업자는 제2호부터 제5호까지의 업무를 영위하고자 하는 때에는 그 업무를 영위하기 시작한 날부터 2주 이내에 이를 금융위원회에 보고하여야 한다.(2020.5.19 후단개정)
1. 이 법 또는 대통령령으로 정하는 금융관련 법령에서 인가·허가·등록 등을 요하는 금융업무 중 「보험업법」 제91조에 따른 보험대리점의 업무 또는 보험중개사의 업무, 그 밖에 대통령령으로 정하는 금융업무
2. 이 법 또는 대통령령으로 정하는 금융관련 법령에서 정하고 있는 금융업무로서 해당 법령에서 금융투자업자가 영위할 수 있도록 한 업무
3. 국가 또는 공공단체 업무의 대리
4. 투자자를 위하여 그 투자자가 예탁한 투자자예탁금(제74조제1항의 투자자예탁금을 말한다)으로 수행하는 자금이체업무
5. 그 밖에 그 금융업무를 영위하여도 투자자 보호 및 건전한 거래질서를 해할 우려가 없는 업무로서 대통령령으로 정하는 금융업무

② 금융위원회는 제1항에 따른 겸영업무 보고내용이 다음 각 호의 어느 하나에 해당하는 경우에는 그 겸영업무의 영위를 제한하거나 시정할 것을 명할 수 있다.
1. 금융투자업자의 경영건전성을 저해하는 경우
2. 투자자 보호에 지장을 초래하는 경우
3. 금융시장의 안정성을 저해하는 경우

(2020.5.19 본항신설)

③ 제2항에 따른 제한명령 또는 시정명령은 제1항에 따라 보고를 받은 날부터 30일 이내에 그 내용 및 사유가 구체적으로 기재된 문서로 하여야 한다.(2020.5.19 본항신설)

④ 금융위원회는 제1항에 따라 보고받은 겸영업무 및 제2항에 따라 제한명령 또는 시정명령을 한 겸영업무를 대통령령으로 정하는 방법 및 절차에 따라 인터넷 홈페이지 등에 공고하여야 한다.(2020.5.19 본항신설)

제41조【금융투자업자의 부수업무 영위】 ① 금융투자업자는 금융투자업에 부수하는 업무를 영위하고자 하는 경우에는 그 업무를 영위하기 시작한 날부터 2주 이내에 이를 금융위원회에 보고하여야 한다.(2020.5.19 본항개정)

② 금융위원회는 제1항에 따른 부수업무 보고내용이 다음 각 호의 어느 하나에 해당하는 경우에는 그 부수업무의 영위를 제한하거나 시정할 것을 명할 수 있다.

(2020.5.19 본문개정)

1. 금융투자업자의 경영건전성을 저해하는 경우
2. 인가를 받거나 등록한 금융투자업의 영위에 따른 투자자 보호에 지장을 초래하는 경우
3. 금융시장의 안정성을 저해하는 경우

③ 제2항에 따른 제한명령 또는 시정명령은 제1항에 따라 보고를 받은 날부터 30일 이내에 그 내용 및 사유가 구체적으로 기재된 문서로 하여야 한다.(2020.5.19 본항개정)

④ 금융위원회는 제1항에 따라 보고받은 부수업무 및 제2항에 따라 제한명령 또는 시정명령을 한 부수업무를 대통령령으로 정하는 방법 및 절차에 따라 인터넷 홈페이지 등에 공고하여야 한다.(2020.5.19 본항개정)

제42조【금융투자업자의 업무위탁】 ① 금융투자업자는 금융투자업, 제40조제1항 각 호의 업무 및 제41조제1항의 부수업무와 관련하여 그 금융투자업자가 영위하는 업무의 일부를 제삼자에게 위탁할 수 있다. 다만, 대통령령으로 정하는 내부통제업무(해당 업무에 관한 의사결정권한까지 위탁하는 경우만 해당한다)는 제삼자에게 위탁하여서는 아니 된다.(2020.5.19 본항개정)

② 금융투자업자는 제1항 본문에 따라 제삼자에게 업무를 위탁하는 경우에는 다음 각 호의 사항을 포함하는 위탁계약을 체결하여야 하며, 그 내용을 대통령령으로 정하는 방법 및 절차에 따라 금융위원회에 보고하여야 한다.

(2008.2.29 본문개정)

1. 위탁하는 업무의 범위
2. 수탁자의 행위제한에 관한 사항
3. 위탁하는 업무의 처리에 대한 기록유지에 관한 사항
4. 그 밖에 투자자 보호 또는 건전한 거래질서를 위하여 필요한 사항으로서 대통령령으로 정하는 사항

③ 금융위원회는 제2항에 따른 위탁계약의 내용이 다음 각 호의 어느 하나에 해당하는 경우에는 해당 업무의 위탁을 제한하거나 시정할 것을 명할 수 있다.(2008.2.29 본문개정)

1. 금융투자업자의 경영건전성을 저해하는 경우
2. 투자자 보호에 지장을 초래하는 경우
3. 금융시장의 안정성을 저해하는 경우
4. 금융거래질서를 문란하게 하는 경우

④ 제1항 본문에 따라 위탁받는 업무가 본질적 업무(해당 금융투자업자가 인가를 받거나 등록을 한 업무와 직접적으로 관련된 필수업무로서 대통령령으로 정하는 업무를 말한다. 이하 이 항에서 같다)인 경우 그 본질적 업무를 위탁받는 자는 그 업무 수행에 필요한 인가를 받거나 등록을 한 자이어야 한다. 이 경우 그 업무를 위탁받는 자가 외국 금융투자업자로서 대통령령으로 정하는 요건을 갖춘 경우에는 인가를 받거나 등록을 한 것으로 본다.

⑤ 제1항에 따라 금융투자업자의 업무를 위탁받은 자는 위탁한 자의 동의를 받은 경우에 한정하여 위탁받은 업무를 제삼자에게 재위탁할 수 있다.(2020.5.19 본항개정)

⑥ 제1항의 업무를 위탁한 자는 대통령령으로 정하는 기준에 따라 위탁한 업무의 범위에서 위탁받은 자에게 투자자의 금융투자상품의 매매, 그 밖의 거래에 관한 정보 및 투자자가 맡긴 금전, 그 밖의 재산에 관한 정보를 제공할 수 있다.

⑦ 금융투자업자는 제1항 본문에 따라 업무위탁을 하고자 하는 경우 투자자정보 보호 및 위험관리·평가 등에 관한 업무위탁 운영기준을 정하여야 한다.

⑧ 금융투자업자는 제1항 본문에 따라 업무위탁을 한 내용을 「금융소비자 보호에 관한 법률」 제23조제1항에 따른 계약서류 및 제123조제1항에 따른 투자설명서(집합투자업자의 경우 제124조제2항제3호에 따른 간이투자설명서를 포함한다. 이하 제64조, 제86조 및 제93조에서 같다)에 기재하여야 하며, 투자자와 계약을 체결한 후에 업무위탁을 하거나 그 내용을 변경한 경우에는 이를 투자자에게 통보하여야 한다.(2020.3.24 본항개정)

⑨ 「민법」 제756조는 제1항의 업무를 위탁받은 자(제5항에 따라 재위탁받은 자를 포함한다)가 그 위탁받은 업무를 영위하는 과정에서 투자자에게 손해를 끼친 경우에 준용한다.(2020.5.19 본항개정)

⑩ 제54조, 제55조 및 「금융실명거래 및 비밀보장에 관한 법률」 제4조는 제1항의 업무를 위탁받은 자가 그 위탁받은 업무를 영위하는 경우에 준용한다.

⑪ 그 밖에 업무의 위탁·재위탁의 기준·방법 및 절차에 관하여 투자자 보호 또는 건전한 거래질서를 위하여 필요한 사항은 대통령령으로 정한다.

제43조【검사 및 처분】 ① 제42조제1항에 따라 업무를 위탁받은 자는 그 위탁받은 업무와 관련하여 그 업무와 재산상황에 관하여 「금융위원회의 설치 등에 관한 법률」에 따라 설립된 금융감독원(이하 "금융감독원"이라 한다)의 원장(이하 "금융감독원장"이라 한다)의 검사를 받아야 한다. 이 경우 제419조제5항부터 제7항까지 및 제9항을 준용한다.(2015.7.31 전단개정)

② 금융위원회는 제42조제1항에 따라 업무를 위탁받은 자가 다음 각 호의 어느 하나에 해당하는 경우에는 위탁계약의 어느 한쪽 또는 양쪽 당사자에게 위탁계약의 취소 또는 변경을 명할 수 있다.(2008.2.29 본문개정)

1. 제42조제10항에서 준용하는 제54조, 제55조 또는 「금융실명거래 및 비밀보장에 관한 법률」 제4조제1항, 같은 조 제3항부터 제5항까지의 규정을 위반한 경우
2. 제1항 전단에 따른 검사를 거부·방해 또는 기피한 경우
3. 제1항 후단에서 준용하는 제419조제5항에 따른 보고 등의 요구에 불응한 경우
4. 별표1 각 호의 어느 하나(그 위탁받은 업무와 관련된 것에 한한다)에 해당하는 경우

③ 금융위원회는 제2항에 따라 조치를 한 경우에는 그 내용을 기록하고, 이를 유지·관리하여야 한다.

(2008.2.29 본항개정)

④ 금융투자업자 또는 제42조제1항에 따라 업무를 위탁받은 자(업무를 위탁받았던 자를 포함한다)는 금융위원회에 자기에 대한 제2항에 따른 조치 여부 및 그 내용을 조회할 수 있다.(2008.2.29 본항개정)

⑤ 금융위원회는 제4항의 조회요청을 받은 경우에는 정당한 사유가 없는 한 조치 여부 및 그 내용을 그 조회요청자에게 통보하여야 한다.(2008.2.29 본항개정)

⑥ 제425조는 제2항에 따른 위탁계약의 취소 또는 변경명령에 관하여 준용한다.

제44조【이해상충의 관리】 ① 금융투자업자는 금융투자업의 영위와 관련하여 금융투자업자와 투자자 간, 특정 투자자와 다른 투자자 간의 이해상충을 방지하기 위하여 이해상충이 발생할 가능성을 파악·평가하고, 「금융회사의 지배구조에 관한 법률」 제24조에 따른 내부통제기준(이하 "내부통제기준"이라 한다)이 정하는 방법 및 절차에 따라 이를 적절히 관리하여야 한다.(2015.7.31 본항개정)

② 금융투자업자는 제1항에 따라 이해상충이 발생할 가능성을 파악·평가한 결과 이해상충이 발생할 가능성이 있다고 인정되는 경우에는 그 사실을 미리 해당 투자자에게 알려야 하며, 그 이해상충이 발생할 가능성을 내부통제기준이 정하는 방법 및 절차에 따라 투자자 보호에 문제가 없는 수준으로 낮춘 후 매매, 그 밖의 거래를 하여야 한다.

③ 금융투자업자는 제2항에 따라 그 이해상충이 발생할 가능성을 낮추는 것이 곤란하다고 판단되는 경우에는 매매, 그 밖의 거래를 하여서는 아니 된다.

제45조【정보교류의 차단】 ① 금융투자업자는 금융투자업, 제40조제1항 각 호의 업무, 제41조제1항에 따른 부수업무 및 제77조의3에서 종합금융투자사업자에 허용된 업무(이하 이 조에서 "금융투자업등"이라 한다)를 영위하는 경우 내부통제기준이 정하는 방법 및 절차에 따라 제174조제1항 각 호 외의 부분에 따른 미공개중요정보 등 대통령령으로 정하는 정보의 교류를 적절히 차단하여야 한다.(2020.5.19 본항개정)

② 금융투자업자는 금융투자업등을 영위하는 경우 계열회사를 포함한 제삼자에게 정보를 제공할 때에는 내부통제기준이 정하는 방법 및 절차에 따라 제174조제1항 각 호 외의 부분에 따른 미공개중요정보 등 대통령령으로 정하는 정보의 교류를 적절히 차단하여야 한다.

(2020.5.19 본항개정)

③ 제1항 및 제2항의 내부통제기준은 다음 각 호의 사항을 반드시 포함하여야 한다.

1. 정보교류 차단을 위해 필요한 기준 및 절차
2. 정보교류 차단의 대상이 되는 정보의 예외적 교류를 위한 요건 및 절차
3. 그 밖에 정보교류 차단의 대상이 되는 정보를 활용한 이해상충 발생을 방지하기 위하여 대통령령으로 정하는 사항

(2020.5.19 본항신설)

④ 금융투자업자는 제1항 및 제2항에 따른 정보교류 차단을 위하여 다음 각 호의 사항을 준수하여야 한다.

1. 정보교류 차단을 위한 내부통제기준의 적정성에 대한 정기적 점검
2. 정보교류 차단과 관련되는 법령 및 내부통제기준에 대한 임직원 교육
3. 그 밖에 정보교류 차단을 위하여 대통령령으로 정하는 사항

(2020.5.19 본항신설)

제2관 투자권유 등

(2009.2.3 본관제목개정)

제46조~제47조 (2020.3.24 삭제)

제48조【손해배상책임】 ① 금융투자업자는 「금융소비자 보호에 관한 법률」 제19조제1항 또는 제3항을 위반한 경우 이로 인하여 발생한 일반투자자의 손해를 배상할 책임이 있다.(2020.3.24 본항개정)

② 금융투자상품의 취득으로 인하여 일반투자자가 지급하였거나 지급하여야 할 금전등의 총액에서 그 금융투자상품의 처분, 그 밖의 방법으로 그 일반투자자가 회수하였거나 회수할 수 있는 금전등의 총액을 뺀 금액은 제1항에 따른 손해액으로 추정한다.(2017.10.31 본항개정)

제49조 (2020.3.24 삭제)

제50조【투자권유준칙】 ① 금융투자업자는 투자권유를 함에 있어서 금융투자업자의 임직원이 준수하여야 할 구체적인 기준 및 절차(이하 "투자권유준칙"이라 한다)를 정하여야 한다. 다만, 파생상품등에 대하여는 일반투자자의 투자목적·재산상황 및 투자경험 등을 고려하여 투자자 등급별로 차등화된 투자권유준칙을 마련하여야 한다.

(2009.2.3 단서신설)

② 금융투자업자는 투자권유준칙을 정한 경우 이를 인터넷 홈페이지 등을 이용하여 공시하여야 한다. 투자권유준칙을 변경한 경우에도 또한 같다.

③ 협회는 투자권유준칙과 관련하여 금융투자업자가 공통으로 사용할 수 있는 표준투자권유준칙을 제정할 수 있다.

제51조【투자권유대행인의 등록 등】 ① 금융투자업자는 다음 각 호의 요건을 모두 갖춘 자(개인에 한한다)에게 투자권유(파생상품등에 대한 투자권유를 제외한다)를 위탁할 수 있다. 이 경우 제42조를 적용하지 아니한다.

(2009.2.3 전단개정)

1. 제3항에 따라 금융위원회에 등록된 자가 아닐 것 (2008.2.29 본호개정)
2. 금융투자상품에 관한 전문 지식이 있는 자로서 대통령령으로 정하는 자격을 갖출 것
3. 제53조제2항에 따라 등록이 취소된 경우 그 등록이 취소된 날부터 3년이 경과하였을 것

② 제1항에 따라 투자권유를 위탁받은 자는 제3항에 따른 등록 전에는 투자권유를 하여서는 아니 된다.

③ 금융투자업자는 제1항에 따라 투자권유를 위탁한 경우에는 위탁받은 자를 금융위원회에 등록하여야 한다. 이 경우 금융위원회는 그 등록업무를 대통령령으로 정하는 바에 따라 협회에 위탁할 수 있다.(2008.2.29 본항개정)

④ 금융투자업자는 제3항에 따라 투자권유를 위탁받은 자를 등록하고자 하는 경우에는 금융위원회(제3항 후단에 따라 협회에 위탁한 경우에는 협회를 말한다. 이하 이 조에서 같다)에 등록신청서를 제출하여야 한다.

(2008.2.29 본항개정)

⑤ 금융위원회는 제4항의 등록신청서를 접수한 경우에는 그 내용을 검토하여 2주 이내에 등록 여부를 결정하고, 그 결과와 이유를 지체 없이 신청인에게 문서로 통지하여야 한다. 이 경우 등록신청서에 흠결이 있는 때에는 보완을 요구할 수 있다.(2008.2.29 전단개정)

⑥ 제5항의 검토기간을 산정함에 있어서 등록신청서 흠결의 보완기간 등 총리령으로 정하는 기간은 검토기간에 산입하지 아니한다.(2008.2.29 본항개정)

⑦ 금융위원회는 제5항의 등록 여부를 결정함에 있어서 다음 각 호의 어느 하나에 해당하는 사유가 없는 한 등록을 거부하여서는 아니 된다.(2008.2.29 본문개정)

1. 제1항의 요건을 갖추지 아니한 경우
2. 제4항의 등록신청서를 거짓으로 작성한 경우
3. 제5항 후단의 보완요구를 이행하지 아니한 경우

⑧ 금융위원회는 제5항에 따라 등록을 결정한 경우 투자권유대행인등록부에 필요한 사항을 기재하여야 하며, 등록결정한 내용을 인터넷 홈페이지 등에 공고하여야 한다.

(2008.2.29 본항개정)

⑨ 제3항에 따라 등록된 자(이하 "투자권유대행인"이라 한다)는 등록 이후 그 영업을 영위함에 있어서 제1항제2호의 요건을 유지하여야 한다.

⑩ 제3항부터 제8항까지의 규정에 따른 등록신청서의 기재사항·첨부서류 등 등록의 신청에 관한 사항과 등록검토의 방법·절차, 그 밖에 등록에 관하여 필요한 사항은 대통령령으로 정한다.

제52조【투자권유대행인의 금지행위 등】 ① 금융투자업자는 투자권유대행인 외의 자에게 투자권유를 대행하게 하여서는 아니 된다.

②~③ (2020.3.24 삭제)

④ 금융투자업자는 투자권유대행인이 투자권유를 대행함에 있어서 법령을 준수하고 건전한 거래질서를 해하는 일이 없도록 성실히 관리하여야 하며, 이를 위한 투자권유대행기준을 정하여야 한다.

⑤ (2020.3.24 삭제)

⑥ 제48조, 제54조, 제55조 및 「금융실명거래 및 비밀보장에 관한 법률」 제4조는 투자권유대행인이 투자권유를 대행하는 경우에 준용한다.(2020.3.24 본항개정)

제53조【검사 및 조치】 ① 투자권유대행인은 투자권유의 대행과 관련하여 그 업무와 재산상황에 관하여 금융감독원장의 검사를 받아야 한다. 이 경우 제419조제5항부터 제7항까지 및 제9항을 준용한다.

② 금융위원회는 투자권유대행인이 다음 각 호의 어느 하나에 해당하는 경우에는 금융투자업자의 투자권유대행인 등록을 취소하거나 그 투자권유대행인에 대하여 6개월 이내의 투자권유대행업무 정지를 할 수 있다.

(2008.2.29 본문개정)

1. 제51조제9항에 따른 등록요건 유지의무를 위반한 경우
2. 제52조제6항(제54조, 제55조 및 「금융실명거래 및 비밀보장에 관한 법률」 제4조제1항, 같은 조 제3항부터 제5항까지의 규정을 준용하는 경우에 한한다)을 위반한 경우(2020.3.24 본호개정)
3. 제1항 전단에 따른 검사를 거부·방해 또는 기피한 경우

4. 제1항 후단에서 준용하는 제419조제5항에 따른 보고 등의 요구에 불응한 경우
5. 「금융소비자 보호에 관한 법률」 제51조제1항제3호부터 제5호까지의 어느 하나에 해당하는 경우(2020.3.24 본호신설)
6. 「금융소비자 보호에 관한 법률」 제51조제2항 각 호 외의 부분 본문 중 대통령령으로 정하는 경우(투자권유대행업무를 정지하는 경우로 한정한다)(2020.3.24 본호신설)
③ 금융위원회는 제2항에 따라 투자권유대행인 등록을 취소하거나 투자권유대행업무를 정지한 경우에는 그 내용을 기록하고, 이를 유지·관리하여야 한다.(2008.2.29 본항개정)
④ 금융위원회는 제2항에 따라 투자권유대행인 등록을 취소하거나 투자권유대행업무를 정지한 경우에는 그 사실을 인터넷 홈페이지 등에 공고하여야 한다.(2008.2.29 본항개정)
⑤ 금융투자업자 또는 투자권유대행인(투자권유대행인이었던 자를 포함한다)은 금융위원회에 자기에 대한 제2항에 따른 조치 여부 및 그 내용을 조회할 수 있다.(2008.2.29 본항개정)
⑥ 금융위원회는 제5항의 조회요청을 받은 경우에는 정당한 사유가 없는 한 조치 여부 및 그 내용을 그 조회요청자에게 통보하여야 한다.(2008.2.29 본항개정)
⑦ 제423조(제2호를 제외한다)는 제2항에 따른 투자권유대행인 등록의 취소에 관하여 준용하고, 제425조는 제2항에 따른 투자권유대행인 등록의 취소 및 투자권유대행업무의 정지에 관하여 준용한다.

제3관 직무관련 정보의 이용 금지 등

제54조【직무관련 정보의 이용 금지】 ① 금융투자업자는 직무상 알게 된 정보로서 외부에 공개되지 아니한 정보를 정당한 사유 없이 자기 또는 제삼자의 이익을 위하여 이용하여서는 아니 된다.
② 금융투자업자 및 그 임직원은 제45조제1항 또는 제2항에 따라 정보교류 차단의 대상이 되는 정보를 정당한 사유 없이 본인이 이용하거나 제삼자에게 이용하게 하여서는 아니 된다.(2020.5.19 본항신설)
제55조【손실보전 등의 금지】 금융투자업자는 금융투자상품의 매매, 그 밖의 거래와 관련하여 제103조제3항에 따라 손실의 보전 또는 이익의 보장을 하는 경우, 그 밖에 건전한 거래질서를 해할 우려가 없는 경우로서 정당한 사유가 있는 경우를 제외하고는 다음 각 호의 어느 하나에 해당하는 행위를 하여서는 아니 된다. 금융투자업자의 임직원이 자기의 계산으로 하는 경우에도 또한 같다.
1. 투자자가 입을 손실의 전부 또는 일부를 보전하여 줄 것을 사전에 약속하는 행위
2. 투자자가 입은 손실의 전부 또는 일부를 사후에 보전하여 주는 행위
3. 투자자에게 일정한 이익을 보장할 것을 사전에 약속하는 행위
4. 투자자에게 일정한 이익을 사후에 제공하는 행위
제56조【약관】 ① 금융투자업자는 금융투자업의 영위와 관련하여 약관을 제정 또는 변경하는 경우에는 약관의 제정 또는 변경 후 7일 이내에 금융위원회 및 협회에 보고하여야 한다. 다만, 투자자의 권리나 의무에 중대한 영향을 미칠 우려가 있는 경우로서 대통령령으로 정하는 경우에는 약관의 제정 또는 변경 전에 미리 금융위원회에 신고하여야 한다.(2018.12.31 본항개정)
② 금융투자업자는 약관을 제정 또는 변경한 경우에는 인터넷 홈페이지 등을 이용하여 공시하여야 한다.
③ 협회는 건전한 거래질서를 확립하고 불공정한 내용의 약관이 통용되는 것을 방지하기 위하여 금융투자업 영위와 관련하여 표준이 되는 약관(이하 이 조에서 "표준약관"이라 한다)을 제정할 수 있다.
④ 협회는 표준약관을 제정 또는 변경하고자 하는 경우에는 미리 금융위원회에 신고하여야 한다. 다만, 전문투자자만을 대상으로 하는 표준약관을 제정 또는 변경하는 경우에는 그 표준약관을 제정 또는 변경한 후 7일 이내에 금융위원회에 보고하여야 한다.(2008.2.29 본항개정)
⑤ 금융위원회는 제1항 단서 또는 제4항 본문에 따른 신고를 받은 경우 그 내용을 검토하여 이 법에 적합하면 신고를 수리하여야 한다.(2018.12.31 본항신설)
⑥ 제1항에 따라 약관을 신고 또는 보고받거나 제4항에 따라 표준약관을 신고 또는 보고받은 금융위원회는 그 약관 또는 표준약관을 공정거래위원회에 통보하여야 한다. 이 경우 공정거래위원회는 통보받은 약관 또는 표준약관이 「약관의 규제에 관한 법률」 제6조부터 제14조까지의 규정에 위반된 사실이 있다고 인정될 때에는 금융위원회에 그 사실을 통보하고 그 시정에 필요한 조치를 취하도록 요청할 수 있으며, 금융위원회는 특별한 사유가 없는 한 이에 응하여야 한다.(2008.2.29 본항개정)
⑦ 금융위원회는 약관 또는 표준약관이 이 법 또는 금융과 관련되는 법령에 위반되거나 그 밖에 투자자의 이익을 침해할 우려가 있다고 인정되는 경우에는 금융투자업자 또는 협회에 그 내용을 구체적으로 기재한 서면에 의하여 약관 또는 표준약관을 변경할 것을 명할 수 있다.(2008.2.29 본항개정)
제57조 (2020.3.24 삭제)
제58조【수수료】 ① 금융투자업자는 투자자로부터 받는 수수료의 부과기준 및 절차에 관한 사항을 정하고, 인터넷 홈페이지 등을 이용하여 공시하여야 한다.
② 금융투자업자는 제1항에 따른 수수료 부과기준을 정함에 있어서 투자자를 정당한 사유 없이 차별하여서는 아니 된다.
③ 금융투자업자는 제1항에 따른 수수료 부과기준 및 절차에 관한 사항을 협회에 통보하여야 한다.
④ 협회는 제3항에 따라 통보받은 사항을 금융투자업자별로 비교하여 공시하여야 한다.
제59조 (2020.3.24 삭제)
제60조【자료의 기록·유지】 ① 금융투자업자는 금융투자업 영위와 관련한 자료를 대통령령으로 정하는 자료의 종류별로 대통령령으로 정하는 기간 동안 기록·유지하여야 한다.
② 금융투자업자는 제1항에 따라 기록·유지하여야 하는 자료가 멸실되거나 위조 또는 변조가 되지 아니하도록 적절한 대책을 수립·시행하여야 한다.
제61조【소유증권의 예탁】 ① 금융투자업자(겸영금융투자업자를 제외한다. 이하 이 조에서 같다)는 그 고유재산을 운용함에 따라 소유하게 되는 증권(대통령령으로 정하는 것을 포함한다)을 예탁결제원에 지체 없이 예탁하여야 한다. 다만, 해당 증권의 유통 가능성, 다른 법령에 따른 유통방법이 있는지 여부, 예탁의 실행 가능성 등을 고려하여 대통령령으로 정하는 경우에는 예탁결제원에 예탁하지 아니할 수 있다.(2013.5.28 본항개정)
② 금융투자업자가 제1항 본문에 따라 외화증권(「외국환거래법」 제3조제1항제8호의 외화증권을 말한다. 이하 같다)을 예탁결제원에 예탁하는 경우에는 대통령령으로 정하는 방법에 따라 예탁하여야 한다.(2013.5.28 본항신설)
제62조【금융투자업 폐지 공고 등】 ① 금융투자업자는 금융투자업 또는 지점, 그 밖의 영업소의 영업을 폐지하고자 하는 경우에는 그 뜻을 폐지 30일 전에 전국을 보급지역으로 하는 둘 이상의 일간신문에 공고하여야 하며, 알고 있는 채권자에게는 각각 통지하여야 한다.
② 금융투자업자는 다음 각 호의 어느 하나에 해당하는 경우에는 그 금융투자업자가 행한 금융투자상품의 매매, 그 밖의 거래를 종결시켜야 한다. 이 경우 그 금융투자업자는 그 매매, 그 밖의 거래를 종결시키는 범위에서 금융투자업자로 본다.
1. 제417조제1항제6호에 따라 금융투자업 폐지의 승인을 받은 경우
2. 제417조제1항제7호에 따라 금융투자업 폐지의 승인을 받은 경우
3. 제420조제1항 또는 제421조제1항(같은 조 제4항에서 준용하는 경우를 포함한다)에 따라 금융투자업인가 또는 금융투자업등록이 취소된 경우
제63조【임직원의 금융투자상품 매매】 ① 금융투자업자의 임직원(겸영금융투자업자 중 대통령령으로 정하는 금융투자업자의 경우에는 금융투자업의 직무를 수행하는 임직원에 한한다. 이하 이 조에서 같다)은 자기의 계산으로 대통령령으로 정하는 금융투자상품을 매매하는 경우에는 다음 각 호의 방법에 따라야 한다.
1. 자기의 명의로 매매할 것
2. 투자중개업자 중 하나의 회사(투자중개업자의 임직원의 경우에는 그가 소속된 투자중개업자에 한하되, 그 투자중개업자가 그 임직원이 매매하려는 금융투자상품을 취급하지 아니하는 경우에는 다른 투자중개업자를 이용할 수 있다)를 선택하여 하나의 계좌를 통하여 매매할 것. 다만, 금융투자상품의 종류, 계좌의 성격 등을 고려하여 대통령령으로 정하는 경우에는 둘 이상의 회사 또는 둘 이상의 계좌를 통하여 매매할 수 있다.
3. 매매명세를 분기별(투자권유자문인력, 제286조제1항제3호나목의 조사분석인력 및 투자운용인력의 경우에는 월별로 한다. 이하 이 조에서 같다)로 소속 금융투자업자에게 통지할 것
4. 그 밖에 불공정행위의 방지 또는 투자자와의 이해상충의 방지를 위하여 대통령령으로 정하는 방법 및 절차를 준수할 것
② 금융투자업자는 그 임직원의 자기계산에 의한 금융투자상품 매매와 관련하여 불공정행위의 방지 또는 투자자와의 이해상충의 방지를 위하여 그 금융투자업자의 임직원이 따라야 할 적절한 기준 및 절차를 정하여야 한다.
③ 금융투자업자는 분기별로 임직원의 금융투자상품의 매매명세를 제2항의 기준 및 절차에 따라 확인하여야 한다.
제63조의2【고객응대직원에 대한 보호 조치 의무】 ① 금융투자업자는 고객을 직접 응대하는 직원(이하 "고객응대직원"이라 한다)을 고객의 폭언이나 성희롱, 폭행 등으로부터 보호하기 위하여 다음 각 호의 조치를 하여야 한다.
1. 고객응대직원이 요청하는 경우 해당 고객으로부터의 분리 및 업무담당자 교체
2. 고객응대직원에 대한 치료 및 상담 지원
3. 고객응대직원을 위한 상시적 고충처리 기구 설치 또는 「근로자참여 및 협력증진에 관한 법률」 제26조에 따라 고충처리위원을 두는 경우에는 고객응대직원을 위한 고충처리위원의 선임 또는 위촉
4. 그 밖에 고객응대직원의 보호를 위하여 필요한 법적 조치 등 대통령령으로 정하는 조치
② 고객응대직원은 금융투자업자에 대하여 제1항 각 호의 조치를 요구할 수 있다.
③ 금융투자업자는 제2항에 따른 요구를 이유로 고객응대직원에게 불이익을 주어서는 아니 된다.
(2016.3.29 본조신설)
제64조【손해배상책임】 ① 금융투자업자는 법령·약관·집합투자규약·투자설명서(제123조제1항에 따른 투자설명서를 말한다)에 위반하는 행위를 하거나 그 업무를 소홀히 하여 투자자에게 손해를 발생시킨 경우에는 그 손해를 배상할 책임이 있다. 다만, 배상의 책임을 질 금융투자업자가 제37조제2항, 제44조, 제45조, 제71조 또는 제85조를 위반한 경우(투자매매업 또는 투자중개업과 집합투자업을 함께 영위함에 따라 발생하는 이해상충과 관련된 경우에 한한다)로서 그 금융투자업자가 상당한 주의를 하였음을 증명하거나 투자자가 금융투자상품의 매매, 그 밖의 거래를 할 때에 그 사실을 안 경우에는 배상의 책임을 지지 아니한다.
② 금융투자업자가 제1항에 따른 손해배상책임을 지는 경우로서 관련되는 임원에게도 귀책사유(歸責事由)가 있는 경우에는 그 금융투자업자와 관련되는 임원이 연대하여 그 손해를 배상할 책임이 있다.
제65조【외국 금융투자업자의 특례】 ① 외국 금융투자업자의 지점, 그 밖의 영업소(이하 이 조에서 "국내지점등"이라 한다)에 대하여 이 법을 적용함에 있어서 대통령령으로 정하는 영업기금은 이를 자본금으로 보고, 자본금·적립금 및 이월이익잉여금의 합계액은 이를 자기자본으로 보며, 국내대표자는 임원으로 본다.
② 국내지점등은 제1항의 영업기금과 부채의 합계액에 상당하는 자산을 대통령령으로 정하는 방법으로 국내에 두어야 한다.
③ 국내지점등이 청산 또는 파산하는 경우 그 국내에 두는 자산은 국내에 주소 또는 거소가 있는 자에 대한 채무의 변제에 우선 충당하여야 한다.
④ 금융위원회는 다음 각 호의 요건을 모두 충족하는 국내지점등의 대표자의 직무를 일시 대행할 자(이하 이 항에서 "직무대행자"라 한다)를 지정하여야 하며, 그 국내지점등은 그 사실을 소재지에서 등기하여야 한다. 이 경우 금융위원회는 직무대행자에게 적정한 보수를 지급할 것을 그 국내지점등에 명할 수 있다.
1. 국내지점등의 대표자가 없거나 대표자가 그 직무를 수행할 수 없음에도 불구하고 대표자를 새로 선임하지 아니하거나 직무대행자를 지정하지 아니하는 경우로서 국내지점등과 이해관계가 있는 자가 금융위원회에 직무대행자의 선임을 요구할 것
2. 금융위원회가 제1호의 요구에 따라 그 국내지점등에 대하여 10일 이내에 대표자 또는 직무대행자를 선임하거나 지정할 것을 요청할 것
3. 제2호의 요청을 받은 국내지점등이 제2호에 따른 기간 이내에 대표자 또는 직무대행자를 선임하거나 지정하지 아니할 것
(2009.2.3 본항신설)
⑤ 제1항부터 제4항까지에 규정된 사항 외에 결산에 관한 사항 등 국내지점등의 금융투자업의 영위에 관하여 필요한 사항은 대통령령으로 정한다.
(2009.2.3 본조개정)

제2절 금융투자업자별 영업행위 규칙

제1관 투자매매업자 및 투자중개업자의 영업행위 규칙

제66조【매매형태의 명시】 투자매매업자 또는 투자중개업자는 투자자로부터 금융투자상품의 매매에 관한 청약 또는 주문을 받는 경우에는 사전에 그 투자자에게 자기가 투자매매업자인지 투자중개업자인지를 밝혀야 한다.(2013.5.28 본조개정)
제67조【자기계약의 금지】 투자매매업자 또는 투자중개업자는 금융투자상품에 관한 같은 매매에 있어 자신이 본인이 됨과 동시에 상대방의 투자중개업자가 되어서는 아니 된다. 다만, 다음 각 호의 어느 하나에 해당하는 경우에는 그러하지 아니하다.(2013.5.28 단서신설)
1. 투자매매업자 또는 투자중개업자가 증권시장 또는 파생상품시장을 통하여 매매가 이루어지도록 한 경우
2. 그 밖에 투자자 보호 및 건전한 거래질서를 해할 우려가 없는 경우로서 대통령령으로 정하는 경우
(2013.5.28 1호~2호신설)
제68조【최선집행의무】 ① 투자매매업자 또는 투자중개업자는 금융투자상품의 매매(대통령령으로 정하는 거래는 제외한다. 이하 이 조에서 같다)에 관한 투자자의 청약 또는 주문을 처리하기 위하여 대통령령으로 정하는 바에 따라 최선의 거래조건으로 집행하기 위한 기준(이하 이 조에서 "최선집행기준"이라 한다)을 마련하고 이를 공표하여야 한다.
② 투자매매업자 또는 투자중개업자는 최선집행기준에 따라 금융투자상품의 매매에 관한 청약 또는 주문을 집행하여야 한다.
③ 투자매매업자 또는 투자중개업자는 대통령령으로 정하는 기간마다 최선집행기준의 내용을 점검하여야 한다. 이 경우 최선집행기준의 내용이 제2항에 따른 청약 또는

주문을 집행하기에 적합하지 아니한 것으로 인정되는 때에는 이를 변경하고, 그 변경 사실을 공표하여야 한다.
④ 투자매매업자 또는 투자중개업자는 금융투자상품의 매매에 관한 청약 또는 주문을 받는 경우에는 미리 문서, 전자문서, 그 밖에 대통령령으로 정하는 방법으로 최선집행기준을 기재 또는 표시한 설명서를 투자자에게 교부하여야 한다. 다만, 이미 해당 설명서(제3항에 따라 최선집행기준을 변경한 경우에는 변경한 내용이 기재 또는 표시된 설명서를 말한다)를 교부한 경우에는 그러하지 아니하다.
⑤ 제1항에 따른 최선의 거래조건의 구체적인 내용, 최선집행기준의 공표의 방법과 제2항에 따른 청약·주문의 집행 방법 및 제3항에 따른 최선집행기준의 점검·변경 및 변경 사실의 공표 방법 등에 관하여 필요한 사항은 대통령령으로 정한다.
(2013.5.28 본조개정)

제69조【자기주식의 예외적 취득】 투자매매업자는 투자자로부터 그 투자매매업자가 발행한 자기주식으로서 증권시장(다자간매매체결회사에서의 거래를 포함한다. 이하 이 조에서 같다)의 매매 수량단위 미만의 주식에 대하여 매도의 청약을 받은 경우에는 이를 증권시장 밖에서 취득할 수 있다. 이 경우 취득한 자기주식은 대통령령으로 정하는 기간 이내에 처분하여야 한다.(2013.5.28 전단개정)

제70조【임의매매의 금지】 투자매매업자 또는 투자중개업자는 투자자나 그 대리인으로부터 금융투자상품의 매매의 청약 또는 주문을 받지 아니하고는 투자자로부터 예탁받은 재산으로 금융투자상품의 매매를 하여서는 아니 된다.(2013.5.28 본조개정)

제71조【불건전 영업행위의 금지】 투자매매업자 또는 투자중개업자는 다음 각 호의 어느 하나에 해당하는 행위를 하여서는 아니 된다. 다만, 투자자 보호 및 건전한 거래질서를 해할 우려가 없는 경우로서 대통령령으로 정하는 경우에는 이를 할 수 있다.
1. 투자자로부터 금융투자상품의 가격에 중대한 영향을 미칠 수 있는 매수 또는 매도의 청약이나 주문을 받거나 받게 될 가능성이 큰 경우 이를 체결시키기 전에 그 금융투자상품을 자기의 계산으로 매수 또는 매도하거나 제삼자에게 매수 또는 매도를 권유하는 행위
(2013.5.28 본호개정)
2. 특정 금융투자상품의 가치에 대한 주장이나 예측을 담고 있는 자료(이하 "조사분석자료"라 한다)를 투자자에게 공표함에 있어서 그 조사분석자료의 내용이 사실상 확정된 때부터 공표 후 24시간이 경과하기 전까지 그 조사분석자료의 대상이 된 금융투자상품을 자기의 계산으로 매매하는 행위
3. 조사분석자료 작성을 담당하는 자에 대하여 대통령령으로 정하는 기업금융업무와 연동된 성과보수를 지급하는 행위
4. 다음 각 목의 어느 하나에 해당하는 증권의 모집 또는 매출과 관련한 계약을 체결한 날부터 그 증권이 증권시장에 최초로 상장된 후 대통령령으로 정하는 기간 이내에 그 증권에 대한 조사분석자료를 공표하거나 특정인에게 제공하는 행위(2009.2.3 본문개정)
가. 주권
나. 대통령령으로 정하는 주권 관련 사채권
다. 가목 또는 나목과 관련된 증권예탁증권
(2009.2.3 가목~다목신설)
5. 투자권유대행인 및 투자권유자문인력이 아닌 자에게 투자권유를 하게 하는 행위
6. 투자자로부터 금융투자상품에 대한 투자판단의 전부 또는 일부를 일임받아 투자자별로 구분하여 금융투자상품을 취득·처분, 그 밖의 방법으로 운용하는 행위. 다만, 투자일임업으로서 행하는 경우와 제7조제4항에 해당하는 경우에는 이를 할 수 있다.
7. 그 밖에 투자자 보호 또는 건전한 거래질서를 해할 우려가 있는 행위로서 대통령령으로 정하는 행위

제72조【신용공여】 ① 투자매매업자 또는 투자중개업자는 증권과 관련하여 금전의 융자 또는 증권의 대여의 방법으로 투자자에게 신용을 공여할 수 있다. 다만, 투자매매업자는 증권의 인수일부터 3개월 이내에 투자자에게 그 증권을 매수하게 하기 위하여 그 투자자에게 금전의 융자, 그 밖의 신용공여를 하여서는 아니 된다.
② 제1항에 따른 신용공여의 기준 및 방법에 관하여 필요한 사항은 대통령령으로 정한다.

제73조【매매명세의 통지】 투자매매업자 또는 투자중개업자는 금융투자상품의 매매가 체결된 경우에는 그 명세를 대통령령으로 정하는 방법에 따라 투자자에게 통지하여야 한다.

제74조【투자자예탁금의 별도예치】 ① 투자매매업자 또는 투자중개업자는 투자자예탁금(투자자로부터 금융투자상품의 매매, 그 밖의 거래와 관련하여 예탁받은 금전을 말한다. 이하 같다)을 고유재산과 구분하여 증권금융회사에 예치(預置) 또는 신탁하여야 한다.
② 겸영금융투자업자 중 대통령령으로 정하는 투자매매업자 또는 투자중개업자는 제1항에 불구하고 투자자예탁금을 제1항에 따른 예치 또는 신탁 외에 신탁업자(증권금융회사를 제외한다. 이하 이 조에서 같다)에게 신탁할 수 있다. 이 경우 그 투자매매업자 또는 투자중개업자가 신탁업을 영위하는 경우에는 「신탁법」 제3조제1항에 불구하고 자기계약을 할 수 있다.(2011.7.25 후단개정)
③ 투자매매업자 또는 투자중개업자는 제1항 또는 제2항에 따라 증권금융회사 또는 신탁업자(이하 이 조에서 "예치기관"이라 한다)에게 투자자예탁금을 예치 또는 신탁하는 경우에는 그 투자자예탁금이 투자자의 재산이라는 뜻을 밝혀야 한다.
④ 누구든지 제1항 또는 제2항에 따라 예치기관에 예치 또는 신탁한 투자자예탁금을 상계(相計)·압류(가압류를 포함한다)하지 못하며, 투자자예탁금을 예치 또는 신탁한 투자매매업자 또는 투자중개업자(이하 이 조에서 "예치금융투자업자"라 한다)는 대통령령으로 정하는 경우 외에는 예치기관에 예치 또는 신탁한 투자자예탁금을 양도하거나 담보로 제공하여서는 아니 된다.
⑤ 예치기관은 예치금융투자업자가 다음 각 호의 어느 하나에 해당하게 된 경우에는 투자자의 청구에 따라 예치 또는 신탁된 투자자예탁금을 대통령령으로 정하는 방법과 절차에 따라 그 투자자에게 우선하여 지급하여야 한다.(2021.6.8 본문개정)
1. 인가가 취소된 경우
2. 해산의 결의를 한 경우
3. 파산선고를 받은 경우
4. 제6조제1항제1호 및 제2호의 금융투자업 전부 양도가 승인된 경우
5. 제6조제1항제1호 및 제2호의 금융투자업 전부 폐지가 승인된 경우
6. 제6조제1항제1호 및 제2호의 금융투자업 전부의 정지명령을 받은 경우
7. 그 밖에 제1호부터 제6호까지의 사유에 준하는 사유가 발생한 경우
⑥ 금융위원회는 제5항 각 호의 어느 하나에 해당하는 사유가 발생한 경우 그 사실을 해당 예치금융투자업자, 예치기관 및 「예금자보호법」에 따른 예금보험공사(이하 "예금보험공사"라 한다)에 즉시 통지하여야 한다.
(2021.6.8 본항신설)
⑦ 제6항에 따라 통지를 받은 예치기관은 투자자예탁금 별도예치 관련 정보를 예금보험공사에 제공하여야 하고, 그 통지를 받은 날부터 2개월 이내에 투자자예탁금의 지급시기·지급장소, 그 밖에 투자자예탁금의 지급과 관련된 사항을 둘 이상의 일간신문과 인터넷 홈페이지 등을 이용하여 공고하여야 한다. 다만, 예치기관은 불가피한 사유가 발생하여 그 기간 내에 공고를 할 수 없는 경우에는 금융위원회의 확인을 받아 1개월의 범위에서 그 기간을 연장할 수 있다.(2021.6.8 본항신설)
⑧ 예치기관은 제5항에 따른 투자자예탁금을 지급할 때 투자자가 「예금자보호법」 제21조의2제1항에 따른 부실관련자에 해당하거나 부실관련자와 대통령령으로 정하는 특수관계에 있는 경우에는 그 투자자예탁금에 대하여 대통령령으로 정하는 바에 따라 제7항에 따른 투자자예탁금의 지급시기 등의 공고일부터 6개월의 범위에서 그 지급을 보류할 수 있다.(2021.6.8 본항신설)
⑨ 예치금융투자업자는 제5항 각 호의 어느 하나에 해당하는 사유가 발생한 경우 「금융실명거래 및 비밀보장에 관한 법률」 제4조제1항 및 「신용정보의 이용 및 보호에 관한 법률」 제32조·제33조에도 불구하고 「금융실명거래 및 비밀보장에 관한 법률」 제4조에 따른 금융거래의 내용에 대한 정보 또는 자료 및 「신용정보의 이용 및 보호에 관한 법률」 제32조제1항에 따른 개인신용정보를 다음 각 호의 사항에 관하여 금융위원회가 정하는 방법과 절차에 따라 예치기관에 투자자예탁금 지급에 이용하게 할 목적으로 제공할 수 있다.
1. 제공할 수 있는 정보의 범위
2. 투자자정보의 암호화 등 처리방법
3. 투자자정보의 분리 보관
4. 투자자정보의 이용기간 및 이용목적
5. 이용기간 경과 시 투자자정보의 삭제
6. 그 밖에 투자자정보의 엄격한 관리를 위하여 대통령령으로 정하는 사항
(2021.6.8 본항신설)
⑩ 제5항에 따라 예치기관이 투자자예탁금을 투자자에게 직접 지급한 경우 예치금융투자업자에 대한 예치기관의 투자자예탁금 지급채무와 투자자에 대한 예치금융투자업자의 투자자예탁금 지급채무는 그 범위에서 각각 소멸한 것으로 본다.(2021.6.8 본항신설)
⑪ 예치기관은 그 예치기관이 제5항 각 호의 어느 하나에 해당하게 된 경우에는 예치금융투자업자에게 예치 또는 신탁받은 투자자예탁금을 우선하여 지급하여야 한다.
⑫ 예치기관은 다음 각 호의 어느 하나에 해당하는 방법으로 투자자예탁금을 운용하여야 한다.
1. 국채증권 또는 지방채증권의 매수
2. 정부·지방자치단체 또는 대통령령으로 정하는 금융기관이 지급을 보증한 채무증권의 매수
3. 그 밖에 투자자예탁금의 안정적 운용을 해할 우려가 없는 것으로서 대통령령으로 정하는 방법
⑬ 제1항 또는 제2항에 따라 투자매매업자 또는 투자중개업자가 예치기관에 예치 또는 신탁하여야 하는 투자자예탁금의 범위, 예치 또는 신탁의 비율, 예치 또는 신탁한 투자자예탁금의 인출, 예치기관의 투자자예탁금 관리, 그 밖에 투자자예탁금의 예치 또는 신탁에 관하여 필요한 사항은 대통령령으로 정한다. 이 경우 예치 또는 신탁의 비율은 투자매매업자 또는 투자중개업자의 재무상황 등을 고려하여 인가받은 투자매매업자 또는 투자중개업자별로 달리 정할 수 있다.

제75조【투자자 예탁증권의 예탁】 ① 투자매매업자 또는 투자중개업자는 금융투자상품의 매매, 그 밖의 거래에 따라 보관하게 되는 투자자 소유의 증권(대통령령으로 정하는 것을 포함한다)을 예탁결제원에 지체 없이 예탁하여야 한다. 다만, 해당 증권의 유통 가능성, 다른 법령에 따른 유통방법이 있는지 여부, 예탁의 실행 가능성 등을 고려하여 대통령령으로 정하는 경우에는 예탁결제원에 예탁하지 아니할 수 있다.(2013.5.28 단서개정)
② 투자매매업자 또는 투자중개업자가 제1항 본문에 따라 외화증권을 예탁결제원에 예탁하는 경우에는 대통령령으로 정하는 방법에 따라 예탁하여야 한다.(2013.5.28 본항신설)

제76조【집합투자증권 판매 등에 관한 특례】 ① 투자매매업자 또는 투자중개업자는 집합투자증권을 판매하는 경우 투자자가 집합투자증권의 취득을 위하여 금전등을 납입한 후 최초로 산정되는 기준가격(제238조제6항에 따른 기준가격을 말한다. 이하 같다)으로 판매하여야 한다. 다만, 투자자의 이익을 해할 우려가 없는 경우로서 대통령령으로 정하는 경우에는 대통령령으로 정하는 기준가격으로 판매하여야 한다.
② 투자매매업자 또는 투자중개업자는 제92조제1항(제186조제2항에서 준용하는 경우를 포함한다)에 따른 통지를 받은 경우에는 해당 집합투자증권을 판매하여서는 아니 된다. 다만, 제92조제2항(제186조제2항에서 준용하는 경우를 포함한다)에 따른 통지를 받은 경우에는 판매를 다시 시작할 수 있다.
③ 투자매매업자 또는 투자중개업자는 집합투자기구가 제182조에 따라 등록되기 전에는 해당 집합투자증권을 판매하거나 판매를 위한 광고를 하여서는 아니 된다. 다만, 투자자의 이익을 해할 우려가 없는 경우로서 대통령령으로 정하는 경우에는 판매를 위한 광고를 할 수 있다.
④ 투자매매업자 또는 투자중개업자는 집합투자증권의 판매와 관련하여 판매수수료(집합투자증권을 판매하는 행위에 대한 대가로 투자자로부터 직접 받는 금전을 말한다. 이하 같다) 및 판매보수(집합투자증권을 판매한 투자매매업자, 투자중개업자가 투자자에게 지속적으로 제공하는 용역의 대가로 집합투자기구로부터 받는 금전을 말한다. 이하 같다)를 받는 경우 집합투자기구의 운용실적에 연동(連動)하여 판매수수료 또는 판매보수를 받아서는 아니 된다.(2009.2.3 본항개정)
⑤ 제4항의 판매수수료 및 판매보수는 다음 각 호의 한도를 초과하여서는 아니 된다.(2015.7.24 단서삭제)
1. 판매수수료 : 납입금액 또는 환매금액의 100분의 3 이하로서 대통령령으로 정하는 한도
2. 판매보수 : 집합투자재산의 연평균가액의 1천분의 15 이하로서 대통령령으로 정하는 한도
(2010.3.12 본항개정)
⑥ 제5항에 따른 판매수수료 및 판매보수의 한도의 구체적인 설정방법, 부과방법, 그 밖에 판매수수료 및 판매보수에 관하여 필요한 사항은 대통령령으로 정한다.
(2010.3.12 본항신설)

제77조【투자성 있는 예금·보험에 대한 특례】 ① 은행이 투자성 있는 예금계약, 그 밖에 이에 준하는 것으로서 대통령령으로 정하는 계약을 체결하는 경우에는 제12조에 따라 투자매매업에 관한 금융투자업인가를 받은 것으로 본다. 이 경우 제15조, 제39조부터 제45조까지, 제56조, 제58조, 제61조부터 제65조까지 및 제2편제2장·제3장·제4장제2절제1관을 적용하지 아니하며, 제3편제1장은 투자성 있는 외화예금계약을 체결하는 경우에 대하여는 적용하지 아니한다.
② 보험회사(「보험업법」 제2조제8호부터 제10호까지의 자를 포함한다)가 투자성 있는 보험계약을 체결하거나 그 중개 또는 대리를 하는 경우에는 제12조에 따라 투자매매업 또는 투자중개업에 관한 금융투자업인가를 받은 것으로 본다. 이 경우 제15조, 제39조부터 제45조까지, 제51조부터 제53조까지, 제56조, 제58조, 제61조부터 제65조까지, 제2편제2장·제3장·제4장제2절제1관 및 제3편제1장을 적용하지 아니한다.
(2020.3.24 본조개정)

제77조의2【종합금융투자사업자의 지정 등】 ① 금융위원회는 투자매매업자 또는 투자중개업자로서 다음 각 호의 기준을 모두 충족하는 자를 종합금융투자사업자로 지정할 수 있다.
1. 「상법」에 따른 주식회사일 것
2. 증권에 관한 인수업을 영위할 것
3. 3조원 이상으로서 대통령령으로 정하는 금액 이상의 자기자본을 갖출 것
4. 그 밖에 해당 투자매매업자 또는 투자중개업자의 신용공여 업무수행에 따른 위험관리 능력 등을 고려하여 대통령령으로 정하는 기준
② 투자매매업자 또는 투자중개업자로서 종합금융투자사업자로 지정받고자 하는 자는 금융위원회에 신청하여야 한다.
③ 금융위원회는 제1항에 따른 종합금융투자사업자의 지정을 위하여 필요한 경우에는 자료의 제출을 요청할 수 있다.

④ 금융위원회는 종합금융투자사업자가 다음 각 호의 어느 하나에 해당하는 경우에는 제1항에 따른 지정을 취소할 수 있다.
1. 거짓, 그 밖의 부정한 방법으로 지정받은 경우
2. 제1항 각 호의 기준을 충족하지 못하는 경우
⑤ 제1항 및 제4항에 따른 지정 및 지정취소 절차 등에 관한 세부적인 사항은 대통령령으로 정한다.
⑥ 제1항제3호에 따른 자기자본의 구체적인 세부기준은 금융위원회가 정하여 고시한다.
(2013.5.28 본조신설)
제77조의3【종합금융투자사업자에 관한 특례】 ① 종합금융투자사업자가 아니고는 전담중개업무를 영위할 수 없다.
② 종합금융투자사업자는 일반 사모집합투자기구등 중 투자대상, 차입 여부 등을 감안하여 대통령령으로 정하는 자에 대하여 전담중개업무를 제공하는 경우에는 미리 해당 일반 사모집합투자기구등, 그 밖에 대통령령으로 정하는 자와 다음 각 호의 사항을 포함하는 내용에 관한 계약을 체결하여야 한다.(2021.4.20 본문개정)
1. 전담중개업무와 관련된 종합금융투자사업자와 일반 사모집합투자기구등의 역할 및 책임에 관한 사항
2. 종합금융투자사업자가 일반 사모집합투자기구등의 재산을 제삼자에 대한 담보, 대여, 그 밖에 대통령령으로 정하는 방법으로 이용하는 경우 그 이용에 관한 사항
3. 종합금융투자사업자가 제2호에 따라 이용한 일반 사모집합투자기구등의 재산 현황 등에 관한 정보를 일반 사모집합투자기구등에게 제공하는 절차 및 방법
(2021.4.20 1호~3호개정)
4. 그 밖에 대통령령으로 정하는 사항
③ 종합금융투자사업자는 이 법 또는 다른 금융관련 법령에도 불구하고 다음 각 호의 업무를 영위할 수 있다.
1. 기업에 대한 신용공여 업무
2. 그 밖에 해당 종합금융투자사업자의 건전성, 해당 업무의 효율적 수행에 이바지할 가능성 등을 고려하여 종합금융투자사업자에만 허용하는 것이 적합한 업무로서 대통령령으로 정하는 것
④ 종합금융투자사업자가 전담중개업무를 영위하는 경우에는 제72조에도 불구하고 증권 외의 금전등에 대한 투자와 관련하여 일반 사모집합투자기구등에 신용공여를 할 수 있다. 이 경우 종합금융투자사업자는 일반 사모집합투자기구등의 신용공여와 관련한 위험수준에 대하여 평가하고 적정한 수준으로 관리하여야 한다.
(2021.4.20 본항개정)
⑤ 종합금융투자사업자가 제3항제1호, 제4항 또는 제72조제1항 본문에 따라 신용공여를 하는 경우에는 신용공여의 총 합계액이 자기자본의 100분의 200을 초과하여서는 아니 된다. 다만, 종합금융투자사업자 업무의 특성, 해당 신용공여가 종합금융투자사업자의 건전성에 미치는 영향 등을 고려하여 대통령령으로 정하는 경우에는 그러하지 아니하다.(2018.3.27 본문개정)
⑥ 종합금융투자사업자가 제3항제1호, 제4항 또는 제72조제1항 본문에 따라 신용공여를 하는 경우에는 다음 각 호의 신용공여를 제외한 신용공여의 합계액이 자기자본의 100분의 100을 초과하여서는 아니 된다.
1. 제71조제3호에 따른 기업금융업무 관련 신용공여
2. 「중소기업기본법」 제2조제1항에 따른 중소기업에 대한 신용공여
(2018.3.27 본항신설)
⑦ 종합금융투자사업자가 제3항제1호에 따라 신용공여를 하는 경우 동일한 법인 및 그 법인과 대통령령으로 정하는 신용위험을 공유하는 자에 대하여 그 종합금융투자사업자의 자기자본의 100분의 25의 범위에서 대통령령으로 정하는 비율에 해당하는 금액을 초과하는 신용공여를 할 수 없다.
⑧ 종합금융투자사업자가 추가로 신용공여를 하지 아니하였음에도 불구하고 자기자본의 변동, 동일차주 구성의 변동 등으로 인하여 제5항부터 제7항까지의 한도를 초과하게 되는 경우에는 그 한도를 초과하게 된 날부터 1년 이내에 그 한도에 적합하도록 하여야 한다.(2018.3.27 본항개정)
⑨ 종합금융투자사업자는 그와 계열회사의 관계에 있는 법인(대통령령으로 정하는 해외법인을 포함한다. 이하 이 항에서 같다)에 대하여 제3항제1호에 따른 신용공여를 하거나 또는 그 법인이 운용하는 일반 사모집합투자기구에 대하여 전담중개업무를 제공하여서는 아니 된다. 다만, 종합금융투자사업자가 발행주식총수 또는 출자총액의 100분의 50 이상을 소유 또는 출자하거나 대통령령으로 정하는 기준에 의하여 사실상 경영을 지배하는 해외현지법인에 대해서는 대통령령으로 정하는 바에 따라 제3항제1호에 따른 신용공여를 할 수 있다.(2021.4.20 본문개정)
⑩ 종합금융투자사업자에 대하여는 「한국은행법」과 「은행법」을 적용하지 아니한다.
⑪ 제3항제1호에 따른 신용공여의 구체적 범위 등에 관하여 필요한 사항은 대통령령으로 정한다.
(2013.5.28 본조신설)
제78조【다자간매매체결회사에 관한 특례】 ① 다자간매매체결회사는 다자간매매체결업무를 함에 있어서 다음 각 호의 사항에 대하여 대통령령으로 정하는 업무기준을 준수하여야 한다.
1. 매매체결대상상품 및 다자간매매체결회사에서의 거래에 참가하는 자(이하 이 조, 제402조 및 제404조에서 "거래참가자"라 한다)에 관한 사항
2. 매매체결대상상품의 매매정지 및 그 해제에 관한 사항
3. 매매확인 등 매매계약의 체결에 관한 사항과 채무인수·차감 및 결제방법·결제책임 등 청산·결제에 관한 사항
4. 증거금 등 거래참가자의 매매수탁에 관한 사항
5. 매매체결대상상품의 발행인 등의 신고·공시에 관한 사항
6. 매매결과의 공표 및 보고에 관한 사항
7. 다자간매매체결업무의 개폐·정지 및 중단에 관한 사항
8. 그 밖에 다자간매매체결업무의 수행과 관련하여 필요한 사항
② 제40조, 제72조, 제73조 및 제419조제2항부터 제4항까지의 규정은 다자간매매체결회사에는 적용하지 아니한다.
③ 금융위원회가 지정하는 거래소(이하 이 조, 제402조 및 제404조에서 "지정거래소"라 한다)는 다자간매매체결회사에서의 투자자 보호 및 건전한 거래질서를 위하여 다음 각 호의 사항을 감시할 수 있다.
1. 매매체결대상상품의 매매에 관한 청약 또는 주문이나 거래참가자가 다자간매매체결회사에 제출하는 호가의 상황
2. 매매체결대상상품에 관련된 풍문·제보나 보도
3. 매매체결대상상품의 발행인 등에 관한 신고 또는 공시
4. 그 밖에 매매체결대상상품의 가격 형성이나 거래량에 영향을 미치는 상황 또는 요인으로서 대통령령으로 정하는 것
④ 지정거래소는 다음 각 호의 어느 하나에 해당하는 경우에는 거래참가자에게 그 사유를 밝힌 서면으로 관련 자료의 제출을 요청하거나, 거래참가자에 대하여 그와 관련된 업무·재산상황·장부·서류, 그 밖의 물건을 감리할 수 있다. 이 경우 제404조제2항 및 제3항을 준용한다.
1. 제377조제1항제8호에서 정하는 이상거래의 혐의가 있다고 인정되는 매매체결대상상품의 종목 또는 매매 품목의 거래상황을 파악하기 위한 경우
2. 거래참가자가 제1항에 따른 업무기준을 준수하는지를 확인하기 위한 경우
⑤ 누구든지 다음 각 호의 어느 하나에 해당하는 경우를 제외하고는 다자간매매체결회사의 의결권 있는 발행주식총수의 100분의 15를 초과하여 다자간매매체결회사가 발행한 주식을 소유할 수 없다. 이 경우 제406조제2항부터 제4항까지 및 제407조를 준용한다.
1. 집합투자기구가 소유하는 경우(사모집합투자기구가 소유하는 경우는 제외한다)
2. 정부가 소유하는 경우
3. 그 밖에 대통령령으로 정하는 바에 따라 금융위원회의 승인을 받아 소유하는 경우
⑥ 제383조제1항·제2항, 제408조 및 제413조는 다자간매매체결회사에 준용한다.
⑦ 다자간매매체결회사(제8조의2제5항제1호의 방법에 따라 매매가격을 결정하는 다자간매매체결회사는 제외한다)는 매매체결대상상품의 거래량이 대통령령으로 정하는 기준을 넘는 경우에는 투자자 보호 및 매매체결의 안정성 확보 등을 위하여 대통령령으로 정하는 조치를 하여야 한다.
⑧ 다자간매매체결회사의 업무 방법 및 절차, 그 밖에 공정한 매매가격 형성과 매매체결의 안정성 및 효율성 등의 확보를 위하여 필요한 세부사항은 대통령령으로 정한다.
(2013.5.28 본조개정)

제2관 집합투자업자의 영업행위 규칙

제79조【선관의무 및 충실의무】 ① 집합투자업자는 투자자에 대하여 선량한 관리자의 주의로써 집합투자재산을 운용하여야 한다.
② 집합투자업자는 투자자의 이익을 보호하기 위하여 해당 업무를 충실하게 수행하여야 한다.
제80조【자산운용의 지시 및 실행】 ① 투자신탁의 집합투자업자는 투자신탁재산을 운용함에 있어서 그 투자신탁재산을 보관·관리하는 신탁업자에 대하여 대통령령으로 정하는 방법에 따라 투자신탁재산별로 투자대상자산의 취득·처분 등에 관하여 필요한 지시를 하여야 하며, 그 신탁업자는 집합투자업자의 지시에 따라 투자대상자산의 취득·처분 등을 하여야 한다. 다만, 집합투자업자는 투자신탁재산의 효율적 운용을 위하여 불가피한 경우로서 대통령령으로 정하는 경우에는 자신의 명의로 직접 투자대상자산의 취득·처분 등을 할 수 있다.
② 투자신탁의 집합투자업자(그 투자신탁재산을 보관·관리하는 신탁업자를 포함한다. 이하 이 항에서 같다)는 제1항에 따라 투자대상자산의 취득·처분 등을 한 경우 그 투자신탁재산을 한도로 하여 그 이행 책임을 부담한다. 다만, 그 집합투자업자가 제64조제1항에 따라 손해배상책임을 지는 경우에는 그러하지 아니하다.(2018.3.27 본문개정)
③ 집합투자업자는 제1항 단서에 따라 투자대상자산의 취득·처분 등의 업무를 수행하는 경우에는 투자신탁재산별로 미리 정하여진 자산배분명세에 따라 취득·처분 등의 결과를 공정하게 배분하여야 한다. 이 경우 집합투자업자는 자산배분명세, 취득·처분 등의 결과, 배분결과 등에 관한 장부 및 서류를 총리령으로 정하는 방법에 따라 작성하고 이를 유지·관리하여야 한다.(2008.2.29 후단개정)
④ 제3항의 자산배분명세 등에 관하여 필요한 사항은 총리령으로 정한다.(2008.2.29 본항개정)
⑤ 투자신탁을 제외한 집합투자기구의 집합투자업자는 그 집합투자재산을 운용함에 있어서 집합투자기구의 명의(투자익명조합의 경우에는 그 집합투자업자의 명의를 말한다)로 대통령령으로 정하는 방법에 따라 집합투자재산(투자신탁재산은 제외한다)별로 투자대상자산의 취득·처분 등을 하고, 그 집합투자기구의 신탁업자에게 취득·처분 등을 한 자산의 보관·관리에 필요한 지시를 하여야 하며, 그 신탁업자는 집합투자업자의 지시에 따라야 한다. 이 경우 집합투자업자가 투자대상자산의 취득·처분 등을 함에 있어서는 집합투자업자가 그 집합투자기구를 대표한다는 사실을 표시하여야 한다.(2009.2.3 전단개정)
제81조【자산운용의 제한】 ① 집합투자업자는 집합투자재산을 운용함에 있어서 다음 각 호의 어느 하나에 해당하는 행위를 하여서는 아니 된다. 다만, 투자자 보호 및 집합투자재산의 안정적 운용을 해할 우려가 없는 경우로서 대통령령으로 정하는 경우에는 이를 할 수 있다.
1. 집합투자재산을 증권(집합투자증권, 그 밖에 대통령령으로 정하는 증권을 제외하며, 대통령령으로 정하는 투자대상자산을 포함한다. 이하 이 호에서 같다) 또는 파생상품에 운용함에 있어서 다음 각 목의 어느 하나에 해당하는 행위
가. 각 집합투자기구 자산총액의 100분의 10 이내의 범위에서 대통령령으로 정하는 비율을 초과하여 동일종목의 증권에 투자하는 행위. 이 경우 동일법인 등이 발행한 증권 중 지분증권(그 법인 등이 발행한 지분증권과 관련된 증권예탁증권을 포함한다. 이하 이 관에서 같다)과 지분증권을 제외한 증권은 각각 동일종목으로 본다.
나. 각 집합투자업자가 운용하는 전체 집합투자기구 자산총액으로 동일법인 등이 발행한 지분증권 총수의 100분의 20을 초과하여 투자하는 행위
다. 각 집합투자기구 자산총액으로 동일법인 등이 발행한 지분증권 총수의 100분의 10을 초과하여 투자하는 행위
라. 대통령령으로 정하는 적격 요건을 갖추지 못한 자와 장외파생상품을 매매하는 행위
마. 파생상품의 매매에 따른 위험평가액이 대통령령으로 정하는 기준을 초과하여 투자하는 행위
바. 파생상품의 매매와 관련하여 기초자산 중 동일법인 등이 발행한 증권(그 법인 등이 발행한 증권과 관련된 증권예탁증권을 포함한다)의 가격변동으로 인한 위험평가액이 각 집합투자기구 자산총액의 100분의 10을 초과하여 투자하는 행위
사. 같은 거래상대방과의 장외파생상품 매매에 따른 거래상대방 위험평가액이 각 집합투자기구 자산총액의 100분의 10을 초과하여 투자하는 행위
2. 집합투자재산을 부동산에 운용함에 있어서 다음 각 목의 어느 하나에 해당하는 행위
가. 부동산을 취득한 후 5년 이내의 범위에서 대통령령으로 정하는 기간 이내에 이를 처분하는 행위. 다만, 부동산개발사업(토지를 택지·공장용지 등으로 개발하거나 그 토지 위에 건축물, 그 밖의 공작물을 신축 또는 재축하는 사업을 말한다. 이하 같다)에 따라 조성하거나 설치한 토지·건축물 등을 분양하는 경우, 그 밖에 투자자 보호를 위하여 필요한 경우로서 대통령령으로 정하는 경우를 제외한다.
나. 건축물, 그 밖의 공작물이 없는 토지로서 그 토지에 대하여 부동산개발사업을 시행하기 전에 이를 처분하는 행위. 다만, 집합투자기구의 합병·해지 또는 해산, 그 밖에 투자자 보호를 위하여 필요한 경우로서 대통령령으로 정하는 경우를 제외한다.
3. 집합투자재산을 집합투자증권(제279조제1항의 외국 집합투자증권을 포함한다. 이하 이 호에서 같다)에 운용함에 있어서 다음 각 목의 어느 하나에 해당하는 행위
가. 각 집합투자기구 자산총액의 100분의 50을 초과하여 같은 집합투자업자(제279조제1항의 외국 집합투자업자를 포함한다)가 운용하는 집합투자기구(제279조제1항의 외국 집합투자기구를 포함한다)의 집합투자증권에 투자하는 행위
나. 각 집합투자기구 자산총액의 100분의 20을 초과하여 같은 집합투자기구(제279조제1항의 외국 집합투자기구를 포함한다)의 집합투자증권에 투자하는 행위
다. 집합투자증권에 자산총액의 100분의 40을 초과하여 투자할 수 있는 집합투자기구(제279조제1항의 외국 집합투자기구를 포함한다)의 집합투자증권에 투자하는 행위
라. 각 집합투자기구 자산총액의 100분의 5 이내에서 대통령령으로 정하는 비율을 초과하여 사모집합투자기구(사모집합투자기구에 상당하는 외국 사모집합투자기구를 포함한다)의 집합투자증권에 투자하는 행위
(2015.7.24 본목개정)
마. 각 집합투자기구의 집합투자재산으로 같은 집합투자기구(제279조제1항의 외국 집합투자기구를 포함한다)의 집합투자증권 총수의 100분의 20을 초과하여

투자하는 행위. 이 경우 그 비율의 계산은 투자하는 날을 기준으로 한다.
바. 집합투자기구의 집합투자증권을 판매하는 투자매매업자 또는 투자중개업자가 받는 판매수수료 및 판매보수와 그 집합투자기구가 투자하는 다른 집합투자기구(제279조제1항의 외국 집합투자기구를 포함한다)의 집합투자증권을 판매하는 투자매매업자[외국 투자매매업자(외국 법령에 따라 외국에서 투자매매업에 상당하는 영업을 영위하는 자를 말한다)를 포함한다] 또는 투자중개업자[외국 투자중개업자(외국 법령에 따라 외국에서 투자중개업에 상당하는 영업을 영위하는 자를 말한다)를 포함한다]가 받는 판매수수료 및 판매보수의 합계가 대통령령으로 정하는 기준을 초과하여 집합투자증권에 투자하는 행위
4. 그 밖에 투자자 보호 또는 집합투자재산의 안정적 운용 등을 해할 우려가 있는 행위로서 대통령령으로 정하는 행위
② 제1항제1호마목의 위험평가액, 같은 항 같은 호 바목의 위험평가액 및 같은 항 같은 호 사목의 거래상대방 위험평가액의 산정방법 등에 관하여 필요한 사항은 금융위원회가 정하여 고시한다.(2008.2.29 본항개정)
③ 집합투자재산에 속하는 투자대상자산의 가격 변동 등 대통령령으로 정하는 사유로 불가피하게 제1항에 따른 투자한도를 초과하게 된 경우에는 초과일부터 대통령령으로 정하는 기간까지는 그 투자한도에 적합한 것으로 본다.
④ 제1항제1호가목 및 마목부터 사목까지와 제3호가목·나목, 제229조 각 호에 따른 투자비율은 집합투자기구의 최초 설정일 또는 설립일부터 6개월(제229조제2호에 따른 부동산집합투자기구의 경우 1년) 이내의 범위에서 대통령령으로 정하는 기간까지는 적용하지 아니한다.
(2016.3.29 본항개정)
제82조【자기집합투자증권의 취득 제한】 투자신탁이나 투자익명조합의 집합투자업자는 집합투자기구의 계산으로 그 집합투자기구의 집합투자증권을 취득하거나 질권의 목적으로 받지 못한다. 다만, 다음 각 호의 어느 하나에 해당하는 경우에는 집합투자기구의 계산으로 그 집합투자기구의 집합투자증권을 취득할 수 있다.
1. 담보권의 실행 등 권리 행사에 필요한 경우. 이 경우 취득한 집합투자증권은 대통령령으로 정하는 방법에 따라 처분하여야 한다.
2. 제191조에 따라 수익증권을 매수하는 경우
제83조【금전차입 등의 제한】 ① 집합투자업자는 집합투자재산을 운용함에 있어서 집합투자기구의 계산으로 금전을 차입(借入)하지 못한다. 다만, 다음 각 호의 어느 하나에 해당하는 경우에는 집합투자기구의 계산으로 금전을 차입할 수 있다.
1. 제235조에 따른 집합투자증권의 환매청구가 대량으로 발생하여 일시적으로 환매대금의 지급이 곤란한 때
2. 제191조 및 제201조제4항에 따른 매수청구가 대량으로 발생하여 일시적으로 매수대금의 지급이 곤란한 때
3. 그 밖에 집합투자기구의 운용 및 결제 과정에서 일시적으로 금전의 차입이 필요하고 투자자 보호 및 건전한 거래질서를 해할 우려가 없는 때로서 대통령령으로 정하는 때(2018.3.27 본호신설)
② 제1항에 따라 집합투자기구의 계산으로 금전을 차입하는 경우 그 차입금의 총액은 차입 당시 집합투자기구 자산총액에서 부채총액을 뺀 가액의 100분의 10을 초과하여서는 아니 된다.(2015.7.24 본항개정)
③ 제1항에 따른 금전차입의 방법, 차입금 상환 전 투자대상자산의 취득 제한 등에 관하여 필요한 사항은 대통령령으로 정한다.
④ 집합투자업자는 집합투자재산을 운용함에 있어서 집합투자재산 중 금전을 대여(대통령령으로 정하는 금융기관에 대한 30일 이내의 단기대출을 제외한다)하여서는 아니 된다.
⑤ 집합투자업자는 집합투자재산을 운용함에 있어서 집합투자재산으로 해당 집합투자기구 외의 자를 위하여 채무보증 또는 담보제공을 하여서는 아니 된다.
제84조【이해관계인과의 거래제한 등】 ① 집합투자업자는 집합투자재산을 운용함에 있어서 대통령령으로 정하는 이해관계인(이하 이 절에서 "이해관계인"이라 한다)과 거래행위를 하여서는 아니 된다. 다만, 집합투자기구와 이해가 상충될 우려가 없는 거래로서 다음 각 호의 어느 하나에 해당하는 거래의 경우에는 이를 할 수 있다.
1. 이해관계인이 되기 6개월 이전에 체결한 계약에 따른 거래
2. 증권시장 등 불특정다수인이 참여하는 공개시장을 통한 거래
3. 일반적인 거래조건에 비추어 집합투자기구에 유리한 거래
4. 그 밖에 대통령령으로 정하는 거래
② 집합투자업자는 제1항 단서에 따라 허용되는 이해관계인과의 거래가 있는 경우 또는 이해관계인의 변경이 있는 경우에는 그 내용을 해당 집합투자재산을 보관·관리하는 신탁업자에게 즉시 통보하여야 한다.
③ 집합투자업자는 집합투자재산을 운용함에 있어서 집합투자기구의 계산으로 그 집합투자업자가 발행한 증권(제189조의 수익증권을 제외한다)을 취득하여서는 아니 된다.
④ 집합투자업자는 집합투자재산을 운용함에 있어서 대통령령으로 정하는 한도를 초과하여 그 집합투자업자의 계열회사가 발행한 증권(제189조의 수익증권, 그 밖에 대통령령으로 정하는 증권을 제외하며, 계열회사가 발행한 지분증권과 관련한 증권예탁증권 및 대통령령으로 정하는 투자대상자산을 포함한다. 이하 이 조에서 같다)을 취득하여서는 아니 된다.
⑤ 제4항에 따른 계열회사가 발행한 증권의 취득 제한에 관하여 필요한 사항은 대통령령으로 정한다.
제85조【불건전 영업행위의 금지】 집합투자업자는 다음 각 호의 어느 하나에 해당하는 행위를 하여서는 아니 된다. 다만, 투자자 보호 및 건전한 거래질서를 해할 우려가 없는 경우로서 대통령령으로 정하는 경우에는 이를 할 수 있다.
1. 집합투자재산을 운용함에 있어서 금융투자상품, 그 밖의 투자대상자산의 가격에 중대한 영향을 미칠 수 있는 매수 또는 매도 의사를 결정한 후 이를 실행하기 전에 그 금융투자상품, 그 밖의 투자대상자산을 집합투자업자 자기의 계산으로 매수 또는 매도하거나 제삼자에게 매수 또는 매도를 권유하는 행위
2. 자기 또는 대통령령으로 정하는 관계인수인(이하 이 절에서 "관계인수인"이라 한다)이 인수한 증권을 집합투자재산으로 매수하는 행위
3. 자기 또는 관계인수인이 대통령령으로 정하는 인수업무를 담당한 법인의 특정증권등(제172조제1항의 특정증권등을 말한다. 이하 이 호에서 같다)에 대하여 인위적인 시세(제176조제2항제1호의 시세를 말한다)를 형성하기 위하여 집합투자재산으로 그 특정증권등을 매매하는 행위
4. 특정 집합투자기구의 이익을 해하면서 자기 또는 제삼자의 이익을 도모하는 행위
5. 특정 집합투자재산을 집합투자업자의 고유재산 또는 그 집합투자업자가 운용하는 다른 집합투자재산, 투자일임재산(투자자로부터 투자판단을 일임받아 운용하는 재산을 말한다. 이하 같다) 또는 신탁재산과 거래하는 행위
6. 제삼자와의 계약 또는 담합 등에 의하여 집합투자재산으로 특정 자산에 교차하여 투자하는 행위
7. 투자운용인력이 아닌 자에게 집합투자재산을 운용하게 하는 행위
8. 그 밖에 투자자 보호 또는 건전한 거래질서를 해할 우려가 있는 행위로서 대통령령으로 정하는 행위
제86조【성과보수의 제한】 ① 집합투자업자는 집합투자기구의 운용실적에 연동하여 미리 정하여진 산정방식에 따른 보수(이하 "성과보수"라 한다)를 받아서는 아니 된다. 다만, 다음 각 호의 어느 하나에 해당하는 경우에는 성과보수를 받을 수 있다.
1. 집합투자기구가 사모집합투자기구인 경우
2. 사모집합투자기구 외의 집합투자기구 중 운용보수의 산정방식, 투자자의 구성 등을 고려하여 투자자 보호 및 건전한 거래질서를 해할 우려가 없는 경우로서 대통령령으로 정하는 경우
② 집합투자업자는 제1항 단서에 따라 성과보수를 받고자 하는 경우에는 그 성과보수의 산정방식, 그 밖에 대통령령으로 정하는 사항을 해당 투자설명서(제123조제1항에 따른 투자설명서를 말한다) 및 집합투자규약에 기재하여야 한다.
제87조【의결권 등】 ① 집합투자업자(투자신탁이나 투자익명조합의 집합투자업자에 한한다. 이하 이 조에서 같다)는 투자자의 이익을 보호하기 위하여 집합투자재산에 속하는 주식의 의결권을 충실하게 행사하여야 한다.
(2013.5.28 본문개정)
1.~3. (2013.5.28 삭제)
② 제1항에도 불구하고 집합투자업자는 다음 각 호의 어느 하나에 해당하는 경우에는 집합투자재산에 속하는 주식을 발행한 법인의 주주총회에 참석한 주주가 소유하는 주식수에서 집합투자재산에 속하는 주식수를 뺀 주식수의 결의내용에 영향을 미치지 아니하도록 의결권을 행사하여야 한다.
1. 다음 각 목의 어느 하나에 해당하는 자가 그 집합투자재산에 속하는 주식을 발행한 법인을 계열회사로 편입하기 위한 경우
가. 그 집합투자업자 및 그와 대통령령으로 정하는 이해관계가 있는 자
나. 그 집합투자업자에 대하여 사실상의 지배력을 행사하는 자로서 대통령령으로 정하는 자
2. 그 집합투자재산에 속하는 주식을 발행한 법인이 그 집합투자업자와 다음 각 목의 어느 하나에 해당하는 관계가 있는 경우
가. 계열회사의 관계가 있는 경우
나. 그 집합투자업자에 대하여 사실상의 지배력을 행사하는 관계로서 대통령령으로 정하는 관계가 있는 경우
3. 그 밖에 투자자 보호 또는 집합투자재산의 적정한 운용을 해할 우려가 있는 경우로서 대통령령으로 정하는 경우
(2013.5.28 본항개정)
③ 제2항에도 불구하고 집합투자업자는 법인의 합병, 영업의 양도·양수, 임원의 임면, 정관변경, 그 밖에 이에 준하는 사항으로서 투자자의 이익에 명백한 영향을 미치는 사항(이하 이 조에서 "주요의결사항"이라 한다)에 대하여 제2항의 방법에 따라 의결권을 행사하는 경우 집합투자재산에 손실을 초래할 것이 명백하게 예상되는 때에는 제1항에 따라 의결권을 행사할 수 있다. 다만, 「독점규제 및 공정거래에 관한 법률」 제31조제1항에 따른 상호출자제한기업집단(이하 "상호출자제한기업집단"이라 한다)에 속하는 집합투자업자는 집합투자재산으로 그와 계열회사의 관계에 있는 주권상장법인이 발행한 주식을 소유하고 있는 경우에는 다음 각 호의 요건을 모두 충족하는 방법으로만 의결권을 행사할 수 있다.(2020.12.29 단서개정)
1. 그 주권상장법인의 특수관계인(「독점규제 및 공정거래에 관한 법률」 제9조제1항제5호가목에 따른 특수관계인을 말한다)이 의결권을 행사할 수 있는 주식의 수를 합하여 그 법인의 발행주식총수의 100분의 15를 초과하지 아니하도록 의결권을 행사할 것(2020.12.29 본호개정)
2. 집합투자업자가 제81조제1항 각 호 외의 부분 단서에 따라 같은 항 제1호가목의 투자한도를 초과하여 취득한 주식은 그 주식을 발행한 법인의 주주총회에 참석한 주주가 소유한 주식수에서 집합투자재산인 주식수를 뺀 주식수의 결의내용에 영향을 미치지 아니하도록 의결권을 행사할 것
(2013.5.28 본항개정)
④ 집합투자업자는 제81조제1항 및 제84조제4항에 따른 투자한도를 초과하여 취득한 주식에 대하여는 그 주식의 의결권을 행사할 수 없다.
⑤ 집합투자업자는 제삼자와의 계약에 의하여 의결권을 교차하여 행사하는 등 제2항부터 제4항까지의 규정의 적용을 면하기 위한 행위를 하여서는 아니 된다.(2013.5.28 본항개정)
⑥ 금융위원회는 집합투자업자가 제2항부터 제5항까지의 규정을 위반하여 집합투자재산에 속하는 주식의 의결권을 행사한 경우에는 6개월 이내의 기간을 정하여 그 주식의 처분을 명할 수 있다.(2013.5.28 본항개정)
⑦ 집합투자업자는 각 집합투자재산에서 대통령령으로 정하는 비율 또는 금액 이상을 소유하는 주식을 발행한 법인(이하 이 조에서 "의결권공시대상법인"이라 한다)에 대한 의결권 행사 여부 및 그 내용(의결권을 행사하지 아니한 경우에는 그 사유)을 대통령령으로 정하는 방법에 따라 기록·유지하여야 한다.
⑧ 집합투자업자는 집합투자재산에 속하는 주식 중 대통령령으로 정하는 주식(제9조제15항제3호나목에 따른 주권상장법인의 경우에는 주식과 관련된 증권예탁증권을 포함한다)의 의결권 행사 내용 등을 다음 각 호의 구분에 따라 공시하여야 한다. 이 경우 공시 방법 등에 관하여 필요한 사항은 대통령령으로 정한다.(2009.2.3 전단개정)
1. 제2항 및 제3항에 따라 주요의결사항에 대하여 의결권을 행사하는 경우 : 의결권의 구체적인 행사내용 및 그 사유(2013.5.28 본호개정)
2. 의결권공시대상법인에 대하여 의결권을 행사하는 경우 : 제7항에 따른 의결권의 구체적인 행사내용 및 그 사유(2013.5.28 본호개정)
3. 의결권공시대상법인에 대하여 의결권을 행사하지 아니한 경우 : 제7항에 따른 의결권을 행사하지 아니한 구체적인 사유
⑨ 집합투자업자는 제8항에 따라 의결권 행사 여부에 관한 사항 등을 공시하는 경우에는 투자자가 그 의결권 행사 여부의 적정성 등을 파악하는 데에 필요한 자료로서 대통령령으로 정하는 자료를 함께 공시하여야 한다.
제88조【자산운용보고서의 교부】 ① 집합투자업자는 자산운용보고서를 작성하여 해당 집합투자재산을 보관·관리하는 신탁업자의 확인을 받아 3개월마다 1회 이상 해당 집합투자기구의 투자자에게 교부하여야 한다. 다만, 투자자가 수시로 변동되는 등 투자자의 이익을 해할 우려가 없는 경우로서 대통령령으로 정하는 경우에는 자산운용보고서를 투자자에게 교부하지 아니할 수 있다.
(2009.2.3 본항개정)
② 집합투자업자는 제1항에 따른 자산운용보고서에 다음 각 호의 사항을 기재하여야 한다.
1. 다음 각 목의 어느 하나에 해당하는 날(이하 이 조에서 "기준일"이라 한다) 현재의 해당 집합투자기구의 자산·부채 및 집합투자증권의 기준가격
가. 회계기간의 개시일부터 3개월이 종료되는 날
나. 회계기간의 말일
다. 계약기간의 종료일 또는 존속기간의 만료일
라. 해지일 또는 해산일
2. 직전의 기준일(직전의 기준일이 없는 경우에는 해당 집합투자기구의 최초 설정일 또는 성립일을 말한다)부터 해당 기준일까지의 기간(이하 이 조에서 "해당 운용기간"이라 한다) 중 운용경과의 개요 및 해당 운용기간 중의 손익 사항
3. 기준일 현재 집합투자재산에 속하는 자산의 종류별 평가액과 집합투자재산 총액에 대한 각각의 비율
4. 해당 운용기간 중 매매한 주식의 총수, 매매금액 및 대통령령으로 정하는 매매회전율
5. 그 밖에 대통령령으로 정하는 사항

③ 제1항에 따른 자산운용보고서의 교부시기 및 방법, 비용부담 등에 관하여 필요한 사항은 대통령령으로 정한다.(2009.2.3 본항개정)
(2009.2.3 본조제목개정)

제89조【수시공시】 ① 투자신탁이나 투자익명조합의 집합투자업자는 다음 각 호의 어느 하나에 해당하는 사항이 발생한 경우 대통령령으로 정하는 바에 따라 이를 지체 없이 공시하여야 한다.(2011.8.4 본문개정)
1. 투자운용인력의 변경이 있는 경우 그 사실과 변경된 투자운용인력의 운용경력(운용한 집합투자기구의 명칭, 집합투자재산의 규모와 수익률을 말한다)(2011.8.4 본호개정)
2. 환매연기 또는 환매재개의 결정 및 그 사유(제230조에 따른 환매금지형집합투자기구의 만기를 변경하거나 만기상환을 거부하는 결정 및 그 사유를 포함한다)(2021.4.20 본호개정)
3. 대통령령으로 정하는 부실자산이 발생한 경우 그 명세 및 상각률
4. 집합투자자총회의 결의내용
5. 그 밖에 투자자 보호를 위하여 필요한 사항으로서 대통령령으로 정하는 사항

② 제1항에 따른 수시공시는 다음 각 호의 방법으로 한다.
1. 집합투자업자, 집합투자증권을 판매한 투자매매업자 또는 투자중개업자 및 협회의 인터넷 홈페이지를 이용하여 공시하는 방법
2. 집합투자증권을 판매한 투자매매업자 또는 투자중개업자로 하여금 전자우편을 이용하여 투자자에게 알리는 방법
3. 집합투자업자, 집합투자증권을 판매한 투자매매업자 또는 투자중개업자의 본점과 지점, 그 밖의 영업소에 게시하는 방법

(2009.2.3 본항신설)

제90조【집합투자재산에 관한 보고 등】 ① 집합투자업자(투자신탁이나 투자익명조합의 집합투자업자에 한한다. 이하 이 조에서 같다)는 대통령령으로 정하는 방법에 따라 집합투자재산에 관한 매 분기의 영업보고서를 작성하여 매 분기 종료 후 2개월 이내에 금융위원회 및 협회에 제출하여야 한다.(2009.2.3 본항개정)

② 집합투자업자는 집합투자기구에 대하여 다음 각 호의 어느 하나에 해당하는 사유가 발생한 경우 그 사유가 발생한 날부터 2개월 이내에 제239조에 따른 결산서류를 금융위원회 및 협회에 제출하여야 한다.(2008.2.29 본문개정)
1. 집합투자기구의 회계기간 종료
2. 집합투자기구의 계약기간 또는 존속기간의 종료
3. 집합투자기구의 해지 또는 해산

③ 금융위원회 및 협회는 제1항 및 제2항에 따라 제출받은 서류를 인터넷 홈페이지 등을 이용하여 공시하여야 한다.(2008.2.29 본항개정)

④ 협회는 대통령령으로 정하는 방법에 따라 각 집합투자재산의 순자산가치의 변동명세가 포함된 운용실적을 비교하여 그 결과를 인터넷 홈페이지 등을 이용하여 공시하여야 한다.

제91조【장부·서류의 열람 및 공시 등】 ① 투자자는 집합투자업자(투자신탁이나 투자익명조합의 집합투자업자에 한하며, 해당 집합투자증권을 판매한 투자매매업자 및 투자중개업자를 포함한다. 이하 이 조에서 같다)에게 영업시간 중에 이유를 기재한 서면으로 그 투자자에 관련된 집합투자재산에 관한 장부·서류의 열람이나 등본 또는 초본의 교부를 청구할 수 있다. 이 경우 그 집합투자업자는 대통령령으로 정하는 정당한 사유가 없는 한 이를 거절하여서는 아니 된다.

② 제1항에 따른 열람이나 등본 또는 초본의 교부 청구의 대상이 되는 장부·서류의 범위 등에 관하여 필요한 사항은 대통령령으로 정한다.

③ 집합투자업자는 집합투자규약을 인터넷 홈페이지 등을 이용하여 공시하여야 한다.

제92조【환매연기 등의 통지】 ① 집합투자업자(투자신탁이나 투자익명조합의 집합투자업자에 한한다. 이하 이 조에서 같다)는 다음 각 호의 어느 하나에 해당하는 사유가 발생한 경우 해당 집합투자증권을 판매한 투자매매업자 또는 투자중개업자에게 이를 즉시 통지하여야 한다.
1. 제237조제1항에 따라 집합투자증권의 환매를 연기한 경우(제230조에 따른 환매금지형집합투자기구의 만기를 변경하거나 만기상환을 거부하기로 결정한 경우를 포함한다)(2021.4.20 본호개정)
2. 제240조제3항에 따른 집합투자기구에 대한 회계감사인의 감사의견이 적정의견이 아닌 경우
3. 그 밖에 투자자에게 미치는 영향이 중대한 사유로서 대통령령으로 정하는 경우(2021.4.20 본호신설)

② 집합투자업자는 제1항의 사유가 해소된 경우에는 해당 집합투자증권을 판매한 투자매매업자 또는 투자중개업자에게 이를 즉시 통지하여야 한다.

제93조【파생상품의 운용 특례】 ① 집합투자업자는 파생상품 매매에 따른 위험평가액(제81조제1항제1호마목의 위험평가액을 말한다. 이하 이 조에서 같다)이 대통령령으로 정하는 기준을 초과하여 투자할 수 있는 집합투자기구의 집합투자재산을 파생상품에 운용하는 경우에는 계약금액, 그 밖에 대통령령으로 정하는 위험에 관한 지표를 인터넷 홈페이지 등을 이용하여 공시하여야 한다. 이 경우 그 집합투자기구의 투자설명서(제123조제1항에 따른 투자설명서를 말한다)에 해당 위험에 관한 지표의 개요 및 위험에 관한 지표가 공시된다는 사실을 기재하여야 한다.

② 집합투자업자는 장외파생상품 매매에 따른 위험평가액이 대통령령으로 정하는 기준을 초과하여 투자할 수 있는 집합투자기구의 집합투자재산을 장외파생상품에 운용하는 경우에는 장외파생상품 운용에 따른 위험관리방법을 작성하여 그 집합투자재산을 보관·관리하는 신탁업자의 확인을 받아 금융위원회에 신고하여야 한다.(2008.2.29 본항개정)

제94조【부동산의 운용 특례】 ① 집합투자업자는 제83조제1항 각 호 외의 부분 본문에 불구하고 집합투자재산으로 부동산을 취득하는 경우(제229조제2호에 따른 부동산집합투자기구는 운용하는 경우를 포함한다)에는 대통령령으로 정하는 방법에 따라 집합투자기구의 계산으로 금전을 차입할 수 있다.(2016.3.29 본항개정)

② 집합투자업자는 제83조제4항에 불구하고 집합투자재산으로 부동산개발사업을 영위하는 법인(부동산신탁업자, 그 밖에 대통령령으로 정하는 자를 포함한다)에 대하여 대통령령으로 정하는 방법에 따라 금전을 대여할 수 있다.

③ 집합투자업자는 집합투자재산으로 부동산을 취득하거나 처분하는 경우에는 그 부동산의 현황, 거래가격, 그 밖에 대통령령으로 정하는 사항이 기재된 실사보고서를 작성·비치하여야 한다.

④ 집합투자업자는 집합투자재산으로 부동산개발사업에 투자하고자 하는 경우에는 추진일정·추진방법, 그 밖에 대통령령으로 정하는 사항이 기재된 사업계획서를 작성하여 「감정평가 및 감정평가사에 관한 법률」에 따른 감정평가법인등으로부터 그 사업계획서가 적정한지의 여부에 대하여 확인을 받아야 하며, 이를 인터넷 홈페이지 등을 이용하여 공시하여야 한다.(2020.4.7 본항개정)

⑤ 투자신탁재산으로 부동산을 취득하는 경우 「부동산등기법」 제81조를 적용할 때에는 그 신탁원부에 수익자를 기록하지 아니할 수 있다.(2011.4.12 본항개정)

⑥ 제1항 및 제2항에 따른 금전 차입과 금전 대여의 한도, 차입한 금전의 운용 제한 등에 관하여 필요한 사항은 대통령령으로 정한다.

제95조【청산】 ① 금융위원회는 집합투자업을 영위하는 금융투자업자의 청산사무를 감독한다.

② 금융위원회는 청산사무 및 재산의 상황을 검사하거나 재산의 공탁명령, 그 밖에 청산의 감독에 필요한 명령을 할 수 있다.

③ 금융위원회는 집합투자업을 영위하는 금융투자업자가 금융투자업인가의 취소로 인하여 해산한 경우에는 직권으로 청산인을 선임한다.

④ 금융위원회는 집합투자업을 영위하는 금융투자업자가 법원의 명령 또는 판결에 의하여 해산하는 경우와 청산인이 없는 경우에는 직권으로 또는 이해관계인의 청구에 의하여 청산인을 선임한다.

⑤ 금융위원회는 청산인을 선임한 경우에는 집합투자업을 영위하는 금융투자업자에게 보수를 주게 할 수 있다. 이 경우 보수액은 금융위원회가 정하여 고시한다.

⑥ 금융위원회는 청산인이 업무를 집행함에 있어서 현저하게 부적합하거나 중대한 법령 위반사항이 있는 경우에는 직권으로 또는 이해관계인의 청구에 의하여 청산인을 해임할 수 있다.

(2008.2.29 본조개정)

제3관 투자자문업자 및 투자일임업자의 영업행위 규칙

제96조【선관의무 및 충실의무】 ① 투자자문업자는 투자자에 대하여 선량한 관리자의 주의로써 투자자문에 응하여야 하며, 투자일임업자는 투자자에 대하여 선량한 관리자의 주의로써 투자일임재산을 운용하여야 한다.

② 투자자문업자 및 투자일임업자는 투자자의 이익을 보호하기 위하여 해당 업무를 충실하게 수행하여야 한다.

제97조【계약의 체결】 ① 투자자문업자 또는 투자일임업자는 일반투자자와 투자자문계약 또는 투자일임계약을 체결하고자 하는 경우에는 다음 각 호의 사항을 기재한 서면자료를 미리 일반투자자에게 교부하여야 한다.
1. 투자자문의 범위 및 제공방법 또는 투자일임의 범위 및 투자대상 금융투자상품등(2013.5.28 본호개정)
2. 투자자문업 또는 투자일임업의 수행에 관하여 투자자문업자 또는 투자일임업자가 정하고 있는 일반적인 기준 및 절차
3. 투자자문업 또는 투자일임업을 실제로 수행하는 임직원의 성명 및 주요경력
4. 투자자와의 이해상충방지를 위하여 투자자문업자 또는 투자일임업자가 정한 기준 및 절차
5. 투자자문계약 또는 투자일임계약과 관련하여 투자결과가 투자자에게 귀속된다는 사실 및 투자자가 부담하는 책임에 관한 사항
6. 수수료에 관한 사항
7. 투자실적의 평가 및 투자결과를 투자자에게 통보하는 방법(투자일임계약의 경우에 한한다)
7의2. 투자자는 투자일임재산의 운용방법을 변경하거나 계약의 해지를 요구할 수 있다는 사실(2013.5.28 본호신설)
8. 그 밖에 투자자가 계약체결 여부를 결정하는 데에 중요한 판단기준이 되는 사항으로서 대통령령으로 정하는 사항

② 투자자문업자 또는 투자일임업자는 일반투자자와 투자자문계약 또는 투자일임계약을 체결하는 경우 「금융소비자 보호에 관한 법률」 제23조제1항에 따라 일반투자자에게 교부하는 계약서류에 다음 각 호의 사항을 기재하여야 한다. 이 경우 그 기재내용은 제1항에 따라 교부한 서면자료에 기재된 내용과 달라서는 아니 된다.(2020.3.24 전단개정)
1. 제1항 각 호의 사항
2. 계약당사자에 관한 사항
3. 계약기간 및 계약일자
4. 계약변경 및 계약해지에 관한 사항
5. 투자일임재산이 예탁된 투자매매업자·투자중개업자, 그 밖의 금융기관의 명칭 및 영업소명

제98조【불건전 영업행위의 금지】 ① 투자자문업자 또는 투자일임업자는 다음 각 호의 어느 하나에 해당하는 행위를 하여서는 아니 된다. 다만, 투자자 보호 및 건전한 거래질서를 해할 우려가 없는 경우로서 대통령령으로 정하는 경우에는 이를 할 수 있다.
1. 투자자로부터 금전·증권, 그 밖의 재산의 보관·예탁을 받는 행위
2. 투자자에게 금전·증권, 그 밖의 재산을 대여하거나 투자자에 대한 제삼자의 금전·증권, 그 밖의 재산의 대여를 중개·주선 또는 대리하는 행위
3. 투자권유자문인력 또는 투자운용인력이 아닌 자에게 투자자문업 또는 투자일임업을 수행하게 하는 행위
4. 계약으로 정한 수수료 외의 대가를 추가로 받는 행위
5. 투자자문에 응하거나 투자일임재산을 운용하는 경우 금융투자상품등의 가격에 중대한 영향을 미칠 수 있는 투자판단에 관한 자문 또는 매매 의사를 결정한 후 이를 실행하기 전에 그 금융투자상품등을 자기의 계산으로 매매하거나 제삼자에게 매매를 권유하는 행위(2013.5.28 본호신설)

② 투자일임업자는 투자일임재산을 운용함에 있어서 다음 각 호의 어느 하나에 해당하는 행위를 하여서는 아니 된다. 다만, 투자자 보호 및 건전한 거래질서를 해할 우려가 없는 경우로서 대통령령으로 정하는 경우에는 이를 할 수 있다.
1. 정당한 사유 없이 투자자의 운용방법의 변경 또는 계약의 해지 요구에 응하지 아니하는 행위(2013.5.28 본호개정)
2. 자기 또는 관계인수인이 인수한 증권을 투자일임재산으로 매수하는 행위
3. 자기 또는 관계인수인이 대통령령으로 정하는 인수업무를 담당한 법인의 특정증권등(제172조제1항의 특정증권등을 말한다. 이하 이 호에서 같다)에 대하여 인위적인 시세(제176조제2항제1호의 시세를 말한다)를 형성하기 위하여 투자일임재산으로 그 특정증권등을 매매하는 행위
4. 특정 투자자의 이익을 해하면서 자기 또는 제삼자의 이익을 도모하는 행위
5. 투자일임재산으로 자기가 운용하는 다른 투자일임재산, 집합투자재산 또는 신탁재산과 거래하는 행위
6. 투자일임재산으로 투자일임업자 또는 그 이해관계인의 고유재산과 거래하는 행위
7. 투자자의 동의 없이 투자일임재산으로 투자일임업자 또는 그 이해관계인이 발행한 증권에 투자하는 행위
8. 투자일임재산을 각각의 투자자별로 운용하지 아니하고 여러 투자자의 자산을 집합하여 운용하는 행위
9. 투자자로부터 다음 각 목의 행위를 위임받는 행위
가. 투자일임재산을 예탁하는 투자매매업자·투자중개업자, 그 밖의 금융기관을 지정하거나 변경하는 행위
나. 투자일임재산을 예탁하거나 인출하는 행위
다. 투자일임재산에 속하는 증권의 의결권, 그 밖의 권리를 행사하는 행위
10. 그 밖에 투자자 보호 또는 건전한 거래질서를 해할 우려가 있는 행위로서 대통령령으로 정하는 행위

제98조의2【성과보수의 제한】 ① 투자자문업자 또는 투자일임업자는 투자자문과 관련한 투자결과 또는 투자일임재산의 운용실적과 연동된 성과보수를 받아서는 아니 된다. 다만, 투자자 보호 및 건전한 거래질서를 해할 우려가 없는 경우로서 대통령령으로 정하는 경우에는 성과보수를 받을 수 있다.

② 투자자문업자 또는 투자일임업자가 제1항 단서에 따라 성과보수를 받고자 하는 경우에는 그 성과보수의 산정방식, 그 밖에 대통령령으로 정하는 사항을 해당 투자자문 또는 투자일임의 계약서류에 기재하여야 한다.

(2013.5.28 본조신설)

제99조【투자일임보고서의 교부】 ① 투자일임업자는 다음 각 호의 사항에 대한 보고서(이하 이 조에서 "투자일임보고서"라 한다)를 작성하여 3개월마다 1회 이상 투자일임계약을 체결한 일반투자자에게 교부하여야 한다.(2009.2.3 본문개정)
1. 투자일임재산의 운용현황

2. 투자일임재산 중 특정 자산을 그 투자일임업자의 고유재산과 거래한 실적이 있는 경우 그 거래시기·거래실적 및 잔액

② 투자일임보고서의 기재사항 및 교부방법 등에 관하여 필요한 사항은 대통령령으로 정한다.

제100조【역외투자자문업자 등의 특례】 ① 제28조의2, 제30조부터 제36조까지, 제38조, 제40조, 제41조, 제44조, 제45조, 제50조부터 제52조까지, 제56조 및 제61조부터 제63조까지의 규정은 제18조제2항제1호 각 목 외의 부분 단서에 따른 투자자문업 또는 투자일임업을 영위하는 외국 투자자문업자(이하 "역외투자자문업자"라 한다) 또는 외국 투자일임업자(이하 "역외투자일임업자"라 한다)에게는 적용하지 아니한다.(2015.7.31 본항개정)

② 역외투자자문업자 또는 역외투자일임업자는 투자자 보호를 위하여 총리령으로 정하는 요건에 해당하는 연락책임자를 국내에 두어야 한다.(2008.2.29 본항개정)

③ 역외투자자문업자 또는 역외투자일임업자는 국내 거주자와 체결하는 투자자문계약 또는 투자일임계약 내용에 그 계약에 대하여 국내법이 적용되고 그 계약에 관한 소송은 국내법원이 관할한다는 내용을 포함하여야 한다.

④ 역외투자자문업자 또는 역외투자일임업자는 제98조에서 정한 사항의 준수 여부 점검 등을 위하여 임직원이 그 직무를 수행함에 있어서 따라야 할 적절한 기준 및 절차를 마련하고, 그 운영실태를 정기적으로 점검하여야 한다.

⑤ 역외투자자문업자 또는 역외투자일임업자는 대통령령으로 정하는 방법에 따라 업무보고서를 작성하여 금융위원회에 제출하여야 한다.(2008.2.29 본항개정)

⑥ 역외투자일임업자는 전문투자자 중 대통령령으로 정하는 자 외의 자를 대상으로 투자일임업을 영위하여서는 아니 된다.

⑦ 역외투자일임업자는 투자일임재산으로 취득한 외화증권을 대통령령으로 정하는 외국 보관기관에 보관하여야 한다.

⑧ 그 밖에 역외투자자문업자 또는 역외투자일임업자의 업무방법 및 절차 등에 관하여 필요한 사항은 대통령령으로 정한다.

제101조【유사투자자문업의 신고】 ① 불특정 다수인을 대상으로 하여 발행되는 간행물, 전자우편 등에 의하여 금융투자상품에 대한 투자판단 또는 금융투자상품의 가치에 관한 조언으로서 대통령령으로 정하는 것을 업(이하 이 조에서 "유사투자자문업"이라 한다)으로 영위하고자 하는 자는 금융위원회가 정하여 고시하는 서식에 따라 금융위원회에 신고하여야 한다.(2008.2.29 본항개정)

② 유사투자자문업을 영위하는 자는 다음 각 호의 어느 하나에 해당하는 경우 2주 이내에 이를 금융위원회에 보고하여야 한다.(2008.2.29 본문개정)

1. 유사투자자문업을 폐지한 경우
2. 명칭 또는 소재지를 변경한 경우
3. 대표자를 변경한 경우

③ 금융위원회는 유사투자자문업의 질서유지 및 고객보호 등을 위하여 필요하다고 인정되는 경우에는 유사투자자문업을 영위하는 자에 대하여 영업내용 및 업무방법 등에 관한 자료의 제출을 요구할 수 있다. 이 경우 자료의 제출을 요구받은 자는 정당한 사유가 없으면 그 요구에 따라야 한다.(2018.12.31 후단신설)

④ 제98조제1항(제3호를 제외한다)은 제1항에 따라 신고하여야 하는 자에게 준용한다.

⑤ 제1항에도 불구하고 다음 각 호의 어느 하나에 해당하는 자에 대하여 유사투자자문업 신고를 수리하지 아니할 수 있다.

1. 이 법이나 「유사수신행위의 규제에 관한 법률」 등 대통령령으로 정하는 금융 관련 법령을 위반하여 벌금 이상의 형을 선고받고 그 집행이 끝나거나(집행이 끝난 것으로 보는 경우를 포함한다) 면제된 날부터 5년이 지나지 아니한 자(법인인 경우 임원을 포함한다)
2. 제2항에 따라 유사투자자문업의 폐지를 보고하고 1년이 지나지 아니한 자
3. 제7항에 따른 교육을 받지 아니한 자
4. 제9항에 따라 신고가 말소되고 5년이 지나지 아니한 자
5. 그 밖에 제1호부터 제4호까지에 준하는 경우로서 투자자 보호의 필요성 등을 고려하여 대통령령으로 정하는 자

(2018.12.31 본항신설)

⑥ 제1항에 따른 신고의 유효기간은 신고를 수리한 날부터 5년으로 한다.(2018.12.31 본항신설)

⑦ 제1항에 따른 신고를 하려는 자는 투자자 보호를 위하여 유사투자자문업의 영위에 필요한 교육을 받아야 한다.(2018.12.31 본항신설)

⑧ 제7항에 따른 교육의 실시기관, 대상, 내용, 방법 및 절차 등에 관하여 필요한 사항은 금융위원회가 정하여 고시한다.(2018.12.31 본항신설)

⑨ 금융위원회는 다음 각 호의 어느 하나에 해당하는 자에 대한 신고사항을 직권으로 말소할 수 있다.

1. 유사투자자문업자가 「부가가치세법」 제8조에 따라 관할 세무서장에게 폐업신고를 하거나 관할 세무서장이 사업자등록을 말소한 자
2. 제2항 또는 제3항 후단을 위반하여 제449조에 따른 과태료를 연속하여 3회 이상 받은 자
3. 제5항 각 호의 어느 하나에 해당하는 자

(2018.12.31 본항신설)

⑩ 금융위원회는 제9항제1호의 말소를 위하여 필요한 경우 관할 세무서장에게 영업자의 폐업 여부에 관한 정보 제공을 요청할 수 있다. 이 경우 요청을 받은 관할 세무서장은 「전자정부법」 제39조에 따라 영업자의 폐업 여부에 관한 정보를 제공한다.(2018.12.31 본항신설)

⑪ 금융감독원장은 다음 각 호의 경우 그 업무와 재산상황에 관하여 검사를 할 수 있고, 검사에 관하여는 제419조를 준용한다.

1. 유사투자자문업을 영위하는 자가 제2항에 따른 보고를 하지 않거나 거짓으로 보고한 경우
2. 유사투자자문업을 영위하는 자가 제3항 후단에 따른 정당한 사유 없이 자료제출을 하지 않거나 거짓으로 제출한 경우

(2018.12.31 본항신설)

제4관 신탁업자의 영업행위 규칙

제102조【선관의무 및 충실의무】 ① 신탁업자는 수익자에 대하여 선량한 관리자의 주의로써 신탁재산을 운용하여야 한다.

② 신탁업자는 수익자의 이익을 보호하기 위하여 해당 업무를 충실하게 수행하여야 한다.

제103조【신탁재산의 제한 등】 ① 신탁업자는 다음 각 호의 재산 외의 재산을 수탁할 수 없다.

1. 금전
2. 증권
3. 금전채권
4. 동산
5. 부동산
6. 지상권, 전세권, 부동산임차권, 부동산소유권 이전등기청구권, 그 밖의 부동산 관련 권리
7. 무체재산권(지식재산권을 포함한다)(2011.5.19 본호개정)

② 신탁업자는 하나의 신탁계약에 의하여 위탁자로부터 제1항 각 호의 재산 중 둘 이상의 재산을 종합하여 수탁할 수 있다.

③ 제1항 각 호의 재산의 신탁 및 제2항의 종합재산신탁의 수탁과 관련한 신탁의 종류, 손실의 보전 또는 이익의 보장, 그 밖의 신탁거래조건 등에 관하여 필요한 사항은 대통령령으로 정한다.

④ 신탁업자는 부동산개발사업을 목적으로 하는 신탁계약을 체결한 경우에는 그 신탁계약에 의한 부동산개발사업별로 제1항제1호의 재산을 대통령령으로 정하는 사업비의 100분의 15 이내에서 수탁할 수 있다.

제104조【신탁재산과 고유재산의 구분】 ① 「신탁법」 제34조제2항은 신탁업자에게는 적용하지 아니한다.(2018.3.27 본항개정)

② 신탁업자는 다음 각 호의 어느 하나에 해당하는 경우 신탁계약이 정하는 바에 따라 신탁재산을 고유재산으로 취득할 수 있다.

1. 신탁행위에 따라 수익자에 대하여 부담하는 채무를 이행하기 위하여 필요한 경우[금전신탁재산의 운용으로 취득한 자산이 거래소시장(다자간매매체결회사에서의 거래를 포함한다) 또는 이와 유사한 시장으로서 해외에 있는 시장에서 시세(제176조제2항제1호의 시세를 말한다)가 있는 경우에 한한다](2013.5.28 본호개정)
2. 신탁계약의 해지, 그 밖에 수익자 보호를 위하여 불가피한 경우로서 대통령령으로 정하는 경우(제103조제3항에 따라 손실이 보전되거나 이익이 보장되는 신탁계약에 한한다)

제105조【신탁재산 등 운용의 제한】 ① 신탁업자는 신탁재산에 속하는 금전을 다음 각 호의 방법으로 운용하여야 한다.

1. 증권(대통령령으로 정하는 증권에 한한다)의 매수
2. 장내파생상품 또는 장외파생상품의 매수
3. 대통령령으로 정하는 금융기관에의 예치
4. 금전채권의 매수
5. 대출
6. 어음의 매수
7. 실물자산의 매수
8. 무체재산권의 매수
9. 부동산의 매수 또는 개발
10. 그 밖에 신탁재산의 안전성·수익성 등을 고려하여 대통령령으로 정하는 방법

② 신탁업자는 제103조제1항제5호 및 제6호의 재산만을 신탁받는 경우, 그 밖에 대통령령으로 정하는 경우를 제외하고는 신탁의 계산으로 그 신탁업자의 고유재산으로부터 금전을 차입할 수 없다.

③ 제1항 및 제2항에 따른 신탁재산 운용의 구체적 범위·조건·한도, 그 밖의 신탁재산의 운용방법 및 제한에 관하여 필요한 사항은 대통령령으로 정한다.

제106조【여유자금의 운용】 신탁업자는 제103조제1항제5호 및 제6호의 재산만을 신탁받는 경우 그 신탁재산을 운용함에 따라 발생한 여유자금을 다음 각 호의 방법으로 운용하여야 한다.

1. 대통령령으로 정하는 금융기관에의 예치
2. 국채증권, 지방채증권 또는 특수채증권의 매수
3. 정부 또는 대통령령으로 정하는 금융기관이 지급을 보증한 증권의 매수
4. 그 밖에 제103조제1항제5호 및 제6호에 따른 신탁재산의 안정성·수익성 등을 저해하지 아니하는 방법으로서 대통령령으로 정하는 방법

제107조 (2009.2.3 삭제)

제108조【불건전 영업행위의 금지】 신탁업자는 다음 각 호의 어느 하나에 해당하는 행위를 하여서는 아니 된다. 다만, 수익자 보호 및 건전한 거래질서를 해할 우려가 없는 경우로서 대통령령으로 정하는 경우에는 이를 할 수 있다.

1. 신탁재산을 운용함에 있어서 금융투자상품, 그 밖의 투자대상자산의 가격에 중대한 영향을 미칠 수 있는 매수 또는 매도 의사를 결정한 후 이를 실행하기 전에 그 금융투자상품, 그 밖의 투자대상자산을 자기의 계산으로 매수 또는 매도하거나 제삼자에게 매수 또는 매도를 권유하는 행위
2. 자기 또는 관계인수인이 인수한 증권을 신탁재산으로 매수하는 행위
3. 자기 또는 관계인수인이 대통령령으로 정하는 인수업무를 담당한 법인의 특정증권등(제172조제1항의 특정증권등을 말한다. 이하 이 호에서 같다)에 대하여 인위적인 시세(제176조제2항제1호의 시세를 말한다)를 형성시키기 위하여 신탁재산으로 그 특정증권등을 매매하는 행위
4. 특정 신탁재산의 이익을 해하면서 자기 또는 제삼자의 이익을 도모하는 행위
5. 신탁재산으로 그 신탁업자가 운용하는 다른 신탁재산, 집합투자재산 또는 투자일임재산과 거래하는 행위
6. 신탁재산으로 신탁업자 또는 그 이해관계인의 고유재산과 거래하는 행위
7. 수익자의 동의 없이 신탁재산으로 신탁업자 또는 그 이해관계인이 발행한 증권에 투자하는 행위
8. 투자운용인력이 아닌 자에게 신탁재산을 운용하게 하는 행위
9. 그 밖에 수익자 보호 또는 건전한 거래질서를 해할 우려가 있는 행위로서 대통령령으로 정하는 행위

제109조【신탁계약】 신탁업자는 위탁자와 신탁계약을 체결하는 경우 「금융소비자 보호에 관한 법률」 제23조제1항에 따라 위탁자에게 교부하는 계약서류에 다음 각 호의 사항을 기재하여야 한다.(2020.3.24 본문개정)

1. 위탁자, 수익자 및 신탁업자의 성명 또는 명칭
2. 수익자의 지정 및 변경에 관한 사항
3. 신탁재산의 종류·수량과 가격
4. 신탁의 목적
5. 계약기간
6. 신탁재산의 운용에 의하여 취득할 재산을 특정한 경우에는 그 내용
7. 손실의 보전 또는 이익의 보장을 하는 경우 그 보전·보장 비율 등에 관한 사항
8. 신탁업자가 받을 보수에 관한 사항
9. 신탁계약의 해지에 관한 사항
10. 그 밖에 수익자 보호 또는 건전한 거래질서를 위하여 필요한 사항으로서 대통령령으로 정하는 사항

제110조【수익증권】 ① 신탁업자는 금전신탁계약에 의한 수익권이 표시된 수익증권을 발행할 수 있다.

② 신탁업자는 제1항에 따라 수익증권을 발행하고자 하는 경우에는 대통령령으로 정하는 서류를 첨부하여 금융위원회에 미리 신고하여야 한다.(2008.2.29 본항개정)

③ 수익증권은 무기명식으로 한다. 다만, 수익자의 청구가 있는 경우에는 기명식으로 할 수 있다.

④ 기명식 수익증권은 수익자의 청구에 의하여 무기명식으로 할 수 있다.

⑤ 수익증권에는 다음 각 호의 사항을 기재하고 신탁업자의 대표자가 이에 기명날인 또는 서명하여야 한다.

1. 신탁업자의 상호
2. 기명식의 경우에는 수익자의 성명 또는 명칭
3. 액면액
4. 운용방법을 정한 경우 그 내용
5. 제103조제3항에 따른 손실의 보전 또는 이익의 보장에 관한 계약을 체결한 경우에는 그 내용
6. 신탁계약기간
7. 신탁의 원금의 상환과 수익분배의 기간 및 장소
8. 신탁보수의 계산방법
9. 그 밖에 대통령령으로 정하는 사항

⑥ 수익증권이 발행된 경우에는 해당 신탁계약에 의한 수익권의 양도 및 행사는 그 수익증권으로 하여야 한다. 다만, 기명식 수익증권의 경우에는 수익증권으로 하지 아니할 수 있다.

제111조【수익증권의 매수】 신탁업자는 대통령령으로 정하는 방법에 따라 수익증권을 그 고유재산으로 매수할 수 있다. 이 경우 「신탁법」 제36조를 적용하지 아니한다.(2011.7.25 후단개정)

제112조【의결권 등】 ① 신탁재산으로 취득한 주식에 대한 권리는 신탁업자가 행사한다. 이 경우 신탁업자는 수익자의 이익을 보호하기 위하여 신탁재산에 속하는 주식의 의결권을 충실하게 행사하여야 한다.(2013.5.28 후단신설)

② 신탁업자는 신탁재산에 속하는 주식의 의결권을 행사함에 있어서 다음 각 호의 어느 하나에 해당하는 경우에는 제1항에 불구하고 신탁재산에 속하는 주식을 발행한 법인의 주주총회의 참석 주식수에서 신탁재산에 속하는

주식수를 뺀 주식수의 결의내용에 영향을 미치지 아니하도록 의결권을 행사하여야 한다. 다만, 신탁재산에 속하는 주식을 발행한 법인의 합병, 영업의 양도·양수, 임원의 선임, 그 밖에 이에 준하는 사항으로서 신탁재산에 손실을 초래할 것이 명백하게 예상되는 경우에는 그러하지 아니하다.
1. 다음 각 목의 어느 하나에 해당하는 자가 그 신탁재산에 속하는 주식을 발행한 법인을 계열회사로 편입하기 위한 경우
가. 신탁업자 또는 그와 대통령령으로 정하는 특수관계에 있는 자
나. 신탁업자에 대하여 사실상의 지배력을 행사하는 자로서 대통령령으로 정하는 자
2. 신탁재산에 속하는 주식을 발행한 법인이 그 신탁업자와 다음 각 목의 어느 하나에 해당하는 관계에 있는 경우
가. 계열회사의 관계에 있는 경우
나. 신탁업자에 대하여 사실상의 지배력을 행사하는 관계로서 대통령령으로 정하는 관계에 있는 경우
3. 그 밖에 수익자의 보호 또는 신탁재산의 적정한 운용을 해할 우려가 있는 경우로서 대통령령으로 정하는 경우
③ 신탁업자는 신탁재산에 속하는 주식이 다음 각 호의 어느 하나에 해당하는 경우에는 그 주식의 의결권을 행사할 수 없다.
1. 동일법인이 발행한 주식 총수의 100분의 15를 초과하여 주식을 취득한 경우 그 초과하는 주식
2. 신탁재산에 속하는 주식을 발행한 법인이 자기주식을 확보하기 위하여 신탁계약에 따라 신탁업자에게 취득하게 한 그 법인의 주식
④ 신탁업자는 제삼자와의 계약 등에 의하여 의결권을 교차하여 행사하는 등 제2항 및 제3항의 적용을 면하기 위한 행위를 하여서는 아니 된다.
⑤ 제2항 각 호 외의 부분 단서는 상호출자제한기업집단에 속하는 신탁업자에게는 적용하지 아니한다.
⑥ 금융위원회는 신탁업자가 제2항부터 제5항까지의 규정을 위반하여 신탁재산에 속하는 주식의 의결권을 행사한 경우에는 6개월 이내의 기간을 정하여 그 주식의 처분을 명할 수 있다.(2008.2.29 본항개정)
⑦ 신탁업자는 합병, 영업의 양도·양수, 임원의 선임 등 경영권의 변경과 관련된 사항에 대하여 제2항에 따라 의결권을 행사하는 경우에는 대통령령으로 정하는 방법에 따라 인터넷 홈페이지 등을 이용하여 공시하여야 한다.

제113조【장부·서류의 열람 및 공시 등】 ① 수익자는 신탁업자에게 영업시간 중에 이유를 기재한 서면으로 그 수익자에 관련된 신탁재산에 관한 장부·서류의 열람이나 등본 또는 초본의 교부를 청구할 수 있다. 이 경우 그 신탁업자는 대통령령으로 정하는 정당한 사유가 없는 한 이를 거절하여서는 아니 된다.
② 제1항에 따른 열람이나 등본 또는 초본의 교부 청구의 대상이 되는 장부·서류의 범위 등에 관하여 필요한 사항은 대통령령으로 정한다.

제114조【신탁재산의 회계처리 등】 ① 신탁업자는 신탁재산에 관하여 회계처리를 하는 경우 금융위원회가 증권선물위원회의 심의를 거쳐 정하여 고시한 회계처리기준에 따라야 한다.(2008.2.29 본항개정)
② 금융위원회는 제1항에 따른 회계처리기준의 제정 또는 개정을 전문성을 갖춘 민간법인 또는 단체로서 대통령령으로 정하는 자에게 위탁할 수 있다. 이 경우 그 민간법인 또는 단체는 회계처리기준을 제정 또는 개정한 때에는 이를 금융위원회에 지체 없이 보고하여야 한다.(2008.2.29 본항개정)
③ 신탁업자는 신탁재산에 대하여 그 신탁업자의 매 회계연도 종료 후 2개월 이내에 「주식회사 등의 외부감사에 관한 법률」 제2조제7호에 따른 감사인(이하 "회계감사인"이라 한다)의 회계감사를 받아야 한다. 다만, 수익자의 이익을 해할 우려가 없는 경우로서 대통령령으로 정하는 경우에는 회계감사를 받지 아니할 수 있다.(2017.10.31 본문개정)
④ 신탁업자는 신탁재산의 회계감사인을 선임하거나 교체하는 경우에는 그 선임일 또는 교체일부터 1주 이내에 금융위원회에 그 사실을 보고하여야 한다.(2008.2.29 본항개정)
⑤ 회계감사인은 신탁업자가 행하는 수익증권의 기준가격 산정업무 및 신탁재산의 회계처리 업무를 감사할 때 관련 법령을 준수하였는지 여부를 감사하고 그 결과를 신탁업자의 감사(감사위원회가 설치된 경우에는 감사위원회를 말한다)에게 통보하여야 한다.
⑥ 회계감사인은 제9항에 따른 감사기준 및 「주식회사 등의 외부감사에 관한 법률」 제16조에 따른 회계감사기준에 따라 회계감사를 실시하여야 한다.(2017.10.31 본항개정)
⑦ 회계감사인은 신탁업자에게 신탁재산의 회계장부 등 관계 자료의 열람·복사를 요청하거나 회계감사에 필요한 자료의 제출을 요구할 수 있다. 이 경우 신탁업자는 지체 없이 이에 응하여야 한다.
⑧ 「주식회사 등의 외부감사에 관한 법률」 제20조는 제3항에 따른 신탁재산의 회계감사에 관하여 준용한다.(2017.10.31 본항개정)
⑨ 회계감사인의 선임기준, 감사기준, 회계감사인의 권한, 회계감사보고서의 제출 및 공시 등에 관하여 필요한 사항은 대통령령으로 정한다.(2009.2.3 본항개정)

제115조【회계감사인의 손해배상책임】 ① 회계감사인은 제114조제3항에 따른 회계감사의 결과 회계감사보고서 중 중요사항에 관하여 거짓의 기재 또는 표시가 있거나 중요사항이 기재 또는 표시되지 아니함으로써 이를 이용한 수익자에게 손해를 끼친 경우에는 그 수익자에 대하여 손해를 배상할 책임을 진다. 이 경우 「주식회사 등의 외부감사에 관한 법률」 제2조제7호나목에 따른 감사반이 회계감사인인 때에는 그 신탁재산에 대한 감사에 참여한 자가 연대하여 손해를 배상할 책임을 진다.(2017.10.31 후단개정)
② 회계감사인이 수익자에 대하여 손해를 배상할 책임이 있는 경우로서 그 신탁업자의 이사·감사(감사위원회가 설치된 경우에는 감사위원회의 위원을 말한다. 이하 이 항에서 같다)에게도 귀책사유가 있는 경우에는 그 회계감사인과 신탁업자의 이사·감사는 연대하여 손해를 배상할 책임을 진다. 다만, 손해를 배상할 책임이 있는 자가 고의가 없는 경우에 그 자는 법원이 귀책사유에 따라 정하는 책임비율에 따라 손해를 배상할 책임이 있다.(2014.1.28 단서신설)
③ 제2항 단서에도 불구하고 손해배상을 청구하는 자의 소득인정액(「국민기초생활 보장법」 제2조제8호에 따른 소득인정액을 말한다)이 대통령령으로 정하는 금액 이하에 해당되는 경우에는 회계감사인과 신탁업자의 이사·감사는 연대하여 손해를 배상할 책임이 있다.(2014.1.28 본항신설)
④ 「주식회사 등의 외부감사에 관한 법률」 제31조제6항부터 제9항까지의 규정은 제1항 및 제2항의 경우에 준용한다.(2017.10.31 본항개정)

제116조【합병 등】 ① 신탁업자가 합병하는 경우 합병 후 존속하는 신탁업자 또는 합병으로 인하여 설립된 신탁업자는 합병으로 인하여 소멸된 신탁업자의 신탁에 관한 권리의무를 승계한다.
② 「신탁법」 제12조, 제21조제2항 및 제3항은 신탁업자의 합병에 관하여 이의를 제기한 수익자가 있는 경우 그 신탁업자의 임무 종료 및 새로운 신탁업자의 선임 등에 관하여 준용한다.(2011.7.25 본항개정)
③ 금융위원회는 신탁업자가 그 목적을 변경하여 다른 업무를 행하는 회사로서 존속하는 경우에는 그 회사가 신탁에 관한 채무 전부를 변제하기에 이르기까지 재산의 공탁을 명하거나, 그 밖에 필요한 명령을 할 수 있다. 합병으로 인하여 신탁업자가 아닌 회사가 신탁업자의 임무종료를 위하여 필요한 사무를 처리하는 동안에도 또한 같다.(2008.2.29 전단개정)

제117조【청산】 제95조는 신탁업을 영위하는 금융투자업자의 청산에 관하여 준용한다.

제117조의2【관리형신탁에 관한 특례】 ① 제103조제1항제4호부터 제6호까지의 어느 하나에 규정된 재산만을 수탁받는 신탁업자가 관리형신탁계약을 체결하는 경우 그 신탁재산에 수반되는 금전채권을 수탁할 수 있다.
② 제1항에 따른 신탁재산의 운용방법 및 제한에 관하여 필요한 사항은 대통령령으로 정한다.
(2013.5.28 본조신설)

제5장 온라인소액투자중개업자 등에 대한 특례

(2015.7.24 본장신설)

제117조의3【미등록 영업행위의 금지】 누구든지 이 법에 따라 온라인소액투자중개업자 등록을 하지 아니한 자는 온라인소액투자중개를 할 수 없다.

제117조의4【등록】 ① 온라인소액투자중개업자가 되고자 하는 자는 금융위원회에 등록하는 경우 제12조에 따른 인가를 받은 것으로 본다.
② 제1항에 따라 등록을 하려는 자는 다음 각 호의 요건을 모두 갖추어야 한다.
1. 다음 각 목의 어느 하나에 해당하는 자일 것
가. 「상법」에 따른 주식회사
나. 외국 온라인소액투자중개업자(외국 법령에 따라 외국에서 온라인소액투자중개에 상당하는 영업을 영위하는 자를 말한다. 이하 같다)로서 온라인소액투자중개에 필요한 지점, 그 밖의 영업소를 설치한 자
2. 5억원 이상으로서 대통령령으로 정하는 금액 이상의 자기자본을 갖출 것
3. 사업계획이 타당하고 건전할 것
4. 투자자의 보호가 가능하고 그 영위하고자 하는 업을 수행하기에 충분한 인력과 전산설비, 그 밖의 물적 설비를 갖출 것
5. 임원이 「금융회사의 지배구조에 관한 법률」 제5조에 적합할 것(2015.7.31 본호개정)
6. 대주주(제12조제2항제6호가목의 대주주를 말한다)나 외국 온라인소액투자중개업자가 충분한 출자능력, 건전한 재무상태 및 사회적 신용을 갖출 것
7. 경영건전성기준 등 대통령령으로 정하는 건전한 재무상태와 법령 위반사실이 없는 등 대통령령으로 정하는 건전한 사회적 신용을 갖출 것
8. 온라인소액투자중개업자와 투자자 간, 특정 투자자와 다른 투자자 간의 이해상충을 방지하기 위한 체계로서 대통령령으로 정하는 요건을 갖출 것
③ 제1항에 따른 등록을 하려는 자는 등록신청서를 금융위원회에 제출하여야 한다.
④ 금융위원회는 제3항의 등록신청서를 접수한 경우에는 그 내용을 검토하여 2개월 이내에 등록 여부를 결정하고, 그 결과와 이유를 지체 없이 신청인에게 문서로 통지하여야 한다. 이 경우 등록신청서에 흠결이 있는 때에는 보완을 요구할 수 있다.
⑤ 제4항의 검토기간을 산정할 때 등록신청서 흠결의 보완기간 등 총리령으로 정하는 기간은 검토기간에 산입하지 아니한다.
⑥ 금융위원회는 제4항의 등록 여부를 결정할 때 다음 각 호의 어느 하나에 해당하는 사유가 없으면 등록을 거부하여서는 아니 된다.
1. 제2항의 등록요건을 갖추지 아니한 경우
2. 제3항의 등록신청서를 거짓으로 작성한 경우
3. 제4항 후단의 보완요구를 이행하지 아니한 경우
⑦ 금융위원회는 제4항에 따라 등록을 결정한 경우 온라인소액투자중개업자등록부에 필요한 사항을 기재하여야 하며, 등록결정한 내용을 관보 및 인터넷 홈페이지 등에 공고하여야 한다.
⑧ 온라인소액투자중개업자는 등록 이후 그 영업을 영위하는 경우 제2항 각 호의 등록요건(같은 항 제7호는 제외하며, 같은 항 제2호 및 제6호의 경우에는 대통령령으로 정하는 완화된 요건을 말한다)을 유지하여야 한다.
⑨ 제1항부터 제8항까지의 규정에 따른 등록요건, 등록신청서의 기재사항·첨부서류 등 등록의 신청에 관한 사항 및 등록검토의 방법·절차, 그 밖에 필요한 사항은 대통령령으로 정한다.

제117조의5【유사명칭의 사용 금지 등】 ① 다른 금융투자업(투자중개업 중 온라인소액투자중개에 해당하지 아니하는 것을 포함한다)을 영위하지 아니하는 온라인소액투자중개업자는 상호에 "금융투자" 및 이와 유사한 의미를 가지는 외국어 문자로서 대통령령으로 정하는 문자를 사용하여서는 아니 된다.
② 온라인소액투자중개업자가 아닌 자는 "온라인소액투자중개" 또는 이와 유사한 명칭을 사용하여서는 아니 된다.

제117조의6【지배구조 등】 ① 온라인소액투자중개업자는 대주주가 변경된 경우에는 이를 2주 이내에 금융위원회에 보고하여야 한다.(2018.3.27 본항개정)
② 온라인소액투자중개업자는 그 임직원이 직무를 수행할 때 준수하여야 할 적절한 기준 및 절차로서 대통령령으로 정하는 사항을 포함하는 내부통제기준을 정하여야 한다.
③ 제28조, 제28조의2, 제29조, 제30조, 제31조는 온라인소액투자중개업자에 대하여 적용하지 아니한다.

제117조의7【영업행위의 규제 등】 ① 제40조, 제48조, 제50조부터 제53조까지, 제61조, 제66조부터 제70조까지, 제72조부터 제77조까지, 제77조의2, 제77조의3, 제78조 및 「금융소비자 보호에 관한 법률」 제17조부터 제19조까지, 제21조, 제23조, 제25조제1항, 제26조, 제44조부터 제46조까지의 규정은 온라인소액투자중개업자에게 적용하지 아니한다.(2020.3.24 본항개정)
② 온라인소액투자중개업자는 자신이 온라인소액투자중개를 하는 증권을 자기의 계산으로 취득하거나, 증권의 발행 또는 그 청약을 주선 또는 대리하는 행위를 하여서는 아니 된다.
③ 온라인소액투자중개업자는 온라인소액투자중개를 통하여 증권을 발행하는 자(이하 이 장에서 "온라인소액증권발행인"이라 한다)의 신용 또는 투자 여부에 대한 투자자의 판단에 영향을 미칠 수 있는 자문이나 온라인소액증권발행인의 경영에 관한 자문에 응하여서는 아니 된다.
④ 온라인소액투자중개업자는 투자자가 청약의 내용, 투자에 따르는 위험, 증권의 매도 제한, 증권의 발행조건과 온라인소액증권발행인의 재무상태가 기재된 서류 및 사업계획서의 내용을 충분히 확인하였는지의 여부를 투자자의 서명 등 대통령령으로 정하는 방법으로 확인하기 전에는 그 청약의 의사 표시를 받아서는 아니 된다.
⑤ 온라인소액투자중개업자는 온라인소액증권발행인의 요청에 따라 투자자의 자격 등을 합리적이고 명확한 기준에 따라 제한할 수 있다.
⑥ 온라인소액투자중개업자는 투자자가 청약의 의사를 표시하지 아니한 상태에서 투자자의 재산으로 증권의 청약을 하여서는 아니 된다.
⑦ 온라인소액투자중개업자는 온라인소액증권발행인에 관한 정보의 제공, 청약주문의 처리 등의 업무를 수행할 때 특정한 온라인소액증권발행인 또는 투자자를 부당하게 우대하거나 차별하여서는 아니 된다. 다만, 투자자가 청약의 의사를 먼저 표시하는 등 대통령령으로 정하는 정당한 사유가 있는 경우에는 그러하지 아니하다.
⑧ 온라인소액투자중개업자는 증권의 청약기간이 만료된 경우에는 증권의 청약 및 발행에 관한 내역을 금융위원회가 정하여 고시하는 방법에 따라 지체 없이 투자자에게 통지하여야 한다.
⑨ 온라인소액투자중개업자는 제117조의10제1항과 제6항에 따른 증권의 발행한도와 투자자의 투자한도가 준수될 수 있도록 필요한 조치를 취하여야 한다.
⑩ 온라인소액투자중개업자는 다음 각 호의 행위를 제외하고는 증권의 청약을 권유하는 일체의 행위를 하여서는 아니 된다.
1. 제117조의9제1항 본문에 따른 투자광고를 자신의 인터넷 홈페이지에 게시하거나 같은 항 단서에 따라 같은 항 각 호의 사항을 제공하는 행위(2017.10.31 본호개정)

2. 제117조의10제2항에 따라 온라인소액증권발행인이 게재하는 내용을 자신의 인터넷 홈페이지에 게시하는 행위
3. 자신의 인터넷 홈페이지를 통하여 자신이 중개하는 증권 또는 그 온라인소액증권발행인에 대한 투자자들의 의견이 교환될 수 있도록 관리하는 행위. 다만, 온라인소액투자중개업자는 자신의 인터넷 홈페이지를 통하여 공개되는 투자자들의 의견을 임의로 삭제하거나 수정하여서는 아니 된다.
4. 사모의 방식으로 증권의 청약을 권유하는 경우에는 제117조의10제2항에 따라 온라인소액증권발행인이 게재하는 내용을 특정 투자자에게 전송하는 행위

제117조의8【청약증거금의 관리】 ① 온라인소액투자중개업자는 투자자로부터 일체의 금전·증권, 그 밖의 재산의 보관·예탁을 받아서는 아니 된다.
② 온라인소액투자중개업자는 투자자의 청약증거금이 대통령령으로 정하는 은행(이하 이 조에서 "은행"이라 한다) 또는 증권금융회사에 예치 또는 신탁되도록 하여야 한다.
③ 온라인소액투자중개업자는 제2항에 따라 은행 또는 증권금융회사에 예치 또는 신탁된 투자자의 청약증거금이 투자자의 재산이라는 뜻을 밝혀야 한다.
④ 누구든지 제2항에 따라 은행 또는 증권금융회사에 예치 또는 신탁된 투자자의 청약증거금을 상계·압류(가압류를 포함한다)하지 못하며, 온라인소액투자중개업자는 대통령령으로 정하는 경우 외에는 은행 또는 증권금융회사에 예치 또는 신탁된 투자자의 청약증거금을 양도하거나 담보로 제공하여서는 아니 된다.
⑤ 온라인소액투자중개업자는 등록취소, 해산결의 등 대통령령으로 정하는 사유가 발생한 경우 제2항에 따라 은행 또는 증권금융회사에 예치 또는 신탁된 투자자의 청약증거금이 투자자에게 우선하여 지급될 수 있도록 조치하여야 한다.
⑥ 그 밖에 제1항부터 제5항까지의 청약증거금의 예치 또는 신탁 등과 관련하여 필요한 사항은 대통령령으로 정한다.

제117조의9【투자광고의 특례】 ① 온라인소액투자중개업자 또는 온라인소액증권발행인은 온라인소액투자중개업자가 개설한 인터넷 홈페이지 이외의 수단을 통해서 투자광고를 하여서는 아니 된다. 다만, 온라인소액투자중개업자 또는 온라인소액증권발행인은 다른 매체를 이용하여 다음 각 호의 사항을 제공할 수 있다.(2017.10.31 단서개정)
1. 투자광고가 게시된 인터넷 홈페이지 주소
2. 투자광고가 게시된 인터넷 홈페이지에 접속할 수 있는 장치
3. 온라인소액투자중개업자·온라인소액증권발행인의 명칭, 온라인소액증권발행인의 업종 및 증권의 청약기간[온라인소액증권발행인이 개설한 인터넷 홈페이지 또는 「정보통신망 이용촉진 및 정보보호 등에 관한 법률」 제2조제1항제3호의 정보통신서비스 제공자가 운영하는 포털서비스(다른 인터넷주소·정보 등의 검색과 전자우편·커뮤니티 등을 제공하는 서비스를 말한다)를 이용하여 제공하는 경우에 한정한다]
(2017.10.31 1호~3호신설)
② 온라인소액투자중개업자 또는 온라인소액증권발행인이 아닌 자는 온라인소액투자중개에 대한 투자광고를 하여서는 아니 된다.
③ 온라인소액투자중개업자 또는 온라인소액증권발행인이 투자광고를 하는 경우 이 조에서 규정하지 아니한 사항은 제57조를 준용한다.

제117조의10【증권 모집의 특례】 ① 온라인소액투자중개의 방법으로 대통령령으로 정하는 금액 이하의 증권을 모집하는 경우에는 제119조 및 제130조를 적용하지 아니한다.
② 온라인소액증권발행인은 투자자를 보호하기 위하여 증권의 발행조건과 재무상태, 사업계획서 및 그 밖에 대통령령으로 정하는 사항을 온라인소액투자중개업자가 개설한 홈페이지에 게재하고, 그 밖에 대통령령으로 정하는 조치를 하여야 한다.
③ 온라인소액증권발행인은 온라인소액투자중개의 방법으로 증권을 모집하는 경우 청약금액이 모집예정금액에 대통령령으로 정하는 비율을 곱한 금액에 미달하는 때에는 그 발행을 취소하여야 한다.
④ 온라인소액증권발행인은 증권의 청약기간의 종료일부터 7일 전까지 제117조의7제10항제3호에 따라 온라인소액투자중개업자가 관리하는 인터넷 홈페이지를 통하여 투자자의 투자판단에 도움을 줄 수 있는 정보를 제공할 수 있다. 다만, 온라인소액증권발행인은 대통령령으로 정하는 바에 따라 투자자의 투자판단에 영향을 미칠 수 있는 중요한 사항을 포함하고 있는 정보가 제2항에 따른 게재의 내용과 상이한 경우에는 제2항에 따른 게재의 내용을 즉시 정정하고 온라인소액투자중개업자가 관리하는 인터넷 홈페이지를 통하여 정정 게재(정정 게재일이 청약기간의 말일부터 7일 이내인 경우에는 청약기간의 말일은 그 게재일부터 7일 후로 변경된 것으로 본다)하여야 한다.
⑤ 온라인소액증권발행인과 그 대주주(온라인소액투자중개의 방법으로 자금을 모집하기 직전을 기준으로 한 대주주를 말한다)는 온라인소액증권발행인이 온라인소액투자중개 방식으로 증권을 발행한 후 1년 이상으로서 대통령령으로 정하는 기간 동안은 보유한 온라인소액증권발행인의 지분을 누구에게도 매도할 수 없다.
(2018.3.27 본항개정)
⑥ 투자자(전문투자자 등 대통령령으로 정하는 자를 제외한다)가 온라인소액투자중개를 통하여 투자하는 금액은 다음 각 호의 한도를 초과하여서는 아니 된다.
1. 소득 등 대통령령으로 정하는 요건을 갖춘 자
가. 최근 1년간 동일 온라인소액증권발행인에 대한 누적투자금액 : 1천만원 이하로서 대통령령으로 정하는 금액
나. 최근 1년간 누적투자금액 : 2천만원 이하로서 대통령령으로 정하는 금액
2. 제1호의 요건을 갖추지 못한 자
가. 최근 1년간 동일 온라인소액증권발행인에 대한 누적투자금액 : 500만원 이하로서 대통령령으로 정하는 금액(2017.10.31 본목개정)
나. 최근 1년간 누적투자금액 : 1천만원 이하로서 대통령령으로 정하는 금액(2017.10.31 본목개정)
⑦ 투자자는 온라인소액투자중개를 통하여 발행된 증권을 지체 없이 제309조제5항에서 정하는 방법으로 예탁결제원에 예탁하거나 보호예수하여야 하며, 그 예탁일 또는 보호예수일부터 6개월간 해당 증권(증권에 부여된 권리의 행사로 취득하는 증권을 포함한다)을 매도, 그 밖의 방법으로 양도할 수 없다. 다만, 다음 각 호의 어느 하나에 해당하는 경우에는 증권을 매도하거나 양도할 수 있다.
(2017.10.17 본문개정)
1. 전문투자자에 대한 매도
2. 해당 증권의 투자 손실가능성 및 낮은 유통 가능성 등을 인지하고 있는 자로서 대통령령으로 정하는 자에 대한 매도
⑧ 투자자는 온라인소액투자중개를 통하여 발행되는 증권의 청약기간의 종료일까지 대통령령으로 정하는 바에 따라 청약의 의사를 철회할 수 있다. 이 경우 온라인소액투자중개업자는 그 투자자의 청약증거금을 지체 없이 반환하여야 한다.

제117조의11【게재 내용의 사실확인】 ① 온라인소액투자중개업자는 온라인소액투자중개 전에 해당 온라인소액증권발행인에 관한 다음 각 호의 사항에 관한 사실을 확인하여야 한다.
1. 온라인소액증권발행인의 재무상황
2. 온라인소액증권발행인의 사업계획이 투자자 보호를 위하여 대통령령으로 정하는 항목을 포함하였는지 여부
3. 온라인소액증권발행인의 대표자 및 경영진의 이력
4. 모집 자금의 사용 계획이 투자자 보호를 위하여 대통령령으로 정하는 항목을 포함하였는지 여부
5. 그 밖에 온라인소액증권발행인의 신뢰성을 확인할 수 있는 사항으로서 대통령령으로 정하는 사항
② 제1항 각 호의 사항에 관한 사실을 확인하는 방법 및 절차는 금융위원회가 정하여 고시하는 바에 따른다.

제117조의12【손해배상책임 등】 ① 제117조의10제2항에 따라 게재한 증권의 발행조건과 재무상태 등을 기재한 서류 또는 사업계획서(제117조의10제4항에 따라 정정하여 게재한 경우를 포함한다) 중 중요사항에 관한 거짓의 기재 또는 표시가 있거나, 중요사항이 기재 또는 표시되지 아니함으로써 온라인소액투자중개를 통하여 증권을 취득한 자가 손해를 입은 경우에는 다음 각 호의 자는 그 손해에 관하여 배상책임을 진다. 다만, 배상의 책임을 질 자가 상당한 주의를 하였음에도 불구하고 이를 알 수 없었음을 증명하거나 그 증권의 취득자가 취득의 청약을 할 때에 그 사실을 안 경우에는 배상의 책임을 지지 아니한다.
1. 온라인소액증권발행인
2. 그 증권의 발행조건과 재무상태 등을 기재한 서류 또는 사업계획서의 작성 당시의 온라인소액증권발행인의 대표자 또는 이사(이사가 없는 경우에는 이에 준하는 자를 말하며, 법인의 설립 전에 작성된 경우에는 그 발기인을 말한다)
3. 「상법」 제401조의2제1항 각 호의 어느 하나에 해당하는 자로서 그 증권의 발행조건과 재무상태 등을 기재한 서류 또는 사업계획서의 작성을 지시하거나 집행한 자
4. 그 증권의 발행조건과 재무상태 등을 기재한 서류 또는 사업계획서가 진실 또는 정확하다고 증명하여 서명한 공인회계사·감정인 또는 신용평가를 전문으로 하는 자 등(그 소속 단체를 포함한다) 대통령령으로 정하는 자
5. 그 증권의 발행조건과 재무상태 등을 기재한 서류 또는 사업계획서에 자기의 평가·분석·확인 의견이 기재되는 것에 동의하고 그 기재 내용을 확인하는 자
② 제1항에 따른 손해배상액의 산정에 관하여는 제126조를 준용한다.
③ 제1항에 따른 배상의 책임은 그 청구권자가 해당 사실을 안 날부터 1년 이내 또는 해당 증권의 청약기간의 종료일 전 7일부터 3년 이내에 청구권을 행사하지 아니한 경우에는 소멸한다.

제117조의13【중앙기록관리기관】 ① 온라인소액투자중개업자는 온라인소액증권발행인으로부터 증권의 모집 또는 사모의 중개에 관한 의뢰를 받거나 투자자로부터 청약의 주문을 받은 경우 의뢰 또는 주문의 내용, 온라인소액증권발행인과 투자자에 대한 정보 등 대통령령으로 정하는 자료를 지체 없이 중앙기록관리기관(대통령령으로 정하는 바에 따라 온라인소액투자중개업자로부터 온라인소액증권발행인과 투자자에 대한 정보를 제공받아 관리하는 기관을 말한다. 이하 같다)에 제공하여야 한다.
② 온라인소액투자중개업자는 제117조의7제9항에 따른 조치를 하기 위하여 필요한 사항을 중앙기록관리기관에 위탁하여야 한다.
③ 중앙기록관리기관은 제1항에 따라 제공받은 자료를 대통령령으로 정하는 방법에 따라 보관·관리하여야 한다.
④ 중앙기록관리기관은 제1항에 따라 제공받은 자료를 타인에게 제공하여서는 아니 된다. 다만, 온라인소액투자중개업자 또는 해당 온라인소액증권발행인에게 제공하는 경우, 그 밖에 대통령령으로 정하는 경우에는 이를 제공할 수 있다.

제117조의14【투자자명부의 관리】 ① 온라인소액증권발행인은 투자자명부(주주명부 등 증권의 소유자 내역을 기재·관리하는 명부를 말한다)의 관리에 관한 업무를 예탁결제원에 위탁하여야 한다.
② 예탁결제원은 제1항에 따라 위탁을 받은 경우 다음 각 호의 사항을 기재한 투자자명부를 작성·비치하여야 한다.
1. 투자자의 주소 및 성명
2. 투자자가 소유하는 증권의 수량
3. 증권의 실물을 발행한 경우에는 그 번호
③ 예탁결제원은 제2항 각 호에 관한 정보를 타인에게 제공하여서는 아니 된다. 다만, 온라인소액투자중개업자 또는 해당 온라인소액증권발행인에게 제공하는 경우, 그 밖에 대통령령으로 정하는 경우에는 이를 제공할 수 있다.
④ 「상법」 제358조의2제1항 및 제2항은 온라인소액투자중개를 통하여 발행된 증권에 관하여 준용한다.

제117조의15【전자게시판서비스 제공자의 책임】 ① 「정보통신망 이용촉진 및 정보보호 등에 관한 법률」 제2조제1항제9호의 게시판을 운영하는 같은 항 제3호의 정보통신서비스 제공자(이하 "전자게시판서비스 제공자"라 한다)는 해당 게시판을 통하여 제117조의9제1항 각 호의 사항의 제공이 이루어지는 경우 이로 인한 투자자 피해가 발생하지 아니하도록 다음 각 호의 사항을 이행하여야 한다.(2017.10.31 본문개정)
1. 온라인소액증권발행인 또는 온라인소액투자중개업자가 게시판을 이용하여 제117조의9제1항 각 호의 사항을 제공하는 경우 제117조의9에 따른 의무를 준수하도록 안내하고 권고할 것(2017.10.31 본호개정)
2. 게시판을 이용하여 제117조의9제1항 각 호의 사항을 제공하는 온라인소액증권발행인 또는 온라인소액투자중개업자가 이 법을 위반하는 경우 다음 각 목의 조치를 이행할 것(2017.10.31 본문개정)
가. 위반자에 대한 접속 제한, 법을 위반하여 게재된 정보의 삭제 등 투자자 피해를 방지하기 위한 조치
나. 위반자의 법 위반 사실을 금융위원회에 신고
3. 그 밖에 대통령령으로 정하는 사항
② 금융위원회는 전자게시판서비스 제공자가 제1항에 따른 이행을 하지 아니하는 경우 방송통신위원회에 시정명령을 하거나 과태료를 부과하도록 요구할 수 있다.

제117조의16【검사 및 조치】 제419조제2항부터 제4항까지 및 제8항은 온라인소액투자중개업자에게 적용하지 아니한다.

제3편 증권의 발행 및 유통

제1장 증권신고서

제118조【적용범위】 이 장은 국채증권, 지방채증권, 대통령령으로 정하는 법률에 따라 직접 설립된 법인이 발행한 채권, 그 밖에 다른 법률에 따라 충분한 공시가 행하여지는 등 투자자 보호가 이루어지고 있다고 인정되는 증권으로서 대통령령으로 정하는 증권에 관하여는 적용하지 아니한다.

제119조【모집 또는 매출의 신고】 ① 증권의 모집 또는 매출(대통령령으로 정하는 방법에 따라 산정한 모집가액 또는 매출가액 각각의 총액이 대통령령으로 정하는 금액 이상인 경우에 한한다)은 발행인이 그 모집 또는 매출에 관한 신고서를 금융위원회에 제출하여 수리되지 아니하면 이를 할 수 없다.(2008.2.29 본항개정)
② 제1항에 불구하고 증권의 종류, 발행예정기간, 발행횟수, 발행인의 요건 등을 고려하여 대통령령으로 정하는 기준과 방법에 따라 일정기간 동안 모집하거나 매출할 증권의 총액을 일괄하여 기재한 신고서(이하 "일괄신고서"라 한다)를 금융위원회에 제출하여 수리된 경우에는 그 기간 중에 그 증권을 모집하거나 매출할 때마다 제출하여야 하는 신고서를 따로 제출하지 아니하고 그 증권을 모집하거나 매출할 수 있다. 이 경우 그 증권(집합투자증권 및 파생결합증권 중 대통령령으로 정하는 것을 제외한다)을 모집하거나 매출할 때마다 대통령령으로 정하는 일괄신고와 관련된 서류(이하 "일괄신고추가서류"라 한다)를 제출하여야 한다.(2013.5.28 후단개정)
③ 발행인은 제1항의 신고서와 제2항의 일괄신고서(이하 "증권신고서"라 한다)에 발행인(투자신탁의 수익증권 및 투자익명조합의 지분증권의 경우에는 그 투자신탁 및 투자익명조합을 말한다. 이하 이 항에서 같다)의 미래의 재

무상태나 영업실적 등에 대한 예측 또는 전망에 관한 사항으로서 다음 각 호의 사항(이하 "예측정보"라 한다)을 기재 또는 표시할 수 있다. 이 경우 예측정보의 기재 또는 표시는 제125조제2항제1호·제2호 및 제4호의 방법에 따라야 한다.
1. 매출규모·이익규모 등 발행인의 영업실적, 그 밖의 경영성과에 대한 예측 또는 전망에 관한 사항
2. 자본금규모·자금흐름 등 발행인의 재무상태에 대한 예측 또는 전망에 관한 사항
3. 특정한 사실의 발생 또는 특정한 계획의 수립으로 인한 발행인의 경영성과 또는 재무상태의 변동 및 일정시점에서의 목표수준에 관한 사항
4. 그 밖에 발행인의 미래에 대한 예측 또는 전망에 관한 사항으로서 대통령령으로 정하는 사항
④ 증권신고서를 제출하는 경우 증권신고서에 기재하여야 할 사항이나 그 첨부서류에 이미 제출된 것과 같은 부분이 있는 때에는 그 부분을 적시하여 이를 참조하라는 뜻을 기재한 서면으로 갈음할 수 있다.
⑤ 증권신고서를 제출하는 경우 신고 당시 해당 발행인의 대표이사(집행임원 설치회사의 경우 대표집행임원을 말한다. 이하 이 조에서 같다) 및 신고업무를 담당하는 이사(대표이사 및 신고업무를 담당하는 이사가 없는 경우 이에 준하는 자를 말한다)는 그 증권신고서의 기재사항 중 중요사항에 관하여 거짓의 기재 또는 표시가 있거나 중요사항의 기재 또는 표시가 누락되어 있지 아니하다는 사실 등 대통령령으로 정하는 사항을 확인·검토하고 이에 각각 서명하여야 한다.(2013.5.28 본항개정)
⑥ 제1항부터 제5항까지의 규정에도 불구하고 발행인 및 같은 종류의 증권에 대하여 충분한 공시가 이루어지고 있는 등 대통령령으로 정한 사유에 해당하는 때에는 매출에 관한 증권신고서를 제출하지 아니할 수 있다.
(2013.5.28 본항신설)
⑦ 제1항부터 제4항까지의 증권신고서의 기재사항 및 그 첨부서류에 관하여 필요한 사항은 대통령령으로 정한다.
⑧ 자금조달 계획의 동일성 등 대통령령으로 정하는 사항을 종합적으로 고려하여 둘 이상의 증권의 발행 또는 매도가 사실상 동일한 증권의 발행 또는 매도로 인정되는 경우에는 하나의 증권의 발행 또는 매도로 보아 제1항을 적용한다.(2017.10.31 본항신설)

제119조의2【자료요구권 등】 ① 종속회사(발행인이 지배회사로서 그 회사와 「주식회사 등의 외부감사에 관한 법률」 제2조제3호에 따른 대통령령으로 정하는 지배·종속의 관계에 있는 경우 그에 종속되는 회사를 말하며, 국제회계기준 등 발행인이 적용한 회계기준에 따라 연결재무제표 작성대상 종속회사를 보유한 외국법인등의 경우에는 해당 회계기준에 따른 종속회사를 말한다. 이하 같다)가 있는 법인(이하 "연결재무제표 작성대상법인"이라 한다) 중 증권신고서를 제출하여야 하는 법인은 증권신고서의 작성을 위하여 필요한 범위에서 종속회사에게 관련 자료의 제출을 요구할 수 있다.(2017.10.31 본항개정)
② 연결재무제표 작성대상법인 중 증권신고서를 제출하여야 하는 법인은 증권신고서의 작성을 위하여 필요한 자료를 입수할 수 없거나 종속회사가 제출한 자료의 내용을 확인할 필요가 있는 때에는 종속회사의 업무와 재산상태를 조사할 수 있다.
(2013.5.28 본조신설)

제120조【신고의 효력발생시기 등】 ① 제119조제1항 및 제2항에 따른 증권의 신고(이하 "증권신고"라 한다)는 그 증권신고서가 금융위원회에 제출되어 수리된 날부터 증권의 종류 또는 거래의 특성 등을 고려하여 총리령으로 정하는 기간이 경과한 날에 그 효력이 발생한다.
(2008.2.29 본항개정)
② 금융위원회는 증권신고서의 형식을 제대로 갖추지 아니한 경우 또는 그 증권신고서 중 중요사항에 관하여 거짓의 기재 또는 표시가 있거나 중요사항이 기재 또는 표시되지 아니한 경우를 제외하고는 그 수리를 거부하여서는 아니 된다.(2008.2.29 본항개정)
③ 제1항의 효력의 발생은 그 증권신고서의 기재사항이 진실 또는 정확하다는 것을 인정하거나 정부에서 그 증권의 가치를 보증 또는 승인하는 효력을 가지지 아니한다.
④ 증권의 발행인은 증권신고를 철회하고자 하는 경우에는 그 증권신고서에 기재된 증권의 취득 또는 매수의 청약일 전일까지 철회신고서를 금융위원회에 제출하여야 한다.(2008.2.29 본항개정)

제121조【거래의 제한】 ① 제120조에 따른 신고의 효력이 발생하지 아니한 증권의 취득 또는 매수의 청약이 있는 경우에 그 증권의 발행인·매출인과 그 대리인은 그 청약의 승낙을 하여서는 아니 된다.
② 제119조제2항에 따라 일괄신고추가서류를 제출하여야 하는 경우 그 일괄신고추가서류가 제출되지 아니하면 그 증권의 발행인·매출인과 그 대리인은 그 증권에 관한 취득 또는 매수의 청약에 대한 승낙을 하여서는 아니 된다.

제122조【정정신고서】 ① 금융위원회는 증권신고서의 형식을 제대로 갖추지 아니한 경우 또는 그 증권신고서 중 중요사항에 관하여 거짓의 기재 또는 표시가 있거나 중요사항이 기재 또는 표시되지 아니한 경우와 중요사항의 기재나 표시내용이 불분명하여 투자자의 합리적인 투자판단을 저해하거나 투자자에게 중대한 오해를 일으킬 수 있는 경우에는 그 증권신고서에 기재된 증권의 취득 또는 매수의 청약일 전일까지 그 이유를 제시하고 그 증권신고서의 기재내용을 정정한 신고서(이하 이 장에서 "정정신고서"라 한다)의 제출을 요구할 수 있다.
(2009.2.3 본항개정)
② 제1항에 따른 요구가 있는 경우 그 증권신고서는 그 요구를 한 날부터 수리되지 아니한 것으로 본다.
③ 증권신고서(제119조제2항의 일괄신고추가서류를 포함한다. 이하 이 항에서 같다)를 제출한 자는 그 증권신고서의 기재사항을 정정하고자 하는 경우에는 그 증권신고서에 기재된 증권의 취득 또는 매수의 청약일 전일까지 정정신고서를 제출할 수 있다. 이 경우 대통령령으로 정하는 중요한 사항을 정정하고자 하는 경우 또는 투자자 보호를 위하여 그 증권신고서에 기재된 내용을 정정할 필요가 있는 경우로서 대통령령으로 정하는 경우에는 반드시 정정신고서를 제출하여야 한다.(2013.5.28 전단개정)
④ 일괄신고서를 제출한 자는 제3항에 불구하고 그 발행예정기간 종료 전까지 정정신고서를 제출할 수 있다. 이 경우 집합투자증권 중 대통령령으로 정하는 것을 제외하고는 발행예정금액 및 발행예정기간은 이를 정정하여서는 아니 된다. 다만, 발행예정금액의 100분의 20의 범위에서 대통령령으로 정하는 한도 이하로 감액되는 발행예정금액은 정정할 수 있다.(2009.2.3 단서신설)
⑤ 제1항·제3항 또는 제4항에 따라 정정신고서가 제출된 경우에는 그 정정신고서가 수리된 날에 그 증권신고서가 수리된 것으로 본다.
⑥ 제1항에 따른 요구를 받은 후 대통령령으로 정하는 기한 이내에 발행인이 정정신고서를 제출하지 아니하는 경우에는 해당 증권신고서를 철회한 것으로 본다.
(2013.5.28 본항신설)

제123조【투자설명서의 작성·공시】 ① 제119조에 따라 증권을 모집하거나 매출하는 경우 그 발행인은 대통령령으로 정하는 방법에 따라 작성한 투자설명서(이하 "투자설명서"라 한다) 및 제124조제2항제3호에 따른 간이투자설명서(모집 또는 매출하는 증권이 집합투자증권인 경우로 한정한다. 이하 이 조에서 같다)를 그 증권신고의 효력이 발생하는 날(제119조제2항에 따라 일괄신고추가서류를 제출하여야 하는 경우에는 그 일괄신고추가서류를 제출하는 날로 한다)에 금융위원회에 제출하여야 하며, 이를 총리령으로 정하는 장소에 비치하고 일반인이 열람할 수 있도록 하여야 한다.(2013.5.28 본항개정)
② 투자설명서에는 증권신고서(제119조제2항의 일괄신고추가서류를 포함한다. 이하 이 장에서 같다)에 기재된 내용과 다른 내용을 표시하거나 그 기재사항을 누락하여서는 아니 된다. 다만, 기업경영 등 비밀유지와 투자자 보호와의 형평 등을 고려하여 기재를 생략할 필요가 있는 사항으로서 대통령령으로 정하는 사항에 대하여는 그 기재를 생략할 수 있다.
③ 대통령령으로 정하는 집합투자증권 및 파생결합증권의 발행인은 제1항 외에 다음 각 호의 구분에 따라 투자설명서 및 간이투자설명서를 금융위원회에 추가로 제출하여야 하며, 이를 총리령으로 정하는 장소에 비치하고 일반인이 열람할 수 있도록 하여야 한다. 다만, 그 집합투자증권 및 파생결합증권의 모집 또는 매출을 중지한 경우에는 제출·비치 및 공시를 하지 아니할 수 있다.
1. 제1항에 따라 투자설명서 및 간이투자설명서를 제출한 후 총리령으로 정하는 기간마다 1회 이상 다시 고친 투자설명서 및 간이투자설명서를 제출할 것
2. 제182조제8항에 따라 변경등록을 한 경우 변경등록의 통지를 받은 날부터 5일 이내에 그 내용을 반영한 투자설명서 및 간이투자설명서를 제출할 것
(2013.5.28 본항개정)

제124조【정당한 투자설명서의 사용】 ① 누구든지 증권신고의 효력이 발생한 증권을 취득하고자 하는 자(전문투자자, 그 밖에 대통령령으로 정하는 자를 제외한다)에게 제123조에 적합한 투자설명서(집합투자증권의 경우 투자자가 제123조에 따른 투자설명서의 교부를 별도로 요청하지 아니하는 경우에는 제2항제3호에 따른 간이투자설명서를 말한다. 이하 이 항 및 제132조에서 같다)를 미리 교부하지 아니하면 그 증권을 취득하게 하거나 매도하여서는 아니 된다. 이 경우 투자설명서가 제436조에 따른 전자문서의 방법에 따르는 때에는 다음 각 호의 요건을 모두 충족하는 때에 이를 교부한 것으로 본다.
(2013.5.28 전단개정)
1. 전자문서에 의하여 투자설명서를 받는 것을 전자문서를 받을 자(이하 "전자문서수신자"라 한다)가 동의할 것
2. 전자문서수신자가 전자문서를 받을 전자전달매체의 종류와 장소를 지정할 것
3. 전자문서수신자가 그 전자문서를 받은 사실이 확인될 것
4. 전자문서의 내용이 서면에 의한 투자설명서의 내용과 동일할 것
② 누구든지 증권신고의 대상이 되는 증권의 모집 또는 매출, 그 밖의 거래를 위하여 청약의 권유 등을 하고자 하는 경우에는 다음 각 호의 어느 하나에 해당하는 방법에 따라야 한다.
1. 제120조제1항에 따라 증권신고의 효력이 발생한 후 투자설명서를 사용하는 방법
2. 제120조제1항에 따라 증권신고서가 수리된 후 신고의 효력이 발생하기 전에 발행인이 대통령령으로 정하는 방법에 따라 작성한 예비투자설명서(신고의 효력이 발생되지 아니한 사실을 덧붙여 적은 투자설명서를 말한다. 이하 같다)를 사용하는 방법
3. 제120조제1항에 따라 증권신고서가 수리된 후 신문·방송·잡지 등을 이용한 광고, 안내문·홍보전단 또는 전자전달매체를 통하여 발행인이 대통령령으로 정하는 방법에 따라 작성한 간이투자설명서(투자설명서에 기재하여야 할 사항 중 그 일부를 생략하거나 중요한 사항만을 발췌하여 기재 또는 표시한 문서, 전자문서, 그 밖에 이에 준하는 기재 또는 표시를 말한다. 이하 같다)를 사용하는 방법
③ 집합투자증권의 경우 제2항에도 불구하고 간이투자설명서를 사용할 수 있다. 다만, 투자자가 제123조에 따른 투자설명서의 사용을 별도로 요청하는 경우에는 그러하지 아니하다.(2013.5.28 본항신설)
④ 제1항 및 제3항에 따라 집합투자증권의 간이투자설명서를 교부하거나 사용하는 경우에는 투자자에게 제123조에 따른 투자설명서를 별도로 요청할 수 있음을 알려야 한다.(2013.5.28 본항신설)

제125조【거짓의 기재 등으로 인한 배상책임】 ① 증권신고서(정정신고서 및 첨부서류를 포함한다. 이하 이 조에서 같다)와 투자설명서(예비투자설명서 및 간이투자설명서를 포함한다. 이하 이 조에서 같다) 중 중요사항에 관하여 거짓의 기재 또는 표시가 있거나 중요사항이 기재 또는 표시되지 아니함으로써 증권의 취득자가 손해를 입은 경우에는 다음 각 호의 자는 그 손해에 관하여 배상의 책임을 진다. 다만, 배상의 책임을 질 자가 상당한 주의를 하였음에도 불구하고 이를 알 수 없었음을 증명하거나 그 증권의 취득자가 취득의 청약을 할 때에 그 사실을 안 경우에는 배상의 책임을 지지 아니한다.
1. 그 증권신고서의 신고인과 신고 당시의 발행인의 이사(이사가 없는 경우 이에 준하는 자를 말하며, 법인의 설립 전에 신고된 경우에는 그 발기인을 말한다)
2. 「상법」 제401조의2제1항 각 호의 어느 하나에 해당하는 자로서 그 증권신고서의 작성을 지시하거나 집행한 자
3. 그 증권신고서의 기재사항 또는 그 첨부서류가 진실 또는 정확하다고 증명하여 서명한 공인회계사·감정인 또는 신용평가를 전문으로 하는 자 등(그 소속단체를 포함한다) 대통령령으로 정하는 자
4. 그 증권신고서의 기재사항 또는 그 첨부서류에 자기의 평가·분석·확인 의견이 기재되는 것에 대하여 동의하고 그 기재내용을 확인한 자
5. 그 증권의 인수인 또는 주선인(인수인 또는 주선인이 2인 이상인 경우에는 대통령령으로 정하는 자를 말한다)(2013.5.28 본호개정)
6. 그 투자설명서를 작성하거나 교부한 자(2009.2.3 본호개정)
7. 매출의 방법에 의한 경우 매출신고 당시의 매출인
(2013.5.28 본호개정)
② 예측정보가 다음 각 호에 따라 기재 또는 표시된 경우에는 제1항에 불구하고 제1항 각 호의 자는 그 손해에 관하여 배상의 책임을 지지 아니한다. 다만, 그 증권의 취득자가 취득의 청약 시에 예측정보 중 중요사항에 관하여 거짓의 기재 또는 표시가 있거나 중요사항이 기재 또는 표시되지 아니한 사실을 알지 못한 경우로서 제1항 각 호의 자에게 그 기재 또는 표시와 관련하여 고의 또는 중대한 과실이 있었음을 증명한 경우에는 배상의 책임을 진다.
1. 그 기재 또는 표시가 예측정보라는 사실이 밝혀져 있을 것
2. 예측 또는 전망과 관련된 가정이나 판단의 근거가 밝혀져 있을 것
3. 그 기재 또는 표시가 합리적 근거나 가정에 기초하여 성실하게 행하여졌을 것
4. 그 기재 또는 표시에 대하여 예측치와 실제 결과치가 다를 수 있다는 주의문구가 밝혀져 있을 것
③ 제2항은 주권비상장법인이 최초로 주권을 모집 또는 매출하기 위하여 증권신고서를 제출하는 경우에는 적용하지 아니한다.

제126조【손해배상액】 ① 제125조에 따라 배상할 금액은 청구권자가 해당 증권을 취득함에 있어서 실제로 지급한 금액에서 다음 각 호의 어느 하나에 해당하는 금액을 뺀 금액으로 추정한다.
1. 제125조에 따라 손해배상을 청구하는 소송의 변론이 종결될 때의 그 증권의 시장가격(시장가격이 없는 경우에는 추정처분가격을 말한다)
2. 제1호의 변론종결 전에 그 증권을 처분한 경우에는 그 처분가격
② 제1항에 불구하고 제125조에 따라 배상책임을 질 자는 청구권자가 입은 손해액의 전부 또는 일부가 중요사항에 관하여 거짓의 기재 또는 표시가 있거나 중요사항이 기재 또는 표시되지 아니함으로써 발생한 것이 아님을 증명한 경우에는 그 부분에 대하여 배상책임을 지지 아니한다.

제127조【배상청구권의 소멸】 제125조에 따른 배상의 책임은 그 청구권자가 해당 사실을 안 날부터 1년 이내 또는 해당 증권에 관하여 증권신고서의 효력이 발생한 날부터 3년 이내에 청구권을 행사하지 아니한 경우에는 소멸한다.

제128조【증권발행실적보고서】 증권신고의 효력이 발생한 증권의 발행인은 금융위원회가 정하여 고시하는 방

법에 따라 그 발행실적에 관한 보고서(이하 "증권발행실적보고서"라 한다)를 금융감독위원회에 제출하여야 한다.(2008.2.29 본조개정)

제129조【신고서와 보고서의 공시】 금융위원회는 다음 각 호의 서류를 3년간 일정한 장소에 비치하고, 인터넷 홈페이지 등을 이용하여 공시하여야 한다. 이 경우 기업경영 등 비밀유지와 투자자 보호와의 형평 등을 고려하여 대통령령으로 정하는 사항을 제외하고 비치 및 공시할 수 있다.(2008.2.29 전단개정)

1. 증권신고서 및 정정신고서
2. 투자설명서(집합투자증권의 경우 제124조제2항제3호에 따른 간이투자설명서를 포함한다)(2013.5.28 본호개정)
3. 증권발행실적보고서

제130조【신고서를 제출하지 아니하는 모집·매출】 ① 제119조제1항에 따른 신고서를 제출하지 아니하고 증권을 모집 또는 매출하는 발행인은 투자자를 보호하기 위하여 재무상태에 관한 사항의 공시, 그 밖에 대통령령으로 정하는 조치를 하여야 한다. 다만, 제119조제6항에서 정한 사유에 해당하는 때에는 그러하지 아니하다.(2013.5.28 단서신설)

② 자금조달 계획의 동일성 등 대통령령으로 정하는 사항을 종합적으로 고려하여 둘 이상의 증권의 발행 또는 매도가 사실상 동일한 증권의 발행 또는 매도로 인정되는 경우에는 하나의 증권의 발행 또는 매도로 보아 제1항을 적용한다.(2017.10.31 본항신설)

제131조【보고 및 조사】 ① 금융위원회는 투자자 보호를 위하여 필요한 경우에는 증권신고의 신고인, 증권의 발행인·매출인·인수인, 그 밖의 관계인에 대하여 참고가 될 보고 또는 자료의 제출을 명하거나, 금융감독원장에게 그 장부·서류, 그 밖의 물건을 조사하게 할 수 있다.(2008.2.29 본항개정)

② 제1항에 따라 조사를 하는 자는 그 권한을 표시하는 증표를 지니고 이를 관계인에게 내보여야 한다.

제132조【위원회의 조치】 금융위원회는 다음 각 호의 어느 하나에 해당하는 경우에는 증권신고의 신고인, 증권의 발행인·매출인·인수인 또는 주선인에 대하여 이유를 제시한 후 그 사실을 공고하고 정정을 명할 수 있으며, 필요한 때에는 그 증권의 발행·모집·매출, 그 밖의 거래를 정지 또는 금지하거나 대통령령으로 정하는 조치를 할 수 있다. 이 경우 그 조치에 필요한 절차 및 조치기준은 총리령으로 정한다.(2013.5.28 전단개정)

1. 증권신고서·정정신고서 또는 증권발행실적보고서를 제출하지 아니한 경우
2. 증권신고서·정정신고서 또는 증권발행실적보고서 중 중요사항에 관하여 거짓의 기재 또는 표시가 있거나 중요사항이 기재 또는 표시되지 아니한 경우
3. 제121조를 위반하여 증권의 취득 또는 매수의 청약에 대한 승낙을 한 경우
4. 투자설명서에 관하여 제123조 또는 제124조를 위반한 경우
5. 예비투자설명서 또는 간이투자설명서에 의한 증권의 모집·매출, 그 밖의 거래에 관하여 제124조제2항을 위반한 경우
6. 제130조에 따른 조치를 하지 아니한 경우

제2장 기업의 인수·합병 관련제도

제1절 공개매수

제133조【공개매수의 적용대상】 ① 이 절에서 "공개매수"란 불특정 다수인에 대하여 의결권 있는 주식, 그 밖에 대통령령으로 정하는 증권(이하 "주식등"이라 한다)의 매수(다른 증권과의 교환을 포함한다. 이하 이 절에서 같다)의 청약을 하거나 매도(다른 증권과의 교환을 포함한다. 이하 이 절에서 같다)의 청약을 권유하고 증권시장 및 다자간매매체결회사(이와 유사한 시장으로서 해외에 있는 시장을 포함한다. 이하 이 절에서 같다) 밖에서 그 주식등을 매수하는 것을 말한다.(2013.5.28 본항개정)

② 이 절에서 "공개매수사무취급자"란 공개매수를 하고자 하는 자를 대리하여 매수·교환·입찰, 그 밖의 유상취득(이하 이 절에서 "매수등"이라 한다)을 할 주식등의 보관, 공개매수에 필요한 자금 또는 교환대상 증권의 지급, 그 밖의 공개매수 관련 사무를 취급하는 자를 말한다.

③ 주식등을 대통령령으로 정하는 기간 동안 증권시장 밖에서 대통령령으로 정하는 수 이상의 자로부터 매수등을 하고자 하는 자는 그 매수등을 한 후에 본인과 그 특별관계자(대통령령으로 정하는 특별한 관계가 있는 자를 말한다. 이하 같다)가 보유(소유, 그 밖에 이에 준하는 경우로서 대통령령으로 정하는 경우를 포함한다. 이하 이 절 및 제2절에서 같다)하게 되는 주식등의 수의 합계가 그 주식등의 총수의 100분의 5 이상이 되는 경우(본인과 그 특별관계자가 보유하는 주식등의 수의 합계가 그 주식등의 총수의 100분의 5 이상인 자가 그 주식등의 매수등을 하는 경우를 포함한다)에는 공개매수를 하여야 한다. 다만, 매수등의 목적, 유형, 그 밖에 다른 주주의 권익침해 가능성 등을 고려하여 대통령령으로 정하는 매수등의 경우에는 공개매수 외의 방법으로 매수등을 할 수 있다.

④ 제3항을 적용함에 있어서 증권시장에서의 경쟁매매 외의 방법에 의한 주식등의 매수로서 대통령령으로 정하는 매수의 경우에는 증권시장 밖에서 행하여진 것으로 본다.

⑤ 제3항에 따른 주식등의 수와 주식등의 총수는 총리령으로 정하는 방법에 따라 산정한 수로 한다.(2008.2.29 본항개정)

제134조【공개매수공고 및 공개매수신고서의 제출】 ① 공개매수를 하고자 하는 자는 대통령령으로 정하는 방법에 따라 다음 각 호의 사항을 공고(이하 "공개매수공고"라 한다)하여야 한다.

1. 공개매수를 하고자 하는 자
2. 공개매수할 주식등의 발행인(그 주식등과 관련된 증권예탁증권, 그 밖에 대통령령으로 정하는 주식등의 경우에는 대통령령으로 정하는 자를 말한다. 이하 이 절에서 같다)
3. 공개매수의 목적
4. 공개매수할 주식등의 종류 및 수
5. 공개매수기간·가격·결제일 등 공개매수조건
6. 매수자금의 명세, 그 밖에 투자자 보호를 위하여 필요한 사항으로서 대통령령으로 정하는 사항

② 공개매수공고를 한 자(이하 "공개매수자"라 한다)는 대통령령으로 정하는 방법에 따라 다음 각 호의 사항을 기재한 신고서(이하 "공개매수신고서"라 한다)를 그 공개매수공고를 한 날(이하 "공개매수공고일"이라 한다)에 금융위원회와 거래소에 제출하여야 한다. 다만, 공개매수공고일이 공휴일(「근로자의 날 제정에 관한 법률」에 따른 근로자의 날 및 토요일을 포함한다), 그 밖에 금융위원회가 정하여 고시하는 날에 해당되는 경우에는 그 다음 날에 제출할 수 있다.(2008.2.29 본문개정)

1. 공개매수자 및 그 특별관계자에 관한 사항
2. 공개매수할 주식등의 발행인
3. 공개매수의 목적
4. 공개매수할 주식등의 종류 및 수
5. 공개매수기간·가격·결제일 등 공개매수조건
6. 공개매수공고일 이후에 공개매수에 의하지 아니하고 주식등의 매수등을 하는 계약이 있는 경우에는 그 계약의 내용
7. 매수자금의 명세, 그 밖에 투자자 보호를 위하여 필요한 사항으로서 대통령령으로 정하는 사항

③ 제1항 및 제2항에 따른 공개매수기간은 대통령령으로 정하는 기간 이내여야 한다.

④ 공개매수자는 공개매수신고서에 그 주식등의 발행인의 예측정보를 기재 또는 표시할 수 있다. 이 경우 예측정보의 기재 또는 표시는 제125조제2항제1호·제2호 및 제4호의 방법에 따라야 한다.

⑤ 공개매수신고서의 첨부서류, 그 밖에 공개매수신고서에 관하여 필요한 사항은 대통령령으로 정한다.

제135조【신고서 사본의 송부】 공개매수자는 공개매수신고서를 제출한 경우에는 지체 없이 그 사본을 공개매수할 주식등의 발행인에게 송부하여야 한다.

제136조【정정신고·공고 등】 ① 금융위원회는 공개매수신고서의 형식을 제대로 갖추지 아니한 경우 또는 그 공개매수신고서 중 중요사항에 관하여 거짓의 기재 또는 표시가 있거나 중요사항이 기재 또는 표시되지 아니한 경우에는 공개매수기간이 종료하는 날까지 그 이유를 제시하고 그 공개매수신고서의 기재내용을 정정한 신고서(이하 이 절에서 "정정신고서"라 한다)의 제출을 요구할 수 있다.(2008.2.29 본항개정)

② 제1항에 따른 요구가 있는 경우 그 공개매수신고서는 그 요구를 한 날부터 제출되지 아니한 것으로 본다.

③ 공개매수자는 공개매수조건, 그 밖에 공개매수신고서의 기재사항을 정정하고자 하는 경우 또는 투자자 보호를 위하여 그 공개매수신고서에 기재된 내용을 정정할 필요가 있는 경우로서 총리령으로 정하는 경우에는 공개매수기간이 종료하는 날까지 금융위원회와 거래소에 정정신고서를 제출하여야 한다. 다만, 매수가격의 인하, 매수예정 주식등의 수의 감소, 매수대금 지급기간의 연장(제4항제1호의 경우를 제외한다), 그 밖에 대통령령으로 정하는 공개매수조건 등은 변경할 수 없다.(2008.2.29 본문개정)

④ 공개매수자가 제1항 또는 제3항에 따라 공개매수신고서의 정정신고서를 제출하는 경우 공개매수기간의 종료일은 다음 각 호와 같다.

1. 그 정정신고서를 제출한 날이 제134조제1항제5호에 따라 공고한 공개매수기간 종료일 전 10일 이내에 해당하는 경우에는 그 정정신고서를 제출한 날부터 10일이 경과한 날
2. 그 정정신고서를 제출한 날이 제134조제1항제5호에 따라 공고한 공개매수기간 종료일 전 10일 이내에 해당하지 아니하는 경우에는 그 공개매수기간이 종료하는 날

⑤ 공개매수자는 제1항 또는 제3항에 따라 정정신고서를 제출한 경우에는 지체 없이 그 사실과 정정한 내용(공개매수공고에 포함된 사항에 한한다)을 공고하여야 한다. 이 경우 공고의 방법은 제134조제1항에 따른다.

⑥ 공개매수자는 공개매수신고서의 정정신고서를 제출한 경우에는 지체 없이 그 사본을 공개매수할 주식등의 발행인에게 송부하여야 한다.

제137조【공개매수설명서의 작성·공시】 ① 공개매수자(공개매수사무취급자를 포함한다. 이하 이 조에서 같다)는 공개매수를 하고자 하는 경우에는 대통령령으로 정하는 방법에 따라 그 공개매수에 관한 설명서(이하 "공개매수설명서"라 한다)를 작성하여 공개매수공고일에 금융위원회와 거래소에 제출하여야 하며, 이를 총리령으로 정하는 장소에 비치하고 일반인이 열람할 수 있도록 하여야 한다. 이 경우 제134조제2항 각 호 외의 부분 단서를 준용한다.(2008.2.29 본항개정)

② 공개매수설명서에는 공개매수신고서에 기재된 내용과 다른 내용을 표시하거나 그 기재사항을 누락하여서는 아니 된다.

③ 공개매수자는 공개매수할 주식등을 매도하고자 하는 자에게 제1항에 적합한 공개매수설명서를 미리 교부하지 아니하면 그 주식등을 매수하여서는 아니 된다. 이 경우 공개매수설명서가 제436조에 따른 전자문서의 방법에 따르는 때에는 다음 각 호의 요건을 모두 충족하는 때에 이를 교부한 것으로 본다.

1. 전자문서에 의하여 공개매수설명서를 받는 것을 전자문서수신자가 동의할 것
2. 전자문서수신자가 전자문서를 받을 전자전달매체의 종류와 장소를 지정할 것
3. 전자문서수신자가 그 전자문서를 받은 사실이 확인될 것
4. 전자문서의 내용이 서면에 의한 공개매수설명서의 내용과 동일할 것

제138조【공개매수에 관한 의견표명】 ① 공개매수신고서가 제출된 주식등의 발행인은 대통령령으로 정하는 방법에 따라 그 공개매수에 관한 의견을 표명할 수 있다.

② 발행인은 제1항에 따라 의견을 표명한 경우에는 그 내용을 기재한 문서를 지체 없이 금융위원회와 거래소에 제출하여야 한다.(2008.2.29 본항개정)

제139조【공개매수의 철회 등】 ① 공개매수자는 공개매수공고일 이후에는 공개매수를 철회할 수 없다. 다만, 대항공개매수(공개매수기간 중 그 공개매수에 대항하는 공개매수를 말한다)가 있는 경우, 공개매수자가 사망·해산·파산한 경우, 그 밖에 투자자 보호를 해할 우려가 없는 경우로서 대통령령으로 정하는 경우에는 공개매수기간의 말일까지 철회할 수 있다.

② 공개매수자는 제1항에 따라 공개매수를 철회하고자 하는 경우에는 철회신고서를 금융위원회와 거래소에 제출하고, 그 내용을 공고하여야 한다. 이 경우 공고의 방법은 제134조제1항에 따른다.(2008.2.29 전단개정)

③ 공개매수자는 공개매수의 철회신고서를 제출한 경우에는 지체 없이 그 사본을 공개매수를 철회할 주식등의 발행인에게 송부하여야 한다.

④ 공개매수대상 주식등의 매수의 청약에 대한 승낙 또는 매도의 청약(이하 "응모"라 한다)을 한 자(이하 "응모주주"라 한다)는 공개매수기간 중에는 언제든지 응모를 취소할 수 있다. 이 경우 공개매수자는 응모주주에 대하여 그 응모의 취소에 따른 손해배상 또는 위약금의 지급을 청구할 수 없다.

제140조【공개매수에 의하지 아니한 매수등의 금지】 공개매수자(그 특별관계자 및 공개매수사무취급자를 포함한다)는 공개매수공고일부터 그 매수기간이 종료하는 날까지 그 주식등을 공개매수에 의하지 아니하고는 매수등을 하지 못한다. 다만, 공개매수에 의하지 아니하고 그 주식등의 매수등을 하더라도 다른 주주의 권익침해가 없는 경우로서 대통령령으로 정하는 경우에는 공개매수에 의하지 아니하고 매수등을 할 수 있다.

제141조【공개매수의 조건과 방법】 ① 공개매수자는 공개매수신고서에 기재한 매수조건과 방법에 따라 응모한 주식등의 전부를 공개매수기간이 종료하는 날의 다음 날 이후 지체 없이 매수하여야 한다. 다만, 다음 각 호의 어느 하나에 해당하는 조건을 공개매수공고에 게재하고 공개매수신고서에 기재한 경우에는 그 조건에 따라 응모한 주식등의 전부 또는 일부를 매수하지 아니할 수 있다.

1. 응모한 주식등의 총수가 공개매수 예정주식등의 수에 미달할 경우 응모 주식등의 전부를 매수하지 아니한다는 조건
2. 응모한 주식등의 총수가 공개매수 예정주식등의 수를 초과할 경우에는 공개매수 예정주식등의 수의 범위에서 비례배분하여 매수하고 그 초과 부분의 전부 또는 일부를 매수하지 아니한다는 조건

② 공개매수자가 제1항에 따라 공개매수를 하는 경우 그 매수가격은 균일하여야 한다.

제142조【공개매수자 등의 배상책임】 ① 공개매수신고서(그 첨부서류를 포함한다. 이하 이 조에서 같다) 및 그 공고, 정정신고서(그 첨부서류를 포함한다. 이하 이 조에서 같다) 및 그 공고 또는 공개매수설명서 중 중요사항에 관하여 거짓의 기재 또는 표시가 있거나 중요사항이 기재 또는 표시되지 아니함으로써 응모주주가 손해를 입은 경우에는 다음 각 호의 자는 그 손해에 관하여 배상의 책임을 진다. 다만, 배상의 책임을 질 자가 상당한 주의를 하였음에도 불구하고 이를 알 수 없었음을 증명하거나 응모주주가 응모를 할 때에 그 사실을 안 경우에는 배상의 책임을 지지 아니한다.

1. 공개매수신고서 및 그 정정신고서의 신고인(신고인의 특별관계자를 포함하며, 신고인이 법인인 경우 그 이사를 포함한다)과 그 대리인
2. 공개매수설명서의 작성자와 그 대리인

② 예측정보가 다음 각 호에 따라 기재 또는 표시된 경우에는 제1항에 불구하고 제1항 각 호의 자는 그 손해에 관하여 배상의 책임을 지지 아니한다. 다만, 응모주주가 주

식등의 응모를 할 때에 예측정보 중 중요사항에 관하여 거짓의 기재 또는 표시가 있거나 중요사항이 기재 또는 표시되지 아니한 사실을 알지 못한 경우로서 제1항 각 호의 자에게 그 기재 또는 표시와 관련하여 고의 또는 중대한 과실이 있었음을 증명한 경우에는 배상의 책임을 진다.
1. 그 기재 또는 표시가 예측정보라는 사실이 밝혀져 있을 것
2. 예측 또는 전망과 관련된 가정 또는 판단의 근거가 밝혀져 있을 것
3. 그 기재 또는 표시가 합리적 근거 또는 가정에 기초하여 성실하게 행하여졌을 것
4. 그 기재 또는 표시에 대하여 예측치와 실제 결과치가 다를 수 있다는 주의문구가 밝혀져 있을 것
③ 제1항 및 제2항에 따라 배상할 금액은 손해배상을 청구하는 소송의 변론이 종결될 때의 그 주식등의 시장가격(시장가격이 없는 경우에는 추정처분가격을 말한다)에서 응모의 대가로 실제로 받은 금액을 뺀 금액으로 추정한다.
④ 제3항에 불구하고 제1항 및 제2항에 따라 배상책임을 질 자는 응모주주가 입은 손해액의 전부 또는 일부가 중요사항에 관하여 거짓의 기재 또는 표시가 있거나 중요사항을 기재 또는 표시하지 아니함으로써 발생한 것이 아님을 증명한 경우에는 그 부분에 대하여 배상의 책임을 지지 아니한다.
⑤ 제1항 및 제2항에 따른 배상책임은 응모주주가 해당 사실을 안 날부터 1년 이내 또는 해당 공개매수공고일부터 3년 이내에 청구권을 행사하지 아니한 경우에는 소멸한다.

제143조【공개매수결과보고서】 공개매수자는 금융위원회가 정하여 고시하는 방법에 따라 공개매수의 결과를 기재한 보고서(이하 "공개매수결과보고서"라 한다)를 금융위원회와 거래소에 제출하여야 한다.(2008.2.29 본조개정)

제144조【신고서 등의 공시】 금융위원회와 거래소는 다음 각 호의 서류를 그 접수일부터 3년간 비치하고, 인터넷 홈페이지 등을 이용하여 공시하여야 한다.(2008.2.29 본문개정)
1. 공개매수신고서 및 정정신고서
2. 공개매수설명서
3. 제138조에 따른 문서
4. 제139조제2항에 따른 철회신고서
5. 공개매수결과보고서

제145조【의결권 제한 등】 제133조제3항 또는 제134조제1항·제2항을 위반하여 주식등의 매수등을 한 경우에는 그 날부터 그 주식(그 주식등과 관련한 권리 행사 등으로 취득한 주식을 포함한다)에 대한 의결권을 행사할 수 없으며, 금융위원회는 6개월 이내의 기간을 정하여 그 주식등(그 주식등과 관련한 권리 행사 등으로 취득한 주식을 포함한다)의 처분을 명할 수 있다.(2008.2.29 본조개정)

제146조【조사 및 조치】 ① 금융위원회는 투자자 보호를 위하여 필요한 경우에는 공개매수자, 공개매수자의 특별관계자, 공개매수사무취급자, 그 밖의 관계인에 대하여 참고가 될 보고 또는 자료의 제출을 명하거나, 금융감독원장에게 그 장부·서류, 그 밖의 물건을 조사하게 할 수 있다. 이 경우 제131조제2항을 준용한다.(2008.2.29 전단개정)
② 금융위원회는 다음 각 호의 어느 하나에 해당하는 경우에는 공개매수자, 공개매수자의 특별관계자 또는 공개매수사무취급자에 대하여 이유를 제시한 후 그 사실을 공고하고 정정을 명할 수 있으며, 필요한 때에는 그 공개매수를 정지 또는 금지하거나 대통령령으로 정하는 조치를 할 수 있다. 이 경우 그 조치에 필요한 절차 및 조치기준은 총리령으로 정한다.(2009.2.3 후단개정)
1. 공개매수공고 또는 제136조제5항의 공고를 하지 아니한 경우
2. 공개매수신고서, 정정신고서 또는 공개매수결과보고서를 제출하지 아니한 경우
3. 공개매수공고, 공개매수신고서, 정정신고서, 제136조제5항의 공고 또는 공개매수결과보고서 중 중요사항에 관하여 거짓의 기재 또는 표시가 있거나 중요사항이 기재 또는 표시되지 아니한 경우
4. 제135조, 제136조제6항 또는 제139조제3항을 위반하여 공개매수신고서, 정정신고서 또는 철회신고서의 사본을 발행인에게 송부하지 아니한 경우
5. 제135조, 제136조제6항 또는 제139조제3항에 따른 신고서 사본에 신고서에 기재된 내용과 다른 내용을 표시하거나 그 내용을 누락하여 송부한 경우
6. 공개매수설명서에 관하여 제137조를 위반한 경우
7. 제139조제1항 또는 제2항을 위반하여 공개매수를 철회한 경우
8. 제140조를 위반하여 공개매수에 의하지 아니하고 매수등을 한 경우
9. 제141조를 위반하여 공개매수를 한 경우
10. 제145조를 위반하여 의결권을 행사하거나, 같은 조에 따른 처분명령을 위반한 경우

제2절 주식등의 대량보유상황의 보고

제147조【주식등의 대량보유 등의 보고】 ① 주권상장법인의 주식등(제234조제1항에 따른 상장지수집합투자기구인 투자회사의 주식은 제외한다. 이하 이 절에서 같다)을 대량보유(본인과 그 특별관계자가 보유하게 되는 주식등의 수의 합계가 그 주식등의 총수의 100분의 5 이상인 경우를 말한다)하게 된 자는 그 날부터 5일(대통령령으로 정하는 날은 산입하지 아니한다. 이하 이 절에서 같다) 이내에 그 보유상황, 보유 목적(발행인의 경영권에 영향을 주기 위한 목적 여부를 말한다), 그 보유 주식등에 관한 주요계약내용, 그 밖에 대통령령으로 정하는 사항을 대통령령으로 정하는 방법에 따라 금융위원회와 거래소에 보고하여야 하며, 그 보유 주식등의 수의 합계가 그 주식등의 총수의 100분의 1 이상 변동된 경우(그 보유 주식등의 수가 변동되지 아니한 경우, 그 밖에 대통령령으로 정하는 경우를 제외한다)에는 그 변동된 날부터 5일 이내에 그 변동내용을 대통령령으로 정하는 방법에 따라 금융위원회와 거래소에 보고하여야 한다. 이 경우 그 보유 목적이 발행인의 경영권에 영향을 주기 위한 것(임원의 선임·해임 또는 직무의 정지, 이사회 등 회사의 기관과 관련된 정관의 변경 등 대통령령으로 정하는 것을 말한다)이 아닌 경우와 전문투자자 중 대통령령으로 정하는 자의 경우에는 그 보고내용 및 보고시기 등을 대통령령으로 달리 정할 수 있다.(2016.3.29 전단개정)
② 제1항에 따른 주식등의 수 및 주식등의 총수는 총리령으로 정하는 방법에 따라 산정한 수로 한다.(2008.2.29 본항개정)
③ 제1항에 따라 주식등의 대량보유상황·보유 목적 또는 그 변동내용을 보고하는 날 전일까지 새로 변동내용을 보고하여야 할 사유가 발생한 경우 새로 보고하여야 하는 변동내용은 당초의 대량보유상황, 보유 목적 또는 그 변동내용을 보고할 때 이를 함께 보고하여야 한다.
④ 제1항에 따라 보고한 자는 그 보유 목적이나 그 보유 주식등에 관한 주요계약내용 등 대통령령으로 정하는 중요한 사항의 변경이 있는 경우에는 5일 이내에 금융위원회와 거래소에 보고하여야 한다.(2008.2.29 본항개정)

제148조【대량보유보고서 등의 발행인에 대한 송부】 제147조제1항 또는 제4항에 따라 보고한 자는 지체 없이 그 사본을 해당 주식등의 발행인(대통령령으로 정하는 주식등의 경우에는 대통령령으로 정하는 자를 말한다)에게 송부하여야 한다.

제149조【보고서 등의 공시】 금융위원회 및 거래소는 제147조제1항 및 제4항에 따라 제출받은 보고서를 3년간 비치하고, 인터넷 홈페이지 등을 이용하여 공시하여야 한다.(2008.2.29 본조개정)

제150조【위반 주식등의 의결권행사 제한 등】 ① 제147조제1항·제3항 및 제4항에 따라 보고(그 정정보고를 포함한다)하지 아니한 자 또는 대통령령으로 정하는 중요한 사항을 거짓으로 보고하거나 대통령령으로 정하는 중요한 사항의 기재를 누락한 자는 대통령령으로 정하는 기간 동안 의결권 있는 발행주식총수의 100분의 5를 초과하는 부분 중 위반분에 대하여 그 의결권을 행사하여서는 아니 되며, 금융위원회는 6개월 이내의 기간을 정하여 그 위반분의 처분을 명할 수 있다.(2008.2.29 본항개정)
② 제147조제1항·제3항 및 제4항에 따라 주식등의 보유목적을 발행인의 경영권에 영향을 주기 위한 것으로 보고하는 자는 그 보고하여야 할 사유가 발생한 날부터 보고한 날 이후 5일까지 그 발행인의 주식등을 추가로 취득하거나 보유 주식등에 대하여 그 의결권을 행사할 수 없다.
③ 제2항을 위반하여 주식등을 추가로 취득한 자는 그 추가 취득분에 대하여 그 의결권을 행사할 수 없으며, 금융위원회는 6개월 이내의 기간을 정하여 그 추가 취득분의 처분을 명할 수 있다.(2008.2.29 본항개정)

제151조【조사 및 정정요구 등】 ① 금융위원회는 투자자 보호를 위하여 필요한 경우에는 제147조제1항 또는 제4항에 따라 보고서를 제출한 자, 그 밖의 관계인에 대하여 참고가 될 보고 또는 자료의 제출을 명하거나, 금융감독원장에게 그 장부·서류, 그 밖의 물건을 조사하게 할 수 있다. 이 경우 제131조제2항을 준용한다.
② 금융위원회는 제147조제1항 또는 제4항에 따라 제출된 보고서의 형식을 제대로 갖추지 아니한 경우 또는 그 보고서 중 중요사항에 관하여 거짓의 기재 또는 표시가 있거나 중요사항의 기재 또는 표시가 누락된 경우에는 그 이유를 제시하고 그 보고서의 정정을 명할 수 있으며, 필요한 때에는 거래를 정지 또는 금지하거나 대통령령으로 정하는 조치를 할 수 있다.
(2008.2.29 본조개정)

제3절 의결권 대리행사의 권유 제한

제152조【의결권 대리행사의 권유】 ① 상장주권(그 상장주권과 관련된 증권예탁증권을 포함한다. 이하 이 절에서 같다)의 의결권 대리행사의 권유를 하고자 하는 자(이하 "의결권권유자"라 한다)는 그 권유에 있어서 그 상대방(이하 "의결권피권유자"라 한다)에게 대통령령으로 정하는 방법에 따라 위임장 용지 및 참고서류를 교부하여야 한다.
② 제1항에서 "의결권 대리행사의 권유"란 다음 각 호의 어느 하나에 해당하는 행위를 말한다. 다만, 의결권피권유자의 수 등을 고려하여 대통령령으로 정하는 경우에는 의결권 대리행사의 권유로 보지 아니한다.
1. 자기 또는 제삼자에게 의결권의 행사를 대리시키도록 권유하는 행위
2. 의결권의 행사 또는 불행사를 요구하거나 의결권 위임의 철회를 요구하는 행위
3. 의결권의 확보 또는 그 취소 등을 목적으로 주주에게 위임장 용지를 송부하거나, 그 밖의 방법으로 의견을 제시하는 행위
③ 국가기간산업 등 국민경제상 중요한 산업을 영위하는 법인으로서 대통령령으로 정하는 상장법인(이하 "공공적 법인"이라 한다)의 경우에는 그 공공적 법인만이 그 주식의 의결권 대리행사의 권유를 할 수 있다.
④ 제1항의 위임장 용지는 주주총회의 목적사항 각 항목에 대하여 의결권피권유자가 찬반(贊反)을 명기할 수 있도록 하여야 한다.
⑤ 의결권권유자는 위임장 용지에 나타난 의결권피권유자의 의사에 반하여 의결권을 행사할 수 없다.
⑥ 위임장 용지 및 참고서류의 기재사항 등에 관하여 필요한 사항은 대통령령으로 정한다.

제152조의2【발행인과 의결권권유자와의 관계】 ① 발행인이 아닌 의결권권유자는 발행인이 의결권 대리행사의 권유를 하는 경우에는 그 발행인에 대하여 다음 각 호의 어느 하나에 해당하는 행위를 할 것을 요구할 수 있다.
1. 발행인이 아닌 의결권권유자에 대하여 주주명부의 열람·등사를 허용하는 행위(2016.3.22 본호개정)
2. 발행인이 아닌 의결권권유자를 위하여 그 의결권권유자의 비용으로 위임장 용지 및 참고서류를 주주에게 송부하는 행위
② 발행인은 제1항에 따른 요구가 있는 경우에는 요구받은 날부터 2일(대통령령으로 정하는 날은 제외한다) 이내에 이에 응하여야 한다.
(2013.5.28 본조신설)

제153조【위임장 용지 및 참고서류의 비치 및 열람】 의결권권유자는 제152조에 따라 위임장 용지 및 참고서류를 의결권피권유자에게 제공하는 날 2일(대통령령으로 정하는 날을 제외한다) 전까지 이를 금융위원회와 거래소에 제출하여야 하며, 총리령으로 정하는 장소에 이를 비치하고 일반인이 열람할 수 있도록 하여야 한다.
(2013.5.28 본조개정)

제154조【정당한 위임장 용지 등의 사용】 의결권권유자는 위임장 용지 및 참고서류 중 의결권피권유자의 의결권 위임 여부 판단에 중대한 영향을 미칠 수 있는 사항(이하 이 절에서 "의결권 위임 관련 중요사항"이라 한다)에 관하여 거짓의 기재 또는 표시를 하거나 의결권 위임 관련 중요사항의 기재 또는 표시를 누락하여서는 아니 된다.

제155조【의견표명】 의결권 대리행사의 권유대상이 되는 상장주권의 발행인은 의결권 대리행사의 권유에 대하여 의견을 표명한 경우에는 그 내용을 기재한 서면을 지체 없이 금융위원회와 거래소에 제출하여야 한다.
(2008.2.29 본조개정)

제156조【정정요구 등】 ① 금융위원회는 위임장용지 및 참고서류의 형식을 제대로 갖추지 아니한 경우 또는 위임장 용지 및 참고서류 중 의결권 위임 관련 중요사항에 관하여 거짓의 기재 또는 표시가 있거나 의결권 위임 관련 중요사항이 기재 또는 표시되지 아니한 경우에는 그 이유를 제시하고 위임장용지 및 참고서류를 정정하여 제출할 것을 요구할 수 있다.(2008.2.29 본항개정)
② 제1항에 따른 요구가 있는 경우에는 당초 제출한 위임장용지 및 참고서류는 제출하지 아니한 것으로 본다.
③ 의결권권유자는 위임장 용지 및 참고서류의 기재사항을 정정하고자 하는 경우에는 그 권유와 관련된 주주총회일 7일(대통령령으로 정하는 날을 제외한다) 전까지 이를 정정하여 제출할 수 있다. 이 경우 대통령령으로 정하는 중요한 사항을 정정하고자 하는 경우 또는 투자자 보호를 위하여 그 위임장 용지 및 참고서류에 기재된 내용을 정정할 필요가 있는 경우로서 대통령령으로 정하는 경우에는 반드시 이를 정정하여 제출하여야 한다.

제157조【위임장용지 등의 공시】 금융위원회와 거래소는 제152조에 따른 위임장용지 및 참고서류, 제155조에 따른 서면 및 제156조에 따른 정정내용을 그 접수일부터 3년간 비치하고, 인터넷 홈페이지 등을 이용하여 공시하여야 한다.(2008.2.29 본조개정)

제158조【조사 및 조치】 ① 금융위원회는 투자자 보호를 위하여 필요한 경우에는 의결권권유자, 그 밖의 관계인에 대하여 참고가 될 보고 또는 자료의 제출을 명하거나, 금융감독원장에게 그 장부·서류, 그 밖의 물건을 조사하게 할 수 있다. 이 경우 제131조제2항을 준용한다.
(2008.2.29 전단개정)
② 금융위원회는 다음 각 호의 어느 하나에 해당하는 경우에는 의결권권유자에 대하여 이유를 제시한 후 그 사실을 공고하고 정정을 명할 수 있으며, 필요한 때에는 의결권 대리행사의 권유를 정지 또는 금지하거나 대통령령으로 정하는 조치를 할 수 있다. 이 경우 그 조치에 필요한 절차 및 조치기준은 총리령으로 정한다.(2009.2.3 후단개정)
1. 제152조제1항을 위반하여 위임장 용지 및 참고서류를 의결권피권유자에게 교부하지 아니한 경우
2. 제152조제3항을 위반하여 공공적 법인이 아닌 자가 의결권 대리행사의 권유를 한 경우
3. 위임장 용지 및 참고서류에 관하여 제153조 또는 제154조를 위반한 경우

4. 제153조 또는 제156조제1항·제3항에 따라 제출하는 위임장 용지 및 참고서류 중 의결권 위임 관련 중요사항에 관하여 거짓의 기재 또는 표시가 있거나 의결권 위임 관련 중요사항이 기재 또는 표시되지 아니한 경우
5. 제156조제3항 후단을 위반하여 정정서류를 제출하지 아니한 경우

제3장 상장법인의 사업보고서 등

제159조【사업보고서 등의 제출】 ① 주권상장법인, 그 밖에 대통령령으로 정하는 법인(이하 "사업보고서 제출대상법인"이라 한다)은 그 사업보고서를 각 사업연도 경과 후 90일 이내에 금융위원회와 거래소에 제출하여야 한다. 다만, 파산, 그 밖의 사유로 인하여 사업보고서의 제출이 사실상 불가능하거나 실효성이 없는 경우로서 대통령령으로 정하는 경우에는 사업보고서를 제출하지 아니할 수 있다.(2008.2.29 본문개정)
② 사업보고서 제출대상법인은 제1항의 사업보고서에 다음 각 호의 사항을 기재하고, 대통령령으로 정하는 서류를 첨부하여야 한다.
1. 회사의 목적, 상호, 사업내용
2. 임원보수(「상법」, 그 밖의 법률에 따른 주식매수선택권을 포함하되, 대통령령으로 정하는 것에 한한다. 이하 이 항에서 같다)
3. 임원 개인별 보수와 그 구체적인 산정기준 및 방법(임원 개인에게 지급된 보수가 5억원 이내의 범위에서 대통령령으로 정하는 금액 이상인 경우에 한한다)
3의2. 보수총액 기준 상위 5명의 개인별 보수와 그 구체적인 산정기준 및 방법(개인에게 지급된 보수가 5억원 이내의 범위에서 대통령령으로 정하는 금액 이상인 경우에 한정한다)(2016.3.29 본호신설)
4. 재무에 관한 사항
5. 그 밖에 대통령령으로 정하는 사항
(2013.5.28 본항개정)
③ 최초로 제1항에 따라 사업보고서를 제출하여야 하는 법인은 사업보고서 제출대상법인에 해당하게 된 날부터 5일(제1항에 따른 사업보고서의 제출기간 중에 사업보고서 제출대상법인에 해당하게 된 경우에는 그 제출기한으로 한다) 이내에 그 직전 사업연도의 사업보고서를 금융위원회와 거래소에 제출하여야 한다. 다만, 그 법인이 증권신고서 등을 통하여 이미 직전 사업연도의 사업보고서에 준하는 사항을 공시한 경우에는 직전 사업연도의 사업보고서를 제출하지 아니할 수 있다.(2009.2.3 본문개정)
④ 사업보고서 제출대상법인은 제1항의 사업보고서를 작성함에 있어서 금융위원회가 정하여 고시하는 기재방법 및 서식에 따라야 한다.(2009.2.3 본항개정)
⑤ (2009.2.3 삭제)
⑥ 사업보고서 제출대상법인은 사업보고서에 그 법인의 예측정보를 기재 또는 표시할 수 있다. 이 경우 예측정보의 기재 또는 표시는 제125조제2항제1호·제2호 및 제4호의 방법에 따라야 한다.
⑦ 사업보고서를 제출하는 경우 제출 당시 그 법인의 대표이사(집행임원 설치회사의 경우 대표집행임원을 말한다) 및 제출업무를 담당하는 이사는 그 사업보고서의 기재사항 중 중요사항에 관하여 거짓의 기재 또는 표시가 있거나 중요사항의 기재 또는 표시가 누락되어 있지 아니하다는 사실 등 대통령령으로 정하는 사항을 확인·검토하고 이에 각각 서명하여야 한다.(2013.5.28 본항개정)
제160조【반기·분기보고서의 제출】 사업보고서 제출대상법인은 그 사업연도 개시일부터 6개월간의 사업보고서(이하 "반기보고서"라 한다)와 사업연도 개시일부터 3개월간 및 9개월간의 사업보고서(이하 "분기보고서"라 한다)를 각각 그 기간 경과 후 45일 이내에 금융위원회와 거래소에 제출하여야 하되, 사업보고서 제출대상법인이 재무에 관한 사항과 그 부속명세, 그 밖에 금융위원회가 정하여 고시하는 사항을 연결재무제표를 기준으로 기재하여 작성한 반기보고서와 분기보고서를 금융위원회와 거래소에 제출하는 경우에는 그 최초의 사업연도와 그 다음 사업연도에 한하여 그 기간 경과 후 60일 이내에 제출할 수 있다. 이 경우 제159조제2항(분기보고서에 대하여는 같은 항 제3호 및 제3호의2는 제외한다)·제4항·제6항 및 제7항을 준용한다.(2016.3.29 후단개정)
제161조【주요사항보고서의 제출】 ① 사업보고서 제출대상법인은 다음 각 호의 어느 하나에 해당하는 사실이 발생한 경우에는 그 사실이 발생한 날의 다음 날까지(제6호의 경우에는 그 사실이 발생한 날부터 3일 이내에) 그 내용을 기재한 보고서(이하 "주요사항보고서"라 한다)를 금융위원회에 제출하여야 한다. 이 경우 제159조제6항 및 제7항을 준용한다.(2016.3.29 전단개정)
1. 발행한 어음 또는 수표가 부도로 되거나 은행과의 당좌거래가 정지 또는 금지된 때
2. 영업활동의 전부 또는 중요한 일부가 정지되거나 그 정지에 관한 이사회 등의 결정이 있은 때(2013.5.28 본호개정)
3. 「채무자 회생 및 파산에 관한 법률」에 따른 회생절차개시 또는 간이회생절차개시의 신청이 있은 때
(2014.12.30 본호개정)
4. 이 법, 「상법」, 그 밖의 법률에 따른 해산사유가 발생한 때
5. 대통령령으로 정하는 경우에 해당하는 자본 또는 부채의 변동에 관한 이사회 등의 결정이 있은 때(2013.5.28 본호개정)
6. 「상법」 제360조의2, 제360조의15, 제522조 및 제530조의2에 규정된 사실이 발생한 때
7. 대통령령으로 정하는 중요한 영업 또는 자산을 양수하거나 양도할 것을 결의한 때
8. 자기주식을 취득(자기주식의 취득을 목적으로 하는 신탁계약의 체결을 포함한다) 또는 처분(자기주식의 취득을 목적으로 하는 신탁계약의 해지를 포함한다)할 것을 결의한 때
9. 그 밖에 그 법인의 경영·재산 등에 관하여 중대한 영향을 미치는 사항으로서 대통령령으로 정하는 사실이 발생한 때
② 사업보고서 제출대상법인은 제1항에 따라 주요사항보고서를 제출하는 경우에는 제1항 각 호의 항목별로 대통령령으로 정하는 서류를 첨부하여야 한다.
③ 사업보고서 제출대상법인은 주요사항보고서를 작성함에 있어서 금융위원회가 정하여 고시하는 기재방법 및 서식에 따라야 한다.(2008.2.29 본항개정)
④ 금융위원회는 제출된 주요사항보고서가 투자자의 투자판단에 중대한 영향을 미칠 우려가 있어 그 내용을 신속하게 알릴 필요가 있는 경우에는 대통령령으로 정하는 방법에 따라 행정기관, 그 밖의 관계기관에 대하여 필요한 정보의 제공 또는 교환을 요청할 수 있다. 이 경우 요청을 받은 기관은 특별한 사유가 없는 한 이에 협조하여야 한다.(2008.2.29 전단개정)
⑤ 금융위원회는 제1항에 따라 주요사항보고서가 제출된 경우 이를 거래소에 지체 없이 송부하여야 한다.
(2008.2.29 본항개정)
제161조의2【자료요구권 등】 ① 연결재무제표 작성대상법인 중 사업보고서 제출대상법인은 제162조제1항에 따른 사업보고서등의 작성을 위하여 필요한 범위에서 종속회사에게 관련 자료의 제출을 요구할 수 있다.
② 연결재무제표 작성대상법인 중 사업보고서 제출대상법인은 제162조제1항에 따른 사업보고서등의 작성을 위하여 필요한 자료를 입수할 수 없거나 종속회사가 제출한 자료의 내용을 확인할 필요가 있는 때에는 종속회사의 업무와 재산상태를 조사할 수 있다.
(2013.5.28 본조신설)
제162조【거짓의 기재 등에 의한 배상책임】 ① 제159조제1항의 사업보고서·반기보고서·분기보고서·주요사항보고서(이하 "사업보고서등"이라 한다) 및 그 첨부서류(회계감사인의 감사보고서는 제외한다) 중 중요사항에 관하여 거짓의 기재 또는 표시가 있거나 중요사항이 기재 또는 표시되지 아니함으로써 사업보고서 제출대상법인이 발행한 증권(그 증권과 관련된 증권예탁증권, 그 밖에 대통령령으로 정하는 증권을 포함한다. 이하 이 조에서 같다)의 취득자 또는 처분자가 손해를 입은 경우에는 다음 각 호의 자는 그 손해에 관하여 배상의 책임을 진다. 다만, 배상의 책임을 질 자가 상당한 주의를 하였음에도 불구하고 이를 알 수 없었음을 증명하거나 그 증권의 취득자 또는 처분자가 그 취득 또는 처분을 할 때에 그 사실을 안 경우에는 배상의 책임을 지지 아니한다.
(2009.2.3 본문개정)
1. 그 사업보고서등의 제출인과 제출당시의 그 사업보고서 제출대상법인의 이사
2. 「상법」 제401조의2제1항 각 호의 어느 하나에 해당하는 자로서 그 사업보고서등의 작성을 지시하거나 집행한 자
3. 그 사업보고서등의 기재사항 및 그 첨부서류가 진실 또는 정확하다고 증명하여 서명한 공인회계사·감정인 또는 신용평가를 전문으로 하는 자 등(그 소속단체를 포함한다) 대통령령으로 정하는 자
4. 그 사업보고서등의 기재사항 및 그 첨부서류에 자기의 평가·분석·확인 의견이 기재되는 것에 대하여 동의하고 그 기재내용을 확인한 자
② 예측정보가 다음 각 호에 따라 기재 또는 표시된 경우에는 제1항에 불구하고 제1항 각 호의 자는 그 손해에 관하여 배상의 책임을 지지 아니한다. 다만, 해당 증권의 취득자 또는 처분자가 그 취득 또는 처분을 할 때에 예측정보 중 중요사항에 관하여 거짓의 기재 또는 표시가 있거나 중요사항이 기재 또는 표시되지 아니한 사실을 알지 못한 경우로서 제1항 각 호의 자에게 그 기재 또는 표시와 관련하여 고의 또는 중대한 과실이 있었음을 증명한 경우에는 배상의 책임을 진다.
1. 그 기재 또는 표시가 예측정보라는 사실이 밝혀져 있을 것
2. 예측 또는 전망과 관련된 가정 또는 판단의 근거가 밝혀져 있을 것
3. 그 기재 또는 표시가 합리적 근거 또는 가정에 기초하여 성실하게 행하여졌을 것
4. 그 기재 또는 표시에 대하여 예측치와 실제 결과치가 다를 수 있다는 주의문구가 밝혀져 있을 것
③ 제1항 및 제2항에 따라 배상할 금액은 청구권자가 그 증권을 취득 또는 처분함에 있어서 실제로 지급한 금액 또는 받은 금액과 다음 각 호의 어느 하나에 해당하는 금액(처분의 경우에는 제1호에 한한다)과의 차액으로 추정한다.
1. 제1항 및 제2항에 따라 손해배상을 청구하는 소송의 변론이 종결될 때의 그 증권의 시장가격(시장가격이 없는 경우에는 추정처분가격을 말한다)
2. 제1호의 변론종결 전에 그 증권을 처분한 경우에는 그 처분가격
④ 제3항에 불구하고 제1항 및 제2항에 따라 배상책임을 질 자는 청구권자가 입은 손해액의 전부 또는 일부가 중요사항에 관하여 거짓의 기재 또는 표시가 있거나 중요사항이 기재 또는 표시되지 아니함으로써 발생한 것이 아님을 증명한 경우에는 그 부분에 대하여 배상책임을 지지 아니한다.
⑤ 제1항 및 제2항에 따른 배상의 책임은 그 청구권자가 해당 사실을 안 날부터 1년 이내 또는 해당 제출일부터 3년 이내에 청구권을 행사하지 아니한 경우에는 소멸한다.
제163조【사업보고서등의 공시】 금융위원회와 거래소는 사업보고서등을 3년간 일정한 장소에 비치하고, 인터넷 홈페이지 등을 이용하여 공시하여야 한다. 이 경우 기업경영 등 비밀유지와 투자자 보호와의 형평 등을 고려하여 대통령령으로 정하는 사항을 제외하고 비치 및 공시할 수 있다.(2008.2.29 전단개정)
제164조【조사 및 조치】 ① 금융위원회는 투자자 보호를 위하여 필요한 경우에는 사업보고서 제출대상법인, 그 밖의 관계인에 대하여 참고가 될 보고 또는 자료의 제출을 명하거나, 금융감독원장에게 그 장부·서류, 그 밖의 물건을 조사하게 할 수 있다. 이 경우 제131조제2항을 준용한다.(2008.2.29 전단개정)
② 금융위원회는 다음 각 호의 어느 하나에 해당하는 경우에는 사업보고서 제출대상법인에 대하여 이유를 제시한 후 그 사실을 공고하고 정정을 명할 수 있으며, 필요한 때에는 증권의 발행, 그 밖의 거래를 정지 또는 금지하거나 대통령령으로 정하는 조치를 할 수 있다. 이 경우 그 조치에 필요한 절차 및 조치기준은 총리령으로 정한다.
(2009.2.3 후단개정)
1. 사업보고서등을 제출하지 아니한 경우
2. 사업보고서등 중 중요사항에 관하여 거짓의 기재 또는 표시가 있거나 중요사항이 기재 또는 표시되지 아니한 경우
제165조【사업보고서 등의 제출에 관한 특례】 ① 제159조부터 제161조까지의 규정에 불구하고 외국법인등의 경우에는 대통령령으로 정하는 기준 및 방법에 따라 제출의무를 면제하거나 제출기한을 달리하는 등 그 적용을 달리할 수 있다.
② 제160조에도 불구하고 「중소기업기본법」 제2조에 따른 중소기업이 발행한 주권을 매매하는 대통령령으로 정하는 증권시장에 상장된 주권을 발행한 법인의 경우에는 대통령령으로 정하는 기준 및 방법에 따라 반기·분기보고서의 제출의무를 면제하거나 제출기한을 달리하는 등 그 적용을 달리할 수 있다.(2013.8.13 본항신설)
③ 제159조 및 제160조에도 불구하고 사업보고서 제출대상법인은 그 회계감사인과 감사보고서 작성을 위하여 부득이 사업보고서등의 제출기한 연장이 필요하다고 미리 합의하고 제159조제1항 및 제160조에 따른 사업보고서등의 제출기한 만료 7일 전까지 금융위원회와 거래소에 기한 연장 사유를 기재하여 신고한 경우에는 연 1회에 한정하여 사업보고서등 제출기한을 5영업일 이내에서 연장하여 제출할 수 있다.(2017.10.31 본항신설)
④ 사업보고서 제출대상법인이 제3항에 따라 금융위원회와 거래소에 신고하는 경우에는 금융위원회가 정하여 고시하는 기재방법 및 서식에 따라야 하고, 회계감사인이 기재하여 서명날인한 기한 연장 사유서를 첨부하여야 한다.
(2017.10.31 본항신설)
(2013.8.13 본조제목개정)

제3장의2 주권상장법인에 대한 특례
(2009.2.3 본장신설)

제165조의2【적용범위】 ① 이 장은 다음 각 호의 어느 하나에 해당하지 아니하는 주권상장법인에 대하여 적용한다.
1. 외국법인등. 다만, 제165조의16 및 제165조의18은 그러하지 아니하다.
2. 투자회사
② 이 장은 주권상장법인에 관하여 「상법」 제3편에 우선하여 적용한다.
(2013.4.5 본조개정)
제165조의3【자기주식 취득 및 처분의 특례】 ① 주권상장법인은 다음 각 호의 방법으로 자기주식을 취득할 수 있다.
1. 「상법」 제341조제1항에 따른 방법
2. 신탁계약에 따라 자기주식을 취득한 신탁업자로부터 신탁계약이 해지되거나 종료된 때 반환받는 방법(신탁업자가 해당 주권상장법인의 자기주식을 「상법」 제341조제1항의 방법으로 취득한 경우로 한정한다)
② 제1항의 경우 자기주식의 취득가액의 총액은 「상법」 제462조제1항에 따른 이익배당을 할 수 있는 한도 이내이어야 한다.
③ 주권상장법인은 제1항의 방법 또는 「상법」 제341조제1항 각 호의 어느 하나에 해당하는 방법으로 자기주식을

취득하는 경우에는 같은 조 제2항에도 불구하고 이사회의 결의로써 자기주식을 취득할 수 있다.
④ 주권상장법인은 제1항에 따라 자기주식을 취득(자기주식을 취득하기로 하는 신탁업자와의 신탁계약의 체결을 포함한다)하거나 이에 따라 취득한 자기주식을 처분(자기주식을 취득하기로 하는 신탁업자와의 신탁계약의 해지를 포함한다)하는 경우에는 대통령령으로 정하는 요건·방법 등의 기준에 따라야 한다.
(2013.4.5 본조개정)

제165조의4【합병 등의 특례】 ① 주권상장법인은 다음 각 호의 어느 하나에 해당하는 행위(이하 이 조에서 "합병 등"이라 한다)를 하려면 대통령령으로 정하는 요건·방법 등의 기준에 따라야 한다.(2013.5.28 본문개정)
1. 다른 법인과의 합병
2. 대통령령으로 정하는 중요한 영업 또는 자산의 양수 또는 양도
3. 주식의 포괄적 교환 또는 포괄적 이전
4. 분할 또는 분할합병
② 주권상장법인은 합병 등을 하는 경우 투자자 보호 및 건전한 거래질서를 위하여 대통령령으로 정하는 바에 따라 외부의 전문평가기관(이하 이 조 및 제165조의18에서 "외부평가기관"이라 한다)으로부터 합병 등의 가액, 그 밖에 대통령령으로 정하는 사항에 관한 평가를 받아야 한다.(2013.5.28 본항신설)
③ 금융위원회는 외부평가기관의 합병 등에 관한 평가가 현저히 부실한 경우, 그 밖에 투자자 보호 또는 건전한 거래질서를 해할 우려가 있는 경우로서 대통령령으로 정하는 경우에는 제2항에 따른 평가 업무를 제한할 수 있다.
(2013.5.28 본항신설)
④ 외부평가기관의 범위, 제3항에 따른 평가 업무 제한의 방법 등에 대하여는 대통령령으로 정한다.(2013.5.28 본항신설)

제165조의5【주식매수청구권의 특례】 ① 주권상장법인이 「상법」 제360조의3·제360조의9·제360조의16·제374조·제522조·제527조의2 및 제530조의3(같은 법 제530조의2에 따른 분할합병 및 같은 조에 따른 분할로서 대통령령으로 정하는 경우만 해당한다)에서 규정하는 의결사항에 관한 이사회 결의에 반대하는 주주(「상법」 제344조의3제1항에 따른 의결권이 없거나 제한되는 종류주식의 주주를 포함한다. 이하 이 조에서 같다)는 주주총회 전(「상법」 제360조의9에 따른 완전자회사가 되는 회사의 주주와 같은 법 제527조의2에 따른 소멸하는 회사의 주주의 경우에는 같은 법 제360조의9제2항 및 제527조의2제2항에 따른 공고 또는 통지를 한 날부터 2주 이내)에 해당 법인에 대하여 서면으로 그 결의에 반대하는 의사를 통지한 경우에만 자기가 소유하고 있는 주식(반대 의사를 통지한 주주가 제391조에 따라 이사회 결의 사실이 공시되기 이전에 취득하였음을 증명한 주식과, 이사회 결의 사실이 공시된 이후에 취득하였지만 대통령령으로 정하는 경우에 해당함을 증명한 주식만 해당한다)을 매수하여 줄 것을 해당 법인에 대하여 주주총회의 결의일(「상법」 제360조의9에 따른 완전자회사가 되는 회사의 주주와 같은 법 제527조의2에 따른 소멸하는 회사의 주주의 경우에는 같은 법 제360조의9제2항 및 제527조의2제2항에 따른 공고 또는 통지를 한 날부터 2주가 경과한 날)부터 20일 이내에 주식의 종류와 수를 기재한 서면으로 청구할 수 있다.
(2013.5.28 본항개정)
② 제1항의 청구를 받으면 해당 법인은 매수청구기간이 종료하는 날부터 1개월 이내에 해당 주식을 매수하여야 한다.
③ 제2항에 따른 주식의 매수가격은 주주와 해당 법인 간의 협의로 결정한다. 다만, 협의가 이루어지지 아니하는 경우의 매수가격은 이사회 결의일 이전에 증권시장에서 거래된 해당 주식의 거래가격을 기준으로 하여 대통령령으로 정하는 방법에 따라 산정된 금액으로 하며, 해당 법인이나 매수를 청구한 주주가 그 매수가격에 대하여도 반대하면 법원에 매수가격의 결정을 청구할 수 있다.
④ 주권상장법인이 제1항에 따라 매수한 주식은 대통령령으로 정하는 기간 이내에 처분하여야 한다.(2013.4.5 단서삭제)
⑤ 주권상장법인은 「상법」 제363조에 따라 같은 법 제360조의3, 제360조의16, 제374조, 제522조 및 제530조의3(같은 법 제530조의2에 따른 분할합병 및 같은 조에 따른 분할로서 대통령령으로 정하는 경우만 해당한다)에서 규정하는 결의사항에 관한 주주총회 소집의 통지 또는 공고를 하거나 같은 법 제360조의9제2항 및 제527조의2제2항에 따른 통지 또는 공고를 하는 경우에는 제1항에 따른 주식매수청구권의 내용 및 행사방법을 명시하여야 한다. 이 경우 같은 법 제344조의3제1항에 따른 의결권이 없거나 제한되는 종류주식의 주주에게도 그 사항을 통지하거나 공고하여야 한다.(2013.5.28 전단개정)

제165조의6【주식의 발행 및 배정 등에 관한 특례】 ① 주권상장법인이 신주(제3호의 경우에는 이미 발행한 주식을 포함한다. 이하 이 항 및 제4항에서 같다)를 배정하는 경우 다음 각 호의 방식에 따른다.
1. 주주에게 그가 가진 주식 수에 따라서 신주를 배정하기 위하여 신주인수의 청약을 할 기회를 부여하는 방식
2. 신기술의 도입, 재무구조의 개선 등 회사의 경영상 목적을 달성하기 위하여 필요한 경우 제1호 외의 방법으로 특정한 자(해당 주권상장법인의 주식을 소유한 자를 포함한다)에게 신주를 배정하기 위하여 신주인수의 청약을 할 기회를 부여하는 방식
3. 제1호 외의 방법으로 불특정 다수인(해당 주권상장법인의 주식을 소유한 자를 포함한다)에게 신주인수의 청약을 할 기회를 부여하고 이에 따라 청약을 한 자에 대하여 신주를 배정하는 방식
② 주권상장법인은 신주를 배정하는 경우 그 기일까지 신주인수의 청약을 하지 아니하거나 그 가액을 납입하지 아니한 주식[이하 이 조 및 제165조의18에서 "실권주"(失權株)라 한다]에 대하여 발행을 철회하여야 한다. 다만, 금융위원회가 정하여 고시하는 방법에 따라 산정한 가격 이상으로 신주를 발행하는 경우로서 다음 각 호의 어느 하나에 해당하는 경우에는 그러하지 아니하다.
1. 실권주가 발생하는 경우 대통령령으로 정하는 특수한 관계에 있지 아니한 투자매매업자가 인수인으로서 그 실권주 전부를 취득하는 것을 내용으로 하는 계약을 해당 주권상장법인과 체결하는 경우
2. 제1항제1호의 경우 신주인수의 청약 당시에 해당 주권상장법인과 주주 간의 별도의 합의에 따라 실권주가 발생하는 때에는 신주인수의 청약에 따라 배정받을 주식수를 초과하는 내용의 청약(이하 이 호에서 "초과청약"이라 한다)을 하여 그 초과청약을 한 주주에게 우선적으로 그 실권주를 배정하기로 하는 경우. 이 경우 신주인수의 청약에 따라 배정받을 주식수에 대통령령으로 정하는 비율을 곱한 주식수를 초과할 수 없다.
3. 그 밖에 주권상장법인의 자금조달의 효율성, 주주 등의 이익 보호, 공정한 시장질서 유지의 필요성을 종합적으로 고려하여 대통령령으로 정하는 경우
③ 주권상장법인은 제1항제1호의 방식으로 신주를 배정하는 경우 「상법」 제416조제5호 및 제6호에도 불구하고 주주에게 신주인수권증서를 발행하여야 한다. 이 경우 주주 등의 이익 보호, 공정한 시장질서 유지의 필요성 등을 고려하여 대통령령으로 정하는 방법에 따라 신주인수권증서가 유통될 수 있도록 하여야 한다.
④ 제1항제3호의 방식으로 신주를 배정하는 경우에는 정관으로 정하는 바에 따라 이사회의 결의로 다음 각 호의 어느 하나에 해당하는 방식으로 신주를 배정하여야 한다. 이 경우 「상법」 제418조제1항 및 같은 조 제2항 단서를 적용하지 아니한다.
1. 신주인수의 청약을 할 기회를 부여하는 자의 유형을 분류하지 아니하고 불특정 다수의 청약자에게 신주를 배정하는 방식
2. 제165조의7에 따라 우리사주조합원에 대하여 신주를 배정하고 청약되지 아니한 주식까지 포함하여 불특정 다수인에게 신주인수의 청약을 할 기회를 부여하는 방식
3. 주주에 대하여 우선적으로 신주인수의 청약을 할 수 있는 기회를 부여하고 청약되지 아니한 주식이 있는 경우 이를 불특정 다수인에게 신주를 배정받을 기회를 부여하는 방식
4. 투자매매업자 또는 투자중개업자가 인수인 또는 주선인으로서 마련한 수요예측 등 대통령령으로 정하는 합리적인 기준에 따라 특정한 유형의 자에게 신주인수의 청약을 할 수 있는 기회를 부여하는 경우로서 금융위원회가 인정하는 방식
(2013.5.28 본조개정)

제165조의7【우리사주조합원에 대한 주식의 배정 등에 관한 특례】 ① 대통령령으로 정하는 주권상장법인 또는 주권을 대통령령으로 정하는 증권시장에 상장하려는 법인(이하 이 조에서 "해당 법인"이라 한다)이 주식을 모집하거나 매출하는 경우 「상법」 제418조에도 불구하고 해당 법인의 우리사주조합원(「근로복지기본법」에 따른 우리사주조합원을 말한다. 이하 같다)에 대하여 모집하거나 매출하는 주식총수의 100분의 20을 배정하여야 한다. 다만, 다음 각 호의 어느 하나에 해당하는 경우에는 그러하지 아니하다.(2013.5.28 본문개정)
1. 「외국인투자 촉진법」에 따른 외국인투자기업 중 대통령령으로 정하는 법인이 주식을 발행하는 경우
2. 그 밖에 해당 법인이 우리사주조합원에 대하여 우선배정을 하기 어려운 경우로서 대통령령으로 정하는 경우
(2013.5.28 본호개정)
② 우리사주조합원이 소유하는 주식수가 신규로 발행되는 주식과 이미 발행된 주식의 총수의 100분의 20을 초과하는 경우에는 제1항을 적용하지 아니한다.
③ 제165조의6제1항제1호의 방식으로 신주를 발행하는 경우 제1항에 따른 우리사주조합원에 대한 배정분에 대하여는 「상법」 제419조제1항부터 제3항까지의 규정을 적용하지 아니한다.(2013.5.28 본항신설)
④ 금융위원회는 제1항에 따른 우리사주조합원에 대한 주식의 배정과 그 주식의 처분 등에 필요한 기준을 정하여 고시할 수 있다.
(2013.4.5 본조제목개정)

제165조의8【액면미달발행의 특례】 ① 주권상장법인은 「상법」 제417조에도 불구하고 법원의 인가 없이 같은 법 제434조에 따른 주주총회의 결의만으로 주식을 액면미달의 가액으로 발행할 수 있다. 다만, 그 액면미달금액의 총액에 대하여 상각(償却)을 완료하지 아니한 경우에는 그러하지 아니하다.(2013.4.5 단서개정)
② 제1항에 따른 주주총회의 결의에서는 주식의 최저발행가액을 정하여야 한다. 이 경우 최저발행가액은 대통령령으로 정하는 방법에 따라 산정한 가격 이상이어야 한다.
③ 주권상장법인은 주주총회에서 다르게 정하는 경우를 제외하고는 제1항에 따른 주식을 주주총회의 결의일부터 1개월 이내에 발행하여야 한다.

제165조의9【주주에 대한 통지 또는 공고의 특례】 주권상장법인이 제165조의6 또는 「상법」 제418조제2항의 방식으로 신주를 배정할 때 제161조제1항제5호에 따라 금융위원회에 제출한 주요사항보고서가 제163조에 따라 금융위원회와 거래소에 그 납입기일의 1주 전까지 공시된 경우에는 「상법」 제418조제4항을 적용하지 아니한다.
(2017.10.31 본조개정)

제165조의10【사채의 발행 및 배정 등에 관한 특례】 ① 주권상장법인이 다음 각 호의 사채(이하 "주권 관련 사채권"이라 한다)를 발행하는 경우에는 제165조의6제1항·제2항·제4항 및 제165조의9를 준용한다.(2017.4.18 본문개정)
1. 제165조의11제1항에 따른 사채(주식으로 전환되는 조건이 붙은 사채로 한정한다)
2. 「상법」 제469조제2항제2호, 제513조 및 제516조의2에 따른 사채
(2016.3.29 본항개정)
② 주권상장법인이 「상법」 제516조의2제1항에 따른 사채를 발행할 때 같은 조 제2항제4호에도 불구하고 사채권자가 신주인수권증권만을 양도할 수 있는 사채는 사모의 방법으로 발행할 수 없다.(2015.7.24 본항개정)

제165조의11【조건부자본증권의 발행 등】 ① 주권상장법인(「은행법」 제33조제1항제2호·제3호, 「금융지주회사법」 제15조의2제1항제2호·제3호 또는 「보험업법」 제114조의2제1항제1호·제2호에 따라 해당 사채를 발행할 수 있는 자를 제외한다)은 정관으로 정하는 바에 따라 이사회의 결의로 「상법」 제469조제2항, 제513조 및 제516조의2에 따른 사채와 다른 종류의 사채로서 해당 사채의 발행 당시 객관적이고 합리적인 기준에 따라 미리 정하는 사유가 발생하는 경우 주식으로 전환되거나 그 사채의 상환과 이자지급 의무가 감면된다는 조건이 붙은 사채, 그 밖에 대통령령으로 정하는 사채를 발행할 수 있다.
(2022.12.31 본항개정)
② 제1항에 따라 발행하는 사채의 내용, 발행사항 및 유통 등의 방법, 조건의 세부내용 등 필요한 사항은 대통령령으로 정한다.
(2013.5.28 본조개정)

제165조의12【이익배당의 특례】 ① 연 1회의 결산기를 정한 주권상장법인은 정관으로 정하는 바에 따라 사업연도 중 그 사업연도 개시일부터 3월, 6월 및 9월 말일 당시의 주주에게 이사회 결의로써 금전으로 이익배당(이하 "분기배당"이라 한다)을 할 수 있다.
② 제1항의 이사회 결의는 제1항의 말일부터 45일 이내에 하여야 한다.
③ 제1항에 따른 분기배당금은 이사회 결의일부터 20일 이내에 지급하여야 한다. 다만, 정관에서 그 지급시기를 따로 정한 경우에는 그에 따른다.
④ 분기배당은 직전 결산기의 재무상태표상의 순자산액에서 다음 각 호의 금액을 뺀 금액을 한도로 한다.
(2021.4.20 본문개정)
1. 직전 결산기의 자본의 액
2. 직전 결산기까지 적립된 자본준비금과 이익준비금의 합계액
3. 직전 결산기의 정기총회에서 이익배당을 하기로 정한 금액
4. 분기배당에 따라 해당 결산기에 적립하여야 할 이익준비금의 합계액
⑤ 해당 결산기의 재무상태표상의 순자산액이 「상법」 제462조제1항 각 호의 금액의 합계액에 미치지 못할 우려가 있으면 분기배당을 하여서는 아니 된다.(2021.4.20 본항개정)
⑥ 해당 결산기의 재무상태표상의 순자산액이 「상법」 제462조제1항 각 호의 금액의 합계액에 미치지 못함에도 불구하고 분기배당을 한다는 이사회 결의에 찬성한 이사는 해당 법인에 대하여 연대하여 그 차액(분기배당액의 합계액이 그 차액보다 적을 경우에는 분기배당액의 합계액)을 배상할 책임이 있다. 다만, 그 이사가 상당한 주의를 하였음에도 불구하고 제5항의 우려가 있다는 것을 알 수 없었음을 증명하면 배상할 책임이 없다.(2021.4.20 본문개정)
⑦ 「상법」 제340조제1항, 제344조제1항, 제354조제1항, 제370조제1항, 제457조제2항, 제458조, 제464조 및 제625조제3호의 적용에 관하여는 분기배당을 같은 법 제462조제1항에 따른 이익의 배당으로 보고, 같은 법 제635조제1항제22호의2의 적용에 관하여는 제3항의 기간을 같은 법 제464조의2제1항의 기간으로 본다.(2020.12.29 본항개정)
⑧ 제6항에 따라 이사가 연대책임을 지는 경우에 관하여는 「상법」 제399조제3항 및 제400조를 준용하고, 제4항을 위반하여 분기배당을 한 경우에 관하여는 「상법」 제462조제2항 및 제3항을 준용한다.
⑨ 주권상장법인이 「상법」 제462조제2항 단서에 따라 이사회의 결의로 이익배당을 정한 경우 이사는 배당액의 산정근거 등 대통령령으로 정하는 사항을 주주총회에 보고하여야 한다.(2016.3.29 본항신설)

제165조의13【주식배당의 특례】 ① 주권상장법인은 「상법」 제462조의2제1항 단서에도 불구하고 이익배당총액에 상당하는 금액까지는 새로 발행하는 주식으로 이익배당을 할 수 있다. 다만, 해당 주식의 시가가 액면액에 미치지 못하면 「상법」 제462조의2제1항 단서에 따른다.
② 제1항 단서에 따른 주식의 시가 산정방법은 대통령령으로 정한다.

제165조의14【공공적 법인의 배당 등의 특례】 ① 공공적 법인은 이익이나 이자를 배당할 때 정부에 지급할 배당금의 전부 또는 일부를 「상법」 제464조에도 불구하고 대통령령으로 정하는 방법에 따라 해당 법인의 주주 중 다음 각 호의 어느 하나에 해당하는 자에게 지급할 수 있다.
1. 해당 주식을 발행한 법인의 우리사주조합원
2. 연간소득수준 및 소유재산규모 등을 고려하여 대통령령으로 정하는 기준에 해당하는 자

② 공공적 법인은 준비금의 전부 또는 일부를 자본에 전입할 때에는 정부에 대하여 발행할 주식의 전부 또는 일부를 「상법」 제461조제2항에도 불구하고 대통령령으로 정하는 기준 및 방법에 따라 공공적 법인의 발행주식을 일정 기간 소유하는 주주에게 발행할 수 있다.

제165조의15【의결권이 없거나 제한되는 주식의 특례】
① 「상법」 제344조의3제1항에 따른 의결권이 없거나 제한되는 주식의 총수에 관한 한도를 적용할 때 주권상장법인(주권을 신규로 상장하기 위하여 주권을 모집하거나 매출하는 법인을 포함한다. 이하 이 조에서 같다)이 다음 각 호의 어느 하나에 해당하는 경우에 발행하는 의결권 없는 주식은 그 한도를 계산할 때 산입하지 아니한다.
(2013.4.5 본문개정)
1. 대통령령으로 정하는 방법에 따라 외국에서 주식을 발행하거나, 외국에서 발행한 주권 관련 사채권, 그 밖에 주식과 관련된 증권의 권리행사로 주식을 발행하는 경우(2013.5.28 본호개정)
2. 국가기간산업 등 국민경제상 중요한 산업을 경영하는 법인 중 대통령령으로 정하는 기준에 해당하는 법인으로서 금융위원회가 의결권 없는 주식의 발행이 필요하다고 인정하는 법인이 주식을 발행하는 경우

② 제1항 각 호의 어느 하나에 해당하는 의결권 없는 주식과 「상법」 제344조의3제1항에 따른 의결권이 없거나 제한되는 주식을 합한 의결권 없는 주식의 총수는 발행주식총수의 2분의 1을 초과하여서는 아니 된다.(2013.4.5 본항개정)
③ 의결권이 없거나 제한되는 주식 총수의 발행주식총수에 대한 비율이 4분의 1을 초과하는 주권상장법인은 제2항에 따른 비율 이내에서 대통령령으로 정하는 방법에 따라 신주인수권의 행사, 준비금의 자본전입 또는 주식배당 등의 방법으로 의결권 없는 주식을 발행할 수 있다.
(2013.4.5 본항개정)
(2013.4.5 본조제목개정)

제165조의16【주권상장법인 재무관리기준】 ① 금융위원회는 투자자를 보호하고 공정한 거래질서를 확립하기 위하여 다음 각 호의 사항에 관하여 주권상장법인 재무관리기준을 정하여 고시하거나 그 밖에 필요한 권고를 할 수 있다. 다만, 제9조제15항제3호나목에 따른 법인에 대하여는 주권상장법인 재무관리기준을 다르게 정할 수 있다.(2013.5.28 본문개정)
1. 유상증자의 요건에 관한 사항
1의2. 주권 관련 사채권의 발행에 관한 사항(2013.5.28 본호신설)
2. 배당에 관한 사항
3. 대통령령으로 정하는 해외증권의 발행에 관한 사항
4. 그 밖에 건전한 재무관리에 필요한 것으로서 대통령령으로 정하는 사항

② 주권상장법인은 제1항에 따른 재무관리기준에 따라야 한다.

제165조의17【주식매수선택권 부여신고 등】 ① 「상법」 제340조의2 또는 제542조의3에 따른 주식매수선택권을 부여한 주권상장법인은 주주총회 또는 이사회에서 주식매수선택권을 부여하기로 결의한 경우 대통령령으로 정하는 방법에 따라 금융위원회와 거래소에 그 사실을 신고하여야 하며, 금융위원회와 거래소는 신고일부터 주식매수선택권의 존속기한까지 그 사실에 대한 기록을 갖추어 두고, 인터넷 홈페이지 등을 이용하여 그 사실을 공시하여야 한다.(2013.4.5 본항개정)
② 「공기업의 경영구조개선 및 민영화에 관한 법률」, 「금융회사의 지배구조에 관한 법률」, 그 밖의 법률에 따라 선임된 주권상장법인의 비상임이사 또는 사외이사는 「상법」에 따른 요건 및 절차 등에 따라 선임된 사외이사로 본다.(2015.7.31 본항개정)
③ 주권상장법인은 사외이사를 선임 또는 해임하거나 사외이사가 임기만료 외의 사유로 퇴임한 경우에는 그 내용을 선임·해임 또는 퇴임한 날의 다음 날까지 금융위원회와 거래소에 신고하여야 한다.

제165조의18【주권상장법인에 대한 조치】 금융위원회는 다음 각 호의 어느 하나에 해당하는 경우에는 주권상장법인에 대하여 이유를 제시한 후 그 사실을 공고하고 정정을 명할 수 있으며, 필요하면 그 법인의 주주총회에 대한 임원의 해임 권고, 일정 기간 증권의 발행 제한, 그 밖에 대통령령으로 정하는 조치를 할 수 있다. 이 경우 그 조치에 필요한 절차 및 조치기준은 총리령으로 정한다.
(2017.4.18 전단개정)
1. 제165조의3제2항을 위반하여 자기주식을 취득한 경우
2. 제165조의3제4항을 위반하여 자기주식을 취득(자기주식을 취득하기로 한 신탁업자와의 신탁계약의 체결을 포함한다)하거나 처분(자기주식을 취득하기로 한 신탁업자와의 신탁계약의 해지를 포함한다)한 경우
(2013.4.5 1호~2호개정)
3. 제165조의4제1항을 위반하여 같은 항 각 호의 어느 하나에 해당하는 행위를 한 경우
4. 제165조의4제2항을 위반하여 외부평가기관으로부터 평가를 받지 아니한 경우
5. 제165조의5제2항을 위반하여 주식매수청구기간이 종료하는 날부터 1개월 이내에 해당 주식을 매수하지 아니한 경우
6. 제165조의5제4항을 위반하여 대통령령으로 정하는 기간 이내에 주식을 처분하지 아니한 경우
7. 제165조의5제5항의 절차를 위반하여 통지 또는 공고를 하거나, 같은 항에 따른 통지 또는 공고를 하지 아니한 경우
8. 제165조의6제2항을 위반하여 실권주의 발행을 철회하지 아니한 경우
9. 제165조의6제3항을 위반하여 신주인수권증서를 발행하지 아니하거나 유통될 수 있도록 하지 아니한 경우
10. 제165조의6제4항을 위반하여 불특정 다수인(해당 주권상장법인의 주식을 소유한 자를 포함한다)에게 신주를 배정한 경우
11. 제165조의7을 위반하여 우리사주조합원에 대하여 주식의 배정을 한 경우
12. 제165조의8제1항 단서를 위반하여 액면미달의 가액으로 주식을 발행한 경우
13. 제165조의8제2항을 위반하여 최저발행가액을 정하지 아니하거나 같은 항 후단에 따른 방법에 따라 산정하지 아니한 경우
14. 제165조의8제3항을 위반하여 주주총회의 결의일부터 1개월 이내에 주식을 발행하지 아니한 경우
15. 제165조의10을 위반하여 사채를 발행한 경우
16. 제165조의11을 위반하여 조건부자본증권 등을 발행한 경우
17. 제165조의12제1항 및 제2항을 위반하여 이사회 결의를 거치지 아니하고 분기배당을 한 경우
18. 제165조의12제3항을 위반하여 분기배당금을 지급하지 아니한 경우
19. 제165조의12제5항을 위반하여 분기배당을 한 경우
20. 제165조의13제1항을 위반하여 주식배당을 한 경우
21. 제165조의13제2항을 위반하여 주식의 시가를 산정한 경우
(2013.5.28 3호~21호개정)
22. 제165조의15제2항을 위반하여 의결권이 없거나 제한되는 주식을 발행한 경우
23. 제165조의16제2항을 위반하여 재무관리기준에 따르지 아니한 경우
24. 제165조의17제1항을 위반하여 같은 항에 따른 방법에 따라 주식매수선택권 부여에 관한 신고를 하지 아니한 경우
25. 제165조의17제3항을 위반하여 사외이사의 선임·해임 또는 퇴임 사실을 신고하지 아니한 경우
(2013.5.28 22호~25호신설)

제165조의19【사외이사 및 상근감사에 관한 특례】 「중소기업기본법」 제2조에 따른 중소기업이 발행한 주권을 매매하는 대통령령으로 정하는 증권시장에 상장된 주권을 발행한 법인에 대하여는 「상법」 제542조의8(제1항 단서, 제4항 및 제5항은 제외한다) 및 제542조의10을 적용하지 아니한다.(2013.8.13 본조신설)

제165조의20【이사회의 성별 구성에 관한 특례】 최근 사업연도말 현재 자산총액〔금융업 또는 보험업을 영위하는 회사의 경우 자본총액(재무상태표상의 자산총액에서 부채총액을 뺀 금액을 말한다) 또는 자본금 중 큰 금액으로 한다〕이 2조원 이상인 주권상장법인의 경우 이사회의 이사 전원을 특정 성(性)의 이사로 구성하지 아니하여야 한다.(2021.4.20 본조개정)

제4장 장외거래 등

제166조【장외거래】 거래소시장 또는 다자간매매체결회사 외에서 금융투자상품을 매매, 그 밖의 거래를 하는 경우 그 매매, 그 밖의 거래방법 및 결제의 방법 등 필요한 사항은 대통령령으로 정한다.(2013.5.28 본조개정)

제166조의2【장외파생상품의 매매 등】 ① 투자매매업자 또는 투자중개업자는 장외파생상품을 대상으로 하여 투자매매업 또는 투자중개업을 하는 경우에는 다음 각 호의 기준을 준수하여야 한다.
1. 장외파생상품의 매매 및 그 중개·주선 또는 대리의 상대방이 일반투자자인 경우에는 그 일반투자자가 대통령령으로 정하는 위험회피 목적의 거래를 하는 경우에 한할 것. 이 경우 투자매매업자 또는 투자중개업자는 일반투자자가 장외파생상품 거래를 통하여 회피하려는 위험의 종류와 금액을 확인하고, 관련 자료를 보관하여야 한다.
2. 장외파생상품의 매매에 따른 위험액(금융위원회가 정하여 고시하는 위험액을 말한다)이 금융위원회가 정하여 고시하는 한도를 초과하지 아니할 것
3. 영업용순자본에서 총위험액을 차감한 금액을 제15조, 제20조, 제117조의4제8항 또는 제249조의3제8항에서 요구하는 인가업무 또는 등록업무 단위별 자기자본(각 해당 조항에서 대통령령으로 정하는 완화된 요건을 말한다)을 합계한 금액으로 나눈 값이 100분의 150에 미달하는 경우(겸영금융투자업자의 경우에는 금융위원회가 정하여 고시하는 경우를 말한다)에는 그 미달상태가 해소될 때까지 새로운 장외파생상품의 매매를 중지하고, 미종결거래의 정리나 위험회피에 관련된 업무만을 수행할 것(2017.4.18 본호개정)
4. 장외파생상품의 매매를 할 때마다 제28조의2의 파생상품업무책임자의 승인을 받을 것. 다만, 금융위원회가 정하여 고시하는 기준을 충족하는 계약으로서 거래당사자 간에 미리 합의된 계약조건에 따라 장외파생상품을 매매하는 경우는 제외한다.
5. 월별 장외파생상품(파생결합증권을 포함한다)의 매매, 그 중개·주선 또는 대리의 거래내역을 다음 달 10일까지 금융위원회에 보고할 것
6. 다음 각 목의 어느 하나에 해당하는 장외파생상품을 신규로 취급하는 경우 협회의 사전심의를 받을 것. 다만, 대통령령으로 정하는 경우는 제외한다.
가. 기초자산이 제4조제10항제4호 또는 제5호에 해당하는 장외파생상품
나. 일반투자자를 대상으로 하는 장외파생상품
(2010.3.12 본호신설 : 2011.12.31까지 유효)

② 장외파생상품 거래의 매매에 따른 위험관리, 그 밖에 투자자를 보호하기 위하여 필요한 사항은 금융위원회가 정하여 고시할 수 있다.
③ 금융감독원장은 투자매매업자 및 투자중개업자의 장외파생상품의 매매 등과 관련하여 제1항 각 호의 기준 준수 여부를 감독하여야 한다.
(2009.2.3 본조신설)

제166조의3【장외거래의 청산의무】 금융투자업자는 다른 금융투자업자 및 대통령령으로 정하는 자(이하 이 조에서 "거래상대방"이라 한다)와 대통령령으로 정하는 장외파생상품의 매매 및 그 밖의 장외거래(그 거래에 따른 채무의 불이행이 국내 자본시장에 중대한 영향을 줄 우려가 있는 경우로 한정하며, 이하 이 조에서 "청산의무거래"라 한다)를 하는 경우 금융투자상품거래청산회사, 그 밖에 이에 준하는 자로서 대통령령으로 정하는 자에게 청산의무거래에 따른 자기와 거래상대방의 채무를 채무인수, 경개, 그 밖의 방법으로 부담하게 하여야 한다.
(2013.4.5 본조신설)

제167조【공공적 법인이 발행한 주식의 소유제한】 ① 누구든지 공공적 법인이 발행한 주식을 누구의 명의로 하든지 자기의 계산으로 다음 각 호의 기준을 초과하여 소유할 수 없다. 이 경우 의결권 없는 주식은 발행주식총수에 포함되지 아니하며, 그 특수관계인의 명의로 소유하는 때에는 자기의 계산으로 취득한 것으로 본다.
1. 그 주식이 상장된 당시에 발행주식총수의 100분의 10 이상을 소유한 주주는 그 소유비율
2. 제1호에 따른 주주 외의 자는 발행주식총수의 100분의 3 이내에서 정관이 정하는 비율

② 제1항에 불구하고 소유비율 한도에 관하여 금융위원회의 승인을 받은 경우에는 그 소유비율 한도까지 공공적 법인이 발행한 주식을 소유할 수 있다.(2008.2.29 본항개정)
③ 제1항 및 제2항에서 규정하는 기준을 초과하여 사실상 주식을 소유하는 자는 그 초과분에 대하여는 의결권을 행사할 수 없으며, 금융위원회는 그 기준을 초과하여 사실상 주식을 소유하고 있는 자에 대하여 6개월 이내의 기간을 정하여 그 기준을 충족하도록 시정할 것을 명할 수 있다.(2008.2.29 본항개정)

제168조【외국인의 증권 또는 장내파생상품 거래의 제한】 ① 외국인(국내에 6개월 이상 주소 또는 거소를 두지 아니한 개인을 말한다. 이하 이 조에서 같다) 또는 외국법인등에 의한 증권 또는 장내파생상품의 매매, 그 밖의 거래에 관하여는 대통령령으로 정하는 기준 및 방법에 따라 그 취득한도 등을 제한할 수 있다.(2009.2.3 본항개정)
② 외국인 또는 외국법인등에 의한 공공적 법인의 주식 취득에 관하여는 제1항에 따른 제한에 추가하여 그 공공적 법인의 정관이 정하는 바에 따라 따로 이를 제한할 수 있다.
③ 제1항 또는 제2항을 위반하여 주식을 취득한 자는 그 주식에 대한 의결권을 행사할 수 없으며, 금융위원회는 제1항 또는 제2항을 위반하여 증권 또는 장내파생상품을 매매한 자에게 6개월 이내의 기간을 정하여 그 시정을 명할 수 있다.(2008.2.29 본항개정)
④ 그 밖에 외국인 또는 외국법인등에 의한 증권 또는 장내파생상품의 매매, 그 밖의 거래와 관련하여 투자자 보호 및 건전한 거래질서를 위하여 필요한 사항은 대통령령으로 정한다.

제169조【회계감사인에 의한 감사증명】 ① 이 편에 따라 금융위원회와 거래소에 재무에 관한 서류를 제출하는 자 중 대통령령으로 정하는 자는 「주식회사 등의 외부감

사에 관한 법률」에 따라 회계감사를 받아야 한다. 다만, 기업경영 등 비밀유지 및 기업부담과 투자자 보호와의 형평 등을 고려하여 대통령령으로 정하는 사항에 대하여는 그러하지 아니하다.(2017.10.31 본문개정)

② 금융위원회는 투자자 보호를 위하여 필요하다고 인정되는 경우에는 제1항에 따라 회계감사를 한 회계감사인 또는 회계감사를 받은 법인에 대하여 자료의 제출 및 보고를 명하거나, 그 밖에 필요한 조치를 할 수 있다. (2008.2.29 본항개정)

③ 외국법인등이 외국 금융투자업관련 법령에 따라 회계감사를 받은 경우로서 대통령령으로 정하는 기준을 충족하였을 경우에는 제1항 본문에 따른 회계감사를 받은 것으로 본다. 이 경우 제2항은 외국 금융투자업관련 법령에 따라 회계감사를 한 회계감사인(이하 "외국회계감사인"이라 한다) 또는 회계감사를 받은 외국법인등에게 준용한다.

제170조【회계감사인의 손해배상책임】 ① 「주식회사 등의 외부감사에 관한 법률」 제31조제2항부터 제9항까지의 규정은 선의의 투자자가 사업보고서등에 첨부된 회계감사인(외국회계감사인을 포함한다. 이하 이 조에서 같다)의 감사보고서를 신뢰하여 손해를 입은 경우 그 회계감사인의 손해배상책임에 관하여 준용한다.(2017.10.31 본항개정)

② 제1항에 따라 배상할 금액은 청구권자가 그 증권(그 증권과 관련된 증권예탁증권, 그 밖에 대통령령으로 정하는 증권을 포함한다. 이하 이 조에서 같다)을 취득 또는 처분함에 있어서 실제로 지급한 금액 또는 받은 금액과 다음 각 호의 어느 하나에 해당하는 금액(처분의 경우에는 제1호에 한한다)과의 차액으로 추정한다.

1. 제1항에 따라 손해배상을 청구하는 소송의 변론이 종결될 때의 그 증권의 시장가격(시장가격이 없는 경우에는 추정처분가격을 말한다)
2. 제1호의 변론종결 전에 그 증권을 처분한 경우에는 그 처분가격

③ 제2항에 불구하고 제1항에 따라 배상책임을 질 자는 청구권자가 입은 손해액의 전부 또는 일부가 중요사항에 관하여 거짓의 기재 또는 표시가 있거나 중요사항이 기재 또는 표시되지 아니함으로써 발생한 것이 아님을 증명한 경우에는 그 부분에 대하여 배상책임을 지지 아니한다.

제171조【보증금 등의 대신 납부】 ① 국가·지방자치단체 또는 「공공기관의 운영에 관한 법률」에 따른 공공기관(이하 이 조에서 "공공기관"이라 한다)에 납부할 보증금 또는 공탁금 중 대통령령으로 정하는 보증금이나 공탁금은 상장증권으로 대신 납부할 수 있다.

② 국가·지방자치단체 또는 공공기관은 제1항에 따라 상장증권으로 대신 납부하는 경우 이를 거부하여서는 아니 된다.

③ 제1항에 따라 국가·지방자치단체 또는 공공기관에 대신 납부할 수 있는 상장증권 및 그 상장증권의 대신 납부하는 가액의 평가기준은 대통령령으로 정한다.

④~⑥ (2016.3.22 삭제)

제4편 불공정거래의 규제

제1장 내부자 거래 등

제172조【내부자의 단기매매차익 반환】 ① 주권상장법인의 임원(「상법」 제401조의2제1항 각 호의 자를 포함한다. 이하 이 장에서 같다), 직원(직무상 제174조제1항의 미공개중요정보를 알 수 있는 자로서 대통령령으로 정하는 자에 한한다. 이하 이 조에서 같다) 또는 주요주주가 다음 각 호의 어느 하나에 해당하는 금융투자상품(이하 "특정증권등"이라 한다)을 매수(권리 행사의 상대방이 되는 경우로서 매수자의 지위를 가지게 되는 특정증권등의 매도를 포함한다. 이하 이 조에서 같다)한 후 6개월 이내에 매도(권리를 행사할 수 있는 경우로서 매도자의 지위를 가지게 되는 특정증권등의 매수를 포함한다. 이하 이 조에서 같다)하거나 특정증권등을 매도한 후 6개월 이내에 매수하여 이익을 얻은 경우에는 그 법인은 그 임직원 또는 주요주주에게 그 이익(이하 "단기매매차익"이라 한다)을 그 법인에게 반환할 것을 청구할 수 있다. 이 경우 이익의 산정기준·반환절차 등에 관하여 필요한 사항은 대통령령으로 정한다.

1. 그 법인이 발행한 증권(대통령령으로 정하는 증권을 제외한다)
2. 제1호의 증권과 관련된 증권예탁증권
3. 그 법인 외의 자가 발행한 것으로서 제1호 또는 제2호의 증권과 교환을 청구할 수 있는 교환사채권
4. 제1호부터 제3호까지의 증권만을 기초자산으로 하는 금융투자상품

② 해당 법인의 주주(주권 외의 지분증권 또는 증권예탁증권을 소유한 자를 포함한다. 이하 이 조에서 같다)는 그 법인으로 하여금 제1항에 따른 단기매매차익을 얻은 자에게 단기매매차익의 반환청구를 하도록 요구할 수 있으며, 그 법인이 그 요구를 받은 날부터 2개월 이내에 그 청구를 하지 아니하는 경우에는 그 주주는 그 법인을 대위(代位)하여 그 청구를 할 수 있다.

③ 증권선물위원회는 제1항에 따른 단기매매차익의 발생사실을 알게 된 경우에는 해당 법인에 이를 통보하여야 한다. 이 경우 그 법인은 통보받은 내용을 대통령령으로 정하는 방법에 따라 인터넷 홈페이지 등을 이용하여 공시하여야 한다.

④ 제2항의 청구에 관한 소를 제기한 주주가 승소한 경우에는 그 주주는 회사에 대하여 소송비용, 그 밖에 소송으로 인한 모든 비용의 지급을 청구할 수 있다.

⑤ 제1항 및 제2항에 따른 권리는 이익을 취득한 날부터 2년 이내에 행사하지 아니한 경우에는 소멸한다.

⑥ 제1항은 임직원 또는 주요주주로서 행한 매도 또는 매수의 성격, 그 밖의 사정 등을 고려하여 대통령령으로 정하는 경우 및 주요주주가 매도·매수한 시기 중 어느 한 시기에 있어서 주요주주가 아닌 경우에는 적용하지 아니한다.

⑦ 제1항 및 제2항은 주권상장법인이 모집·사모·매출하는 특정증권등을 인수한 투자매매업자에게 대통령령으로 정하는 기간 동안 준용한다.

제173조【임원 등의 특정증권등 소유상황 보고】 ① 주권상장법인의 임원 또는 주요주주는 임원 또는 주요주주가 된 날부터 5일(대통령령으로 정하는 날은 산입하지 아니한다. 이하 이 조에서 같다) 이내에 누구의 명의로 하든지 자기의 계산으로 소유하고 있는 특정증권등의 소유상황을, 그 특정증권등의 소유상황에 변동이 있는 경우(대통령령으로 정하는 경미한 소유상황의 변동은 제외한다. 이하 이 조에서 같다)에는 그 변동이 있는 날부터 5일까지 그 내용을 대통령령으로 정하는 방법에 따라 각각 증권선물위원회와 거래소에 보고하여야 한다. 이 경우 대통령령으로 정하는 부득이한 사유에 따라 특정증권등의 소유상황에 변동이 있는 경우와 전문투자자 중 대통령령으로 정하는 자에 대하여는 그 보고 내용 및 시기를 대통령령으로 달리 정할 수 있다.(2013.5.28 본항개정)

② 증권선물위원회와 거래소는 제1항의 보고서를 3년간 갖추어 두고, 인터넷 홈페이지 등을 이용하여 공시하여야 한다.(2009.2.3 본항개정)

제173조의2【장내파생상품의 대량보유 보고 등】 ① 동일 품목의 장내파생상품(제4조제10항제3호에 따른 일반상품, 그 밖에 대통령령으로 정하는 것을 기초자산으로 하는 파생상품으로서 파생상품시장에서 거래되는 것만 해당한다. 이하 이 조에서 같다)을 금융위원회가 정하여 고시하는 수량 이상 보유(누구의 명의로든지 자기의 계산으로 소유하는 경우를 말한다. 이하 이 항에서 같다)하게 된 자는 그 날부터 5일(대통령령으로 정하는 날은 산입하지 아니한다. 이하 이 조에서 같다) 이내에 그 보유 상황, 그 밖에 대통령령으로 정하는 사항을 대통령령으로 정하는 방법에 따라 금융위원회와 거래소에 보고하여야 하며, 그 보유 수량이 금융위원회가 정하여 고시하는 수량 이상으로 변동된 경우에는 그 변동된 날부터 5일 이내에 그 변동 내용을 대통령령으로 정하는 방법에 따라 금융위원회와 거래소에 보고하여야 한다.(2013.5.28 본항개정)

② 다음 각 호의 어느 하나에 해당하는 자로서 파생상품시장에서의 시세에 영향을 미칠 수 있는 정보를 업무와 관련하여 알게 된 자와 그 자로부터 그 정보를 전달받은 자는 그 정보를 누설하거나, 제1항에 따른 장내파생상품 및 그 기초자산의 매매나 그 밖의 거래에 이용하거나, 타인으로 하여금 이용하게 하여서는 아니 된다.(2013.5.28 본문개정)

1. 장내파생상품의 시세에 영향을 미칠 수 있는 정책을 입안·수립 또는 집행하는 자
2. 장내파생상품의 시세에 영향을 미칠 수 있는 정보를 생성·관리하는 자
3. 장내파생상품의 기초자산의 중개·유통 또는 검사와 관련된 업무에 종사하는 자

(2009.2.3 본조신설)

제173조의3【임원 등의 특정증권등 거래계획 보고】 ① 주권상장법인의 임원 또는 주요주주(대통령령으로 정하는 자는 제외한다)가 특정증권등의 매매, 그 밖의 거래(상속·주식배당 등 대통령령으로 정하는 부득이한 사유로 하는 매매, 그 밖의 거래를 제외한다. 이하 이 조 및 제429조에서 "거래등"이라 한다)를 하려는 때에는 거래목적, 거래가격, 거래수량, 거래기간 등 대통령령으로 정하는 사항(이하 "거래계획"이라 한다)을 그 거래기간의 개시일 전 30일 이상 90일 이내의 대통령령으로 정하는 기간까지 증권선물위원회와 거래소에 각각 보고하여야 한다. 다만, 거래계획의 거래수량 및 거래금액과 그 거래계획의 개시일 기준 과거 6개월간 거래수량 및 거래금액을 합산하여 대통령령으로 정하는 규모 미만인 경우에는 그러하지 아니하다.

② 제1항에 따라 거래계획을 보고한 자(이하 이 조에서 "거래계획 보고자"라 한다)는 그 거래계획을 보고한 때부터 그 거래계획에 따른 거래기간의 종료일까지는 새로운 거래계획을 보고하여서는 아니 된다.

③ 거래계획 보고자는 그 거래계획에 따라 특정증권등의 거래등을 하여야 한다. 다만, 거래 당시의 시장 상황 등을 반영하여 필요한 경우에 한정하여 거래금액의 100분의 30 이하의 비율로서 대통령령으로 정하는 바에 따라 거래계획과 달리 거래등을 할 수 있다.

④ 거래계획 보고자는 사망, 파산, 시장변동성 확대로 과도한 손실이 예상되는 경우 등 대통령령으로 정하는 부득이한 사유가 발생하는 때에는 대통령령으로 정하는 바에 따라 증권선물위원회와 거래소에 보고한 후 그 거래계획을 철회할 수 있다.

⑤ 증권선물위원회와 거래소는 제1항에 따라 보고된 거래계획(제4항에 따라 철회된 경우를 포함한다)을 3년간 갖추어 두고, 인터넷 홈페이지 등을 이용하여 공시하여야 한다.

⑥ 제1항부터 제5항까지에서 규정한 사항 외에 거래계획의 보고 등에 필요한 사항은 대통령령으로 정한다.

(2024.1.23 본조신설)

제174조【미공개중요정보 이용행위 금지】 ① 다음 각 호의 어느 하나에 해당하는 자(제1호부터 제5호까지의 어느 하나의 자에 해당하지 아니하게 된 날부터 1년이 경과하지 아니한 자를 포함한다)는 상장법인〔6개월 이내에 상장하는 법인 또는 6개월 이내에 상장법인과의 합병, 주식의 포괄적 교환, 그 밖에 대통령령으로 정하는 기업결합 방법에 따라 상장되는 효과가 있는 비상장법인(이하 이 항에서 "상장예정법인등"이라 한다)을 포함한다. 이하 이 항 및 제443조제1항제1호에서 같다〕의 업무 등과 관련된 미공개중요정보(투자자의 투자판단에 중대한 영향을 미칠 수 있는 정보로서 대통령령으로 정하는 방법에 따라 불특정 다수인이 알 수 있도록 공개되기 전의 것을 말한다. 이하 이 항에서 같다)를 특정증권등(상장예정법인등이 발행한 해당 특정증권등을 포함한다. 이하 제443조제1항제1호에서 같다)의 매매, 그 밖의 거래에 이용하거나 타인에게 이용하게 하여서는 아니 된다.

(2013.5.28 본문개정)

1. 그 법인(그 계열회사를 포함한다. 이하 이 호 및 제2호에서 같다) 및 그 법인의 임직원·대리인으로서 그 직무와 관련하여 미공개중요정보를 알게 된 자(2009.2.3 본호개정)
2. 그 법인의 주요주주로서 그 권리를 행사하는 과정에서 미공개중요정보를 알게 된 자(2009.2.3 본호개정)
3. 그 법인에 대하여 법령에 따른 허가·인가·지도·감독, 그 밖의 권한을 가지는 자로서 그 권한을 행사하는 과정에서 미공개중요정보를 알게 된 자
4. 그 법인과 계약을 체결하고 있거나 체결을 교섭하고 있는 자로서 그 계약을 체결·교섭 또는 이행하는 과정에서 미공개중요정보를 알게 된 자
5. 제2호부터 제4호까지의 어느 하나에 해당하는 자의 대리인(이에 해당하는 자가 법인인 경우에는 그 임직원 및 대리인을 포함한다)·사용인, 그 밖의 종업원(제2호부터 제4호까지의 어느 하나에 해당하는 자가 법인인 경우에는 그 임직원 및 대리인)으로서 그 직무와 관련하여 미공개중요정보를 알게 된 자
6. 제1호부터 제5호까지의 어느 하나에 해당하는 자(제1호부터 제5호까지의 어느 하나의 자에 해당하지 아니하게 된 날부터 1년이 경과하지 아니한 자를 포함한다)로부터 미공개중요정보를 받은 자

② 다음 각 호의 어느 하나에 해당하는 자(제1호부터 제5호까지의 어느 하나의 자에 해당하지 아니하게 된 날부터 1년이 경과하지 아니한 자를 포함한다)는 주식등에 대한 공개매수(제133조제1항의 공개매수를 말한다. 이하 이 항에서 같다)의 실시 또는 중지에 관한 미공개정보(대통령령으로 정하는 방법에 따라 불특정 다수인이 알 수 있도록 공개되기 전의 것을 말한다. 이하 이 항에서 같다)를 그 주식등과 관련된 특정증권등의 매매, 그 밖의 거래에 이용하거나 타인에게 이용하게 하여서는 아니 된다. 다만, 공개매수를 하려는 자(이하 이 조에서 "공개매수예정자"라 한다)가 공개매수공고 이후에도 상당한 기간 동안 주식등을 보유하는 등 주식등에 대한 공개매수의 실시 또는 중지에 관한 미공개정보를 그 주식등과 관련된 특정증권등의 매매, 그 밖의 거래에 이용할 의사가 없다고 인정되는 경우에는 그러하지 아니하다.(2013.5.28 단서개정)

1. 공개매수예정자(그 계열회사를 포함한다. 이하 이 호 및 제2호에서 같다) 및 공개매수예정자의 임직원·대리인으로서 그 직무와 관련하여 공개매수의 실시 또는 중지에 관한 미공개정보를 알게 된 자
2. 공개매수예정자의 주요주주로서 그 권리를 행사하는 과정에서 공개매수의 실시 또는 중지에 관한 미공개정보를 알게 된 자
3. 공개매수예정자에 대하여 법령에 따른 허가·인가·지도·감독, 그 밖의 권한을 가지는 자로서 그 권한을 행사하는 과정에서 공개매수의 실시 또는 중지에 관한 미공개정보를 알게 된 자
4. 공개매수예정자와 계약을 체결하고 있거나 체결을 교섭하고 있는 자로서 그 계약을 체결·교섭 또는 이행하는 과정에서 공개매수의 실시 또는 중지에 관한 미공개정보를 알게 된 자

(2013.5.28 1호~4호개정)

5. 제2호부터 제4호까지의 어느 하나에 해당하는 자의 대리인(이에 해당하는 자가 법인인 경우에는 그 임직원 및 대리인을 포함한다)·사용인, 그 밖의 종업원(제2호부터 제4호까지의 어느 하나에 해당하는 자가 법인인 경우에는 그 임직원 및 대리인)으로서 그 직무와 관련하여 공개매수의 실시 또는 중지에 관한 미공개정보를 알게 된 자
6. 공개매수예정자 또는 제1호부터 제5호까지의 어느 하나에 해당하는 자(제1호부터 제5호까지의 어느 하나의 자에 해당하지 아니하게 된 날부터 1년이 경과하지 아니한 자를 포함한다)로부터 공개매수의 실시 또는 중지에 관한 미공개정보를 받은 자(2013.5.28 본호개정)

③ 다음 각 호의 어느 하나에 해당하는 자(제1호부터 제5호까지의 어느 하나의 자에 해당하지 아니하게 된 날부터 1년이 경과하지 아니한 자를 포함한다)는 주식등의 대량취득·처분(경영권에 영향을 줄 가능성이 있는 대량취득·처분으로서 대통령령으로 정하는 취득·처분을 말한다. 이하 이 항에서 같다)의 실시 또는 중지에 관한 미공개정보(대통령령으로 정하는 방법에 따라 불특정 다수인이 알 수 있도록 공개되기 전의 것을 말한다. 이하 이 항에서 같다)를 그 주식등과 관련된 특정증권등의 매매, 그 밖의 거래에 이용하거나 타인에게 이용하게 하여서는 아니 된다. 다만, 대량취득·처분을 하려는 자가 제149조에 따른 공시 이후에도 상당한 기간 동안 주식등을 보유하는 등 주식등에 대한 대량취득·처분의 실시 또는 중지에 관한 미공개정보를 그 주식등과 관련된 특정증권등의 매매, 그 밖의 거래에 이용할 의사가 없다고 인정되는 경우에는 그러하지 아니하다.(2013.5.28 단서개정)

1. 대량취득·처분을 하려는 자(그 계열회사를 포함한다. 이하 이 호 및 제2호에서 같다) 및 대량취득·처분을 하려는 자의 임직원·대리인으로서 그 직무와 관련하여 대량취득·처분의 실시 또는 중지에 관한 미공개정보를 알게 된 자
2. 대량취득·처분을 하려는 자의 주요주주로서 그 권리를 행사하는 과정에서 대량취득·처분의 실시 또는 중지에 관한 미공개정보를 알게 된 자
3. 대량취득·처분을 하려는 자에 대하여 법령에 따른 허가·인가·지도·감독, 그 밖의 권한을 가지는 자로서 그 권한을 행사하는 과정에서 대량취득·처분의 실시 또는 중지에 관한 미공개정보를 알게 된 자
4. 대량취득·처분을 하려는 자와 계약을 체결하고 있거나 체결을 교섭하고 있는 자로서 그 계약을 체결·교섭 또는 이행하는 과정에서 대량취득·처분의 실시 또는 중지에 관한 미공개정보를 알게 된 자

(2013.5.28 1호~4호개정)

5. 제2호부터 제4호까지의 어느 하나에 해당하는 자의 대리인(이에 해당하는 자가 법인인 경우에는 그 임직원 및 대리인을 포함한다)·사용인, 그 밖의 종업원(제2호부터 제4호까지의 어느 하나에 해당하는 자가 법인인 경우에는 그 임직원 및 대리인)으로서 그 직무와 관련하여 대량취득·처분의 실시 또는 중지에 관한 미공개정보를 알게 된 자
6. 대량취득·처분을 하려는 자 또는 제1호부터 제5호까지의 어느 하나에 해당하는 자(제1호부터 제5호까지의 어느 하나의 자에 해당하지 아니하게 된 날부터 1년이 경과하지 아니한 자를 포함한다)로부터 대량취득·처분의 실시 또는 중지에 관한 미공개정보를 알게 된 자 (2013.5.28 본호개정)

판례 미공개 정보를 직접투자와 무관한 애널리스트에게 전달한 것도 미공개정보 이용행위에 해당하는지 여부 : 자본시장과 금융투자업에 관한 법률 제174조제1항에서 '타인에게 미공개중요정보를 이용하게 하여서는 아니된다'고 함은 기업 내부자가 단순히 타인에게 정보를 전달하여 이를 전달받은 사람이 이 정보를 거래에 이용하는 경우는 물론이고, 직접 전달받은 사람을 통해 정보전달이 이루어져 다시금 정보를 제공받은 사람이 정보를 거래에 이용하게 하는 경우를 포함한다. 여기서 직접 정보를 전달받은 사람에게 다시금 정보를 전달받은 사람이 이를 이용해 증권 매매를 한다는 인식은 반드시 확정적일 필요가 없고 미필적인 정도로도 충분하다. 따라서 직접 투자를 하지 않는 애널리스트들이 기업 내부 정보를 받아 이를 펀드매니저에게 제공한다면 이는 자본시장법에서 금지하는 '미공개정보 이용행위'에 해당한다.(대판 2020.10.29, 2017도18164)

제175조 【미공개중요정보 이용행위의 배상책임】 ① 제174조를 위반한 자는 해당 특정증권등의 매매, 그 밖의 거래를 한 자가 그 매매, 그 밖의 거래와 관련하여 입은 손해를 배상할 책임을 진다.

② 제1항에 따른 손해배상청구권은 청구권자가 제174조를 위반한 행위가 있었던 사실을 안 때부터 2년간 또는 그 행위가 있었던 때부터 5년간 이를 행사하지 아니한 경우에는 시효로 인하여 소멸한다.(2018.3.27 본항개정)

제2장 시세조종 등

제176조 【시세조종행위 등의 금지】 ① 누구든지 상장증권 또는 장내파생상품의 매매에 관하여 그 매매가 성황을 이루고 있는 듯이 잘못 알게 하거나, 그 밖에 타인에게 그릇된 판단을 하게 할 목적으로 다음 각 호의 어느 하나에 해당하는 행위를 하여서는 아니 된다.

1. 자기가 매도하는 것과 같은 시기에 그와 같은 가격 또는 약정수치로 타인이 그 증권 또는 장내파생상품을 매수할 것을 사전에 그 자와 서로 짠 후 매도하는 행위
2. 자기가 매수하는 것과 같은 시기에 그와 같은 가격 또는 약정수치로 타인이 그 증권 또는 장내파생상품을 매도할 것을 사전에 그 자와 서로 짠 후 매수하는 행위
3. 그 증권 또는 장내파생상품의 매매를 함에 있어서 그 권리의 이전을 목적으로 하지 아니하는 거짓으로 꾸민 매매를 하는 행위
4. 제1호부터 제3호까지의 행위를 위탁하거나 수탁하는 행위

② 누구든지 상장증권 또는 장내파생상품의 매매를 유인할 목적으로 다음 각 호의 어느 하나에 해당하는 행위를 하여서는 아니 된다.

1. 그 증권 또는 장내파생상품의 매매가 성황을 이루고 있는 듯이 잘못 알게 하거나 그 시세(증권시장 또는 파생상품시장에서 형성된 시세, 다자간매매체결회사가 상장주권의 매매를 중개함에 있어서 형성된 시세, 그 밖에 대통령령으로 정하는 시세를 말한다. 이하 같다)를 변동시키는 매매 또는 그 위탁이나 수탁을 하는 행위 (2013.5.28 본호개정)
2. 그 증권 또는 장내파생상품의 시세가 자기 또는 타인의 시장 조작에 의하여 변동한다는 말을 유포하는 행위
3. 그 증권 또는 장내파생상품의 매매를 함에 있어서 중요한 사실에 관하여 거짓의 표시 또는 오해를 유발시키는 표시를 하는 행위

③ 누구든지 상장증권 또는 장내파생상품의 시세를 고정시키거나 안정시킬 목적으로 그 증권 또는 장내파생상품에 관한 일련의 매매 또는 그 위탁이나 수탁을 하는 행위를 하여서는 아니 된다. 다만, 다음 각 호의 어느 하나에 해당하는 경우에는 그러하지 아니하다.

1. 투자매매업자(모집 또는 매출되는 증권의 발행인 또는 소유자와 인수계약을 체결한 투자매매업자로서 대통령령으로 정하는 자에 한한다. 이하 이 조에서 같다)가 대통령령으로 정하는 방법에 따라 그 증권의 모집 또는 매출의 청약기간의 종료일 전 30일의 범위에서 대통령령으로 정하는 날부터 그 청약기간의 종료일까지의 기간 동안 증권의 가격을 안정시킴으로써 증권의 모집 또는 매출을 원활하도록 하기 위한 매매거래(이하 이 항에서 "안정조작"이라 한다)를 하는 경우
2. 투자매매업자가 대통령령으로 정하는 방법에 따라 모집 또는 매출한 증권의 수요·공급을 그 증권이 상장된 날부터 6개월의 범위에서 대통령령으로 정하는 기간 동안 조성하는 매매거래(이하 이 항에서 "시장조성"이라 한다)를 하는 경우
3. 모집 또는 매출되는 증권 발행인의 임원 등 대통령령으로 정하는 자가 투자매매업자에게 안정조작을 위탁하는 경우
4. 투자매매업자가 제3호에 따라 안정조작을 수탁하는 경우
5. 모집 또는 매출되는 증권의 인수인이 투자매매업자에게 시장조성을 위탁하는 경우
6. 투자매매업자가 제5호에 따라 시장조성을 수탁하는 경우

④ 누구든지 증권, 파생상품 또는 그 증권·파생상품의 기초자산 중 어느 하나가 거래소에 상장되거나 그 밖에 이에 준하는 경우로서 대통령령으로 정하는 경우에는 그 증권 또는 파생상품에 관한 매매, 그 밖의 거래(이하 이 항, 제177조 및 제443조제1항제7호에서 "매매등"이라 한다)와 관련하여 다음 각 호의 어느 하나에 해당하는 행위를 하여서는 아니 된다.

1. 파생상품의 매매등에서 부당한 이익을 얻거나 제삼자에게 부당한 이익을 얻게 할 목적으로 그 파생상품의 기초자산의 시세를 변동 또는 고정시키는 행위
2. 파생상품의 기초자산의 매매등에서 부당한 이익을 얻거나 제삼자에게 부당한 이익을 얻게 할 목적으로 그 파생상품의 시세를 변동 또는 고정시키는 행위
3. 증권의 매매등에서 부당한 이익을 얻거나 제삼자에게 부당한 이익을 얻게 할 목적으로 그 증권과 연계된 증권으로서 대통령령으로 정하는 증권 또는 그 증권의 기초자산의 시세를 변동 또는 고정시키는 행위
4. 증권의 기초자산의 매매등에서 부당한 이익을 얻거나 제삼자에게 부당한 이익을 얻게 할 목적으로 그 증권의 시세를 변동 또는 고정시키는 행위(2013.5.28 본호신설)
5. 파생상품의 매매등에서 부당한 이익을 얻거나 제삼자에게 부당한 이익을 얻게 할 목적으로 그 파생상품과 기초자산이 동일하거나 유사한 파생상품의 시세를 변동 또는 고정시키는 행위(2013.5.28 본호신설)

(2013.5.28 본항개정)

제177조 【시세조종의 배상책임】 ① 제176조를 위반한 자는 다음 각 호의 구분에 따른 손해를 배상할 책임을 진다.

1. 그 위반행위로 인하여 형성된 가격에 의하여 해당 증권 또는 파생상품에 관한 매매등을 하거나 그 위탁을 한 자가 그 매매등 또는 위탁으로 인하여 입은 손해
2. 제1호의 손해 외에 그 위반행위(제176조제4항 각 호의 어느 하나에 해당하는 행위로 한정한다)로 인하여 가격에 영향을 받은 다른 증권, 파생상품 또는 그 증권·파생상품의 기초자산에 대한 매매등을 하거나 그 위탁을 한 자가 그 매매등 또는 위탁으로 인하여 입은 손해
3. 제1호 및 제2호의 손해 외에 그 위반행위(제176조제4항 각 호의 어느 하나에 해당하는 행위로 한정한다)로 인하여 특정 시점의 가격 또는 수치에 따라 권리행사 또는 조건성취 여부가 결정되거나 금전등이 결제되는 증권 또는 파생상품과 관련하여 그 증권 또는 파생상품을 보유한 자가 그 위반행위로 형성된 가격 또는 수치에 따라 결정되거나 결제됨으로써 입은 손해

(2013.5.28 본항개정)

② 제1항에 따른 손해배상청구권은 청구권자가 제176조를 위반한 행위가 있었던 사실을 안 때부터 2년간 또는 그 행위가 있었던 때부터 5년간 이를 행사하지 아니한 경우에는 시효로 인하여 소멸한다.(2018.3.27 본항개정)

제3장 부정거래행위 등

제178조 【부정거래행위 등의 금지】 ① 누구든지 금융투자상품의 매매(증권의 경우 모집·사모·매출을 포함한다. 이하 이 조 및 제179조에서 같다), 그 밖의 거래와 관련하여 다음 각 호의 어느 하나에 해당하는 행위를 하여서는 아니 된다.

1. 부정한 수단, 계획 또는 기교를 사용하는 행위
2. 중요사항에 관하여 거짓의 기재 또는 표시를 하거나 타인에게 오해를 유발시키지 아니하기 위하여 필요한 중요사항의 기재 또는 표시가 누락된 문서, 그 밖의 기재 또는 표시를 사용하여 금전, 그 밖의 재산상의 이익을 얻고자 하는 행위
3. 금융투자상품의 매매, 그 밖의 거래를 유인할 목적으로 거짓의 시세를 이용하는 행위

② 누구든지 금융투자상품의 매매, 그 밖의 거래를 할 목적이나 그 시세의 변동을 도모할 목적으로 풍문의 유포, 위계(僞計)의 사용, 폭행 또는 협박을 하여서는 아니 된다.

판례 투자자문업자 등이 추천하는 증권을 자신이 선행매수하여 보유하고 있고 추천 후에 이를 매도할 수도 있다는 그 증권에 관한 자신의 이해관계를 표시하지 않은 채 그 증권의 매수를 추천하는 행위는 자본시장과 금융투자업에 관한 법률 제178조 제1항 제1호에서 말하는 '부정한 수단, 계획, 기교를 사용하는 행위'에 해당하는 한편, 투자자들의 오해를 초래하지 않기 위하여 필요한 중요사항인 개인적인 이해관계의 표시를 누락함으로써 투자자들에게 객관적인 동기에서 그 증권을 추천한다는 인상을 주어 거래를 유인하려는 행위로서 같은 법 제178조 제2항에서 정한 '위계의 사용'에도 해당한다.(대판 2017.3.30, 2014도6910)

제178조의2 【시장질서 교란행위의 금지】 ① 제1호에 해당하는 자는 제2호에 해당하는 정보를 증권시장에 상장된 증권(제174조제1항에 따른 상장예정법인등이 발행한 증권을 포함한다)이나 장내파생상품 또는 이를 기초자산으로 하는 파생상품(이를 모두 포괄하여 이하 이 항에서 "지정 금융투자상품"이라 한다)의 매매, 그 밖의 거래(이하 이 조에서 "매매등"이라 한다)에 이용하거나 타인에게 이용하게 하는 행위를 하여서는 아니 된다. 다만, 투자자 보호 및 건전한 시장질서를 해할 우려가 없는 행위로서 대통령령으로 정하는 경우 및 그 행위가 제173조의2제2항, 제174조 또는 제178조에 해당하는 경우는 제외한다.

1. 다음 각 목의 어느 하나에 해당하는 자
   가. 제174조 각 항 각 호의 어느 하나에 해당하는 자로부터 나온 미공개중요정보 또는 미공개정보인 정을 알면서 이를 받거나 전득(轉得)한 자
   나. 자신의 직무와 관련하여 제2호에 해당하는 정보(이하 이 호에서 "정보"라 한다)를 생산하거나 알게 된 자
   다. 해킹, 절취(竊取), 기망(欺罔), 협박, 그 밖의 부정한 방법으로 정보를 알게 된 자
   라. 나목 또는 다목의 어느 하나에 해당하는 자로부터 나온 정보인 정을 알면서 이를 받거나 전득(轉得)한 자
2. 다음 각 목의 모두에 해당하는 정보
   가. 그 정보가 지정 금융투자상품의 매매등 여부 또는 매매등의 조건에 중대한 영향을 줄 가능성이 있을 것
   나. 그 정보가 투자자들이 알지 못하는 사실에 관한 정보로서 불특정 다수인이 알 수 있도록 공개되기 전일 것

② 누구든지 상장증권 또는 장내파생상품에 관한 매매등과 관련하여 다음 각 호의 어느 하나에 해당하는 행위를 하여서는 아니 된다. 다만, 그 행위가 제176조 또는 제178조에 해당하는 경우는 제외한다.

1. 거래 성립 가능성이 희박한 호가를 대량으로 제출하거나 호가를 제출한 후 해당 호가를 반복적으로 정정·취소하여 시세에 부당한 영향을 주거나 줄 우려가 있는 행위
2. 권리의 이전을 목적으로 하지 아니함에도 불구하고 거짓으로 꾸민 매매를 하여 시세에 부당한 영향을 주거나 줄 우려가 있는 행위
3. 손익이전 또는 조세회피 목적으로 자기가 매매하는 것과 같은 시기에 그와 같은 가격 또는 약정수치로 타인이 그 상장증권 또는 장내파생상품을 매수할 것을 사전에 그 자와 서로 짠 후 매매를 하여 시세에 부당한 영향을 주거나 영향을 줄 우려가 있는 행위
4. 풍문을 유포하거나 거짓으로 계책을 꾸미는 등으로 상장증권 또는 장내파생상품의 수요·공급 상황이나 그 가격에 대하여 타인에게 잘못된 판단이나 오해를 유발하거나 상장증권 또는 장내파생상품의 가격을 왜곡할 우려가 있는 행위

(2014.12.30 본조신설)

제178조의3 【불공정거래행위 통보 등】 ① 증권선물위원회는 제429조 및 제429조의2의 과징금 사건이 제173조의2제2항, 제174조, 제176조 또는 제178조의 위반 혐의가 있다고 인정하는 경우에는 검찰총장에게 이를 통보하여야 한다.

② 증권선물위원회는 검찰총장이 제173조의2제2항, 제174조, 제176조 또는 제178조를 위반한 자를 소추하기 위하여 관련 정보를 요구하는 경우에는 이를 제공할 수 있다.

(2014.12.30 본조신설)

제179조 【부정거래행위 등의 배상책임】 ① 제178조를 위반한 자는 그 위반행위로 인하여 금융투자상품의 매매, 그 밖의 거래를 한 자가 그 매매, 그 밖의 거래와 관련하여 입은 손해를 배상할 책임을 진다.

② 제1항에 따른 손해배상청구권은 청구권자가 제178조를 위반한 행위가 있었던 사실을 안 때부터 2년간 또는 그 행위가 있었던 때부터 5년간 이를 행사하지 아니한 경우에는 시효로 인하여 소멸한다.(2018.3.27 본항개정)

제180조【공매도의 제한】 ① 누구든지 증권시장(다자간매매체결회사에서의 증권의 매매거래를 포함한다. 이하 이 장에서 같다)에서 상장증권(대통령령으로 정하는 증권에 한한다. 이하 이 장에서 같다)에 대하여 다음 각 호의 어느 하나에 해당하는 매도(이하 "공매도"라 한다)를 하거나 그 위탁 또는 수탁을 하여서는 아니 된다. 다만, 제2호에 해당하는 경우로서(이하 "차입공매도"라 한다) 증권시장의 안정성 및 공정한 가격형성을 위하여 대통령령으로 정하는 방법에 따르는 경우에는 이를 할 수 있다.
(2016.3.29 본문개정)
1. 소유하지 아니한 상장증권의 매도
2. 차입한 상장증권으로 결제하고자 하는 매도

② 제1항 본문에 불구하고 다음 각 호의 어느 하나에 해당하는 경우에는 이를 공매도로 보지 아니한다.
1. 증권시장에서 매수계약이 체결된 상장증권을 해당 수량의 범위에서 결제일 전에 매도하는 경우
2. 전환사채·교환사채·신주인수권부사채 등의 권리 행사, 유·무상증자, 주식배당 등으로 취득할 주식을 매도하는 경우로서 결제일까지 그 주식이 상장되어 결제가 가능한 경우
3. 그 밖에 결제를 이행하지 아니할 우려가 없는 경우로서 대통령령으로 정하는 경우

③ 금융위원회는 증권시장의 안정성 및 공정한 가격형성을 저해할 우려가 있는 경우에는 거래소의 요청에 따라 상장증권의 범위, 매매거래의 유형 및 기한 등을 정하여 차입공매도를 제한할 수 있다.(2021.1.5 본항개정)

제180조의2【순보유잔고의 보고】 ① 제180조제1항 각 호 외의 부분 단서에 따라 상장증권을 차입공매도한 자(대통령령으로 정하는 거래에 따라 증권을 차입공매도한 자는 제외하며, 이하 이 장에서 "매도자"라 한다)는 해당 증권에 관한 매수, 그 밖의 거래에 따라 보유하게 된 순보유잔고(이하 이 장에서 "순보유잔고"라 한다)가 발행주식 수의 일정 비율을 초과하는 경우에는 매도자의 순보유잔고에 관한 사항과 그 밖에 필요한 사항을 금융위원회와 거래소에 보고하여야 한다.

② 금융위원회는 제1항에 따라 제출된 보고서에 거짓의 기재 또는 표시가 있거나 기재사항이 누락된 경우에는 그 이유를 제시하고 그 보고서의 정정을 명할 수 있다.

③ 전문투자자로서 제1항에 따른 보고의무가 있는 자는 대통령령으로 정하는 기간 동안 순보유잔고 산정에 관한 자료를 보관하여야 하며, 금융위원회가 자료제출을 요구하는 경우 이를 지체 없이 제출하여야 한다.

④ 제1항의 매도자의 구체적인 범위, 순보유잔고의 산출방법, 순보유잔고의 비율 등 보고의 기준, 그 밖에 필요한 보고 사항은 대통령령으로 정하고, 보고의 절차 및 방법은 금융위원회가 정하여 고시한다.
(2016.3.29 본조신설)

제180조의3【순보유잔고의 공시】 ① 대통령령으로 정하는 상장증권의 종목별 발행총수 대비 매도자의 해당 증권에 대한 종목별 순보유잔고의 비율이 대통령령으로 정하는 기준에 해당하는 경우 매도자는 매도자에 관한 사항, 순보유잔고에 관한 사항, 그 밖에 대통령령으로 정하는 사항을 공시하여야 한다.

② 제1항에 따른 공시에 필요한 절차 및 방법 등의 세부사항은 금융위원회가 정하여 고시한다.
(2016.3.29 본조신설)

제180조의4【공매도 거래자의 모집 또는 매출에 따른 주식 취득 제한】 누구든지 증권시장에 상장된 주식에 대한 모집 또는 매출 계획이 공시된 이후부터 해당 주식의 모집가액 또는 매출가액이 결정되기 전까지 대통령령으로 정하는 기간 동안 모집 또는 매출 대상 주식과 동일한 종목에 대하여 증권시장에서 공매도를 하거나 공매도 주문을 위탁한 경우에는 해당 모집 또는 매출에 따른 주식을 취득하여서는 아니 된다. 다만, 모집가액 또는 매출가액의 공정한 가격형성을 저해하지 아니하는 경우로서 대통령령으로 정하는 경우에는 그러하지 아니하다.
(2021.1.5 본조신설)

제180조의5【차입공매도를 위한 대차거래정보 보관 등】 ① 차입공매도를 목적으로 상장증권의 대차거래 계약을 체결한 자는 계약체결 일시, 종목 및 수량 등 대통령령으로 정하는 대차거래정보를 대통령령으로 정하는 방법으로 5년간 보관하여야 한다.

② 제1항에 따라 대차거래정보의 보관의무를 지는 자는 금융위원회 및 거래소가 그 자료의 제출을 요구하는 경우 이를 지체 없이 제출하여야 한다.
(2021.1.5 본조신설)

제5편 집합투자기구

제1장 총 칙

제181조【관련 법률의 적용】 집합투자기구는 이 법에서 특별히 정한 경우를 제외하고는 「상법」 및 「민법」의 적용을 받는다.

제182조【집합투자기구의 등록】 ① 투자신탁이나 투자익명조합의 집합투자업자 또는 투자회사·투자유한회사·투자합자회사·투자유한책임회사 및 투자합자조합(이하 이 편에서 "투자회사등"이라 한다)은 집합투자기구가 설정·설립된 경우 그 집합투자기구를 금융위원회에 등록하여야 한다.(2013.5.28 본항개정)

② 제1항에 따른 집합투자기구의 등록요건은 다음 각 호와 같다.
1. 다음 각 목의 자가 업무정지기간 중에 있지 아니할 것
 가. 그 집합투자재산을 운용하는 집합투자업자
 나. 그 집합투자재산을 보관·관리하는 신탁업자
 다. 그 집합투자증권을 판매하는 투자매매업자·투자중개업자
 라. 투자회사인 경우 그 투자회사로부터 제184조제6항의 업무를 위탁받은 일반사무관리회사(제254조에 따른 일반사무관리회사를 말한다. 이하 같다)
2. 집합투자기구가 이 법에 따라 적법하게 설정·설립되었을 것
3. 집합투자규약이 법령을 위반하거나 투자자의 이익을 명백히 침해하지 아니할 것
4. 그 밖에 제9조제18항 각 호의 집합투자기구의 형태 등을 고려하여 대통령령으로 정하는 요건을 갖출 것

③ 투자신탁이나 투자익명조합의 집합투자업자 또는 투자회사등은 집합투자기구를 등록하려는 경우에는 금융위원회에 등록신청서를 제출하여야 한다.(2008.2.29 본항개정)

④ 금융위원회는 제3항의 등록신청서를 접수한 경우에는 그 내용을 검토하여 20일 이내에 등록 여부를 결정하고, 그 결과와 이유를 지체 없이 신청인에게 문서로 통지하여야 한다. 이 경우 등록신청서에 흠결이 있는 때에는 보완을 요구할 수 있다.(2008.2.29 전단개정)

⑤ 제4항의 검토기간을 산정함에 있어서 등록신청서 흠결의 보완기간 등 총리령으로 정하는 기간은 검토기간에 산입하지 아니한다.(2008.2.29 본항개정)

⑥ 금융위원회는 제4항의 등록 여부를 결정함에 있어서 다음 각 호의 어느 하나에 해당하는 사유가 없는 한 그 등록을 거부하여서는 아니 된다.(2008.2.29 본문개정)
1. 제2항의 등록요건을 갖추지 아니한 경우
2. 제3항의 등록신청서를 거짓으로 작성한 경우
3. 제4항 후단의 보완요구를 이행하지 아니한 경우

⑦ 금융위원회는 제4항에 따라 등록을 결정한 경우 집합투자기구등록부에 필요한 사항을 기재하여야 하며, 등록내용을 인터넷 홈페이지 등에 공고하여야 한다.
(2008.2.29 본항개정)

⑧ 투자신탁이나 투자익명조합의 집합투자업자 또는 투자회사등은 제1항에 따라 등록된 사항이 변경된 경우에는 투자자 보호를 해할 우려가 없는 경우로서 대통령령으로 정하는 경우를 제외하고는 2주 이내에 그 내용을 금융위원회에 변경등록하여야 한다. 이 경우 제2항부터 제7항까지의 규정을 준용한다.(2008.2.29 전단개정)

⑨ 제1항부터 제8항까지의 규정에 따른 등록신청서의 기재사항 및 첨부서류 등 등록 및 변경등록의 신청에 관한 사항과 등록검토의 방법·절차, 그 밖에 필요한 사항은 대통령령으로 정한다.

제182조의2【교차판매 집합투자기구의 등록】 ① 투자신탁이나 투자익명조합의 집합투자업자 또는 투자회사등은 집합투자기구의 집합투자증권을 대한민국 정부와 외국 정부 간 체결한 것으로서 대통령령으로 정하는 집합투자기구 교차판매에 관한 협약 등(이하 "교차판매협약등"이라 한다)을 체결한 해당 외국에서 판매하려는 경우에는 그 집합투자기구를 금융위원회에 교차판매 집합투자기구로 등록할 수 있다.

② 제1항에 따른 교차판매 집합투자기구(이하 "교차판매 집합투자기구"라 한다)의 등록요건은 다음 각 호와 같다.
1. 제182조제1항에 따라 등록된 집합투자기구일 것
2. 교차판매 집합투자기구를 운용하는 투자신탁이나 투자익명조합의 집합투자업자 또는 투자회사등이 자기자본, 임원 및 운용인력 등 대통령령으로 정하는 적격 요건을 갖출 것
3. 그 밖에 집합투자재산의 투자대상자산 등 교차판매협약등의 내용 등을 고려하여 대통령령으로 정하는 요건을 갖출 것

③ 투자신탁이나 투자익명조합의 집합투자업자 또는 투자회사등은 제1항에 따라 등록한 사항이 변경된 경우에는 투자자 보호를 해할 우려가 없는 경우로서 대통령령으로 정하는 경우를 제외하고는 2주 이내에 그 내용을 금융위원회에 변경등록하여야 한다.

④ 제1항 및 제3항에 따른 교차판매 집합투자기구의 등록과 변경등록의 절차 등에 관하여는 제182조제3항부터 제7항까지의 규정을 준용한다. 이 경우 등록신청서 및 변경등록신청서의 기재사항, 첨부서류 등 필요한 사항은 대통령령으로 정한다.
(2019.11.26 본조신설)

제183조【집합투자기구의 명칭】 ① 집합투자기구는 그 상호 또는 명칭 중에 제229조 각 호의 집합투자기구의 종류를 표시하는 문자(증권·부동산·특별자산·혼합자산 및 단기금융을 말한다)를 사용하여야 한다.

② 이 법에 따른 집합투자기구가 아닌 자는 "집합투자", "간접투자", "투자신탁", "투자회사", "투자유한회사", "투자합자회사", "기관전용 사모집합투자기구", "투자유한책임회사", "투자합자조합", "투자익명조합", 그 밖에 이와 유사한 명칭을 사용하여서는 아니 된다. 다만, 집합투자업자 및 제6조제5항제1호에 규정된 것의 경우에는 이를 사용할 수 있다.(2021.4.20 본문개정)

제184조【집합투자기구의 업무수행 등】 ① 투자신탁재산 또는 투자익명조합재산에 속하는 지분증권(그 지분증권과 관련된 증권예탁증권을 포함한다. 이하 이 조에서 같다)의 의결권 행사는 그 투자신탁 또는 투자익명조합의 집합투자업자가 수행하여야 하며, 투자회사등의 집합투자재산에 속하는 지분증권의 의결권 행사는 그 투자회사등이 수행하여야 한다. 다만, 투자회사등은 그 투자회사등의 집합투자업자에게 그 투자회사등의 집합투자재산에 속하는 지분증권의 의결권 행사를 위탁할 수 있다.

② 투자신탁재산 또는 투자익명조합재산의 운용업무는 그 투자신탁 또는 투자익명조합의 집합투자업자가 이를 수행하며, 투자회사등의 집합투자재산 운용업무는 그 투자회사등의 법인이사·업무집행사원·업무집행자 또는 업무집행조합원인 집합투자업자가 이를 수행한다.
(2013.5.28 본항개정)

③ 투자신탁이나 투자익명조합의 집합투자업자 또는 투자회사등은 집합투자재산의 보관·관리업무를 신탁업자에게 위탁하여야 한다.

④ 집합투자업자는 자신이 운용하는 집합투자재산을 보관·관리하는 신탁업자가 되어서는 아니 된다.

⑤ 투자신탁이나 투자익명조합의 집합투자업자 또는 투자회사등은 집합투자기구의 집합투자증권을 판매하고자 하는 경우 투자매매업자와 판매계약을 체결하거나 투자중개업자와 위탁판매계약을 체결하여야 한다. 다만, 투자신탁이나 투자익명조합의 집합투자업자가 투자매매업자 또는 투자중개업자로서 집합투자기구의 집합투자증권을 판매하는 경우에는 판매계약 또는 위탁판매계약을 체결하지 아니한다.

⑥ 투자회사는 다음 각 호의 업무를 일반사무관리회사에 위탁하여야 한다.
1. 투자회사 주식의 발행 및 명의개서(名義改書)
2. 투자회사재산의 계산
3. 법령 또는 정관에 의한 통지 및 공고
4. 이사회 및 주주총회의 소집·개최·의사록 작성 등에 관한 업무
5. 그 밖에 투자회사의 사무를 처리하기 위하여 필요한 업무로서 대통령령으로 정하는 업무

⑦ 투자회사등은 상근임원 또는 직원을 둘 수 없으며, 본점 외의 영업소를 설치할 수 없다.

제185조【연대책임】 집합투자업자·신탁업자·투자매매업자·투자중개업자·일반사무관리회사·집합투자기구평가회사(제258조에 따른 집합투자기구평가회사를 말한다) 및 채권평가회사(제263조에 따른 채권평가회사를 말한다)는 이 법에 따라 투자자에 대한 손해배상책임을 부담하는 경우 귀책사유가 있는 경우에는 연대하여 손해배상책임을 진다.

제186조【자기집합투자증권의 취득 제한 등】 ① 투자회사등은 자기의 계산으로 자기가 발행한 집합투자증권을 취득하거나 질권의 목적으로 받지 못한다. 다만, 다음 각 호의 어느 하나에 해당하는 경우에는 자기의 계산으로 자기가 발행한 집합투자증권을 취득할 수 있다.
1. 담보권의 실행 등 권리 행사에 필요한 경우. 이 경우 취득한 집합투자증권은 대통령령으로 정하는 방법에 따라 처분하여야 한다.
2. 제235조에 따라 투자회사등의 집합투자증권을 환매하는 경우
3. 제201조제4항에 따라 주식을 매수하는 경우

② 제87조 및 제89조부터 제92조까지의 규정은 투자회사등에 준용한다. 이 경우 제87조 중 "집합투자업자(투자신탁이나 투자익명조합의 집합투자업자에 한한다. 이하 이 조에서 같다)는"은 "투자회사등(투자회사등이 의결권 행사를 집합투자업자에게 위탁한 경우에는 집합투자업자를 말한다. 이하 이 조에서 같다)은"으로, "집합투자업자"는 각각 "투자회사등"으로 보고, 제89조제1항 중 "투자신탁이나 투자익명조합의 집합투자업자는"은 "투자회사등은"으로 보며, 제90조 및 제92조 중 "집합투자업자(투자신탁이나 투자익명조합의 집합투자업자에 한한다. 이하 이 조에서 같다)는" 및 "집합투자업자는"은 각각 "투자회사등은"으로 보고, 제91조 중 "집합투자업자(투자신탁이나 투자익명조합의 집합투자업자에 한하며, 해당 집합투자증권을 판매한 투자매매업자 및 투자중개업자를 포함한다. 이하 이 조에서 같다)는"은 "투자회사등(해당 집합투자증권을 판매한 투자매매업자 및 투자중개업자를 포함한다. 이하 이 조에서 같다)은"으로, "집합투자업자"는 각각 "투자회사등"으로 본다.(2009.2.3 후단개정)

제187조【자료의 기록·유지】 ① 투자회사등은 투자회사등의 업무와 관련한 자료를 대통령령으로 정하는 자료의 종류별로 대통령령으로 정하는 기간 동안 기록·유지하여야 한다.

② 투자회사등은 제1항에 따라 기록·유지하여야 하는 자료가 멸실되거나 위조 또는 변조되지 아니하도록 적절한 대책을 수립·시행하여야 한다.

제2장 집합투자기구의 구성 등

제1절 투자신탁

제188조【신탁계약의 체결 등】 ① 투자신탁을 설정하고자 하는 집합투자업자는 다음 각 호의 사항이 기재된 신탁계약서에 의하여 신탁업자와 신탁계약을 체결하여야 한다.
1. 집합투자업자 및 신탁업자의 상호
2. 신탁원본의 가액 및 제189조제1항 및 제3항에 따라 발행하는 투자신탁의 수익권(이하 "수익증권"이라 한다)의 총좌수에 관한 사항(2016.3.22 본호개정)
3. 투자신탁재산의 운용 및 관리에 관한 사항
4. 이익분배 및 환매에 관한 사항
5. 집합투자업자·신탁업자 등이 받는 보수, 그 밖의 수수료의 계산방법과 지급시기·방법에 관한 사항. 다만, 집합투자업자가 기준가격 산정업무를 위탁하는 경우에는 그 수수료는 해당 투자신탁재산에서 부담한다는 내용을 포함하여야 한다.
6. 수익자총회에 관한 사항
7. 공시 및 보고서에 관한 사항
8. 그 밖에 수익자 보호를 위하여 필요한 사항으로서 대통령령으로 정하는 사항

② 투자신탁을 설정한 집합투자업자는 신탁계약을 변경하고자 하는 경우에는 신탁업자와 변경계약을 체결하여야 한다. 이 경우 신탁계약 중 다음 각 호의 어느 하나에 해당하는 사항을 변경하는 경우에는 미리 제190조제5항 본문에 따른 수익자총회의 결의를 거쳐야 한다.
1. 집합투자업자·신탁업자 등이 받는 보수, 그 밖의 수수료의 인상
2. 신탁업자의 변경(합병·분할·분할합병, 그 밖에 대통령령으로 정하는 사유로 변경되는 경우를 제외한다)
3. 신탁계약기간의 변경(투자신탁을 설정할 당시에 그 기간변경이 신탁계약서에 명시되어 있는 경우는 제외한다)
(2013.5.28 본호개정)
4. 그 밖에 수익자의 이익과 관련된 중요한 사항으로서 대통령령으로 정하는 사항

③ 투자신탁을 설정한 집합투자업자는 제2항에 따라 신탁계약을 변경한 경우에는 인터넷 홈페이지 등을 이용하여 공시하여야 하며, 제2항 후단에 따라 신탁계약을 변경한 경우에는 공시 외에 이를 수익자에게 통지하여야 한다.
④ 집합투자업자는 제1항에 따라 투자신탁을 설정하는 경우(그 투자신탁을 추가로 설정하는 경우를 포함한다) 신탁업자에게 해당 신탁계약에서 정한 신탁원본 전액을 금전으로 납입하여야 한다.

제189조【투자신탁의 수익권 등】 ① 투자신탁을 설정한 집합투자업자는 투자신탁의 수익권을 균등하게 분할하여 수익증권을 발행한다.(2016.3.22 본항개정)
② 수익자는 신탁원본의 상환 및 이익의 분배 등에 관하여 수익증권의 좌수에 따라 균등한 권리를 가진다.
③ 투자신탁을 설정한 집합투자업자는 신탁계약에서 정한 신탁원본 전액이 납입된 경우 신탁업자의 확인을 받아 「주식·사채 등의 전자등록에 관한 법률」에 따른 전자등록의 방법으로 투자신탁의 수익권을 발행하여야 한다.
(2016.3.22 본항개정)
④ 수익증권은 무액면 기명식으로 한다.
⑤ 투자신탁을 설정한 집합투자업자는 제3항에 따른 수익증권을 발행하는 경우에는 다음 각 호의 사항이 「주식·사채 등의 전자등록에 관한 법률」에 따라 전자등록 또는 기록되도록 하여야 한다. 이 경우 그 집합투자업자 및 그 투자신탁재산을 보관·관리하는 신탁업자의 대표이사(집행임원 설치회사의 경우 대표집행임원을 말한다)로부터 대통령령으로 정하는 방법과 절차에 따라 확인을 받아야 한다.(2016.3.22 본문개정)
1. 집합투자업자 및 신탁업자의 상호
2. 수익자의 성명 또는 명칭
3. 신탁계약을 체결할 당시의 신탁원본의 가액 및 수익증권의 총좌수
4. 수익증권의 발행일
5. (2016.3.22 삭제)

⑥ 투자신탁을 설정한 집합투자업자는 수익자명부의 작성에 관한 업무를 「주식·사채 등의 전자등록에 관한 법률」 제2조제6호에 따른 전자등록기관(이하 "전자등록기관"이라 한다)에 위탁하여야 한다.(2016.3.22 본항개정)
⑦ 전자등록기관은 제6항에 따라 위탁을 받은 경우 다음 각 호의 사항을 기재한 수익자명부를 작성·비치하여야 한다.(2016.3.22 본문개정)
1. 수익자의 주소 및 성명
2. 수익자가 소유하는 수익증권의 좌수
3. (2016.3.22 삭제)

⑧ 전자등록기관은 제7항 각 호에 관한 정보를 타인에게 제공해서는 아니 된다. 다만, 수익자총회 개최를 위하여 집합투자업자에게 제공하는 경우, 그 밖에 대통령령으로 정하는 경우에는 이를 제공할 수 있다.(2016.3.22 본항개정)
⑨ 「상법」 제337조, 제339조, 제340조 및 「주식·사채 등의 전자등록에 관한 법률」 제35조제3항 후단은 수익권 및 수익증권에 관하여 준용하며, 「상법」 제353조 및 제354조는 수익자명부에 관하여 준용한다.(2016.3.22 본항개정)
(2016.3.22 본조제목개정)

제190조【수익자총회】 ① 투자신탁에는 전체 수익자로 구성되는 수익자총회를 두며, 수익자총회는 이 법 또는 신탁계약에서 정한 사항에 대하여만 결의할 수 있다.
② 수익자총회는 투자신탁을 설정한 집합투자업자가 소집한다.
③ 투자신탁을 설정한 집합투자업자는 투자신탁재산을 보관·관리하는 신탁업자 또는 발행된 수익증권의 총좌수의 100분의 5 이상을 소유한 수익자가 수익자총회의 목적과 소집의 이유를 기재한 서면을 제출하여 수익자총회의 소집을 그 집합투자업자에 요청하는 경우 1개월 이내에 수익자총회를 소집하여야 한다. 이 경우 집합투자업자가 정당한 사유 없이 수익자총회를 소집하기 위한 절차를 거치지 아니하는 경우에는 그 신탁업자 또는 발행된 수익증권총좌수의 100분의 5 이상을 소유한 수익자는 금융위원회의 승인을 받아 수익자총회를 개최할 수 있다.
(2008.2.29 후단개정)
④ 「상법」 제363조제1항 및 제2항은 수익자총회의 소집통지에 관하여 준용한다. 이 경우 "주주"는 각각 "수익자"로, "주주명부"는 "수익자명부"로, "회사"는 "집합투자업자"로 본다.
⑤ 수익자총회는 출석한 수익자의 의결권의 과반수와 발행된 수익증권 총좌수의 4분의 1 이상의 수로 결의한다. 다만, 이 법에서 정한 수익자총회의 결의사항 외에 신탁계약으로 정한 수익자총회의 결의사항에 대하여는 출석한 수익자의 의결권의 과반수와 발행된 수익증권의 총좌수의 5분의 1 이상의 수로 결의할 수 있다.(2013.5.28 본항개정)
⑥ 수익자는 수익자총회에 출석하지 아니하고 서면에 의하여 의결권을 행사할 수 있다. 다만, 다음 각 호의 요건을 모두 충족하는 경우에는 수익자총회에 출석한 수익자가 소유한 수익증권의 총좌수의 결의내용에 영향을 미치지 아니하도록 의결권을 행사(이하 이 항에서 "간주의결권행사"라 한다)한 것으로 본다.(2013.5.28 단서신설)
1. 수익자에게 대통령령으로 정하는 방법에 따라 의결권 행사에 관한 통지가 있었으나 의결권이 행사되지 아니하였을 것
2. 간주의결권행사의 방법이 집합투자규약에 기재되어 있을 것
3. 수익자총회에서 의결권을 행사한 수익증권의 총좌수가 발행된 수익증권의 총좌수의 10분의 1 이상일 것
4. 그 밖에 수익자를 보호하기 위하여 대통령령으로 정하는 방법 및 절차를 따를 것
(2013.5.28 1호~4호신설)

⑦ 투자신탁을 설정한 집합투자업자(제3항 후단에 따라 수익자총회를 소집하는 신탁업자 또는 발행된 수익증권 총좌수의 100분의 5 이상을 소유한 수익자를 포함한다. 이하 이 항에서 같다)는 제5항에 따른 수익자총회의 결의가 이루어지지 아니한 경우 그 날부터 2주 이내에 연기된 수익자총회(이하 "연기수익자총회"라 한다)를 소집하여야 한다.(2013.5.28 본항개정)
⑧ 연기수익자총회의 결의에 관하여는 제5항 및 제6항을 준용한다. 이 경우 "발행된 수익증권 총좌수의 4분의 1 이상"은 "발행된 수익증권 총좌수의 8분의 1 이상"으로 보고, "수익증권의 총좌수의 5분의 1 이상"은 "수익증권의 총좌수의 10분의 1 이상"으로 본다.(2013.5.28 본항개정)
⑨ 수익자총회 및 연기수익자총회의 소집 방법, 서면에 의한 의결권 행사 방법, 그 밖에 수익자총회에 관하여 필요한 사항은 대통령령으로 정한다.
⑩ 「상법」 제364조, 제366조의2제2항·제3항, 제367조, 제368조제3항·제4항, 제368조의4, 제369조제1항·제2항, 제371조부터 제373조까지, 제376조, 제377조 및 제379조부터 제381조까지의 규정은 수익자총회에 관하여 준용한다. 이 경우 "주주"는 각각 "수익자"로, "정관"은 각각 "신탁계약"으로, "주식"은 "수익증권"으로, "회사"는 각각 "집합투자업자"로, "이사회의 결의"는 각각 "집합투자업자의 결정"으로 본다.(2013.5.28 본항개정)

제191조【반대수익자의 수익증권매수청구권】 ① 투자신탁의 수익자는 다음 각 호의 어느 하나에 해당하는 경우 집합투자업자에게 수익증권의 수를 기재한 서면으로 자기가 소유하고 있는 수익증권의 매수를 청구할 수 있다.
1. 제188조제2항 각 호 외의 부분 후단에 따른 신탁계약의 변경 또는 제193조제2항에 따른 투자신탁의 합병에 대한 수익자총회의 결의에 반대(수익자총회 전에 해당 집합투자업자에게 서면으로 그 결의에 반대하는 의사를 통지한 경우로 한정한다)하는 수익자가 그 수익자총회의 결의일부터 20일 이내에 수익증권의 매수를 청구하는 경우
2. 제193조제2항 각 호 외의 부분 단서에 따른 투자신탁의 합병에 반대하는 수익자가 대통령령으로 정하는 방법에 따라 수익증권의 매수를 청구하는 경우
(2013.5.28 본항개정)

② 투자신탁을 설정한 집합투자업자는 제1항에 따른 청구가 있는 경우 해당 수익자에게 수익증권의 매수에 따른 수수료, 그 밖의 비용을 부담시켜서는 아니 된다.
③ 투자신탁을 설정한 집합투자업자는 제1항에 따른 청구가 있는 경우에는 매수청구기간이 만료된 날부터 15일 이내에 그 투자신탁재산으로 대통령령으로 정하는 방법에 따라 그 수익증권을 매수하여야 한다. 다만, 매수자금이 부족하여 매수에 응할 수 없는 경우에는 금융위원회의 승인을 받아 수익증권의 매수를 연기할 수 있다.
(2008.2.29 단서개정)
④ 투자신탁을 설정한 집합투자업자는 제3항 본문에 따라 수익증권을 매수한 경우에는 지체 없이 그 수익증권을 소각(消却)하여야 한다.

제192조【투자신탁의 해지】 ① 투자신탁을 설정한 집합투자업자는 금융위원회의 승인을 받아 투자신탁을 해지할 수 있다. 다만, 수익자의 이익을 해할 우려가 없는 경우로서 대통령령으로 정하는 경우에는 금융위원회의 승인을 받지 아니하고 투자신탁을 해지할 수 있으며, 이 경우 집합투자업자는 그 해지사실을 지체 없이 금융위원회에 보고하여야 한다.(2008.2.29 본항개정)
② 투자신탁을 설정한 집합투자업자는 다음 각 호의 어느 하나에 해당하는 경우에는 지체 없이 투자신탁을 해지하여야 한다. 이 경우 집합투자업자는 그 해지사실을 지체 없이 금융위원회에 보고하여야 한다.(2008.2.29 후단개정)
1. 신탁계약에서 정한 신탁계약기간의 종료
2. 수익자총회의 투자신탁 해지 결의
3. 투자신탁의 피흡수합병
4. 투자신탁의 등록 취소
5. 수익자의 총수가 1인이 되는 경우. 다만, 제6조제6항에 따라 인정되거나 건전한 거래질서를 해할 우려가 없는 경우로서 대통령령으로 정하는 경우는 제외한다.
(2018.3.27 단서개정)
6. 제249조의9제1항에 따라 투자신탁인 일반 사모집합투자기구의 해지 명령을 받은 경우(2021.4.20 본호개정)

③ 투자신탁을 설정한 집합투자업자는 제1항 또는 제2항(제3호를 제외한다)에 따라 투자신탁을 해지하는 경우에는 신탁계약이 정하는 바에 따라 투자신탁재산에 속하는 자산을 해당 수익자에게 지급할 수 있다.
④ 제1항에 따라 해지 승인을 신청하는 경우 신청서의 기재사항 및 첨부서류, 제1항·제2항에 따라 투자신탁이 해지되는 경우 미수금 및 미지급금 등의 처리방법, 그 밖에 투자신탁의 해지에 관하여 필요한 사항은 대통령령으로 정한다.
⑤ 투자신탁을 설정한 집합투자업자는 수익자의 환매청구에 응하는 등 대통령령으로 정하는 경우에는 투자신탁의 일부를 해지할 수 있다.

제193조【투자신탁의 합병】 ① 투자신탁을 설정한 집합투자업자는 그 집합투자업자가 운용하는 다른 투자신탁을 흡수하는 방법으로 투자신탁을 합병할 수 있다.
② 투자신탁을 설정한 집합투자업자는 제1항에 따라 투자신탁을 합병하고자 하는 경우 다음 각 호의 사항을 기재한 합병계획서를 작성하여 합병하는 각 투자신탁의 수익자총회의 결의를 거쳐야 한다. 다만, 건전한 거래질서를 해할 우려가 적은 소규모 투자신탁의 합병 등 대통령령으로 정하는 경우는 제외한다.(2013.5.28 단서신설)
1. 투자신탁의 합병으로 인하여 존속하는 투자신탁의 증가하는 신탁원본의 가액 및 수익증권의 좌수
2. 투자신탁의 합병으로 인하여 소멸하는 투자신탁의 수익자에게 발행하는 수익증권의 배정에 관한 사항
3. 투자신탁의 합병으로 인하여 소멸하는 투자신탁의 수익자에게 현금을 지급하는 경우 그 내용
4. 합병하는 각 투자신탁의 수익자총회의 회일
5. 합병을 할 날
6. 투자신탁의 합병으로 인하여 존속하는 투자신탁의 신탁계약을 변경하는 경우 그 내용
7. 그 밖에 대통령령으로 정하는 사항

③ 「상법」 제527조의5제1항 및 제3항은 채권자가 있는 투자신탁이 합병하는 경우에 준용한다. 이 경우 "회사"는 각각 "집합투자업자"로, "주주총회"는 "수익자총회"로 본다.
④ 투자신탁을 설정한 집합투자업자는 수익자총회일의 2주 전부터 합병 후 6개월이 경과하는 날까지 다음 각 호의 서류를 본점 및 투자매매업자 또는 투자중개업자의 영업소에 비치하여야 한다. 이 경우 그 투자신탁의 수익자 및 채권자는 영업시간 중 언제든지 그 서류를 열람할 수 있으며, 그 서류의 등본 또는 초본의 교부를 청구할 수 있다.
1. 합병하는 각 투자신탁의 최종의 결산서류
2. 합병으로 인하여 소멸하는 투자신탁의 수익자에게 발행하는 수익증권의 배정에 관한 사항 및 그 이유를 기재한 서면
3. 합병계획서

⑤ 투자신탁을 설정한 집합투자업자는 제1항에 따라 투자신탁을 합병한 경우에는 그 사실을 지체 없이 금융위원회에 보고하여야 한다. 이 경우 합병되는 투자신탁의 수익증권이 증권시장에 상장되어 있는 때에는 거래소에도 보고하여야 한다.(2008.2.29 전단개정)
⑥ 투자신탁의 합병은 존속하는 투자신탁의 집합투자업자가 제5항에 따라 금융위원회에 보고를 한 때에 그 효력이 발생한다. 이 경우 소멸하는 투자신탁은 해지된 것으로 본다.(2008.2.29 전단개정)
⑦ 합병 후 존속하는 투자신탁은 합병으로 인하여 소멸된 투자신탁의 권리·의무를 승계한다.
⑧ 수익증권의 합병가액 산정방식, 수익자총회 승인사항의 수익자 통지, 그 밖에 투자신탁의 합병에 관하여 필요한 사항은 대통령령으로 정한다.

제2절 회사 형태의 집합투자기구

제1관 투자회사

제194조【투자회사의 설립 등】 ①「금융회사의 지배구조에 관한 법률」 제5조에 적합하지 아니한 자는 투자회사의 발기인이 될 수 없다.(2015.7.31 본항개정)
② 발기인은 투자회사를 설립하는 경우 다음 각 호의 사항을 기재한 정관을 작성하여 발기인 전원이 기명날인 또는 서명하여야 한다.
1. 목적
2. 상호
3. 발행할 주식의 총수
4. 설립시에 발행하는 주식의 총수 및 발행가액
5. 회사의 소재지
6. 투자회사재산의 운용 및 관리에 관한 사항
7. 그 투자회사가 유지하여야 하는 순자산액(자산에서 부채를 뺀 금액을 말한다)의 최저액(이하 "최저순자산액"이라 한다)(2009.2.3 본호개정)
8. 이익분배 및 환매에 관한 사항
9. 공시 및 보고서에 관한 사항
10. 공고방법
11. 그 밖에 주주를 보호하기 위하여 필요한 사항으로서 대통령령으로 정하는 사항
③ 투자회사 설립시의 자본금은 주식 발행가액의 총액으로 한다.
④ 투자회사가 설립시에 발행하는 주식의 총수는 그 상한과 하한을 두는 방법으로 정할 수 있다.
⑤ (2015.7.24 삭제)
⑥ 투자회사의 발기인은 투자회사의 설립시에 발행하는 주식의 총수를 인수(「상법」 제293조에 따른 인수를 말한다. 이하 이 장에서 같다)하여야 한다.
⑦ 제6항에 따라 주식을 인수한 발기인은 지체 없이 주식의 인수가액을 금전으로 납입하여야 한다.
⑧ 발기인은 투자회사 설립시에 발행하는 주식의 인수가액의 납입이 완료된 경우에는 지체 없이 의결권 과반수의 찬성으로 이사를 선임하여야 하며, 선임된 이사는 투자회사의 설립에 관하여 법령이나 투자회사의 정관을 위반한 사항이 있는지를 조사하여 그 결과를 이사회에 보고하여야 한다.
⑨ 이사는 제8항에 따른 조사결과 법령 또는 투자회사의 정관을 위반한 사항을 발견한 경우에는 지체 없이 이를 발기인에게 보고하여야 한다.
⑩ 투자회사의 발기인은 다음 각 호의 사항을 제8항에 따른 보고를 종료한 날부터 2주 이내에 대통령령으로 정하는 서류를 첨부하여 설립등기를 하여야 한다.
1. 제2항제1호부터 제3호까지의 사항 및 같은 항 제5호·제7호·제10호의 사항
2. 정관으로 투자회사의 존속기간 또는 해산사유를 정한 경우 그 내용
3. 이사의 성명·주민등록번호(법인인 경우에는 상호·사업자등록번호)
⑪ 투자회사의 발기인은 투자회사재산을 선박에 투자하는 투자회사를 설립하여서는 아니 되며, 투자회사는 설립 후에도 투자회사재산을 선박에 투자하는 투자회사에 해당하도록 그 투자회사의 정관을 변경하여서는 아니 된다.(2016.3.29 본항개정)

제195조【정관의 변경 등】 ① 투자회사는 이사회 결의로 정관을 변경할 수 있다. 다만, 정관의 내용 중 다음 각 호의 어느 하나에 해당하는 사항을 변경하고자 하는 경우에는 제201조제2항 본문에 따른 주주총회의 결의를 거쳐야 한다.(2013.5.28 단서개정)
1. 집합투자업자·신탁업자 등이 받는 보수, 그 밖의 수수료의 인상
2. 집합투자업자 또는 신탁업자의 변경
3. 정관으로 투자회사의 존속기간 또는 해산사유를 정한 경우 존속기간 또는 해산사유의 변경
4. 그 밖에 주주의 이익과 관련된 중요한 사항으로서 대통령령으로 정하는 사항
② 투자회사는 제1항에 불구하고 합병·분할·분할합병, 그 밖에 대통령령으로 정하는 사유로 집합투자업자 또는 신탁업자가 변경된 경우에는 이사회 결의 및 주주총회의 결의 없이 정관을 변경할 수 있다.
③ 투자회사는 제1항 또는 제2항에 따라 정관을 변경한 경우에는 인터넷 홈페이지 등을 이용하여 공시하여야 하며, 제1항 단서에 따라 정관을 변경한 경우에는 공시 외에 이를 주주에게 통지하여야 한다.

제196조【투자회사의 주식】 ① 투자회사의 주식은 무액면 기명식으로 한다.
② 투자회사는 회사 성립일 또는 신주(新株)의 납입기일에 지체 없이 「주식·사채 등의 전자등록에 관한 법률」에 따른 전자등록의 방법으로 주식을 발행하여야 한다.(2016.3.22 본항개정)
③ 투자회사가 그 성립 후에 신주를 발행하는 경우 신주의 수, 발행가액 및 납입기일은 이사회가 결정한다. 다만, 정관에서 달리 정하고 있는 경우에는 그에 따른다.
④ 주주의 청구가 있는 경우 그 주주의 주식을 매수할 수 있는 투자회사(이하 이 조에서 "개방형투자회사"라 한다)가 그 성립 후에 신주를 발행하는 경우 이사회는 다음 각 호의 사항을 결정할 수 있다. 이 경우 개방형투자회사는 제3호의 방법에 따라 확정된 매일의 발행가액을 그 투자회사의 주식을 판매하는 투자매매업자 또는 투자중개업자의 지점, 그 밖의 영업소에 게시하고, 인터넷 홈페이지 등을 이용하여 공시하여야 한다.
1. 신주의 발행기간
2. 제1호의 발행기간 이내에 발행하는 신주수의 상한
3. 제1호의 발행기간 동안 매일의 발행가액 및 주금납입기일을 정하는 방법
⑤ 투자회사는 그 성립 후에 신주를 발행하는 경우 같은 날에 발행하는 신주의 발행가액, 그 밖의 발행조건은 균등하게 정하여야 한다. 이 경우 신주의 발행가액은 그 투자회사가 소유하는 자산의 순자산액에 기초하여 대통령령으로 정하는 방법에 따라 산정한다.
⑥ 제194조제7항은 신주를 발행하는 경우의 주식인수인에게 준용한다.
⑦ 주식인수인은 투자회사가 그 성립 후에 신주를 발행하는 경우 주금의 납입과 동시에 주주의 권리·의무를 가진다.

제197조【이사의 구분 등】 ① 투자회사의 이사는 집합투자업자인 이사(이하 이 관에서 "법인이사"라 한다)와 감독이사로 구분한다.
② 투자회사는 법인이사 1인과 감독이사 2인 이상을 선임하여야 한다.

제198조【법인이사】 ① 법인이사는 투자회사를 대표하고 투자회사의 업무를 집행한다.
② 법인이사는 다음 각 호의 어느 하나에 해당하는 업무를 집행하고자 하는 경우에는 이사회 결의를 거쳐야 한다.
1. 집합투자업자·신탁업자·투자매매업자·투자중개업자 및 일반사무관리회사와의 업무위탁계약(변경계약을 포함한다)의 체결
2. 자산의 운용 또는 보관 등에 따르는 보수의 지급
3. 금전의 분배 및 주식의 배당에 관한 사항
4. 그 밖에 투자회사의 운영상 중요하다고 인정되는 사항으로서 정관이 정하는 사항
③ 법인이사는 3개월마다 1회 이상 그 업무의 집행상황 및 자산의 운용 내용을 이사회에 보고하여야 한다.
④ 법인이사는 법인이사의 직무를 정하여 그 직무를 수행할 자를 그 임직원 중에서 선임할 수 있다. 이 경우 집합투자업자는 이를 투자회사에 서면으로 통보하여야 한다.
⑤ 제4항에 의하여 투자회사에 통보된 자가 그 직무 범위에서 행한 행위는 법인이사의 행위로 본다.

제199조【감독이사】 ① 감독이사는 법인이사의 업무집행을 감독하며, 투자회사의 업무 및 재산상황을 파악하기 위하여 필요한 경우에는 법인이사와 그 투자회사재산을 보관·관리하는 신탁업자, 그 투자회사의 주식을 판매하는 투자매매업자·투자중개업자 또는 그 투자회사로부터 제184조제6항의 업무를 위탁받은 일반사무관리회사에 대하여 그 투자회사와 관련되는 업무 및 재산상황에 관한 보고를 요구할 수 있다.
② 감독이사는 그 직무를 수행함에 있어서 필요하다고 인정되는 경우에는 제240조제3항에 따른 회계감사인에 대하여 회계감사에 관한 보고를 요구할 수 있다.
③ 제1항 또는 제2항에 따라 감독이사의 요구를 받은 자는 특별한 사유가 없는 한 이에 응하여야 한다.
④ 다음 각 호의 어느 하나에 해당하는 자는 감독이사가 될 수 없으며, 감독이사가 된 후 이에 해당하게 된 경우에는 그 직을 상실한다.
1. 「금융회사의 지배구조에 관한 법률」 제5조에 적합하지 아니한 자(2015.7.31 본호개정)
2. 해당 투자회사의 발기인(제194조제8항에 따라 최초로 투자회사의 감독이사를 선임하는 경우에 한한다)
3. 투자회사의 대주주 및 그 특수관계인
4. 법인이사의 특수관계인 또는 법인이사로부터 계속적으로 보수를 지급받고 있는 자
5. 그 투자회사의 주식을 판매하는 투자매매업자 또는 투자중개업자의 특수관계인
6. 그 투자회사의 이사가 다른 법인의 이사로 있는 경우 그 법인의 상근 임직원인 자
7. 그 밖에 감독이사로서의 중립성을 해칠 우려가 있는 자로서 대통령령으로 정하는 자
⑤ 제54조는 감독이사에게 준용한다.

제200조【이사회】 ① 이사회는 각 이사가 소집한다.
② 이사는 이사회를 소집하고자 하는 경우에는 그 회의일 3일 전까지 각 이사에게 소집을 통지하여야 한다. 다만, 정관이 정하는 바에 따라 통지기간을 단축할 수 있다.
③ 이사회는 이 법과 정관이 정하는 사항에 대하여만 결의한다.
④ 이사회는 이사가 결원된 경우 이사를 선임하기 위한 주주총회를 즉시 소집하여야 한다.
⑤ 이사회 결의는 이사 과반수의 출석과 출석한 이사 과반수의 찬성으로 한다.

제201조【주주총회】 ① 투자회사의 주주총회는 이사회가 소집한다.
② 주주총회는 출석한 주주의 의결권의 과반수와 발행주식총수의 4분의 1 이상의 수로 결의한다. 다만, 이 법에서 정한 주주총회의 결의사항 외에 집합투자규약으로 정한 주주총회의 결의사항에 대하여는 출석한 주주의 의결권의 과반수와 발행주식총수의 5분의 1 이상의 수로 결의할 수 있다.(2013.5.28 본항개정)
③ 제190조제1항·제3항 및 제6항부터 제9항까지의 규정은 투자회사의 주주총회에 관하여 준용한다. 이 경우 "투자신탁"은 "투자회사"로, "신탁계약"은 "정관"으로, "투자신탁을 설정한 집합투자업자"및 "집합투자업자"는 각각 "투자회사의 이사회"로, "투자신탁재산"은 "투자회사재산"으로, "수익증권"은 각각 "주식"으로, "총좌수"는 각각 "총수"로, "수익자"는 각각 "주주"로, "수익자총회"는 각각 "주주총회"로, "좌수"는 각각 "수"로, 같은 조 제8항 중 "제5항"은 "제2항"으로 본다.(2013.5.28 본항개정)
④ 제191조는 투자회사가 제195조제1항 단서에 따른 정관의 변경 또는 제204조제2항에 따른 합병에 반대하는 주주에게 준용한다. 이 경우 "신탁계약"은 "정관"으로, "투자신탁", "집합투자업자" 및 "투자신탁을 설정한 집합투자업자"는 각각 "투자회사"로, "수익자총회"는 각각 "주주총회"로, "수익자"는 각각 "주주"로, "수익증권"은 각각 "주식"으로, "투자신탁재산"은 "투자회사재산"으로 본다.(2013.5.28 전단개정)

제202조【해산】 ① 투자회사는 다음 각 호의 어느 하나에 해당하는 사유로 해산한다. 이 경우 청산인은 해산일부터 30일 이내에 해산의 사유 및 연월일, 청산인 및 청산감독인의 성명·주민등록번호(청산인이 법인이사인 경우에는 상호·사업자등록번호)를 금융위원회에 보고하여야 한다.(2008.2.29 후단개정)
1. 정관에서 정한 존속기간의 만료, 그 밖의 해산사유의 발생
2. 주주총회의 해산 결의
3. 투자회사의 피흡수합병
4. 투자회사의 파산
5. 법원의 명령 또는 판결
6. 투자회사 등록의 취소
7. 주주(법인이사인 주주는 제외한다)의 총수가 1인이 되는 경우. 다만, 건전한 거래질서를 해할 우려가 없는 경우로서 대통령령으로 정하는 경우는 제외한다.(2013.5.28 본호신설)
② 투자회사는 해산한 경우 법인이사가 청산인이 되는 때에는 해산일부터 2주 이내에, 청산인이 선임된 때에는 그 선임일부터 2주 이내에 대통령령으로 정하는 서류를 첨부하여 다음 각 호의 사항을 등기하여야 한다.
1. 청산인의 성명·주민등록번호(청산인이 법인이사인 경우에는 상호·사업자등록번호)
2. 청산인 중에서 대표청산인을 정하도록 하거나 2인 이상의 청산인이 공동으로 투자회사를 대표할 것을 정한 경우에는 그 내용
③ 투자회사는 해산한 경우 감독이사가 청산감독인이 되는 때에는 해산일부터 2주 이내에, 청산감독인이 선임된 때에는 선임일부터 2주 이내에 대통령령으로 정하는 서류를 첨부하여 청산감독인의 성명 및 주민등록번호를 등기하여야 한다.
④ 투자회사가 해산한 경우(제1항제3호 및 제4호의 사유로 해산한 경우를 제외한다)에는 청산인 및 청산감독인으로 구성되는 청산인회를 둔다.
⑤ 투자회사가 제1항제1호·제2호 또는 제7호의 사유로 해산한 때에는 정관 또는 주주총회에서 달리 정한 경우 외에는 법인이사 및 감독이사가 각각 청산인 및 청산감독인이 된다.(2013.5.28 본항개정)
⑥ 투자회사가 다음 각 호의 어느 하나에 해당하는 경우에는 금융위원회가 이해관계인의 청구에 의하여 청산인 및 청산감독인을 선임한다.(2008.2.29 본문개정)
1. 제1항제5호의 사유로 해산한 경우
2. 청산인 또는 청산감독인이 없는 경우
3. 「상법」 제193조제1항에 따라 청산하는 경우
⑦ 투자회사가 제1항제6호의 사유로 해산한 경우에는 금융위원회가 직권으로 청산인 및 청산감독인을 선임한다.(2008.2.29 본항개정)
⑧ 금융위원회는 청산인 또는 청산감독인이 업무를 집행함에 있어서 현저하게 부적합하거나 중대한 법령 위반사항이 있는 경우에는 직권으로 또는 이해관계인의 청구에 의하여 이들을 해임할 수 있다. 이 경우 금융위원회는 직권으로 새로운 청산인 또는 청산감독인을 선임할 수 있다.(2008.2.29 본항개정)
⑨ 금융위원회는 다음 각 호의 어느 하나에 해당하는 경우에는 등기원인을 증명하는 서면을 첨부하여 투자회사의 소재지를 관할하는 등기소에 해당 등기를 촉탁하여야 한다.(2008.2.29 본문개정)
1. 제1항제6호의 사유로 투자회사가 해산한 경우
2. 금융위원회가 직권으로 청산인 또는 청산감독인을 해임한 경우(2008.2.29 본호개정)

제203조【청산】 ① 청산인은 취임 후 지체 없이 투자회사의 재산상황을 조사하여 총리령으로 정하는 기간 이내에 재산목록과 재무상태표를 작성하여 이를 청산인회에 제출하여 승인을 받아야 하며, 그 등본을 지체 없이 금융위원회에 제출하여야 한다.(2021.4.20 본항개정)
② 청산감독인은 청산인이 업무수행과 관련하여 법령이나 정관을 위반하거나, 그 밖에 투자회사에 대하여 현저하게 손해를 끼칠 우려가 있는 사실을 발견한 경우에는 금융위원회에 이를 보고하여야 한다.(2008.2.29 본항개정)
③ 청산인은 취임한 날부터 1개월 이내에 투자회사의 채

권자에 대하여 일정 기간 이내에 그 채권을 신고할 것과 그 기간 이내에 신고하지 아니하면 청산에서 제외된다는 뜻을 2회 이상 공고함으로써 최고하여야 한다. 이 경우 그 신고기간은 1개월 이상으로 하여야 한다.
④ 청산인은 자금차입·채무보증 또는 담보제공이 제한되는 투자회사의 경우 제3항에 불구하고 대통령령으로 정하는 방법에 따라 채권자에 대한 최고절차를 생략할 수 있다. 다만, 장내파생상품 매매에 따른 계약이행책임이 있는 경우 등 대통령령으로 정하는 경우에는 그 절차를 생략하여서는 아니 된다.
⑤ 청산인은 청산사무가 종결된 경우에는 지체 없이 결산보고서를 작성하여 주주총회의 승인을 받아야 한다. 이 경우 그 결산보고서를 공고하고, 이를 금융위원회 및 협회에 제출하여야 한다.(2008.2.29 후단개정)
⑥ 청산인 또는 청산감독인은 제202조제5항에 따른 경우에는 정관 또는 주주총회가 정하는 바에 따라, 같은 조 제6항 및 제7항에 따라 선임된 경우에는 금융위원회가 정하는 바에 따라 투자회사로부터 보수를 지급받을 수 있다.(2008.2.29 본항개정)
⑦ 청산인은 제1항에 따라 승인을 얻은 재산목록과 재무상태표를 청산종결시까지 투자회사에 비치하여야 하며, 이를 집합투자업자 및 투자매매업자·투자중개업자에게 송부하여 그 영업소에 비치하도록 하여야 한다.
(2021.4.20 본항개정)
제204조【합병】 ① 투자회사는 그 투자회사와 법인이사가 같은 다른 투자회사를 흡수하는 방법으로 합병하는 경우가 아니면 다른 회사와 합병할 수 없다.
② 투자회사는 제1항에 따라 합병하고자 하는 경우에는 제201조제2항 단서에 따른 주주총회의 결의를 거쳐야 한다. 다만, 건전한 거래질서를 해할 우려가 적은 소규모 투자회사의 합병 등 대통령령으로 정하는 경우는 제외한다.(2013.5.28 단서신설)
③ 제193조제4항·제5항 및 제8항은 투자회사의 합병에 관하여 준용한다. 이 경우 "투자신탁을 설정한 집합투자업자", "투자신탁" 및 "투자신탁의 집합투자업자"는 각각 "투자회사"로, "수익자총회"는 각각 "주주총회"로, "수익자"는 각각 "주주"로, "수익증권"은 각각 "주식"으로 본다.
제205조【투자회사의 특례】 ① 제3편제3장은 투자회사에는 적용하지 아니한다.
② 투자회사의 주주에 관하여는 「금융회사의 지배구조에 관한 법률」 제33조를 준용한다. 이 경우 "금융회사"는 "투자회사"로 보고, 같은 조 제1항 중 "1만분의 10"은 "1천분의 10"으로, 같은 조 제2항 전단 중 "1만분의 150"은 "1천분의 30"으로, "1만분의 75"는 "1천분의 15"로 보고, 같은 조 제3항 중 "10만분의 250"은 "1만분의 50"으로, "10만분의 125"는 "1만분의 25"로 보며, 같은 조 제4항 중 "100만분의 250"은 "10만분의 50"으로, "100만분의 125"는 "10만분의 25"로 보고, 같은 조 제5항 중 "10만분의 1"은 "1만분의 1"로 보며, 같은 조 제6항 중 "10만분의 50"은 "1만분의 10"으로, "10만분의 25"는 "1만분의 5"로 본다.(2015.7.31 본항개정)
제206조【「상법」과의 관계】 ① 투자회사에 「상법」을 적용함에 있어서 「상법」 제259조제4항, 제298조제4항, 제299조, 제299조의2, 제300조, 제325조, 제422조, 제467조제1항부터 제3항까지, 제536조, 제539조 및 제541조 중 "법원"은 각각 "금융위원회"로, 제176조 중 "검사"는 각각 "금융위원회"로 본다.(2008.2.29 본항개정)
② 「상법」 제19조, 제177조, 제288조, 제292조, 제298조제1항부터 제3항까지, 제301조부터 제313조까지, 제330조, 제335조제1항 단서, 제335조의2부터 제335조의7까지, 제341조, 제341조의2, 제341조의3, 제342조, 제342조의2, 제342조의3, 제343조, 제344조, 제344조의2, 제344조의3, 제345조부터 제351조까지, 제365조, 제374조의2, 제383조, 제389조제1항, 제397조, 제408조의2부터 제408조의9까지, 제409조, 제409조의2, 제410조부터 제412조까지, 제412조의2부터 제412조의5까지, 제413조, 제413조의2, 제414조, 제415조, 제415조의2, 제417조부터 제420조까지, 제420조의2부터 제420조의5까지, 제438조, 제439조, 제449조, 제449조의2, 제450조, 제458조부터 제461조까지, 제461조의2 및 제604조는 투자회사에 적용하지 아니한다.
(2013.5.28 본항개정)

제2관 투자유한회사

제207조【투자유한회사의 설립 등】 ① 집합투자업자는 투자유한회사를 설립하는 경우 다음 각 호의 사항을 기재한 정관을 작성하여 기명날인 또는 서명하여야 한다.
1. 목적
2. 상호
3. 제209조제1항에 따른 법인이사의 상호·사업자등록번호
4. 회사의 소재지
5. 투자유한회사재산의 운용 및 관리에 관한 사항
6. 이익분배 및 환매에 관한 사항
7. 공시 및 보고서에 관한 사항
8. 그 밖에 사원을 보호하기 위하여 필요한 사항으로서 대통령령으로 정하는 사항
② 집합투자업자는 정관을 작성한 후 투자유한회사 설립시에 출자금을 금전으로 납입하여야 한다.
③ 집합투자업자는 다음 각 호의 사항을 출자금액이 납입된 날부터 2주 이내에 대통령령으로 정하는 서류를 첨부하여 설립등기를 하여야 한다.
1. 제1항제1호부터 제4호까지의 사항
2. 정관으로 투자유한회사의 존속기간 또는 해산사유를 정한 경우 그 내용
④ 투자유한회사 사원의 출자의 목적은 금전에 한한다.
⑤ 투자유한회사는 제182조에 따라 등록하기 전에는 집합투자업자 외의 자를 사원으로 가입시켜서는 아니 된다.
제208조【지분증권】 ① 투자유한회사의 사원은 출자금액의 반환 및 이익의 분배 등에 관하여 지분증권의 수에 따라 균등한 권리를 가진다.
② 투자유한회사의 지분증권에는 다음 각 호의 사항을 기재하고, 제209조제1항에 따른 법인이사가 기명날인 또는 서명하여야 한다.
1. 회사의 상호
2. 회사의 성립연월일
3. 지분증권의 발행일
4. 사원의 성명(법인인 경우에는 상호)
5. 그 밖에 투자유한회사 사원의 보호에 필요한 사항으로서 대통령령으로 정하는 사항
③ 제196조(제2항은 제외한다)는 투자유한회사의 지분증권에 관하여 준용한다. 이 경우 "투자회사"는 각각 "투자유한회사"로, "주식"은 각각 "지분증권"으로, "신주"는 각각 "새 지분증권"으로, "이사회"는 각각 "법인이사"로, "주주"는 각각 "사원"으로, "주금"은 각각 "지분증권 대금"으로 본다.(2013.5.28 전단개정)
제209조【법인이사】 ① 투자유한회사에는 집합투자업자인 이사(이하 이 관에서 "법인이사"라 한다) 1인을 둔다.
② 제198조제1항·제4항 및 제5항은 투자유한회사의 법인이사에게 준용한다. 이 경우 "투자회사"는 각각 "투자유한회사"로 본다.
제210조【사원총회】 ① 투자유한회사의 사원총회는 법인이사가 소집한다.
② 투자유한회사의 사원총회는 출석한 사원의 의결권의 과반수와 발행된 지분증권 총수의 4분의 1 이상의 수로 결의한다. 다만, 이 법에서 정한 사원총회의 결의사항 외에 정관으로 정한 사원총회의 결의사항에 대하여는 출석한 사원의 의결권의 과반수와 발행된 지분증권총수의 5분의 1 이상의 수로 결의할 수 있다.(2013.5.28 본항개정)
③ 제190조제1항·제3항·제4항 및 제6항부터 제10항까지의 규정은 투자유한회사의 사원총회에 관하여 준용한다. 이 경우 "투자신탁을 설정한 집합투자업자" 및 "집합투자업자"는 각각 "투자유한회사의 법인이사"로, "투자신탁재산"은 "투자유한회사재산"으로, "수익증권"은 각각 "지분증권"으로, "총좌수"는 각각 "총수"로, "수익자"는 각각 "사원"으로, "수익자총회"는 각각 "사원총회"로, "수익자명부"는 "사원명부"로, "좌수"는 각각 "수"로 보고, 같은 조 제8항 중 "제5항"은 "제2항"으로 본다.
(2013.5.28 본항개정)
제211조【준용규정】 ① 제195조는 투자유한회사의 정관변경에 관하여 준용한다. 이 경우 "투자회사"는 각각 "투자유한회사"로, 같은 조 제1항 중 "이사회 결의로"는 "법인이사가"로, "제201조제2항 단서"는 "제210조제2항 단서"로, 같은 조 제1항 중 "주주총회의 결의" 및 같은 조 제2항 중 "이사회 결의 및 주주총회의 결의"는 각각 "사원총회의 결의"로, "주주"는 각각 "사원"으로 본다.
② 제202조(제3항 및 제4항을 제외한다), 제203조(제2항을 제외한다) 및 제204조는 투자유한회사의 해산·청산 및 합병에 관하여 준용한다. 이 경우 "주주"는 "사원(법인이사인 사원은 제외한다)"으로, "투자회사"는 각각 "투자유한회사"로, "주주총회"는 각각 "사원총회"로, "법인이사 및 감독이사"는 "법인이사"로, "청산인 및 청산감독인" 및 "청산인 또는 청산감독인"은 각각 "청산인"으로, "재산목록과 재무상태표를 작성하여 이를 청산인회에 제출하여 그 승인을 받은 후 그 등본을"은 "재산목록과 재무상태표를 작성하여 그 등본을"로, "제201조제2항 단서"는 "제210조제2항 단서"로, "주식"은 "지분증권"으로 본다.
(2021.4.20 후단개정)
제212조【「상법」과의 관계】 ① 투자유한회사에 「상법」을 적용함에 있어서 같은 법 제582조, 제613조제1항(제259조제4항, 제536조제2항 및 제541조제2항을 준용하는 경우에 한한다) 및 같은 조 제2항(제539조를 준용하는 경우에 한한다) 중 "법원"은 각각 "금융위원회"로 본다.
(2008.2.29 본항개정)
② 「상법」 제543조제3항, 제546조, 제560조(제341조의3, 제342조 및 제343조제1항을 준용하는 경우에 한한다), 제568조부터 제570조까지, 제575조 단서, 제583조(제449조제1항·제2항, 제450조, 제458조부터 제460조까지의 규정을 준용하는 경우에 한한다), 제584조부터 제592조까지, 제597조(제439조제1항 및 제2항을 준용하는 경우에 한한다) 및 제607조는 투자유한회사에는 적용하지 아니한다.(2013.5.28 본항개정)

제3관 투자합자회사

제213조【투자합자회사의 설립 등】 ① 집합투자업자는 투자합자회사를 설립하는 경우 다음 각 호의 사항을 기재한 정관을 작성하여 무한책임사원 1인과 유한책임사원 1인이 기명날인 또는 서명하여야 한다.
1. 목적
2. 상호
3. 업무집행사원의 상호·사업자등록번호
4. 회사의 소재지
5. 투자합자회사재산의 운용 및 관리에 관한 사항
6. 이익분배 및 환매에 관한 사항
7. 공시 및 보고서에 관한 사항
8. 그 밖에 사원을 보호하기 위하여 필요한 사항으로서 대통령령으로 정하는 사항
② 집합투자업자는 정관을 작성한 후 투자합자회사 설립시에 출자금을 금전으로 납입하여야 한다.
③ 집합투자업자는 다음 각 호의 사항을 출자금액이 납입된 날부터 2주 이내에 대통령령으로 정하는 서류를 첨부하여 설립등기를 하여야 한다.
1. 제1항제1호부터 제4호까지의 사항
2. 정관으로 투자합자회사의 존속기간 또는 해산사유를 정한 경우 그 내용
④ 투자합자회사 사원의 출자의 목적은 금전에 한한다.
⑤ 투자합자회사는 제182조에 따라 등록하기 전에는 제1항에 따른 사원 외의 자를 사원으로 가입시켜서는 아니 된다.
제214조【업무집행사원】 ① 투자합자회사는 업무집행사원 1인 외의 무한책임사원을 둘 수 없다. 이 경우 업무집행사원은 「상법」 제173조에 불구하고 집합투자업자이어야 한다.
② 제198조제1항·제4항 및 제5항은 투자합자회사의 업무집행사원에게 준용한다. 이 경우 "법인이사"는 각각 "업무집행사원"으로, "투자회사"는 각각 "투자합자회사"로 본다.
제215조【사원총회】 ① 투자합자회사에 사원 전원으로 구성되는 사원총회를 두며, 사원총회는 이 법 또는 정관에서 정한 사항에 대하여만 결의할 수 있다.
② 투자합자회사의 사원총회는 업무집행사원이 소집한다.
③ 투자합자회사의 사원총회는 출석한 사원의 의결권의 과반수와 발행된 지분증권 총수의 4분의 1 이상의 수로 결의한다. 다만, 이 법에서 정한 사원총회의 결의사항 외에 정관으로 정한 사원총회의 결의사항에 대하여는 출석한 사원의 의결권의 과반수와 발행된 지분증권총수의 5분의 1 이상의 수로 결의할 수 있다.(2013.5.28 본항개정)
④ 제190조제3항·제4항 및 제6항부터 제10항까지의 규정은 투자합자회사의 사원총회에 관하여 준용한다. 이 경우 "투자신탁을 설정한 집합투자업자" 및 "집합투자업자"는 각각 "투자합자회사의 업무집행사원"으로, "투자신탁재산"은 "투자합자회사재산"으로, "수익증권"은 각각 "지분증권"으로, "총좌수"는 각각 "총수"로, "수익자"는 각각 "사원"으로, "수익자총회"는 각각 "사원총회"로, "수익자명부"는 "사원명부"로, "좌수"는 각각 "수"로 보고, 같은 조 제8항 중 "제5항"은 "제3항"으로 본다.
(2013.5.28 후단개정)
제216조【준용규정】 ① 제195조는 투자합자회사의 정관변경에 관하여 준용한다. 이 경우 "투자회사"는 각각 "투자합자회사"로, 같은 조 제1항 중 "이사회 결의로"는 "업무집행사원이"로, "제201조제2항 단서"는 "제215조제3항"으로, 같은 조 제1항 중 "주주총회의 결의" 및 같은 조 제2항 중 "이사회 결의 및 주주총회의 결의"는 각각 "사원총회의 결의"로, "주주"는 각각 "사원"으로 본다.
② 제208조는 투자합자회사의 지분증권에 관하여 준용한다. 이 경우 "투자유한회사"는 각각 "투자합자회사"로, "제209조제1항에 따른 법인이사" 및 "법인이사"는 각각 "업무집행사원"으로 보며, 같은 조 제1항 중 "사원"은 "유한책임사원"으로 본다.
③ 제202조(제3항 및 제4항을 제외한다), 제203조(제2항을 제외한다) 및 제204조는 투자합자회사의 해산·청산 및 합병에 관하여 준용한다. 이 경우 "주주"는 "사원(업무집행사원은 제외한다)"으로, "투자회사"는 각각 "투자합자회사"로, "주주총회"는 각각 "사원총회"로, "법인이사" 및 "법인이사 및 감독이사"는 각각 "업무집행사원"으로, "청산인 및 청산감독인" 및 "청산인 또는 청산감독인"은 각각 "청산인"으로, "재산목록과 재무상태표를 작성하여 이를 청산인회에 제출하여 그 승인을 받은 후 그 등본을"은 "재산목록과 대차대조표를 작성하여 그 등본을"로, "제201조제2항 단서"는 "제215조제3항"으로, "주식"은 각각 "지분증권"으로 본다.(2021.4.20 후단개정)
제217조【「상법」과의 관계】 ① 투자합자회사에 「상법」을 적용함에 있어서 같은 법 제200조의2, 제205조, 제259조 및 제277조 중 "법원"은 각각 "금융위원회"로 본다.
(2008.2.29 본항개정)
② 「상법」 제198조, 제217조부터 제220조까지, 제224조, 제280조 및 제286조는 투자합자회사에 적용하지 아니한다.
③ 투자합자회사의 유한책임사원은 「상법」 제279조에 불구하고 투자합자회사의 채무에 대하여 출자를 이행한 금액을 한도로 하여 책임을 진다.
④ 투자합자회사는 정관이 정하는 바에 따라 이익을 배당함에 있어서 무한책임사원과 유한책임사원의 배당률 또는 배당순서 등을 달리 정할 수 있다.
⑤ 투자합자회사는 손실을 배분함에 있어서 무한책임사원과 유한책임사원의 배분율 또는 배분순서 등을 달리 하여서는 아니 된다.

제4관 투자유한책임회사
(2013.5.28 본관신설)

제217조의2【투자유한책임회사의 설립 등】 ① 집합투자업자는 투자유한책임회사를 설립하는 경우 다음 각 호의 사항을 기재한 정관을 작성하여 사원 1인이 기명날인 또는 서명하여야 한다.
1. 목적
2. 상호
3. 제217조의4제1항에 따른 업무집행자의 상호·사업자등록번호
4. 회사의 소재지
5. 투자유한책임회사재산의 운용 및 관리에 관한 사항
6. 이익분배 및 환매에 관한 사항
7. 공시 및 보고서에 관한 사항
8. 그 밖에 사원을 보호하기 위하여 필요한 사항으로서 대통령령으로 정하는 사항

② 투자유한책임회사의 사원은 정관을 작성한 후 설립등기를 할 때까지 출자금을 금전으로 납입하여야 한다.
③ 집합투자업자는 다음 각 호의 사항을 출자금액이 납입된 날부터 2주 이내에 대통령령으로 정하는 서류를 첨부하여 설립등기를 하여야 한다.
1. 제1항제1호부터 제4호까지의 사항
2. 정관으로 투자유한책임회사의 존속기간 또는 해산사유를 정한 경우 그 내용

④ 투자유한책임회사 사원의 출자의 목적은 금전에 한한다.
⑤ 투자유한책임회사는 제182조에 따라 등록하기 전에는 제1항에 따른 사원 외의 자를 사원으로 가입시켜서는 아니 된다.

제217조의3【지분증권】 ① 투자유한책임회사의 사원은 출자금액의 반환 및 이익의 분배 등에 관하여 지분증권의 수에 따라 균등한 권리를 가진다.
② 투자유한책임회사의 지분증권에는 다음 각 호의 사항을 기재하고, 제217조의4제1항에 따른 업무집행자가 기명날인 또는 서명하여야 한다.
1. 회사의 상호
2. 회사의 성립연월일
3. 지분증권의 발행일
4. 사원의 성명(법인인 경우에는 상호)
5. 그 밖에 투자유한책임회사 사원의 보호에 필요한 사항으로서 대통령령으로 정하는 사항

③ 제196조(제2항은 제외한다)는 투자유한책임회사의 지분증권에 관하여 준용한다. 이 경우 "투자회사"는 각각 "투자유한책임회사"로, "주식"은 각각 "지분증권"으로, "신주"는 각각 "새 지분증권"으로, "이사회"는 각각 "업무집행자"로, "주주"는 각각 "사원"으로, "주금"은 각각 "지분증권 대금"으로 본다.

제217조의4【업무집행자】 ① 투자유한책임회사는 사원 또는 사원이 아닌 자로 업무집행자(이하 이 관에서 "업무집행자"라 한다) 1인을 두어야 한다. 이 경우 업무집행자는 집합투자업자이어야 한다.
② 제198조제1항·제4항 및 제5항은 투자유한책임회사의 업무집행자에게 준용한다. 이 경우 "법인이사"는 각각 "업무집행자"로, "투자회사"는 각각 "투자유한책임회사"로 본다.

제217조의5【사원총회】 ① 투자유한책임회사의 사원 전원으로 구성되는 사원총회를 두며, 사원총회는 이 법 또는 정관에서 정한 사항에 대하여만 결의할 수 있다.
② 투자유한책임회사의 사원총회는 업무집행자가 소집한다.
③ 투자유한책임회사의 사원총회는 출석한 사원의 의결권의 과반수와 발행된 지분증권 총수의 4분의 1 이상의 수로 결의한다. 다만, 이 법에서 정한 사원총회의 결의사항 외에 정관으로 정한 사원총회의 결의사항에 대하여는 출석한 사원의 의결권의 과반수와 발행된 지분증권총수의 5분의 1 이상의 수로 결의할 수 있다.
④ 제190조제3항·제4항 및 제6항부터 제10항까지의 규정은 투자유한책임회사의 사원총회에 관하여 준용한다. 이 경우 "투자신탁을 설정한 집합투자업자" 및 "집합투자업자"는 각각 "투자유한책임회사의 업무집행자"로, "투자신탁재산"은 "투자유한책임회사재산"으로, "수익증권"은 각각 "지분증권"으로, "좌수"는 각각 "총수"로, "수익자"는 각각 "사원"으로, "수익자총회"는 각각 "사원총회"로, "수익자명부"는 "사원명부"로, "좌수"는 각각 "수"로 보고, 같은 조 제8항 중 "제5항"은 "제3항"으로 본다.
⑤ 제191조는 투자유한책임회사의 제195조제1항 단서에 따른 정관의 변경 또는 제204조제2항에 따른 합병에 반대하는 사원에게 준용한다. 이 경우 "신탁계약"은 "정관"으로, "투자신탁", "집합투자업자" 및 "투자신탁을 설정한 집합투자업자"는 각각 "투자유한책임회사"로, "수익자총회"는 각각 "사원총회"로, "수익자"는 각각 "사원"으로, "수익증권"은 각각 "지분증권"으로, "투자신탁재산"은 "투자유한책임회사재산"으로 본다.

제217조의6【준용규정】 ① 제195조는 투자유한책임회사의 정관변경에 관하여 준용한다. 이 경우 "투자회사"는 각각 "투자유한책임회사"로, 같은 조 제1항 중 "이사회 결의로"는 "업무집행자가"로, "제201조제2항"은 "제217조의5 제3항"으로, 같은 조 제1항 중 "주주총회의 결의" 및 같은 조 제2항 중 "이사회 결의 및 주주총회의 결의"는 각각 "사원총회의 결의"로, "주주"는 각각 "사원"으로 본다.
② 제202조(제3항 및 제4항은 제외한다), 제203조(제2항은 제외한다) 및 제204조는 투자유한책임회사의 해산·청산 및 합병에 관하여 준용한다. 이 경우 "주주"는 "사원(업무집행자인 사원은 제외한다)"으로, "투자회사"는 각각 "투자유한책임회사"로, "주주총회"는 각각 "사원총회"로, "법인이사 및 감독이사"는 "업무집행자"로, "청산인 및 청산감독인" 및 "청산인 또는 청산감독인"은 각각 "청산인"으로, "재산목록과 재무상태표를 작성하여 이를 청산인회에 제출하여 승인을 받아야 하며, 그 등본을"은 "재산목록과 재무상태표를 작성하여 그 등본을"로, "제201조제2항 단서"는 "제217조의5제3항"으로, "주식"은 "지분증권"으로 본다.(2021.4.20 후단개정)

제217조의7【「상법」과의 관계】 ① 투자유한책임회사에 「상법」을 적용함에 있어서 같은 법 제287조의13(제200조의2를 준용하는 경우로 한정한다), 제287조의14(제277조를 준용하는 경우로 한정한다), 제287조의17(제205조를 준용하는 경우로 한정한다), 제287조의45(제259조 제4항을 준용하는 경우로 한정한다) 중 "법원"은 각각 "금융위원회"로 본다.
② 「상법」 제287조의9, 제287조의10, 제287조의12, 제287조의15, 제287조의16, 제287조의23제3항, 제287조의24부터 제287조의44까지는 투자유한책임회사에는 적용하지 아니한다.

제3절 조합 형태의 집합투자기구

제1관 투자합자조합
(2013.5.28 본관제목개정)

제218조【투자합자조합의 설립 등】 ① 집합투자업자는 투자합자조합을 설립하는 경우 다음 각 호의 사항을 기재한 조합계약을 작성하여 제219조제1항에 따른 업무집행조합원 1인과 유한책임조합원 1인이 기명날인 또는 서명하여야 한다.(2013.5.28 본문개정)
1. 목적
2. 투자합자조합의 명칭(2013.5.28 본호개정)
3. 업무집행조합원의 상호·사업자등록번호
4. 투자합자조합의 소재지(2013.5.28 본호개정)
5. 투자합자조합재산의 운용 및 관리에 관한 사항(2013.5.28 본호개정)
6. 존속기간 또는 해산사유를 정한 경우에는 그 내용
7. 이익분배 및 환매에 관한 사항
8. 공시 및 보고서에 관한 사항
9. 그 밖에 조합원을 보호하기 위하여 필요한 사항으로서 대통령령으로 정하는 사항

② 조합원의 출자의 목적은 금전에 한한다.
③ 투자합자조합은 제182조에 따라 등록하기 전에는 제1항에 따른 조합원 외의 자를 조합원으로 가입시켜서는 아니 된다.(2013.5.28 본항개정)
④ 투자합자조합은 설립 후 2주 이내에 대통령령으로 정하는 서류를 첨부하여 다음 각 호의 사항을 등기하여야 한다.
1. 제1항제1호부터 제4호까지의 사항
2. 조합계약으로 투자합자조합의 존속기간 또는 해산사유를 정한 경우 그 내용

(2013.5.28 본항신설)
(2013.5.28 본조제목개정)

제219조【업무집행조합원 등】 ① 투자합자조합은 투자합자조합의 채무에 대하여 무한책임을 지는 집합투자업자인 업무집행조합원 1인과 출자액을 한도로 하여 유한책임을 지는 유한책임조합원으로 구성된다.
② 제198조제1항·제4항 및 제5항은 투자합자조합의 업무집행조합원에게 준용한다. 이 경우 "법인이사"는 각각 "업무집행조합원"으로, "투자회사"는 각각 "투자합자조합"으로 본다.
(2013.5.28 본조개정)

제220조【조합원총회】 ① 투자합자조합에 조합원 전원으로 구성되는 조합원총회를 두며, 조합원총회는 이 법 또는 조합계약에서 정한 사항에 대하여만 결의할 수 있다.
② 투자합자조합의 조합원총회는 업무집행조합원이 소집한다.
③ 투자합자조합의 조합원총회는 출석한 조합원의 의결권의 과반수와 발행된 지분증권 총수의 4분의 1 이상의 수로 결의한다. 다만, 이 법에서 정한 조합원총회의 결의사항 외에 조합계약으로 정한 조합원총회의 결의사항에 대하여는 출석한 조합원의 의결권의 과반수와 발행된 지분증권 총수의 5분의 1 이상의 수로 결의할 수 있다.
④ 제190조제3항·제4항 및 제6항부터 제10항까지의 규정은 투자합자조합의 조합원총회에 관하여 준용한다. 이 경우 "투자신탁을 설정한 집합투자업자" 및 "집합투자업자"는 각각 "투자합자조합의 업무집행조합원"으로, "투자신탁재산"은 "투자합자조합재산"으로, "수익증권"은 각각 "지분증권"으로, "좌수"는 각각 "총수"로, "수익자"는 각각 "조합원"으로, "수익자총회"는 각각 "조합원총회"로, "수익자명부"는 "조합원명부"로, "좌수"는 각각 "수"로 보고, 같은 조 제8항 중 "제5항"은 "제3항"으로 본다.
(2013.5.28 본조개정)

제221조【투자합자조합의 해산 및 청산】 ① 투자합자조합은 다음 각 호의 어느 하나에 해당하는 사유로 해산한다. 이 경우 청산인은 대통령령으로 정하는 사항을 금융위원회에 보고하여야 한다.(2013.5.28 전단개정)
1. 조합계약에서 정한 존속기간의 만료, 그 밖의 해산사유의 발생
2. 조합원총회의 결의
3. 투자합자조합 등록의 취소(2013.5.28 본호개정)
4. 유한책임조합원의 총수가 1인이 되는 경우. 다만, 건전한 거래질서를 해할 우려가 없는 경우로서 대통령령으로 정하는 경우는 제외한다.(2013.5.28 본호신설)

② 투자합자조합이 해산하는 경우 조합계약 또는 조합원총회에서 달리 정한 경우를 제외하고는 업무집행조합원이 청산인이 된다.(2013.5.28 본항개정)
③ 금융위원회는 투자합자조합이 제2항에 따른 청산인이 없거나 없게 된 경우에는 직권으로 청산인을 선임한다.(2013.5.28 본항개정)
④ 금융위원회는 청산인이 업무를 집행함에 있어서 현저하게 부적합하거나 중대한 법령 위반사항이 있는 경우에는 직권으로 또는 이해관계인의 청구에 의하여 청산인을 해임할 수 있다. 이 경우 금융위원회는 직권으로 새로운 청산인을 선임할 수 있다.(2008.2.29 본항개정)
⑤ 청산인은 투자합자조합의 잔여재산을 조합원에게 분배함에 있어서 조합계약이 정하는 바에 따라 투자합자조합재산에 속하는 자산을 그 조합원에게 지급할 수 있다.(2013.5.28 본항개정)
⑥ 제203조(제2항을 제외한다)는 투자합자조합의 청산에 관하여 준용한다. 이 경우 "투자회사"는 각각 "투자합자조합"으로, "재산목록과 재무상태표를 작성하여 이를 청산인회에 제출하여 승인을 받은 후 그 등본을"은 "재산목록과 재무상태표를 작성하여 그 등본을"로, "주주총회"는 "조합원총회"로, "청산인 및 청산감독인"은 "청산인"으로 본다.(2021.4.20 후단개정)
(2013.5.28 본조제목개정)

제222조【준용규정】 ① 제195조는 투자합자조합의 조합계약변경에 관하여 준용한다. 이 경우 "투자회사"는 각각 "투자합자조합"으로, 같은 조 제1항 중 "이사회 결의로"는 "업무집행조합원이"로, "제201조제2항"은 "제220조제3항"으로, 같은 조 제1항 중 "주주총회의 결의" 및 같은 조 제2항 중 "이사회 결의 및 주주총회의 결의"는 각각 "조합원총회의 결의"로, "주주"는 각각 "조합원"으로 본다.
② 제208조는 투자합자조합의 지분증권에 관하여 준용한다. 이 경우 "투자유한회사" 및 "회사"는 각각 "투자합자조합"으로, "제209조제1항에 따른 법인이사" 및 "법인이사"는 각각 "업무집행조합원"으로, "정관"은 "조합계약"으로, 같은 조 제1항 중 "사원"은 "유한책임조합원"으로, 같은 조 제2항 및 제3항 중 "사원"은 각각 "조합원"으로 본다.
(2013.5.28 본조개정)

제223조【「상법」 및 「민법」과의 관계】 ① 투자합자조합에 「상법」을 적용함에 있어서 같은 법 제86조의8제2항(제200조의2를 준용하는 경우로 한정한다), 같은 조 제3항(제277조를 준용하는 경우로 한정한다) 중 "법원"은 각각 "금융위원회"로 본다.
② 「상법」 제86조의8제2항(제198조, 제208조제2항 및 제287조를 준용하는 경우로 한정한다)은 투자합자조합에는 적용하지 아니한다.
③ 「민법」 제703조, 제706조부터 제713조까지 및 제716조부터 제724조까지의 규정은 투자합자조합에 적용하지 아니한다.
④ 투자자가 투자합자조합의 지분증권을 매수한 경우 투자합자조합에 가입한 것으로 본다.
⑤ 투자합자조합은 조합계약으로 정하는 바에 따라 이익을 배당함에 있어서 무한책임조합원과 유한책임조합원의 배당률 또는 배당순서 등을 달리 정할 수 있다.
⑥ 투자합자조합은 손실을 배분함에 있어서 무한책임조합원과 유한책임조합원의 배분율 또는 배분순서 등을 달리 하여서는 아니 된다.
(2013.5.28 본조개정)

제2관 투자익명조합

제224조【투자익명조합의 설립 등】 ① 집합투자업자는 투자익명조합을 설립하는 경우 다음 각 호의 사항을 기재한 익명조합계약을 작성하여 영업자 1인과 익명조합원 1인이 기명날인 또는 서명하여야 한다.
1. 목적
2. 투자익명조합의 명칭
3. 영업자의 상호·사업자등록번호
4. 투자익명조합의 소재지
5. 투자익명조합재산의 운용 및 관리에 관한 사항
6. 존속기간 또는 해산사유를 정한 경우에는 그 내용
7. 이익분배 및 환매에 관한 사항
8. 공시 및 보고서에 관한 사항
9. 그 밖에 익명조합원을 보호하기 위하여 필요한 사항으로서 대통령령으로 정하는 사항

② 익명조합원의 출자의 목적은 금전에 한한다.
③ 투자익명조합의 영업자는 제182조에 따라 등록하기 전에는 제1항에 따른 익명조합원 외의 자를 익명조합원으로 가입시켜서는 아니 된다.

제225조【영업자】 ① 투자익명조합재산은 집합투자업자인 영업자 1인이 운용한다.
② 제198조제1항·제4항 및 제5항은 투자익명조합의 영업자에게 준용한다. 이 경우 "법인이사"는 각각 "영업자"로, "투자회사"는 각각 "투자익명조합"으로 본다.
제226조【익명조합원총회】 ① 투자익명조합에 익명조합원 전원으로 구성되는 익명조합원총회를 두며, 익명조합원총회는 이 법 또는 익명조합계약에서 정한 사항에 대하여만 결의할 수 있다.
② 투자익명조합의 익명조합원총회는 영업자가 소집한다.
③ 투자익명조합의 익명조합원총회는 출석한 익명조합원의 의결권의 과반수와 발행된 지분증권 총수의 4분의 1 이상의 수로 결의한다. 다만, 이 법에서 정한 익명조합원총회의 결의사항 외에 익명조합계약으로 정한 익명조합원총회의 결의사항에 대하여는 출석한 익명조합원의 의결권의 과반수와 발행된 지분증권 총수의 5분의 1 이상의 수로 결의할 수 있다.(2013.5.28 본항개정)
④ 제190조제3항·제4항 및 제6항부터 제10항까지의 규정은 투자익명조합의 익명조합원총회에 관하여 준용한다. 이 경우 "투자신탁을 설정한 집합투자업자" 및 "집합투자업자"는 각각 "투자익명조합의 영업자"로, "투자신탁재산"은 "투자익명조합재산"으로, "수익증권"은 각각 "지분증권"으로, "총좌수"는 각각 "총수"로, "수익자"는 각각 "익명조합원"으로, "수익자총회"는 각각 "익명조합원총회"로, "수익자명부"는 "익명조합원명부"로, "좌수"는 각각 "수"로 보고, 같은 조 제8항 중 "제5항"은 "제3항"으로 본다.(2013.5.28 후단개정)
제227조【준용규정】 ① 제195조는 투자익명조합의 익명조합계약변경에 관하여 준용한다. 이 경우 "투자회사"는 각각 "투자익명조합"으로, 같은 조 제1항 중 "이사회 결의로"는 "영업자가"로, "제201조제2항 단서"는 "제226조제3항"으로, 같은 조 제1항 중 "주주총회의 결의" 및 같은 조 제2항 중 "이사회 결의 및 주주총회의 결의"는 각각 "익명조합원총회의 결의"로, "주주"는 각각 "익명조합원"으로 본다.
② 제208조는 투자익명조합의 지분증권에 관하여 준용한다. 이 경우 "투자유한회사" 및 "회사"는 각각 "투자익명조합"으로, "제209조제1항에 따른 법인이사" 및 "법인이사"는 각각 "영업자"로, "사원"은 각각 "익명조합원"으로, "정관"은 "익명조합계약"으로 본다.
③ 제221조는 투자익명조합의 해산·청산에 관하여 준용한다. 이 경우 "투자합자조합"은 각각 "투자익명조합"으로, "유한책임조합원"은 "익명조합원"으로, "조합원총회"는 각각 "익명조합원총회"로, "업무집행조합원"은 각각 "영업자"로 본다.(2013.5.28 후단개정)
제228조【다른 법률과의 관계】 ①「상법」 제82조제3항, 제83조 및 제84조는 투자익명조합에 적용하지 아니한다.
②「신탁법」 제3장은 투자익명조합에 준용한다. 이 경우 "신탁재산"은 "투자익명조합재산"으로, "수탁자"는 "영업자"로, "신탁"은 "투자익명조합 가입"으로, "위탁자" 및 "수익자"는 각각 "익명조합원"으로 본다.
③ 투자자가 투자익명조합의 지분증권을 매수한 경우 투자익명조합에 가입한 것으로 본다.

제3장 집합투자기구의 종류 등

제1절 집합투자기구의 종류

제229조【집합투자기구의 종류】 집합투자기구는 집합투자재산의 운용대상에 따라 다음 각 호와 같이 구분한다.
1. 증권집합투자기구 : 집합투자재산의 100분의 40 이상으로서 대통령령으로 정하는 비율을 초과하여 증권(대통령령으로 정하는 증권을 제외하며, 대통령령으로 정하는 증권 외의 증권을 기초자산으로 한 파생상품을 포함한다. 이하 이 조에서 같다)에 투자하는 집합투자기구로서 제2호 및 제3호에 해당하지 아니하는 집합투자기구
2. 부동산집합투자기구 : 집합투자재산의 100분의 40 이상으로서 대통령령으로 정하는 비율을 초과하여 부동산(부동산을 기초자산으로 한 파생상품, 부동산 개발과 관련된 법인에 대한 대출, 그 밖에 대통령령으로 정하는 방법으로 부동산 및 대통령령으로 정하는 부동산과 관련된 증권에 투자하는 경우를 포함한다. 이하 이 조에서 같다)에 투자하는 집합투자기구
3. 특별자산집합투자기구 : 집합투자재산의 100분의 40 이상으로서 대통령령으로 정하는 비율을 초과하여 특별자산(증권 및 부동산을 제외한 투자대상자산을 말한다)에 투자하는 집합투자기구
4. 혼합자산집합투자기구 : 집합투자재산을 운용함에 있어서 제1호부터 제3호까지의 규정의 제한을 받지 아니하는 집합투자기구
5. 단기금융집합투자기구 : 집합투자재산 전부를 대통령령으로 정하는 단기금융상품에 투자하는 집합투자기구로서 대통령령으로 정하는 방법으로 운용되는 집합투자기구

제2절 특수한 형태의 집합투자기구

제230조【환매금지형집합투자기구】 ① 투자신탁·투자유한회사·투자합자회사·투자유한책임회사·투자합자조합 및 투자익명조합을 설정·설립하고자 하는 집합투자업자 또는 투자회사의 발기인(이하 이 절에서 "집합투자업자등"이라 한다)은 제235조제1항에 불구하고 존속기간을 정한 집합투자기구에 대하여만 집합투자증권의 환매를 청구할 수 없는 집합투자기구(이하 이 조에서 "환매금지형집합투자기구"라 한다)를 설정·설립할 수 있다.(2013.5.28 본항개정)
② 투자신탁이나 투자익명조합의 집합투자업자 또는 투자회사등은 기존 투자자의 이익을 해할 우려가 없는 등 대통령령으로 정하는 때에만 환매금지형집합투자기구의 집합투자증권을 추가로 발행할 수 있다.
③ 투자신탁의 집합투자업자 또는 투자회사는 신탁계약 또는 정관에 투자자의 환금성 보장 등을 위한 별도의 방법을 정하지 아니한 경우에는 환매금지형집합투자기구의 집합투자증권을 최초로 발행한 날부터 90일 이내에 그 집합투자증권을 증권시장에 상장하여야 한다.
④ 제238조제6항부터 제8항까지의 규정은 환매금지형집합투자기구의 집합투자증권에 관하여는 적용하지 아니한다. 다만, 제2항에 따라 추가로 집합투자증권을 발행할 수 있는 환매금지형집합투자기구의 경우에는 적용한다.
⑤ 집합투자업자등은 집합투자기구의 투자대상자산의 현금화하기 곤란한 사정 등을 고려하여 대통령령으로 정하는 경우에는 그 집합투자기구를 환매금지형집합투자기구로 설정·설립하여야 한다.
제231조【종류형집합투자기구】 ① 집합투자업자등은 제189조제2항, 제196조제5항 및 제208조제1항(제216조제2항, 제222조제2항 및 제227조제2항에서 준용하는 경우를 포함한다)에 불구하고 같은 집합투자기구에서 제76조제4항에 따른 판매보수의 차이로 인하여 기준가격이 다르거나 판매수수료가 다른 여러 종류의 집합투자증권을 발행하는 집합투자기구(이하 이 조에서 "종류형집합투자기구"라 한다)를 설정·설립할 수 있다.
② 종류형집합투자기구는 집합투자자총회의 결의가 필요한 경우로서 특정 종류의 집합투자증권의 투자자에 대하여만 이해관계가 있는 경우에는 그 종류의 투자자만으로 종류집합투자자총회를 개최할 수 있다.
③ 종류형집합투자기구의 설정·설립, 집합투자증권의 발행·판매·환매, 그 밖에 종류형집합투자기구에 관하여 필요한 사항은 대통령령으로 정한다.
제232조【전환형집합투자기구】 ① 집합투자업자등은 복수의 집합투자기구 간에 각 집합투자기구의 투자자가 소유하고 있는 집합투자증권을 다른 집합투자기구의 집합투자증권으로 전환할 수 있는 권리를 투자자에게 부여하는 구조의 집합투자기구(이하 이 조에서 "전환형집합투자기구"라 한다)를 설정·설립하는 경우에는 다음 각 호의 요건을 모두 충족하여야 한다.
1. 복수의 집합투자기구 간에 공통으로 적용되는 집합투자규약이 있을 것
2. 집합투자규약에 제9조제18항제1호부터 제4호까지, 제4호의2, 제5호, 제6호 및 같은 조 제19항제1호의 규정에 따른 집합투자기구 간의 전환이 금지되어 있을 것(2015.7.24 본호개정)
② 집합투자증권의 전환, 그 밖에 전환형집합투자기구에 관하여 필요한 사항은 대통령령으로 정한다.
제233조【모자형집합투자기구】 ① 집합투자업자등은 다른 집합투자기구(이하 이 조에서 "모집합투자기구"라 한다)가 발행하는 집합투자증권을 취득하는 구조의 집합투자기구(이하 이 조에서 "자집합투자기구"라 한다)를 설정·설립하는 경우에는 다음 각 호의 요건을 모두 충족하여야 한다.
1. 자집합투자기구가 모집합투자기구의 집합투자증권 외의 다른 집합투자증권을 취득하는 것이 허용되지 아니할 것
2. 자집합투자기구 외의 자가 모집합투자기구의 집합투자증권을 취득하는 것이 허용되지 아니할 것
3. 자집합투자기구와 모집합투자기구의 집합투자재산을 운용하는 집합투자업자가 동일할 것
② 제81조제1항제3호(라목을 제외한다)는 자집합투자기구가 모집합투자기구의 집합투자증권을 취득하는 경우에는 적용하지 아니한다.
③ 모집합투자기구 및 자집합투자기구(이하 이 조에서 "모자형집합투자기구"라 한다)의 설정·설립, 집합투자증권의 판매·환매, 그 밖에 모자형집합투자기구에 관하여 필요한 사항은 대통령령으로 정한다.
제234조【상장지수집합투자기구】 ① 제34조제1항제1호·제2호, 제87조제3항(제186조제2항에서 준용하는 경우를 포함한다), 제88조, 제147조, 제172조, 제173조 및 제235조부터 제237조까지의 규정은 다음 각 호의 요건을 모두 갖춘 집합투자기구(이하 이 조에서 "상장지수집합투자기구"라 한다)에는 적용하지 아니한다.(2013.5.28 본문개정)
1. 기초자산의 가격 또는 기초자산의 종류에 따라 다수 종목의 가격수준을 종합적으로 표시하는 지수의 변화에 연동하여 운용하는 것을 목표로 할 것. 이 경우 기초자산의 가격 또는 지수는 대통령령으로 정하는 요건을 갖추어야 한다.(2009.2.3 본호개정)
2. 수익증권 또는 투자회사 주식의 환매가 허용될 것
3. 수익증권 또는 투자회사 주식이 해당 투자신탁의 설정일 또는 투자회사의 설립일부터 30일 이내에 증권시장에 상장될 것
② 투자매매업자 또는 투자중개업자 중 대통령령으로 정하는 자가 상장지수집합투자기구의 설정·설립을 위하여 자기 또는 타인의 계산으로 증권을 매매하는 경우에는 투자일임업을 영위하는 것으로 보지 아니한다.
③ 상장지수집합투자기구를 설정·추가설정 또는 설립·신주발행하는 경우 제188조제4항 및 제194조제7항(제196조제6항에서 준용하는 경우를 포함한다)에 불구하고 금전 외의 자산으로 납입할 수 있다.(2009.2.3 본항개정)
④ 상장지수집합투자기구의 설정·추가설정·설립 및 신주발행, 집합투자증권의 판매 및 환매, 상장 및 상장폐지, 소유 재산의 공고, 그 밖에 필요한 사항은 대통령령으로 정한다.(2009.2.3 본항개정)
제234조의2 (2013.8.13 삭제)

제4장 집합투자증권의 환매

제235조【환매청구 및 방법 등】 ① 투자자는 언제든지 집합투자증권의 환매를 청구할 수 있다.
② 투자자는 집합투자증권의 환매를 청구하고자 하는 경우에는 그 집합투자증권을 판매한 투자매매업자 또는 투자중개업자에게 청구하여야 한다. 다만, 투자매매업자 또는 투자중개업자가 해산·인가취소 또는 업무정지, 그 밖에 대통령령으로 정하는 사유(이하 이 항에서 "해산등"이라 한다)로 인하여 환매청구에 응할 수 없는 경우에는 총리령으로 정하는 방법에 따라 해당 집합투자기구의 집합투자업자에게 직접 청구할 수 있으며, 환매청구를 받은 집합투자업자가 해산등으로 인하여 환매에 응할 수 없는 경우에는 해당 집합투자재산을 보관·관리하는 신탁업자에게 청구할 수 있다.(2008.2.29 단서개정)
③ 제2항 본문에 따라 환매청구를 받은 투자매매업자 또는 투자중개업자는 수익증권 또는 투자익명조합의 지분증권인 경우 해당 투자신탁 또는 투자익명조합의 집합투자업자에 대하여, 투자회사등이 발행한 집합투자증권인 경우 그 투자회사등에 대하여 각각 지체 없이 환매에 응할 것을 요구하여야 하며, 제2항 단서에 따라 투자회사등이 발행한 집합투자증권의 환매청구를 받은 집합투자업자 또는 신탁업자는 투자회사등에 대하여 지체 없이 환매에 응할 것을 요구하여야 한다.
④ 제2항 및 제3항에 따라 환매청구를 받거나 환매에 응할 것을 요구받은 투자신탁이나 투자익명조합의 집합투자업자(해당 집합투자재산을 보관·관리하는 신탁업자를 포함한다) 또는 투자회사등은 그 집합투자기구의 투자대상자산의 환금성 등을 고려하여 대통령령으로 정하는 경우를 제외하고는 투자자가 환매청구를 한 날부터 15일 이내에 집합투자규약에서 정한 환매일에 환매대금을 지급하여야 한다.
⑤ 투자신탁이나 투자익명조합의 집합투자업자(해당 집합투자재산을 보관·관리하는 신탁업자를 포함한다) 또는 투자회사등은 제4항에 따라 환매대금을 지급하는 경우에는 집합투자재산의 범위에서 집합투자재산으로 소유 중인 금전 또는 집합투자재산을 처분하여 조성한 금전으로만 하여야 한다. 다만, 집합투자기구의 투자자 전원의 동의를 얻은 경우에는 그 집합투자기구에서 소유하고 있는 집합투자재산으로 지급할 수 있다.
⑥ 집합투자증권을 판매한 투자매매업자·투자중개업자, 집합투자재산을 운용하는 집합투자업자 또는 집합투자재산을 보관·관리하는 신탁업자는 환매청구를 받거나 환매에 응할 것을 요구받은 집합투자증권을 자기의 계산으로 취득하거나 타인에게 취득하게 하여서는 아니 된다. 다만, 집합투자증권의 원활한 환매를 위하여 필요하거나 투자자의 이익을 해할 우려가 없는 경우로서 대통령령으로 정하는 경우에는 그 투자매매업자·투자중개업자·집합투자업자 또는 신탁업자는 환매청구를 받거나 환매에 응할 것을 요구받은 집합투자증권을 자기의 계산으로 취득할 수 있다.
⑦ 투자신탁이나 투자익명조합의 집합투자업자(해당 집합투자재산을 보관·관리하는 신탁업자를 포함한다. 이하 이 장에서 같다) 또는 투자회사등은 이 장에 따라 집합투자증권을 환매한 경우에는 그 집합투자증권을 소각하여야 한다.
제236조【환매가격 및 수수료】 ① 투자신탁이나 투자익명조합의 집합투자업자 또는 투자회사등은 집합투자증권을 환매하는 경우 환매청구일 후에 산정되는 기준가격으로 하여야 한다. 다만, 투자자의 이익 또는 집합투자재산의 안정적 운용을 해할 우려가 없는 경우로서 대통령령으로 정하는 경우에는 환매청구일 이전에 산정된 기준가격으로 환매할 수 있다.
② 집합투자증권을 환매하는 경우에 부과하는 환매수수료는 대통령령으로 정하는 방법에 따라 집합투자증권의 환매를 청구하는 해당 투자자가 부담하며, 투자자가 부담한 환매수수료는 집합투자재산에 귀속된다.
③ 제1항에 따른 환매청구일 후의 기준가격의 결정 등 환매가격에 관하여 필요한 사항은 대통령령으로 정한다.
제237조【환매의 연기】 ① 투자신탁이나 투자익명조합의 집합투자업자 또는 투자회사등은 집합투자재산인 자산의 처분이 불가능한 경우 등 대통령령으로 정하는 사유로 인하여 집합투자규약에서 정한 환매일에 집합투자

증권을 환매할 수 없게 된 경우에는 그 집합투자증권의 환매를 연기할 수 있다. 이 경우 투자신탁이나 투자익명조합의 집합투자업자 또는 투자회사등은 환매를 연기한 날부터 6주 이내에 집합투자자총회에서 집합투자증권의 환매에 관한 사항으로서 대통령령으로 정하는 사항을 결의(제190조제5항 본문, 제201조제2항 단서, 제210조제2항 단서, 제215조제3항, 제220조제3항 및 제226조제3항의 결의를 말한다)하여야 한다.
② 투자신탁이나 투자익명조합의 집합투자업자 또는 투자회사등은 제1항 후단의 집합투자자총회에서 집합투자증권의 환매에 관한 사항을 정하지 아니하거나 환매에 관하여 정한 사항의 실행이 불가능한 경우에는 계속하여 환매를 연기할 수 있다.
③ 투자신탁이나 투자익명조합의 집합투자업자 또는 투자회사등은 제1항 후단의 집합투자자총회에서 환매에 관한 사항이 결의되거나 제2항에 따라 환매의 연기를 계속하는 경우 지체 없이 다음 각 호의 구분에 따라 정한 사항을 투자자에게 통지하여야 한다.
1. 집합투자자총회에서 환매에 관한 사항을 결의한 경우
  가. 환매에 관하여 결의한 사항
  나. 그 밖에 대통령령으로 정하는 사항
2. 환매연기를 계속하는 경우
  가. 환매를 연기하는 사유
  나. 환매를 연기하는 기간
  다. 환매를 재개하는 경우 환매대금의 지급방법
  라. 그 밖에 대통령령으로 정하는 사항
④ 투자신탁이나 투자익명조합의 집합투자업자 또는 투자회사등은 환매연기사유의 전부 또는 일부가 해소된 경우에는 환매가 연기된 투자자에 대하여 환매한다는 뜻을 통지하고 대통령령으로 정하는 방법에 따라 환매대금을 지급하여야 한다.
⑤ 투자신탁이나 투자익명조합의 집합투자업자 또는 투자회사등은 집합투자재산의 일부가 제1항에 따른 환매연기사유에 해당하는 경우 그 일부에 대하여는 환매를 연기하고 나머지에 대하여는 투자자가 소유하고 있는 집합투자증권의 지분(持分)에 따라 환매에 응할 수 있다.
⑥ 투자신탁이나 투자익명조합의 집합투자업자 또는 투자회사등은 제5항에 따라 환매가 연기된 집합투자재산만으로 별도의 집합투자기구를 설정 또는 설립할 수 있다. 이 경우 제81조, 제88조, 제238조제7항, 제240조제3항부터 제8항까지 및 제248조를 적용하지 아니한다.
⑦ 제5항에 따른 환매대금의 지급방법 및 제6항에 따른 별도의 집합투자기구의 설정 또는 설립 등에 관하여 필요한 사항은 대통령령으로 정한다.
⑧ 투자신탁이나 투자익명조합의 집합투자업자 또는 투자회사등은 다음 각 호의 어느 하나에 해당하는 경우에는 제235조제1항에 따른 환매청구에 응하지 아니할 수 있다.
1. 집합투자기구(투자신탁을 제외한다)가 해산한 경우
2. 투자회사의 순자산액이 정관이 정하는 최저순자산액에 미달하는 경우
3. 법령 또는 법령에 따른 명령에 따라 환매가 제한되는 경우
4. 투자신탁의 수익자, 투자회사의 주주 또는 그 수익자·주주의 질권자로서 권리를 행사할 자를 정하기 위하여 「상법」 제354조제1항(제189조제9항에서 준용하는 경우를 포함한다. 이하 이 조에서 같다)에 따라 일정한 날을 정하여 수익자명부 또는 주주명부에 기재된 수익자·주주 또는 질권자를 그 권리를 행사할 수익자·주주 또는 질권자로 보도록 한 경우로서 이 일정한 날과 그 권리를 행사할 날의 사이에 환매청구를 한 경우. 이 경우 같은 법 제354조제3항을 적용함에 있어서 "3월"을 "2개월"로 한다.

제5장 평가 및 회계

제238조【집합투자재산의 평가 및 기준가격의 산정 등】 ① 집합투자업자는 대통령령으로 정하는 방법에 따라 집합투자재산을 시가에 따라 평가하되, 평가일 현재 신뢰할 만한 시가가 없는 경우에는 대통령령으로 정하는 공정가액으로 평가하여야 한다. 다만, 투자자가 수시로 변동되는 등 투자자의 이익을 해할 우려가 적은 경우로서 대통령령으로 정하는 경우에는 대통령령으로 정하는 가액으로 평가할 수 있다.
② 집합투자업자는 제1항에 따른 집합투자재산의 평가업무를 수행하기 위하여 대통령령으로 정하는 방법에 따라 평가위원회를 구성·운영하여야 한다.
③ 집합투자업자는 집합투자재산에 대한 평가가 공정하고 정확하게 이루어질 수 있도록 그 집합투자재산을 보관·관리하는 신탁업자의 확인을 받아 다음 각 호의 사항이 포함된 집합투자재산의 평가와 절차에 관한 기준(이하 이 조에서 "집합투자재산평가기준"이라 한다)을 마련하여야 한다.
1. 제2항에 따른 평가위원회의 구성 및 운영에 관한 사항
2. 집합투자재산의 평가의 일관성 유지에 관한 사항
3. 집합투자재산의 종류별로 해당 재산의 가격을 평가하는 채권평가회사(제263조에 따른 채권평가회사를 말한다)를 두는 경우 그 선정 및 변경과 해당 채권평가회사가 제공하는 가격의 적용에 관한 사항
4. 그 밖에 대통령령으로 정하는 사항
④ 집합투자업자는 제2항에 따른 평가위원회가 집합투자재산을 평가한 경우 그 평가명세를 지체 없이 그 집합투자재산을 보관·관리하는 신탁업자에게 통보하여야 한다.
⑤ 집합투자재산을 보관·관리하는 신탁업자는 집합투자업자의 집합투자재산에 대한 평가가 법령 및 집합투자재산평가기준에 따라 공정하게 이루어졌는지 확인하여야 한다.
⑥ 투자신탁이나 투자익명조합의 집합투자업자 또는 투자회사등은 제1항부터 제5항까지의 규정에 따른 집합투자재산의 평가결과에 따라 대통령령으로 정하는 방법으로 집합투자증권의 기준가격을 산정하여야 한다.
⑦ 투자신탁이나 투자익명조합의 집합투자업자 또는 투자회사등은 제6항에 따라 산정된 기준가격을 매일 공고·게시하여야 한다. 다만, 기준가격을 매일 공고·게시하기 곤란한 경우 등 대통령령으로 정하는 경우에는 해당 집합투자규약에서 기준가격의 공고·게시주기를 15일 이내의 범위에서 별도로 정할 수 있다.
⑧ 금융위원회는 투자신탁이나 투자익명조합의 집합투자업자 또는 투자회사등이 제6항을 위반하여 거짓으로 기준가격을 산정한 경우에는 그 투자신탁이나 투자익명조합의 집합투자업자 또는 투자회사등에 대하여 기준가격 산정업무를 일반사무관리회사에 그 범위를 정하여 위탁하도록 명할 수 있다. 이 경우 해당 집합투자업자 및 그 집합투자업자의 계열회사, 투자회사·투자유한회사·투자합자회사·투자유한책임회사의 계열회사는 그 수탁대상에서 제외된다.(2013.5.28 후단개정)

제239조【결산서류의 작성 등】 ① 투자신탁이나 투자익명조합의 집합투자업자 또는 투자회사등은 집합투자기구의 결산기마다 다음 각 호의 서류 및 부속명세서(이하 이 조에서 "결산서류"라 한다)를 작성하여야 한다.
1. 재무상태표(2021.4.20 본호개정)
2. 손익계산서
3. 제88조에 따른 자산운용보고서
② 투자회사의 법인이사는 결산서류의 승인을 위하여 이사회 개최 1주 전까지 그 결산서류를 이사회에 제출하여 그 승인을 받아야 한다.
③ 투자신탁이나 투자익명조합의 집합투자업자 또는 투자회사등은 다음 각 호의 서류를 본점(투자회사등의 경우 그 투자회사등의 집합투자재산을 운용하는 집합투자업자의 본점을 포함한다)에 비치하여야 하며, 해당 집합투자증권을 판매한 투자매매업자 또는 투자중개업자에게 이를 송부하여 그 영업소에 비치하도록 하여야 한다.
1. 결산서류
2. 회계감사보고서
3. 집합투자자총회 의사록
4. 이사회 의사록(투자회사의 경우에 한한다)
④ 투자신탁이나 투자익명조합의 집합투자업자, 투자회사등 및 해당 집합투자증권을 판매한 투자매매업자 또는 투자중개업자는 결산서류 및 회계감사보고서를 제3항의 비치일부터 5년간 보존하여야 한다.
⑤ 집합투자기구의 투자자 및 채권자는 영업시간 중 언제든지 제3항에 따라 비치된 서류를 열람할 수 있으며, 그 서류의 등본 또는 초본의 교부를 청구할 수 있다.
⑥ 결산서류의 기재사항 등에 관하여 필요한 사항은 금융위원회가 정하여 고시한다.(2008.2.29 본항개정)

제240조【집합투자재산의 회계처리 등】 ① 투자신탁이나 투자익명조합의 집합투자업자 또는 투자회사등은 집합투자재산에 관하여 회계처리를 하는 경우 금융위원회가 증권선물위원회의 심의를 거쳐 정하여 고시한 회계처리기준에 따라야 한다.(2008.2.29 본항개정)
② 금융위원회는 제1항에 따른 회계처리기준의 제정 또는 개정을 전문성을 갖춘 민간법인 또는 단체로서 대통령령으로 정하는 자에게 위탁할 수 있다. 이 경우 그 민간법인 또는 단체는 회계처리기준을 제정 또는 개정한 때에는 이를 금융위원회에 지체 없이 보고하여야 한다.(2008.2.29 본항개정)
③ 투자신탁이나 투자익명조합의 집합투자업자 또는 투자회사등은 집합투자재산에 대하여 회계기간의 말일 및 다음 각 호의 날부터 2개월 이내에 회계감사인의 회계감사를 받아야 한다. 다만, 투자자의 이익을 해할 우려가 없는 경우로서 대통령령으로 정하는 경우에는 그러하지 아니하다.
1. 계약기간 종료 또는 해지의 경우 : 그 종료일 또는 해지일
2. 존속기간 만료 또는 해산의 경우 : 그 만료일 또는 해산일
④ 투자신탁이나 투자익명조합의 집합투자업자 또는 투자회사등은 집합투자재산의 회계감사인을 선임하거나 교체한 경우에는 지체 없이 그 집합투자재산을 보관·관리하는 신탁업자에게 그 사실을 통지하여야 하며, 그 선임일 또는 교체일부터 1주 이내에 금융위원회에 그 사실을 보고하여야 한다.(2008.2.29 본항개정)
⑤ 회계감사인은 투자신탁이나 투자익명조합재산의 집합투자업자 또는 투자회사등의 집합투자증권의 기준가격 산정업무 및 집합투자재산의 회계처리 업무를 감사함에 있어서 집합투자재산평가기준을 준수하는지 감사하고 그 결과를 투자신탁이나 투자익명조합의 집합투자업자의 감사(감사위원회가 설치된 경우에는 감사위원회를 말한다) 또는 투자회사등에 통보하여야 한다.
⑥ 회계감사인은 제10항에 따른 감사기준 및 「주식회사 등의 외부감사에 관한 법률」 제16조에 따른 회계감사기준에 따라 회계감사를 실시하여야 한다.(2017.10.31 본항개정)
⑦ 회계감사인은 다음 각 호의 자에게 집합투자재산의 회계장부 등 관계 자료의 열람·복사를 요청하거나 회계감사에 필요한 자료의 제출을 요구할 수 있다. 이 경우 요청 또는 요구를 받은 자는 지체 없이 이에 응하여야 한다.
1. 그 집합투자재산을 운용하는 집합투자업자
2. 그 집합투자재산을 보관·관리하는 신탁업자
3. 해당 집합투자증권을 판매하는 투자매매업자·투자중개업자
4. 제184조제6항에 따라 해당 투자회사로부터 업무를 위탁받은 일반사무관리회사 또는 제238조제8항에 따라 투자신탁이나 투자익명조합의 집합투자업자 또는 투자회사등으로부터 기준가격 산정업무를 위탁받은 일반사무관리회사
⑧ 「주식회사 등의 외부감사에 관한 법률」 제20조는 제3항에 따른 집합투자재산의 회계감사에 관하여 준용한다.(2017.10.31 본항개정)
⑨ 「주식회사 등의 외부감사에 관한 법률」 제4조 및 제8조는 투자회사에는 적용하지 아니한다.(2017.10.31 본항개정)
⑩ 회계감사인의 선임기준, 감사기준, 회계감사인의 권한, 회계감사보고서의 제출 및 공시 등에 관하여 필요한 사항은 대통령령으로 정한다.(2009.2.3 본항개정)

제241조【회계감사인의 손해배상책임】 ① 회계감사인은 제240조제3항에 따른 회계감사의 결과 회계감사보고서 중 중요사항에 관하여 거짓의 기재 또는 표시가 있거나 중요사항이 기재 또는 표시되지 아니함으로써 이를 이용한 투자자에게 손해를 끼친 경우에는 그 투자자에 대하여 손해를 배상할 책임을 진다. 이 경우 「주식회사 등의 외부감사에 관한 법률」 제2조제7호나목에 따른 감사반이 회계감사인인 경우에는 해당 집합투자재산에 대한 감사에 참여한 자가 연대하여 손해를 배상할 책임을 진다.(2017.10.31 후단개정)
② 회계감사인이 투자자에 대하여 손해를 배상할 책임이 있는 경우로서 해당 집합투자재산을 운용하는 집합투자업자의 이사·감사(감사위원회가 설치된 경우에는 감사위원회의 위원을 말한다. 이하 이 항에서 같다) 또는 투자회사의 감독이사에게도 귀책사유가 있는 경우에는 그 회계감사인과 집합투자업자의 이사·감사 또는 투자회사의 감독이사는 연대하여 손해를 배상할 책임을 진다. 다만, 손해를 배상할 책임이 있는 자가 고의가 없는 경우에 그 자는 법원이 귀책사유에 따라 정하는 책임비율에 따라 손해를 배상할 책임이 있다.(2014.1.28 단서신설)
③ 제2항 단서에도 불구하고 손해배상을 청구하는 자의 소득인정액(「국민기초생활 보장법」 제2조제8호에 따른 소득인정액을 말한다)이 대통령령으로 정하는 금액 이하에 해당되는 경우에는 회계감사인과 집합투자업자의 이사·감사 또는 투자회사의 감독이사는 연대하여 손해를 배상할 책임이 있다.(2014.1.28 본항신설)
④ 「주식회사 등의 외부감사에 관한 법률」 제31조제6항부터 제9항까지의 규정은 제1항 및 제2항의 경우에 준용한다.(2017.10.31 본항개정)

제242조【이익금의 분배】 ① 투자신탁이나 투자익명조합의 집합투자업자 또는 투자회사등은 집합투자기구의 집합투자재산 운용에 따라 발생한 이익금을 투자자에게 금전 또는 새로 발행하는 집합투자증권으로 분배하여야 한다. 다만, 집합투자기구의 특성을 고려하여 대통령령으로 정하는 집합투자기구의 경우에는 집합투자규약이 정하는 바에 따라 이익금의 분배를 집합투자기구에 유보할 수 있다.
② 투자신탁이나 투자익명조합의 집합투자업자 또는 투자회사등은 집합투자기구의 특성에 따라 이익금을 초과하여 분배할 필요가 있는 경우에는 이익금을 초과하여 금전으로 분배할 수 있다. 다만, 투자회사의 경우에는 순자산액에서 최저순자산액을 뺀 금액을 초과하여 분배할 수 없다.
③ 제1항에 따른 이익금의 분배 및 제2항에 따른 이익금을 초과하는 금전의 분배에 관하여 필요한 사항은 대통령령으로 정한다.(2009.2.3 본항개정)

제243조 (2015.7.24 삭제)

제6장 집합투자재산의 보관 및 관리

제244조【선관주의의무】 집합투자재산을 보관·관리하는 신탁업자는 선량한 관리자의 주의로써 집합투자재산을 보관·관리하여야 하며, 투자자의 이익을 보호하여야 한다.

제245조【적용배제】 제2편제4장제2절제4관(제116조 및 제117조를 제외한다)은 신탁업자가 투자신탁재산을 신탁받는 경우 그 투자신탁에 관하여는 적용하지 아니한다.

제246조【신탁업자의 업무제한 등】 ① 집합투자재산을 보관·관리하는 신탁업자는 다음 각 호의 어느 하나에 해당하는 자의 계열회사여서는 아니 된다.
1. 해당 집합투자기구(투자회사·투자유한회사·투자합자회사 및 투자유한책임회사로 한정한다)(2013.5.28 본호개정)
2. 그 집합투자재산을 운용하는 집합투자업자

② 집합투자재산을 보관·관리하는 신탁업자는 집합투자재산을 자신의 고유재산, 다른 집합투자재산 또는 제삼자로부터 보관을 위탁받은 재산과 구분하여 관리하여야 한다. 이 경우 집합투자재산이라는 사실과 위탁자를 명기하여야 한다.
③ 집합투자재산을 보관·관리하는 신탁업자는 집합투자재산 중 증권, 그 밖에 대통령령으로 정하는 것을 자신의 고유재산과 구분하여 집합투자기구별로 예탁결제원에 예탁하여야 한다. 다만, 해당 증권의 유통 가능성, 다른 법령에 따른 유통방법이 있는지 여부, 예탁의 실행 가능성 등을 고려하여 대통령령으로 정하는 경우에는 그러하지 아니하다.(2013.5.28 단서신설)
④ 집합투자재산을 보관·관리하는 신탁업자는 집합투자재산을 운용하는 집합투자업자가 제80조에 따라 그 신탁업자에 대하여 자산의 취득·처분 등의 이행 또는 보관·관리 등에 필요한 지시를 하는 경우 대통령령으로 정하는 방법에 따라 이를 각각의 집합투자기구별로 이행하여야 한다.
⑤ 집합투자재산을 보관·관리하는 신탁업자는 자신이 보관·관리하는 집합투자재산을 자신의 고유재산, 다른 집합투자재산 또는 제삼자로부터 보관을 위탁받은 재산과 거래하여서는 아니 된다. 다만, 집합투자재산을 효율적으로 운용하기 위하여 필요한 경우로서 대통령령으로 정하는 경우에는 그러하지 아니하다.(2013.5.28 본문개정)
⑥ 집합투자재산을 보관·관리하는 신탁업자는 자신이 보관·관리하는 집합투자재산을 그 이해관계인의 고유재산과 거래하여서는 아니 된다.(2009.2.3 본항신설)
⑦ 집합투자재산을 보관·관리하는 신탁업자는 그 집합투자기구의 집합투자재산에 관한 정보를 자기의 고유재산의 운용, 자기가 운용하는 집합투자재산의 운용 또는 자기가 판매하는 집합투자증권의 판매를 위하여 이용하여서는 아니 된다.(2009.2.3 본항신설)

제247조【운용행위감시 등】 ① 집합투자재산(투자회사재산을 제외한다)을 보관·관리하는 신탁업자는 그 집합투자재산을 운용하는 집합투자업자의 운용지시 또는 운용행위가 법령, 집합투자규약 또는 투자설명서(예비투자설명서 및 간이투자설명서를 포함한다. 이하 이 조에서 같다) 등을 위반하는지 여부에 대하여 대통령령으로 정하는 기준 및 방법에 따라 확인하고 위반사항이 있는 경우에는 그 집합투자업자에 대하여 그 운용지시 또는 운용행위의 철회·변경 또는 시정을 요구하여야 한다.
② 투자회사재산을 보관·관리하는 신탁업자는 그 투자회사재산을 운용하는 집합투자업자의 운용행위가 법령, 정관 또는 투자설명서 등을 위반하는지의 여부에 대하여 대통령령으로 정하는 기준 및 방법에 따라 확인하고 위반이 있는 경우에는 그 투자회사의 감독이사에게 보고하여야 하며, 보고를 받은 투자회사의 감독이사는 그 투자회사재산을 운용하는 집합투자업자에 대하여 그 운용행위의 시정을 요구하여야 한다.
③ 집합투자재산(투자회사재산을 제외한다)을 보관·관리하는 신탁업자 또는 투자회사의 감독이사는 해당 집합투자재산을 운용하는 집합투자업자가 제1항 또는 제2항에 따른 요구를 3영업일 이내에 이행하지 아니하는 경우에는 그 사실을 금융위원회에 보고하여야 하며, 대통령령으로 정하는 사항을 대통령령으로 정하는 방법에 따라 공시하여야 한다. 다만, 투자회사의 감독이사가 금융위원회에 대한 보고 또는 공시에 관한 업무를 이행하지 아니한 경우에는 그 투자회사재산을 보관·관리하는 신탁업자가 이를 이행하여야 한다.(2021.4.20 본문개정)
④ 집합투자업자는 제1항 또는 제2항의 요구에 대하여 금융위원회에 이의를 신청할 수 있다. 이 경우 관련 당사자는 대통령령으로 정하는 기준에 따라 행하는 금융위원회의 결정에 따라야 한다.(2008.2.29 본항개정)
⑤ 집합투자재산을 보관·관리하는 신탁업자는 집합투자재산과 관련하여 다음 각 호의 사항을 확인하여야 한다.
1. 투자설명서가 법령 및 집합투자규약에 부합하는지 여부
2. 제88조제1항·제2항에 따른 자산운용보고서의 작성이 적정한지 여부
3. 제93조제2항에 따른 위험관리방법의 작성이 적정한지 여부
4. 제238조제1항에 따른 집합투자재산의 평가가 공정한지 여부
5. 제238조제6항에 따른 기준가격 산정이 적정한지 여부
6. 제1항 또는 제2항의 시정요구 등에 대한 집합투자업자의 이행명세
7. 그 밖에 투자자 보호를 위하여 필요한 사항으로서 대통령령으로 정하는 사항
⑥ 집합투자재산을 보관·관리하는 신탁업자는 제1항에 따른 요구를 하거나 제2항에 따른 보고를 하기 위하여 필요한 경우 또는 제5항 각 호의 사항을 확인하기 위하여 필요한 경우에는 해당 집합투자업자, 투자회사등 또는 투자회사로부터 제184조제6항의 업무를 위탁받은 일반사무관리회사에 대하여 관련된 자료의 제출을 요구할 수 있다. 이 경우 그 집합투자업자, 투자회사등 또는 일반사무관리회사는 정당한 사유가 없는 한 이에 응하여야 한다.(2021.4.20 본항개정)
⑦ 집합투자재산을 보관·관리하는 신탁업자가 제5항 각 호의 사항을 확인하는 시기·절차·범위 등에 관하여 필요한 사항은 총리령으로 정한다.(2008.2.29 본항개정)

제248조【자산보관·관리보고서의 교부】 ① 집합투자재산을 보관·관리하는 신탁업자는 집합투자재산에 관하여 제90조제2항 각 호의 어느 하나의 사유가 발생한 날부터 2개월 이내에 다음 각 호의 사항이 기재된 자산보관·관리보고서를 작성하여 투자자에게 교부하여야 한다. 다만, 투자자가 수시로 변동되는 등 투자자의 이익을 해할 우려가 없는 경우로서 대통령령으로 정하는 경우에는 자산보관·관리보고서를 투자자에게 교부하지 아니할 수 있다.(2009.2.3 본문개정)
1. 집합투자규약의 주요 변경사항
2. 투자운용인력의 변경
3. 집합투자자총회의 결의내용
4. 제247조제5항 각 호의 사항
5. 그 밖에 대통령령으로 정하는 사항
② 신탁업자는 제1항에 따른 자산보관·관리보고서를 제1항의 기간 이내에 금융위원회 및 협회에 교부하여야 한다.(2009.2.3 본항개정)
③ 제1항에 따른 자산보관·관리보고서의 제공시기 및 방법, 비용부담 등에 관하여 필요한 사항은 대통령령으로 정한다.
(2009.2.3 본조제목개정)

제7장 사모집합투자기구 등에 대한 특례

제1절 일반 사모집합투자기구
(2021.4.20 본절제목개정)

제249조【미등록 영업행위의 금지】 누구든지 이 법에 따른 일반 사모집합투자업 등록을 하지 아니하고는 일반 사모집합투자업을 영위해서는 아니 된다.(2021.4.20 본조개정)

제249조의2【일반 사모집합투자기구의 투자자】 일반 사모집합투자기구인 투자신탁이나 투자익명조합의 일반 사모집합투자업자 또는 일반 사모집합투자기구인 투자회사등은 다음 각 호의 어느 하나에 해당하는 투자자(이하 이 장에서 "적격투자자"라 한다)에 한정하여 집합투자증권을 발행할 수 있다.(2021.4.20 본문개정)
1. 전문투자자로서 대통령령으로 정하는 투자자
2. 1억원 이상으로서 대통령령으로 정하는 금액 이상을 투자하는 개인 또는 법인, 그 밖의 단체(「국가재정법」 별표2에서 정한 법률에 따른 기금과 집합투자기구를 포함한다)
(2021.4.20 본조제목개정)
(2015.7.24 본조개정)

제249조의3【일반 사모집합투자업의 등록】 ① 일반 사모집합투자업을 영위하려는 자는 금융위원회에 일반 사모집합투자업 등록을 하여야 한다.(2021.4.20 본항개정)
② 제1항에 따라 등록을 하려는 자는 다음 각 호의 요건을 모두 갖추어야 한다.
1. 다음 각 목의 어느 하나에 해당하는 자일 것
가. 「상법」에 따른 주식회사이거나 대통령령으로 정하는 금융회사
나. 외국 집합투자업자(외국 법령에 따라 외국에서 집합투자업에 상당하는 영업을 영위하는 자를 말한다. 이하 이 조에서 같다)로서 외국에서 영위하고 있는 영업에 상당하는 집합투자업 수행에 필요한 지점, 그 밖의 영업소를 설치한 자
2. 5억원 이상으로서 대통령령으로 정하는 금액 이상의 자기자본을 갖출 것
3. 투자자의 보호가 가능하고 그 영위하려는 일반 사모집합투자업을 수행하기에 충분한 인력과 전산설비, 그 밖의 물적 설비를 갖출 것(2021.4.20 본호개정)
4. 임원이 「금융회사의 지배구조에 관한 법률」 제5조에 적합할 것(2015.7.31 본호개정)
5. 대주주나 외국 집합투자업자가 다음 각 목의 구분에 따른 요건을 갖출 것
가. 제1호가목의 경우 대주주(제12조제2항제6호가목의 대주주를 말한다)가 충분한 출자능력, 건전한 재무상태 및 사회적 신용을 갖출 것
나. 제1호나목의 경우 외국 집합투자업자가 충분한 출자능력, 건전한 재무상태 및 사회적 신용을 갖출 것
6. 경영건전성기준 등 대통령령으로 정하는 건전한 재무상태와 법령 위반사실이 없는 등 대통령령으로 정하는 건전한 사회적 신용을 갖출 것
7. 일반 사모집합투자업자와 투자자 간, 특정 투자자와 다른 투자자 간의 이해상충을 방지하기 위한 체계를 갖출 것(2021.4.20 본호개정)
③ 제1항에 따른 일반 사모집합투자업 등록을 하려는 자는 등록신청서를 금융위원회에 제출하여야 한다.
(2021.4.20 본항개정)
④ 금융위원회는 제3항의 등록신청서를 접수한 경우에는 그 내용을 검토하여 2개월 이내에 일반 사모집합투자업 등록 여부를 결정하고, 그 결과와 이유를 지체 없이 신청인에게 문서로 통지하여야 한다. 이 경우 등록신청서에 흠결이 있는 때에는 보완을 요구할 수 있다.(2021.4.20 전단개정)
⑤ 제4항의 검토기간을 산정할 때 등록신청서 흠결의 보완기간 등 총리령으로 정하는 기간은 검토기간에 산입하지 아니한다.
⑥ 금융위원회는 제4항의 일반 사모집합투자업 등록 여부를 결정할 때 다음 각 호의 어느 하나에 해당하는 사유가 없으면 등록을 거부해서는 아니 된다.(2021.4.20 본문개정)
1. 제2항의 일반 사모집합투자업 등록요건을 갖추지 아니한 경우(2021.4.20 본호개정)
2. 제3항의 등록신청서를 거짓으로 작성한 경우
3. 제4항 후단의 보완요구를 이행하지 아니한 경우
⑦ 금융위원회는 제4항에 따라 일반 사모집합투자업 등록을 결정한 경우 일반 사모집합투자업자 등록부에 필요한 사항을 적어야 하며, 등록결정한 내용을 관보 및 인터넷 홈페이지 등에 공고하여야 한다.(2021.4.20 본항개정)
⑧ 일반 사모집합투자업자는 등록 이후 그 영업을 영위하는 경우 제2항 각 호의 등록요건(같은 항 제6호는 제외하며, 같은 항 제2호 및 제5호의 경우에는 대통령령으로 정하는 완화된 요건을 말한다)을 유지하여야 한다.
(2021.4.20 본항개정)
⑨ 제1항부터 제8항까지의 규정에 따른 등록요건, 등록신청서의 기재사항·첨부서류 등 등록의 신청에 관한 사항 및 등록검토의 방법·절차, 그 밖에 필요한 사항은 대통령령으로 정한다.
(2021.4.20 본조제목개정)
(2015.7.24 본조신설)

제249조의4【일반 사모집합투자기구의 투자권유 등】 ① 일반 사모집합투자기구의 집합투자증권을 판매하는 금융투자업자는 투자자가 적격투자자인지를 확인하여야 한다.
② 일반 사모집합투자기구의 집합투자증권을 발행하는 집합투자업자는 「금융소비자 보호에 관한 법률」 제19조에도 불구하고 대통령령으로 정하는 사항이 포함된 설명서(이하 "핵심상품설명서"라 한다)를 작성하여 그 일반 사모집합투자기구의 집합투자증권을 투자권유 또는 판매하는 자에게 제공하여야 한다. 그 핵심상품설명서에 기재된 사항(경미한 사항으로서 대통령령으로 정하는 경우는 제외한다)이 변경된 경우에도 이와 같다.
③ 일반 사모집합투자기구의 집합투자증권을 투자권유 또는 판매하는 자는 핵심상품설명서가 그 일반 사모집합투자기구의 집합투자규약과 부합하는지 여부 등 대통령령으로 정하는 사항을 미리 검증하여야 한다.
④ 일반 사모집합투자기구의 집합투자증권을 투자권유 또는 판매하는 자는 그 일반 사모집합투자기구의 집합투자증권을 발행하는 자가 작성하여 제공한 핵심상품설명서를 투자자(전문투자자와 그 밖에 대통령령으로 정하는 자는 제외한다)에게 대통령령으로 정하는 방법에 따라 교부하고, 그 핵심상품설명서를 사용하여 투자권유 또는 판매하여야 한다. 다만, 일반 사모집합투자기구의 집합투자증권을 투자권유 또는 판매하는 자가 투자자가 이해하기 쉽도록 핵심상품설명서의 내용 중 대통령령으로 정하는 중요한 사항을 발췌하여 기재 또는 표시한 경우로서 그 일반 사모집합투자기구의 집합투자증권을 발행한 집합투자업자와 미리 합의한 경우에는 해당 자료를 사용하여 투자권유 또는 판매할 수 있다.
⑤ 일반 사모집합투자기구(일반투자자를 대상으로 하는 경우로 한정한다)의 집합투자증권을 판매한 자는 그 일반 사모집합투자기구의 집합투자증권을 발행한 집합투자업자의 운용행위가 제2항에 따른 핵심상품설명서에 부합하는지 여부에 대하여 대통령령으로 정하는 기준 및 방법에 따라 확인하고, 부합하지 아니하는 경우에는 그 집합투자업자에게 그 운용행위의 철회·변경 또는 시정을 요구하여야 한다.
⑥ 일반 사모집합투자기구의 집합투자증권을 판매한 자는 제5항의 요구를 한 날부터 3영업일 이내(집합투자업자가 3영업일 이내에 요구를 이행하기 곤란한 불가피한 사유가 있는 경우로서 일반 사모집합투자기구의 집합투자증권을 판매하는 자와 이행을 위한 기간을 따로 합의한 경우에는 그 기간 이내)에 그 일반 사모집합투자기구의 집합투자증권을 발행한 집합투자업자가 그 요구를 이행하지 아니하는 경우에는 그 사실을 대통령령으로 정하는 방법에 따라 금융위원회에 보고하고 투자자에게 통보하여야 한다.
⑦ 집합투자업자는 제5항의 요구에 대하여 금융위원회에 이의를 신청할 수 있다. 이 경우 관련 당사자는 대통령령으로 정하는 기준에 따라 행하는 금융위원회의 결정에 따라야 한다.
(2021.4.20 본조개정)

제249조의5【일반 사모집합투자기구의 투자광고】 ① 일반 사모집합투자기구의 집합투자증권을 판매하는 금융투자업자가 그 사모집합투자기구의 투자광고를 하는 경우에는 전문투자자 또는 투자광고를 하는 날 전날의 금융투자상품 잔고(투자자예탁금 잔액을 포함한다)가 1억원 이상으로서 대통령령으로 정하는 금액 이상인 일반투자자만을 대상으로 하여야 한다.
② 제1항에 따른 투자광고를 하는 경우에는 서면, 전화, 전자우편, 그 밖에 금융위원회가 고시하는 매체를 통하여 전문투자자 또는 제1항에 따른 투자자에게 개별적으로 알려야 한다.
(2021.4.20 본조개정)

제249조의6【일반 사모집합투자기구의 설정·설립 및 보고】 ① 일반 사모집합투자기구인 투자신탁이나 투자익명조합의 집합투자업자 또는 일반 사모집합투자기구

인 투자회사등은 다음 각 호의 요건을 모두 갖추어 일반 사모집합투자기구를 설정·설립하여야 한다.(2021.4.20 본문개정)
1. 다음 각 목의 자가 업무정지기간 중에 있지 아니할 것
 가. 그 일반 사모집합투자기구의 집합투자재산을 운용하는 집합투자업자(2021.4.20 본목개정)
 나. 그 일반 사모집합투자기구의 집합투자재산을 보관·관리하는 신탁업자(2021.4.20 본목개정)
 다. 그 일반 사모집합투자기구의 집합투자증권을 판매하는 투자매매업자·투자중개업자(2021.4.20 본목개정)
 라. 투자회사인 경우 그 투자회사로부터 제184조제6항의 업무를 위탁받은 일반사무관리회사
2. 일반 사모집합투자기구가 이 법에 따라 적법하게 설정·설립되었을 것(2021.4.20 본호개정)
3. 일반 사모집합투자기구의 집합투자규약이 법령을 위반하거나 투자자의 이익을 명백히 침해하지 아니할 것(2021.4.20 본호개정)
4. 그 밖에 제9조제18항 각 호의 집합투자기구의 형태 등을 고려하여 대통령령으로 정하는 요건을 갖출 것
② 일반 사모집합투자기구인 투자신탁이나 투자익명조합의 집합투자업자 또는 일반 사모집합투자기구인 투자회사등은 제1항에 따라 일반 사모집합투자기구를 설정·설립한 경우 그 날부터 2주일 이내에 금융위원회에 보고하여야 한다. 다만, 투자자 보호 및 건전한 거래질서를 해칠 우려가 있는 경우로서 대통령령으로 정하는 경우에는 일반 사모집합투자기구가 설정·설립된 후 지체 없이 보고하여야 한다.(2021.4.20 본항개정)
③ 금융위원회는 제2항에 따른 보고 내용에 흠결이 있는 경우에는 보완을 요구할 수 있다.
④ 일반 사모집합투자기구인 투자신탁이나 투자익명조합의 집합투자업자 또는 일반 사모집합투자기구인 투자회사등은 제2항에 따라 보고한 사항이 변경된 경우에는 투자자 보호를 해칠 우려가 없는 경우로서 대통령령으로 정하는 경우를 제외하고는 그 변경된 날부터 2주일 이내에 금융위원회에 변경보고를 하여야 한다. 이 경우 제3항을 준용한다.(2021.4.20 전단개정)
⑤ 제1항부터 제4항까지의 규정에 따른 보고 및 변경보고의 방법·절차, 그 밖에 필요한 사항은 대통령령으로 정한다.
(2021.4.20 본조제목개정)
(2015.7.24 본조신설)

제249조의7【일반 사모집합투자기구의 집합투자재산 운용방법 등】 ① 일반 사모집합투자업자가 일반 사모집합투자기구의 집합투자재산(제249조의13에 따른 투자목적회사의 재산을 포함한다. 이하 이 조에서 같다)을 운용하는 경우 다음 각 호의 금액을 합산한 금액이 일반 사모집합투자기구의 자산총액에서 부채총액을 뺀 가액의 100분의 400 이내에서 대통령령으로 정하는 비율을 초과해서는 아니 된다. 다만, 투자자 보호 및 집합투자재산의 안정적 운용을 해칠 우려가 없는 경우로서 대통령령으로 정하는 일반 사모집합투자기구의 경우에는 제1호·제2호 및 제4호를 합산한 금액 또는 제3호의 금액이 각각 일반 사모집합투자기구의 자산총액에서 부채총액을 뺀 가액의 100분의 400 이내에서 대통령령으로 정하는 비율을 초과해서는 아니 된다.(2021.4.20 본문개정)
1. 파생상품에 투자하는 경우 그 파생상품의 매매에 따른 위험평가액
2. 집합투자재산으로 해당 일반 사모집합투자기구 외의 자를 위하여 채무보증 또는 담보제공을 하는 방법으로 운용하는 경우 그 채무보증액 또는 담보목적물의 가액(2021.4.20 본호개정)
3. 일반 사모집합투자기구의 계산으로 금전을 차입하는 경우 그 차입금의 총액(2021.4.20 본호개정)
4. 그 밖에 거래의 실질이 차입에 해당하는 경우로서 대통령령으로 정하는 경우에는 대통령령으로 정하는 방법에 따라 산정한 그 실질적인 차입금의 총액(2021.4.20 본호신설)
② 일반 사모집합투자업자는 일반 사모집합투자기구의 집합투자재산을 운용할 때 다음 각 호의 어느 하나에 해당하는 행위를 해서는 아니 된다.
1. 대통령령으로 정하는 부동산을 취득한 후 5년 이내의 범위에서 대통령령으로 정하는 기간 이내에 이를 처분(대통령령으로 정하는 부동산을 취득한 투자목적회사가 발행한 주식 또는 지분을 처분하는 것을 포함한다. 이하 이 항에서 같다)하는 행위. 다만, 부동산개발사업에 따라 조성하거나 설치한 토지·건축물 등을 분양하는 경우, 그 밖에 투자자 보호를 위하여 필요한 경우로서 대통령령으로 정하는 경우는 제외한다.
2. 건축물, 그 밖의 공작물이 없는 토지로서 그 토지에 대하여 부동산개발사업을 시행하기 전에 이를 처분하는 행위. 다만, 일반 사모집합투자기구의 합병·해지 또는 해산, 그 밖에 투자자 보호를 위하여 필요한 경우로서 대통령령으로 정하는 경우는 제외한다.
3. 일반 사모집합투자업자가 일반 사모집합투자기구의 집합투자재산을 개인 및 그 밖에 대통령령으로 정하는 자에게 직접 대여하거나 이를 회피할 목적으로 「대부업 등의 등록 및 금융이용자 보호에 관한 법률」 제3조에 따라 등록한 대부업자 등 대통령령으로 정하는 자와의 연계거래 등을 이용하는 행위(2021.4.20 본호신설)
4. 일반 사모집합투자업자가 일반 사모집합투자기구의 집합투자재산을 금전의 대여로 운용하는 경우 그 집합투자기구의 집합투자증권을 다음 각 목의 자 이외의 자에게 발행하는 행위. 다만, 집합투자재산의 안정적 운용을 해칠 우려가 없는 경우로서 일반 사모집합투자기구가 금전을 대여한 차주의 목적이 대통령령으로 정하는 경우에 해당하는 경우에는 그러하지 아니하다.
 가. 국가
 나. 한국은행
 다. 전문투자자 중 대통령령으로 정하는 자
(2021.4.20 본호신설)
5. 일반 사모집합투자업자가 이 장의 규제를 회피할 목적으로 제249조의13에 따른 투자목적회사가 아닌 법인으로서 이와 유사한 목적 또는 형태를 가진 법인을 설립 또는 이용(그 법인이 발행한 지분증권에 투자하는 행위를 포함한다. 이하 이 호에서 같다)하는 행위. 다만, 외국 투자대상자산의 취득을 목적으로 설립된 외국법인 등 대통령령으로 정하는 법인을 설립 또는 이용하는 행위는 제외한다.(2021.4.20 본호신설)
(2021.4.20 본항개정)
③ 일반 사모집합투자업자는 대통령령으로 정하는 방법에 따라 다음 각 호의 사항에 관하여 매분기의 말일을 기준으로 금융위원회에 보고하여야 한다.
1. 파생상품 매매 및 그에 따른 위험평가액 현황
2. 채무보증 또는 담보제공 현황
3. 금전차입 현황
4. 그 밖에 투자자 보호 또는 건전한 거래질서를 위하여 필요한 사항으로서 대통령령으로 정하는 사항
(2021.4.20 본항개정)
④ 일반 사모집합투자기구인 투자신탁이나 투자익명조합의 집합투자업자 또는 일반 사모집합투자기구인 투자회사등은 투자자 보호와 관련하여 대통령령으로 정한 사유가 발생한 경우에는 그 날부터 3영업일 이내에 금융위원회에 보고하여야 한다.(2021.4.20 본항개정)
⑤ 일반 사모집합투자업자는 다른 회사(투자목적회사, 투자회사, 투자유한회사, 투자합자회사, 투자유한책임회사, 그 밖에 대통령령으로 정하는 회사는 제외한다. 이하 이 항에서 같다)에 대한 경영권 참여, 사업구조 또는 지배구조의 개선 등을 위하여 다음 각 호의 어느 하나에 해당하는 방법으로 일반 사모집합투자기구의 집합투자재산을 운용하는 경우(대통령령으로 정하는 방법에 따라 다른 사모집합투자기구와 공동으로 운용하는 경우를 포함한다) 다음 각 호의 어느 하나에 해당하는 날부터 15년이 되는 날까지 그 지분증권을 제삼자에게 처분하여야 한다.
1. 다른 회사의 의결권 있는 발행주식총수 또는 출자총액의 100분의 10 이상을 보유하게 된 날
2. 임원의 임면 등 투자하는 회사의 주요 경영사항에 대하여 사실상의 지배력 행사가 가능하도록 하는 투자로서 대통령령으로 정하는 투자를 한 날
(2021.4.20 본항신설)
⑥ 일반 사모집합투자업자는 제87조제4항에도 불구하고 다음 각 호의 어느 하나에 해당하지 아니하는 일반 사모집합투자기구의 집합투자재산인 주식과 관련하여 제81조제1항에 따른 투자한도를 초과하여 취득한 주식에 대하여 의결권을 행사할 수 있다.
1. 상호출자제한기업집단의 계열회사인 일반 사모집합투자업자가 운용하는 일반 사모집합투자기구
2. 같은 상호출자제한기업집단에 속하는 금융회사가 집합투자증권 총수의 100분의 30을 초과하여 투자한 일반 사모집합투자기구
(2021.4.20 본항신설)
⑦ 제1항부터 제6항까지의 규정에 따른 일반 사모집합투자기구 집합투자재산의 구체적인 운용방법과 보고 절차, 그 밖에 필요한 사항은 대통령령으로 정한다.(2021.4.20 본항개정)
(2021.4.20 본조제목개정)
(2015.7.24 본조신설)

제249조의8【일반 사모집합투자기구에 대한 특례】 ① 제76조제2항부터 제6항까지, 제81조부터 제83조까지, 제88조, 제89조(제186조제2항에서 준용하는 경우를 포함한다), 제90조(제186조제2항에서 준용하는 경우를 포함한다), 제91조제3항(제186조제2항에서 준용하는 경우를 포함한다), 제93조, 제94조제1항부터 제4항까지, 같은 조 제6항, 제182조, 제183조제1항, 제186조(제87조를 준용하는 경우는 제외한다), 제188조제2항·제3항, 제189조제2항, 제195조, 제196조제5항(제208조제3항, 제216조제2항, 제217조의3제3항, 제222조제2항 및 제227조제2항에서 준용하는 경우를 포함한다), 제197조, 제198조제2항·제3항, 제199조, 제200조, 제207조제5항, 제208조제1항(제216조제2항, 제222조제2항 및 제227조제2항에서 준용하는 경우를 포함한다), 제211조제1항, 제213조제5항, 제216조제1항, 제217조의2제5항, 제217조의3제1항, 제217조의6제1항, 제218조제3항, 제222조제1항, 제224조제3항, 제227조제1항, 제229조, 제230조, 제235조, 제237조, 제238조제7항·제8항, 제239조제1항제3호, 같은 조 제2항부터 제5항까지, 제240조제3항부터 제8항까지, 같은 조 제10항, 제241조, 제247조제1항부터 제4항까지, 같은 조 제5항제1호부터 제3호까지, 같은 항 제6호·제7호, 같은 조 제6항·제7항, 제248조 및 제253조는 일반 사모집합투자기구에는 적용하지 아니한다.
② 제1항에도 불구하고 일반투자자를 대상으로 하는 일반 사모집합투자기구에는 다음 각 호의 조항을 적용한다. 다만, 제5호의 경우 다른 사모집합투자기구에 투자하는 집합투자기구로서 일반투자자를 대상으로 하는 일반 사모집합투자기구 등 대통령령으로 정하는 집합투자기구는 일반투자자로 본다.
1. 제76조제2항. 다만, 제92조제1항제1호 및 제2호(제186조제2항에서 준용하는 경우를 포함한다)에 따른 통지를 받은 경우로 한정한다.
2. 제88조. 다만, 전문투자자에 대해서는 자산운용보고서를 교부하지 아니할 수 있다.
3. 제230조제5항
4. 제240조제3항부터 제10항까지의 규정. 다만, 투자자 전원의 동의를 얻은 경우 및 투자자의 이익을 해할 우려가 없는 경우로서 대통령령으로 정하는 경우에는 이를 적용하지 아니한다.
5. 제247조(집합투자재산을 보관·관리하는 신탁업자가 제42조제1항에 따라 다른 신탁업자에게 업무를 위탁한 경우에는 당사자 간 합의가 있는 경우를 제외하고 위탁한 신탁업자가 제247조를 이행하여야 한다). 이 경우 "투자설명서"는 "핵심상품설명서"로, "3영업일"은 "3영업일 또는 집합투자업자가 3영업일 이내에 요구를 이행하기 곤란한 불가피한 사유가 있는 경우로서 일반 사모집합투자기구의 집합투자재산을 보관·관리하는 신탁업자와 이행을 위한 기간을 따로 합의한 경우에는 그 기간"으로 각각 본다.
(2021.4.20 본항개정)
③ 일반 사모집합투자기구의 투자자는 그 집합투자증권을 적격투자자가 아닌 자에게 양도해서는 아니 된다.
④ 일반 사모집합투자기구의 투자자(투자신탁의 경우 그 투자신탁재산을 운용하는 일반 사모집합투자업자를 말한다)는 제188조제4항, 제194조제7항(제196조제6항에서 준용하는 경우를 포함한다), 제207조제4항, 제213조제4항, 제217조의2제4항, 제218조제2항 및 제224조제2항에도 불구하고 객관적인 가치평가가 가능하고 다른 투자자의 이익을 해칠 우려가 없는 경우에는 대통령령으로 정하는 방법에 따라 증권, 부동산 또는 실물자산 등 금전 외의 자산으로 납입할 수 있다.
⑤ 집합투자자총회 및 그와 관련된 사항은 일반 사모집합투자기구에는 적용하지 아니한다. 다만, 제1항에도 불구하고 일반투자자를 대상으로 하는 일반 사모집합투자기구의 경우에는 제237조를 적용하며, 이 경우 집합투자자총회 결의일은 환매를 연기한 날부터 3개월 이내로 한다.
⑥ 일반 사모집합투자기구인 투자신탁이나 투자익명조합의 집합투자업자 또는 일반 사모집합투자기구인 투자회사등이 이 법 또는 「상법」에 따라 투자자에게 공시 또는 공고하여야 하는 사항에 대하여 집합투자규약에서 정한 방법으로 전체 투자자에게 통지한 경우에는 이 법 또는 「상법」에 따라 공시 또는 공고한 것으로 본다.
⑦ 일반 사모집합투자기구인 투자회사는 일반 사모집합투자업자인 법인이사 1명을 두며, 「상법」 제383조제1항에도 불구하고 이사의 수를 1명 또는 2명으로 할 수 있다.
⑧ 일반 사모집합투자기구는 집합투자규약에 따라 투자자에 대한 손익의 분배 또는 손익의 순위 등에 관한 사항을 정할 수 있다.
⑨ 제7조제6항제3호에도 불구하고 일반 사모집합투자업자가 자신이 운용하는 일반 사모집합투자기구의 집합투자증권을 판매하는 경우에는 제71조제5호부터 제7호까지(제7호의 경우 같은 호에 따른 대통령령으로 정하는 행위 중 대통령령으로 정하는 것으로 한정한다), 제74조 및 제76조제1항을 준용한다. 이 경우 제74조 및 제76조제1항 중 "투자매매업자 또는 투자중개업자는"은 "자신이 운용하는 일반 사모집합투자기구의 집합투자증권을 판매하는 일반 사모집합투자업자는"으로 본다.
(2021.4.20 본조개정)

제249조의9【일반 사모집합투자기구에 대한 조치】 ① 금융위원회는 다음 각 호의 어느 하나에 해당하는 경우 일반 사모집합투자기구의 해지·해산을 명할 수 있다.
(2021.4.20 본문개정)
1. 일반 사모집합투자기구가 제249조의6제1항 각 호에 따른 요건을 갖추지 못한 경우(2021.4.20 본호개정)
2. 제249조의6제2항·제4항에 따른 보고 또는 변경보고를 하지 아니한 경우
3. 거짓, 그 밖의 부정한 방법으로 제249조의6제2항·제4항에 따른 보고 또는 변경보고를 한 경우
4. 금융관련 법령 중 대통령령으로 정하는 법령을 위반하는 경우로서 사회적 신용을 훼손하는 등 대통령령으로 정하는 경우
5. 제2항제3호에 따른 시정명령 또는 중지명령을 이행하지 아니한 경우
6. 그 밖에 투자자의 이익을 현저히 해칠 우려가 있거나 일반 사모집합투자기구로서 존속하기 곤란하다고 인정되는 경우로서 대통령령으로 정하는 경우(2021.4.20 본호개정)
② 금융위원회는 일반 사모집합투자기구인 투자회사등(그 집합투자업자 또는 그 법인이사·업무집행사원·업무집행조합원을 포함한다)이 제1항 각 호의 어느 하나에 해당하거나 별표2 각 호의 어느 하나에 해당하는 경우에

는 그 투자회사등에 대하여 다음 각 호의 어느 하나에 해당하는 조치를 할 수 있다.(2021.4.20 본문개정)
1. 6개월 이내의 업무의 전부 또는 일부의 정지
2. 계약의 인계명령
3. 위법행위의 시정명령 또는 중지명령
4. 위법행위로 인한 조치를 받았다는 사실의 공표명령 또는 게시명령
5. 기관경고
6. 기관주의
7. 그 밖에 위법행위를 시정하거나 방지하기 위하여 필요한 조치로서 대통령령으로 정하는 조치
③ 금융위원회는 일반 사모집합투자기구인 투자회사의 감독이사가 다음 각 호의 어느 하나에 해당하는 경우에는 해임요구, 6개월 이내의 직무정지, 문책경고, 주의적 경고, 주의, 그 밖에 대통령령으로 정하는 조치를 할 수 있다.(2021.4.20 본문개정)
1. 제199조제5항에서 준용하는 제54조제1항을 위반하여 정당한 사유 없이 직무관련 정보를 이용한 경우
(2020.5.19 본호개정)
2. 그 밖에 투자자 보호 또는 건전한 거래질서를 해할 우려가 있는 경우로서 대통령령으로 정하는 경우
④ 일반 사모집합투자기구, 일반 사모집합투자업자 및 그 임직원에 대한 조치 등에 관하여는 제422조제3항 및 제423조부터 제425조까지의 규정을 준용한다.(2021.4.20 본항개정)
(2021.4.20 본조제목개정)
(2015.7.24 본조신설)

제2절 기관전용 사모집합투자기구 등
(2021.4.20 본절제목개정)

제249조의10【설립 및 보고】 ① 기관전용 사모집합투자기구의 정관에는 다음 각 호의 사항을 기재하고, 총사원이 기명날인 또는 서명하여야 한다.(2021.4.20 본문개정)
1. 목적
2. 상호
3. 회사의 소재지
4. 각 사원의 출자의 목적과 가격 또는 평가의 기준
5. (2021.4.20 삭제)
6. 회사의 해산사유를 정한 경우에는 그 내용
7. 사원의 성명·주민등록번호(법인인 경우에는 상호 또는 명칭·사업자등록번호) 및 주소
8. 무한책임사원 또는 유한책임사원의 구분
9. 정관의 작성연월일
② 기관전용 사모집합투자기구는 다음 각 호의 사항을 등기하여야 한다.(2021.4.20 본문개정)
1. 제1항제1호부터 제3호까지의 사항 및 같은 항 제6호의 사항(2021.4.20 본호개정)
2. 무한책임사원의 상호 또는 명칭·사업자등록번호 및 주소
③ 기관전용 사모집합투자기구는 다음 각 호의 요건을 모두 갖추어야 한다.
1. 기관전용 사모집합투자기구가 이 법에 따라 적법하게 설립되었을 것
2. 기관전용 사모집합투자기구의 정관이 법령을 위반하거나 투자자의 이익을 명백히 침해하지 아니할 것
(2021.4.20 본항개정)
④ 기관전용 사모집합투자기구는 설립등기일부터 2주일 이내에 대통령령으로 정하는 바에 따라 금융위원회에 보고하여야 한다. 다만, 금융시장의 안정 또는 건전한 거래질서를 해칠 우려가 있는 경우로서 대통령령으로 정하는 경우에는 기관전용 사모집합투자기구의 설립등기 후 지체 없이 보고하여야 한다.(2021.4.20 본항개정)
⑤ 금융위원회는 제4항에 따른 보고 내용에 흠결이 있는 경우에는 보완을 요구할 수 있다.
⑥ 기관전용 사모집합투자기구는 제4항에 따라 보고한 사항이 변경된 경우에는 경미한 사항으로서 대통령령으로 정하는 경우를 제외하고는 그 날부터 2주일 이내에 금융위원회에 변경보고를 하여야 한다. 이 경우 제4항 및 제5항을 준용한다.(2021.4.20 전단개정)
⑦ 제4항부터 제6항까지의 규정에 따른 보고 및 변경보고의 방법·절차, 그 밖에 필요한 사항은 대통령령으로 정한다.
(2015.7.24 본조신설)

제249조의11【사원 및 출자】 ① 기관전용 사모집합투자기구의 사원은 1인 이상의 무한책임사원과 1인 이상의 유한책임사원으로 하되, 사원의 총수는 100인 이하로 한다.
(2021.4.20 본항개정)
② 제1항의 사원 총수를 계산할 때 다른 집합투자기구가 그 기관전용 사모집합투자기구의 지분을 100분의 10 이상 취득하는 경우 등 대통령령으로 정하는 경우에는 그 다른 집합투자기구의 투자자 수를 합하여 계산하여야 한다.
(2021.4.20 본항개정)
③ 전문투자자 중 대통령령으로 정하는 자는 제1항에 따른 사원의 총수 계산에서 제외한다.
④ 유한책임사원은 기관전용 사모집합투자기구의 집합투자재산인 주식 또는 지분의 의결권 행사 및 대통령령으로 정하는 업무집행사원의 업무에 관여해서는 아니 된다.
(2021.4.20 본항개정)
⑤ 기관전용 사모집합투자기구 사원의 출자의 방법은 금전에 한정한다. 다만, 객관적인 가치평가가 가능하고 사원의 이익을 해칠 우려가 없는 경우로서 다른 모든 사원의 동의가 있는 경우에는 증권으로 출자할 수 있다.
(2021.4.20 본문개정)
⑥ 유한책임사원은 개인(제168조제1항에 따른 외국인, 해당 기관전용 사모집합투자기구의 업무집행사원의 임원 또는 운용인력을 제외한다)이 아닌 자로서 다음 각 호에 해당하는 자여야 한다.(2021.4.20 본문개정)
1. 전문투자자로서 대통령령으로 정하는 투자자
2. 그 밖에 전문성 또는 위험감수능력 등을 갖춘 자로서 대통령령으로 정하는 투자자(2021.4.20 본호개정)
⑦ 「한국산업은행법」에 따른 한국산업은행과 「중소기업은행법」에 따른 중소기업은행은 그 설립목적에 부합하는 범위에서 기관전용 사모집합투자기구에 출자할 수 있다.
(2021.4.20 본항개정)
⑧ 기관전용 사모집합투자기구는 그 업무집행사원의 특수관계인인 유한책임사원의 출자지분이 그 기관전용 사모집합투자기구의 전체 출자지분 중 대통령령으로 정하는 비율 이상인 경우 해당 유한책임사원 관련 정보 및 기관전용 사모집합투자기구의 투자 구조 등 대통령령으로 정하는 사항을 대통령령으로 정하는 기간 이내에 금융위원회에 보고하여야 한다.(2021.4.20 본항개정)
⑨ 제1항부터 제8항까지에서 규정한 사항 외에 사원의 출자방법 및 절차, 보고의 절차 등에 관하여 필요한 사항은 대통령령으로 정한다.
(2015.7.24 본조신설)

제249조의12【기관전용 사모집합투자기구 집합투자재산의 운용방법】 ① 기관전용 사모집합투자기구의 집합투자재산 운용에 관하여는 제249조의7(제3항 및 제6항은 제외한다)을 준용한다.
② 기관전용 사모집합투자기구는 대통령령으로 정하는 방법에 따라 다음 각 호의 사항에 관하여 금융위원회에 보고하여야 한다.
1. 파생상품 매매 및 그에 따른 위험평가액 현황
2. 채무보증 또는 담보제공 현황
3. 금전차입 현황
4. 그 밖에 금융시장의 안정 또는 건전한 거래질서를 위하여 필요한 사항으로서 대통령령으로 정하는 사항
(2021.4.20 본조개정)

제249조의13【투자목적회사】 ① 사모집합투자기구는 다음 각 호의 요건을 모두 충족하는 투자목적회사의 지분증권에 투자할 수 있다.(2021.4.20 본문개정)
1. 「상법」에 따른 주식회사 또는 유한회사일 것
2. 특정 법인 또는 특정 자산 등에 대한 효율적인 투자를 목적으로 할 것(2021.4.20 본호개정)
3. 그 주주 또는 사원이 다음 각 목의 어느 하나에 해당하되, 가목에 해당하는 주주 또는 사원의 출자비율이 대통령령으로 정하는 비율 이상일 것
가. 사모집합투자기구 또는 그 사모집합투자기구가 투자한 투자목적회사(2021.4.20 본호개정)
나. 투자목적회사가 투자하는 회사의 임원 또는 대주주
다. 그 밖에 투자목적회사의 효율적 운영을 위하여 투자목적회사의 주주 또는 사원이 될 필요가 있는 자로서 대통령령으로 정하는 자
4. 그 주주 또는 사원인 사모집합투자기구의 투자자 수와 사모집합투자기구가 아닌 주주 또는 사원의 수를 합산한 수가 100인 이내일 것(2021.4.20 본호개정)
5. 상근임원을 두거나 직원을 고용하지 아니하고, 본점 외에 영업소를 설치하지 아니할 것
② 투자목적회사에 관하여는 이 법에 특별한 규정이 없으면 「상법」의 주식회사 또는 유한회사에 관한 규정을 적용한다.
③ (2021.4.20 삭제)
④ 투자목적회사 재산의 투자비율 산정방식과 그 밖에 투자목적회사 재산의 운용에 관하여 필요한 사항은 대통령령으로 정한다.
⑤ 투자목적회사에 관하여는 제242조, 제249조의11제3항 및 제249조의18을 준용한다.(2021.4.20 본항개정)
⑥ 일반투자자를 대상으로 하는 일반 사모집합투자기구가 주주 또는 사원인 투자목적회사에 관하여는 제184조제3항·제4항 및 제249조의8제2항제5호를 준용한다. 이 경우 "집합투자재산"은 "투자목적회사의 재산"으로 본다.
(2021.4.20 본항신설)
⑦ 「상법」 제317조제2항제2호·제3호 및 제549조제2항제2호는 투자목적회사에는 적용하지 아니한다.
(2015.7.24 본조신설)

제249조의14【업무집행사원 등】 ① 기관전용 사모집합투자기구는 정관으로 무한책임사원 중 1인 이상을 업무집행사원으로 정하여야 한다. 이 경우 그 업무집행사원이 회사의 업무를 집행할 권리와 의무를 가진다.
(2021.4.20 전단개정)
② 금융관련 법령 중 대통령령으로 정하는 법령에서 규정하고 있는 업무를 영위하고 있는 자는 그 법령에도 불구하고 업무집행사원이 될 수 있다. 이 경우 그 업무집행사원은 그 법령에서 제한하거나 금지하는 규정을 위반하지 아니하는 범위에서 업무를 집행할 수 있으며, 대통령령으로 정하는 방법으로 기관전용 사모집합투자기구의 집합투자재산을 운용하여야 한다.(2021.4.20 후단개정)
③ 기관전용 사모집합투자기구는 정관으로 업무집행사원에 대한 손익의 분배 또는 손익의 순위 등에 관한 사항을 정할 수 있다.(2021.4.20 본항개정)
④ 기관전용 사모집합투자기구의 업무집행사원이 기관전용 사모집합투자기구의 집합투자재산의 운용 및 보관·관리, 기관전용 사모집합투자기구 지분의 판매 및 환매 등을 영위하는 경우에는 제11조를 적용하지 아니한다.
(2021.4.20 본항개정)
⑤ 업무집행사원은 법령과 정관에 따라 기관전용 사모집합투자기구를 위하여 그 직무를 충실히 수행하여야 한다.
(2021.4.20 본항개정)
⑥ 업무집행사원(법인이 업무집행사원인 경우 제2호 및 제3호에 대해서는 법인의 임직원을 포함한다)은 다음 각 호의 행위를 해서는 아니 된다.
1. 기관전용 사모집합투자기구와 거래하는 행위(사원 전원의 동의가 있는 경우는 제외한다)(2021.4.20 본호개정)
2. 원금 또는 일정한 이익의 보장을 약속하는 등의 방법으로 사원이 될 것을 부당하게 권유하는 행위
3. 사원 전원의 동의 없이 사원의 일부 또는 제삼자의 이익을 위하여 기관전용 사모집합투자기구가 소유한 자산의 명세를 사원이 아닌 자에게 제공하는 행위
(2021.4.20 본호개정)
4. 그 밖에 금융시장의 안정 및 건전한 거래질서를 해칠 우려가 있는 경우로서 대통령령으로 정하는 행위
(2021.4.20 본호개정)
⑦ 기관전용 사모집합투자기구는 제5항 및 제6항에 따라 업무집행사원이 준수하여야 할 구체적인 행위준칙을 제정하여야 하며, 행위준칙을 제정·변경한 경우에는 지체 없이 이를 금융위원회에 보고하여야 한다. 이 경우 금융위원회는 보고받은 행위준칙이 법령을 위반하거나 금융시장의 안정 및 건전한 거래질서를 해칠 우려가 있는 때에는 그 내용을 변경하거나 보완할 것을 명할 수 있다.
(2021.4.20 본항개정)
⑧ 업무집행사원은 대통령령으로 정하는 기간마다 1회 이상 기관전용 사모집합투자기구 및 기관전용 사모집합투자기구가 출자한 투자목적회사의 재무제표 등을 사원에게 제공하고 그 운영 및 재산에 관한 사항을 설명하여야 하며, 그 제공 및 설명 사실에 관한 내용을 기록·유지하여야 한다.(2021.4.20 본항개정)
⑨ 업무집행사원이 아닌 사원은 영업시간 내에만 기관전용 사모집합투자기구 또는 기관전용 사모집합투자기구가 출자한 투자목적회사의 재산에 관한 장부·서류의 열람이나 등본 또는 초본의 교부를 청구할 수 있다.
(2021.4.20 본항개정)
⑩ 업무집행사원이 아닌 사원은 업무집행사원이 업무를 집행할 때 현저하게 부적합하거나 업무수행에 중대한 위반행위가 있는 경우에는 기관전용 사모집합투자기구 또는 기관전용 사모집합투자기구가 출자한 투자목적회사의 업무와 재산상황을 검사할 수 있다.(2021.4.20 본항개정)
⑪ 기관전용 사모집합투자기구는 정관에서 정하는 바에 따라 기관전용 사모집합투자기구의 집합투자재산으로 업무집행사원에게 보수(운용실적에 따른 성과보수를 포함한다)를 지급할 수 있다.(2021.4.20 본항개정)
⑫ 금융위원회는 금융시장의 안정 또는 건전한 거래질서를 위하여 필요한 경우에는 기관전용 사모집합투자기구의 업무집행사원에 대하여 기관전용 사모집합투자기구의 운용에 관하여 필요한 조치를 명할 수 있다.(2021.4.20 본항신설)
⑬ 금융감독원장은 금융시장의 안정 또는 건전한 거래질서를 위하여 필요한 경우에는 기관전용 사모집합투자기구의 업무와 재산상황에 관하여 기관전용 사모집합투자기구 및 그 업무집행사원을 검사할 수 있다. 이 경우 제419조제5항부터 제7항까지 및 제9항을 준용한다.
(2021.4.20 본항신설)
(2015.7.24 본조신설)

제249조의15【업무집행사원의 등록 등】 ① 기관전용 사모집합투자기구의 업무집행사원으로서 기관전용 사모집합투자재산 운용업무를 영위하려는 자는 다음 각 호의 요건을 갖추어 금융위원회에 등록하여야 한다.(2021.4.20 본문개정)
1. 1억원 이상으로서 대통령령으로 정하는 금액 이상의 자기자본을 갖출 것
2. 임원(합자회사의 업무집행사원 등 대통령령으로 정하는 자를 포함한다)이 「금융회사의 지배구조에 관한 법률」 제5조에 적합할 것(2015.7.31 본호개정)
3. 대통령령으로 정하는 투자운용전문인력을 대통령령으로 정하는 수 이상 갖출 것(2021.4.20 본호개정)
4. 제44조에 따라 이해상충이 발생할 가능성을 파악·평가·관리할 수 있는 적절한 내부통제기준을 갖출 것
5. 대통령령으로 정하는 건전한 재무상태와 사회적 신용을 갖출 것
② 제1항에 따른 등록을 하려는 자는 금융위원회에 등록신청서를 제출하여야 한다.
③ 금융위원회는 제2항의 등록신청서를 접수한 경우에는 그 내용을 검토하여 1개월 이내에 등록 여부를 결정하고, 그 결과와 이유를 지체 없이 신청인에게 문서로 통지하여야 한다. 이 경우 등록신청서에 흠결이 있을 때에는 보완을 요구할 수 있다.

④ 제3항의 검토기간을 산정할 때 등록신청서 흠결의 보완기간 등 총리령으로 정하는 기간은 검토기간에 산입하지 아니한다.
⑤ 금융위원회는 제3항의 등록 여부를 결정할 때 다음 각 호의 어느 하나에 해당하는 사유가 없으면 그 등록을 거부해서는 아니 된다.
1. 제1항의 등록요건을 갖추지 아니한 경우
2. 제2항의 등록신청서를 거짓으로 작성한 경우
3. 제3항 후단의 보완요구를 이행하지 아니한 경우
⑥ 기관전용 사모집합투자기구의 업무집행사원은 제1항에 따른 등록 이후 그 기관전용 사모집합투자기구의 집합투자재산 운용업무를 영위하는 경우 같은 항 각 호의 등록요건을 유지하여야 한다.(2021.4.20 본항개정)
⑦ 금융위원회는 기관전용 사모집합투자기구의 업무집행사원이 다음 각 호의 어느 하나에 해당하는 경우에는 그 업무집행사원의 등록을 취소할 수 있다.(2021.4.20 본문개정)
1. 거짓, 그 밖의 부정한 방법으로 업무집행사원의 등록을 한 경우
2. 제6항에 따른 등록요건의 유지의무를 위반한 경우
3. 업무의 정지기간 중에 업무를 한 경우
4. 금융위원회의 시정명령 또는 중지명령을 이행하지 아니한 경우
5. 그 밖에 금융시장의 안정 또는 건전한 거래질서를 현저히 해칠 우려가 있거나 해당 기관전용 사모집합투자기구의 집합투자재산 운용업무를 영위하기 곤란하다고 인정되는 경우로서 대통령령으로 정하는 경우
(2021.4.20 본호개정)
⑧ 제1항에 따라 등록한 기관전용 사모집합투자기구의 업무집행사원은 등록사항이 변경된 경우 대통령령으로 정하는 경미한 사항을 제외하고는 그 날부터 2주일 이내에 금융위원회에 변경된 사항을 보고하여야 한다. 이 경우 금융위원회는 보고 내용에 흠결이 있으면 보완을 요구할 수 있다.(2021.4.20 본항신설)
⑨ 업무집행사원(「금융회사의 지배구조에 관한 법률」 제2조제1호에 따른 금융회사는 제외한다)은 각 사업연도의 재무제표를 작성하여 매 사업연도 경과 후 90일 이내의 범위에서 대통령령으로 정하는 기간 이내에 금융위원회에 제출하여야 한다.(2021.4.20 본항신설)
⑩ 제8항에 따라 변경사항을 보고하거나 제9항에 따라 재무제표를 제출한 경우에는 제249조의10제6항에 따른 변경보고 사항 중 업무집행사원에 관한 것으로서 대통령령으로 정하는 사항을 금융위원회에 변경보고한 것으로 본다.(2021.4.20 본항신설)
⑪ 제1항부터 제5항까지 및 제8항의 규정에 따른 등록신청서의 기재사항·첨부서류 등 등록의 신청에 관한 사항과 등록검토의 방법·절차, 등록사항 변경의 보고에 관한 사항 및 그 밖에 필요한 사항은 대통령령으로 정한다.
(2021.4.20 본항개정)
(2015.7.24 본조신설)

제249조의16【이해관계인과의 거래제한 등】 ① 업무집행사원은 기관전용 사모집합투자기구의 집합투자재산을 운용할 때 대통령령으로 정하는 이해관계인(이하 이 조에서 "이해관계인"이라 한다)과 거래행위를 해서는 아니 된다. 다만, 기관전용 사모집합투자기구와 이해가 상충될 우려가 없는 거래로서 다음 각 호의 어느 하나에 해당하는 거래의 경우에는 이를 할 수 있다.(2021.4.20 본문개정)
1. 증권시장 등 불특정다수인이 참여하는 공개시장을 통한 거래
2. 일반적인 거래조건에 비추어 기관전용 사모집합투자기구에 유리한 거래(2021.4.20 본호개정)
3. 그 밖에 대통령령으로 정하는 거래
② 업무집행사원은 제1항 단서에 따라 허용되는 이해관계인과의 거래가 있는 경우 또는 이해관계인의 변경이 있는 경우에는 그 내용을 해당 기관전용 사모집합투자기구의 집합투자재산을 보관·관리하는 신탁업자에게 즉시 통보하여야 한다.(2021.4.20 본항개정)
③ 업무집행사원은 기관전용 사모집합투자기구의 집합투자재산을 운용할 때 기관전용 사모집합투자기구의 계산으로 그 업무집행사원이 발행한 증권을 취득해서는 아니 된다.(2021.4.20 본항개정)
④ 업무집행사원은 기관전용 사모집합투자기구의 집합투자재산을 운용할 때 집합투자재산의 100분의 5 이하로서 대통령령으로 정하는 비율을 초과하여 다음 각 호의 어느 하나에 해당하는 계열회사가 발행한 증권(그 계열회사가 발행한 지분증권과 관련한 증권예탁증권 및 대통령령으로 정하는 투자대상자산을 포함한다)을 취득해서는 아니 된다. 이 경우 기관전용 사모집합투자기구의 집합투자재산으로 취득하는 증권은 시가로 평가하되 평가의 방법과 절차는 대통령령으로 정하는 바에 따른다.
(2021.4.20 본문개정)
1. 그 업무집행사원의 계열회사
2. 그 기관전용 사모집합투자기구에 사실상 지배력을 행사하는 유한책임사원으로서 대통령령으로 정하는 자의 계열회사(2021.4.20 본호개정)
(2015.7.24 본조신설)

제249조의17【지분양도 등】 ① 기관전용 사모집합투자기구의 무한책임사원은 출자한 지분을 타인에게 양도할 수 없다. 다만, 정관으로 정한 경우에는 사원 전원의 동의를 받아 지분을 분할하지 아니하고 타인에게 양도할 수 있다.
② 기관전용 사모집합투자기구의 유한책임사원은 무한책임사원 전원의 동의를 받아 출자한 지분을 분할하지 아니하고 타인에게 양도할 수 있다.
③ 기관전용 사모집합투자기구의 무한책임사원 및 유한책임사원은 제1항 단서 및 제2항에도 불구하고 양도의 결과 기관전용 사모집합투자기구의 사원 총수가 100인을 초과하지 아니하는 범위에서는 지분을 분할하여 양도할 수 있다. 이 경우 제249조의11제3항을 준용한다.
④ 기관전용 사모집합투자기구는 다른 회사(다른 기관전용 사모집합투자기구를 포함한다)와 합병할 수 없다.
⑤ 기관전용 사모집합투자기구의 유한책임사원은 그 지분을 제249조의11제6항 각 호에 해당하지 아니하는 자에게 양도해서는 아니 된다.
(2021.4.20 본조개정)

제249조의18【상호출자제한기업집단 계열 기관전용 사모집합투자기구 등에 대한 제한】 ① 상호출자제한기업집단의 계열회사인 기관전용 사모집합투자기구 또는 상호출자제한기업집단의 계열회사가 무한책임사원인 기관전용 사모집합투자기구는 다른 회사(제9조제16항제4호에 따른 외국 기업은 제외한다)를 계열회사로 편입한 경우에는 편입일부터 5년 이내에 그 다른 회사의 지분증권을 그 상호출자제한기업집단의 계열회사가 아닌 자에게 처분하여야 한다.(2021.4.20 본항개정)
② 제1항에도 불구하고 다음 각 호의 자(이하 "기관전용 사모집합투자기구등"이라 한다)를 제외한 상호출자제한기업집단의 계열회사 전체의 자산총액〔금융업 또는 보험업을 영위하는 회사의 경우 자본총액(재무상태표상의 자산총액에서 부채총액을 뺀 금액을 말한다. 이하 이 항에서 같다) 또는 자본금 중 큰 금액으로 한다〕에 대한 금융업 또는 보험업을 영위하는 회사의 자본총액 또는 자본금 중 큰 금액의 합계액의 비율이 100분의 75 이상으로서 대통령령으로 정하는 비율 이상인 상호출자제한기업집단의 계열회사인 기관전용 사모집합투자기구 또는 상호출자제한기업집단의 계열회사가 무한책임사원인 기관전용 사모집합투자기구가 다른 회사(제9조제16항제4호에 따른 외국 기업은 제외한다)를 계열회사로 편입한 경우에는 편입일부터 7년 이내에 그 다른 회사의 지분증권을 그 상호출자제한기업집단의 계열회사가 아닌 자에게 처분하여야 한다. 다만, 대통령령으로 정하는 방법에 따라 금융위원회의 승인을 받은 경우에는 처분기한을 3년 이내에서 연장할 수 있다.(2021.4.20 본문개정)
1. 기관전용 사모집합투자기구(2021.4.20 본호개정)
2. 제1호에 해당하는 자가 투자한 투자목적회사
3. 제2호에 해당하는 자가 투자한 투자목적회사
4. 제1호부터 제3호까지에 해당하는 자가 투자한 투자대상기업(기관전용 사모집합투자기구 또는 제249조의13에 따른 투자목적회사가 제249조의7제5항제1호 또는 제2호의 방법으로 투자한 기업을 말한다. 이하 이 장에서 같다)(2021.4.20 본호개정)
5. 제4호에 해당하는 자가 지배하는 회사
③ 상호출자제한기업집단의 계열회사인 기관전용 사모집합투자기구 또는 상호출자제한기업집단의 계열회사가 무한책임사원인 기관전용 사모집합투자기구는 그 계열회사(투자목적회사 및 투자대상기업은 제외한다)가 발행한 지분증권을 취득해서는 아니 된다.(2021.4.20 본항개정)
④ 제2항에 해당하는 상호출자제한기업집단의 계열회사는 다음 각 호의 어느 하나에 해당하는 행위를 해서는 아니 된다.
1. 기관전용 사모집합투자기구등이 기관전용 사모집합투자기구등이 아닌 계열회사의 지분증권을 취득 또는 소유하는 행위(2021.4.20 본호개정)
2. 기관전용 사모집합투자기구등이 아닌 계열회사가 제2항제4호 또는 제5호의 자의 지분증권을 취득 또는 소유하는 행위(2021.4.20 본호개정)
(2021.4.20 본조제목개정)
(2015.7.24 본조신설)

제249조의19【지주회사 규제의 특례】 ① 「독점규제 및 공정거래에 관한 법률」에 따른 지주회사에 관한 규정은 사모집합투자기구 또는 투자목적회사가 제249조의7제5항제1호 또는 제2호의 요건을 충족하는 경우 그 요건을 충족한 날부터 10년이 되는 날까지는 적용하지 아니한다.
② 사모집합투자기구(일반 사모집합투자기구인 투자신탁이나 투자익명조합의 집합투자업자를 포함한다) 또는 투자목적회사는 제1항에 해당하는 경우 그 요건을 충족한 날부터 2주일 이내에 그 사실을 대통령령으로 정하는 방법에 따라 금융위원회에 보고하여야 하며, 금융위원회는 그 사항을 공정거래위원회에 통보하여야 한다.
③ 사모집합투자기구(기관전용 사모집합투자기구의 무한책임사원 또는 일반 사모집합투자기구의 집합투자업자 중 상호출자제한기업집단 계열 또는 금융지주회사가 아닌 자를 포함한다) 및 투자목적회사에 대해서는 제249조의7제5항제1호 또는 제2호의 요건을 충족하는 경우 그 요건을 충족한 날부터 10년이 되는 날까지는 「금융지주회사법」에 따른 금융지주회사로 보지 아니한다. 다만, 사모집합투자기구 또는 투자목적회사가 대통령령으로 정하는 1개 이상의 금융기관을 지배하는 경우에는 같은 법 제45조, 제45조의2부터 제45조의4까지 및 제48조를 준용한다.
④ 회사가 기관전용 사모집합투자기구의 업무집행사원 또는 일반 사모집합투자기구의 집합투자업자인 경우에는 「금융지주회사법」 제45조의2부터 제45조의4까지의 규정을 준용한다. 이 경우 "은행지주회사의 주요출자자"는 "업무집행사원 또는 집합투자업자" 또는 "업무집행사원 또는 집합투자업자의 대주주"로 본다.
⑤ 「금융지주회사법」에 따른 자회사는 같은 법 제19조에도 불구하고 사모집합투자기구의 지분을 취득할 수 있다.
(2021.4.20 본조개정)

제249조의20【기관전용 사모집합투자기구에 대한 특례】 ① 제182조, 제183조제1항, 제184조제1항·제2항·제5항·제6항, 제186조, 제213조부터 제215조까지, 제216조(같은 조 제3항 중 투자합자회사의 해산·청산에 관하여 준용하는 부분은 제외한다), 제217조, 제229조부터 제237조까지, 제238조제2항부터 제5항까지, 같은 조 제7항·제8항, 제239조, 제240조제3항부터 제10항까지, 제241조, 제247조제1항부터 제4항까지, 같은 조 제5항제1호부터 제3호까지, 같은 항 제6호·제7호, 같은 조 제6항·제7항, 제248조, 제249조, 제249조의2부터 제249조의6까지, 제249조의8, 제249조의9, 제250조, 제251조 및 제253조는 기관전용 사모집합투자기구에 적용하지 아니한다.
② 「상법」 제173조, 제198조, 제217조제2항, 제224조, 제274조 및 제286조는 기관전용 사모집합투자기구에 적용하지 아니한다.
③ 「독점규제 및 공정거래에 관한 법률」 제25조제1항은 제249조의18제2항에 해당하는 상호출자제한기업집단에 속하는 기관전용 사모집합투자기구 또는 그 기관전용 사모집합투자기구가 투자한 투자목적회사가 소유하는 투자목적회사 또는 투자대상기업〔상호출자제한기업집단에 속하는 기관전용 사모집합투자기구 또는 그 기관전용 사모집합투자기구가 투자한 투자목적회사의 「독점규제 및 공정거래에 관한 법률」 제9조제1항에 따른 특수관계인(동일인 및 그 친족에 한정한다)이 주식을 소유하고 있는 기업은 제외한다〕의 지분증권에 대하여 의결권을 행사하는 경우에는 적용하지 아니한다.
④ 「독점규제 및 공정거래에 관한 법률」 제27조 및 제28조 중 유한책임사원의 현황과 관련된 것으로서 대통령령으로 정하는 사항은 「독점규제 및 공정거래에 관한 법률」 제14조제1항에 따른 공시대상기업집단(이하 "공시대상기업집단"이라 한다)의 계열회사인 기관전용 사모집합투자기구 또는 공시대상기업집단의 계열회사가 무한책임사원인 기관전용 사모집합투자기구 중에서 대통령령으로 정하는 기관전용 사모집합투자기구에 대해서는 적용하지 아니한다.
(2021.4.20 본조개정)

제249조의21【기관전용 사모집합투자기구에 대한 조치】 ① 금융위원회는 다음 각 호의 어느 하나에 해당하는 경우 기관전용 사모집합투자기구의 해산을 명할 수 있다.(2021.4.20 본문개정)
1. 제249조의10제4항·제6항 또는 제249조의11제8항에 따른 보고나 변경보고를 하지 아니한 경우
2. 거짓, 그 밖의 부정한 방법으로 제249조의10제4항·제6항 또는 제249조의11제8항에 따른 보고나 변경보고를 한 경우
3. 기관전용 사모집합투자기구가 제249조의10제3항 각 호에 따른 요건을 갖추지 못한 경우(2021.4.20 본호개정)
4. 별표6 각 호의 어느 하나에 해당하는 경우로서 대통령령으로 정하는 경우
5. 금융관련 법령 중 대통령령으로 정하는 법령을 위반하는 경우로서 사회적 신용을 훼손하는 등 대통령령으로 정하는 경우
6. 제2항제3호에 따른 시정명령 또는 중지명령을 이행하지 아니한 경우
7. 그 밖에 금융시장의 안정 또는 건전한 거래질서를 현저히 해칠 우려가 있거나 기관전용 사모집합투자기구로서 존속하기 곤란하다고 인정되는 경우로서 대통령령으로 정하는 경우(2021.4.20 본호개정)
② 금융위원회는 기관전용 사모집합투자기구가 제1항 각 호(제4호는 제외한다)의 어느 하나에 해당하거나 별표6 각 호의 어느 하나에 해당하는 경우에는 다음 각 호의 어느 하나에 해당하는 조치를 할 수 있다.(2021.4.20 본문개정)
1. 6개월 이내의 업무의 전부 또는 일부의 정지
2. 계약의 인계명령
3. 위법행위의 시정명령 또는 중지명령
4. 위법행위로 인한 조치를 받았다는 사실의 공표명령 또는 게시명령
5. 기관경고
6. 기관주의
7. 그 밖에 위법행위를 시정하거나 방지하기 위하여 필요한 조치로서 대통령령으로 정하는 조치
③ 금융위원회는 기관전용 사모집합투자기구의 업무집행사원이 제1항 각 호(제4호는 제외한다)의 어느 하나에 해당하거나 별표6 각 호의 어느 하나에 해당하는 경우에는 다음 각 호의 어느 하나에 해당하는 조치를 할 수 있다.
(2021.4.20 본문개정)
1. 그 업무집행사원에 대한 조치
가. 해임요구

나. 6개월 이내의 직무정지
다. 기관경고
라. 기관주의
마. 그 밖에 위법행위를 시정하거나 방지하기 위하여 필요한 조치로서 대통령령으로 정하는 조치
2. 그 업무집행사원의 임원에 대한 조치
가. 해임요구
나. 6개월 이내의 직무정지
다. 문책경고
라. 주의적 경고
마. 그 밖에 위법행위를 시정하거나 방지하기 위하여 필요한 조치로서 대통령령으로 정하는 조치
3. 그 업무집행사원의 직원에 대한 조치요구
가. 면직
나. 6개월 이내의 정직
다. 감봉
라. 견책
마. 주의
바. 그 밖에 위법행위를 시정하거나 방지하기 위하여 필요한 조치로서 대통령령으로 정하는 조치
④ 기관전용 사모집합투자기구 및 기관전용 사모집합투자기구의 업무집행사원에 대한 조치 등에 관하여는 제422조제3항 및 제423조부터 제425조까지의 규정을 준용한다.(2021.4.20 본항개정)
(2021.4.20 본조제목개정)
(2015.7.24 본조신설)

제249조의22【기업재무안정 사모집합투자기구 등에 대한 특례】 ① 이 조에서 "기업재무안정 사모집합투자기구"란 다음 각 호의 어느 하나에 해당하는 재무구조개선기업(「금융산업의 구조개선에 관한 법률」에서 정하는 금융기관은 제외한다. 이하 이 조에서 같다)의 경영정상화 및 재무안정 등을 위하여 제2항에서 정하는 바에 따라 투자·운용하여 그 수익을 투자자에게 배분하는 것을 목적으로 하는 사모집합투자기구를 말한다.(2021.4.20 본문개정)
1. 「기업구조조정 촉진법」 제2조제7호에 따른 부실징후기업
2. 「채무자 회생 및 파산에 관한 법률」 제34조 또는 제35조에 따라 법원에 회생절차개시를 신청한 기업
3. 「채무자 회생 및 파산에 관한 법률」 제294조 또는 제295조에 따라 법원에 파산을 신청한 기업
4. 채권금융기관(대통령령으로 정하는 금융기관을 말한다)과 대통령령으로 정하는 재무구조개선을 위한 약정을 체결한 기업
5. 법인(그 계열회사를 포함한다)의 합병·전환·정리 등 대통령령으로 정하는 바에 따라 구조조정 또는 재무구조개선 등을 하려는 기업
6. 그 밖에 기업의 재무구조개선 또는 경영정상화의 추진이 필요한 기업으로서 대통령령으로 정하는 요건에 해당하는 기업
② 기업재무안정 사모집합투자기구는 그 집합투자재산을 운용할 때에는 사원이 출자한 날부터 6개월 이상의 기간으로서 대통령령으로 정하는 기간 이내에 출자한 금액의 100분의 50 이상으로서 대통령령으로 정하는 비율 이상을 다음 각 호의 어느 하나에 해당하는 방법으로 운용하여야 하며, 그와 같이 운용하고 남은 재산은 대통령령으로 정하는 바에 따라 운용할 수 있다.(2021.4.20 본문개정)
1. 재무구조개선기업이 발행한 증권의 매매
2. 재무구조개선기업이 채무자인 대출채권 등 채권, 이에 수반되는 담보권 및 그 밖의 권리의 매매
3. 재무구조개선기업이 보유하고 있는 부동산, 영업권 등 경제적 가치가 있는 자산의 매매
4. 자산총액에서 부채총액을 뺀 가액을 초과하지 아니하는 범위에서의 재무구조개선기업에 대한 자금의 대여 및 지급의 보증
5. 제3항에 따른 투자목적회사의 지분증권에 대한 투자
③ 기업재무안정 사모집합투자기구가 주주 또는 사원인 경우로서 주주 또는 사원의 출자비율이 대통령령으로 정하는 비율 이상인 투자목적회사는 제249조의13제1항제2호에도 불구하고 제2항제1호부터 제4호까지(제4호를 적용할 때 자산총액은 투자목적회사의 자산총액을 말한다)의 어느 하나에 해당하는 방법 및 그 밖에 대통령령으로 정하는 방법으로 재산을 운용할 수 있다.(2021.4.20 본항개정)
④ (2021.4.20 삭제)
⑤ 「국가재정법」 제13조제1항제2호부터 제5호까지의 기금을 관리하는 자는 해당 기금 여유자금운용액의 100분의 10의 범위에서 대통령령으로 정하는 비율 이내의 자금을 해당 기금운용계획에 따라 기업재무안정 사모집합투자기구에 출자할 수 있다. 이 경우 기금이 출자한 금액은 제3항의 투자목적회사에 출자한 금액을 합하여 산정한다.
(2021.4.20 전단개정)
⑥ 기업재무안정 사모집합투자기구 및 제3항의 투자목적회사는 6개월 미만의 기간 중에는 취득한 지분증권을 처분해서는 아니 된다. 다만, 그 지분증권을 계속 소유함으로써 사원의 이익을 명백히 해칠 우려가 있는 경우, 그 밖에 대통령령으로 정하는 경우로서 미리 금융위원회의 승인을 받은 경우에는 6개월 미만의 기간 중에 이를 처분할 수 있다.(2020.12.29 본문개정)
⑦ 기업재무안정 사모집합투자기구의 집합투자재산 및 제3항의 투자목적회사 재산의 투자비율의 산정방식, 그 밖에 기업재무안정 사모집합투자기구의 집합투자재산 및 제3항의 투자목적회사 재산의 운용 및 운용제한, 자금차입 한도 산정방법 등에 관하여 필요한 사항은 대통령령으로 정한다.(2021.4.20 본항개정)
(2021.4.20 본조제목개정)
(2016.12.20 본조신설)

제249조의23【창업·벤처전문 사모집합투자기구 등에 대한 특례】 ① 이 조에서 "창업·벤처전문 사모집합투자기구"란 다음 각 호의 어느 하나에 해당하는 기업(이하 이 조에서 "창업·벤처기업등"이라 한다)의 성장기반 조성 및 건전한 발전을 위하여 제2항에서 정하는 바에 따라 투자·운용하여 그 수익을 투자자에게 배분하는 것을 목적으로 하는 사모집합투자기구를 말한다.(2021.4.20 본문개정)
1. 「중소기업창업 지원법」 제2조제3호에 따른 창업기업. 다만, 해당 창업기업이 창업하거나 창업하여 사업을 개시한 중소기업이 「중소기업창업 지원법」 제5조제1항 단서에 해당하는 업종의 중소기업인 경우는 제외한다.
(2021.12.28 본호개정)
2. 「벤처기업육성에 관한 특별법」 제2조제1항에 따른 벤처기업(2024.1.9 본호개정)
3. 「중소기업 기술혁신 촉진법」 제15조에 따른 기술혁신형 중소기업 또는 같은 법 제15조의3에 따른 경영혁신형 중소기업
4. 「기술보증기금법」 제2조제1호에 따른 신기술사업자
5. 「소재·부품·장비산업 경쟁력 강화 및 공급망 안정화를 위한 특별조치법」 제2조제5호에 따른 전문기업으로서 「중소기업기본법」 제2조에 따른 중소기업
(2023.6.13 본호개정)
6. 그 밖에 성장기반 조성 및 건전한 발전이 필요한 「중소기업기본법」 제2조에 따른 중소기업으로서 대통령령으로 정하는 기업
② 창업·벤처전문 사모집합투자기구는 그 집합투자재산을 운용할 때에는 사원이 출자한 날부터 6개월 이상의 기간으로서 대통령령으로 정하는 기간 이내에 출자한 금액의 100분의 50 이상으로서 대통령령으로 정하는 비율 이상을 다음 각 호의 어느 하나에 해당하는 방법으로 운용하여야 하며, 그와 같이 운용하고 남은 재산은 대통령령으로 정하는 바에 따라 운용할 수 있다.(2021.4.20 본문개정)
1. 창업·벤처기업등이 발행한 증권에 대한 투자
2. 제3항에 따른 투자목적회사의 지분증권에 대한 투자
3. 그 밖에 창업·벤처기업등에 대한 자금 지원을 위하여 필요한 방법으로서 대통령령으로 정하는 방법
③ 창업·벤처전문 사모집합투자기구가 주주 또는 사원인 경우로서 주주 또는 사원의 출자비율이 대통령령으로 정하는 비율 이상인 투자목적회사는 제249조의13제1항제2호에도 불구하고 제2항제1호·제3호 또는 그 밖에 대통령령으로 정하는 방법으로 재산을 운용할 수 있다.
(2021.4.20 본항개정)
④ 창업·벤처전문 사모집합투자기구의 집합투자재산 및 제3항의 투자목적회사 재산의 투자비율의 산정방식, 그 밖에 창업·벤처전문 사모집합투자기구의 집합투자재산 및 제3항의 투자목적회사 재산의 운용 및 운용제한 등에 관하여 필요한 사항은 대통령령으로 정한다.
(2021.4.20 본항개정)
⑤ 창업·벤처전문 사모집합투자기구는 대통령령으로 정하는 바에 따라 제2항에 따른 집합투자재산 운용 현황, 그 밖에 대통령령으로 정하는 사항에 관하여 금융위원회에 보고하여야 한다.(2021.4.20 본항개정)
(2021.4.20 본조제목개정)
(2016.12.20 본조신설)

제3절 은행 및 보험회사에 대한 특칙
(2015.7.24 본절제목삽입)

제250조【은행에 대한 특칙】 ① 은행으로서 제12조에 따라 집합투자업에 관한 금융투자업인가를 받은 자(이하 이 조에서 "집합투자업겸영은행"이라 한다)는 인가받은 범위에서 투자신탁의 설정·해지 및 투자신탁재산의 운용업무를 영위할 수 있다.
② 집합투자업겸영은행은 집합투자재산 운용업무와 관련한 의사결정을 위하여 제7항제1호·제3호·제4호의 업무를 수행하지 아니하는 임원 3인(사외이사 2인을 포함한다)으로 구성된 집합투자재산운용위원회를 설치하여야 한다. 이 경우 집합투자재산운용위원회의 운영 등에 관하여 필요한 사항은 대통령령으로 정한다.
③ 집합투자업겸영은행은 투자신탁재산의 운용과 관련하여 다음 각 호의 어느 하나에 해당하는 행위를 하여서는 아니 된다.
1. 자기가 발행한 투자신탁의 수익증권을 자기의 고유재산으로 취득하는 행위
2. 자기가 운용하는 투자신탁의 투자신탁재산에 관한 정보를 다른 집합투자증권의 판매에 이용하는 행위
3. 자기가 운용하는 투자신탁의 수익증권을 다른 은행을 통하여 판매하는 행위
4. 제229조제5호의 단기금융집합투자기구를 설정하는 행위
④ 집합투자재산의 보관·관리업무를 영위하는 은행은 그 집합투자기구의 집합투자재산에 관한 정보를 자기가 운용하는 투자신탁재산의 운용 또는 자기가 판매하는 집합투자증권의 판매를 위하여 이용하여서는 아니 된다.
⑤ 일반사무관리회사의 업무를 영위하는 은행은 해당 집합투자기구의 집합투자재산에 관한 정보를 자기가 운용하는 투자신탁재산의 운용 또는 자기가 판매하는 집합투자증권의 판매를 위하여 이용하여서는 아니 된다.
⑥ 투자매매업 또는 투자중개업 인가를 받아 집합투자증권의 판매를 영위하는 은행은 다음 각 호의 어느 하나에 해당하는 행위를 하여서는 아니 된다.
1. 자기가 판매하는 집합투자증권의 집합투자재산에 관한 정보를 자기가 운용하는 투자신탁재산의 운용 또는 자기가 운용하는 투자신탁의 수익증권의 판매를 위하여 이용하는 행위
2. 집합투자증권의 판매업무와 「은행법」에 따른 업무를 연계하여 정당한 사유 없이 고객을 차별하는 행위
⑦ 은행이 이 법에 따라 집합투자업, 신탁업(집합투자재산의 보관·관리업무를 포함한다. 이하 이 항에서 같다) 또는 일반사무관리회사의 업무를 영위하는 경우에는 임원(사실상 임원과 동등한 지위에 있는 자로서 대통령령으로 정하는 자를 포함한다. 이하 이 항에서 같다)을 두어야 하고, 임직원에게 다음 각 호의 업무를 겸직하게 하여서는 아니 되며, 전산설비 또는 사무실 등의 공동사용 금지 및 다른 업무를 영위하는 임직원 간의 정보교류 제한 등 대통령령으로 정하는 이해상충방지체계를 갖추어야 한다. 다만, 임원의 경우 제1호의 업무 중 제2호부터 제4호까지의 업무와 이해상충이 적은 업무로서 대통령령으로 정하는 업무와 제2호부터 제4호까지의 업무를 겸직할 수 있으며, 제3호 및 제4호의 업무 간에는 겸직할 수 있다.
(2009.2.3 본문개정)
1. 「은행법」에 따른 업무(제2호부터 제4호까지의 업무 및 대통령령으로 정하는 업무는 제외한다)(2013.5.28 본호개정)
2. 집합투자업
3. 신탁업(2009.2.3 본호개정)
4. 일반사무관리회사의 업무

제251조【보험회사에 대한 특칙】 ① 보험회사로서 제12조에 따라 집합투자업에 관한 금융투자업인가를 받은 자(이하 이 조에서 "집합투자업겸영보험회사"라 한다)는 인가받은 범위에서 투자신탁의 설정·해지 및 투자신탁재산의 운용업무를 영위할 수 있다. 이 경우 투자신탁의 설정·해지 및 투자신탁재산의 운용업무는 「보험업법」 제108조제1항제3호에 따른 특별계정(특별계정 내에 각각의 신탁계약에 의하여 설정된 다수의 투자신탁이 있는 경우 각각의 투자신탁을 말한다. 이하 이 항에서 같다)에 한하며, 그 특별계정은 이 법에 따른 투자신탁으로 본다.
② 제250조제3항(제2호에 한한다)은 집합투자업겸영보험회사에 준용하며, 같은 조 제4항부터 제6항까지의 규정은 보험회사에 준용한다. 이 경우 "은행"은 "보험회사"로, "「은행법」"은 "「보험업법」"으로 본다.
③ 보험회사는 이 법에 따라 집합투자업, 신탁업(집합투자재산의 보관·관리업무를 포함한다. 이하 이 항에서 같다) 또는 일반사무관리회사의 업무를 영위하는 경우에는 임원(대통령령으로 정하는 방법으로 투자신탁재산을 운용하는 경우의 임원을 제외하며, 사실상 임원과 동등한 지위에 있는 자로서 대통령령으로 정하는 자를 포함한다. 이하 이 항에서 같다)을 두어야 하고, 임직원에게 다음 각 호의 업무를 겸직하게 하여서는 아니 되며, 전산설비 또는 사무실 등의 공동사용 금지 및 다른 업무를 영위하는 임직원 간의 정보교류 제한 등 대통령령으로 정하는 이해상충방지체계를 갖추어야 한다. 다만, 임원의 경우 제1호의 업무 중 제2호부터 제4호까지의 업무와 이해상충이 적은 업무로서 대통령령으로 정하는 업무와 제2호부터 제4호까지의 업무를 겸직할 수 있으며, 제3호 및 제4호의 업무 간에는 겸직할 수 있다.(2009.2.3 본문개정)
1. 「보험업법」에 따른 업무(제2호부터 제4호까지의 업무 및 대통령령으로 정하는 업무는 제외한다)(2013.5.28 본호개정)
2. 집합투자업
3. 신탁업(2009.2.3 본호개정)
4. 일반사무관리회사의 업무
④ 집합투자업겸영보험회사는 제83조제4항에 불구하고 투자신탁재산에 속하는 자산을 「보험업법」에서 정하는 방법에 따라 그 보험에 가입한 자에게 대출하는 방법으로 운용할 수 있다.
⑤ 제182조, 제183조제1항, 제188조제1항제2호·제6호, 같은 조 제2항 각 호 외의 부분 후단 및 같은 조 제3항, 제189조부터 제191조까지, 제192조(같은 조 제1항 단서는 제외한다), 제193조, 제230조, 제235조부터 제237조까지, 제238조제2항(대통령령으로 정하는 방법으로 투자신탁재산을 운용하는 경우에 한한다), 제239조제3항, 제253조제1항 및 제420조제1항은 집합투자업겸영보험회사가 운용하는 투자신탁에 관하여는 적용하지 아니한다.
(2013.5.28 본항개정)
⑥ 제82조, 제86조, 제89조제1항제4호, 제90조 및 제92조는 보험회사의 집합투자업 영위에 관하여는 적용하지 아니한다.(2009.2.3 본항개정)

제8장 감독·검사

제252조【투자회사등에 대한 감독·검사】 ① 금융위원회는 투자자를 보호하고 건전한 거래질서를 유지하기 위하여 투자회사등(기관전용 사모집합투자기구는 제외한다. 이하 이 조에서 같다)에 대하여 다음 각 호의 사항에 관하여 필요한 조치를 명할 수 있다.(2021.4.20 본문개정)
1. 집합투자재산의 운용에 관한 사항
2. 집합투자재산의 공시에 관한 사항
3. 그 밖에 투자자 보호 또는 건전한 거래질서를 위하여 필요한 사항으로서 대통령령으로 정하는 사항

② 제419조(제2항부터 제4항까지 및 제8항을 제외한다)는 투자회사등에 대한 검사에 관하여 준용한다.

제253조【집합투자기구의 등록취소 등】 ① 금융위원회는 다음 각 호의 어느 하나에 해당하는 경우에는 집합투자기구의 등록을 취소할 수 있다. 다만, 제3호의 경우에는 등록을 취소하여야 한다.(2008.2.29 본문개정)
1. 거짓, 그 밖의 부정한 방법으로 제182조제1항 또는 제8항에 따른 등록이나 변경등록을 한 경우
2. 제182조제2항 각 호에 따른 등록요건을 갖추지 못하게 된 경우
3. 집합투자기구가 해지 또는 해산한 경우
4. 투자회사의 순자산액이 3개월 이상 계속하여 제194조제2항제7호에 따른 최저순자산액에 미달하는 경우
5. 제182조제8항에 따른 변경등록을 하지 아니한 경우
6. 금융위원회의 시정명령 또는 중지명령을 이행하지 아니한 경우(2008.2.29 본호개정)
7. 별표2 각 호의 어느 하나에 해당하는 경우로서 대통령령으로 정하는 경우
8. 대통령령으로 정하는 금융관련 법령 등을 위반한 경우로서 대통령령으로 정하는 경우
9. 그 밖에 투자자의 이익을 현저히 해할 우려가 있거나 집합투자기구로서 존속하기 곤란하다고 인정되는 경우로서 대통령령으로 정하는 경우

② 금융위원회는 투자회사등(그 집합투자업자 또는 그 법인이사·업무집행사원·업무집행조합원을 포함한다)이 제1항 각 호(제7호를 제외한다)의 어느 하나에 해당하거나 별표2 각 호의 어느 하나에 해당하는 경우에는 그 투자회사등에 대하여 다음 각 호의 어느 하나에 해당하는 조치를 할 수 있다.(2008.2.29 본문개정)
1. 6개월 이내의 업무의 전부 또는 일부의 정지
2. 계약의 인계명령
3. 위법행위의 시정명령 또는 중지명령
4. 위법행위로 인한 조치를 받았다는 사실의 공표명령 또는 게시명령
5. 기관경고
6. 기관주의
7. 그 밖에 위법행위를 시정하거나 방지하기 위하여 필요한 조치로서 대통령령으로 정하는 조치

③ 금융위원회는 투자회사의 감독이사가 다음 각 호의 어느 하나에 해당하는 경우에는 해임요구, 6개월 이내의 직무정지, 문책경고, 주의적 경고, 주의, 그 밖에 대통령령으로 정하는 조치를 할 수 있다.(2008.2.29 본문개정)
1. 제195조제1항 각 호 외의 부분 단서를 위반하여 정관을 변경한 경우
2. 제199조제5항에서 준용하는 제54조제1항을 위반하여 정당한 사유 없이 직무관련 정보를 이용한 경우(2020.5.19 본호개정)
3. 제200조제3항을 위반하여 결의한 경우
4. 제247조제2항을 위반하여 시정을 요구하지 아니하거나, 같은 조 제3항을 위반하여 보고 또는 공시에 관한 업무를 이행하지 아니한 경우
5. 그 밖에 투자자 보호 또는 건전한 거래질서를 해할 우려가 있는 경우로서 대통령령으로 정하는 경우

④ 금융위원회는 다음 각 호의 어느 하나에 해당하는 경우에는 교차판매 집합투자기구의 등록을 취소할 수 있다. 다만, 제1호 및 제4호의 경우에는 등록을 취소하여야 한다.
1. 거짓이나 그 밖의 부정한 방법으로 제182조의2제1항 또는 제3항에 따른 등록이나 변경등록을 한 경우
2. 제182조의2제2항 각 호에 따른 등록요건을 갖추지 못하게 된 경우
3. 제182조의2제3항에 따른 변경등록을 하지 아니한 경우
4. 제1항에 따라 집합투자기구의 등록이 취소된 경우
5. 그 밖에 투자자의 이익을 현저히 해할 우려가 있거나 교차판매 집합투자기구로서 존속하기 곤란하다고 인정되는 경우로서 대통령령으로 정하는 경우

(2019.11.26 본항신설)

⑤ 금융위원회는 제1항 또는 제4항에 따라 집합투자기구 또는 교차판매 집합투자기구의 등록을 취소하거나, 제3항에 따라 투자회사의 감독이사에 대한 해임요구를 하고자 하는 경우에는 청문을 실시하여야 한다.(2019.11.26 본항개정)

⑥ 제424조 및 제425조는 집합투자기구 및 투자회사의 감독이사에 대한 조치 등에 관하여 준용한다.

제9장 집합투자기구의 관계회사

제254조【일반사무관리회사】 ① 제184조제6항에 따라 투자회사의 위탁을 받아 같은 조 제6항 각 호의 업무를 영위하거나, 투자신탁이나 투자익명조합의 집합투자업자 또는 투자회사등의 위탁을 받아 제238조제6항에 따른 집합투자증권의 기준가격 산정 및 그 밖에 이와 관련된 업무로서 대통령령으로 정하는 업무를 영위하려는 자는 금융위원회에 등록하여야 한다.(2021.6.8 본항개정)

② 제1항에 따른 등록을 하려는 자는 다음 각 호의 요건을 모두 갖추어야 한다.
1. 다음 각 목의 어느 하나에 해당할 것
가. 「상법」에 따른 주식회사
나. 명의개서대행회사(2016.3.22 본목개정)
다. 그 밖에 대통령령으로 정하는 금융기관
2. 5억원 이상으로서 대통령령으로 정하는 금액 이상의 자기자본을 갖출 것
3. 상근 임직원 중 대통령령으로 정하는 기준의 전문인력을 보유할 것
4. 전산설비 등 대통령령으로 정하는 물적 설비를 갖출 것
5. 임원이 「금융회사의 지배구조에 관한 법률」 제5조에 적합할 것(2015.7.31 본호개정)
6. 대통령령으로 정하는 이해상충방지체계를 구축하고 있을 것(대통령령으로 정하는 금융업을 영위하고 있는 경우에 한한다)

③ 제1항에 따른 등록을 하려는 자는 금융위원회에 등록신청서를 제출하여야 한다.(2008.2.29 본항개정)

④ 금융위원회는 제3항의 등록신청서를 접수한 경우에는 그 내용을 검토하여 30일 이내에 등록 여부를 결정하고, 그 결과와 이유를 지체 없이 신청인에게 문서로 통지하여야 한다. 이 경우 등록신청서에 흠결이 있는 때에는 보완을 요구할 수 있다.(2008.2.29 전단개정)

⑤ 제4항의 검토기간을 산정함에 있어서 등록신청서 흠결의 보완기간 등 총리령으로 정하는 기간은 검토기간에 산입하지 아니한다.(2008.2.29 본항개정)

⑥ 금융위원회는 제4항의 등록 여부를 결정함에 있어서 다음 각 호의 어느 하나에 해당하는 사유가 없는 한 그 등록을 거부하여서는 아니 된다.(2008.2.29 본문개정)
1. 제2항의 등록요건을 갖추지 아니한 경우
2. 제3항의 등록신청서를 거짓으로 작성한 경우
3. 제4항 후단의 보완요구를 이행하지 아니한 경우

⑦ 금융위원회는 제4항에 따라 등록을 결정한 경우 일반사무관리회사등록부에 필요한 사항을 기재하여야 하며, 등록결정한 내용을 관보 및 인터넷 홈페이지 등에 공고하여야 한다.(2008.2.29 본항개정)

⑧ 제1항에 따라 등록을 한 자(이하 "일반사무관리회사"라 한다)는 등록 이후 그 영업을 영위함에 있어서 제2항 각 호의 등록요건(같은 항 제2호의 경우에는 대통령령으로 정하는 완화된 요건을 말한다)을 계속 유지하여야 한다.

⑨ 제1항부터 제7항까지의 규정에 따른 등록신청서의 기재사항·첨부서류 등 등록의 신청에 관한 사항과 등록검토의 방법·절차, 그 밖에 필요한 사항은 대통령령으로 정한다.

제255조【준용규정】 제42조, 제54조, 제60조 및 제64조는 일반사무관리회사에 준용한다.

제256조【일반사무관리회사에 대한 감독·검사】 ① 금융위원회는 투자자를 보호하고 건전한 거래질서를 유지하기 위하여 일반사무관리회사에 대하여 다음 각 호의 사항에 관하여 필요한 조치를 명할 수 있다.(2008.2.29 본문개정)
1. 고유재산의 운용에 관한 사항
2. 영업의 질서 유지에 관한 사항
3. 영업방법에 관한 사항
4. 그 밖에 투자자 보호 또는 건전한 거래질서를 위하여 필요한 사항으로서 대통령령으로 정하는 사항

② 제419조(제2항부터 제4항까지 및 제8항을 제외한다)는 일반사무관리회사에 대한 검사에 관하여 준용한다.

제257조【일반사무관리회사에 대한 처분】 ① 금융위원회는 일반사무관리회사가 별표3 각 호의 어느 하나에 해당하는 경우에는 제254조제1항에 따른 등록을 취소할 수 있다.(2008.2.29 본항개정)

② 금융위원회는 일반사무관리회사가 별표3 각 호의 어느 하나에 해당하는 경우에는 다음 각 호의 어느 하나에 해당하는 조치를 할 수 있다.(2008.2.29 본문개정)
1. 6개월 이내의 업무의 전부 또는 일부의 정지
2. 계약의 인계명령
3. 위법행위의 시정명령 또는 중지명령
4. 위법행위로 인한 조치를 받았다는 사실의 공표명령 또는 게시명령
5. 기관경고
6. 기관주의
7. 그 밖에 위법행위를 시정하거나 방지하기 위하여 필요한 조치로서 대통령령으로 정하는 조치

③ 금융위원회는 일반사무관리회사의 임원이 별표3 각 호의 어느 하나에 해당하는 경우에는 다음 각 호의 어느 하나에 해당하는 조치를 할 수 있다.(2008.2.29 본문개정)
1. 해임요구
2. 6개월 이내의 직무정지
3. 문책경고
4. 주의적 경고
5. 주의
6. 그 밖에 위법행위를 시정하거나 방지하기 위하여 필요한 조치로서 대통령령으로 정하는 조치

④ 금융위원회는 일반사무관리회사의 직원이 별표3 각 호의 어느 하나에 해당하는 경우에는 다음 각 호의 어느 하나에 해당하는 조치를 그 일반사무관리회사에 요구할 수 있다.(2008.2.29 본문개정)
1. 면직
2. 6개월 이내의 정직
3. 감봉
4. 견책
5. 경고
6. 주의
7. 그 밖에 위법행위를 시정하거나 방지하기 위하여 필요한 조치로서 대통령령으로 정하는 조치

⑤ 제422조제3항 및 제423조부터 제425조까지의 규정은 일반사무관리회사 및 그 임직원에 대한 조치 등에 관하여 준용한다.

제258조【집합투자기구평가회사】 ① 집합투자기구를 평가하고 이를 투자자에게 제공하는 업무를 영위하려는 자는 금융위원회에 등록하여야 한다.(2008.2.29 본항개정)

② 제1항에 따른 등록을 하려는 자는 다음 각 호의 요건을 모두 갖추어야 한다.
1. 「상법」에 따른 주식회사일 것
2. 투자매매업자·투자중개업자 또는 집합투자업자와 그 계열회사가 아닐 것
3. 1억원 이상으로서 대통령령으로 정하는 금액 이상의 자기자본을 갖출 것
4. 상근 임직원 중 대통령령으로 정하는 기준의 전문인력을 보유할 것
5. 전산설비 등 대통령령으로 정하는 물적 설비를 갖출 것
6. 임원이 「금융회사의 지배구조에 관한 법률」 제5조에 적합할 것(2015.7.31 본호개정)
7. 대통령령으로 정하는 집합투자기구평가체계를 갖출 것
8. 대통령령으로 정하는 이해상충방지체계를 구축하고 있을 것(대통령령으로 정하는 금융업을 영위하고 있는 경우에 한한다)

③ 제1항에 따른 등록을 하려는 자는 금융위원회에 등록신청서를 제출하여야 한다.(2008.2.29 본항개정)

④ 금융위원회는 제3항의 등록신청서를 접수한 경우에는 그 내용을 검토하여 30일 이내에 등록 여부를 결정하고, 그 결과와 이유를 지체 없이 신청인에게 문서로 통지하여야 한다. 이 경우 등록신청서에 흠결이 있는 때에는 보완을 요구할 수 있다.(2008.2.29 전단개정)

⑤ 제4항의 검토기간을 산정함에 있어서 등록신청서 흠결의 보완기간 등 총리령으로 정하는 기간은 검토기간에 산입하지 아니한다.(2008.2.29 본항개정)

⑥ 금융위원회는 제4항의 등록 여부를 결정함에 있어서 다음 각 호의 어느 하나에 해당하는 사유가 없는 한 그 등록을 거부하여서는 아니 된다.(2008.2.29 본문개정)
1. 제2항의 등록요건을 갖추지 아니한 경우
2. 제3항의 등록신청서를 거짓으로 작성한 경우
3. 제4항 후단의 보완요구를 이행하지 아니한 경우

⑦ 금융위원회는 제4항에 따라 등록을 결정한 경우 집합투자기구평가회사등록부에 필요한 사항을 기재하여야 하며, 등록결정한 내용을 관보 및 인터넷 홈페이지 등에 공고하여야 한다.(2008.2.29 본항개정)

⑧ 제1항에 따라 등록을 한 자(이하 "집합투자기구평가회사"라 한다)는 등록 이후 그 영업을 영위함에 있어서 제2항 각 호의 등록요건(같은 항 제3호의 경우에는 대통령령으로 정하는 완화된 요건을 말한다)을 계속 유지하여야 한다.

⑨ 제1항부터 제7항까지의 규정에 따른 등록신청서의 기재사항·첨부서류 등 등록의 신청에 관한 사항과 등록검토의 방법·절차, 그 밖에 필요한 사항은 대통령령으로 정한다.

제259조【영업행위준칙 등】 ① 집합투자기구평가회사는 대통령령으로 정하는 사항이 포함된 영업행위준칙을 제정하여야 한다.

② 집합투자업자는 집합투자재산의 명세를 대통령령으로 정하는 방법에 따라 집합투자기구평가회사에 제공할 수 있다.

③ 집합투자기구평가회사의 평가기준의 공시방법 등에 관하여 필요한 사항은 대통령령으로 정한다.

제260조【준용규정】 제54조, 제60조 및 제64조는 집합투자기구평가회사에 준용한다.

제261조【집합투자기구평가회사에 대한 감독·검사】 ① 금융위원회는 투자자를 보호하고 건전한 거래질서를 유지하기 위하여 집합투자기구평가회사에 대하여 다음 각 호의 사항에 관하여 필요한 조치를 명할 수 있다.(2008.2.29 본문개정)
1. 고유재산의 운용에 관한 사항
2. 영업의 질서 유지에 관한 사항
3. 영업방법에 관한 사항
4. 그 밖에 투자자 보호 또는 건전한 거래질서를 위하여 필요한 사항으로서 대통령령으로 정하는 사항

② 제419조(제2항부터 제4항까지 및 제8항을 제외한다)는 집합투자기구평가회사에 대한 검사에 관하여 준용한다.

제262조【집합투자기구평가회사에 대한 조치】 ① 금융위원회는 집합투자기구평가회사가 별표4 각 호의 어느

하나에 해당하는 경우에는 제258조제1항에 따른 등록을 취소할 수 있다.(2008.2.29 본항개정)
② 금융위원회는 집합투자기구평가회사가 별표4 각 호의 어느 하나에 해당하는 경우에는 다음 각 호의 어느 하나에 해당하는 조치를 할 수 있다.(2008.2.29 본문개정)
1. 6개월 이내의 업무의 전부 또는 일부의 정지
2. 계약의 인계명령
3. 위법행위의 시정명령 또는 중지명령
4. 위법행위로 인한 조치를 받았다는 사실의 공표명령 또는 게시명령
5. 기관경고
6. 기관주의
7. 그 밖에 위법행위를 시정하거나 방지하기 위하여 필요한 조치로서 대통령령으로 정하는 조치
③ 금융위원회는 집합투자기구평가회사의 임원이 별표4 각 호의 어느 하나에 해당하는 경우에는 다음 각 호의 어느 하나에 해당하는 조치를 할 수 있다.(2008.2.29 본문개정)
1. 해임요구
2. 6개월 이내의 직무정지
3. 문책경고
4. 주의적 경고
5. 주의
6. 그 밖에 위법행위를 시정하거나 방지하기 위하여 필요한 조치로서 대통령령으로 정하는 조치
④ 금융위원회는 집합투자기구평가회사의 직원이 별표4 각 호의 어느 하나에 해당하는 경우에는 다음 각 호의 어느 하나에 해당하는 조치를 그 집합투자기구평가회사에 요구할 수 있다.(2008.2.29 본문개정)
1. 면직
2. 6개월 이내의 정직
3. 감봉
4. 견책
5. 경고
6. 주의
7. 그 밖에 위법행위를 시정하거나 방지하기 위하여 필요한 조치로서 대통령령으로 정하는 조치
⑤ 제422조제3항 및 제423조부터 제425조까지의 규정은 집합투자기구평가회사 및 그 임직원에 대한 조치 등에 관하여 준용한다.
제263조【채권평가회사】 ① 집합투자재산에 속하는 채권 등 자산의 가격을 평가하고 이를 집합투자기구에게 제공하는 업무를 영위하려는 자는 금융위원회에 등록하여야 한다.(2008.2.29 본항개정)
② 제1항에 따른 등록을 하려는 자는 다음 각 호의 요건을 모두 갖추어야 한다.
1. 「상법」에 따른 주식회사일 것
2. 20억원 이상으로서 대통령령으로 정하는 금액 이상의 자기자본을 갖출 것
3. 상호출자제한기업집단의 출자액 또는 대통령령으로 정하는 금융기관의 출자액이 각각 100분의 10 이하일 것
4. 상근 임직원 중 대통령령으로 정하는 기준의 전문인력을 보유할 것
5. 전산설비 등 대통령령으로 정하는 물적 설비를 갖출 것
6. 임원이 「금융회사의 지배구조에 관한 법률」 제5조에 적합할 것(2015.7.31 본호개정)
7. 대통령령으로 정하는 채권 등의 가격평가체계를 갖출 것
8. 대통령령으로 정하는 이해상충방지체계를 구축하고 있을 것(대통령령으로 정하는 금융업을 영위하고 있는 경우에 한한다)
③ 제1항에 따른 등록을 하려는 자는 금융위원회에 등록신청서를 제출하여야 한다.(2008.2.29 본항개정)
④ 금융위원회는 제3항의 등록신청서를 접수한 경우에는 그 내용을 검토하여 30일 이내에 등록 여부를 결정하고, 그 결과와 이유를 지체 없이 신청인에게 문서로 통지하여야 한다. 이 경우 등록신청서에 흠결이 있는 때에는 보완을 요구할 수 있다.(2008.2.29 전단개정)
⑤ 제4항의 검토기간을 산정함에 있어서 등록신청서 흠결의 보완기간 등 총리령으로 정하는 기간은 검토기간에 산입하지 아니한다.(2008.2.29 본항개정)
⑥ 금융위원회는 제4항의 등록 여부를 결정함에 있어서 다음 각 호의 어느 하나에 해당하는 사유가 없는 한 그 등록을 거부하여서는 아니 된다.(2008.2.29 본문개정)
1. 제2항의 등록요건을 갖추지 아니한 경우
2. 제3항의 등록신청서를 거짓으로 작성한 경우
3. 제4항 후단의 보완요구를 이행하지 아니한 경우
⑦ 금융위원회는 제4항에 따라 등록을 결정한 경우 채권평가회사등록부에 필요한 사항을 기재하여야 하며, 등록결정한 내용을 관보 및 인터넷 홈페이지 등에 공고하여야 한다.(2008.2.29 본항개정)
⑧ 제1항에 따라 등록을 한 자(이하 "채권평가회사"라 한다)는 등록 이후 그 영업을 영위함에 있어서 제2항 각 호의 등록요건(같은 항 제2호의 경우에는 대통령령으로 정하는 완화된 요건을 말한다)을 계속 유지하여야 한다.
⑨ 제1항부터 제7항까지의 규정에 따른 등록신청서의 기재사항·첨부서류 등 등록의 신청에 관한 사항과 등록검토의 방법·절차, 그 밖에 필요한 사항은 대통령령으로 정한다.
제264조【업무준칙 등】 ① 채권평가회사는 대통령령으로 정하는 사항이 포함된 업무준칙을 제정하여야 한다.
② 채권평가회사의 증권평가기준 공시방법 등에 관하여 필요한 사항은 대통령령으로 정한다.
제265조【준용규정】 제54조, 제60조 및 제64조는 채권평가회사에 준용한다.
제266조【채권평가회사에 대한 감독·검사】 ① 금융위원회는 투자자를 보호하고 건전한 거래질서를 유지하기 위하여 채권평가회사에 대하여 다음 각 호의 사항에 관하여 필요한 조치를 명할 수 있다.(2008.2.29 본문개정)
1. 고유재산의 운용에 관한 사항
2. 영업의 질서 유지에 관한 사항
3. 영업방법에 관한 사항
4. 그 밖에 투자자 보호 또는 건전한 거래질서를 위하여 필요한 사항으로서 대통령령으로 정하는 사항
② 제419조(제2항부터 제4항까지 및 제8항을 제외한다)는 채권평가회사에 대한 검사에 관하여 준용한다.
제267조【채권평가회사에 대한 조치】 ① 금융위원회는 채권평가회사가 별표5 각 호의 어느 하나에 해당하는 경우에는 제263조제1항에 따른 등록을 취소할 수 있다.(2008.2.29 본항개정)
② 금융위원회는 채권평가회사가 별표5 각 호의 어느 하나에 해당하는 경우에는 다음 각 호의 어느 하나에 해당하는 조치를 할 수 있다.(2008.2.29 본문개정)
1. 6개월 이내의 업무의 전부 또는 일부의 정지
2. 계약의 인계명령
3. 위법행위의 시정명령 또는 중지명령
4. 위법행위로 인한 조치를 받았다는 사실의 공표명령 또는 게시명령
5. 기관경고
6. 기관주의
7. 그 밖에 위법행위를 시정하거나 방지하기 위하여 필요한 조치로서 대통령령으로 정하는 조치
③ 금융위원회는 채권평가회사의 임원이 별표5 각 호의 어느 하나에 해당하는 경우에는 다음 각 호의 어느 하나에 해당하는 조치를 할 수 있다.(2008.2.29 본문개정)
1. 해임요구
2. 6개월 이내의 직무정지
3. 문책경고
4. 주의적 경고
5. 주의
6. 그 밖에 위법행위를 시정하거나 방지하기 위하여 필요한 조치로서 대통령령으로 정하는 조치
④ 금융위원회는 채권평가회사의 직원이 별표5 각 호의 어느 하나에 해당하는 경우에는 다음 각 호의 어느 하나에 해당하는 조치를 그 채권평가회사에 요구할 수 있다.(2008.2.29 본문개정)
1. 면직
2. 6개월 이내의 정직
3. 감봉
4. 견책
5. 경고
6. 주의
7. 그 밖에 위법행위를 시정하거나 방지하기 위하여 필요한 조치로서 대통령령으로 정하는 조치
⑤ 제422조제3항 및 제423조부터 제425조까지의 규정은 채권평가회사 및 그 임직원에 대한 조치 등에 관하여 준용한다.

제10장 사모투자전문회사에 대한 특례

제268조~제274조 (2015.7.24 삭제)
제275조 (2009.6.9 삭제)
제276조~제278조 (2015.7.24 삭제)
제278조의2 (2013.8.13 삭제)
제278조의3 (2015.7.24 삭제)

제11장 외국 집합투자증권에 대한 특례

제279조【외국 집합투자기구의 등록 등】 ① 외국 투자신탁(투자신탁과 유사한 것으로서 외국 법령에 따라 설정된 투자신탁을 말한다. 이하 같다)이나 외국 투자익명조합(투자익명조합과 유사한 것으로서 외국 법령에 따라 설립된 투자익명조합을 말한다. 이하 같다)의 외국 집합투자업자(외국 법령에 따라 집합투자업에 상당하는 영업을 영위하는 자를 말한다. 이하 같다) 또는 외국 투자회사등(외국 법령에 따라 설립된 투자회사등을 말한다. 이하 같다)은 외국 집합투자증권(집합투자증권과 유사한 것으로서 외국 법령에 따라 외국에서 발행된 것을 말한다. 이하 같다)을 국내에서 판매하고자 하는 경우에는 해당 외국 집합투자기구(집합투자기구와 유사한 것으로서 외국 법령에 따라 설정·설립된 것을 말한다. 이하 같다)를 금융위원회에 등록하여야 한다.(2008.2.29 본항개정)
② 외국 투자신탁이나 외국 투자익명조합의 외국 집합투자업자 또는 외국 투자회사등은 제1항에 따라 외국 집합투자기구를 등록하고자 하는 경우 대통령령으로 정하는 외국 집합투자업자 적격 요건 및 외국 집합투자증권 판매적격 요건을 갖추어야 한다. 이 경우 다음 각 호의 어느 하나에 해당하는 경우에는 외국 집합투자업자 적격 요건 및 외국 집합투자증권 판매적격 요건을 달리 정할 수 있다.(2019.11.26 후단개정)
1. 전문투자자 중 대통령령으로 정하는 자만을 대상으로 외국 집합투자증권을 판매하려는 경우
2. 교차판매협약등을 체결한 외국에서 교차판매협약등에 따라 설정·설립된 것으로 인정되는 외국 집합투자기구의 집합투자증권을 판매하려는 경우
(2019.11.26 1호~2호신설)
③ 제182조제2항부터 제9항까지의 규정은 제1항에 따른 외국 집합투자기구의 등록에 관하여 준용한다. 이 경우 같은 조 제2항제2호 중 "이 법"은 "외국 집합투자기구가 설정·설립된 국가의 법"으로 본다.
제280조【외국 집합투자증권의 국내판매】 ① 외국 투자신탁이나 외국 투자익명조합의 외국 집합투자업자 또는 외국 투자회사등은 외국 집합투자증권을 국내에서 판매하는 경우에는 투자매매업자 또는 투자중개업자를 통하여 판매하여야 한다.
② 외국 집합투자업자는 제88조에 따른 자산운용보고서를 작성하여 3개월마다 1회 이상 해당 외국 집합투자기구의 투자자에게 제공하여야 한다.
③ 투자자는 외국 투자신탁이나 외국 투자익명조합의 외국 집합투자업자, 외국 투자회사등 또는 외국 집합투자증권을 판매한 투자매매업자 또는 투자중개업자에 대하여 영업시간 중 이유를 기재한 서면으로 그 투자자에 관련된 집합투자재산에 관한 장부·서류로서 대통령령으로 정하는 장부·서류의 열람이나 등본 또는 초본의 교부를 청구할 수 있으며, 외국 투자신탁이나 외국 투자익명조합의 외국 집합투자업자, 외국 투자회사등 또는 외국 집합투자증권을 판매한 투자매매업자 또는 투자중개업자는 대통령령으로 정하는 정당한 사유가 없는 한 이를 거절하지 못한다.
④ 외국 투자신탁이나 외국 투자익명조합의 외국 집합투자업자 또는 외국 투자회사등은 해당 외국 집합투자증권의 기준가격을 매일 공고·게시하여야 한다. 다만, 기준가격을 매일 공고·게시하기 곤란한 경우 등 대통령령으로 정하는 경우에는 해당 집합투자규약에서 기준가격의 공고·게시기간을 15일 이내의 범위에서 별도로 정할 수 있다.
⑤ 외국 집합투자증권의 국내 판매와 관련하여 판매방법, 보고서 제공, 그 밖에 필요한 사항은 대통령령으로 정한다.
제281조【외국 집합투자업자 등에 대한 감독·검사】 ① 금융위원회는 투자자를 보호하고 건전한 거래질서를 유지하기 위하여 외국 투자신탁이나 외국 투자익명조합의 외국 집합투자업자 또는 외국 투자회사등에 대하여 해당 집합투자재산의 공시 등에 관하여 필요한 조치를 명할 수 있다.(2008.2.29 본항개정)
② 제419조(제2항부터 제4항까지 및 제8항을 제외한다)는 외국 투자신탁이나 외국 투자익명조합의 외국 집합투자업자 또는 외국 투자회사등에 대한 검사에 관하여 준용한다.
제282조【외국 집합투자기구의 등록취소】 ① 금융위원회는 다음 각 호의 어느 하나에 해당하는 경우에는 외국 집합투자기구의 등록을 취소할 수 있다.(2008.2.29 본문개정)
1. 거짓, 그 밖의 부정한 방법으로 제279조제1항에 따른 등록을 하거나 제279조제3항에서 준용하는 제182조제8항에 따른 변경등록을 한 경우
2. 제279조제3항에서 준용하는 제182조제2항 각 호에 따른 등록요건을 갖추지 못하게 된 경우
3. 제279조제3항에서 준용하는 제182조제8항에 따른 변경등록을 하지 아니한 경우
4. 제279조제2항에 따른 외국 집합투자업자 적격 요건 또는 외국 집합투자증권 판매적격 요건을 갖추지 못하게 된 경우
5. 제280조를 위반한 경우
6. 제281조제1항에 따른 명령을 위반한 경우
7. 그 밖에 투자자의 이익을 현저히 해할 우려가 있거나 외국 집합투자기구로서 존속하기 곤란하다고 인정되는 경우로서 대통령령으로 정하는 경우
② 금융위원회는 제1항에 따라 외국 집합투자기구의 등록을 취소하고자 하는 경우에는 청문을 실시하여야 한다.(2008.2.29 본항개정)
③ 제424조 및 제425조는 외국 집합투자기구의 등록 취소에 관하여 준용한다.

제6편 금융투자업관계기관

제1장 한국금융투자협회

제283조【설립】 ① 회원 상호 간의 업무질서 유지 및 공정한 거래를 확립하고 투자자를 보호하며 금융투자업의 건전한 발전을 위하여 한국금융투자협회를 설립한다.
② 협회는 회원조직으로서의 법인으로 한다.
③ 협회는 대통령령으로 정하는 바에 따라 주된 사무소의 소재지에서 설립등기를 함으로써 성립한다.
④ 협회에 대하여는 이 법에서 특별한 규정이 있는 것을 제외하고는 「민법」 중 사단법인에 관한 규정을 준용한다.
제284조【유사명칭 사용의 금지】 협회가 아닌 자는 "금융투자협회", "증권협회", "선물협회", "자산운용협회" 또는 이와 유사한 명칭을 사용하여서는 아니 된다.

제285조【회원】 ① 협회의 회원이 될 수 있는 자는 금융투자업자, 그 밖에 금융투자업과 관련된 업무를 영위하는 자로서 대통령령으로 정하는 자로 한다.
② 협회는 정관이 정하는 바에 따라 회원으로부터 회비를 징수할 수 있다.
제286조【업무】 ① 협회는 정관이 정하는 바에 따라 다음 각 호의 업무를 행한다.
1. 회원 간의 건전한 영업질서 유지 및 투자자 보호를 위한 자율규제업무
2. 회원의 영업행위와 관련된 분쟁의 자율조정(당사자의 신청이 있는 경우에 한한다)에 관한 업무
3. 다음 각 목의 주요직무 종사자의 등록 및 관리에 관한 업무
가. 투자권유자문인력(투자권유를 하거나 투자에 관한 자문 업무를 수행하는 자를 말한다)
나. 조사분석인력(조사분석자료를 작성하거나 이를 심사·승인하는 업무를 수행하는 자를 말한다)
다. 투자운용인력(집합투자재산·신탁재산 또는 투자일임재산을 운용하는 업무를 수행하는 자를 말한다)
라. 그 밖에 투자자 보호 또는 건전한 거래질서를 위하여 대통령령으로 정하는 주요직무 종사자
4. 금융투자업자가 다음 각 목의 어느 하나에 해당하는 장외파생상품을 신규로 취급하는 경우 그 사전심의업무
가. 기초자산이 제4조제10항제4호 또는 제5호에 해당하는 장외파생상품
나. 일반투자자를 대상으로 하는 장외파생상품
(2010.3.12 본호신설 : 2011.12.31까지 유효)
5. 증권시장에 상장되지 아니한 주권의 장외매매거래에 관한 업무
6. 금융투자업 관련제도의 조사·연구에 관한 업무
7. 투자자 교육 및 이를 위한 재단의 설립·운영에 관한 업무
8. 금융투자업 관련 연수업무
9. 이 법 또는 다른 법령에 따라 위탁받은 업무
10. 제1호부터 제9호까지의 업무 외에 대통령령으로 정하는 업무(2010.3.12 본호개정)
11. 제1호부터 제10호까지의 업무에 부수되는 업무
(2010.3.12 본호개정)
② 협회는 제1항 각 호의 업무를 행함에 있어 같은 항 제1호, 제2호 및 제4호의 업무가 다른 업무와 독립적으로 운영되도록 하여야 하며, 이를 위하여 별도의 조직을 갖추어야 한다.(2010.3.12 본항개정)
제287조【정관】 ① 협회의 정관에는 다음 각 호의 사항을 기재하여야 한다.
1. 목적
2. 명칭
3. 조직에 관한 사항. 이 경우 조직은 금융투자업의 종류 및 금융투자상품의 범위를 기준으로 대통령령으로 정하는 바에 따라 구분·운영되어야 한다.
4. 사무소에 관한 사항
5. 업무에 관한 사항
6. 회원의 자격 및 권리의무에 관한 사항
7. 회원의 가입, 제명, 그 밖의 제재(회원의 임직원에 대한 제재의 권고를 포함한다)에 관한 사항
8. 회비에 관한 사항
9. 공고의 방법
10. 그 밖에 협회의 운영에 관한 사항으로서 대통령령으로 정하는 사항
② 협회는 정관 중 대통령령으로 정하는 사항을 변경하고자 하는 경우에는 금융위원회의 승인을 받아야 한다.
(2008.2.29 본항개정)
제288조【분쟁의 자율조정】 ① 협회는 제286조제1항제2호에 따른 분쟁의 자율조정을 위하여 필요한 분쟁조정규정을 정한다.
② 협회는 분쟁의 조정을 위하여 필요하다고 인정되는 경우에는 당사자에 대하여 사실의 확인 또는 자료의 제출 등을 요구할 수 있다.
③ 협회는 당사자, 그 밖의 이해관계인의 의견을 들을 필요가 있다고 인정되는 경우에는 이들에게 회의에 출석하여 의견을 진술할 것을 요청할 수 있다.
제288조의2【장외파생상품심의위원회】 ① 협회는 제286조제1항제4호에 따른 장외파생상품에 관한 사전심의 업무 수행을 위하여 장외파생상품심의위원회(이하 이 조에서 "위원회"라 한다)를 둔다.
② 위원회는 위원장 1명을 포함한 5명 이상 10명 이내의 위원으로 구성한다.
③ 위원회의 회의는 재적위원 과반수의 출석과 출석위원 3분의 2 이상의 찬성으로 의결한다.
④ 위원회는 제1항의 사전심의업무를 수행함에 있어서 다음 각 호의 사항을 고려하여야 한다.
1. 기초자산이 제4조제10항제4호 또는 제5호에 해당하는 장외파생상품의 경우 기초자산 가격 변동에 대한 정보제공 가능성에 관한 사항
2. 일반투자자를 대상으로 하는 장외파생상품의 경우 위험회피구조의 타당성, 일반투자자에게 교부하는 설명자료의 충실성, 투자권유자문인력의 자격 사항 및 교육 등 판매계획의 적정성에 관한 사항
3. 그 밖에 투자자 보호를 위하여 위원회가 필요하다고 인정하는 사항
⑤ 위원회는 제1항의 사전심의업무를 수행함에 있어 필요한 경우에는 금융투자업자 등에 대하여 사실의 확인 또는 자료의 제출 등을 요구할 수 있다.
⑥ 위원회는 제3항에 따른 의결이 있을 경우 금융감독원장에게 지체 없이 보고하여야 한다.
⑦ 협회는 다음 각 호의 사항을 포함하여 위원회의 구성 및 운영을 위하여 필요한 규정을 정하여야 한다.
1. 위원장 및 위원의 자격, 선임방법에 관한 사항
2. 위원장 및 위원의 임기에 관한 사항
3. 위원회 운영 및 의사결정의 독립성 확보에 관한 사항
4. 위원회 심의절차 및 의사결정의 효력에 관한 사항
(2010.3.12 본조신설 : 2011.12.31까지 유효)
제289조【준용규정】 제54조, 제63조 및 「금융회사의 지배구조에 관한 법률」 제5조는 협회에 준용한다.
(2015.7.31 본조개정)
제290조【업무규정의 보고】 협회는 업무에 관한 규정(規程)을 제정·변경하거나 폐지한 경우에는 지체 없이 금융위원회에 이를 보고하여야 한다.(2008.2.29 본조개정)
제291조【연수원】 협회는 금융투자업에 종사하는 자의 자질을 향상시키고 금융투자업에 관한 전문적인 지식을 보급하기 위하여 연수원을 둘 수 있다.
제292조【협회에 대한 검사】 제419조(제2항부터 제4항까지 및 제8항을 제외한다)는 협회에 대한 검사에 관하여 준용한다.
제293조【협회에 대한 조치】 ① 금융위원회는 협회가 별표7 각 호의 어느 하나에 해당하는 경우에는 다음 각 호의 어느 하나에 해당하는 조치를 할 수 있다.(2008.2.29 본문개정)
1. 6개월 이내의 업무의 전부 또는 일부의 정지
2. 계약의 인계명령
3. 위법행위의 시정명령 또는 중지명령
4. 위법행위로 인한 조치를 받았다는 사실의 공표명령 또는 게시명령
5. 기관경고
6. 기관주의
7. 그 밖에 위법행위를 시정하거나 방지하기 위하여 필요한 조치로서 대통령령으로 정하는 조치
② 금융위원회는 협회의 임원이 별표7 각 호의 어느 하나에 해당하는 경우에는 다음 각 호의 어느 하나에 해당하는 조치를 할 수 있다.(2008.2.29 본문개정)
1. 해임요구
2. 6개월 이내의 직무정지
3. 문책경고
4. 주의적 경고
5. 주의
6. 그 밖에 위법행위를 시정하거나 방지하기 위하여 필요한 조치로서 대통령령으로 정하는 조치
③ 금융위원회는 협회의 직원이 별표7 각 호의 어느 하나에 해당하는 경우에는 다음 각 호의 어느 하나에 해당하는 조치를 협회에 요구할 수 있다.(2008.2.29 본문개정)
1. 면직
2. 6개월 이내의 정직
3. 감봉
4. 견책
5. 경고
6. 주의
7. 그 밖에 위법행위를 시정하거나 방지하기 위하여 필요한 조치로서 대통령령으로 정하는 조치
④ 제422조제3항, 제423조(제1호를 제외한다), 제424조(제2항을 제외한다) 및 제425조는 협회 및 그 임직원에 대한 조치 등에 관하여 준용한다.

제2장 한국예탁결제원

제1절 설립 및 감독

제294조【설립】 ① 증권등(증권, 그 밖에 대통령령으로 정하는 것을 말한다. 이하 이 장에서 같다)의 집중예탁과 계좌 간 대체, 매매거래에 따른 결제업무 및 유통의 원활을 위하여 한국예탁결제원을 설립한다.
② 예탁결제원은 법인으로 한다.
③ 예탁결제원은 대통령령으로 정하는 바에 따라 주된 사무소의 소재지에서 설립등기를 함으로써 성립한다.
제295조【유사명칭의 사용금지】 예탁결제원이 아닌 자는 "한국예탁결제원" 또는 이와 유사한 명칭을 사용하여서는 아니 된다.
제296조【업무】 ① 예탁결제원은 정관으로 정하는 바에 따라 다음 각 호의 업무를 행한다.(2013.5.28 본문개정)
1. 증권등의 집중예탁업무
2. 증권등의 계좌 간 대체업무
3. (2016.3.22 삭제)
4. 증권시장 밖에서의 증권등의 매매거래(다자간매매체결회사에서의 증권의 매매거래는 제외한다)에 따른 증권등의 인도와 대금의 지급에 관한 업무(2013.5.28 본호개정)
5. 예탁결제원과 유사한 업무를 영위하는 외국 법인(이하 "외국예탁결제기관"이라 한다)과의 계좌설정을 통한 증권등의 예탁, 계좌 간 대체 및 매매거래에 따른 증권등의 인도와 대금의 지급에 관한 업무
6.~10. (2013.5.28 삭제)
② 예탁결제원은 정관으로 정하는 바에 따라 제1항 각 호의 업무에 부수하는 업무로서 다음 각 호의 어느 하나에 해당하는 업무를 행한다.
1. 증권등의 보호예수업무
2. 예탁증권등의 담보관리에 관한 업무
3. 제80조에 따라 집합투자업자·투자일임업자와 집합투자재산을 보관·관리하는 신탁업자 등 사이에서 이루어지는 집합투자재산의 취득·처분 등에 관한 지시 등을 처리하는 업무
4. 그 밖에 금융위원회로부터 승인을 받은 업무
(2013.5.28 본항신설)
③ 예탁결제원은 정관으로 정하는 바에 따라 제1항 및 제2항 각 호의 업무 외에 다음 각 호의 업무를 영위할 수 있다.
1. 금융위원회의 승인을 받은 업무. 이 경우 이 법 또는 다른 법률에서 인가·허가·등록·신고 등이 필요한 경우에는 인가·허가 등을 받거나 등록·신고 등을 하여야 한다.(2016.3.22 본호개정)
2. 이 법 또는 다른 법령에서 예탁결제원의 업무로 규정한 업무
3. (2016.3.22 삭제)
(2013.5.28 본항신설)
제297조【증권시장 결제기관】 증권시장에서의 매매거래(다자간매매체결회사에서의 증권의 매매거래를 포함한다. 이하 제303조제2항제5호에서 같다)에 따른 증권인도 및 대금지급 업무는 결제기관으로서 전자등록기관이 수행한다. 이 경우 전자등록기관은 대금지급 업무를 금융위원회가 따로 지정하는 전자등록기관에 위탁할 수 있다.
(2016.3.22 본조개정)
제298조【예탁업무 영위 등의 금지】 ① 예탁결제원이 아닌 자는 증권등을 예탁받아 그 증권등의 수수를 갈음하여 계좌 간의 대체로 결제하는 업무를 영위하여서는 아니 된다.
② 전자등록기관이 아닌 자는 국내에서 증권예탁증권을 발행하는 업무를 영위하여서는 아니 된다.(2016.3.22 본항개정)
제299조【정관】 ① 예탁결제원의 정관에는 다음 각 호의 사항을 기재하여야 한다.
1. 목적
2. 명칭
3. 주된 사무소의 소재지
4. 주식 및 자본금에 관한 사항
5. 주식의 취득자격 및 소유한도에 관한 사항
6. 주주총회 및 이사회에 관한 사항
7. 임원에 관한 사항
8. 회계에 관한 사항
9. 공고의 방법
② 예탁결제원은 정관을 변경하고자 하는 경우에는 금융위원회의 승인을 받아야 한다.(2008.2.29 본항개정)
제300조【「상법」의 준용】 ① 예탁결제원에 관하여 이 법 또는 이 법에 따른 명령에 특별한 규정이 있는 것을 제외하고는 「상법」 중 주식회사에 관한 규정(제517조부터 제521조의2까지의 규정을 제외한다)을 준용한다.
② 예탁결제원은 이 법 또는 다른 법률에서 인가·허가·등록·신고 등이 필요한 업무를 수행하는 경우에는 「상법」에 따른 주식회사로 본다.(2013.4.5 본항신설)
제301조【임원 등】 ① 예탁결제원의 임원은 사장·전무이사·이사 및 감사로 한다.
② 사장은 주주총회에서 선출하되, 금융위원회의 승인을 받아야 한다.(2008.2.29 본항개정)
③ 상근감사는 주주총회에서 선출한다.
④ 「금융회사의 지배구조에 관한 법률」 제5조는 예탁결제원의 임원에게 준용한다.(2015.7.31 본항개정)
⑤ 예탁결제원의 상근 임직원은 금융투자업자 및 다른 금융투자업관계기관과 자금의 공여, 손익의 분배, 그 밖에 영업에 관하여 대통령령으로 정하는 특별한 이해관계를 가져서는 아니 된다.
제302조【예탁업무규정】 ① 예탁결제원은 증권등의 예탁과 제309조제3항제2호의 예탁증권등의 관리를 위하여 예탁업무규정을 정하여야 한다.
② 제1항의 예탁업무규정에는 다음 각 호의 사항이 포함되어야 한다.
1. 제308조에 따른 예탁대상증권등의 지정·취소 및 그 관리에 관한 사항
2. 예탁자의 계좌개설과 그 폐지에 관한 사항
3. 예탁자계좌부의 작성 및 비치에 관한 사항
4. 제308조에 따른 예탁대상증권등의 예탁·반환 및 계좌 간 대체에 관한 사항
5. 제309조제3항제2호의 예탁증권등에 대한 담보권의 설정·소멸 및 신탁재산의 표시·말소에 관한 사항
6. 제309조제3항제2호의 예탁증권등의 권리 행사에 관한 사항
7. 그 밖에 제309조제3항제2호의 예탁증권등의 관리를 위하여 필요한 사항
제303조【결제업무규정】 ① 예탁결제원 및 전자등록기관은 증권등의 매매거래에 따른 결제업무의 수행을 위하여 결제업무규정을 정하여야 한다. 이 경우 결제업무규정은 제323조의11의 청산업무규정, 제387조의 회원관리규

정 및 제393조의 업무규정과 상충되어서는 아니 된다.(2016.3.22 전단개정)
② 제1항의 결제업무규정에는 다음 각 호의 사항이 포함되어야 한다.
1. 예탁결제원 및 전자등록기관 결제회원의 가입·탈퇴 및 권리·의무에 관한 사항(2016.3.22 본호개정)
2. 결제계좌의 개설 및 관리에 관한 사항
3. 결제시한에 관한 사항
4. 증권등의 인도 및 대금지급에 관한 사항
5. 증권시장에서의 증권의 매매거래에 따른 결제이행·불이행 결과의 거래소에 대한 통지에 관한 사항(전자등록기관의 결제업무규정에 한정한다)(2016.3.22 본호개정)
6. 그 밖에 결제업무 수행을 위하여 필요한 사항

제304조【준용규정】 제54조, 제63조, 제408조, 제413조(제296조제1항제1호·제2호·제4호의 업무로 한정한다) 및 「금융실명거래 및 비밀보장에 관한 법률」 제4조는 예탁결제원에 준용한다.(2016.3.22 본조개정)

제305조【업무규정의 승인·보고】 ① 예탁결제원은 제296조제1항제5호의 업무에 관한 규정(規程), 제302조의 예탁업무규정 및 제303조의 결제업무규정을 제정·변경하거나 폐지하고자 하는 경우에는 금융위원회의 승인을 받아야 한다.(2016.3.22 본항개정)
② (2008.2.29 삭제)
③ 예탁결제원은 제1항 외의 업무에 관한 규정을 제정·변경하거나 폐지한 경우에는 지체 없이 금융위원회에 보고하여야 한다.
(2008.2.29 본조개정)

제306조【예탁결제원에 대한 검사】 제419조(제2항부터 제4항까지 및 제8항을 제외한다)는 예탁결제원에 대한 검사에 관하여 준용한다.

제307조【예탁결제원에 대한 조치】 ① 금융위원회는 예탁결제원이 별표8 각 호의 어느 하나에 해당하는 경우에는 다음 각 호의 어느 하나에 해당하는 조치를 할 수 있다.(2008.2.29 본문개정)
1. 6개월 이내의 업무의 전부 또는 일부의 정지
2. 계약의 인계명령
3. 위법행위의 시정명령 또는 중지명령
4. 위법행위로 인한 조치를 받았다는 사실의 공표명령 또는 게시명령
5. 기관경고
6. 기관주의
7. 그 밖에 위법행위를 시정하거나 방지하기 위하여 필요한 조치로서 대통령령으로 정하는 조치
② 금융위원회는 예탁결제원의 임원이 별표8 각 호의 어느 하나에 해당하는 경우에는 다음 각 호의 어느 하나에 해당하는 조치를 할 수 있다.(2008.2.29 본문개정)
1. 해임요구
2. 6개월 이내의 직무정지
3. 문책경고
4. 주의적 경고
5. 주의
6. 그 밖에 위법행위를 시정하거나 방지하기 위하여 필요한 조치로서 대통령령으로 정하는 조치
③ 금융위원회는 예탁결제원의 직원이 별표8 각 호의 어느 하나에 해당하는 경우에는 다음 각 호의 어느 하나에 해당하는 조치를 예탁결제원에 요구할 수 있다.
(2008.2.29 본문개정)
1. 면직
2. 6개월 이내의 정직
3. 감봉
4. 견책
5. 경고
6. 주의
7. 그 밖에 위법행위를 시정하거나 방지하기 위하여 필요한 조치로서 대통령령으로 정하는 조치
④ 제422조제3항, 제423조(제1호를 제외한다), 제424조(제2항을 제외한다) 및 제425조는 예탁결제원 및 그 임직원에 대한 조치 등에 관하여 준용한다.

제2절 예탁관련제도

제308조【예탁대상증권등】 ① 이 절은 증권등에 표시될 수 있거나 표시되어야 할 권리가 「주식·사채 등의 전자등록에 관한 법률」에 따라 전자등록된 경우 그 증권등에 대해서는 적용하지 아니한다.
② 예탁결제원에 예탁할 수 있는 증권등(이하 "예탁대상증권등"이라 한다)은 예탁결제원이 지정한다.
(2016.3.22 본조개정)

제309조【예탁결제원에의 예탁 등】 ① 예탁결제원에 증권등을 예탁하고자 하는 자는 예탁결제원에 계좌를 개설하여야 한다.
② 제1항에 따라 계좌를 개설한 자(이하 "예탁자"라 한다)는 자기가 소유하고 있는 증권등과 투자자로부터 예탁받은 증권등을 투자자의 동의를 얻어 예탁결제원에 예탁할 수 있다.
③ 예탁결제원은 다음 각 호의 사항을 기재하여 예탁자계좌부를 작성·비치하되, 예탁자의 자기소유분과 투자자 예탁분이 구분될 수 있도록 하여야 한다.
1. 예탁자의 명칭 및 주소
2. 예탁받은 증권등(이하 "예탁증권등"이라 한다)의 종류 및 수와 그 발행인의 명칭
3. 그 밖에 총리령으로 정하는 사항(2008.2.29 본호개정)
④ 예탁결제원은 예탁증권등을 종류·종목별로 혼합하여 보관할 수 있다.
⑤ 예탁자 또는 그 투자자가 증권등을 인수 또는 청약하거나, 그 밖의 사유로 새로 증권등의 발행을 청구하는 경우에 그 증권등의 발행인은 예탁자 또는 그 투자자의 신청에 의하여 이들을 갈음하여 예탁결제원을 명의인으로 하여 그 증권등을 발행할 수 있다.(2016.3.22 본항개정)

제310조【투자자의 예탁자에의 예탁 등】 ① 투자자로부터 예탁받은 증권등을 예탁결제원에 다시 예탁하는 예탁자는 다음 각 호의 사항을 기재하여 투자자계좌부를 작성·비치하여야 한다.
1. 투자자의 성명 및 주소
2. 예탁증권등의 종류 및 수와 그 발행인의 명칭
3. 그 밖에 총리령으로 정하는 사항(2008.2.29 본호개정)
② 예탁자는 제1항에 따른 기재를 한 경우에는 해당 증권등이 투자자 예탁분이라는 것을 밝혀 지체 없이 예탁결제원에 예탁하여야 한다.
③ 예탁자는 제1항에 따른 기재를 한 경우에는 제2항에 따라 해당 증권등을 예탁결제원에 예탁하기 전까지는 이를 자기소유분과 구분하여 보관하여야 한다.
④ 제1항에 따른 투자자계좌부에 기재된 증권등은 그 기재를 한 때에 예탁결제원에 예탁된 것으로 본다.

제311조【계좌부 기재의 효력】 ① 투자자계좌부와 예탁자계좌부에 기재된 자는 각각 그 증권등을 점유하는 것으로 본다.
② 투자자계좌부 또는 예탁자계좌부에 증권등의 양도를 목적으로 계좌 간 대체의 기재를 하거나 질권설정을 목적으로 질물(質物)인 뜻과 질권자를 기재한 경우에는 증권등의 교부가 있었던 것으로 본다.
③ 예탁증권등의 신탁은 예탁자계좌부 또는 투자자계좌부에 신탁재산인 뜻을 기재함으로써 제삼자에게 대항할 수 있다.(2011.7.25 본항개정)
④ (2016.3.22 삭제)

제312조【권리 추정 등】 ① 예탁자의 투자자와 예탁자는 각각 투자자계좌부와 예탁자계좌부에 기재된 증권등의 종류·종목 및 수량에 따라 예탁증권등에 대한 공유지분을 가지는 것으로 추정한다.
② 예탁자의 투자자나 그 질권자는 예탁자에 대하여, 예탁자는 예탁결제원에 대하여 언제든지 공유지분에 해당하는 예탁증권등의 반환을 청구할 수 있다. 이 경우 질권의 목적으로 되어 있는 예탁증권등에 대하여는 질권자의 동의가 있어야 한다.
③ 예탁결제원은 예탁자의 파산·해산, 그 밖에 대통령령으로 정하는 사유가 발생한 경우 총리령으로 정하는 기준 및 방법에 따라 예탁증권등 중 투자자 예탁분의 반환 또는 계좌 간 대체를 제한할 수 있다.(2008.2.29 본항개정)

제313조【보전의무】 ① 예탁증권등이 부족하게 된 경우에는 예탁결제원 및 제310조제1항에 규정된 예탁자가 대통령령으로 정하는 방법 및 절차에 따라 이를 보전하여야 한다. 이 경우 예탁결제원 및 예탁자는 그 부족에 대한 책임이 있는 자에 대하여 구상권(求償權)을 행사할 수 있다.
② 제1항의 예탁자는 제309조제1항에 따른 계좌를 폐쇄한 이후에도 제1항에 따른 보전책임을 부담한다. 다만, 계좌를 폐쇄한 때부터 5년이 경과한 경우에는 그 책임은 소멸한다.

제314조【예탁증권등의 권리 행사 등】 ① 예탁결제원은 예탁자 또는 그 투자자의 신청에 의하여 예탁증권등에 관한 권리를 행사할 수 있다. 이 경우 그 투자자의 신청은 예탁자를 거쳐야 한다.
② 예탁결제원은 예탁증권등에 대하여 자기명의로 명의개서를 청구할 수 있다.(2016.3.22 본항개정)
③ 예탁결제원은 제2항에 따라 자기명의로 명의개서된 주권에 대하여는 예탁자의 신청이 없는 경우에도 「상법」 제358조의2에 규정된 사항과 주주명부의 기재 및 주권에 관하여 주주로서의 권리를 행사할 수 있다.
④~⑤ (2013.5.28 삭제)
⑥ 예탁증권등의 발행인은 제1항에 따른 예탁결제원의 권리 행사를 위하여 대통령령으로 정하는 사항을 지체 없이 예탁결제원에 통지하여야 한다.(2013.5.28 본항개정)
⑦ 제3항은 예탁증권등 중 기명식 증권에 관하여 준용한다.
⑧ 예탁자를 통하여 투자자에게 반환된 후 투자자의 명의로 명의개서가 되지 아니한 예탁결제원 명의의 주권(그 주권에서 발생하는 권리를 포함한다)의 관리에 대하여 필요한 사항은 대통령령으로 정한다.(2016.3.22 본항개정)
(2013.5.28 본조제목개정)

제315조【실질주주의 권리 행사 등】 ① 예탁증권등 중 주식의 공유자(이하 "실질주주"라 한다)는 주주로서의 권리 행사에 있어서는 각각 제312조제1항에 따른 공유지분에 상당하는 주식을 가지는 것으로 본다.
② 실질주주는 제314조제3항에 따른 권리를 행사할 수 없다. 다만, 회사의 주주에 대한 통지 및 「상법」 제396조제2항에 따른 주주명부의 열람 또는 등사 청구에 대하여는 그 권리를 행사할 수 있다.
③ 예탁증권등 중 주권의 발행인은 「상법」 제354조에 따라 일정한 기간 또는 일정한 날을 정한 경우에는 예탁결제원에 이를 지체 없이 통지하여야 하며, 예탁결제원은 그 일정한 기간의 첫날 또는 그 일정한 날(이하 이 조에서 "주주명부폐쇄기준일"이라 한다)의 실질주주에 관하여 다음 각 호의 사항을 지체 없이 그 주권의 발행인 또는 명의개서를 대리하는 회사에 통지하여야 한다.
1. 성명 및 주소
2. 제1항에 따른 주식의 종류 및 수
④ 예탁결제원은 제310조제1항에 규정된 예탁자에게 주주명부폐쇄기준일의 실질주주에 관하여 제3항 각 호에 규정된 사항의 통보를 요청할 수 있다. 이 경우 요청받은 예탁자는 지체 없이 이를 통보하여야 한다.
⑤~⑥ (2016.3.22 삭제)

제316조【실질주주명부의 작성 등】 ① 제315조제3항에 따라 통지받은 발행인 또는 명의개서를 대행하는 회사는 통지받은 사항과 통지 연월일을 기재하여 실질주주명부를 작성·비치하여야 한다.
② 예탁결제원에 예탁된 주권의 주식에 관한 실질주주명부에의 기재는 주주명부에의 기재와 같은 효력을 가진다.
③ 제1항에 따른 발행인 또는 명의개서를 대리하는 회사는 주주명부에 주주로 기재된 자와 실질주주명부에 실질주주로 기재된 자가 동일인이라고 인정되는 경우에는 주주로서의 권리 행사에 있어서 주주명부의 주식수와 실질주주명부의 주식수를 합산하여야 한다.

제317조【민사집행】 예탁증권등에 관한 강제집행·가압류 및 가처분의 집행 또는 경매에 관하여 필요한 사항은 대법원규칙으로 정한다.

제318조【실질주주증명서】 ① 예탁결제원은 예탁자 또는 그 투자자가 주주로서의 권리를 행사하기 위하여 증권등의 예탁을 증명하는 문서(이하 이 조에서 "실질주주증명서"라 한다)의 발행을 신청하는 경우에는 총리령으로 정하는 방법에 따라 이를 발행하여야 한다. 이 경우 투자자의 신청은 예탁자를 거쳐야 한다.(2008.2.29 전단개정)
② 예탁결제원은 제1항에 따라 실질주주증명서를 발행한 경우에는 해당 발행인에게 그 사실을 지체 없이 통지하여야 한다.
③ 예탁자 또는 그 투자자가 제1항에 따라 발행된 실질주주증명서를 발행인에게 제출한 경우에는 「상법」 제337조제1항에 불구하고 발행인에게 대항할 수 있다.

제319조 (2016.3.22 삭제)

제320조【외국예탁결제기관 등의 예탁 등에 관한 특례】 ① 제310조, 제313조, 제314조제6항, 제315조 및 제316조제3항은 외국예탁결제기관에 적용하지 아니한다. 다만, 외국예탁결제기관이 그 적용을 요청하는 경우에는 그러하지 아니하다.
② 제309조제5항, 제314조제6항, 제315조, 제316조 및 제318조는 예탁증권등의 발행인이 외국법인등인 경우에 적용하지 아니한다. 다만, 그 외국법인등이 그 적용을 요청하는 경우에는 그러하지 아니하다.
(2013.5.28 본조개정)

제321조【보고 및 확인 등】 예탁결제원은 예탁자에 대하여 예탁업무에 관한 보고 또는 자료의 제출을 요구하거나, 관련 장부의 열람 또는 예탁자 자체보관 증권등의 보관상황 등을 확인할 수 있다.

제322조【증권등의 관리】 ① 상장법인 및 명의개서대행회사는 증권등의 용지·발행·소각·교체발행·폐기, 그 밖에 그 관리에 관하여 예탁결제원이 정하는 증권등 취급규정에 따라야 한다.
② 예탁결제원은 상장법인이 증권등의 발행을 위하여 예비로 보관하고 있는 증권등의 용지(이하 "예비증권등"이라 한다)를 관리할 수 있다.
③ 예탁결제원은 필요하다고 인정되는 경우에는 상장법인 및 명의개서대행회사에 대하여 제1항에 따른 증권등의 사무취급절차와 예비증권등의 관리에 관한 자료의 제출을 요구할 수 있고, 소속직원에게 이를 확인하게 할 수 있다.
④ 비상장법인이 발행하는 증권등에 관하여 예탁결제원의 증권등 취급규정에 따른 용지를 사용하고자 할 경우에는 예탁결제원의 승인을 받아야 한다. 이 경우 제1항부터 제3항까지의 규정을 준용한다.
⑤ 제1항부터 제3항까지의 규정은 상장법인이 비상장법인으로 된 경우 예탁결제원의 증권등 취급규정에 따른 용지와 그 용지에 의하여 발행한 증권등이 전부 폐기될 때까지 준용한다.

제323조【발행명세 및 사고증권등의 명세 통지 등】 ① 예탁대상증권등의 발행인은 새로 증권등을 발행하는 경우 그 증권등의 종류, 그 밖에 총리령으로 정하는 사항을 예탁결제원에 지체 없이 통지하여야 한다.(2008.2.29 본항개정)
② 예탁대상증권등의 발행인은 증권등의 압류·가압류 또는 가처분의 명령에 관한 통지를 받거나 도난·분실 또는 멸실된 증권등에 대한 사고신고(「민사소송법」에 따른 공시최고 및 제권판결을 포함한다)를 접수한 경우 그 증권등의 종류, 그 밖에 총리령으로 정하는 사항을 예탁결제원에 지체 없이 통지하여야 한다.(2008.2.29 본항개정)
③ 제1항 및 제2항에 따라 통지를 받은 예탁결제원은 그 내용을 공표하여야 한다.

제2장의2 금융투자상품거래청산회사

(2013.4.5 본장신설)

제323조의2【무인가 청산영업행위 금지】 누구든지 이 법에 따른 금융투자상품거래청산업인가(변경인가를 포함한다)를 받지 아니하고는 금융투자상품거래청산업을 영위하여서는 아니 된다.

제323조의3【금융투자상품거래청산업의 인가】 ① 금융투자상품거래청산업을 영위하려는 자는 청산대상거래 및 청산대상업자를 구성요소로 하여 대통령령으로 정하는 업무 단위(이하 "청산업 인가업무 단위"라 한다)의 전부나 일부를 선택하여 금융위원회로부터 하나의 금융투자상품거래청산업인가를 받아야 한다.

② 제1항에 따라 금융투자상품거래청산업인가를 받으려는 자는 다음 각 호의 요건을 모두 갖추어야 한다.

1. 「상법」에 따른 주식회사일 것
2. 청산업 인가업무 단위별로 200억원 이상으로서 대통령령으로 정하는 금액 이상의 자기자본을 갖출 것
3. 사업계획이 타당하고 건전할 것
4. 투자자의 보호가 가능하고 그 영위하려는 금융투자상품거래청산업을 수행하기에 충분한 인력과 전산설비, 그 밖의 물적 설비를 갖출 것
5. 정관 및 청산업무규정이 법령에 적합하고 금융투자상품거래청산업을 수행하기에 충분할 것
6. 임원이 「금융회사의 지배구조에 관한 법률」 제5조에 적합할 것(2015.7.31 본호개정)
7. 대주주(제12조제2항제6호가목의 대주주를 말한다)가 충분한 출자능력, 건전한 재무상태 및 사회적 신용을 갖출 것
8. 대통령령으로 정하는 사회적 신용을 갖출 것
9. 이해상충방지체계를 구축하고 있을 것

③ 제2항의 인가요건에 관하여 필요한 사항은 대통령령으로 정한다.

제323조의4【인가의 신청 및 심사】 ① 제323조의3제1항에 따른 인가를 받으려는 자는 인가신청서를 금융위원회에 제출하여야 한다.

② 금융위원회는 제1항의 인가신청서를 접수한 때에는 그 내용을 심사하여 3개월 이내에 인가 여부를 결정하고, 그 결과와 이유를 지체 없이 신청인에게 문서로 통지하여야 한다. 이 경우 인가신청서에 흠결이 있는 경우에는 보완을 요구할 수 있다.

③ 제2항의 심사기간을 산정함에 있어서 인가신청서 흠결의 보완기간 등 총리령으로 정하는 기간은 산입하지 아니한다.

④ 금융위원회는 제2항에 따라 인가를 하는 경우에는 금융투자상품거래청산회사의 경영의 건전성 확보 및 건전한 시장질서 유지에 필요한 조건을 붙일 수 있다.

⑤ 제4항에 따라 조건이 붙은 인가를 받은 자는 사정의 변경이나 그 밖에 정당한 사유가 있는 경우에는 금융위원회에 조건의 취소 또는 변경을 요청할 수 있다. 이 경우 금융위원회는 2개월 이내에 조건의 취소 또는 변경 여부를 결정하고, 그 결과를 지체 없이 신청인에게 문서로 통지하여야 한다.

⑥ 금융위원회는 제2항에 따라 인가를 한 경우에는 다음 각 호의 사항을 관보 및 인터넷 홈페이지 등에 공고하여야 한다.

1. 인가의 내용
2. 인가의 조건(조건을 붙인 경우로 한정한다)
3. 인가의 조건을 취소하거나 변경한 경우 그 내용(조건을 취소하거나 변경한 경우로 한정한다)

⑦ 제1항부터 제6항까지의 규정에 따른 인가신청서의 기재사항·첨부서류 등 인가의 신청에 관한 사항과 인가심사의 방법·절차, 그 밖에 필요한 사항은 대통령령으로 정한다.

제323조의5【예비인가】 ① 제323조의3에 따른 금융투자상품거래청산업인가(이하 이 조에서 "본인가"라 한다)를 받으려는 자는 미리 금융위원회에 예비인가를 신청할 수 있다.

② 금융위원회는 예비인가를 신청받은 경우에는 2개월 이내에 제323조의3제2항 각 호의 요건을 갖출 수 있는지 여부를 심사하여 예비인가 여부를 결정하고, 그 결과와 이유를 지체 없이 신청인에게 문서로 통지하여야 한다. 이 경우 예비인가신청에 관하여 흠결이 있는 때에는 보완을 요구할 수 있다.

③ 제2항의 심사기간을 산정함에 있어서 예비인가신청과 관련된 흠결의 보완기간 등 총리령으로 정하는 기간은 심사기간에 산입하지 아니한다.

④ 금융위원회는 제2항에 따라 예비인가를 하는 경우에는 금융투자상품거래청산회사의 경영의 건전성 확보 및 건전한 시장질서 유지에 필요한 조건을 붙일 수 있다.

⑤ 금융위원회는 예비인가를 받은 자가 본인가를 신청하는 경우에는 제4항에 따른 예비인가의 조건을 이행하였는지 여부와 제323조의3제2항 각 호의 요건을 갖추었는지 여부를 확인한 후 본인가 여부를 결정하여야 한다.

⑥ 제1항부터 제5항까지의 규정에 따른 예비인가의 신청서 및 그 기재사항·첨부서류 등 예비인가의 신청에 관한 사항과 예비인가심사의 방법·절차, 그 밖에 예비인가에 관하여 필요한 사항은 대통령령으로 정한다.

제323조의6【인가요건의 유지】 금융투자상품거래청산회사는 제323조의3에 따른 금융투자상품거래청산업인가를 받아 그 업무를 영위함에 있어서 같은 조 제2항 각 호의 인가요건(제8호는 제외한다)을 유지하여야 한다.

제323조의7【업무의 추가 및 인가의 변경】 금융투자상품거래청산회사는 제323조의3에 따라 인가받은 청산업 인가업무 단위 외에 다른 청산업 인가업무 단위를 추가하여 금융투자상품거래청산업을 영위하려는 경우에는 제323조의3 및 제323조의4에 따라 금융위원회의 변경인가를 받아야 한다. 이 경우 제323조의5를 적용한다.

제323조의8【유사명칭 사용 금지】 금융투자상품거래청산회사가 아닌 자는 "금융투자상품거래청산", "금융투자상품청산", "증권거래청산", "증권청산", "파생상품거래청산", "파생상품청산" 또는 이와 유사한 명칭을 사용하여서는 아니 된다.

제323조의9【임원 등】 ① 금융투자상품거래청산회사의 상근임원은 청산대상업자의 임직원 외의 사람이어야 한다.

② 금융투자상품거래청산회사의 임원의 자격에 관하여는 「금융회사의 지배구조에 관한 법률」 제5조를 준용한다.(2015.7.31 본항개정)

③ 금융투자상품거래청산회사의 상근 임직원은 청산대상업자 및 금융투자업관계기관(그 상근 임직원이 소속된 금융투자상품거래청산회사는 제외한다)과 자금의 공여, 손익의 분배, 그 밖에 영업에 관하여 대통령령으로 정하는 특별한 이해관계를 가져서는 아니 된다.

제323조의10【업무】 ① 금융투자상품거래청산회사는 정관으로 정하는 바에 따라 다음 각 호의 업무를 행한다.

1. 청산대상거래의 확인업무
2. 청산대상거래에 따른 채무의 채무인수, 경개, 그 밖의 방법에 따른 채무부담업무
3. 청산대상거래에서 발생하는 다수의 채권 및 채무에 대한 차감업무
4. 결제목적물·결제금액의 확정 및 결제기관에 대한 결제지시업무
5. 결제불이행에 따른 처리업무
6. 제1호부터 제5호까지의 규정에 따른 업무에 수반되는 부수업무로서 금융위원회로부터 승인을 받은 업무

② 금융투자상품거래청산회사는 제1항 각 호의 업무 외에 다른 업무를 할 수 없다. 다만, 다음 각 호의 어느 하나에 해당하는 경우에는 그러하지 아니하다.

1. 이 법 또는 다른 법령에서 금융투자상품거래청산회사의 업무로 규정한 업무를 행하는 경우
2. 이 법 또는 다른 법률에서 정하는 바에 따라 거래소, 그 밖에 대통령령으로 정하는 금융투자업관계기관이 금융투자상품거래청산업무를 하는 경우

제323조의11【청산업무규정 등】 ① 금융투자상품거래청산회사는 청산업무규정을 정하여야 한다. 이 경우 청산업무규정은 제303조의 결제업무규정, 제387조의 회원관리규정 및 제393조의 업무규정과 상충되어서는 아니 된다.

② 금융투자상품거래청산회사는 정관 및 제1항의 청산업무규정을 변경하려는 경우에는 금융위원회의 승인을 받아야 한다.

③ 제1항의 청산업무규정에는 다음 각 호의 사항을 포함하여야 한다.

1. 청산대상거래 및 그 거래대상이 되는 금융투자상품에 관한 사항
2. 청산대상업자의 요건에 관한 사항
3. 금융투자상품거래청산업으로서 행하는 채무의 채무인수, 경개, 그 밖의 방법에 의한 채무의 부담 및 그 이행에 관한 사항
4. 청산대상업자의 채무의 이행 확보에 관한 사항
5. 청산증거금 및 손해배상공동기금에 관한 사항
6. 청산대상업자가 아닌 자가 청산대상업자를 통하여 금융투자상품거래청산회사로 하여금 청산대상거래의 채무를 부담하게 하는 경우 그 금융투자상품거래청산의 중개·주선이나 대리에 관한 사항
7. 외국 금융투자상품거래청산회사(외국의 법령에 따라 외국에서 금융투자상품거래청산업무에 상당하는 업무를 수행하는 자를 말한다)와의 협력에 관한 사항
8. 그 밖에 금융투자상품거래청산업무의 수행을 위하여 필요한 사항으로서 금융위원회가 정하여 고시하는 사항

제323조의12【부당한 차별의 금지】 금융투자상품거래청산회사는 정당한 사유 없이 특정한 청산대상업자를 차별적으로 대우하여서는 아니 된다.

제323조의13【청산증거금】 ① 청산대상업자는 금융투자상품거래청산회사에 대하여 부담하는 채무의 이행을 보증하기 위하여 청산업무규정으로 정하는 바에 따라 금융투자상품거래청산회사에 금전등으로 청산증거금을 예치하여야 한다. 다만, 금융투자상품거래청산회사가 인정하는 청산대상거래에 대하여는 그러하지 아니하다.

② 금융투자상품거래청산회사는 청산대상업자가 금융투자상품거래청산회사에 대하여 청산대상거래에 따른 채무를 이행하지 아니하는 경우에는 그 청산대상업자의 청산증거금으로 그 채무의 변제에 충당할 수 있다.

제323조의14【손해배상공동기금】 ① 청산대상업자는 청산대상거래에 따른 채무의 불이행으로 인하여 발생하는 손해를 배상하기 위하여 청산업무규정으로 정하는 바에 따라 금융투자상품거래청산회사에 금전등으로 손해배상공동기금을 적립하여야 한다. 다만, 청산업무규정으로 정하는 청산대상업자에 대하여는 그러하지 아니하다.

② 금융투자상품거래청산회사는 제1항에 따른 손해배상공동기금을 청산대상거래의 유형별로 구분하여 적립하여야 한다.

③ 청산대상업자(제1항 단서에 따른 청산대상업자는 제외한다)는 제1항 및 제2항의 손해배상공동기금의 범위에서 청산대상거래에 따른 채무의 불이행으로 인하여 발생하는 손해배상에 관하여 연대책임을 진다.

④ 금융투자상품거래청산회사는 손해배상공동기금으로 제1항에 따른 손해를 보전한 경우에는 손해를 끼친 청산대상업자에 대하여 그 보전한 금액과 이에 소요된 비용에 관하여 구상권을 가진다.

⑤ 금융투자상품거래청산회사는 제4항에 따라 추심된 금액을 손해배상공동기금에 충당한다.

⑥ 제1항의 손해배상공동기금의 총적립규모, 적립방법, 사용·관리·환급 및 제4항에 따른 구상권 행사 등에 관하여 필요한 사항은 대통령령으로 정한다.

제323조의15【채무변제순위】 ① 청산대상업자가 청산대상거래에 따른 채무를 이행하지 아니하여 금융투자상품거래청산회사 또는 다른 청산대상업자에게 손해를 끼친 경우 그 손해를 입은 금융투자상품거래청산회사 또는 다른 청산대상업자는 그 손해를 끼친 청산대상업자의 청산증거금 및 손해배상공동기금 지분에 대하여 다른 채권자보다 우선하여 변제받을 권리를 가진다.

② 금융투자상품거래청산회사는 청산대상업자가 결제를 위하여 납부한 결제목적물 및 결제대금에 관하여 다른 채권자보다 우선하여 변제를 받을 권리가 있다.

③ 금융투자상품거래청산회사는 청산대상거래에 따른 결제의 완료 전에 결제목적물 또는 결제대금이 인도된 경우에 해당 청산대상업자가 그 결제를 이행하지 아니함으로써 금융투자상품거래청산회사에 손해를 끼친 때에는 그 청산대상업자의 재산에 관하여 다른 채권자보다 우선하여 변제를 받을 권리가 있다. 다만, 그 결제의 이행 기한이 도래하기 전에 설정된 전세권·질권·저당권 또는 「동산·채권 등의 담보에 관한 법률」에 따른 담보권에 의하여 담보된 채권에 대하여는 우선하여 변제를 받을 권리가 없다.

제323조의16【금융투자상품거래청산회사의 거래정보 보고 등】 ① 금융투자상품거래청산회사는 제166조의3에 따른 청산의무거래, 그 밖에 대통령령으로 정하는 거래정보를 보관·관리하여야 한다.

② 금융투자상품거래청산회사는 제1항에 따라 보관·관리하는 거래정보를 금융위원회, 그 밖에 대통령령으로 정하는 자에게 보고하여야 한다.

③ 제1항 및 제2항에 따른 거래정보의 보관·관리 및 보고의 요령과 방법, 그 밖에 필요한 사항은 대통령령으로 정한다.

제323조의17【준용규정】 제54조, 제63조, 제383조제1항, 제408조, 제413조 및 「금융실명거래 및 비밀보장에 관한 법률」 제4조는 금융투자상품거래청산회사에 준용한다.

제323조의18【주식소유의 제한】 누구든지 다음 각 호의 어느 하나에 해당하는 경우를 제외하고는 금융투자상품거래청산회사의 의결권 있는 발행주식총수의 100분의 20을 초과하여 금융투자상품거래청산회사가 발행한 주식을 소유할 수 없다. 이 경우 제406조제2항부터 제4항까지 및 제407조를 준용한다.

1. 정부가 소유하는 경우
2. 그 밖에 대통령령으로 정하는 바에 따라 금융위원회의 승인을 받은 경우

제323조의19【금융투자상품거래청산회사에 대한 검사】 금융투자상품거래청산회사에 대한 검사에 관하여는 제419조(제2항부터 제4항까지 및 제8항은 제외한다)를 준용한다.

제323조의20【금융투자상품거래청산회사에 대한 조치】 ① 금융위원회는 금융투자상품거래청산회사가 다음 각 호의 어느 하나에 해당하는 경우에는 제323조의3제1항에 따른 인가를 취소할 수 있다.

1. 거짓, 그 밖의 부정한 방법으로 제323조의3제1항에 따른 인가를 받은 경우
2. 인가조건을 위반한 경우
3. 제323조의6에 따른 인가요건 유지의무를 위반한 경우
4. 업무의 정지기간 중에 업무를 한 경우
5. 금융위원회의 시정명령 또는 중지명령을 이행하지 아니한 경우
6. 별표8의2 각 호의 어느 하나에 해당하는 경우로서 대통령령으로 정하는 경우
7. 대통령령으로 정하는 금융 관련 법령 등을 위반한 경우로서 대통령령으로 정하는 경우
8. 그 밖에 투자자의 이익을 현저히 해할 우려가 있거나 해당 업무를 영위하기 곤란하다고 인정되는 경우로서 대통령령으로 정하는 경우

② 금융위원회는 금융투자상품거래청산회사가 제1항 각 호(제6호는 제외한다)의 어느 하나에 해당하거나 별표8의2 각 호의 어느 하나에 해당하는 경우에는 다음 각 호의 어느 하나에 해당하는 조치를 할 수 있다.

1. 6개월 이내의 업무의 전부 또는 일부의 정지
2. 계약의 인계명령
3. 위법행위의 시정명령 또는 중지명령

4. 위법행위로 인한 조치를 받았다는 사실의 공표명령 또는 게시명령
5. 기관경고
6. 기관주의
7. 그 밖에 위법행위를 시정하거나 방지하기 위하여 필요한 조치로서 대통령령으로 정하는 조치
③ 금융위원회는 금융투자상품거래청산회사의 임원이 제1항 각 호(제6호는 제외한다)의 어느 하나에 해당하거나 별표8의2 각 호의 어느 하나에 해당하는 경우에는 다음 각 호의 어느 하나에 해당하는 조치를 할 수 있다.
1. 해임요구
2. 6개월 이내의 직무정지
3. 문책경고
4. 주의적 경고
5. 주의
6. 그 밖에 위법행위를 시정하거나 방지하기 위하여 필요한 조치로서 대통령령으로 정하는 조치
④ 금융위원회는 금융투자상품거래청산회사의 직원이 제1항 각 호(제6호는 제외한다)의 어느 하나에 해당하거나 별표8의2 각 호의 어느 하나에 해당하는 경우에는 다음 각 호의 어느 하나에 해당하는 조치를 그 금융투자상품거래청산회사에 요구할 수 있다.
1. 면직
2. 6개월 이내의 정직
3. 감봉
4. 견책
5. 경고
6. 주의
7. 그 밖에 위법행위를 시정하거나 방지하기 위하여 필요한 조치로서 대통령령으로 정하는 조치
⑤ 제422조제3항 및 제423조부터 제425조까지의 규정은 금융투자상품거래청산회사 및 그 임직원에 대한 조치 등에 관하여 준용한다.

제3장 증권금융회사

제323조의21【무인가 증권금융업무 금지】 누구든지 이 법에 따른 인가를 받지 아니하고는 증권금융업무(제326조제1항에 따른 업무를 말한다. 이하 같다)를 영위하여서는 아니 된다. 다만, 투자자 보호 및 건전한 거래질서를 해할 우려가 없는 경우로서 대통령령으로 정하는 경우는 제외한다.(2013.5.28 본조신설)

제324조【인가】 ① 제326조제1항제2호의 업무를 포함하는 증권금융업무(이하 "증권금융업무"라 한다)를 영위하려는 자는 금융위원회의 인가를 받아야 한다.
(2013.5.28 본항개정)
② 제1항에 따른 인가를 받으려는 자는 다음 각 호의 요건을 모두 갖추어야 한다.
1. 「상법」에 따른 주식회사일 것
2. 20억원 이상으로서 대통령령으로 정하는 금액 이상의 자기자본을 갖출 것
3. 사업계획이 타당하고 건전할 것
4. 투자자를 보호하고 영위하고자 하는 업무를 수행하기에 충분한 인력 및 전산설비, 그 밖의 물적 설비를 갖출 것
5. 임원이 「금융회사의 지배구조에 관한 법률」 제5조에 적합할 것(2015.7.31 본호개정)
6. 대주주(제12조제2항제6호가목의 대주주를 말한다)가 충분한 출자능력, 건전한 재무상태 및 사회적 신용을 갖출 것
7. 이해상충방지체계를 구축하고 있을 것
③ 제1항에 따른 인가를 받으려는 자는 인가신청서를 금융위원회에 제출하여야 한다.(2008.2.29 본항개정)
④ 금융위원회는 제3항의 인가신청서를 접수한 경우에는 그 내용을 심사하여 3개월 이내에 인가 여부를 결정하고, 그 결과와 이유를 지체 없이 신청인에게 문서로 통지하여야 한다. 이 경우 인가신청서에 흠결이 있는 때에는 보완을 요구할 수 있다.(2008.2.29 전단개정)
⑤ 제4항의 심사기간을 산정함에 있어서 인가신청서 흠결의 보완기간 등 총리령으로 정하는 기간은 산입하지 아니한다.(2008.2.29 본항개정)
⑥ 금융위원회는 제4항에 따라 인가를 하는 경우에는 경영의 건전성 확보 및 투자자 보호에 필요한 조건을 붙일 수 있다.(2008.2.29 본항개정)
⑦ 제6항에 따라 조건이 붙은 인가를 받은 자는 사정의 변경, 그 밖에 정당한 사유가 있는 경우에는 금융위원회에 조건의 취소 또는 변경을 요청할 수 있다. 이 경우 금융위원회는 2개월 이내에 조건의 취소 또는 변경 여부를 결정하고, 그 결과를 지체 없이 신청인에게 문서로 통지하여야 한다.(2008.2.29 본항개정)
⑧ 금융위원회는 제4항에 따라 인가를 한 경우에는 다음 각 호의 사항을 관보 및 인터넷 홈페이지 등에 공고하여야 한다.(2008.2.29 본문개정)
1. 인가의 내용
2. 인가의 조건(조건을 붙인 경우에 한한다)
3. 인가의 조건을 취소하거나 변경한 경우 그 내용
⑨ 증권금융회사는 인가를 받아 그 영업을 영위함에 있어서 제2항 각 호의 인가요건(제2호 및 제6호의 경우에는 대통령령으로 정하는 완화된 요건을 말한다)을 유지하여야 한다.
⑩ 제1항부터 제8항까지의 규정에 따른 인가신청서의 기재사항·첨부서류 등 인가의 신청에 관한 사항과 인가심사의 방법·절차, 그 밖에 필요한 사항은 대통령령으로 정한다.

제325조【유사명칭 사용 금지】 증권금융회사가 아닌 자는 "증권금융" 또는 이와 유사한 명칭을 사용하여서는 아니 된다.

제326조【업무】 ① 증권금융업무는 다음 각 호와 같다.
1. 금융투자상품의 매도·매수, 증권의 발행·인수 또는 그 중개나 청약의 권유, 청약, 청약의 승낙과 관련하여 투자매매업자 또는 투자중개업자에 대하여 필요한 자금 또는 증권을 대여하는 업무(2013.5.28 본호개정)
2. 거래소시장에서의 매매거래(다자간매매체결회사에서의 거래를 포함한다) 또는 청산대상거래에 필요한 자금 또는 증권을 제378조제1항에 따른 청산기관인 거래소 또는 금융투자상품거래청산회사를 통하여 대여하는 업무(2013.5.28 본호개정)
3. 증권을 담보로 하는 대출업무
4. 그 밖에 금융위원회의 승인을 받은 업무(2008.2.29 본호개정)
② 증권금융회사는 증권금융업무 외에 다음 각 호의 업무를 영위할 수 있다.
1. 다음 각 목의 어느 하나에 해당하는 업무. 이 경우 이 법 또는 다른 법률에서 인가·허가·등록 등이 필요한 경우에는 이를 받아야 한다.
가. 투자매매업 및 투자중개업 중 대통령령으로 정하는 업무
나. 신탁업무
다. 집합투자재산의 보관·관리 업무
라. 증권대차업무
마. 그 밖에 금융위원회의 승인을 받은 업무
2. 이 법 또는 다른 법령에서 증권금융회사의 업무로 규정한 업무
3. 그 밖에 금융위원회로부터 승인을 받은 업무
(2013.5.28 본항개정)
③ 증권금융회사는 증권금융업무, 제2항의 업무 또는 제330조에 따른 업무에 부수하는 업무로서 다음 각 호의 어느 하나에 해당하는 업무를 행한다.
1. 보호예수업무
2. 그 밖에 금융위원회의 승인을 받은 업무
(2013.5.28 본항개정)

제327조【임원 등】 ① 증권금융회사의 상근임원은 금융투자업자의 임직원 외의 자이어야 한다.
② 「금융회사의 지배구조에 관한 법률」 제5조는 증권금융회사의 임원에게 준용한다.(2015.7.31 본항개정)
③ 증권금융회사의 상근 임직원은 금융투자업자 및 금융투자업관계기관(그 상근 임직원이 소속된 증권금융회사를 제외한다)과 자금의 공여, 손익의 분배, 그 밖에 영업에 관하여 대통령령으로 정하는 특별한 이해관계를 가져서는 아니 된다.

제328조【준용규정】 제54조, 제63조, 제64조 및 「금융회사의 지배구조에 관한 법률」 제31조(제5항은 제외한다)는 증권금융회사에 준용한다.(2015.7.31 본조개정)

제329조【사채의 발행】 ① 증권금융회사는 자본금과 준비금의 합계액의 20배를 초과하지 아니하는 범위에서 사채를 발행할 수 있다.(2013.5.28 본항개정)
② 증권금융회사는 제1항에 따라 발행한 사채의 상환을 위하여 일시적으로 그 한도를 초과하여 사채를 발행할 수 있다. 이 경우 발행 후 1개월 이내에 제1항의 한도에 적합하도록 하여야 한다.
③ 제1항에 따른 증권금융회사의 사채 발행에 관하여 필요한 사항은 대통령령으로 정한다.

제330조【금융투자업자 자금의 예탁 등】 ① 증권금융회사는 금융투자업자, 금융투자업관계기관(그 증권금융회사를 제외한다), 거래소, 상장법인, 그 밖에 총리령으로 정하는 자로부터 자금의 예탁을 받을 수 있다.(2008.2.29 본항개정)
② 증권금융회사는 제1항의 업무를 위하여 필요한 경우에는 총리령으로 정하는 방법에 따라 채무증서를 발행할 수 있다.(2008.2.29 본항개정)
③ 제1항 및 제2항의 경우에는 「한국은행법」과 「은행법」을 적용하지 아니한다.

제331조【감독】 ① 금융위원회는 증권금융회사에 대하여 이 법이 정하는 바에 따라 감독하며, 이에 필요한 조치를 명할 수 있다.
② (2008.2.29 삭제)
③ 「은행법」 제34조 및 제46조는 증권금융회사의 경영의 건전성을 유지하기 위한 감독업무에 관하여 준용한다. 이 경우 금융위원회는 증권금융회사의 특성을 고려하여 별도의 경영지도기준을 정하여야 한다.(2010.5.17 전단개정)
(2008.2.29 본조개정)

제332조【업무 폐지 등의 승인】 ① 증권금융회사는 제326조제1항에 따른 업무를 폐지하거나 해산하고자 하는 경우에는 금융위원회의 승인을 받아야 한다.(2008.2.29 본항개정)
② 금융위원회는 제1항에 따른 승인을 한 경우 그 내용을 관보 및 인터넷 홈페이지 등에 공고하여야 한다.
(2008.2.29 본항개정)
③ 제1항에 따른 승인방법·절차, 그 밖의 승인업무 처리를 위하여 필요한 사항은 대통령령으로 정한다.

제333조【정관·규정의 보고】 ① 증권금융회사는 정관을 변경한 경우에는 이를 지체 없이 금융위원회에 보고하여야 한다.
② 증권금융회사는 그 업무에 관한 규정(規程)을 제정·변경하거나 폐지한 경우에는 이를 지체 없이 금융위원회에 보고하여야 한다.
(2008.2.29 본조개정)

제334조【증권금융회사에 대한 검사】 제419조(제2항부터 제4항까지의 규정 및 제8항을 제외한다)는 증권금융회사에 대한 검사에 관하여 준용한다.

제335조【증권금융회사에 대한 조치】 ① 금융위원회는 증권금융회사가 다음 각 호의 어느 하나에 해당하는 경우에는 제324조제1항에 따른 인가를 취소할 수 있다.
(2008.2.29 본문개정)
1. 거짓, 그 밖의 부정한 방법으로 제324조제1항에 따른 인가를 받은 경우
2. 인가조건을 위반한 경우
3. 제324조제9항에 따른 인가요건 유지의무를 위반한 경우
4. 업무의 정지기간 중에 업무를 한 경우
5. 금융위원회의 시정명령 또는 중지명령을 이행하지 아니한 경우(2008.2.29 본호개정)
6. 별표9 각 호의 어느 하나에 해당하는 경우로서 대통령령으로 정하는 경우
7. 대통령령으로 정하는 금융관련 법령 등을 위반한 경우로서 대통령령으로 정하는 경우
8. 그 밖에 투자자의 이익을 현저히 해할 우려가 있거나 해당 업무를 영위하기 곤란하다고 인정되는 경우로서 대통령령으로 정하는 경우
② 금융위원회는 증권금융회사가 제1항 각 호(제6호를 제외한다)의 어느 하나에 해당하거나 별표9 각 호의 어느 하나에 해당하는 경우에는 다음 각 호의 어느 하나에 해당하는 조치를 할 수 있다.(2008.2.29 본문개정)
1. 6개월 이내의 업무의 전부 또는 일부의 정지
2. 계약의 인계명령
3. 위법행위의 시정명령 또는 중지명령
4. 위법행위로 인한 조치를 받았다는 사실의 공표명령 또는 게시명령
5. 기관경고
6. 기관주의
7. 그 밖에 위법행위를 시정하거나 방지하기 위하여 필요한 조치로서 대통령령으로 정하는 조치
③ 금융위원회는 증권금융회사의 임원이 제1항 각 호(제6호를 제외한다)의 어느 하나에 해당하거나 별표9 각 호의 어느 하나에 해당하는 경우에는 다음 각 호의 어느 하나에 해당하는 조치를 할 수 있다.(2008.2.29 본문개정)
1. 해임요구
2. 6개월 이내의 직무정지
3. 문책경고
4. 주의적 경고
5. 주의
6. 그 밖에 위법행위를 시정하거나 방지하기 위하여 필요한 조치로서 대통령령으로 정하는 조치
④ 금융위원회는 증권금융회사의 직원이 제1항 각 호(제6호를 제외한다)의 어느 하나에 해당하거나 별표9 각 호의 어느 하나에 해당하는 경우에는 다음 각 호의 어느 하나에 해당하는 조치를 그 증권금융회사에 요구할 수 있다.(2008.2.29 본문개정)
1. 면직
2. 6개월 이내의 정직
3. 감봉
4. 견책
5. 경고
6. 주의
7. 그 밖에 위법행위를 시정하거나 방지하기 위하여 필요한 조치로서 대통령령으로 정하는 조치
⑤ 제422조제3항 및 제423조부터 제425조까지의 규정은 증권금융회사 및 그 임직원에 대한 조치 등에 관하여 준용한다.(2008.2.29 후단삭제)

제3장의2 신용평가회사
(2013.5.28 본장신설)

제335조의2【무인가 신용평가 금지】 누구든지 이 법에 따른 신용평가업인가를 받지 아니하고는 신용평가업을 영위하여서는 아니 된다. 다만, 투자자 보호 및 건전한 거래질서를 해할 우려가 없는 경우로서 대통령령으로 정하는 경우는 제외한다.

제335조의3【인가】 ① 신용평가업을 영위하려는 자는 금융위원회로부터 신용평가업인가를 받아야 한다.
② 제1항에 따라 신용평가업인가를 받으려는 자는 다음 각 호의 요건을 모두 갖추어야 한다.
1. 「상법」에 따른 주식회사, 그 밖에 대통령령으로 정하는 법인일 것. 다만, 다음 각 목의 어느 하나에 해당하는 자는 제외한다.
가. 상호출자제한기업집단에 속하는 회사가 100분의 10을 초과하여 출자한 법인

나. 대통령령으로 정하는 금융기관이 100분의 10을 초과하여 출자한 법인
다. 가목 또는 나목의 회사가 최대주주인 법인
2. 50억원 이상으로서 대통령령으로 정하는 금액 이상의 자기자본을 갖출 것
3. 사업계획이 타당하고 건전할 것
4. 신뢰성 있는 신용등급을 지속적으로 생산하기에 충분한 인력 및 전산설비, 그 밖의 물적 설비를 갖출 것
5. 임원이 「금융회사의 지배구조에 관한 법률」 제5조에 적합할 것(2015.7.31 본호개정)
6. 대주주(제12조제2항제6호가목의 대주주를 말한다)가 충분한 출자능력, 건전한 재무상태 및 사회적 신용을 갖출 것
7. 신용평가회사와 투자자 또는 발행인 사이의 이해상충을 방지하기 위한 체계를 갖출 것
③ 제2항의 인가요건에 관하여 필요한 세부사항은 대통령령으로 정한다.

제335조의4【인가의 신청 및 심사】 ① 제335조의3제1항에 따른 인가를 받으려는 자는 인가신청서를 금융위원회에 제출하여야 한다.
② 금융위원회는 제1항의 인가신청서를 접수한 때에는 그 내용을 심사하여 3개월 이내에 인가 여부를 결정하고, 그 결과와 이유를 지체 없이 신청인에게 문서로 통지하여야 한다. 이 경우 인가신청서에 흠결이 있는 경우에는 보완을 요구할 수 있다.
③ 제2항의 심사기간을 산정함에 있어서 인가신청서 흠결의 보완기간 등 총리령으로 정하는 기간은 이를 산입하지 아니한다.
④ 금융위원회는 제2항에 따라 인가를 하는 경우에는 신용평가회사의 경영의 건전성 확보 및 건전한 시장질서 유지에 필요한 조건을 붙일 수 있다.
⑤ 제4항에 따라 조건이 붙은 인가를 받은 자는 사정의 변경이나 그 밖에 정당한 사유가 있는 경우에는 금융위원회에 조건의 취소 또는 변경을 요청할 수 있다. 이 경우 금융위원회는 2개월 이내에 조건의 취소 또는 변경 여부를 결정하고, 그 결과를 지체 없이 신청인에게 문서로 통지하여야 한다.
⑥ 금융위원회는 제2항에 따라 인가를 한 경우에는 다음 각 호의 사항을 관보 및 인터넷 홈페이지 등에 공고하여야 한다.
1. 인가의 내용
2. 인가의 조건(조건을 붙인 경우로 한정한다)
3. 인가의 조건을 취소하거나 변경한 경우 그 내용(조건을 취소하거나 변경한 경우로 한정한다)
⑦ 제1항부터 제6항까지의 규정에 따른 인가신청서의 기재사항·첨부서류 등 인가의 신청에 관한 사항과 인가심사의 방법·절차, 그 밖에 필요한 사항은 대통령령으로 정한다.

제335조의5【예비인가】 ① 제335조의3에 따른 신용평가업인가(이하 이 조에서 "본인가"라 한다)를 받으려는 자는 미리 금융위원회에 예비인가를 신청할 수 있다.
② 금융위원회는 예비인가를 신청받은 경우에는 2개월 이내에 제335조의3제2항 각 호의 요건을 갖출 수 있는지 여부를 심사하여 예비인가 여부를 결정하고, 그 결과와 이유를 지체 없이 신청인에게 문서로 통지하여야 한다. 이 경우 예비인가신청에 관하여 흠결이 있는 때에는 보완을 요구할 수 있다.
③ 제2항의 심사기간을 산정함에 있어서 예비인가신청과 관련된 흠결의 보완기간 등 총리령으로 정하는 기간은 심사기간에 산입하지 아니한다.
④ 금융위원회는 제2항에 따라 예비인가를 하는 경우에는 신용평가회사의 경영의 건전성 확보 및 건전한 시장질서 유지에 필요한 조건을 붙일 수 있다.
⑤ 금융위원회는 예비인가를 받은 자가 본인가를 신청하는 경우에는 제4항에 따른 예비인가의 조건을 이행하였는지 여부와 제335조의3제2항 각 호의 요건을 갖추었는지 여부를 확인한 후 본인가 여부를 결정하여야 한다.
⑥ 제1항부터 제5항까지의 규정에 따른 예비인가의 신청서 및 그 기재사항·첨부서류 등 예비인가의 신청에 관한 사항과 예비인가심사의 방법·절차, 그 밖에 예비인가에 관하여 필요한 사항은 대통령령으로 정한다.

제335조의6【인가요건의 유지】 신용평가회사는 제335조의3에 따른 신용평가업인가를 받아 그 업무를 영위함에 있어서 제335조의3제2항 각 호의 인가요건을 유지하여야 한다.

제335조의7【유사명칭 사용 금지】 신용평가회사가 아닌 자는 신용평가 또는 이와 유사한 명칭을 사용하여서는 아니 된다. 다만, 그 밖에 대통령령으로 정하는 경우에는 그러하지 아니하다.(2020.2.4 단서신설)

제335조의8【임원 및 내부통제기준 등】 ① 「금융회사의 지배구조에 관한 법률」 제5조 및 제31조(제5항은 제외한다)는 신용평가회사 및 그 임원에게 준용한다.
(2015.7.31 본항개정)
② 신용평가회사는 그 임직원이 직무를 수행함에 있어서 준수하여야 할 적절한 기준 및 절차로서 다음 각 호의 사항을 포함하는 신용평가내부통제기준을 정하여야 한다.
1. 평가조직과 영업조직의 분리에 관한 사항
2. 이해상충방지체계에 관한 사항
3. 불공정행위의 금지에 관한 사항
4. 신용평가 대상의 특성에 적합한 신용평가기준 도입에 관한 사항
5. 그 밖에 신용평가내부통제기준에 관하여 필요한 사항으로서 대통령령으로 정하는 사항
③ 신용평가회사(자산규모, 매출액 등을 고려하여 대통령령으로 정하는 법인은 제외한다. 이하 이 조에서 같다)는 신용평가내부통제기준의 준수 여부를 점검하고 신용평가내부통제기준을 위반하는 경우 이를 조사하여 감사위원회 또는 감사에게 보고하는 자로서 준법감시인을 1인 이상 두어야 한다.
④ 준법감시인은 선량한 관리자의 주의로 그 직무를 수행하여야 하며, 다음 각 호의 업무를 수행하는 직무를 담당하여서는 아니 된다.
1. 해당 신용평가회사의 고유재산의 운용업무
2. 해당 신용평가회사가 영위하고 있는 신용평가업 및 그 부수업무
3. 해당 신용평가회사가 제335조의10에 따라 영위하고 있는 겸영업무
⑤ 「금융회사의 지배구조에 관한 법률」 제5조, 제25조제3항, 제26조제1항제1호 및 제30조는 신용평가회사의 준법감시인에게 준용한다.(2015.7.31 본항개정)
⑥ 그 밖에 신용평가내부통제기준 및 준법감시인에 관하여 필요한 사항은 대통령령으로 정한다.

제335조의9【독립성·공정성】 신용평가회사 및 그 임직원은 신용평가에 관한 업무를 함에 있어 독립적인 입장에서 공정하고 충실하게 그 업무를 수행하여야 한다.

제335조의10【겸영업무 및 부수업무】 ① 신용평가회사는 투자자 보호 및 건전한 거래질서를 해할 우려가 없는 업무로서 다음 각 호의 업무를 겸영할 수 있다.
1. 제263조에 따른 채권평가회사의 업무
2. 그 밖에 대통령령으로 정하는 업무
② 신용평가회사는 다음 각 호의 어느 하나에 해당하는 업무를 포함하여 신용평가업에 부수하는 업무를 영위할 수 있다.
1. 은행, 그 밖에 대통령령으로 정하는 금융기관의 기업 등에 대한 신용공여의 원리금상환 가능성에 대한 평가업무
2. 은행, 보험회사, 그 밖에 대통령령으로 정하는 금융기관의 지급능력, 재무건전성 등에 대한 평가 업무
3. 그 밖에 대통령령으로 정하는 업무
③ 신용평가회사는 제1항 또는 제2항의 업무를 영위하려는 때에는 영위하려는 날의 7일 전까지 이를 금융위원회에 신고하여야 한다.
④ 제41조제2항부터 제4항까지의 규정은 신용평가회사에 대하여 준용한다.

제335조의11【신용평가회사의 행위규칙】 ① 신용평가회사는 금융위원회가 정하여 고시하는 바에 따라 신용등급의 부여·제공·열람에 제공하기 위한 방침 및 방법(이하 "신용평가방법"이라 한다)을 정하고, 그 신용평가방법 등에 따라 신용평가를 하여야 한다.
② 신용평가회사는 신용평가를 요청한 자(이하 "요청인"이라 한다)에 대한 신용평가를 하는 경우에는 재무상태·사업실적 등 현재의 상황과 사업위험·경영위험 및 재무위험 등 미래의 전망을 종합적으로 고려하여야 한다.
③ 신용평가회사는 신용평가의 결과를 기술(記述)한 것으로서 다음 각 호의 사항을 포함한 서류(이하 "신용평가서"라 한다)를 작성하여야 한다.
1. 신용등급
2. 신용평가회사의 의견
3. 제7항제1호에 따라 대통령령으로 정하는 자가 아닌 자로서 해당 신용평가회사와 출자관계에 있는 자와 관련한 신용평가를 하는 경우에 그 출자관계에 관한 사항
4. 그 밖에 투자자 등의 합리적 의사결정에 필요한 정보로서 금융위원회가 정하여 고시하는 사항
④ 신용평가회사는 요청인에게 신용평가서를 제공하는 경우에는 신용평가실적서(신용평가회사가 부여한 신용등급별로 원리금 상환 이행률 등을 기재한 것을 말한다), 그 밖에 해당 신용평가회사의 신용평가 능력의 파악에 필요한 것으로서 금융위원회가 정하여 고시하는 서류(이하 "신용평가실적서등"이라 한다)를 함께 제공하여야 한다.
⑤ 신용평가회사는 다음 각 호의 사항에 대한 기록을 3년간 보존하여야 한다.
1. 요청인의 주소와 성명
2. 요청받은 업무 내용 및 요청받은 날짜
3. 요청받은 업무의 처리 내용 또는 제공한 신용평가서 및 제공한 날짜
4. 그 밖에 투자자 보호 및 건전한 거래질서 유지를 위하여 기록 보존이 필요한 것으로서 대통령령으로 정하는 사항
⑥ 신용평가회사의 임직원이나 임직원이었던 자는 직무상 알게 된 요청인의 비밀을 누설하거나 이용하여서는 아니 된다. 다만, 다음 각 호의 어느 하나에 해당하는 경우에는 그러하지 아니하다.
1. 요청인이 제공·이용에 동의한 목적으로 이용하는 경우
2. 법원의 제출명령 또는 법관이 발부한 영장에 따라 제공되는 경우
3. 그 밖에 법률에 따라 제공되는 경우
⑦ 신용평가회사는 다음 각 호의 어느 하나에 해당하는 행위를 하여서는 아니 된다.
1. 신용평가회사와 일정한 비율 이상의 출자관계에 있는 등 특수한 관계에 있는 자로서 대통령령으로 정하는 자와 관련된 신용평가를 하는 행위
2. 신용평가 과정에서 신용평가회사 또는 그 계열회사의 상품이나 서비스를 구매하거나 이용하도록 강요하는 행위
3. 그 밖에 투자자 보호 또는 건전한 거래질서를 해할 우려가 있는 행위로서 대통령령으로 정하는 행위

제335조의12【신용평가서 등의 제출·공시 등】 ① 신용평가회사는 신용평가방법을 제335조의11제1항에 따라 정하거나 변경한 경우에는 금융위원회, 거래소 및 협회에 이를 제출하여야 한다.
② 신용평가회사는 다음 각 호의 어느 하나에 해당하는 경우에는 신용평가서를 금융위원회, 거래소 및 협회에 제출하여야 한다.
1. 이 법 또는 금융관련 법령에 따라 발행인 등에 대하여 신용평가를 받도록 한 경우
2. 증권신고서·사업보고서 등 이 법 또는 금융관련 법령에 따라 의무적으로 작성되는 서류에 신용평가서를 첨부하는 경우
3. 그 밖에 투자자 보호 및 건전한 거래질서를 위하여 필요한 경우로서 대통령령으로 정하는 경우
③ 신용평가회사는 신용평가의 적정성 등에 관한 것으로서 금융위원회가 정하여 고시하는 서류를 금융위원회, 거래소 및 협회에 제출하여야 한다.
④ 금융위원회와 거래소는 제1항부터 제3항까지의 규정에 따라 제출받은 서류 중 대통령령으로 정하는 서류를 3년간 일정한 장소에 비치하고, 인터넷 홈페이지 등을 이용하여 공시하여야 한다.
⑤ 제1항부터 제3항까지의 규정에 따른 서류제출의 방법, 시기 및 절차 등에 관하여는 대통령령으로 정한다.

제335조의13【의결권의 제한】 ① 상호출자제한기업집단에 속하는 회사 또는 제335조의3제2항제1호나목에 따른 금융기관이 같은 호 가목 또는 나목에 따른 출자한도를 초과하여 신용평가회사의 주식(출자지분을 포함한다. 이하 이 조에서 같다)을 보유하는 경우 해당 주식의 의결권 행사의 범위는 같은 항 각 호에 따른 한도로 제한하며, 지체 없이 그 한도에 적합하도록 하여야 한다.
② 금융위원회는 상호출자제한기업집단에 속하는 회사 또는 제335조의3제2항제1호나목에 따른 금융기관이 제335조의3제2항제1호가목 또는 나목에 따른 출자한도를 초과하여 보유하고 있는 신용평가회사의 주식을 처분할 것을 6개월 이내의 기간을 정하여 명할 수 있다.

제335조의14【준용규정】 ① 제33조(제2항부터 제4항까지의 규정은 제외한다), 제63조(금융투자상품의 신용평가를 담당하는 임직원으로 한정한다), 제415조부터 제419조(제2항부터 제4항까지 및 제8항은 제외한다)까지의 규정은 신용평가회사에 준용한다.
② 제259조제2항은 신용평가회사에 준용한다. 이 경우 "집합투자기구평가회사"는 "신용평가회사"로 본다.

제335조의15【신용평가회사에 대한 조치】 ① 금융위원회는 신용평가회사가 다음 각 호의 어느 하나에 해당하는 경우에는 제335조의3제1항에 따른 인가를 취소할 수 있다.
1. 거짓, 그 밖의 부정한 방법으로 제335조의3제1항에 따른 인가를 받은 경우
2. 제335조의4제4항에 따른 인가조건을 위반한 경우
3. 제335조의6에 따른 인가요건 유지의무를 위반한 경우
4. 업무의 정지기간 중에 업무를 한 경우
5. 금융위원회의 시정명령 또는 중지명령을 이행하지 아니한 경우
6. 별표9의2 각 호의 어느 하나에 해당하는 경우로서 대통령령으로 정하는 경우
7. 대통령령으로 정하는 금융관련 법령 등을 위반한 경우로서 대통령령으로 정하는 경우
8. 그 밖에 투자자의 이익을 현저히 해할 우려가 있거나 해당 업무를 영위하기 곤란하다고 인정되는 경우로서 대통령령으로 정하는 경우
② 금융위원회는 신용평가회사가 제1항 각 호(제6호는 제외한다)의 어느 하나에 해당하거나 별표9의2 각 호의 어느 하나에 해당하는 경우에는 다음 각 호의 어느 하나에 해당하는 조치를 할 수 있다.
1. 6개월 이내의 업무의 전부 또는 일부의 정지
2. 계약의 인계명령
3. 위법행위의 시정명령 또는 중지명령
4. 위법행위로 인한 조치를 받았다는 사실의 공표명령 또는 게시명령
5. 기관경고
6. 기관주의
7. 그 밖에 위법행위를 시정하거나 방지하기 위하여 필요한 조치로서 대통령령으로 정하는 조치
③ 금융위원회는 신용평가회사의 임원이 제1항 각 호(제6호는 제외한다)의 어느 하나에 해당하거나 별표9의2 각 호의 어느 하나에 해당하는 경우에는 다음 각 호의 어느 하나에 해당하는 조치를 할 수 있다.
1. 해임요구
2. 6개월 이내의 직무정지
3. 문책경고
4. 주의적 경고

5. 주의
6. 그 밖에 위법행위를 시정하거나 방지하기 위하여 필요한 조치로서 대통령령으로 정하는 조치
④ 금융위원회는 신용평가회사의 직원이 제1항 각 호(제6호는 제외한다)의 어느 하나에 해당하거나 별표9의2 각 호의 어느 하나에 해당하는 경우에는 다음 각 호의 어느 하나에 해당하는 조치를 그 신용평가회사에 요구할 수 있다.
1. 면직
2. 6개월 이내의 정직
3. 감봉
4. 견책
5. 경고
6. 주의
7. 그 밖에 위법행위를 시정하거나 방지하기 위하여 필요한 조치로서 대통령령으로 정하는 조치
⑤ 제422조제3항 및 제423조부터 제425조까지의 규정은 신용평가회사 및 그 임직원에 대한 조치 등에 관하여 준용한다.

제4장 종합금융회사

제336조【종합금융회사의 업무】 ① 종합금융회사(종전의 「종합금융회사에 관한 법률」 제3조에 따라 금융위원회의 인가를 받은 자를 말한다. 이하 같다)의 업무는 다음 각 호와 같다.(2008.2.29 본문개정)
1. 1년 이내에서 대통령령으로 정하는 기간 이내에 만기가 도래하는 어음의 발행·할인·매매·중개·인수 및 보증
2. 설비 또는 운전자금의 투융자
3. 증권의 인수·매출 또는 모집·매출의 중개·주선·대리
4. 외자도입, 해외 투자, 그 밖의 국제금융의 주선과 외자의 차입 및 전대
5. 채권의 발행
6. 기업의 경영 상담과 기업인수 또는 합병 등에 관한 용역
7. 지급보증
8. 제1호부터 제7호까지의 업무에 부수되는 업무로서 대통령령으로 정하는 업무
② 종합금융회사는 제1항의 업무 외에 다음 각 호의 어느 하나에 해당하는 업무를 이 법 또는 해당 법률이 정하는 바에 따라 인가·허가·등록 등을 받아 영위할 수 있다.
1. 「여신전문금융업법」에 따른 시설대여업무
2. 집합투자업(투자신탁의 설정·해지 및 투자신탁재산의 운용업무에 한한다)
3. 금전신탁 외의 신탁업
4. 증권을 대상으로 하는 투자매매업 및 투자중개업(제1항제3호에 해당되는 부분을 제외한다)
5. 「외국환거래법」에 따른 외국환업무
6. 그 밖에 제1항 각 호의 업무 또는 제1호부터 제5호까지의 업무와 관련된 업무로서 대통령령으로 정하는 업무
③ 제1항 각 호의 업무를 영위함에 있어서 그 방법 및 절차와 준수사항 등에 관하여 필요한 사항은 대통령령으로 정한다.
제337조【지점등의 설치】 종합금융회사는 지점·사무소, 그 밖에 이와 유사한 명칭의 영업소(사무의 일부만을 수행하는 출장소·관리사무소, 그 밖에 이와 유사한 장소를 포함하며, 이하 "지점등"이라 한다)를 설치하고자 하는 경우에는 대통령령으로 정하는 기준 및 방법에 따라 금융위원회의 인가를 받아야 한다.(2008.2.29 본조개정)
제338조【유사명칭의 사용금지】 종합금융회사가 아닌 자는 "종합금융회사" 또는 이와 유사한 명칭을 사용하여서는 아니 된다.
제339조【인가사항 등】 ① 종합금융회사는 제336조제1항에 따른 업무를 폐지하거나 해산하고자 하는 경우에는 금융위원회의 인가를 받아야 한다.(2008.2.29 본항개정)
② 종합금융회사는 다음 각 호의 어느 하나에 해당하는 경우에는 그 사유가 발생한 날부터 7일 이내에 금융위원회에 그 내용을 보고하여야 한다. 다만, 제3호의 경우에는 사전에 금융위원회에 신고하여야 한다.(2008.2.29 본문개정)
1. 정관의 변경
2. 업무방법의 변경
3. 본점의 이전 또는 지점등의 이전·폐쇄
제340조【채권의 발행】 ① 종합금융회사는 「상법」 제470조에 불구하고 자기자본의 10배의 범위에서 채권을 발행할 수 있다.
② 종합금융회사는 제1항에 따라 발행한 채권의 상환을 위하여 필요한 경우에는 일시적으로 그 한도를 초과하여 채권을 발행할 수 있다.
③ 그 밖에 채권의 발행에 관하여 필요한 사항은 대통령령으로 정한다.
제341조【집합투자업에 대한 특례】 ① 제250조제3항(제1호 및 제2호에 한한다)·제5항 및 제6항은 종합금융회사에 준용한다.
② 종합금융회사는 이 법에 따라 투자신탁의 설정·해지 및 투자신탁재산의 운용업무를 영위하는 경우에는 임원(사실상 임원과 동등한 지위에 있는 자로서 대통령령으로 정하는 자를 포함한다. 이하 이 항에서 같다)을 두어야 하고, 임직원에게 다음 각 호의 업무를 겸직하게 하여서는 아니 되며, 전산설비 또는 사무실 등의 공동사용 금지 및 다른 업무를 영위하는 임직원 간의 정보교류 제한 등 대통령령으로 정하는 이해상충방지체계를 갖추어야 한다. 다만, 임원의 경우 제1호의 업무 중 제2호의 업무와 이해상충이 적은 업무로서 대통령령으로 정하는 업무와 제2호의 업무를 겸직할 수 있다.
1. 제336조에 따른 업무(제2호의 업무를 제외한다)
2. 투자신탁의 설정·해지 및 투자신탁재산의 운용업무
제342조【동일차주 등에 대한 신용공여한도 등】 ① 종합금융회사는 같은 개인·법인 및 그와 신용위험을 공유하는 자(이하 이 조에서 "동일차주"라 한다)에 대하여 그 종합금융회사의 자기자본(국제결제은행의 기준에 따른 기본자본과 보완자본의 합계액을 말한다. 이하 이 장에서 같다)의 100분의 25를 초과하는 신용공여(대출, 어음의 할인, 지급보증, 자금 지원적 성격의 증권의 매입, 그 밖에 금융거래상의 신용위험을 수반하는 종합금융회사의 직접·간접적 거래를 말한다. 이하 이 장에서 같다)를 할 수 없다.
② 종합금융회사는 그 종합금융회사의 임원·자회사 및 그와 신용위험을 공유하는 자(이하 이 조에서 "관계인"이라 한다)에 대하여 그 종합금융회사의 자기자본의 100분의 25의 범위에서 대통령령으로 정하는 한도를 초과하는 신용공여를 할 수 없다.
③ 종합금융회사의 동일차주 각각에 대한 신용공여가 그 종합금융회사의 자기자본의 100분의 10을 초과하는 신용공여의 총 합계액은 매 월말 기준으로 그 종합금융회사 자기자본의 5배를 초과할 수 없다.
④ 종합금융회사는 같은 개인이나 법인 각각에 대하여 그 종합금융회사의 자기자본의 100분의 20을 초과하여 신용공여를 할 수 없다.
⑤ 종합금융회사는 제1항부터 제4항까지의 규정에 불구하고 다음 각 호의 어느 하나에 해당하는 경우로서 대통령령으로 정하는 경우에는 제1항부터 제4항까지의 규정에 따른 한도를 초과하여 신용공여를 할 수 있다.
1. 국민경제 또는 종합금융회사의 채권확보의 실효성 제고를 위하여 필요한 경우
2. 종합금융회사가 추가로 신용공여를 하지 아니하였음에도 불구하고 자기자본의 변동, 동일차주 구성의 변동 등으로 인하여 제1항부터 제4항까지의 규정에 따른 한도를 초과하게 되는 경우
⑥ 종합금융회사는 제5항제2호에 따라 제1항부터 제4항까지의 규정에 따른 한도를 초과하게 되는 경우에는 그 한도를 초과하게 된 날부터 1년 이내에 제1항부터 제4항까지의 규정에 따른 한도에 적합하도록 하여야 한다. 다만, 대통령령으로 정하는 부득이한 사유에 해당하는 경우에는 금융위원회가 그 기간을 정하여 연장할 수 있다.(2008.2.29 단서개정)
⑦ 제1항에 따른 자기자본, 신용공여 및 동일차주와 제2항에 따른 관계인의 구체적 범위는 대통령령으로 정한다.
제343조【대주주와의 거래의 제한 등】 ① 종합금융회사는 그의 대주주(그의 특수관계인을 포함한다. 이하 이 조에서 같다)에게 신용공여를 함에 있어서 자기자본의 100분의 25의 범위에서 대통령령으로 정하는 한도를 초과하여서는 아니되며, 대주주는 그 종합금융회사로부터 그 한도를 초과하여 신용공여를 받아서는 아니 된다.
② 종합금융회사는 그의 대주주에게 제1항의 범위에서 대통령령으로 정하는 금액 이상의 신용공여(대통령령으로 정하는 거래를 포함한다. 이하 이 조에서 같다)를 하거나 대주주가 발행한 주식을 대통령령으로 정하는 금액 이상으로 취득하려는 경우에는 미리 이사회 결의를 거쳐야 한다. 이 경우 이사회는 재적이사 전원의 찬성으로 결의한다.
③ 종합금융회사는 그의 대주주에게 제2항에 따라 대통령령으로 정하는 금액 이상의 신용공여를 하거나 대주주가 발행한 주식을 대통령령으로 정하는 금액 이상으로 취득한 경우에는 그 사실을 금융위원회에 지체 없이 보고하고, 인터넷 홈페이지 등을 이용하여 공시하여야 한다.(2008.2.29 본항개정)
④ 종합금융회사는 그의 대주주에 대한 신용공여 또는 대주주가 발행한 주식의 취득에 관한 보고사항 중 대통령령으로 정하는 사항을 종합하여 분기별로 금융위원회에 보고하고, 인터넷 홈페이지 등을 이용하여 공시하여야 한다.(2008.2.29 본항개정)
⑤ 종합금융회사는 추가적인 신용공여를 하지 아니하였음에도 불구하고 자기자본의 변동 및 대주주의 변경 등으로 인하여 제1항에서 정한 한도를 초과하게 되는 경우에는 대통령령으로 정하는 기간 이내에 제1항에 적합하도록 하여야 한다.
⑥ 종합금융회사는 제5항에 불구하고 신용공여의 기한 및 규모 등에 따른 부득이한 사유가 있는 경우에는 금융위원회의 승인을 받아 그 기간을 연장할 수 있다.(2008.2.29 본항개정)
⑦ 제6항에 따른 승인을 받으려는 종합금융회사는 제5항에 따른 기간이 만료되기 3개월 전까지 제1항에 따른 한도에 적합하도록 하기 위한 세부계획서를 금융위원회에 제출하여야 하고, 금융위원회는 세부계획서를 제출받은 날부터 1개월 이내에 승인 여부를 결정·통보하여야 한다.(2008.2.29 본항개정)
⑧ 금융위원회는 종합금융회사 또는 그의 대주주가 제1항부터 제7항까지의 규정을 위반한 혐의가 있다고 인정되는 경우에는 종합금융회사 또는 대주주에 대하여 필요한 자료의 제출을 명할 수 있다.(2008.2.29 본항개정)
⑨ 금융위원회는 종합금융회사의 대주주(회사에 한한다)의 부채가 자산을 초과하는 등 재무구조의 부실로 인하여 종합금융회사의 경영건전성을 현저히 해칠 우려가 있는 경우로서 대통령령으로 정하는 경우에는 그 종합금융회사에 대하여 다음 각 호의 조치를 할 수 있다.(2008.2.29 본문개정)
1. 그 대주주에 대한 신규 신용공여의 금지
2. 그 대주주가 발행한 증권의 신규취득 금지
3. 그 밖에 그 대주주에 대한 자금지원 성격의 거래제한 등 대통령령으로 정하는 조치
제344조【증권의 투자한도】 ① 종합금융회사는 대통령령으로 정하는 경우를 제외하고는 자기자본의 100분의 100을 초과하여 증권에 투자하여서는 아니 된다. 이 경우 국채증권과 한국은행이 발행한 통화안정증권은 그 한도 계산에 산입하지 아니한다.
② 금융위원회는 필요한 경우 제1항에 따른 투자한도의 범위에서 대통령령으로 정하는 방법에 따라 주식 및 파생결합증권 등에 대한 투자한도를 따로 정하여 고시할 수 있다.(2008.2.29 본항개정)
제345조【자금지원 관련 금지행위】 ① 상호출자제한기업집단에 속하는 종합금융회사는 다른 상호출자제한기업집단에 속하는 금융기관(「금융산업의 구조개선에 관한 법률」에 따른 금융기관을 말한다. 이하 이 항에서 같다) 또는 회사와 다음 각 호의 행위를 하여서는 아니 된다.
1. 제342조부터 제344조까지의 규정에 따른 한도를 회피하기 위한 목적으로 다른 금융기관 또는 회사의 의결권 있는 주식을 서로 교차하여 소유하거나 신용공여를 하는 행위
2. 「상법」, 그 밖의 법률에 따른 자기주식 취득의 제한을 회피하기 위한 목적으로 서로 교차하여 주식을 취득하는 행위
3. 그 밖에 예금자 및 투자자의 이익을 크게 해할 우려가 있는 행위로서 대통령령으로 정하는 행위
② 종합금융회사는 제1항을 위반하여 취득한 주식에 대하여는 의결권을 행사할 수 없다.
③ 종합금융회사는 그 종합금융회사의 주식을 매입시키기 위한 신용공여를 하여서는 아니 된다.
④ 금융위원회는 제1항 또는 제3항을 위반하여 주식을 취득하거나 신용공여를 한 종합금융회사에 대하여 6개월 이내의 기간을 정하여 그 주식의 처분 또는 신용공여의 회수를 명하는 등 필요한 조치를 할 수 있다.(2008.2.29 본항개정)
제346조【지급준비자산의 보유】 종합금융회사는 채무의 변제와 긴급한 자금인출에 대비하기 위하여 대통령령으로 정하는 기준 및 방법에 따라 지급준비자산을 보유하여야 한다.
제347조【부동산 취득의 제한】 ① 종합금융회사는 업무용 부동산을 제외하고는 부동산을 취득하거나 소유할 수 없다. 다만, 담보권의 실행으로 인하여 취득하는 경우에는 이를 소유할 수 있다.
② 종합금융회사는 자기자본의 100분의 100을 초과하여 업무용 부동산을 취득하여서는 아니 된다.
③ 종합금융회사는 자기가 소유하는 부동산 중 업무용 부동산이 아니거나 제1항 단서에 따라 취득한 부동산을 대통령령으로 정하는 방법에 따라 처분하여야 한다.
④ 제1항 본문에 따른 업무용 부동산의 범위는 대통령령으로 정한다.
제348조 (2015.7.31 삭제)
제349조【과징금】 ① 금융위원회는 종합금융회사가 제343조제1항을 위반한 경우에는 그 종합금융회사에 대하여 한도를 초과한 신용공여액의 범위에서 과징금을 부과할 수 있다.
② 금융위원회는 종합금융회사가 제347조제1항 또는 제2항을 위반한 경우에는 그 종합금융회사에 대하여 다음 각 호의 구분에 따른 범위에서 과징금을 부과할 수 있다.
1. 제347조제1항을 위반한 경우 : 부동산 취득금액의 100분의 30
2. 제347조제2항을 위반한 경우 : 한도를 초과한 업무용 부동산 취득금액의 100분의 30
(2017.4.18 본항신설)
③ 제1항 및 제2항에 따른 과징금의 부과에 관하여는 제430조부터 제434조까지의 규정을 준용한다.
(2017.4.18 본조개정)
제350조【준용규정】 종합금융회사에 관하여는 제31조부터 제33조까지, 제35조, 제36조, 제416조, 제418조(제4호부터 제9호까지의 규정에 한정한다) 및 「금융회사의 지배구조에 관한 법률」 제31조(제5항은 제외한다)를 준용한다. 이 경우 제31조제1항 중 "금융투자업자(겸영금융투자업자를 제외한다. 이하 이 절에서 같다)"는 "종합금융회사"로 보고, 제418조 각 호 외의 부분 중 "금융투자업자(겸영금융투자업자의 경우에는 제6호부터 제9호까지에 한한다)"는 "종합금융회사"로 본다.
(2015.7.31 본조개정)
제351조 (2009.2.3 삭제)
제352조【다른 법률과의 관계】 ① 「한국은행법」 및 「은행법」은 종합금융회사에는 적용하지 아니한다.

② 종합금융회사가 제336조에 규정하는 업무를 영위하는 경우에는 이 장에 특별한 규정이 있는 사항을 제외하고는 그 업무의 종류에 따라 이 법 또는 각 해당 법률을 적용한다.

제353조【종합금융회사에 대한 검사】 제419조(제2항부터 제4항까지 및 제8항을 제외한다)는 종합금융회사에 대한 검사에 관하여 준용한다.

제354조【종합금융회사에 대한 조치】 ① 금융위원회는 종합금융회사가 다음 각 호의 어느 하나에 해당하는 경우에는 종합금융회사의 인가를 취소할 수 있다.(2008.2.29 본문개정)
1. 인가조건을 위반한 경우
2. 업무의 정지기간 중에 업무를 한 경우
3. 금융위원회의 시정명령 또는 중지명령을 이행하지 아니한 경우(2008.2.29 본호개정)
4. 별표10 각 호의 어느 하나에 해당하는 경우로서 대통령령으로 정하는 경우
5. 대통령령으로 정하는 금융관련 법령 등을 위반한 경우로서 대통령령으로 정하는 경우
6. 그 밖에 투자자의 이익을 현저히 해할 우려가 있거나 해당 업무를 영위하기 곤란하다고 인정되는 경우로서 대통령령으로 정하는 경우

② 금융위원회는 종합금융회사가 제1항 각 호(제4호를 제외한다)의 어느 하나에 해당하거나 별표10 각 호의 어느 하나에 해당하는 경우에는 다음 각 호의 어느 하나에 해당하는 조치를 할 수 있다.(2008.2.29 본문개정)
1. 6개월 이내의 업무의 전부 또는 일부의 정지
2. 계약의 인계명령
3. 위법행위의 시정명령 또는 중지명령
4. 위법행위로 인한 조치를 받았다는 사실의 공표명령 또는 게시명령
5. 기관경고
6. 기관주의
7. 그 밖에 위법행위를 시정하거나 방지하기 위하여 필요한 조치로서 대통령령으로 정하는 조치

③ 금융위원회는 종합금융회사의 임원이 제1항 각 호(제4호를 제외한다)의 어느 하나에 해당하거나 별표10 각 호의 어느 하나에 해당하는 경우에는 다음 각 호의 어느 하나에 해당하는 조치를 할 수 있다.(2008.2.29 본문개정)
1. 해임요구
2. 6개월 이내의 직무정지
3. 문책경고
4. 주의적 경고
5. 주의
6. 그 밖에 위법행위를 시정하거나 방지하기 위하여 필요한 조치로서 대통령령으로 정하는 조치

④ 금융위원회는 종합금융회사의 직원이 제1항 각 호(제4호를 제외한다)의 어느 하나에 해당하거나 별표10 각 호의 어느 하나에 해당하는 경우에는 다음 각 호의 어느 하나에 해당하는 조치를 그 종합금융회사에 요구할 수 있다.(2008.2.29 본문개정)
1. 면직
2. 6개월 이내의 정직
3. 감봉
4. 견책
5. 경고
6. 주의
7. 그 밖에 위법행위를 시정하거나 방지하기 위하여 필요한 조치로서 대통령령으로 정하는 조치

⑤ 제422조제3항 및 제423조부터 제425조까지의 규정은 종합금융회사 및 그 임직원에 대한 조치 등에 관하여 준용한다.

제5장 자금중개회사

제355조【자금중개회사의 인가】 ① 대통령령으로 정하는 금융기관 등 간 자금거래의 중개업무를 영위하려는 자는 금융위원회의 인가를 받아야 한다.(2008.2.29 본항개정)

② 제1항에 따른 인가를 받으려는 자는 다음 각 호의 요건을 모두 갖추어야 한다.
1. 「상법」에 따른 주식회사일 것
2. 10억원 이상으로서 대통령령으로 정하는 금액 이상의 자기자본을 갖출 것
3. 사업계획이 타당하고 건전할 것
4. 투자자를 보호하고 영위하고자 하는 업을 수행하기에 충분한 인력 및 전산설비, 그 밖의 물적 설비를 갖출 것
5. 임원이 「금융회사의 지배구조에 관한 법률」 제5조에 적합할 것(2015.7.31 본호개정)
6. 대주주(제12조제2항제6호가목의 대주주를 말한다)가 충분한 출자능력, 건전한 재무상태 및 사회적 신용을 갖출 것

③ 제1항에 따른 인가를 받으려는 자는 인가신청서를 금융위원회에 제출하여야 한다.(2008.2.29 본항개정)

④ 금융위원회는 제3항의 인가신청서를 접수한 경우에는 그 내용을 심사하여 3개월 이내에 인가 여부를 결정하고, 그 결과와 이유를 지체 없이 신청인에게 문서로 통지하여야 한다. 이 경우 인가신청서에 흠결이 있는 때에는 보완을 요구할 수 있다.(2008.2.29 전단개정)

⑤ 제4항의 심사기간을 산정함에 있어서 인가신청서 흠결의 보완기간 등 총리령으로 정하는 기간은 산입하지 아니한다.(2008.2.29 본항개정)

⑥ 금융위원회는 제4항에 따라 인가를 하는 경우에는 경영의 건전성 확보 및 투자자 보호에 필요한 조건을 붙일 수 있다.(2008.2.29 본항개정)

⑦ 제6항에 따라 조건이 붙은 인가를 받은 자는 사정의 변경, 그 밖에 정당한 사유가 있는 경우에는 금융위원회에 조건의 취소 또는 변경을 요청할 수 있다. 이 경우 금융위원회는 2개월 이내에 조건의 취소 또는 변경 여부를 결정하고, 그 결과를 지체 없이 신청인에게 문서로 통지하여야 한다.(2008.2.29 본항개정)

⑧ 금융위원회는 제4항에 따라 인가를 한 경우에는 다음 각 호의 사항을 관보 및 인터넷 홈페이지 등에 공고하여야 한다.(2008.2.29 본문개정)
1. 인가의 내용
2. 인가의 조건(조건을 붙인 경우에 한한다)
3. 인가의 조건을 취소하거나 변경한 경우 그 내용

⑨ 자금중개회사는 인가를 받아 그 업무를 영위함에 있어서 제2항 각 호의 인가요건(제2호 및 제6호의 경우에는 대통령령으로 정하는 완화된 요건을 말한다)을 유지하여야 한다.

⑩ 제1항부터 제8항까지의 규정에 따른 인가신청서의 기재사항·첨부서류 등 인가의 신청에 관한 사항과 인가심사의 방법·절차, 그 밖에 필요한 사항은 대통령령으로 정한다.

제356조【유사명칭 사용 금지】 자금중개회사가 아닌 자는 "자금중개" 또는 이와 유사한 명칭을 사용하여서는 아니 된다.

제357조【자금중개회사의 행위규제 등】 ① 자금중개회사는 금융투자업(제355조제1항에 따른 자금거래의 중개업무와 경제적 실질이 유사한 것으로서 대통령령으로 정하는 금융투자업을 제외한다)을 영위하여서는 아니 된다.

② 제31조부터 제33조까지, 제339조(제2항제3호는 제외한다) 및 제416조는 자금중개회사에 준용한다.(2015.7.31 본항개정)

③ 자금중개회사가 제355조제1항에 따른 자금거래의 중개업무를 영위함에 있어서 필요한 방법 및 절차 등은 대통령령으로 정한다.

④ 자금중개회사의 상근임원은 대통령령으로 정하는 다른 영리법인의 상시적인 업무에 종사하려는 경우에는 금융위원회의 승인을 받아야 한다.(2015.7.31 본항신설)

제358조【자금중개회사에 대한 검사】 제419조(제2항부터 제4항까지 및 제8항을 제외한다)는 자금중개회사에 대한 검사에 관하여 준용한다.

제359조【자금중개회사에 대한 조치】 ① 금융위원회는 자금중개회사가 다음 각 호의 어느 하나에 해당하는 경우에는 제355조제1항에 따른 인가를 취소할 수 있다.(2008.2.29 본문개정)
1. 거짓, 그 밖의 부정한 방법으로 제355조제1항에 따른 인가를 받은 경우
2. 인가조건을 위반한 경우
3. 제355조제9항에 따른 인가요건 유지의무를 위반한 경우
4. 업무의 정지기간 중에 업무를 한 경우
5. 금융위원회의 시정명령 또는 중지명령을 이행하지 아니한 경우(2008.2.29 본호개정)
6. 별표11 각 호의 어느 하나에 해당하는 경우로서 대통령령으로 정하는 경우
7. 대통령령으로 정하는 금융관련 법령 등을 위반한 경우로서 대통령령으로 정하는 경우
8. 그 밖에 투자자의 이익을 현저히 해할 우려가 있거나 해당 업무를 영위하기 곤란하다고 인정되는 경우로서 대통령령으로 정하는 경우

② 금융위원회는 자금중개회사가 제1항 각 호(제6호를 제외한다)의 어느 하나에 해당하거나 별표11 각 호의 어느 하나에 해당하는 경우에는 다음 각 호의 어느 하나에 해당하는 조치를 할 수 있다.(2008.2.29 본문개정)
1. 6개월 이내의 업무의 전부 또는 일부의 정지
2. 계약의 인계명령
3. 위법행위의 시정명령 또는 중지명령
4. 위법행위로 인한 조치를 받았다는 사실의 공표명령 또는 게시명령
5. 기관경고
6. 기관주의
7. 그 밖에 위법행위를 시정하거나 방지하기 위하여 필요한 조치로서 대통령령으로 정하는 조치

③ 금융위원회는 자금중개회사의 임원이 제1항 각 호(제6호를 제외한다)의 어느 하나에 해당하거나 별표11 각 호의 어느 하나에 해당하는 경우에는 다음 각 호의 어느 하나에 해당하는 조치를 할 수 있다.(2008.2.29 본문개정)
1. 해임요구
2. 6개월 이내의 직무정지
3. 문책경고
4. 주의적 경고
5. 주의
6. 그 밖에 위법행위를 시정하거나 방지하기 위하여 필요한 조치로서 대통령령으로 정하는 조치

④ 금융위원회는 자금중개회사의 직원이 제1항 각 호(제6호를 제외한다)의 어느 하나에 해당하거나 별표11 각 호의 어느 하나에 해당하는 경우에는 다음 각 호의 어느 하나에 해당하는 조치를 그 자금중개회사에 요구할 수 있다.(2008.2.29 본문개정)
1. 면직
2. 6개월 이내의 정직
3. 감봉
4. 견책
5. 경고
6. 주의
7. 그 밖에 위법행위를 시정하거나 방지하기 위하여 필요한 조치로서 대통령령으로 정하는 조치

⑤ 제422조제3항 및 제423조부터 제425조까지의 규정은 자금중개회사 및 그 임직원에 대한 조치 등에 관하여 준용한다.

제6장 단기금융회사

제360조【금융기관의 단기금융업무】 ① 1년 이내에서 대통령령으로 정하는 기간 이내에 만기가 도래하는 어음의 발행·할인·매매·중개·인수 및 보증업무와 그 부대업무(附帶業務)로서 대통령령으로 정하는 업무(이하 "단기금융업무"라 한다)를 영위하려는 자는 금융위원회의 인가를 받아야 한다.(2008.2.29 본항개정)

② 제1항에 따른 인가를 받으려는 자는 다음 각 호의 요건을 모두 갖추어야 한다.
1. 은행, 그 밖에 대통령령으로 정하는 금융기관일 것
2. 200억원 이상으로서 대통령령으로 정하는 금액 이상의 자기자본을 갖출 것
3. 사업계획이 타당하고 건전할 것
4. 투자자를 보호하고 영위하고자 하는 업을 수행하기에 충분한 인력 및 전산설비, 그 밖의 물적 시설을 갖출 것
5. 대주주(제12조제2항제6호가목의 대주주를 말한다)가 충분한 출자능력, 건전한 재무상태 및 사회적 신용을 갖출 것
6. 대통령령으로 정하는 건전한 재무상태와 사회적 신용을 갖출 것(2021.6.8 본호신설)

③ 제1항에 따른 인가를 받으려는 자는 인가신청서를 금융위원회에 제출하여야 한다.(2008.2.29 본항개정)

④ 금융위원회는 제3항의 인가신청서를 접수한 경우에는 그 내용을 심사하여 3개월 이내에 인가 여부를 결정하고, 그 결과와 이유를 지체 없이 신청인에게 문서로 통지하여야 한다. 이 경우 인가신청서에 흠결이 있는 때에는 보완을 요구할 수 있다.(2008.2.29 전단개정)

⑤ 제4항의 심사기간을 산정함에 있어서 인가신청서 흠결의 보완기간 등 총리령으로 정하는 기간은 산입하지 아니한다.(2008.2.29 본항개정)

⑥ 금융위원회는 제4항에 따라 인가를 하는 경우에는 경영의 건전성 확보 및 투자자 보호에 필요한 조건을 붙일 수 있다.(2008.2.29 본항개정)

⑦ 제6항에 따라 조건이 붙은 인가를 받은 자는 사정의 변경, 그 밖에 정당한 사유가 있는 경우에는 금융위원회에 조건의 취소 또는 변경을 요청할 수 있다. 이 경우 금융위원회는 2개월 이내에 조건의 취소 또는 변경 여부를 결정하고, 그 결과를 지체 없이 신청인에게 문서로 통지하여야 한다.(2008.2.29 본항개정)

⑧ 금융위원회는 제4항에 따라 인가를 한 경우에는 다음 각 호의 사항을 관보 및 인터넷 홈페이지 등에 공고하여야 한다.(2008.2.29 본문개정)
1. 인가의 내용
2. 인가의 조건(조건을 붙인 경우에 한한다)
3. 인가의 조건을 취소하거나 변경한 경우 그 내용

⑨ 단기금융회사는 인가를 받아 그 영업을 영위함에 있어서 제2항 각 호의 인가요건(제6호를 제외하며, 제2호 및 제5호의 경우에는 대통령령으로 정하는 완화된 요건을 말한다)을 유지하여야 한다.(2021.6.8 본항개정)

⑩ 제1항부터 제8항까지의 규정에 따른 인가신청서의 기재사항·첨부서류 등 인가의 신청에 관한 사항과 인가심사의 방법·절차, 그 밖에 필요한 사항은 대통령령으로 정한다.

판례 어음 중 일부가 발행일이나 액면금액 또는 만기가 기재되지 않은 채로 발행되었더라도, 수개월 내에 지급제시 및 지급거절 될 것을 예정하고 발행일 등을 백지로 하여 발행되는 이른바 딱지어음에 피고인이 기명날인하여 외관을 갖춘 어음을 발행하였고, 실제로 단기간 내에 액면금액 등이 보충되어 지급제시 된 이상 '자본시장과 금융투자업에 관한 법률' 제360조에서 규정하는 '어음의 발행'에 해당한다.(대판 2012.3.29, 2011도17097)

제361조【준용규정】 제33조, 제339조(제2항제1호 및 제3호를 제외한다), 제342조, 제352조제1항 및 제416조는 단기금융회사에 그 인가받은 단기금융업무 범위에서 준용한다.

제362조【단기금융업무의 적용배제 등】 ① 투자매매업 또는 투자중개업에 관한 금융투자업인가를 받은 자가 기업어음증권에 대한 투자매매업 또는 투자중개업을 영위하는 경우에는 이를 단기금융업무로 보지 아니한다.

② 단기금융회사(종합금융회사를 포함한다)가 해당 업무를 영위하는 경우에는 이를 기업어음증권에 대한 투자매매업 또는 투자중개업으로 보지 아니한다.

제363조【단기금융회사에 대한 검사】 제419조(제2항부터 제4항까지 및 제8항을 제외한다)는 단기금융회사에 대한 검사에 관하여 준용한다.

제364조【단기금융회사에 대한 조치】 ① 금융위원회는 단기금융회사가 다음 각 호의 어느 하나에 해당하는 경우에는 제360조제1항에 따른 인가를 취소할 수 있다.(2008.2.29 본문개정)
1. 거짓, 그 밖의 부정한 방법으로 제360조제1항에 따른 인가를 받은 경우
2. 인가조건을 위반한 경우
3. 제360조제9항에 따른 인가요건 유지의무를 위반한 경우
4. 업무의 정지기간 중에 업무를 한 경우
5. 금융위원회의 시정명령 또는 중지명령을 이행하지 아니한 경우(2008.2.29 본호개정)
6. 별표12 각 호의 어느 하나에 해당하는 경우로서 대통령령으로 정하는 경우
7. 대통령령으로 정하는 금융관련 법령 등을 위반한 경우로서 대통령령으로 정하는 경우
8. 그 밖에 투자자의 이익을 현저히 해할 우려가 있거나 해당 업무를 영위하기 곤란하다고 인정되는 경우로서 대통령령으로 정하는 경우

② 금융위원회는 단기금융회사가 제1항 각 호(제6호를 제외한다)의 어느 하나에 해당하거나 별표12 각 호의 어느 하나에 해당하는 경우에는 다음 각 호의 어느 하나에 해당하는 조치를 할 수 있다.(2008.2.29 본문개정)
1. 6개월 이내의 업무의 전부 또는 일부의 정지
2. 계약의 인계명령
3. 위법행위의 시정명령 또는 중지명령
4. 위법행위로 인한 조치를 받았다는 사실의 공표명령 또는 게시명령
5. 기관경고
6. 기관주의
7. 그 밖에 위법행위를 시정하거나 방지하기 위하여 필요한 조치로서 대통령령으로 정하는 조치

③ 금융위원회는 단기금융회사의 임원이 제1항 각 호(제6호를 제외한다)의 어느 하나에 해당하거나 별표12 각 호의 어느 하나에 해당하는 경우에는 다음 각 호의 어느 하나에 해당하는 조치를 할 수 있다.(2008.2.29 본문개정)
1. 해임요구
2. 6개월 이내의 직무정지
3. 문책경고
4. 주의적 경고
5. 주의
6. 그 밖에 위법행위를 시정하거나 방지하기 위하여 필요한 조치로서 대통령령으로 정하는 조치

④ 금융위원회는 단기금융회사의 직원이 제1항 각 호(제6호를 제외한다)의 어느 하나에 해당하거나 별표12 각 호의 어느 하나에 해당하는 경우에는 다음 각 호의 어느 하나에 해당하는 조치를 그 단기금융회사에 요구할 수 있다.(2008.2.29 본문개정)
1. 면직
2. 6개월 이내의 정직
3. 감봉
4. 견책
5. 경고
6. 주의
7. 그 밖에 위법행위를 시정하거나 방지하기 위하여 필요한 조치로서 대통령령으로 정하는 조치

⑤ 제422조제3항 및 제423조부터 제425조까지의 규정은 단기금융회사 및 그 임직원에 대한 조치 등에 관하여 준용한다.

제7장 명의개서대행회사

제365조【명의개서대행회사의 등록】 ① 증권의 명의개서를 대행하는 업무를 영위하려는 자는 금융위원회에 등록하여야 한다.(2008.2.29 본항개정)
② 제1항에 따른 등록을 하려는 자는 다음 각 호의 요건을 모두 갖추어야 한다.
1. 전자등록기관 또는 전국적인 점포망을 갖춘 은행일 것(2016.3.22 본호개정)
2. 전산설비 등 대통령령으로 정하는 물적 설비를 갖출 것
3. 대통령령으로 정하는 이해상충방지체계를 구축하고 있을 것

③ 제1항에 따른 등록을 하려는 자는 금융위원회에 등록신청서를 제출하여야 한다.(2008.2.29 본항개정)
④ 금융위원회는 제3항의 등록신청서를 접수한 경우에는 그 내용을 검토하여 2개월 이내에 등록 여부를 결정하고, 그 결과와 이유를 지체 없이 신청인에게 문서로 통지하여야 한다. 이 경우 등록신청서에 흠결이 있는 때에는 보완을 요구할 수 있다.(2008.2.29 전단개정)
⑤ 제4항의 검토기간을 산정함에 있어서 등록신청서 흠결의 보완기간 등 총리령으로 정하는 기간은 검토기간에 산입하지 아니한다.(2008.2.29 본항개정)
⑥ 금융위원회는 제4항의 등록 여부를 결정함에 있어서 다음 각 호의 어느 하나에 해당하는 사유가 없는 한 그 등록을 거부하여서는 아니 된다.(2008.2.29 본문개정)
1. 제2항의 등록요건을 갖추지 아니한 경우
2. 제3항의 등록신청서를 거짓으로 작성한 경우
3. 제4항 후단의 보완요구를 이행하지 아니한 경우

⑦ 금융위원회는 제4항에 따라 등록을 결정한 경우 명의개서대행회사등록부에 필요한 사항을 기재하여야 하며, 등록결정한 내용을 관보 및 인터넷 홈페이지 등에 공고하여야 한다.(2008.2.29 본항개정)
⑧ 명의개서대행회사는 등록 이후 그 영업을 영위함에 있어서 제2항 각 호의 등록요건을 계속 유지하여야 한다.
⑨ 제1항부터 제7항까지의 규정에 따른 등록신청서의 기재사항·첨부서류 등 등록의 신청에 관한 사항과 등록검토의 방법·절차, 그 밖에 필요한 사항은 대통령령으로 정한다.

제366조【명의개서대행회사의 부수업무】 명의개서대행회사는 증권의 배당·이자 및 상환금의 지급을 대행하는 업무와 증권의 발행을 대행하는 업무를 영위할 수 있다.

제367조【준용규정】 제54조, 제63조(증권의 명의개서를 대행하는 업무를 담당하는 임직원에 한한다), 제64조 및 제416조는 명의개서대행회사에 준용한다.

제368조【명의개서대행회사에 대한 검사】 제419조(제2항부터 제4항까지 및 제8항을 제외한다)는 명의개서대행회사에 대한 검사에 관하여 준용한다.

제369조【명의개서대행회사에 대한 조치】 ① 금융위원회는 명의개서대행회사가 다음 각 호의 어느 하나에 해당하는 경우에는 제365조제1항에 따른 등록을 취소할 수 있다.(2008.2.29 본문개정)
1. 거짓, 그 밖의 부정한 방법으로 제365조제1항에 따른 등록을 한 경우
2. 제365조제8항에 따른 등록요건 유지의무를 위반한 경우
3. 업무의 정지기간 중에 업무를 한 경우
4. 금융위원회의 시정명령 또는 중지명령을 이행하지 아니한 경우(2008.2.29 본호개정)
5. 별표13 각 호의 어느 하나에 해당하는 경우로서 대통령령으로 정하는 경우
6. 대통령령으로 정하는 금융관련 법령 등을 위반한 경우로서 대통령령으로 정하는 경우
7. 그 밖에 투자자의 이익을 현저히 해할 우려가 있거나 해당 업무를 영위하기 곤란하다고 인정되는 경우로서 대통령령으로 정하는 경우

② 금융위원회는 명의개서대행회사가 제1항 각 호(제5호를 제외한다)의 어느 하나에 해당하거나 별표13 각 호의 어느 하나에 해당하는 경우에는 다음 각 호의 어느 하나에 해당하는 조치를 할 수 있다.(2008.2.29 본문개정)
1. 6개월 이내의 업무의 전부 또는 일부의 정지
2. 명의개서대행계약, 그 밖의 계약의 인계명령
3. 위법행위의 시정명령 또는 중지명령
4. 위법행위로 인한 조치를 받았다는 사실의 공표명령 또는 게시명령
5. 기관경고
6. 기관주의
7. 그 밖에 위법행위를 시정하거나 방지하기 위하여 필요한 조치로서 대통령령으로 정하는 조치

③ 금융위원회는 명의개서대행회사의 임원이 제1항 각 호(제5호를 제외한다)의 어느 하나에 해당하거나 별표13 각 호의 어느 하나에 해당하는 경우에는 다음 각 호의 어느 하나에 해당하는 조치를 할 수 있다.(2008.2.29 본문개정)
1. 해임요구
2. 6개월 이내의 직무정지
3. 문책경고
4. 주의적 경고
5. 주의
6. 그 밖에 위법행위를 시정하거나 방지하기 위하여 필요한 조치로서 대통령령으로 정하는 조치

④ 금융위원회는 명의개서대행회사의 직원이 제1항 각 호(제5호를 제외한다)의 어느 하나에 해당하거나 별표13 각 호의 어느 하나에 해당하는 경우에는 다음 각 호의 어느 하나에 해당하는 조치를 그 명의개서대행회사에 요구할 수 있다.(2008.2.29 본문개정)
1. 면직
2. 6개월 이내의 정직
3. 감봉
4. 견책
5. 경고
6. 주의
7. 그 밖에 위법행위를 시정하거나 방지하기 위하여 필요한 조치로서 대통령령으로 정하는 조치

⑤ 제422조제3항 및 제423조부터 제425조까지의 규정은 명의개서대행회사 및 그 임직원에 대한 조치 등에 관하여 준용한다.

제8장 금융투자 관계 단체

제370조【금융투자 관계 단체의 설립 및 감독】 ① 투자자 보호 및 건전한 거래질서를 위하여 투자자, 주권상장법인 또는 대통령령으로 정하는 자로 구성되는 단체를 설립하고자 하는 자는 금융위원회의 허가를 받아야 한다.(2009.2.3 본항개정)
② 금융위원회는 제1항의 허가를 하고자 하는 경우에는 다음 각 호의 사항을 심사하여야 한다.(2008.2.29 본문개정)
1. 설립취지
2. 해당 단체의 재산상황과 수지 전망
3. 발기인 및 임원의 인적 구성
4. 자본시장과 금융투자업에 대한 기여도(2013.5.28 본호개정)

③ 제1항의 허가에 관하여 필요한 사항은 대통령령으로 정한다.
④ 제1항의 허가를 받은 단체는 정관을 변경한 경우에는 이를 지체 없이 금융위원회에 보고하여야 한다.(2008.2.29 본항개정)

제371조【금융투자 관계 단체에 대한 검사】 제419조(제2항부터 제4항까지 및 제8항을 제외한다)는 금융투자 관계 단체에 대한 검사에 관하여 준용한다.

제372조【금융투자 관계 단체에 대한 조치】 ① 금융위원회는 금융투자 관계 단체가 다음 각 호의 어느 하나에 해당하는 경우에는 제370조제1항에 따른 허가를 취소할 수 있다.(2008.2.29 본문개정)
1. 거짓, 그 밖의 부정한 방법으로 제370조제1항에 따른 허가를 받은 경우
2. 허가조건을 위반한 경우
3. 정관에 따른 목적 외의 업무를 영위한 경우
4. 그 밖에 투자자 보호 또는 건전한 거래질서를 해할 우려가 있는 경우로서 대통령령으로 정하는 경우

② 제423조(제2호를 제외한다), 제424조제1항·제2항 및 제425조는 금융투자 관계 단체의 허가 취소에 관하여 준용한다.(2008.2.29 후단삭제)

제7편 거래소

(2013.5.28 본편제목개정)

제1장 총 칙

제373조【무허가 시장개설행위 금지】 누구든지 이 법에 따른 거래소허가를 받지 아니하고는 금융투자상품시장을 개설하거나 운영하여서는 아니 된다. 다만, 다음 각 호의 어느 하나에 해당하는 경우에는 그러하지 아니하다.
1. 다자간매매체결회사가 제78조에 따라 다자간매매체결업무를 하는 경우
2. 협회가 제286조제1항제5호에 따라 증권시장에 상장되지 아니한 주권의 장외매매거래에 관한 업무를 하는 경우
3. 그 밖에 거래소 외의 자가 금융투자상품의 매매체결에 관한 업무를 수행하더라도 공정한 가격 형성, 매매 그 밖의 거래의 안정성 및 효율성의 도모 및 투자자의 보호에 우려가 없는 경우로서 대통령령으로 정하는 경우

(2013.5.28 본조개정)

제373조의2【거래소의 허가】 ① 금융투자상품시장을 개설하거나 운영하려는 자는 다음 각 호의 사항을 구성요소로 하여 대통령령으로 정하는 시장개설 단위의 전부나 일부를 선택하여 금융위원회로부터 하나의 거래소허가를 받아야 한다.
1. 매매의 대상이 되는 금융투자상품의 범위(증권 및 장내파생상품을 말하되, 증권 중 주권, 그 밖에 대통령령으로 정하는 것을 포함한다)
2. 회원(거래소시장에서의 거래에 참가할 수 있는 자로서 제387조제1항의 회원관리규정에 따른 자를 말한다. 이하 같다)이 되는 자의 범위

② 제1항에 따라 거래소허가를 받으려는 자는 다음 각 호의 요건을 모두 갖추어야 한다.
1. 「상법」에 따른 주식회사일 것
2. 거래소허가 단위별로 1천억원 이상으로서 대통령령으로 정하는 금액 이상의 자기자본을 갖출 것
3. 사업계획이 타당하고 건전할 것
4. 투자자의 보호가 가능하고 금융투자상품시장을 개설·운영하기에 충분한 인력과 전산설비, 그 밖의 물적 설비를 갖출 것
5. 정관, 회원관리규정·증권시장업무규정·파생상품시장업무규정·상장규정·공시규정·시장감시규정·분쟁조정규정, 그 밖의 업무에 관한 규정(이하 이 호 및 제373조의7에서 "정관등"이라 한다)이 법령에 적합하고, 증권 및 장내파생상품의 공정한 가격 형성과 매매 그 밖의 거래의 안정성 및 효율성을 도모하며 투자자의 보호를 위하여 충분할 것
6. 임원이 「금융회사의 지배구조에 관한 법률」 제5조에 적합할 것(2015.7.31 본호개정)
7. 대주주(제12조제2항제6호가목의 대주주를 말한다)가 충분한 출자능력, 건전한 재무상태 및 사회적 신용을 갖출 것
8. 대통령령으로 정하는 사회적 신용을 갖출 것
9. 이해상충방지체계를 구축하고 있을 것

③ 제2항의 허가요건에 관하여 필요한 세부사항은 대통령령으로 정한다.
(2013.5.28 본조신설)

제373조의3【허가의 신청 및 심사】 ① 제373조의2제1항에 따른 허가를 받으려는 자는 허가신청서를 금융위원회에 제출하여야 한다.
② 금융위원회는 제1항의 허가신청서를 접수한 때에는 그 내용을 심사하여 3개월 이내에 허가 여부를 결정하고, 그 결과와 이유를 지체 없이 신청인에게 문서로 통지하여야 한다. 이 경우 허가신청서에 흠결이 있는 경우에는 보완을 요구할 수 있다.

③ 제2항의 심사기간을 산정함에 있어서 허가신청서 흠결의 보완기간 등 총리령으로 정하는 기간은 이를 산입하지 아니한다.
④ 금융위원회는 제2항에 따라 허가를 하는 경우에는 증권 및 장내파생상품의 공정한 가격 형성과 그 매매, 그 밖의 거래의 안정성 및 효율성 도모, 회사 경영의 건전성 확보 및 투자자 보호에 필요한 조건을 붙일 수 있다.
⑤ 제4항에 따라 조건이 붙은 허가를 받은 자는 사정의 변경이나 그 밖에 정당한 사유가 있는 경우에는 금융위원회에 조건의 취소 또는 변경을 요청할 수 있다. 이 경우 금융위원회는 2개월 이내에 조건의 취소 또는 변경 여부를 결정하고, 그 결과를 지체 없이 신청인에게 문서로 통지하여야 한다.
⑥ 금융위원회는 제2항에 따라 허가를 한 경우에는 다음 각 호의 사항을 관보 및 인터넷 홈페이지 등에 공고하여야 한다.
1. 허가의 내용
2. 허가의 조건(조건을 붙인 경우로 한정한다)
3. 허가의 조건을 취소하거나 변경한 경우 그 내용(조건을 취소하거나 변경한 경우로 한정한다)
⑦ 제1항부터 제6항까지의 규정에 따른 허가신청서의 기재사항·첨부서류 등 허가의 신청에 관한 사항과 허가심사의 방법·절차, 그 밖에 필요한 사항은 대통령령으로 정한다.
(2013.5.28 본조신설)
제373조의4【예비허가】 ① 제373조의2에 따른 거래소 허가(이하 이 조에서 "본허가"라 한다)를 받으려는 자는 미리 금융위원회에 예비허가를 신청할 수 있다.
② 금융위원회는 예비허가를 신청받은 경우에는 2개월 이내에 제373조의2제2항 각 호의 요건을 갖출 수 있는지 여부를 심사하여 예비허가 여부를 결정하고, 그 결과와 이유를 지체 없이 신청인에게 문서로 통지하여야 한다. 이 경우 예비허가신청에 관하여 흠결이 있는 때에는 보완을 요구할 수 있다.
③ 제2항의 심사기간을 산정함에 있어서 예비허가신청과 관련된 흠결의 보완기간 등 총리령으로 정하는 기간은 심사기간에 산입하지 아니한다.
④ 금융위원회는 제2항에 따라 예비허가를 하는 경우에는 증권 및 장내파생상품의 공정한 가격 형성과 그 매매, 그 밖의 거래의 안정성 및 효율성 도모, 회사 경영의 건전성 확보 및 투자자 보호에 필요한 조건을 붙일 수 있다.
⑤ 금융위원회는 예비허가를 받은 자가 본허가를 신청하는 경우에는 제4항에 따른 예비허가의 조건을 이행하였는지 여부와 제373조의2제2항 각 호의 요건을 갖추었는지 여부를 확인한 후 본허가 여부를 결정하여야 한다.
⑥ 제1항부터 제5항까지의 규정에 따른 예비허가의 신청서 및 그 기재사항·첨부서류 등 예비허가의 신청에 관한 사항과 예비허가심사의 방법·절차, 그 밖에 예비허가에 관하여 필요한 사항은 대통령령으로 정한다.
(2013.5.28 본조신설)
제373조의5【허가요건의 유지】 거래소는 제373조의2에 따른 거래소허가를 받아 시장을 개설·운영함에 있어서 제373조의2제2항 각 호(제8호는 제외한다)의 허가요건을 유지하여야 한다.(2013.5.28 본조신설)
제373조의6【시장개설 단위의 추가 및 허가의 변경】 거래소는 제373조의2에 따라 허가받은 시장개설 단위 외에 다른 시장개설 단위를 추가하여 금융투자상품시장을 개설·운영하려는 경우에는 제373조의2 및 제373조의3에 따라 금융위원회의 변경허가를 받아야 한다. 이 경우 제373조의4를 적용한다.(2013.5.28 본조신설)
제373조의7【상장 및 시장감시 등의 책무】 거래소는 다음 각 호의 업무를 행함에 있어서 이 법 또는 정관등에 따라 거래소시장에서 투자자를 보호하고 증권 및 장내파생상품의 매매를 공정하게 수행할 책무를 가진다.
1. 증권의 상장 및 상장폐지 업무
2. 제402조제1항제1호부터 제3호까지의 규정에 따른 업무
3. 그 밖에 투자자를 보호하고 공정한 거래질서를 확보하기 위하여 필요한 업무로서 대통령령으로 정하는 업무
(2013.5.28 본조신설)
제374조【「상법」의 적용】 거래소에 대하여는 이 법에서 특별히 정한 경우를 제외하고는 「상법」 중 주식회사에 관한 규정을 적용한다.

제2장 조직 등

제375조 (2013.5.28 삭제)
제376조【정관】 ① 거래소의 정관에는 다음 각 호의 사항을 기재하여야 한다.
1. 목적
2. 상호
3. 거래소가 발행할 주식의 총수
4. 1주의 금액
5. 거래소의 설립시에 발행하는 주식의 총수
6. 거래소가 공고하는 방법
7. 증권시장 및 파생상품시장 등 시장의 구분에 관한 사항(2013.5.28 본호개정)
8. 거래소 규정(規程)의 제정·변경 및 폐지에 관한 사항
9. 임원 및 집행간부에 관한 사항
10. 이사회, 이사회 내 소위원회 및 이사후보추천위원회에 관한 사항
11. 감사위원회에 관한 사항
12. 시장감시위원회에 관한 사항
13. 업무의 집행에 관한 사항
② 거래소는 정관을 변경하고자 하는 경우에는 금융위원회의 승인을 받아야 한다. 이 경우 금융위원회는 정관변경을 승인함에 있어서 각 시장운영의 자율성을 고려하여야 한다.(2008.2.29 본항개정)
제377조【업무】 ① 거래소는 정관으로 정하는 바에 따라 다음 각 호의 업무를 행한다. 다만, 제3호 및 제4호의 업무는 제378조에 따라 금융위원회로부터 청산기관 또는 결제기관으로 지정된 거래소로 한정한다.(2013.5.28 본문개정)
1. 거래소시장의 개설·운영에 관한 업무(2013.5.28 본호개정)
2. 증권 및 장내파생상품의 매매에 관한 업무
3. 증권 및 장내파생상품의 거래(다자간매매체결회사에서의 거래를 포함한다)에 따른 매매확인, 채무인수, 차감, 결제증권·결제품목·결제금액의 확정, 결제이행보증, 결제불이행에 따른 처리 및 결제지시에 관한 업무(2013.5.28 본호개정)
4. 장내파생상품의 매매거래에 따른 품목인도 및 대금지급에 관한 업무
5. 증권의 상장에 관한 업무
6. 장내파생상품 매매의 유형 및 품목의 결정에 관한 업무
7. 상장법인의 신고·공시에 관한 업무
8. 증권 또는 장내파생상품 매매 품목의 가격이나 거래량이 비정상적으로 변동하는 거래 등 대통령령으로 정하는 이상거래(이하 "이상거래"라 한다)의 심리 및 회원의 감리에 관한 업무(2013.5.28 본호개정)
9. 증권의 경매업무
10. 거래소시장 등에서의 매매와 관련된 분쟁의 자율조정(당사자의 신청이 있는 경우에 한한다)에 관한 업무(2013.5.28 본호개정)
11. 거래소시장의 개설에 수반되는 부대업무(2013.5.28 본호개정)
12. 금융위원회의 승인을 받은 업무(2013.5.28 본호개정)
13. 그 밖에 정관에서 정하는 업무
② 거래소는 제1항 각 호의 업무 외에 다른 업무를 할 수 없다. 다만, 다음 각 호의 어느 하나에 해당하는 경우에는 그러하지 아니하다.
1. 이 법 또는 다른 법령에서 거래소가 운영할 수 있도록 한 업무를 행하는 경우
2. 제323조의3에 따라 인가를 받아 금융투자상품거래청산업을 영위하는 경우
(2013.5.28 본항신설)
제378조【청산기관 및 결제기관】 ① 증권시장 및 파생상품시장에서의 매매거래(다자간매매체결회사에서의 거래를 포함한다)에 따른 매매확인, 채무인수, 차감, 결제증권·결제품목·결제금액의 확정, 결제이행보증, 결제불이행에 따른 처리 및 결제지시업무는 제323조의2 및 제323조의3에도 불구하고 청산기관으로서 금융위원회가 지정하는 거래소가 수행한다.
② 파생상품시장에서의 품목인도 및 대금지급업무는 결제기관으로서 금융위원회가 지정하는 거래소가 수행한다.
(2013.5.28 본조개정)
제379조【유사명칭의 사용금지】 거래소가 아닌 자는 그 명칭 또는 상호에 "한국거래소", "금융상품거래소", "금융투자상품거래소", "증권선물거래소", "증권거래소", "선물거래소", "파생상품거래소", "거래소시장", "증권시장", "유가증권시장", "코스닥시장", "선물시장", "파생상품시장" 또는 이와 유사한 명칭을 사용하여서는 아니 된다.
(2013.5.28 본조개정)
제380조【임원】 ① 거래소에 15인 이내로 다음 각 호의 임원을 둔다.
1. 이사장 1인
2. 상근이사인 감사위원회 위원 1인
3. 시장감시위원장 1인
4. 이사 12인 이내
② 임원의 임기는 3년으로 하며, 정관이 정하는 바에 따라 연임할 수 있다.
③ 이사장은 대통령령으로 정하는 금융에 관한 경험과 지식을 갖추고 거래소의 건전한 경영과 공정한 거래질서를 해할 우려가 없는 자 중에서 제385조제1항에 따른 이사후보추천위원회(이하 "후보추천위원회"라 한다)의 추천을 받아 주주총회에서 선임한다.
④ 금융위원회는 제3항에 따라 선임된 이사장이 직무수행에 부적합하다고 인정되는 경우로서 대통령령으로 정하는 경우에는 그 선임된 날부터 1개월 이내에 그 사유를 구체적으로 밝혀 해임을 요구할 수 있다. 이 경우 해임 요구된 이사장의 직무는 정지되며, 거래소는 2개월 이내에 이사장을 새로 선임하여야 한다.(2008.2.29 전단개정)
⑤ 거래소의 사외이사(상시적인 업무에 종사하지 아니하는 자로서 거래소의 정관이 정하는 요건을 갖춘 자를 말한다. 이하 이 장에서 같다)와 상근이사인 감사위원회의 위원은 후보추천위원회의 추천을 받아 주주총회에서 각각 선임한다. 이 경우 최대주주와 그 특수관계인, 그 밖에 대통령령으로 정하는 자가 소유하는 거래소의 의결권 있는 주식의 합계가 거래소의 의결권 있는 발행주식총수의 100분의 3(정관으로 그 비율을 더 낮게 정한 경우에는 그 비율로 한다)을 초과하는 경우 그 주주는 그 초과하는 주식에 관하여 상근이사인 감사위원회 위원의 선임 및 해임에 있어서는 의결권을 행사하지 못한다.
⑥ 제384조제3항 각 호의 어느 하나에 해당하는 자는 거래소의 상근이사인 감사위원회의 위원이 될 수 없으며, 상근이사인 감사위원회의 위원이 된 후 이에 해당하게 된 경우에는 그 직을 상실한다. 다만, 거래소의 상근이사인 감사위원회의 위원으로 재임 중이거나 재임하였던 자는 제384조제3항제2호에 불구하고 상근이사인 감사위원회의 위원이 될 수 있다.(2015.7.31 본항개정)
제381조【이사회】 ① 거래소에 제380조제1항 각 호의 자로 구성되는 이사회를 둔다. 이 경우 사외이사가 이사회의 과반수를 구성하도록 하여야 한다.
② 거래소 이사회의 효율적인 업무수행을 위하여 이사회 내에 각 시장별로 이사회가 위임한 사항을 심의·결의하는 「상법」 제393조의2에 따른 이사회 내 위원회로서 소위원회를 설치한다.
③ 그 밖에 이사회 및 소위원회의 구성 및 운영에 관하여 필요한 사항은 정관으로 정한다.
제382조【임원의 자격 등】 ① 「금융회사의 지배구조에 관한 법률」 제5조는 거래소의 임원에게 준용한다.
(2015.7.31 본항개정)
② 「금융회사의 지배구조에 관한 법률」 제6조제1항(제1호는 제외한다) 및 제2항은 거래소의 사외이사에게 준용한다.(2015.7.31 본항개정)
③ 거래소의 임원은 둘 이상의 거래소의 임원의 지위를 겸직하여서는 아니 된다.(2013.5.28 본항신설)
제383조【정보이용금지 등】 ① 거래소의 임직원 및 임직원이었던 자는 그 직무에 관하여 알게 된 비밀을 누설 또는 이용하여서는 아니 된다.
② 거래소의 상근 임직원은 금융투자업자 및 금융투자업관계기관과 자금의 공여, 손익의 분배, 그 밖에 영업에 관하여 대통령령으로 정하는 특별한 이해관계를 가져서는 아니 된다.
③ 제63조는 거래소의 임직원에게 준용한다.
제384조【감사위원회】 ① 거래소에 감사위원회를 설치하여야 한다.
② 감사위원회는 다음 각 호의 요건을 모두 충족하여야 한다.
1. 총 위원의 3분의 2 이상이 사외이사일 것
2. 위원 중 1명 이상은 대통령령으로 정하는 회계 또는 재무전문가일 것
3. 감사위원회의 대표는 사외이사일 것
(2015.7.31 본항개정)
③ 다음 각 호의 어느 하나에 해당하는 사람은 사외이사가 아닌 감사위원회의 위원이 될 수 없으며, 사외이사가 아닌 감사위원회의 위원이 된 후 이에 해당하게 된 경우에는 그 직을 상실한다. 다만, 거래소의 상근감사 또는 사외이사가 아닌 감사위원회의 위원으로 재임 중이거나 재임하였던 사람은 제2호에도 불구하고 사외이사가 아닌 감사위원회의 위원이 될 수 있다.
1. 거래소의 주요주주
2. 거래소의 상근 임직원 또는 최근 2년 이내에 상근 임직원이었던 사람
3. 그 밖에 거래소의 경영에 영향을 미칠 수 있는 사람 등 사외이사가 아닌 감사위원회의 위원으로서의 직무를 충실하게 수행하기 곤란한 사람으로서 대통령령으로 정하는 사람
(2015.7.31 본항신설)
④ 거래소는 사외이사의 사임·사망 등 사전에 예측하지 못한 사유로 사외이사의 수가 제2항에 따른 감사위원회의 구성요건에 미치지 못하게 된 경우에는 그 사유가 발생한 후 최초로 소집되는 주주총회에서 제2항에 따른 요건을 충족하도록 조치하여야 한다.(2015.7.31 본항신설)
⑤ 감사위원회의 위원이 되는 사외이사의 선임에 관하여는 감사선임 시 의결권 행사의 제한에 관한 「상법」 제409조제2항 및 제3항을 준용한다.(2015.7.31 본항신설)
제385조【이사후보추천위원회】 ① 거래소에 이사장·사외이사의 적정한 선임을 위하여 후보추천위원회를 둔다.
② 이사장은 다음 각 호의 자를 후보추천위원회 위원으로 위촉하며, 후보추천위원회의 위원장은 위원 간의 호선으로 선출한다.
1. 사외이사인 이사 5인
2. 협회가 추천하는 2인
3. 대통령령으로 정하는 주권상장법인 대표 2인
(2013.5.28 본호개정)
4. (2013.5.28 삭제)
③ 후보추천위원회의 구성 및 운영에 관하여 필요한 사항은 정관으로 정한다.

제3장 시 장

제386조【시장의 개설·운영】 거래소는 시장을 효율적으로 관리하기 위하여 증권시장 또는 파생상품시장별로 둘 이상의 금융투자상품시장을 개설하여 운영할 수 있다.(2013.5.28 본조개정)

제387조【회원】 ① 거래소는 회원의 관리를 위하여 회원관리규정(이하 "회원관리규정"이라 한다)을 정하여야 한다.
② 회원은 다음 각 호와 같이 구분한다.
1. 거래소 결제회원
2. 매매전문회원
3. 그 밖에 대통령령으로 정하는 회원
③ 회원관리규정에는 다음 각 호의 사항이 포함되어야 한다.
1. 회원의 자격에 관한 사항
2. 회원의 가입과 탈퇴에 관한 사항
3. 회원의 권리와 의무에 관한 사항
4. 그 밖에 회원을 관리하기 위하여 필요한 사항
제388조【시장에서의 거래자격】 ① 거래소의 회원이 아닌 자는 증권시장 및 파생상품시장에서의 매매거래를 하여서는 아니 된다. 다만, 회원관리규정에서 특정한 증권의 매매거래를 할 수 있도록 정한 경우에는 그 특정한 증권의 매매거래를 할 수 있다.
② 제1항 단서에 따라 증권시장에서 매매거래를 할 수 있게 된 자는 제377조제8호, 제387조, 제389조, 제394조, 제395조, 제396조제2항, 제397조부터 제400조까지, 제404조 및 제426조제6항을 적용함에 있어서 이를 거래소의 회원으로 본다.
제389조【거래의 종결】 ① 거래소는 회원이 거래의 정지를 당하거나 그 자격을 상실한 경우에는 그 회원 또는 다른 회원으로 하여금 해당 증권시장 또는 파생상품시장에서 행한 매매거래를 종결시켜야 한다. 이 경우 자격을 상실한 회원은 매매거래를 종결시키는 범위에서 회원의 자격을 가진 것으로 본다.
② 제1항에 따라 거래소가 다른 회원으로 하여금 해당 매매거래를 종결시키는 경우에는 그 회원과 다른 회원 사이에 위임계약이 체결된 것으로 본다.
제390조【상장규정】 ① 거래소는 증권시장에 상장할 증권의 심사 및 상장증권의 관리를 위하여 증권상장규정(이하 "상장규정"이라 한다)을 정하여야 한다. 이 경우 거래소가 개설·운영하는 둘 이상의 증권시장에 대하여 별도의 상장규정으로 정할 수 있다.(2013.5.28 후단개정)
② 상장규정에는 다음 각 호의 사항이 포함되어야 한다.
1. 증권의 상장기준 및 상장심사에 관한 사항
2. 증권의 상장폐지기준 및 상장폐지에 관한 사항
3. 증권의 매매거래정지와 그 해제에 관한 사항
4. 그 밖에 상장법인 및 상장증권의 관리에 관하여 필요한 사항
제391조【공시규정】 ① 거래소는 주권, 그 밖에 대통령령으로 정하는 증권을 상장한 법인(이하 이 조 및 제392조에서 "주권등상장법인"이라 한다)의 기업내용 등의 신고·공시 및 관리를 위하여 주권등상장법인 공시규정(이하 "공시규정"이라 한다)을 정하여야 한다. 이 경우 거래소가 개설·운영하는 둘 이상의 증권시장에 대하여 별도의 공시규정으로 정할 수 있다.(2013.5.28 후단개정)
② 공시규정에는 다음 각 호의 사항이 포함되어야 한다.
1. 주권등상장법인이 신고하여야 하는 내용에 관한 사항
2. 주권등상장법인이 신고함에 있어서 준수하여야 할 방법 및 절차에 관한 사항
3. 주권등상장법인에 관한 풍문이나 보도 등의 사실 여부 및 그 법인이 발행한 증권의 가격이나 거래량의 현저한 변동의 원인 등에 대한 거래소의 신고 또는 확인 요구에 관한 사항
4. 주권등상장법인의 경영상 비밀유지와 투자자 보호와의 형평 등을 고려하여 신고·공시하지 아니할 사항
5. 주권등상장법인이 신고한 내용의 공시에 관한 사항
6. 주권등상장법인의 제1호부터 제4호까지의 위반유형, 위반 여부 결정기준 및 조치 등에 관한 사항
7. 매매거래의 정지 등 주권등상장법인의 관리에 관한 사항
8. 주권등상장법인의 신고의무 이행실태의 점검에 관한 사항
9. 그 밖에 주권등상장법인의 신고 또는 공시와 관련하여 필요한 사항
제392조【공시의 실효성 확보】 ① 은행은 주권등상장법인에 대하여 다음 각 호에 해당하는 사실이 발생한 경우에는 이를 지체 없이 거래소에 통보하여야 한다.
1. 발행한 어음이나 수표가 부도로 된 경우
2. 은행과의 당좌거래가 정지 또는 금지된 경우
② 거래소는 제391조제2항제1호의 신고사항과 같은 항 제3호에 따른 신고 또는 확인 요구사항에 대하여 투자자의 투자판단에 중대한 영향을 미칠 우려가 있어 그 내용을 신속하게 알릴 필요가 있는 경우에는 대통령령으로 정하는 방법에 따라 행정기관, 그 밖의 관계기관에 대하여 필요한 정보의 제공 또는 교환을 요청할 수 있다. 이 경우 요청을 받은 기관은 특별한 사유가 없는 한 이에 협조하여야 한다.
③ 거래소는 주권등상장법인이 제391조에 따라 신고를 한 경우에는 이를 지체 없이 금융위원회에 송부하여야 한다.(2008.2.29 본항개정)
④ 금융위원회는 제3항에 따른 송부를 받은 경우에는 이를 인터넷 홈페이지 등을 이용하여 공시하여야 한다.(2008.2.29 본항개정)
제393조【업무규정】 ① 증권시장에서의 매매거래에 관하여 다음 각 호의 사항은 거래소의 증권시장업무규정으로 정한다. 이 경우 거래소가 개설·운영하는 둘 이상의 증권시장에 대하여 별도의 증권시장업무규정으로 정할 수 있다.(2013.5.28 후단개정)
1. 매매거래의 종류 및 수탁에 관한 사항
2. 증권시장의 개폐·정지 또는 휴장에 관한 사항
3. 매매거래계약의 체결 및 결제의 방법. 다만, 증권인도와 대금지급에 관한 것을 제외한다.
4. 증거금(證據金)의 납부 등 매매거래의 규제에 관한 사항
5. 그 밖에 매매거래에 관하여 필요한 사항
② 파생상품시장에서의 매매에 관하여 다음 각 호의 사항은 거래소의 파생상품시장업무규정으로 정한다.
1. 장내파생상품 매매의 수탁에 관한 사항
2. 취급하는 장내파생상품 매매의 유형 및 품목
3. 장내파생상품 매매의 결제월
4. 파생상품시장의 개폐·정지 또는 휴장에 관한 사항
5. 장내파생상품 매매에 관한 계약의 체결 및 제한에 관한 사항
6. 위탁증거금 및 거래증거금에 관한 사항
7. 결제의 방법
8. 그 밖에 장내파생상품 매매 및 그 수탁에 관하여 필요한 사항
제394조【손해배상공동기금】 ① 회원은 증권시장 또는 파생상품시장에서의 매매거래에 따른 채무의 불이행으로 인하여 발생하는 손해를 배상하기 위하여 거래소에 손해배상공동기금(이하 "공동기금"이라 한다)을 적립하여야 한다. 다만, 증권시장 또는 파생상품시장에서의 매매거래에 대한 결제이행의 책임을 부담하지 아니하는 회원 등 거래소가 정하는 회원은 공동기금을 적립하지 아니할 수 있다.
② 거래소는 제1항에 따른 공동기금을 증권시장과 파생상품시장으로 구분하여 적립하여야 한다.
③ 회원(제1항 단서에 따른 회원을 제외한다)은 제1항 및 제2항의 공동기금의 범위에서 회원의 증권시장 또는 파생상품시장에서의 매매거래에 따른 채무의 불이행으로 인하여 발생하는 손해배상에 관하여 연대책임을 진다.
④ 제1항의 공동기금의 총적립규모, 회원별 적립률, 적립방법, 사용, 관리, 환급, 그 밖에 그 운용에 관하여 필요한 사항은 대통령령으로 정한다.
제395조【회원보증금】 ① 회원은 장래 증권시장 또는 파생상품시장에서의 매매거래와 관련하여 발생할 수 있는 채무의 이행을 보증하기 위하여 거래소에 회원보증금을 예치하여야 한다.
② 거래소는 제398조에 따라 회원을 대신하여 채무를 이행 또는 인수함으로써 취득한 채권을 그 회원에 대한 회원보증금과 상계하여서는 아니 된다.
③ 회원에게 증권 또는 장내파생상품의 매매를 위탁한 자는 그 위탁으로 발생한 채권에 대하여 그 회원의 회원보증금에 관하여 다른 채권자보다 우선하여 변제받을 권리가 있다.
④ 제1항에 따른 회원보증금의 최저한도·운용 및 관리 등에 관하여 필요한 사항은 거래소의 회원관리규정으로 정한다.
제396조【위탁증거금 및 거래증거금】 ① 거래소의 회원은 파생상품시장에서의 매매의 수탁과 관련하여 거래소의 파생상품시장업무규정이 정하는 바에 따라 위탁자로부터 위탁증거금을 받아야 한다.
② 거래소의 회원은 증권시장 또는 파생상품시장에서의 매매거래를 함에 있어서 거래소에 대하여 부담하는 채무의 이행을 보증하기 위하여 증권시장업무규정 및 파생상품시장업무규정이 정하는 바에 따라 거래소에 거래증거금을 예치하여야 한다.
제397조【거래증거금과 회원보증금의 채무변제에의 충당】 거래소는 회원이 거래소 또는 다른 회원에 대하여 증권시장 또는 파생상품시장에서의 매매거래에 관한 채무를 이행하지 아니한 경우에는 그 회원의 거래증거금과 회원보증금으로 그 채무의 변제에 충당할 수 있다.
제398조【거래소에 의한 채무이행 등】 ① 거래소는 증권시장 및 파생상품시장에서의 매매거래를 원활하게 하기 위하여 증권시장업무규정 및 파생상품시장업무규정이 정하는 바에 따라 회원을 대신하여 그 회원의 증권시장 또는 파생상품시장에서의 매매거래에 의한 채권·채무에 대하여 그 채권을 행사 또는 취득하거나 그 채무를 이행 또는 인수할 수 있다.
② 제1항의 채무의 이행 또는 인수로 인하여 거래소에 손실이 발생한 경우 해당 회원은 증권시장업무규정 및 파생상품시장업무규정이 정하는 바에 따라 거래소에 대하여 같은 채무를 부담한다.
제399조【거래소의 손해배상책임】 ① 거래소는 회원의 증권시장 또는 파생상품시장에서의 매매거래의 위약(違約)으로 인하여 발생하는 손해에 관하여 배상의 책임을 진다.
② 거래소가 제1항에 따라 손해를 배상하는 경우에는 대통령령으로 정하는 바에 따라 거래소의 재산과 제394조에 따라 적립된 공동기금에서 충당한다.(2015.7.24 본항개정)
③ 거래소는 제1항 및 제2항에 따라 손해를 배상한 경우에는 위약한 회원에 대하여 그 배상한 금액과 이에 소요된 비용에 관하여 구상권을 가진다.
④ (2015.7.24 삭제)
⑤ 제3항의 구상권의 행사와 같은 항에 따라 추심된 금액의 배분 등에 필요한 사항은 대통령령으로 정한다.
(2015.7.24 본항개정)
제400조【채무변제순위】 ① 거래소의 회원이 증권시장 또는 파생상품시장에서의 매매거래에 따른 채무를 이행하지 아니하여 거래소 또는 다른 회원에게 손해를 끼친 경우 그 손해를 입은 거래소 또는 다른 회원은 그 손해를 끼친 회원의 회원보증금·거래증거금 및 공동기금 지분에 대하여 다른 채권자보다 우선하여 변제받을 권리를 가진다.
② 거래소는 회원이 증권시장 또는 파생상품시장에서의 매매에 따른 결제를 위하여 납부한 대금·증권 및 품목에 관하여 다른 채권자보다 우선하여 변제를 받을 권리가 있다.
③ 거래소는 증권시장 또는 파생상품시장에서의 매매에 따른 결제완료 전에 대금·증권 및 품목이 인도된 경우에 해당 회원이 그 결제를 이행하지 아니함으로써 거래소에 손해를 끼친 때에는 그 회원의 재산에 관하여 다른 채권자보다 우선하여 변제를 받을 권리가 있다. 다만, 그 결제의 이행 기한이 도래하기 전에 설정된 전세권·질권·저당권 또는 「동산·채권 등의 담보에 관한 법률」에 따른 담보권에 의하여 담보된 채권에 대하여는 우선하여 변제를 받을 권리가 없다.(2010.6.10 단서개정)
④ 제1항부터 제3항까지의 규정에 따른 거래소의 우선권은 제395조제3항에 따른 위탁자의 회원보증금에 대한 권리보다 우선하는 효력을 가진다.
제401조【시세의 공표】 거래소는 대통령령으로 정하는 방법에 따라 다음 각 호의 증권 및 장내파생상품의 시세(다자간매매체결회사가 다자간매매체결업무를 할 때 형성된 시세를 제외한다. 이하 이 조에서 같다)를 공표하여야 한다.(2013.5.28 본문개정)
1. 증권의 매일의 매매거래량 및 그 성립가격과 최고·최저 및 최종가격
2. 장내파생상품의 종목별 매일의 총거래량, 최초·최고·최저 및 최종거래 성립가격 또는 약정수치
3. 그 밖에 시세의 공정한 형성 및 투자자 보호에 필요하다고 인정되는 시세로서 대통령령으로 정하는 시세

제4장 시장감시 및 분쟁조정

제402조【시장감시위원회】 ① 거래소에 다음 각 호의 업무를 수행하기 위하여 시장감시위원회를 둔다.
1. 시장감시, 이상거래의 심리 및 회원에 대한 감리(지정거래소가 제78조제3항 및 제4항에 따라 행하는 감시, 이상거래의 심리 또는 거래참가자에 대한 감리를 포함한다)
2. 증권시장과 파생상품시장 사이의 연계감시(지정거래소가 제404조제2항 및 제3항에 따라 행하는 거래소시장과 다른 거래소시장 사이 및 거래소시장과 다자간매매체결회사 사이의 연계감시를 포함한다)
3. 제1호 및 제2호에 따른 이상거래의 심리, 회원에 대한 감리, 연계감시의 결과에 따른 회원 또는 거래참가자에 대한 징계 또는 관련 임직원에 대한 징계요구의 결정
(2013.5.28 1호~3호개정)
4. 불공정거래의 예방 등을 위한 활동(2014.12.30 본호신설)
5. 제377조제10호에 따른 분쟁의 자율조정에 관한 업무
6. 제403조에 따른 시장감시규정 및 제405조제1항에 따른 분쟁조정규정의 제정·변경 및 폐지
7. 그 밖에 제1호부터 제6호까지의 업무에 부수하는 업무
(2014.12.30 본호개정)
② 시장감시위원회는 다음 각 호의 위원으로 구성한다.
1. 시장감시위원회 위원장(이하 이 조에서 "시장감시위원장"이라 한다)
2. (2008.2.29 삭제)
3. 금융위원회 위원장이 추천하는 2인(2008.2.29 본호개정)
4. 협회가 추천하는 2인
③ 시장감시위원회 위원의 임기는 3년으로 하며, 정관이 정하는 바에 따라 연임할 수 있다.
④ 시장감시위원장은 대통령령으로 정하는 금융에 관한 경험과 지식을 갖추고 거래소의 건전한 경영과 공정한 거래질서를 해할 우려가 없는 자 중에서 시장감시위원회의 추천을 받아 주주총회에서 선임한다.
⑤ 금융위원회는 제4항에 따라 선임된 시장감시위원장이 직무수행에 부적합하다고 인정되는 경우로서 대통령령으로 정하는 경우에는 그 선임된 날부터 1개월 이내에 그 사유를 구체적으로 밝혀 해임을 요구할 수 있다. 이 경우 해임 요구된 시장감시위원장의 직무는 정지되며, 거래소는 2개월 이내에 시장감시위원장을 새로 선임하여야 한다.(2008.2.29 전단개정)
⑥ 「금융회사의 지배구조에 관한 법률」 제5조는 시장감시위원회 위원의 자격에 관하여 준용한다.(2015.7.31 본항개정)
⑦ 시장감시위원회 위원 및 그 직에 있었던 자는 그 직무에 관하여 알게 된 비밀을 누설 또는 이용하여서는 아니된다.
⑧ 금융위원회는 시장감시위원회의 위원이 다음 각 호의 어느 하나에 해당하는 경우에는 그 위원에 대하여 6개월 이내의 기간을 정하여 업무집행을 정지하거나 해임을 요구할 수 있다.(2008.2.29 본문개정)

1. 제7항을 위반하여 비밀을 누설하거나 이용한 경우
2. 그 밖에 투자자 보호 또는 건전한 시장 질서를 해할 우려가 있는 경우로서 대통령령으로 정하는 경우
⑨ 그 밖에 시장감시위원회의 구성 및 운영에 관하여 필요한 사항은 정관으로 정한다.

제403조【시장감시규정】 시장감시위원회는 제402조제1항제1호부터 제4호까지의 규정 및 이에 부수하는 사항이 포함된 시장감시규정을 제정하고, 이에 따라 업무를 수행한다.
1.～4. (2013.5.28 삭제)
(2014.12.30 본조개정)

제404조【이상거래의 심리 또는 회원의 감리】 ① 거래소는 다음 각 호의 어느 하나에 해당하는 경우에는 금융투자업자(증권 또는 장내파생상품을 대상으로 금융투자업을 영위하는 투자매매업자 또는 투자중개업자에 한한다)에게 그 사유를 밝힌 서면으로 관련 자료의 제출을 요청하거나, 회원에 대하여 그와 관련된 업무·재산상황·장부·서류, 그 밖의 물건을 감리할 수 있다.
1. 거래소시장에서 이상거래의 혐의가 있다고 인정되는 해당 증권의 종목 또는 장내파생상품 매매 품목의 거래상황을 파악하기 위한 경우(2013.5.28 본호개정)
2. 회원이 거래소의 업무관련규정을 준수하는지를 확인하기 위한 경우(2013.5.28 본호개정)
3. 회원이 제178조의2를 위반하는지를 확인하기 위한 경우(2014.12.30 본호신설)
② 거래소는 제1항에 따른 심리 또는 감리를 위하여 필요한 경우에는 회원에 대하여 이상거래 또는 업무관련규정 위반혐의와 관련된 보고, 자료의 제출 또는 관계자의 출석·진술을 요청할 수 있고, 지정거래소는 다른 거래소 또는 다자간매매체결회사에 대하여 이상거래의 심리 및 감리와 관련한 정보의 제공 또는 교환을 요구할 수 있다.
(2013.5.28 본항개정)
③ 거래소는 제1항 또는 제2항에 따른 요청 또는 요구를 거부하거나 제1항에 따른 감리에 협조하지 아니하는 경우 시장감시규정이 정하는 바에 따라 회원의 자격을 정지하거나 증권 및 장내파생상품의 매매거래를 제한할 수 있고, 지정거래소는 다른 거래소 또는 다자간매매체결회사에 대하여 회원 또는 거래참가자의 자격을 정지하거나 거래를 제한할 것을 요구할 수 있다.(2013.5.28 본항개정)

제405조【분쟁의 자율조정】 ① 시장감시위원회는 제377조제10호에 따른 분쟁의 자율조정을 위하여 필요한 분쟁조정규정을 정한다.
② 시장감시위원회는 분쟁조정을 위하여 필요하다고 인정되는 경우에는 당사자에 대하여 사실의 확인 또는 자료의 제출 등을 요구할 수 있다.
③ 시장감시위원회는 당사자, 그 밖의 이해관계인의 의견을 들을 필요가 있다고 인정되는 경우에는 이들에게 회의에 출석하여 의견을 진술할 것을 요청할 수 있다.

제5장 소유 등에 대한 규제

제406조【주식소유의 제한】 ① 누구든지 다음 각 호의 어느 하나에 해당하는 경우를 제외하고는 거래소의 의결권 있는 발행주식총수의 100분의 5를 초과하여 거래소가 발행한 주식을 소유할 수 없다.
1. 집합투자기구가 소유하는 경우(사모집합투자기구가 소유하는 경우를 제외한다)
2. 외국 거래소(외국 법령에 따라 외국에서 거래소에 상당하는 기능을 수행하는 자를 말한다. 이하 같다)와의 제휴를 위하여 필요한 경우로서 금융위원회가 자본시장의 효율성과 건전성에 기여할 가능성, 해당 거래소 주주의 보유지분 분포 등을 고려하여 구체적인 보유한도를 정하여 승인한 경우(2013.5.28 본호개정)
3. 정부가 소유하는 경우
4. 그 밖에 거래소의 공정한 운영을 해할 우려가 없는 경우로서 대통령령으로 정하는 경우
② 다음 각 호의 어느 하나에 해당하는 경우에는 제1항에 따라 제한되는 주식의 소유로 본다.
1. 신탁계약, 그 밖의 계약 또는 법률의 규정에 따라 그 주식에 대한 의결권을 행사할 수 있는 권한 또는 그 의결권의 행사를 지시할 수 있는 권한을 가지는 경우
2. 대통령령으로 정하는 특수관계에 있는 자가 주식을 소유하는 경우
3. 그 밖에 제1호 및 제2호에 준하는 경우로서 대통령령으로 정하는 경우
③ 제1항을 위반하여 주식을 소유하는 경우 그 초과분에 대하여는 의결권을 행사할 수 없으며, 제1항을 위반하여 주식을 소유한 자는 지체 없이 제1항에서 정한 한도에 적합하도록 하여야 한다.
④ 금융위원회는 제3항을 준수하지 아니한 자에게 6개월 이내의 기한을 정하여 그 한도를 초과하는 주식을 처분할 것을 명할 수 있다.(2008.2.29 본항개정)

제407조【이행강제금】 ① 금융위원회는 제406조제4항에 따른 주식처분명령을 받은 후 그 기한 이내에 그 주식처분명령을 이행하지 아니한 자에 대하여는 다시 상당한 이행 기한을 정하여 그 주식을 처분할 것을 명하고, 그 기한까지 주식처분명령을 이행하지 아니하는 경우에는 그 처분하여야 하는 주식의 취득가액의 100분의 5를 초과하지 아니하는 범위에서 이행강제금을 부과한다.
(2008.2.29 본항개정)
② 금융위원회는 제1항에 따른 이행강제금을 부과하기 전에 제1항에 따른 이행강제금을 부과·징수한다는 뜻을 미리 문서로써 통지하여야 한다.(2008.2.29 본항개정)
③ 금융위원회는 제1항에 따른 이행강제금을 부과하는 경우에는 이행강제금의 금액, 이행강제금의 부과사유, 이행강제금의 납부기한 및 수납기관, 이의제기방법 및 이의제기기관 등을 밝힌 문서로써 하여야 한다.(2008.2.29 본항개정)
④ 금융위원회는 제406조제4항에 따른 주식처분명령을 한 날을 기준으로 하여 1년에 2회 이내의 범위에서 그 주식처분명령이 이행될 때까지 반복하여 제1항에 따른 이행강제금을 부과·징수할 수 있다.(2008.2.29 본항개정)
⑤ 금융위원회는 주식처분명령을 받은 자가 주식처분명령을 이행한 경우에는 새로운 이행강제금의 부과를 중지하되, 이미 부과된 이행강제금은 징수하여야 한다.
(2008.2.29 본항개정)
⑥ 제430조(제2항을 제외한다)부터 제434조까지의 규정은 이행강제금의 부과 및 징수에 관하여 준용한다.

제408조【영업양도 등의 승인】 거래소는 영업양도, 합병, 분할, 분할합병 또는 주식의 포괄적 교환·이전을 하고자 하는 경우에는 금융위원회의 승인을 받아야 한다.
(2008.2.29 본조개정)

제409조【거래소가 발행한 증권의 상장 및 상장폐지의 승인】 ① 거래소는 자기가 발행한 증권을 상장하거나 상장을 폐지하고자 하는 경우에는 금융위원회의 승인을 받아야 한다.
② 거래소는 제1항에 따라 상장한 경우에는 이상거래의 심리, 회원의 감리, 수시공시, 그 밖의 상장관리 등을 자체적으로 수행하고 그 결과를 금융위원회에 보고하여야 한다.
(2008.2.29 본조개정)

제6장 감독 등

제410조【보고와 검사】 ① 금융위원회는 투자자 보호 또는 건전한 거래질서를 위하여 필요하다고 인정되는 경우에는 거래소에 대하여 그 업무 및 재산에 관한 보고 또는 참고가 될 자료의 제출을 명하고, 금융감독원장에게 그 업무·재산상황·장부·서류, 그 밖의 물건을 검사하게 할 수 있다.(2008.2.29 본항개정)
② 제1항에 따라 검사를 하는 자는 그 권한을 표시하는 증표를 지니고 관계인에게 내보여야 한다.
③ 금융감독원장은 제1항에 따라 검사를 한 경우에는 그 결과를 금융감독위원회에 보고하여야 한다. 이 경우 이 법 또는 이 법에 따른 명령이나 처분을 위반한 사실이 있는 때에는 그 처리에 관한 의견서를 첨부하여야 한다.
④ 제419조제9항은 거래소에 대한 검사에 관하여 준용한다.

제411조【거래소에 대한 조치】 ① 금융위원회는 거래소가 다음 각 호의 어느 하나에 해당하는 경우에는 제373조의2제1항에 따른 거래소허가를 취소할 수 있다.
1. 거짓, 그 밖의 부정한 방법으로 제373조의2제1항에 따른 허가를 받은 경우
2. 허가조건을 위반한 경우
3. 제373조의5에 따른 허가요건 유지의무를 위반한 경우
4. 업무의 정지기간 중에 업무를 한 경우
5. 금융위원회의 시정명령 또는 중지명령을 이행하지 아니한 경우
6. 별표14 각 호의 어느 하나에 해당하는 경우로서 대통령령으로 정하는 경우
7. 대통령령으로 정하는 금융관련 법령 등을 위반한 경우로서 대통령령으로 정하는 경우
8. 그 밖에 투자자의 이익을 현저히 해할 우려가 있거나 해당 업무를 영위하기 곤란하다고 인정되는 경우로서 대통령령으로 정하는 경우
② 금융위원회는 거래소가 제1항 각 호(제6호는 제외한다)의 어느 하나에 해당하거나 별표14 각 호의 어느 하나에 해당하는 경우에는 다음 각 호의 어느 하나에 해당하는 조치를 할 수 있다.
1. 6개월 이내의 업무의 전부 또는 일부의 정지
2. 계약의 인계명령
3. 위법행위의 시정명령 또는 중지명령
4. 위법행위로 인한 조치를 받았다는 사실의 공표명령 또는 게시명령
5. 기관경고
6. 기관주의
7. 그 밖에 위법행위를 시정하거나 방지하기 위하여 필요한 조치로서 대통령령으로 정하는 조치
③ 금융위원회는 거래소의 임원이 제1항 각 호(제6호는 제외한다)의 어느 하나에 해당하거나 별표14 각 호의 어느 하나에 해당하는 경우에는 다음 각 호의 어느 하나에 해당하는 조치를 할 수 있다.
1. 해임요구
2. 6개월 이내의 직무정지
3. 문책경고
4. 주의적 경고
5. 주의
6. 그 밖에 위법행위를 시정하거나 방지하기 위하여 필요한 조치로서 대통령령으로 정하는 조치
7. (2017.4.18 삭제)
④ 금융위원회는 거래소의 직원이 제1항 각 호(제6호는 제외한다)의 어느 하나에 해당하거나 별표14 각 호의 어느 하나에 해당하는 경우에는 다음 각 호의 어느 하나에 해당하는 조치를 거래소에 요구할 수 있다.
1. 면직
2. 6개월 이내의 정직
3. 감봉
4. 견책
5. 경고
6. 주의
7. 그 밖에 위법행위를 시정하거나 방지하기 위하여 필요한 조치로서 대통령령으로 정하는 조치
⑤ 제422조제3항, 제423조(제1호는 제외한다), 제424조(제2항은 제외한다) 및 제425조는 거래소 및 그 임직원에 대한 조치 등에 관하여 준용한다.(2013.5.28 본항신설)
(2013.5.28 본조개정)

제412조【거래소 규정의 승인】 ① 거래소는 회원관리규정·증권시장업무규정·파생상품시장업무규정·상장규정·공시규정·시장감시규정·분쟁조정규정, 그 밖의 업무에 관한 규정을 제정·변경하거나 폐지하고자 하는 경우에는 금융위원회의 승인을 받아야 한다.
(2008.2.29 본항개정)
② (2008.2.29 삭제)

제413조【긴급사태시의 처분】 금융위원회는 천재지변, 전시, 사변, 경제사정의 급격한 변동, 그 밖에 이에 준하는 사태의 발생으로 인하여 매매거래가 정상적으로 이루어질 수 없다고 인정되는 경우에는 거래소에 대하여 개장시간의 변경, 거래의 중단 또는 시장의 휴장을 명하거나, 그 밖에 필요한 조치를 할 수 있다.(2008.2.29 본조개정)

제414조【시장효율화위원회】 ① 증권시장 및 파생상품시장의 거래비용 절감과 관련한 사항에 대한 심의를 위하여 금융위원회에 시장효율화위원회를 설치한다.
(2013.5.28 본항개정)
② 이 법에 따라 설립된 기관, 그 밖에 대통령령으로 정하는 기관이 수수료 등을 변경하거나 대통령령으로 정하는 금액 이상으로 전산에 대한 투자를 하고자 하는 경우에는 시장효율화위원회의 심의를 거쳐야 한다.
③ 시장효율화위원회의 구성 및 운영에 관하여 필요한 사항은 대통령령으로 정한다.

제8편 감독 및 처분

제1장 명령 및 승인 등

제415조【감독】 금융위원회는 투자자를 보호하고 건전한 거래질서를 유지하기 위하여 금융투자업자가 이 법 또는 이 법에 따른 명령이나 처분을 적절히 준수하는지 여부를 감독하여야 한다.(2008.2.29 본조개정)

제416조【금융위원회의 조치명령권】 ① 금융위원회는 투자자를 보호하고 건전한 거래질서를 유지하기 위하여 긴급한 조치가 필요하다고 명백히 인정되는 경우에는 금융투자업자 및 그 임원(「상법」 제401조의2제1항 각 호의 자를 포함한다. 이하 이 조에서 같다)에 대하여 다음 각 호의 사항에 관하여 필요한 조치를 명할 수 있다. 다만, 제7호의 장내파생상품의 거래규모의 제한에 관한 사항에 관하여는 위탁자에게도 필요한 조치를 명할 수 있다.
(2023.3.21 본문개정)
1. 금융투자업자의 고유재산 운용에 관한 사항
2. 투자자 재산의 보관·관리에 관한 사항
3. 금융투자업자의 경영 및 업무개선에 관한 사항
4. 각종 공시에 관한 사항
5. 영업의 질서유지에 관한 사항
6. 영업방법에 관한 사항
7. 장내파생상품 및 장외파생상품의 거래규모의 제한에 관한 사항
8. 그 밖에 투자자 보호 또는 건전한 거래질서를 위하여 필요한 사항으로서 대통령령으로 정하는 사항
② 제1항에서 정하는 필요한 조치란 다음 각 호에 해당하는 조치를 말한다.
1. 채무불이행 또는 가격변동 등의 위험이 높은 자산의 취득금지 또는 비정상적으로 높은 금리에 의한 수신(受信)의 제한
2. 영업의 양도나 예금·대출 등 금융거래와 관련된 계약의 이전
3. 채무변제행위의 금지
4. 계열회사 등 제3자에 대한 송금·자산이전 등 거래 금지
5. 투자자예탁금 등의 전부 또는 일부의 반환명령이나 지급정지
6. 투자자예탁금 등의 수탁금지 또는 다른 금융투자업자로의 이전
7. 임원의 직무정지나 임원의 직무를 대행하는 관리인의 선임
8. 보유자산의 처분이나 점포·조직의 축소
9. 합병 또는 제3자에 의한 해당 금융기관의 인수
10. 보고 또는 자료의 제출과 제출한 보고서 또는 자료의 공시

11. 영업의 전부 또는 일부 정지
12. 증권 및 파생상품의 매매제한
13. 파생상품의 거래규모 제한
14. 그 밖에 제1호부터 제13호까지에 준하는 조치로서 대통령령으로 정하는 조치
(2023.3.21 본항신설)
③ 제2항제7호에 따라 금융위원회가 선임한 관리인의 권한, 해임, 등기 등에 관하여는 「금융산업의 구조개선에 관한 법률」 제14조의3을 준용한다.(2023.3.21 본항신설)
④ 제1항부터 제3항까지에 따른 조치명령의 세부기준, 절차, 그 밖에 필요한 사항은 대통령령으로 정한다.
(2023.3.21 본항신설)
(2008.2.29 본조제목개정)

제417조【승인사항 등】 ① 금융투자업자는 다음 각 호의 어느 하나에 해당하는 행위(겸영금융투자업자의 경우에는 제4호부터 제7호까지에 한한다)를 하고자 하는 경우에는 금융위원회의 승인을 받아야 한다. 다만, 역외투자자문업자 및 역외투자일임업자의 경우에는 제1호부터 제5호까지 및 제8호에 해당하는 행위를 한 날부터 7일 이내에 금융위원회에 보고하여야 한다.(2018.3.27 단서신설)
1. 합병, 분할 또는 분할합병
2. 주식의 포괄적 교환 또는 이전
3. 해산
4. 제6조제1항제1호부터 제3호까지 및 제6호의 어느 하나에 해당하는 금융투자업 전부(이에 준하는 경우를 포함한다)의 양도 또는 양수
5. 제6조제1항제4호 및 제5호의 어느 하나에 해당하는 금융투자업 전부(이에 준하는 경우를 포함한다)의 양도 또는 양수
6. 제6조제1항제1호부터 제3호까지 및 제6호의 어느 하나에 해당하는 금융투자업 전부(이에 준하는 경우를 포함한다)의 폐지
7. 제6조제1항제4호 및 제5호의 어느 하나에 해당하는 금융투자업 전부(이에 준하는 경우를 포함한다)의 폐지
8. 그 밖에 투자자 보호 또는 채권자 보호 등을 위하여 필요한 사항으로서 대통령령으로 정하는 행위
② 금융위원회는 제1항에 따른 승인을 하거나 보고를 받은 경우 그 내용을 관보 및 인터넷 홈페이지 등에 공고하여야 한다.(2018.3.27 본항개정)
③ 제1항의 승인·보고의 기준·방법, 그 밖의 승인·보고 업무 처리를 위하여 필요한 사항은 대통령령으로 정한다.(2018.3.27 본항개정)
(2018.3.27 본조제목개정)

제418조【보고사항】 금융투자업자(겸영금융투자업자의 경우에는 제6호부터 제9호까지에 한한다)는 다음 각 호의 어느 하나에 해당하는 경우에는 대통령령으로 정하는 방법에 따라 그 사실을 금융위원회에 보고하여야 한다.
(2008.2.29 본문개정)
1. 상호를 변경한 때
2. 정관 중 대통령령으로 정하는 중요한 사항을 변경한 때
3. (2015.7.31 삭제)
4. 최대주주가 변경된 때
5. 대주주 또는 그의 특수관계인의 소유주식이 의결권 있는 발행주식총수의 100분의 1 이상 변동된 때
6. 제6조제1항제1호부터 제3호까지 및 제6호의 어느 하나에 해당하는 금융투자업의 일부를 양도 또는 양수한 때
7. 제6조제1항제4호 및 제5호의 어느 하나에 해당하는 금융투자업의 일부를 양도 또는 양수한 때
8. 제6조제1항제1호부터 제3호까지 및 제6호의 어느 하나에 해당하는 금융투자업의 일부를 폐지한 때
9. 제6조제1항제4호 및 제5호의 어느 하나에 해당하는 금융투자업의 일부를 폐지한 때
10. 지점, 그 밖의 영업소를 신설하거나 폐지한 때
11. 본점의 위치를 변경한 때
12. 본점·지점, 그 밖의 영업소의 영업을 중지하거나 다시 시작한 때
13. 그 밖에 투자자 보호 또는 건전한 거래질서를 위하여 필요한 경우로서 대통령령으로 정하는 경우

제2장 검사 및 조치

제419조【금융투자업자에 대한 검사】 ① 금융투자업자는 그 업무와 재산상황에 관하여 금융감독원장의 검사를 받아야 한다.
② 한국은행은 금융통화위원회가 금융투자업자의 제40조제1항제3호 또는 제4호의 업무와 관련하여 통화신용정책의 수행 및 지급결제제도의 원활한 운영을 위하여 필요하다고 인정하는 때에는 제40조제1항제3호 또는 제4호의 업무를 영위하는 금융투자업자에 대하여 자료제출을 요구할 수 있다. 이 경우 요구하는 자료는 금융투자업자의 업무부담을 충분히 고려하여 필요한 최소한의 범위로 한정하여야 한다.(2020.5.19 전단개정)
③ 한국은행은 금융통화위원회가 통화신용정책의 수행을 위하여 필요하다고 인정하는 때에는 금융투자업자가 영위하는 제40조제1항제3호 또는 제4호의 업무에 대하여 금융감독원장에게 검사를 요구하거나 한국은행과의 공동검사를 요구할 수 있다.(2020.5.19 본항개정)
④ 「한국은행법」 제87조 및 제88조와 「금융위원회의 설치 등에 관한 법률」 제62조는 제2항 및 제3항의 요구 방법 및 절차에 관하여 준용한다.(2008.2.29 본항개정)
⑤ 금융감독원장은 제1항의 검사를 함에 있어서 필요하다고 인정되는 경우에는 금융투자업자에게 업무 또는 재산에 관한 보고, 자료의 제출, 증인의 출석, 증언 및 의견의 진술을 요구할 수 있다.
⑥ 제1항에 따라 검사를 하는 자는 그 권한을 표시하는 증표를 지니고 이를 관계자에게 내보여야 한다.
⑦ 금융감독원장이 제1항에 따른 검사를 한 경우에는 그 보고서를 금융위원회에 제출하여야 한다. 이 경우 이 법 또는 이 법에 따른 명령이나 처분을 위반한 사실이 있는 때에는 그 처리에 관한 의견서를 첨부하여야 한다.
(2008.2.29 본항개정)
⑧ 금융감독원장은 제1항에 따른 검사업무의 일부를 대통령령으로 정하는 바에 따라 거래소 또는 협회에 위탁할 수 있다.
⑨ 금융위원회는 검사의 방법·절차, 검사결과에 대한 조치기준, 그 밖의 검사업무와 관련하여 필요한 사항을 정하여 고시할 수 있다.(2008.2.29 본항개정)

제420조【금융투자업자에 대한 조치】 ① 금융위원회는 금융투자업자가 다음 각 호의 어느 하나에 해당하는 경우에는 제12조에 따른 금융투자업인가, 제16조의2에 따른 업무 단위 추가등록 또는 제18조·제117조의4 및 제249조의3에 따른 금융투자업등록을 취소할 수 있다.
(2021.6.8 본문개정)
1. 거짓, 그 밖의 부정한 방법으로 금융투자업의 인가를 받거나 등록한 경우
2. 인가조건 또는 업무 단위 추가등록조건을 위반한 경우
(2021.6.8 본호개정)
3. 제15조제1항에 따른 인가요건, 같은 조 제2항에 따른 업무 단위 추가등록요건 또는 제20조·제117조의4제8항 및 제249조의3제8항에 따른 등록요건의 유지의무를 위반한 경우(2021.6.8 본호개정)
4. 업무의 정지기간 중에 업무를 한 경우
5. 금융위원회의 시정명령 또는 중지명령을 이행하지 아니한 경우(2008.2.29 본호개정)
6. 별표1 각 호의 어느 하나에 해당하는 경우로서 대통령령으로 정하는 경우
7. 대통령령으로 정하는 금융관련 법령 등을 위반한 경우로서 대통령령으로 정하는 경우
8. 「금융소비자 보호에 관한 법률」 제51조제1항제4호 또는 제5호에 해당하는 경우(2020.3.24 본호신설)
9. 그 밖에 투자자의 이익을 현저히 해할 우려가 있거나 해당 금융투자업을 영위하기 곤란하다고 인정되는 경우로서 대통령령으로 정하는 경우
② 금융투자업자(겸영금융투자업자를 제외한다)는 제1항에 따라 그 업무에 관련된 금융투자업인가와 금융투자업등록이 모두 취소된 경우에는 이로 인하여 해산한다.
③ 금융위원회는 금융투자업자가 제1항 각 호(제6호를 제외한다)의 어느 하나에 해당하거나 별표1 각 호의 어느 하나에 해당하는 경우 또는 「금융회사의 지배구조에 관한 법률」 별표 각 호의 어느 하나에 해당하는 경우(제1호에 해당하는 조치로 한정한다), 「금융소비자 보호에 관한 법률」 제51조제2항 각 호 외의 부분 본문 중 대통령령으로 정하는 경우에 해당하는 경우(제1호에 해당하는 조치로 한정한다)에는 다음 각 호의 어느 하나에 해당하는 조치를 할 수 있다.(2020.3.24 본문개정)
1. 6개월 이내의 업무의 전부 또는 일부의 정지
2. 신탁계약, 그 밖의 계약의 인계명령
3. 위법행위의 시정명령 또는 중지명령
4. 위법행위로 인한 조치를 받았다는 사실의 공표명령 또는 게시명령
5. 기관경고
6. 기관주의
7. 그 밖에 위법행위를 시정하거나 방지하기 위하여 필요한 조치로서 대통령령으로 정하는 조치

제421조【외국 금융투자업자의 지점등의 인가·등록의 취소 등에 대한 특례】 ① 금융위원회는 외국 금융투자업자가 다음 각 호의 어느 하나에 해당하는 경우에는 그 외국 금융투자업자의 지점, 그 밖의 영업소에 대하여 제12조에 따른 금융투자업인가, 제16조의2에 따른 업무 단위 추가등록 또는 제18조·제117조의4 및 제249조의3에 따른 금융투자업등록을 취소할 수 있다.(2021.6.8 본문개정)
1. 해산
2. 파산
3. 합병 또는 영업의 양도 등으로 인한 소멸
4. 국내지점, 그 밖의 영업소가 영위하는 금융투자업에 상당하는 영업의 폐지 또는 인가·등록의 취소
5. 국내지점, 그 밖의 영업소가 영위하는 금융투자업에 상당하는 영업의 중지 또는 정지
6. 외국 법령을 위반한 경우(국내지점, 그 밖의 영업소가 이로 인해 영업 수행이 곤란하다고 인정되는 경우에 한한다)
② 외국 금융투자업자의 지점, 그 밖의 영업소는 제1항 각 호의 어느 하나에 해당하는 사실이 발생한 경우에는 지체 없이 그 사실을 금융위원회에 보고하여야 한다.
(2008.2.29 본항개정)
③ 외국 금융투자업자의 지점, 그 밖의 영업소는 제1항에 따라 그 업무에 관련된 금융투자업인가와 금융투자업등록이 모두 취소된 경우에는 지체 없이 청산하여야 한다.
④ 제1항 및 제2항은 역외투자자문업자 또는 역외투자일임업자의 등록취소 등에 관하여 준용한다. 이 경우 제1항 각 호 외의 부분 중 "외국 금융투자업자"는 "역외투자자문업자 또는 역외투자일임업자"로, "외국 금융투자업자의 지점, 그 밖의 영업소"는 "역외투자자문업자 또는 역외투자일임업자"로 보고, 같은 항 제4호 및 제5호 중 "국내지점, 그 밖의 영업소가 영위하는 금융투자업"은 각각 "투자자문업 또는 투자일임업"으로, 같은 항 제6호 중 "국내지점, 그 밖의 영업소"는 "역외투자자문업자 또는 역외투자일임업자"로 보며, 제2항 중 "외국 금융투자업자의 지점, 그 밖의 영업소"는 "역외투자자문업자 또는 역외투자일임업자"로 본다.

제422조【임직원에 대한 조치】 ① 금융위원회는 금융투자업자의 임원이 제420조제1항 각 호(제6호를 제외한다)의 어느 하나에 해당하거나 별표1 각 호의 어느 하나에 해당하는 경우에는 다음 각 호의 어느 하나에 해당하는 조치를 할 수 있다.(2008.2.29 본문개정)
1. 해임요구
2. 6개월 이내의 직무정지
3. 문책경고
4. 주의적 경고
5. 주의
6. 그 밖에 위법행위를 시정하거나 방지하기 위하여 필요한 조치로서 대통령령으로 정하는 조치
② 금융위원회는 금융투자업자의 직원이 제420조제1항 각 호(제6호를 제외한다)의 어느 하나에 해당하거나 별표1 각 호의 어느 하나에 해당하는 경우에는 다음 각 호의 어느 하나에 해당하는 조치를 그 금융투자업자에게 요구할 수 있다.(2008.2.29 본문개정)
1. 면직
2. 6개월 이내의 정직
3. 감봉
4. 견책
5. 경고
6. 주의
7. 그 밖에 위법행위를 시정하거나 방지하기 위하여 필요한 조치로서 대통령령으로 정하는 조치
③ 금융위원회는 제1항 또는 제2항에 따라 금융투자업자의 임직원에 대하여 조치를 하거나 이를 요구하는 경우 그 임직원에 대하여 관리·감독의 책임이 있는 임직원에 대한 조치를 함께 하거나 이를 요구할 수 있다. 다만, 관리·감독의 책임이 있는 자가 그 임직원의 관리·감독에 상당한 주의를 다한 경우에는 조치를 감면할 수 있다.
(2008.2.29 본문개정)

제423조【청문】 금융위원회는 다음 각 호의 어느 하나에 해당하는 처분 또는 조치를 하고자 하는 경우에는 청문을 실시하여야 한다.(2008.2.29 본문개정)
1. 제77조의2제4항에 따른 종합금융투자사업자에 대한 지정의 취소
2. 제323조의20제1항에 따른 금융투자상품거래청산회사에 대한 인가의 취소
3. 제323조의20제3항 또는 제4항에 따른 금융투자상품거래청산회사 임원에 대한 해임요구 또는 면직요구
4. 제335조의15제1항에 따른 신용평가회사에 대한 인가의 취소
5. 제335조의15제3항 또는 제4항에 따른 신용평가회사 임직원에 대한 해임요구 또는 면직요구
6. 제411조제1항에 따른 거래소허가의 취소
7. 제411조제3항 또는 제4항에 따른 거래소 임직원에 대한 해임요구 또는 면직요구
(2013.5.28 1호~7호신설)
8. 제420조제1항 또는 제421조제1항(같은 조 제4항에서 준용하는 경우를 포함한다)에 의한 금융투자업에 대한 인가·등록의 취소
9. 제422조에 의한 금융투자업자 임직원에 대한 해임요구 또는 면직요구

제424조【처분 등의 기록 및 공시 등】 ① 금융위원회는 제420조부터 제422조까지의 규정에 따라 처분 또는 조치한 경우에는 그 내용을 기록하고 이를 유지·관리하여야 한다.
② 금융위원회는 제420조제1항·제3항 또는 제421조제1항(같은 조 제4항에서 준용하는 경우를 포함한다)에 따라 조치를 취한 경우 그 사실을 관보 및 인터넷 홈페이지 등에 공고하여야 한다.
③ 금융위원회는 금융투자업자의 퇴임한 임원 또는 퇴직한 직원이 재임 또는 재직 중이었더라면 제422조제1항제1호부터 제5호까지 또는 같은 조 제2항제1호부터 제6호까지에 해당하는 조치를 받았을 것으로 인정되는 경우에는 그 조치의 내용을 해당 금융투자업자에게 통보할 수 있다. 이 경우 통보를 받은 금융투자업자는 이를 퇴임·퇴직한 해당 임직원에게 통보하여야 한다.(2017.4.18 본항개정)
④ 제1항은 금융투자업자가 금융위원회의 조치요구에 따라 그 임직원을 조치한 경우 및 제3항에 따라 통보를 받은 경우에 준용한다.
⑤ 금융투자업자 또는 그 임직원(임직원이었던 자를 포함한다)은 금융위원회에 자기에 대한 제420조부터 제422조까지의 규정에 따른 처분 또는 조치 여부 및 그 내용을 조회할 수 있다.
⑥ 금융위원회는 제5항의 조회요청을 받은 경우에는 정당한 사유가 없는 한 처분 또는 조치 여부 및 그 내용을

그 조회 요청자에게 통보하여야 한다.
(2008.2.29 본조개정)

제425조【금융투자업인가 취소처분 등에 대한 이의신청 특례】 ① 제420조제1항·제3항, 제421조제1항·제4항, 제422조제1항제2호부터 제6호까지 및 같은 조 제3항(제1항제2호부터 제6호까지의 어느 하나에 해당하는 조치에 한한다)에 따른 처분 또는 조치에 대하여 불복하는 자는 그 처분 또는 조치의 고지를 받은 날부터 30일 이내에 그 사유를 갖추어 금융위원회에 이의를 신청할 수 있다.
② 금융위원회는 제1항에 따른 이의신청을 받으면 그 신청을 받은 날부터 60일 이내에 그 이의신청에 대한 결과를 신청인에게 통지하여야 한다. 다만, 부득이한 사유로 60일 이내에 통지할 수 없는 경우에는 그 기간을 만료일 다음 날부터 기산하여 30일의 범위에서 한 차례 연장할 수 있다.(2023.9.14 본항개정)
③ 제1항 및 제2항에서 규정한 사항 외에 처분에 대한 이의신청에 관한 사항은 「행정기본법」 제36조에 따른다.
(2023.9.14 본항신설)
(2023.9.14 본조제목개정)
(2008.2.29 본조개정)

제3장 조사 등

제426조【보고 및 조사】 ① 금융위원회(제172조부터 제174조까지, 제176조, 제178조, 제178조의2, 제180조 및 제180조의2부터 제180조의5까지의 규정을 위반한 사항인 경우에는 증권선물위원회를 말한다. 이하 이 조에서 같다)는 이 법 또는 이 법에 따른 명령이나 처분을 위반한 사항이 있거나 투자자 보호 또는 건전한 거래질서를 위하여 필요하다고 인정되는 경우에는 위반행위의 혐의가 있는 자, 그 밖의 관계자에게 참고가 될 보고 또는 자료의 제출을 명하거나 금융감독원장에게 장부·서류, 그 밖의 물건을 조사하게 할 수 있다.(2021.1.5 본항개정)
② 금융위원회는 제1항에 따른 조사를 위하여 위반행위의 혐의가 있는 자, 그 밖의 관계자에게 다음 각 호의 사항을 요구할 수 있다.(2013.5.28 본문개정)
1. 조사사항에 관한 사실과 상황에 대한 진술서의 제출
2. 조사사항에 관한 진술을 위한 출석(2013.5.28 본호개정)
3. 조사에 필요한 장부·서류, 그 밖의 물건의 제출
③ 금융위원회는 제1항에 따른 조사를 함에 있어서 제172조부터 제174조까지, 제176조, 제178조, 제178조의2, 제180조 및 제180조의2부터 제180조의5까지의 규정을 위반한 사항의 조사에 필요하다고 인정되는 경우에는 다음 각 호의 조치를 할 수 있다.(2021.1.5 본문개정)
1. 제2항제3호에 따라 제출된 장부·서류, 그 밖의 물건의 영치
2. 관계자의 사무소 또는 사업장에 대한 출입을 통한 업무·장부·서류, 그 밖의 물건의 조사
④ 금융위원회는 제1항에 따른 조사를 함에 있어서 필요하다고 인정되는 경우에는 금융투자업자, 금융투자업관계기관 또는 거래소에 대통령령으로 정하는 방법에 따라 조사에 필요한 자료의 제출을 요구할 수 있다.(2008.2.29 본항개정)
⑤ 금융위원회는 제1항에 따른 조사 결과 별표15 각 호의 어느 하나에 해당하는 경우에는 시정명령, 그 밖에 대통령령으로 정하는 조치를 할 수 있으며, 조사 및 조치를 함에 있어서 필요한 절차·조치기준, 그 밖에 필요한 사항을 정하여 고시할 수 있다.(2008.2.29 본항개정)
⑥ 거래소는 이상거래의 심리 및 회원에 대한 감리결과 이 법 또는 이 법에 따른 명령이나 처분을 위반한 혐의를 알게 된 경우에는 금융위원회에 통보하여야 한다.
(2008.2.29 본항개정)
⑦ 제3항제2호에 따라 조사를 하는 자는 그 권한을 표시하는 증표를 지니고 이를 관계자에게 내보여야 한다.
⑧ 금융위원회는 관계자에 대한 조사실적·처리결과, 그 밖에 관계자의 위법행위를 예방하는데 필요한 정보 및 자료를 대통령령으로 정하는 방법에 따라 공표할 수 있다.
(2008.2.29 본항개정)

제427조【불공정거래 조사를 위한 압수·수색】 ① 증권선물위원회는 제172조부터 제174조까지, 제176조, 제178조, 제178조의2, 제180조 및 제180조의2부터 제180조의5까지의 규정을 위반한 행위(이하 이 조에서 "위반행위"라 한다)를 조사하기 위하여 필요하다고 인정되는 경우에는 금융위원회 소속공무원 중 대통령령으로 정하는 자(이하 이 조에서 "조사공무원"이라 한다)에게 위반행위의 혐의가 있는 자를 심문하거나 물건을 압수 또는 사업장 등을 수색하게 할 수 있다.(2021.1.5 본항개정)
② 조사공무원이 위반행위를 조사하기 위하여 압수 또는 수색을 하는 경우에는 검사의 청구에 의하여 법관이 발부한 압수·수색영장이 있어야 한다.
③ 조사공무원이 제1항에 따라 심문·압수·수색을 하는 경우에는 그 권한을 표시하는 증표를 지니고 이를 관계자에게 내보여야 한다.
④ 형사소송법 중 압수·수색과 압수·수색영장의 집행 및 압수물 환부(還付) 등에 관한 규정은 이 법에 규정된 압수·수색과 압수·수색영장에 관하여 준용한다.
⑤ 조사공무원이 영치·심문·압수 또는 수색을 한 경우에는 그 전 과정을 기재하여 입회인 또는 심문을 받은 자에게 확인시킨 후 그와 함께 기명날인 또는 서명하여야 한다. 이 경우 입회인 또는 심문을 받은 자가 기명날인 또는 서명을 하지 아니하거나 할 수 없는 때에는 그 사유를 덧붙여 적어야 한다.
⑥ 조사공무원이 위반행위의 조사를 완료한 경우에는 그 결과를 증권선물위원회에 보고하여야 한다.

제427조의2【조사권한의 남용 금지】 ① 조사공무원 및 제426조에 따라 조사업무를 수행하는 금융감독원 소속 직원(이하 "조사원"이라 한다)은 이 법의 시행을 위하여 필요한 최소한의 범위 안에서 조사를 행하여야 하며, 다른 목적 등을 위하여 조사권을 남용하여서는 아니 된다.
② 금융위원회는 조사원의 조사권 남용을 방지하고 조사절차의 적법성을 보장하기 위한 구체적 기준을 정하여 고시할 수 있다.
(2013.5.28 본조신설)

제4장 과징금

제428조【금융투자업자에 대한 과징금】 ① 금융위원회는 금융투자업자가 제34조제1항제1호·제2호와 같은 조 제2항 및 제77조의3제9항을 위반한 경우에는 그 금융투자업자에 대하여 다음 각 호의 구분에 따른 위반금액을 초과하지 아니하는 범위에서 과징금을 부과할 수 있다.
(2018.3.27 본문개정)
1. 제34조제1항제1호를 위반한 경우에는 취득금액
2. 제34조제1항제2호를 위반한 경우에는 허용비율을 초과하는 취득금액
3. 제34조제2항을 위반한 경우에는 신용공여액
(2013.5.28 1호~3호신설)
4. (2017.4.18 삭제)
5. 제77조의3제9항을 위반한 경우에는 신용공여액
(2018.3.27 본호개정)
② 금융위원회는 금융투자업자가 제77조의3제5항부터 제7항까지를 위반한 경우(제77조의3제8항에 해당하는 경우는 제외한다)에는 그 금융투자업자에 대하여 허용금액을 초과한 신용공여액의 100분의 40을 초과하지 아니하는 범위에서 과징금을 부과할 수 있다.(2018.3.27 본항개정)
③ 금융위원회는 금융투자업자에 대하여 제420조제3항에 따라 업무정지처분을 부과할 수 있는 경우에는 이에 갈음하여 업무정지기간의 이익의 범위에서 과징금을 부과할 수 있다.
④ 금융위원회는 금융투자업자 및 그 임직원이 제54조제2항(제42조제10항, 제52조제6항, 제199조제5항, 제255조, 제260조, 제265조, 제289조, 제304조, 제323조의17, 제328조 또는 제367조에서 준용하는 경우를 포함한다)을 위반한 경우에는 그 금융투자업자, 임직원 및 정보교류 차단의 대상이 되는 정보를 제공받아 이용한 자에게 그 위반행위와 관련된 거래로 얻은 이익(미실현 이익을 포함한다) 또는 이로 인하여 회피한 손실액의 1.5배에 상당하는 금액 이하의 과징금을 부과할 수 있다.(2020.5.19 본항신설)
(2008.2.29 본조개정)

제429조【공시위반에 대한 과징금】 ① 금융위원회는 제125조제1항 각 호의 어느 하나에 해당하는 자가 다음 각 호의 어느 하나에 해당하는 경우에는 증권신고서상의 모집가액 또는 매출가액의 100분의 3(20억원을 초과하는 경우에는 20억원)을 초과하지 아니하는 범위에서 과징금을 부과할 수 있다.(2008.2.29 본문개정)
1. 제119조, 제122조 또는 제123조에 따른 신고서·설명서, 그 밖의 제출서류 중 중요사항에 관하여 거짓의 기재 또는 표시를 하거나 중요사항을 기재 또는 표시하지 아니한 때
2. 제119조, 제122조 또는 제123조에 따른 신고서·설명서, 그 밖의 제출서류를 제출하지 아니한 때
② 금융위원회는 제142조제1항 각 호의 어느 하나에 해당하는 자가 다음 각 호의 어느 하나에 해당하는 경우에는 공개매수신고서에 기재된 공개매수예정총액의 100분의 3(20억원을 초과하는 경우에는 20억원)을 초과하지 아니하는 범위에서 과징금을 부과할 수 있다. 이 경우 공개매수예정총액은 공개매수할 주식등의 수량을 공개매수가격으로 곱하여 산정한 금액으로 한다.(2008.2.29 전단개정)
1. 제134조, 제136조 또는 제137조에 따른 신고서·설명서, 그 밖의 제출서류 또는 공고 중 중요사항에 관하여 거짓의 기재 또는 표시를 하거나 중요사항을 기재 또는 표시하지 아니한 때
2. 제134조, 제136조 또는 제137조에 따른 신고서·설명서, 그 밖의 제출서류를 제출하지 아니하거나 공고하여야 할 사항을 공고하지 아니한 때
③ 금융위원회는 제159조제1항, 제160조 또는 제161조제1항에 따라 사업보고서 제출대상법인이 다음 각 호의 어느 하나에 해당하는 경우에는 직전 사업연도 중에 증권시장(다자간매매체결회사에서의 거래를 포함한다. 이하 이 항에서 같다)에서 형성된 그 법인이 발행한 주식(그 주식과 관련된 증권예탁증권을 포함한다. 이하 이 항에서 같다)의 일일평균거래금액의 100분의 10(20억원을 초과하거나 그 법인이 발행한 주식이 증권시장에서 거래되지 아니한 경우에는 20억원)을 초과하지 아니하는 범위에서 과징금을 부과할 수 있다.(2013.5.28 본문개정)
1. 제159조제1항, 제160조 또는 제161조제1항에 따른 사업보고서등 중 중요사항에 관하여 거짓의 기재 또는 표시를 하거나 중요사항을 기재 또는 표시하지 아니한 때
2. 제159조제1항, 제160조 또는 제161조제1항에 따른 사업보고서등을 제출하지 아니한 때
④ 금융위원회는 제147조제1항에 따라 보고를 하여야 할 자가 다음 각 호의 어느 하나에 해당하는 경우에는 같은 항에 따른 주권상장법인이 발행한 주식의 시가총액(대통령령으로 정하는 방법에 따라 산정된 금액으로 한다)의 10만분의 1(5억원을 초과하는 경우에는 5억원)을 초과하지 아니하는 범위에서 과징금을 부과할 수 있다.
1. 제147조제1항·제3항 또는 제4항을 위반하여 보고를 하지 아니한 경우
2. 제147조에 따른 보고서류 또는 제151조제2항에 따른 정정보고서 중 대통령령으로 정하는 중요한 사항에 관하여 거짓의 기재 또는 표시를 하거나 중요한 사항을 기재 또는 표시하지 아니한 경우
(2013.5.28 본항개정)
⑤ 금융위원회는 제173조의3에 따라 거래계획 등을 보고하여야 하는 자가 다음 각 호의 어느 하나에 해당하는 경우에는 같은 조에 따른 주권상장법인이 발행한 주식의 시가총액(대통령령으로 정하는 방법에 따라 산정된 금액으로 한다)의 1만분의 2(20억원을 초과하는 경우에는 20억원)를 초과하지 아니하는 범위에서 과징금을 부과할 수 있다.
1. 제173조의3제1항에 따른 거래계획에 대통령령으로 정하는 중요사항을 기재 또는 표시하지 아니하거나 거짓으로 기재 또는 표시한 때
2. 제173조의3제1항을 위반하여 거래계획을 보고하지 아니하고 특정증권등의 거래등을 한 때
3. 제173조의3제2항을 위반하여 거래기간의 종료일 이전에 새로운 거래계획을 보고한 때
4. 제173조의3제3항을 위반하여 거래계획에 따라 특정증권등의 거래등을 하지 아니한 때
5. 제173조의3제4항을 위반하여 거래계획을 철회한 때
(2024.1.23 본항신설)
⑥ 제1항부터 제5항까지의 규정에 따른 과징금은 각 해당 규정의 위반행위가 있었던 때부터 5년이 경과하면 이를 부과하여서는 아니 된다.(2024.1.23 본항개정)

제429조의2【불공정거래행위 등에 대한 과징금】 ① 금융위원회는 다음 각 호의 어느 하나에 해당하는 자에 대하여 그 위반행위로 얻은 이익(미실현 이익을 포함한다. 이하 이 조에서 같다) 또는 이로 인하여 회피한 손실액의 2배에 상당하는 금액 이하의 과징금을 부과할 수 있다. 다만, 그 위반행위와 관련된 거래로 얻은 이익 또는 이로 인하여 회피한 손실액이 없거나 산정하기 곤란한 경우에는 40억원 이하의 과징금을 부과할 수 있다.
1. 제173조의2제2항을 위반하여 파생상품시장에서의 시세에 영향을 미칠 수 있는 정보를 누설하거나, 장내파생상품 및 그 기초자산의 매매나 그 밖의 거래에 이용하거나, 타인으로 하여금 이용하게 한 자
2. 제174조를 위반하여 미공개중요정보 이용행위를 한 자
3. 제176조를 위반하여 시세조종행위 등을 한 자
4. 제178조를 위반하여 부정거래행위 등을 한 자
② 금융위원회는 제1항에 따라 과징금을 부과할 때 동일한 위반행위로 제443조제1항 또는 제445조제22호의2에 따라 벌금을 부과받은 경우에는 제1항의 과징금 부과를 취소하거나 벌금에 상당하는 금액(몰수나 추징을 당한 경우 해당 금액을 포함한다)의 전부 또는 일부를 과징금에서 제외할 수 있다.
③ 검찰총장은 금융위원회가 제1항에 따라 과징금을 부과하기 위하여 수사 관련 자료를 요구하는 경우에는 필요하다고 인정되는 범위에서 이를 제공할 수 있다.
④ 금융위원회는 제178조의2를 위반한 자에 대하여 5억원 이하의 과징금을 부과할 수 있다. 다만, 그 위반행위와 관련된 거래로 얻은 이익 또는 이로 인하여 회피한 손실액의 1.5배에 해당하는 금액이 5억원을 초과하는 경우에는 그 이익 또는 회피한 손실액의 1.5배에 상당하는 금액 이하의 과징금을 부과할 수 있다.
(2023.7.18 본조개정)

제429조의3【위법한 공매도에 대한 과징금】 ① 금융위원회는 제180조를 위반하여 상장증권에 대하여 허용되지 아니하는 방법으로 공매도를 하거나 공매도 주문을 위탁 또는 수탁한 자에 대하여 다음 각 호의 구분에 따른 위반금액을 초과하지 아니하는 범위에서 과징금을 부과할 수 있다.
1. 공매도를 하거나 공매도 주문을 위탁한 경우에는 제180조를 위반한 공매도 주문금액
2. 공매도 주문을 수탁한 경우에는 제180조를 위반한 공매도 주문금액
② 금융위원회는 제180조의4를 위반한 자에 대하여 5억원 이하의 과징금을 부과할 수 있다. 다만, 그 위반행위와 관련된 거래로 얻은 이익(미실현 이익을 포함한다. 이하 이 항에서 같다) 또는 이로 인하여 회피한 손실액의 1.5배에 해당하는 금액이 5억원을 초과하는 경우에는 그 이익 또는 회피한 손실액의 1.5배에 상당하는 금액 이하의 과징금을 부과할 수 있다.
③ 금융위원회는 제1항에 따른 과징금을 부과할 때 동일한 위반행위로 제443조제1항제10호에 따라 벌금을 부과받은 경우에는 과징금 부과를 취소하거나 벌금에 상당하는 금액의 전부 또는 일부를 과징금에서 제외할 수 있다.
(2021.1.5 본조신설)

제430조【과징금의 부과】 ① 제428조, 제429조(제4항은 제외한다) 및 제429조의3제1항제2호에 따른 과징금의 부과는 과징금부과대상자에게 각 해당 규정의 위반행위에 대하여 고의 또는 중대한 과실이 있는 경우에 한한다.(2021.1.5 본항개정)
② 금융위원회는 제428조, 제429조, 제429조의2 및 제429조의3에 따라 과징금을 부과하는 경우에는 대통령령으로 정하는 기준에 따라 다음 각 호의 사항을 고려하여야 한다.(2021.1.5 본문개정)
1. 위반행위의 내용 및 정도
2. 위반행위의 기간 및 회수
3. 위반행위로 인하여 취득한 이익의 규모
4. 업무정지기간(제428조제3항에 따라 과징금을 부과하는 경우만 해당한다)(2017.4.18 본호개정)
③ 금융위원회는 이 법을 위반한 법인이 합병을 하는 경우 그 법인이 행한 위반행위는 합병 후 존속하거나 합병에 의하여 신설된 법인이 행한 행위로 보아 과징금을 부과·징수할 수 있다.(2008.2.29 본항개정)
④ 과징금의 부과에 관하여 필요한 사항은 대통령령으로 정한다.
제431조【의견제출】 ① 금융위원회는 과징금을 부과하기 전에 미리 당사자 또는 이해관계인 등에게 의견을 제출할 기회를 주어야 한다.
② 제1항에 따른 당사자 또는 이해관계인 등은 금융위원회의 회의에 출석하여 의견을 진술하거나 필요한 자료를 제출할 수 있다.
③ 당사자 또는 이해관계인 등은 제2항에 따른 의견 진술 등을 하는 경우 변호인의 도움을 받거나 그를 대리인으로 지정할 수 있다.(2013.5.28 본항신설)
(2008.2.29 본조개정)
제432조【과징금 부과처분에 대한 이의신청 특례】 제428조, 제429조, 제429조의2 및 제429조의3에 따른 과징금 부과처분에 대한 이의신청에 관하여는 제425조를 준용한다.(2023.9.14 본조개정)
제433조【과징금의 납부기한 연기 및 분할 납부】 ① 금융위원회는 과징금을 부과받은 자(이하 "과징금납부의무자"라 한다)에 대하여 「행정기본법」 제29조 단서에 따라 과징금 납부기한을 연기하거나 과징금을 분할 납부하게 할 수 있으며, 이 경우 필요하다고 인정하면 담보를 제공하게 할 수 있다.
② 과징금납부의무자는 제1항에 따라 과징금의 납부기한을 연기받거나 분할 납부를 하려는 경우에는 그 납부기한의 10일 전까지 금융위원회에 신청하여야 한다.
③ 금융위원회는 제1항에 따라 과징금 납부기한이 연기되거나 분할 납부가 허용된 과징금납부의무자가 다음 각 호의 어느 하나에 해당하게 된 때에는 그 납부기한의 연기 또는 분할 납부 결정을 취소하고 과징금을 일시에 징수할 수 있다.
1. 분할 납부하기로 한 과징금을 그 납부기한까지 내지 아니한 경우
2. 담보 제공 요구에 따르지 아니하거나 제공된 담보의 가치를 훼손하는 행위를 한 경우
3. 강제집행, 경매의 개시, 파산선고, 법인의 해산, 국세 강제징수 또는 지방세 체납처분 등의 사유로 과징금의 전부 또는 나머지를 징수할 수 없다고 인정되는 경우
4. 「행정기본법」 제29조 각 호의 사유가 해소되어 과징금을 한꺼번에 납부할 수 있다고 인정되는 경우
5. 그 밖에 제1호부터 제4호까지에 준하는 사유가 있는 경우
④ 제1항부터 제3항까지에서 규정한 사항 외에 과징금의 납부기한 연기, 분할 납부 또는 담보 제공 등에 관하여 필요한 사항은 대통령령으로 정한다.
(2023.9.14 본조개정)
제434조【과징금의 징수 및 체납처분】 ① 금융위원회는 과징금납부의무자가 납부기한 내에 과징금을 납부하지 아니한 경우에는 납부기한의 다음 날부터 납부한 날의 전일까지의 기간에 대하여 대통령령으로 정하는 가산금을 징수할 수 있다.(2008.2.29 본항개정)
② 금융위원회는 과징금납부의무자가 납부기한 내에 과징금을 납부하지 아니한 경우에는 기간을 정하여 독촉을 하고, 그 지정한 기간 이내에 과징금 및 제1항에 따른 가산금을 납부하지 아니한 경우에는 국세체납처분의 예에 따라 징수할 수 있다.(2008.2.29 본항개정)
③ 금융위원회는 제1항 및 제2항에 따른 과징금 및 가산금의 징수 또는 체납처분에 관한 업무를 국세청장에게 위탁할 수 있다.(2008.2.29 본항개정)
④ 금융위원회는 체납된 과징금의 징수를 위하여 필요하다고 인정되는 경우에는 「국세기본법」 및 「지방세기본법」에 따라 문서로서 해당 세무관서의 장이나 지방자치단체의 장에게 과세정보의 제공을 요청할 수 있다. 이 경우 과세정보의 제공을 요청받은 자는 정당한 사유가 없으면 그 요청에 따라야 한다.(2014.12.30 본항신설)
⑤ 제1항부터 제4항까지의 규정 외에 과징금 또는 가산금의 징수에 관하여 필요한 사항은 대통령령으로 정한다.(2014.12.30 본항개정)
제434조의2【과오납금의 환급】 ① 금융위원회는 과징금 납부의무자가 이의신청의 재결 또는 법원의 판결 등의 사유로 과징금 과오납금의 환급을 청구하는 경우에는 지체 없이 환급하여야 하며, 과징금 납부의무자의 청구가 없어도 금융위원회가 확인한 과오납금은 환급하여야 한다.
② 금융위원회는 제1항에 따라 과오납금을 환급하는 경우 환급받을 자가 금융위원회에 납부하여야 하는 과징금이 있으면 환급하는 금액을 과징금에 충당할 수 있다.
(2009.2.3 본조신설)
제434조의3【환급가산금】 금융위원회는 제434조의2제1항에 따라 과징금을 환급하는 경우에는 과징금을 납부한 날부터 환급한 날까지의 기간에 대하여 대통령령으로 정하는 가산금 이율을 적용하여 환급가산금을 환급받을 자에게 지급하여야 한다.(2009.2.3 본조신설)
제434조의4【결손처분】 금융위원회는 과징금 납부의무자에게 다음 각 호의 어느 하나에 해당하는 사유가 있으면 결손처분을 할 수 있다.
1. 체납처분이 끝나고 체납액에 충당된 배분금액이 체납액에 미치지 못하는 경우
2. 징수금 등의 징수권에 대한 소멸시효가 완성된 경우
3. 체납자의 행방이 분명하지 아니하거나 재산이 없다는 것이 판명된 경우
4. 체납처분의 목적물인 총재산의 추산가액이 체납처분 비용에 충당하면 남을 여지가 없음이 확인된 경우
5. 체납처분의 목적물인 총재산이 징수금 등보다 우선하는 국세, 지방세, 전세권·질권·저당권 및 「동산·채권 등의 담보에 관한 법률」에 따른 담보권으로 담보된 채권 등의 변제에 충당하면 남을 여지가 없음이 확인된 경우(2010.6.10 본호개정)
6. 그 밖에 징수할 가망이 없는 경우로서 대통령령으로 정하는 사유에 해당하는 경우
(2009.2.3 본조신설)

제9편 보 칙

제435조【위법행위의 신고 및 신고자 보호】 ① 누구든지 제4편의 불공정거래행위, 그 밖에 이 법의 위반행위를 알게 되었거나 이를 강요 또는 제의받은 경우에는 금융위원회(제172조부터 제174조까지, 제176조, 제178조, 제178조의2, 제180조 및 제180조의2부터 제180조의5까지의 규정을 위반한 사항인 경우에는 증권선물위원회를 말한다. 이하 이 조에서 같다)에 신고 또는 제보할 수 있다.(2021.1.5 본항개정)
② 금융위원회는 제1항에 따른 신고 또는 제보를 받은 경우에는 이를 신속하게 처리하고, 그 처리결과를 신고자 또는 제보자(이하 이 조에서 "신고자등"이라 한다)에게 통지하여야 한다.(2009.2.3 본항개정)
③ (2009.2.3 삭제)
④ 금융위원회는 제1항에 따라 신고 또는 제보를 받은 경우 신고자등의 신분 등에 관한 비밀을 유지하여야 한다.(2008.2.29 본항개정)
⑤ 신고자등이 소속된 기관·단체 또는 회사는 그 신고자등에 대하여 그 신고 또는 제보와 관련하여 직접 또는 간접적인 방법으로 불리한 대우를 하여서는 아니 된다.
⑥ 신고자등이 신고의 내용이 거짓이라는 사실을 알았거나 알 수 있었음에도 불구하고 신고한 경우에는 이 법의 보호를 받지 못한다.
⑦ 금융위원회는 신고자등에 대하여 포상금을 지급할 수 있다.(2008.2.29 본항개정)
⑧ 제1항부터 제7항까지에 규정한 사항 외에 신고의 방법 및 처리, 신고자등에 대한 통지방법, 신고자등의 보호와 포상금 지급 등에 관한 사항은 대통령령으로 정한다.(2009.2.3 본항개정)
제436조【전자문서에 의한 신고 등】 ① 이 법에 따라 금융위원회, 증권선물위원회, 금융감독원장, 거래소, 협회 또는 예탁결제원에 신고서·보고서, 그 밖의 서류 또는 자료 등을 제출하는 경우에는 전자문서의 방법으로 할 수 있다.(2008.2.29 본항개정)
② 제1항의 전자문서에 의한 신고 등의 방법 및 절차, 그 밖에 필요한 사항은 대통령령으로 정한다.
제437조【외국금융투자감독기관과의 정보교환 등】 ① 금융위원회는 외국의 금융투자업 감독기관(이하 이 조에서 "외국금융투자감독기관"이라 한다)과 정보교환을 할 수 있다.(2008.2.29 본항개정)
② 금융위원회(제172조부터 제174조까지, 제176조, 제178조, 제178조의2, 제180조 및 제180조의2부터 제180조의5까지의 규정을 위반한 사항인 경우에는 증권선물위원회를 말한다. 이하 이 조에서 같다)는 외국금융투자감독기관이 이 법 또는 이 법에 상응하는 외국의 법령을 위반한 행위에 대하여 목적·범위 등을 밝혀 이 법에서 정하는 방법에 따른 조사 또는 검사를 요청하는 경우 이에 협조할 수 있다. 이 경우 금융위원회는 상호주의 원칙에 따라 조사 또는 검사자료를 외국금융투자감독기관에 제공하거나 이를 제공받을 수 있다.(2021.1.5 전단개정)
③ 금융위원회는 다음 각 호의 요건을 모두 충족하는 경우에만 제2항 후단에 따라 외국금융투자감독기관에 조사 또는 검사자료를 제공할 수 있다.(2009.2.3 본문개정)
1. 외국금융투자감독기관에 제공된 조사 또는 검사자료가 제공된 목적 외의 다른 용도로 사용되지 아니할 것
2. 조사 또는 검사자료 및 그 제공사실의 비밀이 유지될 것. 다만, 조사 또는 검사자료가 제공된 목적 범위에서 이 법에 상응하는 외국 법령의 위반과 관련된 처분, 재판 또는 그에 상응하는 절차에 사용되는 경우에는 그러하지 아니하다.(2009.2.3 단서신설)
3. (2009.2.3 삭제)
④ 거래소는 외국 거래소와 정보교환을 할 수 있다. 이 경우 거래소는 미리 금융위원회와 협의하여야 한다. 다만, 일반인에게 공개된 정보를 교환하는 경우, 그 밖에 대통령령으로 정하는 경우에는 금융위원회와 협의를 하지 아니할 수 있다.(2008.2.29 본항개정)
⑤ 거래소가 제4항에 따라 정보교환을 하는 경우에는 제2항을 준용한다. 이 경우 제2항 중 "금융위원회"를 각각 "거래소"로 보며, "외국금융투자감독기관"을 각각 "외국거래소"로, "조사 또는 검사"는 각각 "심리 또는 감리"로 본다.(2009.2.3 본항개정)
제438조【권한의 위임 또는 위탁】 ① (2008.2.29 삭제)
② 금융위원회는 이 법에 따른 권한의 일부를 대통령령으로 정하는 바에 따라 증권선물위원회에 위임할 수 있다.
③ 금융위원회는 이 법에 따른 권한의 일부를 대통령령으로 정하는 바에 따라 거래소 또는 협회에 위탁할 수 있다.
④ 금융위원회 또는 증권선물위원회는 이 법에 따른 권한의 일부를 대통령령으로 정하는 바에 따라 금융감독원장에게 위탁할 수 있다.
(2008.2.29 본조개정)
제439조【증권선물위원회의 심의】 금융위원회는 다음 각 호의 어느 하나에 해당하는 경우에는 미리 증권선물위원회의 심의를 거쳐야 한다.(2008.2.29 본문개정)
1. 다음 각 목의 어느 하나에 해당하는 사항을 정하는 경우
가. 제131조제1항, 제132조, 제146조제1항 전단 및 제2항, 제151조제1항 전단 및 제2항, 제158조제1항 전단 및 제2항, 제164조제1항 전단 및 제2항에 따른 조사·조치의 절차 및 기준
나. 제165조의16에 따른 재무관리기준(2009.2.3 본목신설)
다. 제426조제5항에 따른 금융위원회의 조사·조치의 절차 및 기준(2008.2.29 본목개정)
2. 다음 각 목의 어느 하나에 해당하는 조치·명령 등을 하는 경우
가. 제132조, 제146조제2항, 제151조제2항, 제158조제2항, 제164조제2항 및 제165조의18에 따른 조치(2013.5.28 본목개정)
나. 제165조의15제1항제2호에 따른 의결권 없는 주식 발행의 인정(2009.2.3 본목신설)
다. 제167조제2항에 따른 주식소유비율 한도의 승인
라. 제416조에 따른 명령
마. 제426조제5항에 따른 조사결과에 따른 조치
바. 제428조, 제429조, 제429조의2 및 제429조의3에 따른 과징금부과처분(2021.1.5 본목개정)
사. 제449조제3항에 따른 과태료부과처분
3. 그 밖에 금융위원회가 증권선물위원회의 심의가 필요하다고 정하여 고시하는 사항(2008.2.29 본호개정)
제440조【금융감독원장에 대한 지시·감독 등】 ① 금융위원회 또는 증권선물위원회는 이 법에 의한 권한을 행사하는 데에 필요하다고 인정되는 경우에는 금융감독원장에 대하여 지시·감독 및 업무집행방법의 변경, 그 밖에 감독상 필요한 조치를 명할 수 있다.(2008.2.29 본항개정)
② 금융감독원은 이 법에 따라 금융위원회 또는 증권선물위원회의 지시·감독을 받아 다음 각 호의 사항에 관한 업무를 행한다.(2008.2.29 본문개정)
1. 증권신고서에 관한 사항
2. 증권의 공개매수에 관한 사항
3. 이 법에 따라 금융감독원장의 검사를 받아야 하는 기관의 검사에 관한 사항
4. 상장법인의 관리에 관한 사항
5. 상장법인의 기업분석 및 기업내용의 신고에 관한 사항
6. 거래소시장(다자간매매체결회사에서의 거래를 포함한다) 외에서의 증권 및 장외파생상품의 매매의 감독에 관한 사항(2013.5.28 본호개정)
7. 정부로부터 위탁받은 업무
8. 그 밖에 이 법에 따라 부여된 업무
9. 제1호부터 제8호까지의 업무에 부수되는 업무
제441조【금융투자상품 매매의 제한 등】 제63조 및 제383조제1항은 다음 각 호의 자에게 준용한다.
1. 금융위원회의 위원 및 소속 공무원(2008.2.29 본호개정)
2. 증권선물위원회의 위원
3. 금융감독원의 원장·부원장·부원장보·감사 및 소속 직원
제442조【분담금】 ① 금융위원회에 증권신고서를 제출하는 발행인(그 증권이 집합투자증권인 경우에는 집합투자업자를 말한다)은 금융감독원의 운영경비의 일부를 분담하여야 한다.(2013.5.28 본항개정)
② 제1항에 따른 분담금의 분담요율·한도, 그 밖에 분담금의 납부에 관하여 필요한 사항은 대통령령으로 정한다.
제442조의2【위반행위로 얻은 이익의 산정】 제429조의2 및 제429조의3에 따른 위반행위와 관련된 거래로 얻은 이익 또는 이로 인하여 회피한 손실액 및 제443조에 따른 위반행위로 얻은 이익 또는 회피한 손실액은 그 위반행위를 통하여 이루어진 거래로 발생한 총수입에서 그 거래를 위한 총비용을 공제한 차액을 말한다. 이 경우 각 위반행위의 유형별 구체적인 산정방식은 대통령령으로 정한다.(2023.7.18 본조신설)

제10편 벌 칙

제443조【벌칙】 ① 다음 각 호의 어느 하나에 해당하는 자는 1년 이상의 유기징역 또는 그 위반행위로 얻은 이익 또는 회피한 손실액의 3배 이상 5배 이하에 상당하는 벌금에 처한다. 다만, 그 위반행위로 얻은 이익 또는 회피한 손실액이 없거나 산정하기 곤란한 경우 또는 그 위반행위로 얻은 이익 또는 회피한 손실액의 5배에 해당하는 금액이 5억원 이하인 경우에는 벌금의 상한액을 5억원으로 한다.(2018.3.27 본문개정)

1. 제174조제1항을 위반하여 상장법인의 업무 등과 관련된 미공개중요정보를 특정증권등의 매매, 그 밖의 거래에 이용하거나 타인에게 이용하게 한 자
2. 제174조제2항을 위반하여 주식등에 대한 공개매수의 실시 또는 중지에 관한 미공개정보를 그 주식등과 관련된 특정증권등의 매매, 그 밖의 거래에 이용하거나 타인에게 이용하게 한 자
3. 제174조제3항을 위반하여 주식등의 대량취득·처분의 실시 또는 중지에 관한 미공개정보를 그 주식등과 관련된 특정증권등의 매매, 그 밖의 거래에 이용하거나 타인에게 이용하게 한 자
4. 제176조제1항을 위반하여 상장증권 또는 장내파생상품의 매매에 관하여 그 매매가 성황을 이루고 있는 듯이 잘못 알게 하거나, 그 밖에 타인에게 그릇된 판단을 하게 할 목적으로 같은 항 각 호의 어느 하나에 해당하는 행위를 한 자
5. 제176조제2항을 위반하여 상장증권 또는 장내파생상품의 매매를 유인할 목적으로 같은 항 각 호의 어느 하나에 해당하는 행위를 한 자
6. 제176조제3항을 위반하여 상장증권 또는 장내파생상품의 시세를 고정시키거나 안정시킬 목적으로 그 증권 또는 장내파생상품에 관한 일련의 매매 또는 그 위탁이나 수탁을 한 자
7. 증권 또는 파생상품에 관한 매매등과 관련하여 제176조제4항 각 호의 어느 하나에 해당하는 행위를 한 자(2013.5.28 본호개정)
8. 금융투자상품의 매매(증권의 경우 모집·사모·매출을 포함한다), 그 밖의 거래와 관련하여 제178조제1항 각 호의 어느 하나에 해당하는 행위를 한 자
9. 제178조제2항을 위반하여 금융투자상품의 매매(증권의 경우 모집·사모·매출을 포함한다), 그 밖의 거래를 할 목적이나 그 시세의 변동을 도모할 목적으로 풍문의 유포, 위계의 사용, 폭행 또는 협박을 한 자
10. 제180조를 위반하여 상장증권에 대하여 허용하지 아니하는 방법으로 공매도를 하거나 그 위탁 또는 수탁을 한 자(2021.1.5 본호신설)

② 제1항 각 호(제10호는 제외한다)의 위반행위로 얻은 이익 또는 회피한 손실액이 5억원 이상인 경우에는 제1항의 징역을 다음 각 호의 구분에 따라 가중한다.
(2021.1.5 본문개정)

1. 이익 또는 회피한 손실액이 50억원 이상인 경우에는 무기 또는 5년 이상의 징역(2018.3.27 본호개정)
2. 이익 또는 회피한 손실액이 5억원 이상 50억원 미만인 경우에는 3년 이상의 유기징역(2018.3.27 본호개정)

③ 제1항 또는 제2항에 따라 징역에 처하는 경우에는 10년 이하의 자격정지를 병과(竝科)할 수 있다.

제444조【벌칙】 다음 각 호의 어느 하나에 해당하는 자는 5년 이하의 징역 또는 2억원 이하의 벌금에 처한다.

1. 제11조를 위반하여 금융투자업인가(변경인가를 포함한다)를 받지 아니하고 금융투자업(투자자문업, 투자일임업 및 일반 사모집합투자업은 제외한다)을 영위한 자(2021.4.20 본호개정)

1의2. 제11조의2를 위반하여 계좌 대여를 알선하거나 중개한 자(2021.6.8 본호신설)

1의3. 제16조의2를 위반하여 업무 단위 추가등록을 하지 아니하고 투자매매업 또는 투자중개업을 영위한 자(2021.6.8 본호신설)

1의4. 거짓, 그 밖의 부정한 방법으로 제16조의2에 따른 업무 단위 추가등록을 한 자(2021.6.8 본호신설)

2. 거짓, 그 밖의 부정한 방법으로 제12조에 따른 금융투자업인가(변경인가를 포함한다)를 받은 자
3. 제34조제1항을 위반하여 같은 항 제1호 또는 제2호에 해당하는 행위를 한 자
4. 제34조제2항을 위반하여 신용공여를 한 금융투자업자와 그로부터 신용공여를 받은 자
5. 제35조(제350조에서 준용하는 경우를 포함한다)를 위반하여 대주주(그의 특수관계인을 포함한다) 자신의 이익을 얻을 목적으로 같은 조 각 호의 어느 하나에 해당하는 행위를 한 자
6. 제42조제10항, 제52조제6항 및 제304조에서 준용하는 「금융실명거래 및 비밀보장에 관한 법률」 제4조제1항 또는 제3항부터 제5항까지의 규정을 위반하여 거래정보등을 제삼자에게 제공하거나 누설한 자와 이를 요구한 자

6의2. 제54조제2항(제42조제10항, 제52조제6항, 제199조제5항, 제255조, 제260조, 제265조, 제289조, 제304조, 제323조의17, 제328조 또는 제367조에서 준용하는 경우를 포함한다)을 위반하여 제45조제1항 또는 제2항에 따라 정보교류 차단의 대상이 되는 정보를 정당한 사유 없이 본인이 이용하거나 제삼자에게 이용하게 한 자와 정보교류 차단의 대상이 되는 정보를 제공받아 이용한 자(2020.5.19 본호신설)

7. 제70조를 위반하여 투자자로부터 예탁받은 재산으로 금융투자상품의 매매를 한 자
8. 제71조(제7호를 제외한다), 제85조(제8호를 제외한다), 제98조제1항(제101조제4항에서 준용하는 경우를 포함한다)·제2항(제10호를 제외한다) 또는 제108조(제9호를 제외한다)를 위반하여 각 해당 조항 각 호의 어느 하나에 해당하는 행위를 한 자

8의2. 제77조의3제5항부터 제7항까지(제77조의3제8항에 해당하는 경우는 제외한다)를 위반하여 신용공여를 한 자(2018.3.27 본호개정)

8의3. 제77조의3제8항의 기간 이내에 한도에 적합하도록 하지 아니한 자(2018.3.27 본호개정)

8의4. 제77조의3제9항을 위반하여 신용공여를 한 종합금융투자사업자와 그로부터 신용공여를 받은 자(2018.3.27 본호개정)

9. 제81조제1항을 위반하여 집합투자재산을 운용함에 있어서 같은 항 각 호의 어느 하나에 해당하는 행위를 한 자
10. 제84조제1항을 위반하여 집합투자재산을 운용함에 있어서 이해관계인과 거래행위를 한 자
11. 제87조제2항부터 제5항(제186조제2항에서 준용하는 경우를 포함한다)까지 또는 제112조제2항부터 제5항까지의 규정을 위반하여 의결권을 행사한 자(2013.5.28 본호개정)

11의2. 제117조의7제6항을 위반하여 투자자의 재산으로 증권의 청약을 한 자(2015.7.24 본호신설)

11의3. 제117조의8제1항을 위반하여 투자자의 재산을 보관·예탁받은 자(2015.7.24 본호신설)

12. 제119조(제5항을 제외한다)를 위반하여 증권을 모집 또는 매출한 자
13. 다음 각 목의 어느 하나에 해당하는 서류 중 중요사항에 관하여 거짓의 기재 또는 표시를 하거나 중요사항을 기재 또는 표시하지 아니한 자 및 그 중요사항에 관하여 거짓의 기재 또는 표시가 있거나 중요사항의 기재 또는 표시가 누락되어 있는 사실을 알고도 제119조제5항 또는 제159조제7항(제160조 후단 또는 제161조제1항 각 호 외의 부분 후단에서 준용하는 경우를 포함한다)에 따른 서명을 한 자와 그 사실을 알고도 이를 진실 또는 정확하다고 증명하여 그 뜻을 기재한 공인회계사·감정인 또는 신용평가를 전문으로 하는 자
    가. 제119조에 따른 증권신고서 또는 일괄신고추가서류
    나. 제122조에 따른 정정신고서
    다. 제123조에 따른 투자설명서(집합투자증권의 경우 제124조제2항제3호에 따른 간이투자설명서를 포함한다)(2013.5.28 본목개정)
    라. 제159조에 따른 사업보고서
    마. 제160조에 따른 반기보고서 또는 분기보고서
    바. 제161조에 따른 주요사항보고서
    사. 제164조제2항에 따른 정정명령에 따라 제출하는 사업보고서등
14. 제122조제3항을 위반하여 정정신고서를 제출하지 아니한 자
15. 다음 각 목의 어느 하나에 해당하는 공고 또는 서류 중 중요사항에 관하여 거짓의 기재 또는 표시를 하거나 중요사항을 기재 또는 표시하지 아니한 자
    가. 제134조에 따른 공개매수공고 또는 공개매수신고서
    나. 제136조에 따른 정정신고서 또는 공고
    다. 제137조제1항에 따른 공개매수설명서
16. 제134조제1항 또는 제136조제5항을 위반하여 공고를 하지 아니한 자
17. 제134조제2항을 위반하여 공개매수신고서를 제출하지 아니한 자
18. 제147조에 따른 보고서류 또는 제151조제2항에 따른 정정보고서 중 대통령령으로 정하는 중요한 사항(이하 이 호에서 "중요한 사항"이라 한다)에 관하여 거짓의 기재 또는 표시를 하거나 중요한 사항을 기재 또는 표시하지 아니한 자
19. 제154조에 따른 위임장 용지 및 참고서류 또는 제156조에 따른 정정서류 중 의결권피권유자의 의결권 위임 여부 판단에 중대한 영향을 미칠 수 있는 사항(이하 이 호에서 "의결권 위임 관련 중요사항"이라 한다)에 관하여 거짓의 기재 또는 표시를 하거나 의결권 위임 관련 중요사항을 기재 또는 표시하지 아니한 자

19의2. 제246조제5항·제6항을 위반하여 거래한 자(2009.2.3 본호신설)

19의3. 제249조의7제2항(제249조의12에서 준용하는 경우를 포함한다)을 위반하여 집합투자재산을 운용한 자(2021.4.20 본호개정)

19의4. 제249조의7제6항을 위반하여 의결권을 행사한 자(2021.4.20 본호신설)

19의5. 제249조의16제1항을 위반하여 거래행위를 한 자(2015.7.24 본호신설)

20. 제250조제1항 또는 제251조제1항을 위반하여 집합투자업을 영위한 자
21. 제280조제1항을 위반하여 투자매매업자 또는 투자중개업자를 통하지 아니하고 외국 집합투자증권을 국내에서 판매한 자

21의2. 제323조의2를 위반하여 금융투자상품거래청산업인가(변경인가를 포함한다)를 받지 아니하고 금융투자상품거래청산업무를 영위한 자(2013.4.5 본호신설)

21의3. 거짓, 그 밖의 부정한 방법으로 제323조의3에 따른 금융투자상품거래청산업인가(변경인가를 포함한다)를 받은 자(2013.4.5 본호신설)

22. 제323조의21, 제335조의2, 제355조제1항 또는 제360조제1항을 위반하여 인가를 받지 아니하고 해당 업무를 영위한 자(2013.5.28 본호개정)
23. 거짓, 그 밖의 부정한 방법으로 제324조제1항, 제335조의3제1항, 제355조제1항 또는 제360조제1항에 따른 인가를 받은 자(2013.5.28 본호개정)
24. 제335조제1항, 제354조제1항, 제359조제1항 또는 제364조제1항에 따라 인가가 취소된 후 그 취소된 업무를 영위한 자
25. 제343조제1항을 위반하여 신용공여를 한 종합금융회사와 그로부터 신용공여를 받은 자
26. 제357조제1항을 위반하여 금융투자업을 영위한 자
27. 제373조를 위반하여 거래소허가(변경허가를 포함한다)를 받지 아니하고 금융투자상품시장을 개설하거나 운영한 자(2013.5.28 본호개정)

27의2. 거짓, 그 밖의 부정한 방법으로 제373조의2에 따른 거래소허가(변경허가를 포함한다)를 받은 자(2013.5.28 본호신설)

28. 제420조제1항에 따라 금융투자업인가가 취소된 후 그 취소된 업무를 영위한 자
29. 제435조제4항을 위반하여 신고자등의 신분 등에 관한 비밀을 누설한 자

제445조【벌칙】 다음 각 호의 어느 하나에 해당하는 자는 3년 이하의 징역 또는 1억원 이하의 벌금에 처한다.

1. 제17조를 위반하여 금융투자업등록(변경등록을 포함한다)을 하지 아니하고 투자자문업 또는 투자일임업을 영위한 자
2. 거짓, 그 밖의 부정한 방법으로 제18조에 따른 금융투자업등록(변경등록을 포함한다)을 한 자
3. 제39조를 위반하여 자기의 명의를 대여하여 타인에게 금융투자업을 영위하게 한 자

4.～5. (2020.5.19 삭제)

6. (2020.3.24 삭제)
7. 제51조제2항을 위반하여 등록 전에 투자권유를 한 자
8. 제52조제1항을 위반하여 투자권유대행인 외의 자에게 투자권유를 대행하게 한 자
9. 제54조제1항(제42조제10항, 제52조제6항, 제199조제5항, 제255조, 제260조, 제265조, 제289조, 제304조, 제323조의17, 제328조 또는 제367조에서 준용하는 경우를 포함한다)를 위반하여 직무상 알게 된 정보로서 외부에 공개되지 아니한 정보를 자기 또는 제삼자의 이익을 위하여 이용한 자(2020.5.19 본호개정)
10. 제55조(제42조제10항 또는 제52조제6항에서 준용하는 경우를 포함한다)를 위반하여 같은 조 각 호의 어느 하나에 해당하는 행위를 한 자
11. 제60조제1항(제255조, 제260조 또는 제265조에서 준용하는 경우를 포함한다) 또는 제187조제1항을 위반하여 자료를 기록·유지하지 아니한 자
12. 제63조제1항제1호(제289조, 제304조, 제323조의17, 제328조, 제335조의14, 제367조, 제383조제3항 또는 제441조에서 준용하는 경우를 포함한다)를 위반하여 같은 호에 규정된 방법에 따르지 아니하고 금융투자상품을 매매한 자(2013.5.28 본호개정)
13. 제76조제3항을 위반하여 집합투자증권을 판매하거나 판매를 위한 광고를 한 자

13의2. 거짓, 그 밖의 부정한 방법으로 제77조의2제1항에 따른 종합금융투자사업자의 지정을 받은 자(2013.5.28 본호신설)

13의3. 제77조의2에 따라 금융위원회로부터 종합금융투자사업자의 지정을 받지 아니하고 전담중개업무 또는 제77조의3제3항 각 호의 어느 하나에 해당하는 업무를 영위한 자(2013.5.28 본호신설)

14. 제80조제3항 전단을 위반하여 투자신탁재산별로 미리 정하여진 자산배분명세에 따라 취득·처분 등의 결과를 배분하지 아니한 자
15. 제87조제6항(제186조제2항에서 준용하는 경우를 포함한다)에 따른 명령을 위반하여 주식을 처분하지 아니한 자
16. 제104조제2항을 위반하여 신탁재산을 고유재산으로 취득한 자
17. (2009.2.3 삭제)
18. 제114조제3항 또는 제240조제3항을 위반하여 회계감사를 받지 아니한 자

18의2. 제117조의3을 위반하여 등록(변경등록을 포함한다)을 하지 아니하고 온라인소액투자중개를 한 자(2015.7.24 본호신설)

18의3. 거짓, 그 밖의 부정한 방법으로 제117조의4에 의한 등록(변경등록을 포함한다)을 한 자(2015.7.24 본호신설)

18의4. 제117조의7제10항을 위반하여 증권의 청약을 권유하는 행위를 한 자(2015.7.24 본호신설)

19. 제133조제3항 또는 제140조를 위반하여 공개매수에 의하지 아니하고 주식등의 매수등을 한 자
20. 제147조제1항·제3항 또는 제4항을 위반하여 보고를 하지 아니한 자
21. 제152조제1항 또는 제3항을 위반하여 의결권 대리행사의 권유를 한 자
22. 제169조제1항을 위반하여 회계감사를 받지 아니한 자
22의2. 제173조의2제2항을 위반하여 파생상품시장에서의 시세에 영향을 미칠 수 있는 정보를 누설하거나, 장내파생상품 및 그 기초자산의 매매나 그 밖의 거래에 이용하거나, 타인으로 하여금 이용하게 한 자(2009.2.3 본호신설)
23. 제182조제1항을 위반하여 집합투자기구를 등록하지 아니한 자
24. 거짓, 그 밖의 부정한 방법으로 제182조제1항·제8항(제279조제3항에서 준용하는 경우를 포함한다), 제182조의2제1항·제3항 또는 제279조제1항에 따른 등록이나 변경등록을 한 자(2019.11.26 본호개정)
24의2. 제246조제7항을 위반하여 정보를 이용한 자(2009.2.3 본호신설)
25. 제247조제1항을 위반하여 철회·변경 또는 시정을 요구하지 아니한 자
25의2. 제249조를 위반하여 일반 사모집합투자업 등록을 하지 아니하고 일반 사모집합투자업을 영위한 자(2021.4.20 본호개정)
25의3. 거짓, 그 밖의 부정한 방법으로 제249조의3에 따른 일반 사모집합투자업 등록을 한 자(2021.4.20 본호개정)
26. 제250조제3항(제251조제2항 또는 제341조제1항에서 준용하는 경우를 포함한다)을 위반하여 같은 항 각 호의 어느 하나에 해당하는 행위를 한 자
27. 제250조제4항(제251조제2항에서 준용하는 경우를 포함한다) 또는 제5항(제251조제2항 또는 제341조제1항에서 준용하는 경우를 포함한다)을 위반하여 집합투자재산에 관한 정보를 자기가 운용하는 투자신탁재산의 운용이나 자기가 판매하는 집합투자증권의 판매를 위하여 이용한 자
28. 제250조제6항(제251조제2항 또는 제341조제1항에서 준용하는 경우를 포함한다)을 위반하여 같은 항 각 호의 어느 하나에 해당하는 행위를 한 자
29. 제253조제1항에 따라 등록이 취소된 후 그 취소된 업무를 영위한 자
30. 제254조제1항을 위반하여 등록을 하지 아니하고 해당 업무를 영위한 자
31. 거짓, 그 밖의 부정한 방법으로 제254조제1항에 따른 등록을 한 자
32. 제257조제1항에 따라 등록이 취소된 후 그 취소된 업무를 영위한 자
32의2. 제249조의15제1항을 위반하여 등록을 하지 아니하고 해당 업무를 영위한 자(2015.7.24 본호개정)
32의3. 거짓, 그 밖의 부정한 방법으로 제249조의15제1항에 따른 등록을 한 자(2015.7.24 본호개정)
33. 제279조제1항에 따른 등록을 하지 아니하고 외국 집합투자증권을 판매한 자
34. 제282조제1항에 따라 등록이 취소된 후 그 취소된 외국 집합투자기구의 외국 집합투자증권을 판매한 자
35. 제298조를 위반하여 계좌 간의 대체로 결제하는 업무를 영위하거나 국내에서 증권예탁증권을 발행하는 업무를 영위한 자
36. 제301조제5항, 제323조의9제3항, 제327조제3항 또는 제383조제2항(제78조제6항에서 준용하는 경우를 포함한다)을 위반하여 자금의 공여, 손익의 분배, 그 밖에 영업에 관하여 특별한 이해관계를 가진 자(2013.5.28 본호개정)
37. 제335조제2항, 제354조제2항, 제359조제2항 또는 제364조제2항에 따른 업무의 정지기간 중 업무를 영위한 자
37의2. 제335조의11제6항을 위반하여 직무상 알게 된 요청인의 비밀을 누설하거나 이용한 자
37의3. 제335조의11제7항제1호를 위반하여 신용평가회사와 특수한 관계에 있는 자와 관련된 신용평가를 한 자
37의4. 제335조의11제7항제2호를 위반하여 신용평가 과정에서 신용평가회사 또는 그 계열회사의 상품이나 서비스를 구매하거나 이용하도록 강요한 자
(2013.5.28 37호의2~37호의4신설)
38. 제339조제1항(제357조제2항 또는 제361조에서 준용하는 경우를 포함한다)을 위반하여 인가를 받지 아니하고 업무를 폐지하거나 해산한 자
39. 제365조제1항을 위반하여 등록을 하지 아니하고 해당 업무를 영위한 자
40. 거짓, 그 밖의 부정한 방법으로 제365조제1항에 따른 등록을 한 자
41. 제369조제1항에 따라 등록이 취소된 후 그 취소된 업무를 영위한 자
42. 제383조제1항(제78조제6항, 제323조의17 및 제441조에서 준용하는 경우를 포함한다)을 위반하여 비밀을 누설하거나 이용한 자(2013.5.28 본호개정)
43. 제394조제1항을 위반하여 공동기금을 적립하지 아니한 자
44. 제402조제7항을 위반하여 비밀을 누설하거나 이용한 자
45. 제417조제1항(제335조의14에서 준용하는 경우를 포함한다)을 위반하여 승인을 받지 아니하거나 같은 항 단서를 위반하여 보고하지 아니하고 같은 항 각 호(겸영금융투자업자의 경우에는 제4호부터 제7호까지에 한한다)의 어느 하나에 해당하는 행위를 한 자(2018.3.27 본호개정)
46. 제420조제1항에 따라 금융투자업등록이 취소된 후 그 취소된 업무를 영위한 자
47. 제420조제3항에 따른 인가받은 업무의 정지기간 중 그 정지된 업무를 영위한 자
48. 제426조제2항에 따른 금융위원회(제172조부터 제174조까지, 제176조, 제178조, 제178조의2, 제180조 및 제180조의2부터 제180조의5까지의 규정을 위반한 사항인 경우에는 증권선물위원회를 말한다)의 요구에 불응한 자(2021.1.5 본호개정)

제446조 【벌칙】 다음 각 호의 어느 하나에 해당하는 자는 1년 이하의 징역 또는 3천만원 이하의 벌금에 처한다.
1.~2. (2015.7.31 삭제)
3. 제38조를 위반하여 상호 중에 금융투자, 증권, 파생, 선물, 집합투자, 투자신탁, 자산운용, 투자자문, 투자일임 또는 신탁이라는 문자를 사용한 자(2009.2.3 본호개정)
4. 제42조제1항 단서(제255조에서 준용하는 경우를 포함한다)를 위반하여 업무를 위탁한 자(2020.5.19 본호개정)
4의2. 제42조제5항(제255조에서 준용하는 경우를 포함한다)을 위반하여 위탁한 자의 동의를 받지 아니하고 위탁받은 업무를 제삼자에게 재위탁한 자(2020.5.19 본호신설)
5. 제43조제2항에 따른 위탁계약의 취소명령 또는 변경명령을 위반한 자
6. (2020.3.24 삭제)
7. 제53조제2항에 따라 투자권유대행인등록이 취소된 후 투자권유대행업무를 영위하거나, 같은 조 같은 항에 따른 투자권유대행업무의 정지기간 중 투자권유대행업무를 영위한 자
8. (2020.3.24 삭제)
9. 제65조제2항을 위반하여 자산을 국내에 두지 아니한 자
10. 제65조제3항을 위반하여 자산을 국내에 주소나 거소가 있는 자에 대한 채무의 변제에 우선 충당하지 아니한 자
11. 제66조를 위반하여 사전에 자기가 투자매매업자인지 투자중개업자인지를 밝히지 아니하고 금융투자상품의 매매에 관한 청약 또는 주문을 받은 자(2013.5.28 본호개정)
12. 제67조를 위반하여 금융투자상품을 매매한 자
13. (2013.5.28 삭제)
14. 제88조 또는 제280조제2항을 위반하여 자산운용보고서를 제공하지 아니한 자 또는 거짓으로 작성하거나 그 기재사항을 누락하고 작성하여 제공한 자
15. 제89조(제186조제2항에서 준용하는 경우를 포함한다)를 위반하여 공시를 하지 아니하거나 거짓으로 공시한 자(2013.8.13 본호개정)
16. 제91조제1항(제186조제2항에서 준용하는 경우를 포함한다)·제113조제1항 또는 제280조제3항을 위반하여 열람이나 교부 청구를 거절한 자
17. 제95조제2항(제117조에서 준용하는 경우를 포함한다) 또는 제116조제3항에 따른 명령을 위반한 자
17의2. 제101조제1항에 따른 신고를 하지 아니하고 유사투자자문업을 영위한 자(2018.12.31 본호신설)
18. 제103조제1항 또는 제4항을 위반하여 재산을 수탁한 자
19. 제105조제1항부터 제3항까지의 규정을 위반하여 신탁재산을 운용한 자(2013.5.28 본호개정)
19의2. 제117조의5를 위반하여 상호 등에 금융투자 또는 온라인소액투자중개라는 문자를 사용한 자
19의3. 제117조의7제2항을 위반하여 자신이 중개하는 증권의 자기의 계산으로 취득한 자
19의4. 제117조의7제3항을 위반하여 자문에 응한 자
19의5. 제117조의7제4항을 위반하여 청약의 의사표시를 받은 자
19의6. 제117조의7제7항을 위반하여 특정한 온라인소액증권발행인 또는 투자자를 우대하거나 차별한 자
19의7. 제117조의9제2항을 위반하여 투자광고를 한 자
(2015.7.24 19호의2~19호의7신설)
19의8. 정당한 이유 없이 제119조의2 또는 제161조의2에 따른 연결재무제표 작성대상법인의 자료제출 요구 및 조사를 거부·방해·기피한 자(2013.5.28 본호신설)
20. 제121조를 위반하여 증권에 관한 취득 또는 매수의 청약에 대한 승낙을 한 자
21. 제123조제1항, 제137조제1항 또는 제153조를 위반하여 투자설명서(집합투자증권의 경우 제124조제2항제3호에 따른 간이투자설명서를 포함한다), 공개매수설명서 또는 위임장 용지 및 참고서류를 제출하지 아니한 자(2013.5.28 본호개정)
22. 제124조제1항을 위반하여 투자설명서(집합투자증권의 경우 제124조제2항제3호에 따른 간이투자설명서를 포함한다)를 미리 교부하지 아니하고 증권을 취득하게 하거나 매도한 자(2013.5.28 본호개정)
23. 제124조제2항을 위반하여 같은 항 각 호의 어느 하나에 해당하는 방법에 따르지 아니하고 청약의 권유 등을 한 자
24. 제132조, 제146조제2항, 제151조제2항, 제158조제2항 또는 제164조제2항에 따른 금융위원회의 처분을 위반한 자(2008.2.29 본호개정)
25. 제137조제3항을 위반하여 공개매수설명서를 미리 교부하지 아니하고 주식등을 매수한 자
26. 제145조, 제150조제1항·제3항, 제167조제3항 또는 제168조제3항에 따른 처분명령 또는 시정명령을 위반한 자
27. 제156조제3항 후단을 위반하여 정정서류를 제출하지 아니한 자
28. 제159조, 제160조 또는 제161조제1항을 위반하여 사업보고서·반기보고서·분기보고서나 주요사항보고서를 제출하지 아니한 자
29. 제167조제1항을 위반하여 주식을 소유한 자
30. 제169조제2항(같은 조 제3항 후단에서 준용하는 경우를 포함한다)에 따른 자료의 제출 또는 보고명령이나 조치를 위반한 자
31. 제173조제1항을 위반하여 보고를 하지 아니하거나 거짓으로 보고한 자
32. 제192조제1항을 위반하여 승인을 받지 아니하고 투자신탁을 해지한 자
33. 거짓, 그 밖의 부정한 방법으로 제192조제1항에 따른 승인을 받은 자
34. 제192조제2항, 제202조제1항(제211조제2항, 제216조제3항, 제217조의6제2항에서 준용하는 경우를 포함한다), 제221조제1항(제227조제3항에서 준용하는 경우를 포함한다)을 위반하여 투자신탁을 해지하지 아니하거나 투자회사등을 해산하지 아니한 자(2013.5.28 본호개정)
35. 제235조제4항 또는 제5항을 위반하여 환매대금을 지급하거나 지급하지 아니한 자
36. 제238조제7항 또는 제280조제4항을 위반하여 기준가격을 공고·게시하지 아니하거나 거짓으로 공고·게시한 자
37. 제246조제2항을 위반하여 집합투자재산을 구분하여 관리하지 아니한 자
38. 제246조제3항을 위반하여 예탁하지 아니한 자
39. 제246조제4항을 위반하여 집합투자업자의 지시를 각각의 집합투자기구별로 이행하지 아니한 자
40. 제248조제1항을 위반하여 자산보관·관리보고서를 투자자에게 제공하지 아니하거나 거짓으로 작성하여 제공한 자
40의2. 제249조의4제2항을 위반하여 핵심상품설명서를 작성·제공하지 아니한 자(2021.4.20 본호신설)
40의3. 제249조의4제4항을 위반하여 핵심상품설명서를 교부하지 아니한 자(2021.4.20 본호신설)
40의4. 제249조의4제5항을 위반하여 철회·변경 또는 시정을 요구하지 아니한 자(2021.4.20 본호신설)
41. 제249조의6제2항 또는 제4항을 위반하여 보고(변경보고를 포함한다)를 하지 아니하거나 거짓으로 보고한 자(2015.7.24 본호개정)
41의2. 제249조의7제5항(제249조의12에서 준용하는 경우를 포함한다)을 위반하여 지분증권을 처분하지 아니한 자(2021.4.20 본호신설)
41의3. 제249조의8제2항을 위반하여 집합투자증권을 타인에게 양도한 자(2015.7.24 본호개정)
41의4. 제249조의9제1항에 따른 일반 사모집합투자기구의 해지·해산명령을 따르지 아니한 자(2021.4.20 본호개정)
42. 제249조의9제2항, 제249조의21제2항, 제253조제2항, 제257조제2항 또는 제369조제2항에 따른 업무의 정지기간 중 업무를 영위한 자(2015.7.24 본호개정)
43. 제249조의10제4항·제6항 또는 제249조의11제8항을 위반하여 보고(변경보고를 포함한다)를 하지 아니하거나 거짓으로 보고한 자(2015.7.24 본항개정)
44. (2015.7.24 삭제)
45. 제249조의14제2항, 제249조의22제2항·제6항 또는 제249조의23제2항을 위반하여 운용한 자 또는 지분증권등을 소유하지 아니하거나 처분한 자(2021.4.20 본호개정)
46. (2021.4.20 삭제)
46의2. 제249조의23제5항을 위반하여 보고를 하지 아니하거나 거짓으로 보고한 자(2021.4.20 본호개정)
47. 제249조의14제6항을 위반하여 같은 항 제1호부터 제3호까지의 어느 하나에 해당하는 행위를 한 자(2015.7.24 본호개정)
48. 제249조의17제1항을 위반하여 출자한 지분을 타인에게 양도한 자(2015.7.24 본호개정)
49. 제249조의18제1항(제249조의13제5항에서 준용하는 경우를 포함한다)을 위반하여 지분증권을 처분하지 아니하거나, 같은 조 제3항(제249조의13제5항에서 준용하는 경우를 포함한다)을 위반하여 지분증권을 취득한 자(2015.7.24 본호개정)
50. (2009.6.9 삭제)
51. 제249조의19제2항을 위반하여 보고를 하지 아니하거나 거짓으로 보고한 자(2015.7.24 본호개정)
52. 제249조의21제1항에 따른 해산명령을 따르지 아니한 자(2015.7.24 본호개정)
52의2. 제249조의21제3항에 따른 직무정지 기간 중 직무를 수행한 업무집행사원(2015.7.24 본호신설)
53. 제309조제3항 또는 제310조제1항을 위반하여 예탁자

계좌부 또는 투자자계좌부를 작성·비치하지 아니하거나 거짓으로 작성한 자
53의2. 제323조의16제1항을 위반하여 거래정보를 보관·관리하지 아니한 자(2013.4.5 본호신설)
53의3. 제323조의16제2항을 위반하여 거래정보를 보고하지 아니하거나 거짓으로 보고한 자(2013.4.5 본호신설)
54. 제338조 또는 제356조를 위반하여 "종합금융회사", "자금중개" 또는 이와 유사한 명칭을 사용한 자
55. 제342조제1항부터 제4항(제361조에서 준용하는 경우를 포함한다)까지 또는 제345조제3항을 위반하여 신용공여를 한 자
56. 제344조를 위반하여 증권에 투자한 자
57. 제345조제1항을 위반하여 같은 항 각 호의 어느 하나에 해당하는 행위를 한 자
58. 제345조제2항을 위반하여 의결권을 행사한 자
59. 제345조제4항에 따른 조치를 이행하지 아니한 자
60.～61. (2017.4.18 삭제)
62. 제347조제3항을 위반하여 부동산을 처분하지 아니한 자
62의2. 제416조제1항(제335조의14, 제350조, 제357조, 제361조 및 제367조에서 준용하는 경우를 포함한다)에 따른 명령을 이행하기 위한 절차·조치를 이행하지 아니한 자(2023.3.21 본호신설)
63. 제420조제3항에 따른 등록된 업무의 정지기간 중 그 정지된 업무를 영위한 자

제447조【징역과 벌금의 병과】 ① 제443조제1항(제10호는 제외한다) 및 제2항에 따라 징역에 처하는 경우에는 같은 조 제1항에 따른 벌금을 병과한다.
② 제443조제1항제10호 및 제444조부터 제446조까지의 규정에 해당하는 죄를 범한 자에게는 징역과 벌금을 병과할 수 있다.
(2021.1.5 본조개정)

제447조의2【몰수·추징】 ① 제443조제1항 각 호(제10호는 제외한다)의 어느 하나에 해당하는 자가 해당 행위를 하여 취득한 재산은 몰수하며, 몰수할 수 없는 경우에는 그 가액을 추징한다.
② 제443조제1항제4호부터 제7호까지의 어느 하나에 해당하는 자가 해당 행위를 위하여 제공하였거나 제공하려한 재산은 몰수하며, 몰수할 수 없는 경우에는 그 가액을 추징한다.(2021.6.8 본항신설)
(2021.1.5 본조개정)

제448조【양벌규정】 법인(단체를 포함한다. 이하 이 조에서 같다)의 대표자나 법인 또는 개인의 대리인, 사용인, 그 밖의 종업원이 그 법인 또는 개인의 업무에 관하여 제443조부터 제446조까지의 어느 하나에 해당하는 위반행위를 하면 그 행위자를 벌하는 외에 그 법인 또는 개인에게도 해당 조문의 벌금형을 과(科)한다. 다만, 법인 또는 개인이 그 위반행위를 방지하기 위하여 해당 업무에 관하여 상당한 주의와 감독을 게을리하지 아니한 경우에는 그러하지 아니하다.(2009.2.3 본조개정)

제448조의2【형벌 등의 감면】 ① 제173조의2제2항, 제174조, 제176조 또는 제178조를 위반한 자가 수사기관에 자수(증권선물위원회에 자진신고한 경우를 포함한다. 이하 이 조에서 같다)하거나 수사·재판절차에서 해당 사건에 관한 다른 사람의 범죄를 규명하는 진술 또는 증언이나, 그 밖의 자료제출행위 또는 범인검거를 위한 제보와 관련하여 자신의 범죄로 처벌되는 경우에는 그 형을 감경 또는 면제할 수 있다.
② 금융위원회는 제1항에 따라 자수하거나 해당 사건에 관한 다른 사람의 범죄를 규명하는 진술 또는 증언이나, 그 밖의 자료제출행위 또는 범인검거를 위한 제보와 관련하여 자신의 위반행위로 제429조의2제1항에 따른 과징금을 부과받은 자에 대하여 그 과징금을 감경 또는 면제할 수 있다.
③ 제2항에 따라 과징금이 감경 또는 면제되는 자의 범위와 감경 또는 면제의 기준·정도 등에 관한 세부 사항은 대통령령으로 정한다.
(2023.7.18 본조신설)

제449조【과태료】 ① 다음 각 호의 어느 하나에 해당하는 자에 대하여는 1억원 이하의 과태료를 부과한다.
(2017.4.18 본문개정)
1.～12. (2015.7.31 삭제)
13. 제33조제1항(제335조의14, 제350조, 제357조제2항 또는 제361조에서 준용하는 경우를 포함한다)을 위반하여 업무보고서를 제출하지 아니하거나 거짓으로 작성하여 제출한 자(2013.5.28 본호개정)
14. 제33조제2항(제350조, 제357조제2항 또는 제361조에서 준용하는 경우를 포함한다)을 위반하여 공시서류를 비치 또는 공시하지 아니하거나 거짓으로 작성하여 비치 또는 공시한 자
15. 제33조제3항(제350조, 제357조제2항 또는 제361조에서 준용하는 경우를 포함한다)을 위반하여 보고 또는 공시를 하지 아니하거나 거짓으로 보고 또는 공시한 자
15의2. 제33조제4항(제350조, 제357조제2항 또는 제361조에서 준용하는 경우를 포함한다)을 위반하여 보고서를 제출하지 아니하거나 거짓으로 작성하여 제출한 자(2009.2.3 본호신설)
16. 제34조제3항을 위반하여 이사회 결의를 거치지 아니한 자
17. 제34조제4항 또는 제5항을 위반하여 보고 또는 공시를 하지 아니하거나 거짓으로 보고 또는 공시한 자
18. 제34조제6항 또는 제36조(제350조에서 준용하는 경우를 포함한다)에 따른 자료의 제출명령을 위반한 자
19. 제40조제1항 후단 또는 제41조제1항을 위반하여 보고를 하지 아니한 자(2020.5.19 본호개정)
20. 제43조제1항, 제53조제1항, 제131조제1항, 제146조제1항, 제151조제1항, 제158조제1항, 제164조제1항, 제321조 또는 제419조제1항(제101조제11항, 제252조제2항, 제256조제2항, 제261조제2항, 제266조제2항, 제281조제2항, 제292조, 제306조, 제323조의19, 제334조 및 제335조의14, 제353조, 제358조, 제363조, 제368조 또는 제371조에서 준용하는 경우를 포함한다)에 따른 검사·조사 또는 확인을 거부·방해 또는 기피한 자(2018.12.31 본호개정)
21.～22. (2020.3.24 삭제)
23. 제50조제1항에 따른 투자권유준칙 또는 제52조제4항에 따른 투자권유대행기준을 정하지 아니한 자
24. 제56조제1항 단서에 따른 신고를 하지 아니하고 약관을 제정 또는 변경한 자(2018.12.31 본호개정)
25. 거짓, 그 밖의 부정한 방법으로 제56조제1항 단서에 따른 신고를 한 자(2018.12.31 본호개정)
25의2.～26. (2020.3.24 삭제)
27. 제62조제1항을 위반하여 공고 또는 통지를 하지 아니한 자
28. (2017.4.18 삭제)
28의2. 제68조제1항부터 제5항까지의 규정을 위반하여 각 해당 조항의 의무를 이행하지 아니한 자(2013.5.28 본호신설)
29. 제71조(제7호에 한한다), 제85조(제8호에 한한다), 제98조제2항(제10호에 한한다) 또는 제108조(제9호에 한한다)를 위반하여 각 해당 조항의 해당 호에 해당하는 행위를 한 자
30. 제76조제4항부터 제6항까지의 규정을 위반하여 판매수수료나 판매보수를 받은 자(2010.3.12 본호개정)
30의2. 제77조의3제2항을 위반하여 같은 항 각 호의 사항을 포함하는 계약을 체결하지 아니한 자(2013.5.28 본호신설)
31. 제86조를 위반하여 성과보수를 받은 자
32. 제87조제7항(제186조제2항에서 준용하는 경우를 포함한다)을 위반하여 기록·유지하지 아니한 자
33. 제87조제8항(제186조제2항에서 준용하는 경우를 포함한다) 또는 제112조제7항을 위반하여 공시를 하지 아니하거나 거짓으로 공시한 자
34. 제90조제1항(제186조제2항에서 준용하는 경우를 포함한다) 또는 제2항(제186조제2항에서 준용하는 경우를 포함한다)을 위반하여 영업보고서나 결산서류를 제출하지 아니하거나 거짓으로 작성하여 제출한 자
34의2. 제98조의2를 위반하여 성과보수를 받은 자(2013.5.28 본호신설)
35. 제114조제1항 또는 제240조제1항을 위반하여 회계처리를 한 자
35의2. 제117조의6제2항을 위반하여 온라인소액투자중개업자 내부통제기준을 정하지 아니한 자
35의3. 제117조의7제9항을 위반하여 필요한 조치를 취하지 아니한 자
35의4. 제117조의9제1항을 위반하여 투자광고를 한 자
35의5. 제117조의10제2항에 따른 조치를 하지 아니한 자
35의6. 제117조의10제3항을 위반한 자
35의7. 제117조의10제4항에 따라 게재한 내용을 정정하지 아니한 자
35의8. 제117조의10제5항을 위반하여 증권을 매도한 자
35의9. 제117조의10제8항에 따라 청약증거금을 지체 없이 반환하지 아니한 자
35의10. 제117조의11제1항에 따른 조치를 취하지 아니한 자
(2015.7.24 35호의2～35호의10신설)
36. 제130조에 따른 조치를 하지 아니한 자
37. 제135조, 제136조제6항, 제139조제3항 또는 제148조를 위반하여 신고서 또는 보고서의 사본을 송부하지 아니한 자
38. 제135조, 제136조제6항 또는 제139조제3항에 따른 신고서 사본이나 제148조에 따른 보고서 사본에 신고서 또는 보고서에 기재된 내용과 다른 내용을 표시하거나 그 내용을 누락하여 송부한 자
39. (2021.1.5 삭제)
39의2. 제180조의2제1항을 위반하여 순보유잔고를 보고하지 아니하거나 순보유잔고의 보고에 관하여 거짓의 기재 또는 표시를 한 자(2016.3.29 본호신설)
39의3. 제180조의2제2항을 위반하여 금융위원회의 정정명령을 이행하지 아니하거나 정정명령에 따른 보고에 관하여 거짓의 기재 또는 표시를 한 자(2016.3.29 본호신설)
39의4. 제180조의3을 위반하여 공시를 하지 아니하거나 거짓으로 공시한 자(2016.3.29 본호신설)
39의5. 제180조의5를 위반하여 대차거래정보를 보관하지 아니하거나 자료제출 요구에 따르지 아니한 자(2021.1.5 본호신설)
40. 제182조제8항(제279조제3항에서 준용하는 경우를 포함한다) 또는 제182조의2제3항에 따른 변경등록을 하지 아니한 자(2019.11.26 본호개정)
41. 제183조제2항을 위반하여 명칭을 사용한 자
41의2. 제184조제3항을 위반하여 집합투자재산의 보관·관리업무를 위탁하지 아니한 자(2015.7.24 본호신설)
41의3. 제249조의7제3항 또는 제249조의12제2항을 위반하여 보고를 하지 아니하거나 거짓으로 보고한 자(2021.4.20 본호개정)
42. 제250조제7항, 제251조제3항 또는 제341조제2항을 위반하여 임원을 두지 아니하거나 임직원에게 겸직하게 한 자
43. 제250조제7항, 제251조제3항 또는 제341조제2항을 위반하여 이해상충방지체계를 갖추지 아니한 자
44. 제284조, 제295조, 제323조의8, 제325조, 제335조의7 또는 제379조를 위반하여 명칭을 사용한 자(2013.5.28 본호개정)
44의2. 제335조의8제2항을 위반하여 신용평가내부통제기준을 정하지 아니한 자(2013.5.28 본호신설)
44의3. 제335조의8제3항을 위반하여 준법감시인을 두지 아니한 자(2013.5.28 본호신설)
44의4. 제335조의8제4항을 위반하여 같은 항 각 호의 어느 하나에 해당하는 업무를 수행하는 직무를 담당하거나 담당하게 한 자(2013.5.28 본호신설)
44의5. 제335조의12제1항 또는 제2항을 위반하여 금융위원회가 정하여 고시하는 서류 또는 신용평가서를 제출하지 아니하거나 거짓으로 작성하여 제출한 자(2013.5.28 본호신설)
45. 제343조제2항을 위반하여 이사회 결의를 거치지 아니한 자
46. 제343조제3항 또는 제4항에 따른 보고 또는 공시를 하지 아니하거나 거짓으로 보고 또는 공시한 자
47. 제343조제8항에 따른 자료의 제출명령을 위반한 자
47의2. 제346조를 위반하여 지급준비자산을 보유하지 아니한 자(2017.4.18 본호신설)
48. 거짓, 그 밖의 부정한 방법으로 제370조제1항에 따른 허가를 받은 자
49. 제435조제5항을 위반하여 신고자등에게 불리한 대우를 한 자
② 제63조제1항(제289조, 제304조, 제328조, 제367조, 제383조제3항 또는 제441조에서 준용하는 경우를 포함한다)을 위반하여 같은 항 제2호부터 제4호까지의 방법에 따르지 아니하고 자기의 계산으로 금융투자상품을 매매한 자에 대해서는 5천만원 이하의 과태료를 부과한다.
(2017.4.18 본항신설)
③ 다음 각 호의 어느 하나에 해당하는 자에 대하여는 3천만원 이하의 과태료를 부과한다.(2017.4.18 본문개정)
1. (2015.7.31 삭제)
2. 제50조제2항을 위반하여 공시를 하지 아니하거나 거짓으로 공시한 자
3. (2020.3.24 삭제)
4. 제56조제1항 본문에 따른 보고를 하지 아니하거나 거짓으로 보고한 자(2018.12.31 본호개정)
4의2. 제63조의2를 위반하여 고객응대직원의 보호를 위한 조치를 하지 아니하거나 고객응대직원에게 불이익을 준 자(2016.3.29 본호신설)
5. 제73조를 위반하여 매매명세를 통지하지 아니하거나 거짓으로 통지한 자
5의2. 정당한 사유 없이 제101조제2항에 따른 보고를 하지 않거나 거짓으로 보고한 자(2018.12.31 본호신설)
5의3. 제101조제3항 후단에 따른 정당한 사유 없이 자료제출을 하지 않거나 거짓으로 제출한 자(2018.12.31 본호신설)
6. (2018.12.31 삭제)
6의2. 제117조의6제1항에 따른 보고를 하지 아니하거나 거짓으로 보고한 자
6의3. 제117조의7제8항에 따른 통지를 하지 아니하거나 거짓으로 통지한 자
6의4. 제117조의10제7항을 위반하여 증권을 예탁 또는 보호예수하지 아니하거나 증권을 매도 또는 인출한 자
6의5. 제117조의15에 따라 투자자 피해가 발생하지 아니하도록 하기 위한 사항을 이행하지 아니한 자
(2015.7.24 6호의2～6호의5신설)
7. 제128조 또는 제143조를 위반하여 보고서를 제출하지 아니하거나 거짓으로 작성하여 제출한 자
8. 제131조제1항, 제146조제1항, 제151조제1항, 제158조제1항, 제164조제1항 또는 제419조제5항(제43조제1항 후단, 제53조제1항 후단, 제252조제2항, 제256조제2항, 제261조제2항, 제266조제2항, 제281조제2항, 제292조, 제306조, 제334조, 제335조의14, 제353조, 제358조, 제363조, 제368조 또는 제371조에서 준용하는 경우를 포함한다)에 따른 보고 또는 자료의 제출명령이나 증인의 출석, 증언 및 의견의 진술 요구에 불응한 자(2013.5.28 본호개정)
8의2. 제152조의2제2항을 위반하여 발행인이 아닌 의결권권유자의 요구에 응하지 아니한 자(2013.5.28 본호개정)
8의3. 제173조의2제1항에 따른 보고를 하지 아니하거나 거짓으로 보고한 자(2013.5.28 본호신설)
8의4. 제180조의2제3항을 위반하여 자료를 보관하지 아니하거나 금융위원회의 자료제출 요구에 응하지 아니한 자(2016.3.29 본호신설)

9. 제190조제7항(제201조제3항, 제210조제3항, 제215조제4항, 제217조의5제4항, 제220조제4항 또는 제226조제4항에서 준용하는 경우를 포함한다)을 위반하여 연기수익자총회 등을 소집하지 아니한 자(2013.5.28 본호개정)
10. 제249조의14제7항을 위반하여 행위준칙을 제정하지 아니한 자 또는 보고를 하지 아니하거나 거짓으로 보고한 자(2015.7.24 본호개정)
10의2. 제249조의15제8항을 위반하여 등록사항 변경의 보고를 하지 아니하거나 거짓으로 보고한 자(2021.4.20 본호신설)
10의3. 제249조의15제9항을 위반하여 재무제표를 제출하지 아니하거나 거짓으로 작성하여 제출한 자(2021.4.20 본호신설)
11. 제310조제2항을 위반하여 예탁하지 아니한 자
12. 제310조제3항을 위반하여 증권등을 구분하여 보관하지 아니한 자
13. (2013.5.28 삭제)
14. 제314조제6항 또는 제315조제3항·제4항을 위반하여 통지나 통보를 하지 아니한 자(2016.3.22 본호개정)
15. 제316조제1항을 위반하여 실질주주명부를 작성·비치하지 아니하거나 거짓으로 작성한 자(2016.3.22 본호개정)
16. 제323조제1항 또는 제2항에 따른 통지를 하지 아니하거나 거짓으로 통지한 자
17. 제339조제2항(제357조제2항 또는 제361조에서 준용하는 경우를 포함한다)을 위반하여 보고를 하지 아니하거나 거짓으로 보고한 자 또는 신고를 하지 아니하고 같은 항 제3호에 해당하는 행위를 한 자
18. (2015.7.31 삭제)
18의2. (2023.3.21 삭제)
19. 제418조(제335조의14 및 제350조에서 준용하는 경우를 포함한다)를 위반하여 보고를 하지 아니하거나 거짓으로 보고한 자(2013.5.28 본호개정)
④ 제1항부터 제3항까지의 규정에 따른 과태료는 대통령령으로 정하는 방법 및 절차에 따라 금융위원회(제3항제6호의5에 따른 과태료는 방송통신위원회)가 부과·징수한다.(2017.4.18 본항개정)
⑤~⑥ (2009.2.3 삭제)

부 칙

제1조【시행일】 이 법은 공포 후 1년 6개월이 경과한 날부터 시행한다. 다만, 부칙 제3조·제5조 및 제6조는 이 법 공포 후 1년이 경과한 날부터 시행한다.
제2조【폐지법률】 다음 각 호의 법률은 이를 각각 폐지한다.
1. 「증권거래법」
2. 「선물거래법」
3. 「간접투자자산 운용업법」
4. 「신탁업법」
5. 「종합금융회사에 관한 법률」
6. 「한국증권선물거래소법」
제3조【한국금융투자협회의 설립에 관한 사항】 ① 한국금융투자협회(이하 "협회"라 한다)는 종전의 「증권거래법」 제162조에 따라 설립된 한국증권업협회, 종전의 「선물거래법」 제75조에 따라 허가를 받아 설립된 선물협회 및 종전의 「간접투자자산 운용업법」 제160조제3항에 따라 허가를 받아 설립된 자산운용협회(이하 "합병대상협회"라 한다)를 합병하는 방법으로 설립한다.
② 제1항에 따른 합병 및 협회의 설립에 관한 사무를 처리하기 위하여 한국금융투자협회설립위원회(이하 "설립위원회"라 한다)를 설치한다.
③ 설립위원회의 구성 및 운영 등에 관하여 필요한 사항은 대통령령으로 정한다.
④ 설립위원회는 합병대상협회에 협회의 설립에 필요한 인적·물적 지원을 요청할 수 있다.
⑤ 합병대상협회는 대통령령으로 정하는 사항을 기재한 합병계약서를 작성하여 각각 회원총회에서 의결권 총수의 과반수의 찬성에 의한 승인을 받아야 한다.
⑥ 합병대상협회는 제5항에 따른 회원총회의 승인결의가 있는 날부터 1주 이내에 채권자에 대하여 합병에 이의가 있으면 2주 이상의 기간 이내에 이의를 제출할 것을 공고하고, 합병대상협회가 알고 있는 채권자에 대하여는 그 사실을 최고하여야 한다.
⑦ 「상법」 제232조제2항 및 제3항은 제6항의 공고 및 최고에 관하여 준용한다.
⑧ 설립위원회는 제6항 및 제7항에 따른 절차가 종료된 경우에는 지체 없이 협회의 창립총회를 소집하여야 한다.
⑨ 「상법」 제309조, 제311조제1항, 제312조 및 제316조는 제8항에 따른 창립총회에 관하여 준용한다. 이 경우 같은 법 제311조제1항 중 "발기인"은 "설립위원회의 위원장"으로 본다.
⑩ 설립위원회는 합병승인신청서 및 협회의 정관을 작성하여 금융위원회의 승인을 받아야 한다.(2008.2.29 본항개정)
⑪ 제10항의 합병승인신청서에는 다음 각 호의 사항을 기재하여야 하며, 합병계약서 및 업무관련 규정을 첨부하여야 한다.
1. 협회의 명칭
2. 본회 및 지회의 소재지
3. 임원의 성명·주민등록번호 및 주소
4. 회원의 상호 또는 명칭
⑫ 설립위원회는 제10항에 따른 승인을 받은 경우에는 지체 없이 협회의 설립등기를 하여야 한다.
⑬ 합병은 제12항에 따른 협회의 설립등기를 함으로써 효력이 발생한다. 이 경우 합병대상협회는 청산절차를 거치지 아니하고 협회의 설립과 동시에 소멸한다.
⑭ 설립위원회는 제12항에 따른 설립등기를 완료한 경우에는 그 사무를 협회의 회장에게 인계하여야 한다.
⑮ 설립위원은 제14항에 따라 사무의 인계가 끝난 경우에는 해촉된 것으로 본다.
⑯ 설립위원회는 이 법 공포 후 1년이 경과하는 날부터 6개월 이내에 협회의 설립에 필요한 절차를 완료하여야 한다.
⑰ 협회의 설립비용은 협회가 부담한다.
⑱ 협회는 협회의 설립과 동시에 소멸한 합병대상협회 직원의 고용관계를 포함한 합병대상협회의 모든 권리·의무를 포괄 승계한다.
⑲ 그 밖에 합병대상협회의 합병 및 협회의 설립에 관하여 필요한 사항은 대통령령으로 정한다.
제4조【투자권유 등에 관한 적용례】 제46조부터 제48조까지의 규정은 이 법 시행 후 최초로 투자권유를 하는 경우부터 적용한다.
제5조【신고에 의한 금융투자업 인가 및 등록 특례】 ① 이 법 공포 후 1년이 경과한 날 당시 제6조제1항 각 호의 어느 하나에 상당하는 업을 영위하고 있는 자는 그 영위하고 있는 업무의 범위에서 제15조의 인가유지요건 또는 제20조의 등록유지요건을 갖추어 이 법 공포 후 1년이 경과한 날부터 2개월 이내에 금융위원회에 신고할 수 있다.(2008.2.29 본항개정)
② 금융위원회는 제1항에 따른 신고를 받은 경우에는 신고인이 제15조의 인가유지요건 또는 제20조의 등록유지요건을 갖추었는지를 확인하여 이 법 시행일 전일까지 그 결과를 신고인에게 통보하여야 한다. 이 경우 제15조의 인가유지요건 또는 제20조의 등록유지요건을 갖춘 것으로 통보받은 자는 이 법 시행일에 금융투자업인가를 받거나 금융투자업등록을 한 것으로 본다.(2008.2.29 전단개정)
③ 제1항에 따라 신고를 한 자는 제2항에 따라 제15조의 인가유지요건 또는 제20조의 등록유지요건을 갖추지 아니한 것으로 통보받은 경우에도 제11조 및 제17조에 불구하고 이 법 시행일 후 6개월까지는 종전에 영위하고 있는 업무를 영위할 수 있다. 이 경우 그 업무를 영위하는 범위에서 이 법에 의한 금융투자업자로 본다.
④ 제2항에 따라 통보를 받은 신고인 중 제15조의 인가유지요건 또는 제20조의 등록유지요건을 갖추지 아니한 것으로 통보받은 자는 이 법 시행일부터 3개월 이내에 그 요건을 갖추어 금융위원회에 다시 신고할 수 있다.(2008.2.29 본항개정)
⑤ 금융위원회는 제4항에 따라 신고를 받은 경우에는 신고인이 제15조의 인가유지요건 또는 제20조의 등록유지요건을 갖추었는지를 확인하여 이 법 시행일부터 6개월 이내에 그 결과를 신고인에게 통보하여야 한다.(2008.2.29 본항개정)
제6조【업무 단위 추가에 따른 금융투자업 인가 및 등록 특례】 ① 이 법 공포 후 1년이 경과한 날 당시 제6조제1항 각 호의 어느 하나에 상당하는 업을 영위하고 있는 자는 그 영위하고 있는 업무에 인가업무 단위 또는 등록업무 단위를 새로 추가하고자 하는 경우에는 이 법 공포 후 1년이 경과한 날부터 2개월 이내에 종전에 영위하고 있는 업무와 새로 추가하고자 하는 업무 단위를 종합하여 금융투자업인가 또는 금융투자업등록을 신청할 수 있다.
② 금융위원회는 제1항에 따른 인가 또는 등록의 신청을 받은 경우에는 그 내용을 심사하여 이 법 시행일 전일까지 그 결과를 신청인에게 통보하여야 한다. 이 경우 인가의 요건과 신청·심사 등에 관하여는 제12조 및 제13조를 준용하고, 등록의 요건과 신청·검토에 관하여는 제18조 및 제19조를 준용한다. 다만, 종전에 영위하고 있는 업무의 인가요건과 등록요건에 관하여는 제15조의 인가유지요건과 제20조의 등록유지요건을 준용한다.(2008.2.29 본항개정)
③ 제1항에 따라 인가 또는 등록을 신청한 자는 제2항에 따라 인가 또는 등록이 거부된 경우에도 제11조 및 제17조에 불구하고 이 법 시행 후 6개월까지는 종전에 영위하고 있는 업무를 영위할 수 있다. 이 경우 그 업무를 영위하는 범위에서 이 법에 의한 금융투자업자로 본다.
④ 제2항에 따라 통보를 받은 신청인 중 인가 또는 등록이 거부된 자는 이 법 시행일부터 3개월 이내에 제2항의 요건을 갖추어 금융위원회에 다시 인가 또는 등록을 신청할 수 있다.(2008.2.29 본항개정)
⑤ 금융위원회는 제4항에 따라 인가 또는 등록의 신청을 받은 경우에는 제2항에 따른 인가 또는 등록의 요건을 갖추었는지를 심사 또는 검토하여 이 법 시행일부터 6개월 이내에 그 결과를 신청인에게 통보하여야 한다.(2008.2.29 본항개정)
제7조【일반적 경과조치】 ① 이 법 시행 당시 종전의 「증권거래법」, 종전의 「선물거래법」, 종전의 「간접투자자산 운용업법」, 종전의 「신탁업법」, 종전의 「종합금융회사에 관한 법률」 또는 종전의 「한국증권선물거래소법」에 따라 금융위원회, 증권선물위원회 또는 금융감독원장이 행한 허가·인가·승인·등록·명령·처분, 그 밖의 행위는 이 법에 따라 금융위원회, 증권선물위원회 또는 금융감독원장이 행한 행위로 본다.
② 이 법 시행 당시 종전의 「증권거래법」, 종전의 「선물거래법」, 종전의 「간접투자자산 운용업법」, 종전의 「신탁업법」, 종전의 「종합금융회사에 관한 법률」 또는 종전의 「한국증권선물거래소법」에 따라 금융위원회, 증권선물위원회 또는 금융감독원장에 대하여 행한 신고·신청·보고, 그 밖의 행위는 이 법에 따라 금융위원회, 증권선물위원회 또는 금융감독원장에 대하여 행한 행위로 본다.(2008.2.29 본조개정)
제8조【금융투자업자의 임원 자격 등에 관한 경과조치】 ① 이 법 시행 당시 재임 중인 금융투자업자의 임원 자격에 관하여는 제24조(제289조, 제301조제4항, 제327조제2항, 제382조 및 제402조제6항에서 준용하는 경우를 포함한다)에 불구하고 그 임기가 만료될 때까지는 종전의 「증권거래법」, 종전의 「선물거래법」, 종전의 「간접투자자산 운용업법」, 종전의 「신탁업법」 또는 종전의 「한국증권선물거래소법」에 따른다.
② 제24조제3호 및 제5호부터 제7호(제289조, 제301조제4항, 제327조제2항, 제382조 및 제402조제6항에서 준용하는 경우를 포함한다)까지의 규정을 적용함에 있어서 "이 법"에는 종전의 「증권거래법」, 종전의 「선물거래법」, 종전의 「간접투자자산 운용업법」, 종전의 「신탁업법」, 종전의 「한국증권선물거래소법」 및 종전의 「종합금융회사에 관한 법률」이 포함되는 것으로 본다.
③ 이 법 시행 당시 재임 중인 금융투자업자의 임원으로서 제45조제2항제2호를 위반하여 겸직을 하고 있는 임원에 대하여는 금융투자업자의 임원으로서의 임기 만료일과 그 임원이 겸직하고 있는 다른 회사의 임원으로서의 임기 만료일 중 먼저 도래하는 날까지 제45조제2항제2호를 적용하지 아니한다.(2009.2.3 본항신설)
(2009.2.3 본조제목개정)
제9조【금융투자업자의 사외이사 선임 및 이사회 구성에 관한 경과조치】 다음 각 호의 어느 하나에 해당하는 자로서 이 법 시행으로 제25조에 따라 새로 사외이사를 선임하여야 하는 자는 이 법 시행 후 최초로 소집되는 정기주주총회일까지 같은 조에 따라 사외이사를 선임하여야 한다. 이 경우 주주총회에서 사외이사로 선임된 자는 제25조제2항 및 제4항에 따라 사외이사후보추천위원회의 추천을 받은 것으로 본다.
1. 종전의 「선물거래법」에 따른 선물업자
2. 종전의 「간접투자자산 운용업법」에 따른 투자자문회사
3. 종전의 「신탁업법」에 따른 신탁회사
제10조【금융투자업자의 감사위원회 설치에 관한 경과조치】 다음 각 호의 어느 하나에 해당하는 자로서 이 법 시행으로 제26조에 따라 새로 감사위원회를 설치하여야 하는 자는 이 법 시행 후 최초로 소집되는 정기주주총회일까지 같은 조에 따라 감사위원회를 설치하여야 한다.
1. 종전의 「선물거래법」에 따른 선물업자
2. 종전의 「간접투자자산 운용업법」에 따른 투자자문회사
3. 종전의 「신탁업법」에 따른 신탁회사
제11조【금융투자업자의 상근감사 선임에 관한 경과조치】 다음 각 호의 어느 하나에 해당하는 자로서 이 법 시행으로 제27조에 따라 새로 상근감사를 선임하여야 하는 자는 이 법 시행 후 최초로 소집되는 정기주주총회일까지 같은 조에 따라 상근감사를 선임하여야 한다.
1. 종전의 「증권거래법」에 따른 증권회사
2. 종전의 「선물거래법」에 따른 선물업자
3. 종전의 「간접투자자산 운용업법」에 따른 자산운용회사 및 투자자문회사
4. 종전의 「신탁업법」에 따른 신탁회사
제12조【준법감시인에 대한 경과조치】 ① 다음 각 호의 어느 하나에 해당하는 자로서 이 법 시행으로 제28조에 따라 새로 준법감시인을 선임하여야 하는 자는 이 법 시행 후 1개월 이내에 같은 조에 따라 준법감시인을 선임하여야 한다.
1. 종전의 「선물거래법」에 따른 선물업자
2. 종전의 「간접투자자산 운용업법」에 따른 투자자문회사
3. 종전의 「신탁업법」에 따른 신탁회사
② 이 법 시행 당시 종전의 「증권거래법」 또는 종전의 「간접투자자산 운용업법」에 따라 재임 또는 재직 중인 준법감시인에 대하여는 제28조제4항에 불구하고 그 임기가 만료될 때까지(직원의 경우는 이 법 시행 후 3년까지로 한다) 종전의 「증권거래법」 또는 종전의 「간접투자자산 운용업법」에 규정된 요건을 적용한다.
③ 제28조제4항제1호라목을 적용함에 있어서 합병대상협회 임직원의 근무경력은 협회의 근무경력에 포함되는 것으로 본다.
④ 제28조제4항제2호에 규정된 제24조제3호 및 제5호부터 제7호까지의 규정을 적용함에 있어서 "이 법"에는 종전의 「증권거래법」, 종전의 「선물거래법」, 종전의 「간접투자자산 운용업법」, 종전의 「신탁업법」, 종전의 「한국증권선물거래소법」 및 종전의 「종합금융회사에 관한 법률」이 포함되는 것으로 본다.
⑤ 제28조제4항제3호를 적용함에 있어서 "이 법"에는 종전의 「증권거래법」, 종전의 「선물거래법」, 종전의 「간접투자자산 운용업법」, 종전의 「신탁업법」, 종전의 「한국증권선물거래소법」 및 종전의 「종합금융회사에 관한 법률」이 포함되는 것으로 본다.
제13조【재무건전성 유지에 관한 경과조치】 법률 제6176호 증권거래법중개정법률 부칙 제3조 각 호의 어느

하나에 해당하는 증권회사가 이 법 부칙 제5조 및 제6조에 따라 투자매매업자 또는 투자중개업자가 된 경우 재무건전성 유지 요건에 관하여는 법률 제6176호 증권거래법중개정법률 부칙 제3조에 규정된 날까지 제30조제1항을 적용하지 아니한다.

제14조【금융투자업자의 부수업무 등의 신고에 관한 경과조치】 이 법 시행 당시 종전의 「증권거래법」, 종전의 「선물거래법」, 종전의 「간접투자자산 운용업법」 및 종전의 「신탁업법」에 따라 제40조제2호 또는 제5호의 업무와 제41조제1항의 부수업무를 영위하고 있는 경우에는 제40조 후단 및 제41조제1항에 불구하고 이 법 시행일부터 1개월 이내에 금융위원회에 신고할 수 있다.(2008.2.29 본조개정)

제15조【간접투자증권 취득권유자에 대한 경과조치】 이 법 시행 당시 종전의 간접투자자산 운용업법령에 따라 간접투자증권의 취득의 권유를 위탁받을 수 있는 요건을 갖춘 자에 대하여는 제51조 및 제52조에 불구하고 이 법 시행일부터 1개월까지는 집합투자증권 취득의 권유를 위탁할 수 있다. 이 경우 집합투자증권 취득의 권유를 위탁받는 자는 제51조제2항에 불구하고 투자권유를 할 수 있다.

제16조【유사투자자문업자에 대한 경과조치】 이 법 시행 당시 종전의 「간접투자자산 운용업법」 제149조에 따라 유사투자자문업의 신고를 한 자는 제101조에 따라 유사투자자문업의 신고를 한 것으로 본다.

제17조【신탁의 회계감사에 관한 경과조치】 법률 제6180호 신탁업법중개정법률의 시행일 전에 제정되거나 변경된 약관 또는 표준계약서에 따라 설정된 신탁에 대하여는 제114조 및 제115조를 적용하지 아니한다. 다만, 법률 제6180호 신탁업법중개정법률의 시행일 전에 제정되거나 변경된 약관 또는 표준계약서에 따라 설정된 신탁으로서 법률 제6180호 신탁업법중개정법률의 시행일 이후에 추가로 신탁을 한 신탁에 대하여는 제114조 및 제115조를 적용한다.

제18조【유가증권신고서 등에 관한 경과조치】 이 법 시행 당시 종전의 「증권거래법」에 따라 금융위원회에 제출한 유가증권신고서, 일괄신고서, 정정신고서, 사업설명서(예비사업설명서 및 간이사업설명서를 포함한다) 및 유가증권발행실적보고서에 관하여는 제118조부터 제132조까지의 규정에 불구하고 종전의 「증권거래법」에 따른다.(2008.2.29 본조개정)

제19조【자기주식 및 합병등의 신고에 관한 경과조치】 이 법 시행 당시 종전의 「증권거래법」 제189조의2 및 종전의 「증권거래법」 제190조의2에 따라 신고의무가 발생한 경우에는 제118조부터 제132조까지 및 제161조부터 제165조까지의 규정에 불구하고 종전의 「증권거래법」에 따른다.

제20조【공개매수신고서 등에 관한 경과조치】 이 법 시행 당시 종전의 「증권거래법」에 따라 제출한 공개매수신고서, 정정신고서, 공개매수설명서 및 공개매수철회신고서와 공개매수공고 및 정정공고에 관하여는 제133조부터 제146조까지의 규정에 불구하고 종전의 「증권거래법」에 따른다.

제21조【주식등의 대량보유등의 보고에 관한 경과조치】 ① 종전의 「증권거래법」 제200조의2제1항에 따른 주식등의 대량보유를 한 자 중 같은 조 같은 항의 보고의무를 면제받은 자가 이 법 시행 당시 제147조제1항에 따른 보고를 하여야 하는 경우에 있어서 그 보고기간은 제147조제1항에 불구하고 이 법 시행일부터 1개월 이내로 한다.

② 이 법 시행 당시 종전의 「증권거래법」 제200조의2제1항에 따라 보고한 자로서 그 보유 주식등에 관한 주요계약내용 등 대통령령으로 정하는 중요한 사항을 변경한 자는 이 법 시행일부터 1개월 이내에 이 법 제147조제4항에 따른 보고를 하여야 한다.

③ 이 법 시행 당시 종전의 「증권거래법」 제200조의2제1항 또는 제4항에 따라 보고의무가 발생한 경우에는 제148조를 적용하지 아니한다.

④ 이 법 시행 당시 종전의 「증권거래법」 제200조의2제4항에 따라 보고의무가 발생한 경우에는 위반 주식등의 의결권 행사 제한 등에 관하여 제150조제1항에 불구하고 종전의 「증권거래법」 제200조의3제1항에 따른다.

⑤ 이 법 시행 당시 종전의 「증권거래법」 제200조의2제1항·제3항 또는 제4항에 따라 주식 등의 보유목적을 발행인의 경영권에 영향을 주기 위한 것으로 보고한 의무가 발생한 경우에는 제150조제3항을 적용하지 아니한다.

제22조【의결권 대리행사의 권유에 관한 경과조치】 이 법 시행 당시 주주총회의 소집의 통지 또는 공고가 행하여진 경우 그 주주총회와 관련된 의결권 대리행사의 권유에 관하여는 제152조부터 제158조까지의 규정에 불구하고 종전의 「증권거래법」에 따른다.

제23조【수시공시 및 사업보고서 등에 관한 경과조치】 이 법 시행 당시 종전의 「증권거래법」 제186조에 따라 신고의무가 발생하거나, 종전의 「증권거래법」 제186조의2 및 제186조의3에 따라 제출의무가 발생한 경우에는 제159조부터 제165조까지의 규정에 불구하고 종전의 「증권거래법」에 따른다.

제24조【공공적 법인이 발행한 주식의 소유제한에 관한 경과조치】 이 법 시행 당시 종전의 「증권거래법」 제200조제1항제1호에 해당하는 주주의 주식 소유에 관하여는 제167조제1항제1호에 불구하고 종전의 「증권거래법」에 따른다.

제25조【감사인의 손해배상책임에 관한 경과조치】 종전의 「증권거래법」 제194조의3에 따라 회계감사를 한 감사인의 손해배상책임에 관하여는 제170조에 불구하고 종전의 「증권거래법」 제197조에 따른다.

제26조【내부자의 단기매매차익의 반환에 관한 경과조치】 종전의 「증권거래법」에 따른 주권상장법인 또는 코스닥상장법인의 임직원 또는 주요주주가 이 법 시행 전에 주권등을 매수하거나 매도한 후 6개월 이내에 그 주권등을 매도하거나 매수(이 법 시행 후에 매도하거나 매수한 경우에 한한다)하여 이익을 얻은 경우에 있어서 그 이익의 반환청구·산정기준·반환절차 등에 관하여는 제172조제1항부터 제3항까지의 규정에 불구하고 종전의 「증권거래법」 제188조제2항부터 제4항까지의 규정에 따른다.

제27조【특정증권등의 소유상황 보고에 관한 경과조치】 ① 종전의 「증권거래법」에 따른 주권상장법인 또는 코스닥상장법인의 임원 또는 주요주주로서 이 법 시행 당시 특정증권등을 소유하고 있는 자(주식만 소유하고 있는 자를 제외한다)의 소유상황 보고기간은 제173조제1항에 불구하고 이 법 시행일부터 1개월 이내로 한다.

② 종전의 「증권거래법」에 따른 주권상장법인 또는 코스닥상장법인의 임원 또는 주요주주로서 이 법 시행 당시 주식만 소유하고 있는 자가 이 법 시행 전에 그 소유주식수에 변동이 있었던 경우 그 보고에 관하여는 종전의 「증권거래법」 제188조제6항에 따른다.

제28조【간접투자기구 등에 관한 경과조치】 ① 이 법 시행 당시 종전의 「간접투자자산 운용업법」에 따라 설정 또는 설립된 투자신탁(보험회사가 설정한 특별계정을 제외한다) 및 투자회사에 대하여는 종전의 「간접투자자산 운용업법」에 따른다.

② 이 법 시행 당시 종전의 「간접투자자산 운용업법」 제135조제1항에 따른 보험회사의 특별계정은 제251조에 따른 보험회사의 특별계정으로 본다. 이 경우 특별계정을 운용하는 보험회사는 그 특별계정의 신탁계약이 이 법에 위반되는 때에는 이 법 시행 후 3개월 이내에 그 특별계정의 신탁계약을 이 법에 적합하게 변경하여야 한다.

③ 이 법 시행 당시 종전의 「간접투자자산 운용업법」에 따라 등록된 사모투자전문회사는 이 법에 따라 등록된 사모투자전문회사로 본다.

④ 이 법 시행 당시 종전의 「간접투자자산 운용업법」에 따라 금융위원회에 신고된 외국간접투자증권에 관하여는 종전의 「간접투자자산 운용업법」에 따른다.(2008.2.29 본항개정)

⑤ 법률 제6987호 간접투자자산운용업법 부칙 제2조제1항 단서에 따른 증권투자신탁 및 증권투자회사에 대하여는 종전의 「증권투자신탁업법」 또는 종전의 「증권투자회사법」에 따른다.

⑥ 법률 제6987호 간접투자자산운용업법 부칙 제14조제2항에 따른 금전의 신탁 및 특별계정에 대하여는 이 법 중 신탁업에 관한 규정 또는 「보험업법」에 따른다.

⑦ 이 법 시행 당시 다음 각 호의 어느 하나에 해당하는 법률에 따라 설정 또는 설립된 부동산투자회사(자기관리부동산투자회사는 제외한다), 선박투자회사, 문화산업전문회사, 기업구조조정조합, 중소기업창업투자조합, 신기술사업투자조합, 한국벤처투자조합, 개인투자조합, 부품·소재전문투자조합 및 기업구조조정투자회사에 대하여는 이 법을 적용하지 아니한다.(2009.2.3 본문개정)

1. (2009.2.3 삭제)
2. 「부동산투자회사법」
3. 「선박투자회사법」
4. 「문화산업진흥 기본법」
5. 「산업발전법」
6. 「중소기업창업 지원법」
7. 「여신전문금융업법」
8. 「벤처기업육성에 관한 특별조치법」
9. 「부품·소재전문기업 등의 육성에 관한 특별조치법」
10. (2009.2.3 삭제)
11. 종전의 「기업구조조정투자회사법」

제29조【간접투자기구의 전환에 관한 경과조치】 ① 종전의 「간접투자자산 운용업법」에 따라 설정된 투자신탁(보험회사가 운용하는 특별계정을 제외한다. 이하 이 조에서 같다)의 재산을 운용하는 집합투자업자 또는 투자회사는 부칙 제28조제1항에 불구하고 그 투자신탁 또는 투자회사를 제182조에 따라 이 법에 따른 집합투자기구로 금융위원회에 등록할 수 있다. 이 경우 제119조제1항 및 제2항에 따라 증권신고서를 금융위원회에 제출하여야 한다.

② 종전의 「간접투자자산 운용업법」에 따라 금융위원회에 신고된 외국간접투자증권을 발행한 외국투자신탁의 집합투자업자 또는 외국투자회사는 부칙 제28조제4항에 불구하고 그 외국투자신탁 또는 외국투자회사를 제279조에 따라 이 법에 따른 외국 집합투자기구로 금융위원회에 등록할 수 있다. 이 경우 제119조제1항 및 제2항에 따라 증권신고서를 금융위원회에 제출하여야 한다.(2008.2.29 본조개정)

제30조【간접투자증권 등의 판매 등에 관한 경과조치】 ① 종전의 「간접투자자산 운용업법」에 따른 판매회사는 이 법 시행 후 3개월이 경과한 날부터 종전의 「간접투자자산 운용업법」에 따른 간접투자증권(종전의 「간접투자자산 운용업법」에 따라 금융위원회에 신고된 외국간접투자증권을 포함한다)을 판매하여서는 아니 된다. 다만, 대통령령으로 정하는 경우에는 그러하지 아니하다.(2008.2.29 본문개정)

② 종전의 「간접투자자산 운용업법」에 따른 판매회사는 법률 제6987호 간접투자자산운용업법 부칙 제11조에 따른 증권투자신탁의 수익증권 및 증권투자회사의 주식을 판매하여서는 아니 된다. 다만, 대통령령으로 정하는 경우에는 그러하지 아니하다.

③ 법률 제6987호 간접투자자산운용업법 부칙 제14조에 따라 자산운용업의 허가를 받은 것으로 보는 「은행법」에 따른 금융기관 및 「보험업법」에 따른 보험회사는 법률 제6987호 간접투자자산운용업법 시행 전에 설정한 금전의 신탁 및 특별계정을 추가 설정하여서는 아니 된다. 다만, 대통령령으로 정하는 경우에는 그러하지 아니하다.

제31조【투자회사 발기인 등의 자격에 관한 경과조치】 제194조제1항 및 제199조제4항제1호에 규정된 제24조제3호 및 제5호부터 제7호까지의 규정을 적용함에 있어서 "이 법"에는 종전의 「증권거래법」, 종전의 「선물거래법」, 종전의 「간접투자자산 운용업법」, 종전의 「신탁업법」, 종전의 「한국증권선물거래소법」 및 종전의 「종합금융회사에 관한 법률」이 포함되는 것으로 본다.

제32조【집합투자기구 관계회사 및 그 임원에 대한 경과조치】 ① 이 법 시행 당시 종전의 「간접투자자산 운용업법」 제25조, 제154조 및 제155조에 따라 금융위원회에 등록된 일반사무관리회사, 간접투자기구평가회사 및 채권평가회사는 각각 제254조, 제258조 및 제263조에 따라 등록된 일반사무관리회사, 집합투자기구평가회사 및 채권평가회사로 본다. 이 경우 이 법 시행일부터 3개월 이내에 각각 제254조제8항, 제258조제8항, 제263조제8항에 따른 등록유지요건을 갖추어야 한다.(2008.2.29 전단개정)

② 이 법 시행 당시 재임 중인 일반사무관리회사, 집합투자기구평가회사 및 채권평가회사의 임원 자격에 관하여는 제254조제2항제5호, 제258조제2항제6호 및 제263조제2항제6호에 불구하고 그 임기가 만료될 때까지는 종전의 「간접투자자산 운용업법」에 따른다.

③ 제254조제2항제5호, 제258조제2항제6호 및 제263조제2항제6호에 규정된 제24조제3호 및 제5호부터 제7호까지의 규정을 적용함에 있어서 "이 법"에는 종전의 「증권거래법」, 종전의 「선물거래법」, 종전의 「간접투자자산 운용업법」, 종전의 「신탁업법」, 종전의 「한국증권선물거래소법」 및 종전의 「종합금융회사에 관한 법률」이 포함되는 것으로 본다.

제33조【투자목적회사에 대한 경과조치】 이 법 시행 당시 종전의 「간접투자자산 운용업법」에 따른 투자목적회사는 이 법 시행 이후 회사의 등기사항을 제271조제5항에 따라 변경할 수 있다.

제34조【한국예탁결제원에 대한 경과조치】 ① 종전의 「증권거래법」 제173조에 따라 설립된 증권예탁결제원은 제294조에 따른 한국예탁결제원으로 본다.

② 종전의 「증권거래법」 제173조의7에 따라 증권예탁결제원이 지정한 예탁대상유가증권은 제308조에 따라 한국예탁결제원이 예탁대상증권등으로 지정한 것으로 본다.

③ 종전의 「증권거래법」 제174조의2에 따른 고객계좌부는 제310조제1항에 따른 투자자계좌부로 본다.

④ 종전의 「증권거래법」 제176조의2제4항에 따라 증권예탁결제원이 행한 승인은 제322조제4항에 따라 한국예탁결제원이 행한 승인으로 본다.

제35조【증권금융회사에 대한 경과조치】 ① 이 법 시행 당시 종전의 「증권거래법」 제145조에 따라 금융위원회의 허가를 받은 증권금융회사는 제324조제1항에 따라 인가를 받은 증권금융회사로 본다. 이 경우 이 법 시행일부터 3개월 이내에 제324조제9항에 따른 인가유지요건을 갖추어야 한다.(2008.2.29 본항개정)

② 제324조제2항제5호에 규정된 제24조제3호 및 제5호부터 제7호까지의 규정을 적용함에 있어서 "이 법"에는 종전의 「증권거래법」, 종전의 「선물거래법」, 종전의 「간접투자자산 운용업법」, 종전의 「신탁업법」, 종전의 「한국증권선물거래소법」 및 종전의 「종합금융회사에 관한 법률」이 포함되는 것으로 본다.

제36조【종합금융회사에 대한 경과조치】 ① 종합금융회사는 이 법 시행으로 제344조제1항에 따른 증권의 투자한도를 초과하게 된 경우에는 이 법 시행 후 1년 이내에 같은 조 같은 항에 적합하도록 하여야 한다.

② 이 법 시행 당시 재임 중인 종합금융회사의 임원의 자격에 관하여는 제350조에서 준용하는 제24조에 불구하고 그 임기가 만료될 때까지는 종전의 「종합금융회사에 관한 법률」에 따른다.

③ 제350조에서 준용하는 제24조제3호 및 제5호부터 제7호까지의 규정을 적용함에 있어서 "이 법"에는 종전의 「증권거래법」, 종전의 「선물거래법」, 종전의 「간접투자자산 운용업법」, 종전의 「신탁업법」, 종전의 「한국증권선물거래소법」 및 종전의 「종합금융회사에 관한 법률」이 포함되는 것으로 본다.

④ 제350조에서 준용하는 제25조제1항에 따라 사외이사를 선임하여야 하는 종합금융회사는 이 법 시행 후 최초로 소집되는 정기주주총회일까지 같은 조 같은 항에 따라 사외이사를 선임하여야 한다.

⑤ 제350조에서 준용하는 제26조제2항에 따라 감사위원회를 설치하여야 하는 종합금융회사는 이 법 시행 후 최초로 소집되는 정기주주총회일까지 같은 조 같은 항에 따라 감사위원회를 설치하여야 한다.

⑥ 이 법 시행 당시 종전의 「종합금융회사에 관한 법률」에 따라 재임 또는 재직 중인 종합금융회사의 준법감시인에 대하여는 제350조에서 준용하는 제28조제4항에 불구하고 그 임기가 만료될 때까지(직원의 경우는 이 법 시행 후 3년까지로 한다) 종전의 「종합금융회사에 관한 법률」에 규정된 요건을 적용한다.
⑦ 제350조에서 준용하는 제28조제4항제3호를 적용함에 있어서 "이 법"에는 종전의 「증권거래법」, 종전의 「선물거래법」, 종전의 「간접투자자산 운용업법」, 종전의 「신탁업법」, 종전의 「한국증권선물거래소법」 및 종전의 「종합금융회사에 관한 법률」이 포함되는 것으로 본다.
제37조【자금중개회사에 대한 경과조치】 ① 종전의 「종합금융회사에 관한 법률」 제9조제1항에 따라 금융위원회의 승인을 받아 설립된 자금중개회사는 제355조제1항에 따른 인가를 받은 자금중개회사로 본다. 이 경우 이 법 시행일부터 3개월 이내에 같은 조 제9항에 따른 인가유지요건을 갖추어야 한다.(2008.2.29 전단개정)
② 이 법 시행 당시 재임 중인 자금중개회사의 임원의 자격에 관하여는 제355조제2항제5호에 불구하고 그 임기가 만료될 때까지는 종전의 「종합금융회사에 관한 법률」에 따른다.
③ 제355조제2항제5호에 규정된 제24조제3호 및 제5호부터 제7호까지의 규정을 적용함에 있어서 "이 법"에는 종전의 「증권거래법」, 종전의 「선물거래법」, 종전의 「간접투자자산 운용업법」, 종전의 「신탁업법」, 종전의 「한국증권선물거래소법」 및 종전의 「종합금융회사에 관한 법률」이 포함되는 것으로 본다.
제38조【금융기관의 단기금융업무 겸영에 관한 경과조치】 종전의 「종합금융회사에 관한 법률」 제3조의2제1항에 따라 금융위원회의 인가를 받은 금융기관은 제360조제1항에 따라 단기금융업무에 관한 금융위원회의 인가를 받은 것으로 본다. 이 경우 이 법 시행일부터 3개월 이내에 같은 조 제9항에 따른 인가유지요건을 갖추어야 한다.(2008.2.29 전단개정)
제39조【명의개서대행회사에 대한 경과조치】 이 법 시행 당시 종전의 「증권거래법」 제180조에 따라 금융위원회에 등록된 명의개서대행회사는 제365조제1항에 따라 등록된 명의개서대행회사로 본다. 이 경우 이 법 시행일부터 3개월 이내에 같은 조 제8항에 따른 등록유지요건을 갖추어야 한다.(2008.2.29 전단개정)
제40조【한국거래소에 대한 경과조치】 ① 이 법 시행 당시 종전의 「한국증권선물거래소법」에 따른 한국증권선물거래소는 제373조에 따른 한국거래소로 본다.
② 이 법 시행 당시 종전의 「한국증권선물거래소법」에 따른 한국증권선물거래소가 개설한 유가증권시장·코스닥시장 및 선물시장에서 성립된 유가증권의 매매거래 및 선물거래로서 결제가 종결되지 아니한 것은 이 법에 따라 설립된 한국거래소가 개설하는 유가증권시장·코스닥시장 및 파생상품시장에서 같은 조건으로 거래가 성립된 것으로 본다.
③ 종전의 「증권거래법」 제95조제1항 또는 종전의 「선물거래법」 제27조제1항에 따라 적립된 위약손해배상공동기금은 제394조에 따라 적립된 손해배상공동기금으로 본다.
④ 이 법 시행 당시 종전의 「한국증권선물거래소법」 제25조에 따라 설치된 시장효율화위원회는 제414조에 따른 시장효율화위원회로 본다.
제41조【벌칙 등에 관한 경과조치】 ① 이 법 시행 전에 행한 종전의 「증권거래법」, 종전의 「선물거래법」, 종전의 「간접투자자산 운용업법」, 종전의 「신탁업법」, 종전의 「종합금융회사에 관한 법률」 및 종전의 「한국증권선물거래소법」의 위반행위에 대한 벌칙 및 과태료의 적용에 있어서는 종전의 규정에 따른다.
② 이 법 시행 전에 행한 종전의 「증권거래법」, 종전의 「선물거래법」, 종전의 「간접투자자산 운용업법」, 종전의 「신탁업법」, 종전의 「종합금융회사에 관한 법률」 및 종전의 「한국증권선물거래소법」의 위반행위로서 이 법 시행 전에 종료되거나 이 법 시행 후에도 그 상태가 지속되는 위반행위에 대한 과징금의 부과처분, 그 밖에 행정처분의 적용에 있어서는 종전의 규정에 따른다.
제42조【다른 법률의 개정】 ①~⑰ ※(해당 법령에 가제정리 하였음)
제43조【다른 법률의 개정에 따른 경과조치】 ① 이 법 시행 당시 종전의 「사회기반시설에 대한 민간투자법」에 따라 설립된 투융자회사에 대하여는 부칙 제42조제57항에 따라 개정되는 「사회기반시설에 대한 민간투자법」의 개정규정에 불구하고 종전의 규정에 따른다.
② 부칙 제42조제58항에 따라 개정되는 「부동산투자회사법」 제7조제1항제3호의 개정규정을 적용함에 있어서 "「자본시장과 금융투자업에 관한 법률」"에는 종전의 「신탁업법」, 종전의 「증권거래법」, 종전의 「선물거래법」, 종전의 「한국증권선물거래소법」, 종전의 「간접투자자산 운용업법」 및 종전의 「종합금융회사에 관한 법률」이 포함되는 것으로 본다.
③ 이 법 시행 당시 종전의 「부동산투자회사법」에 따라 설립된 부동산투자회사 및 자산관리회사가 이 법 시행 전에 위탁받은 자산의 투자·운용업무 등에 관하여는 부칙 제42조제58항에 따라 개정되는 「부동산투자회사법」의 개정규정에 불구하고 종전의 규정에 따른다.
④ 이 법 시행 당시 종전의 「선박투자회사법」에 따라 설립된 선박투자회사 및 선박운용회사가 이 법 시행 전에 위탁받은 업무 등에 관하여는 부칙 제42조제59항에 따라 개정되는 「선박투자회사법」의 개정규정에 불구하고 종전의 규정에 따른다.
⑤ 이 법 시행 당시 종전의 「문화산업진흥 기본법」에 따라 설립된 문화산업전문회사 및 사업관리자가 이 법 시행 전에 위탁받은 업무 등에 관하여는 부칙 제42조제60항에 따라 개정되는 「문화산업진흥 기본법」의 개정규정에 불구하고 종전의 규정에 따른다.
⑥ 이 법 시행 당시 종전의 「산업발전법」에 따라 등록된 기업구조조정조합 및 기업구조조정전문회사가 이 법 시행 전에 결성한 기업구조조정조합의 업무 등에 관하여는 부칙 제42조제61항에 따라 개정되는 「산업발전법」의 개정규정에 불구하고 종전의 규정에 따른다.
⑦ 이 법 시행 당시 종전의 「중소기업창업 지원법」에 따라 등록된 창업투자조합 및 창업투자회사가 이 법 시행 전에 결성한 창업투자조합의 업무 등에 관하여는 부칙 제42조제62항에 따라 개정되는 「중소기업창업 지원법」의 개정규정에 불구하고 종전의 규정에 따른다.
⑧ 이 법 시행 당시 종전의 「여신전문금융업법」에 따라 결성된 신기술투자조합 및 신기술사업금융업자가 이 법 시행 전에 결성한 신기술투자조합의 업무 등에 관하여는 부칙 제42조제63항에 따라 개정되는 「여신전문금융업법」의 개정규정에 불구하고 종전의 규정에 따른다.
⑨ 이 법 시행 당시 종전의 「벤처기업육성에 관한 특별조치법」에 따라 등록된 한국벤처투자조합 또는 개인투자조합에 대하여는 부칙 제42조제64항에 따라 개정되는 「벤처기업육성에 관한 특별조치법」의 개정규정에 불구하고 종전의 규정에 따른다.
⑩ 이 법 시행 당시 종전의 「부품·소재전문기업 등의 육성에 관한 특별조치법」에 따라 등록된 부품·소재전문투자조합에 대하여는 부칙 제42조제65항에 따라 개정되는 「부품·소재전문기업 등의 육성에 관한 특별조치법」의 개정규정에 불구하고 종전의 규정에 따른다.
⑪ 이 법 시행 당시 종전의 「해외자원개발 사업법」에 따라 설립된 해외자원개발투자회사에 대하여는 부칙 제42조제66항에 따라 개정되는 「해외자원개발 사업법」의 개정규정에 불구하고 종전의 규정에 따른다.
제44조【다른 법률과의 관계】 ① 이 법 시행 당시 다른 법률에서 종전의 「증권거래법」, 종전의 「선물거래법」, 종전의 「간접투자자산 운용업법」, 종전의 「신탁업법」, 종전의 「종합금융회사에 관한 법률」 및 종전의 「한국증권선물거래소법」 또는 그 규정을 인용하고 있는 경우 이 법 중 그에 해당하는 규정이 있는 때에는 종전의 규정을 갈음하여 이 법 또는 이 법의 해당 규정을 인용한 것으로 본다.
② 이 법 시행 당시 다른 법률에서 종전의 「증권거래법」에 따른 증권회사, 종전의 「선물거래법」에 따른 선물업자, 종전의 「간접투자자산 운용업법」에 따른 자산운용회사 및 종전의 「신탁업법」에 따른 신탁회사를 인용하고 있는 경우에는 그 범위에서 이 법에 따른 금융투자업자를 인용한 것으로 본다.
③ 이 법 시행 당시 다른 법률에서 종전의 「종합금융회사에 관한 법률」에 따른 종합금융회사, 자금중개회사 또는 단기금융업무를 영위하고 있는 자를 인용하고 있는 경우 이 법에 따른 종합금융회사, 자금중개회사 또는 단기금융회사를 인용한 것으로 본다.

부 칙 (2009.2.3 법9407호)

제1조【시행일】 이 법은 2009년 2월 4일부터 시행한다.
제2조【반기·분기보고서의 제출에 관한 적용례】 제160조의 개정규정은 이 법 시행 후 최초로 제출하는 반기·분기보고서부터 적용한다.
제3조【적격투자자대상 사모집합투자기구에 관한 적용례】 제249조의2의 개정규정은 이 법 시행 후 최초로 설정·설립된 적격투자자대상 사모집합투자기구부터 적용한다.
제4조【자기주식 취득·처분에 관한 경과조치】 ① 주권상장법인이 이 법 시행 당시 종전의 「증권거래법」 제189조의2에 따라 취득하여 소유(신탁계약의 체결을 포함한다)하고 있는 자기주식은 제165조의2의 개정규정에 따라 취득한 것으로 본다.
② 이 법 시행 당시 종전의 「증권거래법」 제189조의2제2항에 따라 체결되어 있는 신탁계약에 대하여는 제165조의2제2항제3호의 개정규정을 적용한다.
제5조【자기주식취득한도 초과분에 관한 경과조치】 법률 제5736호 증권거래법중개정법률 시행 당시 자기주식을 취득하여 같은 법 제189조의2제1항 후단의 취득금액한도를 초과하여 보유하고 있는 법인으로서 코스닥시장에 상장된 주권을 발행한 법인은 같은 조 제2항에 따른 금전의 신탁계약 등이 만료될 때까지 제165조의2제2항의 개정규정에 적합하게 하여야 한다.
제6조【주식의 소각에 관한 경과조치】 법률 제6423호 증권거래법중개정법률 시행 당시 종전의 「증권거래법」 제189조의2에 따라 취득하여 소유하고 있는 자기주식으로서 법률 제6423호 증권거래법중개정법률 부칙 제16조 각 호의 요건을 충족하는 경우에는 제165조의3제1항의 개정규정에 따라 그 자기주식을 소각할 수 있다. 이 경우 제165조의3제4항 및 제5항의 개정규정을 적용한다.
제7조【주식매수청구권에 관한 경과조치】 ① 이 법 시행 당시 종전의 「증권거래법」 제191조제1항에 따른 이사회의 결의가 있는 경우에는 제165조의5제1항의 개정규정에도 불구하고 종전의 규정에 따른다.
② 이 법 시행 당시 종전의 「증권거래법」 제191조제3항에 따라 주식매수가격의 조정을 신청한 경우에는 제165조의5제3항의 개정규정에도 불구하고 종전의 규정에 따른다.
제8조【신종사채에 관한 경과조치】 이 법 시행 당시 종전의 「증권거래법」 제191조의4에 따라 발행한 신종사채(법률 제5254호 증권거래법중개정법률 부칙 제21조의 경우를 포함한다)는 제165조의11의 개정규정에 따라 발행한 것으로 본다.
제9조【의결권 없는 주식에 관한 경과조치】 이 법 시행 당시 종전의 「증권거래법」 제191조의2제1항 각 호에 따라 발행된 의결권 없는 주식(법률 제5254호 증권거래법중개정법률 부칙 제20조의 경우를 포함한다)은 제165조의15제1항 각 호의 개정규정에 따라 발행된 것으로 본다.
제10조【장내파생상품의 대량보유 보고에 관한 경과조치】 이 법 시행 당시 종전의 「선물거래법」 제32조제2항에 따라 보고의무가 발생한 경우에는 제173조의2의 개정규정에도 불구하고 종전의 규정에 따른다.
제11조【한국상장회사협의회에 대한 경과조치】 이 법 시행 당시 종전의 「증권거래법」 제181조제1항에 따라 금융위원회의 허가를 받아 설립된 한국상장회사협의회는 제370조제1항의 개정규정에 따라 설립된 것으로 본다.
제12조【다른 법률의 개정】 ①~④ ※(해당 법령에 가제정리 하였음)

부 칙 (2010.3.12)

제1조【시행일】 이 법은 공포 후 3개월이 경과한 날부터 시행한다. 다만, 제10조제3항의 개정규정은 공포한 날부터 시행한다.
제2조【장외파생상품 심의에 관한 유효기간】 장외파생상품 심의에 관한 제166조의2, 제286조 및 제288조의2의 개정규정은 2011년 12월 31일까지 효력을 가진다.
제3조【기업재무안정투자회사와 기업재무안정사모투자전문회사에 관한 유효기간 등】 ① 제234조의2 및 제278조의2의 개정규정은 이 법 시행일부터 3년간 효력을 가진다.
② 제1항에도 불구하고 제234조의2 및 제278조의2의 개정규정의 효력이 상실될 당시 금융위원회에 등록한 기업재무안정투자회사, 기업재무안정사모투자전문회사와 그 기업재무안정사모투자전문회사가 제278조의2제3항에 따라 주주 또는 사원으로 출자한 투자목적회사에 대하여는 해당 회사의 존속기한까지 이 법을 적용한다.
③ 제2항에 따라 이 법이 적용되는 기업재무안정투자회사, 기업재무안정사모투자전문회사 및 투자목적회사는 제234조의2 및 제278조의2의 개정규정의 효력이 상실된 날부터는 추가로 출자를 받을 수 없다.
제4조【장외파생상품 심의에 관한 경과조치】 이 법 시행 전에 종전의 규정에 따라 거래된 장외파생상품은 제166조의2제1항제6호의 개정규정에 따른 심의를 받은 것으로 본다.
제5조【금융투자업자의 변경인가·등록에 관한 적용례】 제16조 및 제21조의 개정규정에 따른 업무의 추가를 위한 변경인가·등록 요건은 이 법 시행 후 최초로 위법행위를 한 경우부터 적용한다.
제6조【임원자격에 관한 적용례】 제24조의 개정규정은 이 법 시행 후 최초로 선임되는 임원(「상법」 제401조의2제1항제3호에 따른 자로서 대통령령으로 정하는 자를 포함한다)부터 적용한다.
제7조【판매수수료·판매보수 한도에 관한 적용례】 제76조제5항의 개정규정은 이 법 시행 후 설정·설립하는 집합투자기구에 대하여 적용한다.
제8조【사모투자전문회사의 변경등록에 대한 적용례】 이 법 시행 당시 금융위원회에 등록된 사모투자전문회사는 해당 사모투자전문회사의 정관에서 정하는 바에 따라 제278조의2의 개정규정에 따른 기업재무안정사모투자전문회사로 변경등록할 수 있다. 이 경우 금융위원회에 변경등록된 날부터 기업재무안정사모투자전문회사로 본다.

부 칙 (2013.5.28)

제1조【시행일】 이 법은 공포 후 3개월이 경과한 날부터 시행한다. 다만, 다음 각 호의 구분에 따른 개정규정은 각각 해당 호에서 정하는 날부터 시행한다.
1. 제4조제4항, 제9조제18항·제20항·제22항, 제119조제5항, 제159조제7항, 제182조제1항, 제183조제2항, 제184조제2항, 제189조제5항, 제206조제2항, 제212조제2항, 제217조의2부터 제217조의7까지(제249조 및 제249조의2에서 준용하는 경우를 포함한다), 제218조부터 제223조까지(제249조 및 제249조의2에서 준용하는 경우를 포함한다), 제227조제3항, 제230조제1항, 제238조제8항, 제246조제1항, 제270조제1항, 별표1 제178호, 제179호, 제181호부터 제185호까지, 제190호부터 제193호까지, 제205호, 제208호부터 제211호까지, 제218호부터 제225호까지, 제233호·제235호부터 제239호까지, 제241호부터 제247호까지, 제249호, 제250호, 제267호, 별표2 제6호, 제26호, 제27호, 제29호부터 제31호까지, 제38호, 제40호

부터 제45호까지 및 제47호의 개정규정 : 공포한 날
2. 제159조제2항, 제443조제1항 및 제447조제2항의 개정규정 : 공포 후 6개월이 경과한 날
3. 제6조제5항, 제192조제2항제5호, 제202조제1항제7호, 제221조제1항제4호, 제314조제4항부터 제6항까지, 제320조제1항·제2항, 제449조제2항제13호 및 별표8 제18호의 개정규정 : 2015년 1월 1일

제2조【금융투자업인가 조건의 취소·변경 결정기한에 관한 적용례】 제13조제3항의 개정규정은 이 법 시행 후 최초로 금융위원회에 조건의 취소 또는 변경을 신청하는 경우부터 적용한다.

제3조【투자자문계약 및 투자일임계약에 관한 적용례】 제98조의2의 개정규정은 이 법 시행 후 최초로 체결하는 투자자문계약 및 투자일임계약부터 적용한다.

제4조【실권주 발행의 철회에 관한 적용례】 제165조의6제2항(제165조의10제1항에서 준용하는 경우를 포함한다)의 개정규정은 이 법 시행 후 최초로 신주 및 주권 관련 사채권 등을 발행하는 이사회의 의결이 있는 경우부터 적용한다.

제5조【신주인수권증서 발행에 관한 적용례】 제165조의6제3항의 개정규정은 이 법 시행 후 최초로 신주를 발행하는 이사회의 의결이 있는 경우부터 적용한다.

제6조【분리형 신주인수권부사채의 발행 제한에 관한 적용례】 제165조의10제2항의 개정규정은 이 법 시행 후 최초로 분리형 신주인수권부사채를 발행하는 이사회의 의결이 있는 경우부터 적용한다.

제7조【집합투자자총회의 결의 등에 관한 적용례】 제190조제5항부터 제8항까지(제201조제3항, 제210조제3항, 제215조제4항, 제217조의5제4항, 제220조제4항 및 제226조제4항에서 준용하는 경우를 포함한다), 제201조제2항, 제210조제2항, 제215조제3항, 제217조의5제3항, 제220조제3항 및 제226조제3항의 개정규정은 같은 개정규정 시행 후 최초로 결의하는 수익자총회, 연기수익자총회, 주주총회, 사원총회 등부터 적용한다.

제8조【집합투자기구에 대한 경과조치】 이 법 시행 당시 등록한 집합투자기구로서 그 투자자의 수가 1인인 집합투자기구(이 법 시행 후에 그 집합투자기구의 집합투자증권이 추가로 발행되지 아니한 경우로 한정한다)에 대하여는 제6조제5항, 제192조제2항제5호 및 제202조제1항제7호의 개정규정에도 불구하고 종전의 규정에 따른다.

제9조【종합금융투자사업자 지정에 관한 경과조치】 ① 이 법 시행 당시 종전의 규정에 따라 전담중개업무를 영위하고 있는 자가 제77조의2제1항의 개정규정에 따른 종합금융투자사업자로 지정을 받으려는 경우에는 이 법 시행 2개월 전에 금융위원회에 종합금융투자사업자 지정을 신청할 수 있다.
② 금융위원회는 제1항에 따라 지정 신청을 한 자가 제77조의2제1항 각 호의 기준을 모두 충족하는 경우에는 이 법 시행일 전날까지 신청인에게 종합금융투자사업자 지정결과를 통지하여야 한다.
③ 제1항에 따라 지정 신청을 한 자는 제2항에 따른 지정을 받지 못한 경우에도 제77조의2 및 제77조의3의 개정규정에도 불구하고 이 법 시행 후 6개월까지는 종전의 규정에 따라 전담중개업무를 영위할 수 있다.

제10조【증권신고서 등에 관한 경과조치】 이 법 시행 당시 종전의 규정에 따라 금융위원회에 제출한 증권신고서, 일괄신고서, 일괄추가신고서류, 정정신고서, 투자설명서 및 간이투자설명서에 대하여는 제119조제2항·제6항, 제119조의2, 제122조제3항·제6항, 제123조제1항·제3항, 제124조제1항·제3항 및 제4항, 제125조제1항제5호 및 제129조제2호의 개정규정에도 불구하고 종전의 규정에 따른다.

제11조【의결권 대리행사의 권유에 관한 경과조치】 이 법 시행 당시 주주총회 소집의 통지 또는 공고가 행하여진 경우 그 주주총회와 관련된 의결권 대리행사의 권유에 대하여는 제152조의2 및 제153조의 개정규정에도 불구하고 종전의 규정에 따른다.

제12조【사모투자전문회사의 업무집행사원에 대한 경과조치】 이 법 시행 당시 등록된 사모투자전문회사의 업무집행사원은 제272조의2제1항의 개정규정에 따라 그 사모투자전문회사재산의 운용업무에 한정하여 금융위원회에 등록한 것으로 본다.

제13조【한국예탁결제원의 겸영업무에 관한 경과조치】 한국예탁결제원이 이 법 시행 당시 종전의 제296조에 따라 행하고 있던 업무에 대하여는 제296조제3항제1호 각 목 외의 부분 후단의 개정규정에 따라 인가·허가 등을 받거나 등록·신고 등을 한 것으로 본다.

제14조【신용평가회사에 대한 경과조치】 ① 이 법 시행 당시 종전의 「신용정보의 이용 및 보호에 관한 법률」 제4조제2항에 따라 금융위원회의 허가를 받은 신용평가회사는 제335조의3제1항의 개정규정에 따라 인가를 받은 것으로 본다.
② 이 법 시행 당시 종전의 「신용정보의 이용 및 보호에 관한 법률」에 따라 신용평가회사에 대하여 금융위원회 또는 금융감독원장이 행한 명령·처분, 그 밖의 행위는 이 법에 따라 금융위원회 또는 금융감독원장이 행한 행위로 본다.
③ 이 법 시행 당시 종전의 「신용정보의 이용 및 보호에 관한 법률」에 따라 신용평가회사가 금융위원회 또는 금융감독원장에 대하여 행한 신고·신청·보고, 그 밖의 행위는 이 법에 따라 금융위원회 또는 금융감독원장에 대하여 행한 행위로 본다.

제15조【한국거래소에 대한 경과조치】 ① 이 법 시행 당시 종전의 제373조에 따른 한국거래소(이하 "한국거래소"라 한다)는 제373조의2제1항의 개정규정에 따라 시장개설 단위의 전부에 대하여 거래소허가를 받은 것으로 본다.
② 이 법 시행 당시 한국거래소가 개설한 유가증권시장·코스닥시장 및 파생상품시장에서 성립된 증권 및 파생상품의 매매로서 그 결제가 종결되지 아니한 것은 제1항에 따라 거래소허가를 받은 것으로 보는 거래소가 개설하는 증권시장 및 파생상품시장에서 같은 조건으로 거래가 성립된 것으로 본다.
③ 제1항에 따라 거래소허가를 받은 것으로 보는 거래소는 금융위원회가 제78조제3항의 개정규정에 따른 지정거래소, 제378조제1항의 개정규정에 따른 청산기관 및 제378조제2항의 개정규정에 따른 결제기관으로 지정한 것으로 본다.
④ 제1항에 따라 거래소허가를 받은 것으로 보는 거래소의 본점은 부산광역시에 둔다.
⑤ 이 법 시행 당시 제394조에 따라 한국거래소에 적립된 손해배상공동기금은 제1항에 따라 거래소허가를 받은 것으로 보는 거래소에 적립된 손해배상공동기금으로 본다.

제16조【다른 법률의 개정】 ①~㉓ ※(해당 법령에 가제정리 하였음)

제17조【다른 법령과의 관계】 ① 이 법 시행 당시 다른 법령에서 한국거래소를 인용하고 있는 경우에는 부칙 제15조제1항에 따라 거래소허가를 받은 것으로 보는 거래소를 인용한 것으로 본다.
② 이 법 시행 당시 다른 법령에서 「신용정보의 이용 및 보호에 관한 법률」에 따른 신용평가회사를 인용하고 있는 경우에는 이 법에 따른 신용평가회사를 인용한 것으로 본다.
③ 이 법 시행 당시 다른 법령에서 종전의 「자본시장과 금융투자업에 관한 법률」 또는 그 규정을 인용한 경우 이 법 가운데 그에 해당하는 규정이 있으면 종전의 「자본시장과 금융투자업에 관한 법률」 또는 그 규정을 갈음하여 이 법 또는 이 법의 해당 조항을 인용한 것으로 본다.

제18조【예탁증권등의 권리 행사 등에 대한 경과조치】 ① 예탁결제원은 「상법」 제368조의4에 따라 주주가 총회에 출석하지 아니하고 전자적 방법으로 의결권을 행사하게 하고 의결권 있는 주식을 가지고 있는 모든 주주들을 대상으로 제152조에 따른 의결권 대리행사의 권유를 한 법인의 주주총회 목적사항 중 다음 각 호의 어느 하나에 해당하는 사항에 대하여는 제314조제5항의 개정규정에도 불구하고 2017년 12월 31일까지 종전의 규정에 따라 의결권을 행사할 수 있다.
1. 감사 및 감사위원회위원의 선임 또는 해임
2. 주주의 수 등을 고려하여 금융위원회가 정하여 고시하는 기준에 해당하는 법인의 경우 주주총회 목적사항
② 제314조제4항·제6항, 제449조제2항제13호 및 별표8 제18호의 개정규정에도 불구하고 제1항에 따른 예탁결제원의 의결권 행사에 관하여는 2017년 12월 31일까지 종전의 규정에 따른다.
(2014.12.30 본조신설)

부 칙 (2013.8.13)

제1조【시행일】 이 법은 공포 후 3개월이 경과한 날부터 시행한다.

제2조【기업재무안정사모투자전문회사에 관한 유효기간 등】 ① 제278조의3의 개정규정은 이 법 시행일부터 3년간 효력을 가진다.
② 제1항에도 불구하고 제278조의3의 개정규정의 효력이 상실될 당시 금융위원회에 등록한 기업재무안정사모투자전문회사와 그 기업재무안정사모투자전문회사가 같은 개정규정 제3항에 따라 주주 또는 사원으로 출자한 투자목적회사에 대해서는 해당 회사의 존속기한까지 같은 개정규정을 적용한다.
③ 제2항에 따른 기업재무안정사모투자전문회사 및 투자목적회사는 제278조의3의 개정규정의 효력이 상실된 날부터는 추가로 출자를 받을 수 없다.

제3조【사모투자전문회사의 변경등록에 관한 적용례】 이 법 시행 당시 금융위원회에 등록된 사모투자전문회사는 해당 사모투자전문회사의 정관으로 정하는 바에 따라 제278조의3의 개정규정에 따른 기업재무안정사모투자전문회사로 변경등록할 수 있다. 이 경우 금융위원회에 변경등록된 날부터 기업재무안정사모투자전문회사로 본다.

제4조【기업재무안정사모투자전문회사에 대한 경과조치】 ① 이 법 시행 당시 종전의 제278조의2에 따라 금융위원회에 등록한 기업재무안정사모투자전문회사와 그 기업재무안정사모투자전문회사가 같은 조 제3항에 따라 주주 또는 사원으로 출자한 투자목적회사는 각각 제278조의3의 개정규정에 따라 금융위원회에 등록한 기업재무안정사모투자전문회사와 그 기업재무안정사모투자전문회사가 같은 개정규정 제3항에 따라 주주 또는 사원으로 출자한 투자목적회사로 본다.
② 제1항에 따라 이 법이 적용되는 기업재무안정사모투자전문회사 및 투자목적회사는 법률 제10063호 자본시장과 금융투자업에 관한 법률 일부개정법률 부칙 제3조제3항에도 불구하고 이 법 시행일부터 제278조의3의 개정규정의 효력이 상실되는 날까지는 추가로 출자를 받을 수 있다.

부 칙 (2014.1.28)

제1조【시행일】 이 법은 공포한 날부터 시행한다.

제2조【손해배상에 관한 적용례】 제115조제2항·제3항, 제170조제1항 및 제241조제2항·제3항의 개정규정은 이 법 시행일이 속하는 최초로 시작되는 사업연도에 대한 재무제표 및 감사보고서부터 적용한다.

부 칙 (2014.12.30 법12947호)

제1조【시행일】 이 법은 공포 후 6개월이 경과한 날부터 시행한다. 다만, 제424조제3항의 개정규정 및 법률 제11845호 자본시장과 금융투자업에 관한 법률 일부개정법률 부칙 제18조의 개정규정은 공포한 날부터 시행한다.

제2조【퇴임한 임원 등에 대한 조치 내용의 통보에 관한 적용례】 제424조제3항의 개정규정은 같은 개정규정 시행 후 최초로 퇴임 또는 퇴직한 임직원에 대하여 제재조치의 내용을 통보하는 경우부터 적용한다.

제3조【벌칙 등에 관한 경과조치】 ① 이 법 시행 전의 행위에 대하여 벌칙을 적용할 때는 종전의 규정에 따른다.
② 이 법 시행 전의 행위에 대하여 과징금의 부과처분, 그 밖의 행정처분을 적용할 때는 종전의 규정에 따른다.

부 칙 (2015.7.24)

제1조【시행일】 이 법은 공포 후 3개월이 경과한 날부터 시행한다. 다만, 다음 각 호의 구분에 따른 개정규정은 각각 해당 호에서 정한 날부터 시행한다.
1. 제4조제1항, 제9조제27항, 제117조의3부터 제117조의16까지, 제399조제2항·제4항 및 제5항의 개정규정(이와 관련된 벌칙 조항 및 별표를 포함한다) : 공포 후 6개월이 경과한 날
2. 제165조의10제2항, 제194조제5항 및 제243조의 개정규정(이와 관련된 벌칙 조항 및 별표를 포함한다), 부칙 제5조 및 제6조 : 공포한 날

제2조【기업재무안정 경영참여형 사모집합투자기구 등에 대한 특례의 유효기간 등】 ① 제249조의22의 개정규정은 2016년 11월 13일까지 효력을 가진다.
② 제1항에도 불구하고 제249조의22의 개정규정의 효력이 상실될 당시 금융위원회에 등록한 기업재무안정 경영참여형 사모집합투자기구와 그 기업재무안정 경영참여형 사모집합투자기구가 같은 개정규정 제3항에 따라 주주 또는 사원으로 출자한 투자목적회사에 대해서는 해당회사의 존속기한까지 같은 개정규정을 적용한다.
③ 제2항에 따른 기업재무안정 경영참여형 사모집합투자기구 및 투자목적회사는 제249조의22의 개정규정의 효력이 상실된 날부터는 추가로 출자를 받을 수 없다.

제3조【분리형 신주인수권부사채의 발행 제한에 관한 적용례】 제165조의10제2항의 개정규정은 같은 개정규정 시행 후 최초로 분리형 신주인수권부사채를 발행하는 이사회의 결의가 있는 경우부터 적용한다.

제4조【집합투자업자 등에 대한 특례】 ① 이 법 시행 전에 제182조에 따라 등록된 사모집합투자기구를 이 법 시행 당시 운용하는 집합투자업자(그 집합투자업자를 법인이사·업무집행사원·업무집행자 및 업무집행조합원으로 둔 사모집합투자기구인 투자회사·투자유한회사·투자합자회사·투자유한책임회사 및 투자합자조합을 포함한다. 이하 이 조에서 "집합투자업자등"이라 한다)는 이 법 시행일부터 3년까지는 종전의 규정에 따른 사모집합투자기구를 설정·설립할 수 있다.
② 제1항에 따라 설정·설립되는 사모집합투자기구의 존속기한은 이 법 시행일부터 4년 이내의 범위에서 정하여야 한다.
③ 집합투자업자등이 발행하는 사모집합투자기구의 집합투자증권의 합계액은 이 법 시행 당시 운용하는 사모집합투자기구의 집합투자재산 중 이 법 시행 후 해지·해산되는 사모집합투자기구의 집합투자재산의 합계액을 초과할 수 없다.
④ 제3항에 따른 집합투자증권 및 집합투자재산의 구체적인 산정기준과 산정방식 등은 대통령령으로 정한다.

제5조【신고에 의한 전문사모집합투자업 등록의 특례】 ① 이 법 공포 당시 집합투자업을 영위하고 있는 자로서 집합투자업 전부 또는 종전의 전문사모집합투자기구에 대한 집합투자업을 인가받은 자는 제249조의3제8항의 개정규정에 따른 등록유지요건을 갖추어 이 법 공포 후 2개월 이내에 금융위원회에 신고할 수 있다.
② 금융위원회는 제1항에 따른 신고를 받은 경우에는 신고인이 제249조의3제8항의 개정규정에 따른 등록유지요건을 갖추었는지를 확인하여 그 결과를 신고일부터 4개월 이내에 신고인에게 통보하여야 한다. 이 경우 등록유지요건을 갖춘 것으로 통보받은 자는 이 법 시행일에 전문사모집합투자업 등록을 한 것으로 본다.
③ 제1항에 따라 신고를 한 자 중 제249조의3제8항의 개정규정에 따른 등록유지요건을 갖추지 못한 것으로 통보받은 자와 제1항에 따른 신고를 하지 아니한 자는 제249조의3제1항의 개정규정에도 불구하고 이 법 시행 후 5년까지는 이 법 시행 전에 설정·설립된 사모집합투자기구에 관한 업무를 종전의 규정에 따라 영위할 수 있다.

제6조【신청에 의한 전문사모집합투자업 등록의 특례】 ① 이 법 공포 당시 집합투자업을 영위하고 있는 자로서 부칙 제5조제1항의 인가를 제외한 인가를 받은 자는 이 법 공포 후 2개월 이내에 전문사모집합투자업 등록을 신청할 수 있다.
② 금융위원회는 제1항에 따라 등록의 신청을 받은 경우에는 그 내용을 검토하여 신청일부터 4개월 이내에 그 결과를 신청인에게 통보하여야 한다. 이 경우 등록의 요건과 신청·검토에 관하여는 제249조의3제1항부터 제7항까지의 개정규정을 준용한다.
③ 제1항에 따른 신청을 한 자 중 제2항에 따라 등록이 거부된 자와 제1항에 따른 신청을 하지 아니한 자는 제249조의3제1항의 개정규정에도 불구하고 이 법 시행 후 5년까지는 이 법 시행 전에 설정·설립된 사모집합투자기구에 관한 업무를 종전의 규정에 따라 영위할 수 있다.
제7조【전문투자형 사모집합투자기구에 대한 적용배제 특례】 이 법 시행 당시 부칙 제10조제2항에 따라 전문투자형 사모집합투자기구로 보는 전문사모집합투자기구에 대해서는 제249조의8제1항의 개정규정에도 불구하고 제184조제3항·제4항·제6항, 제238조제4항·제5항 및 제247조제5항제4호·제5호를 적용하지 아니한다.
제8조【경영참여형 사모집합투자기구에 대한 적용배제 특례】 이 법 시행 당시 부칙 제10조제3항에 따라 경영참여형 사모집합투자기구로 보는 사모투자전문회사에 대해서는 제249조의20제1항의 개정규정에도 불구하고 제184조제3항·제4항, 제185조, 제244조부터 제246조까지 및 제247조제5항제4호·제5호를 적용하지 아니한다.
제9조【금전의 차입에 관한 경과조치】 이 법 시행 당시 집합투자기구의 계산으로 차입된 금전의 총액이 제83조제2항의 개정규정에 적합하지 아니한 경우 이 법 시행일부터 1년까지는 같은 개정규정에 적합한 것으로 본다.
제10조【사모집합투자기구에 대한 경과조치】 ① 이 법 시행 전에 제182조에 따라 설정·설립되어 등록된 사모집합투자기구에 대해서는 종전의 규정에 따른다.
② 이 법 시행 전에 종전의 제249조의2에 따라 설정·설립되어 보고된 전문사모집합투자기구는 제249조의6의 개정규정에 따라 설정·설립되어 보고된 전문투자형 사모집합투자기구로 본다.
③ 이 법 시행 전에 종전의 제268조에 따라 설립되어 등록된 사모투자전문회사는 제249조의10의 개정규정에 따라 설립되어 보고된 경영참여형 사모집합투자기구로 본다.
④ 이 법 시행 전에 종전의 제268조에 따라 설립되어 등록된 기업재무안정사모투자전문회사는 제249조의10의 개정규정에 따라 설립되어 보고된 기업재무안정 경영참여형 사모집합투자기구로 본다.
제11조【전문투자형 사모집합투자기구의 운용에 관한 경과조치 등】 ① 이 법 시행 당시 부칙 제10조제2항에 따라 전문투자형 사모집합투자기구로 보는 전문사모집합투자기구가 제249조의7제1항의 개정규정에 적합하지 아니한 경우 이 법 시행일부터 1년까지는 같은 개정규정에 적합한 것으로 본다.
② 제249조의7제2항의 개정규정은 이 법 시행 당시 부칙 제10조제2항에 따라 전문투자형 사모집합투자기구로 보는 전문사모집합투자기구가 이 법 시행 후 부동산을 취득하는 경우부터 적용한다.
제12조【경영참여형 사모집합투자기구의 차입 등에 관한 경과조치】 이 법 시행 당시 부칙 제10조제3항에 따라 경영참여형 사모집합투자기구로 보는 사모투자전문회사가 제249조의12제7항의 개정규정에 적합하지 아니한 경우 이 법 시행일부터 1년까지는 같은 개정규정에 적합한 것으로 본다.
제13조【업무집행사원에 대한 경과조치】 이 법 시행 당시 종전의 제272조의2에 따라 등록한 업무집행사원은 그 사모투자전문회사재산의 운용업무에 한정하여 제249조의15의 개정규정에 따라 등록한 업무집행사원으로 본다.
제14조【상호출자제한기업집단 계열회사의 지분증권 취득 등에 관한 경과조치】 이 법 시행 당시 제249조의18제2항의 개정규정에 해당하는 상호출자제한기업집단의 계열회사가 같은 조 제4항의 개정규정에 적합하지 아니한 경우 이 법 시행일부터 6개월까지는 제249조의18제4항의 개정규정에 적합한 것으로 본다.
제15조【기업재무안정 경영참여형 사모집합투자기구의 운용 및 차입 등에 관한 경과조치】 이 법 시행 당시 부칙 제10조제4항에 따라 기업재무안정 경영참여형 사모집합투자기구로 보는 기업재무안정사모투자전문회사가 제249조의22제2항제4호 또는 제249조의22제4항의 개정규정에 적합하지 아니한 경우 이 법 시행일부터 1년까지는 같은 개정규정에 적합한 것으로 본다.
제16조【거래소의 손해배상책임에 관한 경과조치】 제399조제1항·제4항 및 제5항의 개정규정 시행 전에 제399조제1항에 따른 거래소 회원의 증권시장 또는 파생상품시장에서의 매매거래의 위약으로 인하여 발생한 손해에 관한 배상에 대해서는 같은 조 제2항·제4항 및 제5항의 개정규정에도 불구하고 종전의 규정에 따른다.
제17조【행정처분 등에 관한 경과조치】 이 법 시행 전의 위반행위에 대한 행정처분 등에 관하여는 종전의 규정에 따른다.
제18조【벌칙에 관한 경과조치】 이 법 시행 전의 위반행위에 대하여 벌칙을 적용할 때에는 종전의 규정에 따른다.
제19조【다른 법률의 개정】 ①~⑳ ※(해당 법령에 가제정리 하였음)
제20조【다른 법령과의 관계】 ① 이 법 시행 당시 다른 법령에서 사모투자전문회사를 인용하고 있는 경우에는 그에 갈음하여 이 법에 따른 경영참여형 사모집합투자기구를 인용한 것으로 본다.
② 이 법 시행 당시 다른 법령에서 사모집합투자기구를 인용하고 있는 경우 이 법 시행 전에 제182조에 따라 설정·설립되어 등록된 사모집합투자기구 및 부칙 제4조제1항에 따라 설정·설립된 사모집합투자기구를 그 존속기한까지는 포함하는 것으로 본다.

부 칙 (2016.3.29 법14130호)

제1조【시행일】 이 법은 공포 후 3개월이 경과한 날부터 시행한다. 다만, 다음 각 호의 어느 하나에 해당하는 경우에는 각 호에서 정하는 날부터 시행한다.
1. 제28조의2, 제81조제4항, 제94조제1항, 제160조 후단(분기보고서에 대하여 제3호를 제외하는 부분에 한정한다) 및 제194조제11항의 개정규정 : 이 법을 공포한 날
2. 제159조제2항 및 제160조 후단(분기보고서에 대하여 제3호의2를 제외하는 부분에 한정한다)의 개정규정 : 이 법 공포 후 2년이 경과한 날
제2조【부동산집합투자기구 등에 관한 적용례】 ① 제81조제4항, 제94조제1항의 개정규정은 같은 개정규정 시행 전에 설정되거나 설립한 제229조제2호에 따른 부동산집합투자기구에 대해서도 적용한다.
② 제194조제11항의 개정규정은 같은 개정규정 시행 전에 설립한 제229조제2호에 따른 부동산집합투자기구 및 제249조의6에 따른 전문투자형 사모집합투자기구에 대해서도 적용한다.
제3조【보수총액 기준 상위 5명의 보수 등 기재에 관한 적용례】 제159조제2항의 개정규정은 2018년에 대한 반기보고서를 제출하는 경우부터 적용한다.
제4조【분기보고서에 관한 적용례】 제160조 후단의 개정규정은 같은 개정규정 시행 이후 최초로 분기보고서를 제출하는 경우부터 적용한다.
제5조【이사회의 이익배당 결정에 대한 주주총회 보고에 관한 적용례】 제165조의12제9항의 개정규정은 이 법 시행 이후 최초로 이사회의 결의로 이익배당을 정하는 경우부터 적용한다.

부 칙 (2016.12.20)

제1조【시행일】 이 법은 2017년 1월 1일부터 시행한다. 다만, 제249조의22의 개정규정은 공포한 날부터 시행한다.
제2조【기업재무안정 경영참여형 사모집합투자기구에 대한 경과조치】 ① 제249조의22의 개정규정 시행 당시 종전의 제249조의22에 따라 금융위원회에 보고한 기업재무안정 경영참여형 사모집합투자기구와 그 기업재무안정 경영참여형 사모집합투자기구가 같은 조 제3항에 따라 주주 또는 사원으로 출자한 투자목적회사는 각각 같은 개정규정에 따라 금융위원회에 보고한 기업재무안정 경영참여형 사모집합투자기구와 그 기업재무안정 경영참여형 사모집합투자기구가 같은 개정규정 제3항에 따라 주주 또는 사원으로 출자한 투자목적회사로 본다.
② 제1항에 따라 이 법이 적용되는 기업재무안정 경영참여형 사모집합투자기구 및 투자목적회사는 법률 제13448호 자본시장과 금융투자업에 관한 법률 일부개정법률 부칙 제2조제3항에도 불구하고 제249조의22의 개정규정 시행일부터는 추가로 출자를 받을 수 있다.

부 칙 (2017.4.18 법14827호)

제1조【시행일】 이 법은 공포 후 6개월이 경과한 날부터 시행한다. 다만, 제166조의2제1항제3호 및 제443조제1항의 개정규정은 공포한 날부터 시행하고, 부칙 제5조는 법률 제14096호 주식·사채 등의 전자등록에 관한 법률 시행일부터 시행한다.
제2조【장외파생상품 매매 등에 관한 특례】 다음 각 호의 어느 하나에 해당하는 자에 대하여 제166조의2제1항제3호의 개정규정 시행일부터 1년이 되는 날까지는 같은 개정규정에도 불구하고 종전의 규정에 따른다.
1. 제166조의2제1항제3호의 개정규정 시행 당시 영업용순자본이 총위험액의 2배 이상인 투자매매업자 또는 투자중개업자로서 같은 개정규정에서 정한 비율에 미달하는 자
2. 제166조의2제1항제3호의 개정규정 시행 당시 영업용순자본이 총위험액의 2배 이상이면서 같은 개정규정에서 정한 비율을 충족한 투자매매업자 또는 투자중개업자로서 같은 개정규정 시행일부터 1년간 종전의 규정을 적용받을 것을 금융감독원장에게 신청한 자
제3조【과징금에 관한 경과조치】 이 법 시행 전의 위반행위에 대하여 과징금을 부과하는 경우에는 제349조, 제428조제1항 및 제2항의 개정규정에도 불구하고 종전의 규정에 따른다.
제4조【벌칙에 관한 경과조치】 ① 제443조제1항의 개정규정 시행 전의 위반행위에 대하여 벌칙을 적용할 때에는 같은 개정규정에도 불구하고 종전의 규정에 따른다.
② 제446조제60호 및 제61호의 개정규정 시행 전의 위반행위에 대하여 벌칙을 적용할 때에는 같은 개정규정에도 불구하고 종전의 규정에 따른다.
제5조【다른 법률의 개정】 ※(해당 법령에 가제정리 하였음)

부 칙 (2018.12.31)

제1조【시행일】 이 법은 공포 후 6개월이 경과한 날부터 시행한다. 다만, 제56조제1항·제5항부터 제7항까지, 제449조제1항제24호·제25호 및 같은 조 제3항제4호의 개정규정은 공포 후 1년이 경과한 날부터 시행한다.
제2조【직권말소에 관한 적용례】 제101조제9항제2호에 따른 과태료 부과 횟수는 이 법이 시행된 날부터 기산한다.
제3조【기존 유사투자자문업자에 대한 적용례】 이 법 시행 전에 유사투자자문업을 신고하여 영업을 하고 있는 자가 시행일 이후 1년 이내에 제101조제7항에 따른 교육을 이수한 경우에는 개정규정에 따른 신고를 한 것으로 간주하고 신고의 유효기간은 교육을 이수한 날부터 5년으로 한다.

부 칙 (2020.2.4 법16957호)

제1조【시행일】 이 법은 공포 후 6개월이 경과한 날부터 시행한다.(이하 생략)

부 칙 (2020.2.4 법16958호)

제1조【시행일】 이 법은 공포 후 6개월이 경과한 날부터 시행한다.
제2조【이사회의 성별 구성에 관한 경과조치】 이 법 시행 당시 제165조의20의 개정규정에 적합하지 아니한 주권상장법인은 이 법 시행일부터 2년 이내에 제165조의20의 개정규정에 적합하도록 하여야 한다.

부 칙 (2020.2.11)

제1조【시행일】 이 법은 공포 후 6개월이 경과한 날부터 시행한다.(이하 생략)

부 칙 (2020.3.24)

제1조【시행일】 이 법은 공포 후 1년이 경과한 날부터 시행한다.(이하 생략)

부 칙 (2020.4.7)

제1조【시행일】 이 법은 공포 후 3개월이 경과한 날부터 시행한다.(이하 생략)

부 칙 (2020.5.19)

이 법은 공포 후 1년이 경과한 날부터 시행한다.

부 칙 (2020.12.29 법17764호)

제1조【시행일】 이 법은 공포한 날부터 시행한다.(이하 생략)

부 칙 (2020.12.29 법17799호)

제1조【시행일】 이 법은 공포 후 1년이 경과한 날부터 시행한다.(이하 생략)

부 칙 (2020.12.29 법17805호)

이 법은 공포 후 6개월이 경과한 날부터 시행한다.

부 칙 (2021.1.5)

제1조【시행일】 이 법은 공포 후 3개월이 경과한 한 날부터 시행한다.
제2조【공매도 거래자의 모집 또는 매출에 따른 주식 취득 제한에 관한 적용례】 제180조의4의 개정규정은 이 법 시행 이후 증권시장에 상장된 주식에 대한 모집 또는 매출 계획이 공시된 경우부터 적용한다.
제3조【과태료에 관한 경과조치】 이 법 시행 전에 제180조를 위반한 행위에 대하여 과태료를 부과할 때에는 종전의 규정에 따른다.

부 칙 (2021.4.20)

제1조【시행일】 이 법은 공포 후 6개월이 경과한 날부터 시행한다.
제2조【일반 사모집합투자기구 투자권유 시 설명서 교부의무 등에 관한 적용례】 제249조의4제2항부터 제7항까지의 개정규정은 이 법 시행 후 최초로 설명서를 교부하는 경우부터 적용한다.
제3조【일반 사모집합투자기구의 회계감사에 관한 적용례】 제249조의8제2항제4호의 개정규정은 이 법 시행일

이 속하는 회계연도의 말일 또는 이 법 시행 후 제240조제3항 각 호의 사유가 발생한 날부터 적용한다.
제4조【투자목적회사에 대한 적용례】 제249조의13제6항의 개정규정은 이 법 시행 후 설립된 투자목적회사부터 적용한다.
제5조【전문사모집합투자업에 대한 경과조치】 이 법 시행 당시 전문사모집합투자업을 영위하고 있는 자는 제249조의3의 개정규정에 따라 일반 사모집합투자업을 등록한 것으로 본다.
제6조【전문투자형 사모집합투자기구에 대한 경과조치】 ① 이 법 시행 전에 종전의 제249조의6에 따라 설정·설립되어 보고된 전문투자형 사모집합투자기구는 제249조의6의 개정규정에 따라 설정·설립되어 보고된 일반 사모집합투자기구로 본다.
② 제1항에 따른 전문투자형 사모집합투자기구의 집합투자재산 운용 중 이 법 시행일 당시 제249조의7제5항제1호의 개정규정에 해당하는 투자는 이 법 시행일부터 이에 해당하는 것으로 본다.
제7조【일반 사모집합투자기구의 환매연기에 대한 경과조치】 이 법 시행 전에 환매연기 사유가 발생한 경우에는 제249조의8제5항 단서의 개정규정을 적용하지 아니한다.
제8조【경영참여형 사모집합투자기구에 대한 경과조치】 ① 이 법 시행 전에 종전의 제249조의10에 따라 설립되어 보고된 경영참여형 사모집합투자기구와 그 경영참여형 사모집합투자기구가 종전의 제249조의13제1항제3호가목에 따라 주주 또는 사원으로 출자한 투자목적회사는 제249조의10의 개정규정에 따라 설정·설립되어 보고된 기관전용 사모집합투자기구와 그 기관전용 사모집합투자기구가 주주 또는 사원으로 출자한 투자목적회사로 본다.
② 제1항에도 불구하고 이 법 시행 전에 종전의 제249조의10에 따라 설립되어 보고된 경영참여형 사모집합투자기구와 그 경영참여형 사모집합투자기구가 종전의 제249조의13제1항제3호가목에 따라 주주 또는 사원으로 출자한 투자목적회사로서 그 경영참여형 사모집합투자기구의 유한책임사원 중 제249조의11제6항의 개정규정에 따른 자가 아닌 자가 있는 경우에는 종전의 제249조의12 및 제249조의13에 따른다.
③ 이 법 시행 전에 종전의 제249조의22에 따라 설립되어 보고된 기업재무안정 경영참여형 사모집합투자기구와 그 기업재무안정 경영참여형 사모집합투자기구가 같은 조 제3항에 따라 주주 또는 사원으로 출자한 투자목적회사는 제249조의22의 개정규정에 따라 설정·설립되어 보고된 기업재무안정 사모집합투자기구와 그 기업재무안정 사모집합투자기구가 주주 또는 사원으로 출자한 투자목적회사로 본다.
④ 이 법 시행 전에 종전의 제249조의23에 따라 설립되어 보고된 창업·벤처전문 경영참여형 사모집합투자기구와 그 창업·벤처전문 경영참여형 사모집합투자기구가 같은 조 제3항에 따라 주주 또는 사원으로 출자한 투자목적회사는 제249조의23의 개정규정에 따라 설정·설립되어 보고된 창업·벤처전문 사모집합투자기구와 그 창업·벤처전문 사모집합투자기구가 주주 또는 사원으로 출자한 투자목적회사로 본다.
⑤ 제1항부터 제4항까지에 따른 경영참여형 사모집합투자기구, 기업재무안정 경영참여형 사모집합투자기구 및 창업·벤처전문 경영참여형 사모집합투자기구는 이 법 시행일부터는 추가로 출자 약정을 받을 수 없다. 다만, 제249조의11제6항제1호의 개정규정에 따른 투자자로부터의 출자 약정은 제외한다.
⑥ 제1항부터 제4항까지에 따른 경영참여형 사모집합투자기구, 기업재무안정 경영참여형 사모집합투자기구 및 창업·벤처전문 경영참여형 사모집합투자기구 및 이들이 주주 또는 사원으로 출자한 투자목적회사는 제249조의12의 개정규정에서 준용하는 제249조의7제5항의 개정규정을 적용함에 있어, 같은 항 제1호 또는 제2호에 해당하는 지분증권을 해당 지분증권을 취득한 날부터 15년 이내에 제삼자에게 처분하여야 한다.
제9조【경영참여형 사모집합투자기구의 업무집행사원에 대한 경과조치】 ① 이 법 시행 당시 등록된 경영참여형 사모집합투자기구의 업무집행사원은 제249조의15의 개정규정에 따라 등록한 업무집행사원으로 본다.
② 이 법 시행 당시 등록된 경영참여형 사모집합투자기구의 업무집행사원에 대하여는 이 법 시행일부터 1년이 되는 날까지는 제249조의15제1항제3호의 개정규정에도 불구하고 종전의 규정에 따른다.
제10조【다른 법률의 개정】 ①～⑫ ※(해당 법령에 가제정리 하였음)

부 칙 (2021.6.8)

제1조【시행일】 이 법은 공포 후 6개월이 경과한 날부터 시행한다.
제2조【투자매매업 등의 업무 추가 및 등록에 관한 적용례】 제16조의2 개정규정은 이 법 시행 이후 업무 단위 추가등록을 신청하는 경우부터 적용한다.
제3조【외국 금융투자업자 간의 영업 양도 및 양수에 관한 특례에 대한 적용례】 제16조의3의 개정규정은 이 법 시행 이후 외국 금융투자업자가 제12조제2항제1호 각 목에 해당하는 자로부터 금융투자업 전부를 양수하거나 제12조제2항제1호 각 목에 해당하는 자가 외국 금융투자업자로부터 금융투자업 전부를 양수하고 금융투자업의 인가를 신청하는 경우부터 적용한다.
제4조【투자자예탁금의 별도예치에 관한 적용례】 제74조의 개정규정은 이 법 시행 이후 제74조제5항 각 호의 어느 하나에 해당하는 사유가 발생한 경우부터 적용한다.
제5조【금융기관의 단기금융업무에 관한 적용례】 제360조의 개정규정은 이 법 시행 이후 단기금융업무의 인가를 신청하는 경우부터 적용한다.
제6조【몰수·추징에 관한 적용례】 제447조의2제2항의 개정규정은 이 법 시행 이후 제443조제1항제4호부터 제7호까지의 어느 하나에 해당하는 죄를 범하고 그 범죄행위를 위하여 제공하였거나 제공하려 한 재산을 몰수·추징하는 경우부터 적용한다.
제7조【일반사무관리회사 등록에 관한 경과조치】 제254조의 개정규정에도 불구하고 이 법 시행 당시 투자신탁이나 투자익명조합의 집합투자업자 또는 투자회사등의 위탁을 받아 집합투자증권의 기준가격 산정업무, 그 밖에 이와 관련된 업무로서 대통령령으로 정하는 업무를 영위하고 있는 자는 이 법 시행일부터 6개월까지는 같은 개정규정에 따른 등록을 하지 아니하고 해당 업무를 영위할 수 있으며, 이 법 시행 당시 종전의 규정에 따라 일반사무관리회사로 등록한 자는 같은 개정규정에 따라 등록한 것으로 본다.

부 칙 (2021.12.21)

제1조【시행일】 이 법은 공포한 날부터 시행한다.(이하 생략)

부 칙 (2021.12.28)

제1조【시행일】 이 법은 공포 후 6개월이 경과한 날부터 시행한다.(이하 생략)

부 칙 (2022.12.31)

제1조【시행일】 이 법은 2023년 1월 1일부터 시행한다.(이하 생략)

부 칙 (2023.3.21)

제1조【시행일】 이 법은 공포 후 6개월이 경과한 날부터 시행한다.
제2조【조치명령권에 관한 적용례】 제416조의 개정규정은 이 법 시행 이후 행하는 조치명령부터 적용한다.
제3조【과태료에 관한 경과조치】 이 법 시행 전의 행위에 대하여 과태료를 적용할 때에는 종전의 규정에 따른다.

부 칙 (2023.6.13)

제1조【시행일】 이 법은 공포 후 6개월이 경과한 날부터 시행한다.(이하 생략)

부 칙 (2023.7.18)

제1조【시행일】 이 법은 공포 후 6개월이 경과한 날부터 시행한다.
제2조【과징금 부과에 관한 적용례】 제429조의2의 개정규정은 이 법 시행 이후 같은 개정규정 제1항 각 호의 어느 하나에 해당하는 행위를 하는 경우부터 적용한다.
제3조【위반행위로 얻은 이익의 산정에 관한 적용례】 제442조의2의 개정규정은 이 법 시행 당시 수사 중인 사건에도 적용한다.
제4조【형벌 등의 감면에 관한 적용례】 제448조의2의 개정규정은 이 법 시행 당시 수사 중이거나 법원에 계속 중인 사건에 대해서도 적용한다.

부 칙 (2023.9.14)

제1조【시행일】 이 법은 공포한 날부터 시행한다.(이하 생략)

부 칙 (2024.1.9)

제1조【시행일】 이 법은 공포 후 6개월이 경과한 날부터 시행한다.(이하 생략)

부 칙 (2024.1.23)

이 법은 공포 후 6개월이 경과한 날부터 시행한다.

〔별표〕 ➡ 「法典 別冊」 참조

주식·사채 등의 전자등록에 관한 법률(약칭 : 전자증권법)

(2016년 3월 22일 법 률 제14096호)

개정
2023. 9.14법19700호(행정법제혁신을위한일부개정법령등)

제1장 총 칙

제1조【목적】 이 법은 주식 및 사채(社債) 등의 전자등록 제도를 마련하여 그 권리의 유통을 원활하게 하고 발행인·권리자, 그 밖의 이해관계인의 권익을 보호함으로써 자본시장의 건전성과 효율성을 높이고 국민경제를 발전시키는 데에 이바지함을 목적으로 한다.
제2조【정의】 이 법에서 사용하는 용어의 뜻은 다음과 같다.
1. "주식등"이란 다음 각 목의 어느 하나에 해당하는 것을 말한다.
   가. 주식
   나. 사채(「신탁법」에 따른 신탁사채 및 「자본시장과 금융투자업에 관한 법률」에 따른 조건부자본증권을 포함한다)
   다. 국채
   라. 지방채
   마. 법률에 따라 직접 설립된 법인이 발행하는 채무증권에 표시되어야 할 권리
   바. 신주인수권증서 또는 신주인수권증권에 표시되어야 할 권리
   사. 「신탁법」에 따른 수익자가 취득하는 수익권(受益權)
   아. 「자본시장과 금융투자업에 관한 법률」에 따른 투자신탁의 수익권
   자. 「이중상환청구권부 채권 발행에 관한 법률」에 따른 이중상환청구권부 채권
   차. 「한국주택금융공사법」에 따른 주택저당증권 또는 학자금대출증권에 표시되어야 할 권리
   카. 「자산유동화에 관한 법률」에 따른 유동화증권에 표시될 수 있거나 표시되어야 할 권리
   타. 「자본시장과 금융투자업에 관한 법률」에 따른 파생결합증권에 표시될 수 있거나 표시되어야 할 권리로서 대통령령으로 정하는 권리
   파. 「자본시장과 금융투자업에 관한 법률」에 따른 증권예탁증권에 표시될 수 있거나 표시되어야 할 권리로서 대통령령으로 정하는 권리
   하. 외국법인등(「자본시장과 금융투자업에 관한 법률」 제9조제16항에 따른 외국법인등을 말한다. 이하 같다)이 국내에서 발행하는 증권(證券) 또는 증서(證書)에 표시될 수 있거나 표시되어야 할 권리로서 가목부터 타목까지의 어느 하나에 해당하는 권리
   거. 가목부터 하목까지의 규정에 따른 권리와 비슷한 권리로서 그 권리의 발생·변경·소멸이 전자등록계좌부에 전자등록되는 데에 적합한 것으로서 대통령령으로 정하는 권리
2. "전자등록"이란 주식등의 종류, 종목, 금액, 권리자 및 권리 내용 등 주식등에 관한 권리의 발생·변경·소멸에 관한 정보를 전자등록계좌부에 전자적 방식으로 기재하는 것을 말한다.
3. "전자등록계좌부"란 주식등에 관한 권리의 발생·변경·소멸에 대한 정보를 전자적 방식으로 편성한 장부로서 다음 각 목의 장부를 말한다.
   가. 제22조제2항에 따라 작성되는 고객계좌부(이하 "고객계좌부"라 한다)
   나. 제23조제2항에 따라 작성되는 계좌관리기관등 자기계좌부(自己計座簿)(이하 "계좌관리기관등 자기계좌부"라 한다)
4. "전자등록주식등"이란 전자등록계좌부에 전자등록된 주식등을 말한다.
5. "권리자"란 전자등록주식등의 소유자 또는 질권자, 그 밖에 전자등록주식등에 이해관계가 있는 자로서 대통령령으로 정하는 자를 말한다.
6. "전자등록기관"이란 주식등의 전자등록에 관한 제도의 운영을 위하여 제5조제1항에 따라 허가를 받은 자를 말한다.
7. "계좌관리기관"이란 제19조 각 호의 어느 하나에 해당하는 자로서 제22조제1항에 따른 고객계좌를 관리하는 자를 말한다.

제3조【다른 법률과의 관계】 전자등록주식등에 관하여는 다른 법률에 특별한 규정이 있는 경우를 제외하고는 이 법에서 정하는 바에 따른다.

제2장 제도운영기관

제1절 전자등록기관

제4조【무허가 전자등록영업행위 금지】 누구든지 이 법에 따른 전자등록업허가(변경허가를 포함한다)를 받지 아니하고는 전자등록업(제14조제1항에 따른 업무를 영업으로 하는 것을 말한다. 이하 같다)을 하여서는 아니 된다.

제5조【전자등록업의 허가】 ① 전자등록업을 하려는 자는 전자등록의 대상이 되는 주식등의 범위를 구성요소로 하여 대통령령으로 정하는 업무 단위(이하 "전자등록업 허가업무 단위"라 한다)의 전부 또는 일부를 선택하여 금융위원회 및 법무부장관으로부터 하나의 전자등록업허가를 받아야 한다.
② 제1항에 따라 전자등록업허가를 받으려는 자는 다음 각 호의 요건을 모두 갖추어야 한다.
1. 「상법」에 따른 주식회사일 것
2. 100억원 이상으로서 전자등록업 허가업무 단위별로 대통령령으로 정하는 금액 이상의 자기자본을 갖출 것
3. 사업계획이 타당하고 건전할 것
4. 권리자의 보호가 가능하고 전자등록업을 수행하기에 충분한 인력과 전산설비, 그 밖의 물적 설비를 갖출 것
5. 정관 및 전자등록업무규정이 법령에 적합하고 전자등록업을 수행하기에 충분할 것
6. 임원(이사 및 감사를 말한다. 이하 같다)이 「금융회사의 지배구조에 관한 법률」 제5조에 적합할 것
7. 대주주(「자본시장과 금융투자업에 관한 법률」 제12조제2항제6호가목의 대주주를 말한다)가 충분한 출자능력, 건전한 재무상태 및 사회적 신용을 갖출 것
8. 대통령령으로 정하는 사회적 신용을 갖출 것
9. 이해상충방지체계를 구축하고 있을 것
③ 제2항의 허가요건에 관한 구체적인 사항은 대통령령으로 정한다.
제6조【허가의 신청 및 심사】 ① 제5조제1항에 따른 허가를 받으려는 자는 허가신청서를 금융위원회 및 법무부장관에게 제출하여야 한다.
② 금융위원회 및 법무부장관은 제1항의 허가신청서를 접수한 때에는 그 내용을 심사하여 3개월 이내에 허가 여부를 결정하고, 그 결과와 이유를 지체 없이 신청인에게 문서로 통지하여야 한다. 이 경우 허가신청서에 흠결이 있는 경우에는 보완을 요구할 수 있다.
③ 제2항의 심사기간을 산정할 때 허가신청서 흠결의 보완기간 등 대통령령으로 정하는 기간은 산입하지 아니한다.
④ 금융위원회 및 법무부장관은 제2항에 따라 허가를 하는 경우에는 전자등록기관의 경영의 건전성 확보 및 권리자 보호에 필요한 조건을 붙일 수 있다.
⑤ 제4항에 따라 조건이 붙은 허가를 받은 자는 사정의 변경이나 그 밖에 정당한 사유가 있는 경우에는 금융위원회 및 법무부장관에게 조건의 취소 또는 변경을 요청할 수 있다. 이 경우 금융위원회 및 법무부장관은 2개월 이내에 조건의 취소 또는 변경 여부를 결정하고, 그 결과를 지체 없이 신청인에게 문서로 통지하여야 한다.
⑥ 금융위원회 및 법무부장관은 제2항에 따라 허가를 한 경우에는 다음 각 호의 사항을 관보 및 인터넷 홈페이지 등에 공고하여야 한다.
1. 허가의 내용
2. 허가의 조건(조건을 붙인 경우로 한정한다)
3. 허가의 조건을 취소하거나 변경한 경우 그 내용(조건을 취소하거나 변경한 경우로 한정한다)
⑦ 제1항부터 제6항까지의 규정에 따른 허가신청서의 기재사항·첨부서류 등 허가의 신청에 관한 사항과 허가심사의 방법·절차, 그 밖에 필요한 사항은 대통령령으로 정한다.
제7조【예비허가】 ① 제5조에 따른 전자등록업허가(이하 이 조에서 "본허가"라 한다)를 받으려는 자는 미리 금융위원회 및 법무부장관에게 예비허가를 신청할 수 있다.
② 금융위원회 및 법무부장관은 예비허가를 신청받은 경우에는 2개월 이내에 제5조제2항 각 호의 요건을 갖출 수 있는지 여부를 심사하여 예비허가 여부를 결정하고, 그 결과와 이유를 지체 없이 신청인에게 문서로 통지하여야 한다. 이 경우 예비허가신청에 관하여 흠결이 있는 때에는 보완을 요구할 수 있다.
③ 제2항의 심사기간을 산정할 때 예비허가신청과 관련된 흠결의 보완기간 등 대통령령으로 정하는 기간은 심사기간에 산입하지 아니한다.
④ 금융위원회 및 법무부장관은 제2항에 따라 예비허가를 하는 경우에는 전자등록기관의 경영의 건전성 확보 및 권리자 보호에 필요한 조건을 붙일 수 있다.
⑤ 금융위원회 및 법무부장관은 예비허가를 받은 자가 본허가를 신청하는 경우에는 제4항에 따른 예비허가의 조건을 이행하였는지 여부와 제5조제2항 각 호의 요건을 갖추었는지 여부를 확인한 후 본허가 여부를 결정하여야 한다.
⑥ 제1항부터 제5항까지의 규정에 따른 예비허가의 신청서 및 그 기재사항·첨부서류 등 예비허가의 신청에 관한 사항과 예비허가심사의 방법·절차, 그 밖에 예비허가에 관하여 필요한 사항은 대통령령으로 정한다.
제8조【허가요건의 유지】 전자등록기관은 제5조에 따른 전자등록업허가를 받아 그 업무를 함에 있어서 같은 조 제2항 각 호의 허가요건(제8호는 제외한다)을 유지하여야 한다.
제9조【업무의 추가 및 허가의 변경】 전자등록기관은 제5조에 따라 허가를 받은 전자등록업 허가업무 단위 외에 다른 전자등록업 허가업무 단위를 추가하여 전자등록업을 하려는 경우에는 제5조 및 제6조에 따라 금융위원회 및 법무부장관의 변경허가를 받아야 한다. 이 경우 제7조를 적용한다.
제10조【유사명칭 사용 금지】 전자등록기관이 아닌 자는 "증권등록", "등록결제" 또는 이와 유사한 명칭을 사용하여서는 아니 된다.
제11조【영업양도 등의 승인】 ① 전자등록기관은 합병, 분할, 분할합병 또는 주식의 포괄적 교환·이전(이하 "합병등"이라 한다)을 하려는 경우에는 금융위원회의 승인을 받아야 한다. 이 경우 금융위원회는 합병등을 승인할 때에는 미리 법무부장관과 협의하여야 한다.
② 전자등록기관은 영업양도를 하려는 경우에는 금융위원회의 승인을 받아야 한다. 다만, 전자등록기관이 양도하려는 영업에 제5조에 따라 허가를 받거나 제9조에 따라 업무의 추가 및 변경허가를 받은 전자등록업 허가업무 단위가 포함된 경우에는 금융위원회는 승인 전에 미리 법무부장관과 협의하여야 한다.
제12조【전자등록업 폐지 등】 ① 전자등록기관은 전자등록업의 전부 또는 일부를 폐지하거나 해산하고자 하는 경우에는 금융위원회의 승인을 받아야 한다. 이 경우 금융위원회는 그 승인을 할 때에는 미리 법무부장관과 협의하여야 한다.
② 금융위원회는 제1항 전단에 따른 승인을 한 경우 그 내용을 관보 및 인터넷 홈페이지 등에 공고하여야 한다.
③ 제1항 전단에 따른 승인 방법·절차, 그 밖에 승인업무 처리를 위하여 필요한 사항은 대통령령으로 정한다.
제13조【임원 등】 ① 전자등록기관의 상근임원은 계좌관리기관의 임직원이 아닌 사람이어야 한다.
② 전자등록기관의 임원의 자격에 관하여는 「금융회사의 지배구조에 관한 법률」 제5조를 준용한다.
③ 전자등록기관의 대표이사는 주주총회에서 선임한다.
④ 금융위원회는 제3항에 따라 선임된 대표이사가 직무수행에 부적합하다고 인정되는 경우로서 대통령령으로 정하는 경우에는 법무부장관과 협의하여 그 선임된 날부터 1개월 이내에 그 사유를 구체적으로 밝혀 해임을 요구할 수 있다. 이 경우 해임 요구된 대표이사의 직무는 정지되며, 전자등록기관은 2개월 이내에 대표이사를 새로 선임하여야 한다.
⑤ 전자등록기관의 상근 임직원은 계좌관리기관 및 「자본시장과 금융투자업에 관한 법률」 제9조제17항에 따른 금융투자업관계기관(그 상근 임직원이 소속된 같은 항 제2호에 따른 예탁결제원은 제외한다)과 자금의 공여, 손익의 분배, 그 밖에 영업에 관하여 대통령령으로 정하는 특별한 이해관계를 가져서는 아니 된다.
⑥ 「자본시장과 금융투자업에 관한 법률」 제63조는 전자등록기관에 준용한다. 이 경우 "금융투자업자"는 각각 "전자등록기관"으로 본다.
제14조【전자등록기관의 업무】 ① 전자등록기관은 정관으로 정하는 바에 따라 다음 각 호의 업무를 한다.
1. 주식등의 전자등록에 관한 업무
2. 발행인관리계좌, 고객관리계좌 및 계좌관리기관등 자기계좌의 개설, 폐지 및 관리에 관한 업무
3. 발행인관리계좌부, 고객관리계좌부 및 계좌관리기관등 자기계좌부의 작성 및 관리에 관한 업무
4. 외국 전자등록기관(외국 법령에 따라 외국에서 전자등록기관의 업무에 상당하는 업무를 하는 자를 말한다. 이하 같다)과의 약정에 따라 설정한 계좌를 통하여 하는 주식등의 전자등록에 관한 업무
5. 제37조에 따른 소유자명세의 작성에 관한 업무
6. 전자등록주식등에 대한 권리 행사의 대행에 관한 업무
7. 주식등의 전자등록 및 관리를 위한 정보통신망의 운영에 관한 업무
8. 전자등록주식등의 발행 내용의 공개에 관한 업무
9. 그 밖에 금융위원회로부터 승인을 받은 업무
② 전자등록기관은 정관으로 정하는 바에 따라 제1항 각 호의 업무에 부수하는 업무로서 다음 각 호의 어느 하나에 해당하는 업무를 한다.
1. 전자등록주식등의 담보관리에 관한 업무
2. 「자본시장과 금융투자업에 관한 법률」 제80조에 따라 집합투자업자·투자일임업자와 집합투자재산을 보관·관리하는 신탁업자 등 사이에서 이루어지는 집합투자재산의 취득·처분 등에 관한 지시 등을 처리하는 업무
3. 그 밖에 금융위원회로부터 승인을 받은 업무
③ 전자등록기관은 정관으로 정하는 바에 따라 제1항 및 제2항 각 호의 업무 외에 다음 각 호의 업무를 할 수 있다.
1. 다음 각 목의 어느 하나에 해당하는 업무. 이 경우 다른 법률에서 인가·허가·등록·신고 등이 필요한 경우에는 인가·허가 등을 받거나 등록·신고 등을 하여야 한다.
가. 주식등의 명의개서대행업무
나. 주식등의 대차의 중개 또는 주선 업무
다. 그 밖에 금융위원회의 승인을 받은 업무
2. 다른 법령에서 전자등록기관의 업무로 규정한 업무
3. 그 밖에 금융위원회로부터 승인을 받은 업무
제15조【전자등록업무규정】 ① 전자등록기관은 주식등의 전자등록과 전자등록주식등의 관리를 위하여 전자등록업무규정을 제정하여 금융위원회의 승인을 받아야 한다. 이 경우 금융위원회는 그 승인을 할 때에 미리 법무부장관과 협의하여야 한다.
② 제1항의 전자등록업무규정에는 다음 각 호의 사항이 포함되어야 한다.
1. 주식등의 신규 전자등록 및 그 변경·말소의 전자등록에 관한 사항
2. 발행인관리계좌, 고객계좌, 고객관리계좌 및 계좌관리기관등 자기계좌의 개설 및 폐지에 관한 사항
3. 발행인관리계좌부, 고객계좌부, 고객관리계좌부 및 계좌관리기관등 자기계좌부의 작성 및 관리에 관한 사항
4. 전자등록주식등의 계좌간 대체, 질권의 설정·말소, 신탁재산이라는 사실의 표시·말소의 전자등록에 관한 사항
5. 제37조에 따른 소유자명세의 작성 및 전자등록주식등의 권리 행사에 관한 사항
6. 전자등록주식등의 금액 또는 수량 확인에 관한 사항
7. 주식등의 전자등록 및 관리를 위한 정보통신망의 운영에 관한 사항
8. 그 밖에 전자등록주식등의 관리를 위하여 필요한 사항
제16조【정관 변경의 승인】 전자등록기관은 정관을 변경하려는 경우에는 금융위원회의 승인을 받아야 한다. 이 경우 금융위원회는 그 승인을 할 때에는 미리 법무부장관과 협의하여야 한다.
제17조【전자등록업무규정 개정·폐지의 승인】 전자등록기관은 제15조제1항에 따른 전자등록업무규정(이하 "전자등록업무규정"이라 한다)을 개정하거나 폐지하려는 경우에는 금융위원회의 승인을 받아야 한다. 이 경우 금융위원회는 그 승인을 할 때에는 미리 법무부장관과 협의하여야 한다.
제18조【전자등록업무규정 외의 업무규정의 보고】 전자등록기관은 전자등록업무규정 외의 업무에 관한 규정을 제정·변경하거나 폐지한 경우에는 지체 없이 금융위원회에 보고하여야 한다. 다만, 다른 법률에서 금융위원회의 승인을 받도록 한 경우에는 그 법률의 규정에 따른다.

제2절 계좌관리기관

제19조【계좌관리기관】 다음 각 호의 어느 하나에 해당하는 자는 계좌관리기관이 될 수 있다.
1. 「자본시장과 금융투자업에 관한 법률」에 따른 금융투자업자로서 다음 각 목의 어느 하나에 해당하는 자
가. 증권에 관한 투자매매업자 또는 투자중개업자
나. 신탁업자(집합투자재산을 보관·관리하는 신탁업자로 한정한다)
2. 다음 각 목의 어느 하나에 해당하는 자
가. 「은행법」에 따라 인가를 받아 설립된 은행(같은 법 제59조에 따라 은행으로 보는 자를 포함한다)
나. 「은행법」 제5조에서 은행으로 보는 신용사업 부문
다. 「농업협동조합법」에 따른 농협은행
라. 「한국산업은행법」에 따른 한국산업은행
마. 「중소기업은행법」에 따른 중소기업은행
3. 「한국은행법」에 따른 한국은행(이하 "한국은행"이라 한다)
4. 「보험업법」에 따른 보험회사
5. 외국 전자등록기관
6. 명의개서대행회사(「자본시장과 금융투자업에 관한 법률」에 따른 명의개서대행회사를 말하며, 제29조에 따라 개설된 특별계좌를 관리하는 경우만 해당한다)
7. 법령에 따른 업무를 하기 위하여 고객계좌를 관리할 필요가 있는 자로서 대통령령으로 정하는 자
8. 그 밖에 업무의 성격 등을 고려하여 대통령령으로 정하는 자
제20조【계좌관리기관의 업무】 ① 계좌관리기관은 다음 각 호의 업무를 한다.
1. 고객계좌부에 따른 주식등의 전자등록에 관한 업무
2. 고객계좌의 개설, 폐지 및 관리에 관한 업무
3. 고객계좌부의 작성 및 관리에 관한 업무
4. 제1호부터 제3호까지의 규정에 따른 업무에 부수하는 업무
② 계좌관리기관이 아닌 자는 전자등록기관에 고객관리계좌, 그 밖에 이와 비슷한 계좌를 개설하여 주식등의 전자등록에 관한 업무를 하여서는 아니 된다.

제3장 계좌의 개설 등

제21조【발행인관리계좌의 개설 등】 ① 다음 각 호의 어느 하나에 해당하는 자는 전자등록기관에 발행인관리계좌를 개설하여야 한다.
1. 주식등을 전자등록의 방법으로 새로 발행하려는 자
2. 이미 주권(株券), 그 밖에 대통령령으로 정하는 증권 또는 증서(이하 "주권등"이라 한다)가 발행된 주식등의 권리자에게 전자등록의 방법으로 주식등을 보유하게 하거나 취득하게 하려는 자
3. 그 밖에 제1호 및 제2호에 준하는 자로서 대통령령으로 정하는 자
② 제1항에 따라 발행인관리계좌가 개설된 경우 전자등록기관은 다음 각 호의 사항을 기록하여 발행인(제1항 각 호의 어느 하나에 해당하는 자로서 같은 항에 따라 발행인관리계좌를 개설한 자를 말한다. 이하 같다)별로 발행인관리계좌부를 작성하여야 한다.
1. 발행인의 명칭 및 사업자등록번호, 그 밖에 발행인을 식별할 수 있는 정보로서 대통령령으로 정하는 정보

2. 전자등록주식등의 종류, 종목 및 종목별 수량 또는 금액
3. 그 밖에 발행인관리계좌부에 기록할 필요가 있는 사항으로서 대통령령으로 정하는 사항

③ 제2항에 따라 작성된 발행인관리계좌부에 기록된 전자등록주식등의 종목별 수량 또는 금액이 다음 각 호의 어느 하나에 해당하는 장부에 기재된 주식등의 종목별 수량 또는 금액과 다른 경우에는 그 장부에 기재된 수량 또는 금액을 기준으로 한다.

1. 주주명부
2. 수익자명부(「신탁법」 제79조에 따른 수익자명부 또는 「자본시장과 금융투자업에 관한 법률」 제189조에 따른 수익자명부를 말한다)
3. 「국채법」, 「국고금 관리법」 또는 「한국은행 통화안정증권법」에 따른 등록부
4. 그 밖에 주식등의 권리자에 관한 장부로서 대통령령으로 정하는 장부

④ 발행인은 제2항 각 호의 사항이 변경된 경우에는 지체 없이 그 내용을 전자등록기관에 통지하여야 하고, 전자등록기관은 그 통지 내용에 따라 지체 없이 발행인관리계좌부의 기록을 변경하여야 한다.

⑤ 전자등록기관은 제4항에 따라 발행인관리계좌부의 기록이 변경된 경우에는 지체 없이 다음 각 호의 조치를 하여야 한다.

1. 변경 내용의 계좌관리기관에 대한 통지
2. 고객관리계좌부의 기록 및 계좌관리기관등 자기계좌부의 전자등록의 변경

⑥ 계좌관리기관은 제5항제1호의 통지를 받으면 지체 없이 그 통지 내용에 따라 고객계좌부의 전자등록을 변경하여야 한다.

제22조【고객계좌 및 고객관리계좌의 개설 등】 ① 전자등록주식등의 권리자가 되려는 자는 계좌관리기관에 고객계좌를 개설하여야 한다.

② 제1항에 따라 고객계좌가 개설된 경우 계좌관리기관은 다음 각 호의 사항을 전자등록하여 권리자별로 고객계좌부를 작성하여야 한다.

1. 권리자의 성명 또는 명칭 및 주소
2. 발행인의 명칭
3. 전자등록주식등의 종류, 종목 및 종목별 수량 또는 금액
4. 전자등록주식등에 질권이 설정된 경우에는 그 사실
5. 전자등록주식등이 신탁재산인 경우에는 그 사실
6. 전자등록주식등의 처분이 제한되는 경우에는 그에 관한 사항
7. 그 밖에 고객계좌부에 등록할 필요가 있는 사항으로서 대통령령으로 정하는 사항

③ 계좌관리기관은 제2항의 고객계좌부에 전자등록된 전자등록주식등의 총수량 또는 총금액을 관리하기 위하여 전자등록기관에 고객관리계좌를 개설하여야 한다.

④ 제3항에 따라 고객관리계좌가 개설된 경우 전자등록기관은 다음 각 호의 사항을 기록하여 계좌관리기관별로 고객관리계좌부를 작성하여야 한다.

1. 계좌관리기관의 명칭 및 주소
2. 전자등록주식등의 종류, 종목 및 종목별 수량 또는 금액
3. 그 밖에 고객관리계좌부에 등록할 필요가 있는 사항으로서 대통령령으로 정하는 사항

제23조【계좌관리기관등 자기계좌의 개설 등】 ① 제22조제1항에도 불구하고 계좌관리기관, 법률에 따라 설립된 기금, 그 밖에 전자등록기관에 주식등을 전자등록할 필요가 있는 자로서 대통령령으로 정하는 자(이하 "계좌관리기관등"이라 한다)가 전자등록주식등의 권리자가 되려는 경우에는 전자등록기관에 계좌관리기관등 자기계좌를 개설할 수 있다.

② 제1항에 따라 계좌관리기관등 자기계좌가 개설된 경우 전자등록기관은 다음 각 호의 사항을 전자등록하여 계좌관리기관등 자기계좌부를 작성하여야 한다.

1. 계좌관리기관등의 성명 또는 명칭 및 주소
2. 제22조제2항제2호부터 제6호까지의 규정에 따른 사항
3. 그 밖에 계좌관리기관등 자기계좌부에 등록할 필요가 있는 사항으로서 대통령령으로 정하는 사항

제4장 전자등록

제24조【전자등록의 신청 등】 ① 주식등의 전자등록은 발행인이나 권리자의 신청 또는 관공서의 촉탁에 따라 한다. 다만, 이 법에 다른 규정이 있는 경우에는 전자등록기관 또는 계좌관리기관이 직권으로 할 수 있다.

② 주식등의 전자등록은 이 법에 다른 규정이 없으면 발행인이나 권리자 단독으로 신청한다.

③ 관공서의 촉탁에 따라 전자등록을 하는 경우에 대해서는 신청에 따른 전자등록에 관한 규정을 준용한다.

제25조【주식등의 신규 전자등록】 ① 발행인은 전자등록의 방법으로 주식등을 새로 발행하려는 경우 또는 이미 주권등이 발행된 주식등을 권리자에게 보유하게 하거나 취득하게 하려는 경우 전자등록기관에 주식등의 신규 전자등록을 신청할 수 있다. 다만, 다음 각 호의 어느 하나에 해당하는 주식등에 대해서는 전자등록기관에 신규 전자등록을 신청하여야 한다.

1. 「자본시장과 금융투자업에 관한 법률」 제8조의2제4항제1호에 따른 증권시장에 상장하는 주식등
2. 「자본시장과 금융투자업에 관한 법률」에 따른 투자신탁의 수익권 또는 투자회사의 주식
3. 그 밖에 권리자 보호 및 건전한 거래질서의 유지를 위하여 신규 전자등록의 신청을 하도록 할 필요가 있는 주식등으로서 대통령령으로 정하는 주식등

② 제1항에도 불구하고 권리자 보호 및 건전한 거래질서의 유지를 위하여 대통령령으로 정하는 경우에 발행인은 제1항에 따른 신규 전자등록의 신청을 하기 전에 전자등록기관에 제6항제1호 각 목의 사항에 대한 사전심사를 신청하여야 한다.

③ 제1항 또는 제2항에 따라 신규 전자등록이나 사전심사를 신청하는 경우 발행인은 해당 주식등의 종목별로 전자등록신청서 또는 사전심사신청서(이하 이 조에서 "전자등록신청서등"이라 한다)를 작성하여 전자등록기관에 제출하여야 한다. 이 경우 신청하는 주식등의 종목에 관한 구체적 내용 등에 대해서는 전자등록업무규정으로 정한다.

④ 전자등록기관은 제3항에 따른 전자등록신청서등을 접수한 경우에는 그 내용을 검토하여 1개월 이내에 신규 전자등록 여부 또는 사전심사 내용을 결정하고, 그 결과와 이유를 지체 없이 신청인에게 문서로 통지하여야 한다. 이 경우 전자등록신청서등에 흠결이 있을 때에는 보완을 요구할 수 있다.

⑤ 제4항의 검토기간을 산정할 때 전자등록신청서등의 흠결에 대한 보완기간 등 대통령령으로 정하는 기간은 검토기간에 산입하지 아니한다.

⑥ 전자등록기관은 제4항의 전자등록 여부를 결정할 때 다음 각 호의 어느 하나에 해당하는 사유가 없으면 신규 전자등록을 거부할 수 없다.

1. 다음 각 목의 어느 하나에 해당하는 경우
   가. 해당 주식등이 성질상 또는 법령에 따라 양도될 수 없거나 그 양도가 제한되는 경우
   나. 같은 종류의 주식등의 권리자 간에 그 주식등의 권리 내용이 다르거나 그 밖에 해당 주식등의 대체 가능성이 없는 경우
   다. 그 밖에 주식등의 신규 전자등록이 적절하지 아니한 경우로서 대통령령으로 정하는 경우
2. 해당 주식등을 새로 발행하거나 이미 주권등이 발행된 주식등을 권리자에게 보유하게 하거나 취득하게 하는 것이 법령에 위반되는 경우
3. 이미 주권등이 발행된 주식등의 신규 전자등록이 신청된 경우로서 그 주권등에 대하여 「민사소송법」에 따른 공시최고절차가 계속 중인 경우. 이 경우 신규 전자등록의 거부는 공시최고절차가 계속 중인 주권등에 대한 주식등의 수량으로 한정한다.
4. 전자등록신청서등을 거짓으로 작성한 경우
5. 제4항 후단의 보완요구를 이행하지 아니한 경우
6. 그 밖에 권리자 보호 및 건전한 거래질서 유지를 위하여 대통령령으로 정하는 경우

⑦ 제1항부터 제6항까지의 규정에 따른 전자등록신청서등의 기재사항·첨부서류, 그 밖에 전자등록 또는 사전심사의 신청에 관한 사항과 전자등록 또는 사전심사의 검토 방법·절차, 그 밖에 필요한 사항은 대통령령으로 정한다.

제26조【새로 발행되는 주식등의 신규 전자등록에 따른 조치】 ① 전자등록기관은 제25조에 따라 새로 발행되는 주식등의 신규 전자등록을 할 때 같은 조 제1항에 따른 신청 내용을 발행인관리계좌부에 기록하고 다음 각 호의 구분에 따른 조치를 하여야 한다.

1. 신청 내용 중 전자등록기관에 전자등록될 사항 : 계좌관리기관등 자기계좌부에 전자등록
2. 신청 내용 중 계좌관리기관에 전자등록될 사항 : 고객관리계좌부에 기록하고 지체 없이 그 신청 내용과 관련된 각각의 권리자가 고객계좌를 개설한 계좌관리기관에 통지

② 계좌관리기관이 제1항제2호에 따른 통지를 받은 경우 지체 없이 그 통지 내용에 따라 전자등록될 사항을 고객계좌부에 전자등록하여야 한다.

제27조【이미 주권등이 발행된 주식등의 신규 전자등록에 따른 조치 등】 ① 발행인은 제25조제1항에 따라 이미 주권등이 발행된 주식등의 신규 전자등록을 신청하는 경우에는 신규 전자등록을 하려는 날(이하 "기준일"이라 한다)의 직전 영업일을 말일로 1개월 이상의 기간을 정하여 다음 각 호의 사항을 공고하고, 주주명부, 그 밖에 대통령령으로 정하는 장부(이하 "주주명부등"이라 한다)에 권리자로 기재되어 있는 자에게 그 사항을 통지하여야 한다.

1. 기준일부터 주권등이 그 효력을 잃는다는 뜻
2. 권리자는 기준일의 직전 영업일까지 발행인에게 주식등이 전자등록되는 고객계좌 또는 계좌관리기관등 자기계좌(이하 "전자등록계좌"라 한다)를 통지하고 주권등을 제출하여야 한다는 뜻
3. 발행인은 기준일의 직전 영업일에 주주명부등에 기재된 권리자를 기준으로 제25조제1항에 따라 전자등록기관에 신규 전자등록의 신청을 한다는 뜻

② 발행인은 제25조제6항제3호에 따라 신규 전자등록이 거부된 주식등과 관련하여 주권등에 대한 제권판결(除權判決)의 확정, 그 밖에 이와 비슷한 사유에 따라 해당 주식등에 관한 권리를 주장할 수 있는 자가 있는 경우에는 그 권리를 주장할 수 있는 자를 위하여 전자등록기관에 신규 전자등록의 추가 신청을 하여야 한다.

③ 전자등록기관이 제25조제1항에 따라 이미 주권등이 발행된 주식등의 신규 전자등록의 신청을 받은 경우 또는 제2항에 따라 신규 전자등록의 추가 신청을 받은 경우에 대해서는 제26조를 준용한다.

④ 제1항에 따른 공고와 통지의 방법 및 구체적 절차, 제2항에 따른 신규 전자등록의 추가 신청에 관한 서류의 기재사항 및 첨부서류, 그 밖에 신규 전자등록의 추가 신청에 관한 사항 등에 대해서는 대통령령으로 정한다.

제28조【이미 주권이 발행된 주식의 입질(入質) 등에 관한 특례】 ① 발행인이 제25조부터 제27조까지의 규정에 따라 이미 주권이 발행된 주식을 전자등록하는 경우 해당 주식의 질권자로서 발행인의 주주명부에 기재되지 아니한 자는 질권설정자가 청구하지 아니하더라도 단독으로 기준일의 1개월 전부터 기준일의 직전 영업일까지 발행인에게 주주명부에 질권 내용을 기재하여 줄 것을 요청할 수 있다.

② 제1항에 따른 질권 내용의 기재를 위하여 필요한 경우 제1항의 질권자는 발행인에게 질권설정자의 성명과 주소를 주주명부에 기재할 것을 요청할 수 있다.

③ 발행인은 특별한 사정이 없으면 제1항 또는 제2항의 요청에 따라야 한다.

④ 명의개서대행회사가 발행인을 대행하여 제1항에 따른 질권 내용의 기재 또는 제2항에 따른 질권설정자의 성명과 주소의 기재에 관한 업무를 하는 경우에는 「금융실명거래 및 비밀보장에 관한 법률」 제3조에도 불구하고 질권설정자의 실지명의를 확인하지 아니할 수 있다.

⑤ 제1항의 질권자가 제1항 또는 제2항에 따른 요청을 하는 경우에는 지체 없이 그 사실을 질권설정자에게 통지하여야 한다.

제29조【특별계좌의 개설 및 관리】 ① 발행인이 제25조부터 제27조까지의 규정에 따라 이미 주권등이 발행된 주식등을 전자등록하는 경우 제25조제1항에 따른 신규 전자등록의 신청을 하기 전에 제27조제1항제2호에 따른 통지를 하지 아니하거나 주권등을 제출하지 아니한 주식등의 소유자 또는 질권자를 위하여 명의개서대행회사, 그 밖에 대통령령으로 정하는 기관(이하 이 조에서 "명의개서대행회사등"이라 한다)에 기준일의 직전 영업일을 기준으로 주주명부등에 기재된 주식등의 소유자 또는 질권자를 명의자로 하는 전자등록계좌(이하 "특별계좌"라 한다)를 개설하여야 한다.

② 제1항에 따라 특별계좌가 개설되는 때에 제22조제2항 또는 제23조제2항에 따라 작성되는 전자등록계좌부(이하 이 조에서 "특별계좌부"라 한다)에 전자등록된 주식등에 대해서는 제30조부터 제32조까지의 규정에 따른 전자등록을 할 수 없다. 다만, 다음 각 호의 어느 하나에 해당하는 경우에는 그러하지 아니하다.

1. 해당 특별계좌의 명의자가 아닌 자가 주식등이 특별계좌부에 전자등록되기 전에 이미 주식등의 소유자 또는 질권자가 된 경우에 그 자가 발행인에게 그 주식등에 관한 권리가 표시된 주권등을 제출(주권등을 제출할 수 없는 경우에는 해당 주권등에 대한 제권판결의 정본·등본을 제출하는 것을 말한다. 이하 제2호 및 제3호에서 같다)하고 그 주식등을 제30조에 따라 자기 명의의 전자등록계좌로 계좌간 대체의 전자등록을 하려는 경우(해당 주식등에 질권이 설정된 경우에는 다음 각 목의 어느 하나에 해당하는 경우로 한정한다)
   가. 해당 주식등에 설정된 질권이 말소된 경우
   나. 해당 주식등의 질권자가 그 주식등을 특별계좌 외의 소유자 명의의 다른 전자등록계좌로 이전하는 것에 동의한 경우
2. 해당 특별계좌의 명의자인 소유자가 발행인에게 전자등록된 주식등에 관한 권리가 표시된 주권등을 제출하고 그 주식등을 제30조에 따라 특별계좌 외의 자기 명의의 다른 전자등록계좌로 이전하려는 경우(해당 주식등에 질권이 설정된 경우에는 제1호 각 목의 어느 하나에 해당하는 경우로 한정한다)
3. 해당 특별계좌의 명의자인 질권자가 발행인에게 주권등을 제출하고 그 주식등을 제30조에 따라 특별계좌 외의 자기 명의의 전자등록계좌로 이전하려는 경우
4. 그 밖에 특별계좌에 전자등록된 주식등의 권리자의 이익을 해칠 우려가 없는 경우로서 대통령령으로 정하는 경우

③ 누구든지 주식등을 특별계좌로 이전하기 위하여 제30조에 따른 계좌간 대체의 전자등록을 신청할 수 없다. 다만, 제1항에 따라 특별계좌를 개설한 발행인이 대통령령으로 정하는 사유에 따라 신청을 한 경우에는 그러하지 아니하다.

④ 명의개서대행회사등이 발행인을 대행하여 제1항에 따라 특별계좌를 개설하는 경우에는 「금융실명거래 및 비밀보장에 관한 법률」 제3조에도 불구하고 특별계좌부에 소유자 또는 질권자로 전자등록될 자의 실지명의를 확인하지 아니할 수 있다.

제30조【계좌간 대체의 전자등록】 ① 전자등록주식등의 양도(다음 각 호의 어느 하나에 해당하는 경우를 포함한다)를 위하여 계좌간 대체를 하려는 자는 해당 전자등록주식등이 전자등록된 전자등록기관 또는 계좌관리기관에 계좌간 대체의 전자등록을 신청하여야 한다.

1. 제29조제2항제1호부터 제3호까지의 어느 하나에 해당하는 경우
2. 상속·합병 등을 원인으로 전자등록주식등의 포괄승계를 받은 자가 자기의 전자등록계좌로 그 전자등록주식등을 이전하는 경우
3. 그 밖에 계좌간 대체가 필요하다고 인정되는 경우로서 대통령령으로 정하는 경우

② 제1항에 따라 전자등록 신청을 받은 전자등록기관 또는 계좌관리기관은 지체 없이 전자등록계좌부에 해당 전자등록주식등의 계좌간 대체의 전자등록을 하여야 한다.
③ 제1항과 제2항에 따른 계좌간 대체의 전자등록의 신청 및 전자등록의 방법과 절차에 관하여 필요한 사항은 대통령령으로 정한다.

제31조【질권 설정 및 말소의 전자등록】 ① 전자등록주식등에 질권을 설정하거나 말소하려는 자는 해당 전자등록주식등이 전자등록된 전자등록기관 또는 계좌관리기관에 질권 설정 또는 말소의 전자등록을 신청하여야 한다.
② 제1항에 따라 전자등록 신청을 받은 전자등록기관 또는 계좌관리기관은 지체 없이 해당 전자등록주식등이 질물(質物)이라는 사실과 질권자를 질권설정자의 전자등록계좌부에 전자등록하는 방법으로 해당 전자등록주식등에 질권 설정 또는 말소의 전자등록을 하여야 한다.
③ 제1항과 제2항에 따른 질권 설정 또는 말소의 전자등록의 신청 및 전자등록의 방법과 절차에 관하여 필요한 사항은 대통령령으로 정한다.

제32조【신탁재산이라는 사실의 표시 및 말소의 전자등록】 ① 전자등록주식등에 대하여 신탁재산이라는 사실을 표시하거나 그 표시를 말소하려는 자는 해당 전자등록주식등이 전자등록된 전자등록기관 또는 계좌관리기관에 신탁재산이라는 사실의 표시 또는 말소의 전자등록을 신청하여야 한다.
② 제1항에 따라 전자등록 신청을 받은 전자등록기관 또는 계좌관리기관은 지체 없이 해당 전자등록주식등이 신탁재산이라는 사실을 전자등록계좌부에 표시하거나 말소하는 전자등록을 하여야 한다.
③ 제1항과 제2항에 따른 신탁재산이라는 사실의 표시 또는 말소 전자등록의 신청 및 전자등록의 방법과 절차에 관하여 필요한 사항은 대통령령으로 정한다.

제33조【권리의 소멸 등에 따른 변경·말소의 전자등록】 ① 다음 각 호의 어느 하나에 해당하는 사유로 제25조부터 제27조까지의 규정에 따른 신규 전자등록을 변경하거나 말소하려는 자는 해당 전자등록주식등이 전자등록된 전자등록기관 또는 계좌관리기관에 신규 전자등록의 변경·말소의 전자등록을 신청하여야 한다.
1. 원리금·상환금 지급 등으로 인한 전자등록주식등에 관한 권리의 전부 또는 일부의 소멸
2. 발행인인 회사의 정관 변경 등으로 인한 전자등록주식등의 주권등으로의 전환
3. 발행인인 회사의 합병 및 분할(분할합병을 포함한다)
4. 발행인인 회사의 전자등록된 주식의 병합·분할·소각 또는 액면주식과 무액면주식 간의 전환
5. 그 밖에 주식등에 대한 권리가 변경되거나 소멸되는 경우로서 대통령령으로 정하는 사유

② 제1항에 따른 전자등록 신청을 받은 전자등록기관 또는 계좌관리기관은 지체 없이 전자등록주식등에 관한 권리 내용을 변경하거나 말소하는 전자등록을 하여야 한다.
③ 제1항 및 제2항에도 불구하고 전자등록기관 또는 계좌관리기관은 다음 각 호의 어느 하나에 해당하는 경우에는 직권으로 전자등록주식등에 관한 권리 내용을 변경하거나 말소할 수 있다.
1. 제38조에 따른 전자등록기관을 통한 권리 행사로 제1항제1호의 사유가 발생한 경우
2. 발행인이 「상법」, 그 밖의 법률에 따라 해산·청산된 경우
3. 그 밖에 주식등에 대한 권리가 변경되거나 소멸되는 경우로서 대통령령으로 정하는 경우

④ 제1항부터 제3항까지의 규정에 따른 변경·말소의 전자등록의 신청 및 전자등록의 방법과 절차, 그 밖에 변경·말소의 전자등록에 필요한 사항은 대통령령으로 정한다.

제34조【합병등에 관한 특례】 전자등록주식등이 아닌 주식등의 소유자가 다음 각 호의 어느 하나에 해당하는 사유로 다른 회사의 전자등록주식등을 취득하는 경우에 대해서는 제25조제6항제3호, 제26조, 제27조제1항·제2항, 제28조부터 제30조까지 및 제36조제3항을 준용한다. 이 경우 "기준일"은 각각 "합병등의 효력이 발생하는 날"로 본다.
1. 회사의 합병 및 분할(분할합병을 포함한다)
2. 주식의 포괄적 교환
3. 주식의 포괄적 이전

제35조【전자등록의 효력】 ① 전자등록계좌부에 전자등록된 자는 해당 전자등록주식등에 대하여 전자등록된 권리를 적법하게 가지는 것으로 추정한다.
② 전자등록주식등을 양도하는 경우에는 제30조에 따른 계좌간 대체의 전자등록을 하여야 그 효력이 발생한다.
③ 전자등록주식등을 질권의 목적으로 하는 경우에는 제31조에 따른 질권 설정의 전자등록을 하여야 입질의 효력이 발생한다. 이 경우 「상법」 제340조제1항에 따른 주식의 등록질(登錄質)의 경우 질권자의 성명을 주권에 기재하는 것에 대해서는 그 성명을 전자등록계좌부에 전자등록하는 것으로 갈음한다.
④ 전자등록주식등의 신탁은 제32조에 따라 해당 전자등록주식등이 신탁재산이라는 사실을 전자등록함으로써 제3자에게 대항할 수 있다.
⑤ 선의(善意)로 중대한 과실 없이 전자등록계좌부의 권리 내용을 신뢰하고 소유자 또는 질권자로 전자등록된 자는 해당 전자등록주식등에 대한 권리를 적법하게 취득한다.

제36조【전자등록주식등에 대한 증권·증서의 효력 등】 ① 발행인은 전자등록주식등에 대해서는 증권 또는 증서를 발행해서는 아니 된다.
② 제1항을 위반하여 발행된 증권 또는 증서는 효력이 없다.
③ 이미 주권등이 발행된 주식등이 제25조부터 제27조까지의 규정에 따라 신규 전자등록된 경우 그 전자등록주식등에 대한 주권등은 기준일부터 그 효력을 잃는다. 다만, 기준일 당시 「민사소송법」에 따른 공시최고절차가 계속 중이었던 주권등은 그 주권등에 대한 제권판결의 확정, 그 밖에 이와 비슷한 사유가 발생한 날부터 효력을 잃는다.

제5장 전자등록주식등에 대한 권리 행사

제37조【소유자명세】 ① 전자등록주식등으로서 기명식(記名式) 주식등의 발행인은 「상법」 제354조제1항(다른 법률에서 준용하는 경우를 포함한다)에 따라 일정한 날을 정한 경우에는 전자등록기관에 그 일정한 날을 기준으로 해당 주식등의 소유자의 성명 및 주소, 소유자가 가진 주식등의 종류·종목·수량 등을 기록한 명세(이하 "소유자명세"라 한다)의 작성을 요청하여야 한다. 다만, 「자본시장과 금융투자업에 관한 법률」에 따라 투자신탁재산을 운용하는 집합투자업자가 집합투자기구의 결산에 따라 발생하는 분배금을 배분하기 위한 경우, 그 밖에 권리자의 이익을 해칠 우려가 적은 경우로서 대통령령으로 정하는 경우에는 그러하지 아니하다.
② 전자등록주식등으로서 기명식 주식등의 발행인은 다음 각 호의 어느 하나에 해당하는 경우에는 전자등록기관에 소유자명세의 작성을 요청할 수 있다.
1. 발행인이 법령 또는 법원의 결정 등에 따라 해당 전자등록주식등의 소유자를 파악하여야 하는 경우
2. 발행인이 대통령령으로 정하는 주기별로 해당 전자등록주식등의 소유자를 파악하려는 경우
3. 「자본시장과 금융투자업에 관한 법률」 제134조에 따라 공개매수신고서가 제출된 전자등록주식등의 발행인(그 전자등록주식등과 관련된 증권예탁증권에 표시된 권리, 그 밖에 대통령령으로 정하는 주식등의 경우에는 대통령령으로 정하는 자를 말한다. 이하 이 항에서 같다)이 그 주식등의 소유상황을 파악하기 위하여 일정한 날을 정하여 전자등록기관에 주주에 관한 사항의 통보를 요청하는 경우
4. 그 밖에 발행인이 해당 전자등록주식등의 소유자를 파악할 필요가 있는 경우로서 대통령령으로 정하는 경우

③ 전자등록주식등으로서 무기명식(無記名式) 주식등의 발행인은 「자본시장과 금융투자업에 관한 법률」 제165조의11에 따른 조건부자본증권이 주식으로 전환되는 경우, 그 밖에 해당 주식등이 다른 주식등으로 전환되는 경우로서 대통령령으로 정하는 경우에 소유자명세의 작성이 필요하면 전자등록기관에 소유자명세의 작성을 요청할 수 있다.
④ 전자등록기관은 제1항부터 제3항까지의 규정에 따른 요청을 받은 경우에는 소유자명세를 작성하여 그 주식등의 발행인에게 지체 없이 통지하여야 한다. 이 경우 전자등록기관은 계좌관리기관에 소유자명세의 작성에 필요한 사항의 통보를 요청할 수 있으며, 그 요청을 받은 계좌관리기관은 그 사항을 지체 없이 전자등록기관에 통보하여야 한다.
⑤ 전자등록기관은 전자등록주식등으로서 기명식 주식등의 질권자의 신청에 따라 발행인에게 질권 내용을 통보하는 경우에는 제4항에 따른 소유자명세에 해당 내용을 포함하여야 한다. 이 경우 계좌관리기관에 전자등록된 기명식 주식등의 질권자는 해당 계좌관리기관을 통하여 신청하여야 한다.
⑥ 발행인은 제4항 전단에 따른 통지를 받은 경우 통지받은 사항과 통지 연월일을 기재하여 주주명부등을 작성·비치하여야 한다. 다만, 해당 주식등이 무기명식인 경우에는 그러하지 아니하다.
⑦ 전자등록기관은 다음 각 호의 어느 하나에 해당하는 사유로 제33조제2항 또는 제3항에 따른 말소의 전자등록이 된 주식등에 대하여 그 말소의 전자등록이 된 날을 기준으로 전자등록계좌부에 전자등록되었던 권리자의 성명, 주소 및 권리 내용 등을 기록한 명세를 작성하여 해당 주식등의 발행인에게 지체 없이 통지하여야 한다.
1. 제33조제1항제2호에 따른 사유
2. 제33조제3항제2호에 따른 사유
3. 그 밖에 전자등록기관이 주식등에 관한 권리를 관리하기 곤란하다고 인정되는 경우로서 대통령령으로 정하는 사유

⑧ 제7항에 따른 명세의 작성 등에 관하여는 제4항 후단 및 제6항을 준용한다.

제38조【전자등록기관을 통한 권리 행사】 ① 전자등록주식등의 권리자는 전자등록기관을 통하여 배당금·원리금·상환금 등의 수령, 그 밖에 주식등에 관한 권리를 행사할 수 있다.
② 제1항에 따라 권리를 행사하려는 전자등록주식등의 권리자는 전자등록기관을 통하여 권리를 행사한다는 뜻과 권리 행사의 내용을 구체적으로 밝혀 전자등록기관에 신청하여야 한다. 이 경우 고객계좌부에 전자등록된 권리자는 계좌관리기관을 통하여 신청하여야 한다.
③ 전자등록주식등의 발행인은 제1항에 따른 전자등록기관을 통한 권리 행사를 위하여 대통령령으로 정하는 사항을 지체 없이 전자등록기관에 통지하여야 한다.
④ 「자본시장과 금융투자업에 관한 법률」 제165조의11제1항에 따른 조건부자본증권의 권리자가 전자등록기관을 통하여 권리 행사를 하는 데에 필요한 사항은 대통령령으로 정한다.

제39조【소유자증명서】 ① 전자등록기관은 전자등록주식등의 소유자가 자신의 권리를 행사하기 위하여 해당 전자등록주식등의 전자등록을 증명하는 문서(이하 "소유자증명서"라 한다)의 발행을 신청하는 경우에는 대통령령으로 정하는 방법에 따라 발행하여야 한다. 이 경우 계좌관리기관에 고객계좌를 개설한 전자등록주식등의 소유자는 해당 계좌관리기관을 통하여 신청하여야 한다.
② 계좌관리기관은 제1항 후단에 따른 신청을 받으면 전자등록주식등의 소유 내용 및 행사하려는 권리의 내용, 그 밖에 대통령령으로 정하는 사항을 지체 없이 전자등록기관에 통지하여야 한다.
③ 전자등록기관은 제1항에 따라 소유자증명서를 발행하였을 때에는 발행인, 그 밖에 대통령령으로 정하는 자(이하 "발행인등"이라 한다)에게 그 사실을 지체 없이 통지하여야 한다.
④ 전자등록기관이 제1항에 따라 소유자증명서를 발행한 경우 해당 전자등록주식등이 전자등록된 전자등록기관 또는 계좌관리기관은 대통령령으로 정하는 바에 따라 전자등록계좌부에 그 소유자증명서 발행의 기초가 된 전자등록주식등의 처분을 제한하는 전자등록을 하여야 하며, 그 소유자증명서가 반환된 때에는 그 처분을 제한하는 전자등록을 말소하여야 한다.
⑤ 전자등록주식등의 소유자가 제1항에 따라 발행된 소유자증명서를 발행인이나 그 밖에 대통령령으로 정하는 자에게 제출한 경우에는 그 자에 대하여 소유자로서의 권리를 행사할 수 있다.

제40조【소유 내용의 통지】 ① 전자등록기관은 전자등록주식등의 소유자가 자신의 전자등록주식등에 대한 소유 내용을 발행인등에게 통지하여 줄 것을 신청하는 경우에는 대통령령으로 정하는 방법에 따라 그 내용을 통지하여야 한다. 이 경우 계좌관리기관에 고객계좌를 개설한 전자등록주식등의 소유자는 해당 계좌관리기관을 통하여 신청하여야 한다.
② 계좌관리기관은 제1항 후단에 따른 신청을 받으면 전자등록주식등의 소유 내용 및 통지 내용, 그 밖에 대통령령으로 정하는 사항을 지체 없이 전자등록기관에 통지하여야 한다.
③ 전자등록기관이 제1항에 따라 소유 내용을 통지하였을 때에는 해당 전자등록주식등이 전자등록된 전자등록기관 또는 계좌관리기관은 대통령령으로 정하는 바에 따라 전자등록계좌부에 그 통지의 기초가 된 전자등록주식등의 처분을 제한하는 전자등록을 하여야 한다. 이 경우 그 통지에서 정한 유효기간이 만료된 때에는 그 처분을 제한하는 전자등록을 말소하여야 한다.
④ 전자등록주식등의 소유자는 제1항에 따라 통지된 내용에 대하여 해당 전자등록주식등의 발행인등에게 소유자로서의 권리를 행사할 수 있다.

제41조【권리 내용의 열람 등】 ① 전자등록기관 또는 계좌관리기관은 해당 기관에 전자등록계좌를 개설한 전자등록주식등의 권리자가 자신의 권리 내용을 주식등의 전자등록 및 관리를 위한 정보통신망 등을 통하여 열람 또는 출력·복사할 수 있도록 하여야 한다.
② 전자등록기관은 발행인관리계좌를 개설한 발행인이 자신의 발행 내용을 정보통신망 등을 통하여 열람 또는 출력·복사할 수 있도록 하여야 한다.

제6장 전자등록의 안전성 확보

제42조【초과분에 대한 해소 의무 등】 ① 계좌관리기관은 제1호의 총수량 또는 총금액이 제2호의 총수량 또는 총금액을 초과하는 경우에는 대통령령으로 정하는 바에 따라 지체 없이 그 초과분을 해소하여야 한다.
1. 고객계좌부에 전자등록된 주식등의 종목별 총수량 또는 총금액
2. 고객관리계좌부에 기록된 전자등록주식등의 종목별 총수량 또는 총금액

② 전자등록기관은 제1호의 총수량 또는 총금액이 제2호의 총수량 또는 총금액을 초과하는 경우에는 대통령령으로 정하는 바에 따라 지체 없이 그 초과분을 해소하여야 한다.
1. 계좌관리기관등 자기계좌부에 전자등록된 주식등의 종목별 총수량 또는 총금액과 고객관리계좌부에 기록된 전자등록주식등의 종목별 총수량 또는 총금액의 합

2. 발행인관리계좌부에 기록된 전자등록주식등의 종목별 총수량 또는 총금액
③ 제1항 또는 제2항에 따른 초과분에 대한 해소 의무의 전부 또는 일부를 이행하지 아니한 경우에는 계좌관리기관과 전자등록기관은 대통령령으로 정하는 방법 및 절차에 따라 그 초과분을 해소하여야 한다.
④ 제1항부터 제3항까지의 규정에 따른 초과분에 대한 해소 의무의 전부 또는 일부를 이행하지 아니한 경우에는 제1항 또는 제2항에 따라 해소 의무가 있는 계좌관리기관 또는 전자등록기관이 대통령령으로 정하는 바에 따라 해소되지 아니한 초과분에 해당하는 전자등록주식등에 대하여 지급되는 원리금, 배당금, 그 밖에 대통령령으로 정하는 금액을 지급할 의무를 진다.
⑤ 제1항부터 제4항까지의 규정에 따른 의무를 이행한 계좌관리기관 또는 전자등록기관은 각각 해당 초과분 발생에 책임이 있는 자에게 구상권(求償權)을 행사할 수 있다.
⑥ 계좌관리기관은 전자등록기관에 개설한 계좌를 폐쇄한 이후에도 제3항에 따른 해소 의무를 부담한다. 다만, 계좌를 폐쇄한 때부터 5년이 지난 경우에는 해당 의무가 소멸한다.

제43조【초과분에 대한 권리 행사의 제한】 ① 제42조제1항에 따른 초과분이 발생한 경우에는 같은 항에 따른 의무가 이행될 때까지 그 의무가 발생한 계좌관리기관의 고객계좌부에 해당 전자등록주식등의 권리자로 전자등록된 자로서 대통령령으로 정하는 자는 대통령령으로 정하는 바에 따라 산정된 수량 또는 금액에 대한 권리를 발행인에게 주장할 수 없다.
② 제42조제2항에 따른 초과분이 발생한 경우에는 같은 항에 따른 의무가 이행될 때까지 해당 전자등록주식등의 권리자로 전자등록된 자로서 대통령령으로 정하는 자는 대통령령으로 정하는 바에 따라 산정된 수량 또는 금액에 대한 권리를 발행인에게 주장할 수 없다.
③ 제1항 또는 제2항에 따른 권리 행사의 제한으로 해당 전자등록주식등의 권리자에게 손해가 발생한 경우 제42조제1항 또는 제2항에 따른 해소 의무를 부담하는 자는 해당 손해를 배상하여야 한다.
④ 제3항에 따른 손해배상 의무의 전부 또는 일부가 이행되지 아니한 경우에는 계좌관리기관 및 전자등록기관은 연대하여 배상할 책임이 있다. 이 경우 제42조제5항 및 제6항을 준용한다.

제44조【전자등록 정보 등의 보안】 ① 누구든지 전자등록기관 또는 계좌관리기관의 주식등의 전자등록 및 관리를 위한 정보통신망(정보처리장치를 포함한다. 이하 이 조에서 같다)에 거짓 정보 또는 부정한 명령을 입력하거나 권한 없이 정보를 입력·변경해서는 아니 된다.
② 누구든지 전자등록기관 또는 계좌관리기관에 보관된 전자등록 정보 또는 기록 정보를 멸실하거나 훼손해서는 아니 된다.
③ 누구든지 정당한 접근권한 없이 또는 허용된 접근권한을 초과하여 전자등록기관 또는 계좌관리기관의 주식등의 전자등록 및 관리를 위한 정보통신망에 침입해서는 아니 된다.

제45조【직무 관련 정보의 이용 금지】 ① 전자등록기관과 계좌관리기관은 이 법에 따른 직무상 알게 된 정보로서 외부에 공개되지 아니한 정보를 정당한 사유 없이 자기 또는 제3자의 이익을 위하여 이용해서는 아니 된다.
② 전자등록기관 또는 계좌관리기관의 임직원 및 임직원이었던 사람에 대해서는 제1항을 준용한다.

제46조【계좌관리기관의 자료제출 등】 ① 전자등록기관은 계좌관리기관에 전자등록업무에 관한 보고, 자료의 제출 또는 관련 장부의 열람 등을 요구할 수 있다. 이 경우 계좌관리기관은 정당한 사유가 없으면 전자등록기관의 요구에 따라야 한다.
② 계좌관리기관은 다음 각 호의 어느 하나에 해당하는 경우에는 전자등록기관에 그 사실을 지체 없이 통지하여야 한다.
1. 제42조제1항에 따른 초과분 발생을 확인한 경우
2. 영업의 정지, 인가·허가의 취소, 파산·해산, 그 밖에 전자등록업무를 정상적으로 수행할 수 없는 사유가 발생한 경우
③ 전자등록기관은 다음 각 호의 어느 하나에 해당하는 경우에는 금융위원회에 그 사실을 지체 없이 보고하여야 한다.
1. 제42조제2항에 따른 초과분 발생을 확인한 경우
2. 제2항에 따른 통지를 받은 경우
3. 그 밖에 주식등의 전자등록을 위한 업무를 정상적으로 수행할 수 없다고 인정되는 경우로서 대통령령으로 정하는 사유가 발생한 경우

제47조【계좌간 대체의 전자등록 제한】 전자등록기관은 계좌관리기관의 파산·해산, 그 밖에 대통령령으로 정하는 사유가 발생한 경우 대통령령으로 정하는 기준 및 방법에 따라 고객계좌부에 전자등록된 전자등록주식등의 계좌간 대체의 전자등록을 제한할 수 있다.

제48조【전자등록 정보 등의 보존】 ① 전자등록기관과 계좌관리기관은 전자등록 정보 또는 기록 정보를 보존하여야 한다.
② 제1항에 따라 전자등록기관과 계좌관리기관이 보존하여야 하는 전자등록 정보 또는 기록 정보의 종류, 보존방법 및 보존 기간은 대통령령으로 정한다.

제49조【긴급사태 시의 처분】 ① 금융위원회는 천재지변, 전시, 사변, 경제사정의 급격한 변동, 주식등의 전자등록 및 관리를 위한 정보통신망의 중대한 장애, 그 밖에 이에 준하는 사태가 발생하여 주식등의 전자등록업무가 정상적으로 이루어질 수 없다고 인정되는 경우에는 전자등록기관 및 계좌관리기관에 전자등록업무의 중단 등을 명하거나 그 밖에 필요한 조치를 할 수 있다.
② 금융위원회는 제1항에 따른 긴급조치를 한 경우에는 법무부장관에게 지체 없이 통지하여야 한다.

제50조【준용규정】 전자등록기관 및 계좌관리기관의 전자등록 및 관리업무에 관하여는 「금융실명거래 및 비밀보장에 관한 법률」 제4조를 준용한다.

제7장 검사 및 감독

제51조【보고 및 검사】 ① 금융위원회는 이 법의 목적을 달성하기 위하여 필요한 경우 전자등록기관에 보고 또는 자료의 제출을 요구하거나 소속 공무원으로 하여금 그 전자등록기관의 업무 상황이나 장부·서류 또는 그 밖에 필요한 물건을 검사하게 할 수 있다.
② 금융위원회는 제1항에 따른 검사를 「금융위원회의 설치 등에 관한 법률」에 따라 설립된 금융감독원의 원장(이하 "금융감독원장"이라 한다)에게 위탁할 수 있다.
③ 금융위원회는 제1항에 따른 검사를 할 때에 필요하다고 인정되는 경우에는 전자등록기관에 이 법에 따른 업무 또는 재산에 관한 보고, 자료의 제출, 증인의 출석·증언 및 의견의 진술을 요구할 수 있다.
④ 제1항에 따라 검사를 하는 사람은 그 권한을 표시하는 증표를 지니고 관계인에게 보여주어야 한다.
⑤ 금융감독원장이 제2항에 따른 금융위원회의 위탁을 받아 제1항에 따른 검사를 한 경우에는 그 보고서를 금융위원회에 제출하여야 한다. 이 경우 이 법 또는 이 법에 따른 명령이나 처분을 위반한 사실이 있으면 그 처리에 관한 의견서를 첨부하여야 한다.

제52조【법무부장관의 검사 요청 등】 ① 법무부장관은 이 법의 목적을 달성하기 위하여 필요한 경우 전자등록기관에 보고 또는 자료의 제출을 요구하거나 금융위원회에 전자등록기관에 대한 검사를 요청할 수 있으며 그 검사에 법무부 소속 공무원이 참여하도록 할 수 있다.
② 금융위원회는 제1항에 따른 법무부장관의 검사 요청을 받은 경우 그 검사를 금융감독원장에게 위탁하여 하게 할 수 있다.
③ 금융감독원장은 제2항에 따른 금융위원회의 위탁을 받아 검사를 한 경우에는 그 보고서를 법무부장관에게 제출하여야 한다. 이 경우 검사보고서의 내용은 제14조제1항 각 호의 업무, 같은 조 제2항 각 호의 업무 및 그 업무와 관련된 재산의 검사에 관한 사항으로 한정하며, 전자등록기관이 이 법 또는 이 법에 따른 명령이나 처분을 위반한 사실이 있으면 그 처리에 관한 의견서를 첨부하여야 한다.
④ 법무부장관은 이 법의 목적을 달성하기 위하여 필요한 경우 금융위원회에 제51조제5항 전단에 따른 검사보고서(같은 항 후단에 따른 의견서를 포함한다)를 송부하여 줄 것을 요청할 수 있다.

제53조【전자등록기관에 대한 조치】 ① 금융위원회는 전자등록기관이 다음 각 호의 어느 하나에 해당하는 경우에는 제5조에 따른 허가를 취소할 수 있다. 이 경우 금융위원회는 허가를 취소할 때에는 미리 법무부장관과 협의하여야 한다.
1. 거짓, 그 밖의 부정한 방법으로 제5조에 따른 허가를 받은 경우
2. 허가조건을 위반한 경우
3. 제8조에 따른 허가요건 유지의무를 위반한 경우
4. 업무의 정지기간 중에 업무를 한 경우
5. 금융위원회의 시정명령 또는 중지명령을 이행하지 아니한 경우
6. 별표1 각 호의 어느 하나에 해당하는 경우로서 대통령령으로 정하는 경우
7. 대통령령으로 정하는 금융 관련 법령 등을 위반한 경우로서 대통령령으로 정하는 경우
8. 정당한 사유 없이 업무를 중단한 경우
9. 정당한 사유 없이 제3항부터 제6항까지의 규정에 따른 조치 또는 제57조제1항에 따른 업무이전명령에 따르지 않은 경우
10. 합병, 파산, 영업의 폐지 등으로 사실상 전자등록업무를 수행할 수 없게 된 경우
11. 그 밖에 권리자의 이익을 현저히 해할 우려가 있거나 전자등록업무를 하기 곤란하다고 인정되는 경우로서 대통령령으로 정하는 경우
② 전자등록기관은 허가가 취소된 경우에도 제57조제1항에 따른 업무이전명령에 따라 업무 이전이 완료되기 전까지는 허가 취소 전에 전자등록된 주식등에 관한 전자등록업을 계속하여 할 수 있다.
③ 금융위원회는 전자등록기관이 제1항 각 호(제6호는 제외한다)의 어느 하나에 해당하거나 별표1 각 호의 어느 하나에 해당하는 경우에는 다음 각 호의 어느 하나에 해당하는 조치를 할 수 있다. 이 경우 금융위원회는 조치를 할 때에는 미리 법무부장관과 협의하여야 한다.
1. 6개월의 범위에서 이 법에 따른 업무의 전부 또는 일부 정지
2. 이 법에 따른 업무와 관련된 계약의 인계명령
3. 위법행위의 시정명령 또는 중지명령
4. 위법행위로 인한 조치를 받았다는 사실의 공표명령 또는 게시명령
5. 기관경고
6. 기관주의
7. 그 밖에 위법행위를 시정하거나 방지하기 위하여 필요한 조치로서 대통령령으로 정하는 조치
④ 금융위원회는 전자등록기관의 임원이 제1항 각 호(제6호는 제외한다)의 어느 하나에 해당하거나 별표1 각 호의 어느 하나에 해당하는 경우에는 다음 각 호의 어느 하나에 해당하는 조치를 할 수 있다. 이 경우 금융위원회는 조치를 할 때에는 미리 법무부장관과 협의하여야 한다.
1. 해임요구
2. 6개월 범위에서의 직무정지
3. 문책경고
4. 주의적 경고
5. 주의
6. 그 밖에 위법행위를 시정하거나 방지하기 위하여 필요한 조치로서 대통령령으로 정하는 조치
⑤ 금융위원회는 전자등록기관의 직원이 제1항 각 호(제6호는 제외한다)의 어느 하나에 해당하거나 별표1 각 호의 어느 하나에 해당하는 경우에는 다음 각 호의 어느 하나에 해당하는 조치를 전자등록기관에 요구할 수 있다. 이 경우 금융위원회는 조치를 요구할 때에는 미리 법무부장관과 협의하여야 한다.
1. 면직
2. 6개월 범위에서의 정직(停職)
3. 감봉
4. 견책
5. 경고
6. 주의
7. 그 밖에 위법행위를 시정하거나 방지하기 위하여 필요한 조치로서 대통령령으로 정하는 조치
⑥ 금융위원회는 제4항 또는 제5항에 따라 전자등록기관의 임직원에 대하여 조치를 하거나 조치를 요구하는 경우 그 임직원에 대하여 관리·감독의 책임이 있는 임직원에 대한 조치를 함께 하거나 이를 요구할 수 있다. 다만, 관리·감독의 책임이 있는 자가 그 임직원의 관리·감독에 상당한 주의를 다한 경우에는 조치를 감면할 수 있다.

제54조【청문】 금융위원회는 다음 각 호의 어느 하나에 해당하는 처분 또는 조치를 하려는 경우에는 청문을 하여야 한다.
1. 제53조제1항에 따른 전자등록기관에 대한 허가의 취소
2. 제53조제4항제1호에 따른 전자등록기관 임원에 대한 해임요구
3. 제53조제5항제1호에 따른 전자등록기관 직원에 대한 면직요구

제55조【조치 등의 기록 및 공시 등】 ① 금융위원회는 제53조에 따라 조치를 하거나 조치를 요구한 경우에는 그 내용을 기록하고 유지·관리하여야 한다.
② 금융위원회는 제53조제1항 또는 제3항에 따라 조치를 한 경우 그 사실을 관보 및 인터넷 홈페이지 등에 공고하여야 한다.
③ 금융위원회는 전자등록기관의 퇴임한 임원 또는 퇴직한 직원이 재임 또는 재직 중이었다면 제53조제4항제1호 또는 제5항제1호에 해당하는 조치 또는 조치요구를 받았을 것으로 인정되는 경우에는 그 받았을 것으로 인정되는 조치 또는 조치요구의 내용을 전자등록기관에 통보하여야 한다. 이 경우 통보를 받은 전자등록기관은 그 조치 또는 조치요구의 내용을 퇴임·퇴직한 그 임직원에게 통보하여야 한다.
④ 전자등록기관이 금융위원회의 조치요구에 따라 해당 임직원을 조치한 경우 및 제3항에 따라 통보를 받은 경우에는 그 내용을 기록하고 유지·관리하여야 한다.
⑤ 전자등록기관 또는 그 임직원(임직원이었던 사람을 포함한다)은 금융위원회에 자기에 대한 제53조에 따른 조치 또는 조치요구 여부 및 그 내용을 조회할 수 있다.
⑥ 금융위원회는 제5항의 조회요청을 받은 경우에는 정당한 사유가 없으면 조치 또는 조치요구 여부 및 그 내용을 그 조회 요청자에게 통보하여야 한다.

제56조【이의신청 특례】 ① 제53조제1항·제3항, 같은 조 제4항제2호부터 제6호까지 및 같은 조 제6항(같은 조 제4항제2호부터 제6호까지의 어느 하나에 해당하는 처분 또는 조치에 한정한다)에 따른 처분 또는 조치에 불복하는 자는 그 처분 또는 조치를 고지받은 날부터 30일 이내에 그 사유를 갖추어 금융위원회에 이의를 신청할 수 있다.
② 금융위원회는 제1항에 따른 이의신청을 받으면 그 신청을 받은 날부터 60일 이내에 그 이의신청에 대한 결과를 신청인에게 통지하여야 한다. 다만, 부득이한 사유로 60일 이내에 통지할 수 없는 경우에는 그 기간을 만료일 다음 날부터 기산하여 30일의 범위에서 한 차례 연장할 수 있다.
③ 제1항 및 제2항에서 규정한 사항 외에 처분에 대한 이의신청에 관한 사항은 「행정기본법」 제36조에 따른다.
(2023.9.14 본항신설)
(2023.9.14 본조개정)

제57조【업무이전명령】 ① 금융위원회는 전자등록기관이 다음 각 호의 어느 하나에 해당하는 경우에는 전자등록업의 전부 또는 일부를 다른 전자등록기관에 이전할 것을 명할 수 있다. 이 경우 금융위원회는 이전을 명할 때에는 미리 법무부장관과 협의하여야 한다.
1. 전자등록기관이 제12조제1항에 따라 전자등록업의 전부 또는 일부를 폐지하거나 해산한 경우
2. 제53조제1항에 따라 전자등록업허가가 취소된 경우
② 금융위원회는 계좌관리기관이 다음 각 호의 어느 하나에 해당하는 경우에는 제20조제1항 각 호의 업무의 전부 또는 일부를 다른 계좌관리기관에 이전할 것을 명할 수 있다.
1. 계좌관리기관이 정당한 사유 없이 제20조제1항 각 호의 업무를 폐지 또는 중단한 경우
2. 계좌관리기관이 합병, 파산, 영업의 폐지 등으로 사실상 전자등록업무를 수행할 수 없게 된 경우

제58조【계좌관리기관에 대한 검사 및 조치】 ① 계좌관리기관(한국은행, 그 밖에 업무의 성격과 검사의 필요성 등을 고려하여 대통령령으로 정하는 기관은 제외한다)은 제20조제1항 각 호의 업무의 수행과 관련하여 그 업무와 재산상황에 관하여 금융감독원장의 검사를 받아야 한다. 이 경우 제51조제3항부터 제5항까지의 규정을 준용한다.
② 금융위원회는 계좌관리기관이 별표2 각 호의 어느 하나에 해당하는 경우에는 제53조제3항 각 호의 어느 하나에 해당하는 조치를 할 수 있다.
③ 금융위원회는 계좌관리기관의 임원이 별표2 각 호의 어느 하나에 해당하는 경우에는 제53조제4항 각 호의 어느 하나에 해당하는 조치를 할 수 있다.
④ 금융위원회는 계좌관리기관의 직원이 별표2 각 호의 어느 하나에 해당하는 경우에는 제53조제5항 각 호의 어느 하나에 해당하는 조치를 계좌관리기관에 요구할 수 있다.
⑤ 제2항부터 제4항까지의 규정에 따른 계좌관리기관 및 그 임직원에 대한 조치 등에 관하여는 제53조제6항 및 제54조부터 제56조까지(허가의 취소에 관한 부분은 제외한다)의 규정을 준용한다.

제8장 단기사채등에 대한 특례

제59조【발행 절차 및 발행 한도에 관한 특례】 제2조제1호나목 또는 마목에 따른 권리(이하 이 조에서 "사채등"이라 한다)로서 다음 각 호의 요건을 모두 갖추고 전자등록된 것(이하 "단기사채등"이라 한다)을 발행하려는 자는 「상법」 제469조제4항(다른 법률에서 준용하는 경우를 포함한다)에도 불구하고 이사회가 정하는 발행 한도(미상환된 단기사채등의 발행 잔액을 기준으로 한다) 이내에서 대표이사에게 단기사채등의 발행 권한을 위임할 수 있다. 이 경우 해당 발행인이 이사회 또는 대표이사의 기능을 수행하는 다른 기구 등을 둔 경우에는 명칭과 관계없이 그 다른 기구 등을 각각 이 법에 따른 이사회 또는 대표이사로 본다.
1. 각 사채등의 금액이 1억원 이상일 것
2. 만기가 1년 이내일 것
3. 사채등의 금액을 한꺼번에 납입할 것
4. 만기에 원리금 전액을 한꺼번에 지급한다는 취지가 정해져 있을 것
5. 사채등에 전환권(轉換權), 신주인수권, 그 밖에 다른 권리로 전환하거나 다른 권리를 취득할 수 있는 권리가 부여되지 아니할 것
6. 사채등에 「담보부사채신탁법」 제4조에 따른 물상담보(物上擔保)를 붙이지 아니할 것

제60조【사채원부 작성에 관한 특례】 단기사채등에 대해서는 「상법」 제488조(다른 법률에서 준용하는 경우를 포함한다)에도 불구하고 사채원부를 작성하지 아니한다.

제61조【사채권자집회에 관한 특례】 단기사채등에 대해서는 「상법」 제439조제3항(「상법」 제530조제2항, 제530조의9제4항 및 제530조의11제2항에서 준용하는 경우를 포함한다), 제481조부터 제484조까지 및 제484조의2(사채권자집회에 관한 부분으로 한정한다), 제490조, 제491조, 제491조의2, 제492조부터 제504조까지, 제508조부터 제510조까지 및 제512조를 적용 또는 준용하지 아니한다.

제9장 보 칙

제62조【발행 내용의 공개】 ① 전자등록기관은 발행인이 제25조부터 제27조까지의 규정에 따라 주식등을 전자등록한 경우에는 해당 전자등록주식등의 종류·종목, 발행조건, 그 밖에 대통령령으로 정하는 발행 내용을 해당 전자등록기관의 인터넷 홈페이지를 통하여 공개하여야 하며, 이를 지체 없이 금융위원회가 따로 지정하는 전자등록기관에 통보하여야 한다.
② 금융위원회가 따로 지정하는 전자등록기관은 제1항에 따른 통지를 받은 경우 지체 없이 대통령령으로 정하는 바에 따라 이를 인터넷 홈페이지를 통하여 공개하여야 한다.

제63조【전자등록증명서】 ① 전자등록기관은 전자등록주식등의 소유자가 「공탁법」에 따라 공탁하거나 「자본시장과 금융투자업에 관한 법률」 제171조에 따라 보증금 또는 공탁금을 대신 납부하기 위하여 해당 전자등록주식등의 전자등록을 증명하는 문서(이하 이 조에서 "전자등록증명서"라 한다)의 발행을 신청하는 경우에는 대통령령으로 정하는 방법에 따라 발행하여야 한다. 이 경우 계좌관리기관에 전자등록된 주식등의 소유자는 해당 계좌관리기관을 통하여 신청하여야 한다.
② 전자등록기관이 제1항에 따라 전자등록증명서를 발행한 때에는 해당 전자등록주식등이 전자등록된 전자등록기관 또는 계좌관리기관은 전자등록계좌부에 그 전자등록증명서 발행의 기초가 된 전자등록주식등의 처분을 제한하는 전자등록을 하여야 하며, 그 전자등록증명서가 반환된 때에는 그 처분을 제한하는 전자등록을 말소하여야 한다.
③ 누구든지 제2항에 따라 처분이 제한되는 전자등록주식등을 자신의 채권과 상계(相計)하지 못하며, 이를 압류(가압류를 포함한다)하려는 경우에는 대통령령으로 정하는 방법 및 절차에 따라야 한다.

제64조【종류주식 전환에 관한 특례】 ① 회사가 「상법」 제346조제2항에 따라 전자등록된 종류주식(種類株式)을 다른 종류주식으로 전환하는 경우 이사회는 같은 조 제3항제2호 및 제3호에 따른 사항 대신에 회사가 정한 일정한 날(이하 이 조에서 "전환기준일"이라 한다)에 전자등록된 종류주식이 다른 종류주식으로 전환된다는 뜻을 공고하고, 주주명부에 주주, 질권자, 그 밖의 이해관계자로 기재되어 있는 자에게 그 사항을 통지하여야 한다.
② 「상법」 제350조제1항에도 불구하고 회사가 전자등록된 종류주식을 다른 종류주식으로 전환한 경우에는 전환기준일에 전환의 효력이 발생한다.
③ 「상법」 제351조에도 불구하고 회사가 전자등록된 종류주식을 다른 종류주식으로 전환한 경우의 변경등기는 전환기준일이 속하는 달의 마지막 날부터 2주 내에 본점 소재지에서 하여야 한다.

제65조【주식의 병합에 관한 특례】 ① 회사는 전자등록된 주식을 병합하는 경우에는 「상법」 제440조에도 불구하고 회사가 정한 일정한 날(이하 이 조에서 "병합기준일"이라 한다)에 주식이 병합된다는 뜻을 그 날부터 2주 전까지 공고하고 주주명부에 기재된 주주와 질권자에게는 개별적으로 그 통지를 하여야 한다.
② 「상법」 제441조 본문에도 불구하고 전자등록된 주식의 병합은 병합기준일에 효력이 생긴다. 다만, 「상법」 제232조의 절차가 종료되지 아니한 경우에는 그 종료된 때에 효력이 생긴다.
③ 제1항과 제2항은 「상법」 제329조제5항, 제329조의2제3항, 제343조제2항, 제530조제3항 및 제530조의11제1항에도 불구하고 다음 각 호의 사유로 전자등록된 주식의 신규 전자등록 및 신규 전자등록의 변경·말소의 전자등록을 하는 경우에 준용한다.
1. 회사의 합병 및 분할(분할합병을 포함한다)
2. 주식의 분할
3. 주식의 소각
4. 액면주식과 무액면주식 간의 전환

제66조【주주명부 등에 관한 특례】 제37조제1항 단서에 따라 소유자명세의 작성을 요청하지 아니하는 경우에는 전자등록주식등의 발행인은 「상법」 제354조제1항(다른 법률에서 준용하는 경우를 포함한다)에도 불구하고 제37조제1항 본문에 따른 일정한 날에 전자등록계좌부에 전자등록된 전자등록주식등의 권리자를 그 권리를 행사할 자로 본다.

제67조【외국 전자등록기관 등에 관한 특례】 ① 제20조제1항제3호, 제37조, 제39조, 제40조, 제41조제1항, 제42조, 제43조제3항·제4항, 제48조 및 제63조는 외국 전자등록기관이 이 법에 따른 계좌관리기관의 업무를 하는 경우에 대해서는 적용하지 아니한다. 다만, 외국 전자등록기관이 그 적용을 요청하는 경우에는 적용한다.
② 제36조제1항에도 불구하고 외국법인등은 전자등록주식등에 대하여 증권 또는 증서를 발행할 수 있다. 이 경우 그 증권 또는 증서를 그 외국법인등의 소재지의 외국 전자등록기관 또는 금융위원회가 정하여 고시하는 보관기관에 보관하는 경우에만 해당 증권 또는 증서에 표시될 수 있거나 표시되어야 할 권리의 전자등록을 할 수 있다.

제68조【민사집행 등】 전자등록주식등에 대한 강제집행, 가압류, 가처분의 집행, 경매 또는 공탁에 관하여 필요한 사항은 대법원규칙으로 정한다.

제69조【권한의 위탁】 이 법에 따른 금융위원회의 권한은 그 일부를 대통령령으로 정하는 바에 따라 금융감독원장에게 위탁할 수 있다.

제70조【고유식별정보의 처리】 전자등록기관은 이 법에 따라 수행하는 사무로서 대통령령으로 정하는 사무를 수행하기 위하여 불가피한 경우에는 「개인정보 보호법」 제24조제1항에 따른 고유식별정보로서 대통령령으로 정하는 정보가 포함된 자료를 처리할 수 있다.

제71조【전자등록기관의 변경】 ① 전자등록기관은 발행인이 해당 전자등록기관에 전자등록한 주식등을 다른 전자등록기관으로 이전하여 전자등록할 것을 신청하는 경우에는 해당 발행인이 전자등록한 주식등의 권리 내역 등 대통령령으로 정하는 사항을 지체 없이 발행인에게 통지하여야 한다.
② 발행인은 제1항에 따른 통지를 받은 경우 이를 지체 없이 새로 발행인관리계좌를 개설한 전자등록기관에 통지하여야 한다.
③ 제1항 및 제2항에 따른 통지 방법·절차, 그 밖에 전자등록기관의 변경과 관련하여 필요한 사항은 대통령령으로 정한다.

제72조【한국은행에 관한 특례】 ① 한국은행은 다음 각 호의 어느 하나에 해당하는 것(이하 이 조에서 "국채등"이라 한다)의 소유자가 되려는 자가 국채등의 발행을 청구하는 경우에는 그 소유자가 되려는 자의 신청으로 이들을 갈음하여 전자등록기관을 명의인으로 하는 국채등의 등록(「국채법」, 「국고금 관리법」 또는 「한국은행 통화안정증권법」에 따른 등록을 말한다)을 할 수 있다.
1. 「국채법」에 따른 국고채권
2. 「국고금 관리법」에 따른 재정증권
3. 「한국은행 통화안정증권법」에 따른 통화안정증권
② 한국은행은 제1항에 따라 전자등록기관의 명의로 등록된 국채등이 이 법에 따라 소유자의 명의로 전자등록될 수 있도록 제1항의 등록 내용을 전자등록기관에 통지하여야 한다. 이 경우 제25조 및 제26조를 준용한다.

제10장 벌 칙

제73조【벌칙】 ① 다음 각 호의 어느 하나에 해당하는 자는 7년 이하의 징역 또는 2억원 이하의 벌금에 처한다.
1. 제44조제1항을 위반하여 전자등록기관 또는 계좌관리기관의 주식등의 전자등록 및 관리를 위한 정보통신망(정보처리장치를 포함한다. 이하 이 항에서 같다)에 거짓 정보 또는 부정한 명령을 입력하거나 권한 없이 정보를 입력·변경한 자
2. 제44조제3항을 위반하여 전자등록기관 또는 계좌관리기관의 주식등의 전자등록 및 관리를 위한 정보통신망에 침입한 자
② 다음 각 호의 어느 하나에 해당하는 자는 5년 이하의 징역 또는 1억원 이하의 벌금에 처한다.
1. 제4조를 위반하여 전자등록업허가(변경허가를 포함한다)를 받지 아니하고 전자등록업을 한 자
2. 거짓, 그 밖의 부정한 방법으로 제5조에 따른 전자등록업허가(변경허가를 포함한다)를 받은 자
3. 제44조제2항을 위반하여 전자등록 정보 또는 기록 정보를 멸실하거나 훼손한 자
4. 제45조제1항(같은 조 제2항에서 준용하는 경우를 포함한다)을 위반하여 직무상 알게 된 정보로서 외부에 공개되지 아니한 정보를 정당한 사유 없이 자기 또는 제3자의 이익을 위하여 이용한 자
5. 제50조에서 준용하는 「금융실명거래 및 비밀보장에 관한 법률」 제4조제1항 또는 제3항부터 제5항까지의 규정을 위반하여 거래정보등을 제3자에게 제공하거나 누설한 자와 이를 요구한 자
③ 다음 각 호의 어느 하나에 해당하는 자는 3년 이하의 징역 또는 5천만원 이하의 벌금에 처한다.
1. 제13조제5항을 위반하여 자금의 공여, 손익의 분배, 그 밖에 영업에 관하여 특별한 이해관계를 가진 자
2. 제13조제6항에서 준용하는 「자본시장과 금융투자업에 관한 법률」 제63조제1항제1호를 위반하여 같은 호에 규정된 방법에 따르지 아니하고 금융투자상품을 매매한 자
3. 제20조제2항을 위반하여 주식등의 전자등록에 관한 업무를 한 자
4. 제36조제1항을 위반하여 증권 또는 증서를 발행한 자
④ 다음 각 호의 어느 하나에 해당하는 자는 1년 이하의 징역 또는 3천만원 이하의 벌금에 처한다.
1. 제21조제2항을 위반하여 발행인관리계좌부를 작성하지 아니하거나 거짓으로 작성한 자
2. 제22조제2항을 위반하여 고객계좌부를 작성하지 아니하거나 거짓으로 작성한 자
3. 제22조제3항을 위반하여 전자등록기관에 고객관리계좌를 개설하지 아니한 자
4. 제22조제4항을 위반하여 고객관리계좌부를 작성하지 아니하거나 거짓으로 작성한 자
5. 제23조제2항을 위반하여 계좌관리기관등 자기계좌부를 작성하지 아니하거나 거짓으로 작성한 자
⑤ 「형법」 제214조부터 제217조까지에 규정된 죄를 적용하는 경우 전자등록주식등은 유가증권으로 보아 그 유가증권에 관한 죄에 대한 각 조문의 형으로 처벌한다.

제74조【양벌규정】 법인(단체를 포함한다. 이하 이 조에서 같다)의 대표자나 법인 또는 개인의 대리인, 사용인, 그 밖의 종업원이 그 법인 또는 개인의 업무에 관하여 제73조제1항부터 제4항까지의 어느 하나에 해당하는 위반행위를 하면 그 행위자를 벌하는 외에 그 법인 또는 개인에게도 해당 조문의 벌금형을 과(科)한다. 다만, 법인 또는 개인이 그 위반행위를 방지하기 위하여 해당 업무에 관하여 상당한 주의와 감독을 게을리하지 아니한 경우에는 그러하지 아니하다.

제75조【과태료】 ① 다음 각 호의 어느 하나에 해당하는 자에게는 5천만원 이하의 과태료를 부과한다.
1. 제10조를 위반하여 명칭을 사용한 자
2. 제13조제6항에서 준용하는 「자본시장과 금융투자업에 관한 법률」 제63조제1항을 위반하여 같은 항 제2호부터 제4호까지의 방법에 따르지 아니하고 자기의 계산으로 금융투자상품을 매매한 자

3. 제25조제1항 각 호 외의 부분 단서를 위반하여 전자등록기관에 신규 전자등록을 신청하지 아니한 자
4. 제29조제2항 각 호 외의 부분 본문을 위반하여 특별계좌부에 전자등록된 주식등에 대하여 제30조부터 제32조까지의 규정에 따른 전자등록을 한 자
5. 제39조제1항 전단을 위반하여 소유자증명서를 발행하지 아니하거나 거짓으로 발행한 자
6. 제39조제2항을 위반하여 전자등록기관에 통지하지 아니하거나 거짓으로 통지한 자
7. 제40조제1항 전단을 위반하여 발행인등에게 통지하지 아니하거나 거짓으로 통지한 자
8. 제40조제2항을 위반하여 전자등록기관에 통지하지 아니하거나 거짓으로 통지한 자
9. 제41조에 따른 열람 또는 출력 · 복사에 필요한 조치를 하지 아니한 자
10. 제48조제1항을 위반하여 전자등록 정보 또는 기록 정보를 보존하지 아니한 자
11. 제51조제1항 또는 제58조제1항에 따른 검사를 거부 · 방해 또는 기피한 자

② 다음 각 호의 어느 하나에 해당하는 자에게는 1천만원 이하의 과태료를 부과한다.
1. 제21조제4항을 위반하여 전자등록기관에 통지하지 아니하거나 거짓으로 통지한 자
2. 제27조제1항을 위반하여 공고 또는 통지를 하지 아니하거나 거짓으로 공고 또는 통지한 자
3. 제27조제2항을 위반하여 전자등록기관에 신규 전자등록의 추가 신청을 하지 아니하거나 거짓으로 신청한 자
4. 제28조제3항을 위반하여 질권자의 요청에 따르지 아니한 자
5. 제28조제5항을 위반하여 질권설정자에게 통지를 하지 아니하거나 거짓으로 통지한 자
6. 제29조제1항을 위반하여 특별계좌를 개설하지 아니한 자
7. 제37조제1항 본문을 위반하여 전자등록기관에 소유자명세의 작성을 요청하지 아니한 자
8. 제37조제4항 전단을 위반하여 소유자명세를 발행인에게 통지하지 아니한 자
9. 제37조제4항 후단(같은 조 제8항에서 준용하는 경우를 포함한다)을 위반하여 요청받은 사항을 통보하지 아니하거나 거짓으로 통보한 자
10. 제37조제6항 본문(같은 조 제8항에서 준용하는 경우를 포함한다)을 위반하여 주주명부등을 작성 · 비치하지 아니한 자
11. 제37조제7항을 위반하여 명세를 발행인에게 통지하지 아니한 자
12. 제38조제3항을 위반하여 전자등록기관에 통지를 하지 아니하거나 거짓으로 통지한 자
13. 제46조제1항 후단을 위반하여 전자등록기관의 요구에 정당한 사유 없이 따르지 아니한 자
14. 제46조제2항을 위반하여 전자등록기관에 통지를 하지 아니하거나 거짓으로 통지한 자
15. 제51조제3항(제58조제1항 후단에서 준용하는 경우를 포함한다)에 따른 보고, 자료의 제출, 증인의 출석, 증언 및 의견의 진술 요구에 따르지 아니한 자

③ 제1항과 제2항에 따른 과태료는 대통령령으로 정하는 바에 따라 금융위원회가 부과 · 징수한다.

부 칙

제1조【시행일】 이 법은 공포 후 4년을 넘지 아니하는 범위에서 대통령령으로 정하는 날부터 시행한다.

제2조【다른 법률의 폐지】 ①「공사채 등록법」은 폐지한다.
②「전자단기사채등의 발행 및 유통에 관한 법률」은 폐지한다.

제3조【전자등록주식등으로의 전환에 관한 특례】 ① 제25조제1항 각 호의 어느 하나에 해당하는 주식등은 같은 항 각 호 외의 부분 단서에 따른 발행인의 신규 전자등록 신청이 없더라도 이 법 시행일부터 전자등록주식등으로 전환된다.
② 제1항에도 불구하고 사채권, 그 밖의 무기명식 증권(이하 "사채권등"이라 한다)에 표시된 권리로서 이 법 시행 당시 그 사채권등이 「자본시장과 금융투자업에 관한 법률」에 따라 설립된 한국예탁결제원(이하 "예탁결제원"이라 한다)에 예탁되지 아니한 금액 또는 수량에 대해서는 제1항에 따라 전자등록주식등으로 전환되지 아니한다. 이 경우 그 사채권등이 종전의 「공사채 등록법」에 따라 예탁결제원에 등록된 공사채로서 이 법 시행 당시 예탁결제원에 예탁되지 아니한 금액 또는 수량에 대해서는 이 법 시행 후 해당 공사채에 대하여 대통령령으로 정하는 방법 및 절차에 따라 그 소유자의 신청을 받아 전자등록주식등으로 전환된다.
③ 제1항에 따라 전자등록주식등으로 전환되는 주식등에 관한 권리가 표시된 주권등(이하 이 조에서 "전환대상주권등"이라 한다)의 발행인은 이 법 시행 당시 예탁되지 아니한 전환대상주권등의 권리자를 보호하기 위하여 이 법 시행일의 직전 영업일을 말일로 1개월 이상의 기간을 정하여 다음 각 호의 사항을 공고하고, 주주명부등에 권리자로 기재되어 있는 자에게 그 사항을 통지하여야 한다.
1. 이 법 시행일부터 전환대상주권등이 효력을 잃는다는 뜻
2. 권리자는 이 법 시행일의 직전 영업일까지 발행인에게 주식등이 전자등록되는 전자등록계좌를 통지하고 전환대상주권등을 제출하여야 한다는 뜻
3. 발행인은 이 법 시행일의 직전 영업일에 주주명부등에 기재된 권리자를 기준으로 전자등록이 되도록 전자등록기관에 요청한다는 뜻

④ 권리자가 제3항제2호에 따라 전자등록계좌를 통지하지 아니하거나 전환대상주권등을 제출하지 아니한 경우에 대해서는 제29조를 준용한다.
⑤ 전자등록기관이 제3항제3호에 따라 요청을 받은 경우에 하여야 하는 조치에 대해서는 제26조를 준용한다. 이 경우 "신청 내용"은 "요청 내용"으로 본다.
⑥ 계좌관리기관이 제5항에 따라 전자등록기관으로부터 통지를 받은 경우 지체 없이 그 통지 내용에 따라 전자등록될 사항을 고객계좌부에 전자등록하여야 한다.
⑦ 전환대상주권등의 발행인이 예탁되지 아니한 주권등의 질권자로서 발행인의 주주명부에 기재되지 아니한 자를 위하여 하는 조치 등에 대해서는 제28조를 준용한다. 이 경우 "기준일"은 "이 법 시행일"로 본다.
⑧ 전환대상주권등의 효력에 대해서는 제36조제3항을 준용한다. 이 경우 "기준일"은 "이 법 시행일"로 본다.
⑨ 제1항부터 제8항까지에서 규정한 사항 외에 제25조제1항 각 호의 어느 하나에 해당하는 주식등의 전자등록주식등으로의 전환에 필요한 사항은 대통령령으로 정한다.

제4조【신청에 의한 전자등록주식등으로의 전환에 관한 특례】 ① 예탁결제원은 이 법 공포일부터 대통령령으로 정하는 기간의 말일 당시에 예탁결제원에 예탁된 증권등(「자본시장과 금융투자업에 관한 법률」에 따른 증권등을 말한다. 이하 같다)에 표시된 권리로서 제25조제1항 각 호에 해당하지 아니하는 주식등(사채권등은 제외하며, 이하 이 조에서 "예탁 비상장주식등"이라 한다)의 발행인에게 이 법 시행일부터 6개월 전까지 다음 각 호의 사항을 통지하여야 한다.
1. 예탁 비상장주식등을 이 법 시행일에 맞추어 전자등록하려는 발행인은 해당 예탁 비상장주식등을 전자등록한다는 취지로 정관을 변경하여야 한다는 뜻
2. 발행인은 이 법 시행일부터 3개월 전까지 예탁결제원에 해당 예탁 비상장주식등의 전자등록에 관한 신청을 하여야 한다는 뜻
3. 그 밖에 대통령령으로 정하는 사항

② 발행인이 제1항제2호에 따라 신청을 한 경우 해당 예탁 비상장주식등은 이 법 시행일부터 전자등록주식등으로 전환된다.
③ 제1항 및 제2항에 따라 전환되는 예탁 비상장주식등에 관한 권리가 표시된 주권등에 대해서는 부칙 제3조제3항부터 제8항까지의 규정을 준용한다.
④ 제1항부터 제3항까지에서 규정한 사항 외에 신청에 의한 전자등록주식등으로의 전환에 필요한 사항은 대통령령으로 정한다.

제5조【일반적 경과조치】 ① 이 법 시행 당시 종전의 「공사채 등록법」 및 「전자단기사채등의 발행 및 유통에 관한 법률」에 따라 행정기관 또는 예탁결제원에 한 신청, 통지, 그 밖의 행위는 그에 해당하는 이 법의 규정에 따라 한 것으로 본다.
② 이 법 시행 당시 종전의 「공사채 등록법」 및 「전자단기사채등의 발행 및 유통에 관한 법률」에 따라 행정기관 또는 예탁결제원이 한 등록, 승인, 그 밖의 행위는 그에 해당하는 이 법의 규정에 따라 한 것으로 본다.

제6조【등록된 공사채에 관한 경과조치】 이 법 시행 당시 종전의 「공사채 등록법」에 따라 예탁결제원이 등록기관으로서 공사채를 등록받은 것에 대해서는 종전의 「공사채 등록법」에 따른다.

제7조【전자단기사채등에 관한 경과조치】 ① 이 법 시행 당시 종전의 「전자단기사채등의 발행 및 유통에 관한 법률」 제2조제4호에 따른 등록은 제2조제2호에 따른 전자등록으로 본다.
② 이 법 시행 당시 종전의 「전자단기사채등의 발행 및 유통에 관한 법률」 제7조제1항에 따른 등록업무규정은 제15조제1항에 따른 전자등록업무규정으로 본다.
③ 이 법 시행 당시 종전의 「전자단기사채등의 발행 및 유통에 관한 법률」에 따른 발행인관리계좌, 발행인관리계좌부, 고객계좌, 고객계좌부, 고객관리계좌, 고객관리계좌부, 계좌관리기관등자기계좌, 계좌관리기관등자기계좌부는 각각 이 법에 따른 발행인관리계좌, 발행인관리계좌부, 고객계좌, 고객계좌부, 고객관리계좌, 고객관리계좌부, 계좌관리기관등 자기계좌, 계좌관리기관등 자기계좌부로 본다.
④ 이 법 시행 당시 종전의 「전자단기사채등의 발행 및 유통에 관한 법률」 제16조제1항에 따른 채권자증명서는 제39조에 따른 소유자증명서로 본다.
⑤ 이 법 시행 당시 종전의 「전자단기사채등의 발행 및 유통에 관한 법률」 제17조제1항에 따라 이루어진 소유 내용의 통지로서 유효기간이 만료되지 아니한 통지가 있는 경우 그 소유 내용의 통지는 제40조에 따른 소유 내용의 통지로 본다.
⑥ 이 법 시행 당시 종전의 「전자단기사채등의 발행 및 유통에 관한 법률」 제2조제2호에 따른 전자단기사채등은 제59조에 따른 단기사채등으로 본다.

제8조【한국예탁결제원 등에 대한 경과조치】 ① 이 법 공포 후 6개월이 경과한 날 당시 예탁결제원은 제5조제1항에 따라 전자등록기관의 허가를 받은 것으로 본다.
② 이 법 공포 후 6개월이 경과한 날 당시 제1항에 따라 전자등록기관의 허가를 받은 것으로 보는 예탁결제원이 다른 법률에 따라 하고 있던 업무에 대하여는 금융위원회의 승인 및 이 법 또는 다른 법률에 따른 인가 · 허가 등을 받거나 이 법 또는 다른 법률에 따른 등록 · 신고 등을 한 것으로 본다.
③ 이 법 시행 당시 부칙 제3조제1항 및 부칙 제4조제2항에 따라 전자등록주식등으로 전환되는 주식등에 대하여 예탁결제원의 명의로 발행, 명의개서 또는 등록한 증권등은 제1항에 따라 허가를 받은 것으로 보는 전자등록기관의 명의로 발행, 명의개서 또는 등록한 증권등으로 본다.
④ 이 법 시행 당시 부칙 제3조제1항 및 부칙 제4조제2항에 따라 전자등록주식등으로 전환되는 주식등에 대하여 예탁결제원이 종전의 「자본시장과 금융투자업에 관한 법률」 제171조에 따라 발행한 예탁증명서 및 같은 법 제318조에 따라 발행한 실질주주증명서(같은 법 제319조에 따라 발행한 실질수익자증명서를 포함한다)는 각각 제1항에 따라 허가를 받은 것으로 보는 전자등록기관이 발행한 전자등록증명서 및 소유자증명서로 본다.
⑤ 이 법 시행 당시 예탁결제원이 종전의 「자본시장과 금융투자업에 관한 법률」 제189조에 따라 위탁받은 수익자명부의 작성에 관한 업무는 제1항에 따라 허가를 받은 것으로 보는 전자등록기관이 「자본시장과 금융투자업에 관한 법률」 제189조의 개정규정에 따라 위탁받은 것으로 본다.

제9조【행정처분에 관한 경과조치】 이 법 시행 전의 위반행위에 대한 행정처분에 관하여는 각각 종전의 「공사채 등록법」 또는 「전자단기사채등의 발행 및 유통에 관한 법률」의 규정에 따른다.

제10조【다른 법률의 개정】 ①~⑤ ※(해당 법령에 가제정리 하였음)

제11조【다른 법령과의 관계】 이 법 시행 당시 다른 법령에서 종전의 「공사채 등록법」 및 「전자단기사채등의 발행 및 유통에 관한 법률」 또는 그 규정을 인용한 경우에 이 법 가운데 그에 해당하는 규정이 있으면 종전의 규정을 갈음하여 이 법 또는 이 법의 해당 규정을 인용한 것으로 본다.

부 칙 (2023.9.14)

제1조【시행일】 이 법은 공포한 날부터 시행한다.(이하 생략)

〔별표〕 ➡ 「法典 別册」 참조

주식 · 사채 등의 전자등록에 관한 법률 시행령

(2019년 6월 25일 대통령령 제29892호)

개정
2021.10.21영32091호(자본시장금융투자업시)
2021.12.28영32274호(독점시)
2022. 2.17영32449호(한국자산관리공사설립등에관한법시)
2023. 6.27영33604호(보험시)

제1장 총 칙

제1조 【목적】 이 영은 「주식 · 사채 등의 전자등록에 관한 법률」에서 위임된 사항과 그 시행에 필요한 사항을 규정함을 목적으로 한다.

제2조 【주식등의 범위】 ① 「주식 · 사채 등의 전자등록에 관한 법률」(이하 "법"이라 한다) 제2조제1호타목에서 "대통령령으로 정하는 권리"란 다음 각 호의 어느 하나에 해당하는 권리를 말한다.
1. 「자본시장과 금융투자업에 관한 법률 시행령」 제4조의3 제1호에 따른 증권 또는 증서에 표시된 권리
2. 그 밖에 제1호에 따른 권리와 유사한 것으로서 금융위원회가 정하여 고시하는 권리

② 법 제2조제1호파목에서 "대통령령으로 정하는 권리"란 「자본시장과 금융투자업에 관한 법률」 제4조제8항에 따른 증권예탁증권 중 국내에서 발행되는 것에 표시될 수 있거나 표시되어야 할 권리를 말한다.
③ 법 제2조제1호거목에서 "대통령령으로 정하는 권리"란 다음 각 호의 어느 하나에 해당하는 권리를 말한다.
1. 양도성 예금증서에 표시될 수 있거나 표시되어야 할 권리
2. 「은행법」, 「금융지주회사법」 및 「보험업법」에 따른 조건부자본증권에 표시되어야 할 권리(2023.6.27 본호개정)
3. 그 밖에 해당 권리의 유통가능성 및 대체가능성 등을 고려하여 금융위원회가 정하여 고시하는 권리

제2장 제도운영기관

제3조 【전자등록업허가의 요건 등】 ① 법 제5조제1항에서 "대통령령으로 정하는 업무 단위"란 별표1에 따른 전자등록업 허가업무 단위를 말한다.
② 법 제5조제2항제2호에서 "대통령령으로 정하는 금액"이란 별표1에 따른 전자등록업 허가업무 단위별 최저자기자본 금액을 말한다.
③ 법 제5조제2항제3호에 따른 사업계획에는 다음 각 호의 사항이 모두 포함되어야 한다.
1. 전자등록업(법 제14조제1항 각 호에 따른 업무를 영업으로 하는 것을 말한다. 이하 같다)을 안정적으로 영위하는 데 필요한 사항을 정하고 있을 것
2. 위험관리와 금융사고 예방 등을 위한 적절한 내부통제장치를 정하고 있을 것
3. 권리자 보호를 위한 업무방법을 정하고 있을 것
4. 법 제42조에 따른 초과분의 해소 등 전자등록의 안전성을 확보하는 데 필요한 재원의 적립 및 관리에 관한 사항을 정하고 있을 것
5. 그 밖에 사업계획의 내용이 법령을 위반하지 않고 건전한 거래질서를 해칠 우려가 없을 것

④ 법 제5조제2항제4호에 따른 인력과 전산설비, 그 밖의 물적 설비에 관한 구체적인 사항은 다음 각 호와 같다.
1. 영위하려는 전자등록업을 수행할 수 있는 전산요원 등 필요한 인력을 적절하게 갖출 것
2. 다음 각 목의 전산설비 등의 물적 설비를 모두 갖출 것
   가. 전자등록업을 수행하는 데 필요한 전산설비와 통신수단
   나. 사무실 등 충분한 업무공간과 사무장비
   다. 전산설비 등의 물적 설비를 안전하게 보호할 수 있는 보안설비
   라. 정전 · 화재 등의 사고가 발생할 경우에 업무의 연속성을 유지하기 위해 필요한 보완설비

⑤ 법 제5조제2항제7호에 따른 대주주(「자본시장과 금융투자업에 관한 법률」 제12조제2항제6호가목의 대주주를 말한다. 이하 같다)의 출자능력, 재무상태 및 사회적 신용은 별표2의 요건에 적합해야 한다.
⑥ 법 제5조제2항제8호에서 "대통령령으로 정하는 사회적 신용"이란 다음 각 호의 요건에 모두 적합한 것을 말한다. 다만, 그 위반 등의 정도가 경미하다고 인정되는 경우는 제외한다.
1. 최근 3년간 「금융회사의 지배구조에 관한 법률 시행령」 제5조에 따른 법령(이하 "금융관련법령"이라 한다), 「독점규제 및 공정거래에 관한 법률」 및 「조세범 처벌법」을 위반하여 양벌 규정에 따른 형사처벌을 받은 사실이 없을 것
2. 최근 3년간 채무불이행 등으로 건전한 거래질서를 해친 사실이 없을 것
3. 최근 5년간 「금융산업의 구조개선에 관한 법률」에 따라 부실금융기관으로 지정되었거나 금융관련법령에 따라 영업의 허가 · 인가 또는 등록이 취소된 자가 아닐 것
4. 금융관련법령이나 외국 금융관련법령(금융관련법령에 상당하는 외국 금융관련법령을 말한다)에 따라 금융위원회, 외국 금융감독기관 등으로부터 지점, 그 밖의 영업소의 폐쇄 또는 그 업무의 전부나 일부의 정지 이상의 조치(이에 상당하는 행정처분을 포함한다. 이하 이 호에서 같다)를 받은 후 다음 각 목의 구분에 따른 기간이 지났을 것
   가. 업무의 전부정지 : 업무정지가 끝난 날부터 3년
   나. 업무의 일부정지 : 업무정지가 끝난 날부터 2년
   다. 지점, 그 밖의 영업소의 폐쇄 또는 그 업무의 전부나 일부의 정지 : 해당 조치를 받은 날부터 1년

⑦ 법 제5조제2항제9호에 따른 이해상충방지체계(이하 "이해상충방지체계"라 한다)는 전자등록업의 영위와 관련하여 전자등록기관과 법 제23조제1항에 따른 계좌관리기관등 사이 또는 전자등록기관이 영위하는 업무 상호간의 이해상충이 발생할 가능성을 파악 · 평가하고, 전자등록기관의 내부통제기준으로 정하는 방법 및 절차에 따라 이를 적절히 관리하는 체계여야 한다.
⑧ 제3항부터 제7항까지의 규정에 따른 허가요건에 관하여 필요한 구체적인 기준은 금융위원회 및 법무부장관이 공동으로 정하여 고시할 수 있다.

제4조 【전자등록업허가의 방법 및 절차】 ① 법 제6조제1항에 따라 전자등록업허가를 받으려는 자는 다음 각 호의 사항을 기재한 허가신청서를 금융위원회 및 법무부장관에게 제출해야 한다.
1. 명칭
2. 본점과 지점, 그 밖의 영업소의 소재지
3. 임원에 관한 사항
4. 영위하려는 전자등록업 허가업무 단위(법 제5조제1항에 따른 전자등록업 허가업무 단위를 말한다. 이하 같다)에 관한 사항
5. 그 밖에 전자등록업허가 요건의 심사에 필요한 사항으로서 금융위원회 및 법무부장관이 공동으로 정하여 고시하는 사항

② 제1항에 따른 허가신청서에는 다음 각 호의 서류를 첨부해야 한다.
1. 정관
2. 발기인총회, 창립주주총회 또는 이사회의 의사록 등 설립이나 허가신청의 의사결정을 증명하는 서류
3. 본점과 지점, 그 밖의 영업소의 위치와 명칭을 기재한 서류
4. 임원의 이력서와 경력증명서
5. 전자등록업 허가업무 단위의 종류와 업무방법을 기재한 서류
6. 최근 3개 사업연도의 재무제표와 그 부속명세서(설립 중인 법인은 제외하며, 설립일부터 3개 사업연도가 지나지 않은 법인의 경우에는 설립일부터 최근 사업연도까지의 재무제표와 그 부속명세서를 말한다)
7. 업무개시 후 3개 사업연도의 사업계획서(추정재무제표를 포함한다) 및 예상 수입 · 지출 계산서
8. 인력과 전산설비, 그 밖의 물적 설비의 현황을 확인할 수 있는 서류
9. 허가신청일(전자등록업 허가업무 단위를 추가하기 위한 허가신청인 경우에는 최근 사업연도의 말일로 한다) 현재 발행주식총수의 100분의 1 이상을 소유한 주주의 성명 또는 명칭과 그 소유주식수를 기재한 서류
10. 대주주가 법 제5조제2항제7호의 요건을 갖추었음을 확인할 수 있는 서류
11. 이해상충방지체계를 갖추었는지를 확인할 수 있는 서류
12. 그 밖에 허가요건의 심사에 필요한 서류로서 금융위원회 및 법무부장관이 공동으로 정하여 고시하는 서류

③ 제1항 및 제2항에도 불구하고 전자등록업허가를 받으려는 자가 법 제7조제1항에 따른 예비허가를 신청한 경우로서 예비허가를 신청할 때 제출한 예비허가신청서 및 첨부서류의 내용이 법 제6조제1항에 따른 허가신청을 할 때까지 변경되지 않은 경우에는 그 부분을 구체적으로 제시하여 이를 참조하라는 뜻을 기재함으로써 제1항에 따른 허가신청서의 기재사항 중 일부를 기재하지 않거나 제2항에 따른 첨부서류 중 해당 첨부서류의 제출을 생략할 수 있다.
④ 제1항에 따른 허가신청서를 제출받은 금융위원회 및 법무부장관은 「전자정부법」 제36조제1항에 따른 행정정보의 공동이용을 통하여 법인 등기사항증명서를 확인해야 한다.
⑤ 제1항에 따른 허가신청서를 제출받은 금융위원회 및 법무부장관은 전자등록업허가 신청 내용의 사실 여부를 확인하고, 전자등록업허가를 신청한 자(이하 이 조에서 "허가신청자"라 한다)가 법 제5조제2항에 따른 허가요건을 갖추었는지를 심사해야 한다.
⑥ 금융위원회 및 법무부장관은 제5항에 따라 전자등록업허가의 신청 내용을 확인하기 위해 필요한 경우에는 이해관계자, 발기인 또는 임원과의 면담 등의 방법으로 실지조사를 할 수 있다.
⑦ 금융위원회 및 법무부장관은 전자등록업허가의 신청 내용에 관한 이해관계자 등의 의견을 수렴하기 위해 다음 각 호의 사항을 금융위원회 및 법무부 인터넷 홈페이지 등에 공고해야 한다.
1. 전자등록업허가 신청인의 명칭
2. 전자등록업허가 신청 일자
3. 전자등록업허가 신청 내용
4. 전자등록업허가 여부에 대한 의견제시의 방법 및 기간 등 의견제시 절차에 관한 사항

⑧ 금융위원회 및 법무부장관은 제7항에 따라 이해관계인 등의 의견을 수렴한 결과 허가신청자에게 불리하다고 인정되는 의견이 있으면 그 의견을 허가신청자에게 통보하고, 기한을 정하여 소명하도록 할 수 있다.
⑨ 금융위원회 및 법무부장관은 전자등록업허가의 심사에 필요하다고 인정되는 경우에는 공청회를 개최할 수 있다.
⑩ 법 제6조제2항에 따라 전자등록업허가를 받은 자는 그 허가를 받은 날부터 6개월 이내에 그 허가받은 전자등록업을 시작해야 한다. 다만, 금융위원회 및 법무부장관이 그 기한을 따로 정하거나 전자등록업허가를 받은 자의 신청을 받아 그 기한을 연장한 경우에는 그 기한 이내에 그 허가받은 전자등록업을 시작할 수 있다.
⑪ 금융위원회 및 법무부장관은 전자등록업허가에 조건을 붙인 경우에는 그 이행 여부를 확인해야 한다.
⑫ 제1항부터 제11항까지에서 규정한 사항 외에 전자등록업허가의 신청과 심사, 허가신청서의 서식과 작성방법 등에 관하여 필요한 사항은 금융위원회 및 법무부장관이 공동으로 정하여 고시한다.

제5조 【허가심사기간에 넣지 않는 기간】 법 제6조제3항에서 "허가신청서 흠결의 보완기간 등 대통령령으로 정하는 기간"이란 다음 각 호의 어느 하나에 해당하는 기간을 말한다.
1. 전자등록업허가를 받으려는 자가 법 제5조제2항 각 호의 요건을 갖추었는지를 확인하기 위해 금융위원회 및 법무부장관이 다른 기관 등으로부터 필요한 자료를 제공받는 데 걸리는 기간
2. 법 제6조제2항 후단에 따라 금융위원회 및 법무부장관이 법 제6조제1항에 따른 허가신청서 흠결의 보완을 요구한 경우에는 그 보완기간
3. 전자등록업허가를 받으려는 자 또는 전자등록업허가를 받으려는 자의 대주주를 상대로 형사소송 절차가 진행되고 있거나 법무부, 공정거래위원회, 금융위원회, 국세청, 검찰청 또는 「금융위원회의 설치 등에 관한 법률」에 따른 금융감독원(이하 "금융감독원"이라 한다) 등에 의한 조사 · 검사 등의 절차가 진행되고 있고, 그 소송이나 조사 · 검사 등의 내용이 전자등록업허가의 심사에 중대한 영향을 미칠 수 있다고 인정되는 경우에는 그 소송이나 조사 · 검사 등의 절차가 끝날 때까지의 기간

제6조 【예비허가의 방법 및 절차 등】 ① 법 제7조제1항에 따라 예비허가를 신청하려는 자는 제4조제1항 각 호의 사항을 기재한 예비허가신청서를 금융위원회 및 법무부장관에게 제출해야 한다.
② 제1항에 따른 예비허가신청서에는 다음 각 호의 서류를 첨부해야 한다.
1. 정관 또는 정관안
2. 발기인총회, 창립주주총회 또는 이사회의 의사록 등 설립이나 허가신청의 의사결정을 증명하는 서류
3. 임원(임원으로 선임이 예정된 사람을 포함한다)의 이력서와 경력증명서
4. 영위하려는 전자등록업 허가업무 단위의 종류와 업무방법을 기재한 서류
5. 최근 3개 사업연도의 재무제표와 그 부속명세서(설립 중인 법인은 제외하며, 설립일부터 3개 사업연도가 지나지 않은 법인의 경우에는 설립일부터 최근 사업연도까지의 재무제표와 그 부속명세서를 말한다)
6. 업무개시 후 3개 사업연도의 사업계획서(추정재무제표를 포함한다)
7. 인력과 전산설비, 그 밖의 물적 설비 등(채용, 구매 등이 예정된 인력, 물적 설비 등을 포함한다)의 현황을 확인할 수 있는 서류
8. 예비허가 신청일(전자등록업 허가업무 단위를 추가하기 위한 예비허가신청인 경우에는 최근 사업연도의 말일로 한다) 현재 발행주식총수의 100분의 1 이상을 소유한 주주의 성명이나 명칭과 그 소유주식수를 기재한 서류
9. 대주주가 법 제5조제2항제7호의 요건을 갖추었음을 확인할 수 있는 서류
10. 이해상충방지체계를 갖추었거나 갖출 수 있는지를 확인할 수 있는 서류
11. 그 밖에 법 제7조에 따른 예비허가의 심사에 필요한 서류로서 금융위원회 및 법무부장관이 공동으로 정하여 고시하는 서류

③ 법 제7조제1항에 따라 신청된 예비허가의 심사 방법 및 절차에 관하여는 제4조제4항부터 제9항까지의 규정을 준용한다. 이 경우 "허가신청서"는 각각 "예비허가신청서"로, "전자등록업허가"는 각각 "예비허가"로 본다.
④ 법 제7조제2항에 따라 예비허가를 받은 자는 그 예비허가를 받은 날부터 6개월 이내에 예비허가의 내용 및 조건을 이행한 후 법 제5조에 따른 전자등록업허가(이하 이 항에서 "본허가"라 한다)를 신청해야 한다. 다만, 금융위원회 및 법무부장관이 예비허가 당시 본허가 신청기한을 따로 정했거나, 예비허가 후 예비허가를 받은 자의 신청을 받아 본허가 신청기한을 연장한 경우에는 그 기한 이내에 본허가를 신청할 수 있다.

⑤ 제1항부터 제4항까지에서 규정한 사항 외에 예비허가의 신청과 심사, 예비허가신청서의 서식과 작성방법 등에 관하여 필요한 사항은 금융위원회 및 법무부장관이 공동으로 정하여 고시한다.

제7조【예비허가 심사기간에 넣지 않는 기간】 법 제7조제3항에서 "예비허가신청과 관련된 흠결의 보완기간 등 대통령령으로 정하는 기간"이란 다음 각 호의 어느 하나에 해당하는 기간을 말한다.

1. 법 제7조제1항에 따라 예비허가를 신청한 자가 법 제5조제2항 각 호의 요건을 갖출 수 있는지 확인하기 위해 금융위원회 및 법무부장관이 다른 기관 등으로부터 필요한 자료를 제공받는 데 걸리는 기간
2. 법 제7조제2항 후단에 따라 금융위원회 및 법무부장관이 예비허가신청에 관한 흠결의 보완을 요구한 경우에는 그 보완기간
3. 법 제7조제1항에 따라 예비허가를 신청한 자 또는 예비허가를 신청한 자의 대주주를 상대로 형사소송 절차가 진행되고 있거나 법무부, 공정거래위원회, 금융위원회, 국세청, 검찰청 또는 금융감독원 등에 의한 조사·검사 등의 절차가 진행되고 있고, 그 소송이나 조사·검사 등의 내용이 법 제7조제2항에 따른 예비허가 심사에 중대한 영향을 미칠 수 있다고 인정되는 경우에는 그 소송이나 조사·검사 등의 절차가 끝날 때까지의 기간

제8조【전자등록업 폐지 등의 승인】 ① 전자등록기관은 법 제12조제1항 전단에 따라 전자등록업의 전부 또는 일부의 폐지나 전자등록기관의 해산(이하 이 조에서 "폐지등"이라 한다)의 승인을 받으려는 경우에는 다음 각 호의 사항을 기재한 승인신청서를 금융위원회에 제출해야 한다.

1. 명칭
2. 본점의 소재지
3. 임원에 관한 사항
4. 승인을 신청하는 사유, 내용 및 시기 등
5. 그 밖에 승인 심사에 필요한 사항으로서 금융위원회가 정하여 고시하는 사항

② 제1항에 따른 승인신청서에는 다음 각 호의 서류를 첨부해야 한다.

1. 정관
2. 폐지등의 승인을 신청하는 사유에 관하여 이사회나 주주총회의 의결이 있는 경우에는 그 의사록
3. 폐지등의 승인을 신청하는 사유와 관련된 계약서가 있는 경우에는 그 사본
4. 그 밖에 폐지등의 승인 심사에 필요한 서류로서 금융위원회가 정하여 고시하는 서류

③ 금융위원회는 법 제12조제1항에 따라 폐지등을 승인하려는 경우에는 다음 각 호의 기준을 모두 갖추었는지를 심사해야 한다.

1. 해당 전자등록기관의 경영 및 재무상태 등에 비추어 부득이할 것
2. 권리자 보호와 거래질서 유지에 지장을 주지 않을 것
3. 「상법」 및 「자본시장과 금융투자업에 관한 법률」, 그 밖의 관계 법령에 따른 절차를 이행하는 데 장애 사유가 없을 것

④ 금융위원회는 제1항 및 제2항에 따른 승인신청서와 첨부서류(이하 "승인신청서등"이라 한다)를 접수한 경우에는 그 내용을 심사하여 승인신청서등을 접수한 날부터 2개월 이내에 승인 여부를 결정하고, 그 결과와 이유를 지체 없이 신청인에게 문서로 통지해야 한다. 이 경우 승인신청서등에 흠결이 있을 때에는 기한을 정하여 보완을 요구할 수 있다.

⑤ 제4항 전단에 따른 심사기간을 계산할 때에는 같은 항 후단에 따른 승인신청서등의 흠결을 보완하기 위한 기간 등 금융위원회가 정하여 고시하는 기간은 심사기간에 넣지 않는다.

⑥ 제1항부터 제5항까지에서 규정한 사항 외에 폐지등의 승인 신청과 심사, 승인신청서의 서식과 작성방법 등에 관하여 필요한 사항은 금융위원회가 정하여 고시한다.

제9조【대표이사 해임 요구 사유】 법 제13조제4항 전단에서 "대통령령으로 정하는 경우"란 금융위원회가 전자등록기관 대표이사의 직무수행능력·전문성·경력 등을 종합적으로 고려하여 적격성을 검토한 결과 그 직무를 수행하는 데에 부적합하다고 인정되는 경우를 말한다.

제10조【특별한 이해관계】 법 제13조제5항에서 "대통령령으로 정하는 특별한 이해관계"란 다음 각 호의 어느 하나에 해당하는 것을 말한다.

1. 채무보증
2. 담보제공
3. 정상적인 거래활동(거래 상대방의 사업 내용과 관련되거나 사업목적 달성에 수반되는 행위로서 거래조건 등에 비추어 사회통념상 일반적인 거래활동으로 인정될 수 있는 경우를 말한다)을 수행하는 과정에서 필요한 행위에 해당하는 것으로 볼 수 없는 이해관계

제11조【계좌관리기관】 ① 법 제19조제7호에서 "대통령령으로 정하는 자"란 다음 각 호의 어느 하나에 해당하는 자를 말한다.

1. 「한국자산관리공사 설립 등에 관한 법률」에 따른 한국자산관리공사(2022.2.17 본호개정)
2. 「예금자보호법」 제36조의3제1항에 따른 정리금융회사
3. 「조세특례제한법 시행령」 제72조제1항에 따른 보상채권을 같은 조 제3항에 따라 사업시행자가 계좌관리기관으로 하여 보유하는 경우 해당 사업시행자
4. 그 밖에 다른 법령에 따른 업무를 하기 위해 법 제22조제1항에 따른 고객계좌(이하 "고객계좌"라 한다)를 관리할 필요가 있는 자로서 금융위원회가 계좌관리기관으로 지정하여 고시하는 자

② 법 제19조제8호에서 "대통령령으로 정하는 자"란 다음 각 호의 어느 하나에 해당하는 자를 말한다.

1. 「자본시장과 금융투자업에 관한 법률」에 따른 증권금융회사 및 종합금융회사
2. 「여신전문금융업법」에 따른 여신전문금융회사
3. 「한국수출입은행법」에 따른 한국수출입은행
4. 「상호저축은행법」에 따른 상호저축은행과 상호저축은행중앙회
5. 「수산업협동조합법」에 따른 수산업협동조합, 수산업협동조합중앙회 및 수협은행
6. 「농업협동조합법」에 따른 농업협동조합과 농업협동조합중앙회
7. 「신용협동조합법」에 따른 신용협동조합과 신용협동조합중앙회
8. 「새마을금고법」에 따른 새마을금고와 새마을금고중앙회
9. 「우체국 예금·보험에 관한 법률」에 따른 체신관서
10. 전자등록기관
11. 그 밖에 업무의 성격 등을 고려하여 금융위원회가 계좌관리기관으로 지정하여 고시하는 자

제3장 계좌의 개설 등

제12조【발행인관리계좌의 개설 등】 ① 법 제21조제1항제2호에서 "대통령령으로 정하는 증권 또는 증서"란 다음 각 호의 어느 하나에 해당하는 것을 말한다.

1. 법 제2조제1호나목부터 마목까지 또는 카목에 해당하는 권리가 표시된 증권 또는 증서[「자본시장과 금융투자업에 관한 법률」 제8조의2제4항제1호에 따른 증권시장(이하 "증권시장"이라 한다)에 상장하지 않은 것에 한정하되, 종전의 「공사채 등록법」(법률 제14096호로 폐지되기 전의 것을 말한다) 제3조에 따른 등록기관에 등록하여 사채권을 발행하지 않은 것을 포함한다]
2. 법 제2조제1호사목의 권리가 표시된 기명식(記名式) 증권 또는 증서

② 법 제21조제1항제3호에서 "대통령령으로 정하는 자"란 다음 각 호의 어느 하나에 해당하는 외국법인등(법 제2조제1호하목에 따른 외국법인등을 말한다. 이하 이 항에서 같다)을 말한다.

1. 국내에서 주권(株券)을 새로 발행하려는 외국법인등
2. 이미 국내에서 주권을 발행한 자로서 해당 주권의 권리자에게 전자등록의 방법으로 주식을 보유하게 하거나 취득하게 하려는 외국법인등

③ 법 제21조제2항제1호에서 "대통령령으로 정하는 정보"란 발행인(같은 조 제1항 각 호의 어느 하나에 해당하는 자로서 같은 항에 따라 발행인관리계좌를 개설한 자를 말한다. 이하 같다)에 관한 다음 각 호의 정보를 말한다.

1. 발행인의 법인등록번호 또는 고유번호
2. 발행인의 본점과 지점, 그 밖의 영업소의 소재지
3. 발행인의 설립연월일, 업종 및 대표자의 성명, 그 밖에 이에 준하는 정보

④ 법 제21조제2항제3호에서 "대통령령으로 정하는 사항"이란 다음 각 호의 사항을 말한다.

1. 전자등록의 사유
2. 전자등록주식등의 발행 일자 및 발행 방법
3. 법 제2조제1호나목 또는 마목에 따른 권리로서 법 제59조 각 호의 요건을 모두 갖추고 전자등록된 것(이하 "단기사채등"이라 한다)인 경우 그 발행 한도 및 미상환 발행 잔액
4. 그 밖에 전자등록기관이 법 제15조에 따른 전자등록업무규정(이하 "전자등록업무규정"이라 한다)으로 정하는 사항

제13조【발행인관리계좌부에 우선하는 장부】 법 제21조제3항제4호에서 "대통령령으로 정하는 장부"란 다음 각 호의 장부를 말한다.

1. 「상법」 제488조에 따른 사채원부
2. 「신탁법」 제87조제4항에 따른 신탁사채원부
3. 「지방재정법」 제12조에 따른 지방채증권원부

제14조【고객계좌부의 전자등록사항】 법 제22조제2항제7호에서 "대통령령으로 정하는 사항"이란 같은 항에 따른 고객계좌부(이하 "고객계좌부"라 한다)에 전자등록된 전자등록주식등의 수량 또는 금액이 증감하는 경우 그 증감 원인을 말한다.

제15조【고객관리계좌부의 기록사항】 법 제22조제4항제3호에서 "대통령령으로 정하는 사항"이란 같은 항에 따른 고객관리계좌부(이하 "고객관리계좌부"라 한다)에 기록된 전자등록주식등의 수량 또는 금액이 증감하는 경우 그 증감 원인을 말한다.

제16조【계좌관리기관등 자기계좌개설자의 범위】 법 제23조제1항에서 "대통령령으로 정하는 자"란 다음 각 호의 어느 하나에 해당하는 자를 말한다.

1. 법률에 따라 설립된 기금을 관리·운용하는 법인
2. 개인, 법인 또는 단체로서 주식등의 보유 규모, 보유 목적 및 해당 주식등의 종류 등을 고려하여 금융위원회가 정하여 고시하는 자

제17조【계좌관리기관등 자기계좌부의 전자등록사항】 법 제23조제2항제3호에서 "대통령령으로 정하는 사항"이란 같은 항에 따른 계좌관리기관등 자기계좌부(이하 "계좌관리기관등 자기계좌부"라 한다)에 전자등록된 전자등록주식등의 수량 또는 금액이 증감하는 경우 그 증감 원인을 말한다.

제4장 전자등록

제18조【주식등의 신규 전자등록】 ① 법 제25조제1항제3호에서 "대통령령으로 정하는 주식등"이란 다음 각 호의 어느 하나에 해당하는 것을 말한다.

1. 법 제2조제1호나목의 주식등 중 다음 각 목의 어느 하나에 해당하는 주식등
   가. 「자본시장과 금융투자업에 관한 법률」에 따른 조건부자본증권에 표시되어야 할 권리
   나. 「상법」 제469조제2항제3호의 사채(발행인이 「자본시장과 금융투자업에 관한 법률」에 따른 투자매매업자인 경우로 한정한다)
2. 법 제2조제1호차목·타목 또는 파목의 권리
3. 「은행법」, 「금융지주회사법」 및 「보험업법」에 따른 조건부자본증권에 표시되어야 할 권리(2023.6.27 본호개정)
4. 그 밖에 주식등의 발행 및 유통 구조, 주식등에 대한 권리자의 권리행사 내용과 방법 등을 고려하여 신규 전자등록 신청을 해야 할 필요가 있는 주식등으로서 금융위원회가 정하여 고시하는 권리

② 법 제25조제2항에서 "대통령령으로 정하는 경우"란 발행인이 전자등록기관에 해당 주식등의 종목별로 최초로 전자등록을 신청하는 경우를 말한다.

제19조【전자등록 신청의 방법 및 절차 등】 ① 발행인은 법 제25조제1항 또는 제2항에 따라 전자등록기관에 신규 전자등록이나 사전심사를 신청하는 경우 같은 조 제3항 전단에 따라 다음 각 호의 사항을 기재한 전자등록신청서나 사전심사신청서(이하 "전자등록신청서등"이라 한다)를 제출해야 한다.

1. 발행인의 명칭
2. 법 제25조제1항 또는 제2항에 따라 신규 전자등록이나 사전심사를 신청하는 주식등의 종류·종목 및 종목별 수량 또는 금액
3. 그 밖에 주식등의 전자등록신청서등에 기재하도록 전자등록업무규정으로 정하는 사항

② 전자등록신청서등에는 다음 각 호의 서류를 첨부해야 한다.

1. 다음 각 목의 구분에 따른 서류
   가. 「상법」 제356조의2, 제420조의4, 제478조제3항 또는 제516조의7에 따라 전자등록하는 주식등 : 해당 주식등 발행인의 정관
   나. 그 밖의 주식등의 경우 : 해당 주식등의 발행과 관련된 계약·약관 또는 이에 준하는 것으로서 주식등의 발행 근거가 되는 것
2. 법인인감증명서 및 법인 등기사항증명서
3. 그 밖에 주식등의 신규 전자등록 또는 사전심사에 필요한 서류로서 전자등록업무규정으로 정하는 서류

③ 전자등록신청서등을 제출받은 전자등록기관은 그 신청 내용에 관한 사실 여부를 확인하고, 법 제25조제6항에 따른 주식등 신규 전자등록 거부 사유에 해당하는지를 검토해야 한다.

④ 제1항부터 제3항까지에서 규정한 사항 외에 신규 전자등록 또는 사전심사의 신청과 검토 방법, 전자등록신청서등의 서식과 작성방법 등에 관하여 필요한 사항은 전자등록업무규정으로 정한다.

제20조【검토기간에 넣지 않는 기간】 법 제25조제5항에서 "대통령령으로 정하는 기간"이란 다음 각 호의 어느 하나에 해당하는 기간을 말한다.

1. 전자등록기관이 전자등록신청서등의 기재사항을 확인하기 위해 다른 기관 등으로부터 필요한 자료를 제공받는 데에 걸리는 기간
2. 전자등록기관이 법 제25조제4항 후단에 따른 전자등록신청서등의 흠결에 대한 보완을 요구한 경우에는 그 보완기간

제21조【신규 전자등록의 거부사유】 ① 법 제25조제6항제1호다목에서 "대통령령으로 정하는 경우"란 다음 각 호의 어느 하나에 해당하는 경우를 말한다.

1. 법 제38조제1항에 따른 전자등록기관을 통한 권리 행사가 곤란한 경우
2. 다음 각 목의 구분에 따른 주식등에 대하여 해당 각 목의 정관·계약·약관 등에서 양도가 금지되거나 제한되는 것으로 정하고 있는 경우
   가. 「상법」 제356조의2, 제420조의4, 제478조제3항 또는 제516조의7에 따라 전자등록하는 주식등 : 해당 주식등 발행인의 정관
   나. 그 밖의 주식등 : 해당 주식등의 발행과 관련된 계약·약관 또는 이에 준하는 것으로서 주식등의 발행 근거가 되는 것

3. 그 밖에 주식등의 대체가능성이나 유통가능성, 권리행사 방법 등을 고려할 때 주식등의 신규 전자등록이 적절하지 않은 경우로서 금융위원회가 정하여 고시하는 경우
② 법 제25조제6항제6호에서 "대통령령으로 정하는 경우"란 다음 각 호의 어느 하나에 해당하는 경우를 말한다.
1. 주식의 신규 전자등록을 신청하는 발행인이 명의개서대행회사(「자본시장과 금융투자업에 관한 법률」 제365조제1항에 따라 등록한 자를 말한다. 이하 같다)를 선임하지 않은 경우
2. 그 밖에 주식등의 발행 및 전자등록 시에 발행인이 권리자 보호에 필요한 사항이나 절차를 이행하지 않는 경우 등 권리자 보호 및 거래질서 유지를 위해 필요한 경우로서 금융위원회가 정하여 고시하는 경우

제22조【전자등록에 따른 공고와 통지】 ① 법 제27조제1항 각 호 외의 부분에서 "대통령령으로 정하는 장부"란 다음 각 호의 어느 하나에 해당하는 것을 말한다.
1. 법 제21조제3항제3호에 따른 등록부
2. 제13조 각 호에 따른 장부
3. 「신탁법」 제79조제1항에 따른 수익자명부
② 발행인은 법 제27조제1항에 따른 공고를 할 때에는 다음 각 호의 구분에 따른 주식등의 발행 근거에서 정한 방법으로 해야 한다. 이 경우 발행인은 전자등록기관의 인터넷 홈페이지에 그 내용을 함께 공고해야 한다.
1. 「상법」 제356조의2, 제420조의4, 제478조제3항 또는 제516조의7에 따라 전자등록하는 주식등의 경우 : 해당 주식등 발행인의 정관
2. 그 밖의 주식등의 경우 : 해당 주식등의 발행과 관련된 계약·약관 또는 이에 준하는 것으로서 주식등의 발행 근거가 되는 것
③ 발행인은 법 제27조제1항에 따른 통지를 하는 경우에는 서면으로 1회 이상 통지해야 한다.

제23조【신규 전자등록 추가 신청의 방법 및 절차 등】
① 발행인은 법 제27조제2항에 따라 신규 전자등록의 추가 신청을 하려는 경우에는 전자등록기관에 다음 각 호의 사항이 기재된 추가 전자등록신청서를 제출해야 한다.
1. 발행인의 명칭
2. 추가 전자등록하는 주식등의 종류, 종목 및 종목별 수량 또는 금액
3. 주식등을 추가 전자등록하는 고객계좌 또는 법 제23조제1항에 따른 계좌관리기관등 자기계좌(이하 "계좌관리기관등 자기계좌"라 한다)의 개설자의 성명 또는 명칭
4. 주식등을 추가 전자등록하는 고객계좌 또는 계좌관리기관등 자기계좌(이하 "전자등록계좌"라 한다) 및 전자등록계좌별 주식등의 수량 또는 금액
5. 신규 전자등록의 추가 신청 사유
6. 그 밖에 전자등록업무규정에서 추가 전자등록신청서에 기재하도록 정하는 사항
② 제1항에 따른 추가 전자등록신청서에는 다음 각 호의 서류를 첨부해야 한다.
1. 다음 각 목의 구분에 따른 서류
   가. 「상법」 제356조의2, 제420조의4, 제478조제3항 또는 제516조의7에 따라 전자등록하는 주식등의 경우 : 해당 주식등 발행인의 정관
   나. 그 밖의 주식등의 경우 : 해당 주식등의 발행과 관련된 계약·약관 또는 이에 준하는 것으로서 주식등의 발행 근거가 되는 것
2. 법인인감증명서 및 법인 등기사항증명서
3. 그 밖에 전자등록업무규정에서 주식등의 신규 전자등록 추가 신청의 첨부서류로 정하는 서류
③ 제1항에 따라 추가 전자등록신청서를 제출받은 전자등록기관은 그 신청 내용의 사실 여부를 확인하고, 법 제25조제6항 각 호에 따른 주식등 신규 전자등록 거부 사유에 해당하는지를 검토해야 한다.
④ 제1항부터 제3항까지에서 규정한 사항 외에 주식등 신규 전자등록의 추가 신청, 거부 사유의 검토 방법 및 추가 전자등록신청서의 서식과 작성 방법 등에 관하여 필요한 사항은 전자등록업무규정으로 정한다.

제24조【특별계좌의 개설 및 관리】 ① 법 제29조제1항에서 "대통령령으로 정하는 기관"이란 전자등록기관을 말한다.
② 법 제29조제2항제4호에서 "대통령령으로 정하는 경우"란 다음 각 호의 어느 하나에 해당하는 경우를 말한다.
1. 법 제29조제1항에 따른 전자등록계좌(이하 "특별계좌"라 한다)에 전자등록된 주식등을 「상법」 제360조의2에 따른 주식의 포괄적 교환 또는 같은 법 제360조의15에 따른 주식의 포괄적 이전에 따라 이전하는 경우
2. 특별계좌에 전자등록된 주식등을 「상법」 제360조의24에 따른 지배주주의 매도청구에 따라 이전하는 경우
3. 특별계좌에 전자등록된 주식 중 소유자의 명의가 「자본시장과 금융투자업에 관한 법률」 제294조에 따른 한국예탁결제원(이하 "예탁결제원"이라 한다)인 주식의 권리행사로 인하여 예탁결제원이 발행인으로부터 수령한 주식이 있는 경우 그 수령일부터 1년이 지난 주식을 증권시장 등을 통해 매각하여 현금으로 관리하기 위한 경우. 다만, 해당 주식의 발행인이 상장폐지되는 경우 등 금융위원회가 정하여 고시하는 경우에는 그 주식의 수령일부터 1년이 지나지 않은 경우에도 증권시장 등을 통하여 해당 주식을 매각할 수 있다.
4. 그 밖에 「민사집행법」에 따른 강제집행의 경우 등 특별계좌에 전자등록된 주식등의 이전이 필요하고, 해당 주식등의 권리자의 이익을 해칠 우려가 없는 경우로서 금융위원회가 정하여 고시하는 경우
③ 법 제29조제3항 단서에서 "대통령령으로 정하는 사유"란 다음 각 호의 어느 하나에 해당하는 경우를 말한다.
1. 발행인의 합병·분할 또는 분할합병에 따라 전자등록된 자기주식 및 그 밖의 주식등을 특별계좌로 이전하는 경우
2. 「상법」 제345조제4항에 따라 회사가 상환주식을 취득한 대가로 전자등록된 주식등을 특별계좌로 이전하는 경우
3. 「상법」 제360조의2에 따른 주식의 포괄적 교환에 따라 완전모회사가 되는 회사의 전자등록된 자기주식 및 그 밖의 주식등을 특별계좌로 이전하는 경우
4. 「상법」 제462조의4제1항에 따른 현물배당을 하기 위해 자기주식 및 그 밖의 주식등을 특별계좌로 이전하는 경우
5. 그 밖에 전자등록된 주식등의 특별계좌로의 이전이 필요하다고 금융위원회가 정하여 고시하는 경우

제25조【계좌간 대체의 전자등록 신청 방법 등】 ① 법 제30조제1항제3호에서 "대통령령으로 정하는 경우"란 다음 각 호의 어느 하나에 해당하는 경우를 말한다.
1. 전자등록주식등의 소유자가 법 제63조제1항에 따라 전자등록주식등의 전자등록을 증명하는 문서(이하 "전자등록증명서"라 한다)를 발행받은 경우 전자등록주식등의 소유자로부터 그 전자등록증명서를 받은 다음 각 목의 자가 전자등록증명서 발행의 기초가 된 전자등록주식등을 자신의 전자등록계좌로 이전하는 경우
   가. 전자등록주식등의 소유자가 전자등록주식등을 「공탁법」에 따라 공탁한 경우 그 공탁물을 수령할 자
   나. 전자등록주식등의 소유자가 「자본시장과 금융투자업에 관한 법률」 제171조에 따라 납부할 보증금 또는 공탁금을 전자등록주식등으로 대신 납부한 경우 그 전자등록주식등을 납부받은 자
2. 법원의 판결(확정판결과 동일한 효력을 갖는 것을 포함한다. 이하 같다)·결정·명령에 따라 전자등록주식등에 대한 권리를 취득하려는 자가 자기의 전자등록계좌로 그 전자등록주식등을 이전하는 경우
3. 그 밖에 전자등록주식등의 이전이 필요하다고 인정되는 경우로서 금융위원회가 정하여 고시하는 경우
② 법 제30조제1항에 따라 전자등록주식등을 양도하려는 자(이하 이 조에서 "양도인"이라 한다)는 다음 각 호의 사항을 구체적으로 밝혀 해당 전자등록주식등이 전자등록된 전자등록기관 또는 계좌관리기관에 계좌간 대체의 전자등록을 신청해야 한다. 다만, 양도인이 동의한 경우에는 전자등록주식등을 양도받으려는 자(이하 이 조에서 "양수인"이라 한다)가 양도인의 동의서를 첨부하여 계좌간 대체의 전자등록을 신청할 수 있다.
1. 계좌간 대체의 대상이 되는 전자등록주식등의 종류, 종목 및 종목별 수량 또는 금액
2. 양도인 및 양수인의 성명 또는 명칭
3. 그 밖에 전자등록주식등의 계좌간 대체의 전자등록에 필요한 사항으로서 전자등록업무규정으로 정하는 사항
③ 제2항에도 불구하고 법원의 판결·결정·명령에 따라 권리를 취득하려 하거나 상속·합병 등을 원인으로 한 포괄승계에 의하여 전자등록주식등에 대한 권리를 취득하는 자는 그 권리취득을 증명하는 서류를 첨부하여 계좌간 대체의 전자등록을 신청할 수 있다.
④ 제2항 및 제3항에 따른 계좌간 대체의 전자등록 신청을 받은 전자등록기관 또는 계좌관리기관은 지체 없이 다음 각 호의 방법과 절차에 따라 계좌관리기관등 자기계좌부 또는 고객계좌부에 해당 전자등록주식등의 계좌간 대체의 전자등록을 해야 한다.
1. 계좌관리기관등 자기계좌 사이의 계좌간 대체의 전자등록 신청인 경우
   가. 전자등록기관은 양도인의 계좌관리기관등 자기계좌부에 감소의 전자등록을 할 것
   나. 전자등록기관은 양수인의 계좌관리기관등 자기계좌부에 증가의 전자등록을 할 것
2. 같은 계좌관리기관에 개설된 고객계좌 사이의 계좌간 대체의 전자등록 신청인 경우
   가. 계좌관리기관은 양도인의 고객계좌부에 감소의 전자등록을 할 것
   나. 계좌관리기관은 양수인의 고객계좌부에 증가의 전자등록을 할 것
3. 계좌관리기관등 자기계좌에서 고객계좌로의 계좌간 대체의 전자등록 신청인 경우
   가. 전자등록기관은 양도인의 계좌관리기관등 자기계좌부에 감소의 전자등록을 할 것
   나. 전자등록기관은 양수인이 고객계좌를 개설한 계좌관리기관(이하 이 조에서 "양수계좌관리기관"이라 한다)의 고객관리계좌부에 증가의 기록을 한 후 그 사실을 양수계좌관리기관에 지체 없이 통지할 것
   다. 양수계좌관리기관은 지체 없이 통지 내용에 따라 양수인의 고객계좌부에 증가의 전자등록을 할 것
4. 고객계좌에서 계좌관리기관등 자기계좌로의 계좌간 대체의 전자등록 신청인 경우
   가. 양도인이 고객계좌를 개설한 계좌관리기관(이하 이 조에서 "양도계좌관리기관"이라 한다)은 양도인의 고객계좌부에 감소의 전자등록을 한 후 그 사실을 전자등록기관에 지체 없이 통지할 것
   나. 전자등록기관은 지체 없이 통지 내용에 따라 양도계좌관리기관의 고객관리계좌부에 감소의 기록을 할 것
   다. 전자등록기관은 양수인의 계좌관리기관등 자기계좌부에 증가의 전자등록을 할 것
5. 서로 다른 계좌관리기관에 개설된 고객계좌 간의 계좌간 대체의 전자등록 신청인 경우
   가. 양도계좌관리기관은 양도인의 고객계좌부에 감소의 전자등록을 한 후 그 사실을 전자등록기관에 지체 없이 통지할 것
   나. 전자등록기관은 지체 없이 통지 내용에 따라 양도계좌관리기관의 고객관리계좌부에 감소의 기록을 할 것
   다. 전자등록기관은 양수계좌관리기관의 고객관리계좌부에 증가의 기록을 한 후 그 사실을 양수계좌관리기관에 지체 없이 통지할 것
   라. 양수계좌관리기관은 지체 없이 통지 내용에 따라 양수인의 고객계좌부에 증가의 전자등록을 할 것

제26조【질권 설정 및 말소의 전자등록 신청 방법 등】
① 법 제31조제1항에 따른 질권 설정의 전자등록 신청은 질권설정자가 해야 한다. 다만, 질권설정자가 동의한 경우에는 질권자가 질권설정자의 동의서를 첨부하여 질권 설정의 전자등록을 신청할 수 있다.
② 법 제31조제1항에 따른 질권 말소의 전자등록 신청은 질권자가 해야 한다. 다만, 질권자가 동의한 경우에는 질권설정자가 질권자의 동의서를 첨부하여 질권 말소의 전자등록을 신청할 수 있다.
③ 제1항 또는 제2항에 따라 전자등록주식등에 질권을 설정하거나 말소하려는 자는 다음 각 호의 사항을 구체적으로 밝혀 해당 전자등록주식등이 전자등록된 전자등록기관 또는 계좌관리기관에 질권 설정 또는 말소의 전자등록을 신청해야 한다.
1. 해당 전자등록주식등의 종류, 종목 및 종목별 수량 또는 금액
2. 질권설정자 및 질권자의 성명 또는 명칭
3. 그 밖에 전자등록주식등의 질권 설정 및 말소의 전자등록에 필요한 사항으로서 전자등록업무규정으로 정하는 사항

제27조【신탁재산이라는 사실의 표시 및 말소의 전자등록 신청 방법 등】 ① 법 제32조제1항에 따른 신탁재산이라는 사실을 표시하는 전자등록의 신청은 다음 각 호의 구분에 따른 자가 신청해야 한다.
1. 위탁자의 전자등록계좌에서 수탁자의 전자등록계좌로의 계좌간 대체의 전자등록의 신청에 따라 전자등록주식등이 신탁재산에 속하게 되는 경우 : 위탁자
2. 제1호 외의 방법으로 전자등록주식등이 신탁재산에 속하게 되는 경우 : 수탁자
② 법 제32조제1항에 따른 신탁재산이라는 사실의 표시를 말소하는 전자등록은 수탁자가 신청해야 한다.
③ 제1항 또는 제2항에 따라 신탁재산이라는 사실의 표시 또는 표시 말소의 전자등록을 신청하는 자는 다음 각 호의 사항을 구체적으로 밝혀 해당 전자등록주식등이 전자등록된 전자등록기관 또는 계좌관리기관에 전자등록을 신청해야 한다.
1. 해당 전자등록주식등의 종류, 종목 및 종목별 수량 또는 금액
2. 수탁자의 성명 또는 명칭
3. 그 밖에 전자등록주식등이 신탁재산이라는 사실의 표시 및 말소 전자등록에 필요한 사항으로서 전자등록업무규정으로 정하는 사항
④ 신탁재산이라는 사실의 표시 또는 표시 말소의 전자등록은 수탁자의 계좌관리기관등 자기계좌부 또는 고객계좌부에 해야 한다.

제28조【신청에 의한 변경·말소의 전자등록】 ① 법 제33조제1항제5호에서 "대통령령으로 정하는 사유"란 다음 각 호의 어느 하나에 해당하는 경우를 말한다.
1. 발행인이 「상법」 또는 그 밖의 법률에 따라 해산·청산된 경우
2. 법원의 판결·결정·명령이 있는 경우
3. 채권자가 전자등록주식등에 관한 채무면제의 의사표시를 한 경우
4. 「자본시장과 금융투자업에 관한 법률」 제193조에 따른 투자신탁의 합병 또는 같은 법 제204조에 따른 투자회사의 합병이 있는 경우
5. 그 밖에 전자등록주식등에 대한 권리가 변경되거나 소멸되었음이 분명한 경우로서 금융위원회가 정하여 고시하는 경우
② 법 제33조제1항에 따라 신규 전자등록을 변경하거나 말소하려는 자는 다음 각 호의 사항을 구체적으로 밝혀 해당 전자등록주식등이 전자등록된 전자등록기관 또는 계좌관리기관에 전자등록의 변경 또는 말소를 신청해야 한다.
1. 해당 전자등록주식등의 종류, 종목 및 종목별 수량 또는 금액
2. 권리자의 성명 또는 명칭

3. 그 밖에 전자등록주식등에 관한 권리 내용의 변동에 관한 사항 등 신규 전자등록의 변경·말소의 전자등록에 필요한 사항으로서 전자등록업무규정으로 정하는 사항

③ 제2항에 따른 신청을 받은 전자등록기관 또는 계좌관리기관은 다음 각 호의 구분에 따른 순서와 방법에 따라 신규 전자등록의 변경·말소의 전자등록을 해야 한다.

1. 고객계좌부에 전자등록된 전자등록주식등에 대한 변경·말소 신청인 경우
가. 계좌관리기관은 고객계좌부에 해당 전자등록주식등의 전자등록을 변경 또는 말소의 전자등록을 한 후 그 사실을 전자등록기관에 지체 없이 통지할 것
나. 전자등록기관은 지체 없이 통지 내용에 따라 해당 계좌관리기관의 고객관리계좌부에 변경 또는 말소의 기록을 할 것
다. 전자등록기관은 발행인관리계좌부에 변경 또는 말소의 기록을 할 것
2. 계좌관리기관등 자기계좌부에 전자등록된 전자등록주식등에 대한 변경·말소 신청인 경우
가. 전자등록기관은 계좌관리기관등 자기계좌부에서 해당 전자등록주식등의 전자등록을 변경하거나 말소할 것
나. 전자등록기관은 발행인관리계좌부에 변경 또는 말소의 기록을 할 것

제29조【직권에 의한 변경·말소의 전자등록】 ① 법 제33조제3항제3호에서 "대통령령으로 정하는 경우"란 다음 각 호의 어느 하나에 해당하는 경우를 말한다.

1. 법원의 판결·결정·명령이 있는 경우
2. 전자등록기관 또는 계좌관리기관이 법 제42조에 따라 초과분을 해소하기 위해 전자등록을 말소하는 경우
3. 그 밖에 전자등록주식등에 대한 권리가 변경되거나 소멸되었음이 분명한 경우로서 금융위원회가 정하여 고시하는 경우

② 법 제33조제3항에 따라 전자등록기관 또는 계좌관리기관이 직권으로 전자등록주식등에 관한 권리 내용을 변경하거나 말소하는 경우에는 다음 각 호의 구분에 따른 순서와 방법에 따라야 한다.

1. 고객계좌부에 전자등록된 전자등록주식등의 경우
가. 전자등록기관은 해당 고객계좌가 개설된 계좌관리기관의 고객관리계좌부에 변경 또는 말소의 기록을 할 것
나. 전자등록기관은 발행인관리계좌부에 변경 또는 말소의 기록을 한 후 그 사실을 해당 계좌관리기관에 지체 없이 통지할 것
다. 계좌관리기관은 지체 없이 해당 고객계좌부에서 전자등록주식등의 전자등록을 변경하거나 말소한 후 그 결과를 전자등록기관에 통지할 것
2. 계좌관리기관등 자기계좌부에 전자등록된 전자등록주식등의 경우
가. 전자등록기관은 계좌관리기관등 자기계좌부에서 해당 전자등록주식등의 전자등록을 변경하거나 말소할 것
나. 전자등록기관은 발행인관리계좌부에 변경 또는 말소의 기록을 할 것

제5장 전자등록주식등에 대한 권리 행사

제30조【소유자명세 작성의 예외】 법 제37조제1항 단서에서 "대통령령으로 정하는 경우"란 「자본시장과 금융투자업에 관한 법률」에 따른 투자회사가 그 투자회사의 결산에 따라 발생하는 분배금을 배분하기 위한 경우를 말한다.

제31조【소유자명세 작성의 주기 및 사유】 ① 법 제37조제2항제2호에서 "대통령령으로 정하는 주기"란 분기(分期)를 말한다.

② 법 제37조제2항제3호에서 "대통령령으로 정하는 주식등"이란 다음 각 호의 어느 하나에 해당하는 주식등을 말한다.

1. 교환사채
2. 법 제2조제1호타목의 권리 및 「상법」 제469조제2항제3호의 사채. 이 경우 권리 행사로 취득할 수 있는 기초자산이 「자본시장과 금융투자업에 관한 법률 시행령」 제139조 각 호의 어느 하나에 해당하는 증권에 표시될 수 있거나 표시되어야 할 권리인 것에 한정한다.

③ 법 제37조제2항제3호에서 "대통령령으로 정하는 자"란 다음 각 호의 구분에 따른 자를 말한다.

1. 증권예탁증권에 표시된 권리의 경우 : 그 기초가 되는 주식등(그 주식등에 따른 권리의 행사로 취득할 수 있는 기초자산이 「자본시장과 금융투자업에 관한 법률 시행령」 제139조 각 호의 어느 하나에 해당하는 증권에 표시될 수 있거나 표시되어야 할 권리인 것에 한정한다. 이하 이 항에서 같다)의 발행인
2. 교환사채의 경우 : 교환의 대상이 되는 주식등의 발행인
3. 제2항제2호의 권리 및 사채의 경우 : 그 기초자산이 되는 주식등의 발행인

④ 법 제37조제2항제4호에서 "대통령령으로 정하는 경우"란 다음 각 호의 어느 하나에 해당하는 경우를 말한다.

1. 「채무자 회생 및 파산에 관한 법률」 제147조제1항에 따라 관리인이 주주·지분권자의 목록을 작성하기 위한 경우
2. 주식의 발행인이 상장심사(「자본시장과 금융투자업에 관한 법률」 제8조의2제2항에 따른 거래소가 같은 법 제390조에 따른 증권상장규정에 따라 증권시장에 상장할 증권을 심사하는 것을 말한다)를 받는 경우로서 주식 소유상황 파악 등을 위해 일정한 날을 정하여 전자등록기관에 주주에 관한 사항의 통보를 요청하는 경우
3. 발행인이 다음 각 목의 구분에 따른 주식등의 발행 근거에서 정하는 바에 따라 해당 전자등록주식등의 소유자를 파악해야 하는 경우
가. 「상법」 제356조의2, 제420조의4, 제478조제3항 또는 제516조의7에 따라 전자등록하는 주식등의 경우 : 해당 주식등 발행인의 정관
나. 그 밖의 전자등록주식등의 경우 : 해당 주식등의 발행과 관련된 계약·약관 또는 이에 준하는 것으로서 주식등의 발행 근거가 되는 것
4. 그 밖에 권리자의 이익보호를 위해 필요한 경우 등 특별한 사정이 발생하여 해당 전자등록주식등의 소유자를 파악할 필요가 있는 경우로서 금융위원회가 정하여 고시하는 경우

⑤ 법 제37조제3항에서 "대통령령으로 정하는 경우"란 다음 각 호의 어느 하나에 해당하는 경우를 말한다.

1. 「상법」 제469조제2항제2호에 따른 상환사채가 다른 주식등으로 상환되는 경우
2. 「은행법」, 「금융지주회사법」 및 「보험업법」에 따른 조건부자본증권에 표시되어야 할 권리가 주식으로 전환되는 경우(2023.6.27 본호개정)
3. 그 밖에 전자등록주식등인 무기명식 주식등이 다른 주식등으로 전환되는 경우로서 금융위원회가 정하여 고시하는 경우

⑥ 법 제37조제7항제3호에서 "대통령령으로 정하는 사유"란 다음 각 호의 어느 하나에 해당하는 경우를 말한다.

1. 법원의 판결·결정·명령이 있는 경우
2. 전자등록기관 또는 계좌관리기관이 법 제42조에 따라 초과분을 해소하기 위해 전자등록을 말소하는 경우
3. 그 밖에 전자등록기관이 주식등에 관한 권리를 관리하기 곤란하다고 인정되는 경우로서 전자등록업무규정으로 정하는 경우

제32조【전자등록기관을 통한 권리 행사】 ① 법 제38조제3항에서 "대통령령으로 정하는 사항"이란 다음 각 호의 사항을 말한다.

1. 전자등록주식등의 종류 및 발행 회차(回次)
2. 전자등록주식등의 권리의 종류·발생사유·내용 및 권리 행사 일정
3. 전자등록주식등의 발행조건이 변경된 경우에는 그 변경 내역
4. 그 밖에 전자등록주식등의 권리 행사와 관련하여 전자등록업무규정으로 정하는 사항

② 「자본시장과 금융투자업에 관한 법률」 제165조의11제1항에 따른 조건부자본증권의 발행인은 조건부자본증권에 대하여 주식 전환사유 또는 채무재조정 사유가 발생했을 때에는 해당 조건부자본증권의 권리자가 법 제38조제1항에 따라 전자등록기관을 통해 권리를 행사할 수 있도록 같은 조 제3항에 따라 전자등록기관에 그 사실을 지체 없이 통지해야 한다.

③ 전자등록기관은 제2항에 따라 통지 받은 사유가 주식전환사유의 발생인 경우 그 주식 전환사유가 발생한 날부터 제2영업일이 되는 날을 기준으로 소유자에 관한 다음 각 호의 사항을 지체 없이 그 발행인 또는 명의개서대행회사에 통지해야 한다.

1. 조건부자본증권 소유자의 성명 및 주소
2. 소유자별 조건부자본증권의 금액

제33조【소유자증명서의 발행 방법 등】 ① 전자등록기관은 법 제39조제1항에 따라 전자등록주식등의 소유자로부터 전자등록주식등의 전자등록을 증명하는 문서(이하 "소유자증명서"라 한다)의 발행 신청을 받거나 같은 조 제2항에 따라 계좌관리기관으로부터 통지를 받은 경우에는 주식등이 전자등록된 기관별로 다음 각 호에서 정하는 바에 따라 작성된 소유자증명서를 발행해야 한다.

1. 전자등록기관에 전자등록된 주식등의 소유자증명서 : 계좌관리기관등 자기계좌부에 따라 증명 내용을 작성할 것
2. 계좌관리기관에 전자등록된 주식등의 소유자증명서 : 해당 계좌관리기관이 전자등록기관에 통지한 고객계좌부에 따라 증명 내용을 작성할 것

② 전자등록기관은 소유자증명서에 다음 각 호의 사항을 기재해야 한다.

1. 전자등록주식등 소유자의 성명 또는 명칭 및 주소
2. 전자등록주식등의 종류·종목 및 수량 또는 금액
3. 전자등록주식등 소유자가 행사하려는 권리의 내용
4. 소유자증명서 제출처
5. 그 밖에 전자등록주식등 소유자의 지위 증명과 관련하여 전자등록업무규정으로 정하는 사항

③ 법 제39조제2항에서 "대통령령으로 정하는 사항"이란 제2항제1호·제4호 및 제5호의 사항을 말한다.

④ 법 제39조제3항에서 "대통령령으로 정하는 자"란 소유자가 전자등록주식등에 대한 권리를 행사하기 위해 법원에 신청 또는 청구를 하거나 소송을 제기하려는 경우 해당 법원을 말한다.

⑤ 전자등록기관 또는 계좌관리기관은 법 제39조제4항에 따라 전자등록계좌부에 그 소유자증명서 발행의 기초가 된 전자등록주식등의 처분을 제한하는 전자등록을 하는 경우에는 해당 전자등록의 원인이 소유자증명서의 발행임을 표시해야 한다.

⑥ 법 제39조제5항에서 "대통령령으로 정하는 자"란 다음 각 호의 어느 하나에 해당하는 자를 말한다.

1. 제4항에 따른 법원
2. 「상법」에 따른 사채관리회사
3. 그 밖에 소유자증명서에 따라 전자등록주식등의 소유자로서의 권리를 행사할 필요가 있는 자로서 금융위원회가 정하여 고시하는 자

제34조【소유 내용의 통지 방법 등】 ① 전자등록기관은 법 제40조제1항에 따라 전자등록주식등의 소유자로부터 전자등록주식등에 대한 소유 내용을 발행인에게 통지하여 주도록 신청을 받거나 같은 조 제2항에 따라 계좌관리기관으로부터 통지를 받은 경우에는 주식등이 전자등록된 기관별로 다음 각 호에서 정하는 바에 따라 작성된 소유 내용을 통지해야 한다.

1. 전자등록기관에 전자등록된 주식등의 소유 내용 : 계좌관리기관등 자기계좌부에 따라 그 내용을 작성할 것
2. 계좌관리기관에 전자등록된 주식등의 소유 내용 : 해당 계좌관리기관이 전자등록기관에 통지한 고객계좌부에 따라 그 내용을 작성할 것

② 전자등록기관은 제1항에 따라 전자등록주식등에 대한 소유 내용을 통지하는 경우에는 다음 각 호의 사항을 포함해야 한다.

1. 전자등록주식등 소유자의 성명 또는 명칭 및 주소
2. 전자등록주식등의 종류·종목 및 수량 또는 금액
3. 전자등록주식등 소유자가 행사하려는 권리의 내용
4. 통지 내용의 유효기간
5. 그 밖에 전자등록주식등 소유 내용의 통지와 관련하여 전자등록업무규정으로 정하는 사항

③ 전자등록기관은 법 제40조제1항에 따라 전자등록주식등 소유 내용을 발행인등에게 통지하는 경우에는 다음 각 호의 어느 하나에 해당하는 방법으로 해야 한다.

1. 서면 또는 팩스
2. 전자우편 또는 그 밖에 이와 비슷한 전자통신
3. 그 밖에 금융위원회 고시로 정하는 방법

④ 법 제40조제2항에서 "대통령령으로 정하는 사항"이란 제2항제1호·제4호 및 제5호의 사항을 말한다.

⑤ 전자등록기관 또는 계좌관리기관은 법 제40조제3항에 따라 전자등록주식등 소유 내용 통지의 기초가 된 전자등록주식등의 처분을 제한하는 전자등록을 한 경우에는 지체 없이 계좌관리기관등 자기계좌부 또는 고객계좌부에 그 전자등록주식등의 처분제한한 기간 및 처분제한의 원인이 소유 내용의 통지임을 표시해야 한다.

제6장 전자등록의 안전성 확보

제35조【초과분에 대한 해소 방법 등】 ① 계좌관리기관은 법 제42조제1항에 따른 초과분이 발생한 경우에는 고객계좌를 확인하여 지체 없이 그 초과분을 말소하는 전자등록을 해야 한다.

② 전자등록기관은 법 제42조제2항에 따른 초과분이 발생한 경우에는 계좌관리기관등 자기계좌 또는 법 제22조제3항에 따른 고객관리계좌(이하 "고객관리계좌"라 한다)를 확인하여 지체 없이 그 초과분을 말소하는 전자등록을 해야 한다.

③ 계좌관리기관 또는 전자등록기관은 법 제42조제1항 또는 제2항에 따른 초과분에 대한 권리를 법 제35조제5항에 따라 적법하게 취득한 자(이하 "초과분 선의취득자"라 한다)가 있는 경우에는 지체 없이 그 초과분 선의취득자가 선의취득한 초과분 수량 또는 금액에 상당하는 초과분 전자등록주식등(이하 "초과 전자등록 종목"이라 한다)을 말소하는 전자등록을 해야 한다. 이 경우 초과 전자등록 종목을 보유하고 있지 않은 계좌관리기관 또는 전자등록기관은 초과 전자등록 종목을 취득하여 말소하는 전자등록을 해야 한다.

④ 계좌관리기관 또는 전자등록기관이 제3항에 따른 초과분 해소 의무의 전부 또는 일부를 이행하지 않은 경우에는 다음 각 호의 순서와 방법으로 초과분을 해소해야 한다.

1. 전자등록기관이 전자등록의 안전성 확보를 위해 적립한 재원(금융위원회 및 법무부장관이 공동으로 정하여 고시하는 방법에 따라 제3조제3항제4호의 사업계획 내용에 반영하여 적립한 재원을 말한다)을 사용하여 해소할 것
2. 제1호에 따른 초과분 해소 방법으로 초과분이 모두 해소되지 않은 경우에는 그 초과분 발생일의 최종 시장가격 및 전자등록주식등의 규모를 고려하여 금융위원회 및 법무부장관이 공동으로 정하여 고시하는 방법으로 정한 모든 계좌관리기관의 분담금액을 사용하여 해소할 것. 이 경우 부담능력이 없는 계좌관리기관의 분담금액은 전자등록기관이 부담한다.

⑤ 제4항에 따라 초과분을 해소한 계좌관리기관 또는 전자등록기관은 법 제42조제5항에 따라 그 초과분 발생에 책임이 있는 자에게 구상권을 행사할 수 있다.
⑥ 제5항에 따른 구상권의 행사에도 불구하고 전자등록기관이 초과분 해소에 사용한 재원 중 보전(補塡)하지 못한 금액이 있는 경우에는 제4항제2호의 산정방법으로 정한 분담금액의 비율에 따라 모든 계좌관리기관이 해당 금액을 부담한다.
⑦ 법 제42조제4항에서 "대통령령으로 정하는 금액"이란 발행인이 초과분이 발생한 전자등록주식등의 권리자로 전자등록된 자에게 지급해야 하는 분배금 등 일체의 금전을 말한다.
⑧ 초과분 해소 의무를 이행하지 않은 계좌관리기관 또는 전자등록기관은 다음 각 호의 구분에 따라 법 제42조제4항에 따른 금액을 지급할 의무를 진다.
1. 계좌관리기관 : 법 제42조제1항에 따라 초과분 해소 의무가 발생한 계좌관리기관의 고객계좌부에 해당 전자등록주식등의 권리자로 전자등록된 자로서 제36조제1항제2호에 해당하는 자에 대하여 같은 조 제2항에 따라 산정된 수량 또는 금액에 해당하는 원리금등을 지급할 의무
2. 전자등록기관 : 법 제42조제2항에 따라 초과분 해소의 무가 발생한 경우 해당 전자등록주식등의 권리자로 전자등록된 자로서 제36조제3항제2호에 해당하는 자에 대하여 같은 조 제4항에 따라 산정된 수량 또는 금액에 해당하는 원리금등을 지급할 의무
⑨ 제3항부터 제8항까지에서 정한 사항 외에 초과분의 해소 등에 필요한 사항은 금융위원회가 정하여 고시한다.

제36조【초과분에 대한 권리 행사 제한】 ① 법 제43조제1항에서 "대통령령으로 정하는 자"란 다음 각 호의 어느 하나에 해당하는 자를 말한다.
1. 초과분 선의취득자가 없는 경우 : 초과분의 권리자로 전자등록된 자
2. 초과분 선의취득자가 있는 경우 : 초과 전자등록 종목의 권리자로 전자등록된 자
② 제1항에 따른 자가 법 제43조제1항에 따라 발행인에게 권리를 주장할 수 없는 수량 또는 금액은 다음 각 호의 구분에 따라 산정된 수량 또는 금액으로 한다.
1. 초과분 선의취득자가 없는 경우 : 법 제42조제1항에 따른 초과분 중 각 권리자로 전자등록된 자의 고객계좌부에 전자등록된 수량 또는 금액
2. 초과분 선의취득자가 있는 경우 : 다음 계산식에 따라 산정된 수량 또는 금액

법 제42조제1항에 따른 초과분 중 법 제35조제5항에 따라 선의취득된 수량 또는 금액	×	각 권리자의 고객계좌부에 전자등록된 초과 전자등록 종목의 수량 또는 금액
		해당 계좌관리기관의 고객계좌부 전체에 전자등록된 초과 전자등록 종목의 총수량 또는 총금액

③ 법 제43조제2항에서 "대통령령으로 정하는 자"란 다음 각 호의 어느 하나에 해당하는 자를 말한다.
1. 초과분 선의취득자가 없는 경우 : 초과분의 권리자로 전자등록된 자
2. 초과분 선의취득자가 있는 경우 : 초과 전자등록 종목의 권리자로 전자등록된 자
④ 제3항에 따른 자가 법 제43조제2항에 따라 발행인에게 권리를 주장할 수 없는 수량 또는 금액은 다음 각 호의 구분에 따라 산정된 수량 또는 금액으로 한다.
1. 초과분 선의취득자가 없는 경우 : 법 제42조제2항에 따른 초과분 중 각 권리자로 전자등록된 자의 계좌관리기관등 자기계좌부에 전자등록된 수량 또는 금액
2. 초과분 선의취득자가 있는 경우 : 다음 계산식에 따라 산정된 수량 또는 금액

법 제42조제2항에 따른 초과분 중 법 제35조제5항에 따라 선의취득된 수량 또는 금액	×	각 권리자의 고객관리기관등 자기계좌부 또는 고객계좌부에 전자등록된 초과 전자등록 종목의 수량 또는 금액
		계좌관리기관등 자기계좌부 및 고객계좌부 전체에 전자등록된 초과 전자등록 종목의 총수량 또는 총금액

제37조【전자등록기관의 보고사항】 법 제46조제3항제3호에서 "대통령령으로 정하는 사유"란 자연재해, 전산시스템 장애, 그 밖에 이에 준하는 사태가 발생하여 전자등록주식등에 대한 전자등록·기록 및 관리를 위한 업무를 정상적으로 수행할 수 없다고 금융위원회가 정하여 고시하는 사유를 말한다.

제38조【계좌간 대체의 전자등록 제한】 ① 법 제47조에서 "대통령령으로 정하는 사유"란 다음 각 호의 어느 하나에 해당하는 사유를 말한다.
1. 계좌관리기관에 대한 인가·허가·등록 등의 취소 또는 업무의 정지
2. 계좌관리기관의 파산·해산 또는 제1호에 준하는 사유로서 계좌관리기관 대체의 전자등록 업무를 정상적으로 수행할 수 없다고 금융위원회가 정하여 고시하는 사유
② 전자등록기관은 법 제47조에 따라 고객계좌부에 전자등록된 전자등록주식등의 계좌간 대체의 전자등록을 제한하는 경우에는 해당 전자등록주식등의 종류별 또는 종목별로 제한할 수 있다.
③ 전자등록기관은 제2항에 따라 전자등록주식등의 계좌간 대체의 전자등록을 제한하는 경우에는 그 내용을 인터넷 홈페이지에 공고해야 한다.

제39조【전자등록 정보 등의 보존】 ① 법 제48조제1항에 따라 전자등록기관과 계좌관리기관이 보존해야 하는 전자등록 정보 또는 기록 정보는 다음 각 호의 정보로 한다.
1. 전자등록기관이 보존해야 하는 정보 : 다음 각 목의 정보
가. 계좌관리기관등 자기계좌부에 전자등록된 정보
나. 발행인관리계좌부와 고객관리계좌부에 기록된 정보
2. 계좌관리기관이 보존해야 하는 정보 : 고객계좌부에 전자등록된 정보
② 전자등록기관 또는 계좌관리기관은 제1항에 따른 전자등록 정보 또는 기록 정보를 다음 각 호의 요건을 모두 갖춘 방법에 따라 보존해야 한다.
1. 위조 또는 변조가 불가능한 장치로 보존할 것
2. 동일한 정보를 둘 이상의 장소에 보존할 것. 이 경우 하나의 장소는 정보보호에 필요한 충분한 인력과 전산설비, 보안 설비, 그 밖의 물적 설비를 갖춘 자가 관리하는 장소에 보존을 위탁할 수 있다.
③ 제1항에 따른 정보의 보존기간은 다음 각 호의 구분에 따른다.
1. 제1항제1호 각 목의 정보 : 영구
2. 제1항제2호의 정보 : 해당 고객계좌부가 폐쇄된 날부터 10년

제7장 검사 및 감독

제40조【전자등록기관에 대한 조치】 ① 법 제53조제1항제6호에서 "대통령령으로 정하는 경우"란 다음 각 호의 어느 하나에 해당하는 경우를 말한다.
1. 법 제15조제1항 전단, 제16조 전단 또는 제17조 전단을 위반하여 승인을 받지 않은 경우
2. 법 제49조제1항에 따른 조치를 이행하지 않은 경우
② 법 제53조제1항제7호에서 "대통령령으로 정하는 금융관련 법령 등"이란 다음 각 호의 법령을 말한다.
1. 「금융실명거래 및 비밀보장에 관한 법률」
2. 「형법」
3. 「특정경제범죄 가중처벌 등에 관한 법률」
③ 법 제53조제1항제7호에서 "대통령령으로 정하는 경우"란 다음 각 호의 어느 하나에 해당하는 경우를 말한다.
1. 「금융실명거래 및 비밀보장에 관한 법률」을 위반한 경우로서 다음 각 목의 어느 하나에 해당하는 경우
가. 「금융실명거래 및 비밀보장에 관한 법률」 제4조제1항 본문을 위반하여 금융거래의 내용에 대한 정보 또는 자료(이하 이 호에서 "거래정보등"이라 한다)를 타인에게 제공·누설하거나 제공을 요구한 경우
나. 「금융실명거래 및 비밀보장에 관한 법률」 제4조제3항을 위반하여 거래정보등의 제공 요구를 거부하지 않은 경우
다. 「금융실명거래 및 비밀보장에 관한 법률」 제4조제4항 본문을 위반하여 알게 된 거래정보등을 타인에게 제공·누설하거나 그 목적 외의 용도로 이용한 경우 또는 그 거래정보등의 제공을 요구한 경우
라. 「금융실명거래 및 비밀보장에 관한 법률」 제4조제5항을 위반하여 취득한 거래정보등을 타인에게 제공·누설한 경우
2. 「형법」 제214조부터 제217조까지, 제223조(제214조부터 제217조까지의 미수범만 해당한다), 제347조의2, 제355조, 제356조, 제357조제1항, 제359조(제355조, 제356조 및 제357조제1항의 미수범만 해당한다)의 죄를 지은 경우
3. 「특정경제범죄 가중처벌 등에 관한 법률」 제3조(「형법」 제355조 또는 제356조의 죄를 범한 경우에 한정한다), 제5조, 제7조, 제8조 및 제9조제3항의 죄를 지은 경우
④ 법 제53조제1항제11호에서 "대통령령으로 정하는 경우"란 다음 각 호의 어느 하나에 해당하는 경우를 말한다.
1. 전자등록업 허가를 받은 날부터 6개월(제5조제10항에 따라 따로 기한을 정한 경우에는 그 기한을 말한다) 이내에 업무를 시작하지 않거나 업무를 시작한 후 정당한 사유 없이 허가 받은 업무를 중단하는 경우
2. 법 제53조제3항제1호에 따른 업무의 전부 또는 일부 정지의 조치를 받은 날부터 1개월(업무 정지의 조치를 하면서 1개월을 초과하는 보정기간을 정한 경우에는 그 기간) 이내에 해당 업무의 전부 또는 일부 정지 조치의 원인이 된 사항을 보정하지 않은 경우
3. 업무와 관련하여 부정한 방법으로 타인으로부터 금전 등을 받거나 타인에게 줄 금전 등을 취득한 경우
4. 같거나 비슷한 위법행위를 계속하거나 반복하는 경우
⑤ 법 제53조제3항제7호에서 "대통령령으로 정하는 조치"란 다음 각 호의 어느 하나에 해당하는 조치를 말한다.
1. 경영 또는 업무 방법의 개선 요구나 개선 권고
2. 변상 요구
3. 법을 위반한 경우에는 고발 또는 수사기관에의 통보
4. 다른 법률을 위반한 경우에는 관련 기관이나 수사기관에의 통보
5. 그 밖에 금융위원회가 법 및 이 영, 그 밖의 관련 법령에 따라 취할 수 있는 조치
⑥ 법 제53조제4항제6호에서 "대통령령으로 정하는 조치"란 제5항제3호 및 제4호의 조치를 말한다.
⑦ 법 제53조제5항제7호에서 "대통령령으로 정하는 조치"란 제5항제3호 및 제4호의 조치를 말한다.
⑧ 법 별표1 제45호에서 "대통령령으로 정하는 경우"란 다음 각 호의 어느 하나에 해당하는 경우를 말한다.
1. 제33조를 위반하여 소유자증명서를 발행한 경우
2. 제34조를 위반하여 소유 내용을 통지한 경우
3. 제44조를 위반하여 전자등록증명서를 발행한 경우
4. 전자등록업무규정을 위반한 경우
5. 법 제18조 본문에 따른 전자등록업무규정 외의 업무에 관한 규정을 위반한 경우

제41조【전자등록정보 등의 이전】 전자등록기관은 법 제57조제1항에 따라 업무이전명령을 받은 경우에는 제39조제1항제1호 각 목의 정보를 그 업무이전명령에 따라 다른 전자등록기관에 이전해야 한다.

제42조【검사 대상에서 제외되는 계좌관리기관】 법 제58조제1항 전단에서 "대통령령으로 정하는 기관"이란 다음 각 호의 기관을 말한다.
1. 법 제19조제5호에 따른 외국 전자등록기관
2. 「예금자보호법」 제36조의3제1항에 따른 정리금융회사
3. 「조세특례제한법 시행령」 제72조제1항에 따른 보상채권을 같은 조 제3항에 따라 사업시행자를 계좌관리기관으로 하여 보유하는 경우 해당 사업시행자
4. 그 밖에 업무의 성격과 검사의 필요성 등을 고려하여 금융위원회가 정하여 고시하는 기관

제8장 보 칙

제43조【발행 내용의 공개】 ① 법 제62조제1항에서 "대통령령으로 정하는 발행 내용"이란 다음 각 호의 사항을 말한다.
1. 전자등록주식등의 발행 회차 및 발행가액 총액
2. 단기사채등의 경우 발행 한도 및 미상환 발행 잔액
3. 그 밖에 전자등록주식등의 발행 내용과 관련하여 전자등록업무규정으로 정하는 사항
② 법 제62조제2항에 따라 금융위원회가 따로 지정하는 전자등록기관은 발행 내용의 공개를 위한 별도의 인터넷 홈페이지를 개설하고 이를 통하여 해당 전자등록기관에 전자등록된 주식등의 발행 내용 및 다른 전자등록기관으로부터 통지받은 발행 내용을 함께 공개해야 한다.

제44조【전자등록증명서】 ① 전자등록기관은 법 제63조제1항에 따른 전자등록증명서(이하 이 조에서 "전자등록증명서"라 한다)를 발행하는 경우 다음 각 호의 구분에 따라 발행해야 한다.
1. 고객계좌부에 전자등록된 주식등 : 해당 계좌관리기관이 전자등록기관에 통지한 고객계좌부에 따라 발행
2. 계좌관리기관등 자기계좌부에 전자등록된 주식등 : 계좌관리기관등 자기계좌부에 따라 발행
② 전자등록증명서에는 다음 각 호의 사항을 기재해야 한다.
1. 고객계좌부 또는 계좌관리기관등 자기계좌부 상의 소유자의 성명 또는 명칭 및 주소
2. 전자등록주식등의 종류 및 수량 또는 금액
3. 전자등록증명서의 사용목적
4. 「공탁법」에 따라 공탁하거나 「자본시장과 금융투자업에 관한 법률」 제171조에 따라 보증금 또는 공탁금을 대신 납부하는 경우 외에는 전자등록증명서를 사용할 수 없다는 뜻
5. 「공탁법」에 따라 공탁된 전자등록주식등을 수령할 자, 「자본시장과 금융투자업에 관한 법률」 제171조에 따라 보증금 또는 공탁금을 전자등록주식등으로 대신 납부받은 국가, 지방자치단체 또는 「공공기관의 운영에 관한 법률」에 따른 공공기관(이하 이 항에서 "공공기관"이라 한다)은 해당 전자등록주식등을 자기의 전자등록계좌로 계좌간 대체의 전자등록을 신청할 수 있다는 뜻
6. 「공탁법」에 따라 공탁된 전자등록주식등을 수령할 자, 국가, 지방자치단체 또는 공공기관이 제5호에 따라 계좌간 대체의 전자등록을 신청하는 경우에는 해당 전자등록증명서를 전자등록기관이나 계좌관리기관에 반환해야 하며, 이 경우 전자등록기관이나 계좌관리기관은 법 제63조제2항에 따라 그 처분을 제한하는 전자등록을 말소한다는 뜻
7. 전자등록증명서를 반환받은 계좌관리기관은 이를 지체 없이 전자등록기관에 반환해야 한다는 뜻
③ 법 제63조제3항에 따라 처분이 제한되는 전자등록주식등을 압류(가압류를 포함한다. 이하 이 항에서 같다)하려는 자는 다음 각 호에 따른 권리에 대하여 법원에 압류를 신청해야 한다.
1. 「공탁법」에 따른 공탁을 위해 전자등록증명서가 발행된 경우 : 공탁물의 출급 또는 회수를 청구할 수 있는 권리
2. 「자본시장과 금융투자업에 관한 법률」 제171조에 따라 보증금 또는 공탁금을 전자등록주식등으로 대신 납부하기 위해 전자등록증명서가 발행된 경우 : 전자등록증명서 반환을 청구할 수 있는 권리

제45조【권한의 위탁】 금융위원회는 법 제69조에 따라 다음 각 호에 따른 권한을 금융감독원장에게 위탁한다. 다만, 권리자 보호와 건전한 거래질서의 유지를 위해 신속한 처리 등이 필요한 경우로서 금융위원회가 정하여 고시하는 업무는 제외한다.
1. 법 제53조제3항제5호 및 제6호에 따른 조치
2. 법 제53조제4항제4호 및 제5호에 따른 조치
3. 법 제53조제5항제2호부터 제6호까지의 조치요구
4. 법 제53조제6항 본문에 따른 조치 및 조치요구(같은 조 제4항제4호·제5호에 따른 조치 및 같은 조 제5항제2호부터 제6호까지의 조치요구에 해당하는 것만을 말한다)
5. 법 제55조제1항에 따른 처분·조치 내용의 기록·유지·관리, 같은 조 제3항 전단에 따른 퇴임·퇴직 임직원에 대한 통보, 같은 조 제5항에 따른 조회 요청의 접수 및 같은 조 제6항에 따른 통보

제46조【고유식별정보의 처리】 ① 법 제70조에서 "대통령령으로 정하는 사무"란 다음 각 호의 어느 하나에 해당하는 사무를 말한다.
1. 법 제13조제6항에서 준용하는 「자본시장과 금융투자업에 관한 법률」 제63조제3항에 따른 전자등록기관 임직원의 금융투자상품 매매명세 확인에 관한 사무
2. 법 제14조제3항제1호가목에 따른 주식등의 명의개서대행에 관한 사무
3. 법 제21조에 따른 발행인관리계좌의 개설에 관한 사무
4. 법 제23조에 따른 계좌관리기관등 자기계좌의 개설에 관한 사무
5. 법 제37조에 따른 소유자명세의 작성에 관한 사무
6. 법 제38조에 따른 전자등록주식등에 관한 권리 행사에 관한 사무
7. 법 제39조에 따른 소유자증명서 발행에 관한 사무
8. 법 제40조에 따른 소유 내용의 통지에 관한 사무
9. 법 제63조제1항에 따른 전자등록증명서 발행에 관한 사무

② 법 제70조에서 "대통령령으로 정하는 정보"란 「개인정보 보호법 시행령」 제19조에 따른 주민등록번호, 여권번호, 운전면허의 면허번호 및 외국인등록번호를 말한다.

제47조【전자등록기관의 변경】 ① 법 제71조제1항에서 "해당 발행인이 전자등록한 주식등의 권리 내역 등 대통령령으로 정하는 사항"이란 다음 각 호의 사항을 말한다.
1. 해당 발행인이 전자등록한 주식등의 권리 내역 등 발행인관리계좌부에 기록된 사항
2. 해당 발행인이 전자등록한 주식등의 권리 내역 등 고객관리계좌부에 기록된 사항
3. 해당 발행인이 전자등록한 주식등의 권리 내역 등 계좌관리기관등 자기계좌부에 전자등록된 사항

② 법 제71조제1항에 따라 발행인에게 통지를 한 전자등록기관은 해당 발행인이 전자등록한 주식등의 권리 내역 등을 지체 없이 발행인관리계좌부에 말소 기록하고, 계좌관리기관등 자기계좌부에 말소의 전자등록을 해야 한다.
③ 법 제71조제2항에 따라 발행인으로부터 통지를 받은 전자등록기관은 다음 각 호의 구분에 따른 조치를 해야 한다.
1. 통지 내용 중 전자등록기관에 기록될 사항이 있는 경우 : 발행인관리계좌부에 기록
2. 통지 내용 중 전자등록기관에 전자등록될 사항이 있는 경우 : 계좌관리기관등 자기계좌부에 전자등록
3. 통지 내용 중 계좌관리기관에 전자등록될 사항이 있는 경우 : 고객관리계좌부에 기록하고 지체 없이 그 통지 내용과 관련된 각각의 권리자가 고객계좌를 개설한 계좌관리기관에 통지

④ 제2항 및 제3항에서 규정한 사항 외에 전자등록기관의 변경에 따른 통지 방법, 절차 및 그 밖에 필요한 사항은 금융위원회가 정하여 고시한다.

제48조【법무부장관과의 사전 협의】 이 영에 따라 금융위원회가 고시를 제정하거나 개정하려는 경우에는 미리 법무부장관과 협의해야 한다.

제9장 벌 칙

제49조【과태료의 부과기준】 법 제75조제1항 및 제2항에 따른 과태료의 부과기준은 별표3과 같다.

부 칙

제1조【시행일】 이 영은 2019년 9월 16일부터 시행한다. 다만, 부칙 제2조, 부칙 제4조, 부칙 제5조 및 부칙 제8조는 공포한 날부터 시행한다.

제2조【주식·사채 등의 전자등록에 관한 법률의 시행에 관한 규정】 법률 제14096호 주식·사채 등의 전자등록에 관한 법률은 2019년 9월 16일부터 시행한다. 다만, 법 부칙 제3조제3항부터 제9항까지, 법 부칙 제4조제1항·제3항·제4항 및 법 부칙 제8조제1항·제2항은 이 영을 공포한 날부터 시행한다.

제3조【다른 법령의 폐지】 다음 각 호의 법령은 각각 폐지한다.
1. 「공사채 등록법 시행령」
2. 「전자단기사채등의 발행 및 유통에 관한 법률 시행령」

제4조【전자등록주식등으로의 전환에 관한 특례】 ① 이 영 시행 당시 법 부칙 제3조제1항에 따라 전자등록주식등으로 전환되는 주식등에 관하여는 「자본시장과 금융투자업에 관한 법률」 제309조제1항에 따라 예탁자가 개설한 계좌 중 예탁자의 자기소유분에 대한 계좌 및 투자자 예탁분에 대한 계좌는 각각 계좌관리기관등 자기계좌 및 고객관리계좌로 전환되는 것으로 보고, 「자본시장과 금융투자업에 관한 법률」 제310조제1항에 따라 예탁자가 투자자로부터 예탁받은 증권등을 관리하기 위해 개설된 계좌는 고객계좌로 전환되는 것으로 본다.
② 이 영 시행 당시 법 부칙 제3조제1항에 따라 전자등록주식등으로 전환되는 주식등에 관하여는 「자본시장과 금융투자업에 관한 법률」 제309조제3항에 따른 예탁자계좌부 중 예탁자의 자기소유분 및 투자자 예탁분은 계좌관리기관등 자기계좌부 및 고객관리계좌부로 전환되는 것으로 보고, 「자본시장과 금융투자업에 관한 법률」 제310조제1항에 따른 투자자계좌부는 고객계좌부로 전환되는 것으로 본다.
③ 전자등록기관은 법 부칙 제3조제1항에 따라 주식등이 전자등록주식등으로 전환되는 경우 법 제21조제1항에 따라 발행인관리계좌를 개설하고, 같은 조 제2항에 따라 발행인별로 발행인관리계좌부를 작성한다.
④ 법 부칙 제3조제2항 후단에 따라 종전의 「공사채 등록법」(법률 제14096호로 폐지되기 전의 것을 말한다. 이하 같다)에 따라 예탁결제원에 등록된 공사채로서 2019년 9월 16일 당시 예탁결제원에 예탁되지 않은 공사채(이하 이 조에서 "미예탁 등록공사채"라 한다)를 전자등록주식등으로 전환하려는 소유자는 예탁결제원에 전자등록주식등으로의 전환 신청을 해야 한다.
⑤ 제4항의 신청을 받은 예탁결제원은 미예탁 등록공사채의 발행인에게는 해당 미예탁 등록공사채의 소유자가 전자등록주식등으로 전환 신청을 한 사실을 통지하고, 전자등록기관에 대해서는 해당 미예탁 등록공사채의 소유자의 신청 취지에 따른 전환 신청 내역을 통지해야 한다.
⑥ 제5항에 따른 통지를 받은 전자등록기관은 전환 신청 내역에 따라 전자등록을 한 후 이를 지체 없이 예탁결제원에 통지해야 한다.
⑦ 제6항에 따른 통지를 받은 예탁결제원은 해당 미예탁 등록공사채에 대하여 종전의 「공사채 등록법」 제9조에 따른 공사채등록부에서 등록을 말소해야 한다.
⑧ 제4항부터 제7항까지에서 규정한 사항 외에 미예탁 등록공사채의 전자등록주식등으로의 전환 방법·절차, 그 밖에 전환과 관련하여 필요한 사항은 전자등록업무규정으로 정한다.
⑨ 법 부칙 제3조제3항에 따라 발행인이 공고 및 통지를 하는 경우 그 공고 및 통지의 방법에 관하여는 제22조제2항 및 제3항을 준용한다.
⑩ 법 부칙 제3조제3항에 따라 발행인이 주주명부등에 전환대상주권등(법 부칙 제3조제1항에 따라 전자등록주식등으로 전환되는 주식등에 관한 권리가 표시된 주권등을 말한다. 이하 같다)의 권리자로 기재되어 있는 자에게 통지하는 경우 그 통지의 대상은 2019년 6월 30일에 주주명부등에 기재된 권리자를 기준으로 한다.
⑪ 이 영 시행 당시 전환대상주권등 중 예탁되지 않은 전환대상주권등의 권리자가 법 부칙 제3조제3항제2호에 따른 전자등록계좌의 통지나 전환대상주권등의 제출을 하지 않는 경우 법 제29조제1항에 따른 명의개서대행회사등은 같은 조 제4항에 따라 발행인을 대행하여 해당 권리자를 위해 특별계좌를 개설하고 발행인별로 같은 조 제2항에 따른 특별계좌부를 작성한다.
⑫ 법 부칙 제3조제1항에 따라 전자등록주식등으로 전환되는 주식등으로서 종전의 「공사채 등록법」에 따라 예탁결제원에 등록된 공사채의 경우 예탁결제원이 같은 법 제9조에 따른 공사채등록부에서 등록을 말소한다.
⑬ 제1항부터 제3항까지 및 제9항부터 제11항까지에서 규정한 사항 외에 법 부칙 제3조제1항에 따라 주식등(미예탁 등록공사채는 제외한다)을 전자등록주식등으로 전환하는 데 필요한 세부 사항은 금융위원회가 정하여 고시한다.

제5조【신청에 의한 전자등록주식등으로의 전환에 관한 특례】 ① 법 부칙 제4조제1항 각 호 외의 부분에서 "대통령령으로 정하는 기간의 말일"이란 법 공포일부터 2년 9개월이 지난 날이 속하는 달의 말일을 말한다.
② 법 부칙 제4조제1항제3호에서 "대통령령으로 정하는 사항"이란 발행인이 법 부칙 제4조제1항제2호에 따라 신청을 하지 않은 경우에는 2019년 9월 16일 이후에 법 제25조제1항 각 호 외의 부분 본문에 따라 전자등록에 관한 신청을 할 수 있다는 뜻을 말한다.
③ 법 부칙 제4조제1항 및 제2항에 따라 전환되는 예탁비상장주식등에 관한 권리가 표시된 주권등(법 제21조제1항제1호에 따른 주권등을 말한다)에 관하여는 이 영 부칙 제4조제1항·제2항·제9항·제10항 및 제11항을 준용한다.
④ 제1항부터 제3항까지에서 규정한 사항 외에 신청에 의한 전자등록주식등으로의 전환에 필요한 사항은 금융위원회가 정하여 고시한다.

제6조【신규 발행 주식등의 전자등록 신청에 관한 특례】 법 제25조제1항 각 호의 어느 하나에 해당하는 주식등의 발행인이 이 영 시행 이후 같은 조 제3항 전단에 따라 전자등록기관에 제출하는 전자등록신청서에 그 신청서 제출 당시 해당 주식등의 발행과 관련된 정관이나 계약·약관 또는 이에 준하는 것(이하 이 조에서 "정관등"이라 한다)과 해당 주식등의 전자등록과 관련된 정관등의 개정안을 함께 제출한 경우에는 제19조제2항제1호의 서류를 제출한 것으로 본다.

제7조【일반적 경과조치】 ① 이 영 시행 당시 종전의 「공사채 등록법 시행령」 및 종전의 「전자단기사채등의 발행 및 유통에 관한 법률 시행령」에 따라 행정기관 또는 예탁결제원에 한 신청, 통지, 그 밖의 행위는 그에 해당하는 이 영의 규정에 따라 한 것으로 본다.
② 이 영 시행 당시 종전의 「공사채 등록법 시행령」 및 종전의 「전자단기사채등의 발행 및 유통에 관한 법률 시행령」에 따라 행정기관 또는 예탁결제원이 한 등록, 그 밖의 행위는 그에 해당하는 이 영의 규정에 따라 한 것으로 본다.

제8조【한국예탁결제원에 관한 경과조치】 ① 예탁결제원은 법 부칙 제8조제1항에 따라 이 영 제3조제1항 및 별표1에 따른 허가업무 단위 1에 대하여 전자등록업의 허가를 받은 것으로 본다.
② 법 부칙 제8조제1항에 따라 전자등록업허가를 받은 것으로 간주되는 예탁결제원은 금융위원회 및 법무부장관이 공동으로 정하여 고시하는 바에 따라 제35조제4항제1호에 따른 전자등록의 안정성을 확보하기 위해 필요한 재원을 마련하여야 한다.

제9조【다른 법령의 개정】 ①~⑰ ※(해당 법령에 가제정리 하였음)

제10조【다른 법령과의 관계】 이 영 시행 당시 다른 법령에서 종전의 「공사채 등록법 시행령」 및 「전자단기사채등의 발행 및 유통에 관한 법률 시행령」 또는 그 규정을 인용한 경우에 이 영 가운데 그에 해당하는 규정이 있으면 종전의 규정을 갈음하여 이 영 또는 이 영의 해당 규정을 인용한 것으로 본다.

부 칙 (2021.10.21)

제1조【시행일】 이 영은 2021년 10월 21일부터 시행한다. (이하 생략)

부 칙 (2021.12.28)

제1조【시행일】 이 영은 2021년 12월 30일부터 시행한다. (이하 생략)

부 칙 (2022.2.17)

제1조【시행일】 이 영은 2022년 2월 18일부터 시행한다. (이하 생략)

부 칙 (2023.6.27)

제1조【시행일】 이 영은 2023년 7월 1일부터 시행한다. (이하 생략)

[별표] ➡ 「法典 別冊」 참조

외국환거래법

(1998년 9월 16일
법 률 제5550호)

개정
2000.10.23법 6277호
2000.12.29법 6316호(대외무역)
2005.12.14법 7716호
2006.10. 4법 8050호(국가재정법)
2007. 1.26법 8266호
2007. 8. 3법 8635호(자본시장금융투자업)
2008. 2.29법 8863호(금융위원회의설치등에관한법)
2009. 1.30법 9351호
2009. 1.30법 9374호(외국인투자)
2009. 4. 1법 9617호(신용정보의이용및보호에관한법)
2011. 4.30법10618호
2012. 3.21법11407호(금융위원회의설치등에관한법)
2016. 3. 2법14047호 2017. 1.17법14525호
2020. 3.24법17112호(금융소비자보호에관한법)
2020.12.22법17651호(국제조세조정에관한법)
2021. 6.15법18244호

제1장 총 칙
(2009.1.30 본장개정)

제1조【목적】 이 법은 외국환거래와 그 밖의 대외거래의 자유를 보장하고 시장기능을 활성화하여 대외거래의 원활화 및 국제수지의 균형과 통화가치의 안정을 도모함으로써 국민경제의 건전한 발전에 이바지함을 목적으로 한다.

제2조【적용 대상】 ① 이 법은 다음 각 호의 어느 하나에 해당하는 경우에 적용한다.
1. 대한민국에서의 외국환과 대한민국에서 하는 외국환거래 및 그 밖에 이와 관련되는 행위
2. 대한민국과 외국 간의 거래 또는 지급·수령, 그 밖에 이와 관련되는 행위(외국에서 하는 행위로서 대한민국에서 그 효과가 발생하는 것을 포함한다)
3. 외국에 주소 또는 거소를 둔 개인과 외국에 주된 사무소를 둔 법인이 하는 거래로서 대한민국 통화(通貨)로 표시되거나 지급받을 수 있는 거래와 그 밖에 이와 관련되는 행위
4. 대한민국에 주소 또는 거소를 둔 개인 또는 그 대리인, 사용인, 그 밖의 종업원이 외국에서 그 개인의 재산 또는 업무에 관하여 한 행위
5. 대한민국에 주된 사무소를 둔 법인의 대표자, 대리인, 사용인, 그 밖의 종업원이 외국에서 그 법인의 재산 또는 업무에 관하여 한 행위

② 제1항제1호부터 제3호까지의 규정에 따른 "그 밖에 이와 관련되는 행위"의 범위는 대통령령으로 정한다.

제3조【정의】 ① 이 법에서 사용하는 용어의 뜻은 다음과 같다.
1. "내국통화"란 대한민국의 법정통화인 원화(貨)를 말한다.
2. "외국통화"란 내국통화 외의 통화를 말한다.
3. "지급수단"이란 다음 각 목의 어느 하나에 해당하는 것을 말한다.
가. 정부지폐·은행권·주화·수표·우편환·신용장
나. 대통령령으로 정하는 환어음, 약속어음, 그 밖의 지급지시
다. 증표, 플라스틱카드 또는 그 밖의 물건에 전자 또는 자기적 방법으로 재산적 가치가 입력되어 불특정 다수인 간에 지급을 위하여 통화를 갈음하여 사용할 수 있는 것으로서 대통령령으로 정하는 것
4. "대외지급수단"이란 외국통화, 외국통화로 표시된 지급수단, 그 밖에 표시통화에 관계없이 외국에서 사용할 수 있는 지급수단을 말한다.
5. "내국지급수단"이란 대외지급수단 외의 지급수단을 말한다.
6. "귀금속"이란 금, 금합금의 지금(地金), 유통되지 아니하는 금화, 그 밖에 금을 주재료로 하는 제품 및 가공품을 말한다.
7. "증권"이란 제3호에 해당하지 아니하는 것으로서 「자본시장과 금융투자업에 관한 법률」 제4조에 따른 증권과 그 밖에 대통령령으로 정하는 것을 말한다.
8. "외화증권"이란 외국통화로 표시된 증권 또는 외국에서 지급받을 수 있는 증권을 말한다.
9. "파생상품"이란 「자본시장과 금융투자업에 관한 법률」 제5조에 따른 파생상품과 그 밖에 대통령령으로 정하는 것을 말한다.
10. "외화파생상품"이란 외국통화로 표시된 파생상품 또는 외국에서 지급받을 수 있는 파생상품을 말한다.
11. "채권"이란 모든 종류의 예금·신탁·보증·대차(貸借) 등으로 생기는 금전 등의 지급을 청구할 수 있는 권리로서 제1호부터 제10호까지의 규정에 해당되지 아니하는 것을 말한다.
12. "외화채권"이란 외국통화로 표시된 채권 또는 외국에서 지급받을 수 있는 채권을 말한다.
13. "외국환"이란 대외지급수단, 외화증권, 외화파생상품 및 외화채권을 말한다.
14. "거주자"란 대한민국에 주소 또는 거소를 둔 개인과 대한민국에 주된 사무소를 둔 법인을 말한다.
15. "비거주자"란 거주자 외의 개인 및 법인을 말한다. 다만, 비거주자의 대한민국에 있는 지점, 출장소, 그 밖의 사무소는 법률상 대리권의 유무에 상관없이 거주자로 본다.
16. "외국환업무"란 다음 각 목의 어느 하나에 해당하는 것을 말한다.
가. 외국환의 발행 또는 매매
나. 대한민국과 외국 간의 지급·추심(推尋) 및 수령
다. 외국통화로 표시되거나 지급되는 거주자와의 예금, 금전의 대차 또는 보증
라. 비거주자와의 예금, 금전의 대차 또는 보증
마. 그 밖에 가목부터 라목까지의 규정과 유사한 업무로서 대통령령으로 정하는 업무
17. "금융회사등"이란 「금융위원회의 설치 등에 관한 법률」 제38조(제9호 및 제10호는 제외한다)에 따른 기관과 그 밖에 금융업 및 금융 관련 업무를 하는 자로서 대통령령으로 정하는 자를 말한다.(2012.3.21 본호개정)
18. "해외직접투자"란 거주자가 하는 다음 각 목의 어느 하나에 해당하는 거래·행위 또는 지급을 말한다.
가. 외국법령에 따라 설립된 법인(설립 중인 법인을 포함한다)이 발행한 증권을 취득하거나 그 법인에 대한 금전의 대여 등을 통하여 그 법인과 지속적인 경제관계를 맺기 위하여 하는 거래 또는 행위로서 대통령령으로 정하는 것
나. 외국에서 영업소를 설치·확장·운영하거나 해외사업 활동을 하기 위하여 자금을 지급하는 행위로서 대통령령으로 정하는 것
19. "자본거래"란 다음 각 목의 어느 하나에 해당하는 거래 또는 행위를 말한다.
가. 예금계약, 신탁계약, 금전대차계약, 채무보증계약, 대외지급수단·채권 등의 매매계약(다목에 해당하는 경우는 제외한다)에 따른 채권의 발생·변경 또는 소멸에 관한 거래(거주자 간 거래는 외국환과 관련된 경우로 한정한다)
나. 증권의 발행·모집, 증권 또는 이에 관한 권리의 취득(다목에 해당하는 경우는 제외하며, 거주자 간 거래는 외국환과 관련된 경우로 한정한다)
다. 파생상품거래(거주자 간의 파생상품거래는 외국환과 관련된 경우로 한정한다)
라. 거주자에 의한 외국에 있는 부동산이나 이에 관한 권리의 취득 또는 비거주자에 의한 국내에 있는 부동산이나 이에 관한 권리의 취득
마. 가목의 경우를 제외하고 법인의 국내에 있는 본점, 지점, 출장소, 그 밖의 사무소(이하 이 목에서 "사무소"라 한다)와 외국에 있는 사무소 사이에 이루어지는 사무소의 설치·확장 또는 운영 등과 관련된 행위와 그에 따른 자금의 수수(授受)(사무소를 유지하는 데에 필요한 경비나 경상적 거래와 관련된 자금의 수수로서 대통령령으로 정하는 것은 제외한다)
바. 그 밖에 가목부터 마목까지의 규정과 유사한 형태로서 대통령령으로 정하는 거래 또는 행위
20. "비예금성외화부채등"이란 금융회사등의 외국통화 표시 부채(외화예수금은 제외한다) 및 이와 유사한 것으로서 대통령령으로 정하는 것을 말한다.(2011.4.30 본호신설)

② 제1항제14호 및 제15호에 따른 거주자와 비거주자의 구분이 명백하지 아니한 경우에는 대통령령으로 정하는 바에 따른다.

제4조【대외거래의 원활화 촉진 등】 ① 기획재정부장관은 이 법에 따른 제한을 필요한 최소한의 범위에서 함으로써 외국환거래나 그 밖의 대외거래가 원활하게 이루어질 수 있도록 노력하여야 한다.

② 기획재정부장관은 안정적인 외국환수급(需給)의 기반 조성과 외환시장의 안정을 위하여 노력하여야 하며, 이를 위한 시책을 마련하여야 한다.

제5조【환율】 ① 기획재정부장관은 원활하고 질서 있는 외국환거래를 위하여 필요하면 외국환거래에 관한 기준환율, 외국환의 매도율·매입률 및 재정환율(이하 "기준환율등"이라 한다)을 정할 수 있다.

② 거주자와 비거주자는 제1항에 따라 기획재정부장관이 기준환율등을 정한 경우에는 그 기준환율등에 따라 거래하여야 한다.

제6조【외국환거래의 정지 등】 ① 기획재정부장관은 천재지변, 전시·사변, 국내외 경제사정의 중대하고도 급격한 변동, 그 밖에 이에 준하는 사태가 발생하여 부득이하다고 인정되는 경우에는 대통령령으로 정하는 바에 따라 다음 각 호의 어느 하나에 해당하는 조치를 할 수 있다.
1. 이 법을 적용받는 지급 또는 수령, 거래의 전부 또는 일부에 대한 일시 정지
2. 지급수단 또는 귀금속을 한국은행·정부기관·외국환평형기금·금융회사등에 보관·예치 또는 매각하도록 하는 의무의 부과(2011.4.30 본호개정)
3. 비거주자에 대한 채권을 보유하고 있는 거주자로 하여금 그 채권을 추심하여 국내로 회수하도록 하는 의무의 부과(2017.1.17 본호신설)

② 기획재정부장관은 다음 각 호의 어느 하나에 해당된다고 인정되는 경우에는 대통령령으로 정하는 바에 따라 자본거래를 하려는 자에게 허가를 받도록 하는 의무를 부과하거나, 자본거래를 하는 자에게 그 거래와 관련하여 취득하는 지급수단의 일부를 한국은행·외국환평형기금 또는 금융회사등에 예치하도록 하는 의무를 부과하는 조치를 할 수 있다.(2011.4.30 본문개정)
1. 국제수지 및 국제금융상 심각한 어려움에 처하거나 처할 우려가 있는 경우
2. 대한민국과 외국 간의 자본 이동으로 통화정책, 환율정책, 그 밖의 거시경제정책을 수행하는 데에 심각한 지장을 주거나 줄 우려가 있는 경우

③ 제1항과 제2항에 따른 조치는 특별한 사유가 없으면 6개월의 범위에서 할 수 있으며, 그 조치 사유가 소멸된 경우에는 그 조치를 즉시 해제하여야 한다.

④ 제1항부터 제3항까지의 규정에 따른 조치는 「외국인투자 촉진법」 제2조제1항제4호에 따른 외국인투자에 대하여 적용하지 아니한다.

⑤ 기획재정부장관은 제1항제3호의 조치를 하기 위하여 필요한 경우 해당 거주자의 관할 세무관서의 장에게 「국제조세조정에 관한 법률」 제52조제3호에 따른 해외금융계좌정보의 제공을 요청할 수 있다. 이 경우 해외금융계좌정보의 제공을 요청받은 관할 세무관서의 장은 특별한 사정이 없으면 그 요청에 따라야 한다.(2020.12.29 전단개정)

제7조 (2017.1.17 삭제)

제2장 외국환업무취급기관 등
(2009.1.30 본장개정)

제8조【외국환업무의 등록 등】 ① 외국환업무를 업으로 하려는 자는 대통령령으로 정하는 바에 따라 외국환업무를 하는 데에 충분한 자본·시설 및 전문인력을 갖추어 미리 기획재정부장관에게 등록하여야 한다. 다만, 기획재정부장관이 업무의 내용을 고려하여 등록이 필요하지 아니하다고 인정하여 대통령령으로 정하는 금융회사등은 그러하지 아니하다.(2011.4.30 단서개정)

② 외국환업무는 금융회사등만 할 수 있으며, 외국환업무를 하는 금융회사등은 대통령령으로 정하는 바에 따라 그 금융회사등의 업무와 직접 관련되는 범위에서 외국환업무를 할 수 있다.(2011.4.30 본항개정)

③ 제1항 및 제2항에도 불구하고 금융회사등이 아닌 자가 다음 각 호의 어느 하나에 해당하는 외국환업무를 업으로 하려는 경우에는 대통령령으로 정하는 바에 따라 해당 업무에 필요한 자본·시설 및 전문인력 등 대통령령으로 정하는 요건을 갖추어 미리 기획재정부장관에게 등록하여야 한다. 이 경우 제1호 및 제2호의 외국환업무의 규모, 방식 등 구체적인 범위 및 안전성 확보를 위한 기준은 대통령령으로 정한다.
1. 외국통화의 매입 또는 매도, 외국에서 발행한 여행자수표의 매입
2. 대한민국과 외국 간의 지급 및 수령과 이에 수반되는 외국통화의 매입 또는 매도
3. 그 밖에 외국환거래의 편의 증진을 위하여 필요하다고 인정하여 대통령령으로 정하는 외국환업무

(2017.1.17 본항개정)

④ 제1항 본문에 따라 외국환업무의 등록을 한 금융회사등과 제3항에 따라 외국환업무의 등록을 한 자(이하 "전문외국환업무취급업자"라 한다)가 그 등록사항 중 대통령령으로 정하는 사항을 변경하려 하거나 외국환업무를 폐지하려는 경우에는 대통령령으로 정하는 바에 따라 기획재정부장관에게 미리 그 사실을 신고하여야 한다.(2017.1.17 본항개정)

⑤ 제1항에 따라 외국환업무의 등록을 한 금융회사등(제1항 단서에 따른 금융회사등을 포함한다. 이하 "외국환업무취급기관"이라 한다)은 국민경제의 건전한 발전, 국제평화와 안전의 유지 등을 위하여 필요하다고 인정하여 대통령령으로 정하는 경우에는 이 법을 적용받는 업무에 관하여 외국금융기관과 계약을 체결할 때 기획재정부장관의 인가를 받아야 한다.(2011.4.30 본항개정)

⑥ 외국환업무취급기관 및 전문외국환업무취급업자의 업무 수행에 필요한 사항은 대통령령으로 정한다.(2017.1.17 본항개정)

⑦ 기획재정부장관은 외국환업무의 성실한 이행을 위하여 제3항에 따라 등록한 자에게 기획재정부장관이 지정하는 기관에 보증금을 예탁하게 하거나 보험 또는 공제에 가입하게 하는 등 대통령령으로 정하는 바에 따라 필요한 조치를 할 수 있다.(2017.1.17 본항신설)

제9조【외국환중개업무 등】 ① 다음 각 호의 업무(이하 "외국환중개업무"라 한다)를 업으로 하려는 자는 대통령령으로 정하는 바에 따라 자본·시설 및 전문인력을 갖추어 기획재정부장관의 인가를 받아야 한다. 이 경우 인가사항 중 대통령령으로 정하는 중요 사항을 변경하려면 기획재정부장관에게 신고하여야 한다.
1. 외국통화의 매매·교환·대여의 중개
2. 외국통화를 기초자산으로 하는 파생상품거래의 중개
3. 그 밖에 제1호 및 제2호와 관련된 업무

② 제1항에 따라 외국환중개업무를 인가받은 자(이하 "외국환중개회사"라 한다)가 외국환중개업무를 할 수 있는 거래의 상대방은 외국환거래 관련 전문성을 갖춘 금융회사등 및 관련 기관으로서 대통령령으로 정하는 자로 한다.(2011.4.30 본항개정)

③ 외국환중개회사가 다음 각 호의 어느 하나에 해당하는 행위를 하려는 경우에는 대통령령으로 정하는 구분에 따라 기획재정부장관의 인가를 받거나 기획재정부장관에게 신고하여야 한다.
1. 합병 또는 해산
2. 영업의 전부 또는 일부의 폐지·양도·양수

④ 기획재정부장관은 외국환중개업무의 성실한 이행을 위하여 외국환중개회사에 대하여 대통령령으로 정하는

바에 따라 기획재정부장관이 지정하는 기관에 보증금을 예탁하게 할 수 있다.
⑤ 외국환중개회사가 외국에서 외국환중개업무를 하려는 경우에는 대통령령으로 정하는 바에 따라 기획재정부장관의 인가를 받아야 한다.
⑥ 이 법에 따른 외국환중개업무에 관하여는 「자본시장과 금융투자업에 관한 법률」 및 「금융소비자 보호에 관한 법률」을 적용하지 아니한다. 다만, 「자본시장과 금융투자업에 관한 법률」 제37조, 제39조, 제44조, 제54조 및 그 밖에 투자자 보호를 위하여 대통령령으로 정하는 바에 따라 같은 법을 준용할 수 있다. 이 경우 "금융투자업자"는 "외국환중개회사"로, "금융투자업"은 "외국환중개업무"로 본다.(2020.3.24 본문개정)
⑦ 제1항부터 제6항까지에서 규정한 사항 외에 외국환중개회사의 업무 수행에 필요한 사항은 대통령령으로 정한다.

제10조【업무상의 의무】 ① 외국환업무취급기관, 전문외국환업무취급업자 및 외국환중개회사(이하 "외국환업무취급기관등"이라 한다)는 그 고객과 이 법을 적용받는 거래를 할 때에는 고객의 거래나 지급 또는 수령이 이 법에 따른 허가를 받았거나 신고를 한 것인지를 확인하여야 한다. 다만, 외국환수급 안정과 대외거래 원활화를 위하여 기획재정부장관이 정하여 고시하는 경우에는 그러하지 아니하다.
② 외국환업무취급기관등은 외국환업무와 관련하여 부당한 이익을 얻거나 제3자에게 부당한 이익을 얻게 할 목적으로 다음 각 호의 어느 하나에 해당하는 행위를 하여서는 아니 된다.
1. 외국환의 시세를 변동 또는 고정시키는 행위
2. 제1호의 행위와 유사한 행위로서 대통령령으로 정하는 건전한 거래질서를 해치는 행위
(2017.1.17 본항신설)
(2017.1.17 본조개정)

제10조의2【외국환업무에 필요한 일부 사무의 위탁】 ① 외국환업무취급기관등(이하 이 조에서 "위탁기관"이라 한다)은 외국환 매매 또는 지급·수령 등의 업무 수행에 필요한 일부 사무로서 대통령령으로 정하는 사무를 다른 외국환업무취급기관등 또는 그 밖에 대통령령으로 정하는 자(이하 이 조에서 "수탁기관"이라 한다)에게 위탁할 수 있다. 이 경우 수탁기관은 제10조에 따른 업무상의 의무를 준수하여야 하며, 위탁기관은 이를 감독하여야 한다.
② 수탁기관이 위탁받은 사무를 처리하는 과정에서 그 사무와 관련한 법률의 규정을 위반하여 발생한 손해배상책임에 대하여는 수탁기관을 위탁기관의 소속 직원으로 본다.
③ 그 밖에 위탁 방법·절차 및 수탁기관의 자격 등 사무위탁에 필요한 사항은 대통령령으로 정한다.
(2021.6.15 본조신설)

제11조【업무의 감독과 건전성 규제 등】 ① 기획재정부장관은 외국환업무취급기관등(외국환업무취급기관등의 외국에 있는 영업소를 포함한다. 이하 이 조에서 같다)의 업무를 감독하고 감독상 필요한 명령을 할 수 있다.
② 기획재정부장관은 외환시장의 안정과 외국환업무취급기관등의 건전성을 유지하기 위하여 필요하다고 인정되는 경우에는 외국환업무취급기관등의 외국통화 자산·부채비율을 정하는 등 외국통화의 조달·운용에 필요한 제한을 할 수 있다. 이 경우 제한의 구체적인 기준은 대통령령으로 정한다.

제11조의2【외환건전성부담금】 ① 기획재정부장관은 외화자금의 급격한 유입·유출에 따른 금융시장의 불안을 최소화하고 국민경제의 건전한 발전을 위하여 금융시장에서의 역할, 취급 외국환업무 및 외국통화 표시 부채의 규모 등을 종합적으로 고려하여 대통령령으로 정하는 금융회사등에 외환건전성부담금(이하 이 조 및 제11조의3에서 "부담금"이라 한다)을 부과·징수할 수 있다.
② 제1항에 따라 부과·징수하는 부담금은 비예금성외화부채등의 잔액에 1천분의 5 이내의 범위에서 금융회사등의 영업구역, 비예금성외화부채등의 만기 등을 고려하여 대통령령으로 정하는 부과요율을 곱하여 계산한 금액으로 한다.
③ 기획재정부장관은 제2항에도 불구하고 국제금융시장의 불안정, 외화자금의 급격한 유출·유입 등으로 금융시장과 국민경제의 안정을 현저히 해칠 우려가 있다고 인정되는 경우에는 6개월 이내의 기간을 정하여 다음 각 호의 어느 하나에 해당하는 금액을 부담금으로 부과·징수할 수 있다.
1. 해당 기간의 비예금성외화부채등 잔액에 대하여 제2항에 따른 부과요율 대신에 기획재정부장관이 하향하여 고시하는 부과요율을 곱하여 계산한 금액
2. 해당 기간의 비예금성외화부채등 잔액 증가분에 대하여 기획재정부장관이 제2항에 따른 부과요율보다 상향하여 고시하는 부과요율(이하 이 호에서 "추가부과요율"이라 한다)을 적용하여 계산한 금액을 제2항에 따라 산정한 부담금 금액에 더한 금액. 이 경우 추가부과요율은 제2항에 따른 부과요율을 더하여 1천분의 10을 넘지 아니하도록 하여야 한다.
(2017.1.17 본항개정)
④ 제1항에 따라 징수한 부담금은 제13조제1항에 따른 외국환평형기금에 귀속된다.
⑤ 제2항의 비예금성외화부채등의 잔액과 제3항의 비예금성외화부채등 잔액의 증가분의 산정방법 및 그 밖에 부담금의 부과에 필요한 사항은 대통령령으로 정한다.
(2011.4.30 본조신설)

제11조의3【부담금의 징수 및 이의신청】 ① 기획재정부장관은 금융회사등이 내야 하는 부담금을 대통령령으로 정하는 바에 따라 나누어 내게 할 수 있다.
② 기획재정부장관은 금융회사등이 부담금을 납부기한까지 내지 아니하면 납부기한이 지난 후 10일 이내에 10일 이상의 기간을 정하여 독촉장을 발급하여야 한다.
③ 기획재정부장관은 체납된 부담금에 대하여는 100분의 10 이내의 범위에서 대통령령으로 정하는 가산금을 징수할 수 있다.
④ 기획재정부장관은 제2항에 따라 독촉장을 받은 금융회사등이 정하여진 기한까지 납부하지 아니할 때에는 국세 체납처분의 예에 따라 부담금과 가산금을 징수한다.
⑤ 기획재정부장관은 제11조의2에 따른 부담금의 부과·징수를 위하여 필요하다고 인정되는 경우에는 해당 금융회사등에 관련 자료의 제출을 요구할 수 있다. 이 경우 자료의 제출을 요구받은 금융회사등은 특별한 사유가 없으면 요구에 따라야 한다.
⑥ 제11조의2에 따라 부담금을 부과받은 금융회사등이 부과받은 사항에 대하여 이의가 있는 경우에는 기획재정부장관에게 이의를 신청할 수 있다.
⑦ 그 밖에 부담금의 징수 및 이의신청 등에 필요한 사항은 대통령령으로 정한다.
(2011.4.30 본조신설)

제12조【인가의 취소 등】 ① 기획재정부장관은 외국환업무취급기관등이 다음 각 호의 어느 하나에 해당하는 경우에는 제8조 및 제9조에 따른 등록 또는 인가를 취소하거나, 6개월 이내의 기간을 정하여 외국환업무취급기관등(영업소를 포함한다)의 업무를 제한하거나 업무의 전부 또는 일부를 정지할 수 있다.
1. 거짓이나 그 밖의 부정한 방법으로 등록을 하거나 인가를 받은 경우
2. 업무의 제한 또는 정지 기간에 그 업무를 한 경우
3. 등록 또는 인가의 내용이나 조건을 위반한 경우
4. 제8조제2항을 위반하여 외국환업무를 한 경우
5. 제8조제4항 또는 제9조제3항에 따른 인가를 받지 아니한 경우 또는 신고를 하지 아니하거나 거짓으로 신고를 한 경우
5의2. 제8조제6항에 따른 외국환업무취급기관 및 전문외국환업무취급업자의 업무 수행에 필요한 사항을 따르지 아니한 경우(2017.1.17 본호신설)
5의3. 제8조제7항에 따른 보증금 예탁 등 필요한 조치를 따르지 아니한 경우(2017.1.17 본호신설)
5의4. 제8조제7항에 따른 조치에도 불구하고 전문외국환업무취급업자의 파산 또는 지급불능 우려 사유가 발생한 경우(2017.1.17 본호신설)
6. 제9조제2항을 위반하여 거래한 경우 또는 같은 조 제4항에 따른 보증금 예탁 명령을 따르지 아니한 경우
7. 제10조에 따른 의무를 위반한 경우(2017.1.17 본호개정)
8. 제11조제1항에 따른 감독상의 명령 또는 같은 조 제2항에 따른 업무상 제한을 위반한 경우
9. 제20조제1항 또는 제2항에 따른 보고 또는 자료·정보 제출을 하지 아니하거나 거짓 보고 또는 거짓 자료·정보를 제출한 경우
10. 제20조제3항 또는 제6항에 따른 검사에 응하지 아니하거나 이 검사를 거부·방해 또는 기피한 경우
11. 제20조제4항 또는 제6항에 따른 자료의 제출을 거부하거나 거짓 자료를 제출한 경우
12. 제20조제5항 또는 제6항에 따른 시정명령에 따르지 아니한 경우
13. 제21조에 따른 기획재정부장관의 명령을 위반하여 통보 또는 제공을 하지 아니하거나 거짓으로 통보 또는 제공한 경우
14. 제24조제2항에 따른 기획재정부장관의 명령을 위반하여 신고, 신청, 보고, 자료의 통보 및 제출을 전자문서의 방법으로 하지 아니한 경우
② (2017.1.17 삭제)
③ 기획재정부장관은 제1항에 따라 등록 또는 인가를 취소하려는 경우에는 청문을 하여야 한다.
④ 제1항에 따라 등록 또는 인가가 취소된 자(제1항에 따라 등록 또는 인가가 취소된 자의 임직원이었던 자로서 그 취소 사유의 발생에 직접 또는 이에 상응하는 책임이 있는 자를 포함한다)는 등록 또는 인가가 취소된 날부터 3년이 경과하지 아니한 경우에는 해당 외국환업무를 다시 제8조제1항 또는 제3항에 따라 등록하거나 제9조제1항에 따라 인가받을 수 없다.(2017.1.17 본항신설)
⑤ 제1항에 따른 처분의 구체적인 기준은 대통령령으로 정한다.

제12조의2【과징금】 ① 기획재정부장관은 제12조제1항 각 호의 어느 하나에 해당하는 위반행위를 한 자에 대하여 업무를 제한하거나 업무의 전부 또는 일부를 정지할 수 있는 경우에는 이에 갈음하여 그 위반행위로 취득한 이익의 범위에서 과징금을 부과할 수 있다.
② 제1항에 따라 과징금을 부과하는 경우에는 대통령령으로 정하는 기준에 따라 다음 각 호의 사항을 고려하여야 한다.
1. 위반행위의 내용 및 정도
2. 위반행위의 기간 및 횟수
3. 위반행위로 취득한 이익의 규모
③ 과징금의 부과, 과징금 납부기한의 연장, 분할납부, 담보, 그 밖에 과징금의 징수에 필요한 사항은 대통령령으로 정한다.
④ 기획재정부장관은 과징금 납부 의무자가 납부기한까지 과징금을 납부하지 아니한 경우에는 국세 체납처분의 예에 따라 징수할 수 있다.
(2009.1.30 본조신설)

제3장 외국환평형기금
(2009.1.30 본장개정)

제13조【외국환평형기금】 ① 외국환거래를 원활하게 하기 위하여 「국가재정법」 제5조에 따른 기금으로서 외국환평형기금을 설치한다.
② 외국환평형기금은 다음 각 호의 재원(財源)으로 조성한다.
1. 정부로부터의 출연금 및 예수금
2. 외국환평형기금 채권의 발행으로 조성된 자금
3. 외국정부, 외국중앙은행, 그 밖의 거주자 또는 비거주자로부터의 예수금 또는 일시차입금
4. 제6조제1항제2호 및 같은 조 제2항에 따른 예수금
5. 제11조의2에 따른 외환건전성부담금 및 제11조의3제3항에 따른 가산금(2011.4.30 본호신설)
6. 그 밖에 외국환거래의 원활화를 위하여 필요한 자금 등 대통령령으로 정하는 자금
③ 외국환평형기금은 다음 각 호의 방법으로 운용한다. 다만, 제2항제5호에 따른 외환건전성부담금 및 가산금으로 조성된 외국환평형기금의 경우에는 제2호의 방법 또는 제4호 중 금융회사등에 대한 외화유동성 공급을 위한 거래에 한하여 운용한다.(2011.4.30 단서신설)
1. 외국환의 매매
2. 한국은행·외국정부·외국중앙은행 또는 국내외 금융회사등에의 예치·예탁 또는 대여(2011.4.30 본호개정)
3. 외국환업무취급기관의 외화채무로서 국가가 보증한 채무를 상환하기 위하여 국가가 예비비 또는 추가경정예산으로 지급하기 전까지 국가를 대신하여 일시적으로 하는 지급
4. 그 밖에 외국환거래의 원활화를 위하여 필요하다고 인정되어 대통령령으로 정하는 방법
④ 제3항제3호에 따라 외국환평형기금에서 채무를 대신지급한 경우 정부는 이를 보전(補塡)하는 조치를 하여야 한다.
⑤ 제2항과 제3항에 따른 외국환평형기금의 조성 및 운용은 내국지급수단 또는 대외지급수단으로 할 수 있다.
⑥ 외국환평형기금은 기획재정부장관이 운용·관리한다.
⑦ 기획재정부장관은 외국환평형기금 채권을 발행할 수 있다.
⑧ 외국환평형기금의 운용·관리, 예수금의 지급이자 및 외국환평형기금 채권의 발행 등에 필요한 사항은 대통령령으로 정한다.
⑨ 기획재정부장관은 제2항에 따라 외국환평형기금에 예치된 자금에 대하여 대통령령으로 정하는 바에 따라 예치증서를 발행할 수 있다. 이 경우 기획재정부장관은 그 예치증서의 사용 용도를 정할 수 있다.
⑩ 제2항제2호에 따른 외국환평형기금 채권을 발행하는 경우에는 「국채법」 제4조를 적용하지 아니한다.
⑪ 기획재정부장관은 외국통화로 표시하는 외국환평형기금 채권 발행액의 변경 범위가 해당 회계연도의 외국환평형기금 기금운용계획에 따른 외국통화 표시 외국환평형기금 채권 발행액의 10분의 2를 초과한 경우에는 변경명세서를 국회 소관 상임위원회 및 예산결산특별위원회에 제출하여야 한다. 이 경우 변경명세서에는 외국환평형기금 채권의 발행 및 상환 내역과 변경 사유 등이 포함되어야 한다.
⑫ 기획재정부장관은 외국환평형기금의 재원 중 제2항제5호에 따른 외환건전성부담금 및 가산금을 대통령령으로 정하는 바에 따라 다른 재원과 구분하여 별도로 관리하여야 한다.(2011.4.30 본항신설)

제14조【외국환평형기금 채권의 원리금 상환】 ① 외국환평형기금 채권의 발행으로 인한 원리금은 「국가재정법」 제90조제6항에 따른 절차에 따라 일반회계 세계잉여금으로 상환할 수 있다.
② 제1항에 따라 일반회계 세계잉여금으로 상환할 수 있는 금액은 외국환평형기금 채권의 이자에 그 이자 외의 외국환평형기금 운용손익을 더하거나 뺀 금액으로 한다.

제4장 지급과 거래
(2009.1.30 본장개정)

제15조【지급절차 등】 ① 기획재정부장관은 이 법을 적용받는 지급 또는 수령과 관련하여 환전절차, 송금절차, 재산반출절차 등 필요한 사항을 정할 수 있다.
② 기획재정부장관은 다음 각 호의 어느 하나에 해당한다고 인정되는 경우에는 국내로부터 외국에 지급하려는 거주자·비거주자, 비거주자에게 지급하거나 비거주자로부터 수령하려는 거주자에게 그 지급 또는 수령을 할 때 대통령령으로 정하는 바에 따라 허가를 받도록 할 수 있다.
1. 우리나라가 체결한 조약 및 일반적으로 승인된 국제법규를 성실하게 이행하기 위하여 불가피한 경우
2. 국제 평화 및 안전을 유지하기 위한 국제적 노력에 특히 기여할 필요가 있는 경우

제16조【지급 또는 수령의 방법의 신고】 거주자 간, 거주자와 비거주자 간 또는 비거주자 상호 간의 거래나 행위에 따른 채권·채무를 결제할 때 거주자가 다음 각 호의 어느 하나에 해당하면(제18조에 따라 신고를 한 자가 그 신고된 방법으로 지급 또는 수령을 하는 경우는 제외한다) 대통령령으로 정하는 바에 따라 그 지급 또는 수령의 방법을 기획재정부장관에게 미리 신고하여야 한다. 다만, 외국환수급 안정과 대외거래 원활화를 위하여 대통령령으로 정하는 거래의 경우에는 사후에 보고하거나 신고하지 아니할 수 있다.(2017.1.17 단서개정)

1. 상계 등의 방법으로 채권·채무를 소멸시키거나 상쇄시키는 방법으로 결제하는 경우
2. 기획재정부장관이 정하는 기간을 넘겨 결제하는 경우
3. 거주자가 해당 거래의 당사자가 아닌 자와 지급 또는 수령을 하거나 해당 거래의 당사자가 아닌 거주자가 그 거래의 당사자인 비거주자와 지급 또는 수령을 하는 경우
4. 외국환업무취급기관등을 통하지 아니하고 지급 또는 수령을 하는 경우(2017.1.17 본호개정)

제17조【지급수단 등의 수출입 신고】 기획재정부장관은 이 법의 실효성을 확보하기 위하여 필요하다고 인정되어 대통령령으로 정하는 경우에는 지급수단 또는 증권을 수출 또는 수입하려는 거주자나 비거주자로 하여금 그 지급수단 또는 증권을 수출 또는 수입할 때 대통령령으로 정하는 바에 따라 신고하게 할 수 있다.

제18조【자본거래의 신고 등】 ① 자본거래를 하려는 자는 대통령령으로 정하는 바에 따라 기획재정부장관에게 신고하여야 한다. 다만, 외국환수급 안정과 대외거래 원활화를 위하여 대통령령으로 정하는 자본거래는 사후에 보고하거나 신고하지 아니할 수 있다.(2017.1.17 단서개정)

② 제1항의 신고와 제3항의 신고수리(申告受理)는 제15조제1항에 따른 절차 이전에 완료하여야 한다.

③ 기획재정부장관은 제1항에 따라 신고하도록 정한 사항 중 거주자의 해외직접투자와 해외부동산 또는 이에 관한 권리의 취득의 경우에는 투자자 적격성 여부, 투자가격 적정성 여부 등의 타당성을 검토하여 신고수리 여부를 결정할 수 있다.

④ 기획재정부장관은 제3항에 따른 신고에 대하여 대통령령으로 정하는 처리기간에 다음 각 호의 어느 하나에 해당하는 결정을 하여 신고인에게 통지하여야 한다.

1. 신고의 수리
2. 신고의 수리 거부
3. 거래 내용의 변경 권고

⑤ 기획재정부장관이 제4항제2호의 결정을 한 경우 그 신고를 한 거주자는 해당 거래를 하여서는 아니 된다.

⑥ 제4항제3호에 해당하는 통지를 받은 자가 해당 권고를 수락한 경우에는 그 수락한 바에 따라 그 거래를 할 수 있으며, 수락하지 아니한 경우에는 그 거래를 하여서는 아니 된다.

⑦ 제4항에 따른 처리기간에 기획재정부장관의 통지가 없으면 그 기간이 지난 날에 해당 신고가 수리된 것으로 본다.

제5장 보 칙

(2009.1.30 본장개정)

제19조【경고 및 거래정지 등】 ① 기획재정부장관은 이 법을 적용받는 자가 다음 각 호의 어느 하나에 해당하는 경우에는 경고를 할 수 있다.

1. 제15조부터 제18조까지의 규정에 따라 허가를 받거나 신고를 한 경우 허가사항 또는 신고사항에 정하여진 기한이 지난 후에 거래 또는 행위를 한 경우
2. 대통령령으로 정하는 금액(거래 또는 행위 유형에 따라 금액을 달리 정할 수 있다) 이하의 거래 또는 행위로서 제15조부터 제18조까지의 규정에 따른 절차 준수, 허가 또는 신고(이하 "신고등"이라 한다)의 의무를 위반하여 거래 또는 행위를 한 경우

② 기획재정부장관은 이 법을 적용받는 자의 거래 또는 행위가 제15조부터 제18조까지의 규정에 따른 신고등의 의무를 5년 이내에 2회 이상 위반한 경우에는 각각의 위반행위에 대하여 1년 이내의 범위에서 관련 외국환거래 또는 행위를 정지·제한하거나 허가를 취소할 수 있다.(2017.1.17 본항개정)

③ 기획재정부장관은 제2항에 따른 처분을 하려는 경우에는 청문을 하여야 한다.

④ 제1항 또는 제2항에 따른 처분에 필요한 사항은 대통령령으로 정한다.

제20조【보고·검사】 ① 기획재정부장관은 이 법의 실효성을 확보하기 위하여 거래 당사자 또는 관계인으로 하여금 필요한 보고를 하게 할 수 있으며, 비거주자에 대한 채권을 보유하고 있는 거주자로 하여금 대통령령으로 정하는 바에 따라 그 보유 채권의 현황을 기획재정부장관에게 보고하게 할 수 있다.

② 기획재정부장관은 이 법을 시행하기 위하여 필요하다고 인정되는 경우에는 국세청, 한국은행, 금융감독원, 외국환업무취급기관등 이 법을 적용받는 관계 기관의 장에게 관련 자료 또는 정보의 제출을 요구할 수 있다. 이 경우 관계 기관의 장은 특별한 사유가 없으면 그 요구에 따라야 한다.(2017.1.17 전단개정)

③ 기획재정부장관은 이 법을 시행하기 위하여 필요하다고 인정되는 경우에는 소속 공무원으로 하여금 외국환업무취급기관등이나 그 밖에 이 법을 적용받는 거래 당사자 또는 관계인의 업무에 관하여 검사하게 할 수 있다.

④ 기획재정부장관은 효율적인 검사를 위하여 필요하다고 인정되는 경우에는 외국환업무취급기관등이나 그 밖에 이 법을 적용받는 거래 당사자 또는 관계인의 업무와 재산에 관한 자료의 제출을 요구할 수 있다.

⑤ 기획재정부장관은 제3항에 따른 검사 결과 위법한 사실을 발견하였을 때에는 그 시정을 명하거나 그 밖에 대통령령으로 정하는 필요한 조치를 할 수 있다.(2021.6.15 본항개정)

⑥ 기획재정부장관은 필요하다고 인정되는 경우에는 대통령령으로 정하는 바에 따라 한국은행총재, 금융감독원장, 그 밖에 대통령령으로 정하는 자에게 위탁하여 그 소속 직원으로 하여금 제3항부터 제5항까지의 규정에 따른 업무를 수행하게 할 수 있다.

⑦ 제3항이나 제6항에 따라 검사를 하는 사람은 그 권한을 표시하는 증표를 지니고 관계인에게 내보여야 한다.

제21조【국세청장 등에게의 통보 등】 ① 다른 법률에도 불구하고 기획재정부장관은 이 법을 적용받는 거래, 지급, 수령, 자금의 이동 등에 관한 자료를 국세청장, 관세청장, 금융감독원장 또는 한국수출입은행장에게 직접 통보하거나 한국은행총재, 외국환업무취급기관등의 장, 세관의 장, 그 밖에 대통령령으로 정하는 자로 하여금 국세청장, 관세청장, 금융감독원장 또는 한국수출입은행장에게 통보하도록 할 수 있다.

② 기획재정부장관은 대통령령으로 정하는 자에게 이 법을 적용받는 거래, 지급, 수령, 자금의 이동 등에 관한 자료를 「신용정보의 이용 및 보호에 관한 법률」 제25조에 따른 신용정보집중기관에 제공하도록 할 수 있다.(2009.4.1 본항개정)

제22조【외국환거래의 비밀보장】 이 법에 따른 허가·인가·등록·신고·보고·통보·중개(仲介)·중계(中繼)·집중(集中)·교환 등의 업무에 종사하는 사람은 그 업무와 관련하여 알게 된 정보를 「금융실명거래 및 비밀보장에 관한 법률」 제4조에서 정하는 경우를 제외하고는 이 법에서 정하는 용도가 아닌 용도로 사용하거나 다른 사람에게 누설하여서는 아니 된다.

제23조【권한의 위임·위탁 등】 ① 기획재정부장관은 이 법에 따른 권한의 일부를 대통령령으로 정하는 바에 따라 금융위원회, 증권선물위원회, 관계 행정기관의 장, 한국은행총재, 금융감독원장, 외국환업무 취급기관등의 장, 그 밖에 대통령령으로 정하는 자에게 위임하거나 위탁할 수 있다.

② 제1항 및 제20조제6항에 따른 업무를 담당하는 사람과 그 소속 임원 및 직원(공무원 및 다른 법률에서 공무원으로 보도록 하는 사람은 제외한다)은 「형법」이나 그 밖의 법률에 따른 벌칙을 적용할 때에는 공무원으로 본다.

제24조【전자문서에 의한 허가 등】 ① 기획재정부장관은 이 법에 따른 허가·인가·통지·통보를 대통령령으로 정하는 바에 따라 전자문서(전산망 또는 전산처리설비를 이용한 자료의 제출을 포함한다. 이하 이 조에서 같다)의 방법으로 할 수 있다.

② 기획재정부장관은 이 법의 실효성을 확보하기 위하여 필요하다고 인정되는 경우에는 외국환업무취급기관등이나 그 밖에 이 법을 적용받는 거래 당사자 또는 관계인으로 하여금 신고, 신청, 보고, 자료의 통보 및 제출을 전자문서의 방법으로 하도록 명할 수 있다.

제25조【사무처리 등】 ① 기획재정부장관은 이 법의 효율적인 운영과 실효성 확보를 위하여 필요하다고 인정되는 경우에는 사무처리나 지급 또는 수령의 절차와 그 밖에 필요한 사항을 정할 수 있다.

② 기획재정부장관은 대통령령으로 정하는 바에 따라 외국환업무와 관련이 있거나 전문성을 갖춘 법인 또는 단체 중에서 하나 이상의 법인 또는 단체를 지정하여 외국환거래, 지급 또는 수령에 관한 자료를 중계·집중·교환 또는 분석하는 기관으로 운영할 수 있다.

제26조【다른 법률과의 관계】 제11조의3제5항, 제20조, 제23조, 제24조 및 제25조제2항은 「금융실명거래 및 비밀보장에 관한 법률」 제4조에 우선하여 적용된다.(2011.4.30 본조개정)

제6장 벌 칙

(2009.1.30 본장개정)

제27조【벌칙】 ① 다음 각 호의 어느 하나에 해당하는 자는 5년 이하의 징역 또는 5억원 이하의 벌금에 처한다. 다만, 위반행위의 목적물 가액(價額)의 3배가 5억원을 초과하는 경우에는 그 벌금을 목적물 가액의 3배 이하로 한다.(2017.1.17 본문개정)

1. 제5조제2항을 위반하여 기준환율등에 따르지 아니하고 거래한 자
2. 제6조제1항제1호의 조치를 위반하여 지급 또는 수령이나 거래를 한 자
3. 제6조제1항제2호의 조치에 따른 보관·예치 또는 매각 의무를 위반한 자
4. 제6조제1항제3호의 조치에 따른 회수의무를 위반한 자(2017.1.17 본호신설)
5. 제6조제2항의 조치에 따른 허가를 받지 아니하거나, 거짓이나 그 밖의 부정한 방법으로 허가를 받고 자본거래를 한 자 또는 예치의무를 위반한 자
6. 제10조제2항을 위반하여 외국환업무를 한 자(2017.1.17 본호개정)

7.～8. (2017.1.17 삭제)

② 제1항의 징역과 벌금은 병과(倂科)할 수 있다.

제27조의2【벌칙】 ① 다음 각 호의 어느 하나에 해당하는 자는 3년 이하의 징역 또는 3억원 이하의 벌금에 처한다. 다만, 위반행위의 목적물 가액의 3배가 3억원을 초과하는 경우에는 그 벌금을 목적물 가액의 3배 이하로 한다.

1. 제8조제1항 본문 또는 같은 조 제3항에 따른 등록을 하지 아니하거나, 거짓이나 그 밖의 부정한 방법으로 등록을 하고 외국환업무를 한 자(제8조제4항에 따른 폐지신고를 거짓으로 하고 외국환업무를 한 자 및 제12조제1항에 따른 처분을 위반하여 외국환업무를 한 자를 포함한다)
2. 제9조제1항 전단, 같은 조 제3항 또는 제5항에 따른 인가를 받지 아니하거나, 거짓이나 그 밖의 부정한 방법으로 인가를 받고 외국환중개업무를 한 자(제9조제3항에 따른 신고를 거짓으로 하고 외국환중개업무를 한 자 및 제12조제1항에 따른 처분을 위반하여 외국환중개업무를 한 자를 포함한다)
3. 제15조제2항에 따른 허가를 받지 아니하거나, 거짓이나 그 밖의 부정한 방법으로 허가를 받고 지급 또는 수령을 한 자

② 제1항의 징역과 벌금은 병과할 수 있다.

(2017.1.17 본조신설)

제28조【벌칙】 ① 제22조를 위반하여 정보를 이 법에서 정하는 용도가 아닌 용도로 사용하거나 다른 사람에게 누설한 사람은 2년 이하의 징역 또는 2억원 이하의 벌금에 처한다.

② 제1항의 징역과 벌금은 병과할 수 있다.

제29조【벌칙】 ① 다음 각 호의 어느 하나에 해당하는 자는 1년 이하의 징역 또는 1억원 이하의 벌금에 처한다. 다만, 위반행위의 목적물 가액의 3배가 1억원을 초과하는 경우에는 그 벌금을 목적물 가액의 3배 이하로 한다.

1. 제8조제5항에 따른 인가를 받지 아니하거나, 거짓이나 그 밖의 부정한 방법으로 인가를 받고 계약을 체결한 자
2. 제10조제1항을 위반하여 확인하지 아니한 자(2017.1.17 본호개정)
3. 제16조 또는 제18조에 따른 신고의무를 위반한 금액이 5억원 이상의 범위에서 대통령령으로 정하는 금액을 초과하는 자
4. 제17조에 따른 신고를 하지 아니하거나 거짓으로 신고를 하고 지급수단 또는 증권을 수출하거나 수입한 자(제17조에 따른 신고의무를 위반한 금액이 미화 2만달러 이상의 범위에서 대통령령으로 정하는 금액을 초과하는 경우로 한정한다)(2016.3.2 본호개정)
5. 제19조제2항에 따른 거래 또는 행위의 정지·제한을 위반하여 거래 또는 행위를 한 자
6. 제32조제1항에 따른 과태료 처분을 받은 자가 해당 처분을 받은 날부터 2년 이내에 다시 같은 항에 따른 위반행위를 한 경우(2017.1.17 본호개정)

② 제1항제4호의 미수범은 처벌한다.(2017.1.17 본항개정)

③ 제1항의 징역과 벌금은 병과할 수 있다.

제30조【몰수·추징】 제27조제1항 각 호, 제27조의2제1항 각 호 또는 제29조제1항 각 호의 어느 하나에 해당하는 자가 해당 행위를 하여 취득한 외국환이나 그 밖에 증권, 귀금속, 부동산 및 내국지급수단은 몰수하며, 몰수할 수 없는 경우에는 그 가액을 추징한다.(2017.1.17 본조개정)

제31조【양벌규정】 법인의 대표자나 법인 또는 개인의 대리인, 사용인, 그 밖의 종업원이 그 법인 또는 개인의 재산 또는 업무에 관하여 제27조, 제27조의2, 제28조 및 제29조의 어느 하나에 해당하는 위반행위를 하면 그 행위자를 벌하는 외에 그 법인 또는 개인에게도 해당 조문의 벌금형을 과(科)한다. 다만, 법인 또는 개인이 그 위반행위를 방지하기 위하여 해당 재산 또는 업무에 관하여 상당한 주의와 감독을 게을리하지 아니한 경우에는 그러하지 아니하다.(2017.1.17 본문개정)

제32조【과태료】 ① 다음 각 호의 어느 하나에 해당하는 자에게는 1억원 이하의 과태료를 부과한다. 다만, 제29조에 해당하는 경우는 제외한다.(2017.1.17 본문개정)

1. 제8조제4항에 따른 변경신고를 하지 아니하거나 거짓으로 변경신고를 하고 외국환업무를 한 자
2. 제9조제1항 후단에 따른 변경신고를 하지 아니하거나 거짓으로 변경신고를 하고 외국환중개업무를 한 자 또는 같은 조 제2항을 위반하여 거래한 자

(2017.1.17 1호～2호개정)

3. 제16조에 따른 신고를 하지 아니하거나 거짓으로 신고를 하고 지급 또는 수령을 한 자

3의2. (2017.1.17 삭제)

4. 제18조제1항에 따른 신고를 하지 아니하거나 거짓으로 신고를 하고 자본거래를 한 자
5. 제18조제5항을 위반하여 신고수리가 거부되었음에도 그 신고에 해당하는 자본거래를 한 자
6. 제18조제6항을 위반하여 같은 조 제4항제3호의 권고내용과 달리 자본거래를 한 자

② 다음 각 호의 어느 하나에 해당하는 자에게는 5천만원 이하의 과태료를 부과한다. 다만, 제29조에 해당하는 경우는 제외한다.

1. 제11조의3제5항에 따른 자료를 제출하지 아니하거나 거짓으로 제출한 자
2. 제15조제1항에 따른 지급절차 등을 위반하여 지급·수

령을 하거나 자금을 이동시킨 자
3. 제17조에 따른 신고를 하지 아니하거나 거짓으로 신고를 하고 지급수단 또는 증권을 수출입하거나 수출입하려 한 자
(2017.1.17 본항신설)
③ 다음 각 호의 어느 하나에 해당하는 자에게는 3천만원 이하의 과태료를 부과한다.(2017.1.17 본문개정)
1. 제16조 또는 제18조를 위반하여 신고를 갈음하는 사후 보고를 하지 아니하거나 거짓으로 사후 보고를 한 자
(2017.1.17 본호개정)
2. 제20조제3항 또는 제6항에 따른 검사에 응하지 아니하거나 검사를 거부·방해 또는 기피한 자
3. 제20조제5항 또는 제6항에 따른 시정명령에 따르지 아니한 자
4. 제21조에 따른 기획재정부장관의 명령을 위반하여 통보 또는 제공을 하지 아니하거나 거짓으로 통보 또는 제공한 자
④ 다음 각 호의 어느 하나에 해당하는 자에게는 1천만원 이하의 과태료를 부과한다.
1. 제8조제4항에 따른 폐지신고를 하지 아니한 자
2. 제9조제3항에 따른 신고를 하지 아니한 자
3. 제19조제1항에 따른 경고를 받고 2년 이내에 경고 사유에 해당하는 위반행위를 한 자
4. 제20조제1항 또는 제3항에 따른 보고 또는 자료 제출을 하지 아니하거나 거짓으로 보고 또는 자료 제출을 한 자
5. 제20조제4항 또는 제6항에 따른 자료를 제출하지 아니하거나 거짓으로 자료 제출을 한 자
6. 제24조제2항에 따른 기획재정부장관의 명령을 위반하여 신고, 신청, 보고, 자료의 통보 및 제출을 전자문서의 방법으로 하지 아니한 자
(2017.1.17 본항신설)
⑤ 제1항부터 제4항까지의 규정에 따른 과태료는 대통령령으로 정하는 바에 따라 기획재정부장관이 부과·징수한다.(2017.1.17 본항개정)

부 칙 (2017.1.17)

제1조【시행일】 이 법은 공포 후 6개월이 경과한 날부터 시행한다.
제2조【채권의 회수의무 부과 조치 등에 관한 적용례】 제6조제1항제3호, 같은 조 제5항 및 제7조의 개정규정은 이 법 시행 전에 발생한 채권에 대해서도 적용한다.
제3조【업무의 제한 등에 관한 적용례】 제12조제1항제5호의2의 개정규정은 이 법 시행 이후 발생한 위반행위부터 적용한다.
제4조【등록 등의 취소에 관한 적용례】 제12조제4항의 개정규정은 이 법 시행 이후 등록 또는 인가가 취소된 경우부터 적용한다.
제5조【환전업무의 등록에 관한 경과조치】 ① 이 법 시행 당시 종전의 제8조제3항에 따라 환전업무를 등록한 금융회사등은 제8조제1항에 따라 외국환업무를 등록한 것으로 본다.
② 이 법 시행 당시 종전의 제8조제3항에 따라 환전업무를 등록한 자로서 금융회사등이 아닌 자는 제8조제3항제1호의 개정규정에 한정하여 외국환업무를 등록한 것으로 본다.
제6조【행정처분 기준적용에 관한 경과조치】 ① 이 법 시행 전의 제15조부터 제18조까지의 규정에 따른 신고등의 의무위반행위에 대하여 행정처분을 할 때에는 제19조제2항의 개정규정에도 불구하고 종전의 규정에 따른다.
② 이 법 시행 전의 제15조부터 제18조까지의 규정에 따른 신고등의 의무위반행위는 제19조제2항의 개정규정에도 불구하고 이 법 시행 이후의 의무위반행위부터 과거 2년 이내에 한 경우에 한정하여 제19조제2항의 개정규정에 따른 의무위반행위의 횟수 산정에 포함한다.
제7조【벌칙 및 과태료에 관한 경과조치】 이 법 시행 전의 위반행위에 대하여 벌칙 및 과태료를 적용할 때에는 종전의 규정에 따른다.
제8조【다른 법률의 개정】 ※(해당 법령에 가제정리 하였음)

부 칙 (2020.3.24)

제1조【시행일】 이 법은 공포 후 1년이 경과한 날부터 시행한다.(이하 생략)

부 칙 (2020.12.22)

제1조【시행일】 이 법은 2021년 1월 1일부터 시행한다.(이하 생략)

부 칙 (2021.6.15)

제1조【시행일】 이 법은 공포 후 3개월이 경과한 날부터 시행한다.
제2조【위탁기관의 손해배상책임에 관한 적용례】 제10조의2제2항의 개정규정은 수탁기관이 위탁받은 업무와 관련한 법률의 규정을 이 법 시행 이후 위반한 경우부터 적용한다.

금융혁신지원 특별법

(약칭 : 금융혁신법)

(2018년 12월 31일
법 률 제16183호)

개정
2021. 4.20법18117호
2024. 1.16법20054호(개인금융채권의관리및개인금융채무자의보호에관한법)→2024년 10월 17일 시행이므로 「法典 別册」 보유편 수록

제1장 총 칙

제1조【목적】 이 법은 혁신적인 금융서비스의 개발과 발전을 촉진함으로써 금융소비자의 편익을 증대시키고, 금융서비스 관련 일자리 창출을 도모하여 국민경제에 이바지함을 목적으로 한다.
제2조【정의】 이 법에서 사용하는 용어의 뜻은 다음과 같다.
1. "금융관련법령"이란 별표에서 정하는 금융 관계 법률 및 대통령령으로 정하는 법령을 말한다.
2. "금융업"이란 「통계법」 제22조제1항에 따라 통계청장이 고시하는 한국표준산업분류에 따른 금융 및 보험업(「금융지주회사법」 제2조제1항제1호에 따른 금융지주회사가 아닌 지주회사는 제외한다)과 이와 밀접한 관련이 있는 업무로서 대통령령으로 정하는 업무를 말한다.
3. "금융회사등"이란 다음 각 목의 어느 하나에 해당하는 회사를 말한다.
가. 「은행법」에 따른 인가를 받아 설립된 은행
나. 「자본시장과 금융투자업에 관한 법률」에 따른 금융투자업자 및 종합금융회사
다. 「보험업법」에 따른 보험회사, 보험대리점(법인에 한정한다) 및 보험중개사(법인에 한정한다)
라. 「상호저축은행법」에 따른 상호저축은행
마. 「여신전문금융업법」에 따른 여신전문금융회사
바. 「금융지주회사법」에 따른 금융지주회사
사. 「한국산업은행법」에 따른 한국산업은행
아. 「중소기업은행법」에 따른 중소기업은행
자. 「한국수출입은행법」에 따른 한국수출입은행
차. 「농업협동조합법」에 따른 농협은행, 지역농업협동조합, 지역축산업협동조합, 품목조합과 농업협동조합중앙회
카. 「수산업협동조합법」에 따른 수협은행, 수산업협동조합과 수산업협동조합중앙회
타. 「산림조합법」에 따른 산림조합과 산림조합중앙회
파. 「신용협동조합법」에 따른 신용협동조합과 신용협동조합중앙회
하. 「새마을금고법」에 따른 새마을금고와 새마을금고중앙회
거. 「전자금융거래법」에 따른 전자금융업자 및 전자금융보조업자
너. 개별 법률에 따라 설립되어 금융업을 영위하는 공사 및 기금 등 대통령령으로 정하는 기관
4. "혁신금융서비스"란 기존 금융서비스의 제공 내용·방식·형태 등과 차별성이 인정되는 금융업 또는 이와 관련된 업무를 수행하는 과정에서 제공되는 서비스를 말한다.
5. "혁신금융사업자"란 제5조에 따라 혁신금융서비스 지정 신청을 한 회사로서 제4조에 따라 금융위원회가 혁신금융서비스로 지정한 금융서비스를 제공하는 회사를 말한다.
제3조【다른 법령과의 관계】 ① 이 법은 금융관련법령에 우선하여 적용한다.
② 이 법에 따라 규제 적용의 특례를 인정받는 사항은 이 법에서 정한 사항을 제외하고는 해당 규제의 근거법령(해당 사항에 관하여 특례를 인정하지 아니하는 경우에 적용되는 법령을 말한다)을 따른 것으로 보아 그 법령을 적용한다.

제2장 혁신금융서비스의 지정 등

제4조【혁신금융서비스의 지정】 ① 금융위원회는 제13조에 따른 혁신금융심사위원회의 심사와 제5조에 따른 혁신금융서비스 지정 신청과 관련 있는 행정 권한을 가지는 기관쳐 2년의 범위 내에서 혁신금융서비스를 지정할 수 있다.
② 제1항에 따라 혁신금융서비스로 지정하는 경우 다음 각 호의 사항을 포함하여야 한다.
1. 해(이하 "관련 행정기관"이라 한다)의 동의를 거당 혁신금융서비스의 종류, 내용 등 업무 범위에 관한 사항
2. 해당 혁신금융서비스 이용자의 범위 등 업무 대상에 관한 사항
3. 해당 혁신금융서비스의 업무방법에 관한 사항
4. 자료제출, 검사 등 감독에 관한 사항
5. 금융관련법령 중 적용이 배제되는 규정 등 규제 적용의 특례에 관한 사항
6. 혁신금융서비스 지정의 효력기간(이하 "지정기간"이라 한다) 등 그 밖에 금융위원회가 필요하다고 인정하는 사항
③ 금융위원회는 제1항의 지정을 하는 경우 금융소비자 보호, 금융시장 및 금융질서의 안정 등을 위하여 필요한 조건을 붙일 수 있다.
④ 제1항에 따라 혁신금융서비스 지정을 받은 자는 대상 서비스의 변경, 서비스의 추가, 사정의 변경, 그 밖에 정당한 사유가 있는 경우에는 그 사유를 소명하는 서면을 제출함으로써 금융위원회에 제2항 및 제3항에 따른 사항의 변경 또는 취소를 신청할 수 있다. 이 경우 금융위원회는 2개월 이내에 변경 또는 취소 여부를 결정하고, 그 결과를 지체 없이 해당 혁신금융사업자에 서면으로 알려야 한다.
제5조【혁신금융서비스 지정 신청】 ① 제4조에 따른 혁신금융서비스 지정을 받기 위한 신청을 할 수 있는 자는 다음과 같다.
1. 금융회사등
2. 국내에 영업소를 둔 「상법」상의 회사
② 금융위원회는 혁신금융서비스 지정 신청 기간을 금융서비스별 또는 신청 회차별로 정하여 공고할 수 있으며, 혁신금융서비스 지정 신청을 하려는 자는 해당 공고에서 정한 기간 내에 신청하여야 한다.
③ 혁신금융서비스 지정 신청을 하려는 자는 금융위원회가 정하여 고시하는 신청서 양식에 따라 신청서를 작성하고 관련 증빙자료를 첨부하여 금융위원회에 제출하여야 한다.
④ 금융위원회는 신청서 검토 결과 미비사항이 발견되거나 소명이 부족한 경우 일정한 기간을 정하여 신청자에게 보완을 요구할 수 있으며, 신청자는 이에 응하여야 한다.
⑤ 금융위원회(혁신금융심사위원회를 포함한다)는 관련 행정기관이 있는 경우, 그 신청 내용을 관련 행정기관의 장에게 통보하여야 하며, 관련 행정기관의 장은 해당 신청 내용을 검토하여 그 결과를 30일 이내에 금융위원회에 문서로 회신하여야 한다.
제6조【혁신금융서비스 지정 공고】 금융위원회는 제4조제1항에 따라 혁신금융서비스를 지정하거나 같은 조 제4항에 따라 변경 또는 취소 결정을 내린 경우에는 지체 없이 그 내용을 관보에 게재하거나 인터넷 홈페이지 등을 이용하여 일반인에게 알려야 한다.
제7조【혁신금융서비스 지정 취소】 ① 금융위원회는 다음 각 호의 어느 하나에 해당하는 경우에 관련 행정기관의 동의를 거쳐 혁신금융서비스 지정을 취소하거나 시정을 명할 수 있다. 다만, 제1호에 해당하는 경우에는 취소하여야 한다.
1. 거짓이나 그 밖의 부정한 방법으로 제4조에 따른 혁신금융서비스 지정을 받은 경우
2. 제13조제4항에 따른 심사기준을 충족하지 못하게 되는 경우
3. 혁신금융사업자가 제18조제1항 각 호를 위반한 경우
4. 혁신금융사업자가 이 법 또는 이 법에 의한 명령을 위반한 경우
5. 혁신금융사업자가 이 법에 따른 규제 적용의 특례를 인정받지 않은 규정을 위반한 경우
6. 혁신금융서비스가 금융시장 및 금융질서의 안정 또는 금융소비자의 이익을 현저히 저해하는 경우
7. 혁신금융서비스 목적 달성이 불가능한 경우
② 금융위원회가 제1항에 따라 혁신금융서비스를 지정 취소한 경우에는 제6조를 준용한다.
제8조【혁신금융서비스 지정 철회】 ① 혁신금융사업자는 금융위원회에 혁신금융서비스 지정 철회를 요청할 수 있다.
② 금융위원회는 제1항에 따라 혁신금융사업자의 지정 철회 요청이 있는 경우, 제7조에 따라 혁신금융서비스 지정 취소를 할 수 있다. 이 경우 혁신금융사업자는 즉시 혁신금융서비스의 운영을 종료해야 한다.
③ 혁신금융사업자는 제2항에 따라 혁신금융서비스 지정 취소가 되어도 기존에 체결된 계약에 따른 의무를 성실하게 이행하여야 하며, 이행이 불가능한 경우 이용자의 동의를 얻어 계약을 조기에 종료하여야 한다.
제9조【지정기간의 만료】 ① 혁신금융사업자는 혁신금융서비스 지정기간이 만료된 경우 혁신금융사업자로서의 지위를 상실한다. 다만, 혁신금융사업자는 지정기간 만료에도 불구하고 금융소비자 보호, 「금융위원회의 설치 등에 관한 법률」 제24조제1항에 따른 금융감독원(이하 "금융감독원"이라 한다) 및 이 법 제29조제1항에 따른 지정 감독기관의 감독·검사 등을 위해 필요한 경우에는 그 필요한 범위 내에서 혁신금융사업자로서 의무를 준수하여야 한다.
② 지정기간이 만료된 경우 혁신금융사업자는 즉시 혁신금융서비스의 운영을 종료하여야 한다.
제10조【지정기간의 연장】 ① 금융위원회는 혁신금융서비스 지정기간을 연장할 필요가 있는 경우 그 지정기간을 한 차례만 2년 이하의 범위에서 연장할 수 있다.
(2021.4.20 본항개정)
② 제1항에 따라 혁신금융서비스 지정기간을 연장받으려는 혁신금융사업자는 지정기간 만료일 3개월 전까지 연장사유를 소명하는 서면 및 혁신금융서비스 운영 결과를 첨부하여 금융위원회에 신청하여야 한다.(2021.4.20 본항신설)
③ 제2항에 따른 지정기간의 연장 신청이 있는 경우 혁신금융심사위원회는 지정기간의 만료일 이전에 연장 여부에 관한 심사를 완료하여야 하며, 금융위원회는 혁신금융

심사위원회의 심사와 관련 행정기관의 동의를 거쳐 연장 여부를 결정하여 연장 신청을 한 혁신금융사업자에게 서면으로 통보하여야 한다.(2021.4.20 본항개정)

④ 제3항에 따른 지정기간의 연장 여부는 다음 각 호를 고려하여 심사한다.(2021.4.20 본문개정)

1. 신청서에 기재된 연장사유가 타당한지 여부
2. 이미 경과된 지정기간 중 해당 혁신금융서비스의 운영 성과
3. 지정기간 연장에 따라 금융시장 및 금융질서의 안정성이나 금융소비자 보호 등에 미칠 영향
4. 그 밖에 혁신금융심사위원회가 필요하다고 인정하는 사항

제10조의2【규제 개선의 요청 등】 ① 혁신금융사업자(제10조에 따라 지정기간을 연장받은 자를 포함한다. 이하 이 조에서 같다)는 지정기간 만료일 3개월 전까지 규제 개선의 필요성 및 혁신금융서비스 운영 결과를 서면으로 첨부하여 제4조제2항제5호에 따라 특례가 인정되는 규제의 개선을 금융위원회와 관련 행정기관의 장에게 요청할 수 있다.

② 금융위원회 또는 관련 행정기관의 장은 제1항에 따른 혁신금융사업자의 요청이 있는 경우에는 지정기간의 만료일 이전에 혁신금융심사위원회의 심사를 거쳐 규제 개선의 필요성을 검토한 후, 금융시장 및 금융질서의 안정성이나 금융소비자 보호 등에 미치는 영향 등이 입증되어 금융관련법령 정비가 필요하다고 판단한 경우에는 즉시 금융관련법령 정비에 착수하여야 한다.

③ 금융위원회는 관련 행정기관의 장의 검토 결과와 달리 규제의 개선이 필요하다고 인정하는 경우에는 「행정규제기본법」 제17조·제17조의2에 따라 같은 법 제23조에 따른 규제개혁위원회(이하 "규제개혁위원회"라 한다)에 규제 정비를 요청하거나 의견을 제출할 수 있으며, 규제개혁위원회는 같은 법 제18조에 따라 심사할 수 있다.

④ 금융위원회 또는 관련 행정기관의 장은 금융관련법령의 정비에 착수하였으나, 정비의 필요성이 없어진 경우 혁신금융심사위원회의 심사를 거쳐 금융관련법령의 정비를 중단할 수 있다.

⑤ 금융위원회 또는 관련 행정기관의 장은 제2항 및 제3항에 따른 금융관련법령 정비의 착수 여부와 제4항에 따른 금융관련법령 정비의 중단 사실을 제1항에 따라 규제의 개선을 요청한 혁신금융사업자에게 통보하여야 한다.

⑥ 제5항에 따라 혁신금융사업자가 금융관련법령의 정비에 착수하였다는 통보를 받은 경우에는 금융관련법령의 정비가 완료되어 시행될 때까지 혁신금융서비스 지정기간이 만료되지 아니한 것으로 본다. 다만, 인·허가 등의 근거가 되는 금융관련법령이 정비되어 인·허가 등의 절차가 필요한 경우에는 인·허가 등을 받을 때까지 혁신금융서비스 지정기간이 만료되지 아니한 것으로 보며, 혁신금융사업자는 지체 없이 인·허가 등을 신청하여야 한다.

⑦ 제6항에 따른 기간은 혁신금융서비스 지정기간이 만료된 날부터 6개월을 초과할 수 없다. 다만, 금융위원회 또는 관련 행정기관의 장이 해당 기간 내에 금융관련법령의 정비를 마칠 수 없다고 판단하는 경우에는 2회에 한정하여 각각 6개월의 범위에서 그 기간을 연장할 수 있다.

⑧ 제1항부터 제7항까지의 규정에 따른 규제 개선의 요청과 금융관련법령 정비 등의 구체적인 절차·방법 및 그 밖에 필요한 사항은 금융위원회가 정하여 고시한다.

(2021.4.20 본조신설)

제11조【혁신금융서비스의 중지 및 변경】 ① 금융위원회는 혁신금융서비스가 금융소비자의 피해를 야기하거나 금융시장의 불안 또는 금융질서의 문란을 유발하는 등 지정 당시 예상하지 못했던 문제가 발생하는 경우 관련 행정기관의 동의를 거쳐 해당 혁신금융사업자에게 해당 서비스를 중지하도록 명령(이하 "중지명령"이라 한다)하거나 제4조제2항·제3항에 따른 기존의 결정 사항을 변경(이하 "변경결정"이라 한다)할 수 있다.

② 제1항에 따른 중지명령을 받은 혁신금융사업자는 1개월 이내에 신속하게 보완책을 마련하여 금융위원회와 협의하여야 하며, 금융위원회는 보완책의 실효성·적정성 등에 관한 혁신금융심사위원회의 심사 결과 및 잔여 지정기간 등을 고려하여 서비스의 재개를 허용할 수 있다.

③ 금융위원회가 지정기간 내에 제2항에 따라 서비스의 재개를 허용하지 않는 경우 해당 혁신금융사업자는 지정기간 만료 시에 혁신금융사업자로서의 지위를 상실한다.

④ 제1항의 중지명령에 따른 혁신금융서비스의 중지는 금융소비자가 혁신금융사업자에 대하여 가지는 손해배상청구권의 행사 및 소멸시효 등에 영향을 미치지 아니한다.

⑤ 제1항 및 제2항에 따른 중지명령 및 변경결정, 서비스 재개 허용이 있는 경우 제6조를 준용하며, 변경결정은 혁신금융사업자가 그 통보를 받은 날부터 제4조에 따른 지정의 일부로 간주된다.

제12조【허위 광고 등의 금지】 누구든지 제4조에 따른 혁신금융서비스 지정을 받지 아니하고 그 지정을 받은 것처럼 허위로 광고하거나 그 밖에 소비자의 오인을 야기하는 행위를 하여서는 아니 된다.

제3장 혁신금융심사위원회

제13조【혁신금융심사위원회의 설치 및 구성 등】 ① 금융위원회는 제5조에 따른 혁신금융서비스 지정 신청 사항을 심사하기 위하여 혁신금융심사위원회를 둔다.

② 혁신금융심사위원회는 위원장 1명을 포함한 25명 이내의 위원으로 구성하며, 혁신금융심사위원회의 위원장은 금융위원회 위원장이 된다.

③ 혁신금융심사위원회 위원은 금융위원회 소속 공무원 중에서 대통령령으로 정하는 사람과 다음 각 호에 해당하는 사람을 포함하여 금융위원회 위원장이 임명하거나 위촉한다.

1. 혁신금융서비스 지정 심사와 관련된 중앙행정기관의 차관 또는 차관급 공무원으로서 해당 기관의 장이 지명하는 사람
2. 대학교 부교수 이상으로 또는 기술·금융 관련 연구소에서 7년 이상 근무하였거나 근무하고 있는 사람
3. 기술·금융 관련 업계에서 임직원으로 7년 이상 근무하였거나 근무하고 있는 사람
4. 법률 분야에 대한 학식과 경험이 있는 사람으로서 7년 이상의 경력이 있는 사람
5. 소비자보호 분야에 대한 학식과 경험이 있는 사람으로서 7년 이상의 경력이 있는 사람
6. 그 밖에 대통령령으로 정하는 사람

④ 혁신금융심사위원회는 다음 각 호의 기준을 고려하여 혁신금융서비스 지정 신청을 심사한다.

1. 해당 금융서비스를 제공하려는 자가 국내 금융시장에서 주된 활동을 하는 것을 목표로 하고 있는지 여부
2. 해당 금융서비스가 기존의 금융서비스와 비교할 때 충분히 혁신적인지 여부
3. 해당 금융서비스의 제공에 따라 금융소비자의 편익이 증대되는지 여부
4. 이 법에 따른 규제 적용의 특례 없이도 금융관련법령에 따라 해당 금융서비스를 제공할 수 있거나, 특례를 적용할 경우 특례가 적용되지 않는 규제를 회피하거나 우회하는 결과를 초래하는지 여부
5. 신청자가 해당 금융서비스를 적절히 영위할 자격과 능력을 갖추었는지 여부
6. 영위하고자 하는 금융서비스의 범위 및 업무방법이 구체적이며 사업계획이 타당하고 건전한지 여부
7. 다음 각 목의 금융소비자 보호 및 위험 관리 방안 등이 충분한지 여부
   가. 이용자의 범위 또는 이용자 수, 건별 거래 금액의 한도, 고객별 거래 횟수 등에 대한 제한 방안
   나. 제20조제1항 및 제2항에 따른 위험 고지 및 동의 수령 방안
   다. 제28조에 따른 분쟁 처리 및 조정 방안
   라. 지정기간 동안 발생할 수 있는 금융소비자 피해 및 위험을 예방하기 위한 방안
   마. 책임보험 가입 등 손해배상책임의 이행을 보장하기 위한 방안
   바. 지정기간 종료 이후 발생할 수 있는 금융소비자 피해 및 위험을 예방하기 위한 방안
   사. 그 밖에 개인정보의 보호 및 처리 등 금융소비자 보호 및 위험 관리 등을 위하여 필요한 사항으로서 금융위원회가 정하여 고시하는 사항
8. 해당 금융서비스로 인하여 금융시장 및 금융질서의 안정성이 현저히 저해될 우려 등이 있는지 여부
9. 해당 금융서비스가 금융관련법령의 목적 달성을 현저히 저해할 우려 등이 있는지 여부

⑤ 혁신금융심사위원회는 혁신금융서비스 지정기간 만료 이후 혁신금융서비스를 지속적으로 제공하기 위하여 필요하다고 인정하는 경우 금융위원회 및 관련 행정기관에 법령의 제·개정을 권고할 수 있다.

⑥ 그 밖에 혁신금융심사위원회의 구성 및 운영에 필요한 사항은 대통령령으로 정한다.

제14조【심사기간】 ① 혁신금융심사위원회는 금융위원회가 제5조제3항에 따라 신청서 등을 접수한 날부터 30일 이내에 심사를 완료하여야 한다. 다만, 같은 조 제4항에 따라 금융위원회가 신청서 등에 대한 보완을 요청한 경우 보완에 소요되는 기간은 해당 심사기간에 산입하지 아니한다.

② 혁신금융심사위원회(금융위원회를 포함한다)는 최대 2회, 최장 60일의 기간 범위 내에서 제1항의 심사기간을 연장할 수 있다.

③ 제1항 및 제2항에 따른 전체 심사기간은 제1항 단서에 따른 보완에 소요되는 기간을 포함하여 90일을 초과할 수 없다. 다만, 혁신금융심사위원회(금융위원회를 포함한다)는 해당 전체 심사기간을 1회에 한하여 30일 이내로 연장할 수 있다.

제15조【의견청취】 ① 혁신금융심사위원회는 심사의 공정과 효율성을 기하기 위하여 신청자, 이해관계자, 관련 분야 전문가 등의 의견을 청취할 수 있다. 이 경우 혁신금융심사위원회는 해당 의견 청취를 위하여 토론회나 공청회 등을 개최할 수 있으며, 신청자, 이해관계자, 관련 분야 전문가, 관련 행정기관과 그 권한을 위임받거나 위탁받은 법인·단체 또는 그 기관이나 개인 등으로 하여금 심사 기일에 출석하거나 서면으로 의견을 제출하도록 할 수 있다.

② 혁신금융심사위원회는 토론회, 공청회 등을 개최하고자 하는 경우 그 개최일부터 10일 전까지 관련 당사자에게 서면으로 통보하고 인터넷 홈페이지 등을 통해 일반인에게 알려야 한다.

③ 신청자, 이해관계자, 관련 분야 전문가 등은 토론회, 공청회 등에 참석하여 직접 의견을 제출할 수 있으며, 그로부터 5일 이내에 서면으로 의견을 제출할 수 있다.

④ 혁신금융심사위원회는 제3항에 따라 의견을 제출한 자에게 서면으로 그 결과를 통보하거나 인터넷 홈페이지 등을 통해 알려야 한다.

⑤ 금융위원회는 신청자와 이해관계자를 제외한 관련 분야 전문가 등이 혁신금융심사위원회의 요청에 따라 토론회, 공청회 등에 참석하거나 심사 기일에 출석하거나 서면으로 의견을 제출하는 경우 예산의 범위 내에서 수당, 여비 등 필요 경비를 지급할 수 있다.

제4장 혁신금융사업자에 대한 규제 적용의 특례 등

제16조【혁신금융사업자의 업무범위】 혁신금융사업자는 다음 각 호의 어느 하나에 해당하는 경우 제4조에 따라 지정받은 범위 내에서 해당 혁신금융서비스를 영위할 수 있다.

1. 혁신금융서비스에 적용되는 기준·요건 등이 금융관련법령에 없거나 관련 규정을 혁신금융서비스에 적용하는 것이 적합하지 아니한 경우
2. 혁신금융서비스의 허용 여부가 불명확하거나 혁신금융서비스를 영위할 수 있는 근거가 되는 금융관련법령이 없는 경우

제17조【혁신금융사업자에 대한 규제 적용의 특례】 ① 혁신금융사업자가 지정기간 내에 영위하는 혁신금융서비스에 대해서는 사업 또는 사업자의 인허가·등록·신고, 사업자의 지배구조·업무범위·건전성·영업행위 및 사업자에 대한 감독·검사와 관련이 있는 금융관련법령의 규정 중 제4조제2항제5호에 따라 특례가 인정되는 규정은 적용하지 아니한다.

② 제1항에도 불구하고, 금융위원회는 제4조제2항제5호에 따라 특례를 인정할 경우 금융소비자의 재산, 개인정보 등에 회복할 수 없는 피해가 예상되거나 금융시장 및 금융질서의 안정성이 현저히 저해될 우려 등이 있는 금융관련법령상 규정에 대하여 특례를 인정할 수 없다.

제18조【혁신금융사업자의 의무】 ① 혁신금융사업자는 혁신금융서비스를 영위함에 있어서 다음 각 호의 사항을 준수하여야 한다.

1. 제4조제1항에 따른 지정 및 제4조제4항·제11조제1항에 따른 변경결정의 내용
2. 제4조제3항에 따라 금융위원회가 부과한 조건
3. 그 밖에 개인정보의 보호 및 처리 등 금융소비자 보호, 금융시장 및 금융질서의 안정 등에 관한 사항으로서 금융위원회가 정하여 고시하는 사항

② 혁신금융사업자는 다음 각 호의 구분에 따라 혁신금융서비스의 운영 경과보고서를 금융위원회에 제출하여야 한다.

1. 초기보고서 : 혁신금융서비스 지정기간으로부터 30일이 경과한 날부터 10일 이내에 제출
2. 중간보고서 : 혁신금융서비스 지정기간의 2분의 1이 경과한 날부터 30일 이내에 제출
3. 최종보고서 : 혁신금융서비스 지정기간 만료일의 30일 이전까지 제출

③ 제2항에 따른 초기보고서, 중간보고서, 최종보고서에 포함되어야 할 사항은 다음 각 호와 같다.

1. 해당 기간의 혁신금융서비스 이용 건수 및 총 거래액수
2. 해당 기간 혁신금융서비스 이용자의 수 및 특징
3. 해당 기간 혁신금융서비스와 관련하여 발생한 금융사고 또는 이용자로부터의 손해배상청구 등 분쟁 현황
4. 해당 기간 이후의 혁신금융서비스 운영 계획
5. 최종보고서의 경우 제17조제1항에 따라 특례 적용을 받고 있는 규제의 준수계획
6. 그 밖에 금융위원회가 정하여 고시하는 사항

④ 제10조제1항에 따라 지정기간의 연장이 있는 경우 당초의 지정기간을 기준으로 한 최종보고서는 중간보고서로 대체하며, 연장 결정 시에 달리 정하지 않는 한 그 연장된 기간에 대해서도 제2항에 따른 중간보고서와 최종보고서를 제출하여야 한다.(2021.4.20 본항개정)

⑤ 제10조의2제6항에 따라 지정기간이 만료되지 아니한 혁신금융사업자는 제2항에 따른 중간보고서와 최종보고서를 금융위원회가 정하여 고시하는 기간 내에 제출하여야 한다.(2021.4.20 본항신설)

⑥ 혁신금융사업자는 제1항 각 호에 따른 의무이행 및 혁신금융서비스 운영에 지장이 발생하는 경우 지체 없이 금융위원회에 보고하여야 한다.

⑦ 혁신금융사업자는 제2항 및 제6항의 보고 결과에 따른 금융위원회의 명령을 적절히 이행하여야 한다.(2021.4.20 본항개정)

제19조【금융소비자 보호 및 위험 관리 방안 마련·준수】 ① 혁신금융사업자는 제18조제1항 각 호의 내용을 반영하여 금융소비자 보호 및 위험 관리 등을 위한 방안을 마련하고 이를 준수하여야 한다.

② 제1항의 금융소비자 보호 및 위험 관리 등을 위한 방안에는 제13조제4항제7호 각 목의 사항이 포함되어야 한다.

제20조【위험 고지 의무】 ① 혁신금융사업자는 지정기간 중 혁신금융서비스를 제공함에 있어 사전에 이용자에

게 해당 서비스가 시험운영 중이며 그로 인해 예상하지 못했던 위험이 발생할 수 있음을 고지하여야 한다.
② 혁신금융사업자는 제1항에 따른 위험 고지 후 이용자에게 시험운영하는 서비스를 제공받는 것에 대한 동의를 받아야 한다.
③ 제1항 및 제2항의 조치는 혁신금융사업자가 이용자에 대해 부담하는 법률적 책임에 영향을 미치지 아니한다.
제21조【혁신금융사업자의 인·허가 등의 신청 등】 ① 혁신금융사업자는 지정기간 만료 이후에 금융관련법령에 따라 해당 혁신금융서비스를 계속해서 영위하기 위하여 지정기간 만료 이전에 금융관련법령에 따른 인·허가 등을 신청할 수 있다.
② 제1항에 따라 혁신금융사업자가 인·허가 등을 신청하는 경우, 혁신금융심사위원회는 다음 각 호의 요건을 모두 고려하여 해당 인·허가 등의 요건 중 일부 또는 전부의 충족 여부에 대한 의견을 금융위원회 및 관련 행정기관에 제시할 수 있다.
1. 혁신금융심사위원회가 제18조에 따라 제출된 보고서에 대한 평가 등을 토대로 혁신금융서비스 지정 목적이 달성되었다고 판단할 것
2. 혁신금융사업자가 혁신금융심사위원회에 지정기간 중에 유예되었던 금융규제를 준수할 수 있음을 입증하는 서면을 제출하였을 것
③ 제1항에 따라 인·허가 등을 받은 혁신금융사업자는 해당 금융관련법령에 따라 금융업 등을 영위할 수 있다. 다만, 혁신금융서비스 지정기간 중 체결된 거래에 대해서는 그 이행이 완료될 때까지 이 법을 적용한다.
제22조【혁신금융사업자의 합병 등】 ① 이 법에 따라 혁신금융서비스 지정을 받은 혁신금융사업자에게 합병, 전환 등으로 인한 조직 변경이 있는 경우 해당 혁신금융서비스 지정의 효력은 상실된다. 다만, 변경 후 존속하는 사업자의 신청에 따라 금융위원회가 기존 혁신금융서비스 지정에 관한 변경 결정을 한 경우에는 그러하지 아니하다.
② 제1항의 경우에는 제6조 및 제9조를 준용한다.

제5장 금융혁신 지원제도

제23조【배타적 운영권】 ① 혁신금융사업자는 제4조제1항에 따른 지정을 거쳐 제21조에 따라 인·허가 등을 받은 경우 혁신금융서비스를 배타적으로 운영할 권리(이하 "배타적 운영권"이라 한다)를 가진다.
② 제1항에 따른 배타적 운영권은 인·허가 등을 받은 날부터 2년의 범위에서 금융위원회 및 관련 행정기관이 정하는 기한까지 존속한다.
③ 혁신금융사업자는 제2항에 따른 배타적 운영기간 중에 다음 각 호에 해당하는 행위를 하거나 할 우려가 있는 자에 대해 금융위원회 및 관련 행정기관에 배타적 운영권 보호에 관한 조치를 요구할 수 있다.
1. 해당 혁신금융서비스와 내용·방식·형태 등이 실질적으로 동일한 금융서비스를 제공하는 행위
2. 해당 혁신금융서비스의 명성을 침해하면서 이와 유사한 서비스에 직접 또는 간접적인 방법으로 상업적으로 이용하는 행위
④ 금융위원회 및 관련 행정기관은 혁신금융사업자가 제3항에 따른 요구를 한 경우 배타적 운영권의 보호를 위하여 제3항 각 호에 해당하는 행위를 하거나 할 우려가 있는 자에 대하여 해당 서비스의 시정 또는 중지 명령을 할 수 있다.
제24조【규제 신속 확인】 ① 혁신금융서비스를 제공하려는 제5조제1항제1호 또는 제2호에 해당하는 자는 금융위원회에 법령 등(법령, 법령에서 위임한 사항이나 그 시행에 필요한 사항을 정한 행정규칙, 그 밖에 행정기관에 권한을 부여한 모든 규정을 말한다)의 적용 여부 등을 확인(이하 "규제 신속 확인"이라 한다)해 줄 것을 신청할 수 있다.
② 금융위원회는 제1항에 따른 규제 신속 확인 신청에 대해 30일 이내에 회신하여야 한다. 다만, 금융위원회가 신청서 등의 보완을 요청한 경우 보완에 소요되는 기간 및 제3항에 따라 다른 행정기관의 회신에 소요되는 기간은 해당 기간에 산입하지 아니한다.
③ 금융위원회는 제1항에 따른 신청이 다른 행정기관 소관사항인 경우 해당 행정기관의 장에게 통보하여야 하며, 해당 행정기관의 장은 통보를 받은 날부터 30일 이내에 소관 업무 여부 및 법령 등의 적용 여부를 금융위원회에 회신하여야 한다. 다만, 해당 행정기관이 신청서 등의 보완을 요청한 경우 보완에 소요되는 기간은 해당 기간에 산입하지 아니한다.
④ 회신에 소요되는 총 기간은 제2항에 따라 보완에 소요되는 기간, 제3항에 따라 다른 행정기관의 회신에 소요되는 기간을 포함하여 90일을 초과할 수 없다. 다만, 금융위원회는 해당 기간을 1회에 한하여 30일 이내로 연장할 수 있다.
⑤ 금융위원회와 제3항에 따른 해당 행정기관의 장은 제1항에 따른 신청에 대한 검토 결과 소관 법령 등에 따른 인·허가, 등록 또는 신고 등(이하 이 조에서 "인허가등"이라 한다)이 필요하다고 판단할 경우에는 인허가등에 필요한 조건 및 절차 등을 함께 회신하여야 하며, 제1항의 신청자가 그 내용에 따라 인허가등을 신청할 경우 관계 법령에 따라 신속히 처리하여야 한다.
⑥ 제1항부터 제5항까지에서 규정한 사항 및 그 밖에 필요한 사항은 금융위원회가 정하여 고시한다.
제25조【지정대리인에 대한 업무위탁】 ① 금융위원회는 혁신금융서비스의 시범 운영을 위하여 금융회사의 업무위탁(금융회사가 인·허가 등을 받은 금융업을 영위하기 위하여 제3자의 용역 또는 시설 등을 계속적으로 활용하는 행위를 말한다)을 받아 처리할 수 있는 자(이하 "지정대리인"이라 한다)를 지정할 수 있다.
② 혁신금융서비스를 제공하려는 제5조제1항제1호 또는 제2호에 해당하는 자는 금융위원회에 제1항에 따른 지정대리인 지정 신청을 할 수 있다.
③ 금융위원회는 지정대리인을 지정할 때 다음 각 호의 기준을 고려하여야 한다.
1. 제13조제4항제1호부터 제3호까지의 기준 충족 여부
2. 해당 혁신금융서비스를 업무위탁 이외의 방법으로 수행하는 것이 가능한지 여부
3. 업무위탁을 받아 혁신금융서비스를 시범 운영할 수 있는 준비가 되어 있는지 여부
4. 업무위탁으로 인하여 해당 금융회사의 건전성 또는 신인도를 저해하거나 금융질서의 문란 또는 이용자의 피해 발생이 우려되는지 여부
④ 금융회사는 제1항에 따른 지정대리인에게 혁신금융서비스의 시범 운영을 위해 필요한 범위 내에서 업무위탁을 할 수 있고, 업무위탁 계약을 체결할 경우 그 사실을 금융위원회에 보고하여야 한다. 이 경우 업무위탁 기간은 2년 이내로 한다.
⑤ 금융회사는 제4항에 따른 업무위탁을 체계적으로 관리하기 위하여 업무위탁 운영기준을 마련하고 이를 준수하여야 한다.
⑥ 제1항에 따른 지정대리인 지정 절차, 제4항 전단에 따른 보고 및 제5항에 따른 업무위탁 운영기준과 관련된 사항은 금융위원회가 정하여 고시한다.
제26조【혁신금융서비스에 대한 지원】 ① 정부는 혁신금융서비스의 개발과 발전을 촉진하기 위하여 혁신금융서비스 지원기관의 운영·유지에 필요한 비용의 전부 또는 일부를 출연 또는 보조할 수 있다.
② 제1항에 따른 출연금 또는 보조금의 지급 기준이나 그 밖에 필요한 사항은 대통령령으로 정한다.
③ 국가 또는 지방자치단체는 혁신금융서비스 지원기관의 운영을 위하여 필요할 때에는 국유·공유재산을 혁신금융서비스 지원기관에 무상으로 대여할 수 있다.

제6장 보 칙

제27조【손해배상】 ① 혁신금융사업자는 혁신금융서비스의 제공 및 중단 등으로 인하여 이용자에게 손해가 발생한 경우 이를 배상할 책임이 있다. 다만, 혁신금융사업자가 고의 또는 과실이 없음을 입증한 경우에는 그러하지 아니하다.
② 혁신금융사업자는 제1항에 따른 손해배상책임의 이행을 위하여 책임보험에 가입하여야 한다. 다만, 혁신금융사업자가 책임보험에 가입할 수 없는 경우에는 금융위원회와 별도 협의를 거쳐 규제 적용의 특례로 발생할 수 있는 인적·물적 손해에 대한 배상방안을 마련하여야 하며, 그 배상방안에는 대통령령에서 정한 배상 방법, 기준 및 절차에 대한 사항을 포함하여야 한다.
제28조【분쟁 처리 및 조정】 ① 혁신금융사업자는 대통령령으로 정하는 바에 따라 혁신금융서비스와 관련하여 이용자 및 그 밖의 이해관계자(이하 "이용자등"이라 한다)가 제기하는 정당한 의견이나 불만사항을 반영하고 이용자등이 혁신금융서비스로 인하여 입은 손해를 배상하기 위한 절차를 마련하여야 한다.
② 이용자등이 혁신금융서비스에 관하여 이의가 있을 때에는 제1항에서 정한 절차에 따라 혁신금융사업자에게 손해배상 등 분쟁처리를 요구하거나 금융감독원의 금융분쟁조정위원회에 분쟁조정을 신청할 수 있다.
③ 제1항 및 제2항에 따른 분쟁 처리 및 조정의 신청을 위한 구체적인 절차와 방법은 대통령령으로 정한다.
④ 혁신금융사업자가 이용자와 혁신금융서비스에 대한 계약을 체결하는 때에는 제1항 및 제3항에 따른 절차를 명시하여야 한다.
제29조【감독 및 검사】 ① 금융감독원 및 금융관련법령에 따라 감독기관으로 지정된 기관(이하 "지정 감독기관"이라 한다)은 금융위원회 및 관련 행정기관의 지시를 받아 혁신금융사업자, 지정대리인 및 제25조제4항에 따라 지정대리인에 업무위탁을 한 금융회사(이하 "혁신금융사업자등"이라 한다)에 대하여 이 법(제17조제1항에 따른 규제 적용의 특례가 인정되는 금융관련법령 규정을 제외한 금융관련법령상 규정을 포함한다) 또는 이 법에 의한 명령의 준수 여부를 감독한다.
② 금융감독원장 및 지정 감독기관의 장은 제1항에 따른 감독을 위하여 필요한 때에는 혁신금융사업자등으로 하여금 그 업무 및 재산 상황에 관한 보고를 하게 할 수 있다.
③ 금융감독원장 및 지정 감독기관의 장은 혁신금융사업자등의 업무 및 재산 상황을 검사하고, 검사를 위하여 필요하다고 인정할 때에는 혁신금융사업자등에 대하여 업무 및 재산 상황에 관한 자료의 제출, 관계자의 출석 및 의견의 진술을 요구할 수 있다.
④ 제3항에 따라 검사를 하는 사람은 그 권한을 표시하는 증표를 지니고 이를 관계자에게 내보여야 한다.
⑤ 금융감독원장 및 지정 감독기관의 장은 제3항에 따른 검사 결과 제7조에 따른 지정취소 사유가 있거나 제11조에 따른 중지명령 또는 변경결정이 필요하다고 인정되는 경우 금융위원회에 해당 조치를 건의하여야 한다.
⑥ 「금융위원회의 설치 등에 관한 법률」상 검사 대상 기관인 혁신금융사업자등에 대해서는 자료제출 등의 중복을 피하기 위해 필요한 범위 내에서 제3항을 제한적으로 적용할 수 있다.
제30조【면책】 혁신금융심사위원회 위원, 금융위원회와 관련 행정기관 소속 공무원, 금융감독원 및 지정 감독기관 소속 임직원은 이 법에 따른 업무를 고의 또는 중대한 과실 없이 적극적이고 능동적으로 처리한 경우 불이익한 처분을 당하지 아니한다. 다만, 사적 이익을 추구하거나 부당한 청탁을 받아 혁신금융사업자 또는 이해관계가 있는 개인, 기관, 단체에 특혜를 준 경우에는 그러하지 아니하다.
제31조【권한 등의 위탁】 제4조부터 제8조까지, 제10조, 제10조의2, 제11조, 제13조부터 제15조까지, 제18조, 제21조부터 제25조까지 및 제27조에 따른 금융위원회의 권한과 업무는 대통령령으로 정하는 바에 따라 그 일부를 금융감독원장에게 위탁할 수 있다.(2021.4.20 본조개정)
제32조【벌칙 적용에서 공무원 의제】 혁신금융심사위원회 위원으로서 공무원이 아닌 사람과 금융감독원의 직원은 「형법」이나 그 밖의 법률에 따른 벌칙을 적용할 때에는 공무원으로 본다.

제7장 벌 칙

제33조【벌칙】 제7조제1항제1호에 해당하는 자는 5년 이하의 징역 또는 2억원 이하의 벌금에 처한다.
제34조【양벌규정】 법인의 대표자나 법인의 대리인, 사용인, 그 밖의 종업원이 그 법인의 업무에 관하여 제33조의 위반행위를 한 경우에는 행위자를 벌하는 외에 그 법인에 대하여도 해당 조문의 벌금형을 과한다. 다만, 법인이 그 위반행위를 방지하기 위하여 해당 업무에 관하여 상당한 주의와 감독을 다한 경우에는 그러하지 아니하다.
제35조【과태료】 ① 다음 각 호의 어느 하나에 해당하는 자에게는 1억원 이하의 과태료를 부과한다.
1. 제9조제2항을 위반한 자
2. 제11조제1항의 중지명령을 이행하지 아니하거나 변경결정에 따르지 아니하는 자
3. 제12조를 위반한 자
4. 제18조제1항제1호 또는 제2호를 위반한 자
5. 제19조제1항을 위반한 자
6. 제20조제1항 또는 제2항을 위반한 자
② 다음 각 호의 어느 하나에 해당하는 자에게는 1천만원 이하의 과태료를 부과한다.
1. 제7조제1항 본문의 시정명령을 이행하지 아니한 자
2. 제8조제3항을 위반한 자
3. 제11조제2항에 따른 협의를 하지 아니한 자
4. 제18조제1항제3호를 위반한 자
5. 제18조제2항, 제4항부터 제6항까지의 규정에 따른 보고의무를 이행하지 아니하거나 거짓으로 보고한 자(2021.4.20 본호개정)
6. 제18조제7항을 위반한 자(2021.4.20 본호개정)
7. 제23조제4항의 시정 또는 중지 명령을 이행하지 아니한 자
8. 제25조제4항 또는 제5항을 위반한 자
9. 제27조제2항을 위반하여 책임보험에 가입하지 아니하거나 배상방안을 마련하지 아니한 자
10. 제28조제1항 또는 제4항을 위반한 자
11. 제29조제3항에 따른 검사를 거부·방해 또는 기피한 자
③ 제1항부터 제2항까지에 따른 과태료는 대통령령으로 정하는 바에 따라 금융위원회 또는 관련 행정기관이 부과·징수한다.

부 칙

이 법은 공포 후 3개월이 경과한 날부터 시행한다.

부 칙 (2021.4.20)

제1조【시행일】 이 법은 공포 후 3개월이 경과한 날부터 시행한다. 다만, 별표의 개정규정은 공포한 날부터 시행한다.
제2조【규제 개선의 요청 등에 대한 적용례】 제10조의2의 개정규정은 이 법 시행 당시 혁신금융서비스로 지정된 경우에도 적용한다.

[별표] ➡「法典 別冊」참조

通商·產業
情報·通信

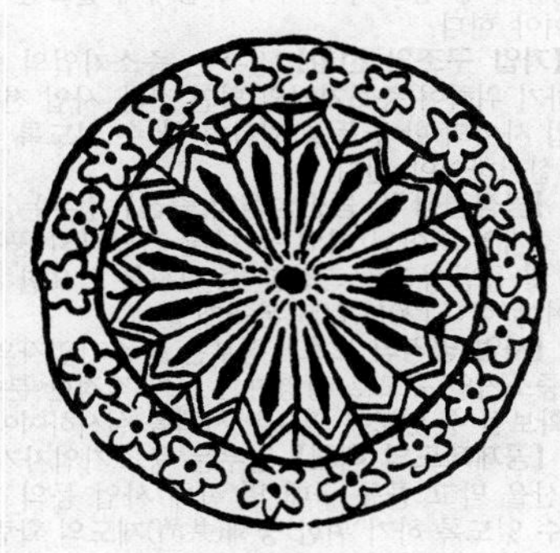

新羅 慶州出土 숫막새(紋様)

중소기업기본법

(2007년 4월 11일
전부개정법률 제8360호)

개정
2008. 2.29법 8852호(정부조직)
2008.12.26법 9184호 2011. 7.25법10952호
2013. 8. 6법12007호 2014. 1.14법12240호
2015. 1.28법13086호(소상공인보호및지원에관한법)
2015. 2. 3법13157호 2016. 1.27법13865호
2016.12. 2법14286호(주민등록)
2016.12. 2법14367호
2017. 7.26법14839호(정부조직)
2018. 6.12법15691호 2018. 8.14법15746호
2019.12.10법16815호
2020. 2. 4법16954호(소상공인기본법)
2020.10.20법17558호 2020.12. 8법17626호
2020.12.29법17799호(독점)
2022. 1. 4법18705호
2022.11.15법19044호(청년지원을위한뿌리산업진흥과첨단화에관한법률등일부개정법률)
2024. 1. 9법19990호(벤처기업육성에관한특별법)→2024년 7월 10일 시행
2024. 1. 9법19992호→2024년 1월 9일 및 2024년 7월 10일 시행
2024년 1월 25일 제412회 국회 본회의 통과→「法典 別冊」 보유편 수록

제1조【목적】 이 법은 중소기업이 나아갈 방향과 중소기업을 육성하기 위한 시책의 기본적인 사항을 규정하여 창의적이고 자주적인 중소기업의 성장을 지원하고 나아가 산업 구조를 고도화하고 국민경제를 균형 있게 발전시키는 것을 목적으로 한다.

제2조【중소기업자의 범위】 ① 중소기업을 육성하기 위한 시책(이하 "중소기업시책"이라 한다)의 대상이 되는 중소기업자는 다음 각 호의 어느 하나에 해당하는 기업 또는 조합 등(이하 "중소기업"이라 한다)을 영위하는 자로 한다. 다만, 「독점규제 및 공정거래에 관한 법률」 제31조제1항에 따른 공시대상기업집단에 속하는 회사 또는 같은 법 제33조에 따라 공시대상기업집단의 소속회사로 편입·통지된 것으로 보는 회사는 제외한다.(2020.12.29 단서개정)

1. 다음 각 목의 요건을 모두 갖추고 영리를 목적으로 사업을 하는 기업
   가. 업종별로 매출액 또는 자산총액 등이 대통령령으로 정하는 기준에 맞을 것(2015.2.3 본목개정)
   나. 지분 소유나 출자 관계 등 소유와 경영의 실질적인 독립성이 대통령령으로 정하는 기준에 맞을 것
2. 「사회적기업 육성법」 제2조제1호에 따른 사회적기업 중에서 대통령령으로 정하는 사회적기업
3. 「협동조합 기본법」 제2조에 따른 협동조합, 협동조합연합회, 사회적협동조합, 사회적협동조합연합회, 이종(異種)협동조합연합회(이 법 제2조제1항 각 호에 따른 중소기업을 회원으로 하는 경우로 한정한다) 중 대통령령으로 정하는 자(2020.12.8 본호개정)
4. 「소비자생활협동조합법」 제2조에 따른 조합, 연합회, 전국연합회 중 대통령령으로 정하는 자(2018.8.14 본호신설)
5. 「중소기업협동조합법」 제3조에 따른 협동조합, 사업협동조합, 협동조합연합회 중 대통령령으로 정하는 자(2020.10.20 본호신설)

(2011.7.25 본항개정)

② 중소기업은 대통령령으로 정하는 구분기준에 따라 소기업(小企業)과 중기업(中企業)으로 구분한다.

③ 제1항을 적용할 때 중소기업이 그 규모의 확대 등으로 중소기업에 해당하지 아니하게 된 경우 그 사유가 발생한 연도의 다음 연도부터 3년간은 중소기업으로 본다. 다만, 중소기업 외의 기업과 합병하거나 그 밖에 대통령령으로 정하는 사유로 중소기업에 해당하지 아니하게 된 경우에는 그러하지 아니하다.

④ 중소기업시책별 특성에 따라 특히 필요하다고 인정하면 해당 법률에서 정하는 바에 따라 법인·단체 등을 중소기업자로 할 수 있다.(2020.10.20 본항개정)

제3조【정부와 지방자치단체의 책무】 ① 정부는 중소기업의 혁신역량과 경쟁력 수준 및 성장성 등을 고려하여 지원대상의 특성에 맞도록 기본적이고 종합적인 중소기업시책을 세워 실시하여야 한다.(2011.7.25 본항개정)

② 지방자치단체는 제1항에 따른 중소기업시책에 따라 관할 지역의 특성을 고려하여 그 지역의 중소기업시책을 세워 실시하여야 한다.

③ 정부와 지방자치단체는 상호간의 협력과 중소기업시책의 연계를 통하여 중소기업에 대한 지원의 효과를 높일 수 있도록 노력하여야 한다.(2011.7.25 본항신설)

(2011.7.25 본조제목개정)

제4조【중소기업자 등의 책무】 ① 중소기업자는 기술개발과 경영혁신을 통하여 경쟁력을 확보하고 투명한 경영과 기업의 사회적 책임을 다하여 국가경제의 발전과 국민의 후생 증대에 이바지할 수 있도록 노력하여야 한다.

② 중소기업자와 그 사업에 관하여 중소기업과 관련되는 자는 정부와 지방자치단체의 중소기업시책 실시에 협력하여야 한다.

(2011.7.25 본조개정)

제4조의2【중소기업 보호·육성 업무의 총괄·조정】 중소벤처기업부장관은 정부 및 지방자치단체가 행하는 중소기업 보호 및 육성에 관한 업무를 총괄·조정한다.(2018.6.12 본조신설)

제4조의3【다른 법률과의 관계】 중소기업 보호·육성에 관한 다른 법률을 제정하거나 개정할 때에는 이 법의 목적에 맞도록 하여야 한다.(2018.6.12 본조신설)

제5조【창업 촉진과 기업가정신의 확산】 ① 정부는 중소기업의 설립을 촉진하고 중소기업을 설립한 자가 그 기업을 성장·발전시킬 수 있도록 필요한 시책을 실시하여야 한다.

② 정부는 중소기업자나 창업을 준비하는 자가 건전한 기업가정신과 자긍심을 가질 수 있도록 필요한 시책을 실시하여야 한다.(2011.7.25 본항신설)

(2011.7.25 본조제목개정)

제6조【경영 합리화와 기술 향상】 ① 정부는 중소기업 경영 관리의 합리화와 기술 및 품질의 향상을 위하여 경영 및 기술의 지도·연수, 기술 개발의 촉진 및 표준화 등 필요한 시책을 실시하여야 한다.

② 정부는 중소기업의 생산성을 향상시키기 위하여 생산시설의 현대화와 정보화의 촉진 등 필요한 시책을 실시하여야 한다.

제7조【판로 확보】 ① 정부는 정부, 지방자치단체, 공공단체 및 정부투자기관 등이 물품 또는 용역을 조달(調達)할 때에는 중소기업자의 수주(受注) 기회를 증대시키기 위하여 필요한 시책을 실시하여야 한다.

② 정부는 중소기업 제품의 판로(販路) 확대를 위하여 유통 구조의 현대화와 유통 사업의 협동화 등 유통의 효율화에 필요한 시책을 실시하여야 한다.

제8조【중소기업 사이의 협력】 정부는 중소기업의 집단화 및 협동화 등 중소기업 사이의 협력에 필요한 시책을 실시하여야 한다.

제9조【기업 구조의 전환】 정부는 중소기업의 구조를 고도화하기 위하여 중소기업의 법인 전환, 사업 전환이나 중소기업 사이의 합병 등을 원활히 할 수 있도록 필요한 시책을 실시하여야 한다.

제10조【공정경쟁 및 동반성장의 촉진】 정부는 중소기업이 중소기업이 아닌 기업 등 다른 기업과의 공정경쟁과 협력 및 동반성장을 촉진할 수 있도록 필요한 시책을 실시하여야 한다.(2011.7.25 본조개정)

제11조【사업 영역의 보호】 정부는 중소기업자의 사업영역이 중소기업 규모로 경영하는 것이 적정한 분야에서 원활히 확보될 수 있도록 필요한 시책을 실시하여야 한다.

제12조【공제제도의 확립】 정부는 중소기업자가 서로 도와 도산을 막고 공동 구매 및 판매 사업 등의 기반을 조성할 수 있도록 하기 위한 공제(共濟)제도의 확립에 필요한 시책을 실시하여야 한다.

제13조【중소기업자의 조직화】 정부는 중소기업자가 서로 도와 그 사업의 성장·발전과 경제적 지위의 향상을 기할 수 있도록 중소기업협동조합 등 단체의 조직 촉진과 그 운영의 합리화에 필요한 시책을 실시하여야 한다.

제14조【국제화의 촉진】 ① 정부는 중소기업의 국제화를 촉진하기 위하여 중소기업의 수출입 진흥과 외국 기업과의 협력 증진 등 필요한 시책을 실시하여야 한다.

② 정부는 중소기업이 국내외 경제 환경의 변화에 능동적으로 대응할 수 있도록 중소기업에 대한 정보 제공 등 필요한 시책을 실시하여야 한다.

제15조【인력 확보의 지원】 정부는 중소기업이 필요한 인력을 원활히 확보할 수 있도록 인력 양성과 공급, 근로환경 개선과 복지수준 향상, 중소기업에 대한 인식 개선 등 필요한 시책을 실시하여야 한다.(2011.7.25 본조개정)

제16조【소기업 대책】 정부는 소기업에 대하여 그 경영의 개선과 발전을 위하여 필요한 시책을 실시하여야 한다.

제17조【지방 소재 중소기업 등의 육성】 정부는 지방에 있는 중소기업을 육성하고, 청년·여성·장애인의 중소기업 활동을 촉진하기 위하여 필요한 시책을 실시하여야 한다.(2022.11.15 본조개정)

제18조【법제 및 재정 조치】 정부는 중소기업시책을 실시하기 위하여 필요한 법제 및 재정(財政) 조치를 하여야 한다.

제18조의2【중소기업 육성을 위한 지원과 투자】 ① 정부는 중소기업을 육성하는 데에 필요한 재원을 지속적이고 안정적으로 확보하여야 한다.

② 정부는 중소기업 육성을 위한 지원과 투자를 지속적으로 확대하도록 노력하여야 한다.

(2018.6.12 본조신설)

제19조【금융 및 세제 조치】 ① 정부는 중소기업자에 대한 자금 공급을 원활히 하기 위하여 재정 및 금융자금 공급의 적정화(適正化)와 신용보증제도의 확립 등 필요한 시책을 실시하여야 한다.

② 정부는 중소기업시책을 효율적으로 실시하기 위하여 조세에 관한 법률에서 정하는 바에 따라 세제상의 지원을 할 수 있다.

제19조의2【중소기업 육성에 관한 종합계획 수립】 ① 정부는 창의적이고 자주적인 중소기업의 성장을 지원하기 위하여 중소기업 육성에 관한 종합계획(이하 "종합계획"이라 한다)을 3년마다 수립·시행하여야 한다.

② 종합계획을 수립하거나 변경하는 경우에는 국무회의의 심의를 거쳐야 한다. 다만, 대통령령으로 정하는 경미한 사항을 변경하는 경우에는 그러하지 아니하다.

③ 종합계획에는 다음 각 호의 사항이 포함되어야 한다.

1. 중소기업 육성 정책의 기본목표와 추진방향
2. 중소기업 육성과 관련된 제도 및 법령의 개선
3. 중소기업의 경영 합리화와 기술 향상에 관한 사항
4. 중소기업의 판로 확보에 관한 사항
5. 중소기업 사이의 협력 증진에 관한 사항
6. 중소기업의 구조 고도화에 관한 사항
7. 공정경쟁 및 동반성장의 촉진에 관한 사항
8. 중소기업 인력확보의 지원에 관한 사항
9. 지방 소재 중소기업 등의 육성에 관한 사항
10. 중소기업의 청년인력 채용과 근속을 위한 근로환경 조성에 관한 사항(2018.6.12 본호신설)
11. 그 밖에 중소기업 육성을 위하여 필요한 사항

④ 그 밖에 종합계획의 수립·시행에 필요한 사항은 대통령령으로 정한다.

(2016.12.2 본조신설)

제20조【중소기업 육성계획 수립 및 연차 보고】 ① 정부는 종합계획에 따라 매년 정부와 지방자치단체가 중소기업을 육성하기 위하여 추진할 중소기업시책에 관한 계획(이하 "육성계획"이라 한다)을 수립하여 관련 예산과 함께 3월까지 국회에 제출하여야 한다.(2016.12.2 본항개정)

② 중소벤처기업부장관은 전년도 육성계획의 실적과 성과를 평가하고, 그 평가결과를 반영하여 중소기업정책에 관한 연차보고서를 정기국회 개회 전까지 국회에 제출하여야 한다.(2017.7.26 본항개정)

③ 제1항에 따라 육성계획을 수립하는 중앙행정기관의 장과 제2항에 따라 평가를 실시하는 중소벤처기업부장관은 필요한 경우 관계 중앙행정기관과 지방자치단체의 장에게 협조를 요청할 수 있다. 이 경우 협조를 요청받은 자는 특별한 사유가 없으면 그 요청에 적극 협조하여야 한다.(2017.7.26 전단개정)

④ 육성계획의 수립과 연차보고에 필요한 사항은 대통령령으로 정한다.

(2011.7.25 본조개정)

제20조의2【중소기업빅데이터플랫폼의 구축·운영】 ① 중소벤처기업부장관은 중소기업 지원사업에 대한 중소기업의 신청·접수 현황, 지원이력 등의 자료·정보를 통합 관리하고 중소기업 지원 관련 빅데이터 활용을 활성화하기 위하여 중소기업 지원사업 빅데이터 플랫폼(이하 "중소기업빅데이터플랫폼"이라 한다)을 구축·운영할 수 있다.(2024.1.9 본항개정)

② 중소벤처기업부장관은 중소기업빅데이터플랫폼의 구축·운영을 위하여 필요한 경우에는 중앙행정기관의 장, 지방자치단체의 장 또는 종합신용정보집중기관 등 관련 기관·단체의 장(이하 "중앙행정기관의 장등"이라 한다)에게 다음 각 호에 해당하는 자료·정보의 제공을 요청하고 제공받은 목적의 범위에서 그 자료·정보를 보유·이용할 수 있다.(2024.1.9 본문개정)

1. 제2조에 따른 중소기업자 확인을 위한 「주민등록법」 제7조의2제1항에 따른 주민등록번호(2016.12.2 본호개정)
2. 「신용정보의 이용 및 보호에 관한 법률」에 따른 신용정보
3. 중소기업시책에 참여하는 기업의 지원효과 분석을 위한 「국세기본법」 제81조의13에 따른 과세정보로서 당사자의 동의를 받은 다음 각 목의 정보 : 국세청장(2024.1.9 본문개정)
   가. 기업의 소재지, 업종, 매출액, 납입자본금, 자산총액, 부채총액, 영업이익, 당기순이익(2024.1.9 본목개정)
   나. 개업일·휴업일·폐업일
   다. (2024.1.9 삭제)
   라. 「소득세법」 제163조제1항 후단 및 「법인세법」 제121조제1항 후단에 따른 전자계산서 발급액
   마. 「부가가치세법」 제32조에 따른 전자세금계산서 발급액 및 같은 법 제75조에 따른 관련 명세 중 전자지급거래액
   바. 「조세특례제한법」 제10조제1항제1호에 따른 신성장·원천기술연구개발비 및 같은 항 제3호에 따른 일반연구·인력개발비
   사. 「조세특례제한법」 제126조의3에 따른 현금영수증 가맹점별 현금영수증 결제금액
   아. 「과세자료의 제출 및 관리에 관한 법률」 제4조 및 제5조에 따라 제출받은 신용카드 가맹점별 신용카드 결제금액

   (2024.1.9 라목~아목신설)
4. 중소기업시책에 참여하는 기업의 지원효과 분석을 위한 고용정보로서 다음 각 목의 정보 : 고용노동부장관
   가. 「고용보험법」 제2조제1호에 따른 피보험자 수
   나. 중소기업시책에 참여하는 기업에 종사하는 전체 근로자 등에 대하여 「고용보험 및 산업재해보상보험의 보험료징수 등에 관한 법률」 제16조의3제2항에 따라 산정된 월평균보수를 합산한 금액
5. 중소기업시책에 참여하는 기업의 지원효과 분석을 위한 「관세법」 제116조에 따른 과세정보 중 당사자의 동의를 받은 정보로서 신고한 수출 물품의 품명, 품목 번호, 총 신고가격, 목적지, 신고일 : 관세청장
6. 중소기업 지원사업에 대한 자료·정보를 통합 관리하기 위한 재정정보로서 다음 각 목의 정보
   가. 「국가재정법」 제9조제4항에 따라 공개하는 중앙관서의 세출예산 운용상황 및 기금관리주체의 기금 운용상황 : 각 중앙관서의 장 및 기금관리주체

나. 「지방재정법」 제60조제1항에 따라 공시하는 세출예산 운용상황 : 각 지방자치단체의 장
(2024.1.9 4호～6호신설)
7. 중소기업시책에 참여하는 기업의 지원효과 분석을 위하여 법령 등에 의한 해당 기업의 인증·확인 정보
(2018.6.12 본호신설)
8. 그 밖에 중소벤처기업부장관이 중소기업빅데이터플랫폼의 구축·운영을 위하여 필요하다고 인정하는 자료·정보(2024.1.9 본호개정)
③ 제2항에 따라 자료·정보의 제공을 요청받은 중앙행정기관의 장등은 특별한 사유가 없는 한 이에 협조하여야 한다.
④ 중소벤처기업부장관은 중소기업 지원사업을 수행하는 중앙행정기관의 장등에게 중소기업빅데이터플랫폼의 자료·정보(제2항제3호 및 제5호에 해당하는 자료·정보는 제외한다)를 제공할 수 있다.(2024.1.9 본항개정)
⑤ 중소벤처기업부장관은 중소기업빅데이터플랫폼을 통하여 통합 관리하고 있는 중소기업 지원이력에 관한 자료·정보를 통계적 목적 또는 정책수립을 위하여 관련 기관 또는 단체에 제공할 수 있다. 이 경우 그 사용 목적에 맞는 범위에서 개별 기업의 정보를 직접적 또는 간접적 방법으로 확인할 수 없는 상태로 가공하여 제공하여야 한다.(2024.1.9 본항신설)
⑥ 중소벤처기업부장관은 제2항에 따라 보유·이용하는 자료·정보의 보호를 위하여 필요한 시책을 마련하여야 한다.(2017.7.26 본항개정)
⑦ 중소벤처기업부장관은 중소기업빅데이터플랫폼의 구축·운영을 위하여 대통령령으로 정하는 바에 따라 전담기구를 설치·운영할 수 있다.(2024.1.9 본항개정)
⑧ 그 밖에 중소기업빅데이터플랫폼의 구축·운영에 필요한 사항은 대통령령으로 정한다.(2024.1.9 본항개정)
(2024.1.9 본조제목개정)
(2014.1.14 본조신설)

제20조의3【중소기업 지원사업의 효율화】 ① 중소벤처기업부장관은 제20조의2제1항에 따라 중소기업빅데이터플랫폼을 통하여 관리하는 중소기업 지원사업에 대한 현황조사, 분석·평가 및 효율화(이하 "효율화"라 한다)를 위하여 다음 각 호의 사항을 추진하여야 한다.(2024.1.9 본문개정)
1. 중소기업 지원사업의 범위, 분류, 분석 및 평가기준의 마련(2018.6.12 본호개정)
2. 중소기업 지원사업 간 역할 분담 및 연계성 강화
2의2. 중소기업 지원사업에 대한 현황조사 및 분석·평가
(2018.6.12 본호신설)
3. 효율화에 따른 제도 개선 및 예산반영 의견 제시
(2018.6.12 본호개정)
4. 중소기업 지원사업 간 중복성 검토 및 개선방안 마련
5. 중소기업 지원사업을 위탁받아 수행하는 기관 및 단체에 대한 성과분석
6. 중소기업 지원사업에 대한 만족도 조사
7. 그 밖에 효율화를 위하여 필요한 사항(2018.6.12 본호개정)
② 중소벤처기업부장관은 효율화를 위하여 중소기업빅데이터플랫폼의 자료·정보를 최대한 활용하고, 필요한 경우 중앙행정기관의 장등에게 관련 자료·정보의 제공을 요청할 수 있다. 이 경우 중앙행정기관의 장등은 특별한 사유가 없으면 이에 협조하여야 한다.(2024.1.9 전단개정)
③ 중소벤처기업부장관은 효율화 방안을 제20조의4에 따른 중소기업정책심의회의 심의를 거쳐 확정하며, 중앙행정기관의 장등은 그 방안을 중소기업 지원사업에 반영하여야 한다.(2018.6.12 본항개정)
④ 그 밖에 효율화를 위해 필요한 사항은 대통령령으로 정한다.(2018.6.12 본항신설)
(2018.6.12 본조제목개정)
(2015.2.3 본조신설)

제20조의4【중소기업정책심의회】 ① 중소기업 보호·육성과 관련된 주요 정책 및 계획과 그 이행에 관한 사항을 심의·조정하기 위하여 중소벤처기업부에 중소기업정책심의회(이하 "심의회"라 한다)를 둔다.
② 심의회는 다음 각 호의 사항을 심의·조정한다.
1. 중소기업 보호·육성을 위한 주요 정책 및 계획의 수립 등 중소기업 정책 운영 전반에 관한 사항
2. 둘 이상의 중앙행정기관이 관련된 주요 중소기업 보호·육성 정책에 관한 사항
3. 제19조의2에 따른 종합계획의 수립·시행에 관한 사항
4. 제20조에 따른 당해연도 육성계획 수립 및 전년도 육성계획의 실적 및 성과의 평가에 관한 사항
5. 제20조의3에 따른 중소기업 지원사업의 효율화에 관한 사항
6. 제20조의5제2항에 따른 신설 및 변경사업에 대한 조정에 관한 사항
7. 중소기업 육성과 관련된 제도 및 법령에 관한 사항
8. 다른 법령에서 심의회의 심의·조정을 거치도록 한 사항 및 대통령령으로 정하는 사항
9. 그 밖에 위원장이 중소기업 보호·육성과 관련한 주요 정책에 관하여 심의에 부치는 사항
③ 심의회는 위원장 1명을 포함하여 30명 이내의 위원으로 구성한다.
④ 위원장은 중소벤처기업부장관이 되며, 위원은 다음 각 호의 사람이 된다.
1. 대통령령으로 정하는 관계 중앙행정기관의 차관 또는 차관급 공무원
2. 중소기업 및 경제·산업 등의 분야에 관한 경험과 전문지식이 풍부한 사람 중에서 중소벤처기업부장관이 위촉하는 사람
⑤ 위원장은 심의회를 대표하며, 심의회의 업무를 총괄한다.
⑥ 제2항 각 호에 따라 심의회에 상정되는 안건의 협의를 효율적으로 지원하기 위하여 실무조정회의를 둔다.
⑦ 실무조정회의는 소관 사항을 전문적으로 검토하기 위하여 분과별 전문위원회를 둘 수 있다.
⑧ 제1항부터 제7항까지에서 규정한 사항 외에 심의회, 실무조정회의 및 전문위원회 구성 및 운영과 그 밖에 필요한 사항은 대통령령으로 정한다.
(2018.6.12 본조신설)

제20조의5【협의 및 조정】 ① 중앙행정기관의 장과 지방자치단체의 장은 중소기업 지원사업을 신설하거나 변경할 경우 신설 또는 변경의 타당성, 기존 제도와의 중복성 여부, 수혜자 선정 등 전달체계에 미치는 영향과 운영방안 등에 대하여 대통령령으로 정하는 바에 따라 중소벤처기업부장관과 협의하여야 한다.
② 제1항에 따른 협의가 이루어지지 아니한 경우 심의회가 이를 조정한다.
③ 중소기업 지원사업의 신설 또는 변경 협의와 관련하여 필요한 사항은 대통령령으로 정한다.
(2018.6.12 본조신설)

제21조【중소기업 실태조사】 ① 정부는 중소기업의 활동현황, 자금, 인력 및 경영 등 실태를 파악하기 위하여 매년 정기적으로 실태조사를 실시하고 그 결과를 공표하여야 한다. 이 경우 정부는 해당 실태조사와 유사하거나 관련 있는 사안에 필요한 경우에는 다음 각 호의 실태조사를 통합하여 실시할 수 있다.
1. 「중소기업인력지원 특별법」 제7조에 따른 중소기업 인력실태조사
2. 「여성기업지원에 관한 법률」 제7조에 따른 실태조사
3. 「장애인기업활동 촉진법」 제7조에 따른 실태조사
4. 「소상공인기본법」 제9조에 따른 실태조사(2020.2.4 본호개정)
5. 그 밖에 대통령령으로 정하는 실태조사
② 정부는 제1항에 따른 실태조사를 중소기업중앙회, 중소기업 관련 단체 또는 중소기업 관련 기관에 위탁할 수 있다.
③ 정부는 제1항에 따른 실태조사를 위하여 필요한 때에는 중소기업자 또는 관련 기관 등에 대하여 자료의 제출이나 의견의 진술 등 협조를 요청할 수 있다. 이 경우 협조요청을 받은 자 또는 기관은 특별한 사유가 없는 한 이에 따라야 한다.
④ 제1항에 따른 실태조사의 방법 및 절차 등에 필요한 사항은 대통령령으로 정한다.
(2008.12.26 본조개정)

제22조【중소기업 옴부즈만의 설치】 ① 중소기업에 영향을 주는 기존규제의 정비 및 중소기업 애로사항의 해결을 위하여 중소벤처기업부장관 소속으로 중소기업 옴부즈만을 둔다.(2017.7.26 본항개정)
② 중소기업 옴부즈만은 다음 각 호의 업무를 독립하여 수행한다.
1. 중소기업에 영향을 미치는 규제의 발굴 및 개선
2. 정부 및 지방자치단체, 「공공기관의 운영에 관한 법률」 제4조에 따른 공공기관, 중소기업정책자금 운용기관(이하 "업무기관"이라 한다)과 관련하여 제기되는 애로사항의 해결
3. 그 밖에 규제의 정비 및 중소기업 애로사항의 해결을 위하여 필요한 업무로서 대통령령으로 정하는 업무
(2013.8.6 본항신설)
③ 중소기업 옴부즈만은 중소기업 및 규제 분야의 학식과 경험이 많은 자 중에서 중소벤처기업부장관의 추천과 「행정규제기본법」 제23조에 따른 규제개혁위원회(이하 "규제개혁위원회"라 한다)의 심의를 거쳐 국무총리가 위촉한다.(2017.7.26 본항개정)
④ 중소기업 옴부즈만은 업무에 관한 활동 결과보고서를 작성하여 매년 1월말까지 규제개혁위원회와 국무회의 및 국회에 보고하여야 한다.(2013.8.6 본항개정)
⑤ 중소기업 옴부즈만의 업무수행과 관련한 조사 및 의견청취, 법적지위 등에 대하여는 「행정규제기본법」 제30조 및 제32조를 준용한다. 이 경우 "위원회" 또는 "위원회의 위원"은 "중소기업 옴부즈만"으로 본다.
⑥ 중소기업 옴부즈만은 제2항에 따른 업무처리 결과에 따라 필요한 경우 업무기관의 장에게 관련 사항의 개선을 권고할 수 있다. 이 경우 업무기관의 장은 권고를 받은 날부터 30일 이내에 이행계획을 중소기업 옴부즈만에게 제출하여야 하며, 그 권고의 내용을 이행하지 아니할 경우에는 그 이유를 통지하여야 한다.(2022.1.4 후단신설)
⑦ 중소기업 옴부즈만은 제6항에 따른 개선 권고에 대한 이행실태를 점검하고, 권고를 받은 업무기관이 정당한 사유 없이 권고를 이행하지 아니하는 경우 그 내용 등을 공표하여야 한다.(2022.1.4 본항개정)
⑧ 중소기업 옴부즈만의 업무처리와 활동을 지원하기 위하여 중소벤처기업부에 사무기구를 둔다.(2017.7.26 본항개정)
⑨ 중소기업 옴부즈만의 설치 및 운영 등에 필요한 사항은 대통령령으로 정한다.
(2013.8.6 본조제목개정)
(2008.12.26 본조신설)

제23조【의견 제출 등】 ① 중소기업자·이해관계자와 관련 단체의 장은 제22조제2항에 따른 업무와 관련하여 중소기업 옴부즈만에게 의견을 제출할 수 있다. 이 경우 의견을 제출하는 방법 및 처리절차에 관하여는 「행정규제기본법」 제17조 및 「행정절차법」 제44조를 준용한다.
(2013.8.6 전단개정)
② 제1항의 의견 제출과 관계된 행정기관은 규제 개선 등에 관한 의견을 제출하였다는 이유로 그 의견을 제출한 자에게 불이익을 주거나 차별을 하여서는 아니 된다.
(2011.7.25 본항개정)
③ 중소기업 옴부즈만은 제1항에 따라 의견을 제출한 자가 그 의견을 제출하였다는 이유로 관계 행정기관으로부터 불이익이나 차별을 받았다는 내용의 진정 등을 제기한 경우에는 그 진정 등을 제기한 자를 대리하여 국민권익위원회에 고충민원을 신청할 수 있다.(2011.7.25 본항신설)
④ 적극적인 규제개선을 위한 직무집행으로 인하여 발생한 위법행위 등을 이유로 담당공무원 등을 징계하는 경우 중소기업 옴부즈만은 해당 징계권자에게 그 징계의 감경 또는 면제를 건의할 수 있다.(2013.8.6 본항신설)
(2011.7.25 본조제목개정)

제24조【행정지원 등】 ① 중소벤처기업부장관은 중소기업 옴부즈만의 활동 지원을 위하여 필요하다고 인정하면 국가기관, 지방자치단체, 「공공기관의 운영에 관한 법률」 제4조에 따른 공공기관 또는 관련 법인·단체에 그 소속 공무원이나 직원의 파견을 요청할 수 있다.
② 중소벤처기업부장관은 제1항에 따른 중소기업 옴부즈만의 운영에 필요한 행정적·재정적 지원을 할 수 있다.
(2017.7.26 본조개정)

제25조【전문연구평가기관의 지정】 ① 중소벤처기업부장관은 중소기업시책의 수립 등에 필요한 조사, 연구 및 평가를 수행하는 전문연구평가기관(이하 "전문연구평가기관"이라 한다)을 지정하여 운영할 수 있다.
② 중소벤처기업부장관은 전문연구평가기관이 조사, 연구 및 평가를 수행하는 데에 필요한 경비를 예산의 범위에서 출연하거나 보조할 수 있다.
③ 전문연구평가기관의 지정기준, 지정절차 및 운영 등에 필요한 사항은 대통령령으로 정한다.
(2018.6.12 본조개정)

제25조의2【중소벤처기업연구원의 설립】 ① 정부는 중소기업·벤처기업(「벤처기업육성에 관한 특별법」 제2조제1항에 따른 벤처기업을 말한다. 이하 같다) 관련 시책의 수립 등에 필요한 조사, 연구, 교육 및 평가를 추진하기 위하여 중소벤처기업연구원(이하 "연구원"이라 한다)을 설립한다.(2024.1.9 본항개정)
② 연구원은 법인으로 한다.
③ 연구원은 정관으로 정하는 바에 따라 임원과 직원을 둔다.
④ 정부는 연구원의 운영 등에 필요한 경비를 예산의 범위에서 출연하거나 보조할 수 있다.
⑤ 연구원은 설립목적을 달성하기 위하여 다음 각 호의 사업을 수행한다.
1. 중소기업·벤처기업의 육성·발전을 위한 조사, 연구 및 정책 건의
2. 중소기업·벤처기업 지원정책의 분석, 평가 및 교육
3. 국내외 연구기관, 국제기구, 민간단체와의 교류 및 연구협력사업
4. 정부, 국내외 공공기관 등으로부터 연구용역의 수탁
4의2. 규제의 신설·강화가 중소기업에 미치는 영향에 대한 분석 및 연구(2024.1.9 본호신설)
5. 중소기업·벤처기업 관련 정책정보 및 통계의 생산·분석
6. 조사·연구결과의 출판 및 홍보
7. 중소기업·벤처기업 경영 등에 관한 상담, 자문 및 정보 제공
8. 그 밖에 제1호부터 제7호까지의 사업에 따른 부대사업 및 연구원의 설립목적을 달성하는 데 필요한 사업
⑥ 연구원에 대하여 이 법과 「공공기관의 운영에 관한 법률」에서 규정한 것 외에는 「민법」 중 재단법인에 관한 규정을 준용한다.
⑦ 이 법에 따른 연구원이 아닌 자는 중소벤처기업연구원 또는 이와 유사한 명칭을 사용하지 못한다.
⑧ 중소벤처기업부장관은 연구원의 업무를 지도·감독한다.
(2020.12.8 본조신설)

제26조【중소기업 주간】 중소기업자의 자긍심을 고양하고 국민경제에서의 역할과 중요성에 대한 인식을 높이기 위하여 대통령령으로 정하는 바에 따라 1년 중 1주간을 중소기업 주간(週間)으로 한다.(2011.7.25 본조신설)

제27조【중소기업 확인자료 제출】 ① 중소기업시책에 참여하려는 중소기업자는 제2조에 따른 중소기업자에 해당하는지를 확인할 수 있는 자료를 중소기업시책을 실시하는 중앙행정기관 및 지방자치단체(이하 "중소기업시책실시기관"이라 한다)에 제출하여야 한다.

② 중소벤처기업부장관은 제2조에 따른 중소기업자에 해당하는지를 확인하기 위하여 필요하다고 인정하는 경우에는 금융위원회, 국세청 등 관계 중앙행정기관 및 지방자치단체, 공공단체 등에 대하여 그 확인에 필요한 자료의 제출을 요청할 수 있다.(2017.7.26 본항개정)

③ 중소벤처기업부장관은 제2항에 따라 국세청장에게 과세정보의 제출을 요청할 경우에는 다음 각 호의 사항을 명시하여 문서로 하여야 한다.(2017.7.26 본문개정)

1. 상시 근로자 수
2. 매출액
3. 납입자본금, 자본잉여금
4. 자기자본(자산총액 - 부채총액)
5. 자산총액
6. 주주현황 및 다른 법인에 대한 출자현황

④ 제2항 및 제3항에 따라 자료의 제출을 요청받은 자는 특별한 사유가 없으면 그 요청에 따라야 한다.

(2011.7.25 본조신설)

제28조【과태료】 ① 제2조에 따른 중소기업자가 아닌 자로서 제27조제1항에 따른 자료를 거짓으로 제출하여 중소기업시책에 참여한 자에게는 500만원 이하의 과태료를 부과한다.

② 제25조의2제7항을 위반하여 중소벤처기업연구원 또는 이와 유사한 명칭을 사용한 자에게는 100만원 이하의 과태료를 부과한다.(2020.12.8 본항신설)

③ 제1항 및 제2항에 따른 과태료는 대통령령으로 정하는 바에 따라 다음 각 호의 자가 부과·징수한다.

(2020.12.8 본문개정)

1. 중소기업시책실시기관의 장 : 제1항에 따른 과태료
2. 중소벤처기업부장관 : 제2항에 따른 과태료

(2020.12.8 1호~2호신설)

(2011.7.25 본조신설)

부　칙 (2015.2.3)

제1조【시행일】 이 법은 공포한 날부터 시행한다.

제2조【중소기업자의 범위에 관한 경과조치】 이 법 시행 당시 종전의 규정에 따라 중소기업에 해당하는 기업이 제2조제1항제1호가목의 개정규정에 따라 중소기업에 해당하지 아니하게 된 경우에는 같은 개정규정에도 불구하고 2018년 3월 31일까지 중소기업으로 본다.

부　칙 (2018.6.12)

제1조【시행일】 이 법은 공포한 날부터 시행한다. 다만, 제20조의3부터 제20조의5까지 및 제25조의 개정규정은 공포 후 6개월이 경과한 날부터 시행한다.

제2조【종합계획 및 육성계획의 수립에 관한 경과조치】 이 법 시행 당시 종전의 규정에 따라 수립된 종합계획 및 육성계획은 제20조의4제2항의 개정규정에 따라 심의회의 심의·조정을 거친 것으로 본다.

부　칙 (2018.8.14)
(2019.12.10)

이 법은 공포 후 6개월이 경과한 날부터 시행한다.

부　칙 (2020.2.4)

제1조【시행일】 이 법은 공포 후 1년이 경과한 날부터 시행한다.(이하 생략)

부　칙 (2020.10.20)

이 법은 공포 후 6개월이 경과한 날부터 시행한다.

부　칙 (2020.12.8)

제1조【시행일】 이 법은 공포 후 6개월이 경과한 날부터 시행한다.

제2조【중소벤처기업연구원의 설립에 따른 경과조치】 ① 이 법 시행 당시 「민법」에 따라 설립된 재단법인 중소기업연구원(이하 "재단법인 중소기업연구원"이라 한다)은 제25조의2의 개정규정에 따라 설립된 중소벤처기업연구원으로 본다.

② 재단법인 중소기업연구원은 이 법에 따른 중소벤처기업연구원이 설립등기를 마친 때에는 「민법」 중 법인의 해산 및 청산에 관한 규정에도 불구하고 해산된 것으로 본다.

③ 이 법에 따른 중소벤처기업연구원은 설립등기일에 재단법인 중소기업연구원의 모든 재산과 권리·의무를 승계한다.

④ 제3항에 따라 포괄승계된 재산과 권리·의무에 관한 등기부와 그 밖의 공부에 표시된 재단법인 중소기업연구원의 명의는 이 법에 따른 중소벤처기업연구원의 명의로 본다.

⑤ 이 법 시행 당시 재단법인 중소기업연구원이 행한 행위나 재단법인 중소기업연구원에 대하여 행하여진 행위는 이 법에 따른 중소벤처기업연구원의 행위나 중소벤처기업연구원에 대한 행위로 본다.

⑥ 이 법 시행 당시 재단법인 중소기업연구원의 원장을 포함한 임직원은 이 법에 따른 중소벤처기업연구원의 임직원으로 보며, 임원의 임기는 종전의 임명일부터 기산한다.

부　칙 (2020.12.29)

제1조【시행일】 이 법은 공포 후 1년이 경과한 날부터 시행한다.(이하 생략)

부　칙 (2022.1.4)

이 법은 공포 후 6개월이 경과한 날부터 시행한다.

부　칙 (2022.11.15)

이 법은 공포한 날부터 시행한다.

부　칙 (2024.1.9 법19990호)

제1조【시행일】 이 법은 공포 후 6개월이 경과한 날부터 시행한다.(이하 생략)

부　칙 (2024.1.9 법19992호)

제1조【시행일】 이 법은 공포 후 6개월이 경과한 날부터 시행한다. 다만, 제25조의2제5항제4호의2의 개정규정은 공포한 날부터 시행한다.

제2조【중소기업빅데이터플랫폼으로의 명칭변경에 따른 경과조치】 이 법 시행 당시의 통합관리시스템은 이 법의 개정규정에 따른 중소기업빅데이터플랫폼으로 본다.

제3조【다른 법률의 개정】 ※(해당 법령에 가제정리 하였음)

중소기업 사업전환 촉진에 관한 특별법(약칭 : 중소기업사업전환법)

(2006년 3월 3일 법률 제7866호)

개정
2007. 4.11법 8361호(중소기업진흥)
2007. 4.11법 8362호(중소기업창업)
2007. 5.11법 8429호(고용보험법)
2007. 8. 3법 8635호(자본시장금융투자업)
2008. 2.29법 8852호(정부조직)
2008.12.26법 9181호
2009. 5.21법 9685호(중소기업판로지원)
2010. 4.12법10252호(산업활성공장설립)
2011. 8. 4법11020호(산업입지및개발에관한법)
2013. 3.22법11656호
2017. 7.26법14839호(정부조직)
2018.12.31법16172호(중소기업진흥에관한법)
2020. 2.11법16998호(벤처투자촉진에관한법)
2021. 4.20법18109호
2021. 8.17법18425호(국민평생직업능력개발법)
2021.12.28법18661호(중소기업창업)
2022. 1. 4법18707호　　2022.11.15법19060호
2023. 5.16법19417호
2023. 6.20법19504호(벤처투자촉진에관한법)

제1장 총　칙
(2008.12.26 본장제목개정)

제1조【목적】 이 법은 경제환경의 변화로 인하여 어려움을 겪고 있거나 어려움이 예상되는 중소기업의 사업전환을 촉진하여 중소기업의 경쟁력을 강화하고 산업구조의 고도화를 달성함으로써 국민경제의 건전한 발전에 기여함을 목적으로 한다.(2023.5.16 본조개정)

제2조【정의】 이 법에서 사용하는 용어의 뜻은 다음과 같다.

1. "중소기업자"란 「중소기업기본법」 제2조에 따른 중소기업자를 말한다.
2. "사업전환"이란 다음 각 목의 어느 하나에 해당하는 경우를 말한다.
   가. 중소기업자가 운영하고 있는 업종의 사업을 그만두고 새로운 업종의 사업을 운영하는 경우
   나. 중소기업자가 운영하고 있는 사업의 규모를 줄이거나 유지하면서 새로이 추가된 업종의 사업비중이 대통령령으로 정하는 비중 이상으로 늘어나는 경우
   (2013.3.22 본목개정)
   다. 중소기업자가 운영하고 있는 사업을 유지하면서 신사업 분야에서 기존의 제품·서비스와 차별화되는 새로운 제품·서비스를 추가하거나 새로운 제공방식을 도입하는 경우로서 해당 사업비중이 대통령령으로 정하는 기준에 해당하는 경우(2023.5.16 본목신설)
3. "신사업 분야"란 미래 유망업종 등 중소기업의 경쟁력을 강화하고 산업구조 고도화에 기여할 것으로 예상되는 분야로 다음 각 목의 어느 하나에 해당하는 분야를 말한다.
   가. 「규제자유특구 및 지역특화발전특구에 관한 규제특례법」 제2조제12호가목에 따른 지역혁신성장사업을 통하여 육성하려는 분야
   나. 「금융혁신지원 특별법」 제2조제4호에 따른 혁신금융서비스를 제공하는 사업 분야
   다. 「산업융합 촉진법」 제2조제2호에 따른 산업융합 신제품을 생산하거나 같은 조 제7호에 따른 산업융합 서비스를 제공하는 사업 분야
   라. 「정보통신 진흥 및 융합 활성화 등에 관한 특별법」 제2조제1항제2호에 따른 정보통신융합 기술·서비스를 활용하는 사업 분야
   마. 「조세특례제한법」 제10조제1항제1호 각 목 외의 부분에 따른 신성장·원천기술을 활용하는 사업 분야
   바. 그 밖에 대통령령으로 정하는 사업 분야
   (2023.5.16 본호신설)

(2008.12.26 본조개정)

제3조【적용범위】 이 법은 경제환경이 변하여 경쟁력을 확보하는 것이 구조적으로 어려워 사업전환이 필요하거나 미래의 유망업종이나 국가경쟁력을 강화시킬 수 있는 전략업종으로 사업전환이 필요한 중소기업자로서 업종, 규모 등에 관하여 대통령령으로 정하는 기준에 해당하는 자에 대하여 적용한다.(2013.3.22 본조개정)

제2장 사업전환촉진체계의 구축
(2008.12.26 본장개정)

제4조【중소기업사업전환촉진계획의 수립·시행】 ① 중소벤처기업부장관은 중소기업자의 원활한 사업전환을 지원하기 위하여 다음 각 호의 사항이 포함된 중소기업사업전환촉진계획(이하 "사업전환촉진계획"이라 한다)을 2년마다 수립·시행하여야 한다.(2017.7.26 본문개정)

1. 중소기업 사업전환정책의 추진방향에 관한 사항
2. 사업전환 지원체계의 구축과 운영에 관한 사항
3. 사업전환을 지원하기 위한 방안에 관한 사항
4. 사업전환을 촉진하기 위한 제도개선에 관한 사항

5. 이 법의 적용대상이 되는 중소기업자의 업종·규모 등에 관한 사항
6. 그 밖에 사업전환을 촉진하기 위하여 중소벤처기업부장관이 필요하다고 인정하는 사항(2017.7.26 본호개정)
② 중소벤처기업부장관은 사업전환촉진계획을 수립하기 위하여 필요하다고 인정되는 경우에는 관계 중앙행정기관의 장, 특별시장·광역시장·특별자치시장·도지사·특별자치도지사 및 중소기업지원기관이나 단체의 장 등에게 자료의 제공을 요청할 수 있다.(2022.1.4 본항개정)
③ 제1항 및 제2항에서 규정한 사항 외에 사업전환촉진계획의 수립·시행에 필요한 사항은 대통령령으로 정한다.

제5조【사업전환심의위원회】 ① 중소기업의 사업전환에 관한 다음 각 호의 사항을 심의하기 위하여 중소벤처기업부에 사업전환심의위원회(이하 "심의위원회"라 한다)를 둔다.
1. 사업전환촉진계획의 수립
2. 제29조의3에 따른 사업전환 선도기업의 선정
3. 그 밖에 사업전환과 관련하여 중소벤처기업부장관이 회의에 부치는 사항
② 심의위원회는 위원장을 포함한 10명 이내의 위원으로 구성한다.
③ 심의위원회의 위원장은 중소벤처기업부차관이 되며, 위원은 다음 각 호의 사람이 된다.
1. 대통령령으로 정하는 관계 중앙행정기관의 장이 지명하는 고위공무원단에 속하는 공무원
2. 사업전환에 관한 학식과 경험이 풍부한 사람으로서 중소벤처기업부장관이 위촉하는 사람
④ 위원 중 공무원이 아닌 위원의 임기는 2년으로 하며, 한 차례만 연임할 수 있다.
⑤ 그 밖에 심의위원회의 구성과 운영에 필요한 사항은 대통령령으로 정한다.
(2023.5.16 본조신설)

제6조【중소기업사업전환지원센터의 설치】 ① 중소벤처기업부장관은 중소기업자의 사업전환을 효율적으로 지원하기 위하여 중소기업지원기관이나 단체를 지정하여 중소기업사업전환지원센터(이하 "지원센터"라 한다)를 설치·운영할 수 있다.(2017.7.26 본항개정)
② 지원센터의 업무는 다음 각 호와 같다.
1. 제8조에 따른 사업전환계획 및 제8조의2에 따른 공동사업전환계획의 수립 지원에 관한 사항(2023.5.16 본호개정)
2. 사업전환을 위한 정보의 제공과 컨설팅 지원에 관한 사항
3. 자금의 융자 주선과 인수·합병의 연계 지원에 관한 사항
4. 제8조 또는 제8조의2에 따라 승인을 받은 중소기업자에 대한 사후관리에 관한 사항(2023.5.16 본호개정)
5. 유휴설비(遊休設備) 유통정보의 제공과 거래 주선에 관한 사항
6. 사업전환 전문가 육성에 관한 사항(2023.5.16 본호신설)
7. 사업전환 선진기법 및 교육 프로그램 등의 보급에 관한 사항(2023.5.16 본호신설)
8. 그 밖에 중소기업의 사업전환을 촉진하기 위하여 중소벤처기업부장관이 위탁하는 사항(2017.7.26 본호개정)
③ 정부는 지원센터의 설치와 운영에 드는 경비의 전부나 일부를 보조할 수 있다.
④ 지원센터의 설치·지정기준과 운영 등에 필요한 사항은 대통령령으로 정한다.

제7조【사업전환 실태조사】 ① 중소벤처기업부장관은 사업전환촉진계획의 수립과 성과관리 등을 위하여 2년마다 중소기업자의 사업전환에 관한 실태조사를 하여야 하며, 필요하다고 인정하면 수시로 할 수 있다.(2017.7.26 본항개정)
② 제1항에 따른 실태조사는 다음 각 호의 사항을 포함하여야 한다.
1. 중소기업자의 지역별·업종별 사업전환 실태에 관한 사항
2. 제8조 또는 제8조의2에 따라 승인을 받은 중소기업자의 경영실태 등 사업전환 성과에 관한 사항(2023.5.16 본호개정)
3. 중소기업자의 지역별·업종별 매출액, 부도율 등 사업전환 관련 통계에 관한 사항
4. 그 밖에 중소기업자의 사업전환 실태를 파악하기 위하여 필요한 사항
③ 중소벤처기업부장관은 제1항에 따른 실태조사를 위하여 필요하다고 인정하면 관계 중앙행정기관의 장, 지방자치단체의 장 및 중소기업지원기관이나 단체의 장에게 자료 제출이나 조사업무의 수행에 필요한 협조를 요청할 수 있다. 이 경우 자료 제출이나 협조의 요청을 받은 자는 특별한 사유가 없으면 그 요청에 따라야 한다.(2017.7.26 전단개정)
④ 제1항에 따른 실태조사의 시행 등에 필요한 사항은 대통령령으로 정한다.

제3장 사업전환계획 및 공동사업전환계획의 승인
(2023.5.16 본장제목개정)

제8조【사업전환계획의 승인】 ① 사업전환을 하려는 중소기업자는 다음 각 호의 사항을 포함한 사업전환에 관한 계획(이하 "사업전환계획"이라 한다)을 중소벤처기업부장관에게 제출하여 승인을 받을 수 있다.(2017.7.26 본문개정)
1. 사업전환의 필요성
2. 새로 운영하거나 추가하려는 업종, 새로 추가하는 제품·서비스 또는 새로운 제공방식에 대한 계획(2023.5.16 본호개정)
3. 사업전환의 내용과 실시기간
4. 사업전환에 따른 근로자의 고용조정과 능력개발
5. 사업전환에 필요한 재원과 그 조달계획
6. 사업전환으로 달성하려는 매출액 등 목표수준
7. 그 밖에 중소벤처기업부장관이 필요하다고 인정하는 사항(2017.7.26 본호개정)
② 중소벤처기업부장관은 환경보호, 사회적 책임 또는 지배구조의 개선을 위하여 사업전환을 하려는 중소기업자 및 신사업 분야로 사업전환을 하려는 중소기업자의 사업전환계획을 우선 승인할 수 있다.(2023.5.16 본항개정)
③ 제1항 및 제2항에 따른 사업전환계획의 승인기준과 승인절차, 우선 승인 등에 필요한 사항은 대통령령으로 정한다.(2022.11.15 본항개정)

제8조의2【공동사업전환계획의 승인】 ① 중소기업자가 다음 각 호의 어느 하나에 해당하는 사업전환(이하 "공동사업전환"이라 한다)을 하려는 경우에는 제8조제1항 각 호의 사항 및 공동사업전환에 관한 사항이 포함된 공동사업전환계획(이하 "공동사업전환계획"이라 한다)을 중소벤처기업부장관에게 제출하여 승인을 받을 수 있다.
1. 대기업과 협력관계에 있는 중소기업자가 그 대기업과 공동으로 사업전환을 하려는 경우
2. 대기업과 협력관계에 있는 중소기업자가 그 대기업과 협력관계에 있는 다른 중소기업자와 공동으로 사업전환을 하려는 경우
3. 2개 이상의 중소기업자가 공동으로 사업전환을 하려는 경우
② 중소벤처기업부장관이 공동사업전환계획을 승인하는 경우에는 해당 공동사업전환에 참여하는 중소기업자의 사업전환을 일괄하여 승인할 수 있다.
③ 중소벤처기업부장관은 신사업 분야로 사업전환을 하려는 중소기업자의 공동사업전환계획을 우선 승인할 수 있다.
④ 공동사업전환계획의 승인 기준 및 절차 등에 필요한 사항은 대통령령으로 정한다.
(2023.5.16 본조신설)

제9조 (2008.12.26 삭제)

제10조【사업전환계획 및 공동사업전환계획의 이행실적조사】 ① 중소벤처기업부장관은 사업전환계획 또는 공동사업전환계획의 승인을 받은 중소기업자(이하 "승인기업"이라 한다)의 사업전환계획 또는 공동사업전환계획의 이행 여부와 실적 등을 정기적으로 조사하여야 한다.(2023.5.16 본항개정)
② 제1항에 따른 이행실적조사 절차에 관하여 필요한 사항은 대통령령으로 정한다.
(2023.5.16 본조제목개정)

제11조【사업전환계획·공동사업전환계획의 변경 및 중단 등】 ① 승인기업이 사업전환계획 또는 공동사업전환계획의 주요 내용을 변경하려면 중소벤처기업부장관의 승인을 받아야 하고, 사업전환계획 또는 공동사업전환계획을 중단하려면 중소벤처기업부장관에게 통지하여야 한다.(2023.5.16 본항개정)
② 중소벤처기업부장관은 제10조제1항에 따른 조사 결과 사업전환계획 또는 공동사업전환계획의 이행이 어렵다고 판단하면 해당 승인기업에 그 계획의 변경이나 중단을 권고할 수 있다.(2023.5.16 본항개정)
③ 제1항에 따른 변경승인과 제2항에 따른 변경·중단의 권고절차에 필요한 사항은 대통령령으로 정한다.
(2023.5.16 본조제목개정)

제4장 사업전환절차의 원활화
(2008.12.26 본장개정)

제12조【주식교환】 ① 주식회사인 승인기업(「자본시장과 금융투자업에 관한 법률」에 따른 주권상장법인은 제외한다. 이하 이 조부터 제18조까지, 제18조의2 및 제19조에서 같다)이 사업전환을 위하여 자기주식을 다른 주식회사(「자본시장과 금융투자업에 관한 법률」에 따른 주권상장법인은 제외한다. 이하 이 조부터 제18조까지, 제18조의2 및 제19조에서 같다) 또는 다른 주식회사의 주요주주(해당 법인의 의결권 있는 발행주식총수의 100분의 10 이상을 보유한 주주를 말한다. 이하 같다)의 주식과 교환할 수 있다.
② 제1항에 따라 주식교환을 하려는 승인기업은 「상법」 제341조에도 불구하고 제1항에 따른 주식교환에 필요한 주식에 대하여는 자기의 계산으로 자기주식을 취득할 수 있다. 이 경우 그 취득금액은 같은 법 제462조제1항에 따른 배당을 할 수 있는 이익 이내이어야 한다.
③ 제1항에 따라 주식교환을 하려는 승인기업은 다음 각 호의 사항이 포함된 주식교환계약서를 작성하여 주주총회의 승인을 받아야 한다. 이 경우 주주총회의 승인결의에 관하여는 「상법」 제434조를 준용한다.
1. 사업전환의 내용
2. 자기주식의 취득 방법·가격 및 시기
3. 교환할 주식의 가액의 총액·평가·종류 및 수량
4. 주식교환을 할 날
5. 다른 주식회사의 주요주주와 주식을 교환할 경우에는 그 주요주주의 성명·주민등록번호, 교환할 주식의 종류 및 수량
④ 제1항에 따라 주식교환을 하려는 승인기업은 그에 관한 이사회 결의가 있으면 즉시 그 결의내용을 주주에게 알리고, 제3항에 따른 주식교환계약서를 갖추어 두고 읽어 볼 수 있도록 하여야 한다.
⑤ 주식회사인 승인기업이 제1항에 따른 주식교환을 통하여 다른 주식회사 또는 다른 주식회사의 주요주주의 주식을 취득한 경우에는 취득한 날부터 1년 이상 그 주식을 보유하여야 한다.
⑥ 제2항에 따른 자기주식의 취득기간은 제3항의 주주총회 승인결의일부터 6개월 이내이어야 한다.

제13조【반대주주의 주식매수청구권】 ① 제12조제3항에 따른 주주총회 승인결의 전에 승인기업에 서면으로 주식교환에 반대하는 의사를 통지한 주주는 주주총회 승인결의일부터 10일 이내에 자기가 보유한 주식의 매수를 서면으로 청구할 수 있다.
② 승인기업은 제1항에 따른 매수 청구를 받은 날부터 2개월 이내에 그 주식을 매수하여야 한다. 이 경우 그 주식은 6개월 이내에 처분하여야 한다.
③ 제2항에 따른 주식의 매수가액(買收價額)의 결정에 관하여는 「상법」 제374조의2제3항부터 제5항까지의 규정을 준용한다.

제14조【신주발행에 따른 주식교환 등】 ① 주식회사인 승인기업은 사업전환을 위하여 신주(新株)를 발행하여 다른 주식회사 또는 다른 주식회사의 주요주주의 주식과 교환할 수 있다. 이 경우 다른 주식회사 또는 다른 주식회사의 주요주주는 승인기업이 주식교환을 위하여 발행하는 신주의 배정을 받으면 해당 승인기업의 주주가 된다.
② 제1항에 따라 주식교환을 하려는 승인기업은 다음 각 호의 사항이 포함된 주식교환계약서를 작성하여 주주총회의 승인을 받아야 한다. 이 경우 주주총회의 승인결의에 관하여는 「상법」 제434조를 준용한다.
1. 사업전환의 내용
2. 교환할 신주의 가액의 총액·평가·종류·수량 및 배정방식
3. 주식교환을 할 날
4. 다른 주식회사의 주요주주와 주식을 교환하는 경우에는 주요주주의 성명·주민등록번호, 교환할 주식의 종류와 수량
③ 제1항에 따른 주식교환을 통하여 다른 주식회사 또는 다른 주식회사의 주요주주가 보유한 주식을 승인기업에 현물출자(現物出資)하는 경우 대통령령으로 정하는 공인평가기관이 그 주식의 가격을 평가한 경우에는 「상법」 제422조제1항에 따라 검사인이 조사한 것으로 보거나 공인된 감정인이 감정한 것으로 본다. 이 경우 같은 법 제422조제2항 및 제3항을 적용하지 아니한다.
④ 제1항에 따른 주식교환을 하는 경우에는 제12조제4항 및 제5항을 준용한다.

제15조【신주발행 주식교환 시 주식매수청구권】 제14조에 따른 주식교환에 반대하는 주주의 주식매수청구권에 관하여는 제13조를 준용한다.

제16조【주식교환의 특례】 ① 주식회사인 승인기업이 제12조나 제14조에 따라 주식교환을 하는 경우 그 교환하는 주식의 수가 발행주식총수의 100분의 50을 초과하지 아니하면 주주총회의 승인을 이사회의 승인으로 갈음할 수 있다.
② 제1항의 경우에는 승인기업은 주식교환계약서에 제12조제3항이나 제14조제2항에 따른 주주총회의 승인 없이 주식교환을 할 수 있다는 뜻을 적어야 한다.
③ 주식회사인 승인기업은 주식교환계약서를 작성한 날부터 2주 이내에 주식교환계약서의 주요내용과, 주주총회의 승인 없이 주식교환을 한다는 뜻을 공고하거나 주주에게 통지하여야 한다.
④ 주식회사인 승인기업의 발행주식총수의 100분의 20 이상에 해당하는 주식을 소유한 주주가 제3항에 따른 공고나 통지가 있은 날부터 2주 이내에 서면으로 제1항에 따른 주식교환에 반대하는 의사를 승인기업에 통지하면 이 조에 따른 주식교환을 할 수 없다.
⑤ 제1항에 따른 주식교환의 경우에는 제13조나 제15조를 적용하지 아니한다.

제17조【주식교환무효의 소】 제12조나 제14조에 따른 주식교환에 대한 무효의 소에 관하여는 「상법」 제360조의14를 준용한다. 이 경우 같은 조 제2항 중 "완전모회사가 되는 회사"는 "주식회사인 승인기업"으로 보고, 같은 조 제3항 중 "완전모회사가 된 회사"는 "주식회사인 승인기업"으로, "완전자회사가 된 회사"는 "다른 주식회사"로 본다.

제18조【합병절차의 간소화 등】 ① 주식회사인 승인기업이 다른 주식회사와 합병을 통하여 사업전환을 하려는 경우에는 채권자에 대하여 「상법」 제527조의5제1항에도

通商
情報

불구하고 그 합병결의가 있은 날부터 1주 이내에 10일 이상의 기간을 정하여 그 기간 이내에 합병에 관한 다른 의견을 낼 것을 공고하고 알고 있는 채권자에 대하여는 공고사항을 알려야 한다.
② 주식회사인 승인기업이 합병결의를 위한 주주총회 소집을 통지하는 경우에는 「상법」 제363조제1항 본문에도 불구하고 그 통지일을 주주총회 개최일 7일 전으로 할 수 있다.
③ 주식회사인 승인기업이 다른 주식회사와 합병하기 위하여 합병계약서 등을 공시하는 경우에는 「상법」 제522조의2제1항에도 불구하고 그 공시기간을 합병승인을 위한 주주총회 개최일 7일 전부터 합병을 한 날 이후 1개월이 경과하는 날까지로 할 수 있다.
④ 주식회사인 승인기업의 합병에 관한 이사회의 결의에 반대하는 승인기업의 주주는 「상법」 제522조의3에도 불구하고 주주총회 전에 승인기업에 서면으로 합병에 반대하는 의사를 통지하고 자기가 소유하고 있는 주식의 종류와 수를 적어 주식의 매수를 청구하여야 한다.
⑤ 주식회사인 승인기업이 제4항에 따른 청구를 받은 경우에는 「상법」 제374조의2제2항 및 제530조제2항에도 불구하고 합병에 관한 주주총회의 결의일부터 2개월 이내에 그 주식을 매수하여야 한다.
⑥ 제5항에 따른 주식의 매수가액의 결정에 관하여는 「상법」 제374조의2제3항부터 제5항까지의 규정을 준용한다. 이 경우 같은 법 제374조의2제4항 중 "제1항의 청구를 받은 날"은 "합병에 관한 주주총회의 결의일"로 본다.
제18조의2【간이합병의 특례】 ① 주식회사인 승인기업이 다른 주식회사와 합병을 할 때 「상법」 제527조의2제1항에도 불구하고 합병 후 존속하는 회사가 합병으로 인하여 소멸하는 회사의 발행주식총수 중 의결권 있는 주식의 100분의 90 이상을 보유하는 경우에는 합병으로 인하여 소멸하는 회사의 주주총회의 승인을 이사회의 승인으로 갈음할 수 있다.
② 제1항에 따른 합병에 반대하는 주주의 주식매수청구권에 관하여는 「상법」 제522조의3제2항을 준용한다.
(2008.12.26 본조신설)
제19조【분할·분할합병 절차의 간소화】 ① 주식회사인 승인기업이 사업전환을 위하여 「상법」 제530조의2제1항에 따른 분할을 한 경우에 「상법」 제530조의9제1항에 해당하면 그 분할절차에 관하여는 제18조제2항 및 제3항을 준용하고, 「상법」 제530조의9제2항에 해당하면 그 분할절차에 관하여는 제18조제1항부터 제3항까지의 규정을 준용한다.
② 주식회사인 승인기업이 사업전환을 위하여 다른 주식회사와 「상법」 제530조의2제2항에 따른 분할합병을 하려는 경우의 절차에 관하여는 제18조를 준용한다.
제20조【다른 주식회사의 영업양수의 특례】 ① 주식회사인 승인기업이 영업의 전부 또는 일부를 다른 주식회사(「자본시장과 금융투자업에 관한 법률」에 따른 주권상장법인은 제외한다. 이하 이 조에서 같다)에 양도하는 경우 그 양도가액이 다른 주식회사의 최종 재무상태표상에 현존하는 순자산액의 100분의 10을 초과하지 아니하면 다른 주식회사의 주주총회의 승인을 이사회의 승인으로 갈음할 수 있다.(2021.4.20 본항개정)
② 제1항에 따른 경우에는 영업양도·양수계약서에 다른 주식회사의 주주총회의 승인 없이 영업의 전부 또는 일부를 양수할 수 있다는 뜻을 적어야 한다.
③ 제1항에 따라 승인기업의 영업의 전부 또는 일부를 양수하려는 다른 주식회사는 영업양도·양수계약서를 작성한 날부터 2주 이내에 영업양도·양수계약서의 주요 내용 및 주주총회의 승인 없이 영업을 양수한다는 뜻을 공고하거나 주주에게 통지하여야 한다.
④ 다른 주식회사의 발행주식총수의 100분의 20 이상에 해당하는 주식을 소유한 주주가 제3항에 따른 공고나 통지가 있은 날부터 2주 이내에 서면으로 제1항에 따른 영업양수를 반대하는 의사를 통지하면 이 조에 따른 영업양수를 할 수 없다.
⑤ 제1항에 따른 영업양수의 경우에는 「상법」 제374조의2를 적용하지 아니한다.
⑥ 주식회사인 승인기업이 「상법」 제374조에 따른 영업양도·양수를 하는 경우의 절차에 관하여는 제18조제2항부터 제6항까지의 규정을 준용한다.

제5장 사업전환촉진을 위한 지원사업
(2008.12.26 본장개정)

제21조【정보제공 등】 ① 중소벤처기업부장관은 사업전환을 추진하는 중소기업자에게 판로(販路)·기술 및 진출업종 등 사업전환에 관한 정보를 제공할 수 있다.(2017.7.26 본항개정)
② 중소벤처기업부장관은 제1항에 따른 정보를 제공하기 위하여 다음 각 호의 사업을 할 수 있다.(2017.7.26 본문개정)
1. 중소기업지원기관과 단체 등을 활용한 정보제공체제의 구축
2. 경영·기술 관련 전문가를 활용한 판로·기술 및 진출업종 등에 대한 정보 데이터베이스의 구축 및 관리
3. 그 밖에 사업전환 관련 정보제공을 활성화하기 위하여 필요한 사업
③ 중소벤처기업부장관은 중앙행정기관의 장, 지방자치단체의 장 및 공공기관의 장에게 제1항과 제2항에 따른 정보제공을 위한 자료를 요청할 수 있다.(2017.7.26 본항개정)
제22조【컨설팅 지원】 ① 중소벤처기업부장관은 사업전환을 추진하는 중소기업자에게 경영·기술·재무·회계 등의 개선에 관한 컨설팅 지원을 할 수 있다.(2017.7.26 본항개정)
② 중소벤처기업부장관은 제1항에 따른 컨설팅 지원을 위하여 다음 각 호의 사업을 추진하거나 지원할 수 있다.(2017.7.26 본문개정)
1. 중소기업자의 규모와 업종에 적합한 컨설팅 서비스의 제공
2. 컨설팅 결과의 신뢰성을 확보하기 위한 평가체계 구축
3. 컨설팅 결과와 융자·보조 등 지원수단의 연계
4. 그 밖에 컨설팅 기반 강화에 필요한 사업
③ 중소벤처기업부장관은 중소기업자 또는 컨설팅 실시기관 등에 대하여 제2항에 따른 사업에 드는 비용을 지원할 수 있다.(2017.7.26 본항개정)
제23조【인수·합병 등의 지원】 정부는 인수·합병, 영업양수·양도 등(이하 "인수·합병등"이라 한다)을 통하여 사업전환을 추진하는 중소기업자를 지원하기 위하여 다음 각 호의 사업을 할 수 있다.
1. 인수·합병등을 위한 중개기반의 구축 지원
2. 인수·합병등에 관한 정보제공과 법무·회계 상담 지원
3. 인수·합병등에 필요한 자금의 융자와 투자 지원
4. 그 밖에 인수·합병등을 원활하게 하기 위하여 필요한 사업
제24조【자금지원】 ① 정부 및 지방자치단체는 승인기업에 대하여 설비구입 및 연구개발 등 사업전환에 필요한 자금의 융자나 출연 등의 지원을 할 수 있다.
② 정부는 제1항에 따른 지원을 위하여 「중소기업진흥에 관한 법률」 제63조에 따른 중소벤처기업창업 및 진흥기금을 활용할 수 있다.(2018.12.31 본항개정)
제25조【능력개발 및 고용안정지원】 ① 중소기업자는 「고용정책기본법」과 「국민 평생 직업능력 개발법」 등 관련 법령에서 정하는 바에 따라 사업전환에 따른 실업 예방과 재직 근로자의 능력개발을 위하여 노력하여야 한다.(2021.8.17 본항개정)
② 정부는 사업전환을 추진하는 중소기업자의 고용조정, 재직 근로자의 고용안정 및 능력개발 등을 위하여 다음 각 호의 사업을 포함한 지원방안을 마련할 수 있다.
1. 「국민 평생 직업능력 개발법」 제2조제3호에 따른 직업능력개발훈련시설과 중소기업지원기관 등이 운영하는 사업전환 중소기업의 실직자에 대한 재취업교육과 새로 진출한 업종에 대한 근로자 교육(2021.8.17 본호개정)
2. 「고용보험법」 제21조에 따른 고용조정의 지원 및 같은 법 제29조에 따른 직업능력개발 지원
제26조【유휴설비의 유통지원】 중소벤처기업부장관은 사업전환과정 등에서 생기는 유휴설비의 원활한 유통을 지원하기 위하여 다음 각 호의 사업을 추진할 수 있다.(2017.7.26 본문개정)
1. 국내외 유휴설비 유통정보의 제공과 거래 주선
2. 유휴설비의 매매 관련 기관 사이의 연계체제 구축
3. 유휴설비의 집적(集積)과 판매를 위한 입지 지원
4. 유휴설비의 신뢰성을 높이기 위한 가치평가체제의 구축
5. 그 밖에 유휴설비 유통 활성화에 필요한 사업
제27조【입지지원】 ① 정부 및 지방자치단체는 중소기업자의 사업전환에 따른 공장의 신설·이전·증설 등을 위한 입지(立地)의 공급과 절차의 간소화 등을 위하여 노력하여야 한다.
② 정부 및 지방자치단체는 승인기업에 대하여 다음 각 호의 사업을 지원할 수 있다.
1. 「산업입지 및 개발에 관한 법률」 제2조제8호라목에 따른 농공단지에의 입주(2011.8.4 본호개정)
2. 정부 및 지방자치단체가 공급하는 공장용지와 지식산업센터에의 우선 입주(2010.4.12 본호개정)
3. 정부 및 지방자치단체가 건립하는 「중소기업창업 지원법」 제53조제1항에 따른 창업보육센터에의 입주(2021.12.28 본호개정)
4. 지방자치단체가 건립하는 중소기업종합지원센터와 전시판매장과 그 지원시설에의 입주
5. 「중소기업창업 지원법」 제54조제1항에 따른 중소기업상담회사 등을 통한 공장의 신설·이전·증설 등의 대행 및 입지 주선(2021.12.28 본호개정)
제28조【벤처투자회사 등의 투자】 「벤처투자 촉진에 관한 법률」 제2조제10호 및 제11호에 따른 벤처투자회사 및 벤처투자조합이 같은 법에 따라 승인기업에 투자할 경우 그 투자지분은 같은 법 제38조 및 제51조에 따라 사용한 것으로 본다.(2023.6.20 본조개정)
제29조【세제지원】 정부 및 지방자치단체는 조세 관련 법률에서 정하는 바에 따라 승인기업에 세제지원을 할 수 있다.
제29조의2【판로확보 지원】 정부는 사업전환을 추진하는 중소기업자의 국내외 판로확보를 지원하기 위하여 다음 각 호의 사업을 할 수 있다.
1. 국내외 유통망 확보 및 홍보·판매 지원
2. 국내외 전시·박람회 개최 또는 참가 지원
3. 국내외 거래알선 및 상품홍보를 위한 정보망 구축 지원
4. 그 밖에 사업전환을 추진하는 중소기업자의 판로확보를 지원하기 위하여 필요하다고 인정하는 사업
(2023.5.16 본조신설)
제29조의3【사업전환 선도기업의 육성】 ① 중소벤처기업부장관은 승인기업 중 우수한 혁신역량과 성장 가능성을 보유한 중소기업을 사업전환 선도기업으로 선정할 수 있다.
② 중소벤처기업부장관은 제1항에 따른 사업전환 선도기업에 대하여 행정적·재정적·기술적 지원 등을 할 수 있다.
(2023.5.16 본조신설)
제29조의4【성과평가 및 관리】 ① 중소벤처기업부장관은 사업전환 촉진을 위한 지원사업의 효율적인 운영을 위하여 대통령령으로 정하는 바에 따라 지원사업 및 승인기업의 성과를 평가할 수 있다.
② 중소벤처기업부장관은 제1항에 따른 평가결과에 따라 승인기업에 대한 지원을 달리 할 수 있다.
(2023.5.16 본조신설)

제6장 보 칙
(2008.12.26 본장개정)

제30조【승인기업이었던 기업에 대한 주식교환의 특례】 이 법에 따른 승인기업은 해당 기업이 승인기업에 해당되지 아니하게 되더라도 제12조와 제14조에 따른 주식교환을 한 경우에는 이를 승인기업으로 보아 제12조제5항과 제14조제4항을 적용한다.
제30조의2【특례적용의 제외】 제2조제2호다목에 해당하는 승인기업에 대해서는 제4장을 적용하지 아니한다.
(2023.5.16 본조신설)
제31조【사업전환계획 및 공동사업전환계획 승인의 취소】 ① 중소벤처기업부장관은 승인기업이 다음 각 호의 어느 하나에 해당하는 경우에는 제8조 또는 제8조의2에 따른 승인을 취소할 수 있다. 다만, 제1호에 해당하는 경우에는 승인을 취소하여야 한다.(2023.5.16 본문개정)
1. 거짓이나 그 밖의 부정한 방법으로 사업전환계획 또는 공동사업전환계획의 승인을 받은 경우(2023.5.16 본호개정)
2. 제11조제1항에 따른 승인 없이 사업전환계획 또는 공동사업전환계획을 변경한 경우(2023.5.16 본호개정)
3. 휴업·폐업 또는 파산 등으로 대통령령으로 정하는 기간 동안 기업활동을 하지 아니하는 경우
4. 승인기업이 사업전환계획 또는 공동사업전환계획의 승인을 받은 날부터 6개월 이내에 정당한 이유 없이 사업전환계획 또는 공동사업전환계획을 추진하지 아니하는 경우(2023.5.16 본호개정)
② 중소벤처기업부장관은 제1항에 따라 승인을 취소하려면 청문을 하여야 한다.(2017.7.26 본항개정)
③ 중소벤처기업부장관은 제1항에 따라 승인이 취소된 경우에는 그 사실을 관계 기관에 통보하여야 한다.
(2017.7.26 본항개정)
(2023.5.16 본조제목개정)
제32조【보고 및 검사】 ① 중소벤처기업부장관은 다음 각 호의 어느 하나에 해당하는 경우에는 중소기업자, 지원센터 등 관계 기관에 대하여 사업전환계획 또는 공동사업전환계획의 이행상황 등에 관한 보고를 하게 하거나 소속 공무원에게 사무소와 사업장에 출입하여 대통령령으로 정하는 승인기업의 장부·서류 등을 검사하게 할 수 있다.(2023.5.16 본문개정)
1. 제10조제1항에 따른 사업전환계획 또는 공동사업전환계획의 이행실적조사가 필요한 경우
2. 제11조제1항에 따라 승인기업이 사업전환계획 또는 공동사업전환계획의 변경을 요청하거나 중단을 알린 경우
(2023.5.16 1호～2호개정)
3. 그 밖에 제1호와 제2호에 준하는 사항으로 대통령령으로 정하는 경우
② 제1항에 따라 검사를 하는 경우에는 검사 7일 전까지 검사의 일시·목적 및 내용 등을 포함한 검사계획을 검사대상자에게 통지하여야 한다. 다만, 긴급한 경우 또는 사전통지를 하면 증거인멸 등으로 검사목적을 달성할 수 없다고 인정하는 경우에는 그러하지 아니하다.
③ 제1항에 따라 출입·검사하는 공무원은 그 권한을 표시하는 증표를 지니고 이를 관계인에게 내보여야 하며, 출입·검사를 하는 경우에는 해당 공무원의 성명·출입시간·출입목적 등이 적힌 문서를 관계인에게 내주어야 한다.
제33조【위임 및 위탁】 ① 중소벤처기업부장관은 이 법에 따른 권한의 일부를 대통령령으로 정하는 바에 따라 소속 기관의 장이나 지방자치단체의 장에게 위임할 수 있다.
② 중소벤처기업부장관은 이 법에 따른 업무의 일부를 대통령령으로 정하는 바에 따라 다른 행정기관의 장 또는 중소기업협동조합중앙회, 중소벤처기업진흥공단 등 중소기업 관련 단체나 기관의 장에게 위탁할 수 있다.
(2018.12.31 본항개정)
(2017.7.26 본조개정)

제34조【벌칙 적용 시의 공무원 의제】 중소벤처기업부장관이 제33조제2항에 따라 위탁한 업무를 하는 단체나 기관의 임직원은 「형법」 제127조, 제129조부터 제132조까지의 규정을 적용할 때에는 공무원으로 본다.(2017.7.26 본조개정)

부 칙 (2008.12.26)

① **【시행일】** 이 법은 2009년 3월 1일부터 시행한다.
② **【사업전환계획 승인의 취소에 관한 적용례】** 제31조제1항제4호의 개정규정은 이 법 시행 후 최초로 사업전환계획의 승인을 받은 경우부터 적용한다.
③ **【사업전환계획의 중단 승인에 관한 경과조치】** 이 법 시행 당시 종전의 규정에 따라 사업전환계획의 중단에 대하여 승인을 신청하고 있는 경우에는 제11조제1항의 개정규정에 따라 사업전환계획 중단을 알린 것으로 본다.

부 칙 (2020.2.11)

제1조【시행일】 이 법은 공포 후 6개월이 경과한 날부터 시행한다.(이하 생략)

부 칙 (2021.4.20)

이 법은 공포 후 3개월이 경과한 날부터 시행한다.

부 칙 (2021.8.17)
(2021.12.28)

제1조【시행일】 이 법은 공포 후 6개월이 경과한 날부터 시행한다.(이하 생략)

부 칙 (2022.1.4)

이 법은 공포한 날부터 시행한다.

부 칙 (2022.11.15)

제1조【시행일】 이 법은 공포 후 6개월이 경과한 날부터 시행한다.
제2조【사업전환계획의 우선 승인에 관한 적용례】 제8조제2항의 개정규정은 이 법 시행 이후 제8조제1항에 따라 사업전환계획을 제출한 경우부터 적용한다.

부 칙 (2023.5.16)

이 법은 공포 후 6개월이 경과한 날부터 시행한다.

부 칙 (2023.6.20)

제1조【시행일】 이 법은 공포 후 6개월이 경과한 날부터 시행한다.(이하 생략)

중소기업진흥에 관한 법률

(약칭 : 중소기업진흥법)

(2007년 4월 11일 전부개정법률 제8361호)

개정
2007. 4. 6법 8338호(하천법)
2007. 4.11법 8367호(장애인)
2007. 5.25법 8486호(산업표준화법)
2007.12.27법 8804호
2007.12.27법 8819호(공유수면관리법)
2008. 2.29법 8852호(정부조직)
2008. 3.21법 8976호(도로법)
2008.12.19법 9160호
2009. 5.21법 9683호
2009. 6. 9법 9758호(농어촌정비)
2009. 6. 9법 9774호(측량·수로지적)
2009.12.30법 9888호
2010. 4. 5법10228호(무역보험법)
2010. 4.12법10250호(엔지니어링산업진흥법)
2010. 4.12법10252호(산업활성공장설립)
2010. 4.15법10272호(공유수면관리및매립에관한법)
2010. 5.31법10331호(산지관리법)
2012. 1.17법11178호
2012.12.11법11540호
2013. 3.23법11690호(정부조직)
2013. 5.28법11846호(소기업및소상공인지원을위한특별조치법)
2014. 1.14법12248호(도로법)
2014. 1.21법12308호(중소기업인력지원특별법)
2014. 1.21법12309호
2014. 6. 3법12738호(공간정보구축관리)
2015. 1.28법13084호(산업표준화법)
2015. 1.28법13095호
2015. 5.18법13316호
2016. 1.27법13867호
2016. 3.29법14111호
2016.12. 2법14369호
2016.12.27법14476호(지방세징수법)
2016.12.27법14480호(농어촌정비)
2017. 3.21법14685호
2017. 7.26법14839호(정부조직)
2018.12.11법15926호
2018.12.31법16172호
2019. 8.27법16568호(양식산업발전법)
2019.12.10법16817호
2020. 1.29법16902호(항만법)
2020. 2.11법16998호(벤처투자촉진에관한법)
2020. 3.24법17111호
2020. 4. 7법17242호(경영지도사및기술지도사에관한법)
2021. 1.12법17893호(지방자치)
2021. 7.20법18310호(공간정보구축관리)
2021. 7.27법18356호
2021. 7.27법18358호(지역중소기업육성및혁신촉진등에관한법)
2021.12.28법18661호(중소기업창업)
2022. 6.10법18962호
2022.12.27법19117호(산림자원조성관리)
2023. 1. 3법19182호
2023. 3.28법19320호
2023. 6.20법19504호(벤처투자촉진에관한법)
2023. 9.14법19731호
2024. 1. 9법19990호(벤처기업육성에관한특별법)→2024년 7월 10일 시행

제1장 총 칙

제1조【목적】 이 법은 중소기업의 구조 고도화를 통하여 중소기업의 경쟁력을 강화하고 중소기업의 경영 기반을 확충하여 국민경제의 균형 있는 발전에 기여함을 목적으로 한다.(2009.5.21 본조개정)
제2조【정의】 이 법에서 사용하는 용어의 뜻은 다음과 같다.
1. "중소기업자"란 다음 각 목의 어느 하나에 해당하는 자를 말한다.
  가. 「중소기업기본법」 제2조에 따른 중소기업자
  나. 「중소기업협동조합법」 제3조에 따른 중소기업협동조합
  다. 「산업기술연구조합 육성법」에 따른 산업기술연구조합 중 대통령령으로 정하는 것
  라. 그 밖에 대통령령으로 정하는 중소기업 진흥을 위한 단체
1의2. "소기업"이란 「중소기업기본법」 제2조제2항에 따른 소기업을 말한다.(2015.1.28 본호신설)
1의3. (2021.7.27 삭제)
1의4. "벤처기업"이란 「벤처기업육성에 관한 특별법」 제2조제1항에 따른 벤처기업을 말한다.(2024.1.9 본호개정)
2. "중소기업의 자동화"란 중소기업자가 생산성과 품질의 향상을 위하여 각종 자동화설비를 통하여 생산공정을 합리적으로 개선하는 것을 말한다.
3. "중소기업의 정보화"란 중소기업자가 컴퓨터 또는 각종 제어장치를 이용하여 경영관리와 유통관리를 전산화하는 등 중소기업의 전산망을 구축하는 것을 말한다.
4. "기술개발"이란 다음 각 목의 어느 하나에 해당하는 것을 말한다.
  가. 중소기업자가 생산·판매 또는 서비스를 제공하는 기술에 관한 연구개발을 하는 것
  나. 가목에 따른 연구개발의 성과를 이용하는 것
5. "사업전환"이란 「중소기업 사업전환 촉진에 관한 특별법」 제2조제2호에 따른 사업전환을 말한다.
6. "협동화"란 여러 중소기업자가 공동으로 행하는 다음 각 목의 어느 하나에 해당하는 것을 말한다.
  가. 공장 등 사업장을 집단화하는 것
  나. 생산설비, 연구개발설비, 환경오염방지시설 등을 공동으로 설치·운영하는 것
  다. 제품 및 상표의 개발과 원자재 구입 및 판매 등 경영활동을 공동으로 수행하는 것
7. "물류현대화"란 중소기업자가 생산하는 제품의 원활한 유통을 도모하고 물류비용을 절감하기 위하여 유통시설을 설치하거나 개선하는 것을 말한다.
8. (2016.3.29 삭제)
9. "협업"이란 중소기업자(제1호가목에 따른 중소기업자만 해당한다. 이하 이 호에서 같다)가 다음 각 목의 어느 하나에 해당하는 자와 제품 개발, 원자재 구매, 생산, 판매 등에서 각각의 전문적인 역할을 분담하여 상호보완적으로 제품을 개발·생산·판매하거나 서비스를 제공하는 것을 말한다.(2015.5.18 본문개정)
  가. 다른 중소기업자(2015.5.18 본목신설)
  나. 「중견기업 성장촉진 및 경쟁력 강화에 관한 특별법」 제2조제1호에 따른 중견기업(2015.5.18 본목신설)
  다. 그 밖에 중소벤처기업부장관이 협업의 활성화를 위하여 필요하다고 인정하는 자(2023.1.3 본목신설)
10. "가업승계"란 중소기업이 동일성을 유지하면서 상속이나 증여를 통하여 그 기업의 소유권 또는 경영권을 친족에게 이전하는 것을 말한다. 이 경우 업종, 고용, 가업승계 후 기업유지기간 등 동일성 유지의 기준은 대통령령으로 정한다.(2007.12.27 본호신설)
10의2. "명문장수기업"이란 장기간 건실한 기업 운영으로 사회에 기여한 바가 크고, 세대를 이어 지속적인 성장이 기대되는 중소기업으로서 제62조의4의 요건을 갖춘 기업을 말한다.(2016.3.29 본호신설)
11. "사회적책임경영"이란 기업의 의사결정과 활동이 사회와 환경에 미치는 영향에 대하여 투명하고 윤리적인 경영활동을 통하여 기업이 지는 책임을 말한다.(2012.12.11 본호신설)
12. (2021.7.27 삭제)

제2장 중소기업의 구조 고도화

제3조【구조고도화지원계획 등】 ① 정부는 경제 여건의 변화에 따라 중소기업의 경영의 어려움을 해소하고 중소기업의 경쟁력을 높이기 위하여 사업규모, 경영기법 또는 생산방법의 개선이 필요하다고 인정되면 개인사업의 법인 전환, 기업의 합병과 분할, 공동사업, 협업, 사업 전환, 사업장의 이전, 경영 합리화 등 중소기업의 구조 고도화를 지원하기 위하여 필요한 시책을 강구할 수 있다.
② 특별시장·광역시장·특별자치시장·도지사 또는 특별자치도지사(이하 "시·도지사"라 한다)는 제1항에 따른 지원시책을 시행하기 위하여 매년 관할구역의 중소기업의 구조 고도화 지원을 위한 계획(이하 "구조고도화지원계획"이라 한다)을 세워 공고하여야 한다. 이 경우 시·도지사는 제68조제1항에 따른 중소벤처기업진흥공단(이하 "중소벤처기업진흥공단"이라 한다) 등 중소기업 지원기관의 장에게 구조고도화지원계획의 수립에 필요한 자료의 제출을 요청할 수 있으며, 그 요청을 받은 지원기관의 장은 이에 협조하여야 한다.(2018.12.31 후단개정)
③ 구조고도화지원계획에는 지방자치단체의 실정에 맞도록 다음 각 호의 사항이 포함되어야 한다.
1. 사업별 예산 지원에 관한 사항
2. 경영과 기술에 관한 상담, 진단, 지도 및 정보 제공 등에 관한 사항
3. 그 밖에 구조 고도화 지원에 필요한 사항
④ 시·도지사는 구조고도화지원계획의 원활한 추진을 위하여 관계 중앙행정기관의 장에게 필요한 지원을 요청할 수 있다.
제4조【중소기업의 자동화지원사업】 ① 중소벤처기업부장관은 중소기업의 자동화를 촉진하고 자동화설비의 생산업체와 엔지니어링사업자를 육성하기 위하여 자동화지원사업을 실시하여야 한다.(2017.7.26 본항개정)
② 중소벤처기업부장관은 제1항에 따른 자동화지원사업으로 다음 각 호의 사항에 관한 지원사업을 추진할 수 있다.(2017.7.26 본문개정)
1. 중소기업의 자동화 촉진을 위한 설비 보급
2. 중소기업의 자동화를 위한 시범사업과 표준화
3. 중소기업의 자동화에 관한 전문인력의 양성
4. 중소기업의 자동화를 촉진하기 위한 자금 지원
5. 그 밖에 중소기업의 자동화를 촉진하기 위하여 필요한 사항

通商
情報

제5조【서로 다른 업종 간 교류 지원사업】 ① 중소벤처기업부장관은 서로 다른 업종을 영위하고 있는 중소기업자 간 정보 및 기술 교류를 촉진하기 위하여 서로 다른 업종 간 교류 지원사업을 실시하여야 한다.(2023.1.3 본항개정)
② 중소벤처기업부장관은 제1항에 따른 서로 다른 업종 간 교류 지원사업으로 다음 각 호의 사항에 관한 지원사업을 추진할 수 있다.(2023.1.3 본문개정)
1. 정보 및 기술 교류의 활성화를 위한 전문가의 파견
2. 정보 및 기술 교류에 필요한 자금 지원
3. 그 밖에 정보 및 기술 교류를 촉진하기 위하여 필요한 사항
(2023.1.3 본조제목개정)

제3장 중소기업 제품의 구매 촉진과 판로 확대

제6조~제27조 (2009.5.21 삭제)

제4장 중소기업의 경영기반 확충

제1절 협동화 사업

제28조【중소기업 협동화기준의 고시】 ① 중소벤처기업부장관은 중소기업자의 집단화와 시설공동화 등을 위한 중소기업 협동화기준(이하 "협동화기준"이라 한다)을 정하고 고시하여야 한다. 협동화기준을 변경한 경우에도 또한 같다.(2017.7.26 전단개정)
② 제1항에 따른 협동화기준을 정할 때 특히 필요하면 중소기업자 외의 자가 참여할 수 있는 협동화기준을 정할 수 있다.
③ 제1항과 제2항에 따른 협동화기준에 포함되어야 할 사항은 대통령령으로 정한다.
④ 중소벤처기업부장관은 제1항과 제2항에 따른 협동화기준을 정할 때에는 미리 관계 중앙행정기관의 장과 협의하여야 한다.(2017.7.26 본항개정)
제29조【협동화실천계획의 승인】 ① 협동화기준에 따라 협동화실천계획을 세워 시행하려는 자는 중소벤처기업부장관의 승인을 받아야 한다. 승인을 받은 계획 중 중소벤처기업부령으로 정하는 사항을 변경하려는 경우에도 또한 같다.(2017.7.26 본항개정)
② 협동화기준에 따라 협동화실천계획을 세워 시행하려는 자는 그 협동화실천계획에 형질변경이나 기반시설공사를 수반하고 대통령령으로 정하는 면적 이상인 단지조성사업(이하 "단지조성사업"이라 한다)이 포함되는 경우에는 제1항에도 불구하고 시·도지사(「지방자치법」 제198조에 따른 서울특별시·광역시 및 특별자치시를 제외한 인구 50만 이상 대도시의 경우에는 그 시장(이하 "대도시 시장"이라 한다)을 말한다. 이하 이 절에서 같다)의 승인을 받아야 한다. 승인을 받은 계획 중 중소벤처기업부령으로 정하는 사항을 변경하려는 경우에도 또한 같다.(2021.1.12 전단개정)
③ 중소벤처기업부장관 또는 시·도지사는 제1항 또는 제2항에 따른 승인·변경승인의 신청을 받은 날부터 45일 이내에 승인 여부를 신청인에게 통지하여야 한다.(2023.1.3 본항신설)
④ 중소벤처기업부장관 또는 시·도지사가 제3항에서 정한 기간 내에 승인 여부 또는 민원 처리 관련 법령에 따른 처리기간의 연장을 신청인에게 통지하지 아니하면 그 기간(민원 처리 관련 법령에 따라 처리기간이 연장 또는 재연장된 경우에는 해당 처리기간을 말한다)이 끝난 날의 다음 날에 승인한 것으로 본다.(2023.1.3 본항신설)
⑤ 시·도지사는 제2항에 따른 승인이나 변경 승인을 하려면 미리 중소벤처기업부장관과 협의하여야 한다.(2017.7.26 본항개정)
⑥ 제1항과 제2항에 따른 협동화실천계획의 수립에 필요한 사항은 대통령령으로 정한다.
제30조【협동화실천계획의 승인취소】 ① 중소벤처기업부장관이나 시·도지사는 협동화실천계획의 승인을 받은 자가 다음 각 호의 어느 하나에 해당하면 제29조에 따른 협동화실천계획의 승인을 취소하고 지원자금의 원리금을 회수할 수 있다. 다만, 제1호에 해당하는 경우에는 그 승인을 취소하고 지원자금의 원리금을 회수하여야 한다.(2017.7.26 본문개정)
1. 거짓이나 그 밖의 부정한 방법으로 협동화실천계획의 승인을 받은 경우
2. 제29조에 따른 변경승인을 받지 아니하고 협동화실천계획을 변경하거나 중단한 경우
3. 사업목적을 달성할 수 없거나 지원자금을 다른 목적으로 사용한 경우
② 중소벤처기업부장관이나 시·도지사는 제1항에 따라 협동화실천계획의 승인을 취소하려면 청문을 하여야 한다.(2017.7.26 본항개정)
제31조【단지조성사업의 실시계획 승인】 ① 제29조에 따라 협동화실천계획의 승인을 받은 자 또는 중소벤처기업진흥공단(이하 "중소기업자등"이라 한다)이 단지조성사업을 시행하려는 경우에는 단지조성사업의 실시계획(이하 "실시계획"이라 한다)을 작성하여 시·도지사의 승인을 받아야 한다. 승인을 받은 계획 중 중소벤처기업부령으로 정하는 사항을 변경하려는 경우에도 또한 같다.(2018.12.31 전단개정)
② 중소기업자등이 제1항에 따라 실시계획의 승인이나 변경승인(대도시 시장의 승인이나 변경승인을 받는 경우는 제외한다)을 받으려면 그 실시계획을 관할 시장·군수 또는 구청장(자치구의 구청장을 말한다. 이하 같다)을 거쳐 시·도지사에게 제출하여야 한다.(2018.12.31 본항개정)
③ 시·도지사는 제1항에 따라 실시계획을 승인하려면 다음 각 호의 사항을 고려하여 결정하여야 한다.
1. 협동화사업을 위한 단지조성의 적합성 및 적정규모 여부
2. 국토·산업·환경 등 관련 국가계획과의 연계성
3. 그 밖에 기반시설의 확보 등 대통령령으로 정하는 사항
④ 시·도지사가 제1항에 따른 실시계획의 승인이나 변경승인을 하면 대통령령으로 정하는 바에 따라 국토교통부장관에게 보고하고 이를 고시하여야 한다.(2013.3.23 본항개정)
⑤ 중소기업자등이 국외에 조성된 공업용지를 취득하거나 장기 임차하여 협동화사업을 실시하려는 경우에는 실시계획을 작성하여 중소벤처기업부장관의 승인을 받아야 한다. 승인을 받은 계획 중 중소벤처기업부령으로 정하는 사항을 변경하려는 경우에도 또한 같다.(2017.7.26 본항개정)
제32조【단지조성사업의 준공인가】 ① 중소기업자등은 단지조성사업을 완료한 때에는 중소벤처기업부령으로 정하는 바에 따라 시·도지사의 준공인가를 받아야 한다.(2017.7.26 본항개정)
② 시·도지사는 제1항에 따른 준공인가의 신청을 받으면 준공검사를 한 후 준공인가증을 그 중소기업자등에게 내주고 중소벤처기업부령으로 정하는 바에 따라 이를 공고하여야 한다.(2017.7.26 본항개정)
③ 중소기업자등은 제1항에 따른 준공인가 전에는 단지조성사업으로 조성 또는 설치된 공장용지나 시설을 사용할 수 없다. 다만, 시·도지사의 사용승인을 받은 경우에는 그러하지 아니하다.
제33조【토지 수용 등】 ① 중소벤처기업진흥공단은 제31조에 따른 단지조성사업을 시행하기 위하여 필요한 토지·건물 또는 토지에 정착한 물건이나 토지·건물 또는 토지에 정착한 물건에 관한 소유권 외의 권리, 광업권·어업권·양식업권, 물의 사용에 관한 권리(이하 "토지등"이라 한다)를 수용(收用)하거나 사용할 수 있다.(2019.8.27 본항개정)
② 제1항의 경우 제31조제1항에 따른 실시계획의 승인은 「공익사업을 위한 토지 등의 취득 및 보상에 관한 법률」 제20조제1항에 따른 사업인정(事業認定)으로 본다.
③ 제1항에 따른 수용 또는 사용에 관하여 제34조 등 이 법에 특별한 규정이 있는 경우 외에는 「공익사업을 위한 토지 등의 취득 및 보상에 관한 법률」을 적용한다.
제34조【토지 출입 등】 ① 중소기업자등은 단지조성사업을 시행하기 위하여 필요한 경우에는 다음 각 호의 행위를 할 수 있다.
1. 타인의 토지에 출입
2. 타인의 토지의 일시 사용
3. 타인의 토지의 입목(立木)·토석(土石), 그 밖의 장애물에 대한 변경 또는 제거
② 제1항의 경우에 「국토의 계획 및 이용에 관한 법률」 제130조 및 제131조를 준용한다.
제35조【국유지와 공유지의 매각 등】 ① 제31조제1항에 따라 실시계획이 승인된 지역 안의 국유지 또는 공유지는 「국유재산법」, 「지방재정법」, 그 밖의 다른 법령에도 불구하고 중소기업자등에게 수의계약으로 매각할 수 있다.
② 국가와 지방자치단체는 제31조제1항에 따라 실시계획이 승인된 지역에 대하여는 용지의 정리, 진입도로의 개설 및 시설의 설치 등 필요한 지원을 하여야 한다.
제36조【다른 법률의 준용】 제31조에 따라 중소기업자등이 단지조성사업을 시행하는 경우에는 「산업입지 및 개발에 관한 법률」 제20조와 제32조를 준용한다.

제2절 협업지원사업
(2015.5.18 본절제목개정)

제37조~제38조 (2015.5.18 삭제)
제39조【협업지원사업】 정부는 중소기업자의 원활한 협업 수행을 위하여 다음 각 호의 사항에 관한 지원사업(이하 "협업지원사업"이라 한다)을 할 수 있다.
(2015.5.18 본문개정)
1. 협업자금 지원
2. 인력 양성
3. 기술개발자금 출연
4. 수출 및 판로개척 지원
5. 공동 법인 설립 등에 관한 자문
(2015.5.18 2호~5호개정)
6. 그 밖에 중소기업자의 협업 지원을 위하여 중소벤처기업부장관이 필요하다고 인정하는 사항(2017.7.26 본호개정)
(2015.5.18 본조제목개정)
제39조의2【협업기업 선정 및 선정취소】 ① 중소벤처기업부장관은 협업에 관한 구체적인 계획을 수립하는 등 대통령령으로 정하는 요건을 갖춘 중소기업자의 신청을 받아 해당 중소기업자를 협업지원사업의 대상자로 선정할 수 있다.(2017.7.26 본항개정)
② 중소벤처기업부장관은 제1항에 따라 협업지원사업의 대상자로 선정된 기업(이하 "협업기업"이라 한다)이 다음 각 호의 어느 하나에 해당하면 협업기업의 선정을 취소할 수 있다. 다만, 제1호에 해당하는 경우에는 그 선정을 취소하여야 한다.(2017.7.26 본문개정)
1. 거짓이나 그 밖의 부정한 방법으로 선정된 경우
2. 휴업·폐업 또는 파산 등으로 6개월 이상 협업을 하지 아니한 경우
3. 그 밖에 정상적인 협업 추진이 어렵다고 중소벤처기업부장관이 인정하는 경우(2017.7.26 본호개정)
③ 제1항 및 제2항에 따른 협업기업의 선정 및 선정취소의 기준·절차 등에 관한 세부사항은 대통령령으로 정한다.
(2015.5.18 본조신설)
제39조의3【전담기관의 지정】 ① 중소벤처기업부장관은 협업지원사업을 효율적으로 수행하기 위하여 중소기업 진흥 관련 업무를 전문적으로 수행하는 기관 또는 단체를 협업지원 전담기관 또는 단체(이하 "전담기관"이라 한다)로 지정하여 협업지원사업의 일부를 수행하게 할 수 있다.(2017.7.26 본항개정)
② 중소벤처기업부장관은 예산의 범위에서 전담기관에 대하여 제1항의 업무를 수행하는 데 필요한 경비의 전부 또는 일부를 지원할 수 있다.(2017.7.26 본항개정)
③ 전담기관의 지정 기준 및 절차 등에 관한 세부사항은 대통령령으로 정한다.
(2015.5.18 본조신설)
제39조의4【전담기관 지정의 취소】 ① 중소벤처기업부장관은 전담기관이 다음 각 호의 어느 하나에 해당하는 경우에는 지정을 취소하거나 6개월의 범위에서 기간을 정하여 업무의 전부 또는 일부를 정지할 수 있다. 다만, 제1호에 해당하는 경우에는 지정을 취소하여야 한다.
(2017.7.26 본문개정)
1. 거짓이나 그 밖의 부정한 방법으로 지정을 받은 경우
2. 제39조의3제3항에 따른 지정 기준에 적합하지 아니하게 된 경우
② 제1항에 따른 행정처분의 세부기준은 그 위반사유와 정도를 고려하여 대통령령으로 정한다.
(2015.5.18 본조신설)
제40조【이행실적 조사】 ① 중소벤처기업부장관은 협업기업의 협업 이행 여부와 실적 등에 대하여 조사할 수 있다.(2017.7.26 본항개정)
② 제1항에 따른 이행실적 조사에 필요한 사항은 대통령령으로 정한다.

제3절 입지 지원사업과 환경오염 저감(低減) 지원 사업

제41조【입지 지원사업】 중소벤처기업부장관은 중소기업에 대한 공장입지의 원활한 공급을 위하여 중소벤처기업진흥공단이 관련 법률에서 정하는 바에 따라 다음 각 호의 입지 지원사업을 행하게 할 수 있다.(2018.12.31 본문개정)
1. 「산업입지 및 개발에 관한 법률」에 따른 산업단지개발사업
2. 단지조성사업
3. 「산업집적활성화 및 공장설립에 관한 법률」에 따른 지식산업센터의 건설사업(2010.4.12 본호개정)
4. 그 밖에 관련 법률에 따른 공장입지 관련 사업 중 대통령령으로 정하는 사업
제42조【환경오염 저감 지원사업】 중소벤처기업부장관은 중소기업의 사업 활동으로 발생하는 환경오염을 줄이기 위하여 제품 생산공정을 저공해 공정으로 개선하고 환경오염 방지시설의 설치 등을 지원하는 환경오염 저감 지원사업을 실시할 수 있다.(2017.7.26 본조개정)

제4절 지도와 연수사업

제43조【지도계획의 수립】 ① 중소벤처기업부장관은 중소기업의 경영 및 기술지도에 관한 계획(이하 "지도계획"이라 한다)을 세우고 고시하여야 한다.(2017.7.26 본항개정)
② 지도계획에 포함되어야 할 사항은 대통령령으로 정한다.
제44조【지도실시기관】 ① 중소벤처기업부장관은 제43조에 따라 중소기업에 대하여 경영 및 기술지도를 할 지도실시기관을 지정할 수 있으며 필요한 경우 지도에 드는 비용을 출연할 수 있다.(2017.7.26 본항개정)
② 제1항에 따른 지도실시기관의 지정과 출연금의 지급, 사용 및 관리에 필요한 사항은 대통령령으로 정한다.
(2015.1.28 본항개정)
제45조【지도기준의 작성】 중소벤처기업부장관은 지도계획을 효율적으로 시행하기 위하여 경영 및 기술지도에 필요한 다음 각 호의 기준을 정하여 공고할 수 있다.
(2017.7.26 본문개정)
1. 경영 및 기술지도의 대상
2. 경영 및 기술지도를 할 자의 요건
3. 경영 및 기술지도의 절차
4. 경영 및 기술지도 결과의 측정과 평가
5. 불성실·불공정 지도행위에 대한 제재사항
6. 그 밖에 경영 및 기술지도의 건실한 수행을 촉진하기 위한 기준

제46조~제54조 (2020.4.7 삭제)

제55조【지도신청 등】 ① 경영 및 기술지도를 받으려는 중소기업자는 제43조에 따른 지도계획에 따라 중소벤처기업부장관이 정하는 자 또는 「경영지도사 및 기술지도사에 관한 법률」 제8조제1항에 따라 등록한 지도사에게 이를 신청할 수 있다.(2020.4.7 본항개정)

② 제1항에 따른 경영 및 기술지도의 신청에 필요한 사항은 중소벤처기업부령으로 정한다.

③ 중소벤처기업부장관은 제43조에 따른 지도계획에 따라 지도를 실시한 결과, 지원이 필요하다고 인정되면 이에 대한 지원이 먼저 이루어질 수 있도록 필요한 조치를 할 수 있다.

(2017.7.26 본조개정)

제56조【연수계획의 수립】 ① 중소벤처기업부장관은 중소기업자의 경영능력과 기술수준의 향상을 위하여 중소기업자와 그 근로자, 중소벤처기업부장관이 중소기업의 경영 또는 기술에 관한 연수가 필요하다고 인정하는 자 등에게 실시할 연수계획(이하 "연수계획"이라 한다)을 세워야 한다.(2017.7.26 본항개정)

② 제1항에 따른 연수계획의 수립에 필요한 사항은 대통령령으로 정한다.

제57조【연수실시기관】 ① 연수계획에 따른 연수의 실시기관은 중소벤처기업진흥공단 또는 중소벤처기업부장관이 지정하는 기관이나 단체로 한다.(2018.12.31 본항개정)

② 제1항에 따른 기관이나 단체의 지정에 관하여 필요한 사항은 대통령령으로 정한다.

제5절 국제화 지원사업 등

제58조【국제화 지원사업】 ① 중소벤처기업부장관은 중소기업의 국제화에 필요한 기반 조성과 외국과의 산업기술능력에 관한 지원사업을 실시하여야 한다.(2017.7.26 본항개정)

② 제1항에 따른 국제화 지원사업에 필요한 사항은 대통령령으로 정한다.

제59조【생산시설의 해외이전 지원】 정부는 중소기업자가 생산시설을 해외로 이전하려는 경우에는 다음 각 호의 지원을 하거나 지원에 관한 시책을 강구할 수 있다.

1. 「한국수출입은행법」 제18조에 따른 수출자금과 해외투자자금의 융자
2. 「대외경제협력기금법」 제3조에 따른 대외경제협력기금에서의 출자 및 융자
3. 「무역보험법」에 따른 해외투자보험의 지원 (2010.4.5 본호개정)
4. 제63조에 따른 중소벤처기업창업 및 진흥기금에서의 융자(2018.12.31 본호개정)
5. 제1호부터 제4호까지의 지원을 위하여 필요한 신용보증의 우선적 실시
6. 생산시설의 해외이전에 따른 정보제공

제6절 중소기업의 경영안정 지원 등

제60조【경영정상화의 지원】 ① 중소벤처기업부장관은 다음 각 호의 어느 하나에 해당하는 사유로 상당수의 중소기업자가 경영상의 어려움을 겪고 있거나 겪을 우려가 있으면 중소기업의 경영정상화를 지원하기 위하여 필요한 조치를 할 수 있다.(2023.9.14 본문개정)

1. 판매 부진, 일시적인 자금난 및 인력난 등으로 경영에 심각한 어려움이 있는 경우
2. 원자재의 확보가 곤란한 경우
3. 관련 기업의 노사분규로 휴업·폐업 또는 조업중단 등의 사태가 발생한 경우
4. 산업구조의 변화로 사업·재무·조직 등의 구조개선이 필요한 경우(2023.9.14 본호신설)

② 중소벤처기업부장관은 제1항의 경우 필요하다고 인정할 때에는 관계 행정기관의 장에게 중소기업의 경영정상화를 위한 지원조치를 요청할 수 있다.(2017.7.26 본항개정)

제60조의2【중소기업 경영건전성 지원시스템의 운영】 ① 중소벤처기업부장관은 중소기업의 경영건전성을 높이고 경영위기를 예방할 수 있도록 기업의 성장·발전을 지원하는 맞춤식 문제해결체계인 중소기업 경영건전성 지원시스템(이하 "지원시스템"이라 한다)을 운영할 수 있다.

② 지원시스템의 운영 등에 필요한 사항은 중소벤처기업부장관이 정한다.

(2017.7.26 본조개정)

제61조【긴급경영안정지원계획의 수립·시행】 ① 중소벤처기업부장관은 「재난 및 안전관리 기본법」 제3조제1호에 따른 재난의 발생, 경제여건의 급격한 변화 등의 사유로 휴업이나 폐업을 하거나 조업을 중단하는 중소기업이 증가하거나 증가할 우려가 있으면 중소기업의 경영안정을 위한 긴급경영안정지원계획을 수립하여 시행할 수 있다.(2022.6.10 본항개정)

② 제1항에 따른 긴급경영안정지원계획에는 다음 각 호의 사항이 포함되어야 한다.

1. 지원 지역
2. 지원 대상
3. 지원 기간
4. 자금·입지·인력지원 및 기술지도 등 관계 중앙행정기관별 지원 내용
5. 그 밖에 중소벤처기업부장관이 긴급경영안정지원을 위하여 필요하다고 인정하는 사항(2017.7.26 본호개정)

③ 중소벤처기업부장관은 긴급경영안정지원계획을 수립하려는 경우에는 관계 중앙행정기관의 장과 협의하여야 하며 관계 중앙행정기관의 장에게 지원계획 추진실적 제출을 요청할 수 있다.(2017.7.26 본항개정)

제61조의2【중소기업매출채권보험계정의 설치】 ① 정부는 제2조제1호가목 및 나목에 따른 중소기업자가 상행위와 관련하여 보유하고 있는 약속어음 또는 환어음의 부도 및 매출채권에 대한 채무자의 채무불이행으로 인한 연쇄도산의 위험을 방지하기 위하여 「신용보증기금법」에 따른 신용보증기금(이하 "신용보증기금"이라 한다) 내에 중소기업매출채권보험계정을 설치할 수 있다.

② 제61조의3부터 제61조의9까지의 규정 외에 중소기업매출채권보험계정에 대한 출연금·보험료 등의 수입·운용 및 관리와 보험계약자의 범위 등에 관하여 필요한 사항은 대통령령으로 정한다.

(2016.3.29 본조개정)

제61조의3【계정의 재원·용도 및 운용】 ① 중소기업매출채권보험계정(이하 "계정"이라 한다)은 다음 각 호의 재원으로 조성한다.

1. 정부, 중소기업매출채권보험 계약자 및 그 외의 자의 출연금
2. 보험료
3. 계정의 운용 수익
4. 그 밖의 부대수입

② 계정은 다음 각 호의 용도로 운용한다.

1. 중소기업매출채권보험금의 지급
2. 계정재산의 운용·관리에 필요한 경비

③ 계정의 여유금은 다음 각 호의 방법으로 운용한다.

1. 금융기관에의 예치
2. 국채, 지방채 및 정부·지방자치단체 또는 금융기관이 지급을 보증한 채권의 매입

(2016.3.29 본조신설)

제61조의4【계정의 회계 및 결산】 ① 계정의 회계연도는 정부의 회계연도에 따른다.

② 신용보증기금은 계정의 회계를 다른 회계와 구분하여 회계처리하여야 한다.

③ 신용보증기금은 회계연도마다 계정의 총수입과 총지출에 관한 운용계획서를 작성하여 회계연도 개시 1개월 전까지 중소벤처기업부장관에게 제출하여야 하며, 중소벤처기업부장관은 회계연도 개시 전까지 이를 승인하여야 한다. 이를 변경하려는 경우에도 또한 같다.(2017.7.26 전단개정)

④ 신용보증기금은 회계연도마다 계정의 결산보고서, 재무상태표 및 손익계산서를 작성하여 다음 연도 2월 말일까지 중소벤처기업부장관에게 제출하여야 한다. (2017.7.26 본항개정)

(2016.3.29 본조신설)

제61조의5【책임준비금 등의 적립】 ① 신용보증기금은 결산기마다 책임준비금 및 비상위험준비금을 각각 계상(計上)하여야 한다.

② 제1항에 따른 책임준비금 및 비상위험준비금의 계상에 필요한 사항은 대통령령으로 정한다.

(2016.3.29 본조신설)

제61조의6【손익금의 처리】 ① 계정의 결산상 이익금이 생겼을 때에는 전액 적립하여야 한다.

② 결산상 손실금이 생겼을 때에는 제1항에 따른 적립금으로 보전하고, 그 적립금으로 보전하고도 부족할 때에는 정부가 예산의 범위에서 보전할 수 있다.

(2016.3.29 본조신설)

제61조의7【업무방법서】 신용보증기금은 다음 각 호의 사항에 관한 업무방법서를 작성하여 중소벤처기업부장관에게 승인을 얻어야 한다. 이를 변경하는 경우에도 또한 같다.(2017.7.26 전단개정)

1. 보험료율에 관한 사항
2. 보험계약의 체결에 관한 사항
3. 보험의 운용방법에 관한 사항
4. 보험금의 지급 및 보험대위에 관한 사항
5. 그 밖에 보험업무를 수행하기 위하여 필요한 사항

(2016.3.29 본조신설)

제61조의8【감독 및 명령】 중소벤처기업부장관은 계정의 운용·관리에 관한 사무를 감독하며, 필요한 사항에 대하여 명령을 할 수 있다.(2017.7.26 본조개정)

제61조의9【중소기업매출채권보험 총액의 한도】 계정에 따른 중소기업매출채권보험 총액의 한도는 제61조의3제1항제1호에 따른 출연금과 제61조의6에 따른 적립금의 합계액의 17배 이내로 한다.(2016.3.29 본조신설)

제62조【민속공예산업에 대한 지원】 정부와 지방자치단체는 민속공예산업을 영위하는 중소기업자의 경영안정을 위하여 대통령령으로 정하는 바에 따라 필요한 지원을 할 수 있다.

제7절 중소기업의 가업승계 지원 (2007.12.27 본절신설)

제62조의2【가업승계 지원】 정부는 중소기업의 원활한 가업승계를 위하여 조세 관련 법률로 정하는 바에 따른 세제지원 등 필요한 지원을 할 수 있다.

제62조의3【중소기업가업승계지원센터의 지정】 ① 중소벤처기업부장관과 시·도지사는 중소기업의 원활한 가업승계를 효율적으로 지원하기 위하여 중소기업지원 관련 기관이나 단체를 중소기업가업승계지원센터로 지정할 수 있다.(2017.7.26 본항개정)

② 제1항에 따라 지정된 중소기업가업승계지원센터(이하 이 조에서 "지원센터"라 한다)의 업무는 다음 각 호와 같다.

1. 가업승계 계획의 수립 지원에 관한 사항
2. 가업승계에 필요한 정보 제공, 교육 및 컨설팅 지원에 관한 사항
3. 우수 승계기업 인증 및 포상에 관한 사항
4. 외국 사례 등 가업승계 원활화를 위한 선진제도 발굴에 관한 사항
5. 그 밖에 가업승계에 대한 인식 제고 등 중소기업 가업승계 원활화를 위하여 중소벤처기업부장관 또는 시·도지사가 위탁하는 사항(2017.7.26 본호개정)

③ 정부와 지방자치단체는 지원센터의 운영에 사용되는 경비의 전부 또는 일부를 지원할 수 있다.(2016.3.29 본항개정)

④ 지원센터의 지정기준, 지정절차 및 운영 등에 관하여 필요한 사항은 대통령령으로 정한다.

제62조의4【명문장수기업의 요건】 명문장수기업은 건설업, 부동산업, 금융업, 보험 및 연금업, 금융 및 보험 관련 서비스업 등 대통령령으로 정하는 업종에 해당하지 아니하는 기업으로서 다음 각 호의 요건을 모두 갖추어야 한다.

1. 사업을 개시한 날부터 45년 이상 주된 업종의 변동 없이 계속 사업을 유지하여 온 기업. 이 경우 사업 개시와 계속 유지에 관한 세부사항은 대통령령으로 정한다.
2. 기업의 경제적·사회적 기여도가 대통령령으로 정하는 기준에 해당하는 기업
3. 기업의 브랜드 가치, 보유 특허의 수준, 제품의 우수성 등이 대통령령으로 정하는 기준에 해당하는 기업
4. 기업의 총매출액 중 연구개발비가 차지하는 비중이 대통령령으로 정하는 기준에 해당하는 기업

(2016.3.29 본조신설)

제62조의5【명문장수기업의 확인】 ① 명문장수기업으로 확인받고자 하는 중소기업은 명문장수기업 확인을 중소벤처기업부장관에게 신청하여야 한다.(2017.7.26 본항개정)

② 중소벤처기업부장관은 제1항의 신청을 한 기업이 명문장수기업에 해당될 때에는 대통령령으로 정하는 바에 따라 유효기간을 정하여 명문장수기업확인서를 발급하여야 한다.(2017.7.26 본항개정)

③ 제2항에 따른 확인을 받은 중소기업은 중소벤처기업부령으로 정하는 바에 따라 명문장수기업 확인의 표시를 할 수 있다.(2017.7.26 본항개정)

④ 제2항에 따른 확인을 받지 아니한 자는 확인의 표시 또는 이와 유사한 표시를 하여서는 아니 되며, 명문장수기업이라는 명칭을 사용하지 못한다.

⑤ 제1항 및 제2항에 따른 명문장수기업의 확인에 필요한 사항은 대통령령으로 정한다.

(2016.3.29 본조신설)

제62조의6【명문장수기업 확인의 취소】 ① 중소벤처기업부장관은 제62조의5에 따라 명문장수기업으로 확인을 받은 중소기업이 다음 각 호의 어느 하나에 해당하면 그 확인을 취소할 수 있다. 다만, 제1호의 경우에는 그 확인을 취소하여야 한다.(2017.7.26 본문개정)

1. 거짓이나 그 밖의 부정한 방법으로 확인을 받은 경우
2. 제62조의4에 따른 명문장수기업의 요건을 갖추지 아니하게 된 경우
3. 부도, 폐업 또는 휴업 등으로 기업활동을 지속적으로 영위할 수 없다고 판단되는 경우
4. 그 밖에 사회적 물의를 일으키는 등 대통령령으로 정하는 경우

② 중소벤처기업부장관은 제1항에 따라 명문장수기업의 확인을 취소하려면 청문을 실시하여야 한다.(2017.7.26 본항개정)

③ 중소벤처기업부장관은 제1항에 따라 명문장수기업의 확인을 취소한 경우에는 그 사실을 지체 없이 관계 중앙행정기관의 장 및 관할 지방자치단체의 장에게 통보하여야 한다.(2017.7.26 본항개정)

④ 제1항에 따른 확인 취소의 구체적 기준 및 세부절차는 대통령령으로 정한다.

(2016.3.29 본조신설)

제8절 중소기업의 사회적책임경영 (2012.12.11 본절신설)

제62조의7【사회적책임경영의 지원】 ① 중소기업은 회사의 종업원, 거래처, 고객 및 지역사회 등에 대한 사회적 책임을 고려한 경영활동을 하도록 노력하여야 한다.

② 국가와 지방자치단체는 중소기업의 사회적책임경영을 위하여 필요한 지원을 할 수 있다.

제62조의8【사회적책임경영 중소기업육성 기본계획의 수립】 ① 중소벤처기업부장관은 사회적책임경영 중소기업을 육성하고 체계적으로 지원하기 위하여 5년마다 사회적책임경영 중소기업육성 기본계획(이하 "기본계획"이라 한다)을 수립·시행하여야 한다. 다만, 「산업발전법」 제19

通商
情報

조에 따른 지속가능경영 종합시책을 수립할 때 기본계획을 포함하여 수립·시행할 수 있다.(2017.7.26 본문개정)
② 기본계획에는 다음 각 호의 사항이 포함되어야 한다.
1. 중소기업 사회적책임경영 조성정책의 기본방향 및 목표
2. 중소기업 사회적책임경영 활성화에 관한 사항
3. 사회적책임경영 중소기업 지원에 관한 사항
4. 사회적책임경영 중소기업의 실태조사에 관한 사항
5. 그 밖에 사회적책임경영 중소기업의 육성 및 지원을 위하여 대통령령으로 정하는 사항
③ 중소벤처기업부장관은 기본계획에 따라 연차별 시행계획을 수립·시행하여야 한다.(2017.7.26 본항개정)
④ 그 밖에 기본계획 및 시행계획의 수립·시행에 필요한 사항은 대통령령으로 정한다.

제62조의9【사회적책임경영 중소기업지원센터의 지정】 ① 중소벤처기업부장관은 중소기업의 사회적책임경영을 효율적으로 지원하기 위하여 중소기업 지원 관련 기관이나 단체를 사회적책임경영 중소기업지원센터(이하 이 조에서 "책임경영지원센터"라 한다)로 지정할 수 있다.(2017.7.26 본항개정)
② 책임경영지원센터는 다음 각 호의 업무를 수행한다.
1. 중소기업 사회적책임경영에 대한 지침의 제공
2. 중소기업 사회적책임경영 관련 전문인력의 양성
3. 사회적책임경영에 대한 인식제고를 위한 교육 및 연수
4. 사회적책임경영에 필요한 정보 제공 및 컨설팅 지원
5. 그 밖에 사회적책임경영의 활성화를 위하여 필요한 사업으로서 중소벤처기업부령으로 정하는 사항
(2017.7.26 본호개정)
③ 중소벤처기업부장관은 책임경영지원센터에 대하여 예산의 범위에서 제2항 각 호의 업무 수행에 필요한 비용을 출연 또는 보조할 수 있다.(2017.7.26 본항개정)
④ 중소벤처기업부장관은 책임경영지원센터가 다음 각 호의 어느 하나에 해당하면 지정을 취소하거나 6개월 이내의 기간을 정하여 그 업무의 전부 또는 일부의 정지를 명할 수 있다. 다만, 제1호에 해당하는 경우에는 그 지정을 취소하여야 한다.(2018.12.31 본문개정)
1. 거짓이나 그 밖의 부당한 방법으로 지정을 받은 경우
2. 제5항에 따른 지정 기준에 미달하게 되는 경우
3. 정당한 사유 없이 지정받은 업무를 3개월 이상 수행하지 아니한 경우
(2018.12.31 1호~3호신설)
⑤ 책임경영지원센터의 지정, 업무 정지 및 지정 취소의 기준·절차 및 운영에 필요한 사항은 대통령령으로 정한다.(2018.12.31 본항개정)

제9절 소기업에 대한 지원
(2016.3.29 본절제목삽입)

제62조의10【소기업의 공장설립에 관한 특례】 ① 소기업 중 「산업집적활성화 및 공장설립에 관한 법률」 제2조제1호에 따른 공장의 건축면적 또는 이에 준하는 사업장의 면적이 500제곱미터 미만인 기업의 경우 「부가가치세법」 제8조에 따라 발급받은 사업자등록증은 「산업집적활성화 및 공장설립에 관한 법률」 제16조에 따른 공장등록을 하였음을 증명하는 서류 등 대통령령으로 정하는 증명서로 본다.
② 소기업 중 「산업집적활성화 및 공장설립에 관한 법률」 제2조제1호에 따른 공장의 건축면적 또는 이에 준하는 사업장의 면적이 1천제곱미터 미만인 기업이 「수도권정비계획법」 제2조제1호에 따른 수도권 외의 지역(이하 이 조에서 "수도권 외의 지역"이라 한다)에서 공장을 신축·증축 또는 이전하려는 경우(신축·증축 또는 이전 후 공장의 총건축면적과 이에 준하는 사업장 총면적의 합이 1천제곱미터 미만인 경우에 한정한다)에는 다음 각 호의 부담금을 면제한다.
1. 「농지법」 제38조에 따른 농지보전부담금
2. 「산지관리법」 제19조에 따른 대체산림자원조성비
3. 「개발이익 환수에 관한 법률」 제5조에 따른 개발부담금
③ 「산업입지 및 개발에 관한 법률」 제2조제8호에 따른 국가산업단지·일반산업단지·도시첨단산업단지 또는 농공단지(農工團地)를 조성하려는 자가 수도권 외의 지역에서 소기업을 100분의 50 이상 유치하는 국가산업단지·일반산업단지·도시첨단산업단지 또는 농공단지를 조성하는 경우에는 제2항 각 호의 부담금을 면제한다.
④ 제1항 및 제2항에 따른 공장의 건축면적 또는 이에 준하는 사업장의 면적을 산정하는 방법 등은 대통령령으로 정한다.

제62조의11【소기업에 대한 신용보증 지원시책의 수립·시행】 정부는 이 법에 따른 소기업 지원을 효율적으로 추진하기 위하여 소기업에 대한 신용보증 지원시책을 수립·시행하여야 한다.

제62조의12【소기업의 주식회사 설립 등에 관한 지원】 중소벤처기업부장관은 소기업이 다음 각 호의 어느 하나에 해당하는 경우 해당 소기업에 대한 자금 및 경영 등에 관한 지원을 할 수 있다.(2017.7.26 본문개정)
1. 주식회사를 설립하려는 경우
2. 유한회사인 소기업을 주식회사로 조직 변경하려는 경우

제62조의13【소기업에 대한 경영안정 지원】 중소벤처기업부장관은 소기업의 경영안정을 지원하기 위하여 다음 각 호의 사항에 대한 사업을 할 수 있다.(2017.7.26 본문개정)
1. 소기업에 대한 경영상담·자문 및 교육
2. 소기업 제품의 판매 촉진
3. 소기업에 대한 입지(立地) 지원
4. 그 밖에 소기업의 경영안정을 위하여 필요한 사항

제10절 지방중소기업의 육성
(2016.3.29 본절신설)

제62조의14~제62조의26 (2021.7.27 삭제)

제5장 중소벤처기업창업 및 진흥기금
(2018.12.31 본장제목개정)

제63조【중소벤처기업창업 및 진흥기금의 설치】 정부는 중소기업의 창업 촉진, 산업의 균형 있는 발전과 산업 기반의 구축, 경영 기반 확충 및 구조고도화에 필요한 재원을 확보하기 위하여 중소벤처기업창업 및 진흥기금(이하 "기금"이라 한다)을 설치한다.(2018.12.31 본조개정)

제64조【기금의 조성】 ① 기금은 다음 각 호의 재원으로 조성한다.
1. 정부나 지방자치단체의 출연금 및 융자금
2. 정부나 지방자치단체 외의 자의 출연금 및 융자금
3. 제65조에 따른 채권의 발행으로 조성되는 자금과 「복권 및 복권기금법」 제23조제1항에 따라 배분된 복권 수익금
4. 「공공자금관리기금법」에 따른 공공자금관리기금에서의 예수금(豫受金)
5. 기금의 운용으로 생기는 수익금
6. 그 밖에 대통령령으로 정하는 수입금
② 정부는 회계연도마다 예산의 범위에서 출연금과 융자금을 세출예산에 포함시켜야 한다.

제65조【채권의 발행】 ① 중소벤처기업진흥공단은 이사회의 의결을 거쳐 중소벤처기업부장관의 승인을 받아 기금의 부담으로 채권을 발행할 수 있다.(2018.12.31 본항개정)
② 중소벤처기업부장관은 제1항에 따른 채권 발행을 승인하려면 미리 기획재정부장관과 협의하여야 한다.(2017.7.26 본항개정)
③ 채권의 발행액은 적립된 기금의 20배를 초과할 수 없다.(2009.12.30 본항개정)
④ 정부는 중소벤처기업진흥공단이 발행하는 채권 원리금의 상환을 보증할 수 있다.(2018.12.31 본항개정)
⑤ 채권의 소멸시효는 상환일부터 기산하여 원금은 5년, 이자는 2년으로 완성된다.
⑥ 제1항부터 제5항까지의 규정 외에 채권의 발행에 필요한 사항은 대통령령으로 정한다.

제66조【기금의 운용과 관리】 ① 기금은 중소벤처기업진흥공단이 운용·관리한다.(2018.12.31 본항개정)
②~④ (2008.12.19 삭제)
⑤ 기금 관리자는 제66조의2에 따른 기금운용계획에 따라 기금을 대출 등의 방법으로 운용할 수 있다.
(2008.12.19 본항개정)
⑥ 이 조에 따라 기금을 운용·관리하는 경우 환경, 사회, 지배구조 등의 요소를 고려할 수 있다.(2022.6.10 본항신설)
⑦ 중소벤처기업진흥공단은 기금의 재무건전성을 유지하기 위하여 노력하여야 한다.(2019.12.10 본항신설)

제66조의2【기금운용계획안의 수립과 기금의 결산】 ① 중소벤처기업진흥공단은 「국가재정법」 제66조에 따른 기금운용계획안을 수립하려는 경우 제71조에 따른 운영위원회의 심의를 거친 후 중소벤처기업부장관의 승인을 받아야 한다. 기금운용계획안이 국회에서 확정된 후 회계연도 중 이를 변경하려는 경우에도 또한 같다.(2018.12.31 전단개정)
② 중소벤처기업진흥공단은 「국가재정법」 제73조에 따른 기금결산보고서를 작성하여 제1항의 운영위원회의 심의를 거쳐 매 회계연도가 지난 후 2개월 이내에 중소벤처기업부장관에게 제출하여야 한다.(2018.12.31 본항개정)
③ 중소벤처기업진흥공단은 회계연도마다 기금의 결산 결과 이익금이 생긴 경우에는 이월손실금의 보전에 충당하고, 나머지는 기금으로 적립하여야 한다.(2018.12.31 본항개정)
④ 기금의 결산에서 손실금이 생긴 때에는 제3항의 적립금으로 보전하고 그 적립금이 부족한 때에는 정부가 이를 보전한다.(2009.12.30 본항신설)

제67조【기금의 사용 등】 ① 기금은 다음 각 호의 사업을 위하여 사용할 수 있다.(2008.12.19 본문개정)
1. 「중소기업창업 지원법」 제53조제1항에 따른 창업보육센터사업자와 입주자에 대한 자금 지원(2021.12.28 본호개정)
2. 「벤처투자 촉진에 관한 법률」 제2조제10호에 따른 벤처투자회사에 대한 투자 또는 융자(2023.6.20 본호개정)
3. 「벤처투자 촉진에 관한 법률」 제2조제11호에 따른 벤처투자조합에 대한 출자(2020.2.11 본호개정)
4. 「중소기업창업 지원법」 제54조제1항에 따른 중소기업상담회사에 대한 자금 지원(2021.12.28 본호개정)
5. 중소기업·벤처기업의 창업지원을 위하여 중소벤처기업부장관이 위탁하는 사업
6. 중소기업·벤처기업에 대한 자동화의 지원
7. 중소기업·벤처기업에 대한 정보화의 지원
(2018.12.31 5호~7호개정)
8. 중소기업·벤처기업에 대한 기술개발 및 서로 다른 업종 간 교류의 지원(2023.1.3 본호개정)
9. 중소기업·벤처기업에 대한 사업전환의 지원
10. 중소기업제품·벤처기업제품의 국내외 판로 지원 및 연계 생산의 지원
11. 중소기업·벤처기업에 대한 물류현대화의 지원
12. 중소기업·벤처기업에 대한 협동화사업의 지원
13. 중소기업·벤처기업에 대한 협업사업의 지원
14. 중소기업·벤처기업에 대한 입지지원과 환경오염 줄이기를 위한 지원
15. 중소기업·벤처기업에 대한 지도·연수사업과 전문기술인력의 양성
16. 중소기업·벤처기업에 대한 국제화의 지원
17. 중소기업·벤처기업에 대한 경영 정상화의 지원
18. 중소기업·벤처기업의 주식 및 사채의 인수
(2018.12.31 9호~18호개정)
18의2. 중소기업·벤처기업이 물품 또는 용역을 제공하고 취득한 매출채권의 상환청구권 없는 매입·관리 및 회수(2023.3.28 본호신설)
19. 중소벤처기업진흥공단의 시설의 설치 및 운영
20. 중소기업·벤처기업진흥을 위하여 중소벤처기업부장관이 위탁하는 사업
(2018.12.31 19호~20호개정)
21. 중소기업·벤처기업의 환경, 사회, 지배구조 등의 요소를 고려한 경영을 위하여 중소벤처기업부장관이 위탁하는 사업(2022.6.10 본호신설)
22. 중소기업·벤처기업에 대한 필요한 시설의 대여 및 관련 정보의 수집, 보급, 조사 및 연구(2018.12.31 본호개정)
23. 「지역중소기업 육성 및 혁신촉진 등에 관한 법률」 제8조에 따른 지역중소기업 육성 관련 기금의 조성지원 등 지역중소기업의 육성(2021.7.27 본호개정)
24. 「산업발전법」 제28조 각 호에 따른 사업
(2008.12.19 본호신설)
25. 제6호부터 제18호까지, 제18호의2 및 제19호부터 제24호까지의 사업에 대한 출자 또는 출연(2023.3.28 본호개정)
26. 제1호부터 제18호까지, 제18호의2 및 제19호부터 제24호까지의 사업에 딸린 사업(2023.3.28 본호개정)
② (2008.12.19 삭제)
③ 제1항 각 호의 사업을 수행하기 위하여 필요하면 관련 중소기업자나 단체 등에 대하여 기금에서 보조금을 지급할 수 있다.(2008.12.19 본항개정)
④ 기금의 운영·관리와 기금에서 지급할 보조금에 필요한 사항은 대통령령으로 정한다.
(2007.12.27 본조개정)

제6장 중소벤처기업진흥공단
(2018.12.31 본장제목개정)

제68조【중소벤처기업진흥공단의 설립 등】 ① 중소기업의 진흥을 위한 사업을 효율적으로 추진하기 위하여 중소벤처기업진흥공단을 설립한다.
② 중소벤처기업진흥공단은 법인으로 하며, 그 주된 사무소의 소재지에서 설립등기를 함으로써 성립한다.
③ 제2항에 따른 주된 사무소의 소재지는 정관으로 정하며, 중소벤처기업진흥공단은 정관에서 정하는 바에 따라 필요한 곳에 연수원, 지부 또는 지소, 그 밖의 사무소를 둘 수 있다.
④ 중소벤처기업진흥공단은 중소기업의 자동화와 정보화를 촉진하기 위하여 대통령령으로 정하는 바에 따라 자동화지원센터와 정보화지원센터를 설치·운영할 수 있다.
⑤ 중소벤처기업진흥공단 외의 자는 중소벤처기업진흥공단 또는 이와 비슷한 명칭을 사용하지 못한다.
⑥ 정부 등은 중소벤처기업진흥공단의 설립에 필요한 자금에 충당하기 위하여 출연을 할 수 있다.
⑦ 지방자치단체는 중소벤처기업진흥공단의 설립과 운영 등을 위하여 필요한 경우에는 대통령령으로 정하는 바에 따라 공유재산을 양여할 수 있다.
⑧ 중소벤처기업진흥공단에 관하여 이 법에 규정된 것 외에는 「민법」 중 재단법인에 관한 규정을 준용한다.
(2018.12.31 본조개정)

제69조【중소기업제품·벤처기업제품 판매회사의 설립】 ① 중소벤처기업진흥공단은 제74조제1항제5호 및 제19호의 사업을 효율적으로 시행하기 위하여 필요하다고 인정하면 대통령령으로 정하는 바에 따라 중소벤처기업부장관의 승인을 받아 중소기업제품·벤처기업제품에 대한 판로의 확보를 지원하기 위한 회사를 설립할 수 있다.(2018.12.31 본항개정)
② 중소벤처기업부장관이 제1항에 따른 승인을 하려면 미리 관할 시·도지사와 협의하여야 한다.(2017.7.26 본항개정)
③ 제1항에 따라 설립된 회사는 「유통산업발전법」 제8조에 따른 대규모점포로 등록한 것으로 본다.
(2018.12.31 본조제목개정)

제70조【정관】 ① 중소벤처기업진흥공단의 정관에는 다음 각 호의 사항을 포함하여야 한다.(2018.12.31 본문개정)

通商 情報

1. 목적
2. 명칭
3. 주된 사무소, 연수원, 지부 또는 지소와 그 밖의 사무소에 관한 사항
4. 임원과 직원에 관한 사항
5. 운영위원회와 이사회에 관한 사항
6. 업무와 그 집행에 관한 사항
7. 재산과 그 회계에 관한 사항
8. 정관 변경에 관한 사항
9. 공고의 방법
10. 규약과 규정의 제정 및 개폐에 관한 사항

② 중소벤처기업진흥공단이 정관을 변경하려면 중소벤처기업부장관의 인가를 받아야 한다.(2018.12.31 본항개정)

제71조【운영위원회】 ① 중소벤처기업진흥공단에 운영위원회를 둔다.(2018.12.31 본항개정)

② 운영위원회는 위원장 1명과 20명 이하의 위원으로 구성한다.

③ 위원장은 중소벤처기업진흥공단의 이사장이 되고, 위원은 관계 행정기관의 공무원 및 중소기업에 관하여 지식과 경험이 풍부한 자 중에서 중소벤처기업부장관이 위촉한다.(2018.12.31 본항개정)

④ 위원은 비상근(非常勤)으로 한다.

⑤ 운영위원회의 운영에 필요한 사항은 대통령령으로 정한다.

제72조【임원】 중소벤처기업진흥공단에 다음 각 호의 임원을 둔다.(2018.12.31 본문개정)

1. 이사장 1명
2. 부이사장 1명
3. 이사 5명 이하
4. 감사 1명

(2015.1.28 본조개정)

제73조【이사회】 ① 중소벤처기업진흥공단의 중요 사항을 의결하게 하기 위하여 중소벤처기업진흥공단에 이사회를 둔다.(2018.12.31 본항개정)

② 이사회는 이사장, 부이사장 및 이사로 구성한다.

③ 이사회의 운영에 필요한 사항은 정관으로 정한다.

제73조의2【이사장의 대표권제한】 중소벤처기업진흥공단의 이익과 이사장의 이익이 상반되는 사항에 대하여는 이사장이 중소벤처기업진흥공단을 대표하지 못하며, 감사가 중소벤처기업진흥공단을 대표한다.(2018.12.31 본조개정)

제73조의3【대리인의 선임】 이사장은 임직원 중에서 중소벤처기업진흥공단의 업무에 관하여 재판상 또는 재판 외의 모든 행위를 할 권한이 있는 대리인을 선임할 수 있다.(2018.12.31 본조개정)

제73조의4【비밀누설의 금지】 중소벤처기업진흥공단의 임직원으로 근무하거나 근무하였던 사람은 그 직무상 알게 된 비밀을 누설하거나 도용하여서는 아니 된다.

(2018.12.31 본조개정)

제74조【사업】 ① 중소벤처기업진흥공단은 중소기업에 관한 다음 각 호의 사업을 실시하거나 그에 관한 사업을 지원할 수 있다.(2018.12.31 본문개정)

1. 자동화의 지원
2. 정보화의 지원
3. 기술개발의 지원 및 서로 다른 업종 간 교류의 지원(2023.1.3 본호개정)
4. 사업전환의 지원
5. 중소기업제품·벤처기업제품의 국내외 판로 지원과 연계생산의 지원(2018.12.31 본호개정)
6. 물류현대화의 지원
7. 협동화사업의 추진과 협동화사업을 위한 토지·건물 및 시설 등의 취득, 단지의 조성 또는 공동시설의 설치와 그 대여 및 양도
8. 협업사업의 지원
9. 입지 지원
10. 중소기업·벤처기업의 창업 지원(2018.12.31 본호개정)
11. 농공 단지에 입주한 기업의 지원
12. 환경오염을 줄이기 위한 지원
13. 경영과 기술의 진단, 지도와 그 요원의 양성, 민간이 운영하는 경영·기술전문지도기관·단체 및 업체의 육성, 기술도입과 기술보급
14. 중소기업자 및 그 근로자, 중소기업·벤처기업의 경영 또는 기술에 관한 지도 요원 등에 대한 연수 및 전문기술인력 양성(2018.12.31 본호개정)

14의2. 중소기업 핵심인력에 대한 성과보상공제사업 및 그 밖에 중소기업 인력지원에 관한 사업(2014.1.21 본호신설)

15. 국외투자와 그 밖에 국외 진출 및 외국과의 산업기술협력 등 국제화의 지원
16. 경영 정상화의 지원
17. 중소기업·벤처기업의 주식 또는 사채의 인수(2018.12.31 본호개정)

17의2. 중소기업·벤처기업이 물품 또는 용역을 제공하고 취득한 매출채권의 상환청구권 없는 매입·관리 및 회수(2023.3.28 본호신설)

18. 기금의 운용과 관리
19. 중소기업제품·벤처기업제품의 판매 지원을 위한 국내외 전시장 및 관련 시설의 설치·운영(2018.12.31 본호개정)
20. 중소기업·벤처기업 진흥을 위하여 중소벤처기업부장관이 위탁하는 사업(2018.12.31 본호개정)
21. 중소기업·벤처기업에 관한 정보의 수집·보급과 조사 및 연구(2018.12.31 본호개정)
22. 제1호부터 제12호까지, 제15호 및 제20호의 사업에 필요한 시설의 대여
23. 제1호부터 제14호까지, 제14호의2, 제15호부터 제17호까지, 제17호의2 및 제18호부터 제21호까지에 규정된 사업에 딸린 사업(2023.3.28 본호개정)

② 중소벤처기업진흥공단은 제1항의 사업을 수행할 때 지방자치단체와 중소기업·벤처기업에 대한 지원 업무에 관하여 서로 협력할 수 있다.(2018.12.31 본항개정)

③ 제2항에 따른 지방자치단체와의 협력에 필요한 사항은 대통령령으로 정한다.

제74조의2【연대보증채무의 감경·면제】 「채무자 회생 및 파산에 관한 법률」 제250조제2항, 제567조, 제625조제3항에도 불구하고 채권자가 중소벤처기업진흥공단인 경우(이 법 제66조제5항에 따라 대출 방식으로 이루어지는 사업에 한정한다)에는 중소기업·벤처기업이 회생계획인가결정을 받는 시점 및 파산선고 이후 면책결정을 받는 시점에 주채무가 감경 또는 면제될 경우 연대보증채무도 동일한 비율로 감경 또는 면제한다.(2018.12.31 본조개정)

제75조【자금의 조달】 ① 중소벤처기업진흥공단은 제74조에 따른 사업을 위하여 필요하면 중소벤처기업부장관의 승인을 받아 국내외로부터 자금을 차입할 수 있다.

② 정부는 중소벤처기업진흥공단이 제74조에 따른 사업을 수행하기 위하여 필요하다고 인정하면 중소벤처기업진흥공단에 출연할 수 있다.

(2018.12.31 본조개정)

제76조【비용 부담】 중소벤처기업진흥공단은 제74조제1항 각 호의 사업에 따른 수익자에게 그 사업에 필요한 비용을 부담하게 할 수 있다.(2018.12.31 본조개정)

제76조의2【자료제공의 요청】 ① 중소벤처기업진흥공단은 국가, 지방자치단체, 「국민연금법」에 따른 국민연금공단, 「국민건강보험법」에 따른 국민건강보험공단 및 「산업재해보상보험법」에 따른 근로복지공단, 그 밖에 대통령령으로 정하는 공공단체에 제74조제1항 각 호에 따른 업무 수행에 필요한 자료의 제공을 요청할 수 있다.

(2018.12.31 본항개정)

② 제1항에 따라 자료의 제공을 요청받은 자는 특별한 사유가 없으면 이에 따라야 한다.

(2012.12.11 본조신설)

제77조【예산과 결산】 ① 중소벤처기업진흥공단은 사업연도마다 총수입과 총지출을 예산으로 편성하여 운영위원회의 심의를 거쳐 중소벤처기업부장관의 승인을 받아야 한다. 이를 변경하려는 경우에도 또한 같다.

② 중소벤처기업진흥공단이 제1항에 따른 승인을 받으려면 그 편성된 예산안을 해당 연도 시작 20일 전까지 중소벤처기업부장관에게 제출하여야 한다.

③ 중소벤처기업진흥공단은 매년 회계연도가 지난 후 2개월 이내에 결산서를 작성하여 운영위원회의 심의를 거쳐 중소벤처기업부장관에게 제출하여야 한다.

④ 중소벤처기업진흥공단은 회계연도마다의 결산 결과 이익금이 생긴 경우에는 이월손실금의 보전에 충당하고, 나머지는 중소벤처기업부장관이 정하는 바에 따라 적립하여야 한다.

(2018.12.31 본조개정)

제78조【업무의 지도·감독】 ① 중소벤처기업부장관은 중소벤처기업진흥공단의 업무를 지도·감독하며, 필요하다고 인정하면 중소벤처기업진흥공단에 대하여 그 사업에 관한 지시나 명령을 할 수 있다.

② 중소벤처기업진흥공단에 대한 중소벤처기업부장관의 지도·감독에 필요한 사항은 대통령령으로 정한다.

(2018.12.31 본조개정)

제7장 보 칙

제79조【보고와 검사】 ① 중소벤처기업부장관은 이 법의 시행을 위하여 필요하다고 인정하면 제2장 및 제4장의 사업 추진과 관련 있는 자에게 그 사업에 관한 보고를 명령하거나 소속 공무원에게 해당 사무소와 사업장 등에 출입하여 장부·서류나 그 밖의 물건을 검사하게 할 수 있다.(2017.7.26 본항개정)

② 제1항에 따라 검사를 하는 공무원은 그 권한을 표시하는 증표를 지니고, 이를 관계인에게 내보여야 한다.

제79조의2【중소기업 정책정보시스템 운영】 ① 중소벤처기업부장관은 중소기업자가 중소기업 지원 정책정보(인증에 관한 정책정보를 포함한다. 이하 같다)를 편리하게 이용하도록 하기 위하여 정책정보를 분야별로 분류·제공하는 중소기업 정책정보시스템을 운영할 수 있다.

(2023.9.14 본항개정)

② 관계 중앙행정기관, 지방자치단체, 중소기업 관련 법인·단체는 제1항과 관련된 정보를 생산하거나 변경한 때에는 그 정책정보가 중소기업 정책정보시스템에 신속히 등록·갱신될 수 있도록 필요한 조치를 하여야 한다.

③ 중소벤처기업부장관은 관계 중앙행정기관, 지방자치단체, 중소기업 관련 법인·단체에 제1항과 관련된 정보의 제공을 요청할 수 있다. 이 경우 정보의 제공을 요청받은 자는 특별한 사유가 없으면 이에 따라야 한다.

(2023.9.14 본항신설)

④ 중소벤처기업부장관은 예산의 범위에서 중소기업 정책정보시스템 운영에 사용되는 비용의 전부 또는 일부를 지원할 수 있다.(2017.7.26 본항개정)

(2007.12.27 본조신설)

제79조의3【중소기업 현황정보시스템 운영】 ① 중소벤처기업부장관은 개별 중소기업의 업종, 지역, 종업원 수 등 일반현황 정보와 지원기관, 지원내용 등 지원 관련 정보를 수집·이용하는 중소기업 현황정보시스템을 운영할 수 있으며, 관계 중앙행정기관, 지방자치단체, 중소기업 관련 법인·단체는 이와 관련된 정보를 제공하여야 한다.

② 제1항에 따른 정보 제공 기관, 제공 대상 정보, 정보 제공 방법, 제공 정보의 관리 및 활용 등에 필요한 사항은 중소벤처기업부장관이 정한다.

(2017.7.26 본조개정)

제80조【세제 지원】 ① 정부는 중소기업의 창업 촉진, 경영기반 확충 및 구조 고도화 등을 위하여 조세에 관한 법률에서 정하는 바에 따라 세제상의 지원을 할 수 있다.

② 국가 및 지방자치단체는 「지역중소기업 육성 및 혁신촉진 등에 관한 법률」 제23조에 따른 중소기업특별지원지역 내의 중소기업에 대하여 필요한 경우에는 「조세특례제한법」 및 「지방세특례제한법」에서 정하는 바에 따라 조세를 감면할 수 있다.(2021.7.27 본항개정)

제81조【다른 법률과의 관계】 ① 중소기업자등이 제31조제1항에 따라 단지조성사업의 실시계획의 승인을 받은 경우 다음 각 호의 허가, 결정, 인가, 면허, 협의, 동의, 승인, 해제 또는 처분 등(이하 "인·허가등"이라 한다)을 받은 것으로 보며, 같은 조 제4항에 따라 실시계획의 승인이 고시된 경우에는 다음 각 호의 관련 법률에 따른 인·허가등의 고시 또는 공고가 있는 것으로 본다.

1. 「국토의 계획 및 이용에 관한 법률」 제56조에 따른 토지의 분할과 형질변경허가, 같은 법 제86조에 따른 도시계획시설사업 시행자의 지정 및 같은 법 제88조에 따른 실시계획의 인가
2. 「수도법」 제17조 및 제49조에 따른 수도사업의 인가, 같은 법 제52조 및 제54조에 따른 전용수도 설치의 인가
3. 「하수도법」 제16조에 따른 공공하수도공사 시행의 허가
4. 「공유수면 관리 및 매립에 관한 법률」 제8조에 따른 공유수면의 점용·사용허가 및 같은 법 제17조에 따른 점용·사용 실시계획의 승인·신고(2010.4.15 본호개정)
5. 「항만법」 제9조제2항에 따른 항만개발사업 시행의 허가 및 같은 법 제10조제2항에 따른 항만개발사업실시계획의 승인(2020.1.29 본호개정)
6. 「하천법」 제30조에 따른 하천공사 시행의 허가, 같은 법 제33조에 따른 하천의 점용허가 및 같은 법 제50조에 따른 하천수의 사용허가(2007.4.6 본호개정)
7. 「도로법」 제36조에 따른 도로공사시행의 허가 및 같은 법 제61조에 따른 도로점용의 허가(2014.1.14 본호개정)
8. 「농지법」 제34조에 따른 농지전용의 허가·협의
9. 「산지관리법」 제14조와 제15조에 따른 산지전용허가 및 산지전용신고, 같은 법 제15조의2에 따른 산지일시사용허가·신고, 「산림자원의 조성 및 관리에 관한 법률」 제36조제1항·제5항 및 제45조제1항·제2항에 따른 입목벌채 등의 허가·신고(2022.12.27 본호개정)
10. 「사방사업법」 제14조에 따른 벌채 등의 허가 및 같은 법 제20조에 따른 사방지 지정의 해제
11. 「초지법」 제23조에 따른 초지전용허가
12. 「사도법」 제4조에 따른 사도(私道)의 개설허가
13. 「공간정보의 구축 및 관리 등에 관한 법률」 제15조제4항에 따른 지도등의 간행 심사(2021.7.20 본호개정)
14. 「광업법」 제24조에 따른 불허가 처분 및 같은 법 제34조에 따른 광구 감소처분 또는 광업권 취소처분
15. 「장사 등에 관한 법률」 제23조에 따른 연고자가 없는 분묘의 개장(改葬)허가
16. 「농어촌정비법」 제23조에 따른 농업생산기반시설의 사용허가(2016.12.27 본호개정)

② 시·도지사는 제1항 각 호의 사항이 포함되어 있는 실시계획을 승인하려면 미리 관계 행정기관의 장과 협의하여야 한다.

③ 실시계획이 승인된 지역은 「산업집적활성화 및 공장설립에 관한 법률」 제23조에 따른 유치지역으로 지정된 것으로 본다.

④ 중소기업자등이 제32조에 따라 단지조성사업의 준공인가를 받으면 제1항에 따라 실시계획의 승인으로 간주되는 허가, 인가, 면허, 협의, 동의, 승인 또는 해제에 따른 그 사업에 관한 준공검사 또는 준공인가를 받은 것으로 본다.

⑤ 제57조제1항에 따른 연수실시기관에서 공업표준화와 품질관리에 관한 연수를 이수한 중소기업자는 「산업표준화법」 제28조에 따른 교육을 이수한 것으로 본다.

(2015.1.28 본항개정)

제82조 (2009.5.21 삭제)

제83조【권한의 위임·위탁】 ① 이 법에 따른 중소벤처기업부장관의 권한은 대통령령으로 정하는 바에 따라 그 일부를 소속 기관의 장 또는 시·도지사에게 위임하거나 다른 행정기관의 장에게 위탁할 수 있다.(2017.7.26 본항개정)

② 제29조, 제62조의5 및 제62조의6에 따른 중소벤처기업부장관의 업무는 대통령령으로 정하는 바에 따라 중소기업중앙회 또는 중소벤처기업진흥공단에 위탁할 수 있다.(2018.12.31 본항개정)
③ 다음 각 호의 어느 하나에 해당하는 사람은 「형법」 제129조부터 제132조까지의 규정을 적용할 때에는 공무원으로 본다.
1. 제2항에 따라 위탁한 업무에 종사하는 중소기업중앙회 또는 중소벤처기업진흥공단의 임원과 직원(2018.12.31 본호개정)
2. 전담기관에서 협업지원사업의 업무에 종사하는 임원과 직원
(2015.5.18 본항개정)
제83조의2【규제의 재검토】 중소벤처기업부장관은 제30조제1항에 따른 협동화실천계획의 승인취소 요건에 대하여 2015년 1월 1일을 기준으로 3년마다(매 3년이 되는 해의 1월 1일 전까지를 말한다) 그 타당성을 검토하여 개선 등의 조치를 하여야 한다.(2017.7.26 본조개정)

제8장 벌 칙

제84조【벌칙】 ① 다음 각 호의 어느 하나에 해당하는 자는 3년 이하의 징역 또는 3천만원 이하의 벌금에 처한다.(2017.3.21 본문개정)
1. (2009.5.21 삭제)
2. (2020.4.7 삭제)
3. 제73조의4를 위반하여 직무상 알게 된 비밀을 누설하거나 도용한 자(2012.12.11 본호개정)
② (2009.5.21 삭제)
③ (2020.4.7 삭제)
제85조【양벌규정】 ① 법인의 대표자나 법인 또는 개인의 대리인, 사용인, 그 밖의 종업원이 그 법인 또는 개인의 업무에 관하여 제84조의 위반행위를 하면 그 행위자를 벌하는 외에 그 법인 또는 개인에게도 해당 조문의 벌금형을 과(科)한다. 다만, 법인 또는 개인이 그 위반행위를 방지하기 위하여 해당 업무에 관하여 상당한 주의와 감독을 게을리하지 아니한 경우에는 그러하지 아니하다.
(2008.12.19 본항개정)
② (2008.12.19 삭제)
제86조【과태료】 ① 제62조의5제4항을 위반하여 명문장수기업 확인의 표시 또는 이와 유사한 표시를 사용한 자, 명문장수기업이라는 명칭을 사용한 자에게는 1천만원 이하의 과태료를 부과한다.(2016.3.29 본항신설)
② 다음 각 호의 어느 하나에 해당하는 자에게는 300만원 이하의 과태료를 부과한다.
1.～2. (2020.4.7 삭제)
3. 제68조제5항을 위반하여 중소벤처기업진흥공단 또는 이와 비슷한 명칭을 사용한 자(2018.12.31 본호개정)
4. 제79조에 따른 보고를 하지 아니하거나 거짓된 보고를 한 자 또는 검사를 거부, 방해 또는 기피한 자
③ 제1항 및 제2항에 따른 과태료는 대통령령으로 정하는 바에 따라 중소벤처기업부장관이 부과·징수한다.
(2017.7.26 본항개정)
④～⑤ (2008.12.19 삭제)

부 칙 (2016.3.29)

제1조【시행일】 이 법은 공포 후 6개월이 경과한 날부터 시행한다.
제2조【지방중소기업 특별지원지역에 관한 경과조치】 이 법 시행 당시 종전의 「지역균형개발 및 지방중소기업 육성에 관한 법률」 제50조에 따라 지정된 지방중소기업 특별지원지역은 그 지정기간까지 이 법에 따라 지정된 지방중소기업 특별지원지역으로 본다.
제3조【다른 법률의 폐지】 지역균형개발 및 지방중소기업 육성에 관한 법률은 폐지한다.
제4조【다른 법률의 개정】 ①～⑨ ※(해당 법령에 가제정리 하였음)
제5조【다른 법률과의 관계】 이 법 시행 당시 다른 법령에서 「지역균형개발 및 지방중소기업 육성에 관한 법률」과 그 규정을 인용한 경우에 이 법 가운데 그에 해당하는 규정이 있으면 종전의 규정을 갈음하여 이 법 또는 이 법의 해당 규정을 인용한 것으로 본다.

부 칙 (2018.12.31)

제1조【시행일】 이 법은 공포 후 3개월이 경과한 날부터 시행한다. 다만, 제29조제2항, 제31조제2항 및 제62조의9의 개정규정은 공포 후 6개월이 경과한 날부터 시행한다.
제2조【대도시 사무특례에 관한 적용례】 제29조제2항 및 제31조제2항의 개정규정은 같은 개정규정 시행 후 최초로 협동화실천계획 또는 단지조성사업 실시계획의 승인 또는 변경승인을 신청하는 것부터 적용한다.
제3조【공단의 명칭 변경에 관한 경과조치】 ① 이 법 시행 당시의 중소기업진흥공단은 이 법에 따른 중소벤처기업진흥공단으로 본다.
② 이 법 시행 당시 종전의 중소기업진흥공단에 속한 모든 재산과 권리·의무는 이 법에 따른 중소벤처기업진흥공단이 승계한다. 이 경우 승계되는 재산의 가액은 이 법 시행일 전일의 장부가액으로 한다.
③ 이 법 시행 당시 중소기업진흥공단의 행위나 중소기업진흥공단에 대한 행위는 그에 해당하는 이 법에 따른 중소벤처기업진흥공단의 행위나 중소벤처기업진흥공단에 대한 행위로 본다.
④ 이 법 시행 당시 종전의 중소기업진흥공단 임직원은 이 법에 따른 중소벤처기업진흥공단의 임직원으로 본다. 이 경우 임원의 임기는 「공공기관의 운영에 관한 법률」에 따른 임기의 남은 임기로 한다.
⑤ 이 법 시행 당시 등기부와 그 밖의 공부상의 중소기업진흥공단의 명의는 이 법에 따른 중소벤처기업진흥공단의 명의로 본다.
제4조【다른 법률의 개정】 ①～㉙ ※(해당 법령에 가제정리 하였음)
제5조【다른 법령과의 관계】 이 법 시행 당시 다른 법령에서 중소기업창업 및 진흥기금 또는 중소기업진흥공단을 인용하고 있는 경우에는 이 법에 따른 중소벤처기업창업 및 진흥기금 또는 중소벤처기업진흥공단을 인용한 것으로 본다.

부 칙 (2020.3.24)

이 법은 공포 후 3개월이 경과한 날부터 시행한다. 다만, 제50조, 제62조의26 및 제84조제3항의 개정규정은 공포 후 6개월이 경과한 날부터 시행한다.

부 칙 (2020.4.7)
(2021.1.12)
(2021.7.20)

제1조【시행일】 이 법은 공포 후 1년이 경과한 날부터 시행한다.(이하 생략)

부 칙 (2021.7.27 법18356호)

이 법은 공포한 날부터 시행한다.

부 칙 (2021.7.27 법18358호)
(2021.12.28)

제1조【시행일】 이 법은 공포 후 6개월이 경과한 날부터 시행한다.(이하 생략)

부 칙 (2022.6.10)

이 법은 공포 후 3개월이 경과한 날부터 시행한다.

부 칙 (2022.12.27)

제1조【시행일】 이 법은 공포 후 6개월이 경과한 날부터 시행한다.(이하 생략)

부 칙 (2023.1.3)

제1조【시행일】 이 법은 공포 후 3개월이 경과한 날부터 시행한다.
제2조【협동화실천계획의 승인·변경승인에 관한 적용례】 제29조제3항 및 제4항의 개정규정은 이 법 시행 이후 협동화실천계획의 승인 또는 변경승인을 신청하는 경우부터 적용한다.

부 칙 (2023.3.28)

이 법은 공포 후 3개월이 경과한 날부터 시행한다.

부 칙 (2023.6.20)

제1조【시행일】 이 법은 공포 후 6개월이 경과한 날부터 시행한다.(이하 생략)

부 칙 (2023.9.14)

이 법은 공포 후 6개월이 경과한 날부터 시행한다.

부 칙 (2024.1.9)

제1조【시행일】 이 법은 공포 후 6개월이 경과한 날부터 시행한다.(이하 생략)

지역중소기업 육성 및 혁신촉진 등에 관한 법률(약칭 : 지역중소기업법)

(2021년 7월 27일)
(법 률 제18358호)

개정
2023. 1. 3법19184호
2024. 1. 9법19992호(중소기업기본법)→2024년 7월 10일 시행

제1장 총 칙

제1조【목적】 이 법은 지역중소기업의 혁신을 촉진하기 위한 기반을 확충하고 관련 육성 정책을 수립·추진함으로써 지역중소기업의 경쟁력을 강화하고 지역산업과 지역경제를 활성화시켜 국가경제의 균형있는 발전에 이바지함을 목적으로 한다.
제2조【정의】 이 법에서 사용하는 용어의 뜻은 다음과 같다.
1. "지역중소기업"이란 다음 각 목의 어느 하나에 해당하는 자로서 본사·주사무소 또는 사업장 중 어느 하나가 특별시·광역시·특별자치시·도 또는 특별자치도(이하 "시·도"라 한다)의 관할구역에 있는 자를 말한다.
가. 「중소기업기본법」 제2조에 따른 중소기업자
나. 「중소기업협동조합법」 제3조제1항제1호부터 제3호까지의 규정에 따른 중소기업협동조합
2. "지역혁신 선도기업"이란 지역의 산업과 경제활성화를 선도하는 지역중소기업으로서 제12조에 따라 선정된 기업을 말한다.
3. "지역중소기업 스마트혁신지구"란 지역중소기업의 육성 및 혁신촉진과 이를 통한 해당 지역의 활력 회복 등을 위하여 제15조에 따라 지정된 지역을 말한다.
4. "지역중소기업 육성·혁신 관련 주체"란 지역중소기업의 육성 및 혁신촉진 등과 관계되는 제반 업무를 수행하는 다음 각 목의 어느 하나에 해당하는 주체를 말한다.
가. 「공공기관의 운영에 관한 법률」 제4조에 따른 공공기관 및 「지방공기업법」에 따른 지방공기업(이하 "공공기관등"이라 한다)
나. 「고등교육법」 제2조에 따른 대학·산업대학·전문대학 또는 기술대학
다. 국공립연구기관, 「특정연구기관 육성법」 제2조에 따른 특정연구기관, 「과학기술분야 정부출연연구기관 등의 설립·운영 및 육성에 관한 법률」 제2조에 따른 과학기술분야 정부출연연구기관, 「산업기술혁신 촉진법」 제42조에 따른 전문생산기술연구소 및 「민법」 또는 다른 법률에 따라 설립된 산업기술 분야의 법인인 연구기관
라. 그 밖에 대통령령으로 정하는 지역중소기업의 육성 및 혁신촉진을 위한 법인 또는 단체
5. "중소기업특별지원지역"이란 지역경제여건 등으로 해당 지역중소기업의 경영환경이 악화되거나 악화될 우려가 있어 정부의 지원이 필요한 지역으로서 제23조에 따라 지정되는 지역을 말한다.
제3조【국가와 지방자치단체 등의 책무】 ① 국가는 지역중소기업을 육성하고 혁신을 촉진하기 위한 환경과 기반을 조성하고, 지방자치단체, 기업, 교육기관, 연구기관 및 중소기업 관련 기관·단체 또는 그 구성원들이 서로 인력, 지식, 정보 등을 원활하게 교류하고 연계하며 공유할 수 있도록 필요한 시책을 세우고 추진하여야 한다.
② 지방자치단체는 지역중소기업을 중심으로 한 지역경제의 지속적인 혁신과 특성화된 발전을 도모하기 위한 재정 지원 및 규제완화 등의 시책을 적극 추진하여야 한다.
③ 지역중소기업은 혁신역량과 경쟁력을 강화하기 위하여 자율적으로 노력하여야 하며, 국가와 지방자치단체의 지역중소기업 육성시책 실시에 협력하여야 한다.
④ 지역중소기업 육성·혁신 관련 주체는 해당 주체가 수행하고 있는 지역중소기업과 관련된 사업이 조화로이 연계되어 그 성과를 효과적으로 창출할 수 있도록 서로 협조하여야 하며, 지역중소기업의 육성과 혁신을 촉진하기 위한 시책에 적극 협력하여야 한다.
제4조【다른 법률과의 관계】 지역중소기업의 육성 및 혁신촉진 등에 관하여 다른 법률에 특별한 규정이 있는 경우를 제외하고는 이 법에서 정하는 바에 따른다.

제2장 지역중소기업 육성 및 혁신촉진을 위한 추진 체계

제5조【기본지침】 ① 중소벤처기업부장관은 「중소기업기본법」 제19조의2에 따른 중소기업 육성에 관한 종합계획 및 같은 법 제20조에 따른 중소기업시책에 관한 계획에 근거하여 다음 연도의 지역중소기업 육성 및 혁신촉진 기본지침(이하 "기본지침"이라 한다)을 작성하여야 한다.
② 중소벤처기업부장관은 기본지침을 작성하려면 미리 해당 특별시장·광역시장·특별자치시장·도지사 또는 특별자치도지사(이하 "시·도지사"라 한다)와 협의하여야 한다.

通商情報

③ 시·도지사는 제2항에 따른 협의에 있어서 관할 시장·군수 또는 구청장(자치구의 구청장을 말한다. 이하 같다)을 통하여 수렴된 지역중소기업의 의견이 최대한 반영될 수 있도록 노력하여야 한다.
④ 중소벤처기업부장관은 기본지침을 매년 12월 31일까지 시·도지사에게 전달하여야 한다.
제6조【육성계획의 수립】 ① 시·도지사는 기본지침에 따라 해당 연도의 관할구역 지역중소기업의 육성 및 혁신촉진 계획(이하 "육성계획"이라 한다)을 수립하여 매년 1월 31일까지 중소벤처기업부장관에게 제출하여야 한다.
② 육성계획에는 대통령령으로 정하는 바에 따라 다음 각 호의 사항이 포함되어야 한다.
1. 지역중소기업을 육성하기 위한 추진체계
2. 지역혁신 선도기업 선정 및 육성에 관한 사항
3. 지역중소기업 스마트혁신지구의 지정 및 지원에 관한 사항
4. 중소기업특별지원지역의 지정 및 지원에 관한 사항
5. 지역중소기업 육성·혁신 관련 주체 간의 연계와 협조에 관한 사항
6. 지역특화산업의 육성에 관한 사항
7. 기업의 이전이나 공장의 신규 설립을 통한 지역별·업종별 지역중소기업의 집단화 및 원활한 사업장 용지 공급에 관한 사항
8. 기술 및 기능 인력 수급에 관한 사항
9. 지역중소기업의 원활한 설비투자와 경영안정 여건의 조성에 관한 사항
10. 제조업을 지원하는 사업을 하는 지역중소기업의 효율화에 관한 사항
11. 지역중소기업이 생산한 제품 및 용역의 판매에 관한 사항
12. 육성계획 추진을 위한 지방재정자금의 확보 및 운용에 관한 사항
13. 제1호부터 제12호까지의 사항과 관련하여 중소벤처기업부장관이 시·도별로 요청하는 사항
14. 그 밖에 대통령령으로 정하는 사항
③ 시·도지사는 육성계획을 수립하기 전에 관계 기관과 협조하여 지역별 경제동향, 업종별·규모별 업체 수와 근로자 수 등 관할구역 기업의 현황과 조업상황을 파악하여야 한다.
④ 시·도지사는 제3항에 따른 기업의 현황과 조업상황을 파악하기 위하여 관할 구역의 기업활동과 관련한 사무를 담당하고 있는 지방국세청, 지방고용노동청, 지방환경청, 지방통계청 등 특별지방행정기관의 장 또는 관련 기관·단체의 장에게 필요한 자료의 송부 또는 열람을 요청할 수 있으며, 요청을 받은 특별지방행정기관의 장 또는 관련 기관·단체의 장은 정당한 사유가 없으면 그 요청에 따라야 한다.
⑤ 시·도지사는 제4항에 따라 취득한 자료는 육성계획의 수립 외의 목적으로 사용할 수 없다.
⑥ 시·도지사가 육성계획을 수립할 때에는 관할 시장·군수 또는 구청장을 통하여 수렴된 지역중소기업의 의견을 최대한 반영하여야 한다.
⑦ 육성계획은 국토의 이용과 관련된 계획, 도로·하천·철도·항만·공항 등의 시설에 관한 국가 또는 지방자치단체의 계획, 농업진흥지역 관련 계획 및 기타 법률 규정에 의한 지역진흥과 관련된 계획과의 조화가 보장될 수 있도록 수립하여야 한다.
제7조【육성계획의 조정】 ① 중소벤처기업부장관은 시·도지사가 제출한 육성계획에 대하여 제10조에 따른 지역중소기업 정책협의회가 심의한 결과 정부의 중소기업 육성시책과 상충되거나 시·도의 계획 간에 중복·충돌하는 부문이 있는 경우에는 시·도지사에게 육성계획의 조정을 요청할 수 있다.
② 제1항의 요청을 받은 시·도지사는 정당한 사유가 없으면 중소벤처기업부장관의 요청에 따라야 한다.
제8조【육성계획의 추진 및 지원】 ① 지방자치단체의 장은 육성계획의 원활한 추진을 위하여 필요하다고 인정하는 경우에는 다음 각 호의 조치를 할 수 있다.
1. 「지방자치법」에 따른 지역중소기업 육성 관련 기금의 설치 또는 그 기금의 활용
2. 「지방재정법」에서 정하는 바에 따른 지방채의 발행
3. 「지방세징수법」에서 정하는 바에 따른 지방세의 징수유예
② 정부는 시·도지사가 육성계획을 차질 없이 추진할 수 있도록 행정적인 지원을 할 수 있으며, 중소벤처기업부장관은 대통령령으로 정하는 바에 따라 제1항제1호에 따른 기금의 조성을 지원할 수 있다.
③ 시·도지사는 제2항에 따른 중소벤처기업부장관의 기금에 대한 지원금을 육성계획을 추진하는 데 사용하여야 한다.
④ 중소벤처기업부장관은 육성계획의 원활한 추진을 위하여 필요하다고 인정하거나 시·도지사의 요청이 있는 경우에는 필요한 대책을 수립하거나 관계 중앙행정기관의 장에게 필요한 대책을 수립하여 줄 것을 요청할 수 있다.
제9조【육성계획의 성과 분석 등】 ① 시·도지사는 매년 육성계획의 추진실적을 분석하고 다음 해 2월 말까지 그 분석 결과를 중소벤처기업부장관에게 제출하여야 한다.
② 중소벤처기업부장관은 제1항에 따른 시·도지사의 육성계획 추진실적 분석 결과를 제10조에 따른 지역중소기업 정책협의회의 심의를 거쳐 평가하고 이를 기본지침에 반영하여야 한다.
③ 중소벤처기업부장관은 제2항에 따른 평가 결과를 관할 시·도지사에게 통보하여야 하며, 관할 시·도지사는 특별한 사유가 없으면 평가 결과에 따라 개선조치를 취하여야 한다.
④ 중소벤처기업부장관은 제2항에 따른 평가 결과가 우수한 시·도에 대하여 인센티브 등 행정적·재정적 지원을 할 수 있다.
⑤ 제2항에 따른 육성계획의 성과 분석·평가 및 제4항에 따른 지원 등에 관하여 필요한 사항은 대통령령으로 정한다.
제10조【지역중소기업 정책협의회】 ① 지역중소기업의 육성 및 혁신촉진과 관련된 주요 정책 및 계획과 그 이행에 관한 사항을 심의·조정하기 위하여 중소벤처기업부에 지역중소기업 정책협의회(이하 "협의회"라 한다)를 둔다.
② 협의회는 다음 각 호의 사항을 심의·조정한다.
1. 지역중소기업의 육성 및 혁신촉진을 위한 주요 정책 및 계획의 수립 등 지원정책 전반에 관한 사항
2. 제7조에 따른 육성계획의 조정에 관한 사항
3. 제9조에 따른 육성계획의 성과 분석에 관한 사항
4. 제15조 및 제16조에 따른 지역중소기업 스마트혁신지구의 지정 및 지정 해제 등에 관한 사항
5. 제17조에 따른 혁신지구의 육성에 관한 시책의 수립 및 변경에 관한 사항
6. 둘 이상의 중앙행정기관이 관련된 주요 지역중소기업 육성 및 혁신촉진 정책의 조정에 관한 사항
7. 지역중소기업과 관련된 제도 및 법령에 관한 사항
8. 그 밖에 위원장이 지역중소기업의 육성 및 혁신촉진 정책에 관하여 심의에 부치는 사항
③ 협의회는 위원장 1명을 포함하여 30명 이내의 위원으로 구성한다.
④ 위원장은 중소벤처기업부장관이 되며, 위원은 다음 각 호의 사람이 된다.
1. 대통령령으로 정하는 관계 중앙행정기관의 차관 또는 차관급 공무원
2. 광역지방자치단체의 단체장 또는 부단체장 중 대통령령으로 정하는 사람
⑤ 제2항 각 호의 사항에 대한 협의회의 심의·조정을 효율적으로 지원하기 위하여 실무협의회를 둘 수 있다.
⑥ 제2항에 따른 협의회의 업무를 지원하고 육성계획을 원활하게 추진하기 위하여 대통령령으로 정하는 바에 따라 각 지역별 지역중소기업 지원협의회를 둘 수 있다.
⑦ 제1항에 따른 협의회, 제5항에 따른 실무협의회 및 제6항에 따른 지역중소기업 지원협의회의 구성·운영 등에 필요한 사항은 대통령령으로 정한다.

제3장 지역중소기업 육성 및 혁신촉진을 위한 지원 정책

제11조【지역중소기업 육성 및 혁신촉진을 위한 지원사업 등】 ① 중소벤처기업부장관은 지역중소기업의 육성 및 혁신을 촉진하고 지역산업 경쟁력 강화 및 지역경제 발전을 위하여 다음 각 호의 지원사업을 추진할 수 있다.
1. 지역중소기업의 창업 활성화
2. 지역중소기업의 육성 및 혁신촉진에 필요한 연구개발
3. 지역중소기업 육성 및 혁신촉진을 위한 기반 및 환경 조성
4. 개발된 기술의 이전 및 사업화 촉진
5. 지역중소기업의 인력 양성
6. 지역중소기업 제품의 판로 확보
7. 지역중소기업의 수출 또는 해외시장진출 등 국제협력 지원
8. 그 밖에 지역중소기업의 육성 및 혁신촉진에 필요한 사업으로서 대통령령으로 정하는 사업
② 중소벤처기업부장관은 제1항에 따른 지원사업을 추진하는 경우 「수도권정비계획법」 제2조제1호에 따른 수도권 외의 지역(이하 "수도권 외의 지역"이라 한다)에 소재하는 지역중소기업을 우선 지원할 수 있다.
제12조【지역혁신 선도기업의 육성 등】 ① 수도권 외의 지역을 관할하는 시·도지사는 고용안정, 수출증대 등 관할 지역의 산업과 경제에 미치는 영향이 크거나 우수한 혁신역량과 성장 가능성을 보유한 지역중소기업을 지역혁신 선도기업으로 선정하여 다음 각 호의 사항에 관한 사업을 할 수 있다.
1. 지역혁신 선도기업의 중장기 발전을 위한 전략의 수립 지원
2. 재정, 금융 등 행정적·기술적·재정적 지원
3. 기술·인력·금융·경영·해외진출 등 사업에 대한 지원 및 분야별 전문가의 파견·알선
4. 특허, 기술동향 등 기술혁신을 위한 정보의 제공
5. 해외진출 전략에 대한 지도 및 자문
6. 그 밖에 지역혁신 선도기업으로의 성장을 촉진하기 위하여 필요한 사항
② 중소벤처기업부장관은 제1항에 따른 사업을 지원하기 위한 행정적·재정적 지원 등을 할 수 있다.
③ 시·도지사는 제1항의 선정을 받은 기업에 대하여 대통령령으로 정하는 바에 따라 유효기간을 정하여 지역혁신 선도기업 선정서를 발급할 수 있다.
④ 지역혁신 선도기업의 선정 요건 및 절차, 지원 등에 관하여 필요한 사항은 대통령령으로 정한다.
제13조【지역혁신 선도기업 선정의 취소 등】 ① 시·도지사는 지역혁신 선도기업이 다음 각 호의 어느 하나에 해당할 경우에는 그 선정을 취소할 수 있다. 다만, 제1호에 해당하는 경우는 그 선정을 취소하여야 한다.
1. 거짓이나 그 밖의 부정한 방법으로 선정을 받은 경우
2. 제12조제4항에 따른 지역혁신 선도기업의 선정 요건을 갖추지 아니하게 된 경우
3. 부도, 폐업 또는 휴업 등으로 기업활동을 지속적으로 영위할 수 없다고 판단되는 경우
4. 그 밖에 다른 법률에서 정하는 사항을 현저히 위반하는 등 취소가 불가피한 경우
② 제1항에 따라 선정을 취소하려는 경우에는 미리 해당 기업에 이를 알려 의견을 청취하여야 한다. 다만, 다음 각 호의 어느 하나에 해당하는 경우에는 의견청취를 하지 아니할 수 있다.
1. 공공의 안전 또는 복리를 위하여 긴급한 경우
2. 의견청취가 현저히 곤란하거나 명백히 불필요한 경우
3. 명백한 의사로 의견제출을 포기하거나 정당한 이유 없이 의견제출을 지연하는 경우
③ 그 밖에 지역혁신 선도기업 선정의 취소에 필요한 사항은 대통령령으로 정한다.
제14조【조세의 감면 등】 국가 및 지방자치단체는 지역혁신 선도기업의 육성 및 혁신촉진을 위한 기반을 조성하고 경쟁력 제고를 도모하기 위하여 「조세특례제한법」, 「지방세특례제한법」 및 「법인세법」이 정하는 바에 따라 필요한 세제지원을 할 수 있다.
제15조【지역중소기업 스마트혁신지구의 지정】 ① 시·도지사는 지역중소기업의 육성 및 혁신촉진을 위하여 필요하다고 인정할 경우 대통령령으로 정하는 지역중소기업 밀집지역을 지역중소기업 스마트혁신지구(이하 "혁신지구"라 한다)로 지정하여 줄 것을 중소벤처기업부장관에게 신청할 수 있다.
② 시·도지사는 제1항에 따라 혁신지구의 지정을 신청하려는 경우 다음 각 호의 사항이 포함된 혁신지구 실시계획을 수립하여 중소벤처기업부장관에게 제출하여야 한다.
1. 혁신지구 조성의 목표·전략 및 추진체계에 관한 사항
2. 혁신지구 내 지역중소기업의 현황 및 지원에 관한 사항
3. 재원의 조달 및 운용에 관한 사항
4. 그 밖에 혁신지구의 조성 및 지원을 위하여 필요한 사항
③ 중소벤처기업부장관은 제1항에 따른 혁신지구의 지정 신청을 받은 경우 협의회의 심의를 거쳐 혁신지구를 지정할 수 있다. 이 경우 중소벤처기업부장관은 제31조에 따른 지역중소기업 전문연구기관의 의견을 듣고, 관계 중앙행정기관의 장과 협의한 결과에 따라 지정 여부, 지정기간 및 지원 내용을 결정하여 시·도지사에게 통보하여야 한다.
④ 혁신지구의 지정 등에 필요한 사항은 대통령령으로 정한다.
제16조【혁신지구의 지정 해제】 중소벤처기업부장관은 혁신지구가 다음 각 호의 어느 하나에 해당하는 경우에는 관계 중앙행정기관의 장과 협의하고 협의회의 심의를 거쳐 대통령령으로 정하는 바에 따라 혁신지구의 지정을 해제할 수 있다.
1. 제15조제1항에 따른 대통령령으로 정하는 지역중소기업 밀집지역에 해당하지 아니하게 된 경우
2. 제18조제1항 각 호에 따른 지원금을 당초 목적 외에 사용한 경우
3. 혁신지구 지정 목적의 달성이 불가능하거나 지정 목적을 달성하여 더 이상 혁신지구로 지정할 필요가 없다고 인정되는 경우
4. 그 밖에 제1호부터 제3호까지의 사유에 준하는 경우로서 관련 시·도지사가 혁신지구의 지정 해제를 요청하는 경우
제17조【혁신지구육성시책】 ① 중소벤처기업부장관은 지역중소기업의 육성 및 혁신촉진과 혁신지구 활성화 등을 위하여 혁신지구의 육성에 관한 시책(이하 "혁신지구육성시책"이라 한다)을 추진할 수 있다.
② 혁신지구육성시책에는 다음 각 호의 사항이 포함되어야 한다.
1. 혁신지구 육성의 기본방향에 관한 사항
2. 혁신지구의 지역중소기업의 연구개발 활동 지원에 관한 사항
3. 혁신지구의 지역중소기업의 연구개발 성과의 사업화 촉진에 관한 사항
4. 혁신지구의 지역중소기업의 연구개발 전문인력과 사업화 지원인력의 양성에 관한 사항
5. 혁신지구의 지역중소기업 육성 및 혁신촉진을 위한 민관 협력에 관한 사항
6. 혁신지구의 지역중소기업 및 지역중소기업 육성·혁신 관련 주체 간 교류와 협력 활성화에 관한 사항
7. 지역중소기업의 경쟁력 강화에 필요한 기반조성에 관한 사항
8. 혁신지구 및 그 주변 지역의 교통·문화·주거 등 환경개선 및 지원에 관한 사항

通商
情報

9. 혁신지구 운영 성과의 확산에 관한 사항
10. 혁신지구의 지역중소기업에 대한 지원체계 구축 방안에 관한 사항
11. 혁신지구의 육성을 위한 재원 조달 방안에 관한 사항
12. 그 밖에 혁신지구의 육성을 위하여 대통령령으로 정하는 사항
③ 중소벤처기업부장관은 혁신지구육성시책을 수립하거나 변경하려는 때에는 관계 중앙행정기관의 장 및 관련 시·도지사와 협의하여야 하며, 협의회의 심의를 거쳐야 한다.
④ 혁신지구와 관련된 시·도지사는 혁신지구육성시책의 효율적인 추진을 위하여 입지, 세제, 재정 및 행정 등 관련 지원책을 마련하여야 한다.
제18조【혁신지구의 지원】 ① 국가와 지방자치단체는 혁신지구에서 다음 각 호의 사업을 추진할 수 있으며, 이에 필요한 비용을 지원할 수 있다.
1. 혁신지구 내 기업 유치 및 민관 협력
2. 기반시설 및 공동활용 인프라의 설치 및 운영
3. 그 밖에 혁신지구가 위치한 지역의 발전을 위하여 필요한 사업
② 국가 및 지방자치단체는 혁신지구에 입주하는 기업과 연구기관에 대한 부지의 조성, 임대료 감면, 의료시설·교육시설·주택 등 각종 편의시설의 설치에 필요한 비용을 지원할 수 있다.
③ 국가 및 지방자치단체는 「국유재산법」 및 「공유재산 및 물품 관리법」에도 불구하고 혁신지구에 입주하는 기업과 연구기관에 대하여 국유·공유 재산의 임대료를 대통령령으로 정하는 바에 따라 감면할 수 있다.
④ 중소벤처기업부장관은 시·도지사가 혁신지구의 전부 또는 일부를 「규제자유특구 및 지역특화발전특구에 관한 규제특례법」에 따른 지역특화발전특구로 지정하여 줄 것을 신청한 경우 다른 신청보다 우선하여 지역특화발전특구위원회의 심의·의결 안건으로 상정할 수 있다.
⑤ 그 밖에 혁신지구의 지원에 필요한 사항은 대통령령으로 정한다.
제19조【지역중소기업 육성·혁신 관련 주체에 대한 지원 등】 ① 정부는 지역중소기업 육성·혁신 관련 주체가 기능적 또는 공간적 집적(集積)을 통하여 지역중소기업의 육성 및 혁신촉진을 효과적으로 추진할 수 있도록 상호 인력교류, 기반시설의 확충 및 공동이용, 정보의 공동활용 등을 위한 각종 지원을 할 수 있다.
② 중소벤처기업부장관 및 시·도지사는 지역중소기업에 대한 현지지원 업무를 효과적으로 수행하기 위하여 대통령령으로 정하는 지역중소기업 지원업무를 수행하는 기관의 지방조직이 지역별로 일정한 장소에 위치할 수 있도록 지원할 수 있다.
③ 지방자치단체는 지역중소기업 육성·혁신 관련 주체가 지역중소기업의 육성 및 혁신을 촉진할 수 있도록 행정적·재정적 지원을 할 수 있다.(2023.1.3 본항신설)
제20조【지역협동기술향상】 ① 지역중소기업, 지역중소기업 육성·혁신 관련 주체 및 지방자치단체는 서로 협력하여 기술향상활동(이하 "지역협동기술향상활동"이라 한다)을 수행할 수 있다.
② 중소벤처기업부장관은 지역협동기술향상활동을 지원하기 위하여 대통령령으로 정하는 공업계통의 국공립연구기관에 지역협동기술지원센터를 설치할 수 있다.
③ 지역협동기술지원센터는 다음 각 호의 활동을 한다.
1. 지역협동기술향상활동을 촉진하기 위한 지방자치단체와의 협조
2. 지역중소기업의 생산현장에서의 기술적 애로사항 파악 및 분석
3. 지역중소기업 육성·혁신 관련 주체 및 지방자치단체의 지역협동기술향상활동에 대한 지원능력의 파악 및 분석
4. 지역협동기술향상활동을 하려는 지역중소기업과 지역중소기업 육성·혁신 관련 주체와의 상호 연계
5. 지역중소기업의 지역협동기술향상활동 현황 분석
④ 중소벤처기업부장관은 지역중소기업 육성·혁신 관련 주체 중 지역협동기술향상활동을 통한 기술개발이 활발한 기관을 지역협동기술향상 시범기관(이하 "시범기관"이라 한다)으로 선정하고 해당 시범기관의 지역협동기술향상활동 경비의 전부 또는 일부를 지원할 수 있다.
제21조【지역중소기업 혁신촉진 교류활동 지원】 ① 중소벤처기업부장관 및 시·도지사는 지역중소기업이 기술융합·상호교류 등 지역중소기업의 육성 및 혁신촉진을 위한 다양한 목적의 교류회를 교수, 연구원 등의 전문가와 공동으로 결성·운영하는 데에 필요한 지원을 할 수 있다.
② 제1항에 따른 지역중소기업 혁신촉진 교류활동에 대한 지원 절차 및 방법 등에 관하여 필요한 사항은 중소벤처기업부령으로 정한다.
제22조【공공기관등의 우선 구매 및 공시 등】 ① 공공기관등의 장은 해당 기관 소재지(본사, 지점, 주사무소 또는 사업장 등은 각각의 소재지)의 지역중소기업이 생산하는 재화나 서비스(이하 "지역중소기업제품"이라 한다)의 구매를 촉진하여야 한다.
② 공공기관등의 장은 해당 시·도지사가 요청할 경우 지역중소기업제품의 구매 증대를 위한 구매계획과 전년도 구매실적을 시·도지사와 협의하여 통보할 수 있다. 다만, 「혁신도시 조성 및 발전에 관한 특별법」 제2조제2호에 따른 이전공공기관은 제외한다.
③ 시·도지사는 제2항에 따라 통보받은 구매계획과 전년도 구매실적을 공고할 수 있다. 이 경우 공고 내용을 중소벤처기업부장관에게 보고하여야 한다.
④ 제2항에 따른 구매계획과 구매실적의 통보 및 제3항에 따른 공고에 필요한 사항은 대통령령으로 정한다.

제4장 지역중소기업 위기대응 및 활력회복 지원

제23조【중소기업특별지원지역의 지정】 ① 시·도지사는 대통령령으로 정하는 산업단지 또는 중소기업·소상공인 밀집지역이 다음 각 호의 어느 하나에 해당하는 경우 중소벤처기업부장관에게 중소기업특별지원지역의 지정을 신청할 수 있다.
1. 산업이 낙후되거나 쇠퇴하여 산업집적 및 산업생산이 전국 평균에 현저히 미치지 못하는 경우
2. 지역의 주된 산업 또는 대규모 기업의 구조조정·이전 등으로 지역중소기업의 생산이나 판매 활동이 전국 평균에 현저히 미치지 못하는 등 위기에 처한 경우
3. 「재난 및 안전관리 기본법」 제14조제1항에 따른 대규모재난이 발생한 경우
4. 제1호부터 제3호까지의 규정에 준하는 사유가 있는 경우
② 중소벤처기업부장관은 제1항에 따른 중소기업특별지원지역 지정 신청을 받은 경우 대통령령으로 정하는 기준에 따라 중소기업특별지원지역을 지정할 수 있다. 이 경우 중소벤처기업부장관은 제31조에 따른 지역중소기업 전문연구기관의 의견을 듣고, 관계 중앙행정기관의 장과 협의한 결과에 따라 지정 여부, 지정 기간 및 지원 내용을 결정하여 시·도지사에게 통보하여야 한다.
③ 중소벤처기업부장관은 제2항에 따른 중소기업특별지원지역의 지정 여부를 결정하기 위하여 필요한 경우 중앙행정기관의 장, 지방자치단체의 장 또는 「신용정보의 이용 및 보호에 관한 법률」 제25조제2항제1호에 따른 종합신용정보집중기관 등 관련 기관·단체의 장에게 자료의 제공을 요청할 수 있다.
④ 중소벤처기업부장관은 제2항에 따라 중소기업특별지원지역을 지정하기 전에 관계 중앙행정기관의 장과 합동으로 지역중소기업경영환경조사단을 구성하여 경영환경의 악화 상황 등을 조사할 수 있다.
⑤ 중소벤처기업부장관은 제2항에 따라 중소기업특별지원지역 지정을 결정한 경우에는 지정 사항을 관보에 공고하여야 한다.
⑥ 중소기업특별지원지역에 대한 지정 신청·절차·기간, 지원의 종류 및 내용 등에 관하여 필요한 사항은 대통령령으로 정한다.
제24조【중소기업특별지원지역에 대한 지원 등】 ① 중소벤처기업부장관 및 관계 중앙행정기관의 장은 제23조제2항에 따라 결정된 사항을 소관별로 중소기업특별지원지역에 지원하여야 한다.
② 중소벤처기업부장관 및 시·도지사는 육성계획의 수립·시행과 지역별 중소기업 경영 여건을 조성하기 위한 시책 추진에 있어 중소기업특별지원지역에 있는 지역중소기업의 발전을 우선적으로 고려하여야 한다.
③ 중소벤처기업부장관 및 시·도지사는 중소기업특별지원지역의 중장기 경영 여건 개선을 위하여 발전전략을 수립·시행할 수 있다.
④ 중소벤처기업부장관은 중소기업특별지원지역의 신속한 경영 정상화를 위하여 연구개발 및 사업화, 자금, 인력, 판로, 시설개선 등 필요한 지원을 할 수 있다.
⑤ 중소기업특별지원지역을 관할하는 시·도지사는 제1항에 따른 지원의 효과 및 실적 등에 관한 보고서를 대통령령으로 정하는 바에 따라 작성하여 중소벤처기업부장관에게 제출하여야 한다.
제25조【중소기업특별지원지역의 지정 해제】 ① 중소벤처기업부장관은 제23조제2항에 따른 지정 기간 중이라도 중소기업특별지원지역의 경제상황이 호전되어 지원의 필요성이 없어진 경우 관계 중앙행정기관과 협의하여 대통령령으로 정하는 바에 따라 그 지정을 해제할 수 있다.
② 중소벤처기업부장관은 제1항에 따라 지정이 해제된 경우에는 지정 해제 사항을 관보에 공고하여야 한다.
제26조【지역중소기업 위기대응 체계의 구축·운영】
① 중소벤처기업부장관은 제23조제1항에 따른 산업단지 또는 중소기업·소상공인 밀집지역을 대상으로 지방자치단체와 함께 지역중소기업 경영상황 등에 대한 위기징후를 상시 모니터링하고 선제적으로 대응하기 위한 단계별 위기대응 체계를 구축·운영할 수 있다.
② 제1항에 따른 위기징후 단계 및 기준은 해당 지역중소기업의 고용, 매출액, 사업장 관련 주요 지표, 위기의 전개속도 및 확대 가능성 등을 종합적으로 고려하여 대통령령으로 정한다.
③ 중소벤처기업부장관은 위기 단계에 따라 시·도지사와 협의하여 다음 각 호의 조치를 시행할 수 있다.
1. 해당 지방자치단체장에 대한 지역중소기업 위기 예방계획의 수립 및 이행 권고
2. 제1호의 위기 예방계획의 원활한 이행을 위해 필요하다고 인정하는 지원
3. 제23조제4항에 따른 지역중소기업경영환경조사단 구성 및 경영환경의 악화 상황 등 조사
4. 위기진단 및 사업다각화 컨설팅, 특허·인증획득, 연구개발, 인력양성, 자금지원 등 해당 지역중소기업의 경쟁력 강화를 위한 지원
5. 그 밖에 해당 지역중소기업의 위기 예방 또는 해소를 위해 필요한 사항으로서 대통령령으로 정하는 사항
④ 중소벤처기업부장관은 제1항에 따른 지역중소기업 위기대응 체계의 구축·운영을 위하여 필요한 경우 중앙행정기관의 장, 지방자치단체의 장 또는 「신용정보의 이용 및 보호에 관한 법률」 제25조제2항제1호에 따른 종합신용정보집중기관 등 관련 기관·단체의 장에게 자료의 제공을 요청할 수 있다.
⑤ 중소벤처기업부장관은 지역중소기업 위기대응 및 제3항에 따른 조치의 시행을 지원하기 위해 필요한 전문인력과 시설을 갖춘 지역중소기업 위기지원센터(이하 "위기지원센터"라 한다)를 설치할 수 있으며, 예산의 범위에서 필요한 경비의 전부 또는 일부를 지원할 수 있다.
⑥ 제1항 및 제3항 등에 따른 위기대응 체계 구축·운영 및 조치의 시행, 위기지원센터의 운영 및 지원 등에 필요한 사항은 대통령령으로 정한다.
제27조【공장설립 지원】 ① 중소벤처기업부장관은 지역중소기업이 각 지역에서 원활하게 공장을 설립할 수 있도록 지원하기 위하여 「중소기업진흥에 관한 법률」 제68조에 따른 중소벤처기업진흥공단(이하 "중소벤처기업진흥공단"이라 한다)으로 하여금 다음 각 호의 사업을 하게 할 수 있다.
1. 공장 설립 및 취득과 소유하고 있는 공장의 지역중소기업에 대한 양도 또는 장기임대
2. 공장을 설립하려는 지역중소기업을 위한 공장설립 대행
3. 지역중소기업의 이전과 관련된 정보의 수집·제공 및 상담
4. 이전을 희망하는 지역중소기업과 지역중소기업을 유치하려는 지방자치단체와의 연계
5. 그 밖에 대통령령으로 정하는 사업
② 중소벤처기업진흥공단이 제1항에 따라 공장을 양도하는 경우에는 대통령령으로 정하는 기간 이내에 공장의 양도에 따른 대금을 장기 분할하여 징수할 수 있다.
③ 중소벤처기업진흥공단은 제1항에 따른 사업을 수행할 때 업종별, 지역별, 규모별로 표준공장의 유형을 개발하는 등 지역중소기업의 공장 설립에 따른 비용을 절감하도록 노력하여야 한다.
제28조【인력개발 및 지역정착】 ① 국가나 지방자치단체는 중소벤처기업진흥공단 또는 「산업집적활성화 및 공장설립에 관한 법률」 제45조의17에 따른 한국산업단지공단(이하 이 조에서 "한국산업단지공단"이라 한다)이 지역중소기업 소속 근로자 또는 지역중소기업에 취업하려는 사람을 대상으로 직업훈련을 실시하려는 경우에는 다음 각 호의 어느 하나에 해당하는 지원을 할 수 있다.
1. 훈련시설의 설치에 필요한 국유지·공유지의 유상양도 또는 장기임대
2. 그 밖에 대통령령으로 정하는 사항
② 국가나 지방자치단체는 중소벤처기업진흥공단 또는 한국산업단지공단에 제1항제1호에 따라 국유지·공유지를 양도하거나 임대하는 경우에는 「국유재산법」 및 「공유재산 및 물품 관리법」에도 불구하고 수의계약으로 할 수 있다.
③ 정부는 지역중소기업 소속 직원의 주거안정을 지원하기 위하여 지역중소기업의 사업장에 취업하여 그 지역에 정착하려는 사람 중 대통령령으로 정하는 요건을 갖춘 사람에게 장기저금리의 정착자금을 융자할 수 있다.
④ 정부는 시범기관과 지속적으로 지역협동기술향상활동을 통한 기술개발을 하려는 지역중소기업 중 대통령령으로 정하는 요건을 갖춘 지역중소기업을 「병역법」 제36조에 따라 병역지정업체(이하 "병역지정업체"라 한다)로 선정할 수 있다.
⑤ 정부는 병역지정업체로 선정된 지역중소기업에 취업하여 시범기관과 협동으로 그 지역중소기업에 필요한 기술개발에 관한 연구를 지속적으로 수행하려는 사람을 「병역법」 제37조에 따라 전문연구요원으로 편입할 수 있다.
제29조【향토기업에 대한 금융 지원】 ① 정부는 지역중소기업으로서 다음 각 호의 요건을 모두 갖춘 기업(이하 "향토기업"이라 한다)의 활동에 필요한 자금을 원활하게 조달하기 위하여 「신용보증기금법」에 따른 신용보증기금, 「기술보증기금법」에 따른 기술보증기금 및 「지역신용보증재단법」에 따른 신용보증재단으로 하여금 향토기업을 대상으로 하는 보증제도를 수립·운용하도록 할 수 있다.
1. 본사·주사무소 또는 사업장 중 어느 하나를 시·도의 관할구역에 두고 해당 시·도에서 20년 이상 계속하여 사업을 유지하였을 것
2. 상시 근로자 수가 20명 이상일 것
3. 기업의 지역에 대한 경제적·사회적 기여도가 대통령령으로 정하는 기준에 해당할 것
② 정부는 제1항에 따른 보증제도를 수립하기 위하여 필요한 예산을 지원할 수 있다.

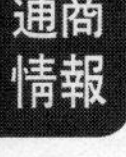

제5장 보 칙

제30조【지역중소기업 실태조사 및 정보시스템의 구축·운영】 ① 중소벤처기업부장관 및 시·도지사는 육성계획의 수립 또는 조정, 지역중소기업의 육성 및 혁신촉진을 통한 경쟁력 강화 및 지역경제 활성화를 위한 정책 수립 등을 위하여 지역중소기업 현황에 관한 실태조사를 하고 관련 통계자료를 수집·작성할 수 있다.
② 시·도지사는 지역중소기업의 위기 및 침체 여부를 조기에 파악하여 대응하고 제1항에 따른 실태조사의 결과와 수집·작성한 통계자료 등을 체계적으로 유지·관리하기 위하여 지역중소기업 정보시스템(이하 "정보시스템"이라 한다)을 구축·운영할 수 있다.
③ 중소벤처기업부장관 및 시·도지사는 실태조사 및 통계자료 작성과 정보시스템의 구축·운영을 위하여 필요하다고 인정하는 경우에 관계 중앙행정기관의 장, 지방자치단체의 장, 관련 기관 및 단체의 장에게 필요한 자료의 제출을 요청할 수 있다. 이 경우 중앙행정기관의 장 등은 특별한 사유가 없으면 이에 따라야 한다.
④ 정보시스템은 「중소기업기본법」 제20조의2에 따른 중소기업 지원사업 빅데이터 플랫폼과 서로 연계할 수 있다.(2024.1.9 본항개정)
⑤ 실태조사 및 통계자료의 작성과 정보시스템의 구축·운영에 관한 업무를 수행하는 자는 관련 기업의 영업비밀을 누설하거나 목적 외의 용도로 사용해서는 아니 된다.
⑥ 그 밖에 실태조사와 통계자료의 수집·작성 및 정보시스템의 구축·운영 등에 필요한 사항은 대통령령으로 정한다.

제31조【지역중소기업 전문연구기관의 지정 등】 ① 중소벤처기업부장관은 제6조제2항 각 호의 사항과 관련한 조사·연구와 지역중소기업 지원 시책의 수립 등에 필요한 각종 데이터의 분석 등을 수행하는 전문연구기관(이하 "전문연구기관"이라 한다)을 지정하여 운영할 수 있다.
② 중소벤처기업부장관은 전문연구기관이 조사·연구 및 데이터의 분석 등을 수행하는 데에 필요한 경비를 예산의 범위에서 출연하거나 보조할 수 있다.
③ 중소벤처기업부장관은 전문연구기관이 다음 각 호의 어느 하나에 해당하는 경우에는 그 지정을 취소할 수 있다. 다만, 제1호에 해당하면 그 지정을 취소하여야 한다.
1. 거짓이나 그 밖의 부정한 방법으로 지정을 받은 경우
2. 제4항에 따른 지정기준에 적합하지 아니하게 된 경우
④ 전문연구기관의 지정기준·절차, 지정취소 및 운영 등에 필요한 사항은 대통령령으로 정한다.

제32조【지역중소기업 전담관리기관의 지정 등】 ① 중소벤처기업부장관은 지역중소기업의 육성 및 혁신촉진에 관한 시책을 효과적으로 수행하기 위하여 지역중소기업 업무를 전담하는 기관(이하 "전담관리기관"이라 한다)을 지정할 수 있다.
② 정부는 전담관리기관의 운영에 필요한 경비를 예산의 범위에서 출연하거나 보조할 수 있다.
③ 중소벤처기업부장관은 전담관리기관이 다음 각 호의 어느 하나에 해당하는 경우에는 그 지정을 취소할 수 있다. 다만, 제1호에 해당하면 그 지정을 취소하여야 한다.
1. 거짓이나 그 밖의 부정한 방법으로 지정을 받은 경우
2. 제4항에 따른 지정기준에 적합하지 아니하게 된 경우
④ 전담관리기관의 지정기준·절차, 지정취소 및 운영 등에 필요한 사항은 대통령령으로 정한다.

제6장 벌 칙

제33조【벌칙】 제30조제5항을 위반하여 업무상 알게 된 기업의 비밀을 누설하거나 목적 외의 용도로 사용한 자는 1년 이하의 징역 또는 1천만원 이하의 벌금에 처한다.

부 칙

제1조【시행일】 이 법은 공포 후 6개월이 경과한 날부터 시행한다.
제2조【일반적 경과조치】 이 법 시행 당시 종전의 「중소기업진흥에 관한 법률」 제62조의14부터 제62조의26까지에 따른 행정기관의 행위나 행정기관에 대한 행위는 그에 해당하는 이 법에 따른 행정기관의 행위나 행정기관에 대한 행위로 본다.
제3조【육성계획 수립에 관한 경과조치】 이 법 시행 당시 종전의 「중소기업진흥에 관한 법률」 제62조의15에 따라 수립된 지방중소기업의 육성계획은 이 법 제6조에 따라 수립된 지역중소기업의 육성 및 혁신촉진 계획으로 본다.
제4조【중소기업특별지원지역 지정 등에 관한 경과조치】 ① 이 법 시행 당시 종전의 「중소기업진흥에 관한 법률」에 따라 지정된 중소기업특별지원지역은 이 법에 따라 지정된 중소기업특별지원지역으로 보며, 같은 법에 따라 지정 해제된 지역은 이 법에 따라 지정 해제된 것으로 본다.
② 이 법 시행 당시 종전의 「중소기업진흥에 관한 법률」에 따라 중소기업특별지원지역 지정을 신청한 경우에는 종전의 「중소기업진흥에 관한 법률」에 따른다.
제5조【다른 법률의 개정】 ①~⑩ ※(해당 법령에 가제정리 하였음)
제6조【다른 법령과의 관계】 이 법 시행 당시 다른 법령에서 종전 법 또는 그 규정을 인용한 경우에 이 법 가운데 그에 해당하는 규정이 있으면 종전의 규정을 갈음하여 이 법 또는 이 법의 해당 규정을 인용한 것으로 본다.

부 칙 (2023.1.3)

이 법은 공포 후 3개월이 경과한 날부터 시행한다.

부 칙 (2024.1.9)

제1조【시행일】 이 법은 공포 후 6개월이 경과한 날부터 시행한다.(이하 생략)

중소기업제품 구매촉진 및 판로지원에 관한 법률(약칭 : 판로지원법)

(2009년 5월 21일 법 률 제9685호)

개정
2009.12.30법 9894호
2010. 4. 5법10228호(무역보험법)
2011. 3.30법10504호 2011. 7.25법10951호
2012. 6. 1법11462호
2013. 3.23법11690호(정부조직)
2013. 8. 6법12008호 2014. 3.18법12499호
2014.11.19법12844호(정부조직)
2015. 1.28법13094호 2016. 1. 6법13743호
2016. 1.27법13866호 2017. 3.21법14684호
2017. 7.26법14839호(정부조직)
2017.11.28법15138호 2018. 3.13법15466호
2020. 2. 4법16954호(소상공인기본법)
2020. 2. 4법16957호(신용정보의이용및보호에관한법)
2020. 4. 7법17243호 2020.12. 8법17629호
2020.12. 8법17636호(보험)
2020.12.29법17799호(독점)
2021.12.28법18661호(중소기업창업)
2022.12.27법19146호 2023.10.31법19824호
2024년 1월 25일 제412회 국회 본회의 통과→「法典 別冊」 보유편 수록

제1장 총 칙

제1조【목적】 이 법은 중소기업제품의 구매를 촉진하고 판로를 지원함으로써 중소기업의 경쟁력 향상과 경영안정에 이바지함을 목적으로 한다.
제2조【정의】 이 법에서 사용하는 용어의 뜻은 다음과 같다.
1. "중소기업자"란 다음 각 목의 어느 하나에 해당하는 자를 말한다.
  가. 「중소기업기본법」 제2조에 따른 중소기업자
  나. 「중소기업협동조합법」 제3조에 따른 중소기업협동조합(이하 "조합"이라 한다)
2. "공공기관"이란 다음 각 목의 어느 하나에 해당하는 기관 또는 법인을 말한다.
  가. 국가기관(「국가재정법」 제6조의 독립기관 및 중앙관서를 말한다)(2022.12.27 본목개정)
  나. 지방자치단체(「지방자치법」 제2조에 따른 특별시·광역시·특별자치시·도·특별자치도·시·군·구를 말한다)(2022.12.27 본목개정)
  다. 특별법에 따라 설립된 법인 중 대통령령으로 정하는 자
  라. 「공공기관의 운영에 관한 법률」 제5조에 따른 공공기관 중 대통령령으로 정하는 자
  마. 「지방공기업법」에 따른 지방공사 및 지방공단(2017.3.21 본목신설)
  바. 「지방의료원의 설립 및 운영에 관한 법률」에 따른 지방의료원(2017.3.21 본목신설)
  사. 특별시·광역시·특별자치시·도·특별자치도 교육청(2022.12.27 본목신설)
  아. 「유아교육법」, 「초·중등교육법」, 「고등교육법」 및 「장애인 등에 대한 특수교육법」에 따라 설치된 각급 국립·공립 교육기관(2022.12.27 본목신설)
3. "물류현대화"란 중소기업자가 생산하는 제품의 원활한 유통을 도모하고 물류비용을 절감하기 위하여 유통시설을 설치하거나 개선하는 것을 말한다.
4. "소모성 자재"란 생산에 직접 소요되는 원자재를 제외한 사무용품, 다른 제품이나 서비스를 생산하기 위하여 기업 등에 의하여 구매되는 산업용재 등 모든 간접 자재를 말한다.(2011.7.25 본호신설)
5. "대규모 자재구매대행업"이란 「대·중소기업 상생협력 촉진에 관한 법률」 제2조제2호에 따른 대기업(이하 "대기업"이라 한다) 또는 대기업 계열사(「독점규제 및 공정거래에 관한 법률」 제2조제12호에 따른 계열회사를 말한다)가 기업 등의 소모성 자재의 구입 및 관리를 대행하는 사업을 말한다.(2020.12.29 본호개정)
6. "중소 소모성 자재 납품업"이란 한국표준산업분류에 따른 도매 및 소매업을 하는 중소기업자가 기업 등에서 필요로 하는 소모성 자재를 국내 제조업자 등으로부터 공급받아 기업 등에 납품하는 사업을 말한다.(2011.7.25 본호신설)
제3조【다른 법률과의 관계】 공공기관의 장은 중소기업제품의 조달계약을 체결하거나 판로를 지원하는 경우에 다른 법률에 특별한 규정이 있는 경우를 제외하고는 이 법에서 정하는 바에 따른다.(2013.8.6 본조개정)

제2장 중소기업제품 구매촉진 및 중소기업자간 경쟁제도 운영

제4조【구매 증대】 ① 공공기관의 장은 물품·용역 및 공사(이하 "제품"이라 한다)에 관한 조달계약을 체결하려는 때에는 중소기업자의 수주(受注) 기회가 늘어나도록 하여야 한다.
② 공공기관의 장은 「국가를 당사자로 하는 계약에 관한 법률」 제4조제1항에 따라 기획재정부장관이 고시한 금액 미만의 물품 및 용역(제6조제1항에 따라 중소벤처기업부장관이 지정한 중소기업자간 경쟁 제품은 제외한다)에 대하여는 대통령령으로 정하는 바에 따라 중소기업자와 우선적으로 조달계약을 체결하여야 한다.(2017.7.26 본항개정)
③ 중소벤처기업부장관은 정부의 국고보조금을 대통령령으로 정하는 일정한 금액 이상 수령한 기관 또는 법인이 보조사업과 관련하여 제품을 구매하려는 때에는 중소기업제품을 우선적으로 구매하도록 권고할 수 있다.(2017.7.26 본항개정)
제5조【구매계획 및 구매실적의 작성】 ① 대통령령으로 정하는 공공기관의 장은 예산과 사업계획을 고려하여 중소기업제품의 구매 증대를 위한 구매계획과 전년도 구매실적을 중소벤처기업부장관에게 통보하여야 한다. 이 경우 구매계획에 대통령령으로 정하는 중소기업제품 구매목표비율을 제시하여야 한다.(2017.7.26 전단개정)
② 중소벤처기업부장관은 제1항에 따른 구매계획의 이행 등 중소기업제품 구매를 촉진하고 공공기관의 효율적인 구매를 지원하기 위하여 공공기관의 중소기업제품 구매계획 및 구매실적의 작성 지침을 마련하여 공공기관의 장에게 통보하여야 한다.(2017.11.28 본항신설)
③ 중소벤처기업부장관은 「중소기업협동조합법」에 따른 중소기업중앙회(이하 "중앙회"라 한다)의 의견을 들어 국가에 대하여는 「국가재정법」 제6조에 따른 중앙관서의 장, 지방자치단체에 대하여는 행정안전부장관, 그 밖의 공공기관에 대하여는 관계 중앙행정기관의 장과 협의하여 제1항에 따른 구매계획과 구매실적을 종합하여 국무회의의 심의를 거쳐 공고하고, 이를 국회에 제출하여야 한다.(2017.7.26 본항개정)
④ 중소벤처기업부장관은 제1항에 따른 공공기관의 장에게 구매계획의 이행 점검 등을 위하여 중소기업제품 구매실적의 제출을 요구할 수 있으며, 이 경우 공공기관의 장은 특별한 사유가 없는 경우에는 이에 따라야 한다.(2017.7.26 본항개정)
⑤ 제1항 및 제4항에 따른 구매계획과 구매실적의 통보 및 제출요구에 관하여 필요한 사항은 대통령령으로 정한다.(2017.11.28 본항개정)
(2011.3.30 본조제목개정)
제6조【중소기업자간 경쟁 제품의 지정】 ① 중소벤처기업부장관은 중소기업자가 직접 생산·제공하는 제품으로서 판로 확대가 필요하다고 인정되는 제품을 중소기업자간 경쟁 제품(이하 "경쟁제품"이라 한다)으로 지정할 수 있다.(2017.7.26 본항개정)
② 중소벤처기업부장관은 제1항에 따라 경쟁제품을 지정하고자 하는 경우에는 미리 관계 중앙행정기관의 장과 협의하여야 한다. 이 경우 중소벤처기업부장관은 관계 중앙행정기관의 장이 지정 제외를 요청한 제품에 대하여는 특별한 사유가 없으면 그 제품을 경쟁제품으로 지정하여서는 아니 된다.(2017.7.26 본항개정)
③ 경쟁제품의 지정에 필요한 사항은 대통령령으로 정한다.
제7조【경쟁제품의 계약방법】 ① 공공기관의 장은 경쟁제품에 대하여는 대통령령으로 정하는 특별한 사유가 없으면 중소기업자만을 대상으로 하는 제한경쟁 또는 중소기업자 중에서 지명경쟁(이하 "중소기업자간 경쟁"이라 한다) 입찰에 따라 조달계약을 체결하여야 한다.
② 공공기관의 장은 제1항에 따른 중소기업자간 경쟁입찰에서 적정한 품질과 납품 가격의 안정을 위하여 중소기업자의 계약이행능력을 심사하여 계약상대자를 결정하여야 한다. 다만, 구매의 효율성을 높이거나, 중소기업제품의 구매를 늘리기 위하여 필요한 경우에는 대통령령으로 정하는 방법에 따라 계약상대자를 결정할 수 있다.
③ 공공기관의 장은 제2항에 따른 계약상대자를 결정함에 있어서 「중소기업기본법」 제2조제2항에 따른 소기업(이하 "소기업"이라 한다)과 「소상공인기본법」 제2조에 따른 소상공인(이하 "소상공인"이라 한다)의 공동 수주기회를 확대하기 위하여 5인 이상의 중소기업자로 구성된 공동수급체 중 대통령령으로 정하는 요건에 해당하는 공동수급체에 대하여 우대할 수 있다.(2020.2.4 본항개정)
④ 중소벤처기업부장관은 관계 중앙행정기관의 장과 협의하여 제2항 본문에 따른 계약이행능력에 대한 세부심사기준을 정하여 고시하여야 한다. 이 경우 중소기업협동

조합 등 대통령령으로 정하는 자에 대하여는 계약이행능력에 대한 세부심사기준을 따로 정하여야 한다.
(2017.7.26 전단개정)
⑤ 중소벤처기업부장관은 제4항에 따른 세부심사기준을 정할 때 중소기업자의 계약이행실적, 기술력 및 재무상태 등을 종합적으로 고려하여야 한다.(2017.7.26 본항개정)

제7조의2【소기업 및 소상공인에 대한 경쟁제품 조달계약에 관한 특례】 ① 공공기관의 장은 제7조제1항에도 불구하고 경쟁제품 중에서 중소벤처기업부장관이 지정한 물품 또는 용역에 대해서는 소기업 또는 소상공인만을 대상으로 하는 제한경쟁입찰에 따라 조달계약을 체결할 수 있다.(2017.7.26 본항개정)
② 공공기관의 장은 제7조제1항에도 불구하고 셋 이상의 소기업 또는 소상공인이 조합과 함께 중소벤처기업부령으로 정하는 공동사업(이하 "공동사업"이라 한다)을 하여 경쟁제품에 해당하는 물품 또는 용역(이하 "물품등"이라 한다)을 제품화한 경우 해당 물품등에 대해서는 다음 각 호의 어느 하나에 해당하는 입찰 방법에 따라 조달계약을 체결할 수 있다.(2017.7.26 본문개정)
1. 해당 공동사업에 참여한 소기업 또는 소상공인만을 대상으로 하는 제한경쟁입찰
2. 공공기관의 장의 요청에 따라 조합이 추천하는 소기업 또는 소상공인(해당 물품등을 납품할 수 있는 소기업 또는 소상공인을 말한다)만을 대상으로 하는 지명경쟁입찰
(2015.1.28 본조신설)

제8조【경쟁입찰 참여자격】 ① 제7조에 따른 중소기업자간 경쟁입찰에 참여할 수 있는 중소기업자의 자격(이하 이 조에서 "참여자격"이라 한다)은 규모와 경영실적 등을 고려하여 대통령령으로 정한다.(2011.3.30 본항개정)
② 중소기업자간 경쟁입찰에 참여하려는 조합은 중소벤처기업부장관이 정하는 절차에 따라 참여자격의 확인을 중소벤처기업부장관에게 신청하여야 하며, 중소벤처기업부장관은 이를 확인하여야 한다.(2017.7.26 본항개정)
③ 중소벤처기업부장관은 중소기업자간 경쟁입찰에 참여하는 중소기업자가 다음 각 호의 어느 하나에 해당하는 경우 참여자격을 취소하거나 1년 이내의 범위에서 정지할 수 있다. 다만, 제1호부터 제3호까지의 어느 하나에 해당하는 경우에는 그 참여자격을 취소하여야 한다.
(2017.7.26 본문개정)
1. 거짓이나 그 밖의 부정한 방법으로 참여자격을 취득한 경우
2. 참여자격을 상실한 경우
3. 담합 등 부당한 행위를 한 경우
4. 그 밖에 중소기업자간 경쟁입찰 참여가 부적당하다고 대통령령으로 정하는 경우
(2011.3.30 본항개정)
④ 중소벤처기업부장관은 제3항에 따라 참여자격을 취소 또는 정지하려면 청문을 하여야 한다.(2017.7.26 본항개정)
⑤ 중소벤처기업부장관은 참여자격을 취소한 경우에는 취소한 날부터 1년 이내의 범위에서 참여자격 취득을 제한할 수 있다.(2017.7.26 본항개정)
⑥ 제3항에 따른 참여자격 정지 기간과 제5항에 따른 참여자격 취득 제한 기간은 중소벤처기업부령으로 정한다.
(2017.7.26 본항개정)

제8조의2【중소기업자간 경쟁입찰 참여제한 등】 ① 공공기관의 장은 중소기업자간 경쟁입찰의 공정한 경쟁을 위하여 다음 각 호의 어느 하나에 해당하는 중소기업을 영위하는 자의 참여를 제한하여야 한다.
1. 다음 각 목에 해당하는 기업으로부터 「상법」 제530조의2 및 제530조의12에 따른 분할·분할합병 및 물적분할(이하 이 조에서 "분할등"이라 한다)에 의하여 설립되는 기업과 존속하는 기업이 같은 종류의 사업을 영위하는 경우에 해당하는 중소기업
가. 대기업(분할등에 의하여 설립되는 기업과 존속하는 기업 중 어느 하나가 분할일·분할합병일 또는 물적분할일이 속하는 연도의 다음 연도부터 4년 이내에 대기업이 되는 경우도 포함한다)
나. 중소기업자간 경쟁입찰 참여자격 유지 또는 공공조달시장의 점유율 확대 등을 목적으로 분할등을 하였다고 중소벤처기업부장관이 인정한 중소기업
(2017.7.26 본목개정)
2. 대기업과 대통령령으로 정하는 지배 또는 종속의 관계에 있는 기업들의 집단에 포함되는 중소기업
(2014.3.18 본호개정)
3. 정당한 사유 없이 제3항에 따른 중소벤처기업부장관의 조사를 거부한 중소기업(2017.7.26 본호개정)
② 중소기업자간 경쟁입찰에 참여하려는 중소기업자(조합은 제외한다)는 중소벤처기업부장관이 정하여 고시하는 절차에 따라 중소벤처기업부장관에게 중소기업자간 경쟁입찰 참여제한 대상에 해당하는지 여부의 확인을 신청하여야 하며, 중소벤처기업부장관은 이를 확인하여야 한다.(2017.7.26 본항개정)
③ 중소벤처기업부장관은 제2항에 따른 확인을 신청한 중소기업자에게 해당 중소기업의 자산 현황 및 경영 상태 등 필요한 자료의 제출을 요구할 수 있다. 이 경우 자료의 제출을 요구받은 중소기업자는 특별한 사유가 없으면 이에 협조하여야 한다.(2017.7.26 전단개정)
④ 중소벤처기업부장관은 제2항에 따라 제1항제1호 및 제2호에 따른 중소기업자간 경쟁입찰 참여제한 대상에 해당하지 아니하는 것으로 확인을 받은 중소기업자에 대하여 거짓이나 그 밖의 부정한 방법으로 확인을 받았는지 여부를 조사할 수 있다.(2017.7.26 본항개정)
⑤ 제1항제1호에서 같은 종류의 사업은 경쟁제품을 생산하는 사업에 한정하고, 같은 종류의 사업범위 기준은 대통령령으로 정한다.(2014.3.18 본항개정)
⑥ 중소벤처기업부장관이 제1항제1호나목에 따른 인정 여부를 결정할 경우 상속, 법원의 판결 등 불가피한 사유로 인한 분할등 대통령령으로 정하는 사항을 종합적으로 고려하여야 한다. 이 경우 중소벤처기업부장관은 관계 공무원 및 전문가 등의 의견을 들을 수 있다.(2017.7.26 본항개정)
⑦ 제6항에 따른 인정 여부의 결정에 관하여 절차·방법 등 필요한 사항은 중소벤처기업부령으로 정한다.
(2017.7.26 본항개정)
(2012.6.1 본조신설)

제8조의3【중견기업의 중소기업자간 경쟁입찰 참여의 특례】 ① 공공기관의 장은 제7조제1항에도 불구하고 다음 각 호의 요건을 모두 충족하는 중견기업(「중견기업 성장촉진 및 경쟁력 강화에 관한 특별법」 제2조제1호에 따른 중견기업을 말한다. 이하 같다)에 대하여 「중소기업기본법」 제2조제3항에서 정한 기간이 종료된 연도의 다음 연도부터 3년간 중소기업자간 경쟁입찰에 참여하는 것을 인정하여야 한다. 이 경우 중견기업의 참여는 그 규모나 횟수 등을 대통령령으로 정하는 기준에 따라 제한할 수 있다.
1. 「중소기업기본법」 제2조제3항에서 정한 기간이 종료된 연도까지 연속하여 3년 이상 중소기업자간 경쟁입찰에 참여하여 납품한 실적이 있을 것
2. 「중소기업기본법」 제2조제3항에서 정한 기간이 종료된 연도의 매출액이 2천억원 미만일 것
② 중소기업자간 경쟁입찰에 참여하려는 중견기업은 제1항 각 호에 모두 해당한다는 사실을 입증하는 자료를 첨부하여 중소벤처기업부장관에게 참여자격의 확인을 신청하여야 한다.(2017.7.26 본항개정)
③ 중소벤처기업부장관은 제2항에 따라 참여자격을 확인받은 중견기업에 대하여 거짓이나 그 밖의 부정한 방법으로 참여자격 확인을 받았는지 여부 및 참여자격을 부여받은 기간 동안 제1항에 따라 대통령령으로 정하는 기준을 위배하여 중소기업자간 경쟁입찰에 참여하였는지 여부를 조사할 수 있다.(2017.7.26 본항개정)
④ 중소벤처기업부장관은 제2항에 따라 참여자격을 확인받은 중견기업이 제1항에 따라 대통령령으로 정하는 기준을 위배하여 중소기업자간 경쟁입찰에 참여하였거나 제8조제3항 각 호의 어느 하나에 해당하는 경우에는 그 참여자격을 취소하여야 한다.(2017.7.26 본항개정)
⑤ 중소벤처기업부장관은 제2항부터 제4항까지에 따른 확인·조사 및 확인의 취소 등에 관하여 필요한 사항을 정하여 고시한다.(2017.7.26 본항개정)
⑥ 중견기업의 중소기업자간 경쟁입찰 참여에 관하여는 제7조제2항·제4항 및 제5항, 제8조의2제1항·제3항·제5항부터 제7항까지, 제9조부터 제11조까지, 제23조, 제25조, 제35조 및 제36조를 준용한다.
(2016.1.6 본조신설)

제9조【직접생산의 확인 등】 ① 공공기관의 장은 중소기업자간 경쟁의 방법으로 제품조달계약을 체결하거나, 다음 각 호의 어느 하나에 해당하는 경우로서 대통령령으로 정하는 금액 이상의 제품조달계약을 체결하려면 그 중소기업자의 직접생산 여부를 확인하여야 한다. 다만, 제4항에 따라 중소벤처기업부장관이 직접생산을 확인한 서류를 발급한 경우에는 그러하지 아니하다.(2017.7.26 단서개정)
1. 「국가를 당사자로 하는 계약에 관한 법률」 제7조 단서 또는 「지방자치단체를 당사자로 하는 계약에 관한 법률」 제9조제1항 단서에 따라 경쟁제품에 대하여 수의계약의 방법으로 계약을 체결하는 경우로서 대통령령으로 정하는 경우
2. 그 밖에 대통령령으로 정하는 자와 경쟁제품에 대하여 수의계약의 방법으로 계약을 체결하는 경우
② 중소벤처기업부장관은 생산설비 기준 등 대통령령으로 정하는 바에 따라 제1항에 따른 직접생산 여부의 확인기준을 정하여 고시하여야 한다.(2017.7.26 본항개정)
③ 공공기관의 장이나 공공기관에 제품을 납품하려는 중소기업자는 필요한 경우 중소벤처기업부장관에게 해당 제품에 대한 직접생산 여부의 확인을 신청할 수 있다.
(2017.7.26 본항개정)
④ 중소벤처기업부장관은 제3항에 따른 신청을 받은 때에는 직접생산 여부를 확인하고 그 결과를 해당 중소기업자에게 통보하여야 하고, 직접생산을 하는 것으로 확인된 중소기업자에 대하여는 유효기간을 명시하여 이를 증명하는 서류(이하 "직접생산확인증명서"라 한다)를 발급할 수 있다. 다만, 해당 중소기업자에 대하여 제11조제2항 각 호의 사유로 그 인하여 조사가 진행 중인 경우에는 직접생산 여부 확인을 보류할 수 있다.(2017.7.26 본문개정)
⑤ 제4항에 따라 직접생산확인증명서를 발급받은 중소기업자가 다음 각 호의 어느 하나에 해당하는 경우에는 중소벤처기업부령으로 정하는 바에 따라 직접생산 여부의 확인을 재신청하여야 한다.(2017.7.26 본문개정)
1. 개인사업자의 대표자가 변경된 경우(포괄 양도·양수의 경우는 제외한다)
2. 제4항에 따라 직접생산 여부에 관한 확인을 받은 공장을 이전한 경우
3. 영위 사업의 양도, 양수, 합병의 경우(포괄 양도·양수의 경우는 제외한다)
4. 그 밖에 중소벤처기업부장관이 필요하다고 인정한 경우(2017.7.26 본호개정)
(2011.3.30 본항신설)
⑥ 제4항에 따라 직접생산확인증명서를 발급받은 중소기업자가 다음 각 호의 어느 하나에 해당하는 경우에는 직접생산확인증명서를 재발급받아야 한다.
1. 상호가 변경된 경우
2. 법인의 대표자가 변경된 경우
3. 영위 사업을 포괄 양도·양수한 경우
(2011.3.30 본항신설)
⑦ 직접생산 여부의 확인 절차와 직접생산확인증명서의 유효기간 및 발급 등에 필요한 사항은 중소벤처기업부령으로 정한다.(2017.7.26 본항개정)

제10조【직접생산 확인에 대한 이의신청 특례】 ① 중소벤처기업부장관은 제9조제4항에 따른 직접생산 여부 확인 통보에 대한 이의신청을 받은 날부터 10일 이내에 이의신청에 대한 심사결과를 신청인에게 통지하여야 한다.
② 제1항에 따른 이의신청에 대한 결정 등에 필요한 사항은 중소벤처기업부령으로 정한다.
③ 제1항 및 제2항에서 규정한 사항 외에 이의신청에 관한 사항은 「행정기본법」 제36조(같은 조 제2항 단서는 제외한다)에 따른다.
(2023.10.31 본조개정)

제11조【직접생산 확인 취소 등】 ① 중소벤처기업부장관은 제9조제4항에 따라 직접생산을 하는 것으로 확인을 받은 중소기업자에 대하여 직접생산 확인기준 충족 여부와 직접생산 이행 여부에 대하여 조사할 수 있다.
(2017.7.26 본항개정)
② 중소벤처기업부장관은 제1항에 따른 조사결과 중소기업자가 다음 각 호의 어느 하나에 해당되는 때에는 그 중소기업자가 받은 직접생산 확인을 취소하여야 한다.
(2017.7.26 본문개정)
1. 거짓이나 그 밖의 부정한 방법으로 직접생산 확인을 받은 경우
2. 생산설비의 임대, 매각 등으로 제9조제2항에 따른 확인기준을 충족하지 아니하게 된 경우
3. 공공기관의 장과 납품 계약을 체결한 후 하도급생산 납품, 다른 회사 완제품 구매 납품 등 직접생산하지 아니한 제품을 납품하거나 직접생산한 완제품에 다른 회사 상표를 부착하여 납품한 경우(2022.12.27 본호개정)
4. 정당한 사유 없이 확인기준 충족 여부 확인 및 직접생산 이행 여부 확인을 위한 조사를 거부한 경우
5. 제9조제5항 각 호의 어느 하나에 해당하는 경우
(2011.3.30 본호신설)
③ 중소벤처기업부장관은 제2항제1호·제3호 및 제4호에 해당되는 경우에는 그 중소기업자가 받은 모든 제품에 대한 직접생산 확인을 취소하여야 하며, 같은 항 제2호 및 제5호에 해당하는 경우에는 해당 제품에 대하여만 직접생산 확인을 취소하여야 한다.(2017.7.26 본항개정)
④ 직접생산을 하는 것으로 확인받은 중소기업자는 직접생산 확인기준을 충족하지 아니하게 된 경우에는 중소벤처기업부령으로 정하는 바에 따라 해당 제품에 대한 직접생산확인증명서를 반납하여야 한다.(2017.7.26 본항개정)
⑤ 제2항 각 호의 어느 하나에 해당하는 중소기업자는 직접생산 확인이 취소된 날부터 직접생산 여부의 확인을 신청하지 못하고, 그 대상과 기간은 다음 각 호의 구분에 따른다. 이 경우 직접생산확인증명서의 유효기간이 만료된 자에 대하여는 그 취소사유에 해당함을 확인한 날부터 직접생산 여부의 확인신청을 제한한다.(2011.3.30 전단개정)
1. 제2항제1호에 해당하는 경우에는 모든 제품에 대하여 1년(2011.3.30 본호신설)
2. 제2항제2호에 해당하는 경우로서 중소기업자간 경쟁입찰에 참여하거나 중소벤처기업부령으로 정하는 기간 이내에 직접생산확인증명서를 반납하지 아니한 경우에는 직접생산 확인이 취소된 제품에 대하여 6개월
(2017.7.26 본호개정)
3. 제2항제3호 및 제4호에 해당하는 경우에는 모든 제품에 대하여 6개월(2011.3.30 본호신설)
4. 제2항제5호에 해당하는 경우로서 중소벤처기업부령으로 정하는 기간 이내에 직접생산 여부의 확인을 재신청하지 아니하는 경우에는 직접생산 확인이 취소된 제품에 대하여 3개월 이내(2017.7.26 본호개정)
⑥ 공공기관의 장은 조달계약을 체결한 중소기업자의 직접생산 확인이 취소된 때에는 그 중소기업자와 체결한 계약의 전부 또는 일부를 해제하거나 해지하여야 한다. 다만, 계약 제품의 특성, 계약 이행 진도 및 구매 일정 등 특별한 사유로 계약 상대자의 변경이 불가능한 경우에는 그러하지 아니하다.
⑦ 제2항에 따른 직접생산 확인 취소에 필요한 절차 등은 중소벤처기업부령으로 정한다.(2017.7.26 본항개정)
⑧ 중소벤처기업부장관은 제2항에 따라 직접생산 확인을 취소하고자 하는 경우에는 청문을 하여야 한다.
(2017.7.26 본항개정)

제11조의2【과징금】 ① 중소벤처기업부장관은 다음 각 호의 어느 하나에 해당하는 자에 대하여 위반행위와 관련된 매출액의 100분의 30을 넘지 아니하는 범위에서 과징금을 부과할 수 있다.(2017.7.26 본문개정)

1. 거짓이나 그 밖의 부정한 방법으로 제8조의2제1항제1호 및 제2호에 따른 중소기업자간 경쟁입찰 참여제한 대상에 해당하지 아니함을 중소벤처기업부장관으로부터 확인받은 자(2017.7.26 본호개정)
2. 제11조제2항제1호 및 제3호에 해당하여 직접생산 확인이 취소된 자

② 중소벤처기업부장관은 제1항에 따른 과징금을 내야 하는 자가 납부기한까지 이를 내지 아니하면 국세 체납처분의 예에 따라 징수한다.(2017.7.26 본항개정)

③ 제1항에 따른 매출액의 산정, 과징금의 부과기준, 부과 절차 및 그 밖에 필요한 사항은 대통령령으로 정한다.

(2016.1.6 본조신설)

제12조【공사용 자재의 직접구매 증대】 ① 중소벤처기업부장관은 경쟁제품으로 지정된 공사용 자재의 구매를 늘리기 위하여 필요한 조치를 할 수 있다.

② 중소벤처기업부장관은 경쟁제품 중에서 공공기관이 발주하는 공사에 필요한 자재로서 공사의 품질과 효율성을 해치지 아니하는 범위에서 공공기관이 직접 구매하여 제공하기에 적합한 제품을 관계 중앙행정기관의 장과 협의하여 선정하고, 고시하여야 한다.

③ 대통령령으로 정하는 규모 이상의 공사를 발주하려는 공공기관의 장은 제2항에 따라 중소벤처기업부장관이 고시한 제품의 직접구매 여부를 검토하여 직접구매를 할 수 있도록 필요한 조치를 하여야 한다. 다만, 중소벤처기업부장관이 관계 중앙행정기관의 장과 협의하여 직접구매를 이행할 수 없는 사유로 고시한 경우에는 그러하지 아니하다.

(2017.7.26 본조개정)

제3장 기술개발제품 우선구매 지원

제13조【기술개발제품 등에 대한 우선구매】 ① 정부는 중소기업자가 개발한 기술개발제품의 수요를 창출하기 위하여 이들 제품을 우선적으로 구매하는 등 필요한 지원시책을 마련하여야 한다.(2011.3.30 본항개정)

② 중소벤처기업부장관이나 관계 중앙행정기관의 장은 중소기업자가 개발한 기술개발제품의 구매를 늘리기 위하여 공공기관이나 그 밖에 대통령령으로 정하는 자에게 우선구매 등 필요한 조치를 요구할 수 있다.(2017.7.26 본항개정)

③ 제2항에 따른 요구를 받은 공공기관은 그 요구에 따라 이들 제품의 우선구매 등의 조치를 할 수 없는 경우에는 그 사유를 대통령령으로 정하는 기간 내에 중소벤처기업부장관과 관계 중앙행정기관의 장에게 통보하여야 한다.(2017.7.26 본항개정)

④ 공공기관의 장은 대통령령으로 정하는 금액 기준 등에 해당하는 대규모 국책사업을 실시하는 경우 중소기업 기술개발제품의 수요를 사전 검토하고, 중소기업의 참여 방안을 마련하여야 한다.(2016.1.6 본항신설)

⑤ 제4항에 따른 사전 수요 검토, 중소기업 참여방안 마련 등에 관하여 필요한 사항은 중소벤처기업부령으로 정한다.(2017.7.26 본항개정)

제13조의2【기술개발제품 우선구매 지원센터의 설치·운영】 ① 중소벤처기업부장관은 공공기관의 중소기업 기술개발제품 구매를 촉진하기 위하여 다음 각 호의 업무를 수행하는 기술개발제품 우선구매 지원센터를 설치·운영할 수 있다.(2017.7.26 본문개정)

1. 제13조제2항에 따른 우선구매 등 필요한 조치의 요구에 필요한 지원
2. 제14조제2항에 따른 우선구매 대상 기술개발제품의 홍보
3. 중소기업 기술개발제품의 구매를 위한 자문 및 협의
4. 그 밖에 중소기업 기술개발제품 우선구매 촉진에 필요한 업무

② 기술개발제품 우선구매 지원센터의 설치 및 운영에 관하여 필요한 사항은 대통령령으로 정한다.

(2016.1.6 본조신설)

제14조【우선구매 대상 기술개발제품의 지정 등】 ① 중소벤처기업부장관은 중소기업 기술개발제품 중 성능인증을 받은 제품 등 대통령령으로 정하는 일정한 요건을 갖춘 제품(이하 "우선구매 대상 기술개발제품"이라 한다)을 지정하고 고시하여야 한다.(2017.7.26 본항개정)

② 중소벤처기업부장관은 제1항에 따라 고시된 우선구매 대상 기술개발제품에 대하여 제2조제2호의 공공기관에 홍보하여야 한다.(2017.7.26 본항개정)

③ 우선구매 대상 기술개발제품을 구매(제14조의2에 따른 기술개발제품 시범구매를 포함한다)하기로 계약한 공공기관의 구매 책임자는 고의나 중대한 과실이 입증되지 아니하면 그 제품의 구매로 생긴 손실에 대하여 책임을 지지 아니한다.(2020.4.7 본항개정)

(2009.12.30 본조제목개정)

제14조의2【기술개발제품 시범구매제도】 ① 중소벤처기업부장관은 우선구매 대상 기술개발제품의 구매를 활성화하고 창업기업(「중소기업창업 지원법」 제2조제3호에 따른 창업기업을 말한다)의 원활한 판로 개척을 지원하기 위하여 별도의 평가 절차를 통하여 구매 대상을 선정하는 방식으로 공공기관의 기술개발제품 구매 의사결정을 대행하는 기술개발제품 시범구매제도(이하 "기술개발제품 시범구매제도"라 한다)를 운영할 수 있다.

(2021.12.28 본항개정)

② 공공기관의 장은 기술개발제품 시범구매제도에 참여하기 위하여 노력하여야 한다.

③ 기술개발제품 시범구매제도의 운영, 기술개발제품의 평가 절차 및 기준, 공공기관의 참여 방법에 필요한 사항은 대통령령으로 정한다.

(2020.4.7 본조신설)

제14조의3【기술개발제품 시범구매제도 활성화 지원】 ① 중소벤처기업부장관은 기술개발제품 시범구매제도를 활성화하기 위하여 다음 각 호의 지원을 할 수 있다.

1. 기술개발제품 시범구매제도를 통하여 구매하는 제품(이하 "시범구매제품"이라 한다)에 대한 제18조에 따른 성능보험사업 보험료율 우대 등의 지원
2. 시범구매제품 중 국내외 시장 진출 가능성이 높다고 중소벤처기업부장관이 인정한 제품에 대한 디자인, 정책자금, 국내외 시장 개척 및 판로지원

② 공공기관의 장이 시범구매제품을 조달청에 위탁하여 구매하는 경우 조달청장은 시범구매제품의 원활한 구매·공급을 위하여 대통령령으로 정하는 계약방법으로 계약을 체결할 수 있다.

③ 중소벤처기업부장관은 기술개발제품의 구매 확대와 기술개발제품 시범구매제도의 활성화를 위하여 공공기관 및 대통령령으로 정하는 기술개발제품 인증 기관에 기술개발제품의 구매 및 인증에 대한 세부 현황 자료의 제출을 요구할 수 있다. 이 경우 자료의 제출을 요구받은 자는 특별한 사유가 없으면 이에 협조하여야 한다.

④ 제3항에 따른 자료 제출 요구에 필요한 사항은 대통령령으로 정한다.

(2020.4.7 본조신설)

제14조의4【현장검증형 기술개발제품 구매 지원】 ① 중소벤처기업부장관은 중소기업 기술개발제품 중 제품이 사용되는 현장에서 성능·기술 검증이 필요한 제품(이하 "현장검증형 기술개발제품"이라 한다)에 대하여 설치, 성능·기술 검증 등을 원활하게 할 수 있도록 필요한 지원을 할 수 있다.

② 공공기관의 장은 현장검증형 기술개발제품의 성능·기술 검증 및 구매촉진을 위하여 노력하여야 한다.

③ 제1항에 따른 지원 대상, 지원 방법 및 절차에 필요한 사항은 대통령령으로 정한다.

(2020.4.7 본조신설)

제14조의5【전담기관의 지정 등】 ① 중소벤처기업부장관은 기술개발제품 시범구매제도 및 현장검증형 기술개발제품 구매 지원을 효율적으로 추진하기 위하여 기술개발제품 시범구매 및 현장검증형 기술개발제품 구매 지원 업무를 전담하는 기관(이하 "전담기관"이라 한다)을 지정할 수 있다.

② 중소벤처기업부장관은 예산의 범위에서 전담기관의 운영에 필요한 경비를 지원할 수 있다.

③ 중소벤처기업부장관은 전담기관이 다음 각 호의 어느 하나에 해당하는 경우에는 지정을 취소할 수 있다. 다만, 제1호에 해당하는 경우에는 지정을 취소하여야 한다.

1. 거짓이나 그 밖의 부정한 방법으로 지정받은 경우
2. 전담기관의 지정 요건에 적합하지 아니하게 된 경우
3. 그 밖에 전담기관의 업무를 계속 수행하기 어렵게 된 경우

④ 중소벤처기업부장관은 제3항에 따라 전담기관의 지정을 취소하는 경우에는 청문을 하여야 한다.

⑤ 전담기관의 업무, 지정 요건 및 절차 등에 관한 사항은 대통령령으로 정한다.

(2020.4.7 본조신설)

제15조【중소기업제품의 성능인증】 ① 중소벤처기업부장관은 중소벤처기업부령으로 정한 중소기업 기술개발제품에 대하여 성능인증을 할 수 있다.(2017.7.26 본항개정)

② 제1항에 따른 성능인증을 받으려는 중소기업은 중소벤처기업부장관에게 성능인증을 신청하여야 한다. 다만, 제17조제1항제1호에 해당하여 성능인증이 취소된 자는 취소된 날부터 1년간 성능인증을 신청할 수 없다.(2017.7.26 본문개정)

③ 중소벤처기업부장관은 제2항에 따른 성능인증 신청을 받으면 제품의 성능 차별성 검증을 위한 적합성 심사, 공장에 대한 심사와 제품에 대한 성능검사를 하고, 성능인증 기준에 적합하면 성능인증을 하여야 한다.(2017.7.26 본항개정)

④ 중소벤처기업부장관은 제3항에 따른 성능인증을 받은 중소기업이 그 성능인증 제품이나 포장·용기 및 홍보물 등에 중소벤처기업부령으로 정하는 표지를 사용하게 할 수 있다.(2017.7.26 본항개정)

⑤ 제3항에 따른 성능인증을 받지 아니한 자는 제4항에 따른 표지를 사용하여서는 아니 된다.

⑥ 중소벤처기업부장관은 제품의 생산 조건이나 품질에 대한 심사를 주된 업무로 하는 법인이나 단체로서 중소벤처기업부장관의 지정을 받은 자(이하 "시험연구원"이라 한다) 또는 국가기관 소속 시험기관에게 제3항에 따른 공장에 대한 심사와 제품에 대한 성능검사를 대행하게 할 수 있다.(2017.7.26 본항개정)

⑦ 중소벤처기업부장관이나 시험연구원은 성능인증을 하는 경우에는 공장에 대한 심사, 제품에 대한 성능검사 및 성능인증의 유지·관리에 필요한 비용을 대통령령으로 정하는 바에 따라 징수할 수 있다.(2017.7.26 본항개정)

⑧ 성능인증의 절차, 성능인증 기준, 시험연구원의 지정기준과 지정 절차, 그 밖에 필요한 사항은 중소벤처기업부령으로 정한다.(2017.7.26 본항개정)

제16조【성능인증의 유효기간】 제15조제1항에 따른 성능인증의 유효기간은 성능인증을 받은 날부터 3년으로 한다. 다만, 중소벤처기업부장관은 제품 상용화 등을 위하여 필요하면 그 유효기간을 3년 내에서 연장할 수 있다.

(2017.7.26 단서개정)

제17조【성능인증의 취소 등】 ① 중소벤처기업부장관은 제15조에 따라 성능인증을 받은 중소기업(이하 이 조에서 "성능인증업체"라 한다)이 다음 각 호의 어느 하나에 해당하면 인증을 취소할 수 있다. 다만, 제1호에 해당하면 인증을 취소하여야 한다.(2017.7.26 본문개정)

1. 거짓이나 그 밖의 부정한 방법으로 성능인증을 받은 경우
2. 제15조제8항에 따른 성능인증 기준에 맞지 아니하게 된 경우

② 중소벤처기업부장관은 시험연구원이 다음 각 호의 어느 하나에 해당하는 경우에는 제15조제6항에 따른 지정을 취소하거나 6개월 내의 기간을 정하여 업무의 정지 또는 제한을 명할 수 있다. 다만, 제1호나 제2호에 해당하는 경우에는 그 지정을 취소하여야 한다.(2017.7.26 본문개정)

1. 거짓이나 그 밖의 부정한 방법으로 지정을 받은 경우
2. 업무정지 기간에 성능인증 업무를 한 경우
3. 제15조제8항에 따른 지정기준에 맞지 아니하게 된 경우
4. 정당한 사유 없이 성능인증 업무를 거부하거나 지연한 경우(2018.3.13 본호개정)

③ 중소벤처기업부장관은 제1항이나 제2항에 따른 처분을 하려면 성능인증업체나 시험연구원으로 하여금 지정된 일시 및 장소에 출석하여 의견을 진술하게 하거나 문서로 내도록 할 수 있다.(2017.7.26 본항개정)

④ 성능인증업체는 다음 각 호의 어느 하나에 해당하면 인증서의 재교부를 신청하여야 한다. 이 경우 제2호나 제3호의 어느 하나에 해당하면 제15조제3항에 따른 공장에 대한 심사 및 제품에 대한 성능검사를 할 수 있다.

(2011.3.30 후단개정)

1. 상호나 대표자가 변경된 경우
2. 제15조제3항에 따라 심사를 받은 공장을 이전한 경우
3. 영업의 양도, 양수, 합병의 경우
4. 인증서의 분실·훼손 등 중소벤처기업부장관이 필요하다고 인정하는 경우(2017.7.26 본호개정)

제18조【성능보험사업의 실시】 ① 다음 각 호의 어느 하나에 해당하는 자는 제14조제1항에 따른 제품의 구매 때문에 공공기관이 입은 손해를 담보하는 것을 목적으로 하는 사업(이하 "성능보험사업"이라 한다)을 할 수 있다.

1. 「보험업법」 제2조제2호에 따른 보험업을 영위하는 자(2020.12.8 본호개정)
2. 「무역보험법」 제37조에 따른 한국무역보험공사(2010.4.5 본호개정)
3. 그 밖에 다른 법령에 따라 보험사업을 할 수 있는 자

② 제1항에 따라 성능보험사업을 하는 자(이하 "성능보험사업자"라 한다)는 사업 운영에 필요하다고 인정하면 시험연구원 등 중소벤처기업부령으로 정하는 기관이나 단체에 필요한 자료의 제공을 요청할 수 있다. 이 경우 필요한 자료의 제공을 요청받은 기관이나 단체는 정당한 사유가 없으면 이에 따라야 한다.(2017.7.26 전단개정)

③ 제19조에 따라 정부가 성능보험사업을 하는 데에 드는 자금을 지원하는 경우 그 성능보험사업의 담보 범위는 대통령령으로 정하고, 운영에 관한 사항, 그 밖에 필요한 사항은 중소벤처기업부장관이 정하여 고시하여야 한다.

(2017.7.26 본항개정)

제19조【성능인증 및 성능보험사업 지원】 ① 정부는 중소기업자가 제15조제6항에 따라 시험연구원 또는 국가기관 소속 시험기관으로부터 공장에 대한 심사 또는 제품에 대한 성능검사를 받는 경우에 이에 소요되는 비용과 제18조에 따른 성능보험사업을 하는 데에 드는 비용을 예산의 범위에서 지원할 수 있다.

② 제1항에 따른 지원금의 지급절차, 사용 및 관리 등에 관하여 필요한 사항은 대통령령으로 정한다.

(2011.3.30 본조개정)

제20조【우선구매 대상 기술개발제품 등의 원가계산 지원】 ① 중소벤처기업부장관은 공공기관의 장이 중소기업 기술개발제품에 대하여 적정가격으로 구매할 수 있도록 지원하기 위하여 중소기업의 요청에 따라 우선구매 대상 기술개발제품의 원가계산 비용의 일부를 예산의 범위에서 지원할 수 있다.(2017.7.26 본항개정)

② 제1항에 따른 비용의 지원에 필요한 사항은 대통령령으로 정한다.

③ 중소벤처기업부장관은 우선구매 대상 기술개발제품의 원가계산 결과가 공공기관의 기술개발제품 구매에 반영될 수 있도록 필요한 조치를 할 수 있다.(2017.7.26 본항개정)

④ 공공기관의 장은 제1항에 따라 결정된 원가계산 결과를 예정가격 산정 시 활용할 수 있다.

通商情報

제3장의2 공공조달 상생협력 지원제도 운영
(2020.4.7 본장신설)

제20조의2【공공조달 상생협력 지원제도】 ① 중소벤처기업부장관은 중소기업자의 혁신역량 강화 및 소재·부품 산업 육성, 국내 생산 중소기업제품에 대한 공공구매 확대 등을 위하여 대기업 등이 중소기업자의 조달시장 납품을 지원하는 공공조달 상생협력 지원제도(이하 "상생협력 지원제도"라 한다)를 운영할 수 있다.
② 중소벤처기업부장관은 다음 각 호의 어느 하나에 해당하는 방식으로 상생협력을 하는 대기업 또는 중소기업자를 상생협력 지원제도의 지원 대상으로 선정하여 고시할 수 있다.
1. 납품에 필수적인 제조 시설 및 인력 등을 보유한 기업과의 상생협력
2. 중소기업제품의 소재·부품을 국산화하기 위하여 이를 직접 생산하는 기업과의 상생협력
3. 우수한 기술 및 시공 역량 등을 전수받기 위하여 이를 보유한 기업과의 상생협력
4. 그 밖에 중소기업자의 혁신 역량 강화 등을 위하여 지원이 필요하다고 대통령령으로 인정하는 상생협력
③ 중소벤처기업부장관은 다음 각 호의 어느 하나에 해당하는 경우에는 지원 대상 선정을 취소하고 5년간 상생협력 지원제도 참여를 금지하여야 한다.
1. 거짓이나 부정한 방법으로 상생협력 지원제도에 참여한 경우
2. 중소벤처기업부장관이 실시하는 상생협력 지원제도 수행 평가에 따라 상생협력이 실패 또는 중단으로 결정된 경우
3. 제2항에 따라 지원 대상으로 선정된 후 정당한 사유 없이 상생협력 지원제도 수행을 포기한 경우
4. 그 밖에 제2항에 따른 상생협력의 중대한 위반 행위로서 대통령령으로 정하는 경우
④ 상생협력 지원제도 지원 대상의 선정 기준 및 절차, 수행 평가에 필요한 사항은 대통령령으로 정한다.

제20조의3【상생협력 지원제도 활성화 지원】 ① 중소벤처기업부장관은 소재·부품 산업 육성 및 국내 생산 중소기업제품에 대한 공공구매 확대, 공공조달시장에서 특정 업체로의 편중 해소 등을 위하여 입찰 참여자격을 제20조의2제2항의 지원 대상으로 제한할 수 있는 제품과 전체 조달계약 대비 제한을 적용하는 비중을 정하여 고시할 수 있다.
② 중소벤처기업부장관 및 관계부처의 장은 제20조의2제2항에 따라 선정한 지원 대상에 대하여 공공조달계약 시 우대하는 등 관계 법령에 따른 지원을 할 수 있다.
③ 중소벤처기업부장관은 상생협력 지원제도 활성화를 위하여 관련 제품에 대한 공공구매 현황 및 국내 생산 업체 등에 대한 조사를 실시할 수 있다.
④ 중소벤처기업부장관은 상생협력 지원제도를 통한 소재·부품 산업 육성을 위하여 공공조달시장에 납품되는 제품 중 현황 조사가 필요한 제품과 그 제품의 주요 소재·부품을 지정하여 공고할 수 있고, 지정된 제품을 구매하는 공공기관은 해당 제품의 주요 소재·부품에 대한 원산지 및 생산 업체 등에 대한 정보를 납품 업체로부터 제공받아 중소벤처기업부장관에게 제출하여야 한다. 이 경우 납품 업체는 소재·부품에 관한 정보 제공에 협조하여야 한다.
⑤ 제1항부터 제4항까지의 규정에 따른 입찰 참여자격 제한 및 상생협력 지원제도 활성화에 필요한 사항은 대통령령으로 정한다.

제4장 구매 효율성의 제고 및 이행력 확보

제21조【공공구매지원관리자 지정 등】 ① 중소벤처기업부장관은 제5조제3항에 따른 구매계획의 이행 등 중소기업제품 구매를 촉진하고 공공기관의 효율적인 구매를 지원하기 위하여 소속 공무원 또는 공공기관의 장이 추천한 중소기업업무 관련 담당자 등을 공공구매지원관리자로 지정하여야 한다. 이 경우 공공구매지원관리자의 임무 및 요건은 대통령령으로 정한다.(2017.11.28 전단개정)
② 제1항에 따라 지정된 공공구매지원관리자는 해당 공공기관의 제품 발주계획 및 구매실적 등 중소기업제품 구매의 적정성을 검토하여 중소벤처기업부장관에게 보고하여야 하며, 중소벤처기업부장관은 해당 공공기관의 장에게 이에 대한 개선을 권고할 수 있다.(2017.7.26 본항개정)
③ 제2항에 따라 권고를 받은 공공기관의 장은 권고를 받은 날부터 입찰절차를 중지하고 15일 이내에 그 결과를 중소벤처기업부장관에게 통보하여야 한다.(2017.7.26 본항개정)
④ 중소벤처기업부장관은 제2항에 따른 권고를 할 때 그 실효성을 확보하기 위하여 필요한 경우 권고를 하는 날부터 1개월의 기간을 정하여 해당 입찰절차의 중지를 명할 수 있다. 다만, 입찰절차 중지 기간 중에 공공기관의 장이 권고를 이행한 경우 중소벤처기업부장관은 해당 입찰절차의 중지를 해제하여야 한다.(2017.7.26 본항개정)
⑤ 중소벤처기업부장관은 권고이행 여부에 대한 결과와 입찰절차 중지 명령에 대한 결과를 취합하여 제5조제3항에 따른 국무회의의 심의를 거쳐 이를 공고하고, 이를 국회에 제출하여야 한다.(2017.11.28 본항개정)
⑥ 중소벤처기업부장관은 공공기관의 중소기업제품 등의 구매실적과 상생협력 지원제도 활성화에 기여한 실적 등을 평가하여 공공구매 우수기관 및 공공구매 유공자, 관련 기업에 대한 포상 등 필요한 조치를 할 수 있다.(2020.4.7 본항개정)
⑦ 중소벤처기업부장관은 중소기업제품 구매비율이 제5조제1항 후단에서 정한 비율 이하인 공공기관에 대하여 그 사유를 조사하여 구매촉진을 위하여 필요한 조치를 할 수 있다.(2017.7.26 본항개정)
⑧ 중소벤처기업부장관은 공공기관의 중소기업제품 및 제20조의2제2항에 따른 상생협력을 통하여 생산한 것으로 중소벤처기업부장관이 인정한 제품 등의 구매실적을 다음 각 호의 평가에 반영하도록 해당 기관·단체의 장에게 요구할 수 있다.(2020.4.7 본문개정)
1. 「정부업무평가 기본법」 제14조제1항 및 제18조제1항에 따른 중앙행정기관 및 지방자치단체의 자체평가
2. 「공공기관의 운영에 관한 법률」 제48조제1항에 따른 공기업·준정부기관의 경영실적 평가
3. 「지방공기업법」 제78조제1항에 따른 지방공기업의 경영평가

(2016.1.6 본항신설)

제22조【하도급 중소기업의 보호】 제5조제1항에 따른 공공기관의 장은 대통령령으로 정하는 금액 이상의 제품을 제조·수리·시공하여 공공기관에 납품하거나 인도(이하 이 조에서 "납품"이라 한다)하는 계약을 체결한 사업자(이하 이 조에서 "원사업자"라 한다)가 납품계약의 전부 또는 일부를 중소기업자에게 위탁한 경우 원사업자가 다음 각 호의 어느 하나를 위반한 사실을 발견하면 관계 행정기관에 그 위반 사실을 통보하여야 한다.
1. 「하도급거래 공정화에 관한 법률」 제3조, 제4조부터 제12조까지, 제12조의2, 제12조의3, 제13조, 제13조의2, 제15조, 제16조, 제16조의2 및 제17조부터 제20조까지의 규정(2016.1.6 본호개정)
2. 「건설산업기본법」 제34조, 제36조부터 제38조까지의 규정
3. 「전기공사업법」 제12조제1항

제23조【중소기업자의 품질보장 등】 ① 중소기업자는 공공기관에 제품을 공급하는 경우에는 그 기관이 요구한 품질을 보장하여야 한다.
② 공공기관은 경쟁제품에 대하여 중소기업자가 제1항에 따른 제품의 품질보장 의무를 위반하거나 계약을 이행하지 아니하는 등 공공기관이 제시한 조건에 미치지 못하는 경우에는 1개월 이상 2년 이하의 기간을 정하여 그 공공기관과의 계약체결을 제한할 수 있다. 이 경우 중소벤처기업부장관에게 그 사실을 통보하여야 한다.
(2017.7.26 후단개정)

제24조【원자재 확보와 품질 향상을 위한 사업의 지원】 중소벤처기업부장관이나 조합을 관장하는 중앙행정기관의 장은 조합이 조합원의 원자재 확보, 품질 향상, 기술개발 및 판로 개척을 위하여 실시하는 사업을 지원하는 등 필요한 조치를 할 수 있다.(2017.7.26 본조개정)

제25조【중소기업자 등에 대한 정보의 제공】 ① 중소벤처기업부장관은 공공기관의 구매 효율을 높이기 위하여 중소기업자 여부 등 대통령령으로 정하는 관련 정보, 중소기업자의 제품의 생산·제공능력 및 계약실적 등에 대한 정보와 공공기관의 구매계획·발주 및 입찰과 낙찰 등에 대한 정보를 수집하여 공공기관과 중소기업자에게 제공하여야 한다.
② 중소벤처기업부장관은 제1항에 따른 정보의 수집과 제공을 위하여 중소기업제품 공공구매 종합정보망(이하 "구매정보망"이라 한다)을 구축·운영하여야 하며, 정보의 수집과 제공을 위하여 공공기관의 장과 「신용정보의 이용 및 보호에 관한 법률」 제2조제8호의2에 따른 개인사업자신용평가업 또는 제8호의3에 따른 기업신용조회업을 하는 신용정보회사 및 구매정보망에 등록하기를 희망하는 중소기업자에게 필요한 정보의 제공, 자체 보유 정보망과 구매정보망과의 연계·협조 등을 요청할 수 있다. 이 경우 중소벤처기업부장관의 요청을 받은 자는 개인정보의 보호, 정보 보안 등에 관련된 특별한 사정이 없으면 그 요청에 따라 정보를 제공하여야 한다.
(2020.2.4 본항개정)
(2017.7.26 본조개정)

제5장 중소기업 판로지원 등

제26조【판로지원사업】 ① 중소벤처기업부장관은 중소기업의 국내외 시장 개척과 판로 거점 확보를 지원하기 위하여 다음 각 호의 사업을 실시할 수 있다.(2017.7.26 본문개정)
1. 중소기업 제품의 국내 유통망 구축과 홍보·판매 또는 사후관리 지원에 관한 사업
2. 중소기업의 국내외 전시·박람회 개최 또는 참가 지원에 관한 사업
3. 국내외의 거래알선과 상품홍보를 위한 정보망 구축 및 운영에 관한 사업
4. 중소기업의 국내외 마케팅 능력 향상 지원에 관한 사업
5. 중소기업의 국외 조달 및 유통시장 진출지원에 관한 사업
6. 중소기업의 국외시장개척단의 파견과 국외진출거점 확보 지원에 관한 사업
7. 중소기업의 국외진출을 위한 통·번역 및 컨설팅 지원에 관한 사업
8. 그 밖에 중소기업의 무역진흥을 위한 기반 확충과 판로개척을 위하여 필요하다고 인정하는 사업

② 중소벤처기업부장관은 국내외 판로지원사업의 시행을 위하여 필요하다고 인정하면 대통령령으로 정하는 기관이나 단체에 대하여 그 사업을 위탁하거나 관련 자료와 정보 제공 및 국내외 시장조사 등의 협조를 요청할 수 있다.(2017.7.26 본항개정)
③ 중소벤처기업부장관은 제2항에 따라 사업을 위탁하는 경우에는 그 사업의 수행에 필요한 비용의 전부 또는 일부를 수탁기관에 지원할 수 있다.(2017.7.26 본항개정)
④ 중소벤처기업부장관은 중소기업의 경쟁력 강화를 위하여 필요하다고 인정하면 매년 특별시장·광역시장·특별자치시장·도지사 및 특별자치도지사(이하 "시·도지사"라 한다)와 공동으로 국내외 판로 개척을 위한 지원사업을 실시할 수 있다.(2022.12.27 본항개정)

제26조의2【중소기업제품전용판매장의 설치 등】 ① 중소벤처기업부장관은 중소기업제품의 판매촉진 및 판로확대를 위하여 중소기업제품전용판매장을 설치·운영할 수 있다.
② 중소벤처기업부장관은 제1항에 따라 중소기업제품전용판매장을 설치하는 경우 입지여건, 판매공간 등 중소벤처기업부령으로 정하는 기준에 해당하는 시설이나 공간을 보유한 공공기관에 대하여 필요한 시설이나 공간의 제공을 요청할 수 있으며, 요청을 받은 공공기관은 특별한 사유가 없으면 이에 협조하여야 한다.
③ 중소벤처기업부장관은 중소기업제품전용판매장의 설치 및 운영에 관한 업무를 「중소기업진흥에 관한 법률」 제69조에 따라 설립된 중소기업제품 판매회사나 대통령령으로 정하는 기관에 위탁할 수 있다.
④ 중소벤처기업부장관은 제3항에 따른 업무를 위탁받은 중소기업제품 판매회사나 기관에 대하여 중소기업제품전용판매장의 설치 및 운영에 필요한 자금 등을 지원할 수 있다.
⑤ 국가와 지방자치단체는 중소기업제품전용판매장에 입점한 중소기업자에 대하여 마케팅 활동에 드는 비용을 지원할 수 있다.(2020.12.8 본항신설)
(2017.7.26 본조개정)

제27조【중소기업 국외 판로지원계획의 수립·시행】 ① 중소벤처기업부장관은 매년 중앙행정기관, 지방자치단체 및 제26조제2항에 따른 기관이나 단체의 중소기업 국외 판로지원계획을 종합하여 공표하여야 한다.
② 중소벤처기업부장관은 제1항에 따른 기관 또는 단체에 중소기업의 국외 판로지원계획의 수립·제출을 요청할 수 있다. 이 경우 기관이나 단체의 장은 특별한 사유가 없는 경우에는 이에 따라야 한다.
③ (2017.7.26 삭제)
(2017.7.26 본조개정)

제28조【연계생산지원사업 등】 ① 중소벤처기업부장관은 중소기업제품의 생산과 판로개척을 지원하기 위하여 그 제조, 가공 또는 수리에 관한 수주·발주 정보를 수집하여 중소기업자에게 제공함으로써 중소기업자의 생산과 판로가 연계될 수 있도록 대통령령으로 정하는 바에 따라 필요한 조치를 하여야 한다.(2017.7.26 본항개정)
② 중소벤처기업부장관은 다수의 중소기업자가 판매 활동을 강화하기 위하여 공동상표를 도입하거나 이용하려는 경우에는 대통령령으로 정하는 기준 및 절차에 따라 다음 각 호의 사항을 지원할 수 있다.(2017.7.26 본문개정)
1. 공동상표 개발 비용
2. 공동상표 제품의 판매에 필요한 시설과 그 운영자금
3. 공동상표 제품의 품질 향상 및 디자인 개발
4. 공동상표 제품에 대한 판매와 수출
5. 공동상표 제품에 대한 홍보
6. 그 밖에 공동상표 제품의 판매 활동 강화에 필요한 사항

제29조【물류현대화사업 지원】 ① 중소벤처기업부장관은 제조업을 하는 중소기업자가 생산한 제품 및 원자재·부자재에 대한 유통시설을 조성, 설치 또는 개선하는 사업과 이에 딸린 사업 등 물류현대화사업을 추진하는 경우 이를 지원할 수 있다.(2017.7.26 본항개정)
② 제1항에 따른 물류현대화사업의 지원내용은 자금지원, 지도·연수 및 정보제공 등으로 한다.

제30조【수출중소기업 및 유망품목의 지정·지원】 ① 중소벤처기업부장관은 중소기업의 국외 판로 확대를 위하여 다음 각 호의 중소기업자 또는 품목을 지정하여 지원할 수 있다.(2017.7.26 본문개정)
1. 내수 위주의 중소기업자 중 수출을 준비하거나 추진하는 자로서 대통령령으로 정하는 기준에 해당하는 중소기업자
2. 수출을 영위하는 중소기업자 중 수출이 유망하거나 미래 성장가능성이 있는 자로서 대통령령으로 정하는 기준에 해당하는 중소기업자

3. 중소기업의 생산비중이 높은 품목 중 수출이 유망하거나 미래 성장가능성이 있는 품목으로서 대통령령으로 정하는 기준에 해당하는 품목
② 중소벤처기업부장관은 제1항제3호에 따라 지정된 품목을 주관하는 기관 또는 단체로 하여금 중소기업의 국외시장 공동 개척을 수행하도록 지원할 수 있다.
(2017.7.26 본항개정)
③ 제26조제2항에 따른 기관이나 단체는 제1항에 따라 지정된 중소기업자나 품목에 대하여 우선적으로 지원하여야 한다.
④ 중소벤처기업부장관은 제3항에 따른 지원내용과 실적의 제출을 요청할 수 있다. 이 경우 지원내용과 실적의 제출을 요청받은 기관이나 단체는 특별한 사유가 없는 경우에는 이에 따라야 한다.(2017.7.26 전단개정)
⑤ 제1항 각 호에 따라 지정된 중소기업자나 품목의 지정 및 지원절차 등에 관하여 필요한 사항은 중소벤처기업부장관이 정하여 고시한다.(2017.7.26 본항개정)
제31조【중소기업 수출입동향의 분석·공표】 ① 중소벤처기업부장관은 중소기업의 국외 판로 지원에 관한 정책을 수립하기 위하여 중소기업의 수출입동향을 분석·공표하여야 한다.
② 중소벤처기업부장관은 제1항에 따른 분석에 필요한 자료나 정보를 관세청 등 대통령령으로 정하는 기관이나 단체에 요청할 수 있으며, 이 경우 기관이나 단체의 장은 특별한 사유가 없는 경우에는 이에 따라야 한다.
③ 중소벤처기업부장관은 제1항에 따른 분석을 중소벤처기업부장관이 지정하는 기관이나 단체에 위탁할 수 있다.
(2017.7.26 본조개정)

제5장의2 중소 소모성 자재 납품업 지원
(2011.7.25 본장신설)

제31조의2【공공기관의 책무】 공공기관의 장은 소모성 자재를 구입할 때 대규모 자재구매대행업자와 중소 소모성 자재 납품업자 간에 경쟁이 있는 경우 중소 소모성 자재 납품업자와 우선 계약을 체결하여야 한다.
제31조의3【중소 소모성 자재 납품업 종합지원센터의 설치】 ① 중소벤처기업부장관은 중소 소모성 자재 납품업의 활동을 지원하기 위한 정보·상담 및 그 밖의 종합적인 서비스를 제공할 수 있는 중소 소모성 자재 납품업 종합지원센터(이하 "지원센터"라 한다)를 「중소기업진흥에 관한 법률」 제69조에 따라 설립된 판매회사 내에 설치한다.(2017.7.26 본항개정)
② 정부는 지원센터의 설치와 운영에 필요한 자금 등을 지원할 수 있다.
③ 중소 제조업체 또는 중소 소모성 자재 납품업자로부터 공급받아 납품하는 지원센터는 공공기관의 장이 제31조의2에 따라 소모성 자재 납품 계약을 체결함에 있어 중소 소모성 자재 납품업자로 본다.
제31조의4【실태조사】 ① 중소벤처기업부장관은 중소 소모성 자재 납품업자를 체계적으로 육성하기 위하여 중소 소모성 자재 납품업의 현황 및 실태에 관한 조사를 2년마다 실시하고, 그 결과를 공표할 수 있다.
② 중소벤처기업부장관은 제1항에 따른 실태조사를 하기 위하여 필요한 경우에는 중소 소모성 자재 납품업과 관련된 기관 또는 단체 등에 대하여 자료의 제출이나 의견의 진술을 요청할 수 있다. 이 경우 자료의 제출이나 의견의 진술을 요청받은 기관 또는 단체 등은 특별한 사유가 없으면 요청에 따라야 한다.
(2017.7.26 본조개정)

제6장 보 칙

제32조【보고와 검사 등】 ① 중소벤처기업부장관은 이 법을 시행하기 위하여 필요하다고 인정하면 다음 각 호의 어느 하나에 해당하는 자에게 필요한 자료의 제출 및 보고를 요구할 수 있으며, 소속 공무원으로 하여금 해당 사무소와 사업장 등에 출입하여 장부·서류나 사업추진과 관련된 물건을 검사하도록 할 수 있다.(2017.7.26 본문개정)
1. 제4조·제5조·제7조·제12조·제31조의2에 따른 공공기관의 장
2. 제9조에 따라 직접생산 확인을 받은 중소기업자
3. 제15조제1항에 따라 성능인증을 받은 중소기업자
4. 제15조제6항에 따른 시험연구원의 장 및 국가기관 소속 시험기관의 장
5. 제18조제2항에 따른 성능보험사업자
6. 제22조에 따른 원사업자
(2015.1.28 1호~6호신설)
7. 제26조제2항에 따라 중소벤처기업부장관이 국내외 판로지원사업을 위탁한 기관이나 단체의 장(2017.7.26 본호개정)
8. 제30조제2항에 따라 중소벤처기업부장관이 중소기업의 국외시장 공동 개척을 수행하도록 지원한 기관 또는 단체의 장(2017.7.26 본호개정)
9. 제31조의3제1항에 따른 중소 소모성 자재 납품업 종합지원센터의 장(2015.1.28 본호신설)
② 제1항에 따라 검사를 하는 공무원은 그 권한을 표시하는 증표를 지니고 이를 관계인에게 내보여야 한다.
(2015.1.28 본조제목개정)
제33조【특별법인 등의 중소기업 간주】 ① 「국가를 당사자로 하는 계약에 관한 법률」 제7조 단서 또는 다른 법률에 따라 국가와 수의계약의 방법으로 납품계약을 체결할 수 있는 자로서 다음 각 호의 법인이나 단체는 제4조부터 제12조까지, 제22조, 제23조 및 제25조를 적용하는 경우 중소기업자로 본다.(2016.1.27 본문개정)
1. 농업협동조합 등 특별법에 따라 설립된 법인
2. 「국가유공자 등 단체설립에 관한 법률」에 따라 설립된 단체 중 상이(傷痍)를 입은 자들로 구성된 단체
3. 「고엽제후유의증 등 환자지원 및 단체설립에 관한 법률」에 따라 설립된 단체(2016.1.27 본호신설)
4. 「민법」 제32조에 따라 설립된 사단법인 중 「장애인복지법」 제63조에 따른 장애인복지단체 또는 장애인을 위한 단체
5. 그 밖에 대통령령으로 정하는 법인이나 단체
② 「중소기업진흥에 관한 법률」 제69조에 따라 설립된 중소기업제품 판매회사는 공공기관의 장이 제5조에 따라 구매계획 및 구매실적을 작성함에 있어 중소기업자로 본다.(2011.3.30 본항신설)
제34조【권한의 위임·위탁】 ① 이 법에 따른 중소벤처기업부장관의 권한은 대통령령으로 정하는 바에 따라 그 일부를 소속 기관의 장 또는 시·도지사에게 위임하거나 다른 행정기관의 장에게 위탁할 수 있다.
② 제8조제2항, 제9조제4항, 제10조, 제11조, 제13조제2항, 제20조의2, 제20조의3, 제25조 및 제26조에 따른 중소벤처기업부장관의 업무의 일부는 대통령령으로 정하는 바에 따라 중앙회 또는 「중소기업진흥에 관한 법률」 제69조제1항에 따른 중소기업제품·벤처기업제품 판매회사에 위탁할 수 있다.(2020.4.7 본항개정)
③ 다음 각 호의 어느 하나에 해당하는 사람은 「형법」 제129조부터 제132조까지의 규정을 적용할 때에는 공무원으로 본다.
1. 제2항에 따라 위탁한 업무에 종사하는 중앙회 또는 중소기업제품·벤처기업제품 판매회사의 임원과 직원
2. 제14조의5에 따른 전담기관에서 기술개발제품 시범구매 등의 업무에 종사하는 임원과 직원
(2020.4.7 본항개정)
(2017.7.26 본조개정)

제7장 벌 칙

제35조【벌칙】 ① 다음 각 호의 어느 하나에 해당하는 자는 3년 이하의 징역 또는 3천만원 이하의 벌금에 처한다.(2016.1.27 본문개정)
1. 거짓이나 그 밖의 부정한 방법으로 제8조의2제1항제1호 및 제2호에 따른 중소기업자간 경쟁입찰 참여제한 대상에 해당하지 아니함을 중소벤처기업부장관으로부터 확인받은 자(2017.7.26 본호개정)
2. 거짓이나 그 밖의 부정한 방법으로 제15조제1항에 따른 성능인증을 받은 자(2016.1.27 본호신설)
② 제11조제2항제1호 및 제3호에 따른 직접생산확인증명서를 발급받은 자는 1년 이하의 징역 또는 1천만원 이하의 벌금에 처한다.(2014.3.18 본항신설)
③ 제15조제5항을 위반한 자는 500만원 이하의 벌금에 처한다.
제36조【양벌규정】 법인의 대표자나 법인 또는 개인의 대리인, 사용인, 그 밖의 종업원이 그 법인 또는 개인의 업무에 관하여 제35조의 위반행위를 하면 그 행위자를 벌하는 외에 그 법인 또는 개인에게도 해당 조문의 벌금형을 과(科)한다. 다만, 법인 또는 개인이 그 위반행위를 방지하기 위하여 해당 업무에 관하여 상당한 주의와 감독을 게을리하지 아니한 경우에는 그러하지 아니하다.
제37조【과태료】 ① 제32조에 따른 자료의 제출 또는 보고를 하지 아니하거나 거짓된 자료를 제출하거나 거짓으로 보고를 한 자 또는 검사를 거부·방해 또는 기피한 자에게는 300만원 이하의 과태료를 부과한다.(2015.1.28 본항개정)
② 제1항에 따른 과태료는 대통령령으로 정하는 바에 따라 중소벤처기업부장관이 부과·징수한다.(2017.7.26 본항개정)

부 칙 (2015.1.28)

제1조【시행일】 이 법은 공포한 날부터 시행한다. 다만, 제11조제2항제3호의 개정규정은 공포 후 3개월이 경과한 날부터 시행하고, 제7조제3항 및 제7조의2의 개정규정은 2015년 5월 28일부터 시행한다.
제2조【입찰공고에 관한 경과조치】 제7조의2의 개정규정 시행 당시 종전의 「소기업 및 소상공인 지원을 위한 특별조치법」 제8조의4에 따라 한 입찰공고는 제7조의2의 개정규정에 따른 입찰공고로 본다.

부 칙 (2016.1.6)

제1조【시행일】 이 법은 공포 후 6개월이 경과한 날부터 시행한다.
제2조【중견기업의 중소기업자간 경쟁입찰 참여 특례에 관한 적용례】 제8조의3의 개정규정은 이 법 시행 후 최초로 「중소기업기본법」 제2조제3항에서 정한 기간이 종료되는 기업부터 적용한다.
제3조【과징금에 관한 적용례】 제11조의2의 개정규정은 이 법 시행 후 최초로 거짓이나 그 밖의 부정한 방법으로 제8조의2제1항제1호 및 제2호에 따른 중소기업자간 경쟁입찰 참여제한 대상에 해당하지 아니함을 중소기업청장으로부터 확인받은 자 또는 제11조제2항제1호 및 제3호에 해당하여 직접생산 확인이 취소된 자부터 적용한다.

부 칙 (2016.1.27)

제1조【시행일】 이 법은 공포 후 3개월이 경과한 날부터 시행한다. 다만, 제33조제1항의 개정규정은 공포한 날부터 시행한다.
제2조【중소기업제품의 성능인증 신청 제한에 관한 적용례】 제15조제2항 단서의 개정규정은 이 법 시행 후 최초로 성능인증이 취소된 자부터 적용한다.

부 칙 (2017.7.26)

제1조【시행일】 ① 이 법은 공포한 날부터 시행한다. 다만, 제4조제3항 및 제13조제3항의 개정규정은 2017년 9월 22일부터 시행한다.(이하 생략)

부 칙 (2017.11.28)

이 법은 공포 후 3개월이 경과한 날부터 시행한다.

부 칙 (2018.3.13)

제1조【시행일】 이 법은 공포한 날부터 시행한다.
제2조【시험연구원의 지정취소 등에 관한 적용례】 제17조의 개정규정은 이 법 시행 후 최초로 시험연구원에 성능인증을 신청한 경우부터 적용한다.

부 칙 (2020.2.4 법16954호)

제1조【시행일】 이 법은 공포 후 1년이 경과한 날부터 시행한다.(이하 생략)

부 칙 (2020.2.4 법16957호)

제1조【시행일】 이 법은 공포 후 6개월이 경과한 날부터 시행한다.(이하 생략)

부 칙 (2020.4.7)
(2020.12.8 법17629호)

이 법은 공포 후 6개월이 경과한 날부터 시행한다.

부 칙 (2020.12.8 법17636호)

제1조【시행일】 이 법은 공포 후 6개월이 경과한 날부터 시행한다.(이하 생략)

부 칙 (2020.12.29)

제1조【시행일】 이 법은 공포 후 1년이 경과한 날부터 시행한다.(이하 생략)

부 칙 (2021.12.28)

제1조【시행일】 이 법은 공포 후 6개월이 경과한 날부터 시행한다.(이하 생략)

부 칙 (2022.12.27)
(2023.10.31)

이 법은 공포한 날부터 시행한다.

중소기업 기술혁신 촉진법

(약칭 : 중소기업기술혁신법)

(2001년 5월 24일 법 률 제6482호)

개정
2004. 9.23법 7219호(과학기술분야정부출연연구기관등의설립·운영및육성에관한법)
2005.12.23법 7753호
2006. 4.28법 7949호(산업기술혁신촉진법)
2007. 4.11법 8361호(중소기업진흥)
2007. 4.27법 8387호(통계법)
2007. 8. 3법 8604호
2008. 2.29법 8852호(정부조직)
2009. 1.30법 9378호
2009. 5.21법 9685호(중소기업판로지원)
2010. 3.31법10220호(지방세특례제한법)
2011. 4.14법10597호 2012.12.11법11538호
2013. 3.23법11690호(정부조직)
2013. 3.23법11713호(과학기술기본법)
2013. 8. 6법12006호 2015. 1.28법13093호
2015. 5.18법13315호 2016. 1.27법13863호
2017. 3.21법14683호
2017. 7.26법14839호(정부조직)
2018. 1.16법15344호(과학기술기본법)
2018.12.11법15924호
2018.12.31법16172호(중소기업진흥에관한법)
2019. 1. 8법16218호 2019.12.10.법16816호
2020.12. 8법17627호
2021. 4.20법18075호(연구산업진흥법)
2021. 4.20법18108호
2021. 8.17법18425호(국민평생직업능력개발법)
2021.12.28법18661호(중소기업창업)
2022. 1. 4법18706호 2023. 6.20법19506호
2023.10.31법19825호(행정기관소속위원회정비를위한일부개정법령등)
2024. 1. 9법19990호(벤처기업육성에관한특별법)→2024년 7월 10일 시행
2024. 1. 9법19994호

제1장 총 칙
(2011.4.14 본장개정)

제1조【목적】 이 법은 중소기업의 기술혁신을 촉진하기 위한 기반을 확충하고 관련 시책을 수립·추진함으로써 중소기업의 기술경쟁력을 강화하여 국가경제 발전에 이바지함을 목적으로 한다.

제2조【정의】 이 법에서 사용하는 용어의 뜻은 다음과 같다.
1. "중소기업"이란 「중소기업기본법」 제2조에 따른 중소기업을 말한다.
2. "중소기업자"란 중소기업을 경영하는 자를 말한다. 이 경우 중소기업자는 「중소기업창업 지원법」 제2조제2호에 따른 창업을 준비 중인 자를 포함한다.(2021.12.28 후단개정)
3. "기술혁신"이란 새로운 기술의 개발, 활용 중인 기술의 중요한 부분의 개선 또는 외부로부터 기술의 도입을 통하여 기업경영 개선 및 생산성을 높이고, 그 성과물을 거래하거나 사업화함으로써 새로운 부가가치를 창출하여 나가는 일련의 과정을 말한다.(2021.4.20 본호개정)

3의2. "기술혁신형 중소기업"이란 기술혁신활동을 통하여 기술경쟁력의 확보가 가능하거나 미래 성장가능성이 있는 중소기업으로서 제15조에 따라 중소벤처기업부장관이 선정한 기업을 말한다.(2017.7.26 본호개정)

3의3. "기술혁신 성과물"이란 기술혁신의 과정에서 얻어지거나 결과로 도출되는 제품(시제품 및 시작품을 포함한다), 연구장비 및 시설 등 유형적 성과와 기술데이터, 지식재산권, 연구보고서의 판권 등 무형적 성과를 말한다.(2021.4.20 본호신설)

3의4. "사업화"란 기술을 이용하여 제품을 개발·생산 또는 판매하거나 그 과정에서 관련 기술을 향상시키는 것을 말한다.(2021.4.20 본호신설)

3의5. "중소기업 기술거래"란 중소기업이 기술수요자 또는 기술공급자로 참여하는 경우로서 기술의 양도, 실시권 허락, 기술지도, 공동연구, 합작투자 또는 인수·합병 등의 방법으로 기술이 기술보유자(해당 기술을 처분할 권한이 있는 자를 포함한다)로부터 그 외의 자에게 이전되는 것을 말한다.(2021.4.20 본호신설)

4. "경영혁신"이란 기업의 경쟁력을 높이기 위하여 업무수행 방식, 조직구조 및 영업활동 등에서 새로운 경영기법을 개발하거나 경영기법의 중요한 부분을 개선하는 것을 말한다.(2022.1.4 본호신설)

4의2. "경영혁신형 중소기업"이란 경영혁신 활동을 통하여 경쟁력의 확보가 가능하거나 미래 성장가능성이 있는 중소기업으로서 제15조의3에 따라 중소벤처기업부장관이 선정한 기업을 말한다.(2022.1.4 본호신설)

5. "공공기관"이란 「중소기업제품 구매촉진 및 판로지원에 관한 법률」 제2조제2호에 따른 공공기관을 말한다.

제3조【정부 등의 책무】 ① 정부는 중소기업의 기술혁신을 촉진하기 위하여 필요한 시책을 수립·시행하여야 한다.
② 지방자치단체는 제1항에 따른 시책에 따라 관할구역의 특성을 고려하여 해당 구역 중소기업의 기술혁신을 촉진하기 위한 시책을 수립·시행할 수 있다.
③ 공공연구기관은 중소기업의 기술혁신을 촉진하기 위하여 적극 노력하여야 한다.

제4조【다른 법률과의 관계】 중소기업의 기술혁신 촉진에 관하여 다른 법률에 특별한 규정이 있는 것을 제외하고는 이 법에서 정하는 바에 따른다.

제2장 중소기업 기술혁신 촉진계획의 수립 및 추진
(2011.4.14 본장개정)

제5조【중소기업 기술혁신 촉진계획의 수립】 ① 중소벤처기업부장관은 중소기업의 기술혁신을 촉진하기 위하여 「과학기술기본법」 제7조에 따른 과학기술기본계획에 따라 중소기업 기술혁신 촉진계획(이하 "촉진계획"이라 한다)을 5년 단위로 수립하여야 한다.(2021.4.20 본항개정)
② 촉진계획에는 다음 각 호의 사항이 포함되어야 한다.
1. 중소기업의 기술혁신 촉진을 위한 정책목표 및 기본방향에 관한 사항
2. 기술혁신 과제의 사업타당성 조사 등 기술혁신 촉진을 위한 제도개선에 관한 사항
3. 중소기업 기술혁신 성과의 보호 및 사업화 촉진에 관한 사항
4. 기술혁신 촉진을 위한 중소기업 간 협력, 산학협력 등에 관한 사항
5. 중소기업의 기술인력 양성·활용 및 교육에 관한 사항
6. 기술평가 및 기술금융지원에 관한 사항
7. 제13조에 따른 중소기업 기술혁신 지원계획의 수립 등에 관한 사항
8. 「수도권정비계획법」 제2조제1호의 수도권을 제외한 지역(이하 "비수도권 지역"이라 한다) 중소기업의 기술혁신 활동현황 및 제도개선에 관한 사항(2021.4.20 본호신설)
9. 그 밖에 중소기업의 기술혁신을 촉진하기 위하여 필요한 사항
③ 중소벤처기업부장관이 촉진계획을 수립할 때에는 「국가과학기술자문회의법」에 따른 국가과학기술자문회의의 심의를 거쳐야 한다.(2018.1.16 본항개정)
④ 중소벤처기업부장관은 촉진계획을 수립하기 위하여 제13조에 따라 기술혁신 지원사업을 시행하는 중앙행정기관(이하 "관계중앙행정기관"이라 한다)의 장, 특별시장·광역시장·특별자치시장·도지사 또는 특별자치도지사(이하 "시·도지사"라 한다) 및 중소기업 기술지원 관련 기관 또는 단체의 장에게 관련 자료의 제공을 요청할 수 있다.(2022.1.4 본항개정)
⑤ 촉진계획의 수립 및 추진에 필요한 사항은 대통령령으로 정한다.

제6조 (2023.10.31 삭제)

제7조【중소기업 기술진흥 전문기관의 지정 등】 ① 중소벤처기업부장관은 제9조에 따른 기술혁신 촉진 지원사업을 효율적으로 지원하기 위하여 전문인력 및 조사·연구 능력 등 대통령령으로 정하는 기준을 갖춘 기관을 중소기업 기술진흥 전문기관(이하 "기술진흥전문기관"이라 한다)으로 지정할 수 있다.(2019.12.10 본항개정)
② 기술진흥전문기관은 다음 각 호의 사업을 한다.
1. 중소기업의 기술혁신을 촉진하기 위한 수요조사 및 연구·기획
2. 제9조에 따른 기술혁신 촉진 지원사업의 평가·관리
3. 제29조에 따라 중소벤처기업부장관으로부터 위탁받은 기술료의 징수 등(2017.7.26 본호개정)
③ 중소벤처기업부장관은 기술진흥전문기관이 제2항에 따른 업무를 수행하는 데에 필요한 경비를 예산의 범위에서 출연할 수 있다.(2017.7.26 본항개정)
④ 중소벤처기업부장관은 기술진흥전문기관이 다음 각 호의 어느 하나에 해당하는 경우에는 그 지정을 취소하거나 6개월 이내의 기간을 정하여 업무의 전부 또는 일부의 정지를 명할 수 있다. 다만, 제1호에 해당하면 그 지정을 취소하여야 한다.
1. 거짓이나 그 밖의 부정한 방법으로 지정을 받은 경우
2. 제1항에 따른 지정기준에 적합하지 아니하게 된 경우
(2019.12.10 본항신설)
⑤ 중소벤처기업부장관은 제4항에 따라 기술진흥전문기관의 지정을 취소하거나 업무의 정지를 명하려는 경우에는 청문을 하여야 한다.(2019.12.10 본항신설)
⑥ 기술진흥전문기관의 지정·운영·지정취소 및 업무정지 등에 필요한 사항은 대통령령으로 정한다.
(2019.12.10 본항개정)
(2019.12.10 본조제목개정)

제8조【중소기업 기술통계의 작성】 ① 중소벤처기업부장관은 촉진계획을 효율적으로 수립·추진하기 위하여 중소기업 기술통계(이하 "기술통계"라 한다)를 작성하여야 한다.(2017.7.26 본항개정)
② 기술통계에는 다음 각 호의 사항이 포함되어야 한다.
1. 중소기업의 기술경쟁력 및 기술수준
2. 중소기업의 애로기술 및 기술 관련 취약요인
3. 국내외 기술동향 분석
4. 중소기업 기술인력 실태
5. 시험·검사 장비 실태
6. 그 밖에 촉진계획을 수립하기 위하여 필요한 사항
③ 기술통계 작성에 관하여는 「통계법」을 준용한다.
④ 중소벤처기업부장관은 「통계법」 제37조에서 정하는 범위에서 대통령령으로 정하는 바에 따라 기술통계 작성에 관한 권한의 일부를 「중소기업협동조합법」에 따른 중소기업중앙회와 기술진흥전문기관의 장에게 위탁할 수 있다.(2017.7.26 본항개정)
⑤ 기술통계 작성 대상의 범위와 조사 대상 등에 관하여 필요한 사항은 대통령령으로 정한다.

제8조의2【기술혁신형 중소기업 실태조사 및 통계조사】 ① 중소벤처기업부장관은 촉진계획의 수립·시행 및 기술혁신형 중소기업의 발굴·육성을 효율적으로 추진하기 위하여 기술혁신형 중소기업의 활동현황, 자금, 인력, 경영, 성장 장애요인 및 정부지원 활용 현황 등에 관한 실태조사를 매년 정기적으로 실시하고, 기술혁신형 중소기업에 관한 통계자료를 조사·작성·분석 및 관리할 수 있다. 이 경우 통계자료의 작성 및 관리에 관하여 이 법에서 정한 것을 제외하고는 「통계법」을 준용한다.
(2017.7.26 전단개정)
② 중소벤처기업부장관은 제1항에 따른 실태조사 및 통계조사를 위하여 필요한 때에는 중앙행정기관의 장, 지방자치단체의 장 또는 공공기관의 장에게 관련 자료를 요청할 수 있다. 이 경우 자료를 요청받은 중앙행정기관의 장 등은 특별한 사유가 없으면 그 요청에 따라야 한다.
(2017.7.26 전단개정)
③ 제1항에 따른 실태조사 및 통계조사의 방법 및 절차 등에 필요한 사항은 대통령령으로 정한다.
(2015.1.28 본조신설)

제3장 중소기업 기술혁신 촉진을 위한 지원사업
(2011.4.14 본장개정)

제9조【중소기업의 기술혁신 촉진 지원사업】 ① 중소벤처기업부장관은 중소기업의 기술혁신을 촉진하기 위하여 다음 각 호의 지원사업(이하 "기술혁신 촉진 지원사업"이라 한다)을 추진하여야 한다.(2017.7.26 본문개정)
1. 기술혁신에 필요한 자금지원
2. 기술혁신 과제의 사업타당성 조사
3. 수요와 연계된 기술혁신의 지원
4. 기술혁신 성과의 사업화
5. 기술혁신을 위한 경영 및 기술 지도
6. 기술혁신형 중소기업 육성
7. 산업·안전 등에 관한 해외규격 획득 및 품질향상에 대한 지원
8. 중소기업 정보화 지원사업
9. 산·학·연 공동기술개발사업 등 산학협력 지원사업
10. 기술융합 촉진을 위한 지원사업(2013.8.6 본호신설)
11. 지역특화산업의 육성 및 지역산업의 혁신에 필요한 기술개발 지원사업(2021.4.20 본호신설)
12. 그 밖에 기술혁신을 촉진하기 위하여 필요한 사항
② 중소벤처기업부장관은 기술혁신 촉진 지원사업을 추진하는 데에 필요하다고 인정하는 경우에는 미리 관계중앙행정기관의 장과 협의하여야 한다.(2017.7.26 본항개정)

제10조【기술혁신 중소기업자에 대한 출연】 ① 중소벤처기업부장관은 중소기업의 기술혁신을 촉진하기 위하여 필요하다고 인정하는 경우 기술혁신능력을 보유한 중소기업자가 단독으로 또는 공동으로 수행하는 기술혁신사업에 출연할 수 있다.(2017.7.26 본항개정)
② 제1항에 따른 출연금의 지급·사용·관리 등에 필요한 사항은 대통령령으로 정한다.

제10조의2【기술혁신 촉진 지원사업에 대한 평가】 ① 중소벤처기업부장관은 기술혁신 촉진 지원사업의 투자효율성 제고 및 성과의 활용 촉진을 위하여 기술혁신 촉진 지원사업에 대한 평가를 실시하여야 한다.
② 제1항에 따른 평가에는 기술혁신 촉진 지원사업의 성과 검증 및 실패사유 분석이 포함되어야 한다.
③ 중소벤처기업부장관은 제2항에 따른 기술혁신 촉진 지원사업의 성과 검증 및 실패사유 분석 등을 위하여 필요한 경우에는 현장방문조사를 실시할 수 있다. 이 경우 기술혁신 촉진 지원사업을 수행하거나 참여한 기관, 단체 또는 기업의 장은 현장방문조사에 성실히 응하여야 한다.
④ 제1항에 따른 평가의 지표, 대상 및 절차 등에 관하여 필요한 사항은 대통령령으로 정한다.
(2020.12.8 본조신설)

제11조【산·학·연 공동기술혁신 수행기관 등에 대한 출연】 ① 중소벤처기업부장관은 중소기업의 기술혁신 등을 촉진하기 위하여 다음 각 호의 학교·기관 또는 단체가 중소기업자와 공동으로 수행하는 산학협력 지원사업과 중소기업에 대하여 실시하는 기술지도사업에 출연할 수 있다.(2017.7.26 본문개정)
1. 「고등교육법」에 따른 대학·산업대학·전문대학 또는 기술대학
2. 「국민 평생 직업능력 개발법」에 따른 기능대학
(2021.8.17 본호개정)
3. 「특정연구기관 육성법」의 적용을 받는 특정연구기관
4. 「과학기술분야 정부출연연구기관 등의 설립·운영 및 육성에 관한 법률」 제8조에 따른 연구기관
5. 국립 및 공립 연구기관
6. 「중소기업진흥에 관한 법률」 제68조에 따른 중소벤처기업진흥공단(2018.12.31 본호개정)
7. 그 밖에 기술혁신 등을 촉진하기 위하여 필요하다고 인정하여 중소벤처기업부장관이 지정하는 법인 또는 단체(2017.7.26 본호개정)

② 제1항에 따른 출연금의 지급·사용·관리 등에 필요한 사항은 대통령령으로 정한다.
③ 제1항 각 호에 따른 학교·기관 또는 단체는 중소기업 지원을 전담하는 조직인 중소기업산학연협력센터(이하 "협력센터"라 한다)를 설치·운영할 수 있다.(2023.6.20 본항신설)
④ 협력센터의 설치·운영, 그 밖에 필요한 사항은 대통령령으로 정한다.(2023.6.20 본항신설)
제11조의2【중소기업 지원 선도연구기관의 지정 등】 ① 중소벤처기업부장관은 중소기업의 산학연 공동기술혁신을 효율적으로 지원하기 위하여 관계 중앙행정기관의 장과 협의하여 다음 각 호의 어느 하나에 해당하는 기관을 중소기업 지원 선도연구기관(이하 "선도연구기관"이라 한다)으로 지정할 수 있다.
1. 「과학기술분야 정부출연연구기관 등의 설립·운영 및 육성에 관한 법률」 제8조제1항에 따라 설립된 연구기관
2. 「산업기술혁신 촉진법」 제42조에 따라 설립된 전문생산기술연구소
② 선도연구기관 지정의 유효기간은 지정받은 날부터 5년으로 한다.
③ 중소벤처기업부장관은 선도연구기관이 다음 각 호의 업무를 수행하는 데 드는 비용의 전부 또는 일부를 지원할 수 있다.
1. 중소기업과의 공동기술개발
2. 중소기업에 대한 기술이전
3. 제1호 및 제2호의 업무에 연계한 사업화 지원
4. 제1호 및 제2호의 업무를 촉진하기 위한 상담, 자문, 교류지원 등 중소벤처기업부장관이 필요하다고 인정하는 사항
④ 중소벤처기업부장관은 선도연구기관에 다음 각 호의 어느 하나에 해당하는 사유가 있다고 인정될 때에는 그 지정을 취소할 수 있다. 다만, 제1호에 해당하는 경우에는 그 지정을 취소하여야 한다.
1. 거짓이나 그 밖의 부정한 방법으로 지정을 받은 경우
2. 지정기준에 미달하게 된 경우
3. 정당한 사유 없이 1년 이상 사업실적이 없는 경우
⑤ 선도연구기관의 지정 기준 및 절차에 관하여 필요한 사항은 대통령령으로 정한다.
(2019.1.8 본조신설)
제11조의3【중소기업의 국제기술협력 지원】 ① 중소벤처기업부장관은 중소기업과 국제기구 또는 외국의 정부·기업·대학·연구기관 및 단체 등과의 기술협력을 촉진하기 위하여 다음 각 호의 사업을 추진할 수 있다.
(2017.7.26 본문개정)
1. 중소기업의 국제기술협력을 위한 조사
2. 기술도입 및 기술교류
3. 국제 전시회 또는 학술회의의 개최
4. 중소기업과 외국의 대학·연구기관 및 단체 등 간의 공동기술개발
5. 그 밖에 중소기업의 국제기술협력을 촉진하기 위하여 필요한 사업으로서 대통령령으로 정하는 사업
② 중소벤처기업부장관은 제1항에 따른 사업을 전문적으로 시행할 기관을 지정하고 업무수행에 필요한 비용의 일부를 출연할 수 있다.(2017.7.26 본항개정)
제12조【기술혁신 과제의 사업타당성 조사】 ① 중소벤처기업부장관은 중소기업의 기술혁신을 촉진하고 성공가능성을 높이기 위하여 중소기업의 기술혁신 과제에 대한 사업타당성 조사를 할 수 있다.(2017.7.26 본항개정)
② 중소벤처기업부장관은 제1항에 따라 사업타당성 조사를 실시하는 기관 또는 단체에 그 사업에 드는 비용을 출연할 수 있다.(2017.7.26 본항개정)
③ 제1항에 따른 사업타당성 조사의 실시기관 선정, 조사 분야, 조사 대상 등과 제2항에 따른 출연금의 지급·사용·관리 등에 관하여 필요한 사항은 대통령령으로 정한다.
제13조【중소기업 기술혁신 지원계획의 수립 등】 ① 중앙행정기관 및 「공공기관의 운영에 관한 법률」에 따른 공공기관으로서 직전 3개 연도 평균 연구개발예산이 300억원 이상인 기관(이하 "시행기관"이라 한다)의 장은 매년 중소기업의 기술혁신을 지원하기 위한 계획(이하 "기술혁신 지원계획"이라 한다)을 수립·시행하여야 한다.
(2015.1.28 본항개정)
② 시행기관의 장은 기술혁신 지원계획에 따라 기술혁신사업을 수행하는 중소기업을 선정하여 해당 기술혁신사업에 드는 비용의 전부 또는 일부에 대하여 출연, 보조 또는 계약 등의 방식으로 지원할 수 있다. 이 경우 제15조에 따른 기술혁신형 중소기업 및 「벤처기업육성에 관한 특별법」 제2조에 따른 벤처기업에 우선적으로 지원할 수 있다.(2024.1.9 후단개정)
③ 중소벤처기업부장관은 시행기관의 장에게 해당 기관이 추진하는 연구개발사업의 특성, 직전 3개 연도 지원실적 등을 고려하여 해당 기관 연구개발예산의 일정 비율 이상을 중소기업의 기술혁신을 위하여 지원하도록 요청할 수 있다. 이 경우 지원요청을 받은 시행기관의 장은 특별한 사유가 없으면 이에 따라야 한다.(2017.7.26 전단개정)
④ 시행기관의 장은 매년 2월 말일까지 해당 연도의 기술혁신 지원계획과 전년도의 기술혁신 지원실적을 중소벤처기업부장관에게 통보하여야 한다.(2017.7.26 본항개정)
⑤ 중소벤처기업부장관은 제4항의 기술혁신 지원계획 및 지원실적을 종합하여 「국가과학기술자문회의법」에 따른 국가과학기술자문회의와 「정부조직법」 제12조에 따른 국무회의에 보고하고 이를 국회 소관 상임위원회에 제출하여야 한다.(2023.10.31 본항개정)
⑥ 제1항에 따른 기술혁신 지원계획의 수립·시행, 연구개발예산의 산정과 제3항에 따른 지원비율 등에 관하여 필요한 사항은 대통령령으로 정한다.(2015.1.28 본항개정)
제13조의2【중소기업 기술혁신 지원단】 ① 중소벤처기업부장관은 기술혁신 지원계획의 원활한 수립·시행을 지원하기 위하여 중소기업 기술혁신 지원단(이하 "지원단"이라 한다)을 설치·운영할 수 있다.(2017.7.26 본항개정)
② 지원단은 다음 각 호의 업무를 수행한다.
1. 시행기관의 기술혁신 지원계획의 사전검토에 관한 업무
2. 기술혁신 지원계획 수립·운영의 개선에 관한 업무
3. 기술혁신 지원계획과 관련한 전문적인 조사·연구·평가에 관한 업무
4. 제13조제3항에 따른 시행기관의 중소기업 기술개발예산 지원비율의 산정 및 지원실적의 확인에 관한 업무
5. 제13조의3제1항에 따른 실태조사 및 이행점검의 지원에 관한 업무
6. 그 밖에 기술혁신 지원계획의 수립·시행을 지원하기 위하여 필요한 업무
③ 중소벤처기업부장관은 지원단의 원활한 업무수행을 위하여 필요하면 시행기관의 장 또는 기술진흥전문기관의 장에게 소속 공무원 또는 임직원의 파견을 요청할 수 있다.(2017.7.26 본항개정)
④ 중소벤처기업부장관은 지원단의 운영에 드는 경비의 전부 또는 일부를 예산의 범위에서 지원할 수 있다.
(2017.7.26 본항개정)
⑤ 제1항부터 제4항까지에서 규정한 사항 외에 지원단의 구성 및 운영에 필요한 사항은 대통령령으로 정한다.
제13조의3【이행 여부의 점검 등】 ① 중소벤처기업부장관은 기술혁신 지원계획의 실효성 향상을 위하여 제13조에 따라 시행기관이 실시하는 기술혁신 지원사업에 관하여 실태조사를 하거나 기술혁신 지원계획의 이행 여부에 대한 점검을 할 수 있다. 이 경우 중소벤처기업부장관은 소속 공무원에게 시행기관의 기술혁신 지원계획과 관련한 자료를 확인하게 할 수 있다.
② 중소벤처기업부장관은 제1항에 따른 실태조사 또는 이행점검 결과 개선이 필요하다고 인정하는 사항에 대하여는 해당 시행기관의 장에게 개선을 권고할 수 있다.
③ 제2항에 따라 개선 권고를 받은 시행기관의 장은 특별한 사유가 없으면 권고에 따라야 하고, 권고를 받은 날부터 1개월 이내에 그 결과를 중소벤처기업부장관에게 통보하여야 한다. 이 경우 권고를 받은 시행기관의 장은 중소벤처기업부장관의 권고를 이행할 수 없을 때에는 그 사유를 중소벤처기업부장관에게 통보하여야 한다.
(2017.7.26 본조개정)
제14조【기술혁신 성과의 사업화 지원】 ① 중소벤처기업부장관은 기술혁신 성과 등을 사업화하는 중소기업자에게 다음 각 호의 지원을 할 수 있다.(2021.4.20 본문개정)
1. 시험제품 제작·설비투자에 드는 자금의 지원
2. 제품 성능검사를 위한 시험·분석 지원
3. 중소기업이 대학·연구기관 등으로부터 이전받는 기술의 실용화 지원
4. 그 밖에 기술혁신 성과의 사업화를 촉진하기 위하여 필요한 사항
② 제1항에 따라 지원을 받으려는 중소기업자는 중소벤처기업부장관에게 신청하여야 한다.(2017.7.26 본항개정)
③ 제1항 및 제2항에 따른 지원·신청 절차 등에 관하여 필요한 사항은 중소벤처기업부령으로 정한다.(2017.7.26 본항개정)
제15조【기술혁신형 중소기업 발굴·육성】 ① 중소벤처기업부장관은 기술혁신형 중소기업을 발굴·육성하기 위하여 필요한 사업(이하 "기술혁신형 중소기업 육성사업"이라 한다)을 추진할 수 있다. 이 경우 중소벤처기업부장관은 비수도권 지역의 기술혁신형 중소기업을 발굴·육성하기 위하여 노력하여야 한다.(2021.4.20 후단신설)
② 중소벤처기업부장관은 기술혁신형 중소기업 육성사업을 지원하기 위하여 필요한 경우에는 공공기관에 지원을 요청할 수 있다. 이 경우 지원을 요청받은 공공기관의 장은 특별한 사유가 없으면 지원을 위한 대책을 마련하여야 한다.(2017.7.26 전단개정)
③ 중소벤처기업부장관은 기술혁신형 중소기업 육성사업을 추진하는 기관 또는 단체에 필요한 비용의 전부 또는 일부를 출연할 수 있다.(2017.7.26 본항개정)
④ 중소벤처기업부장관은 기술혁신형 중소기업으로 선정받으려는 기업에게 평가 등에 소요되는 비용을 부담하게 할 수 있다. 이 경우 비용의 산정 및 납부에 필요한 사항은 중소벤처기업부장관이 정하여 고시한다.(2021.4.20 본항신설)
⑤ 기술혁신형 중소기업의 선정·지원 절차 등에 관하여 필요한 사항은 대통령령으로 정한다.
제15조의2【기술혁신형 중소기업 합병절차 등의 특례】 주식회사인 기술혁신형 중소기업의 합병절차, 영업양수, 소규모합병, 간이합병, 간이영업양도에 관하여는 「벤처기업육성에 관한 특별법」 제15조의3, 제15조의8, 제15조의9, 제15조의10, 제15조의11을 각각 준용한다. 이 경우 "벤처기업"은 "기술혁신형 중소기업"으로 본다.
(2024.1.9 전단개정)
제15조의3【중소기업의 경영혁신 촉진 지원사업】 ① 중소벤처기업부장관은 중소기업의 경영혁신을 촉진하기 위하여 다음 각 호의 지원사업(이하 "경영혁신 촉진 지원사업"이라 한다)을 추진할 수 있다.
1. 경영혁신형 중소기업 발굴·육성
2. 중소기업 경영혁신 관련 금융지원
3. 중소기업 경영혁신 관련 홍보
4. 그 밖에 경영혁신을 촉진하기 위하여 필요한 사항
② 중소벤처기업부장관은 경영혁신 촉진 지원사업을 추진하는 데에 필요하다고 인정하는 경우에는 미리 관계중앙행정기관의 장과 협의하여야 한다.
③ 제1항의 사업에 관하여는 제8조의2 및 제15조제2항부터 제5항까지의 규정을 준용한다.
(2022.1.4 본조개정)
제16조【경영 및 기술 지도】 중소벤처기업부장관이 중소기업의 기술경쟁력을 강화하기 위하여 실시하는 경영 및 기술 지도에 관한 사항은 「중소기업진흥에 관한 법률」에서 정하는 바에 따른다.(2017.7.26 본조개정)
제17조【해외규격 획득 및 품질향상 지원】 ① 중소벤처기업부장관은 중소기업의 기술혁신을 촉진하기 위하여 외국의 산업·안전 등에 관한 규격의 획득을 지원하는 다음 각 호의 사업(이하 "해외규격 획득 지원사업"이라 한다)을 추진할 수 있다.(2017.7.26 본문개정)
1. 해외규격 획득에 필요한 상담 지원사업
2. 해외규격의 확보·보급
3. 해외규격 획득에 필요한 전문인력 양성사업
② 중소벤처기업부장관은 중소기업제품의 품질향상을 위하여 다음 각 호의 사업(이하 "품질향상사업"이라 한다)을 추진할 수 있다.(2017.7.26 본문개정)
1. 중소기업제품의 품질 불량률 관리
2. 품질향상을 위하여 필요한 전문인력 양성사업
③ 중소벤처기업부장관은 해외규격 획득 지원사업 및 품질향상사업을 추진하기 위하여 필요하다고 인정하는 경우에는 제29조제2항에 따른 기관 또는 단체에 필요한 출연 또는 보조 등을 할 수 있다.(2017.7.26 본항개정)
④ 해외규격 획득 지원사업 및 품질향상사업의 수행기관 선정·지원 등에 필요한 사항은 대통령령으로 정한다.
제17조의2 (2017.3.21 삭제)
제17조의3【중소기업의 생산환경 개선 및 생산성 향상을 위한 지원】 ① 중소벤처기업부장관은 중소기업의 생산환경을 개선하여 중소기업으로의 인력 유입을 촉진하고 생산성 향상을 도모하기 위하여 다음 각 호의 사업을 추진할 수 있다.(2017.7.26 본문개정)
1. 생산환경 개선을 위한 실태조사
2. 생산환경 개선을 위한 설비 또는 장비의 개발
3. 쾌적한 작업환경의 조성을 위한 시설투자의 지원
4. 생산성 향상을 위한 생산 공정의 진단·설계·개선 및 신공정 개발
5. 그 밖에 중소벤처기업부장관이 생산환경을 개선하고 생산성을 향상시키기 위하여 필요하다고 인정하는 사업(2017.7.26 본호개정)
② 중소벤처기업부장관은 제1항에 따른 사업을 추진하기 위하여 필요하다고 인정할 때에는 대학·연구기관·공공기관 및 중소기업 등에 사용되는 비용의 일부를 출연할 수 있다.(2017.7.26 본항개정)
제18조【중소기업 정보화 지원사업】 ① 중소벤처기업부장관은 중소기업의 정보화에 필요한 중소기업 정보화의 기반조성과 정보기술의 보급·확산에 관한 지원사업을 추진할 수 있다.(2017.7.26 본항개정)
② 중소벤처기업부장관은 제1항에 따른 사업을 효율적으로 추진하기 위하여 필요하다고 인정할 때에는 대학·연구기관·공공기관·민간단체 및 중소기업 등에 사용되는 비용을 출연할 수 있다.(2017.7.26 본항개정)
③ 제1항에 따른 중소기업 정보화의 기반조성과 정보기술의 보급·확산 지원사업에 관하여 필요한 사항은 대통령령으로 정한다.
제19조【중소기업 통합정보화경영체제 지원사업】 ① 중소벤처기업부장관은 중소기업의 통합정보화경영체제를 촉진할 수 있도록 다음 각 호의 사업(이하 "통합정보화경영체제 지원사업"이라 한다)을 추진할 수 있다.(2017.7.26 본문개정)
1. 정보화 표준모델의 개발·보급 및 표준모델과의 부합화 지원사업
2. 중소기업 통합정보화경영체제에 필요한 상담 지원사업
3. 중소기업 통합정보화경영체제를 위한 전문인력 양성사업
② 통합정보화경영체제 지원사업을 추진하는 기관의 지정·지원 등에 필요한 사항은 대통령령으로 정한다.
③ 중소벤처기업부장관은 통합정보화경영체제 지원사업을 추진하는 기관에 필요한 비용을 출연할 수 있다.
(2017.7.26 본항개정)
제19조의2【기술혁신 성과물의 보호】 ① 중소벤처기업부장관은 중소기업의 기술혁신 성과물의 보호를 위한 보안기술의 보급·확산 및 기반조성에 필요한 지원 사업을 추진할 수 있다.(2017.7.26 본항개정)

② 중소벤처기업부장관은 제1항에 따른 사업을 추진하기 위하여 필요하다고 인정할 때에는 대학·연구기관·공공기관·민간단체 및 중소기업 등에 비용을 출연 또는 보조할 수 있다.(2017.7.26 본항개정)
③ 제1항에 따른 사업의 지원방법 및 지원절차 등에 필요한 사항은 대통령령으로 정한다.
(2012.12.11 본조신설)

제20조【중소기업기술정보진흥원】 ① 중소기업의 기술혁신 및 정보화경영을 효율적으로 촉진하기 위하여 중소기업기술정보진흥원(이하 "기술정보진흥원"이라 한다)을 둔다.
② 기술정보진흥원은 중소기업자·개인 또는 단체가 출연하여 설립한다.
③ 기술정보진흥원은 법인으로 하며, 주된 사무소의 소재지에서 설립등기를 함으로써 성립한다.
④ 기술정보진흥원은 다음 각 호의 사업을 한다.
1. 중소기업 기술혁신 기반조성
1의2. 중소기업 기술혁신을 위한 정책연구 및 중장기 기획(2012.12.11 본호신설)
2. 중소기업 기술혁신사업의 수요 발굴 및 조사·분석
3. 중소기업 정보화 촉진 관련 정보기술의 보급 및 평가
4. 정보화경영 표준모델의 개발·보급·확산 및 표준모델과의 부합화 지원
5. 중소기업 정보화 기반조성 및 수준평가
6. 중소기업 기술혁신 및 정보화경영에 관한 교육 및 전문인력의 양성
7. 그 밖에 관계중앙행정기관의 장이 위탁하는 사업
⑤ 정부는 기술정보진흥원의 설립·운영에 필요한 경비를 예산의 범위에서 출연할 수 있으며, 중앙행정기관의 장 및 지방자치단체의 장은 제4항 각 호의 사업을 기술정보진흥원으로 하여금 수행하게 할 수 있고 그에 드는 비용의 전부 또는 일부를 출연 또는 보조할 수 있다.
(2012.12.11 본항신설)
⑥ 공공기관·중소기업자·개인 또는 단체는 제4항 각 호의 사업 수행에 필요한 경비를 지원할 수 있다.
⑦ 기술정보진흥원에 관하여 이 법에서 규정한 것을 제외하고는 「민법」 중 재단법인에 관한 규정을 준용한다.
⑧ 기술정보진흥원이 아닌 자는 중소기업기술정보진흥원 또는 이와 비슷한 명칭을 사용하지 못한다.(2024.1.9 본항신설)

제4장 중소기업 기술혁신 촉진 기반확충 및 우대조치
(2011.4.14 본장개정)

제21조【중소기업 기술인력 양성 및 공급】 ① 중소벤처기업부장관은 중소기업의 기술인력과 정보화인력(이하 "중소기업 기술인력"이라 한다) 양성 및 공급을 위하여 다음 각 호의 사업을 추진할 수 있다.
1. 중소기업 기술인력 현황 및 실태 파악을 위한 사업
2. 산·학 협력을 통한 중소기업 기술인력의 양성 및 활용 지원 사업
3. 대기업·공공기관 등의 시설·인력 및 교육프로그램 등을 활용한 중소기업 기술인력 양성·공급 사업
4. 지방자치단체·교육기관 등과의 협력을 통한 지역 중소기업특성에 맞는 중소기업 기술인력 양성·공급 사업
5. 여성 및 장애인 중소기업 기술인력의 양성 및 활용 지원 사업
6. 재직 중소기업 기술인력의 재교육 사업
7. 퇴직 중소기업 기술인력의 중소기업 활용 지원 사업
8. 그 밖에 중소기업 기술인력 양성·공급을 위하여 대통령령으로 정하는 사항
② 중소벤처기업부장관은 제1항 각 호에 따른 사업을 추진하는 지방자치단체에 필요한 비용을 지원하거나, 공공기관·대학 등에 필요한 비용을 출연할 수 있다.
③ 제1항 각 호에 따른 사업을 추진하는 기관의 선정 기준·절차 등에 관하여 필요한 사항은 대통령령으로 정한다.
(2019.1.8 본조개정)

제21조의2【중소기업 연구인력 지원】 ① 중소벤처기업부장관은 중소기업의 기술혁신을 촉진하기 위하여 다음 각 호의 연구기관이 중소기업에 소속 연구인력을 파견하는 연구인력지원사업을 할 수 있다.
1. 「과학기술분야 정부출연연구기관 등의 설립·운영 및 육성에 관한 법률」 제8조제1항에 따라 설립된 연구기관
2. 「산업기술혁신 촉진법」 제42조에 따라 설립된 전문생산기술연구소
3. 그 밖에 중소기업의 기술혁신을 촉진하기 위하여 중소벤처기업부장관이 필요하다고 인정하는 기술 관련 전문연구기관
② 중소벤처기업부장관은 중소기업의 기술혁신 촉진을 위하여 「기초연구진흥 및 기술개발지원에 관한 법률」 제14조의2에 따른 기업부설연구소 또는 연구개발전담부서를 갖춘 중소기업에서 필요한 연구인력을 채용할 수 있도록 연구인력채용지원사업을 할 수 있다.
③ 중소벤처기업부장관은 제1항 및 제2항에 따른 사업에 필요한 자금을 지원할 수 있다.
④ 제1항 및 제2항에 따른 사업의 지원 방법·대상·절차 및 기간에 관한 사항과 제3항에 따른 사업에 필요한 자금의 지원 방법 및 기준에 관한 사항은 대통령령으로 정한다.
(2019.1.8 본조신설)

제22조【중소기업 기술지원 정보의 제공】 ① 중소벤처기업부장관은 중소기업 관련 기술을 소개·보급하고, 각종 중소기업 기술지원 정보를 전산화하여 중소기업이 효율적으로 이용할 수 있도록 필요한 사업을 추진할 수 있다.
② 중소벤처기업부장관은 제1항에 따른 정보의 전산화를 위하여 필요한 중소기업 기술지원의 종류, 규모, 신청 절차 등 관련 정보의 제공을 관계 기관의 장에게 요청할 수 있다.
③ 관계중앙행정기관의 장 및 시·도지사는 중소기업의 기술지원을 위하여 필요한 경우 중소벤처기업부장관에게 제1항 및 제2항에 따라 구축된 정보의 제공을 요청할 수 있다.
(2017.7.26 본조개정)

제23조【중소기업 기술혁신 관련 홍보】 ① 정부는 중소기업 기술혁신의 중요성에 대한 사회적 분위기를 조성하기 위하여 다음 각 호의 홍보사업을 할 수 있다.
1. 중소기업의 우수한 혁신기술의 성과에 대한 전시·홍보
2. 우수한 혁신기술을 보유한 중소기업 및 유공자에 대한 포상
3. 중소기업의 기술혁신 세미나, 기술혁신에 대한 사례 발표회
4. 그 밖에 중소벤처기업부장관이 필요하다고 인정하여 공고하는 사업(2017.7.26 본호개정)
② 제1항에 따른 홍보사업의 방법·절차 등에 관하여 필요한 사항은 중소벤처기업부령으로 정한다.(2017.7.26 본항개정)

제24조【중소기업 기술연구회 지원】 ① 중소벤처기업부장관은 중소기업의 기술혁신을 촉진하기 위하여 중소기업이 대학·연구소, 연구조합, 업종별 단체 또는 연구산업을 경영하는 중소기업자 등과 중소기업 기술연구회(이하 "기술연구회"라 한다)를 구성하여 공동연구를 수행하는 데에 필요한 지원을 할 수 있다.(2021.4.20 본항개정)
② 기술연구회를 구성하려는 중소기업은 중소벤처기업부장관에게 등록하여야 한다.
③ 기술연구회의 구성·등록 및 지원 등에 필요한 사항은 중소벤처기업부령으로 정한다.
(2017.7.26 본조개정)

제24조의2【중소기업 기술혁신 소그룹 지원】 ① 중소벤처기업부장관은 중소기업의 기술혁신을 촉진하기 위하여 중소기업이 교수, 연구원 등 전문가와 공동으로 기술혁신에 관한 자발적 연구조직인 기술혁신 소그룹을 결성·운영하는 데에 필요한 지원을 할 수 있다.
② 제1항에 따른 기술혁신 소그룹의 지원 절차 및 방법 등에 관하여 필요한 사항은 중소벤처기업부령으로 정한다.
(2017.7.26 본조개정)

제25조【시험·분석 지원】 ① 중소벤처기업부장관은 중소기업의 기술혁신 및 제품인증 등을 위한 시험·분석에 필요한 지원을 할 수 있다.(2017.7.26 본항개정)
② 제1항에 따른 시험·분석의 지원기관 및 지원 절차와 지원 방법 등에 관하여 필요한 사항은 대통령령으로 정한다.

제25조의2【연구시설·장비의 공동 활용 지원】 ① 중소벤처기업부장관은 중소기업의 기술혁신을 촉진하기 위하여 대학·연구기관·공공기관 등이 보유한 연구시설·장비에 대한 이용알선 및 활용사업을 추진할 수 있다.
② 중소벤처기업부장관은 제1항에 따른 사업을 추진하기 위하여 필요하다고 인정할 때에는 대학·연구기관·공공기관 및 중소기업 등에 사용되는 비용의 일부를 출연할 수 있다.
(2017.7.26 본조개정)

제26조 (2009.1.30 삭제)

제27조【금융 및 세제 지원 등】 ① 정부와 지방자치단체는 중소기업자의 기술혁신과 정보화 지원 관련 자금공급을 원활히 하기 위하여 재정 지원, 신용보증 지원 등 필요한 시책을 실시할 수 있다.
② 정부와 지방자치단체는 중소기업자의 기술혁신과 정보화를 지원하기 위하여 필요한 경우 「조세특례제한법」, 「지방세특례제한법」 등 조세 관계 법률에서 정하는 바에 따라 세제 지원을 할 수 있다.
(2015.1.28 본조개정)

제5장 중소기업 기술거래 활성화 지원 등
(2021.4.20 본장신설)

제27조의2【중소기업 기술거래·사업화 촉진 등】 ① 중소벤처기업부장관은 중소기업 기술거래 및 사업화를 촉진하기 위하여 다음 각 호의 사업을 추진할 수 있다.
1. 중소기업 기술거래를 위한 알선 및 중개
2. 중소기업 기술거래정보·기술평가정보의 수집·분석·유통 및 제공
3. 중소기업 기술거래 및 사업화 촉진을 위한 정보망의 구축·운영 및 관리. 이 경우 「기술의 이전 및 사업화 촉진에 관한 법률」 제7조에 따라 구축·운영되는 정보망과의 연계를 위하여 산업통상자원부장관과 협의하여야 한다.
4. 중소기업 기술거래 및 사업화 촉진을 위한 기술신탁관리에 관한 사업
5. 기술의 매입 및 기술에 대한 투자
6. 중소기업 기술거래를 위한 수요발굴 및 조사·분석
7. 중소기업 기술거래 관련 연구개발 지원
8. 중소기업 기술거래 및 사업화 촉진과 관련하여 중앙행정기관의 장 및 지방자치단체의 장이 위탁하는 사업
9. 그 밖에 중소기업 기술거래 및 사업화 촉진을 위하여 필요한 사업으로서 중소벤처기업부장관이 정하는 사업
② 중소벤처기업부장관은 「기술보증기금법」 제12조에 따른 기술보증기금(이하 "기술보증기금"이라 한다)으로 하여금 제1항 각 호의 사업을 수행하게 할 수 있다.
③ 기술보증기금은 제1항 각 호의 사업 수행과 관련하여 기술평가, 기술거래의 중개 등의 업무를 수행할 때 수수료를 받을 수 있다.
④ 제1항 각 호의 사업 추진에 필요한 사항 및 제3항에 따른 수수료에 관한 사항은 대통령령으로 정한다.

제27조의3【계정의 설치 및 재원】 ① 중소벤처기업부장관은 중소기업의 기술혁신을 촉진하기 위하여 기술보증기금에 중소기업 기술혁신 계정(이하 "계정"이라 한다)을 설치하고 이의 운용 및 관리를 위탁할 수 있다.
② 다음 각 호의 어느 하나에 해당하는 자는 제27조의2제1항 각 호의 사업 추진에 필요한 비용의 전부 또는 일부를 계정에 출연하거나 지원할 수 있다.
1. 중앙행정기관 및 지방자치단체
2. 「공공기관의 운영에 관한 법률」에 따른 공공기관으로서 대통령령으로 정하는 기관
3. 그 밖에 제27조의2제1항 각 호의 사업과 관련된 기업 또는 단체 등
③ 그 밖에 계정의 수입·지출 및 운용과 회계·결산 등에 필요한 사항은 대통령령으로 정한다.

제6장 보 칙
(2011.4.14 본장개정)

제28조【기술료의 징수 및 사용】 ① 중소벤처기업부장관은 제10조제1항에 따른 기술혁신사업이나 제11조제1항에 따른 산학협력 지원사업이 완료된 경우에는 출연한 금액의 100분의 50 이내의 범위에서 사업자로부터 기술료를 징수할 수 있다.(2017.7.26 본항개정)
② 중소벤처기업부장관은 제1항에 따른 기술료를 이 법에 따라 출연하는 기술혁신 촉진 지원사업에 사용하여야 한다.(2017.7.26 본항개정)
③ 중소벤처기업부장관은 제10조제1항에 따른 기술혁신사업이나 제11조제1항에 따른 산학협력 지원사업의 성과로 나온 지식재산권이 해당 중소기업에 귀속되지 아니하는 경우 등 대통령령으로 정하는 사유에 해당하는 경우에는 기술료를 면제할 수 있다.(2017.7.26 본항개정)
④ 중소벤처기업부장관은 제10조제1항에 따른 기술혁신사업이나 제11조제1항에 따른 산학협력 지원사업을 수행한 자가 기술료를 한꺼번에 내거나 조기에 상환하는 경우 등 대통령령으로 정하는 사유에 해당하는 경우에는 기술료 중 일정 금액을 감면할 수 있다.(2017.7.26 본항개정)
⑤ 제1항부터 제4항까지에서 규정한 사항 외에 기술료의 징수·면제 및 감면 등에 필요한 사항은 대통령령으로 정한다.

제29조【업무의 위탁】 ① 중소벤처기업부장관은 이 법에 따른 업무의 일부를 대통령령으로 정하는 바에 따라 기술진흥전문기관의 장에게 위탁할 수 있다.(2019.12.10 본항개정)
② 중소벤처기업부장관은 대통령령으로 정하는 바에 따라 기관 또는 단체에 이 법에 따른 사업의 일부를 위탁할 수 있다.
(2019.12.10 본조제목개정)
(2017.7.26 본조개정)

제30조【벌칙 적용 시의 공무원 의제】 제13조의2제3항에 따라 시행기관인 공공기관 및 기술진흥전문기관으로부터 지원단에 파견된 임직원, 제29조제1항에 따라 위탁받은 업무를 수행하는 기술진흥전문기관의 장 및 그 소속 직원, 같은 조 제2항에 따라 위탁받은 업무를 수행하는 기관 또는 단체의 장 및 그 소속 직원은 「형법」 제129조부터 제132조까지의 규정을 적용할 때에는 각각 공무원으로 본다.(2023.10.31 본조개정)

제31조【기술혁신 촉진 지원사업에의 참여 제한 등】 ① 중소벤처기업부장관은 제10조제1항에 따른 기술혁신사업 및 제11조제1항에 따른 산학협력 지원사업에 참여한 중소기업자·학교·기관·단체 또는 그 소속 임직원이나 소속 외의 연구책임자·연구원이 다음 각 호의 어느 하나에 해당하는 경우에는 5년(동일한 참여제한 사유로 「과학기술기본법」 제11조에 따른 국가연구개발사업 과제에서 참여를 제한받은 자에 대하여는 10년) 이내의 범위에서 기술혁신 촉진 지원사업에의 참여를 제한할 수 있으며, 관계중앙행정기관의 장에게 참여 제한 사실을 통보할 수 있다. 다만, 제1호에 해당하는 경우로서 연구개발을 성실하게 수행한 사실이 인정되는 경우에는 참여 제한기간을 감면할 수 있다.(2017.7.26 본문개정)
1. 연구개발의 결과가 극히 불량하여 중소벤처기업부장관이 실시하는 평가에 따라 실패한 사업 또는 중단사업으로 결정된 경우(2017.7.26 본호개정)

2. 정당한 절차 없이 연구개발 내용을 누설하거나 유출한 경우
3. 정당한 사유 없이 연구개발 과제의 수행을 포기한 경우
4. 출연금을 사용용도 외의 용도에 사용하였거나 사용명세를 거짓으로 보고한 경우
5. 정당한 사유 없이 연구개발 결과물인 지식재산권을 소속 임직원 또는 소속 외의 연구책임자·연구원의 명의로 출원하거나 등록한 경우(2012.12.11 본호개정)
6. 연구개발 자료나 결과를 위조 또는 변조하거나 표절하는 등의 연구부정행위를 한 경우
7. 정당한 사유 없이 기술료를 내지 아니하거나 납부를 게을리한 경우
7의2. 정당한 사유 없이 제32조에 따른 사업비 환수금을 납부하지 아니한 경우(2017.3.21 본호신설)
8. 거짓이나 그 밖의 부정한 방법으로 연구개발에 참여하거나 수행한 경우(2012.12.11 본호신설)
9. 그 밖에 제10조제1항에 따른 기술혁신사업 및 제11조제1항에 따른 산학협력 지원사업에 관하여 중소벤처기업부장관이 해당 사업을 수행하는 자와 체결한 협약을 위반한 경우로서 대통령령으로 정하는 경우(2017.7.26 본호개정)

② 중소벤처기업부장관은 출연금을 연구개발비의 연구용도 외의 용도로 사용하는 행위가 있을 때에는 해당 중소기업자·학교·기관·단체 또는 그 소속 임직원이나 소속 외의 연구책임자·연구원에 대하여 그 연구용도 외의 용도로 사용한 금액의 5배 이내의 범위에서 제재부가금을 부과·징수할 수 있다.(2017.7.26 본항개정)

③ 중소벤처기업부장관은 제2항에 따라 제재부가금 부과처분을 받은 자가 제재부가금을 기한 내에 납부하지 아니하면 국세 체납처분의 예에 따라 징수한다.(2017.7.26 본항개정)

④ 제1항 단서에 따른 연구개발을 성실하게 수행한 사실의 인정 및 참여 제한기간의 감면에 관한 기준, 같은 항 제1호에 따른 연구개발 결과의 평가기준, 평가절차, 같은 항 각 호의 참여 제한 사유별 참여 제한기간의 구체적 기준 및 제2항의 제재부가금을 부과하는 위반행위의 종류·정도 등에 따른 제재부가금의 금액 등에 필요한 사항은 대통령령으로 정한다.(2017.3.21 본항개정)

제32조【출연금의 환수】 ① 중소벤처기업부장관은 제10조제1항에 따른 기술혁신사업 및 제11조제1항에 따른 산학협력 지원사업에 참여한 중소기업자·학교·기관·단체 또는 그 소속 임직원이나 소속 외의 연구책임자·연구원이 제31조제1항 각 호의 어느 하나에 해당하는 경우에는 이미 출연한 사업비의 전부 또는 일부를 환수할 수 있다. 다만, 제31조제1항제1호에 해당하는 경우로서 연구개발을 성실하게 수행한 사실이 인정되는 경우에는 이 조에 따른 사업비 환수액을 감면할 수 있다.(2017.7.26 본문개정)

② 중소벤처기업부장관은 제1항에 따른 사업비 환수 처분을 받은 자가 환수금을 기한 내에 납부하지 아니하면 기한을 정하여 독촉을 하고, 그 지정된 기간에도 납부하지 아니하면 국세 체납처분의 예에 따라 징수할 수 있다.(2017.7.26 본항개정)

③ 제1항 본문에 따른 환수 기준 및 절차, 같은 항 단서에 따른 연구개발을 성실하게 수행한 사실의 인정 및 사업비 환수액의 감면에 관한 기준 등에 관하여 필요한 사항은 대통령령으로 정한다.
(2017.3.21 본조개정)

제7장 벌 칙

(2024.1.9 본장신설)

제33조【과태료】 ① 제20조제8항을 위반하여 중소기업기술정보진흥원 또는 이와 비슷한 명칭을 사용한 자에게는 100만원 이하의 과태료를 부과한다.

② 제1항에 따른 과태료는 대통령령으로 정하는 바에 따라 중소벤처기업부장관이 부과·징수한다.

부 칙 (2015.1.28)

제1조【시행일】 이 법은 공포 후 3개월이 경과한 날부터 시행한다. 다만, 제13조제1항 및 제6항의 개정규정은 공포 후 6개월이 경과한 날부터 시행한다.

제2조【합병절차 등에 관한 적용례】 제15조의2의 개정규정은 이 법 시행 후 합병 또는 영업 양도·양수에 관한 계약서를 작성하는 경우부터 적용한다.

제3조【다른 법률의 개정】 ※(해당 법령에 가제정리 하였음)

부 칙 (2017.3.21)

제1조【시행일】 이 법은 공포 후 6개월이 경과한 날부터 시행한다.

제2조【기술혁신 촉진 지원사업의 참여 제한 등에 관한 적용례】 제31조의 개정규정은 이 법 시행 후 최초로 협약을 체결하는 기술혁신사업 및 산학협력 지원사업부터 적용한다.

제3조【중소기업제품의 품질 불량률에 따른 품질인증의 폐지에 관한 경과조치】 이 법 시행 당시 종전의 규정에 따라 품질인증을 받았거나 품질인증을 신청한 중소기업에 대해서는 제17조의2의 개정규정에도 불구하고 종전의 규정에 따른다.

부 칙 (2019.1.8)

제1조【시행일】 이 법은 공포 후 6개월이 경과한 날부터 시행한다.

제2조【중소기업에 대한 연구인력 지원에 관한 경과조치】 이 법 시행 당시 종전의 「산업기술혁신 촉진법」 제34조의2에 따른 중소기업에 대한 연구인력 지원은 이 법에 따른 중소기업 연구인력 지원으로 본다.

제3조【다른 법률의 개정】 ※(해당 법령에 가제정리 하였음)

부 칙 (2019.12.10)

제1조【시행일】 이 법은 공포 후 6개월이 경과한 날부터 시행한다.

제2조【청문에 관한 적용례】 제7조제5항의 개정규정은 이 법 시행 후 최초로 기술진흥전문기관의 지정을 취소하거나 업무 정지를 명하는 경우부터 적용한다.

제3조【기술진흥전문기관에 대한 경과조치】 이 법 시행 당시 종전의 규정에 따라 지정된 기술진흥전문기관은 제7조제1항의 개정규정에 따른 기술진흥전문기관으로 지정받은 것으로 본다. 다만, 이 법 시행일부터 6개월 이내에 제7조제1항의 개정규정에 따른 지정기준을 갖추어야 한다.

부 칙 (2020.12.8)

이 법은 공포 후 6개월이 경과한 날부터 시행한다.

부 칙 (2021.4.20 법18075호)

제1조【시행일】 이 법은 공포 후 6개월이 경과한 날부터 시행한다.(이하 생략)

부 칙 (2021.4.20 법18108호)

이 법은 공포 후 6개월이 경과한 날부터 시행한다.

부 칙 (2021.8.17)
(2021.12.28)

제1조【시행일】 이 법은 공포 후 6개월이 경과한 날부터 시행한다.(이하 생략)

부 칙 (2022.1.4)

이 법은 공포한 날부터 시행한다.

부 칙 (2023.6.20)

이 법은 공포 후 6개월이 경과한 날부터 시행한다.

부 칙 (2023.10.31)

제1조【시행일】 이 법은 공포 후 6개월이 경과한 날부터 시행한다.

제2조【「중소기업 기술혁신 촉진법」의 개정에 관한 경과조치】 이 법 시행 전의 행위에 대하여 벌칙을 적용할 때 종전의 「중소기업 기술혁신 촉진법」 제6조에 따른 중소기업 기술혁신 추진위원회 위원 중 공무원이 아닌 위원의 공무원 의제에 관하여는 같은 법 제30조의 개정규정에도 불구하고 종전의 규정에 따른다.

부 칙 (2024.1.9 법19990호)

제1조【시행일】 이 법은 공포 후 6개월이 경과한 날부터 시행한다.(이하 생략)

부 칙 (2024.1.9 법19994호)

이 법은 공포한 날부터 시행한다.

(舊 : 소기업 및 소상공인 지원을 위한 특별조치법)

소상공인 보호 및 지원에 관한 법률(약칭 : 소상공인법)

(2015년 1월 28일 전부개정법률 제13086호)

개정
2016. 1.27법13850호
2016. 3.29법14122호(기술보증기금법)
2016.12. 2법14364호
2017. 7.26법14839호(정부조직)
2018. 6.12법15687호(소상공인생계형적합업종지정에관한특별법)
2018.12.11법15921호
2018.12.31법16101호(부가세)
2018.12.31법16170호 2019. 8.20법16523호
2019.11.26법16652호(자산관리)
2020. 2. 4법16954호(소상공인기본법)
2020. 2.11법17000호 2020.12. 8법17624호
2020.12.22법17653호(부가세)
2021. 1.26법17912호 2021. 4.20법18105호
2021. 7. 7법18292호 2023. 1. 3법19180호
2023. 3.28법19318호
2024. 1. 9법19991호→2024년 1월 9일 및 2024년 7월 10일 시행
2024. 1.16법20053호→2024년 7월 17일 시행

제1장 총 칙

제1조【목적】 이 법은 소상공인의 자유로운 기업 활동을 촉진하고 경영안정과 성장을 도모하여 소상공인의 사회적·경제적 지위 향상과 국민경제의 균형 있는 발전에 이바지함을 목적으로 한다.

제2조【정의】 이 법에서 사용하는 용어의 뜻은 다음과 같다.(2024.1.16 본문개정)
1. "소상공인"이란 「소상공인기본법」 제2조에 따른 소상공인을 말한다.
2. "백년소상공인"이란 장기간 사업을 운영하면서 사회에 기여한 바가 크고, 축적한 경험을 바탕으로 지속적인 성장이 기대되는 소상공인으로서 제16조의 요건을 갖추고, 제16조의2에 따라 지정된 소상공인을 말한다.
3. "사업승계"란 소상공인이 대통령령으로 정하는 바에 따라 동일성을 유지하면서 양도, 합병, 상속을 통하여 그 소상공인의 영업상의 권리·의무를 다른 자에게 포괄적으로 이전하는 것을 말한다.

(2024.1.16 1호~3호신설)

제3조~제4조 (2020.2.4 삭제)

제5조【다른 법률과의 관계】 소상공인의 보호 및 지원에 관하여 다른 법률에 특별한 규정이 있는 경우를 제외하고는 이 법에서 정하는 바에 따른다.

제2장 소상공인 지원 기본계획 등의 수립

제6조~제7조 (2020.2.4 삭제)

제3장 소상공인 창업 및 경영안정 등의 지원

제8조【소상공인 창업 지원】 중소벤처기업부장관은 소상공인 창업을 지원하기 위하여 다음 각 호의 사항에 관한 사업을 할 수 있다.(2017.7.26 본문개정)
1. 우수한 아이디어 등을 보유한 소상공인 창업 희망자의 발굴
2. 소상공인 창업을 위한 절차 등에 대한 상담·자문 및 교육
3. 자금조달, 인력, 판로 및 사업장 입지(立地) 등 창업에 필요한 정보의 제공
4. 그 밖에 소상공인 창업을 지원하기 위하여 필요한 사항

제9조【소상공인의 경영안정 등 지원】 중소벤처기업부장관은 소상공인의 경영안정과 성장을 지원하기 위하여 다음 각 호의 사항에 관한 사업을 할 수 있다.(2017.7.26 본문개정)
1. 소상공인에 대한 경영상담·자문 및 교육
2. 소상공인에 대한 자금·인력·판매·수출 등의 지원
3. 소상공인에 대한 전자상거래, 스마트 기기를 이용한 결제 시스템의 도입 등 상거래 현대화 지원(2016.12.2 본호신설)
4. 소상공인 온라인 공동 판매 플랫폼 구축 지원 (2021.4.20 본호신설)
5. 소상공인 전용 모바일 상품권의 발행 및 유통 활성화 지원 사업(2018.12.11 본호신설)
6. 그 밖에 소상공인의 경영안정과 성장을 지원하기 위하여 필요한 사항

제10조【소상공인의 구조고도화 지원】 정부는 소상공인의 구조개선 및 경영합리화 등의 구조고도화(이하 "구조고도화"라 한다)를 지원하기 위하여 다음 각 호의 사항에 관한 사업을 할 수 있다.
1. 새로운 사업의 발굴
2. 사업전환의 지원
3. 사업장 이전을 위한 입지 정보의 제공
4. 소상공인 온라인 공동 판매 플랫폼 이용 활성화를 위한 관련 정보의 제공(2021.4.20 본호신설)
5. 소상공인 해외 창업의 지원
6. 그 밖에 소상공인의 구조고도화를 지원하기 위하여 필요한 사항

제11조【소상공인의 조직화 및 협업화 지원 등】 ① 중소벤처기업부장관은 소상공인의 조직화 및 협업화를 위하여 다음 각 호의 사항에 관한 지원사업을 할 수 있다.
(2017.7.26 본문개정)
1. 「협동조합 기본법」 제2조제1호에 따른 협동조합의 설립
2. 제품 생산 및 서비스 제공 등에 필요한 시설 및 장비의 공동 이용
3. 상표 및 디자인의 공동 개발
4. 제품 홍보 및 판매장 설치 등 공동 판로 확보
5. 그 밖에 소상공인의 조직화 및 협업화를 지원하기 위하여 필요한 사항
② 중소벤처기업부장관은 대통령령으로 정하는 수 이상의 소상공인이 공동으로 소상공인공동물류센터를 건립하여 운영하는 경우 이에 필요한 행정적·재정적 지원을 할 수 있다.(2017.7.26 본항개정)
③ 제2항에 따른 소상공인공동물류센터의 사업내용, 운영방법, 시설기준 등에 관한 사항은 대통령령으로 정한다.

제12조【폐업 소상공인에 대한 지원 등】 ① 중소벤처기업부장관은 폐업하였거나 폐업하려는 소상공인(이하 "폐업 소상공인"이라 한다)을 지원하기 위하여 다음 각 호의 사항에 관한 사업을 할 수 있다.(2018.12.31 본문개정)
1. 재창업 지원
2. 취업훈련의 실시 및 취업 알선
3. 그 밖에 폐업 소상공인을 지원하기 위하여 필요한 사항
② 중소벤처기업부장관은 제1항의 사업을 실시하기 위하여 소상공인폐업지원센터를 설치·운영할 수 있다.
(2018.12.31 본항신설)
③ 중소벤처기업부장관은 소상공인폐업지원센터를 운영하는 데 필요한 경비의 전부 또는 일부를 출연하거나 보조할 수 있으며, 필요에 따라 지방중소벤처기업청이나 소상공인지원센터의 시설이나 장비 등을 활용할 수 있다.
(2018.12.31 본항신설)
④ 그 밖에 소상공인폐업지원센터의 설치·운영에 필요한 사항은 대통령령으로 정한다.(2018.12.31 본항신설)
(2018.12.31 본조제목개정)

제12조의2【「감염병의 예방 및 관리에 관한 법률」에 따른 조치로 인하여 발생한 손실보상】 ① 중소벤처기업부장관은 「감염병의 예방 및 관리에 관한 법률」 제49조제1항제2호에 따른 조치로서 영업장소 사용 및 운영시간 제한 등 대통령령으로 정하는 조치로 인하여 소상공인에게 경영상 심각한 손실이 발생한 경우 해당 소상공인에게 그 부담을 완화하기 위한 손실보상을 하여야 한다.
② 제1항에도 불구하고 중소벤처기업부장관은 제12조의4제1항에 따른 손실보상 심의위원회(이하 "심의위원회"라 한다)의 심의를 거쳐 소상공인 외의 자로서 「중소기업기본법」에 따른 중소기업에 해당하는 자에게도 손실보상을 할 수 있다.
③ 제1항 및 제2항에 따라 손실보상을 받으려는 자(이하 "신청인"이라 한다)는 대통령령으로 정하는 바에 따라 중소벤처기업부장관에게 손실보상금의 지급을 신청하여야 한다.
④ 제3항에 따른 신청을 받은 중소벤처기업부장관은 심의위원회의 심의를 거쳐 손실보상금의 지급 여부 및 금액을 결정한 후 신청인에게 손실보상금을 지급하여야 한다. 이 경우 신청인이 「감염병의 예방 및 관리에 관한 법률」 제49조제1항제2호에 따른 조치를 위반한 경우에는 손실보상금을 감액하거나 지급하지 아니할 수 있다.
⑤ 중소벤처기업부장관은 신청인이 제21조제1항제22호의3에 따른 우선 지원을 받은 경우 그 지원액(이하 이 항에서 "우선 지원액"이라 한다)을 감안하여 제4항에 따른 손실보상금을 산정할 수 있으며, 우선 지원액과의 차액이 있는 경우 상환 또는 반납하게 하여야 한다.(2023.3.28 본항신설)
⑥ 중소벤처기업부장관은 제4항에 따라 손실보상금을 지급받은 자가 「감염병의 예방 및 관리에 관한 법률」 제49조제1항제2호에 따른 조치를 위반하는 등 대통령령으로 정하는 경우에는 그 손실보상금의 전부 또는 일부를 환수할 수 있다.
⑦ 그 밖에 손실보상 및 환수의 대상과 절차 등에 관하여 필요한 사항은 대통령령으로 정하며, 손실보상의 기준, 금액 및 시기 등에 관한 구체적인 사항은 심의위원회의 심의를 거쳐 중소벤처기업부장관이 고시한다.
(2021.7.7 본조신설)

제12조의3【이의신청】 ① 제12조의2제4항부터 제6항까지에 따라 중소벤처기업부장관이 결정 및 처분한 사항에 대하여 이의가 있는 신청인은 그 결정 및 처분의 통지를 받은 날부터 30일 이내에 중소벤처기업부장관에게 이의를 신청할 수 있다.(2023.3.28 본항개정)
② 중소벤처기업부장관은 제1항에 따른 이의신청을 받은 경우 대통령령으로 정하는 기간 이내에 심의위원회의 심의를 거쳐 손실보상금의 지급, 증감 또는 환수 여부를 결정하고 그 결과를 이의를 신청한 자에게 통지하여야 한다.
(2021.7.7 본조신설)

제12조의4【손실보상 심의위원회】 ① 제12조의2에 따른 손실보상에 관한 사항을 심의하기 위하여 중소벤처기업부에 손실보상 심의위원회를 둔다.
② 심의위원회는 위원장 1명을 포함한 15명 이내의 위원으로 구성하며, 위원장은 중소벤처기업부차관이 된다.
③ 심의위원회의 위원은 다음 각 호의 사람 중에서 대통령령으로 정하는 바에 따라 중소벤처기업부장관이 임명하거나 위촉한다.
1. 손실보상 또는 방역 관련 분야에 대한 학식과 경험이 풍부한 사람
2. 소상공인을 대표할 수 있는 사람
3. 관계 행정기관의 공무원
④ 심의위원회는 다음 각 호의 사항을 심의한다.
1. 제12조의2제1항부터 제3항까지 및 같은 조 제4항 전단에 따른 손실보상의 대상, 손실보상금의 지급 여부 및 금액에 관한 사항
2. 제12조의2제5항에 따른 손실보상금의 산정 및 상환·반납에 관한 사항(2023.3.28 본호신설)
3. 제12조의2제4항 후단에 따른 손실보상금의 감액·미지급 및 같은 조 제6항에 따른 손실보상금의 환수에 관한 사항(2023.3.28 본호개정)
4. 제12조의2제7항에 따른 손실보상의 기준, 금액 및 시기 등에 관한 사항(2023.3.28 본호개정)
5. 제12조의3제2항에 따른 손실보상금의 지급, 증감 또는 환수 여부의 결정에 관한 사항
6. 그 밖에 손실보상의 업무 수행과 관련하여 위원장이나 중소벤처기업부장관이 필요하다고 인정하는 사항
⑤ 심의위원회는 제4항에 따른 사항을 심의하는 경우 「감염병의 예방 및 관리에 관한 법률」 제49조제1항제2호에 따른 조치의 수준, 기간 및 신청인의 사업상 소득, 사업 규모 등을 종합적으로 고려하여야 한다.
⑥ 심의위원회의 업무를 효율적으로 처리하기 위하여 심의위원회에 실무위원회를 둘 수 있다.
⑦ 심의위원회의 구성과 운영 등에 관하여 필요한 사항은 대통령령으로 정한다.
(2021.7.7 본조신설)

제12조의5【정보 제공 요청 등】 ① 중소벤처기업부장관은 손실보상의 업무를 위하여 필요한 경우 관계 중앙행정기관(그 소속 기관 및 책임운영기관을 포함한다)의 장, 지방자치단체(그 소속 기관을 포함한다)의 장, 「공공기관의 운영에 관한 법률」 제4조에 따른 공공기관(이하 "공공기관"이라 한다)의 장, 법인·단체의 장, 개인에 대하여 손실보상의 대상에 관한 다음 각 호의 정보 제공을 요청할 수 있으며, 요청을 받은 자는 정당한 사유가 없으면 이에 따라야 한다.
1. 대표자의 성명, 「주민등록법」 제7조의2제1항에 따른 주민등록번호, 주소 및 전화번호(휴대전화번호를 포함한다) 등 인적사항
2. 사업자등록번호, 매출액, 개업일, 폐업일, 업종 등 필요한 과세정보로서 대통령령으로 정하는 정보
3. 그 밖에 손실보상의 업무를 위하여 필요한 정보로서 대통령령으로 정하는 정보
② 중소벤처기업부장관은 손실보상의 업무를 위하여 필요한 경우 제1항 각 호의 정보가 포함된 자료를 처리할 수 있다.
③ 중소벤처기업부장관은 제1항 및 제2항에 따라 수집한 정보를 심의위원회, 관계 중앙행정기관의 장, 지방자치단체의 장, 공공기관의 장 및 그 밖에 대통령령으로 정하는 자에게 제공할 수 있다. 이 경우 제공하는 정보의 범위는 손실보상의 처리를 위하여 해당 기관의 업무에 관련된 정보로 한정한다.
④ 제3항에 따라 정보를 제공받은 자는 이 법에 따른 손실보상 관련 업무 이외의 목적으로 정보를 사용할 수 없으며, 업무 종료 시 지체 없이 해당 정보를 파기하고 중소벤처기업부장관에게 통보하여야 한다.
⑤ 제3항에 따라 제공된 정보의 처리 및 보호에 관한 사항은 이 법에서 정한 것을 제외하고는 「개인정보 보호법」에 따른다.
(2021.7.7 본조신설)

제12조의6【전담조직의 설치】 ① 중소벤처기업부장관은 손실보상의 업무를 위하여 필요한 경우 전담조직을 설치할 수 있다.
② 제1항에 따른 전담조직은 다음 각 호의 업무를 수행한다.
1. 손실보상을 위한 자료 수집·처리
2. 손실보상의 체계 구축 및 운영
3. 그 밖에 심의위원회의 운영 및 손실보상을 위하여 필요한 업무
③ 그 밖에 전담조직의 구성·운영 등에 필요한 사항은 대통령령으로 정한다.
(2021.7.7 본조신설)

제12조의7【소상공인에 대한 보험료의 지원】 ① 정부는 「고용보험 및 산업재해보상보험의 보험료징수 등에 관한 법률」 제49조의2제1항에 따라 고용보험에 가입한 소상공인에 대하여 같은 조 제6항에 따라 부담하는 고용보험료의 일부를 예산의 범위에서 지원할 수 있다.
② 정부는 「산업재해보상보험법」 제124조제1항에 따라 산업재해보상보험에 가입한 소상공인에 대하여 「고용보험 및 산업재해보상보험의 보험료징수 등에 관한 법률」 제49조제1항에 따라 부담하는 산업재해보상보험료의 일부를 예산의 범위에서 지원할 수 있다.(2024.1.9 본항신설)
③ 제1항 및 제2항에 따른 고용보험료 및 산업재해보상보험료의 지원 대상은 대통령령으로 정하며, 지원 수준·방법 및 절차 등에 필요한 사항은 중소벤처기업부장관 고시로 정한다.(2024.1.9 본항개정)
(2024.1.9 본조제목개정)
(2016.1.27 본조신설)

제13조【상권정보시스템의 구축 및 운영】 ① 중소벤처기업부장관은 소상공인의 입지 및 업종 선정을 지원하기 위하여 상권(商圈) 관련 정보를 종합적으로 제공하는 정보시스템(이하 "상권정보시스템"이라 한다)을 구축·운영할 수 있다.(2017.7.26 본항개정)
② 중소벤처기업부장관은 상권정보시스템의 구축·운영을 위하여 필요한 경우 다음 각 호의 자료 또는 정보의 제공을 해당 호의 구분에 따른 자에게 요청할 수 있다. 이 경우 요청을 받은 자는 특별한 사유가 없으면 그 요청에 따라야 한다.(2017.7.26 전단개정)
1. 「국세기본법」 제81조의13에 따른 과세정보로서 「부가가치세법」 제8조제1항 및 제8항, 제48조, 제49조 및 제67조에 따라 사업자가 관할 세무서장에게 신청 또는 신고하거나 같은 법 제8조제6항에 따라 부여받은 다음 각 목의 정보 : 국세청장(2020.12.22 본문개정)
가. 상호, 등록번호 및 매출액(2020.12.8 본목개정)
나. 사업장의 소재지 및 업종(2020.12.8 본목개정)
다. 개업일·휴업일 및 폐업일(2018.12.11 본목개정)
2. 그 밖에 지역별 인가·허가 사업장에 관한 정보, 사업장의 종사자 수, 지역별 인구정보 등 중소벤처기업부장관이 상권정보시스템의 구축·운영에 필요하다고 인정하는 상권 관련 자료 또는 정보로서 대통령령으로 정하는 자료 또는 정보 : 해당 자료 또는 정보의 관계 중앙행정기관의 장, 공공기관의 장, 관계 기관·법인·단체의 장, 그 밖에 관계 민간기업체의 장(2020.12.8 본호개정)
③ 상권정보시스템의 구축·운영 업무를 담당하였거나 담당하는 공무원(공무원이었던 사람을 포함한다)은 제2항에 따라 제공받은 자료 또는 정보를 제공받은 목적 외의 다른 용도로 사용하거나 다른 사람 또는 기관에 제공하거나 누설하여서는 아니 된다.
④ 중소벤처기업부장관은 상권정보시스템의 구축·운영에 필요한 조사를 실시할 수 있다.(2017.7.26 본항개정)

제14조【조세의 감면】 국가나 지방자치단체는 소상공인의 경영안정과 성장을 지원하기 위하여 필요한 경우에는 소상공인에 대하여 「조세특례제한법」, 「지방세특례제한법」, 그 밖의 관계 법률에서 정하는 바에 따라 소득세, 법인세, 취득세, 재산세 및 등록면허세 등을 감면할 수 있다.

제15조【불공정거래 피해상담센터의 설치·운영】 ① 중소벤처기업부장관과 지방자치단체의 장은 불공정거래로 인하여 피해를 입은 소상공인의 보호 및 지원을 위하여 소상공인 불공정거래 피해상담센터(이하 이 조에서 "상담센터"라 한다)를 설치·운영할 수 있다.
② 상담센터의 업무는 다음 각 호와 같다.
1. 소상공인 불공정거래 피해상담
2. 소상공인 불공정거래에 관한 실태조사
3. 소상공인 불공정거래 피해예방 교육
4. 소상공인 불공정거래 피해 관련 법령·제도 개선 건의
5. 소상공인 불공정거래 피해상담에 대한 사후관리
6. 그 밖에 불공정거래로 인하여 피해를 입은 소상공인의 보호 및 지원을 위하여 필요한 사항
③ 중소벤처기업부장관과 지방자치단체의 장은 상담센터의 업무 수행 및 운영에 필요한 경비를 예산의 범위에서 지원할 수 있다.
(2020.2.11 본조개정)

제3장의2 소상공인의 디지털 전환 촉진
(2023.1.3 본장신설)

제15조의2【소상공인 디지털화 지원】 중소벤처기업부장관은 소상공인 디지털 격차해소 및 디지털 경쟁력 제고를 위하여 다음 각 호의 사항에 관한 사업을 할 수 있다.
1. 소상공인 생업현장 디지털 혁신모델 확산
2. 소상공인 디지털 생태계 조성
3. 디지털 전환 지원 인프라 구축
4. 그 밖에 소상공인 디지털화를 지원하기 위하여 필요한 사항

제15조의3【소상공인 디지털 전환 전담조직의 지정】 중소벤처기업부장관은 소상공인 디지털화를 효율적으로 지원하기 위하여 소상공인 디지털 전환 업무를 전담하는 조직을 지정할 수 있다.

제15조의4【디지털전환자문위원회의 설치】 ① 소상공인 디지털 전환 정책수립 및 평가 과정에서 다음 각 호의 사항에 관하여 중소벤처기업부장관의 자문에 응하기 위하여 「소상공인기본법」 제10조에 따른 소상공인정책심의회의 분과별 전문위원회로서 디지털전환자문위원회(이하 "자문위원회"라 한다)를 둘 수 있다.
1. 디지털 전환 정책 및 기본방향
2. 디지털 전환 사업에 대한 정기적 평가 및 보완대책
3. 그 밖에 디지털 전환 사업과 관련하여 중소벤처기업부장관이 자문하는 사항
② 자문위원회의 운영에 관하여는 「소상공인기본법」 제10조제7항(분과별 전문위원회의 운영에 관한 사항으로 한정한다)을 준용한다.

제15조의5【소상공인 개방형 빅데이터 플랫폼 구축 및 운영】 ① 중소벤처기업부장관은 과학기술정보통신부장관과

협의하여 소상공인의 경영혁신에 필요한 정보통신 인프라 및 서비스 등을 지원하기 위하여 소상공인 개방형 빅데이터 플랫폼(이하 "플랫폼"이라 한다) 구축 및 운영 등 다음 각 호의 사항에 관하여 필요한 시책을 마련할 수 있다.
1. 플랫폼 구축 및 운영
2. 플랫폼 운영 및 유지를 위한 실태조사 등 연구
3. 플랫폼 관련 기술·서비스 개발 촉진
4. 플랫폼 활성화 기반 조성 및 제도 개선
5. 그 밖에 플랫폼 구축 및 운영 지원에 필요한 사항
② 중소벤처기업부장관은 플랫폼의 구축·운영을 위하여 필요한 경우 다음 각 호의 자료 또는 정보(이하 "데이터등"이라 한다)의 제공을 해당 호의 구분에 따른 자에게 요청할 수 있다. 이 경우 요청을 받은 자는 특별한 사유가 없으면 그 요청에 따라야 한다.
1. 「국세기본법」 제81조의13에 따른 과세정보로서 「부가가치세법」 제8조제1항·제8항, 제48조, 제49조 및 제67조에 따라 사업자가 관할 세무서장에게 신청 또는 신고하거나 같은 법 제8조제7항에 따라 부여받은 다음 각 목의 정보 : 국세청장
가. 상호, 사업자등록번호 및 매출액
나. 사업장의 소재지 및 업종
다. 개업일·휴업일 및 폐업일
2. 「여신전문금융업법」 제64조제6호에 따른 신용카드가맹점에 관한 정보 중 신용정보(「신용정보의 이용 및 보호에 관한 법률」 제2조제1호에 따른 신용정보를 말한다. 이하 같다)에 해당하지 아니하는 정보로서 중소벤처기업부장관과 금융위원회위원장이 협의하여 결정한 정보 : 「여신전문금융업법」 제62조제1항에 따른 여신전문금융업협회
3. 판매시점의 정보관리시스템 데이터 : 「가맹사업 진흥에 관한 법률」 제9조 및 제18조제1항제1호에 따라 산업통상자원부장관으로부터 관련 업무를 위탁받은 관계 법인·단체와 그 밖의 관계 기관·법인·단체·민간기업체의 장
4. 그 밖에 지역별 인가·허가 사업장에 관한 정보, 사업장의 종사자 수, 지역별 인구정보, 소상공인 관련 정부지원사업 데이터, 「공공데이터의 제공 및 이용 활성화에 관한 법률」 제2조제2호에 따른 공공데이터 등 중소벤처기업부장관이 플랫폼의 구축·운영에 필요하다고 인정하는 자료 또는 정보로서 대통령령으로 정하는 자료 또는 정보 : 해당 자료 또는 정보의 관계 중앙행정기관의 장, 공공기관의 장, 관계 기관·법인·단체의 장, 그 밖의 관계 민간기업체의 장
③ 플랫폼의 구축·운영 업무를 담당하거나 담당하였던 자는 제2항에 따라 제공받은 자료 또는 정보를 제공받은 목적 외의 다른 용도로 사용하거나 다른 사람 또는 기관에 제공하거나 누설하여서는 아니 된다.
제15조의6【데이터등의 활용 및 보호 원칙】 ① 플랫폼 관련 데이터는 소상공인의 이익에 기여하는 방향으로 활용되어야 함을 원칙으로 한다.
② 누구든지 플랫폼에 구현된 데이터등을 활용할 때 정보주체의 권리를 침해하거나 공정한 상거래 관행과 경쟁질서에 반하여서는 아니 된다.
③ 중소벤처기업부장관은 데이터등의 생성 또는 활용에 관여한 이해관계자들이 데이터의 원활한 활용과 그 결과에 따른 이익의 합리적인 배분 등에 관한 사항을 내용으로 하는 계약을 체결하도록 권장할 수 있다.
④ 데이터등을 사용·수익할 권리를 가지는 자는 데이터의 신뢰성을 확보하고 해당 데이터가 분실·도난·유출·위조·변조 또는 훼손되지 아니하며, 데이터를 활용한 제품·서비스가 위해를 발생시키지 아니하도록 대통령령으로 정하는 바에 따라 필요한 조치를 하여야 한다.
⑤ 중소벤처기업부장관은 과학기술정보통신부장관과 협의하여 제3항에 따른 계약의 체결을 위하여 소상공인 빅데이터 활용 계약에 관한 가이드라인을 마련할 수 있다.
제15조의7【플랫폼 활용 촉진】 ① 중소벤처기업부장관은 플랫폼의 활성화를 위하여 다음 각 호의 어느 하나에 해당하는 방식으로 플랫폼의 구축·운영 등에 참여한 자에 대하여 행정적·기술적·재정적 지원을 할 수 있다.
1. 데이터 공유
2. 소상공인 관련 데이터를 활용한 새로운 비즈니스 개발
3. 소상공인이 이용할 수 있는 다양한 경영정보서비스의 제공 등
② 제1항에 따른 지원에 필요한 사항은 대통령령으로 정한다.

제3장의3 백년소상공인
(2024.1.16 본장신설)

제16조【백년소상공인의 요건】 ① 백년소상공인은 다음 각 호의 구분에 따른 요건에 해당하여야 한다.
1. 제조업 : 사업을 개시한 날부터 15년 이상 주된 업종의 변동 없이 계속 사업을 유지하여 숙련된 기술을 보유한 소공인
2. 제1호 외의 업종 : 사업을 개시한 날부터 30년 이상 주된 업종의 변동 없이 계속 사업을 유지하여 온 소상공인
3. 제품이나 서비스의 차별성
4. 지역사회에 대한 기여도
② 제1항 각 호에 따른 사업 개시, 계속 유지, 차별성, 기여도에 관한 세부사항은 대통령령으로 정한다.
제16조의2【백년소상공인의 지정】 ① 백년소상공인으로 지정되고자 하는 소상공인은 백년소상공인 지정을 중소벤처기업부장관에게 신청하여야 한다.
② 중소벤처기업부장관은 제1항의 신청을 한 소상공인이 제16조에 따른 요건을 갖추었다고 인정하는 때에는 백년소상공인으로 지정할 수 있다. 이 경우 중소벤처기업부장관은 백년소상공인에게 중소벤처기업부령으로 정하는 바에 따라 유효기간을 정하여 백년소상공인지정서를 발급하여야 한다.
③ 제2항에 따라 지정된 백년소상공인은 중소벤처기업부령으로 정하는 바에 따라 백년소상공인 지정의 표시를 할 수 있다.
④ 제2항에 따라 지정된 백년소상공인이 아닌 자는 그 지정의 표시 또는 이와 유사한 표시를 하여서는 아니 되며, 백년소상공인 또는 이와 유사한 명칭을 사용하여서는 아니 된다.
⑤ 제1항 및 제2항에 따른 백년소상공인의 지정에 필요한 사항은 중소벤처기업부령으로 정한다.
제16조의3【백년소상공인 지정의 취소】 ① 중소벤처기업부장관은 제16조의2에 따라 지정된 백년소상공인이 다음 각 호의 어느 하나에 해당하면 그 지정을 취소할 수 있다. 다만, 제1호의 경우에는 그 지정을 취소하여야 한다.
1. 거짓이나 그 밖의 부정한 방법으로 지정을 받은 경우
2. 제16조에 따른 백년소상공인의 요건을 갖추지 아니하게 된 경우
3. 부도, 폐업 또는 휴업 등으로 영업을 지속적으로 영위할 수 없다고 판단되는 경우
4. 그 밖에 사회적 물의를 일으키는 등 대통령령으로 정하는 경우
② 중소벤처기업부장관은 제1항에 따라 백년소상공인의 지정을 취소하려면 청문을 실시하여야 한다.
③ 중소벤처기업부장관은 제1항에 따라 백년소상공인의 지정을 취소한 경우에는 그 사실을 지체 없이 관계 중앙행정기관의 장 및 관할 지방자치단체의 장에게 통보하여야 한다.
④ 제1항에 따른 지정 취소의 구체적 기준 및 세부절차는 중소벤처기업부령으로 정한다.
제16조의4【백년소상공인에 대한 지원】 ① 중소벤처기업부장관은 백년소상공인에 대하여 다음 각 호의 사항에 관한 지원사업을 할 수 있다.
1. 제품·서비스 등의 홍보, 컨설팅 및 판로 개척, 경영개선 교육
2. 인력 확보 및 장기재직 촉진
3. 사업승계 및 후계인력 양성
4. 세무·회계 및 법률 관련 컨설팅
5. 「지식재산 기본법」 제3조제3호에 따른 지식재산권의 취득 지원 및 보호
6. 전통기술의 보존·전수 및 상품화 지원
7. 사업장 필요비 및 시설 개선 지원
8. 백년소상공인 육성을 위한 각종 연구, 조사
9. 백년소상공인 관련 홍보, 박람회·전시회 등의 개최
10. 그 밖에 백년소상공인의 존속 및 성장을 위하여 필요한 사항으로서 중소벤처기업부령으로 정하는 사항
② 중소벤처기업부장관은 제1항에 따른 백년소상공인에 대한 지원사업을 효율적으로 추진하기 위하여 제17조에 따른 소상공인시장진흥공단에 사업을 위탁할 수 있다.
③ 중소벤처기업부장관은 제2항에 따라 사업을 위탁하는 경우 예산의 범위에서 사업의 수행에 필요한 비용의 전부 또는 일부를 보조할 수 있다.
④ 제1항에 따른 지원의 방법 및 절차 등에 필요한 사항은 중소벤처기업부령으로 정한다.
제16조의5【백년소상공인의 지역경제 발전에 대한 기여 등】 ① 제16조의2에 따라 지정된 백년소상공인은 지역의 경제 발전에 기여하도록 노력하여야 한다.
② 중소벤처기업부장관은 지역의 경제 발전에 기여한 공이 큰 백년소상공인에 대하여 포상할 수 있다.
③ 제2항에 따른 포상의 기준·방법 및 절차에 필요한 사항은 대통령령으로 정한다.

제4장 소상공인시장진흥공단

제17조【소상공인시장진흥공단의 설립 등】 ① 소상공인의 경영안정과 성장 및 「전통시장 및 상점가 육성을 위한 특별법」 제2조에 따른 전통시장, 상점가 및 상권활성화구역(이하 "전통시장등"이라 한다)의 활성화를 위한 사업을 효율적으로 수행하기 위하여 소상공인시장진흥공단(이하 "공단"이라 한다)을 설립한다.
② 공단은 법인으로 한다.
③ 공단은 주된 사무소의 소재지에서 설립등기를 함으로써 성립한다.
④ 공단은 지역별 소상공인지원센터를 설치·운영하며, 정관으로 정하는 바에 따라 지부, 연수원 또는 부설기관을 설치할 수 있다.
⑤ 공단은 다음 각 호의 사업을 한다.
1. 소상공인의 경영안정과 성장 및 전통시장등의 활성화를 위한 다음 각 목의 사업
가. 소상공인 및 전통시장등에 대한 지원 정책에 관한 연구·조사·평가 및 홍보(2021.1.26 본목개정)
나. 소상공인 및 전통시장등에 대한 지원사업 효과에 관한 평가
2. 소상공인의 경영안정과 성장 및 전통시장등의 활성화를 위한 전문인력 양성 및 파견
3. 전통시장등의 경영 현대화를 위한 정보 제공 및 상담·교육
4. 소상공인 지원을 위한 플랫폼, 상권정보시스템 등 데이터베이스 구축·운영(2023.1.3 본호개정)
5. 소상공인 창업 및 경영 정보 제공을 위한 방송 운영
6. 소상공인의 업종별 창업지침 개발·보급 및 점포 개선
7. 소상공인의 기술 개발 및 업종 간의 교류 지원
8. 소상공인의 공동구매 및 유통물류센터 구축 등 소상공인의 조직화 및 협업화 지원
8의2. 소상공인의 해외시장 진출 및 해외 유통망 구축 지원(2019.8.20 본호신설)
9. 소상공인에 적합한 새로운 사업의 발굴 및 보급
10. 전통시장등의 활성화를 지원하는 법인이나 단체에 대한 지원
11. 전통시장등의 상인 자조(自助) 조직 육성
12. 「전통시장 및 상점가 육성을 위한 특별법」 제2조제3호의2에 따른 문화관광형시장의 육성
13. 중소벤처기업부장관 또는 지방자치단체의 장이 소상공인의 경영안정과 성장 및 전통시장등의 활성화를 위하여 위탁하는 사업(2017.7.26 본호개정)
13의2. 소상공인 및 전통시장등에 대한 디지털화 지원(2023.1.3 본호신설)
13의3. 백년소상공인에 대한 지원(2024.1.16 본호신설)
14. 그 밖에 중소벤처기업부장관이 소상공인의 경영안정과 성장 및 전통시장등의 활성화를 위하여 필요하다고 인정하는 사업(2017.7.26 본호개정)
⑥ 공단은 제5항제8호의2에 해당하는 지원 사업을 원활하게 수행하기 위하여 「대한무역투자진흥공사법」에 따른 대한무역투자진흥공사 등 관련 기관·단체에 협조를 요청할 수 있다. 이 경우 요청을 받은 기관·단체는 특별한 사유가 없으면 협조하여야 한다.(2019.8.20 본항신설)
⑦ 정부는 공단의 사업 수행에 필요한 경비를 예산의 범위에서 출연하거나 보조할 수 있다.
⑧ 공단에 관하여 이 법에서 규정한 것 외에는 「민법」 중 재단법인에 관한 규정을 준용한다.
⑨ 이 법에 따라 설립된 공단이 아닌 자는 소상공인시장진흥공단 또는 이와 유사한 명칭을 사용하여서는 아니 된다.
제17조의2【자료제공의 요청】 ① 공단은 국가, 지방자치단체, 「국민연금법」에 따른 국민연금공단, 「국민건강보험법」에 따른 국민건강보험공단 및 「산업재해보상보험법」에 따른 근로복지공단, 그 밖에 대통령령으로 정하는 공공단체에 제21조제1항제1호에 따른 업무 수행에 필요한 자료의 제공을 요청할 수 있다.
② 공단은 납세자의 인적 사항 및 사용 목적을 적은 문서로 관할 세무관서의 장 또는 지방자치단체의 장에게 과세정보(종합소득세 및 지방세 과세자료, 이와 관련된 사업자 등록 자료의 구체적 항목에 한정한다)의 제공을 요청할 수 있다. 이 경우 과세정보의 제공 요청은 제21조제1항제1호에 따른 업무와 그에 따른 대출자산의 회수활동을 위하여 필요한 최소한의 범위에서 하여야 하며 다른 목적을 위하여 남용해서는 아니 된다.
③ 제1항 및 제2항에 따른 요청을 받은 자는 특별한 사유가 없으면 요청에 따라야 한다.
(2019.8.20 본조신설)
제17조의3【대리인의 선임】 공단 이사장은 임직원 중에서 공단의 업무에 관하여 재판상 또는 재판 외의 모든 행위를 할 권한이 있는 대리인을 선임할 수 있다.
(2019.8.20 본조신설)
제18조【공단의 업무에 대한 지도·감독】 ① 중소벤처기업부장관은 공단의 업무를 지도·감독하며, 필요한 경우에는 사업에 관한 지시나 명령을 할 수 있다.
② 공단에 대한 중소벤처기업부장관의 지도·감독 등에 필요한 사항은 대통령령으로 정한다.
(2017.7.26 본조개정)

제5장 소상공인시장진흥기금

제19조【소상공인시장진흥기금의 설치】 전통시장등의 상인 등 소상공인의 경영안정과 성장 및 구조고도화 등을 지원하는 데 필요한 재원을 확보하기 위하여 소상공인시장진흥기금(이하 "기금"이라 한다)을 설치한다.
제20조【재원의 조성】 ① 기금은 다음 각 호의 재원으로 조성한다.
1. 정부의 출연금(직전 회계연도 관세 징수액의 100분의 3을 기준으로 한다)
2. 정부나 지방자치단체 외의 자가 출연하는 현금·물품 또는 그 밖의 재산
3. 다른 기금으로부터의 전입금 및 차입금
4. 「복권 및 복권기금법」에 따라 배분된 복권수익금
5. 「공공자금관리기금법」에 따른 공공자금관리기금으로부터의 예수금(預受金)
6. 기금의 운용으로 생기는 수익금
7. 그 밖에 대통령령으로 정하는 수입금
② 정부는 회계연도마다 예산의 범위에서 출연금을 세출예산에 포함시켜야 한다.
제21조【기금의 사용 등】 ① 기금은 다음 각 호의 사업을 위하여 사용할 수 있다.

1. 소상공인의 지속 성장을 위한 직접융자 등 자금 지원(2019.8.20 본호개정)
2. 소상공인 과밀 업종의 사업전환 지원
3. 소상공인의 구조고도화 및 정보화 지원
4. 소상공인의 조직화 · 협업화 및 가맹사업화 지원
5. 소상공인공동물류센터 건립 · 운영 지원
6. 혁신형 소상공인 지원
6의2. 소상공인 디지털화 지원(2023.1.3 본호신설)
6의3. 백년소상공인에 대한 지원(2024.1.16 본호신설)
7. 소상공인에 대한 교육 및 자문
8. 소상공인 창업(해외 창업을 포함한다)의 지원
9. 새로운 사업의 발굴 · 보급 및 관련 정보 제공
10. 소상공인 지원을 위한 전문인력 양성
11. 소상공인의 경영안정과 성장을 위한 조사 및 연구
12. 소상공인의 기술 개발 및 업종 간 교류 지원
13. 전통시장등에 대한 지원
14. 소상공인에 대한 인식 개선 등 소상공인 활력 제고에 관한 사항
15. 소상공인을 위한 방송 운영
16. 폐업 소상공인에 대한 취업 지원
17. 「대 · 중소기업 상생협력 촉진에 관한 법률」에 따라 중소기업 적합업종 · 품목으로 공표되었거나 사업조정 중인 업종의 소상공인에 대한 지원
17의2. 소상공인에 대한 고용보험료의 지원(2016.1.27 본호신설)
17의3. 소상공인에 대한 산업재해보상보험료의 지원(2024.1.9 본호신설)
18. 다른 기금으로부터의 차입금에 대한 원리금 상환
19. 「공공자금관리기금법」에 따른 공공자금관리기금으로부터의 예수금에 대한 원리금 상환
20. 기금의 조성 · 관리 및 운용을 위한 경비의 지출
21. 전자상거래, 스마트 기기를 이용한 전자결제 시스템의 도입 등 상거래 현대화 지원(2018.12.11 본호신설)
22. 소상공인 전용 모바일 상품권의 발행 및 유통 활성화 지원(2018.12.11 본호신설)
22의2. 「재난 및 안전관리 기본법」 제3조제1호에 따른 재난의 발생으로 피해를 입은 소상공인에 대한 재정 지원(2020.12.8 본호신설)
22의3. 제12조의2제1항 및 제2항에 따른 손실보상금의 우선 지원(2023.3.28 본호신설)
23. 소상공인 온라인 공동 판매 플랫폼 구축 지원(2021.4.20 본호신설)
24. 소상공인의 세무 · 회계 처리 지원(2021.1.26 본호신설)
25. 그 밖에 소상공인의 보호와 지원을 위하여 중소벤처기업부장관이 위탁하는 사업(2017.7.26 본호개정)

② 중소벤처기업부장관은 제1항 각 호의 사업을 수행하기 위하여 필요한 경우 전통시장등의 상인 등 소상공인이나 관련 단체 등에 대하여 대통령령으로 정하는 바에 따라 기금에서 보조금을 지급할 수 있다.(2017.7.26 본항개정)
③ 중소벤처기업부장관은 기금을 사용하는 자가 그 기금을 지출 목적 외의 용도로 사용한 경우 등 대통령령으로 정하는 경우에는 지출된 기금을 환수할 수 있다.(2017.7.26 본항개정)
④ 제3항에 따른 기금의 환수는 국세 체납처분의 예에 따른다.

제22조【기금의 관리 및 운용】 ① 기금은 중소벤처기업부장관이 관리 · 운용한다.(2017.7.26 본항개정)
② 중소벤처기업부장관은 대통령령으로 정하는 바에 따라 기금의 관리 · 운용에 관한 업무의 일부를 공단 등에 위탁할 수 있다.(2017.7.26 본항개정)
③ 기금의 관리 · 운용자는 「국가재정법」 제66조에 따른 기금운용계획에서 정하는 바에 따라 기금을 대출 등의 방법으로 운용할 수 있다.
④ 기금의 회계연도는 정부의 회계연도에 따른다.
⑤ 기금의 관리 · 운용자는 기금의 회계를 다른 회계와 구분하여 회계처리하여야 한다.
⑥ 제1항부터 제5항까지에서 규정한 사항 외에 기금의 관리 · 운용에 필요한 사항은 대통령령으로 정한다.

제22조의2【상환기간 연장 및 상환 유예】 ① 공단은 제22조제3항에 따른 대출금을 받은 자가 대출금을 상환하기 곤란하다고 인정되면 그 상환기간을 연장하거나 상환을 유예할 수 있다.
② 제1항에 따른 상환기간 연장 및 상환 유예의 기준 및 절차 등에 필요한 사항은 대통령령으로 정한다.
(2019.8.20 본조신설)

제22조의3【이익금과 손실금의 처리】 ① 기금의 결산에서 이익금이 생겼을 때에는 이를 전액 적립하여야 한다.
② 기금의 결산에서 손실금이 생겼을 때에는 제1항의 적립금으로 보전하고, 그 적립금으로 보전하고도 부족할 때에는 정부가 이를 보전한다.
(2019.8.20 본조신설)

제22조의4【부실채권의 매각】 ① 공단은 부실채권의 효율적인 회수와 관리를 위하여 필요하다고 인정하는 경우에는 중소벤처기업부령으로 정하는 바에 따라 부실채권을 상각 또는 매각할 수 있다.
② 제1항에 따라 부실채권을 매각하는 경우 다음 각 호의 자에게 매각할 수 있다.
1. 「한국자산관리공사 설립 등에 관한 법률」에 따라 설립된 한국자산관리공사(2019.11.26 본호개정)
2. 그 밖에 부실채권의 매매 · 관리를 전문으로 하는 자로서 대통령령으로 정하는 자
(2019.8.20 본조신설)

제22조의5【재난 시의 신속 지원】 공단은 「재난 및 안전관리 기본법」 제3조제1호에 따른 재난의 발생으로 영업에 심대한 피해를 입은 소상공인의 피해 복구를 위하여 융자 지원 등을 하는 경우 소상공인이 신속하게 지원받을 수 있도록 노력하여야 한다.(2020.12.8 본조신설)

제23조【기금운용위원회】 ① 기금의 관리 · 운용에 관한 주요 사항을 심의하기 위하여 중소벤처기업부에 기금운용위원회를 둔다.(2017.7.26 본항개정)
② 제1항에 따른 기금운용위원회의 조직과 운영에 필요한 사항은 대통령령으로 정한다.

제6장 소상공인연합회

제24조【소상공인연합회의 설립 및 운영】 ① 다음 각 호의 요건을 모두 갖춘 법인 · 조합 및 단체는 소상공인연합회(이하 "연합회"라 한다)를 설립할 수 있다.
1. 회원의 100분의 90 이상이 소상공인일 것
2. 대표자가 소상공인일 것
② 연합회는 법인으로 한다.
③ 연합회는 주된 사무소의 소재지에서 설립등기를 함으로써 성립한다.
④ 연합회를 설립하려는 자는 중소벤처기업부령으로 정하는 바에 따라 정관과 그 밖에 필요한 서류를 중소벤처기업부장관에게 제출하여 설립허가를 받아야 한다.(2017.7.26 본항개정)
⑤ 연합회는 지역별 사업의 원활한 추진을 위하여 정관으로 정하는 바에 따라 지회(支會)를 둘 수 있다.
⑥ 연합회에 관하여 이 법에서 정한 것 외에는 「민법」 중 사단법인에 관한 규정을 준용한다.
⑦ 연합회의 설립 및 운영에 관한 사항과 그 밖에 필요한 사항은 중소벤처기업부령으로 정한다.(2017.7.26 본항개정)
⑧ 이 법에 따라 설립된 연합회가 아닌 자는 소상공인연합회 또는 이와 유사한 명칭을 사용하여서는 아니 된다.

제25조【연합회의 사업】 ① 연합회는 다음 각 호의 사업을 한다.
1. 소상공인 상호 간의 친목 도모를 위한 상부상조사업
2. 소상공인 창업, 투자 및 경영활동 등에 관한 정보 제공
3. 소상공인의 구매 및 판매 등에 관한 공동사업
4. 소상공인의 애로사항 해결을 위한 정책 건의
5. 소상공인을 위한 조사 · 연구 및 교육사업
6. 소상공인을 위한 정보의 수집 · 제공 및 정보화체계 구축 · 운영
7. 소상공인을 위한 세무 · 회계 및 법률 서비스 지원
8. 소상공인을 위한 조직화 지원사업
(2018.12.31 5호~8호신설)
9. 그 밖에 연합회의 목적 달성을 위하여 정관으로 정하는 사업
② 정부와 지방자치단체는 연합회가 제1항에 따른 사업을 수행하는 데 필요한 비용을 지원할 수 있다.

제25조의2【보조금】 ① 중소벤처기업부장관은 소상공인을 육성하기 위하여 예산의 범위에서 연합회 운영에 필요한 경비를 보조할 수 있다.
② 지방자치단체의 장은 소상공인을 육성하고 지역 사회를 개발하기 위하여 관할 구역에 있는 연합회 지회의 운영에 필요한 경비의 일부를 연합회를 통하여 보조할 수 있다.
(2018.12.31 본조신설)

제26조【지도 · 감독】 ① 중소벤처기업부장관은 필요한 경우 연합회의 사무에 관하여 지도 · 감독할 수 있다.
② 중소벤처기업부장관은 제1항에 따른 지도 · 감독을 위하여 필요한 경우에는 연합회에 서류 등의 제출을 요구할 수 있다. 이 경우 연합회는 특별한 사유가 없으면 그 요구에 따라야 한다.
③ 연합회는 정관으로 정하는 바에 따라 연합회 정회원의 업무나 회계에 관하여 지도 · 감독하고, 연합회 정회원으로 하여금 업무나 회계에 관한 보고를 하게 하거나 감사를 받도록 명할 수 있다.(2018.12.31 본항신설)
(2018.12.31 본조제목개정)
(2017.7.26 본조개정)

제27조【행정명령】 ① 중소벤처기업부장관은 연합회의 업무나 회계가 법령이나 정관에 위반된다고 인정되는 경우에는 기한을 정하여 업무의 시정과 그 밖에 필요한 조치를 명할 수 있다.
② 중소벤처기업부장관은 연합회가 제1항의 명령에 따르지 아니하면 임원의 해임 또는 연합회의 해산을 명할 수 있다.
③ 중소벤처기업부장관은 제2항에 따라 연합회의 해산을 명하려면 청문을 하여야 한다.
(2017.7.26 본조개정)

제7장 보 칙

제28조【권한 등의 위임 · 위탁】 ① 이 법에 따른 중소벤처기업부장관의 권한은 그 일부를 대통령령으로 정하는 바에 따라 소속 기관의 장이나 시 · 도지사에게 위임할 수 있다.(2017.7.26 본항개정)
② 이 법에 따른 중소벤처기업부장관의 업무는 그 일부를 대통령령으로 정하는 바에 따라 다음 각 호의 자에게 위탁할 수 있다.(2017.7.26 본문개정)
1. 공단의 이사장
2. 「신용보증기금법」에 따라 설립된 신용보증기금의 이사장
3. 「기술보증기금법」 제12조에 따라 설립된 기술보증기금의 이사장(2016.3.29 본호개정)
4. 「지역신용보증재단법」 제9조에 따라 설립된 신용보증재단의 이사장
5. 연합회의 회장(2018.12.31 본호신설)
6. 그 밖에 소상공인에 대한 보호 · 지원 업무를 담당하는 기관의 장으로서 대통령령으로 정하는 자

제28조의2【벌칙 적용에서 공무원 의제】 심의위원회의 위원 중 공무원이 아닌 사람은 「형법」 제127조 및 제129조부터 제132조까지의 규정을 적용할 때에는 공무원으로 본다.(2021.7.7 본조신설)

제8장 벌 칙

제29조【벌칙】 ① 제12조의5제4항을 위반하여 제공받은 정보를 이 법에 따른 손실보상 관련 업무 이외의 목적으로 사용한 자는 2년 이하의 징역 또는 2천만원 이하의 벌금에 처한다.(2021.7.7 본항신설)
② 연합회가 제27조제1항에 따른 명령을 위반한 경우에는 1천만원 이하의 벌금에 처한다.

제30조【과태료】 ① 제17조제9항을 위반하여 소상공인시장진흥공단 또는 이와 유사한 명칭을 사용한 자에게는 1천만원 이하의 과태료를 부과한다.(2019.8.20 본항개정)
② 다음 각 호의 어느 하나에 해당하는 자에게는 3백만원 이하의 과태료를 부과한다.(2024.1.16 본문개정)
1. 제16조의2제4항을 위반하여 백년소상공인 지정의 표시 또는 이와 유사한 표시를 하거나 백년소상공인 또는 이와 유사한 명칭을 사용한 자(2024.1.16 본호신설)
2. 제24조제8항을 위반하여 소상공인연합회 또는 이와 유사한 명칭을 사용한 자(2024.1.16 본호신설)
③ 제1항과 제2항에 따른 과태료는 대통령령으로 정하는 바에 따라 중소벤처기업부장관이 부과 · 징수한다.
(2017.7.26 본항개정)

부 칙

제1조【시행일】 이 법은 2015년 5월 28일부터 시행한다. 다만, 제11조제2항 및 제3항의 개정규정은 공포 후 1년이 경과한 날부터 시행한다.

제2조【건축 및 입지 등에 관한 경과조치】 법률 제6314호 小企業支援을위한特別措置法中改正法律 제5조의 개정규정에도 불구하고 같은 법률 시행 당시 종전의 제5조(법률 제6314호 小企業支援을위한特別措置法中改正法律에 따라 개정되기 전의 규정을 말하며, 이하 "종전의 제5조"라 한다)에 따라 공장용도로 사용확인을 받은 건축물에 대해서는 종전의 제5조에 따른다.

제3조【소상공인시장진흥공단에 대한 경과조치】 ① 이 법 시행 당시 종전의 「소기업 및 소상공인 지원을 위한 특별조치법」 제10조의4에 따라 설립된 소상공인시장진흥공단은 이 법에 따른 공단으로 본다.
② 이 법 시행 당시 종전의 「소기업 및 소상공인 지원을 위한 특별조치법」(법률 제11846호로 개정되기 전의 것을 말한다) 제10조의4에 따른 소상공인진흥원과 종전의 「전통시장 및 상점가 육성을 위한 특별조치법」(법률 제11847호로 개정되기 전의 것을 말한다) 제68조에 따른 시장경영진흥원이 한 행위나 해당 소상공인진흥원 또는 시장경영진흥원에 대하여 한 행위는 공단이 하였거나 공단에 대하여 한 행위로 본다.

제4조【소상공인시장진흥기금에 관한 경과조치】 이 법 시행 당시 종전의 「소기업 및 소상공인 지원을 위한 특별조치법」 제10조의7에 따라 설치된 소상공인시장진흥기금은 이 법에 따른 기금으로 본다.

제5조【기금운용위원회에 대한 경과조치】 이 법 시행 당시 종전의 「소기업 및 소상공인 지원을 위한 특별조치법」 제10조의11에 따른 기금운용위원회는 이 법에 따른 기금운용위원회로 본다.

제6조【연합회에 대한 경과조치】 이 법 시행 당시 종전의 「소기업 및 소상공인 지원을 위한 특별조치법」 제10조의12에 따라 설립된 소상공인연합회는 이 법에 따른 연합회로 본다.

제7조【다른 법률의 개정】 ①~⑦ ※(해당 법령에 가제정리 하였음)

제8조【다른 법령과의 관계】 이 법 시행 당시 다른 법령에서 종전의 「소기업 및 소상공인 지원을 위한 특별조치법」 또는 그 규정을 인용한 경우에 이 법 가운데 그에 해당하는 규정이 있으면 종전의 「소기업 및 소상공인 지원을 위한 특별조치법」 또는 그 규정을 갈음하여 이 법 또는 이 법의 해당 규정을 인용한 것으로 본다.

부 칙 (2020.2.4)

제1조【시행일】 이 법은 공포 후 1년이 경과한 날부터 시행한다.(이하 생략)

부 칙 (2020.2.11)

이 법은 공포한 날부터 시행한다.

부 칙 (2020.12.8)

제1조【시행일】 이 법은 공포 후 3개월이 경과한 날부터 시행한다.
제2조【재난 피해에 대한 재정 지원에 관한 적용례】 제21조제1항제22호의2의 개정규정은 이 법 시행 당시 발생되어 있는 재난으로 피해를 입은 소상공인에게도 적용한다.
제3조【재난 피해에 대한 재정 지원에 관한 특례】 제21조제1항제22호의2의 개정규정에 따라 매출액 감소 요건 충족을 전제로 2020년 9월 23일부터 2021년 12월 31일까지의 기간에 우선 지급한 보조금에 대해서는 추후 해당 요건의 충족 여부와 무관하게 다른 법률의 규정에도 불구하고 환수하지 아니할 수 있다.(2024.1.9 본조신설)

부 칙 (2020.12.22)

제1조【시행일】 이 법은 2021년 1월 1일부터 시행한다.
(이하 생략)

부 칙 (2021.1.26)

이 법은 공포 후 3개월이 경과한 날부터 시행한다.

부 칙 (2021.4.20)

이 법은 공포한 날부터 시행한다. 다만, 법률 제17912호 소상공인 보호 및 지원에 관한 법률 일부개정법률 제21조제1항의 개정규정은 2021년 4월 27일부터 시행한다.

부 칙 (2021.7.7)

제1조【시행일】 이 법은 공포 후 3개월이 경과한 날부터 시행한다.
제2조【손실보상에 관한 적용례】 제12조의2의 개정규정은 이 법이 공포된 날 이후 발생한 손실부터 적용한다. 다만, 정부는 공포된 날 전에 코로나바이러스감염증-19와 관련하여 「감염병의 예방 및 관리에 관한 법률」 제49조제1항제2호에 따른 집합금지, 영업제한 등 행정명령으로 인하여 발생한 심각한 피해에 대해서는 조치 수준, 피해규모 및 기존의 지원 등을 종합적으로 고려하여 피해를 회복하기에 충분한 지원을 한다.

부 칙 (2023.1.3)

이 법은 공포 후 6개월이 경과한 날부터 시행한다.

부 칙 (2023.3.28)

제1조【시행일】 이 법은 공포한 날부터 시행한다.
제2조【손실보상에 관한 적용례】 제12조의2의 개정규정은 2021년 12월 18일 이후 발생한 손실부터 적용한다.

부 칙 (2024.1.9)

이 법은 공포 후 6개월이 경과한 날부터 시행한다. 다만, 법률 제17624호 소상공인 보호 및 지원에 관한 법률 일부개정법률 부칙 제3조의 개정규정은 공포한 날부터 시행한다.

부 칙 (2024.1.16)

제1조【시행일】 이 법은 공포 후 6개월이 경과한 날부터 시행한다.
제2조【백년소상공인 지정에 관한 경과조치】 이 법 시행 전에 중소벤처기업부장관으로부터 백년가게 또는 백년소공인으로 선정된 소상공인에 대해서는 그 유효기간이 만료되는 날까지 제16조의2의 개정규정에 따라 지정된 백년소상공인으로 본다.

(舊 : 벤처기업육성에 관한 특별조치법)

벤처기업육성에 관한 특별법

(약칭 : 벤처기업법)

(1997년 8월 28일
법 률 제5381호)

개정
1998. 2.28법 5529호(정부조직) <중략>
2007. 1.26법 8284호
2007. 4.11법 8345호(문화예술진흥)
2007. 4.11법 8352호(농지)
2007. 4.11법 8361호(중소기업진흥)
2007. 4.11법 8362호(중소기업창업)
2007. 8. 3법 8602호
2007. 8. 3법 8635호(자본시장금융투자업)
2008. 2.29법 8852호(정부조직)
2008. 2.29법 8863호(금융위원회의설치등에관한법)
2008. 2.29법 8871호(행정심판)
2008. 3.21법 8974호(건축)
2008. 3.28법 9071호(도시교통정비촉진법)
2009. 1.30법 9367호
2009. 1.30법 9401호(국유재산)
2009. 4. 1법 9584호(산업발전법)
2009. 5.21법 9685호(중소기업판로지원)
2010. 1.27법 9984호
2010. 3.31법10220호(지방세특례제한법)
2010. 5.17법10303호(은행법)
2011. 3. 9법10445호(기초연구진흥개발)
2011. 7.25법10907호(산업교육진흥및산학연협력촉진에관한법)
2012. 1.26법11232호(연구개발특구의육성에관한특별법)
2013. 3.22법11660호
2013. 3.23법11690호(정부조직)
2013. 5.28법11845호(자본시장금융투자업)
2013. 8. 6법12004호
2014. 1.14법12237호
2014. 5.20법12592호(상업등기법)
2014.12.30법12927호
2015. 5.18법13310호
2015. 7.24법13448호(자본시장금융투자업)
2015. 7.31법13453호(금융회사의지배구조에관한법)
2016. 3.22법14079호(기초연구진흥개발)
2016. 3.29법14111호(중소기업진흥)
2016. 3.29법14122호(기술보증기금법)
2016. 3.29법14127호(여신전문금융업법)
2016. 5.29법14271호
2016.12. 2법14363호
2017. 3.21법14681호
2017. 7.26법14839호(정부조직)
2018. 3.13법15463호
2018.12.11법15920호
2018.12.31법16172호(중소기업진흥에관한법)
2019. 1. 8법16216호
2019. 4.23법16397호
2020. 2.11법16997호
2020. 2.11법16998호(벤처투자촉진에관한법)
2020.12.29법17764호(상법)
2021. 1.12법17893호(지방자치)
2021. 4.20법18104호
2021. 7.27법18358호(지역중소기업육성및혁신촉진등에관한법)
2021.12.28법18661호(중소기업창업)
2022.10.18법19016호
2023. 1. 3법19178호
2023. 5.16법19416호
2023. 6.20법19504호(벤처투자촉진에관한법)
2023.10.31법19822호
2024. 1. 9법19990호→2024년 7월 10일 시행

제1장 총 칙
(2007.8.3 본장개정)

제1조【목적】 이 법은 기존 기업의 벤처기업으로의 전환과 벤처기업의 창업을 촉진하여 우리 산업의 구조조정을 원활히 하고 경쟁력을 높이는 데에 기여하는 것을 목적으로 한다.
제2조【정의】 ① "벤처기업"이란 제2조의2의 요건을 갖춘 기업을 말한다.
② "투자"란 「벤처투자 촉진에 관한 법률」 제2조제1호에 따른 투자를 말한다.(2024.1.9 본항개정)
③ (2006.3.3 삭제)
④ "벤처기업집적시설"이란 벤처기업 및 대통령령으로 정하는 지원시설을 집중적으로 입주하게 함으로써 벤처기업의 영업활동을 활성화하기 위하여 제18조에 따라 지정된 건축물을 말한다.
⑤ "실험실공장"이란 벤처기업의 창업을 촉진하기 위하여 대학이나 연구기관이 보유하고 있는 연구시설에 「산업집적활성화 및 공장설립에 관한 법률」 제28조에 따른 도시형공장에 해당하는 업종의 생산시설을 갖춘 사업장을 말한다.
⑥ "벤처기업육성촉진지구"란 벤처기업의 밀집도가 다른 지역보다 높은 지역으로 집단화·협업화(協業化)를 통한 벤처기업의 영업활동을 활성화하기 위하여 제18조의4에 따라 지정된 지역을 말한다.
⑦ "전략적제휴"란 벤처기업이 생산성 향상과 경쟁력 강화 등을 목적으로 기술·시설·정보·인력 또는 자본 등의 분야에서 다른 기업의 주주 또는 다른 벤처기업과 협력관계를 형성하는 것을 말한다.
⑧ "신기술창업전문회사"란 대학이나 연구기관이 보유하고 있는 기술의 사업화와 이를 통한 창업 촉진을 주된 업무로 하는 회사로서 제11조의2에 따라 등록된 회사를 말한다.
⑨ "신기술창업집적지역"이란 대학이나 연구기관이 보유하고 있는 교지나 부지로서 「중소기업창업 지원법」 제2조제3호에 따른 창업기업(이하 "창업기업"이라 한다)과 벤처기업 등에 사업화 공간을 제공하기 위하여 제17조의2에 따라 지정된 지역을 말한다.(2021.12.28 본항개정)
⑩ "소셜벤처기업"이란 사회적 가치와 경제적 가치를 통합적으로 추구하는 기업으로서 제16조의10제1항에 따른 요건을 갖춘 기업을 말한다.(2023.1.3 본항개정)
제2조의2【벤처기업의 요건】 ① 벤처기업은 다음 각 호의 요건을 갖추어야 한다.
1. 「중소기업기본법」 제2조에 따른 중소기업(이하 "중소기업"이라 한다)일 것
2. 다음 각 목의 어느 하나에 해당할 것
가. 다음 각각의 어느 하나에 해당하는 자의 투자금액의 합계(이하 이 목에서 "투자금액의 합계"라 한다) 및 기업의 자본금 중 투자금액의 합계가 차지하는 비율이 각각 대통령령으로 정하는 기준 이상이고, 제25조의3제1항에 따라 지정받은 벤처기업확인기관(이하 "벤처기업확인기관"이라 한다)으로부터 해당 요건을 갖춘 것으로 평가받은 기업(2024.1.9 본문개정)
(1) 「벤처투자 촉진에 관한 법률」 제2조제10호에 따른 벤처투자회사(이하 "벤처투자회사"라 한다)(2023.6.20 개정)
(2) 「벤처투자 촉진에 관한 법률」 제2조제11호에 따른 벤처투자조합(이하 "벤처투자조합"이라 한다)(2020.2.11 개정)
(3) 「여신전문금융업법」에 따른 신기술사업금융업자(이하 "신기술사업금융업자"라 한다)(2016.3.29 개정)
(4) 「여신전문금융업법」에 따른 신기술사업투자조합(이하 "신기술사업투자조합"이라 한다)(2016.3.29 개정)
(5) (2020.2.11 삭제)
(6) 「벤처투자 촉진에 관한 법률」 제66조에 따른 한국벤처투자(2020.2.11 개정)
(7) 중소기업에 대한 기술평가 및 투자를 하는 자로서 대통령령으로 정하는 자(2020.2.11 개정)
(8) 투자실적, 경력, 자격요건 등 대통령령으로 정하는 기준을 충족하는 개인(2014.1.14 신설)
나. 다음의 어느 하나를 보유한 기업의 연간 연구개발비와 연간 총매출액에 대한 연구개발비의 합계가 차지하는 비율이 각각 대통령령으로 정하는 기준 이상이고, 벤처기업확인기관으로부터 성장성이 우수한 것으로 평가받은 기업. 다만, 연간 총매출액에 대한 연구개발비의 합계가 차지하는 비율에 관한 기준은 창업 후 3년이 지나지 아니한 기업에 대하여는 적용하지 아니한다.(2024.1.9 본문개정)
1) 「기초연구진흥 및 기술개발지원에 관한 법률」 제14조의2제1항에 따라 인정받은 기업부설연구소 또는 연구개발전담부서(2020.2.11 신설)
2) 「문화산업진흥 기본법」 제17조의3제1항에 따라 인정받은 기업부설창작연구소 또는 기업창작전담부서(2020.2.11 신설)
다. 벤처기업확인기관으로부터 기술의 혁신성과 사업의 성장성이 우수한 것으로 평가받은 기업(창업 중인 기업을 포함한다)(2020.2.11 본목개정)
② 제1항제2호나목 및 다목에 따른 평가기준과 평가방법 등에 관하여 필요한 사항은 대통령령으로 정한다.(2020.2.11 본항개정)
제3조【벤처기업에 포함되지 아니하는 업종의 결정】 제2조제1항에도 불구하고 우리 산업의 구조조정을 원활히 하고 경쟁력을 높이기 위하여 일반 유흥 주점업 등 대통령령으로 정하는 업종을 영위하는 기업은 벤처기업에 포함하지 아니한다.(2019.4.23 본조개정)

제2장 벤처기업 육성기반의 구축
(2007.8.3 본장제목개정)

제1절 벤처기업 육성을 위한 추진체계의 구축
(2016.12.2 본절신설)

제3조의2【벤처기업 육성계획의 수립 등】 ① 중소벤처기업부장관은 벤처기업을 육성하기 위하여 3년마다 벤처기업 육성계획(이하 "육성계획"이라 한다)을 관계 중앙행정기관의 장과 협의를 거쳐 수립·시행하여야 한다.(2017.7.26 본항개정)
② 육성계획에는 다음 각 호의 사항이 포함되어야 한다.
1. 벤처기업의 육성을 위한 정책의 기본방향
2. 벤처기업의 창업지원에 관한 사항
3. 벤처기업 육성을 위한 기반조성에 관한 사항
4. 벤처기업 관련 통계 조사·관리에 관한 사항
5. 벤처기업 제품의 공공구매 확대에 관한 사항
5의2. 벤처기업의 해외시장 진출 지원에 관한 사항
(2020.2.11 본호신설)
6. 그 밖에 벤처기업의 육성을 위하여 필요한 사항
③ 중소벤처기업부장관은 육성계획의 수립과 시행을 위하여 필요한 경우에는 관계 중앙행정기관의 장과 벤처기업 육성에 관련된 기관 또는 단체 대표자 등에 대하여 자료의 제출이나 의견의 진술을 요청할 수 있다. 이 경우 요청을 받은 관계 중앙행정기관의 장 등은 특별한 사정이 없으면 요청에 따라야 한다.(2017.7.26 전단개정)
제3조의3【실태조사】 ① 중소벤처기업부장관은 벤처기업을 체계적으로 육성하고 육성계획을 효율적으로 수립·추진하기 위하여 매년 벤처기업의 활동현황 및 실태 등에 대한 조사를 하고 그 결과를 공표하여야 한다.
② 중소벤처기업부장관은 제1항에 따른 실태조사를 하기 위하여 필요한 경우에는 관계 중앙행정기관의 장, 지방자치단체의 장, 「공공기관의 운영에 관한 법률」에 따른 공공기관의 장, 벤처기업 대표자 또는 관련 단체 대표자 등에 대하여 자료의 제출이나 의견의 진술 등을 요청할 수

있다. 이 경우 요청을 받은 관계 중앙행정기관의 장 등은 특별한 사정이 없으면 요청에 따라야 한다.
(2017.7.26 본조개정)

제3조의4【종합관리시스템 구축·운영】 ① 중소벤처기업부장관은 벤처기업 관련 정보를 종합적으로 관리하고 벤처기업 간의 협력기반을 구축하여 벤처기업 활동에 유용한 정보를 제공하기 위하여 종합관리시스템을 구축·운영할 수 있다.
② 중소벤처기업부장관은 종합관리시스템의 구축·운영을 위하여 필요한 경우 다음 각 호의 자료 또는 정보의 제공을 다음 각 호의 구분에 따른 자에게 요청할 수 있다. 이 경우 요청을 받은 자는 특별한 사유가 없으면 그 요청에 따라야 한다.
1. 「국세기본법」 제81조의13에 따른 과세정보로서 당사자의 동의를 받은 다음 각 목의 정보 : 국세청장
가. 개업일, 휴업일 및 폐업일
나. 다음의 구분에 따른 정보
1) 제2조의2제1항제2호가목에 해당하는 기업의 경우 : 자본금
2) 제2조의2제1항제2호나목에 해당하는 기업의 경우 : 연간 총매출액, 해당 연도에 발생한 「조세특례제한법」 제10조제1항제1호 및 제3호에 따른 신성장·원천기술 연구개발비 및 일반연구·인력개발비
2. 「고용보험법」 제2조제1호에 따른 피보험자 수 : 고용노동부장관
3. 그 밖에 종합관리시스템의 구축·운영을 위하여 필요한 자료 또는 정보로서 대통령령으로 정하는 자료 또는 정보 : 해당 자료 또는 정보를 보유한 관계 중앙행정기관의 장, 지방자치단체의 장, 「공공기관의 운영에 관한 법률」에 따른 공공기관의 장, 그 밖의 관계 기관·법인 또는 단체의 장
③ 제1항 및 제2항에서 규정한 사항 외에 종합관리시스템의 운영기관 지정 등 종합관리시스템의 구축·운영에 필요한 사항은 대통령령으로 정한다.
(2020.2.11 본조개정)

제3조의5【벤처기업 성장촉진 지원사업의 추진 등】 중소벤처기업부장관은 벤처기업의 혁신과 성장을 촉진하기 위하여 다음 각 호의 사항에 관한 사업을 추진하거나 필요한 시책을 수립·시행할 수 있다.
1. 벤처기업의 발굴·육성 및 그에 대한 지원
2. 벤처기업의 기술혁신과 사업화 촉진 지원
3. 벤처기업의 판로개척 및 해외진출 지원
4. 국내외 인재 및 투자 유치 활성화
5. 그 밖에 대통령령으로 정하는 사업
(2024.1.9 본조신설)

제3조의6【벤처기업지원전문기관의 지정 등】 ① 중소벤처기업부장관은 제3조의5 및 제16조의10제2항에 따른 지원사업을 효율적으로 지원하기 위하여 전문인력 및 전담조직 등 대통령령으로 정하는 기준을 갖춘 기관을 벤처기업지원전문기관으로 지정할 수 있다.
② 중소벤처기업부장관은 제1항에 따라 지정된 벤처기업지원전문기관(이하 이 조에서 "벤처기업지원전문기관"이라 한다)이 제1항에 따른 업무를 수행하는 데에 필요한 경비를 예산의 범위에서 지원할 수 있다.
③ 제2항에 따른 지원을 받은 벤처기업지원전문기관은 별도의 계정을 설정하여 관리하여야 한다.
④ 중소벤처기업부장관은 벤처기업지원전문기관이 다음 각 호의 어느 하나에 해당하는 경우에는 그 지정을 취소하거나 6개월 이내의 기간을 정하여 업무의 전부 또는 일부의 정지를 명할 수 있다. 다만, 제1호에 해당하면 그 지정을 취소하여야 한다.
1. 거짓이나 그 밖의 부정한 방법으로 지정을 받은 경우
2. 지정받은 사항을 위반하여 업무를 행한 경우
3. 제1항에 따른 지정기준에 적합하지 아니하게 된 경우
⑤ 벤처기업지원전문기관의 지정기준·절차, 지정취소 및 운영 등에 필요한 사항은 대통령령으로 정한다.
(2024.1.9 본조신설)

제2절 자금공급의 원활화
(2007.8.3 본절제목개정)

제4조～제4조의10 (2020.2.11 삭제)

제5조【우선적 신용보증의 실시】 「기술보증기금법」에 따른 기술보증기금(이하 "기술보증기금"이라 한다)은 벤처기업과 신기술창업전문회사에 우선적으로 신용보증을 하여야 한다.(2020.2.11 본조개정)

제6조【지식재산권등의 출자 특례】 ① 벤처기업에 대한 현물출자 대상에는 특허권·실용신안권·디자인권·저작권, 그 밖에 이에 준하는 기술과 그 사용에 관한 권리(이하 "지식재산권등"이라 한다)를 포함한다.
② 대통령령으로 정하는 기술평가기관이 지식재산권등의 가격을 평가한 경우 그 평가 내용은 「상법」 제299조의2와 제422조에 따라 공인된 감정인이 감정한 것으로 본다.
(2023.1.3 본조개정)

제7조 (1998.12.30 삭제)

제8조 (2020.2.11 삭제)

제9조【외국인의 주식취득 제한에 대한 특례】 ① 외국인(대한민국에 6개월 이상 주소나 거소를 두지 아니한 개인을 말한다) 또는 「자본시장과 금융투자업에 관한 법률」 제9조제16항의 외국법인등에 의한 벤처기업의 주식 취득에 관하여는 같은 법 제168조제1항부터 제3항까지의 규정을 적용하지 아니한다.(2009.1.30 본항개정)
② 제1항에 따른 외국인 또는 외국법인등에 의한 벤처기업의 주식 취득에 관하여는 그 벤처기업의 정관으로 정하는 바에 따라 제한할 수 있다.
(2007.8.3 본조개정)

제10조 (1998.12.28 삭제)

제10조의2 (2010.1.27 삭제)

제11조 (2001.2.3 삭제)

제11조의2【신기술창업전문회사의 설립 등】 ① 다음 각 호의 어느 하나에 해당하는 대학이나 연구기관은 신기술창업전문회사(이하 "전문회사"라 한다)를 설립할 수 있다.(2009.1.30 본문개정)
1. 대학(「산업교육진흥 및 산학연협력촉진에 관한 법률」 제25조에 따른 산학협력단을 포함한다)(2011.7.25 본호개정)
2. 국공립연구기관
3. 정부출연연구기관
4. 그 밖에 과학이나 산업기술 분야의 연구기관으로서 대통령령으로 정하는 기관
② 제1항에 따라 전문회사를 설립하는 경우 대학이나 연구기관은 대통령령으로 정하는 바에 따라 중소벤처기업부장관에게 등록하여야 한다. 이를 변경하는 경우에도 또한 같다.(2009.1.30 단서삭제)
③ 중소벤처기업부장관은 제2항에 따른 등록 신청이 있을 때에는 그 신청 내용이 다음 각 호의 어느 하나에 해당하는 경우를 제외하고는 등록을 해 주어야 한다.
(2017.7.26 본문개정)
1. 「상법」에 따른 주식회사가 아닌 경우(2013.3.22 본호개정)
2. 임원이 다음 각 목의 어느 하나에 해당하는 경우
(2013.3.22 본문개정)
가. 피성년후견인 또는 피한정후견인(2013.3.22 본목개정)
나. 파산선고를 받고 복권되지 아니한 사람
다. 금고 이상의 실형을 선고받고 그 집행이 끝나거나(끝난 것으로 보는 경우를 포함한다) 집행을 받지 아니하기로 확정된 후 5년이 지나지 아니한 사람
라. 금고 이상의 형의 집행유예를 선고받고 그 유예기간이 끝난 날부터 2년이 지나지 아니한 사람(2013.3.22 본목개정)
마. 금고 이상의 형의 선고유예를 받고 그 유예기간 중에 있는 사람
바. 법원의 판결 또는 다른 법률에 따라 자격이 상실되거나 정지된 사람
(2009.1.30 본호개정)
3. 보유인력과 보유시설이 대통령령으로 정하는 기준에 미치지 못하는 경우(2013.3.22 본호개정)
④ 전문회사는 다음 각 호의 업무를 영위한다.
1. 대학·연구기관 또는 전문회사가 보유한 기술의 사업화
2. 제1호에 따른 기술의 사업화를 위한 자회사의 설립. 다만, 제1항제1호의 대학은 자회사를 설립할 수 없다.
3. 「중소기업창업 지원법」 제53조제1항에 따른 창업보육센터의 설립·운영(2021.12.28 본호개정)
4. 벤처투자조합·신기술사업투자조합 또는 「벤처투자 촉진에 관한 법률」 제2조제8호에 따른 개인투자조합(이하 "개인투자조합"이라 한다)에 대한 출자
(2020.2.11 본호개정)
4의2. 개인투자조합 재산의 운용(2020.2.11 본호개정)
5. 전문회사가 보유한 기술의 산업체 등으로의 이전
(2010.1.27 본호신설)
6. 대학·연구기관이 보유한 기술의 산업체 등으로의 이전 알선(2010.1.27 본호신설)
7. 대학·연구기관의 교원·연구원 등이 설립한 회사에 대한 경영·기술 지원(2010.1.27 본호신설)
8. 제1호부터 제7호까지의 규정에 부수되는 사업으로 중소벤처기업부장관이 정하는 사업(2017.7.26 본호개정)
(2007.8.3 본조개정)

제11조의3【전문회사의 운영 등】 ① 대학이나 연구기관은 해당 기관이 설립한 전문회사의 발행주식 총수의 100분의 10 이상을 보유하여야 한다.(2015.5.18 본항개정)
② 대학이나 연구기관은 전문회사를 설립할 때나 그 전문회사가 신주(新株)를 발행할 때에 지식재산권등의 현물이나 현금을 출자할 수 있다. 다만, 제11조의2제1항제1호의 대학이 현금만을 출자하여 전문회사를 설립할 경우에는 전문회사에 보유기술을 이전하여야 한다.
(2023.1.3 본문개정)
③ 전문회사는 그 사업을 수행하기 위하여 필요하면 정부, 정부가 설치하는 기금, 국내외 금융기관, 외국정부 또는 국제기구로부터 자금을 차입할 수 있다.
(2007.8.3 본조개정)

제11조의4【기금의 우선지원】 중소벤처기업창업 및 진흥기금을 관리하는 자는 전문회사에 우선적으로 지원할 수 있다.(2018.12.31 본조개정)

제11조의5【전문회사 등에 대한 특례】 ① 대학이나 연구기관의 교원·연구원 또는 직원이 전문회사의 대표나 임직원으로 근무하기 위하여 휴직·겸직 또는 겸임하는 경우에는 제16조 및 제16조의2를 준용한다.
② 대학이나 연구기관이 제11조의3제2항에 따라 현물을 전문회사에 출자할 경우 지식재산권등에 대한 가격의 평가와 감정은 제6조제2항을 준용한다.(2023.1.3 본항개정)
③ 「공익법인의 설립·운영에 관한 법률」에 따른 공익법인인 연구기관이 제11조의2제2항에 따라 전문회사를 등록한 경우에는 30일 이내에 주무관청에 신고하여야 한다. 신고를 한 경우에는 같은 법 제4조제3항에 따른 주무관청의 승인을 받은 것으로 본다.
④ 대학이나 연구기관은 전문회사에 대하여 특허권, 실용신안권, 디자인권, 그 밖에 이에 준하는 기술과 그에 사용하는 권리(이하 "산업재산권등"이라 한다)의 이용을 허락할 때 「기술의 이전 및 사업화 촉진에 관한 법률」 제24조제4항 및 제5항에도 불구하고 전용실시권을 부여할 수 있다.(2023.1.3 본항개정)
(2007.8.3 본조개정)

제11조의6【전문회사의 행위제한 등】 ① 전문회사는 다음 각 호의 어느 하나에 해당하는 행위를 하여서는 아니 된다.
1. 「유사수신행위의 규제에 관한 법률」 제3조를 위반하여 출자자나 투자자를 모집하는 행위
2. 해당 전문회사가 설립한 자회사와의 채무 보증 등 대통령령으로 정하는 거래행위
3. 그 밖에 설립목적을 해치는 것으로서 대통령령으로 정하는 행위
② 전문회사는 주주총회의 특별결의에 의하여만 제11조의2제4항제2호에 따른 자회사를 설립할 수 있다.
③ 대학이나 연구기관은 전문회사에 대한 투자나 출자로 발생한 배당금·수익금과 잉여금을 대학이나 연구기관의 고유목적사업이나 연구개발 및 산학협력 활동 등 대통령령으로 정하는 용도로 사용하여야 한다.
(2007.8.3 본조개정)

제11조의7【전문회사 등록의 취소】 중소벤처기업부장관은 전문회사가 다음 각 호의 어느 하나에 해당하면 그 등록을 취소할 수 있다. 다만, 제1호에 해당하는 경우에는 그 등록을 취소하여야 한다.(2017.7.26 본문개정)
1. 거짓이나 그 밖의 부정한 방법으로 등록한 경우
2. 제11조의6제1항 각 호의 행위를 한 경우
3. 제11조의2제3항 각 호의 어느 하나에 해당하게 된 경우. 다만, 제11조의2제3항제2호에 해당하게 된 전문회사가 그 사유가 발생한 날부터 3개월 이내에 그 사유를 해소한 경우는 제외한다.(2018.12.11 단서신설)
(2007.8.3 본조개정)

제12조～제13조의3 (2020.2.11 삭제)

제14조【조세에 대한 특례】 ① 국가나 지방자치단체는 벤처기업을 육성하기 위하여 「조세특례제한법」, 「지방세특례제한법」, 그 밖의 관계 법률로 정하는 바에 따라 소득세·법인세·취득세·재산세 및 등록면허세 등을 감면할 수 있다.(2010.3.31 본항개정)
② (2020.2.11 삭제)
③ 다음 각 호의 경우에는 조세에 관한 법률로 정하는 바에 따라 세제지원을 할 수 있다. 이 경우 세제지원 대상의 확인 등에 필요한 사항은 대통령령으로 정한다.
1. 주식회사인 벤처기업과 다른 주식회사의 주주 또는 주식회사인 다른 벤처기업이 주식교환을 하는 경우
2. 주식회사인 벤처기업과 다른 주식회사가 합병을 하는 경우
(2007.8.3 본조개정)

제3절 기업활동과 인력 공급의 원활화
(2007.8.3 본절개정)

제15조【벤처기업의 주식교환】 ① 주식회사인 벤처기업(「자본시장과 금융투자업에 관한 법률」 제8조의2제4항제1호에 따른 증권시장에 상장된 법인은 제외한다. 이하 이 조, 제15조의2부터 제15조의11까지, 제16조의3부터 제16조의6까지, 제16조의11, 제16조의12, 제16조의14, 제16조의15, 제16조의17부터 제16조의19까지에서 같다)은 전략적제휴를 위하여 정관으로 정하는 바에 따라 자기주식을 다른 주식회사의 주요주주(해당 법인의 의결권 있는 발행주식 총수의 100분의 10 이상을 보유한 주주를 말한다. 이하 같다) 또는 주식회사인 다른 벤처기업의 주식과 교환할 수 있다.(2024.1.9 본항개정)
② 제1항에 따라 주식교환을 하려는 벤처기업은 「상법」 제341조에도 불구하고 제1항에 따른 주식교환에 필요한 주식에 대하여는 자기의 계산으로 자기주식을 취득하여야 한다. 이 경우 그 취득금액은 같은 법 제462조제1항에 따른 이익배당이 가능한 한도 이내이어야 한다.
③ 제1항에 따라 주식교환을 하려는 벤처기업은 다음 각 호의 사항이 포함된 주식교환계약서를 작성하여 주주총회의 승인을 받아야 한다. 이 경우 주주총회의 승인 결의에 관하여는 「상법」 제434조를 준용한다.
1. 전략적제휴의 내용
2. 자기주식의 취득 방법, 취득 가격 및 취득 시기에 관한 사항
3. 교환할 주식의 가액총액·평가·종류 및 수량에 관한 사항
4. 주식교환을 할 날
5. 다른 주식회사의 주요주주와 주식을 교환할 경우 주주의 성명, 주민등록번호, 교환할 주식의 종류 및 수량

④ 제1항에 따라 주식교환을 하려는 벤처기업은 그에 관한 이사회의 결의가 있을 때에는 즉시 결의내용을 주주에게 통보하고, 제3항에 따른 주식교환계약서를 갖추어 놓아 열람할 수 있도록 하여야 한다.
⑤ 벤처기업이 제1항에 따른 주식교환에 따라 다른 주식회사의 주요주주의 주식이나 다른 벤처기업의 주식을 취득한 경우에는 취득일부터 1년 이상 이를 보유하여야 한다. 제1항에 따른 주식교환에 따라 벤처기업의 주식을 취득한 다른 주식회사의 주요주주의 경우에도 또한 같다.
⑥ 제2항에 따른 자기주식의 취득 기간은 제3항의 주주총회 승인 결의일부터 6개월 이내이어야 한다.

제15조의2【반대주주의 주식매수청구권】 ① 제15조제3항에 따른 주주총회 승인 결의 전에 그 벤처기업에 서면으로 주식교환을 반대하는 의사를 알린 주주는 주주총회 승인 결의일부터 10일 이내에 자기가 보유한 주식의 매수를 서면으로 청구할 수 있다.
② 제1항에 따라 매수청구를 받은 벤처기업은 청구를 받은 날부터 2개월 이내에 그 주식을 매수하여야 한다. 이 경우 그 주식은 6개월 이내에 처분하여야 한다.
③ 제2항에 따른 주식의 매수가격의 결정에 관하여는 「상법」 제374조의2제3항부터 제5항까지의 규정을 준용한다.

제15조의3【합병 절차의 간소화 등】 ① 주식회사인 벤처기업이 다른 주식회사와 합병결의(제15조의9에 따른 소규모합병 및 제15조의10에 따른 간이합병의 경우에는 이사회의 승인결의를 말한다)를 한 경우에는 채권자에게 「상법」 제527조의5제1항에도 불구하고 그 합병결의를 한 날부터 1주 내에 합병에 이의가 있으면 10일 이상의 기간 내에 이를 제출할 것을 공고하고, 알고 있는 채권자에게는 공고사항을 최고(催告)하여야 한다.
② 주식회사인 벤처기업이 합병 결의를 위한 주주총회 소집을 알릴 때는 「상법」 제363조제1항에도 불구하고 그 통지일을 주주총회일 7일 전으로 할 수 있다.
③ 주식회사인 벤처기업이 다른 주식회사와 합병하기 위하여 합병계약서 등을 공시할 때는 「상법」 제522조의2제1항에도 불구하고 그 공시 기간을 합병승인을 위한 주주총회일 7일 전부터 합병한 날 이후 1개월이 지나는 날까지로 할 수 있다.
④ 주식회사인 벤처기업의 합병에 관하여 이사회가 결의한 때에 그 결의에 반대하는 벤처기업의 주주는 「상법」 제522조의3제1항에도 불구하고 주주총회 전에 벤처기업에 대하여 서면으로 합병에 반대하는 의사를 알리고 자기가 소유하고 있는 주식의 종류와 수를 적어 주식의 매수를 청구하여야 한다.
⑤ 벤처기업이 제4항에 따른 청구를 받은 경우에는 「상법」 제374조의2제2항 및 제530조제2항에도 불구하고 합병에 관한 주주총회의 결의일부터 2개월 이내에 그 주식을 매수하여야 한다.
⑥ 제5항에 따른 주식의 매수가액의 결정에 관하여는 「상법」 제374조의2제3항부터 제5항까지의 규정을 준용한다. 이 경우 같은 법 제374조의2제4항 중 "제1항의 청구를 받은 날"은 "합병에 관한 주주총회의 결의일"로 본다.

제15조의4【신주발행에 의한 주식 교환 등】 ① 주식회사인 벤처기업은 전략적제휴를 위하여 정관으로 정하는 바에 따라 신주를 발행하여 다른 주식회사의 주요주주의 주식이나 주식회사인 다른 벤처기업의 주식과 교환할 수 있다. 이 경우 다른 주식회사의 주요주주나 주식회사인 다른 벤처기업은 벤처기업이 주식교환을 위하여 발행하는 신주를 배정받음으로써 그 벤처기업의 주주가 된다.
② 제1항에 따른 주식교환을 하려는 벤처기업은 다음 각 호의 사항이 포함된 주식교환계약서를 작성하여 주주총회의 승인을 받아야 한다. 이 경우 주주총회의 승인 결의에 관하여는 「상법」 제434조를 준용한다.
1. 전략적제휴의 내용
2. 교환할 신주의 가액·총액·평가·종류·수량 및 배정에 관한 사항
3. 주식교환을 할 날
4. 다른 주식회사의 주요주주와 주식을 교환할 경우 주주의 성명, 주민등록번호, 교환할 주식의 종류 및 수량
③ 제1항에 따른 주식교환을 통하여 다른 주식회사의 주요주주가 보유한 주식이나 주식회사인 다른 벤처기업이 보유한 주식을 벤처기업에 현물로 출자하는 경우 대통령령으로 정하는 공인평가기관이 그 주식의 가격을 평가한 때에는 「상법」 제422조제1항에 따라 검사인이 조사를 한 것으로 보거나 공인된 감정인이 감정한 것으로 본다. 이 경우 「상법」 제422조제3항 및 제4항은 적용하지 아니한다.(2016.5.29 후단개정)
④ 제1항에 따라 주식교환을 하는 경우에는 제15조제4항 및 제5항을 준용한다.

제15조의5【신주발행 주식교환 시 주식매수청구권】 제15조의4에 따른 주식교환에 반대하는 주주의 주식매수청구권에 관하여는 제15조의2제1항부터 제3항까지의 규정을 준용한다.

제15조의6【주식교환의 특례】 ① 벤처기업이 제15조나 제15조의4에 따라 주식교환을 하는 경우 그 교환하는 주식의 수가 발행주식 총수의 100분의 50을 초과하지 아니하면 주주총회의 승인은 정관으로 정하는 바에 따라 이사회의 승인으로 갈음할 수 있다.
② 제1항에 따라 주식교환을 하려는 벤처기업은 주식교환계약서에 제15조제3항이나 제15조의4제2항에 따른 주주총회의 승인을 받지 아니하고 주식교환을 할 수 있다는 뜻을 적어야 한다.
③ 벤처기업은 주식교환계약서를 작성한 날부터 2주 이내에 다음 각 호의 사항을 공고하거나 주주에게 알려야 한다.
1. 주식교환계약서의 주요 내용
2. 주주총회의 승인을 받지 아니하고 주식교환을 한다는 뜻
④ 벤처기업의 발행주식 총수의 100분의 20 이상에 해당하는 주식을 소유한 주주가 제3항에 따른 공고나 통지가 있었던 날부터 2주 이내에 서면으로 제1항에 따른 주식교환에 반대하는 의사를 알린 경우에는 이 조에 따른 주식교환을 할 수 없다.
⑤ 제1항에 따른 주식교환의 경우에는 제15조의2나 제15조의5를 적용하지 아니한다.

제15조의7【주식교환무효의 소】 제15조나 제15조의4에 따른 주식교환무효의 소(訴)에 관하여는 「상법」 제360조의14를 준용한다. 이 경우 「상법」 제360조의14제2항 중 "완전모회사가 되는 회사"는 "벤처기업"으로 보고, 같은 조 제3항 중 "완전모회사가 된 회사"는 "벤처기업"으로, "완전자회사가 된 회사"는 "주식회사인 다른 벤처기업"으로 본다.

제15조의8【다른 주식회사의 영업양수의 특례】 ① 주식회사인 벤처기업이 영업의 전부 또는 일부를 다른 주식회사(「자본시장과 금융투자업에 관한 법률」 제8조의2제4항제1호에 따른 증권시장에 상장된 법인은 제외한다. 이하 이 조, 제15조의9부터 제15조의11까지의 규정에서 같다)에 양도하는 경우 그 양도가액이 다른 주식회사의 최종 대차대조표상으로 현존하는 순자산액의 100분의 10을 초과하지 아니하면 다른 주식회사의 주주총회의 승인은 정관으로 정하는 바에 따라 이사회의 승인으로 갈음할 수 있다.(2013.5.28 본항개정)
② 제1항에 따른 경우에는 영업양도·양수계약서에 다른 주식회사에 관하여는 주주총회의 승인을 받지 아니하고 벤처기업의 영업의 전부 또는 일부를 양수할 수 있다는 뜻을 적어야 한다.
③ 제1항에 따라 벤처기업의 영업의 전부 또는 일부를 양수하려는 다른 주식회사는 영업양도·양수계약서를 작성한 날부터 2주 이내에 다음 각 호의 사항을 공고하거나 주주에게 알려야 한다.
1. 영업양도·양수계약서의 주요 내용
2. 주주총회의 승인을 받지 아니하고 영업을 양수한다는 뜻
④ 다른 주식회사의 발행주식 총수의 100분의 20 이상에 해당하는 주식을 소유한 주주가 제3항에 따른 공고나 통지가 있었던 날부터 2주 이내에 서면으로 제1항에 따른 영업양수를 반대하는 의사를 알린 경우에는 이 조에 따른 영업양수를 할 수 없다.
⑤ 제1항에 따른 영업양수의 경우에는 「상법」 제374조의2를 적용하지 아니한다.

제15조의9【벤처기업 소규모합병의 특례】 ① 주식회사인 벤처기업이 다른 주식회사와 합병을 하는 경우 「상법」 제527조의3제1항에도 불구하고 합병 후 존속하는 회사가 합병으로 인하여 발행하는 신주의 총수가 그 주식회사의 발행주식총수의 100분의 20 이하인 때에는 그 존속하는 회사의 주주총회의 승인은 이사회의 승인으로 갈음할 수 있다. 다만, 합병으로 인하여 소멸하는 회사의 주주에게 지급할 금액을 정한 경우에 그 금액이 존속하는 회사의 최종 대차대조표상으로 현존하는 순자산액의 100분의 5를 초과하는 때에는 그러하지 아니하다.(2013.8.6 본문개정)
② 제1항에 따른 합병에 반대하는 주주의 주식매수청구권은 인정하지 아니한다.
(2007.8.3 본조신설)

제15조의10【벤처기업 간이합병의 특례】 ① 주식회사인 벤처기업이 다른 주식회사와 합병을 하는 경우 「상법」 제527조의2제1항에도 불구하고 합병 후 존속하는 회사가 소멸회사의 발행주식총수 중 의결권 있는 주식의 100분의 80 이상을 보유하는 경우에는 그 소멸하는 회사의 주주총회의 승인은 이사회의 승인으로 갈음할 수 있다.
(2013.8.6 본항개정)
② 제1항에 따른 합병에 반대하는 주주의 주식매수청구권에 관하여는 「상법」 제522조의3제2항에 따른다.
(2007.8.3 본조신설)

제15조의11【간이영업양도】 ① 주식회사인 벤처기업이 영업의 전부 또는 일부를 다른 주식회사에 양도하는 경우 「상법」 제374조에도 불구하고 영업을 양도하는 회사의 총주주의 동의가 있거나 영업을 양도하는 회사의 발행주식총수 중 의결권 있는 주식의 100분의 90 이상을 다른 주식회사가 보유하는 경우에는 영업을 양도하는 회사의 주주총회의 승인은 이사회의 승인으로 갈음할 수 있다.
② 제1항의 경우에는 영업양도·양수계약서에 영업을 양도하는 회사에 관하여는 주주총회의 승인을 받지 아니하고 벤처기업의 영업의 전부 또는 일부를 양도할 수 있다는 뜻을 적어야 한다.
③ 제1항에 따라 벤처기업의 영업의 전부 또는 일부를 양도하려는 회사는 영업양도·양수계약서를 작성한 날부터 2주 이내에 다음 각 호의 사항을 공고하거나 주주에게 알려야 한다.
1. 영업양도·양수계약서의 주요 내용
2. 주주총회의 승인을 받지 아니하고 영업을 양도한다는 뜻
④ 제3항의 공고 또는 통지를 한 날부터 2주 이내에 회사에 대하여 서면으로 영업양도에 반대하는 의사를 통지한 주주는 그 2주의 기간이 지난 날부터 20일 이내에 주식의 종류와 수를 기재한 서면으로 회사에 대하여 자기가 소유하고 있는 주식의 매수를 청구할 수 있다.
⑤ 제4항의 매수청구에 관하여는 「상법」 제374조의2제2항부터 제5항까지의 규정을 준용한다.
(2009.1.30 본조신설)

제15조의12【준용규정】 제15조, 제15조의2부터 제15조의11까지, 제24조제1항제4호는 창업기업에 관하여 준용한다. 이 경우 "벤처기업"은 "창업기업"으로 본다.
(2021.12.28 본조개정)

제15조의13【중소벤처기업 인수합병 지원센터의 지정】 ① 중소벤처기업부장관은 중소벤처기업의 인수합병을 효율적으로 지원하기 위하여 중소기업지원 관련 기관 또는 단체를 중소벤처기업 인수합병 지원센터(이하 "지원센터"라 한다)로 지정할 수 있다.(2017.7.26 본항개정)
② 지원센터의 업무는 다음 각 호와 같다.
1. 중소벤처기업의 인수합병계획의 수립 지원에 관한 사항
2. 중소벤처기업의 인수합병을 위한 기업정보의 수집·제공 및 컨설팅 지원에 관한 사항
3. 중소벤처기업의 기업가치평가모델의 개발 및 보급에 관한 사항
4. 중소벤처기업의 인수합병에 필요한 자금의 연계지원에 관한 사항
5. 중소벤처기업의 인수합병 전문가 양성 및 교육에 관한 사항
6. 그 밖에 중소벤처기업의 인수합병 촉진을 위하여 중소벤처기업부장관이 정하는 사항(2017.7.26 본호개정)
③ 중소벤처기업부장관은 지원센터의 운영에 드는 경비의 전부 또는 일부를 지원할 수 있다.(2017.7.26 본항개정)
④ 제1항부터 제3항까지에서 규정한 사항 외에 지원센터의 지정기준, 지정절차 및 운영 등에 필요한 사항은 대통령령으로 정한다.
(2009.1.30 본조신설)

제15조의14【지원센터의 지정취소】 중소벤처기업부장관은 지원센터가 다음 각 호의 어느 하나에 해당하는 경우에는 그 지정을 취소할 수 있다. 다만, 제1호에 해당하는 경우에는 그 지정을 취소하여야 한다.(2017.7.26 본문개정)
1. 거짓이나 그 밖의 부정한 방법으로 지정을 받은 경우
2. 제15조의13제4항에 따른 지정기준에 미달하게 되는 경우
3. 지정받은 업무를 정당한 사유 없이 1개월 이상 수행하지 아니한 경우
(2009.1.30 본조신설)

제16조【교육공무원등의 휴직 허용】 ① 다음 각 호의 어느 하나에 해당하는 자(이하 "교육공무원등"이라 한다)는 「교육공무원법」 제44조제1항, 「국가공무원법」 제71조제2항, 「지방공무원법」 제63조제2항 및 「사립학교법」 제59조제1항에도 불구하고 벤처기업 또는 창업기업의 대표자나 임원으로 근무하기 위하여 휴직할 수 있다.
(2021.12.28 본문개정)
1. 「고등교육법」에 따른 대학(다른 법률에 따라 설치된 대학을 포함한다. 이하 같다)의 교원(대학부설연구소의 연구원을 포함한다. 이하 같다)(2024.1.9 본호개정)
2. 국공립연구기관의 연구원(「한국과학기술원법」 제15조, 「광주과학기술원법」 제14조, 「대구경북과학기술원법」 제12조의3 및 「울산과학기술원법」 제8조에 따른 교원 및 연구원을 포함한다. 이하 같다)(2018.3.13 본호개정)
3. 「과학기술분야 정부출연연구기관 등의 설립·운영 및 육성에 관한 법률」 제8조제1항 및 「정부출연연구기관 등의 설립·운영 및 육성에 관한 법률」 제8조제1항에 따른 연구기관의 연구원(부설연구소의 연구원을 포함한다. 이하 같다)(2024.1.9 본호개정)
4. 「산업기술혁신 촉진법」 제42조에 따른 전문생산기술연구소의 연구원(2013.3.22 본호신설)
5. 「지방자치단체 출자·출연 기관의 운영에 관한 법률」 제2조에 따른 출연기관 중 대통령령으로 정하는 기관의 연구원(2024.1.9 본호개정)
6. 「공공기관의 운영에 관한 법률」에 따라 지정된 연구개발 목적의 공공기관 등 대통령령으로 정하는 연구기관 또는 연구소(2024.1.9 본호신설)
② 다음 각 호의 어느 하나에 해당하는 자(이하 "공공기관직원등"이라 한다)는 그 소속 기관의 장의 허가를 받아 벤처기업 또는 창업기업의 대표자나 임원으로 근무하기 위하여 휴직할 수 있다.(2021.12.28 본문개정)
1. 「공공기관의 운영에 관한 법률」 제4조제1항에 따른 공공기관의 직원(이 조 제1항제3호에 따른 연구원은 제외한다)(2020.2.11 본호신설)
2. 제1항제4호에 따른 전문생산기술연구소의 직원(연구원은 제외한다)(2020.2.11 본호신설)
3. 제1항제5호에 따른 지방자치단체 출연기관의 직원(연구원은 제외한다)(2024.1.9 본호개정)
③ 제1항 또는 제2항에 따른 휴직 기간은 5년(창업 준비기간 6개월을 포함한다) 이내로 한다. 다만, 소속 기관의 장이 필요하다고 인정하면 1년 이내에서 휴직 기간을 연장할 수 있다. 이 경우 대학교원의 휴직 기간은 「교육공무원법」 제45조제2항에도 불구하고 임용기간 중의 잔여기간을 초과할 수 있다.(2015.5.18 본문개정)

④ 제1항 또는 제2항에 따라 교육공무원등이나 공공기관직원등이 6개월 이상 휴직하는 경우에는 휴직일부터 그 대학이나 연구기관·공공기관에 그 휴직자의 수에 해당하는 교육공무원등이나 공공기관직원등의 정원이 따로 있는 것으로 본다.(2020.2.11 본항개정)
⑤ 제1항 또는 제2항에 따라 교육공무원등이나 공공기관직원등이 휴직한 후 복직하는 경우 해당 소속 기관의 장은 그 휴직으로 인하여 신분 및 급여상의 불이익을 주어서는 아니 된다.(2020.2.11 본항개정)
(2013.3.22 본조제목개정)

제16조의2【교육공무원등의 겸임이나 겸직에 관한 특례】 ① 교육공무원등 또는 대통령령으로 정하는 정부출연연구기관(국방분야의 연구기관은 제외한다)의 연구원은 다음 각 호의 어느 하나에 해당하지 아니하는 경우 그 소속 기관의 장의 허가를 받아 벤처기업 또는 창업기업의 대표자나 임직원을 겸임하거나 겸직할 수 있다.
(2021.12.28 본문개정)
1. 전공, 보유기술 및 직무경험 등과 무관한 분야에 겸임·겸직하고자 하는 경우
2. 공무원으로서 직무상의 능률을 저해할 우려가 있는 경우
(2013.3.22 본항개정)
② 제1항에 따른 소속 기관의 장의 허가를 받은 경우에는 「교육공무원법」 제18조제1항과 「협동연구개발 촉진법」 제6조제4항에 따른 겸임 및 겸직허가를 받은 것으로 본다.

제16조의3【벤처기업의 주식매수선택권】 ① 주식회사인 벤처기업은 정관으로 정하는 바에 따라 주주총회의 결의로 해당 기업의 설립 또는 기술·경영의 혁신 등에 기여하였거나 기여할 능력을 갖춘 다음 각 호의 자에게 미리 정한 가격(이하 "행사가격"이라 한다)으로 신주를 매수할 수 있는 권리나 그 밖에 대통령령으로 정하는 바에 따라 해당 기업의 주식을 매수할 수 있는 권리(이하 "주식매수선택권"이라 한다)를 부여할 수 있다. 이 경우 주주총회의 결의는 「상법」 제434조를 준용한다.
1. 벤처기업의 임직원(대통령령으로 정하는 자는 제외한다)
2. 벤처기업이 인수한 기업(해당 기업 발행주식 총수의 100분의 30을 초과하는 주식을 가진 벤처기업의 경우에만 해당한다)의 임직원(대통령령으로 정하는 자는 제외한다)
3. 해당 기업이 필요로 하는 전문성을 보유한 자로서 대통령령으로 정하는 자
② 제1항에 따라 부여하는 주식은 회사의 발행주식 총수의 100분의 50을 초과할 수 없다. 다만, 제1항제3호에 해당하는 경우에는 회사의 발행주식 총수의 100분의 10을 초과할 수 없다.
③ 제1항 각 호에 따른 주식매수선택권의 행사가격은 다음 각 호의 구분에 따른 가액 이상이어야 한다.
1. 신주를 발행하는 경우에는 주식매수선택권의 부여일을 기준으로 한 주식의 시가와 주식의 권면액 중 높은 금액
2. 현금이나 자기주식을 양도하는 경우에는 부여일을 기준으로 한 주식의 시가
④ 제3항에도 불구하고 제1항제1호 및 제2호의 자에게 신주를 발행하는 경우로서 대통령령으로 정하는 요건을 갖춘 경우에는 시가보다 낮은 가격(다만, 권면액 이상이어야 한다)으로 정할 수 있다.
(2023.1.3 본조개정)

제16조의4【벤처기업 주식매수선택권의 부여】 ① 제16조의3제1항의 주식매수선택권에 관한 정관의 규정에는 다음 각 호의 사항을 포함하여야 한다.
1. 일정한 경우 주식매수선택권을 부여할 수 있다는 뜻
2. 주식매수선택권의 행사로 내줄 주식의 종류와 수
3. 주식매수선택권을 부여받을 자의 자격 요건
4. 주식매수선택권의 행사 기간
5. 일정한 경우 주식매수선택권의 부여를 이사회의 결의에 의하여 취소할 수 있다는 뜻
② 제16조의3제1항에 따른 주주총회의 특별결의에서는 다음 각 호의 사항을 정하여야 한다.
1. 주식매수선택권을 부여받을 자의 성명이나 명칭
2. 주식매수선택권의 부여 방법
3. 주식매수선택권의 행사 가격과 행사 기간
4. 주식매수선택권을 부여받을 자 각각에 대하여 주식매수선택권의 행사로 내줄 주식의 종류와 수
③ 제2항에도 불구하고 제1항제2호에 따른 주식 총수의 100분의 20 이내에 해당하는 주식을 제16조의3제1항제3호에 해당하는 자에게 부여하는 경우에는 주주총회의 특별결의로 제2항제1호 및 제4호의 사항을 그 벤처기업의 이사회에서 정하게 할 수 있다. 이 경우 주식매수선택권을 부여한 후 처음으로 소집되는 주주총회의 승인을 받아야 한다.
(2023.1.3 본조신설)

제16조의5【주식매수선택권의 행사】 ① 제16조의3제1항에 따라 주식매수선택권을 부여받은 자는 대통령령으로 정하는 경우를 제외하고는 같은 항에 따른 결의가 있는 날 또는 제16조의4제3항에 따라 이사회에서 정한 날부터 2년 이상 재임하거나 재직하여야 이를 행사할 수 있다. 다만, 제16조의3제1항제3호에 해당하는 자에게 부여된 주식매수선택권은 그 결의가 있는 날 또는 제16조의4제3항에 따라 이사회에서 정한 날부터 2년이 경과하고 대통령령으로 정한 요건을 충족한 경우에만 이를 행사할 수 있다.
② 주식매수선택권은 타인에게 양도할 수 없다. 다만, 주식매수선택권을 부여받은 자가 사망한 때에는 그 상속인이 이를 부여받은 것으로 본다.
(2023.1.3 본조신설)

제16조의6【주식매수선택권의 신고 등】 ① 주식매수선택권을 부여하거나 취소 또는 철회하려는 벤처기업은 제16조의4제2항과 제3항에 따른 결의를 한 경우 대통령령으로 정하는 바에 따라 중소벤처기업부장관에게 그 내용을 신고하여야 한다.
② 주식매수선택권의 행사로 신주를 발행하는 경우에는 「상법」 제350조제2항, 제351조, 제516조의9제1항·제3항·제4항 및 제516조의10 전단을 준용한다.
③ 벤처기업의 주식매수선택권에 관하여는 「상법」 제340조의2부터 제340조의5까지에 우선하여 이 법을 적용하되, 이 법에서 규정하지 아니한 사항에 관하여는 「상법」을 적용한다.
④ 제16조의3부터 제16조의6까지에서 규정한 사항 외에 주식회사인 벤처기업의 주식매수선택권 부여·취소·행사, 그 밖에 필요한 사항은 대통령령으로 정한다.
(2023.1.3 본조신설)

제16조의7【벤처기업에 대한 정보 제공】 ① 정부는 벤처기업의 창업 및 영업활동과 관련된 투자·자금·인력·기술·판로 및 입지 등에 관한 정보를 제공하거나 그 밖에 벤처기업의 정보화를 촉진하기 위한 지원을 할 수 있다.
② 중소벤처기업부장관은 중앙행정기관의 장, 지방자치단체의 장 또는 「공공기관의 운영에 관한 법률」의 적용을 받는 공공기관의 장에게 제1항에 따른 정보 제공에 필요한 자료를 요청할 수 있다.(2017.7.26 본항개정)
③ 중소벤처기업부장관은 벤처기업에 대한 개인이나 개인투자조합(이하 이 항에서 "개인등"이라 한다)의 투자를 촉진하기 위하여 중소벤처기업부령으로 정하는 바에 따라 벤처기업의 투자가치에 관한 정보 등 필요한 정보를 개인등에게 제공할 수 있다.(2017.7.26 본항개정)

제16조의8【벤처기업인 유한회사에 대한 특례】 ①~② (2015.5.18 삭제)
③ 유한회사인 벤처기업은 정관에서 정하는 바에 따라 「상법」 제580조에도 불구하고 사원총회의 결의로 이익배당에 관한 기준을 따로 정할 수 있다.

제16조의9【산업재산권 사용에 관한 특례】 ① 대학, 연구기관 또는 공공기관은 제16조 또는 제16조의2에 따라 휴직하거나 겸직을 승인받은 교육공무원등 또는 공공기관직원등에게 직무발명에 따른 산업재산권등의 이용을 허락할 때 「기술의 이전 및 사업화 촉진에 관한 법률」 제24조제4항 및 제5항에도 불구하고 전용실시권을 부여할 수 있다. 다만, 휴직·겸직 이후 완성한 직무발명에 대하여는 해당 교육공무원등 또는 공공기관직원등이 희망할 경우 정당한 대가에 대한 상호 합의를 거쳐 우선적으로 전용실시권을 부여하여야 한다.(2020.2.11 본항개정)
② 제1항은 국가, 지방자치단체 또는 공공기관이 연구개발 경비를 지원하여 획득한 성과로 얻어지는 발명에는 적용되지 아니한다.(2013.3.22 본항신설)

제16조의10【소셜벤처기업】 ① 소셜벤처기업은 사회성, 혁신성장성 등 대통령령으로 정하는 요건을 갖추어야 한다.
② 중소벤처기업부장관은 소셜벤처기업에 다음 각 호의 지원을 할 수 있다.
1. 소셜벤처기업에 대한 기술보증 및 투자
2. 소셜벤처기업 예비창업자 또는 창업기업의 발굴·육성(2021.12.28 본호개정)
3. 그 밖에 소셜벤처기업 활성화를 위하여 필요한 사항
③ 중소벤처기업부장관은 소셜벤처기업을 체계적으로 육성하고 지원하기 위하여 실태조사를 실시할 수 있다. 이 경우 실태조사를 위한 관계 중앙행정기관의 장 등에 대한 자료의 제출이나 의견의 진술 요청 등에 관하여는 제3조의3제2항을 준용한다.
(2021.4.20 본조신설)

제16조의11【복수의결권주식의 발행】 ① 주식회사인 벤처기업은 다음 각 호의 요건을 모두 갖춘 경우 「상법」 제369조에도 불구하고 존속기간을 10년 이내의 범위에서 정관으로 정하는 바에 따라 주주총회의 결의로 복수의 의결권이 있는 주식(이하 "복수의결권주식"이라 한다)을 발행할 수 있다.
1. 대통령령으로 정하는 특수관계인에 해당하지 아니하는 자로부터 창업 이후 대통령령으로 정하는 금액 이상의 투자를 받았을 것. 이 경우 가장 나중에 받은 투자가 대통령령으로 정하는 금액 이상이어야 한다.
2. 제1호 후단의 투자를 받음에 따라 제5항에 따른 창업주가 같은 항 제4호에서 정하는 기준에 해당하는 주식을 소유하지 아니하게 될 것(제6항에 따른 창업주인 경우에는 같은 항에서 정하는 기준에 해당하는 주식을 소유하지 아니하게 될 것을 말한다)
② 주식회사인 벤처기업이 복수의결권주식을 발행하려는 때에는 다음 각 호의 사항을 정관으로 정하여야 한다.
1. 일정한 경우 복수의결권주식을 발행할 수 있다는 뜻
2. 복수의결권주식을 받을 자의 자격 요건
3. 복수의결권주식의 발행 절차
4. 발행할 복수의결권주식의 총수
5. 복수의결권주식의 1주당 의결권의 수
6. 복수의결권주식의 존속기간
7. 일정한 경우 복수의결권주식은 보통주식으로 전환된다는 뜻
③ 제1항에 따른 주주총회의 결의에서는 다음 각 호의 사항을 정하여야 한다.
1. 복수의결권주식을 받을 자의 성명
2. 복수의결권주식을 받을 자에 대하여 발행할 수량
3. 복수의결권주식 1주의 금액
4. 복수의결권주식의 납입에 관한 사항
④ 제2항에 따른 정관의 변경 및 제3항에 따른 주주총회의 결의는 의결권 있는 발행주식 총수의 4분의 3 이상의 수로써 하여야 한다.
⑤ 복수의결권주식은 다음 각 호의 요건을 모두 갖춘 주주(이하 "창업주"라 한다)에게 발행한다.
1. 주식회사인 벤처기업 설립 당시 「상법」 제289조제1항에 따라 작성된 정관에 기재된 발기인일 것
2. 「상법」 제382조제1항에 따라 주주총회에서 선임되고 복수의결권주식 발행 당시 회사의 상무(常務)에 종사하는 이사일 것
3. 금고 이상의 실형을 선고받고 그 집행이 끝나거나(끝난 것으로 보는 경우를 포함한다) 면제된 날부터 2년이 지나지 아니한 자에 해당하지 아니할 것
4. 주식회사인 벤처기업 설립 당시부터 가장 나중의 투자를 받기 전까지 계속하여 의결권 있는 발행주식 총수의 100분의 30 이상으로서 가장 많은 주식을 소유한 자일 것
⑥ 제5항제1호부터 제3호까지의 요건을 모두 갖춘 자가 둘 이상인 경우에는 그들이 소유한 주식을 합산하여 주식회사인 벤처기업 설립 당시부터 가장 나중의 투자를 받기 전까지 계속하여 의결권 있는 발행주식 총수의 100분의 50 이상으로서 가장 많은 주식을 소유한 경우에는 각각을 제5항에 따른 창업주로 본다.
⑦ 복수의결권주식의 의결권의 수는 1주마다 1개 초과 10개 이하의 범위에서 정관으로 정하여야 한다.
⑧ 창업주는 주주총회에서 총주주의 동의로 결의한 경우에는 대통령령으로 정하는 바에 따라 보통주식으로 복수의결권주식에 대한 납입을 할 수 있다. 이 경우 「상법」 제341조, 제341조의2 및 제422조는 적용되지 아니한다.
(2023.5.16 본조신설)

제16조의12【복수의결권주식의 전환 등】 ① 복수의결권주식은 다음 각 호의 어느 하나에 해당하는 경우에는 해당 호에서 정한 날에 같은 수의 보통주식으로 전환된다.
1. 복수의결권주식의 존속기간이 만료된 경우 : 만료일의 다음 날
2. 창업주가 복수의결권주식을 상속하거나 양도한 경우 : 상속일이나 양도일
3. 창업주가 제16조의11제5항제2호에 따른 이사의 직을 상실한 경우 : 상실일
4. 주식회사인 벤처기업이 「자본시장과 금융투자업에 관한 법률」 제8조의2제4항제1호에 따른 증권시장에 상장된 경우 : 해당 벤처기업이 상장된 날부터 3년이 지난 날(복수의결권주식의 존속기간이 그 전에 만료되는 경우에는 그 만료일의 다음 날로 한다)
5. 주식회사인 벤처기업이 「독점규제 및 공정거래에 관한 법률」 제31조제1항에 따라 공시대상기업집단 지정 사실의 통지를 받거나 같은 법 제32조제1항에 따라 공시대상기업집단 국내 계열회사 편입의 통지(같은 법 제33조에 따라 공시대상기업집단의 국내 계열회사 또는 특수관계인으로 편입·통지된 것으로 보는 경우를 포함한다)를 받은 경우 : 통지일
6. 주식회사인 벤처기업이 「독점규제 및 공정거래에 관한 법률」 제32조제1항에 따라 공시대상기업집단의 국내 계열회사로 편입되어야 할 사유가 있음에도 불구하고 대통령령으로 정하는 경우에 해당하여 제외 통지를 받은 경우 : 통지일
② 복수의결권주식이 허위 또는 부정한 방법으로 발행된 경우에는 그 발행일에 같은 수의 보통주식으로 발행된 것으로 본다.
③ 복수의결권주식의 전환 사실의 통지 등에 필요한 사항은 대통령령으로 정한다.
(2023.5.16 본조신설)

제16조의13【복수의결권주식의 의결권 제한】 복수의결권주식은 제16조의11제7항에도 불구하고 다음 각 호의 어느 하나에 해당하는 사항을 결의하는 경우 1주마다 1개의 의결권만을 가진다.
1. 복수의결권주식의 존속기간 변경을 위한 정관의 변경에 관한 사항
2. 「상법」 제388조에 따른 이사의 보수에 관한 사항
3. 「상법」 제400조에 따른 이사의 회사에 대한 책임의 감면에 관한 사항
4. 「상법」 제409조제1항, 제415조 및 제542조의10에 따른 감사의 선임 및 해임에 관한 사항
5. 「상법」 제438조에 따른 자본금 감소의 결의에 관한 사항
6. 「상법」 제462조제2항에 따른 이익배당에 관한 사항
7. 「상법」 제518조에 따른 해산의 결의에 관한 사항

8. 「상법」 제542조의12에 따른 감사위원회위원의 선임 및 해임에 관한 사항
(2023.5.16 본조신설)

제16조의14【복수의결권주식의 발행 보고】 ① 주식회사인 벤처기업은 복수의결권주식을 발행한 때에는 정관의 변경사항 등 대통령령으로 정하는 사항을 중소벤처기업부장관에게 보고하여야 한다. 보고한 사항 중 대통령령으로 정하는 중요한 사항을 변경한 때에도 또한 같다.
② 주식회사인 벤처기업은 복수의결권주식을 발행한 때에는 복수의결권주식의 발행 내역 등 대통령령으로 정하는 사항을 본점과 지점에 비치 및 공시하여야 한다.
③ 중소벤처기업부장관은 제1항에 따라 보고를 한 벤처기업의 명단을 관보에 고시하여야 한다.
(2023.5.16 본조신설)

제16조의15【공개매수 및 주식등의 대량보유 등의 보고에 관한 특례】 복수의결권주식을 발행한 주식회사인 벤처기업에 대하여 「자본시장과 금융투자업에 관한 법률」 제133조제3항 및 제5항과 제147조제1항 및 제2항을 적용하는 경우에는 "주식등의 총수"는 "의결권의 총수"로, "주식등의 수"는 "의결권의 수"로 본다.
(2023.5.16 본조신설)

제16조의16【위반행위의 인지·신고 등】 ① 중소벤처기업부장관은 이 법의 규정(복수의결권주식에 관한 규정으로 한정한다)에 위반한 혐의가 있다고 인정한 때에는 직권으로 필요한 조사를 할 수 있다.
② 누구든지 이 법의 규정(복수의결권주식에 관한 규정으로 한정한다)에 위반되는 사실이 있다고 인정할 때에는 그 사실을 중소벤처기업부장관에게 신고할 수 있다.
③ 중소벤처기업부장관은 제1항에 따라 조사를 한 경우에는 그 결과를 해당 사건의 당사자에게 문서로 알려야 한다.
④ 제1항에 따른 조사, 제2항에 따른 신고 및 제3항에 따른 통지에 관한 절차 등 세부적인 사항은 대통령령으로 정한다.
(2023.5.16 본조신설)

제16조의17【벤처기업의 성과조건부주식교부계약】 ① 주식회사인 벤처기업은 정관으로 정하는 바에 따라 주주총회의 결의로 제16조의3제1항제1호에 따른 벤처기업 임직원 중 기업의 설립 또는 기술·경영의 혁신 등에 기여하였거나 기여할 능력을 갖춘 자와 무상으로 자기주식을 교부하는 계약(이하 "성과조건부주식교부계약"이라 한다)을 체결할 수 있다. 이 경우 주주총회의 결의에 관하여는 「상법」 제434조를 준용한다.
② 성과조건부주식교부계약에 관한 정관의 규정에는 다음 각 호의 사항이 포함되어야 한다.
1. 일정한 경우 성과조건부주식교부계약을 체결할 수 있다는 뜻
2. 성과조건부주식교부계약에 의하여 교부하는 주식의 종류와 수
3. 성과조건부주식교부계약을 체결할 자의 자격 요건
4. 성과조건부주식교부계약에서 회사가 정하는 일정한 제한과 조건의 내용
5. 일정한 경우 성과조건부주식교부계약을 해지 또는 해제할 수 있다는 뜻
③ 제1항에 따른 주주총회의 결의에서는 다음 각 호의 사항을 정하여야 한다.
1. 성과조건부주식교부계약을 체결할 자의 성명
2. 성과조건부주식교부계약을 체결한 자 각각에 대하여 교부할 주식의 종류와 수
3. 성과조건부주식교부계약에서 정하는 제한 및 조건
④ 주식회사인 벤처기업은 제1항의 주주총회 결의에 의하여 성과조건부주식교부계약에 따라 주식을 교부받을 자와 계약을 체결하고 상당한 기간 내에 그에 관한 계약서를 작성하여야 한다.
⑤ 주식회사인 벤처기업과 성과조건부주식교부계약을 체결한 자는 제1항의 주주총회 결의일로부터 2년 이상 재임 또는 재직하여야 자기주식을 취득하거나 양도할 수 있다.
⑥ 주식회사인 벤처기업은 제4항의 계약서를 성과조건부주식교부계약 당사자가 자기주식을 취득하거나 양도할 때까지 본점에 비치하고 주주로 하여금 영업시간 내에 이를 열람할 수 있도록 하여야 한다.
⑦ 주식회사인 벤처기업은 제1항에 따라 정관에 규정한 사항을 등기하여야 한다.
(2024.1.9 본조신설)

제16조의18【성과조건부주식교부계약에 관한 자기주식 취득의 특례】 ① 주식회사인 벤처기업은 성과조건부주식교부계약을 이행하기 위하여 필요한 경우에는 「상법」 제341조에도 불구하고 자기주식을 취득할 수 있다. 다만, 그 취득가액의 총액은 직전 결산기의 대차대조표상의 순자산액에서 자본금을 뺀 금액을 초과하지 못한다.
② 제1항에 따라 자기주식을 취득할 경우 「상법」 제341조제1항 각 호에 따라 취득하여야 한다. 이 경우 성과조건부주식교부계약에 따라 장래에 교부하여야 하는 자기주식의 총 수를 초과하지 아니한다.
③ 제1항에 따라 자기주식을 취득하려는 주식회사인 벤처기업은 미리 주주총회의 결의로 다음 각 호의 사항을 결정하여야 한다.
1. 취득 상대방
2. 취득하려는 주식의 종류 및 수
3. 1년을 초과하지 아니하는 범위에서 자기주식을 취득할 수 있는 기간
④ 주식회사인 벤처기업은 해당 영업연도의 결산기에 대차대조표 상의 순자산액이 자본금에 미치지 못할 우려가 있는 경우에는 제1항에 따른 주식의 취득을 하여서는 아니 된다.
⑤ 해당 영업연도의 결산기에 대차대조표 상의 순자산액이 자본금에 미치지 못함에도 불구하고 주식회사인 벤처기업이 제1항에 따라 주식을 취득한 경우 이사는 주식회사인 벤처기업에 대하여 연대하여 그 미치지 못한 금액을 배상할 책임이 있다. 다만, 이사가 제4항의 우려가 없다고 판단하는 때에 주의를 게을리하지 아니하였음을 증명한 경우에는 그러하지 아니하다.
⑥ 주식회사인 벤처기업은 제1항에 따라 취득한 자기주식을 다음 각 호의 방법으로 처분하여야 한다.
1. 성과조건부주식교부계약에 따른 교부
2. 「상법」 제342조에 따른 처분
3. 「상법」 제438조부터 제446조까지에 따른 소각
⑦ 제6항을 위반하여 자기주식을 처분한 경우 「상법」 제399조를 준용한다.
⑧ 주식회사인 벤처기업이 제1항에 따라 자기주식을 취득할 경우에는 「상법」 제460조를 적용하지 아니한다.
(2024.1.9 본조신설)

제16조의19【성과조건부주식교부계약의 신고 등】 ① 주식회사인 벤처기업은 다음 각 호의 어느 하나에 해당하는 경우 대통령령으로 정하는 바에 따라 중소벤처기업부장관에게 그 내용을 신고하여야 한다.
1. 성과조건부주식교부계약을 체결한 경우
2. 성과조건부주식교부계약을 해지 또는 해제한 경우
3. 제16조의18에 따라 자기주식을 취득한 경우
② 성과조건부주식교부계약에 관하여 이 법에서 규정하지 아니한 사항에 관하여는 「상법」을 적용한다.
③ 제16조의17부터 이 조까지에서 규정한 사항 외에 주식회사인 벤처기업의 성과조건부주식교부계약의 체결·해지 또는 해제, 그 밖에 필요한 사항은 대통령령으로 정한다.
(2024.1.9 본조신설)

제4절 입지 공급의 원활화
(2007.8.3 본절제목개정)

제17조 (2006.3.3 삭제)

제17조의2【신기술창업집적지역의 지정】 ① 대학이나 연구기관의 장은 해당 기관이 소유한 교지나 부지의 일정 지역에 대하여 창업기업·벤처기업 등의 생산시설 및 그 지원시설을 집단적으로 설치하는 신기술창업집적지역(이하 "집적지역"이라 한다)의 지정을 중소벤처기업부장관에게 요청할 수 있다.(2021.12.28 본항개정)
② 대학이나 연구기관의 장은 제1항에 따라 집적지역의 지정을 요청할 때 집적지역의 명칭, 집적지역 지정 면적 등 대통령령으로 정하는 사항을 포함하는 집적지역개발계획을 제출하여야 한다.
③ 중소벤처기업부장관은 집적지역의 지정을 요청받으면 제17조의3 각 호의 요건에 맞는지를 검토하여 집적지역으로 지정할 수 있다. 이 경우 대통령령으로 정하는 바에 따라 그 내용을 고시하여야 한다.(2017.7.26 전단개정)
④ 중소벤처기업부장관은 제3항에 따라 집적지역을 지정할 때 그 면적이 대통령령으로 정하는 면적 이상이면 집적지역이 속하는 특별시장·광역시장·특별자치시장·도지사·제주특별자치도지사(이하 "시·도지사"라 한다)와 협의하여야 한다. 다만, 집적지역이 「지방자치법」 제198조제2항제1호에 따른 인구 100만 이상 대도시의 관할 구역 안에 있는 경우에는 그 대도시의 장과 협의하여야 한다.(2022.10.18 단서신설)
(2007.8.3 본조개정)

제17조의3【집적지역의 지정 요건】 집적지역은 다음 각 호의 요건을 갖추어야 한다.
1. 해당 기관이 보유한 교지나 부지의 연면적에 대한 지정 면적의 비율이 대통령령으로 정하는 비율을 초과하지 아니할 것
2. 지정 면적이 3천제곱미터 이상일 것
3. 집적지역개발계획이 실현 가능할 것
(2007.8.3 본조개정)

제17조의4【집적지역에 대한 특례 등】 ① 집적지역은 「국토의 계획 및 이용에 관한 법률」 제76조에도 불구하고 같은 법 제36조에 따른 지역 중 보전녹지지역 등 대통령령으로 정하는 지역 외의 지역에 지정할 수 있다.
② 집적지역에서 창업기업이나 벤처기업은 「건축법」 제19조제1항과 「국토의 계획 및 이용에 관한 법률」 제76조제1항에도 불구하고 구조안전에 지장이 없는 범위에서 「산업집적활성화 및 공장설립에 관한 법률」 제28조에 따른 도시형공장(대통령령으로 정하는 도시형공장만을 말한다)과 이와 관련된 업무시설을 해당 대학이나 연구기관의 장의 승인을 받아 설치할 수 있다. 이 경우 「산업집적활성화 및 공장설립에 관한 법률」 제13조에 따른 공장설립등의 승인이나 같은 법 제14조의3에 따른 제조시설설치승인을 받은 것으로 본다.(2021.12.28 전단개정)
③ 집적지역 중 지정 면적이 제17조의2제4항에서 대통령령으로 정한 면적 이상이고 도시지역에 지정된 경우에는 「산업입지 및 개발에 관한 법률」 제7조의2에 따른 도시첨단산업단지로 본다.
④ 중소벤처기업부장관은 제3항에 따른 집적지역의 관리권자(「산업집적활성화 및 공장설립에 관한 법률」 제30조제1항에 따른 관리권자를 말한다)가 된다.(2017.7.26 본항개정)
⑤ 대학이나 연구기관은 제3항에 따른 집적지역의 관리기관(「산업집적활성화 및 공장설립에 관한 법률」 제30조제2항에 따른 관리기관을 말한다)이 된다.
⑥ 대학이나 연구기관의 장은 「국유재산법」 제18조와 제27조, 「공유재산 및 물품 관리법」 제13조와 제20조, 「고등교육법」 및 「사립학교법」에도 불구하고 창업기업·벤처기업 또는 지원시설을 설치·운영하려는 자가 집적지역에 건물(공장용 건축물을 포함한다)이나 그 밖의 영구시설물을 축조하려는 경우에는 집적지역의 일부를 임대할 수 있다. 이 경우 임대계약(갱신되는 경우를 포함한다) 기간이 끝나면 그 시설물의 종류·용도 등을 고려하여 해당 시설물을 대학이나 연구기관에 기부하거나 교지나 부지를 원상으로 회복하여 되돌려 주어야 한다.
(2021.12.28 전단개정)
⑦ 제6항에 따른 임대료와 임대 기간 등에 관하여 필요한 사항은 대통령령으로 정한다.
⑧ 집적지역에 대하여는 제22조제1항 및 제3항을 준용한다.
⑨ 시장·군수 또는 구청장은 집적지역의 창업기업이나 벤처기업으로부터 제2항에 따른 공장등록신청을 받으면 「산업집적활성화 및 공장설립에 관한 법률」 제16조에 따른 공장의 등록을 하여야 한다.(2021.12.28 본항개정)
(2007.8.3 본조개정)

제17조의5【집적지역의 운영 지침】 중소벤처기업부장관은 집적지역의 지정·운영에 관한 지침을 수립하여 고시하여야 한다.(2017.7.26 본조개정)

제17조의6【집적지역의 지정취소】 중소벤처기업부장관은 제17조의2제3항에 따라 지정된 집적지역이 다음 각 호의 어느 하나에 해당하면 그 지정을 취소할 수 있다.
(2017.7.26 본문개정)
1. 사업 지연, 관리 부실 등의 사유로 지정목적을 달성할 수 없는 경우
2. 제17조의3에 따른 지정 요건을 충족하지 못한 경우
(2007.8.3 본조개정)

제18조【벤처기업집적시설의 지정 등】 ① 벤처기업집적시설을 설치하거나 기존의 건축물을 벤처기업집적시설로 사용하려는 자는 대통령령으로 정하는 연면적 이상인 경우 시·도지사(「지방자치법」 제198조에 따른 서울특별시·광역시 및 특별자치시를 제외한 인구 50만 이상 대도시의 경우에는 그 시장을 말한다. 이하 이 조, 제18조의4 및 제26조에서 같다)로부터 그 지정을 받을 수 있다. 지정받은 사항을 변경하는 경우에도 또한 같다.(2021.1.12 전단개정)
② 제1항에 따라 지정을 받은 벤처기업집적시설은 지정받은 날(건축 중인 건축물은 「건축법」 제22조에 따른 건축물의 사용승인을 받은 날을 말한다)부터 1년 이내에 다음 각 호의 요건을 갖추어야 한다.(2008.3.21 본문개정)
1. 벤처기업 등 대통령령으로 정하는 기업이 입주하게 하되, 입주한 기업 중에서 벤처기업이 4개 이상(「수도권정비계획법」 제2조제1호에 따른 수도권 외의 지역은 3개 이상)일 것(2009.1.30 본호개정)
2. 연면적의 100분의 70(「수도권정비계획법」 제2조제1호에 따른 수도권 외의 지역은 100분의 50) 이상을 벤처기업 등 대통령령으로 정하는 기업이 사용하게 할 것
3. 제2호에 해당하지 아니하는 지정 면적은 벤처기업집적시설 등 대통령령으로 정하는 시설이 사용하게 할 것
③ 시·도지사는 벤처기업을 지원하기 위하여 필요하다고 인정하면 벤처기업집적시설을 설치하거나 기존의 건축물을 벤처기업집적시설로 지정하여 벤처기업과 그 지원시설을 입주하게 할 수 있다.
④ 시·도지사는 벤처기업집적시설이 다음 각 호의 어느 하나에 해당하면 그 지정을 취소할 수 있다. 다만, 제1호에 해당하는 경우에는 그 지정을 취소하여야 한다.
1. 거짓이나 그 밖의 부정한 방법으로 지정받은 경우
2. 제1항이나 제2항에 따른 지정 요건에 맞지 아니하게 된 경우
⑤ 시·도지사는 제4항에 따라 벤처기업집적시설의 지정을 취소하려면 청문을 하여야 한다.
⑥ 제1항에 따른 지정신청과 그 밖에 지정에 관하여 필요한 사항은 대통령령으로 정한다.
(2007.8.3 본조개정)

제18조의2【실험실공장에 대한 특례】 ① 다음 각 호의 어느 하나에 해당하는 자는 「건축법」 제19조제1항, 「국토의 계획 및 이용에 관한 법률」 제76조제1항, 「연구개발특구의 육성에 관한 특별법」 제36조제1항에도 불구하고 그 소속 기관의 장(제4호의 경우에는 실험실공장을 설치하게 되는 기관의 장을 말한다)의 승인을 받아 실험실공장을 설치할 수 있다. 승인받은 사항을 변경하는 경우에도 또한 같다.(2015.5.18 본문개정)
1. 「고등교육법」에 따른 대학의 교원 및 학생(2010.1.27 본호개정)
2. 국공립연구기관이나 정부출연연구기관의 연구원

3. 과학이나 산업기술 분야의 연구기관으로서 대통령령으로 정하는 기관의 연구원
4. 벤처기업의 창업자(2015.5.18 본호신설)
② 제1항 각 호의 어느 하나에 해당하는 자의 소속 기관의 장은 제1항에 따른 승인·변경승인의 신청을 받은 날부터 7일 이내에 승인 여부를 신청인에게 통지하여야 한다.(2017.3.21 본항신설)
③ 제2항에 따른 소속 기관의 장이 같은 항에서 정한 기간 내에 승인 여부 또는 민원 처리 관련 법령에 따른 처리기간의 연장을 신청인에게 통지하지 아니하면 그 기간이 끝난 날의 다음 날에 승인을 한 것으로 본다.(2017.3.21 본항신설)
④ 제1항에 따라 실험실공장의 승인(변경승인을 포함하며, 이하 이 항에서 같다)을 받으면 「산업집적활성화 및 공장설립에 관한 법률」 제13조에 따른 공장설립등의 승인 또는 같은 법 제14조의3에 따른 제조시설설치승인을 받은 것으로 본다.(2015.5.18 본항신설)
⑤ 실험실공장은 생산시설용으로 쓰이는 바닥면적의 합계가 3천제곱미터를 초과할 수 없다. 다만, 「국토의 계획 및 이용에 관한 법률」 제76조제1항에 따른 용도지역별 건축물 등의 건축 기준을 갖춘 경우에는 그러하지 아니하다.(2015.5.18 단서신설)
⑥ 실험실공장의 총면적(실험실공장이 둘 이상인 경우에는 그 면적을 합한 것을 말한다)은 해당 대학이나 연구기관의 건축물 연면적의 2분의 1을 초과할 수 없다. 다만, 「국토의 계획 및 이용에 관한 법률」 제76조제1항에 따른 용도지역별 건축물 등의 건축 기준을 갖춘 경우에는 그러하지 아니하다.(2015.5.18 단서신설)
⑦ 시장·군수 또는 구청장(자치구의 구청장을 말한다. 이하 같다)은 실험실공장에 대한 공장등록신청을 받으면 「산업집적활성화 및 공장설립에 관한 법률」 제16조에 따른 공장의 등록을 하여야 한다.
⑧ 대학이나 연구기관의 장은 제1항에 따른 실험실공장을 설치한 자가 퇴직(졸업)하더라도 퇴직(졸업)일부터 2년을 초과하지 아니하는 범위에서 실험실공장을 사용하게 할 수 있다.(2010.1.27 본항개정)
⑨ 실험실공장의 설치·운영 등에 관하여 그 밖에 필요한 사항은 대통령령으로 정한다.
(2007.8.3 본조개정)

제18조의3【창업보육센터에 입주한 벤처기업과 창업기업에 대한 특례】 ① 대학이나 연구기관 안에 설치·운영 중인 창업보육센터로서 다음 각 호의 어느 하나에 해당하는 창업보육센터에 입주한 벤처기업이나 창업기업은 「건축법」 제19조제1항, 「국토의 계획 및 이용에 관한 법률」 제76조제1항 및 「연구개발특구의 육성에 관한 특별법」 제36조제1항에도 불구하고 「산업집적활성화 및 공장설립에 관한 법률」 제28조에 따른 도시형공장을 창업보육센터 운영기관의 장의 승인을 받아 설치할 수 있다. 이 경우 「산업집적활성화 및 공장설립에 관한 법률」 제13조에 따른 공장설립등의 승인이나 같은 법 제14조의3에 따른 제조시설설치승인을 받은 것으로 본다.(2021.12.28 전단개정)
1. 「중소기업창업 지원법」 제53조제1항에 따라 중소벤처기업부장관이 지정하는 창업보육센터(2021.12.28 본호개정)
2. 중앙행정기관의 장이나 지방자치단체의 장이 인정하는 창업보육센터
② 시장·군수 또는 구청장은 제1항에 따른 창업보육센터에 입주한 벤처기업이나 창업기업으로부터 공장등록신청을 받으면 「산업집적활성화 및 공장설립에 관한 법률」 제16조에 따른 공장의 등록을 하여야 한다.
(2021.12.28 본항개정)
③ 대학이나 연구기관 안에 설치·운영 중인 창업보육센터는 「건축법」 제19조제4항제2호에 따른 시설군으로 본다.(2008.3.21 본항개정)
(2021.12.28 본조제목개정)
(2007.8.3 본조개정)

제18조의4【벤처기업육성촉진지구의 지정 등】 ① 시·도지사는 벤처기업을 육성하기 위하여 필요하면 관할 구역의 일정지역에 대하여 벤처기업육성촉진지구(이하 "촉진지구"라 한다)의 지정을 중소벤처기업부장관에게 요청할 수 있다.(2017.7.26 본항개정)
② 중소벤처기업부장관은 제1항에 따라 촉진지구를 지정한 경우에는 대통령령으로 정하는 바에 따라 그 내용을 고시하여야 한다.(2017.7.26 본항개정)
③ 중소벤처기업부장관은 제1항에 따라 지정된 촉진지구가 다음 각 호의 어느 하나에 해당하면 그 지정을 해제할 수 있다.(2017.7.26 본문개정)
1. 촉진지구육성계획이 실현될 가능성이 없는 경우
2. 사업 지연, 관리 부실 등의 사유로 지정목적을 달성할 수 없는 경우
④ 제1항에 따른 지정의 요건 및 절차와 촉진지구의 지원 등에 필요한 사항은 대통령령으로 정한다.
(2007.8.3 본조개정)

제18조의5【촉진지구에 대한 지원】 ① 중소벤처기업부장관은 촉진지구의 활성화를 위하여 「지역중소기업 육성 및 혁신촉진 등에 관한 법률」 제8조에 따라 지방중소기업육성관련기금의 조성을 지원할 때 촉진지구를 지정받은 지방자치단체를 우대하여 지원할 수 있다.(2021.7.27 본항개정)
② 국가나 지방자치단체는 촉진지구에 있거나 촉진지구로 이전하는 벤처기업에 자금이나 그 밖에 필요한 사항을 우선하여 지원할 수 있다.
③ 국가나 지방자치단체는 촉진지구에 설치되는 벤처기업집적시설의 설치·운영자 및 창업보육센터사업자에게 그 소요자금의 전부 또는 일부를 지원하거나 우대하여 지원할 수 있다.
④ 촉진지구의 벤처기업과 그 지원시설에 대하여는 제22조를 준용한다.
(2007.8.3 본조개정)

제19조【국공유 재산의 매각 등】 ① 국가나 지방자치단체는 벤처기업집적시설의 개발 또는 설치와 그 운영을 위하여 필요하다고 인정하면 「국유재산법」 또는 「공유재산 및 물품 관리법」에도 불구하고 수의계약에 의하여 국유재산이나 공유재산을 벤처기업집적시설의 설치·운영자에게 매각하거나 임대할 수 있다.
② 제1항에 따른 국유재산의 가격, 임대료, 임대 기간 등에 관하여 필요한 사항은 대통령령으로 정한다.
③ 국가나 지방자치단체는 국유인 일반재산 또는 공유인 잡종재산인 부동산을 벤처기업에 임대하는 조건으로 신탁업자에 신탁할 수 있다. 이 경우 공유부동산의 신탁에 관하여는 「국유재산법」 제58조의 규정을 준용한다.
(2013.3.22 전단개정)
④ 국가·지방자치단체 또는 사립학교의 학교법인은 「국유재산법」, 제18조, 「공유재산 및 물품 관리법」 제13조 및 제20조, 「고등교육법」 및 「사립학교법」에도 불구하고 벤처기업집적시설의 설치·운영자에게 국공유 토지나 대학교지의 일부를 임대하여 건물이나 그 밖의 영구시설물을 축조하게 할 수 있다. 이 경우 임대계약 기간이 끝나면 해당 시설물의 종류·용도 등을 고려하여 그 시설물을 국가·지방자치단체 또는 사립학교의 학교법인에 기부하거나 토지 또는 교지를 원상으로 회복하여 되돌려 주는 것을 임대조건으로 하여야 한다.(2009.1.30 전단개정)
⑤ 벤처기업집적시설의 설치·운영자는 「국유재산법」 제30조제2항, 「공유재산 및 물품 관리법」 제35조, 「고등교육법」 및 「사립학교법」에도 불구하고 제4항에 따라 축조한 시설물을 임대목적과 동일한 용도로 사용하려는 다른 자에게 사용·수익(收益)하게 할 수 있다.(2009.1.30 본항개정)
(2007.8.3 본조개정)

제20조【시설비용의 지원】 국가나 지방자치단체는 집적지역의 조성 및 벤처기업집적시설의 설치에 필요한 시설비의 전부 또는 일부를 지원할 수 있다.(2007.8.3 본조개정)

제21조【건축금지 등에 대한 특례】 ① (2006.3.3 삭제)
② 벤처기업집적시설은 「국토의 계획 및 이용에 관한 법률」 제76조제1항에도 불구하고 「국토의 계획 및 이용에 관한 법률」 제36조에 따른 지역(녹지지역 등 대통령령으로 정하는 지역은 제외한다)에 건축할 수 있다.
③ 벤처기업집적시설에 입주한 자는 「건축법」 제19조제1항, 「국토의 계획 및 이용에 관한 법률」 제76조제1항 및 「연구개발특구의 육성에 관한 특별법」 제36조제1항에도 불구하고 주거안전에 지장이 없는 범위에서 대통령령으로 정하는 공장을 설치할 수 있다. 이 경우 「산업집적활성화 및 공장설립에 관한 법률」 제13조에 따른 공장설립등의 승인이나 같은 법 제14조의3에 따른 제조시설설치승인을 받은 것으로 본다.(2012.1.26 전단개정)
④ 시장·군수 또는 구청장은 벤처기업집적시설에 입주한 자로부터 제3항에 따른 공장등록신청을 받으면 「산업집적활성화 및 공장설립에 관한 법률」 제16조에 따른 공장의 등록을 하여야 한다.
(2007.8.3 본조개정)

제22조【각종 부담금의 면제 등】 ① 벤처기업집적시설에 대하여는 다음 각 호의 부담금을 면제한다.
1. 「개발이익환수에 관한 법률」 제5조에 따른 개발부담금
2. (2007.8.3 삭제)
3. 「산지관리법」 제19조에 따른 대체산림자원조성비
4. 「농지법」 제38조에 따른 농지보전부담금
5. 「초지법」 제23조에 따른 대체초지조성비
6. 「도시교통정비 촉진법」 제36조에 따른 교통유발부담금(2008.3.28 본호개정)
② (2006.3.3 삭제)
③ 벤처기업집적시설을 건축하려는 자는 「문화예술진흥법」 제9조에도 불구하고 미술장식을 설치하지 아니할 수 있다.
(2007.8.3 본조개정)

제3장 벤처기업활성화위원회

제23조 (2007.8.3 삭제)

제4장 보 칙

(2007.8.3 본장개정)

제24조【벤처기업이었던 기업에 대한 주식발행 등의 특례】 ① 벤처기업이었던 기업이 벤처기업에 해당하지 아니하게 되는 경우 벤처기업이었던 당시 이루어진 다음 각 호의 행위는 계속 유효한 것으로 본다.
1. 제6조에 따른 지식재산권등의 출자 행위(2023.1.3 본호개정)
2. 제9조에 따라 외국인 또는 외국법인등이 해당 기업의 주식을 취득한 행위
3. (2010.1.27 삭제)
4. 제15조 및 제15조의2부터 제15조의11까지의 규정에 따른 주식교환 등의 행위
5. 제16조의3 및 제16조의4에 따라 주식매수선택권을 부여한 행위(2023.1.3 본호개정)
6. 제16조의8에 따라 사원을 50명 이상 300명 이하로 하여 설립한 행위(2023.1.3 본호개정)
7. 제16조의11에 따라 복수의결권주식을 발행한 행위 (2023.5.16 본호신설)
8. 제16조의17에 따라 성과조건부주식교부계약을 체결한 행위
9 제16조의18에 따라 회사가 자기주식을 취득한 행위 (2024.1.9 8호~9호신설)
(2009.1.30 본항개정)
② 벤처기업집적시설에 입주하였던 벤처기업이 벤처기업에 해당하지 아니하게 된 경우에도 계속하여 벤처기업 집적시설에 입주할 수 있다.

제25조【벤처기업의 해당 여부에 대한 확인】 ① 벤처기업으로서 이 법에 따른 지원을 받으려는 기업은 벤처기업 해당 여부에 관하여 벤처기업확인기관의 장에게 확인을 요청할 수 있다.(2020.2.11 본항개정)
② 벤처기업확인기관의 장은 제1항에 따라 확인 요청을 받은 날부터 중소벤처기업부령으로 정하는 기간 내에 제25조의4제1항에 따른 벤처기업확인위원회(이하 "벤처기업확인위원회"라 한다)의 심의를 거쳐 벤처기업 해당 여부를 확인하고 그 결과를 요청인에게 알려야 한다. 이 경우 그 기업이 벤처기업에 해당될 때에는 대통령령으로 정하는 바에 따라 유효기간을 정하여 벤처기업확인서를 발급하여야 한다.(2020.2.11 전단개정)
③ 벤처기업확인기관의 장은 벤처기업 확인의 투명성을 확보하기 위하여 대통령령으로 정하는 바에 따라 확인된 벤처기업에 관한 정보를 공개할 수 있다. 다만, 다음 각 호의 정보는 공개하여서는 아니 된다.
1. 「부정경쟁방지 및 영업비밀보호에 관한 법률」 제2조제2호에 따른 영업비밀
2. 대표자의 주민등록번호 등 개인에 관한 사항
④ 벤처기업확인기관의 장은 제1항 및 제2항에 따른 확인에 소요되는 비용을 벤처기업 확인을 요청하려는 자에게 부담하게 할 수 있다. 이 경우 비용의 산정 및 납부에 필요한 사항은 중소벤처기업부장관이 정하여 고시한다.
(2019.4.23 본항신설)
⑤ 제1항과 제2항에 따른 확인 절차 등에 관하여 필요한 사항은 중소벤처기업부령으로 정한다.(2017.7.26 본항개정)

제25조의2【벤처기업 확인의 취소】 ① 벤처기업확인기관의 장은 벤처기업이 다음 각 호의 어느 하나에 해당하면 벤처기업확인위원회의 심의를 거쳐 제25조제2항에 따른 확인을 취소할 수 있다. 다만, 제1호에 해당하는 경우에는 확인을 취소하여야 한다.(2020.2.11 본문개정)
1. 거짓이나 그 밖의 부정한 방법으로 벤처기업임을 확인받은 경우
2. 제2조의2의 벤처기업의 요건을 갖추지 아니하게 된 경우(2010.1.27 단서삭제)
3. 휴업·폐업 또는 파산 등으로 대통령령으로 정하는 기간 동안 기업활동을 하지 아니하는 경우
4. 대표자·최대주주 또는 최대출자사원 등이 기업재산을 유용(流用)하거나 은닉(隱匿)하는 등 기업경영과 관련하여 주주·사원 또는 이해관계인에게 피해를 입힌 경우 등 대통령령으로 정하는 경우
② 벤처기업확인기관의 장은 제1항에 따라 벤처기업의 확인을 취소하려면 청문을 실시하여야 한다.

제25조의3【벤처기업확인기관의 지정 등】 ① 중소벤처기업부장관은 벤처기업 확인 업무의 효율적인 수행을 위하여 전문인력 및 전담조직 등 대통령령으로 정하는 요건을 갖춘 기관 또는 단체를 벤처기업확인기관으로 지정할 수 있다.
② 벤처기업확인기관으로 지정받으려는 자는 중소벤처기업부령으로 정하는 바에 따라 중소벤처기업부장관에게 신청하여야 한다.
③ 중소벤처기업부장관은 벤처기업확인기관이 다음 각 호의 어느 하나에 해당하는 경우에는 벤처기업확인기관의 지정을 취소하거나 3개월 이내의 범위에서 기간을 정하여 시정하도록 명령할 수 있으며, 이를 이행하지 않은 경우 6개월 이내의 범위에서 기간을 정하여 업무의 전부 또는 일부를 정지할 수 있다. 다만, 제1호에 해당하는 경우에는 지정을 취소하여야 한다.
1. 거짓이나 그 밖의 부정한 방법으로 지정을 받은 경우
2. 제1항에 따른 지정요건을 갖추지 못하게 된 경우
3. 지정받은 사항을 위반하여 업무를 수행한 경우
④ 제3항에 따라 지정이 취소된 벤처기업확인기관은 그 취소일부터 3년간 벤처기업확인기관 지정을 신청할 수 없다.
⑤ 제1항부터 제4항까지에서 규정한 사항 외에 벤처기업확인기관의 지정, 시정명령, 업무정지 및 지정취소의 절차·방법에 관하여 필요한 사항은 중소벤처기업부령으로 정한다.
(2020.2.11 본조신설)

제25조의4【벤처기업확인위원회】 ① 벤처기업확인기관은 다음 각 호의 사항을 공정하고 객관적으로 심의하기 위하여 민간 전문가 등으로 구성된 벤처기업확인위원회를 둔다.
1. 제25조에 따른 벤처기업 해당 여부 확인
2. 제25조의2에 따른 벤처기업 확인 취소
3. 그 밖에 벤처기업 확인 및 확인 취소에 필요한 사항
② 벤처기업확인위원회는 위원장을 포함한 200명 이내의 위원으로 구성하며, 위원 10명 이내의 범위에서 대통령령으로 정하는 수 이상의 출석으로 개의하고 출석위원의 3분의 2 이상의 찬성으로 의결한다.(2024.1.9 본항개정)
③ 위원장은 벤처기업확인위원회를 대표하고 벤처기업확인위원회의 업무를 총괄한다.
④ 벤처기업확인위원회의 위원은 벤처기업 관련 기술·사업 등의 분야에 관한 학식과 경험이 풍부한 자 중에서 벤처기업확인기관의 장이 위촉한다.
⑤ 제1항부터 제4항까지의 규정에 따른 벤처기업확인위원회의 구성 및 운영에 필요한 사항은 중소벤처기업부령으로 정한다.
(2020.2.11 본조신설)
제25조의5【벤처기업 확인 결과 통지에 대한 이의신청 특례】 ① 제25조에 따른 확인 결과를 통지받은 자가 그 결과에 불복하는 경우에는 통지받은 날부터 30일 이내에 벤처기업확인기관의 장에게 문서로 이의신청을 할 수 있다.
② 벤처기업확인기관의 장은 이의신청을 받은 날부터 30일(다만, 신청인이 제2조의2제1항제2호가목에 해당하는 기업인 경우에는 20일을 말한다) 이내에 이의신청에 대한 심의 결과를 신청인에게 통지하여야 한다. 다만, 부득이한 사유로 정해진 기간 이내에 통지하기 어려운 경우에는 그 기간을 만료일 다음 날부터 기산하여 15일 이내의 범위에서 한 차례 연장할 수 있다.(2023.10.31 본항개정)
③ (2023.10.31 삭제)
(2023.10.31 본조제목개정)
(2020.2.11 본조신설)
제26조【보고 등】 ①~③ (2020.2.11 삭제)
④ 중소벤처기업부장관은 이 법을 시행하기 위하여 필요하다고 인정하면 벤처기업확인기관으로 하여금 제25조와 제25조의2에 따른 벤처기업의 확인 및 확인의 취소 실적 등을 보고하게 하거나, 소속 공무원으로 하여금 해당 기관에 출입하여 장부나 그 밖의 서류를 검사하게 할 수 있다. 이 경우 검사를 하는 공무원은 그 권한을 표시하는 증표를 지니고 이를 관계인에게 내보여야 한다.
(2017.7.26 전단개정)
⑤ 시·도지사는 제18조에 따라 지정된 벤처기업집적시설에 대하여 그 지정을 받은 자로 하여금 입주 현황과 운영 상황에 관한 자료를 제출하게 할 수 있다.
⑥ 벤처기업확인기관의 장은 제25조와 제25조의2에 따른 벤처기업의 확인 및 확인의 취소 등을 위하여 필요하다고 인정하면 벤처기업으로 하여금 경영실태 등에 관하여 필요한 자료를 제출하게 할 수 있다.
⑦ 중소벤처기업부장관은 대학, 연구기관 또는 공공기관에 대하여 제16조, 제16조의2 및 제18조의2에 따른 교육공무원등이나 공공기관직원등의 휴직·겸임 및 겸직허가 실적, 실험실공장 설치승인 실적에 관한 자료를 제출하게 할 수 있다.(2020.2.11 본항개정)
⑧ 중소벤처기업부장관은 전문회사에 대하여 제11조의2제4항 각 호에 관한 자료나 전문회사의 매 회계연도의 결산서를 제출하게 할 수 있다.(2017.7.26 본항개정)
제27조【권한의 위임·위탁】 이 법에 따른 중소벤처기업부장관의 권한은 그 일부를 대통령령으로 정하는 바에 따라 소속 기관의 장 또는 시·도지사에게 위임하거나 다른 행정기관의 장 또는 대통령령으로 정하는 중소기업 관련 기관과 단체에 위탁할 수 있다.(2017.7.26 본조개정)
제28조 (2020.2.11 삭제)
제29조【청문】 중소벤처기업부장관은 다음 각 호의 어느 하나에 해당하는 처분을 하려면 청문을 실시하여야 한다.(2017.7.26 본문개정)
1. (2020.2.11 삭제)
2. 제18조의4에 따른 촉진지구의 지정해제
3. 제11조의7에 따른 전문회사의 등록취소
4. 제17조의6에 따른 집적지역의 지정취소
5. 제15조의14에 따른 지원센터의 지정취소(2009.1.30 본호신설)
6. 제25조의3제3항에 따른 벤처기업확인기관의 지정취소(2020.2.11 본호신설)
7. 제3조의6제4항에 따른 벤처기업지원전문기관의 지정취소(2024.1.9 본호신설)
제30조 (2020.2.11 삭제)
제30조의2【벌칙 적용 시의 공무원 의제】 다음 각 호의 어느 하나에 해당하는 자는 「형법」 제129조부터 제132조까지의 규정을 적용할 때에는 공무원으로 본다.(2020.2.11 본문개정)
1. 제25조와 제25조의2에 따른 벤처기업의 확인 및 확인의 취소 업무에 종사하는 벤처기업확인기관의 임직원
2. 제25조의4에 따른 벤처기업확인위원회의 위원
(2020.2.11 1호~2호신설)
제30조의3【불복 절차】 제25조 및 제25조의2에 따른 벤처기업의 확인이나 확인의 취소에 대하여는 「행정심판법」에 따른 행정심판을 청구할 수 있다. 이 경우 벤처기업의 확인·확인취소에 대한 감독행정기관은 중소벤처기업부장관으로 한다.(2017.7.26 후단개정)
제31조 (2020.2.11 삭제)
제31조의2【규제의 재검토】 중소벤처기업부장관은 제17조의6에 따른 집적지역의 지정취소 사유에 대하여 2015년 1월 1일을 기준으로 3년마다(매 3년이 되는 해의 기준일과 같은 날 전까지를 말한다) 폐지, 완화 또는 유지 등의 타당성을 검토하여야 한다.(2020.2.11 본조개정)

제5장 벌 칙

제32조【허위발행죄】 허위 또는 부정한 방법으로 제16조의11에 따른 복수의결권주식을 발행한 자는 10년 이하의 징역 또는 5천만원 이하의 벌금에 처한다.
(2023.5.16 본조신설)
제33조【과태료】 ① 제16조의14제1항을 위반하여 보고나 변경보고를 하지 아니한 자 또는 거짓으로 보고나 변경보고를 한 자에게는 500만원 이하의 과태료를 부과한다.
② 제16조의14제2항을 위반하여 비치 또는 공시를 하지 아니한 자에게는 300만원 이하의 과태료를 부과한다.
③ 제1항 및 제2항에 따른 과태료는 대통령령으로 정하는 기준에 따라 중소벤처기업부장관이 부과·징수한다.
(2023.5.16 본조신설)

부 칙

제1조【시행일】 이 법은 1997년 10월 1일부터 시행한다.
제2조 (2024.1.9 삭제)
제3조【신기술사업금융업자등의 범위에 관한 특례】 제2조제1항제1호 다목 및 라목의 규정을 적용함에 있어서 1997년 12월 31일까지는 신기술사업금융업자 및 신기술사업투자조합을 각각 신기술사업금융지원에관한법률 제2조제4호 및 제10호의 규정에 의한 신기술사업금융회사 및 신기술사업투자조합으로 본다.
제4조 (2024.1.9 삭제)

부 칙 (2016.5.29)

제1조【시행일】 이 법은 공포한 날부터 시행한다. 다만, 제4조의3 및 제28조의 개정규정은 공포 후 3개월이 경과한 날부터 시행한다.
제2조【개인투자조합에 대한 행정처분에 관한 적용례】 제13조의3의 개정규정은 이 법 시행 후 해당 위반행위를 한 경우부터 적용한다.
제3조【한국벤처투자조합에 대한 행정처분에 관한 적용례】 제28조의 개정규정은 같은 개정규정 시행 후 해당 위반행위를 한 경우부터 적용한다.
제4조【다른 법률의 개정】 ※(해당 법령에 가제정리 하였음)
제5조【다른 법령과의 관계】 이 법 시행 당시 다른 법령에서 종전의 「벤처기업육성에 관한 특별조치법」의 규정을 인용한 경우에 이 법 중 그에 해당하는 규정이 있을 때에는 종전의 규정을 갈음하여 이 법의 해당 조항을 인용한 것으로 본다.

부 칙 (2016.12.2)

제1조【시행일】 이 법은 공포한 날부터 시행한다.
제2조【벤처기업 육성계획에 관한 적용례】 제3조의2의 개정규정은 2018년도 벤처기업 육성계획부터 적용한다.

부 칙 (2017.3.21)

제1조【시행일】 이 법은 공포 후 1개월이 경과한 날부터 시행한다.
제2조【실험실공장 설치의 승인·변경승인에 관한 적용례】 제18조의2제2항 및 제3항의 개정규정은 이 법 시행 후 최초로 승인 또는 변경승인을 신청한 경우부터 적용한다.

부 칙 (2018.12.11)

제1조【시행일】 이 법은 공포한 날부터 시행한다.
제2조【전문회사의 등록취소에 관한 적용례】 제11조의7제3호 단서의 개정규정은 이 법 시행 전에 제11조의2제3항제2호에 해당하게 된 전문회사에 대하여 행정처분을 하는 경우에도 적용한다.

부 칙 (2019.1.8)

제1조【시행일】 이 법은 공포 후 6개월이 경과한 날부터 시행한다.
제2조【벤처기업집적시설 지정에 관한 적용례】 제18조의 개정규정은 이 법 시행 후 최초로 벤처기업집적시설의 지정 또는 지정변경을 신청하는 경우부터 적용한다.

부 칙 (2020.2.11 법16997호)

제1조【시행일】 이 법은 공포 후 1년이 경과한 날부터 시행한다. 다만, 제16조제1항제5호, 제16조제2항·제4항·제5항, 제16조의7제1항 및 제26조제7항의 개정규정은 공포 후 3개월이 경과한 날부터 시행한다.
제2조【법 시행을 위한 준비행위】 ① 중소벤처기업부장관은 이 법 시행을 위하여 필요하다고 인정하는 경우에는 이 법 시행 전에 제25조의3의 개정규정에 따라 벤처기업확인기관을 지정할 수 있다.
② 제1항에 따라 지정받은 벤처기업확인기관은 이 법 시행을 위하여 필요하다고 인정하는 경우에는 이 법 시행 전에 제25조의4의 개정규정에 따라 벤처기업확인위원회를 구성·운영할 수 있다.
제3조【벤처기업의 해당 여부에 대한 확인 등에 관한 경과조치】 ① 이 법 시행 전에 벤처기업의 해당 여부에 대한 확인을 신청한 경우로서 이 법 시행 당시 확인 절차가 진행 중인 경우의 벤처기업의 요건, 벤처기업확인기관, 벤처기업 해당 여부에 대한 확인 절차 및 벤처기업확인서 발급 등에 대해서는 제2조의2 및 제25조의 개정규정에도 불구하고 종전의 규정에 따른다.
② 이 법 시행 전에 벤처기업으로 확인을 받은 기업은 제2조의2 및 제25조의 개정규정에도 불구하고 종전의 규정에 따라 발급된 벤처기업확인서(제1항에 따라 발급된 것을 포함한다)의 유효기간까지는 종전의 규정에 따른다.

부 칙 (2022.10.18)

제1조【시행일】 이 법은 공포 후 1년 6개월이 경과한 날부터 시행한다.
제2조【신기술창업집적지역의 지정 협의에 관한 경과조치】 ① 이 법 시행 전에 종전의 제17조의2제4항에 따라 중소벤처기업부장관이 「지방자치법」 제198조제2항제1호에 따른 인구 100만 이상 대도시의 관할 구역 안에 있는 집적지역의 지정에 관하여 해당 대도시를 관할하는 도지사와 협의한 경우에는 제17조의2제4항 단서의 개정규정에 따라 그 대도시의 장과 협의한 것으로 본다.
② 이 법 시행 당시 종전의 제17조의2제4항에 따라 중소벤처기업부장관이 「지방자치법」 제198조제2항제1호에 따른 인구 100만 이상 대도시의 관할 구역 안에 있는 집적지역의 지정에 관하여 해당 대도시를 관할하는 도지사와 협의 중인 경우에는 제17조의2제4항 단서의 개정규정에도 불구하고 종전의 규정에 따른다.

부 칙 (2023.1.3)

제1조【시행일】 이 법은 공포 후 6개월이 경과한 날부터 시행한다.
제2조【벤처기업의 주식매수선택권에 관한 적용례】 제16조의3부터 제16조의6까지의 개정규정은 주식회사인 벤처기업이 이 법 시행 이후 최초로 주식매수선택권을 부여하기 위하여 주주총회를 개최하는 경우부터 적용한다.
제3조【다른 법률의 개정】 ①~② ※(해당 법령에 가제정리 하였음)

부 칙 (2023.5.16)

이 법은 공포 후 6개월이 경과한 날부터 시행한다.

부 칙 (2023.6.20)

제1조【시행일】 이 법은 공포 후 6개월이 경과한 날부터 시행한다.(이하 생략)

부 칙 (2023.10.31)

이 법은 공포한 날부터 시행한다.

부 칙 (2024.1.9)

제1조【시행일】 이 법은 공포 후 6개월이 경과한 날부터 시행한다.
제2조【다른 법률의 개정】 ①~㊱ ※(해당 법령에 가제정리 하였음)
제3조【다른 법령과의 관계】 이 법 시행 당시 다른 법령에서 종전의 「벤처기업육성에 관한 특별조치법」의 규정을 인용한 경우에는 이 법 중 그에 해당하는 규정이 있을 때에는 종전의 규정을 갈음하여 이 법의 해당 규정을 인용한 것으로 본다.

중소기업창업 지원법

(약칭 : 중소기업창업법)

(2021년 12월 28일 전부개정법률 제18661호)

개정
2022.10.18법19002호(오존층보호등을위한특정물질의관리에관한법)
2022.10.18법19020호
2022.12.27법19117호(산림자원조성관리)
2023. 9.14법19732호
2023.10.31법19825호(행정기관정비일부개정법령등)

제1장 총 칙

제1조【목적】 이 법은 국민 누구나 창의적인 아이디어와 혁신적인 기술을 바탕으로 기업가정신을 발휘하여 창업에 도전하고 글로벌 선도기업으로 성장할 수 있는 창업생태계를 조성하여, 디지털경제 시대에 새로운 국가경제의 성장동력과 일자리를 창출하는 창업국가 건설을 목적으로 한다.

제2조【정의】 이 법에서 사용하는 용어의 뜻은 다음과 같다.
1. "중소기업"이란 「중소기업기본법」 제2조에 따른 중소기업을 말한다.
2. "창업"이란 대통령령으로 정하는 바에 따라 중소기업을 새로 설립하는 것을 말한다.
3. "창업기업"이란 중소기업을 창업하여 사업을 개시한 날부터 7년이 지나지 아니한 기업(법인과 개인사업자를 포함한다)을 말한다. 이 경우 사업 개시에 관한 사항 등 창업기업의 범위에 관한 세부사항은 대통령령으로 정한다.
4. "예비창업자"란 창업을 하려는 개인 등을 말한다.
5. "재창업"이란 중소기업을 폐업하고 새로운 중소기업을 설립하는 것을 말한다.
6. "재창업기업"이란 재창업하여 사업을 개시한 날부터 7년이 지나지 아니한 기업을 말한다. 이 경우 사업 개시에 관한 사항 등 재창업기업의 범위에 관한 세부사항은 대통령령으로 정한다.
7. "예비재창업자"란 재창업을 하려는 개인 등을 말한다.
8. "신산업창업"이란 기존 산업을 융복합하거나 시장성, 파급효과, 성장 잠재력 및 국민경제 발전에 기여도가 높을 것으로 예상되는 산업(이하 "신산업"이라 한다)을 기반으로 하여 창업하는 것을 말한다.
9. "기술창업"이란 창의적인 아이디어, 신기술, 과학기술 및 정보통신기술에 기반하여 문화 등 다양한 부문과의 융합을 촉진함으로써 새로운 사업영역을 개척하거나 도전하는 창업을 말한다.
10. "초기창업기업"이란 창업하여 대통령령으로 정하는 기준에 따른 사업을 개시한 날부터 3년이 지나지 아니한 창업기업을 말한다.
11. "청년창업기업"이란 창업기업 대표자의 연령이 39세 이하인 창업기업을 말한다.
12. "예비청년창업자"란 창업을 하려는 39세 이하의 개인 등을 말한다.
13. "중장년창업기업"이란 창업기업 대표자의 연령이 40세 이상인 창업기업을 말한다.

제3조【정부와 지방자치단체의 책무】 ① 정부는 창업국가 건설을 위하여 신산업창업 및 기술창업(이하 "신산업·기술 창업"이라 한다)을 활성화하고 창업기업의 사업화 촉진 및 국제화 역량 강화에 필요한 시책을 세우고 추진하여야 한다.
② 정부는 예비창업자, 창업기업, 예비재창업자, 재창업기업 등(이하 "창업기업등"이라 한다)의 기술성, 사업성, 혁신성, 성장 가능성 등을 두루 고려하여 지원대상의 특성에 맞는 창업지원방안을 마련하여야 한다.
③ 지방자치단체는 지역의 자원을 활용한 특색 있는 창업을 촉진하기 위하여 창업을 저해하는 규제를 완화하고 창업친화적인 환경을 조성하도록 노력하여야 하며, 지역단위의 창업생태계를 활성화하기 위하여 대학, 연구기관 등 지역 내 창업 관련 기관·단체와 교류 및 협력하여야 한다.
④ 정부와 지방자치단체는 상호간의 협력을 통하여 중소기업의 창업 및 창업기업등에 대한 지원의 효과를 높일 수 있도록 노력하여야 한다.

제4조【창업기업등의 책무】 ① 창업기업등은 혁신적인 아이디어와 기술의 개발 및 활용을 통하여 글로벌 경쟁력을 확보하고, 지속적인 성장 및 발전을 위하여 노력하여야 한다.
② 정부와 지방자치단체의 창업지원사업에 참여하는 창업기업등과 그와 관련된 자는 정부와 지방자치단체의 창업정책 및 계획의 수립·시행에 공정하고 투명하게 참여하고 적극적으로 협력하여야 한다.
③ 창업기업등은 자신이 보유한 경험, 지식, 기술 등의 역량과 자원을 활용하여 새로운 창업기업의 발굴 및 성장, 창업생태계의 발전에 기여할 수 있도록 노력하여야 한다.

제5조【적용 범위】 ① 이 법은 창업 및 창업기업등에 관하여 적용한다. 다만, 사행산업 등 경제질서 및 미풍양속에 현저히 어긋나는 업종의 창업 및 창업기업등에 관하여는 적용하지 아니한다.
② 제1항 단서에 해당하는 업종의 범위는 대통령령으로 정한다.

제6조【다른 법률과의 관계】 창업 및 창업기업등에 관하여 다른 법률에 특별한 규정이 있는 경우를 제외하고는 이 법에서 정하는 바에 따른다.

제2장 창업정책의 수립 및 추진체계

제7조【창업지원종합계획의 수립 등】 ① 중소벤처기업부장관은 창업의 촉진 및 창업기업등의 성장과 발전을 위하여 「중소기업기본법」 제20조의4에 따른 중소기업정책심의회의 심의를 거쳐 창업지원종합계획(이하 "종합계획"이라 한다)을 3년마다 수립·시행하여야 한다.
② 종합계획에는 다음 각 호의 사항이 포함되어야 한다.
1. 종합계획의 기본방향
2. 창업 촉진 및 창업기업등의 성장·발전 지원에 관한 사항
3. 청년창업기업, 중장년창업기업, 예비창업자, 재창업기업 등 대상별 창업지원 기반 조성에 관한 사항
4. 신산업·기술 창업 등 분야별 지원에 관한 사항
5. 창업기업등의 기술혁신역량 강화를 위한 사항
6. 창업기업등의 판로, 해외시장 진출 등에 관한 사항
7. 창업기업등과 창업지원기관 간 교류·협력에 관한 사항
8. 해외의 우수한 창업기업 및 관련 인력의 국내 유치 등에 관한 사항
9. 창업 관련 제도 및 법령의 개선에 관한 사항
10. 그 밖에 중소벤처기업부장관이 필요하다고 인정하는 사항

제8조【창업지원시행계획의 수립 등】 ① 중소벤처기업부장관은 종합계획을 시행하기 위하여 매년 관계 중앙행정기관의 장과의 협의를 거쳐 창업지원시행계획(이하 "시행계획"이라 한다)을 수립하여 공고하여야 한다.
② 중소벤처기업부장관과 관계 중앙행정기관의 장은 시행계획 중 소관 사항을 시행하고, 이에 필요한 재원을 확보하기 위하여 노력하여야 한다.
③ 중소벤처기업부장관과 관계 중앙행정기관의 장은 창업 촉진 및 창업기업등의 성장·발전을 지원하기 위하여 필요한 때에는 지방자치단체의 장에게 시행계획을 시행하는 데에 필요한 조치를 취하도록 요청할 수 있다.

제9조 (2023.10.31 삭제)

제10조【창업 활성화 지원사업의 추진 등】 ① 중소벤처기업부장관은 중소기업의 창업을 활성화하고 창업기업등의 성장·발전을 지원하기 위하여 다음 각 호의 사항에 관한 사업을 추진하거나 필요한 시책을 수립·시행할 수 있다.
1. 창업기업등의 발굴·육성 및 그에 대한 지원
2. 창업기업등의 우수한 아이디어 사업화에 대한 지원
3. 기업, 창업 관련 단체 등을 통한 창업기업등의 발굴·육성
4. 창업기업등의 판로개척 및 해외진출 지원
5. 창업기업등에 대한 창업교육 및 창업기반시설 확충
6. 해외인재 또는 해외기업 유치 활성화
7. 인터넷 등 정보통신망을 통한 창업정책 및 창업기업등과 관련한 지식·정보 등 데이터의 축적, 가공, 공유 및 활용 등의 촉진
8. 그 밖에 대통령령으로 정하는 사업
② 중소벤처기업부장관은 제1항에 따른 사업을 추진하는 경우에는 다음 각 호의 자를 우대할 수 있다.
1. 예비청년창업자 또는 청년창업기업
2. 여성 예비창업자 또는 여성창업기업(창업기업 대표자의 성별이 여성인 창업기업을 말한다)
3. 장애인(「장애인기업활동 촉진법」 제2조제1호의 장애인을 말한다) 예비창업자 또는 장애인창업기업(창업기업 대표자가 「장애인기업활동 촉진법」 제2조제1호의 장애인인 창업기업을 말한다)
③ 중소벤처기업부장관은 제1항에 따른 사업을 추진하기 위하여 필요하다고 인정하는 경우에는 예산의 범위에서 대학, 연구기관, 공공기관, 창업 관련 단체, 창업기업등에 해당 사업을 수행하는 데에 드는 비용의 전부 또는 일부를 출연하거나 보조할 수 있다.
④ 제3항에 따른 출연·보조의 절차 및 방법 등에 관한 사항은 대통령령으로 정한다.

제11조【연령별 창업지원시책의 수립 등】 ① 중소벤처기업부장관은 청년창업기업 및 중장년창업기업 등 창업기업의 연령별 특수성을 종합적으로 고려하여 창업지원 시책을 수립·시행할 수 있다.
② 제1항에 따른 연령별 창업지원시책에는 다음 각 호의 사항이 포함되어야 한다.
1. 연령별 특성에 맞는 창업 활성화 기반 조성
2. 창업기업의 연령별 특수성을 고려한 성장·발전 지원
3. 청장년 융합창업 및 연령별 창업기업 간 교류·협력 촉진
4. 그 밖에 연령별 창업기업의 경쟁력 강화를 위하여 중소벤처기업부장관이 필요하다고 인정하는 사항
③ 관계 중앙행정기관의 장 또는 지방자치단체의 장은 제1항에 따른 연령별 창업지원시책에 필요한 행정적·재정적 지원을 할 수 있다.

제12조【창업지원정책의 효율화】 ① 중앙행정기관의 장과 지방자치단체의 장은 국가와 지방자치단체의 재정 지원에 따라 수행되는 창업지원사업(이하 "창업지원사업"이라 한다)이 기존 사업과 유사하거나 중복되지 아니하도록 노력하여야 하며, 창업지원사업 간 연계 및 협력을 강화하는 등 창업지원정책을 효율적으로 추진하여야 한다.
② 중소벤처기업부장관은 창업지원사업(「국가연구개발혁신법」의 적용을 받는 국가연구개발사업은 제외한다)을 효율적으로 추진·관리하기 위하여 관계 중앙행정기관과의 협의를 거쳐 다음 각 호의 사항에 관한 기준 등을 제시할 수 있다.
1. 창업지원사업의 기획, 공고 등에 관한 사항
2. 창업지원사업의 선정, 협약 등에 관한 사항
3. 창업지원사업의 정보 및 성과관리 등 지원사업 수행 등에 관한 사항
4. 그 밖에 창업지원사업의 기획, 관리 및 환류 등에 관하여 필요한 사항
③ 중소벤처기업부장관은 제1항의 창업지원정책(「국가연구개발혁신법」의 적용을 받는 국가연구개발사업은 제외한다)을 효율적으로 추진하기 위하여 「중소기업기본법」 제20조의3 및 제20조의5를 따른다.
④ 중소벤처기업부장관은 제2항에 따른 기준 등을 정하는 경우에는 그 내용을 고시하여야 한다.

제13조【실태조사 및 통계작성】 ① 중소벤처기업부장관은 중소기업의 창업을 촉진하고 종합계획 및 시행계획을 효율적으로 수립·추진하기 위하여 매년 중소기업의 창업 및 창업기업등의 현황 및 실태 등에 대한 조사를 실시하여야 한다.
② 중소벤처기업부장관은 제1항에 따른 실태조사 등을 참고하여 중소기업의 창업 및 창업기업등에 관한 통계를 작성·관리하고 공표하되, 필요한 경우 통계청장과 협의할 수 있다.
③ 제1항에 따른 실태조사의 범위와 방법 및 그 밖에 필요한 사항은 대통령령으로 정한다.

제14조【창업정책정보의 수집 및 제공】 정부는 창업기업등에 대하여 창업 및 창업기업의 성장과 발전에 필요한 자금, 인력, 기술, 판로, 입지 등에 관한 정보를 수집 및 제공하기 위하여 필요한 시책을 강구하여야 한다.

제15조【창업종합관리시스템의 구축 및 운영】 ① 중소벤처기업부장관은 창업 관련 정보를 종합적으로 관리하고 효과적으로 제공하기 위하여 창업종합관리시스템을 구축 및 운영할 수 있다.
② 제1항에 따른 창업종합관리시스템의 구축, 운영 및 그 밖에 필요한 사항은 대통령령으로 정한다.

제3장 창업저변 확대 및 환경 개선

제16조【기업가정신의 함양 및 확산】 ① 중소벤처기업부장관은 창업기업등을 포함한 전체 국민이 경제환경 변화에 능동적으로 대응하면서 새로운 기회와 가치를 창출하기 위하여 창의적으로 도전하는 의지와 자세 및 사회적 책임 등(이하 "기업가정신"이라 한다)을 함양하도록 하고, 사회 전반에 기업가정신을 확산시키기 위하여 다음 각 호의 사항을 추진할 수 있다.
1. 기업가정신 함양을 위한 교육과정의 개발 및 운영
2. 창업기업등에 대한 기업가정신 관련 컨설팅·멘토링
3. 기업가정신 관련 협력·네트워크의 구축 및 운영
4. 해외 기업가정신 관련 교류·협력 및 국제연대 강화
5. 그 밖에 기업가정신의 함양 및 확산을 위하여 중소벤처기업부장관이 필요하다고 인정하는 사항
② 중소벤처기업부장관은 제1항에 따른 사항을 추진하는 데 필요한 경우 예산의 범위에서 그 비용의 전부 또는 일부를 출연하거나 보조할 수 있다.

제17조【청년기업가정신재단에 대한 출연 등】 중소벤처기업부장관은 국민과 창업기업등을 대상으로 기업가정신을 함양 및 확산하기 위하여 「민법」 제32조에 따라 중소벤처기업부장관의 설립허가를 받은 비영리법인으로서 다음 각 호의 사업 수행을 주요 목적으로 하는 재단법인에 대하여 예산의 범위에서 출연 또는 보조할 수 있다.
1. 기업가정신 활성화 사업의 기획, 개발 및 연구
2. 기업가정신 실태조사 및 통계의 작성 및 관리
3. 기업가정신 교육과정 및 교재의 개발·보급, 교육사업의 관리·운영 지원
4. 기업가정신 모범사례의 발굴 및 전파 등 기업가정신 함양 및 확산을 위한 사회·경제적인 분위기 조성
5. 기업가정신 여건 확충 및 저해요인의 발굴 및 해소
6. 그 밖에 기업가정신의 함양 및 확산을 위하여 중소벤처기업부장관이 지정·위탁하는 사항

제18조【창업교육의 활성화】 ① 중소벤처기업부장관은 창업저변의 확충 및 예비창업자의 준비된 창업을 위하여 아동·청소년, 대학생 및 청년 등 국민과 창업기업등에 창업교육을 할 수 있다.
② 중소벤처기업부장관은 제1항에 따른 창업교육을 효율적으로 추진하기 위하여 다음 각 호의 사항을 추진할 수 있다.
1. 창업교육의 내용·방법 등에 관한 연구
2. 창업교육 콘텐츠의 기획 및 개발
3. 지역별 창업교육의 활성화

4. 창업교육을 통한 창업인식 개선
5. 창업교육에 관한 국제협력
6. 창업교육 강사 등의 양성 및 활동 지원
7. 「초·중등교육법」 및 「고등교육법」 등에 따른 학교의 교육, 「직업교육훈련 촉진법」에 따른 직업교육훈련, 「진로교육법」에 따른 진로교육 및 「평생교육법」에 따른 평생교육 등과 창업교육 간 연계
8. 그 밖에 창업교육의 활성화를 위하여 중소벤처기업부장관이 필요하다고 인정하는 사항

③ 중소벤처기업부장관은 제2항 각 호에 따른 사항을 추진하는 경우에는 관계 중앙행정기관의 장과 지방자치단체의 장에게 협조를 요청할 수 있다. 이 경우 협조를 요청받은 자는 특별한 사유가 없으면 그 요청에 적극 협조하여야 한다.

제19조【창업대학원의 지정 등】 ① 중소벤처기업부장관은 「고등교육법」 제29조제1항에 따른 대학원 중 창업 분야 전문인력 양성을 목적으로 하는 대학원(이하 "창업대학원"이라 한다)을 지정하여 예산의 범위에서 그 운영 등에 필요한 경비를 출연하거나 그 밖에 필요한 지원을 할 수 있다.

② 중소벤처기업부장관은 창업대학원이 연합하여 물적·인적 자원 공유 등 교육과정을 효율화하는 경우 이에 필요한 경비를 지원할 수 있다.

③ 중소벤처기업부장관은 창업대학원의 지정·지원 등에 관하여 필요한 사항을 고시하여야 한다.

제20조【창업문화 및 분위기 확산】 ① 중소벤처기업부장관은 창업에 대한 국민의 인식을 제고하고 사회 전반에 창업을 활성화하기 위하여 진취적이고 도전적인 문화 및 분위기 확산에 필요한 다음 각 호의 사항을 추진할 수 있다.

1. 일자리 창출 및 투자 유치 등의 성과가 우수한 창업기업의 발굴, 포상 및 홍보
2. 창업 활성화 등에 대한 지원 공로가 큰 공공기관과 소속 임직원 등에 대한 지원사례의 발굴 및 포상
3. 창업 활성화를 위한 학술대회 및 세미나 등의 개최
4. 창업기업 및 창업지원기관 간 교류·협력을 위한 국내외 행사 및 축제 등의 기획 및 추진
5. 그 밖에 창업문화 및 분위기 확산을 위하여 중소벤처기업부장관이 필요하다고 인정하는 사항

② 중소벤처기업부장관은 제1항에 따라 추진하는 사업이 국제화·대형화·전문화를 통하여 국제 경쟁력을 갖춘 사업으로 발전할 수 있도록 지원할 수 있다.

제21조【창업저해 규제의 발굴 및 개선】 ① 정부는 창업을 저해하거나 창업기업등의 성장을 가로막는 불필요한 규제를 완화·제거하기 위하여 각종 규제를 발굴하여 개선하도록 노력하여야 한다.

② 중소벤처기업부장관은 제1항에 따른 규제의 개선방안을 「중소기업기본법」 제20조의4에 따른 중소기업정책심의회의 심의를 거쳐 의결할 수 있다.(2023.10.31 본항개정)

③ 중소벤처기업부장관은 제1항에 따른 규제의 개선방안을 수립·시행하는 데 필요하다고 인정하는 경우에는 관계 중앙행정기관의 장과 지방자치단체의 장에게 협조를 요청할 수 있다. 이 경우 협조를 요청받은 자는 특별한 사정이 없으면 그 요청에 따라야 한다.

제22조【창업절차 및 비용 등 부담 완화】 ① 정부는 창업을 촉진하고 창업기업이 원활하게 성장할 수 있는 환경을 조성하기 위하여 창업기업등의 행정절차 간소화 및 비용부담 완화 등에 관한 제도적·절차적 조치를 마련할 수 있다.

② 제1항에 따른 조치에는 다음 각 호의 사항을 포함할 수 있다.

1. 창업 소요시간 단축을 위한 절차 간소화
2. 창업 관련 비용부담 완화를 위한 금융 지원 등
3. 그 밖에 창업기업등의 부담 완화를 위하여 필요한 사항

③ 중소벤처기업부장관은 제2항에 따른 조치를 시행하는 데 필요하다고 인정하는 경우에는 관계 중앙행정기관의 장과 지방자치단체의 장에게 협조를 요청할 수 있다. 이 경우 협조를 요청받은 자는 특별한 사정이 없으면 그 요청에 따라야 한다.

제23조【창업기업의 부담금 면제】 ① 제45조에 따라 공장 설립계획의 승인을 받은 창업기업에 대하여는 사업을 개시한 날부터 7년 동안 다음 각 호의 부담금을 면제한다.

1. 「농지법」 제38조제1항에 따른 농지보전부담금
2. 「초지법」 제23조제8항에 따른 대체초지조성비
3. 「산지관리법」 제19조제1항에 따른 대체산림자원조성비
4. 「개발이익 환수에 관한 법률」 제7조에 따른 개발부담금

② (2022.10.18 삭제)

③ 대통령령으로 정하는 지식서비스업을 영위하는 창업기업에 대하여 사업을 개시한 날부터 7년 동안 다음 각 호의 부담금을 면제한다.

1. 제4항 각 호의 부담금 중 제2호, 제7호, 제15호 및 제16호를 제외한 부담금(2022.10.18 본호개정)
2. 「농어촌 전기공급사업 촉진법」 제3조제1항제2호에 따른 전기사용자의 일시부담금

④ 「통계법」 제22조제1항에 따라 통계청장이 작성·고시하는 한국표준산업분류상의 제조업을 영위하기 위하여 중소기업을 창업하는 자에 대하여 사업을 개시한 날부터 7년 동안 다음 각 호의 부담금을 면제한다. 다만, 제8호부터 제11호까지의 부담금의 경우 부담금이 최초로 부과된 날부터 3년 동안 면제한다.

1. 「지방자치법」 제155조에 따른 분담금
2. 「농지법」 제38조제1항에 따른 농지보전부담금
3. 「초지법」 제23조제8항에 따른 대체초지조성비
4. 「전기사업법」 제51조제1항에 따른 부담금
5. 「대기환경보전법」 제35조제2항제1호에 따른 기본부과금(대기오염물질배출량의 합계가 연간 10톤 미만인 사업장만 해당한다)
6. 「물환경보전법」 제41조제1항제1호에 따른 기본배출부과금(1일 폐수배출량이 200세제곱미터 미만인 사업장에 한정한다)
7. 「자원의 절약과 재활용촉진에 관한 법률」 제12조제1항에 따른 폐기물부담금(연간 매출액이 20억원 미만인 제조업자만 해당한다)
8. 「한강수계 상수원수질개선 및 주민지원 등에 관한 법률」 제19조제1항에 따른 물이용부담금
9. 「금강수계 물관리 및 주민지원 등에 관한 법률」 제30조제1항에 따른 물이용부담금
10. 「낙동강수계 물관리 및 주민지원 등에 관한 법률」 제32조제1항에 따른 물이용부담금
11. 「영산강·섬진강수계 물관리 및 주민지원 등에 관한 법률」 제30조제1항에 따른 물이용부담금
12. 「산지관리법」 제19조제1항에 따른 대체산림자원조성비
13. 「도시교통정비 촉진법」 제36조에 따른 교통유발부담금
14. 「지하수법」 제30조의3에 따른 지하수이용부담금
15. 「오존층 보호 등을 위한 특정물질의 관리에 관한 법률」 제24조의2에 따른 특정물질 제조·수입 부담금 (2022.10.18 본호개정)
16. 「해양심층수의 개발 및 관리에 관한 법률」 제40조에 따른 해양심층수이용부담금 (2022.10.18 본항신설) <2027.8.2까지 유효>

⑤ 제1항, 제3항 및 제4항에 따른 부담금 면제의 절차 및 방법 등에 관하여 필요한 사항은 대통령령으로 정한다. (2022.10.18 본항개정)

제24조【온라인창업지원시스템의 구축 및 운영】 ① 중소벤처기업부장관은 「전자정부법」 제2조제10호에 따른 정보통신망을 통하여 회사를 설립할 수 있는 시스템(이하 "온라인창업지원시스템"이라 한다)을 구축 및 운영할 수 있다.

② 관계 중앙행정기관 및 관련 기관은 해당 기관의 소관 업무를 신속하게 처리하고 관련 시스템을 효율적으로 연계하는 등 온라인창업지원시스템을 통한 창업 절차가 원활하게 진행될 수 있도록 협조하여야 한다.

③ 중소벤처기업부장관은 예산의 범위에서 관계 중앙행정기관 및 관련 기관이 온라인창업지원시스템에 연계되는 개별 시스템을 운영하는 데에 드는 비용의 전부 또는 일부를 지원할 수 있다.

④ 온라인창업지원시스템을 통하여 처리할 수 있는 업무는 대통령령으로 정한다.

제4장 신산업·기술 창업의 촉진 등

제25조【유망 신산업·기술 창업기업 집중 육성】 ① 정부는 혁신창업 생태계 조성과 일자리 창출 등 국민경제 발전에 기여가 큰 유망 창업기업을 발굴·육성하기 위하여 신산업·기술 창업을 한 창업기업등(이하 "신산업·기술 창업기업"이라 한다)을 우선적으로 지원하는 등 신산업·기술 창업기업의 집중 육성에 필요한 시책을 수립할 수 있다.

② 정부는 신산업·기술 창업기업의 육성을 위하여 다음 각 호의 조치를 할 수 있다.

1. 신산업·기술 창업 촉진 및 사업화 지원
2. 혁신적 유망 신산업·기술 창업기업의 발굴·육성
3. 신산업·기술 창업기업 육성에 필요한 기반 조성
4. 그 밖에 신산업·기술 창업기업의 발굴·육성 등을 위하여 중앙행정기관의 장이 필요하다고 인정하는 사항

③ 정부는 창업지원사업을 추진하는 경우 신산업·기술 창업기업을 우선하여 지원할 수 있다.

④ 정부는 제2항에 따른 사업을 추진하는 경우 제2조제3호에 따른 규정에도 불구하고 중소벤처기업부장관이 정하여 고시하는 신산업 창업 분야의 중소기업에 대하여 사업을 개시한 날부터 10년 이내의 범위에서 지원할 수 있다.

⑤ 정부는 신산업·기술 창업 활성화와 관련한 기관 또는 단체의 조직 및 운영에 필요한 비용의 전부 또는 일부를 지원할 수 있다.

제26조【신산업·기술 창업촉진사업의 추진 등】 정부는 신산업·기술 창업을 촉진하고 신산업·기술 창업기업의 혁신역량을 강화하기 위하여 다음 각 호의 사항을 추진할 수 있다.

1. 신산업·기술 창업 분야 창업기업등의 발굴·육성
2. 신산업·기술 창업기업의 기술개발 및 기술혁신 성과의 사업화 지원
3. 신산업·기술 창업기업의 기술 및 사업모델 혁신을 위한 기술·경영 지도
4. 대학, 연구기관, 기업 등과 신산업·기술 창업기업 간 공동기술개발, 기술이전 및 이전받는 기술의 사업화 지원
5. 국내외 기업과 신산업·기술 창업기업 간 기술, 정보, 인력 등의 교류·협력 및 인프라 등의 공동활용 촉진
6. 신산업·기술 창업기업의 국내외 판로개척 지원
7. 신산업·기술 창업기업의 지식재산권 출원, 등록, 이전 및 활용 지원
8. 신산업·기술 창업 활성화에 필요한 전문인력의 양성
9. 그 밖에 신산업·기술 창업 촉진 및 창업기업의 혁신역량 제고 등을 위하여 중앙행정기관의 장이 필요하다고 인정하는 사항

제27조【신산업·기술 창업촉진 등을 위한 협의체 운영】 ① 중소벤처기업부장관은 신산업·기술 창업촉진정책의 효율적인 수립 및 시행을 위하여 정부, 공공기관 및 창업 관련 전문가 등으로 구성되는 신산업·기술 창업지원협의체(이하 "지원협의체"라 한다)를 운영할 수 있다. 이 경우 중소벤처기업부장관은 지원협의체의 구성 및 운영에 필요한 경비를 지원할 수 있다.

② 지원협의체의 구성 및 운영에 필요한 사항은 대통령령으로 정한다.

제28조【지역특화형 신산업·기술 창업의 활성화】 ① 정부와 지방자치단체는 지역에 특화된 자원과 특성을 기반으로 한 신산업·기술 창업의 촉진 및 관련 창업기업의 발굴·육성을 위한 지원사업 등을 추진할 수 있다.

② 정부와 지방자치단체는 「규제자유특구 및 지역특화발전특구에 관한 규제특례법」 제75조에 따라 지정·고시된 규제자유특구의 특성 및 완화된 규제환경 등을 고려하여 제1항에 따른 사업을 추진할 수 있다.

③ 정부와 지방자치단체는 지역경제 활성화를 위하여 지역의 자연환경과 문화적 자산 등을 기반으로 가치를 창출하는 창업기업등을 지원할 수 있다.

④ 정부와 지방자치단체는 제1항부터 제3항까지의 규정에 따른 사업의 수행에 필요하다고 인정하는 경우에는 관계 중앙행정기관의 장과 지방자치단체의 장에게 협조를 요청할 수 있다.

제29조【민관협력형 신산업·기술 창업기업의 발굴·육성】 ① 정부는 신산업·기술 창업기업과 대기업, 중견기업 및 중소기업(이하 "대·중견·중소기업"이라 한다) 등 기업 간 상생협력 및 동반성장을 촉진하기 위하여 국내외 창업생태계를 구성하는 공공기관, 민간, 기관 및 단체 등과 긴밀한 협력체계를 구축하도록 노력하여야 한다.

② 정부는 제1항에 따른 민관협력형 창업을 촉진하기 위하여 다음 각 호의 사항을 추진할 수 있다.

1. 신산업·기술 창업분야 유망 창업기업등의 공동 발굴·육성
2. 신산업·기술 창업기업과 대·중견·중소기업 등 기업 간 기술·정보·인력 등의 교류·협력 및 인프라 등의 공동활용 촉진
3. 사업의 공모·제안, 공동마케팅 등 창업기업제품의 판로 확대를 위한 협력
4. 연구개발 및 성능인증 등에 필요한 시설·장비의 공동활용 및 공동기술개발
5. 해외의 창업기업, 기관, 단체 등과 공동기술개발 및 교류·협력
6. 신산업·기술 창업기업과 대·중견·중소기업 등 기업 간 상생협력 및 동반성장에 관한 문화 조성 및 분위기 확산
7. 그 밖에 민관협력형 창업기업의 발굴·육성 체계의 구축 및 활성화를 위하여 중앙행정기관의 장이 필요하다고 인정하는 사항

③ 정부는 민간과 협력하여 유망 창업기업, 투자자 및 보육기관 등이 교류·협력할 수 있는 보육공간을 설치 및 운영할 수 있다. 이 경우 정부는 필요한 비용의 전부 또는 일부를 지원할 수 있다.

④ 정부는 제2항 및 제3항에 따라 추진하는 사업을 통하여 발굴·육성된 예비창업자 및 창업기업 중 유망한 자에 대하여 연구개발비 또는 창업자금 등을 우선하여 지원할 수 있다.

제30조【기업 간 개방형 혁신창업 활성화】 ① 정부는 기업으로 하여금 내부의 역량과 자원을 활용하여 신산업·기술 창업을 촉진할 수 있도록 하고, 신사업 발굴과 신시장 창출을 위하여 기업 간 협업하는 개방형 혁신창업 생태계를 조성하도록 노력하여야 한다.

② 정부는 제1항에 따른 개방형 혁신창업 활성화에 필요하다고 인정하는 경우에는 예산의 범위에서 사업을 수행하는 데에 드는 비용의 전부 또는 일부를 출연하거나 보조할 수 있다.

③ 중소벤처기업부장관은 제1항 또는 제2항에 따른 개방형 혁신창업 활성화를 위하여 노력하는 기업에 대해서는 「대·중소기업 상생협력 촉진에 관한 법률」 제15조에 따른 대·중소기업 상생협력지수 산정 시 우대할 수 있다.

제31조【대학·연구기관 기반 신산업·기술 창업의 촉진】 정부는 신산업·기술 창업의 바탕이 되는 대학·연구기관 기반 연구개발 성과물의 사업화와 대학·연구기관 내에서 교원, 학생 또는 연구원이 창업하는 창업기업의 성장·발전을 촉진하기 위하여 노력하여야 한다.

제32조【대학 내 창업지원 전담조직의 설립 등】 ① 대학은 대학 내 창업지원사업을 수행하기 위하여 학교규칙으로 정하는 바에 따라 창업지원업무를 전담하는 조직(이하 "창업지원 전담조직"이라 한다)을 둘 수 있다.
② 창업지원 전담조직은 창업선도대학 육성 사업의 운영, 대학 기업가센터 운영 등의 사업을 할 수 있다.
③ 중소벤처기업부장관은 창업지원 전담조직의 운영 및 제2항에 따른 사업 수행에 필요한 경비를 출연하거나 그 밖에 필요한 지원을 할 수 있다.
④ 창업지원 전담조직이 이 법에 따른 지원을 받으려면 그 회계를 수입과 지출 내역이 명백하도록 대학 내 다른 회계와 구분하여 처리하여야 한다.
⑤ 창업지원 전담조직의 업무 및 제4항에 따른 회계 운영에 필요한 사항은 대통령령으로 정한다.
제33조【창업기업 육성 시설·지역의 지원 등】 ① 정부와 지방자치단체는 창업기업의 입주공간을 마련하고 사업화를 지원하는 등 창업기업을 집중적으로 육성할 수 있는 시설을 설치·지원할 수 있으며, 대학·연구소 등 창업기업 육성과 관련한 기관·시설 등이 밀집한 지역을 지원할 수 있다.
② 정부와 지방자치단체는 제1항에 따라 설치·운영하고 있는 시설, 지역 등에 입주한 창업기업등에 대하여 우선 지원할 수 있다.

제5장 창업기업의 성장 및 재창업 촉진

제34조【창업기업의 성장촉진 지원 강화】 ① 정부는 창업기업이 국제 경쟁력을 갖춘 기업으로 신속하게 성장할 수 있도록 자금 및 인력 등의 원활한 공급, 기술혁신 촉진, 판로확대 및 해외진출 지원 등 성장촉진을 위한 제도를 마련하여야 한다.
② 정부, 지방자치단체, 공공기관 및 창업지원기관 등은 제1항에 따른 창업기업 성장촉진에 관한 제도를 효과적으로 추진하기 위하여 매출, 일자리 창출 등의 성과가 탁월한 성장유망 창업기업을 다른 창업기업등에 우선하여 집중 지원할 수 있다.
③ 제2항에 따른 성장유망 창업기업의 기준, 지원 절차·방법 등에 관한 사항은 대통령령으로 정한다.
제35조【창업기업 융자·투자 등 금융지원】 ① 정부는 중소기업의 창업 및 창업기업등의 활동에 필요한 자금의 원활한 공급을 위하여 창업기업등과 창업지원사업을 하는 자에게 필요한 자금을 출연·보조·융자하거나 그 밖에 필요한 지원을 할 수 있다.
② 정부는 제1항에 따른 금융지원이 효과적으로 시행될 수 있도록 창업기업등에 대한 민간의 투자 촉진, 창업기업 연대보증채무의 감경·면제 등 금융지원 활성화를 위한 제도적 기반을 마련하도록 노력하여야 한다.
제36조【창업기업의 기술혁신 역량 강화】 ① 정부는 창업기업등이 디지털경제 시대에 부응하는 신사업을 창출하고 중장기 경쟁력을 확보할 수 있도록 기술혁신 역량 강화와 기술혁신 결과물의 사업화 촉진에 필요한 지원을 할 수 있다.
② 정부는 제1항에 따른 지원을 효율적으로 추진하기 위하여 창업기업에 특화된 맞춤형 연구개발 지원방안을 강구하고, 대학·연구기관 등의 기술혁신 인프라에 대한 창업기업의 접근성·활용성을 높이기 위하여 노력하여야 한다.
제37조【창업기업의 인력 양성 및 활용】 ① 정부는 창업기업등이 필요한 인력을 원활히 확보하고 유치할 수 있도록 창업 관련 인력의 양성 및 활용에 관한 다음 각 호의 사항을 추진할 수 있다.
1. 분야별·지역별 창업기업의 인력수요에 적합한 인력 양성
2. 창업·취업 예정자 및 희망자를 대상으로 시행하는 창업기업 현장연수
3. 창업기업 재직자의 역량강화를 위한 교육 및 훈련
4. 창업 관련 전문인력 활용에 관한 협력
5. 그 밖에 창업기업등에 필요한 인력의 양성 및 활용을 위하여 중소벤처기업부장관이 필요하다고 인정하는 사항
② 정부는 제1항에 따라 추진하는 사업에 필요한 비용의 전부 또는 일부를 출연 또는 보조할 수 있다.
제38조【창업기업제품의 공공기관 우선구매】 ① 공공기관(「중소기업제품 구매촉진 및 판로지원에 관한 법률」 제2조제2호에 따른 공공기관을 말한다)의 장은 창업기업이 직접 생산하는 물품, 제공하는 용역 및 수행하는 공사(이하 이 조에서 "창업기업제품"이라 한다)의 구매를 촉진하여야 한다.
② 공공기관의 장이 「중소기업제품 구매촉진 및 판로지원에 관한 법률」 제5조제1항에 따라 작성하는 구매계획에는 창업기업제품의 구매계획을 구분하여 포함시켜야 한다.
③ 제2항에 따른 창업기업제품의 구매계획에는 대통령령으로 정하는 비율 이상의 구매목표를 포함시켜야 하며, 공공기관의 장은 해당 구매계획을 이행하여야 한다.
④ 중소벤처기업부장관은 제3항에 따른 구매계획을 확인한 결과 개선이 필요하다고 인정되는 사항에 대하여는 해당 공공기관의 장에게 그 개선을 권고할 수 있다. 이 경우 해당 공공기관의 장은 특별한 사정이 없으면 구매계획에 이를 반영하여야 한다.
⑤ 제2항부터 제4항까지의 규정에 따른 구매계획과 구매실적의 통보에 관하여는 「중소기업제품 구매촉진 및 판로지원에 관한 법률」 제5조제5항을 준용한다.
제39조【창업기업의 확인 등】 ① 제38조에 따라 공공기관의 우선구매에 참여하려는 자는 중소벤처기업부장관에게 기업이 창업기업에 해당하는지 여부를 확인해 줄 것을 신청할 수 있다.
② 중소벤처기업부장관은 제1항에 따른 신청을 받으면 조사한 후 해당 기업이 창업기업에 해당하면 이를 확인(이하 "창업기업의 확인"이라 한다)하여 주어야 한다. 이 경우 3년 이내의 범위에서 대통령령으로 정하는 유효기간을 명시한 증명서류를 함께 발급할 수 있다.
③ 제40조제1호에 해당하여 창업기업의 확인이 취소된 자는 1년 이내의 범위에서 대통령령으로 정하는 기간 내에는 제1항에 따른 신청을 할 수 없다.
④ 중소벤처기업부장관은 창업기업의 확인, 증명서류의 발급 등 대통령령으로 정하는 업무를 수행하기 위하여 창업기업확인시스템을 구축·운영할 수 있다.
⑤ 그 밖에 창업기업의 확인 절차, 증명서류의 발급 등 창업기업의 확인에 필요한 사항은 대통령령으로 정한다.
제40조【창업기업 확인의 취소】 중소벤처기업부장관은 창업기업의 확인을 받은 자가 다음 각 호의 어느 하나에 해당하면 창업기업 확인을 취소할 수 있다. 다만, 제1호의 경우에는 창업기업 확인을 취소하여야 한다.
1. 거짓이나 그 밖의 부정한 방법으로 창업기업의 확인을 받은 경우
2. 제2조제3호에 따른 창업기업의 기준에 맞지 아니하게 된 경우
3. 폐업 등의 사유로 기업활동을 하지 아니하게 된 경우
4. 정당한 사유 없이 제60조제1항의 보고와 검사를 거부한 경우
제41조【창업기업 및 생태계의 국제화 촉진】 ① 정부는 예비청년창업자 및 청년창업기업을 포함한 국내 창업기업등의 국제 경쟁력을 강화하고 창업생태계를 국제화하기 위하여 노력하여야 한다.
② 정부는 예비창업자 또는 창업기업에 대하여 다음 각 호의 사항에 관한 지원을 할 수 있다.
1. 예비창업자 또는 창업기업의 해외진출에 대한 교육, 컨설팅 및 사업화 지원
2. 예비창업자 또는 창업기업의 국제교류 촉진
3. 예비창업자 또는 창업기업의 해외 홍보·마케팅 지원 및 해외투자 유치
4. 해외 창업 관련 기관과의 협력관계 구축
5. 창업지원을 위한 해외 시설·공간 구축, 운영 및 서비스 제공
6. 창업기업의 해외 전시회 참가 지원 및 전시회 기획·운영
7. 그 밖에 예비창업자 또는 창업기업의 국제화를 촉진하기 위하여 중앙행정기관의 장이 필요하다고 인정하는 사항
③ 정부는 우수한 혁신역량과 성장 가능성을 보유한 해외 우수인력 및 창업기업의 국내 유치를 촉진시키기 위하여 다음 각 호의 사항을 추진할 수 있다.
1. 해외 우수인력 및 창업기업의 국내 유치 활성화 전략 수립
2. 창업비자 발급요건의 완화 등 해외 우수인력 및 창업기업의 국내 유치를 위한 여건 개선
3. 기술, 인력, 금융, 경영 등 분야별 해외 전문가의 국내 파견·알선
4. 외국투자자본의 유입 촉진
5. 창업 관련 연구, 정보, 기술, 교육, 인력, 홍보 등 분야별 국제협력 촉진
6. 창업 관련 국제기구 및 국제행사의 국내 유치
7. 그 밖에 국내 창업생태계의 국제화를 촉진하기 위하여 중앙행정기관의 장이 필요하다고 인정하는 사항
④ 중소벤처기업부장관은 제2항에 따라 추진하는 창업기업등의 국제화 지원사업에 대한 전문적인 지원을 위하여 해외의 창업전문회사 또는 창업전문기관을 해외창업지원기관으로 지정하여 운영할 수 있다. 이 경우 중소벤처기업부장관은 해외창업지원기관의 업무 수행을 위하여 필요한 비용의 전부 또는 일부를 지급할 수 있다.
⑤ 제4항에 따른 해외창업지원기관의 지정, 운영 및 업무에 관한 구체적인 사항은 대통령령으로 정한다.
제42조【재창업지원계획의 수립 및 시행】 ① 중소벤처기업부장관은 재창업을 활성화하고 재창업기업의 사업성공률을 높이기 위하여 재창업기업의 특성을 고려한 중소기업 재창업지원계획을 수립하여야 한다.
② 중소벤처기업부장관은 제1항에 따른 계획에 따라 재창업지원에 필요한 다음 각 호의 사항을 추진할 수 있다.
1. 우수한 기술과 경험을 보유한 예비재창업자의 발굴 및 재창업 교육
2. 재창업에 장애가 되는 각종 부담 및 규제 등의 제도 개선
3. 조세·법률 상담 등 재창업을 위한 상담 지원
4. 교육센터의 지정·운영 등 재창업지원 시설의 확충
5. 재창업에 필요한 자금 지원 및 관련 정보 제공
6. 재창업 교육 및 상담을 위한 전문가 양성
7. 재창업 지원사업에 대한 정기 점검 및 평가
8. 재창업에 관한 종합 데이터베이스의 구축·관리
9. 그 밖에 재창업지원과 관련하여 중소벤처기업부장관이 필요하다고 인정하는 사항
③ 중소벤처기업부장관은 제2항에 따라 추진하는 사업에 대하여 필요하다고 인정하는 경우에는 예산의 범위에서 대학, 연구기관, 공공기관, 재창업 관련 단체, 창업기업 및 예비재창업자에게 해당 사업을 수행하는 데에 드는 비용의 전부 또는 일부를 출연하거나 보조할 수 있다.
④ 제3항에 따른 출연·보조의 절차 및 방법 등에 관한 사항은 대통령령으로 정한다.
제43조【재창업기업 성실경영 평가】 ① 중소벤처기업부장관은 예비재창업자 또는 재창업기업의 대표자(대표이사, 업무집행조합원, 대표집행임원 등 대표권이 있는 임원으로 등기되어 있거나 대표자로 등록되어 있는 자를 말한다)가 재창업 전의 기업을 경영하면서 분식회계, 고의부도, 부당해고 등을 하지 아니하고 성실하게 경영하였는지 여부 등을 평가(이하 "성실경영 평가"라 한다)하여 출연, 보조, 융자 등 재정지원을 제한하거나 지원 대상자 선별에 활용할 수 있다.
② 관계 중앙행정기관의 장 또는 지방자치단체의 장은 성실경영 평가가 필요하다고 판단할 경우 중소벤처기업부장관과 협의를 거쳐 중소벤처기업부장관에게 그 평가를 요청할 수 있다.
③ 중소벤처기업부장관은 성실경영 평가에 필요한 경우 본인의 동의를 받아 대통령령으로 정하는 바에 따라 경찰청장, 관할 시·도경찰청장 또는 경찰서장에게 「형의 실효 등에 관한 법률」 제5조의2제2항에 따른 범죄경력자료 중 다음 각 호에 해당하는 자료의 제공을 요청할 수 있다.
1. 「형법」 제347조, 제356조, 제357조의 죄 등 대통령령으로 정하는 기업경영 관련 죄에 관한 범죄경력자료
2. 「근로기준법」 등 대통령령으로 정하는 노동 관계 법률 위반의 죄에 관한 범죄경력자료
④ 중소벤처기업부장관은 성실경영 평가를 한 결과 성실한 경영을 하였으나 실패한 사업자(이하 "성실경영실패자"라 한다)로 판정된 경우에는 성실경영실패자의 재창업을 지원할 때 장애가 되는 각종 부담 및 규제를 개선할 수 있다. 이 경우 중소벤처기업부장관은 개선의 내용 및 기준 등을 정하여 고시할 수 있다.
⑤ 중소벤처기업부장관은 성실경영 평가에 필요한 기준을 정하여 고시할 수 있다.
제44조【재창업기업 성실경영 평가 전담기관의 지정 등】 ① 중소벤처기업부장관은 성실경영 평가를 효과적으로 수행하기 위하여 이를 전담하는 기관(이하 "성실경영 평가 전담기관"이라 한다)을 지정할 수 있다.
② 중소벤처기업부장관은 성실경영 평가 전담기관으로 하여금 성실경영 평가를 효과적으로 수행하고 관리할 수 있도록 통합관리체계를 구축·운영하게 할 수 있다.
③ 정부와 지방자치단체는 예산의 범위에서 성실경영 평가 전담기관의 운영에 필요한 경비의 전부 또는 일부를 출연하거나 보조할 수 있다.
④ 성실경영 평가 전담기관의 장은 중소벤처기업부장관에게 성실경영 평가와 관련하여 제43조제3항 각 호에 해당하는 자료의 조회를 요청할 수 있다.
⑤ 제1항에 따라 지정된 성실경영 평가 전담기관이 아닌 자는 성실경영 평가 전담기관임을 표시하거나 이와 유사한 명칭을 사용하지 못한다.
⑥ 성실경영 평가 전담기관의 지정 및 운영 등에 필요한 사항은 대통령령으로 정한다.

제6장 창업기업의 공장 설립절차 특례

제45조【창업기업의 공장 설립계획의 승인】 ① 제조업(「통계법」 제22조제1항에 따라 통계청장이 작성·고시하는 한국표준산업분류상의 제조업을 말한다)을 영위하려는 창업기업은 대통령령으로 정하는 바에 따라 공장 설립계획(이하 "공장 설립계획"이라 한다)을 작성하고, 이에 대한 시장·군수 또는 구청장(자치구의 구청장을 말한다. 이하 같다)의 승인을 받아 사업을 할 수 있다.
② 시장·군수 또는 구청장은 제1항에 따른 공장 설립계획의 승인을 할 때에는 그 공장의 건축면적이 「산업집적활성화 및 공장설립에 관한 법률」 제8조제2호에 따른 기준공장면적률에 적합하도록 하여야 한다.
③ 시장·군수 또는 구청장은 제1항에 따른 공장 설립계획의 승인 신청을 받은 날부터 20일 이내에 승인 여부를 알려야 한다. 이 경우 20일 이내에 승인 여부를 알리지 아니한 때에는 20일이 지난 날의 다음 날에 승인한 것으로 본다.
④ 제1항에 따라 공장 설립계획의 승인을 받은 사항 중 사업자 또는 공장용지의 면적 등 대통령령으로 정하는 중요 사항을 변경하려는 경우에는 변경승인을 받아야 하고, 중소벤처기업부령으로 정하는 경미한 사항을 변경하려는 경우에는 시장·군수 또는 구청장에게 신고하여야 한다.
⑤ 공장 설립계획의 승인을 받은 자가 공장건설이나 제조시설 등의 설치를 완료하였을 때에는 중소벤처기업부령으로 정하는 기간 내에 시장·군수 또는 구청장에게 완료신고를 하여야 한다.

⑥ 중소벤처기업부장관은 공장 설립계획의 승인업무에 관한 지원 및 협의를 위하여 지방중소벤처기업청에 창업민원처리협의회를 둘 수 있다. 이 경우 창업민원처리협의회의 구성 및 업무 등에 필요한 사항은 대통령령으로 정한다.
⑦ 중소벤처기업부장관은 창업에 따른 절차를 간소화하기 위하여 제1항에 따른 공장 설립계획 승인에 관한 업무를 처리할 때 허가·인가에 관한 사항 등 대통령령으로 정하는 업무처리기준에 따라 처리하여야 한다.

제46조【설립승인의 사전협의】 ① 창업기업은 제45조제1항에 따른 공장 설립계획 승인을 신청하기 전에 시장·군수 또는 구청장에게 공장 설립계획의 승인 가능성 등에 관하여 사전협의를 요청할 수 있다.
② 제1항에 따른 사전협의의 절차 등에 필요한 사항은 대통령령으로 정한다.

제47조【공장설립 관련 인·허가 등의 의제】 ① 제45조제1항에 따라 공장 설립계획의 승인을 할 때 다음 각 호의 허가, 인가, 면허, 승인, 지정, 결정, 신고, 해제 또는 용도폐지(이하 이 조에서 "허가등"이라 한다)에 관하여 시장·군수 또는 구청장이 제4항에 따라 다른 행정기관의 장과 협의를 한 사항에 대하여는 그 허가등을 받은 것으로 본다.
1. 「산업집적활성화 및 공장설립에 관한 법률」 제13조제1항에 따른 공장설립등의 승인
2. 「사방사업법」 제14조에 따른 벌채 등의 허가와 같은 법 제20조에 따른 사방지(砂防地) 지정의 해제
3. 「공유수면 관리 및 매립에 관한 법률」 제8조에 따른 공유수면의 점용·사용허가, 같은 법 제17조에 따른 점용·사용 실시계획의 승인 또는 신고 및 같은 법 제28조에 따른 공유수면의 매립면허
4. 「하천법」 제30조에 따른 하천공사의 허가와 같은 법 제33조에 따른 하천의 점용허가
5. 「산지관리법」 제14조에 따른 산지전용허가, 같은 법 제15조에 따른 산지전용신고, 같은 법 제15조의2에 따른 산지일시사용허가·신고 및 같은 법 제21조에 따른 용도변경 승인과 「산림자원의 조성 및 관리에 관한 법률」 제36조제1항 및 제5항에 따른 입목벌채 등의 허가와 신고(2022.12.27 본호개정)
6. 「사도법」 제4조에 따른 사도(私道)의 개설허가
7. 「국토의 계획 및 이용에 관한 법률」 제56조제1항에 따른 개발행위의 허가, 같은 법 제86조에 따른 도시·군계획시설사업의 시행자 지정 및 같은 법 제88조에 따른 실시계획의 작성·인가
8. 「농지법」 제34조제1항에 따른 농지의 전용허가, 같은 법 제35조제1항에 따른 농지전용신고 및 같은 법 제40조제1항에 따른 용도변경의 승인
9. 「초지법」 제23조에 따른 초지의 전용 허가 또는 전용신고
10. 「국유재산법」 제30조에 따른 행정재산의 사용허가 및 같은 법 제40조에 따른 도로, 하천, 도랑 및 제방의 용도폐지
11. 「도로법」 제61조제1항에 따른 도로의 점용 허가
12. 「환경영향평가법」에 따른 소규모 환경영향평가 협의
13. 「농어촌정비법」 제23조제1항 본문에 따른 농업생산기반시설의 사용허가
14. 「장사 등에 관한 법률」 제27조제1항에 따른 타인의 토지 등에 설치된 분묘 개장(改葬)의 허가
15. 「공유재산 및 물품 관리법」 제20조제1항에 따른 행정재산의 사용·수익허가 및 같은 법 제11조에 따른 행정재산의 용도폐지
16. 「부동산 거래신고 등에 관한 법률」 제11조에 따른 토지거래계약에 관한 허가
17. 「소하천정비법」 제14조에 따른 소하천 점용허가
18. 「자연재해대책법」 제4조에 따른 재해영향평가등의 협의
② 제45조제1항에 따라 공장 설립계획의 승인을 받은 공장에 대하여 「건축법」 제11조에 따른 건축허가를 할 때 해당 시장·군수 또는 구청장이 다음 각 호의 허가, 인가, 승인, 동의, 심사 또는 신고(이하 이 조에서 "승인등"이라 한다)에 관하여 제4항에 따라 다른 행정기관의 장과 협의를 한 사항에 대하여는 그 승인등을 받은 것으로 본다.
1. 「도로법」 제61조제1항에 따른 도로의 점용 허가
2. 「하수도법」 제24조에 따른 점용허가와 같은 법 제27조제3항 및 제4항에 따른 배수설비의 설치 신고
3. 「하수도법」 제34조제2항에 따른 개인하수처리시설의 설치신고
4. 「소방시설 설치 및 관리에 관한 법률」 제6조제1항에 따른 건축허가등의 동의, 「소방시설공사업법」 제13조제1항에 따른 소방시설공사의 신고 및 「위험물안전관리법」 제6조제1항에 따른 제조소등의 설치허가
5. 「대기환경보전법」 제23조, 「물환경보전법」 제33조, 「소음·진동관리법」 제8조 및 「가축분뇨의 관리 및 이용에 관한 법률」 제11조에 따른 배출시설의 설치 허가 또는 신고
6. 「폐기물관리법」 제29조제2항에 따른 폐기물처리시설의 설치승인 또는 설치신고
7. 「수도법」 제52조 및 제54조에 따른 전용수도설치의 인가
8. 「전기안전관리법」 제8조에 따른 자가용전기설비의 공사계획 인가 또는 신고
9. 「총포·도검·화약류 등의 안전관리에 관한 법률」 제25조제1항에 따른 화약류저장소 설치허가
10. 「건축법」 제11조제1항에 따른 건축허가, 같은 법 제14조제1항에 따른 건축신고, 같은 법 제20조제1항·제3항에 따른 가설건축물의 건축허가 또는 건축신고 및 같은 법 제83조제1항에 따른 공작물 축조의 신고
11. 「토양환경보전법」 제12조에 따른 특정토양오염관리대상시설의 설치신고
12. 「액화석유가스의 안전관리 및 사업법」 제5조에 따른 가스용품 제조사업의 허가 및 같은 법 제8조에 따른 액화석유가스 저장소의 설치 허가
13. 「고압가스 안전관리법」 제4조에 따른 고압가스의 제조허가와 저장소의 설치허가, 같은 법 제5조제1항에 따른 용기·냉동기 및 특정설비의 제조등록, 같은 법 제20조제1항에 따른 특정고압가스 사용신고
14. 「산업안전보건법」 제42조제4항에 따른 유해위험방지계획서의 심사 및 같은 법 제45조제1항에 따른 공정안전보고서의 심사
③ 제45조제1항에 따라 공장 설립계획의 승인을 받은 공장에 대하여 「건축법」 제22조에 따라 건축물의 사용승인을 할 때 해당 시장·군수 또는 구청장이 다음 각 호의 검사, 신고, 동의 또는 신청(이하 이 조에서 "검사등"이라 한다)에 관하여 제4항에 따라 다른 행정기관의 장과 협의를 한 사항에 대하여는 그 검사등을 받은 것으로 본다.
1. 「하수도법」 제37조에 따른 개인하수처리시설의 준공검사
2. 「소방시설 설치 및 관리에 관한 법률」 제6조제1항에 따른 사용승인의 동의, 「소방시설공사업법」 제14조에 따른 소방시설공사의 완공검사 및 「위험물안전관리법」 제9조에 따른 제조소등의 완공검사
3. 「폐기물관리법」 제29조제4항에 따른 폐기물처리시설의 사용개시 신고
4. 「대기환경보전법」 제30조제1항 및 「물환경보전법」 제37조에 따른 배출시설 등의 가동개시 또는 가동시작 신고
5. 「총포·도검·화약류 등의 안전관리에 관한 법률」 제43조에 따른 완성검사
6. 「먹는물관리법」 제23조제1항에 따른 먹는샘물등의 제조업 조건부 영업허가
7. 「전기안전관리법」 제9조에 따른 자가용전기설비의 사용전검사
8. 「액화석유가스의 안전관리 및 사업법」 제36조제2항에 따른 저장시설 및 가스용품 제조시설의 완성검사
9. 「고압가스 안전관리법」 제16조제3항에 따른 고압가스의 제조, 저장소 설치, 용기등의 제조시설 설치공사의 완성검사 및 같은 법 제20조제4항에 따른 특정고압가스의 사용시설 완성검사
10. 「국토의 계획 및 이용에 관한 법률」 제62조제1항 및 같은 법 제98조제2항에 따른 준공검사
11. 「공간정보의 구축 및 관리 등에 관한 법률」 제64조제2항에 따른 토지 이동 등의 등록 신청
④ 시장·군수 또는 구청장이 제45조에 따른 공장 설립계획의 승인 또는 「건축법」 제11조제1항 및 제22조제1항에 따른 건축허가와 사용승인을 할 때 그 내용 중 제1항부터 제3항까지에 해당하는 사항이 다른 행정기관의 권한에 속하는 경우에는 그 행정기관의 장과 협의하여야 하며, 협의를 요청받은 행정기관의 장은 대통령령으로 정하는 기간 내에 의견을 제출하여야 한다. 이 경우 다른 행정기관의 장이 그 기간 내에 의견을 제출하지 아니하면 의견이 없는 것으로 본다.

제48조【법령 제정·개정 시의 협의】 관계 행정기관의 장은 제45조에 따른 공장 설립계획의 승인, 창업기업의 공장에 대한 「건축법」 제11조제1항의 건축허가나 같은 법 제22조제1항의 사용승인과 관련되는 사항을 법령으로 제정하거나 개정하려면 미리 중소벤처기업부장관과 협의하여야 한다.

제49조【창업기업 공장 설립승인의 취소 등】 ① 시장·군수 또는 구청장은 공장 설립계획의 승인을 받은 자가 다음 각 호의 어느 하나에 해당하면 공장 설립계획의 승인과 공장 건축허가를 취소하거나 해당 토지의 원상회복을 명령할 수 있다.
1. 공장 설립계획의 승인을 받은 날부터 대통령령으로 정하는 기간이 지난 날까지 「건축법」 제21조제1항에 따라 착공신고서를 제출하지 아니하거나 공장착공 후 대통령령으로 정하는 기간 이상 공사를 중단한 경우
2. 공장 설립계획의 승인을 받은 공장부지 또는 해당 공장부지 내 건축물을 「산업집적활성화 및 공장설립에 관한 법률」 제15조에 따른 공장설립등의 완료신고를 하기 전에 다른 사람에게 양도한 경우(경매로 인한 경우를 포함한다). 다만, 창업기업에 양도한 경우에는 그러하지 아니하다.
3. 공장 설립계획의 승인을 받은 공장부지 또는 해당 공장부지 내 건축물을 다른 사람에게 임대하거나 공장이 아닌 용도로 활용하는 경우
4. 공장 설립계획의 승인을 받은 후 대통령령으로 정하는 기간이 지난 날까지 「산업집적활성화 및 공장설립에 관한 법률」 제15조에 따른 공장설립등의 완료신고를 하지 아니한 경우
② 시장·군수 또는 구청장은 제1항에 따른 원상회복명령을 위반하여 원상회복을 하지 아니하면 대집행(代執行)에 따라 원상회복을 할 수 있다.
③ 제2항에 따른 대집행의 절차에 관하여는 「행정대집행법」을 적용한다.
④ 시장·군수 또는 구청장은 제1항에 따라 공장 설립계획의 승인을 취소하려면 청문을 하여야 한다.

제50조【사업분리에 의한 창업기업의 공장등록 특례】 「법인세법」 제2조제1호에 따른 내국법인(이하 이 조에서 "내국법인"이라 한다)이 하는 사업의 일부를 분리하여 그 사업을 개시하는 중소기업이 다음 각 호의 요건을 모두 갖춘 경우에는 「부가가치세법」 제8조에 따라 발급받은 사업자등록증은 해당 사업을 개시한 날부터 2년 동안은 「산업집적활성화 및 공장설립에 관한 법률」 제16조에 따라 공장등록을 하였음을 증명하는 서류로 본다.
1. 내국법인의 임직원이었던 자가 대표자, 최대주주 또는 최대출자자일 것
2. 내국법인과 사업의 분리에 관한 계약 및 그 내국법인의 공장 전부 또는 일부의 공동사용에 관한 계약을 서면으로 체결할 것

제7장 창업지원 기반 구축

제51조【창업진흥원】 ① 창업을 촉진하고 창업기업의 성장을 효율적으로 지원하기 위하여 창업진흥원을 설립한다.
② 창업진흥원은 법인으로 하며, 주된 사무소의 소재지에서 설립등기를 함으로써 성립한다.
③ 제2항에 따른 주된 사무소의 소재지는 정관으로 정하며, 창업진흥원은 정관으로 정하는 바에 따라 필요한 곳에 지원 또는 지부, 그 밖의 사무소를 둘 수 있다.
④ 창업진흥원은 다음 각 호의 사업과 업무를 수행한다.
1. 창업활성화를 위한 정책의 조사연구
2. 창업기업에 대한 자금(정책자금 융자는 제외한다), 인력, 판로 및 입지 등에 관한 정보제공 및 지원
3. 창업촉진을 위한 교육모델 개발 및 운영·보급
4. 창업실태조사 및 분석
5. 창업기업 및 창업생태계와 관련한 데이터의 수집, 가공, 분석, 활용 및 제공 등에 관한 사항
6. 국제기구 및 외국과의 창업 관련 교류 및 협력
7. 창업기업의 해외진출 지원 및 외국인의 국내창업 지원
8. 우수 예비창업자의 발굴 및 지원
9. 재창업기업의 교육 및 지원
10. 청년창업기업 및 중장년창업기업 교육 및 사업화 지원
11. 청소년 및 예비창업자 등에 대한 창업교육 등 기업가정신 제고
12. 대학 및 연구기관 등의 창업촉진 활동 지원
13. 창업분야 전문인력 육성 및 지원
14. 창업저변 확대 및 창업문화 조성을 위한 지원
15. 창업촉진을 위한 지원시설 등 창업기반 조성, 운영 및 지원
16. 제61조제2항에 따라 창업진흥원에 위탁한 업무
17. 그 밖에 중소벤처기업부장관 및 관계 중앙행정기관의 장이 위탁하는 사업 및 업무
⑤ 정부는 창업진흥원의 설립 및 운영에 필요한 경비를 예산의 범위에서 출연하거나 보조할 수 있다.
⑥ 중앙행정기관의 장과 지방자치단체의 장은 제4항 각 호의 사업 및 업무를 창업진흥원으로 하여금 수행하게 할 수 있고, 이에 필요한 비용의 전부 또는 일부를 출연 또는 보조할 수 있다.
⑦ 공공기관, 중소기업, 개인 또는 단체는 제4항 각 호의 사업 및 업무 수행에 필요한 경비를 지원할 수 있다.
⑧ 창업진흥원은 제1항의 목적 달성에 필요한 재원을 조달하기 위하여 대통령령으로 정하는 바에 따라 수익사업을 할 수 있다.
⑨ 이 법에 따른 창업진흥원이 아닌 자는 창업진흥원 또는 이와 유사한 명칭을 사용하지 못한다.
⑩ 창업진흥원에 관하여 이 법에서 정한 것을 제외하고는 「민법」 중 재단법인에 관한 규정을 준용한다.

제52조【지역창업전담기관의 지정 등】 ① 중소벤처기업부장관은 지역의 혁신창업 생태계 활성화를 위하여 각 지역별로 전담기관(이하 "지역창업전담기관"이라 한다)을 지정할 수 있다.
② 지역창업전담기관은 다음 각 호의 사업과 업무를 수행한다.
1. 지역에 기반한 신산업·기술 창업 활성화와 기업가정신 고취를 위한 정책과제의 발굴 및 운영
2. 지역 창업기업의 기술혁신 역량 강화를 위한 지원과 이를 위한 관련 기관·프로그램과의 연계 및 총괄
3. 지역 창업기업의 투자 생태계 활성화를 위한 지원과 이를 위한 관련 기관·프로그램과의 연계 및 총괄
4. 지역의 예비창업자, 창업기업 또는 중소기업과 관련된 법률, 금융, 고용 및 특허 등 상담과 관련 사무의 지원
5. 창의적인 아이디어, 신기술 등을 활용한 지역의 청년고용 창출 지원 및 교육 프로그램 운영
6. 중소벤처기업부장관, 관계 중앙행정기관 또는 지방자치단체의 장으로부터 위탁받은 사업과 업무
7. 그 밖에 대통령령으로 정하는 사업과 업무

③ 정부 또는 지방자치단체는 예산의 범위에서 제2항에 따른 지역창업전담기관의 운영 및 사업 수행에 필요한 비용의 전부 또는 일부를 출연하거나 보조할 수 있다.
④ 제1항에 따른 지역창업전담기관의 지정 및 운영에 필요한 사항은 대통령령으로 정한다.
제53조【창업보육센터사업자의 지정 등】 ① 창업의 성공 가능성을 높이기 위하여 창업기업에 시설·장소를 제공하고 경영·기술분야에 대하여 지원하는 것을 주된 목적으로 하는 사업장(이하 "창업보육센터"라 한다)을 설립·운영하는 자(설립·운영하려는 자를 포함한다. 이하 "창업보육센터사업자"라 한다)로서 이 법에 따른 지원을 받으려는 자는 다음 각 호의 요건을 갖추어 중소벤처기업부장관의 지정을 받아야 한다.
1. 다음 각 목의 시설 및 장소를 갖출 것
  가. 창업기업이 이용할 수 있는 시험기기나 계측기기 등의 장비
  나. 10개 이상의 창업기업이 사용할 수 있는 500제곱미터 이상의 장소
2. 경영학 분야의 박사학위 소지자, 「변호사법」에 따른 변호사, 그 밖에 대통령령으로 정하는 전문인력 중 2명 이상을 확보할 것
3. 창업보육센터사업을 수행하기 위한 사업계획 등이 중소벤처기업부령으로 정하는 기준에 맞을 것
② 중소벤처기업부장관은 창업보육센터사업자를 지정하는 경우 청년을 위한 창업보육센터사업자를 우선 지정할 수 있다.
③ 국가는 「국유재산법」 및 그 밖의 다른 법령에도 불구하고 창업의 성공가능성을 높이기 위하여 필요한 경우 창업보육센터에 입주한 자(이하 "입주자"라 한다)에 대하여 국유재산의 사용료를 감면할 수 있다.
④ 국가가 제3항에 따라 국유재산의 사용료를 감면하는 경우 입주자에 대한 국유재산의 연간 사용료는 해당 재산가액에 100분의 1 이상을 곱한 금액의 범위에서 대통령령으로 정하는 금액으로 한다.
⑤ 국유재산을 사용허가 하는 경우 그 기간은 「국유재산법」 제35조에서 정하는 바에 따른다.
⑥ 지방자치단체는 「공유재산 및 물품 관리법」 및 그 밖의 다른 법령에도 불구하고 입주자에게 공유재산의 사용료를 대통령령으로 정하는 바에 따라 감면할 수 있다.
⑦ 중소벤처기업부장관은 창업보육센터사업자가 「벤처투자촉진에 관한 법률」 제2조제9호에 따른 창업기획자로 전환할 경우 필요한 비용의 전부 또는 일부를 지원할 수 있다.
제54조【중소기업상담회사의 등록 등】 ① 중소기업의 사업성 평가 등 다음 각 호의 사업을 영위하는 회사로서 이 법에 따른 지원을 받으려는 자는 중소벤처기업부령으로 정하는 바에 따라 중소벤처기업부장관에게 중소기업상담회사로 등록하여야 한다. 중소기업상담회사가 등록한 사항 중 회사명과 소재지 등 중소벤처기업부령으로 정하는 중요 사항을 변경하려는 경우에도 또한 같다.
1. 중소기업의 사업성 평가
2. 중소기업의 경영 및 기술 향상을 위한 용역
3. 중소기업에 대한 사업의 알선
4. 중소기업의 자금 조달·운용에 관한 자문 및 대행
5. 창업 절차의 대행
6. 창업보육센터의 설립·운영에 관한 자문
7. 제1호부터 제6호까지의 사업에 딸린 사업으로서 중소벤처기업부장관이 정하는 사업
② 제1항에 따른 중소기업상담회사는 다음 각 호의 요건을 모두 갖추어야 한다.
1. 다음 각 목의 어느 하나에 해당하는 법인으로서 해당 각 목의 요건을 갖출 것
  가. 「상법」에 따른 회사 : 납입자본금이 대통령령으로 정하는 금액 이상일 것
  나. 「협동조합 기본법」에 따른 협동조합등, 「중소기업협동조합법」에 따른 중소기업협동조합 : 조합원이 납입한 출자금 총액이 대통령령으로 정하는 금액 이상일 것
2. 임원이 다음 각 목의 어느 하나에 해당하지 아니하는 자일 것
  가. 미성년자 또는 피성년후견인
  나. 파산선고를 받고 복권되지 아니한 자
  다. 금고 이상의 실형을 선고받고 그 집행이 끝나거나(집행이 끝난 것으로 보는 경우를 포함한다) 집행이 면제된 날부터 3년이 지나지 아니한 자
  라. 금고 이상의 형의 집행유예를 선고받고 그 유예기간 중에 있는 자
  마. 금융거래 등 상거래에서 약정한 날짜 이내에 채무를 갚지 아니한 자로서 대통령령으로 정하는 자
3. 대통령령으로 정하는 기준에 따른 전문인력 및 시설을 보유할 것
③ 중소벤처기업부장관은 중소기업상담회사가 창업기업에 용역을 제공하면 대통령령으로 정하는 바에 따라 그 용역 대금의 일부를 지원할 수 있다.
④ 이 법에 따라 중소기업상담회사로 등록한 자는 정부기관의 명칭, 상징 등을 무단 사용하거나 그 밖에 정부기관으로 오인·혼동하게 할 우려가 있는 표시 또는 광고를 하여서는 아니 된다.
제55조【창업민원처리기구의 설치 등】 ① 정부는 민원인의 편의를 위하여 특별시·광역시·특별자치시·도·특별자치도 또는 시·군·구의 창업에 관련된 민원을 종합적으로 접수하여 처리할 수 있는 기구(이하 "중소기업창업민원실"이라 한다)를 설치할 수 있다.
② 중소기업창업민원실의 설치 및 운영에 필요한 사항은 대통령령으로 정한다.

제8장 보 칙

제56조【지정 등의 취소】 ① 중소벤처기업부장관은 창업대학원이 다음 각 호의 어느 하나에 해당하면 지정을 취소하거나 5년의 범위에서 대통령령으로 정하는 바에 따라 이 법에 따른 지원을 중단할 수 있다. 다만, 제1호에 해당하면 그 지정을 취소하여야 한다.
1. 거짓이나 그 밖에 부정한 방법으로 지정을 받은 경우
2. 지원받은 자금을 다른 목적으로 사용한 경우
3. 정당한 사유 없이 1년 이상 운영하지 아니한 경우
4. 스스로 지정의 취소를 원하는 경우
② 중소벤처기업부장관은 제41조제4항에 따른 해외창업지원기관이 다음 각 호의 어느 하나에 해당하면 지정을 취소하거나 5년의 범위에서 대통령령으로 정하는 바에 따라 이 법에 따른 지원을 중단할 수 있다. 다만, 제1호에 해당하면 그 지정을 취소하여야 한다.
1. 거짓이나 그 밖의 부정한 방법으로 지정을 받은 경우
2. 제41조제5항에 따른 지정 요건에 맞지 아니하게 되었거나 업무를 수행할 능력을 상실한 경우
3. 정당한 사유 없이 1년 이상 업무를 수행하지 아니한 경우
4. 스스로 지정의 취소를 원하는 경우
③ 중소벤처기업부장관은 지역창업전담기관이 다음 각 호의 어느 하나에 해당하는 때에는 지정을 취소하거나 5년의 범위에서 대통령령으로 정하는 바에 따라 이 법에 따른 지원을 중단할 수 있다. 다만, 제1호에 해당하면 그 지정을 취소하여야 한다.
1. 거짓이나 그 밖의 부정한 방법으로 지정을 받은 경우
2. 제52조제4항에 따른 지정 요건에 맞지 아니하게 되었거나 사업을 수행할 능력을 상실한 경우
3. 지정받은 사항을 위반하여 업무를 행한 경우
4. 스스로 지정의 취소를 원하는 경우
④ 중소벤처기업부장관은 창업보육센터사업자가 다음 각 호의 어느 하나에 해당하면 사업자의 지정을 취소하거나 5년의 범위에서 대통령령으로 정하는 바에 따라 이 법에 따른 지원을 중단할 수 있다. 다만, 제1호에 해당하면 그 지정을 취소하여야 한다.
1. 거짓이나 그 밖에 부정한 방법으로 지정을 받은 경우
2. 지원받은 자금을 다른 목적으로 사용한 경우
3. 창업보육센터를 중소기업 창업지원 외의 목적으로 사용한 경우
4. 창업보육센터의 운영 실적이 중소벤처기업부령으로 정하는 기준에 미치지 못한 경우
5. 스스로 지정의 취소를 원하는 경우
6. 제53조제1항에 따른 지정 요건에 맞지 아니하게 되었을 경우
⑤ 중소벤처기업부장관은 제54조에 따른 중소기업상담회사가 다음 각 호의 어느 하나에 해당하면 그 등록을 취소하거나 5년의 범위에서 대통령령으로 정하는 바에 따라 이 법에 따른 지원을 중단할 수 있다. 다만, 제1호에 해당하면 그 등록을 취소하여야 한다.
1. 거짓이나 그 밖에 부정한 방법으로 등록을 한 경우
2. 제54조제2항에 따른 등록요건에 맞지 아니하게 된 경우. 다만, 임원 중 같은 항 제2호 각 목의 어느 하나에 해당하는 자가 있는 경우 6개월 이내에 그 임원을 바꾸어 임명한 경우에는 그러하지 아니하다.
3. 회사의 책임 있는 사유로 제54조제1항에 따른 사업수행이 어렵게 된 경우
4. 정당한 사유 없이 1년 이상 계속하여 사업을 하지 아니한 경우
제57조【청문】 중소벤처기업부장관은 다음 각 호의 지정이나 등록을 취소하려면 청문을 하여야 한다.
1. 제19조제1항에 따른 창업대학원의 지정
2. 제41조제4항에 따른 해외창업지원기관의 지정
3. 제52조제1항에 따른 지역창업전담기관의 지정
4. 제53조제1항에 따른 창업보육센터사업자의 지정
5. 제54조제1항에 따른 중소기업상담회사의 등록
제58조【업무의 지도·감독】 ① 중소벤처기업부장관은 창업진흥원 및 지역창업전담기관 등 창업지원기관의 업무를 지도·감독할 수 있다.
② 제1항에 따른 중소벤처기업부장관의 지도·감독을 받는 창업지원기관의 범위와 지도·감독에 필요한 사항 등은 대통령령으로 정한다.
제59조【업무기준의 고시】 중소벤처기업부장관은 대통령령으로 정하는 창업지원기관이 창업기업등을 효율적으로 지원할 수 있도록 창업지원 업무에 관한 기준 등을 정하여 고시할 수 있다.
제60조【보고와 검사】 ① 중소벤처기업부장관은 제40조에 따른 창업기업 확인의 취소사유에 해당하는지 여부를 점검하기 위하여 필요하다고 인정하면 해당 기업에 대하여 관련 자료를 제출·보고하게 하거나 소속 공무원으로 하여금 검사하게 할 수 있다.
② 중소벤처기업부장관은 창업지원 전담조직, 제41조제4항에 따른 해외창업지원기관, 창업보육센터사업자, 제54조제1항에 따른 중소기업상담회사에 대하여 업무운용 상황 등에 관한 자료를 대통령령으로 정하는 바에 따라 제출·보고하게 하거나 소속 공무원으로 하여금 검사하게 할 수 있다.
③ 중소벤처기업부장관 또는 지방자치단체의 장은 지역창업전담기관에 대하여 관련 자료를 제출·보고하게 하거나 소속 공무원으로 하여금 검사하게 할 수 있다.
④ 제1항부터 제3항까지에 따른 검사를 하는 경우에는 검사 7일 전까지 검사 일시·목적·내용 등 검사계획을 검사받을 자에게 알려야 한다. 다만, 긴급하거나 증거인멸 등으로 검사 목적을 달성할 수 없다고 인정하는 경우에는 그러하지 아니하다.
⑤ 제1항부터 제3항까지에 따라 출입·검사하는 공무원은 그 권한을 표시하는 증표를 지니고 이를 관계인에게 내보여야 하며, 출입할 때 성명·출입시간·출입목적 등이 표시된 문서를 관계인에게 내주어야 한다.
제61조【권한 또는 업무의 위임·위탁】 ① 이 법에 따른 중소벤처기업부장관의 권한은 대통령령으로 정하는 바에 따라 그 일부를 소속 기관의 장이나 지방자치단체의 장에게 위임할 수 있다.
② 중소벤처기업부장관은 제63조에 따라 이 법의 지원금에 대하여 행하는 환수, 제39조제4항에 따른 창업기업의 확인, 증명서류의 발급, 창업기업확인시스템의 구축·운영 등 대통령령으로 정하는 권한을 창업진흥원에 위탁할 수 있다.(2023.9.14 본항개정)
③ 중소벤처기업부장관은 이 법에 따른 업무의 일부를 대통령령으로 정하는 바에 따라 다른 행정기관의 장, 창업진흥원, 「중소기업진흥에 관한 법률」 제68조에 따른 중소벤처기업진흥공단, 그 밖의 중소기업 관련 기관에 위탁할 수 있다.
제62조【자료의 요청】 ① 중소벤처기업부장관은 다음 각 호의 업무를 수행하기 위하여 관계 중앙행정기관의 장, 지방자치단체의 장, 공공기관의 장, 「신용정보의 이용 및 보호에 관한 법률」 제25조제2항제1호의 종합신용정보집중기관의 장, 창업 및 창업기업 관련 기관·단체의 장등(이하 "중앙행정기관의 장등"이라 한다)에게 필요한 자료 또는 정보의 제출이나 의견의 진술 등을 요청할 수 있다. 이 경우 요청을 받은 자는 특별한 사유가 없으면 이에 협조하여야 한다.
1. 종합계획 및 시행계획의 수립
2. 창업지원사업의 평가
3. 제13조에 따른 실태조사
4. 제15조에 따른 창업종합관리시스템의 구축 및 운영
5. 제35조에 따른 금융지원
6. 제39조제4항에 따른 창업기업확인시스템의 구축 및 운영
7. 제42조에 따른 재창업지원계획의 수립
8. 제45조에 따른 창업기업의 공장 설립계획의 승인
② 중앙행정기관의 장등이 제1항제4호 또는 제6호에 따른 자료 또는 정보를 제공하는 경우에는 제15조에 따른 창업종합관리시스템 또는 제39조제4항에 따른 창업기업확인시스템과 연계하는 방법으로 제공할 수 있다.
③ 중소벤처기업부장관은 제15조에 따른 창업종합관리시스템 및 제39조제4항에 따른 창업기업확인시스템의 구축 및 운영과 이 법에 따른 창업지원사업 시행을 위하여 필요한 경우 다음 각 호에 해당하는 자료·정보의 제공을 다음 각 호의 구분에 따른 자에게 요청하고 제공받은 목적의 범위에서 그 자료·정보를 보유·이용할 수 있다. 이 경우 요청을 받은 자는 특별한 사유가 없으면 그 요청에 따라야 한다.
1. 「국세기본법」 제81조의13에 따른 과세정보로서 당사자의 동의를 받은 다음 각 목의 정보 : 국세청장
  가. 개업일, 휴업일 및 폐업일
  나. 매출액, 납입자본금, 자산총액, 부채총액, 영업이익 및 당기순이익
2. 「소득세법」에 따른 원천징수이행상황신고서의 근로소득 간이세액 인원 : 국세청장
3. 「고용보험법」 제2조제1호에 따른 피보험자 수 : 고용노동부장관
4. 그 밖에 제15조에 따른 창업종합관리시스템의 구축·운영을 위하여 필요한 자료·정보로서 대통령령으로 정하는 자료·정보 : 해당 자료·정보를 보유한 관계 중앙행정기관의 장, 지방자치단체의 장, 공공기관의 장, 그 밖의 관계 기관·법인 또는 단체의 장
제63조【창업지원사업에 대한 참여제한 등】 ① 중앙행정기관의 장 또는 지방자치단체의 장은 창업지원사업에 참여한 예비창업자, 기업, 학교, 기관, 단체 및 그 소속 임직원이 다음 각 호의 어느 하나에 해당하면 7년의 범위에서 이 법에 따른 창업지원사업(「국가연구개발혁신법」의 적용을 받는 국가연구개발사업은 제외한다)에 대한 참여를 제한할 수 있으며, 이미 교부한 지원금의 전부 또는 일부를 환수할 수 있다. 다만, 제2호에 해당하는 경우로서 사업을 성실하게 수행한 사실이 인정되는 경우에는 참여제한 기간을 감면할 수 있다.(2023.9.14 본문개정)

1. 거짓이나 그 밖의 부정한 방법으로 지원금을 교부받거나 사업에 참여하여 수행한 경우
2. 정당한 사유 없이 사업 수행을 포기한 경우
3. 지원금을 지급 목적과 다른 용도로 사용한 경우
4. 자료 및 사업결과물을 허위 또는 표절하여 제출한 경우
5. 정당한 사유 없이 환수금을 납부하지 아니하거나 「보조금 관리에 관한 법률」 또는 「공공재정 부정청구 금지 및 부정이익 환수 등에 관한 법률」에 따른 제재부가금을 납부하지 아니한 경우(2023.9.14 본호개정)
6. 그 밖에 제12조제2항의 협약을 위반하는 등 사업을 수행하기 부적합한 경우로서 대통령령으로 정하는 경우(2023.9.14 본호개정)

② 중앙행정기관의 장 또는 지방자치단체의 장은 제1항에 따라 참여제한 또는 환수조치를 결정한 때에는 지체 없이 당사자에게 참여제한 또는 환수조치의 내역과 사실 등을 통지하여야 한다.(2023.9.14 본항개정)

③ 중앙행정기관의 장 또는 지방자치단체의 장은 제1항에 따른 지원금 환수 처분을 받은 자가 환수금을 기한 내에 납부하지 아니하면 기한을 정하여 독촉을 하고, 그 지정된 기간에도 납부하지 아니하면 국세강제징수 또는 지방세 체납처분의 예에 따라 징수할 수 있다.(2023.9.14 본항신설)

④ 제1항에 따른 참여제한 및 환수 사유별 구체적인 기준과 참여제한 기간, 감면 등에 관하여 필요한 사항은 대통령령으로 정한다.(2023.9.14 본항개정)
(2023.9.14 본조제목개정)

제9장 벌 칙

제64조【벌칙】 제43조제3항에 따라 취득한 정보(제44조제4항에 따라 취득한 정보를 포함한다)를 누설하거나 직무상 목적 외에 사용한 자는 5년 이하의 징역 또는 5천만원 이하의 벌금에 처한다.

제65조【양벌규정】 법인의 대표자나 법인 또는 개인의 대리인, 사용인, 그 밖의 종업원이 그 법인 또는 개인의 업무에 관하여 제64조의 위반행위를 하면 그 행위자를 벌하는 외에 그 법인 또는 개인에게도 해당 조문의 벌금형을 과(科)한다. 다만, 법인 또는 개인이 그 위반행위를 방지하기 위하여 해당 업무에 관하여 상당한 주의와 감독을 게을리하지 아니한 경우에는 그러하지 아니하다.

제66조【과태료】 ① 다음 각 호의 어느 하나에 해당하는 자에게는 500만원 이하의 과태료를 부과한다.
1. 거짓이나 그 밖의 부정한 방법으로 제39조에 따른 창업기업의 확인을 받은 자
2. 제44조제5항을 위반하여 성실경영 평가 전담기관임을 표시하거나 이와 유사한 명칭을 사용한 자
3. 제51조제9항을 위반하여 창업진흥원임을 표시하거나 이와 유사한 명칭을 사용한 자
4. 제54조제4항을 위반하여 정부기관의 명칭, 상징 등을 무단사용하거나 그 밖에 정부기관으로 오인·혼동하게 할 우려가 있는 표시 또는 광고를 한 자
5. 제60조제2항 및 제3항에 따른 제출·보고를 하지 아니하거나 거짓된 보고를 한 자 또는 같은 항에 따른 검사를 거부·방해하였거나 기피한 자

② 제60조제1항에 따른 제출·보고를 하지 아니하거나 거짓된 보고를 한 자 또는 같은 항에 따른 검사를 거부·방해 또는 기피한 자에게는 300만원 이하의 과태료를 부과한다.

③ 제1항 및 제2항에 따른 과태료는 대통령령으로 정하는 바에 따라 중소벤처기업부장관이 부과·징수한다.

부 칙

제1조【시행일】 이 법은 공포 후 6개월이 경과한 날부터 시행한다. 다만, 제23조제2항 및 제29조의 개정규정은 공포한 날부터 시행하고, 부칙 제7조제26항은 2022년 12월 1일부터 시행하며, 부칙 제7조제27항은 2022년 1월 13일부터 시행한다.

제2조 (2022.10.18 삭제)

제3조【창업기업의 부담금 면제에 관한 적용례】 제23조제1항부터 제3항까지의 개정규정은 이 법 시행 전에 사업을 개시하여 7년이 지나지 아니한 경우에 대하여도 적용한다. 다만, 이 법 시행 전에 납부하였거나 납부 의무가 발생한 분에 대하여는 적용하지 아니한다.

제4조【경과조치】 ① 이 법 시행 당시 종전의 제4조의7에 따라 지정된 전담기관은 제52조의 개정규정에 따라 지정된 지역창업전담기관으로 본다.

② 제23조제2항의 개정규정의 시행에 필요한 부담금 면제 절차 및 방법은 이 법 공포 후 6개월이 경과하기 전까지는 종전의 제39조의3제3항에 따른다.

③ 이 법 시행 당시 종전의 제33조에 따라 승인받은 사업계획은 제45조의 개정규정에 따른 공장 설립계획의 승인을 받은 것으로 본다.

제5조【처분 등에 관한 일반적 경과조치】 이 법 시행 당시 종전의 규정에 따른 행정기관의 행위나 행정기관에 대한 행위는 그에 해당하는 이 법에 따른 행정기관의 행위나 행정기관에 대한 행위로 본다.

제6조【벌칙이나 과태료에 관한 경과조치】 이 법 시행 전의 행위에 대하여 벌칙이나 과태료 규정을 적용할 때에는 종전의 규정에 따른다.

제7조【다른 법률의 개정】 ①~㉗ ※(해당 법령에 가제정리 하였음)

제8조【다른 법령과의 관계】 이 법 시행 당시 다른 법령에서 종전의 「중소기업창업 지원법」 또는 그 규정을 인용한 경우 이 법 가운데 그에 해당하는 규정이 있는 때에는 종전의 규정을 갈음하여 이 법 또는 이 법의 해당 규정을 인용한 것으로 본다.

부 칙 (2022.10.18 법19002호)

제1조【시행일】 이 법은 공포 후 6개월이 경과한 날부터 시행한다.(이하 생략)

부 칙 (2022.10.18 법19020호)

제1조【시행일】 이 법은 공포한 날부터 시행한다.

제2조【유효기간】 제23조제4항의 개정규정은 2027년 8월 2일까지 효력을 가진다.

제3조【제조업 창업기업의 부담금 면제에 관한 적용례】 제23조제4항의 개정규정은 이 법 시행 전에 사업을 개시하여 7년이 지나지 아니한 경우에 대하여도 적용한다. 다만, 법률 제18661호 중소기업창업 지원법 전부개정법률 제23조제2항 시행 전에 납부하였거나 납부 의무가 발생한 분에 대하여는 적용하지 아니한다.

제4조【제조업 창업기업의 부담금 면제에 관한 특례】 「통계법」 제22조제1항에 따라 통계청장이 작성·고시하는 한국표준산업분류상의 제조업을 영위하기 위하여 중소기업을 창업한 자에 대하여 2022년 8월 3일 이후 이 법 시행 전에 제23조제4항 각 호의 개정규정의 부담금의 납부 의무가 발생한 경우에는 같은 항의 개정규정을 준용하여 다음 각 호의 구분에 따라 해당 부담금의 납부를 면제한다.
1. 이 법 시행 당시 사업을 개시한 날부터 7년이 지나지 아니한 자 : 2022년 8월 3일 이후 이 법 시행 전에 납부 의무가 발생한 부담금
2. 사업을 개시한 날부터 7년이 된 날이 2022년 8월 3일 이후 이 법 시행 전에 도래한 자 : 2022년 8월 3일 이후 그 7년이 된 날까지 납부 의무가 발생한 부담금

부 칙 (2022.12.27)

제1조【시행일】 이 법은 공포 후 6개월이 경과한 날부터 시행한다.(이하 생략)

부 칙 (2023.9.14)

제1조【시행일】 이 법은 공포 후 6개월이 경과한 날부터 시행한다.

제2조【지원금 환수에 관한 적용례】 제63조의 개정규정은 이 법 시행 당시 사업비를 지원받아 창업지원사업을 수행하고 있는 자에 대하여도 적용한다.

제3조【지원금 환수에 관한 경과조치】 이 법 시행 당시 종전의 지원금 환수처분에 관하여는 제63조의 개정규정에 따른 환수처분으로 본다.

부 칙 (2023.10.31)

제1조【시행일】 이 법은 공포 후 6개월이 경과한 날부터 시행한다.(이하 생략)

벤처투자 촉진에 관한 법률

(약칭 : 벤처투자법)

(2020년 2월 11일
법 률 제16998호)

개정
2020.12.29법17799호(독점)
2021. 4.20법18128호(자본시장금융투자업)
2021. 7.27법18358호(지역중소기업육성및혁신촉진등에관한법)
2021.12.28법18661호(중소기업창업)
2023. 1. 3법19179호 2023. 4.18법19395호
2023. 6.20법19504호 2023. 9.14법19728호
2024. 1. 9법19990호(벤처기업육성에관한특별법)→2024년 7월 10일 시행

제1장 총 칙

제1조【목적】 이 법은 벤처투자에 필요한 사항을 정하여 창업기업, 중소기업, 벤처기업 등에 대한 투자를 촉진하고 벤처투자 산업을 육성함으로써 중소기업 등의 건전한 성장기반 조성을 통한 국민경제의 균형 있는 발전에 기여함을 목적으로 한다.(2021.12.28 본조개정)

제2조【정의】 이 법에서 사용하는 용어의 뜻은 다음과 같다.
1. "투자"란 다음 각 목의 어느 하나에 해당하는 것을 말한다.
   가. 주식회사의 주식, 무담보전환사채, 무담보교환사채 또는 무담보신주인수권부사채의 인수
   나. 유한회사 또는 유한책임회사의 출자 인수
   다. 중소기업이 개발하거나 제작하며 다른 사업과 회계의 독립성을 유지하는 방식으로 운영되는 사업의 지분 인수로서 중소벤처기업부령으로 정하는 바에 따른 지분 인수
   라. 투자금액의 상환만기일이 없고 이자가 발생하지 아니하는 계약으로서 중소벤처기업부령으로 정하는 요건을 충족하는 조건부지분인수계약의 체결(2023.6.20 본목개정)
   마. 무담보전환사채의 발행을 사전에 약정하는 계약으로서 중소벤처기업부령으로 정하는 요건을 충족하는 조건부지분전환계약의 체결(2023.6.20 본목신설)
   바. 그 밖에 가목부터 마목까지의 방식에 준하는 것으로서 중소벤처기업부장관이 정하여 고시하는 방식(2023.6.20 본목개정)
2. "벤처투자"란 창업기업, 중소기업, 벤처기업 또는 그 밖에 중소벤처기업부장관이 정하여 고시하는 자에게 투자하는 것을 말한다.(2021.12.28 본호개정)
3. "창업기업"이란 「중소기업창업 지원법」 제2조제3호에 따른 창업기업을 말한다.(2021.12.28 본호개정)
4. "초기창업기업"이란 「중소기업창업 지원법」 제2조제10호에 따른 초기창업기업을 말한다.(2021.12.28 본호개정)
5. "중소기업"이란 「중소기업기본법」 제2조에 따른 중소기업을 말한다.
6. "벤처기업"이란 「벤처기업육성에 관한 특별법」 제2조제1항에 따른 벤처기업을 말한다.(2024.1.9 본호개정)
7. "전문개인투자자"란 벤처투자를 하는 개인으로서 제9조에 따라 등록한 자를 말한다.
8. "개인투자조합"이란 개인 등이 벤처투자와 그 성과의 배분을 주된 목적으로 결성하는 조합으로서 제12조에 따라 등록한 조합을 말한다.
9. "창업기획자"(액셀러레이터)란 초기창업기업에 대한 전문보육 및 투자를 주된 업무로 하는 자로서 제24조에 따라 등록한 법인 또는 비영리법인을 말한다.(2021.12.28 본호개정)
10. "벤처투자회사"란 벤처투자를 주된 업무로 하는 회사로서 제37조에 따라 등록한 회사를 말한다.
11. "벤처투자조합"이란 벤처투자회사 등이 벤처투자와 그 성과의 배분을 주된 목적으로 결성하는 조합으로서 제50조 또는 제63조의2에 따라 등록한 조합을 말한다.(2023.6.20 10호~11호개정)
12. "민간재간접벤처투자조합"이란 다른 벤처투자조합에 대한 출자를 주된 목적으로 결성하는 조합으로서 제63조의2에 따라 등록한 조합을 말한다.(2023.4.18 본호신설)
13. "투자조건부 융자"란 융자를 받는 법인이 융자를 실행하는 기관에 「상법」 제418조제2항에 따른 신주배정을 사전에 약정하는 것으로서 제70조의2에 따른 방식에 의한 것을 말한다.(2023.6.20 본호신설)

제3조【적용 범위】 이 법은 벤처투자에 관하여 적용한다. 다만, 사행산업 등 경제질서 및 미풍양속에 현저히 어긋나는 경우로서 대통령령으로 정하는 경우에 대해서는 적용하지 아니한다.

제4조【지역 균형투자의 활성화】 중소벤처기업부장관은 벤처투자의 지역 간 불균형을 해소하고 각 지역의 벤처투자를 고르게 활성화시키기 위한 정책을 수립·시행하여야 한다.

제5조【벤처투자 촉진을 위한 지원사업의 추진 등】 중소벤처기업부장관은 이 법에 따라 벤처투자를 목적으로 하는 자의 원활한 사업 운영을 도모하고 벤처투자를 촉

진하기 위하여 다음 각 호의 사업을 추진하거나 필요한 시책을 수립·시행할 수 있다.
1. 벤처투자 산업 육성 및 벤처투자 촉진을 위한 기반 조성
2. 국내외 벤처투자 동향 및 여건 분석
3. 벤처투자 성과창출 강화를 위한 지원
4. 전문개인투자자 등 벤처투자 전문인력의 양성
5. 외국인투자 유치 및 국제교류 확대
제6조【실태조사】 ① 중소벤처기업부장관은 벤처투자 활성화를 위한 효율적인 정책 수립·추진을 위하여 벤처투자의 현황과 성과 등에 대한 실태조사를 할 수 있다.
② 중소벤처기업부장관은 제1항에 따른 실태조사를 하기 위하여 필요한 경우에는 다음 각 호의 자에게 자료의 제출이나 의견의 진술 등을 요청할 수 있다. 이 경우 요청을 받은 자는 특별한 사유가 없으면 요청에 따라야 한다.
1. 중앙행정기관의 장
2. 지방자치단체의 장
3. 「공공기관의 운영에 관한 법률」 제4조부터 제6조까지의 규정에 따라 지정·고시된 공공기관의 장
4. 제66조에 따른 한국벤처투자의 장
5. 그 밖에 대통령령으로 정하는 기관의 장
제7조【종합관리시스템 구축·운영】 중소벤처기업부장관은 벤처투자 관련 정보를 종합적으로 제공하고 벤처투자의 성과를 체계적으로 측정·관리하기 위하여 종합관리시스템을 구축·운영할 수 있다.

제2장 개인투자 및 전문개인투자자

제8조【개인의 투자 활성화 사업의 추진】 중소벤처기업부장관은 개인의 벤처투자 활성화를 위하여 다음 각 호의 사업을 추진할 수 있다.
1. 우수한 투자역량을 갖춘 개인투자자의 발굴 및 육성
2. 개인투자자 간의 정보 교류 지원
3. 개인투자자와 중소기업, 창업기업 및 벤처기업 등의 교류 지원(2021.12.28 본호개정)
4. 그 밖에 개인의 벤처투자 활성화를 위하여 중소벤처기업부장관이 필요하다고 인정하는 사업
제9조【전문개인투자자의 등록】 ① 벤처투자를 하는 개인으로서 이 법의 적용을 받으려는 사람은 중소벤처기업부장관에게 전문개인투자자로 등록하여야 한다. 등록한 사항 중 중소벤처기업부령으로 정하는 중요한 사항을 변경하려는 경우에도 또한 같다.
② 제1항에 따라 전문개인투자자로 등록을 하려는 사람은 투자실적, 경력 및 자격요건 등 대통령령으로 정하는 요건을 갖추어야 한다.
③ 제1항 및 제2항에서 규정한 사항 외에 전문개인투자자의 등록 또는 변경등록의 절차·방법 및 운영 등에 필요한 사항은 중소벤처기업부령으로 정한다.
제10조【전문개인투자자의 투자의무】 ① 전문개인투자자는 등록일을 기준으로 3년마다 중소벤처기업부장관이 정하여 고시하는 금액 이상을 다음 각 호의 자에게 투자하여야 한다.
1. 창업기업(2021.12.28 본호개정)
2. 벤처기업
3. 「중소기업 기술혁신 촉진법」 제2조제3호의2에 따른 기술혁신형 중소기업
4. 그 밖에 제1호부터 제3호까지의 규정에 준하는 자로서 중소벤처기업부장관이 정하여 고시하는 자
② 제1항에 따른 전문개인투자자의 투자금액 산정에 관한 구체적인 기준 및 방법 등에 관하여 필요한 사항은 대통령령으로 정한다.
제11조【전문개인투자자 등록의 취소】 중소벤처기업부장관은 전문개인투자자가 다음 각 호의 어느 하나에 해당하는 경우에는 그 등록을 취소할 수 있다. 다만, 제1호에 해당하는 경우에는 그 등록을 취소하여야 한다.
1. 거짓이나 그 밖의 부정한 방법으로 제9조제1항에 따른 등록 또는 변경등록을 한 경우
2. 제9조제2항에 따른 등록요건을 갖추지 못하게 된 경우
3. 제10조를 위반하여 전문개인투자자의 투자의무를 준수하지 아니한 경우
4. 투자금을 납입한 것으로 가장(假裝)하는 등 거짓이나 그 밖의 부정한 방법으로 투자한 경우

제3장 개인투자조합

제12조【개인투자조합의 결성과 등록 등】 ① 다음 각 호의 어느 하나에 해당하는 자가 중소벤처기업부령으로 정하는 자와 상호출자하여 결성하는 조합으로서 이 법의 적용을 받으려는 조합은 중소벤처기업부장관에게 개인투자조합으로 등록하여야 한다. 등록한 사항 중 중소벤처기업부령으로 정하는 중요한 사항을 변경하려는 경우에도 또한 같다.
1. 개인
2. 다음 각 목의 어느 하나에 해당하는 자로서 투자 목적과 출자 규모 등 대통령령으로 정하는 기준을 갖춘 자
가. 창업기획자
나. 「벤처기업육성에 관한 특별법」 제2조제8항에 따른 신기술창업전문회사(2024.1.9 본목개정)
다. 그 밖에 중소기업 창업지원 또는 벤처투자를 하는 자로서 중소벤처기업부장관이 정하여 고시하는 자
② 제1항에 따라 개인투자조합으로 등록을 하려는 조합은 출자금 총액, 조합원의 수 및 존속기간 등 대통령령으로 정하는 요건을 갖추어야 한다.
③ 개인투자조합은 조합의 업무집행자로서 조합의 채무에 대하여 무한책임을 지는 1인 이상의 업무집행조합원과 출자가액을 한도로 하여 유한책임을 지는 유한책임조합원으로 구성한다. 이 경우 업무집행조합원은 제1항 각 호의 어느 하나에 해당하는 자로 하되, 대통령령으로 정하는 요건을 갖추어야 한다.
④ 다음 각 호의 어느 하나에 해당하는 자는 제3항에 따른 업무집행조합원이 될 수 없다.
1. 미성년자·피성년후견인 또는 피한정후견인
2. 파산 선고를 받고 복권되지 아니한 사람
3. 금고 이상의 실형을 선고받고 그 집행이 끝나거나(집행이 끝난 것으로 보는 경우를 포함한다) 집행이 면제된 날부터 5년이 지나지 아니한 사람
4. 금고 이상의 형의 집행유예를 선고받고 그 유예기간 중에 있는 사람
5. 「유사수신행위의 규제에 관한 법률」이나 그 밖에 대통령령으로 정하는 금융 관련 법령을 위반하여 벌금 이상의 형을 선고받고 그 집행이 끝나거나(집행이 끝난 것으로 보는 경우를 포함한다) 집행이 면제된 날부터 5년이 지나지 아니한 사람
6. 「유사수신행위의 규제에 관한 법률」이나 그 밖에 대통령령으로 정하는 금융 관련 법령을 위반하여 벌금 이상의 형의 집행유예를 선고받고 그 유예기간 중에 있는 사람
7. 제22조에 따라 등록이 취소된 개인투자조합의 업무집행조합원이었던 자로서 개인투자조합 등록이 취소된 날부터 5년이 지나지 아니한 자
8. 제22조제3항제1호에 따라 면직되거나 해임된 날부터 5년이 지나지 아니한 사람으로서 제1항제1호 또는 제2호(임원으로 있는 경우를 말한다)에 해당하는 자
9. 금융거래 등 상거래에서 정당한 사유 없이 변제약정일이 3개월 이상 지난 채무가 1천만원을 초과한 사람(2023.6.20 본항신설)
⑤ 제1항 각 호의 어느 하나에 해당하는 자가 개인투자조합을 결성하려는 경우에는 「자본시장과 금융투자업에 관한 법률」 제9조제8항에 따른 사모의 방법으로 가입을 권유하여야 한다.
⑥ 개인투자조합의 조합원은 조합 규약에서 정하는 바에 따라 출자금액의 전액을 한꺼번에 출자하거나 나누어 출자할 수 있다.
⑦ 제1항부터 제6항까지에서 규정한 사항 외에 개인투자조합의 등록 절차·방법과 그 운영 등에 필요한 사항은 중소벤처기업부령으로 정한다.(2023.6.20 본항개정)
제13조【개인투자조합의 투자의무】 ① 개인투자조합은 등록 후 3년이 지난 날까지 출자금액의 50퍼센트 이내에서 대통령령으로 정하는 비율 이상을 창업기업과 벤처기업에 대한 투자에 사용하여야 한다.(2021.12.28 본항개정)
② 제1항에도 불구하고 제12조제1항제2호가목에 따른 창업기획자가 업무집행조합원인 개인투자조합은 제1항에 따른 투자비율 이상을 초기창업기업에 대한 투자에 사용하여야 한다.(2021.12.28 본항개정)
③ 개인투자조합이 「자본시장과 금융투자업에 관한 법률」 제8조의2제4항제1호에 따른 증권시장으로서 중소벤처기업부장관이 정하여 고시하는 시장에 상장된 법인에 투자하는 경우에는 대통령령으로 정하는 투자비율을 초과하여 투자할 수 없다.
④ 제1항부터 제3항까지에서 규정한 사항 외에 개인투자조합의 투자비율 산정의 구체적인 기준 및 방법 등에 관하여 필요한 사항은 중소벤처기업부령으로 정한다.
제14조【개인투자조합 업무의 집행 등】 ① 업무집행조합원은 선량한 관리자의 주의로 개인투자조합의 업무를 집행하여야 한다.
② 업무집행조합원은 개인투자조합의 업무를 집행할 때 다음 각 호의 어느 하나에 해당하는 행위를 하여서는 아니 된다. 다만, 개인투자조합의 자산 운용의 건전성을 해칠 우려가 없는 경우로서 대통령령으로 정하는 경우에는 그러하지 아니하다.
1. 자기나 제3자의 이익을 위하여 개인투자조합의 재산을 사용하는 행위
2. 자금차입, 지급보증 또는 담보를 제공하는 행위
3. 「독점규제 및 공정거래에 관한 법률」에 따른 상호출자제한기업집단에 속하는 회사에 투자하는 행위
4. 「중소기업창업 지원법」 제53조제1항에 따른 창업보육센터 등 대통령령으로 정하는 범위의 업무용 부동산을 제외한 부동산(이하 "비업무용부동산"이라 한다)을 취득하거나 소유하는 행위. 다만, 담보권 실행으로 비업무용부동산을 취득하는 경우에는 그러하지 아니하다.(2021.12.28 본문개정)
5. 그 밖에 설립목적을 해치는 것으로서 대통령령으로 정하는 행위
③ 업무집행조합원이 제2항제4호 단서에 따라 담보권 실행으로 비업무용부동산을 취득한 경우에는 1년의 범위에서 중소벤처기업부령으로 정하는 기간 내에 처분하여야 한다.
④ 업무집행조합원은 개인투자조합과의 계약에 따라 그 업무의 일부를 그 개인투자조합의 유한책임조합원에게 위탁할 수 있다.
제15조【개인투자조합 재산의 관리와 운용 등】 ① 개인투자조합의 재산이 중소벤처기업부장관이 정하여 고시하는 규모 이상인 경우 해당 개인투자조합의 업무집행조합원은 그 재산을 다음 각 호에서 정하는 바에 따라 보관·관리하여야 한다.
1. 개인투자조합 재산의 보관·관리를 「자본시장과 금융투자업에 관한 법률」 제8조제7항에 따른 신탁업자(이하 "신탁업자"라 한다)에게 위탁할 것
2. 신탁업자를 변경하는 경우에는 조합원 총회의 승인을 받을 것
② 업무집행조합원은 제1항에 따른 개인투자조합 재산의 운용과정에서 필요한 경우 신탁업자에 대하여 개인투자조합 재산의 취득·처분 등에 관하여 지시를 하여야 하며, 신탁업자는 업무집행조합원의 지시에 따라 그 재산의 취득·처분 등을 하여야 한다.
제16조【개인투자조합의 결산보고】 업무집행조합원은 대통령령으로 정하는 바에 따라 매 사업연도 종료 후 3개월 이내에 결산서를 중소벤처기업부장관에게 제출하여야 한다. 다만, 전년도 투자실적의 변동이 없거나 개인투자조합의 재산이 중소벤처기업부령으로 정하는 규모 이하인 개인투자조합의 경우에는 중소벤처기업부령으로 정하는 자료로 결산서를 대신할 수 있다.
제17조【개인투자조합 업무집행조합원의 탈퇴】 업무집행조합원은 다음 각 호의 어느 하나에 해당하는 경우에만 개인투자조합에서 탈퇴할 수 있다.
1. 업무집행조합원이 이 법 또는 다른 법률에 따른 등록 취소 등의 사유로 그 업무를 지속할 수 없게 된 경우
2. 업무집행조합원이 파산한 경우
3. 조합원 전원의 동의가 있는 경우
4. 개인인 업무집행조합원이 사망한 경우
5. 그 밖에 중소벤처기업부장관이 정하여 고시하는 경우
제18조【개인투자조합의 해산】 ① 개인투자조합은 다음 각 호의 어느 하나에 해당하는 사유가 발생한 경우에는 해산한다.
1. 존속기간의 만료
2. 유한책임조합원 전원의 탈퇴
3. 업무집행조합원 전원의 탈퇴
4. 업무집행조합원 전원이 이 법 또는 다른 법률에 따른 등록 취소 등의 사유로 그 업무를 지속할 수 없게 된 경우(2023.6.20 본호개정)
5. 그 밖에 대통령령으로 정하는 사유
② 개인투자조합에 제1항제3호 또는 제4호에 해당하는 사유가 발생한 경우에는 유한책임조합원 전원의 동의로 대통령령으로 정하는 바에 따라 그 사유가 발생한 날부터 3개월 이내에 유한책임조합원 중 1인을 업무집행조합원으로 선임하거나 제12조제1항 각 호의 어느 하나에 해당하는 자를 업무집행조합원으로 가입하게 하여 개인투자조합을 계속할 수 있다.
③ 개인투자조합이 해산하는 경우에는 그 업무집행조합원이 청산인이 된다. 다만, 조합 규약에서 정하는 바에 따라 업무집행조합원 외의 자를 청산인으로 선임할 수 있다.
④ 개인투자조합 해산 당시에 출자금액을 초과하는 채무가 있으면 업무집행조합원이 연대하여 그 채무를 변제하여야 한다.
제19조【개인투자조합의 청산결과 보고와 등록의 말소】 ① 제18조제3항에 따른 청산인은 청산사무를 끝마친 경우에는 중소벤처기업부령으로 정하는 바에 따라 지체 없이 그 결과를 중소벤처기업부장관에게 보고하여야 한다.
② 중소벤처기업부장관은 제1항에 따른 보고를 받으면 지체 없이 그 개인투자조합의 등록을 말소하여야 한다.
제20조【개인투자조합 재산의 보호】 개인투자조합 조합원의 채권자가 조합원에 대하여 채권을 행사할 때에는 「민법」 제704조에도 불구하고 그 조합원이 개인투자조합에 출자한 금액의 범위에서 행사할 수 있다.
제21조【개인투자조합의 수익처분】 개인투자조합은 업무집행조합원에게 조합 규약에서 정하는 바에 따라 투자수익에 따른 성과보수를 지급할 수 있으며, 성과보수 지급을 위한 투자수익의 산정 방식 등에 관하여 필요한 사항은 대통령령으로 정한다.
제21조의2【개인투자조합의 공시】 ① 업무집행조합원은 해당 업무집행조합원이 운용하는 모든 개인투자조합의 출자금 총액의 합이 대통령령으로 정하는 금액 이상인 경우에는 다음 각 호의 사항을 공시하여야 한다.
1. 각 개인투자조합의 매 회계연도 결산서
2. 그 밖에 개인투자조합의 운용에 관한 서류로서 중소벤처기업부장관이 정하여 고시하는 사항
② 제1항에 따른 공시의 시기 및 방법 등에 필요한 사항은 중소벤처기업부장관이 정하여 고시한다.
(2023.6.20 본조신설)
제22조【개인투자조합 등록의 취소 등】 ① 중소벤처기업부장관은 개인투자조합 또는 그 업무집행조합원이 다음 각 호의 어느 하나에 해당하는 경우에는 개인투자조합에 대하여 등록 취소, 6개월 이내의 업무정지명령, 시정

명령 또는 경고조치를 하거나 3년의 범위에서 이 법에 따른 지원을 중단할 수 있다. 다만, 제1호에 해당하는 경우에는 그 등록을 취소하여야 한다.(2023.6.20 본문개정)
1. 거짓이나 그 밖의 부정한 방법으로 제12조제1항에 따른 등록 또는 변경등록을 한 경우
2. 제12조제2항에 따른 등록요건을 갖추지 못하게 된 경우
3. 제12조제3항 후단에 따른 업무집행조합원이 갖추어야 할 요건을 갖추지 못하게 된 경우
4. 제12조제5항을 위반하여 조합가입을 권유한 경우 (2023.6.20 본호개정)
5. 제13조를 위반하여 개인투자조합의 투자의무를 준수하지 아니한 경우
6. 제14조를 위반하여 업무를 집행한 경우
7. 제15조를 위반하여 재산을 관리·운용한 경우
8. 제16조를 위반하여 결산서를 제출하지 아니한 경우
9. 제72조에 따른 확인 및 검사를 거부·방해하거나 기피한 경우 또는 보고를 하지 아니하거나 거짓으로 보고한 경우
10. 업무집행조합원 전원의 등록이 이 법 또는 다른 법률에 따라 취소되거나 말소된 경우
11. 「유사수신행위의 규제에 관한 법률」 제3조를 위반하여 조합원을 모집한 경우

② 중소벤처기업부장관은 개인투자조합이 제1항 각 호(제1호는 제외한다)의 어느 하나에 해당하는 경우 그 업무집행조합원에 대하여 다음 각 호의 어느 하나에 해당하는 조치를 할 수 있다.
1. 6개월 이내의 업무의 전부 또는 일부의 정지명령 (2023.6.20 본호신설)
2. 시정명령(2023.6.20 본호개정)
3. 경고

③ 중소벤처기업부장관은 개인투자조합의 업무집행조합원(제12조제1항제2호에 따른 업무집행조합원으로 한정한다. 이하 이 항에서 같다)이 제1항 각 호(제1호는 제외한다)의 어느 하나에 해당하여 개인투자조합의 건전한 운영을 해치거나 해칠 우려가 있다고 인정되는 경우에는 그 업무집행조합원의 임직원(해당 직무와 관련된 임직원으로 한정한다)에 대하여 다음 각 호의 어느 하나에 해당하는 조치를 할 것을 해당 업무집행조합원에게 요구할 수 있다.
1. 면직 또는 해임
2. 6개월 이내의 직무정지
3. 경고

④ 제1항부터 제3항까지의 규정에 따른 행정처분 또는 조치 요구 등의 세부기준과 절차에 관하여 필요한 사항은 중소벤처기업부장관이 정하여 고시한다.

제23조【개인투자조합에 대한 「상법」의 준용】 개인투자조합에 관하여 이 법에 규정한 것 외에는 「상법」 중 합자조합에 관한 규정을 준용한다. 다만, 같은 법 제86조의4 및 제86조의9는 준용하지 아니한다.

제4장 창업기획자

제24조【창업기획자의 등록】 ① 다음 각 호의 어느 하나에 해당하는 사업을 하는 자로서 이 법의 적용을 받으려는 자는 중소벤처기업부장관에게 창업기획자로 등록하여야 한다. 등록한 사항 중 법인명과 소재지 등 중소벤처기업부령으로 정하는 중요한 사항을 변경하려는 경우에도 또한 같다.
1. 초기창업기업의 선발 및 전문보육(2021.12.28 본호개정)
2. 초기창업기업에 대한 투자(2021.12.28 본호개정)
3. 개인투자조합 또는 벤처투자조합의 결성과 업무의 집행
4. 제1호부터 제3호까지의 사업에 딸린 사업으로서 중소벤처기업부장관이 정하는 사업

② 제1항에 따라 창업기획자로 등록을 하려는 자는 다음 각 호의 요건을 모두 갖추어야 한다.
1. 다음 각 목의 구분에 따른 요건을 갖출 것
 가. 「상법」에 따른 회사인 경우 : 자본금이 1억원 이상일 것
 나. 「민법」 등에 따른 비영리법인인 경우 : 제25조 및 제26조에 따른 사업에 출연한 재산이 대통령령으로 정하는 금액 이상일 것. 이 경우 비영리법인은 해당 사업의 수입과 지출이 명백하도록 「법인세법」 제113조에 따라 비영리법인 내 다른 사업과 각각 다른 회계로 구분하여 기록하여야 한다.
 다. 「협동조합 기본법」에 따른 협동조합등 및 사회적협동조합등, 「중소기업협동조합법」에 따른 중소기업협동조합(이하 이 조에서 "조합등"이라 한다)인 경우 : 제25조 및 제26조에 해당하는 사업에 출자한 재산이 대통령령으로 정하는 금액 이상일 것. 이 경우 조합등은 해당 사업의 수입과 지출이 명백하도록 「법인세법」 제113조에 따라 조합등 내 다른 사업과 각각 다른 회계로 구분하여 기록하여야 한다.
2. 제1호 각 목의 자의 임원(임원이 없는 경우에는 임원의 직무에 상응하는 직무를 수행하는 자를 말한다. 이하 이 장에서 같다)이 다음 각 목의 어느 하나에 해당하지 아니할 것(2023.6.20 본문개정)
 가. 미성년자·피성년후견인 또는 피한정후견인
 나. 파산 선고를 받고 복권되지 아니한 사람
 다. 금고 이상의 실형을 선고받고 그 집행이 끝나거나(집행이 끝난 것으로 보는 경우를 포함한다) 집행이 면제된 날부터 5년이 지나지 아니한 사람
 라. 금고 이상의 형의 집행유예를 선고받고 그 유예기간 중에 있는 사람
 마. 「유사수신행위의 규제에 관한 법률」이나 그 밖에 대통령령으로 정하는 금융 관련 법령을 위반하여 벌금 이상의 형을 선고받고 그 집행이 끝나거나(집행이 끝난 것으로 보는 경우를 포함한다) 집행이 면제된 날부터 5년이 지나지 아니한 사람
 바. 「유사수신행위의 규제에 관한 법률」이나 그 밖에 대통령령으로 정하는 금융 관련 법령을 위반하여 벌금 이상의 형의 집행유예를 선고받고 그 유예기간 중에 있는 사람
 사. 제35조에 따라 등록을 말소하기 전에 제36조에 따른 등록 취소 사유가 있었던 경우에는 말소 당시의 임원이었던 사람(같은 조에 따른 등록 취소 사유에 직접 책임이 있거나 이에 상응하는 책임이 있는 사람으로서 대통령령으로 정하는 사람만 해당한다)으로서 창업기획자 등록 취소 사유를 통보받은 날부터 5년이 지나지 아니하거나 등록말소일부터 7년이 지나지 아니한 사람
 아. 제36조에 따라 등록이 취소된 창업기획자의 임원이었던 사람(같은 조에 따른 등록 취소 사유에 직접 책임이 있거나 이에 상응하는 책임이 있는 사람으로서 대통령령으로 정하는 사람만 해당한다)으로서 창업기획자 등록이 취소된 날부터 5년이 지나지 아니한 사람
 자. 제36조제2항제1호에 따라 면직되거나 해임된 날부터 5년이 지나지 아니한 사람
3. 제25조 및 제26조에 해당하는 사업을 수행하기 위한 사업계획 등이 중소벤처기업부령으로 정하는 기준에 맞을 것
4. 대통령령으로 정하는 기준에 따른 상근 전문인력과 시설을 보유할 것
5. 창업기획자와 투자자 간, 특정 투자자와 다른 투자자 간의 이해상충을 방지하기 위한 체계를 갖출 것

③ 제2항에도 불구하고 벤처투자조합을 결성하려는 창업기획자에 대해서는 대통령령으로 정하는 바에 따라 자본금 및 상근 전문인력 등의 요건을 달리 정할 수 있다.

④ 제1항부터 제3항까지에서 규정한 사항 외에 창업기획자의 등록 또는 변경등록의 절차·방법 및 운영 등에 필요한 사항은 중소벤처기업부령으로 정한다.

제25조【초기창업기업에 대한 전문보육】 창업기획자는 대통령령으로 정하는 방법에 따라 초기창업기업 중에서 지원대상자를 선발하여 다음 각 호의 지원(이하 "전문보육"이라 한다)을 하여야 한다.(2021.12.28 본문개정)
1. 사업 모델 개발
2. 기술 및 제품 개발
3. 시설 및 장소의 확보
4. 그 밖에 중소벤처기업부령으로 정하는 지원
(2021.12.28 본조제목개정)

제26조【창업기획자의 투자의무】 ① 창업기획자는 등록 후 3년이 지난 날까지 전체 투자금액의 50퍼센트의 이내에서 대통령령으로 정하는 비율 이상을 초기창업기업에 대한 투자에 사용하여야 한다. 다만, 제50조제1항제2호, 제4호 또는 제5호에 해당하는 자가 창업기획자를 겸영(兼營)하는 경우에는 본문에 따른 투자의무를 적용하지 아니하며 창업기획자 등록 후 3년이 지난 날까지 제51조제2항 단서에 따른 벤처투자조합을 결성 및 운용하여야 한다.(2023.6.20 단서신설)

② 창업기획자는 등록 후 3년이 지난 날 이후에도 제1항에 따른 투자의무를 유지하여야 하며, 중소벤처기업부장관은 창업기획자가 투자회수·경영정상화 등 중소벤처기업부장관이 인정하는 사유로 제1항에 따른 투자의무를 유지하지 못하는 경우에는 1년 이내의 범위에서 투자의무 이행 유예기간을 줄 수 있다.(2023.6.20 본항개정)

③ 제1항 및 제2항에서 규정한 사항 외에 창업기획자의 투자비율 산정의 구체적인 기준 및 방법 등에 관하여 필요한 사항은 대통령령으로 정한다.

제27조【창업기획자의 행위제한】 ① 창업기획자는 다음 각 호의 어느 하나에 해당하는 행위를 하여서는 아니 된다. 다만, 창업기획자의 자산 운용의 건전성을 해칠 우려가 없는 경우로서 대통령령으로 정하는 경우에는 그러하지 아니하다.
1. 「독점규제 및 공정거래에 관한 법률」에 따른 상호출자제한기업집단에 속하는 회사에 투자하는 행위
2. 비업무용부동산을 취득하거나 소유하는 행위. 다만, 담보권 실행으로 비업무용부동산을 취득하는 경우에는 그러하지 아니하다.
3. 그 밖에 창업기획자의 설립 목적을 해치는 것으로서 대통령령으로 정하는 행위

② 창업기획자는 제1항제2호 단서에 따라 담보권 실행으로 비업무용부동산을 취득한 경우에는 1년의 범위에서 중소벤처기업부령으로 정하는 기간 내에 처분하여야 한다.

③ 제1항 및 제2항에도 불구하고 벤처투자회사를 겸영하는 창업기획자의 행위제한은 제39조에 따른다.(2023.6.20 본항신설)

제28조【창업기획자 대주주등의 행위제한】 ① 창업기획자의 대주주(대통령령으로 정하는 출자자를 말한다) 및 대통령령으로 정하는 그의 특수관계인(이하 이 조에서 "대주주등"이라 한다)은 창업기획자의 이익에 반하여 대주주등 자신의 이익을 얻을 목적으로 다음 각 호의 어느 하나에 해당하는 행위를 하여서는 아니 된다.
1. 창업기획자에게 부당한 영향력을 행사하기 위하여 외부에 공개되지 아니한 자료 또는 정보의 제공을 요구하는 행위. 다만, 「상법」 제466조에 따른 권리의 행사에 해당하는 경우에는 그러하지 아니하다.
2. 경제적 이익 등 반대급부의 제공을 조건으로 다른 주주와 담합하여 창업기획자의 투자활동 등 경영에 부당한 영향력을 행사하는 행위
3. 창업기획자로 하여금 위법행위를 하도록 요구하는 행위
4. 금리, 수수료 또는 담보 등에서 통상적인 거래조건과 비교하여 해당 창업기획자에게 현저하게 불리한 조건으로 대주주등 자신이나 제3자와의 거래를 요구하는 행위
5. 그 밖에 제1호부터 제4호까지의 행위에 준하는 행위로서 대통령령으로 정하는 행위

② 중소벤처기업부장관은 창업기획자의 대주주등이 제1항을 위반한 행위를 하였다고 인정되는 경우에는 창업기획자 또는 대주주등에게 필요한 자료의 제출을 요구할 수 있다. 이 경우 자료의 제출 요구를 받은 자는 특별한 사유가 없으면 요구에 따라야 한다.

제29조【창업기획자의 경영건전성 기준】 ① 창업기획자는 대통령령으로 정하는 경영건전성 기준을 갖추어야 한다.

② 중소벤처기업부장관은 창업기획자의 경영건전성을 확보하기 위하여 경영실태를 조사할 수 있다.

③ 중소벤처기업부장관은 창업기획자가 제1항에 따른 기준을 갖추지 못하였거나 제2항에 따른 경영실태 조사 결과 경영건전성을 유지하기가 어렵다고 인정되면 그 창업기획자에 대하여 자본금 등의 증액, 이익 배당의 제한 등 경영 개선을 위하여 필요한 조치를 요구할 수 있다.

제30조【창업기획자의 직무 관련 정보의 이용 금지】 다음 각 호의 어느 하나에 해당하는 자(제1호부터 제5호까지의 규정의 어느 하나에 해당하지 아니하게 된 날부터 1년이 지나지 아니한 자를 포함하며, 「자본시장과 금융투자업에 관한 법률」에 따른 금융투자업자는 제외한다)는 투자자의 투자판단에 중대한 영향을 미칠 수 있는 정보로서 제21조의2에 따른 개인투자조합의 공시, 제32조에 따른 창업기획자의 공시 또는 제61조에 따른 벤처투자조합의 공시에 의하여 공개되지 아니한 정보(이하 이 조에서 "직무 관련 정보"라 한다)를 정당한 사유 없이 자기 또는 제3자의 이익을 위하여 이용해서는 아니 된다. (2023.6.20 본문개정)
1. 창업기획자[「독점규제 및 공정거래에 관한 법률」 제2조제12호에 따른 계열회사(이하 "계열회사"라 한다)를 포함한다. 이하 제2호에서 같다]의 임직원·대리인으로서 직무 관련 정보를 알게 된 자(2020.12.29 본호개정)
2. 대통령령으로 정하는 창업기획자의 주요주주로서 그 권리를 행사하는 과정에서 직무 관련 정보를 알게 된 자
3. 창업기획자에 대하여 법령에 따른 허가·인가·지도·감독, 그 밖의 권한을 가지는 자로서 그 권한을 행사하는 과정에서 직무 관련 정보를 알게 된 자
4. 창업기획자와 계약을 체결하고 있거나 체결을 교섭하고 있는 자로서 그 계약을 체결·교섭 또는 이행하는 과정에서 직무 관련 정보를 알게 된 자
5. 제2호부터 제4호까지의 규정의 어느 하나에 해당하는 자의 대리인(법인인 경우에는 그 임직원 및 대리인을 포함한다)·사용인, 그 밖의 종업원(제2호부터 제4호까지의 어느 하나에 해당하는 자가 법인인 경우에는 그 임직원을 말한다)으로서 직무 관련 정보를 알게 된 자
6. 제1호부터 제5호까지의 규정의 어느 하나에 해당하는 자(제1호부터 제5호까지의 규정의 어느 하나에 해당하지 아니하게 된 날부터 1년이 지나지 아니한 자를 포함한다)로부터 직무 관련 정보를 받은 자

제31조【창업기획자의 결산보고】 창업기획자는 대통령령으로 정하는 바에 따라 매 사업연도 종료 후 3개월 이내에 결산서를 중소벤처기업부장관에게 제출하여야 한다.

제32조【창업기획자의 공시】 ① 창업기획자는 다음 각 호의 사항을 공시하여야 한다.
1. 조직과 인력
2. 재무와 손익
3. 개인투자조합 또는 벤처투자조합의 결성 및 운영 성과
4. 제29조제3항에 따른 경영 개선 조치를 요구받은 경우와 제36조제1항에 따른 업무정지명령, 시정명령 또는 경고조치를 받은 경우 그 내용
5. 초기창업기업에 대한 평균 투자금액(2023.1.3 본호신설)
6. 대통령령으로 정하는 초기창업기업에 대한 전문보육 현황(2023.1.3 본호신설)

② 제1항에 따른 공시의 시기 및 방법 등에 관하여 필요한 사항은 중소벤처기업부장관이 정하여 고시한다.

제33조【영업양도 등에 따른 창업기획자 권리·의무의 승계】 ① 창업기획자가 그 영업을 양도하거나 분할·합병한 경우 그 양수인 또는 분할·합병으로 설립되거나 분할·합병 후 존속하는 법인이 종전의 창업기획자의 지

위를 승계하려는 경우에는 그 양도일 또는 분할·합병일부터 30일 이내에 중소벤처기업부령으로 정하는 바에 따라 그 사실을 중소벤처기업부장관에게 신고하여야 한다.
② 중소벤처기업부장관은 제1항에 따른 신고를 받은 경우 그 내용을 검토하여 이 법에 적합하면 신고를 수리하여야 한다.
③ 제1항에 따른 신고가 수리된 경우에는 양수인 또는 분할·합병으로 설립되거나 분할·합병 후 존속하는 법인은 그 양수일 또는 분할·합병일부터 종전의 창업기획자의 지위를 승계한다.
제34조【창업기획자 등록 등의 공고】 중소벤처기업부장관은 창업기획자가 다음 각 호의 어느 하나에 해당하면 지체 없이 그 내용을 관보에 공고하고 인터넷 홈페이지에 게재하여야 한다.
1. 제24조제1항 전단에 따라 등록을 한 경우
2. 제35조제2항에 따라 등록을 말소한 경우
3. 제36조제1항에 따라 등록을 취소한 경우
제35조【창업기획자 등록의 말소】 ① 창업기획자는 제24조제1항 각 호의 사업을 하기가 불가능하거나 어려운 경우에는 중소벤처기업부령으로 정하는 바에 따라 그 등록의 말소를 신청할 수 있다.
② 중소벤처기업부장관은 창업기획자가 제1항에 따른 등록 말소 신청을 하면 지체 없이 등록을 말소하여야 한다.
제36조【창업기획자 등록의 취소 등】 ① 중소벤처기업부장관은 창업기획자가 다음 각 호의 어느 하나에 해당하는 경우에는 창업기획자에 대하여 등록 취소, 6개월 이내의 업무정지명령, 시정명령 또는 경고조치를 하거나 3년의 범위에서 이 법에 따른 지원을 중단할 수 있다. 다만, 제1호에 해당하는 경우에는 등록을 취소하여야 한다.
1. 거짓이나 그 밖의 부정한 방법으로 제24조제1항에 따른 등록 또는 변경등록을 한 경우
2. 제24조제2항 또는 제3항에 따른 등록요건을 갖추지 못하게 된 경우. 다만, 임원이 제24조제2항제2호 각 목의 어느 하나에 해당하게 된 창업기획자가 그 사유가 발생한 날부터 3개월 이내에 그 사유를 해소한 경우는 제외한다.
3. 제25조에 따른 방법을 위반하여 지원대상자를 선발하거나 선발된 지원대상자에 대한 전문보육을 하지 아니한 경우
4. 제26조를 위반하여 창업기획자의 투자의무를 준수하지 아니한 경우
5. 제27조를 위반하여 행위제한의무를 준수하지 아니한 경우
6. 제28조제1항을 위반하여 창업기획자의 대주주가 자신의 이익을 얻을 목적으로 같은 항 각 호의 어느 하나에 해당하는 행위를 한 경우
7. 개인투자조합 또는 벤처투자조합의 업무집행조합원으로서 제14조 또는 제52조를 위반하여 업무를 집행한 경우
8. 제2항에 따라 요구한 조치를 이행하지 아니한 경우
9. 제29조제3항에 따른 조치의 요구를 이행하지 아니한 경우(2023.6.20 본호신설)
10. 제32조에 따른 공시를 하지 아니하거나 거짓으로 공시한 경우(2023.6.20 본호신설)
11. 제72조에 따른 확인 및 검사를 거부·방해하거나 기피한 경우 또는 보고를 하지 아니하거나 거짓으로 보고한 경우(2023.6.20 본호신설)
② 중소벤처기업부장관은 창업기획자가 제1항 각 호(제1호는 제외한다)의 어느 하나에 해당하여 창업기획자의 건전한 운영을 해치거나 해칠 우려가 있다고 인정하는 경우에는 창업기획자의 임직원(해당 직무와 관련된 임직원으로 한정한다)에 대하여 다음 각 호의 어느 하나에 해당하는 조치를 할 것을 해당 창업기획자에게 요구할 수 있다.
1. 면직 또는 해임
2. 6개월 이내의 직무정지
3. 경고
③ 제1항 및 제2항에 따른 행정처분 등의 세부기준과 절차에 관하여 필요한 사항은 중소벤처기업부장관이 정하여 고시한다.

제5장 벤처투자회사
(2023.6.20 본장제목개정)

제37조【벤처투자회사의 등록】 ① 다음 각 호의 어느 하나에 해당하는 사업을 하는 자로서 이 법의 적용을 받으려는 자는 중소벤처기업부장관에게 벤처투자회사로 등록하여야 한다. 등록한 사항 중 회사명과 소재지 등 중소벤처기업부령으로 정하는 중요 사항을 변경하려는 경우에도 또한 같다.(2023.6.20 전단개정)
1. 창업기업에 대한 투자(2021.12.28 본호개정)
2. 「중소기업 기술혁신 촉진법」 제15조 및 제15조의3에 따른 기술혁신형·경영혁신형 중소기업에 대한 투자
3. 벤처기업에 대한 투자
4. 벤처투자조합의 결성과 업무의 집행
5. 해외 기업의 주식 또는 지분 인수 등 중소벤처기업부장관이 정하여 고시하는 방법에 따른 해외투자
6. 중소기업이 개발하거나 제작하며 다른 사업과 회계의 독립성을 유지하는 방식으로 운영되는 사업에 대한 투자
7. 제1호부터 제6호까지의 규정에 준하는 것으로서 중소벤처기업부장관이 정하여 고시하는 자에 대한 투자
8. 제1호부터 제7호까지의 사업에 딸린 사업으로서 중소벤처기업부장관이 정하는 사업
② 제1항에 따라 벤처투자회사로 등록을 하려는 자는 다음 각 호의 요건을 모두 갖추어야 한다.(2023.6.20 본문개정)
1. 「상법」에 따른 주식회사·유한회사·유한책임회사 또는 제66조에 따라 설립된 법인으로서 자본금의 규모와 그 자본금에서 차지하는 차입 비중이 대통령령으로 정하는 요건을 갖출 것(2023.6.20 본호개정)
2. 임원(주식회사 및 제66조에 따라 설립된 법인은 임원, 유한회사·유한책임회사는 사원을 말한다)이 다음 가목의 어느 하나에 해당하지 아니할 것. 이 경우 차목과 카목은 대표이사, 대표집행임원 또는 업무집행자에게만 적용한다.(2023.6.20 본문개정)
가. 미성년자·피성년후견인 또는 피한정후견인
나. 파산 선고를 받고 복권되지 아니한 사람
다. 금고 이상의 실형을 선고받고 그 집행이 끝나거나(집행이 끝난 것으로 보는 경우를 포함한다) 집행이 면제된 날부터 5년이 지나지 아니한 사람
라. 금고 이상의 형의 집행유예를 선고받고 그 유예기간 중에 있는 사람
마. 「유사수신행위의 규제에 관한 법률」이나 그 밖에 대통령령으로 정하는 금융 관련 법령을 위반하여 벌금 이상의 형을 선고받고 그 집행이 끝나거나(집행이 끝난 것으로 보는 경우를 포함한다) 집행이 면제된 날부터 5년이 지나지 아니한 사람
바. 「유사수신행위의 규제에 관한 법률」이나 그 밖에 대통령령으로 정하는 금융 관련 법령을 위반하여 벌금 이상의 형의 집행유예를 선고받고 그 유예기간 중에 있는 사람
사. 제48조에 따라 등록을 말소하기 전에 제49조에 따른 등록 취소 사유가 있었던 경우에는 말소 당시의 임원이었던 사람(같은 조에 따른 등록 취소 사유에 직접 책임이 있거나 이에 상응하는 책임이 있는 사람으로서 대통령령으로 정하는 사람만 해당한다)으로서 벤처투자회사 등록 취소 사유를 통보받은 날부터 5년이 지나지 아니하거나 등록말소일부터 7년이 지나지 아니한 사람(2023.6.20 본목개정)
아. 제49조에 따라 등록이 취소된 벤처투자회사의 임원이었던 사람(같은 조에 따른 등록 취소 사유에 직접 책임이 있거나 이에 상응하는 책임이 있는 사람으로서 대통령령으로 정하는 사람만 해당한다)으로서 벤처투자회사 등록이 취소된 날부터 5년이 지나지 아니한 사람(2023.6.20 본목개정)
자. 제49조제2항제1호에 따라 면직되거나 해임된 날부터 5년이 지나지 아니한 사람
차. 금융거래 등 상거래에서 약정한 날짜 이내에 채무를 갚지 아니한 사람으로서 대통령령으로 정하는 사람
카. 다른 벤처투자회사의 대주주(대통령령으로 정하는 출자자를 말한다. 이하 이 장에서 같다) 또는 임직원(2023.6.20 본목개정)
3. 대주주가 이 법 또는 금융 관련 법령 등을 위반하여 형사처벌을 받은 사실이 없는 등 대통령령으로 정하는 사회적 신용을 갖출 것
4. 대통령령으로 정하는 기준에 따른 상근 전문인력과 시설을 보유할 것
5. 벤처투자회사와 투자자 간, 특정 투자자와 다른 투자자 간의 이해상충을 방지하기 위한 체계를 갖출 것(2023.6.20 본호개정)
③ 대주주가 아닌 자로서 제2항제3호에 따른 사회적 신용을 갖추지 못한 자가 새로 주식을 취득하여 대주주가 된 경우 그 취득 주식에 대하여 의결권을 행사할 수 없다.
④ 중소벤처기업부장관은 제3항에 따라 의결권을 행사할 수 없는 주식을 취득한 대주주에게 6개월 이내의 기간을 정하여 그 취득 주식의 처분을 명할 수 있다.
⑤ 제1항부터 제4항까지에서 규정한 사항 외에 벤처투자회사의 등록 또는 변경등록의 절차·방법 및 운영 등에 필요한 사항은 중소벤처기업부령으로 정한다.(2023.6.20 본항개정)
(2023.6.20 본조제목개정)
제38조【벤처투자회사의 투자의무】 ① 벤처투자회사는 등록 후 3년이 지난 날까지 벤처투자회사가 운용 중인 총자산(자본금과 운용 중인 모든 벤처투자조합의 출자금액의 합을 말한다)의 50퍼센트의 이내에서 대통령령으로 정하는 비율 이상을 제37조제1항제1호부터 제4호까지, 제6호 및 제7호의 사업에 사용하여야 한다.
② 벤처투자회사는 등록 후 3년이 지난 날 이후에도 제1항에 따른 투자의무비율을 유지하여야 하며, 중소벤처기업부장관은 벤처투자회사가 투자회수·경영정상화 등 중소벤처기업부장관이 인정하는 사유로 제1항에 따른 투자비율을 유지하지 못하는 경우에는 1년 이내의 범위에서 투자의무 이행 유예기간을 줄 수 있다.
③ 제1항 및 제2항에서 규정한 사항 외에 벤처투자회사 투자비율 산정의 구체적인 기준 및 방법 등에 관하여 필요한 사항은 대통령령으로 정한다.
(2023.6.20 본조개정)
제39조【벤처투자회사의 행위제한】 ① 벤처투자회사는 다음 각 호의 어느 하나에 해당하는 행위를 하여서는 아니 된다. 다만, 벤처투자회사의 자산 운용의 건전성을 해칠 우려가 없는 경우로서 대통령령으로 정하는 경우에는 그러하지 아니하다.(2023.6.20 본문개정)
1. 「독점규제 및 공정거래에 관한 법률」에 따른 상호출자제한기업집단에 속하는 회사에 투자하는 행위
2. 비업무용부동산을 취득하거나 소유하는 행위. 다만, 담보권 실행으로 비업무용부동산을 취득하는 경우에는 그러하지 아니하다.
3. 그 밖에 벤처투자회사의 설립목적을 해치는 것으로서 대통령령으로 정하는 행위(2023.6.20 본호개정)
② 벤처투자회사는 제1항제2호 단서에 따라 담보권 실행으로 비업무용부동산을 취득한 경우에는 1년의 범위에서 중소벤처기업부령으로 정하는 기간 내에 처분하여야 한다.(2023.6.20 본항개정)
(2023.6.20 본조제목개정)
제40조【벤처투자회사 대주주등의 행위제한】 ① 벤처투자회사의 대주주 및 대통령령으로 정하는 그의 특수관계인(이하 이 조에서 "대주주등"이라 한다)은 벤처투자회사의 이익에 반하여 대주주등 자신의 이익을 얻을 목적으로 다음 각 호의 어느 하나에 해당하는 행위를 하여서는 아니 된다.(2023.6.20 본문개정)
1. 벤처투자회사에 부당한 영향력을 행사하기 위하여 외부에 공개되지 아니한 자료 또는 정보의 제공을 요구하는 행위. 다만, 「상법」 제466조에 따른 권리의 행사에 해당하는 경우에는 그러하지 아니하다.(2023.6.20 본문개정)
2. 경제적 이익 등 반대급부의 제공을 조건으로 다른 주주와 담합하여 벤처투자회사의 투자활동 등 경영에 부당한 영향력을 행사하는 행위(2023.6.20 본호개정)
3. 벤처투자회사로 하여금 위법행위를 하도록 요구하는 행위(2023.6.20 본호개정)
4. 금리, 수수료 또는 담보 등에서 통상적인 거래조건과 비교하여 해당 벤처투자회사에 현저하게 불리한 조건으로 대주주등 자신이나 제3자와의 거래를 요구하는 행위(2023.6.20 본호개정)
5. 그 밖에 제1호부터 제4호까지의 행위에 준하는 행위로서 대통령령으로 정하는 행위
② 중소벤처기업부장관은 벤처투자회사의 대주주등이 제1항을 위반한 행위를 하였다고 인정되는 경우에는 벤처투자회사 또는 대주주등에게 필요한 자료의 제출을 요구할 수 있다. 이 경우 자료의 제출 요구를 받은 자는 특별한 사유가 없으면 요구에 따라야 한다.(2023.6.20 전단개정)
(2023.6.20 본조제목개정)
제41조【벤처투자회사의 경영건전성 기준】 ① 벤처투자회사는 대통령령으로 정하는 경영건전성 기준을 갖추어야 한다.
② 중소벤처기업부장관은 벤처투자회사의 경영건전성을 확보하기 위하여 경영실태를 조사할 수 있다.
③ 중소벤처기업부장관은 벤처투자회사가 제1항에 따른 기준을 갖추지 못하였거나 제2항에 따른 경영실태 조사 결과 경영건전성을 유지하기 어렵다고 인정되면 그 벤처투자회사에 대하여 자본금의 증액, 이익 배당의 제한 등 경영 개선을 위하여 필요한 조치를 요구할 수 있다.
(2023.6.20 본조개정)
제42조【벤처투자회사의 직무 관련 정보의 이용 금지】 다음 각 호의 어느 하나에 해당하는 자(제1호부터 제5호까지의 규정의 어느 하나에 해당하지 아니하게 된 날부터 1년이 지나지 아니한 자를 포함하며, 「자본시장과 금융투자업에 관한 법률」에 따른 금융투자업자는 제외한다)는 투자자의 투자판단에 중대한 영향을 미칠 수 있는 정보로서 제45조에 따른 벤처투자회사의 공시 및 제61조에 따른 벤처투자조합의 공시에 의하여 공개되지 아니한 정보(이하 이 조에서 "직무 관련 정보"라 한다)를 정당한 사유 없이 자기 또는 제3자의 이익을 위하여 이용해서는 아니 된다.(2023.6.20 본문개정)
1. 벤처투자회사(그 계열회사를 포함한다. 이하 제2호에서 같다)의 임직원·대리인으로서 직무 관련 정보를 알게 된 자
2. 대통령령으로 정하는 벤처투자회사의 주요주주로서 그 권리를 행사하는 과정에서 직무 관련 정보를 알게 된 자
3. 벤처투자회사에 대하여 법령에 따른 허가·인가·지도·감독, 그 밖의 권한을 가지는 자로서 그 권한을 행사하는 과정에서 직무 관련 정보를 알게 된 자
4. 벤처투자회사와 계약을 체결하고 있거나 체결을 교섭하고 있는 자로서 그 계약을 체결·교섭 또는 이행하는 과정에서 직무 관련 정보를 알게 된 자
(2023.6.20 1호~4호개정)
5. 제2호부터 제4호까지의 규정의 어느 하나에 해당하는 자의 대리인(법인인 경우에는 그 임직원 및 대리인을 포

함한다)·사용인, 그 밖의 종업원(제2호부터 제4호까지의 규정의 어느 하나에 해당하는 자가 법인인 경우에는 그 임직원을 말한다)으로서 직무 관련 정보를 알게 된 자
6. 제1호부터 제5호까지의 규정의 어느 하나에 해당하는 자(제1호부터 제5호까지의 규정의 어느 하나에 해당하지 아니하게 된 날부터 1년이 지나지 아니한 자를 포함한다)로부터 직무 관련 정보를 받은 자
(2023.6.20 본조제목개정)

제43조【벤처투자회사의 사채 발행】 벤처투자회사는 그 사업 수행에 필요한 재원을 충당하기 위하여 자본금과 적립금 총액의 20배 이내의 범위에서 「상법」에 따른 사채를 발행할 수 있다.(2023.6.20 본조개정)

제44조【벤처투자회사의 결산보고】 벤처투자회사는 대통령령으로 정하는 바에 따라 매 사업연도 종료 후 3개월 이내에 결산서를 중소벤처기업부장관에게 제출하여야 한다.(2023.6.20 본조개정)

제45조【벤처투자회사의 공시】 ① 벤처투자회사는 다음 각 호의 사항을 공시하여야 한다.(2023.6.20 본문개정)
1. 조직과 인력
2. 재무와 손익
3. 벤처투자조합의 결성 및 운영 성과
4. 제41조제3항에 따른 경영 개선 조치를 요구받은 경우와 제49조제1항에 따른 업무정지명령, 시정명령 또는 경고조치를 받은 경우 그 내용
② 제1항에 따른 공시의 시기 및 방법 등에 관하여 필요한 사항은 중소벤처기업부장관이 정하여 고시한다.
(2023.6.20 본조제목개정)

제46조【영업양도 등에 따른 벤처투자회사 권리·의무의 승계】 ① 벤처투자회사가 그 영업을 양도하거나 분할·합병한 경우 그 양수인 또는 분할·합병으로 설립되거나 분할·합병 후 존속하는 법인이 종전의 벤처투자회사의 지위를 승계하려는 경우에는 그 양도일 또는 분할·합병일부터 30일 이내에 중소벤처기업부령으로 정하는 바에 따라 그 사실을 중소벤처기업부장관에게 신고하여야 한다.(2023.6.20 본항개정)
② 중소벤처기업부장관은 제1항에 따른 신고를 받은 경우 그 내용을 검토하여 이 법에 적합하면 신고를 수리하여야 한다.
③ 제1항에 따른 신고가 수리된 경우에는 양수인 또는 분할·합병으로 설립되거나 분할·합병 후 존속하는 법인은 그 양수일 또는 분할·합병일부터 종전의 벤처투자회사의 지위를 승계한다.(2023.6.20 본항개정)
(2023.6.20 본조제목개정)

제47조【벤처투자회사 등록 등의 공고】 중소벤처기업부장관은 벤처투자회사가 다음 각 호의 어느 하나에 해당하면 지체 없이 그 내용을 관보에 공고하고 인터넷 홈페이지에 게재하여야 한다.(2023.6.20 본문개정)
1. 제37조제1항 전단에 따라 등록을 한 경우
2. 제48조제2항에 따라 등록을 말소한 경우
3. 제49조제1항에 따라 등록을 취소한 경우
(2023.6.20 본조제목개정)

제48조【벤처투자회사 등록의 말소】 ① 벤처투자회사는 제37조제1항 각 호의 사업을 하기가 불가능하거나 어려운 경우에는 중소벤처기업부령으로 정하는 바에 따라 그 등록의 말소를 신청할 수 있다.
② 중소벤처기업부장관은 벤처투자회사가 제1항에 따른 등록 말소 신청을 하면 지체 없이 등록을 말소하여야 한다.
(2023.6.20 본조개정)

제49조【벤처투자회사 등록의 취소 등】 ① 중소벤처기업부장관은 벤처투자회사가 다음 각 호의 어느 하나에 해당하는 경우에는 벤처투자회사에 대하여 등록 취소, 6개월 이내의 업무정지명령, 시정명령 또는 경고조치를 하거나 3년의 범위에서 이 법에 따른 지원을 중단할 수 있다. 다만, 제1호에 해당하는 경우에는 그 등록을 취소하여야 한다.(2023.6.20 본문개정)
1. 거짓이나 그 밖의 부정한 방법으로 제37조제1항에 따른 등록 또는 변경등록을 한 경우
2. 벤처투자회사의 책임 있는 사유로 제37조제1항에 따른 사업수행이 어렵게 된 경우(2023.6.20 본호개정)
3. 제37조제2항에 따른 등록요건을 갖추지 못하게 된 경우. 다만, 임원(주식회사 및 제66조에 따라 설립된 법인은 임원, 유한회사·유한책임회사는 사원을 말한다)이 제37조제2항제2호 각 목(차목과 카목은 대표이사, 대표집행임원 또는 업무집행자만 해당한다)의 어느 하나에 해당하게 된 벤처투자회사가 그 사유가 발생한 날부터 3개월 이내에 그 사유를 해소한 경우는 제외한다.
(2023.6.20 본호개정)
4. 등록 후 3년이 지나기 전까지 정당한 사유 없이 1년 이상 계속하여 제38조제1항에 따라 제37조제1항제1호부터 제4호까지, 제6호 및 제7호에 따른 투자를 하지 아니한 경우. 다만, 대통령령으로 정하는 사항을 모두 이행한 경우에는 그러하지 아니하다.
5. 제38조를 위반하여 벤처투자회사의 투자의무를 준수하지 아니한 경우(2023.6.20 본호개정)
6. 제39조를 위반하여 행위제한의무를 준수하지 아니한 경우
7. 제40조제1항을 위반하여 벤처투자회사의 대주주가 자신의 이익을 얻을 목적으로 같은 항 각 호의 어느 하나에 해당하는 행위를 한 경우(2023.6.20 본호개정)
8. 벤처투자조합의 업무집행조합원으로서 제52조를 위반하여 업무를 집행한 경우
9. 제63조에 따른 공모벤처투자조합의 업무집행조합원으로서 「자본시장과 금융투자업에 관한 법률」 또는 같은 법에 따른 명령이나 처분을 위반한 경우
10. 「유사수신행위의 규제에 관한 법률」 제3조를 위반한 경우
11. 제2항에 따라 요구한 조치를 이행하지 아니한 경우
12. 제41조제3항에 따른 조치의 요구를 이행하지 아니한 경우(2023.6.20 본호신설)
13. 제45조에 따른 공시를 하지 아니하거나 거짓으로 공시한 경우(2023.6.20 본호신설)
14. 제72조에 따른 확인 및 검사를 거부·방해하거나 기피한 경우 또는 보고를 하지 아니하거나 거짓으로 보고한 경우(2023.6.20 본호신설)
② 중소벤처기업부장관은 벤처투자회사가 제1항 각 호(제1호는 제외한다)의 어느 하나에 해당하여 벤처투자회사의 건전한 운영을 해치거나 해칠 우려가 있다고 인정되는 경우에는 벤처투자회사의 임직원(해당 직무와 관련된 임직원으로 한정한다)에 대하여 다음 각 호의 어느 하나에 해당하는 조치를 할 것을 해당 벤처투자회사에 요구할 수 있다.(2023.6.20 본문개정)
1. 면직 또는 해임
2. 6개월 이내의 직무정지
3. 경고
③ 제1항 및 제2항에 따른 행정처분 등의 세부기준과 절차에 관하여 필요한 사항은 중소벤처기업부장관이 정하여 고시한다.
(2023.6.20 본조제목개정)

제6장 벤처투자조합

제50조【벤처투자조합의 결성과 등록 등】 ① 다음 각 호의 어느 하나에 해당하는 자가 그 외의 자와 상호출자하여 결성하는 조합으로서 이 법의 적용을 받으려는 조합은 중소벤처기업부장관에게 벤처투자조합으로 등록하여야 한다. 등록한 사항 중 중소벤처기업부령으로 정하는 중요한 사항을 변경하려는 경우에도 또한 같다.
1. 제24조제3항에 따른 요건을 갖춘 창업기획자
2. 벤처투자회사(2023.6.20 본호개정)
3. 제66조에 따른 한국벤처투자
4. 「여신전문금융업법」 제2조제14호의3에 따른 신기술사업금융업자 또는 같은 조 제14호의4에 따른 신기술사업금융전문회사(이하 "신기술사업금융업자등"이라 한다)
5. 「상법」에 따른 유한회사 또는 유한책임회사로서 출자금 총액, 전문인력 등 대통령령으로 정하는 요건을 모두 갖춘 회사
6. 벤처투자조합의 결성에 필요한 다음 각 목의 요건을 모두 갖추었다고 중소벤처기업부장관이 인정하는 외국투자회사. 다만, 외국투자회사가 제1호부터 제5호까지의 규정에 해당하는 자와 함께 벤처투자조합을 결성하는 경우에는 다음 각 목의 요건을 모두 갖춘 것으로 본다.
가. 국내지점과 전문인력 등 벤처투자회사에 준하는 물적·인적 요건을 갖추고 있을 것(2023.6.20 본목개정)
나. 국제적 신인도가 높고 사업계획이 타당할 것
7. 그 밖에 중소벤처기업부장관이 정하여 고시하는 자
② 제1항에 따라 벤처투자조합으로 등록을 하려는 조합은 출자금 총액, 조합원의 수 및 존속기간 등 대통령령으로 정하는 요건을 갖추어야 한다.
③ 벤처투자조합은 조합의 업무집행자로서 조합의 채무에 대하여 무한책임을 지는 1인 이상의 업무집행조합원과 출자가액을 한도로 하여 유한책임을 지는 유한책임조합원으로 구성한다. 이 경우 업무집행조합원은 제1항 각 호의 어느 하나에 해당하는 자로 하되, 중소벤처기업부령으로 정하는 자는 제1항제1호부터 제6호까지의 규정에 해당하는 자와 공동으로 업무집행조합원이 될 수 있다.
④ 제3항 전단에도 불구하고 제63조에 따른 공모벤처투자조합을 결성하는 경우 업무집행조합원은 1인으로 한다.
⑤ 벤처투자조합의 업무집행조합원은 벤처투자조합 운영 중에 제1항 각 호의 다른 자로 변경할 수 없다.
⑥ 벤처투자조합의 조합원은 조합 규약에서 정하는 바에 따라 출자금액의 전액을 한꺼번에 출자하거나 나누어 출자할 수 있다.
⑦ 제1항부터 제6항까지에서 규정한 사항 외에 벤처투자조합의 등록 절차·방법과 그 운영 등에 필요한 사항은 중소벤처기업부령으로 정한다.

제51조【벤처투자조합의 투자의무】 ① 벤처투자조합(제66조에 따른 한국벤처투자가 업무집행조합원인 벤처투자조합은 제외한다)은 등록 후 3년이 지난 날까지 다음 각 호에 따른 투자비율 이상을 제37조제1항제1호부터 제3호까지, 제6호 및 제7호의 사업에 사용하여야 한다.
1. 동일한 업무집행조합원이 운용하는 모든 벤처투자조합의 출자금액의 합의 50퍼센트의 이내에서 대통령령으로 정하는 비율
2. 각 벤처투자조합의 출자금액의 40퍼센트의 이내에서 대통령령으로 정하는 비율
② 제1항에도 불구하고 제50조제1항제1호에 따른 창업기획자가 업무집행조합원인 벤처투자조합은 제1항 각 호에 따른 투자비율 이상을 초기창업기업에 대한 투자에 사용하여야 한다. 다만, 제50조제1항제2호, 제4호 또는 제5호에 해당하는 자가 창업기획자를 겸영하는 경우 해당 업무집행조합원이 운용하는 벤처투자조합 중 하나 이상은 제1항 각 호에 따른 투자비율 이상을 초기창업기업에 대한 투자에 사용하여야 한다.(2023.6.20 단서신설)
③ 제1항제1호에도 불구하고 벤처투자회사가 업무집행조합원인 벤처투자조합의 투자비율은 제38조제1항에 따른다.(2023.6.20 본항개정)
④ 벤처투자조합이 「자본시장과 금융투자업에 관한 법률」 제8조의2제4항제1호에 따른 증권시장으로서 중소벤처기업부장관이 정하여 고시하는 시장에 상장된 법인에 투자하는 경우에는 다음 각 호에 따른 투자비율을 초과하여 투자할 수 없다. 다만, 중소벤처기업부장관은 중소기업 또는 벤처기업을 인수·합병하는 벤처투자조합에 대해서는 대통령령으로 정하는 바에 따라 투자비율을 달리 정할 수 있다.(2023.6.20 단서신설)
1. 동일한 업무집행조합원이 운용하는 모든 벤처투자조합 출자금액의 합에서 대통령령으로 정하는 비율
2. 각 벤처투자조합의 출자금액에서 대통령령으로 정하는 비율
⑤ 중소벤처기업부장관은 벤처투자조합이 투자회수·경영정상화 등 중소벤처기업부장관이 인정하는 사유로 제1항부터 제3항까지의 규정에 따른 투자비율을 유지하지 못하는 경우에는 1년 이내의 범위에서 투자의무 이행 유예기간을 줄 수 있다.
⑥ 중소벤처기업부장관은 제1항 및 제2항에도 불구하고 중소기업 또는 벤처기업을 인수·합병하거나 다른 벤처투자조합 등이 보유하고 있는 주식 등의 자산을 매수하는 벤처투자조합 등 대통령령으로 정하는 벤처투자조합에 대해서는 투자의무를 달리 정할 수 있다.(2023.6.20 본항신설)
⑦ 제1항부터 제6항까지의 규정에 따른 벤처투자조합의 투자비율 산정의 구체적인 기준 및 방법 등에 관하여 필요한 사항은 대통령령으로 정한다.(2023.6.20 본항개정)

제51조의2【벤처투자조합의 투자목적회사】 ① 벤처투자조합의 업무집행조합원은 「상법」에 따른 주식회사 또는 유한회사로서 다음 각 호의 요건을 모두 충족하는 투자목적회사를 설립할 수 있다.
1. 투자목적회사의 재산을 제37조제1항제1호부터 제3호까지, 제6호 및 제7호의 사업에 대통령령으로 정하는 비율 이상 사용하는 것을 목적으로 할 것
2. 벤처투자조합이 단독으로 100퍼센트 출자한 회사일 것
3. 상근임원을 두거나 직원을 고용하지 아니하고, 본점 외에 영업소를 설치하지 아니할 것
4. 투자목적회사를 설립한 벤처투자조합의 업무집행조합원에게 회사 재산의 운용을 위탁할 것
② 제1항에도 불구하고 중소기업 또는 벤처기업에 대한 인수·합병을 목적으로 결성한 벤처투자조합이 대통령령으로 정하는 비율 이상으로 출자한 투자목적회사의 경우 다음 각 호에 해당하는 주주 또는 사원이 출자할 수 있다.
1. 투자목적회사가 투자하는 회사의 임원 또는 대주주로서 대통령령으로 정하는 자
2. 그 밖에 대통령령으로 정하는 자
③ 투자목적회사에 관하여는 이 법에 특별한 규정이 없으면 「상법」에 따른 주식회사 또는 유한회사에 관한 규정을 적용한다. 다만, 「상법」 제317조제2항제2호·제3호 및 제549조제2항제2호는 적용하지 아니한다.
④ 투자목적회사는 차입을 할 수 있다. 이 경우 투자목적회사의 차입 한도, 투자목적회사 재산의 투자비율 산정방식과 그 밖에 투자목적회사 재산의 운용에 필요한 사항은 대통령령으로 정한다.
⑤ 투자목적회사 업무의 집행 등에 관한 사항은 제52조부터 제54조까지(제52조제2항제2호는 제외한다) 및 제61조를 준용한다. 이 경우 "벤처투자조합"은 "투자목적회사"로 본다.
⑥ 「기술보증기금법」 제12조에 따른 기술보증기금 등 중소벤처기업부장관이 정하여 고시하는 기관은 투자목적회사에 대한 보증지원을 할 수 있다.
(2023.6.20 본조신설)

제52조【벤처투자조합 업무의 집행 등】 ① 업무집행조합원은 선량한 관리자의 주의로 벤처투자조합의 업무를 집행하여야 한다.
② 업무집행조합원은 벤처투자조합의 업무를 집행할 때 다음 각 호의 어느 하나에 해당하는 행위를 하여서는 아니 된다. 다만, 벤처투자조합의 자산 운용의 건전성을 해칠 우려가 없는 경우로서 대통령령으로 정하는 경우에는 그러하지 아니하다.
1. 자기나 제3자의 이익을 위하여 벤처투자조합의 재산을 사용하는 행위
2. 자금차입, 지급보증 또는 담보를 제공하는 행위
3. 「독점규제 및 공정거래에 관한 법률」에 따른 상호출자제한기업집단에 속하는 회사에 투자하는 행위

4. 비업무용부동산을 취득하거나 소유하는 행위. 다만, 담보권 실행으로 비업무용부동산을 취득하는 경우에는 그러하지 아니하다.
5. 그 밖에 설립목적을 해치는 것으로서 대통령령으로 정하는 행위
③ 업무집행조합원은 제2항제4호 단서에 따라 담보권 실행으로 비업무용부동산을 취득한 경우에는 1년의 범위에서 중소벤처기업부령으로 정하는 기간 내에 처분하여야 한다.
④ 업무집행조합원은 벤처투자조합과의 계약에 따라 그 업무의 일부를 그 벤처투자조합의 유한책임조합원에게 위탁할 수 있다.

제53조【벤처투자조합 재산의 관리와 운용 등】 ① 업무집행조합원은 벤처투자조합의 재산을 다음 각 호에서 정하는 바에 따라 보관·관리하여야 한다.
1. 벤처투자조합 재산의 보관·관리를 신탁업자에게 위탁할 것
2. 신탁업자를 변경하는 경우에는 조합원 총회의 승인을 받을 것
② 업무집행조합원은 제1항에 따른 벤처투자조합 재산의 운용과정에서 필요한 경우 신탁업자에 대하여 벤처투자조합 재산의 취득·처분 등에 관하여 지시를 하여야 하며, 신탁업자는 업무집행조합원의 지시에 따라 그 재산의 취득·처분 등을 하여야 한다.

제54조【벤처투자조합의 결산보고】 업무집행조합원은 대통령령으로 정하는 바에 따라 매 사업연도 종료 후 3개월 이내에 결산서를 중소벤처기업부장관에게 제출하여야 한다.

제55조【벤처투자조합 업무집행조합원의 탈퇴】 업무집행조합원은 다음 각 호의 어느 하나에 해당하는 경우에만 벤처투자조합에서 탈퇴할 수 있다.
1. 업무집행조합원이 이 법 또는 다른 법률에 따른 등록 취소 등의 사유로 그 업무를 지속할 수 없게 된 경우
2. 업무집행조합원이 파산한 경우
3. 조합원 전원의 동의가 있는 경우
4. 그 밖에 중소벤처기업부장관이 정하여 고시하는 경우

제56조【벤처투자조합의 해산】 ① 벤처투자조합은 다음 각 호의 어느 하나에 해당하는 사유가 발생한 경우에는 해산한다.
1. 존속기간의 만료
2. 유한책임조합원 전원의 탈퇴
3. 업무집행조합원 전원의 탈퇴
4. 업무집행조합원 전원이 이 법 또는 다른 법률에 따른 등록 취소 등의 사유로 그 업무를 지속할 수 없게 된 경우
5. 그 밖에 대통령령으로 정하는 사유
② 벤처투자조합에 제1항제3호 또는 제4호에 해당하는 사유가 발생한 경우에는 유한책임조합원 전원의 동의로 대통령령으로 정하는 바에 따라 그 사유가 발생한 날부터 3개월 이내에 제50조제1항 각 호의 어느 하나에 해당하는 자를 업무집행조합원으로 가입하게 하여 벤처투자조합을 계속할 수 있다.
③ 벤처투자조합이 해산하는 경우에는 그 업무집행조합원이 청산인이 된다. 다만, 조합 규약에서 정하는 바에 따라 업무집행조합원 외의 자를 청산인으로 선임할 수 있다.
④ 벤처투자조합 해산 당시에 출자금액을 초과하는 채무가 있으면 업무집행조합원이 연대하여 그 채무를 변제하여야 한다.

제57조【벤처투자조합의 청산결과 보고와 등록의 말소】 ① 제56조제3항에 따른 청산인이 청산사무를 끝마친 경우에는 중소벤처기업부령으로 정하는 바에 따라 지체 없이 그 결과를 중소벤처기업부장관에게 보고하여야 한다.
② 중소벤처기업부장관은 제1항에 따른 보고를 받으면 지체 없이 그 벤처투자조합의 등록을 말소하여야 한다.

제58조【벤처투자조합 재산의 보호】 벤처투자조합 조합원의 채권자가 조합원에 대하여 채권을 행사할 때에는 「민법」 제704조에도 불구하고 그 조합원이 벤처투자조합에 출자한 금액의 범위에서 행사할 수 있다.

제59조【벤처투자조합의 수익처분】 벤처투자조합은 업무집행조합원에게 조합 규약에서 정하는 바에 따라 투자수익에 따른 성과보수를 지급할 수 있으며, 성과보수 지급을 위한 투자수익의 산정 방식 등에 관하여 필요한 사항은 대통령령으로 정한다.

제60조【벤처투자조합의 손실보전 등의 금지】 ① 벤처투자조합은 건전한 벤처투자의 질서를 해칠 우려가 없는 경우로서 정당한 사유가 있는 경우를 제외하고는 벤처투자조합의 투자와 관련하여 출자자에게 다음 각 호의 어느 하나에 해당하는 행위를 하여서는 아니 된다. 벤처투자조합의 업무집행조합원이 자기의 계산으로 하는 경우에도 또한 같다.
1. 출자자가 입은 손실의 전부 또는 일부를 보전해 주는 행위
2. 출자자에게 벤처투자조합의 투자손실 여부와 관계없이 일정한 이익을 보장하고 제공하는 행위
② 벤처투자조합의 출자자는 제1항 각 호의 행위를 벤처투자조합 또는 벤처투자조합의 업무집행조합원에게 요청해서는 아니 된다.

제61조【벤처투자조합의 공시】 ① 업무집행조합원은 다음 각 호의 사항을 공시하여야 한다.
1. 매 회계연도의 결산서
2. 그 밖에 벤처투자조합의 운영에 관한 서류로서 중소벤처기업부장관이 정하여 고시하는 사항
② 제1항에 따른 공시의 시기 및 방법 등에 관하여 필요한 사항은 중소벤처기업부장관이 정하여 고시한다.

제62조【벤처투자조합 등록의 취소 등】 ① 중소벤처기업부장관은 벤처투자조합 또는 그 업무집행조합원이 다음 각 호의 어느 하나에 해당하는 경우에는 벤처투자조합에 대하여 등록 취소, 6개월 이내의 업무정지명령, 시정명령 또는 경고조치를 하거나 3년의 범위에서 이 법에 따른 지원을 중단할 수 있다. 다만, 제1호에 해당하는 경우에는 그 등록을 취소하여야 한다.
1. 거짓이나 그 밖의 부정한 방법으로 제50조제1항 또는 제63조의2제1항에 따른 등록 또는 변경등록을 한 경우
2. 제50조제2항, 제63조의2제1항 또는 제2항에 따른 등록요건을 갖추지 못하게 된 경우
3. 제51조 또는 제63조의2제4항을 위반하여 벤처투자조합의 투자의무를 준수하지 아니한 경우
(2023.4.18 1호~3호개정)
4. 제70조제5항에 따라 투자비율을 달리 정하는 벤처투자조합이 해당 투자의무를 준수하지 아니한 경우
(2023.6.20 본호신설)
5. 제51조의2를 위반하여 투자목적회사를 설립하거나 운영한 경우(2023.6.20 본호신설)
6. 제52조를 위반하여 업무를 집행한 경우
7. 제53조제1항을 위반하여 재산을 보관·관리한 경우
8. 제54조를 위반하여 결산서를 제출하지 아니한 경우
9. 제63조에 따른 공모벤처투자조합의 업무집행조합원이 「자본시장과 금융투자업에 관한 법률」 또는 같은 법에 따른 명령이나 처분을 위반한 경우
10. 제72조에 따른 확인 및 검사를 거부·방해하거나 기피한 경우 또는 보고를 하지 아니하거나 거짓으로 보고한 경우
11. 업무집행조합원 전원의 등록이 이 법 또는 다른 법률에 따라 취소되거나 말소된 경우
12. 「유사수신행위의 규제에 관한 법률」 제3조를 위반하여 조합원을 모집한 경우
② 중소벤처기업부장관은 벤처투자조합의 업무집행조합원이 제1항 각 호(제1호는 제외한다)의 어느 하나에 해당하는 경우 그 업무집행조합원에 대하여 다음 각 호의 어느 하나에 해당하는 조치를 할 수 있다.
1. 6개월 이내의 업무의 전부 또는 일부의 정지
2. 시정명령
3. 경고
③ 중소벤처기업부장관은 벤처투자조합의 업무집행조합원이 제1항 각 호(제1호는 제외한다)의 어느 하나에 해당하여 벤처투자조합의 건전한 운영을 해치거나 해칠 우려가 있다고 인정되는 경우에는 그 업무집행조합원의 임직원(해당 직무와 관련된 임직원으로 한정한다)에 대하여 다음 각 호의 어느 하나에 해당하는 조치를 할 것을 해당 업무집행조합원에게 요구할 수 있다.
1. 면직 또는 해임
2. 6개월 이내의 직무정지
3. 경고
④ 중소벤처기업부장관은 벤처투자조합이 제1항 각 호의 어느 하나에 해당하는 경우로서 해당 벤처투자조합의 업무집행조합원이 신기술사업금융업자등인 경우에는 금융위원회에 그 신기술사업금융업자등 또는 그 임직원(해당 직무와 관련된 임직원으로 한정한다)에 대한 제2항 각 호의 조치 또는 제3항 각 호의 조치를 요구할 수 있다.
⑤ 제1항부터 제4항까지의 규정에 따른 행정처분 또는 조치 요구 등의 세부기준과 절차에 관하여 필요한 사항은 중소벤처기업부장관이 정하여 고시한다.

제63조【공모벤처투자조합에 대한 특례 등】 ① 공모벤처투자조합(「자본시장과 금융투자업에 관한 법률」 제9조제19항에 따른 사모집합투자기구에 해당하지 아니하는 벤처투자조합을 말한다. 이하 같다)에 대해서는 「자본시장과 금융투자업에 관한 법률」 제11조부터 제16조까지, 제30조부터 제36조까지, 제38조, 제40조부터 제43조까지, 제51조부터 제53조까지, 제56조, 제58조, 제60조, 제62조, 제63조, 제65조, 제80조, 제82조부터 제84조까지, 제85조제2호·제3호 및 제6호부터 제8호까지, 제86조부터 제95조까지, 제181조, 제182조, 제182조의2, 제183조, 제184조(제4항은 제외한다), 제186조, 제218조, 제219조, 제221조부터 제223조까지, 제229조부터 제241조까지, 제244조부터 제249조까지, 제249조의2부터 제249조의22까지, 제250조부터 제253조까지, 제415조부터 제425조까지 및 「금융회사의 지배구조에 관한 법률」을 적용하지 아니한다.
② 중소벤처기업부장관은 공모벤처투자조합을 등록하는 경우에는 미리 금융위원회와 협의하여야 한다. 이 경우 공모벤처투자조합은 제50조제4항의 요건을 갖추어야 하며, 그 밖에 공모벤처투자조합이 갖추어야 하는 등록요건과 그 업무집행조합원이 갖추어야 하는 최소자본금 등의 요건은 대통령령으로 정한다.
③ 금융위원회는 공익 또는 공모벤처투자조합의 조합원을 보호하기 위하여 필요한 경우에는 공모벤처투자조합 및 그 업무집행조합원인 벤처투자회사에 대하여 업무에 관한 자료의 제출이나 보고를 명할 수 있으며, 금융감독원의 원장으로 하여금 그 업무에 관하여 검사하게 할 수 있다.(2023.6.20 본항개정)
④ 금융위원회는 공모벤처투자조합 및 그 업무집행조합원인 벤처투자회사가 이 법 또는 이 법에 따른 명령이나 처분을 위반하거나 「자본시장과 금융투자업에 관한 법률」 또는 같은 법에 따른 명령이나 처분을 위반한 경우에는 제49조제1항·제2항 또는 제62조제1항부터 제3항까지의 규정의 어느 하나에 해당하는 조치를 할 것을 중소벤처기업부장관에게 요구할 수 있고, 중소벤처기업부장관은 특별한 사유가 없으면 요구에 따라야 한다. 이 경우 중소벤처기업부장관은 그 조치결과를 금융위원회에 통보하여야 한다.(2023.6.20 전단개정)

제63조의2【민간재간접벤처투자조합에 대한 특례】 ① 제50조제1항에도 불구하고 다음 각 호의 어느 하나에 해당하는 자가 결성하는 조합으로서 출자금 총액이 대통령령으로 정하는 규모 이상인 벤처투자조합이 이 법의 적용을 받으려면 중소벤처기업부장관에게 민간재간접벤처투자조합으로 등록하여야 한다. 등록한 사항 중 중소벤처기업부령으로 정하는 중요한 사항을 변경하는 경우에도 또한 같다.
1. 벤처투자회사(2023.6.20 본호개정)
2. 신기술사업금융업자등
3. 「자본시장과 금융투자업에 관한 법률」 제8조제4항에 따른 집합투자업자로서 대통령령으로 정하는 요건을 갖춘 집합투자업자
4. 그 밖에 대통령령으로 정하는 자
② 제1항에 따라 민간재간접벤처투자조합으로 등록하려는 조합은 조합원의 범위, 존속기간 등 대통령령으로 정하는 요건을 갖추어야 한다.
③ 제50조제3항 후단에도 불구하고 민간재간접벤처투자조합의 업무집행조합원은 제1항 각 호의 어느 하나에 해당하는 자로 하되, 중소벤처기업부령으로 정하는 자는 제1항 각 호의 어느 하나에 해당하는 자와 공동으로 업무집행조합원이 될 수 있다.
④ 제51조제1항에도 불구하고 민간재간접벤처투자조합은 등록 후 3년이 지난 날까지 출자금액의 70퍼센트의 이내에서 대통령령으로 정하는 비율 이상을 다른 벤처투자조합에 대한 출자에 사용하여야 한다.
⑤ 제51조제2항부터 제4항까지, 제52조제2항제5호에도 불구하고 민간재간접벤처투자조합에 대해서는 대통령령으로 정하는 바에 따라 투자비율 및 행위제한 등의 요건을 달리 정할 수 있다.
⑥ 제1항부터 제5항까지에서 규정한 사항 외에 민간재간접벤처투자조합의 등록 절차·방법과 그 운영 등에 필요한 사항은 중소벤처기업부령으로 정한다.
(2023.4.18 본조신설)

제64조【벤처투자조합에 대한 외국인의 출자에 관한 특례】 「외국인투자 촉진법」 제2조제1항제1호에 따른 외국인의 벤처투자조합에 대한 출자는 같은 항 제4호에 따른 외국인투자로 본다.

제65조【벤처투자조합에 대한 「상법」의 준용】 벤처투자조합에 관하여 이 법에 규정한 것 외에는 「상법」 중 합자조합에 관한 규정을 준용한다. 다만, 같은 법 제86조의4 및 제86조의9는 준용하지 아니한다.

제7장 한국벤처투자의 설립 및 벤처투자모태조합의 결성·운용

제66조【한국벤처투자의 설립 등】 ① 창업기업, 중소기업 및 벤처기업 등의 성장·발전을 위한 투자의 촉진 등을 효율적으로 추진하기 위하여 한국벤처투자를 설립한다.(2021.12.28 본항개정)
② 제1항에 따른 한국벤처투자(이하 "한국벤처투자"라 한다)는 법인으로 한다.
③ 한국벤처투자는 주된 사무소의 소재지에서 설립등기를 함으로써 성립한다.
④ 국가, 지방자치단체 또는 「공공기관의 운영에 관한 법률」 제4조부터 제6조까지의 규정에 따라 지정·고시된 공공기관은 한국벤처투자의 설립에 필요한 자금을 한국벤처투자에 출자할 수 있다.
⑤ 한국벤처투자의 정관에는 다음 각 호의 사항이 포함되어야 하고, 한국벤처투자가 정관을 작성하거나 변경하려면 중소벤처기업부장관의 인가를 받아야 한다.
1. 목적
2. 명칭
3. 주된 사무소 및 분사무소의 소재지
4. 업무 및 집행에 관한 사항
5. 재산 및 회계에 관한 사항
6. 임직원에 관한 사항
7. 이사회에 관한 사항
8. 정관의 변경에 관한 사항
9. 공고의 방법에 관한 사항
10. 그 밖에 한국벤처투자의 조직·운영에 필요한 사항
⑥ 한국벤처투자에 관하여 이 법에 규정된 것 외에는 「상법」 중 주식회사에 관한 규정을 준용한다.

제67조【한국벤처투자의 사업 등】 ① 한국벤처투자는 제66조제1항의 목적을 달성하기 위하여 다음 각 호의 사업을 한다.
1. 제70조제1항에 따른 벤처투자모태조합의 결성과 업무의 집행
2. 벤처투자조합 결성과 업무의 집행
3. 벤처투자
4. 해외벤처투자자금의 유치 지원
5. 창업기업, 중소기업 및 벤처기업 등의 해외진출 지원(2021.12.28 본호개정)
6. 벤처투자회사의 육성(2023.6.20 본호개정)
7. 벤처투자 성과의 관리
8. 그 밖에 대통령령으로 정하는 사업

② 한국벤처투자는 제1항 각 호의 사업을 위하여 필요하면 중소벤처기업부장관의 승인을 받아 국내외 금융기관 등으로부터 자금을 차입할 수 있다.
③ 국가, 지방자치단체 또는 「공공기관의 운영에 관한 법률」 제4조부터 제6조까지의 규정에 따라 지정·고시된 공공기관은 한국벤처투자가 제1항 각 호에 따른 사업을 수행하기 위하여 필요한 경우 한국벤처투자에 출자할 수 있다.

제68조【한국벤처투자 임직원의 비밀누설의 금지】 한국벤처투자의 임직원으로 근무하거나 근무하였던 사람은 정당한 사유 없이 직무상 알게 된 비밀을 누설하거나 도용해서는 아니 된다.

제69조【한국벤처투자 업무의 지도·감독】 ① 중소벤처기업부장관은 한국벤처투자의 업무를 지도·감독하며, 필요한 경우 그 사업에 관한 지시나 명령을 할 수 있다.
② 한국벤처투자에 대한 중소벤처기업부장관의 지도·감독에 필요한 사항은 대통령령으로 정한다.

제70조【벤처투자모태조합의 결성 등】 ① 한국벤처투자는 대통령령으로 정하는 자와 상호출자하여 다음 각 호의 조합 등에 대하여 출자하는 벤처투자모태조합(이하 "모태조합"이라 한다)을 결성할 수 있다.
1. 개인투자조합
2. 벤처투자조합
3. 「여신전문금융업법」 제2조제14호의5에 따른 신기술사업투자조합(이하 "신기술사업투자조합"이라 한다)
4. 「산업발전법」 제20조에 따른 기업구조개선 기관전용사모집합투자기구(2021.4.20 본호개정)
5. 「자본시장과 금융투자업에 관한 법률」 제9조제19항제1호에 따른 기관전용 사모집합투자기구(2021.4.20 본호개정)
6. 「농림수산식품투자조합 결성 및 운용에 관한 법률」 제13조에 따른 농식품투자조합
7. 그 밖에 중소벤처기업부장관이 정하여 고시하는 자

② 「중소기업진흥에 관한 법률」 제63조에 따른 중소벤처기업창업 및 진흥기금을 관리하는 자는 같은 법 제67조에도 불구하고 모태조합에 출자할 수 있다.
③ 한국벤처투자는 벤처투자 활성화 등 정책 목적에 따라 모태조합의 자산을 관리·운용하여야 한다.
④ 모태조합의 존속기간은 대통령령으로 정하는 기간으로 하며, 그 밖에 모태조합의 관리·운용 등에 필요한 사항은 대통령령으로 정한다.
⑤ 중소벤처기업부장관은 모태조합이 출자한 개인투자조합 또는 벤처투자조합에 대해서는 제13조제1항 및 제2항, 제51조제1항 및 제2항에도 불구하고 투자비율을 달리 정할 수 있다.

제8장 투자조건부 융자
(2023.6.20 본장신설)

제70조의2【투자조건부 융자 계약】 ① 다음 각 호의 어느 하나에 해당하는 기관(이하 "융자기관"이라 한다)은 벤처투자를 받았거나 받을 예정인 법인과 투자조건부 융자 계약을 체결할 수 있다.
1. 제71조제1항에 따른 기금관리주체 중 대통령령으로 정하는 자
2. 「은행법」에 따른 은행
3. 「중소기업은행법」에 따른 중소기업은행
4. 「한국산업은행법」에 따른 한국산업은행
5. 「한국수출입은행법」에 따른 한국수출입은행
6. 「농업협동조합법」에 따른 농협은행
7. 「수산업협동조합법」에 따른 수협은행
8. 그 밖에 대통령령으로 정하는 기관

② 제1항에 따른 계약을 체결하려는 경우 다음 각 호를 모두 충족하여야 한다.
1. 투자조건부 융자를 받으려는 법인은 「자본시장과 금융투자업에 관한 법률」 제8조의2제4항제1호에 따른 증권시장(중소기업이 발행한 주식 등을 매매하기 위하여 개설한 증권시장으로서 대통령령으로 정하는 증권시장은 제외한다)에 상장되지 아니한 법인(이하 이 조에서 "비상장법인"이라 한다)으로서 중소벤처기업부장관이 정하여 고시하는 방법에 따라 벤처투자를 받았거나 받을 예정일 것
2. 제1호에 따른 투자조건부 융자 계약 체결 시 융자총액의 10퍼센트 이하의 범위에서 중소벤처기업부장관이 정하여 고시하는 비율 이내로 융자기관에 대한 신주배정을 약정할 것

③ 제1항 및 제2항에 따라 투자조건부 융자 계약을 체결한 융자기관은 대통령령으로 정하는 바에 따라 중소벤처기업부장관에게 그 내용을 신고하여야 한다.
④ 융자기관과 다음 각 호의 어느 하나에 해당하는 투자기관은 융자 또는 투자심사를 위한 자료 등 중소벤처기업부장관이 고시하는 자료를 해당 비상장법인의 동의를 받아 상호 제공할 수 있다.
1. 벤처투자회사
2. 벤처투자조합
3. 「여신전문금융업법」에 따른 신기술사업금융업자
4. 「여신전문금융업법」에 따른 신기술사업투자조합
5. 그 밖에 대통령령으로 정하는 기관

제9장 보 칙

제71조【기금의 투자 등】 ① 「국가재정법」에 따른 기금으로서 대통령령으로 정하는 기금을 관리하는 자(이하 "기금관리주체"라 한다)는 대통령령으로 정하는 비율 이내의 자금을 그 기금운용계획에 따라 벤처투자를 하거나 벤처투자조합 또는 신기술사업투자조합에 출자할 수 있다.
② 기금관리주체가 기금운용계획의 범위에서 벤처투자를 하거나 벤처투자조합 또는 신기술사업투자조합에 출자하는 경우에는 관계 법령에 따른 인가·허가·승인 등을 받은 것으로 본다.
③ 「보험업법」 제2조제6호에 따른 보험회사는 같은 법 제106조, 제108조 및 제109조에도 불구하고 금융위원회가 정하는 범위에서 벤처투자를 하거나 벤처투자조합 또는 신기술사업투자조합에 출자할 수 있다.
④ 「지역중소기업 육성 및 혁신촉진 등에 관한 법률」 제8조제1항제1호에 따라 지방자치단체의 장이 설치한 지방중소기업 육성 관련 기금을 관리하는 자는 지방중소기업 및 벤처기업을 육성하기 위하여 다음 각 호의 조합에 출자할 수 있다.(2021.7.27 본문개정)
1. 벤처투자조합
2. 모태조합
3. 신기술사업투자조합

제72조【보고와 검사】 ① 중소벤처기업부장관은 필요한 경우 대통령령으로 정하는 바에 따라 다음 각 호의 자의 업무 운영상황을 확인·검사하거나 다음 각 호의 자로 하여금 투자실적을 보고하게 할 수 있다.
1. 전문개인투자자
2. 개인투자조합
3. 창업기획자
4. 벤처투자회사(2023.6.20 본호개정)
5. 벤처투자조합
6. 한국벤처투자
7. 벤처투자조합의 업무집행조합원인 유한회사 또는 유한책임회사

② 중소벤처기업부장관은 다음 각 호의 어느 하나에 해당하는 경우에는 관계 공무원으로 하여금 제1항 각 호의 자(조합의 경우 업무집행조합원을 포함한다)의 소재지 또는 사무소에 출입하여 감사보고서 등 대통령령으로 정하는 장부·서류 등을 검사하게 할 수 있다.
1. 제9조, 제12조, 제24조, 제37조, 제50조 및 제63조의2에 따른 등록요건 유지 여부의 확인이 필요한 경우
2. 제10조, 제13조, 제26조, 제38조, 제51조 및 제63조의2에 따른 투자의무 준수여부의 확인이 필요한 경우
(2023.4.18 1호~2호개정)
3. 제14조 및 제52조에 따른 업무의 집행 등의 확인이 필요한 경우
4. 제27조 및 제39조에 따른 행위제한 위반 여부의 확인이 필요한 경우
5. 제29조 및 제41조에 따른 경영건전성 기준 준수 여부의 확인이 필요한 경우
6. 제30조 및 제42조에 따른 직무 관련 정보 이용 여부의 확인이 필요한 경우
7. 그 밖에 제1호부터 제6호까지의 규정에 준하는 경우로서 대통령령으로 정하는 경우

③ 중소벤처기업부장관은 제2항에 따른 검사를 실시하려는 경우 검사 7일 전까지 검사의 목적, 일시 및 내용 등에 관한 검사계획을 검사대상자에게 통지하여야 한다. 다만, 긴급히 검사할 필요가 있거나 미리 통지하면 증거인멸 등으로 검사의 목적을 달성할 수 없다고 인정하는 경우에는 그러하지 아니하다.
④ 제2항에 따라 검사를 하는 공무원은 그 권한을 표시하는 증표를 지니고 관계인에게 보여주어야 한다.

제73조【자료제출】 중소벤처기업부장관은 벤처투자 활성화와 효율적인 정책 수립·추진을 위하여 분기마다 신기술사업금융업자등, 신기술사업투자조합, 「한국산업은행법」에 따른 한국산업은행 또는 「중소기업은행법」에 따른 중소기업은행에 대하여 벤처투자 실적에 관한 자료를 제출하게 할 수 있다.

제74조【업무기준의 고시】 중소벤처기업부장관은 전문개인투자자, 개인투자조합, 창업기획자, 벤처투자회사 또는 벤처투자조합의 벤처투자를 효율적으로 지원할 수 있도록 벤처투자 업무에 관한 기준을 정하여 고시할 수 있다.(2023.6.20 본조개정)

제75조【청문】 중소벤처기업부장관은 제11조·제22조·제36조·제49조 또는 제62조에 따라 전문개인투자자, 개인투자조합, 창업기획자, 벤처투자회사 또는 벤처투자조합의 등록을 취소하려면 청문을 하여야 한다.(2023.6.20 본조개정)

제76조【권한의 위임·위탁 등】 ① 이 법에 따른 중소벤처기업부장관의 권한은 대통령령으로 정하는 바에 따라 그 일부를 소속기관의 장 또는 시·도지사에게 위임할 수 있다.
② 이 법에 따른 중소벤처기업부장관의 업무의 일부를 대통령령으로 정하는 바에 따라 한국벤처투자 또는 벤처투자 관련 기관·단체에 위탁할 수 있다.

제77조【유사명칭의 사용 금지】 이 법에 따른 전문개인투자자, 개인투자조합, 창업기획자, 벤처투자회사, 벤처투자조합, 한국벤처투자 또는 모태조합이 아닌 자는 전문개인투자자, 개인투자조합, 창업기획자, 벤처투자회사, 벤처투자조합, 한국벤처투자, 벤처투자모태조합 또는 이와 비슷한 명칭을 사용할 수 없다.(2023.6.20 본조개정)

제10장 벌 칙

제78조【벌칙】 ① 다음 각 호의 어느 하나에 해당하는 자는 5년 이하의 징역 또는 5천만원 이하의 벌금에 처한다.
1. 제28조제1항 또는 제40조제1항을 위반하여 대주주등 자신의 이익을 얻을 목적으로 같은 항 각 호의 어느 하나에 해당하는 행위를 한 자
2. 제30조 또는 제42조를 위반하여 직무 관련 정보를 정당한 사유 없이 자기 또는 제3자의 이익을 위하여 이용한 자
3. 제14조제2항제1호 또는 제52조제2항제1호를 위반하여 개인투자조합 또는 벤처투자조합의 업무집행조합원 자신의 이익이나 제3자의 이익을 위하여 조합의 재산을 사용한 자(2023.6.20 본호개정)

② 다음 각 호의 어느 하나에 해당하는 자는 1년 이하의 징역 또는 1천만원 이하의 벌금에 처한다.
1. (2023.9.14 삭제)
2. 제68조를 위반하여 직무상 알게 된 비밀을 정당한 사유 없이 누설하거나 도용한 자

제79조【양벌규정】 법인의 대표자나 법인 또는 개인의 대리인, 사용인, 그 밖의 종업원이 그 법인 또는 개인의 업무에 관하여 제78조의 위반행위를 하면 그 행위자를 벌하는 외에 그 법인 또는 개인에게도 해당 조문의 벌금형을 과(科)한다. 다만, 법인 또는 개인이 그 위반행위를 방지하기 위하여 해당 업무에 관하여 상당한 주의와 감독을 게을리하지 아니한 경우에는 그러하지 아니하다.

제80조【과태료】 ① 다음 각 호의 어느 하나에 해당하는 자에게는 3천만원 이하의 과태료를 부과한다.
1. 제9조제1항 후단, 제12조제1항 후단, 제24조제1항 후단, 제37조제1항 후단, 제50조제1항 후단 또는 제63조의2제1항 후단에 따른 변경등록을 하지 아니하거나 거짓으로 변경등록을 한 자(2023.4.18 본호개정)
2. 제16조, 제31조, 제44조 또는 제54조에 따른 결산서를 제출하지 아니하거나 거짓으로 결산서를 제출한 자
3. 제21조의2, 제32조, 제45조 또는 제61조에 따른 공시를 하지 아니하거나 거짓으로 공시한 자(2023.6.20 본호개정)
4. 제33조제1항 또는 제46조제1항에 따른 영업의 양수 등의 신고를 하지 아니하거나 거짓으로 신고한 자
5. 제37조제4항에 따른 처분명령을 위반하여 주식을 처분하지 아니한 자(2023.9.14 본호신설)
6. 제72조에 따른 보고를 하지 아니하거나 거짓으로 보고를 한 자 또는 검사를 거부·방해 또는 기피한 자
7. 제77조를 위반하여 전문개인투자자, 개인투자조합, 창업기획자, 벤처투자회사, 벤처투자조합, 한국벤처투자, 벤처투자모태조합 또는 이와 비슷한 명칭을 사용한 자(2023.6.20 본호개정)

② 제1항에 따른 과태료는 대통령령으로 정하는 바에 따라 중소벤처기업부장관이 부과·징수한다.

부 칙

제1조【시행일】 이 법은 공포 후 6개월이 경과한 날부터 시행한다.

제2조【개인투자조합 업무집행조합원의 요건 등에 관한 적용례】 ① 제12조제3항은 이 법 시행 전 「벤처기업육성에 관한 특별조치법」 제13조에 따라 개인투자조합의 등록을 신청한 경우로서 이 법 시행 당시 등록 절차가 진행 중인 경우에도 적용한다.
② 제24조제2항은 이 법 시행 전 「중소기업창업 지원법」 제19조의2에 따라 창업기획자의 등록을 신청한 경우로서 이 법 시행 당시 등록 절차가 진행 중인 경우에도 적용한다.
③ 제37조제2항은 이 법 시행 전 「중소기업창업 지원법」 제10조에 따라 중소기업창업투자회사의 등록을 신청한 경우로서 이 법 시행 당시 등록 절차가 진행 중인 경우에도 적용한다.

④ 제50조제2항은 이 법 시행 전 「중소기업창업 지원법」 제20조에 따라 중소기업창업투자조합의 등록을 신청한 경우로서 이 법 시행 당시 등록 절차가 진행 중인 경우에도 적용한다.
⑤ 제63조제2항 후단은 이 법 시행 전 「벤처기업육성에 관한 특별조치법」 제4조의8에 따라 공모한국벤처투자조합의 등록을 신청하거나 「중소기업창업 지원법」 제47조의2에 따라 공모창업투자조합의 등록을 신청한 경우로서 이 법 시행 당시 등록 절차가 진행 중인 경우에도 적용한다.
제3조【벤처투자조합 손실보전 등의 금지에 관한 적용례】 제60조는 이 법 시행 이후 등록하는 벤처투자조합부터 적용한다.
제4조【벤처투자조합 투자의무에 관한 특례】 제51조제1항에도 불구하고 이 법 시행 당시 종전의 「벤처기업육성에 관한 특별조치법」 제4조의3에 따라 신고한 한국벤처투자조합으로서 부칙 제6조제4항에 따른 벤처투자조합 중 등록 후 3년이 지난 날이 이 법 시행일 전인 경우에는 그 벤처투자조합은 이 법 시행일까지 제51조제1항 각 호에 따른 투자비율 이상을 제37조제1항제1호부터 제3호까지, 제6호 및 제7호의 사업에 사용하여야 한다.
제5조【행정처분 등에 관한 일반적 경과조치】 ① 이 법 시행 전에 「벤처기업육성에 관한 특별조치법」 및 「중소기업창업 지원법」에 따라 행정기관이 행한 고시, 행정처분, 명령 및 그 밖의 행위와 행정기관에 대한 신청 및 그 밖의 행위는 각각 이 법에 따라 행한 행정기관의 행위 또는 행정기관에 대한 행위로 본다.
② 이 법 시행 전의 행위에 대하여 행정기관이 등록 취소, 업무정지명령 등의 행정처분 또는 그 밖의 조치를 하는 경우에는 종전의 「벤처기업육성에 관한 특별조치법」 및 「중소기업창업 지원법」에 따른다.
제6조【개인투자조합 등의 등록에 관한 경과조치】 ① 이 법 시행 당시 종전의 「벤처기업육성에 관한 특별조치법」 제13조에 따라 등록한 개인투자조합은 이 법에 따라 등록한 개인투자조합으로 본다.
② 이 법 시행 당시 종전의 「중소기업창업 지원법」 제19조의2에 따라 등록한 창업기획자는 이 법에 따라 등록한 창업기획자로 본다.
③ 이 법 시행 당시 종전의 「중소기업창업 지원법」 제10조에 따라 등록한 중소기업창업투자회사는 이 법에 따라 등록한 중소기업창업투자회사로 본다.
④ 이 법 시행 당시 종전의 「벤처기업육성에 관한 특별조치법」 제4조의3에 따라 신고한 한국벤처투자조합 및 종전의 「중소기업창업 지원법」 제20조에 따라 등록한 중소기업창업투자조합은 각각 이 법에 따라 등록한 벤처투자조합으로 본다.
⑤ 이 법 시행 당시 종전의 「벤처기업육성에 관한 특별조치법」 제4조의8에 따라 등록한 공모한국벤처투자조합 및 종전의 「중소기업창업 지원법」 제47조의2에 따라 등록한 공모창업투자조합은 각각 이 법에 따라 등록한 공모벤처투자조합으로 본다.
제7조【중소기업투자모태조합 명칭 변경에 관한 경과조치】 이 법 시행 당시 종전의 「벤처기업육성에 관한 특별조치법」에 따른 중소기업투자모태조합은 이 법에 따른 모태조합으로 본다.
제8조【한국벤처투자에 관한 경과조치】 ① 이 법 시행 당시 종전의 「벤처기업육성에 관한 특별조치법」 제4조의9제1항에 따라 설립된 전담회사로서 「상법」에 따라 설립된 한국벤처투자 주식회사(이하 "구법인"이라 한다)는 이 법에 따라 설립된 한국벤처투자(이하 "신법인"이라 한다)로 본다.
② 구법인은 이 법 시행일부터 2개월 이내에 이 법에 따른 정관을 작성하여 중소벤처기업부장관의 인가를 받아야 한다.
③ 신법인 설립 당시 구법인의 모든 소관 업무, 권리·의무 및 재산은 신법인이 승계한다.
④ 제3항에 따라 신법인에 승계될 재산의 가액은 신법인 설립등기일 전일의 장부가액으로 한다.
⑤ 신법인 설립 당시 등기부나 그 밖의 공부(公簿)에 표시된 구법인의 명의는 신법인의 명의로 본다.
⑥ 신법인 설립 당시 구법인의 임직원은 신법인의 임직원으로 보며, 임직원의 임기는 종전의 임명일부터 기산한다.
⑦ 신법인의 설립 이전에 구법인이 행한 행위 또는 구법인에 대하여 행하여진 행위는 신법인이 행한 행위 또는 신법인에 대하여 행하여진 행위로 본다.
제9조【벌칙 및 과태료에 관한 경과조치】 이 법 시행 전의 행위에 대하여 벌칙 및 과태료를 적용할 때에는 종전의 「벤처기업육성에 관한 특별조치법」 및 「중소기업창업 지원법」에 따른다.
제10조【다른 법률의 개정】 ①~⑯ ※(해당 법령에 가제정리 하였음)
제11조【다른 법령과의 관계】 이 법 시행 당시 다른 법령에서 종전의 「벤처기업육성에 관한 특별조치법」이나 「중소기업창업 지원법」의 규정을 인용한 경우에는 이 법 중 그에 해당하는 규정이 있을 때에는 종전의 규정을 갈음하여 이 법의 해당 규정을 인용한 것으로 본다.

부 칙 (2021.4.20)
(2021.7.27)
(2021.12.28)

제1조【시행일】 이 법은 공포 후 6개월이 경과한 날부터 시행한다.(이하 생략)

부 칙 (2023.1.3)

이 법은 공포 후 3개월이 경과한 날부터 시행한다.

부 칙 (2023.4.18)

이 법은 공포 후 6개월이 경과한 날부터 시행한다.

부 칙 (2023.6.20)

제1조【시행일】 이 법은 공포 후 6개월이 경과한 날부터 시행한다.
제2조【개인투자조합 업무집행조합원의 요건에 관한 적용례】 제12조제4항의 개정규정은 이 법 시행 전에 개인투자조합의 등록을 신청한 경우로서 이 법 시행 당시 등록 절차가 진행 중인 경우에도 적용한다.
제3조【개인투자조합 업무집행조합원의 벌칙에 관한 적용례】 제78조제1항제3호 중 개인투자조합에 관한 개정규정은 이 법 시행 이후 위반행위부터 적용한다.
제4조【창업기획자의 투자의무에 관한 경과조치】 제26조제1항 단서의 개정규정의 적용을 받는 창업기획자 중 창업기획자로 등록한 날이 이 법 시행일 이전인 경우에는 이 법 시행일부터 3년이 지난 날까지 같은 개정규정에 따른 투자의무를 이행하여야 한다.
제5조【벤처투자회사의 등록에 관한 경과조치】 이 법 시행 당시 종전의 규정에 따라 등록한 중소기업창업투자회사는 이 법 시행일에 등록한 벤처투자회사로 본다.
제6조【다른 법률의 개정】 ①~⑩ ※(해당 법령에 가제정리 하였음)
제7조【다른 법령과의 관계】 이 법 시행 당시 다른 법령에서 종전의 「벤처투자 촉진에 관한 법률」의 규정을 인용한 경우 이 법 중 그에 해당하는 규정이 있을 때에는 종전의 규정을 갈음하여 이 법의 해당 규정을 인용한 것으로 본다.

부 칙 (2023.9.14)

제1조【시행일】 이 법은 공포 후 6개월이 경과한 날부터 시행한다.
제2조【벌칙에 관한 경과조치】 이 법 시행 전의 위반행위에 대하여 벌칙을 적용할 때에는 제78조제2항제1호의 개정규정에도 불구하고 종전의 규정에 따른다.

부 칙 (2024.1.9)

제1조【시행일】 이 법은 공포 후 6개월이 경과한 날부터 시행한다.(이하 생략)

기업활동 규제완화에 관한 특별조치법(약칭 : 기업규제완화법)

(1995년 1월 5일
전개법률 제4900호)

개정
1995.12.29법 5091호(공장배치및공장설립에관한법) <중략>
2011. 3.30법10485호(국유재산)
2011. 3.30법10491호(산업활성공장설립)
2011. 4.14법10588호
2011. 4.14법10599호(국토이용)
2011. 7.21법10892호(환경영향평가법)
2011. 8. 4법11020호(산업입지및개발에관한법)
2011. 8. 4법11037호(소방시설설치·유지및안전관리에관한법)
2012. 2. 1법11256호(대기환경)
2013. 3.23법11690호(정부조직)
2014. 1.14법12248호(도로법)
2014.11.19법12844호(정부조직)
2015. 1. 6법12960호(총포·도검·화약류등의안전관리에관한법)
2015. 1.28법13089호(액화석유가스의안전관리및사업법)
2015. 2. 3법13149호
2015. 8.11법13459호(민원처리에관한법)
2016. 1. 6법13729호(광산안전법)
2016. 1.19법13797호(부동산거래신고등에관한법)
2016. 1.27법13879호(수질수생태계보전)
2016.12.27법14476호(지방세징수법)
2017. 1.17법14532호(물환경보전법)
2017. 4.18법14795호(국토이용)
2017. 7.26법14839호(정부조직)
2017.10.31법14992호
2018. 3.27법15526호(승강기안전관리법)
2018. 4.17법15574호(에너지이용합리화법)
2019. 1.15법16272호(산업안전)
2020. 3.31법17171호(전기안전관리법)
2020.10.20법17525호
2021.11.30법18523호(화재의예방및안전관리에관한법)
2021.12.28법18661호(중소기업창업)
2022. 2. 3법18814호(도시가스사업법)
2023. 1. 3법19163호
2024. 2. 6법20231호(화학물질관리법)→2025년 8월 7일 시행이므로 「法典 別册」 보유편 수록

제1장 총 칙
(2011.4.14 본장개정)

제1조【목적】 이 법은 기업활동에 관한 행정규제의 완화 및 특례에 관한 사항을 규정하여 원활한 기업활동을 도모하고 국민경제의 건전한 발전에 이바지함을 목적으로 한다.
제2조【정의】 이 법에서 사용하는 용어의 뜻은 다음과 같다.
1. "기업활동"이란 법인 또는 개인이 영리를 목적으로 계속적·반복적으로 행하는 모든 행위 및 이에 부수되는 행위를 말한다.
2. "행정규제"란 국가, 지방자치단체 또는 법령에 따라 행정권한을 행사하거나 행정권한을 위임 또는 위탁받은 법인·단체 또는 개인이 특정한 행정목적을 실현하기 위하여 기업활동에 직접적 또는 간접적으로 개입하는 것을 말한다.
3. "공장"이란 「산업집적활성화 및 공장설립에 관한 법률」 제2조제1호에 따른 공장을 말한다.
4. "산업단지"란 「산업입지 및 개발에 관한 법률」 제2조제8호에 따른 산업단지를 말한다.(2011.8.4 본호개정)
5. "중소기업자"란 「중소기업기본법」 제2조에 따른 중소기업자를 말한다.
제3조【다른 법령과의 관계】 이 법은 행정규제를 정하고 있는 다른 법령(「행정규제기본법」은 제외한다)에 우선하여 적용한다. 다만, 다른 법령의 개정으로 이 법에 따라 완화된 행정규제 내용보다 그 규제 내용이 더 완화되는 경우에는 그 법령에서 정하는 바에 따른다.
제3조의2【책무】 산업통상자원부장관은 각종 행정규제로 인한 기업의 어려움을 해결하기 위하여 이에 대한 실태조사를 실시하고, 이해관계자 및 전문가의 의견을 수렴하는 등의 노력을 기울여야 한다.(2013.3.23 본조개정)

제2장 창업 및 공장설립에 관한 규제완화
(2011.4.14 본장개정)

제4조【창업 관련 각종 인가·허가 등의 통합 고시】 ① 제조업 및 대통령령으로 정하는 제조업 관련 서비스업의 인가·허가·등록·신고 및 승인 등의 권한을 가진 관계 행정기관의 장은 그 처리 기준 및 절차 등을 정하였을 때에는 이를 지체 없이 산업통상자원부장관에게 통보하여야 한다. 이를 변경하였을 때에도 또한 같다.
② 산업통상자원부장관은 제1항에 따라 처리 기준 및 절차 등을 통보받았을 때에는 이를 통합하여 고시하여야

한다. 고시한 사항을 변경하였을 때에도 또한 같다.
(2013.3.23 본조개정)

제5조~제7조 (2005.3.31 삭제)

제8조【공장설립 승인 관련 인가·허가 등의 기준 고시】 ①「산업집적활성화 및 공장설립에 관한 법률」제13조의2제1항 및 제3항 각 호 또는「중소기업창업 지원법」제47조제1항 각 호에 규정된 신고·허가·해제·인가·면허·지정·동의 또는 결정 등(이하 "인·허가등"이라 한다)의 권한을 가진 행정기관의 장은 그 처리기준을 정하였을 때에는 이를 지체 없이 산업통상자원부장관에게 통보하여야 한다. 이를 변경하였을 때에도 또한 같다.
(2021.12.28 본항개정)

② 산업통상자원부장관은 제1항에 따라 처리기준을 통보받았을 때에는 이를 통합하여 고시하여야 한다. 고시한 사항을 변경하였을 때에도 또한 같다.
(2013.3.23 본조개정)

제9조【사업계획 승인 등에 관한 특례】 ①「중소기업창업 지원법」제45조부터 제47조까지의 규정에 따른 공장설립계획의 승인에 관한 규정은 같은 법 제45조제1항에 따른 창업기업 외의 창업기업 및 같은 법 제2조제3호에 따른 창업기업이 아닌 중소기업자에 대하여도 준용한다.

② 제1항에 따라 창업기업 외의 창업기업 및 창업기업이 아닌 중소기업자의 공장의 신설·증설 및 이전에 관한 공장 설립계획의 승인신청을 처리하는 기준 및 절차는「중소기업창업 지원법」제45조제7항에 따른 업무처리기준에 따른다.

③「산업집적활성화 및 공장설립에 관한 법률」제13조의2제1항 및 제3항 각 호 또는「중소기업창업 지원법」제47조제1항 각 호에 규정된 인·허가등에 관한 처리기준을 변경하려는 관계 행정기관의 장은 미리 산업통상자원부장관과 협의하여야 한다. 이 경우 산업통상자원부장관은 그 처리기준을 해당 인·허가등의 목적 달성을 크게 저해하지 아니하는 범위에서 대통령령으로 정하는 바에 따라 조정할 수 있다.

④「중소기업창업 지원법」제2조제3호에 따른 창업기업 또는 창업기업이 아닌 중소기업자는 산업통상자원부령으로 정하는 바에 따라 2인 이상이 공동으로 공장 설립계획을 작성하여 같은 법 제45조에 따른 공장 설립계획의 승인이나「산업집적활성화 및 공장설립에 관한 법률」제13조제1항에 따른 공장설립등의 승인 또는 제20조제2항에 따른 공장 신설·증설·이전 또는 업종변경의 승인(이하 "공장설립승인등"이라 한다)을 특별자치도지사 또는 시장·군수·구청장(자치구의 구청장을 말한다. 이하 같다)에게 신청할 수 있다. 이 경우 특별자치도지사 또는 시장·군수·구청장은 산업통상자원부령으로 정하는 시설의 공동 설치 및 공동 이용에 관한 조건을 붙여 공장설립승인등을 할 수 있다.
(2021.12.28 본조개정)

제10조【공장설립승인등의 신속 처리】 ① 특별자치도지사 또는 시장·군수·구청장이 제8조제2항에 따라 고시된 처리기준에 따라 공장설립승인등을 할 때에는「산업집적활성화 및 공장설립에 관한 법률」제13조의2제5항 또는「중소기업창업 지원법」제47조제4항에 따른 협의를 필요로 하지 아니한다.(2021.12.28 본항개정)

② 특별자치도지사 또는 시장·군수·구청장은「중소기업창업 지원법」제55조에 따른 중소기업창업민원실과「산업집적활성화 및 공장설립에 관한 법률」제19조에 따른 공장설립민원실을 통합하여 창업 및 공장설립 민원실로 운영한다. 다만, 특별자치도지사 또는 시장·군수·구청장은 민원 수요 등을 고려하여 필요하다고 인정하는 경우에는「민원 처리에 관한 법률」제12조에 따른 민원실과 통합하여 운영할 수 있다.(2021.12.28 본문개정)

③ 특별자치도지사 또는 시장·군수·구청장은 제2항에 따른 창업 및 공장설립 민원실 등에 전담직원을 배치하여야 한다.

④ 특별자치도지사 또는 시장·군수·구청장은 공장설립승인등의 신청이 제2항에 따른 창업 및 공장설립 민원실 등에 접수되었을 때에는 관계 공무원으로 하여금 합동심사 또는 조사 등을 실시하게 하는 등 이를 신속히 처리하여 접수일부터 20일 이내에 신청인에게 그 결과를 통보하여야 한다.

제11조【단지조성사업 실시계획 승인 등을 받은 자에 관한 특례】 ① (2000.1.28 삭제)

②「중소기업진흥에 관한 법률」제31조에 따라 단지조성사업 실시계획의 승인을 받은 자는「산업입지 및 개발에 관한 법률」제21조제1항 각 호의 허가·결정·인가·면허·협의·동의·승인·해제 또는 처분 등을 받은 것으로 본다.

③「중소기업진흥에 관한 법률」제29조에 따라 협동화실천계획의 승인을 받은 자가「산업입지 및 개발에 관한 법률」제16조에 따라 산업단지개발사업의 시행자로서 조성하는 일반산업단지 및 도시첨단산업단지에 대하여는 그 협동화실천계획의 승인을 받은 자를「산업집적활성화 및 공장설립에 관한 법률」제30조제1항에 따른 관리권자로 볼 수 있다.

제12조【사도 개설허가에 관한 특례】 특별자치도지사 또는 시장·군수·구청장은 공장진입로를 조성하기 위하여 해당 공장용지를「도로법」제2조제1호에 따른 도로(「도로법」제108조에 따른 준용도로를 포함한다)가 아닌 길과 부득이하게 연결할 필요가 있는 경우에 대통령령으로 정하는 기준에 해당할 때에는 그 길을「사도법」제2조에 따른 사도(私道)로 보아 사도 개설을 허가하여야 한다.
(2014.1.14 본조개정)

제13조【농지취득자격증명에 관한 특례】 농지에 공장을 신설·증설 또는 이전하기 위하여 공장설립승인등을 받은 자 중 다음 각 호의 어느 하나에 해당하는 자는「농지법」제8조에도 불구하고 농지취득자격증명을 발급받지 아니하고 농지를 취득할 수 있다.

1.「농지법」에 따른 농지전용허가(農地轉用許可) 또는 농지전용신고가 의제(擬制)되는 협의를 거친 자
2. 제8조제2항에 따라 고시된 처리기준에 따라 공장설립승인등을 받은 자
3.「농지법」제34조에 따른 농지전용허가를 받은 자
4.「농지법」제35조 또는 제43조에 따른 농지전용신고를 한 자

제14조【국유재산 등의 처분에 관한 특례】「국유재산법」제2조제11호에 따른 국유재산의 중앙관서의 장 또는「공유재산 및 물품 관리법」제14조에 따른 공유재산의 관리청은 중소기업자가 폐도(廢道)나 그 밖에 이와 유사한 국유재산 또는 공유재산을 부득이하게 공장용지로 사용하려는 경우로서 대통령령으로 정하는 경우에는「국유재산법」제9조제3항에 따른 국유재산종합계획 또는「공유재산 및 물품 관리법」제10조제1항에 따른 공유재산의 관리계획에도 불구하고 이를 처분할 수 있다. 이 경우 국유재산의 중앙관서의 장 또는 공유재산의 관리청은「국유재산법」또는「공유재산 및 물품 관리법」에도 불구하고 해당 국유재산 또는 공유재산을 부득이하게 공장용지로 사용하려는 중소기업자에게 수의계약으로 이를 매각할 수 있다.

제15조【공유수면 매립면허의 효력에 관한 특례】 공업용지 확보를 목적으로「공유수면 관리 및 매립에 관한 법률」제28조제7항 단서에 따라 공유수면 매립면허를 받은 자는 같은 법 제39조제1항 각 호에 따른 인가·허가등과「국유재산법」제30조에 따른 국유재산의 사용허가를 받은 것으로 본다.

제16조【공장증설에 관한 특례】 ① 특별자치도지사 또는 시장·군수·구청장은「수도권정비계획법」제2조제1호에 따른 수도권 중 같은 법 제6조에 따른 성장관리권역 및 자연보전권역에 있는 기존 공장에 대하여는「산업집적활성화 및 공장설립에 관한 법률」제20조제1항 단서에도 불구하고 대통령령으로 정하는 바에 따라 공장증설을 허가할 수 있다.

② 특별자치도지사 또는 시장·군수·구청장은 중소기업자가 소유한 공장으로서 다음 각 호의 어느 하나에 해당하는 공장에 대하여는「농지법」제32조에도 불구하고 대통령령으로 정하는 바에 따라 공장증설을 승인할 수 있다. 다만,「물환경보전법」제2조제8호에 따른 특정수질유해물질 또는「대기환경보전법」제2조제9호에 따른 특정대기유해물질을 배출하는 공장은 그러하지 아니하다.
(2017.1.17 단서개정)

1.「농지법」제28조에 따른 농업진흥지역(이하 "농업진흥지역"이라 한다)의 지정 당시 농업진흥지역 안에 있던 공장
2. 2008년 12월 31일 이전에 농업진흥지역과 접하여 설치한 공장으로서 도로·철도·하천·건축물 또는 바다로 모두 둘러싸여 농업진흥지역 밖의 토지에 공장증설이 불가능한 공장

③ 1993년 12월 31일 이전부터「국토이용관리법」(법률 제6655호 국토의계획및이용에관한법률 부칙 제2조로 폐지되기 전의 법률을 말한다) 제6조에 따른 준농림지역에 공장을 보유한 중소기업자는 같은 법 제15조(「국토의 계획 및 이용에 관한 법률」의 경우 제76조를 말한다)에도 불구하고 대통령령으로 정하는 바에 따라 공장을 증설할 수 있다. 다만,「물환경보전법」제2조제8호에 따른 특정수질유해물질 또는「대기환경보전법」제2조제9호에 따른 특정대기유해물질을 배출하는 공장은 그러하지 아니하다.(2017.1.17 단서개정)

④ 산업단지 안의 입주기업체는 기존 부지 안의 제조시설을 증설하려는 경우에 증설하려는 건축면적이 공장 건축면적〔제조시설로 사용되는 기계 또는 장치를 설치하기 위한 건축물 각 층의 바닥면적과 제조시설로 사용되는 옥외 인공구조물의 수평투영면적(水平投影面積)을 합산한 면적을 말한다〕의 100분의 20 이내인 경우로서 산업통상자원부령으로 정하는 바에 따라 관리기관에 공장증설을 미리 신고한 때에는「산업집적활성화 및 공장설립에 관한 법률」제38조제2항에도 불구하고 입주변경계약을 체결한 것으로 본다.(2013.3.23 본항개정)

제16조의2【공장 시설물의 교체에 관한 특례】 공장을 소유한 자는「국토의 계획 및 이용에 관한 법률」제36조부터 제38조까지, 제38조의2 및 제39조부터 제42조까지의 규정에 따른 용도지역·용도지구 또는 용도구역(이하 이 조에서 "용도지역등"이라 한다)의 지정·변경이나 그 밖에 대통령령으로 정하는 사유로 공장의 기존 시설물(제조시설 및「건축법」제83조에 따른 공작물 등 모든 시설물을 말한다)의 교체가「국토의 계획 및 이용에 관한 법률」제76조부터 제80조까지, 제80조의2, 제81조, 제83조 및 제84조에 따른 행위 제한에 해당됨에도 불구하고 다음 각 호의 어느 하나에 해당하는 경우에는 기존 시설물을 새로운 시설물로 교체할 수 있다.

1. 기존 시설물이 노후되거나 내구연한(耐久年限)이 지나거나 제품 생산을 위하여 새로운 시설물이 반드시 필요한 경우 등 부득이한 사유가 있는 경우
2. 용도지역등의 지정·변경이나 그 밖에 대통령령으로 정하는 사유가 발생하기 이전에 공장설립 승인을 받았거나 공장등록을 한 경우
3. 기존 시설물과 같은 규모 이하의 시설물로 교체하는 경우

제17조【건축물의 사용검사에 관한 특례】 동일 공장용지에 2동(棟) 이상의 건축물을 대상으로 하여「건축법」제11조에 따른 건축허가 1건을 받은 경우에는 특별자치도지사 또는 시장·군수·구청장은 같은 법 제22조에도 불구하고 완공된 동별로 건축물의 사용검사를 할 수 있다.

제18조【개발진흥지구에서의 초지전용에 관한 특례】 ①「국토의 계획 및 이용에 관한 법률」제37조제1항제7호에 따라 결정·고시된 개발진흥지구에서 초지를 전용하여 같은 법 제49조에 따른 지구단위계획에 따라 개발행위를 하려는 자가 같은 법 제56조에 따라 관할 특별시장·광역시장·시장 또는 군수로부터 개발행위허가를 받은 경우에는「초지법」제23조제2항에 따른 초지의 전용허가를 받은 것으로 본다. 이 경우 관할 특별시장·광역시장·시장 또는 군수는 개발행위허가를 하기 전에「초지법」제23조제2항에 따른 초지의 전용허가 요건에 적합한지와 대체초지조성비의 납입 및 감면에 관한 사항을 확인하여야 하며, 초지의 전용허가 권한이 그 특별시장·광역시장·시장 또는 군수 외의 다른 행정기관의 권한에 속하는 경우에는 미리 그 다른 행정기관의 장과 협의하여야 한다.

②「국토의 계획 및 이용에 관한 법률」제49조에 따른 지구단위계획에 따라 개발행위를 하려는 자는 국토교통부장관(국토교통부장관으로부터 권한을 위임받은 지방자치단체의 장을 포함한다)이「초지법」제23조제2항에 따라 초지의 전용허가를 하는 시장·군수와의 협의를 거쳐「국토의 계획 및 이용에 관한 법률」제37조제1항제7호에 따른 개발진흥지구를 결정·고시할 때에는「초지법」제23조제2항 또는 제3항에 따른 초지전용의 허가를 받거나 신고를 한 것으로 본다. 이 경우 개발행위를 하려는 자는「국토의 계획 및 이용에 관한 법률」제56조에 따라 관할 특별시장·광역시장·시장 또는 군수에게 개발행위허가를 신청하기 전에「초지법」제23조제6항에 따라 대체초지조성비를 미리 내야 한다.
(2017.4.18 본조개정)

제19조【산지전용허가에 관한 특례】「산지관리법」제14조, 제15조 및 제15조의2에 따른 산지전용 및 산지일시사용 중 공업용지의 조성을 위한 15만제곱미터 미만의 산지전용 및 산지일시사용의 허가의 권한은 같은 법 제52조에도 불구하고 광역시장·도지사 또는 특별자치도지사가 이를 행사한다. 이 경우「산지관리법」제14조·제15조·제15조의2·제20조, 그 밖에 산지전용 및 산지일시사용과 관련되는 규정 중 "산림청장"은 "광역시장·도지사 또는 특별자치도지사"로 본다.

제20조【농공단지개발과 관련된 권한의 특례】「산업입지 및 개발에 관한 법률」제19조에 따른 농공단지개발실시계획의 승인 및 같은 법 제37조에 따른 개발사업 준공인가의 권한은 같은 법 제19조 및 제37조에도 불구하고 특별자치도지사 또는 시장·군수·구청장이 행사한다. 이 경우「산업입지 및 개발에 관한 법률」제19조·제19조의2·제37조, 그 밖에 농공단지개발실시계획의 승인·고시 및 개발사업의 준공인가와 관련되는 규정 중 "시·도지사"는 "특별자치도지사 또는 시장·군수·구청장"으로 본다.

제21조【산업단지의 공공녹지 확보기준의 완화】 ①「산업입지 및 개발에 관한 법률」제2조에 따른 국가산업단지, 일반산업단지 또는 도시첨단산업단지에는 같은 법 제5조에 따른 산업입지개발지침 및「환경영향평가법」제29조에 따른 환경영향평가서의 협의내용에도 불구하고 다음 각 호의 기준에 따라 공공녹지를 확보할 수 있다.
(2011.7.21 본문개정)

1. 산업단지의 면적이 3제곱킬로미터 이상인 경우 : 산업단지 면적의 100분의 10 이상 100분의 13 미만
2. 산업단지의 면적이 1제곱킬로미터 이상 3제곱킬로미터 미만인 경우 : 산업단지 면적의 100분의 7.5 이상 100분의 10 미만
3. 산업단지의 면적이 1제곱킬로미터 미만인 경우 : 산업단지 면적의 100분의 5 이상 100분의 7.5 미만

② 제1항에 따라 공공녹지의 조성을 위한 부지를 확보한 경우라도 해당 산업단지의 여건상 녹지 조성이 곤란하다고 산업단지개발실시계획 승인권자가 인정할 때에는 녹지 조성이 가능할 때까지 공공녹지의 조성의무를 유예할 수 있다.

③ 산업단지의 경계지역에 보전산지(保全山地) 등이 위치하여「산업입지 및 개발에 관한 법률」제5조에 따른 산업입지개발지침에 의한 완충녹지대의 조성이 필요하지 아니하고 산업단지개발실시계획 승인권자가 인정하는 경우에는 완충녹지대를 조성하지 아니할 수 있다.

제22조【농공단지 입주업체의 선정 등에 관한 특례】 특별자치도지사 또는 시장·군수·구청장은 공정(工程) 중에「물환경보전법」제2조제8호에 따른 특정수질유해물질 또는「대기환경보전법」제2조제9호에 따른 특정대기유해물질이 발생하는 공장으로서 방지시설의 설치에 의하여 최종방류구 또는 배출구에서 특정수질유해물질 또

는 특정대기유해물질이 배출될 우려가 없다고 인정하는 것에 대하여는「산업집적활성화 및 공장설립에 관한 법률」제32조제2항에 따른 농공단지 관리지침에도 불구하고「물환경보전법」제2조제17호에 따른 공공폐수처리시설이 설치된 농공단지 안에 그 공장의 입주 또는 증설을 허용할 수 있다.(2017.1.17 본조개정)

제23조【토지거래계약의 허가에 관한 특례】 공장설립승인등을 받거나「산업입지 및 개발에 관한 법률」제16조에 따른 산업단지개발사업의 시행자가 같은 법 제17조, 제17조의2, 제18조, 제18조의2 및 제19조에 따른 실시계획의 승인을 받은 경우에는「부동산 거래신고 등에 관한 법률」제11조에 따른 토지거래계약의 허가를 받은 것으로 본다.(2016.1.19 본조개정)

제24조【산업단지개발사업 비용 부담에 관한 특례】 ① 산업단지에 전기를 공급하는 자는「산업입지 및 개발에 관한 법률」제28조에도 불구하고 산업단지개발사업의 시행자가 요청하는 경우에는 산업단지에 전기를 공급하기 위한 전기간선시설(電氣幹線施設) 및 배전시설(配電施設)을 산업단지개발실시계획에서 도시·군계획시설로 결정된 도로까지 설치하여야 한다.

② 제1항에 따라 산업단지에 전기를 공급하기 위하여 설치한 전기간선시설 및 배전시설의 설치비용은 전기를 공급하는 자가 부담한다. 다만, 산업단지개발사업의 시행자, 입주기업, 지방자치단체 등의 요청에 의하여 전기간선시설 및 배전시설을 지하에 설치하는 경우에는 전기를 공급하는 자와 지하에 설치할 것을 요청하는 자가 각각 100분의 50의 비율로 그 설치비용을 부담한다.

③ 전기를 공급하는 자는 제2항 단서에 따른 요청자가 부담하여야 할 금액을 전기간선시설 및 배전시설의 설치가 완료되는 날부터 3년간 균등하게 분할하여 징수할 수 있다.

제25조【공공시설 및 토지 등의 귀속에 관한 특례】 산업단지개발사업의 시행으로 인하여 용도가 폐지되는 국가 또는 지방자치단체 소유의 재산은「산업입지 및 개발에 관한 법률」제26조제2항에도 불구하고 같은 법 제16조제1항에 따른 사업시행자가 새로 설치하여 국가 또는 지방자치단체에 무상으로 귀속되는 공공시설의 설치비용에 상당하는 범위에서 그 사업시행자에게 무상으로 양도하여야 한다. 다만, 국가 또는 해당 지방자치단체의 목적수행상 불가피하게 양도할 수 없는 재산에 대하여는 그러하지 아니하다.

제26조【공장용지 안 등의 조경의무의 완화】 ①「산업집적활성화 및 공장설립에 관한 법률」제2조제18호에 따른 입주기업체에 대하여는「건축법」제42조에도 불구하고 해당 입주기업체 부지 안의 조경(造景) 의무를 면제한다.

② 산업단지 밖에서 면적이 200제곱미터 이상인 대지(垈地)에 공장을 설립하는 경우에는「건축법」제42조에도 불구하고 다음 각 호의 기준에 따라 대지 안에 나무를 심고 가꾸는 등 조경에 필요한 조치를 하여야 한다. 다만, 건축물 연면적이 1천500제곱미터 미만인 공장의 경우에는 조경에 필요한 조치를 하지 아니할 수 있으며,「건축법」제42조에 따라 지방자치단체의 조례로 다음 각 호의 구분에 따른 기준보다 더 완화된 기준을 정한 경우에는 그 조례로 정한 기준에 따른다.

1. 건축물 연면적이 2천제곱미터 이상인 공장의 경우 : 대지면적의 100분의 10 이상
2. 건축물 연면적이 1천500제곱미터 이상 2천제곱미터 미만인 공장의 경우 : 대지면적의 100분의 5 이상
3. 보전녹지지역에 있는 공장의 경우 : 대지면적의 100분의 10 이상

③ 면적이 200제곱미터 이상인 대지(「국토의 계획 및 이용에 관한 법률」에 따른 주거지역 및 상업지역 안의 대지는 제외한다)에 대통령령으로 정하는 물류시설을 설치하는 경우에 관하여는 제2항을 준용한다.

제27조【공장설립등의 완료신고】「산업집적활성화 및 공장설립에 관한 법률」제13조제1항에 따른 공장설립등의 승인을 받은 자가「건축법」제22조제3항에 따른 임시사용의 승인을 받아 제조시설을 설치한 후 최종건축물의 사용검사를 받은 경우에는「산업집적활성화 및 공장설립에 관한 법률」제15조에 따른 공장설립등의 완료신고를 한 것으로 본다.

제3장 의무고용의 완화
(2011.4.14 본장개정)

제28조【기업의 자율 고용】 ① 다음 각 호의 어느 하나에 해당하는 사람은 다음 각 호의 해당 법률에도 불구하고 채용·고용·임명·지정 또는 선임(이하 "채용"이라 한다)하지 아니할 수 있다.

1.「산업안전보건법」제22조제1항에 따라 사업주가 두어야 하는 산업보건의(2019.1.15 본호개정)
2.「소음·진동관리법」제19조제1항에 따라 사업자가 임명하여야 하는 환경기술인
3.「액화석유가스의 안전관리 및 사업법」제34조제1항에 따라 액화석유가스 사업자등이 선임하여야 하는 안전관리자(대통령령으로 정하는 사람만 해당한다)(2015.1.28 본호개정)
4.「광산안전법」제13조제1항에 따라 광업권자 또는 조광권자가 선임하여야 하는 광산안전관리직원(산업통상자원부령으로 정하는 사람만 해당한다)(2016.1.6 본호개정)

② 중소기업자와 중소기업자 외의 자로서 제조업을 경영하는 자(이하 "중소기업자등"이라 한다)가 운영하는 집단급식소에는「식품위생법」제51조에도 불구하고 조리사를 두지 아니할 수 있다.

③ (2011.4.14 삭제)

④ 제1항에 따라 같은 항 제2호에 따른 사람을 채용하지 아니한 사업장의 사업자는 그 사업장의 책임자를 관리책임자로 지정하여 같은 호에 따른 사람이 수행할 업무를 담당하게 하여야 한다.

⑤ 정부는 제1항에 따라 같은 항 각 호의 어느 하나에 해당하는 사람을 채용하지 아니하여도 되는 자가 같은 항 각 호의 어느 하나에 해당하는 사람을 채용하는 것을 촉진하기 위하여 필요한 시책을 수립·시행할 수 있다.

제29조【안전관리자의 겸직 허용】 ① 다음 각 호의 어느 하나에 해당하는 사람을 2명 이상 채용하여야 하는 자가 그 중 1명을 채용한 경우에는 그가 채용하여야 하는 나머지 사람과「산업안전보건법」제17조에 따른 안전관리자 1명도 채용한 것으로 본다.(2019.1.15 본문개정)

1.「고압가스 안전관리법」제15조에 따라 고압가스제조자, 고압가스저장자 또는 고압가스판매자가 선임하여야 하는 안전관리자
2.「액화석유가스의 안전관리 및 사업법」제34조에 따라 액화석유가스 충전사업자, 액화석유가스 집단공급사업자 또는 액화석유가스 판매사업자가 선임하여야 하는 안전관리자(2015.1.28 본호개정)
3.「도시가스사업법」제29조에 따라 도시가스사업자가 선임하여야 하는 안전관리자
4.「위험물 안전관리법」제15조에 따라 제조소등의 관계인이 선임하여야 하는 위험물안전관리자

② 다음 각 호의 어느 하나에 해당하는 사람을 채용하여야 하는 자가 그 주된 영업분야 등에서 그 중 1명을 채용한 경우에는「산업안전보건법」제17조에 따른 안전관리자 1명도 채용한 것으로 본다.(2019.1.15 본문개정)

1.「고압가스 안전관리법」제15조에 따라 사업자등(고압가스제조자, 고압가스저장자 및 고압가스판매자는 제외한다)과 특정고압가스 사용신고자가 선임하여야 하는 안전관리자
2.「액화석유가스의 안전관리 및 사업법」제34조에 따라 액화석유가스 사업자등(액화석유가스 충전사업자, 액화석유가스 집단공급사업자 및 액화석유가스 판매사업자는 제외한다)과 액화석유가스 특정사용자가 선임하여야 하는 안전관리자(2015.1.28 본호개정)
3.「도시가스사업법」제29조에 따라 특정가스사용시설의 사용자가 선임하여야 하는 안전관리자
4.「화재의 예방 및 안전관리에 관한 법률」제24조에 따라 특정소방대상물(소방안전관리 업무의 전담이 필요하여 대통령령으로 정하는 특정소방대상물은 제외한다)의 관계인이 선임하여야 하는 소방안전관리자(2023.1.3 본호개정)
5.「위험물 안전관리법」제15조에 따라 제조소등의 관계인이 선임하여야 하는 위험물안전관리자
6.「유해화학물질 관리법」제25조제1항에 따라 임명하여야 하는 유독물관리자
7.「광산안전법」제13조에 따라 광업권자 또는 조광권자가 선임하여야 하는 광산안전관리직원(2016.1.6 본호개정)
8.「총포·도검·화약류 등의 안전관리에 관한 법률」제27조에 따라 화약류제조업자 또는 화약류판매업자·화약류저장소설치자 및 화약류사용자가 선임하여야 하는 화약류제조보안책임자 및 화약류관리보안책임자(2015.1.6 본호개정)
9.「전기안전관리법」제22조에 따라 전기사업자 및 자가용전기설비의 소유자 또는 점유자가 선임하여야 하는 전기안전관리자(2020.3.31 본호개정)
10.「에너지이용 합리화법」제40조에 따라 검사대상기기설치자가 선임하여야 하는 검사대상기기관리자(2018.4.17 본호개정)

③ 화약류의 제조 또는 저장이나 광업을 주된 영업분야 등으로 하는 자로서「총포·도검·화약류 등의 안전관리에 관한 법률」제27조 또는「광산안전법」제13조에 따라 화약류제조보안책임자·화약류관리보안책임자 또는 광산안전관리직원(산업통상자원부령으로 정하는 사람만 해당한다)을 채용하여야 하는 자가 그 중 1명을 채용한 경우에는 다음 각 호의 법률에 따라 그가 채용하여야 하는 사람 각 1명도 채용한 것으로 본다.(2016.1.6 본문개정)

1.「산업안전보건법」제17조에 따라 사업주가 두어야 하는 안전관리자(2019.1.15 본호개정)
2.「전기안전관리법」제22조에 따라 전기사업자 및 자가용전기설비의 소유자 또는 점유자가 선임하여야 하는 전기안전관리자(2020.3.31 본호개정)
3.「고압가스 안전관리법」제15조에 따라 사업자등과 특정고압가스 사용신고자가 선임하여야 하는 안전관리자
4.「액화석유가스의 안전관리 및 사업법」제34조에 따라 액화석유가스 사업자등과 액화석유가스 특정사용자가 선임하여야 하는 안전관리자(2015.1.28 본호개정)
5.「도시가스사업법」제29조에 따라 도시가스사업자 및 특정가스사용시설의 사용자가 선임하여야 하는 안전관리자
6.「화재의 예방 및 안전관리에 관한 법률」제24조에 따라 특정소방대상물(소방안전관리 업무의 전담이 필요하여 대통령령으로 정하는 특정소방대상물은 제외한다)의 관계인이 선임하여야 하는 소방안전관리자(2023.1.3 본호개정)
7.「위험물 안전관리법」제15조에 따라 제조소등의 관계인이 선임하여야 하는 위험물안전관리자
8.「유해화학물질 관리법」제25조제1항에 따라 임명하여야 하는 유독물관리자
9.「에너지이용 합리화법」제40조에 따라 검사대상기기설치자가 선임하여야 하는 검사대상기기관리자(2018.4.17 본호개정)

④ 다음 각 호의 어느 하나에 해당하는 사람을 2명 이상 채용하여야 하는 자가 그 중 1명을 채용한 경우에는 그가 채용하여야 하는 나머지 사람도 채용한 것으로 본다.

1.「물환경보전법」제47조에 따라 사업자가 임명하여야 하는 환경기술인(2017.1.17 본호개정)
2.「대기환경보전법」제40조에 따라 사업자가 임명하여야 하는 환경기술인
3.「산업안전보건법」제18조에 따라 사업주가 두어야 하는 보건관리자(2019.1.15 본호개정)

⑤ 제1항제1호부터 제3호까지 및 제2항제1호부터 제3호까지의 규정에 따른 안전관리자의 범위, 제1항제4호 및 제2항제5호에 따른 취급소의 범위, 제2항·제3항에 따른 주된 영업분야 등의 기준 및 제4항에 따른 채용 면제 기준 등에 관하여 필요한 사항은 대통령령으로 정한다.

제30조【중소기업자등에 대한 안전관리자 고용의무의 완화】 ① 중소기업자가「산업안전보건법」제17조에 따라 안전관리자 1명을 채용한 경우(대통령령으로 정하는 사업의 종류·규모에 한정하여「산업안전보건법」제17조제4항에 따라 안전관리전문기관에 안전관리자의 업무를 위탁한 경우를 포함한다)에는 그가 채용하여야 하는 다음 각 호의 사람 각 1명도 채용한 것으로 본다.(2019.1.15 본문개정)

1.「고압가스 안전관리법」제15조에 따라 사업자등(고압가스제조자, 고압가스저장자 및 고압가스판매자는 제외한다)과 특정고압가스 사용신고자가 선임하여야 하는 안전관리자
2.「액화석유가스의 안전관리 및 사업법」제34조에 따라 액화석유가스 사업자등(액화석유가스 충전사업자, 액화석유가스 집단공급사업자 및 액화석유가스 판매사업자는 제외한다)과 액화석유가스 특정사용자가 선임하여야 하는 안전관리자(2015.1.28 본호개정)
3.「도시가스사업법」제29조에 따라 특정가스사용시설의 사용자가 선임하여야 하는 안전관리자
4.「유해화학물질 관리법」제25조제1항에 따라 임명하여야 하는 유독물관리자

②「화재의 예방 및 안전관리에 관한 법률」제24조제1항에 따른 특정소방대상물(소방안전관리 업무의 전담이 필요하여 대통령령으로 정하는 특정소방대상물은 제외한다)의 관계인인 중소기업자등이 다음 각 호의 어느 하나에 해당하는 사람을 채용하는 경우에는 같은 항에 따른 소방안전관리자도 채용한 것으로 본다.(2023.1.3 본문개정)

1.「산업안전보건법」제17조에 따라 사업주가 두어야 하는 안전관리자(2019.1.15 본호개정)
2.「전기안전관리법」제22조에 따라 전기사업자 및 자가용전기설비의 소유자 또는 점유자가 선임하여야 하는 전기안전관리자(2020.3.31 본호개정)
3.「고압가스 안전관리법」제15조에 따라 사업자등과 특정고압가스 사용신고자가 선임하여야 하는 안전관리자
4.「액화석유가스의 안전관리 및 사업법」제34조에 따라 액화석유가스 사업자등과 액화석유가스 특정사용자가 선임하여야 하는 안전관리자(2015.1.28 본호개정)
5.「도시가스사업법」제29조에 따라 도시가스사업자 및 특정가스사용시설의 사용자가 선임하여야 하는 안전관리자
6.「위험물 안전관리법」제15조에 따라 제조소등의 관계인이 선임하여야 하는 위험물안전관리자

③ 대통령령으로 정하는 사업 또는 사업장의 중소기업자가 다음 각 호의 어느 하나에 해당하는 사람을 채용하는 경우에는 다음 각 호의 법률에 따라 그가 채용하여야 하는 나머지 사람과「산업안전보건법」제17조에 따라 채용하여야 하는 안전관리자 각 1명도 채용한 것으로 본다.(2019.1.15 본문개정)

1.「고압가스 안전관리법」제15조에 따라 사업자등과 특정고압가스 사용신고자가 선임하여야 하는 안전관리자
2.「액화석유가스의 안전관리 및 사업법」제34조에 따라 액화석유가스 사업자등과 액화석유가스 특정사용자가 선임하여야 하는 안전관리자(2015.1.28 본호개정)
3.「도시가스사업법」제29조에 따라 도시가스사업자 및 특정가스사용시설의 사용자가 선임하여야 하는 안전관리자
4.「위험물 안전관리법」제15조에 따라 제조소등의 관계인이 선임하여야 하는 위험물안전관리자
5.「유해화학물질 관리법」제25조제1항에 따라 임명하여야 하는 유독물관리자

④ 제1항제1호부터 제3호까지, 제2항제3호부터 제5호까

지 및 제3항제1호부터 제3호까지의 규정에 따른 안전관리자의 범위는 대통령령으로 정한다.

제31조【두 종류 이상의 자격증 보유자를 채용한 중소기업자등에 대한 의무고용의 완화】 ① 중소기업자등이 다음 각 호의 사람을 채용한 경우에 그 채용된 사람이 다음 각 호의 어느 하나에 해당하는 자격을 둘 이상 가진 경우에는 그 자격에 해당하는 사람 모두를 채용한 것으로 본다.
1. 「산업안전보건법」 제17조에 따라 사업주가 두어야 하는 안전관리자(2019.1.15 본호개정)
2. 「전기안전관리법」 제22조에 따라 전기사업자 및 자가용전기설비의 소유자 또는 점유자가 선임하여야 하는 전기안전관리자(2020.3.31 본호개정)
3. 「고압가스 안전관리법」 제15조에 따라 사업자등과 특정고압가스 사용신고자가 선임하여야 하는 안전관리자
4. 「액화석유가스의 안전관리 및 사업법」 제34조에 따라 액화석유가스 사업자등과 액화석유가스 특정사용자가 선임하여야 하는 안전관리자(2015.1.28 본호개정)
5. 「도시가스사업법」 제29조에 따라 도시가스사업자 및 특정가스사용시설의 사용자가 선임하여야 하는 안전관리자
6. 「위험물 안전관리법」 제15조에 따라 제조소등의 관계인이 선임하여야 하는 위험물안전관리자

② 제1항제3호부터 제5호까지의 규정에 따른 안전관리자의 범위는 대통령령으로 정한다.

제32조【위험물안전관리자 등의 공동채용】 ① 다음 각 호의 어느 하나에 해당하는 지역 또는 건물(이하 "산업단지등"이라 한다)에서 사업을 하는 「위험물 안전관리법」 제15조에 따른 제조소등의 관계인은 같은 조에도 불구하고 동일한 산업단지등에서는 3 이하의 제조소등의 관계인이 공동으로 위험물안전관리자를 선임할 수 있다. 이 경우 각 제조소등의 위험물 수량은 같은 법 제2조제1항제2호에 따른 지정수량의 3천배 미만이어야 한다.
1. 「산업입지 및 개발에 관한 법률」 제2조제8호에 따른 산업단지(2011.8.4 본호개정)
2. 「산업집적활성화 및 공장설립에 관한 법률」 제23조에 따른 유치지역 및 같은 법 제28조의2에 따라 설립된 지식산업센터
3. 「중소기업진흥에 관한 법률」 제31조에 따라 단지조성사업 실시계획의 승인을 받은 협동화단지
4. 「대기환경보전법」 제29조 또는 「물환경보전법」 제35조제4항에 따른 공동방지시설이 설치된 지역(2017.1.17 본호개정)
5. 그 밖에 산업통상자원부령으로 정하는 집단화지역(2013.3.23 본호개정)

② 동일한 산업단지등에서 사업을 하는 「소방시설 설치 및 관리에 관한 법률」 제2조제1항제3호에 따른 특정소방대상물의 관계인은 「화재의 예방 및 안전관리에 관한 법률」 제24조제1항에도 불구하고 3 이하의 특정소방대상물의 관계인이 공동으로 소방안전관리자를 선임할 수 있다. 이 경우 이들의 특정소방대상물의 연면적의 합은 4만제곱미터 이내이어야 한다.(2021.11.30 전단개정)

제33조【유독물관리자의 공동채용】 동일한 산업단지등에서 사업을 하는 자로서 「유해화학물질 관리법」 제25조제1항에 따라 유독물관리자를 임명하여야 하는 자는 같은 항에도 불구하고 5 이하의 사업장의 사업자가 공동으로 유독물관리자를 임명할 수 있다. 다만, 취급제한물질이나 취급금지물질을 취급하는 사업을 하는 자는 제외한다.

제34조【검사대상기기관리자의 공동채용】 동일한 산업단지등에서 사업을 하는 「에너지이용 합리화법」 제39조제2항에 따른 검사대상기기설치자는 같은 법 제40조에도 불구하고 3 이하의 사업장의 검사대상기기설치자가 공동으로 검사대상기기관리자를 채용할 수 있다. 이 경우 이들이 보유한 검사대상기기의 합계는 10대 이하이어야 한다.(2018.4.17 본조개정)

제35조【전기안전관리자의 공동채용】 동일한 산업단지등에서 사업을 하는 「전기사업법」 제2조제19호에 따른 자가용전기설비의 소유자 또는 점유자는 「전기안전관리법」 제22조에도 불구하고 3 이하의 사업장의 자가용전기설비의 소유자 또는 점유자가 공동으로 전기안전관리자를 선임할 수 있다. 이 경우 이들이 사용하는 전기설비의 총규모는 1천500킬로와트 미만이어야 한다.(2020.3.31 전단개정)

제36조【산업안전관리자 등의 공동채용】 동일한 산업단지등에서 사업을 하는 자는 「산업안전보건법」 제17조 및 제18조에도 불구하고 3 이하의 사업장의 사업주가 공동으로 안전관리자 또는 보건관리자를 채용할 수 있다. 이 경우 이들이 상시 사용하는 근로자 수의 합은 300명 이내이어야 한다.(2019.1.15 전단개정)

제37조【대기환경기술인의 공동채용】 동일한 산업단지등에서 사업을 하는 「대기환경보전법」 제26조에 따른 사업자는 같은 법 제40조에도 불구하고 4 이하의 사업장(대통령령으로 정하는 사업장의 경우에는 3 이하의 사업장)의 사업자가 공동으로 환경기술인을 임명할 수 있다. 이 경우 해당 사업자의 사업장은 다음 각 호의 구분에 따른 요건을 갖추어야 한다.
1. 특정대기유해물질을 배출하지 아니하는 사업장 : 연간 대기오염물질 발생량(방지시설을 통과하기 전의 먼지, 황산화물 및 질소산화물의 발생량을 「대기환경보전법 시행규칙」 제42조에서 정하는 방법에 따라 산정한 양을 말한다. 이하 이 조에서 같다)이 80톤 미만일 것
2. 특정대기유해물질을 배출하는 사업장 : 연간 대기오염물질 발생량이 20톤 미만일 것

제38조【수질환경기술인의 공동채용】 동일한 산업단지등에서 사업을 하는 「물환경보전법」 제35조에 따른 사업자는 같은 법 제47조에도 불구하고 4 이하의 사업장(대통령령으로 정하는 사업장의 경우에는 3 이하의 사업장)의 사업자가 공동으로 환경기술인을 임명할 수 있다. 이 경우 해당 사업자의 사업장은 1일에 배출하는 특정수질유해물이 포함되지 아니한 폐수가 2천세제곱미터 미만이거나 1일에 배출하는 특정수질유해물이 포함된 폐수가 700세제곱미터 미만이어야 한다.(2017.1.17 전단개정)

제39조【공동채용자의 관리 등】 ① 제32조부터 제38조까지의 규정에 따라 둘 이상의 사업장에 공동으로 채용된 사람(이하 이 조에서 "공동으로 채용된 사람"이라 한다)에 대한 사업장별 근무시간과 그 밖에 근무에 관하여 필요한 사항은 대통령령으로 정한다.

② 공동으로 채용된 사람은 다른 의무고용자(법률에 따라 채용하여야 하는 사람을 말한다. 이하 같다)의 직무를 겸직할 수 없다.

③ 공동으로 채용된 사람이 해당 사업장에서 근무하는 시간이 제1항에 따른 사업장별 근무시간에 미치지 못하거나 제2항을 위반하여 다른 의무고용자의 직무를 겸직하는 경우에는 그 사업장의 사업자는 해당 근로자를 공동으로 채용하지 아니한 것으로 본다.

제40조【안전관리 등의 외부 위탁】 ① 사업자는 다음 각 호의 법률에도 불구하고 다음 각 호의 어느 하나에 해당하는 사람의 업무를 관계중앙행정기관의 장 또는 시·도지사가 지정하는 관리대행기관에 위탁할 수 있다.
1~2. (2020.10.20 삭제)
3. 「위험물 안전관리법」 제15조에 따라 제조소등의 관계인이 선임하여야 하는 위험물안전관리자
4. 「총포·도검·화약류 등의 안전관리에 관한 법률」 제27조에 따라 화약류제조업자 또는 화약류판매업자·화약류저장소설치자 및 화약류사용자가 선임하여야 하는 화약류제조보안책임자 및 화약류관리보안책임자(2015.1.6 본호개정)
5. 「에너지이용 합리화법」 제40조에 따라 검사대상기기설치자가 선임하여야 하는 검사대상기기관리자(2018.4.17 본호개정)
6. 「유해화학물질 관리법」 제25조제1항에 따라 임명하여야 하는 유독물관리자
7. 「대기환경보전법」 제40조에 따라 사업자가 임명하여야 하는 환경기술인
8. 「물환경보전법」 제47조에 따라 사업자가 임명하여야 하는 환경기술인(2017.1.17 본호개정)

② 제1항에서 "관계중앙행정기관의 장 또는 시·도지사"란 다음 각 호의 중앙행정기관의 장 또는 시·도지사를 말한다.
1. (2020.10.20 삭제)
2. 제1항제3호에 따른 사람의 업무를 수탁하는 관리대행기관의 경우에는 소방청장(2017.7.26 본호개정)
3. 제1항제4호에 따른 사람의 업무를 수탁하는 관리대행기관의 경우에는 행정안전부장관(2017.7.26 본호개정)
4. 제1항제5호에 따른 사람의 업무를 수탁하는 관리대행기관의 경우에는 산업통상자원부장관(2013.3.23 본호개정)
5. 제1항제6호부터 제8호까지의 규정에 따른 사람의 업무를 수탁하는 관리대행기관의 경우에는 시·도지사

③ 제1항에 따른 관리대행기관의 지정 요건, 지정신청 절차, 지정의 취소, 업무의 정지 등에 관하여 필요한 사항은 다음 각 호의 구분에 따라 각각 해당 부령으로 정한다.(2017.7.26 본문개정)
1. (2020.10.20 삭제)
2. 제1항제3호 및 제4호에 따른 사람의 업무를 수탁하는 관리대행기관에 관한 사항은 행정안전부령(2017.7.26 본호개정)

2의2. (2017.7.26 삭제)
3. 제1항제5호에 따른 사람의 업무를 수탁하는 관리대행기관에 관한 사항은 산업통상자원부령(2013.3.23 본호개정)
4. 제1항제6호부터 제8호까지의 규정에 따른 사람의 업무를 수탁하는 관리대행기관에 관한 사항은 환경부령

제41조 (2011.4.14 삭제)

제42조【법령 제정·개정 시의 협의】 관계 행정기관의 장은 이 장에서 규정하는 의무고용의 완화와 관련되는 사항, 의무고용자의 수·자격 등 고용의무에 영향을 주는 사항을 법령으로 제정하거나 개정하려는 경우에는 미리 산업통상자원부장관과 협의하여야 한다.(2013.3.23 본조개정)

제4장 수출입에 관한 규제의 완화

제43조~제44조 (2000.1.28 삭제)

제45조 (1999.2.5 삭제)

제46조【수출·수입요령에 관한 협의 등】 ① 관계 행정기관의 장은 「대외무역법」 외의 법령에 따라 물품의 수출·수입요령을 정하려는 경우에는 미리 산업통상자원부장관과 협의하여야 한다. 이 경우 산업통상자원부장관은 해당 물품의 수출·수입요령을 조정할 수 있다.

② 관계 행정기관의 장은 제1항에 따른 물품의 수출·수입요령을 정하는 경우에는 해당 법령의 시행일 이전에 「대외무역법」 제12조에 따른 통합 공고가 될 수 있도록 물품의 수출·수입요령을 산업통상자원부장관에게 제출하여야 한다.
(2013.3.23 본조개정)

제5장 검사 등의 완화
(2011.4.14 본장개정)

제47조【검사 등의 완화】 ① 다음 각 호의 어느 하나의 규정에 따라 검사를 받아야 하는 기계·기구 및 설비에 대하여는 「산업안전보건법」 제84조제1항에 따른 안전인증, 같은 법 제89조제1항에 따른 신고 및 같은 법 제93조제1항에 따른 안전검사를 면제한다.(2019.1.15 본문개정)
1. 「에너지이용 합리화법」 제39조
2. 「집단에너지사업법」 제23조
3. 「전기사업법」 제63조 및 제64조(2020.3.31 본호개정)

3의2. 「전기안전관리법」 제9조부터 제11조까지의 규정(2020.3.31 본호신설)
4. 「고압가스 안전관리법」 제17조
5. 「광산안전법」 제9조(2016.1.6 본호개정)
6. 「승강기 안전관리법」 제28조, 제31조 및 제32조(2018.3.27 본호개정)

② (2007.8.3 삭제)

③ 「고압가스 안전관리법」 제3조제5호에 따른 특정설비 중 압력용기에 대한 같은 법 제17조제2항에 따른 검사, 「에너지이용 합리화법」 제39조제1항에 따른 검사대상기기 중 압력용기에 대한 같은 조 제4항에 따른 검사 및 「산업안전보건법」 제93조제1항에 따른 유해·위험기계등 중 압력용기에 대한 안전검사의 시기와 검사기관 및 검사의 범위·방법 등은 대통령령으로 정하는 바에 따른다.(2019.1.15 본항개정)

④ 다음 각 호의 특정설비 및 방호장치 중 산업통상자원부령으로 정하는 것을 수입하는 자는 「고압가스 안전관리법」 제17조제1항 및 「산업안전보건법」 제84조제1항·제89조제1항에도 불구하고 그 검사, 안전인증 또는 자율안전확인의 신고를 「고압가스 안전관리법」 제28조에 따라 설립된 한국가스안전공사 또는 「한국산업안전보건공단법」에 따른 한국산업안전보건공단으로부터 받거나 그 공사 또는 공단에 할 수 있다. 이 경우 검사, 안정인증 또는 자율안전확인의 신고 중 하나를 받거나 한 때에는 각 법률에 따른 검사, 안정인증 또는 자율안전확인의 신고를 각각 받거나 한 것으로 본다.(2019.1.15 전단개정)
1. 「고압가스 안전관리법」 제17조제1항에 따른 검사를 받아야 하는 특정설비
2. 「산업안전보건법」 제84조제1항에 따른 안전인증을 받거나 같은 법 제89조제1항에 따른 자율안전확인의 신고를 하여야 하는 방호장치(2019.1.15 본호개정)

⑤ (2009.3.25 삭제)

제48조【액화석유가스시설 등에 대한 중복 검사의 완화】 ① 「액화석유가스의 안전관리 및 사업법」 제5조에 따른 액화석유가스 충전사업, 액화석유가스 집단공급사업, 가스용품 제조사업 또는 액화석유가스 판매사업의 허가를 받은 자와 「도시가스사업법」 제3조에 따른 도시가스사업의 허가를 받은 자에 대하여는 「산업안전보건법」 제42조제1항에 따른 유해·위험방지계획서의 심사 및 확인을 받은 것으로 본다. 허가받은 사항에 대한 변경허가를 받은 자에 대하여도 또한 같다.

② 「액화석유가스의 안전관리 및 사업법」 제8조에 따른 액화석유가스 저장소의 설치허가를 받은 자가 그 허가받은 사실을 증명하는 서류를 「산업안전보건법」 제42조제1항에 따른 건설물·기계·기구 및 설비 등에 대한 유해·위험방지계획서에 첨부하여 고용노동부장관에게 제출하는 경우에는 그 액화석유가스 저장소에 대한 유해·위험방지계획서의 심사 및 확인을 받은 것으로 본다. 허가받은 사항에 대한 변경허가를 받은 자에 대하여도 또한 같다.
(2019.1.15 본조개정)

제49조【가스용품에 대한 중복 검사 등의 완화】 「산업표준화법」 제15조에 따른 제품의 인증을 받은 자에 대하여는 「액화석유가스의 안전관리 및 사업법」 제55조에 따른 보고 또는 서류 제출의 의무를 면제한다.(2015.1.28 본조개정)

제50조【전자파적합성 평가의 완화】 전자파장해기기를 수입하려는 자가 과학기술정보통신부장관이 산업통상자원부장관과 협의하여 정하는 국가의 공인된 전자파적합인정기관에서 그 기기에 대하여 전자파적합의 인정을 받았음을 증명하는 서류를 과학기술정보통신부장관에게 제출하는 경우에는 「전파법」 제47조의3제1항의 전자파적합성기준에 관한 적합성평가를 받은 것으로 본다.(2017.7.26 본조개정)

제51조 (1999.1.29 삭제)

제52조【화학물질의 표시 등에 대한 중복 규제의 완화】 ① 같은 물질의 용기 또는 포장에 「유해화학물질 관리법」 제29조에 따른 유독물에 관한 표시를 한 자는 환경부장관이 소방청장과 협의하여 정하는 방법에 따라 「위험물 안전관리법」 제20조에 따라 행정안전부령으로 정하는 위험물의 적재방법에 따른 위험물 운반용기에 이를 포장한 외부에 위험물의 표시를 한 것으로 본다.(2017.7.26 본항개정)

② 같은 물질의 제조·보관·저장 장소 또는 운반시설등에 다음 각 호의 표시 중 제1호를 포함한 둘 이상의 표시를 하여야 하는 자가 소방청장이 환경부장관 및 고용노동부장관과 협의하여 정하는 방법에 따라 제1호의 표시를 한 경우에는 제2호 또는 제3호의 표시를 한 것으로 본다.(2017.7.26 본문개정)
1. 「위험물 안전관리법」 제5조제4항에 따른 위험물 제조소·저장소 또는 취급소의 표시
2. 「유해화학물질 관리법」 제29조제2항에 따른 유독물에 관한 표시
3. 「산업안전보건법」 제37조제1항에 따른 안전·보건표지의 설치 또는 부착(2019.1.15 본호개정)

제53조 (1997.3.7 삭제)

제54조【배출허용기준의 특례】 중소기업자등은 다음 각 호의 어느 하나에 해당하는 사유로 「물환경보전법」 제32조, 「대기환경보전법」 제16조 또는 같은 법 제29조제3항에 따른 배출허용기준을 초과하여 오염물질을 배출하게 되는 경우에는 「물환경보전법」 제41조제1항 또는 「대기환경보전법」 제35조제1항에 따른 배출부과금을 부과받지 아니한다.(2017.1.17 본문개정)
1. 48시간 전에 통보되지 아니한 단전(斷電)·단수(斷水)로 인하여 배출시설 또는 방지시설을 적정하게 운영할 수 없는 경우
2. 천재지변, 화재 또는 그 밖의 불가항력적인 사유로 배출시설 또는 방지시설을 적정하게 운영할 수 없는 경우
3. 화재·폭발 등의 위험이 있는 경우 안전사고 예방을 위하여 「고압가스 안전관리법」 제4조제4항에 따라 산업통상자원부령으로 정하는 기준에 따른 플레어스택(flarestack)을 가동하거나 그 밖의 다른 법령에서 정한 시설을 가동하는 경우. 다만, 배출시설 및 방지시설의 정상가동 상태에서 일정한 시간 동안 부적정하게 운영하는 등 대통령령으로 정하는 경우는 제외한다.
(2013.3.23 본문개정)

제54조의2~제54조의3 (1997.8.28 삭제)

제54조의4【환경기술인의 임명 등 신고의무의 면제】 ① 「물환경보전법」 제35조제1항에 따른 사업자는 같은 법 제47조제1항에도 불구하고 환경기술인의 임명 또는 변경임명을 신고하지 아니할 수 있다.(2017.1.17 본항개정)
② (2012.2.1 삭제)

제54조의5 (1997.8.28 삭제)

제55조 (2009.3.25 삭제)

제55조의2~제55조의3 (2007.8.3 삭제)

제55조의4 (1997.8.22 삭제)

제55조의5 (2015.2.3 삭제)

제55조의6【안전관리규정 등의 통합 작성】 「고압가스 안전관리법」 제13조의2제1항에 따라 안전성향상계획을 제출하여야 하는 자가 같은 법 제11조제1항에 따른 안전관리규정에 다음 각 호의 사항을 포함하여 작성한 경우에는 그가 「위험물 안전관리법」에 따른 예방규정을 정하거나 「산업안전보건법」 제25조에 따른 안전보건관리규정을 작성한 것으로 본다.(2019.1.15 본문개정)
1. 「위험물 안전관리법」 제17조에 따른 예방규정에 관한 사항
2. 「산업안전보건법」 제25조에 따른 안전보건관리규정에 관한 사항(2019.1.15 본호개정)

제55조의7 (2005.3.31 삭제)

제55조의8【가스사업자의 보험 수익금 처리에 관한 규제완화】 「고압가스 안전관리법」 제25조제3항, 「액화석유가스의 안전관리 및 사업법」 제57조제3항 및 「도시가스사업법」 제43조제3항에 따라 산업통상자원부장관이 보험사업자로 하여금 보험 수익금의 일부를 가스사고 예방사업을 수행하는 자에게 지원하게 할 수 있도록 한 규정은 적용하지 아니한다.(2015.1.28 본조개정)

제55조의9【가스 관련 안전관리자의 선임·해임 등 신고의무 완화】 「고압가스 안전관리법」, 「액화석유가스의 안전관리 및 사업법」 또는 「도시가스사업법」에 따른 사업자 등은 같은 법에도 불구하고 대통령령으로 정하는 바에 따라 안전관리자의 선임·해임 또는 퇴직에 관하여 다음 각 호에 따른 신고를 하지 아니할 수 있다.
1. 「고압가스 안전관리법」 제15조제3항
2. 「액화석유가스의 안전관리 및 사업법」 제34조제2항
(2015.1.28 본호개정)
3. 「도시가스사업법」 제29조제2항

제55조의10 (2007.12.27 삭제)

제6장 진입 제한 등의 완화
(2011.4.14 본장개정)

제56조 (1999.2.5 삭제)

제57조 (1999.1.29 삭제)

제58조 (1997.8.22 삭제)

제59조 (1999.2.8 삭제)

제60조【입찰 참가자격 제한의 완화】 지방자치단체의 장은 「지방자치단체를 당사자로 하는 계약에 관한 법률」 제31조제2항에도 불구하고 같은 조 제1항에 따라 다른 지방자치단체의 장이 입찰 참가자격을 제한한 자에 대하여 그 지방자치단체가 시행하는 입찰에의 참가자격을 제한하지 아니할 수 있다.

제60조의2 (1999.2.5 삭제)

제60조의3 (1997.8.22 삭제)

제60조의4 (2005.3.31 삭제)

제60조의5 (1999.9.7 삭제)

제60조의6 (2005.3.31 삭제)

제60조의7 (2000.1.28 삭제)

제60조의8【한국수자원공사의 업무 범위에 관한 특례】 「한국수자원공사법」에 따른 한국수자원공사는 같은 법 제9조제1항제5호 단서에도 불구하고 한국수자원공사가 시행하였거나 시행 중인 산업단지 및 특수지역의 개발과 관련된 구역 외의 지역에서 산업단지 및 특수지역의 개발사업을 시행할 수 있다.

제60조의9~제60조의11 (2000.1.28 삭제)

제60조의12 (2005.3.31 삭제)

제60조의13【사업승계의 완화】 ① 「민사집행법」에 따른 경매, 「채무자 회생 및 파산에 관한 법률」에 따른 환가(換價), 「국세징수법」·「관세법」 또는 「지방세징수법」에 따른 압류재산의 매각, 그 밖에 이에 준하는 절차에 따라 다음 각 호의 시설을 인수한 자는 「고압가스 안전관리법」 제4조·제5조 또는 「도시가스사업법」 제3조에 따른 사업자 등의 지위를 승계한다. 다만, 그 시설의 일부를 인수한 경우에는 그러하지 아니하다.(2016.12.27 본문개정)
1. 「고압가스 안전관리법」 제4조에 따른 허가를 받거나 신고를 한 자 또는 같은 법 제5조에 따른 등록을 한 자의 고압가스 제조·저장 및 판매 시설
2. 「도시가스사업법」 제3조에 따른 허가를 받은 자의 도시가스 공급시설
② 제1항 본문에 따라 지위를 승계한 자에 대하여는 「고압가스 안전관리법」 제8조제2항 및 제3항 또는 「도시가스사업법」 제7조제1항부터 제4항까지의 규정을 준용한다.(2022.2.3 본항개정)

제7장 기업활동규제심의위원회

제61조~제73조 (2009.3.25 삭제)

제8장 벌 칙

제74조~제75조 (2009.3.25 삭제)

부 칙 (2019.1.15)
(2020.3.31)

제1조【시행일】 이 법은 공포 후 1년이 경과한 날부터 시행한다.(이하 생략)

부 칙 (2020.10.20)

이 법은 공포 후 1년이 경과한 날부터 시행한다.

부 칙 (2021.11.30)

제1조【시행일】 이 법은 공포 후 1년이 경과한 날부터 시행한다.(이하 생략)

부 칙 (2021.12.28)

제1조【시행일】 이 법은 공포 후 6개월이 경과한 날부터 시행한다.(이하 생략)

부 칙 (2022.2.3)

제1조【시행일】 이 법은 공포한 날부터 시행한다.(이하 생략)

부 칙 (2023.1.3)

제1조【시행일】 이 법은 공포 후 6개월이 경과한 날부터 시행한다.

제2조【안전관리자 겸직 허용에 관한 경과조치】 이 법 시행 당시 종전의 규정에 따라 안전관리자를 겸직하고 있는 소방안전관리자(제29조제2항제4호의 개정규정에 따라 제외되는 특정소방대상물의 소방안전관리자로 한정한다)는 같은 개정규정에도 불구하고 이 법 시행 후 6개월이 경과하는 날까지는 안전관리자를 겸직할 수 있다.

제3조【소방안전관리자 겸직 허용에 관한 경과조치】 이 법 시행 당시 종전의 규정에 따라 특정소방대상물의 관계인이 선임하여야 하는 소방안전관리자(제29조제3항제6호 및 제30조제2항의 개정규정에 따라 제외되는 특정소방대상물의 소방안전관리자로 한정한다)를 겸직하고 있는 화약류제조보안책임자·화약류관리보안책임자·광산안전관리직원 또는 안전관리자는 같은 개정규정에도 불구하고 이 법 시행 후 6개월이 경과하는 날까지는 소방안전관리자를 겸직할 수 있다.

대·중소기업 상생협력 촉진에 관한 법률(약칭 : 상생협력법)

(2006년 3월 3일
법 률 제7864호)

개정
2006.12.28법 8108호(기술의이전및사업화촉진에관한법)
2007. 5.17법 8454호
2008. 2.29법 8852호(정부조직)
2008. 3.28법 9013호(환경친화적산업구조로의전환촉진에관한법)
2009. 1. 7법 9331호
2010. 1.13법 9931호(저탄소녹색성장기본법)
2010. 1.27법 9978호
2010. 4.12법10252호(산업활성공장설립)
2010.12. 7법10399호　2012. 1.17법11173호
2013. 3.23법11690호(정부조직)
2013. 8. 6법12002호
2014. 1.21법12307호(중견기업성장촉진및경쟁력강화에관한특별법)
2014. 3.18법12498호　2016. 1. 6법13732호
2016. 1.27법13839호　2017. 1.17법14529호
2017. 4.18법14775호
2017. 7.26법14839호(정부조직)
2017.11.28법15081호　2018. 3.20법15519호
2018. 6.12법15687호(소상공인생계형적합업종지정에관한특별법)
2018.12.31법16168호
2018.12.31법16172호(중소기업진흥에관한법)
2019. 1.15법16290호　2020. 2.11법16996호
2020.10.20법17555호
2020.12.29법17799호(독점)
2021. 8.17법18431호　2021.10.19법18512호
2021.12.28법18661호(중소기업창업)
2023. 1. 3법19176호　2023. 3.28법19317호
2023. 6.20법19502호
2023.10.31법19821호→2024년 11월 1일 시행이므로 「法典 別册」 보유편 수록
2024. 1. 9법19989호→2024년 1월 9일 및 2024년 7월 10일 시행

제1장 총 칙
(2010.1.27 본장개정)

제1조【목적】 이 법은 대기업과 중소기업 간 상생협력(相生協力) 관계를 공고히 하여 대기업과 중소기업의 경쟁력을 높이고 대기업과 중소기업의 양극화를 해소하여 동반성장을 달성함으로써 국민경제의 지속성장 기반을 마련함을 목적으로 한다.

제2조【정의】 이 법에서 사용하는 용어의 뜻은 다음과 같다.
1. "중소기업"이란 「중소기업기본법」 제2조에 따른 중소기업을 말한다.
2. "대기업"이란 중소기업이 아닌 기업을 말한다.
3. "상생협력"이란 대기업과 중소기업 간, 중소기업 상호간 또는 위탁기업과 수탁기업(受託企業) 간에 기술, 인력, 자금, 구매, 판로 등의 부문에서 서로 이익을 증진하기 위하여 하는 공동의 활동을 말한다.
4. "수탁·위탁거래"란 제조, 공사, 가공, 수리, 판매, 용역을 업(業)으로 하는 자가 물품, 부품, 반제품(半製品) 및 원료 등(이하 "물품등"이라 한다)의 제조, 공사, 가공, 수리, 용역 또는 기술개발(이하 "제조"라 한다)을 다른 중소기업에 위탁하고, 제조를 위탁받은 중소기업이 전문적으로 물품등을 제조하는 거래를 말한다.
5. "위탁기업"이란 제4호에 따른 위탁을 하는 자를 말한다.
6. "수탁기업"이란 제4호에 따른 위탁을 받은 자를 말한다.
7. "중소기업자단체"란 「중소기업협동조합법」 제3조에 따른 중소기업협동조합과 중소벤처기업부령으로 정하는 중소기업 관련 단체를 말한다.(2017.7.26 본호개정)
8. "어음대체결제"란 위탁기업이 물품등의 납품대금을 「조세특례제한법」 제7조의2제3항제5호부터 제7호까지의 규정에 따른 기업구매전용카드, 외상매출채권담보대출, 구매 론 제도, 그 밖에 어음을 대체하여 사용되는 결제수단으로서 대통령령으로 정하는 수단으로 지급하는 것을 말한다.
8의2. "상생결제"란 위탁기업 또는 수탁기업이 다음 각 목의 요건을 모두 충족하는 외상매출채권으로 납품대금을 지급하는 것을 말한다.
가. 수탁기업이 위탁기업으로부터 납품대금으로 받은 외상매출채권을 담보로 다른 수탁기업에게 새로운 외상매출채권을 발행하여 납품대금을 지급할 수 있을 것
나. 여러 단계의 하위 수탁기업들이 위탁기업이 발행한 외상매출채권과 동일한 금리조건의 외상매출채권으로 납품대금을 지급할 수 있을 것
다. 금융기관이 수탁기업에 대하여 상환청구권을 행사할 수 없는 것으로 약정될 것
라. 외상매출채권은 그 만기일이 도래하는 때에 대통령령으로 정하는 바에 따라 별도로 지정된 전용예치계좌에서 현금으로 인출되어 상환될 것
(2018.3.20 본호신설)
8의3. "중앙관서 및 지방자치단체의 상생결제"란 「국가재정법」 제6조에 따른 중앙관서 및 「지방자치법」 제2조에 따른 지방자치단체(「지방교육자치에 관한 법률」에 따른 특별시·광역시·특별자치시·도·특별자치도의 교육청을 포함한다)가 공공부문과 중소기업 간 협력을 촉진하기 위하여 상생결제 방식으로 제22조제6항에 따라 납품대금을 지급하는 것을 말한다.(2023.6.20 본호개정)
9. "기술자료"란 물품등의 제조 방법, 생산 방법, 그 밖에 영업활동에 유용하고 독립된 경제적 가치가 있는 것으로서 대통령령으로 정하는 자료를 말한다.

10. "동반성장지수"란 대·중소기업 간 동반성장을 촉진하기 위하여 동반성장의 수준을 평가하여 계량화한 지표를 말한다.(2012.1.17 본호신설)
11. "중소기업 적합업종·품목"(이하 "적합업종"이라 한다)이란 중소기업의 경영안정을 위하여 대·중소기업 간의 합리적 역할분담을 통하여 중소기업의 형태로 사업을 영위하는 것이 적합한 업종·품목을 말한다.
(2019.1.15 본호개정)
12. "주요 원재료"란 수탁·위탁거래에서 물품등의 제조에 사용되는 원재료로서 그 비용이 납품대금의 100분의 10 이상인 원재료를 말한다.(2023.1.3 본호신설)
13. "납품대금 연동"이란 주요 원재료의 가격이 위탁기업과 수탁기업이 100분의 10 이내의 범위에서 협의하여 정한 비율 이상 변동하는 경우 그 변동분에 연동하여 납품대금을 조정하는 것을 말한다.(2023.1.3 본호신설)

제3조【대·중소기업 상생협력 촉진시책의 기본방향】 정부는 다음 각 호의 기본방향에 따라 대·중소기업 상생협력을 촉진하기 위한 시책을 수립하여 시행하여야 한다.
1. 대기업과 중소기업 상생협력의 자율성 보장
2. 대기업과 중소기업의 이익에 서로 도움이 되는 상생협력의 촉진
3. 공공기관과 중소기업 간의 협력에서 공공부문의 선도적인 역할 강화

제2장 대·중소기업 상생협력 촉진을 위한 계획의 수립 및 추진

제4조【대·중소기업 상생협력 추진 기본계획의 수립】 ① 중소벤처기업부장관은 관계 중앙행정기관의 장과 협의하여 대·중소기업 상생협력 추진 기본계획(이하 "기본계획"이라 한다)을 3년 단위로 수립하여야 한다.
(2017.7.26 본항개정)
② 기본계획에는 다음 각 호의 사항이 포함되어야 한다.
1. 대·중소기업 상생협력 촉진시책의 기본방향
2. 대·중소기업 상생협력의 연차별 목표
3. 대·중소기업 간 성과공유 및 기술·인력교류의 촉진에 관한 사항
4. 상생협력 우수기업 선정 및 지원에 관한 사항
5. 대·중소기업 간 임금격차 완화에 관한 사항
6. 공공기관의 중소기업 협력에 관한 사항
7. 적합업종 중소기업의 육성 및 지원에 관한 사항
(2017.4.18 본호신설)
8. 그 밖에 대·중소기업 상생협력을 촉진하기 위하여 필요한 사항
(2010.1.27 본항개정)
③ (2009.1.7 삭제)
④ 중소벤처기업부장관은 기본계획을 수립하기 위하여 필요하다고 인정되면 관계 중앙행정기관의 장 및 대·중소기업 상생협력과 관련된 기관 또는 단체에 필요한 자료나 의견 등의 제출을 요청할 수 있다. 이 경우 요청을 받은 관계 중앙행정기관의 장 및 대·중소기업 상생협력과 관련된 기관 또는 단체는 특별한 사정이 없으면 요청에 따라야 한다.(2017.7.26 전단개정)
(2010.1.27 본조제목개정)

제5조【대·중소기업 상생협력 추진 시행계획의 수립】 ① 관계 중앙행정기관의 장은 기본계획에 따라 대·중소기업 상생협력 추진 시행계획(이하 "시행계획"이라 한다)을 매년 수립하여 시행하여야 한다.
② 관계 중앙행정기관의 장은 전년도의 시행계획 추진실적과 해당 연도의 시행계획을 대통령령으로 정하는 바에 따라 매년 중소벤처기업부장관에게 제출하고, 중소벤처기업부장관은 매년 시행계획에 따른 추진실적을 평가하여야 한다.(2017.7.26 본항개정)
③ 관계 중앙행정기관의 장은 시행계획의 시행에 필요한 지원을 할 수 있다.
④ 시행계획의 수립·시행 및 그 추진실적의 평가에 필요한 사항은 대통령령으로 정한다.
(2010.1.27 본조개정)

제6조～제7조 (2009.1.7 삭제)

제3장 대·중소기업 상생협력 촉진을 위한 시책 추진
(2010.1.27 본장개정)

제8조【상생협력 성과의 공평한 배분】 ① 정부는 수탁기업이 원가절감 등 수탁·위탁기업 간에 합의한 공동목표를 달성할 수 있도록 위탁기업이 지원하고 그 성과를 수탁·위탁기업이 공유하는 계약모델(이하 "성과공유제"라 한다)의 확산을 위한 시책을 수립하여 추진할 수 있다. 이 경우 수탁기업의 범위에는 제2조제6호에도 불구하고 「중견기업 성장촉진 및 경쟁력 강화에 관한 특별법」 제2조제1호에 따른 중견기업을 포함한다.(2014.1.21 후단개정)
② 중소벤처기업부장관은 성과공유제의 확산을 지원하기 위하여 중소벤처기업부령으로 정하는 법인이나 단체에 성과공유제 확산 추진본부(이하 "추진본부"라 한다)를 설치할 수 있다.(2017.7.26 본항개정)
③ 추진본부는 다음 각 호의 사업을 한다.
1. 성과공유제에 대한 연구·조사
2. 국내외 우수사례의 발굴·확산
3. 성과공유제를 도입하는 기업에 대한 교육·컨설팅
4. 그 밖에 성과공유제 확산을 위하여 필요한 사항
④ 중소벤처기업부장관은 추진본부가 제3항 각 호의 사업을 추진하는 데 필요한 지원을 할 수 있다.(2017.7.26 본항개정)
⑤ 「공공기관의 운영에 관한 법률」 제5조에 따른 공기업·준정부기관 및 「지방공기업법」에 따른 지방공기업은 성과공유제 시행을 위하여 필요한 경우에는 「공공기관의 운영에 관한 법률」 제39조 및 「지방공기업법」 제64조의2에 따라 입찰참가자의 자격을 제한하거나 입찰참가자를 지명하여 경쟁에 부치거나 수의계약(隨意契約)을 할 수 있다.(2016.1.6 본항개정)

제9조【대기업과 중소기업 간의 기술협력 촉진】 ① 정부는 대기업과 중소기업 간의 공동 기술개발, 대기업의 구매 약정 등 대기업의 협력이 수반되는 기술개발 등 대기업과 중소기업 간의 기술협력을 촉진하기 위하여 기술개발에 필요한 자금을 지원할 수 있다.
② 중소벤처기업부장관은 실시하지 아니하는 대기업의 특허권 및 실용신안권을 중소기업으로 이전하도록 촉진하기 위하여 「기술의 이전 및 사업화 촉진에 관한 법률」 제10조에 따른 기술거래기관에 예산 등 필요한 지원을 할 수 있다.(2017.7.26 본항개정)

제10조【대기업과 중소기업 간의 인력교류 확대】 ① 정부는 대기업과 중소기업 간 인력의 교류를 촉진하기 위한 시책을 수립하여 시행하여야 한다.
② 정부는 대기업과 중소기업 간의 인력교류를 촉진하기 위하여 필요한 경우 인건비의 일부를 지원할 수 있다.

제11조【중소기업에 대한 대기업의 자본 참여 등】 ① 정부는 중소기업의 경영 자율성을 저해하지 아니하는 범위에서 대·중소기업 상생협력을 촉진하기 위하여 필요한 경우 대기업이 중소기업에 자본 참여를 할 수 있는 방안을 수립하여 시행할 수 있다.
② 정부는 수탁기업의 기술개발, 설비투자 등 경영지원을 위하여 「자산유동화에 관한 법률」 제2조제4호에 따른 유동화증권의 발행 등을 지원할 수 있다.

제12조【대기업과 중소기업 간의 녹색경영협력 촉진 등】 ① 정부는 「환경친화적 산업구조로의 전환촉진에 관한 법률」 제2조제5호에 따른 녹색경영을 중소기업에 확산하고 국제환경규제에 대한 대응력을 높이기 위하여 대기업과 중소기업 간의 기술·정보 등의 교류와 협력을 촉진하기 위한 방안을 수립하여 시행할 수 있다.
(2010.1.13 본항개정)
② 정부는 정보화와 관련한 대·중소기업 간의 협업화, 기술 및 정보의 교류 등 대·중소기업 간 정보화 협력을 촉진하기 위한 방안을 마련하고 필요한 지원을 할 수 있다.
③ 정부는 대기업과 중소기업 간의 공동마케팅 등 중소기업제품의 판로 확대를 위한 대·중소기업 간 협력을 촉진하기 위하여 필요한 지원을 할 수 있다.
(2010.1.13 본조제목개정)

제13조【불공정거래행위 금지에 대한 특례】 대·중소기업 상생협력을 촉진하기 위하여 대통령령으로 정하는 바에 따라 대기업이 사전에 공개한 합리적인 기준에 따라 중소기업을 지원하는 것은 「독점규제 및 공정거래에 관한 법률」 제45조제1항제9호에 따른 불공정거래행위에 해당하지 아니하는 것으로 본다.(2020.12.29 본조개정)

제14조【대·중소기업 상생협력 실태조사】 ① 중소벤처기업부장관은 필요하면 대·중소기업 상생협력에 대한 실태조사를 할 수 있다.
② 중소벤처기업부장관은 제1항에 따른 실태조사를 하기 위하여 필요하면 대기업과 중소기업에 자료 제출이나 의견 진술 등을 요구할 수 있다.
(2017.7.26 본조개정)

제15조【대·중소기업 상생협력지수의 산정·공표】
① 중소벤처기업부장관은 대·중소기업 상생협력을 촉진하기 위하여 대·중소기업 상생협력의 수준을 평가하여 계량화한 대·중소기업 상생협력지수(이하 "상생협력지수"라 한다)를 산정하여 공표할 수 있다.
② 상생협력지수의 산정 방법 및 공표 절차 등에 관하여 필요한 사항은 중소벤처기업부령으로 정한다.
③ 제1항에도 불구하고 중소벤처기업부장관이 필요하다고 인정하는 경우 상생협력지수를 제20조의2제2항제1호에 따라 동반성장위원회가 산정·공표하는 동반성장지수로 대체할 수 있다.
(2017.7.26 본조개정)

제16조【상생협력 우수기업 선정·지원】 ① 중소벤처기업부장관은 대·중소기업 상생협력을 촉진하기 위하여 상생협력 우수기업 및 상생협력확산에 기여한 자(이하 "상생협력우수기업등"이라 한다)를 선정하고 포상하는 등 지원시책을 마련할 수 있다.
② 상생협력우수기업등의 선정 방법 및 절차, 상생협력 우수기업 지원시책 등에 관하여 필요한 사항은 중소벤처기업부령으로 정한다.
(2017.7.26 본조개정)

제17조【수탁기업협의회】 ① 수탁기업(수탁기업이 위탁받은 물품등을 제조하기 위하여 그 일부를 다시 위탁하는 경우 그 2차 수탁기업을 포함한다)은 위탁기업과 대등한 거래관계를 유지하고 기술정보의 교환 및 공동기술개발 등을 촉진하기 위하여 위탁기업별·지역별·업종별로 수탁기업협의회를 구성할 수 있다.
② 국가 또는 지방자치단체는 수탁기업협의회의 활성화를 위하여 필요한 지원을 할 수 있다.(2013.8.6 본항개정)
③ 제20조에 따른 대·중소기업·농어업협력재단은 매년 수탁기업협의회의 구성 및 운영 현황을 조사하여 그 결과를 중소벤처기업부장관에게 제출하여야 한다.
(2017.7.26 본항개정)

제18조【대기업과 중소기업 간의 임금 및 복지 격차 완화】 ① 정부는 대기업과 중소기업 간의 임금격차 완화를 위하여 노사 간 상생협력의 임금교섭 노력을 적극 지원하는 등 필요한 시책을 수립하여 시행할 수 있다.
② 정부는 대기업과 중소기업 간의 복지격차 완화를 위하여 필요한 시책을 수립하여 시행할 수 있다.(2024.1.9 본항신설)
(2024.1.9 본조제목개정)

제19조【공공기관의 중소기업 협력 촉진】 ① 「공공기관의 운영에 관한 법률」 제4조에 따른 공공기관 중 대통령령으로 정하는 기관(이하 이 조에서 "공공기관"이라 한다)은 매년 중소기업 지원계획과 추진실적을 작성하여 중소벤처기업부장관에게 제출하여야 한다.(2017.7.26 본항개정)
② 중소벤처기업부장관은 제1항에 따라 공공기관이 제출한 중소기업 지원계획과 추진실적을 평가하고 그 결과를 기획재정부장관에게 통보할 수 있다.(2017.7.26 본항개정)
③ 기획재정부장관은 제2항에 따라 통보받은 평가결과를 공공기관의 경영평가시 반영할 수 있다.
④ 공공기관은 대·중소기업 상생협력을 촉진하기 위하여 중소기업 전담 지원조직을 설치·운영할 수 있다.

제20조【대·중소기업·농어업협력재단의 설립】 ① 정부는 대·중소기업 상생협력을 촉진하기 위하여 대·중소기업·농어업협력재단(이하 "재단"이라 한다)을 설립한다.(2017.1.17 본항개정)
② 재단은 다음 각 호의 사업을 한다.
1. 대·중소기업 간 협력사업의 개발 및 운영 지원
2. 제9조에 따른 기술협력 촉진사업의 관리·운영 및 평가 지원
3. 제17조에 따른 수탁기업협의회의 구성 및 운영 지원
4. 제21조, 제22조, 제22조의2, 제23조, 제24조, 제24조의2 및 제25조에 따른 수탁·위탁거래의 공정화 지원
(2019.1.15 본호개정)
5. 위탁기업과 수탁기업 간 분쟁의 자율적 조정 지원
6. 제20조의5에 따른 대·중소기업상생협력기금의 관리·운용(2017.11.28 본호신설)
7. 「자유무역협정 체결에 따른 농어업인 등의 지원에 관한 특별법」 제2조제19호에 따른 상생협력을 위하여 농림축산식품부장관과 해양수산부장관이 지정·위탁하는 사업 및 같은 법 제18조의2제1항에 따른 농어촌상생협력기금의 관리·운용(2023.3.28 본호개정)
8. 상생결제의 관리·운영 및 보급·확산 지원
(2018.3.20 본호신설)
9. 그 밖에 중소벤처기업부장관이 지정·위탁하는 사업
(2017.7.26 본호개정)
③ 재단은 법인으로 하며, 이 법에 규정한 것을 제외하고는 「민법」 중 재단법인에 관한 규정을 준용한다.
④ 정부는 예산의 범위에서 재단의 설립과 운영에 필요한 자금을 지원할 수 있다.
⑤ 재단의 정관을 변경하려면 중소벤처기업부장관의 인가를 받아야 한다.(2017.7.26 본항개정)
(2017.1.17 본조제목개정)

제20조의2【동반성장위원회의 설치 등】 ① 대·중소기업 간 동반성장과 관련한 민간부문의 합의를 도출하고 동반성장 문화를 조성 및 확산하기 위하여 재단에 동반성장위원회(이하 "위원회"라 한다)를 둔다.
② 위원회는 다음 각 호의 사항에 관한 업무를 수행한다.
1. 동반성장지수의 산정 및 공표에 관한 사항
2. 적합업종의 합의 도출 및 공표에 관한 사항
3. 그 밖에 민간부문의 동반성장 추진과 관련하여 위원회가 필요하다고 인정하는 사항
③ 위원회는 제2항의 업무를 정부기관이나 재단 등으로부터 독립적이고 자율적으로 수행한다.
④ 위원회는 동반성장지수의 산정 및 공표를 위하여 관계 행정기관의 장, 공공기관의 장 및 기업의 대표자 등에게 필요한 자료의 제공을 요청할 수 있다. 이 경우 요청을 받은 관계 행정기관의 장 등은 특별한 사유가 없으면 이에 따라야 한다.(2017.11.28 본항신설)
⑤ 위원회는 위원회의 규정으로 정하는 바에 따라 회의록을 작성·비치하여야 한다.(2016.1.27 본항신설)
⑥ 위원회의 구성 및 운영에 필요한 사항은 위원회의 의결로 정한다.
(2017.11.28 본조제목개정)
(2012.1.17 본조신설)

제20조의3【동반성장 주간】 대기업과 중소기업의 동반성장을 촉진하고 동반성장에 대한 국민적 이해와 관심을 증진하기 위하여 대통령령으로 정하는 바에 따라 1년 중 1주간을 동반성장 주간으로 한다.(2017.1.17 본조신설)

제20조의4【적합업종 합의 신청 등】 ① 중소기업자단체는 위원회에 제20조의2제2항제2호에 따른 적합업종의 합의 도출을 신청할 수 있다.
② 위원회는 제1항의 신청이 있는 경우 신청일부터 1년 이내(다만, 「소상공인 생계형 적합업종 지정에 관한 특별

법」 제7조제2항에 따라 생계형 적합업종의 지정을 추천하는 경우 그 추천일부터 생계형 적합업종의 지정 여부를 심의·의결하는 날까지의 기간은 산입하지 아니한다)에 제32조제1항제1호부터 제3호까지의 기업, 중소기업자단체 및 전문가 등의 의견을 들어 적합업종 합의 도출을 마쳐야 한다. 이 경우 위원회는 해당 기업 및 중소기업자단체에 대하여 적합업종 합의 도출에 필요한 자료의 제출 또는 회의 참석을 요청할 수 있다.(2018.6.12 전단개정)
③ 위원회는 제2항의 기한 내에 적합업종 합의 도출이 되지 아니하거나 그 합의 내용이 이행되지 아니하는 경우에는 중소벤처기업부장관에게 사업조정을 신청할 수 있으며, 합의 도출을 신청한 중소기업자단체도 위원회를 거쳐 중소벤처기업부장관에게 사업조정을 신청할 수 있다.(2017.7.26 본항개정)
④ 위원회는 제2항에 따라 적합업종 합의 도출 중에 있는 업종·품목이 「소상공인 생계형 적합업종 지정에 관한 특별법」 제7조제3항에 따라 생계형 적합업종으로 지정·고시된 경우 적합업종 합의 도출 절차를 종료한다.
(2018.6.12 본항신설)
(2017.4.18 본조신설)

제20조의5【대·중소기업상생협력기금의 설치 등】 ① 대·중소기업 간의 지속가능한 발전, 상생협력 촉진 및 동반성장을 통한 국민경제의 지속성장 기반을 마련하기 위하여 재단에 대·중소기업상생협력기금(이하 "상생협력기금"이라 한다)을 설치한다.
② 재단은 상생협력기금을 다른 회계와 구분하여 별도 회계로 관리·운용하여야 한다.
③ 상생협력기금은 내국법인 출연금 등으로 조성한다.
④ 제3항에 따라 출연하는 자는 그 용도와 사업을 지정할 수 있다. 이 경우 재단은 그 지정된 용도와 사업에 출연금 등을 사용하여야 한다.
⑤ 상생협력기금은 다음 각 호의 용도에 사용하여야 한다.
1. 대·중소기업 간 상생협력 성과의 공평한 배분에 관한 사업
2. 대·중소기업 간 기술협력 촉진 사업
3. 대·중소기업 간 인력교류 확대 사업
4. 대·중소기업 간 환경경영협력 촉진 사업
5. 대·중소기업 간 임금격차 완화 및 일자리 창출 지원 사업
6. 상생협력기금의 조성·운용 및 관리를 위한 경비
7. 그 밖에 대·중소기업 간 협력을 위한 것으로서 대통령령으로 정하는 사업
(2017.11.28 본조신설)

제4장 수탁·위탁거래의 공정화
(2010.1.27 본장개정)

제21조【약정서의 발급】 ① 위탁기업이 수탁기업에 물품등의 제조를 위탁할 때에는 지체 없이 다음 각 호의 사항을 적은 약정서를 그 수탁기업에 발급하여야 한다.
(2023.1.3 본문개정)
1. 위탁의 내용
2. 납품대금(지급 방법 및 지급기일을 포함한다)
3. 납품한 물품등의 검사 방법
4. 납품대금 연동의 대상인 물품등의 명칭, 주요 원재료, 조정요건, 기준 지표 및 산식 등 납품대금 연동에 관한 사항으로서 대통령령으로 정하는 사항
5. 그 밖에 약정서에 적어야 할 사항으로서 대통령령으로 정하는 사항
(2023.1.3 1호~5호신설)
② 위탁기업은 약정서에 제1항제4호의 사항을 적기 위하여 수탁기업과 성실히 협의하여야 한다.(2023.1.3 본항신설)
③ 위탁기업은 다음 각 호의 어느 하나에 해당하는 경우 제1항제4호에 따른 사항을 약정서에 적지 아니할 수 있다. 다만, 제4호의 경우에는 위탁기업과 수탁기업이 그 취지와 사유를 약정서에 분명하게 적어야 한다.
1. 위탁기업이 「중소기업기본법」 제2조제2항에 따른 소기업에 해당하는 경우
2. 수탁·위탁거래의 기간이 90일 이내의 범위에서 대통령령으로 정하는 기간 이내인 경우
3. 납품대금이 1억원 이하의 범위에서 대통령령으로 정하는 금액 이하인 경우
4. 위탁기업과 수탁기업이 납품대금 연동을 하지 아니하기로 합의한 경우
(2023.1.3 본항신설)
④ 위탁기업은 납품대금 연동과 관련하여 수탁·위탁거래에 관한 거래상 지위를 남용하거나 거짓 또는 그 밖의 부정한 방법으로 이 조의 적용을 피하려는 행위를 하여서는 아니 된다.(2023.1.3 본항신설)
⑤ 중소벤처기업부장관은 위탁기업과 수탁기업의 상생협력 및 수탁·위탁거래의 공정화를 위하여 제1항제4호 및 제3항 각 호 외의 부분 단서에 관한 표준약정서를 제정 또는 개정하고, 그 사용을 권장하여야 한다.
(2023.1.3 본항신설)
⑥ 위탁기업은 수탁기업으로부터 물품등을 받으면 물품등의 검사 여부에 관계없이 즉시 물품 수령증을 발급하여야 한다.

제21조의2【비밀유지계약의 체결】 ① 수탁기업이 위탁기업에 기술자료(비밀로 관리되는 기술자료로 한정한다. 이하 이 항에서 같다)를 제공하는 경우 수탁기업과 위탁기업은 다음 각 호의 사항을 포함하는 기술자료의 비밀유지에 관한 계약(이하 "비밀유지계약"이라 한다)을 서면으로 체결하여야 한다.
1. 해당 기술자료의 제공 목적 및 범위
2. 비밀유지 의무의 내용
3. 계약 위반에 따른 손해배상에 관한 사항
4. 그 밖에 해당 기술자료의 비밀유지를 위하여 필요한 사항으로서 대통령령으로 정하는 사항
② 중소벤처기업부장관은 공정한 수탁·위탁거래의 질서를 확립하기 위하여 비밀유지계약에 관한 표준계약서를 마련하고, 수탁기업과 위탁기업에 이를 사용하도록 권고할 수 있다.
(2021.8.17 본조신설)

제22조【납품대금의 지급 등】 ① 수탁기업에 위탁기업의 납품대금을 지급하는 기일은 그 납품에 대한 검사 여부에 관계없이 물품등을 받은 날부터 60일 이내의 최단기간으로 정하여야 한다.
② 납품대금의 지급기일을 약정하지 아니한 경우에는 물품등의 수령일을 그 대금의 지급기일로 정한 것으로 보며, 제1항을 위반하여 지급기일을 정한 경우에는 물품등의 수령일부터 60일이 되는 날을 그 대금의 지급기일로 정한 것으로 본다.
③ 위탁기업이 납품대금을 물품등의 수령일부터 60일이 지난 후 지급하는 경우에는 그 초과기간에 대하여 연 100분의 40 이내의 범위에서 대통령령으로 정하는 이율에 따른 이자를 지급하여야 한다.(2020.10.20 본항개정)
④ 위탁기업이 납품대금을 어음으로 지급하거나 어음대체결제 방식으로 지급하는 경우에는 연 100분의 40 이내의 범위에서 대통령령으로 정하는 할인료를 수탁기업에 지급하여야 한다.
⑤ 수탁기업(여러 단계의 하위 수탁기업을 포함한다)이 상생결제를 통하여 납품대금을 지급받은 경우에는 건설공사 하도급 대금의 직접지급, 수탁기업이 파산한 경우 등 대통령령으로 정하는 정당한 사유가 없으면 총 지급받은 납품대금 중 상생결제가 차지하는 비율 이상으로 하위 수탁기업에게 현금결제 또는 상생결제 방식으로 납품대금을 지급하여야 한다.(2018.3.20 본항신설)
⑥ 「국가재정법」 제6조에 따른 중앙관서 및 「지방자치법」 제2조에 따른 지방자치단체(「지방교육자치에 관한 법률」에 따른 특별시·광역시·특별자치시·도·특별자치도의 교육청을 포함한다. 이하 이 항에서 같다)는 「국고금관리법」 제22조 및 제23조, 「지방회계법」 제32조 및 제33조, 그 밖의 다른 법령의 규정에도 불구하고 중앙관서 및 지방자치단체의 상생결제 방식으로 납품대금을 지급할 수 있다. 이 경우 수탁기업은 중앙관서 및 지방자치단체로부터 납품대금으로 지급받은 외상매출채권을 법률에 근거하여 설립된 금융기관에서 할인할 수 없다.
(2023.6.20 전단개정)

제22조의2【공급원가 변동에 따른 납품대금의 조정】
① 수탁기업은 물품등의 제조를 위탁받은 후 물품등의 공급원가가 변동되어 납품대금의 조정이 불가피한 경우에는 위탁기업에 납품대금의 조정을 신청할 수 있다.
② 「중소기업협동조합법」 제3조제1항제1호, 제2호 또는 제4호에 따른 중소기업협동조합은 물품등의 공급원가가 변동되어 조합원(「중소기업협동조합법」 제3조제1항제4호에 따른 중소기업중앙회의 경우에는 같은 항 제1호 또는 제2호에 따른 중소기업협동조합의 조합원)인 수탁기업의 납품대금의 조정이 불가피한 경우에는 해당 수탁기업(「중소기업협동조합법」 제3조제1항제4호에 따른 중소기업중앙회의 경우에는 같은 항 제1호 또는 제2호에 따른 중소기업협동조합)의 신청을 받아 대통령령으로 정하는 위탁기업과 납품대금의 조정을 위한 협의를 할 수 있다. 다만, 위탁기업과 수탁기업이 같은 조합의 조합원인 경우에는 그러하지 아니하다.(2024.1.9 본문개정)
③ 제2항 본문에 따른 신청을 받은 중소기업협동조합은 신청받은 날부터 20일 이내에 위탁기업에게 납품대금의 조정을 신청하여야 한다. 다만, 「중소기업협동조합법」 제3조제1항제4호에 따른 중소기업중앙회가 위탁기업과 협의하는 경우에는 같은 항 제1호 또는 제2호에 따른 중소기업협동조합이 조합원인 수탁기업의 신청을 받은 날부터 20일 이내에 중소기업중앙회에 신청을 하여야 하고, 중소기업중앙회는 그 신청을 받은 날부터 15일 이내에 해당 위탁기업에 납품대금의 조정을 신청하여야 한다.
(2020.10.20 단서신설)
④ 제1항에 따라 납품대금 조정을 신청한 수탁기업이 제2항에 따른 협의를 신청한 경우 제1항에 따른 신청은 중단된 것으로 보고, 제1항 또는 제3항의 신청에 따른 조정협의가 완료된 경우 수탁기업 또는 중소기업협동조합은 사정변경이 없으면 동일한 사유를 들어 제1항부터 제3항까지의 신청을 할 수 없으며, 수탁기업이 「하도급거래 공정화에 관한 법률」 제16조의2에 따라 하도급대금의 조정을 신청한 경우에는 동일한 사유로 제1항 및 제2항에 따른 신청을 할 수 없다.
⑤ 제2항에 따른 신청을 받은 중소기업협동조합은 납품 중단을 결의하는 등 부당하게 경쟁을 제한하거나 부당하게 기업의 사업내용 또는 활동을 제한하는 행위를 하여서는 아니 된다.
⑥ 제2항 본문에 따른 수탁기업의 신청 및 중소기업협동조합의 협의권한 행사의 요건·방법 및 절차에 관하여 필요한 사항은 대통령령으로 정한다.
⑦ 위탁기업은 제1항 또는 제3항의 신청이 있은 날부터 10일 이내에 조정을 신청한 수탁기업 또는 중소기업협동조합과 납품대금 조정을 위한 협의를 개시하여야 하며, 정당한 사유 없이 협의를 거부하거나 게을리해서는 아니 된다.
⑧ 위탁기업 또는 수탁기업(제3항의 신청에 따른 조정협의의 경우 중소기업협동조합을 포함한다. 이하 이 조에서 같다)은 다음 각 호의 어느 하나에 해당하는 경우 제28조에 따라 중소벤처기업부장관에게 분쟁 조정을 신청할 수 있다.
1. 제1항 또는 제3항에 따른 신청이 있은 날부터 10일이 지난 후에도 위탁기업이 납품대금의 조정을 위한 협의를 개시하지 아니한 경우
2. 제1항 또는 제3항에 따른 신청이 있은 날부터 30일 안에 납품대금의 조정에 관한 합의에 도달하지 아니한 경우
3. 제1항 또는 제3항에 따른 신청으로 인한 협의 개시 후 위탁기업 또는 수탁기업이 협의 중단의 의사를 밝힌 경우 등 대통령령으로 정하는 사유로 합의에 도달하지 못할 것이 명백히 예상되는 경우
(2019.1.15 본조신설)

제22조의3【납품대금 연동 우수기업 선정·지원】 ① 중소벤처기업부장관은 납품대금 연동의 확산을 위하여 납품대금 연동 우수기업 및 납품대금 연동 확산에 기여한 자(이하 "납품대금 연동 우수기업등"이라 한다)를 선정하고 포상하는 등 지원시책을 수립하여 추진할 수 있다.
② 납품대금 연동 우수기업등의 선정 방법, 절차 및 지원 시책 등에 관하여 필요한 사항은 중소벤처기업부령으로 정한다.
(2023.1.3 본조신설)

제22조의4【납품대금 연동 확산 지원본부의 지정 등】
① 중소벤처기업부장관은 납품대금 연동의 확산을 지원하기 위하여 중소기업지원 관련 기관이나 단체를 납품대금 연동 확산 지원본부(이하 "연동지원본부"라 한다)로 지정할 수 있다.
② 연동지원본부는 다음 각 호의 사업을 한다.
1. 원재료 가격 및 주요 물가지수 정보 제공
2. 납품대금 연동의 도입 및 조정 실적 확인
3. 납품대금 연동 관련 교육 및 컨설팅
4. 그 밖에 납품대금 연동의 확산을 위하여 필요한 사항으로서 중소벤처기업부령으로 정하는 사항
③ 중소벤처기업부장관은 연동지원본부가 제2항 각 호의 사업을 추진하는 데 필요한 지원을 할 수 있다.
④ 중소벤처기업부장관은 연동지원본부가 다음 각 호의 어느 하나에 해당하면 지정을 취소하거나 6개월 이내의 기간을 정하여 그 업무의 전부 또는 일부의 정지를 명할 수 있다. 다만, 제1호에 해당하는 경우에는 그 지정을 취소하여야 한다.
1. 거짓이나 그 밖의 부정한 방법으로 지정을 받은 경우
2. 제5항에 따른 지정 기준을 충족하지 못하는 경우
3. 정당한 사유 없이 제2항 각 호의 사업을 1개월 이상 수행하지 아니한 경우
⑤ 연동지원본부의 지정 및 지정 취소의 기준과 절차 등에 관한 세부사항은 대통령령으로 정한다.
(2023.1.3 본조신설)

제23조【검사의 합리화】 ① 위탁기업은 검사시설의 개선 및 검사에 종사하는 사람의 자질 향상을 도모하고 객관적이며 타당성 있는 검사기준을 정하여 수탁기업이 납품한 물품등을 공정하고 신속하게 검사하도록 하여야 한다.
② 위탁기업은 제1항에 따른 검사 결과 불합격한 물품등에 대하여는 그 불합격 사유를 즉시 문서로 수탁기업에 통보하여야 한다.

제24조【품질보장 등】 ① 수탁기업은 시설을 개선하고 기술을 향상시켜 위탁기업으로부터 제조를 위탁받은 제품의 품질을 개선하고 규격에 맞는 제품을 납품기일 이내에 납품하도록 하여야 한다.
② 수탁기업은 제품을 표준화하고 합리적인 원가계산제도에 따라 적정한 가격 결정과 품질관리를 하도록 하여야 한다.

제24조의2【기술자료 임치제도】 ① 수탁·위탁기업(수탁·위탁기업 외에 단독 또는 공동으로 기술자료를 임치(任置)하고자 하는 기업을 포함한다)은 전문인력과 설비 등을 갖춘 기관으로서 대통령령으로 정하는 기관(이하 "수치인"(受置人)이라 한다)과 서로 합의하여 기술자료를 임치하고자 하는 기업(이하 "임치기업"이라 한다)의 기술자료를 임치할 수 있다.(2010.12.7 본항개정)
② 위탁기업은 다음 각 호의 어느 하나에 해당하는 경우에는 수치인에게 수탁기업이 임치한 기술자료를 내줄 것을 요청할 수 있다.
1. 수탁기업이 동의한 경우
2. 수탁기업이 파산선고 또는 해산결의로 그 권리가 소멸되거나 사업장을 폐쇄하여 사업을 할 수 없는 경우 등 위탁기업과 수탁기업이 협의하여 정한 기술자료 교부조건에 부합하는 경우
③ 수치인은 중소벤처기업부장관이 정하는 기술자료 교부조건에 부합하는 경우에 임치기업의 기술자료를 요청한 자에게 이를 교부한다.(2017.7.26 본항개정)
④ 정부는 수치인에게 예산의 범위에서 필요한 지원을 할 수 있다.

⑤ 그 밖에 기술자료의 임치 등에 필요한 사항은 대통령령으로 정한다.

제24조의3【기술자료 임치의 등록】 ① 임치기업은 다음 각 호의 사항을 등록할 수 있다.
1. 기술자료의 제호·종류·제작연월일
2. 기술자료의 개요
3. 임치기업의 명칭 및 주소
4. 그 밖에 대통령령으로 정하는 사항
② 제1항에 따라 실명으로 등록된 임치기업의 기술에 대하여 당사자 또는 이해 관계자 사이에 다툼이 있으면 임치기업이 임치물의 내용대로 개발한 것으로 추정한다.(2010.12.7 본조신설)

제24조의4【비밀유지의무】 제24조의2에 따른 기술자료를 관리하는 업무에 종사하는 사람 및 그 직에 있었던 사람은 직무상 알게 된 비밀을 다른 사람에게 누설하여서는 아니 된다.(2010.12.7 본조신설)

제24조의5【수수료】 ① 제24조의2에 따라 수치인으로 지정받은 자는 그 업무에 관하여 임치기업 등으로부터 수수료를 징수할 수 있다.
② 제1항에 따른 수수료의 종류·요율·금액·납부방법 등에 관하여 필요한 사항은 중소벤처기업부장관이 정한다.(2017.7.26 본항개정)
(2010.12.7 본조신설)

제25조【준수사항】 ① 위탁기업은 수탁기업에 물품등의 제조를 위탁할 때 다음 각 호의 행위를 하여서는 아니 된다.
1. 수탁기업이 책임질 사유가 없는데도 물품등의 수령을 거부하거나 납품대금을 깎는 행위
1의2. 물품등의 제조를 위탁한 후 제21조제1항제4호의 사항을 이행하지 아니하기 위하여 수탁기업이 책임질 사유가 없음에도 불구하고 물품등의 제조 위탁을 임의로 취소하거나 변경하는 행위(2023.1.3 본호신설)
2. 납품대금을 지급기일까지 지급하지 아니하는 행위
3. 수탁기업이 납품하는 물품등과 같은 종류이거나 유사한 물품등에 대하여 통상적으로 지급되는 대가보다 현저히 낮은 가격으로 납품대금을 정하는 행위
4. 물품등의 제조를 위탁한 후 경제상황 변동 등의 이유로 발주자로부터 추가금액을 받은 위탁기업이 같은 이유로 수탁기업에 추가비용이 드는데도 받은 추가금액의 내용과 비율에 따라 납품대금을 증액하여 지급하지 아니하는 행위
5. 품질의 유지 또는 개선을 위하여 필요한 경우나 그 밖에 정당한 사유가 있는 경우를 제외하고 위탁기업이 지정하는 물품등을 강제로 구매하게 하는 행위
6. 납품대금을 지급할 때 그 납품대금의 지급기일까지 금융기관으로부터 할인을 받기 어려운 어음을 지급하는 행위
7. 물품등에 흠이 없는데도 정당한 사유 없이 발주물량을 통상적으로 발주하는 수량보다 현저히 감소시키거나 발주를 중단하는 행위
8. 납품대금을 지급하는 대신 위탁기업이 제조하는 제품을 받을 것을 요구하는 행위
9. 위탁기업이 수출용으로 수탁기업에 발주한 물품등에 대하여 정당한 사유 없이 내국신용장 개설을 기피하는 행위
10. 물품등의 제조를 의뢰한 후 그 제조된 물품등에 대한 발주를 정당한 사유 없이 기피하는 행위
11. 수탁기업이 납품한 물품에 대한 검사를 할 때 객관적 타당성이 결여된 검사기준을 정하는 행위
12. 정당한 사유 없이 기술자료 제공을 요구하는 행위
13. 기술자료의 임치를 요구한 수탁기업에 불이익을 주는 행위
13의2. 정당한 사유 없이 원가자료 등 중소벤처기업부령으로 정하는 경영상의 정보를 요구하는 행위(2019.1.15 본호신설)
14. 수탁기업이 다음 각 목의 어느 하나에 해당하는 행위를 한 것을 이유로 수탁·위탁거래의 물량을 줄이거나 수탁·위탁거래의 정지 또는 그 밖의 불이익을 주는 행위(2019.1.15 본문개정)
가. 위탁기업이 다음의 어느 하나에 해당하는 행위를 한 사실을 관계 기관에 고지한 행위(2021.8.17 본문개정)
1) 제1호, 제1호의2, 제2호부터 제13호까지 및 제13호의2에 해당하는 행위(2023.1.3 개정)
2) 제2항을 위반하는 행위(2021.8.17 신설)
나. 제22조의2제1항 또는 제2항의 위탁기업에 대한 납품대금의 조정신청 또는 같은 조 제8항의 중소벤처기업부장관에 대한 분쟁 조정신청(2019.1.15 본목신설)
② 위탁기업은 취득한 수탁기업의 기술자료(비밀로 관리되는 기술자료로 한정한다)에 관하여 부당하게 다음 각 호의 어느 하나에 해당하는 유용행위를 하여서는 아니 된다.
1. 자기 또는 제3자를 위하여 사용하는 행위
2. 제3자에게 제공하는 행위
(2021.8.17 본항개정)
③ 위탁기업이 제1항제1호의 행위를 통하여 감액한 납품대금을 물품등의 수령일부터 60일이 지난 후 지급하는 경우에는 그 초과기간에 대하여 연 100분의 40 이내의 범위에서 대통령령으로 정하는 이율에 따른 이자를 지급하여야 한다.(2020.10.20 본항신설)
④ 수탁기업은 위탁기업으로부터 물품등의 제조를 위탁받았을 때에는 다음 각 호의 행위를 하여서는 아니 된다.
1. 위탁기업으로부터 위탁받은 물품등의 품질·성능 또는 납품기일에 관한 약정을 위반하는 행위
2. 물품등의 가격을 부당하게 인상하여 줄 것을 요구하는 행위
3. 그 밖에 수탁·위탁거래의 질서를 문란하게 하는 행위

제25조의2【위탁기업의 입증책임】 제21조제4항, 제25조제1항제1호 및 제3호부터 제5호까지의 행위와 관련한 분쟁해결에서 입증책임은 위탁기업이 부담한다.(2024.1.9 본조개정)

제26조【공정거래위원회에 대한 조치요구 등】 ① 중소벤처기업부장관은 위탁기업이 제21조, 제22조, 제22조의2, 제23조, 제25조제1항부터 제3항까지의 규정을 위반한 사실이 있고 그 위반사실이 「하도급거래 공정화에 관한 법률」 제3조, 제4조부터 제12조까지의 규정, 제12조의2, 제12조의3, 제13조, 제13조의2, 제15조, 제16조, 제16조의2, 제17조부터 제20조까지의 규정 또는 「독점규제 및 공정거래에 관한 법률」 제45조제1항에 따른 금지행위에 해당한다고 인정할 때에는 「하도급거래 공정화에 관한 법률」 제25조 또는 「독점규제 및 공정거래에 관한 법률」 제49조에 따라 공정거래위원회에 필요한 조치를 하여 줄 것을 요구하여야 한다.(2020.12.29 본항개정)
② 공정거래위원장은 제1항의 요구를 받으면 우선적으로 그 내용을 검토하여 6개월 이내에 필요한 조치를 하고 그 결과를 중소벤처기업부장관에게 통보하여야 한다. 다만, 부득이한 사정이 있는 경우에는 중소벤처기업부장관과 협의하여 1년의 범위에서 연장할 수 있다.
(2017.7.26 본조개정)

제27조【수탁·위탁기업 간 불공정거래행위 개선】 ① 중소벤처기업부장관은 대기업과 중소기업 간의 수탁·위탁거래 과정에서 위탁기업이 제21조, 제21조의2제1항, 제22조, 제22조의2, 제23조, 제25조제1항부터 제3항까지의 규정을 이행하고 있는지를 대통령령으로 정하는 바에 따라 주기적으로 조사하여 개선이 필요한 사항에 대하여는 해당 기업에 개선을 요구할 수 있다.(2021.8.17 본항개정)
② 중소벤처기업부장관은 제1항에 따른 위탁기업이 제21조, 제22조, 제22조의2, 제23조 또는 제25조제1항부터 제3항까지의 규정을 위반한 경우 납품대금의 지급, 법 위반행위의 중지, 향후 재발 방지, 그 밖에 시정에 필요한 조치를 명할 수 있다. 다만, 그 위반사실이 「하도급거래 공정화에 관한 법률」 제3조, 제4조부터 제12조까지, 제12조의2, 제12조의3, 제13조, 제13조의2, 제15조, 제16조, 제16조의2 및 제17조부터 제20조까지의 규정 또는 「독점규제 및 공정거래에 관한 법률」 제23조제1항에 따른 금지행위에 해당하는 경우는 그러하지 아니하다.(2020.10.20 본항신설)
③ 중소벤처기업부장관은 제1항에 따른 개선요구 또는 제2항에 따른 명령을 받은 위탁기업이 개선요구 또는 명령에 따르지 아니할 때에는 그 명칭 및 요지를 공표하여야 한다.(2020.10.20 본항신설)
④ 중소벤처기업부장관은 필요하다고 인정하면 대통령령으로 정하는 규모 이상의 중소기업이 다른 중소기업에 제조를 위탁한 경우에도 제1항부터 제3항까지의 규정을 준용한다.(2020.10.20 본항개정)
⑤ 중소벤처기업부장관은 제1항과 제4항에 따른 조사 결과 현금결제 및 상생결제 확대 등 결제조건이 양호하고 공정한 수탁·위탁거래 관계를 확립하기 위하여 노력한 것으로 평가된 기업에 대하여는 포상이나 그 밖에 필요한 지원을 할 수 있다.(2020.10.20 본항개정)
⑥ 정부는 중소기업에 대한 대기업의 납품대금 결제조건을 개선하고 현금성 결제(현금결제 및 상생결제를 포함한다)를 확대하기 위하여 세제지원 등 필요한 지원을 할 수 있다.(2018.3.20 본항개정)
⑦ (2023.3.28 삭제)

제28조【분쟁의 조정】 ① 다음 각 호의 사항에 관하여 위탁기업과 수탁기업 또는 중소기업협동조합 간에 분쟁이 생겼을 때에는 위탁기업·수탁기업 또는 중소기업협동조합은 대통령령으로 정하는 바에 따라 중소벤처기업부장관에게 분쟁 조정을 요청할 수 있다.(2017.7.26 본문개정)
1. 제21조에 따른 약정서, 납품대금 연동 및 물품 수령증에 관한 사항(2023.1.3 본호개정)
2. 제22조에 따른 납품대금의 지급 등에 관한 사항
2의2. 제22조의2에 따른 납품대금의 조정에 관한 사항(2019.1.15 본호신설)
3. 제23조에 따른 물품등의 검사에 관한 사항
4. 제24조의2에 따른 기술자료의 임치에 관한 사항
5. 제25조에 따른 준수사항의 이행 여부에 관한 사항
② 제1항에 따른 분쟁당사자인 수탁기업은 중소기업자단체에 분쟁조정과 관련된 권한을 위임할 수 있다.
(2016.1.27 본항신설)
③ 중소벤처기업부장관은 제1항에 따른 조정을 요청받으면 지체 없이 그 내용을 검토하여 제1항 각 호의 사항에 관하여 시정을 할 필요가 있다고 인정될 때에는 해당 위탁기업·수탁기업 또는 중소기업협동조합에 그 시정을 권고하거나 시정명령을 할 수 있다.(2017.7.26 본항개정)
④ 중소벤처기업부장관은 제3항에 따른 시정명령을 받은 위탁기업·수탁기업 또는 중소기업협동조합이 명령에 따르지 아니할 때에는 그 명칭 및 요지를 공표하여야 한다. 다만, 위탁기업의 행위가 제26조에 해당하는 경우에는 공정거래위원회에 필요한 조치를 하여 줄 것을 요구하여야 한다.(2017.7.26 본문개정)
⑤ 제3항에 따른 검토 및 시정권고나 시정명령에 필요한 사항은 대통령령으로 정한다.(2016.1.27 본항개정)

제28조의2【벌점 등】 ① 중소벤처기업부장관은 제21조, 제21조의2제1항, 제22조, 제22조의2, 제23조 또는 제25조제1항부터 제3항까지를 위반한 위탁기업에 대하여 대통령령으로 정하는 바에 따라 그 위반 및 피해의 정도에 따라 벌점을 부과할 수 있다.
② 중소벤처기업부장관은 제1항에 따라 위탁기업에 부과된 벌점이 대통령령으로 정하는 기준을 초과하는 경우에는 「국가를 당사자로 하는 계약에 관한 법률」 제27조, 「지방자치단체를 당사자로 하는 계약에 관한 법률」 제31조 또는 「공공기관의 운영에 관한 법률」 제39조제2항에 따른 입찰참가자격 제한을 해당 중앙관서의 장, 지방자치단체의 장 또는 공공기관의 장에게 요청할 수 있다.
(2023.3.28 본조신설)

제28조의3【벌점 등의 감면】 ① 중소벤처기업부장관은 제40조에 따른 조사를 개시하기 전에 조사 대상기업이 제27조제1항·제2항 및 제4항에 따른 개선요구 또는 시정명령과 제28조제3항에 따른 시정권고 또는 시정명령(이하 "개선요구등"이라 한다)의 대상이 되는 위반행위(이하 이 조에서 "위반행위"라 한다)에 따른 피해를 구제한 경우에는 개선요구등을 아니할 수 있다.
② 중소벤처기업부장관은 개선요구등을 하기 전에 조사대상기업이 위반행위에 따른 피해를 구제한 경우에는 대통령령으로 정하는 바에 따라 제28조의2제1항에 따른 벌점을 경감하여 부과할 수 있다.
(2023.3.28 본조신설)

제28조의4【교육명령 등】 ① 중소벤처기업부장관은 제28조의2제1항에 따라 벌점을 받은 위탁기업에 대하여 대통령령으로 정하는 벌점기준에 따라 개선요구등과 함께 소속 임직원에 대한 교육명령 등의 조치를 할 수 있다. 이 경우 교육비용은 그 위탁기업이 부담하게 할 수 있다.
(2023.3.28 전단개정)
② 교육명령 등의 조치에 관한 세부 절차와 방법 등에 관하여 필요한 사항은 중소벤처기업부장관이 고시한다.
(2017.7.26 본조개정)

제28조의5【수·위탁분쟁조정협의회의 설치】 ① 제20조제2항제5호에 따른 위탁기업과 수탁기업 간 분쟁의 자율적 조정을 지원하기 위하여 재단에 수·위탁분쟁조정협의회(이하 "분쟁조정협의회"라 한다)를 설치한다.
② 분쟁조정협의회는 다음 각 호의 사항을 심의·의결한다.
1. 분쟁의 조정에 관한 사항
2. 분쟁조정협의회 규칙의 제정·개정 및 폐지에 관한 사항
3. 그 밖에 분쟁조정협의회의 위원장이 회의에 부치는 사항
③ 정부는 분쟁조정협의회의 운영에 필요한 경비의 전부 또는 일부를 보조할 수 있다.
(2023.3.28 본조신설)

제28조의6【분쟁조정협의회의 구성 및 운영】 ① 분쟁조정협의회는 위원장 1명을 포함하여 20명 이내의 위원으로 구성하되, 위원은 다음 각 호의 어느 하나에 해당하는 사람 중에서 중소벤처기업부장관이 위촉한다.
1. 법학·경제학 또는 경영학을 전공하고 대학이나 공인된 연구기관에서 부교수 이상 또는 이에 상당하는 직에 있거나 있었던 사람
2. 판사 또는 검사의 직에 있거나 있었던 사람
3. 수탁·위탁거래의 공정화 업무에 관한 경험이 있는 4급 이상 공무원(고위공무원단에 속하는 일반직공무원을 포함한다)의 직에 있거나 있었던 사람
4. 변호사, 변리사 또는 공인회계사의 자격이 있는 사람
5. 그 밖에 수탁·위탁거래의 공정화에 관한 학식과 경험이 풍부한 사람
② 분쟁조정협의회의 위원장은 중소벤처기업부장관이 변호사 자격이 있는 위원 중에서 지명하며, 분쟁조정협의회를 대표한다.
③ 분쟁조정협의회 위원의 임기는 2년으로 하되, 연임할 수 있다.
④ 중소벤처기업부장관은 위원이 다음 각 호의 어느 하나에 해당하는 경우에는 해당 위원을 해촉할 수 있다.
1. 심신장애로 인하여 직무를 수행할 수 없게 된 경우
2. 직무와 관련된 비위사실이 있는 경우
3. 직무태만, 품위손상이나 그 밖의 사유로 인하여 위원으로 적합하지 아니하다고 인정되는 경우
4. 위원 스스로 직무를 수행하는 것이 곤란하다고 의사를 밝히는 경우
⑤ 분쟁조정협의회 회의는 재적위원 과반수의 출석으로 개의하고 출석위원 과반수의 찬성으로 의결한다.
⑥ 이 법에서 규정한 사항 외에 분쟁조정협의회의 운영 등에 필요한 사항은 중소벤처기업부장관의 승인을 받아 분쟁조정협의회가 정한다.
(2023.3.28 본조신설)

제28조의7【조정부 구성 및 운영】 ① 분쟁조정협의회는 제28조의5제2항제1호에 대한 효율적 해결을 위하여 분쟁조정협의회에 분쟁조정협의회 위원 3명 이내로 구성된 조정부를 둘 수 있다.
② 조정부의 장과 그 위원은 분쟁조정협의회의 위원장이 지명한다. 이 경우 조정부의 장은 변호사 자격이 있는 위원 중에서 지명한다.

③ 조정부의 회의는 조정부의 장을 포함한 위원 과반수의 출석으로 개의하고 출석위원 과반수의 찬성으로 의결한다. 이 경우 조정부의 의결은 분쟁조정협의회의 의결로 본다.
(2023.3.28 본조신설)
제28조의8【분쟁조정협의회 위원의 제척·기피·회피】 ① 위원이 다음 각 호의 어느 하나에 해당하는 경우에는 해당 사건의 조정에서 제척된다.
1. 위원 또는 그 배우자나 배우자이었던 사람이 해당 사건의 분쟁당사자가 되거나 공동권리자 또는 공동의무자의 관계에 있는 경우
2. 위원이 해당 사건의 당사자와 「민법」에 따른 친족관계에 있거나 있었던 경우
3. 위원이 해당 사건에 관하여 증언이나 감정을 한 경우
4. 위원이 해당 사건에 관하여 분쟁당사자의 대리인 또는 임직원으로서 관여하거나 관여하였던 경우
5. 위원 또는 위원이 속한 법인이 분쟁당사자의 법률·경영 등에 대하여 자문이나 고문의 역할을 하고 있는 경우
② 분쟁당사자는 위원에게 사건의 조정에 공정을 기대하기 어려운 사정이 있는 경우에는 분쟁조정협의회에 해당 위원에 대한 기피신청을 할 수 있다.
③ 위원이 제1항 또는 제2항의 사유에 해당하는 경우에는 스스로 해당 사건의 조정에서 회피할 수 있다.
(2023.3.28 본조신설)
제28조의9【분쟁조정협의회 조정 신청 등】 ① 제28조제1항 각 호의 사항에 관한 분쟁의 조정을 원하는 자는 신청취지와 원인을 기재한 조정신청서를 분쟁조정협의회에 제출함으로써 조정을 신청할 수 있다.
② 중소벤처기업부장관은 제28조제1항 각 호의 사항에 관한 분쟁 사건에 대하여 분쟁조정협의회에 분쟁의 자율적 조정을 의뢰할 수 있다.
③ 분쟁조정협의회는 제1항에 따라 분쟁당사자로부터 분쟁조정을 신청받은 때에는 지체 없이 그 내용을 중소벤처기업부장관에게 보고하여야 한다.
④ 제1항에 따른 분쟁조정 신청은 민사상 시효 중단의 효력이 있다. 다만, 신청이 취하되거나 각하된 때에는 그러하지 아니하다.
⑤ 제4항 단서의 경우에 6개월 내에 재판상의 청구, 파산절차 참가, 압류 또는 가압류, 가처분을 하였을 때에는 시효는 최초의 분쟁조정의 신청으로 중단된 것으로 본다.
⑥ 제4항 본문에 따라 중단된 시효는 다음 각 호의 어느 하나에 해당하는 때부터 새로 진행한다.
1. 분쟁조정이 성립되어 조정서를 작성한 때
2. 분쟁조정이 성립되지 아니하고 조정절차가 종료된 때
⑦ 중소벤처기업부장관은 분쟁조정협의회의 조정이 성립되고 그 합의된 내용이 이행된 경우에는 개선요구등을 하지 아니한다.
(2023.3.28 본조신설)
제28조의10【분쟁조정협의회의 조정 등】 ① 분쟁조정협의회는 조정을 위하여 필요한 경우 분쟁당사자 또는 참고인에게 관련 자료의 제출이나 출석을 요구할 수 있다. 이 경우 분쟁당사자 또는 참고인은 정당한 사유 없이 이를 거부할 수 없다.
② 분쟁조정협의회는 분쟁당사자에게 해당 사건에 대하여 스스로 합의하도록 권고하거나 조정안을 작성하여 제시할 수 있다.
③ 분쟁조정협의회는 다음 각 호의 어느 하나에 해당되는 경우에는 그 조정신청을 각하하여야 한다.
1. 조정신청의 내용과 직접적인 이해관계가 없는 자가 조정신청을 한 경우
2. 제28조제1항 각 호의 사항에 관한 분쟁이 아닌 사안에 대하여 조정신청을 한 경우
④ 분쟁조정협의회는 다음 각 호의 어느 하나에 해당하는 경우에는 조정절차를 종료하여야 한다.
1. 분쟁당사자가 분쟁조정협의회의 권고 또는 조정안을 수락하거나 스스로 조정하는 등 조정이 성립된 경우
2. 분쟁당사자의 일방이 조정을 거부하는 등 조정절차를 진행할 실익이 없는 경우
⑤ 분쟁조정협의회는 해당 사건에 대하여 조정이 성립된 경우 조정에 참여한 위원과 분쟁당사자가 기명날인하거나 서명한 조정서를 작성한다.
⑥ 분쟁조정협의회는 조정절차를 개시하기 전에 분쟁당사자가 해당 사건을 스스로 협의하고 조정서의 작성을 요청하는 경우에는 그 조정서를 작성하여야 한다.
⑦ 당사자 사이에 강제집행을 승낙하는 취지의 합의가 있는 경우에는 제5항 또는 제6항에 따른 조정서에 그 내용을 기재하여야 한다.
⑧ 제7항에 따라 강제집행을 승낙하는 취지의 내용이 기재된 조정서의 정본은 「민사집행법」 제56조에도 불구하고 집행력 있는 집행권원과 같은 효력을 가진다. 다만, 청구에 관한 이의의 주장에 대하여는 같은 법 제44조제2항을 적용하지 아니한다.
⑨ 분쟁당사자는 제5항 또는 제6항에 따라 작성된 조정서의 내용을 이행하여야 하고, 이행결과를 분쟁조정협의회에 제출하여야 한다.
⑩ 분쟁조정협의회는 조정신청이 각하되거나 조정절차가 종료된 경우와 분쟁당사자로부터 조정서의 이행결과를 제출받은 경우에는 그 주요내용을 중소벤처기업부장관에게 보고하여야 한다.
⑪ 중소벤처기업부장관은 분쟁조정협의회에 분쟁조정 실적 등에 관한 자료의 제출을 요청할 수 있다.
(2023.3.28 본조신설)

제5장 중소기업의 사업영역 보호

제29조～제30조 (2010.1.27 삭제)
제31조【중소기업사업조정심의회】 ① 대·중소기업 간 상생협력을 도모하고 제33조에 따른 사업조정을 원활하게 하기 위하여 중소벤처기업부장관 소속으로 중소기업사업조정심의회(이하 "조정심의회"라 한다)를 둔다. 다만, 중소벤처기업부장관이 제38조제2항에 따라 권한의 일부를 특별시장·광역시장·특별자치시장·도지사 또는 특별자치도지사(이하 이 조에서 "특별시장등"이라 한다)에게 위임하는 경우에는 그 특별시장등 소속으로 지방자치단체 중소기업사업조정심의회(이하 "지방자치단체 조정심의회"라 한다)를 둔다.(2017.7.26 본항개정)
② 조정심의회 및 지방자치단체 조정심의회의 구성과 운영에 필요한 사항은 대통령령으로 정한다.
(2013.8.6 본조개정)
제32조【사업조정 신청 등】 ① 중소기업자단체는 다음 각 호의 어느 하나에 해당하는 기업이 사업을 인수·개시 또는 확장함으로써 해당 업종의 중소기업 상당수가 공급하는 물품 또는 용역에 대한 수요를 감소시켜 중소기업의 경영안정에 현저하게 나쁜 영향을 미치거나 미칠 우려가 있다고 인정할 때에는 대통령령으로 정하는 바에 따라 「중소기업협동조합법」 제3조제1항제4호에 따른 중소기업중앙회를 거쳐 중소벤처기업부장관에게 사업조정을 신청할 수 있으며, 이 경우 사업조정 신청일은 중소기업중앙회에 사업조정 신청서를 접수한 날로 본다. 다만, 해당 업종의 중소기업자단체가 없는 경우에는 그 업종의 중소기업은 해당 지역에서 동일업종을 영위하는 중소기업 중 일정 비율 이상의 중소기업으로부터 동의를 받고 중소기업중앙회를 거쳐 사업조정을 신청할 수 있으며, 이 경우 해당 지역의 범위와 동의를 받아야 하는 중소기업의 비율은 대통령령으로 정한다.(2017.7.26 본문개정)
1. 대기업
2. 대기업이 같은 업종의 여러 소매점포를 직영(자기가 소유하거나 임차한 매장에서 자기의 책임과 계산 아래 직접 매장을 운영하는 것을 말한다. 이하 같다)하거나, 같은 업종의 여러 소매점포에 대하여 계속적으로 경영을 지도하고 상품·원재료 또는 용역을 공급하는 다음 각 목의 어느 하나에 해당하는 사업을 운영하는 경우 이에 속한 체인점포로서 중소벤처기업부령으로 정하는 점포(2017.7.26 본문개정)
  가. 직영점형 체인사업
   체인본부가 주로 소매점포를 직영하되, 가맹계약을 체결한 일부 소매점포(이하 이 호에서 "가맹점"이라 한다)에 대하여 상품의 공급 및 경영지도를 계속하는 형태의 체인사업
  나. 프랜차이즈형 체인사업
   독자적인 상품 또는 판매·경영 기법을 개발한 체인본부가 상호·판매방법·매장운영 및 광고방법 등을 결정하고, 가맹점으로 하여금 그 결정과 지도에 따라 운영하도록 하는 형태의 체인사업
(2010.12.7 1호～2호신설)
3. 대기업이 실질적으로 지배하는 중소기업으로서 중소벤처기업부령으로 정하는 중소기업(2017.7.26 본호개정)
② 제1항에 따른 사업조정 신청은 제1항제1호부터 제3호까지의 기업(이하 "대기업등"이라 한다)이 사업을 인수·개시 또는 확장하기 이전에 할 수 있다. 다만, 사업의 인수·개시 또는 확장 후에는 그 날부터 180일 이내에 하여야 한다.(2013.8.6 단서개정)
③ 중소기업중앙회는 제1항에 따른 신청을 받으면 대통령령으로 정하는 바에 따라 사실조사를 하고 사업조정에 관한 의견서를 작성하여 중소벤처기업부장관에게 제출하여야 한다.(2017.7.26 본항개정)
④ 중소벤처기업부장관은 제1항에 따른 신청을 받았을 때에는 그 사실을 그 신청과 관계되는 대기업등에 알려야 한다.(2017.7.26 본항개정)
⑤ (2017.4.18 삭제)
⑥ 조정심의회는 제1항에 따른 사업조정 신청일 이후 1년 이내에 해당 사업조정 안건에 대하여 심의를 완료하여야 한다. 다만, 중소벤처기업부장관이 필요하다고 인정하는 경우 그 기간을 1년 이내의 범위에서 연장할 수 있다.
(2017.7.26 단서개정)
⑦ 조정심의회는 제20조의4제3항에 따른 사업조정 신청을 받은 경우 신청일 이후 3개월 이내에 해당 사업조정 안건에 대하여 심의를 완료하여야 한다. 다만, 중소벤처기업부장관이 필요하다고 인정하는 경우에는 1회에 한정하여 3개월 이내의 범위에서 그 기간을 연장할 수 있다.
(2017.7.26 단서개정)
⑧ 중소기업자단체 또는 중소기업은 다른 법령에 따라 허가·인가·등록 등의 대상이 되는 업종 또는 사업으로서 사업조정과 유사한 효과를 가진 절차 또는 제도가 규정되어 있는 등 대통령령으로 정하는 경우 제1항에 따른 사업조정을 신청할 수 없다.
(2010.1.27 본조개정)
제33조【사업조정에 관한 권고 및 명령】 ① 중소벤처기업부장관은 제32조에 따른 사업조정 신청을 받은 경우 해당 업종 중소기업의 사업활동 기회를 확보하는 데 필요하다고 인정하면 조정심의회의 심의를 거쳐 해당 대기업등에 사업의 인수·개시 또는 확장의 시기를 3년 이내에서 기간을 정하여 연기하거나 생산품목·생산수량·생산시설 등을 축소할 것을 권고할 수 있다. 다만, 중소벤처기업부장관은 사업조정의 최초 신청이 있는 경우 조정심의회의 심의를 거쳐 3년 이내에서 한 차례만 그 기간을 연장할 수 있으며, 연장의 범위는 업종별 특성을 고려하여 결정할 수 있다.
② 중소벤처기업부장관은 제20조의4제3항에 따른 사업조정 신청을 받은 경우 해당 업종 중소기업의 사업활동 기회를 확보하는 데 필요하다고 인정하면 조정심의회의 심의를 거쳐 대기업등에 대하여 사업이양, 사업의 전부 또는 일부에 대한 철수 및 축소, 확장자제 및 진입자제 등을 3년 이내에서 기간을 정하여 권고할 수 있다. 다만, 위원회 또는 중소기업자단체(위원회를 거쳐 사업조정의 연장 신청을 한 경우로 한정한다)의 연장 신청이 있는 경우 조정심의회의 심의를 거쳐 3년 이내에서 한 차례 그 기간을 연장할 수 있으며, 연장의 범위는 업종별 특성을 고려하여 결정할 수 있다.
③ 중소벤처기업부장관은 제1항 및 제2항에 따른 권고를 받은 대기업등이 권고에 따르지 아니할 때에는 그 권고대상이나 내용 등을 공표할 수 있다.
④ 중소벤처기업부장관은 제3항에 따른 공표 후에도 정당한 사유 없이 권고사항을 이행하지 아니하는 경우에는 해당 대기업등에 그 이행을 명할 수 있다. 다만, 제2항에 따른 권고의 내용이 사업이양인 경우에는 그러하지 아니하다.
(2017.7.26 본조개정)
제34조【일시정지 및 조정명령의 철회】 ① 중소벤처기업부장관은 제20조의4제3항 및 제32조제1항에 따른 사업조정 신청을 받은 경우 그 대기업등에 조정심의회 심의 결과를 통지할 때까지 해당 사업의 인수·개시 또는 확장을 일시 정지하도록 권고할 수 있다.
② 중소벤처기업부장관은 제1항에 따른 권고를 하는 경우 해당 대기업등이 그 권고에 따르지 아니하는 경우에는 그 권고대상이나 내용 등을 공표할 수 있다.
③ 중소벤처기업부장관은 제2항에 따른 공표 후에도 정당한 사유 없이 권고사항을 이행하지 아니하는 경우에는 사업조정심의회의 심의를 거쳐 해당 대기업등에 그 이행을 명할 수 있다.
④ 중소벤처기업부장관은 제33조제4항 또는 이 조 제3항에 따른 명령을 한 후 그 이행 전에 그 사유가 변경되었거나 소멸되었다고 인정할 때에는 조정심의회의 심의를 거쳐 조정 내용의 전부 또는 일부를 철회하여야 한다.
(2017.7.26 본조개정)
제34조의2【사업조정 중인 업종의 중소기업에 대한 지원】 정부는 사업조정 중인 업종의 중소기업의 경쟁력 강화를 위하여 예산의 범위에서 해당 업종 중소기업의 설비개선·기술향상 등 사업활동 개선을 위하여 필요한 사항을 지원할 수 있다.(2009.1.7 본조신설)
제35조【대기업사업의 중소기업 이양】 다음 각 호의 사업을 영위하고 있는 대기업등은 중소기업과의 합리적인 역할분담으로 산업의 효율성을 증대시키기 위하여 이를 중소기업에 이양하도록 노력하여야 한다.
(2010.1.27 본문개정)
1. (2010.1.27 삭제)
2. 제33조에 따른 권고 또는 이행명령의 대상이 되는 업종의 사업(2010.1.27 본호개정)
3. 그 밖에 중소기업에 적합하다고 인정하여 중소벤처기업부장관이 지정하는 업종 및 품목의 사업(2017.7.26 본호개정)
제36조【대기업 사업을 이양받은 중소기업에 대한 지원】 정부는 대기업등으로부터 사업을 이양받은 중소기업에 다음 각 호의 지원을 할 수 있다.
1. 「중소기업창업 지원법」 제35조제1항에 따른 금융지원
(2021.12.28 본호개정)
2. 협동화단지 및 지식산업센터 등에 우선 입주(2010.4.12 본호개정)
3. 기술개발자금 등의 우선 지원
(2010.1.27 본조개정)
제37조【대기업 사업을 이양한 대기업등에 대한 지원】 정부는 대기업등이 중소기업에 이양하는 사업이 대통령령으로 정하는 기준에 맞을 때에는 그 대기업등에 금융·세제상의 지원을 할 수 있다.(2010.1.27 본조개정)

제6장 보 칙

(2010.1.27 본장개정)

제38조【권한 또는 업무의 위임·위탁】 ① (2017.7.26 삭제)
② 중소벤처기업부장관은 이 법에 따른 권한의 일부를 대통령령으로 정하는 바에 따라 소속 기관의 장, 특별시장·광역시장·특별자치시장·도지사 또는 특별자치도지사에게 위임하거나 업종별 주무부장관에게 위탁할 수 있다.
(2023.1.3 본항개정)
③ 중소벤처기업부장관은 이 법에 따른 업무의 일부를 대통령령으로 정하는 바에 따라 중소기업협동조합중앙

회, 중소벤처기업진흥공단 또는 재단에 위탁할 수 있다.(2018.12.31 본항개정)

제39조【서류의 비치】 ① 위탁기업, 수탁기업 또는 중소기업협동조합은 수탁·위탁거래에 관한 서류를 갖추어 두어야 한다.

② 제1항에 따른 서류의 범위 및 비치기간에 관하여 필요한 사항은 중소벤처기업부령으로 정한다.(2017.7.26 본항개정)

제40조【자료의 제출 등】 ① 중소벤처기업부장관은 다음 각 호의 경우 필요하다고 인정할 때에는 관련 중소기업 또는 대기업등에 자료제출을 요구하거나 소속 공무원으로 하여금 그 사무소·사업장 및 공장 등에 출입하여 장부·서류, 시설 및 그 밖의 물건을 조사하게 할 수 있다.(2017.7.26 본문개정)

1. 제21조, 제21조의2제1항, 제22조, 제22조의2, 제23조, 제24조, 제24조의2 및 제25조에 따른 수탁·위탁거래에 관한 실태를 파악하기 위한 경우(2021.8.17 본호개정)
2. (2010.1.27 삭제)
3. 제20조의4제3항 및 제32조제1항에 따른 사업조정 신청을 받은 경우(2017.4.18 본호개정)
4. 그 밖에 수탁·위탁거래의 공정화 및 중소기업의 사업영역 보호를 위하여 중소벤처기업부장관이 필요하다고 인정하는 경우(2017.7.26 본호개정)

② 제1항에 따른 조사를 할 때에는 조사 7일 전까지 조사 일시, 조사 목적 및 내용 등을 포함한 조사계획을 조사대상자에게 알려야 한다. 다만, 긴급히 조사하여야 하거나 사전에 알리면 증거인멸 등으로 조사 목적을 달성할 수 없다고 인정되는 경우에는 그러하지 아니하다.

③ 제1항에 따른 조사를 하는 공무원은 그 권한을 표시하는 증표를 지니고 이를 관계인에게 내보여야 하며 그 공무원의 성명, 출입시간, 출입 목적 등을 적은 문서를 관계인에게 내주어야 한다.

④ 법원은 제1항의 내용에 관하여 제40조의2제1항 또는 제2항에 따라 손해배상청구의 소가 제기된 경우 중소벤처기업부장관에게 다음 각 호에 따른 해당 사건기록의 송부를 요구할 수 있다.(2024.1.9 본문개정)

1. 사건관계인, 참고인 또는 감정인에 대한 진술조서
2. 당사자가 제출하였거나 현장조사 과정에서 당사자로부터 확보한 기록의 전체목록
3. 그 밖의 해당 사건 관련 조사 기록

(2024.1.9 1호~3호신설)

제40조의2【손해배상책임】 ① 위탁기업이 이 법의 규정을 위반함으로써 손해를 입은 자가 있는 경우 위탁기업은 그 자에게 손해배상책임을 진다. 다만, 위탁기업이 고의 또는 과실이 없음을 입증한 경우에는 그러하지 아니하다.

② 위탁기업이 제25조제1항제1호·제3호·제7호·제14호 또는 같은 조 제2항을 위반함으로써 손해를 입은 자가 있는 경우에는 다음 각 호의 구분에 따른 범위에서 배상책임을 진다. 다만, 위탁기업이 고의 또는 과실이 없음을 입증한 경우에는 그러하지 아니하다.(2024.1.9 본문개정)

1. 제25조제1항제1호·제3호·제7호·제14호가목1) 또는 같은 호 나목을 위반한 경우 : 손해를 입은 자에게 발생한 손해의 3배 이내
2. 제25조제1항제14호가목2) 또는 같은 조 제2항을 위반한 경우 : 손해를 입은 자에게 발생한 손해의 5배 이내

(2024.1.9 1호~2호신설)

③ 법원은 제2항의 배상액을 정할 때에는 다음 각 호의 사항을 고려하여야 한다.

1. 고의 또는 손해 발생의 우려를 인식한 정도
2. 위반행위로 인하여 수탁기업과 다른 사람이 입은 피해규모
3. 위법행위로 인하여 위탁기업이 취득한 경제적 이익
4. 위반행위에 따른 개선요구, 시정권고 또는 시정명령의 내용 및 공표 여부(2021.8.17 본호개정)

4의2. 위반행위에 따른 형사처벌의 정도(2021.8.17 본호신설)

5. 위반행위의 기간·횟수
6. 위탁기업의 재산상태
7. 위탁기업의 피해구제 노력의 정도

(2019.1.15 본항신설)

④ (2021.8.17 삭제)

(2016.1.27 본조신설)

제40조의3【손해액의 인정 등】 ① 법원은 위탁기업이 제25조제2항을 위반하여 수탁기업이 손해배상을 청구하는 경우 다음 각 호의 어느 하나에 해당하는 금액을 수탁기업이 입은 손해액으로 인정할 수 있다.

1. 위탁기업이 그 위반행위를 하게 한 물품등을 양도하였을 때에는 다음 각 목에 해당하는 금액의 합계액
   가. 그 물품등의 양도수량(수탁기업이 그 위반행위 외의 사유로 판매할 수 없었던 사정이 있는 경우에는 그 위반행위 외의 사유로 판매할 수 없었던 수량을 뺀 수량) 중 수탁기업이 생산할 수 있었던 물건의 수량에서 실제 판매한 물건등의 수량을 뺀 수량을 넘지 아니하는 수량에 수탁기업이 그 위반행위가 없었다면 판매할 수 있었던 물품등의 단위수량당 이익액을 곱한 금액
   나. 그 물품등의 양도수량 중 가목에서 산정되지 못한 수량에 대해서는 기술자료의 사용에 대하여 합리적으로 받을 수 있는 금액
2. 기술자료의 사용에 대하여 합리적으로 받을 수 있는 금액
3. 위탁기업이 그 위반행위로 인하여 이익을 얻은 경우에는 그 이익액

② 법원은 제40조의2제1항 또는 제2항에 따른 손해배상청구에 관한 소송에서 손해가 발생된 것은 인정되나 그 손해액을 입증하기 위하여 필요한 사실을 증명하는 것이 해당 사실의 성질상 극히 곤란한 경우에는 변론 전체의 취지와 증거조사의 결과에 기초하여 상당한 손해액을 인정할 수 있다.

(2021.8.17 본조신설)

제40조의4【구체적 행위태양 제시 의무】 ① 제25조제2항을 위반한 행위에 대한 손해배상청구소송에서 수탁기업이 주장하는 기술자료 유용행위의 구체적 행위태양을 부인하는 위탁기업은 자기의 구체적 행위태양을 제시하여야 한다. 다만, 위탁기업이 이를 밝힐 수 없는 상당한 이유가 있을 때에는 그러하지 아니하다.

② 법원은 위탁기업이 제1항 단서에 따라 자기의 구체적 행위태양을 제시할 수 없는 상당한 이유가 있다고 주장하는 경우에는 그 주장의 옳고 그름을 판단하기 위하여 그 당사자에게 자료의 제출을 명할 수 있다. 다만, 그 자료의 소지자가 그 자료의 제출을 거절할 정당한 이유가 있으면 그러하지 아니하다.

③ 제2항에 따른 자료제출명령에 관하여는 제40조의5제2항, 제3항 및 제8항을 준용한다. 이 경우 제40조의5제3항 전단 중 "위반행위의 존재 여부 증명 또는 손해액의 산정에 반드시 필요한 때"는 "기술자료 유용행위의 구체적 행위태양을 제시할 수 없는 정당한 이유의 유무 판단에 반드시 필요한 때"로 본다.

④ 제2항 단서에 따른 정당한 이유가 없다고 인정되는 경우 법원은 구체적 행위태양의 제시명령을 할 수 있다. 이에 대하여는 즉시항고를 할 수 있다.

⑤ 법원은 위탁기업이 정당한 이유 없이 자기의 구체적 행위태양을 제시하지 아니하는 경우에는 수탁기업이 주장하는 기술자료 유용행위의 구체적 행위태양을 진실한 것으로 인정할 수 있다.

(2021.8.17 본조신설)

제40조의5【자료제출명령】 ① 법원은 제40조의2제1항 또는 제2항에 따른 손해배상청구에 관한 소송에서 당사자의 신청에 따라 상대방 당사자에게 그 위반행위의 존재 여부 증명 또는 손해액의 산정에 필요한 다음 각 호의 자료의 제출을 명할 수 있다. 다만, 그 자료의 소지자가 그 자료의 제출을 거절할 정당한 이유가 있는 경우에는 그러하지 아니하다.

1. 상대방이 소지, 보관 또는 상대방의 통제하에 있는 문서, 글, 그림, 그래프, 표, 사진, 음성녹음 또는 이미지 및 그 밖의 데이터 또는 데이터베이스를 포함하여 전자매체에 저장된 정보로서 해당 매체에서 직접 취득할 수 있거나 필요에 따라 합리적으로 이용가능한 형태로 전환한 정보
2. 그 밖에 지정된 유형물

② 법원은 자료의 소지자가 제1항에 따른 자료제출을 거부할 정당한 이유가 있다고 주장하는 경우에는 그 주장의 옳고 그름을 판단하기 위하여 자료의 제출을 명할 수 있다. 이 경우 법원은 그 자료를 다른 사람이 보게 하여서는 아니 된다.

③ 제1항에 따라 제출되어야 할 자료가 영업비밀(「부정경쟁방지 및 영업비밀보호에 관한 법률」 제2조제2호에 따른 영업비밀을 말한다)에 해당하더라도 위반행위의 존재 여부 증명 또는 손해액의 산정에 반드시 필요한 때에는 제1항 각 호 외의 부분 단서에 따른 정당한 이유가 있는 것으로 보지 아니한다. 이 경우 법원은 자료제출명령의 목적 내에서 열람할 수 있는 범위 또는 열람할 수 있는 사람을 지정하여야 한다.

④ 법원은 당사자가 정당한 이유 없이 자료제출명령에 따르지 아니한 때에는 자료제출을 신청한 당사자의 자료의 기재에 관한 주장을 진실한 것으로 인정할 수 있다.

⑤ 법원은 당사자가 상대방의 사용을 방해할 목적으로 제출의무가 있는 자료를 훼손하여 버리거나 이를 사용할 수 없게 한 때에는 그 문서의 기재에 대한 상대방의 주장을 진실한 것으로 인정할 수 있다.

⑥ 법원은 제4항에 해당하는 경우 자료의 제출을 신청한 당사자가 자료의 기재에 관하여 구체적으로 주장하기에 현저히 곤란한 사정이 있고, 자료로 증명할 사실을 다른 증거로 증명하는 것을 기대하기도 어려운 때에는 그 당사자가 자료의 기재로 증명하려는 사실에 관한 주장을 진실한 것으로 인정할 수 있다.

⑦ 제3항에 따라 자료를 제공받거나 열람한 자는 그 자료를 자료제출명령의 목적과 다르게 사용하거나 다른 자에게 제공하는 등 부당한 목적으로 사용하여서는 아니 된다.

⑧ 자료제출의 신청에 관한 결정에 대하여는 즉시항고를 할 수 있다.

(2021.8.17 본조신설)

제40조의6【벌칙 적용에서 공무원 의제】 다음 각 호의 어느 하나에 해당하는 위원 중 공무원이 아닌 사람은 「형법」 제127조 및 제129조부터 제132조까지의 규정을 적용할 때에는 공무원으로 본다.(2023.3.28 본문개정)

1. 조정심의회 및 지방자치단체 조정심의회의 위원
2. 분쟁조정협의회의 위원

(2023.3.28 1호~2호신설)

제7장 벌 칙

(2010.1.27 본장제목개정)

제41조【벌칙】 ① 타인의 기술자료를 절취 등의 부정한 방법으로 입수하여 제24조의3에 따른 등록을 행한 자는 5년 이하의 징역 또는 그 재산상 이득액의 2배 이상 10배 이하에 상당하는 벌금에 처한다.

② 제33조제4항에 따른 명령을 이행하지 아니한 자는 2년 이하의 징역 또는 1억 5천만원 이하의 벌금에 처한다.(2017.4.18 본항개정)

③ 다음 각 호의 어느 하나에 해당하는 자는 1년 이하의 징역 또는 5천만원 이하의 벌금에 처한다.

1. 제24조의4에 따른 비밀유지의무를 위반한 자

1의2. 제27조제3항(같은 조 제4항에서 준용하는 경우를 포함한다)에 따른 공표 후 1개월이 지날 때까지 같은 조 제2항(같은 조 제4항에서 준용하는 경우를 포함한다)에 따른 명령을 이행하지 아니한 자(2020.10.20 본호신설)

2. 제28조제4항 본문에 따른 공표 후 1개월이 지날 때까지 같은 조 제3항에 따른 시정명령을 이행하지 아니한 자(2020.10.20 본호개정)
3. (2013.8.6 삭제)
4. 제40조의5제7항을 위반하여 다른 자에게 정보 또는 자료를 누설 또는 제공하거나 부당한 목적으로 이용한 자(2021.8.17 본호신설)

(2010.12.7 본조개정)

제42조【양벌규정】 법인의 대표자나 법인 또는 개인의 대리인, 사용인, 그 밖의 종업원이 그 법인 또는 개인의 업무에 관하여 제41조의 위반행위를 하면 그 행위자를 벌하는 외에 그 법인 또는 개인에게도 해당 조문의 벌금형을 과(科)한다. 다만, 법인 또는 개인이 그 위반행위를 방지하기 위하여 해당 업무에 관하여 상당한 주의와 감독을 게을리하지 아니한 경우에는 그러하지 아니하다.(2009.1.7 본조개정)

제43조【과태료】 ① 제34조제3항에 따른 명령을 이행하지 아니한 자에게는 1억원 이하의 과태료를 부과한다.(2020.10.20 본항개정)

② 다음 각 호의 어느 하나에 해당하는 자에게는 5천만원 이하의 과태료를 부과한다.(2023.1.3 본문개정)

1. 제40조에 따른 자료를 제출하지 아니하거나 거짓 자료를 제출한 자 또는 조사를 거부·방해 또는 기피한 자(2023.1.3 본호신설)
2. 제21조제4항을 위반한 자(2023.1.3 본호신설)

③ 다음 각 호의 어느 하나에 해당하는 자에게는 1천만원 이하의 과태료를 부과한다.(2019.1.15 본문개정)

1. 제21조제1항에 따른 약정서를 발급하지 아니한 자(2019.1.15 본호신설)
2. 제21조의2제1항에 따른 비밀유지계약을 체결하지 아니한 자(2021.8.17 본호개정)

④ 다음 각 호의 어느 하나에 해당하는 자에게는 500만원 이하의 과태료를 부과한다.

1. 제20조의2제5항에 따른 회의록을 작성·비치하지 아니한 자(2017.11.28 본호개정)
2. 제28조의4에 따른 교육명령 등의 조치를 이행하지 아니한 자(2023.3.28 본호개정)
3. 제39조제1항에 따른 서류를 갖추어 두지 아니하거나 그 서류에 거짓 사항을 적은 자

(2017.4.18 본항신설)

⑤ 제1항부터 제4항까지에 따른 과태료는 대통령령으로 정하는 바에 따라 중소벤처기업부장관이 부과·징수한다.(2021.8.17 본항개정)

부 칙

제1조【시행일】 이 법은 공포 후 3월이 경과한 날부터 시행한다.

제2조【다른 법률의 폐지】 中小企業의事業領域保護및企業間協力增進에관한法律은 이를 폐지한다.

제3조【일반적 경과조치】 이 법 시행 당시 종전의 「중소기업의 사업영역 보호 및 기업간 협력증진에 관한 법률」(이하 "종전 법"이라 한다)의 규정 중 이 법에 그에 해당하는 규정이 있는 경우 종전 법의 규정에 의하여 행한 처분 그 밖의 행위는 이 법에 의하여 행한 것으로 본다.

제4조【유효기간】 제29조, 제30조, 제35조제1호, 제40조제1항제2호 및 제41조제2호·제3호의 규정은 2006년 12월 31일까지 그 효력을 가지며, 제32조제1항중 "고유업종외의 사업"을 2007년 1월 1일부터 "사업"으로 한다.

제5조【수탁기업체협의회에 대한 경과조치】 이 법 시행 당시 종전 법 제17조의 규정에 의한 수탁기업체협의회는 제17조의 규정에 의한 수탁기업협의회로 본다.

제6조【대·중소기업협력재단에 관한 특례】 종전 법 제16조의 규정에 의하여 설립된 대·중소기업협력재단은 제20조에 의한 재단으로 본다.

제7조【분쟁조정에 관한 경과조치】 종전 법 제25조의 규정에 의하여 조정요청을 한 분쟁사건으로서 이 법 시행 당시 계류 중인 것은 제28조의 규정에 의한 조정요청이 있는 것으로 본다.

제8조【사업조정 등에 관한 경과조치】 이 법 시행 당시 종전 법 제6조 내지 제8조의 규정에 의하여 행한 사업조정의 신청, 사업조정에 관한 권고·명령 및 일시정지 권고는 제32조 내지 제34조의 규정에 의하여 행한 것으로 본다.

제9조【중소기업 고유업종의 사업에 관한 경과조치】 ① 이 법 시행 당시 종전 법 제3조제1항의 규정에 의하여 지정된 중소기업 고유업종은 제29조제1항의 규정에 의하여 지정된 것으로 본다.

② 이 법 시행 당시 제29조의 규정에 의한 중소기업 고유업종의 사업을 영위하고 있는 대기업등은 산업자원부령이 정하는 바에 따라 중소기업청장에게 신고하여야 한다. 다만, 법률 제3653호 「중소기업사업조정법중개정법률」 부칙 제2조, 「중소기업사업조정법」 제7조제2항, 법률 제4898호 「중소기업의 사업영역 보호 및 기업간 협력증진에 관한 법률」 부칙 제4조 및 종전 법 제4조제2항의 규정에 의한 신고를 한 자의 경우에는 그러하지 아니하다.

③ 제2항의 규정에 의한 신고를 하지 아니한 자는 500만원 이하의 과태료에 처하며, 과태료 부과·징수의 절차 및 방법은 제43조제2항 내지 제5항의 규정을 준용한다.

제10조【벌칙 등에 관한 경과조치】 이 법 시행 전의 행위에 대한 벌칙 및 과태료의 적용에 있어서는 종전 법의 규정에 의한다.

제11조【다른 법률의 개정】 ①~⑥ ※(해당 법령에 가제정리 하였음)

부 칙 (2017.1.17)

제1조【시행일】 이 법은 공포 후 3개월이 경과한 날부터 시행한다. 다만, 제17조제3항 및 제20조의 개정규정은 공포한 날부터 시행한다.

제2조【대·중소기업협력재단에 대한 경과조치】 제20조의 개정규정 시행 당시 종전의 제20조에 따른 대·중소기업협력재단은 같은 개정규정에 따른 대·중소기업·농어업협력재단으로 본다.

부 칙 (2017.4.18)

제1조【시행일】 이 법은 공포 후 6개월이 경과한 날부터 시행한다.

제2조【적합업종 합의 신청 등에 관한 경과조치】 이 법 시행 당시 위원회에서 적합업종 합의를 도출 중인 신청에 대해서는 이 법 시행 후 1년 이내에 적합업종 합의의 도출을 마쳐야 하며, 1년 이내에 적합업종 합의도출이 되지 아니하는 경우에는 제20조의4제3항의 개정규정에 따른 사업조정을 신청할 수 있다.

부 칙 (2018.3.20)

제1조【시행일】 이 법은 공포 후 6개월이 경과한 날부터 시행한다. 다만, 제20조의4제2항의 개정규정은 공포한 날부터 시행한다.

제2조【상생결제에 관한 적용례】 제22조제5항의 개정규정은 이 법 시행 후 최초로 체결하는 물품등의 제조위탁에 관한 계약부터 적용한다.

부 칙 (2019.1.15)

제1조【시행일】 이 법은 공포 후 6개월이 경과한 날부터 시행한다. 다만, 제2조제11호의 개정규정은 공포한 날부터 시행한다.

제2조【위탁기업의 입증책임에 관한 적용례】 제25조의2의 개정규정은 이 법 시행 후 최초로 제28조에 따른 분쟁조정의 요청이 있거나 손해배상청구의 소가 제기되는 경우부터 적용한다.

부 칙 (2020.2.11)

이 법은 공포 후 6개월이 경과한 날부터 시행한다.

부 칙 (2020.10.20)

제1조【시행일】 이 법은 공포 후 6개월이 경과한 날부터 시행한다.

제2조【불공정거래행위 개선에 관한 경과조치】 이 법 시행 전의 위반행위에 대해서는 제27조의 개정규정에도 불구하고 종전의 규정에 따른다.

제3조【다른 법률의 개정】 ①~② ※(해당 법령에 가제정리 하였음)

부 칙 (2020.12.29)

제1조【시행일】 이 법은 공포 후 1년이 경과한 날부터 시행한다.(이하 생략)

부 칙 (2021.8.17)

제1조【시행일】 이 법은 공포 후 6개월이 경과한 날부터 시행한다.

제2조【비밀유지계약의 체결에 관한 적용례】 제21조의2제1항의 개정규정은 이 법 시행 이후 수탁기업이 위탁기업에 비밀로 관리되는 기술자료를 제공하는 경우부터 적용한다.

제3조【손해배상책임 등에 관한 적용례】 제40조의2제2항, 제40조의3제1항 및 제40조의4의 개정규정은 이 법 시행 이후 위탁기업이 제25조제2항의 개정규정을 위반하는 경우부터 적용한다.

부 칙 (2021.10.19)

이 법은 공포한 날부터 시행한다.

부 칙 (2021.12.28)

제1조【시행일】 이 법은 공포 후 6개월이 경과한 날부터 시행한다.(이하 생략)

부 칙 (2023.1.3)

제1조【시행일】 이 법은 공포 후 6개월이 경과한 날부터 시행한다. 다만, 제21조제1항제4호, 같은 조 제2항부터 제4항까지 및 제25조제1항제1호의2·제14호, 제28조제1항제1호, 제43조제2항제2호의 개정규정은 공포 후 9개월이 경과한 날부터 시행한다.

제2조【납품대금 연동에 관한 적용례】 제21조의 개정규정은 이 법 시행 이후 최초로 위탁기업이 수탁기업과 물품등의 제조 위탁에 관한 약정을 체결·갱신하는 경우부터 적용한다.

부 칙 (2023.3.28)

제1조【시행일】 이 법은 공포 후 6개월이 경과한 날부터 시행한다. 다만, 제20조제2항제7호의 개정규정은 공포한 날부터 시행한다.

제2조【벌점 등의 감면에 관한 적용례】 제28조의3의 개정규정은 이 법 시행 이후 중소벤처기업부장관이 제40조에 따른 조사를 개시하는 경우부터 적용한다.

제3조【시효 중단의 효력 및 분쟁조정협의회의 조정 등에 관한 적용례】 제28조의9제4항부터 제6항까지 및 제28조의10의 개정규정은 이 법 시행 이후 분쟁조정협의회에 당사자가 분쟁조정을 신청하는 경우부터 적용한다.

제4조【다른 법률의 개정】 ①~② ※(해당 법령에 가제정리 하였음)

부 칙 (2023.6.20)

이 법은 공포한 날부터 시행한다.

부 칙 (2024.1.9)

제1조【시행일】 이 법은 공포 후 6개월이 경과한 날부터 시행한다. 다만, 제22조의2제2항의 개정규정은 공포한 날부터 시행한다.

제2조【조정 협의 신청요건 삭제에 관한 적용례】 제22조의2제2항의 개정규정은 같은 개정규정 시행 당시 중소기업협동조합이 납품대금의 조정을 위한 협의를 신청받은 경우에 대하여도 적용한다.

제3조【위탁기업의 입증책임에 관한 적용례】 제25조의2의 개정규정은 이 법 시행 이후 제28조에 따른 분쟁 조정의 요청이 있거나 손해배상청구의 소가 제기되는 경우부터 적용한다.

제4조【법원의 기록 송부 요구에 관한 적용례】 제40조제4항의 개정규정은 이 법 시행 당시 법원에 계속 중인 사건에 대하여도 적용한다.

제5조【손해배상책임에 관한 적용례】 제40조의2제2항의 개정규정은 이 법 시행 이후 발생하는 위반행위부터 적용한다.

중소기업협동조합법

(2007년 4월 11일 전부개정법률 제8363호)

개정

2007. 5.25법 8486호(산업표준화법)
2007. 8. 3법 8635호(자본시장금융투자업)
2008. 2.29법 8852호(정부조직)
2008. 6.13법 9120호 2009.12.30법 9893호
2010. 6. 8법10355호 2011. 7.25법10953호
2013. 3.23법11690호(정부조직)
2014. 1.21법12311호
2015. 1.28법13086호(소상공인보호및지원에관한법)
2015. 2. 3법13159호 2016. 1.27법13869호
2017. 7.26법14839호(정부조직)
2018. 3.13법15467호 2018. 3.20법15521호
2018. 6.12법15693호 2018.12.11법15928호
2018.12.31법16174호 2019. 8.20법16525호
2019.12.10법16819호
2020. 2. 4법16954호(소상공인기본법)
2020. 2.11법17004호
2020.12.29법17799호(독점)
2022. 1.11법18757호(하도급거래공정화에관한법)
2022.11.15법19061호 2023. 1. 3법19183호
2023. 9.14법19733호

제1장 총 칙

제1조【목적】 이 법은 중소기업자가 서로 힘을 합하여 협동 사업을 추진하는 협동 조직의 설립·운영 및 육성에 관한 사항을 정하여 중소기업자의 경제적인 기회 균등을 기하고 자주적인 경제 활동을 북돋우어 중소기업자의 경제적 지위의 향상과 국민경제의 균형 있는 발전을 꾀함을 목적으로 한다.

제2조【정의】 이 법에서 사용하는 용어의 뜻은 다음과 같다.

1. "중소기업자"란 다음 각 목의 자를 말한다.
 가. 「중소기업기본법」 제2조제1항에 따른 중소기업(같은 법 같은 조 제3항에 따른 중소기업을 포함한다)을 영위하는 자
 나. 중소기업협동조합
2. "중소기업관련단체"란 구성원의 과반수가 중소기업자로서 「민법」이나 그 밖의 법률에 따라 설립된 비영리법인을 말한다.

제3조【종류 등】 ① 중소기업협동조합의 종류는 다음 각 호와 같다.

1. 협동조합(이하 "조합"이라 한다)
2. 사업협동조합(이하 "사업조합"이라 한다)
3. 협동조합연합회(이하 "연합회"라 한다)
4. 중소기업중앙회(이하 "중앙회"라 한다)

② 조합, 사업조합 및 연합회를 설립할 수 있는 업종의 분류는 대통령령으로 정한다.

제4조【법인격과 주소】 ① 조합, 사업조합, 연합회와 중앙회는 법인으로 한다.

② 조합, 사업조합과 연합회의 주소는 각각 그 주사무소의 소재지로 하고 국내외의 필요한 곳에 분사무소를 둘 수 있다.

③ 중앙회는 서울특별시에 주사무소를 두고 필요한 곳에 지회 및 지소를 둘 수 있다.

제5조【명칭 사용】 조합, 사업조합, 연합회 또는 중앙회는 그 명칭 중에 각각 다음 각 호의 문자를 사용하여야 한다.
1. 조합은 지방명을 붙인 업종별 협동조합
2. 사업조합은 지방명과 업종 또는 사업을 나타내는 명칭을 붙인 사업협동조합(2010.6.8 본호개정)
3. 연합회는 업종 또는 행정구역의 명칭을 붙인 협동조합 연합회
4. 중앙회는 중소기업중앙회

제6조【업무 구역】 ① 조합의 업무 구역(조합원 또는 회원의 자격을 가진 자의 지역 소재 범위를 말한다. 이하 같다)은 다음 각 호와 같다.(2010.6.8 본문개정)
1. 전국조합 : 전국
2. 지방조합 : 특별시·광역시·특별자치시·도 또는 특별자치도(이하 "시·도"라 한다). 다만, 업종의 특성과 업체의 분포 및 조합 운영의 특성을 고려하여 하나의 시·도를 업무 구역으로 하는 것이 적당하지 아니하다고 인정되면 둘 이상의 시·도를 업무 구역으로 할 수 있고, 업종이 도매업이나 소매업이면 업체의 분포 등을 고려하여 하나의 시·도의 일정 지역을 업무 구역으로 할 수 있다.(2015.2.3 본문개정)

② 사업조합의 업무 구역은 전국, 시·도 또는 시·군·구로 정할 수 있다. 다만, 같은 업종으로 설립되는 사업조합의 업무 구역은 다음 각 호와 같다.
1. 하나의 시·군·구 또는 시·군·구의 일정 지역
2. 사업의 특성, 업체의 분포 및 사업조합 운영의 특성을 고려하여 하나의 시·군·구 또는 시·군·구의 일정 지역을 업무 구역으로 하는 것이 적당하지 아니하다고 인정되는 경우에는 둘 이상의 시·군·구(다른 시·도의 시·군·구를 포함한다) 또는 둘 이상의 시·군·구의 일정 지역

(2010.6.8 본항개정)

③ 연합회의 업무 구역은 다음 각 호와 같다.
1. 업종의 명칭을 붙인 연합회 : 전국
2. 행정구역의 명칭을 붙인 연합회 : 하나의 시·도. 다만, 연합회 운영의 특성을 고려하여 하나의 시·도를 업무 구역으로 하는 것이 적당하지 아니하다고 인정되면 둘 이상의 시·도를 업무 구역으로 할 수 있다.

④ 중앙회의 업무 구역은 전국으로 하고 각 업종 및 사업을 총괄하여 하나를 둔다.

(2010.6.8 본조제목개정)

제7조【성격】 ① 조합, 사업조합, 연합회 또는 중앙회는 이 법에 다른 규정이 있는 경우 외에는 다음 각 호의 요건을 갖추어야 한다.
1. 조합원 또는 회원의 상호부조를 목적으로 하되, 영리를 목적으로 하지 아니할 것(2008.6.13 본호개정)
2. 조합원 또는 회원의 의결권과 선거권은 평등할 것. 다만, 업종의 명칭을 붙인 연합회의 회원의 의결권과 선거권은 정관으로 정하는 바에 따라 회원이 가진 조합원 수의 비례에 따른다.

② 조합, 사업조합, 연합회 또는 중앙회는 특정한 조합원 또는 회원의 이익만을 목적으로 하여 사업을 하여서는 아니 된다.

제8조【정치 관여 행위의 금지】 ① 조합, 사업조합, 연합회 및 중앙회는 정치에 관한 모든 행위를 할 수 없다.

② 조합, 사업조합, 연합회 및 중앙회는 공직선거에서 특정 정당을 지지하는 행위, 특정인을 당선되도록 하는 행위 또는 당선되지 아니하도록 하는 행위를 하여서는 아니 된다.

③ 누구든지 조합, 사업조합, 연합회 및 중앙회를 이용하여 제2항에 따른 행위를 하여서는 아니 된다.

제9조【정부 및 지방자치단체 등의 협력 의무】 ① 중앙행정기관과 지방자치단체의 장은 조합, 사업조합, 연합회 또는 중앙회의 사업에 대하여 적극적으로 협력하여야 하며, 정부·지방자치단체 및 공공단체는 그 시설을 조합, 사업조합, 연합회 또는 중앙회가 이용하려는 때에는 다른 자에 우선하여 편의를 제공하여야 한다.

② 지방자치단체는 중소기업이 공동으로 이용할 수 있는 시설의 설치·운영, 중소기업 제품의 공동전시·공동판매 등의 사업을 지원하기 위하여 조합, 사업조합, 연합회 및 중앙회에 지방자치단체의 공유재산인 부지나 시설을 무상으로 대부하거나 사용·수익하게 할 수 있다.

③ 중앙회 회장은 조합, 사업조합, 연합회 또는 중앙회의 발전에 관하여 정부에 의견을 제출할 수 있다.

제10조【공무원의 겸직 금지】 공무원은 조합, 사업조합, 연합회 및 중앙회의 임원이나 직원이 될 수 없다. 다만, 「공직선거법」에 따른 선거로 선출된 공무원은 조합, 사업조합, 연합회 및 중앙회의 상근 임원·직원과 중앙회장을 제외하고는 임원이나 직원이 될 수 있다.

제11조【다른 법률의 준용】 조합, 사업조합, 연합회와 중앙회에 관하여 이 법에 규정된 사항 외에는 「민법」 또는 「상법」에 관한 규정을 준용한다.

제11조의2【다른 법률의 적용 배제】 ① 대통령령으로 정하는 요건에 해당하는 조합, 사업조합 및 연합회가 제35조제1항제1호, 제82조제1항제1호 및 제93조제1항제1호에 따른 사업을 수행하는 경우 그 목적 달성을 위하여 필요한 행위에 대하여는 「독점규제 및 공정거래에 관한 법률」 제40조제1항 또는 제51조제1항제1호를 적용하지 아니한다. 다만, 가격인상, 생산량 조절 등 부당하게 경쟁을 제한하여 소비자 이익을 침해한 경우에는 그러하지 아니하다.(2020.12.29 본문개정)

② 중소벤처기업부장관은 제1항 단서에 따라 소비자 이익을 침해한 경우에 대한 기준을 공정거래위원장과 협의하여 고시할 수 있다.

(2019.8.20 본조신설)

제12조【주무관청의 감독】 ① 제6조에 따라 전국을 업무 구역으로 하여서 설립되는 조합, 사업조합, 업종의 명칭을 붙인 연합회 및 중앙회는 중소벤처기업부장관이 감독한다.(2017.7.26 본항개정)

② 제1항에 따른 중소벤처기업부장관의 감독 대상이 아닌 조합, 사업조합 및 행정구역의 명칭을 붙인 연합회는 특별시장·광역시장·특별자치시장·도지사 또는 특별자치도지사(이하 "시·도지사"라 한다)가 감독한다. 다만, 제35조제1항제15호, 제82조제1항제10호 및 제93조제1항제15호에 따른 공제사업은 중소벤처기업부장관이 감독한다.(2023.9.14 단서개정)

③ 제2항 본문에 따라 시·도지사가 감독하는 조합, 사업조합 또는 연합회가 둘 이상의 시·도를 업무구역으로 하는 경우에는 그 조합, 사업조합 또는 연합회의 주사무소의 소재지를 관할하는 시·도지사가 이를 감독한다.(2016.1.27 본항개정)

④ 중소벤처기업부장관은 제35조제1항제15호, 제82조제1항제10호, 제93조제1항제15호 및 제106조제1항제22호의 공제사업의 건전한 육성과 계약자의 보호를 위하여 금융위원회 위원장과 협의하여 감독에 필요한 기준을 정하고 이를 고시하여야 한다.(2023.9.14 본항개정)

제12조의2【중소기업협동조합에 관한 정책 수립】 ① 중소벤처기업부장관은 중소기업협동조합의 기능 활성화를 위한 추진계획(이하 "추진계획"이라 한다)을 3년마다 수립하여야 한다.(2017.7.26 본항개정)

② 추진계획에는 다음 각 호의 사항이 포함되어야 한다.
1. 중소기업협동조합 기능 활성화 지원시책의 기본방향
2. 중소기업협동조합의 공동사업 추진 방안
3. 중소기업협동조합 임직원의 교육
4. 다른 협동조합과의 협력 방안
5. 그 밖에 협동조합의 기능 활성화를 위하여 중소벤처기업부장관이 정하는 사항(2017.7.26 본호개정)

③ 중소벤처기업부장관은 중소기업협동조합의 운영 현황 등 실태파악을 위하여 실태조사를 실시할 수 있다.(2018.3.13 본항신설)

④ 중소벤처기업부장관은 제1항에 따른 추진계획의 수립 및 제3항에 따른 실태조사의 실시에 필요한 자료 및 의견의 제출 등을 관계 중앙행정기관의 장 또는 시·도지사에게 요청할 수 있다. 이 경우 요청을 받은 관계 중앙행정기관의 장 또는 시·도지사는 특별한 사유가 없으면 이에 협조하여야 한다.(2018.3.13 전단개정)

(2015.2.3 본조신설)

제2장 협동조합

제1절 조합원

제13조【조합원의 자격】 ① 제2조제1호가목에 따른 중소기업자로서 조합 구역에서 같은 업종의 사업을 영위하는 자와 조합 구역에서 같은 업종 또는 관련 업종의 사업을 영위하는 사업조합은 정관으로 정하는 바에 따라 그 조합의 조합원이 될 자격을 가진다.

② 조합은 같은 업종의 사업을 영위하는 자로서 특별한 사유가 있으면 정관으로 정하는 바에 따라 제2조제1호가목에 따른 중소기업자 외의 자를 조합원으로 할 수 있다.

③ 조합은 사업을 원활히 추진하기 위하여 정관으로 정하는 바에 따라 다른 업종의 제2조제1호가목에 따른 중소기업자를 조합원으로 할 수 있다. 다만, 같은 업종 조합원 전체의 100분의 20을 초과할 수 없다.(2010.6.8 본항신설)

제14조【특별 조합원】 조합은 정관으로 정하는 바에 따라 조합 구역에 주소를 둔 경제 단체와 중소기업 관련 기관·단체 또는 관련 중소기업 등을 특별 조합원으로 할 수 있다.

제15조【가입의 절차】 ① 조합에 가입하려는 자는 정관으로 정하는 바에 따라 가입에 대한 조합의 자격 확인을 받아 인수출자좌수(引受出資座數)에 대한 금액을 납입하고 조합이 가입금을 징수할 것을 정할 경우에는 그 지급을 마친 때 또는 조합원의 지분의 전부 또는 일부를 승계한 때에 조합원이 된다.

② 조합원이 될 자격을 가진 자가 조합에 가입하려는 때에는 조합은 정당한 이유 없이 이를 거부하거나 현재의 조합원의 가입 당시에 붙인 것보다 불리한 조건을 붙여서는 아니 된다.

③ 제24조에 따라 임의 탈퇴한 자와 제25조제1항제3호에 따라 제명된 자의 재가입은 2년 이내의 범위에서 정관으로 정하는 바에 따라 일정 기간 동안 제한할 수 있다.(2015.2.3 본항개정)

제16조【출자】 ① 조합원은 정관으로 정하는 바에 따라 1좌(座) 이상의 출자를 하여야 한다.

② 출자 1좌의 금액은 균일하여야 한다.

③ 한 조합원의 출자좌수는 출자 총좌수의 100분의 20을 넘어서는 안 된다.

④ 조합원은 출자금의 납입에 관하여 상계로써 조합에 대항하지 못한다.

⑤ 조합원이 휴업한 때, 사업의 일부를 폐지하거나 그 밖의 부득이한 사유가 있을 때에는 정관으로 정하는 바에 따라 사업연도 말에 한정하여 그 출자좌수를 줄일 수 있다.

⑥ 제5항의 경우에는 제26조를 준용한다.

⑦ 조합원의 책임은 그 출자액을 한도로 한다.

제17조【조합의 최저 출자금】 조합을 설립할 때 조합원이 출자하는 출자금 총액의 최저한도는 대통령령으로 정한다.

제18조【회전 출자】 조합은 제16조에 따른 출자 외에 정관으로 정하는 바에 따라 배당한 잉여금의 전부 또는 일부를 그 조합원으로 하여금 출자하게 할 수 있다. 이 경우 제16조제4항을 준용한다.

제19조【의결권과 선거권】 ① 조합원은 각각 한 개의 의결권과 선거권을 가진다. 다만, 선거권은 임원 또는 대의원의 임기 종료일(보궐선거 등에서는 그 선거의 실시 사유가 확정된 날) 6개월 전부터 그 선거일까지 계속하여 해당 조합의 조합원인 자만 행사할 수 있다.(2008.6.13 단서개정)

② 설립등기를 한 날부터 6개월이 경과하지 아니한 조합에 대하여는 선거권과 관련하여 제1항 단서를 적용하지 아니한다.(2018.3.13 본항신설)

③ 조합은 정관으로 정하는 바에 따라 조합원의 의결권 또는 선거권을 제한할 수 있다.(2008.6.13 본항개정)

④ 조합원은 의결권 또는 선거권을 출석하여 행사한다. 다만, 정관으로 정하는 바에 따라 미리 통지한 사항에 관하여는 서면 또는 전자문서에 의하여 의결권을 행사할 수 있다.(2008.6.13 본항신설)

⑤ 조합원은 정관으로 정하는 자격을 갖춘 대리인에 의하여 의결권 또는 선거권을 행사할 수 있다. 이 경우 대리인은 정관으로 정하는 바에 따라 대리권을 증명하는 서면 또는 전자문서를 의결권을 행사하기 전에 미리 조합에 제출하여야 한다.(2008.6.13 본항신설)

⑥ 조합원은 전자적 방법(「전자문서 및 전자거래 기본법」 제2조제2호에 따른 정보처리시스템을 사용하거나 그 밖에 정보통신기술을 이용하는 방법을 말한다. 이하 같다)을 통하여 의결권 또는 선거권을 행사할 수 있다.(2022.11.15 본항신설)

⑦ 제4항 단서, 제5항 및 제6항에 따라 의결권 또는 선거권을 행사하는 자는 출석자로 본다.(2022.11.15 본항개정)

⑧ 대리인이 대리할 수 있는 조합원의 수는 한 명으로 한정한다.

제20조【경비의 부과】 ① 조합은 정관으로 정하는 바에 따라 조합원에게 경비를 부과할 수 있다.

② 조합원은 제1항에 따른 경비의 지급에 관하여 상계로써 조합에 대항하지 못한다.

제21조【사용료와 수수료】 조합은 정관으로 정하는 바에 따라 사용료와 수수료를 징수할 수 있다.

제22조【조합원의 상속】 ① 사망한 조합원의 상속인으로서 조합원이 될 자격을 가진 자가 조합에 대하여 정관으로 정하는 기간에 가입 신청을 하면 제15조에도 불구하고 상속이 개시된 때에 조합원이 된 것으로 본다. 이 경우에는 상속인인 조합원은 피상속인의 지분에 관하여 사망한 조합원의 권리와 의무를 승계한다.

② 사망한 조합원의 상속인이 여러 사람이면 그 여러 사람의 상속인들이 선정한 한 명의 상속인에 한정하여 제1항을 적용한다.

제23조【지분의 양도】 ① 조합원은 조합의 승인 없이는 그 지분을 양도하지 못한다.

② 조합원 외의 자가 지분을 양수하려면 가입의 예에 따라야 한다.

③ 지분의 양수인은 그 지분에 관하여 양도인의 권리와 의무를 승계한다.

④ 조합원은 지분을 공유하지 못한다.

제24조【임의 탈퇴】 조합원은 30일 전에 예고하고 탈퇴할 수 있다.

제25조【법정 탈퇴】 ① 조합원은 다음 각 호의 사유로 인하여 탈퇴된다.
1. 조합원이 될 자격의 상실
2. 사망 또는 해산
3. 제명(除名)
4. 파산의 선고

② 제1항제3호의 제명은 다음 각 호의 어느 하나에 해당하는 자에 대하여 총회의 의결을 거쳐 행한다.
1. 출자의 납입, 경비의 부담, 그 밖에 조합에 대한 의무를 게을리한 조합원
2. 그 밖에 정관으로 정하는 사유에 해당하는 조합원

③ 제2항의 경우에는 조합은 총회 개최일 10일 전에 그 조합원에게 제명 사유를 알리고 총회에서 의견을 진술할 기회를 주어야 한다.

④ 제명은 제명한 조합원에게 그 취지를 알리지 아니하면 그 조합원에게 대항하지 못한다.

제26조【탈퇴자의 지분의 환불과 그 정지】 ① 조합원이 조합을 탈퇴하면 정관으로 정하는 바에 따라 그 지분의 환불을 청구할 수 있다.

② 제1항의 지분은 탈퇴한 날이 속하는 연도의 직전 사업연도 말의 조합 재산에 따라 정한다.
③ 제2항의 지분을 계산할 경우에 조합의 재산으로 그 채무를 완전히 변제(辨濟)하지 못하면 조합은 정관으로 정하는 바에 따라 탈퇴한 조합원에 대하여 그가 부담하여야 할 손실액의 납입을 청구할 수 있다.
④ 조합은 탈퇴한 조합원이 조합에 대한 채무를 완전히 변제할 때까지 그 지분의 환불을 정지할 수 있다.
⑤ 제1항과 제3항의 청구권은 탈퇴한 날부터 2년간 행사하지 아니하면 시효로 인하여 소멸된다.

제2절 설 립

제27조【발기인】 ① 조합을 설립하려면 제13조에 따른 조합원이 될 자격을 가진 자로서 다음 각 호에 따른 발기인이 있어야 한다. 다만, 제2조제1호가목에 따른 중소기업자 수를 고려할 때 다음 각 호의 기준을 충족하기 어렵다고 인정되는 특수한 업종의 경우에는 그러하지 아니하다.(2010.6.8 단서신설)
1. 하나의 시·도 또는 하나의 시·도의 일정 지역을 업무 구역으로 하는 조합은 30명 이상의 발기인. 다만, 조합의 업종이 도매업 또는 소매업이면 50명 이상의 발기인이 있어야 한다.
2. 전국 또는 둘 이상의 시·도를 업무 구역으로 하는 조합은 50명 이상의 발기인. 다만, 조합의 업종이 도매업 또는 소매업이면 70명 이상의 발기인이 있어야 한다.
(2010.6.8 1호~2호개정)
② 조합은 조합 설립 후에도 제1항 각 호에 따른 발기인수에 해당하는 조합원을 유지하여야 한다.
③ 중소벤처기업부장관은 제1항 각 호에 따른 발기인이 업무 구역에서 공동사업 등을 원활하게 추진하도록 여러 개의 시·도 또는 시·군·구에 각각 적정한 수의 최소 발기인이 있어야 할 것 등 필요한 사항을 정하여 고시할 수 있다.(2017.7.26 본항개정)

제28조【창립총회】 ① 발기인은 정관을 작성하여 회의의 일시, 장소와 함께 공고하고 창립총회를 개최하여야 한다.
② 제1항의 공고는 적어도 회의 개최일의 2주일 전에 하여야 한다.
③ 발기인이 작성한 정관의 채택 또는 그 수정과 사업계획의 설정, 그 밖에 조합의 설립에 필요한 사항의 결정은 창립총회의 의결을 거쳐야 한다.
④ 창립총회의 의결은 조합원이 될 자격을 가진 자로서 조합 설립에 동의한 자의 과반수의 출석과 출석자의 3분의 2 이상의 찬성으로 행한다.

제29조【정관의 기재사항】 ① 조합의 정관에는 다음 각 호의 사항을 적어야 한다.
1. 목적
2. 명칭
3. 업무 구역
4. 사업
5. 사무소의 소재지
6. 조합원 및 대리인이 될 자격
7. 조합원의 가입, 탈퇴 및 제명
8. 임원의 정수와 그 선임
9. 출자 1좌의 금액과 그 납입 방법
10. 경비의 분담
11. 사업연도
12. 잉여금의 처분과 손실의 처리
13. 준비금의 액수와 그 적립 방법
14. 제품의 단체표준에 관한 사항과 검사
15. 해산 사유
16. 공고 방법
② 조합의 정관에는 제1항의 사항 외에 현물 출자를 하는 자를 정한 때에는 그 성명과 출자 목적인 재산의 종류, 수량, 가격과 이에 대하여 부여하는 출자좌수를, 조합의 성립 후에 양수할 재산이 있을 때에는 그 재산의 종류, 수량, 가격과 양도인의 성명을 적어야 한다.

제30조【규약 또는 규정의 기재사항】 ① 다음 각 호의 사항에 관하여는 정관으로 정하는 것 외에는 규약으로 정할 수 있다.
1. 예산과 회계에 관한 사항
2. 가입금 및 경비 부과에 관한 사항
3. 그 밖에 조합원에게 의무를 부과하는 사항
② 다음 각 호의 사항에 관하여는 정관으로 정하는 것 외에는 규정으로 정할 수 있다.
1. 총회, 이사회, 그 밖에 회의에 관한 사항
2. 업무 집행에 관한 사항
3. 조합원에 관한 사항
4. 임원에 관한 사항
5. 그 밖에 필요한 사항

제31조【의사록】 ① 창립 총회의 의사(議事)에 관하여는 의사록을 작성하여야 한다.
② 의사록에는 의사의 경과와 의결사항을 적고 의장과 발기인 전원이 서명하여야 한다.

제32조【설립인가】 ① 발기인은 창립총회가 끝나면 지체 없이 정관, 사업계획, 임원의 성명과 주소, 그 밖에 필요한 사항을 적은 서면을 주무관청에 제출하여 설립의 인가를 받아야 한다.
② 발기인 중 제31조제2항의 의사록에 서명을 거부하는 자가 있으면 발기인의 과반수가 설립인가신청서에 그 사유서를 첨부하여 설립인가를 신청할 수 있다.
③ 제1항에 따른 설립인가에 관하여 필요한 사항은 대통령령으로 정한다.

제33조【이사장에 대한 사무 인계】 발기인은 제32조의 인가를 받으면 그 인가를 받은 날부터 2주일 이내에 그 사무를 이사장에게 인계하여야 한다.

제34조【출자금의 납입】 ① 이사장은 제33조에 따라 사무를 인수하면 그 사무를 인수한 날부터 3주일 이내에 조합원이 되려는 자에게 출자금을 납입하게 하여야 한다.
② 제1항에 따른 납입을 할 때에는 출자금을 분할하여 납입할 수 없다.
③ 현물 출자자는 제1항의 납입 기일에 출자의 목적인 재산의 전부를 급부(給付)하여야 한다.

제3절 사 업

제35조【업무】 ① 조합은 설립 목적을 이루기 위하여 다음 각 호의 사업의 전부 또는 일부를 할 수 있다.
1. 생산, 가공, 수주, 판매, 구매, 보관, 운송, 환경 개선, 상표, 서비스 등의 공동 사업과 이를 위한 단지 및 공동시설의 조성·관리 및 운영
2. 조합원 사이의 사업 조정에 관한 기획과 조정 및 중소기업 외의 자가 그 조합의 사업 분야를 침해한 경우 주무관청에 대한 조정 신청
3. 「대·중소기업 상생협력 촉진에 관한 법률」에 따른 위탁 기업체와 조합원인 수탁 기업체 사이의 수탁·위탁거래의 알선과 이에 따른 조정
4. 제품의 단체표준과 공동검사 및 시험 연구에 관한 사항
5. 조합원에 대한 사업 자금의 대부(어음 할인을 포함한다) 또는 대부의 알선과 조합 자체 사업을 위한 자금의 차입
6. 조합원의 사업에 관한 경영·기술 및 품질 관리의 지도, 조사 연구, 교육 및 정보의 제공에 관한 사업
7. 조합원의 경제적 이익을 도모하기 위한 단체적 계약의 체결
8. 조합원이 생산하는 제품의 수출과 제품의 생산에 필요한 원자재 및 시설재의 수입과 가격조사(2009.12.30 본호개정)
9. 조합원에 대한 복리 후생
10. 국가, 지방자치단체, 중앙회 또는 연합회로부터 위탁받은 사업
11. 조합원의 수출 진흥을 위한 해외 전시·판매장의 설치와 관리
12. 설립 목적을 이루는 데 필요한 수익 사업으로서 주무관청의 승인을 받은 사업
13. 「하도급거래 공정화에 관한 법률」에 따른 원사업자와 조합원인 수급사업자 간의 하도급대금 협의 및 조정 지원(2015.2.3 본호개정)
14. 「대·중소기업 상생협력 촉진에 관한 법률」에 따른 위탁기업과 조합원인 수탁기업 간의 납품대금 협의 및 조정 지원(2023.9.14 본호신설)
15. 공제사업(조합원의 채무 또는 의무 이행 등에 필요한 보증사업은 제외한다)(2011.7.25 본호신설)
16. 그 밖에 제1호부터 제15호까지에 규정된 사업과 관련된 부대사업(2023.9.14 본호개정)
② 조합은 제1항의 사업을 추진하기 위하여 정관으로 정하는 바에 따라 이사회의 의결을 거쳐 다른 법인에 출자할 수 있다. 다만, 조합의 출자금과 잉여금 합계액의 범위를 초과하여 출자하려는 경우에는 주무관청의 승인을 받아야 한다.(2016.1.27 본항개정)
③ 조합은 조합원의 이용에 지장이 없는 경우에는 정관으로 정하는 바에 따라 조합원 외의 자에게 그 사업을 이용하게 할 수 있다.(2008.6.13 본항개정)

제35조의2【공제규정】 ① 조합이 제35조제1항제15호에 따른 공제사업을 할 경우에는 공제규정을 정하여 중소벤처기업부장관의 인가를 받아야 한다. 이를 변경할 때에도 또한 같다.(2023.9.14 전단개정)
② 제1항에 따른 공제규정에는 중소벤처기업부령으로 정하는 바에 따라 공제사업의 범위, 공제사업의 실시에 관한 사항, 공제금, 공제계약 및 공제료에 관한 사항, 공제책임준비금 등 공제사업의 운영에 관하여 필요한 사항이 포함되어야 한다.(2017.7.26 본항개정)
③ 제1항에 따른 인가를 받으려는 조합은 다음 각 호의 요건을 갖추어야 한다.
1. 5억원 이상의 자본금을 보유할 것
2. 공제사업을 수행하기 위하여 필요한 인력 및 전산설비 등 물적시설이 중소벤처기업부령으로 정하는 기준에 적합할 것(2017.7.26 본호개정)
3. 사업계획이 재무건전성 등 중소벤처기업부령으로 정하는 기준에 적합할 것(2017.7.26 본호개정)
(2016.1.27 본항신설)

제35조의3【공제금 청구권 등의 소멸시효】 제35조제1항제15호에 따른 공제사업에 관한 공제금의 청구권과 공제료 또는 적립금의 반환청구권은 3년간, 공제료의 청구권은 2년간 행사하지 아니하면 시효의 완성으로 소멸한다.(2023.9.14 본조개정)

제36조【사업계획】 ① 조합은 사업연도 개시일부터 2개월 이내에 대통령령으로 정하는 바에 따라 그 사업계획과 수지예산서(收支豫算書)를 작성하여 총회의 의결을 받아야 한다. 이를 변경할 때에도 또한 같다.
② 제1항에 따른 총회의 의결을 받기 전의 일반 경비 및 긴급한 사업비는 전년도 예산에 준하여 지출할 수 있다.

제37조【단체표준 및 품질인증】 ① 조합은 조합원이 생산하는 제품에 대하여 「산업표준화법」 제27조제1항에 따른 단체표준을 정할 수 있다. 이 경우 다른 법령에 따라 규격이 따로 정하여져 있으면 그 규격에 따라 단체표준을 정할 수 있다.(2007.5.25 본항개정)
② 조합은 제1항에 따라 정한 단체표준에 적합한 제품에 대하여는 중소벤처기업부령으로 정하는 바에 따라 품질인증을 할 수 있다.(2017.7.26 본항개정)

제38조【단체표준의 검사 등】 ① 조합은 정관으로 정하는 바에 따라 조합원이 생산하는 제품이 그 단체표준에 맞는지 여부를 검사할 수 있다.
② 조합은 검사에 관하여 필요한 사항을 검사규정으로 정하여야 한다.
③ 제2항의 검사규정에는 조합원에 대한 검사수수료와 그 납부의 과태금(過怠金)에 관한 사항을 규정할 수 있다.
④ 주무관청이 필요하다고 인정하면 대통령령으로 정하는 바에 따라 조합원 외의 자에 대하여도 제1항부터 제3항까지의 규정을 준용할 수 있다.

제39조【품질인증의 표시 등】 ① 조합원은 자기의 제품에 대하여 검사를 받으면 검사규정에서 정한 바에 따라 제품마다 단체표준에 맞는 것임을 나타내는 품질인증 표시를 할 수 있다.
② 주무관청이 제38조제4항의 조치를 하였을 때에는 조합원 외의 자에 대하여도 제1항을 준용한다.

제40조【단체적 계약】 ① 제35조제1항제7호의 단체적 계약은 미리 이사회의 의결을 거쳐 단체적 계약임을 명기한 서면으로써 하여야 한다. 다만, 이사회를 소집할 수 없을 정도로 긴급하게 단체적 계약을 체결할 필요가 있다고 인정하면 이사장은 정관으로 정하는 바에 따라 단체적 계약을 체결한 후 지체 없이 이사회를 소집하여 추인을 받아야 한다.
② 단체적 계약은 직접 조합원에 대하여 효력을 가진다.
③ 조합원은 단체적 계약을 위반한 내용의 계약을 할 수 없다.
④ 조합이 제37조부터 제39조까지의 규정에 따른 검사조건을 구비한 때에는 정부와 공공단체 또는 정부투자기관은 물품을 구매할 때 그 조합에 대하여 우선적으로 기회를 제공하여야 한다.

제41조【조합 활성화자금】 ① 조합은 조합의 기능을 활성화하고 그 사업을 지속적이고 효율적으로 추진하기 위하여 조합 활성화자금을 설치·운영할 수 있다.
② 제1항에 따른 조합 활성화자금의 설치와 운영 등에 필요한 사항은 정관으로 정한다.

제42조【기능활성화체제】 ① 조합은 조합의 기능을 활성화하고 그 사업을 효율적으로 추진할 수 있는 운영체제(이하 "기능활성화체제"라 한다)를 갖추도록 노력하여야 한다.
② 중소벤처기업부장관 또는 시·도지사는 기능활성화체제를 갖춘 조합에 대하여는 중소기업 지원 시책을 추진할 때 다른 조합보다 우대하여 지원할 수 있다.
(2017.7.26 본항개정)
③ 기능활성화체제의 내용과 지원 기준 등에 관하여 필요한 사항은 중소벤처기업부장관이 정하여 고시하거나, 시·도지사가 규칙으로 정할 수 있다.(2017.7.26 본항개정)

제4절 기 관

제43조【총회】 ① 조합에 총회를 둔다.
② 총회는 조합원으로 구성한다.
③ 정기총회는 사업연도마다 정관으로 정하는 시기에 한 번 개최한다.
④ 임시총회는 정관으로 정하는 바에 따라 필요하다고 인정되는 때에 소집할 수 있다.

제44조【대의원총회】 ① 조합원의 수가 200명을 초과하는 조합은 정관으로 정하는 바에 따라 총회에 갈음할 대의원총회를 둘 수 있다.
② 제1항에 따른 대의원총회를 구성하는 대의원 정수는 대의원 선출 당시 조합원 총수의 10분의 1 이상이어야 한다. 다만, 그 대의원 총수가 100명을 초과하는 경우에는 100명으로 할 수 있다.
③ 대의원총회에 관하여는 총회에 관한 규정을 준용한다. 다만, 대의원총회는 제49조제2호 및 제3호의 사항에 관하여는 의결할 수 없다.
④ 대의원의 선출 방법 및 임기에 관하여는 제50조제2항·제3항 및 제52조 중 이사에 관한 규정을 준용한다.
(2018.3.13 본항개정)

제45조【총회의 소집】 ① 총회는 이사장이 소집한다.
② 조합원이 총 조합원 4분의 1 이상의 동의를 받아 소집의 목적과 이유를 적은 서면으로 총회의 소집을 청구하면 이사장은 청구가 있은 날부터 2주일 이내에 임시총회를 소집하여야 한다.

③ 조합원이 제2항에 따라 총회의 소집을 청구하였으나 총회를 소집할 자가 없거나 그 청구가 있은 날부터 2주일 이내에 이사장이 총회를 소집하지 아니한 때에는 감사가 7일 이내에 소집하여야 한다. 이 경우 감사가 의장의 직무를 수행한다.
④ 감사가 제3항의 기한 이내에 총회를 소집하지 아니하거나 소집할 수 없으면 제2항에 따라 총회의 소집을 청구한 조합원의 대표가 소집한다. 이 경우 조합원의 대표가 의장의 직무를 수행한다.
⑤ 이사장이 궐위되거나 부득이한 사유로 총회를 소집할 수 없으면 정관으로 정하는 순위의 이사가 소집한다.
제46조【소집절차】 총회의 소집은 회의일의 7일 전에 회의의 목적 사항을 명시하여 정관으로 정한 방법에 따라 행하여야 한다.
제47조【총회의 의결사항】 ① 다음 각 호의 사항은 총회의 의결을 거쳐야 한다.
1. 정관의 변경
2. 규약의 제정·변경 또는 폐지
3. 사업연도마다의 수지 예산과 사업계획의 설정 또는 변경
4. 결산의 승인
5. 경비의 부과와 그 징수 방법
6. 조합원의 제명
7. 조합의 해산·합병 또는 분할
8. 임원의 선출과 해임
9. 준비금의 처분
10. 부동산의 취득 및 처분
11. 그 밖에 정관으로 정하는 사항
② 정관의 내용 중 대통령령으로 정하는 사항을 변경하려면 주무관청의 인가를 받아야 한다. 다만, 주무관청에서 정한 정관례(定款例)에 따라 변경하는 경우에는 그러하지 아니하다.
③ 제1항제3호 중의 변경사항, 같은 항 제5호·제10호 및 제11호의 사항은 정관으로 정하는 바에 따라 이사회에 위임할 수 있다.
제48조【총회의 의결 방법】 ① 총회의 의사(議事)는 이 법이나 정관 또는 규약에 다른 규정이 없으면 총 조합원 과반수의 출석과 출석 조합원 과반수의 찬성으로 의결한다.
② 총회의 의장은 이사장이 된다. 다만, 이사장이 사고가 있을 때에는 총회에서 선임된 자가 의장의 직무를 대행한다.
③ 총회에서는 제46조에 따라 미리 통지한 사항에 한정하여 의결할 수 있다. 다만, 정관에 다른 규정이 있으면 예외로 한다.
④ 총회의 의사에 관하여는 의사록을 작성하여 의사의 경과와 의결 사항을 적고 의장과 총회에서 지명한 이사 2명 이상이 서명날인하여야 한다.
⑤ 조합과 조합원의 이익이 상반된 때에는 그 조합원은 해당 사항의 의결에 참가할 수 없다.
제49조【특별 의결사항】 다음 각 호의 사항은 총 조합원 과반수의 출석과 출석 조합원 3분의 2 이상의 찬성으로 의결한다.
1. 정관의 변경
2. 조합원의 제명
3. 조합의 해산·합병 또는 분할
제50조【임원】 ① 조합에는 임원으로 이사장 1명, 이사 5명 이상, 상근 이사 1명과 감사 2명 이하를 둔다. 이 경우 상근 이사의 명칭에 관하여는 정관으로 정할 수 있다.
② 상근 이사 외 임원은 총회에서 정관으로 정하는 바에 따라 조합원 중에서 선출한다.(2018.3.13 본항개정)
③ 이사장, 이사 또는 감사로 선출되고자 하는 조합원은 그 선출되고자 하는 이사장·이사 또는 감사의 임기 종료일(보궐선거 등에서는 그 선거의 실시 사유가 확정된 날) 6개월 전부터 그 선거일까지 계속하여 해당 조합의 조합원이어야 한다.(2018.3.13 본항신설)
④ 설립등기를 한 날부터 6개월이 경과하지 아니한 조합에서 이사장·이사 또는 감사를 선출할 경우에는 제3항을 적용하지 아니한다.(2018.3.13 본항신설)
⑤ 제13조제2항 및 제3항에 따라 가입한 조합원에 대하여는 정관으로 정하는 바에 따라 이사장 입후보의 자격을 제한할 수 있다.(2015.2.3 본항신설)
⑥ 상근 이사는 대통령령으로 정하는 자격을 가진 자로서 이사회의 추천을 받은 자 중에서 이사장이 임명하되, 조합원 외의 자 중에서 임명한다.
⑦ 조합의 임원 중 이사장과 이사 및 감사는 비상근으로 한다.
제51조【임원의 결격 사유】 ① 다음 각 호의 어느 하나에 해당하는 자는 조합의 임원이 될 수 없다.
1. 피성년후견인 및 파산선고를 받고 복권되지 아니한 자(2014.1.21 본호개정)
2. 법률 또는 법원의 판결에 따라 자격이 상실되거나 정지된 자
3. 금고 이상의 실형의 선고를 받고 그 집행이 끝나거나(집행이 끝난 것으로 보는 경우를 포함한다) 집행이 면제된 날부터 3년이 지나지 아니한 자(2018.12.31 본호개정)
4. 금고 이상의 형의 집행유예를 선고받고 유예기간 중에 있는 자
5. 조합의 업무와 관련하여 이 법에 따라 100만원 이상의 벌금형의 선고를 받고 2년이 지나지 아니한 자
6. 이 법에 따른 임원 선거에서 당선되었으나 귀책사유로 인하여 당선이 무효로 된 자로서 그 무효가 확정된 날부터 2년이 지나지 아니한 자
7. 「형법」 제303조 또는 「성폭력범죄의 처벌 등에 관한 특례법」 제10조에 규정된 죄를 범한 사람으로서 300만원 이상의 벌금형을 선고받고 그 형이 확정된 후 2년이 지나지 아니한 사람(2019.12.10 본호신설)
② 제1항의 사유에 해당하는 임원은 당연히 퇴직된다.
③ 제2항에 따라 퇴직된 임원이 퇴직되기 전에 관여한 행위는 그 효력을 상실하지 아니한다.
제51조의2【벌금형의 분리 선고】 「형법」 제38조에도 불구하고 제51조제1항제7호, 제137조, 제138조 또는 제140조에 규정된 죄와 다른 죄의 경합범에 대하여 벌금형을 선고하는 경우에는 이를 분리 선고하여야 한다.
(2019.12.10 본조개정)
제52조【임원의 임기】 ① 임원의 임기는 비상근의 경우 4년으로 하고, 상근의 경우 3년으로 한다. 다만, 설립 당시의 임원의 임기는 1년으로 한다.
② 임원은 연임할 수 있다. 다만, 이사장은 두 차례만 연임할 수 있다.(2018.3.13 본항신설)
③ 결원으로 인하여 선출된 임원의 임기는 전임자의 임기 종료일까지로 하고, 임원의 증원으로 임기 동안에 따로 선출된 임원의 임기는 선출 당시 다른 임원의 임기 종료일까지로 한다. 다만, 상근 이사의 경우에는 3년으로 한다.
④ 임원 중 결원이 있으면 결원의 사유가 발생한 날부터 2개월 이내에 결원된 임원을 선출하여야 한다. 다만, 남은 임기가 6개월 미만이면 이사회의 의결을 거쳐 결원된 임원을 선출하지 아니할 수 있다.
⑤ 임원 전원이 임기 중에 사임하면 새로 선출된 임원의 임기는 제1항 본문에 따른 임기로 한다. 다만, 그 임기 만료 연도의 정기총회의 종료일까지로 한다.
제53조【선거운동의 제한】 ① 누구든지 후보자등록마감일의 다음 날부터 선거일 전일까지의 선거운동 기간 외에 선거운동을 할 수 없다.(2018.3.13 본항신설)
② 누구든지 자기 또는 특정인을 임원으로 당선되거나 당선되지 아니하도록 할 목적으로 다음 각 호의 어느 하나에 해당하는 행위를 할 수 없다.
1. 선거인에게 금전·물품·향응 및 재산상의 이익이나 공사(公私)의 직을 제공하는 행위, 그 제공의 의사표시를 하거나 또는 제공을 약속하는 행위
2. 후보자가 되지 아니하도록 하거나 후보자가 된 것을 사퇴하게 할 목적으로 후보자가 되려는 자나 후보자에게 제1호에 따른 행위를 하는 행위
③ 누구든지 제2항제1호 또는 같은 항 제2호에서 규정하고 있는 이익이나 공사의 직을 제공받는 행위 또는 그 제공의 의사 표시를 승낙하는 행위를 할 수 없다.
(2018.3.13 본항개정)
④ 임원이 되려는 자는 제1항의 규정에도 불구하고 같은 항에서 정하는 기간에 관계없이 선거운동을 위하여 조합원을 호별로 방문하거나 특정 장소에 모이게 할 수 없다.
(2018.3.13 본항개정)
⑤ 누구든지 임원 선거와 관련하여 연설과 벽보, 그 밖의 방법으로 거짓된 사실을 공표하거나 공공연하게 사실을 적시하여 후보자를 비방할 수 없다.
⑥ 누구든지 임원 선거와 관련하여 다음 각 호의 방법 외의 선거운동을 할 수 없다.(2015.2.3 본문개정)
1. 선전 벽보의 부착
2. 선거 공보와 인쇄물의 배부
3. 합동 연설회 또는 공개 토론회 개최
4. 전화(문자메시지를 포함한다)·컴퓨터통신(전자우편을 포함한다)의 이용
(2015.2.3 1호~4호신설)
⑦ 제6항에 따른 선거운동 방법에 관한 세부적인 사항은 중소벤처기업부령으로 정한다.(2018.3.13 본항개정)
제54조【선거관리위원회의 구성과 운영】 ① 조합은 임원의 선거를 공정하게 관리하기 위하여 선거관리위원회를 구성하여 운영할 수 있다.
② 선거관리위원회의 기능·구성 및 운영 등에 필요한 사항은 정관으로 정한다.
제55조【이사회】 ① 조합의 업무의 집행은 이사회가 결정한다.
② 이사회는 이사장, 이사와 상근 이사로 구성한다.
③ 이사장은 이사회를 소집하고 그 의장이 된다.
④ 이사회는 구성원 과반수의 출석과 출석원 과반수의 찬성으로 의결한다.
⑤ 이사회 구성원은 자신의 신분에 관련되거나 자신의 이익이 조합의 이익과 상반되는 경우 등 특별한 이해관계가 있는 사항에 대해서는 해당 사항의 의결에 참가할 수 없다. 이 경우 의결에 참가하지 못하는 이사장·이사 및 상근 이사는 제4항에 따른 이사회 구성원 수에 포함되지 아니한다.(2018.3.13 본항신설)
⑥ 이사는 정관으로 정하는 바에 따라 서면 또는 전자문서에 의하거나 대리인을 통하여 의결에 참가할 수 있다.
⑦ 이사는 전자적 방법을 통한 의결에 참가할 수 있다.
(2022.11.15 본항신설)
⑧ 이사회의 의사에 관하여는 의사록을 작성하여 의장과 이사회가 지명한 이사 2명 이상이 서명하여야 한다.
제56조【이사회의 의결 사항】 이사회는 다음 각 호의 사항을 의결한다.
1. 조합원이 되려는 자의 자격 기준에 관한 사항
2. 기채(起債)와 그 상환
3. 총회에 부칠 사항
4. 총회의 위임 사항과 조합의 업무 집행에 관한 사항
5. (2018.3.13 삭제)
6. 규정의 제정·변경 또는 폐지
7. 다른 법인에의 출자(2016.1.27 본호신설)
8. 그 밖에 정관으로 정하는 사항
제57조【이사장의 직무】 이사장은 조합을 대표하고 조합의 업무를 통할한다.
제58조【상근 이사의 직무】 상근 이사는 이사장을 보좌하여 조합의 업무를 집행하고 이사장이 궐위되거나 부득이한 사유로 직무를 수행할 수 없으면 이사장의 직무(총회 소집 및 그 의장의 직무는 제외한다. 이하 같다)를 대행한다.
제59조【상근 이사의 궐위】 상근 이사가 궐위되거나 부득이한 사유로 직무를 수행할 수 없으면 정관으로 정하는 바에 따라 조합원 외의 자 중에서 이사장이 지명하는 자가 그 권한을 대행한다.
제60조【감사의 직무】 ① 감사는 조합의 재산과 업무 집행 상황을 감사하여 총회에 보고하여야 한다.
② 감사는 조합의 재산 상황 또는 업무 집행에 관하여 부정한 사실을 발견하면 이를 총회, 주무관청과 연합회 또는 중앙회에 보고하여야 한다.
③ 조합이 이사장 또는 이사와 계약을 할 때에는 감사가 조합을 대표한다. 조합과 이사장 또는 이사 사이의 소송에 관하여도 또한 같다.
제61조【감사의 책임】 감사가 그 임무를 게을리한 때에는 「민법」 제65조를 준용한다.
제62조【임원의 겸직 금지】 ① 임원은 그 조합의 다른 직을 겸직할 수 없다. 다만, 주무관청의 허가를 받으면 그러하지 아니하다.
② 이사장은 다른 조합의 이사장을 겸직할 수 없다.
③ 상근 이사는 해당 조합 외의 다른 상근직을 겸직할 수 없다. 다만, 이사회의 승인을 받으면 조합이 의결권이 있는 주식 총수의 100분의 50 이상을 소유하고 있는 법인의 임원을 겸직할 수 있다.(2015.2.3 단서신설)
제63조【정관과 그 밖의 서류 비치】 ① 이사장은 정관, 규약과 총회 및 이사회의 의사록, 조합원 명부를 주사무소에 비치하여야 한다.
② 조합원 명부에는 각 조합원에 관하여 다음 각 호의 사항을 적는다.
1. 성명 또는 명칭과 주소
2. 가입한 연월일
3. 출자좌수, 납입한 금액과 납입 연월일
4. 종업원 수, 자산 총액, 생산 시설과 생산 능력 및 생산 실적, 그 밖에 필요한 사항
③ 조합원과 조합의 채권자는 언제든지 이사장에 대하여 제1항의 서류의 열람 또는 사본을 청구할 수 있다.
④ 이사장은 제3항에 따른 청구가 있으면 정당한 이유 없이 이를 거부하여서는 아니 된다.
제64조【결산 관계 서류의 비치】 ① 이사장은 정기총회 회의일의 7일 전에 사업보고서, 대차대조표, 손익계산서와 잉여금 처분안 또는 손실금 처리안을 작성하여 감사에게 제출하고 주사무소에 비치하여야 한다.
② 이사장은 제1항의 서류에 감사의 의견서를 첨부하여 정기총회에 제출하여 승인을 받아야 한다.
③ 조합의 채권자는 언제든지 이사장에 대하여 제1항의 서류의 열람 또는 사본을 청구할 수 있다.
④ 이사장은 제3항에 따른 청구가 있으면 정당한 이유 없이 이를 거부하지 못한다.
제65조【회계장부 등의 열람】 ① 조합원은 총 조합원의 5분의 1 이상의 동의를 받아 언제든지 이사장에 대하여 회계장부와 서류의 열람 또는 사본을 청구할 수 있다.
② 이사장은 제1항에 따른 청구가 있으면 정당한 이유 없이 이를 거부하지 못한다.
제66조【임원 개선의 청구】 ① 조합원은 총 조합원 4분의 1 이상의 연서(連署)로 정관으로 정하는 바에 따라 임원의 전부 또는 일부를 개선(改選)하도록 청구할 수 있다.
② 제1항에 따른 청구에 대하여 총회에서 총 조합원 과반수의 출석과 출석 조합원 3분의 2 이상의 찬성으로 의결하면 그 임원은 당연히 해임된다.
③ 제1항에 따른 청구가 있으면 이사장은 총회 회의일의 7일 전에 해당 임원에게 개선의 사유를 알리고 총회에서 의견을 진술할 기회를 주어야 한다.

제5절 회 계

제67조【사업연도】 ① 조합의 사업연도는 정부의 회계연도에 따른다.
② 회계에 관하여 이 법에 규정된 것 외에 필요한 사항은 중앙회 회장이 정하는 회계준칙에 따라 규약으로 정한다.

제68조【출자 1좌 금액의 감소】 ① 조합은 출자 1좌 금액의 감소를 의결하면 의결한 날부터 2주일 이내에 대차대조표를 작성하여야 한다.
② 조합은 제1항의 기간에 채권자에 대하여 이의가 있으면 일정한 기간에 신청하여야 할 것을 공고함과 동시에 이미 알고 있는 채권자에 대하여는 개별적으로 최고(催告)하여야 한다.
③ 제2항의 이의신청 기간은 30일 이상으로 하여야 한다.
제69조【이의신청】 ① 채권자가 제68조제2항에 따른 기간에 이의를 신청하지 아니하면 출자 1좌의 금액의 감소를 승인한 것으로 본다.
② 채권자가 이의를 신청하면 조합은 채무를 변제하거나 상당한 담보를 제공하여야 한다.
제70조【준비금과 이월금】 ① 조합은 정관으로 정하는 금액에 이를 때까지 사업연도마다의 잉여금의 10분의 1 이상을 준비금으로 적립하여야 한다.
② 제1항의 준비금은 출자금 총액의 2분의 1 이상에 이를 때까지 적립하여야 한다.
③ 제1항의 준비금은 손실의 보전(補塡)에 충당하는 경우 외에는 처분하지 못한다.
④ 조합은 사업의 비용에 충당하기 위하여 사업연도마다의 잉여금 중에서 10분의 1 이상을 다음 사업연도에 이월하여야 한다.
제71조【잉여금의 처분】 ① 조합은 손실을 보전하고 제70조의 준비금과 이월금을 공제한 후가 아니면 잉여금을 배당하지 못한다.
② 잉여금의 배당은 정관으로 정하는 바에 따라 조합원의 출자액과 조합사업의 이용 분량에 비례하여 행하여야 한다.
제72조【지분 취득의 금지】 조합은 조합원의 지분을 취득하거나 또는 질권(質權)의 목적으로 받아서는 아니 된다.

제6절 해산과 청산

제73조【해산】 ① 조합은 다음 각 호의 어느 하나에 해당하는 사유로 해산한다.
1. 총회의 의결
2. 조합의 합병 또는 분할(제77조제2항에 따른 분할의 경우는 제외한다)
3. 조합의 파산
4. 정관으로 정하는 해산 사유의 발생
5. 주무관청의 해산 명령

② 조합은 제1항제1호·제4호 또는 제5호에 따라 해산하면 해산한 날부터 2주일 이내에 주무관청에 신고하여야 한다.
③ 주무관청은 제1항제5호에 따른 해산명령을 한 경우에는 해산등기를 촉탁할 수 있다.(2008.6.13 본항신설)
제74조【합병의 절차】 ① 조합이 합병할 때에는 미리 총회의 의결을 거쳐야 한다.
② 조합의 합병에 관하여는 제68조와 제69조를 준용한다.
③ 조합이 합병하려는 경우에는 그 합병 사유서, 존속 조합이나 신설 조합의 사업계획서 및 정관 등을 주무관청에 제출하고 협의하여야 한다.
제75조【합병할 때의 설립 위원】 ① 합병에 따라 조합을 설립할 때는 각 조합의 총회에서 조합원 중에서 선임한 설립 위원이 공동으로 정관을 작성하고 임원을 선임하며 그 밖에 설립에 필요한 절차를 밟아야 한다.
② 제1항에 따른 임원의 임기는 다음 정기총회일까지로 한다.
③ 제1항에 따른 설립 위원의 선임 방법에 관하여는 제49조를 준용한다.
제76조【합병의 시기와 효과】 ① 조합의 합병은 합병한 뒤 존속하는 조합 또는 합병에 따라 성립하는 조합이 그 주사무소의 소재지에서 합병 등기를 함으로써 효력을 발생한다.
② 합병한 뒤 존속하는 조합 또는 합병에 따라 성립한 조합은 합병에 따라 소멸한 조합의 권리와 의무를 승계한다.
제77조【분할】 ① 조합이 분할하려면 분할한 뒤에 설립될 조합이 승계하여야 할 권리와 의무의 범위를 총회의 의결로 정하여야 한다.
② 조합이 영위하고 있는 업종이 대통령령으로 정하는 기준에 따라 둘 이상이면 제47조제1항 및 제49조에도 불구하고 그 중 일부 업종의 조합원 과반수 찬성으로 분할할 수 있다.
③ 조합의 분할의 관하여는 제68조 및 제69조를 준용한다.

제3장 사업협동조합

제1절 조합원

제78조【조합원의 자격】 제2조제1호가목에 따른 중소기업자로서 정관으로 정하는 자는 그 사업조합의 조합원이 될 자격을 가진다. 다만, 같은 업종 사업조합의 조합원에 대하여는 제13조제1항 및 제3항을 준용한다.
(2010.6.8 단서신설)
제79조【준용 규정】 사업조합의 조합원에 관하여는 제15조부터 제26조까지의 규정을 준용한다. 이 경우 "조합"은 "사업조합"으로, 제16조제3항 중 "100분의 20"은 "100분의 30"으로 본다.

제2절 설 립

제80조【발기인】 사업조합을 설립하려면 조합원이 될 자격을 가진 자 5명 이상의 발기인이 있어야 한다. 다만, 시·도 또는 전국을 업무 구역으로 설립하려는 발기인에 대하여는 제27조제1항제1호 및 제2호를 준용한다.
(2010.6.8 단서신설)
제81조【준용 규정】 사업조합의 설립에 관하여는 제27조제2항 및 제28조부터 제34조까지의 규정을 준용한다. 이 경우 "조합"은 "사업조합"으로, 제28조제4항 중 "과반수의 출석과 출석자의 3분의 2 이상"은 "3분의 2 이상"으로 보며, 제29조제1항제14호는 준용하지 아니한다.

제3절 사 업

제82조【업무】 ① 사업조합은 다음 각 호의 사업의 전부 또는 일부를 할 수 있다.
1. 생산, 가공, 수주, 판매, 구매, 보관, 운송과 그 밖의 서비스 등 공동 사업과 단지 및 공동 시설의 조성과 관리·운용
2. 조합원에 대한 사업 자금의 대부(어음의 할인을 포함한다) 또는 대부의 알선과 조합 자체 사업을 위한 자금의 차입
3. 조합원의 사업에 관한 경영·기술 및 품질 관리의 지도, 교육, 정보의 제공 및 연구에 관한 사업
4. 조합원의 경제적 이익을 도모하기 위한 단체적 계약의 체결(2008.6.13 단서삭제)
5. 조합원이 생산하는 제품의 수출과 제품의 생산에 필요한 원자재의 수입
6. 조합원에 대한 복지 후생 사업
7. 기술 개발, 신제품 개발 및 경영 기법 등의 공동 연구 사업
8. 국가, 지방자치단체, 중앙회, 연합회 또는 조합으로부터 위탁받은 사업
9. 설립 목적을 이루는 데 필요한 수익 사업으로서 주무관청의 승인을 받은 사업
10. 공제사업(조합원의 채무 또는 의무 이행 등에 필요한 보증사업은 제외한다)(2011.7.25 본호신설)
11. 「하도급거래 공정화에 관한 법률」에 따른 원사업자와 조합원인 수급사업자 간의 하도급대금 협의 및 조정 지원(2015.2.3 본호신설)
12. 「대·중소기업 상생협력 촉진에 관한 법률」에 따른 위탁기업과 조합원인 수탁기업 간의 납품대금 협의 및 조정 지원(2023.9.14 본호신설)
13. 그 밖에 제1호부터 제12호까지의 규정에 따른 사업과 관련된 부대사업(2023.9.14 본호개정)

② 「유통산업발전법」 제12조제2항제2호나목에 따른 사업협동조합과 같은 법 제18조에 따른 상점가진흥조합은 제1항에 따른 사업 외에 다음 각 호의 사업을 할 수 있다.
1. 대규모점포 또는 상점가의 건전한 상거래 질서 확립을 위한 사업
2. 소비자와 조합원의 보호 또는 편익을 위한 시설의 설치, 운영 및 관리
3. 그 밖에 제1호와 제2호의 사업과 관련된 부대사업

③ 전국조합과 사업조합 사이에 제1항에 따른 사업에 관하여 분쟁이 발생하였거나 발생할 우려가 있으면 중소벤처기업부장관이, 전국조합 외의 조합과 사업조합 사이에 제1항에 따른 사업에 관하여 분쟁이 발생하였거나 발생할 우려가 있으면 시·도지사가 사업조합의 지역과 업종 및 사업 목적 등의 특수성에 따라 특정한 사업조합에 대하여 그 사업의 일부를 조정할 수 있다.(2017.7.26 본항개정)
제83조【준용 규정】 사업조합의 사업에 관하여는 제35조제2항·제3항, 제35조의2, 제35조의3, 제36조 및 제40조부터 제42조까지의 규정을 준용한다. 이 경우 "조합"은 "사업조합"으로 본다.(2016.1.27 전단개정)

제4절 기 관

제84조【임원】 ① 사업조합에는 임원으로 이사장 1명과 이사 2명 이상 및 감사 2명 이하를 둔다. 다만, 필요에 따라 정관으로 정하는 바에 따라 상근 이사 1명을 둘 수 있다.
② 상근 이사는 조합원 외의 자 중에서 이사회의 추천에 따라 이사장이 임명한다.
제85조【준용 규정】 사업조합에 관하여는 제43조부터 제49조까지, 제50조제2항부터 제5항까지 및 제7항, 제51조 및 제52조부터 제66조까지의 규정을 준용한다. 이 경우 "조합"은 "사업조합"으로 본다.(2018.12.11 전단개정)

제5절 회 계

제86조【회계】 사업조합의 회계에 관하여는 제67조부터 제72조까지의 규정을 준용한다. 이 경우 "조합"은 "사업조합"으로 본다.

제6절 해산과 청산

제87조【해산과 청산】 사업조합의 해산과 청산에 관하여는 제73조부터 제77조까지의 규정을 준용한다. 이 경우 "조합"은 "사업조합"으로 본다.

제4장 협동조합연합회

제1절 회 원

제88조【회원의 자격】 ① 업종의 명칭을 붙인 연합회의 경우 그 연합회의 업무 구역의 일부를 업무 구역으로 하는 같은 업종의 조합과 사업조합은 연합회의 정관으로 정하는 바에 따라 연합회의 회원이 될 자격을 가진다.
(2008.6.13 본항개정)
② 행정구역의 명칭을 붙인 연합회의 경우 그 연합회의 업무 구역의 전부 또는 일부를 업무 구역으로 하는 조합과 사업조합은 연합회의 정관으로 정하는 바에 따라 연합회의 회원이 될 자격을 가진다.
제89조【준용 규정】 회원에 관하여는 제14조부터 제18조까지, 제19조제1항 단서, 제19조제2항부터 제8항까지, 제20조, 제21조, 제23조부터 제26조까지의 규정을 준용한다. 이 경우 "조합"을 "연합회"로, "조합원"을 "회원 또는 대의원"으로, "특별조합원"을 "특별회원"으로 보고, 제16조제3항 중 "100분의 20"을 "5분의 2"로 본다.
(2022.11.15 전단개정)

제2절 설 립

제90조【발기인】 연합회를 설립하려면 제88조에 따른 회원이 될 자격을 가진 자로서 다음 각 호에 규정된 발기인이 있어야 한다.
1. 업종의 명칭을 붙인 연합회는 3개 조합 이상의 발기인. 다만, 연합회의 업종이 도매업 또는 소매업이면 10개 조합 이상의 발기인이 있어야 한다.
2. 행정구역의 명칭을 붙인 연합회는 5개 조합 이상의 발기인

제91조【정관의 기재 사항】 연합회의 정관에는 다음 각 호의 사항을 적어야 한다.
1. 목적
2. 명칭
3. 업무 구역
4. 사업
5. 사무소의 소재지
6. 회원 및 대리인이 될 자격
7. 회원의 가입·탈퇴 및 제명
8. 임원의 정수와 선임
9. 출자 1좌의 금액과 그 납입 방법
10. 경비의 분담
11. 사업연도
12. 잉여금의 처분과 손실의 처리
13. 준비금의 액수와 그 적립 방법
14. 제품의 단체표준에 관한 사항과 검사
15. 해산 사유
16. 공고 방법

제92조【준용 규정】 연합회의 설립에 관하여는 제27조제2항, 제28조, 제30조부터 제34조까지의 규정을 준용한다. 이 경우에는 "조합"을 "연합회"로, "조합원"을 "회원 또는 대의원"으로, "이사장"을 "회장"으로 본다.

제3절 사 업

제93조【업무】 ① 연합회는 다음 각 호의 사업의 전부 또는 일부를 할 수 있다. 다만, 행정구역의 명칭을 붙인 연합회는 제4호, 제5호, 제9호, 제10호, 제14호 및 대통령령으로 정하는 사업을 할 수 없다.(2009.12.30 단서개정)
1. 생산, 가공, 판매, 구매, 보관, 운송, 환경 개선, 상표 및 서비스 등의 공동 사업과 이를 위한 단지·공동 시설의 조성, 관리 및 운영
2. 회원 사이의 사업을 조정하려고 하거나 중소기업자 외의 자가 그 조합원의 사업 분야를 침해한 경우 주무관청에 대한 조정 신청
3. 「대·중소기업 상생협력 촉진에 관한 법률」에 따른 위탁기업체와 회원의 조합원인 수탁기업체 사이의 수탁·위탁 거래의 알선과 이에 따른 조정
4. 회원에 대한 사업자금 대부의 알선과 연합회 사업을 위한 자금의 차입
5. 제품의 단체표준과 검사에 관한 사항
6. 회원의 조직, 사업, 신기술 개발 및 품질 관리에 대한 지도
7. 회원에 대한 교육과 정보 제공 및 정보화 촉진 사업의 수행
8. 조합에 관한 조사 연구
9. 회원의 경제적 이익을 도모하기 위한 단체적 계약의 체결

10. 회원의 조합원이 생산하는 제품의 수출과 제품을 생산하는 데 필요한 원자재 및 시설재의 수입과 가격조사(2009.12.30 본호개정)
11. 국가, 지방자치단체 또는 중앙회로부터 위탁받은 사업
12. 회원을 위한 국내외 전시·판매장의 설치 및 관리
13. 설립 목적을 이루는 데 필요한 수익 사업으로서 주무관청의 승인을 받은 사업
14. 「하도급거래 공정화에 관한 법률」에 따른 원사업자와 조합원인 수급사업자 간의 하도급대금 조정지원(2009.12.30 본호신설)
15. 공제사업(조합원의 채무 또는 의무 이행 등에 필요한 보증사업은 제외한다)(2011.7.25 본호신설)
16. 그 밖에 제1호부터 제15호까지에 규정된 사업과 관련된 부대사업(2011.7.25 본호개정)

② 연합회는 제1항의 사업을 추진하기 위하여 필요하면 정관 또는 규약에서 정하는 바에 따라 회원에 대하여 보고를 요구하거나 필요한 명령을 할 수 있다.
③ 연합회는 정관으로 정하는 바에 따라 회원의 업무와 회계에 관한 사항을 감사할 수 있으며, 필요한 때에는 중앙회의 협조를 받아 중앙회와 합동으로 감사할 수 있다.
④ 연합회는 제3항에 따른 감사 결과 시정하여야 할 사항이 있으면 회원에 대하여 그 시정을 명하고 그 감사 결과를 중앙회를 거쳐 주무관청에게 보고하여야 한다.

제94조【준용 규정】 연합회의 사업에 관하여는 제35조제2항·제3항, 제35조의2, 제35조의3, 제36조부터 제42조까지의 규정을 준용한다. 이 경우 제40조제1항 중 "제35조제1항제7호"를 "제93조제1항제9호"로 보고, "조합"을 "연합회"로, "조합원"을 "회원 또는 회원의 조합원"으로 본다.(2016.1.27 전단개정)

제4절 기 관

제95조【임원】 ① 연합회는 임원으로 회장 1명, 이사 5명 이상, 상근 이사 1명과 감사 2명 이하를 둔다.
② 총회는 정관으로 정하는 바에 따라 대의원으로 구성하고, 회장과 이사 및 감사는 정관으로 정하는 바에 따라 대의원 중에서 선출하되, 회장은 조합의 이사장을 겸하지 못한다.
③ 상근 이사는 대통령령으로 정하는 자격을 가진 자로서 이사회의 추천을 받은 자 중에서 회장이 임명하되, 회원 또는 회원인 조합의 조합원 외의 자 중에서 임명한다.
④ 대의원은 정관으로 정하는 바에 따라 회원인 조합의 조합원 중에서 선출한다. 이 경우 회장은 제24조와 제25조제1항 각 호의 어느 하나에 해당하는 경우 외에는 그 임기 중에 대의원의 지위를 상실하지 아니한다.

제96조【준용 규정】 연합회의 총회·이사회 및 임원에 관하여는 조합의 총회·이사회 및 임원에 관한 규정을 준용한다. 이 경우 제45조제2항 중 "4분의 1"을 "3분의 1"로, 제65조 중 "5분의 1"을 "3분의 1"로, 제66조제1항 중 "4분의 1"을 "3분의 1"로 보고, "조합"을 "연합회"로, "조합원"을 "회원 또는 대의원(제43조제2항의 "조합원"은 "대의원"으로 본다)"으로, "이사장"을 "회장"으로 보며, 제60조제2항 중 "연합회 또는 중앙회"를 "중앙회"로 본다.

제5절 회 계

제97조【회계】 연합회의 회계에 관하여는 조합의 회계에 관한 규정을 준용한다. 이 경우 "조합"을 "연합회"로, "조합원"을 "회원"으로 본다.

제6절 해산과 청산

제98조【해산과 청산】 연합회의 해산과 청산에 관하여는 조합의 해산과 청산에 관한 규정을 준용한다.

제5장 중소기업중앙회

제1절 회 원

제99조【회원】 ① 중앙회의 회원은 정회원과 특별회원으로 한다.
② 중앙회의 정회원이 될 자격은 다음 각 호와 같다.
1. 연합회
2. 전국조합
3. 지방조합
4. 사업조합
5. 중소기업 관련 단체
6. 「협동조합 기본법」 제71조제1항에 따라 설립된 협동조합연합회(2015.2.3 본호신설)

③ 특별회원은 정관으로 정하는 바에 따라 경제단체와 중소기업 관련 단체 또는 중소기업 관련 기관 등으로 할 수 있다.

제99조의2【준회원】 ① 중앙회는 정관으로 정하는 바에 따라 중앙회가 하는 사업에 참여하거나 중앙회가 운영하는 시설을 이용하려는 중소기업자를 준회원으로 할 수 있다.
② 중앙회는 준회원에 대하여 정관으로 정하는 바에 따라 가입금 및 경비를 부담하게 할 수 있다.
③ 준회원은 정관으로 정하는 바에 따라 중앙회가 하는 사업에 참여하고, 중앙회가 운영하는 시설을 이용할 수 있다.
(2015.2.3 본조신설)

제100조【의결권과 선거권】 ① 정회원은 각각 한 개의 의결권과 선거권을 가진다.
② 제88조에 따라 연합회의 회원이 될 자격을 가지는 자가 중앙회에서 의결권 또는 선거권이 있는 3개 이상의 연합회에 가입하면 정관으로 정하는 바에 따라 그 자의 의결권 또는 선거권을 제한할 수 있다.
③ 중소기업 관련 단체인 정회원 모두가 가지는 의결권 또는 선거권은 중앙회 전체 의결권 또는 선거권 총수의 100분의 20을 초과할 수 없다.
④ 제132조제1항에 따라 관보에 게재된 휴면조합은 같은 조 제2항에 따른 활동 재개가 인정될 때까지 중앙회에서 의결권 또는 선거권을 행사하지 못한다.(2015.2.3 본항개정)

제101조【가입과 탈퇴】 ① 제99조에 규정된 자는 중앙회의 정관으로 정하는 바에 따라 그 회원이 된다.
② 회원은 중앙회의 해산이나 회원 자격의 상실 또는 정관으로 정하는 바에 따라 탈퇴한다.

제102조【준용 규정】 회원에 관하여는 제19조부터 제21조까지의 규정을 준용한다. 이 경우 "조합"을 "중앙회"로, "조합원"을 "정회원"으로 본다.

제2절 설 립

제103조【발기인】 중앙회를 설립하려면 제99조에 규정된 연합회 또는 조합 3개 이상이 발기인이 되어야 한다.

제104조【정관의 기재사항】 중앙회의 정관에는 다음 각 호의 사항을 적어야 한다.
1. 목적
2. 명칭
3. 사업
4. 사무소의 소재지
5. 회원 및 대리인이 될 자격
6. 회원의 가입·탈퇴 및 제명
7. 임원의 정수와 그 선임
8. 경비의 분담
9. 잉여금의 처분과 손실금 처리
10. 사업연도
11. 해산 사유
12. 공고 방법

제105조【준용 규정】 중앙회의 설립에 관하여는 제28조 및 제30조부터 제33조까지의 규정을 준용한다. 이 경우 "조합"을 "중앙회"로, "조합원"을 "정회원"으로, "이사장"을 "회장"으로 본다.

제3절 사 업

제106조【업무】 ① 중앙회는 다음 각 호의 사업을 할 수 있다.
1. 조합, 사업조합 및 연합회의 조직과 사업의 지도
2. 정회원의 권익 보호와 건전한 발전을 위한 사업 및 정부에 대한 건의
3. 정회원에 대한 경영·기술 및 품질 관리에 관한 지도와 교육
4. 정회원과 중소기업자에 대한 정보의 제공 및 정보화 촉진 사업의 수행
5. 중소기업에 대한 조사·연구 및 교육(2018.3.13 본호개정)
6. 정회원에 대한 보조금의 교부 또는 교부 알선
7. 중앙회의 사업을 위한 자금의 차입
8. 중소기업공제사업기금의 운용 및 관리
9. 소기업과 소상공인(「중소기업기본법」 제2조제2항에 따른 소기업과 「소상공인기본법」 제2조에 따른 소상공인을 말한다. 이하 같다)의 생활안정을 위한 공제사업(2020.2.4 본호개정)
10. 정회원을 위한 공동사업
11. 중소기업을 위한 수출입 업무와 중소기업 제품의 국내외 전시·판매장의 설치·운영 및 관리
12. 중소기업을 위한 공업단지 및 공동 이용 시설의 설치·관리
13. 국가 또는 지방자치단체로부터 위탁받은 사업
14. 정회원의 사업 지원을 위한 재원의 조성 및 관리
15. 중소기업을 위한 연구원 및 연수원의 설립·운용
16. 창고 등 중소기업을 위한 물류 공동화 시설의 설치·운영
17. 중소기업 제품의 전자 상거래
18. 중소기업 관련 신문의 발행
19. 중소기업협동조합을 운영하는 데 필요한 전문인력 양성
20. 중소기업의 제조물 책임에 관한 보험 등의 계약을 「상법」 제639조에 따라 중소기업자를 위하여 체결하는 사업
21. 설립 목적을 이루는 데 필요한 수익 사업으로서 주무관청의 승인을 받은 사업
22. 공제사업(조합원 등의 채무 또는 의무 이행 등에 필요한 보증사업은 공공기관과의 조달계약에 대하여만 할 수 있다)(2011.7.25 본호신설)
23. 「중소기업 인력지원 특별법」 제2조제4호에 따른 인식개선사업(2011.7.25 본호신설)
24. 「하도급거래 공정화에 관한 법률」에 따른 원사업자와 조합(사업조합을 포함한다)의 조합원인 수급사업자 간의 하도급대금 조정을 위한 협의 등 지원(2022.1.11 본호신설)
25. 「대·중소기업 상생협력 촉진에 관한 법률」에 따른 위탁기업과 조합원인 수탁기업 간의 납품대금 협의 및 조정 지원(2023.9.14 본호신설)
26. 중소기업을 위한 일자리 사업(2023.9.14 본호신설)
27. 중소기업 홍보를 위한 사업(2023.9.14 본호신설)
28. 그 밖에 제1호부터 제27호까지에 규정된 사업과 관련된 부대사업(2023.9.14 본호개정)

② 중앙회는 제1항의 사업을 추진하기 위하여 필요하면 주무관청의 승인을 받아 다른 법인에 출자할 수 있다.
③ 중앙회는 제1항의 사업을 추진하기 위하여 필요하면 정관 또는 규약에서 정하는 바에 따라 정회원에 대하여 업무 및 회계에 관하여 보고를 요구하고 필요한 명령을 할 수 있다.
④ 중앙회는 정관으로 정하는 바에 따라 정회원의 업무 및 회계에 관한 사항을 감사할 수 있으며, 정회원이 중앙회의 감사를 거부 또는 방해하거나 기피한 때에는 중앙회는 주무관청에 필요한 조치를 하여줄 것을 요청할 수 있다.(2015.2.3 본항개정)
⑤ 중앙회는 제4항에 따른 감사 결과 시정이나 그 밖의 조치가 필요한 사항이 있으면 정회원에 대하여 그 시정이나 그 밖의 필요한 조치를 하도록 명하고 그 감사 결과를 즉시 주무관청에 보고하여야 한다.
⑥ 정회원은 제5항에 따른 조치를 요구 받으면 2개월 이내에 필요한 조치를 하고 그 결과를 중앙회에 알려야 한다.(2015.2.3 본항신설)
⑦ 중앙회는 정회원이 조치 기간에 필요한 조치를 하지 아니하면 1개월 이내에 제5항의 조치를 할 것을 다시 요구하고, 그 기간에도 이를 이행하지 아니하면 주무관청에 필요한 조치를 하여줄 것을 요청할 수 있다.(2015.2.3 본항신설)
⑧ 중앙회는 회원의 공동사업을 지원하기 위하여 공동사업지원자금을 설치할 수 있다.
1. 공동사업지원자금은 다음 각 목의 재원으로 조성한다.
   가. 회원의 출자금 또는 출연금
   나. 기업의 출연금
   다. 금융기관의 출연금 또는 차입금
   라. 그 밖에 정관으로 정하는 수익금
2. 제1호에 따른 공동사업지원자금은 다음 각 목의 사업을 위하여 사용하여야 한다.
   가. 공동 기술 및 상표의 개발 사업
   나. 공동 시험 연구 사업
   다. 공동 구매, 판매 및 국내외 판로 개척 사업
   라. 국내외 규격인증 획득 및 해외 조달 시장 진출 사업
   마. 정보화 사업
   바. 그 밖에 정관으로 정하는 사업

⑨ 중앙회 회장은 정관으로 정하는 바에 따라 직원 중에서 중앙회 업무에 관한 재판상 또는 재판 외의 행위를 할 수 있는 대리인을 선임할 수 있다.

제106조의2【준용규정】 중앙회의 사업에 관하여는 제35조제3항 및 제35조의2(제3항제1호는 제외한다), 제35조의3을 준용한다. 이 경우 "조합"은 "중앙회로", "조합원"은 "회원"으로 본다.(2016.1.27 전단개정)

제107조【사업계획의 승인】 ① 중앙회는 사업연도 개시일부터 2개월 이내에 사업계획과 수지예산서를 작성하여 총회의 의결을 거쳐, 총회가 종료한 날부터 2주일 이내에 주무관청에 승인을 신청하여야 한다. 이를 변경할 때에도 또한 같다.
② 제1항의 승인을 받기 전의 일반경비와 긴급한 사업비는 전년도 예산에 준하여 지출할 수 있다.

제4절 중소기업공제사업기금

제108조【중소기업공제사업기금의 설치】 중소기업자의 도산을 막고 공동판매와 구매사업의 기반을 조성하기 위하여 중소기업공제사업기금을 설치한다.

제109조【중소기업공제사업기금의 조성】 ① 중소기업공제사업기금은 다음 각 호의 재원으로 조성한다.
1. 중소기업공제사업기금에 가입한 중소기업자가 납부하는 공제부금
2. 정부, 조합, 사업조합, 연합회, 그 밖의 자의 출연금
3. 공제사업을 위한 차입금
4. 중소기업공제사업기금의 운용으로 생기는 수익금

② 중소기업자는 중소기업공제사업기금에 가입할 수 있다. 다만, 중앙회와 중소기업공제사업기금의 운용목적에 부합하지 아니한 자 등 대통령령으로 정하는 중소기업자

는 중소기업공제사업기금에 가입할 수 없다.(2010.6.8 단서개정)
③ 정부는 중소기업자의 중소기업공제사업기금 가입을 촉진하기 위하여 중소기업공제사업기금에 가입하는 중소기업자에게 필요한 지원을 할 수 있다.
④ 정부는 회계연도마다 예산의 범위에서 정부의 출연금을 세출예산에 계상하여야 한다.
제110조【중소기업공제사업기금의 운용과 관리】 ① 중소기업공제사업기금은 중앙회가 운용·관리한다.
② 중앙회는 중소기업공제사업기금을 운용·관리할 때 필요하다고 인정하면 중소벤처기업부장관의 승인을 받아 그 권한의 일부를 금융기관의 장에게 위탁할 수 있다.(2017.7.26 본항개정)
③ 중앙회 회장과 중소기업공제사업기금에 관한 사무를 집행하는 자 또는 위탁받은 자는 중소기업공제사업기금을 운용·관리하면서 고의 또는 중대한 과실로 손해를 발생하게 하면 그 손해를 배상할 책임이 있다. 이 경우 고의로 손해를 발생하게 한 때 외에는 그 책임을 경감할 수 있다.
④ 중앙회는 대통령령으로 정하는 바에 따라 회계연도마다 기금운용계획안을 세우고, 이를 제113조제2항에 따른 기금운영위원회의 의결을 거쳐 회계연도 개시 20일 전까지 중소벤처기업부장관에게 보고하여야 한다. 이를 변경하려는 때에도 또한 같다.(2017.7.26 전단개정)
제111조【중소기업공제사업기금의 사용 등】 ① 중소기업공제사업기금은 다음 각 호의 사업을 위하여 사용한다.
1. 중소기업공제사업기금에 가입한 중소기업자의 도산을 막기 위한 공제금의 대출
2. 중소기업공제사업기금에 가입한 중소기업자의 공동구매 및 판매 사업 자금의 지원
3. 그 밖에 중소기업공제사업기금에 가입한 중소기업자의 지원을 위하여 필요한 사업으로서 대통령령으로 정하는 사업
4. 제1호부터 제3호까지에 규정된 사업과 관련된 부대사업
5. 제110조에 따른 중소기업공제사업기금의 운용·관리
② 중소기업공제사업기금의 여유 자금은 다음 각 호의 방법으로 운용할 수 있다.
1. 「자본시장과 금융투자업에 관한 법률」 제4조에 따른 증권의 매입. 이 경우 주권 또는 이와 유사하거나 관련된 증권 또는 증서는 기금운용계획에 반영된 경우에 한정한다.(2007.8.3 전단개정)
2. 금융기관에 예치
3. 「자본시장과 금융투자업에 관한 법률」 제5조제2항에 따른 장내파생상품의 거래. 이 경우 제1호 후단을 준용한다.(2007.8.3 전단개정)
4. 중소벤처기업부장관의 승인을 받아 중소기업공제사업기금의 부담으로 하는 금융기관에 대한 지급보증(2017.7.26 본호개정)
③ 제2항에 따른 중소기업공제사업기금의 여유 자금의 세부 운용방법 및 운용절차 등에 필요한 사항은 대통령령으로 정한다.
제112조【공제금 대손보전준비금의 적립】 ① 중앙회는 공제금 대출에 따른 손실을 보전하기 위하여 공제금의 대출을 받는 중소기업자로부터 대손보전준비금(貸損補塡準備金)을 받아 적립·운용하여야 한다.
② 제1항에 따른 대손보전준비금의 적립 운용의 방법, 절차, 그 밖에 필요한 사항은 대통령령으로 정한다.
제113조【중소기업공제사업기금의 운용 조직】 ① 중소기업공제사업기금을 효율적으로 운용하기 위하여 중앙회에 중소기업공제사업단을 둔다.
② 중앙회의 이사회에 갈음하여 중소기업공제사업기금의 운용에 관한 사항을 심의·의결하기 위하여 중소기업공제사업단에 기금운영위원회를 둔다.
③ 기금운영위원회는 위원장 1명을 포함한 11명 이하의 위원으로 구성한다.
④ 중소기업공제사업단과 기금운영위원회의 구성 및 운영에 필요한 사항은 대통령령으로 정한다.
제114조【중소기업공제사업기금에 관한 세부 규정】 중소기업공제사업기금의 운용 및 관리 등에 필요한 사항은 대통령령으로 정한다.

제5절 소기업과 소상공인 공제사업

제115조【소기업과 소상공인 공제사업의 관리·운용】
① 중앙회는 소기업과 소상공인이 폐업이나 노령 등의 생계위협으로부터 생활의 안정을 기하고 사업재기의 기회를 제공받을 수 있도록 소기업과 소상공인을 위한 공제사업(이하 "소기업·소상공인공제"라 한다)을 관리·운용한다.
② 소기업과 소상공인공제의 운영방법 및 절차 등에 필요한 사항은 대통령령으로 정한다.
제116조【소기업·소상공인공제의 가입】 ① 소기업·소상공인공제에 가입할 수 있는 자는 소기업과 소상공인의 대표자로 한다. 다만, 이미 공제에 가입한 자 등 대통령령으로 정하는 자는 소기업·소상공인공제에 가입할 수 없다.(2009.12.30 단서개정)
② 소기업·소상공인공제에 가입하려는 자는 중소기업중앙회와 공제계약을 체결하여야 한다.(2008.6.13 본항개정)
제117조【소기업·소상공인공제자금의 조성】 ① 소기업·소상공인공제의 운영을 위한 자금(이하 "소기업·소상공인공제자금"이라 한다)은 다음 각 호의 재원으로 조성한다.(2023.1.3 본문개정)
1. 소기업·소상공인공제의 가입자가 납부하는 공제부금
2. 조합, 사업조합, 연합회, 그 밖의 자의 출연금
3. 소기업·소상공인공제를 위한 차입금
4. 소기업·소상공인공제의 운용으로 발생하는 수익금
② 중앙회는 소기업·소상공인공제자금을 관리·운용할 때에는 중앙회의 다른 회계와 구분하여 관리하여야 한다.(2023.1.3 본항신설)
(2023.1.3 본조제목개정)
제118조【소기업·소상공인공제의 사업】 ① 소기업·소상공인공제는 다음 각 호의 사업을 한다.
1. 소기업·소상공인공제에 가입한 소기업과 소상공인이 폐업 등 대통령령으로 정하는 공제사유가 발생한 경우 공제금의 지급
2. 소기업·소상공인공제 가입자에 대한 대출
3. 소기업·소상공인공제 가입자를 위한 복지 후생 사업
4. 소기업·소상공인공제자금 조성을 위한 사업
(2023.1.3 3호~4호신설)
5. 제1호부터 제4호까지의 사업과 관련된 부대사업
(2023.1.3 본호개정)
② 중앙회는 제1항의 사업과 관련하여 필요한 범위에서 수익 사업을 할 수 있다.(2023.1.3 본항신설)
③ 중앙회는 제2항에 따른 수익 사업을 하려는 경우에는 대통령령으로 정하는 바에 따라 사업계획을 수립하여 중소벤처기업부장관에게 보고하여야 한다.(2023.1.3 본항신설)
제118조의2【소기업·소상공인공제운영위원회】 ① 중앙회의 이사회에 갈음하여 소기업·소상공인공제의 운용 및 관리에 관한 사항을 심의·의결하기 위하여 중소기업공제사업단에 소기업·소상공인공제운영위원회(이하 "공제운영위원회"라 한다)를 둔다.
② 공제운영위원회는 위원장 1인을 포함한 11인 이하의 위원으로 구성한다.
③ 공제운영위원회의 구성 및 운영에 관하여 필요한 사항은 대통령령으로 정한다.
(2008.6.13 본조신설)
제118조의3【공제금수급계좌】 ① 소기업·소상공인공제의 수급자는 공제금을 본인 명의의 지정된 계좌(이하 "공제금수급계좌"라 한다)에 입금하도록 중앙회에 신청할 수 있으며, 이 경우 중앙회는 공제금을 공제금수급계좌로 입금하여야 한다.
② 중앙회는 제1항에도 불구하고 정보통신장애나 그 밖에 대통령령으로 정하는 불가피한 사유로 공제금을 공제금수급계좌로 이체할 수 없을 때에는 현금 지급 등 대통령령으로 정하는 바에 따라 공제금을 지급할 수 있다.
③ 공제금수급계좌가 개설된 금융기관은 공제금만이 공제금수급계좌에 입금되도록 하고, 이를 관리하여야 한다.
④ 제1항에 따른 신청 방법·절차와 제3항에 따른 공제금수급계좌의 관리에 필요한 사항은 대통령령으로 정한다.
(2018.6.12 본조신설)
제118조의4【자료 제공의 요청】 ① 중앙회는 소기업·소상공인공제와 관련하여 가입자의 자격 확인, 공제금의 지급과 정부·지방자치단체의 보조금 지원 대상여부 확인 등을 위하여 다음 각 호에 해당하는 자료를 해당 각 호의 자에게 각각 요청할 수 있다. 이 경우 자료 제공 요청은 최소한의 범위에서 하여야 한다.
1. 국세청장 : 「국세기본법」 제81조의13에 따른 과세정보로서 대통령령으로 정하는 자료 중 당사자의 동의를 받은 자료
2. 행정안전부장관 : 「주민등록법」에 따른 가입자(가입자가 사망한 경우 「민법」 제1000조, 제1001조, 제1003조 및 제1004조에 따른 상속인을 포함한다)의 주민등록전산정보자료
3. 법원행정처장 및 지방자치단체의 장 : 「가족관계의 등록 등에 관한 법률」에 따른 가입자(가입자가 사망한 경우 「민법」 제1000조, 제1001조, 제1003조 및 제1004조에 따른 상속인을 포함한다)의 가족관계등록전산정보자료, 가족관계증명서 및 기본증명서
(2023.1.3 1호~3호신설)
② 제1항에 따라 자료의 제공을 요청받은 자는 정당한 사유가 없으면 이에 따라야 한다.
③ 제1항에 따른 자료를 활용하여 업무를 수행하거나 수행하였던 사람은 제1항에 따라 제공받은 자료나 업무를 수행하면서 취득한 정보를 이 법에서 정한 목적 외의 용도로 사용하거나 다른 사람 또는 기관에 제공하거나 누설하여서는 아니된다.(2023.1.3 본항신설)
④ 제1항에 따라 중앙회에 제공하는 자료에 대하여는 사용료와 수수료 등을 면제한다.(2023.1.3 본항신설)
(2023.1.3 본조개정)
제119조【수급권의 보호】 ① 공제금을 지급받을 권리는 이를 양도 또는 압류하거나 담보로 제공할 수 없다. 다만, 제118조제1항제2호에 따라 대출을 받은 자가 대출금과 이자를 상환하기 전에 공제금 지급사유가 발생한 경우 중앙회는 공제금에서 대출금과 이자를 공제할 수 있다.(2023.1.3 단서개정)
② 제118조의3제1항에 따른 공제금수급계좌의 예금에 관한 채권은 압류할 수 없다.(2018.6.12 본항신설)
제120조【준비금의 적립】 ① 중앙회는 결산기마다 소기업·소상공인공제의 종류별로 장래에 지급할 공제금에 충당하기 위한 준비금을 계상하고 이를 별도로 적립·운용하여야 한다.
② 제1항에 따른 준비금의 적립·운용에 필요한 사항은 대통령령으로 정한다.
제121조【「보험업법」의 적용 배제】 소기업·소상공인공제에 관하여는 「보험업법」을 적용하지 아니한다.

제6절 기 관

제122조【임원】 중앙회에 다음 각 호의 임원을 둔다.
1. 회장 1명
2. 부회장 5명 이상
3. 상근 부회장 1명
4. 이사 10명 이상
5. 상근 이사 5명 이하
6. 감사 1명
제123조【임원의 선임】 ① 회장은 정회원의 대표자 중에서 정관으로 정하는 바에 따라 총회에서 투표로 선출한다. 다만, 회장은 조합 또는 사업조합의 이사장이나 연합회의 회장 및 제106조제2항에 따라 출자한 법인의 대표이사를 겸직할 수 없다.(2018.3.13 본항개정)
② 회장의 임기는 4년으로 하며 1회에 한정하여 연임할 수 있다. 이 경우 회장은 제1항 본문의 정회원 대표자 자격을 갖춘 것으로 본다.(2010.6.8 본항신설)
③ 부회장 및 이사는 정회원의 대표자 중에서 정관으로 정하는 바에 따라 총회에서 선출한다.
④ 상근 부회장은 중소기업에 관한 학식과 경험이 풍부한 자 중에서 이사회의 추천에 따라 중소벤처기업부장관의 승인을 받아 회장이 임명한다. 이 경우 조합 및 사업조합의 조합원 외의 자 중에서 임명한다.(2017.7.26 전단개정)
⑤ 상근 이사는 정관으로 정하는 바에 따라 회장이 임명하고, 감사는 이사회의 추천에 따라 중소벤처기업부장관의 승인을 받아 회장이 임명하며 상근으로 한다. 이 경우 상근 이사 및 감사는 조합 및 사업조합의 조합원 또는 중소기업 관련 단체의 구성원이 아닌 자 중에서 임명한다.(2017.7.26 전단개정)
⑥ 중앙회는 제1항에 따른 회장 선출에 대한 선거 관리를 정관으로 정하는 바에 따라 「선거관리위원회법」에 따른 중앙선거관리위원회에 위탁할 수 있다.
⑦ 제6항에 따라 중앙선거관리위원회가 중앙회 회장 선거를 수탁·관리하는 경우 이 법의 위반행위의 단속과 조사에 대하여는 「공직선거법」 제272조의2 및 「선거관리위원회법」 제14조의2를 준용한다.(2015.2.3 본항신설)
제124조【임원의 직무】 ① 회장은 중앙회를 대표하고 업무를 관장하며 총회와 이사회의 의장이 된다.
② 회장이 사고가 있으면 총회에서는 정관으로 정하는 순위에 따라 부회장이, 회장 및 부회장이 동시에 사고가 있으면 총회에서 선출하는 임시의장이 의장이 되고, 이사회에서는 상근 부회장이 그 직무를 대행한다.
③ 부회장 및 상근 부회장은 회장을 보좌하고, 상근 부회장은 회장의 명을 받아 중앙회의 사무를 집행·처리하며 회장이 궐위되면 정관으로 정하는 순위에 따라 부회장이 그 직무를 대행하고, 회장과 부회장이 모두 궐위되면 상근 부회장이 그 직무를 대행한다.
④ 상임 이사는 회장, 부회장, 상근 부회장을 보좌하고 회장이 지정하는 바에 따라 중앙회의 업무를 분장하며 회장, 부회장, 상근 부회장이 동시에 사고가 있을 때 또는 궐위된 때에는 정관으로 정하는 바에 따라 그 직무를 대행한다.
⑤ 감사는 중앙회의 재산과 업무집행 상황을 감사하여 총회에 보고하여야 하며 제106조제4항에 따른 업무를 분장한다.
제125조【준용 규정】 중앙회의 총회·이사회 및 임원에 관하여는 이 장에 규정된 것 외에는 조합의 총회·이사회 및 임원에 관한 규정을 준용한다. 이 경우 "조합"은 "중앙회"로, "조합원"은 "정회원"으로, 제45조제1항부터 제3항까지, 제48조제2항, 제55조제3항, 제57조, 제64조제1항 및 제2항과 제66조제3항 중 "이사장"은 "회장"으로, 제50조제7항 중 "이사장, 이사 및 감사"는 "회장, 부회장 및 이사"로, 제52조제3항 중 "상근 이사"는 "상근 부회장, 상근 이사 및 감사"로, 제55조제2항 및 제5항 중 "이사장, 이사와 상근 이사"는 "회장, 부회장, 상근 부회장, 이사 및 상근 이사"로 본다.(2018.3.13 후단개정)

제7절 회 계

제126조【회계】 중앙회의 회계에 관하여는 제67조를 준용한다.

제8절 해산과 청산

제127조【해산과 청산】 중앙회의 해산과 청산에 관하여는 조합의 해산과 청산에 관한 규정을 준용한다.

제6장 등 기

제128조【등기부】 등기소마다 중소기업협동조합 등기부, 중소기업사업협동조합 등기부, 중소기업협동조합 연합회 등기부와 중소기업중앙회 등기부를 갖추어 두어야 한다.

제7장 감 독

제129조【결산 관계 서류의 제출】 조합, 사업조합, 연합회 또는 중앙회는 사업연도마다 정기총회가 끝난 날부터 2주일 이내에 사업보고서, 대차대조표, 손익계산서와 잉여금의 처분 또는 손실금의 처리 방법을 적은 문서를 주무관청에 제출하여야 한다.

제130조【보고의 의무】 ① 조합, 사업조합, 연합회 또는 중앙회는 다음 각 호의 사유가 있으면 2주일 이내에 주무관청에 보고하여야 한다.
1. 총회의 결과(2022.11.15 본호개정)
2. (2022.11.15 삭제)
3. 이사장 또는 회장, 상근 이사의 선임(2022.11.15 본호개정)
4. 규약 또는 규정의 제정 또는 개폐
5. (2016.1.27 삭제)
6. (2022.11.15 삭제)

② 주무관청은 조합, 사업조합, 연합회 또는 중앙회의 업무를 적절히 처리하게 하기 위하여 특히 필요하다고 인정되는 보고를 받을 수 있다.
③ 제1항제4호 중 규약은 제30조제1항 각 호에 규정된 사항을 제정하거나 개정하거나 폐지하려면 주무관청의 승인을 받아야 한다.
④ 조합, 사업조합 또는 연합회는 제129조에 따라 결산 관계 서류를 제출하거나 제130조제1항에 따라 보고하는 경우 중소벤처기업부장관이 지정하는 정보처리장치를 이용할 수 있다.(2018.3.13 본항신설)

제131조【검사】 ① 주무관청은 조합, 사업조합, 연합회 또는 중앙회의 업무 또는 회계가 이 법이나 정관에 위반된다고 인정할 만한 상당한 이유가 있으면 그 조합, 사업조합, 연합회 또는 중앙회로부터 그 업무나 회계에 관하여 필요한 보고를 받거나 그 업무나 회계의 상황을 검사할 수 있다.
② 조합원, 회원 또는 대의원은 그 조합, 사업조합이나 연합회 또는 중앙회의 업무나 회계가 정관 또는 규약을 위반한다고 인정하면 총 조합원이나 총 대의원 또는 총 회원의 3분의 1 이상의 동의를 받아 문서로 주무관청에 검사를 청구할 수 있다.
③ 제2항의 청구가 있으면 주무관청은 조합, 사업조합, 연합회 또는 중앙회의 업무나 회계 상황을 검사하여야 한다.

제132조【휴면조합】 ① 주무관청은 직권 또는 신고에 따라 중앙회, 연합회, 조합, 사업조합의 활동 사항을 조사하여 대통령령으로 정하는 요건에 해당되어 실제 활동하지 아니한다고 인정되면 휴면조합으로 지정하고 그 회장 또는 이사장에게 휴면조합임을 알리고 이를 관보에 게재하여야 한다.(2015.2.3 본항개정)
② 주무관청은 제1항에 따른 관보 게재 후 1년 안에 활동 재개 신청이 없거나, 활동 재개 신청을 접수한 날부터 1년이 지난 후에도 활동 재개가 없다고 인정되는 중앙회, 연합회, 조합, 사업조합에 대하여는 제133조제2항에 따라 해산을 명하여야 한다. 이 경우 제133조제3항을 적용하지 아니한다.
(2015.2.3 본조제목개정)

제133조【행정명령】 ① 주무관청이 조합, 사업조합, 연합회 또는 중앙회가 다음 각 호의 어느 하나에 해당된다고 인정하면 일정한 기한을 정하여 업무의 시정과 그 밖에 필요한 조치를 명할 수 있다.
1. 업무나 회계가 법령이나 정관 또는 규약을 위반한 때
2. 정당한 이유 없이 설립인가를 받은 날부터 1년 안에 업무를 개시하지 아니하거나 1년 이상 계속하여서 업무를 정지할 때
3. 설립인가일부터 90일까지 설립 등기를 하지 아니한 때
4. 조합원 또는 회원의 수가 제27조제2항(제81조 또는 제92조에서 준용하는 경우를 포함한다)에 따른 수 미만으로 감소한 때

② 주무관청은 조합, 사업조합, 연합회 또는 중앙회가 제1항의 명령을 위반하면 임원의 해임 또는 그 단체의 해산을 명할 수 있다. 다만, 제1항제3호에 따른 명령을 위반하면 설립인가를 취소할 수 있다.
③ 주무관청이 제2항에 따라 해산을 명하려면 청문을 하여야 한다.
④ 중소벤처기업부장관은 조합, 사업조합, 연합회 또는 중앙회가 제35조의2(제83조, 제94조 및 제106조의2에서 준용하는 경우를 포함한다)에 따른 인가의 내용 또는 조건을 위반한 경우에는 일정한 기한을 정하여 위반사항의 시정과 그 밖의 필요한 조치를 명할 수 있다.(2017.7.26 본항개정)
⑤ 중소벤처기업부장관은 다음 각 호의 어느 하나에 해당하는 경우에는 청문을 거쳐 제35조제1항제15호, 제82조제1항제10호, 제93조제1항제15호 및 제106조제1항제22호에 따른 공제사업의 정지를 명하거나 인가를 취소할 수 있다.(2023.9.14 본문개정)
1. 거짓이나 그 밖의 부정한 방법으로 제35조의2(제83조, 제94조 및 제106조의2에서 준용하는 경우를 포함한다)에 따른 인가를 받은 경우
2. 제4항에 따른 명령을 위반한 경우
(2016.1.27 본항신설)

제134조【사업 조성】 정부는 중소기업을 조성하기 위한 정책을 실시하는 경우에 중앙회를 통하여 실시한다. 그러나 필요하다고 인정되는 사항에 관하여는 연합회 또는 조합, 사업조합을 통하여도 할 수 있다.

제135조【보조금】 ① 주무관청은 중소기업을 육성하기 위하여 중앙회를 운영하는 데 필요한 경비의 전부 또는 일부를 보조하여야 한다.
② 시·도지사는 중소기업을 육성하고 지역 사회를 개발하기 위하여 관할 구역에 있는 중앙회 지회를 운영하는데 필요한 경비의 일부를 중앙회를 통하여 보조할 수 있다.
③ 중앙행정기관과 지방자치단체의 장은 중소기업을 육성하기 위하여 그 예산의 범위에서 조합, 사업조합 또는 연합회의 품질 규격의 제정, 검사 사업, 유통 구조의 개선 사업, 그 밖에 운영에 필요한 경비의 전부 또는 일부를 보조할 수 있다.(2019.12.10 본항개정)

제136조【권한의 위탁】 ① 중소벤처기업부장관은 대통령령으로 정하는 바에 따라 이 법에 따른 권한의 일부를 다른 중앙행정기관의 장(시·도지사는 제외한다. 이하 같다), 중앙회의 회장 또는 연합회의 회장에게 위탁할 수 있다.(2017.7.26 본항개정)
② 시·도지사는 대통령령으로 정하는 바에 따라 이 법에 따른 권한의 일부를 중앙회의 회장 또는 연합회의 회장에게 위탁할 수 있다.

제136조의2【규제의 재검토】 중소벤처기업부장관은 다음 각 호의 사항에 대하여 2016년 1월 1일을 기준으로 3년 마다(매 3년이 되는 해의 기준일과 같은 날 전까지를 말한다) 그 타당성을 검토하여 개선 등의 조치를 하여야 한다.(2017.7.26 본문개정)
1. 제27조에 따른 조합의 발기인 기준
2. 제70조에 따른 준비금과 이월금
3. 제90조에 따른 연합회의 발기인 기준
(2016.1.27 본조신설)

제8장 벌 칙

제136조의3【벌칙】 제118조의4제3항을 위반하여 자료 또는 정보를 사용·제공 또는 누설한 사람은 5년 이하의 징역 또는 5천만원 이하의 벌금에 처한다.(2023.1.3 본조신설)

제137조【벌칙】 ① 다음 각 호의 어느 하나에 해당하는 자는 2년 이하의 징역 또는 2천만원 이하의 벌금에 처한다.(2008.6.13 본문개정)
1. 제8조제3항을 위반한 자
2. 제53조제2항 또는 같은 조 제3항(제85조, 제96조 또는 제125조에서 준용하는 경우를 포함한다)을 위반한 자
(2018.3.13 본호개정)

② 제53조제1항 또는 같은 조 제4항부터 제6항까지의 규정(제85조, 제96조 또는 제125조에서 준용하는 경우를 포함한다)을 위반한 자는 1년 이하의 징역 또는 1천만원 이하의 벌금에 처한다.(2018.3.13 본항개정)
③ 제1항과 제2항에 규정된 죄의 공소시효는 그 선거일 후 6개월(선거일 후에 행하여진 범죄는 그 행위가 있는 날부터 6개월)이 지남으로써 완성한다. 다만, 범인이 도피한 때나 범인이 공범 또는 범죄의 증명에 필요한 참고인을 도피시킨 때에는 그 기간을 3년으로 한다.

제138조【벌칙】 조합, 사업조합, 연합회 또는 중앙회의 임원이 조합, 사업조합, 연합회 또는 중앙회의 사업 범위를 이탈하여 대부(貸付)하거나 투기 거래의 목적으로 그 재산을 처분하면 3년 이하의 징역 또는 2천만원 이하의 벌금에 처하거나 이를 병과(倂科)할 수 있다.(2008.6.13 본조개정)

제139조【당선인의 선거범죄로 말미암은 당선무효】 조합, 사업조합, 연합회 또는 중앙회의 임원 선거의 당선인이 그 선거에서 제137조제1항제2호 또는 같은 조 제2항에 규정된 죄를 범하여 징역형 또는 100만원 이상의 벌금형을 선고받으면 그 당선을 무효로 한다.

제140조【벌칙】 조합, 사업조합, 연합회 또는 중앙회가 제133조제1항제1호 또는 제2호에 따른 명령을 위반하면 그 임원은 1천만원 이하의 벌금에 처한다.(2008.6.13 본조개정)

제141조【과태료】 ① 제131조에 따른 검사를 거부 또는 방해하거나 기피한 자에게는 500만원 이하의 과태료를 부과한다.(2023.9.14 본항개정)
② 조합, 사업조합, 연합회 또는 중앙회의 발기인·임원 또는 청산인이 다음 각 호의 어느 하나에 해당되면 500만원 이하의 과태료를 부과한다.(2023.9.14 본문개정)
1. 이 법에 따라 조합, 사업조합, 연합회 또는 중앙회가 할 수 있는 사업 외의 사업을 한 때
2. 제15조제2항 또는 제25조제3항(제79조 또는 제89조에서 준용하는 경우를 포함한다)을 위반한 때
3. 제43조제3항(제85조, 제96조 또는 제125조에서 준용하는 경우를 포함한다)을 위반한 때
4. 제62조 또는 제66조제3항(제85조 또는 제96조에서 준용하는 경우를 포함한다)을 위반한 때
5. 제63조 또는 제64조(제85조, 제96조 또는 제125조에서 준용하는 경우를 포함한다)를 위반하여 서류를 비치하지 아니하거나 그 서류에 적어야 할 사항을 적지 아니하거나 부실하게 적거나 정당한 이유 없이 그 서류의 열람이나 사본의 청구를 거부한 때
6. 제65조제2항(제85조, 제96조 또는 제125조에서 준용하는 경우를 포함한다)을 위반하여 정당한 이유 없이 장부 또는 서류의 열람이나 사본의 청구를 거부한 때
7. 제68조제2항(제86조 또는 제97조에서 준용하는 경우를 포함한다)을 위반하여 공고를 게을리하거나 거짓의 공고를 한 때
8. 제70조 또는 제71조(제86조 또는 제97조에서 준용하는 경우를 포함한다)를 위반한 때
9. 제72조(제86조 또는 제97조에서 준용하는 경우를 포함한다)를 위반하여 지분을 취득하거나 질권의 목적으로 받은 때
10. 제73조제2항(제87조, 제98조 또는 제127조에서 준용하는 경우를 포함한다)을 위반한 때
11. 제93조제2항부터 제4항까지 또는 제106조제3항부터 제5항까지의 규정을 위반한 때
12. 제129조를 위반하여 서류를 제출하지 아니하거나 거짓의 서류를 제출한 때
13. 제130조에 따른 보고를 하지 아니하거나 거짓의 보고를 한 때

③ 제1항과 제2항에 따른 과태료는 대통령령으로 정하는 바에 따라 중소벤처기업부장관(제136조에 따라 권한이 위탁된 경우에는 다른 중앙행정기관의 장을 말한다. 이하 이 조에서 같다) 또는 시·도지사가 부과·징수한다.
(2017.7.26 본항개정)
④~⑥ (2018.3.20 삭제)

제142조【선거범죄신고자 등의 보호】 중앙회 회장 선거와 관련하여 제137조제1항제2호와 같은 조 제2항에 따른 죄의 신고자 등의 보호에 관하여는 「공직선거법」 제262조의2를 준용한다.(2015.2.3 본조신설)

제143조【선거범죄신고자에 대한 포상금 지급】 ① 중앙회는 중앙회 회장 선거와 관련하여 제137조제1항제2호와 같은 조 제2항에 따른 죄에 대하여 중앙회선거관리위원회(중앙선거관리위원회에 선거 관리를 위탁한 경우 중앙선거관리위원회를 포함한다)가 인지(認知)하기 전에 그 범죄 행위를 신고한 자에게 포상금을 지급할 수 있다.
② 제1항에 따른 포상금의 상한액·지급기준 및 포상 방법은 정관으로 정한다.
(2015.2.3 본조신설)

부 칙

제1조【시행일】 이 법은 공포한 날부터 시행한다.

제2조【임원의 임기에 관한 적용례】 제52조(제85조, 제96조 또는 제125조에 따라 준용되는 경우를 포함한다)의 규정은 법률 제7944호 中小企業協同組合法 일부개정법률의 시행일인 2006년 7월 29일 이후 최초로 선출되는 임원부터 적용한다.

제3조【조합·사업조합 및 연합회의 해산에 관한 경과조치】 법률 제6684호 中小企業協同組合法中改正法律의 시행일인 2002년 7월 1일 전에 설립된 조합·사업조합 및 연합회는 그 개정법률의 시행 전 종전의 제63조제1항제6호(제67조의10 및 제79조에 따라 준용하는 경우를 포함한다)에 따라 최저 조합원 수가 과반수 미만으로 감소하여 6개월 이상 경과 시에는 해산한다. 이 경우 종전의 제63조제1항제6호, 제67조의10 및 제79조에서 각각 인용하고 있는 제23조제2항, 제67조의3 및 제70조제2항은 종전의 규정을 말한다.

제4조 (2016.1.27 삭제)

제5조【벌칙이나 과태료에 관한 경과조치】 이 법 시행 전의 행위에 대하여 벌칙이나 과태료 규정을 적용할 때에는 종전의 규정에 따른다.

제6조【다른 법률의 개정】 ※(해당 법령에 가제정리 하였음)

제7조【다른 법령과의 관계】 이 법 시행 당시 다른 법령에서 종전의 「중소기업협동조합법」 또는 그 규정을 인용한 경우에 이 법 가운데 그에 해당하는 규정이 있으면 종전의 규정을 갈음하여 이 법 또는 이 법의 해당 규정을 인용한 것으로 본다.

부 칙 (2018.3.13)

제1조【시행일】 이 법은 공포 후 6개월이 경과한 날부터 시행한다.

제2조【이사장 연임 제한에 관한 적용례】 제52조제2항의 개정규정은 이 법 시행 후 최초로 선출되는 이사장부터 적용한다. 이 경우 이 법 시행 후 선출되어 개시되는 임기를 그 첫 번째 임기로 본다.

부 칙 (2018.12.11)

제1조【시행일】 이 법은 공포한 날부터 시행한다.
제2조【벌금형의 분리 선고에 관한 적용례】 제51조의2의 개정규정은 이 법 시행 후 제137조, 제138조 또는 제140조에서 정한 죄를 저지른 사람부터 적용한다.

부 칙 (2018.12.31)

제1조【시행일】 이 법은 공포한 날부터 시행한다.
제2조【임원의 결격 사유에 관한 경과조치】 이 법 시행 당시 조합, 사업조합, 연합회 및 중앙회의 임원인 자가 이 법 시행 전에 발생한 사유로 제51조제1항제3호(제85조, 제96조 및 제125조에 따라 준용되는 경우를 포함한다)의 개정규정에 따른 결격 사유에 해당하게 된 경우에는 같은 개정규정에도 불구하고 종전의 규정에 따른다.

부 칙 (2019.8.20)

이 법은 공포 후 6개월이 경과한 날부터 시행한다.

부 칙 (2019.12.10)

제1조【시행일】 이 법은 공포한 날부터 시행한다.
제2조【임원의 결격사유에 관한 적용례】 제51조제1항제7호 및 제51조의2의 개정규정은 이 법 시행 이후 발생한 범죄행위로 형벌을 받는 사람부터 적용한다.

부 칙 (2020.2.4)

제1조【시행일】 이 법은 공포 후 1년이 경과한 날부터 시행한다.(이하 생략)

부 칙 (2020.2.11)

이 법은 공포 후 6개월이 경과한 날부터 시행한다.

부 칙 (2020.12.29)
(2022.1.11)

제1조【시행일】 이 법은 공포 후 1년이 경과한 날부터 시행한다.(이하 생략)

부 칙 (2022.11.15)

이 법은 공포 후 3개월이 경과한 날부터 시행한다.

부 칙 (2023.1.3)

제1조【시행일】 이 법은 공포 후 6개월이 경과한 날부터 시행한다.
제2조【자료 제공에 따른 사용료와 수수료 등의 면제에 관한 적용례】 제118조의4제4항의 개정규정은 이 법 시행 후 자료를 제공받는 경우부터 적용한다.

부 칙 (2023.9.14)

이 법은 공포 후 6개월이 경과한 날부터 시행한다.

부정경쟁방지 및 영업비밀보호에 관한 법률(약칭 : 부정경쟁방지법)

(1986년 12월 31일
전개법률 제3897호)

개정
1991.12.31법 4478호
1997.12.13법 5454호(정부부처명)
1998.12.31법 5621호
1999. 2. 5법 5814호(표시·광고의공정화에관한법)
2001. 2. 3법 6421호 2004. 1.20법 7095호
2004.12.31법 7289호(디자인보호)
2007.12.21법 8767호 2008.12.26법 9225호
2009. 3.25법 9537호 2009.12.30법 9895호
2011. 6.30법10810호 2011.12. 2법11112호
2013. 7.30법11963호 2015. 1.28법13081호
2016. 1.27법13844호
2016. 2.29법14033호(상표)
2017. 1.17법14530호
2017. 7.26법14839호(정부조직)
2018. 4.17법15580호 2019. 1. 8법16204호
2020.10.20법17529호 2020.12.22법17727호
2021.12. 7법18548호 2023. 3.28법19289호
2024년 1월 25일 제412회 국회 본회의 통과→「法典 別冊」 보유편 수록

제1장 총 칙
(2007.12.21 본장개정)

제1조【목적】 이 법은 국내에 널리 알려진 타인의 상표·상호(商號) 등을 부정하게 사용하는 등의 부정경쟁행위와 타인의 영업비밀을 침해하는 행위를 방지하여 건전한 거래질서를 유지함을 목적으로 한다.
제2조【정의】 이 법에서 사용하는 용어의 뜻은 다음과 같다.
1. "부정경쟁행위"란 다음 각 목의 어느 하나에 해당하는 행위를 말한다.
  가. 다음의 어느 하나에 해당하는 정당한 사유 없이 국내에 널리 인식된 타인의 성명, 상호, 상표, 상품의 용기·포장, 그 밖에 타인의 상품임을 표시한 표지(標識)(이하 이 목에서 "타인의 상품표지"라 한다)와 동일하거나 유사한 것을 사용하거나 이러한 것을 사용한 상품을 판매·반포(頒布) 또는 수입·수출하여 타인의 상품과 혼동하게 하는 행위(2023.3.28 본문개정)
    1) 타인의 상품표지가 국내에 널리 인식되기 전부터 그 타인의 상품표지와 동일하거나 유사한 표지를 부정한 목적 없이 계속 사용하는 경우(2023.3.28 신설)
    2) 1)에 해당하는 자의 승계인으로서 부정한 목적 없이 계속 사용하는 경우(2023.3.28 신설)
  나. 다음의 어느 하나에 해당하는 정당한 사유 없이 국내에 널리 인식된 타인의 성명, 상호, 표장(標章), 그 밖에 타인의 영업임을 표시하는 표지(상품 판매·서비스 제공방법 또는 간판·외관·실내장식 등 영업제공 장소의 전체적인 외관을 포함하며, 이하 이 목에서 "타인의 영업표지"라 한다)와 동일하거나 유사한 것을 사용하여 타인의 영업상의 시설 또는 활동과 혼동하게 하는 행위(2023.3.28 본문개정)
    1) 타인의 영업표지가 국내에 널리 인식되기 전부터 그 타인의 영업표지와 동일하거나 유사한 표지를 부정한 목적 없이 계속 사용하는 경우(2023.3.28 신설)
    2) 1)에 해당하는 자의 승계인으로서 부정한 목적 없이 계속 사용하는 경우(2023.3.28 신설)
  다. 가목 또는 나목의 혼동하게 하는 행위 외에 다음의 어느 하나에 해당하는 정당한 사유 없이 국내에 널리 인식된 타인의 성명, 상호, 상표, 상품의 용기·포장, 그 밖에 타인의 상품 또는 영업임을 표시한 표지(타인의 영업임을 표시하는 표지에 관하여는 상품 판매·서비스 제공방법 또는 간판·외관·실내장식 등 영업제공 장소의 전체적인 외관을 포함한다. 이하 이 목에서 같다)와 동일하거나 유사한 것을 사용하거나 이러한 것을 사용한 상품을 판매·반포 또는 수입·수출하여 타인의 표지의 식별력이나 명성을 손상하는 행위(2023.3.28 본문개정)
    1) 타인의 성명, 상호, 상표, 상품의 용기·포장, 그 밖에 타인의 상품 또는 영업임을 표시한 표지가 국내에 널리 인식되기 전부터 그 타인의 표지와 동일하거나 유사한 표지를 부정한 목적 없이 계속 사용하는 경우(2023.3.28 신설)
    2) 1)에 해당하는 자의 승계인으로서 부정한 목적 없이 계속 사용하는 경우(2023.3.28 신설)
    3) 그 밖에 비상업적 사용 등 대통령령으로 정하는 정당한 사유에 해당하는 경우(2023.3.28 신설)
  라. 상품이나 그 광고에 의하여 또는 공중이 알 수 있는 방법으로 거래상의 서류 또는 통신에 거짓의 원산지의 표지를 하거나 이러한 표지를 한 상품을 판매·반포 또는 수입·수출하여 원산지를 오인(誤認)하게 하는 행위
  마. 상품이나 그 광고에 의하여 또는 공중이 알 수 있는 방법으로 거래상의 서류 또는 통신에 그 상품이 생산·제조 또는 가공된 지역 외의 곳에서 생산 또는 가공된 듯이 오인하게 하는 표지를 하거나 이러한 표지를 한 상품을 판매·반포 또는 수입·수출하는 행위
  바. 타인의 상품을 사칭(詐稱)하거나 상품 또는 그 광고에 상품의 품질, 내용, 제조방법, 용도 또는 수량을 오인하게 하는 선전 또는 표지를 하거나 이러한 방법이나 표지로써 상품을 판매·반포 또는 수입·수출하는 행위
  사. 다음의 어느 하나의 나라에 등록된 상표 또는 이와 유사한 상표에 관한 권리를 가진 자의 대리인이나 대표자 또는 그 행위일 전 1년 이내에 대리인이나 대표자이었던 자가 정당한 사유 없이 해당 상표를 그 상표의 지정상품과 동일하거나 유사한 상품에 사용하거나 그 상표를 사용한 상품을 판매·반포 또는 수입·수출하는 행위(2011.12.2 본문개정)
    (1) 「공업소유권의 보호를 위한 파리협약」(이하 "파리협약"이라 한다) 당사국
    (2) 세계무역기구 회원국
    (3) 「상표법 조약」의 체약국(締約國)
  아. 정당한 권원이 없는 자가 다음의 어느 하나의 목적으로 국내에 널리 인식된 타인의 성명, 상호, 상표, 그 밖의 표지와 동일하거나 유사한 도메인이름을 등록·보유·이전 또는 사용하는 행위
    (1) 상표 등 표지에 대하여 정당한 권원이 있는 자 또는 제3자에게 판매하거나 대여할 목적
    (2) 정당한 권원이 있는 자의 도메인이름의 등록 및 사용을 방해할 목적
    (3) 그 밖에 상업적 이익을 얻을 목적
  자. 타인이 제작한 상품의 형태(형상·모양·색채·광택 또는 이들을 결합한 것을 말하며, 시제품 또는 상품소개서상의 형태를 포함한다. 이하 같다)를 모방한 상품을 양도·대여 또는 이를 위한 전시를 하거나 수입·수출하는 행위. 다만, 다음의 어느 하나에 해당하는 행위는 제외한다.
    (1) 상품의 시제품 제작 등 상품의 형태가 갖추어진 날부터 3년이 지난 상품의 형태를 모방한 상품을 양도·대여 또는 이를 위한 전시를 하거나 수입·수출하는 행위
    (2) 타인이 제작한 상품과 동종의 상품(동종의 상품이 없는 경우에는 그 상품과 기능 및 효용이 동일하거나 유사한 상품을 말한다)이 통상적으로 가지는 형태를 모방한 상품을 양도·대여 또는 이를 위한 전시를 하거나 수입·수출하는 행위
  차. 사업제안, 입찰, 공모 등 거래교섭 또는 거래과정에서 경제적 가치를 가지는 타인의 기술적 또는 영업상의 아이디어가 포함된 정보를 그 제공목적에 위반하여 자신 또는 제3자의 영업상 이익을 위하여 부정하게 사용하거나 타인에게 제공하여 사용하게 하는 행위. 다만, 아이디어를 제공받은 자가 제공받을 당시 이미 그 아이디어를 알고 있었거나 그 아이디어가 동종 업계에서 널리 알려진 경우에는 그러하지 아니하다.
  (2018.4.17 본목신설)
  카. 데이터(「데이터 산업진흥 및 이용촉진에 관한 기본법」 제2조제1호에 따른 데이터 중 업(業)으로서 특정인 또는 특정 다수에게 제공되는 것으로, 전자적 방법으로 상당량 축적·관리되고 있으며, 비밀로서 관리되고 있지 아니한 기술상 또는 영업상의 정보를 말한다. 이하 같다)를 부정하게 사용하는 행위로서 다음의 어느 하나에 해당하는 행위
    1) 접근권한이 없는 자가 절취·기망·부정접속 또는 그 밖의 부정한 수단으로 데이터를 취득하거나 그 취득한 데이터를 사용·공개하는 행위
    2) 데이터 보유자와의 계약관계 등에 따라 데이터에 접근권한이 있는 자가 부정한 이익을 얻거나 데이터 보유자에게 손해를 입힐 목적으로 그 데이터를 사용·공개하거나 제3자에게 제공하는 행위
    3) 1) 또는 2)가 개입된 사실을 알고 데이터를 취득하거나 그 취득한 데이터를 사용·공개하는 행위
    4) 정당한 권한 없이 데이터의 보호를 위하여 적용한 기술적 보호조치를 회피·제거 또는 변경(이하 "무력화"라 한다)하는 것을 주된 목적으로 하는 기술·서비스·장치 또는 그 장치의 부품을 제공·수입·수출·제조·양도·대여 또는 전송하거나 이를 양도·대여하기 위하여 전시하는 행위. 다만, 기술적 보호조치의 연구·개발을 위하여 기술적 보호조치를 무력화하는 장치 또는 그 부품을 제조하는 경우에는 그러하지 아니하다.
  (2021.12.7 본목신설)
  타. 국내에 널리 인식되고 경제적 가치를 가지는 타인의 성명, 초상, 음성, 서명 등 그 타인을 식별할 수 있는 표지를 공정한 상거래 관행이나 경쟁질서에 반하는 방법으로 자신의 영업을 위하여 무단으로 사용함으로써 타인의 경제적 이익을 침해하는 행위(2021.12.7 본목신설)
  파. 그 밖에 타인의 상당한 투자나 노력으로 만들어진 성과 등을 공정한 상거래 관행이나 경쟁질서에 반하는 방법으로 자신의 영업을 위하여 무단으로 사용함으로써 타인의 경제적 이익을 침해하는 행위
  (2013.7.30 본목신설)
2. "영업비밀"이란 공공연히 알려져 있지 아니하고 독립된 경제적 가치를 가지는 것으로서, 비밀로 관리된 생산방법, 판매방법, 그 밖에 영업활동에 유용한 기술상 또는 경영상의 정보를 말한다.(2019.1.8 본호개정)

3. "영업비밀 침해행위"란 다음 각 목의 어느 하나에 해당하는 행위를 말한다.

가. 절취(竊取), 기망(欺罔), 협박, 그 밖의 부정한 수단으로 영업비밀을 취득하는 행위(이하 "부정취득행위"라 한다) 또는 그 취득한 영업비밀을 사용하거나 공개(비밀을 유지하면서 특정인에게 알리는 것을 포함한다. 이하 같다)하는 행위

나. 영업비밀에 대하여 부정취득행위가 개입된 사실을 알거나 중대한 과실로 알지 못하고 그 영업비밀을 취득하는 행위 또는 그 취득한 영업비밀을 사용하거나 공개하는 행위

다. 영업비밀을 취득한 후에 그 영업비밀에 대하여 부정취득행위가 개입된 사실을 알거나 중대한 과실로 알지 못하고 그 영업비밀을 사용하거나 공개하는 행위

라. 계약관계 등에 따라 영업비밀을 비밀로서 유지하여야 할 의무가 있는 자가 부정한 이익을 얻거나 그 영업비밀의 보유자에게 손해를 입힐 목적으로 그 영업비밀을 사용하거나 공개하는 행위

마. 영업비밀이 라목에 따라 공개된 사실 또는 그러한 공개행위가 개입된 사실을 알거나 중대한 과실로 알지 못하고 그 영업비밀을 취득하는 행위 또는 그 취득한 영업비밀을 사용하거나 공개하는 행위

바. 영업비밀을 취득한 후에 그 영업비밀이 라목에 따라 공개된 사실 또는 그러한 공개행위가 개입된 사실을 알거나 중대한 과실로 알지 못하고 그 영업비밀을 사용하거나 공개하는 행위

4. "도메인이름"이란 인터넷상의 숫자로 된 주소에 해당하는 숫자·문자·기호 또는 이들의 결합을 말한다.

판례 투명한 컵 또는 콘에 담긴 소프트 아이스크림 위에 벌집채꿀(벌집 그대로의 상태인 꿀)을 올린 모습을 한 갑 주식회사의 제품이 부정경쟁방지 및 영업비밀보호에 관한 법률(이하 '부정경쟁방지법'이라고 한다) 제2조 제1호 (자)목에 의한 보호대상인지 문제 된 사안에서, 매장 직원이 고객에게서 주문을 받고 즉석에서 만들어 판매하는 제조·판매방식의 특성상 갑 회사의 제품은 개별 제품마다 상품형태가 달라져서 일정한 상품형태를 항상 가지고 있다고 보기 어렵고, '휘감아 올린 소프트 아이스크림 위에 입체 또는 직육면체 모양의 벌집채꿀을 얹은 형태'는 상품의 형태 그 자체가 아니라 개별 제품들의 추상적 특징에 불과하거나 소프트 아이스크림과 토핑으로서의 벌집채꿀을 조합하는 제품의 결합방식 또는 판매방식에 관한 아이디어가 공통된 것에 불과할 뿐이므로, 갑 회사의 제품이 부정경쟁방지법 제2조 제1호 (자)목에 의한 보호대상이 될 수 없다.
(대판 2016.10.27, 2015다240454)

판례 뮤지컬은 각본·악곡·가사·안무·무대미술 등이 결합되어 음악과 춤이 극의 구성·전개에 긴밀하게 짜 맞추어진 연극저작물의 일종으로서, 제목은 특별한 사정이 없는 한 해당 뮤지컬의 창작물로서의 명칭 또는 내용을 함축적으로 나타내는 것에 그치고 그 자체가 바로 상품이나 영업의 출처를 표시하는 기능을 가진다고 보기는 어렵다. 그러나 뮤지컬은 제작·공연 등의 영업에 이용되는 저작물이므로, 동일한 제목으로 동일한 각본·악곡·가사·안무·무대미술 등이 이용된 뮤지컬 공연이 회를 거듭하여 계속적으로 이루어지거나 동일한 제목이 이용된 후속 시리즈 뮤지컬이 제작·공연된 경우에는, 공연 기간과 횟수, 관람객의 규모, 광고·홍보의 정도 등 구체적·개별적 사정에 비추어 뮤지컬의 제목이 거래자 또는 수요자에게 해당 뮤지컬의 공연이 갖는 차별적 특징을 표상함으로써 구체적으로 누구인지는 알 수 없다고 하더라도 특정인의 뮤지컬 제작·공연 등의 영업임을 연상시킬 정도로 현저하게 개별화되기에 이르렀다고 보인다면, 뮤지컬의 제목은 단순히 창작물의 내용을 표시하는 명칭에 머무르지 않고 부정경쟁방지 및 영업비밀보호에 관한 법률 제2조 제1호 (나)목에서 정하는 '타인의 영업임을 표시한 표지'에 해당한다.(대판 2015.1.29, 2012다13507)

판례 부정한 이익을 얻거나 기업에 손해를 가할 목적으로 영업비밀을 제3자에게 누설하였거나 이를 사용하였는지 여부가 문제되는 부정경쟁방지 및 영업비밀보호에 관한 법률 위반 사건의 공소사실에 '영업비밀'이라고 주장된 정보가 상세하게 기재되어 있지 않다고 하더라도, 다른 정보와 구별될 수 있고 그와 함께 적시된 다른 사항들에 의하여 어떤 내용에 관한 정보인지 알 수 있으며, 또한 피고인의 방어권 행사에도 지장이 없다면, 그 공소제기의 효력에는 영향이 없다.(대판 2009.7.9, 2006도7916)

판례 "타인의 영업상의 시설 또는 활동과 혼동을 하게 한다"는 것은 영업표지 자체가 동일하다고 오인하게 하는 경우뿐만 아니라 국내에 널리 인식된 타인의 영업표지와 동일 또는 유사한 표지를 사용함으로써 일반수요자나 거래자로 하여금 당해 영업표지의 주체와 동일·유사한 표지의 사용자 간에 자본, 조직 등에 밀접한 관계가 있다고 잘못 믿게 하는 경우도 포함한다. 그리고 그와 같이 타인의 영업표지와 혼동을 하게 하는 행위에 해당하는지 여부는 영업표지의 주지성, 식별력의 정도, 표지의 유사 정도, 영업 실태, 고객층의 중복 등으로 인한 경업·경합관계의 존부 그리고 모방자의 악의(사용의도) 유무 등을 종합하여 판단하여야 한다.(대판 2009.4.23, 2007다4899)

판례 상품의 형태는 디자인권이나 특허권 등에 의하여 보호되지 않는 한 원칙적으로 이를 모방하여 제작하는 것이 허용되며, 다만 예외적으로 어떤 상품의 형태가 2차적으로 상품출처표시기능을 획득하고 나아가 주지성까지 획득하는 경우에는 부정경쟁방지 및 영업비밀보호에 관한 법률 제2조 제1호 (가)목 소정의 "기타 타인의 상품임을 표시한 표지"에 해당하여 같은 법에 의한 보호를 받을 수 있다. 그리고 이 때 상품의 형태가 출처표시기능을 가지고 아울러 주지성을 획득하기 위해서는, 상품의 형태가 다른 유사상품과 비교하여, 수요자의 감각에 강하게 호소하는 독특한 디자인적 특징을 가지고 있어야 하고, 일반수요자가 일견하여 특정의 영업주체의 상품이라는 것을 인식할 수 있는 정도의 식별력을 갖추고 있어야 하며, 나아가 당해 상품의 형태가 장기간에 걸쳐 특정의 영업주체의 상품으로 계속적·독점적·배타적으로 사용되거나, 또는 단기간이라도 강력한 선전·광고가 이루어짐으로써 그 상품형태가 갖는 차별적 특징이 거래자 또는 일반수요자에게 특정 출처의 상품임을 연상시킬 정도로 현저하게 개별화된 정도에 이르러야 한다.(대판 2007.7.13, 2006도1157)

판례 상품표지의 유사 여부에 대한 판단 방법 : 영업비밀보호에 관한 법률 제2조 제1호 (가)목 소정의 상품표지의 유사 여부는 동종의 상품에 사용되는 두 개의 상품표지를 외관, 호칭, 관념 등의 점에서 전체적·객관적·이격적으로 관찰하여 구체적인 거래실정상 일반 수요자나 거래자가 상품표지에 대하여 느끼는 인식을 기준으로 하여 그 상품의 출처에 대한 오인·혼동의 우려가 있는지의 여부에 의하여 판별되어야 한다.(대판 2006.1.26, 2003도3906)

판례 상품의 생산, 제조, 가공 지역의 오인을 일으키게 하는 표지의 의미 : '상품의 생산, 제조, 가공 지역의 오인을 일으킨다' 함은 거래 상대방이 실제로 오인에 이를 것을 요하는 것이 아니라 일반적인 거래자 즉 평균인의 주의력을 기준으로 거래관념상 사실과 다르게 이해될 위험성이 있음을 뜻하며, 이러한 오인을 일으키는 표지에는 직접적으로 상품에 관하여 허위 표시를 하는 것은 물론, 간접적으로 상품에 관하여 위와 같은 오인을 일으킬만한 암시적인 표시를 하는 것도 포함된다. 따라서 '초당'이란 이름은 바닷물을 직접 간수로 사용하여 특별한 맛을 지닌 두부를 생산하는 지역의 명칭에 해당한다.(대판 2006.1.26, 2004도5124)

판례 캐릭터가 상품화되어 '국내에 널리 인식된 타인의 상품임을 표시한 표지'가 되기 위한 요건 : 캐릭터가 상품화되어 부정경쟁방지및영업비밀보호에관한법률 제2조 제1호 (가)목에 해당되기 위해서는 캐릭터 자체가 국내에 널리 알려져 있는 것만으로는 부족하고, 그 캐릭터에 대한 상품화 사업이 이루어지고 이에 대한 지속적인 선전, 광고 및 품질관리 등으로 그 캐릭터가 이를 상품화할 수 있는 권리를 가진 자의 상품표지이거나 위 상품화권자와 그로부터 상품화 계약에 따라 캐릭터사용허락을 받은 사용권자 및 재사용권자 등 그 캐릭터에 관한 상품화 사업을 영위하는 집단(group)의 상품표지로서 수요자들에게 널리 인식되어 있을 것을 요한다.(대판 2005.4.29, 2005도70)

판례 동조 제2호에 정한 영업비밀의 내용 중 '공연히 알려져 있지 아니하고'의 의미 : 여기서 '공연히 알려져 있지 아니하고'라 함은 그 정보가 간행물 등의 매체에 실리는 등 불특정 다수인에게 알려져 있지 않기 때문에 보유자를 통하지 아니하고는 그 정보를 통상 입수할 수 없는 것을 말하고, 보유자가 비밀로서 관리하고 있다고 하더라도 당해 정보의 내용이 이미 일반적으로 알려져 있을 때에는 영업비밀이라고 할 수 없다.(대판 2004.9.23, 2002다60610)

판례 도메인 이름의 상품출처표시 기능을 부정한 예 : 도메인 이름은 원래 인터넷상에 서로 연결되어 존재하는 컴퓨터 및 통신장비가 인식하도록 만들어진 인터넷 프로토콜 주소(IP 주소)를 사람들이 인식·기억하기 쉽도록 숫자·문자·기호 또는 이들을 결합하여 만든 것으로, 상품이나 영업의 표지로서 사용할 목적으로 한 것이 아니었으므로, 특정한 도메인 이름으로 웹사이트를 개설하여 제품을 판매하는 영업을 하면서 그 웹사이트에서 취급하는 제품에 독자적인 상표를 부착·사용하고 있는 경우에는 특단의 사정이 없는 한 그 도메인 이름이 일반인들을 그 도메인 이름으로 운영하는 웹사이트로 유인하는 역할을 한다고 하더라도, 도메인 이름 자체가 곧바로 상품의 출처표시로서 기능한다고 할 수는 없다.(대판 2004.5.14, 2002다13782)

판례 상품의 형태나 모양이 '타인의 상품임을 표시한 표지'에 해당하기 위한 요건 : 일반적으로 상품의 형태나 모양은 상품의 출처를 표시하는 기능을 가진 것은 아니지만, 상품에 독특한 개성을 부여하는 수단으로 사용되고 장기간 계속적·독점적·배타적으로 사용되거나 지속적인 선전광고 등에 의하여 그것이 갖는 차별적 특징이 거래자 또는 수요자에게 특정한 출처의 상품임을 연상시킬 정도로 현저하게 개별화되기에 이른 경우에는 '타인의 상품임을 표시한 표지(標識)'에 해당된다.(대판 2002.2.8, 2000다67839)

판례 가짜 상표가 새겨진 상품들을 고객들에게 계속 판매하도록 방치한 것은 작위에 의하여 점주의 상표법위반 및 부정경쟁방지법위반 행위의 실행을 용이하게 하는 경우와 동등한 형법적 가치가 있는 것으로 볼 수 있으므로, 백화점 직원인 피고인은 부작위에 의하여 공동피고인인 점주의 상표법위반 및 부정경쟁방지법위반 행위를 방조하였다고 인정할 수 있다.(대판 1997.3.14, 96도1639)

판례 '부정한 수단'이라 함은 절취·기망·협박 등 형법상의 범죄를 구성하는 행위뿐만 아니라 비밀유지의무의 위반 또는 그 위반의 유인(誘引) 등 건전한 거래질서의 유지 내지 공정한 경쟁의 이념에 비추어 위에 열거된 행위에 준하는 선량한 풍속 기타 사회질서에 반하는 일체의 행위나 수단을 말한다.(대판 1996.12.23, 96다16605)

판례 '계약관계 등에 의하여 영업비밀로서 유지할 의무'라 함은 계약관계 존속 중은 물론 종료 후라도 또한 반드시 명시적으로 계약에 의하여 비밀유지의무를 부담하기로 약정한 경우뿐만 아니라 인적 신뢰관계의 특성 등에 비추어 신의칙상 또는 묵시적으로 그러한 의무를 부담하기로 약정하였다고 보아야 할 경우를 포함한다.(대판 1996.12.23, 96다16605)

제2조의2【기본계획의 수립】 ① 특허청장은 부정경쟁방지 및 영업비밀보호(이하 "부정경쟁방지등"이라 한다)를 위하여 5년마다 관계 중앙행정기관의 장과 협의를 거쳐 부정경쟁방지등에 관한 기본계획(이하 "기본계획"이라 한다)을 세워야 한다.

② 기본계획에는 다음 각 호의 사항이 포함되어야 한다.

1. 부정경쟁방지등을 위한 기본목표 및 추진방향
2. 이전의 부정경쟁방지등에 관한 기본계획의 분석평가
3. 부정경쟁방지등과 관련된 국내외 여건 변화 및 전망
4. 부정경쟁방지등과 관련된 분쟁현황 및 대응
5. 부정경쟁방지등과 관련된 제도 및 법령의 개선
6. 부정경쟁방지등과 관련된 국가·지방자치단체 및 민간의 협력사항
7. 부정경쟁방지등과 관련된 국제협력
8. 그 밖에 부정경쟁방지등을 위하여 필요한 사항

③ 특허청장은 기본계획을 세우기 위하여 필요하다고 인정하는 경우에는 관계 중앙행정기관의 장에게 필요한 자료의 제출을 요청할 수 있다. 이 경우 자료의 제출을 요청받은 관계 중앙행정기관의 장은 특별한 사정이 없으면 요청에 따라야 한다.

④ 특허청장은 기본계획을 관계 중앙행정기관의 장과 특별시장·광역시장·특별자치시장·도지사·특별자치도지사(이하 "시·도지사"라 한다)에게 알려야 한다.
(2020.10.20 본조신설)

제2조의3【시행계획의 수립 등】 ① 특허청장은 기본계획을 실천하기 위한 세부계획(이하 "시행계획"이라 한다)을 매년 수립·시행하여야 한다.

② 특허청장은 시행계획의 수립·시행과 관련하여 필요한 경우 국가기관, 지방자치단체, 「공공기관의 운영에 관한 법률」에 따른 공공기관, 그 밖에 법률에 따라 설립된 특수법인 등 관련 기관의 장에게 협조를 요청할 수 있다.
(2020.10.20 본조신설)

제2조의4【실태조사】 ① 특허청장은 기본계획 및 시행계획의 수립·시행을 위한 기초자료를 확보하기 위하여 실태조사를 매년 실시하여야 한다. 다만, 특허청장이 필요하다고 인정하는 경우에는 수시로 실태조사를 할 수 있다.

② 특허청장은 관계 중앙행정기관의 장과 「기술의 이전 및 사업화 촉진에 관한 법률」에 따른 공공연구기관의 장에게 제1항에 따른 실태조사에 필요한 자료의 제출을 요청할 수 있다. 이 경우 자료 제출을 요청받은 기관의 장은 기업의 경영·영업상 비밀의 유지 등 대통령령으로 정하는 특별한 사유가 있는 경우를 제외하고는 이에 협조하여야 한다.

③ 제1항에 따른 실태조사를 하는 경우 실태조사에서의 구체적인 자료 작성의 범위 등에 관하여는 대통령령으로 정한다.
(2020.10.20 본조신설)

제2조의5【부정경쟁방지 및 영업비밀보호 사업】 특허청장은 부정경쟁행위의 방지 및 영업비밀보호를 위하여 연구·교육·홍보 등 기반구축, 부정경쟁방지를 위한 정보관리시스템 구축 및 운영, 그 밖에 대통령령으로 정하는 사업을 할 수 있다.(2020.10.20 본조개정)

제2장 부정경쟁행위의 금지 등
(2007.12.21 본장개정)

제3조【국기·국장 등의 사용 금지】 ① 파리협약 당사국, 세계무역기구 회원국 또는 「상표법 조약」 체약국의 국기·국장(國章), 그 밖의 휘장이나 국제기구의 표지와 동일하거나 유사한 것은 상표로 사용할 수 없다. 다만, 해당 국가 또는 국제기구의 허락을 받은 경우에는 그러하지 아니하다.

② 파리협약 당사국, 세계무역기구 회원국 또는 「상표법 조약」 체약국 정부의 감독용 또는 증명용 표지와 동일하거나 유사한 것은 상표로 사용할 수 없다. 다만, 해당 정부의 허락을 받은 경우에는 그러하지 아니하다.

제3조의2【자유무역협정에 따라 보호하는 지리적 표시의 사용금지 등】 ① 정당한 권원이 없는 자는 대한민국이 외국과 양자간(兩者間) 또는 다자간(多者間)으로 체결하여 발효된 자유무역협정에 따라 보호하는 지리적 표시(이하 이 조에서 "지리적 표시"라 한다)에 대하여는 제2조제1호라목 및 마목의 부정경쟁행위 이외에도 지리적 표시에 나타난 장소를 원산지로 하지 아니하는 상품(지리적 표시를 사용하는 상품과 동일하거나 동일하다고 인식되는 상품으로 한정한다)에 관하여 다음 각 호의 행위를 할 수 없다.

1. 진정한 원산지 표시 이외에 별도로 지리적 표시를 사용하는 행위
2. 지리적 표시를 번역 또는 음역하여 사용하는 행위
3. "종류", "유형", "양식" 또는 "모조품" 등의 표현을 수반하여 지리적 표시를 사용하는 행위

② 정당한 권원이 없는 자는 다음 각 호의 행위를 할 수 없다.

1. 제1항 각 호에 해당하는 방식으로 지리적 표시를 사용한 상품을 양도·인도 또는 이를 위하여 전시하거나 수입·수출하는 행위
2. 제2조제1호라목 또는 마목에 해당하는 방식으로 지리적 표시를 사용한 상품을 인도하거나 이를 위하여 전시하는 행위

③ 제1항 각 호에 해당하는 방식으로 상표를 사용하는 자로서 다음 각 호의 요건을 모두 갖춘 자는 제1항에도 불구하고 해당 상표를 그 사용하는 상품에 계속 사용할 수 있다.

1. 국내에서 지리적 표시의 보호개시일 이전부터 해당 상표를 사용하고 있을 것
2. 제1호에 따라 상표를 사용한 결과 해당 지리적 표시의 보호개시일에 국내 수요자 간에 그 상표가 특정인의 상품을 표시하는 것이라고 인식되어 있을 것

(2011.6.30 본조신설)

제3조의3【오인·혼동방지청구】 제2조제1호가목 또는 나목의 타인은 다음 각 호의 어느 하나에 해당하는 자에게 그의 상품 또는 영업과 자기의 상품 또는 영업 간에 출처의 오인이나 혼동을 방지하는 데 필요한 표시를 할 것을 청구할 수 있다.

1. 제2조제1호가목1) 또는 2)에 해당하는 자
2. 제2조제1호나목1) 또는 2)에 해당하는 자

(2023.3.28 본조신설)

제4조【부정경쟁행위 등의 금지청구권 등】 ① 부정경쟁행위나 제3조의2제1항 또는 제2항을 위반하는 행위로 자신의 영업상의 이익이 침해되거나 침해될 우려가 있는 자는 부정경쟁행위나 제3조의2제1항 또는 제2항을 위반하는 행위를 하거나 하려는 자에 대하여 법원에 그 행위의 금지 또는 예방을 청구할 수 있다.(2011.6.30 본항개정)

② 제1항에 따른 청구를 할 때에는 다음 각 호의 조치를 함께 청구할 수 있다.

1. 부정경쟁행위나 제3조의2제1항 또는 제2항을 위반하는 행위를 조성한 물건의 폐기

2. 부정경쟁행위나 제3조의2제1항 또는 제2항을 위반하는 행위에 제공된 설비의 제거
3. 부정경쟁행위나 제3조의2제1항 또는 제2항을 위반하는 행위의 대상이 된 도메인이름의 등록말소
4. 그 밖에 부정경쟁행위나 제3조의2제1항 또는 제2항을 위반하는 행위의 금지 또는 예방을 위하여 필요한 조치
(2011.6.30 1호~4호개정)
③ 제1항에 따라 제2조제1호차목의 부정경쟁행위의 금지 또는 예방을 청구할 수 있는 권리는 그 부정경쟁행위가 계속되는 경우에 영업상의 이익이 침해되거나 침해될 우려가 있는 자가 그 부정경쟁행위에 의하여 영업상의 이익이 침해되거나 침해될 우려가 있다는 사실 및 그 부정경쟁행위를 한 자를 안 날부터 3년간 행사하지 아니하면 시효의 완성으로 소멸한다. 그 부정경쟁행위가 시작된 날부터 10년이 지난 때에도 또한 같다.(2023.3.28 본항신설)
(2011.6.30 본조제목개정)

제5조【부정경쟁행위 등에 대한 손해배상책임】 고의 또는 과실에 의한 부정경쟁행위나 제3조의2제1항 또는 제2항을 위반한 행위(제2조제1호다목의 경우에는 고의에 의한 부정경쟁행위만을 말한다)로 타인의 영업상 이익을 침해하여 손해를 입힌 자는 그 손해를 배상할 책임을 진다.(2011.6.30 본조개정)

제6조【부정경쟁행위 등으로 실추된 신용의 회복】 법원은 고의 또는 과실에 의한 부정경쟁행위나 제3조의2제1항 또는 제2항을 위반한 행위(제2조제1호다목의 경우에는 고의에 의한 부정경쟁행위만을 말한다)로 타인의 영업상의 신용을 실추시킨 자에게는 부정경쟁행위나 제3조의2제1항 또는 제2항을 위반한 행위로 인하여 자신의 영업상의 이익이 침해된 자의 청구에 의하여 제5조에 따른 손해배상을 갈음하거나 손해배상과 함께 영업상의 신용을 회복하는 데에 필요한 조치를 명할 수 있다.
(2011.6.30 본조개정)

제7조【부정경쟁행위 등의 조사 등】 ① 특허청장, 시·도지사 또는 시장·군수·구청장(자치구의 구청장을 말한다. 이하 같다)은 제2조제1호(아목과 파목은 제외한다)의 부정경쟁행위나 제3조, 제3조의2제1항 또는 제2항을 위반한 행위를 확인하기 위하여 필요한 경우로서 다른 방법으로는 그 행위 여부를 확인하기 곤란한 경우에는 관계 공무원에게 영업시설 또는 제조시설에 출입하여 관계 자료나 제품 등을 조사하게 하거나 조사에 필요한 최소 분량의 제품을 수거하여 검사하게 할 수 있다.
(2023.3.28 본항개정)
② 특허청장, 시·도지사 또는 시장·군수·구청장이 제1항에 따른 조사를 할 때에는 「행정조사기본법」 제15조에 따라 그 조사가 중복되지 아니하도록 하여야 한다.
(2011.6.30 본항신설)
③ 특허청장, 시·도지사 또는 시장·군수·구청장은 제1항에 따른 조사 진행 중에 조사대상자에 대하여 조사대상과 동일한 사안으로 「발명진흥법」 제43조에 따른 분쟁의 조정(이하 "분쟁조정"이라 한다)이 계속 중인 사실을 알게 된 경우, 양 당사자의 의사를 고려하여 그 조사를 중지할 수 있다.(2020.10.20 본항신설)
④ 특허청장, 시·도지사 또는 시장·군수·구청장은 분쟁조정이 성립된 경우에는 그 조사를 종결할 수 있다.
(2020.10.20 본항신설)
⑤ 제1항에 따라 조사 등을 하는 공무원은 그 권한을 표시하는 증표를 지니고 이를 관계인에게 내보여야 한다.
⑥ 그 밖에 부정경쟁행위 등의 조사절차 등에 관하여 필요한 사항은 대통령령으로 정한다.(2020.10.20 본항신설)
(2011.6.30 본조제목개정)

제8조【위반행위의 시정권고 등】 ① 특허청장, 시·도지사 또는 시장·군수·구청장은 제2조제1호(아목과 파목은 제외한다)의 부정경쟁행위나 제3조, 제3조의2제1항 또는 제2항을 위반한 행위가 있다고 인정되면 그 위반행위를 한 자에게 30일 이내의 기간을 정하여 위반행위의 중지, 표지 등의 제거나 수정, 향후 재발 방지, 그 밖에 시정에 필요한 권고를 할 수 있다.(2021.12.7 본항개정)
② 특허청장, 시·도지사 또는 시장·군수·구청장은 위반행위를 한 자가 제1항에 따른 시정권고를 이행하지 아니한 때에는 위반행위의 내용 및 시정권고 사실 등을 공표할 수 있다.(2020.10.20 본항신설)
③ 제2항에 따른 공표의 절차 및 방법 등에 관하여 필요한 사항은 대통령령으로 정한다.(2020.10.20 본항신설)

제9조【의견청취】 특허청장, 시·도지사 또는 시장·군수·구청장은 제8조에 따른 시정권고 및 공표를 하기 위하여 필요하다고 인정하면 대통령령으로 정하는 바에 따라 당사자·이해관계인 또는 참고인의 의견을 들어야 한다.(2020.10.20 본조개정)

제3장 영업비밀의 보호
(2007.12.21 본장개정)

제9조의2【영업비밀 원본 증명】 ① 영업비밀 보유자는 영업비밀이 포함된 전자문서의 원본 여부를 증명받기 위하여 제9조의3에 따른 영업비밀 원본증명기관에 그 전자문서로부터 추출된 고유의 식별값[이하 "전자지문"(電子指紋)이라 한다]을 등록할 수 있다.
② 제9조의3에 따른 영업비밀 원본증명기관은 제1항에 따라 등록된 전자지문과 영업비밀 보유자가 보관하고 있는 전자문서로부터 추출된 전자지문이 같은 경우에는 그 전자문서가 전자지문으로 등록된 원본임을 증명하는 증명서(이하 "원본증명서"라 한다)를 발급할 수 있다.
③ 제2항에 따라 원본증명서를 발급받은 자는 제1항에 따른 전자지문의 등록 당시에 해당 전자문서의 기재 내용대로 정보를 보유한 것으로 추정한다.(2015.1.28 본항신설)
(2013.7.30 본조신설)

제9조의3【원본증명기관의 지정 등】 ① 특허청장은 전자지문을 이용하여 영업비밀이 포함된 전자문서의 원본 여부를 증명하는 업무(이하 "원본증명업무"라 한다)에 관하여 전문성이 있는 자를 중소벤처기업부장관과 협의하여 영업비밀 원본증명기관(이하 "원본증명기관"이라 한다)으로 지정할 수 있다.(2017.7.26 본항개정)
② 원본증명기관으로 지정을 받으려는 자는 대통령령으로 정하는 전문인력과 설비 등의 요건을 갖추어 특허청장에게 지정을 신청하여야 한다.
③ 특허청장은 원본증명기관에 대하여 원본증명업무를 수행하는 데 필요한 비용의 전부 또는 일부를 보조할 수 있다.
④ 원본증명기관은 원본증명업무의 안전성과 신뢰성을 확보하기 위하여 다음 각 호에 관하여 대통령령으로 정하는 사항을 지켜야 한다.
1. 전자지문의 추출·등록 및 보관
2. 영업비밀 원본 증명 및 원본증명서의 발급
3. 원본증명업무에 필요한 전문인력의 관리 및 설비의 보호
4. 그 밖에 원본증명업무의 운영·관리 등
⑤ 원본증명기관 지정의 기준 및 절차에 필요한 사항은 대통령령으로 정한다.
(2013.7.30 본조신설)

제9조의4【원본증명기관에 대한 시정명령 등】 ① 특허청장은 원본증명기관이 다음 각 호의 어느 하나에 해당하는 경우에는 6개월 이내의 기간을 정하여 그 시정을 명할 수 있다.
1. 원본증명기관으로 지정을 받은 후 제9조의3제2항에 따른 요건에 맞지 아니하게 된 경우
2. 제9조의3제4항에 따라 대통령령으로 정하는 사항을 지키지 아니한 경우
② 특허청장은 원본증명기관이 제9조의3제3항에 따른 보조금을 다른 목적으로 사용한 경우에는 기간을 정하여 그 반환을 명하여야 한다.(2023.3.28 본항개정)
③ 특허청장은 원본증명기관이 다음 각 호의 어느 하나에 해당하는 경우에는 그 지정을 취소하거나 6개월 이내의 기간을 정하여 원본증명업무의 전부 또는 일부의 정지를 명할 수 있다. 다만, 제1호 또는 제2호에 해당하는 경우에는 그 지정을 취소하여야 한다.
1. 거짓이나 그 밖의 부정한 방법으로 지정을 받은 경우
2. 원본증명업무의 전부 또는 일부의 정지명령을 받은 자가 그 명령을 위반하여 원본증명업무를 한 경우
3. 정당한 이유 없이 원본증명기관으로 지정받은 날부터 6개월 이내에 원본증명업무를 시작하지 아니하거나 6개월 이상 계속하여 원본증명업무를 중단한 경우
4. 제1항에 따른 시정명령을 정당한 이유 없이 이행하지 아니한 경우
5. 제2항에 따른 보조금 반환명령을 이행하지 아니한 경우
④ 제3항에 따라 지정이 취소된 원본증명기관은 지정이 취소된 날부터 3개월 이내에 등록된 전자지문이나 그 밖에 전자지문의 등록에 관한 기록 등 원본증명업무에 관한 기록을 특허청장이 지정하는 다른 원본증명기관에 인계하여야 한다. 다만, 다른 원본증명기관이 인수를 거부하는 등 부득이한 사유로 원본증명업무에 관한 기록을 인계할 수 없는 경우에는 그 사실을 특허청장에게 지체 없이 알려야 한다.
⑤ 특허청장은 제3항에 따라 지정이 취소된 원본증명기관이 제4항을 위반하여 원본증명업무에 관한 기록을 인계하지 아니하거나 그 기록을 인계할 수 없는 사실을 알리지 아니한 경우에는 6개월 이내의 기간을 정하여 그 시정을 명할 수 있다.
⑥ 제3항에 따른 처분의 세부 기준 및 절차, 제4항에 따른 인계·인수에 필요한 사항은 대통령령으로 정한다.
(2013.7.30 본조신설)

제9조의5【과징금】 ① 특허청장은 제9조의4제3항에 따라 업무정지를 명하여야 하는 경우로서 그 업무정지가 원본증명기관을 이용하는 자에게 심한 불편을 주거나 공익을 해칠 우려가 있는 경우에는 업무정지명령을 갈음하여 1억원 이하의 과징금을 부과할 수 있다.
② 특허청장은 제1항에 따라 과징금 부과처분을 받은 자가 기한 내에 과징금을 납부하지 아니하는 경우에는 국세 체납처분의 예에 따라 징수한다.
③ 제1항에 따라 과징금을 부과하는 위반행위의 종류·정도 등에 따른 과징금의 금액 및 산정방법, 그 밖에 필요한 사항은 대통령령으로 정한다.
(2013.7.30 본조신설)

제9조의6【청문】 특허청장은 제9조의4제3항에 따라 지정을 취소하거나 업무정지를 명하려면 청문을 하여야 한다.(2013.7.30 본조신설)

제9조의7【비밀유지 등】 ① 누구든지 원본증명기관에 등록된 전자지문이나 그 밖의 관련 정보를 없애거나 훼손·변경·위조 또는 유출하여서는 아니 된다.
② 원본증명기관의 임직원이거나 임직원이었던 사람은 직무상 알게 된 비밀을 누설하여서는 아니 된다.
(2013.7.30 본조신설)

제10조【영업비밀 침해행위에 대한 금지청구권 등】 ① 영업비밀의 보유자는 영업비밀 침해행위를 하거나 하려는 자에 대하여 그 행위에 의하여 영업상의 이익이 침해되거나 침해될 우려가 있는 경우에는 법원에 그 행위의 금지 또는 예방을 청구할 수 있다.
② 영업비밀 보유자가 제1항에 따른 청구를 할 때에는 침해행위를 조성한 물건의 폐기, 침해행위에 제공된 설비의 제거, 그 밖에 침해행위의 금지 또는 예방을 위하여 필요한 조치를 함께 청구할 수 있다.

판례 근로자가 전직한 회사에서 영업비밀과 관련된 업무에 종사하는 것을 금지하지 않고서는 회사의 영업비밀을 보호할 수 없다고 인정되는 경우에는 구체적인 전직금지약정이 없다고 하더라도 동조 제1항에 의한 침해행위의 금지 또는 예방 및 이를 위하여 필요한 조치 중의 한 가지로서 근로자로 하여금 전직한 회사에서 영업비밀과 관련된 업무에 종사하는 것을 금지하도록 하는 조치를 취할 수 있다.(대결 2003.7.16, 2002마4380)

판례 [1] 타 회사에 스카우트되어 전 직장에서 취득한 영업비밀이 담긴 노트를 이용하여 영업비밀 침해행위를 하고 있다면 그 노트는 부정경쟁방지법 제10조제2항 소정의 '침해행위를 조성한 물건'에 해당하며, 영업비밀 침해행위가 계속될 염려가 있다면 그 노트에 대한 폐기를 명할 수 있다.
[2] 영업비밀의 '침해행위를 조성한 물건'에 대한 폐기는 그 현존 여부를 밝힌 다음 그 소유자나 처분권한이 있는 자에게 명하여야 한다.
(대판 1996.12.23, 96다16605)

제11조【영업비밀 침해에 대한 손해배상책임】 고의 또는 과실에 의한 영업비밀 침해행위로 영업비밀 보유자의 영업상 이익을 침해하여 손해를 입힌 자는 그 손해를 배상할 책임을 진다.

제12조【영업비밀 보유자의 신용회복】 법원은 고의 또는 과실에 의한 영업비밀 침해행위로 영업비밀 보유자의 영업상의 신용을 실추시킨 자에게는 영업비밀 보유자의 청구에 의하여 제11조에 따른 손해배상을 갈음하거나 손해배상과 함께 영업상의 신용을 회복하는 데에 필요한 조치를 명할 수 있다.

제13조【영업비밀 침해 선의자에 관한 특례】 ① 거래에 의하여 영업비밀을 정당하게 취득한 자가 그 거래에 의하여 허용된 범위에서 그 영업비밀을 사용하거나 공개하는 행위에 대하여는 제10조부터 제12조까지의 규정을 적용하지 아니한다.
② 제1항에서 "영업비밀을 정당하게 취득한 자"란 제2조제3호다목 또는 바목에서 영업비밀을 취득할 당시에 그 영업비밀이 부정하게 공개된 사실 또는 영업비밀의 부정취득행위나 부정공개행위가 개입된 사실을 중대한 과실 없이 알지 못하고 그 영업비밀을 취득한 자를 말한다.
(2023.3.28 본조제목개정)

제14조【영업비밀 침해행위 금지청구권 등에 관한 시효】 제10조제1항에 따라 영업비밀 침해행위의 금지 또는 예방을 청구할 수 있는 권리는 영업비밀 침해행위가 계속되는 경우에 영업비밀 보유자가 그 침해행위에 의하여 영업상의 이익이 침해되거나 침해될 우려가 있다는 사실 및 침해행위자를 안 날부터 3년간 행사하지 아니하면 시효(時效)로 소멸한다. 그 침해행위가 시작된 날부터 10년이 지난 때에도 또한 같다.
(2023.3.28 본조제목개정)

제4장 보 칙
(2007.12.21 본장개정)

제14조의2【손해액의 추정 등】 ① 부정경쟁행위, 제3조의2제1항이나 제2항을 위반한 행위 또는 영업비밀 침해행위로 영업상의 이익을 침해당한 자가 제5조 또는 제11조에 따른 손해배상을 청구하는 경우 영업상의 이익을 침해한 자가 그 부정경쟁행위, 제3조의2제1항이나 제2항을 위반한 행위 또는 영업비밀 침해행위(이하 이 항에서 "부정경쟁행위등침해행위"라 한다)를 하게 한 물건을 양도하였을 때에는 다음 각 호에 해당하는 금액의 합계액을 손해액으로 할 수 있다.
1. 그 물건의 양도수량(영업상의 이익을 침해당한 자가 그 부정경쟁행위등침해행위 외의 사유로 판매할 수 없었던 사정이 있는 경우에는 그 부정경쟁행위등침해행위 외의 사유로 판매할 수 없었던 수량을 뺀 수량) 중 영업상의 이익을 침해당한 자가 생산할 수 있었던 물건의 수량에서 실제 판매한 물건의 수량을 뺀 수량을 넘지 아니하는 수량에 영업상의 이익을 침해당한 자가 그 부정경쟁행위등침해행위가 없었다면 판매할 수 있었던 물건의 단위수량당 이익액을 곱한 금액
2. 그 물건의 양도수량 중 영업상의 이익을 침해당한 자가 생산할 수 있었던 물건의 수량에서 실제 판매한 물건의 수량을 뺀 수량을 넘는 수량 또는 그 부정경쟁행위등침해행위 외의 사유로 판매할 수 없었던 수량이 있는 경우 이들 수량에 대해서는 영업상의 이익을 침해당한 자가 부정경쟁행위등침해행위가 없었으면 합리적으로 받을 수 있는 금액
(2020.12.22 본항개정)

② 부정경쟁행위, 제3조의2제1항이나 제2항을 위반한 행위 또는 영업비밀 침해행위로 영업상의 이익을 침해당한 자가 제5조 또는 제11조에 따른 손해배상을 청구하는 경우 영업상의 이익을 침해한 자가 그 침해행위에 의하여 이익을 받은 것이 있으면 그 이익액을 영업상의 이익을 침해당한 자의 손해액으로 추정한다.(2011.6.30 본항개정)
③ 부정경쟁행위, 제3조의2제1항이나 제2항을 위반한 행위 또는 영업비밀 침해행위로 영업상의 이익을 침해당한 자는 제5조 또는 제11조에 따른 손해배상을 청구하는 경우 부정경쟁행위 또는 제3조의2제1항이나 제2항을 위반한 행위의 대상이 된 상품 등에 사용된 상표 등 표지의 사용 또는 영업비밀 침해행위의 대상이 된 영업비밀의 사용에 대하여 통상 받을 수 있는 금액에 상당하는 금액을 자기의 손해액으로 하여 손해배상을 청구할 수 있다.(2011.6.30 본항개정)
④ 부정경쟁행위, 제3조의2제1항이나 제2항을 위반한 행위 또는 영업비밀 침해행위로 인한 손해액이 제3항에 따른 금액을 초과하면 그 초과액에 대하여도 손해배상을 청구할 수 있다. 이 경우 그 영업상의 이익을 침해한 자에게 고의 또는 중대한 과실이 없으면 법원은 손해배상 금액을 산정할 때 이를 고려할 수 있다.(2011.6.30 전단개정)
⑤ 법원은 부정경쟁행위, 제3조의2제1항이나 제2항을 위반한 행위 또는 영업비밀 침해행위에 관한 소송에서 손해가 발생된 것은 인정되나 그 손해액을 입증하기 위하여 필요한 사실을 입증하는 것이 해당 사실의 성질상 극히 곤란한 경우에는 제1항부터 제4항까지의 규정에도 불구하고 변론 전체의 취지와 증거조사의 결과에 기초하여 상당한 손해액을 인정할 수 있다.(2011.6.30 본항개정)
⑥ 법원은 제2조제1호차목의 행위 및 영업비밀 침해행위가 고의적인 것으로 인정되는 경우에는 제5조 또는 제11조에도 불구하고 제1항부터 제5항까지의 규정에 따라 손해로 인정된 금액의 3배를 넘지 아니하는 범위에서 배상액을 정할 수 있다.(2020.10.20 본항개정)
⑦ 제6항에 따른 배상액을 판단할 때에는 다음 각 호의 사항을 고려하여야 한다.
1. 침해행위를 한 자의 우월적 지위 여부
2. 고의 또는 손해 발생의 우려를 인식한 정도
3. 침해행위로 인하여 영업비밀 보유자가 입은 피해규모
4. 침해행위로 인하여 침해한 자가 얻은 경제적 이익
5. 침해행위의 기간·횟수 등
6. 침해행위에 따른 벌금
7. 침해행위를 한 자의 재산상태
8. 침해행위를 한 자의 피해구제 노력의 정도
(2019.1.8 본항신설)

제14조의3【자료의 제출】 법원은 부정경쟁행위, 제3조의2제1항이나 제2항을 위반한 행위 또는 영업비밀 침해행위로 인한 영업상 이익의 침해에 관한 소송에서 당사자의 신청에 의하여 상대방 당사자에 대하여 해당 침해행위로 인한 손해를 산정하는 데에 필요한 자료의 제출을 명할 수 있다. 다만, 그 자료의 소지자가 자료의 제출을 거절할 정당한 이유가 있는 경우에는 그러하지 아니하다.(2011.6.30 본문개정)

제14조의4【비밀유지명령】 ① 법원은 부정경쟁행위, 제3조의2제1항이나 제2항을 위반한 행위 또는 영업비밀 침해행위로 인한 영업상 이익의 침해에 관한 소송에서 그 당사자가 보유한 영업비밀에 대하여 다음 각 호의 사유를 모두 소명한 경우에는 그 당사자의 신청에 따라 결정으로 다른 당사자(법인인 경우에는 그 대표자), 당사자를 위하여 소송을 대리하는 자, 그 밖에 해당 소송으로 인하여 영업비밀을 알게 된 자에게 그 영업비밀을 해당 소송의 계속적인 수행 외의 목적으로 사용하거나 그 영업비밀에 관계된 이 항에 따른 명령을 받은 자 외의 자에게 공개하지 아니할 것을 명할 수 있다. 다만, 그 신청 시점까지 다른 당사자(법인인 경우에는 그 대표자), 당사자를 위하여 소송을 대리하는 자, 그 밖에 해당 소송으로 인하여 영업비밀을 알게 된 자가 제1호에 규정된 준비서면의 열람이나 증거 조사 외의 방법으로 그 영업비밀을 이미 취득하고 있는 경우에는 그러하지 아니하다.
1. 이미 제출하였거나 제출하여야 할 준비서면 또는 이미 조사하였거나 조사하여야 할 증거에 영업비밀이 포함되어 있다는 것
2. 제1호의 영업비밀이 해당 소송 수행 외의 목적으로 사용되거나 공개되면 당사자의 영업에 지장을 줄 우려가 있어 이를 방지하기 위하여 영업비밀의 사용 또는 공개를 제한할 필요가 있다는 것
② 제1항에 따른 명령(이하 "비밀유지명령"이라 한다)의 신청은 다음 각 호의 사항을 적은 서면으로 하여야 한다.
1. 비밀유지명령을 받을 자
2. 비밀유지명령의 대상이 될 영업비밀을 특정하기에 충분한 사실
3. 제1항 각 호의 사유에 해당하는 사실
③ 법원은 비밀유지명령이 결정된 경우에는 그 결정서를 비밀유지명령을 받은 자에게 송달하여야 한다.
④ 비밀유지명령은 제3항의 결정서가 비밀유지명령을 받은 자에게 송달된 때부터 효력이 발생한다.
⑤ 비밀유지명령의 신청을 기각 또는 각하한 재판에 대하여는 즉시항고를 할 수 있다.
(2011.12.2 본조신설)

제14조의5【비밀유지명령의 취소】 ① 비밀유지명령을 신청한 자 또는 비밀유지명령을 받은 자는 제14조의4제1항에 따른 요건을 갖추지 못하였거나 갖추지 못하게 된 경우 소송기록을 보관하고 있는 법원(소송기록을 보관하고 있는 법원이 없는 경우에는 비밀유지명령을 내린 법원)에 비밀유지명령의 취소를 신청할 수 있다.
② 법원은 비밀유지명령의 취소 신청에 대한 재판이 있는 경우에는 그 결정서를 그 신청을 한 자 및 상대방에게 송달하여야 한다.
③ 비밀유지명령의 취소 신청에 대한 재판에 대하여는 즉시항고를 할 수 있다.
④ 비밀유지명령을 취소하는 재판은 확정되어야 그 효력이 발생한다.
⑤ 비밀유지명령을 취소하는 재판을 한 법원은 비밀유지명령의 취소 신청을 한 자 또는 상대방 외에 해당 영업비밀에 관한 비밀유지명령을 받은 자가 있는 경우에는 그 자에게 즉시 비밀유지명령의 취소 재판을 한 사실을 알려야 한다.
(2011.12.2 본조신설)

제14조의6【소송기록 열람 등의 청구 통지 등】 ① 비밀유지명령이 내려진 소송(모든 비밀유지명령이 취소된 소송은 제외한다)에 관한 소송기록에 대하여 「민사소송법」 제163조제1항의 결정이 있었던 경우, 당사자가 같은 항에서 규정하는 비밀 기재 부분의 열람 등의 청구를 하였으나 그 청구절차를 해당 소송에서 비밀유지명령을 받지 아니한 자가 밟은 경우에는 법원서기관, 법원사무관, 법원주사 또는 법원주사보(이하 이 조에서 "법원사무관등"이라 한다)는 「민사소송법」 제163조제1항의 신청을 한 당사자(그 열람 등의 청구를 한 자는 제외한다. 이하 제3항에서 같다)에게 그 청구 직후에 그 열람 등의 청구가 있었다는 사실을 알려야 한다.
② 제1항의 경우에 법원사무관등은 제1항의 청구가 있었던 날부터 2주일이 지날 때까지(그 청구절차를 행한 자에 대한 비밀유지명령신청이 그 기간 내에 행하여진 경우에는 그 신청에 대한 재판이 확정되는 시점까지) 그 청구절차를 행한 자에게 제1항의 비밀 기재 부분의 열람 등을 하게 하여서는 아니 된다.
③ 제2항은 제1항의 열람 등의 청구를 한 자에게 제1항의 비밀 기재 부분의 열람 등을 하게 하는 것에 대하여 「민사소송법」 제163조제1항의 신청을 한 당사자 모두의 동의가 있는 경우에는 적용되지 아니한다.
(2011.12.2 본조신설)

제14조의7【기록의 송부 등】 제5조에 따른 손해배상청구의 소가 제기된 때에는 법원은 필요한 경우 특허청에 대하여 제7조에 따른 부정경쟁행위 등의 조사기록(사건관계인, 참고인 또는 감정인에 대한 심문조서 및 속기록 기타 재판상 증거가 되는 일체의 것을 포함한다)의 송부를 요구할 수 있다.(2018.4.17 본조신설)

제15조【다른 법률과의 관계】 ① 「특허법」, 「실용신안법」, 「디자인보호법」, 「상표법」, 「농수산물 품질관리법」, 「저작권법」 또는 「개인정보 보호법」에 제2조부터 제6조까지 및 제18조제3항과 다른 규정이 있으면 그 법에 따른다.
② 「독점규제 및 공정거래에 관한 법률」, 「표시·광고의 공정화에 관한 법률」, 「하도급거래 공정화에 관한 법률」 또는 「형법」 중 국기·국장에 관한 규정에 제2조제1호라목부터 바목까지, 차목부터 파목까지, 제3조부터 제6조까지 및 제18조제3항과 다른 규정이 있으면 그 법에 따른다.(2021.12.7 본조개정)

제16조【신고포상금 지급】 ① 특허청장은 제2조제1호가목에 따른 부정경쟁행위(「상표법」 제2조제1항제10호에 따른 등록상표에 관한 것으로 한정한다)를 한 자를 신고한 자에게 예산의 범위에서 신고포상금을 지급할 수 있다.(2016.2.29 본항개정)
② 제1항에 따른 신고포상금 지급의 기준·방법 및 절차에 필요한 사항은 대통령령으로 정한다.
(2013.7.30 본조신설)

제17조【업무의 위탁 등】 ① (2011.6.30 삭제)
② 특허청장은 제2조의5에 따른 연구·교육·홍보 등 기반구축 및 정보관리시스템의 구축·운영에 관한 업무를 대통령령으로 정하는 산업재산권 보호 또는 부정경쟁방지 업무와 관련된 법인이나 단체(이하 이 조에서 "전문단체"라 한다)에 위탁할 수 있다.(2020.10.20 본항개정)
③ 특허청장, 시·도지사 또는 시장·군수·구청장은 제7조나 제8조에 따른 업무를 수행하기 위하여 필요한 경우에 전문단체의 지원을 받을 수 있다.(2011.6.30 본항개정)
④ 제3항에 따른 지원업무에 종사하는 자에 관하여는 제7조제5항을 준용한다.(2020.10.20 본항개정)
⑤ 특허청장은 예산의 범위에서 제2항에 따른 위탁업무 및 제3항에 따른 지원업무에 사용되는 비용의 전부 또는 일부를 지원할 수 있다.(2009.3.25 본항신설)
(2011.6.30 본조제목개정)

제17조의2 (2023.3.28 삭제)

제17조의3【벌칙 적용에서의 공무원 의제】 제17조제3항에 따른 지원업무에 종사하는 자는 「형법」 제127조 및 제129조부터 제132조까지의 규정에 따른 벌칙의 적용에서는 공무원으로 본다.(2009.3.25 본조신설)

제18조【벌칙】 ① 영업비밀을 외국에서 사용하거나 외국에서 사용될 것임을 알면서도 다음 각 호의 어느 하나에 해당하는 행위를 한 자는 15년 이하의 징역 또는 15억원 이하의 벌금에 처한다. 다만, 벌금형에 처하는 경우 위반행위로 인한 재산상 이득액의 10배에 해당하는 금액이 15억원을 초과하면 그 재산상 이득액의 2배 이상 10배 이하의 벌금에 처한다.
1. 부정한 이익을 얻거나 영업비밀 보유자에 손해를 입힐 목적으로 한 다음 각 목의 어느 하나에 해당하는 행위
가. 영업비밀을 취득·사용하거나 제3자에게 누설하는 행위
나. 영업비밀을 지정된 장소 밖으로 무단으로 유출하는 행위
다. 영업비밀 보유자로부터 영업비밀을 삭제하거나 반환할 것을 요구받고도 이를 계속 보유하는 행위
2. 절취·기망·협박, 그 밖의 부정한 수단으로 영업비밀을 취득하는 행위
3. 제1호 또는 제2호에 해당하는 행위가 개입된 사실을 알면서도 그 영업비밀을 취득하거나 사용(제13조제1항에 따라 허용된 범위에서의 사용은 제외한다)하는 행위
(2019.1.8 본항개정)
② 제1항 각 호의 어느 하나에 해당하는 행위를 한 자는 10년 이하의 징역 또는 5억원 이하의 벌금에 처한다. 다만, 벌금형에 처하는 경우 위반행위로 인한 재산상 이득액의 10배에 해당하는 금액이 5억원을 초과하면 그 재산상 이득액의 2배 이상 10배 이하의 벌금에 처한다.
(2019.1.8 본항개정)
③ 다음 각 호의 어느 하나에 해당하는 자는 3년 이하의 징역 또는 3천만원 이하의 벌금에 처한다.
1. 제2조제1호(아목, 차목, 카목1)부터 3)까지, 타목 및 파목은 제외한다)에 따른 부정경쟁행위를 한 자(2021.12.7 본호개정)
2. 제3조를 위반하여 다음 각 목의 어느 하나에 해당하는 휘장 또는 표지와 동일하거나 유사한 것을 상표로 사용한 자
가. 파리협약 당사국, 세계무역기구 회원국 또는 「상표법 조약」 체약국의 국기·국장, 그 밖의 휘장
나. 국제기구의 표지
다. 파리협약 당사국, 세계무역기구 회원국 또는 「상표법 조약」 체약국 정부의 감독용·증명용 표지
④ 다음 각 호의 어느 하나에 해당하는 자는 1년 이하의 징역 또는 1천만원 이하의 벌금에 처한다.
1. 제9조의7제1항을 위반하여 원본증명기관에 등록된 전자지문이나 그 밖의 관련 정보를 없애거나 훼손·변경·위조 또는 유출한 자
2. 제9조의7제2항을 위반하여 직무상 알게 된 비밀을 누설한 사람
(2013.7.30 본항신설)
⑤ 제1항과 제2항의 징역과 벌금은 병과(併科)할 수 있다.
판례 영업비밀의 취득이란 사회 통념상 영업비밀을 자신의 것으로 만들어 이를 사용할 수 있는 상태에 이른 경우를 말하는바, 기업의 직원으로서 영업비밀을 인지하여 이를 사용할 수 있는 자는 이미 당해 영업비밀을 취득하였다고 보아야 하므로 그러한 자가 당해 영업비밀을 단순히 기업의 외부로 무단 반출한 행위는 업무상 배임죄에 해당할 수 있음은 별론으로 하고, 위 조항 소정의 영업비밀의 취득에는 해당하지 않는다.(대판 2008.4.10, 2008도679)

제18조의2【미수】 제18조제1항 및 제2항의 미수범은 처벌한다.

제18조의3【예비·음모】 ① 제18조제1항의 죄를 범할 목적으로 예비 또는 음모한 자는 3년 이하의 징역 또는 3천만원 이하의 벌금에 처한다.
② 제18조제2항의 죄를 범할 목적으로 예비 또는 음모한 자는 2년 이하의 징역 또는 2천만원 이하의 벌금에 처한다.
(2019.1.8 본조개정)

제18조의4【비밀유지명령 위반죄】 ① 국내외에서 정당한 사유 없이 제14조의4제1항에 따른 비밀유지명령을 위반한 자는 5년 이하의 징역 또는 5천만원 이하의 벌금에 처한다.
② 제1항의 죄는 비밀유지명령을 신청한 자의 고소가 없으면 공소를 제기할 수 없다.
(2011.12.2 본조신설)

제19조【양벌규정】 법인의 대표자나 법인 또는 개인의 대리인, 사용인, 그 밖의 종업원이 그 법인 또는 개인의 업무에 관하여 제18조제1항부터 제4항까지의 어느 하나에 해당하는 위반행위를 하면 그 행위자를 벌하는 외에 그 법인 또는 개인에게도 해당 조문의 벌금형을 과(科)한다. 다만, 법인 또는 개인이 그 위반행위를 방지하기 위하여 해당 업무에 관하여 상당한 주의와 감독을 게을리하지 아니한 경우에는 그러하지 아니하다.(2013.7.30 본문개정)

제20조【과태료】 ① 다음 각 호의 어느 하나에 해당하는 자에게는 2천만원 이하의 과태료를 부과한다.
1. 제7조제1항에 따른 관계 공무원의 조사나 수거를 거부·방해 또는 기피한 자
2. 제9조의4제5항을 위반하여 시정명령을 이행하지 아니한 자
(2013.7.30 본항개정)
② 제1항에 따른 과태료는 대통령령으로 정하는 바에 따라 특허청장, 시·도지사 또는 시장·군수·구청장이 부과·징수한다.(2011.6.30 본항개정)
③~⑤ (2009.12.30 삭제)

부 칙 (2011.6.30)

이 법은 공포 후 3개월이 경과한 날부터 시행한다. 다만, 제3조의2 및 제4조부터 제6조까지, 제7조제1항 중 "제3조의2제1항 또는 제2항" 부분, 제8조 중 "제3조의2제1항 또는 제2항" 부분, 제14조의2, 제14조의3, 제15조의 개정규정은 「대한민국과 유럽연합 및 그 회원국 간의 자유무역협정」이 발효하는 날부터 시행한다.<2011.7.1 발효>

부 칙 (2011.12.2)

이 법은 「대한민국과 미합중국 간의 자유무역협정 및 대한민국과 미합중국 간의 자유무역협정에 관한 서한교환」이 발효되는 날부터 시행한다.<2012.3.15 발효>

부 칙 (2015.1.28)

제1조【시행일】 이 법은 공포한 날부터 시행한다. 다만, 제9조의2제3항의 개정규정은 공포 후 6개월이 경과한 날부터 시행한다.

제2조【원본증명서 발급 시 정보 보유 추정에 관한 적용례】 제9조의2제3항의 개정규정은 같은 개정규정 시행 후 최초로 원본증명서가 발급된 경우부터 적용한다.

부 칙 (2018.4.17)

이 법은 공포 후 3개월이 경과한 날부터 시행한다.

부 칙 (2019.1.8)

제1조【시행일】 이 법은 공포 후 6개월이 경과한 날부터 시행한다.

제2조【손해배상에 관한 적용례】 제14조의2제6항 및 제7항의 개정규정은 이 법 시행 후 영업비밀 침해행위가 시작되는 경우부터 적용한다.

부 칙 (2020.10.20)

제1조【시행일】 이 법은 공포 후 6개월이 경과한 날부터 시행한다.

제2조【손해배상에 관한 적용례】 제14조의2의 개정규정은 이 법 시행 이후 제2조제1호차목에 해당하는 행위가 발생하는 경우부터 적용한다.

부 칙 (2020.12.22)

제1조【시행일】 이 법은 공포 후 6개월이 경과한 날부터 시행한다.

제2조【손해액의 추정에 관한 적용례】 제14조의2제1항의 개정규정은 이 법 시행 후 최초로 손해배상이 청구된 경우부터 적용한다.

부 칙 (2021.12.7)

제1조【시행일】 이 법은 2022년 4월 20일부터 시행한다. 다만, 제2조제1호타목의 개정규정 및 제15조제2항·제18조제3항제1호의 개정규정 중 제2조제1호타목에 관한 부분은 공포 후 6개월이 경과한 날부터 시행한다.

제2조【다른 법률의 개정】 ※(해당 법령에 가제정리 하였음)

부 칙 (2023.3.28)

제1조【시행일】 이 법은 공포 후 6개월이 경과한 날부터 시행한다.

제2조【이 법 시행 전의 부정경쟁행위에 관한 경과조치】 제2조제1호가목 및 나목의 개정규정에도 불구하고 이 법 시행 전에 행하여진 부정경쟁행위에 대하여는 종전의 규정에 따른다.

제3조【부정경쟁행위에 대한 금지·예방청구권의 시효에 관한 경과조치】 이 법 시행 전에 행하여진 제2조제1호차목의 부정경쟁행위에 대하여 금지 또는 예방을 청구할 수 있는 권리의 시효에 관하여는 제4조제3항의 개정규정에도 불구하고 종전의 규정에 따른다.

부정경쟁방지 및 영업비밀보호에 관한 법률 시행령

(1998년 12월 31일
전개대통령령 제16065호)

개정
2001. 6.27영17255호 2009. 8.18영21691호
2010. 5. 4영22151호(전자정부법시)
2011. 9.22영23153호
2013.12.30영25050호(행정규제재검토에따른일부개정령)
2014. 1.28영25121호
2014.12. 9영25840호(규제기한정비)
2015.12.30영26774호(주민등록번호수집최소화)
2016.12.30영27751호(규제기한설정)
2018. 9.18영29176호
2018.12.24영29421호(규제기한설정)
2020. 3. 3영30509호(규제기한해제)
2021. 4.20영31632호 2023. 9.27영33773호
2023.12.12영33913호(행정법제혁신을위한일부개정법령등)

제1조【목적】 이 영은 「부정경쟁방지 및 영업비밀보호에 관한 법률」에서 위임된 사항과 그 시행에 필요한 사항을 규정함을 목적으로 한다.(2009.8.18 본조개정)

제1조의2【정당한 사유】 「부정경쟁방지 및 영업비밀보호에 관한 법률」(이하 "법"이라 한다) 제2조제1호다목3)에서 "비상업적 사용 등 대통령령으로 정하는 정당한 사유"란 다음 각 호의 어느 하나에 해당하는 경우를 말한다.
1. 비상업적으로 사용하는 경우(2023.9.27 본문개정)
2. 뉴스보도 및 뉴스논평에 사용하는 경우
3. (2023.9.27 삭제)
4. 타인의 성명, 상호, 상표, 상품의 용기·포장, 그 밖에 타인의 상품 또는 영업임을 표시한 표지의 사용이 공정한 상거래 관행에 어긋나지 아니한다고 인정되는 경우(2023.9.27 본호개정)

(2009.8.18 본조개정)

제1조의3【실태조사의 범위 및 절차 등】 ① 법 제2조의4제2항 후단에서 "기업의 경영·영업상 비밀의 유지 등 대통령령으로 정하는 특별한 사유가 있는 경우"란 다음 각 호의 어느 하나에 해당하는 경우를 말한다.
1. 자료를 제출하면 기업의 경영·영업상 비밀에 관한 사항이 공개되어 기업의 정당한 이익을 현저히 해칠 우려가 있다고 인정되는 경우
2. 법령이나 계약에 따라 비밀 유지 의무가 부과되어 있는 경우

② 법 제2조의4제1항에 따른 실태조사(이하 이 조에서 "실태조사"라 한다)의 구체적인 자료 작성의 범위는 다음 각 호와 같다.
1. 부정경쟁행위와 관련된 기업의 인식도 및 영업환경에 관한 사항
2. 영업비밀 보유자의 현황 및 영업비밀 취득·사용·관리에 관한 사항
3. 부정경쟁행위 및 영업비밀 침해행위의 발생유형·피해구제 현황 등 분쟁에 관한 사항
4. 그 밖에 부정경쟁방지 및 영업비밀보호를 위한 정책수립·시행과 관련하여 특허청장이 필요하다고 인정하는 사항

③ 특허청장은 실태조사를 하려는 경우에는 조사 대상자 선정기준을 정하고, 조사의 목적·내용 및 기간 등을 포함한 실태조사 계획을 작성하여 미리 조사 대상자에게 통지해야 한다.

④ 실태조사는 현장조사 또는 서면조사의 방법으로 실시하며, 효율적인 조사를 위하여 필요한 경우에는 전자우편 등 정보통신망을 활용하여 할 수 있다.

⑤ 특허청장은 실태조사 중 전문적인 검토나 조사업무를 부정경쟁방지 및 영업비밀보호 관련 연구기관·단체 또는 전문가에게 의뢰하여 실시할 수 있다.

(2021.4.20 본조신설)

제1조의4【부정경쟁행위 등의 조사 방법 등】 ① 특허청장, 특별시장·광역시장·특별자치시장·도지사·특별자치도지사(이하 "시·도지사"라 한다) 또는 시장·군수·구청장(자치구의 구청장을 말한다. 이하 같다)은 법 제7조제1항에 따라 영업시설 또는 제조시설에 출입하여 관계 자료나 제품 등을 조사하거나 조사에 필요한 최소분량의 제품을 수거하여 검사하기 전에 다음 각 호의 방법에 따라 법 제2조제1호(아목과 파목은 제외한다)의 부정경쟁행위나 제3조, 제3조의2제1항 또는 제2항을 위반한 행위(이하 "부정경쟁행위등"이라 한다)를 확인할 수 있다.(2023.9.27 본문개정)
1. 당사자, 이해관계인 또는 참고인에 대한 관계 자료나 제품 등의 제출 요청(2023.9.27 본호개정)
2. 당사자, 이해관계인 또는 참고인에 대한 출석 요청, 자문 및 진술 청취

② 특허청장, 시·도지사 또는 시장·군수·구청장은 법 제7조제1항에 따른 조사·검사를 실시하려는 경우 당사자에게 조사·검사의 목적, 일시 및 방법 등을 사전에 통지하여야 한다. 다만, 긴급하거나 미리 통지하면 증거인멸 등으로 조사·검사의 목적을 달성할 수 없다고 인정하는 경우에는 그러하지 아니하다.

③ 특허청장, 시·도지사 또는 시장·군수·구청장은 법 제7조제1항에 따른 조사·검사의 대상이 되는 행위가 다음 각 호의 어느 하나에 해당하는 경우에는 조사·검사를 개시해서는 아니 되며, 조사·검사가 진행 중인 경우에는 이를 중단하여야 한다.
1. 부정경쟁행위등에 해당하지 아니함이 명백한 경우
2. 기초자료가 미비하여 조사·검사의 대상을 특정할 수 없거나 사실관계의 확인이 불가능한 경우
3. 부정경쟁행위등에 해당하지 아니한다는 확정판결이 있는 경우

④ 법 제7조제1항에 따른 조사의 대상자는 조사대상과 동일한 사안으로 「발명진흥법」 제43조에 따른 분쟁의 조정이 계속 중인 경우 특허청장, 시·도지사 또는 시장·군수·구청장에게 그 조사의 중지를 요청할 수 있다.
(2021.4.20 본항신설)

⑤ 특허청장, 시·도지사 또는 시장·군수·구청장은 법 제7조제3항에 따라 같은 조 제1항에 따른 조사를 중지하려는 경우에는 미리 양 당사자의 의견을 들어야 한다.
(2021.4.20 본항신설)

⑥ 제1항부터 제5항까지에서 규정한 사항 외에 부정경쟁행위등의 조사 및 조사 중지의 방법·절차 등에 관한 세부적인 사항은 특허청장이 정하여 고시한다.(2021.4.20 본항신설)
(2018.9.18 본조개정)

제1조의5【수거물품 등의 처리 등】 ① 특허청장, 시·도지사 또는 시장·군수·구청장은 법 제7조제1항에 따라 조사에 필요한 최소분량의 제품을 수거하는 경우 그 소유자나 점유자에게 별지 제1호서식의 수거증을 발급하여야 한다.

② 특허청장, 시·도지사 또는 시장·군수·구청장은 법 제7조제1항에 따라 수거하거나 제1조의4제1항제1호에 따라 제출받은 제품의 현황·목록 등에 관한 사항을 기록하고 이를 보관해야 한다.(2021.4.20 본항개정)

③ 특허청장, 시·도지사 또는 시장·군수·구청장은 법 제7조제1항에 따른 검사 또는 제1조의4제1항제1호에 따른 확인이 종료된 경우 법 제7조제1항에 따라 수거하거나 제1조의4제1항제1호에 따라 제출받은 제품을 수거 또는 제출 당시의 소유자·점유자 또는 제출자에게 즉시 돌려주어야 한다.(2021.4.20 본항개정)

④ 법 제7조제5항에 따른 증표는 별지 제2호서식에 따른다.
(2021.4.20 본항개정)
(2018.9.18 본조신설)

제2조【시정권고의 방법 등】 ① 법 제8조제1항에 따른 시정권고는 다음 각 호의 사항을 명시한 문서로 해야 한다.(2021.4.20 본문개정)
1. 시정권고의 이유
2. 시정권고의 내용
3. 시정기한

(2018.9.18 1호~3호신설)

② 특허청장, 시·도지사 또는 시장·군수·구청장은 제1항에 따른 시정권고를 하기 위하여 필요하다고 인정되는 경우 또는 그 시정권고의 이행 여부를 확인하기 위하여 필요하다고 인정되는 경우에는 관계 공무원으로 하여금 현장을 확인하게 할 수 있다.(2011.9.22 본항개정)

③ 제2항에 따라 현장을 확인하는 공무원은 그 권한을 표시하는 증표를 지니고 관계인에게 보여야 한다.
(2009.8.18 본조개정)

제2조의2【공표의 방법 및 절차】 ① 특허청장, 시·도지사 또는 시장·군수·구청장은 법 제8조제2항에 따라 다음 각 호의 사항을 관보, 인터넷 홈페이지 또는 「신문 등의 진흥에 관한 법률」에 따른 전국을 보급지역으로 하는 일반일간신문에 게재하여 공표할 수 있다.
1. 위반행위를 한 자의 성명 및 주소
2. 위반행위의 내용
3. 시정기한
4. 시정권고의 이유 및 내용

② 특허청장, 시·도지사 또는 시장·군수·구청장은 제1항 각 호의 사항을 공표하려는 경우에는 위반행위의 내용 및 정도, 위반 기간 및 횟수, 위반행위로 인하여 발생한 피해의 범위 및 결과 등을 고려해야 한다.

③ 제1항 및 제2항에서 규정한 사항 외에 공표 절차 등에 관하여 필요한 사항은 특허청장이 정하여 고시한다.
(2021.4.20 본조신설)

제3조【의견청취의 절차】 ① 특허청장, 시·도지사 또는 시장·군수·구청장은 법 제9조에 따라 의견을 들으려는 경우에는 의견청취 예정일 10일 전까지 시정권고 및 공표의 상대방, 이해관계인, 참고인 또는 그 대리인에게 서면으로 그 뜻을 통지하여 의견을 진술할 기회를 주어야 한다.(2021.4.20 본항개정)

② 제1항에 따른 통지를 받은 시정권고 및 공표의 상대방, 이해관계인, 참고인 또는 그 대리인은 지정된 일시에 지정된 장소로 출석하여 의견을 진술하거나 서면으로 의견을 제출할 수 있다.(2021.4.20 본항개정)

③ 제2항에 따라 시정권고 및 공표의 상대방, 이해관계인, 참고인 또는 그 대리인이 출석하여 의견을 진술했을 때에

는 관계 공무원은 그 요지를 서면으로 작성한 후 의견 진술자에게 그 내용을 확인하고 서명 또는 날인하게 해야 한다.(2021.4.20 본항개정)
④ 제1항에 따른 통지에는 정당한 사유 없이 이에 따르지 아니하면 의견을 진술할 기회를 포기한 것으로 본다는 뜻을 분명히 밝혀야 한다.
(2009.8.18 본조개정)

제3조의2 【원본증명기관의 지정 기준】 법 제9조의3제2항에 따른 원본증명기관으로 지정받으려는 자가 갖추어야 할 전문인력과 설비의 요건은 다음 각 호와 같다.
1. 전문인력 : 전자지문을 이용하여 영업비밀이 포함된 전자문서의 원본 여부를 증명하는 업무(이하 "원본증명업무"라 한다)에 필요한 설비의 운영인력으로서 다음 각 목의 요건을 모두 갖춘 사람 2명 이상을 보유할 것(2016.12.30 본문개정)
 가. 「국가기술자격법」에 따른 정보통신기사 · 정보처리기사 또는 전자계산기조직응용기사 이상의 국가기술자격을 갖출 것
 나. 「국가기술자격법」에 따른 정보기술분야 또는 통신분야에서 2년 이상 근무한 경력이 있을 것
2. 설비 : 원본증명업무에 필요한 설비로서 다음 각 목의 사항에 관하여 특허청장이 정하여 고시하는 기준에 맞는 설비를 갖출 것
 가. 원본증명업무 관련 정보의 보관 및 송신 · 수신에 관한 사항
 나. 네트워크 및 시스템 보안 체계에 관한 사항
 다. 화재 및 수해(水害) 등 재해 예방 체계에 관한 사항
 라. 그 밖에 원본증명업무 관련 시스템 관련 설비 등 원본증명업무의 운영 · 관리를 위하여 필요한 사항
(2014.1.28 본조신설)

제3조의3 【원본증명기관의 지정 절차】 ① 법 제9조의3제2항에 따라 원본증명업무를 수행하는 기관(이하 "원본증명기관"이라 한다)으로 지정을 받으려는 자는 별지 제3호서식의 원본증명기관 지정신청서(전자문서로 된 신청서를 포함한다. 이하 "지정신청서"라 한다)에 다음 각 호의 서류(전자문서를 포함한다)를 첨부하여 특허청장에게 제출하여야 한다.
1. 사업계획서
2. 제3조의2 각 호에 따른 전문인력 및 설비를 갖추었음을 증명할 수 있는 서류
3. 법인의 정관 또는 단체의 규약(원본증명기관이 법인 또는 단체인 경우만 해당한다)
② 제1항에 따른 지정신청서를 받은 특허청장은 「전자정부법」 제36조제1항에 따른 행정정보의 공동이용을 통하여 신청인의 법인 등기사항증명서(원본증명기관이 법인인 경우만 해당한다) 및 사업자등록증을 확인하여야 한다. 다만, 신청인이 사업자등록증의 확인에 동의하지 아니하는 경우에는 그 사본을 첨부하도록 하여야 한다.
③ 제1항에 따른 지정신청서를 받은 특허청장은 그 지정신청이 제3조의2에 따른 지정기준을 충족한다고 인정하는 경우 원본증명기관으로 지정하고, 별지 제4호서식의 원본증명기관지정서를 발급하여야 한다.
④ 특허청장은 제3항에 따른 지정을 위하여 필요하면 지정신청서를 제출한 자에게 자료의 제출을 요구하거나 해당 제출자 및 관계 전문가의 의견을 들을 수 있다.
⑤ 특허청장은 원본증명기관을 지정하면 지체 없이 그 사실을 특허청 인터넷 홈페이지에 게재하여야 한다.
(2014.1.28 본조신설)

제3조의4 【원본증명기관의 안전성 및 신뢰성 확보 조치】 법 제9조의3제4항에 따라 원본증명기관이 지켜야 할 사항은 별표1과 같다.(2014.1.28 본조신설)

제3조의5 【원본증명기관에 대한 행정처분의 기준 등】
① 법 제9조의4제3항에 따른 원본증명기관에 대한 행정처분의 기준은 별표2와 같다.
② 특허청장은 법 제9조의4제3항에 따라 원본증명기관의 지정을 취소하거나 원본증명업무의 전부 또는 일부의 정지를 명한 경우에는 다음 각 호의 사항을 고시하여야 한다.
1. 원본증명기관의 명칭 및 주소(원본증명기관이 법인 또는 단체인 경우에는 대표자의 성명 및 주된 사무소의 소재지를 말한다)
2. 처분의 내용
(2014.1.28 본조신설)

제3조의6 【지정취소된 원본증명기관의 인계 · 인수】 ① 법 제9조의4제3항 각 호 외의 부분 본문에 따라 지정이 취소된 원본증명기관은 다음 각 호의 서류(전자문서를 포함한다)를 특허청장에게 제출하여야 한다.
1. 원본증명기관지정서 원본
2. 법 제9조의4제4항 본문에 따른 원본증명업무에 관한 기록의 인계 · 인수계약서 사본 1부
② 법 제9조의4제4항 단서에 따른 원본증명업무에 관한 기록을 인계할 수 없는 경우에는 별지 제5호서식의 원본증명기관 업무인계 불가 신고서에 다음 각 호의 서류를 첨부하여 특허청장에게 제출하여야 한다. 이 경우 특허청장은 원본증명업무에 관한 기록이 다른 원본증명기관에 인계될 때까지는 그 기록을 보관하여야 한다.
1. 인계 불가 사유서 1부
2. 원본증명업무에 관한 기록 및 그 목록 1부
(2014.1.28 본조신설)

제3조의7 【과징금의 부과 및 납부】 ① 법 제9조의5제1항에 따른 원본증명기관의 위반행위의 종류 · 정도 등에 따른 과징금의 부과기준은 별표3과 같다.
② 특허청장은 법 제9조의5제1항에 따라 과징금을 부과하려면 그 위반행위의 종류와 과징금의 금액을 분명히 적어 이를 낼 것을 서면으로 알려야 한다.
③ 제2항에 따라 통지를 받은 자는 통지받은 날부터 20일 이내에 특허청장이 정하는 수납기관에 해당 과징금을 내야 한다.(2023.12.12 단서삭제)
④ 제3항에 따라 과징금을 받은 수납기관은 납부자에게 영수증을 발급하고, 지체 없이 그 사실을 특허청장에게 알려야 한다.
(2014.1.28 본조신설)

제3조의8 【신고포상금의 지급 기준 등】 ① 법 제16조제1항에 따라 지급 받는 신고포상금(이하 "신고포상금"이라 한다)은 한 사람이 1년간 1천만원을 넘을 수 없다.
② 신고포상금을 지급받으려는 자는 특허청장에게 신청하여야 한다.
③ 특허청장은 제2항에 따른 신청을 받은 경우 그 내용을 확인하여 신고포상금 지급 여부 및 지급액을 결정하고, 그 결정일부터 15일 이내에 신청인에게 알려야 한다.
④ 특허청장은 신고포상금 지급액을 결정하는 경우 다음 각 호의 사항을 고려할 수 있다.
1. 해당 신고가 수사기관의 수사의 근거가 되었는지 여부
2. 법 제2조제1호가목에 따른 부정경쟁행위를 한 자가 취한 이익 및 그로 인한 피해 정도
3. 해당 신고 관련 위반행위에 관한 수사기관의 처리결과
⑤ 제1항에서 제4항까지에서 규정한 사항 외에 신고포상금의 구체적인 지급기준 · 방법 및 절차 등 신고포상금의 지급에 필요한 사항은 특허청장이 정한다.
(2014.1.28 본조신설)

제4조 【업무의 위탁 등】 ①~② (2011.9.22 삭제)
③ 법 제17조제2항에서 "대통령령으로 정하는 산업재산권 보호 또는 부정경쟁방지 업무와 관련된 법인이나 단체"란 다음 각 호의 법인 또는 단체를 말한다.
1. 「발명진흥법」에 따라 설립된 한국발명진흥회
2. 법 제2조의5의 업무에 관한 전문성이 있다고 인정되는 법인 또는 단체 중에서 특허청장이 지정하여 고시하는 법인 또는 단체(2021.4.20 본호개정)
(2011.9.22 본항개정)
④ 법 제17조제3항 및 제4항에 따른 지원업무에 종사하는 자에 관하여는 제2조제2항 및 제3항을 준용한다.
(2011.9.22 본항개정)
⑤ 법 제17조제5항에 따라 비용을 지원받으려는 법인 또는 단체는 별지 제6호서식의 부정경쟁방지 및 영업비밀보호 업무비용 지원신청서에 다음 각 호의 서류를 첨부하여 특허청장에게 제출하여야 한다. 이 경우 특허청장은 「전자정부법」 제36조제1항에 따른 행정정보의 공동이용을 통하여 법인 등기사항증명서(법인인 경우만 해당한다)를 확인하여야 한다.(2014.1.28 전단개정)
1. 부정경쟁방지 및 영업비밀보호를 위한 업무계획서
2. 정관(법인인 경우만 해당한다)
⑥ 특허청장은 제3항제2호에 따른 법인 또는 단체의 지정기준과 절차를 정하여 고시하여야 한다.(2011.9.22 본항개정)
(2011.9.22 본조제목개정)
(2009.8.18 본조개정)

제4조의2 【공동사무의 운영절차】 법 제7조부터 제9조까지 및 제20조에 따른 업무의 운영절차 및 지도 등에 필요한 세부사항은 특허청장이 정하여 고시한다.
(2011.9.22 본조신설)

제5조 【교육】 특허청장은 부정경쟁행위방지에 관한 직무에 종사하는 공무원에 대하여 필요하다고 인정하면 직무교육을 할 수 있다.(2009.8.18 본조개정)

제5조의2 【규제의 재검토】 특허청장은 다음 각 호의 사항에 대하여 다음 각 호의 기준일을 기준으로 5년마다(매 5년이 되는 해의 기준일과 같은 날 전까지를 말한다) 그 타당성을 검토하여 개선 등의 조치를 해야 한다.
1. 제3조의2에 따른 원본증명기관의 지정 기준 : 2021년 1월 1일
2. 제3조의4 및 별표1에 따른 원본증명기관이 지켜야 할 사항 : 2021년 1월 1일
(2021.4.20 본조개정)

제6조 【과태료의 부과기준】 법 제20조제1항에 따른 과태료의 부과기준은 별표4와 같다.(2014.1.28 본조개정)

부 칙 (2014.12.9)

제1조 【시행일】 이 영은 2015년 1월 1일부터 시행한다.
제2조~제5조 (생략)
제6조 【「부정경쟁방지 및 영업비밀보호에 관한 법률 시행령」의 개정에 관한 경과조치】 ① 이 영 시행 전의 위반행위에 대한 행정처분은 「부정경쟁방지 및 영업비밀보호에 관한 법률 시행령」 별표2의 개정규정에도 불구하고 종전의 규정에 따른다.
② 이 영 시행 전의 위반행위에 대하여 과태료의 부과기준을 적용할 때에는 「부정경쟁방지 및 영업비밀보호에 관한 법률 시행령」 별표4의 개정규정에도 불구하고 종전의 규정에 따른다.(이하 생략)

부 칙 (2018.9.18)

제1조 【시행일】 이 영은 공포한 날부터 시행한다.
제2조 【수거물품 등의 처리에 관한 적용례】 제1조의4제2항 및 제3항의 개정규정은 이 영 시행 당시 법 제7조제1항에 따라 제품을 수거하여 검사 절차가 진행 중이거나 부정경쟁행위 등과 관련하여 제품의 제출 요청을 받고 이에 응하여 절차가 진행 중인 경우에도 적용한다.
제3조 【증표에 관한 경과조치】 이 영 시행 전에 종전의 별지 제2호서식에 따라 발급된 증표는 이 영 시행 이후 1개월 간 별지 제2호서식의 개정규정에 따라 발급된 증표와 함께 사용할 수 있다.

부 칙 (2018.12.24)

이 영은 2019년 1월 1일부터 시행한다.

부 칙 (2020.3.3)

이 영은 공포한 날부터 시행한다.

부 칙 (2021.4.20)

이 영은 2021년 4월 21일부터 시행한다.

부 칙 (2023.9.27)

이 영은 2023년 9월 29일부터 시행한다.

부 칙 (2023.12.12)

이 영은 공포한 날부터 시행한다.

〔별표〕 ➡ 「法典 別冊」 참조

〔별지서식〕 ➡ 「www.hyeonamsa.com」 참조

산업기술의 유출방지 및 보호에 관한 법률(약칭 : 산업기술보호법)

(2006년 10월 27일
법 률 제8062호)

개정
2008. 2.29법 8852호(정부조직)
2008. 3.14법 8900호 2008.12.26법 9227호
2009. 1.30법 9368호 2011. 7.25법10962호
2013. 3.23법11690호(정부조직)
2015. 1.28법13082호(소재·부품전문기업등의육성에관한특별조치법)
2015. 1.28법13083호 2016. 3.29법14108호
2017. 3.14법14591호 2019. 8.20법16476호
2020. 3.31법17163호(국방과학기술혁신촉진법)
2023. 1. 3법19166호
2024년 1월 25일 제412회 국회 본회의 통과(대외무역)→「法典 別冊」보유편 수록

제1장 총 칙

제1조【목적】 이 법은 산업기술의 부정한 유출을 방지하고 산업기술을 보호함으로써 국내산업의 경쟁력을 강화하고 국가의 안전보장과 국민경제의 발전에 이바지함을 목적으로 한다.

제2조【정의】 이 법에서 사용하는 용어의 정의는 다음과 같다.
1. "산업기술"이라 함은 제품 또는 용역의 개발·생산·보급 및 사용에 필요한 제반 방법 내지 기술상의 정보 중에서 행정기관의 장(해당 업무가 위임 또는 위탁된 경우에는 그 위임 또는 위탁받은 기관이나 법인·단체의 장을 말한다)이 산업경쟁력 제고나 유출방지 등을 위하여 이 법 또는 다른 법률이나 이 법 또는 다른 법률에서 위임한 명령(대통령령·총리령·부령에 한정한다. 이하 이 조에서 같다)에 따라 지정·고시·공고·인증하는 다음 각 목의 어느 하나에 해당하는 기술을 말한다.
가. 제9조에 따라 고시된 국가핵심기술
나. 「산업발전법」 제5조에 따라 고시된 첨단기술의 범위에 속하는 기술
다. 「산업기술혁신 촉진법」 제15조의2에 따라 인증된 신기술
라. 「전력기술관리법」 제6조의2에 따라 지정·고시된 새로운 전력기술
마. 「환경기술 및 환경산업 지원법」 제7조에 따라 인증된 신기술
바. 「건설기술 진흥법」 제14조에 따라 지정·고시된 새로운 건설기술
사. 「보건의료기술 진흥법」 제8조에 따라 인증된 보건신기술(2015.1.28 본목신설)
아. 「뿌리산업 진흥과 첨단화에 관한 법률」 제14조에 따라 지정된 핵심 뿌리기술(2015.1.28 본목신설)
자. 그 밖의 법률 또는 해당 법률에서 위임한 명령에 따라 지정·고시·공고·인증하는 기술 중 산업통상자원부장관이 관보에 고시하는 기술
(2015.1.28 본호개정)
2. "국가핵심기술"이라 함은 국내외 시장에서 차지하는 기술적·경제적 가치가 높거나 관련 산업의 성장잠재력이 높아 해외로 유출될 경우에 국가의 안전보장 및 국민경제의 발전에 중대한 악영향을 줄 우려가 있는 기술로서 제9조의 규정에 따라 지정된 것을 말한다.
(2015.1.28 본호개정)
3. "국가연구개발사업"이라 함은 「과학기술기본법」 제11조의 규정에 따라 관계 중앙행정기관의 장이 추진하는 연구개발사업을 말한다.
4. "대상기관"이란 산업기술을 보유한 기업·연구기관·전문기관·대학 등을 말한다.(2015.1.28 본호신설)

제3조【국가 등의 책무】 ① 국가는 산업기술의 유출방지와 보호에 필요한 종합적인 시책을 수립·추진하여야 한다.
② 국가·기업·연구기관 및 대학 등 산업기술의 개발·보급 및 활용에 관련된 모든 기관은 이 법의 적용에 있어 산업기술의 연구개발자 등 관련 종사자들이 부당한 처우와 선의의 피해를 받지 아니하도록 하고, 산업기술 및 지식의 확산과 활용이 제약되지 아니하도록 노력하여야 한다.
③ 모든 국민은 산업기술의 유출방지에 대한 관심과 인식을 높이고, 각자의 직업윤리의식을 배양하기 위하여 노력하여야 한다.

제4조【다른 법률과의 관계】 산업기술의 유출방지 및 보호에 관하여는 다른 법률에 특별한 규정이 있는 경우를 제외하고는 이 법이 정하는 바에 따른다.

제2장 산업기술의 유출방지 및 보호 정책의 수립·추진

제5조【종합계획의 수립·시행】 ① 산업통상자원부장관은 산업기술의 유출방지 및 보호에 관한 종합계획(이하 "종합계획"이라 한다)을 수립·시행하여야 한다.
(2013.3.23 본항개정)
② 산업통상자원부장관은 종합계획을 수립함에 있어서 미리 관계 중앙행정기관의 장과 협의한 후 제7조의 규정에 따른 산업기술보호위원회의 심의를 거쳐야 한다.
(2013.3.23 본항개정)
③ 종합계획에는 다음 각 호의 사항이 포함되어야 한다.
(2011.7.25 본문개정)
1. 산업기술의 유출방지 및 보호에 관한 기본목표와 추진방향
2. 산업기술의 유출방지 및 보호에 관한 단계별 목표와 추진방안
3. 산업기술의 유출방지 및 보호에 대한 홍보와 교육에 관한 사항
4. 산업기술의 유출방지 및 보호의 기반구축에 관한 사항
5. 산업기술의 유출방지 및 보호를 위한 기술의 연구개발에 관한 사항
6. 산업기술의 유출방지 및 보호에 관한 정보의 수집·분석·가공과 보급에 관한 사항
7. 산업기술의 유출방지 및 보호를 위한 국제협력에 관한 사항
8. 그 밖에 산업기술의 유출방지 및 보호를 위하여 필요한 사항
④ 산업통상자원부장관은 종합계획의 수립을 위하여 관계 중앙행정기관의 장에게 필요한 자료의 제출을 요청할 수 있다. 이 경우 자료제출을 요청받은 기관의 장은 특별한 사유가 없는 한 이에 협조하여야 한다.(2015.1.28 전단개정)
(2011.7.25 본조제목개정)

제6조【시행계획의 수립·시행】 ① 관계 중앙행정기관의 장은 종합계획에 따라 매년 산업기술의 유출방지 및 보호에 관한 시행계획(이하 "시행계획"이라 한다)을 수립·시행하여야 한다.(2011.7.25 본항개정)
② 시행계획의 수립·시행에 관하여 필요한 사항은 대통령령으로 정한다.

제7조【산업기술보호위원회의 설치 등】 ① 산업기술의 유출방지 및 보호에 관한 다음 각 호의 사항을 심의하기 위하여 산업통상자원부장관 소속으로 산업기술보호위원회(이하 "위원회"라 한다)를 둔다.(2015.1.28 본문개정)
1. 종합계획의 수립 및 시행에 관한 사항(2011.7.25 본호개정)
2. 제9조의 규정에 따른 국가핵심기술의 지정·변경 및 해제에 관한 사항
3. 제11조의 규정에 따른 국가핵심기술의 수출 등에 관한 사항
4. 제11조의2에 따른 국가핵심기술을 보유하는 대상기관의 해외인수·합병등에 관한 사항(2011.7.25 본호신설)
5. 그 밖에 산업기술의 유출방지 및 보호를 위하여 필요한 것으로서 대통령령으로 정하는 사항
② 위원회는 위원장 1인을 포함한 25인 이내의 위원으로 구성한다. 이 경우 위원 중에는 제3항제3호의 규정에 해당하는 자가 5인 이상 포함되어야 한다.
③ 위원장은 산업통상자원부장관이 되고, 위원은 다음 각 호의 자가 된다.
1. 관계 중앙행정기관의 차관·차장 또는 이에 상당하는 공무원 중 대통령령으로 정하는 자
2. 산업기술의 유출방지업무를 수행하는 정보수사기관의 장이 지명하는 자
3. 산업기술의 유출방지 및 보호에 관한 학식과 경험이 풍부한 자로서 위원장이 성별을 고려하여 위촉하는 자
(2015.1.28 본항개정)
④ 위원회에 간사 1명을 두되, 간사는 산업통상자원부 소속 공무원 중에서 위원장이 지명하는 자가 된다.
(2015.1.28 본항개정)
⑤ 산업기술의 유출방지 및 보호에 관한 다음 각 호의 사항을 사전에 전문적으로 검토하기 위하여 위원회에 분야별 전문위원회를 둔다.(2015.1.28 본문개정)
1. 위원회의 심의사항에 대한 사전검토
2. 대통령령으로 정하는 바에 따라 위원회로부터 위임받은 사항
3. 그 밖에 산업기술의 유출방지 및 보호를 위하여 필요한 실무적 사항으로서 대통령령으로 정하는 사항
(2011.7.25 본항개정)
⑥ 제1항부터 제5항까지에서 규정한 사항 외에 위원회 및 분야별 전문위원회의 구성·운영 등에 관하여 필요한 사항은 대통령령으로 정한다.(2015.1.28 본항개정)

제3장 산업기술의 유출방지 및 관리

제8조【보호지침의 제정 등】 ① 산업통상자원부장관은 산업기술의 유출을 방지하고 산업기술을 보호하기 위하여 필요한 방법·절차 등에 관한 지침(이하 "보호지침"이라 한다)을 관계 중앙행정기관의 장과 협의하여 제정하고 이를 대상기관이 활용할 수 있도록 하여야 한다.
② 산업통상자원부장관은 산업기술의 발전추세 및 국내외 시장환경 등을 감안하여 관계 중앙행정기관의 장과 협의하여 보호지침을 수정 또는 보완할 수 있다.
(2013.3.23 본조개정)

제9조【국가핵심기술의 지정·변경 및 해제 등】 ① 산업통상자원부장관은 국가핵심기술로 지정되어야 할 대상기술(이하 이 조에서 "지정대상기술"이라 한다)을 선정하거나 관계 중앙행정기관의 장으로부터 그 소관의 지정대상기술을 선정·통보받은 경우에는 위원회의 심의를 거쳐 국가핵심기술로 지정할 수 있다. 이 경우 산업통상자원부장관이 선정한 지정대상기술이 다른 중앙행정기관의 장의 소관인 경우에는 위원회 심의 전에 해당 중앙행정기관의 장과 협의를 거쳐야 한다.(2015.1.28 본항개정)
② 산업통상자원부장관 및 관계 중앙행정기관의 장은 지정대상기술을 선정함에 있어서 해당 기술이 국가안보 및 국민경제에 미치는 파급효과, 관련 제품의 국내외 시장점유율, 해당 분야의 연구동향 및 기술 확산과의 조화 등을 종합적으로 고려하여 필요최소한의 범위 안에서 선정하여야 한다.(2015.1.28 본항개정)
③ 산업통상자원부장관은 국가핵심기술의 범위 또는 내용의 변경이나 지정의 해제가 필요하다고 인정되는 기술을 선정하거나 관계 중앙행정기관의 장으로부터 그 소관의 국가핵심기술의 범위 또는 내용의 변경이나 지정의 해제를 요청받은 경우에는 위원회의 심의를 거쳐 변경 또는 해제할 수 있다. 이 경우 산업통상자원부장관이 선정한 기술이 다른 중앙행정기관의 장의 소관인 경우에는 위원회 심의 전에 해당 중앙행정기관의 장과 협의를 거쳐야 한다.(2015.1.28 본항개정)
④ 산업통상자원부장관은 제1항의 규정에 따라 국가핵심기술을 지정하거나 제3항의 규정에 따라 국가핵심기술의 범위 또는 내용을 변경 또는 지정을 해제한 경우에는 이를 고시하여야 한다.(2013.3.23 본항개정)
⑤ 위원회는 제1항 및 제3항의 규정에 따라 국가핵심기술의 지정·변경 또는 해제에 대한 심의를 함에 있어서 지정대상기술을 보유·관리하는 기업 등 이해관계인의 요청이 있는 경우에는 대통령령이 정하는 바에 따라 의견을 진술할 기회를 주어야 한다.
⑥ 대상기관은 해당 기관이 보유하고 있는 기술이 국가핵심기술에 해당하는지에 대한 판정을 대통령령으로 정하는 바에 따라 산업통상자원부장관에게 신청할 수 있다.
(2013.3.23 본항개정)
⑦ 제1항 및 제3항의 규정에 따른 국가핵심기술의 지정·변경 및 해제의 기준·절차 그 밖에 필요한 사항은 대통령령으로 정한다.

제9조의2【국가핵심기술의 정보 비공개】 ① 국가기관, 지방자치단체, 「공공기관의 운영에 관한 법률」 제2조에 따른 공공기관 및 그 밖에 대통령령으로 정하는 기관은 국가핵심기술에 관한 정보를 공개해서는 아니 된다. 다만, 국가의 안전보장 및 국민경제의 발전에 악영향을 줄 우려가 없는 경우에는 공개할 수 있다.
② 제1항 단서에 따라 국가핵심기술에 관한 정보를 공개하려는 경우에는 정보공개의 신청을 받은 날부터 20일 이내에 서면 또는 전자문서로 이해관계인의 의견을 듣고 산업통상자원부장관 및 관계 부처의 장의 동의를 받은 후 위원회의 심의를 거쳐야 한다.
(2019.8.20 본조신설)

제10조【국가핵심기술의 보호조치】 ① 국가핵심기술을 보유·관리하고 있는 대상기관의 장은 국가핵심기술의 유출을 방지하기 위하여 다음 각 호에 따른 조치를 하여야 한다.
1. 보호구역의 설정·출입허가 또는 출입 시 휴대품 검사
2. 국가핵심기술을 취급하는 전문인력의 이직 관리 및 비밀유지 등에 관한 계약 체결
3. 그 밖에 국가핵심기술 유출 방지를 위하여 대통령령으로 정하는 사항
(2019.8.20 본항개정)
② 제1항의 규정에 따른 조치에 관하여 필요한 사항은 대통령령으로 정한다.
③ 누구든지 정당한 사유 없이 제1항의 보호조치를 거부·방해 또는 기피하여서는 아니 된다.(2009.1.30 본항신설)

제11조【국가핵심기술의 수출 등】 ① 국가로부터 연구개발비를 지원받아 개발한 국가핵심기술을 보유한 대상기관이 해당 국가핵심기술을 외국기업 등에 매각 또는 이전 등의 방법으로 수출(이하 "국가핵심기술의 수출"이라 한다)하고자 하는 경우에는 산업통상자원부장관의 승인을 얻어야 한다.(2013.3.23 본항개정)
② 산업통상자원부장관은 제1항의 규정에 따른 승인신청에 대하여 국가핵심기술의 수출에 따른 국가안보 및 국민경제적 파급효과 등을 검토하여 관계 중앙행정기관의 장과 협의한 후 위원회의 심의를 거쳐 승인할 수 있다.
(2013.3.23 본항개정)
③ 제1항의 규정에 따라 승인을 얻은 국가핵심기술이 「대외무역법」 제19조제1항의 기술인 경우에는 같은 조 제2항에 따라 허가를 받은 것으로 보며, 「국방과학기술혁신 촉진법」 제2조제2호에 따른 국방과학기술 및 「방위사업법」 제34조에 따른 방산물자인 경우에는 「방위사업법」 제57조제2항에 따라 허가를 받은 것으로 본다. 이 경우 산업통상자원부장관은 사전에 관계 중앙행정기관의 장과 협의를 하여야 한다.(2020.3.31 전단개정)
④ 제1항의 규정에 따른 승인대상 외의 국가핵심기술을 보유·관리하고 있는 대상기관이 국가핵심기술의 수출을 하고자 하는 경우에는 산업통상자원부장관에게 사전에 신고를 하여야 한다.(2013.3.23 본항개정)
⑤ 산업통상자원부장관은 제4항의 신고대상인 국가핵심기술의 수출이 국가안보에 심각한 영향을 줄 수 있다고 판단하는 경우에는 관계 중앙행정기관의 장과 협의한 후 위원회의 심의를 거쳐 국가핵심기술의 수출중지·수출금지·원상회복 등의 조치를 명할 수 있다.(2013.3.23 본항개정)

⑥ 제4항의 신고대상 국가핵심기술의 수출을 하고자 하는 자는 해당 국가핵심기술이 국가안보와 관련되는지 여부에 대하여 산업통상자원부장관에게 사전검토를 신청할 수 있다.(2013.3.23 본항개정)
⑦ 산업통상자원부장관은 국가핵심기술을 보유한 대상기관이 제1항의 규정에 따른 승인을 얻지 아니하거나 부정한 방법으로 승인을 얻어 국가핵심기술의 수출을 한 경우 또는 제4항의 규정에 따른 신고대상 국가핵심기술을 신고하지 아니하거나 허위로 신고하고 국가핵심기술의 수출을 한 경우에는 정보수사기관의 장에게 조사를 의뢰하고, 조사결과를 위원회에 보고한 후 위원회의 심의를 거쳐 해당 국가핵심기술의 수출중지·수출금지·원상회복 등의 조치를 명령할 수 있다.(2013.3.23 본항개정)
⑧ 위원회는 다음 각 호의 어느 하나에 해당하는 경우에는 대상기관의 의견을 청취할 수 있다.
1. 제2항의 규정에 따른 승인신청에 대한 심의
2. 제5항의 규정에 따른 국가안보에 심각한 영향을 주는 국가핵심기술의 수출중지·수출금지·원상회복 심의
3. 제7항의 규정에 따른 미승인 또는 부정승인 및 미신고 또는 허위신고 등에 대한 국가핵심기술의 수출중지·수출금지·원상회복 심의
⑨ 산업통상자원부장관은 제1항의 규정에 따른 승인 또는 제4항의 규정에 따른 신고와 관련하여 분야별 전문위원회로 하여금 검토하게 할 수 있으며 관계 중앙행정기관의 장 또는 대상기관의 장에게 자료제출 등의 필요한 협조를 요청할 수 있다. 이 경우 관계 중앙행정기관의 장 및 대상기관의 장은 특별한 사유가 없는 한 이에 협조하여야 한다.(2013.3.23 전단개정)
⑩ 제1항의 승인, 제4항의 신고, 제5항 및 제7항의 수출중지·수출금지·원상회복 등의 조치 및 절차 등에 관하여 세부적인 사항은 대통령령으로 정한다.
⑪ 제6항의 규정에 따른 국가핵심기술이 국가안보와 관련되는지 여부에 대한 사전검토의 신청에 관하여 필요한 사항은 대통령령으로 정한다.

제11조의2【국가핵심기술을 보유하는 대상기관의 해외인수·합병등】 ① 국가로부터 연구개발비를 지원받아 개발한 국가핵심기술을 보유한 대상기관이 대통령령으로 정하는 해외 인수·합병, 합작투자 등 외국인투자(이하 "해외인수·합병등"이라 한다)를 진행하려는 경우에는 미리 산업통상자원부장관의 승인을 받아야 한다.
(2019.8.20 본항개정)
② 제1항의 대상기관은 대통령령으로 정하는 외국인(이하 이 조에서 "외국인"이라 한다)에 의하여 해외인수·합병등이 진행되는 것을 알게 된 경우 지체 없이 산업통상자원부장관에게 신고하여야 한다.(2019.8.20 본항개정)
③ 산업통상자원부장관은 제2항에 따라 대상기관으로부터 신고를 받은 경우 해외인수·합병등을 진행하려는 외국인에게 제1항에 따른 승인 절차에 협조하여 줄 것을 요청할 수 있다. 이 경우 요청을 받은 외국인은 특별한 사유가 없으면 이에 따라야 한다.(2019.8.20 본항신설)
④ 산업통상자원부장관은 제1항에 따른 승인신청을 받은 경우 해외인수·합병등이 국가안보에 미치는 영향을 검토하여 관계중앙행정기관의 장과 협의한 후 위원회의 심의를 거쳐 승인할 수 있다. 이 경우 산업통상자원부장관은 승인을 할 때 필요하다고 인정되는 조건을 달 수 있다.
(2019.8.20 본항신설)
⑤ 제1항에 따른 승인대상 외의 국가핵심기술을 보유·관리하고 있는 대상기관은 해외인수·합병등을 진행하려는 경우에는 산업통상자원부장관에게 미리 신고를 하여야 한다.(2019.8.20 본항신설)
⑥ 제5항의 대상기관은 외국인에 의하여 해외인수·합병등이 진행되는 것을 알게 된 경우에는 지체 없이 산업통상자원부장관에게 신고하여야 한다.(2019.8.20 본항신설)
⑦ 산업통상자원부장관은 제1항, 제5항 및 제6항에 따른 국가핵심기술의 유출이 국가안보에 심각한 영향을 줄 수 있다고 판단하는 경우에는 관계 중앙행정기관의 장과 협의한 후 위원회의 심의를 거쳐 해외인수·합병등에 대하여 중지·금지·원상회복 등의 조치를 명할 수 있다.
(2019.8.20 본항개정)
⑧ 제1항, 제5항 및 제6항에 따라 해외인수·합병등을 진행하려는 자는 해당 해외인수·합병등과 관련하여 다음 각 호의 사항에 관하여 의문이 있는 때에는 대통령령으로 정하는 바에 따라 산업통상자원부장관에게 미리 검토하여 줄 것을 신청할 수 있다.(2019.8.20 본문개정)
1. 해당 국가핵심기술이 국가안보와 관련되는지 여부
2. 해당 해외인수·합병등이 제1항의 승인대상인지 여부 및 제5항·제6항의 신고대상인지 여부(2019.8.20 본호개정)
3. 그 밖에 해당 해외인수·합병등과 관련하여 의문이 있는 사항
⑨ 산업통상자원부장관은 국가핵심기술을 보유한 대상기관이 제1항에 따른 승인을 받지 아니하거나 거짓이나 그 밖의 부정한 방법으로 승인을 받아 해외인수·합병등을 진행한 경우 또는 제5항 및 제6항에 따른 신고를 하지 아니하거나 거짓이나 그 밖의 부정한 방법으로 신고를 하고서 해외인수·합병등을 한 경우에는 정보수사기관의 장에게 조사를 의뢰하고, 조사결과를 위원회에 보고한 후 위원회의 심의를 거쳐 해당 해외인수·합병등에 대하여 중지·금지·원상회복 등 필요한 조치를 명할 수 있다.(2019.8.20 본항개정)
⑩ 위원회는 다음 각 호의 어느 하나에 해당하는 경우에는 대상기관의 의견을 청취할 수 있다.
1. 제1항에 따른 승인신청에 대한 심의(2019.8.20 본호개정)
1의2. 제5항 및 제6항에 따른 신고에 대한 심의
(2019.8.20 본호신설)
2. 제7항에 따른 국가안보에 심각한 영향을 주는 해외인수·합병등에 대한 중지·금지·원상회복 등 심의
3. 제7항의 조치에 따른 대상기관의 손해에 대한 심의
4. 제9항에 따른 미승인, 부정승인, 미신고 또는 거짓신고 등에 대한 해외인수·합병등의 중지·금지·원상회복 등 심의
(2019.8.20 2호~4호개정)
⑪ 산업통상자원부장관은 제1항에 따른 승인신청 또는 제5항 및 제6항에 따른 신고와 관련하여 분야별 전문위원회로 하여금 검토하게 할 수 있으며 관계 중앙행정기관의 장 또는 대상기관의 장에게 자료제출 등의 필요한 협조를 요청할 수 있다. 이 경우 관계 중앙행정기관의 장 및 대상기관의 장은 특별한 사유가 없는 한 이에 협조하여야 한다.(2019.8.20 전단개정)
⑫ 제1항의 승인, 제2항·제5항 및 제6항의 신고, 제7항 및 제9항의 중지·금지·원상회복 등의 조치 및 절차 등에 관하여 세부적인 사항은 대통령령으로 정한다.
(2019.8.20 본항개정)
(2011.7.25 본조신설)

제12조【국가연구개발사업의 보호관리】 대상기관의 장은 산업기술과 관련된 국가연구개발사업을 수행하는 과정에서 개발성과물이 외부로 유출되지 아니 하도록 필요한 대책을 수립·시행하여야 한다.

제13조【개선권고】 ① 산업통상자원부장관은 제10조의 규정에 따른 국가핵심기술의 보호조치 및 제12조의 규정에 따른 국가연구개발사업의 보호관리와 관련하여 필요하다고 인정되는 경우 대상기관의 장에 대하여 개선을 권고할 수 있다.(2013.3.23 본항개정)
② 제1항의 규정에 따라 개선권고를 받은 대상기관의 장은 개선대책을 수립·시행하고 그 결과를 산업통상자원부장관에게 통보하여야 한다.(2013.3.23 본항개정)
③ 산업통상자원부장관은 제1항에 따라 대상기관의 장에게 개선권고를 한 경우 해당 개선권고의 주요 내용 및 이유, 대상기관의 조치결과 등을 위원회에 보고하여야 한다.(2013.3.23 본항개정)
④ 제1항 및 제2항에 따른 개선권고 및 개선대책의 수립·시행 및 제3항에 따라 위원회에 보고하기 위하여 필요한 사항은 대통령령으로 정한다.
(2011.7.25 본조개정)

제14조【산업기술의 유출 및 침해행위 금지】 누구든지 다음 각 호의 어느 하나에 해당하는 행위를 하여서는 아니 된다.
1. 절취·기망·협박 그 밖의 부정한 방법으로 대상기관의 산업기술을 취득하는 행위 또는 그 취득한 산업기술을 사용하거나 공개(비밀을 유지하면서 특정인에게 알리는 것을 포함한다. 이하 같다)하는 행위
2. 제34조의 규정 또는 대상기관과의 계약 등에 따라 산업기술에 대한 비밀유지의무가 있는 자가 부정한 이익을 얻거나 그 대상기관에게 손해가 발생하는 것을 알면서도 유출하거나 그 유출한 산업기술을 사용 또는 공개하거나 제3자가 사용하게 하는 행위(2023.1.3 본호개정)
3. 제1호 또는 제2호의 규정에 해당하는 행위가 개입된 사실을 알고 그 산업기술을 취득·사용 및 공개하거나 산업기술을 취득한 후에 그 산업기술에 대하여 제1호 또는 제2호의 규정에 해당하는 행위가 개입된 사실을 알고 그 산업기술을 사용하거나 공개하는 행위
4. 제1호 또는 제2호의 규정에 해당하는 행위가 개입된 사실을 중대한 과실로 알지 못하고 그 산업기술을 취득·사용 및 공개하거나 산업기술을 취득한 후에 그 산업기술에 대하여 제1호 또는 제2호의 규정에 해당하는 행위가 개입된 사실을 중대한 과실로 알지 못하고 그 산업기술을 사용하거나 공개하는 행위
5. 제11조제1항의 규정에 따른 승인을 얻지 아니하거나 부정한 방법으로 승인을 얻어 국가핵심기술을 수출하는 행위(2011.7.25 본호개정)
6. 국가핵심기술을 외국에서 사용하거나 외국에서 사용될 것임을 알면서도 제11조의2제1항에 따른 승인을 받지 아니하거나 거짓이나 그 밖의 부정한 방법으로 승인을 받아 해외인수·합병등을 하는 행위
6의2. 국가핵심기술을 외국에서 사용하거나 외국에서 사용될 것임을 알면서도 제11조의2제5항 및 제6항에 따른 신고를 하지 아니하거나 거짓이나 그 밖의 부정한 방법으로 신고를 하고서 해외인수·합병등을 하는 행위
(2023.1.3 6호~6호의2개정)
6의3. 제34조 또는 대상기관과의 계약 등에 따라 산업기술에 대한 비밀유지의무가 있는 자가 산업기술에 대한 보유 또는 사용 권한이 소멸됨에 따라 대상기관으로부터 산업기술에 관한 문서, 도화(圖畵), 전자기록 등 특수매체기록의 반환이나 산업기술의 삭제를 요구받고도 부정한 이익을 얻거나 그 대상기관에 손해를 가할 목적으로 이를 거부 또는 기피하거나 그 사본을 보유하는 행위(2015.1.28 본호신설)
7. 제11조제5항·제7항 및 제11조의2제7항·제9항에 따른 산업통상자원부장관의 명령을 이행하지 아니하는 행위(2019.8.20 본호개정)
8. 산업기술 관련 소송 등 대통령령으로 정하는 적법한 경로를 통하여 산업기술이 포함된 정보를 제공받은 자가 정보를 제공받은 목적 외의 다른 용도로 그 정보를 사용하거나 공개하는 행위(2019.8.20 본호신설)

제14조의2【산업기술 침해행위에 대한 금지청구권 등】 ① 대상기관은 산업기술 침해행위를 하거나 하려는 자에 대하여 그 행위에 의하여 영업상의 이익이 침해되거나 침해될 우려가 있는 경우에는 법원에 그 행위의 금지 또는 예방을 청구할 수 있다.
② 대상기관이 제1항에 따른 청구를 할 때에는 침해행위를 조성한 물건의 폐기, 침해행위에 제공된 설비의 제거, 그 밖에 침해행위의 금지 또는 예방을 위하여 필요한 조치를 함께 청구할 수 있다.
③ 제1항에 따라 산업기술 침해행위의 금지 또는 예방을 청구할 수 있는 권리는 산업기술 침해행위가 계속되는 경우에 대상기관이 그 침해행위에 의하여 영업상의 이익이 침해되거나 침해될 우려가 있다는 사실 및 침해행위자를 안 날부터 3년간 행사하지 아니하면 시효의 완성으로 소멸한다. 그 침해행위가 시작된 날부터 10년이 지난 때에도 또한 같다.
(2011.7.25 본조신설)

제14조의3【산업기술 해당 여부 확인】 ① 대상기관은 보유하고 있는 기술이 산업기술에 해당하는지에 대하여 산업통상자원부장관에게 확인을 신청할 수 있다.
② 제1항에 따른 확인의 절차·방법 등에 관한 사항은 대통령령으로 정한다.
(2015.1.28 본조신설)

제15조【산업기술 침해신고 등】 ① 국가핵심기술 및 국가연구개발사업으로 개발한 산업기술을 보유한 대상기관의 장은 제14조 각 호의 어느 하나에 해당하는 행위가 발생할 우려가 있거나 발생한 때에는 즉시 산업통상자원부장관 및 정보수사기관의 장에게 그 사실을 신고하여야 하고, 필요한 조사 및 조치를 요청할 수 있다.
② 산업통상자원부장관 및 정보수사기관의 장은 제1항의 규정에 따른 요청을 받은 경우 또는 제14조에 따른 금지행위를 인지한 경우에는 필요한 조사 및 조치를 하여야 한다.
(2019.8.20 본조개정)

제4장 산업기술보호의 기반구축 및 산업보안기술의 개발·지원 등

제16조【산업기술보호협회의 설립 등】 ① 대상기관은 산업기술의 유출방지 및 보호에 관한 시책을 효율적으로 추진하기 위하여 산업통상자원부장관의 인가를 받아 산업기술보호협회(이하 "협회"라 한다)를 설립할 수 있다.
(2013.3.23 본항개정)
② 협회는 법인으로 하고, 그 주된 사무소의 소재지에서 설립등기를 함으로써 성립한다.
③ 설립등기 외의 등기를 필요로 하는 사항은 그 등기 후가 아니면 제3자에게 대항하지 못한다.
④ 협회는 다음 각 호의 업무를 행한다.
1. 산업기술보호를 위한 정책의 개발 및 협력
2. 산업기술의 해외유출 관련 정보 전파
3. 산업기술의 유출방지를 위한 상담·홍보·교육·실태조사
4. 국내외 산업기술보호 관련 자료 수집·분석 및 발간
4의2. 국가핵심기술의 보호·관리 등에 관한 지원 업무
(2015.1.28 본호신설)
5. 제22조제1항에 따른 산업기술의 보호를 위한 지원업무
(2011.7.25 본호신설)
6. 제23조의 규정에 따른 산업기술분쟁조정위원회의 업무지원
7. 그 밖에 산업통상자원부장관이 필요하다고 인정하여 위탁하거나 협회의 정관이 정한 사업(2013.3.23 본호개정)
⑤ 정부는 대상기관의 산업기술의 보호를 위하여 필요한 경우에는 예산의 범위 안에서 협회의 사업수행에 필요한 자금을 지원할 수 있다.
⑥ 협회의 사업 및 감독 등에 관하여 필요한 사항은 대통령령으로 정한다.
⑦ 협회에 관하여 이 법에 규정된 사항을 제외하고는 「민법」 중 사단법인에 관한 규정을 준용한다.

제17조【산업기술보호를 위한 실태조사】 ① 산업통상자원부장관은 필요한 경우 대상기관의 산업기술의 보호 및 관리 현황에 대한 실태조사를 실시할 수 있다.
(2013.3.23 본항개정)
② 산업통상자원부장관은 제1항의 규정에 따른 실태조사를 위하여 산업기술을 보유하고 있는 대상기관 및 관련단체에 대하여 관련 자료의 제출이나 조사업무의 수행에 필요한 협조를 요청할 수 있다. 이 경우 그 요청을 받은 자는 특별한 사유가 없는 한 이에 응하여야 한다.
(2013.3.23 전단개정)
③ 제2항의 규정에 따른 실태조사의 대상·범위·방법 등에 관하여 필요한 사항은 대통령령으로 정한다.

제18조【국제협력】 ① 정부는 산업기술의 보호에 관한 국제협력을 촉진하기 위하여 관련 산업보안기술 및 전문인력의 국제교류, 산업보안기술의 국제표준화 및 국제공

동연구개발 등에 관하여 필요한 국제협력사업을 추진할 수 있다.
② 정부는 다음 각 호의 사업을 지원할 수 있다.
1. 산업보안기술 및 보안산업의 국제적 차원의 조사·연구
2. 산업보안기술 및 보안산업에 관한 국제적 차원의 인력·정보의 교류
3. 산업보안기술 및 보안산업에 관한 국제적 전시회·학술회의 등의 개최
4. 그 밖에 국제적 차원의 대책을 수립하고 추진하기 위하여 필요하다고 인정하여 대통령령이 정하는 사업
제19조【산업기술보호교육】 ① 산업통상자원부장관은 산업기술의 유출방지 및 보호를 위하여 대상기관의 임·직원을 대상으로 교육을 실시할 수 있다.(2013.3.23 본항개정)
② 제1항의 규정에 따른 교육의 내용·기간·주기 등에 관하여 필요한 사항은 대통령령으로 정한다.
제20조【산업보안기술의 개발지원 등】 ① 정부는 산업기술을 보호하기 위하여 산업보안기술의 개발 및 전문인력의 양성에 관한 시책을 수립하여 추진할 수 있다.
② 정부는 산업기술보호에 필요한 기술개발을 효율적으로 추진하기 위하여 대상기관으로 하여금 제1항의 규정에 따른 산업보안기술의 개발 등을 실시하게 할 수 있다.
③ 정부는 제2항의 규정에 따라 산업보안기술 개발사업 등을 실시하는 자에게 그 사업에 소요되는 비용을 출연 또는 보조할 수 있다.
④ 제3항의 규정에 따른 출연금의 지급·사용 및 관리 등에 관하여 필요한 사항은 대통령령으로 정한다.
제21조【산업기술보호 포상 및 보호 등】 ① 정부는 산업보안기술의 개발 등 산업기술의 유출방지 및 보호에 기여한 공이 큰 자 또는 이 법의 규정을 위반하여 산업기술을 해외로 유출한 사실을 신고한 자 등에 대하여 예산의 범위 내에서 포상 및 포상금을 지급할 수 있다.(2009.1.30 본항개정)
② 정부는 이 법의 규정을 위반하여 산업기술을 해외로 유출한 사실을 신고한 자로부터 요청이 있는 경우 그에 대하여 신변보호 등 필요한 조치를 취하여야 한다.
③ 정부는 산업보안기술의 개발 등 산업기술의 유출방지 및 보호에 기여한 공이 큰 외국인에 대하여 국내정착 및 국적취득을 지원할 수 있다.
④ 제1항 내지 제3항의 규정에 따른 포상·포상금 지급, 신변보호 등의 기준·방법 및 절차에 관하여 필요한 사항은 대통령령으로 정한다.
제22조【산업기술의 보호를 위한 지원】 ① 정부는 산업기술의 보호를 촉진하기 위하여 필요하다고 인정하면 다음 각 호의 사항을 대상기관 등에게 지원할 수 있다.
1. 산업기술 보안에 대한 자문
2. 산업기술의 보안시설을 설치·운영하는 기술지원
3. 산업기술보호를 위한 교육 및 인력양성을 위한 지원
4. 그 밖에 산업기술보호를 위하여 필요한 사항
(2011.7.25 본항개정)
② 제1항의 규정에 따른 지원에 관하여 필요한 사항은 대통령령으로 정한다.
(2011.7.25 본조제목개정)

제5장 보 칙

제22조의2【산업기술의 유출 및 침해행위에 대한 손해배상책임】 ① 제14조에 따른 산업기술의 유출 및 침해행위(이하 이 조에서 "산업기술침해행위"라 한다)를 함으로써 대상기관에 손해를 입힌 자는 그 손해를 배상할 책임을 진다.
② 법원은 산업기술침해행위가 고의적인 것으로 인정되는 경우에는 다음 각 호의 사항을 고려하여 손해로 인정되는 금액의 3배를 넘지 아니하는 범위에서 배상액을 정할 수 있다.
1. 산업기술침해행위를 한 자의 우월적 지위 여부
2. 고의 또는 손해 발생의 우려를 인식한 정도
3. 산업기술침해행위로 인하여 대상기관이 입은 피해 규모
4. 산업기술침해행위를 한 자가 해당 침해행위로 인하여 취득한 경제적 이익
5. 산업기술침해행위의 기간·횟수 등
6. 산업기술침해행위에 따른 벌금
7. 산업기술침해행위를 한 자의 재산상태
8. 산업기술침해행위를 한 자의 피해구제 노력의 정도
(2019.8.20 본조신설)
제22조의3【자료의 제출】 법원은 산업기술의 유출 및 침해에 관한 소송에서 당사자의 신청에 의하여 상대방 당사자에게 해당 침해의 증명 또는 침해로 인한 손해액의 산정에 필요한 자료의 제출을 명할 수 있다. 다만, 그 자료의 소지자가 그 자료의 제출을 거절할 정당한 이유가 있으면 그러하지 아니하다.(2019.8.20 본조신설)
제22조의4【비밀유지명령】 ① 법원은 산업기술의 유출 및 침해에 관한 소송에서 그 당사자가 보유한 산업기술에 대하여 다음 각 호의 사유를 모두 소명한 경우에는 그 당사자의 신청에 따라 결정으로 다른 당사자(법인인 경우에는 그 대표자를 말한다), 당사자를 위하여 소송을 대리하는 자, 그 밖에 해당 소송으로 인하여 산업기술을 알게 된 자에게 그 산업기술을 해당 소송의 계속적인 수행 외의 목적으로 사용하거나 그 산업기술에 관계된 이 항에 따른 명령을 받은 자 외의 자에게 공개하지 아니할 것을 명할 수 있다. 다만, 그 신청 시점까지 다른 당사자(법인인 경우에는 그 대표자를 말한다), 당사자를 위하여 소송을 대리하는 자, 그 밖에 해당 소송으로 인하여 산업기술을 알게 된 자가 제1호에 규정된 준비서면의 열람이나 증거 조사 외의 방법으로 그 산업기술을 이미 취득하고 있는 경우에는 그러하지 아니하다.
1. 이미 제출하였거나 제출하여야 할 준비서면 또는 이미 조사하였거나 조사하여야 할 증거에 산업기술이 포함되어 있다는 것
2. 제1호의 산업기술이 해당 소송 수행 외의 목적으로 사용되거나 공개되면 당사자의 경영에 지장을 줄 우려가 있어 이를 방지하기 위하여 산업기술의 사용 또는 공개를 제한할 필요가 있다는 것
② 제1항에 따른 명령(이하 "비밀유지명령"이라 한다)의 신청은 다음 각 호의 사항을 적은 서면으로 하여야 한다.
1. 비밀유지명령을 받을 자
2. 비밀유지명령의 대상이 될 산업기술을 특정하기에 충분한 사실
3. 제1항 각 호의 사유에 해당하는 사실
③ 법원은 비밀유지명령이 결정된 경우에는 그 결정서를 비밀유지명령을 받은 자에게 송달하여야 한다.
④ 비밀유지명령은 제3항의 결정서가 비밀유지명령을 받은 자에게 송달된 때부터 효력이 발생한다.
⑤ 비밀유지명령의 신청을 기각 또는 각하한 재판에 대하여는 즉시항고를 할 수 있다.
(2019.8.20 본조신설)
제22조의5【비밀유지명령의 취소】 ① 비밀유지명령을 신청한 자 또는 비밀유지명령을 받은 자는 제22조의4제1항에 따른 요건을 갖추지 못하였거나 갖추지 못하게 된 경우 소송기록을 보관하고 있는 법원(소송기록을 보관하고 있는 법원이 없는 경우에는 비밀유지명령을 내린 법원을 말한다)에 비밀유지명령의 취소를 신청할 수 있다.
② 법원은 비밀유지명령의 취소 신청에 대한 재판이 있는 경우에는 그 결정서를 그 신청을 한 자 및 상대방에게 송달하여야 한다.
③ 비밀유지명령의 취소 신청에 대한 재판에 대하여는 즉시항고를 할 수 있다.
④ 비밀유지명령을 취소하는 재판은 확정되어야 그 효력이 발생한다.
⑤ 비밀유지명령을 취소하는 재판을 한 법원은 비밀유지명령의 취소 신청을 한 자 또는 상대방 외에 해당 산업기술에 관한 비밀유지명령을 받은 자가 있는 경우에는 그 자에게 즉시 비밀유지명령의 취소 재판을 한 사실을 알려야 한다.
(2019.8.20 본조신설)
제22조의6【소송기록 열람 등의 청구 통지 등】 ① 비밀유지명령이 내려진 소송(모든 비밀유지명령이 취소된 소송은 제외한다)에 관한 소송기록에 대하여 「민사소송법」 제163조제1항의 결정이 있었던 경우, 당사자가 같은 항에서 규정하는 비밀 기재부분의 열람 등의 청구를 하였으나 그 청구절차를 해당 소송에서 비밀유지명령을 받지 아니한 자가 밟은 경우에는 법원서기관, 법원사무관, 법원주사 또는 법원주사보(이하 이 조에서 "법원사무관등"이라 한다)는 「민사소송법」 제163조제1항의 신청을 한 당사자(그 열람 등의 청구를 한 자는 제외한다. 이하 제3항에서 같다)에게 그 청구 직후에 그 열람 등의 청구가 있었다는 사실을 알려야 한다.
② 제1항의 경우에 법원사무관등은 제1항의 청구가 있었던 날부터 2주일이 지날 때까지(그 청구절차를 행한 자에 대한 비밀유지명령신청이 그 기간 내에 행하여진 경우에는 그 신청에 대한 재판이 확정되는 시점까지를 말한다) 그 청구절차를 행한 자에게 제1항의 비밀 기재부분의 열람 등을 하게 하여서는 아니 된다.
③ 제2항은 제1항의 열람 등의 청구를 한 자에게 제1항의 비밀 기재부분의 열람 등을 하게 하는 것에 대하여 「민사소송법」 제163조제1항의 신청을 한 당사자 모두의 동의가 있는 경우에는 적용되지 아니한다.
(2019.8.20 본조신설)
제23조【산업기술분쟁조정위원회】 ① 산업기술의 유출에 대한 분쟁을 신속하게 조정하기 위하여 산업통상자원부장관 소속하에 산업기술분쟁조정위원회(이하 "조정위원회"라 한다)를 둔다.(2013.3.23 본항개정)
② 조정위원회는 위원장 1인을 포함한 15인 이내의 위원으로 구성한다.
③ 조정위원회의 위원은 다음 각 호의 어느 하나에 해당하는 자 중에서 대통령령이 정하는 바에 따라 산업통상자원부장관이 전문분야와 성별을 고려하여 임명하거나 위촉한다.(2015.1.28 본문개정)
1. 대학이나 공인된 연구기관에서 부교수 이상 또는 이에 상당하는 직에 있거나 있었던 자로서 기술 또는 정보의 보호 관련 분야를 전공한 자
2. 4급 또는 4급 상당 이상의 공무원 또는 이에 상당하는 공공기관의 직에 있거나 있었던 자로서 산업기술유출의 방지업무에 관한 경험이 있는 자
3. 산업기술의 보호사업을 영위하고 있는 기업 또는 산업기술의 보호업무를 수행하는 단체의 임원직에 있는 자
4. 판사·검사 또는 변호사의 자격이 있는 자
④ 위원의 임기는 3년으로 하되, 연임할 수 있다.
⑤ 위원장은 위원 중에서 산업통상자원부장관이 임명한다.(2013.3.23 본항개정)
⑥ 조정위원회의 회의는 재적위원 과반수의 출석으로 개의하고, 출석위원 과반수의 찬성으로 의결한다.(2015.1.28 본항신설)
⑦ 조정위원회의 업무를 지원하기 위하여 협회에 사무국을 둔다.(2016.3.29 본항신설)
⑧ 그 밖에 조정위원회의 구성·운영 등에 필요한 사항은 대통령령으로 정한다.(2015.1.28 본항신설)
제24조【조정부】 ① 분쟁의 조정을 효율적으로 수행하기 위하여 조정위원회에 5인 이내의 위원으로 구성되는 조정부를 두되, 그 중 1인은 변호사의 자격이 있는 자로 한다.
② 조정위원회는 필요한 경우 일부 분쟁에 대하여 제1항의 규정에 따른 조정부에 일임하여 조정하게 할 수 있다.
③ 제1항의 규정에 의한 조정부의 구성 및 운영에 관하여 필요한 사항은 대통령령으로 정한다.
제25조【위원의 제척·기피·회피】 ① 위원은 다음 각 호의 어느 하나에 해당하는 경우에는 해당 분쟁조정청구사건(이하 "사건"이라 한다)의 심의·의결에서 제척된다.
1. 위원 또는 그 배우자나 배우자이었던 자가 해당 사건의 당사자가 되거나 해당 사건에 관하여 공동권리자 또는 의무자의 관계에 있는 경우
2. 위원이 해당 사건의 당사자와 친족관계에 있거나 있었던 경우
3. 위원이 해당 사건에 관하여 증언이나 감정을 한 경우
4. 위원이 해당 사건에 관하여 당사자의 대리인 또는 임·직원으로서 관여하거나 관여하였던 경우
(2019.8.20 본항개정)
② 당사자는 위원에게 심의·의결의 공정성을 기대하기 어려운 사정이 있는 경우에는 조정위원회에 기피신청을 할 수 있다. 이 경우 조정위원회는 기피신청이 타당하다고 인정하는 때에는 기피의 결정을 하여야 한다.
③ 위원이 제1항 또는 제2항의 사유에 해당하는 경우에는 스스로 그 사건의 심의·의결을 회피할 수 있다.
제26조【분쟁의 조정】 ① 산업기술유출과 관련한 분쟁의 조정을 원하는 자는 신청취지와 원인을 기재한 조정신청서를 조정위원회에 제출하여 분쟁의 조정을 신청할 수 있다.
② 제1항의 규정에 따른 분쟁의 조정신청을 받은 조정위원회는 신청을 받은 날부터 3월 이내에 이를 심사하여 조정안을 작성하여야 한다. 다만, 정당한 사유가 있는 경우에는 조정위원회의 의결로 1개월 단위로 3회에 한정하여 조정기간을 연장할 수 있고, 이 경우 사건의 당사자에게 연장 기간 및 사유를 통지하여야 한다.(2017.3.14 단서개정)
③ 제2항의 규정에 따른 기간이 경과하는 경우에는 조정이 성립되지 아니한 것으로 본다.
④ 조정이 신청된 경우 피신청인은 이에 성실하게 응하여야 한다.(2017.3.14 본항신설)
제27조【자료요청 등】 ① 조정위원회는 분쟁조정을 위하여 필요한 자료를 분쟁당사자에게 요청할 수 있다. 이 경우 해당 분쟁당사자는 정당한 사유가 없는 한 이에 응하여야 한다.
② 조정위원회는 필요하다고 인정하는 경우에는 분쟁당사자 또는 참고인으로 하여금 조정위원회에 출석하게 하여 그 의견을 들을 수 있다.
③ 조정위원회는 제1항의 규정에 따른 자료요구와 제2항의 규정에 따라 의견진술을 청취할 경우 비공개로 하여야 하며, 제출된 자료 및 청취된 의견에 대해서는 비밀을 유지하여야 한다.
제28조【조정의 효력】 ① 조정위원회는 제26조제2항의 규정에 따라 조정안을 작성한 때에는 지체 없이 이를 각 당사자에게 제시하여야 한다.
② 제1항의 규정에 따라 조정안을 제시받은 당사자는 그 제시를 받은 날부터 15일 이내에 그 수락 여부를 조정위원회에 통보하여야 한다.
③ 당사자가 조정안을 수락한 때에는 조정위원회는 즉시 조정조서를 작성하여야 하며, 위원장 및 각 당사자는 이에 기명날인하거나 서명하여야 한다.(2016.3.29 본항개정)
④ 당사자가 제3항의 규정에 따라 조정안을 수락하고 조정조서에 기명날인하거나 서명한 경우에는 해당 조정조서는 재판상 화해와 동일한 효력을 갖는다.(2016.3.29 본항개정)
제29조【조정의 거부 및 중지】 ① 조정위원회는 분쟁의 성질상 조정위원회에서 조정하는 것이 적합하지 아니하다고 인정하거나 당사자가 부정한 목적으로 조정을 신청한 것으로 인정되는 경우에는 해당 조정을 거부할 수 있다. 이 경우 그 사유 등을 신청인에게 통보하여야 한다.
② 조정위원회는 신청된 조정사건에 대한 처리절차를 진행 중에 일방 당사자가 법원에 소를 제기한 경우에는 그 조정의 처리를 중지하고 이를 당사자에게 통지하여야 한다.
제30조【조정의 절차 등】 분쟁의 조정방법·조정절차 및 조정업무의 처리 등에 관하여 필요한 사항은 대통령령으로 정한다.

제31조【준용법률】 산업기술유출에 관한 분쟁조정에 관해 이 법에 규정이 있는 경우를 제외하고는 그 성질에 반하지 않는 한 「민사조정법」의 규정을 준용한다.

제32조【수수료】 ① 제26조제1항의 규정에 따라 조정위원회에 산업기술유출과 관련한 분쟁의 조정을 신청하는 자는 대통령령이 정하는 바에 따라 수수료를 납부하여야 한다.

② 제1항의 규정에 따른 수수료의 금액·징수방법·징수절차 등에 관하여 필요한 사항은 산업통상자원부령으로 정한다.(2013.3.23 본항개정)

제33조【권한의 위임·위탁】 산업통상자원부장관은 이 법에 의한 권한의 일부를 대통령령이 정하는 바에 따라 보조기관·소속기관의 장이나 관계 중앙행정기관의 장 또는 관계 전문기관의 장에게 위임 또는 위탁할 수 있다.(2013.3.23 본조개정)

제34조【비밀유지의무】 다음 각 호의 어느 하나에 해당하거나 해당하였던 자는 그 직무상 알게 된 비밀을 누설하거나 도용하여서는 아니 된다.

1. 대상기관의 임·직원(교수·연구원·학생을 포함한다)
2. 제9조의 규정에 따라 국가핵심기술의 지정·변경 및 해제 업무를 수행하는 자 또는 제16조에 따라 국가핵심기술의 보호·관리 등에 관한 지원 업무를 수행하는 자(2015.1.28 본호개정)
3. 제11조 및 제11조의2에 따라 국가핵심기술의 수출 및 해외인수·합병등에 관한 사항을 검토하거나 사전검토, 조사업무를 수행하는 자(2011.7.25 본호개정)

3의2. 제11조의2제3항 및 제6항에 따른 해외인수·합병등을 진행하려는 외국인 및 외국인의 임·직원(2019.8.20 본호신설)

4. 제15조의 규정에 따라 침해행위의 접수 및 방지 등의 업무를 수행하는 자
5. 제16조제4항제3호의 규정에 따라 상담업무 또는 실태조사에 종사하는 자
6. 제17조제1항의 규정에 따라 산업기술의 보호 및 관리 현황에 대한 실태조사업무를 수행하는 자
7. 제20조제2항의 규정에 따라 산업보안기술 개발사업자에게 고용되어 산업보안기술 연구개발업무를 수행하는 자
8. 제23조의 규정에 따라 산업기술 분쟁조정업무를 수행하는 자
9. 제33조의 규정에 따라 산업통상자원부장관의 권한의 일부를 위임·위탁받아 업무를 수행하는 자(2013.3.23 본호개정)
10. 「공공기관의 정보공개에 관한 법률」에 따른 정보공개 청구, 산업기술 관련 소송 업무 등 대통령령으로 정하는 업무를 수행하면서 산업기술에 관한 정보를 알게 된 자(2019.8.20 본호신설)

제35조【벌칙 적용에서의 공무원 의제】 다음 각 호의 업무를 행하는 자는 「형법」 제129조 내지 제132조를 적용함에 있어서는 이를 공무원으로 본다.

1. 제9조의 규정에 따라 국가핵심기술의 지정·변경 및 해제 업무를 수행하는 자 또는 제16조에 따라 국가핵심기술의 보호·관리 등에 관한 지원 업무를 수행하는 자(2015.1.28 본호개정)
2. 제11조 및 제11조의2에 따라 국가핵심기술의 수출 및 해외인수·합병등에 관한 사항을 검토하거나 조사업무를 수행하는 자(2011.7.25 본호개정)
3. 제15조의 규정에 따라 침해행위의 접수 및 방지 등의 업무를 수행하는 자
4. 제17조의 규정에 따라 산업기술의 보호 및 관리 현황에 대한 실태조사업무를 수행하는 자
5. 제23조의 규정에 따라 산업기술 분쟁조정업무를 수행하는 자
6. 제33조의 규정에 따라 산업통상자원부장관의 권한의 일부를 위임·위탁받아 업무를 수행하는 자(2013.3.23 본호개정)

제6장 벌 칙

제36조【벌칙】 ① 국가핵심기술을 외국에서 사용하거나 사용되게 할 목적으로 제14조제1호부터 제3호까지의 어느 하나에 해당하는 행위를 한 자는 3년 이상의 유기징역에 처한다. 이 경우 15억원 이하의 벌금을 병과한다.(2019.8.20 본항신설)

② 산업기술을 외국에서 사용하거나 사용되게 할 목적으로 제14조 각 호(제4호를 제외한다)의 어느 하나에 해당하는 행위를 한 자(제1항에 해당하는 행위를 한 자는 제외한다)는 15년 이하의 징역 또는 15억원 이하의 벌금에 처한다.(2019.8.20 본항개정)

③ 제14조 각 호(제4호·제6호·제6호의2 및 제8호는 제외한다)의 어느 하나에 해당하는 행위를 한 자는 10년 이하의 징역 또는 10억원 이하의 벌금에 처한다.(2019.8.20 본항개정)

<2013.7.25 헌법재판소 위헌결정으로 이 항 중 제14조제1호 가운데 '부정한 방법에 의한 산업기술 취득행위'에 관한 부분은 효력 상실>

④ 제14조제4호 및 제8호의 어느 하나에 해당하는 행위를 한 자는 3년 이하의 징역 또는 3억원 이하의 벌금에 처한다.(2019.8.20 본항개정)

⑤ 제1항부터 제4항까지의 죄를 범한 자가 그 범죄행위로 인하여 얻은 재산은 이를 몰수한다. 다만, 그 전부 또는 일부를 몰수할 수 없는 때에는 그 가액을 추징한다.(2019.8.20 본문개정)

⑥ 제34조의 규정을 위반하여 비밀을 누설하거나 도용한 자는 5년 이하의 징역이나 10년 이하의 자격정지 또는 5천만원 이하의 벌금에 처한다.(2016.3.29 본항개정)

⑦ 제1항부터 제3항까지의 미수범은 처벌한다.(2019.8.20 본항개정)

⑧ 제2항부터 제4항까지의 규정에 따른 징역형과 벌금형은 이를 병과할 수 있다.(2019.8.20 본항개정)

제36조의2【비밀유지명령 위반죄】 ① 국내외에서 정당한 사유 없이 비밀유지명령을 위반한 자는 5년 이하의 징역 또는 5천만원 이하의 벌금에 처한다.

② 제1항의 죄는 비밀유지명령을 신청한 자의 고소가 없으면 공소를 제기할 수 없다.(2019.8.20 본조신설)

제37조【예비·음모】 ① 제36조제1항 또는 제2항의 죄를 범할 목적으로 예비 또는 음모한 자는 3년 이하의 징역 또는 3천만원 이하의 벌금에 처한다.

② 제36조제3항의 죄를 범할 목적으로 예비 또는 음모한 자는 2년 이하의 징역 또는 2천만원 이하의 벌금에 처한다.(2019.8.20 본조개정)

제38조【양벌규정】 법인의 대표자나 법인 또는 개인의 대리인, 사용인, 그 밖의 종업원이 그 법인 또는 개인의 업무에 관하여 제36조제1항부터 제4항까지의 어느 하나에 해당하는 위반행위를 하면 그 행위자를 벌하는 외에 그 법인 또는 개인에게도 해당 조문의 벌금형을 과(科)한다. 다만, 법인 또는 개인이 그 위반행위를 방지하기 위하여 해당 업무에 관하여 상당한 주의와 감독을 게을리하지 아니한 경우에는 그러하지 아니하다.(2019.8.20 본문개정)

제39조【과태료】 ① 다음 각 호의 어느 하나에 해당하는 자는 1천만원 이하의 과태료에 처한다.

1. 제10조제3항을 위반하여 국가핵심기술의 보호조치를 거부·방해 또는 기피한 자(2009.1.30 본호신설)
2. 제15조제1항의 규정에 따른 산업기술 침해신고를 하지 아니한 자
3. 제17조제2항의 규정을 위반하여 관련 자료를 제출하지 아니하거나 허위로 제출한 자

② 제1항의 규정에 따른 과태료는 대통령령이 정하는 바에 따라 산업통상자원부장관이 부과·징수한다.(2013.3.23 본항개정)

③~⑤ (2009.1.30 삭제)

부 칙 (2015.1.28 법13083호)

제1조【시행일】 이 법은 공포 후 3개월이 경과한 날부터 시행한다. 다만, 제2조제4호, 제5조제4항, 제23조제6항의 개정규정은 공포한 날부터 시행한다.

제2조【산업기술보호위원회의 소속 변경 등에 관한 경과조치】 ① 이 법 시행 당시 종전의 제7조제1항에 따른 산업기술보호위원회는 제7조제1항의 개정규정에 따른 산업기술보호위원회로 본다.

② 이 법 시행 당시 종전의 제7조제3항제3호에 따라 위촉된 산업기술보호위원회의 위원은 제7조제3항제3호의 개정규정에 따라 위촉된 산업기술보호위원회의 위원으로 본다. 이 경우 위촉위원의 임기는 남은 기간으로 한다.

부 칙 (2016.3.29)

이 법은 공포 후 3개월이 경과한 날부터 시행한다. 다만, 제28조제3항의 개정규정은 공포한 날부터 시행한다.

부 칙 (2017.3.14)

이 법은 공포 후 6개월이 경과한 날부터 시행한다.

부 칙 (2019.8.20)

제1조【시행일】 이 법은 공포 후 6개월이 경과한 날부터 시행한다.

제2조【손해배상에 관한 적용례】 제22조의2의 개정규정은 이 법 시행 후 최초로 제기되는 산업기술의 유출 및 침해행위에 관한 손해배상청구의 소부터 적용한다.

부 칙 (2020.3.31)

제1조【시행일】 이 법은 공포 후 1년이 경과한 날부터 시행한다.(이하 생략)

부 칙 (2023.1.3)

이 법은 공포 후 3개월이 경과한 날부터 시행한다.

상공회의소법

(2002년 3월 25일 전개법률 제6674호)

개정
2005. 3.31법 7428호(채무자회생파산)
2006.12.28법 8109호
2008. 2.29법 8852호(정부조직)
2010. 4. 5법10229호 2011. 5.24법10709호
2013. 3.23법11690호(정부조직)
2014. 1.21법12293호
2020. 2.18법17007호(권한지방이양)

제1장 총 칙

(2011.5.24 본장개정)

제1조【목적】 이 법은 상공회의소와 대한상공회의소의 설립·운영에 관한 사항을 규정하여 상공업자의 경제적·사회적 지위를 높이고 상공업의 경쟁력을 강화함으로써 국민경제의 발전에 이바지함을 목적으로 한다.

제2조【법인격】 이 법에 따라 설립하는 상공회의소 및 대한상공회의소는 각각 법인으로 한다.

제3조【사업】 상공회의소와 대한상공회의소는 다음 각 호의 사업을 한다.

1. 정부와 지방자치단체 등의 상공업 관련 정책에 관한 자문·건의
2. 상공업에 관한 조사·연구
3. 상공업에 관한 지원 계획의 수립·시행
4. 상공업에 관한 정보·자료의 수집·간행
5. 상공업에 관한 지도·교육 및 거래의 중개·알선
6. 상공업에 관한 증명·검사와 감정(鑑定)
7. 상공업에 관한 기술 및 기능의 보급과 검정(檢定)
8. 대기업 및 중소기업 간의 협조와 조정
9. 상사중재(商事仲裁)와 관련한 국내외 관계 기관과의 협력
10. 상공업을 영위하는 자의 복리 증진
11. 상공업의 진흥을 위한 박람회·전시회 등의 개최·알선
12. 전시장, 연수시설 등 상공업 관련 시설의 설치·운영
13. 경제윤리의 확립과 상도의(商道義)의 앙양
14. 국제통상의 진흥과 국제경제협력
15. 직업능력개발과 교육·훈련
16. 국가와 지방자치단체로부터 위탁받은 사업
17. 그 밖에 제1호부터 제16호까지의 사업에 부대(附帶)되는 사업

제2장 상공회의소

(2011.5.24 본장개정)

제1절 설 립

제4조【설립 목적】 상공회의소는 관할구역의 상공업계를 대표하여 그 권익을 대변하고 회원에게 기술과 정보 등을 제공하여 회원의 경제적·사회적 지위를 높임으로써 상공업의 발전을 꾀함을 목적으로 한다.

제5조【관할구역】 ① 상공회의소는 특별시·광역시·특별자치시·특별자치도·시·군(광역시의 군은 제외한다)의 행정구역을 관할구역으로 하여 설립한다. 다만, 회원이 될 수 있는 자가 적거나 그 밖에 특별한 사정이 있는 경우에는 인접한 둘 이상의 특별시·광역시·특별자치시·시·군(광역시의 군은 제외한다)의 행정구역을 통합하여 설립할 수 있다.(2020.2.18 본항개정)

② 상공회의소는 정관으로 정하는 바에 따라 지회(支會)를 둘 수 있다.

판례 공적인 역무를 수행하고 공적 자금을 지원받는 상공인 단체의 심사기준 : 상공회의소는 상공업자들의 사적인 단체이기는 하나, 상공회의소법에 의하여 규율되고, 단체결성·가입·탈퇴에 상당한 제한이 있는 조직이며 다른 결사와 달리 일정한 공적인 역무를 수행하면서 지방자치단체의 행정지원과 자금지원 등의 혜택을 받고 있는 법인이므로, 제5조 제1항에 의한 결사의 자유 제한이 과잉금지원칙에 위배되는지 판단할 때에는, 순수한 사적인 임의결사에 비해서 완화된 기준을 적용할 수 있다.(헌재결 2006.5.25, 2004헌가1)

제6조【설립인가 등】 ① 상공회의소는 회원 자격이 있는 30인 이상이 발기하고, 발기인을 포함하여 회원 자격이 있는 100인 이상의 동의를 받아 창립총회에서 정관을 작성한 후 특별시장·광역시장·특별자치시장·도지사 또는 특별자치도지사(이하 "시·도지사"라 한다)의 인가를 받아 설립된다. 이 경우 회원 자격이 있는 100인 이상에는 제10조제3항에 따른 회원 50인 이상이 포함되어야 한다.

② 시·도지사는 제1항에 따라 상공회의소의 설립인가 신청을 받았을 때에 설립 절차와 정관의 내용이 법령에 위반되지 아니하는 경우에는 신청일부터 30일 이내에 인가하여야 한다.

(2020.2.18 본조개정)

제7조【정관】 ① 상공회의소의 정관에는 다음 각 호의 사항이 포함되어야 한다.

1. 명칭
2. 관할구역
3. 사무소의 소재지
4. 의원 및 특별의원의 수와 선거에 관한 사항
5. 임원의 수와 선출 및 권한에 관한 사항

6. 회의에 관한 사항
7. 사무 처리에 관한 사항
8. 회비, 사용료 및 수수료에 관한 사항
9. 해산에 관한 사항
② 상공회의소는 제1항제1호·제2호·제4호·제5호·제8호 및 제9호의 사항을 변경하려는 때에는 시·도지사의 인가를 받아야 한다.(2020.2.18 본항개정)
제8조【설립등기 등】 ① 상공회의소는 그 주된 사무소의 소재지에서 설립등기를 함으로써 성립한다.
② 제1항에 따른 설립등기사항은 다음 각 호와 같다.
1. 명칭
2. 관할구역
3. 사무소의 소재지
4. 설립인가 연월일
5. 대표자의 성명 및 주소
③ 제2항 각 호의 사항이 변경된 경우에는 변경된 날부터 3주 이내에 변경등기를 하여야 한다.
제9조【해산】 상공회의소는 다음 각 호의 어느 하나에 해당하는 사유로 해산한다.
1. 의원총회의 의결
2. 파산
3. 합병
4. 정관으로 정한 해산 사유의 발생

제2절 회 원

제10조【회원】 ① 상공업(「소득세법」 제19조제1항제2호부터 제14호까지의 규정에 따른 사업소득을 얻기 위한 행위를 말한다)을 영위하는 자(이하 "상공업자"라 한다)는 그 영업소, 공장 또는 사업장의 소재지를 관할구역으로 하는 상공회의소의 회원이 될 수 있다.
② 상공업과 관련된 업무를 하는 비영리법인 및 단체는 그 사무소의 소재지를 관할구역으로 하는 상공회의소의 특별회원이 될 수 있다.
③ 제1항에도 불구하고 「부가가치세법」 제17조에 따른 매출세액[「부가가치세법」 제11조에 따라 영세율(零稅率)이 적용되거나 같은 법 제12조에 따라 면세되는 재화와 용역의 공급에 대하여는 대통령령으로 정하는 바에 따라 산출한 세액에 상당하는 금액을 매출세액에 합산한다]이 대통령령으로 정하는 기준 이상에 해당하는 상공업자는 당연히 회원이 된다.
④ 제3항에 따른 회원의 대상기준은 물가상승률과 그 밖의 경제상황을 고려하여 3년마다 조정할 수 있다.
제11조【가입】 ① 상공회의소의 회원 또는 특별회원이 되려는 자는 정관으로 정하는 바에 따라 상공회의소에 가입 신청을 하고 상공회의소의 승인을 받음으로써 회원 또는 특별회원이 된다.
② 상공회의소는 회원 또는 특별회원이 될 자격을 가진 자가 상공회의소에 가입하려는 때에는 정당한 사유 없이 거부할 수 없다.
제12조【준회원】 ① 상공업자로서 회원으로 가입하지 아니하고 상공회의소가 하는 사업에 참여하거나 상공회의소가 운영하는 시설을 이용하려는 자는 준회원으로 가입할 수 있다.
② 준회원은 정관으로 정하는 바에 따라 회비를 내야 한다.
③ 준회원은 정관으로 정하는 바에 따라 상공회의소가 하는 사업에 참여하고, 상공회의소가 운영하는 시설을 이용할 수 있다.
제13조【회원 등의 권리】 ① 회원 및 특별회원은 정관으로 정하는 바에 따라 상공회의소가 하는 사업에 참여하고 상공회의소가 운영하는 시설을 이용할 수 있는 권리를 가진다.
② 회원 및 특별회원은 제22조와 정관으로 정하는 바에 따라 의원 및 특별의원의 선거권과 피선거권을 가진다.
제14조【회원 등의 의무】 ① 회원과 특별회원은 상공회의소의 운영 및 사업에 성실히 참여하여야 한다.
② 회원과 특별회원은 산업통상자원부장관이 정하는 금액의 범위에서 정관으로 정하는 바에 따라 회비를 내야 한다.(2020.2.18 본항개정)
③ 상공회의소는 「중소기업협동조합법」에 따른 중소기업협동조합에 가입한 회원이 제10조제3항의 회원에 해당하는 경우에는 대통령령으로 정하는 바에 따라 회비의 일부를 감면할 수 있다.
제15조【탈퇴】 ① 회원과 특별회원은 상공회의소에 탈퇴 의사를 알리고 탈퇴할 수 있다. 다만, 제10조제3항에 따른 회원은 그러하지 아니하다.
② 회원과 특별회원이 다음 각 호의 어느 하나에 해당하는 때에는 당연히 탈퇴된다.
1. 회원과 특별회원의 자격이 없게 된 때
2. 사망하거나 해산한 때
3. 파산한 때
제16조【제명과 권리 제한】 ① 상공회의소는 회원과 특별회원이 다음 각 호의 어느 하나에 해당하는 경우에는 의원총회의 의결을 받아 제명(除名)하거나 정관으로 정하는 바에 따라 권리의 전부 또는 일부를 제한할 수 있다.
1. 회비의 납입의무와 그 밖에 상공회의소에 대한 의무를 정당한 사유 없이 이행하지 아니한 경우
2. 정관에 따라 금지된 행위를 한 경우
② 상공회의소는 제1항에 따라 회원과 특별회원을 제명하려는 경우에는 의원총회 개회일 10일 전에 그 회원과 특별회원에게 제명하려는 사유를 알리고, 의원총회에서 의견을 진술할 기회를 주어야 한다.
③ 제2항에 따른 의견 진술의 기회를 주지 아니하고 한 의원총회의 제명 의결은 제명된 회원 및 특별회원에게 대항하지 못한다.
제17조【회원 대장】 ① 상공회의소는 회원 및 준회원에 대한 회원 대장(臺帳)을 작성하여 갖추어 두고 관리하여야 한다.
② 상공회의소는 회원 대장을 작성하기 위하여 필요하다고 인정하면 회원과 준회원에게 매출액과 제품 등에 관한 자료를 제출하도록 요청할 수 있다. 이 경우 회원과 준회원은 정당한 사유 없이 그 요청을 거부하지 못한다. 다만, 회원과 준회원의 특허·기술이나 그 밖의 영업의 비밀에 관한 사항에 관하여는 그러하지 아니하다.
③ 누구든지 회원 대장의 작성과 관련하여 상공업자의 비밀에 관한 사항을 알게 된 경우 다른 사람에게 누설하거나 도용(盜用)하여서는 아니 된다.

제3절 기 관

제18조【의원총회】 ① 상공회의소에 의원총회를 둔다.
② 의원총회는 의원과 특별의원으로 구성한다.
③ 정기 의원총회는 매년 1회 정관으로 정하는 시기에 연다.
④ 임시 의원총회는 회장이 필요하다고 인정한 경우나 의원 및 특별의원이 재적정원 3분의 1 이상의 동의를 받아 소집의 목적과 그 이유를 적어 요구한 경우에 회장이 소집한다. 이 경우 회장이 정당한 사유 없이 그 요구가 있은 날부터 15일 이내에 의원총회를 소집하지 아니하면 소집을 요구한 의원 및 특별의원의 대표가 소집한다.
⑤ 의원총회의 의장은 회장이 된다. 다만, 회장이 부득이한 사유로 직무를 수행할 수 없을 때에는 부회장 중 미리 회장이 정한 순위에 따라 지정된 자가 의장이 되며, 회장·부회장이 모두 직무를 수행할 수 없을 때에는 출석 의원의 호선(互選)으로 선출된 자가 의장이 된다.
제19조【의원총회의 의결사항】 다음 각 호의 사항은 의원총회의 의결을 받아야 한다.
1. 정관의 변경
2. 회비에 관한 사항
3. 결산의 승인
4. 의원과 특별회원의 선거에 관한 사항
5. 임원의 선출 및 임면(任免) 동의에 관한 사항
6. 의원, 특별의원 및 임원의 해임
7. 해산
8. 회원과 특별회원의 제명
9. 상공회의소의 분할설립 및 합병
10. 그 밖에 정관으로 정하는 중요한 사항
제20조【의원총회의 의사】 ① 의원총회는 의원 및 특별의원 재적정원의 과반수의 출석으로 개의(開議)하고 출석한 자 과반수의 찬성으로 의결한다. 다만, 제19조제1호·제6호·제7호 및 제9호의 사항은 의원 및 특별의원 재적정원의 3분의 2 이상의 출석과 출석한 자 3분의 2 이상의 찬성으로 의결한다.
② 의원 및 특별의원은 서면으로 또는 대리인을 통하여 의결권을 행사할 수 있다. 이 경우 서면을 제출하거나 대리인을 출석하게 한 자는 출석한 것으로 본다.
제21조【의원과 특별의원의 정원】 ① 상공회의소 의원의 정원은 100인 이내의 범위에서 정관으로 정한다.
② 특별의원의 정원은 제1항에 따른 의원 정원의 5분의 1을 넘지 아니하는 범위에서 정관으로 정한다.
제22조【의원의 선거】 ① 의원은 회원 중에서 회원이 선출하고, 특별의원은 특별회원 중에서 특별회원이 선출한다.
② 보궐선거는 의원 또는 특별의원 각 정원의 5분의 1 이상의 결원이 발생한 경우에 실시한다. 다만, 정원의 5분의 1 미만의 결원이 발생한 경우에도 의원총회에서 필요하다고 인정하는 경우에는 정관으로 정하는 바에 따라 보궐선거를 할 수 있다.
③ 제1항에 따른 의원 및 특별의원의 선거와 제2항에 따른 보궐선거의 방법·절차 등에 관한 사항은 정관으로 정한다.
제23조【의원 등의 자격제한】 ① 다음 각 호의 어느 하나에 해당하는 자는 의원과 특별의원이 될 수 없다.
1. 회원이나 특별회원이 아닌 자
2. 피성년후견인(2014.1.21 본호개정)
3. 파산선고를 받고 복권(復權)되지 아니한 자
4. 「채무자 회생 및 파산에 관한 법률」에 따른 회생절차개시의 결정이 있는 자
5. 금고 이상의 실형(實刑)을 선고받고 그 집행이 끝나거나(끝난 것으로 보는 경우를 포함한다) 면제된 날부터 2년이 지나지 아니한 자
6. 금고 이상의 형의 집행유예를 선고받고 그 유예기간 중에 있는 자
7. 의원총회의 의결에 따라 의원, 특별의원 및 임원의 직(職)에서 해임된 자로서 해임된 날부터 3년이 지나지 아니한 자
② 의원과 특별의원에게 제1항의 사유가 발생한 때에는 그 의원 및 특별의원은 면직된다.
제24조【의원의 해임】 ① 의원 및 특별의원은 재적의원 5분의 1 이상의 동의로 의원총회에 의원 및 특별의원의 해임을 요구할 수 있다.
② 의원총회는 해임의 의결을 할 때에는 의원총회 개회일 10일 전에 해당 의원 및 특별의원에게 해임하려는 사유를 알리고, 의원총회에서 의견을 진술할 기회를 주어야 한다.
③ 제2항에 따른 의견 진술의 기회를 주지 아니하고 한 의원총회의 해임 의결은 해임된 의원 및 특별의원에게 대항하지 못한다.
제25조【의원의 임기】 ① 의원 및 특별의원의 임기는 3년으로 한다.
② 보궐의원의 임기는 전임자 임기의 남은 기간으로 한다.
제26조【법인의원의 대표자】 ① 법인으로서 의원이나 특별의원으로 선출된 자(이하 "법인의원"이라 한다)는 그 법인의 임원(영업소, 공장 또는 사업장에 법인의 임원이 없는 경우에는 업무집행을 총괄하는 사람으로 한다) 중에서 대표자를 선정하여 의원 또는 특별의원의 업무를 하게 하여야 한다.
② 다음 각 호의 어느 하나에 해당하는 사람은 제1항에 따른 대표자로 선정될 수 없다.
1. 제23조제1항제2호부터 제7호까지의 자격제한 중 어느 하나에 해당하는 사람
2. 같은 상공회의소의 의원
3. 같은 상공회의소의 다른 법인의원의 대표자
③ 법인의원은 제1항에 따라 대표자를 선정하거나 변경하였을 때에는 지체 없이 상공회의소에 알려야 한다.
제27조【임원】 ① 상공회의소의 임원으로서 회장 1인과 부회장, 상임의원 및 감사를 둔다. 이 경우 임원(회장은 제외한다)의 수는 정관으로 정한다.
② 특별시·광역시·특별자치시·도 또는 특별자치도청 소재지를 관할구역으로 하는 상공회의소는 상근부회장 1인을 둘 수 있다.(2020.2.18 본항개정)
③ 임원은 의원총회에서 호선하되, 회장은 의원 중에서 선출한다. 다만, 상근부회장은 회장이 의원총회의 동의를 받아 임면한다.
④ 임원의 임기는 3년으로 하고, 보궐임원의 임기는 전임자 임기의 남은 기간으로 한다. 다만, 회장은 한 차례만 연임할 수 있으며, 이 경우 보궐로 선출된 회장의 임기는 이에 포함되지 아니한다.
⑤ 상근부회장을 제외한 임원은 비상근으로 한다.
제28조【임원의 당연 퇴임 등】 ① 임원은 다음 각 호의 어느 하나에 해당하는 경우에는 퇴임된다.
1. 제23조제2항에 따라 의원 및 특별의원의 직에서 면직된 경우
2. 법인의원의 대표자로서 그 법인의 임원(영업소, 공장 또는 사업장에 법인의 임원이 없는 경우에는 업무 집행을 총괄하는 사람으로 한다)의 직에서 퇴임하거나 그 법인이 그 대표자를 변경한 경우
② 임원의 해임에 관하여는 의원의 해임에 관한 제24조를 준용한다.
제29조【임원의 직무】 ① 회장은 상공회의소를 대표하고 의사(議事)를 정리하며 회무(會務)를 총괄한다.
② 회장이 부득이한 사유로 직무를 수행할 수 없을 때에는 부회장 중 미리 회장이 정한 순위에 따라 지정된 자가 그 직무를 대행한다.
③ 상근부회장은 회장을 보좌하여 회무를 집행·처리하고, 회장 및 부회장이 모두 부득이한 사유로 직무를 수행할 수 없을 때에는 회무를 대행한다.
④ 감사(監事)는 상공회의소의 업무와 재산 상황을 감사(監査)한다.
제30조【상임의원회】 ① 상공회의소에 상임의원회를 둔다.
② 상임의원회는 회장, 부회장, 상근부회장(제27조제2항에 따라 상근부회장을 두는 경우만 해당한다) 및 상임의원으로 구성한다.
③ 상임의원회는 회장이 필요하다고 인정한 경우나 상임의원회 구성원이 재적정원 3분의 1 이상의 동의를 받아 소집의 목적과 그 이유를 적어 소집을 요구한 경우에 회장이 소집한다.
④ 상임의원회는 재적정원의 과반수의 출석으로 개의하고 출석한 자 과반수의 찬성으로 의결한다.
⑤ 상임의원회의 의장은 회장이 된다. 다만, 회장이 부득이한 사유로 직무를 수행할 수 없을 때에는 부회장(상근부회장은 제외한다) 중 미리 회장이 정한 순위에 따라 지정된 자가 의장이 되고, 회장과 부회장이 모두 직무를 수행할 수 없을 때에는 출석한 상임의원의 호선으로 선출된 자가 의장이 된다.
⑥ 상임의원회의 구성원은 서면으로 의결권을 행사할 수 있다. 이 경우 서면을 제출한 자는 출석한 것으로 본다.
제31조【상임의원회의 의결사항】 다음 각 호의 사항은 상임의원회의 의결을 받아야 한다.
1. 사업계획 및 예산의 수립
2. 사무국의 직제·복무·인사·급여·회계 등에 관한 규정의 제정 및 개정
3. 자금의 차입(借入)에 관한 사항
4. 의원총회의 의결로 위임된 사항
5. 그 밖에 정관으로 정한 사항
제32조【사무국】 ① 상공회의소의 사무를 처리하기 위하여 사무국을 둔다.
② 사무국의 조직 및 직무와 그 밖에 필요한 사항은 정관으로 정한다.

제4절 상공회의소의 분할설립 및 합병

제32조의2【상공회의소의 분할설립】 ① 제5조제1항 단서에 따라 둘 이상의 특별시·광역시·특별자치시·시·군(광역시의 군은 제외한다)의 행정구역을 통합하여 설립한 상공회의소(이하 이 조에서 "통합 상공회의소"라 한다)를 분할하여 하나 또는 둘 이상의 행정구역을 관할 구역으로 하는 상공회의소를 설립할 수 있다.
(2020.2.18 본항개정)
② 제1항에 따라 통합 상공회의소를 분할하여 상공회의소를 설립하려면 통합 상공회의소의 의원총회의 의결을 받아야 한다. 이 경우 통합 상공회의소의 의원총회는 분할하여 설립되는 상공회의소가 승계하여야 하는 권리·의무의 범위를 의결할 수 있다.
③ 통합 상공회의소는 채권자가 제2항에 따른 의결에 이의가 있는 경우 일정한 기일 이내에 이의를 제기할 수 있다는 내용을 1개월 이상 공고하여야 하고, 이미 알고 있는 채권자에게는 개별적으로 이를 최고(催告)하여야 한다.
④ 제3항에 따라 이의를 제기한 채권자가 있는 경우 통합 상공회의소는 그 채권자에게 변제하거나 상당한 담보를 제공하거나 이를 목적으로 하여 상당한 재산을 신탁회사에 신탁하여야 한다.
⑤ 제1항 및 제2항에 따라 분할하여 설립되는 상공회의소는 제6조부터 제8조까지의 규정에서 정한 절차를 거쳐 성립한다.
⑥ 제5항에 따라 분할하여 설립되는 상공회의소가 설립등기를 하면 통합 상공회의소는 3주 이내에 관할구역 변경에 관한 정관변경을 하여 시·도지사의 인가를 받은 후 변경등기를 하여야 한다.(2020.2.18 본항개정)

제32조의3【상공회의소의 합병】 ① 상공회의소가 다른 상공회의소와 합병하려는 경우에는 각 상공회의소 의원총회의 의결을 받아야 한다.
② 제1항에 따라 합병하려는 각 상공회의소는 의원총회에서 설립위원을 선출하여야 한다.
③ 설립위원의 정수는 30인 이상으로 하고, 합병하려는 각 상공회의소의 회원 중에서 같은 수를 선출한다. 다만, 상공회의소 간의 합의로 다르게 정할 수 있다.
④ 제1항에 따라 합병으로 설립하는 상공회의소는 제6조부터 제8조까지의 규정에서 정한 절차를 거쳐 성립한다. 이 경우 제6조 중 "발기인"은 "설립위원"으로 본다.
⑤ 설립위원의 임기는 합병에 따라 성립하는 상공회의소의 최초 의원총회에서 임원이 선출되는 시점까지로 한다.
⑥ 행정구역의 통합으로 하나의 행정구역에 둘 이상의 상공회의소가 존재하게 되는 경우, 각 상공회의소는 행정구역이 통합되는 시점부터 지체 없이 제1항부터 제5항까지의 규정에 따른 합병절차를 진행하여야 하고, 합병으로 성립하는 상공회의소는 1년 이내에 제32조의4제1항에 따른 등기를 하여야 한다.
⑦ 합병하려는 상공회의소의 의결에 대한 이의제기의 공고와 채권자에 대한 최고, 이의를 제기한 채권자에 대한 변제 또는 담보제공 등에 관하여는 제32조의2제3항 및 제4항을 준용한다.

제32조의4【합병의 시기와 효과】 ① 제32조의3에 따른 상공회의소의 합병은 합병으로 성립하는 상공회의소의 주된 사무소 소재지에서 합병을 원인으로 하는 등기를 함으로써 효력을 발생한다.
② 합병 전 각 상공회의소 임원의 임기는 합병에 따라 성립하는 상공회의소의 최초의 의원총회에서 임원이 선출되는 시점에 끝나는 것으로 한다.
③ 합병에 따라 성립한 상공회의소는 합병에 따라 소멸한 상공회의소의 권리와 의무를 승계한다.
④ 상공회의소의 합병 후 등기부와 그 밖의 공부(公簿)에 표시된 소멸한 상공회의소의 명의는 합병에 따라 성립한 상공회의소의 명의로 본다.

제3장 대한상공회의소
(2011.5.24 본장개정)

제1절 설 립

제33조【설립 목적】 대한상공회의소는 회원의 공동이익을 꾀하고 상공업에 관한 회원의 의견과 건의 등을 종합·조정하여 정부와 지방자치단체 등에 이를 건의함으로써 상공업의 경쟁력 강화와 진흥에 기여함을 목적으로 한다.

제34조【설립】 ① 상공회의소는 공동으로 대한상공회의소를 설립한다.
② 대한상공회의소는 5개 이상의 상공회의소가 발기하고, 10개 이상의 상공회의소의 동의를 받아 창립총회에서 정관을 작성한 후 산업통상자원부장관의 인가를 받아 설립된다.(2013.3.23 본항개정)

제35조【정관】 ① 대한상공회의소의 정관에는 다음 각 호의 사항이 포함되어야 한다.
1. 명칭
2. 사무소의 소재지
3. 특별의원의 수와 선거에 관한 사항
4. 임원의 수와 선출 및 권한에 관한 사항
5. 회의에 관한 사항
6. 사무 처리에 관한 사항
7. 회비, 사용료 및 수수료에 관한 사항
② 대한상공회의소는 제1항제2호부터 제4호까지 및 제7호의 사항을 변경하려는 때에는 산업통상자원부장관의 인가를 받아야 한다.(2013.3.23 본항개정)

제36조【설립등기 등】 ① 대한상공회의소는 그 주된 사무소의 소재지에서 설립등기를 함으로써 성립한다.
② 제1항에 따른 설립등기사항은 다음 각 호와 같다.
1. 명칭
2. 사무소의 소재지
3. 설립인가 연월일
4. 대표자의 성명 및 주소
③ 제2항 각 호의 사항이 변경된 경우에는 변경된 날부터 3주 이내에 변경등기를 하여야 한다.

제2절 회 원

제37조【회원】 ① 상공회의소는 대한상공회의소의 정회원(正會員)이 된다.
② 상공업과 관련된 업무를 하는 비영리법인 및 단체의 중앙회 또는 이에 준하는 기관과 업종별 사업자단체는 정관으로 정하는 바에 따라 대한상공회의소의 특별회원이 될 수 있다.

제38조【회비】 ① 정회원과 특별회원은 회비를 내야 한다.
② 정회원의 회비는 소속 회원으로부터 회비로 받은 총액에 100분의 10의 범위에서 정관으로 정하는 비율을 곱한 금액으로 한다.
③ 특별회원의 회비는 정관으로 정하는 금액으로 한다.

제39조【정회원과 특별회원 권리 제한 등에 관한 준용】
① 정회원의 권리 제한에 관하여는 상공회의소 회원 및 특별회원의 권리 제한에 관한 제16조를 준용한다. 이 경우 "회원"은 "정회원"으로 본다.
② 특별회원의 가입, 탈퇴, 제명 및 권리의 제한에 관하여는 상공회의소 회원 및 특별회원의 가입 등에 관한 제11조, 제15조 및 제16조를 준용한다.

제3절 기 관

제40조【의원총회】 ① 대한상공회의소에 의원총회를 둔다.
② 의원총회는 대의원과 특별의원으로 구성한다.
③ 의원총회의 소집절차, 의장 직무대행 및 의사에 관하여는 상공회의소 의원총회에 관한 제18조제3항부터 제5항까지의 규정과 상공회의소 의원총회의 의사에 관한 제20조를 준용한다.

제41조【의원총회의 의결사항】 다음 각 호의 사항은 의원총회의 의결을 받아야 한다.
1. 정관의 변경
2. 회비에 관한 사항
3. 결산의 승인
4. 특별의원의 선거와 임원의 선출에 관한 사항
5. 특별의원과 임원의 해임
6. 해산
7. 특별회원의 제명
8. 그 밖에 정관으로 정하는 중요한 사항

제42조【대의원 및 특별의원】 ① 대의원은 각 상공회의소의 회장으로 한다.
② 특별의원은 제37조제2항에 따른 특별회원 중에서 특별회원이 선출한다. 이 경우 선출방법은 정관으로 정한다.
③ 특별의원의 수는 대의원 정원의 2분의 1을 넘지 아니하는 범위에서 정관으로 정한다.
④ 특별의원의 임기는 3년으로 한다. 다만, 보궐의원의 임기는 전임자 임기의 남은 기간으로 한다.
⑤ 특별의원의 자격제한, 해임, 법인의원의 대표자에 관하여는 상공회의소 의원 등의 자격제한 등에 관한 제23조, 제24조 및 제26조를 준용한다.

제43조【임원】 ① 대한상공회의소의 임원으로서 회장 1명과 부회장, 상임의원 및 감사를 둔다. 이 경우 임원(회장은 제외한다)의 수는 정관으로 정한다.
② 대한상공회의소에 상근부회장 1명을 둔다.
③ 임원은 의원총회에서 호선하되, 회장은 대의원 중에서 선출한다. 다만, 상근부회장은 회장이 의원총회의 동의를 받아 임면한다.
④ 임원의 임기는 3년으로 한다. 다만, 보궐임원의 임기는 전임자 임기의 남은 기간으로 한다.
⑤ 상근부회장을 제외한 임원은 비상근으로 한다.
⑥ 임원의 당연 퇴임 및 해임에 관하여는 상공회의소 임원의 당연 퇴임 등에 관한 제28조를 준용한다.

제44조【임원의 직무】 ① 회장은 대한상공회의소를 대표하고 의사를 정리하며 회무를 총괄한다.
② 회장이 부득이한 사유로 직무를 수행할 수 없을 때에는 부회장 중 미리 회장이 정한 순위에 따라 지정된 자가 그 직무를 대행한다.
③ 상근부회장은 회장을 보좌하여 회무를 집행·처리하고, 회장 및 부회장이 모두 부득이한 사유로 직무를 수행할 수 없을 때에는 회무를 대행한다.
④ 감사는 대한상공회의소의 업무와 재산 상황을 감사한다.

제45조【상임의원회】 ① 대한상공회의소에 상임의원회를 둔다.
② 대한상공회의소 상임의원회의 구성, 소집, 의사 및 의결사항 등에 관하여는 상공회의소 상임의원회 등에 관한 제30조제2항부터 제6항까지 및 제31조를 준용한다.

제46조【사무처】 대한상공회의소의 사무처에 관하여는 상공회의소의 사무국에 관한 제32조를 준용한다. 이 경우 "사무국"은 "사무처"로 본다.

제4장 보 칙
(2011.5.24 본장개정)

제47조【사업계획과 예산】 상공회의소와 대한상공회의소는 매 회계연도의 사업계획서와 예산서를 작성하여 해당 회계연도가 시작되기 1개월 전에 상임의원회의 의결을 받아야 한다. 예산을 변경하려는 때에도 또한 같다.

제48조【결산보고서의 제출 등】 ① 상공회의소와 대한상공회의소의 회장은 정기 의원총회 1주 전까지 결산보고서(사업보고서, 대차대조표, 손익계산서, 잉여금처분안 또는 손실금처리안 등을 말한다)를 감사에게 제출하고, 그 주된 사무소에도 이를 갖추어 두어야 한다.
② 상공회의소 회원 및 특별회원과 대한상공회의소 정회원 및 특별회원은 제1항에 따른 서류를 열람하거나 그 사본의 교부를 청구할 수 있다.
③ 상공회의소 및 대한상공회의소의 회장은 제1항에 따른 서류와 감사의 의견서를 정기의원총회에 제출하여 그 승인을 받아야 한다.

제48조의2【외부 감사인에 의한 회계감사】 ① 직전 회계연도 수입금액이 10억원 이상인 상공회의소 및 대한상공회의소는 회계연도마다 「주식회사의 외부감사에 관한 법률」 제3조에 따른 감사인(이하 이 조에서 "감사인"이라 한다)의 회계감사를 받아야 한다.
② 감사인은 제1항에 따른 회계감사를 상공회의소 또는 대한상공회의소에 대하여 실시하였을 때에는 회계감사보고서를 해당 상공회의소 또는 대한상공회의소의 회장 및 감사에게 제출하여야 한다.

제49조【위법행위에 대한 행정처분】 ① 산업통상자원부장관 또는 시·도지사는 상공회의소 또는 대한상공회의소의 임원이 이 법 또는 정관을 위반하였을 때에는 상공회의소 또는 대한상공회의소에 해당 임원에 대하여 개선(改選)하는 조치를 할 것을 요구할 수 있다.(2020.2.18 본항개정)
② 제1항에 따른 개선 조치의 요구대상자가 된 임원(이하 이 조에서 "개선대상임원"이라 한다)은 개선 조치를 요구받은 날부터 개선 여부가 확정되는 날까지 직무가 정지된다.
③ 상공회의소 또는 대한상공회의소의 회장은 제1항에 따른 개선 조치의 요구가 있는 경우 그 요구가 있은 날부터 15일 이내에 의원총회를 소집하여야 한다. 다만, 상공회의소 또는 대한상공회의소의 회장이 15일 이내에 의원총회를 소집하지 아니하거나 소집할 수 없는 경우 의원 및 특별의원은 재적정원 3분의 1 이상의 동의를 받아 의원총회를 소집할 수 있다.
④ 제3항에 따라 소집된 의원총회에서 의원 및 특별의원 재적정원 3분의 2 이상의 출석과 출석한 자 3분의 2 이상의 찬성으로 개선대상임원에 대한 재신임을 의결하지 아니할 때에는 개선대상임원은 면직된다.
⑤ 제4항의 개선대상임원에 대한 재신임 의결의 경우에는 상공회의소 의원 해임에 관한 제24조제2항 및 제3항을 준용한다.

제50조【지도·감독】 ① 대한상공회의소는 대통령령으로 정하는 바에 따라 상공회의소의 업무와 회계에 관하여 지도·감독한다.
② 대한상공회의소는 대통령령으로 정하는 바에 따라 상공회의소로 하여금 업무와 회계에 관한 보고를 하게 하거나 감사를 받도록 명할 수 있다.

제51조【보고와 검사】 ① 대한상공회의소는 사업계획과 예산을 산업통상자원부장관에게 보고하여야 한다.
② 산업통상자원부장관은 대한상공회의소에 대하여 업무와 회계에 관하여 필요한 자료를 제출하도록 요구하거나 소속 공무원으로 하여금 업무와 회계에 관하여 필요한 사항을 검사하게 할 수 있다.
(2013.3.23 본조개정)

제52조【유사 명칭의 사용 금지】 이 법에 따라 설립된 상공회의소 또는 대한상공회의소가 아니면 "상공회의소", "대한상공회의소" 또는 이와 유사한 명칭을 사용하지 못한다. 다만, 대통령령으로 정하는 바에 따라 산업통상자원부장관의 승인을 받은 경우에는 그러하지 아니하다.(2013.3.23 단서개정)

제53조【사용료와 수수료】 상공회의소 및 대한상공회의소는 제3조에 따른 사업의 수행과 관련하여 그 이용자로부터 정관으로 정하는 바에 따라 사용료와 수수료를 받을 수 있다.

제54조【보조금】 지방자치단체는 상공회의소의 사업에 대하여 예산의 범위에서 보조금을 지급할 수 있다.

제55조【권한의 위임】 이 법에 따른 산업통상자원부장관의 권한은 대통령령으로 정하는 바에 따라 그 일부를 시·도지사에게 위임할 수 있다.(2020.2.18 본조개정)

제55조의2【정치적 중립】 ① 상공회의소와 대한상공회의소는 그 사업을 수행할 때에 정치적 중립을 지켜야 하고, 정치활동을 목적으로 하는 단체의 구성원이 되어서는 아니 된다.

② 상공회의소와 대한상공회의소는 공직선거에 있어서 다음 각 호의 어느 하나에 해당하는 행위를 하여서는 아니 된다.
1. 특정 정당을 지지하는 행위
2. 특정 후보자를 당선시키도록 하는 행위
3. 특정 후보자를 당선되지 아니하도록 하는 행위
4. 그 밖에 정치적 중립을 해치는 행위
제56조【「민법」의 준용】 상공회의소와 대한상공회의소에 관하여 이 법에 규정된 것을 제외하고는 「민법」 중 사단법인에 관한 규정을 준용한다.

제5장 벌 칙
(2011.5.24 본장제목삽입)

제57조【과태료】 ① 유사 명칭의 사용 금지에 관한 제52조를 위반한 자에게는 100만원 이하의 과태료를 부과한다.
② 제1항에 따른 과태료는 산업통상자원부장관 또는 시·도지사가 부과·징수한다.(2020.2.18 본항개정)
(2011.5.24 본조개정)

부 칙

제1조【시행일】 이 법은 2003년 1월 1일부터 시행한다. 다만, 부칙 제4조제2항 및 제3항의 규정은 공포한 날부터 시행한다.
제2조 (2010.4.5 삭제)
제3조【상공회의소 및 대한상공회의소에 관한 경과조치】 이 법 시행 당시 종전의 규정에 의하여 설립된 상공회의소 및 대한상공회의소는 이 법의 개정규정에 의하여 설립된 것으로 본다. 다만, 이 법 시행후 2월 이내에 정관을 변경하여야 한다.
제4조【의원 등에 관한 경과조치】 ① 이 법 시행 당시 종전의 상공회의소 및 대한상공회의소는 이 법 시행일부터 6월 이내에 이 법의 개정규정에 의하여 상공회의소 및 대한상공회의소의 의원·대의원·특별의원 및 임원을 새로이 선출하여야 한다. 이 경우 새로이 선출된 의원·대의원·특별의원 및 임원의 임기는 선출된 날부터 시작한다.
② 이 법 시행 당시 상공회의소의 의원 및 대한상공회의소의 특별의원에 결원이 있는 경우에는 제1항의 규정에 의한 선거에 의하여 새로이 의원 및 특별의원이 각각 선출될 때까지는 보궐선거를 실시하지 아니한다.
③ 제1항의 경우에 종전의 규정에 의하여 선출된 상공회의소 및 대한상공회의소의 의원·대의원·특별의원 및 임원은 새로 의원·대의원·특별의원 및 임원이 선출되기 전까지의 기간 동안 업무를 수행할 수 있다. 다만, 특별의원으로서 개정규정에 의하여 회원 자격이 없는 자의 경우에는 그러하지 아니하다.

부 칙 (2020.2.18)

제1조【시행일】 이 법은 2021년 1월 1일부터 시행한다. 다만, 제19조 중 「상공회의소법」 제5조제1항, 제27조제2항, 제32조의2제1항 및 제55조의 개정규정은 공포한 날부터 시행한다.
제2조【사무이양을 위한 사전조치】 ① 관계 중앙행정기관의 장은 이 법에 따른 중앙행정권한 및 사무의 지방일괄 이양에 필요한 인력 및 재정 소요 사항을 지원하기 위하여 필요한 조치를 마련하여 이 법에 따른 시행일 3개월 전까지 국회 소관 상임위원회에 보고하여야 한다.
② 「지방자치분권 및 지방행정체제개편에 관한 특별법」 제44조에 따른 자치분권위원회는 제1항에 따른 인력 및 재정 소요 사항을 사전에 전문적으로 조사·평가할 수 있다.
제3조【행정처분 등에 관한 일반적 경과조치】 이 법 시행 당시 종전의 규정에 따라 행정기관이 행한 처분 또는 그 밖의 행위는 이 법의 규정에 따라 행정기관이 행한 처분 또는 그 밖의 행위로 보고, 종전의 규정에 따라 행정기관에 대하여 행한 신청·신고, 그 밖의 행위는 이 법의 규정에 따라 행정기관에 대하여 행한 신청·신고, 그 밖의 행위로 본다.
제4조【다른 법률의 개정】 ※(해당 법령에 가제정리 하였음)

유통산업발전법

(2003년 7월 30일
전개법률 제6959호)

개정
2004. 1.20법 7100호(화물자동차운수사업법)
2004. 9.23법 7219호(과학기술분야정부출연연구기관등의설립·운영및육성에관한법)
2005. 3.31법 7428호(채무자회생파산)
2005. 8. 4법 7678호(산림자원조성관리)
2005.12.23법 7756호
2006. 4.28법 7943호(영화및비디오물의진흥에관한법)
2006. 9.27법 7995호(초지법)
2007. 4.11법 8349호(체육시설의설치·이용에관한법)
2007. 4.11법 8351호(농어촌정비)
2007. 4.11법 8352호(농지)
2007. 4.11법 8354호(축산법)
2007. 4.11법 8365호(약사)
2007. 4.11법 8370호(수도법)
2007. 4.11법 8371호(폐기물관리법)
2007. 4.27법 8387호(통계법)
2007. 5.17법 8466호(수질수생태계보전)
2007. 8. 3법 8617호(물류정책기본법)
2007. 8. 3법 8635호(자본시장금융투자업)
2007.12.27법 8820호(공유수면매립법)
2008. 2.29법 8852호(정부조직)
2008. 3.21법 8976호(도로법)
2008. 3.21법 8979호(화물자동차운수사업법)
2008.12.26법 9242호
2009. 2. 6법 9432호(식품위생)
2009. 4. 1법 9584호(산업발전법)
2009. 4. 1법 9585호
2009. 6. 9법 9758호(농어촌정비)
2009. 6. 9법 9774호(측량·수로지적)
2010. 4.15법10272호(공유수면관리및매립에관한법)
2010. 5.25법10310호(축산물위생관리법)
2010. 5.31법10331호(산지관리법)
2010.11.24법10398호
2011. 4.14법10599호(국토이용)
2011. 6.30법10813호 2012. 1.17법11175호
2012. 6. 1법11461호(전자문서및전자거래기본법)
2013. 1.23법11626호
2013. 3.23법11690호(정부조직)
2014. 1.14법12248호(도로법)
2014. 3.18법12443호
2014. 6. 3법12738호(공간정보구축관리)
2015. 2. 3법13152호
2015. 7.24법13426호(제주자치법)
2015.11.20법13510호
2016. 1. 6법13726호(옥외광고물등의관리와옥외광고산업진흥에관한법)
2016. 1. 6법13739호 2016. 1.27법13855호
2016.12.27법14480호(농어촌정비)
2017. 1.17법14532호(물환경보전법)
2017. 7.26법14839호(정부조직)
2017.10.31법14997호
2020. 1.29법16902호(항만법)
2020.10.20법17534호
2020.12.29법17761호(주류면허등에관한법)
2021. 7.20법18310호(공간정보구축관리)
2022.12.27법19117호(산림자원조성관리)

제1장 총 칙
(2013.1.23 본장개정)

제1조【목적】 이 법은 유통산업의 효율적인 진흥과 균형 있는 발전을 꾀하고, 건전한 상거래질서를 세움으로써 소비자를 보호하고 국민경제의 발전에 이바지함을 목적으로 한다.
제2조【정의】 이 법에서 사용하는 용어의 뜻은 다음과 같다.
1. "유통산업"이란 농산물·임산물·축산물·수산물(가공물 및 조리물을 포함한다) 및 공산품의 도매·소매 및 이를 경영하기 위한 보관·배송·포장과 이와 관련된 정보·용역의 제공 등을 목적으로 하는 산업을 말한다.
2. "매장"이란 상품의 판매와 이를 지원하는 용역의 제공에 직접 사용되는 장소를 말한다. 이 경우 매장에 포함되는 용역의 제공 장소의 범위는 대통령령으로 정한다.
3. "대규모점포"란 다음 각 목의 요건을 모두 갖춘 매장을 보유한 점포의 집단으로서 별표에 규정된 것을 말한다.
가. 하나 또는 대통령령으로 정하는 둘 이상의 연접되어 있는 건물 안에 하나 또는 여러 개로 나누어 설치되는 매장일 것
나. 상시 운영되는 매장일 것
다. 매장면적의 합계가 3천제곱미터 이상일 것
4. "준대규모점포"란 다음 각 목의 어느 하나에 해당하는 점포로서 대통령령으로 정하는 것을 말한다.
가. 대규모점포를 경영하는 회사 또는 그 계열회사(「독점규제 및 공정거래에 관한 법률」에 따른 계열회사를 말한다)가 직영하는 점포
나. 「독점규제 및 공정거래에 관한 법률」에 따른 상호출자제한기업집단의 계열회사가 직영하는 점포
다. 가목 및 나목의 회사 또는 계열회사가 제6호가목에 따른 직영점형 체인사업 및 같은 호 나목에 따른 프랜차이즈형 체인사업의 형태로 운영하는 점포
<이 호 중 준대규모점포와 관련된 부분은 2025.11.23까지 유효>
5. "임시시장"이란 다수(多數)의 수요자와 공급자가 일정한 기간 동안 상품을 매매하거나 용역을 제공하는 일정한 장소를 말한다.
6. "체인사업"이란 같은 업종의 여러 소매점포를 직영(자기가 소유하거나 임차한 매장에서 자기의 책임과 계산하에 직접 매장을 운영하는 것을 말한다. 이하 같다)하거나 같은 업종의 여러 소매점포에 대하여 계속적으로 경영을 지도하고 상품·원재료 또는 용역을 공급하는 다음 각 목의 어느 하나에 해당하는 사업을 말한다.
가. 직영점형 체인사업
체인본부가 주로 소매점포를 직영하되, 가맹계약을 체결한 일부 소매점포(이하 이 호에서 "가맹점"이라 한다)에 대하여 상품의 공급 및 경영지도를 계속하는 형태의 체인사업
나. 프랜차이즈형 체인사업
독자적인 상품 또는 판매·경영 기법을 개발한 체인본부가 상호·판매방법·매장운영 및 광고방법 등을 결정하고, 가맹점으로 하여금 그 결정과 지도에 따라 운영하도록 하는 형태의 체인사업
다. 임의가맹점형 체인사업
체인본부의 계속적인 경영지도 및 체인본부와 가맹점 간의 협업에 의하여 가맹점의 취급품목·영업방식 등의 표준화사업과 공동구매·공동판매·공동시설활용 등 공동사업을 수행하는 형태의 체인사업
라. 조합형 체인사업
같은 업종의 소매점들이 「중소기업협동조합법」 제3조에 따른 중소기업협동조합, 「협동조합 기본법」 제15조에 따른 협동조합, 같은 법 제71조에 따른 협동조합연합회, 같은 법 제85조에 따른 사회적협동조합 또는 같은 법 제114조에 따른 사회적협동조합연합회를 설립하여 공동구매·공동판매·공동시설활용 등 사업을 수행하는 형태의 체인사업
(2015.2.3 본목개정)
7. "상점가"란 일정 범위의 가로(街路) 또는 지하도에 대통령령으로 정하는 수 이상의 도매점포·소매점포 또는 용역점포가 밀집하여 있는 지구를 말한다.
8. "전문상가단지"란 같은 업종을 경영하는 여러 도매업자 또는 소매업자가 일정 지역에 점포 및 부대시설 등을 집단으로 설치하여 만든 상가단지를 말한다.
9. "무점포판매"란 상시 운영되는 매장을 가진 점포를 두지 아니하고 상품을 판매하는 것으로서 산업통상자원부령으로 정하는 것을 말한다.(2013.3.23 본호개정)
10. "유통표준코드"란 상품·상품포장·포장용기 또는 운반용기의 표면에 표준화된 체계에 따라 표기된 숫자와 바코드 등으로서 산업통상자원부령으로 정하는 것을 말한다.(2013.3.23 본호개정)
11. "유통표준전자문서"란 「전자문서 및 전자거래 기본법」 제2조제1호에 따른 전자문서 중 유통부문에 관하여 표준화되어 있는 것으로서 산업통상자원부령으로 정하는 것을 말한다.(2013.3.23 본호개정)
12. "판매시점 정보관리시스템"이란 상품을 판매할 때 활용하는 시스템으로서 광학적 자동판독방식에 따라 상품의 판매·매입 또는 배송 등에 관한 정보가 수록된 것을 말한다.
13. "물류설비"란 화물의 수송·포장·하역·운반과 이를 관리하는 물류정보처리활동에 사용되는 물품·기계·장치 등의 설비를 말한다.
14. "도매배송서비스"란 집배송시설을 이용하여 자기의 계산으로 매입한 상품을 도매하거나 위탁받은 상품을 「화물자동차 운수사업법」 제3조 및 제29조에 따른 허가를 받은 자가 수수료를 받고 도매점포 또는 소매점포에 공급하는 것을 말한다.
15. "집배송시설"이란 상품의 주문처리·재고관리·수송·보관·하역·포장·가공 등 집하(集荷) 및 배송에 관한 활동과 이를 유기적으로 조정하거나 지원하는 정보처리활동에 사용되는 기계·장치 등의 일련의 시설을 말한다.
16. "공동집배송센터"란 여러 유통사업자 또는 제조업자가 공동으로 사용할 수 있도록 집배송시설 및 부대업무시설이 설치되어 있는 지역 및 시설물을 말한다.
제3조【유통산업시책의 기본방향】 정부는 제1조의 목적을 달성하기 위하여 다음 각 호의 시책을 마련하여야 한다.
1. 유통구조의 선진화 및 유통기능의 효율화 촉진
2. 유통산업에서의 소비자 편익의 증진
3. 유통산업의 지역별 균형발전의 도모
4. 유통산업의 종류별 균형발전의 도모
5. 중소유통기업(유통산업을 경영하는 자로서 「중소기업기본법」 제2조에 따른 중소기업자에 해당하는 자를 말한다. 이하 같다)의 구조개선 및 경쟁력 강화
6. 유통산업의 국제경쟁력 제고
7. 유통산업에서의 건전한 상거래질서의 확립 및 공정한 경쟁여건의 조성
8. 그 밖에 유통산업의 발전을 촉진하기 위하여 필요한 사항
제4조【적용 배제】 다음 각 호의 시장·사업장 및 매장에 대하여는 이 법을 적용하지 아니한다.
1. 「농수산물 유통 및 가격안정에 관한 법률」 제2조제2호·제5호·제6호 및 제12호에 따른 농수산물도매시장·농수산물공판장·민영농수산물도매시장 및 농수산물종합유통센터(2015.11.20 본호개정)
2. 「축산법」 제34조에 따른 가축시장

제2장　유통산업발전계획 등
(2013.1.23 본장개정)

제5조【기본계획의 수립·시행 등】 ① 산업통상자원부장관은 유통산업의 발전을 위하여 5년마다 유통산업발전기본계획(이하 "기본계획"이라 한다)을 관계 중앙행정기관의 장과의 협의를 거쳐 세우고 시행하여야 한다.
(2013.3.23 본항개정)
② 기본계획에는 다음 각 호의 사항이 포함되어야 한다.
1. 유통산업 발전의 기본방향
2. 유통산업의 국내외 여건 변화 전망
3. 유통산업의 현황 및 평가
4. 유통산업의 지역별·종류별 발전 방안
5. 산업별·지역별 유통기능의 효율화·고도화 방안
6. 유통전문인력·부지 및 시설 등의 수급(需給) 변화에 대한 전망
7. 중소유통기업의 구조개선 및 경쟁력 강화 방안
8. 대규모점포와 중소유통기업 및 중소제조업체 사이의 건전한 상거래질서의 유지 방안
9. 그 밖에 유통산업의 규제완화 및 제도개선 등 유통산업의 발전을 촉진하기 위하여 필요한 사항
③ 산업통상자원부장관은 기본계획을 세우기 위하여 필요하다고 인정하는 경우에는 관계 중앙행정기관의 장에게 필요한 자료를 요청할 수 있다. 이 경우 자료를 요청받은 관계 중앙행정기관의 장은 특별한 사정이 없으면 요청에 따라야 한다.(2013.3.23 전단개정)
④ 산업통상자원부장관은 기본계획을 특별시장·광역시장·특별자치시장·도지사·특별자치도지사(이하 "시·도지사"라 한다)에게 알려야 한다.(2013.3.23 본항개정)

제6조【시행계획의 수립·시행 등】 ① 산업통상자원부장관은 기본계획에 따라 매년 유통산업발전시행계획(이하 "시행계획"이라 한다)을 관계 중앙행정기관의 장과의 협의를 거쳐 세워야 한다.
② 산업통상자원부장관은 시행계획을 세우기 위하여 필요하다고 인정하는 경우에는 관계 중앙행정기관의 장에게 필요한 자료를 요청할 수 있다. 이 경우 자료를 요청받은 관계 중앙행정기관의 장은 특별한 사정이 없으면 요청에 따라야 한다.
③ 산업통상자원부장관 및 관계 중앙행정기관의 장은 시행계획 중 소관 사항을 시행하고 이에 필요한 재원을 확보하기 위하여 노력하여야 한다.
④ 산업통상자원부장관은 시행계획을 시·도지사에게 알려야 한다.
(2013.3.23 본조개정)

제7조【지방자치단체의 사업시행 등】 ① 시·도지사는 기본계획 및 시행계획에 따라 다음 각 호의 사항을 포함하는 지역별 시행계획을 세우고 시행하여야 한다. 이 경우 시·도지사(특별자치시장은 제외한다)는 미리 시장(「제주특별자치도 설치 및 국제자유도시 조성을 위한 특별법」 제11조제1항에 따른 행정시장을 포함한다. 이하 같다)·군수·구청장(자치구의 구청장을 말한다. 이하 같다)의 의견을 들어야 한다.(2015.7.24 후단개정)
1. 지역유통산업 발전의 기본방향
2. 지역유통산업의 여건 변화 전망
3. 지역유통산업의 현황 및 평가
4. 지역유통산업의 종류별 발전 방안
5. 지역유통기능의 효율화·고도화 방안
6. 유통전문인력·부지 및 시설 등의 수급 방안
7. 지역중소유통기업의 구조개선 및 경쟁력 강화 방안
8. 그 밖에 지역유통산업의 규제완화 및 제도개선 등 지역유통산업의 발전을 촉진하기 위하여 필요한 사항
② 관계 중앙행정기관의 장은 유통산업의 발전을 위하여 필요하다고 인정하는 경우에는 시·도지사 또는 시장·군수·구청장에게 시행계획의 시행에 필요한 조치를 할 것을 요청할 수 있다.

제7조의2～제7조의3 (2009.4.1 삭제)

제7조의4【유통산업의 실태조사】 ① 산업통상자원부장관은 기본계획 및 시행계획 등을 효율적으로 수립·추진하기 위하여 유통산업에 대한 실태조사를 할 수 있다.
(2013.3.23 본항개정)
② 산업통상자원부장관은 유통산업의 실태조사를 위하여 필요하다고 인정하는 경우에는 관계 중앙행정기관의 장, 지방자치단체의 장, 공공기관의 장, 유통사업자 및 관련 단체 등에게 필요한 자료를 요청할 수 있다. 이 경우 자료를 요청받은 관계 중앙행정기관의 장 등은 특별한 사정이 없으면 요청에 따라야 한다.(2013.3.23 전단개정)
③ 유통산업의 실태조사를 위한 범위 등 필요한 사항은 대통령령으로 정한다.

제7조의5【유통업상생발전협의회】 ① 대규모점포 및 준대규모점포(이하 "대규모점포등"이라 한다)와 지역중소유통기업의 균형발전을 협의하기 위하여 특별자치시장·시장·군수·구청장 소속으로 유통업상생발전협의회(이하 "협의회"라 한다)를 둔다.
② 협의회의 구성 및 운영 등에 필요한 사항은 산업통상자원부령으로 정한다.(2013.3.23 본항개정)
(2013.1.23 본조신설)

제3장　대규모점포 등
(2013.1.23 본장개정)

제8조【대규모점포등의 개설등록 및 변경등록】 ① 대규모점포를 개설하거나 제13조의3에 따른 전통상업보존구역에 준대규모점포를 개설하려는 자는 영업을 시작하기 전에 산업통상자원부령으로 정하는 바에 따라 상권영향평가서 및 지역협력계획서를 첨부하여 특별자치시장·시장·군수·구청장에게 등록하여야 한다. 등록한 내용을 변경하려는 경우에도 또한 같다.(2013.3.23 전단개정)
<이 호 중 준대규모점포와 관련된 부분은 2025.11.23까지 유효>
② 특별자치시장·시장·군수·구청장은 제1항에 따라 제출받은 상권영향평가서 및 지역협력계획서가 미진하다고 판단하는 경우에는 제출받은 날부터 대통령령으로 정하는 기간 내에 그 사유를 명시하여 보완을 요청할 수 있다.
<이 호 중 준대규모점포와 관련된 부분은 2025.11.23까지 유효>
③ 특별자치시장·시장·군수·구청장은 제1항에 따라 개설등록 또는 변경등록〔점포의 소재지를 변경하거나 매장면적이 개설등록(매장면적을 변경등록한 경우에는 변경등록) 당시의 매장면적보다 10분의 1이상 증가하는 경우로 한정한다〕을 하려는 대규모점포등의 위치가 제13조의3에 따른 전통상업보존구역에 있을 때에는 등록을 제한하거나 조건을 붙일 수 있다.(2014.3.18 본항개정)
<2025.11.23까지 유효>
④ 제3항에 따른 등록 제한 및 조건에 관한 세부 사항은 해당 지방자치단체의 조례로 정한다.
<2025.11.23까지 유효>
⑤ 특별자치시장·시장·군수·구청장은 개설등록 또는 변경등록하려는 점포의 소재지로부터 산업통상자원부령으로 정하는 거리 이내의 범위 일부가 인접 특별자치시·시·군·구(자치구를 말한다. 이하 같다)에 속하여 있는 경우 인접지역의 특별자치시장·시장·군수·구청장에게 개설등록 또는 변경등록을 신청 받은 사실을 통보하여야 한다.(2016.1.6 본항신설)
⑥ 제5항에 따라 신청 사실을 통보받은 인접지역의 특별자치시장·시장·군수·구청장은 신청 사실을 통보받은 날로부터 20일 이내에 개설등록 또는 변경등록에 대한 의견을 제시할 수 있다.(2016.1.6 본항신설)
⑦ 특별자치시장·시장·군수·구청장은 제1항에 따라 제출받은 상권영향평가서 및 지역협력계획서를 검토하는 경우 협의회의 의견을 청취하여야 하며, 필요한 때에는 대통령령으로 정하는 전문기관에 이에 대한 조사를 하게 할 수 있다.(2016.1.6 본항신설)

제8조의2【지역협력계획서의 내용 및 이행실적 평가·점검】 ① 제8조에 따른 지역협력계획서에는 지역 중소유통기업과의 상생협력, 지역 고용 활성화 등의 사항을 포함할 수 있다.
② 특별자치시장·시장·군수·구청장은 지역협력계획서의 이행실적을 점검하고, 이행실적이 미흡하다고 판단되는 경우에는 개선을 권고할 수 있다.
(2016.1.6 본조신설)

제8조의3【대규모점포등의 개설계획 예고】 대규모점포를 개설하려는 자는 영업을 개시하기 60일 전까지, 준대규모점포를 개설하려는 자는 영업을 시작하기 30일 전까지 산업통상자원부령으로 정하는 바에 따라 개설 지역 및 시기 등을 포함한 개설계획을 예고하여야 한다.
(2016.1.6 본조개정)

제9조【허가등의 의제 등】 ① 제8조에 따라 대규모점포등을 등록하는 경우 다음 각 호의 신고·지정·등록 또는 허가(이하 이 조에서 "허가등"이라 한다)에 관하여 특별자치시장·시장·군수·구청장이 제3항에 따라 다른 행정기관의 장과 협의를 한 사항에 대하여는 해당 허가등을 받은 것으로 본다.
1. 「영화 및 비디오물의 진흥에 관한 법률」에 따른 비디오물제작업·비디오물배급업, 「게임산업진흥에 관한 법률」에 따른 게임제작업·게임배급업·게임제공업 또는 「음악산업진흥에 관한 법률」에 따른 음반·음악영상물제작업 및 음반·음악영상물배급업의 신고 또는 등록
2. 「담배사업법」 제16조제1항에 따른 소매인의 지정
3. 「식품위생법」 제37조제1항 또는 제4항에 따른 식품의 제조업·가공업·판매업 또는 식품접객업의 허가 또는 신고로서 대통령령으로 정하는 것
4. 「식품위생법」 제88조제1항에 따른 집단급식소 설치·운영의 신고
5. 「관광진흥법」 제5조제4항에 따른 유원시설업(遊園施設業)의 신고
6. 「평생교육법」 제35조제2항 전단에 따른 평생교육시설 설치의 신고
7. 「체육시설의 설치·이용에 관한 법률」 제20조에 따른 체육시설업의 신고
8. 「전자상거래 등에서의 소비자보호에 관한 법률」 제12조제1항에 따른 통신판매업자의 신고
9. 「공연법」 제9조제1항에 따른 공연장의 등록
10. 「옥외광고물 등의 관리와 옥외광고산업 진흥에 관한 법률」 제3조에 따른 광고물 또는 게시시설의 허가 또는 신고(2016.1.6 본호개정)
11. 「외국환거래법」 제8조에 따른 외국환업무의 등록
12. 「주류 면허 등에 관한 법률」 제9조에 따른 주류 판매업면허 승계의 신고(2020.12.29 본호개정)
13. 「축산물 위생관리법」 제24조에 따른 축산물판매업의 신고(2015.11.20 본호개정)
14. 「물환경보전법」 제33조에 따른 배출시설 설치의 허가 또는 신고(2017.1.17 본호개정)
15. 「폐기물관리법」 제17조제2항에 따른 사업장폐기물 배출자의 신고
16. 「약사법」 제20조에 따른 약국 개설의 등록
17. 「의료기사 등에 관한 법률」 제12조에 따른 안경업소 개설의 등록
② 허가등의 의제(擬制)를 받으려는 자는 대규모점포등의 개설등록 신청 시에 허가등에 필요한 서류를 함께 제출하여야 한다.
③ 특별자치시장·시장·군수·구청장은 대규모점포등의 등록신청 서류와 제2항에 따른 서류를 받은 경우에 제1항 각 호의 어느 하나에 해당하는 사항이 다른 행정기관의 권한에 속하는 경우에는 미리 그 다른 행정기관의 장과 협의하여야 한다.

제10조【등록의 결격사유】 다음 각 호의 어느 하나에 해당하는 자는 대규모점포등의 등록을 할 수 없다.
1. 피성년후견인 또는 미성년자(2015.11.20 본호개정)
2. 파산선고를 받고 복권되지 아니한 자
3. 이 법을 위반하여 징역의 실형을 선고받고 그 집행이 끝나거나(집행이 끝난 것으로 보는 경우를 포함한다) 집행이 면제된 날부터 1년이 지나지 아니한 사람
4. 이 법을 위반하여 징역형의 집행유예선고를 받고 그 유예기간 중에 있는 사람
5. 제11조제1항에 따라 등록이 취소(이 조 제1호 또는 제2호에 해당하여 등록이 취소된 경우는 제외한다)된 후 1년이 지나지 아니한 자(2015.11.20 본호개정)
6. 대표자가 제1호부터 제5호까지의 어느 하나에 해당하는 법인

제11조【등록의 취소 등】 ① 특별자치시장·시장·군수·구청장은 제8조에 따라 대규모점포등의 개설등록을 한 자(이하 "대규모점포등개설자"라 한다)가 다음 각 호의 어느 하나에 해당하는 경우에는 그 등록을 취소하여야 한다. 이 경우 특별자치시장·시장·군수·구청장은 제9조제1항 각 호의 어느 하나에 해당하는 사항과 관련되는 행정기관의 장에게 등록의 취소에 관한 사항을 지체 없이 알려야 한다.
1. 대규모점포등개설자가 정당한 사유 없이 1년 이내에 영업을 시작하지 아니한 경우. 이 경우 대규모점포등의 건축에 정상적으로 소요되는 기간은 산입(算入)하지 아니한다.
2. 대규모점포등의 영업을 정당한 사유 없이 1년 이상 계속하여 휴업한 경우
3. 제10조 각 호의 어느 하나에 해당하게 된 경우
4. 제8조제3항에 따른 조건을 이행하지 아니한 경우
② 다음 각 호의 어느 하나에 해당하는 경우에는 제10조제6호에 해당하게 된 날 또는 상속을 개시한 날부터 6개월이 지난 날까지는 제1항을 적용하지 아니한다.
1. 법인이 제10조제6호에 해당하게 된 경우
2. 대규모점포등개설자의 지위를 승계한 상속인이 제10조제1호부터 제5호까지의 어느 하나에 해당하는 경우

제12조【대규모점포등개설자의 업무 등】 ① 대규모점포등개설자는 다음 각 호의 업무를 수행한다.
1. 상거래질서의 확립
2. 소비자의 안전유지와 소비자 및 인근 지역주민의 피해·불만의 신속한 처리
3. 그 밖에 대규모점포등을 유지·관리하기 위하여 필요한 업무
② 매장이 분양된 대규모점포 및 등록 준대규모점포에서는 다음 각 호의 어느 하나에 해당하는 자(이하 "대규모점포등관리자"라 한다)가 제1항 각 호의 업무를 수행한다.(2017.10.31 본문개정)
1. 매장면적의 2분의 1 이상을 직영하는 자가 있는 경우에는 그 직영하는 자
2. 매장면적의 2분의 1 이상을 직영하는 자가 없는 경우에는 다음 각 목의 어느 하나에 해당하는 자
가. 해당 대규모점포 또는 등록 준대규모점포에 입점(入店)하여 영업을 하는 상인(이하 "입점상인"이라 한다) 3분의 2 이상이 동의(동의를 얻은 입점상인이 운영하는 매장면적의 합은 전체 매장면적의 2분의 1 이상이어야 한다. 이하 이 장에서 같다)하여 설립한 「민법」 또는 「상법」에 따른 법인(2017.10.31 본목개정)
나. 입점상인 3분의 2 이상이 동의하여 설립한 「중소기업협동조합법」 제3조제1항제1호에 따른 협동조합(이하 "협동조합"이라 한다) 또는 같은 항 제2호에 따른 사업협동조합(이하 "사업조합"이라 한다)
다. 입점상인 3분의 2 이상이 동의하여 조직한 자치관리단체. 이 경우 6개월 이내에 가목 또는 나목에 따른 법인·협동조합 또는 사업조합의 자격을 갖추어야 한다.

라. 가목부터 다목까지의 어느 하나에 해당하는 자가 없는 경우에는 입점상인 2분의 1 이상이 동의하여 지정하는 자. 이 경우 6개월 이내에 가목 또는 나목에 따른 법인·협동조합 또는 사업조합을 설립하여야 한다.

③ 대규모점포등관리자는 산업통상자원부령으로 정하는 바에 따라 특별자치시장·시장·군수·구청장에게 신고를 하여야 한다. 신고한 사항을 변경하려는 경우에도 또한 같다.(2017.10.31 전단개정)

④ 매장이 분양된 대규모점포 및 등록 준대규모점포에서는 제1항 각 호의 업무 중 구분소유(區分所有)와 관련된 사항에 대하여는 「집합건물의 소유 및 관리에 관한 법률」에 따른다.

⑤ 제2항에 따른 입점상인의 동의자 수 산정방법과 그 밖에 필요한 사항은 대통령령으로 정한다.(2017.10.31 본항신설)

제12조의2【대규모점포등에 대한 영업시간의 제한 등】 ① 특별자치시장·시장·군수·구청장은 건전한 유통질서 확립, 근로자의 건강권 및 대규모점포등과 중소유통업의 상생발전(相生發展)을 위하여 필요하다고 인정하는 경우 대형마트(대규모점포에 개설된 점포로서 대형마트의 요건을 갖춘 점포를 포함한다)와 준대규모점포에 대하여 다음 각 호의 영업시간 제한을 명하거나 의무휴업일을 지정하여 의무휴업을 명할 수 있다. 다만, 연간 총매출액 중 「농수산물 유통 및 가격안정에 관한 법률」에 따른 농수산물의 매출액 비중이 55퍼센트 이상인 대규모점포등으로서 해당 지방자치단체의 조례로 정하는 대규모점포등에 대하여는 그러하지 아니하다.

1. 영업시간 제한
2. 의무휴업일 지정

② 특별자치시장·시장·군수·구청장은 제1항제1호에 따라 오전 0시부터 오전 10시까지의 범위에서 영업시간을 제한할 수 있다.

③ 특별자치시장·시장·군수·구청장은 제1항제2호에 따라 매월 이틀을 의무휴업일로 지정하여야 한다. 이 경우 의무휴업일은 공휴일 중에서 지정하되, 이해당사자와 합의를 거쳐 공휴일이 아닌 날을 의무휴업일로 지정할 수 있다.

④ 제1항부터 제3항까지의 규정에 따른 영업시간 제한 및 의무휴업일 지정에 필요한 사항은 해당 지방자치단체의 조례로 정한다.

판례 구의회에서 구청장이 유통산업발전법에 의한 대규모점포 및 준대규모점포에 대하여 영업시간 제한 및 의무휴업을 명하도록 하는 내용의 조례를 의결함에 따라 구청장이 대형마트 등을 운영하는 갑 주식회사 등에 조례가 공포되어 시행될 것이니 이를 준수하라는 내용의 통지를 한 사안에서, 유통산업발전법이 시장·군수·구청장에게 대형마트 등의 영업시간 제한 및 의무휴업을 명할 수 있도록 하면서 필요성 판단과 시행 여부 및 범위설정에 대한 재량권을 부여하고 있음에도 조례가 특별한 부가요건도 없이 유통산업발전법에 따른 대형마트 등에 대한 영업시간 제한 및 의무휴업 범위의 최대치를 의무적으로 명하도록 구청장에게 강제하는 것은 시장·군수·구청장에게 대형마트 등의 영업시간 제한 및 의무휴업의 시행과 관련한 판단의 여지 내지 재량권을 부여함으로써 공익상 필요와 충분한 형량을 할 수 있도록 한 유통산업발전법의 취지에 반하여 지방자치단체장에게 부여된 판단재량을 박탈하는 것이고, 헌법상 보장된 영업의 자유 등을 제한하는 것으로서 당사자에게 의무를 과하거나 권익을 제한하는 처분을 하면서 행정절차법 제21조 제1항, 제22조 제3항에 따른 당사자에 대한 처분의 사전통지 및 의견제출의 기회 부여 등의 절차를 거치지 않았다는 이유로 위법하다.(서울행정법원 2012.6.22, 2012구합11676)

제12조의3【대규모점포등의 관리비 등】 ① 대규모점포등관리자는 대규모점포등을 유지·관리하기 위한 관리비를 입점상인에게 청구·수령하고 그 금원을 관리할 수 있다.

② 제1항에 따른 관리비의 내용 등에 필요한 사항은 대통령령으로 정한다.

③ 대규모점포등관리자는 입점상인이 납부하는 대통령령으로 정하는 사용료 등을 입점상인을 대행하여 그 사용료 등을 받을 자에게 납부할 수 있다.

④ 대규모점포등관리자는 다음 각 호의 내역(항목별 산출내역을 말하며, 매장별 부과내역은 제외한다)을 대통령령으로 정하는 바에 따라 해당 대규모점포등의 인터넷 홈페이지(인터넷 홈페이지가 없는 경우에는 해당 대규모점포등의 관리사무소나 게시판 등을 말한다. 이하 같다)에 공개하여야 한다.

1. 제1항에 따른 관리비
2. 제3항에 따른 사용료 등
3. 그 밖에 대통령령으로 정하는 사항

⑤ 대규모점포등관리자가 대규모점포등의 유지·관리를 위하여 위탁관리, 공사 또는 용역 등을 위한 계약을 체결하는 경우 계약의 성질 및 규모 등을 고려하여 대통령령으로 정하는 경우를 제외하고는 대통령령으로 정하는 입찰방식으로 계약을 체결하여야 한다.

⑥ 대규모점포등관리자는 제5항의 계약을 체결하는 경우에 계약체결일부터 1개월 이내에 그 계약서를 해당 대규모점포등의 인터넷 홈페이지에 공개하여야 한다. 이 경우 제12조의4제3항제1호의 정보는 제외하고 공개하여야 한다.
(2017.10.31 본조신설)

제12조의4【회계서류의 작성·보관】 ① 대규모점포등관리자는 제12조의3제4항 각 호의 금전을 입점상인에게 청구·수령하거나 그 금원을 관리하는 행위 등 모든 거래행위에 관하여 장부를 월별로 작성하여 그 증빙서류와 함께 해당 회계연도 종료일부터 5년간 보관하여야 한다.

② 대규모점포등관리자가 제12조제2항제1호에 해당하는 경우에는 대규모점포등관리자의 고유재산과 분리하여 제1항의 회계처리를 하여야 한다.

③ 대규모점포등관리자는 입점상인이 제1항에 따른 장부나 증빙서류, 그 밖에 대통령령으로 정하는 정보의 열람을 요구하거나 자기의 비용으로 복사를 요구하는 때에는 다음 각 호의 정보는 제외하고 이에 응하여야 한다. 이 경우 관리규정에서 열람과 복사를 위한 방법 등 필요한 사항을 정할 수 있다.

1. 「개인정보 보호법」 제24조에 따른 고유식별정보 등 개인의 사생활의 비밀 또는 자유를 침해할 우려가 있는 정보
2. 의사결정과정 또는 내부검토과정에 있는 사항 등으로서 공개될 경우 업무의 공정한 수행에 현저한 지장을 초래할 우려가 있는 정보

(2017.10.31 본조신설)

제12조의5【대규모점포등관리자의 회계감사】 ① 대규모점포등관리자는 대통령령으로 정하는 바에 따라 「주식회사의 외부감사에 관한 법률」 제3조제1항에 따른 감사인(이하 이 조에서 "감사인"이라 한다)의 회계감사를 매년 1회 이상 받아야 한다. 다만 입점상인의 3분의 2 이상이 서면으로 회계감사를 받지 아니하는 데 동의한 연도에는 회계감사를 받지 아니할 수 있다.

② 대규모점포등관리자는 제1항에 따른 회계감사결과를 제출받은 날부터 1개월 이내에 대규모점포등의 인터넷 홈페이지에 그 결과를 공개하여야 한다.

③ 대규모점포등관리자는 특별자치시장·시장·군수·구청장 또는 「공인회계사법」 제41조에 따른 한국공인회계사회에 감사인의 추천을 의뢰할 수 있다.

④ 제1항에 따라 회계감사를 받는 대규모점포등관리자는 다음 각 호의 어느 하나에 해당하는 행위를 하여서는 아니 된다.

1. 정당한 사유 없이 감사인의 자료 열람·등사·제출 요구 또는 조사를 거부·방해·기피하는 행위
2. 감사인에게 거짓 자료를 제출하는 등 부정한 방법으로 회계감사를 방해하는 행위

(2017.10.31 본조신설)

제12조의6【관리규정】 ① 대규모점포등관리자는 대규모점포등의 관리 또는 사용에 관하여 입점상인의 3분의 2 이상의 동의를 얻어 관리규정을 제정하여야 하며 관리규정에 따라 대규모점포등을 관리하여야 한다.

② 관리규정을 제정·개정하는 방법 등에 필요한 사항은 대통령령으로 정한다.

③ 대규모점포등관리자는 입점상인이 제1항에 따른 관리규정의 열람이나 복사를 요구하는 때에는 이에 응하여야 한다.

④ 시·도지사는 이 법을 적용받는 대규모점포등의 효율적이고 공정한 관리를 위하여 대통령령으로 정하는 바에 따라 표준관리규정을 마련하여 보급하여야 한다.
(2017.10.31 본조신설)

제13조【대규모점포등개설자의 지위승계】 ① 다음 각 호의 어느 하나에 해당하는 자는 종전의 대규모점포등개설자의 지위를 승계한다.

1. 대규모점포등개설자가 사망한 경우 그 상속인
2. 대규모점포등개설자가 대규모점포등을 양도한 경우 그 양수인
3. 법인인 대규모점포등개설자가 다른 법인과 합병한 경우 합병 후 존속하는 법인이나 합병으로 설립되는 법인

② 제1항에 따라 지위를 승계한 자에 대하여는 제10조를 준용한다.

제13조의2【대규모점포등의 휴업·폐업 신고】 대규모점포등개설자(제12조제3항에 따라 신고한 자를 포함한다)가 대규모점포등을 휴업하거나 폐업하려는 경우에는 산업통상자원부령으로 정하는 바에 따라 특별자치시장·시장·군수·구청장에게 신고를 하여야 한다.(2013.3.23 본조개정)

제13조의3【전통상업보존구역의 지정】 ① 특별자치시장·시장·군수·구청장은 지역 유통산업의 전통과 역사를 보존하기 위하여 「전통시장 및 상점가 육성을 위한 특별법」에 따른 전통시장이나 중소벤처기업부장관이 정하는 전통상점가(이하 "전통상점가"이라 한다)의 경계로부터 1킬로미터 이내의 범위에서 해당 지방자치단체의 조례로 정하는 지역을 전통상업보존구역으로 지정할 수 있다.(2017.7.26 본항개정)

② 제1항에 따라 전통상업보존구역을 지정하려는 특별자치시장·시장·군수·구청장은 관할구역 전통시장등의 경계로부터 1킬로미터 이내의 범위 일부가 인접 특별자치시·시·군·구에 속해 있는 경우에는 인접지역의 특별자치시장·시장·군수·구청장에게 해당 지역을 전통상업보존구역으로 지정할 것을 요청할 수 있다.
(2016.1.6 본항개정)

③ 제2항에 따라 요청을 받은 인접지역의 특별자치시장·시장·군수·구청장은 요청한 특별자치시장·시장·군수·구청장과 협의하여 해당 지역을 전통상업보존구역으로 지정하여야 한다.

④ 제1항부터 제3항까지에 따른 전통상업보존구역의 범위, 지정 절차 및 지정 취소 등에 관하여 필요한 사항은 해당 지방자치단체의 조례로 정한다.
<2025.11.23까지 유효>

제13조의4【영업정지】 특별자치시장·시장·군수·구청장은 다음 각 호의 어느 하나에 해당하는 경우에는 1개월 이내의 기간을 정하여 영업의 정지를 명할 수 있다.

1. 제12조의2제1항제1호에 따른 명령을 1년 이내에 3회 이상 위반하여 영업제한시간에 영업을 한 자 또는 같은 항 제2호에 따른 명령을 1년 이내에 3회 이상 위반하여 의무휴업일에 영업을 한 자. 이 경우 제12조의2제1항제1호에 따른 명령 위반과 같은 항 제2호에 따른 명령 위반의 횟수는 합산한다.
2. 이 조에 따른 영업정지 명령을 위반하여 영업정지기간 중 영업을 한 자

(2013.1.23 본조신설)

제14조【임시시장의 개설 등】 ① 임시시장의 개설방법·시설기준과 그 밖에 임시시장의 운영·관리에 관한 사항은 특별자치시·시·군·구의 조례로 정한다.

② 지방자치단체의 장은 임시시장의 활성화를 위하여 임시시장을 체계적으로 육성·지원하여야 한다.

제4장 유통산업의 경쟁력 강화
(2013.1.23 본장개정)

제15조【분야별 발전시책】 ① 산업통상자원부장관은 유통산업의 경쟁력을 강화하기 위하여 다음 각 호의 시책을 수립·시행할 수 있다.(2013.3.23 본문개정)

1. 체인사업의 발전시책
2. 무점포판매업의 발전시책
3. 그 밖에 유통산업의 분야별 경쟁력 강화를 위하여 필요한 시책

② 제1항 각 호의 시책에는 다음 각 호의 사항이 포함되어야 한다.

1. 국내외 사업현황
2. 산업별·유형별 발전전략에 관한 사항
3. 유통산업에 대한 인식의 제고에 관한 사항
4. 전문인력의 양성에 관한 사항
5. 관련 정보의 원활한 유통에 관한 사항
6. 그 밖에 유통산업의 분야별 발전 또는 경쟁력 강화를 위하여 필요한 사항

③ 정부는 재래시장의 활성화에 필요한 시책을 수립·시행하여야 하고, 정부 또는 지방자치단체의 장은 이에 필요한 행정적·재정적 지원을 할 수 있다.

④ 정부 또는 지방자치단체의 장은 다음 각 호의 사항이 포함된 중소유통기업의 구조개선 및 경쟁력 강화에 필요한 시책을 수립·시행할 수 있고, 이에 필요한 행정적·재정적 지원을 할 수 있다.

1. 중소유통기업의 창업을 지원하기 위한 사항
2. 중소유통기업에 대한 자금·경영·정보·기술·인력의 지원에 관한 사항
3. 선진유통기법의 도입·보급 등을 위한 중소유통기업자의 교육·연수의 지원에 관한 사항
4. 제17조의2제1항에 따른 중소유통공동도매물류센터의 설립·운영 등 중소유통기업의 공동협력사업 지원에 관한 사항
5. 그 밖에 중소유통기업의 구조개선을 촉진하기 위하여 필요하다고 인정되는 사항으로서 대통령령으로 정하는 사항

제16조【체인사업자의 경영개선사항 등】 ① 체인사업자는 직영하거나 체인에 가입되어 있는 점포(이하 "체인점포"라 한다)의 경영을 개선하기 위하여 다음 각 호의 사항을 추진하여야 한다.

1. 체인점포의 시설 현대화
2. 체인점포에 대한 원재료·상품 또는 용역 등의 원활한 공급
3. 체인점포에 대한 점포관리·품질관리·판매촉진 등 경영활동 및 영업활동에 관한 지도
4. 체인점포 종사자에 대한 유통교육·훈련의 실시
5. 체인사업자와 체인점포 간의 유통정보시스템의 구축
6. 집배송시설의 설치 및 공동물류사업의 추진
7. 공동브랜드 또는 자기부착상표의 개발·보급
8. 유통관리사의 고용 촉진
9. 그 밖에 중소벤처기업부장관이 체인사업의 경영개선을 위하여 필요하다고 인정하는 사항(2017.7.26 본호개정)

② 산업통상자원부장관·중소벤처기업부장관 또는 지방자치단체의 장은 체인사업자 또는 체인사업자단체가 제1항 각 호의 사업을 추진하는 경우에는 예산의 범위에서 필요한 자금 등을 지원할 수 있다.(2017.7.26 본항개정)

제17조 (2015.11.20 삭제)

제17조의2【중소유통공동도매물류센터에 대한 지원】 ① 산업통상자원부장관, 중소벤처기업부장관 또는 지방자치단체의 장은 「중소기업기본법」 제2조에 따른 중소기업자 중 대통령령으로 정하는 소매업자 50인 또는 도매업자 10인 이상의 자(이하 이 조에서 "중소유통기업자단체"라 한다)가 공동으로 중소유통기업의 경쟁력 향상을 위하여 다음 각 호의 사업을 하는 물류센터(이하 "중소유통공동도매물류센터"라 한다)를 건립하거나 운영하는 경

우에는 필요한 행정적·재정적 지원을 할 수 있다.
(2017.7.26 본문개정)
1. 상품의 보관·배송·포장 등 공동물류사업
2. 상품의 전시
3. 유통·물류정보시스템을 이용한 정보의 수집·가공·제공
4. 중소유통공동도매물류센터를 이용하는 중소유통기업의 서비스능력 향상을 위한 교육 및 연수
5. 그 밖에 중소유통공동도매물류센터 운영의 고도화를 위하여 산업통상자원부장관이 필요하다고 인정하여 공정거래위원회와 협의를 거친 사업(2013.3.23 본호개정)
② 지방자치단체의 장은 중소유통공동도매물류센터를 건립하여 다음 각 호의 단체 또는 법인에 그 운영을 위탁할 수 있다.
1. 중소유통기업자단체
2. 중소유통공동도매물류센터를 운영하기 위하여 지방자치단체와 중소유통기업자단체가 출자하여 설립한 법인
③ 제2항에 따라 지방자치단체가 중소유통공동도매물류센터를 건립하여 운영을 위탁하는 경우에는 운영주체와 협의하여 해당 중소유통공동도매물류센터의 매출액의 1천분의 5 이내에서 시설 및 장비의 이용료를 징수하여 시설물 및 장비의 유지·관리 등에 드는 비용에 충당할 수 있다.
④ 중소유통공동도매물류센터의 건립, 운영 및 관리 등에 필요한 사항은 중소벤처기업부장관이 정하여 고시한다.
(2017.7.26 본항개정)
제18조【상점가진흥조합】 ① 상점가에서 도매업·소매업·용역업이나 그 밖의 영업을 하는 자는 해당 상점가의 진흥을 위하여 상점가진흥조합을 결성할 수 있다.
② 상점가진흥조합의 조합원이 될 수 있는 자는 제1항의 자로서 「중소기업기본법」 제2조에 따른 중소기업자에 해당하는 자로 한다.
③ 상점가진흥조합은 제2항에 따른 조합원의 자격이 있는 자의 3분의 2 이상의 동의를 받아 결성한다. 다만, 조합원의 자격이 있는 자 중 같은 업종을 경영하는 자가 2분의 1 이상인 경우에는 그 같은 업종을 경영하는 자의 5분의 3 이상의 동의를 받아 결성할 수 있다.
④ 상점가진흥조합은 협동조합 또는 사업조합으로 설립한다.
⑤ 상점가진흥조합의 구역은 다른 상점가진흥조합의 구역과 중복되어서는 아니 된다.
제19조【상점가진흥조합에 대한 지원】 지방자치단체의 장은 상점가진흥조합이 다음 각 호의 사업을 하는 경우에는 예산의 범위에서 필요한 자금을 지원할 수 있다.
1. 점포시설의 표준화 및 현대화
2. 상품의 매매·보관·수송·검사 등을 위한 공동시설의 설치
3. 주차장·휴게소 등 공공시설의 설치
4. 조합원의 판매촉진을 위한 공동사업
5. 가격표시 등 상거래질서의 확립
6. 조합원과 그 종사자의 자질향상을 위한 연수사업 및 정보제공
7. 그 밖에 지방자치단체의 장이 상점가 진흥을 위하여 필요하다고 인정하는 사업
제20조【전문상가단지 건립의 지원 등】 ① 산업통상자원부장관, 관계 중앙행정기관의 장 또는 지방자치단체의 장은 다음 각 호의 어느 하나에 해당하는 자가 전문상가단지를 세우려는 경우에는 필요한 행정적·재정적 지원을 할 수 있다.
1. 도매업자 또는 소매업자로 구성되는 「중소기업협동조합법」 제3조제1항제1호부터 제4호까지에 규정된 협동조합·사업협동조합·협동조합연합회 또는 중소기업중앙회로서 산업통상자원부령으로 정하는 기준에 해당하는 자
2. 제1호에 해당하는 자와 신탁계약을 체결한 「자본시장과 금융투자업에 관한 법률」에 따른 신탁업자로서 자본금 또는 연간 매출액이 산업통상자원부령으로 정하는 금액 이상인 자
② 제1항에 따른 지원을 받으려는 자는 전문상가단지 조성사업계획을 작성하여 산업통상자원부장관, 관계 중앙행정기관의 장 또는 지방자치단체의 장에게 제출하여야 한다.
(2013.3.23 본조개정)

제5장 유통산업발전기반의 조성
(2013.1.23 본장개정)

제21조【유통정보화시책 등】 ① 산업통상자원부장관은 유통정보화의 촉진 및 유통부문의 전자거래기반을 넓히기 위하여 다음 각 호의 사항이 포함된 유통정보화시책을 세우고 시행하여야 한다.(2013.3.23 본문개정)
1. 유통표준코드의 보급
2. 유통표준전자문서의 보급
3. 판매시점 정보관리시스템의 보급
4. 점포관리의 효율화를 위한 재고관리시스템·매장관리시스템 등의 보급
5. 상품의 전자적 거래를 위한 전자장터 등의 시스템의 구축 및 보급
6. 다수의 유통·물류기업 간 기업정보시스템의 연동을 위한 시스템의 구축 및 보급
7. 유통·물류의 효율적 관리를 위한 무선주파수 인식시스템의 적용 및 실용화 촉진
8. 유통정보 또는 유통정보시스템의 표준화 촉진
9. 그 밖에 유통정보화를 촉진하기 위하여 필요하다고 인정되는 사항
② 산업통상자원부장관은 유통정보화에 관한 시책을 세우기 위하여 필요하다고 인정하는 경우에는 과학기술정보통신부장관에게 유통정보화서비스를 제공하는 전기통신사업자에 관한 자료를 요청할 수 있다.(2017.7.26 본항개정)
③ 산업통상자원부장관은 유통사업자·제조업자 또는 유통 관련 단체가 제1항 각 호의 사업을 추진하는 경우에는 예산의 범위에서 필요한 자금을 지원할 수 있다.
(2013.3.23 본항개정)
제22조【유통표준전자문서 및 유통정보의 보안 등】 ① 누구든지 유통표준전자문서를 위작 또는 변작하거나 위작 또는 변작된 전자문서를 사용하거나 유통시켜서는 아니 된다.
② 유통정보화서비스를 제공하는 자는 유통표준전자문서 또는 컴퓨터 등 정보처리조직의 파일에 기록된 유통정보를 공개하여서는 아니 된다. 다만, 국가의 안전보장에 위해(危害)가 없고 타인의 비밀을 침해할 우려가 없는 정보로서 대통령령으로 정하는 것은 그러하지 아니하다.
③ 유통정보화서비스를 제공하는 자는 유통표준전자문서를 대통령령으로 정하는 기간 동안 보관하여야 한다.
제23조【유통전문인력의 양성】 ① 산업통상자원부장관 또는 중소벤처기업부장관은 유통전문인력을 양성하기 위하여 다음 각 호의 사업을 할 수 있다.(2017.7.26 본문개정)
1. 유통산업에 종사하는 사람의 자질 향상을 위한 교육·연수
2. 유통산업에 종사하려는 사람의 취업·재취업 또는 창업의 촉진을 위한 교육·연수
3. 선진유통기법의 개발·보급
4. 그 밖에 유통전문인력을 양성하기 위하여 필요하다고 인정되는 사업
② 산업통상자원부장관 또는 중소벤처기업부장관은 다음 각 호의 기관이 제1항 각 호의 사업을 하는 경우에는 예산의 범위에서 그 사업에 필요한 경비의 전부 또는 일부를 지원할 수 있다.(2017.7.26 본문개정)
1. 「정부출연연구기관 등의 설립·운영 및 육성에 관한 법률」 또는 「과학기술분야 정부출연연구기관 등의 설립·운영 및 육성에 관한 법률」에 따른 정부출연연구기관
2. 「고등교육법」 제2조제1호에 따른 대학 또는 같은 법 제29조에 따른 대학원
3. 유통연수기관
③ 제2항제3호의 "유통연수기관"이란 다음 각 호의 어느 하나에 해당하는 기관을 말한다.
1. 「상공회의소법」 제34조에 따른 대한상공회의소(이하 "대한상공회의소"라 한다)
2. 「산업발전법」 제32조에 따른 한국생산성본부
3. 유통인력 양성을 위한 대통령령으로 정하는 시설·인력 및 연수 실적의 기준에 적합한 법인으로서 산업통상자원부장관이 지정하는 기관(2013.3.23 본호개정)
④ 제3항제3호에 따른 유통연수기관(이하 "지정유통연수기관"이라 한다)의 지정절차 등에 관하여 필요한 사항은 산업통상자원부령으로 정한다.(2013.3.23 본항개정)
⑤ 산업통상자원부장관은 지정유통연수기관이 제1호에 해당하는 경우에는 그 지정을 취소하여야 하고, 제2호에 해당하는 경우에는 그 지정을 취소하거나 3개월 이내의 기간을 정하여 지정의 효력을 정지할 수 있다.
(2013.3.23 본문개정)
1. 거짓이나 그 밖의 부정한 방법으로 지정받은 경우
2. 제3항제3호에 따른 지정기준에 적합하지 아니한 경우
⑥ 지정유통연수기관이 해산되는 경우 해당 기관의 장은 산업통상자원부령으로 정하는 바에 따라 산업통상자원부장관에게 통보하여야 한다.(2013.3.23 본항개정)
제24조【유통관리사】 ① 유통관리사는 다음 각 호의 직무를 수행한다.
1. 유통경영·관리 기법의 향상
2. 유통경영·관리와 관련한 계획·조사·연구
3. 유통경영·관리와 관련한 진단·평가
4. 유통경영·관리와 관련한 상담·자문
5. 그 밖에 유통경영·관리에 필요한 사항
② 유통관리사가 되려는 사람은 산업통상자원부장관이 실시하는 유통관리사 자격시험에 합격하여야 한다.
(2013.3.23 본항개정)
③ 유통관리사의 등급, 유통관리사 자격시험의 실시방법·응시자격·시험과목 및 시험과목의 면제나 시험점수의 가산, 자격증의 발급 등에 필요한 사항은 대통령령으로 정한다.
④ 산업통상자원부장관 또는 지방자치단체의 장은 유통관리사를 고용한 유통사업자 및 유통사업자단체에 대하여 다른 유통사업자 및 사업자단체에 우선하여 자금 등을 지원할 수 있다.(2013.3.23 본항개정)
⑤ 산업통상자원부장관은 거짓이나 그 밖의 부정한 방법으로 유통관리사의 자격을 취득한 사람에 대하여 그 자격을 취소하여야 한다.(2016.1.27 본항개정)
⑥ 산업통상자원부장관은 다른 사람에게 유통관리사의 명의를 사용하게 하거나 자격증을 빌려준 사람에 대하여 대통령령으로 정하는 바에 따라 6개월 이내의 기간을 정하여 자격을 정지할 수 있다.(2016.1.27 본항신설)
⑦ 제5항에 따라 유통관리사의 자격이 취소된 사람은 취소일부터 3년간 유통관리사 자격시험에 응시할 수 없다.
제25조【유통산업의 국제화 촉진】 산업통상자원부장관은 유통사업자 또는 유통사업자단체가 다음 각 호의 사업을 추진하는 경우에는 예산의 범위에서 필요한 경비의 전부 또는 일부를 지원할 수 있다.(2013.3.23 본문개정)
1. 유통 관련 정보·기술·인력의 국제교류
2. 유통 관련 국제 표준화·공동조사·연구·기술 협력
3. 유통 관련 국제학술대회·국제박람회 등의 개최
4. 해외유통시장의 조사·분석 및 수집정보의 체계적인 유통
5. 해외유통시장에 공동으로 진출하기 위한 공동구매·공동판매망의 구축 등 공동협력사업
6. 그 밖에 유통산업의 국제화를 위하여 필요하다고 인정되는 사업

제6장 유통기능의 효율화
(2013.1.23 본장개정)

제26조【유통기능 효율화 시책】 ① 산업통상자원부장관은 유통기능을 효율화하기 위하여 다음 각 호의 사항에 관한 시책을 마련하여야 한다.(2013.3.23 본문개정)
1. 물류표준화의 촉진
2. 물류정보화 기반의 확충
3. 물류공동화의 촉진
4. 물류기능의 외부 위탁 촉진
5. 물류기술·기법의 고도화 및 선진화
6. 집배송시설 및 공동집배송센터의 확충 및 효율적 배치
7. 그 밖에 유통기능의 효율화를 촉진하기 위하여 필요하다고 인정되는 사항
② 산업통상자원부장관은 제1항제5호에 따른 물류기술·기법의 고도화 및 선진화를 위하여 다음 각 호의 사업을 할 수 있다.(2013.3.23 본문개정)
1. 국내외 물류기술 수준의 조사
2. 물류기술·기법의 연구개발 및 개발된 물류기술·기법의 활용
3. 물류에 관한 기술협력·기술지도 및 기술이전
4. 그 밖에 물류기술·기법의 개발 및 그 수준의 향상을 위하여 필요하다고 인정되는 사업
③ 산업통상자원부장관은 유통사업자·제조업자·물류사업자 또는 관련 단체가 제1항 및 제2항 각 호의 사업을 하는 경우에는 산업통상자원부령으로 정하는 바에 따라 예산의 범위에서 필요한 자금을 지원할 수 있다.
(2013.3.23 본항개정)
제27조~제28조 (2015.11.20 삭제)
제29조【공동집배송센터의 지정 등】 ① 산업통상자원부장관은 물류공동화를 촉진하기 위하여 필요한 경우에는 시·도지사의 추천을 받아 부지 면적, 시설 면적 및 유통시설로의 접근성 등 산업통상자원부령으로 정하는 요건에 해당하는 지역 및 시설물을 공동집배송센터로 지정할 수 있다.(2015.11.20 본항개정)
② 제1항에 따른 공동집배송센터의 지정을 받으려는 자는 산업통상자원부령으로 정하는 바에 따라 공동집배송센터의 조성·운영에 관한 사업계획을 첨부하여 시·도지사에게 공동집배송센터 지정 추천을 신청하여야 한다.
③ 제2항에 따라 추천 신청을 받은 시·도지사는 그 사업의 타당성 등을 검토한 결과 해당 지역 집배송체계의 효율화를 위하여 필요하다고 인정하는 경우에는 추천 사유서와 산업통상자원부령으로 정하는 서류를 산업통상자원부장관에게 제출하여야 한다.
④ 제1항에 따라 지정받은 공동집배송센터를 조성·운영하려는 자(이하 "공동집배송센터사업자"라 한다)는 지정받은 사항 중 산업통상자원부령으로 정하는 중요 사항을 변경하려면 산업통상자원부장관의 변경지정을 받아야 한다.
⑤ 산업통상자원부장관은 공동집배송센터를 지정하거나 변경지정하려면 미리 관계 중앙행정기관의 장과 협의하여야 한다.
⑥ 산업통상자원부장관은 제1항에 따라 공동집배송센터를 지정하였을 때에는 산업통상자원부령으로 정하는 바에 따라 고시하여야 한다.
⑦ 공동집배송센터사업자는 산업통상자원부령으로 정하는 시설기준 및 운영기준에 따라 공동집배송센터를 설치하고 운영하여야 한다.
(2013.3.23 본조개정)
제30조【인·허가등의 의제】 ① 제29조제1항에 따라 공동집배송센터를 지정하는 경우 다음 각 호의 허가·신고·승인·인가·협의·해제·지정 및 심사(이하 이 조

에서 "인·허가등"이라 한다)에 관하여 산업통상자원부장관이 제2항에 따라 다른 행정기관의 장과 협의한 결과 동의를 받은 사항에 대하여는 해당 인·허가등을 받은 것으로 본다.(2013.3.23 본문개정)

1. 「농지법」 제34조제1항에 따른 농지의 전용허가
2. 「산지관리법」 제14조·제15조에 따른 산지전용허가 및 산지전용신고, 같은 법 제15조의2에 따른 산지일시사용허가·신고, 「산림자원의 조성 및 관리에 관한 법률」 제36조제1항·제5항에 따른 입목벌채등의 허가·신고 및 「산림보호법」 제9조제2항제1호·제2호에 따른 입목·죽의 벌채, 임산물의 굴취·채취, 가축의 방목, 그 밖에 토지의 형질을 변경하는 행위의 허가·신고(2022.12.27 본호개정)
3. 「초지법」 제23조제2항 및 제3항에 따른 초지의 전용허가 또는 신고
4. 「공유수면 관리 및 매립에 관한 법률」 제8조에 따른 공유수면의 점용·사용 허가, 같은 법 제35조에 따른 국가 등이 시행하는 매립의 협의 또는 승인 및 같은 법 제38조에 따른 공유수면매립실시계획의 승인
5. 「하천법」 제30조제1항에 따른 하천공사의 허가 및 같은 법 제33조제1항에 따른 하천의 점용허가
6. 「도로법」 제36조에 따른 도로공사 시행의 허가 및 같은 법 제61조제1항에 따른 도로의 점용허가(도로굴착을 수반하는 경우는 제외한다)(2014.1.14 본호개정)
7. 「사도법」 제4조에 따른 사도의 개설·개축·증축 또는 변경의 허가
8. 「수도법」 제17조제1항에 따른 일반수도사업의 인가, 같은 법 제49조에 따른 공업용수도사업의 인가, 같은 법 제52조제1항에 따른 전용상수도의 인가 및 같은 법 제54조에 따른 전용공업용수도의 인가
9. 「하수도법」 제16조제1항에 따른 공공하수도공사 시행의 허가
10. 「농어촌정비법」 제23조제1항에 따른 농업생산기반시설의 사용허가(2016.12.27 본호개정)
11. 「항만법」 제9조제2항에 따른 항만개발사업 시행의 허가 및 같은 법 제10조제2항에 따른 항만개발사업실시계획의 승인(2020.1.29 본호개정)
12. 「사방사업법」 제14조제1항에 따른 입목·죽의 벌채, 토석·나무뿌리 또는 풀뿌리의 채취, 가축의 방목, 그 밖에 사방시설을 훼손·변경하거나 토지의 형질을 변경하는 행위의 허가 및 같은 법 제20조제1항에 따른 사방지의 지정해제
13. 「국토의 계획 및 이용에 관한 법률」 제56조제1항에 따른 개발행위의 허가 및 같은 법 제86조에 따른 도시·군계획시설사업의 시행자 지정
14. 「장사 등에 관한 법률」 제27조제1항에 따른 개장의 허가
15. 「공간정보의 구축 및 관리 등에 관한 법률」 제15조제4항에 따른 지도등의 간행 심사(2021.7.20 본호개정)

② 산업통상자원부장관은 제29조에 따라 공동집배송센터를 지정하려는 경우 그 지정 내용에 제1항 각 호의 어느 하나에 해당하는 사항이 포함되어 있을 때에는 관계 행정기관의 장과 협의하여야 한다. 이 경우 관계 행정기관의 장은 산업통상자원부장관의 협의 요청을 받은 날부터 대통령령으로 정하는 기간 이내에 의견을 제출하여야 한다.(2013.3.23 본항개정)

제31조【공동집배송센터의 지원】 ① 산업통상자원부장관은 제29조제1항에 따라 지정받은 공동집배송센터의 조성에 필요한 자금 등을 지원할 수 있다.
② (2015.11.20 삭제)
③ 산업통상자원부장관은 공동집배송센터의 조성을 위하여 필요하다고 인정하는 경우에는 부지의 확보, 도시·군계획의 변경 또는 도시·군계획시설의 설치 등에 관하여 시·도지사에게 협조를 요청할 수 있다.
(2013.3.23 본조개정)

제32조【공동집배송센터의 신탁개발】 ① 공동집배송센터사업자는 「자본시장과 금융투자업에 관한 법률」에 따른 신탁업자와 신탁계약을 체결하여 공동집배송센터를 신탁개발할 수 있다.
② 제1항에 따라 신탁계약을 체결한 신탁업자는 공동집배송센터사업자의 지위를 승계한다. 이 경우 공동집배송센터사업자는 계약체결일부터 14일 이내에 신탁계약서 사본을 산업통상자원부장관에게 제출하여야 한다.
(2013.3.23 후단개정)

제33조【시정명령 및 지정취소】 ① 산업통상자원부장관은 제29조제1항 및 제7항에 따른 공동집배송센터의 지정요건 및 시설·운영 기준에 미달하는 경우에는 산업통상자원부령으로 정하는 바에 따라 공동집배송센터사업자에 대하여 시정명령을 할 수 있다.(2013.3.23 본항개정)
② 산업통상자원부장관은 다음 각 호의 어느 하나에 해당하는 경우에는 공동집배송센터의 지정을 취소할 수 있다. 다만, 제1호에 해당하는 경우에는 그 지정을 취소하여야 한다.(2013.3.23 본문개정)

1. 거짓이나 그 밖의 부정한 방법으로 공동집배송센터의 지정을 받은 경우
2. 공동집배송센터의 지정을 받은 날부터 정당한 사유 없이 3년 이내에 시공을 하지 아니하는 경우
3. 제1항에 따른 시정명령을 이행하지 아니하는 경우
4. 공동집배송센터사업자의 파산 등 대통령령으로 정하는 사유로 정상적인 사업추진이 곤란하다고 인정되는 경우

제34조【공동집배송센터 개발촉진지구의 지정 등】 ① 시·도지사는 집배송시설의 집단적 설치를 촉진하고 집배송시설의 효율적 배치를 위하여 공동집배송센터 개발촉진지구(이하 "촉진지구"라 한다)의 지정을 산업통상자원부장관에게 요청할 수 있다.
② 산업통상자원부장관은 시·도지사가 제1항에 따라 요청한 지역이 산업통상자원부령으로 정하는 요건에 적합하다고 판단하는 경우에는 촉진지구로 지정하고, 그 내용을 산업통상자원부령으로 정하는 바에 따라 고시하여야 한다.
③ 산업통상자원부장관은 촉진지구를 지정하려면 미리 관계 중앙행정기관의 장과 협의하여야 한다.
④ 제1항 및 제2항에 따른 지정의 요건 및 절차 등에 관하여 필요한 사항은 산업통상자원부령으로 정한다.
(2013.3.23 본조개정)

제35조【촉진지구에 대한 지원】 ① 산업통상자원부장관 또는 시·도지사는 촉진지구의 개발을 활성화하기 위하여 촉진지구에 설치되거나 촉진지구로 이전하는 집배송시설에 대하여 자금이나 그 밖에 필요한 사항을 지원할 수 있다.
② 산업통상자원부장관은 촉진지구의 집배송시설에 대하여는 제29조제1항에도 불구하고 시·도지사의 추천이 없더라도 공동집배송센터로 지정할 수 있다.
(2013.3.23 본조개정)

제35조의2【국유재산·공유재산의 매각 등】 ① 국가 또는 지방자치단체는 제8조에 따른 대규모점포의 개설과 중소유통공동도매물류센터의 건립을 위하여 필요한 경우로서 대통령령으로 정하는 경우에는 「국유재산법」 또는 「공유재산 및 물품 관리법」에도 불구하고 국유재산·공유재산을 수의계약으로 매각할 수 있다. 이 경우 국유재산·공유재산의 매각의 내용 및 조건에 관하여는 「국유재산법」 또는 「공유재산 및 물품 관리법」에서 정하는 바에 따른다.
② 대규모점포를 개설하려는 자 또는 중소유통공동도매물류센터를 건립하려는 자는 도로의 개설에 관한 업무를 대통령령으로 정하는 바에 따라 국가기관 또는 지방자치단체에 위탁하여 시행할 수 있다.
③ 대규모점포를 개설하려는 자 또는 중소유통공동도매물류센터를 건립하려는 자가 제2항에 따라 도로의 개설에 관한 업무를 국가기관 또는 지방자치단체에 위탁하여 시행하는 경우에는 산업통상자원부령으로 정하는 요율의 위탁수수료를 지급하여야 한다.(2013.3.23 본항개정)

제7장 상거래질서의 확립
(2013.1.23 본장개정)

제36조【유통분쟁조정위원회】 ① 유통에 관한 다음 각 호의 분쟁을 조정하기 위하여 특별시·광역시·특별자치시·도·특별자치도(이하 "시·도"라 한다) 및 시(「제주특별자치도 설치 및 국제자유도시 조성을 위한 특별법」 제10조제2항에 따른 행정시를 포함한다. 이하 같다)·군·구에 각각 유통분쟁조정위원회(이하 "위원회"라 한다)를 둘 수 있다.(2017.10.31 본문개정)

1. 등록된 대규모점포등과 인근 지역의 도매업자·소매업자 사이의 영업활동에 관한 분쟁. 다만, 「독점규제 및 공정거래에 관한 법률」을 적용받는 사항은 제외한다.
2. 등록된 대규모점포등과 중소제조업체 사이의 영업활동에 관한 사항. 다만, 「독점규제 및 공정거래에 관한 법률」을 적용받는 사항은 제외한다.
3. 등록된 대규모점포등과 인근 지역의 주민 사이의 생활환경에 관한 분쟁
4. 제12조제1항 각 호에 따른 업무 수행과 관련한 분쟁(2017.10.31 본호신설)

② 위원회는 위원장 1명을 포함하여 11명 이상 15명 이하의 위원으로 구성한다.
③ 위원회의 위원장은 위원 중에서 호선(互選)한다.
④ 위원회의 위원은 다음 각 호의 사람이 된다.

1. 다음 각 목의 어느 하나에 해당하는 사람으로서 해당 지방자치단체의 장이 위촉하는 사람
   가. 판사·검사 또는 변호사의 자격이 있는 사람
   나. 대한상공회의소의 임원 또는 직원
   다. 소비자단체의 대표
   라. 유통산업 분야에 관한 학식과 경험이 풍부한 사람
   마. 해당 지방자치단체에 거주하는 소비자
2. 해당 지방자치단체의 도매업·소매업에 관한 업무를 담당하는 공무원으로서 그 지방자치단체의 장이 지명하는 사람

⑤ 공무원이 아닌 위원의 임기는 2년으로 한다.
⑥ 제1항 각 호에 따른 대규모점포등, 영업활동 및 생활환경의 범위에 대하여는 대통령령으로 정한다.
⑦ 제1항부터 제5항까지에서 규정한 사항 외에 위원회의 조직 및 운영 등에 필요한 사항은 해당 지방자치단체의 조례로 정한다.

제37조【분쟁의 조정】 ① 제36조에 따른 대규모점포등과 관련된 분쟁의 조정을 원하는 자는 특별자치시·시·군·구의 위원회에 분쟁의 조정을 신청할 수 있다.
② 제1항에 따라 분쟁의 조정신청을 받은 위원회는 신청을 받은 날부터 60일 이내에 이를 심사하여 조정안을 작성하여야 한다. 다만, 부득이한 사정이 있는 경우에는 위원회의 의결로 그 기간을 연장할 수 있다.
③ 제2항에 따른 시(특별자치시는 제외한다)·군·구의 위원회의 조정안에 불복하는 자는 조정안을 제시받은 날부터 15일 이내에 시·도의 위원회에 조정을 신청할 수 있다.
④ 제3항에 따라 조정신청을 받은 시·도의 위원회는 그 신청 내용을 시·군·구의 위원회 및 신청인 외의 당사자에게 통지하고, 조정신청을 받은 날부터 30일 이내에 이를 심사하여 조정안을 작성하여야 한다. 다만, 부득이한 사정이 있는 경우에는 위원회의 의결로 그 기간을 연장할 수 있다.
⑤ 위원회는 제2항 단서 및 제4항 단서에 따라 기간을 연장하는 경우에는 기간을 연장하게 된 사유 등을 당사자에게 통보하여야 한다.

제38조【자료 요청 등】 ① 위원회는 분쟁조정을 위하여 필요한 자료를 제공하여 줄 것을 당사자 또는 참고인에게 요청할 수 있다. 이 경우 해당 당사자는 정당한 사유가 없으면 요청에 따라야 한다.
② 위원회는 필요하다고 인정하는 경우에는 당사자 또는 참고인으로 하여금 위원회에 출석하게 하여 그 의견을 들을 수 있다.

제39조【조정의 효력】 ① 위원회는 제37조에 따라 조정안을 작성하였을 때에는 지체 없이 조정안을 각 당사자에게 제시하여야 한다.
② 제1항에 따라 조정안을 제시받은 당사자는 그 제시를 받은 날부터 15일 이내에 그 수락 여부를 위원회에 통보하여야 한다.
③ 당사자가 조정안을 수락하였을 때에는 위원회는 즉시 조정서를 작성하여야 하며, 위원장 및 각 당사자는 조정서에 기명날인하거나 서명하여야 한다.(2016.1.6 본항개정)
④ 당사자가 제3항에 따라 조정안을 수락하고 조정서에 기명날인하거나 서명하였을 때에는 당사자 간에 조정서와 동일한 내용의 합의가 성립된 것으로 본다.
(2016.1.6 본항개정)

제40조【조정의 거부 및 중지】 ① 위원회는 분쟁의 성질상 위원회에서 조정함이 적합하지 아니하다고 인정하거나 부정한 목적으로 신청되었다고 인정되는 경우에는 조정을 거부할 수 있다. 이 경우 조정거부의 사유 등을 당사자에게 통보하여야 한다.
② 위원회는 신청된 조정사건에 대한 처리절차의 진행 중에 한쪽 당사자가 소(訴)를 제기한 때에는 그 조정의 처리를 중지하고 그 사실을 당사자에게 통보하여야 한다.

제41조【조정절차 등】 제36조부터 제40조까지에서 규정한 사항 외에 분쟁의 조정방법, 조정절차, 조정업무의 처리 및 조정비용의 분담 등에 필요한 사항은 대통령령으로 정한다.

제42조【비영리법인에 대한 권고】 ① 지방자치단체의 장은 「민법」이나 그 밖의 법률에 따라 설립된 비영리법인이 판매사업을 할 때 그 법인의 목적사업의 범위를 벗어남으로써 인근 지역의 도매업자 또는 소매업자의 이익을 현저히 해치고 있다고 인정하는 경우에는 해당 법인에 대하여 목적사업의 범위를 벗어난 판매사업을 중단하도록 권고할 수 있다.
② 지방자치단체의 장은 제1항에 해당하는 비영리법인에 대하여 판매사업에 관한 현황 등의 자료를 제공하여 줄 것을 요청할 수 있다.

제43조【상거래의 투명화】 정부는 유통부문에서 공정하고 투명한 상거래가 이루어질 수 있도록 노력하여야 한다.

제8장 보 칙
(2013.1.23 본장개정)

제44조【청문】 산업통상자원부장관, 중소벤처기업부장관 또는 특별자치시장·시장·군수·구청장은 다음 각 호의 어느 하나에 해당하는 처분을 하려면 청문을 하여야 한다.(2017.7.26 본문개정)

1. 제11조제1항에 따른 대규모점포등 개설등록의 취소
2. (2015.11.20 삭제)
3. 제23조제5항에 따른 지정유통연수기관의 취소
4. 제24조제5항에 따른 유통관리사 자격의 취소
5.~6. (2015.11.20 삭제)
7. 제33조제2항에 따른 공동집배송센터 지정의 취소

제44조의2【대규모점포등의 관리현황 점검·감독 등】 ① 산업통상자원부장관 또는 특별자치시장·시장·군수·구청장은 대규모점포등관리자의 업무집행 및 비용의 징수·관리 등에 관하여 확인이 필요하다고 인정될 때에는 대규모점포등관리자에 대하여 그 업무에 관한 사항을 보고하게 하거나 자료를 제출하게 할 수 있으며, 관계 공무원에게 사업장 등을 출입하여 관계 서류 등을 검사하게 할 수 있다.
② 제1항에 따라 검사를 하려는 공무원은 검사 3일 전까지 그 일시·목적 및 내용을 검사대상자에게 통지하여야 한다. 다만, 긴급히 검사하여야 하거나 사전에 알리면 증

거인멸 등으로 검사목적을 달성할 수 없다고 인정하는 경우에는 그러하지 아니하다.
③ 제1항에 따라 출입·검사를 하는 공무원은 그 권한을 표시하는 증표를 지니고 이를 관계인에게 보여 주어야 한다.
④ 산업통상자원부장관은 특별자치시장·시장·군수·구청장으로 하여금 대규모점포등관리자의 현황, 업무의 집행 및 비용의 징수·관리 등에 관한 사항을 보고하게 할 수 있다.
(2017.10.31 본조신설)
제45조【보고】 ① 시·도지사 또는 시장·군수·구청장은 산업통상자원부령으로 정하는 바에 따라 다음 각 호의 사항을 산업통상자원부장관에게 보고하여야 한다.
(2013.3.23 본문개정)
1. 제7조에 따른 지역별 시행계획 및 추진 실적
2. 제8조·제11조 및 제12조에 따른 대규모점포등 개설등록·취소 및 대규모점포등개설자의 업무를 수행하는 자의 신고현황
3. 제37조에 따른 분쟁의 조정 실적
4. 제42조에 따른 비영리법인에 대한 권고 실적
② 산업통상자원부장관, 중소벤처기업부장관 또는 지방자치단체의 장은 이 법에 따른 자금 등의 지원을 위하여 특히 필요하다고 인정하는 경우에는 다음 각 호에 해당하는 자에 대하여 사업실적 등 산업통상자원부령으로 정하는 사항을 보고하게 할 수 있다.(2017.7.26 본문개정)
1. 중소유통공동도매물류센터운영자 또는 공동집배송센터사업시행자(2015.11.20 본호개정)
2. 유통사업자단체
3. 제23조제3항 각 호의 유통연수기관
제46조【권한 또는 업무의 위임·위탁】 ① 이 법에 따른 산업통상자원부장관의 권한은 대통령령으로 정하는 바에 따라 그 일부를 국가기술표준원장에게 위임할 수 있다.
(2017.7.26 본항개정)
② 이 법에 따른 산업통상자원부장관 또는 중소벤처기업부장관의 권한은 대통령령으로 정하는 바에 따라 그 일부를 시·도지사에게 위임할 수 있다.(2017.7.26 본항개정)
③ 이 법에 따른 산업통상자원부장관의 권한은 대통령령으로 정하는 바에 따라 그 일부를 중소벤처기업부장관에게 위탁할 수 있다.(2017.7.26 본항신설)
④ 산업통상자원부장관은 제24조에 따른 유통관리사 자격시험의 실시에 관한 업무를 대통령령으로 정하는 바에 따라 대한상공회의소에 위탁할 수 있다.
⑤ 산업통상자원부장관은 제7조의4에 따른 유통산업의 실태조사에 관한 업무를 「통계법」 제15조에 따른 통계작성지정기관에 위탁할 수 있다.
(2013.3.23 본조개정)
제47조【벌칙 적용 시의 공무원 의제】 제46조제4항에 따라 위탁한 업무에 종사하는 대한상공회의소의 임원 및 직원은 「형법」 제129조부터 제132조까지의 규정을 적용할 때에는 공무원으로 본다.(2017.7.26 본조개정)
제48조【수수료】 ① 제8조에 따라 대규모점포등의 개설등록을 하려는 자는 산업통상자원부령으로 정하는 범위에서 특별자치시·시·군·구의 조례로 정하는 바에 따라 수수료를 내야 한다.
② (2015.11.20 삭제)
(2013.3.23 본조개정)
제48조의2【규제의 존속기한】 제2조제4호, 제8조제1항·제2항 중 준대규모점포와 관련된 부분, 제8조제3항·제4항 및 제13조의3은 2025년 11월 23일까지 그 효력을 가진다.(2020.10.20 본조개정)

제9장 벌 칙

제49조【벌칙】 ① 제22조제1항을 위반하여 유통표준전자문서를 위작 또는 변작하거나 위작 또는 변작된 전자문서를 사용하거나 유통시킨 자는 10년 이하의 징역 또는 1억원 이하의 벌금에 처한다.
② 다음 각 호의 어느 하나에 해당하는 자는 1년 이하의 징역 또는 3천만원 이하의 벌금에 처한다.
1. 제8조제1항 전단을 위반하여 등록을 하지 아니하고 대규모점포등을 개설하거나 거짓이나 그 밖의 부정한 방법으로 대규모점포등의 개설등록을 한 자
2. 제12조제3항을 위반하여 신고를 하지 아니하고 대규모점포등개설자의 업무를 수행하거나 거짓이나 그 밖의 부정한 방법으로 대규모점포등개설자의 업무수행신고를 한 자
③ 제22조제3항을 위반하여 유통표준전자문서를 보관하지 아니한 자는 1년 이하의 징역 또는 1천만원 이하의 벌금에 처한다.
④ 제1항에 규정된 죄의 미수범은 처벌한다.
(2013.1.23 본조개정)
제50조【벌칙】 제22조제2항을 위반하여 유통표준전자문서 또는 컴퓨터 등 정보처리조직의 파일에 기록된 유통정보를 공개한 자는 1천만원 이하의 벌금에 처한다.
(2013.1.23 본조개정)
제51조【양벌규정】 법인의 대표자나 법인 또는 개인의 대리인, 사용인, 그 밖의 종업원이 그 법인 또는 개인의 업무에 관하여 제49조 또는 제50조의 위반행위를 하면 그 행위자를 벌하는 외에 그 법인 또는 개인에게도 해당 조문의 벌금형을 과(科)한다. 다만, 법인 또는 개인이 그 위반행위를 방지하기 위하여 해당 업무에 관하여 상당한 주의와 감독을 게을리하지 아니한 경우에는 그러하지 아니하다.(2008.12.26 본조개정)
제52조【과태료】 ① 다음 각 호의 어느 하나에 해당하는 자에게는 1억원 이하의 과태료를 부과한다.
1. 제12조의2제1항제1호에 따른 명령을 위반하여 영업제한시간에 영업을 한 자
2. 제12조의2제1항제2호에 따른 의무휴업 명령을 위반한 자
② 다음 각 호의 어느 하나에 해당하는 자에게는 1천만원 이하의 과태료를 부과한다.
1. 제12조의5제1항을 위반하여 회계감사를 받지 아니하거나 부정한 방법으로 받은 자
2. 제12조의5제4항을 위반하여 회계감사를 방해하는 등 같은 항 각 호의 어느 하나에 해당하는 행위를 한 자
(2017.10.31 본항신설)
③ 다음 각 호의 어느 하나에 해당하는 자에게는 500만원 이하의 과태료를 부과한다.
1. 제8조제1항 후단을 위반하여 대규모점포등의 변경등록을 하지 아니하거나 거짓이나 그 밖의 부정한 방법으로 변경등록을 한 자
2. 제12조제1항 및 제2항에 따른 대규모점포등개설자의 업무를 수행하지 아니한 자
2의2. 제12조의3제4항을 위반하여 관리비 등의 내역을 공개하지 아니하거나 거짓으로 공개한 자
2의3. 제12조의3제5항을 위반하여 계약을 체결한 자
2의4. 제12조의3제6항을 위반하여 계약서를 공개하지 아니하거나 거짓으로 공개한 자
2의5. 제12조의4제1항을 위반하여 장부 및 증빙서류를 작성 또는 보관하지 아니하거나 거짓으로 작성한 자
2의6. 제12조의4제2항을 위반하여 회계처리를 한 자
2의7. 제12조의4제3항을 위반하여 장부나 증빙서류 등의 정보에 대한 열람, 복사의 요구에 응하지 아니하거나 거짓으로 응한 자
2의8. 제12조의5제2항을 위반하여 회계감사의 결과를 공개하지 아니하거나 거짓으로 공개한 자
2의9. 제12조의6제3항을 위반하여 관리규정에 대한 열람이나 복사의 요구에 응하지 아니하거나 거짓으로 응한 자
(2017.10.31 2호의2~2호의9신설)
3. 제14조제1항을 위반하여 임시시장을 개설한 자
4. 제29조제4항을 위반하여 변경지정을 받지 아니한 자
5. 제33조제1항에 따른 시정명령을 이행하지 아니한 공동집배송센터사업자
6. 제45조제2항에 따른 보고를 거짓으로 한 자
④ 제1항부터 제3항까지의 규정에 따른 과태료는 대통령령으로 정하는 바에 따라 산업통상자원부장관, 중소벤처기업부장관 또는 지방자치단체의 장이 부과·징수한다.
(2017.10.31 본항개정)
(2013.1.23 본조개정)

부 칙 (2015.11.20)

제1조【시행일】 이 법은 공포 후 6개월이 경과한 날부터 시행한다. 다만, 제48조의2의 개정규정 및 법률 제10398호 유통산업발전법 일부개정법률 부칙 제2조의 개정규정은 공포한 날부터 시행한다.
제2조【금치산자 등에 대한 경과조치】 제10조제1호의 개정규정에 따른 피성년후견인에는 법률 제10429호 민법 일부개정법률 부칙 제2조에 따라 금치산 또는 한정치산 선고의 효력이 유지되는 자를 포함하는 것으로 본다.
제3조【물류설비의 인증에 관한 경과조치】 이 법 시행 당시 종전의 제27조제1항에 따라 물류설비의 인증을 받은 설비 또는 인증을 신청한 설비는 「산업표준화법」 제15조제1항에 따라 인증을 받은 설비 또는 인증을 신청한 설비로 본다.
제4조【물류설비성능검사기관 및 물류설비인증기관에 대한 경과조치】 ① 이 법 시행 당시 종전의 제27조제5항에 따라 물류설비성능검사기관 및 물류설비인증기관으로 지정을 신청한 경우에는 「산업표준화법」 제13조제2항에 따라 인증기관으로 지정을 신청한 것으로 본다.
② 이 법 시행 당시 종전의 제27조제5항에 따라 물류설비성능검사기관 및 물류설비인증기관으로 지정을 받은 경우에는 「산업표준화법」 제13조제1항에 따라 인증기관으로 지정을 받은 것으로 본다. 다만, 이 법 시행 이후 6개월 이내에 「산업표준화법」 제13조제1항에 따라 인증기관으로 다시 지정을 받아야 한다.
제5조【물류설비인증의 취소 등에 관한 경과조치】 이 법 시행 전의 위반행위에 대한 물류설비인증의 취소 또는 인증 효력의 정지에 관하여는 종전의 제27조의2제1항 및 제3항에 따른다.
제6조【물류설비성능검사기관 및 물류설비인증기관의 지정취소 등에 관한 경과조치】 이 법 시행 전의 위반행위에 대한 물류설비성능검사기관 및 물류설비인증기관의 지정취소 또는 업무의 정지에 관하여는 종전의 제27조의2 제2항에 따른다.
제7조【다른 법률의 개정】 ※(해당 법령에 가제정리 하였음)

부 칙 (2016.1.6 법13739호)

제1조【시행일】 이 법은 공포 후 6개월이 경과한 날부터 시행한다. 다만, 제39조제3항 및 제4항의 개정규정은 공포한 날부터 시행한다.
제2조【대규모점포등의 개설등록 및 변경등록에 관한 적용례】 제8조제5항의 개정규정은 이 법 시행 후 최초로 특별자치시장·시장·군수·구청장이 상권영향평가서 및 지역협력계획서를 제출받은 경우부터 적용한다.
제3조【대규모점포등의 개설계획 예고에 관한 적용례】 제8조의3의 개정규정은 이 법 시행 후 최초로 대규모점포등을 개설하려는 자가 개설계획을 예고하려는 경우부터 적용한다.

부 칙 (2017.10.31)

제1조【시행일】 이 법은 공포 후 6개월이 경과한 날부터 시행한다.
제2조【관리비 등의 공개에 관한 적용례】 제12조의3제4항의 개정규정은 이 법 시행일이 속하는 달의 다음 달의 관리비 등부터 적용한다.
제3조【대규모점포등관리자의 계약체결방식과 계약서 공개에 관한 적용례】 제12조의3제5항 및 제6항의 개정규정은 이 법 시행 후 최초로 체결되는 계약부터 적용한다.
제4조【대규모점포등관리자의 회계서류 작성 및 보관에 관한 적용례】 제12조의4의 개정규정은 이 법 시행일이 속하는 달의 다음 달의 회계부터 적용한다.
제5조【대규모점포등관리자의 회계감사에 관한 적용례】 제12조의5의 개정규정은 이 법 시행 후 최초로 개시되는 회계연도부터 적용한다.
제6조【대규모점포등관리자의 신고에 관한 경과조치】 이 법 시행 당시 종전의 규정에 따라 특별자치시장·시장·군수·구청장에게 신고를 한 대규모점포등관리자는 이 법에 따라 신고를 한 것으로 본다. 다만, 동의를 얻은 입점상인이 운영하는 매장면적의 합이 전체 매장면적의 2분의 1 이상이 되지 않는 경우에는 이 법 시행일부터 1년 이내에 이 법에 따른 요건을 갖추어 신고를 하여야 한다.

부 칙 (2020.1.29)

제1조【시행일】 이 법은 공포 후 6개월이 경과한 날부터 시행한다.(이하 생략)

부 칙 (2020.10.20)

이 법은 공포한 날부터 시행한다.

부 칙 (2020.12.29)

제1조【시행일】 이 법은 2021년 1월 1일부터 시행한다.(이하 생략)

부 칙 (2021.7.20)

제1조【시행일】 이 법은 공포 후 1년이 경과한 날부터 시행한다.(이하 생략)

부 칙 (2022.12.27)

제1조【시행일】 이 법은 공포 후 6개월이 경과한 날부터 시행한다.(이하 생략)

〔별표〕 ➡ 「法典 別冊」 참조

할부거래에 관한 법률

(약칭 : 할부거래법)

(2010년 3월 17일)
전부개정법률 제10141호

개정
2010. 5.17법10303호(은행법)
2012. 6. 1법11461호(전자문서및전자거래기본법)
2015. 7.24법13452호 2016. 3.29법14144호
2017.10.31법15022호(주식회사등의외부감사에관한법)
2017.11.28법15143호 2018.12.31법16180호
2020.12.29법17799호(독점)
2023. 3.21법19256호
2024년 1월 25일 제412회 국회 본회의 통과(독점)→「法典 別冊」보유편 수록

제1장 총 칙

제1조【목적】 이 법은 할부계약 및 선불식 할부계약에 의한 거래를 공정하게 함으로써 소비자의 권익을 보호하고 시장의 신뢰도를 높여 국민경제의 건전한 발전에 이바지함을 목적으로 한다.

제2조【정의】 이 법에서 사용하는 용어의 뜻은 다음과 같다.
1. "할부계약"이란 계약의 명칭·형식이 어떠하든 재화나 용역(일정한 시설을 이용하거나 용역을 제공받을 수 있는 권리를 포함한다)(이하 "재화등"이라 한다)에 관한 다음 각 목의 계약(제2호에 따른 선불식 할부계약에 해당하는 경우는 제외한다)을 말한다.(2015.7.24 본문개정)
   가. 소비자가 사업자에게 재화의 대금(代金)이나 용역의 대가(이하 "재화등의 대금"이라 한다)를 2개월 이상의 기간에 걸쳐 3회 이상 나누어 지급하고, 재화등의 대금을 완납하기 전에 재화의 공급이나 용역의 제공(이하 "재화등의 공급"이라 한다)을 받기로 하는 계약(이하 "직접할부계약"이라 한다)
   나. 소비자가 신용제공자에게 재화등의 대금을 2개월 이상의 기간에 걸쳐 3회 이상 나누어 지급하고, 재화등의 대금을 완납하기 전에 사업자로부터 재화등의 공급을 받기로 하는 계약(이하 "간접할부계약"이라 한다)
2. "선불식 할부계약"이란 계약의 명칭·형식이 어떠하든 소비자가 사업자로부터 다음 각 목의 어느 하나에 해당하는 재화등의 대금을 2개월 이상의 기간에 걸쳐 2회 이상 나누어 지급하고 재화등의 공급은 대금의 전부 또는 일부를 지급한 후에 받기로 하는 계약을 말한다.(2015.7.24 본문개정)
   가. 장례 또는 혼례를 위한 용역(제공시기가 확정된 경우는 제외한다) 및 이에 부수한 재화
   나. 가목에 준하는 소비자피해가 발생하는 재화등으로서 소비자의 피해를 방지하기 위하여 대통령령으로 정하는 재화등
3. "할부거래"란 할부계약에 의한 거래를 말하며, "할부거래업자"란 할부계약에 의한 재화등의 공급을 업으로 하는 자를 말한다.
4. "선불식 할부거래"란 선불식 할부계약에 의한 거래를 말하며, "선불식 할부거래업자"란 선불식 할부계약에 의한 재화등의 공급을 업으로 하는 자를 말한다.
5. "소비자"란 다음 각 목의 어느 하나에 해당하는 자를 말한다.
   가. 할부계약 또는 선불식 할부계약에 의하여 제공되는 재화등을 소비생활을 위하여 사용하거나 이용하는 자
   나. 가목 외의 자로서 사실상 가목의 자와 동일한 지위 및 거래조건으로 거래하는 자 등 대통령령으로 정하는 자
6. "신용제공자"란 소비자·할부거래업자와의 약정에 따라 재화등의 대금에 충당하기 위하여 신용을 제공하는 자를 말한다.
7. "지배주주"란 다음 각 목의 어느 하나에 해당하는 자를 말한다.
   가. 대통령령으로 정하는 특수관계인과 함께 소유하고 있는 주식 또는 출자액의 합계가 해당 법인의 발행주식총수 또는 출자총액의 100분의 30 이상인 경우로서 그 합계가 가장 많은 주주 또는 출자자
   나. 해당 법인의 경영을 사실상 지배하는 자. 이 경우 사실상 지배의 구체적인 내용은 대통령령으로 정한다.
8. "선불식 할부계약의 이전"이란 명칭·형식이 어떠하든 선불식 할부거래업자가 합병, 분할 또는 사업의 전부 양도 이외의 방식으로 소비자와 체결한 선불식 할부계약에 대한 권리·의무를 다른 선불식 할부거래업자에게 이전(移轉)하는 것을 말한다.
9. "모집인"이란 선불식 할부거래업자를 위하여 선불식 할부계약의 체결을 중개(仲介)하는 자를 말한다.

(2015.7.24 8호~9호신설)

제3조【적용제외】 이 법은 다음 각 호의 거래에는 적용하지 아니한다.
1. 사업자가 상행위(商行爲)를 위하여 재화등의 공급을 받는 거래. 다만, 사업자가 사실상 소비자와 같은 지위에서 다른 소비자와 같은 거래조건으로 거래하는 경우는 적용한다.
2. 성질상 이 법을 적용하는 것이 적합하지 아니한 것으로서 대통령령으로 정하는 재화등의 거래

제4조【다른 법률과의 관계】 할부거래 및 선불식 할부거래에서의 소비자보호와 관련하여 이 법과 다른 법률이 경합하여 적용되는 경우에는 이 법을 우선하여 적용한다. 다만, 다른 법률을 적용하는 것이 소비자에게 유리한 경우에는 그 법률을 적용한다.

제2장 할부거래

제5조【계약체결 전의 정보제공】 할부거래업자는 할부계약을 체결하기 전에 소비자가 할부계약의 내용을 이해할 수 있도록 총리령으로 정하는 바에 따라 다음 각 호의 사항을 표시하여야 한다. 다만, 「여신전문금융업법」에 따른 신용카드회원과 신용카드가맹점 간의 간접할부계약의 경우에는 제3호, 제4호, 제6호 및 제7호의 사항을 표시하지 아니할 수 있다.
1. 재화등의 종류 및 내용
2. 현금가격(할부계약에 의하지 아니하고 소비자가 재화등의 공급을 받은 때에 할부거래업자에게 지급하여야 할 대금 전액을 말한다. 이하 같다)
3. 할부가격(소비자가 할부거래업자나 신용제공자에게 지급하여야 할 계약금과 할부금의 총합계액을 말한다. 이하 같다)
4. 각 할부금의 금액·지급횟수 및 지급시기
5. 할부수수료의 실제연간요율
6. 계약금(최초지급금·선수금 등 명칭이 무엇이든 할부계약을 체결할 때에 소비자가 할부거래업자에게 지급하는 금액을 말한다. 이하 같다)
7. 제12조제1항에 따른 지연손해금 산정 시 적용하는 비율

제6조【할부계약의 서면주의】 ① 할부거래업자는 총리령으로 정하는 바에 따라 다음 각 호의 사항을 적은 서면(「전자문서 및 전자거래 기본법」 제2조제1호에 따른 전자문서를 포함한다. 이하 같다)으로 할부계약을 체결하여야 한다. 다만, 「여신전문금융업법」에 따른 신용카드회원과 신용카드가맹점 간의 간접할부계약의 경우 제4호, 제5호 중 지급시기 및 제11호의 사항을 적지 아니할 수 있다.(2012.6.1 본문개정)
1. 할부거래업자·소비자 및 신용제공자의 성명 및 주소
2. 재화등의 종류·내용 및 재화등의 공급 시기
3. 현금가격
4. 할부가격
5. 각 할부금의 금액·지급횟수·지급기간 및 지급시기
6. 할부수수료의 실제연간요율
7. 계약금
8. 재화의 소유권 유보에 관한 사항
9. 제8조에 따른 청약철회의 기한·행사방법·효과에 관한 사항
10. 제11조제1항에 따른 할부거래업자의 할부계약의 해제에 관한 사항
11. 제12조제1항에 따른 지연손해금 산정 시 적용하는 비율
12. 제13조에 따른 소비자의 기한의 이익 상실에 관한 사항
13. 제16조에 따른 소비자의 항변권과 행사방법에 관한 사항

② 할부거래업자는 할부계약을 체결할 경우에는 제1항에 따른 계약서를 소비자에게 발급하여야 한다. 다만, 「여신전문금융업법」에 따른 신용카드회원과 신용카드가맹점 간의 간접할부계약의 경우 소비자의 동의를 받아 해당 계약의 내용을 팩스나 「전자문서 및 전자거래 기본법」 제2조제1호에 따른 전자문서(이하 이 조에서 "전자문서"라 한다)로 보내는 것으로 대신할 수 있으며, 팩스나 전자문서로 보낸 계약서의 내용이나 도달에 다툼이 있으면 할부거래업자가 이를 증명하여야 한다.(2012.6.1 단서개정)

③ 신용제공자는 제1항제4호부터 제6호까지, 제9호, 제11호부터 제13호까지의 사항을 적은 서면을 소비자에게 발급하여야 한다.

④ 할부계약이 제1항 각 호의 요건을 갖추지 못하거나 그 내용이 불확실한 경우에는 소비자와 할부거래업자 간의 특약이 없으면 그 계약내용은 어떠한 경우에도 소비자에게 불리하게 해석되어서는 아니 된다.

제7조【할부수수료의 실제연간요율】 제5조제5호 및 제6조제1항제6호에 따른 할부수수료의 실제연간요율의 계산방법과 최고한도는 「이자제한법」에서 정한 이자의 최고한도의 범위에서 대통령령으로 정한다.

제8조【청약의 철회】 ① 소비자는 다음 각 호의 기간(거래당사자가 그 보다 긴 기간을 약정한 경우에는 그 기간을 말한다) 이내에 할부계약에 관한 청약을 철회할 수 있다.
1. 제6조제1항에 따른 계약서를 받은 날부터 7일. 다만, 그 계약서를 받은 날보다 재화등의 공급이 늦게 이루어진 경우에는 재화등을 공급받은 날부터 7일
2. 다음 각 목의 어느 하나에 해당하는 경우에는 그 주소를 안 날 또는 알 수 있었던 날 등 청약을 철회할 수 있는 날부터 7일
   가. 제6조제1항에 따른 계약서를 받지 아니한 경우
   나. 할부거래업자의 주소 등이 적혀 있지 아니한 계약서를 받은 경우
   다. 할부거래업자의 주소 변경 등의 사유로 제1호의 기간 이내에 청약을 철회할 수 없는 경우
3. 제6조제1항에 따른 계약서에 청약의 철회에 관한 사항이 적혀 있지 아니한 경우에는 청약을 철회할 수 있음을 안 날 또는 알 수 있었던 날부터 7일
4. 할부거래업자가 청약의 철회를 방해한 경우에는 그 방해 행위가 종료한 날부터 7일

② 소비자는 다음 각 호의 어느 하나에 해당하는 경우에는 제1항에 따른 청약의 철회를 할 수 없다. 다만, 할부거래업자가 청약의 철회를 승낙하거나 제6항에 따른 조치를 하지 아니한 경우에는 제2호부터 제4호까지에 해당하는 경우에도 청약을 철회할 수 있다.
1. 소비자에게 책임있는 사유로 재화등이 멸실되거나 훼손된 경우. 다만, 재화등의 내용을 확인하기 위하여 포장 등을 훼손한 경우는 제외한다.
2. 사용 또는 소비에 의하여 그 가치가 현저히 낮아질 우려가 있는 것으로서 대통령령으로 정하는 재화등을 사용 또는 소비한 경우
3. 시간이 지남으로써 다시 판매하기 어려울 정도로 재화등의 가치가 현저히 낮아진 경우
4. 복제할 수 있는 재화등의 포장을 훼손한 경우
5. 그 밖에 거래의 안전을 위하여 대통령령으로 정하는 경우

③ 소비자가 제1항에 따라 청약을 철회할 경우 제1항에 따른 기간 이내에 할부거래업자에게 청약을 철회하는 의사표시가 적힌 서면을 발송하여야 한다.

④ 제1항에 따른 청약의 철회는 제3항에 따라 서면을 발송한 날에 그 효력이 발생한다.

⑤ 제1항 또는 제2항을 적용함에 있어서 계약서의 발급사실과 그 시기, 재화등의 공급 사실과 그 시기 및 제2항 각 호 중 어느 하나에 해당하는지 여부에 관하여 다툼이 있는 경우에는 할부거래업자가 이를 입증하여야 한다.

⑥ 할부거래업자는 제2항제2호부터 제4호까지의 규정에 따라 청약을 철회할 수 없는 재화등에 대하여는 그 사실을 재화등의 포장이나 그 밖에 소비자가 쉽게 알 수 있는 곳에 분명하게 표시하거나 시용(試用) 상품을 제공하는 등의 방법으로 소비자가 청약을 철회하는 것이 방해받지 아니하도록 조치하여야 한다.

제9조【간접할부계약에서의 청약의 철회 통보】 ① 소비자가 할부거래업자에게 간접할부계약에 관한 청약을 철회한 경우 제8조제1항에 따른 기간 이내에 신용제공자에게 청약을 철회하는 의사표시가 적힌 서면을 발송하여야 한다.

② 소비자가 신용제공자에게 제1항에 따른 서면을 발송하지 아니한 경우 신용제공자의 할부금지급청구를 거절할 수 없다. 다만, 다음 각 호의 어느 하나에 해당하는 경우에는 소비자가 그 서면을 발송하지 아니한 경우라도 신용제공자의 할부금지급청구를 거절할 수 있다.
1. 신용제공자가 제8조제1항의 기간 이내에 할부거래업자에게 재화등의 대금을 지급한 경우
2. 신용제공자가 할부거래업자로부터 제10조제4항에 따른 할부금청구의 중지 또는 취소를 요청받은 경우

제10조【청약의 철회 효과】 ① 소비자는 제8조에 따라 청약을 철회한 경우 이미 공급받은 재화등을 반환하여야 한다.

② 소비자가 제8조에 따라 청약을 철회한 경우 할부거래업자(소비자로부터 재화등의 계약금 또는 할부금을 지급받은 자 또는 소비자와 할부계약을 체결한 자를 포함한다. 이하 이 조에서 같다)는 다음 각 호의 어느 하나에 해당하는 영업일 이내에 이미 지급받은 계약금 및 할부금을 환급하여야 한다. 이 경우 할부거래업자가 소비자에게 재화등의 계약금 및 할부금의 환급을 지연한 때에는 그 지연기간에 따라 「이자제한법」에서 정한 이자의 최고한도의 범위에서 대통령령으로 정하는 이율을 곱하여 산정한 지연이자(이하 "지연배상금"이라 한다)를 함께 환급하여야 한다.
1. 재화를 공급한 경우에는 제1항에 따라 재화를 반환받은 날부터 3영업일
2. 용역을 제공한 경우에는 제8조제3항에 따른 청약을 철회하는 서면을 수령한 날부터 3영업일

③ 할부거래업자는 제1항의 경우에 이미 용역(일정한 시설을 이용하거나 용역을 제공받을 권리는 제외한다)이 제공된 때에는 이미 제공된 용역과 동일한 용역의 반환을 청구할 수 없다.

④ 할부거래업자는 간접할부계약의 경우 제8조제3항에 따른 청약을 철회하는 서면을 수령한 때에는 지체 없이 해당 신용제공자에게 재화등에 대한 할부금의 청구를 중지 또는 취소하도록 요청하여야 한다. 이 경우 할부거래업자가 신용제공자로부터 해당 재화등의 대금을 이미 지급받은 때에는 지체 없이 이를 신용제공자에게 환급하여야 한다.

⑤ 신용제공자는 제4항에 따라 할부거래업자로부터 할부금의 청구를 중지 또는 취소하도록 요청받은 경우 지체 없이 이에 필요한 조치를 취하여야 한다. 이 경우 소비자가 이미 지불한 할부금이 있는 때에는 지체 없이 이를 환급하여야 한다.

⑥ 할부거래업자가 제4항에 따른 요청을 지연하여 소비자로 하여금 신용제공자에게 할부금을 지불하게 한 경우 소비자가 지불한 금액에 대하여 소비자가 환급받는 날까지의 기간에 대한 지연배상금을 소비자에게 지급하여야 한다.

⑦ 신용제공자가 제5항에 따른 환급을 지연한 경우 그 지연기간에 따른 지연배상금을 소비자에게 지급하여야 한다. 다만, 할부거래업자가 제4항에 따른 요청을 지연하여 신용제공자로 하여금 소비자에 대한 할부금의 환급을 지연하게 한 경우에는 그 할부거래업자가 지연배상금을 지급하여야 한다.

⑧ 할부거래업자 또는 신용제공자는 소비자가 청약을 철회함에 따라 소비자와 분쟁이 발생한 경우 분쟁이 해결될 때까지 할부금 지급거절을 이유로 해당 소비자를 약정한 기일 이내에 채무를 변제하지 아니한 자로 처리하는 등 소비자에게 불이익을 주는 행위를 하여서는 아니 된다.
⑨ 할부거래업자는 소비자가 제8조에 따라 청약을 철회한 경우 이미 재화등이 사용되었거나 일부 소비된 경우에는 그 재화등을 사용하거나 일부 소비하여 소비자가 얻은 이익 또는 그 재화등의 공급에 든 비용에 상당하는 금액으로서 대통령령으로 정하는 범위의 금액을 초과하여 소비자에게 청구할 수 없다.
⑩ 할부거래업자는 소비자가 제8조에 따라 청약을 철회한 경우 공급받은 재화등의 반환에 필요한 비용을 부담하며, 소비자에게 청약의 철회를 이유로 위약금 또는 손해배상을 청구할 수 없다.

제11조【할부거래업자의 할부계약 해제】 ① 할부거래업자는 소비자가 할부금 지급의무를 이행하지 아니하면 할부계약을 해제할 수 있다. 이 경우 할부거래업자는 그 계약을 해제하기 전에 14일 이상의 기간을 정하여 소비자에게 이행할 것을 서면으로 최고(催告)하여야 한다.
② 할부거래업자 또는 소비자는 제1항에 따라 할부계약이 해제된 경우에는 상대방에게 원상회복(原狀回復)하여 줄 의무를 진다. 이 경우 상대방이 원상회복할 때까지 자기의 의무이행을 거절할 수 있다.
③ 할부거래업자는 재화등의 소유권이 할부거래업자에게 유보된 경우 그 할부계약을 해제하지 아니하고는 그 반환을 청구할 수 없다.

제12조【할부거래업자 등의 손해배상 청구금액의 제한】
① 할부거래업자 또는 신용제공자가 할부금 지급의무를 이행하지 아니한 것을 이유로 소비자에게 청구하는 손해배상액은 지연된 할부금에 「이자제한법」에서 정한 이자의 최고한도의 범위에서 대통령령으로 정하는 이율을 곱하여 산정한 금액에 상당하는 지연손해금을 초과하지 못한다.
② 할부거래업자가 제11조제1항에 따라 할부계약을 해제한 경우에 소비자에게 청구하는 손해배상액은 다음 각 호의 어느 하나에 해당하는 금액과 제1항에 따른 지연손해금의 합계액을 초과하지 못한다.
1. 재화등의 반환 등 원상회복이 된 경우에는 통상적인 사용료와 계약 체결 및 그 이행을 위하여 통상 필요한 비용의 합계액. 다만, 할부가격에서 재화등이 반환된 당시의 가액을 공제한 금액이 그 사용료와 비용의 합계액을 초과하는 경우에는 그 공제한 금액
2. 재화등의 반환 등 원상회복이 되지 아니한 경우에는 할부가격에 상당한 금액. 다만, 용역이 제공된 경우에는 이미 제공된 용역의 대가 또는 그 용역에 의하여 얻어진 이익에 상당하는 금액
3. 재화등의 공급이 되기 전인 경우에는 계약체결 및 그 이행을 위하여 통상 필요한 금액
③ 할부거래업자 또는 신용제공자는 손해배상액의 예정, 위약금, 그 밖에 명칭·형식이 어떠하든 제1항 또는 제2항에 따른 금액을 초과하여 손해배상을 청구할 수 없다.
④ 할부거래업자 또는 신용제공자는 손해배상을 청구하는 경우 소비자의 손해가 최소화되도록 신의에 따라 성실히 하여야 한다.

제13조【소비자의 기한의 이익 상실】 ① 소비자는 다음 각 호의 어느 하나에 해당하는 경우에는 할부금의 지급에 대한 기한의 이익을 주장하지 못한다.
1. 할부금을 다음 지급기일까지 연속하여 2회 이상 지급하지 아니하고 그 지급하지 아니한 금액이 할부가격의 100분의 10을 초과하는 경우
2. 국내에서 할부금 채무이행 보증이 어려운 경우로서 대통령령으로 정하는 경우
② 할부거래업자 또는 신용제공자가 제1항에 따라 소비자로부터 한꺼번에 지급받을 금액은 나머지 할부금에서 나머지 기간에 대한 할부수수료를 공제한 금액으로 한다. 이 경우 할부수수료는 일단위로 계산한다.

제14조【소비자의 기한 전 지급】 ① 소비자는 기한이 되기 전이라도 나머지 할부금을 한꺼번에 지급할 수 있다.
② 소비자가 제1항에 따라 할부거래업자 또는 신용제공자에게 지급하는 금액은 제13조제2항에 따른 금액으로 한다.

제15조【할부대금채권의 소멸시효】 할부계약에 의한 할부대금채권은 3년간 행사하지 아니하면 소멸시효가 완성한다.

제16조【소비자의 항변권】 ① 소비자는 다음 각 호의 어느 하나에 해당하는 사유가 있는 경우에는 할부거래업자에게 그 할부금의 지급을 거절할 수 있다.
1. 할부계약이 불성립·무효인 경우
2. 할부계약이 취소·해제 또는 해지된 경우
3. 재화등의 전부 또는 일부가 제6조제1항제2호에 따른 재화등의 공급 시기까지 소비자에게 공급되지 아니한 경우
4. 할부거래업자가 하자담보책임을 이행하지 아니한 경우
5. 그 밖에 할부거래업자의 채무불이행으로 인하여 할부계약의 목적을 달성할 수 없는 경우
6. 다른 법률에 따라 정당하게 청약을 철회한 경우
② 소비자는 간접할부계약인 경우 제1항 각 호의 어느 하나에 해당하는 사유가 있으면 할부가격이 대통령령으로 정한 금액 이상인 경우에만 신용제공자에게 할부금의 지급을 거절하는 의사를 통지한 후 할부금의 지급을 거절할 수 있다.
③ 소비자가 제2항에 따라 신용제공자에게 지급을 거절할 수 있는 금액은 할부금의 지급을 거절한 당시에 소비자가 신용제공자에게 지급하지 아니한 나머지 할부금으로 한다.
④ 소비자가 제1항에 따른 항변권의 행사를 서면으로 하는 경우 그 효력은 서면을 발송한 날에 발생한다.
⑤ 할부거래업자 또는 신용제공자는 소비자의 항변을 서면으로 수령한 경우 지체 없이 그 항변권의 행사가 제1항에 해당하는지를 확인하여야 한다. 제1항에 해당하지 아니하는 경우 소비자의 항변을 수령한 날부터 다음 각 호의 어느 하나에 해당하는 영업일 이내에 서면으로 소비자의 항변을 수용할 수 없다는 의사(意思)와 항변권의 행사가 제1항 각 호의 어느 하나에 해당하지 아니한다는 사실을 소비자에게 서면으로 통지하여야 한다.
1. 할부거래업자는 5영업일
2. 신용제공자는 7영업일
⑥ 할부거래업자 또는 신용제공자가 제5항에 따른 통지를 하지 아니한 경우에는 소비자의 할부금 지급 거절의 사를 수용한 것으로 본다.
⑦ 할부거래업자 또는 신용제공자는 제1항부터 제6항까지의 규정에 따라 소비자가 할부금의 지급을 거절한 경우 소비자와 분쟁이 발생하면 분쟁이 해결될 때까지 할부금 지급 거절을 이유로 해당 소비자를 약정한 기일 이내에 채무를 변제하지 아니한 자로 처리하는 등 소비자에게 불이익을 주는 행위를 하여서는 아니 된다.

제17조【휴업기간 등에서의 청약의 철회에 관한 업무처리】 할부거래업자 또는 신용제공자는 그 휴업기간 또는 영업정지기간 중에도 제10조에 따른 청약의 철회에 관한 업무를 계속하여야 한다.

제3장 선불식 할부거래

제1절 영업의 등록 등

제18조【영업의 등록 등】 ① 선불식 할부거래업자는 대통령령으로 정하는 바에 따라 다음 각 호의 서류를 갖추어 특별시장·광역시장·특별자치시장·도지사 또는 특별자치도지사(이하 "시·도지사"라 한다)에게 등록하여야 한다.(2015.7.24 본문개정)
1. 상호·주소·전화번호·전자우편주소(영업소 및 대리점을 포함한다)·대표자의 이름·주민등록번호·주소 등을 적은 신청서
2. 자본금이 15억원 이상임을 증명하는 서류(2015.7.24 본호개정)
3. 제27조에 따른 소비자피해보상보험계약등의 체결 증명 서류
4. 그 밖에 선불식 할부거래업자의 신원을 확인하기 위하여 필요한 사항으로서 총리령으로 정하는 서류
② 제1항에 따라 선불식 할부거래업의 등록을 한 경우 시·도지사는 지체 없이 선불식 할부거래업 등록증을 교부하여야 한다.
③ 선불식 할부거래업자는 제1항에 따라 등록한 사항 중 같은 항 제1호부터 제3호까지의 사항이 변경된 경우에는 대통령령으로 정하는 바에 따라 시·도지사에게 신고하여야 한다.
④ 시·도지사는 제3항에 따른 변경신고를 받은 날부터 7일 이내에 신고수리 여부 또는 민원 처리 관련 법령에 따른 처리기간의 연장을 신고인에게 통지하여야 한다.
(2023.3.21 본항신설)
⑤ 선불식 할부거래업자는 휴업 또는 폐업을 하거나 휴업 후 영업을 다시 시작할 때에는 대통령령으로 정하는 바에 따라 시·도지사에게 신고하여야 한다. 이 경우 시·도지사는 폐업신고를 받은 때에는 그 등록을 말소하여야 한다. 다만, 폐업신고 전 등록취소 요건에 해당되는 경우에는 폐업신고일에 등록이 취소된 것으로 본다.
⑥ 공정거래위원회는 선불식 할부거래업자에 대한 다음 각 호의 사항을 대통령령으로 정하는 바에 따라 공개하여야 한다. 다만, 선불식 할부거래업자의 경영·영업상 비밀에 관한 사항으로서 공개될 경우 선불식 할부거래업자의 정당한 이익을 현저히 해칠 우려가 있다고 인정되는 사항과 개인에 관한 사항으로서 사생활의 비밀 또는 자유를 침해할 우려가 있다고 인정되는 사항에 대하여는 공개하지 아니한다.
1. 제1항에 따라 등록한 사항 및 제3항에 따라 신고한 사항
2. 그 밖에 공정거래위원회가 공정거래질서 확립 및 소비자보호를 위하여 필요하다고 인정하여 총리령으로 정하는 사항
⑦ 공정거래위원회는 제6항에 따른 공개를 위하여 필요한 경우에는 선불식 할부거래업자에게 관련 자료의 제출을 요구할 수 있다. 이 경우 선불식 할부거래업자는 정당한 사유가 없으면 관련 자료를 제출하여야 한다.
(2023.3.21 전단개정)

제18조의2【회계감사 보고서의 제출 및 공개】 ① 선불식 할부거래업자는 매 회계연도가 종료한 후 3개월 이내에 대통령령으로 정하는 절차 및 방법에 따라 「주식회사 등의 외부감사에 관한 법률」 제2조제7호 및 제9조에 따른 감사인이 작성한 회계감사 보고서를 공정거래위원회에 제출하여야 한다.(2017.10.31 본항개정)
② 공정거래위원회와 선불식 할부거래업자는 제1항에 따른 회계감사 보고서를 대통령령으로 정하는 절차 및 방법에 따라 공시하여야 한다.
(2015.7.24 본조신설)

제19조【자본금】 제18조에 따라 등록하려는 자는 「상법」상 회사로서 자본금이 15억원 이상이어야 한다.
(2015.7.24 본조개정)

제20조【결격사유】 다음 각 호의 어느 하나에 해당하는 자는 제18조에 따른 등록을 할 수 없다.
1. 다음 각 목의 어느 하나에 해당하는 사람이 임원인 회사
가. 미성년자
나. 피한정후견인 또는 피성년후견인(2015.7.24 본목개정)
다. 파산선고를 받고 복권되지 아니한 사람
라. 금고 이상의 실형을 선고받고 그 집행이 끝나거나(집행이 끝난 것으로 보는 경우를 포함한다) 집행이 면제된 날부터 5년이 지나지 아니한 사람(2015.7.24 본목개정)
마. 금고 이상의 형의 집행유예를 선고받고 그 유예기간 중에 있는 사람(2015.7.24 본목개정)
바. 이 법을 위반하여 벌금형을 선고받고 3년이 지나지 아니한 사람
2. 다음 각 목의 어느 하나에 해당하는 사람이 지배주주인 회사
가. 금고 이상의 실형을 선고받고 그 집행이 끝나거나(집행이 끝난 것으로 보는 경우를 포함한다) 집행이 면제된 날부터 5년이 지나지 아니한 사람(2015.7.24 본목개정)
나. 금고 이상의 형의 집행유예를 선고받고 그 유예기간 중에 있는 사람(2015.7.24 본목개정)
3. 제40조에 따라 등록이 취소된 후 5년이 지나지 아니한 회사
4. 제40조에 따른 등록취소 당시 임원 또는 지배주주였던 사람이 임원 또는 지배주주인 회사

제21조【등록의 직권말소】 제18조에 따라 등록한 선불식 할부거래업자가 파산선고를 받거나 관할 세무서에 폐업신고를 한 경우 또는 6개월을 초과하여 영업을 하지 아니하는 등 실질적으로 영업을 할 수 없다고 판단되는 경우에는 시·도지사는 그 등록을 직권으로 말소할 수 있다.

제22조【지위의 승계】 ① 선불식 할부거래업자가 사업의 전부를 양도한 경우 또는 다른 회사와 합병하거나 회사를 분할한 경우 해당 사업의 전부를 양수한 회사, 합병 후 존속하는 회사, 합병에 따라 설립된 회사 또는 분할에 따라 해당 사업의 전부를 승계한 회사는 그 양도일, 합병일 또는 분할일부터 15일 이내에 대통령령으로 정하는 바에 따라 시·도지사에게 신고하여야 한다.(2023.3.21 본항개정)
② 합병, 분할 또는 사업의 전부를 양도하는 선불식 할부거래업자는 대통령령으로 정하는 날부터 14일 이내에 총리령으로 정하는 방법에 따라 다음 각 호의 사항을 공고하여야 한다.
1. 다음 각 목의 어느 하나에 해당하는 회사의 상호, 주소 등 제18조제6항에 따른 정보공개 사항(2023.3.21 본문개정)
가. 합병하는 회사, 합병 후 존속하는 회사 및 합병에 의하여 설립된 회사
나. 분할하는 회사 및 분할에 의하여 해당 사업의 전부를 승계한 회사
다. 사업의 전부를 양도하는 회사 및 양수하는 회사
2. 합병, 분할 또는 사업의 전부 양도를 통하여 이전되는 선불식 할부계약의 회원수 및 선수금 규모
3. 합병, 분할 또는 사업의 전부 양도의 내용 및 절차
4. 그 밖에 소비자의 권리를 보호하기 위하여 필요한 사항으로서 총리령으로 정하는 사항
(2015.7.24 본항신설)
③ 시·도지사는 제1항에 따른 신고를 한 회사가 제20조에 따른 결격사유에 해당하면 그 신고를 수리해서는 아니 된다.(2023.3.21 본항개정)
④ 시·도지사는 제1항에 따른 신고를 받은 날부터 7일 이내에 신고수리 여부 또는 민원 처리 관련 법령에 따른 처리기간의 연장을 신고인에게 통지하여야 한다.
(2023.3.21 본항신설)
⑤ 제1항에 따른 신고를 한 회사는 그 신고가 수리된 경우 그 양도일, 합병일 또는 분할일부터 종전의 선불식 할부거래업자의 지위를 승계한다.(2023.3.21 본항신설)

제22조의2【선불식 할부계약의 이전】 ① 선불식 할부계약을 이전하는 선불식 할부거래업자(이하 "이전하는 선불식 할부거래업자"라 한다)는 선불식 할부계약의 이전계약(이하 "이전계약"이라 한다)을 체결한 날부터 14일 이내에 총리령으로 정하는 방법에 따라 다음 각 호의 사항을 공고하여야 한다.
1. 이전하는 선불식 할부거래업자 및 선불식 할부계약을 이전받은 선불식 할부거래업자(이하 "이전받은 선불식 할부거래업자"라 한다)의 상호·주소 등 제18조제6항에 따른 정보공개 사항(2023.3.21 본호개정)
2. 이전하는 선불식 할부계약의 회원수 및 선수금 규모
3. 이전계약의 내용 및 절차
4. 그 밖에 소비자의 권리를 보호하기 위하여 필요한 사항으로서 총리령으로 정하는 사항

② 이전하는 선불식 할부거래업자는 이전계약을 체결한 날부터 30일 이내에 선불식 할부계약을 체결한 소비자가 이전계약의 내용을 이해할 수 있도록 총리령으로 정하는 방법에 따라 다음 각 호의 사항을 설명하고, 설명한 날부터 7일 이내에 소비자로부터 이전계약에 대한 동의를 받아야 한다. 다만, 해당 기간 내에 이전계약에 부동의 의사를 표시하지 아니한 소비자는 이전계약에 동의를 한 것으로 본다.
1. 제1항 각 호의 사항
2. 소비자가 7일 이내에 이전계약에 부동의 의사표시가 없는 경우 이전계약에 동의한 것으로 본다는 내용
③ 이전하는 선불식 할부거래업자는 소비자로부터 제2항 본문에 따라 설명한 내용을 이해하고 동의하였다는 사실을 서명, 기명날인, 녹취 또는 그 밖에 대통령령으로 정하는 방법으로 확인받아야 한다. 다만, 제2항 단서에 해당하는 경우에는 연락시간, 연락방법, 연락횟수 등을 기재하는 등 총리령으로 정하는 방법에 따라 해당 소비자에게 제2항 본문에 따른 설명 등을 이행하였다는 사실을 확인할 수 있도록 하여야 한다.
④ 이전하는 선불식 할부거래업자가 가진 선불식 할부계약에 관한 권리와 의무는 그 계약을 이전받은 선불식 할부거래업자가 승계한다. 이전계약에서 이전하기로 한 자산에 관하여도 또한 같다.
⑤ 이전계약을 체결하는 경우 대통령령으로 정하는 선불식 할부계약과 관련된 자산은 이전하는 선불식 할부거래업자와 이전받은 선불식 할부거래업자에게 다음 각 호의 기준에 따라 배분하여 귀속한다.
1. 이전하는 선불식 할부거래업자 : 선불식 할부계약을 체결한 소비자가 납입한 총선수금에서 선불식 할부계약의 이전에 동의하지 아니하는 소비자가 납입한 선수금이 차지하는 비율로 배분한 금액
2. 이전받은 선불식 할부거래업자 : 선불식 할부계약을 체결한 소비자가 납입한 총선수금에서 선불식 할부계약 이전에 동의하는 소비자가 납입한 선수금이 차지하는 비율로 배분한 금액
⑥ 이전하는 선불식 할부거래업자와 이전받은 선불식 할부거래업자는 제3항에 따라 확인받은 자료를 소비자에게 설명하고 동의를 받도록 한 제2항 본문의 기간이 경과한 날(이하 "동의기간 경과일"이라 한다)부터 5년간 보존하여야 한다.
⑦ 이전받은 선불식 할부거래업자는 동의기간 경과일부터 2개월 이내에 대통령령으로 정하는 방법에 따라 이전계약을 증명하는 서류를 첨부하여 시·도지사에게 신고하여야 한다.
⑧ 시·도지사는 제7항에 따른 이전계약 신고를 받은 날부터 5일 이내에 신고수리 여부 또는 민원 처리 관련 법령에 따른 처리기간의 연장을 신고인에게 통지하여야 한다.(2023.3.21 본항신설)
(2015.7.24 본조신설)

제2절 소비자 권익의 보호

제23조【계약체결 전의 정보 제공 및 계약체결에 따른 계약서 발급】 ① 선불식 할부거래업자 또는 모집인(이하 "선불식 할부거래업자등"이라 한다)은 선불식 할부계약을 체결하기 전에 소비자가 계약의 내용을 이해할 수 있도록 다음 각 호의 사항을 설명하여야 한다.(2015.7.24 본문개정)
1. 선불식 할부거래업자 및 모집인의 상호(모집인이 자연인인 경우는 성명을 말한다)·주소·전화번호·전자우편주소·대표자의 이름(2015.7.24 본호개정)
2. 재화등의 종류 및 내용
3. 재화등의 가격과 그 지급의 방법 및 시기
4. 재화등을 공급하는 방법 및 시기
5. 계약금
6. 청약의 철회 및 계약 해제의 기한·행사방법·효과에 관한 사항 및 청약의 철회 및 계약 해제의 권리 행사에 필요한 서식으로서 총리령으로 정하는 것
7. 재화등에 대한 불만 및 소비자와 사업자 사이의 분쟁 처리에 관한 사항(2015.7.24 본호개정)
8. 소비자피해보상에 관한 사항으로 제27조제1항에 따른 소비자피해보상보험계약등의 계약기간, 소비자피해보상금 및 같은 조 제4항에 따른 지급의무자 등 대통령령으로 정하는 사항(2015.7.24 본호신설)
9. 선불식 할부계약을 체결한 날이 속하는 달의 전월 말일까지 선불식 할부거래업자가 받은 총선수금 중 제27조제2항에 따라 보전하고 있는 총보전금액 비율(2015.7.24 본호신설)
10. 선불식 할부거래에 관한 약관
11. 그 밖에 소비자의 구매 여부 판단에 영향을 주는 거래조건 또는 소비자의 피해구제에 필요한 사항으로서 대통령령으로 정하는 사항
② 선불식 할부거래업자등은 제1항에 따라 설명한 내용을 소비자가 이해하였다는 사실을 서명, 기명날인, 녹취 또는 그 밖에 대통령령으로 정하는 방법으로 소비자에게 확인받아야 한다.(2015.7.24 본항신설)
③ 선불식 할부거래업자는 선불식 할부계약을 체결할 경우에는 제1항 각 호의 사항을 적은 계약서를 소비자에게 발급하여야 한다.
④ 제1항, 제2항 및 제3항은 제22조의2에 따라 이전받은 선불식 할부거래업자에게도 적용한다. 이 경우 이전받은 선불식 할부거래업자는 동의기간 경과일부터 30일 이내에 소비자에게 제1항 각 호의 사항을 설명하고, 계약서를 발급하여야 한다.(2015.7.24 본항신설)
⑤ 선불식 할부거래업자는 제1항 각 호의 사항 중 소비자 보호를 위하여 필요한 사항으로서 대통령령으로 정하는 사항이 변경되는 경우에는 그 변경된 내용을 소비자에게 서면 또는 그 밖에 대통령령으로 정하는 방법에 따라 알려야 한다.(2015.7.24 본항신설)

제24조【소비자의 청약의 철회】 ① 소비자는 다음 각 호의 기간(거래당사자가 다음 각 호의 기간보다 긴 기간으로 약정한 경우에는 그 기간을 말한다) 이내에 선불식 할부계약에 관한 청약을 철회할 수 있다.
1. 제23조제3항에 따른 계약서를 받은 날부터 14일(2015.7.24 본호개정)
2. 다음 각 목의 어느 하나에 해당하는 경우에는 그 주소를 안 날 또는 알 수 있었던 날 등 청약을 철회할 수 있는 날부터 14일
가. 선불식 할부거래업자의 주소 등이 적혀 있지 아니한 계약서를 받은 경우
나. 선불식 할부거래업자의 주소 변경 등의 사유로 제1호의 기간 이내에 청약을 철회할 수 없는 경우
3. 제23조제3항에 따른 계약서에 청약의 철회에 관한 사항이 적혀 있지 아니한 경우에는 청약을 철회할 수 있음을 안 날 또는 알 수 있었던 날부터 14일(2015.7.24 본호개정)
4. 선불식 할부거래업자가 청약의 철회를 방해한 경우에는 그 방해행위가 종료한 날부터 14일
5. 제23조제3항에 따른 계약서를 받지 아니한 경우에는 계약일부터 3개월(2015.7.24 본호개정)
② 소비자가 제1항에 따라 청약을 철회할 경우 제1항에 따른 기간 이내에 선불식 할부거래업자에게 청약을 철회하는 의사표시가 적힌 서면을 발송하여야 한다.
③ 제1항에 따른 청약의 철회는 제2항에 따라 서면을 발송한 날에 그 효력이 발생한다.
④ 제1항을 적용함에 있어서 계약서의 발급사실과 그 시기 등에 관하여 다툼이 있는 경우에는 선불식 할부거래업자가 이를 입증하여야 한다.
⑤ 소비자가 제1항에 따라 청약을 철회한 경우 선불식 할부거래업자는 제2항에 따른 청약철회의 서면을 접수한 날부터 3영업일 이내에 이미 지급받은 계약금 및 할부금을 환급하여야 한다. 이 경우 선불식 할부거래업자가 환급을 지연한 때에는 그 지연기간에 따라 지연배상금을 함께 환급하여야 한다.

제25조【소비자의 선불식 할부계약 해제】 ① 소비자가 선불식 할부계약을 체결하고, 그 계약에 의한 재화등의 공급을 받지 아니한 경우에는 그 계약을 해제할 수 있다.
② 선불식 할부거래업자는 제1항에 따라 계약이 해제된 경우 소비자에게 해제로 인한 손실을 초과하는 위약금을 청구하여서는 아니 된다.
③ 선불식 할부거래업자는 소비자가 다음 각 호의 어느 하나에 해당하는 사유로 계약을 해제하는 경우에는 위약금을 청구하여서는 아니 된다.
1. 휴업 또는 폐업신고를 한 때
2. 영업정지 처분을 받은 때
3. 등록이 취소되거나 말소된 때
4. 「은행법」에 따른 은행으로부터 당좌거래의 정지처분을 받은 때(2010.5.17 본호개정)
5. 파산 또는 화의(和議) 개시의 신청이 있는 때
6. 소비자가 선불식 할부계약의 이전계약에 동의하지 아니한 때(2015.7.24 본호신설)
④ 선불식 할부거래업자는 선불식 할부계약이 해제된 경우에는 해제된 날부터 3영업일 이내에 이미 지급받은 대금에서 위약금을 뺀 금액을 소비자에게 환급하여야 한다. 이 경우 선불식 할부거래업자가 환급을 지연한 때에는 그 지연기간에 따라 지연배상금을 함께 환급하여야 한다.
⑤ 공정거래위원회는 총리령으로 정하는 바에 따라 위약금 및 대금의 환급에 관한 산정기준을 정하여 고시할 수 있다.

제26조【선불식 할부거래업자의 선불식 할부계약 해제】 선불식 할부거래업자는 소비자가 대금 지급의무를 이행하지 아니하면 선불식 할부계약을 해제할 수 있다. 이 경우 선불식 할부거래업자는 그 계약을 해제하기 전에 14일 이상의 기간을 정하여 소비자에게 이행할 것을 서면으로 최고(催告)하여야 한다.

제27조【소비자피해보상보험계약등】 ① 선불식 할부거래업자가 제18조에 따라 등록할 경우 소비자로부터 선불식 할부계약과 관련되는 재화등의 대금으로서 미리 수령한 금액(이하 "선수금"이라 한다)을 보전하기 위하여 다음 각 호의 어느 하나에 해당하는 계약(이하 "소비자피해보상보험계약등"이라 한다)을 체결하여야 한다.
1. 소비자피해보상을 위한 보험계약
2. 소비자피해보상금의 지급을 확보하기 위한 「은행법」에 따른 은행과의 채무지급보증계약(2010.5.17 본호개정)
3. 소비자피해보상금의 지급을 확보하기 위한 대통령령으로 정하는 기관(이하 "예치기관"이라 한다)과의 예치계약
4. 제28조에 따라 설립된 공제조합과의 공제계약
② 제1항에 따라 선불식 할부거래업자가 소비자피해보상보험계약등에 따라 보전하여야 할 금액(제1항 각 호 중 둘 이상의 계약을 체결한 경우에는 각 계약에 따라 보전되는 금액을 합산한다) 및 그 산정기준은 선수금 합계액의 100분의 50을 초과하지 아니하는 범위에서 대통령령으로 정한다.
③ 누구든지 제1항제3호에 따른 예치금을 상계·압류(가압류를 포함한다)하지 못하며, 선불식 할부거래업자는 대통령령으로 정하는 경우 외에는 예치금을 양도하거나 담보로 제공하여서는 아니 된다.
④ 소비자피해보상보험계약등에 따라 소비자피해보상금을 지급할 의무가 있는 자(이하 "지급의무자"라 한다)는 다음 각 호의 어느 하나에 해당하는 지급사유가 발생한 경우에는 지체 없이 이를 지급하여야 한다. 정당한 사유 없이 이를 지연한 경우에는 지연배상금을 지급하여야 한다.
1. 선불식 할부거래업자가 폐업한 경우
2. 선불식 할부거래업자가 「은행법」에 따른 은행으로부터 당좌거래의 정지처분을 받은 경우(2010.5.17 본호개정)
3. 제21조에 따라 등록이 말소된 경우 및 제40조에 따라 등록이 취소된 경우
4. 그 밖에 선불식 할부거래업자의 채무불이행 등으로 인한 소비자피해보상을 위하여 대통령령으로 정하는 경우
⑤ 예치기관은 제4항에 따른 지급사유가 발생한 경우에는 예치금을 인출하여 해당 선불식 할부거래업자와 선불식 할부계약을 체결한 소비자에게 우선하여 지급하여야 하며, 예치 및 예치금의 지급 등에 대한 구체적인 절차 및 방법에 대하여는 총리령으로 정한다.
⑥ 선불식 할부거래업자는 소비자와 선불식 할부계약을 체결한 경우 계약체결일부터 7일 이내에 계약체결 사실 및 내용을 지급의무자에게 통지하여야 한다.(2015.7.24 본항신설)
⑦ 제6항에 따라 선불식 할부거래업자로부터 계약 사실 등을 통지 받은 지급의무자는 통지받은 날부터 30일 이내에 소비자에게 소비자피해보상 증서를 발급하여야 하며, 그 구체적인 절차·발급방법 및 내용 등에 대하여는 총리령으로 정한다.(2015.7.24 본항개정)
⑧ 공정거래위원회는 소비자피해보상업무의 감독을 위하여 필요한 경우 지급의무자에게 선수금 보전과 관련된 자료의 제출을 요구할 수 있다.
⑨ 공정거래위원회는 지급의무자의 업무집행 등이 법령에 적합하지 아니한 경우 이의 시정을 명할 수 있고, 그 밖에 소비자의 피해구제 등과 관련하여 필요한 경우에는 적합한 조치를 요구할 수 있다.
⑩ 선불식 할부거래업자는 소비자피해보상보험계약등을 체결 또는 유지하는 경우 선수금 등의 자료를 제출함에 있어 거짓의 자료를 제출하여서는 아니 된다.
⑪ 그 밖에 소비자피해보상보험계약등의 운영에 관하여 필요한 사항은 대통령령으로 정한다.
⑫ 선불식 할부거래업자는 예치기관에 예치금을 입금하거나 예치금의 반환을 요청하는 경우에는 총리령으로 정하는 바에 따라 선수금의 증가 또는 감소를 증명하는 서류를 예치기관에 제출하여야 하며, 예치기관은 해당 서류를 확인한 후에 예치금을 반환하여야 한다.(2015.7.24 본항신설)

제27조의2【선불식 할부거래업자의 선수금 관련 통지 의무】 ① 선불식 할부거래업자는 선수금을 받은 경우에는 선수금액, 납입횟수 등 총리령으로 정하는 내용을 소비자에게 통지하여야 한다.
② 제1항에 따른 통지의 절차 및 방법 등에 관하여 필요한 사항은 총리령으로 정한다.
(2023.3.21 본조신설)

제27조의3【선불식 할부거래에서의 소비자보호지침의 제정】 공정거래위원회는 선불식 할부거래에서의 건전한 거래질서의 확립과 소비자보호를 위하여 사업자의 자율적 준수를 유도하기 위한 지침을 관련 분야의 거래당사자, 기관 및 단체의 의견을 들어 정할 수 있다.
(2016.3.29 본조신설)

제28조【공제조합의 설립】 ① 선불식 할부거래업자는 제27조제1항제4호에 따른 공제사업을 운영하기 위하여 공정거래위원회의 인가를 받아 공제조합을 설립할 수 있다.
② 공제조합은 법인으로 하며, 주된 사무소의 소재지에서 설립등기를 함으로써 성립한다.
③ 공제조합에 가입한 자는 공제사업의 수행에 필요한 출자금 등을 공제조합에 내야 한다.
④ 공제조합의 기본재산은 조합원의 출자금 등으로 조성하되 출자금은 200억원 이상으로서 대통령령으로 정하는 규모 이상이어야 한다. 다만, 정부는 예산의 범위에서 출연(出捐)하거나 보조할 수 있다.
⑤ 공제조합의 설립인가 기준 및 절차, 운영 및 감독 등에 관하여 필요한 사항은 대통령령으로 정한다.
⑥ 공제조합에 관하여 이 법에 규정된 것을 제외하고는 「민법」 중 사단법인에 관한 규정을 준용한다.

제29조【공제조합의 사업】 ① 공제조합은 다음 각 호의 사업을 수행한다.
1. 소비자피해보상을 위한 공제사업 및 소비자의 권익보호를 위한 공익사업
2. 소비자피해예방과 홍보를 위한 출판 및 교육사업
3. 시장의 건전한 발전을 위한 자율정화사업
4. 공정거래위원회로부터 위탁받은 사업
② 이 법에 따른 공제조합의 사업에 대하여는 「보험업법」을 적용하지 아니한다.

제30조【공제조합의 정관 및 공제규정】 ① 공제조합은 다음 각 호의 사항을 적은 정관을 정하여 공정거래위원회의 인가를 받아야 한다. 정관을 변경하는 경우에도 또한 같다.
1. 조합원의 자격과 가입·탈퇴에 관한 사항
2. 임원에 관한 사항
3. 출자금의 부담기준에 관한 사항
4. 이사회에 관한 사항
5. 이사장 선임에 관한 사항
6. 그 밖에 대통령령으로 정하는 사항

② 공제조합은 공제사업의 범위와 방식에 관한 공제규정을 정하여 공정거래위원회의 인가를 받아야 한다. 공제규정을 변경하는 경우에도 또한 같다.

제31조【공제조합의 감독】 ① 공정거래위원회는 필요하다고 인정하면 공제조합에 대하여 업무 및 회계에 관한 보고서의 제출 또는 그 밖에 필요한 조치를 명하거나 소속 공무원으로 하여금 공제조합의 업무 및 회계 상황을 조사하거나 장부 또는 그 밖의 서류를 검사하게 할 수 있다.
② 공정거래위원회는 공제조합의 운영 및 업무 집행 등이 법령이나 정관 등에 적합하지 아니한 경우 그 시정을 명할 수 있고, 그 밖에 소비자의 피해구제 등과 관련하여 필요한 경우에는 적합한 조치를 요구할 수 있다.
③ 공정거래위원회는 공제조합의 임직원이 다음 각 호의 어느 하나에 해당하는 경우에는 관련 임직원에 대한 징계·해임을 요구하거나 해당 위반행위를 시정하도록 명할 수 있다.
1. 제30조제2항에 따른 공제규정을 위반하여 업무를 처리한 경우
2. 제2항에 따른 시정명령이나 조치를 이행하지 아니한 경우

④ 제1항에 따라 조사 또는 검사를 하는 공무원은 그 권한을 표시하는 증표를 지니고 이를 관계인에게 보여 주어야 한다.

제32조【휴업기간 등에서의 청약의 철회 등에 관한 업무처리 등】 ① 선불식 할부거래업자는 그 휴업기간 또는 영업정지기간 중에도 제24조에 따른 청약의 철회나 제25조에 따른 계약의 해제 업무를 계속하여야 한다.
② 선불식 할부거래업자는 그 영업을 휴업하거나 영업정지 처분을 받은 경우에는 그 휴업기간 또는 영업정지기간을 소비자에게 서면 또는 그 밖에 대통령령으로 정하는 방법에 따라 알려야 한다.(2015.7.24 본항신설)
(2015.7.24 본조제목개정)

제33조【거래기록 등의 열람】 선불식 할부거래업자는 대통령령으로 정하는 바에 따라 재화등의 거래기록·소비자피해보상보험계약등의 체결내용을 언제든지 소비자가 열람할 수 있게 하여야 한다.

제34조【금지행위】 선불식 할부거래업자등은 다음 각 호의 어느 하나에 해당하는 행위를 하여서는 아니 된다. 다만, 제7호, 제9호, 제13호 및 제14호는 모집인에게는 적용되지 아니한다.(2015.7.24 본문개정)
1. 계약의 체결을 강요하거나 청약의 철회 또는 계약의 해제를 방해할 목적으로 상대방을 위협하는 행위
2. 거짓·과장된 사실을 알리거나 기만적 방법을 사용하여 상대방과의 거래를 유도하거나 청약의 철회 또는 계약의 해제를 방해하는 행위
3. 청약의 철회 또는 계약의 해제를 방해할 목적으로 주소·전화번호 등을 변경하는 행위
4. 분쟁이나 불만처리에 필요한 인력 또는 설비가 부족한 상태를 상당 기간 방치하여 상대방에게 피해를 주는 행위
5. 상대방의 청약이 없음에도 재화등의 대금을 청구하는 행위
6. 소비자가 계약을 체결할 의사가 없음을 밝혔음에도 전화, 팩스, 컴퓨터통신 등을 통하여 계약체결을 강요하는 행위
7. 소비자피해보상보험계약등을 체결하지 아니하고 영업하는 행위
8. 소비자피해보상보험계약등을 체결하지 아니하였음에도 소비자피해보상보험계약등을 체결한 사실을 나타내는 표지나 이와 유사한 표지를 제작 또는 사용하는 행위
9. 소비자피해보상보험계약등에 따라 보전하여야 할 금액을 보전하지 아니하고 영업하는 행위(2015.7.24 본호신설)
10. 본인의 허락을 받지 아니하거나 허락받은 범위를 넘어 소비자에 관한 정보를 이용(제3자에게 제공하는 경우를 포함한다)하는 행위. 다만, 다음 각 목의 어느 하나에 해당하는 경우는 제외한다.
  가. 재화등의 배송 등 소비자와의 계약이행에 불가피한 경우로서 대통령령으로 정하는 경우
  나. 재화등의 거래에 따른 대금을 정산하기 위하여 필요한 경우
  다. 도용을 방지하기 위하여 본인임을 확인할 때 필요한 경우로서 대통령령으로 정하는 경우
  라. 다른 법률에 따라 불가피한 사유가 있는 경우
11. 소비자가 계약을 해제하였음에도 불구하고 정당한 사유 없이 이에 따른 조치를 지연하거나 거부하는 행위
12. 청약의 철회 또는 계약의 해제와 관련하여 분쟁이 발생한 경우 대금을 지급받기 위하여 소비자에게 위계를 사용하거나 위력을 가하는 행위
13. 자신이 공급하는 재화등을 소비자가 양도·양수하는 것을 상당한 이유 없이 제한하거나 양도·양수함에 있어 과다한 비용을 부과하는 행위
14. 다른 사람에게 자기의 명의 또는 상호를 사용하여 선불식 할부거래업을 하게 하거나 선불식 할부거래업 등록증을 대여하는 행위
15. 「방문판매 등에 관한 법률」 제2조제5호에 따른 다단계판매 방식으로 선불식 할부계약을 체결하거나 선불식 할부계약의 체결을 대리 또는 중개하는 행위
16. 금전대차 관계를 이용하여 선불식 할부계약의 체결을 요구하는 행위
17. 소비자와 체결한 선불식 할부계약 중 일부에 대하여 이전계약을 체결하는 행위
18. 이전계약을 체결한 선불식 할부거래업자가 해당 이전계약에 대한 소비자의 동의를 받지 아니하고 소비자의 예금 등에서 금원을 인출하는 행위

(2015.7.24 15호~18호신설)

제3절 조사 및 감독

제35조【위반행위의 조사】 ① 공정거래위원회, 시·도지사 또는 시장·군수·구청장(자치구의 구청장을 말한다. 이하 같다)은 선불식 할부거래업자가 이 법을 위반한 사실이 있다고 인정할 때에는 직권으로 필요한 조사를 할 수 있다.
② 시·도지사 또는 시장·군수·구청장이 제1항에 따른 조사를 하려는 경우에는 공정거래위원회에 통보하여야 하며, 공정거래위원회는 조사 등이 중복될 우려가 있는 경우에는 시·도지사 또는 시장·군수·구청장에게 조사의 중지를 요청할 수 있다. 이 경우 요청을 받은 시·도지사 또는 시장·군수·구청장은 상당한 이유가 없으면 그 조사를 중지하여야 한다.
③ 공정거래위원회, 시·도지사 또는 시장·군수·구청장은 제1항에 따라 조사를 한 경우에는 그 결과(조사 결과 시정조치명령 등의 처분을 하려는 경우에는 그 처분의 내용을 포함한다)를 해당 사건의 당사자에게 문서로 알려야 한다.
④ 누구든지 선불식 할부거래업자가 이 법을 위반한 사실이 있다고 인정할 때에는 그 사실을 공정거래위원회, 시·도지사 또는 시장·군수·구청장에게 신고할 수 있다.
⑤ 공정거래위원회는 선불식 할부거래업자의 이 법 위반행위가 끝난 날부터 5년이 지난 경우 그 위반행위에 대하여는 이 법에 따른 시정조치를 명하지 아니하거나 과징금을 부과하지 아니한다. 다만, 시정조치 또는 과징금 부과처분이 판결의 취지에 따라 취소된 경우로서 그 판결이유에 따라 새로운 처분을 하는 경우에는 그러하지 아니하다.
⑥ 공정거래위원회는 제1항의 조사를 위하여 「소비자기본법」 제33조에 따른 한국소비자원(이하 이 조에서 "한국소비자원"이라 한다)과 합동으로 조사반을 구성할 수 있다. 이 경우 조사반의 구성과 조사에 관한 구체적 방법과 절차, 그 밖에 필요한 사항은 대통령령으로 정한다.
⑦ 제6항에 따라 해당 업무를 담당하는 한국소비자원의 임직원은 「형법」 제129조부터 제132조까지의 규정에 따른 벌칙을 적용할 때에는 공무원으로 본다.

제36조【부당행위에 대한 정보의 공개】 공정거래위원회는 선불식 할부거래에서의 공정거래질서 확립과 소비자피해예방을 위하여 필요한 경우에는 대통령령으로 정하는 바에 따라 선불식 할부거래업자의 이 법 위반행위에 대한 조사 결과 등 부당행위에 대한 정보를 공개할 수 있다.

제37조【보고 및 감독】 ① 시·도지사 또는 시장·군수·구청장은 제38조에 따른 시정권고를 하는 경우에는 대통령령으로 정하는 바에 따라 공정거래위원회에 보고하여야 한다.
② 공정거래위원회는 이 법의 효율적인 시행을 위하여 필요하다고 인정할 때에는 그 소관 사항에 관하여 시·도지사 또는 시장·군수·구청장에게 조사·확인 또는 자료의 제출을 요구하거나 그 밖에 시정에 필요한 조치를 하도록 요구할 수 있다. 이 경우 시·도지사 또는 시장·군수·구청장은 특별한 사유가 없으면 이에 따라야 한다.

제4절 시정조치 및 과징금 부과

제38조【위반행위의 시정권고】 ① 공정거래위원회, 시·도지사 또는 시장·군수·구청장(이하 이 조에서 "행정청"이라 한다)은 선불식 할부거래업자가 이 법에 위반되는 행위를 하거나 이 법에 따른 의무를 이행하지 아니하는 경우 제39조에 따른 시정조치를 하기 전에 그 선불식 할부거래업자가 해당 행위의 중지, 이 법에 따른 의무의 이행, 그 밖에 소비자 피해예방 및 구제에 필요한 조치를 하도록 시정 방안을 정하여 그 선불식 할부거래업자에게 이에 따를 것을 권고할 수 있다. 이 경우 해당 선불식 할부거래업자가 그 권고를 수락한 경우에는 제3항에 따라 시정조치가 내려진 것으로 본다는 뜻을 함께 통지하여야 한다.
② 제1항에 따라 시정권고를 받은 선불식 할부거래업자는 그 통지를 받은 날부터 10일 이내에 그 권고의 수락 여부를 시정권고를 한 행정청에 통지하여야 한다.
③ 제1항에 따라 시정권고를 받은 선불식 할부거래업자가 이를 수락한 때에는 제39조에 따른 시정조치가 내려진 것으로 본다.

제39조【시정조치】 ① 공정거래위원회는 선불식 할부거래업자가 다음 각 호의 어느 하나에 해당하는 행위를 하거나 이 법에 따른 의무를 이행하지 아니한 경우 해당 선불식 할부거래업자에게 그 시정을 위한 조치를 명할 수 있다.
1. 제18조제1항·제3항·제5항·제7항, 제19조, 제20조, 제22조, 제22조의2, 제23조부터 제26조까지, 제27조제1항·제3항부터 제7항까지·제10항, 제27조의2, 제32조, 제33조를 위반하는 경우(2023.3.21 본호개정)
2. 제34조 각 호의 어느 하나에 해당하는 금지행위를 한 경우

② 제1항에 따른 시정을 위한 조치에는 다음 각 호의 어느 하나에 해당하는 조치를 포함한다.
1. 해당 위반행위의 중지
2. 이 법에 규정된 의무의 이행
3. 시정조치를 받은 사실의 공표
4. 소비자피해 예방 및 구제에 필요한 조치
5. 그 밖에 시정을 위하여 필요한 조치

③ 제2항제3호에 따른 시정조치를 받은 사실의 공표에 관하여 필요한 사항은 대통령령으로 정한다.

제39조의2【관계 기관의 협조】 ① 공정거래위원회는 지급의무자가 이 법을 위반한 혐의가 있다고 인정되는 때에는 금융위원회 등 해당 지급의무자를 감독하는 중앙행정기관의 장에게 해당 지급의무자에 대한 조사, 제재 등 그 시정을 위하여 필요한 조치를 요청할 수 있다.
② 제1항에 따라 요청을 받은 자는 특별한 사유가 없으면 이에 응하여야 한다.
(2015.7.24 본조신설)

제40조【영업정지 등】 ① 공정거래위원회는 선불식 할부거래업자가 다음 각 호의 어느 하나에 해당하는 경우에는 대통령령으로 정하는 바에 따라 1년 이내의 기간을 정하여 그 영업의 전부 또는 일부의 정지를 명할 수 있다.
1. 다음 각 목의 어느 하나에 해당하는 경우로서 제39조에 따른 시정조치명령에도 불구하고 위반행위를 대통령령으로 정하는 기준 이상으로 반복하거나 시정조치를 이행하지 아니하는 경우(2023.3.21 본문개정)
  가. 제18조제3항 또는 제5항에 따른 신고를 하지 아니하거나 거짓으로 신고한 경우(2023.3.21 본목개정)
  나. 제34조제1호부터 제3호까지, 제7호부터 제9호까지 또는 제12호에 해당하는 금지행위를 한 경우
2. 제1호 각 목의 어느 하나에 해당하는 경우로서 시정조치만으로는 소비자의 피해를 방지하기 어렵거나 소비자에 대한 피해보상이 불가능하다고 판단되는 경우

(2015.7.24 본항개정)
② 시·도지사는 선불식 할부거래업자가 다음 각 호의 어느 하나에 해당하는 경우 그 등록을 취소할 수 있다. 다만, 제1호 및 제2호에 해당하는 경우에는 그 등록을 취소하여야 한다.
1. 거짓이나 그 밖의 부정한 방법으로 제18조제1항에 따른 등록을 한 경우

1의2. 제19조의 요건을 갖추지 못하게 된 경우(2023.3.21 본호신설)
2. 제20조 각 호의 결격사유에 해당하게 된 경우
3. 소비자피해보상보험계약등이 해지된 경우
4. 영업정지기간 중에 영업을 하는 경우
5. 최근 5년간 제1항에 따른 영업정지 명령을 3회 이상 받은 경우(제42조에 따라 영업정지에 갈음하여 과징금을 부과받은 경우도 포함한다)(2015.7.24 본호신설)

③ 시·도지사가 제2항에 따른 선불식 할부거래업자의 등록을 취소하려면 청문을 하여야 한다.

제41조【소비자피해분쟁조정의 요청】 ① 공정거래위원회, 시·도지사 또는 시장·군수·구청장은 이 법 위반행위와 관련하여 소비자의 피해구제신청이 있으면 제38조에 따른 시정권고 또는 제39조에 따른 시정조치를 하기 전에 선불식 할부거래에 관한 소비자보호 관련 업무를 수행하는 기관 또는 단체 등 대통령령으로 정하는 소비자피해분쟁조정기구에 그 조정을 의뢰할 수 있다. 이 경우 공정거래위원회, 시·도지사 또는 시장·군수·구청장은 조정안을 당사자가 수락하고 이행하는 경우에는 제39조에 따른 시정조치를 하지 아니한다는 뜻을 당사자에게 알려야 한다.
② 제1항에 따른 소비자피해분쟁조정기구의 조정안에 대하여 당사자가 수락하고 이행한 경우에는 대통령령으로 정하는 바에 따라 제39조에 따른 시정조치를 하지 아니한다.
③ 공정거래위원회는 제1항에 따라 분쟁의 조정을 요청하는 경우 예산의 범위에서 해당 분쟁의 조정에 필요한 예산을 지원할 수 있다.

제42조【과징금】 ① 공정거래위원회는 제40조제1항에 따라 영업정지를 명하여야 할 경우로서 영업정지가 소비자에게 심한 불편을 주거나 공익을 해할 우려가 있으면 영업정지를 갈음하여 해당 선불식 할부거래업자에 대하여 대통령령으로 정하는 위반행위 관련 매출액을 초과하지 아니하는 범위에서 과징금을 부과할 수 있다. 이 경우 관련 매출액이 없거나 이를 산정할 수 없는 경우 등에는 5천만원을 초과하지 아니하는 범위에서 과징금을 부과할 수 있다.
② 공정거래위원회는 제1항에 따른 과징금을 부과할 때 다음 각 호의 사항을 고려하여야 한다.

1. 위반행위로 인한 소비자 피해정도
2. 소비자피해에 대한 선불식 할부거래업자의 보상노력 정도
3. 위반행위로 인하여 취득한 이익의 규모
4. 위반행위의 내용·기간 및 횟수 등
③ 공정거래위원회는 이 법을 위반한 선불식 할부거래업자인 회사의 합병이 있는 경우에는 그 회사가 행한 위반행위를 합병 후 존속하거나 합병으로 새로 설립된 회사가 한 행위로 보아 과징금을 부과·징수할 수 있다.
④ (2023.3.21 삭제)
⑤ 제1항에 따른 과징금의 부과기준은 대통령령으로 정한다.

제4장 보 칙

제42조의2【준용규정】 선불식 할부거래에 관하여는 이 법에서 다르게 정하거나 성질에 반하지 아니하면 할부거래에 관한 제12조부터 제16조까지의 규정을 준용한다.(2015.7.24 본조신설)

제43조【소비자에게 불리한 계약의 금지】 제6조부터 제13조까지, 제15조, 제16조, 제22조의2, 제23조부터 제26조까지의 규정을 위반한 약정으로서 소비자에게 불리한 것은 효력이 없다.(2015.7.24 본조개정)

제44조【전속관할】 할부거래 및 선불식 할부거래와 관련된 소(訴)는 제소 당시 소비자의 주소를, 주소가 없는 경우에는 거소를 관할하는 지방법원의 전속관할로 한다. 다만, 제소 당시 소비자의 주소 및 거소가 분명하지 아니한 경우에는 「민사소송법」의 관련 규정을 준용한다.

제45조【사업자단체의 등록】 ① 할부거래 및 선불식 할부거래의 건전한 발전과 소비자의 신뢰도 제고, 그 밖에 공동이익의 증진을 목적으로 설립된 사업자단체는 대통령령으로 정하는 바에 따라 공정거래위원회에 등록할 수 있다.
② 제1항에 따른 등록의 요건, 방법 및 절차 등에 관하여 필요한 사항은 대통령령으로 정한다.

제46조【사무의 위탁】 ① 공정거래위원회는 이 법을 효율적으로 집행하기 위하여 제18조제6항에 따른 선불식 할부거래업자에 관한 정보의 공개 등 대통령령으로 정하는 사무의 일부를 제45조에 따라 등록한 사업자단체에 위탁할 수 있다.(2023.3.21 본항개정)
② 제1항에 따라 위탁한 사무에 대한 감독, 처리·보고, 조사·확인, 자료의 제출 또는 시정에 필요한 조치의 요구 등에 관하여 필요한 사항은 대통령령으로 정한다.
③ 제1항에 따라 사무를 위탁받은 사업자단체의 임직원은 「형법」 제129조부터 제132조까지의 규정에 따른 벌칙을 적용할 때에는 공무원으로 본다.

제47조【「독점규제 및 공정거래에 관한 법률」의 준용】
① 이 법에 따른 공정거래위원회의 심의·의결에 관하여는 「독점규제 및 공정거래에 관한 법률」 제64조부터 제68조까지 및 제93조를 준용한다.
② 이 법 시행을 위한 공정거래위원회, 시·도지사 또는 시장·군수·구청장의 조사 등에 관하여는 「독점규제 및 공정거래에 관한 법률」 제81조제1항부터 제3항까지, 제6항 및 제9항을 준용한다.(2023.3.21 본항개정)
③ 이 법에 따른 공정거래위원회의 처분 및 시·도지사의 처분에 대한 이의신청, 시정조치명령의 집행정지, 소의 제기 및 불복의 소의 전속관할에 관하여는 「독점규제 및 공정거래에 관한 법률」 제96조, 제97조, 제99조부터 제101조까지의 규정을 준용한다.
④ 이 법에 따른 과징금의 부과·징수에 관하여는 「독점규제 및 공정거래에 관한 법률」 제103조부터 제107조까지의 규정을 준용한다.(2023.3.21 본항신설)
⑤ 이 법에 따른 직무에 종사하거나 종사하였던 공정거래위원회의 위원 또는 공무원에 대하여는 「독점규제 및 공정거래에 관한 법률」 제119조를 준용한다.(2020.12.29 본조개정)

제5장 벌 칙

제48조【벌칙】 ① 다음 각 호의 어느 하나에 해당하는 자는 3년 이하의 징역 또는 1억원 이하의 벌금에 처한다. 이 경우 다음 각 호의 어느 하나에 해당하는 자가 해당 법 위반행위와 관련하여 판매 또는 거래한 대금 총액의 3배에 상당하는 금액이 1억원을 초과하는 때에는 3년 이하의 징역 또는 판매하거나 거래한 대금 총액의 3배에 상당하는 금액 이하의 벌금에 처한다.
1. 제18조제1항을 위반하여 등록을 하지 아니하고(제40조제2항에 따라 등록이 취소된 경우를 포함한다) 선불식 할부거래업을 하는 자
2. 거짓이나 그 밖의 부정한 방법으로 제18조제1항에 따른 등록을 하고 선불식 할부거래업을 하는 자(제34조제7호의 금지행위를 한 자를 포함한다)
3. 제34조제17호 또는 제18호의 금지행위를 한 자(2015.7.24 본호신설)
4. 제39조제1항에 따른 시정조치 명령에 응하지 아니한 자
5. 제40조제1항에 따른 영업정지 명령을 위반하여 영업을 한 자
② 제1항의 징역형과 벌금형은 병과(倂科)할 수 있다.

제49조【벌칙】 제47조제5항에 따라 준용되는 「독점규제 및 공정거래에 관한 법률」 제119조를 위반한 자는 2년 이하의 징역 또는 200만원 이하의 벌금에 처한다.(2023.3.21 본조개정)

제50조【벌칙】 ① 다음 각 호의 어느 하나에 해당하는 자는 1년 이하의 징역 또는 3천만원 이하의 벌금에 처한다.
1. 제27조제10항을 위반하여 소비자피해보상보험계약등을 체결 또는 유지함에 있어 거짓으로 선수금 등의 자료를 제출한 자(2015.7.24 본호개정)
2. 제34조제1호부터 제3호까지, 제8호·제9호·제12호 및 제14호부터 제16호까지에 해당하는 금지행위를 한 자(2015.7.24 본호개정)
② 제1항의 징역형과 벌금형은 병과할 수 있다.

제51조【벌칙】 다음 각 호의 어느 하나에 해당하는 자는 1천만원 이하의 벌금에 처한다.
1. 제34조제5호의 금지행위를 한 자
2. 제34조제11호의 금지행위를 한 자(2015.7.24 본호개정)

제52조【양벌규정】 법인의 대표자나 법인 또는 개인의 대리인, 사용인, 그 밖의 종업원이 그 법인 또는 개인의 업무에 관하여 제48조, 제50조 또는 제51조의 위반행위를 하면 그 행위자를 벌하는 외에 그 법인 또는 개인에게도 해당 조문의 벌금형을 과(科)한다. 다만, 법인 또는 개인이 그 위반행위를 방지하기 위하여 해당 업무에 관하여 상당한 주의와 감독을 게을리하지 아니한 경우에는 그러하지 아니하다.

제53조【과태료】 ① 다음 각 호의 어느 하나에 해당하는 자에게는 5천만원 이하의 과태료를 부과한다.
1. 제18조제3항 또는 제5항에 따른 신고를 거짓으로 한 자(2023.3.21 본호개정)
1의2. 제18조의2제1항을 위반하여 감사인이 작성하지 아니한 회계감사 보고서를 제출한 자(2023.3.21 본호신설)
2. 제22조제1항 또는 제22조의2제7항에 따른 신고를 거짓으로 한 자(2023.3.21 본호개정)
3. 제47조제2항에 따라 준용되는 「독점규제 및 공정거래에 관한 법률」 제81조제2항에 따른 조사를 거부·방해하거나 기피한 자(2023.3.21 본호신설)
② 다음 각 호의 어느 하나에 해당하는 자에게는 3천만원 이하의 과태료를 부과한다.
1. 제18조제3항 또는 제5항에 따른 신고를 하지 아니한 자(2023.3.21 본호개정)
2. 제18조제7항을 위반하여 자료를 제출하지 아니하거나 거짓 자료를 제출한 자(2023.3.21 본호개정)
3. 제18조의2제1항에 따른 회계감사 보고서를 제출하지 아니한 자(2015.7.24 본호개정)
3의2. 제18조의2제2항을 위반하여 감사인이 작성하지 아니한 회계감사 보고서를 공시한 자(2023.3.21 본호신설)
4. 제22조제1항 또는 제22조의2제7항에 따른 신고를 하지 아니한 자(2023.3.21 본호개정)
5. 거짓이나 그 밖의 부정한 방법으로 제22조의2제2항에 따른 설명을 하거나 동의를 받은 자
6. 모집인이 제23조제1항 또는 제2항을 위반한 경우 해당 선불식 할부거래업자. 다만, 선불식 할부거래업자가 그 위반행위를 막기 위하여 해당 업무에 관하여 상당한 주의와 감독을 게을리하지 아니한 경우에는 그러하지 아니하다.
7. 거짓이나 그 밖의 부정한 방법으로 제23조제1항, 제2항 또는 제4항에 따른 설명을 하거나 확인을 받은 자
8. 거짓이나 그 밖의 부정한 방법으로 제23조제3항·제4항에 따른 계약서를 발급한 자
9. 제27조제12항에 따른 서류를 제출하지 아니한 자
10. 제33조에 따른 소비자의 열람에 제공하는 재화등의 거래기록·소비자피해보상보험계약등의 체결내용을 거짓으로 작성한 자
(2015.7.24 5호~10호신설)
11. 제47조제2항에 따라 준용되는 「독점규제 및 공정거래에 관한 법률」 제81조제1항제1호를 위반하여 정당한 사유 없이 출석하지 아니한 자(2023.3.21 본호신설)
12. 제47조제2항에 따라 준용되는 「독점규제 및 공정거래에 관한 법률」 제81조제1항제3호 또는 같은 조 제6항에 따른 보고 또는 제출을 하지 아니하거나 거짓으로 보고 또는 제출을 한 자(2023.3.21 본호신설)
③ 다음 각 호의 어느 하나에 해당하는 자에게는 1천만원 이하의 과태료를 부과한다.
1. 제18조의2제2항에 따라 회계감사 보고서를 공시하지 아니한 자(2015.7.24 본호개정)
2. 제22조제2항 및 제22조의2제1항에 따른 공고를 하지 아니하거나 거짓으로 공고한 자
3. 제22조의2제2항 또는 제3항을 위반한 자
4. 제22조의2제6항을 위반하여 자료를 보존하지 아니한 자
5. 제23조제1항 또는 제2항을 위반하여 설명 또는 확인을 받지 아니한 자
6. 제23조제3항 또는 제4항에 따른 계약서를 발급하지 아니한 자
7. 제23조제5항 및 제32조제2항을 위반하여 대통령령으로 정하는 사항을 소비자에게 알리지 아니한 자
(2015.7.24 2호~7호신설)
8. 제24조제5항을 위반하여 계약금, 할부금 또는 지연배상금을 환급하지 아니한 자
9. 제25조를 위반하여 대금 또는 지연배상금을 환급하지 아니하거나 과다한 위약금을 청구한 자
9의2. 제27조의2제1항을 위반하여 총리령으로 정하는 내용을 소비자에게 통지하지 아니하거나 거짓으로 통지한 자(2023.3.21 본호신설)
10. 제32조제1항을 위반하여 휴업기간 또는 영업정지기간 중에 청약의 철회 등에 관한 업무를 계속하지 아니한 자(2015.7.24 본호개정)
11. 제33조에 따른 재화등의 거래기록·소비자피해보상보험계약등의 체결내용을 소비자가 열람할 수 있도록 하지 아니한 자
12.~14. (2023.3.21 삭제)
④ 다음 각 호의 어느 하나에 해당하는 자(간접할부계약의 경우 신용제공자를 포함한다)에게는 500만원 이하의 과태료를 부과한다.
1. 제5조를 위반하여 표시를 하지 아니하거나 거짓 표시를 한 자
2. 제6조제2항에 따른 계약서를 발급하지 아니하거나 거짓으로 적은 계약서를 발급한 자
3. 제6조제3항에 따른 서면을 발급하지 아니한 자
4. 제7조에 따른 할부수수료의 실제연간요율의 최고한도를 위반하여 할부수수료를 받은 자
5. 제10조를 위반하여 계약금, 할부금 또는 지연배상금을 환급하지 아니하거나 환급에 필요한 조치를 취하지 아니한 자
6. 제10조제8항 또는 제16조제7항을 위반하여 소비자에게 불이익을 주는 행위를 한 자
7. 제12조제1항에 따른 지연손해금 산정 시 적용하는 이율의 최고한도를 위반하여 지연손해금을 받은 자
8. 제17조를 위반하여 휴업기간 또는 영업정지기간 중에 청약의 철회에 관한 업무를 계속하지 아니한 자
⑤ 제47조제1항에 따라 준용되는 「독점규제 및 공정거래에 관한 법률」 제66조에 따른 질서유지명령에 따르지 아니한 자에게는 100만원 이하의 과태료를 부과한다.(2020.12.29 본항개정)
⑥ 제1항부터 제3항까지 및 제5항에 따른 과태료는 공정거래위원회, 시·도지사 또는 시장·군수·구청장이 부과·징수한다.
⑦ 제4항에 따른 과태료는 특별자치도지사·특별자치시장 또는 시장·군수·구청장이 부과·징수한다.(2023.3.21 본항개정)
⑧ 제1항부터 제5항까지의 규정에 따른 과태료의 부과기준은 대통령령으로 정한다.

제54조【과태료에 관한 규정 적용의 특례】 제53조의 과태료에 관한 규정을 적용할 때 제42조에 따라 과징금을 부과한 행위에 대해서는 과태료를 부과할 수 없다.(2017.11.28 본조신설)

부 칙

제1조【시행일】 이 법은 공포 후 6개월이 경과한 날부터 시행한다.

제2조【청약의 철회에 관한 경과조치】 ① 이 법 시행 전에 체결된 할부계약의 청약의 철회에 대하여는 제8조부터 제10조까지의 개정규정에도 불구하고 종전의 규정에 따른다.
② 이 법 시행 전에 체결된 선불식 할부계약의 청약의 철회에 대하여는 제24조의 개정규정을 적용한다.

제3조【선불식 할부거래업자의 등록에 관한 경과조치】 이 법 시행 당시 선불식 할부거래업자에 해당되는 자는 이 법 시행일부터 6개월 이내에 제18조의 개정규정에 따라 등록하여야 한다.

제4조【계약 해제에 대한 적용례】 이 법 시행 전에 체결된 선불식 할부계약의 해제에 대하여는 제25조의 개정규정을 적용한다.

제5조【소비자피해보상보험계약등에 대한 적용례】 ① 이 법 시행 전에 체결된 선불식 할부계약에 따라 선불식 할부거래업자가 수령한 선수금에 대하여는 제27조의 개정규정을 적용한다.
② 이 법 시행 당시 선불식 할부거래업자에 해당된 자가 소비자피해보상보험계약등에 의하여 보전하여야 할 금액은 제27조제2항의 개정규정에도 불구하고 다음 각 호의 비율로 한다.
1. 이 법 공포일부터 1년까지는 대통령령으로 정하는 금액의 100분의 20
2. 이 법 공포일부터 1년이 경과한 날부터 2년까지는 대통령령으로 정하는 금액의 100분의 40
3. 이 법 공포일부터 2년이 경과한 날부터 3년까지는 대통령령으로 정하는 금액의 100분의 60
4. 이 법 공포일부터 3년이 경과한 날부터 4년까지는 대통령령으로 정하는 금액의 100분의 80

제6조【벌칙 및 과태료에 관한 경과조치】 이 법 시행 전의 행위에 대한 벌칙 및 과태료의 적용에 있어서는 종전의 규정에 따른다.

제7조【다른 법령과의 관계】 이 법 시행 당시 다른 법령에서 종전의 「할부거래에 관한 법률」의 규정을 인용하고 있는 경우 이 법 중 그에 해당하는 규정이 있는 때에는 종전의 규정을 갈음하여 이 법의 해당 규정을 인용한 것으로 본다.

부 칙 (2015.7.24)

제1조【시행일】 이 법은 공포 후 6개월이 경과한 날부터 시행한다.

제2조【선불식 할부계약에 관한 적용례】 제2조의 개정규정은 이 법 시행 후 최초로 체결하는 선불식 할부계약부터 적용한다.

제3조【결격사유에 관한 적용례】 제20조의 개정규정(같은 조 제1호나목의 개정규정은 제외한다)은 이 법 시행 후 금고 이상의 형을 선고받은 자부터 적용한다.

제4조【선불식 할부계약의 이전에 관한 적용례】 제22조의2의 개정규정은 이 법 시행 후 최초로 이전계약을 체결한 선불식 할부계약부터 적용한다.

제5조【선불식 할부계약의 정보 제공 및 계약체결에 따른 소비자 확인에 관한 적용례】 제23조제2항의 개정규정은 이 법 시행 후 최초로 체결하는 선불식 할부계약부터 적용한다.

제6조【선불식 할부거래업자의 등록에 관한 경과조치】 이 법 시행 당시 종전의 제18조에 따라 등록한 선불식 할부거래업자는 이 법 시행일부터 3년 이내에 제18조의 개정규정에 따라 다시 등록하여야 한다.

제7조【금치산자 등에 대한 경과조치】 제20조제1호나목의 개정규정에 따른 피한정후견인 또는 피성년후견인에는 법률 제10429호 민법 일부개정법률 부칙 제2조에 따라 금치산 또는 한정치산 선고의 효력이 유지되는 자를 포함하는 것으로 본다.

제8조【영업정지에 관한 경과조치】 이 법 시행 전의 행위에 대하여 영업정지를 적용할 때에는 종전의 규정에 따른다.

부 칙 (2017.11.28)
(2018.12.31)

이 법은 공포 후 6개월이 경과한 날부터 시행한다.

부 칙 (2020.12.29)

제1조【시행일】 이 법은 공포 후 1년이 경과한 날부터 시행한다.(이하 생략)

부 칙 (2023.3.21)

제1조【시행일】 이 법은 공포 후 6개월이 경과한 날부터 시행한다. 다만, 제27조의2의 개정규정은 공포 후 1년이 경과한 날부터 시행하고, 제42조제4항 및 제47조제4항의 개정규정은 공포한 날부터 시행한다.

제2조【선불식 할부거래업자 변경신고의 신고수리 여부 통지기간 등에 관한 적용례】 ① 제18조제4항의 개정규정은 이 법 시행 이후 선불식 할부거래업자가 등록사항 변경신고를 하는 경우부터 적용한다.

② 제22조제1항 및 제3항부터 제5항까지의 개정규정은 이 법 시행 이후 선불식 할부거래업자가 지위승계 신고를 하는 경우부터 적용한다.

③ 제22조의2제8항의 개정규정은 이 법 시행 이후 선불식 할부거래업자가 선불식 할부계약의 이전계약 신고를 하는 경우부터 적용한다.

제3조【과징금의 연대납부 등에 관한 적용례】 ① 제47조제4항의 개정규정에 따라 준용되는 「독점규제 및 공정거래에 관한 법률」 제104조제1항은 부칙 제1조 단서에 따른 같은 개정규정의 시행일부터 6개월이 경과한 날 이후 회사가 분할 또는 분할합병되는 경우부터 적용한다.

② 제47조제4항의 개정규정에 따라 준용되는 「독점규제 및 공정거래에 관한 법률」 제104조제2항은 부칙 제1조 단서에 따른 같은 개정규정의 시행일부터 6개월이 경과한 날 이후 회사가 분할 또는 분할합병으로 해산되는 경우부터 적용한다.

제4조【선수금 관련 통지에 관한 경과조치】 이 법 시행 전에 선불식 할부계약을 체결한 선불식 할부거래업자는 부칙 제1조 단서에 따른 제27조의2의 개정규정의 시행일부터 6개월 이내에 소비자에게 같은 개정규정에 따른 통지를 하여야 한다. 다만, 부칙 제1조 단서에 따른 제27조의2의 개정규정의 시행일부터 6개월 이내에 선불식 할부계약이 취소·해지 또는 해제되는 경우는 제외한다.

방문판매 등에 관한 법률

(약칭 : 방문판매법)

(2012년 2월 17일 전부개정법률 제11324호)

개정
2012. 1.26법11212호(고등교육)
2012. 6. 1법11461호(전자문서및전자거래기본법)
2013. 5.28법11839호 2014. 1.28법12379호
2016. 3.29법14138호 2017.11.28법15140호
2018. 6.12법15695호
2020.12.29법17799호(독점)
2021. 4.20법18112호 2021.12. 7법18571호
2022. 1. 4법18711호 2023. 3.21법19254호
2023. 7.11법19531호
2024년 1월 25일 제412회 국회 본회의 통과(독점)→「法典 別冊」 보유편 수록

제1장 총 칙

제1조【목적】 이 법은 방문판매, 전화권유판매, 다단계판매, 후원방문판매, 계속거래 및 사업권유거래 등에 의한 재화 또는 용역의 공정한 거래에 관한 사항을 규정함으로써 소비자의 권익을 보호하고 시장의 신뢰도를 높여 국민경제의 건전한 발전에 이바지함을 목적으로 한다.

제2조【정의】 이 법에서 사용하는 용어의 뜻은 다음과 같다.

1. "방문판매"란 재화 또는 용역(일정한 시설을 이용하거나 용역을 제공받을 수 있는 권리를 포함한다. 이하 같다)의 판매(위탁 및 중개를 포함한다. 이하 같다)를 업(業)으로 하는 자(이하 "판매업자"라 한다)가 방문을 하는 방법으로 그의 영업소, 대리점, 그 밖에 총리령으로 정하는 영업장소(이하 "사업장"이라 한다) 외의 장소에서 소비자에게 권유하여 계약의 청약을 받거나 계약을 체결(사업장 외의 장소에서 권유 등 총리령으로 정하는 방법으로 소비자를 유인하여 사업장에서 계약의 청약을 받거나 계약을 체결하는 경우를 포함한다)하여 재화 또는 용역(이하 "재화등"이라 한다)을 판매하는 것을 말한다.
2. "방문판매자"란 방문판매를 업으로 하기 위하여 방문판매조직을 개설하거나 관리·운영하는 자(이하 "방문판매업자"라 한다)와 방문판매업자를 대신하여 방문판매업무를 수행하는 자(이하 "방문판매원"이라 한다)를 말한다.
3. "전화권유판매"란 전화를 이용하여 소비자에게 권유를 하거나 전화회신을 유도하는 방법으로 재화등을 판매하는 것을 말한다.
4. "전화권유판매자"란 전화권유판매를 업으로 하기 위하여 전화권유판매조직을 개설하거나 관리·운영하는 자(이하 "전화권유판매업자"라 한다)와 전화권유판매업자를 대신하여 전화권유판매업무를 수행하는 자(이하 "전화권유판매원"이라 한다)를 말한다.
5. "다단계판매"란 다음 각 목의 요건을 모두 충족하는 판매조직(이하 "다단계판매조직"이라 한다)을 통하여 재화등을 판매하는 것을 말한다.
   가. 판매업자에 속한 판매원이 특정인을 해당 판매원의 하위 판매원으로 가입하도록 권유하는 모집방식이 있을 것
   나. 가목에 따른 판매원의 가입이 3단계(다른 판매원의 권유를 통하지 아니하고 가입한 판매원을 1단계 판매원으로 한다. 이하 같다) 이상 단계적으로 이루어질 것. 다만, 판매원의 단계가 2단계 이하라고 하더라도 사실상 3단계 이상으로 관리·운영되는 경우로서 대통령령으로 정하는 경우를 포함한다.
   다. 판매업자가 판매원에게 제9호나목 또는 다목에 해당하는 후원수당을 지급하는 방식을 가지고 있을 것
6. "다단계판매자"란 다단계판매를 업으로 하기 위하여 다단계판매조직을 개설하거나 관리·운영하는 자(이하 "다단계판매업자"라 한다)와 다단계판매조직에 판매원으로 가입한 자(이하 "다단계판매원"이라 한다)를 말한다.
7. "후원방문판매"란 제1호(다음 각 목의 어느 하나에 해당하는 자가 개설·운영하는 사이버몰에서 「전자문서 및 전자거래 기본법」 제2조제5호에 따른 전자거래의 방법으로 소비자에게 판매하는 경우를 포함한다) 및 제5호의 요건에 해당하되, 대통령령으로 정하는 바에 따라 특정 판매원의 구매·판매 등의 실적이 그 직근 상위판매원 1인의 후원수당에만 영향을 미치는 후원수당 지급 방식을 가진 경우를 말한다. 이 경우 제1호의 방문판매 및 제5호의 다단계판매에는 해당하지 아니하는 것으로 한다.(2023.3.21 전단개정)
   가. 재화등을 생산하는 제8호에 따른 후원방문판매업자
   나. 제8호에 따른 후원방문판매업자가 판매하는 재화등의 주된 공급자
   (2023.3.21 가목~나목신설)
8. "후원방문판매자"란 후원방문판매를 업으로 하기 위한 조직(이하 "후원방문판매조직"이라 한다)을 개설하거나 관리·운영하는 자(이하 "후원방문판매업자"라 한다)와 후원방문판매조직에 판매원으로 가입한 자(이하 "후원방문판매원"이라 한다)를 말한다.
9. "후원수당"이란 판매수당, 알선 수수료, 장려금, 후원금 등 그 명칭 및 지급 형태와 상관없이 판매업자가 다음 각 목의 사항과 관련하여 소속 판매원에게 지급하는 경제적 이익을 말한다.
   가. 판매원 자신의 재화등의 거래실적
   나. 판매원의 수당에 영향을 미치는 다른 판매원들의 재화등의 거래실적
   다. 판매원의 수당에 영향을 미치는 다른 판매원들의 조직관리 및 교육훈련 실적
   라. 그 밖에 가목부터 다목까지의 규정 외에 판매원들의 판매활동을 장려하거나 보상하기 위하여 지급되는 일체의 경제적 이익
10. "계속거래"란 1개월 이상에 걸쳐 계속적으로 또는 부정기적으로 재화등을 공급하는 계약으로서 중도에 해지할 경우 대금 환급의 제한 또는 위약금에 관한 약정이 있는 거래를 말한다.
11. "사업권유거래"란 사업자가 소득 기회를 알선·제공하는 방법으로 거래 상대방을 유인하여 금품을 수수하거나 재화등을 구입하게 하는 거래를 말한다.
12. "소비자"란 사업자가 제공하는 재화등을 소비생활을 위하여 사용하거나 이용하는 자 또는 대통령령으로 정하는 자를 말한다.
13. "지배주주"란 다음 각 목의 어느 하나에 해당하는 자를 말한다.
   가. 대통령령으로 정하는 특수관계인과 함께 소유하고 있는 주식 또는 출자액의 합계가 해당 법인의 발행주식총수 또는 출자총액의 100분의 30 이상인 경우로서 그 합계가 가장 많은 주주 또는 출자자
   나. 해당 법인의 경영을 사실상 지배하는 자. 이 경우 사실상 지배의 구체적인 내용은 대통령령으로 정한다.

판례 다단계판매조직의 의미 : 상품 판매 및 판매원 가입유치활동을 하면 소매이익과 후원수당을 얻을 수 있다고 권유하여 판매원 가입이 이루어지고, 그와 동일한 과정이 3단계 이상 단계적·누적적으로 반복된 이상, 그 판매조직의 후원수당 지급방식이 직근 하위판매원이 아닌 하위판매원의 판매실적에 영향을 받지 않는 것으로 정해져 있다고 하더라도, 그러한 판매조직형태는 다단계판매조직에 해당하는 것으로 보아야 한다.(대판 2005.11.25, 2005도977)

제3조【적용 범위】 이 법은 다음 각 호의 거래에는 적용하지 아니한다.

1. 사업자(다단계판매원, 후원방문판매원 또는 사업권유거래의 상대방은 제외한다. 이하 이 호에서 같다)가 상행위를 목적으로 재화등을 구입하는 거래. 다만, 사업자가 사실상 소비자와 같은 지위에서 다른 소비자와 같은 거래조건으로 거래하는 경우는 제외한다.
2. 「금융소비자 보호에 관한 법률」 제2조제3호에 따른 금융상품판매업자와 같은 법 제3조에 따른 예금성 상품, 대출성 상품, 투자성 상품 및 보장성 상품에 관한 계약을 체결하기 위한 거래(2021.12.7 본호개정)
3. 개인이 독립된 자격으로 공급하는 재화등의 거래로서 대통령령으로 정하는 거래

제4조【다른 법률과의 관계】 ① 방문판매, 전화권유판매, 다단계판매, 후원방문판매, 계속거래 및 사업권유거래(이하 "특수판매"라 한다)에서의 소비자보호와 관련하여 이 법과 다른 법률이 경합하여 적용되는 경우에는 이 법을 우선 적용한다. 다만, 다른 법률을 적용하는 것이 소비자에게 유리한 경우에는 그 법률을 적용한다.

② 다른 법률에 이 법과는 다른 방법에 따른 계약서 발급 의무 등이 규정되어 있는 거래에 대하여는 제7조·제16조 및 제30조에 따른 계약서 발급 의무에 관한 규정을 적용하지 아니한다.

③ 계속거래에 관하여 이 법에서 규정하고 있는 사항을 다른 법률에서 따로 정하고 있는 경우에는 그 법률을 적용한다.

④ 「할부거래에 관한 법률」 제2조제4호에 따른 선불식 할부거래 및 선불식 할부거래업자에 대하여는 제8조, 제9조, 제17조, 제18조 및 제37조를 적용하지 아니한다.

제2장 방문판매 및 전화권유판매

제5조【방문판매업자등의 신고 등】 ① 방문판매업자 또는 전화권유판매업자(이하 "방문판매업자등"이라 한다)는 상호, 주소, 전화번호, 전자우편주소(법인인 경우에는 대표자의 성명, 주민등록번호 및 주소를 포함한다), 그 밖에 대통령령으로 정하는 사항을 대통령령으로 정하는 바에 따라 공정거래위원회 또는 특별자치시장·특별자치도지사·시장·군수·구청장(자치구의 구청장을 말한다. 이하 같다)에게 신고하여야 한다. 다만, 다음 각 호의 자는 그러하지 아니한다.

1. 방문판매원 또는 전화권유판매원(이하 "방문판매원등"이라 한다)을 두지 아니하는 소규모 방문판매업자등 대통령령으로 정하는 방문판매업자등
2. 제13조제1항에 따라 등록한 다단계판매업자
3. 제29조제3항에 따라 등록한 후원방문판매업자

② 제1항에 따라 신고한 사항이 변경된 경우에는 대통령령으로 정하는 바에 따라 이를 신고하여야 한다.

③ 제1항에 따라 신고한 방문판매업자등은 휴업 또는 폐업을 하거나 휴업한 후 영업을 다시 시작할 때에는 대통령령으로 정하는 바에 따라 이를 신고하여야 한다.

④ 공정거래위원회는 제1항에 따라 방문판매업자등이 신고한 사항을 대통령령으로 정하는 바에 따라 공개할 수 있다.

제6조【방문판매원등의 명부 작성 등】 ① 방문판매업자등은 총리령으로 정하는 바에 따라 방문판매원등의 명부를 작성하여야 한다.
② 방문판매업자등은 소비자피해를 방지하거나 구제하기 위하여 소비자가 요청하면 언제든지 소비자로 하여금 방문판매원등의 신원을 확인할 수 있도록 하여야 한다.
③ 방문판매자 또는 전화권유판매자(이하 "방문판매자등"이라 한다)가 재화등을 판매하려는 경우에는 소비자에게 미리 해당 방문 또는 전화가 판매를 권유하기 위한 것이라는 점과 방문판매자등의 성명 또는 명칭, 판매하는 재화등의 종류 및 내용을 밝혀야 한다.

제7조【방문판매자등의 소비자에 대한 정보제공의무 등】 ① 방문판매자등은 재화등의 판매에 관한 계약을 체결하기 전에 소비자가 계약의 내용을 이해할 수 있도록 다음 각 호의 사항을 설명하여야 한다.
1. 방문판매업자등의 성명(법인인 경우에는 대표자의 성명을 말한다), 상호, 주소, 전화번호 및 전자우편주소
2. 방문판매원등의 성명, 주소, 전화번호 및 전자우편주소. 다만, 방문판매업자등이 소비자와 직접 계약을 체결하는 경우는 제외한다.
3. 재화등의 명칭, 종류 및 내용
4. 재화등의 가격과 그 지급의 방법 및 시기
5. 재화등을 공급하는 방법 및 시기
6. 청약의 철회 및 계약의 해제(이하 "청약철회등"이라 한다)의 기한·행사방법·효과에 관한 사항 및 청약철회등의 권리 행사에 필요한 서식으로서 총리령으로 정하는 것
7. 재화등의 교환·반품·수리보증 및 그 대금 환불의 조건과 절차
8. 전자매체로 공급할 수 있는 재화등의 설치·전송 등과 관련하여 요구되는 기술적 사항
9. 소비자피해 보상, 재화등에 대한 불만 및 소비자와 사업자 사이의 분쟁 처리에 관한 사항
10. 거래에 관한 약관
11. 그 밖에 소비자의 구매 여부 판단에 영향을 주는 거래조건 또는 소비자피해 구제에 필요한 사항으로서 대통령령으로 정하는 사항

② 방문판매자등은 재화등의 판매에 관한 계약을 체결할 때에는 제1항 각 호의 사항을 적은 계약서를 소비자에게 발급하여야 한다.
③ 방문판매자등은 재화등의 계약을 미성년자와 체결하려는 경우에는 법정대리인의 동의를 받아야 한다. 이 경우 법정대리인의 동의를 받지 못하면 미성년자 본인 또는 법정대리인이 계약을 취소할 수 있음을 알려야 한다.
④ 제2항에 따른 계약서 중 전화권유판매에 관한 계약서의 경우에는 소비자의 동의를 받아 그 계약의 내용을 팩스나 전자문서(「전자문서 및 전자거래 기본법」 제2조제1호에 따른 전자문서를 말한다. 이하 같다)로 송부하는 것으로써 갈음할 수 있다. 이 경우 팩스나 전자문서로 송부한 계약서의 내용이나 도달에 관하여 다툼이 있으면 전화권유판매자가 이를 증명하여야 한다.(2012.6.1 전단개정)
⑤ 방문판매업자등은 제1항 및 제2항에 따라 소비자에게 설명하거나 표시한 거래조건을 신의에 좇아 성실하게 이행하여야 한다.

제7조의2【전화권유판매업자의 통화내용 보존 의무】 ① 제7조제1항에 따른 계약 중 전화권유판매에 관한 계약의 경우 전화권유판매업자는 소비자의 동의를 받아 통화내용 중 계약에 관한 사항을 계약일부터 3개월 이상 보존하여야 한다.
② 소비자는 전화권유판매업자가 제1항에 따라 보존하는 통화내용에 대하여 방문·전화·팩스 또는 전자우편 등의 방법으로 열람을 요청할 수 있으며, 전화권유판매업자는 그 요청에 따라야 한다.
(2018.6.12 본조신설)

제8조【청약철회등】 ① 방문판매 또는 전화권유판매(이하 "방문판매등"이라 한다)의 방법으로 재화등의 구매에 관한 계약을 체결한 소비자는 다음 각 호의 기간(거래 당사자 사이에 다음 각 호의 기간보다 긴 기간으로 약정한 경우에는 그 기간) 이내에 그 계약에 관한 청약철회등을 할 수 있다.
1. 제7조제2항에 따른 계약서를 받은 날부터 14일. 다만, 그 계약서를 받은 날보다 재화등이 늦게 공급된 경우에는 재화등을 공급받거나 공급이 시작된 날부터 14일
2. 다음 각 목의 어느 하나의 경우에는 방문판매자등의 주소를 안 날 또는 알 수 있었던 날부터 14일
  가. 제7조제2항에 따른 계약서를 받지 아니한 경우
  나. 방문판매자등의 주소 등이 적혀 있지 아니한 계약서를 받은 경우
  다. 방문판매자등의 주소 변경 등의 사유로 제1호에 따른 기간 이내에 청약철회등을 할 수 없는 경우
3. 제7조제2항에 따른 계약서에 청약철회등에 관한 사항이 적혀 있지 아니한 경우에는 청약철회등을 할 수 있음을 안 날 또는 알 수 있었던 날부터 14일
4. 방문판매업자등이 청약철회등을 방해한 경우에는 그 방해 행위가 종료한 날부터 14일

② 소비자는 다음 각 호의 어느 하나에 해당하는 경우에는 방문판매자등의 의사와 다르게 제1항에 따른 청약철회등을 할 수 없다. 다만, 방문판매자등이 제5항에 따른 조치를 하지 아니한 경우에는 제2호부터 제4호까지의 규정에 해당하더라도 청약철회등을 할 수 있다.
1. 소비자에게 책임이 있는 사유로 재화등이 멸실되거나 훼손된 경우. 다만, 재화등의 내용을 확인하기 위하여 포장 등을 훼손한 경우는 제외한다.
2. 소비자가 재화등을 사용하거나 일부 소비하여 그 가치가 현저히 낮아진 경우
3. 시간이 지남으로써 다시 판매하기 어려울 정도로 재화등의 가치가 현저히 낮아진 경우
4. 복제할 수 있는 재화등의 포장을 훼손한 경우
5. 그 밖에 거래의 안전을 위하여 대통령령으로 정하는 경우

③ 소비자는 제1항 또는 제2항에도 불구하고 재화등의 내용이 표시·광고의 내용과 다르거나 계약 내용과 다르게 이행된 경우에는 그 재화등을 공급받은 날부터 3개월 이내에, 그 사실을 안 날 또는 알 수 있었던 날부터 30일 이내에 청약철회등을 할 수 있다.
④ 제1항 또는 제3항에 따른 청약철회등을 서면으로 하는 경우에는 청약철회등의 의사를 표시한 서면을 발송한 날에 그 효력이 발생한다.
⑤ 방문판매자등은 제2항제2호부터 제4호까지의 규정에 따라 청약철회등을 할 수 없는 재화등의 경우에는 그 사실을 재화등의 포장이나 그 밖에 소비자가 쉽게 알 수 있는 곳에 분명하게 표시하거나 시용(試用) 상품을 제공하는 등의 방법으로 청약철회등의 권리행사가 방해받지 아니하도록 조치하여야 한다.

제9조【청약철회등의 효과】 ① 소비자는 제8조제1항 또는 제3항에 따라 청약철회등을 한 경우에는 이미 공급받은 재화등을 반환하여야 한다.
② 방문판매자등(소비자로부터 재화등의 대금을 지급받은 자 및 소비자와 방문판매등에 관한 계약을 체결한 자를 포함한다. 이하 제2항부터 제8항까지의 규정에서 같다)은 재화등을 반환받은 날부터 3영업일 이내에 이미 지급받은 재화등의 대금을 환급하여야 한다. 이 경우 방문판매자등이 소비자에게 재화등의 대금의 환급을 지연하면 그 지연기간에 따라 연 100분의 40 이내의 범위에서 「은행법」에 따른 은행이 적용하는 연체금리 등 경제 사정을 고려하여 대통령령으로 정하는 이율을 곱하여 산정한 지연이자(이하 "지연배상금"이라 한다)를 지급하여야 한다.
③ 방문판매자등은 제1항 및 제2항에 따라 재화등의 대금을 환급할 때 소비자가 「여신전문금융업법」 제2조제3호에 따른 신용카드나 그 밖에 대통령령으로 정하는 결제수단(이하 "신용카드등"이라 한다)으로 재화등의 대금을 지급한 경우에는 지체 없이 그 신용카드등의 대금 결제수단을 제공한 사업자(이하 "결제업자"라 한다)로 하여금 재화등의 대금 청구를 정지하거나 취소하도록 요청하여야 한다. 다만, 방문판매자등이 결제업자로부터 그 재화등의 대금을 이미 지급받은 경우에는 지체 없이 이를 결제업자에게 환급하고 그 사실을 소비자에게 알려야 한다.
④ 제3항 단서에 따라 방문판매자등으로부터 재화등의 대금을 환급받은 결제업자는 지체 없이 소비자에게 이를 환급하거나 환급에 필요한 조치를 하여야 한다.
⑤ 제3항 단서에 해당하는 방문판매자등 중 환급을 지연하여 소비자로 하여금 대금을 결제하게 한 방문판매자등은 그 지연기간에 대한 지연배상금을 소비자에게 지급하여야 한다.
⑥ 소비자는 방문판매자등이 정당한 사유 없이 결제업자에게 대금을 환급하지 아니하는 경우에는 환급받을 금액에 대하여 결제업자에게 그 방문판매자등에 대한 다른 채무와 상계(相計)할 것을 요청할 수 있다. 이 경우 결제업자는 대통령령으로 정하는 바에 따라 그 방문판매자등에 대한 다른 채무와 상계할 수 있다.
⑦ 소비자는 결제업자가 제6항에 따른 상계를 정당한 사유 없이 게을리한 경우 결제업자에 대하여 대금 결제를 거부할 수 있다. 이 경우 방문판매자등과 결제업자는 그 결제의 거부를 이유로 해당 소비자를 약정한 날짜 이내에 채무를 변제하지 아니한 자로 처리하는 등 소비자에게 불이익을 주는 행위를 하여서는 아니 된다.
⑧ 제1항의 경우 방문판매자등은 이미 재화등이 사용되거나 일부 소비된 경우에는 그 재화등을 사용하거나 일부 소비하여 소비자가 얻은 이익 또는 그 재화등의 공급에 든 비용에 상당하는 금액으로서 대통령령으로 정하는 범위의 금액을 지급할 것을 소비자에게 청구할 수 있다.
⑨ 제8조제1항 및 제3항에 따른 청약철회등의 경우 공급받은 재화등의 반환에 필요한 비용은 방문판매자등이 부담하며, 방문판매자등은 소비자에게 청약철회등을 이유로 위약금 또는 손해배상을 청구할 수 없다.
⑩ 방문판매자등, 재화등의 대금을 지급받은 자 또는 소비자와 방문판매등에 관한 계약을 체결한 자가 동일인이 아닌 경우 각자는 제8조제1항 및 제3항에서의 청약철회등에 따른 제1항부터 제9항까지의 규정에 따른 재화등의 대금 환급과 관련한 의무의 이행에 있어 연대하여 책임을 진다.

제10조【손해배상청구금액의 제한 등】 ① 소비자에게 책임이 있는 사유로 재화등의 판매에 관한 계약이 해제된 경우 방문판매자등이 소비자에게 청구하는 손해배상액은 다음 각 호에서 정한 금액에 대금 미납에 따른 지연배상금을 더한 금액을 초과할 수 없다.
1. 공급한 재화등이 반환된 경우에는 다음 각 목의 금액 중 큰 금액
  가. 반환된 재화등의 통상 사용료액 또는 그 사용으로 통상 얻을 수 있는 이익에 상당하는 금액
  나. 반환된 재화등의 판매가액에서 그 재화등이 반환된 당시의 가액을 뺀 금액
2. 공급한 재화등이 반환되지 아니한 경우에는 그 재화등의 판매가액에 상당하는 금액

② 공정거래위원회는 방문판매자등과 소비자 간의 손해배상청구에 따른 분쟁을 원활하게 해결하기 위하여 필요한 경우 제1항에 따른 손해배상액의 산정기준을 정하여 고시할 수 있다.

제11조【금지행위】 ① 방문판매자등은 다음 각 호의 어느 하나에 해당하는 행위를 하여서는 아니 된다.
1. 재화등의 판매에 관한 계약의 체결을 강요하거나 청약철회등 또는 계약 해지를 방해할 목적으로 소비자를 위협하는 행위
2. 거짓 또는 과장된 사실을 알리거나 기만적 방법을 사용하여 소비자를 유인 또는 거래하거나 청약철회등 또는 계약 해지를 방해하는 행위
3. 방문판매원등이 되기 위한 조건 또는 방문판매원등의 자격을 유지하기 위한 조건으로서 방문판매원등 또는 방문판매원등이 되려는 자에게 가입비, 판매 보조 물품, 개인 할당 판매액, 교육비 등 그 명칭이나 형태와 상관없이 대통령령으로 정하는 수준을 초과한 비용 또는 그 밖의 금품을 징수하거나 재화 등을 구매하게 하는 등 의무를 지게 하는 행위
4. 방문판매원등에게 다른 방문판매원등을 모집할 의무를 지게 하는 행위
5. 청약철회등이나 계약 해지를 방해할 목적으로 주소·전화번호 등을 변경하는 행위
6. 분쟁이나 불만 처리에 필요한 인력 또는 설비가 부족한 상태를 상당 기간 방치하여 소비자에게 피해를 주는 행위
7. 소비자의 청약 없이 일방적으로 재화등을 공급하고 재화등의 대금을 청구하는 행위
8. 소비자가 재화를 구매하거나 용역을 제공받을 의사가 없음을 밝혔음에도 불구하고 전화, 팩스, 컴퓨터통신 등을 통하여 재화를 구매하거나 용역을 제공받도록 강요하는 행위
9. 본인의 허락을 받지 아니하거나 허락받은 범위를 넘어 소비자에 관한 정보를 이용(제3자에게 제공하는 경우를 포함한다. 이하 같다)하는 행위. 다만, 다음 각 목의 어느 하나에 해당하는 경우는 제외한다.
  가. 재화등의 배송 등 소비자와의 계약을 이행하기 위하여 불가피한 경우로서 대통령령으로 정하는 경우
  나. 재화등의 거래에 따른 대금을 정산하기 위하여 필요한 경우
  다. 도용을 방지하기 위하여 본인임을 확인할 때 필요한 경우로서 대통령령으로 정하는 경우
  라. 법률의 규정 또는 법률에 따라 필요한 불가피한 사유가 있는 경우

② 공정거래위원회는 이 법 위반행위의 방지 및 소비자피해의 예방을 위하여 방문판매자등이 지켜야 할 기준을 정하여 고시할 수 있다.

제12조【방문판매자등의 휴업기간 중 업무처리 등】 ① 방문판매자등은 그 휴업기간 또는 영업정지기간 중에도 제8조제1항 및 제3항에 따른 청약철회등의 업무와 제9조제1항부터 제9항까지의 규정에 따른 청약철회등에 따른 업무를 계속하여야 한다.
② 방문판매업자등이 파산선고를 받거나 관할 세무서에 폐업신고를 한 경우 또는 6개월을 초과하여 영업을 하지 아니하는 등 실질적으로 영업을 할 수 없다고 판단되는 경우에는 공정거래위원회 또는 특별자치시장·특별자치도지사·시장·군수·구청장은 직권으로 해당 방문판매업등의 신고 사항을 말소할 수 있다.

제3장 다단계판매 및 후원방문판매

제13조【다단계판매업자의 등록 등】 ① 다단계판매업자는 대통령령으로 정하는 바에 따라 다음 각 호의 서류를 갖추어 공정거래위원회 또는 특별시장·광역시장·특별자치시장·도지사·특별자치도지사(이하 "시·도지사"라 한다)에게 등록하여야 한다.
1. 상호·주소, 전화번호 및 전자우편주소(법인인 경우에는 대표자의 성명, 주민등록번호 및 주소를 포함한다) 등을 적은 신청서
2. 자본금이 3억원 이상으로서 대통령령으로 정하는 규모 이상임을 증명하는 서류
3. 제37조에 따른 소비자피해보상보험계약등의 체결 증명서류
4. 후원수당의 산정 및 지급 기준에 관한 서류
5. 재고관리, 후원수당 지급 등 판매의 방법에 관한 사항을 적은 서류
6. 그 밖에 다단계판매자의 신원을 확인하기 위하여 필요한 사항으로서 총리령으로 정하는 서류

② 다단계판매업자는 제1항에 따라 등록한 사항 중 같은 항 제1호부터 제4호까지의 사항이 변경된 경우에는 대통령령으로 정하는 바에 따라 신고하여야 한다.

③ 다단계판매업자는 휴업 또는 폐업을 하거나 휴업 후 영업을 다시 시작할 때에는 대통령령으로 정하는 바에 따라 이를 신고하여야 하며, 폐업을 신고하면 제1항에 따른 등록은 그 효력을 잃는다. 다만, 폐업신고 전 등록취소 요건에 해당되는 경우에는 폐업신고일에 등록이 취소된 것으로 본다.
④ 공정거래위원회 또는 시·도지사는 제2항에 따른 변경신고를 받은 날부터 10일 이내에 신고수리 여부를 신고인에게 통지하여야 한다.(2021.4.20 본항신설)
⑤ 공정거래위원회 또는 시·도지사가 제4항에서 정한 기간 내에 신고수리 여부 또는 민원 처리 관련 법령에 따른 처리기간의 연장을 신고인에게 통지하지 아니하면 그 기간(민원 처리 관련 법령에 따라 처리기간이 연장 또는 재연장된 경우에는 해당 처리기간을 말한다)이 끝난 날의 다음 날에 신고를 수리한 것으로 본다.(2021.4.20 본항신설)
⑥ 공정거래위원회는 다단계판매업자에 대한 다음 각 호의 정보를 대통령령으로 정하는 바에 따라 공개하여야 한다. 다만, 다단계판매업자의 경영·영업상 비밀에 관한 사항으로서 공개될 경우 다단계판매업자의 정당한 이익을 현저히 해칠 우려가 있다고 인정되는 정보 및 개인에 관한 사항으로서 공개될 경우 사생활의 비밀 또는 자유를 침해할 우려가 있다고 인정되는 정보의 경우에는 그러하지 아니하다.
1. 제1항에 따라 등록한 사항
2. 그 밖에 공정거래위원회가 공정거래질서 확립 및 소비자보호를 위하여 필요하다고 인정하는 사항
⑦ 공정거래위원회는 제6항에 따른 정보 공개를 위하여 필요한 경우에는 다단계판매업자에게 관련 자료의 제출을 요구할 수 있다. 이 경우 다단계판매업자는 정당한 사유가 없으면 이에 따라야 한다.(2021.4.20 전단개정)

제14조【결격사유】 다음 각 호의 어느 하나에 해당하는 개인 또는 법인은 제13조에 따른 등록을 할 수 없다.
1. 다음 각 목의 어느 하나에 해당하는 개인 또는 그 개인이 임원으로 있는 법인
가. 미성년자·피한정후견인 또는 피성년후견인 (2016.3.29 본목개정)
나. 파산선고를 받고 복권되지 아니한 자
다. 이 법을 위반하여 징역형을 선고받고 그 집행이 끝나거나(집행이 끝난 것으로 보는 경우를 포함한다) 집행이 면제된 날부터 5년이 지나지 아니한 자
라. 이 법을 위반하여 징역형의 집행유예를 선고받고 그 유예기간 중에 있는 자(2023.7.11 본목개정)
2. 다음 각 목의 어느 하나에 해당하는 자가 지배주주로 있는 법인
가. 이 법을 위반하여 징역의 실형을 선고받고 그 집행이 끝나거나(집행이 끝난 것으로 보는 경우를 포함한다) 집행이 면제된 날부터 5년이 지나지 아니한 자
나. 이 법을 위반하여 징역형의 집행유예를 선고받고 그 유예기간 중에 있는 자(2023.7.11 본목개정)
3. 제49조제5항에 따라 등록이 취소된 후 5년이 지나지 아니한 개인 또는 법인
4. 제3호에 따른 개인 또는 법인의 등록취소 당시 임원 또는 지배주주였던 자가 임원 또는 지배주주로 있는 법인

제15조【다단계판매원】 ① 다단계판매조직에 다단계판매원으로 가입하려는 사람은 그 조직을 관리·운영하는 다단계판매업자에게 총리령으로 정하는 바에 따라 등록하여야 한다.
② 다음 각 호의 어느 하나에 해당하는 자는 다단계판매원으로 등록할 수 없다.
1. 국가공무원, 지방공무원, 교육공무원 및 「사립학교법」에 따른 교원(「고등교육법」 제14조제2항에 따른 강사를 포함한다)(2012.1.26 본호개정)
2. 미성년자. 다만, 제4호 또는 제5호에 해당하지 아니하는 법정대리인의 동의를 받은 경우는 제외한다.
3. 법인
4. 다단계판매업자의 지배주주 또는 임직원
5. 제49조에 따른 시정조치를 2회 이상 받은 자. 다만, 마지막 시정조치에 대한 이행을 완료한 날부터 3년이 지난 자는 제외한다.(2016.3.29 본호개정)
6. 이 법을 위반하여 징역의 실형을 선고받고 그 집행이 종료되거나(집행이 종료된 것으로 보는 경우를 포함한다) 집행이 면제된 날부터 5년이 지나지 아니한 자 (2016.3.29 본호신설)
7. 이 법을 위반하여 징역형의 집행유예를 선고받고 그 유예기간 중에 있는 자(2023.7.11 본호개정)
③ 다단계판매업자는 그가 관리·운영하는 다단계판매조직에 가입한 다단계판매원에게 총리령으로 정하는 바에 따라 다단계판매원 등록증(다단계판매원이 사전에 서면으로 동의한 경우 전자문서와 전자기기로 된 것을 포함한다)을 발급하여야 한다.(2018.6.12 본항개정)
④ 다단계판매업자는 총리령으로 정하는 바에 따라 다단계판매원 등록부를 작성하고, 소비자피해의 방지 또는 구제를 위하여 소비자가 요청하는 경우에는 소비자로 하여금 등록된 다단계판매원의 신원을 확인할 수 있도록 하여야 한다.
⑤ 다단계판매업자는 제1항에 따라 등록한 다단계판매원에게 다음 각 호의 사항을 확인할 수 있는 다단계판매원 수첩(다단계판매원이 사전에 서면으로 동의한 경우 전자문서와 전자기기로 된 것을 포함한다)을 발급하여야 한다. (2018.6.12 본문개정)
1. 후원수당의 산정 및 지급 기준
2. 하위판매원의 모집 및 후원에 관한 사항
3. 재화등의 반환 및 다단계판매원의 탈퇴에 관한 사항
4. 다단계판매원이 지켜야 할 사항
5. 그 밖에 총리령으로 정하는 사항

제16조【다단계판매자의 소비자에 대한 정보제공의무 등】 다단계판매의 방법으로 재화등의 판매에 관한 계약을 체결하는 경우에는 제7조를 준용한다. 이 경우 "방문판매자등"은 "다단계판매자"로, "방문판매업자등"은 "다단계판매업자"로, "방문판매원등"은 "다단계판매원"으로 본다.

제17조【청약철회등】 ① 다단계판매의 방법으로 재화등의 구매에 관한 계약을 체결한 소비자가 청약철회등을 하는 경우에는 제8조를 준용하며, 이 경우 "방문판매자등"은 "다단계판매자"로 본다. 다만, 소비자가 다단계판매원과 재화등의 구매에 관한 계약을 체결한 경우 그 소비자는 다단계판매원에 대하여 우선적으로 청약철회등을 하고, 다단계판매원의 소재 불명 등 대통령령으로 정하는 사유로 다단계판매원에 대하여 청약철회등을 하는 것이 어려운 경우에만 그 재화등을 공급한 다단계판매업자에 대하여 청약철회등을 할 수 있다.
② 다단계판매의 방법으로 재화등의 구매에 관한 계약을 체결한 다단계판매원은 다음 각 호의 어느 하나에 해당하는 경우를 제외하고는 계약을 체결한 날부터 3개월 이내에 서면(전자문서를 포함한다)으로 그 계약에 관한 청약철회등을 할 수 있다.(2016.3.29 본문개정)
1. 재고 보유에 관하여 다단계판매업자에게 거짓으로 보고하는 등의 방법으로 과다하게 재화등의 재고를 보유한 경우
2. 다시 판매하기 어려울 정도로 재화등을 훼손한 경우
3. 그 밖에 대통령령으로 정하는 경우

제18조【청약철회등의 효과】 ① 다단계판매의 상대방(다단계판매자가 다단계판매원 또는 소비자에게 판매한 경우에는 다단계판매원 또는 소비자를 말하고, 다단계판매원이 소비자에게 판매한 경우에는 소비자를 말한다. 이하 이 장에서 같다)은 제17조에 따라 청약철회등을 한 경우에는 이미 공급받은 재화등을 반환하여야 한다.
② 다단계판매자(상대방으로부터 재화등의 대금을 지급받은 자 또는 상대방과 다단계판매에 관한 계약을 체결한 자를 포함한다. 이하 제2항부터 제8항까지의 규정에서 같다)는 재화등을 반환받은 날부터 3영업일 이내에 이미 지급받은 재화등의 대금을 환급하여야 한다. 다만, 다단계판매업자가 다단계판매원에게 재화등의 대금을 환급할 때에는 대통령령으로 정하는 범위 이내의 비용을 공제할 수 있으며, 다단계판매자가 상대방에게 재화등의 대금 환급을 지연하였을 때에는 그 지연기간에 대한 지연배상금을 지급하여야 한다.
③ 상대방이 신용카드등으로 대금을 지급한 계약에 대하여 청약철회등을 한 경우에는 다단계판매자는 지체 없이 그 결제업자에게 재화등의 대금 청구를 정지하거나 취소할 것을 요청하여야 한다. 다만, 다단계판매자가 결제업자로부터 해당 재화등의 대금을 이미 지급받은 경우에는 지체 없이 이를 결제업자에게 환급하고 그 사실을 상대방에게 알려야 하며, 환급이 지연되어 상대방이 대금을 결제한 경우에는 결제한 날 이후의 지연기간에 대한 지연배상금을 상대방에게 지급하여야 한다.
④ 제3항 단서에 따라 다단계판매자로부터 재화등의 대금을 환급받은 결제업자는 지체 없이 상대방에게 이를 환급하거나 환급에 필요한 조치를 하여야 하며, 다단계판매자가 정당한 사유 없이 결제업자에게 대금을 환급하지 아니하는 경우 상대방은 환급받을 금액에 대하여 결제업자에게 그 다단계판매자에 대한 다른 채무와 상계할 것을 요청할 수 있고, 결제업자는 대통령령으로 정하는 바에 따라 그 다단계판매자에 대한 다른 채무와 상계할 수 있다.
⑤ 결제업자가 제4항에 따른 상계를 정당한 사유 없이 게을리한 경우 상대방은 결제업자에 대하여 대금 결제를 거부할 수 있다. 이 경우 다단계판매자와 결제업자는 그 결제 거부를 이유로 그 상대방을 약정한 날짜 이내에 채무를 변제하지 아니한 자로 처리하는 등 상대방에게 불이익을 주는 행위를 하여서는 아니 된다.
⑥ 다단계판매자는 제17조에 따른 청약철회등에 따라 재화등의 대금을 환급한 경우 그 환급한 금액이 자신이 다단계판매원에게 공급한 금액을 초과할 때에는 그 차액을 다단계판매원에게 청구할 수 있다.
⑦ 제1항의 경우 다단계판매자는 재화등의 일부가 이미 사용되거나 소비된 경우에는 그 재화등을 사용하거나 일부 소비하여 상대방이 얻은 이익 또는 그 재화등의 공급에 든 비용에 상당하는 금액의 지급을 그 상대방에게 청구할 수 있다.
⑧ 제17조제1항에 따라 준용되는 제8조제1항 또는 제3항에 따른 청약철회등의 경우 공급받은 재화등의 반환에 필요한 비용은 다단계판매자가 부담하며, 다단계판매자는 상대방에게 위약금 또는 손해배상을 청구할 수 없다.
⑨ 다단계판매자, 상대방으로부터 재화등의 대금을 지급받은 자 또는 상대방과 다단계판매에 관한 계약을 체결한 자가 동일인이 아닌 경우 각자는 제1항부터 제5항까지 및 제8항에 따른 재화등의 대금 환급과 관련한 의무의 이행에 있어 연대하여 책임을 진다.

제19조【손해배상청구금액의 제한 등】 소비자에게 책임이 있는 사유로 다단계판매자와의 재화등의 판매계약이 해제된 경우에는 제10조를 준용한다. 이 경우 "방문판매자등"은 "다단계판매자"로, "소비자"는 "상대방"으로 본다.

제20조【후원수당의 지급기준 등】 ① 다단계판매업자는 다단계판매원에게 고지한 후원수당의 산정 및 지급기준과 다르게 후원수당을 산정·지급하거나 그 밖의 부당한 방법으로 다단계판매원을 차별하여 대우하여서는 아니 된다.
② 다단계판매업자는 후원수당의 산정 및 지급기준을 객관적이고 명확하게 정하여야 하며, 후원수당의 산정 및 지급기준을 변경하려는 경우에는 대통령령으로 정한 절차에 따라야 한다.
③ 다단계판매업자가 다단계판매원에게 후원수당으로 지급할 수 있는 총액은 다단계판매업자가 다단계판매원에게 공급한 재화등의 가격(부가가치세를 포함한다) 합계액(이하 이 조에서 "가격합계액"이라 한다)의 100분의 35에 해당하는 금액을 초과하여서는 아니 되며, 가격합계액 및 후원수당 등의 구체적인 산정 방법은 다음과 같다.
1. 가격합계액은 출고 또는 제공 시점을 기준으로 할 것
2. 후원수당 지급액은 그 후원수당의 지급 사유가 발생한 시점을 기준으로 할 것
3. 가격합계액 및 후원수당은 1년을 단위로 산정할 것. 다만, 다단계판매 영업기간이 1년 미만인 경우에는 다단계판매업자의 실제 영업기간을 기준으로 한다.
4. 가격합계액을 산정할 때 위탁의 방법으로 재화등을 공급하는 경우에는 위탁을 받은 다단계판매업자가 다단계판매원에게 판매한 가격을 기준으로 하고, 중개의 방법으로 재화등을 공급하는 경우에는 다단계판매업자가 중개를 의뢰한 사업자로부터 받은 수수료를 기준으로 한다.
④ 다단계판매업자는 다단계판매원이 요구하는 경우 후원수당의 산정·지급 명세 등의 열람을 허용하여야 한다.
⑤ 다단계판매업자는 일정 수의 하위판매원을 모집하거나 후원하는 것을 조건으로 하위판매원 또는 그 하위판매원의 판매 실적에 관계없이 후원수당을 차등하여 지급하여서는 아니 된다.

제21조【후원수당 관련 표시·광고 등】 ① 다단계판매업자는 다단계판매원이 되려는 사람 또는 다단계판매원에게 다단계판매원이 받게 될 후원수당이나 소매이익(다단계판매원이 재화등을 판매하여 얻는 이익을 말한다)에 관하여 거짓 또는 과장된 정보를 제공하여서는 아니 된다.
② 다단계판매업자는 다단계판매원이 되려는 사람 또는 다단계판매원에게 전체 다단계판매원에 대한 평균 후원수당 등 후원수당의 지급 현황에 관한 정보를 총리령으로 정하는 기준에 따라 고지하여야 한다.
③ 다단계판매업자는 다단계조직의 운영 방식 또는 활동 내용에 관하여 거짓 또는 과장된 사실을 유포하여서는 아니 된다.

제22조【다단계판매원의 등록 및 탈퇴 등】 ① 다단계판매업자는 다단계판매원이 되려는 사람 또는 다단계판매원에게 등록, 자격 유지 또는 유리한 후원수당 지급기준의 적용을 조건으로 과다한 재화등의 구입 등 대통령령으로 정하는 수준을 초과한 부담을 지게 하여서는 아니 된다.
② 다단계판매자는 다단계판매원에게 일정 수의 하위판매원을 모집하도록 의무를 지게 하거나 특정인을 그의 동의 없이 자신의 하위판매원으로 등록하여서는 아니 된다.
③ 다단계판매업자는 다단계판매원이 제15조제2항 각 호의 어느 하나에 해당하는 경우에는 그 다단계판매원을 탈퇴시켜야 한다.
④ 다단계판매원은 언제든지 다단계판매업자에게 탈퇴 의사를 표시하고 탈퇴할 수 있으며, 다단계판매업자는 다단계판매원의 탈퇴에 조건을 붙여서는 아니 된다.
⑤ 다단계판매업자는 탈퇴한 다단계판매원의 판매행위 등으로 소비자피해가 발생하지 아니하도록 다단계판매원 수첩을 회수하는 등 필요한 조치를 하여야 한다.

제23조【금지행위】 ① 다단계판매자는 다음 각 호의 어느 하나에 해당하는 행위를 하여서는 아니 된다.
1. 재화등의 판매에 관한 계약의 체결을 강요하거나 청약철회등 또는 계약 해지를 방해할 목적으로 상대방을 위협하는 행위
2. 거짓 또는 과장된 사실을 알리거나 기만적 방법을 사용하여 상대방과의 거래를 유도하거나 청약철회등 또는 계약 해지를 방해하는 행위 또는 재화등의 가격·품질 등에 대하여 거짓 사실을 알리거나 실제보다도 현저히 우량하거나 유리한 것으로 오인시킬 수 있는 행위
3. 청약철회등이나 계약 해지를 방해할 목적으로 주소·전화번호 등을 변경하는 행위
4. 분쟁이나 불만 처리에 필요한 인력 또는 설비가 부족한 상태를 상당 기간 방치하여 상대방에게 피해를 주는 행위
5. 상대방의 청약이 없는데도 일방적으로 재화등을 공급하고 재화등의 대금을 청구하는 등 상대방에게 재화등

을 강제로 판매하거나 하위판매원에게 재화등을 판매하는 행위
6. 소비자가 재화를 구매하거나 용역을 제공받을 의사가 없음을 밝혔는데도 전화, 팩스, 컴퓨터통신 등을 통하여 재화를 구매하거나 용역을 제공받도록 강요하는 행위
7. 다단계판매업자에게 고용되지 아니한 다단계판매원을 다단계판매업자에게 고용된 사람으로 오인하게 하거나 다단계판매원으로 등록하지 아니한 사람을 다단계판매원으로 활동하게 하는 행위
8. 제37조에 따른 소비자피해보상보험계약등을 체결하지 아니하고 영업하는 행위
9. 상대방에게 판매하는 개별 재화등의 가격을 대통령령으로 정하는 금액을 초과하도록 정하여 판매하는 행위
10. 본인의 허락을 받지 아니하거나 허락받은 범위를 넘어 소비자에 관한 정보를 이용하는 행위. 다만, 다음 각 목의 어느 하나에 해당하는 경우는 제외한다.
가. 재화등의 배송 등 소비자와의 계약을 이행하기 위하여 불가피한 경우로서 대통령령으로 정하는 경우
나. 재화등의 거래에 따른 대금을 정산하기 위하여 필요한 경우
다. 도용을 방지하기 위하여 본인임을 확인할 때 필요한 경우로서 대통령령으로 정하는 경우
라. 법률의 규정 또는 법률에 따라 필요한 불가피한 사유가 있는 경우
11. 다단계판매조직 및 다단계판매원의 지위를 양도·양수하는 행위. 다만, 다단계판매원의 지위를 상속하는 경우 또는 사업의 양도·양수·합병의 경우에는 그러하지 아니하다.
② 다단계판매업자는 다단계판매원으로 하여금 제1항의 금지행위를 하도록 교사(敎唆)하거나 방조(幇助)하여서는 아니 된다.
③ 공정거래위원회는 이 법 위반행위의 방지 및 소비자피해의 예방을 위하여 다단계판매자가 지켜야 할 기준을 정하여 고시할 수 있다.
제24조【사행적 판매원 확장행위 등의 금지】 ① 누구든지 다단계판매조직 또는 이와 비슷하게 단계적으로 가입한 자로 구성된 조직을 이용하여 다음 각 호의 어느 하나에 해당하는 행위를 하여서는 아니 된다.
1. 재화등의 거래 없이 금전거래를 하거나 재화등의 거래를 가장하여 사실상 금전거래만을 하는 행위로서 다음 각 목의 어느 하나에 해당하는 행위
가. 판매원에게 재화등을 그 취득가격이나 시장가격보다 10배 이상과 같이 현저히 높은 가격으로 판매하면서 후원수당을 지급하는 행위
나. 판매원과 재화등의 판매계약을 체결한 후 그에 상당하는 재화등을 정당한 사유 없이 공급하지 아니하면서 후원수당을 지급하는 행위
다. 그 밖에 판매업자의 재화등의 공급능력, 소비자에 대한 재화등의 공급실적, 판매업자와 소비자 사이의 재화등의 공급계약이나 판매계약, 후원수당의 지급조건 등에 비추어 그 거래의 실질이 사실상 금전거래인 행위
2. 판매원 또는 판매원이 되려는 자에게 하위판매원 모집 자체에 대하여 경제적 이익을 지급하거나 정당한 사유 없이 후원수당 외의 경제적 이익을 지급하는 행위
3. 제20조제3항(제29조제3항에 따라 준용되는 경우를 포함한다)에 위반되는 후원수당의 지급을 약속하여 판매원을 모집하거나 가입을 권유하는 행위
4. 판매원 또는 판매원이 되려는 자에게 가입비, 판매 보조 물품, 개인 할당 판매액, 교육비 등 그 명칭이나 형태와 상관없이 10만원 이하로서 대통령령으로 정하는 수준을 초과한 비용 또는 그 밖의 금품을 징수하는 등 의무를 부과하는 행위
5. 판매원에 대하여 상품권〔그 명칭이나 형태와 상관없이 발행자가 일정한 금액이나 재화등의 수량이 기재된 무기명증표를 발행하고 그 소지자가 발행자 또는 발행자가 지정하는 자(이하 이 조에서 "발행자등"이라 한다)에게 이를 제시 또는 교부하거나 그 밖의 방법으로 사용함으로써 그 증표에 기재된 내용에 따라 발행자등으로부터 재화등을 제공받을 수 있는 유가증권을 말한다. 이하 이 조에서 같다〕을 판매하는 행위로서 다음 각 목의 어느 하나에 해당하는 행위
가. 판매업자가 소비자에게 판매한 상품권을 다시 매입하거나 다른 자로 하여금 매입하도록 하는 행위
나. 발행자등의 재화등의 공급능력, 소비자에 대한 재화등의 공급실적, 상품권의 발행규모 등에 비추어 그 실질이 재화등의 거래를 위한 것으로 볼 수 없는 수준의 후원수당을 지급하는 행위
6. 사회적인 관계 등을 이용하여 다른 사람에게 판매원으로 등록하도록 강요하거나 그 하위판매원에게 재화등을 구매하도록 강요하는 행위(2013.5.28 본호개정)
7. 판매원 또는 판매원이 되려는 사람에게 본인의 의사에 반하여 교육·합숙 등을 강요하는 행위
8. 판매원을 모집하기 위한 것이라는 목적을 명확하게 밝히지 아니하고 취업·부업 알선, 설명회, 교육회 등을 거짓 명목으로 내세워 유인하는 행위
② 다단계판매업자는 다단계판매원으로 하여금 제1항의 금지행위를 하도록 교사하거나 방조하여서는 아니 된다.
제25조【소비자 등의 침해정지 요청】 제23조 또는 제24조를 위반한 다단계판매자의 행위로 이익을 침해받거나 침해받을 우려가 있는 자 또는 대통령령으로 정하는 소비자단체 등은 그 행위가 현저한 손해를 주거나 줄 우려가 있는 경우에는 그 행위에 대하여 대통령령으로 정하는 바에 따라 공정거래위원회에 침해의 정지에 필요한 조치를 요청할 수 있다.
제26조【다단계판매업자의 휴업기간 중 업무처리 등】
① 다단계판매업자는 그 휴업기간 또는 영업정지기간 중에도 제17조제1항에 따라 준용되는 제8조제1항 및 제3항에 따른 청약철회등의 업무와 제18조제1항부터 제8항까지의 규정에 따른 청약철회등에 따른 업무를 계속하여야 한다.
② 다단계판매원은 다단계판매업자가 폐업하거나 그 등록이 취소된 경우 그 폐업 또는 등록취소 당시 판매하지 못한 재화등을 다른 사람에게 판매한 때에는 그 다단계판매원이 청약철회등에 따라 반환되는 재화등을 반환받고, 재화등을 반환받은 날부터 3영업일 이내에 재화등의 대금을 환급하여야 한다.
③ 제13조제1항에 따라 공정거래위원회에 등록하거나 시·도지사에게 등록한 다단계판매업자가 파산선고를 받거나 관할 세무서에 폐업신고를 한 경우 또는 6개월을 초과하여 영업을 하지 아니하는 등 실질적으로 영업을 할 수 없다고 판단되는 경우에는 등록을 받은 행정기관의 장은 그 등록을 직권으로 말소할 수 있다.
제27조【주소 변경 등의 공고】 다단계판매업자가 다음 각 호의 어느 하나에 해당하는 경우 공정거래위원회 또는 시·도지사는 총리령으로 정하는 바에 따라 그 사실을 공고하여야 한다.
1. 상호 또는 주된 사업장의 주소·전화번호를 변경한 경우
2. 제13조제3항에 따른 휴업신고 또는 폐업신고를 한 경우
3. 제49조제4항 또는 제5항에 따라 영업정지처분을 받거나 등록이 취소된 경우
제28조【다단계판매업자의 책임】 ① 다단계판매업자는 다단계판매원이 자신의 하위판매원을 모집하거나 다단계판매업자의 재화등을 소비자에게 판매할 때 제23조 또는 제24조를 위반하지 아니하도록 다단계판매원에게 해당 규정의 내용을 서면이나 전자우편으로 고지하여야 한다.
② 다단계판매업자가 제1항에 따른 고지의무를 게을리한 경우에 다단계판매원이 제23조 또는 제24조를 위반하여 다른 다단계판매원 또는 소비자에게 입힌 재산상 손해는 대통령령으로 정하는 바에 따라 다단계판매업자가 배상책임을 진다. 이 경우 다단계판매업자는 다단계판매원에게 구상권을 행사할 수 있다.
제29조【후원방문판매자의 의무】 ① 후원방문판매자는 후원방문판매원에게 판매원 자신의 직근 하위판매원이 아닌 다른 후원방문판매원의 구매·판매 등의 실적과 관련하여 후원수당을 지급하거나 이러한 지급을 약속하여 후원방문판매원을 모집하는 행위를 하여서는 아니 된다.
② 제3항에도 불구하고 후원방문판매업자가 후원방문판매원에게 공급한 재화등의 100분의 70 이상을 판매원이 아닌 소비자에게 판매한 경우에는 대통령령으로 정하는 바에 따라 제20조제3항, 제23조제1항제8호·제9호 및 제37조를 적용하지 아니한다. 다만, 전자거래의 방법으로 판매하는 경우에는 해당 규정을 적용한다.(2023.3.21 단서신설)
③ 후원방문판매자에게 다음 각 호의 규정을 준용한다. 이 경우 "다단계판매"는 "후원방문판매"로, "방문판매자등"과 "다단계판매자"는 "후원방문판매자"로, "방문판매업자등"과 "다단계판매업자"는 "후원방문판매업자"로, "방문판매원등"과 "다단계판매원"은 "후원방문판매원"으로, "다단계판매조직"은 "후원방문판매조직"으로 본다.
1. 제6조, 제13조, 제14조 및 제15조제2항. 다만, 제13조제1항제2호는 준용하지 아니하며, 제13조제1항제3호는 "제37조에 따른 소비자피해보상보험계약등의 체결 증명서류 또는 제29조제2항에 해당함을 증명하는 서류"로 한다.
2. 제16조부터 제28조까지의 규정. 이 경우 제20조제3항 각 호 외의 부분 중 "100분의 35"는 "100분의 38"로 본다.

제4장 계속거래 및 사업권유거래

제30조【계속거래업자등의 소비자에 대한 정보제공의무 등】 ① 계속거래 또는 사업권유거래(이하 "계속거래등"이라 한다)를 업으로 하는 자(이하 "계속거래업자등"이라 한다)는 대통령령으로 정하는 금액 및 기간 이상을 거래조건으로 하는 계속거래등에 관한 계약을 체결하는 경우에는 계약을 체결하기 전에 소비자(사업권유거래에서 재화등을 구매하는 자를 포함한다. 이하 이 장에서 같다)가 계약 내용을 이해할 수 있도록 다음 각 호의 사항을 설명하여야 한다.
1. 계속거래업자등의 성명(법인인 경우에는 대표자의 성명을 말한다), 상호, 주소, 전화번호 및 전자우편주소
2. 계속거래를 통하여 판매하는 재화등(계속거래와 관련하여 따로 구입할 필요가 있는 다른 재화등이 있는 경우에는 그 재화등을 포함한다)이나 사업권유거래를 통하여 판매하는 재화등의 명칭, 종류 및 내용
3. 재화등의 대금(가입비, 설치비 등 명칭에 상관없이 재화등의 거래와 관련하여 지급하는 모든 금액을 포함한다. 이하 이 장에서 같다)과 그 지급 시기 및 방법
4. 재화등의 거래방법과 거래 기간 및 시기
5. 사업권유거래의 경우에는 제공되는 사업에 관한 거래조건으로 대통령령으로 정하는 사항
6. 제31조에 따른 계약 해지와 그 행사방법·효과에 관한 사항 및 해지권의 행사에 필요한 서식
7. 소비자피해 보상, 재화등에 대한 불만 및 소비자와 사업자 사이의 분쟁 처리에 관한 사항
8. 거래에 관한 약관
9. 그 밖에 거래 여부 판단에 영향을 주는 거래조건 또는 소비자피해 구제에 필요한 사항으로서 대통령령으로 정하는 사항
② 계속거래업자등은 재화등의 판매에 관한 계약을 체결할 때에는 제1항 각 호의 사항을 적은 계약서를 소비자에게 발급하여야 한다.
③ 계속거래를 업으로 하는 자는 소비자에게 용역을 공급하는 계약으로서 소비자의 별도 의사표시가 없는 한 자동으로 갱신되는 계약을 체결한 경우에는 그 계약 종료일의 50일 전부터 20일 전까지의 기간에 소비자에게 종료일이 다가오고 있음을 서면이나 전자우편으로 통지하여야 한다. 다만, 거래기간이 2개월 이내인 계약인 경우나 소비자가 재계약 체결 또는 계약 갱신의 의사를 표시한 경우에는 그 통지를 생략할 수 있다.
④ 계속거래업자등이 미성년자와 제1항에 따른 계약을 체결하는 경우에는 제7조제3항을 준용한다.
⑤ 계속거래업자등은 제1항 및 제2항에 따라 소비자에게 설명하거나 표시한 거래조건을 신의에 좇아 성실하게 이행하여야 한다.
제31조【계약의 해지】 계속거래업자등과 계속거래등의 계약을 체결한 소비자는 계약기간 중 언제든지 계약을 해지할 수 있다. 다만, 다른 법률에 별도의 규정이 있거나 거래의 안전 등을 위하여 대통령령으로 정하는 경우에는 그러하지 아니하다.
제32조【계약 해지 또는 해제의 효과와 위약금 등】 ① 계속거래업자등은 자신의 책임이 없는 사유로 계속거래등의 계약이 해지 또는 해제된 경우 소비자에게 해지 또는 해제로 발생하는 손실을 현저하게 초과하는 위약금을 청구하여서는 아니 되고, 가입비나 그 밖에 명칭에 상관없이 실제 공급된 재화등의 대가를 초과하여 수령한 대금의 환급을 부당하게 거부하여서는 아니 된다.
② 계속거래등의 계약이 해지 또는 해제된 경우 소비자는 반환할 수 있는 재화등을 계속거래업자등에게 반환할 수 있으며, 계속거래업자등은 대통령령으로 정하는 바에 따라 대금 환급 또는 위약금 경감 등의 조치를 하여야 한다.
③ 계속거래업자등은 자신의 책임이 없는 사유로 계약이 해지 또는 해제된 경우 소비자로부터 받은 재화등의 대금(재화등이 반환된 경우 환급하여야 할 금액을 포함한다)이 이미 공급한 재화등의 대금에 위약금을 더한 금액보다 많으면 그 차액을 소비자에게 환급하여야 한다. 이 경우 환급이 지연되는 경우에는 총리령으로 정하는 지연기간에 대한 지연배상금을 함께 환급하여야 한다.
④ 공정거래위원회는 제1항에 따른 위약금 청구와 제2항에 따른 대금 환급 또는 위약금 경감과 관련된 분쟁을 방지하기 위하여 필요한 경우 위약금 및 대금의 환급에 관한 산정기준을 정하여 고시할 수 있다.
제33조【거래기록 등의 열람】 계속거래업자등은 대통령령으로 정하는 바에 따라 재화등의 거래기록 등을 언제든지 소비자가 열람할 수 있게 하여야 한다.
제34조【금지행위 등】 ① 계속거래업자등은 다음 각 호의 어느 하나에 해당하는 행위를 하여서는 아니 된다.
1. 계속거래등의 계약을 체결하게 하거나 계약의 해지 또는 해제를 방해하기 위하여 소비자를 위협하는 행위
2. 거짓 또는 과장된 사실을 알리거나 기만적 방법을 사용하여 소비자를 유인 또는 거래하거나 계약의 해지 또는 해제를 방해하는 행위
3. 계속거래등에 필요한 재화등을 통상적인 거래가격보다 현저히 비싼 가격으로 구입하게 하는 행위
4. 소비자가 계속거래등의 계약을 해지 또는 해제하였는데도 정당한 사유 없이 이에 따른 조치를 지연하거나 거부하는 행위
5. 계약의 해지 또는 해제를 방해할 목적으로 주소·전화번호 등을 변경하는 행위
6. 분쟁이나 불만 처리에 필요한 인력 또는 설비가 부족한 상태를 상당 기간 방치하여 소비자에게 피해를 주는 행위
7. 소비자의 청약이 없는데도 일방적으로 재화등을 공급하고 재화등의 대금을 청구하는 행위
8. 소비자가 재화를 구매하거나 용역을 제공받을 의사가 없음을 밝혔는데도 전화, 팩스, 전자우편 등을 통하여 재화를 구매하거나 용역을 제공받도록 강요하는 행위
② 공정거래위원회는 이 법 위반행위의 방지 및 소비자피해의 예방을 위하여 계속거래업자등이 지켜야 할 기준을 정하여 고시할 수 있다.

제5장 소비자권익의 보호

제35조【소비자보호지침의 제정 등】 ① 공정거래위원회는 특수판매에서의 건전한 거래질서 확립 및 소비자(다단계판매원, 후원방문판매원 및 사업권유거래의 상대방을 포함한다. 이하 이 장에서 같다)의 보호를 위하여 사업자의 자율적 준수를 유도하기 위한 지침(이하 "소비자보호지침"이라 한다)을 관련 분야의 거래당사자, 기관 및 단체의 의견을 들어 정할 수 있다.
② 특수판매를 업으로 하는 자(이하 "특수판매업자"라 한다)는 그가 사용하는 약관 등 계약의 내용이 소비자보호지침의 내용보다 소비자에게 불리한 경우 소비자보호지침과 다르게 정한 그 계약의 내용을 소비자가 알기 쉽게 표시하거나 고지하여야 한다.

제36조【특수판매업자의 입증책임】 ① 다음 각 호의 사항에 관하여 계약 상대방과 다툼이 있는 경우에는 특수판매업자가 이를 증명하여야 한다. 이 경우 특수판매업자는 증명에 필요한 통화 내용 등에 대한 거래기록을 대통령령으로 정하는 바에 따라 보관할 수 있다.
1. 재화등의 훼손에 대한 소비자의 책임 유무
2. 계약이 체결된 사실 및 그 시기
3. 재화등의 공급 사실 및 그 시기
4. 계약서의 발급 사실 및 그 시기
5. 입증책임에 관한 별도의 약정이 없는 그 밖의 거래 사실
② 특수판매업자는 제1항에 따른 증명에 필요한 통화내용 등 거래기록을 미리 보존할 수 있다. 이 경우 특수판매업자는 거래기록을 그 대상·범위·기간 및 열람 방법 등에 관하여 대통령령으로 정하는 바에 따라 보존하여야 한다.

제37조【소비자피해보상보험계약등】 ① 제13조제1항 및 제29조제3항에 따라 등록하려는 다단계판매업자 및 후원방문판매업자는 다음 각 호의 어느 하나에 해당하는 계약(이하 "소비자피해보상보험계약등"이라 한다)을 체결하여야 한다.
1. 소비자피해 보상을 위한 보험계약
2. 소비자피해 보상금의 지급을 확보하기 위한 채무지급보증계약
3. 제38조에 따라 설립된 공제조합과의 공제계약
② 공정거래위원회는 방문판매등 및 계속거래등에서의 소비자보호를 위하여 소비자피해보상보험계약등을 체결하도록 권장할 수 있다.
③ 소비자피해보상보험계약등의 내용은 이 법 위반행위로 인한 소비자피해를 보상하기에 적절한 수준이어야 하며, 그 구체적인 기준은 대통령령으로 정한다.
④ 소비자피해보상보험계약등에 따라 소비자피해 보상금을 지급할 의무가 있는 자는 그 지급 사유가 발생한 경우에는 지체 없이 이를 지급하여야 하고, 이를 지연한 경우에는 지연배상금을 지급하여야 한다.
⑤ 소비자피해보상보험계약등을 체결 또는 유지하는 다단계판매업자와 후원방문판매업자는 매출액 등의 자료를 제출할 때 거짓 자료를 제출하여서는 아니 된다.
⑥ 소비자피해보상보험계약등을 체결한 자는 그 사실을 나타내는 표지를 사용할 수 있다.
⑦ 소비자피해보상보험계약등을 체결하지 아니한 자는 제6항에 따른 표지를 사용하거나 이와 비슷한 표지를 제작 또는 사용하여서는 아니 된다.

제38조【공제조합의 설립】 ① 제5조제1항에 따라 신고하거나 제13조제1항 또는 제29조제3항에 따라 등록한 사업자는 소비자피해보상에 대한 보상금 지급을 책임지는 보험사업 등 제37조제1항제3호에 따른 공제사업을 운영하기 위하여 공정거래위원회의 인가를 받아 공제조합(이하 "공제조합"이라 한다)을 설립할 수 있으며, 인가의 기준은 대통령령으로 정한다.
② 공제조합은 법인으로 하며, 주된 사무소의 소재지에서 설립등기를 함으로써 성립한다.
③ 공제조합에 가입한 자는 공제사업의 수행에 필요한 출자금 등을 조합에 내야 한다.
④ 공제조합의 기본재산은 대통령령으로 정하는 바에 따라 가입한 자의 출자금 등으로 조성하되, 공제조합의 기본재산의 운영에 관한 사항은 공정거래위원회의 인가를 받아야 한다. 다만, 정부는 예산의 범위에서 출연(出捐)하거나 보조할 수 있다.
⑤ 공제조합의 가입자격, 임원에 관한 사항 및 출자금의 부담기준에 관한 사항은 정관으로 정한다.
⑥ 공제조합의 설립인가 절차, 정관 기재 사항, 운영, 이사회의 구성 및 권한, 임원의 선임, 감독 등에 관하여 필요한 사항은 대통령령으로 정한다.
⑦ 공제조합이 제1항에 따른 공제사업을 하려는 경우에는 공제규정을 정하여 공정거래위원회의 인가를 받아야 한다. 공제규정을 변경하려는 경우에도 또한 같다.
⑧ 제7항의 공제규정에는 공제사업의 범위, 공제료, 공제사업에 충당하기 위한 책임준비금 등 공제사업의 운영에 필요한 사항을 정하여야 한다.
⑨ 공제조합에 관하여 이 법에 규정된 것을 제외하고는 「민법」 중 사단법인에 관한 규정을 준용한다.
⑩ 이 법에 따른 공제조합의 사업에 대하여는 「보험업법」을 적용하지 아니한다.

제39조【공제조합의 감독】 ① 공정거래위원회는 필요하다고 인정하면 공제조합에 대하여 업무 및 회계에 관한 보고서 제출 또는 그 밖에 필요한 조치를 명하거나 소속 공무원으로 하여금 공제조합의 업무 및 회계 상황을 조사하거나 장부 또는 그 밖의 서류를 검사하게 할 수 있다.
② 공정거래위원회는 공제조합의 운영 및 업무 집행 등이 법령이나 정관 등에 적합하지 아니한 경우 그 시정을 명할 수 있고, 그 밖에 소비자의 피해 구제 등과 관련하여 필요한 경우에는 적합한 조치를 요구할 수 있다.
③ 공정거래위원회는 공제조합의 임직원이 다음 각 호의 어느 하나에 해당하는 경우에는 관련 임직원에 대한 징계·해임을 요구하거나 해당 위반행위를 시정하도록 명할 수 있다.
1. 제38조제7항에 따른 공제규정을 위반하여 업무를 처리한 경우
2. 제2항에 따른 시정명령이나 조치를 이행하지 아니한 경우
④ 제1항에 따라 조사 또는 검사를 하는 공무원은 그 권한을 표시하는 증표를 지니고 이를 관계인에게 보여주어야 한다.

제40조【공제조합의 사업】 공제조합은 다음 각 호의 사업을 시행한다.
1. 소비자피해 보상을 위한 공제사업 및 소비자의 권익보호를 위한 공익사업
2. 소비자피해 예방과 홍보를 위한 출판 및 교육 사업
3. 시장의 건전한 발전을 위한 자율정화사업
4. 공정거래위원회로부터 위탁받은 사업
5. 그 밖에 정관으로 정하는 사업

제41조【특수판매 소비자단체 등의 지원】 공정거래위원회는 특수판매에서의 공정거래질서 확립 및 소비자권익 보호를 위한 사업을 시행하는 기관 또는 단체에 대하여 예산의 범위에서 필요한 지원을 할 수 있다.

제42조【전화권유판매 수신거부의사 등록시스템 등】 ① 공정거래위원회는 전화권유판매자의 행위로부터 소비자를 보호하기 위하여 소비자가 수신거부의사를 명시적으로 표시하여 등록할 수 있는 수신거부의사 등록시스템(이하 이 조에서 "등록시스템"이라 한다)을 구축할 수 있다.
② 전화권유판매자는 전화권유판매를 하려는 경우에는 대통령령으로 정하는 바에 따라 등록시스템에서 소비자의 수신거부의사 등록 여부를 확인하여야 하며, 전화권유판매 수신거부의사를 등록한 소비자에게 전화권유판매를 하여서는 아니 된다. 다만, 전화권유판매업자가 총리령으로 정하는 바에 따라 소비자로부터 개별적인 동의를 받은 경우에는 그러하지 아니하다.
③ 공정거래위원회는 등록시스템의 운용을 다음 각 호의 어느 하나에 해당하는 기관 또는 단체에 위탁할 수 있으며, 해당 기관 또는 단체에 그 원활한 운용에 필요한 비용의 전부 또는 일부를 지원할 수 있다.
1. 「소비자기본법」에 따라 설립된 기관 또는 등록된 소비자단체
2. 그 밖에 제54조에 따라 등록된 사업자단체 또는 다른 법률에 따라 소비자보호를 위해 설립된 기관 또는 단체
④ 제3항에 따라 운용을 위탁받을 수 있는 대상 기관 또는 단체의 선정 절차 및 기준은 대통령령으로 정한다.
⑤ 공정거래위원회는 제3항에 따른 위탁사무의 적정한 운용 및 관리를 위하여 필요하다고 인정되는 경우에는 자료의 제출을 요구하거나 소속 공무원으로 하여금 해당 위탁사무를 조사하게 할 수 있다. 이 경우 조사의 방법·절차 등에 관하여는 대통령령으로 정한다.
⑥ 공정거래위원회는 제3항에 따라 위탁사업자로 선정된 자가 제1호 또는 제2호에 해당하게 된 경우에는 그 선정을 취소하여야 하며, 제3호 또는 제4호에 해당하게 된 경우에는 그 선정을 취소할 수 있다.
1. 거짓 또는 부정한 방법으로 위탁사업자로 선정된 경우
2. 등록시스템을 제1항에 따른 목적 외의 목적으로 이용하거나 제3자로 하여금 이용하게 한 경우
3. 제4항에 따른 선정기준을 충족하지 못하게 된 경우
4. 제5항에 따른 조사 결과 원래의 선정 목적을 달성하기 어렵다고 인정되는 경우
⑦ 제1항부터 제6항까지에서 규정한 사항 외에 등록시스템의 구축 및 운영에 관하여 필요한 사항은 총리령으로 정한다.

제6장 조사 및 감독

제43조【위반행위의 조사 등】 ① 공정거래위원회, 시·도지사 또는 시장·군수·구청장(이하 "행정청"이라 한다)은 이 법을 위반한 사실이 있다고 인정할 때에는 직권으로 필요한 조사를 할 수 있다. 다만, 다단계판매 및 후원방문판매와 관련된 규정의 위반 사실에 대하여는 공정거래위원회 또는 시·도지사가 조사를 할 수 있다.
② 시·도지사 또는 시장·군수·구청장이 제1항에 따른 조사를 하려는 경우에는 공정거래위원회에 통보하여야 하며, 공정거래위원회는 조사 등이 중복될 우려가 있는 경우에는 시·도지사 또는 시장·군수·구청장에게 조사의 중지를 요청할 수 있다. 이 경우 요청을 받은 시·도지사 또는 시장·군수·구청장은 상당한 이유가 없으면 그 조사를 중지하여야 한다.
③ 행정청은 제1항에 따라 조사를 한 경우에는 그 결과(조사 결과 시정조치명령 등의 처분을 하려는 경우에는 그 처분의 내용을 포함한다)를 해당 사건의 당사자에게 문서로 알려야 한다.
④ 공정거래위원회는 제1항의 조사를 위하여 「소비자기본법」 제33조에 따른 한국소비자원(이하 이 조에서 "한국소비자원"이라 한다)과 합동으로 조사반을 구성할 수 있다. 이 경우 조사반의 구성과 조사에 관한 구체적 방법과 절차, 그 밖에 필요한 사항은 대통령령으로 정한다.
⑤ 공정거래위원회는 합동조사반의 구성원이 되는 한국소비자원 임직원에 대하여 예산의 범위에서 수당이나 여비를 지급할 수 있다.
⑥ 제4항에 따라 해당 업무를 담당하는 한국소비자원의 임직원은 「형법」 제127조와 제129조부터 제132조까지의 규정에 따른 벌칙을 적용할 때에는 공무원으로 본다.
⑦ 누구든지 이 법의 규정에 위반되는 사실이 있다고 인정할 때에는 그 사실을 행정청에 신고할 수 있다. 다만, 다단계판매 및 후원방문판매와 관련된 규정에 위반되는 사실에 대하여는 공정거래위원회 또는 시·도지사에게 신고할 수 있다.
⑧ 공정거래위원회는 이 법을 위반하는 행위가 끝난 날부터 5년이 지난 경우 그 위반행위에 대하여는 제49조에 따른 시정조치를 명하거나 제51조에 따른 과징금을 부과하지 아니한다. 다만, 시정조치 또는 과징금 부과처분이 판결의 취지에 따라 취소된 경우로서 그 판결 이유에 따라 새로운 처분을 하는 경우에는 그러하지 아니하다.

제43조의2【실태조사 등】 ① 공정거래위원회는 특수판매에서의 건전한 거래질서 확립 및 소비자 보호를 위하여 특수판매에 대한 실태조사와 교육을 실시할 수 있다.
② 제1항에 따른 실태조사의 방법, 절차 등에 필요한 사항은 대통령령으로 정한다.
(2014.1.28 본조신설)

제44조【포상금의 지급】 ① 공정거래위원회는 다음 각 호의 어느 하나에 해당하는 위반행위를 신고 또는 제보하고 이를 입증할 수 있는 증거자료를 제출한 자에 대하여 예산의 범위에서 포상금을 지급할 수 있다.
1. 제13조제1항 또는 제29조제3항을 위반하여 등록을 하지 아니하고 다단계판매조직 또는 후원방문판매조직을 개설·관리 또는 운영하는 행위
2. 제24조를 위반한 행위
② 제1항에 따른 포상금의 지급대상이 되는 이 법 위반행위 및 포상금 지급대상자의 범위, 포상금 지급의 기준·절차 등에 관하여 필요한 사항은 대통령령으로 정한다.

제44조의2【포상금의 환수 등】 ① 공정거래위원회는 제44조제1항에 따라 포상금을 지급한 후 다음 각 호의 어느 하나에 해당하는 사실이 발견된 경우에는 해당 포상금을 지급받은 자에게 반환할 금액을 통지하여야 하고, 해당 포상금을 지급받은 자는 그 통지를 받은 날부터 30일 이내에 이를 납부하여야 한다.
1. 위법 또는 부당한 방법의 증거수집, 허위신고, 거짓진술, 증거위조 등 부정한 방법으로 포상금을 지급받은 경우
2. 동일한 원인으로 다른 법령에 따라 포상금 등을 지급받은 경우
3. 그 밖에 착오 등의 사유로 포상금이 잘못 지급된 경우
② 공정거래위원회는 제1항에 따라 포상금을 반환하여야 할 자가 납부 기한까지 그 금액을 납부하지 아니한 때에는 국세 체납처분의 예에 따라 징수할 수 있다.
(2018.6.12 본조신설)

제45조【부당행위에 대한 정보의 공개】 공정거래위원회는 특수판매의 공정거래질서 확립과 소비자피해 예방을 위하여 필요한 경우에는 대통령령으로 정하는 바에 따라 특수판매업자의 이 법 위반행위에 대한 조사 결과 등 부당행위에 대한 정보를 공개할 수 있다.

제46조【평가·인증 사업의 공정화】 ① 특수판매의 공정거래질서 확립 및 소비자보호를 위하여 관련 특수판매업자의 평가·인증 등의 업무를 하는 자(이하 "평가·인증사업자"라 한다)는 그 명칭에 상관없이 대통령령으로 정하는 바에 따라 그 평가·인증에 관한 기준·방법 등을 공시하고, 그에 따라 공정하게 평가·인증하여야 한다.
② 제1항에 따른 평가·인증의 기준 및 방법은 특수판매업자가 거래의 공정화 및 소비자보호를 위하여 기울인 노력과 그 성과에 관한 정보를 전달하는 데에 적절한 것이어야 한다.
③ 공정거래위원회는 평가·인증사업자에게 운용 상황 등에 관한 자료를 제출하도록 할 수 있다.

제47조【보고 및 감독】 ① 시·도지사 또는 시장·군수·구청장은 제48조에 따른 시정권고를 하는 경우에는 대통령령으로 정하는 바에 따라 공정거래위원회에 보고하여야 한다.
② 공정거래위원회는 이 법의 효율적인 시행을 위하여 필요하다고 인정할 때에는 그 소관 사항에 관하여 시·도지사 또는 시장·군수·구청장 등에게 조사·확인 또는 자료의 제출을 요구하거나 그 밖에 시정에 필요한 조치를 하도록 요구할 수 있다. 이 경우 시·도지사 또는 시장·군수·구청장은 특별한 사유가 없으면 이에 따라야 한다.

제7장 시정조치 및 과징금 부과

제48조【위반행위의 시정권고】 ① 행정청은 사업자가 이 법에 위반되는 행위를 하거나 이 법에 따른 의무를 이행하지 아니하는 경우 제49조에 따른 시정조치를 하기 전에 그 사업자가 해당 행위의 중지, 이 법에 따른 의무의 이행, 그 밖에 소비자피해 예방 및 구제에 필요한 조치를 하도록 시정 방안을 정하여 그 사업자에게 이에 따를 것을 권고할 수 있다. 이 경우 해당 사업자가 그 권고를 수락한 경우에는 제3항에 따라 시정조치가 내려진 것으로 본다는 뜻을 함께 통지하여야 한다.
② 제1항에 따라 시정권고를 받은 사업자는 그 통지를 받은 날부터 10일 이내에 그 권고의 수락 여부를 시정권고를 한 행정청에 통지하여야 한다.
③ 제1항에 따라 시정권고를 받은 사업자가 이를 수락한 때에는 제49조에 따른 시정조치가 내려진 것으로 본다.

제49조【시정조치 등】 ① 공정거래위원회는 사업자가 다음 각 호의 어느 하나(제29조제3항에 따라 준용되는 경우를 포함한다)에 해당하는 행위를 하거나 이 법에 따른 의무를 이행하지 아니하는 경우 해당 사업자 등에 대하여 그 시정을 위한 조치를 명할 수 있다.
1. 제5조제1항부터 제3항까지, 제6조, 제7조제1항부터 제3항까지 및 제5항, 제7조의2, 제8조제5항, 제9조, 제10조제1항, 제12조제1항, 제13조제1항부터 제3항까지 및 제7항, 제14조부터 제24조까지, 제26조제1항 및 제2항, 제28조, 제29조제1항 및 제2항, 제30조, 제32조제1항부터 제3항까지, 제33조, 제35조제2항, 제37조제1항 · 제4항 · 제5항 및 제7항, 제42조제2항, 제46조제1항 및 제2항, 제55조를 위반하는 경우(2021.4.20 본호개정)
2. 제11조제1항 각 호의 어느 하나, 제23조제1항 각 호의 어느 하나, 제24조제1항 각 호의 어느 하나 또는 제34조제1항 각 호의 어느 하나에 해당하는 금지행위를 한 경우
3. 제36조제2항 후단에 따라 거래기록을 보존하는 특수판매업자가 거래기록의 대상 · 범위 · 기간 및 열람 방법 등에 관하여 대통령령으로 정하는 바에 따라 보존하지 아니한 경우

② 제1항에 따른 시정을 위한 조치는 다음 각 호의 어느 하나에 해당하는 조치를 포함한다.
1. 해당 위반행위의 중지
2. 이 법에 규정된 의무의 이행
3. 시정조치를 받은 사실의 공표
4. 소비자피해 예방 및 구제에 필요한 조치
5. 그 밖에 시정을 위하여 필요한 조치

③ 제2항제3호에 따른 시정조치를 받은 사실의 공표에 필요한 사항은 대통령령으로 정한다.
④ 공정거래위원회는 사업자가 다음 각 호의 어느 하나에 해당하는 경우에는 대통령령으로 정하는 바에 따라 1년 이내의 기간을 정하여 그 영업의 전부 또는 일부의 정지를 명할 수 있다.
1. 제1항의 시정조치에도 불구하고 최근 3년간 같은 위반행위가 2회 이상 반복되는 경우(행위의 기준은 처분일로 한다)
2. 시정조치를 이행하지 아니한 경우
3. 시정조치만으로는 소비자피해를 방지하기 어렵거나 소비자에 대한 피해보상이 불가능하다고 판단되는 경우

⑤ 공정거래위원회 또는 시 · 도지사는 사업자가 제1호에 해당하는 경우(제29조제3항에 따라 준용되는 경우를 포함한다)에는 그 등록을 취소하여야 하고, 제2호부터 제4호까지의 규정에 해당하는 경우(제29조제3항에 따라 준용되는 경우를 포함한다)에는 대통령령으로 정하는 바에 따라 그 등록을 취소할 수 있다.
1. 속임수나 그 밖의 부정한 방법으로 제13조제1항에 따른 등록을 한 경우
2. 제14조 각 호의 결격사유에 해당하게 된 경우
3. 소비자피해보상보험계약등이 해지된 경우
4. 영업정지기간 중에 영업을 하는 경우

제50조【소비자피해분쟁조정의 요청】 ① 행정청은 이 법 위반행위와 관련하여 소비자의 피해 구제 신청이 있으면 제48조에 따른 시정권고 또는 제49조에 따른 시정조치를 하기 전에 특수판매에 관한 소비자보호 관련 업무를 수행하는 기관 또는 단체 가운데 대통령령으로 정하는 소비자피해분쟁조정기구에 그 조정을 의뢰할 수 있다.
② 행정청은 제1항에 따라 의뢰된 조정안을 당사자가 수락하고 이행하는 경우에는 제49조에 따른 시정조치를 하지 아니한다는 뜻을 당사자에게 알려야 한다.
③ 공정거래위원회는 제1항에 따라 의뢰된 조정안을 당사자가 수락하고 이행한 경우에는 대통령령으로 정하는 바에 따라 제49조에 따른 시정조치를 하지 아니한다. 이 경우 제43조제8항은 적용하지 아니한다.
④ 공정거래위원회는 제1항에 따라 분쟁의 조정을 의뢰하는 경우 예산의 범위에서 해당 분쟁의 조정에 필요한 예산을 지원할 수 있다.

제50조의2【동의의결】 ① 공정거래위원회의 조사나 심의를 받고 있는 사업자 또는 사업자단체(이하 이 조부터 제50조의4까지의 규정에서 "신청인"이라 한다)는 해당 조사나 심의의 대상이 되는 행위(이하 이 조부터 제50조의4까지의 규정에서 "해당 행위"라 한다)로 인한 불공정한 거래내용 등의 자발적 해결, 소비자의 피해구제 및 거래질서의 개선 등을 위하여 제3항에 따른 동의의결을 하여 줄 것을 공정거래위원회에 신청할 수 있다. 다만, 동의의결이 있기 전 신청인이 신청을 취소하는 경우 공정거래위원회는 동의의결을 하지 아니하고 이 법에 따른 심의 절차를 진행하여야 한다.
② 신청인이 제1항에 따른 신청을 하는 경우 다음 각 호의 사항을 기재한 서면으로 하여야 한다.
1. 해당 행위를 특정할 수 있는 사실관계
2. 해당 행위의 중지, 원상회복 등 경쟁질서의 회복이나 거래질서의 적극적 개선을 위하여 필요한 시정방안
3. 그 밖에 소비자, 다른 사업자 등의 피해를 구제하거나 예방하기 위하여 필요한 시정방안

③ 공정거래위원회는 해당 행위의 사실관계에 대한 조사를 마친 후 제2항제2호 및 제3호에 따른 시정방안(이하 "시정방안"이라 한다)이 다음 각 호의 요건을 모두 충족한다고 판단되는 경우에는 해당 행위 관련 심의 절차를 중단하고 시정방안과 같은 취지의 의결(이하 "동의의결"이라 한다)을 할 수 있다. 이 경우 신청인과의 협의를 거쳐 시정방안을 수정할 수 있다.
1. 해당 행위가 이 법을 위반한 것으로 판단될 경우에 예상되는 시정조치 및 그 밖의 제재와 균형을 이룰 것
2. 공정하고 자유로운 경쟁질서나 거래질서를 회복시키거나 소비자, 다른 사업자 등을 보호하기에 적절하다고 인정될 것

④ 공정거래위원회의 동의의결은 해당 행위가 이 법에 위반된다고 인정한 것을 의미하지 아니하며, 누구든지 신청인이 동의의결을 받은 사실을 들어 해당 행위가 이 법에 위반된다고 주장할 수 없다.
(2022.1.4 본조신설)

제50조의3【동의의결 절차】 ① 공정거래위원회는 신속한 조치의 필요성, 소비자 피해의 직접 보상 필요성 등을 종합적으로 고려하여 동의의결 절차의 개시 여부를 결정하여야 한다.
② 공정거래위원회는 동의의결을 하기 전에 30일 이상의 기간을 정하여 다음 각 호의 사항을 신고인 등 이해관계인에게 통지하거나, 관보 또는 공정거래위원회의 인터넷 홈페이지에 공고하는 등의 방법으로 의견을 제출할 기회를 주어야 한다.
1. 해당 행위의 개요
2. 관계 법령 조항
3. 시정방안(제50조의2제3항 후단에 따라 시정방안이 수정된 경우에는 그 수정된 시정방안을 말한다)
4. 해당 행위와 관련하여 신고인 등 이해관계인의 이해를 돕는 그 밖의 정보. 다만, 사업상 또는 사생활의 비밀 보호나 그 밖에 공익상 공개하기에 적절하지 아니한 것은 제외한다.

③ 공정거래위원회는 제2항 각 호의 사항을 관계 행정기관의 장에게 통보하고 그 의견을 들어야 한다. 다만, 제58조부터 제64조까지의 규정이 적용되는 행위에 대해서는 검찰총장과 협의하여야 한다.
④ 공정거래위원회는 동의의결을 하거나 이를 취소하는 경우에는 「독점규제 및 공정거래에 관한 법률」 제59조의 구분에 따른 회의의 심의 · 의결을 거쳐야 한다.
⑤ 동의의결을 받은 신청인은 제4항의 의결에 따라 동의의결의 이행계획과 이행결과를 공정거래위원회에 제출하여야 한다.
⑥ 공정거래위원회는 제5항에 따라 제출된 이행계획의 이행 여부를 점검할 수 있고, 동의의결을 받은 신청인에게 그 이행에 관련된 자료의 제출을 요청할 수 있다.
⑦ 공정거래위원회는 제6항에 따른 이행계획의 이행 여부 점검 등 동의의결의 이행관리에 관한 업무를 대통령령으로 정하는 바에 따라 조정원 또는 「소비자기본법」 제33조에 따른 한국소비자원(이하 "소비자원"이라 한다)에 위탁할 수 있다.
⑧ 제7항에 따른 위탁을 받은 기관의 장은 제5항에 따라 신청인이 제출한 동의의결의 이행계획과 이행결과에 대한 이행관리 현황을 분기별로 공정거래위원회에 보고하여야 한다. 다만, 공정거래위원회의 현황 보고 요구가 있는 경우 즉시 이에 따라야 한다.
⑨ 제7항에 따른 위탁을 받은 기관의 장은 동의의결을 받은 신청인이 그 이행을 게을리하거나 이행하지 아니하는 경우에는 지체 없이 그 사실을 공정거래위원회에 통보하여야 한다.
⑩ 제50조의2제2항에 따른 서면의 신청 방법, 의견 조회 방법, 심의 · 의결 절차, 조정원 또는 소비자원에 대한 이행관리 업무의 위탁 절차 등 그 밖의 세부 사항은 공정거래위원회가 정하여 고시할 수 있다.
(2022.1.4 본조신설)

제50조의4【동의의결의 취소】 ① 공정거래위원회는 다음 각 호의 어느 하나에 해당하는 경우에는 동의의결을 취소할 수 있다.
1. 동의의결의 기초가 된 시장상황 등 사실관계의 현저한 변경 등으로 인하여 시정방안이 적정하지 아니하게 된 경우
2. 신청인이 제공한 불완전하거나 부정확한 정보로 인하여 동의의결을 하게 되었거나, 신청인이 거짓 또는 그 밖의 부정한 방법으로 동의의결을 받은 경우
3. 신청인이 정당한 이유 없이 동의의결을 이행하지 아니하는 경우

② 제1항제1호에 따라 동의의결을 취소하는 경우 신청인이 제50조의2제1항에 따라 동의의결을 하여줄 것을 신청하면 공정거래위원회는 다시 동의의결을 할 수 있다. 이 경우 제50조의2부터 제50조의5까지의 규정을 적용한다.
③ 제1항제2호 또는 제3호에 따라 동의의결을 취소하는 경우 공정거래위원회는 제50조의2제3항에 따라 중단된 해당 행위 관련 심의절차를 계속하여 진행할 수 있다.
(2022.1.4 본조신설)

제50조의5【이행강제금】 ① 공정거래위원회는 정당한 이유 없이 동의의결 시 정한 이행기한까지 동의의결을 이행하지 아니한 자에게 동의의결이 이행되거나 취소되기 전까지 이행기한이 지난 날부터 1일당 200만원 이하의 이행강제금을 부과할 수 있다.
② 이행강제금의 부과 · 납부 · 징수 및 환급 등에 관하여는 「독점규제 및 공정거래에 관한 법률」 제16조제2항 및 제3항을 준용한다.
(2022.1.4 본조신설)

제51조【과징금】 ① 공정거래위원회는 제49조제4항에 따른 영업정지를 갈음하여 해당 사업자에 대하여 대통령령으로 정하는 위반행위 관련 매출액을 초과하지 아니하는 범위에서 과징금을 부과할 수 있다. 이 경우 관련 매출액이 없거나 이를 산정할 수 없는 등의 경우에는 5천만원을 초과하지 아니하는 범위에서 과징금을 부과할 수 있다.
② 공정거래위원회는 제1항에 따른 과징금을 부과할 때 다음 각 호의 사항을 고려하여야 한다.
1. 위반행위로 인한 소비자피해 정도
2. 소비자피해에 대한 사업자의 보상노력 정도
3. 위반행위로 취득한 이익의 규모
4. 위반행위의 내용 · 기간 및 횟수 등

③ 공정거래위원회는 이 법을 위반한 사업자인 회사의 합병이 있는 경우에는 그 회사가 한 위반행위를 합병 후 존속하거나 합병으로 새로 설립된 회사가 한 행위로 보아 과징금을 부과 · 징수할 수 있다.
④ (2018.6.12 삭제)
⑤ 제1항에 따른 과징금의 부과기준은 대통령령으로 정한다.

제8장 보 칙

제52조【소비자 등에게 불리한 계약의 금지】 제7조, 제7조의2, 제8조부터 제10조까지, 제16조부터 제19조까지, 제30조부터 제32조까지의 규정 중 어느 하나를 위반한 계약으로서 소비자에게 불리한 것은 효력이 없다.
(2018.6.12 본조개정)

제53조【전속관할】 특수판매와 관련된 소(訴)는 제소 당시 소비자 주소를, 주소가 없는 경우에는 거소를 관할하는 지방법원의 전속관할로 한다. 다만, 제소 당시 소비자의 주소 또는 거소가 분명하지 아니한 경우에는 「민사소송법」의 관계 규정을 준용한다.

제54조【사업자단체의 등록】 ① 특수판매의 건전한 발전과 소비자의 신뢰도 제고, 그 밖에 공동이익의 증진을 위한 목적으로 설립된 사업자단체는 대통령령으로 정하는 바에 따라 공정거래위원회에 등록할 수 있다.
② 제1항에 따른 등록의 요건, 방법 및 절차 등에 관하여 필요한 사항은 대통령령으로 정한다.

제55조【소비자에 관한 정보의 오용 · 남용 및 도용 방지 등】 특수판매업자가 소비자에 관한 정보를 수집 · 이용하는 경우에는 「전자상거래 등에서의 소비자보호에 관한 법률」 제11조를 준용한다. 이 경우 "전자상거래 또는 통신판매"는 "특수판매"로 본다.

제56조【권한의 위임 · 위탁】 ① 이 법에 따른 공정거래위원회의 권한은 그 일부를 대통령령으로 정하는 바에 따라 소속 기관의 장 또는 시 · 도지사에게 위임하거나 다른 행정기관의 장에게 위탁할 수 있다.
② 이 법에 따른 시 · 도지사의 권한은 그 일부를 대통령령으로 정하는 바에 따라 시장 · 군수 · 구청장에게 위임할 수 있다.
③ 공정거래위원회는 이 법을 효율적으로 집행하기 위하여 필요한 경우 사무의 일부를 제54조에 따라 등록한 사업자단체에 위탁할 수 있다.
④ 제1항부터 제3항까지의 규정에 따라 위임하거나 위탁한 사무에 대한 감독, 처리 · 보고, 조사 · 확인, 자료의 제출 또는 시정에 필요한 조치의 요구 등에 관하여 필요한 사항은 대통령령으로 정한다.
⑤ 제3항 또는 제42조제3항에 따라 사무를 위탁받은 자의 임직원은 「형법」 제129조부터 제132조까지의 규정에 따른 벌칙을 적용할 때에는 공무원으로 본다.

제57조【「독점규제 및 공정거래에 관한 법률」의 준용】 ① 이 법에 따른 공정거래위원회의 심의 · 의결에 관하여는 「독점규제 및 공정거래에 관한 법률」 제64조부터 제68조까지 및 제93조를 준용한다.
② 이 법 위반행위에 대한 행정청의 조사 등에 관하여는 「독점규제 및 공정거래에 관한 법률」 제81조제1항 · 제2항 · 제3항 · 제6항 및 제9항을 준용한다.

③ 이 법에 따른 공정거래위원회의 처분 및 제56조에 따라 위임된 시·도지사의 처분에 대한 이의신청, 시정조치 명령의 집행정지, 소의 제기 및 불복의 소의 전속관할에 관하여는 「독점규제 및 공정거래에 관한 법률」 제96조부터 제101조까지의 규정을 준용한다.
④ 이 법에 따른 과징금의 부과·징수에 관하여는 「독점규제 및 공정거래에 관한 법률」 제103조부터 제107조까지의 규정을 준용한다.
⑤ 이 법에 따른 직무에 종사하거나 종사하였던 공정거래위원회의 위원 또는 공무원 및 제50조의3에 따른 이행관리 업무를 담당하거나 담당하였던 사람에 대하여는 「독점규제 및 공정거래에 관한 법률」 제119조를 준용한다.
(2022.1.4 본항개정)
⑥ 제50조의3에 따른 이행관리 업무를 담당하거나 담당하였던 사람에 대하여는 「독점규제 및 공정거래에 관한 법률」 제123조제2항을 준용한다.(2022.1.4 본항신설)
(2020.12.29 본조개정)

제9장 벌 칙

제58조【벌칙】 ① 다음 각 호의 어느 하나에 해당하는 자(제29조제3항에 따라 준용되는 경우를 포함한다)는 7년 이하의 징역 또는 2억원 이하의 벌금에 처한다. 이 경우 다음 각 호의 어느 하나에 해당하는 자가 이 법 위반행위와 관련하여 판매하거나 거래한 대금 총액의 3배에 해당하는 금액이 2억원을 초과할 때에는 7년 이하의 징역 또는 판매하거나 거래한 대금 총액의 3배에 해당하는 금액 이하의 벌금에 처한다.
1. 제13조제1항에 따른 등록을 하지 아니하고(제49조제5항에 따라 등록이 취소된 경우를 포함한다) 다단계판매조직이나 후원방문판매조직을 개설·관리 또는 운영한 자
2. 거짓이나 그 밖의 부정한 방법으로 제13조제1항에 따른 등록을 하고 다단계판매조직이나 후원방문판매조직을 개설·관리 또는 운영한 자
3. 제23조제1항제8호에 따른 금지행위를 한 자
4. 제24조제1항 또는 제2항에 따른 금지행위를 한 자
② 제1항의 징역형과 벌금형은 병과(倂科)할 수 있다.
제59조【벌칙】 ① 다음 각 호의 어느 하나에 해당하는 자는 5년 이하의 징역 또는 1억 5천만원 이하의 벌금에 처한다. 다만, 제29조제3항에 따라 준용되는 경우에는 3년 이하의 징역 또는 1억원 이하의 벌금에 처한다.
1. 제22조제2항을 위반한 자
2. 제23조제1항제1호 또는 제2호에 따른 금지행위를 한 자
3. 제29조제1항에 따른 금지행위를 한 자
② 제1항의 징역형과 벌금형은 병과할 수 있다.
제60조【벌칙】 ① 다음 각 호의 어느 하나에 해당하는 자는 3년 이하의 징역 또는 1억원 이하의 벌금에 처한다. 다만, 제29조제3항에 따라 준용되는 경우에는 2년 이하의 징역 또는 5천만원 이하의 벌금에 처한다.
1. 제13조제2항 또는 제3항을 위반하여 거짓으로 신고한 자
2. 제15조제5항에 따른 다단계판매원 수첩에 거짓 사실을 기재한 자
3. 제18조제2항을 위반하여 재화등의 대금을 환급하지 아니한 자
4. 제20조제3항 또는 제5항을 위반한 자
5. 제21조제1항 또는 제3항을 위반한 자
6. 제22조제1항 또는 제4항을 위반한 자
7. 제23조제1항제3호·제5호·제7호 또는 제11호에 따른 금지행위를 한 자
8. 제37조제5항을 위반하여 소비자피해보상보험계약등의 체결 또는 유지에 관하여 거짓 자료를 제출한 사업자
9. 제37조제7항을 위반하여 같은 조 제6항에 따른 표지를 사용하거나 이와 비슷한 표지를 제작 또는 사용한 자
10. 제49조제1항에 따른 시정조치명령을 따르지 아니한 자
11. 제49조제4항에 따른 영업정지명령을 위반하여 영업을 한 자
② 제1항의 징역형과 벌금형은 병과할 수 있다.
제61조【벌칙】 ① 다음 각 호의 어느 하나에 해당하는 자는 2년 이하의 징역 또는 5천만원 이하의 벌금에 처한다.
1. 제11조제1항제1호·제2호 또는 제5호에 해당하는 금지행위를 한 자
2. 제34조제1항제1호·제2호 또는 제5호에 해당하는 금지행위를 한 자
② 제1항의 징역형과 벌금형은 병과할 수 있다.
제62조【벌칙】 다음 각 호의 어느 하나에 해당하는 자(제29조제3항에 따라 준용되는 경우를 포함한다)는 1년 이하의 징역 또는 3천만원 이하의 벌금에 처한다.
1. 제5조제1항을 위반하여 신고를 하지 아니하거나 거짓으로 신고한 자
2. 제11조제1항제3호에 따른 금지행위를 한 자
3. 제12조제1항 또는 제26조제1항을 위반하여 휴업기간 또는 영업정지기간 중에 계속하여야 할 업무를 계속하지 아니한 자
4. 제13조제7항을 위반하여 자료를 제출하지 아니하거나 거짓 자료를 제출한 자(2021.4.20 본호개정)
5. 제15조제1항에 따른 등록을 하지 아니하고 실질적으로 다단계판매원으로 활동한 자(2013.5.28 본호신설)
6. 제15조제2항제1호 또는 제3호부터 제7호까지의 규정에 따라 다단계판매원으로 등록할 수 없는 자임에도 불구하고 다단계판매원으로 등록한 자(2016.3.29 본호개정)
7. 제15조제2항제2호를 위반하여 미성년자를 다단계판매원으로 가입시킨 다단계판매자
8. 제15조제3항에 따른 다단계판매원 등록증에 거짓 사실을 적은 자
9. 제15조제4항을 위반하여 다단계판매원 등록부를 거짓으로 작성한 자
10. 제23조제1항제9호에 따른 금지행위를 한 자
11. 제33조에 따른 재화등의 거래기록 등을 거짓으로 작성한 자
제63조【벌칙】 다음 각 호의 어느 하나에 해당하는 자(제29조제3항에 따라 준용되는 경우를 포함한다)는 1천만원 이하의 벌금에 처한다.
1. 제6조제3항을 위반하여 성명 등을 거짓으로 밝힌 자
2. 제7조제2항, 제16조 또는 제30조제2항에 따른 계약서를 발급할 때 거짓 내용이 적힌 계약서를 발급한 자
3. 제11조제1항제4호 또는 제7호에 따른 금지행위를 한 자
4. 제34조제1항제3호·제4호 또는 제7호에 따른 금지행위를 한 자
제64조【벌칙】 제57조제5항에 따라 준용되는 「독점규제 및 공정거래에 관한 법률」 제119조를 위반한 자는 2년 이하의 징역 또는 200만원 이하의 벌금에 처한다.
(2020.12.29 본조개정)
제65조【양벌규정 등】 ① 법인의 대표자나 법인 또는 개인의 대리인, 사용인, 그 밖의 종업원이 그 법인 또는 개인의 업무에 관하여 제58조부터 제63조까지의 어느 하나에 해당하는 위반행위를 하면 그 행위자를 벌하는 외에 그 법인 또는 개인에게도 해당 조문의 벌금형을 과(科)한다. 다만, 법인 또는 개인이 그 위반행위를 방지하기 위하여 해당 업무에 관하여 상당한 주의와 감독을 게을리하지 아니한 경우에는 그러하지 아니하다.
② 제58조부터 제63조까지의 어느 하나에 해당하는 위반행위를 한 자 또는 제1항에 따라 벌금형이 부과되는 법인 또는 개인이 이미 공정거래위원회 또는 시·도지사의 처분을 받거나 소비자의 피해를 보상한 경우에는 제58조부터 제63조까지의 규정에 따른 형을 감경하거나 면제할 수 있다.
판례 다단계판매원이 다단계판매업자의 사용인에 해당하는지 여부 : 다단계판매원은 다단계판매업자의 상품 판매 또는 용역 제공에 의한 이익의 귀속주체가 된다고 할 것이므로 다단계판매업자의 통제·감독을 받으면서 다단계판매업자의 업무를 직접 또는 간접으로 수행하는 자로서 양벌규정의 적용에 있어서는 다단계판매업자의 사용인의 지위에 있다고 봄이 상당하다.
(대판 2006.2.24, 2003도4966)
제66조【과태료】 ① 사업자 또는 사업자단체가 제1호 또는 제2호에 해당하는 경우에는 3천만원 이하, 제3호에 해당하는 경우에는 5천만원 이하의 과태료를 부과하고, 사업자 또는 사업자단체의 임원 또는 종업원, 그 밖의 이해관계인이 제1호 또는 제2호에 해당하는 경우에는 500만원 이하, 제3호에 해당하는 경우에는 1천만원 이하의 과태료를 부과한다.
1. 제57조제2항에 따라 준용되는 「독점규제 및 공정거래에 관한 법률」 제81조제1항제1호에 따른 출석처분을 받은 당사자 중 정당한 사유 없이 출석하지 아니한 자
2. 제57조제2항에 따라 준용되는 「독점규제 및 공정거래에 관한 법률」 제81조제1항제3호 또는 같은 조 제6항에 따른 보고 또는 필요한 자료나 물건을 제출하지 아니하거나 거짓으로 보고하거나 거짓 자료나 물건을 제출한 자
3. 제57조제2항에 따라 준용되는 「독점규제 및 공정거래에 관한 법률」 제81조제2항 및 제3항에 따른 조사를 거부·방해 또는 기피한 자
(2020.12.29 1호~3호개정)
(2018.6.12 본항신설)
② 다음 각 호의 어느 하나에 해당하는 자(제29조제3항에 따라 준용되는 경우를 포함한다)에게는 1천만원 이하의 과태료를 부과한다.
1. 제9조를 위반하여 재화등의 대금을 환급하지 아니하거나 환급에 필요한 조치를 하지 아니한 자
2. 제11조제1항제6호, 제23조제1항제4호 또는 제34조제1항제6호에 따른 금지행위를 한 자
3. 제11조제1항제8호, 제23조제1항제6호 또는 제34조제1항제8호에 따른 금지행위를 한 자
4. 제13조제2항 또는 제3항을 위반하여 신고를 하지 아니한 자
5. 제15조제3항에 따른 다단계판매원 등록증 또는 같은 조 제5항에 따른 다단계판매원 수첩을 발급하지 아니한 자
6. 제15조제4항을 위반하여 다단계판매원 등록부를 작성하지 아니한 자 또는 다단계판매원의 신원을 확인할 수 있도록 하지 아니한 자
7. 제23조제1항제10호에 따른 금지행위를 한 자
8. 제32조를 위반하여 위약금을 과다하게 청구하거나 대금 환급을 거부한 자
9. 제42조제2항을 위반하여 소비자에게 전화권유판매를 한 자
10.~12. (2018.6.12 삭제)
③ 다음 각 호의 어느 하나에 해당하는 자(제29조제3항에 따라 준용되는 경우를 포함한다)에게는 500만원 이하의 과태료를 부과한다.
1. 제5조제2항 및 제3항에 따른 신고를 하지 아니하거나 거짓으로 신고한 자
2. 제6조제1항을 위반하여 방문판매원등의 명부를 작성하지 아니하거나 같은 조 제2항을 위반하여 방문판매원의 신원을 확인할 수 있도록 하지 아니한 자 또는 같은 조 제3항을 위반하여 성명 등을 밝히지 아니한 자
3. 제7조제2항, 제16조 또는 제30조제2항에 따른 계약서를 발급하지 아니한 자
3의2. 제7조의2제1항을 위반하여 소비자의 동의를 받아 통화내용 중 계약에 관한 사항을 계약일부터 3개월 이상 보존하지 아니하거나 같은 조 제2항을 위반하여 소비자의 통화내용 열람 요청을 따르지 아니한 자
(2018.6.12 본호신설)
4. 제20조제2항을 위반하여 후원수당의 산정 및 지급기준을 변경한 자
5. 제20조제4항을 위반하여 후원수당의 산정·지급 명세 등의 열람을 허용하지 아니한 자
6. 제30조제3항을 위반하여 소비자에게 계약 종료일을 통지하지 아니한 자
7. 제33조에 따른 재화등의 거래기록 등을 소비자가 열람할 수 있도록 하지 아니한 자
④ 제57조제1항에 따라 준용되는 「독점규제 및 공정거래에 관한 법률」 제66조를 위반하여 질서유지의 명령을 따르지 아니한 자에게는 100만원 이하의 과태료를 부과한다.(2020.12.29 본항개정)
⑤ 제1항부터 제4항까지에 따른 과태료는 행정청이 부과·징수한다. 다만, 다단계판매 및 후원방문판매와 관련된 규정에 따른 과태료는 공정거래위원회 또는 시·도지사가 부과·징수한다.(2018.6.12 본문개정)
⑥ 제1항부터 제4항까지에 따른 과태료의 부과기준은 대통령령으로 정한다.(2018.6.12 본항개정)
제67조【과태료에 관한 규정 적용의 특례】 제66조의 과태료에 관한 규정을 적용할 때 제51조에 따라 과징금을 부과한 행위에 대해서는 과태료를 부과할 수 없다.
(2017.11.28 본조신설)

부 칙

제1조【시행일】 이 법은 공포 후 6개월이 경과한 날부터 시행한다.
제2조【청약철회등에 관한 적용례】 제8조제1항제3호 및 제4호의 개정규정은 이 법 시행 후 최초로 체결한 재화등 구매계약의 청약철회등을 하는 분부터 적용한다.
제3조【다단계판매업자의 변경신고에 관한 적용례】 제13조제2항의 개정규정은 이 법 시행 후 제13조제1항 각 호의 최초 변경분부터 적용한다.
제4조【다단계판매업자 폐업신고에 관한 적용례】 제13조제3항의 개정규정은 이 법 시행일 후 최초의 신고부터 적용한다.
제5조【후원방문판매자에 대한 적용례】 제29조제3항제2호의 개정규정 중 제20조제3항, 제23조제1항제8호·제9호 및 제37조에 관한 부분은 이 법 시행 후 1년이 경과한 날부터 후원방문판매자에게 적용한다.
제6조【후원방문판매업자에 대한 경과조치】 이 법 시행 당시 후원방문판매업자에 해당되는 자는 이 법 시행일부터 1년 이내에 제29조의 개정규정에 따라 등록하고 제37조의 개정규정에 따라 소비자피해보상보험계약등을 체결하여야 한다.
제7조【소비자피해보상보험계약등에 관한 경과조치】 이 법 시행 전에 체결된 소비자피해보상보험계약등은 제37조의 개정규정에 따라 체결된 것으로 본다.
제8조【공제조합에 대한 경과조치】 이 법 시행 당시 공정거래위원회로부터 인가된 공제조합은 제38조의 개정규정에 따른 인가를 받은 것으로 본다. 다만, 이 법 시행 후 30일 이내에 인가를 다시 받아야 한다.
제9조【벌칙 및 과태료에 관한 경과조치】 이 법 시행 전의 행위에 관한 벌칙 및 과태료의 적용은 종전의 규정에 따른다.
제10조【다른 법령과의 관계】 이 법 시행 당시 다른 법령에서 종전의 「방문판매 등에 관한 법률」의 규정을 인용하고 있는 경우 이 법 중 그에 해당하는 규정이 있는 때에는 종전의 규정을 갈음하여 이 법의 해당 규정을 인용한 것으로 본다.

부 칙 (2016.3.29)

제1조【시행일】 이 법은 공포 후 6개월이 경과한 날부터 시행한다. 다만, 제14조제1호가목의 개정규정은 공포한 날부터 시행한다.
제2조【금치산자 등에 대한 경과조치】 제14조제1호가목의 개정규정에 따른 피한정후견인 또는 피성년후견인에는 법률 제10429호 민법 일부개정법률 부칙 제2조에 따라 금치산 또는 한정치산 선고의 효력이 유지되는 자를 포함하는 것으로 본다.

부 칙 (2018.6.12)

제1조【시행일】 이 법은 공포 후 6개월이 경과한 날부터 시행한다. 다만, 제51조제4항, 제57조제4항(「독점규제 및 공정거래에 관한 법률」 제55조의5를 준용하는 부분은 제외한다)·제5항 및 제64조의 개정규정은 공포한 날부터 시행한다.
제2조【전화권유판매자의 소비자 보호에 관한 적용례】 제7조의2의 개정규정은 이 법 시행 후 최초로 전화권유판매 계약을 체결하는 경우부터 적용한다.
제3조【다단계판매원 등록증 및 수첩의 발급에 관한 적용례】 제15조제3항 및 제5항의 개정규정은 이 법 시행 후 최초로 다단계판매원 등록증 및 수첩을 발급하는 경우부터 적용한다.
제4조【포상금 환수에 관한 적용례】 제44조의2의 개정규정은 이 법 시행 이후 지급하는 포상금을 환수하는 경우부터 적용한다.
제5조【과징금의 연대납부에 관한 적용례】 ① 제57조제4항의 개정규정에 따라 준용되는 「독점규제 및 공정거래에 관한 법률」 제55조의5제1항은 이 법 시행 후 최초로 회사가 분할 또는 분할합병되는 경우부터 적용한다.
② 제57조제4항의 개정규정에 따라 준용되는 「독점규제 및 공정거래에 관한 법률」 제55조의5제2항은 이 법 시행 후 최초로 회사가 분할 또는 분할합병으로 해산되는 경우부터 적용한다.
제6조【출석처분을 받고 출석하지 아니한 당사자에 대한 과태료에 관한 경과조치】 이 법 시행 전에 출석처분을 받은 당사자에 대하여 과태료를 적용할 때에는 제66조제1항제1호의 개정규정에도 불구하고 종전의 규정에 따른다.

부 칙 (2020.12.29)

제1조【시행일】 이 법은 공포 후 1년이 경과한 날부터 시행한다.(이하 생략)

부 칙 (2021.4.20)

제1조【시행일】 이 법은 공포 후 1개월이 경과한 날부터 시행한다.
제2조【다단계판매업자의 등록사항 변경신고에 관한 적용례】 제13조제4항 및 제5항의 개정규정은 이 법 시행 이후 신고를 하는 경우부터 적용한다.

부 칙 (2021.12.7)

이 법은 공포 후 1년이 경과한 날부터 시행한다.

부 칙 (2022.1.4)

이 법은 공포 후 6개월이 경과한 날부터 시행한다.

부 칙 (2023.3.21)
(2023.7.11)

이 법은 공포한 날부터 시행한다.

전자상거래 등에서의 소비자 보호에 관한 법률(약칭 : 전자상거래법)

(2002년 3월 30일 법 률 제6687호)

개정
2004.12.31법 7315호(독점)
2005. 1.27법 7344호(신용정보의이용및보호에관한법)
2005. 3.31법 7487호 2007. 7.19법 8538호
2007. 8. 3법 8635호(자본시장금융투자업)
2010. 3.22법10172호
2010. 5.17법10303호(은행법)
2012. 2.17법11326호
2012. 6. 1법11461호(전자문서및전자거래기본법)
2013. 5.28법11841호 2016. 3.29법14142호
2017.11.28법15141호 2018. 6.12법15698호
2020.12.29법17799호(독점)
2023. 3.21법19255호
2024년 1월 25일 제412회 국회 본회의 통과→「法典 別册」 보유편 수록
2024년 1월 25일 제412회 국회 본회의 통과(독점)→「法典 別册」 보유편 수록

제1장 총 칙
(2012.2.17 본장개정)

제1조【목적】 이 법은 전자상거래 및 통신판매 등에 의한 재화 또는 용역의 공정한 거래에 관한 사항을 규정함으로써 소비자의 권익을 보호하고 시장의 신뢰도를 높여 국민경제의 건전한 발전에 이바지함을 목적으로 한다.
제2조【정의】 이 법에서 사용하는 용어의 뜻은 다음과 같다.
1. "전자상거래"란 전자거래(「전자문서 및 전자거래 기본법」 제2조제5호에 따른 전자거래를 말한다. 이하 같다)의 방법으로 상행위(商行爲)를 하는 것을 말한다.(2012.6.1 본호개정)
2. "통신판매"란 우편·전기통신, 그 밖에 총리령으로 정하는 방법으로 재화 또는 용역(일정한 시설을 이용하거나 용역을 제공받을 수 있는 권리를 포함한다. 이하 같다)의 판매에 관한 정보를 제공하고 소비자의 청약을 받아 재화 또는 용역(이하 "재화등"이라 한다)을 판매하는 것을 말한다. 다만, 「방문판매 등에 관한 법률」 제2조제3호에 따른 전화권유판매는 통신판매의 범위에서 제외한다.
3. "통신판매업자"란 통신판매를 업(業)으로 하는 자 또는 그와의 약정에 따라 통신판매업무를 수행하는 자를 말한다.
4. "통신판매중개"란 사이버몰(컴퓨터 등과 정보통신설비를 이용하여 재화등을 거래할 수 있도록 설정된 가상의 영업장을 말한다. 이하 같다)의 이용을 허락하거나 그 밖에 총리령으로 정하는 방법으로 거래 당사자 간의 통신판매를 알선하는 행위를 말한다.
5. "소비자"란 다음 각 목의 어느 하나에 해당하는 자를 말한다.
  가. 사업자가 제공하는 재화등을 소비생활을 위하여 사용(이용을 포함한다. 이하 같다)하는 자
  나. 가목 외의 자로서 사실상 가목의 자와 같은 지위 및 거래조건으로 거래하는 자 등 대통령령으로 정하는 자
6. "사업자"란 물품을 제조(가공 또는 포장을 포함한다. 이하 같다)·수입·판매하거나 용역을 제공하는 자를 말한다.
제3조【적용 제외】 ① 이 법의 규정은 사업자(「방문판매 등에 관한 법률」 제2조제6호의 다단계판매원은 제외한다. 이하 이 항에서 같다)가 상행위를 목적으로 구입하는 거래에는 적용하지 아니한다. 다만, 사업자라 하더라도 사실상 소비자와 같은 지위에서 다른 소비자와 같은 거래조건으로 거래하는 경우에는 그러하지 아니하다.
② 제13조제2항에 따른 계약내용에 관한 서면(전자문서를 포함한다. 이하 같다)의 교부의무에 관한 규정은 다음 각 호의 거래에는 적용하지 아니한다. 다만, 제1호의 경우에는 총리령으로 정하는 바에 따라 계약내용에 관한 서면의 내용이나 교부의 방법을 다르게 할 수 있다.
1. 소비자가 이미 잘 알고 있는 약관 또는 정형화된 거래 방법에 따라 수시로 거래하는 경우로서 총리령으로 정하는 거래
2. 다른 법률(「민법」 및 「방문판매 등에 관한 법률」은 제외한다)에 이 법의 규정과 다른 방법으로 하는 계약서 교부의무 등이 규정되어 있는 거래
③ 통신판매업자가 아닌 자 사이의 통신판매중개를 하는 통신판매업자에 대하여는 제13조부터 제15조까지, 제17조부터 제19조까지의 규정을 적용하지 아니한다.
④ 「자본시장과 금융투자업에 관한 법률」의 투자매매업자·투자중개업자가 하는 증권거래, 대통령령으로 정하는 금융회사 등이 하는 금융상품거래 및 일상 생활용품, 음식료 등을 인접지역에 판매하기 위한 거래에 대하여는 제12조부터 제15조까지, 제17조부터 제20조까지 및 제20조의2를 적용하지 아니한다.
제4조【다른 법률과의 관계】 전자상거래 또는 통신판매에서의 소비자보호에 관하여 이 법과 다른 법률이 경합하는 경우에는 이 법을 우선 적용한다. 다만, 다른 법률을 적용하는 것이 소비자에게 유리한 경우에는 그 법을 적용한다.

제2장 전자상거래 및 통신판매
(2012.2.17 본장개정)

제5조【전자문서의 활용】 ① 「전자문서 및 전자거래 기본법」 제6조제2항제2호에도 불구하고 사업자가 소비자와 미리 전자문서로 거래할 것을 약정하여 지정한 주소(「전자문서 및 전자거래 기본법」 제2조제2호의 정보처리시스템을 말한다)로 전자문서(「전자문서 및 전자거래 기본법」 제2조제1호에 따른 전자문서를 말한다. 이하 같다)를 송신하지 아니한 경우에는 그 사업자는 해당 전자문서에 의한 권리를 주장할 수 없다. 다만, 긴급한 경우, 소비자도 이미 전자문서로 거래할 것을 예정하고 있는 경우, 소비자가 전자문서를 출력한 경우 등 대통령령으로 정하는 경우에는 그러하지 아니하다.(2012.6.1 본문개정)
② 사업자는 전자서명(「전자서명법」 제2조제2호에 따른 전자서명을 말한다. 이하 같다)을 한 전자문서를 사용하려면 대통령령으로 정하는 바에 따라 그 전자문서의 효력, 수령 절차 및 방법 등을 소비자에게 고지하여야 한다.
③ 사업자는 전자문서를 사용할 때 소비자에게 특정한 전자서명 방법을 이용하도록 강요(특수한 표준 등을 이용함으로써 사실상 특정한 전자서명 방법의 이용이 강제되는 경우를 포함한다)하여서는 아니 되고, 소비자가 선택한 전자서명 방법의 사용을 부당하게 제한하여서는 아니 된다.
④ 전자상거래를 하는 사업자는 소비자의 회원 가입, 계약의 청약, 소비자 관련 정보의 제공 등을 전자문서를 통하여 할 수 있도록 하는 경우에는 회원탈퇴, 청약의 철회, 계약의 해지·해제·변경, 정보의 제공 및 이용에 관한 동의의 철회 등도 전자문서를 통하여 할 수 있도록 하여야 한다.
⑤ 전자상거래를 하는 사업자는 소비자가 재화등의 거래와 관련한 확인·증명을 전자문서로 제공하여 줄 것을 요청한 경우 이에 따라야 한다.
⑥ 전자상거래를 하는 사업자가 전자문서로 제공하기 어려운 기술적 이유나 보안상 이유가 명백하여 이를 소비자에게 미리 고지한 경우에는 제4항과 제5항을 적용하지 아니한다.
⑦ 전자상거래를 하는 사업자가 제4항과 제5항에 따른 의무를 이행할 때 해당 사이버몰의 구축 및 운영과 관련된 사업자들은 그 의무 이행에 필요한 조치를 하는 등 협력하여야 한다.
제6조【거래기록의 보존 등】 ① 사업자는 전자상거래 및 통신판매에서의 표시·광고, 계약내용 및 그 이행 등 거래에 관한 기록을 상당한 기간 보존하여야 한다. 이 경우 소비자가 쉽게 거래기록을 열람·보존할 수 있는 방법을 제공하여야 한다.
② 제1항에 따라 사업자가 보존하여야 할 거래기록 및 그와 관련된 개인정보(성명·주소·전자우편주소 등 거래의 주체를 식별할 수 있는 정보로 한정한다)는 소비자가 개인정보의 이용에 관한 동의를 철회하는 경우에도 「정보통신망 이용촉진 및 정보보호 등에 관한 법률」 등 대통령령으로 정하는 개인정보보호와 관련된 법률의 규정에도 불구하고 이를 보존할 수 있다.(2016.3.29 본항개정)
③ 제1항에 따라 사업자가 보존하는 거래기록의 대상·범위·기간 및 소비자에게 제공하는 열람·보존의 방법 등에 관하여 필요한 사항은 대통령령으로 정한다.
제7조【조작 실수 등의 방지】 사업자는 전자상거래에서 소비자의 조작 실수 등으로 인한 의사표시의 착오 등으로 발생하는 피해를 예방할 수 있도록 거래 대금이 부과되는 시점이나 청약 전에 그 내용을 확인하거나 바로잡는 데에 필요한 절차를 마련하여야 한다.
제8조【전자적 대금지급의 신뢰 확보】 ① 사업자가 대통령령으로 정하는 전자적 수단에 의한 거래대금의 지급(이하 "전자적 대금지급"이라 한다)방법을 이용하는 경우 사업자와 전자결제수단 발행자, 전자결제서비스 제공자 등 대통령령으로 정하는 전자적 대금지급 관련자(이하 "전자결제업자등"이라 한다)는 관련 정보의 보안 유지에 필요한 조치를 하여야 한다.
② 사업자와 전자결제업자등은 전자적 대금지급이 이루어지는 경우 소비자의 청약의사가 진정한 의사 표시에 의한 것인지를 확인하기 위하여 다음 각 호의 사항에 대해 명확히 고지하고, 고지한 사항에 대한 소비자의 확인 절차를 대통령령으로 정하는 바에 따라 마련하여야 한다.
1. 재화등의 내용 및 종류
2. 재화등의 가격
3. 용역의 제공기간
③ 사업자와 전자결제업자등은 전자적 대금지급이 이루어진 경우에는 전자문서의 송신 등 총리령으로 정하는 방법으로 소비자에게 그 사실을 알리고, 언제든지 소비자가 전자적 대금지급과 관련한 자료를 열람할 수 있게 하여야 한다.
④ 사이버몰에서 사용되는 전자적 대금지급 방법으로서 재화등을 구입·이용하기 위하여 미리 대가를 지불하는 방식의 결제수단의 발행자는 총리령으로 정하는 바에 따라 그 결제수단의 신뢰도 확인과 관련된 사항, 사용상의 제한이나 그 밖의 주의 사항 등을 표시하거나 고지하여야 한다.

⑤ 사업자와 소비자 사이에 전자적 대금지급과 관련하여 다툼이 있는 경우 전자결제업자등은 대금지급 관련 정보의 열람을 허용하는 등 대통령령으로 정하는 바에 따라 그 분쟁의 해결에 협조하여야 한다.

제9조【배송사업자 등의 협력】 ① 전자상거래나 통신판매에 따라 재화등을 배송[「정보통신망 이용촉진 및 정보보호 등에 관한 법률」 제2조제1항제1호의 정보통신망(이하 "정보통신망"이라 한다)을 통한 전송을 포함한다]하는 사업자는 배송 사고나 배송 장애 등으로 분쟁이 발생하는 경우에는 대통령령으로 정하는 바에 따라 그 분쟁의 해결에 협조하여야 한다.

② 호스팅서비스(사업자가 전자상거래를 할 수 있도록 사이버몰 구축 및 서버 관리 등을 해주는 서비스를 말한다. 이하 이 조에서 같다)를 제공하는 자는 사업자와 호스팅서비스에 관한 이용계약을 체결하는 경우 사업자의 신원을 확인하기 위한 조치를 취하여야 한다.

③ 사업자와 소비자 사이에 분쟁이 발생하는 경우 호스팅서비스를 제공하는 자는 다음 각 호의 어느 하나에 해당하는 자의 요청에 따라 사업자의 신원정보 등 대통령령으로 정하는 자료를 제공함으로써 그 분쟁의 해결에 협조하여야 한다.

1. 분쟁의 당사자인 소비자(소비자가 소송을 제기하는 경우에 한정한다)
2. 공정거래위원회
3. 특별시장·광역시장·특별자치시장·도지사·특별자치도지사(이하 "시·도지사"라 한다) 또는 시장·군수·구청장(자치구의 구청장을 말한다. 이하 같다)
4. 수사기관

(2016.3.29 1호~4호개정)

5. 그 밖에 분쟁해결을 위하여 필요하다고 인정되어 대통령령으로 정한 자

제9조의2【전자게시판서비스 제공자의 책임】 ①「정보통신망 이용촉진 및 정보보호 등에 관한 법률」 제2조제1항제9호의 게시판을 운영하는 같은 항 제3호의 정보통신서비스 제공자(이하 "전자게시판서비스 제공자"라 한다)는 해당 게시판을 이용하여 통신판매 또는 통신판매중개가 이루어지는 경우 이로 인한 소비자피해가 발생하지 아니하도록 다음 각 호의 사항을 이행하여야 한다.

1. 게시판을 이용하여 통신판매 또는 통신판매중개를 업으로 하는 자(이하 "게시판 이용 통신판매업자등"이라 한다)가 이 법에 따른 의무를 준수하도록 안내하고 권고할 것
2. 게시판 이용 통신판매업자등과 소비자 사이에 이 법과 관련하여 분쟁이 발생한 경우 소비자의 요청에 따라 제33조에 따른 소비자피해 분쟁조정기구에 소비자의 피해구제신청을 대행하는 장치를 마련하고 대통령령으로 정하는 바에 따라 운영할 것
3. 그 밖에 소비자피해를 방지하기 위하여 필요한 사항으로서 대통령령으로 정하는 사항

② 전자게시판서비스 제공자는 게시판 이용 통신판매업자등에 대하여 제13조제1항제1호 및 제2호의 신원정보를 확인하기 위한 조치를 취하여야 한다.

③ 전자게시판서비스 제공자는 게시판 이용 통신판매업자등과 소비자 사이에 분쟁이 발생하는 경우 다음 각 호의 어느 하나에 해당하는 자의 요청에 따라 제2항에 따른 신원 확인 조치를 통하여 얻은 게시판 이용 통신판매업자등의 신원정보를 제공하여 그 분쟁의 해결에 협조하여야 한다.

1. 제33조에 따른 소비자피해 분쟁조정기구
2. 공정거래위원회
3. 시·도지사 또는 시장·군수·구청장

(2016.3.29 본조신설)

제10조【사이버몰의 운영】 ① 전자상거래를 하는 사이버몰의 운영자는 소비자가 사업자의 신원 등을 쉽게 알 수 있도록 다음 각 호의 사항을 총리령으로 정하는 바에 따라 표시하여야 한다.

1. 상호 및 대표자 성명
2. 영업소가 있는 곳의 주소(소비자의 불만을 처리할 수 있는 곳의 주소를 포함한다)
3. 전화번호·전자우편주소
4. 사업자등록번호
5. 사이버몰의 이용약관
6. 그 밖에 소비자보호를 위하여 필요한 사항으로서 대통령령으로 정하는 사항

② 제1항에 따른 사이버몰의 운영자는 그 사이버몰에서 이 법을 위반한 행위가 이루어지는 경우 운영자가 조치하여야 할 부분이 있으면 시정에 필요한 조치에 협력하여야 한다.

제11조【소비자에 관한 정보의 이용 등】 ① 사업자는 전자상거래 또는 통신판매를 위하여 소비자에 관한 정보를 수집하거나 이용(제3자에게 제공하는 경우를 포함한다. 이하 같다)할 때는 「정보통신망 이용촉진 및 정보보호 등에 관한 법률」 등 관계 규정에 따라 이를 공정하게 수집하거나 이용하여야 한다.

② 사업자는 재화등을 거래함에 있어서 소비자에 관한 정보가 도용되어 해당 소비자에게 재산상의 손해가 발생하였거나 발생할 우려가 있는 특별한 사유가 있는 경우에는 본인 확인이나 피해의 회복 등 대통령령으로 정하는 필요한 조치를 취하여야 한다.

제12조【통신판매업자의 신고 등】 ① 통신판매업자는 대통령령으로 정하는 바에 따라 다음 각 호의 사항을 공정거래위원회 또는 특별자치시장·특별자치도지사·시장·군수·구청장에게 신고하여야 한다. 다만, 통신판매의 거래횟수, 거래규모 등이 공정거래위원회가 고시로 정하는 기준 이하인 경우에는 그러하지 아니하다.

(2016.3.29 본문개정)

1. 상호(법인인 경우에는 대표자의 성명 및 주민등록번호를 포함한다), 주소, 전화번호
2. 전자우편주소, 인터넷도메인 이름, 호스트서버의 소재지
3. 그 밖에 사업자의 신원 확인을 위하여 필요한 사항으로서 대통령령으로 정하는 사항

② 통신판매업자가 제1항에 따라 신고한 사항을 변경하려면 대통령령으로 정하는 바에 따라 신고하여야 한다.

③ 제1항에 따라 신고한 통신판매업자는 그 영업을 휴업 또는 폐업하거나 휴업한 후 영업을 다시 시작할 때에는 대통령령으로 정하는 바에 따라 신고하여야 한다.

④ 공정거래위원회는 제1항에 따라 신고한 통신판매업자의 정보를 대통령령으로 정하는 바에 따라 공개할 수 있다.

제13조【신원 및 거래조건에 대한 정보의 제공】 ① 통신판매업자가 재화등의 거래에 관한 청약을 받을 목적으로 표시·광고를 할 때에는 그 표시·광고에 다음 각 호의 사항을 포함하여야 한다.

1. 상호 및 대표자 성명
2. 주소·전화번호·전자우편주소
3. 제12조에 따라 공정거래위원회 또는 특별자치시장·특별자치도지사·시장·군수·구청장에게 한 신고의 신고번호와 그 신고를 받은 기관의 이름 등 신고를 확인할 수 있는 사항(2016.3.29 본호개정)

② 통신판매업자는 소비자가 계약체결 전에 재화등에 대한 거래조건을 정확하게 이해하고 실수나 착오 없이 거래할 수 있도록 다음 각 호의 사항을 적절한 방법으로 표시·광고하거나 고지하여야 하며, 계약이 체결되면 계약자에게 다음 각 호의 사항이 기재된 계약내용에 관한 서면을 재화등을 공급할 때까지 교부하여야 한다. 다만, 계약자의 권리를 침해하지 아니하는 범위에서 대통령령으로 정하는 사유가 있는 경우에는 계약자를 갈음하여 재화등을 공급받는 자에게 계약내용에 관한 서면을 교부할 수 있다.

1. 재화등의 공급자 및 판매자의 상호, 대표자의 성명·주소 및 전화번호 등
2. 재화등의 명칭·종류 및 내용

2의2. 재화등의 정보에 관한 사항. 이 경우 제품에 표시된 기재로 계약내용에 관한 서면에의 기재를 갈음할 수 있다.

3. 재화등의 가격(가격이 결정되어 있지 아니한 경우에는 가격을 결정하는 구체적인 방법)과 그 지급방법 및 지급시기
4. 재화등의 공급방법 및 공급시기
5. 청약의 철회 및 계약의 해제(이하 "청약철회등"이라 한다)의 기한·행사방법 및 효과에 관한 사항(청약철회등의 권리를 행사하는 데에 필요한 서식을 포함한다)
6. 재화등의 교환·반품·보증과 그 대금 환불 및 환불의 지연에 따른 배상금 지급의 조건·절차
7. 전자매체로 공급할 수 있는 재화등의 전송·설치 등을 할 때 필요한 기술적 사항
8. 소비자피해보상의 처리, 재화등에 대한 불만 처리 및 소비자와 사업자 사이의 분쟁 처리에 관한 사항
9. 거래에 관한 약관(그 약관의 내용을 확인할 수 있는 방법을 포함한다)
10. 소비자가 구매의 안전을 위하여 원하는 경우에는 재화등을 공급받을 때까지 대통령령으로 정하는 제3자에게 그 재화등의 결제대금을 예치하는 것(이하 "결제대금예치"라 한다)의 이용을 선택할 수 있다는 사항 또는 통신판매업자의 제24조제1항에 따른 소비자피해보상보험계약등의 체결을 선택할 수 있다는 사항(제15조제1항에 따른 선지급식 통신판매의 경우에만 해당하며, 제24조제3항에 각 호의 어느 하나에 해당하는 거래를 하는 경우는 제외한다)
11. 그 밖에 소비자의 구매 여부 판단에 영향을 주는 거래조건 또는 소비자피해의 구제에 필요한 사항으로서 대통령령으로 정하는 사항

③ 통신판매업자는 미성년자와 재화등의 거래에 관한 계약을 체결할 때에는 법정대리인이 그 계약에 동의하지 아니하면 미성년자 본인 또는 법정대리인이 그 계약을 취소할 수 있다는 내용을 미성년자에게 고지하여야 한다.

④ 공정거래위원회는 제1항 및 제2항에 따른 통신판매업자의 상호 등에 관한 사항, 재화등의 정보에 관한 사항과 거래조건에 대한 표시·광고 및 고지의 내용과 방법을 정하여 고시할 수 있다. 이 경우 거래방법이나 재화등의 특성을 고려하여 그 표시·광고 및 고지의 내용과 방법을 다르게 정할 수 있다.

⑤ 통신판매업자는 제2항에 따라 소비자에게 표시·광고하거나 고지한 거래조건을 신의를 지켜 성실하게 이행하여야 한다.

제14조【청약확인 등】 ① 통신판매업자는 소비자로부터 재화등의 거래에 관한 청약을 받으면 청약 의사표시의 수신 확인 및 판매 가능 여부에 관한 정보를 소비자에게 신속하게 알려야 한다.

② 통신판매업자는 계약체결 전에 소비자가 청약내용을 확인하고, 정정하거나 취소할 수 있도록 적절한 절차를 갖추어야 한다.

제15조【재화등의 공급 등】 ① 통신판매업자는 소비자가 청약을 한 날부터 7일 이내에 재화등의 공급에 필요한 조치를 하여야 하고, 소비자가 재화등을 공급받기 전에 미리 재화등의 대금을 전부 또는 일부 지급하는 통신판매(이하 "선지급식 통신판매"라 한다)의 경우에는 소비자가 그 대금을 전부 또는 일부 지급한 날부터 3영업일 이내에 재화등의 공급을 위하여 필요한 조치를 하여야 한다. 다만, 소비자와 통신판매업자 간에 재화등의 공급시기에 관하여 따로 약정한 것이 있는 경우에는 그러하지 아니하다.

② 통신판매업자는 청약을 받은 재화등을 공급하기 곤란하다는 것을 알았을 때에는 지체 없이 그 사유를 소비자에게 알려야 하고, 선지급식 통신판매의 경우에는 소비자가 그 대금의 전부 또는 일부를 지급한 날부터 3영업일 이내에 환급하거나 환급에 필요한 조치를 하여야 한다.

③ 통신판매업자는 소비자가 재화등의 공급 절차 및 진행 상황을 확인할 수 있도록 적절한 조치를 하여야 한다. 이 경우 공정거래위원회는 그 조치에 필요한 사항을 정하여 고시할 수 있다.

④ 제2항에 따라 선지급식 통신판매에서 재화등의 대금을 환급하거나 환급에 필요한 조치를 하여야 하는 경우에는 제18조제1항부터 제5항까지의 규정을 준용한다.

제16조 (2005.3.31 삭제)

제17조【청약철회등】 ① 통신판매업자와 재화등의 구매에 관한 계약을 체결한 소비자는 다음 각 호의 기간(거래당사자가 다음 각 호의 기간보다 긴 기간으로 약정한 경우에는 그 기간을 말한다) 이내에 해당 계약에 관한 청약철회등을 할 수 있다.

1. 제13조제2항에 따른 계약내용에 관한 서면을 받은 날부터 7일. 다만, 그 서면을 받은 때보다 재화등의 공급이 늦게 이루어진 경우에는 재화등을 공급받거나 재화등의 공급이 시작된 날부터 7일
2. 제13조제2항에 따른 계약내용에 관한 서면을 받지 아니한 경우, 통신판매업자의 주소 등이 적혀 있지 아니한 서면을 받은 경우 또는 통신판매업자의 주소 변경 등의 사유로 제1호의 기간에 청약철회등을 할 수 없는 경우에는 통신판매업자의 주소를 안 날 또는 알 수 있었던 날부터 7일
3. 제21조제1항제1호 또는 제2호의 청약철회등에 대한 방해 행위가 있는 경우에는 그 방해 행위가 종료한 날부터 7일(2016.3.29 본호신설)

② 소비자는 다음 각 호의 어느 하나에 해당하는 경우에는 통신판매업자의 의사에 반하여 제1항에 따른 청약철회등을 할 수 없다. 다만, 통신판매업자가 제6항에 따른 조치를 하지 아니하는 경우에는 제2호부터 제5호까지의 규정에 해당하는 경우에도 청약철회등을 할 수 있다.

(2016.3.29 단서개정)

1. 소비자에게 책임이 있는 사유로 재화등이 멸실되거나 훼손된 경우. 다만, 재화등의 내용을 확인하기 위하여 포장 등을 훼손한 경우는 제외한다.
2. 소비자의 사용 또는 일부 소비로 재화등의 가치가 현저히 감소한 경우
3. 시간이 지나 다시 판매하기 곤란할 정도로 재화등의 가치가 현저히 감소한 경우
4. 복제가 가능한 재화등의 포장을 훼손한 경우
5. 용역 또는 「문화산업진흥 기본법」 제2조제5호의 디지털콘텐츠의 제공이 개시된 경우. 다만, 가분적 용역 또는 가분적 디지털콘텐츠로 구성된 계약의 경우에는 제공이 개시되지 아니한 부분에 대하여는 그러하지 아니하다.(2016.3.29 본호신설)
6. 그 밖에 거래의 안전을 위하여 대통령령으로 정하는 경우

③ 소비자는 제1항 및 제2항에도 불구하고 재화등의 내용이 표시·광고의 내용과 다르거나 계약내용과 다르게 이행된 경우에는 그 재화등을 공급받은 날부터 3개월 이내, 그 사실을 안 날 또는 알 수 있었던 날부터 30일 이내에 청약철회등을 할 수 있다.

④ 제1항 또는 제3항에 따른 청약철회등을 서면으로 하는 경우에는 그 의사표시가 적힌 서면을 발송한 날에 그 효력이 발생한다.

⑤ 제1항부터 제3항까지의 규정을 적용할 때 재화등의 훼손에 대하여 소비자의 책임이 있는지 여부, 재화등의 구매에 관한 계약이 체결된 사실 및 그 시기, 재화등의 공급사실 및 그 시기 등에 관하여 다툼이 있는 경우에는 통신판매업자가 이를 증명하여야 한다.

⑥ 통신판매업자는 제2항제2호부터 제5호까지의 규정에 따라 청약철회등이 불가능한 재화등의 경우에는 그 사실을 재화등의 포장이나 그 밖에 소비자가 쉽게 알 수 있는 곳에 명확하게 표시하거나 시험 사용 상품을 제공하는 등의 방법으로 청약철회등의 권리 행사가 방해받지 아니하도록 조치하여야 한다. 다만, 제2항제5호 중 디지털콘텐츠에 대하여 소비자가 청약철회등을 할 수 없는 경우에는 청약철회등이 불가능하다는 사실의 표시와 함께 대통령령으로 정하는 바에 따라 시험 사용 상품을 제공하는 등의 방법으로 청약철회등의 권리 행사가 방해받지 아니하도록 하여야 한다.(2016.3.29 본항개정)

제18조【청약철회등의 효과】 ① 소비자는 제17조제1항 또는 제3항에 따라 청약철회등을 한 경우에는 이미 공급받은 재화등을 반환하여야 한다. 다만, 이미 공급받은 재화등이 용역 또는 디지털콘텐츠인 경우에는 그러하지 아니하다.(2016.3.29 단서신설)

② 통신판매업자(소비자로부터 재화등의 대금을 받은 자 또는 소비자와 통신판매에 관한 계약을 체결한 자를 포함한다. 이하 제2항부터 제10항까지의 규정에서 같다)는 다음 각 호의 어느 하나에 해당하는 날부터 3영업일 이내에 이미 지급받은 재화등의 대금을 환급하여야 한다. 이 경우 통신판매업자가 소비자에게 재화등의 대금 환급을 지연한 때에는 그 지연기간에 대하여 연 100분의 40 이내의 범위에서 「은행법」에 따른 은행이 적용하는 연체금리 등 경제사정을 고려하여 대통령령으로 정하는 이율을 곱하여 산정한 지연이자(이하 "지연배상금"이라 한다)를 지급하여야 한다.(2016.3.29 전단개정)

1. 통신판매업자가 재화를 공급한 경우에는 제1항 본문에 따라 재화를 반환받은 날
2. 통신판매업자가 용역 또는 디지털콘텐츠를 공급한 경우에는 제17조제1항 또는 제3항에 따라 청약철회등을 한 날
3. 통신판매업자가 재화등을 공급하지 아니한 경우에는 제17조제1항 또는 제3항에 따라 청약철회등을 한 날

(2016.3.29 1호~3호신설)

③ 통신판매업자는 제1항 및 제2항에 따라 재화등의 대금을 환급할 때 소비자가 「여신전문금융업법」 제2조제3호에 따른 신용카드나 그 밖에 대통령령으로 정하는 결제수단으로 재화등의 대금을 지급한 경우에는 지체 없이 해당 결제수단을 제공한 사업자(이하 "결제업자"라 한다)에게 재화등의 대금 청구를 정지하거나 취소하도록 요청하여야 한다. 다만, 통신판매업자가 결제업자로부터 해당 재화등의 대금을 이미 받은 때에는 지체 없이 그 대금을 결제업자에게 환급하고, 그 사실을 소비자에게 알려야 한다.

④ 제3항 단서에 따라 통신판매업자로부터 재화등의 대금을 환급받은 결제업자는 그 환급받은 금액을 지체 없이 소비자에게 환급하거나 환급에 필요한 조치를 하여야 한다.

⑤ 제3항 단서에 해당하는 통신판매업자 중 환급을 지연하여 소비자가 대금을 결제하게 한 통신판매업자는 그 지연기간에 대한 지연배상금을 소비자에게 지급하여야 한다.

⑥ 소비자는 통신판매업자가 제3항 단서에도 불구하고 정당한 사유 없이 결제업자에게 대금을 환급하지 아니하는 경우에는 결제업자에게 그 통신판매업자에 대한 다른 채무와 통신판매업자로부터 환급받을 금액을 상계(相計)할 것을 요청할 수 있다. 이 경우 결제업자는 대통령령으로 정하는 바에 따라 그 통신판매업자에 대한 다른 채무와 상계할 수 있다.

⑦ 소비자는 결제업자가 제6항에 따른 상계를 정당한 사유 없이 게을리한 경우에는 결제업자에 대하여 대금의 결제를 거부할 수 있다. 이 경우 통신판매업자와 결제업자는 그 결제 거부를 이유로 그 소비자를 약정한 기일까지 채무를 변제하지 아니한 자로 처리하는 등 소비자에게 불이익을 주는 행위를 하여서는 아니 된다.

⑧ 제1항의 경우 통신판매업자는 이미 재화등이 일부 사용되거나 일부 소비된 경우에는 그 재화등의 일부 사용 또는 일부 소비에 의하여 소비자가 얻은 이익 또는 그 재화등의 공급에 든 비용에 상당하는 금액으로서 대통령령으로 정하는 범위의 금액을 소비자에게 청구할 수 있다.

⑨ 제17조제1항에 따른 청약철회등의 경우 공급받은 재화등의 반환에 필요한 비용은 소비자가 부담하며, 통신판매업자는 소비자에게 청약철회등을 이유로 위약금이나 손해배상을 청구할 수 없다.

⑩ 제17조제3항에 따른 청약철회등의 경우 재화등의 반환에 필요한 비용은 통신판매업자가 부담한다.

⑪ 통신판매업자, 재화등의 대금을 받은 자 또는 소비자와 통신판매에 관한 계약을 체결한 자가 동일인이 아닌 경우에 이들은 제17조제1항 및 제3항에 의한 청약철회등에 의한 제1항부터 제7항까지의 규정에 따른 재화등의 대금 환급과 관련한 의무의 이행에 대하여 연대하여 책임을 진다.

제19조【손해배상청구금액의 제한 등】 ① 소비자에게 책임이 있는 사유로 재화등의 판매에 관한 계약이 해제된 경우 통신판매업자가 소비자에게 청구하는 손해배상액은 다음 각 호의 구분에 따라 정한 금액에 대금미납에 따른 지연배상금을 더한 금액을 초과할 수 없다.

1. 공급한 재화등이 반환된 경우 : 다음 각 목의 금액 중 큰 금액
   가. 반환된 재화등의 통상 사용료 또는 그 사용으로 통상 얻을 수 있는 이익에 해당하는 금액
   나. 반환된 재화등의 판매가액(販賣價額)에서 그 재화등이 반환된 당시의 가액을 뺀 금액
2. 공급한 재화등이 반환되지 아니한 경우 : 그 재화등의 판매가액에 해당하는 금액

② 공정거래위원회는 통신판매업자와 소비자 간의 손해배상청구에 따른 분쟁의 원활한 해결을 위하여 필요하면 제1항에 따른 손해배상액을 산정하기 위한 기준을 정하여 고시할 수 있다.

제20조【통신판매중개자의 의무와 책임】 ① 통신판매중개를 하는 자(이하 "통신판매중개자"라 한다)는 자신이 통신판매의 당사자가 아니라는 사실을 소비자가 쉽게 알 수 있도록 총리령으로 정하는 방법으로 미리 고지하여야 한다.(2016.3.29 본항개정)

② 통신판매중개를 업으로 하는 자(이하 "통신판매중개업자"라 한다)는 통신판매중개를 의뢰한 자(이하 "통신판매중개의뢰자"라 한다)가 사업자인 경우에는 그 성명(사업자가 법인인 경우에는 그 명칭과 대표자의 성명)·주소·전화번호 등 대통령령으로 정하는 사항을 확인하여 청약이 이루어지기 전까지 소비자에게 제공하여야 하고, 통신판매중개의뢰자가 사업자가 아닌 경우에는 그 성명·전화번호 등 대통령령으로 정하는 사항을 확인하여 거래의 당사자들에게 상대방에 관한 정보를 열람할 수 있는 방법을 제공하여야 한다.(2016.3.29 본항개정)

③ 통신판매중개자는 사이버몰 등을 이용함으로써 발생하는 불만이나 분쟁의 해결을 위하여 그 원인 및 피해의 파악 등 필요한 조치를 신속히 시행하여야 한다. 이 경우 필요한 조치의 구체적인 내용과 방법 등은 대통령령으로 정한다.

(2016.3.29 본조제목개정)

제20조의2【통신판매중개자 및 통신판매중개의뢰자의 책임】 ① 통신판매중개자는 제20조제1항의 고지를 하지 아니한 경우 통신판매중개의뢰자의 고의 또는 과실로 소비자에게 발생한 재산상 손해에 대하여 통신판매중개의뢰자와 연대하여 배상할 책임을 진다.

② 통신판매중개자는 제20조제2항에 따라 소비자에게 정보 또는 정보를 열람할 수 있는 방법을 제공하지 아니하거나 제공한 정보가 사실과 달라 소비자에게 발생한 재산상 손해에 대하여 통신판매중개의뢰자와 연대하여 배상할 책임을 진다. 다만, 소비자에게 피해가 가지 아니하도록 상당한 주의를 기울인 경우에는 그러하지 아니하다.

③ 제20조제1항에 따른 고지에도 불구하고 통신판매업자인 통신판매중개자는 제12조부터 제15조까지, 제17조 및 제18조에 따른 통신판매업자의 책임을 면하지 못한다. 다만, 통신판매업자의 의뢰를 받아 통신판매를 중개하는 경우 통신판매중개의뢰자가 책임을 지는 것으로 약정하여 소비자에게 고지한 부분에 대하여는 통신판매중개의뢰자가 책임을 진다.

④ 통신판매중개의뢰자(사업자의 경우에 한정한다)는 통신판매중개자의 고의 또는 과실로 소비자에게 발생한 재산상 손해에 대하여 통신판매중개자의 행위라는 이유로 면책되지 아니한다. 다만, 소비자에게 피해가 가지 아니하도록 상당한 주의를 기울인 경우에는 그러하지 아니하다.

(2012.2.17 본조신설)

제20조의3【통신판매의 중요한 일부 업무를 수행하는 통신판매중개업자의 책임】 통신판매에 관한 거래과정에서 다음 각 호의 업무를 수행하는 통신판매중개업자는 통신판매업자가 해당 각 호의 각 목에 따른 의무를 이행하지 아니하는 경우에는 이를 대신하여 이행하여야 한다. 이 경우 제7조 및 제8조의 "사업자"와 제13조제2항제5호 및 제14조제1항의 "통신판매업자"는 "통신판매중개업자"로 본다.

1. 통신판매중개업자가 청약의 접수를 받는 경우
   가. 제13조제2항제5호에 따른 정보의 제공
   나. 제14조제1항에 따른 청약의 확인
   다. 그 밖에 소비자피해를 방지하기 위하여 필요한 사항으로서 대통령령으로 정하는 사항
2. 통신판매중개업자가 재화등의 대금을 지급받는 경우
   가. 제7조에 따른 조작 실수 등의 방지
   나. 제8조에 따른 전자적 대금지급의 신뢰 확보
   다. 그 밖에 소비자피해를 방지하기 위하여 필요한 사항으로서 대통령령으로 정하는 사항

(2016.3.29 본조신설)

제21조【금지행위】 ① 전자상거래를 하는 사업자 또는 통신판매업자는 다음 각 호의 어느 하나에 해당하는 행위를 하여서는 아니 된다.

1. 거짓 또는 과장된 사실을 알리거나 기만적 방법을 사용하여 소비자를 유인 또는 소비자와 거래하거나 청약철회등 또는 계약의 해지를 방해하는 행위
2. 청약철회등을 방해할 목적으로 주소, 전화번호, 인터넷도메인 이름 등을 변경하거나 폐지하는 행위
3. 분쟁이나 불만처리에 필요한 인력 또는 설비의 부족을 상당기간 방치하여 소비자에게 피해를 주는 행위
4. 소비자의 청약이 없음에도 불구하고 일방적으로 재화등을 공급하고 그 대금을 청구하거나 재화등의 공급 없이 대금을 청구하는 행위
5. 소비자가 재화를 구매하거나 용역을 제공받을 의사가 없음을 밝혔음에도 불구하고 전화, 팩스, 컴퓨터통신 또는 전자우편 등을 통하여 재화를 구매하거나 용역을 제공받도록 강요하는 행위
6. 본인의 허락을 받지 아니하거나 허락받은 범위를 넘어 소비자에 관한 정보를 이용하는 행위. 다만, 다음 각 목의 어느 하나에 해당하는 경우는 제외한다.
   가. 재화등의 배송 등 소비자와의 계약을 이행하기 위하여 불가피한 경우로서 대통령령으로 정하는 경우
   나. 재화등의 거래에 따른 대금정산을 위하여 필요한 경우
   다. 도용방지를 위하여 본인 확인에 필요한 경우로서 대통령령으로 정하는 경우
   라. 법률의 규정 또는 법률에 따라 필요한 불가피한 사유가 있는 경우
7. 소비자의 동의를 받지 아니하거나 총리령으로 정하는 방법에 따라 쉽고 명확하게 소비자에게 설명·고지하지 아니하고 컴퓨터프로그램 등이 설치되게 하는 행위

② 공정거래위원회는 이 법 위반행위를 방지하고 소비자피해를 예방하기 위하여 전자상거래를 하는 사업자 또는 통신판매업자가 준수하여야 할 기준을 정하여 고시할 수 있다.

제22조【휴업기간 등에서의 청약철회등의 업무처리 등】 ① 통신판매업자는 휴업기간이나 영업정지기간에도 제17조제1항 및 제3항에 따른 청약철회등의 업무와 제18조제1항부터 제5항까지의 규정에 따른 청약철회등에 따른 대금 환급과 관련된 업무를 계속하여야 한다.

② 통신판매업자가 폐업신고를 하지 아니한 상태에서 파산선고를 받는 등 실질적으로 영업을 할 수 없는 것으로 판단되는 경우에는 제12조제1항에 따른 신고를 받은 공정거래위원회 또는 특별자치시장·특별자치도지사·시장·군수·구청장은 직권으로 신고사항을 말소할 수 있다.(2016.3.29 본항개정)

제3장 소비자 권익의 보호

(2012.2.17 본장개정)

제23조【전자상거래 등에서의 소비자보호지침의 제정 등】 ① 공정거래위원회는 전자상거래 또는 통신판매에서의 건전한 거래질서의 확립 및 소비자보호를 위하여 사업자의 자율적 준수를 유도하기 위한 지침(이하 "소비자보호지침"이라 한다)을 관련 분야의 거래당사자, 기관 및 단체의 의견을 들어 정할 수 있다.

② 사업자는 그가 사용하는 약관이 소비자보호지침의 내용보다 소비자에게 불리한 경우에는 소비자보호지침과 다르게 정한 약관의 내용을 소비자가 알기 쉽게 표시하거나 고지하여야 한다.

제24조【소비자피해보상보험계약등】 ① 공정거래위원회는 전자상거래 또는 통신판매에서 소비자를 보호하기 위하여 관련 사업자에게 다음 각 호의 어느 하나에 해당하는 계약(이하 "소비자피해보상보험계약등"이라 한다)을 체결하도록 권장할 수 있다. 다만, 제8조제4항에 따른 결제수단의 발행자는 소비자피해보상보험계약등을 체결하여야 한다.

1. 「보험업법」에 따른 보험계약
2. 소비자피해보상금의 지급을 확보하기 위한 「금융위원회의 설치 등에 관한 법률」 제38조에 따른 기관과의 채무지급보증계약
3. 제10항에 따라 설립된 공제조합과의 공제계약

② 통신판매업자는 제1항에도 불구하고 선지급식 통신판매를 할 때 소비자가 제13조제2항제10호에 따른 결제대금예치의 이용 또는 통신판매업자의 소비자피해보상보험계약등의 체결을 선택한 경우에는 소비자가 결제대금예치를 이용하도록 하거나 소비자피해보상보험계약등을 체결하여야 한다.

③ 제2항은 소비자가 다음 각 호의 어느 하나에 해당하는 거래를 하는 경우에는 적용하지 아니한다.

1. (2013.5.28 삭제)
2. 「여신전문금융업법」 제2조제3호에 따른 신용카드로 재화등의 대금을 지급하는 거래. 이 경우 소비자가 재화등을 배송받지 못한 때에는 「여신전문금융업법」 제2조제2호의2에 따른 신용카드업자는 구매대금 결제 취소 등 소비자피해의 예방 및 회복을 위하여 협력하여야 한다.
3. 정보통신망으로 전송되거나 제13조제2항제10호에 따른 제3자가 배송을 확인할 수 없는 재화등을 구매하는 거래
4. 일정기간에 걸쳐 분할되어 공급되는 재화등을 구매하는 거래
5. 다른 법률에 따라 소비자의 구매안전이 충분히 갖추어진 경우 또는 제1호부터 제4호까지의 규정과 유사한 사유로 결제대금예치 또는 소비자피해보상보험계약등의 체결이 필요하지 아니하거나 곤란하다고 공정거래위원회가 정하여 고시하는 거래

④ 제2항에 따른 결제대금예치의 이용 또는 소비자피해보상보험계약등의 체결에 필요한 사항은 대통령령으로 정한다.

⑤ 소비자피해보상보험계약등은 이 법 위반행위로 인한 소비자피해를 보상하거나 제8조제4항에 따른 결제수단 발행자의 신뢰성을 확보하기에 적절한 수준이어야 하며, 그 구체적인 기준은 대통령령으로 정한다.

⑥ 소비자피해보상보험계약등에 따라 소비자피해보상금을 지급할 의무가 있는 자는 그 지급 사유가 발생하면 지체 없이 소비자피해보상금을 지급하여야 하고, 이를 지연한 경우에는 지연배상금을 지급하여야 한다.

⑦ 소비자피해보상보험계약등을 체결하려는 사업자는 소비자피해보상보험계약등을 체결하기 위하여 매출액 등의 자료를 제출할 때 거짓 자료를 제출하여서는 아니 된다.

⑧ 소비자피해보상보험계약등을 체결한 사업자는 그 사실을 나타내는 표지를 사용할 수 있으나, 소비자피해보상보험계약등을 체결하지 아니한 사업자는 그 표지를 사용하거나 이와 유사한 표지를 제작 또는 사용하여서는 아니 된다.

⑨ 제2항에 따른 결제대금예치의 이용에 관하여는 제8항을 준용한다.

⑩ 전자상거래를 하는 사업자 또는 통신판매업자는 제1항에 따른 소비자보호를 위하여 공제조합을 설립할 수 있다. 이 경우 공제조합의 설립 및 운영에 관하여는 「방문판매 등에 관한 법률」 제38조를 준용하되, 같은 조 제1항 중 "제5조제1항에 따라 신고하거나 제13조제1항 또는 제29조제3항에 따라 등록한 사업자"는 "전자상거래를 하는 사업자 또는 통신판매업자"로, "제37조제1항제3호"는 "「전자상거래 등에서의 소비자보호에 관한 법률」 제24조제1항제3호"로 보고, 같은 조 제9항 및 제10항 중 "이 법"은 각각 "「전자상거래 등에서의 소비자보호에 관한 법률」"로 본다.

제24조의2【구매권유광고 시 준수사항 등】 ① 전자상거래를 하는 사업자 또는 통신판매업자가 전화, 팩스, 컴퓨터통신 또는 전자우편 등을 이용하여 재화를 구매하거나 용역을 제공받도록 권유하는 행위(이하 "구매권유광고"라 한다)를 할 때에는 이 법과 「정보통신망 이용촉진 및 정보보호 등에 관한 법률」 등 관계 법률의 규정을 준수하여야 한다.
② 공정거래위원회는 제1항을 위반하여 구매권유광고를 한 전자상거래를 하는 사업자 또는 통신판매업자에 대한 시정조치를 하기 위하여 방송통신위원회 등 관련 기관에 위반자의 신원정보를 요청할 수 있다. 이 경우 신원정보의 요청은 공정거래위원회가 위반자의 신원정보를 확보하기 곤란한 경우로 한정하며, 방송통신위원회 등 관련 기관은 「정보통신망 이용촉진 및 정보보호 등에 관한 법률」 제64조의2제1항에도 불구하고 공정거래위원회에 위반자의 신원정보를 제공할 수 있다.

제25조【전자상거래소비자단체 등의 지원】 공정거래위원회는 전자상거래 및 통신판매에서 공정거래질서를 확립하고 소비자의 권익을 보호하기 위한 사업을 시행하는 기관 또는 단체에 예산의 범위에서 필요한 지원 등을 할 수 있다.

제4장 조사 및 감독
(2012.2.17 본장개정)

제26조【위반행위의 조사 등】 ① 공정거래위원회, 시·도지사 또는 시장·군수·구청장은 이 법을 위반한 사실이 있다고 인정할 때에는 직권으로 필요한 조사를 할 수 있다.
② 시·도지사 또는 시장·군수·구청장이 제1항에 따른 조사를 하려면 미리 시·도지사는 공정거래위원회에, 시장·군수·구청장은 공정거래위원회 및 시·도지사에게 통보하여야 하며, 공정거래위원회는 조사 등이 중복될 우려가 있는 경우에는 시·도지사 또는 시장·군수·구청장에게 조사의 중지를 요청할 수 있다. 이 경우 중지 요청을 받은 시·도지사 또는 시장·군수·구청장은 상당한 이유가 없으면 그 조사를 중지하여야 한다.
③ 공정거래위원회, 시·도지사 또는 시장·군수·구청장은 제1항 또는 제2항에 따라 조사를 한 경우에는 그 결과(조사 결과 시정조치명령 등의 처분을 하려는 경우에는 그 처분의 내용을 포함한다)를 해당 사건의 당사자에게 서면으로 알려야 한다.
④ 누구든지 이 법의 규정에 위반되는 사실이 있다고 인정할 때에는 그 사실을 공정거래위원회, 시·도지사 또는 시장·군수·구청장에게 신고할 수 있다.
⑤ 공정거래위원회는 이 법을 위반하는 행위가 끝난 날부터 5년이 지난 경우에는 그 위반행위에 대하여 제32조에 따른 시정조치를 명하지 아니하거나 제34조에 따른 과징금을 부과하지 아니한다. 다만, 다음 각 호의 어느 하나에 해당하는 경우에는 그러하지 아니하다.(2018.6.12 단서개정)
1. 제33조제1항에 따른 소비자피해 분쟁조정기구의 권고안이나 조정안을 당사자가 수락하고도 이를 이행하지 아니하는 경우(2018.6.12 본호신설)
2. 법원의 판결에 따라 시정조치 또는 과징금 부과처분이 취소된 경우로서 그 판결이유에 따라 새로운 처분을 하는 경우(2018.6.12 본호신설)
⑥ 공정거래위원회는 제1항의 조사를 위하여 「소비자기본법」 제33조에 따른 한국소비자원과 합동으로 조사반을 구성할 수 있다. 이 경우 조사반의 구성과 조사에 관한 구체적인 방법과 절차, 그 밖에 필요한 사항은 대통령령으로 정한다.
⑦ 공정거래위원회는 제6항의 조사활동에 참여하는 한국소비자원의 임직원에게 예산의 범위에서 수당이나 여비를 지급할 수 있다.

제27조【공개정보 검색 등】 ① 공정거래위원회, 시·도지사 또는 시장·군수·구청장은 전자상거래 및 통신판매의 공정거래질서를 확립하고 소비자피해를 예방하기 위하여 필요하면 전자적인 방법 등을 이용하여 사업자나 전자상거래 또는 통신판매에서의 소비자보호 관련 법인·단체가 정보통신망에 공개한 공개정보를 검색할 수 있다.
② 사업자 또는 관련 법인·단체는 제1항에 따른 공정거래위원회, 시·도지사 또는 시장·군수·구청장의 정보검색을 정당한 사유 없이 거부하거나 방해하여서는 아니 된다.
③ 공정거래위원회, 시·도지사 또는 시장·군수·구청장은 소비자피해에 관한 정보를 효율적으로 수집하고 이용하기 위하여 필요하면 대통령령으로 정하는 바에 따라 전자상거래나 통신판매에서의 소비자보호 관련 업무를 수행하는 기관(「공공기관의 운영에 관한 법률」 제4조에 따른 공공기관으로 한정한다. 이하 이 조에서 같다)이나 법인·단체에 관련 자료를 제출하거나 공유하도록 요구할 수 있다.
④ 제3항에 따라 공정거래위원회, 시·도지사 또는 시장·군수·구청장으로부터 자료 요구를 받은 기관이나 법인·단체는 정당한 사유가 없으면 자료 제출이나 자료 공유를 거부하여서는 아니 된다.
(2023.3.21 본조개정)

제28조【위법행위 등에 대한 정보공개】 공정거래위원회는 전자상거래 및 통신판매의 공정거래질서를 확립하고 소비자피해를 예방하기 위하여 제27조제1항에 따라 검색된 정보 중 사업자가 이 법을 위반한 행위나 그 밖에 소비자피해의 예방을 위하여 필요한 관련 정보를 대통령령으로 정하는 바에 따라 공개할 수 있다.

제29조【평가·인증 사업의 공정화】 ① 전자상거래 및 통신판매의 공정화와 소비자보호를 위하여 관련 사업자의 평가·인증 등의 업무를 수행하는 자(이하 "평가·인증 사업자"라 한다)는 그 명칭에 관계없이 대통령령으로 정하는 바에 따라 그 평가·인증에 관한 기준, 방법 등을 공시하고, 그에 따라 공정하게 평가·인증하여야 한다.
② 제1항에 따른 평가·인증의 기준 및 방법은 사업자가 거래의 공정화와 소비자보호를 위하여 한 노력과 그 성과에 관한 정보를 전달하는 데에 적절한 것이어야 한다.
③ 공정거래위원회는 평가·인증 사업자에게 운용 상황 등에 관한 자료를 제출하게 할 수 있다.

제30조【보고 및 감독】 ① 제31조에 따라 시정권고를 하는 경우에는 시·도지사는 공정거래위원회에, 시장·군수·구청장은 공정거래위원회 및 시·도지사에게 대통령령으로 정하는 바에 따라 그 결과를 보고하여야 한다.
② 공정거래위원회는 이 법을 효율적으로 시행하기 위하여 필요하다고 인정할 때에는 그 소관 사항에 관하여 시·도지사 또는 시장·군수·구청장에게 조사·확인 또는 자료 제출을 요구하거나 그 밖에 시정에 필요한 조치를 할 것을 요구할 수 있다. 이 경우 해당 시·도지사 또는 시장·군수·구청장은 특별한 사유가 없으면 그 요구에 따라야 한다.

제5장 시정조치 및 과징금 부과
(2012.2.17 본장개정)

제31조【위반행위의 시정권고】 ① 공정거래위원회, 시·도지사 또는 시장·군수·구청장은 사업자가 이 법을 위반하는 행위를 하거나 이 법에 따른 의무를 이행하지 아니한 경우에는 제32조의 시정조치를 명하기 전에 그 사업자가 그 위반행위를 중지하거나 이 법에 규정된 의무 또는 제32조에 따른 시정을 위하여 필요한 조치를 이행하도록 시정방안을 정하여 해당 사업자에게 이에 따를 것을 권고할 수 있다. 이 경우 그 사업자가 권고를 수락하면 제3항에 따라 시정조치를 명한 것으로 본다는 뜻을 함께 알려야 한다.
② 제1항에 따라 시정권고를 받은 사업자는 그 통지를 받은 날부터 10일 이내에 그 권고의 수락 여부를 그 권고를 한 행정청에 알려야 한다.
③ 제1항에 따라 시정권고를 받은 자가 그 권고를 수락하면 제32조에 따른 시정조치를 명한 것으로 본다.

제32조【시정조치 등】 ① 공정거래위원회는 사업자가 다음 각 호의 어느 하나에 해당하는 행위를 하거나 이 법에 따른 의무를 이행하지 아니하는 경우에는 해당 사업자에게 그 시정조치를 명할 수 있다.
1. 제5조제2항부터 제5항까지, 제6조제1항, 제7조, 제8조, 제9조, 제9조의2, 제10조, 제11조, 제12조제1항부터 제3항까지, 제13조제1항부터 제3항까지 및 제5항, 제14조, 제15조, 제18조, 제19조제1항, 제20조, 제20조의2, 제20조의3, 제22조제1항, 제23조제2항, 제24조제1항·제2항 및 제5항부터 제9항까지, 제27조제2항, 제29조제1항 및 제2항, 제32조의2제2항을 위반하는 행위(2016.3.29 본호개정)
2. 제21조제1항 각 호의 금지행위 중 어느 하나에 해당하는 행위
② 제1항에 따른 시정조치는 다음 각 호의 어느 하나에 해당하는 조치를 말한다.
1. 해당 위반행위의 중지
2. 이 법에 규정된 의무의 이행
3. 시정조치를 받은 사실의 공표
4. 소비자피해 예방 및 구제에 필요한 조치
5. 그 밖에 위반행위의 시정을 위하여 필요한 조치
③ 제2항제3호에 따른 시정조치를 받은 사실의 공표에 필요한 사항과 같은 항 제4호에 따른 소비자피해 예방 및 구제에 필요한 조치의 구체적인 내용은 대통령령으로 정한다.
④ 공정거래위원회는 다음 각 호의 어느 하나에 해당하는 경우에는 대통령령으로 정하는 바에 따라 1년 이내의 기간을 정하여 그 영업의 전부 또는 일부의 정지를 명할 수 있다.
1. 제1항에 따른 시정조치명령에도 불구하고 위반행위가 대통령령으로 정하는 기준 이상으로 반복되는 경우(2018.6.12 본호개정)
2. 시정조치명령에 따른 이행을 하지 아니한 경우
3. 시정조치만으로는 소비자피해의 방지가 어렵거나 소비자에 대한 피해보상이 불가능하다고 판단되는 경우(2016.3.29 본호개정)

제32조의2【임시중지명령】 ① 공정거래위원회는 전자상거래를 하는 사업자 또는 통신판매업자의 전자상거래 또는 통신판매가 다음 각 호에 모두 해당하는 경우에는 전자상거래를 하는 사업자 또는 통신판매업자에 대하여 전자상거래 또는 통신판매의 전부 또는 일부를 대통령령으로 정하는 바에 따라 일시 중지할 것을 명할 수 있다.
1. 전자상거래 또는 통신판매가 제21조제1항제1호에 해당하는 것이 명백한 경우
2. 전자상거래 또는 통신판매로 인하여 소비자에게 재산상 손해가 발생하였고, 다수의 소비자에게 회복하기 어려운 손해가 확산될 우려가 있어 이를 예방할 긴급한 필요성이 인정되는 경우
② 공정거래위원회는 제1항에 따라 전자상거래 또는 통신판매의 전부 또는 일부를 일시 중지하기 위하여 필요한 경우 호스팅서비스를 제공하는 자, 통신판매중개자, 전자게시판서비스 제공자 등에게 해당 역무제공의 중단 등 대통령령으로 정하는 조치를 취할 것을 요청할 수 있으며, 그 요청을 받은 사업자는 정당한 사유가 없으면 이에 따라야 한다.
③ 「소비자기본법」 제29조에 따라 등록한 소비자단체나 그 밖에 대통령령으로 정하는 기관·단체는 전자상거래를 하는 사업자 또는 통신판매업자가 제1항의 경우에 해당한다고 인정될 때에는 서면(전자문서를 포함한다)으로 공정거래위원회에 그 전자상거래 또는 통신판매의 전부 또는 일부에 대하여 일시 중지를 명하도록 요청할 수 있다.
④ 제1항에 따른 명령에 불복하는 자는 그 명령을 받은 날부터 7일 이내에 공정거래위원회에 이의를 제기할 수 있다.
⑤ 공정거래위원회는 제1항에 따른 명령을 받은 자가 제4항에 따라 이의를 제기하였을 때에는 지체 없이 서울고등법원에 그 사실을 통보하여야 하며, 통보를 받은 서울고등법원은 「비송사건절차법」에 따라 재판을 한다.
⑥ 제5항에 따른 재판을 할 때에는 「비송사건절차법」 제15조를 적용하지 아니한다.
(2016.3.29 본조신설)

제33조【소비자피해 분쟁조정의 요청】 ① 공정거래위원회, 시·도지사 또는 시장·군수·구청장은 전자상거래 또는 통신판매에서의 이 법 위반행위와 관련하여 소비자의 피해구제신청이 있는 경우에는 제31조에 따른 시정권고 또는 제32조에 따른 시정조치 등을 하기 전에 전자상거래 또는 통신판매에서의 소비자보호 관련 업무를 수행하는 기관이나 단체 등 대통령령으로 정하는 소비자피해 분쟁조정기구(이하 "소비자피해 분쟁조정기구"라 한다)에 조정을 의뢰할 수 있다.
② 공정거래위원회, 시·도지사 또는 시장·군수·구청장은 소비자피해 분쟁조정기구의 권고안 또는 조정안을 당사자가 수락하고 이행한 경우에는 제32조에 따른 시정조치를 하지 아니한다는 뜻을 당사자에게 알려야 한다.
③ 소비자피해 분쟁조정기구의 권고안 또는 조정안을 당사자가 수락하고 이행한 경우에는 대통령령으로 정하는 바에 따라 제32조에 따른 시정조치를 하지 아니한다.
④ 공정거래위원회는 제1항에 따라 분쟁조정을 의뢰하는 경우에는 예산의 범위에서 그 분쟁조정에 필요한 예산을 지원할 수 있다.
⑤ 소비자피해 분쟁조정기구는 분쟁의 조정이 이루어진 경우에는 그 결과를, 조정이 이루어지지 아니한 경우에는 그 경위를 지체 없이 조정을 의뢰한 공정거래위원회, 시·도지사 또는 시장·군수·구청장에게 보고하여야 한다.

제34조【과징금】 ① 공정거래위원회는 제32조제4항에 따른 영업정지가 소비자 등에게 심한 불편을 줄 우려가 있다고 인정하는 경우에는 그 영업의 전부 또는 일부의 정지를 갈음하여 해당 사업자에게 대통령령으로 정하는 위반행위 관련 매출액을 초과하지 아니하는 범위에서 과징금을 부과할 수 있다. 이 경우 관련 매출액이 없거나 그 매출액을 산정할 수 없는 경우 등에는 5천만원을 초과하지 아니하는 범위에서 과징금을 부과할 수 있다.
② 공정거래위원회는 제1항에 따라 그 영업의 전부 또는 일부의 정지를 갈음하여 과징금을 부과할 수 있는 판단 기준을 정하여 고시할 수 있다.
③ 공정거래위원회는 제1항에 따른 과징금을 부과할 때 다음 각 호의 사항을 고려하여야 한다.
1. 위반행위로 인한 소비자피해의 정도
2. 소비자피해에 대한 사업자의 보상노력 정도
3. 위반행위로 취득한 이익의 규모
4. 위반행위의 내용·기간 및 횟수 등
④ 공정거래위원회는 이 법을 위반한 사업자인 회사가 합병한 경우에는 그 회사가 한 위반행위를 합병 후 존속하거나 합병으로 설립된 회사가 한 행위로 보아 과징금을 부과·징수할 수 있다.
⑤ (2018.6.12 삭제)

제6장 보 칙
(2012.2.17 본장개정)

제35조【소비자에게 불리한 계약의 금지】 제17조부터 제19조까지의 규정을 위반한 약정으로서 소비자에게 불리한 것은 효력이 없다.

제36조【전속관할】 통신판매업자와의 거래에 관련된 소(訴)는 소 제기 당시 소비자의 주소를 관할하는 지방법원의 전속관할로 하고, 주소가 없는 경우에는 거소(居所)를 관할하는 지방법원의 전속관할로 한다. 다만, 소 제기 당시 소비자의 주소 또는 거소가 분명하지 아니한 경우에는 그러하지 아니하다.

제37조【사업자단체의 등록】 ① 전자상거래와 통신판매업의 건전한 발전과 소비자에 대한 신뢰도의 제고, 그 밖에 공동 이익의 증진을 위하여 설립된 사업자단체는 대통령령으로 정하는 바에 따라 공정거래위원회에 등록할 수 있다.

② 제1항에 따른 등록의 요건·방법 및 절차 등에 관하여 필요한 사항은 대통령령으로 정한다.

제38조【권한의 위임·위탁】 ① 이 법에 따른 공정거래위원회의 권한은 대통령령으로 정하는 바에 따라 그 일부를 소속 기관의 장 또는 시·도지사에게 위임하거나 다른 행정기관의 장에게 위탁할 수 있다.

② 이 법에 따른 시·도지사의 권한은 대통령령으로 정하는 바에 따라 그 일부를 시장·군수·구청장에게 위임할 수 있다.

③ 공정거래위원회는 이 법을 효율적으로 집행하기 위하여 필요한 경우에는 사무의 일부를 제37조제1항에 따라 등록된 사업자단체에 위탁할 수 있다.

④ 공정거래위원회는 제3항에 따라 사무의 일부를 사업자단체에 위탁하는 경우에는 예산의 범위에서 그 위탁사무의 수행에 필요한 비용의 전부 또는 일부를 지원할 수 있다.

⑤ 제26조제6항 및 이 조 제3항에 따라 사무를 위탁받아 해당 업무를 수행하거나 수행하였던 자에 대하여는 「형법」 제127조, 제129조부터 제132조까지의 규정에 따른 벌칙을 적용할 때에는 공무원으로 본다.

제39조【「독점규제 및 공정거래에 관한 법률」의 준용】
① 이 법에 따른 공정거래위원회의 심의·의결에 관하여는 「독점규제 및 공정거래에 관한 법률」 제64조부터 제68조까지 및 제93조를 준용한다.

② 이 법 위반행위에 대한 공정거래위원회, 시·도지사 또는 시장·군수·구청장의 조사 등에 관하여는 「독점규제 및 공정거래에 관한 법률」 제81조제1항·제2항·제3항·제6항 및 제9항을 준용한다.

③ 이 법에 따른 공정거래위원회의 처분 및 제38조에 따라 위임된 시·도지사의 처분에 대한 이의신청, 시정조치명령의 집행정지, 소의 제기 및 불복의 소의 전속관할에 관하여는 「독점규제 및 공정거래에 관한 법률」 제96조, 제97조 및 제99조부터 제101조까지의 규정을 준용한다.

④ 이 법에 따른 과징금의 부과·징수에 관하여는 「독점규제 및 공정거래에 관한 법률」 제103조부터 제107조까지의 규정을 준용한다.

⑤ 이 법에 따른 직무에 종사하거나 종사하였던 공정거래위원회의 위원 또는 공무원에 대하여는 「독점규제 및 공정거래에 관한 법률」 제119조를 준용한다.
(2020.12.29 본조개정)

제7장 벌 칙

제40조【벌칙】 다음 각 호의 어느 하나에 해당하는 자는 3년 이하의 징역 또는 1억원 이하의 벌금에 처한다.
(2016.3.29 본문개정)
1. 제26조제1항에 따른 조사 시 폭언·폭행, 고의적인 현장진입 저지·지연 등을 통하여 조사를 거부·방해 또는 기피한 자
2. 제32조제1항에 따른 시정조치명령에 따르지 아니한 자
3. 제32조제4항에 따른 영업의 정지 명령을 위반하여 영업을 계속한 자

(2016.3.29 1호~3호신설)

제41조 (2016.3.29 삭제)

제42조【벌칙】 다음 각 호의 어느 하나에 해당하는 자는 3천만원 이하의 벌금에 처한다.
1. 제12조제1항에 따른 신고를 하지 아니하거나 거짓으로 신고한 자
2. 제24조제8항 및 제9항을 위반하여 소비자피해보상보험계약등을 체결하는 사실 또는 결제대금예치를 이용하도록 하는 사실을 나타내는 표지를 사용하거나 이와 유사한 표지를 제작하거나 사용한 자

(2012.2.17 본조개정)

제43조【벌칙】 다음 각 호의 어느 하나에 해당하는 자는 1천만원 이하의 벌금에 처한다.
1. 제13조제1항에 따른 사업자의 신원정보에 관하여 거짓 정보를 제공한 자
2. 제13조제2항에 따른 거래조건에 관하여 거짓 정보를 제공한 자

(2012.2.17 본조개정)

제44조【양벌규정】 법인의 대표자나 법인 또는 개인의 대리인, 사용인, 그 밖의 종업원이 그 법인 또는 개인의 업무에 관하여 제40조부터 제43조까지의 어느 하나에 해당하는 위반행위를 하면 그 행위자를 벌하는 외에 그 법인 또는 개인에게도 해당 조문의 벌금형을 과(科)한다. 다만, 법인 또는 개인이 그 위반행위를 방지하기 위하여 해당 업무에 관하여 상당한 주의와 감독을 게을리하지 아니한 경우에는 그러하지 아니하다.(2010.3.22 본조개정)

제45조【과태료】 ① 제32조의2제1항을 위반하여 영업을 계속한 자에게는 1억원 이하의 과태료를 부과한다.
(2016.3.29 본항신설)

② 사업자 또는 사업자단체가 제1호 또는 제2호의 어느 하나에 해당하는 경우에는 3천만원 이하, 제3호에 해당하는 경우에는 5천만원 이하의 과태료를 부과하고, 사업자 또는 사업자단체의 임원 또는 종업원, 그 밖의 이해관계인이 제1호 또는 제2호의 어느 하나에 해당하는 경우에는 500만원 이하, 제3호에 해당하는 경우에는 1천만원 이하의 과태료를 부과한다.
1. 제39조제2항에 따라 준용되는 「독점규제 및 공정거래에 관한 법률」 제81조제1항제1호에 따른 출석처분을 받은 당사자 중 정당한 사유 없이 출석하지 아니한 자
2. 제39조제2항에 따라 준용되는 「독점규제 및 공정거래에 관한 법률」 제81조제1항제3호 또는 같은 조 제6항에 따른 보고를 하지 아니하거나 필요한 자료나 물건을 제출하지 아니하거나 거짓으로 보고하거나 거짓 자료나 물건을 제출한 자
3. 제39조제2항에 따라 준용되는 「독점규제 및 공정거래에 관한 법률」 제81조제2항 및 제3항에 따른 조사를 거부·방해 또는 기피한 자

(2020.12.29 1호~3호개정)
(2018.6.12 본항신설)

③ 다음 각 호의 어느 하나에 해당하는 자에게는 1천만원 이하의 과태료를 부과한다.
1. 제9조의2제1항을 위반하여 소비자피해방지를 위한 사항을 이행하지 아니한 자(2016.3.29 본호신설)
2. 제21조제1항제1호부터 제5호까지의 금지행위 중 어느 하나에 해당하는 행위를 한 자
3. 제8조제4항에 따른 결제수단의 발행자로서 제24조제1항 각 호 외의 부분 단서를 위반하여 소비자피해보상보험계약등을 체결하지 아니한 자
4. 제15조제1항에 따른 선지급식 통신판매업자로서 제24조제2항을 위반한 자
5. 제8조제4항에 따른 결제수단의 발행자로서 제24조제7항을 위반하여 거짓 자료를 제출하고 소비자피해보상보험계약등을 체결한 자
6. 제15조제1항에 따른 선지급식 통신판매업자로서 제24조제7항을 위반하여 거짓 자료를 제출하고 소비자피해보상보험계약등을 체결한 자
7. 제32조의2제2항을 위반하여 공정거래위원회의 요청을 따르지 아니한 자(2016.3.29 본호신설)

8.~10. (2018.6.12 삭제)

④ 다음 각 호의 어느 하나에 해당하는 자에게는 500만원 이하의 과태료를 부과한다.
1. 제6조를 위반하여 거래기록을 보존하지 아니하거나 소비자에게 거래기록을 열람·보존할 수 있는 방법을 제공하지 아니한 자
2. 제10조제1항 또는 제13조제1항에 따른 사업자의 신원정보를 표시하지 아니한 자
3. 제12조제2항 및 제3항에 따른 신고를 하지 아니한 자
4. 제13조제2항을 위반하여 표시·광고하거나 고지를 하지 아니하거나 계약내용에 관한 서면을 계약자에게 교부하지 아니한 자
5. 제13조제3항을 위반하여 재화등의 거래에 관한 계약을 취소할 수 있다는 내용을 거래 상대방인 미성년자에게 고지하지 아니한 자
6. 제20조의3제1호가목을 위반하여 제13조제2항제5호에 관한 정보의 제공을 하지 아니한 자(2016.3.29 본호신설)

⑤ 제39조제1항에 따라 준용되는 「독점규제 및 공정거래에 관한 법률」 제66조에 따른 질서유지의 명령을 따르지 아니한 자에게는 100만원 이하의 과태료를 부과한다.(2020.12.29 본항개정)

⑥ 제1항부터 제4항까지에 따른 과태료는 공정거래위원회, 시·도지사 또는 시장·군수·구청장이 부과·징수한다.(2018.6.12 본항개정)

⑦ 제5항에 따른 과태료는 공정거래위원회가 부과·징수한다.(2018.6.12 본항신설)

⑧ 제1항부터 제5항까지에 따른 과태료의 부과기준은 대통령령으로 정한다.(2018.6.12 본항신설)
(2012.2.17 본조개정)

제46조【과태료에 관한 규정 적용의 특례】 제45조의 과태료에 관한 규정을 적용할 때 제34조에 따라 과징금을 부과한 행위에 대해서는 과태료를 부과할 수 없다.
(2017.11.28 본조신설)

부 칙 (2005.3.31)

제1조【시행일】 이 법은 공포한 날부터 시행한다. 다만, 제13조제2항제10호, 제24조제2항 내지 제4항 및 제24조의2제2항의 개정규정은 공포 후 1년이 경과한 날부터, 제13조제3항, 제17조제2항, 제17조제6항 및 제32조제1항의 개정규정은 공포 후 3월이 경과한 날부터 각각 시행한다.

제2조【통신판매업자의 신원 및 거래조건에 대한 정보의 제공에 관한 적용례】 제13조제1항제3호, 동조제2항 및 제32조제1항의 개정규정은 이 법 시행 후 통신판매업자가 최초로 재화등의 거래에 관한 청약을 받을 목적으로 표시·광고를 행하거나, 소비자와의 계약체결 전에 제13조제2항의 규정에 따른 거래조건에 관한 사항을 표시·광고 또는 고지하고 그 거래조건에 관한 사항이 기재된 계약내용에 관한 서면을 교부하는 것부터 적용한다.

제3조【통신판매업자의 미성년자에 대한 고지의무에 관한 적용례】 제13조제3항 및 제32조제1항의 개정규정은 이 법 시행 후 통신판매업자가 최초로 미성년자와 체결하고자 하는 재화등의 거래에 관하여 계약하는 것부터 적용한다.

제4조【통신판매업자의 재화등의 공급 및 환급을 위한 조치에 관한 적용례】 제15조제1항 및 제2항의 개정규정은 이 법 시행 후 소비자가 최초로 재화등을 공급받기 전에 미리 재화등의 대금의 전부 또는 일부를 통신판매사업자에게 지급한 재화등의 거래에 관한 계약분부터 적용한다.

제5조【통신판매업자의 공급서의 송부 등에 관한 적용례】 제16조의 개정규정은 이 법 시행 후 통신판매업자가 소비자의 청약에 따라 재화등을 최초로 공급하는 것부터 적용한다.

제6조【소비자가 통신판매업자와 체결한 계약의 청약철회등에 관한 적용례】 제17조제2항 및 제6항의 개정규정은 이 법 시행 후 소비자가 통신판매업자와 최초로 체결한 재화등의 구매에 관한 계약의 청약철회등을 하는 것부터 적용한다.

제7조【전자상거래 또는 통신판매에서의 관련사업자가 체결하는 소비자피해보상보험계약등에 관한 적용례】 제24조제1항 및 제10항의 개정규정은 이 법 시행 후 최초로 공정거래위원회가 전자상거래 또는 통신판매의 관련사업자에게 소비자피해보상보험계약등을 체결하도록 권장하거나 제8조제4항의 규정에 따른 결제수단의 발행자가 소비자피해보상보험계약등을 체결하는 것부터 적용한다.

제8조【선불식 통신판매에 있어서 소비자의 결제대금예치의 이용 또는 통신판매업자의 소비자피해보상보험계약등의 체결에 관한 적용례】 제24조제2항 내지 제4항의 개정규정은 이 법 시행 후 소비자가 최초로 재화등에 대한 거래조건 가운데 결제대금예치의 이용 또는 통신판매업자의 소비자피해보상보험계약등의 체결을 선택한 재화등의 거래에 관한 계약분부터 적용한다.

제9조【통신판매업자의 결제대금예치의 이용을 나타내는 표지사용 등에 관한 적용례】 제24조제9항의 개정규정은 이 법 시행 후 통신판매업자가 최초로 결제대금예치의 이용을 나타내는 표지사용을 하는 것부터 적용한다.

제10조【구매권유광고 송신에 관한 적용례】 제24조의2제2항 및 제32조제1항의 개정규정은 이 법 시행 후 통신판매업자가 최초로 소비자에게 구매권유광고를 송신한 것부터 적용한다.

제11조【위반행위의 시정권고에 관한 적용례】 제31조제1항의 개정규정은 이 법 시행 후 사업자가 최초로 이 법의 규정을 위반하는 행위를 하거나 이 법의 규정에 따른 의무를 이행하지 아니하는 경우부터 적용한다.

제12조【과징금의 환급가산금에 관한 적용례】 제34조제4항의 개정규정은 이 법 시행 후 최초로 환급되는 과징금부터 적용한다.

부 칙 (2016.3.29)

제1조【시행일】 이 법은 공포 후 6개월이 경과한 날부터 시행한다. 다만, 제9조제3항, 제12조제1항, 제13조제1항 및 제22조제2항의 개정규정은 공포한 날부터 시행한다.

제2조【사업자가 보존하고 있는 주민등록번호에 관한 경과조치】 이 법 시행 당시 종전의 제6조제2항에 따라 주민등록번호를 보존하고 있는 사업자는 이 법 시행일부터 3개월 이내에 보존하고 있는 주민등록번호를 파기하여야 한다.

제3조【벌칙에 관한 경과조치】 이 법 시행 전의 행위에 대한 벌칙을 적용할 때에는 종전의 규정에 따른다.

부 칙 (2018.6.12)

제1조【시행일】 이 법은 공포 후 6개월이 경과한 날부터 시행한다. 다만, 제34조제5항 및 제39조제4항·제5항의 개정규정은 공포한 날부터 시행한다.

제2조【처분시한의 예외에 관한 적용례】 제26조제5항 제2호의 개정규정은 이 법 시행 후 최초로 법원의 판결에 따라 시정조치 또는 과징금 부과처분이 취소되는 경우부터 적용한다.

제3조【출석처분을 받고 출석하지 아니한 당사자에 대한 과태료에 관한 경과조치】 이 법 시행 전에 출석처분을 받은 당사자에 대하여 과태료를 적용할 때에는 제45조제2항제1호의 개정규정에도 불구하고 종전의 규정에 따른다.

부 칙 (2020.12.29)

제1조【시행일】 이 법은 공포 후 1년이 경과한 날부터 시행한다.(이하 생략)

부 칙 (2023.3.21)

이 법은 공포 후 1년이 경과한 날부터 시행한다.

전자상거래 등에서의 소비자 보호에 관한 법률 시행령

(2002년 7월 24일 대통령령 제17684호)

개정
2004. 3.17영18312호(전자적민원처리를위한가석방자관리규정등)
2006. 2.22영19354호
2006. 6.12영19507호(행정정보이용감축개정령)
2006.12.29영19783호(전자금융거래법시)
2007. 3.27영19958호(소비자기본법시)
2007.10.16영20329호
2007.10.31영20351호(수산시)
2008. 1.31영20587호(원양산업발전법시)
2008.12.31영21214호(직제)
2009.10. 1영21765호(신용정보의이용및보호에관한법시)
2010. 5. 4영22151호(전자정부법시)
2010.10. 1영22424호(전기통신사업법시)
2010.11. 2영22467호(행정정보이용감축개정령)
2010.11.15영22493호(은행법시)
2011. 1.24영22637호(보험시)
2011. 1.28영22648호
2012. 8.13영24034호
2013. 3.23영24436호(직제)
2014.12. 9영25840호(규제기한정비)
2016. 9.29영27530호
2017.12.29영28563호
2018. 9.28영29194호(주민등록표등본 · 초본제출요구감축을위한일부개정령)
2018.12. 4영29335호
2018.12.24영29421호(규제기한설정)
2020. 8. 4영30892호(개인정보보호법시)
2020. 8. 4영30893호(신용정보의이용및보호에관한법시)
2020.12. 8영31222호(전자서명법시)
2021. 3. 2영31516호(규제기한해제)
2022.12.27영33144호
2023. 4.25영33434호(소상공인경제회복지원을위한일부개정령)
2023. 9.12영33723호(개인정보보호법시)
2023.12.12영33913호(행정법제혁신을위한일부개정법령등)
2024. 1. 2영34097호

제1조 【목적】 이 영은 「전자상거래 등에서의 소비자보호에 관한 법률」에서 위임된 사항과 그 시행에 필요한 사항을 규정함을 목적으로 한다.(2012.8.13 본조개정)

제2조 【소비자의 범위】 「전자상거래 등에서의 소비자보호에 관한 법률」(이하 "법"이라 한다) 제2조제5호나목에서 "대통령령으로 정하는 자"란 사업자가 제공하는 재화 또는 용역(이하 "재화등"이라 한다)을 소비생활 외의 목적에 사용하거나 이용하는 자로서 다음 각 호의 어느 하나에 해당하는 자를 말한다.
1. 재화등을 최종적으로 사용하거나 이용하는 자. 다만, 재화등을 원재료(중간재를 포함한다) 및 자본재로 사용하는 자는 제외한다.
2. 법 제3조제1항 단서에 해당하는 사업자로서 재화등을 구매하는 자(해당 재화등을 판매한 자에 대한 관계로 한정한다)
3. 재화등을 농업(축산업을 포함한다) 또는 어업 활동을 위하여 구입한 자. 다만, 「원양산업발전법」 제6조제1항에 따라 해양수산부장관의 허가를 받은 원양어업자는 제외한다.(2013.3.23 단서개정)

(2012.8.13 본조개정)

제3조 【법 적용 제외대상인 금융상품의 범위】 법 제3조제4항에서 "대통령령으로 정하는 금융회사 등이 하는 금융상품거래"란 다음 각 호의 금융회사 등이 직접 취급하는 금융상품거래를 말한다.
1. 「금융위원회의 설치 등에 관한 법률」 제38조제1호부터 제8호까지의 기관
2. 「대부업 등의 등록 및 금융이용자 보호에 관한 법률」 제3조에 따라 등록한 대부업자 또는 대부중개업자
3. 다른 법령에 따라 설립된 금융회사 또는 중앙행정기관의 인가 · 허가 등을 받아 설립된 금융회사

(2012.8.13 본조개정)

제4조 【약정하지 아니한 주소로 송신된 전자문서의 효력인정】 법 제5조제1항 단서에서 "대통령령으로 정하는 경우"란 다음 각 호의 경우를 말한다.
1. 소비자와 특정한 전자우편주소로 2회 이상 거래한 경우에 그 전자우편주소로 「전자문서 및 전자거래 기본법」 제2조제1호에 따른 전자문서(이하 "전자문서"라 한다)를 송신한 경우
2. 소비자가 전자문서를 출력한 경우
3. 소비자의 이익에 반하지 아니하고 그 소비자도 해당 전자문서의 효력을 부인하지 아니하는 경우
4. 긴급하게 연락할 필요성이 있고 전자우편 외에 다른 수단을 활용할 수 없는 경우

(2012.8.13 본조개정)

제5조 【전자서명의 효력 등 고지절차】 사업자는 법 제5조제2항에 따라 다음 각 호의 사항을 「전자서명법」 제2조제2호에 따른 전자서명(이하 "전자서명"이라 한다)을 한 전자문서가 포함된 전자우편의 본문에 표시하거나 미리 소비자에게 고지하여야 한다.
1. 전자서명을 한 전자문서의 효력
2. 전자서명을 한 전자문서의 출력방법

(2012.8.13 본조개정)

제5조의2 【개인정보 보호와 관련된 법률의 예외적 적용】 법 제6조제2항에서 "「정보통신망 이용촉진 및 정보보호 등에 관한 법률」 등 대통령령으로 정하는 개인정보 보호와 관련된 법률의 규정"이란 다음 각 호의 규정을 말한다.
1. (2020.8.4 삭제)
2. 「개인정보 보호법」 제21조제1항 본문, 제36조제2항, 제37조제5항 및 제39조의7제3항(2023.9.12 본호개정)
3. 「신용정보의 이용 및 보호에 관한 법률」 제37조제1항 본문

(2012.8.13 본조신설)

제6조 【사업자가 보존하는 거래기록의 대상 등】 ① 법 제6조제3항에 따라 사업자가 보존하여야 할 거래기록의 대상 · 범위 및 기간은 다음 각 호와 같다. 다만, 법 제20조제1항에 따른 통신판매중개자(이하 "통신판매중개자"라 한다)는 자신의 정보처리시스템을 통하여 처리한 기록의 범위에서 다음 각 호의 거래기록을 보존하여야 한다.(2016.9.29 단서개정)
1. 표시 · 광고에 관한 기록 : 6개월
2. 계약 또는 청약철회 등에 관한 기록 : 5년
3. 대금결제 및 재화등의 공급에 관한 기록 : 5년
4. 소비자의 불만 또는 분쟁처리에 관한 기록 : 3년

② 법 제6조제3항에 따라 사업자가 소비자에게 제공하여야 할 거래기록의 열람 · 보존의 방법은 다음 각 호와 같다.
1. 거래가 이루어진 해당 사이버몰(법 제2조제4호의 사이버몰을 말한다. 이하 같다)에서 거래당사자인 소비자가 거래기록을 열람 · 확인할 수 있도록 하고, 전자문서의 형태로 정보처리시스템 등에 저장할 수 있도록 할 것
2. 거래당사자인 소비자와의 거래기록을 그 소비자의 희망에 따라 방문, 전화, 팩스 또는 전자우편 등의 방법으로 열람하거나 복사할 수 있도록 할 것. 다만, 거래기록 중에 「저작권법」 제4조부터 제6조까지의 규정에 따른 저작물(「저작권법」에 따라 복사할 수 있는 저작물은 제외한다)이 있는 경우에는 그에 대한 복사는 거부할 수 있다.
3. 사업자가 법 제6조제2항에 따라 개인정보의 이용에 관한 동의를 철회한 소비자의 거래기록 및 개인정보를 보존하는 경우에는 개인정보의 이용에 관한 동의를 철회하지 아니한 소비자의 거래기록 및 개인정보와 별도로 보존할 것

(2012.8.13 본조개정)

제7조 【전자적 대금지급】 법 제8조제1항에서 "대통령령으로 정하는 전자적 수단에 의한 거래대금의 지급"이란 전자문서의 형태로 이루어지는 대금결제를 말한다. 다만, 대면하여 본인 여부를 확인한 경우는 제외한다.

(2012.8.13 본조개정)

제8조 【전자결제업자등】 법 제8조제1항에서 "전자결제수단 발행자, 전자결제서비스 제공자 등 대통령령으로 정하는 전자적 대금지급 관련자"란 해당 전자결제수단의 발행자, 전자결제서비스 제공자 및 해당 전자결제수단을 통한 전자결제서비스의 이행을 보조하거나 중개하는 자(이하 "전자결제업자등"이라 한다)로서 다음 각 호의 어느 하나에 해당하는 자를 말한다.
1. 「은행법」 등 법령의 규정에 따른 금융회사로서 계좌이체업무를 수행하는 금융회사
2. 「여신전문금융업법」 제2조제2호의2에 따른 신용카드업자
3. 전자적 매체 또는 정보처리시스템에 화폐가치 또는 그에 상응하는 가치를 기록 · 저장하였다가 재화등의 구매 시 지급하는 결제수단의 발행자
4. 「정보통신망 이용촉진 및 정보보호 등에 관한 법률」 제2조제3호에 따른 정보통신서비스 제공자
5. 「정보통신망 이용촉진 및 정보보호 등에 관한 법률」 제2조제11호에 따른 통신과금서비스제공자
6. 전자결제대행 또는 중개서비스 사업자

(2012.8.13 본조개정)

제9조 【전자적 대금지급 고지 확인절차】 사업자와 전자결제업자등은 법 제8조제2항 각 호의 사항에 대하여 소비자가 확인하고 동의 여부를 선택할 수 있도록 전자결제업자등이 마련한 전자적 대금 결제창을 소비자에게 제공하여야 한다. 이 경우 사업자와 전자결제업자등은 소비자가 직접 동의 여부를 선택하기 전에 미리 동의한다는 표시를 하여 제공하는 방식으로 확인절차를 진행해서는 아니 된다.(2012.8.13 본조개정)

제10조 【전자적 대금지급 관련 분쟁의 해결】 법 제8조제5항에 따라 전자결제업자등은 분쟁해결을 위하여 사업자나 소비자가 분쟁발생 사실을 소명하여 요청하는 경우 분쟁해결에 필요한 범위에서 다음 각 호의 사항에 대하여 지체 없이 협조하여야 한다.
1. 분쟁의 원인이 된 대금지급과 관련된 정보(고객인증 관련 정보를 포함한다)의 열람 · 복사 허용
2. 분쟁의 원인이 된 대금지급에 대한 전자결제업자등의 보안유지 조치 관련 정보의 열람 · 복사 허용. 다만, 공개할 경우 보안유지에 장애가 발생할 우려가 있는 정보에 대해서는 공개를 거부할 수 있다.

(2012.8.13 본조개정)

제11조 【배송사업자 등의 분쟁해결 협조】 재화등의 배송을 하는 사업자는 법 제9조제1항에 따라 소비자가 분쟁의 발생 사실을 소명하여 요청하는 경우 분쟁해결에 필요한 범위에서 다음 각 호의 사항에 대하여 지체 없이 협조하여야 한다.
1. 배송 관련 기록의 열람 · 제공
2. 사고 또는 장애 관련 사실의 확인을 위한 기록 열람

(2012.8.13 본조개정)

제11조의2 【호스팅서비스를 제공하는 자의 분쟁해결 협조】 ① 법 제9조제3항 각 호 외의 부분에서 "사업자의 신원정보 등 대통령령으로 정하는 자료"란 다음 각 호의 자료를 말한다.
1. 사업자의 성명 및 주민등록번호(법 제9조제3항제1호에 따른 소비자가 요청하는 경우에는 생년월일)
2. 상호〔법인인 경우에는 대표자의 성명 및 주민등록번호(법 제9조제3항제1호에 따른 소비자가 요청하는 경우에는 생년월일)를 포함한다〕, 주소 및 전화번호

(2016.9.29 1호~2호개정)

② 법 제9조제3항제5호에서 "대통령령으로 정한 자"란 다음 각 호의 기구를 말한다.
1. 「소비자기본법」 제33조에 따라 설립된 한국소비자원(이하 "한국소비자원"이라 한다)
2. 「소비자기본법」 제60조에 따라 설립된 소비자분쟁조정위원회(이하 "소비자분쟁조정위원회"라 한다)
3. 「전자문서 및 전자거래 기본법」 제32조에 따라 설립된 전자문서 · 전자거래분쟁조정위원회(이하 "전자거래분쟁조정위원회"라 한다)
4. 「콘텐츠산업 진흥법」 제29조에 따라 설립된 콘텐츠분쟁조정위원회(이하 "콘텐츠분쟁조정위원회"라 한다)

(2012.8.13 본조신설)

제11조의3 【소비자 피해구제신청 대행 장치의 운영 방법】 ① 「정보통신망 이용촉진 및 정보보호 등에 관한 법률」 제2조제1항제9호의 게시판을 운영하는 같은 항 제3호의 정보통신서비스 제공자(이하 "전자게시판서비스 제공자"라 한다)는 법 제9조의2제1항제2호에 따라 소비자의 피해구제신청을 대행하기 위한 장치를 다음 각 호의 방법에 따라 운영하여야 한다.
1. 소비자가 법 제33조제1항에 따른 소비자피해 분쟁조정기구(이하 "소비자피해 분쟁조정기구"라 한다)를 선택할 수 있도록 해당 게시판에 소비자피해 분쟁조정기구의 업무와 피해구제절차를 표시할 것
2. 소비자가 피해구제신청의 대행을 요청하는 경우 전자게시판서비스 제공자가 피해구제신청을 대행해 준다는 사실과 그 대행 절차를 표시할 것

② 전자게시판서비스 제공자는 소비자가 피해구제신청의 대행을 요청하는 경우에는 3영업일 이내에 소비자가 요청하는 소비자피해 분쟁조정기구에 소비자의 요청사항을 전달하고 그 사실을 소비자에게 지체 없이 알려야 한다.

③ 법 제9조의2제1항제3호에서 "대통령령으로 정하는 사항"이란 법 제9조의2제1항제1호 · 제2호, 같은 조 제2항 및 제3항에 따른 내용을 전자게시판서비스 제공자가 이행하여야 할 사항으로 약관에 규정하는 것을 말한다.

(2016.9.29 본조신설)

제11조의4 【사이버몰의 표시】 법 제10조제1항제6호에서 "대통령령으로 정하는 사항"이란 법 제9조제2항에 따른 호스팅서비스(이하 "호스팅서비스"라 한다)를 제공하는 자의 상호를 말한다.(2016.9.29 본조개정)

제12조 【소비자에 관한 정보의 확인 등】 법 제11조제2항에서 "본인 확인이나 피해의 회복 등 대통령령으로 정하는 필요한 조치"란 다음 각 호의 어느 하나를 말한다.
1. 소비자 본인이 요청하는 경우 도용 여부의 확인 및 해당 소비자에 대한 관련 거래 기록의 제공
2. 도용에 의하여 변조된 소비자에 관한 정보의 원상회복
3. 도용에 의한 피해의 회복

(2012.8.13 본조개정)

제13조 【통신판매업자의 신고절차】 ① 법 제12조제1항에 따라 신고를 하려는 통신판매업자는 총리령으로 정하는 신고서(전자문서로 된 신고서를 포함한다)를 주된 사무소의 소재지를 관할하는 특별자치시장 · 특별자치도지사 · 시장 · 군수 · 구청장(자치구의 구청장을 말한다. 이하 같다)에게 제출(주된 사무소의 소재지가 외국인 경우에는 공정거래위원회에 제출)하여야 한다. 이 경우 해당 통신판매업자가 법 제15조제1항 본문에 따른 선지급식 통신판매를 하려는 경우에는 다음 각 호의 서류를 함께 제출하여야 한다.(2016.9.29 전단개정)
1. 법 제13조제2항제10호에 따른 결제대금예치의 이용 또는 법 제24조제1항 각 호에 따른 소비자피해보상보험계약등의 체결을 증명하기 위하여 총리령으로 정하는 양식의 서류
2. 법 제24조제3항 각 호에 따른 거래의 경우에는 이에 대한 소명자료

② 제1항에 따라 신고서를 제출받은 공정거래위원회 또는 특별자치시장 · 특별자치도지사 · 시장 · 군수 · 구청장은 「전자정부법」 제36조제1항에 따른 행정정보의 공동이용을 통하여 다음 각 호의 서류를 확인하여야 하며, 신고인이 제1호 단서 또는 제2호의 확인에 동의하지 아니하는 경우에는 해당 서류(제2호의 경우에는 그 사본을 말한다)를 제출하도록 하여야 한다.(2016.9.29 본문개정)
1. 법인 등기사항증명서(법인인 경우만 해당한다). 다만, 그 법인의 설립 등기 전에 신고를 하는 경우에는 법인 설립을 위한 발기인의 주민등록번호가 포함된 주민등록표 초본을 말한다.(2018.9.28 단서개정)
2. 사업자등록증

③ 제1항의 신고를 받은 공정거래위원회 또는 특별자치시장 · 특별자치도지사 · 시장 · 군수 · 구청장은 총리령으로 정하는 신고증을 교부하여야 한다.(2016.9.29 본항개정)

(2012.8.13 본조개정)

제14조 (2012.8.13 삭제)

제15조【통신판매업자의 신고사항】 법 제12조제1항제3호에서 "대통령령으로 정하는 사항"이란 사업자의 성명 및 주민등록번호(개인인 경우만 해당한다)를 말한다.
(2012.8.13 본조개정)

제16조【통신판매업자의 변경신고】 ① 법 제12조제2항에 따라 변경신고를 하려는 자는 해당 변경사항이 발생한 날부터 15일 이내에 총리령으로 정하는 신고서에 그 변경사항을 증명하는 서류를 첨부하여 공정거래위원회 또는 특별자치시장·특별자치도지사·시장·군수·구청장에게 제출하여야 한다.
② 제1항의 신고를 받은 공정거래위원회 또는 특별자치시장·특별자치도지사·시장·군수·구청장은 변경사항을 확인하고 변경사항이 기재된 신고증을 다시 발급하여야 한다.
(2016.9.29 본조개정)

제17조【영업의 휴업·폐업 또는 휴업 후 영업재개의 신고】 법 제12조제3항에 따라 통신판매업자가 그 영업을 휴업 또는 폐업하거나 휴업한 후 영업을 다시 시작할 때에는 미리 총리령으로 정하는 신고서를 공정거래위원회 또는 특별자치시장·특별자치도지사·시장·군수·구청장에게 제출하여야 한다. 다만, 폐업신고를 하는 경우에는 종전의 신고증 또는 사유서(신고증을 분실하거나 신고증이 훼손되어 첨부할 수 없는 경우로 한정한다)를 첨부하여야 한다.(2017.12.29 단서개정)

제18조【전자문서에 의한 신고】 ① 제13조·제16조 및 제17조에 따른 신고를 전자문서로 하는 경우에는 공정거래위원회가 정한 정보처리시스템에 의하여 신고할 수 있다.
② 제1항에 따라 전자문서에 의한 신고를 할 때 전자문서에 의한 자료 제출이 곤란한 사항은 1개월 내에 우편 등을 통하여 보완할 수 있으며, 보완한 경우에는 전자문서로 신고한 날에 신고한 것으로 본다.
③ 제1항 및 제2항에서 규정한 사항 외에 전자문서에 의한 신고수리업무의 처리에 필요한 사항은 총리령으로 정한다.
(2012.8.13 본조개정)

제19조【통신판매업자에 대한 정보의 공개】 ① 공정거래위원회는 법 제12조제4항에 따라 통신판매업자의 정보를 공개하는 경우 그 통신판매업자에게 공개하는 내용과 방법을 미리 알려야 하고, 사실과 다른 내용을 정정할 수 있는 기회를 주어야 한다.
② 공정거래위원회가 제1항에 따라 통신판매업자의 정보를 공개하는 경우 통신판매업자(법인인 경우에는 그 대표자를 포함한다)의 주민등록번호는 공개하지 아니한다.
(2012.8.13 본조개정)

제19조의2【재화등을 공급받는 자에 대한 계약내용 관련 서면 교부】 법 제13조제2항 각 호 외의 부분 단서에서 "대통령령으로 정하는 사유가 있는 경우"란 다음 각 호의 어느 하나에 해당하는 경우를 말한다.
1. 계약자가 재화등을 공급받는 자에게 계약내용에 관한 서면(전자문서를 포함한다)을 교부하도록 동의한 경우
2. 통신판매업자가 고의 또는 과실 없이 계약자의 주소(전자우편주소를 포함한다)를 알 수 없어 계약자에게 계약내용에 관한 서면(전자문서를 포함한다)을 교부할 수 없는 경우
(2012.8.13 본조신설)

제19조의3【제3자의 범위 등】 ① 법 제13조제2항제10호에서 "대통령령으로 정하는 제3자"란 다음 각 호의 어느 하나에 해당하는 자를 말한다.
1. 법 제13조제2항제10호의 결제대금예치 업무를 하기 위하여 「전자금융거래법」 제28조제2항제5호 및 같은 법 시행령 제15조제3항제1호에 따라 금융위원회에 등록한 자로서 다음 각 목의 요건을 모두 갖춘 사업자
   가. 법 제24조제1항에 따른 소비자피해보상보험계약등(이하 "소비자피해보상보험계약등"이라 한다)을 체결할 것
   나. 「금융위원회의 설치 등에 관한 법률」 제38조 각 호의 기관 또는 「우체국예금·보험에 관한 법률」에 따른 체신관서에 결제대금의 예치만을 위한 계좌로 개설·통보한 계좌에 소비자의 결제대금을 예치할 것
2. 「전자금융거래법」 제28조제2항 각 호 외의 부분 단서에 따른 금융기관
② 제1항제1호에 따른 사업자가 같은 호 가목에 따라 체결하여야 하는 소비자피해보상보험계약등은 다음 각 호의 요건을 모두 갖추어야 한다.
1. 사업자가 제28조의3제4호에 따라 소비자에게 결제대금을 환급하거나 아니하거나 할 수 없게 됨에 따른 피해를 보상하는 것을 그 내용으로 할 것
2. 피보험자 또는 수혜자는 결제대금을 예치한 소비자로 할 것
3. 소비자피해보상보험계약등의 계약금액은 소비자가 예치한 결제대금 잔액의 100분의 10 이상의 금액으로 할 것(계약금액의 변경이 필요한 경우에는 보험계약을 지체 없이 조정하되, 계약금액을 수시로 변경하는 것이 곤란한 경우에는 매월 말일의 결제대금 잔액을 기준으로 보험계약을 조정할 것)
4. 정당한 사유 없이 피해자의 범위나 보험자 또는 사업자의 책임을 한정하지 아니할 것
5. 소비자가 쉽고 신속하게 피해보상을 받을 수 있도록 하고, 보상이 지연되는 경우에는 지연배상금이 지급되도록 할 것
6. 정당한 사유 없이 소비자의 의사표시 방법을 제한하거나 소비자에게 지나친 입증책임의 부담을 부과하지 아니할 것
7. 소비자에게 예상하기 어려운 위험이나 손해를 줄 우려가 있거나 부당하게 불리한 약정을 두지 아니할 것
8. 보험계약 또는 채무지급보증계약은 「보험업법」 제2조제6호에 따른 보험회사 또는 「은행법」 제2조제1항제2호에 따른 은행과 체결할 것
(2012.8.13 본조개정)

제20조【계약서의 기재사항】 법 제13조제2항제11호에서 "대통령령으로 정하는 사항"이란 다음 각 호의 사항을 말한다.
1. 재화등의 가격 외에 교환·반품 비용 등 소비자가 추가로 부담하여야 할 사항이 있는 경우 그 내용 및 금액
2. 판매일시, 판매지역, 판매수량, 인도지역 등 판매조건과 관련하여 제한이 있는 경우 그 내용
(2012.8.13 본조개정)

제21조【청약철회등의 제한】 법 제17조제2항제6호에서 "대통령령으로 정하는 경우"란 소비자의 주문에 따라 개별적으로 생산되는 재화등 또는 이와 유사한 재화등에 대하여 법 제13조제2항제5호에 따른 청약철회등(이하 "청약철회등"이라 한다)을 인정하는 경우 통신판매업자에게 회복할 수 없는 중대한 피해가 예상되는 경우로서 사전에 해당 거래에 대하여 별도로 그 사실을 고지하고 소비자의 서면(전자문서를 포함한다)에 의한 동의를 받은 경우를 말한다.(2016.9.29 본조개정)

제21조의2【시험 사용 상품 등의 제공 방법】 통신판매업자는 법 제17조제6항 단서에 따라 다음 각 호의 구분에 따른 방법 중 하나 이상의 방법으로 소비자에게 시험 사용 상품 등을 제공하여야 한다.
1. 일부 이용의 허용 : 디지털콘텐츠의 일부를 미리보기, 미리듣기 등으로 제공
2. 한시적 이용의 허용 : 일정 사용기간을 설정하여 디지털콘텐츠 제공
3. 체험용 디지털콘텐츠 제공 : 일부 제한된 기능만을 사용할 수 있는 디지털콘텐츠 제공
4. 제1호부터 제3호까지의 방법으로 시험 사용 상품 등을 제공하기 곤란한 경우 : 디지털콘텐츠에 관한 정보 제공
(2016.9.29 본조신설)

제21조의3【지연배상금의 이율】 법 제18조제2항 각 호 외의 부분 후단에서 "대통령령으로 정하는 이율"이란 연 100분의 15를 말한다.(2016.9.29 본조개정)

제22조【청약철회등에 따른 대금 청구의 정지 또는 취소 대상 결제수단】 법 제18조제3항 본문에서 "대통령령으로 정하는 결제수단"이란 재화등을 구입한 소비자가 직접 지급하는 현금(계좌이체에 의한 지급을 포함한다) 외의 결제수단으로서 해당 결제수단을 제공한 사업자(이하 "결제업자"라 한다)에게 청구를 정지 또는 취소하거나 환급하는 경우 해당 소비자에게 환급한 것과 같은 효과가 발생하는 결제수단을 말한다.(2012.8.13 본조개정)

제23조【채무의 상계】 ① 결제업자는 소비자가 다음 각 호의 방법으로 상계(相計)를 요청할 경우 법 제18조제6항 후단에 따라 즉시 상계할 수 있다.
1. 환급금액 등을 적은 서면(전자문서를 포함한다)에 의할 것
2. 법 제17조제1항 각 호 또는 같은 조 제3항의 기간 내에 청약철회등을 한 사실 및 법 제18조제1항에 따라 재화등을 반환하였음을 증명하는 자료(소비자가 재화등을 계약서에 적힌 통신판매업자의 주소로 반환하였으나 수취 거절된 경우에는 그 증명자료)를 첨부할 것
② 결제업자는 제1항에 따라 상계한 경우 그 사실 및 금액명세 등을 적은 서면(전자문서를 포함한다)을 해당 통신판매업자 및 소비자에게 지체 없이 보내야 한다.
③ 제1항 및 제2항에서 규정한 사항 외에 결제업자의 상계에 필요한 사항은 총리령으로 정한다.
(2012.8.13 본조개정)

제24조【재화등이 일부 소비된 경우의 비용청구 범위】 법 제18조제8항에서 "대통령령으로 정하는 범위의 금액"이란 다음 각 호의 비용을 말한다.
1. 재화등의 사용으로 소모성 부품의 재판매가 곤란하거나 재판매가격이 현저히 하락하는 경우에는 해당 소모성 부품의 공급에 든 비용
2. 다수의 동일한 가분물로 구성된 재화등의 경우에는 소비자의 일부 소비로 인하여 소비된 부분의 공급에 든 비용
(2012.8.13 본조개정)

제25조【통신판매중개업자의 정보제공】 ① 법 제20조제2항에서 "성명(사업자가 법인인 경우에는 그 명칭과 대표자의 성명)·주소·전화번호 등 대통령령으로 정하는 사항"이란 법 제13조제1항 각 호의 사항(사업자가 법인이 아닌 경우 그 대표자의 성명을 갈음하여 사업자의 성명) 및 사업자등록번호를 말하고, 법 제20조제2항에 따른 통신판매중개업자(이하 "통신판매중개업자"라 한다)가 다음 각 호의 정보를 보유한 경우에는 이를 포함한다.
(2016.9.29 본문개정)
1. 「전자서명법」 제2조제8호에 따른 전자서명인증사업자(이하 "전자서명인증사업자"라 한다) 또는 「신용정보의 이용 및 보호에 관한 법률」에 따른 개인신용평가회사, 개인사업자신용평가회사 및 본인신용정보관리회사(이하 이 조에서 "신용정보회사"라 한다) 등을 통하여 확인한 신원정보(2020.12.8 본호개정)
2. 해당 통신판매중개업자가 제공하는 통신판매중개의뢰자의 신용도에 관한 정보(2016.9.29 본호개정)
② 법 제20조제2항에서 "성명·전화번호 등 대통령령으로 정하는 사항"이란 통신판매중개의뢰자의 성명, 생년월일, 주소, 전화번호 및 전자우편주소를 말하고, 통신판매중개업자가 다음 각 호의 정보를 보유한 경우에는 이를 포함한다.(2016.9.29 본문개정)
1. 전자서명인증사업자 또는 신용정보회사 등을 통하여 확인한 신원정보(2020.12.8 본호개정)
2. 해당 통신판매중개업자가 제공하는 통신판매중개의뢰자의 신용도에 관한 정보(2016.9.29 본호개정)
(2016.9.29 본조제목개정)

제25조의2【소비자 불만이나 분쟁해결을 위한 필요한 조치의 내용과 방법 등】 통신판매중개자는 법 제20조제3항에 따라 다음 각 호의 조치를 시행하여야 한다.
1. 통신판매중개의뢰자와 소비자 사이에 발생하는 분쟁이나 불만을 접수·처리하는 인력 및 설비를 갖출 것
2. 통신판매중개자 또는 통신판매중개의뢰자에 의하여 발생한 불만이나 분쟁을 해결하기 위한 기준을 사전에 마련하여 사이버몰에 고지할 것
3. 소비자 불만이나 분쟁의 원인 등을 조사하여 3영업일 이내에 진행 경과를 소비자에게 알리고 10영업일 이내에 조사 결과 또는 처리방안을 소비자에게 알릴 것
(2012.8.13 본조신설)

제26조【재화등의 배송 등을 위한 소비자정보의 이용】 법 제21조제1항제6호가목에서 "대통령령으로 정하는 경우"란 다음 각 호의 경우를 말한다.
1. 재화등의 배송 또는 전송을 업으로 하는 자로서 해당 배송 또는 전송을 위탁받은 자에게 제공하는 경우
2. 재화등의 설치, 사후 서비스, 그 밖에 약정한 서비스의 제공을 업으로 하는 자로서 해당 서비스의 제공을 위탁받은 자에게 제공하는 경우
(2012.8.13 본조개정)

제27조【도용방지를 위한 소비자정보의 이용】 법 제21조제1항제6호다목에서 "대통령령으로 정하는 경우"란 다음 각 호의 경우를 말한다.
1. 소비자의 신원 및 실명 여부나 본인의 진의 여부를 확인하기 위하여 다음 각 목의 어느 하나에 해당하는 자에게 제공하는 경우
   가. 「전기통신사업법」 제5조제3항제1호에 따른 기간통신사업자
   나. 「신용정보의 이용 및 보호에 관한 법률」에 따른 개인신용평가회사, 개인사업자신용평가회사 및 본인신용정보관리회사(2020.8.4 본목개정)
   다. 해당 거래에 따른 대금결제와 직접 관련된 전자결제업자등
   라. 법령 또는 법령의 규정에 따른 인·허가에 의하여 도용방지를 위한 실명확인을 업으로 하는 자
2. 미성년자와의 거래에서 법정대리인의 동의 여부를 확인하기 위하여 이용하는 경우
(2012.8.13 본조개정)

제28조【소비자피해보상보험계약등】 ① 법 제24조제1항 각 호 외의 부분 본문에 따라 공정거래위원회가 체결하도록 권장하는 소비자피해보상보험계약등은 다음 각 호의 사항을 충족하여야 한다.
1. 청약철회등의 권리 행사에 따라 발생하는 대금환급의 무의 불이행 또는 재화등의 공급의무 불이행 등으로 인한 소비자피해를 보상하는 것을 그 내용으로 할 것
2. 피보험자 또는 수혜자는 해당 소비자피해보상보험계약등을 체결한 자가 판매하는 재화등의 구매자로 할 것
3. 계약금액은 재화등의 매매대금을 한도로 공정거래위원회가 정한 규모 이상으로 할 것
4. 정당한 사유 없이 피해보상의 범위나 보험자 또는 재화등의 판매자의 책임을 한정하지 아니할 것
5. 제19조의3제2항제5호부터 제8호까지의 사항
② 법 제24조제2항에 따라 선지급식 통신판매를 하는 통신판매업자는 제13조제1항 각 호의 서류를 법 제12조제1항에 따라 통신판매업의 신고를 한 특별자치시장·특별자치도지사·시장·군수·구청장에게 선지급식 통신판매를 하기 전에 제출하여야 한다.(2016.9.29 본항개정)
③ 법 제24조제5항에 따라 소비자피해보상보험계약등은 다음 각 호의 요건을 모두 충족하여야 한다.
1. 전자결제수단을 구매한 소비자가 그 결제수단에서 정한 권리를 행사할 수 없어 발생하는 소비자피해를 보상하는 것을 내용으로 할 것
2. 피보험자 또는 수혜자가 전자결제수단의 구매자일 것
3. 계약금액은 전자결제수단 발행자가 발행하는 「상법」상 채권 유효기간 내에 있는 전자결제수단 발행잔액의 100분의 10 이내의 금액으로서 공정거래위원회가 정하는 금액〔「금융위원회의 설치 등에 관한 법률」 제38조제1호부터 제8호까지의 기관(제6호의 겸영여신업자는 제외한다) 및 「우체국예금·보험에 관한 법률」에 따른 우체국예금 또는 우체국보험을 취급하는 체신관서에 예치된 금액은 제외하며, 다른 법령에 따라 이와 유사한 지급보증 등의 의무를 이행한 경우에는 해당 금액을 공제한 금액을 말한다〕 이상으로 할 것

4. 정당한 사유 없이 피해보상의 범위나 보험자 또는 전자결제수단 발행자의 책임을 한정하지 아니할 것
5. 제19조의3제2항제5호부터 제8호까지의 사항
④ 제1항부터 제3항까지에서 규정한 사항 외에 재화등이나 거래의 특성에 따른 소비자피해보상보험계약등의 구체적인 기준이나 피해보상의 내용 및 절차와 소비자피해보상보험계약등의 표지사용에 필요한 사항은 총리령으로 정한다.
(2012.8.13 본조개정)

제28조의2 (2016.9.29 삭제)

제28조의3【예치된 결제대금의 지급방법】 제19조의3제1항에 따른 제3자(이하 "제3자"라 한다)는 예치된 결제대금을 법 제24조제4항에 따라 다음 각 호의 방법으로 통신판매업자에게 지급하거나 소비자에게 환급한다.
1. 제3자는 재화등을 구매한 소비자(그 소비자의 동의를 받은 경우에는 재화등을 공급받을 자를 포함한다. 이하 제2호 및 제3호에서 같다)에게 재화등을 공급받은 사실을 재화등을 공급받은 날부터 3영업일(거래당사자가 3영업일보다 긴 기간으로 약정한 경우에는 그 기간을 말한다. 이하 같다) 이내에 통보해 주도록 요청하여야 하며, 소비자로부터 재화등을 공급받은 사실을 통보받은 후에 통신판매업자에게 결제대금을 지급한다.
2. 제3자는 제1호에 따른 통보 요청 시에 소비자가 재화등을 공급받은 날부터 3영업일이 지나도록 재화등을 공급받은 사실을 통보하지 아니하면 통신판매업자에게 결제대금을 지급할 수 있다는 사실을 소비자에게 고지하여야 한다.
3. 소비자가 재화등을 공급받은 날부터 3영업일이 지나도록 정당한 사유를 제시하지 아니하고 그 공급받은 사실을 통보하지 아니하는 경우에는 다음 각 목의 어느 하나에 해당할 때에 통신판매업자에게 결제대금을 지급할 수 있다.
 가. 소비자가 제2호에 따른 고지를 받고도 재화등을 공급받은 사실을 그 기간 내에 통보하지 아니하였을 때
 나. 제3자가 제2호에 따른 고지를 하지 아니한 경우에는 제3자가 그 사실을 소비자에게 고지한 후 3영업일이 지났을 때
4. 제3자가 통신판매업자에게 결제대금을 지급하기 전에 소비자가 그 결제대금을 환급받을 사유가 발생한 경우에는 그 결제대금을 소비자에게 환급한다.
(2012.8.13 본조개정)

제28조의4【공제조합의 인가 등】 법 제24조제10항에 따라 설립된 공제조합의 인가, 정관 기재사항, 운영 및 감독에 관하여는 「방문판매 등에 관한 법률 시행령」 제45조, 제47조 및 제48조를 준용한다.(2012.8.13 본조개정)

제28조의5【조사반의 구성 등】 ① 법 제26조제6항에 따른 조사반(이하 이 조에서 "조사반"이라 한다)은 반장 및 반원으로 구성한다.
② 제1항에 따른 반장은 공정거래위원회 소속 공무원으로 하고, 반원은 공정거래위원회 소속 공무원과 「소비자기본법」 제38조에 따른 한국소비자원장이 지정한 소속 직원으로 한다.
③ 공정거래위원회는 조사반을 구성하려는 경우에는 미리 조사기간, 조사대상, 조사에 필요한 인원 등을 적은 문서로 한국소비자원장에게 반원을 지정해 줄 것을 요청하여야 한다.
④ 조사반의 조사 등의 활동은 반장의 지휘·감독을 받아 실시한다.
(2012.8.13 본조개정)

제29조【소비자보호 관련 기관 등에 대한 자료제출 요구 등】 ① 법 제27조제3항에 따른 자료의 제출 또는 공유의 요구는 다음 각 호의 사항을 적은 서면(전자문서를 포함한다)으로 하여야 한다.
1. 목적
2. 사용 용도
3. 제출 또는 공유 대상 자료의 구체적인 범위
② 공정거래위원회, 특별시장·광역시장·특별자치시장·도지사·특별자치도지사(이하 "시·도지사"라 한다) 또는 시장·군수·구청장은 법 제27조제3항에 따라 전자상거래나 통신판매에서의 소비자보호 관련 업무를 수행하는 기관(「공공기관의 운영에 관한 법률」 제4조에 따른 공공기관으로 한정한다)이나 법인·단체로부터 받거나 공유하게 된 자료를 제1항에 따라 미리 알린 목적, 용도 외에 사용해서는 아니 된다.(2024.1.2 본항개정)
(2024.1.2 본조제목개정)
(2012.8.13 본조개정)

제30조【위법행위 등에 대한 정보공개 등】 ① 공정거래위원회는 법 제28조에 따라 정보를 공개하려는 경우에는 사전에 해당 사업자에게 공개되는 정보의 내용을 통보하여 소명의 기회를 주어야 한다.
② 공정거래위원회는 제1항에 따른 정보 및 소명사실 등을 소비자가 널리 알 수 있도록 공정거래위원회 홈페이지 등에 공개할 수 있다.
(2012.8.13 본조개정)

제31조【평가·인증 사업의 공정화】 ① 법 제29조제1항에 따른 평가·인증 사업자는 다음 각 호의 사항을 공정거래위원회가 정하는 바에 따라 공시하여야 한다.
1. 평가·인증 사업자의 명칭
2. 주소 또는 사업소의 소재지
3. 평가·인증 범위
4. 평가·인증 업무 개시일
5. 평가·인증의 기준·절차 및 방법에 관한 사항
② 제1항 각 호의 사항은 소비자가 쉽게 열람·확인할 수 있는 방법으로 공시하여야 한다.
(2012.8.13 본조개정)

제32조【보고의무】 법 제30조제1항에 따라 시정권고를 하는 경우 시·도지사는 공정거래위원회에 보고하고, 시장·군수·구청장은 공정거래위원회 및 시·도지사에게 지체 없이 보고하여야 한다. 이 경우 전자문서로 보고할 수 있다.(2024.1.2 전단개정)

제33조【시정조치를 받은 사실의 공표 및 소비자피해 예방 및 구제에 필요한 조치】 ① 공정거래위원회는 법 제32조제3항에 따라 사업자에게 시정조치를 받은 사실의 공표를 명할 때에는 다음 각 호의 사항을 고려하여 공표의 내용 및 횟수 등을 정하여 명하여야 한다.
1. 위반행위의 내용 및 정도
2. 위반행위의 기간 및 횟수
3. 위반행위로 인하여 발생한 소비자피해의 범위 및 정도
② 법 제32조제3항에 따른 소비자피해 예방 및 구제에 필요한 조치는 다음 각 호와 같다.
1. 사업자와 소비자 사이에 발생하는 분쟁이나 불만 처리에 필요한 인력 또는 설비를 구비하도록 의무를 부과하는 조치
2. 대금의 환급 거절 및 지연의 경우 재화등을 반환받은 날부터 3영업일을 초과한 시점부터 조치시점까지의 기간에 대하여 제21조의3에 따른 이율을 곱하여 산정한 이자를 더한 금액의 환급 조치(2016.9.29 본호개정)
3. 재화등의 교환을 거절한 경우 교환 조치
(2012.8.13 본조개정)

제34조【영업의 정지】 ① 법 제32조제4항에 따른 영업정지 처분의 기준은 별표1과 같다.
② 법 제32조제4항제1호에서 "위반행위가 대통령령으로 정하는 기준 이상으로 반복되는 경우"란 시정조치일 이후 3년 이내에 같은 위반행위가 한 번 이상 반복되는 경우를 말한다.(2018.12.4 본항신설)
(2012.8.13 본조개정)

제34조의2【임시중지명령의 방법 등】 ① 공정거래위원회는 법 제32조의2제1항에 따라 법 제32조제2항에 따른 시정조치 또는 같은 조 제4항 각 호 외의 부분에 따른 영업의 전부 또는 일부의 정지를 명하기 전까지 전자상거래나 통신판매의 전부 또는 일부를 일시 중지할 것을 명할 수 있다.
② 법 제32조의2제2항에서 "해당 역무제공의 중단 등 대통령령으로 정하는 조치"란 해당 전자상거래를 하는 사업자 또는 통신판매업자에게 취하는 조치로서 다음 각 호의 구분에 따른 조치를 말한다.
1. 호스팅서비스를 제공하는 자 : 호스팅서비스 제공 중단
2. 통신판매중개자 : 사이버몰의 이용을 허락하는 행위 또는 거래 당사자 간의 통신판매를 알선하는 행위 중단
3. 전자게시판서비스 제공자 : 전자게시판서비스 제공 중단 또는 전자게시판 게시물의 차단
(2016.9.29 본조신설)

제34조의3【임시중지명령 요청의 방법】 ① 법 제32조의2제3항에서 "대통령령으로 정하는 기관·단체"란 다음 각 호의 어느 하나에 해당하는 기관·단체를 말한다.
1. 한국소비자원
2. 소비자분쟁조정위원회
3. 전자거래분쟁조정위원회
4. 콘텐츠분쟁조정위원회
5. 그 밖에 소비자보호 관련 법령에 따라 설치·운영되는 분쟁조정기구
② 법 제32조의2제3항에 따른 기관·단체가 같은 항에 따라 공정거래위원회에 일시 중지를 명하도록 요청하려면 다음 각 호의 사항을 적은 요청서를 공정거래위원회에 제출하여야 한다.
1. 소비자단체 또는 기관·단체의 명칭, 대표자의 성명·주소·전화번호
2. 전자상거래를 하는 사업자 또는 통신판매업자의 명칭
3. 일시 중지를 명하도록 요청하는 전자상거래 또는 통신판매의 내용
4. 일시 중지를 명하도록 요청하는 사유
(2016.9.29 본조신설)

제34조의4【임시중지명령에 대한 이의제기】 법 제32조의2제4항에 따라 이의를 제기하려는 자는 이의제기 대상·내용 및 사유 등을 적은 신청서에 이의제기 사유나 내용을 증명하는 서류를 첨부하여 공정거래위원회에 제출하여야 한다.(2016.9.29 본조신설)

제35조【소비자피해 분쟁조정기구】 법 제33조제1항에서 "대통령령으로 정하는 소비자피해 분쟁조정기구"란 다음 각 호의 기구를 말한다.
1. 소비자분쟁조정위원회
2. 전자거래분쟁조정위원회
3. 콘텐츠분쟁조정위원회
4. 그 밖에 소비자보호 관련 법령에 따라 설치·운영되는 분쟁조정기구
(2012.8.13 본조개정)

제36조【분쟁조정 조정안 수락 및 이행 시 시정조치를 하지 아니하는 절차 등】 ① 법 제33조에 따른 분쟁조정의 당사자는 분쟁조정기구의 권고안 또는 조정안을 이행하였음을 확인하는 서류를 그 이행한 날부터 10일 이내에 공정거래위원회에 제출하고, 법 제32조에 따른 시정조치를 하지 아니한다는 확인을 요청할 수 있다.
② 제1항의 요청을 받은 공정거래위원회는 시정조치를 하지 아니하는 대상 등을 사업자에게 알려야 한다.
(2012.8.13 본조개정)

제37조【과징금 징수절차】 ① 공정거래위원회는 과징금을 부과할 때에는 그 위반행위의 종류와 과징금의 금액 등을 분명하게 적은 서면으로 알려야 한다.
② 제1항에 따라 통지를 받은 자는 통지를 받은 날부터 60일 이내에 공정거래위원회가 정하는 수납기관에 과징금을 내야 한다.(2023.12.12 단서삭제)
(2012.8.13 본조개정)

제38조【과징금 부과를 위한 위반행위 관련 매출액 산정 등】 ① 법 제34조제1항 전단에서 "대통령령으로 정하는 위반행위 관련 매출액"이란 다음 각 호의 어느 하나에 해당하는 금액을 말한다. 다만, 해당 위반행위가 제1호부터 제3호까지의 규정 가운데 둘 이상에 해당하는 경우에는 그 중 큰 금액을 말한다.
1. 해당 위반행위가 매출이나 소비자피해 발생의 직접적인 원인이 아닌 경우 : 해당 위반행위의 발생시점으로부터 그 종료시점(해당 행위가 과징금부과 처분 시까지 종료되지 아니한 경우에는 과징금 부과처분을 명하는 공정거래위원회의 의결일을 해당 행위의 종료일로 본다)까지의 매출액의 100분의 10에 해당하는 금액. 다만, 위반행위가 특정 분야에 한정된 경우에는 해당 분야 매출액을 기준으로 한다.
2. 해당 위반행위가 매출이 일어난 직접적 원인이 된 경우 : 해당 위반행위와 상당인과관계가 있는 매출액 전액에 해당하는 금액
3. 해당 위반행위가 소비자피해에 직접적 원인이 된 경우 : 해당 위반행위로 인하여 피해가 발생한 매출액 전액에 해당하는 금액
② 법 제34조제1항에 따른 과징금의 부과기준은 별표2와 같다.
③ 공정거래위원회는 이 영에서 규정한 사항 외에 과징금의 부과에 필요한 세부 기준을 정하여 고시할 수 있다.
(2012.8.13 본조개정)

제39조【사업자단체의 등록】 ① 법 제37조제1항에 따라 등록하려는 사업자단체는 다음 각 호의 사항을 적은 신청서를 공정거래위원회에 제출하여야 한다.
1. 설립목적
2. 명칭
3. 주된 사무소·지부의 주소 및 홈페이지 주소
4. 대표자의 성명·주민등록번호와 주소, 전화번호 및 전자우편주소
5. 설립 연월일
6. 회원의 수(지부의 수를 포함한다)
7. 사업 내용
② 제1항의 신청서에는 정관과 다음 각 호에 관한 자료를 첨부하여야 한다.
1. 인력, 재정 상황 및 재원확보 방안
2. 주요설비의 목록 및 성능
③ 법 제37조제1항에 따라 등록한 사업자단체는 제1항제1호부터 제4호까지, 제6호 및 제7호와 제2항 각 호의 사항 중 변경된 사항이 있을 때에는 그 변경된 날부터 20일 이내에 공정거래위원회에 통보하여야 한다.
(2012.8.13 본조개정)

제40조【규제의 재검토】 ① 공정거래위원회는 다음 각 호의 사항에 대하여 다음 각 호의 기준일을 기준으로 2년마다(매 2년이 되는 해의 기준일과 같은 날 전까지를 말한다) 그 타당성을 검토하여 개선 등의 조치를 해야 한다.
(2021.3.2 본문개정)
1. (2018.12.24 삭제)
2. 제6조에 따른 사업자가 보존하여야 할 거래기록의 대상·범위·기간 및 소비자에게 제공하여야 할 거래기록의 열람·보존의 방법 : 2015년 1월 1일
3.~4. (2021.3.2 삭제)
5. 제20조에 따른 계약서의 기재사항 : 2015년 1월 1일
6. (2021.3.2 삭제)
7. (2018.12.24 삭제)
8. (2021.3.2 삭제)
9. (2018.12.24 삭제)
② 공정거래위원회는 다음 각 호의 사항에 대하여 다음 각 호의 기준일을 기준으로 3년마다(매 3년이 되는 해의 기준일과 같은 날 전까지를 말한다) 그 타당성을 검토하여 개선 등의 조치를 해야 한다.
1. 제25조의2에 따른 통신판매중개자의 분쟁해결 등을 위한 조치 : 2021년 1월 1일
2. 제31조에 따른 평가·인증 사업자의 공시사항 : 2021년 1월 1일
(2021.3.2 본항신설)
(2014.12.9 본조신설)

제41조 (2012.8.13 삭제)

제42조【과태료 부과기준】 법 제45조제1항부터 제5항까지의 규정에 따른 과태료의 부과기준은 별표3과 같다.(2018.12.4 본조개정)

부 칙 (2012.8.13)

제1조【시행일】 이 영은 2012년 8월 18일부터 시행한다.

제2조【지연배상금의 이율에 관한 적용례】 제21조의2의 개정규정은 이 영 시행 후 통신판매업자가 소비자에게 재화등의 대금 환급을 지연한 경우부터 적용한다.
제3조【법률 개정에 따른 경과조치】 2012년 9월 1일까지는 제4조제1호, 제11조의2제2항제3호 및 제35조제2호의 개정규정 중 "「전자문서 및 전자거래 기본법」"은 "「전자거래기본법」"으로, "전자문서·전자거래분쟁조정위원회"는 "전자거래분쟁조정위원회"로 본다.
제4조【영업정지 기준에 관한 경과조치】 ① 이 영 시행 전의 위반행위에 영업정지 기준을 적용할 때에는 제34조 및 별표1의 개정규정에도 불구하고 종전의 규정에 따른다.
② 종전의 규정에 따라 별표1의 위반행위를 하여 행정처분을 받은 자가 이 영 시행 후에 다시 같은 규정을 위반한 경우에는 이 영에 따라 1차 위반한 것으로 보고, 종전의 규정에 따라 2차 위반하거나 3차 위반하여 행정처분을 받은 자가 이 영 시행 후에 다시 같은 규정을 위반한 경우에는 이 영에 따라 각각 2차 또는 3차 위반을 한 것으로 본다.
③ 제2항을 적용할 때에 이 영 시행 후의 위반행위에 대해서는 위반행위의 횟수에 따른 행정처분의 기준을 적용하는 경우 별표1 제1호나목 전단의 개정규정에도 불구하고 이 영 시행 전의 위반행위로 받은 행정처분은 이 영 시행 후의 위반행위로부터 1년 이내에 받은 경우에 한정하여 위반행위의 횟수 산정에 포함한다.
제5조【과징금의 부과기준에 관한 경과조치】 이 영 시행 전의 위반행위에 대하여 과징금 부과기준을 적용할 때에는 제38조제2항 및 별표2의 개정규정에도 불구하고 종전의 규정에 따른다.
제6조【과태료의 부과기준에 관한 경과조치】 ① 이 영 시행 전의 위반행위에 대하여 과태료의 부과기준을 적용할 때에는 제42조 및 별표3의 개정규정에도 불구하고 종전의 규정에 따른다.
② 이 영 시행 후의 위반행위에 대하여 위반행위의 횟수에 따른 과태료의 부과기준을 적용하는 경우 별표3 제1호가목의 개정규정에도 불구하고 이 영 시행 전의 위반행위로 받은 행정처분은 이 영 시행 후의 위반행위로부터 1년 이내에 받은 경우에 한정하여 위반행위의 횟수 산정에 포함한다.

부　칙 (2016.9.29)

제1조【시행일】 이 영은 2016년 9월 30일부터 시행한다.
제2조【지연배상금의 이율에 관한 경과조치】 이 영 시행 전에 통신판매업자가 재화등의 대금 환급을 지연한 경우 이 영 시행 이후의 지연기간에 대하여 적용하는 이율은 제21조의3의 개정규정에도 불구하고 종전의 규정에 따른다.

부　칙 (2020.8.4 영30892호)

제1조【시행일】 이 영은 2020년 8월 5일부터 시행한다. (이하 생략)

부　칙 (2020.8.4 영30893호)

제1조【시행일】 ① 이 영은 2020년 8월 5일부터 시행한다.(이하 생략)

부　칙 (2020.12.8)

제1조【시행일】 이 영은 2020년 12월 10일부터 시행한다.(이하 생략)

부　칙 (2021.3.2)
(2022.12.27)

이 영은 공포한 날부터 시행한다.

부　칙 (2023.4.25)

제1조【시행일】 이 영은 공포한 날부터 시행한다.
제2조【행정처분·과징금 또는 과태료에 관한 적용례】 제1조부터 제61조까지의 개정규정은 이 영 시행 전의 위반행위에 대하여 이 영 시행 이후 행정처분을 하거나 과징금 또는 과태료 부과처분을 하는 경우에도 적용한다.

부　칙 (2023.9.12)

제1조【시행일】 이 영은 2023년 9월 15일부터 시행한다. (이하 생략)

부　칙 (2023.12.12)

이 영은 공포한 날부터 시행한다.

부　칙 (2024.1.2)

이 영은 2024년 3월 22일부터 시행한다. 다만, 별표3의 개정규정은 공포한 날부터 시행한다.

〔별표〕 ➡「法典 別册」 참조

대외무역법

(2007년 4월 11일 전부개정법률 제8356호)

개정
2008. 2.29법 8852호(정부조직)
2008.12.19법 9154호　2008.12.26법 9221호
2009. 4.22법 9630호　2010. 4. 5법10231호
2010. 6. 4법10339호(정부조직)
2013. 3.23법11690호(정부조직)
2013. 6. 7법11873호(부가세)
2013. 7.30법11958호　2014. 1.21법12285호
2016. 1.27법13838호
2019. 4.30법16422호(해외건설촉진법)
2020. 2. 4법16929호(방위산업발전및지원에관한법)
2020. 3.18법17072호　2022. 6.10법18885호
2022.11.15법19035호　2023.10.31법19808호
2024년 1월 25일 제412회 국회 본회의 통과→「法典 別册」 보유편 수록

제1장 총 칙

제1조【목적】 이 법은 대외 무역을 진흥하고 공정한 거래 질서를 확립하여 국제 수지의 균형과 통상의 확대를 도모함으로써 국민 경제를 발전시키는 데 이바지함을 목적으로 한다.
제2조【정의】 이 법에서 사용하는 용어의 뜻은 다음과 같다.
1. "무역"이란 다음 각 목의 어느 하나에 해당하는 것(이하 "물품등"이라 한다)의 수출과 수입을 말한다.
가. 물품
나. 대통령령으로 정하는 용역
다. 대통령령으로 정하는 전자적 형태의 무체물(無體物)
2. "물품"이란 다음 각 목의 것을 제외한 동산(動産)을 말한다.
가. 「외국환거래법」에서 정하는 지급수단
나. 「외국환거래법」에서 정하는 증권
다. 「외국환거래법」에서 정하는 채권을 화체(化體)한 서류
3. "무역거래자"란 수출 또는 수입을 하는 자, 외국의 수입자 또는 수출자에게서 위임을 받은 자 및 수출과 수입을 위임하는 자 등 물품등의 수출행위와 수입행위의 전부 또는 일부를 위임하거나 행하는 자를 말한다.
4. "정부간 수출계약"이란 외국 정부의 요청이 있을 경우, 제32조의3제1항에 따른 정부간 수출계약 전담기관이 대통령령으로 정하는 절차에 따라 국내 기업을 대신하여 또는 국내 기업과 함께 계약의 당사자가 되어 외국 정부에게 물품등(「방위산업 발전 및 지원에 관한 법률」 제2조제1항제1호에 따른 방위산업물자등은 제외한다)을 유상(有償)으로 수출하기 위하여 외국 정부와 체결하는 수출계약을 말한다.(2020.2.4 본호개정)
제3조【자유롭고 공정한 무역의 원칙 등】 ① 우리나라의 무역은 헌법에 따라 체결·공포된 무역에 관한 조약과 일반적으로 승인된 국제법규에서 정하는 바에 따라 자유롭고 공정한 무역을 조장함을 원칙으로 한다.
② 정부는 이 법이나 다른 법률 또는 헌법에 따라 체결·공포된 무역에 관한 조약과 일반적으로 승인된 국제 법규에 무역을 제한하는 규정이 있는 경우에는 그 제한하는 목적을 달성하기 위하여 필요한 최소한의 범위에서 이를 운영하여야 한다.
제4조【무역의 진흥을 위한 조치】 ① 산업통상자원부장관은 무역의 진흥을 위하여 필요하다고 인정되면 대통령령으로 정하는 바에 따라 물품등의 수출과 수입을 지속적으로 증대하기 위한 조치를 할 수 있다.(2013.3.23 본항개정)
② 산업통상자원부장관은 제1항에 따른 무역의 진흥을 위하여 필요하다고 인정되면 대통령령으로 정하는 바에 따라 다음 각 호의 어느 하나에 해당하는 자에게 필요한 지원을 할 수 있다.(2013.3.23 본문개정)
1. 무역의 진흥을 위한 자문, 지도, 대외 홍보, 전시, 연수, 상담 알선 등을 업(業)으로 하는 자
2. 무역전시장이나 무역연수원 등의 무역 관련 시설을 설치·운영하는 자
3. 과학적인 무역업무 처리기반을 구축·운영하는 자
제5조【무역에 관한 제한 등 특별 조치】 산업통상자원부장관은 다음 각 호의 어느 하나에 해당하는 경우에는 대통령령으로 정하는 바에 따라 물품등의 수출과 수입을 제한하거나 금지할 수 있다.(2013.3.23 본문개정)
1. 우리나라 또는 우리나라의 무역 상대국(이하 "교역상대국"이라 한다)에 전쟁·사변 또는 천재지변이 있을 경우
2. 교역상대국이 조약과 일반적으로 승인된 국제법규에서 정한 우리나라의 권익을 인정하지 아니할 경우
3. 교역상대국이 우리나라의 무역에 대하여 부당하거나 차별적인 부담 또는 제한을 가할 경우
4. 헌법에 따라 체결·공포된 무역에 관한 조약과 일반적으로 승인된 국제법규에서 정한 국제평화와 안전유지 등의 의무를 이행하기 위하여 필요할 경우
4의2. 국제평화와 안전유지를 위한 국제공조에 따른 교역여건의 급변으로 교역상대국과의 무역에 관한 중대한 차질이 생기거나 생길 우려가 있는 경우(2013.7.30 본호신설)
5. 인간의 생명·건강 및 안전, 동물과 식물의 생명 및 건강, 환경보전 또는 국내 자원보호를 위하여 필요할 경우
제6조【무역에 관한 법령 등의 협의 등】 ① 무역에 관하여는 이 법에서 정하는 바에 따른다.
② 관계 행정기관의 장은 물품등의 수출 또는 수입을 제한하는 법령이나 훈령·고시 등(이하 "수출·수입요령"이라 한다)을 제정하거나 개정하려면 미리 산업통상자원부장관과 협의하여야 한다. 이 경우 산업통상자원부장관은 관계 행정기관의 장에게 그 수출·수입요령의 조정을 요청할 수 있다.(2013.3.23 본항개정)

제2장 통상의 진흥

제7조【통상진흥 시책의 수립】 ① 산업통상자원부장관은 무역과 통상을 진흥하기 위하여 매년 다음 연도의 통상진흥 시책을 세워야 한다.(2013.3.23 본항개정)
② 제1항에 따른 통상진흥 시책에는 다음 각 호의 사항이 포함되어야 한다.
1. 통상진흥 시책의 기본 방향
2. 국제통상 여건의 분석과 전망
3. 무역·통상 협상 추진 방안과 기업의 해외 진출 지원 방안(2009.4.22 본호개정)
4. 통상진흥을 위한 자문, 지도, 대외 홍보, 전시, 상담 알선, 전문인력 양성 등 해외시장 개척 지원 방안
5. 통상 관련 정보수집·분석 및 활용 방안
6. 원자재의 원활한 수급을 위한 국내외 협력 추진 방안(2009.4.22 본호신설)
7. 그 밖에 대통령령으로 정하는 사항
③ 산업통상자원부장관은 제1항에 따른 통상진흥 시책의 수립을 위한 기초 자료를 수집하기 위하여 교역상대국의 통상 관련 제도·관행 등과 기업이 해외에서 겪는 고충 사항을 조사할 수 있다.(2013.3.23 본항개정)
④ 산업통상자원부장관은 해외에 진출한 기업에 제1항에 따른 통상진흥 시책의 수립에 필요한 자료를 요청하고, 필요한 경우 지원할 수 있다.(2013.3.23 본항개정)
⑤ 산업통상자원부장관은 제1항에 따라 통상진흥 시책을 세우는 경우에는 미리 특별시장, 광역시장, 특별자치시장, 도지사 또는 특별자치도지사(이하 "시·도지사"라 한다)의 의견을 들어야 하고, 통상진흥 시책을 수립한 때에는 이를 시·도지사에게 알려야 한다. 이를 변경한 경우에도 또한 같다.(2013.7.30 전단개정)
⑥ 제5항에 따라 통상진흥 시책을 통보받은 시·도지사는 그 관할 구역의 실정에 맞는 지역별 통상진흥 시책을 수립·시행하여야 한다.
⑦ 시·도지사는 제6항에 따라 지역별 통상진흥 시책을 수립한 때에는 이를 산업통상자원부장관에게 알려야 한다. 이를 변경한 때에도 또한 같다.(2013.3.23 전단개정)
제8조【민간 협력 활동의 지원 등】 ① 산업통상자원부장관은 무역·통상 관련 기관 또는 단체가 교역상대국의 정부, 지방정부, 기관 또는 단체와 통상, 산업, 기술, 에너지 등에서 협력활동을 추진하는 경우 대통령령으로 정하는 바에 따라 필요한 지원을 할 수 있다.(2013.3.23 본항개정)
② 산업통상자원부장관은 기업의 해외 진출을 지원하기 위하여 무역·통상 관련 기관 또는 단체로부터 정보를 체계적으로 수집하고 분석하여 지방자치단체와 기업에 필요한 정보를 제공할 수 있다.(2013.3.23 본항개정)
③ 산업통상자원부장관은 제2항에 따른 정보의 수집·분석 및 제공을 위하여 필요한 경우 관계 중앙행정기관의 장, 시·도지사, 무역·통상 및 기업의 해외 진출과 관련한 기관 또는 단체에 자료 및 통계의 제출을 요청할 수 있다.(2013.3.23 본항개정)
④ 산업통상자원부장관은 기업의 해외 진출과 관련된 상담·안내·홍보·조사와 그 밖에 기업의 해외 진출에 대한 지원 업무를 종합적으로 수행하기 위하여 「대한무역투자진흥공사법」에 따른 대한무역투자진흥공사에 해외진출지원센터를 둔다.(2013.3.23 본항개정)
⑤ 제4항에 따른 해외진출지원센터의 구성·운영 및 감독 등에 필요한 사항은 대통령령으로 정한다.
(2008.2.29 본조개정)
제8조의2【전문무역상사의 지정 및 지원】 ① 산업통상자원부장관은 신시장 개척, 신제품 발굴 및 중소기업·중견기업의 수출확대를 위하여 수출실적 및 중소기업 제품 수출비중 등을 고려하여 무역거래자 중에서 전문무역상사를 지정하고 지원할 수 있다.

② 제1항에 따른 지정의 기준 및 절차, 지원내용 등에 관하여 필요한 사항은 대통령령으로 정한다.
③ 산업통상자원부장관은 제1항에 따라 지정을 받은 전문무역상사가 제2항에 따른 지정기준에 적합하지 아니하게 된 때에는 그 지정을 취소할 수 있다. 다만, 거짓이나 그 밖에 부정한 방법으로 지정을 받은 경우에는 그 지정을 취소하여야 한다.
(2014.1.21 본조신설)
제9조【무역에 관한 조약의 이행을 위한 자료제출】 ① 산업통상자원부장관은 우리나라가 체결한 무역에 관한 조약의 이행을 위하여 필요한 때에는 대통령령으로 정하는 바에 따라 관련 공공기관, 기업 및 단체 등으로부터 필요한 자료의 제출을 요구할 수 있다.(2013.3.23 본항개정)
② 제1항에 따라 무역에 관한 조약의 이행을 위하여 필요한 자료를 직무상 습득한 자는 자료 제공자의 동의 없이 그 습득한 자료 중 기업의 영업비밀 등 비밀유지가 필요하다고 인정되는 기업정보를 타인에게 제공 또는 누설(漏泄)하거나 사용 목적 외의 용도로 사용하여서는 아니된다.
(2009.4.22 본조개정)

제3장 수출입 거래

제1절 수출입 거래 총칙

제10조【수출입의 원칙】 ① 물품등의 수출입과 이에 따른 대금을 받거나 지급하는 것은 이 법의 목적의 범위에서 자유롭게 이루어져야 한다.
② 무역거래자는 대외신용도 확보 등 자유무역질서를 유지하기 위하여 자기 책임으로 그 거래를 성실히 이행하여야 한다.
제11조【수출입의 제한 등】 ① 산업통상자원부장관은 다음 각 호의 어느 하나에 해당하는 이행 등을 위하여 필요하다고 인정하여 지정·고시하는 물품등의 수출 또는 수입을 제한하거나 금지할 수 있다.
1. 헌법에 따라 체결·공포된 조약과 일반적으로 승인된 국제법규에 따른 의무의 이행
2. 생물자원의 보호
3. 교역상대국과의 경제협력 증진
4. 국방상 원활한 물자 수급
5. 과학기술의 발전
6. 그 밖에 통상·산업정책에 필요한 사항으로서 대통령령으로 정하는 사항
(2016.1.27 본항개정)
② 제1항에 따라 수출 또는 수입이 제한되는 물품등을 수출하거나 수입하려는 자는 대통령령으로 정하는 바에 따라 산업통상자원부장관의 승인을 받아야 한다. 다만, 긴급히 처리하여야 하는 물품등과 그 밖에 수출 또는 수입 절차를 간소화하기 위한 물품등으로서 대통령령으로 정하는 기준에 해당하는 물품등의 수출 또는 수입은 그러하지 아니하다.(2016.1.27 본문개정)
③ 제2항 본문에 따른 수출 또는 수입 승인(제8항에 따라 수출승인을 받은 것으로 보는 경우를 포함한다)의 유효기간은 1년으로 한다. 다만, 산업통상자원부장관은 국내의 물가 안정, 수급 조정, 물품등의 인도 조건 및 거래의 특성을 고려하여 대통령령으로 정하는 바에 따라 유효기간을 달리 정할 수 있다.(2013.7.30 본항신설)
④ 제3항에 따른 수출 또는 수입 승인의 유효기간은 대통령령으로 정하는 바에 따라 1년을 초과하지 아니하는 범위에서 산업통상자원부장관의 승인을 받아 연장할 수 있다.(2013.7.30 본항신설)
⑤ 제2항에 따라 승인을 받은 자가 승인을 받은 사항 중 대통령령으로 정하는 중요한 사항을 변경하려면 산업통상자원부장관의 변경승인을 받아야 하고, 그 밖의 경미한 사항을 변경하려면 산업통상자원부장관에게 신고하여야 한다.(2013.3.23 본항개정)
⑥ 산업통상자원부장관은 필요하다고 인정하면 제1항과 제2항에 따른 승인 대상 물품등의 품목별 수량·금액·규격 및 수출 또는 수입지역 등을 한정할 수 있다.
(2013.3.23 본항개정)
⑦ 산업통상자원부장관은 제1항부터 제6항까지의 규정에 따른 제한·금지, 승인, 승인의 유효기간 설정 및 연장, 신고, 한정 및 그 절차 등을 정한 경우에는 이를 공고하여야 한다.(2013.7.30 본항개정)
⑧ 제19조 또는 제32조에 따라 수출허가를 받거나 수출승인을 받은 자는 제2항에 따른 수출승인을 받은 것으로 본다.
제12조【통합 공고】 ① 관계 행정기관의 장은 수출·수입요령을 제정하거나 개정하는 경우에는 그 수출·수입요령이 그 시행일 전에 제2항에 따라 공고될 수 있도록 이를 산업통상자원부장관에게 제출하여야 한다.
② 산업통상자원부장관은 제1항에 따라 제출받은 수출·수입요령을 통합하여 공고하여야 한다.
(2013.3.23 본조개정)
제13조【특정 거래 형태의 인정 등】 ① 산업통상자원부장관은 물품등의 수출 또는 수입이 원활히 이루어질 수 있도록 대통령령으로 정하는 물품등의 수출입 거래 형태를 인정할 수 있다.
② 기획재정부장관이 외국환 거래 관계 법령에 따라 무역대금 결제 방법을 정하려면 미리 산업통상자원부장관과 협의하여야 한다.
(2013.3.23 본조개정)
제14조【수출입 승인 면제의 확인】 산업통상자원부장관은 승인을 받지 아니하고 수출되거나 수입되는 물품등(제11조제2항 본문에 해당하는 물품등만을 말한다)이 제11조제2항 단서에 따른 물품등에 해당하는지를 확인하여야 한다.(2013.3.23 본조개정)
제15조【과학적 무역업무의 처리기반 구축】 ① 산업통상자원부장관은 물품등의 수출입 거래가 질서 있고 효율적으로 이루어질 수 있도록 대외무역통계시스템 및 전자문서 교환체계 등 과학적 무역업무의 처리기반을 구축하기 위하여 노력하여야 한다.
② 산업통상자원부장관은 제1항에 따른 과학적 무역업무의 처리기반을 구축하기 위하여 필요하다고 인정되면 관계 행정기관의 장에게 대통령령으로 정하는 바에 따라 통관기록 등 물품등의 수출입 거래에 관한 정보를 제공하도록 요청할 수 있다. 이 경우 관계 행정기관의 장은 이에 협조하여야 한다.
③ 관계 행정기관의 장은 이 법의 목적의 범위에서 필요하다고 인정되면 산업통상자원부장관에게 제1항과 제2항에 따라 구축된 물품등의 수출입 거래에 관한 정보를 제공하도록 요청할 수 있다. 이 경우 산업통상자원부장관은 이에 협조하여야 한다.
(2013.3.23 본조개정)

제2절 외화획득용 원료·기재의 수입과 구매 등

제16조【외화획득용 원료·기재의 수입 승인 등】 ① 산업통상자원부장관은 원료, 시설, 기재(機材) 등 외화획득을 위하여 사용되는 물품등(이하 "원료·기재"라 한다)의 수입에 대하여는 제11조제6항을 적용하지 아니할 수 있다. 다만, 국산 원료·기재의 사용을 촉진하기 위하여 필요한 경우에는 그러하지 아니하다.(2013.7.30 본문개정)
② 산업통상자원부장관은 제1항에 따른 원료·기재의 범위, 품목 및 수량을 정하여 공고할 수 있다.(2013.3.23 본항개정)
③ 제1항에 따라 원료·기재를 수입한 자와 수입을 위탁한 자는 그 수입에 대응하는 외화획득을 하여야 한다. 다만, 제17조에 따라 산업통상자원부장관의 승인을 받은 경우에는 그러하지 아니하다.(2013.3.23 단서개정)
④ 제3항에 따른 외화획득의 범위, 이행기간, 확인방법, 그 밖에 필요한 사항은 대통령령으로 정한다.
제17조【외화획득용 원료·기재의 목적을 벗어난 사용 등】 ① 제16조제1항에 따라 원료·기재를 수입한 자는 그 수입한 원료·기재 또는 그 원료·기재로 제조된 물품등을 부득이한 사유로 인하여 당초의 목적 외의 용도로 사용하려면 대통령령으로 정하는 바에 따라 산업통상자원부장관의 승인을 받아야 한다. 다만, 대통령령으로 정하는 원료·기재 또는 그 원료·기재로 제조된 물품등에 대하여는 그러하지 아니하다.(2013.3.23 본문개정)
② 제16조제1항에 따라 수입한 원료·기재 또는 그 원료·기재로 제조된 물품등을 당초의 목적과 같은 용도로 사용하거나 수출하려는 자에게 양도(讓渡)하려는 때에는 양도하려는 자와 양수(讓受)하려는 자가 함께 산업통상자원부장관의 승인을 받아야 한다. 다만, 대통령령으로 정하는 원료·기재 또는 그 원료·기재로 제조된 물품등에 대하여는 그러하지 아니하다.(2013.3.23 본문개정)
③ 제2항에 따라 원료·기재 또는 그 원료·기재로 제조된 물품등을 양수한 자에 관하여는 제16조제3항 및 제4항을 준용한다.
제18조【구매확인서의 발급 등】 ① 산업통상자원부장관은 외화획득용 원료·기재를 구매하려는 자가 「부가가치세법」 제24조에 따른 영(零)의 세율을 적용받기 위하여 확인을 신청하면 외화획득용 원료·기재를 구매하는 것임을 확인하는 서류(이하 "구매확인서"라 한다)를 발급할 수 있다.(2013.6.7 본항개정)
② 산업통상자원부장관은 구매확인서를 발급받은 자에 대하여는 외화획득용 원료·기재의 구매 여부를 사후관리하여야 한다.(2013.3.23 본항개정)
③ 제1항과 제2항에 따른 구매확인서의 신청·발급절차 및 사후관리 등에 필요한 사항은 대통령령으로 정한다.

제3절 전략물자의 수출입

제19조【전략물자의 고시 및 수출허가 등】 ① 산업통상자원부장관은 관계 행정기관의 장과 협의하여 대통령령으로 정하는 국제수출통제체제(이하 "국제수출통제체제"라 한다)의 원칙에 따라 국제평화 및 안전유지와 국가안보를 위하여 수출허가 등 제한이 필요한 물품등(대통령령으로 정하는 기술을 포함한다. 이하 이 절에서 같다)을 지정하여 고시하여야 한다.(2013.7.30 본항개정)
② 제1항에 따라 지정·고시된 물품등(이하 "전략물자"라 한다)을 수출(제1항에 따른 기술이 다음 각 호의 어느 하나에 해당되는 경우로서 대통령령으로 정하는 경우를 포함한다. 이하 제19조제3항부터 제5항까지, 제20조, 제23조, 제24조, 제24조의2, 제24조의3, 제25조, 제28조, 제29조, 제31조, 제47조부터 제49조까지, 제53조제1항 및 제53조제2항제2호부터 제4호까지에서 같다)하려는 자는 대통령령으로 정하는 바에 따라 산업통상자원부장관이나 관계 행정기관의 장의 허가(이하 "수출허가"라 한다)를 받아야 한다. 다만, 「방위사업법」 제57조제2항에 따라 허가를 받은 방위산업물자 및 국방과학기술이 전략물자에 해당하는 경우에는 그러하지 아니하다.(2013.7.30 본문개정)
1. 국내에서 국외로의 이전
2. 국내 또는 국외에서 대한민국 국민(국내법에 따라 설립된 법인을 포함한다)으로부터 외국인(외국의 법률에 따라 설립된 법인을 포함한다)에게로의 이전
(2013.7.30 1호~2호신설)
③ 전략물자에는 해당되지 아니하나 대량파괴무기와 그 운반수단인 미사일 및 재래식무기(이하 "대량파괴무기등"이라 한다)의 제조·개발·사용 또는 보관 등의 용도로 전용될 가능성이 높은 물품등을 수출하려는 자는 그 물품등의 수입자나 최종 사용자가 그 물품등을 대량파괴무기등의 제조·개발·사용 또는 보관 등의 용도로 전용할 의도가 있음을 알았거나 그 수출이 다음 각 호의 어느 하나에 해당되어 그러한 의도가 있다고 의심되면 대통령령으로 정하는 바에 따라 산업통상자원부장관이나 관계 행정기관의 장의 허가(이하 "상황허가"라 한다)를 받아야 한다.(2020.3.18 본문개정)
1. 수입자가 해당 물품등의 최종 용도에 관하여 필요한 정보 제공을 기피하는 경우
2. 수출하려는 물품등이 최종 사용자의 사업 분야에 해당되지 아니하는 경우
3. 수출하려는 물품등이 수입국가의 기술수준과 현저한 격차가 있는 경우
4. 최종 사용자가 해당 물품등이 활용될 분야의 사업경력이 없는 경우
5. 최종 사용자가 해당 물품등에 대한 전문적 지식이 없으면서도 그 물품등의 수출을 요구하는 경우
6. 최종 사용자가 해당 물품등에 대한 설치·보수 또는 교육훈련 서비스를 거부하는 경우
7. 해당 물품등의 최종 수하인(受荷人)이 운송업자인 경우
8. 해당 물품등에 대한 가격 조건이나 지불 조건이 통상적인 범위를 벗어나는 경우
9. 특별한 이유 없이 해당 물품등의 납기일이 통상적인 기간을 벗어난 경우
10. 해당 물품등의 수송경로가 통상적인 경로를 벗어난 경우
11. 해당 물품등의 수입국 내 사용 또는 재수출 여부가 명백하지 아니한 경우
12. 해당 물품등에 대한 정보나 목적지 등에 대하여 통상적인 범위를 벗어나는 보안을 요구하는 경우
13. 그 밖에 국제정세의 변화 또는 국가안전보장을 해치는 사유의 발생 등으로 산업통상자원부장관이나 관계 행정기관의 장이 상황허가를 받도록 정하여 고시하는 경우(2013.7.30 본호개정)
④ 산업통상자원부장관이나 관계 행정기관의 장은 수출허가 신청이나 상황허가 신청을 받으면 국제평화 및 안전유지와 국가안보 등 대통령령으로 정하는 기준에 따라 수출허가나 상황허가를 할 수 있다.(2013.3.23 본항개정)
⑤ 산업통상자원부장관 또는 관계 행정기관의 장은 재외공관에서 사용될 공용물품을 수출하는 경우 등 대통령령으로 정하는 경우에는 수출허가 또는 상황허가를 면제할 수 있다.(2013.3.23 본항개정)
⑥ (2013.7.30 삭제)
제20조【전략물자의 판정 등】 ① (2009.4.22 삭제)
② 물품등의 무역거래자(제19조제2항에 따른 기술이전 행위의 전부 또는 일부를 위임하거나 기술이전 행위를 하는 자를 포함한다. 이하 이 조, 제24조의2 및 제25조에서 같다)는 대통령령으로 정하는 바에 따라 산업통상자원부장관이나 관계 행정기관의 장에게 수출하려는 물품등이 전략물자 또는 제19조제3항제13호에 따른 상황허가 대상인 물품등에 해당하는지에 대한 판정을 신청할 수 있다. 이 경우 산업통상자원부장관이나 관계 행정기관의 장은 제29조에 따른 전략물자관리원장 또는 대통령령으로 정하는 관련 전문기관에 판정을 위임하거나 위탁할 수 있다.(2020.3.18 전단개정)
③ 제2항에도 불구하고 물품등의 무역거래자는 산업통상자원부장관이 고시하는 교육을 이수한 경우에는 다음 각 호의 어느 하나에 해당하지 않는 물품등이 전략물자 또는 제19조제3항제13호에 따른 상황허가 대상인 물품등에 해당하는지에 대한 판정을 자체적으로 판단하는 자가판정으로 할 수 있다. 이 경우 물품등의 무역거래자는 판정 대상 물품의 성능과 용도 등 산업통상자원부장관이 고시하는 정보를 제28조에 따른 전략물자 수출입관리 정보시스템에 등록하여야 한다.
1. 기술(제25조에 따른 자율준수무역거래자 중 산업통상자원부장관이 고시하는 무역거래자가 기술을 수출하는 경우는 제외한다)
2. 그 밖에 산업통상자원부장관이 자가판정 대상이 아닌 것으로 고시하는 물품등
(2020.3.18 본항신설)
(2009.4.22 본조제목개정)
제21조 (2009.4.22 삭제)
제22조【수입목적확인서의 발급】 전략물자를 수입하려는 자는 대통령령으로 정하는 바에 따라 산업통상자원부

장관이나 관계 행정기관의 장에게 수입목적 등의 확인을 내용으로 하는 수입목적확인서의 발급을 신청할 수 있다. 이 경우 산업통상자원부장관과 관계 행정기관의 장은 확인 신청 내용이 사실인지 확인한 후 수입목적확인서를 발급할 수 있다.(2013.3.23 본조개정)

제23조【전략물자등에 대한 이동중지명령 등】 ① 산업통상자원부장관과 관계 행정기관의 장은 전략물자나 상황허가 대상인 물품등(이하 "전략물자등"이라 한다)이 허가를 받지 아니하고 수출되거나 거짓이나 그 밖의 부정한 방법으로 허가를 받아 수출되는 것(이하 "무허가수출등"이라 한다)을 막기 위하여 필요하면 적법한 수출이라는 사실이 확인될 때까지 전략물자등의 이동중지명령을 할 수 있다.(2020.3.18 본항개정)

② 제1항에도 불구하고 산업통상자원부장관과 관계 행정기관의 장은 전략물자등의 무허가수출등을 막기 위하여 긴급하게 그 이동을 제한할 필요가 있으면 적법한 수출이라는 사실이 확인될 때까지 직접 그 이동을 중지시킬 수 있다.(2020.3.18 본항개정)

③ 전략물자등을 국내 항만이나 공항을 경유하거나 국내에서 환적(換積)하려는 자로서 대통령령으로 정하는 자는 대통령령으로 정하는 바에 따라 산업통상자원부장관이나 관계 행정기관의 장의 허가를 받아야 한다.
(2013.3.23 본항개정)

④ 산업통상자원부장관과 관계 행정기관의 장은 제3항에 따른 경유 또는 환적 허가의 신청을 받은 경우 국제평화, 안전유지 및 국가안보 등 대통령령으로 정하는 기준에 따라 허가할 수 있다.(2016.1.27 본항신설)

⑤ 산업통상자원부장관 또는 관계 행정기관의 장은 제2항에 따른 이동중지조치나 제3항에 따른 경유 또는 환적의 허가를 하기가 적절하지 아니하면 다른 행정기관에 협조를 요청할 수 있다. 이 경우 협조를 요청받은 행정기관은 국내 또는 외국의 전략물자등의 국가 간 무허가수출등을 막을 수 있도록 협조하여야 한다.(2020.3.18 후단개정)

⑥ 제2항 또는 제5항에 따라 이동중지조치를 하는 공무원은 그 권한을 표시하는 증표를 지니고 이를 관계인에게 내보여야 한다.(2016.1.27 본항개정)

⑦ 제1항·제2항 및 제5항에 따른 이동중지명령 및 이동중지조치의 기간과 방법은 전략물자등의 국가 간 무허가수출등을 막기 위하여 필요한 최소한도에 그쳐야 한다.
(2020.3.18 본항개정)

제24조【전략물자등의 중개】 ① 전략물자등을 제3국에서 다른 제3국으로 이전하거나 매매를 위하여 중개하려는 자는 대통령령으로 정하는 바에 따라 산업통상자원부장관이나 관계 행정기관의 장의 허가를 받아야 한다. 다만, 그 전략물자등의 이전·매매가 수출국으로부터 국제수출통제체제의 원칙에 따른 수출허가를 받은 경우 등 대통령령으로 정하는 때에는 그러하지 아니하다.
(2013.7.30 본항개정)

② 산업통상자원부장관과 관계 행정기관의 장은 제1항 본문에 따라 중개허가의 신청을 받으면 국제평화 및 안전유지와 국가안보 등 대통령령으로 정하는 기준에 따라 중개허가를 할 수 있다.(2013.3.23 본항개정)
(2013.7.30 본조제목개정)

제24조의2【서류의 보관】 무역거래자는 다음 각 호의 서류를 5년간 보관하여야 한다.

1. 제20조제2항에 따라 판정을 신청한 경우에는 그 판정에 관한 서류
2. 전략물자등을 수출·경유·환적·중개한 자의 경우 그 수출허가, 상황허가, 제23조제3항에 따른 경유 또는 환적 허가, 제24조에 따른 중개허가에 관한 서류
3. 그 밖에 산업통상자원부장관이나 관계 행정기관의 장이 정하여 고시하는 서류

(2013.7.30 본조신설)

제24조의3【수출허가 등의 취소】 산업통상자원부장관 또는 관계 행정기관의 장은 수출허가 또는 상황허가, 제23조제3항에 따른 경유 또는 환적 허가, 제24조에 따른 중개허가를 한 후 다음 각 호의 어느 하나에 해당하는 경우에는 해당 허가를 취소할 수 있다.

1. 거짓 또는 부정한 방법으로 허가를 받은 사실이 발견된 경우
2. 전쟁, 테러 등 국가 간 안보 또는 대량파괴무기등의 이동·확산 우려 등과 같은 국제정세의 변화가 있는 경우

(2013.7.30 본조신설)

제25조【자율준수무역거래자】 ① 산업통상자원부장관은 기업 또는 대통령령으로 정하는 대학 및 연구기관의 자율적인 전략물자 관리능력을 높이기 위하여 전략물자 여부에 대한 판정능력, 수입자 및 최종 사용자에 대한 분석능력 등 대통령령으로 정하는 능력을 갖춘 무역거래자를 자율준수무역거래자로 지정할 수 있다.(2013.7.30 본항개정)

② 산업통상자원부장관은 제1항에 따라 지정을 받은 자율준수무역거래자(이하 이 조에서 "자율준수무역거래자"라 한다)에게 대통령령으로 정하는 바에 따라 전략물자에 대한 수출통제업무의 일부를 자율적으로 관리하게 할 수 있다.(2013.3.23 본항개정)

③ 자율준수무역거래자는 제2항에 따라 자율적으로 관리하는 전략물자의 수출실적 등을 대통령령으로 정하는 바에 따라 산업통상자원부장관에게 보고하여야 한다.
(2013.3.23 본항개정)

④ 산업통상자원부장관은 다음 각 호의 어느 하나에 해당하는 경우에는 자율준수무역거래자의 지정을 취소할 수 있다.(2013.3.23 본문개정)

1. 제1항에 따른 대통령령으로 정하는 능력을 유지하지 못하는 경우
2. 고의나 중대한 과실로 제19조제2항에 따른 수출허가를 받지 아니하고 전략물자를 수출한 경우
3. 고의나 중대한 과실로 제19조제3항에 따른 상황허가를 받지 아니하고 상황허가 대상인 물품등을 수출한 경우
4. 고의나 중대한 과실로 제24조의2에 따른 보관의무를 이행하지 아니한 경우(2013.7.30 본호개정)
5. 고의나 중대한 과실로 제24조에 따른 중개허가를 받지 아니하고 전략물자를 중개한 경우
6. 제3항에 따른 보고의무를 이행하지 아니한 경우
7. (2009.4.22 삭제)

제26조【전략물자 수출입고시 등】 ① 산업통상자원부장관은 관계 행정기관의 장과 협의하여 제19조, 제20조, 제22조부터 제24조까지, 제24조의2, 제24조의3 및 제25조에 관한 요령을 고시하여야 한다.

② 관세청장은 전략물자등의 수출입 통관절차에 관한 사항을 고시하여야 한다.(2016.1.27 본항신설)
(2016.1.27 본조개정)

제27조【비밀 준수 의무】 이 법에 따른 전략물자의 수출입통제업무와 관련된 공무원, 제29조에 따른 전략물자관리원의 임직원과 제29조제5항제1호의 판정 업무와 관련된 자는 전략물자 수출입통제업무의 수행과정에서 알게 된 영업상 비밀을 그 업체의 동의 없이 외부에 누설하여서는 아니 된다.(2009.4.22 본조개정)

제28조【전략물자 수출입관리 정보시스템의 구축·운영】 ① 산업통상자원부장관은 다음 각 호의 업무를 수행하기 위하여 관계 행정기관의 장 및 제29조에 따른 전략물자관리원과 공동으로 전략물자 수출입관리 정보시스템을 구축·운영할 수 있다.(2013.3.23 본문개정)

1. 수출허가, 상황허가, 제20조제2항에 따른 판정, 제22조에 따른 수입목적확인서의 발급 등에 관한 업무
(2009.4.22 본호개정)
2. 전략물자의 수출입통제에 필요한 정보의 수집·분석 및 관리 업무

② 제1항에 따른 전략물자 수출입관리 정보시스템의 구축·운영에 필요한 사항은 대통령령으로 정한다.

제29조【전략물자관리원의 설립 등】 ① 전략물자의 수출입 업무와 관리 업무를 효율적으로 지원하기 위하여 전략물자관리원을 설립한다.

② 전략물자관리원은 법인으로 한다.

③ 전략물자관리원은 정관으로 정하는 바에 따라 임원과 직원을 둔다.

④ 전략물자관리원은 그 주된 사무소의 소재지에서 설립등기를 함으로써 성립한다.

⑤ 전략물자관리원은 정부의 전략물자 관리정책에 따라 다음 각 호의 업무를 수행한다.

1. 제20조제2항 후단에 따른 판정 업무(2009.4.22 본호개정)
2. 제28조제1항에 따른 전략물자 수출입관리 정보시스템의 운영 업무
3. 전략물자의 수출입자에 대한 교육 업무

3의2. 제5조제4호 및 제4호의2에 따른 조치의 이행을 위한 정보제공 등 지원업무(2013.7.30 본호신설)

4. 그 밖에 대통령령으로 정하는 업무

⑥ 전략물자관리원의 장은 산업통상자원부장관의 승인을 받아 제5항 각 호의 업무에 관하여 관리원을 이용하는 자에게 일정한 수수료를 징수할 수 있다.(2013.3.23 본항개정)

⑦ 전략물자관리원에 관하여 이 법에서 정한 것 외에는 「민법」 중 재단법인에 관한 규정을 준용한다.

⑧ 정부는 전략물자관리원의 설립·운영에 필요한 경비를 예산의 범위에서 출연하거나 지원할 수 있다.

제30조【전략물자 수출입통제 협의회】 ① 산업통상자원부장관과 관계 행정기관의 장은 전략물자등의 수출입통제와 관련된 부처간 협의를 위하여 공동으로 전략물자 수출입통제 협의회(이하 이 조에서 "협의회"라 한다)를 구성할 수 있다.(2016.1.27 본항개정)

② 협의회의 회의는 관계 행정기관의 소관 업무별로 그 소관 관계 행정기관의 장이 주재한다.

③ 협의회의 구성원인 각 행정기관의 장은 전략물자등의 수출입통제에 필요하면 대통령령으로 정하는 정보수사기관의 장 또는 관세청장에게 조사·지원을 요청할 수 있다.(2016.1.27 본항개정)

④ 제3항에 따른 정보수사기관의 장 또는 관세청장은 전략물자등의 무허가수출등 행위를 인지한 경우에는 협의회의 각 행정기관의 장에게 통보하는 등 필요한 조치를 취할 수 있다.(2020.3.18 본항개정)

⑤ 협의회의 구성과 운영에 필요한 사항은 대통령령으로 정한다.

제31조【전략물자등의 수출입 제한 등】 ① 산업통상자원부장관 또는 관계 행정기관의 장은 다음 각 호의 어느 하나에 해당하는 자에게 3년 이내의 범위에서 일정 기간 동안 전략물자등의 전부 또는 일부의 수출이나 수입을 제한할 수 있다.(2013.7.30 본문개정)

1. 제19조제2항에 따른 수출허가를 받지 아니하고 전략물자를 수출하거나 수출신고(「관세법」 제241조제1항에 따른 수출신고를 말한다. 이하 같다)한 자
2. 제19조제3항에 따른 상황허가를 받지 아니하고 상황허가 대상인 물품등을 수출하거나 수출신고한 자

(2020.3.18 1호~2호개정)

3. 전략물자등의 수출이나 수입에 관한 국제수출통제체제의 원칙을 위반한 자로서 대통령령으로 정하는 자
(2013.7.30 본호개정)

② 관계 행정기관의 장은 제1항 각 호의 어느 하나에 해당하는 자가 있음을 알게 되면 즉시 산업통상자원부장관에게 통보하여야 한다.(2013.3.23 본항개정)

③ 산업통상자원부장관 또는 관계 행정기관의 장은 제1항에 따라 전략물자등의 수출입을 제한한 자와 외국 정부가 자국의 법령에 따라 전략물자등의 수출입을 제한한 자의 명단과 제한 내용을 공고할 수 있다.(2013.7.30 본항개정)
(2013.7.30 본조제목개정)

제4절 플랜트수출
(2010.4.5 본절제목개정)

제32조【플랜트수출의 촉진 등】 ① 산업통상자원부장관은 다음 각 호의 어느 하나에 해당하는 수출(이하 "플랜트수출"이라 한다)을 하려는 자가 신청하는 경우에는 대통령령으로 정하는 바에 따라 그 플랜트수출을 승인할 수 있다. 승인한 사항을 변경할 때에도 또한 같다.
(2013.3.23 전단개정)

1. 농업·임업·어업·광업·제조업, 전기·가스·수도사업, 운송·창고업 및 방송·통신업을 경영하기 위하여 설치하는 기재·장치 및 대통령령으로 정하는 설비 중 산업통상자원부장관이 정하는 일정 규모 이상의 산업설비의 수출(2013.3.23 본호개정)
2. 산업설비·기술용역 및 시공을 포괄적으로 행하는 수출(이하 "일괄수주방식에 의한 수출"이라 한다)

② 산업통상자원부장관은 제1항에 따른 승인 또는 변경승인을 하기 위하여 필요하면 플랜트수출의 타당성에 관하여 관계 행정기관의 장의 의견을 들어야 한다. 이 경우 의견을 제시할 것을 요구받은 관계 행정기관의 장은 정당한 사유가 없으면 지체 없이 산업통상자원부장관에게 의견을 제시하여야 한다.(2013.3.23 본항개정)

③ 산업통상자원부장관이 일괄수주방식에 의한 수출에 대하여 승인 또는 변경승인하려는 때에는 미리 국토교통부장관의 동의를 받아야 한다.(2013.3.23 본항개정)

④ 산업통상자원부장관은 일괄수주방식에 의한 수출로서 건설용역 및 시공부문의 수출에 관하여는 「해외건설촉진법」에 따른 해외건설사업자에 대하여만 승인 또는 변경승인할 수 있다.(2019.4.30 본항개정)

⑤ 산업통상자원부장관은 제1항에 따른 플랜트수출의 승인 또는 변경승인을 한 경우에는 이를 관계 행정기관의 장에게 지체 없이 알려야 한다.(2013.3.23 본항개정)

⑥ 산업통상자원부장관은 플랜트수출을 촉진하기 위하여 그에 관한 제도개선, 시장조사, 정보교류, 수주 지원, 수주질서 유지, 전문인력의 양성, 금융지원, 우수기업의 육성 및 협동화사업을 추진할 수 있다. 이 경우 산업통상자원부장관은 플랜트수출 관련 기관 또는 단체를 지정하여 이들 사업을 수행하게 할 수 있다.(2013.3.23 본항개정)
(2010.4.5 본조제목개정)

제5절 정부간 수출계약
(2014.1.21 본절신설)

제32조의2【정부간 수출계약의 보증 및 원칙】 ① 정부는 국내 기업의 원활한 정부간 수출계약을 지원하기 위하여 대통령령으로 정하는 보증·보험기관으로 하여금 국내 기업의 외국 정부에 대한 정부간 수출계약 이행 등을 위한 보증사업을 하게 할 수 있다.

② 정부는 정부간 수출계약과 관련하여 어떠한 경우에도 경제적 이익을 갖지 아니하고, 보증채무 등 경제적 책임 및 손실을 부담하지 아니한다.

제32조의3【정부간 수출계약의 전담기관】 ① 제2조제4호의 "정부간 수출계약 전담기관"이란 「대한무역투자진흥공사법」에 따른 대한무역투자진흥공사(이하 "전담기관"이라 한다)를 말한다.

② 전담기관은 정부간 수출계약과 관련하여 다음 각 호의 업무를 수행한다.

1. 정부간 수출계약에서 당사자 지위 수행
2. 외국 정부의 구매요구 사항을 이행할 국내 기업의 추천
3. 그 밖에 정부간 수출계약 업무의 수행을 위하여 산업통상자원부장관이 필요하다고 인정하는 업무

③ 전담기관의 권한과 책임은 다음 각 호와 같다.

1. 전담기관은 정부간 수출계약이 체결된 경우 국내 기업으로 하여금 보증·보험의 제공 등 대통령령으로 정하는 계약 이행 보증 조치를 취하도록 하여야 한다.
2. 전담기관은 국내 기업의 계약 이행 상황을 확인하기 위하여 필요한 경우에는 국내 기업에 대하여 관련 자료의 제출을 요구할 수 있다.

3. 그 밖에 전담기관의 권한과 책임에 관하여는 대통령령으로 정한다.
④ 전담기관의 장은 정부간 수출계약 관련 업무를 수행하기 위하여 필요한 경우에는 관계 행정기관 및 관련 단체에 대하여 공무원 또는 임직원의 파견 근무를 요청할 수 있다. 다만, 공무원의 파견을 요청할 때에는 미리 주무부장관과 협의하여야 한다.

제32조의4【정부간 수출계약 심의위원회】 ① 정부간 수출계약의 체결, 변경, 해지 등 대통령령으로 정하는 사항을 심의·의결하기 위하여 전담기관에 정부간 수출계약 심의위원회(이하 이 절에서 "위원회"라 한다)를 둔다.
② 위원회는 위원장 1명을 포함한 7명 이상 15명 이내의 위원으로 구성하고, 위원장은 대한무역투자진흥공사 사장이 된다.
③ 위원회의 구성 및 운영에 필요한 사항은 대통령령으로 정한다.
④ 위원회는 제1항에 따른 심의에 필요한 경우 국내 기업 및 관계 기관 등에 자료 등의 제출을 요구할 수 있다.
⑤ 위원회는 다음 각 호의 사항에 해당하는 경우에는 회의록, 계약서 등 관련 서류를 공개하지 아니할 수 있다.
1. 공개될 경우 정부간 수출계약의 체결, 이행, 변경, 해지 등이 크게 곤란하여질 우려가 있거나 위원회 심의의 공정성을 크게 저해할 우려가 있다고 인정되는 사항
2. 그 밖에 제1호에 준하는 사유로서 공개하기에 적당하지 아니하다고 위원회가 결정한 사항

제32조의5【국내 기업의 책임 등】 ① 국내 기업은 정부간 수출계약이 체결된 경우 그 계약 내용을 성실히 이행하여야 한다.
② 국내 기업은 보증·보험의 제공 등 대통령령으로 정하는 계약 이행 보증 조치를 취하여야 한다.
③ 국내 기업은 제32조의3제3항제2호 또는 제32조의4제4항에 따른 자료제출 요구가 있을 경우 특별한 사정이 없으면 이에 따라야 한다.
④ 국내 기업이 제2항 또는 제3항을 위반할 경우 전담기관은 그 사실을 외국 정부에 통보할 수 있고, 위원회는 해당 기업의 정부간 수출계약에 대한 심의를 거부할 수 있다.

제3장의2 원산지의 표시 등
(2010.4.5 본장제목삽입)

제33조【수출입 물품등의 원산지의 표시】 ① 산업통상자원부장관이 공정한 거래 질서의 확립과 생산자 및 소비자 보호를 위하여 원산지를 표시하여야 하는 대상으로 공고한 물품등(이하 "원산지표시대상물품"이라 한다)을 수출하거나 수입하려는 자는 그 물품등에 대하여 원산지를 표시하여야 한다.(2013.3.23 본항개정)
② 수입된 원산지표시대상물품에 대하여 대통령령으로 정하는 단순한 가공활동을 거침으로써 해당 물품등의 원산지 표시를 손상하거나 변형한 자(무역거래자 또는 물품등의 판매업자에 대하여 제4항이 적용되는 경우는 제외한다)는 그 단순 가공한 물품등에 당초의 원산지를 표시하여야 한다. 이 경우 다른 법령에서 단순한 가공활동을 거친 수입 물품등에 대하여 다른 기준을 규정하고 있으면 그 기준에 따른다.(2010.4.5 본항신설)
③ 제1항 및 제2항 전단에 따른 원산지의 표시방법·확인, 그 밖에 표시에 필요한 사항은 대통령령으로 정한다.(2010.4.5 본항개정)
④ 무역거래자 또는 물품등의 판매업자는 수출 또는 수입 물품등 및 제35조에 따른 국내생산물품등에 대하여 다음 각 호의 어느 하나에 해당하는 행위를 하여서는 아니 된다. 다만, 제2호 및 제3호에 따른 금지행위는 수입 물품등에 한정한다.(2022.6.10 본문개정)
1. 원산지를 거짓으로 표시하거나 원산지를 오인(誤認)하게 하는 표시를 하는 행위
2. 원산지의 표시를 손상하거나 변경하는 행위
3. 원산지표시대상물품에 대하여 원산지 표시를 하지 아니하는 행위
4. 제1호부터 제3호까지의 규정에 위반되는 원산지표시대상물품을 국내에서 거래하는 행위(2013.7.30 본호신설)
⑤ 산업통상자원부장관 또는 시·도지사는 제1항부터 제4항(제35조제3항에서 준용하는 경우를 포함한다)까지의 규정을 위반하였는지 확인하기 위하여 필요하다고 인정하면 수입한 물품등(제35조제3항에서 준용하는 경우 "국내생산물품등"으로 본다)과 대통령령으로 정하는 관련 자료에 대하여 관계된 자를 방문이나 서면으로 조사할 수 있다.(2022.6.10 본항개정)
⑥~⑧ (2013.7.30 삭제)

제33조의2【원산지의 표시 위반에 대한 시정명령 등】 ① 산업통상자원부장관 또는 시·도지사는 제33조제2항부터 제4항까지의 규정을 위반한 자에게 판매중지, 원상복구, 원산지 표시 등 대통령령으로 정하는 시정조치를 명할 수 있다.
② 산업통상자원부장관 또는 시·도지사는 제33조제2항부터 제4항까지의 규정(제33조제4항제4호는 제외한다)을 위반한 자에게 3억원 이하의 과징금을 부과할 수 있다.
③ 제2항에 따라 과징금을 부과하는 위반행위의 종류와 정도에 따른 과징금의 금액과 그 밖에 필요한 사항은 대통령령으로 정한다.
④ 산업통상자원부장관 또는 시·도지사는 제2항에 따라 과징금을 내야 하는 자가 납부기한까지 내지 아니하면 국세 강제징수의 예 또는 「지방행정제재·부과금의 징수 등에 관한 법률」에 따라 징수한다.(2023.10.31 본항개정)
⑤ 산업통상자원부장관 또는 시·도지사는 제2항에 따라 과징금 부과처분이 확정된 자에 대해서는 대통령령으로 정하는 바에 따라 그 위반자 및 위반자의 소재지와 물품등의 명칭, 품목, 위반내용 등 처분과 관련된 사항을 공표할 수 있다.
(2013.7.30 본조신설)

제34조【원산지 판정 등】 ① 산업통상자원부장관은 필요하다고 인정하면 수출 또는 수입 물품등의 원산지 판정을 할 수 있다.(2013.3.23 본항개정)
② 원산지 판정의 기준은 대통령령으로 정하는 바에 따라 산업통상자원부장관이 정하여 공고한다.(2013.3.23 본항개정)
③ 무역거래자 또는 물품등의 판매업자 등은 수출 또는 수입 물품등의 원산지 판정을 산업통상자원부장관에게 요청할 수 있다.(2013.3.23 본항개정)
④ 산업통상자원부장관은 제3항에 따라 요청을 받은 경우에는 해당 물품등의 원산지 판정을 하여서 요청한 사람에게 알려야 한다.(2013.3.23 본항개정)
⑤ 제4항에 따라 통보를 받은 자가 원산지 판정에 불복하는 경우에는 통보를 받은 날부터 30일 이내에 산업통상자원부장관에게 이의를 제기할 수 있다.(2013.3.23 본항개정)
⑥ 산업통상자원부장관은 제5항에 따라 이의를 제기받은 경우에는 이의 제기를 받은 날부터 150일 이내에 이의 제기에 대한 결정을 알려야 한다.(2013.3.23 본항개정)
⑦ 원산지 판정의 요청, 이의 제기 등 원산지 판정의 절차에 필요한 사항은 대통령령으로 정한다.

제35조【수입원료를 사용한 국내생산 물품등의 원산지 판정 기준 등】 ① 산업통상자원부장관은 공정한 거래질서의 확립과 생산자 및 소비자 보호를 위하여 필요하다고 인정하면 수입원료를 사용하여 국내에서 생산되어 국내에서 유통되거나 판매되는 물품등(이하 "국내생산물품등"이라 한다)에 대한 원산지 판정에 관한 기준을 관계 중앙행정기관의 장과 협의하여 정할 수 있다. 다만, 다른 법령에서 국내생산물품등에 대하여 다른 기준을 규정하고 있는 경우에는 그러하지 아니하다.(2022.6.10 본문개정)
② 산업통상자원부장관은 제1항에 따라 국내생산물품등에 대한 원산지 판정에 관한 기준을 정하면 이를 공고하여야 한다.
③ 국내생산물품등의 판매자에 대해서는 제33조제4항제1호 및 제4호를 준용한다. 이 경우 "제1호부터 제3호"는 "제1호"로, "원산지표시대상물품"은 "국내생산물품등"으로 본다.(2022.6.10 본항신설)
(2022.6.10 본조제목개정)
(2013.3.23 본조개정)

제36조【수입 물품등의 원산지증명서의 제출】 ① 산업통상자원부장관은 원산지를 확인하기 위하여 필요하다고 인정하면 물품등을 수입하려는 자에게 그 물품등의 원산지 국가 또는 물품등을 선적(船積)한 국가의 정부 등이 발행하는 원산지증명서를 제출하도록 할 수 있다.
(2013.3.23 본항개정)
② 제1항에 따른 원산지증명서의 제출과 그 확인에 필요한 사항은 대통령령으로 정한다.

제37조【원산지증명서의 발급 등】 ① 수출 물품 또는 국내생산물품등의 원산지증명서를 발급받으려는 자는 산업통상자원부장관에게 원산지증명서의 발급을 신청하여야 한다. 이 경우 수수료를 내야 한다.(2022.6.10 전단개정)
② 제1항에 따른 원산지증명서의 발급기준·발급절차, 유효기간, 수수료와 그 밖에 발급에 필요한 사항은 대통령령으로 정한다.
(2022.6.10 본조제목개정)

제38조【외국산 물품등을 국산 물품등으로 가장하는 행위의 금지】 누구든지 원산지증명서를 위조 또는 변조하거나 거짓된 내용으로 원산지증명서를 발급받거나 물품등에 원산지를 거짓으로 표시하는 등의 방법으로 외국에서 생산된 물품등(외국에서 생산되어 국내에서 대통령령으로 정하는 단순한 가공활동을 거친 물품등을 포함한다. 이하 제53조의2제4호에서도 같다)의 원산지가 우리나라인 것처럼 가장(假裝)하여 그 물품등을 수출하거나 외국에서 판매하여서는 아니 된다.(2010.4.5 본조개정)

제4장 수입수량 제한조치

제39조【수입수량 제한조치】 ① 산업통상자원부장관은 특정 물품의 수입 증가로 인하여 같은 종류의 물품 또는 직접적인 경쟁 관계에 있는 물품을 생산하는 국내산업(이하 이 조에서 "국내산업"이라 한다)이 심각한 피해를 입고 있거나 입을 우려(이하 이 조에서 "심각한 피해등"이라 한다)가 있음이 「불공정무역행위 조사 및 산업피해구제에 관한 법률」 제27조에 따른 무역위원회(이하 "무역위원회"라 한다)의 조사를 통하여 확인되고 심각한 피해등을 구제하기 위한 조치가 건의된 경우로서 그 국내산업을 보호할 필요가 있다고 인정되면 그 물품의 국내산업에 대한 심각한 피해등을 방지하거나 치유하고 조정을 촉진하기 위하여 필요한 범위에서 물품의 수입수량을 제한하는 조치(이하 "수입수량제한조치"라 한다)를 시행할 수 있다.(2013.3.23 본항개정)
② 산업통상자원부장관은 무역위원회의 건의, 해당 국내산업 보호의 필요성, 국제통상 관계, 수입수량제한조치의 시행에 따른 보상수준 및 국민경제에 미치는 영향 등을 검토하여 수입수량제한조치의 시행 여부와 내용을 결정한다.(2013.3.23 본항개정)
③ 정부는 수입수량제한조치를 시행하려면 이해 당사국과 수입수량제한조치의 부정적 효과에 대한 적절한 무역보상에 관하여 협의할 수 있다.
④ 수입수량제한조치는 조치 시행일 이후 수입되는 물품에만 적용한다.
⑤ 수입수량제한조치의 적용 기간은 4년을 넘어서는 아니 된다.
⑥ 산업통상자원부장관은 수입수량제한조치의 대상 물품, 수량, 적용기간 등을 공고하여야 한다.(2013.3.23 본항개정)
⑦ 산업통상자원부장관은 수입수량제한조치의 시행 여부를 결정하기 위하여 필요하다고 인정하면 관계 행정기관의 장 및 이해관계인 등에게 관련 자료의 제출 등 필요한 협조를 요청할 수 있다.(2013.3.23 본항개정)
⑧ 산업통상자원부장관은 수입수량제한조치의 대상이었거나 「관세법」 제65조에 따른 긴급관세(이하 "긴급관세"라 한다) 또는 같은 법 제66조에 따른 잠정 긴급관세(이하 "잠정긴급관세"라 한다)의 대상이었던 물품에 대하여는 그 수입수량제한조치의 적용기간, 긴급관세의 부과기간 또는 잠정긴급관세의 부과기간이 끝난 날부터 그 적용 기간 또는 부과기간에 해당하는 기간(적용기간 또는 부과기간이 2년 미만인 경우에는 2년)이 지나기 전까지는 다시 수입수량제한조치를 시행할 수 없다. 다만, 다음 각 호의 요건을 모두 충족하는 경우에는 180일 이내의 수입수량제한조치를 시행할 수 있다.(2013.3.23 본문개정)
1. 해당 물품에 대한 수입수량제한조치가 시행되거나 긴급관세 또는 잠정긴급관세가 부과된 후 1년이 지날 것
2. 수입수량제한조치를 다시 시행하는 날부터 소급하여 5년 안에 그 물품에 대한 수입수량제한조치의 시행 또는 긴급관세의 부과가 2회 이내일 것

제40조【수입수량제한조치에 대한 연장 등】 ① 산업통상자원부장관은 무역위원회의 건의가 있고 필요하다고 인정하면 수입수량제한조치의 내용을 변경하거나 적용기간을 연장할 수 있다. 이 경우 변경되는 조치 내용 및 연장되는 적용기간 이내에 변경되는 조치 내용은 최초의 조치 내용보다 완화되어야 한다.(2013.3.23 전단개정)
② 제1항에 따라 수입수량제한조치의 적용기간을 연장하는 때에는 수입수량제한조치의 적용기간과 긴급관세 또는 잠정긴급관세의 부과기간 및 그 연장기간을 전부 합산한 기간이 8년을 넘어서는 아니 된다.

제41조 (2016.1.27 삭제)

제5장 수출입의 질서 유지

제42조 (2008.12.19 삭제)

제43조【수출입 물품등의 가격 조작 금지】 무역거래자는 외화도피의 목적으로 물품등의 수출 또는 수입 가격을 조작(造作)하여서는 아니 된다.

제44조【무역거래자간 무역분쟁의 신속한 해결】 ① 무역거래자는 그 상호 간이나 교역상대국의 무역거래자와 물품등의 수출·수입과 관련하여 분쟁이 발생한 경우에는 정당한 사유 없이 그 분쟁의 해결을 지연시켜서는 아니 된다.
② 산업통상자원부장관은 제1항에 따른 분쟁이 발생한 경우 무역거래자에게 분쟁의 해결에 관한 의견을 진술하게 하거나 그 분쟁과 관련되는 서류의 제출을 요구할 수 있다.(2013.3.23 본항개정)
③ 산업통상자원부장관은 제2항에 따라 서류를 제출받거나 의견을 들은 후에 필요하다고 인정하면 그 분쟁에 관하여 사실 조사를 할 수 있다.(2013.3.23 본항개정)
④ 산업통상자원부장관은 제1항에 따른 분쟁을 신속하고 공정하게 처리하는 것이 필요하다고 인정하거나 무역분쟁 당사자의 신청을 받으면 대통령령으로 정하는 바에 따라 분쟁을 조정하거나 분쟁의 해결을 위한 중재(仲裁) 계약의 체결을 권고할 수 있다.(2013.3.23 본항개정)

제45조【선적 전 검사와 관련한 분쟁 조정 등】 ① 수입국 정부와의 계약 체결 또는 수입국 정부의 위임을 받아 기업이 수출하는 물품등에 대하여 국내에서 선적 전에 검사를 실시하는 기관(이하 "선적전검사기관"이라 한다)은 「세계무역기구 선적 전 검사에 관한 협정」을 지켜야 한다. 이 경우 선적전검사기관은 선적 전 검사가 기업의 수출에 대한 무역장벽으로 작용하도록 하여서는 아니 된다.
② 산업통상자원부장관은 선적 전 검사와 관련하여 수출자와 선적전검사기관 간에 분쟁이 발생하였을 경우에는 그 해결을 위하여 필요한 조정(調整)을 할 수 있다.
(2013.3.23 본항개정)
③ 제2항의 분쟁에 관한 중재(仲裁)를 담당할 수 있도록 대통령령으로 정하는 바에 따라 독립적인 중재기관을 설치할 수 있다.

제46조【조정명령】 ① 산업통상자원부장관은 다음 각 호의 어느 하나에 해당하는 경우에는 무역거래자에게 수

출하는 물품등의 가격, 수량, 품질, 그 밖에 거래조건 또는 그 대상지역 등에 관하여 필요한 조정(調整)을 명할 수 있다.(2013.3.23 본문개정)
1. 헌법에 따라 체결·공포된 조약과 일반적으로 승인된 국제법규에 따른 의무 이행을 위하여 필요한 경우
2. 우리나라 또는 교역상대국의 관련 법령에 위반되는 경우
3. 그 밖에 물품등의 수출의 공정한 경쟁을 교란할 우려가 있거나 대외 신용을 손상하는 행위를 방지하기 위한 것으로서 다음 각 목의 어느 하나에 해당하는 경우
  가. 물품등의 수출과 관련하여 부당하게 다른 무역거래자를 제외하는 경우
  나. 물품등의 수출과 관련하여 부당하게 다른 무역거래자의 상대방에 대하여 다른 무역거래자와 거래하지 아니하도록 유인하거나 강제하는 경우
  다. 물품등의 수출과 관련하여 부당하게 다른 무역거래자의 해외에서의 사업활동을 방해하는 경우

② 산업통상자원부장관은 제1항에 따라 조정을 명하는 경우에는 다음 각 호의 사항을 고려하여야 한다.
(2013.3.23 본문개정)
1. 수출기반의 안정, 새로운 상품의 개발 또는 새로운 해외시장의 개척에 기여할 것
2. 다른 무역거래자의 권익을 부당하게 침해하거나 차별하지 아니할 것
3. 물품등의 수출·수입의 질서 유지를 위한 목적에 필요한 정도를 넘지 아니할 것

③ 제1항에 따라 조정을 명하는 절차 등에 필요한 사항은 대통령령으로 정한다.
④ 산업통상자원부장관은 제1항에 따라 조정을 명하는 경우에 필요하다고 인정하면 제11조제2항에 따른 승인을 하지 아니하거나 관계 기관의 장에게 승인에 관련된 절차를 중지하게 할 수 있다.(2013.3.23 본항개정)

제6장 보 칙

제47조【청문】 산업통상자원부장관 또는 관계 행정기관의 장은 다음 각 호의 어느 하나에 해당하는 처분을 하려면 청문을 하여야 한다.(2013.3.23 본문개정)
1. 제8조의2제3항에 따른 전문무역상사의 지정 취소
(2022.11.15 본호신설)
2. 제24조의3에 따른 수출허가, 상황허가, 경유 또는 환적 허가, 중개허가의 취소(2013.7.30 본호개정)
3. 제46조제1항에 따른 조정명령

제48조【보고와 검사 등】 ① 산업통상자원부장관 또는 관계 행정기관의 장은 제5조제4호 및 제4호의2에 따라 수출이 제한되거나 금지된 물품등, 전략물자 또는 제19조제3항에 따른 물품등에 대한 수출허가나 상황허가를 받은 자 또는 수출허가나 상황허가를 받지 아니하고 수출하거나 수출하려고 한 자에게 다음 각 호의 사항에 관한 보고 또는 자료의 제출을 명할 수 있다.(2013.7.30 본문개정)
1. 수입국
2. 수입자·최종사용자 또는 그의 위임을 받은 자 및 그 소재지, 사업 분야, 주요 거래자 및 사용 목적
3. 수입자와 최종사용자 또는 그의 위임을 받은 자를 확인하기 위한 수입국의 권한 있는 기관이 발급한 납세증명서 등 관련 자료 또는 대외 공표자료
4. 그 밖에 운송 수단, 환적국(換積國), 대금 결제방법 등 산업통상자원부장관이 정하여 고시하는 사항
(2013.3.23 본호개정)

② 산업통상자원부장관 또는 관계 행정기관의 장은 이 법의 시행을 위하여 필요하다고 인정하면 그 소속 공무원에게 제1항에 규정된 자의 사무소, 영업소, 공장 또는 창고 등에서 장부·서류나 그 밖의 물건을 검사하게 할 수 있다.(2013.3.23 본항개정)
③ 제2항에 따라 검사를 하는 공무원은 그 권한을 표시하는 증표를 지니고, 이를 관계인에게 내보여야 한다.

제49조【교육명령】 산업통상자원부장관 또는 관계 행정기관의 장은 다음 각 호의 어느 하나에 해당하는 자에게 대통령령으로 정하는 바에 따라 교육명령을 부과할 수 있다.(2013.3.23 본문개정)
1. 수출허가 또는 상황허가를 받지 아니하고 수출하거나 수출신고한 자(2020.3.18 본호개정)
2. 거짓이나 그 밖의 부정한 방법으로 수출허가 또는 상황허가를 받은 자
3. 제23조제3항에 따른 경유 또는 환적 허가 및 제24조에 따른 중개허가를 받지 아니하고 경유·환적·중개한 자(2013.7.30 본호신설)
4. 거짓이나 그 밖의 부정한 방법으로 제23조제3항에 따른 경유 또는 환적 허가 및 제24조에 따른 중개허가를 받은 자(2013.7.30 본호신설)
(2009.4.22 본조개정)

제50조【「독점규제 및 공정거래에 관한 법률」과의 관계】 ① 제46조에 따른 산업통상자원부장관의 조정명령의 이행에 대하여는 「독점규제 및 공정거래에 관한 법률」을 적용하지 아니한다.
② 산업통상자원부장관은 제46조에 따른 조정명령이 「독점규제 및 공정거래에 관한 법률」 제2조제1호에 따른 사업자 간의 국내 시장에서의 경쟁을 제한하는 것이면 공정거래위원회와 미리 협의하여야 한다.
(2013.3.23 본조개정)

제51조【「국가보안법」과의 관계】 이 법에 따른 물품등의 수출·수입행위에 대하여는 그 행위가 업무 수행상 정당하다고 인정되는 범위에서 「국가보안법」을 적용하지 아니한다.

제52조【권한의 위임·위탁】 ① 이 법에 따른 산업통상자원부장관의 권한은 대통령령으로 정하는 바에 따라 그 일부를 소속 기관의 장, 시·도지사에게 위임하거나 관계 행정기관의 장, 세관장, 한국은행 총재, 한국수출입은행장, 외국환은행의 장, 그 밖에 대통령령으로 정하는 법인 또는 단체에 위탁할 수 있다.
② 산업통상자원부장관은 제1항에 따라 위임하거나 위탁한 사무에 관하여 그 위임 또는 위탁을 받은 자를 지휘·감독한다.
③ 산업통상자원부장관은 제1항에 따라 위임하거나 위탁한 사무에 관하여 그 위임 또는 위탁을 받은 자에게 필요한 자료의 제출을 요청할 수 있다.
(2013.3.23 본조개정)

제7장 벌 칙

제53조【벌칙】 ① 전략물자등의 국제적 확산을 꾀할 목적으로 다음 각 호의 어느 하나에 해당하는 위반행위를 한 자는 7년 이하의 징역 또는 수출·경유·환적·중개하는 물품등의 가격의 5배에 해당하는 금액 이하의 벌금에 처한다.(2013.7.30 본문개정)
1. 제19조제2항에 따른 수출허가를 받지 아니하고 전략물자를 수출한 자
2. 제19조제3항에 따른 상황허가를 받지 아니하고 상황허가 대상인 물품등을 수출한 자
3. 제23조제3항에 따른 경유 또는 환적 허가를 받지 아니하고 전략물자등을 경유 또는 환적한 자(2013.7.30 본호신설)
4. 제24조에 따른 중개허가를 받지 아니하고 전략물자등을 중개한 자(2013.7.30 본호개정)

② 다음 각 호의 어느 하나에 해당하는 자는 5년 이하의 징역 또는 수출·수입·경유·환적·중개하는 물품등의 가격의 3배에 해당하는 금액 이하의 벌금에 처한다.
(2013.7.30 본문개정)
1. 제5조 각 호의 어느 하나에 따른 수출 또는 수입의 제한이나 금지조치를 위반한 자
2. 제19조제2항에 따른 수출허가를 받지 아니하고 전략물자를 수출한 자
3. 거짓이나 그 밖의 부정한 방법으로 제19조제2항에 따른 수출허가를 받은 자
4. 제19조제3항에 따른 상황허가를 받지 아니하고 상황허가 대상인 물품등을 수출한 자
5. 거짓이나 그 밖의 부정한 방법으로 제19조제3항에 따른 상황허가를 받은 자
5의2. 제23조제3항에 따른 경유 또는 환적 허가를 받지 아니하고 전략물자등을 경유 또는 환적한 자
5의3. 거짓이나 그 밖의 부정한 방법으로 제23조제3항에 따른 경유 또는 환적 허가를 받은 자
(2013.7.30 5호의2~5호의3신설)
6. 제24조에 따른 중개허가를 받지 아니하고 전략물자등을 중개한 자(2013.7.30 본호개정)
7. 거짓이나 그 밖의 부정한 방법으로 제24조에 따른 중개허가를 받은 자
8. (2010.4.5 삭제)
9. 제43조를 위반하여 물품등의 수출과 수입의 가격을 조작한 자
10. 제46조제1항에 따른 조정명령을 위반한 자

제53조의2【벌칙】 다음 각 호의 어느 하나에 해당하는 자는 5년 이하의 징역 또는 1억원 이하의 벌금에 처한다. 이 경우 징역과 벌금은 병과(併科)할 수 있다.
1. 제23조제1항에 따른 이동중지명령을 위반한 자
(2013.7.30 본호신설)
1의2. (2022.6.10 삭제)
2. 제33조제4항 각 호(제35조제3항에서 준용하는 경우를 포함한다)를 위반한 무역거래자 또는 물품등의 판매업자(2022.6.10 본호개정)
3. 제33조의2제1항에 따른 시정조치 명령을 위반한 자
(2013.7.30 본호개정)
4. 제38조에 따른 외국산 물품등의 국산 물품등으로의 가장 금지 의무를 위반한 자
(2010.4.5 본조신설)

제54조【벌칙】 다음 각 호의 어느 하나에 해당하는 자는 3년 이하의 징역 또는 3천만원 이하의 벌금에 처한다.
1. 제9조제2항을 위반하여 직무상 습득한 기업정보를 타인에게 제공 또는 누설하거나 사용 목적 외의 용도로 사용한 자(2009.4.22 본호신설)
2. 제11조제2항 또는 제5항에 따른 승인 또는 변경승인을 받지 아니하고 수출 또는 수입 승인 대상 물품등을 수출하거나 수입한 자(2013.7.30 본호개정)
3. 거짓이나 그 밖의 부정한 방법으로 제11조제2항 또는 제5항에 따른 승인 또는 변경승인을 받거나 그 승인 또는 변경승인을 면제받고 물품등을 수출하거나 수입한 자(2013.7.30 본호개정)
4. 제16조제3항 본문(제17조제3항에서 준용하는 경우를 포함한다)에 따른 수입에 대응하는 외화획득을 하지 아니한 자
5. 제17조제1항 본문에 따른 승인을 받지 아니하고 목적 외의 용도로 원료·기재 또는 그 원료·기재로 제조된 물품등을 사용한 자
6. 제17조제2항에 따른 승인을 받지 아니하고 원료·기재 또는 그 원료·기재로 제조된 물품등을 양도한 자
7. 제27조에 따른 비밀 준수 의무를 위반한 자
8. 거짓이나 그 밖의 부정한 방법으로 제32조에 따른 승인 또는 변경 승인을 받은 자
9.~11. (2010.4.5 삭제)

제55조【미수범】 제53조제1항, 같은 조 제2항제2호·제4호·제6호 및 제53조의2제2호·제4호의 미수범은 처벌한다.(2022.6.10 본조개정)

제56조【과실범】 중대한 과실로 제53조의2제2호에 해당하는 행위를 한 자는 2천만원 이하의 벌금에 처한다.
(2022.6.10 본조개정)

제57조【양벌규정】 법인의 대표자나 법인 또는 개인의 대리인, 사용인, 그 밖의 종업원이 그 법인 또는 개인의 업무에 관하여 제53조, 제53조의2 또는 제54조부터 제56조까지의 어느 하나에 해당하는 위반행위를 하면 그 행위자를 벌하는 외에 그 법인 또는 개인에게도 해당 조문의 벌금형을 과(科)한다. 다만, 법인 또는 개인이 그 위반행위를 방지하기 위하여 해당 업무에 관하여 상당한 주의와 감독을 게을리하지 아니한 경우에는 그러하지 아니하다.(2010.4.5 본문개정)

제58조【벌칙 적용 시의 공무원 의제】 제29조제5항의 업무를 수행하는 전략물자관리원의 임직원과 산업통상자원부장관이 제52조에 따라 위탁한 사무에 종사하는 한국은행, 한국수출입은행, 외국환은행, 그 밖에 대통령령으로 정하는 법인 또는 단체의 임직원은 「형법」 제129조부터 제132조까지의 벌칙을 적용할 때에는 공무원으로 본다.(2013.3.23 본조개정)

제59조【과태료】 ① 다음 각 호의 어느 하나에 해당하는 자에게는 2천만원 이하의 과태료를 부과한다.
1. 제44조제2항을 위반하여 관련되는 서류를 제출하지 아니한 자
2. 제44조제3항에 따른 사실 조사를 거부, 방해 또는 기피한 자
3. 제48조제1항에 따른 보고 또는 자료의 제출을 하지 아니하거나 거짓으로 보고 또는 자료를 제출한 자
4. 제48조제2항에 따른 검사를 거부, 방해 또는 기피한 자

② 다음 각 호의 어느 하나에 해당하는 자에게는 1천만원 이하의 과태료를 부과한다.
1. 제24조의2에 따른 서류 보관의무를 위반한 자
(2013.7.30 본호개정)
2. (2013.7.30 삭제)
3. 제33조제5항에 따른 검사를 거부, 방해 또는 기피한 자(2010.4.5 본호개정)
4. 제49조에 따른 교육명령을 이행하지 아니한 자
(2009.4.22 본호신설)

③ 제20조제3항 전단을 위반하여 교육을 이수하지 아니하고 자가판정을 한 자 또는 같은 항 후단을 위반하여 전략물자 수출입관리 정보시스템에 정보를 등록하지 아니한 자에게는 500만원 이하의 과태료를 부과한다.
(2020.3.18 본항신설)
④ 제1항부터 제3항까지에 따른 과태료는 대통령령으로 정하는 바에 따라 산업통상자원부장관이나 시·도지사 또는 관계 행정기관의 장이 부과·징수한다.(2020.3.18 본항개정)
⑤~⑥ (2009.4.22 삭제)

부 칙

제1조【시행일】 이 법은 공포한 날부터 시행한다.

제2조【전략물자관리원의 설립 준비】 ① 산업자원부장관은 제29조의 개정규정에 따른 전략물자관리원의 설립에 관한 사무를 처리하기 위하여 전략물자관리원설립위원회(이하 이 조에서 "설립위원회"라 한다)를 설치한다.
② 설립위원회는 위원장 1명을 포함한 5명 이내의 설립위원으로 구성하며, 설립위원회의 위원장과 설립위원은 산업자원부장관이 위촉한다.
③ 설립위원회는 전략물자관리원의 정관을 작성하여 산업자원부장관의 인가를 받아야 한다.
④ 설립위원회는 제3항에 따라 인가를 받으면 지체 없이 전략물자관리원의 설립등기를 하여야 한다.
⑤ 설립위원회는 전략물자관리원의 장이 임명되면 지체 없이 사무를 인계하여야 하며, 설립위원은 인계가 끝난 때에 해촉된 것으로 본다.

제3조【서류보관·신고·통보 및 중개허가에 관한 적용례】 ① 제20조제3항의 개정규정은 법률 제8185호 대외무역법 일부개정법률의 시행일인 2007년 4월 4일 이후 최초로 출고되거나 「관세법」 제248조제1항에 따라 수출·수입신고가 수리되는 것부터 적용한다.
② 제21조제1항 본문의 개정규정은 법률 제8185호 대외무역법 일부개정법률의 시행일인 2007년 4월 4일 이후

최초로 출고되거나 「관세법」 제248조제1항에 따라 수출·수입신고가 수리되는 것부터 적용한다.
③ 제21조제2항의 개정규정은 법률 제8185호 대외무역법 일부개정법률의 시행일인 2007년 4월 4일 이후 최초로 인도 계약이 체결되는 것부터 적용한다.
④ 제24조제1항 본문의 개정규정은 법률 제8185호 대외무역법 일부개정법률의 시행일인 2007년 4월 4일 이후 최초로 중개되는 것부터 적용한다.
제4조【처분 등에 관한 일반적 경과조치】 이 법 시행 당시 종전의 규정에 따른 행정기관의 행위나 행정기관에 대한 행위는 그에 해당하는 이 법에 따른 행정기관의 행위나 행정기관에 대한 행위로 본다.
제5조【벌칙과 과태료에 관한 경과조치】 이 법 시행 전의 행위에 대하여 벌칙이나 과태료 규정을 적용할 때에는 종전의 규정에 따른다.
제6조【다른 법률의 개정】 ①~⑩ ※(해당 법령에 가제정리 하였음)
제7조【다른 법령과의 관계】 이 법 시행 당시 다른 법령에서 종전의 「대외무역법」 또는 그 규정을 인용한 경우에 이 법 가운데 그에 해당하는 규정이 있으면 종전의 규정을 갈음하여 이 법 또는 이 법의 해당 규정을 인용한 것으로 본다.

부 칙 (2016.1.27)

이 법은 공포 후 6개월이 경과한 날부터 시행한다.

부 칙 (2019.4.30)

제1조【시행일】 이 법은 공포 후 3개월이 경과한 날부터 시행한다.(이하 생략)

부 칙 (2020.2.4)

제1조【시행일】 이 법은 공포 후 1년이 경과한 날부터 시행한다.(이하 생략)

부 칙 (2020.3.18)

이 법은 공포 후 3개월이 경과한 날부터 시행한다.

부 칙 (2022.6.10)

이 법은 공포 후 6개월이 경과한 날부터 시행한다.

부 칙 (2022.11.15)

이 법은 공포한 날부터 시행한다.

부 칙 (2023.10.31)

제1조【시행일】 이 법은 공포 후 6개월이 경과한 날부터 시행한다.
제2조【과징금 징수에 관한 경과조치】 이 법 시행 전에 부과된 과징금의 징수에 관하여는 제33조의2제4항의 개정규정에도 불구하고 종전의 규정에 따른다.

불공정무역행위 조사 및 산업피해구제에 관한 법률

(약칭 : 불공정무역조사법)

(2001년 2월 3일
법 률 제6417호)

개정
2004. 1.20법 7093호
2005.12.29법 7796호(국가공무원)
2008. 2.29법 8852호(정부조직)
2008. 3.21법 8933호　　2008.12.19법 9155호
2010. 4. 5법10230호
2013. 3.23법11690호(정부조직)
2014. 1.21법12290호
2016. 1. 6법13740호(자유무역협정체결에따른무역조정지원에관한법)
2016. 3.29법14109호(산업발전법)
2017.11.28법15083호　　2019.12.10법16798호
2020.12.29법17758호(국세징수)

제1장 총 칙
(2008.3.21 본장개정)

제1조【목적】 이 법은 불공정한 무역행위와 수입의 증가 등으로 인한 국내산업의 피해를 조사·구제하는 절차를 정함으로써 공정한 무역질서를 확립하고 국내산업을 보호하며, 「세계무역기구 설립을 위한 마라케쉬협정」 등 무역에 관한 국제협약을 이행하기 위하여 필요한 사항을 규정함을 목적으로 한다.
제2조【정의】 이 법에서 사용하는 용어의 뜻은 다음과 같다.
1. "무역"이란 「대외무역법」 제2조제1호에 따른 무역을 말한다.
2. "물품등"이란 「대외무역법」 제2조제1호에 따른 물품 등을 말한다.
3. "덤핑"이란 「관세법」 제51조에 따른 덤핑을 말한다.
4. "보조금등"이란 「관세법」 제57조에 따른 보조금 또는 장려금을 말한다.
제3조【공정성·투명성 등의 확보】 ① 제27조에 따른 무역위원회(이하 "무역위원회"라 한다)의 위원 및 그 소속 공무원과 제37조에 따라 조사업무를 수행하는 자는 이 법에 따른 조사와 판정 등의 업무를 공정하고 투명하게 수행하여야 한다.
② 제1항에 따른 업무 처리에 관한 구체적 기준은 대통령령으로 정할 수 있다.

제2장 불공정무역행위의 조사 등
(2008.3.21 본장개정)

제4조【불공정무역행위의 금지】 ① 누구든지 다음 각 호의 어느 하나에 해당하는 행위(이하 "불공정무역행위"라 한다)를 하여서는 아니 된다.
1. 대한민국의 법령이나 대한민국이 당사자인 조약에 따라 보호되는 특허권·실용신안권(實用新案權)·디자인권·상표권·저작권·저작인접권(著作隣接權)·출판권, 데이터베이스 제작자의 권리 및 반도체집적회로의 배치설계권이나 지리적 표시 및 지리적 표시권 또는 영업 비밀을 침해하는 물품등(이하 "지식재산권침해물품등"이라 한다)에 관한 다음 각 목의 어느 하나에 해당하는 행위(2019.12.10 본문개정)
가. 해외에서 지식재산권침해물품등을 국내에 공급하는 행위 또는 지식재산권침해물품등을 수입하거나 수입된 지식재산권침해물품등을 국내에서 판매하는 행위(2010.4.5 본목개정)
나. 지식재산권침해물품등을 수출하거나 수출을 목적으로 국내에서 제조하는 행위
2. 다음 각 목의 어느 하나에 해당하는 물품등을 수출하거나 수입하는 행위
가. 원산지를 거짓으로 표시하거나 원산지를 오인(誤認)하게 하는 표시를 한 물품등
나. 원산지 표시를 손상하거나 변경한 물품등
다. 원산지 표시를 하지 아니한 원산지 표시 대상 물품
3. 품질·내용·제조방법·용도·수량 등(이하 "품질등"이라 한다)을 거짓으로 표시하거나 과장하여 표시한 물품등을 수출하거나 수입하는 행위(2019.12.10 본호개정)
4. 수출입계약의 이행과 관련하여 계약내용과 현저하게 다른 물품등의 수출입 또는 분쟁의 발생 등을 통하여 대한민국의 대외신용을 손상시켜 해당 지역에 대한 수출 또는 수입에 지장을 주는 행위(2010.4.5 본호신설)
② 무역위원회는 제1항제1호 및 제3호에 따른 위반행위의 유형 및 기준을 정하여 공고할 수 있다.(2008.12.19 본항신설)
제5조【불공정무역행위의 조사신청 및 조사개시 결정】 ① 누구든지 불공정무역행위의 사실이 있다고 인정하면 이를 조사하여 줄 것을 무역위원회에 서면으로 신청할 수 있다.
② 제1항에 따른 조사신청은 불공정무역행위가 있었던 날부터 2년 이내에 하여야 한다.(2019.12.10 본항개정)
③ 무역위원회는 제1항에 따른 조사신청을 받으면 20일 이내에 조사의 개시 여부를 결정하여야 한다.
제6조【직권 조사】 무역위원회는 불공정무역행위의 혐의가 있어 이를 조사할 필요성이 있으면 직권(職權)으로 조사할 수 있다.
제7조【잠정조치】 ① 무역위원회에 조사를 신청하였거나 무역위원회가 직권으로 조사 중인 불공정무역행위로 회복할 수 없는 피해를 입고 있거나 입을 우려가 있는 자는 무역위원회에 불공정무역행위의 중지나 그 밖에 피해를 예방할 수 있는 조치(이하 "잠정조치"라 한다)를 하여 줄 것을 신청할 수 있다.
② 무역위원회는 잠정조치의 신청을 받으면 신속하게 조사를 끝내고 대통령령으로 정하는 바에 따라 잠정조치의 시행 여부를 결정하여야 하며, 잠정조치의 시행을 결정한 경우에는 지체 없이 해당 행위자에게 다음 각 호에 규정된 사항을 명할 수 있다.(2019.12.10 본문개정)
1. 해당 물품등의 수출·수입·판매·제조행위의 중지
2. 해당 물품등의 반입배제
3. 해당 물품등에 대한 광고·홍보행위의 중지
4. 그 밖에 잠정조치의 시행을 위하여 필요한 조치
(2019.12.10 1호~4호신설)
③ 제2항에 따른 잠정조치는 다음 각 호의 어느 하나에 해당하는 조치가 있을 때까지 효력이 있다.
1. 해당 물품등에 대한 불공정무역행위가 없다는 무역위원회의 판정
2. 제5조에 따른 조사신청의 철회 등에 따른 무역위원회의 조사종결 결정
3. 해당 물품등에 대한 제10조에 따른 시정조치의 이행
4. 그 밖에 잠정조치의 유지가 필요하지 아니하다는 무역위원회의 결정
(2019.12.10 본항신설)
④ 무역위원회는 잠정조치를 시행하기 위하여 필요하다고 인정하면 관계 행정기관의 장에게 협조를 요청할 수 있다. 이 경우 협조를 요청받은 관계 행정기관의 장은 특별한 사유가 없으면 그 요청에 따라야 한다.(2019.12.10 후단신설)
제8조【담보제공】 ① 잠정조치를 신청하는 자는 제7조제2항에 따른 잠정조치의 시행 여부를 결정하기 전까지 대통령령으로 정하는 바에 따라 무역위원회에 담보를 제공하여야 한다.(2019.12.10 본항개정)
② 무역위원회는 잠정조치를 신청하는 자가 제1항에 따른 담보를 제공하지 아니할 경우에는 기한을 정하여 담보의 제공을 명할 수 있고 그 기한까지 담보를 제공하지 아니하면 잠정조치의 신청을 되돌려 보낼 수 있다.
(2019.12.10 본항신설)
③ 제1항에 따른 담보의 종류·평가·제공방법과 담보의 변경·보충에 관하여는 「국세징수법」 제18조부터 제21조까지의 규정을 준용한다. 이 경우 "세무서장"은 "무역위원회"로 본다.(2020.12.29 전단개정)
④ 무역위원회는 잠정조치를 시행하지 아니하기로 결정하거나 제9조제1항에 따라 불공정무역행위에 대한 조사·판정 절차를 끝낸 경우에는 담보를 되돌려 주어야 한다.
⑤ 제1항부터 제4항까지에 규정된 사항 외에 담보 제도의 운영에 필요한 사항은 대통령령으로 정한다.(2019.12.10 본항개정)
제9조【판정 및 통지 등】 ① 무역위원회는 제5조제3항에 따라 조사를 개시하기로 결정하였을 때에는 그 결정일부터 6개월 이내에 조사를 끝내고 판정하여야 한다.
② 무역위원회는 다음 각 호의 어느 하나에 해당하는 사유가 있는 경우에는 제1항에 따른 기간을 2개월의 범위에서 2회 연장할 수 있다.
1. 조사 중인 불공정무역행위와 관련하여 소송 또는 특허심판 등 관련 분쟁조정 절차가 진행 중인 경우
2. 신청인 또는 피신청인이 정당한 사유를 제시하여 그 기간의 연장을 신청한 경우
3. 그 밖에 조사 내용이 복잡하거나 당사자가 자료를 제출하지 아니하는 등 부득이한 사정으로 기간을 연장할 수 밖에 없다고 인정하는 경우
③ 무역위원회는 불공정무역행위에 대한 판정을 한 경우에는 지체 없이 당사자와 이해관계인에게 알려주어야 한다.
제10조【시정조치】 ① 무역위원회는 제4조제1항에 해당하는 불공정무역행위가 있다고 판정하면 해당 행위자에게 다음 각 호에 규정된 사항을 명할 수 있다. 이 경우 산업통상자원부장관의 의견을 들어야 한다.(2013.3.23 후단개정)
1. 해당 물품등의 수출·수입·판매·제조행위의 중지
2. 해당 물품등의 반입배제 또는 폐기처분
3. 정정광고
4. 법 위반으로 무역위원회로부터 시정명령을 받은 사실의 공표
5. 그 밖에 불공정무역행위의 시정을 위하여 필요한 조치
② 무역위원회는 제1항에 따른 시정조치를 이행하기 위하여 필요하다고 인정하면 관계 행정기관의 장에게 협조를 요청할 수 있다. 이 경우 협조를 요청받은 관계 행정기관의 장은 이에 협조하여야 한다.(2010.4.5 후단신설)
③ (2008.12.19 삭제)
제11조【과징금】 ① 무역위원회는 제4조제1항제1호, 제3호 또는 제4호에 해당하는 불공정무역행위가 있다고 판정하면 해당 행위자에게 대통령령으로 정하는 거래 금액에 100분의 30을 곱한 금액을 초과하지 아니하는 범위에

서 과징금을 부과할 수 있다. 다만, 거래 금액이 없거나 거래 금액을 산정하기 곤란한 경우로서 대통령령으로 정하는 경우에는 5억원을 초과하지 아니하는 범위에서 과징금을 부과할 수 있다.(2010.4.5 본문개정)

② (2004.1.20 삭제)

③ 무역위원회는 제4조제1항제2호에 해당하는 불공정무역행위가 있다고 판정하면 해당 행위자에게 3억원 이하의 과징금을 부과할 수 있다.(2010.4.5 본항개정)

④ 제1항 또는 제3항에 따른 과징금의 부과 기준은 대통령령으로 정한다.(2008.12.19 본항개정)

제12조【과징금 납부기한의 연장 및 분할 납부】 ① 무역위원회는 과징금의 금액이 대통령령으로 정하는 기준에 해당하는 경우로서 다음 각 호의 어느 하나에 해당하는 사유로 과징금을 내야 하는 자(이하 "과징금납부의무자"라 한다)가 과징금의 전액을 일시에 내기 어렵다고 인정되면 그 납부기한을 연장하거나 분할 납부하게 할 수 있다. 이 경우 필요하다고 인정하면 그 과징금납부의무자에게 담보를 제공하게 할 수 있다.

1. 재해나 천재지변 등으로 재산에 현저한 손실을 받은 경우
2. 무역 등 경제 여건의 악화로 사업이 중대한 위기에 처한 경우
3. 과징금을 일시에 납부하면 자금 사정에 현저한 어려움이 예상되는 경우
4. 그 밖에 제1호부터 제3호까지의 규정에 준하는 사유가 있는 경우

② 납부기한 연장과 분할 납부의 신청 절차 및 방법 등에 관하여 필요한 사항은 대통령령으로 정한다.

제13조【과징금 징수 및 체납처분 등】 ① 무역위원회는 과징금납부의무자가 납부기한까지 과징금을 내지 아니하면 납부기한의 다음 날부터 납부하는 날까지의 기간에 대하여 과징금 금액의 100분의 5의 범위에서 대통령령으로 정하는 가산금을 징수한다.

② 무역위원회는 과징금납부의무자가 납부기한까지 과징금을 내지 아니하면 기간을 정하여 과징금과 제1항에 따른 가산금을 내도록 독촉하고, 그 지정한 기간까지 과징금과 가산금을 내지 아니하면 국세 체납처분의 예에 따라 징수할 수 있다.

③ 무역위원회가 제14조에 따른 이의신청에 대한 결정, 행정심판에 대한 재결 또는 법원의 판결 등의 사유로 과징금을 환급하는 경우에는 과징금을 납부한 날부터 환급하는 날까지의 기간에 대하여 금융기관의 이자율 등을 참작하여 대통령령으로 정하는 바에 따라 환급가산금을 지급하여야 한다.

④ 무역위원회는 과징금 또는 가산금을 징수하기 위하여 필요한 경우에는 다음 각 호의 사항을 적은 문서로 관할 세무관서의 장 또는 지방자치단체의 장에게 「소득세법」에 따른 종합소득금액 등 대통령령으로 정하는 과세정보의 제공을 요청할 수 있다. 이 경우 과세정보의 제출을 요청받은 관할 세무관서의 장 또는 지방자치단체의 장은 특별한 사유가 없으면 그 요청에 따라야 한다.

1. 납세자의 인적사항
2. 사용목적
3. 과징금 부과 사유 및 기준

(2019.12.10 본항신설)

제13조의2【이행강제금】 ① 무역위원회는 제10조제1항에 따라 시정명령을 받은 후 시정기간 이내에 시정명령을 이행하지 아니한 자에 대하여는 그 시정명령의 이행에 상당한 이행기한을 정하여 그 기한까지 시정명령을 이행하지 아니하면 매 1일당 해당 물품등 가액의 1000분의 5를 초과하지 아니하는 범위에서 대통령령으로 정하는 바에 따라 이행강제금을 부과할 수 있다. 다만, 이행강제금의 총 부과금액은 해당 물품등의 가액을 초과할 수 없다.

② 무역위원회는 제1항에 따른 이행강제금을 부과하기 전에 제1항에 따른 이행강제금을 부과·징수한다는 뜻을 미리 문서로써 알려 주어야 한다.

③ 무역위원회는 제1항에 따른 이행강제금을 부과하는 경우 이행강제금의 금액, 부과사유, 납부기한, 수납기관, 이의제기방법 및 이의제기기관 등을 구체적으로 밝힌 문서로 하여야 한다.

④ 무역위원회는 제10조제1항에 따라 시정명령을 받은 자가 이를 이행하면 새로운 이행강제금의 부과를 즉시 중지하되, 이미 부과된 이행강제금은 징수하여야 한다.

⑤ 제1항에 따른 해당 물품등 가액의 구체적인 산정기준은 대통령령으로 정한다.

⑥ 무역위원회는 이행강제금을 내야 하는 자가 납부기한까지 이행강제금을 내지 아니하면 기간을 정하여 독촉하고, 그 지정한 기간까지 이를 내지 아니하면 국세 체납처분의 예에 따라 징수할 수 있다.(2019.12.10 본항신설)

(2010.4.5 본조신설)

제13조의3【결손처분】 ① 무역위원회는 과징금, 가산금 또는 이행강제금(이하 "과징금등"이라 한다)의 납부의무자에게 다음 각 호의 어느 하나에 해당하는 사유가 있는 경우에는 결손처분을 할 수 있다.

1. 체납처분이 끝나고 체납액에 충당된 배분금액이 체납액보다 적은 경우
2. 과징금등의 징수권에 대한 소멸시효가 완성된 경우
3. 체납자의 행방이 분명하지 아니하거나 재산이 없다는 것이 판명된 경우
4. 체납처분의 목적물인 총 재산의 추산가액이 체납처분비에 충당하고 남을 여지가 없음이 확인된 경우
5. 체납처분의 목적물인 총 재산이 과징금등보다 우선하는 국세, 지방세, 전세권, 질권 또는 저당권에 의하여 담보된 채권 등의 변제에 충당하고 남을 여지가 없음이 확인된 경우
6. 「채무자 회생 및 파산에 관한 법률」 제251조에 따라 면책된 경우

② 무역위원회는 제1항에 따라 결손처분을 할 때에는 지방행정기관 등 관계 기관에 대하여 체납자의 행방 또는 재산의 유무를 조사하고 확인하여야 한다.

③ 무역위원회는 제1항제4호 또는 제5호의 요건에 해당되어 결손처분을 할 때에는 체납처분을 중지하고 그 재산의 압류를 해제하여야 한다.

④ 무역위원회는 제1항에 따라 결손처분을 한 후 압류할 수 있는 다른 재산을 발견한 때에는 지체 없이 결손처분을 취소하고, 체납처분을 하여야 한다. 다만, 제1항제2호에 해당하는 경우에는 그러하지 아니하다.

(2019.12.10 본조신설)

제14조【이의신청】 ① 제7조제2항, 제10조, 제11조 또는 제13조의2에 따른 무역위원회의 처분에 불복하는 자는 다음 각 호에 해당하는 기간 이내에 무역위원회에 이의신청을 할 수 있다.

1. 제7조제2항에 따른 처분에 불복할 경우에는 그 처분을 통지받은 날부터 14일 이내
2. 제10조, 제11조 또는 제13조의2에 따른 처분에 불복할 경우에는 그 처분을 통지받은 날부터 30일 이내

(2019.12.10 본항개정)

② 무역위원회는 제1항에 따른 이의신청에 대하여 60일 이내에 결정을 하여야 한다. 다만, 이의신청에 대한 조사 과정에서 새로운 자료가 제출되어 조사에 추가로 시일이 걸리는 등 부득이한 사정으로 그 기간에 결정을 할 수 없는 경우에는 30일의 범위에서 기간을 연장할 수 있다.

③ 제1항에 따라 이의신청을 한 자는 그 이의신청과 관계없이 「행정심판법」에 따른 행정심판이나 「행정소송법」에 따른 행정소송을 제기할 수 있다.

제14조의2【지식재산권침해물품등의 확인】 ① 무역위원회가 지식재산권침해물품등에 관한 불공정무역행위로 판정한 후 그 지식재산권침해물품등과 같은 종류의 물품등에 대하여 제4조제1항제1호의 불공정무역행위를 하려는 경우나 그러한 행위가 있다고 인정하는 경우에는 누구든지 대통령령으로 정하는 바에 따라 무역위원회에 해당 물품등이 지식재산권침해물품등에 해당하는지에 대한 확인을 신청할 수 있다.(2008.12.19 본항개정)

② 무역위원회는 제1항에 따른 행위의 혐의가 있어 이를 확인할 필요성이 있으면 직권으로 확인할 수 있다.

③ 무역위원회는 제1항이나 제2항에 따라 확인을 할 때에는 해당 물품등이 지식재산권침해물품등과 동일한지 여부와 해당 행위자가 정당한 권리자인지 여부를 판단하는 데에 필요한 범위에 한정하여야 한다.

④ 무역위원회는 제1항이나 제2항에 따라 확인을 한 경우에는 지체 없이 당사자와 이해관계인에게 그 결과를 알려야 한다.

⑤ 무역위원회가 제1항이나 제2항에 따라 지식재산권침해물품등으로 확인한 행위는 제9조에 따라 제4조제1항제1호에 해당하는 불공정무역행위로 판정한 행위로 본다.(2008.12.19 본항개정)

⑥ 제1항에 따른 확인 신청은 확인대상 물품등에 관한 불공정무역행위를 하려는 사실을 안 날부터 2년 이내에 또는 불공정무역행위가 있었던 날부터 2년 이내에 하여야 한다.(2019.12.10 본항신설)

(2008.3.21 본조신설)

제14조의3【포상금의 지급】 ① 무역위원회는 제4조제1항제1호에 해당하는 불공정무역행위(제14조의2제5항에 따라 간주하는 경우를 포함한다)에 대하여 제11조에 따른 과징금을 부과한 경우 예산의 범위에서 다음 각 호의 어느 하나에 해당하는 자에게 과징금 부과금액의 100분의 10 이내의 금액으로서 대통령령으로 정하는 금액을 포상금으로 지급할 수 있다.(2008.12.19 본문개정)

1. 해당 불공정무역행위를 조사하거나 확인하여 줄 것을 신청한 자
2. 해당 불공정무역행위에 대하여 무역위원회가 직권으로 조사하거나 확인한 경우 그 불공정무역행위의 혐의와 관련하여 중요한 자료나 정보를 제공한 자

② 직무상 취득한 정보를 이용하여 신청을 하거나 자료를 제공한 공무원 등 대통령령으로 정하는 자에게는 제1항에 따른 포상금을 지급하지 아니한다

(2008.3.21 본조신설)

제3장 수입 증가로 인한 산업피해조사 등 (2008.3.21 본장개정)

제15조【특정 물품의 수입 증가로 인한 국내산업 피해의 조사신청】 특정한 물품의 수입 증가로 같은 종류의 물품 또는 직접적인 경쟁관계에 있는 물품을 생산하는 국내산업이 심각한 피해를 입고 있거나 입을 우려가 있으면 해당 국내산업에 이해관계가 있는 자 또는 그 국내산업을 관장하는 관계 중앙행정기관의 장은 무역위원회에 해당 특정 물품의 수입이 국내산업에 미치는 피해를 조사하여 줄 것을 신청할 수 있다.

제16조【국내산업 피해의 조사】 ① 무역위원회는 제15조에 따른 신청을 받으면 관계 중앙행정기관의 장의 의견을 들어 신청일부터 30일 이내에 조사의 개시 여부를 결정하고, 그 결과를 신청인과 관계 중앙행정기관의 장에게 알려야 한다.

② 무역위원회는 제1항에 따라 조사의 개시를 결정한 때에는 그 결정일부터 4개월 이내에 특정 물품의 수입이 해당 국내산업에 심각한 피해를 미치거나 미칠 우려가 있는지를 종합적으로 판정하여야 한다. 다만, 그 조사내용이 복잡하거나 신청인이 정당한 사유를 제시하여 조사기간의 연장을 신청한 경우에는 2개월의 범위에서 그 기간을 연장할 수 있다.(2014.1.21 본문개정)

③ 무역위원회는 특정한 물품의 수입 증가로 국내산업이 심각한 피해를 입고 있거나 입을 우려가 있다고 판단되면 직권으로 조사할 수 있다.(2014.1.21 본항신설)

제17조【세이프가드조치 등의 건의】 ① 무역위원회는 제16조에 따른 조사 결과 국내산업이 심각한 피해를 입고 있거나 입을 우려가 있다고 판정하면 그 판정일부터 1개월 이내에 다음 각 호의 어느 하나에 해당하는 조치(이하 "세이프가드조치"라 한다) 및 그 기간을 결정하여 관계 중앙행정기관의 장에게 시행을 건의할 수 있다.

1. 관세율의 조정
2. 수입물품 수량의 제한

② 무역위원회는 세이프가드조치의 시행의 건의와 함께 관계 중앙행정기관의 장에게 국내산업의 구조조정을 촉진하기 위한 조치(이하 "구조조정촉진조치"라 한다)의 시행을 건의할 수 있다.

③ 세이프가드조치의 기간은 4년을 초과하여서는 아니 된다.

④ 무역위원회는 제1항에 따라 세이프가드조치 및 그 기간을 결정할 때에는 해당 세이프가드조치가 관련 산업, 국내 물가, 소비자의 이익, 통상관계 등에 미치는 영향을 종합적으로 고려하여야 한다.

⑤ 무역위원회는 제1항에 따라 세이프가드조치 및 그 기간을 결정할 때에는 해당 국내산업의 심각한 피해를 방지하거나 구제하고 산업구조의 조정을 촉진하는 데에 필요한 범위로 한정하여야 한다.

제18조【잠정세이프가드조치의 건의】 ① 무역위원회는 제16조에 따른 조사기간 중에 조사신청인으로부터 조사신청 물품에 대하여 잠정적인 조치를 신청받은 경우로서 그 조사기간 중에 발생하는 피해 등을 방지하지 아니하면 해당 물품의 수입 증가로 같은 종류의 물품 또는 직접적인 경쟁관계에 있는 물품을 생산하는 국내산업이 회복하기 어려울 정도로 심각한 피해를 입거나 입을 우려가 있다는 명백한 증거가 있다고 판정한 경우에는 관계 중앙행정기관의 장에게 잠정적으로 제17조제1항제1호에 따른 세이프가드조치(이하 "잠정세이프가드조치"라 한다)의 시행을 건의할 수 있다.

② 잠정세이프가드조치의 기간은 200일을 초과할 수 없다.

제18조의2【국내산업피해의 조사신청 절차 등】 제15조에 따른 조사의 신청절차, 국내산업의 범위, 이해관계가 있는 자의 범위, 조사의 개시 여부 결정기간 및 잠정세이프가드조치의 신청절차 등에 관하여 필요한 사항은 대통령령으로 정한다.

제19조【세이프가드조치 등의 시행 및 해제】 ① 중앙행정기관의 장은 무역위원회로부터 세이프가드조치·잠정세이프가드조치 또는 구조조정촉진조치의 시행을 건의받으면 1개월 이내에 해당 조치의 시행 여부, 조치내용 및 조치기간을 결정하고 무역위원회에 통보하여야 한다. 이 경우 세이프가드조치·잠정세이프가드조치 또는 구조조정촉진조치를 시행하기 위하여 주요 이해당사국과의 협의, 법령의 개정 등의 준비가 필요하면 그 준비에 걸리는 기간은 전단의 1개월에 포함하지 아니한다.

② 중앙행정기관의 장은 그 소관에 속하는 세이프가드조치나 잠정세이프가드조치의 시행 여부를 결정할 때에는 국제통상 관계와 국민경제 및 산업 전반에 미칠 영향에 대하여 다른 관계 중앙행정기관의 장의 의견을 들어야 한다.

③ 중앙행정기관의 장은 세이프가드조치의 기간이 1년 이상이면 일정 기간을 주기로 그 조치를 점차 완화하여야 한다.

④ 중앙행정기관의 장은 세이프가드조치의 원인이 되는 사실이 소멸되면 세이프가드조치를 해제하여야 한다. 이 경우 필요하다고 인정하면 무역위원회의 의견을 들을 수 있다.

⑤ 중앙행정기관의 장은 세이프가드조치의 대상이었던 물품에 대하여 그 세이프가드조치의 기간이 끝난 날부터 그 기간에 해당하는 기간(세이프가드조치의 기간이 2년 미만인 경우에는 2년)이 지나기 전까지는 다시 세이프가드조치를 시행할 수 없다. 다만, 다음 각 호의 요건을 모두 갖춘 경우에는 180일 이내의 기간을 정하여 세이프가드조치를 시행할 수 있다.

1. 해당 물품에 대한 세이프가드조치가 시행된 후 1년이 지날 것
2. 세이프가드조치를 다시 시행하는 날부터 소급하여 5년 이내에 해당 물품에 대한 세이프가드조치가 2회 이내일 것

제20조【세이프가드조치의 재검토 등】 ① 무역위원회는 세이프가드조치의 기간이 3년을 초과하면 그 기간의 2분의 1이 지나기 전에 세이프가드조치에 대한 완화 또는 해제 여부를 다시 검토(이하 "중간재검토"라 한다)하여야 한다.
② 무역위원회는 중간재검토 결과 세이프가드조치를 완화 또는 해제할 필요가 있다고 판정하면 이를 관계 중앙행정기관의 장에게 건의할 수 있다.
③ 무역위원회는 중간재검토 결과 국내산업의 구조조정 촉진조치가 필요하다고 판정하면 그 조치의 시행을 관계 중앙행정기관의 장에게 건의할 수 있다.
④ 중앙행정기관의 장이 제2항이나 제3항에 따른 건의를 받은 경우에는 제19조제1항 및 제2항을 준용한다.
제20조의2【세이프가드조치의 연장 등 검토】 ① 무역위원회는 시행 중인 세이프가드조치에 대하여 제15조에 따른 조사신청인으로부터 신청을 받으면 조치 연장 등의 건의 여부를 검토할 수 있다.
② 무역위원회는 제1항에 따른 검토 결과 국내산업이 구조조정 중에 있다는 증거가 있고, 국내산업의 심각한 피해를 방지하거나 구제하기 위하여 필요하다고 판정하면 해당 세이프가드조치의 종료일부터 1개월 전에 관계 중앙행정기관의 장에게 세이프가드조치의 내용을 변경하거나 적용기간의 연장을 건의할 수 있다.
③ 무역위원회는 제2항에 따른 건의와 함께 관계 중앙행정기관의 장에게 구조조정촉진조치의 시행을 건의할 수 있다.
④ 중앙행정기관의 장은 무역위원회로부터 제2항이나 제3항에 따른 건의를 받으면 현재 시행 중인 조치가 끝나기 전에 관계 중앙행정기관의 장의 의견을 들어 해당 조치의 시행 여부, 조치내용 및 조치기간을 결정하고 무역위원회에 통보하여야 한다. 이 경우 변경되는 조치내용 및 연장되는 적용기간 내의 조치내용은 최초의 조치보다 완화되어야 한다.
⑤ 제4항에 따라 세이프가드조치의 내용을 변경하거나 적용기간을 연장하는 경우에는 최초의 세이프가드조치의 기간(잠정세이프가드조치의 기간을 포함한다)과 그 연장기간을 더한 기간이 8년을 초과하여서는 아니 된다.
제21조 (2008.3.21 삭제)
제22조【서비스에 관한 세이프가드조치】 ① 외국인에 의한 서비스의 공급 증가로 같은 종류의 서비스 또는 직접적인 경쟁관계에 있는 서비스를 공급하는 국내산업이 심각한 피해를 입고 있거나 입을 우려가 있으면 해당 국내산업에 이해관계가 있는 자 또는 그 국내산업을 관장하는 관계 중앙행정기관의 장은 무역위원회에 해당 국내산업의 피해를 조사하여 줄 것을 신청할 수 있다.
② 무역위원회는 제1항에 따른 신청을 받으면 조사의 개시 여부를 결정하고 조사 결과 해당 국내산업이 심각한 피해를 입고 있거나 입을 우려가 있다고 판정한 경우에는 세이프가드조치(이하 "서비스세이프가드조치"라 한다) 및 그 기간을 결정하여 관계 중앙행정기관의 장에게 서비스세이프가드조치의 시행을 건의할 수 있다.
③ 관계 중앙행정기관의 장은 제2항에 따라 무역위원회로부터 서비스세이프가드조치의 시행을 건의받으면 해당 조치의 시행 여부, 조치내용 및 조치기간을 결정하고 무역위원회에 통보하여야 한다.
④ 제1항부터 제3항까지의 규정에 따른 서비스세이프가드조치의 조사신청 절차, 국내산업의 범위, 이해관계가 있는 자의 범위, 조사의 개시 여부 결정기간 등에 관하여 필요한 사항은 대통령령으로 정한다.
제22조의2【세계무역기구의 특정 회원국에 대한 특별 세이프가드조치】 ① 2001년 이후 세계무역기구에 가입하는 회원국 중 대통령령으로 정하는 국가를 원산지로 하는 물품이 다음 각 호의 어느 하나에 해당하면 해당 국내산업에 이해관계가 있는 자 또는 그 국내산업을 관장하는 관계 중앙행정기관의 장은 무역위원회에 세이프가드조치(이하 "특별세이프가드조치"라 한다)를 시행하기 위한 조사를 신청할 수 있다.
1. 해당 물품의 수입 증가로 같은 종류의 물품 또는 직접적인 경쟁관계에 있는 물품의 국내시장이 교란되거나 또는 교란될 우려가 있는 경우
2. 세계무역기구 회원국이 해당 물품의 수입 증가에 대하여 자국의 시장 교란을 구제하거나 방지하기 위하여 취한 조치로 중대한 무역전환(貿易轉換)이 발생하여 그 물품이 우리나라로 수입되거나 수입될 우려가 있는 경우
3. 해당 물품이 「섬유 및 의류에 관한 협정」의 대상이 되는 품목인 경우에는 그 물품의 수입이 국내시장을 교란하여 같은 품목의 교역발전을 해치거나 해칠 우려가 있는 경우
② 무역위원회는 제1항에 따른 신청을 받으면 조사의 개시 여부를 결정하여 조사를 한 후 제1항제1호 또는 제2호에 해당된다고 판정한 때에는 제17조제1항 또는 제2항에 따른 세이프가드조치등의 시행을, 제1항제3호에 해당된다고 판정한 때에는 제17조제1항제2호에 따른 세이프가드조치의 시행을 관계 중앙행정기관의 장에게 건의할 수 있다.
③ 무역위원회는 제1항제1호에 따른 조사신청 물품에 대하여 조사신청인으로부터 잠정적인 조치를 신청받은 경우로서 그 조사기간 중에 발생하는 피해 등을 방지하지 아니하면 해당 물품의 수입 증가로 인하여 회복하기 어려울 정도로 국내시장이 교란되거나 교란될 우려가 있다고 판정한 경우에는 관계 중앙행정기관의 장에게 200일 이내의 범위에서 잠정적으로 제17조제1항에 따른 세이프가드조치(이하 "잠정특별세이프가드조치"라 한다)의 시행을 건의할 수 있다.
④ 무역위원회는 제1항제1호에 해당되어 시행 중인 특별세이프가드조치에 대하여 제1항에 따른 조사신청인으로부터 신청이 있는 경우 국내산업의 시장 교란을 방지하거나 구제하기 위하여 필요하다고 판정한 때에는 관계 중앙행정기관의 장에게 특별세이프가드조치의 연장 및 구조조정촉진조치를 건의할 수 있다.
⑤ 중앙행정기관의 장은 제2항부터 제4항까지의 규정에 따라 무역위원회로부터 특별세이프가드조치, 잠정특별세이프가드조치, 특별세이프가드조치연장 또는 구조조정촉진조치의 시행을 건의받으면 해당 조치의 시행 여부, 조치내용 및 조치기간을 결정하고 무역위원회에 통보하여야 한다.
⑥ 제1항부터 제5항까지의 규정에 따른 특별세이프가드조치와 잠정특별세이프가드조치의 대상 국가, 조사신청 절차, 국내산업의 범위, 이해관계가 있는 자의 범위, 조사의 시작 여부 결정기간 등에 관하여 필요한 사항은 대통령령으로 정한다.
제22조의3【외국과의 자유무역협정에 따른 세이프가드조치】 ① 우리나라가 외국과 양자간(兩者間) 또는 다자간(多者間)으로 체결한 자유무역협정(이하 "자유무역협정"이라 한다)에서 특정 물품의 수입 증가로 인한 국내산업의 피해 등을 구제할 수 있도록 규정하고 있는 경우(자유무역협정에서 특정 품목을 별도로 정하여 해당 품목의 수입 증가로 인한 국내산업의 피해 등을 구제할 수 있도록 규정하고 있는 경우를 포함한다)로서 해당 국가 특정 물품의 수입 증가로 같은 종류의 물품 또는 직접적인 경쟁관계에 있는 물품을 생산하는 국내산업이나 국내시장이 자유무역협정에서 정한 피해 등을 입고 있거나 입을 우려(이하 이 조에서 "산업피해등"이라 한다)가 있으면 해당 국내산업에 이해관계가 있는 자 또는 그 국내산업을 관장하는 관계 중앙행정기관의 장은 무역위원회에 자유무역협정에서 정하는 관세율의 조정 조치(이하 "자유무역협정세이프가드조치"라 한다)를 시행하기 위한 조사를 신청할 수 있다.
② 무역위원회는 제1항에 따른 신청을 받으면 조사의 개시 여부를 결정하고 조사 결과 해당 국내산업이나 국내시장에 산업피해등이 있다고 판정하면 이를 방지하거나 구제하기 위한 자유무역협정세이프가드조치 및 그 기간을 결정하여 관계 중앙행정기관의 장에게 자유무역협정세이프가드조치의 시행을 건의할 수 있다.
③ 무역위원회는 제2항에 따른 자유무역협정세이프가드조치의 시행 건의와 함께 관계 중앙행정기관의 장에게 구조조정촉진조치의 시행을 건의할 수 있다.
④ 무역위원회는 제2항에 따른 조사기간 중에 조사신청인으로부터 조사신청 물품에 대하여 잠정적인 조치를 신청받은 경우로서 그 조사기간 중에 발생하는 피해 등을 방지하지 아니하면 해당 물품의 수입 증가로 같은 종류의 물품 또는 직접적인 경쟁관계에 있는 물품을 생산하는 국내산업이나 국내시장에 회복하기 어려운 산업피해등이 있다고 판정한 경우에는 관계 중앙행정기관의 장에게 이를 구제할 수 있는 잠정적인 조치(이하 "잠정자유무역협정세이프가드조치"라 한다)의 시행을 건의할 수 있다.
⑤ 무역위원회는 시행 중인 자유무역협정세이프가드조치에 대하여 제1항에 따른 조사신청인으로부터 신청이 있는 경우 국내산업이나 국내시장의 산업피해등을 방지하거나 구제하기 위하여 필요하다고 판정한 때에는 관계 중앙행정기관의 장에게 자유무역협정세이프가드조치 및 그 기간의 연장을 건의할 수 있다.
⑥ 관계 중앙행정기관의 장은 제2항부터 제5항까지의 규정에 따라 무역위원회로부터 자유무역협정세이프가드조치, 잠정자유무역협정세이프가드조치, 자유무역협정세이프가드조치 연장의 시행 또는 구조조정촉진조치의 시행을 건의받으면 해당 조치의 시행 여부, 조치내용 및 조치기간을 결정하고 무역위원회에 통보하여야 한다.
⑦ 제1항부터 제6항까지의 규정에 따른 자유무역협정세이프가드조치와 잠정자유무역협정세이프가드조치의 대상 국가, 자유무역협정에서 별도로 정하는 특정 품목에 대한 산업피해등의 판단기준, 조사신청 절차, 국내산업의 범위, 이해관계가 있는 자의 범위, 조사의 개시 여부 결정기간 등에 관하여 필요한 사항은 대통령령으로 정한다.
제22조의4【자유무역협정의 체결상대국에 대한 세이프가드조치 적용배제】 ① 자유무역협정에서 자유무역협정의 체결상대국에 대하여 세이프가드조치를 적용하지 아니할 수 있도록 규정한 경우로서 무역위원회가 제16조에 따라 국내산업의 피해를 조사할 때 자유무역협정 체결상대국의 특정 물품 수입 증가로 인한 국내산업의 피해를 별도로 조사하여 국내산업이 심각한 피해를 입고 있지 아니하거나 심각한 피해를 입을 우려가 없는 것으로 판정한 경우에는 자유무역협정의 체결상대국에 대하여 제15조부터 제20조까지 및 제20조의2를 적용하지 아니할 수 있다.
② 제1항에 따른 세이프가드조치 적용배제의 대상국가, 적용배제의 요건, 조사절차 등에 관하여 필요한 사항은 대통령령으로 정한다.
(2008.3.21 본조신설)
제22조의5【자유무역협정으로 인한 특정물품의 수입증가에 대한 무역피해지원조치】 ① 자유무역협정 체결상대국으로부터 특정 물품의 수입 증가로 인하여 같은 종류의 물품 또는 직접적인 경쟁관계에 있는 물품을 생산하는 국내산업이 심각한 피해를 입고 있거나 입을 우려(이하 이 조에서 "무역피해"라 한다)가 있으면 해당 국내산업에 이해관계가 있는 자 또는 해당 국내산업을 관장하는 관계 중앙행정기관의 장은 무역위원회에 국내산업의 경쟁력 강화 또는 구조조정의 촉진을 위하여 필요한 지원조치(이하 "무역피해지원조치"라 한다)의 시행을 위한 조사를 신청할 수 있다.
② 제1항의 신청에 따른 무역피해의 조사 및 판정에 관하여는 제16조를 준용한다. 이 경우 제16조제1항 중 "제15조"를 "제22조의5제1항"으로 보고, 같은 조 제2항 중 "특정 물품의 수입이 해당 국내산업에 심각한 피해를 미치거나 미칠 우려가 있는지"를 "무역피해에 해당하는지"로 본다.(2014.1.21 후단개정)
③ 무역위원회는 제2항에 따른 조사 결과 국내산업에 무역피해가 있다고 판정하면 그 판정일부터 1개월 이내에 무역피해지원조치를 결정하여 관계 중앙행정기관의 장에게 그 시행을 건의할 수 있다.
④ 무역위원회는 제3항에 따라 무역피해지원조치를 결정할 때에는 해당 국내산업의 무역피해를 방지하거나 구제하고 산업의 경쟁력 강화 또는 산업구조의 조정을 촉진하는 데에 필요한 범위에서만 하여야 한다.
⑤ 제3항에 따른 무역피해지원조치의 시행 및 해제에 관하여는 제19조제1항 및 제4항을 준용한다. 이 경우 제19조제1항 전단 및 후단 중 "세이프가드조치·잠정세이프가드조치 또는 구조조정촉진조치"는 각각 "무역피해지원조치"로 보고, 같은 조 제4항 전단 중 "세이프가드조치"는 "무역피해지원조치"로 본다.
⑥ 제1항부터 제5항까지의 규정에 따른 무역피해지원조치의 조사신청 절차, 국내산업의 범위, 이해관계가 있는 자의 범위, 조사 및 판정의 절차 등에 관하여 필요한 사항은 대통령령으로 정한다.
(2008.3.21 본조신설)
제22조의6【외국과의 자유무역협정에 따른 협력】 무역위원회는 자유무역협정세이프가드조치의 시행을 위한 산업피해의 조사 등 산업피해의 구제와 관련된 업무(「관세법」 및 「자유무역협정의 이행을 위한 관세법의 특례에 관한 법률」로 정한 것은 제외한다)를 원활히 수행하기 위하여 대통령령으로 정하는 바에 따라 자유무역협정의 체결상대국과 필요한 협력을 할 수 있다.(2008.3.21 본조신설)

제4장 덤핑 및 보조금등으로 인한 산업피해조사 등
(2008.3.21 본장개정)

제23조【덤핑으로 인한 산업피해조사 등】 덤핑으로 인한 산업피해의 조사 개시 결정, 덤핑사실의 조사, 덤핑으로 인한 산업피해의 조사·판정, 덤핑방지조치의 건의, 재심사 등은 「관세법」 제51조부터 제56조까지의 규정으로 정하는 바에 따른다.
제24조【보조금등으로 인한 산업피해조사 등】 보조금등으로 인한 산업피해의 조사개시 결정, 보조금등의 지급사실의 조사, 보조금등으로 인한 산업피해의 조사·판정, 상계조치의 건의, 재심사 등은 「관세법」 제57조부터 제62조까지의 규정으로 정하는 바에 따른다.

제5장 산업경쟁력 영향 등 조사
(2008.3.21 본장개정)

제25조【산업경쟁력 영향 등 조사】 무역위원회는 외국으로부터의 물품 수입이나 서비스 공급이 국내산업의 경쟁력에 미치는 영향, 무역협정의 체결이나 국제무역제도의 변화가 국내경제에 미치는 효과 등을 조사할 수 있다.
제25조의2【교역상대국의 국제무역규범 위반으로 인한 국내산업 피해의 조사】 ① 무역위원회는 국제무역규범을 위반하는 교역상대국의 제도와 관행으로 특정한 물품 및 서비스를 생산하는 국내산업이 피해를 입거나 입을 우려가 있는지를 조사할 수 있다.
② 제1항에 따른 조사에 필요한 사항은 대통령령으로 정한다.
제25조의3【구제조치의 건의】 무역위원회는 제25조의2에 따른 조사 결과 국내산업이 피해를 입거나 입을 우려가 있다고 판정하면 관계 중앙행정기관의 장에게 교역상대국의 국제무역규범 위반내용의 시정을 위하여 필요한 조치의 시행을 건의할 수 있다.
제26조【조사자료의 요구】 무역위원회는 제25조에 따른 조사를 위하여 필요하다고 인정하면 관계 중앙행정기관의 장 및 관련 기관·단체에 자료의 제출을 요청할 수 있다.(2016.3.29 본조개정)

제6장 무역위원회
(2008.3.21 본장개정)

제27조【무역위원회의 설치】 ① 불공정무역행위에 대한 조사·판정, 수입 증가·덤핑·보조금등으로 인한 국내산업 피해의 조사·판정, 산업경쟁력 영향조사 등에 관

한 업무를 수행하기 위하여 산업통상자원부에 무역위원회를 둔다.(2013.3.23 본항개정)
② 제1항에 따른 업무 및 국제무역제도의 연구 등 무역위원회의 업무를 처리하기 위하여 무역위원회에 사무기구를 둔다.
제28조【무역위원회의 소관 업무】 무역위원회의 소관 업무는 다음과 같다.
1. 불공정무역행위의 조사·판정 및 잠정조치의 결정
2. 불공정무역행위를 한 자에 대한 시정조치 및 과징금 부과
3. 수입 증가로 인한 국내산업 피해의 조사·판정
4. 다음 각 목에 해당하는 조치의 건의, 중간 재검토 또는 연장 검토
가. 세이프가드조치 및 잠정세이프가드조치
나. 서비스세이프가드조치
다. 특별세이프가드조치 및 잠정특별세이프가드조치
라. 자유무역협정세이프가드조치 및 잠정자유무역협정세이프가드조치
5. 제22조의5에 따른 무역피해의 조사, 판정 및 무역피해지원조치의 건의
6. 제25조에 따른 국내산업의 경쟁력에 미치는 영향 등의 조사
7. 제25조의2에 따른 교역상대국의 국제무역규범 위반으로 인한 국내산업 피해의 조사
8. 「관세법」 제51조부터 제56조까지의 규정에 따른 덤핑방지관세의 부과를 위한 산업피해의 조사 개시 결정, 덤핑사실의 조사, 덤핑으로 인한 산업피해의 조사·판정, 덤핑방지조치의 건의, 재심사 등
9. 「관세법」 제57조부터 제62조까지의 규정에 따른 상계관세(相計關稅)의 부과를 위한 산업피해의 조사 개시 결정, 보조금등의 지급 사실의 조사, 보조금등으로 인한 산업피해의 조사·판정, 상계조치의 건의, 재심사 등
10. (2016.1.6 삭제)
11. 국제무역에 관한 법규·제도 및 분쟁 사례 등의 조사·연구
12. 다른 법령에 따라 무역위원회의 소관으로 규정된 사항
13. 그 밖에 공정무역의 촉진 등 무역위원회가 필요하다고 인정하는 사항의 조사 및 건의
제29조【무역위원회의 구성 등】 ① 무역위원회는 위원장 1명을 포함한 9명 이내의 위원으로 구성한다.
② 위원 중 대통령령으로 정하는 수의 위원은 상임으로 한다.
③ 위원장과 위원은 다음 각 호의 어느 하나에 해당하는 자 중에서 산업통상자원부장관의 제청으로 대통령이 임명하거나 위촉한다.(2013.3.23 본문개정)
1. 무역진흥·기업경영·회계·관세 또는 지식재산권 분야에 10년 이상 종사한 경력이 있는 자
2. 「고등교육법」 제2조에 따른 학교에서 법률학·경제학·경영학 또는 행정학을 전공한 자로서 같은 조에 따른 학교나 공인된 연구기관에서 조교수 이상 또는 그에 상당하는 직에 10년 이상 있던 자
3. 판사·검사 또는 변호사의 직에 10년 이상 있던 자
4. 산업정책·무역진흥 또는 관세행정 분야 등의 고위공무원단에 속하는 공무원의 직에 있던 자
④ 위원장과 위원의 임기는 3년으로 하고, 연임할 수 있다.
제30조【위원장】 ① 위원장은 무역위원회를 대표한다.
② 위원장이 신체·정신상의 장애 등 부득이한 사정으로 직무를 수행할 수 없으면 임명일이 빠른 상임위원 순서로 그 직무를 대행한다.
제31조【위원의 신분 보장】 위원은 다음 각 호의 어느 하나에 해당하는 경우 외에는 그 의사에 반하여 면직되거나 해촉되지 아니한다.
1. 금고 이상의 형을 선고받은 경우
2. 장기간의 심신쇠약으로 직무를 수행할 수 없다고 산업통상자원부장관이 인정한 경우(2013.3.23 본호개정)
제32조【회의의 의사 및 의결정족수】 무역위원회의 회의는 재적위원 과반수의 출석으로 개의하고, 출석위원 2분의 1 이상의 찬성으로 의결한다.
제33조【의결의 공개】 ① 무역위원회의 심리와 의결은 공개한다. 다만, 이해관계인의 영업상 비밀을 보호하거나 공익상 필요하다고 인정하는 경우에는 그러하지 아니하다.
② 무역위원회 의결을 위한 합의는 공개하지 아니한다.
제34조【위원의 제척·기피 또는 회피】 ① 위원은 다음 각 호의 어느 하나에 해당하는 사건에 대한 심리·의결에서 제척된다.
1. 위원 또는 위원의 배우자나 배우자이었던 자가 당사자이거나 공동권리자 또는 공동의무자인 사건
2. 위원이 당사자와 친족관계에 있거나 위원이 속한 법인이 당사자의 법률·경영 등에 대한 자문·고문 등으로 있는 사건
3. 위원 또는 위원이 속한 법인이 증언이나 감정을 한 사건
4. 위원 또는 위원이 속한 법인이 당사자의 대리인으로서 관여하거나 관여하였던 사건
② 무역위원회에서 조사 중인 사건의 당사자는 위원에게 심리·의결의 공정을 기대하기 어려운 사정이 있으면 무역위원회에 기피신청을 할 수 있으며, 무역위원회는 기피신청이 타당하다고 인정하는 경우에는 기피의 결정을 한다.
③ 위원 본인이 제1항 각 호의 어느 하나의 사유 또는 제2항의 사유에 해당하는 경우에는 스스로 그 사건의 심리·의결을 회피할 수 있다.
제35조【조직 및 운영 규정】 이 법으로 정한 것 외에 무역위원회의 조직 및 운영 등에 관하여 필요한 사항은 대통령령으로 정한다.

제7장 보 칙
(2008.3.21 본장개정)

제36조【조사 및 의견청취 등】 ① 무역위원회는 이 법을 시행하기 위하여 필요하다고 인정하면 대통령령으로 정하는 바에 따라 다음 각 호의 행위를 할 수 있다.
1. 당사자·이해관계인 또는 참고인의 출석 및 의견의 청취
2. 감정인의 지정 및 위촉
3. 관계 중앙행정기관, 전문연구기관, 사업자단체 또는 전문가 등에 대한 의견청취·자문 및 조사의뢰
② 무역위원회는 이 법을 시행하기 위하여 필요하다고 인정하면 당사자에게 조사에 필요한 자료나 물건의 제출을 명할 수 있다.
③ 무역위원회는 이 법을 시행하기 위하여 필요하다고 인정하면 그 소속 공무원에게 당사자나 이해관계인의 사무소, 영업소, 공장, 사업장, 점포, 창고, 그 밖의 필요한 장소에 출입하여 장부·서류, 그 밖의 자료나 물건을 검사하게 하거나 질문하게 할 수 있다.
④ 무역위원회는 이 법을 시행하기 위하여 필요하다고 인정하면 관계 행정기관의 장에게 필요한 자료의 제출을 요청할 수 있다. 이 경우 요청을 받은 관계 행정기관의 장은 특별한 사유가 없으면 자료를 제출하여야 한다.
(2010.4.5 본항신설)
⑤ 제3항에 따라 출입·검사 및 질문을 하는 공무원은 그 권한을 표시하는 증표를 지니고 이를 관계인에게 내보여야 한다.
제37조【조사단의 구성】 ① 무역위원회는 이 법을 시행하기 위하여 필요하다고 인정하면 다음 각 호의 어느 하나에 해당하는 자로 조사단(이하 "조사단"이라 한다)을 구성할 수 있다.
1. 무역위원회의 소속 공무원
2. 해당 산업을 관장하는 관계 중앙행정기관의 소속 공무원
3. 해당 산업과 관련 있는 「정부출연연구기관 등의 설립·운영 및 육성에 관한 법률」에 따른 정부출연연구기관이나 사업자단체 등의 임직원
4. 그 밖에 산업·무역·국제경제 및 지식재산권에 관한 전문지식이 있는 자(2019.12.10 본호개정)
② 무역위원회는 조사단을 구성하려는 경우에는 관계 중앙행정기관의 장, 정부출연연구기관 또는 사업자단체 등의 장 등에게 필요한 협조를 요청할 수 있다.
③ 조사단의 구성과 운영에 필요한 사항은 대통령령으로 정한다.
④ 무역위원회는 조사단의 구성원에게 예산의 범위에서 수당이나 여비를 지급할 수 있다.
제38조【비밀 엄수의 의무】 이 법에 따른 직무에 종사하거나 종사하였던 위원·공무원 또는 조사업무를 수행하거나 수행하였던 자는 그 직무상 알게 된 비밀을 누설하거나 이 법을 시행하기 위한 조사·판정 등의 목적 외에 그 비밀을 이용하여서는 아니 된다.
제39조【벌칙 적용 시의 공무원 의제】 무역위원회의 위원 중 공무원이 아닌 위원과 제37조제1항제3호 또는 제4호에 해당하는 자는 「형법」이나 그 밖의 법률에 따른 벌칙을 적용할 때에는 공무원으로 본다.
제39조의2【권한의 위임·위탁】 ① 이 법에 따른 무역위원회의 권한은 대통령령으로 정하는 바에 따라 그 일부를 특별시장·광역시장·도지사 또는 특별자치도지사에게 위임하거나 세관장 또는 그 밖의 관계 행정기관의 장에게 위탁할 수 있다.
② 무역위원회는 제1항에 따라 위임하거나 위탁한 사무에 관하여 그 위임 또는 위탁을 받은 자를 지휘·감독한다.
(2010.4.5 본조신설)

제8장 벌 칙
(2008.3.21 본장개정)

제40조【벌칙】 ① 다음 각 호의 어느 하나에 해당하는 자는 5년 이하의 징역 또는 1억원 이하의 벌금에 처한다. 이 경우 징역과 벌금은 병과할 수 있다.
1. 제4조제1항제2호 각 목의 어느 하나에 해당하는 물품 등을 수출하거나 수입한 자
2. 제10조제1항에 따른 시정조치명령(제4조제1항제2호에 해당하여 시정조치명령을 받은 경우에 한정한다)을 받고 이를 위반한 자
(2019.12.10 본항신설)
② 다음 각 호의 어느 하나에 해당하는 자는 3년 이하의 징역 또는 3천만원 이하의 벌금에 처한다.
1. 제7조제2항에 따른 잠정조치명령을 위반한 자
2. 제10조제1항에 따른 시정조치명령(제4조제1항제2호에 해당하여 시정조치명령을 받은 경우는 제외한다)을 위반한 자(2019.12.10 본호개정)
3. 제38조에 따른 비밀 엄수의 의무를 위반한 자
③ 제36조제1항제2호에 따라 지정 또는 위촉을 받은 감정인으로서 허위의 감정을 한 자는 2년 이하의 징역 또는 2천만원 이하의 벌금에 처한다.
제40조의2【미수범】 제40조제1항제1호의 미수범은 해당하는 본죄에 준하여 처벌한다.(2008.12.19 본조신설)
제40조의3【과실범】 중대한 과실로 제40조제1항제1호의 죄를 범한 자는 2천만원 이하의 벌금에 처한다.
(2008.12.19 본조신설)
제41조【양벌규정】 ① 법인의 대표자, 대리인, 사용인, 그 밖의 종업원이 그 법인의 업무에 관하여 제40조의 위반행위를 하면 그 행위자를 벌할 뿐만 아니라 그 법인에도 해당 조문의 벌금형을 과(科)한다. 다만, 법인이 그 위반행위를 방지하기 위하여 해당 업무에 관하여 상당한 주의와 감독을 게을리하지 아니한 때에는 그러하지 아니하다.
② 개인의 대리인, 사용인, 그 밖의 종업원이 그 개인의 업무에 관하여 제40조의 위반행위를 하면 그 행위자를 벌할 뿐만 아니라 그 개인에게도 해당 조문의 벌금형을 과한다. 다만, 개인이 그 위반행위를 방지하기 위하여 해당 업무에 관하여 상당한 주의와 감독을 게을리하지 아니한 때에는 그러하지 아니하다.
(2019.12.10 본조개정)
제42조【과태료】 ① 다음 각 호의 어느 하나에 해당하는 자에게는 500만원 이하의 과태료를 부과한다.
1. 제36조제1항제1호에 따른 출석을 거부·방해 또는 기피한 당사자나 이해관계인
2. 제36조제2항에 따른 필요한 자료나 물건을 제출하지 아니하거나 거짓으로 제출한 당사자
3. 제36조제3항에 따른 검사를 거부·방해 또는 기피하거나 질문을 방해한 자
② 제1항에 따른 과태료는 대통령령으로 정하는 바에 따라 무역위원회가 부과·징수한다.
③~⑤ (2017.11.28 삭제)

부 칙 (2010.4.5)

① **【시행일】** 이 법은 공포 후 3개월이 경과한 날부터 시행한다.
② **【이행강제금에 관한 적용례】** 제13조의2의 개정규정은 이 법 시행 후 최초로 불공정무역행위를 한 자부터 적용한다.
③ **【과징금에 관한 경과조치】** 이 법 시행 전의 위반행위에 대한 과징금의 적용에 있어서는 종전의 규정에 따른다.

부 칙 (2017.11.28)

이 법은 공포한 날부터 시행한다.

부 칙 (2019.12.10)

제1조【시행일】 이 법은 공포 후 6개월이 경과한 날부터 시행한다. 다만, 제41조제1항 및 제2항의 개정규정은 공포한 날부터 시행한다.
제2조【잠정조치에 대한 이의신청에 관한 적용례】 제14조의 개정규정은 이 법 시행 이후 최초로 무역위원회가 한 잠정조치에 관한 처분부터 적용한다.
제3조【불공정무역행위의 조사신청에 관한 경과조치】 이 법 시행 당시 불공정무역행위가 있었던 날부터 1년이 경과한 경우에는 제5조제2항의 개정규정에도 불구하고 종전의 규정에 따른다.

부 칙 (2020.12.29)

제1조【시행일】 이 법은 2021년 1월 1일부터 시행한다.
(이하 생략)

무역거래기반 조성에 관한 법률(약칭 : 무역거래기반법)

(2000년 1월 28일 법 률 제6227호)

개정
2000.12.29법 6305호(관세)
<중략>
2008. 2.29법 8852호(정부조직)
2008. 3.21법 8935호(전기산업발전법)
2008. 3.21법 8974호(건축)
2008. 3.28법 9011호
2009. 1.30법 9401호(국유재산)
2009. 3.18법 9498호
2009. 5.21법 9685호(중소기업판로지원)
2009. 6. 9법 9770호(소음·진동관리법)
2010. 4. 5법10228호(무역보험법)
2011. 8. 4법11037호(소방시설설치·유지및안전관리에관한법)
2013. 3.23법11690호(정부조직)
2013. 7.30법11959호
2017. 1.17법14532호(물환경보전법)
2017. 7.26법14839호(정부조직)
2018.12.31법16172호(중소기업진흥에관한법)
2020. 3.31법17171호(전기안전관리법)
2021.11.30법18522호(소방시설설치및관리에관한법)

제1조【목적】 이 법은 무역거래의 기반을 효율적·체계적으로 조성하여 균형 있는 무역거래의 확대와 국민경제의 발전에 이바지함을 목적으로 한다.(2007.12.27 본조개정)

제2조【정의】 이 법에서 사용하는 용어의 뜻은 다음과 같다.
1. "무역거래기반"이란 전자무역체제, 무역정보, 무역전문인력 등 무역거래활동을 지원·촉진하는 시설·여건·정보·인력 등을 말한다.(2008.3.21 본호개정)
2. "무역거래기반조성"이란 무역거래기반을 구축·정비·보강하여 무역활동을 촉진하고 국제무역에서 발생되는 거래비용을 줄여 무역활동의 생산성을 높이도록 하는 것을 말한다.
3.~4. (2008.3.21 삭제)
5. "무역거래기반시설"이란 무역거래기반조성에 필요한 시설과 그 부대(附帶) 시설로서 대통령령으로 정하는 것을 말한다.(2008.3.21 본호개정)
(2007.12.27 본조개정)

제3조【무역거래기반조성계획의 수립 등】 ① 정부는 효율적·체계적인 무역거래기반조성을 위하여 무역거래기반조성에 관한 종합적인 기본시책을 마련하여야 한다.
② 산업통상자원부장관은 무역거래기반조성에 관한 계획(이하 "기반조성계획"이라 한다)을 수립하여야 한다.(2013.3.23 본항개정)
③ (2009.3.18 삭제)
④ 산업통상자원부장관은 제4조제2항에 따른 무역거래기반조성사업을 하는 자 및 무역거래기반조성과 관련된 기관의 장에게 기반조성계획의 효율적인 달성을 위하여 필요한 협조를 요청할 수 있다.(2013.3.23 본항개정)
⑤ 기반조성계획의 수립에 필요한 사항은 대통령령으로 정한다.
(2007.12.27 본조개정)

제4조【무역거래기반조성사업 및 시행기관】 ① 산업통상자원부장관은 기반조성계획을 효율적으로 시행하기 위하여 관계 중앙행정기관의 장과 협의하여 무역거래기반조성에 관한 다음 각 호의 사업(이하 "무역거래기반조성사업"이라 한다)을 추진하여야 한다.(2013.3.23 본문개정)
1. (2008.3.21 삭제)
2. 인터넷 등 정보통신망을 통하여 수행하는 무역거래(이하 "전자무역거래"라 한다)기반의 구축
3. 무역거래에 관한 정보 및 통계(이하 "무역정보"라 한다)의 수집·분석 및 유통 촉진
4. 무역전문인력의 양성 및 교육·훈련
5. 무역거래기반조성에 관한 국제협력의 촉진
6. 국가 및 상품 이미지의 개선을 위한 대외 홍보
7. 그 밖에 무역거래기반조성을 위하여 필요한 사업으로서 대통령령으로 정하는 사업
② 산업통상자원부장관은 다음 각 호의 기관·법인 또는 단체 등(이하 "주관기관"이라 한다)으로 하여금 무역거래기반조성사업을 하게 할 수 있다.(2013.3.23 본문개정)
1. 특별시·광역시·특별자치시·도 및 특별자치도(2013.7.30 본호개정)
2. 「고등교육법」에 따른 학교(2008.3.28 본호개정)
3. 「대한무역투자진흥공사법」에 따라 설립된 대한무역투자진흥공사
4. 「중소기업진흥에 관한 법률」에 따라 설립된 중소벤처기업진흥공단(2018.12.31 본호개정)
5. 그 밖에 대통령령으로 정하는 법인 또는 단체
③ 산업통상자원부장관은 주관기관이 무역거래기반조성사업을 하는 데에 드는 비용의 전부 또는 일부를 예산의 범위에서 지원할 수 있다.(2013.3.23 본항개정)
④ 무역거래기반조성사업의 추진과 제3항에 따른 지원금의 지급·사용 및 관리에 필요한 사항은 대통령령으로 정한다.
(2007.12.27 본조개정)

제5조 (2008.3.21 삭제)

제6조【전자무역거래기반의 확충】 ① 정부는 전자무역거래를 촉진하기 위하여 필요한 시책을 마련하여야 한다.
② 산업통상자원부장관은 전자무역거래기반의 구축을 촉진하기 위하여 주관기관으로 하여금 다음 각 호의 사업을 하게 할 수 있다.(2013.3.23 본문개정)
1. (2008.3.21 삭제)
2. 중소기업에 대한 전자무역거래의 확산 및 지원
3. 무역거래의 효율적이고 질서 있는 수행을 위한 전산관리체제의 개발 및 운영
4. 그 밖에 전자무역거래기반의 구축을 위하여 필요하다고 인정되는 사업으로서 산업통상자원부령으로 정하는 사업(2013.3.23 본호개정)
(2007.12.27 본조개정)

제7조【무역정보의 유통 촉진】 ① 정부는 무역정보의 원활한 공급·활용 및 유통을 촉진하기 위하여 필요한 시책을 마련하여야 한다.
② 산업통상자원부장관은 무역정보의 공급·활용 및 유통을 위하여 필요하면 산업통상자원부령으로 정하는 바에 따라 관계 행정기관 및 무역통상과 관련되는 기관·단체에 대하여 무역정보를 제출하게 하거나 이들에게 무역정보를 제공할 수 있다. 다만, 「관세법」 제241조에 따른 수출입신고사항에 관한 무역정보의 경우에는 미리 관세청장과 협의하여야 한다.(2013.3.23 본문개정)
③ 산업통상자원부장관은 무역정보의 수집·분석·가공 및 유통을 촉진하기 위하여 주관기관으로 하여금 다음 각 호의 사업을 하게 할 수 있다.(2013.3.23 본문개정)
1. 무역정보의 수집·분석·가공 및 유통
2. 무역정보의 유통 촉진 등 무역정보화사업을 추진하는 기관에 대한 지원
3. 무역정보망의 구축·운영
4. 그 밖에 무역정보의 유통 촉진을 위하여 필요한 사업으로서 산업통상자원부령으로 정하는 사업(2013.3.23 본호개정)
(2007.12.27 본조개정)

제8조【무역전문인력의 교육·훈련 등】 ① 정부는 무역업계의 수요에 부응하기 위하여 무역전문인력의 양성 및 능력향상을 위한 교육·훈련 방안을 마련하여야 한다.
② 산업통상자원부장관은 무역전문인력의 교육·훈련을 촉진하기 위하여 주관기관으로 하여금 다음 각 호의 사업을 하게 할 수 있다.(2013.3.23 본문개정)
1. 현장 적응력이 있는 무역전문인력의 양성을 위한 교육·훈련
2. 무역전문인력의 효율적인 양성을 위한 교육과정의 개발·운영
3. 전자무역 등 무역의 새로운 유형을 확산하기 위한 교육·훈련
4. 그 밖에 무역전문인력의 교육·훈련과 관련하여 필요한 사업으로서 산업통상자원부령으로 정하는 사업(2013.3.23 본호개정)
(2007.12.27 본조개정)

제9조【국제협력의 촉진】 ① 정부는 무역거래기반의 효율적인 조성을 위하여 무역거래기반조성사업을 하는 자와 외국의 정부·기관·단체 간의 무역거래기반조성에 관한 국제협력을 촉진하기 위한 시책을 마련하여야 한다.
② 산업통상자원부장관은 무역거래기반조성과 관련한 국제협력을 촉진하기 위하여 주관기관으로 하여금 다음 각 호의 사업을 하게 할 수 있다.(2013.3.23 본문개정)
1. 무역 관련 국제협력을 위한 조사·연구
2. 무역전문인력과 무역정보의 국제교류
3. 외국의 무역 관련 기관·단체의 국내유치와 국내의 무역 관련 기관·단체의 해외진출 촉진
4. 그 밖에 무역거래기반조성에 관한 국제협력을 촉진하기 위하여 필요한 사업으로서 산업통상자원부령으로 정하는 사업(2013.3.23 본호개정)
(2007.12.27 본조개정)

제10조【무역거래기반조성에 관한 자금 지원】 정부는 무역거래기반조성을 효율적으로 추진하기 위하여 무역거래기반조성사업에 필요한 자금 지원에 노력하여야 한다.(2007.12.27 본조개정)

제11조【부담금 등의 감면】 무역거래기반시설을 설치하는 자에 대하여는 「산지관리법」 등 관련 법률로 정하는 바에 따라 다음 각 호의 부담금 등을 감면할 수 있다.
1. 「산지관리법」 제19조에 따른 대체산림자원조성비
2. 「농지법」 제38조에 따른 농지보전부담금
3. 「초지법」 제23조제6항에 따른 대체초지조성비
(2007.12.27 본조개정)

제12조【국·공유지의 임대 및 매각】 ① 국가나 지방자치단체는 무역거래기반시설을 효율적으로 조성·운영하기 위하여 필요하다고 인정하면 제4조제2항제3호의 대한무역투자진흥공사, 같은 항 제4호의 중소벤처기업진흥공단 및 같은 항 제5호의 법인 또는 단체 중 대통령령으로 정하는 자에게 「국유재산법」 또는 「공유재산 및 물품 관리법」에도 불구하고 수의계약에 의하여 국유재산이나 공유재산을 사용·수익허가 또는 대부(이하 "임대"라 한다)하거나 매각할 수 있다.(2018.12.31 본항개정)
② 제1항에 따라 국유지나 공유지를 임대하는 경우에는 「국유재산법」 제18조와 「공유재산 및 물품 관리법」 제13조에도 불구하고 그 토지 위에 건물이나 그 밖의 영구시설물을 축조(築造)하게 할 수 있다. 이 경우 해당 시설물의 종류 등을 고려하여 그 시설물의 준공일부터 10년이 지난 때에 그 시설물을 국가나 지방자치단체에 기부하거나 원상으로 회복하여 반환하는 조건으로 토지를 임대할 수 있다.(2009.1.30 전단개정)
③ 제1항에 따른 국유재산이나 공유재산의 가격·임대료·임대기간 등에 관하여 필요한 사항은 대통령령으로 정한다.
④ 주관기관은 제2항에 따라 국유지나 공유지에 건물이나 그 밖의 영구시설물을 축조한 경우에는 그 시설을 담보로 제공하거나 매각할 수 없다. 다만, 무역거래기반시설의 운영을 위하여 금융기관 등에 담보를 제공할 필요가 있는 경우로서 미리 해당 토지의 관리청에서 동의를 받은 경우에는 그러하지 아니하다.
(2007.12.27 본조개정)

제12조의2【중소기업수출지원센터의 설치·운영】 ① 중소벤처기업부장관은 외국인 구매자의 발굴, 무역보험, 수출입금융, 기술·품질 및 디자인 개발지원 등 중소기업의 무역활동을 종합적으로 지원하기 위하여 중소기업수출지원센터를 설치·운영할 수 있다.(2017.7.26 본항개정)
② 중소기업수출지원센터의 설치 및 운영에 관하여 필요한 사항은 대통령령으로 정한다.
(2008.3.28 본조신설)

제13조 (2009.3.18 삭제)

제14조【무역거래기반조성사업의 수요조사 등】 ① 산업통상자원부장관은 기반조성계획을 체계적으로 수립하고 무역거래기반조성사업을 효율적으로 시행하기 위하여 필요하면 무역거래기반조성사업에 관한 수요를 조사할 수 있다.
② 산업통상자원부장관은 제1항에 따른 수요조사를 위하여 필요하면 관계 행정기관, 주관기관, 그 밖의 관계 기관·단체에 대하여 관련 자료를 제출하여 주도록 협조를 요청할 수 있다.
(2013.3.23 본조개정)

제15조【다른 법률과의 관계】 ① 무역거래기반시설에 대하여 「건축법」 제11조에 따른 건축허가를 받거나 같은 법 제14조에 따른 건축신고를 한 경우 같은 법 제11조제5항 각 호의 사항 외에 다음 각 호의 허가·인가·승인·동의 또는 신고(이하 "허가등"이라 한다)에 관하여 허가등을 받은 것으로 본다.(2008.3.21 본문개정)
1. 「하수도법」 제24조에 따른 시설 또는 공작물 설치의 허가
2. 「수도법」 제52조에 따른 전용상수도 설치의 인가
3. 「전기안전관리법」 제8조에 따른 자가용전기설비의 공사계획에 대한 인가·변경인가 또는 신고·변경신고(2020.3.31 본호개정)
4. 「소방시설 설치 및 관리에 관한 법률」 제6조제1항에 따른 건축허가등의 동의(2021.11.30 본호개정)
5. 「폐기물관리법」 제29조제2항에 따른 폐기물처리시설 설치의 승인 또는 신고
6. 「대기환경보전법」 제23조, 「물환경보전법」 제33조 및 「소음·진동관리법」 제8조에 따른 배출시설 설치의 허가 또는 신고(2017.1.17 본호개정)
7. 「하수도법」 제34조제2항에 따른 개인하수처리시설의 설치 신고
② 무역거래기반시설에 대하여 특별자치도지사·시장·군수 또는 구청장이 「건축법」 제22조에 따라 건축물의 사용승인을 한 경우 같은 조 제4항 각 호의 사항 외에 다음 각 호의 검사 또는 신고(이하 "검사등"이라 한다)에 관하여 그 검사등을 받은 것으로 본다.(2008.3.21 본문개정)
1. 「수도법」 제53조에 따라 준용되는 전용상수도의 수질검사 등
2. 「소방시설공사업법」 제14조에 따른 소방시설의 완공검사
3. 「폐기물관리법」 제29조제4항에 따른 폐기물처리시설의 사용개시 신고
4. 「물환경보전법」 제37조에 따른 배출시설 등의 가동개시 신고(2017.1.17 본호개정)
5. 「하수도법」 제37조에 따른 개인하수처리시설의 준공검사
③ 허가등과 검사등의 의제(擬制)를 받으려는 자가 해당 무역거래기반시설의 건축허가 신청 또는 건축신고와 사용승인 신청을 하는 경우에는 해당 법령으로 정하는 관련 서류를 함께 제출하여야 한다.
④ 특별자치도지사·시장·군수 또는 구청장이 다음 각 호의 어느 하나에 해당하는 행위를 할 때에 제1항과 제2항에 해당하는 사항이 다른 행정기관의 권한에 속하는 경우에는 그 행정기관의 장과 협의하여야 한다. 이 경우 협의를 요청받은 행정기관의 장은 요청받은 날부터 15일 이내에 의견을 제출하여야 한다.
1. 「건축법」 제11조제1항에 따른 건축허가
2. 「건축법」 제14조제1항에 따른 건축신고
3. 「건축법」 제22조제1항에 따른 사용승인
(2008.3.21 1호~3호개정)
(2007.12.27 본조개정)

부 칙 (2020.3.31)
(2021.11.30)

제1조【시행일】 이 법은 공포 후 1년이 경과한 날부터 시행한다.(이하 생략)

자유무역지역의 지정 및 운영에 관한 법률(약칭 : 자유무역지역법)

(2004년 3월 22일 전부개정법률 제7210호)

개정
2005. 1.14법 7335호(부동산가격공시감정평가)
2006. 3. 3법 7864호(대·중소기업상생협력촉진에관한법)
2006.12.26법 8085호
2006.12.30법 8138호(교통·에너지·환경세법)
2007. 4.11법 8356호(대외무역)
2007. 7.27법 8566호(특수임무수행자지원및단체설립에관한법)
2007. 8. 3법 8616호(물류시설의개발및운영에관한법)
2007.12.31법 8829호(개별소비세법)
2008. 2.29법 8852호(정부조직)
2008. 3.28법 9071호(도시교통정비촉진법)
2008.12.26법 9243호
2009. 1.30법 9374호(외국인투자)
2009. 1.30법 9401호(국유재산)
2009. 4. 1법 9587호
2009. 6. 9법 9780호(항공법)
2011. 4.14법 10590호 2011. 6.30법 10808호
2011. 8. 4법 11020호(산업입지및개발에관한법)
2011. 8. 4법 11029호(특수임무유공자예우및단체설립에관한법)
2011. 9.15법 11042호(보훈보상대상자지원에관한법)
2012. 6. 1법 11458호(종자산업법)
2013. 3.23법 11690호(정부조직)
2014. 1.21법 12301호
2016. 1.19법 13782호(감정평가감정평가사)
2016. 1.19법 13797호(부동산거래신고등에관한법)
2016. 1.27법 13856호
2016. 3.29법 14113호(공항시설법)
2018. 4.17법 15575호 2020. 4. 7법 17192호
2020. 4. 7법 17219호(감정평가감정평가사)
2021. 1. 5법 17883호(5·18민주유공자예우및단체설립에관한법)
2021. 6.15법 18279호 2021.12.28법 18660호
2022.11.15법 19041호
2022.12.31법 19186호(관세)
2024. 2. 6법 20204호

제1장 총 칙

제1조【목적】 이 법은 자유로운 제조·물류·유통 및 무역활동 등이 보장되는 자유무역지역을 지정·운영함으로써 외국인투자의 유치, 무역의 진흥, 국제물류의 원활화 및 지역개발 등을 촉진하여 국민경제의 발전에 이바지함을 목적으로 한다.

제2조【정의】 이 법에서 사용하는 용어의 뜻은 다음과 같다.
1. "자유무역지역"이란 「관세법」, 「대외무역법」 등 관계 법률에 대한 특례와 지원을 통하여 자유로운 제조·물류·유통 및 무역활동 등을 보장하기 위한 지역으로서 제4조에 따라 지정된 지역을 말한다.
2. "입주기업체"란 제10조제1항제1호부터 제5호까지 및 같은 조 제2항에 따른 입주 자격을 갖춘 자로서 제11조에 따라 입주계약을 체결한 자를 말한다.(2016.1.27 본호개정)
3. "지원업체"란 제10조제1항제6호에 따른 입주 자격을 갖춘 자로서 제11조에 따라 입주계약을 체결한 자를 말한다.(2016.1.27 본호개정)
4. "외국인투자기업"이란 「외국인투자 촉진법」 제2조제1항제6호에 따른 기업으로서 같은 법 제4조제3항 또는 제4항에 따라 외국인투자가 제한되는 업종에 해당하지 아니하는 업종을 경영하는 기업을 말한다.
5. "공장"이란 「산업집적활성화 및 공장설립에 관한 법률」 제2조제1호에 따른 공장을 말한다.
6. "관세등"이란 관세, 부가가치세, 임시수입부가세, 주세, 개별소비세, 교통·에너지·환경세, 농어촌특별세 또는 교육세를 말한다.
7. "관세영역"이란 자유무역지역 외의 국내지역을 말한다.
8. "수입"이란 「관세법」 제2조제1호에 따른 수입을 말한다.
9. "수출"이란 「관세법」 제2조제2호에 따른 수출을 말한다.
10. "외국물품"이란 「관세법」 제2조제4호에 따른 외국물품을 말한다.(2011.6.30 본호개정)
11. "내국물품"이란 「관세법」 제2조제5호에 따른 내국물품을 말한다.(2011.6.30 본호개정)
12. "지식서비스산업"이란 「산업발전법」 제8조제2항에 따른 지식서비스산업을 말한다.

(2011.4.14 본조개정)

제3조【다른 법률과의 관계】 ① 자유무역지역에서는 이 법에 규정된 사항을 제외하고는 「관세법」을 적용하지 아니한다. 다만, 다음 각 호의 어느 하나에 해당하는 경우에는 그러하지 아니하다.(2021.12.28 단서개정)
1. 자유무역지역에 제5조제3호에 따른 통제시설이 설치되어 있지 아니한 경우
2. 입출항 및 하역 절차 등 통관을 위하여 필수적인 절차가 이 법에 규정되어 있지 아니한 경우
3. 물품의 통관에 관하여 이 법보다 「관세법」을 적용하는 것이 입주기업체에 유리한 경우

(2021.12.28 1호~3호신설)

② 입주기업체 중 외국인투자기업에 대하여는 다음 각 호의 법률을 적용하지 아니한다.
1. 「고용상 연령차별금지 및 고령자고용촉진에 관한 법률」 제12조
2. 「국가유공자 등 예우 및 지원에 관한 법률」 제31조, 「보훈보상대상자 지원에 관한 법률」 제35조, 「5·18민주유공자예우 및 단체설립에 관한 법률」 제22조, 「특수임무유공자 예우 및 단체설립에 관한 법률」 제21조(2021.1.5 본호개정)
3. 「장애인고용촉진 및 직업재활법」 제28조

③ 자유무역지역의 지정 및 운영에 관하여 「경제자유구역의 지정 및 운영에 관한 특별법」에 이 법과 다른 규정이 있는 경우에는 이 법을 우선하여 적용한다.
(2011.4.14 본조개정)

제2장 자유무역지역의 지정 등
(2011.4.14 본장개정)

제4조【자유무역지역의 지정 등】 ① 중앙행정기관의 장이나 특별시장·광역시장·특별자치시장·도지사 또는 특별자치도지사(이하 "시·도지사"라 한다)는 대통령령으로 정하는 바에 따라 관계 중앙행정기관의 장 및 관계 시·도지사와의 협의를 거쳐 산업통상자원부장관에게 자유무역지역의 지정을 요청할 수 있다. 이 경우 시·도지사는 제8조제1항 각 호의 구분에 따른 자유무역지역 관리권자에게 그 시·도지사를 대신하여 관계 중앙행정기관의 장 및 관계 시·도지사와 협의하여 줄 것을 요청할 수 있으며, 요청을 받은 자유무역지역 관리권자는 특별한 사유가 없으면 그 요청에 따라야 한다.(2016.1.27 전단개정)
② 중앙행정기관의 장 또는 시·도지사는 제1항에 따라 자유무역지역의 지정을 요청하려면 대통령령으로 정하는 사항이 포함된 자유무역지역 기본계획을 작성하여 산업통상자원부장관에게 제출하여야 한다.(2013.3.23 본항개정)
③ 산업통상자원부장관은 제1항에 따라 지정이 요청된 지역의 실정과 지정의 필요성 및 제5조에 따른 지정 요건을 검토한 후 기획재정부장관, 국토교통부장관 등 대통령령으로 정하는 관계 중앙행정기관의 장(이하 이 조에서 "관계 중앙행정기관의 장"이라 한다)과 협의하여 자유무역지역을 지정한다. 다만, 제7조에 따라 자유무역지역 예정지역으로 지정된 지역의 전부 또는 일부를 자유무역지역으로 지정하려는 경우에는 관계 중앙행정기관의 장과 협의를 거치지 아니할 수 있다.(2013.3.23 본문개정)
④ 산업통상자원부장관은 제3항에 따라 자유무역지역을 지정하였을 때에는 그 지역의 위치·경계·면적과 그 밖에 대통령령으로 정하는 사항을 고시하고, 그 내용을 지체 없이 관계 중앙행정기관의 장 및 시·도지사에게 통지하여야 한다.(2013.3.23 본항개정)
⑤ 제4항에 따른 통지를 받은 시·도지사는 그 내용을 14일 이상 일반인이 열람할 수 있게 하여야 한다.

제5조【자유무역지역의 지정 요건】 자유무역지역은 다음 각 호의 요건을 모두 갖춘 지역에 대하여 지정한다.
1. 다음 각 목의 어느 하나에 해당하는 지역으로서 화물 처리능력 등 대통령령으로 정하는 기준에 적합할 것
   가. 「산업입지 및 개발에 관한 법률」 제2조제8호에 따른 산업단지(2011.8.4 본목개정)
   나. 「공항시설법」 제2조제3호에 따른 공항 및 배후지(背後地)(2016.3.29 본목개정)
   다. 「물류시설의 개발 및 운영에 관한 법률」 제2조제2호 및 제6호에 따른 물류터미널 및 물류단지
   라. 「항만법」 제2조제1호에 따른 항만 및 배후지
2. 도로 등 사회간접자본시설이 충분히 확보되어 있거나 확보될 수 있을 것
3. 물품의 반입·반출을 효율적으로 관리하기 위하여 필요한 시설로서 대통령령으로 정하는 시설(이하 "통제시설"이라 한다)이 설치되어 있거나 통제시설의 설치 계획이 확정되어 있을 것

제6조【자유무역지역의 변경 등】 ① 제4조제1항에 따라 자유무역지역의 지정을 요청한 중앙행정기관의 장 또는 시·도지사는 자유무역지역의 운영을 위하여 필요한 경우에는 산업통상자원부장관에게 그 자유무역지역의 위치·경계 또는 면적의 변경을 요청할 수 있다.
(2013.3.23 본항개정)
② 산업통상자원부장관은 자유무역지역의 지정 사유가 없어졌다고 인정하거나 관계 중앙행정기관의 장 또는 시·도지사로부터 지정해제 요청을 받은 경우에는 자유무역지역의 지정을 해제할 수 있다.(2013.3.23 본항개정)
③ 제1항 또는 제2항에 따른 자유무역지역의 변경 또는 지정해제에 관하여는 제4조제3항 본문 및 같은 조 제4항·제5항을 준용한다. 다만, 자유무역지역을 변경하는 경우로서 면적의 일부 변경 등 대통령령으로 정하는 경미한 사항의 변경에 관하여는 제4조제3항 본문을 준용하지 아니한다.

제7조【자유무역지역 예정지역의 지정 등】 ① 산업통상자원부장관은 중앙행정기관의 장 또는 시·도지사의 요청에 따라 제5조제1호 각 목의 어느 하나에 해당하는 지역(그 예정지를 포함한다)을 자유무역지역 예정지역(이하 "예정지역"이라 한다)으로 지정할 수 있다.(2013.3.23 본항개정)
② 제1항에 따라 예정지역의 지정을 요청한 중앙행정기관의 장 또는 시·도지사는 필요한 경우 산업통상자원부장관에게 그 예정지역의 위치·경계 또는 면적의 변경을 요청할 수 있다.(2013.3.23 본항개정)
③ 예정지역의 지정기간은 3년 이내로 한다. 다만, 산업통상자원부장관은 해당 예정지역에 대한 개발계획의 변경 등으로 지정기간의 연장이 불가피하다고 인정하는 경우에는 3년의 범위에서 지정기간을 연장할 수 있다.
(2013.3.23 단서개정)
④ 산업통상자원부장관은 예정지역의 지정기간이 만료되기 전에 자유무역지역으로 지정할 것인지 여부를 결정하여야 한다.(2013.3.23 본항개정)
⑤ 산업통상자원부장관은 제4항에 따라 자유무역지역으로 지정하지 아니하기로 결정한 경우에는 그 예정지역의 지정을 즉시 해제하여야 한다.(2013.3.23 본항개정)
⑥ 예정지역의 지정·변경 또는 지정해제에 관하여는 제4조를 준용한다. 다만, 예정지역을 변경하는 경우로서 면적의 일부 변경 등 대통령령으로 정하는 경미한 사항의 변경에 관하여는 제4조제3항 본문을 준용하지 아니한다.

제3장 자유무역지역의 관리 및 입주
(2011.4.14 본장개정)

제8조【관리권자】 ① 자유무역지역의 구분별 관리권자(이하 "관리권자"라 한다)는 다음 각 호와 같다.
1. 제5조제1호가목에 따른 산업단지 : 산업통상자원부장관(2013.3.23 본호개정)
2. 제5조제1호나목에 따른 공항 및 배후지 : 국토교통부장관(2013.3.23 본호개정)
3. 제5조제1호다목에 따른 물류터미널 및 물류단지 : 국토교통부장관(2013.3.23 본호개정)
4. 제5조제1호라목에 따른 항만 및 배후지 : 해양수산부장관(2013.3.23 본호개정)

② 관리권자는 자유무역지역의 관리에 관한 다음 각 호의 업무를 수행한다.
1. 입주기업체 및 지원업체의 사업활동 지원
2. 공공시설의 유지 및 관리
3. 각종 지원시설의 설치 및 운영
4. 그 밖에 자유무역지역의 관리 또는 운영에 관한 업무

제9조【자유무역지역의 구분】 관리권자는 관리업무를 효율적으로 운영하기 위하여 자유무역지역을 그 기능 및 특성에 따라 생산시설지구, 지식서비스시설지구, 물류시설지구, 지원시설지구, 공공시설지구, 그 밖에 대통령령으로 정하는 지구로 구분할 수 있다.

제10조【입주 자격】 ① 자유무역지역에 입주할 수 있는 자는 다음 각 호의 어느 하나에 해당하는 자로 한다.
1. 수출을 주목적으로 하는 제조업종의 사업을 하려는 자로서 수출 비중 등이 대통령령으로 정하는 기준을 충족하는 자. 이 경우 「수출용 원재료에 대한 관세 등 환급에 관한 특례법」 제3조에 따른 수출용원재료의 공급을 주목적으로 하는 제조업종의 사업을 하려는 자로서 해당 공급을 수출로 보아 그 수출 비중 등이 대통령령으로 정하는 기준을 충족하는 자를 포함한다.(2021.6.15 본호개정)

1의2. 수출을 주목적으로 하려는 국내복귀기업(「해외진출기업의 국내복귀 지원에 관한 법률」 제7조에 따라 지원대상 국내복귀기업으로 선정된 기업을 말한다)으로서 복귀 이전 총매출액 대비 대한민국으로의 수출액을 제외한 매출액의 비중 등이 대통령령으로 정하는 기준을 충족하는 자(2018.4.17 본호신설)
2. 제조업종 또는 지식서비스산업에 해당하는 업종(제4호부터 제6호까지의 규정에 해당하는 업종은 제외한다)의 사업을 하려는 외국인투자기업으로서 외국인투자비중 및 수출비중 등이 대통령령으로 정하는 기준을 충족하는 자. 다만, 국내 산업구조의 고도화와 국제경쟁력 강화를 위하여 대통령령으로 정하는 업종에 해당하는 외국인투자기업에 대하여는 수출비중을 적용하지 아니한다.(2018.4.17 본호개정)
3. 지식서비스산업에 해당하는 업종(제4호부터 제6호까지의 규정에 해당하는 업종은 제외한다)의 사업을 하려는 자로서 수출비중 등이 대통령령으로 정하는 기준을 충족하는 자
4. 수출입거래를 주목적으로 하는 도매업종의 사업을 하려는 자로서 수출입거래 비중 등이 대통령령으로 정하는 기준을 충족하는 자
5. 물품의 하역·운송·보관·전시 또는 그 밖에 대통령령으로 정하는 사업을 하려는 자
6. 입주기업체의 사업을 지원하는 업종으로서 대통령령으로 정하는 업종의 사업을 하려는 자
7. 대통령령으로 정하는 공공기관
8. 국가기관

② 관리권자는 제조업 또는 지식서비스산업에 해당하는 업종의 사업을 하려는 자가 제1항제1호 또는 제3호의 요건을 갖추지 아니한 경우에도 국제물류의 원활화와 지역개발 및 수출촉진 등을 위하여 필요하다고 인정하여 산업통상자원부령으로 정하는 경우에는 산업통상자원부장관과 협의를 거쳐 자유무역지역에 입주하게 할 수 있다.
(2013.3.23 본항개정)

제10조의2【입주제한 업종】 관리권자는 자유무역지역에 입주하려는 자가 제10조에 따라 입주 자격을 갖춘 경우에도 「관세법」 제73조에 따라 국내외 가격차에 상당하는 율로 양허(讓許)한 농림축산물(이하 "양허관세품목"이라 한다)을 원재료로 하는 물품을 제조·가공하는 업

종의 사업을 하려는 자의 입주를 제한하여야 한다. 다만, 원재료 및 원재료를 제조·가공한 물품을 전량 국외로 반출하는 경우에는 입주를 제한하지 아니할 수 있다. (2021.6.15 본조신설)

제11조【입주계약】 ① 자유무역지역에 입주하여 사업을 하려는 자는 관리권자와 그 입주에 관한 계약(이하 "입주계약"이라 한다)을 체결하여야 한다. 입주계약을 변경하려는 경우에도 또한 같다.(2016.1.27 본항개정)

② 제1항에 따른 입주계약을 체결할 때에 관리권자는 다음 각 호의 어느 하나에 해당하는 자와 우선적으로 입주계약을 체결할 수 있다.(2016.1.27 본문개정)

1. 외국인투자기업
2. 「조세특례제한법」 제121조의2제1항제1호에 따른 국내산업의 국내산업구조의 고도화와 국제경쟁력 강화에 긴요한 신성장동력산업 기술을 수반하는 사업을 하는 자(2021.12.28 본호개정)
3. 수출을 주목적으로 하는 사업을 하려는 자

③ 관리권자는 제1항에 따라 입주계약을 체결하는 경우에는 입주 목적 달성을 위하여 필요한 조건을 붙일 수 있다. 그 조건은 공공의 이익을 증진하기 위하여 필요한 최소한도에 한하여야 하며, 부당한 의무를 부과하여서는 아니 된다.(2016.1.27 전단개정)

④ 제1항에 따른 입주계약을 체결할 때 농림축산물을 원재료로 하는 제조업종·가공업종의 사업을 하려는 자는 다음 각 호의 물품관리체계를 갖추고 그 자유무역지역을 관할하는 세관장과 사전 협의를 하여야 한다.

1. 물품의 반출입 및 재고관리 전산시스템 구축
2. 「관세법」 제165조에 따른 보세사 채용
3. 원재료의 수량을 객관적으로 계산할 수 있는 증빙자료 제출

(2021.6.15 본항신설)

⑤ 제1항에 따른 입주계약 및 계약의 변경에 필요한 사항은 대통령령으로 정한다.(2016.1.27 본항개정)

(2016.1.27 본조제목개정)

제12조【결격사유】 다음 각 호의 어느 하나에 해당하는 자는 제11조제1항에 따른 입주계약을 체결할 수 없다. (2016.1.27 본문개정)

1. 피성년후견인(2014.1.21 본호개정)
2. (2016.1.27 삭제)
3. 이 법 또는 「관세법」을 위반하여 징역형의 실형을 선고받고 그 집행이 끝나거나(집행이 끝난 것으로 보는 경우를 포함한다) 집행이 면제된 날부터 2년이 지나지 아니한 사람
4. 이 법 또는 「관세법」을 위반하여 징역형의 집행유예를 선고받고 그 유예기간 중에 있는 사람
5. 제56조, 제57조, 제59조부터 제61조까지, 「관세법」 제269조부터 제271조까지 또는 같은 법 제274조에 따라 벌금형 또는 통고처분을 받은 자로서 그 벌금형 또는 통고처분을 이행한 후 2년이 지나지 아니한 자. 다만, 제68조, 「관세법」 제279조에 따라 처벌된 법인 또는 개인은 제외한다.
6. 관세 또는 내국세를 체납한 자
7. 제1호 및 제3호부터 제6호까지의 규정에 해당하는 사람을 임원(해당 법인의 자유무역지역의 운영업무를 직접 담당하거나 이를 감독하는 사람으로 한정한다)으로 하는 법인(2016.1.27 본호개정)
8. 제15조제1항 또는 제2항에 따라 입주계약이 해지(이 조 제1호에 해당하여 입주계약이 해지된 경우는 제외한다)된 후 2년이 지나지 아니한 자(2021.12.28 본호개정)

제13조 (2016.1.27 삭제)

제14조【공장설립등의 완료신고 등】 ① 자유무역지역에 입주하려는 자가 제11조제1항에 따른 입주계약을 체결한 경우에는 「산업집적활성화 및 공장설립에 관한 법률」 제13조에 따른 공장의 신설·증설 또는 업종변경(이하 이 조에서 "공장설립등"이라 한다)의 승인 및 같은 법 제20조에 따른 공장의 신설·증설·이전 또는 업종변경의 승인을 받은 것으로 본다.(2016.1.27 본항개정)

② 입주기업체에 대하여 공장설립등의 완료신고, 공장의 등록, 공장등록의 증명, 공장의 등록취소 및 과태료 등 「산업집적활성화 및 공장설립에 관한 법률」 제11조제2항, 제15조제1항, 제16조제1항·제3항·제4항·제6항부터 제10항까지, 제17조, 제55조제2항제1호·제3호·제5호·제6호 및 제55조제3항을 적용할 때에는 "입주기업체"는 이 법에 따른 "입주기업체"로, "입주계약"은 이 법에 따른 "입주계약"으로, "관리기관" 및 "시장·군수 또는 구청장"은 각각 "관리권자"로 본다.(2016.1.27 본항개정)

③ 제조업 외의 업종에 대한 기준건축면적률의 적용에 관하여는 「산업집적활성화 및 공장설립에 관한 법률」 제12조를 준용한다. 이 경우 "제33조제6항에 따른 산업시설구역"은 "자유무역지역"으로 본다.

④ 제11조에 따라 입주계약을 체결한 자가 제조업종 외의 사업을 하기 위하여 입주계약을 체결한 바에 따라 시설을 설치한 경우에는 제3항에 따른 기준건축면적률에 적합하도록 요건을 갖추어 대통령령으로 정하는 바에 따라 관리권자에게 미리 사업개시의 신고를 하여야 한다. 변경계약을 체결한 자의 경우에도 또한 같다.(2016.1.27 본항개정)

⑤ 관리권자는 제4항에 따른 신고를 받은 경우 그 내용을 검토하여 이 법에 적합하면 신고를 수리하여야 한다. (2021.12.28 본항신설)

제15조【입주계약의 해지 등】 ① 관리권자는 입주기업체 또는 지원업체(이하 "입주기업체등"이라 한다)가 부정한 방법으로 입주계약을 체결한 경우에는 입주계약을 해지하여야 한다.(2016.1.27 본항개정)

② 관리권자는 입주기업체등이 다음 각 호의 어느 하나에 해당하는 경우에는 입주계약을 해지할 수 있다. 다만, 제1호 및 제3호의 경우 관리권자가 시정을 명한 후 산업통상자원부령으로 정하는 기간 이내에 입주기업체등이 이를 이행하는 때에는 그러하지 아니하다.(2016.1.27 본문개정)

1. 제10조에 따른 입주 자격을 상실한 경우
2. 제11조제1항에 따른 입주계약을 체결한 사업 외의 사업을 한 경우(2016.1.27 본호개정)
3. 제11조제3항에 따른 입주계약을 체결할 때 부여된 조건을 이행하지 아니한 경우(2016.1.27 본호개정)
4. 제12조에 따른 결격사유에 해당하게 된 경우(법인의 임원 중 제12조제1호·제3호부터 제6호까지의 규정에 해당하는 사람이 있는 경우 3개월 이내에 교체하여 임명하는 경우는 제외한다)(2016.1.27 본호개정)
5. (2016.1.27 삭제)
6. 폐업한 경우(2016.1.27 본호개정)

③ 제1항이나 제2항에 따라 입주계약이 해지된 자는 그 해지 당시의 수출 또는 수입 계약에 대한 이행업무 및 산업통상자원부령으로 정하는 잔무 처리업무를 제외하고는 그 사업을 즉시 중지하여야 한다.(2016.1.27 본항개정)

④ 제1항이나 제2항에 따라 입주계약이 해지된 자는 외국물품, 자유무역지역 안으로 반입신고를 한 제29조제1항제2호·제3호의 물품, 「수출용원재료에 대한 관세 등 환급에 관한 특례법」 제4조제3호에 따라 관세영역에서 자유무역지역 안으로 공급한 물품(이하 "외국물품등"이라 한다)의 종류 및 수량 등을 고려하여 6개월의 범위에서 그 자유무역지역을 관할하는 세관장(이하 "세관장"이라 한다)이 정하는 기간 이내에 잔여 외국물품등을 자유무역지역 밖으로 반출하거나 다른 입주기업체에 양도하여야 한다.(2016.1.27 본항개정)

⑤ 제1항이나 제2항에 따라 입주계약이 해지된 자는 자유무역지역에 소유하는 토지나 공장·건축물 또는 그 밖의 시설(이하 "공장등"이라 한다)을 대통령령으로 정하는 바에 따라 다른 입주기업체나 입주 자격이 있는 제3자에게 양도하여야 한다.(2016.1.27 본항개정)

⑥ 다음 각 호의 어느 하나에 해당하는 경우 제25조제1항·제2항 및 같은 조 제5항에 따라 해당 토지 또는 공장등을 처분하여야 한다.

1. 제5항에 따라 양도되지 아니한 토지 또는 공장등을 처분하는 경우
2. 제14조제2항에 따른 공장설립등의 완료신고 전에 입주계약이 해지된 경우(2016.1.27 본호개정)
3. 제14조제4항 전단에 따른 사업개시의 신고 전에 입주계약이 해지된 경우(2016.1.27 본호개정)

⑦ 제4항에 따라 자유무역지역 밖으로 반출되거나 다른 입주기업체에 양도되지 아니한 외국물품등의 처리에 관하여는 「관세법」 제208조부터 제212조까지의 규정을 준용한다.(2021.6.15 본항신설)

(2016.1.27 본조제목개정)

제16조【입주계약 체결 등의 통보】 관리권자는 제11조제1항에 따라 입주계약(변경계약을 포함한다)을 체결하거나 제15조제1항 또는 제2항에 따라 입주계약을 해지한 경우에는 대통령령으로 정하는 바에 따라 세관장에게 통보하여야 한다.(2016.1.27 본조개정)

제16조의2【입주기업체관리부호의 발급】 자유무역지역에서 외국물품등을 보관하거나 외국물품등의 전부 또는 일부를 원재료로 하여 물품을 제조·가공·조립·보수하는 등 외국물품등을 취급하려는 자는 관세청장이 정하는 바에 따라 세관장에게 입주기업체관리부호(입주기업체의 관리를 위하여 부여하는 번호를 말한다)를 발급받아야 한다.(2021.12.28 본조신설)

제17조【국유의 토지 또는 공장등의 임대 및 매각】 ① 관리권자는 자유무역지역 및 예정지역에 있는 국가가 소유하는 토지 또는 공장등에 대하여 그 중앙관서의 장으로부터 관리전환을 받거나 기획재정부장관의 관리·처분에 관한 지정을 받아 대통령령으로 정하는 바에 따라 입주기업체등에 임대하거나 매각할 수 있다.

② 관리권자가 제1항에 따라 입주기업체등에 토지 또는 공장등을 임대하거나 매각하는 경우 그 임대료 또는 매각가격은 「국유재산법」 제32조제1항·제44조 및 제47조에도 불구하고 관리권자가 기획재정부장관과 협의하여 정한 후 공고하는 바에 따른다. 이 경우 필요하면 그 가격을 외화(外貨)로 표시할 수 있다.

③ 관리권자가 제1항에 따라 입주기업체에 대하여 국가가 소유하는 토지 또는 공장등을 임대하는 경우 그 임대기간은 「국유재산법」 제35조제1항 및 제46조제1항에도 불구하고 50년 이내로 할 수 있다. 다만, 관리권자가 필요하다고 인정하는 경우에는 50년의 범위에서 그 기간을 갱신할 수 있다.

④ 관리권자가 제1항에 따라 지원업체에 대하여 국가가 소유하는 토지 또는 공장등을 임대하는 경우 그 임대기간은 「국유재산법」 제35조제1항 및 제46조제1항에도 불구하고 10년 이내로 할 수 있다. 다만, 관리권자가 필요하다고 인정하는 경우에는 10년의 범위에서 그 기간을 갱신할 수 있다.

제18조【공유의 토지 또는 공장등의 임대 및 매각】 ① 지방자치단체의 장은 자유무역지역 및 예정지역에 있는 지방자치단체가 소유하는 토지 또는 공장등을 관리권자와 협의를 거쳐 입주기업체등에 임대하거나 매각할 수 있다.

② 지방자치단체의 장이 제1항에 따라 임대하거나 매각하는 토지 또는 공장등의 임대료 또는 매각가격은 「공유재산 및 물품 관리법」 제22조부터 제24조까지, 제30조 및 제32조부터 제34조까지의 규정에도 불구하고 조례로 정하는 바에 따른다. 이 경우 필요하면 그 가격을 외화로 표시할 수 있다.

③ 지방자치단체의 장이 제1항에 따라 입주기업체에 대하여 지방자치단체가 소유하는 토지 또는 공장등을 임대하는 경우 그 임대기간은 「공유재산 및 물품 관리법」 제21조 및 제31조에도 불구하고 50년 이내로 할 수 있다. 다만, 지방자치단체의 장이 필요하다고 인정하는 경우에는 50년의 범위에서 그 기간을 갱신할 수 있다.

④ 지방자치단체의 장이 제1항에 따라 지원업체에 대하여 지방자치단체가 소유하는 토지 또는 공장등을 임대하는 경우 그 임대기간은 「공유재산 및 물품 관리법」 제21조 및 제31조에도 불구하고 10년 이내로 할 수 있다. 다만, 지방자치단체의 장이 필요하다고 인정하는 경우에는 10년의 범위에서 그 기간을 갱신할 수 있다.

제19조【토지 또는 공장등 매입대금의 납부연기 및 분할납부】 ① 관리권자는 자유무역지역에 있는 국가가 소유하는 토지 또는 공장등을 매각할 때에 매입자가 매입대금을 한꺼번에 내는 것이 곤란하다고 인정하는 경우에는 「국유재산법」 제50조에도 불구하고 대통령령으로 정하는 바에 따라 납부기한을 연장하거나 분할납부하게 할 수 있다.

② 지방자치단체의 장은 자유무역지역에 있는 지방자치단체가 소유하는 토지 또는 공장등을 매각할 때에 매입자가 매입대금을 한꺼번에 내는 것이 곤란하다고 인정하는 경우에는 「공유재산 및 물품 관리법」 제37조에도 불구하고 조례로 정하는 바에 따라 납부기한을 연장하거나 분할납부하게 할 수 있다.

제20조【임대료의 감면 등】 ① 관리권자 또는 지방자치단체의 장은 자유무역지역에 입주하는 비수도권 국내복귀기업(「외국인투자 촉진법」 제2조제9호의2에 따른 비수도권 국내복귀기업을 말한다. 이하 이 조에서 같다) 또는 외국인투자기업을 「외국인투자 촉진법」 제18조에 따른 외국인투자지역에 입주한 비수도권 국내복귀기업 또는 외국인투자기업으로 보아 같은 법 제13조의2제1항 또는 제3항에 따라 임대료를 감면할 수 있다.

② 관리권자 또는 지방자치단체의 장은 「조세특례제한법」 제121조의2제1항제1호에 따른 국내산업구조의 고도화와 국제경쟁력 강화에 긴요한 신성장동력산업 기술을 수반하는 사업을 하는 외국인투자기업에 대하여는 제1항에 따른 감면 외에 추가로 임대료를 감면할 수 있다. (2021.12.28 본조개정)

제21조【임대료 등의 독촉 및 체납처분】 ① 관리권자는 제17조제1항에 따라 토지 또는 공장등을 임차한 입주기업체등이 임대료를 기한까지 내지 아니하면 대통령령으로 정하는 기간을 넘지 아니하는 기한을 정하여 독촉을 하고, 독촉한 기한까지 임대료를 내지 아니하면 그 임대계약을 해지하거나 국세 체납처분의 예에 따라 임대료를 징수할 수 있다.

② 제18조제1항에 따라 임대한 토지 또는 공장등의 임대료의 독촉 등에 관하여는 제1항을 준용한다. 이 경우 "국세 체납처분의 예"는 "지방세 체납처분의 예"로 본다.

제22조【영구시설물등의 축조】 ① 제17조제1항에 따라 국가가 소유하는 토지를 임차한 자로서 다음 각 호의 어느 하나에 해당하는 조건으로 토지를 임차한 자는 「국유재산법」 제18조에도 불구하고 그 토지 위에 공장이나 그 밖의 영구시설물(이하 이 조에서 "영구시설물등"이라 한다)을 축조할 수 있다.

1. 임대기간이 끝나는 때에 영구시설물등을 국가에 기부하는 조건으로 토지를 임차한 자
2. 임대기간이 끝나는 때에 원상으로 회복하여 반환하는 조건으로 토지를 임차한 자

② 제18조제1항에 따라 지방자치단체가 소유하는 토지를 임차한 자로서 제1항 각 호의 어느 하나에 해당하는 조건으로 토지를 임차한 자는 「공유재산 및 물품 관리법」 제13조에도 불구하고 그 토지 위에 영구시설물등을 축조할 수 있다.

제23조【공장등의 건축 등에 관한 특례】 ① 이 법을 적용할 때 공장등을 건축하는 자는 입주기업체가 사용할 공장등을 건축하는 계약을 체결한 경우에 그 계약의 이행에 필요한 범위에서 그 공장등을 입주기업체에 인도할 때까지는 입주기업체로 본다.

② 이 법을 적용할 때 공장등과 기계·기구 등의 설비를 임대 또는 분양하는 자는 이를 입주기업체에 임대 또는 분양하는 경우에 그 임대 또는 분양이 완료될 때까지는 입주기업체로 본다.

③ 자유무역지역에서 공장등을 건축하는 경우에 「건축법」을 적용할 때에는 "특별시장·광역시장·특별자치시장·도지사·특별자치도지사" 또는 "시장·군수·구청장"을 각각 "관리권자"로 본다.(2016.1.27 본항개정)
④ 관리권자는 다음 각 호에 해당하는 경우에는 「부동산 거래신고 등에 관한 법률」 제3조제1항 및 제8조제3항에도 불구하고 외국인투자기업을 대신하여 그 신고를 대행할 수 있다.(2016.1.19 본문개정)
1. 외국인투자기업이 자유무역지역 안의 토지를 취득하는 계약을 체결한 경우
2. 자유무역지역 안의 토지를 가지고 있는 대한민국국민이나 대한민국의 법령에 따라 설립된 법인 또는 단체가 외국인투자기업으로 변경된 때 그 외국인투자기업이 해당 토지를 계속 보유하려는 경우
(2016.1.27 본항개정)
제24조 (2016.1.27 삭제)
제25조【토지 또는 공장등의 처분제한】 ① 입주기업체등은 제14조제2항에 따른 공장설립등의 완료신고 전 또는 같은 조 제4항 전단에 따른 사업개시의 신고 전에 제17조제1항, 제18조제1항 또는 이 조 제2항에 따라 취득한 토지(이 조 제6항에 따라 분할된 토지를 포함한다) 또는 공장등을 처분하려는 경우에는 이를 관리권자에게 양도하여야 한다.
② 관리권자가 제1항에 따른 토지 또는 공장등을 양수하기 곤란하다고 인정하는 경우에는 대통령령으로 정하는 바에 따라 입주기업체등으로 하여금 관리권자가 선정한 다른 입주기업체등이나 입주 자격이 있는 제3자에게 이를 양도하게 할 수 있다.
③ 입주기업체등이 제14조제2항에 따른 공장설립등의 완료신고 후 또는 같은 조 제4항 전단에 따른 사업개시의 신고 후에 제17조제1항 또는 제18조제1항에 따라 취득한 토지 또는 공장등을 양도 또는 임대〔전대(轉貸)를 포함한다. 이하 같다〕하거나 이를 타인으로 하여금 사용하게 하는 경우 그 계약 당사자는 입주기업체등이나 입주 자격이 있는 제3자로 한정한다.
④ 제3항의 경우에 국가 또는 지방자치단체가 소유하는 토지 위에 건축한 공장등을 양도 또는 임대하거나 이를 타인으로 하여금 사용하게 할 때에는 관리권자에게 그 사실을 신고하여야 한다.
⑤ 제1항 및 제2항에 따른 토지의 양도가격은 그가 취득한 가격에 대통령령으로 정하는 이자 및 비용을 합산한 금액으로 하고, 공장등의 양도가격은 「감정평가 및 감정평가사에 관한 법률」에 따른 감정평가법인등의 시가감정액을 고려하여 결정할 수 있다. 다만, 입주기업체등이 요청한 경우 토지의 양도가격은 그가 취득한 가격에 대통령령으로 정하는 이자 및 비용을 합산한 금액 이하로 할 수 있다.(2020.4.7 본문개정)
⑥ 입주기업체등이 소유하고 있는 토지를 분할하려는 경우에는 미리 관리권자와 협의하여 산업통상자원부령으로 정하는 면적 이상으로 분할하여야 한다.(2013.3.23 본항개정)
⑦ 세관장은 입주기업체가 외국물품등을 사용하여 건축한 공장등을 공장등의 완료신고 또는 사업개시일부터 3년 이내에 지원업체에 임대·양도한 경우에는 입주기업체로부터 면제되었거나 환급된 관세등을 즉시 징수하여야 한다. 다만, 대통령령으로 정하는 바에 따라 세관장의 허가를 받아 공장등의 일부를 지원업체에 임대한 경우는 제외한다.(2016.1.27 본항신설)
제26조【경매 등에 의하여 취득한 토지 또는 공장등의 사용 등】 ① 자유무역지역 안의 토지 또는 공장등을 경매나 그 밖에 법률에 따라 취득한 자는 다음 각 호에서 정하는 바에 따라 이를 처분 또는 사용하여야 한다.
1. 대통령령으로 정하는 바에 따라 제11조에 따른 입주계약을 체결할 것. 다만, 입주기업체를 인수 또는 합병한 자가 입주 자격을 갖추고 당초 계약한 업종의 사업을 하는 경우에는 입주계약을 체결한 것으로 본다.
2. 제1호에 따라 입주계약을 체결(입주계약을 체결한 것으로 보는 경우를 포함한다)하지 못한 경우에는 대통령령으로 정하는 바에 따라 다른 입주기업체나 입주 자격이 있는 제3자에게 양도할 것
(2016.1.27 1호~2호개정)
3. 제2호에 따라 양도가 이루어지지 아니하는 경우에는 관리권자에게 양도할 것
② 제1항제3호에 따라 관리권자에게 양도하는 경우의 양도가격에 관하여는 제25조제5항을 준용한다.
제27조【통제시설의 설치 등】 ① 관리권자는 관세청장과 협의를 거쳐 자유무역지역에 통제시설을 설치하고, 그 운영시기를 공고하여야 한다.
② 관리권자는 통제시설을 유지·관리하여야 한다.
③ 관세청장은 통제시설의 보수 또는 확충이 필요하다고 인정할 때에는 관리권자에게 통제시설의 보수 또는 확충을 요청할 수 있다. 이 경우 관리권자는 특별한 사유가 없으면 그 요청에 따라야 한다.
④ 관리권자는 자유무역지역을 출입하는 사람 및 자동차에 대한 기록을 산업통상자원부령으로 정하는 방법으로 관리하여야 하며, 세관장이 출입기록을 요청하는 경우 특별한 사유가 없으면 이에 따라야 한다.(2016.1.27 본항신설)
제28조【공동시설의 유지비】 ① 관리권자는 자유무역지역 안의 공동시설 중 산업통상자원부령으로 정하는 시설의 관리·운영에 필요한 비용(이하 이 조에서 "유지비"라 한다)을 입주기업체등으로부터 받을 수 있다.
(2013.3.23 본항개정)
② 유지비의 부담에 관한 기준·방법과 그 밖에 필요한 사항은 대통령령으로 정한다.
③ 유지비의 독촉 및 체납처분에 관하여는 제21조제1항을 준용한다.
제28조의2【자유무역지역 운영지침 등】 ① 산업통상자원부장관은 대통령령으로 정하는 바에 따라 자유무역지역 운영지침을 수립하여 관보에 고시하여야 한다. 이를 변경하는 경우에도 또한 같다.(2013.3.23 전단개정)
② 관리권자는 자유무역지역을 효율적으로 관리하기 위하여 필요한 경우에는 자유무역지역별로 제8조제2항 각 호에 따른 업무가 포함된 입주관리 요령을 공고할 수 있다. 이를 변경하는 경우에도 또한 같다.
③ 제2항에 따라 공고하려는 입주관리 요령이 지방자치단체가 소유하는 토지 또는 공장등과 관계되는 경우 관리권자는 해당 지방자치단체의 장과 협의하여야 한다.
(2011.4.14 본조신설)

제4장 물품의 반입·반출 및 관리 등
(2011.4.14 본장개정)

제29조【물품의 반입 또는 수입】 ① 다음 각 호의 어느 하나에 해당하는 물품을 자유무역지역 안으로 반입하려는 자는 관세청장이 정하는 바에 따라 세관장에게 반입신고를 하여야 한다.
1. 외국물품. 다만, 「관세법」 제241조에 따른 수출신고(이하 "수출신고"라 한다)가 수리된 물품으로서 관세청장이 정하는 자료를 제출하는 물품은 제외한다.(2021.6.15 단서개정)
가.~나. (2021.6.15 삭제)
2. 입주기업체가 자유무역지역에서 사용 또는 소비하려는 내국물품 중 제45조제1항 및 제2항의 적용을 받으려는 물품으로서 다음 각 목의 어느 하나에 해당하는 물품
가. 기계, 기구, 설비 및 장비와 그 부분품
나. 원재료, 윤활유, 사무용컴퓨터 및 건축자재
다. 그 밖에 사업목적을 달성하는 데에 필요하다고 인정하여 관세청장이 정하는 물품
3. 「부가가치세법」 제52조제1항제1호에 해당하는 자(이하 "비거주자등"이라 한다)가 국외반출을 목적으로 자유무역지역에 보관하려는 내국물품 중 제45조제2항의 적용을 받으려는 물품으로서 다음 각 목의 요건을 모두 갖춘 물품
가. 국내사업자와 직접 계약에 따라 공급받을 것
나. 대금은 외국환은행을 통하여 원화로 지급할 것
다. 비거주자등이 지정하는 입주기업체에게 인도할 것
(2016.1.27 본호신설)
② 세관장은 제1항에 따른 신고를 받은 경우 그 내용을 검토하여 이 법에 적합하면 신고를 수리하여야 한다.
(2021.12.28 본항신설)
③ 세관장은 반입신고를 하지 아니하고 자유무역지역 안으로 반입된 내국물품에 대하여 그 물품을 반입한 자가 신청한 경우에는 내국물품 확인서를 발급할 수 있다. 이 경우 내국물품 확인서의 발급절차와 그 밖에 필요한 사항은 관세청장이 정하여 고시한다.
④ 제1항에도 불구하고 다음 각 호의 어느 하나에 해당하는 경우 그 반입을 하려는 자는 「관세법」 제241조에 따른 수입 신고(이하 "수입신고"라 한다)를 하고 관세등을 내야 한다.
1. 입주기업체 외의 자가 외국물품을 자유무역지역 안으로 반입하려는 경우
2. 제10조제1항제1호부터 제3호까지 및 같은 조 제2항에 따른 입주 자격을 갖춘 입주기업체가 자유무역지역에서 사용 또는 소비하기 위하여 외국물품을 자유무역지역 안으로 반입하려는 경우. 다만, 다음 각 목의 어느 하나에 해당하는 외국물품을 반입하는 경우는 제외한다.
가. 기계, 기구, 설비 및 장비와 그 부분품
나. 원재료(입주기업체가 수입신고하려는 원재료는 제외한다), 윤활유, 사무용컴퓨터 및 건축자재
다. 그 밖에 사업목적을 달성하는 데에 필요하다고 인정하여 관세청장이 정하는 물품
3. 제10조제1항제4호 및 제5호에 따른 입주 자격을 갖춘 입주기업체가 자유무역지역에서 자기가 직접 사용 또는 소비하기 위하여 외국물품(제2호 각 목에 해당하는 물품 중 해당 사업목적을 달성하는 데에 필요한 물품은 제외한다)을 자유무역지역 안으로 반입하려는 경우
⑤ 다음 각 호의 어느 하나에 해당하는 경우 그 반출을 하려는 자는 수입신고를 하고 관세등을 내야 한다.
1. 자유무역지역에서 외국물품등의 전부 또는 일부를 원재료로 하여 제조·가공·조립·보수 등의 과정을 거친 후 그 물품을 관세영역으로 반출하려는 경우
2. 외국물품등을 자유무역지역에서 그대로 관세영역으로 반출하려는 경우
⑥ 제5항에도 불구하고 제1항제3호의 내국물품은 자유무역지역에서 관세영역으로 반출해서는 아니 된다.
(2021.12.28 본항개정)
⑦ 제10조의2 단서에 따라 전량 국외반출을 조건으로 반입한 원재료 및 원재료를 제조·가공한 물품은 자유무역지역에서 관세영역으로 반출해서는 아니 된다.(2021.6.15 본항신설)
제29조의2【사용·소비 신고 등】 입주기업체가 자유무역지역에 반입된 외국물품 중 제29조제4항제2호 각 목에 해당하는 물품 등 대통령령으로 정하는 물품을 자유무역지역에서 사용 또는 소비하려는 경우에는 그 사용 또는 소비 전에 세관장에게 사용·소비 신고를 하여야 한다. 이 경우 세관공무원은 물품을 검사할 수 있다.
(2021.12.28 본조개정)
제30조【국외로의 반출 및 수출】 ① 외국물품등을 자유무역지역에서 국외로 반출(외국 무역선 또는 외국 무역기에 대한 공급을 포함한다. 이하 같다)하려는 자는 대통령령으로 정하는 바에 따라 세관장에게 신고하여야 한다. 다만, 제29조제1항제1호에 해당하는 물품으로서 관세청장이 정하는 자료를 제출하는 물품에 대하여는 그러하지 아니하다.(2021.6.15 단서개정)
② 세관장은 제1항 본문에 따른 신고를 받은 경우 그 내용을 검토하여 이 법에 적합하면 신고를 수리하여야 한다.(2021.12.28 본항신설)
③ 제1항에 따른 국외 반출신고에 관하여는 「관세법」 제226조, 제241조제2항, 제242조, 제245조, 제246조제1항·제2항, 제247조제1항 단서, 제249조, 제250조제1항 본문·제2항·제3항 및 제251조를 준용한다. 이 경우 「관세법」 제226조제1항 중 "수출입"은 "국외 반출"로, 같은 조 제2항 중 "수출입물품"은 "국외 반출물품"으로, 같은 법 제242조 단서 및 제251조제1항·제2항 중 "수출신고"는 "국외 반출신고"로, 같은 법 제242조 단서 중 "수출물품"은 "국외 반출물품"으로, 같은 법 제245조제1항·제2항, 제246조제1항, 제247조제1항 단서, 제249조 및 제250조제2항·제3항 중 "수출"은 "국외 반출"로 본다.
(2016.1.27 전단개정)
④ 외국물품등이 아닌 물품을 자유무역지역에서 국외로 반출하려는 자는 수출신고를 하여야 한다.
제31조【내국물품의 반출 확인】 ① 외국물품등이 아닌 내국물품을 자유무역지역에서 관세영역으로 반출하려는 자는 내국물품 확인서, 세금계산서 등 내국물품으로 반입된 사실을 증명하는 서류(이하 "내국물품 반입증명서류"라 한다)를 세관장에게 제출하여야 한다. 다만, 출입 차량, 출입자의 휴대품 등 대통령령으로 정하는 물품에 대하여는 그러하지 아니하다.
② 제1항에 따라 내국물품을 반출하려는 자는 관세청장이 정하는 내국물품 반출목록신고서를 세관장에게 제출하는 것으로 내국물품 반입증명서류의 제출을 갈음할 수 있다. 다만, 세관장이 내국물품 반입증명서류의 제출을 요구하는 경우에는 이에 따라야 한다.
③ 제2항 본문의 경우 내국물품을 반출하려는 자는 같은 항에 따른 내국물품 반출목록신고서를 제출한 날부터 5년 이내의 범위에서 대통령령으로 정하는 기간 동안 내국물품 반입증명서류를 보관하여야 한다.
제32조【수출입승인에 대한 특례 등】 ① 「대외무역법」 제11조에 따라 수입 또는 수출이 제한된 물품(같은 법 제46조에 따라 조정명령을 받은 물품은 제외한다)을 자유무역지역 안으로 반입하거나 자유무역지역으로부터 외국으로 반출하려는 자는 산업통상자원부장관(제5조제1호나목부터 라목까지의 규정에 해당하는 지역의 경우는 세관장으로 한다. 이하 이 조에서 같다)의 승인을 받아야 한다. 이 경우 산업통상자원부장관의 승인은 「대외무역법」에 따른 승인으로 본다.(2013.3.23 본항개정)
② 「대외무역법」 제12조에 따라 통합하여 공고되는 수출·수입요령에 해당되는 품목의 물품은 관계 행정기관이 정하여 고시하는 수출·수입요령에도 불구하고 자유무역지역 안으로 반입하거나 자유무역지역으로부터 외국으로 반출할 수 있다. 다만, 마약, 총기, 부패한 식품 등 해당 통합 공고에서 따로 정하는 수입제한 품목에 해당하는 물품은 그러하지 아니하다.
③ 제1항에 따른 물품을 관세영역으로 반출하려면 산업통상자원부장관의 승인을 받아야 한다. 이 경우 산업통상자원부장관의 승인은 「대외무역법」에 따른 승인으로 본다.
(2013.3.23 본항개정)
④ 제2항에 따른 물품을 관세영역으로 반출할 때에는 「대외무역법」 제12조에 따른 통합 공고에서 정한 수출·수입요령에 따른다.
제33조【외국물품등의 일시 반출】 입주기업체는 자유무역지역 안에 반입된 외국물품등을 물품의 수리(修理), 견본품의 전시, 시험검사 등의 목적으로 관세영역으로 일시 반출하려는 경우에는 반출 허용기간 등 대통령령으로 정하는 바에 따라 세관장의 허가를 받아야 한다.
제34조【역외작업】 ① 입주기업체는 외국물품등(외국으로부터 직접 반출장소에 반입하려는 물품을 포함한다)을 가공 또는 보수하기 위하여 관세영역으로 반출하려는 경우에는 그 가공 또는 보수 작업(이하 "역외작업"이라 한

다)의 범위, 반출기간, 대상물품, 반출장소를 정하여 세관장에게 신고하여야 한다. 다만, 제10조의2 단서에 따른 입주기업체는 역외작업을 할 수 없다.(2021.6.15 단서신설)
② 세관장은 제1항에 따른 신고가 이 법에 적합하게 이루어졌을 때에는 이를 지체 없이 수리하여야 한다.
③ 역외작업의 범위, 반출기간, 대상물품 등에 관한 사항은 대통령령으로 정한다.
④ 역외작업의 신고 수리에 관하여는 「관세법」 제187조제5항 및 제7항을 준용한다. 이 경우 「관세법」 제187조제5항 및 제7항 중 "허가"는 "신고 수리"로, "보세공장"은 "자유무역지역"으로, "운영인"은 "입주기업체"로 본다.(2021.6.15 본항개정)
⑤ 제4항에 따라 준용되는 「관세법」 제187조제7항에 따라 관세등을 징수하는 물품에 대한 과세물건 확정의 시기는 제2항에 따른 신고 수리가 있은 때로 한다.(2021.6.15 본항개정)

제35조【역외작업 물품의 반출신고 등】 ① 입주기업체가 역외작업에 의하여 가공 또는 보수된 물품을 반출장소에서 반출장소 외의 관세영역으로 반출하려는 경우에는 제29조제5항을 준용한다.(2021.12.28 본항개정)
② 입주기업체가 역외작업에 의하여 가공 또는 보수된 물품을 반출장소에서 국외로 직접 반출하려는 경우에는 제30조제1항 및 제3항을 준용한다.(2021.12.28 본항개정)
③ 입주기업체가 역외작업의 공정에서 발생한 폐품을 처분하려는 경우에는 세관장에게 신고하여야 한다.
④ 세관장은 제3항에 따른 신고를 받은 경우 그 내용을 검토하여 이 법에 적합하면 신고를 수리하여야 한다.(2021.12.28 본항신설)

제36조【보세운송】 ① 외국물품등은 자유무역지역과 다른 자유무역지역 또는 「관세법」 제213조제1항 각 호의 장소 간에 한정하여 보세운송할 수 있다.
② 제1항에 따른 보세운송에 관하여는 「관세법」 제213조제2항부터 제5항까지 및 제214조부터 제220조까지의 규정을 준용한다. 이 경우 「관세법」 제213조제5항에 따라 준용되는 같은 법 제247조제2항의 "보세구역"은 "자유무역지역"으로 본다.

제37조【물품의 반출 등】 ① 제29조제1항에 따라 반입된 외국물품(수입신고가 수리된 물품을 포함한다)을 관세영역, 다른 자유무역지역 또는 동일 자유무역지역 내 다른 입주기업체로 반출하려는 자는 반출신고를 하여야 한다. 이 경우 반출신고에 관하여는 「관세법」 제157조를 준용한다.(2021.6.15 본항신설)
② 자유무역지역 중 공항 또는 항만으로서 관세청장이 지정하는 지역에 반입되어 수입신고되거나 장치(藏置)된 물품(제29조제4항제2호 각 목의 어느 하나에 해당하는 물품으로서 입주기업체가 직접 사용·소비하는 것은 제외한다)의 반출, 장치기간, 매각 등에 관하여는 「관세법」 제157조의2·제177조제1항제1호 및 제208조부터 제212조까지의 규정을 준용한다. 이 경우 「관세법」 제157조의2 중 "보세구역"은 "자유무역지역"으로, 같은 법 제177조제1항 중 "특허보세구역" 또는 "보세창고"는 각각 "자유무역지역"으로 본다.(2021.12.28 전단개정)
③ 입주기업체는 제2항에 따른 지역 외의 지역에 반입한 날부터 1년 이내의 범위에서 관세청장이 정하는 기간이 지난 외국물품이 다음 각 호의 어느 하나에 해당하는 경우에는 관세청장이 정하여 고시하는 바에 따라 세관장에게 그 외국물품의 매각을 요청할 수 있다.(2021.6.15 본문개정)
1. 화주(貨主)가 분명하지 아니한 경우
2. 화주가 부도 또는 파산한 경우
3. 화주의 주소·거소 등 그 소재를 알 수 없는 경우
4. 화주가 수취를 거절하는 경우
5. 화주가 거절의 의사표시 없이 수취하지 아니하는 경우(2021.12.28 본항신설)
④ 제3항에 따른 세관장의 외국물품의 매각에 관하여는 「관세법」 제208조부터 제212조까지의 규정을 준용하되, 같은 법 제208조제1항 중 "보세구역"은 "자유무역지역"으로, "장치기간이 지나면"은 "매각 요청을 접수하면"으로, 같은 조 제2항 중 "장치기간이 지난 물품" 및 제209조제1항 중 "외국물품"은 각각 "매각요청물품"으로 본다.(2022.12.31 본항개정)

제38조【재고 기록 등】 ① 입주기업체는 다음 각 호의 물품에 대하여 관세청장이 정하여 고시하는 바에 따라 그 품명, 규격, 수량, 가격, 보수작업의 내용 등 재고관리에 필요한 사항을 기록·관리하여야 한다. 다만, 관세청장이 정하여 고시하는 금액 이하의 물품 등 대통령령으로 정하는 물품에 대하여는 그러하지 아니하다.
1. 자유무역지역 안으로 반입한 물품
2. 자유무역지역에서 사용·소비하거나 생산한 물품
3. 자유무역지역으로부터 반출한 물품
4. 제3항에 따라 외국물품등을 폐기한 후에 남는 경제적 가치를 가진 물품
② 입주기업체는 제1항 각 호에 따른 물품이 제29조제1항제2호에 따른 내국물품에 해당하는 경우에는 그 물품에 대한 재고관리에 필요한 사항을 다른 물품과 구분하여 기록·관리하여야 한다.
③ 입주기업체는 외국물품등을 멸실·분실한 경우 또는 폐기하려는 경우에는 대통령령으로 정하는 바에 따라 세관장에게 신고하여야 한다.
④ 세관장은 제3항에 따른 신고를 받은 경우 그 내용을 검토하여 이 법에 적합하면 신고를 수리하여야 한다.(2021.12.28 본항신설)
⑤ 입주기업체는 제1항 또는 제2항에 따라 기록한 자료를 대통령령으로 정하는 기간 동안 보존하여야 한다.
⑥ 입주기업체는 관세청장이 정하여 고시하는 기준에 따라 물품의 재고관리 체계를 갖춘 경우에는 제1항제1호 및 제2호의 물품을 분할하거나 병합하는 등의 방식으로 관리할 수 있다.(2021.12.28 본항신설)

제39조【입주기업체의 재고관리 상황의 조사 등】 ① 세관장은 제38조에 따른 재고관리의 이행 여부를 확인하기 위하여 소속 공무원으로 하여금 입주기업체에 대하여 조사를 하게 할 수 있다. 이 경우 조사를 하는 공무원은 그 권한을 표시하는 증표를 지니고 이를 관계인에게 보여주어야 한다.
② 세관장은 입주기업체에 대하여 제1항에 따른 조사에 필요한 회계장부, 원재료 및 제품의 관리대장, 그 밖에 필요한 자료의 제출을 요구할 수 있다.
③ 입주기업체는 정당한 사유 없이 제1항에 따른 조사를 거부·방해 또는 기피하거나 제2항에 따른 자료제출을 거부하여서는 아니 된다.
④ 세관장은 제1항에 따라 조사를 한 결과 외국물품등의 재고가 부족한 경우에는 대통령령으로 정하는 바에 따라 입주기업체로부터 그에 해당하는 관세등을 지체 없이 징수하여야 한다. 다만, 제38조제3항에 따른 분실신고를 한 물품이 자유무역지역에 있는 것이 확인되는 경우 또는 재해나 그 밖의 부득이한 사유로 물품이 멸실된 경우에는 그러하지 아니하다.
⑤ 관리권자는 자유무역지역의 효율적인 관리·운영을 위하여 필요한 경우에는 대통령령으로 정하는 바에 따라 관세청장에게 입주기업체의 물품 반입·반출실적에 대한 자료의 제공을 요청할 수 있다.(2016.1.27 본항신설)

제40조【물품의 폐기】 ① 세관장은 자유무역지역에 있는 물품 중 다음 각 호의 어느 하나에 해당하는 물품에 대하여는 화주 및 반입자와 그 위임을 받은 자(이하 "화주등"이라 한다)에게 국외 반출 또는 폐기를 명하거나 화주등에게 미리 통보한 후 직접 이를 폐기할 수 있다. 다만, 화주등에게 통보할 시간적 여유가 없는 특별한 사정이 있을 때에는 그 물품을 폐기한 후 지체 없이 화주등에게 통보하여야 한다.
1. 사람의 생명이나 재산에 해를 끼칠 우려가 있는 물품
2. 부패 또는 변질된 물품
3. 유효기간이 지난 물품
4. 제1호부터 제3호까지의 규정에 준하는 물품으로서 관세청장이 정하여 고시하는 물품
② 세관장은 제1항에 따른 통보를 할 때에 화주등의 주소 또는 거소를 알 수 없거나 그 밖의 부득이한 사유로 통보를 할 수 없는 경우에는 대통령령으로 정하는 바에 따라 공고로써 통보를 갈음할 수 있다.
③ 제1항에 따라 화주등이 물품을 국외로 반출하거나 폐기한 경우 또는 세관장이 폐기한 경우 그 비용은 화주등이 부담한다.

제40조의2【반입정지 등】 ① 세관장은 다음 각 호의 어느 하나에 해당하는 경우에는 대통령령으로 정하는 바에 따라 6개월의 범위에서 해당 입주기업체에 대하여 자유무역지역으로의 물품반입을 정지시킬 수 있다.
1. 제29조제4항에 따른 수입신고 및 관세등의 납부를 하지 아니하고 외국물품을 사용·소비하기 위하여 자유무역지역 안으로 반입한 경우(2021.12.28 본호개정)
2. 제29조제5항에 따른 수입신고 및 관세등의 납부를 하지 아니하고 외국물품등을 자유무역지역에서 관세영역으로 반출한 경우(2021.12.28 본호개정)
2의2. 제29조제7항을 위반하여 전량 국외반출을 조건으로 반입한 원재료 및 원재료를 제조·가공한 물품을 자유무역지역에서 관세영역으로 반출한 경우(2021.12.28 본호개정)
2의3. 제29조의2를 위반하여 사용·소비 신고를 하지 아니하고 물품을 사용·소비한 경우(2021.6.15 본호신설)
3. 제30조에 따른 국외 반출신고 시 법령에 따라 국외 반출에 필요한 허가·승인·추천·증명 또는 그 밖의 조건을 구비하지 아니하거나 부정한 방법으로 구비한 경우
4. 제35조제1항에 따라 준용되는 제29조제5항에 따른 역외작업 물품의 반출신고 및 관세등의 납부의무를 위반한 경우(2021.12.28 본호개정)
5. 제38조에 따른 재고 기록 등의 의무를 위반한 경우
6. 제39조제3항을 위반하여 정당한 사유 없이 조사를 거부·방해 또는 기피하거나 자료제출을 거부한 경우
7. 「관세법」 제269조, 제270조, 제270조의2, 제271조(제268조의2의 미수범과 제268조의2의 죄를 범할 목적으로 그 예비를 한 자는 제외한다) 및 제274조에 따른 위반사유에 해당하는 경우
② 세관장은 제1항에 따른 물품반입의 정지처분이 그 이용자에게 심한 불편을 주거나 공익을 해칠 우려가 있는 경우에는 입주기업체에 대하여 물품반입의 정지처분을 갈음하여 해당 입주기업체 운영에 따른 매출액의 100분의 3 이하의 과징금을 부과할 수 있다. 이 경우 매출액 산정, 과징금의 금액, 과징금의 납부기한 등에 관하여 필요한 사항은 대통령령으로 정한다.
③ 제2항에 따른 과징금을 납부하여야 할 자가 납부기한까지 납부하지 아니한 경우 과징금의 징수에 관하여는 국세 체납처분의 예에 따라 징수한다.(2016.1.27 본조신설)

제41조【물품의 반입·반출의 금지 등】 ① 누구든지 「관세법」 제234조 각 호의 어느 하나에 해당하는 물품을 자유무역지역 안으로 반입하거나 자유무역지역 밖으로 반출할 수 없다.
② 세관장은 국민보건 또는 환경보전에 지장을 초래하는 물품이나 그 밖에 대통령령으로 정하는 물품에 대하여는 자유무역지역 안으로의 반입과 자유무역지역 밖으로의 반출을 제한할 수 있다.

제41조의2【지식재산권의 보호】 ① 다음 각 호의 어느 하나에 해당하는 지식재산권을 침해하는 물품은 자유무역지역 안으로 반입하거나 자유무역지역 밖으로 반출할 수 없다.
1. 「상표법」에 따라 설정등록된 상표권
2. 「저작권법」에 따른 저작권과 저작인접권
3. 「식물신품종 보호법」에 따라 설정등록된 품종보호권(2012.6.1 본호개정)
4. 「농산물품질관리법」 또는 「수산물품질관리법」에 따라 등록되거나 조약·협정 등에 따라 보호대상으로 지정된 지리적표시권 또는 지리적표시
5. 「특허법」에 따라 설정등록된 특허권
6. 「디자인보호법」에 따라 설정등록된 디자인권
② 관세청장 및 세관장은 자유무역지역에서 제1항 각 호에 따른 지식재산권을 침해하는 물품을 단속하기 위하여 필요한 조치를 할 수 있다.
③ 제2항에 따른 조치에 관하여는 「관세법」 제235조제2항부터 제7항까지의 규정을 준용한다. 이 경우 "수출입"은 "반입·반출"로, "통관 보류"는 "반입·반출 보류"로, "수출입신고"는 "반입신고, 수입신고, 수출신고 및 국외반출신고"로, "보세구역"은 "자유무역지역"으로 본다.(2021.6.15 후단개정)
(2011.6.30 본조신설)

제42조【물품의 검사 등】 ① 자유무역지역에서 반출·반입·수출·수입되는 물품에 대하여는 세관장이 검사 또는 확인할 수 있다.
② 제1항에 따른 물품의 검사 또는 확인은 그 물품이 장치되어 있는 장소에서 한다. 다만, 공항 또는 항만 지역으로서 관세청장이 지정하는 지역에 장치되어 있는 물품 또는 정밀한 검사가 필요한 물품에 대하여는 그러하지 아니하다.
③ 세관장은 자유무역지역을 출입하는 자가 휴대하거나 운송하는 물품 또는 운송수단에 대하여 관세청장이 정하여 고시하는 바에 따라 이를 검사할 수 있다.
④ 제1항에 따른 검사 또는 확인에 관하여는 「관세법」 제246조제2항 또는 제3항을 준용한다.

제43조【「관세법」의 적용】 자유무역지역 안의 외국물품등을 관세영역으로 반출하는 경우에는 이 법에서 정한 경우를 제외하고는 「관세법」을 적용한다.

제5장 관세등의 부과 및 감면 등

(2011.4.14 본장개정)

제44조【자유무역지역에서 생산한 물품에 대한 관세등의 부과기준】 제29조제5항제1호의 경우 그 반출되는 물품은 외국으로부터 우리나라에 도착된 외국물품으로 보아 관세등을 부과한다. 이 경우 제29조제1항제2호에 따른 반입신고를 하지 아니한 내국물품을 대통령령으로 정하는 바에 따라 세관장의 승인을 받아 원재료로 사용하였을 때에는 그 내국물품의 수량 또는 가격을 제조·가공·조립·보수한 물품의 과세표준에서 공제한다.(2021.12.28 전단개정)

제45조【관세등의 면제 또는 환급 등】 ① 입주기업체가 제29조제1항제2호에 따라 반입신고를 한 내국물품에 대하여는 「주세법」 제31조제1항제1호, 「개별소비세법」 제15조제1항제1호 또는 「교통·에너지·환경세법」 제13조제1항제1호에 따라 수출하거나 「수출용원재료에 대한 관세 등 환급에 관한 특례법」 제4조제1호 또는 제3호에 따라 수출 또는 공급하는 것으로 보아 관세등을 면제하거나 환급한다.(2016.1.27 본항개정)
② 입주기업체가 제29조제1항제2호·제3호에 따라 반입신고를 한 내국물품에 대해서는 「부가가치세법」 제21조제1항에 따라 수출에 해당하는 것으로 보아 부가가치세의 영세율(零稅律)을 적용한다.(2016.1.27 본항개정)
③ 자유무역지역에서 입주기업체 간에 공급하거나 제공하는 외국물품등과 용역에 대하여는 부가가치세의 영세율을 적용한다.

제46조【예정지역에서의 관세등의 면제】 ① 예정지역 또는 제3조제1항 단서에 따라 「관세법」을 적용받는 자유무역지역에서 제10조제1항제1호부터 제5호까지의 규정

에 해당하는 입주기업체가 건물 및 공장을 건축하기 위하여 외국에서 반입하는 대통령령으로 정하는 시설재(施設材)에 대하여는 관세등을 면제한다.
② 제1항에 따라 관세등이 면제된 물품의 사후관리 등에 관하여는 「관세법」 제102조 및 제103조를 적용한다.
제47조【법인세 등 조세감면】 외국인투자기업인 입주기업체에 대하여는 「조세특례제한법」에서 정하는 바에 따라 법인세, 소득세, 취득세, 등록면허세, 재산세, 종합토지세 등의 조세를 감면할 수 있다.
제48조【교통유발부담금의 면제】 입주기업체의 공장등에 대하여는 「도시교통정비 촉진법」 제36조에 따른 교통유발부담금을 면제한다.
제49조【입주기업체의 기술개발활동 지원 등】 ① 국가나 지방자치단체는 자유무역지역에 있는 입주기업체의 기술개발활동 및 인력양성을 촉진하기 위하여 필요한 자금을 지원할 수 있다.
② 국가나 지방자치단체는 자유무역지역에 있는 입주기업체의 사업을 지원하기 위하여 입주기업체에 임대하는 공장등의 유지·보수와 의료시설·교육시설·주택 등 각종 기반시설의 확충에 노력하여야 하며, 그에 필요한 자금을 지원할 수 있다.
③ 제1항 및 제2항에 따른 지원기준 등에 관하여 필요한 사항은 대통령령으로 정한다.
제49조의2【자유무역지역 경쟁력강화사업 추진계획의 수립 등】 ① 관리권자는 자유무역지역 입주기업체의 경쟁력 강화를 위한 경쟁력강화사업 추진계획(이하 "추진계획"이라 한다)을 수립·시행하여야 한다.
② 추진계획에는 다음 각 호의 사항이 포함되어야 한다.
1. 해당 자유무역지역의 경쟁력 현황
2. 기업, 연구소, 대학 등의 연구개발 역량 강화 및 상호연계에 관한 사항
3. 입주기업체에 대한 인센티브 강화에 관한 사항
4. 자유무역지역 경쟁력강화사업 추진체계 및 재원조달 방안
5. 그 밖에 자유무역지역 경쟁력 강화를 위하여 필요한 사항
③ 국가와 지방자치단체는 추진계획을 효과적으로 시행하기 위하여 필요한 재원을 확보하도록 노력하여야 한다.
④ 관리권자는 추진계획을 수립하거나 변경하려는 경우에는 시·도지사의 의견을 듣고 관계 중앙행정기관의 장과 협의하여야 한다. 다만, 대통령령으로 정하는 경미한 사항을 변경하는 경우에는 그러하지 아니하다.
⑤ 관리권자는 자유무역지역 경쟁력강화사업의 효율적인 추진을 위하여 「산업기술혁신 촉진법」 제11조제4항에 따른 전담기관에 사업을 위탁할 수 있다. 이 경우 관리권자는 예산의 범위에서 그 위탁업무의 원활한 수행을 위하여 필요한 경비를 전담기관에 출연 또는 보조할 수 있다.
⑥ 제5항에 따라 사업을 위탁받은 전담기관은 효율적이고 체계적인 사업 추진을 위하여 산업통상자원부령으로 정하는 해당 분야 전문기관 또는 「민법」 제32조에 따라 설립된 비영리법인에 사업의 일부를 대행하게 할 수 있다.
(2020.4.7 본조신설)

제6장 보 칙
(2011.4.14 본장개정)

제50조 (2011.4.14 삭제)
제50조의2【종전 수출자유지역의 국가산업단지 간주에 관한 특례】 종전의 「수출자유지역설치법」(2000년 1월 12일 법률 제6142호로 전부개정되기 전의 것을 말한다)에 따라 지정된 수출자유지역은 「산업입지 및 개발에 관한 법률」 제6조에도 불구하고 같은 법 제2조제8호가목의 국가산업단지로 본다.(2024.2.6 본조신설)
제51조【행정기구 등의 설치】 ① 산업통상자원부장관은 자유무역지역을 관리·운영하고 수출산업을 지원하기 위하여 행정기구를 설치·운영할 수 있다.(2013.3.23 본항개정)
② 입주기업체의 기업활동에 필요한 업무를 관장하는 기관은 관세·조세의 부과·징수, 출입국관리, 검역 등의 업무를 신속하게 처리하기 위하여 자유무역지역 안에 출장소를 설치하거나 그 직원을 상주시킬 수 있다.
제52조~제53조 (2016.1.27 삭제)
제54조【청문】 ① 관리권자는 제15조제1항 또는 제2항에 따라 입주계약을 해지하려면 청문을 하여야 한다.
② 세관장이 제40조의2제1항에 따라 반입정지를 하려면 청문을 하여야 한다.(2016.1.27 본항신설)
(2016.1.27 본조개정)
제55조【권한의 위임·위탁】 ① 중앙행정기관의 장은 대통령령으로 정하는 바에 따라 그 권한의 일부를 관리권자에게 위탁할 수 있다.
② 산업통상자원부장관 또는 주무부장관은 입주기업체가 도입하는 외자에 관하여 「외국인투자 촉진법」에 따른 권한의 일부를 대통령령으로 정하는 바에 따라 관리권자에게 위탁할 수 있다.(2013.3.23 본항개정)
③ 관리권자는 이 법에 따른 권한 중 그 일부를 대통령령으로 정하는 바에 따라 그 소속 기관의 장, 시·도지사, 시장·군수 또는 구청장(자치구의 구청장을 말한다)에게 위임하거나 관세청장 또는 그 소속 기관의 장이나 그 밖에 대통령령으로 정하는 법인에 위탁할 수 있다.
제55조의2【벌칙 적용 시의 공무원 의제】 제55조제3항에 따라 관리권자로부터 위탁받은 업무에 종사하는 법인의 임원 및 직원은 「형법」 제129조부터 제132조까지의 규정을 적용할 때에는 공무원으로 본다.(2011.4.14 본조신설)

제7장 벌 칙
(2011.4.14 본장개정)

제56조【벌칙】 제41조제1항을 위반하여 물품을 반입 또는 반출한 자는 7년 이하의 징역 또는 7천만원 이하의 벌금에 처한다.(2014.1.21 본조개정)
제57조【벌칙】 ① 다음 각 호의 어느 하나에 해당하는 자는 5년 이하의 징역 또는 관세액의 10배와 물품의 원가 중 높은 금액에 상당하는 금액 이하의 벌금에 처한다.
1. 제29조제4항을 위반하여 수입신고 및 관세등의 납부를 하지 아니하고 외국물품을 사용·소비하거나 자유무역지역 안으로 반입한 자(2021.12.28 본호개정)
2. 제35조제1항을 위반하여 역외작업에 의하여 가공 또는 보수된 물품을 관세영역으로 반출한 자
② 다음 각 호의 어느 하나에 해당하는 자는 「관세법」 제269조·제270조 및 「특정범죄 가중처벌 등에 관한 법률」 제6조에 따라 처벌한다.
1. 제29조제5항에 따른 수입신고 및 관세등의 납부를 하지 아니하고 외국물품등을 자유무역지역에서 관세영역으로 반출한 자(2021.12.28 본호개정)
2. 제29조제6항의 의무를 위반하여 제29조제1항제3호의 내국물품을 자유무역지역에서 관세영역으로 반출한 자(2021.12.28 본호개정)
3. 제29조제7항을 위반하여 전량 국외반출을 조건으로 반입한 원재료 및 원재료를 제조·가공한 물품을 자유무역지역에서 관세영역으로 반출한 자(2021.12.28 본호개정)
(2016.1.27 본항개정)
제58조【벌칙】 다음 각 호의 어느 하나에 해당하는 자는 3년 이하의 징역 또는 3천만원 이하의 벌금에 처한다.
1. 제11조제1항에 따른 입주계약 또는 변경계약을 체결하지 아니하거나 부정한 방법으로 입주계약 또는 변경계약을 체결하여 자유무역지역에서 사업을 한 자
2. 제15조제1항 또는 제2항에 따라 입주계약이 해지된 후 같은 조 제3항의 업무 외에 그 사업을 한 자
(2016.1.27 1호~2호개정)
제59조【벌칙】 제30조에 따른 국외 반출신고를 한 자 중 법령에 따라 국외 반출에 필요한 허가·승인·추천·증명 또는 그 밖의 조건을 구비하지 아니하거나 부정한 방법으로 이를 구비하여 국외 반출한 자는 1년 이하의 징역 또는 2천만원 이하의 벌금에 처한다.
제60조【벌칙】 다음 각 호의 어느 하나에 해당하는 자는 2천만원 이하의 벌금에 처한다.
1. 제15조제5항 또는 제6항을 위반하여 토지 또는 공장등을 양도한 자
2. 제25조제1항부터 제3항까지의 규정을 위반하여 토지 또는 공장등을 양도한 자
2의2. 제29조의2를 위반하여 자유무역지역에 반입한 물품에 대한 사용·소비 신고를 하지 아니하고 사용·소비한 자(2021.6.15 본호신설)
3. 제30조제1항 또는 제35조제2항을 위반하여 국외 반출신고를 하지 아니하거나 거짓으로 국외 반출신고를 하고 자유무역지역 밖으로 반출한 자
4. 제38조제1항 또는 제2항을 위반하여 재고 기록을 기록·관리하지 아니하거나 거짓으로 재고를 기록·관리한 자
5. 제38조제5항에 따른 재고 기록을 보존하지 아니한 자(2021.12.28 본호개정)
6. 제39조제3항을 위반하여 정당한 사유 없이 조사를 거부·방해 또는 기피하거나 자료제출을 거부한 자
제61조【벌칙】 다음 각 호의 어느 하나에 해당하는 자는 1천만원 이하의 벌금에 처한다. 다만, 과실로 제4호에 해당하게 된 경우에는 200만원 이하의 벌금에 처한다.
(2022.11.15 단서신설)
1. 거짓이나 그 밖의 부정한 방법으로 제29조제3항에 따른 내국물품 확인서를 발급받은 자(2021.12.28 본호개정)
2. 제33조를 위반하여 허가를 받지 아니하고 외국물품등을 일시 반출하거나 반출 허용기간이 지난 후에도 이를 반입하지 아니한 자
3. 제34조제1항 본문 또는 제35조제3항을 위반하여 신고를 하지 아니하고 역외작업을 하거나 역외작업의 공정에서 발생한 폐품을 처분한 자(2021.6.15 본호개정)
3의2. 제34조제1항 단서를 위반하여 역외작업을 한 자(2021.6.15 본호신설)
4. 제36조제2항에 따라 준용되는 「관세법」 제213조제2항 또는 제219조제2항을 위반하여 신고하지 아니하거나 승인을 받지 아니하고 보세운송을 한 자
5. 제38조제3항을 위반하여 멸실 또는 분실의 신고를 하지 아니하거나 폐기신고 없이 외국물품등을 폐기한 자
6. 제41조제2항에 따라 제한된 물품을 반입 또는 반출한 자
7. 제42조에 따른 검사 또는 확인을 거부·방해 또는 기피한 자
제62조【교사범 등】 ① 그 정황을 알면서 제56조·제57조 및 제59조에 따른 행위를 교사(敎唆)하거나 방조한 자는 정범(正犯)에 준하여 처벌한다.
② 제56조·제57조 및 제59조의 죄를 범할 목적으로 예비한 자와 그 미수범은 본죄(本罪)에 준하여 처벌한다.
제63조【밀수 전용 운반기구의 몰수】 제56조의 죄에 전용(專用)되는 선박·자동차 또는 그 밖의 운반기구는 소유자가 범죄에 사용된다는 정황을 알았던 경우로서 다음 각 호의 어느 하나에 해당하는 경우에는 이를 몰수한다.
1. 범죄 물품을 적재하거나 적재하려고 한 경우 또는 적재하였던 사실이 있는 경우
2. 검거를 기피할 목적으로 권한 있는 공무원의 정지명령을 받고 정지하지 아니하거나 적재된 범죄 물품을 해상(海上)에서 투기·파괴 또는 훼손한 경우
3. 범죄 물품을 해상에서 인수 또는 취득하거나 인수 또는 취득하려고 한 경우
4. 범죄 물품을 운반한 경우
제64조【범죄에 사용된 물품의 몰수 등】 ① 제56조의 죄에 사용하기 위하여 특수한 가공을 한 물품은 누구의 소유이든지 몰수하거나 그 효용(效用)을 제거한다.
② 제56조의 죄의 대상에 해당하는 물품이 다른 물품 중에 포함되어 있는 경우 그 물품이 범인의 소유인 경우에는 그 다른 물품도 몰수할 수 있다.
제65조【밀수품의 취득죄 등】 ① 제56조·제57조 및 제59조에 해당하는 물품을 취득·양여·운반·보관 또는 알선하거나 감정한 자는 3년 이하의 징역 또는 물품의 원가 이하에 상당하는 벌금에 처한다.
② 제1항의 죄를 범할 목적으로 예비한 자와 그 미수범은 본죄에 준하여 처벌한다.
제66조【징역과 벌금의 병과】 제56조·제57조 및 제59조의 죄를 범한 자는 정상(情狀)에 따라 징역과 벌금을 병과(倂科)할 수 있다.
제67조【몰수·추징】 ① 제56조의 경우에는 그 물품을 몰수한다.
② 제57조의 경우에는 범인이 소유 또는 점유하는 그 물품을 몰수한다.
③ 제1항이나 제2항에 따라 몰수할 물품의 전부 또는 일부를 몰수할 수 없을 때에는 그 몰수할 수 없는 물품의 범칙 당시의 국내 도매가격에 상당하는 금액을 범인으로부터 추징한다.
④ 제68조제1항의 법인 또는 개인은 제1항부터 제3항까지의 규정을 적용할 때에는 범인으로 본다.
제68조【양벌 규정 및 「형법」 규정의 배제】 ① 법인의 대표자나 법인 또는 개인의 대리인, 사용인, 그 밖의 종업원이 그 법인 또는 개인의 업무에 관하여 제56조부터 제62조까지의 어느 하나에 해당하는 위반행위를 하면 그 행위자를 벌하는 외에 그 법인 또는 개인에게도 해당 조문의 벌금형을 과(科)한다. 다만, 법인 또는 개인이 그 위반행위를 방지하기 위하여 해당 업무에 관하여 상당한 주의와 감독을 게을리하지 아니한 경우에는 그러하지 아니하다.
② 이 법에서 규정한 벌칙에 위반되는 행위를 한 자에 대하여는 「관세법」 제278조를 준용한다.
제69조【조사 및 처분】 제56조, 제57조, 제59조, 제60조제3호부터 제6호까지 및 제61조부터 제68조까지에서 규정한 벌칙에 위반되는 행위를 한 자는 「관세법」 제283조제1항에 따른 관세범으로 보아 같은 법 제12장(제283조부터 제319조까지)을 적용한다.
제70조【과태료】 ① 제15조제5항·제6항 또는 제26조를 위반하여 토지 또는 공장등을 양도하지 아니한 자에게는 500만원 이하의 과태료를 부과한다.
② 다음 각 호의 어느 하나에 해당하는 자에게는 200만원 이하의 과태료를 부과한다.
1. 제14조제4항을 위반하여 사업개시의 신고를 하지 아니하거나 거짓 신고를 하고 사업을 시작한 자
2. 제15조제4항을 위반하여 잔여 외국물품등을 자유무역지역 밖으로 반출하지 아니하거나 다른 입주기업체에 양도하지 아니한 자
3. (2016.1.27 삭제)
4. 제29조제1항을 위반하여 같은 항 제1호의 외국물품에 대하여 반입신고를 하지 아니하거나 거짓으로 반입신고를 하고 자유무역지역 안으로 반입한 자
5. 제29조제1항을 위반하여 같은 항 제2호의 내국물품에 대하여 반입신고를 거짓으로 하여 자유무역지역 안으로 반입한 자
6. 제29조제1항을 위반하여 같은 항 제3호의 내국물품에 대하여 반입신고를 하지 아니하거나 거짓으로 하여 자유무역지역 안으로 반입한 자(2016.1.27 본호신설)
7. (2021.12.28 삭제)
8. 제31조제1항을 위반하여 내국물품 반입증명서류를 제출하지 아니하거나 거짓 내국물품 반입증명서류를 제출하여 내국물품을 관세영역으로 반출한 자
9. 제31조제2항 단서를 위반하여 내국물품 반입증명서류를 제출하지 아니하거나 거짓 내국물품 반입증명서류를 제출한 자
10. 제31조제3항을 위반하여 해당 기간 동안 내국물품 반입증명서류를 보관하지 아니한 자

11. 제36조제2항에 따라 준용되는 「관세법」 제214조부터 제216조까지의 규정 중 어느 하나를 위반하여 보세운송을 한 자
12. 제37조제1항을 위반하여 반출신고를 하지 아니하거나 거짓으로 반출신고를 한 자(2021.6.15 본호신설)
③ 다음 각 호의 어느 하나에 해당하는 자에게는 100만원 이하의 과태료를 부과한다.
1. 제25조제4항에 따른 공장등의 양도·임대 또는 사용에 대하여 신고를 하지 아니한 자
2. 제30조제3항에 따라 준용되는 「관세법」 제245조제3항 또는 제249조를 위반하여 관계 자료를 제출하지 아니하거나 신고사항을 보완하지 아니한 자(2021.12.28 본호개정)
2의2. 제30조제3항에 따라 준용되는 「관세법」 제251조제1항을 위반하여 적재기간을 넘겨 물품을 적재한 자(2021.12.28 본호신설)
3. 제37조제2항에 따라 준용되는 「관세법」 제157조의2를 위반하여 물품을 자유무역지역 밖으로 반출하지 아니한 자(2021.6.15 본호개정)
4. 정당한 사유 없이 제40조제1항에 따른 세관장의 국외 반출명령 또는 폐기명령을 이행하지 아니한 자
5. (2016.1.27 삭제)
④ 제1항부터 제3항까지의 규정에 따른 과태료는 대통령령으로 정하는 바에 따라 세관장(제1항, 제2항제1호 및 제3항제1호의 경우에는 관리권자를 말한다)이 부과·징수한다.(2016.1.27 본항개정)

부 칙

제1조【시행일】 이 법은 공포후 3월이 경과한 날부터 시행한다.
제2조【다른 법률의 폐지】 國際物流基地育成을위한關稅自由地域의지정및운영에관한法律은 이를 폐지한다.
제3조【수입신고수리물품의 반출에 관한 적용례】 제37조의 개정규정에 의하여 준용되는 관세법 제157조의2의 규정은 이 법 시행후 수입신고가 수리되는 분부터 적용한다.
제4조【관세자유지역에 관한 경과조치】 이 법 시행 당시 종전의 國際物流基地育成을위한關稅自由地域의지정및운영에관한法律에 의하여 지정된 관세자유지역은 제4조의 개정규정에 의한 자유무역지역으로, 관세자유지역예정지역은 제7조의 개정규정에 의한 예정지역으로 각각 지정된 것으로 본다.
제5조【관세자유지역의 등록업체 등에 관한 경과조치】 ① 이 법 시행 당시 종전의 國際物流基地育成을위한關稅自由地域의지정및운영에관한法律 제11조의 규정에 의하여 세관장에게 등록업체로 등록을 한 자와 지원업체로서 입주계약을 체결한 자는 제11조의 개정규정에 의하여 각각 입주기업체 또는 지원업체의 입주허가를 받은 것으로 본다.
② 이 법 시행 당시 종전의 國際物流基地育成을위한關稅自由地域의지정및운영에관한法律의 규정에 의하여 등록을 받은 세관장은 이 법 시행후 3월 이내에 등록업체현황등에 관한 사항을 제8조제1항제2호 내지 제4호의 규정에 의한 관리권자에게 각각 통보하여야 한다.
제6조【자유무역지역의 입주허가기업체에 관한 경과조치】 이 법 시행 당시 종전의 自由貿易地域의지정등에관한法律 제9조의 규정에 의한 입주허가를 행한 관리권자는 세관장에게 그 입주기업체에 대한 허가사항을 통보하여야 한다.
제7조~제16조 (생략)

부 칙 (2011.6.30)

① **【시행일】** 이 법은 공포한 날부터 시행한다. 다만, 제41조의2의 개정규정은 「대한민국과 유럽연합 및 그 회원국 간의 자유무역협정」이 발효하는 날(제41조의2제1항제5호에 따른 특허권 및 같은 항 제6호에 따른 디자인권은 발효일 이후 2년이 되는 날)부터 시행한다.
<2011.7.1 발효>
② **【적용례】** 제41조의2의 개정규정은 같은 개정규정 시행 후 최초로 제29조에 따른 반입신고(제29조제1항제1호 가목에 해당하는 물품으로서 같은 호 각 목 외의 부분 단서의 관세청장이 정하는 자료제출을 포함한다) 또는 수입신고, 제30조에 따른 국외반출신고 또는 수출신고 및 제36조에 따른 보세운송신고를 하는 물품부터 적용한다.

부 칙 (2014.1.21)

제1조【시행일】 이 법은 공포한 날부터 시행한다.
제2조【금치산자 등에 대한 경과조치】 제12조제1호의 개정규정에 따른 피성년후견인에는 법률 제10429호 민법 일부개정법률 부칙 제2조에 따라 금치산 또는 한정치산 선고의 효력이 유지되는 사람을 포함하는 것으로 본다.

부 칙 (2016.1.27)

제1조【시행일】 이 법은 공포 후 6개월이 경과한 날부터 시행한다.
제2조【입주허가에서 입주계약으로의 변경에 관한 경과조치】 ① 이 법 시행 당시 종전의 제11조에 따라 입주허가를 받은 자는 제11조의 개정규정에 따른 입주계약을 체결한 자로 본다. 다만, 종전의 제13조 각 호에 따른 조치 이행 및 제15조제2항제5호에 따른 입주허가의 취소는 종전의 규정에 따른다.
② 이 법 시행 당시 종전의 제12조제8호에 따라 입주허가를 받을 수 없는 자는 그 입주허가가 취소된 날부터 2년이 경과할 때까지는 제12조제8호의 개정규정에 따라 입주계약을 체결할 수 없는 자로 본다.
제3조【벌칙 및 과태료에 관한 경과조치】 이 법 시행 전의 행위에 대한 벌칙 및 과태료의 적용에 있어서는 종전의 규정에 따른다.
제4조【다른 법률의 개정】 ①~② ※(해당 법령에 가제정리 하였음)

부 칙 (2018.4.17)

제1조【시행일】 이 법은 공포 후 6개월이 경과한 날부터 시행한다.
제2조【입주자격에 관한 적용례】 제10조제1항의 개정규정은 이 법 시행 후 최초로 입주계약을 체결하는 국내복귀기업과 외국인투자기업부터 적용한다.

부 칙 (2020.4.7 법17192호)

이 법은 공포 후 6개월이 경과한 날부터 시행한다.

부 칙 (2020.4.7 법17219호)
(2021.1.5)

제1조【시행일】 이 법은 공포 후 3개월이 경과한 날부터 시행한다.(이하 생략)

부 칙 (2021.6.15)

제1조【시행일】 이 법은 공포 후 6개월이 경과한 날부터 시행한다. 다만, 제10조제1항의 개정규정은 공포한 날부터 시행한다.
제2조【외국물품등의 처리에 관한 적용례】 제15조제7항의 개정규정은 이 법 시행 이후 제15조제1항 또는 제2항에 따라 입주계약이 해지된 자부터 적용한다.

부 칙 (2021.12.28)
(2022.11.15)

이 법은 공포한 날부터 시행한다.

부 칙 (2022.12.31)

제1조【시행일】 이 법은 2023년 1월 1일부터 시행한다.(이하 생략)

부 칙 (2024.2.6)

이 법은 공포 후 1개월이 경과한 날부터 시행한다.

무역보험법

(1968년 12월 31일)
(법 률 제2063호)

개정
1970. 1. 1법 2167호 1972.12.30법 2422호
1976.12.31법 2952호 1978.12. 5법 3107호
1981. 3.27법 3399호
1993. 3. 6법 4541호(정부조직)
1993. 8. 5법 4573호(해외건설촉진법)
1994. 8. 3법 4776호
1997.12.13법 5454호(정부부처명)
1999. 5.24법 5982호(정부조직)
1999.12.28법 6063호 2003. 9.29법 6979호
2004.12.31법 7280호(부품·소재전문기업등의육성에관한특별조치법)
2007. 1. 3법 8191호 2007.12.27법 8799호
2008. 2.29법 8852호(정부조직)
2009. 4. 1법 9617호(신용정보의이용및보호에관한법)
2010. 4. 5법10228호
2013. 3.23법11690호(정부조직)
2013. 4. 5법11745호 2016. 1. 6법13734호
2016. 1.27법13841호 2017. 3.21법14667호
2018. 3.20법15507호 2019.12.10법16797호
2020. 2. 4법16957호(신용정보의이용및보호에관한법)

제1장 총 칙

(2007.12.27 본장개정)

제1조【목적】 이 법은 무역이나 그 밖의 대외거래와 관련하여 발생하는 위험을 담보하기 위한 무역보험제도를 효율적으로 운영함으로써 무역과 해외투자를 촉진하여 국가경쟁력을 강화하고 국민경제의 발전에 이바지함을 목적으로 한다.(2010.4.5 본조개정)
제2조【정의】 이 법에서 사용하는 용어의 뜻은 다음과 같다.
1. "무역"이란 「대외무역법」 제2조제1호에 따른 수출과 수입을 말한다. 다만, 수입은 국민경제에 중요한 자원 및 물품의 수입에 한한다.
2. "그 밖의 대외거래"란 다음 각 목의 어느 하나에 해당하는 거래를 말한다.
가. 해외 투자
나. 해외자원 확보를 위한 거래
다. 무역보험·수출신용보증 등을 통하여 수출기반의 조성, 외화획득의 효과나 그 밖의 무역증진이 예상되는 거래로서 제37조에 따른 한국무역보험공사(이하 "공사"라 한다)가 인정한 거래
(2010.4.5 본조개정)
제3조【무역보험의 종류】 무역보험의 종류는 공사가 산업통상자원부장관의 승인을 받아 정한다.(2013.3.23 본조개정)
제3조의2【공동보험 및 재보험】 공사는 무역보험을 효율적으로 운영하고 위험을 적절하게 분산시키기 위하여 필요하다고 인정하면 공동보험이나 재보험(再保險)을 행할 수 있다.(2010.4.5 본조개정)
제4조【보험료율】 무역보험의 보험료율은 무역보험사업의 수입과 지출의 균형이 유지되도록 공사가 산업통상자원부장관의 승인을 받아 정한다.(2013.3.23 본조개정)
제5조【계약의 해지 등】 공사는 무역보험의 보험계약자나 피보험자가 이 법 또는 이 법에 따른 명령을 위반한 경우에는 다음 각 호의 조치를 할 수 있다.(2010.4.5 본문개정)
1. 보험계약에 따른 보험금의 지급 거절
2. 지급한 보험금의 전부 또는 일부의 회수
3. 보험계약의 해제 또는 해지
제5조의2【보험금 등의 지급】 공사는 보험사고 또는 신용보증사고가 발생한 때에는 보험금의 지급 청구나 보증채무의 이행 청구에 따라 보험금 또는 대위변제금을 지급하여야 한다.(2010.4.5 본조신설)
제5조의3【보험대위 등】 ① 공사가 보험금을 지급한 경우에는 그 보험의 목적 또는 무역보험의 보험계약자나 피보험자가 제3자에 대하여 가지는 권리의 전부 또는 일부를 취득할 수 있다.
② 보험금을 지급받은 보험계약자나 피보험자는 그 무역보험계약에서 정하는 바에 따라 해당 채권을 회수하도록 노력하여야 한다.
(2010.4.5 본조개정)
제6조【보험관계 성립의 제한】 ① 공사는 무역이나 그 밖의 대외거래에서 위험이 커졌거나 그 밖에 무역보험사업의 운영상 필요하다고 인정하면 이미 체결된 무역보험 예정보험계약에 의한 무역보험관계를 장래에 향하여 성립시키지 아니할 수 있다.(2010.4.5 본항개정)
② 공사는 제1항에 따른 조치를 하려면 미리 그 뜻을 보험계약자에게 알려야 한다.
제7조【보험사고의 역선택 방지】 공사는 무역보험의 보험계약자나 피보험자에 의한 보험사고의 역선택(逆選擇)을 방지하기 위하여 필요하다고 인정되면 다음 각 호의 조치를 할 수 있다.(2010.4.5 본문개정)
1. 보험기간의 제한
2. 보험책임 시기(始期)의 제한
제7조의2【포괄보험의 실시】 공사는 무역보험의 위험을 효율적으로 분산시키거나 보험료를 평준화하기 위하여 필요하다고 인정하면 상품별·업체별·조합별·금융기관별 또는 수입국별 포괄보험을 실시할 수 있다.
(2010.4.5 본조개정)

제8조【계약체결 한도】 ① 산업통상자원부장관은 매년 무역보험계약 체결(제53조제1항제2호에 따른 수출신용보증계약 및 수출용 원자재 수입신용보증계약의 체결과 같은 조 제2항에 따른 부품·소재신뢰성보험계약의 체결을 포함한다. 이하 이 조에서 같다)의 한도를 정한다. 다만, 대금결제 기간이 2년을 초과하는 중장기연불(中長期延拂) 수출거래를 대상으로 하는 무역보험은 무역보험계약 체결 한도의 범위에서 그 한도를 따로 정하여야 한다.(2013.3.23 본문개정)
② 제1항에도 불구하고 제53조제1항제1호에 따른 무역보험 중 환율변동의 위험을 담보하는 보험으로서 수출 실적 등을 기준으로 운영하는 선물환(先物換) 방식의 보험은 무역보험계약 체결 한도를 정하지 아니할 수 있다.
③ 산업통상자원부장관은 무역보험사업을 원활하게 운영하기 위하여 필요하다면 매년 제1항에 따른 무역보험계약 체결의 한도에 추가하여 무역보험계약 체결의 예비한도를 따로 정할 수 있다.(2013.3.23 본항개정)
④ 산업통상자원부장관은 제1항에 따른 무역보험계약 체결의 한도와 제3항에 따른 무역보험계약 체결의 예비한도를 정할 때에는 국무회의의 심의를 거쳐 미리 국회의 의결을 받아야 한다.(2013.3.23 본항개정)
(2010.4.5 본조개정)
제8조의2 (1994.8.3 삭제)
제8조의3【중소·중견기업의 우대】 공사는 중소기업 및 중견기업의 무역이나 그 밖의 대외거래를 지원하기 위하여 다음 각 호의 어느 하나에 해당하는 자에게 보험료율이나 보험금 지급시기 등을 우대할 수 있다.
(2016.1.27 본문개정)
1. 「중소기업기본법」 제2조에 따른 중소기업자
2. 제1호의 중소기업자의 무역을 대행하는 자 중 대통령령으로 정하는 자(2010.4.5 본호개정)
3. 「중견기업 성장촉진 및 경쟁력 강화에 관한 특별법」 제2조에 따른 중견기업자(2016.1.27 본호신설)
(2016.1.27 본조제목개정)

제2장~제6장의4 (1994.8.3 삭제)

제9조~제29조의15 (1994.8.3 삭제)

제7장 무역보험기금
(2010.4.5 본장제목개정)

제30조【기금의 설치】 무역보험사업의 목적을 효율적으로 달성하기 위하여 무역보험기금(이하 "기금"이라 한다)을 설치한다.(2010.4.5 본조개정)
제31조【기금의 조성】 ① 기금은 다음 각 호의 재원으로 조성한다.
1. 정부의 출연금(2016.1.6 본호개정)
2. 다른 기금으로부터 받은 출연금(2016.1.6 본호신설)
3. 「은행법」 제2조제1항제2호에 따른 은행의 출연금(2016.1.6 본호신설)
4. 그 밖에 대통령령으로 정하는 재원
② 정부는 회계연도마다 예산의 범위에서 제1항제1호의 출연금을 세출 예산에 계상(計上)하여야 한다.
(2007.12.27 본조개정)
제32조【기금의 관리】 ① 기금은 공사가 관리한다.
② 기금 출연금은 자본금으로 회계처리한다.(2018.3.20 본항신설)
(2007.12.27 본조개정)
제33조【기금의 운용】 기금은 다음 각 호의 방법으로 운용한다. 다만, 제4호의 방법으로 운용하는 경우에는 산업통상자원부장관의 승인을 받아야 한다.(2013.3.23 단서개정)
1. 금융기관에 예입(預入)
2. 국채·지방채 또는 증권거래소에 상장된 유가증권의 매입
3. 금융기관 또는 특별법에 따라 설립된 법인이 발행하거나 지급을 보증한 유가증권의 매입
4. 제2호와 제3호에 해당되지 아니하는 유가증권의 매입
5. 그 밖에 산업통상자원부장관이 기획재정부장관과 협의하여 정하는 방법(2013.3.23 본호개정)
(2007.12.27 본조개정)
제34조【기금의 차입】 ① 공사는 보험금을 지급하기 위하여 필요하다고 인정하면 미리 산업통상자원부장관의 승인을 받아 기금의 부담으로 차입 또는 일시차입을 할 수 있다.(2013.3.23 본항개정)
② 제1항의 일시차입금은 해당 회계연도 내에 상환하여야 한다.
(2007.12.27 본조개정)
제34조의2【채권의 발행 등】 ① 공사는 보험금 또는 대위변제금을 지급하기 위하여 필요하다고 인정하면 산업통상자원부장관의 승인을 받아 기금의 부담으로 무역보험기금채권(이하 이 조에서 "채권"이라 한다)을 발행할 수 있다.(2013.3.23 본항개정)
② 산업통상자원부장관은 채권 발행을 승인하려면 미리 기획재정부장관과 협의하여야 한다.(2013.3.23 본항개정)
③ 정부는 채권의 원리금 상환을 보증할 수 있다.
④ 채권의 소멸시효는 상환일부터 기산하여 원금은 5년, 이자는 2년으로 완성된다.
⑤ 제1항부터 제4항까지에서 규정한 사항 외에 채권의 발행에 필요한 사항은 대통령령으로 정한다.
(2010.4.5 본조신설)
제35조【기금의 수입과 지출】 ① 기금은 제31조제1항에 따라 조성된 재원과 보험료·회수금·이자, 그 밖에 기금의 운용으로 생기는 수익 및 공사의 업무수행 과정에서 발생하는 수익 등을 그 수입으로 한다.
② 기금은 보험금·이자 및 공사의 운영경비와 그 밖에 기금의 운용에 필요한 경비를 그 지출로 한다.
(2007.12.27 본조개정)
제36조【이익금과 손실금의 처리】 ① 기금을 결산하여 이익금이 생기면 모두 적립하여야 한다.
② 기금을 결산하여 손실금이 생기면 제1항의 적립금으로 보전(補塡)하고, 적립금이 부족할 때에는 정부가 보전한다.
(2007.12.27 본조개정)
제36조의2【재무건전성의 유지】 공사는 기금의 재무건전성을 유지하기 위하여 노력하여야 한다.(2019.12.10 본조신설)

제8장 한국무역보험공사
(2010.4.5 본장제목개정)

제37조【설립】 이 법에 따른 무역보험사업을 하기 위하여 한국무역보험공사를 설립한다.(2010.4.5 본조개정)
제38조【법인격】 공사는 법인으로 한다.(2007.12.27 본조개정)
제39조【정관】 ① 공사의 정관에는 다음 각 호에 관한 사항을 적어야 한다.
1. 목적
2. 명칭
3. 사무소
4. 운영위원회와 이사회의 운영
5. 임원 및 직원
6. 업무와 그 집행
7. 회계
8. 공고의 방법
9. 정관의 변경
10. 규약·규정의 제정, 개정 및 폐지
(2010.4.5 본항개정)
② 공사는 정관을 변경하려면 산업통상자원부장관의 인가를 받아야 한다.(2013.3.23 본항개정)
제40조【등기】 ① 공사는 그 주된 사무소의 소재지에서 설립등기를 함으로써 성립한다.
② 제1항에 따른 설립등기 사항은 다음 각 호와 같으며, 그 등기신청서에는 공사의 정관과 산업통상자원부장관의 공사설립인가서 사본을 첨부하여야 한다.(2013.3.23 본문개정)
1. 목적
2. 명칭
3. 주된 사무소
4. 임원의 성명과 주소
5. 공고 방법
③ 공사의 설립등기와 그 밖에 등기에 필요한 사항은 대통령령으로 정한다.
(2007.12.27 본조개정)
제41조【유사 명칭의 사용금지】 공사가 아닌 자는 한국무역보험공사 또는 이와 비슷한 명칭을 사용하지 못한다.
(2010.4.5 본조개정)
제42조【「민법」의 준용】 공사에 관하여 이 법 및 「공공기관의 운영에 관한 법률」에 규정한 것 외에는 「민법」 중 재단법인에 관한 규정을 준용한다.(2010.4.5 본조개정)
제43조【운영위원회】 ① 공사에 운영위원회를 둔다.
② 운영위원회는 무역보험의 종류, 보험료율, 그 밖에 대통령령으로 정하는 사항을 심의·의결한다.(2010.4.5 본항개정)
③ 운영위원회의 구성과 운영에 필요한 사항은 대통령령으로 정한다.
(2007.12.27 본조개정)
제44조【임원】 ① 공사에 임원으로 사장 1명을 포함한 13명 이내의 이사와 감사 1명을 둔다.
② 이사는 상임 및 비상임으로 구분한다.
(2010.4.5 본조개정)
제45조【임원의 임기】 ① 사장의 임기는 3년으로 하고, 이사와 감사의 임기는 2년으로 한다.
② 임원은 1년을 단위로 연임될 수 있다.
(2010.4.5 본조개정)
제46조【임원의 직무】 ① 사장은 공사를 대표하고, 공사의 업무를 총괄하며, 임기 중 공사의 경영성과에 대하여 책임을 진다.
② 사장이 부득이한 사유로 직무를 수행할 수 없을 때에는 정관으로 정하는 바에 따라 상임이사 중 1명이 그 직무를 대행하고, 상임이사가 없거나 그 직무를 대행할 수 없을 때에는 정관으로 정하는 임원이 그 직무를 대행한다.
③ 감사는 공사의 업무와 회계를 감사한다.
④ (2010.4.5 삭제)
(2010.4.5 본조개정)
제47조【임원의 결격사유】 다음 각 호의 어느 하나에 해당하는 자는 공사의 임원이 될 수 없다.
1. 대한민국 국민이 아닌 자
2. 「국가공무원법」 제33조 각 호의 어느 하나에 해당하는 자(2010.4.5 본호개정)
3. 「공공기관의 운영에 관한 법률」 제22조제1항, 제31조제6항, 제35조제2항·제3항, 제36조제2항 및 제48조제4항·제8항에 따라 해임된 날부터 3년이 지나지 아니한 자(2010.4.5 본호신설)
(2007.12.27 본조개정)
제48조【임원의 신분 보장】 공사의 임원은 다음 각 호의 어느 하나에 해당하는 경우 외에는 그 임기 중 본인의 의사에 반하여 해임되지 아니한다.
1. 이 법 또는 이 법에 따른 명령이나 정관을 위반한 경우
2. 고의 또는 과실로 공사에 손실을 입힌 경우
3. 심신장애로 직무를 수행하는 것이 매우 곤란하게 되거나 불가능하게 된 경우
4. 제47조제1호 및 제2호에 해당하게 된 경우(2010.4.5 본호개정)
5. 「공공기관의 운영에 관한 법률」 제22조제1항, 제31조제6항, 제35조제2항·제3항, 제36조제2항 및 제48조제4항·제8항에 따라 해임된 경우(2010.4.5 본호신설)
(2007.12.27 본조개정)
제49조【이사회】 ① 공사는 중요 사항을 심의·의결하기 위하여 이사회를 둔다.
② 이사회는 사장 및 이사로 구성하며, 이사회 의장은 사장이 된다.
③ 이사회는 이사회 의장이나 재적이사 3분의 1 이상의 요구로 소집하고, 이사회 의장이 그 회의를 주재한다.
④ 이사회는 재적이사 과반수의 찬성으로 의결한다.
⑤ 감사는 이사회에 출석하여 의견을 진술할 수 있다.
(2010.4.5 본조개정)
제50조【직원의 임면】 공사의 직원은 정관으로 정하는 바에 따라 사장이 임면한다.(2007.12.27 본조개정)
제51조【임직원의 겸직 제한 등】 ① 상임임원과 직원은 그 직무 외의 영리를 목적으로 하는 업무에 종사하지 못한다.
② 상임임원이 그 임명권자나 제청권자의 허가를 받은 경우와 직원이 사장의 허가를 받은 경우 비영리 목적의 업무를 겸할 수 있다.
③ 공사의 임직원 및 그 직에 있었던 사람은 직무상 알게 된 비밀을 누설하여서는 아니 된다.(2013.4.5 본항신설)
(2013.4.5 본조제목개정)
(2010.4.5 본조개정)
제52조【벌칙 적용에서의 공무원 의제】 공사의 임직원은 「형법」 제129조부터 제132조까지의 규정을 적용할 때에는 공무원으로 본다.(2010.4.5 본조개정)
제53조【업무】 ① 공사는 무역보험사업의 목적을 달성하기 위하여 다음 각 호의 업무를 수행한다.(2010.4.5 본문개정)
1. 무역보험(환율 변동과 이자율 변동의 위험을 담보하는 보험을 포함한다)(2010.4.5 본호개정)
2. 수출신용보증 및 수출용 원자재 수입신용보증
3. 기금의 관리 및 운용
4. 신용조사 및 신용정보의 관리
5. 제1호부터 제4호까지의 업무에 딸린 업무
6. 그 밖에 정부가 위탁하는 업무
② 공사는 신뢰성 보장사업으로서 부품·소재의 신뢰성 상실위험을 담보하는 보험(이하 이 조에서 "부품·소재 신뢰성보험"이라 한다)에 관한 업무를 수행할 수 있다.
③ 공사는 수출(무역보험계약이 체결된 수출은 제외한다)이나 그 밖의 대외거래에서 발생한 수출자 등의 대외채권에 대한 추심(推尋) 업무를 그 수출자 등으로부터 위임받은 경우에는 「신용정보의 이용 및 보호에 관한 법률」 제4조제1항 및 제5조제1항에도 불구하고 같은 법 제2조제10호에 따른 채권추심업을 할 수 있다.(2020.2.4 본항개정)
④ 제1항제1호에 따른 무역보험 중 이자율 변동의 위험을 담보하는 보험의 적용대상은 산업통상자원부장관이 기획재정부장관과 협의하여 정한다.(2013.3.23 본항개정)
⑤ 공사는 제1항제1호에 따른 무역보험 중 이자율 변동의 위험을 담보하는 보험이 재정지원을 받지 아니하고 중장기적으로 수입과 지출의 균형이 이루어질 수 있도록 하여야 한다.(2010.4.5 본항개정)
⑥ 제1항제2호에 따른 수출신용보증 및 수출용 원자재 수입신용보증과 제2항에 따른 부품·소재신뢰성보험의 운영에 관하여는 무역보험에 관한 규정을 준용한다.
(2010.4.5 본항개정)
(2007.12.27 본조개정)
제53조의2【업무의 대행】 ① 공사는 제53조제1항부터 제3항까지의 업무를 효율적으로 수행하기 위하여 필요하면 그 업무의 일부를 외국의 무역보험 관련 기관이 대행하도록 할 수 있다.
② 공사는 제53조제1항에 따른 업무의 수행과 관련하여 필요하면 외국의 무역보험 관련 기관이 하는 무역보험사업 관련 업무의 일부를 대행할 수 있다.
(2010.4.5 본조개정)
제53조의3【업무방법서】 공사는 다음 각 호의 사항에 관한 업무처리 방법을 정한 업무방법서를 작성하여 산업통상자원부장관의 승인을 받아야 한다. 이를 변경할 때에도 같다.(2013.3.23 전단개정)

1. 무역보험의 종류별 보험계약의 체결에 관한 사항 (2010.4.5 본호개정)
2. 보험금의 지급 및 사후 관리에 관한 사항
3. 그 밖에 공사의 업무 수행에 관한 중요 사항
(2007.12.27 본조개정)

제53조의4【대외채권의 회수 협상】 ① 공사는 무역보험계약이 체결된 무역이나 그 밖의 대외거래에서 발생한 수출입자 등의 채권이 채무국의 외환 부족 등 국가신용위험으로 인하여 회수되지 아니하는 경우에는 그 채권을 회수하기 위하여 외국 정부 등과 협상을 할 수 있다.
(2010.4.5 본항개정)
② 공사는 제1항에 따른 협상을 할 때에 협상 상대국에 대하여 무역보험계약이 체결되지 아니한 채권을 가진 채권자의 요청이 있으면 그 채권을 협상 대상에 포함할 수 있다.(2010.4.5 본항개정)
③ 공사는 외국정부 등과 협상을 추진할 때에 필요하면 관계 행정기관·재외공관 및 제58조제2항에 따른 관계 기관에 협조를 요청할 수 있다.(2013.4.5 본항개정)

제54조【회계연도】 공사의 회계연도는 정부의 회계연도에 따른다.(2007.12.27 본조개정)

제55조【예산과 결산】 공사의 예산과 결산은 산업통상자원부장관의 승인을 받아야 한다.(2013.3.23 본조개정)

제56조【보고 및 조사】 ① 무역보험의 보험계약자나 피보험자는 공사가 수출입계약이나 그 밖에 무역보험관계에 관련되는 사항에 관하여 필요한 보고 또는 자료 제출을 요구하거나, 관계 장부·서류 또는 수출입화물을 조사하려고 할 때에는 이에 응하여야 한다.(2010.4.5 본항개정)
② 제1항에 따라 조사를 하는 자는 그 권한을 표시하는 증표를 지니고 이를 관계인에게 내보여야 한다.
(2007.12.27 본조개정)

제57조【이의신청】 ① 공사가 이 법에 따라서 한 처분에 이의가 있는 자는 그 처분이 있었던 것을 안 날부터 1개월 이내, 처분이 있었던 날부터 3개월 이내에 공사에 이의신청을 할 수 있다.
② 공사는 제1항에 따른 신청을 받으면 1개월 이내에 심의하여 그 결과를 신청인에게 알려야 한다.
(2007.12.27 본조개정)

제9장 보 칙

(2013.4.5 본장제목삽입)

제58조【자료제공 및 조사의 요청】 ① 공사는 국가, 지방자치단체, 「국민연금법」에 따른 국민연금공단, 「국민건강보험법」에 따른 국민건강보험공단 및 「산업재해보상보험법」에 따른 근로복지공단, 그 밖에 대통령령으로 정하는 공공단체에 대하여 제53조제1항(제3호는 제외한다) 또는 제2항에 따른 업무를 수행하기 위하여 필요한 자료의 제공을 요청할 수 있다.
② 공사는 외국의 수입제한·환제한(換制限)에 관한 사항이나 국외상사(國外商社)의 신용·무역보험사업의 수행에 필요한 사항에 관하여 외국환은행 또는 대한무역투자진흥공사의 국외지점, 그 밖의 관계 기관에 조사를 요청할 수 있다.
③ 공사는 특히 필요하다고 인정하면 제2항의 조사를 외교부장관이나 재외공관에 요청할 수 있다.
④ 제1항부터 제3항까지의 규정에 따라 자료의 제공 또는 조사를 요청받은 자는 특별한 사유가 없으면 이에 따라야 한다.
(2013.4.5 본조개정)

제59조【지도·감독】 산업통상자원부장관은 공사의 업무 중 다음 각 호의 사항과 그와 관련되는 업무에 대하여 지도·감독한다.
1. 제53조에 따라 공사가 수행하는 업무
2. 제53조의2에 따른 업무의 대행
3. 제53조의4에 따른 대외채권의 회수 협상
(2013.4.5 본조개정)

제60조【보고 및 검사】 ① 산업통상자원부장관은 필요하다고 인정하면 공사에 공사의 업무·회계 및 재산에 관한 사항을 보고하게 하거나 소속 공무원에게 공사의 업무 및 재산상황과 장부·서류·시설, 그 밖의 물건을 검사하게 할 수 있다.
② 산업통상자원부장관은 제1항에 따른 검사 및 그 결과의 보고를 금융감독원장에게 요청할 수 있다.(2016.1.6 본항신설)
③ 금융감독원장은 제2항에 따른 요청을 받은 경우에는 정당한 사유가 없으면 이에 응하여야 한다.(2016.1.6 본항신설)
④ 산업통상자원부장관은 제1항에 따른 검사 결과 위법 또는 부당한 사항을 발견한 경우에는 공사에 그 시정·주의, 그 밖에 필요한 조치를 명할 수 있다.
(2013.3.23 본조개정)

제10장 벌 칙

(2013.4.5 본장제목삽입)

제61조【벌칙】 제51조제3항을 위반하여 비밀을 누설한 사람은 2년 이하의 징역 또는 2천만원 이하의 벌금에 처한다.(2017.3.21 본조개정)

제62조【과태료】 ① 공사의 임직원이 다음 각 호의 어느 하나에 해당하면 100만원 이하의 과태료를 부과한다.
1. 제60조제1항에 따른 보고를 하지 아니하거나 거짓으로 보고한 경우
2. 제60조제1항에 따른 검사를 거부·방해 또는 기피한 경우
3. 제60조제4항에 따른 명령을 위반한 경우(2016.1.6 본호개정)
② 제41조를 위반한 자에게는 50만원 이하의 과태료를 부과한다.
③ 제1항과 제2항에 따른 과태료는 산업통상자원부장관이 부과·징수한다.(2013.3.23 본항개정)
④~⑥ (2010.4.5 삭제)
(2007.12.27 본조개정)

부 칙 (2010.4.5)

제1조【시행일】 이 법은 공포 후 3개월이 경과한 날부터 시행한다.

제2조【명칭 변경에 따른 경과조치】 ① 이 법 시행 당시 종전의 한국수출보험공사 및 수출보험기금은 각각 이 법에 따른 한국무역보험공사 및 무역보험기금으로 본다.
② 이 법 시행 당시 종전의 한국수출보험공사에 속한 모든 재산과 권리·의무는 이 법에 따른 한국무역보험공사가 승계한다. 이 경우 승계되는 재산의 가액은 이 법 시행일 전일의 장부가액으로 한다.
③ 이 법 시행 당시 종전의 한국수출보험공사가 행한 행위와 그 밖의 법률관계에 있어서 한국수출보험공사는 한국무역보험공사로 본다.
④ 이 법 시행 당시 종전의 한국수출보험공사의 임직원은 이 법에 따른 한국무역보험공사의 임직원으로 본다. 이 경우 임원의 임기는 「공공기관의 운영에 관한 법률」에 따른 임기의 남은 임기로 한다.
⑤ 이 법 시행 당시 등기부와 그 밖의 공부상의 한국수출보험공사의 명의는 한국무역보험공사의 명의로 본다.

제3조【정관 변경 등】 한국무역보험공사는 이 법 시행 후 3개월 이내에 이 법의 개정규정에 따라 정관을 변경하여 지식경제부장관의 인가를 받아야 하고, 명칭 변경 등에 따른 변경등기를 신청하여야 한다.

제4조【다른 법률의 개정】 ①~⑨ ※(해당 법령에 가제정리 하였음)

제5조【다른 법령과의 관계】 이 법 시행 당시 다른 법령에서 종전의 「수출보험법」, 수출보험기금 또는 한국수출보험공사를 인용하고 있는 경우에는 종전의 규정을 갈음하여 「무역보험법」, 무역보험기금 또는 한국무역보험공사를 인용한 것으로 본다.

부 칙 (2016.1.6)

이 법은 공포한 날부터 시행한다. 다만, 제60조 및 제62조의 개정규정은 공포 후 3개월이 경과한 날부터 시행한다.

부 칙 (2017.3.21)
(2018.3.20)

이 법은 공포 후 6개월이 경과한 날부터 시행한다.

부 칙 (2019.12.10)

이 법은 공포한 날부터 시행한다.

부 칙 (2020.2.4)

제1조【시행일】 이 법은 공포 후 6개월이 경과한 날부터 시행한다.(이하 생략)

유전자변형생물체의 국가간 이동 등에 관한 법률

(약칭 : 유전자변형생물체법)

(2001년 3월 28일
법 률 제6448호)

개정
2007. 4.11법 8356호(대외무역)
2007.12.21법 8762호
2008. 2.29법 8852호(정부조직)
2008.12.26법 9241호
2009. 2. 6법 9428호
2009.12.30법 9862호
2010. 1.18법 9932호(정부조직)
2012.12.11법11536호
2013. 3.23법11690호(정부조직)
2014.11.19법12844호(정부조직)
2017. 7.26법14839호(정부조직)
2017.12.12법15181호
2018.12.11법15868호

제1장 총 칙

(2007.12.21 본장개정)

제1조【목적】 이 법은 「바이오안전성에 관한 카르타헤나 의정서」의 시행에 필요한 사항과 유전자변형생물체의 개발·생산·수입·수출·유통 등에 관한 안전성의 확보를 위하여 필요한 사항을 정함으로써 유전자변형생물체로 인한 국민의 건강과 생물다양성의 보전 및 지속적인 이용에 미치는 위해(危害)를 사전에 방지하고 국민생활의 향상 및 국제협력을 증진함을 목적으로 한다.

제2조【정의】 이 법에서 사용하는 용어의 뜻은 다음과 같다.
1. "생물체"란 유전물질을 전달 또는 복제할 수 있는 생물학적 존재(생식능력이 없는 생물체, 바이러스 및 바이로이드를 포함한다)를 말한다.(2012.12.11 본호신설)
2. "유전자변형생물체"란 다음 각 목의 현대생명공학기술을 이용하여 새롭게 조합된 유전물질을 포함하고 있는 생물체를 말한다.(2012.12.11 본문개정)
 가. 인위적으로 유전자를 재조합하거나 유전자를 구성하는 핵산을 세포 또는 세포 내 소기관으로 직접 주입하는 기술
 나. 분류학에 의한 과(科)의 범위를 넘는 세포융합기술 (2012.12.11 본목개정)
3. "후대교배종"이란 제7조의2에 따라 위해성심사를 거친 유전자변형식물끼리 교배하여 얻은 유전자변형식물을 말한다.(2012.12.11 본호신설)
4. "환경 방출"이란 유전자변형생물체를 시설, 장치, 그 밖의 구조물을 이용하여 밀폐하지 아니하고 의도적으로 자연환경에 노출되게 하는 것을 말한다.
5. "관계 중앙행정기관"이란 다음 각 목의 어느 하나에 해당하는 업무를 관장하는 중앙행정기관으로서 대통령령으로 정하는 중앙행정기관을 말한다.
 가. 유전자변형생물체의 개발·생산·수입(휴대품 또는 우편물로 수입하는 경우를 포함한다. 이하 같다)·수출·판매·운반·보관·이용 등(이하 "수출입등"이라 한다)에 관한 업무
 나. 바이오안전성에 기반한 유전자변형생물체의 연구개발과 관련 산업의 건전한 발전을 촉진하는 업무
(2012.12.11 본호개정)

제3조【적용 범위】 인체용 의약품으로 사용되는 유전자변형생물체에 대하여는 이 법을 적용하지 아니한다.

제4조【다른 법률과의 관계】 유전자변형생물체를 수출입등을 할 때에 그 취급 및 안전관리에 관하여 다른 법률에 특별한 규정이 있는 경우 외에는 이 법으로 정하는 바에 따른다.

제5조【국가 등의 책무】 ① 국가와 지방자치단체는 국민의 건강과 생물다양성의 보전 및 지속적인 이용에 대하여 유전자변형생물체가 끼칠 위해를 방지하기 위하여 필요한 시책을 마련하여야 한다.
② 유전자변형생물체의 수출입등을 하는 자는 국민 건강과 환경에 위해가 발생하지 아니하도록 유전자변형생물체를 안전하게 관리하여야 한다.(2012.12.11 본항신설)

제6조【국가책임기관 등】 ① 「바이오안전성에 관한 카르타헤나 의정서」(이하 "의정서"라 한다) 제19조에 따른 국가연락기관은 외교부로 하고, 국가책임기관은 산업통상자원부로 한다.(2013.3.23 본항개정)
② 제1항에 따른 국가책임기관(이하 "국가책임기관"이라 한다)의 장은 대통령령으로 정하는 바에 따라 국가책임기관으로서 의정서를 이행하는 데에 필요한 업무를 수행한다.(2012.12.11 본항개정)

제7조【유전자변형생물체 안전관리계획의 수립·시행】 ① 관계 중앙행정기관의 장은 소관별로 유전자변형생물체 안전관리계획(이하 "안전관리계획"이라 한다)을 수립·시행하여야 한다.(2012.12.11 본항개정)
② 안전관리계획에는 다음 각 호의 사항이 포함되어야 한다.
1. 유전자변형생물체의 수출입등에 따른 안전관리의 기본방침에 관한 사항
2. 유전자변형생물체를 취급하는 시설 및 작업 종사자의 안전에 관한 사항

3. 유전자변형생물체에 관한 기술 개발 및 지원에 관한 사항
4. 그 밖에 유전자변형생물체의 안전관리와 관련한 중요 사항

③ 관계 중앙행정기관의 장은 안전관리계획을 수립·시행하려면 미리 제31조에 따른 바이오안전성위원회의 심의를 거쳐야 한다.(2012.12.11 본항개정)

④ 관계 중앙행정기관의 장은 안전관리계획의 시행을 위한 세부시행계획을 수립·시행하여야 하며, 이를 위하여 필요하다면 안전관리지침을 정하여 고시할 수 있다.
(2012.12.11 본항개정)

제2장 유전자변형생물체의 수출입등 및 안전관리
(2007.12.21 본장개정)

제7조의2【신규 유전자변형생물체에 대한 위해성심사】 ① 다음 각 호의 어느 하나에 해당하는 자는 각각 제8조, 제12조 및 제22조의4에 따른 승인을 받기 전까지 대통령령으로 정하는 위해성심사에 필요한 자료를 갖추어 대통령령으로 정하는 바에 따라 관계 중앙행정기관의 장으로부터 위해성심사를 받아야 한다. 다만, 제2호 및 제3호에 해당하는 자가 제1호에 따라 수입 시에 위해성심사를 받은 신규 유전자변형생물체를 생산하거나 이용하는 경우에는 그러하지 아니하다.
1. 제8조에 따라 신규 유전자변형생물체를 수입하려는 자
2. 제12조에 따라 신규 유전자변형생물체를 생산하려는 자
3. 제22조의4에 따라 신규 유전자변형생물체를 이용하려는 자

② 신규 유전자변형생물체를 개발한 자는 개발된 신규 유전자변형생물체에 대하여 제1항에 따른 위해성심사 이전에 관계 중앙행정기관의 장으로부터 위해성심사를 받을 수 있다. 이 경우 관계 중앙행정기관의 장은 신규 유전자변형생물체를 수입, 생산 또는 이용하려는 자가 제1항에 따라 받는 위해성심사를 대통령령으로 정하는 바에 따라 약식으로 하거나 면제할 수 있다.

③ 관계 중앙행정기관의 장은 제1항 및 제2항에 따른 위해성심사를 하는 경우 유전자변형생물체가 인체에 미치는 영향에 대하여는 보건복지부장관과 협의하여야 하며, 환경 방출되거나 환경 방출될 우려가 있는 유전자변형생물체의 경우에는 다음 각 호의 구분에 따른 기관의 장과 협의하여야 한다.
1. 작물재배 환경에 미치는 영향 : 농림축산식품부
(2013.3.23 본호개정)
2. 자연생태계에 미치는 영향 : 환경부
3. 수산 환경 및 해양생태계에 미치는 영향 : 해양수산부
(2013.3.23 본호개정)

④ 유전자변형생물체의 위해성심사의 기준·방법, 그 밖에 필요한 사항은 유전자변형생물체의 환경방출 가능성, 이용 목적 및 후대교배종 여부 등을 고려하여 관계 중앙행정기관의 장이 정하여 고시한다.

⑤ 관계 중앙행정기관의 장은 유전자변형생물체의 위해성심사 업무를 대통령령으로 정하는 바에 따라 지정하는 자(이하 "위해성심사대행기관"이라 한다)로 하여금 대행하게 할 수 있다.

⑥ 제5항에도 불구하고 해양수산부장관은 제3항제3호의 수산 환경 및 해양생태계에 미치는 영향에 대한 위해성심사 업무를 대통령령으로 정하는 바에 따라 위임 또는 위탁할 수 있다.(2013.3.23 본항개정)

⑦ 관계 중앙행정기관의 장 및 제6항에 따라 위임 또는 위탁을 받은 자가 신규 유전자변형생물체의 위해성심사를 하였을 때에는 그 유전자변형생물체에 관한 정보를 대통령령으로 정하는 바에 따라 국민에게 알려야 한다.
(2012.12.11 본조신설)

제8조【수입승인 등】 ① 유전자변형생물체를 수입하려는 자는 대통령령으로 정하는 바에 따라 관계 중앙행정기관의 장의 승인을 받아야 한다.

② 환경 방출로 사용되는 유전자변형생물체를 수입하려는 자는 제1항에도 불구하고 국가책임기관의 장을 거쳐 관계 중앙행정기관의 장에게 수입승인을 신청하여야 한다. 이 경우 국가책임기관의 장과 관계 중앙행정기관의 장은 대통령령으로 정하는 바에 따라 의정서 제8조부터 제10조까지에 따른 그 유전자변형생물체의 국가간 이동에 필요한 절차를 따라야 한다.

③ 제1항에 따라 승인을 받은 자는 승인받은 사항을 변경하려면 변경승인을 받아야 한다. 다만, 대통령령으로 정하는 경미한 사항을 변경하려면 변경신고를 하여야 한다.

④ 관계 중앙행정기관의 장은 수입승인 여부를 결정할 때에는 유전자변형생물체가 국내 생물다양성의 가치에 미칠 사회적·경제적 영향을 고려하여야 한다.

⑤ 관계 중앙행정기관의 장은 제1항 및 제3항에 따른 승인 여부 및 신고 내용을 국가책임기관의 장에게 통보하여야 한다.

⑥ 제1항 및 제3항에 따른 승인, 신고의 절차 및 방법에 관하여 필요한 사항은 대통령령으로 정한다.
(2012.12.11 본조개정)

제9조【시험·연구용 등의 유전자변형생물체의 수입】 ① 제8조제1항에도 불구하고 시험·연구용으로 사용하거나 박람회·전시회에 출품하기 위하여 유전자변형생물체를 수입하려는 자는 관계 중앙행정기관의 장에게 신고하여야 한다. 다만, 다음 각 호의 어느 하나에 해당하는 유전자변형생물체의 경우에는 승인을 받아야 한다.
1. 분류학에 의한 종(種)의 이름까지 명시되어 있지 아니하고 인체병원성 여부가 밝혀지지 아니한 미생물을 이용하여 얻어진 유전자변형생물체
2. 척추동물에 대하여 보건복지부장관이 고시하는 단백성 독소를 생산할 능력을 가진 유전자변형생물체
3. 의도적으로 도입된 약제내성 유전자를 가진 유전자변형생물체. 다만, 보건복지부장관이 고시하는 약제내성 유전자를 가진 유전자변형생물체는 제외한다.
4. 국민보건상 국가관리가 필요하다고 보건복지부장관이 고시하는 병원성미생물을 이용하여 얻어진 유전자변형생물체
(2012.12.11 1호~4호신설)

② 제1항에 따라 신고한 자는 신고한 사항을 변경하려면 변경신고를 하여야 한다.(2012.12.11 본항신설)

③ 제1항 및 제2항에 따른 수입승인 및 신고에 관하여는 제8조제3항 및 제5항을 준용한다.

④ 제1항부터 제3항까지에 따른 승인, 신고의 절차 및 방법에 관하여 필요한 사항은 대통령령으로 정한다.
(2012.12.11 본항신설)
(2012.12.11 본조개정)

제10조【수입검사】 ① 관계 중앙행정기관의 장은 수입되는 유전자변형생물체(제9조제1항 본문에 따라 신고한 유전자변형생물체는 제외한다)가 제8조 또는 제9조에 따른 승인 또는 신고 내용에 맞는지 등을 확인하기 위하여 통관절차 완료 전에 유전자변형생물체를 검사할 수 있다.
(2012.12.11 본항신설)

② 제1항에도 불구하고 세관장은 국제우편물에 제8조 또는 제9조에 따른 승인을 받지 아니하거나 신고를 하지 아니한 유전자변형생물체가 담겨 있거나 담겨 있다고 의심되면 지체 없이 그 사실을 관계 중앙행정기관의 장에게 통보하여야 한다.

③ 제2항에 따라 세관장이 통지하면 관계 중앙행정기관의 장은 해당 국제우편물을 검사한 후 폐기, 반송 등 적절한 조치를 하여야 한다.

④ 유전자변형생물체가 담겨 있는 국제우편물을 받은 자는 그 유전자변형생물체가 제8조 또는 제9조에 따른 승인을 받지 아니하거나 신고를 하지 아니한 것임을 알았을 때에는 지체 없이 관계 중앙행정기관의 장에게 이를 신고하고, 관계 중앙행정기관의 장이 명하는 바에 따라 처리하여야 한다.

⑤ 제1항부터 제4항까지에 따른 검사의 대상, 방법에 관하여 필요한 사항은 대통령령으로 정한다.(2012.12.11 본항신설)
(2012.12.11 본조개정)

제11조【수입항구 등의 지정】 ① 국가책임기관의 장은 유전자변형생물체의 안전관리를 위하여 필요하다고 인정하면 관계 중앙행정기관의 장과 협의하여 유전자변형생물체를 수입하는 항구·공항 등을 지정할 수 있다.
(2012.12.11 본항개정)

② 국가책임기관의 장은 제1항에 따라 항구·공항 등을 지정하는 경우에는 지체 없이 이를 공고하여야 한다.

제12조【생산승인 등】 ① 유전자변형생물체를 생산하려는 자는 대통령령으로 정하는 바에 따라 관계 중앙행정기관의 장의 승인을 받아야 한다.

② 제1항에 따라 승인을 받은 자는 승인받은 사항을 변경하려면 변경승인을 받아야 한다. 다만, 대통령령으로 정하는 경미한 사항을 변경하려면 변경신고를 하여야 한다.

③ 제1항 및 제2항에 따른 생산승인 및 신고에 관하여는 제8조제4항 및 제5항을 준용한다. 이 경우 "수입"은 "생산"으로 본다.

④ 제1항 및 제2항에 따른 승인, 신고의 절차 및 방법에 관하여 필요한 사항은 대통령령으로 정한다.
(2012.12.11 본조개정)

제13조 (2012.12.11 삭제)

제14조【수입 또는 생산의 금지 등】 ① 관계 중앙행정기관의 장은 다음 각 호의 어느 하나에 해당하는 생물체의 수입이나 생산을 금지하거나 제한할 수 있다.
(2012.12.11 본문개정)
1. 국민의 건강과 생물다양성의 보전 및 지속적인 이용에 위해를 미치거나 미칠 우려가 있다고 인정하는 유전자변형생물체
2. 제1호에 해당하는 유전자변형생물체와 교배하여 생산된 생물체
3. 국내 생물다양성의 가치와 관련하여 사회·경제적으로 부정적인 영향을 미치거나 미칠 우려가 있다고 인정하는 유전자변형생물체

② 관계 중앙행정기관의 장은 제1항에 따라 유전자변형생물체의 수입이나 생산을 금지하거나 제한하는 경우에는 국가책임기관의 장에게 통보하여야 한다.(2012.12.11 본항개정)

③ 국가책임기관의 장은 제1항 각 호에 따라 수입이나 생산을 금지하거나 제한하는 생물체의 품목 등에 관하여 필요한 사항을 공고하여야 한다.

제15조 (2012.12.11 삭제)

제16조【「대외무역법」에 따른 수입승인 의제 등】 ① 제8조 및 제9조에 따라 관계 중앙행정기관의 장이 수입승인을 하거나 신고를 수리한 유전자변형생물체에 대하여는 「대외무역법」 제11조제2항에 따른 산업통상자원부장관의 수입승인을 받은 것으로 본다.

② 제20조에 따라 유전자변형생물체를 수출하려는 자가 관계 중앙행정기관의 장에게 그 내용을 통보한 유전자변형생물체에 대하여는 「대외무역법」 제11조제2항에 따른 산업통상자원부장관의 수출승인을 받은 것으로 본다.
(2013.3.23 본조개정)

제17조【승인취소】 ① 관계 중앙행정기관의 장은 다음 각 호의 어느 하나에 해당하는 경우에는 제8조, 제9조 또는 제12조에 따른 유전자변형생물체의 수입승인이나 생산승인을 취소할 수 있다. 다만, 제1호 또는 제2호에 해당하는 경우에는 수입승인이나 생산승인을 취소하여야 한다.(2012.12.11 본문개정)
1. 수입승인이나 생산승인을 받은 유전자변형생물체가 국민의 건강과 생물다양성의 보전 및 지속적인 이용에 위해를 미치거나 미칠 우려가 있다는 사실이 밝혀진 경우
2. 속임수나 그 밖의 부정한 방법으로 수입승인이나 생산승인을 받은 경우
3. 수입승인이나 생산승인을 받은 유전자변형생물체를 승인을 받은 용도와 다르게 사용하는 경우
4. 제8조제3항, 제9조제3항 또는 제12조제2항을 위반하여 변경승인을 받지 아니하거나 변경신고를 하지 아니하고 유전자변형생물체를 수입하거나 생산한 경우
(2012.12.11 본호개정)
5. 제24조제1항 또는 제2항을 위반하여 유전자변형생물체의 종류 등의 표시를 하지 아니한 경우 또는 거짓으로 표시하거나 표시를 임의로 변경 또는 삭제한 경우
6. 제25조제1항을 위반하여 취급관리기준을 지키지 아니한 경우
7. 제26조를 위반하여 유전자변형생물체의 수출입등에 관한 기록을 작성·보관하지 아니한 경우
8. 제27조제2항을 위반하여 유전자변형생물체의 부정적인 영향을 알면서도 관계 중앙행정기관의 장이나 국가책임기관의 장에게 그 내용을 통보하지 아니한 경우
(2012.12.11 본호개정)
9. 정당한 사유 없이 제36조제1항에 따른 보고나 자료 또는 시료(試料)의 제출을 거부하거나 출입·검사를 거부·방해 또는 기피한 경우
10. 그 밖에 대통령령으로 정하는 사유에 해당하는 경우

② 관계 중앙행정기관의 장은 제1항에 따라 수입승인이나 생산승인을 취소한 경우에는 지체 없이 국가책임기관의 장에게 통보하여야 한다.(2012.12.11 본항개정)

제18조【재심사】 ① 제8조·제12조 및 제17조제1항에 따른 처분에 불복하는 자는 대통령령으로 정하는 바에 따라 관계 중앙행정기관의 장에게 재심사를 요청할 수 있다.

② 관계 중앙행정기관의 장은 제1항에 따른 재심사를 요청받은 경우에는 제31조에 따른 바이오안전성위원회의 심의를 거쳐 재심사에 대한 결정을 하여야 한다.
(2012.12.11 본조개정)

제19조 → 제23조의2로 이동

제20조【수출 통보】 유전자변형생물체를 수출하려는 자는 관계 중앙행정기관의 장에게 품목, 수량, 수출국가 등 대통령령으로 정하는 사항을 미리 통보하여야 한다.
(2012.12.11 본조개정)

제21조【경유 신고】 유전자변형생물체를 국내의 항구, 공항 또는 대통령령으로 정하는 장소에서 하역한 후 다른 국가로 수출하려는 자는 관계 중앙행정기관의 장에게 품목, 수량, 수출국가, 수입국가 등 대통령령으로 정하는 사항을 신고하여야 한다.(2012.12.11 본조개정)

제22조【연구시설의 설치·운영】 ① 유전자변형생물체를 개발하거나 이를 이용하여 실험을 하는 시설(이하 "연구시설"이라 한다)을 설치·운영하려는 자는 연구시설의 안전관리 등급별로 관계 중앙행정기관의 장의 허가를 받거나 관계 중앙행정기관의 장에게 신고하여야 한다.

② 제1항에 따라 허가를 받은 자는 허가받은 사항을 변경하려면 변경허가를 받아야 한다. 다만, 대통령령으로 정하는 경미한 사항을 변경하려면 변경신고를 하여야 한다.

③ 제1항에 따라 신고한 자는 신고한 사항을 변경하려면 변경신고를 하여야 한다.

④ 제1항에 따라 허가를 받거나 신고를 한 자는 연구시설을 폐쇄하는 경우 그 내용을 관계 중앙행정기관의 장에게 신고하여야 한다.

⑤ 관계 중앙행정기관의 장은 제1항부터 제3항까지에 따른 연구시설의 설치·운영허가 여부 및 신고 내용과 제4항에 따른 연구시설의 폐쇄 신고 내용을 국가책임기관의 장에게 통보하여야 한다.

⑥ 제1항부터 제3항까지에 따라 연구시설의 설치·운영 허가를 받거나 신고를 한 자는 연구시설의 안전관리 등급에 따라 대통령령으로 정하는 준수사항을 지켜야 한다.

⑦ 제1항부터 제4항까지에 따른 연구시설의 범위, 안전관리 등급, 설치·운영 허가 및 신고의 기준과 절차, 폐쇄 신고의 기준과 절차에 관하여 필요한 사항은 대통령령으로 정한다.
(2012.12.11 본조개정)

제22조의2【유전자변형생물체의 개발·실험】 ① 제22조에 따라 연구시설의 설치·운영 허가를 받거나 신고를 한 자는 대통령령으로 정하는 위해 가능성이 큰 유전자변형생물체를 개발·실험하려는 경우에는 관계 중앙행정기관의 장의 승인을 받아야 한다.
② 제1항에 따라 승인을 받은 자는 승인받은 사항을 변경하려면 변경승인을 받아야 한다. 다만, 대통령령으로 정하는 경미한 사항을 변경하려면 변경신고를 하여야 한다.
③ 관계 중앙행정기관의 장은 제1항 및 제2항에 따른 유전자변형생물체의 개발·실험 승인 여부 및 신고 내용을 국가책임기관의 장에게 통보하여야 한다.
(2012.12.11 본조신설)

제22조의3【생산공정이용시설의 설치·운영】 ① 생산공정 중에 유전자변형생물체를 이용하는 시설(이하 "생산공정이용시설"이라 한다)을 설치·운영하려는 자는 생산공정이용시설의 안전관리 등급별로 관계 중앙행정기관의 장의 허가를 받거나 관계 중앙행정기관의 장에게 신고하여야 한다.(2017.12.12 본항개정)
② 제1항에 따라 허가를 받은 자는 허가받은 사항을 변경하려면 변경허가를 받아야 한다. 다만, 대통령령으로 정하는 경미한 사항을 변경하려면 변경신고를 하여야 한다.
③ 제1항에 따라 신고한 자는 신고한 사항을 변경하려면 변경신고를 하여야 한다.
④ 제1항에 따라 허가를 받거나 신고를 한 자는 생산공정이용시설을 폐쇄하는 경우 그 내용을 관계 중앙행정기관의 장에게 신고하여야 한다.
⑤ 관계 중앙행정기관의 장은 제1항부터 제3항까지에 따른 생산공정이용시설의 설치·운영 허가 여부 및 신고내용과 제4항에 따른 생산공정이용시설의 폐쇄 신고 내용을 국가책임기관의 장에게 통보하여야 한다.
⑥ 제1항부터 제4항까지에 따른 생산공정이용시설의 범위, 안전관리 등급, 설치·운영 허가 및 신고의 기준과 절차, 폐쇄 신고의 기준과 절차에 관하여 필요한 사항은 대통령령으로 정한다.
(2012.12.11 본조신설)

제22조의4【유전자변형생물체의 이용】 ① 제22조의3에 따라 생산공정이용시설의 설치·운영 허가를 받거나 신고를 한 자는 유전자변형생물체를 생산공정이용시설에서 이용하려면 대통령령으로 정하는 바에 따라 관계 중앙행정기관의 장의 승인을 받아야 한다.(2017.12.12 본항개정)
② 제1항에 따라 승인을 받은 자는 승인받은 사항을 변경하려면 변경승인을 받아야 한다. 다만, 대통령령으로 정하는 경미한 사항을 변경하려면 변경신고를 하여야 한다.
③ 제1항에 따른 이용승인에 관하여는 제8조제4항·제5항 및 제18조를 준용한다. 이 경우 "수입"은 "이용"으로 본다.
④ 제1항 및 제2항에 따른 승인 및 신고의 기준, 절차 및 방법에 관하여 필요한 사항은 대통령령으로 정한다.
(2017.12.12 본조제목개정)
(2012.12.11 본조신설)

제23조【허가취소 등】 ① 관계 중앙행정기관의 장은 제22조제1항에 따라 연구시설의 설치·운영의 허가를 받거나 신고를 한 자가 다음 각 호의 어느 하나에 해당하는 경우에는 그 허가를 취소하거나 연구시설의 폐쇄를 명하거나 1년 이내의 기간을 정하여 그 시설의 운영을 정지하도록 명할 수 있다. 다만, 제1호에 해당하는 경우에는 허가를 취소하거나 연구시설의 폐쇄를 명하여야 한다.
1. 속임수나 그 밖의 부정한 방법으로 허가를 받거나 신고한 경우
2. 제22조제2항 또는 제3항에 따른 변경허가를 받지 아니하거나 변경신고를 하지 아니하고 허가 내용 또는 신고 내용을 변경한 경우
3. 제22조제6항에 따른 준수사항을 지키지 아니한 경우 (2012.12.11 본호신설)
4. 제22조제7항에 따른 허가 또는 신고의 기준에 미달한 경우
5. 제22조의2제1항에 따른 승인을 받지 아니하고 개발·실험을 한 경우
6. 제22조의2제2항에 따른 변경승인을 받지 아니하거나 변경신고를 하지 아니하고 허가 내용 또는 신고 내용을 변경한 경우(2012.12.11 본호신설)
② 관계 중앙행정기관의 장은 제22조의3에 따라 생산공정이용시설의 설치·운영허가를 받거나 신고를 한 자가 다음 각 호의 어느 하나에 해당하는 경우에는 그 허가를 취소하거나 생산공정이용시설의 폐쇄를 명하거나 1년 이내의 기간을 정하여 그 시설의 운영을 정지하도록 명할 수 있다. 다만, 제1호 또는 제2호에 해당하는 경우에는 허가를 취소하거나 생산공정이용시설의 폐쇄를 명하여야 한다.
1. 속임수나 그 밖의 부정한 방법으로 허가를 받거나 신고한 경우
2. 제22조의3제2항 또는 제3항에 따른 변경허가를 받지 아니하거나 변경신고를 하지 아니하고 허가 내용 또는 신고 내용을 변경한 경우
3. 제22조의3제6항에 따른 허가기준 또는 신고기준에 미달한 경우
4. 제22조의4제1항에 따른 승인을 받지 아니하고 유전자변형생물체를 이용한 경우(2017.12.12 본호개정)
5. 제22조의4제2항에 따른 변경승인을 받거나 변경신고를 하지 아니하고 승인 내용을 변경한 경우
6. 제22조의4제4항에 따른 승인기준 또는 신고기준에 미달한 경우
(2012.12.11 본항신설)
③ 관계 중앙행정기관의 장은 제22조의2제1항 및 제22조의4제1항에 따라 승인을 받은 유전자변형생물체의 개발·실험 또는 이용이 국민의 건강과 생물다양성의 보전 및 지속적인 이용에 위해를 미치거나 미칠 우려가 있다는 사실이 밝혀진 경우에는 승인을 취소할 수 있다.
(2012.12.11 본조개정)

제23조의2【폐기·반송 명령】 ① 관계 중앙행정기관의 장은 다음 각 호의 어느 하나에 해당하는 유전자변형생물체의 소유자에게 대통령령으로 정하는 바에 따라 일정한 기간을 정하여 그 유전자변형생물체의 폐기·반송을 명할 수 있다.(2012.12.11 본문개정)
1. 제8조, 제9조, 제12조, 제22조의2 또는 제22조의4에 따른 관계 중앙행정기관의 장의 승인 또는 변경승인을 받지 아니하거나 관계 중앙행정기관의 장에게 신고를 하지 아니한 유전자변형생물체(2012.12.11 본호개정)
1의2. 속임수 또는 그 밖의 부정한 방법으로 제8조, 제9조, 제12조, 제22조의2 또는 제22조의4에 따른 관계 중앙행정기관의 장의 승인 또는 변경승인을 받았거나 신고한 경우(2012.12.11 본호신설)
2. 제14조에 따라 수입이나 생산이 금지되거나 제한된 유전자변형생물체
3. 제17조 또는 제23조제3항에 따라 수입승인, 생산승인, 개발·실험 승인 또는 이용승인이 취소된 유전자변형생물체(2012.12.11 본호개정)
② 관계 중앙행정기관의 장은 유전자변형생물체의 소유자가 제1항에 따른 폐기·반송의 명령을 따르지 아니한 경우에는 대통령령으로 정하는 바에 따라 그 유전자변형생물체 소유자의 부담으로 소속 공무원에게 직접 폐기·반송을 하게 할 수 있다.(2012.12.11 본항개정)
③ 관계 중앙행정기관의 장은 수입된 유전자변형생물체에 대하여 제1항에 따른 유전자변형생물체의 폐기·반송을 명하였을 때에는 관세청장에게 그 내용을 통보하여야 한다.(2012.12.11 본항개정)
(2012.12.11 본조제목개정)

제24조【표시】 ① 유전자변형생물체를 개발·생산 또는 수입하는 자는 그 유전자변형생물체 또는 그 유전자변형생물체의 용기나 포장 또는 수입송장에 유전자변형생물체의 종류 등 대통령령으로 정하는 사항을 표시하여야 한다.(2012.12.11 본항개정)
② 누구든지 제1항에 따른 표시를 거짓으로 하거나 이를 임의로 변경하거나 삭제하여서는 아니 된다.
③ 관계 중앙행정기관의 장은 제1항에 따른 표시의 방법, 그 밖에 필요한 사항을 정하여 고시한다.(2012.12.11 본항개정)

제25조【취급관리】 ① 유전자변형생물체의 수출입등을 하는 자는 유전자변형생물체를 취급하거나 관리할 때에 밀폐운송 등 대통령령으로 정하는 취급관리기준을 지켜야 한다.
② 제1항에 따른 취급관리의 방법과 그 밖에 필요한 사항은 관계 중앙행정기관의 장이 정하여 고시한다.
(2012.12.11 본항개정)

제26조【관리·운영기록의 보존】 유전자변형생물체의 수출입등을 하는 자와 연구시설을 설치·운영하는 자는 산업통상자원부령으로 정하는 바에 따라 유전자변형생물체의 수출입등 및 연구시설의 관리·운영에 관한 기록을 작성하여 보관하여야 한다.(2013.3.23 본조개정)

제26조의2【유전자변형생물체로 인한 환경영향 등의 조사】 ① 관계 중앙행정기관의 장은 국내에 유통되는 유전자변형생물체가 국민 건강과 환경에 미치는 영향을 파악하기 위하여 필요하다고 인정하면 연구시설·생산공정이용시설·사업장·보관장소 및 그 주변지역 등을 조사할 수 있다.
② 관계 중앙행정기관의 장은 제1항에 따른 조사를 위하여 필요할 때에는 다른 관계 중앙행정기관의 장에게 협조를 요청할 수 있다. 이 경우 요청을 받은 관계 중앙행정기관의 장은 특별한 사유가 없으면 협조하여야 한다.
③ 관계 중앙행정기관의 장은 제1항에 따른 조사결과를 대통령령으로 정하는 절차와 방법에 따라 공개한다.
④ 제1항에 따른 조사의 방법, 절차에 관하여 필요한 사항은 대통령령으로 정한다.
(2012.12.11 본조신설)

제27조【위해방지 조치】 ① 관계 중앙행정기관의 장은 소관 유전자변형생물체로 인하여 국민의 건강과 생물다양성의 보전 및 지속적인 이용에 중대한 부정적인 영향이 발생하거나 발생할 우려가 있다고 인정되면 대통령령으로 정하는 바에 따라 지체 없이 필요한 조치를 하여야 한다.
② 유전자변형생물체의 수출입등을 하는 자가 유전자변형생물체의 부정적인 영향을 알게 되었을 때에는 관계 중앙행정기관의 장 또는 국가책임기관의 장에게 지체 없이 그 내용을 통보하여야 한다.
(2012.12.11 본조개정)

제3장 유전자변형생물체의 정보 보호
(2007.12.21 본장개정)

제28조【정보 보호】 유전자변형생물체에 대한 정보를 취급하는 관계 중앙행정기관, 국가책임기관, 제7조의2제1항에 따른 위해성심사를 위하여 관계 중앙행정기관의 장이 대통령령으로 정하는 바에 따라 지정하는 위해성평가기관(이하 "위해성평가기관"이라 한다), 위해성심사대행기관 및 제32조에 따른 바이오안전성정보센터(이하 "정보취급기관"이라 한다)의 장은 유전자변형생물체의 정보가 도난·누출 또는 훼손되지 아니하도록 정보 보호에 필요한 조치를 마련하여야 한다.(2012.12.11 본조개정)

제29조【정보 이용 및 정보 제공의 제한】 ① 정보취급기관의 장은 대통령령으로 정하는 경우 외에는 유전자변형생물체의 정보를 상업적으로 이용하거나 다른 자에게 제공하여서는 아니 된다.
② 정보취급기관의 장은 유전자변형생물체의 정보를 다른 자에게 제공할 때에는 사용목적·사용방법 등에 관하여 제한을 하거나 정보 보호를 위하여 필요한 조치를 마련하도록 요청할 수 있다.

제30조【정보취급기관 임직원의 의무】 정보취급기관의 임직원이거나 임직원이었던 자는 직무상 알게 된 정보를 누설하거나 타인이 이용하도록 제공하는 등 부당한 목적을 위하여 사용하여서는 아니 된다.

제4장 바이오안전성위원회 등
(2007.12.21 본장개정)

제31조【바이오안전성위원회】 ① 유전자변형생물체의 수출입등에 관한 다음 각 호의 사항을 심의하기 위하여 산업통상자원부장관 소속으로 바이오안전성위원회를 둔다.(2013.3.23 본문개정)
1. 의정서의 이행에 관한 사항
2. 안전관리계획의 수립·시행
3. (2012.12.11 삭제)
4. 제18조 및 제22조의4제3항에 따른 재심사(2012.12.11 본호개정)
5. 유전자변형생물체의 수출입등과 안전관리에 관련된 법령·고시 등에 관한 사항
6. 유전자변형생물체로 인한 피해 예방 및 대책에 관한 사항
7. 그 밖에 위원장 또는 국가책임기관의 장이 심의를 요청하는 사항
② 바이오안전성위원회는 위원장 1명을 포함한 15명 이상 20명 이하의 위원으로 구성한다.(2012.12.11 본항개정)
③ 바이오안전성위원회의 위원장은 산업통상자원부장관이 되고, 위원은 다음 각 호의 자로 한다.(2013.3.23 본문개정)
1. 기획재정부차관, 교육부차관, 과학기술정보통신부차관, 외교부차관, 농림축산식품부차관, 보건복지부차관, 환경부차관, 해양수산부차관 및 식품의약품안전처차장 (2018.12.11 본호개정)
2. 대통령령으로 정하는 자 중에서 위원장이 위촉하는 자 (2012.12.11 본항개정)
④ 바이오안전성위원회의 위원장은 제3항제2호에 따라 위원을 위촉하려면 미리 관계 중앙행정기관의 장과 협의하여야 한다.(2012.12.11 본항개정)
⑤ 바이오안전성위원회를 효율적으로 운영하기 위하여 바이오안정성위원회에 분과위원회 및 실무위원회를 둘 수 있다.(2012.12.11 본항개정)
⑥ 바이오안전성위원회에 간사 1명을 두되, 간사는 산업통상자원부 소속 공무원 중에서 위원장이 지명하는 자가 된다.(2013.3.23 본항개정)
⑦ 바이오안전성위원회·분과위원회 및 실무위원회의 구성·기능·운영 등에 관한 사항은 대통령령으로 정한다.(2012.12.11 본항개정)

제32조【바이오안전성정보센터】 ① 국가책임기관의 장은 유전자변형생물체의 정보관리 및 정보교환에 관한 사항 등을 전문적으로 수행하는 바이오안전성정보센터(이하 "바이오안전성정보센터"라 한다)를 지정할 수 있다.
② 바이오안전성정보센터는 다음 각 호의 업무를 수행한다.
1. 유전자변형생물체의 안전성에 관한 정보 공개
2. 유전자변형생물체 및 관련 산업에 관한 정보의 수집·관리·제공·홍보 및 교류
3. 그 밖에 대통령령으로 정하는 업무
(2012.12.11 본항개정)
③ 국가책임기관의 장은 바이오안전성정보센터의 설립 및 운영에 필요한 경비를 예산의 범위에서 출연할 수 있다. (2009.12.30 본항신설)

제5장 보 칙
(2007.12.21 본장개정)

제33조【자금 등의 지원】 ① 정부는 유전자변형생물체에 대한 국민의 이해를 증진하고 소비자의 인식을 제고하거나 바이오안전성에 기반한 유전자변형생물체의 연

구·개발 및 관련 산업의 건전한 발전을 위하여 다음 각 호의 사업을 할 수 있다.
1. 연구시설 및 생산공정이용시설의 안전에 관한 교육 및 사업
2. 유전자변형생물체 관련 기술 및 위해성평가기술의 개발
3. 유전자변형생물체의 검출 및 모니터링 지원
4. 유전자변형생물체 및 위해성심사 관련 교육 및 홍보
② 정부는 제1항 각 호와 관련된 사업을 실시하는 기관 및 단체에 필요한 자금 등을 출연하거나 지원할 수 있다.
(2012.12.11 본조개정)
제34조【재원 확보】 국가책임기관의 장은 유전자변형생물체의 수출입등과 관련하여 국민의 건강과 생물다양성의 보전 및 지속적인 이용에 피해가 발생하는 경우에 대비하여 안전성 확보를 위한 재원 확보 방안을 마련하여야 한다.
제35조【수수료】 ① 다음 각 호의 어느 하나에 해당하는 자는 수수료를 내야 한다.
1. 제7조의2에 따라 위해성심사를 받으려는 자
(2012.12.11 본호신설)
2. 제8조제1항 및 제2항에 따라 수입승인을 받으려는 자
3. 제9조제1항 단서에 따라 수입승인을 받으려는 자
(2012.12.11 본호개정)
4. 제12조제1항에 따라 생산승인을 받으려는 자
5. 제22조제1항에 따라 연구시설 설치·운영의 허가를 받으려는 자
6. 제22조의3제1항에 따라 생산공정이용시설의 설치·운영 허가를 받으려는 자
7. 제22조의4제1항에 따라 이용승인을 받으려는 자
(2012.12.11 6호~7호신설)
② 제1항에 따른 수수료의 금액, 납부방법 및 납부기간 등에 관한 사항은 대통령령으로 정한다.
제36조【보고 및 검사】 ① 관계 중앙행정기관의 장 또는 국가책임기관의 장은 다음 각 호의 어느 하나에 해당하는 자에 대하여 소속 공무원으로 하여금 해당 사무소·연구시설·생산공정이용시설·사업장·보관장소 등에 출입하여 관계 서류나 시설·장비 및 보관상태 등을 검사하게 할 수 있다. 다만, 관계 중앙행정기관의 장 또는 국가책임기관의 장은 유전자변형생물체의 안전관리를 위하여 제1호 및 제3호부터 제7호까지의 어느 하나에 해당하는 자에게 보고를 하게 하거나 자료 또는 시료의 제출을 요구할 수 있다.(2012.12.11 본문개정)
1. 제8조제1항부터 제3항까지, 제9조제1항부터 제3항까지 또는 제12조제1항·제2항에 따라 승인을 받거나 신고를 한 자(2012.12.11 본호개정)
2. (2012.12.11 삭제)
3. 위해성평가기관
4. 위해성심사대행기관
5. 제22조에 따라 연구시설의 설치·운영허가를 받거나 신고를 한 자
6. 제22조의3에 따라 생산공정이용시설의 설치·운영 허가를 받거나 신고를 한 자(2012.12.11 본호신설)
7. 제25조에 따라 취급하거나 관리하는 자
8. 승인을 받지 아니하거나 신고를 하지 아니한 유전자변형생물체로 판단되는 물품의 수출입등을 하거나, 허가를 받지 아니하거나 신고를 하지 아니하고 연구시설, 생산공정이용시설을 운영하고 있다고 의심되는 자
(2012.12.11 본호신설)
② 제1항에 따라 출입·검사를 하는 공무원은 그 권한을 표시하는 증표를 지니고 이를 관계인에게 내보여야 한다.
(2012.12.11 본항개정)
③ 제1항에 따른 검사의 대상, 기준 및 절차에 관하여 필요한 사항은 대통령령으로 정한다.(2012.12.11 본항신설)
제37조【청문】 관계 중앙행정기관의 장은 다음 각 호의 어느 하나에 해당하는 처분을 하려면 청문을 하여야 한다.
(2012.12.11 본문개정)
1. 제17조에 따라 수입승인이나 생산승인을 취소하는 경우
2. 제23조에 따라 연구시설 또는 생산공정이용시설의 설치·운영 허가를 취소하거나 연구시설 또는 생산공정이용시설의 폐쇄 또는 운영 정지를 명하는 경우
(2012.12.11 본호개정)
제37조의2【권한의 위임·위탁】 ① 이 법에 따른 관계 중앙행정기관의 장의 권한은 그 일부를 대통령령으로 정하는 바에 따라 소속 기관 또는 다른 행정기관의 장에게 위임하거나 위탁할 수 있다.
② 이 법에 따른 관계 중앙행정기관의 장의 업무는 그 일부를 대통령령으로 정하는 바에 따라 관계 전문 기관 또는 단체에 위탁할 수 있다.
(2012.12.11 본조신설)
제38조【벌칙 적용 시의 공무원 의제】 다음 각 호의 기관의 임직원 및 바이오안전성위원회의 위원 중 공무원이 아닌 위원은 「형법」 제129조부터 제132조까지의 규정을 적용할 때에는 공무원으로 본다.(2012.12.11 본문개정)
1. 위해성평가기관
2. 위해성심사대행기관
3. 바이오안전성정보센터
4. 제37조의2에 따라 관계 중앙행정기관의 장이 위탁한 업무를 수행하는 기관 또는 단체
(2012.12.11 1호~4호신설)

제6장 벌 칙
(2007.12.21 본장개정)

제39조【벌칙】 다음 각 호의 어느 하나에 해당하는 자는 5년 이하의 징역 또는 7천만원 이하의 벌금에 처한다.
1. 제14조를 위반하여 수입이나 생산이 금지되거나 제한된 유전자변형생물체(같은 조 제1항제2호의 생물체를 포함한다)를 수입하거나 생산한 자
2. 제17조제1항제1호에 따라 승인이 취소된 유전자변형생물체를 수입하거나 생산한 자
3. 제23조의2제1항에 따른 폐기·반송의 명령을 위반하여 유전자변형생물체를 국내에 유통하게 한 자
(2012.12.11 본호개정)
제40조【벌칙】 다음 각 호의 어느 하나에 해당하는 자는 3년 이하의 징역 또는 5천만원 이하의 벌금에 처한다.
1. 제8조제1항·제2항 및 제3항 본문, 제9조제1항 단서 및 제3항, 제12조제1항 또는 제2항 본문에 따른 승인 또는 변경승인을 받지 아니하고 유전자변형생물체를 수입하거나 생산한 자(2012.12.11 본호개정)
2. 제17조제1항제2호부터 제10호까지의 규정에 따라 승인이 취소된 유전자변형생물체를 수입하거나 생산한 자
3. 제22조제1항에 따른 허가를 받지 아니하거나 같은 조 제2항 본문에 따른 변경허가를 받지 아니하고 연구시설을 설치·운영한 자(2012.12.11 본호개정)
4. 제22조의2제1항 또는 제2항 본문에 따른 승인 또는 변경승인을 받지 아니하고 개발하거나 실험한 자
(2012.12.11 본호개정)
5. 제22조의3제1항 또는 제2항 본문에 따른 허가 또는 변경허가를 받지 아니하고 생산공정이용시설을 설치·운영한 자(2012.12.11 본호신설)
6. 제22조의4제1항 또는 제2항 본문에 따른 승인 또는 변경승인을 받지 아니하고 유전자변형생물체를 이용한 자(2012.12.11 본호신설)
제41조【벌칙】 다음 각 호의 어느 하나에 해당하는 자는 2년 이하의 징역 또는 3천만원 이하의 벌금에 처한다.
1. 제9조제1항 본문에 따른 신고를 하지 아니하고 유전자변형생물체를 수입한 자(2012.12.11 본호개정)
2. 제20조에 따른 통보를 하지 아니하고 유전자변형생물체를 수출한 자
3. 제21조에 따른 신고를 하지 아니하고 유전자변형생물체를 국내를 경유하여 다른 국가로 수출하려는 자
4. 제22조제1항에 따른 신고를 하지 아니하고 연구시설을 설치·운영한 자
5. 제23조에 따른 연구시설 또는 생산공정이용시설의 폐쇄명령 또는 운영정지명령을 위반한 자
6. 제23조의2제1항에 따른 폐기·반송의 명령을 이행하지 아니한 자
(2012.12.11 3호~6호개정)
7. 제30조를 위반하여 직무상 알게 된 정보를 누설하거나 타인이 이용하도록 제공한 자
제42조【벌칙】 다음 각 호의 어느 하나에 해당하는 자는 1년 이하의 징역 또는 2천만원 이하의 벌금에 처한다.
1. 제24조제1항 또는 제2항을 위반하여 유전자변형생물체의 종류 등을 표시하지 아니하거나 거짓으로 표시한 자 또는 표시를 임의로 변경하거나 삭제한 자
2. 제25조에 따른 취급관리기준을 지키지 아니한 자
제43조【양벌규정】 법인의 대표자나 법인 또는 개인의 대리인, 사용인, 그 밖의 종업원이 그 법인 또는 개인의 업무에 관하여 제39조부터 제42조까지의 어느 하나에 해당하는 위반행위를 하면 그 행위자를 벌하는 외에 그 법인 또는 개인에게도 해당 조문의 벌금형을 과(科)한다. 다만, 법인 또는 개인이 그 위반행위를 방지하기 위하여 해당 업무에 관하여 상당한 주의와 감독을 게을리하지 아니한 경우에는 그러하지 아니하다.(2008.12.26 본조개정)
제44조【과태료】 ① 다음 각 호의 어느 하나에 해당하는 자에게는 1천만원 이하의 과태료를 부과한다.
1. 제8조제3항 단서 또는 제9조제2항·제3항에 따른 변경신고를 하지 아니한 자(2012.12.11 본호개정)
2. 제10조제4항에 따른 신고를 하지 아니하거나 관계 중앙행정기관의 장의 명령을 이행하지 아니한 자
(2012.12.11 본호개정)
3. 제11조제1항에 따라 지정되지 아니한 수입항구·공항 등의 장소로 유전자변형생물체를 수입한 자
4. 제12조제2항 단서에 따른 변경신고를 하지 아니한 자
(2012.12.11 본호개정)
5. (2012.12.11 삭제)
6. 제22조제2항 단서 또는 제3항에 따른 변경신고를 하지 아니한 자(2012.12.11 본호개정)
7. 제22조제4항에 따른 신고를 하지 아니한 자
8. 제22조의2제2항 단서에 따른 변경신고를 하지 아니한 자
9. 제22조의3제2항 단서 또는 제3항에 따른 변경신고를 하지 아니한 자
10. 제22조의3제4항에 따른 신고를 하지 아니한 자
11. 제22조의4제2항 단서에 따른 변경신고를 하지 아니한 자
(2012.12.11 7호~11호신설)
12. 제26조에 따른 관리·운영기록을 작성·보관하지 아니한 자
13. 제36조제1항 또는 제2항에 따른 보고나 자료 또는 시료의 제출을 거부하거나 출입·검사를 거부·방해 또는 기피한 자
② 제1항에 따른 과태료는 대통령령으로 정하는 바에 따라 관계 중앙행정기관 또는 국가책임기관의 장이 부과·징수한다.(2012.12.11 본항개정)
③~⑤ (2009.2.6 삭제)

부 칙 (2012.12.11)

제1조【시행일】 이 법은 공포 후 1년이 경과한 날부터 시행한다.
제2조【위해성심사에 관한 적용례】 제7조의2의 개정규정은 이 법 시행 후 승인을 신청하는 유전자변형생물체부터 적용한다.
제3조【시험·연구용 등의 유전자변형생물체의 수입에 관한 적용례】 제9조의 개정규정은 이 법 시행 후 수입하는 시험·연구용 등의 유자변형생물체부터 적용한다.
제4조【수입검사에 관한 적용례】 제10조의 개정규정은 이 법 시행 후 최초로 수입하는 유전자변형생물체부터 적용한다.
제5조【청문에 관한 적용례】 제37조의 개정규정은 이 법 시행 후 최초의 처분부터 적용한다.
제6조【유전자변형생물체의 생산승인 등에 관한 경과조치】 이 법 시행 당시 종전의 제12조에 따라 유전자변형생물체의 생산승인을 받은 경우에는 제22조의3 및 제22조의4의 개정규정에 따른 허가 및 승인을 받거나 신고를 한 것으로 본다.
제7조【바이오안전성위원회의 위촉위원에 관한 경과조치】 이 법 시행 당시 종전의 규정에 따라 위촉된 바이오안전성위원회의 위원은 제31조의 개정규정에 따라 위촉된 바이오안전성위원회의 위원으로 본다.
제8조【행정처분에 관한 경과조치】 이 법 시행 전의 위반행위에 대한 행정처분에 관하여는 종전의 규정에 따른다.
제9조【다른 법률의 개정】 ※(해당 법령에 가제정리 하였음)

부 칙 (2017.12.12)

이 법은 공포 후 1년이 경과한 날부터 시행한다.

부 칙 (2018.12.11)

이 법은 공포 후 6개월이 경과한 날부터 시행한다.

(舊 : 자유무역협정 체결에 따른 무역조정 지원에 관한 법률)

무역조정 지원 등에 관한 법률

(2006년 4월 28일 법 률 제7947호)

개정
2007. 4.11법 8361호(중소기업진흥)
2007.12.21법 8771호
2008. 2.29법 8852호(정부조직)
2009. 4. 1법 9584호(산업발전법)
2009. 4.22법 9631호
2009. 5.21법 9685호(중소기업판로지원)
2010. 6. 4법10339호(정부조직)
2012. 1.17법11176호
2013. 3.23법11690호(정부조직)
2015. 7.24법13448호(자본시장금융투자업)
2016. 1. 6법13740호
2018.12.31법16172호(중소기업진흥에관한법)
2021. 4.20법18128호(자본시장금융투자업)
2021.10.19법18503호
2024년 1월 25일 제412회 국회 본회의 통과→「法典 別冊」 보유편 수록

제1조【목적】 이 법은 정부가 체결한 자유무역협정의 이행 또는 통상환경의 급격한 변화로 인하여 피해를 입었거나 입을 것이 확실한 제조업이나 서비스업을 경영하는 기업과 그 소속 근로자 등에 대한 효과적인 지원대책을 마련함으로써 국민경제의 균형 있는 발전에 이바지함을 목적으로 한다.(2021.10.19 본조개정)

제2조【정의】 이 법에서 사용하는 용어의 뜻은 다음과 같다.
1. "자유무역협정"이란 대한민국이 타국 또는 지역무역연합체와 체결한 무역자유화를 내용으로 하는 국제협정으로서 상품과 서비스 등에 대한 관세의 감축 및 철폐, 시장접근의 확대 등에 관한 사항을 포함하는 것을 말한다.
2. "무역조정(貿易調整)"이란 제조업이나 대통령령으로 정하는 서비스업(이하 "무역조정지원대상업종"이라 한다)을 경영하는 기업 또는 그 소속 근로자 등이 자유무역협정의 이행으로 인하여 입었거나 입을 것이 확실한 피해(이하 "무역피해"라 한다)를 최소화하거나 그 피해를 극복하는 데에 필요한 활동을 말한다.(2021.10.19 본호개정)
3. "통상피해대응"이란 무역조정지원대상업종을 경영하는 기업 또는 그 소속 근로자 등이 국제적 공급망 붕괴 등 통상환경의 급격한 변화 등으로 인하여 입었거나 입을 것이 확실한 피해(이하 "통상피해"라 한다)를 최소화하거나 그 피해를 극복하는 데에 필요한 활동을 말한다.(2021.10.19 본호신설)

(2007.12.21 본조개정)

제3조【지원의 기본원칙】 정부는 이 법에 따라 원활한 무역조정 및 통상피해대응에 필요한 지원을 하는 경우에는 「세계무역기구 설립을 위한 마라케쉬협정」이 허용하는 범위에서 하여야 한다.(2021.10.19 본조개정)

제4조【무역조정지원종합대책의 수립】 ① 산업통상자원부장관과 고용노동부장관은 무역조정을 효과적으로 지원하기 위하여 무역조정지원종합대책(이하 "종합대책"이라 한다)을 공동으로 수립하여야 한다.(2013.3.23 본항개정)
② 종합대책에는 다음 각 호의 사항이 포함되어야 한다.
1. 무역조정의 지원을 위한 대책
2. 무역조정과 관련된 제도의 개선
3. 그 밖에 무역조정의 지원을 원활하게 추진하기 위하여 필요한 사항

③ (2016.1.6 삭제)
④ 산업통상자원부장관과 고용노동부장관은 종합대책을 수립하기 위하여 필요하면 무역피해와 무역조정의 실태에 대한 조사(이하 이 조에서 "실태조사"라 한다)를 할 수 있다.(2021.10.19 본항개정)
⑤ 종합대책의 수립방법과 실태조사의 시기 및 방법 등에 관하여 필요한 사항은 대통령령으로 정한다.

(2007.12.21 본조개정)

제5조【조사·연구 등】 산업통상자원부장관과 고용노동부장관은 무역조정 및 통상피해대응의 지원에 관한 정책의 수립 및 제도의 개선에 필요한 조사·연구 등의 사업을 할 수 있다.(2021.10.19 본조개정)

제5조의2【경영안정 및 경쟁력 확보를 위한 상담 지원】 ① 산업통상자원부장관은 무역조정지원대상업종을 대통령령으로 정하는 기간 이상 경영한 기업이 다음 각 호의 요건을 모두 갖춘 경우에는 해당 기업에 무역조정에 필요한 경영·회계·법률·기술 및 생산 등의 상담에 관한 지원을 할 수 있다.(2013.3.23 본문개정)
1. 기업이 6개월 이상의 기간으로서 대통령령으로 정하는 기간에 다음 각 목의 어느 하나에 해당하는 요건을 갖춘 경우
  가. 기업의 전체 매출액 또는 생산량이 대통령령으로 정하는 비율 이상 감소하거나 감소할 것이 확실하다고 판단될 것
  나. 기업의 영업이익, 고용인원, 가동률, 재고 등을 종합적으로 고려한 무역피해가 가목에 해당하거나 해당할 것이 확실하다고 판단될 것
2. 기업이 생산하는 상품 및 서비스와 같은 종류의 상품 및 서비스의 수입이나 그와 직접적으로 경쟁하는 상품 및 서비스의 수입(자유무역협정의 상대국으로부터의 수입으로 한정한다)의 증가가 제1호의 피해의 주된 원인일 것

② 제1항에 따른 지원의 방법과 절차 등에 관하여 필요한 사항은 대통령령으로 정한다.

(2012.1.17 본조신설)

제6조【무역조정지원기업의 지정 등】 ① 무역조정지원대상업종을 대통령령으로 정하는 기간 이상 경영한 기업이 무역피해를 입은 경우 해당 기업은 제7조부터 제10조까지의 규정에 따른 무역조정의 지원을 받는 기업(이하 "무역조정지원기업"이라 한다)으로 지정하여 줄 것을 산업통상자원부장관에게 신청할 수 있다.(2013.3.23 본항개정)
② 산업통상자원부장관은 제1항에 따른 신청을 받은 경우 해당 기업이 다음 각 호의 요건에 모두 해당하면 무역조정지원기업으로 지정할 수 있다.(2016.1.6 후단삭제)
1. 기업이 심각한 피해(6개월 이상의 기간으로서 대통령령으로 정하는 기간에 해당 기업의 전체 매출액 또는 생산량이 100분의 5 이상 100분의 10 이하의 범위에서 대통령령으로 정하는 비율 이상 감소하거나 해당 기업의 영업이익, 고용인원, 가동률, 재고 등을 종합적으로 고려한 피해가 전체 매출액 또는 생산량이 100분의 5 이상 100분의 10 이하의 범위에서 대통령령으로 정하는 비율 이상 감소된 것에 해당하여야 한다)를 입었거나 입을 것이 확실할 것(2012.1.17 본호개정)
2. 기업이 생산하는 상품 및 서비스와 같은 종류의 상품 및 서비스의 수입이나 그와 직접적으로 경쟁하는 상품 및 서비스의 수입(자유무역협정의 상대국으로부터의 수입으로 한정한다)의 증가가 제1호에 따른 피해의 주된 원인일 것
3. (2016.1.6 삭제)

③ (2016.1.6 삭제)
④ 산업통상자원부장관은 제2항 각 호의 요건을 확인하기 위하여 필요하다고 인정하면 관계 행정기관 또는 기업 등에 관계 자료의 제출 등 필요한 협조를 요청할 수 있다. 이 경우 요청을 받은 관계 행정기관의 장은 정당한 사유가 없으면 요청에 따라야 한다.(2016.1.6 전단개정)
⑤ 산업통상자원부장관은 무역조정지원기업을 지정한 경우에는 지체 없이 그 사실을 고용노동부장관에게 통보하여야 한다.(2016.1.6 본항신설)
⑥ 제1항에 따른 지정 신청의 절차, 제2항에 따른 지정의 절차, 제2항제1호에 따른 심각한 피해의 기준, 제2항제2호에 따른 같은 종류의 상품·서비스, 직접적으로 경쟁하는 상품·서비스 및 서비스 수입의 범위와 제4항에 따른 협조 요청 등에 관하여 필요한 사항은 대통령령으로 정한다.(2016.1.6 본항개정)

(2007.12.21 본조개정)

제7조【무역조정에 필요한 정보제공】 ① 산업통상자원부장관은 무역조정지원기업에 대하여 무역조정에 필요한 자금·인력·기술·판로(販路) 및 입지(立地) 등에 관한 정보를 제공하여야 한다.
② 산업통상자원부장관은 제1항에 따른 정보의 제공에 필요한 시책을 마련하여야 한다.
③ 산업통상자원부장관은 관계 중앙행정기관·지방자치단체 및 「공공기관의 운영에 관한 법률」에 따른 공공기관(이하 "관계행정기관등"이라 한다)의 장에게 제1항에 따른 정보제공에 필요한 자료의 제출을 요청할 수 있다.

(2013.3.23 본조개정)

제8조【무역조정계획의 수립 또는 이행에 필요한 상담지원】 ① 산업통상자원부장관은 무역조정지원기업이 해당 기업의 사업전환 등 무역조정을 위한 계획(이하 "무역조정계획"이라 한다)을 수립 또는 이행하는 데에 필요한 경영·회계·법률·기술 및 생산 등의 상담에 관한 지원을 할 수 있다.
② 제1항에 따른 지원의 방법과 절차 등에 관하여 필요한 사항은 대통령령으로 정한다.

(2016.1.6 본조개정)

제9조【단기 경영 안정 및 경쟁력 확보를 위한 융자지원】 ① 정부는 무역조정지원기업에 대하여 「중소기업진흥에 관한 법률」 제63조에 따른 중소벤처기업창업 및 진흥기금에서 사업전환 등 무역조정계획의 이행에 필요한 다음 각 호의 자금을 융자할 수 있다.(2018.12.31 본문개정)
1. 생산시설의 가동·유지에 필요한 원자재 및 부자재(副資材)의 구입 자금
2. 기술개발, 설비투자, 입지확보 및 인력훈련 등에 드는 자금
3. 그 밖에 단기 경영 안정 또는 경쟁력 확보를 위하여 필요한 자금으로서 대통령령으로 정하는 자금

② 무역조정지원기업은 제1항에 따른 융자지원을 받으려는 경우에는 산업통상자원부장관에게 융자신청과 함께 무역조정계획을 제출하여야 한다.
③ 산업통상자원부장관은 제2항에 따라 무역조정지원기업이 제출한 무역조정계획 중 근로자와 관련된 부분이 포함된 경우에는 고용노동부장관에게 그 사실을 통보하여야 한다.
④ 산업통상자원부장관은 제2항에 따라 무역조정지원기업이 제출한 무역조정계획이 기업의 경쟁력 확보에 적합한지 여부를 검토한 후 융자지원을 결정하여야 한다.
⑤ 산업통상자원부장관은 융자지원을 받은 무역조정지원기업이 융자지원 후 6개월의 범위에서 대통령령으로 정하는 기간 동안 무역조정계획을 실행하지 아니하는 경우에는 융자지원을 중단할 수 있다.
⑥ 제1항에 따른 융자의 기준·대상·규모·방법 및 절차 등에 관하여 필요한 사항은 대통령령으로 정한다.

(2016.1.6 본조개정)

제9조의2 (2012.1.17 삭제)

제10조【기업구조개선 기관전용 사모집합투자기구에의 출자】 ① 정부는 「산업발전법」 제20조에 따른 기업구조개선 기관전용 사모집합투자기구가 무역조정지원기업에 투자하려는 경우에는 기업구조개선 기관전용 사모집합투자기구 출자금의 100분의 50 이내에서 대통령령으로 정하는 비율의 자금을 출자할 수 있다.(2021.4.20 본항개정)
② 제1항에 따른 출자의 방법과 절차 등에 필요한 사항은 대통령령으로 정한다.

(2021.4.20 본조제목개정)
(2007.12.21 본조개정)

제11조【무역조정지원근로자의 지정 등】 ① 무역피해를 입은 무역조정지원대상업종을 경영하는 기업의 근로자 대표나 사업주는 제2항의 요건을 갖춘 근로자를 제12조와 제13조에 따른 무역조정의 지원을 받는 근로자(이하 "무역조정지원근로자"라 한다)로 지정하여 줄 것을 고용노동부장관에게 신청할 수 있다.(2010.6.4 본항개정)
② 고용노동부장관은 근로자가 다음 각 호의 요건에 모두 해당하는 경우에는 직권으로 또는 제1항에 따른 신청에 따라 그를 무역조정지원근로자로 지정할 수 있다.

(2010.6.4 본문개정)
1. 실직하거나 실직할 가능성이 높은 경우 또는 근로시간이 대통령령으로 정하는 시간 이상 단축되거나 단축될 가능성이 높은 경우
2. 다음 각 목의 어느 하나에 해당되는 기업의 소속 근로자(실직 중인 자를 포함한다)인 경우
  가. (2016.1.6 삭제)
  나. 무역조정지원기업에 납품을 하는 기업
  다. 자유무역협정의 체결에 따른 수입상품의 증가로 인하여 해당 수입상품과 같은 종류이거나 직접적으로 경쟁하는 상품의 제조시설을 해외로 이전한 기업
  라. 제6조제2항제1호 및 제2호의 요건에 모두 해당함에도 불구하고 무역조정지원기업의 지정신청을 하지 아니하여 무역조정지원기업으로 지정되지 아니한 기업 (2016.1.6 본목개정)

③ 제6조에 따라 무역조정지원기업으로 지정된 경우 그 소속 근로자(무역조정지원기업 지정 신청일 이전 2년 이내에 실직한 자를 포함한다)는 제2항에 따라 무역조정지원근로자로 지정된 것으로 본다.(2016.1.6 본항신설)
④ 제1항과 제2항에 따른 신청권자, 신청 및 지정의 방법·절차, 무역조정지원기업에 납품을 하는 기업의 범위 등에 관하여 필요한 사항은 대통령령으로 정한다.

(2007.12.21 본조개정)

제12조【전직 등에 필요한 정보제공 등】 ① 고용노동부장관은 무역조정지원근로자에게 전직이나 재취업에 필요한 산업동향·인력수요·직업교육·창업 등에 관한 정보를 제공하여야 하며, 무역조정지원근로자가 전직이나 재취업에 필요한 상담을 받을 수 있도록 하여야 한다.
② 고용노동부장관은 제1항에 따른 정보제공과 상담에 필요한 시책을 마련하여야 한다.
③ 고용노동부장관은 관계행정기관등의 장에게 전직이나 재취업 관련 자료의 제출을 요청할 수 있다.

(2010.6.4 본조개정)

제13조【전직 등에 대한 지원시책】 ① 고용노동부장관은 「고용정책기본법」 또는 「고용보험법」에 따른 각종 지원시책을 활용하여 무역조정지원근로자가 신속하게 전직하거나 재취업을 하도록 지원할 수 있다.
② 고용노동부장관은 무역조정지원근로자의 신속한 전직이나 재취업과 관련된 사업을 시행하는 자에게 예산의 범위에서 필요한 비용을 지원할 수 있다.

(2010.6.4 본조개정)

제13조의2【1인 사업주 지원에 관한 특례】 고용노동부장관은 무역피해로 인하여 폐업한 1인 사업주(「부가가치세법」 제3조제1호에 따른 사업자로서 1인이 상시근로자 없이 무역조정지원대상업종을 영위하는 자를 말한다)에 대하여 제12조 및 제13조에 따른 지원을 할 수 있다.

(2016.1.6 본조개정)

제14조【통상피해지원기업의 지정 등】 ① 산업통상자원부장관은 무역조정지원대상업종을 경영하는 기업의 통상피해대응을 효과적으로 지원하기 위하여 해당 기업의 신청을 받아 지원이 필요한 기업(이하 "통상피해지원기업"이라 한다)을 지정할 수 있다.
② 산업통상자원부장관은 제1항에 따라 통상피해지원기업을 지정하려면 미리 관계 중앙행정기관의 장과 그 필요성 등을 대통령령으로 정하는 절차를 거쳐 협의하고, 그 지원대상, 지원내용, 지원기간, 지정신청 방법 등을 관보에 공고하고 인터넷 홈페이지에 게재하여야 한다.
③ 제1항 및 제2항에 따라 통상피해지원기업으로 지정받으려는 기업은 다음 각 호의 요건을 모두 갖추어야 한다.
1. 기업이 다음 각 목의 어느 하나에 해당하는 통상피해를 입었거나 입을 것이 확실할 것

가. 6개월 이상의 기간을 기준으로 전년 동기 대비 전체 매출액 또는 생산량이 100분의 5 이상 감소한 경우
나. 6개월 이상의 기간을 기준으로 전년 동기 대비 영업이익, 고용인원, 가동률, 재고 등을 종합적으로 고려한 피해가 전체 매출액 또는 생산량의 100분의 5 이상 감소된 것에 해당하는 경우
2. 제1호에 따른 통상피해의 주된 원인이 다음 각 목의 어느 하나에 해당할 것
가. 세계적 경제·금융 위기로 인한 무역의 현격한 감소
나. 세계적 또는 국지적 공급망 붕괴로 인한 무역의 현격한 감소
다. 상대국의 무역제한 등의 조치로 인한 교역환경의 현저한 악화
라. 국가 간 분쟁, 국경봉쇄 등으로 인한 인적·물적 자원의 이동 제한으로 발생하는 무역의 현격한 감소
마. 그 밖에 기업의 매출과 고용에 중대한 피해를 야기하는 무역환경·통상환경의 급격한 변화
④ 제3항에도 불구하고 산업통상자원부장관은 통상피해의 정도 등을 고려하여 필요한 경우 대통령령으로 정하는 바에 따라 같은 항 제1호의 요건 중 피해 산정 기간과 매출액·생산량 감소 비율을 조정할 수 있다. 이 경우 조정한 내용을 관보에 공고하고 인터넷 홈페이지에 게재하여야 한다.
⑤ 산업통상자원부장관은 제3항 및 제4항에 따른 요건을 확인하기 위하여 필요한 경우 관계 행정기관 또는 기업 등에 관련 자료의 제출 등 필요한 협조를 요청할 수 있다. 이 경우 요청을 받은 관계 행정기관의 장은 정당한 사유가 없으면 그 요청에 따라야 한다.
⑥ 산업통상자원부장관은 통상피해지원기업을 지정한 경우에는 지체 없이 그 사실을 고용노동부장관에게 통보하여야 한다.
⑦ 통상피해지원기업에 대한 지원에 관하여는 제5조의2(같은 조 제1항제2호는 제외한다) 및 제7조부터 제10조까지를 준용한다. 이 경우 "무역조정"은 "통상피해대응"으로, "무역피해"는 "통상피해"로, "무역조정지원기업"은 "통상피해지원기업"으로, "무역조정을 위한 계획"은 "통상피해대응을 위한 계획"으로, "무역조정계획"은 "통상피해대응계획"으로 본다.
⑧ 산업통상자원부장관은 통상피해를 최소화하거나 그 피해를 극복하기 위하여 제7항에 따른 지원 외에 추가적인 지원이 필요하다고 인정하는 경우에는 대통령령으로 정하는 바에 따라 관계 행정기관에 필요한 조치를 요청할 수 있다. 이 경우 요청을 받은 관계 행정기관의 장은 정당한 사유가 없으면 그 요청에 따라야 한다.
⑨ 제1항부터 제8항까지에서 규정한 사항 외에 통상피해지원기업의 지정 및 지원에 필요한 사항은 대통령령으로 정한다.
(2021.10.19 본조신설)

제15조【통상피해지원근로자의 지정 등】 ① 고용노동부장관은 통상피해를 입은 무역조정지원대상업종을 경영하는 기업의 소속 근로자가 다음 각 호의 요건에 모두 해당하는 경우 해당 기업의 근로자 대표나 사업주의 신청을 받아 또는 직권으로 제3항에 따른 통상피해지원을 받는 근로자(이하 "통상피해지원근로자"라 한다)로 지정할 수 있다.
1. 실직하거나 실직할 가능성이 높은 경우 또는 근로시간이 대통령령으로 정하는 시간 이상 단축되거나 단축될 가능성이 높은 경우
2. 다음 각 목의 어느 하나에 해당하는 기업의 소속 근로자(실직 중인 자를 포함한다)인 경우
가. 통상피해지원기업에 납품을 하는 기업
나. 제14조제3항 및 제4항에 따른 요건에 해당함에도 불구하고 통상피해지원기업의 지정신청을 하지 아니하여 통상피해지원기업으로 지정되지 아니한 기업
② 제14조에 따라 통상피해지원기업으로 지정된 기업의 소속 근로자(통상피해지원기업 지정 신청일 이후 실직한 자를 포함한다)는 제1항에 따라 통상피해지원근로자로 지정된 것으로 본다.
③ 통상피해지원근로자(제2항에 따라 통상피해지원근로자로 지정된 것으로 보는 근로자를 포함한다), 통상피해지원근로자의 신속한 전직이나 재취업과 관련된 사업을 시행하는 자 및 통상피해로 인하여 폐업한 1인 사업주에 대한 지원에 관하여는 제12조, 제13조 및 제13조의2를 준용한다. 이 경우 "무역피해"는 "통상피해"로, "무역조정지원근로자"는 "통상피해지원근로자"로 본다.
④ 제1항부터 제3항까지에서 규정한 사항 외에 통상피해지원근로자의 지정 및 지원에 필요한 사항은 대통령령으로 정한다.
(2021.10.19 본조신설)

제16조【무역조정지원센터의 설치】 ① 산업통상자원부장관은 무역조정의 지원과 관련된 다음 각 호의 업무를 종합적으로 수행하기 위하여 「중소기업진흥에 관한 법률」 제68조제1항에 따른 중소벤처기업진흥공단에 무역조정지원센터를 둔다.(2018.12.31 본문개정)
1. 무역조정의 지원과 관련된 상담, 안내, 홍보 및 조사
2. 무역피해를 입은 기업이 제6조제1항에 따라 무역조정지원기업의 지정을 신청하기 위하여 필요한 서류의 작성에 대한 지원 및 신청의 대행
3. 그 밖에 무역조정지원기업에 대한 지원업무
(2012.1.17 1호~3호신설)
② 제1항에 따른 무역조정지원센터의 구성·운영 및 감독 등에 필요한 사항은 대통령령으로 정한다.
(2007.12.21 본조개정)

제16조의2【전담기관의 지정 등】 ① 산업통상자원부장관 또는 고용노동부장관은 제14조 또는 제15조에 따른 통상피해지원기업이나 통상피해지원근로자에 대한 지원업무를 효율적으로 시행하기 위하여 전담기관을 지정할 수 있다.
② 제1항에 따른 전담기관의 지정 및 그 취소 등에 관하여 필요한 사항은 대통령령으로 정한다.
(2021.10.19 본조신설)

제17조【지정취소 등】 ① 산업통상자원부장관은 무역조정지원기업 또는 통상피해지원기업이 다음 각 호의 어느 하나에 해당하면 제6조 또는 제14조에 따른 지정을 취소하거나 제7조부터 제10조까지의 규정(제14조제7항에 따라 준용되는 경우를 포함한다)에 따른 지원을 중단할 수 있다. 다만, 제1호나 제2호에 해당하는 경우에는 지정을 취소하여야 한다.(2021.10.19 본문개정)
1. 거짓이나 그 밖의 부정한 방법으로 무역조정지원기업 또는 통상피해지원기업으로 지정을 받은 경우
(2021.10.19 본호개정)
2. 제6조제2항 또는 제14조제3항·제4항에 따른 요건에 적합하지 아니하게 된 경우(2021.10.19 본호개정)
3. (2016.1.6 삭제)
4. 6개월의 범위에서 대통령령으로 정하는 기간 이상 영업을 하지 아니하는 경우
5. 정당한 사유 없이 제19조제2항에 따른 보고를 이행하지 아니하는 경우(2016.1.6 본호개정)
② 고용노동부장관은 무역조정지원근로자 또는 통상피해지원근로자가 다음 각 호의 어느 하나에 해당하면 지정을 취소하여야 한다.
1. 거짓이나 그 밖의 부정한 방법으로 무역조정지원근로자 또는 통상피해지원근로자로 지정을 받은 경우
2. 제11조제2항 또는 제15조제1항에 따른 요건에 적합하지 아니하게 된 경우
(2021.10.19 본항개정)
(2007.12.21 본조개정)

제18조【지원금의 환수 등】 ① 산업통상자원부장관과 고용노동부장관은 거짓이나 그 밖의 부정한 방법으로 이 법에 따른 지원을 받은 자에게 이미 지원된 금액의 전부 또는 일부의 반환을 명할 수 있고, 이에 추가하여 대통령령으로 정하는 기준에 따라 그 거짓이나 그 밖의 부정한 방법으로 지원받은 금액에 상당하는 금액 이하의 금액을 징수할 수 있다.(2013.3.23 본항개정)
② 제1항에 따른 반환 또는 추가징수의 명령을 받은 자가 정하여진 기간에 그 반환금이나 추가징수금을 내지 아니하면 국세 체납처분의 예에 따라 징수한다.
(2007.12.21 본조개정)

제19조【보고】 ① (2016.1.6 삭제)
② 산업통상자원부장관은 무역조정지원 또는 통상피해대응지원에 관한 시책을 수행하기 위하여 필요하면 무역조정지원기업, 통상피해지원기업 및 제10조제1항에 따른 기업구조개선 기관전용 사모집합투자기구에 그 사업에 관한 사항을 보고하게 할 수 있다.(2021.10.19 본항개정)
③ 고용노동부장관은 제13조제2항(제15조제3항에 따라 준용되는 경우를 포함한다)에 따라 지원을 받아 무역조정지원근로자 또는 통상피해지원근로자의 신속한 전직 또는 재취업과 관련된 사업을 시행하는 자에게 그 사업에 관한 사항을 보고하게 할 수 있다.(2021.10.19 본항개정)
④ 제2항 및 제3항에 따른 보고에 필요한 사항은 대통령령으로 정한다.(2016.1.6 본항개정)

제20조【출입·검사 등】 ① 산업통상자원부장관은 무역조정계획 또는 통상피해대응계획의 이행상황을 확인하기 위하여 필요하면 그 소속 공무원으로 하여금 무역조정지원기업 또는 통상피해지원기업의 사무소, 영업소, 사업장, 공장, 창고, 그 밖에 필요한 장소에 출입하여 무역조정에 관한 서류, 장부, 그 밖의 물건을 검사하게 하거나 관계인에게 질문을 하게 할 수 있다.(2021.10.19 본항개정)
② 고용노동부장관은 필요한 경우에는 소속 공무원으로 하여금 제13조제2항(제15조제3항에 따라 준용되는 경우를 포함한다)에 따라 지원을 받은 자의 사무소에 출입하여 지원과 관련된 서류, 장부, 그 밖의 물건을 검사하게 하거나 관계인에게 질문을 하게 할 수 있다.(2021.10.19 본항개정)
③ 제1항이나 제2항에 따라 출입·검사 등을 할 때에는 검사일 7일 전까지 검사일시·검사이유 및 검사내용 등을 포함한 검사계획서를 검사대상자에게 알려야 한다. 다만, 사전통지를 할 경우 그 목적을 달성할 수 없거나 긴급한 사정이 있다고 인정되는 경우에는 그러하지 아니하다.
④ 제1항에 따라 출입·검사 또는 질문을 하는 공무원은 관계인에게 자신의 권한을 나타내는 증표를 내보이고 성명과 출입·검사·질문의 시간 및 목적 등이 적힌 문서를 내주어야 한다.
(2007.12.21 본조개정)

제21조【청문】 산업통상자원부장관이나 고용노동부장관은 제17조에 따라 무역조정지원기업, 통상피해지원기업, 무역조정지원근로자 또는 통상피해지원근로자의 지정을 취소하려는 경우에는 청문을 하여야 한다.
(2021.10.19 본조개정)

제22조【권한의 위임】 ① 이 법에 따른 산업통상자원부장관의 권한은 대통령령으로 정하는 바에 따라 그 일부를 소속 기관의 장, 특별시장·광역시장·특별자치시장·도지사 또는 특별자치도지사에게 위임할 수 있다.
(2016.1.6 본항개정)
② 이 법에 따른 고용노동부장관의 권한은 대통령령으로 정하는 바에 따라 그 일부를 지방고용노동관서의 장에게 위임할 수 있다.(2010.6.4 본항개정)

제23조【업무의 위탁】 ① 이 법에 따른 산업통상자원부장관의 업무는 대통령령으로 정하는 바에 따라 그 일부를 다음 각 호의 자에게 위탁할 수 있다.(2013.3.23 본문개정)
1. 다른 행정기관의 장
2. 「산업집적활성화 및 공장설립에 관한 법률」에 따른 한국산업단지공단
3. 「중소기업진흥에 관한 법률」에 따른 중소벤처기업진흥공단(2018.12.31 본호개정)
4. 그 밖에 대통령령으로 정하는 산업 관련 기관 또는 단체
② 이 법에 따른 고용노동부장관의 업무는 대통령령으로 정하는 바에 따라 그 일부를 다음 각 호의 자에게 위탁할 수 있다.(2010.6.4 본문개정)
1. 「정부출연연구기관 등의 설립·운영 및 육성에 관한 법률」에 따른 한국노동연구원
2. 「한국산업인력공단법」에 따른 한국산업인력공단
3. 그 밖에 대통령령으로 정하는 노동 관련 기관 또는 단체
(2007.12.21 본조개정)

제24조【과태료】 ① 다음 각 호의 어느 하나에 해당하는 자에게는 300만원 이하의 과태료를 부과한다.
1. 제19조에 따른 보고를 하지 아니하거나 거짓으로 보고를 한 자
2. 제20조에 따른 검사를 거부·방해 또는 기피한 자
② 제1항에 따른 과태료는 대통령령으로 정하는 바에 따라 산업통상자원부장관 또는 고용노동부장관이 부과·징수한다.(2013.3.23 본항개정)
③~⑤ (2009.4.22 삭제)
(2007.12.21 본조개정)

부 칙 (2016.1.6)

제1조【시행일】 이 법은 공포 후 6개월이 경과한 날부터 시행한다.

제2조【무역조정지원근로자의 지정 등에 관한 적용례】 제11조제3항의 개정규정은 이 법 시행 이후 무역조정지원기업으로 지정을 받은 경우부터 적용한다.

제3조【지정취소 등에 관한 적용례】 제17조제1항제5호의 개정규정은 이 법 시행 전의 위반행위에 대하여 이 법 시행 후 지정취소 등을 하는 경우에도 적용한다.

제4조【단기 경영 안정 및 경쟁력 확보를 위한 융자지원에 관한 경과조치】 이 법 시행 당시 종전의 제8조에 따라 「중소기업진흥에 관한 법률」 제63조에 따른 중소기업창업 및 진흥기금 융자 신청을 한 기업에 대해서는 제9조의 개정규정에도 불구하고 종전의 규정에 따른다.

제5조【무역조정지원근로자의 지정 등에 관한 경과조치】 이 법 시행 당시 제6조제1항에 따라 무역조정지원기업으로 지정을 받은 경우에는 제11조제2항제2호가목의 개정규정에도 불구하고 종전의 규정에 따른다.

제6조【지정취소 등에 관한 경과조치】 이 법 시행 당시 종전의 제17조제1항제3호에 해당하는 무역조정지원기업에 대해서는 제17조제1항제3호의 개정규정에도 불구하고 종전의 규정에 따른다.

제7조【다른 법률의 개정】 ※(해당 법령에 가제정리 하였음)

부 칙 (2018.12.31)

제1조【시행일】 이 법은 공포 후 3개월이 경과한 날부터 시행한다.(이하 생략)

부 칙 (2021.4.20)
(2021.10.19)

제1조【시행일】 이 법은 공포 후 6개월이 경과한 날부터 시행한다.(이하 생략)

산업표준화법

(2007년 5월 25일
전부개정법률 제8486호)

개정
2007. 7.27법 8562호(산업안전보건법)
2007.12.21법 8770호(전기용품안전관리법)
2008. 2.29법 8852호(정부조직)
2008.12.26법 9229호
2009. 1.30법 9384호(승강기시설안전관리법)
2009. 2. 6법 9427호
2009. 3.25법 9535호(전기용품안전관리법)
2010. 6. 8법10348호
2010. 7.23법10393호(전파법)
2011. 8. 4법11037호(소방시설설치·유지및안전관리에관한법)
2012.12.18법11591호(철도안전법)
2013. 3.23법11690호(정부조직)
2014. 5.20법12610호
2014. 5.28법12694호(계량에관한법)
2015. 1.28법13084호
2015. 1.28법13089호(액화석유가스의안전관리및사업법)
2016. 1. 6법13737호 2016. 1.27법13847호
2016. 3.29법14116호(항공안전법)
2016.12. 2법14312호 2018.12.31법16129호
2019. 1.15법16272호(산업안전)
2021. 6.15법18275호
2021.11.30법18522호(소방시설설치및관리에관한법)
2022. 6.10법18958호(수상레저안전법)

제1장 총 칙

제1조【목적】 이 법은 적정하고 합리적인 산업표준을 제정·보급하고 품질경영을 지원하여 광공업품 및 산업활동 관련 서비스의 품질·생산효율·생산기술을 향상시키고 거래를 단순화·공정화(公正化)하며 소비를 합리화함으로써 산업경쟁력을 향상시키고 국가경제를 발전시키는 것을 목적으로 한다.(2016.1.27 본조개정)

제2조【정의】 이 법에서 사용하는 용어의 정의는 다음과 같다.
1. "산업표준"이란 산업표준화를 위한 기준을 말한다.
2. "산업표준화"란 다음 각 목의 사항을 통일하고 단순화하는 것을 말한다.
 가. 광공업품의 종류·형상·치수·구조·장비·품질·등급·성분·성능·기능·내구도·안전도
 나. 광공업품의 생산방법·설계방법·제도방법(製圖方法)·사용방법·운용방법·원단위(原單位) 생산에 관한 작업방법·안전조건
 다. 광공업품의 포장의 종류·형상·치수·구조·성능·등급·방법
 라. 광공업품 또는 광공업의 기술과 관련되는 시험·분석·감정·검사·검정·통계적 기법·측정방법 및 용어·약어·기호·부호·표준수(標準數)·단위
 마. 구축물과 그 밖의 공작물의 설계·시공방법 또는 안전조건
 바. 기업활동과 관련되는 물품의 조달·설계·생산·운용·보수·폐기 등을 관리하는 정보체계 및 전자통신매체에 의한 상업적 거래
 사. 산업활동과 관련된 서비스(전기통신 관련 서비스를 제외한다. 이하 "서비스"라 한다)의 제공절차·방법·체계·평가방법 등에 관한 사항
3. "품질경영"이란 기업·공공기관·단체 등(이하 "기업등"이라 한다)이 고객이 만족할 수 있는 품질목표를 설정하고 이를 달성하기 위하여 체계적으로 품질을 계획·관리·보증·개선하는 등의 경영활동을 말한다.
(2016.1.27 본호신설)

제3조 (2015.1.28 삭제)

제4조【산업표준심의회】 ① 산업통상자원부에 산업표준심의회(이하 "심의회"라 한다)를 둔다.(2013.3.23 본항개정)
② 심의회는 다음 각 호의 사항을 심의하고 산업통상자원부장관의 자문에 응한다.(2013.3.23 본문개정)
1. 제5조에 따른 산업표준의 제정·개정·폐지에 관하여 필요한 사항
2. 제10조에 따른 산업표준의 적부(適否)확인에 관하여 필요한 사항
3. 제15조에 따른 광공업품의 지정에 관한 사항
4. 제16조에 따른 서비스의 지정에 관한 사항
5. (2016.1.6 삭제)
6. 그 밖에 산업표준에 관련된 사항으로서 대통령령으로 정하는 사항
③ 심의회의 업무를 효율적으로 수행하기 위하여 심의회에 표준회의, 전문분야별 기술심의회, 특별심의회 등을 둘 수 있다.(2015.1.28 본항신설)
④ 제3항에 따른 표준회의(심의회의 위원으로만 구성된 경우로 한정한다)의 심의를 거친 사항은 심의회의 심의를 거친 것으로 본다.(2015.1.28 본항신설)
⑤ 제1항부터 제4항까지에서 규정한 사항 외에 심의회의 구성 및 운영 등에 관하여 필요한 사항은 대통령령으로 정한다.(2015.1.28 본항개정)

제2장 한국산업표준

제5조【산업표준의 제정 등】 ① 산업통상자원부장관은 산업표준을 제정·개정 또는 폐지할 수 있다. 이 경우 대통령령으로 정하는 바에 따라 산업표준안을 작성하여 고시하고 이해관계인의 의견을 들어야 한다.(2013.3.23 전단개정)
② 산업통상자원부장관은 산업표준을 제정·개정 또는 폐지하려는 경우에는 관계 행정기관의 장과 협의하고 심의회의 심의를 거쳐야 한다.(2013.3.23 본항개정)
③ 산업통상자원부장관은 산업표준의 제정 및 개정을 효율적으로 추진하기 위하여 필요한 경우에는 산업표준화와 관련된 업무를 수행하는 법인이나 단체를 산업표준개발을 위한 협력기관으로 지정하여 활용할 수 있다.
(2013.3.23 본항개정)
④ 제3항에 따른 협력기관으로 지정받으려는 법인이나 단체는 산업표준 개발인력 등 산업통상자원부령으로 정하는 요건을 갖추어 산업통상자원부장관에게 신청하여야 한다.(2013.3.23 본항개정)
⑤ 산업통상자원부장관은 제3항에 따라 협력기관으로 지정받은 기관이 다음 각 호의 어느 하나에 해당하는 경우에는 그 지정을 취소할 수 있다. 다만, 제1호에 해당하는 경우에는 그 지정을 취소하여야 한다.
1. 거짓이나 그 밖의 부정한 방법으로 지정을 받은 때
2. 제4항에 따른 요건에 적합하지 아니하게 된 때
3. 정당한 사유 없이 3년 이상 산업표준 개발을 하지 아니한 때
(2014.5.20 본항신설)
⑥ 그 밖에 산업표준 개발을 위한 협력기관의 지정절차 및 운영 등에 관하여 필요한 사항은 대통령령으로 정한다.

제5조의2【출연금】 ① 산업통상자원부장관은 산업표준 개발에 필요한 경비에 충당하게 하기 위하여 제5조제3항에 따라 협력기관으로 지정된 자에게 출연금을 지급할 수 있다.
② 제1항에 따른 출연금의 지급·사용·관리 등에 관한 사항은 대통령령으로 정한다.
(2015.1.28 본조신설)

제6조【산업표준 등의 제정 등의 신청·협의】 ① 산업표준의 제정·개정 또는 폐지에 관한 이해관계인은 대통령령으로 정하는 바에 따라 산업통상자원부장관에게 그 제정·개정 또는 폐지를 신청할 수 있다.
② 관계 행정기관의 장은 다른 법령의 규정에 따라 제2조제2호 각 목의 어느 하나에 해당하는 사항에 대하여 기준이나 표준을 정하려는 경우에는 산업표준과의 부합화를 위하여 필요하다고 인정하는 사항에 관하여 산업통상자원부장관과 협의하여야 한다.
(2013.3.23 본조개정)

제7조【심의회에의 회부】 산업통상자원부장관은 제6조에 따른 신청 또는 협의가 있는 경우 필요하다고 인정하는 때에는 지체 없이 이를 심의회에 회부하여야 한다.
(2013.3.23 본조개정)

제8조【심의 등】 ① 심의회는 제7조에 따라 회부된 안건을 대통령령으로 정하는 바에 따라 지체 없이 심의하고 그 결과를 산업통상자원부장관에게 통보하여야 한다.
② 산업통상자원부장관은 제1항에 따른 통보를 받은 경우에는 지체 없이 신청 또는 협의에 대한 결정을 하여 그 결과를 신청인 또는 관계 행정기관의 장에게 통지하여야 한다.
(2013.3.23 본조개정)

제9조【공청회】 ① 산업통상자원부장관은 산업표준의 제정·개정 또는 폐지에 관하여 필요하다고 인정하는 경우에는 공청회를 개최하고 이해관계인의 의견을 들을 수 있다.
② 산업표준 및 산업표준화에 관한 이해관계인은 서면으로 산업통상자원부장관에게 공청회의 개최를 요구할 수 있다.
③ 산업통상자원부장관은 제2항에 따른 요구가 있는 경우 필요하다고 인정하는 때에는 지체 없이 공청회를 개최하여야 한다.
(2013.3.23 본조개정)

제10조【산업표준의 적부확인 등】 ① 산업통상자원부장관은 산업표준을 제정 또는 개정한 날부터 5년마다 그 적부(適否)를 확인하여야 한다. 이 경우 산업통상자원부장관은 심의회의 심의를 거쳐야 한다.
② 산업통상자원부장관은 제1항에 따라 적부를 확인한 결과 필요하다고 인정하는 경우에는 제5조에 따라 산업표준을 개정 또는 폐지할 수 있다.
(2013.3.23 본조개정)

제11조【산업표준의 고시】 산업통상자원부장관은 제5조제1항에 따라 산업표준을 제정·개정·폐지한 때 또는 제10조제1항에 따라 산업표준의 적부를 확인한 때에는 대통령령으로 정하는 바에 따라 지체 없이 이를 고시하여야 한다.(2013.3.23 본조개정)

제12조【한국산업표준】 ① 제11조에 따라 고시된 산업표준을 한국산업표준(KS)이라 한다.
② 제1항에 따른 산업표준이 아니면 한국산업표준이라는 명칭을 사용할 수 없다.

제3장 한국산업표준에의 적합성 인증

제1절 인증기관의 지정 등

제13조【인증기관의 지정】 ① 산업통상자원부장관은 산업표준화를 효율적으로 추진하기 위하여 광공업품(가공기술을 포함한다. 이하 같다) 또는 서비스가 한국산업표준에 적합함을 인증하는 기관(이하 "인증기관"이라 한다)을 지정할 수 있다.
② 제1항에 따라 인증기관으로 지정받으려는 자는 인증업무 수행에 필요한 조직·사무소 및 제18조에 따른 인증심사원을 갖추어 산업통상자원부장관에게 그 지정을 신청하여야 한다.
③ 산업통상자원부장관은 제1항에 따라 인증기관을 지정하는 경우에는 당해 인증기관이 수행할 인증업무의 범위를 함께 지정하여야 한다.
④ 인증기관의 지정기준 및 절차 등에 관하여 필요한 사항은 산업통상자원부령으로 정한다.
(2013.3.23 본조개정)

제14조【인증기관의 지정취소】 ① 산업통상자원부장관은 인증기관이 다음 각 호의 어느 하나에 해당하는 때에는 그 지정을 취소하거나 6개월 이내의 기간을 정하여 업무의 정지를 명할 수 있다. 다만, 제1호에 해당하는 때에는 지정을 취소하여야 한다.(2013.3.23 본문개정)
1. 거짓이나 그 밖의 부정한 방법으로 인증기관의 지정을 받은 때
2. 정당한 사유 없이 1년 이상 계속하여 인증업무를 하지 아니한 때
3. 제13조제4항에 따른 지정기준에 적합하지 아니하게 된 때
4. 제20조제1항에 따른 시판품조사·현장조사 또는 제20조제2항에 따른 조사 결과 인증기관의 고의 또는 중대한 과실로 인하여 품질불량인 제품 또는 서비스가 제15조제1항 또는 제16조제1항에 따라 인증받은 것으로 인정되는 때(2015.1.28 본호개정)
② 제1항에 따른 지정취소 및 업무정지의 기준 등에 관하여 필요한 사항은 산업통상자원부령으로 정한다.
(2013.3.23 본항개정)

제2절 제품 등의 인증

제15조【제품의 인증】 ① 산업통상자원부장관이 필요하다고 인정하여 심의회의 심의를 거쳐 지정한 광공업품을 제조하는 자는 공장 또는 사업장마다 산업통상자원부령으로 정하는 바에 따라 인증기관으로부터 그 제품의 인증을 받을 수 있다.(2013.3.23 본항개정)
② 제1항에 따라 제품의 인증을 받은 자는 그 제품·포장·용기·납품서 또는 보증서에 산업통상자원부령으로 정하는 바에 따라 그 제품이 한국산업표준에 적합한 것임을 나타내는 표시(이하 이 조에서 "제품인증표시"라 한다)를 하거나 이를 홍보할 수 있다.(2013.3.23 본항개정)
③ 제1항에 따른 인증을 받은 자가 아니면 제품·포장·용기·납품서·보증서 또는 홍보물에 제품인증표시를 하거나 이와 유사한 표시를 하여서는 아니 된다.
④ 제3항을 위반하여 제품인증표시를 하거나 이와 유사한 표시를 한 제품을 그 사실을 알고 판매·수입하거나 판매를 위하여 진열·보관 또는 운반하여서는 아니 된다.

제16조【서비스의 인증】 ① 산업통상자원부장관이 필요하다고 인정하여 심의회의 심의를 거쳐 지정한 서비스를 제공하는 자는 다음 각 호의 어느 하나에 해당하는 인증 단위별로 산업통상자원부령으로 정하는 바에 따라 인증기관으로부터 그 서비스의 인증을 받을 수 있다.
(2015.1.28 본문개정)
1. 제공하는 서비스의 종류
2. 서비스를 제공하는 사업장
(2015.1.28 1호~2호신설)
② 제1항에 따라 서비스의 인증을 받은 자는 그 서비스의 계약서·납품서 또는 보증서에 산업통상자원부령으로 정하는 바에 따라 그 서비스가 한국산업표준에 적합한 것임을 나타내는 표시(이하 이 조에서 "서비스인증표시"라 한다)를 하거나 이를 홍보할 수 있다.(2013.3.23 본항개정)
③ 제1항에 따른 인증을 받은 자가 아니면 서비스의 계약서·납품서·보증서 또는 홍보물에 서비스인증표시를 하거나 이와 유사한 표시를 하여서는 아니 된다.
④ 제1항제1호에 따라 서비스의 종류별로 인증을 받은 자는 그 서비스를 제공하는 사업장이 둘 이상인 경우에는 각 사업장에 서비스인증표시를 할 수 있다.(2015.1.28 본항신설)

제3절 인증심사

제17조【인증심사】 ① 인증기관은 제15조제1항 또는 제16조제1항에 따른 인증을 하는 때에는 그 제품 또는 서비스가 한국산업표준 및 산업통상자원부령으로 정하는 인증심사기준(이하 "인증심사기준"이라 한다)에 적합한지 여부를 심사(이하 "인증심사"라 한다)하여야 한다.
(2013.3.23 본항개정)

② 인증심사기준에는 다음 각 호의 구분에 따른 품질보증 관련 사항이 포함되어야 한다.
1. 제품의 인증 : 제조설비, 검사설비, 검사방법, 품질관리방법 등 제품의 품질보증에 필요한 사항
2. 서비스의 인증 : 서비스 제공 절차·방법, 서비스 운영체계, 인력관리, 시설·장비 관리, 품질관리방법 등 서비스의 품질보증에 필요한 사항
(2015.1.28 본항개정)
③ 인증기관이 제1항에 따라 인증심사를 하는 경우 해당 제품을 제조하는 자는 인증심사에 필요한 최소량의 시료(試料)를 인증기관에 제출하여야 한다.
④ 인증기관은 제1항에 따른 인증심사를 거쳐 인증을 하는 때에는 그 사실을 해당 제품 제조자 및 서비스 제공자에게 통지하여야 한다. 이 경우 인증기관은 제26조 각 호의 어느 하나에 해당하는 검사·검정 또는 시험 등의 업무를 담당하는 기관에도 서면 또는 전자적 방법 등에 의하여 그 사실을 통지하여야 한다.(2010.6.8 후단신설)
⑤ 인증심사의 방법·절차 등에 관하여 필요한 사항은 산업통상자원부령으로 정한다.(2013.3.23 본항개정)
제18조【인증심사원】 ① 산업통상자원부장관은 대통령령으로 정하는 기준에 적합한 자에게 제17조에 따른 인증심사, 제19조제1항에 따른 정기심사, 제19조제2항에 따른 이전심사, 제20조제1항에 따른 시판품조사·현장조사 또는 제20조제2항에 따른 조사의 업무를 수행하는 심사원(이하 "인증심사원"이라 한다)의 자격을 부여할 수 있다.(2016.12.2 본항개정)
② 제1항에 따라 인증심사원의 자격을 부여받으려는 자는 산업통상자원부령으로 정하는 바에 따라 산업통상자원부장관이 실시하는 교육을 받은 후 산업통상자원부장관에게 이를 신청하여야 한다.(2013.3.23 본항개정)
③ 산업통상자원부장관은 인증심사원이 다음 각 호의 어느 하나에 해당하는 때에는 그 자격을 취소하거나 6개월 이내의 기간을 정하여 자격을 정지할 수 있다. 다만, 제1호에 해당하는 때에는 자격을 취소하여야 한다.
(2013.3.23 본문개정)
1. 거짓이나 그 밖의 부정한 방법으로 인증심사원의 자격을 부여받은 때
2. 부정한 방법으로 인증심사업무를 수행한 때
3. 인증심사원의 고의 또는 중대한 과실로 인하여 품질불량인 제품 또는 서비스가 제15조제1항 또는 제16조제1항에 따라 인증받은 것으로 인정되는 때
3의2. 부정한 방법으로 제20조제1항에 따른 시판품조사·현장조사 또는 제20조제2항에 따른 조사 업무를 수행한 때(2015.1.28 본호신설)
4. 제1항에 따른 인증심사원의 자격기준에 적합하지 아니하게 된 때
5. 인증심사 업무와 관련하여 다른 사람에게 자기의 성명을 사용하게 하거나 인증심사원증을 대여한 때
④ 인증심사원의 자격 부여 절차 및 자격 취소·정지의 기준 등에 관하여 필요한 사항은 산업통상자원부령으로 정한다.(2013.3.23 본항개정)

제4절 사후관리

제19조【정기심사 등】 ① 제15조제1항 또는 제16조제1항에 따라 인증을 받은 자(이하 "인증받은자"라 한다)는 그 제품 또는 서비스에 대하여 인증기관으로부터 정기심사를 받아야 한다.
② 인증받은자가 인증제품을 제조하는 공장 또는 사업장을 이전하거나 인증서비스를 제공하는 사업장을 이전한 경우에는 이전심사(이하 "이전심사"라 한다)를 받아야 한다.(2016.12.2 본항신설)
③ 제1항에 따른 정기심사 또는 제2항에 따른 이전심사에 관하여는 제17조제2항을 준용한다.(2016.12.2 본항개정)
④ 제1항에 따른 정기심사 또는 제2항에 따른 이전심사를 하는 인증심사원은 그 자격을 나타내는 증표를 지니고 이를 관계인에게 내보여야 한다.(2016.12.2 본항개정)
⑤ 제1항에 따른 정기심사 또는 제2항에 따른 이전심사의 주기·방법·절차 등에 관하여 필요한 사항은 산업통상자원부령으로 정한다.(2016.12.2 본항개정)
⑥ 인증기관은 제1항에 따른 정기심사 또는 제2항에 따른 이전심사를 실시한 결과 제15조제1항에 따라 인증받은 제품(이하 "인증제품"이라 한다) 또는 제16조제1항에 따라 인증받은 서비스(이하 "인증서비스"라 한다)가 한국산업표준 또는 인증심사기준에 맞지 아니하다고 인정하는 때에는 그 사실을 산업통상자원부장관에게 보고하여야 한다.(2016.12.2 본항개정)
(2016.12.2 본조제목개정)
제20조【시판품조사 등】 ① 산업통상자원부장관은 소비자단체의 요구가 있는 경우 또는 인증제품 또는 인증서비스의 품질저하로 인하여 다수의 소비자에게 피해가 발생하거나 회복하기 어려운 피해가 발생할 우려가 현저하다고 인정하는 경우에는 대통령령으로 정하는 바에 따라 공무원이나 인증심사원으로 하여금 판매되고 있는 인증제품에 대한 품질시험(이하 "시판품조사"라 한다)을 하게 하거나 인증받은자의 공장 또는 사업장에서 그 제품 또는 서비스를 조사(이하 "현장조사"라 한다)하게 할 수 있다.
② 산업통상자원부장관은 인증받은자(제16조제1항제1호에 따라 서비스의 종류별로 인증을 받은 자로 한정한다. 이하 이 항에서 같다)의 일부 사업장에서 현장조사를 한 결과 서비스 품질점검에 대한 종합점검이 필요하다고 인정되는 경우에는 공무원이나 인증심사원으로 하여금 인증받은자의 다른 사업장 및 주된 사무소에 대하여 조사하게 할 수 있다.(2015.1.28 본항신설)
③ 산업통상자원부장관은 제1항에 따른 시판품조사·현장조사 또는 제2항에 따른 조사 결과 그 인증제품 또는 인증서비스가 한국산업표준 또는 인증심사기준에 맞지 아니하다고 인정하는 때에는 해당 인증기관에 그 사실을 통보하여야 한다.
④ 산업통상자원부장관은 제1항에 따른 현장조사 또는 제2항에 따른 조사를 하게 하는 경우에는 조사 7일 전까지 조사일시, 조사이유 및 조사내용 등에 대한 조사계획을 조사를 받을 자에게 통지하여야 한다. 다만, 긴급을 요하거나 사전통지의 경우 증거인멸 등으로 조사의 목적을 달성할 수 없다고 인정하는 경우에는 그러하지 아니하다.
⑤ 제1항에 따른 현장조사를 하거나 제2항에 따른 조사를 하는 자는 그 권한을 나타내는 증표를 지니고 이를 관계인에게 내보여야 하며, 출입이 필요한 경우에는 성명·출입시간·출입목적 등이 표시된 문서를 관계인에게 교부하여야 한다.
(2015.1.28 본조개정)
제21조【표시제거 등의 명령】 ① 산업통상자원부장관은 제19조제6항 또는 제22조제2항에 따라 보고를 받거나 제20조제1항에 따른 시판품조사·현장조사 또는 제20조제2항에 따른 조사 결과 인증제품 또는 인증서비스가 한국산업표준 또는 인증심사기준에 맞지 아니하다고 인정하는 때에는 인증받은자에게 한국산업표준 또는 인증심사기준에 맞게 개선하도록 명하거나, 인증표시의 제거·정지 또는 판매의 정지, 그 밖에 필요한 조치를 명할 수 있다. 이 경우 인증표시의 제거·정지 또는 판매의 정지는 제16조제1항제1호에 따라 서비스의 종류별로 인증을 받은 자의 경우에는 일부 사업장에 대한 인증표시의 제거·정지 또는 일부 사업장에서의 판매의 정지를 포함한다.
(2016.12.2 전단개정)
② 산업통상자원부장관은 제1항에 따라 개선명령, 인증표시의 제거·정지 또는 판매의 정지, 그 밖에 필요한 조치를 하는 경우 소비자의 생명·신체 또는 재산에 대한 위해의 발생이나 확산을 방지하기 위하여 불가피하다고 인정되는 경우에는 인증받은자에게 해당 제품의 수거를 명할 수 있다.(2015.1.28 본항신설)
③ 제1항에 따른 명령의 세부적인 기준이나 제2항에 따른 제품수거 명령의 절차 등에 관하여 필요한 사항은 대통령령으로 정한다.
(2015.1.28 본조개정)
제22조【인증의 취소】 ① 인증기관은 인증받은자가 다음 각 호의 어느 하나에 해당하는 때에는 그 인증을 취소할 수 있다. 다만, 제1호에 해당하는 때에는 인증을 취소하여야 한다.
1. 거짓이나 그 밖의 부정한 방법으로 인증을 받은 때
2. 제19조제1항에 따른 정기심사를 받지 아니하거나 제19조제2항에 따른 이전심사를 받지 아니한 때
3. 제19조제1항에 따른 정기심사, 제19조제2항에 따른 이전심사, 제20조제1항에 따른 시판품조사·현장조사 또는 제20조제2항에 따른 조사 결과 인증제품 또는 인증서비스가 한국산업표준에 현저히 맞지 아니한 때
(2016.12.2 2호~3호개정)
4. 제20조제1항에 따른 현장조사 또는 제20조제2항에 따른 조사를 거부·방해 또는 기피한 때
5. 정당한 사유 없이 제21조제1항에 따른 명령 또는 제21조제2항에 따른 제품수거 명령에 따르지 아니한 때
(2015.1.28 4호~5호개정)
6. 폐업 등의 사유로 인하여 정상적인 영업활동이 불가능하다고 인정되는 때
② 인증기관은 제1항에 따라 인증을 취소한 때에는 그 사실과 구체적인 사유를 산업통상자원부장관에게 보고하고, 인증받은자에게 통지하여야 한다. 이 경우 인증기관은 인증받은자가 제26조에 따라 검사·검정 또는 시험 등의 전부 또는 일부를 면제받은 때에는 해당 검사·검정 또는 시험 등의 업무를 담당하는 기관에도 서면 또는 전자적 방법 등에 의하여 그 사실과 구체적인 사유를 통지하여야 한다.(2013.3.23 전단개정)
③ 인증기관은 인증을 취소한 날부터 1년 이내에는 해당 제품 제조자 및 서비스 제공자의 인증이 취소된 제품 및 서비스에 대하여 인증을 할 수 없다.(2010.6.8 본항신설)
④ 인증받은자는 인증기관이 제1항에 따라 인증을 취소한 경우에는 인증표시를 제거하지 아니하고는 판매의 목적으로 해당 제품을 진열·보관 또는 운반하여서는 아니된다.(2010.6.8 본항신설)

제4장 산업표준화의 촉진

제23조 (2016.1.6 삭제)
제24조【한국산업표준의 준수】 국가·지방자치단체·공공기관 및 공공단체는 물자 및 용역의 조달·생산관리·시설공사 등을 함에 있어서 이 법에 따른 한국산업표준을 준수하여야 한다.
제25조【인증제품 등의 우선구매】 국가기관·지방자치단체·공공기관 및 공공단체는 물품을 구매하거나 용역을 조달하려는 때에는 인증제품·인증서비스 또는 제27조제2항에 따른 단체표준인증을 받은 제품으로서 산업통상자원부령으로 정하는 기준에 해당하는 우수한 단체표준제품을 우선적으로 구매하여야 한다.(2013.3.23 본조개정)
제26조【검사 또는 형식승인 등의 면제】 산업통상자원부장관 또는 관계 행정기관의 장은 인증제품에 대하여 관계 법령에 따른 다음 각 호의 검사·검정·시험·인증·증명·신고 및 형식승인 등의 전부 또는 일부를 면제할 수 있다.(2015.1.28 본문개정)
1. 「전기용품 및 생활용품 안전관리법」 제5조에 따른 안전인증, 같은 법 제8조에 따른 안전검사, 같은 법 제15조에 따른 안전확인신고, 같은 법 제17조에 따른 안전검사, 같은 법 제23조제1항에 따른 공급자적합성확인 및 같은 조 제2항에 따른 공급자적합성확인신고
(2016.1.27 본호개정)
2. (2016.1.27 삭제)
3. 「산업안전보건법」 제84조제1항에 따른 의무안전인증대상기계·기구등 중 보호구에 대한 안전인증 또는 같은 법 제89조제1항에 따른 자율안전확인대상기계·기구등 중 보호구에 대한 자율안전확인의 신고(2019.1.15 본호개정)
4. 「전파법」 제58조의2에 따른 적합성평가(2010.7.23 본호개정)
5. (2010.7.23 삭제)
6. 「고압가스 안전관리법」 제17조에 따른 용기 등의 검사
7. 「소방시설 설치 및 관리에 관한 법률」 제37조에 따른 소방용품의 형식승인(2021.11.30 본호개정)
8. 「환경분야 시험·검사 등에 관한 법률」 제9조에 따른 측정기기의 형식승인
9. 「건설기계관리법」 제18조에 따른 건설기계형식의 승인
10. (2009.1.30 삭제)
11. 「계량에 관한 법률」 제14조에 따른 계량기 형식승인
(2014.5.28 본호개정)
12. 「액화석유가스의 안전관리 및 사업법」 제39조에 따른 검사(2015.1.28 본호개정)
13. 「철도안전법」 제27조에 따른 철도용품의 형식승인
(2012.12.18 본호개정)
14. 「의료기기법」 제6조제2항에 따른 의료기기에 대한 제조허가 및 제조신고
15. 「석유 및 석유대체연료 사업법」 제25조에 따른 품질검사(2015.1.28 본호신설)
16. 「선박안전법」 제18조에 따른 형식승인(2015.1.28 본호신설)
17. (2022.6.10 삭제)
18. 「항공안전법」 제28조에 따른 부품등제작자증명
(2016.3.29 본호개정)
제27조【단체표준의 제정 등】 ① 산업표준화와 관련된 단체 중 산업통상자원부령으로 정하는 단체는 공공의 안전성 확보, 소비자 보호 및 구성원들의 편의를 도모하기 위하여 특정의 전문분야에 적용되는 기호·용어·성능·절차·방법·기술 등에 대한 표준(이하 "단체표준"이라 한다)을 제정할 수 있다.
② 단체표준을 제정한 단체는 산업통상자원부령으로 정하는 바에 따라 단체표준을 활용하여 인증업무를 수행할 수 있다.
③ 단체표준의 제정·등록·운용·보급 등에 관하여 필요한 사항은 산업통상자원부령으로 정한다.
(2013.3.23 본조개정)
제27조의2【단체표준 촉진 사업】 산업통상자원부장관은 단체표준의 활성화를 촉진하기 위하여 필요한 사업을 할 수 있다.(2021.6.15 본조신설)
제28조【산업표준화 교육】 ① 산업통상자원부장관은 제15조제1항 또는 제16조제1항에 따라 인증을 받으려는 자 및 인증받은자에 대하여 산업표준화 및 품질경영에 관한 교육을 받게 할 수 있다.(2013.3.23 본항개정)
② 제1항에 따른 산업표준화 및 품질경영에 관한 교육의 내용·시간·주기 및 실시기관 등 교육에 관하여 필요한 사항은 대통령령으로 정한다.
제29조【국제표준화협력 추진】 ① 정부는 국제표준화기구 또는 외국의 표준화기관과의 표준화에 대한 협력(이하 "국제표준화협력"이라 한다)을 촉진하기 위한 시책을 강구하여야 한다.
② 산업통상자원부장관은 국제표준화협력을 촉진하기 위하여 다음 각 호의 사업을 추진한다.(2013.3.23 본문개정)
1. 국제표준의 조사·연구·보급 및 활용 촉진
2. 국제표준화협력을 위한 조사·연구
3. 인력교류협력 및 표준화 정보의 수집·분석·보급
4. 그 밖에 국제표준화협력을 촉진하기 위하여 필요하다고 산업통상자원부장관이 인정하는 사업(2013.3.23 본호개정)
제30조【산업정보체계 표준화 등의 촉진】 정부는 산업정보화를 촉진하고 산업정보체계의 효율적 관리를 위하여 다음 각 호의 사항을 촉진하기 위한 시책을 강구하여야 한다.

1. 기업활동과 관련되는 물품의 조달·설계·생산·운용·보수·폐기 등에 대한 정보체계의 표준화
2. 전자통신매체에 의한 상업적 거래의 표준화

제30조의2【실태조사】 ① 산업통상자원부장관은 산업표준에 관한 정책을 효율적으로 수립·추진하기 위하여 매년 산업표준화 실태조사를 실시하여야 한다.
② 제1항에 따른 산업표준화 실태조사에는 인증제품 및 인증서비스의 활용 실태, 제27조에 따른 단체표준의 제정 현황 등 대통령령으로 정하는 사항이 포함되어야 한다.
③ 산업통상자원부장관은 제1항에 따른 산업표준화 실태조사를 위하여 필요한 경우에는 산업표준화와 관련된 업무를 수행하는 법인이나 단체에 필요한 자료 또는 의견을 제출하도록 요청할 수 있다. 이 경우 요청을 받은 법인 및 단체의 장은 특별한 사유가 없으면 그 요청에 따라야 한다.
④ 산업통상자원부장관은 제1항에 따른 산업표준화 실태조사를 대통령령으로 정하는 법인이나 단체에 위탁하여 실시할 수 있다.
⑤ 제1항에 따른 산업표준화 실태조사의 방법 등에 필요한 사항은 대통령령으로 정한다.
(2015.1.28 본조신설)

제31조【보조금】 산업통상자원부장관은 산업표준화를 촉진하기 위하여 다음 각 호의 사업을 행하는 자에게 예산의 범위 안에서 보조금을 교부할 수 있다.(2013.3.23 본문개정)
1. 제29조제2항 각 호의 국제표준화협력 촉진 사업
2. 제30조 각 호의 표준화사업
3. 민간부문의 표준화 촉진 사업
4. 그 밖에 산업통상자원부령으로 정하는 산업표준화 사업(2013.3.23 본호개정)

제4장의2 품질경영의 촉진
(2016.1.27 본장신설)

제31조의2【품질경영에 관한 종합시책】 ① 산업통상자원부장관은 기업등이 품질경영을 효율적으로 추진하도록 지원하기 위하여 다음 각 호의 사항을 포함한 품질경영에 관한 종합시책을 3년마다 수립·시행하여야 한다.
1. 품질경영의 기본방향에 관한 사항
2. 품질경영을 촉진하기 위한 환경 조성 및 지원에 관한 사항
3. 품질경영 기술의 개발 및 보급에 관한 사항
4. 품질경영 분야의 전문인력 양성 및 활용에 관한 사항
5. 품질경영을 촉진하기 위한 교육 및 지도에 관한 사항
6. 그 밖에 품질경영을 촉진하기 위하여 필요한 사항
② 산업통상자원부장관은 제1항에 따른 종합시책의 수립을 위하여 필요한 경우에는 특별시장·광역시장·특별자치시장·도지사 또는 특별자치도지사(이하 "시·도지사"라 한다)에게 관련 자료의 제출을 요청할 수 있다.

제31조의3【품질경영추진본부】 ① 산업통상자원부장관은 품질경영 환경을 조성하기 위하여 대통령령으로 정하는 품질경영 관련 법인·공공기관 또는 단체를 품질경영추진본부로 지정할 수 있다.
② 품질경영추진본부는 다음 각 호의 사업을 한다.
1. 품질경영 환경의 조성
2. 기업등과의 품질경영에 관련된 협력사업
3. 기업등의 품질경영에 관한 애로사항 수집 및 해결방안 건의
4. 품질경영을 촉진하기 위한 기업등 상호 간의 품질 수준 향상에 관한 협력지원
5. 외국의 품질경영 관계 기관과의 국제 교류 및 협력사업
6. 그 밖에 품질경영 환경을 조성하기 위하여 필요한 사업으로서 대통령령으로 정하는 사업
③ 산업통상자원부장관은 품질경영추진본부가 제2항 각 호의 사업을 추진하는 데 필요한 지원을 할 수 있다.

제31조의4【품질경영의 지원】 ① 시·도지사는 관할 지역의 기업등이 품질경영을 효율적으로 추진할 수 있도록 제31조의2제1항 각 호 사업의 시행에 필요한 지원을 할 수 있다.
② 정부는 품질경영을 통하여 품질향상, 원가절감, 생산성향상 또는 서비스품질개선 등에 현저한 성과를 거둔 기업등 및 개인을 대통령령으로 정하는 바에 따라 선정하여 포상하거나 필요한 지원을 할 수 있다.

제5장 한국표준협회

제32조【한국표준협회】 ① 인증받은자는 산업통상자원부장관의 인가를 받아 한국표준협회(이하 "협회"라 한다)를 설립할 수 있다.(2013.3.23 본항개정)
② 협회는 법인으로 한다.
③ 다음 각 호의 어느 하나에 해당하는 자는 협회의 회원이 될 수 있다.
1. 인증받은자
2. 제27조제1항에 따라 단체표준을 제정한 단체
3. 산업표준화 및 품질경영과 관련된 기관 및 단체
4. 산업표준화 및 품질경영에 관한 지식과 기술이 있는 자 중 협회의 정관으로 정하는 자
④ 협회의 정관에는 다음 각 호의 사항을 기재하여야 한다.
1. 목적
2. 명칭
3. 주된 사무소 및 분사무소의 소재지
4. 임원 및 직원에 관한 사항
5. 업무 및 그 집행에 관한 사항
6. 회원의 가입 및 권리의무에 관한 사항
7. 자금의 조달 및 운영에 관한 사항
8. 자산 및 회계에 관한 사항
9. 총회 및 이사회에 관한 사항
10. 공고에 관한 사항
11. 정관의 변경에 관한 사항
⑤ 협회에 관하여 이 법에 규정한 것을 제외하고는 「민법」 중 사단법인에 관한 규정을 준용한다.

제33조【승인 및 보고】 ① 협회는 다음 각 호의 사항을 작성하여 산업통상자원부장관의 승인을 받아야 한다.(2013.3.23 본문개정)
1. 사업계획
2. 세입·세출예산
② 협회는 다음 각 호의 사항을 산업통상자원부장관에게 보고하여야 한다.(2013.3.23 본문개정)
1. 세입·세출의 결산
2. 사업실적
3. 산업통상자원부장관이 위탁하는 사업의 추진에 관한 사항(2013.3.23 본호개정)

제34조【협회의 업무】 협회는 다음 각 호의 업무를 행한다.
1. 한국산업표준 및 간행물의 발간·보급과 한국산업표준 실시의 촉진
2. 국제표준·외국표준, 그 밖의 각종 표준의 수집·보급
3. 산업표준화 및 품질경영에 관한 조사·연구·개발·진흥·진단·지도 및 교육
4. 산업표준화 및 품질경영을 촉진하는 인증·평가
5. 단체표준화 활동의 지원
6. 국제표준화 활동의 지원
7. 그 밖에 산업통상자원부장관이 위탁하거나 정관으로 정하는 업무(2013.3.23 본호개정)

제6장 보 칙

제35조【승계】 ① 인증기관이나 인증받은자가 그 사업을 양도하거나 사망한 때 또는 법인의 합병이 있는 때에는 양수인·상속인 또는 합병 후 존속하는 법인이나 합병에 의하여 설립되는 법인은 인증기관 또는 인증받은자의 지위를 승계한다. 다만, 제22조제1항에 따라 인증이 취소된 자는 인증이 취소된 날부터 1년 이내에는 인증이 취소된 제품·서비스와 동일한 제품·서비스에 대하여 인증받은자의 지위를 승계할 수 없다.(2016.12.2 단서신설)
② 제1항에 따라 인증기관의 지위를 승계한 자는 산업통상자원부장관에게 그 사실을 신고하고, 인증받은자의 지위를 승계한 자는 그 사실을 해당 인증기관에 신고하여야 한다.(2013.3.23 본항개정)
③ 제2항에 따른 신고에 관하여 필요한 사항은 산업통상자원부령으로 정한다.(2013.3.23 본항개정)

제36조【청문 등】 ① 산업통상자원부장관은 제14조 및 제18조제3항에 따라 인증기관의 지정을 취소하거나 인증심사원의 자격을 취소하려는 경우와 제5조제5항에 따라 협력기관의 지정을 취소하려는 경우에는 청문을 실시하여야 한다.(2014.5.20 본항개정)
② 인증기관이 제22조제1항에 따라 인증받은자의 인증을 취소하려는 경우에는 인증받은자에게 의견제출의 기회를 주어야 한다.(2010.6.8 본항개정)
③ 「행정절차법」 제22조제4항부터 제6항까지 및 제27조는 제2항에 따른 의견제출에 관하여 준용한다. 이 경우 "행정청"은 "인증기관"으로 본다.

제37조【수수료 등】 ① 제13조에 따라 인증기관으로 지정받으려는 자는 산업통상자원부령으로 정하는 수수료를 산업통상자원부장관에게 납부하여야 한다.
② 제15조제1항 또는 제16조제1항에 따른 인증을 받으려는 자, 제19조제1항에 따른 정기심사를 받으려는 자 또는 제19조제2항에 따른 이전심사를 받으려는 자는 산업통상자원부령이 정하는 바에 따라 그 심사에 필요한 비용과 수수료를 인증기관에 납부하여야 한다.(2016.12.2 본항개정)
(2013.3.23 본조개정)

제38조【보고 및 감사 등】 ① 산업통상자원부장관은 이 법의 시행을 위하여 필요한 때에는 인증기관에 대하여 그 업무에 관한 사항을 보고하게 할 수 있다.
② 산업통상자원부장관은 제1항에 따른 보고를 받거나 제20조제1항에 따른 시판품조사·현장조사 또는 제20조제2항에 따른 조사 결과 인증기관에 대한 감사가 필요하다고 인정하는 때에는 해당 인증기관에 대한 감사를 실시할 수 있다.(2015.1.28 본항개정)
③ 인증기관은 인증받은자에 대하여 산업통상자원부령으로 정하는 바에 따라 그 업무에 관한 자료를 제출하게 할 수 있다.
④ 인증기관 및 인증받은자는 산업통상자원부령으로 정하는 바에 따라 관련 문서를 작성·비치하여야 한다.
(2013.3.23 본조개정)

제39조【이의신청】 ① 인증제품 또는 인증서비스가 한국산업표준에 맞지 아니하다고 인정하는 자는 해당 인증기관에 이의신청을 할 수 있다.
② 인증기관은 제1항에 따른 이의신청을 받은 경우에는 그 사실관계를 조사하여 필요한 조치를 취하고, 그 결과를 이의신청을 한 자에게 회신하여야 한다.
③ 제1항 및 제2항에 따른 이의신청의 절차 및 필요한 조치 등에 관하여 필요한 사항은 산업통상자원부령으로 정한다.(2013.3.23 본항개정)

제40조【권한의 위임·위탁】 ① 산업통상자원부장관은 이 법에 따른 권한의 일부를 대통령령으로 정하는 바에 따라 산업통상자원부 소속 기관의 장, 시·도지사, 다른 행정기관의 장 또는 대통령령으로 정하는 단체의 장에게 위임 또는 위탁할 수 있다.(2016.1.27 본항개정)
② 제1항에 따라 권한을 위탁받은 다른 행정기관의 장은 그 권한의 일부를 소속 기관의 장에게 위임할 수 있다. 이 경우 위임하는 기관의 장은 그 사실을 고시하여야 한다.(2016.1.27 본항신설)

제41조【벌칙적용에서의 공무원 의제】 다음 각 호의 어느 하나에 해당하는 자는 「형법」 제129조부터 제132조까지의 규정에 따른 벌칙의 적용에서는 공무원으로 본다.(2015.1.28 본문개정)
1. 제20조제1항에 따른 시판품조사·현장조사 또는 제20조제2항에 따른 조사 업무를 수행하는 인증심사원
2. 제40조에 따른 수탁 사무에 종사하는 단체의 임원 및 직원
(2015.1.28 1호~2호신설)

제7장 벌 칙

제42조【벌칙】 다음 각 호의 어느 하나에 해당하는 자는 3년 이하의 징역 또는 3천만원 이하의 벌금에 처한다.(2010.6.8 본문개정)
1. 제15조제3항 또는 제16조제3항을 위반하여 표시를 하거나 이와 유사한 표시를 한 자
2. 제15조제4항을 위반하여 판매·수입 또는 진열·보관·운반을 한 자
3. 제21조제1항에 따른 인증표시의 제거·정지 및 판매의 정지 또는 제21조제2항에 따른 제품수거 명령을 이행하지 아니한 자(2015.1.28 본호개정)
4. 제22조제4항을 위반하여 인증표시를 제거하지 아니하고 판매를 목적으로 해당 제품을 진열·보관 또는 운반한 자(2010.6.8 본호신설)
5. 제35조제1항 단서에 따라 인증받은자의 지위를 승계할 수 없음에도 불구하고 인증표시를 하거나 이와 유사한 표시를 한 자(2016.12.2 본호신설)

제43조【양벌규정】 법인의 대표자나 법인 또는 개인의 대리인, 사용인, 그 밖의 종업원이 그 법인 또는 개인의 업무에 관하여 제42조의 위반행위를 하면 그 행위자를 벌하는 외에 그 법인 또는 개인에게도 해당 조문의 벌금형을 과(科)한다. 다만, 법인 또는 개인이 그 위반행위를 방지하기 위하여 해당 업무에 관하여 상당한 주의와 감독을 게을리하지 아니한 경우에는 그러하지 아니하다.
(2008.12.26 본조개정)

제44조【과태료】 ① 다음 각 호의 어느 하나에 해당하는 자에게는 300만원 이하의 과태료를 부과한다.
1. 제20조제1항에 따른 시판품조사·현장조사 또는 같은 조 제2항에 따른 조사를 거부·방해하거나 기피한 자(2018.12.31 본호신설)
2. 제35조제2항을 위반하여 신고를 하지 아니한 자
3. 제38조제1항에 따른 명령을 위반하여 보고를 하지 아니하거나 거짓으로 보고한 자
4. 제38조제4항을 위반하여 관련 문서를 작성·비치하지 아니한 자
② 제1항에 따른 과태료는 대통령령으로 정하는 바에 따라 산업통상자원부장관이 부과·징수한다.(2013.3.23 본항개정)
③~⑤ (2009.2.6 삭제)

부 칙

제1조【시행일】 이 법은 공포 후 1년이 경과한 날부터 시행한다.
제2조【과태료에 관한 적용례】 제44조제1항제2호의 개정규정은 이 법 시행 후 인증기관 또는 인증받은자의 지위를 승계한 자부터 적용한다.
제3조【일반적 경과조치】 이 법 시행 전에 종전의 규정에 따라 행하여진 처분·절차, 그 밖의 행위는 그에 해당하는 이 법의 규정에 따라 행하여진 것으로 본다.
제4조【한국산업규격에 관한 경과조치】 이 법 시행 당시 종전의 규정에 따른 한국산업규격은 제12조의 개정규정에 따른 한국산업표준으로 본다.
제5조【규격표시의 인증에 관한 경과조치】 이 법 시행 당시 종전의 규정에 따라 규격표시의 인증을 받은 제품 및 가공기술은 제15조의 개정규정에 따라 인증을 받은 것으로 본다.

제6조【인증심사원에 대한 경과조치】 이 법 시행 당시 종전의 규정에 따른 인증심사원은 제18조의 개정규정에 따른 인증심사원으로 본다.
제7조【한국표준협회에 대한 경과조치】 이 법 시행 당시 종전의 규정에 따른 한국표준협회는 제32조의 개정규정에 따른 한국표준협회로 본다.
제8조【벌칙에 관한 경과조치】 이 법 시행 전의 행위에 대한 벌칙의 적용에 있어서는 종전의 규정에 따른다.
제9조【다른 법률의 개정】 ①~㉒ ※(해당 법령에 가제정리 하였음)
제10조【다른 법령과의 관계】 이 법 시행 당시 다른 법령에서 종전의 「산업표준화법」 또는 그 규정을 인용하고 있는 경우 이 법 중 그에 해당하는 규정이 있는 때에는 이 법 또는 이 법의 해당 규정을 인용한 것으로 본다.

부 칙 (2016.1.27)

제1조【시행일】 이 법은 공포 후 1년이 경과한 날부터 시행한다. 다만, 제40조제1항(시·도지사로 개정된 부분은 제외한다) 및 제2항의 개정규정은 공포한 날부터 시행한다.
제2조【품질경영추진본부에 대한 경과조치】 이 법 시행 당시 「품질경영 및 공산품안전관리법」 제4조제1항에 따라 지정된 품질경영중앙추진본부는 제31조의3의 개정규정에 따른 품질경영추진본부로 본다.
제3조【다른 법률의 개정】 ※(해당 법령에 가제정리 하였음)

부 칙 (2016.12.2)

제1조【시행일】 이 법은 공포 후 6개월이 경과한 날부터 시행한다.
제2조【승계에 관한 적용례】 제35조의 개정규정은 이 법 시행 후 최초로 제22조제1항에 따라 인증이 취소된 자부터 적용한다.

부 칙 (2018.12.31)

이 법은 공포 후 3개월이 경과한 날부터 시행한다.

부 칙 (2019.1.15)

제1조【시행일】 이 법은 공포 후 1년이 경과한 날부터 시행한다.(이하 생략)

부 칙 (2021.6.15)

이 법은 공포 후 3개월이 경과한 날부터 시행한다.

부 칙 (2021.11.30)
(2022.6.10)

제1조【시행일】 이 법은 공포 후 1년이 경과한 날부터 시행한다.(이하 생략)

국가표준기본법

(1999년 2월 8일 법 률 제5930호)

개정
2000. 1.21법 6193호(계량에관한법)
2000. 2. 3법 6262호(환경기술개발및지원에관한법)
2000.12.29법 6315호(품질경영및공산품안전관리법)
2004. 9.23법 7219호(과학기술분야정부출연연구기관등의설립·운영및육성에관한법)
2008. 2.29법 8852호(정부조직)
2009. 4. 1법 9590호 2010. 4. 5법10227호
2011. 4.28법10615호(환경기술및환경산업지원법)
2013. 3.23법11690호(정부조직)
2014.12.30법12925호 2016. 1. 6법13731호
2016. 1. 6법13747호(환경친화적산업구조로의전환촉진에관한법)
2016. 1.27법13847호(산업표준화법)
2017. 3.21법14662호 2017.12.12법15176호
2018. 6.12법15643호

제1장 총 칙

제1조【목적】 이 법은 국가표준제도의 확립을 위한 기본적인 사항을 규정함으로써 과학기술의 혁신과 산업구조 고도화 및 정보화 사회의 촉진을 도모하여 국가경쟁력 강화 및 국민복지 향상에 이바지함을 목적으로 한다.
(2009.4.1 본조개정)
제2조【적용범위】 이 법은 과학기술을 기반으로 한 국가표준을 준용하여야 하는 경제사회 활동의 모든 영역에 적용한다.
제3조【정의】 이 법에서 사용하는 용어의 뜻은 다음과 같다.
1. "국가표준"이란 국가사회의 모든 분야에서 정확성, 합리성 및 국제성을 높이기 위하여 국가적으로 공인된 과학적·기술적 공공기준으로서 측정표준·참조표준·성문표준·기술규정 등 이 법에서 규정하는 모든 표준을 말한다.(2018.6.12 본호개정)
2. "국제표준"이란 국가 간의 물질이나 서비스의 교환을 쉽게 하고 지적·과학적·기술적·경제적 활동 분야에서 국제적 협력을 증진하기 위하여 제정된 기준으로서 국제적으로 공인된 표준을 말한다.
3. "측정표준"이란 산업 및 과학기술 분야에서 물상상태(物象狀態)의 양의 측정단위 또는 특정량의 값을 정의하고, 현시(顯示)하며, 보존 및 재현하기 위한 기준으로 사용되는 물적척도, 측정기기, 표준물질, 측정방법 또는 측정체계를 말한다.
4. "국가측정표준"이란 관련된 양의 다른 표준들에 값을 부여하기 위한 기준으로서 국가적으로 공인된 측정표준을 말한다.
5. "국제측정표준"이란 관련된 양의 다른 표준들에 값을 부여하기 위한 기준으로서 국제적으로 공인된 측정표준을 말한다.
6. "참조표준"이란 측정데이터 및 정보의 정확도와 신뢰도를 과학적으로 분석·평가하여 공인된 것으로서 국가사회의 모든 분야에서 널리 지속적으로 사용되거나 반복사용할 수 있도록 마련된 물리화학적 상수, 물성값, 과학기술적 통계 등을 말한다.
7. "성문표준"이란 국가사회의 모든 분야에서 총체적인 이해성, 효율성 및 경제성 등을 높이기 위하여 자율적으로 적용하는 문서화된 과학기술적 기준, 규격 및 지침을 말한다.(2018.6.12 본호개정)
8. "기술규정"이란 인체의 건강·안전, 환경보호와 소비자에 대한 기만행위 방지 등을 위하여 제품, 서비스, 공정(이하 "제품등"이라 한다)에 대하여 강제적으로 적용하는 기준을 말한다.(2018.6.12 본호개정)
9. "측정"이란 산업사회의 모든 분야에서 어떠한 양의 값을 결정하기 위하여 하는 일련의 작업을 말한다.
10. "측정단위" 또는 "단위"란 같은 종류의 다른 양을 비교하여 그 크기를 나타내기 위한 기준으로 사용되는 특정량을 말한다.
11. "국제단위계"란 국제도량형총회에서 채택되어 준용하도록 권고되고 있는 일관성 있는 단위계를 말한다.(2018.6.12 본호개정)
12. "계량"이란 상거래 또는 증명에 사용하기 위하여 어떤 양의 값을 결정하기 위한 일련의 작업을 말한다.
13. "법정계량"이란 정확성과 공정성을 확보하기 위하여 정부가 법령에 따라 정하는 상거래 및 증명용 계량을 말한다.
14. "법정계량단위"란 정확성과 공정성을 확보하기 위하여 정부가 법령에 따라 정하는 상거래 및 증명용 단위를 말한다.
15. "표준물질"이란 장치의 교정, 측정방법의 평가 또는 물질의 물성값을 부여하기 위하여 사용되는 특성치가 충분히 균질하고 잘 설정된 재료 또는 물질을 말한다.
16. "교정"이란 특정조건에서 측정기기, 표준물질, 척도 또는 측정체계 등에 의하여 결정된 값을 표준에 의하여 결정된 값 사이의 관계로 확정하는 일련의 작업을 말한다.
17. "소급성(遡及性)"이란 연구개발, 산업생산, 시험검사 현장 등에서 측정한 결과가 명시된 불확정 정도의 범위 내에서 국가측정표준 또는 국제측정표준과 일치되도록 연속적으로 비교하고 교정(較正)하는 체계를 말한다.
18. "시험·검사기관 인정"이란 공식적인 권한을 가진 인정기구가 특정한 시험·검사를 할 수 있는 능력을 가진 시험·검사기관을 평가하여 그 능력을 보증하는 행정행위를 말한다.
19. "적합성평가"란 제품등이 국가표준, 국제표준 등을 충족하는지를 평가하는 교정, 인증, 시험, 검사 등을 말한다.(2018.6.12 본호개정)
20. "표준인증심사유형"이란 설계평가, 시험·검사 및 공장심사의 요소를 인증단계와 사후관리단계로 구분하여 체계화·공식화한 심사형태를 말한다.(2018.6.12 본호개정)
21. "국가통합인증마크"란 안전·보건·환경·품질 등 분야별 인증마크를 국가적으로 단일화한 것을 말한다.
22. "무역기술장벽"이란 다음 각 목의 어느 하나에 해당하는 것으로서 국제무역에 장애가 되는 것을 말한다.
가. 포장·표시·상표부착 요건을 포함한 성문표준 및 기술규정
나. 가목에 대한 적합성평가를 위한 절차
(2018.6.12 본호신설)
(2009.4.1 본조개정)
제4조【국가 등의 책무】 ① 정부는 국가표준제도의 확립을 위하여 국가표준의 개발과 활용을 촉진하고, 그 기반을 조성하기 위한 각종 시책을 수립하며, 이에 따른 법제상, 재정상, 그 밖에 필요한 행정상의 조치를 하여야 한다.
② 지방자치단체는 국가표준에 맞게 조례 등 자치법규를 제정하고 집행하도록 노력하여야 한다.(2014.12.30 본항신설)
③ 대학, 연구기관, 기업 및 공공기관은 국가표준의 개발에 적극적으로 참여하고, 그 결과가 유용하게 활용될 수 있도록 최대한 노력하여야 한다.(2014.12.30 본항신설)
(2014.12.30 본조개정)
제4조의2【다른 법률과의 관계】 국가표준에 관하여 다른 법률에 특별한 규정이 있는 경우를 제외하고는 이 법에서 정하는 바에 따른다.(2014.12.30 본조신설)

제2장 국가표준정책의 수립

(2014.12.30 본장제목삽입)

제5조【국가표준심의회】 ① 정부는 제7조에 따른 국가표준기본계획 및 국가표준 관련 부처 간의 효율적인 업무조정에 관한 중요 사항을 심의하기 위하여 산업통상자원부장관 소속으로 국가표준심의회(이하 "심의회"라 한다)를 둔다.(2013.3.23 본항개정)
② 심의회는 다음 각 호의 사항을 심의한다.
1. 국가표준제도의 확립·유지·발전을 위한 기본계획의 수립 및 국가표준 정책의 종합조정
2. 국제표준 관련 기구 및 각국 표준 관련 기관과의 협력에 관한 사항의 종합조정
3. 표준 관련 기술의 연구, 개발 및 보급 업무의 조정
4. 적합성평가체제 구축을 위한 사업
5. 측정표준, 참조표준 및 성문표준에 관련된 제도 및 규정의 심의, 조정
6. 국가표준의 국제표준 부합화사업 및 국가표준의 통일화사업
6의2. 기술규정 및 적합성평가를 위한 심사기준과 성문표준의 일치에 관한 사항
6의3. 교정·인증·시험·검사 등 적합성평가의 중복 해소에 관한 사항
6의4. 무역기술장벽에 대한 대응시책 조정에 관한 사항
(2018.6.12 6호의2~6호의4신설)
7. 그 밖에 대통령령으로 정하는 국가표준제도의 확립 및 유지에 관한 중요한 사항
③ 심의회는 의장을 포함한 25명 이내의 위원으로 구성한다.(2014.12.30 본항개정)
④ 의장은 산업통상자원부장관이 되며, 위원은 다음 각 호의 자로 한다.(2013.3.23 본문개정)
1. 국무조정실의 차관급 공무원(2013.3.23 본호개정)
2. 관련 중앙행정기관의 차관 또는 차관급 공무원
3. 제13조제1항에 따른 국가측정표준 대표기관의 장
4. 표준과학기술과 적합성평가에 관한 학식과 경험이 풍부한 사람 중에서 산업통상자원부장관이 위촉하는 사람(이하 "위촉위원"이라 한다)(2013.3.23 본호개정)
⑤ 심의회에 간사 1명을 두되, 간사는 산업통상자원부 소속 공무원 중에서 산업통상자원부장관이 지명한다.
(2013.3.23 본항개정)
⑥ 위촉위원의 임기는 3년으로 한다.
⑦ 심의회에는 회의에 상정할 안건에 관한 전문적인 연구, 사전 검토 및 조정, 심의회에서 위임한 업무 처리 등을 위하여 실무위원회를 둔다.
⑧ 심의회의 회의는 재적위원 과반수의 출석으로 개의하고, 출석위원 3분의 2 이상의 찬성으로 의결한다.
(2014.12.30 본항신설)
⑨ 심의회의 운영과 실무위원회의 구성, 운영 등에 필요한 사항은 대통령령으로 정한다.
제6조【심의회 의결사항의 적극 추진 등】 관련 중앙행정기관의 장과 지방자치단체의 장은 심의회에서 심의·의결된 사항을 국가표준 관련 정책 및 사업계획에 적극 반영하여 추진하여야 하며, 그 세부실천계획 및 실적을 심의회에 보고하여야 한다.

제7조【국가표준기본계획의 수립】 ① 정부는 국가표준제도의 확립 등을 위하여 국가표준기본계획(이하 "기본계획"이라 한다)을 5년 단위로 수립하여야 한다.
② 기본계획은 산업통상자원부장관이 관련 중앙행정기관별 계획을 종합하여 수립하여 심의회의 심의를 거쳐 확정한다.(2013.3.23 본항개정)
③ 기본계획에는 다음 각 호의 사항이 포함되어야 한다.
1. 국가표준제도의 확립, 유지 및 관리에 관한 사항
2. 제13조제1항에 따른 국가측정표준 대표기관의 측정표준 확립 및 유지에 관한 사항
3. 각 중앙행정기관이 운영하는 성문표준의 유지, 개선 및 상호부합화에 관한 사항
4. 표준 관련 기술의 연구개발에 관한 사항
5. 국가 간 상호인정협정 및 국제표준 관련 기구와의 협력에 관한 사항
6. 표준 관련 기관의 전문인력 양성을 위한 교육 및 훈련에 관한 사항
7. 각 중앙행정기관별 표준화 업무에 대한 재원조달 및 운용에 관한 사항
7의2. 국가연구개발사업에서 개발된 기술의 표준화 추진에 관한 사항
7의3. 기술규정 및 적합성평가를 위한 심사기준과 성문표준의 일치에 관한 사항
7의4. 무역기술장벽에 대한 대응시책에 관한 사항
(2018.6.12 7호의2~7호의4신설)
8. 그 밖에 국가표준에 관한 사항
④ 기본계획의 수립절차에 관하여 필요한 사항은 대통령령으로 정한다.

제8조【국가표준시행계획의 수립】 ① 관련 중앙행정기관의 장은 기본계획에 따라 매년 국가표준시행계획(이하 "시행계획"이라 한다)을 수립하고, 시행하여야 한다.
② 관련 중앙행정기관의 장은 전년도의 시행계획 추진실적과 다음 해의 시행계획을 심의회에 제출하여 심의를 받아야 한다.
③ 관련 중앙행정기관의 장은 심의회의 심의를 거쳐 확정된 시행계획의 시행에 필요한 재원을 우선적으로 확보하여야 한다.
④ 시행계획의 수립과 시행에 필요한 사항은 대통령령으로 정한다.

제3장 국가표준제도의 확립
(2014.12.30 본장제목개정)

제9조【측정단위의 구분】 측정단위는 국제단위계에 따라 기본단위와 유도(誘導)단위로 구분한다.(2009.4.1 본조개정)

제10조【기본단위】 ① 제9조에 따른 기본단위는 다음 각 호와 같다.
1. 길이의 측정단위인 미터
2. 질량의 측정단위인 킬로그램
3. 시간의 측정단위인 초
4. 전류의 측정단위인 암페어
5. 온도의 측정단위인 켈빈
6. 물질량의 측정단위인 몰
7. 광도의 측정단위인 칸델라
② 제1항에 따른 기본단위를 정의하고 구현하는 방법은 대통령령으로 정한다.(2018.6.12 본항개정)
(2009.4.1 본조개정)

제11조【유도단위】 제9조에 따른 유도단위는 기본단위의 조합 또는 기본단위 및 다른 유도단위의 조합에 의하여 형성되는 단위로서 그 단위 및 단위의 정의는 대통령령으로 정한다.(2009.4.1 본조개정)

제12조【국제단위계 외의 측정단위】 ① 국제단위계 외의 단위는 필요에 따라 다른 법령으로 정하되 심의회의 승인을 받아야 한다.
② 제10조·제11조 및 제12조제1항 외의 단위는 법정계량단위로 사용할 수 없다.
(2009.4.1 본조개정)

제13조【국가측정표준 대표기관】 ① 「과학기술분야 정부출연연구기관 등의 설립·운영 및 육성에 관한 법률」에 따라 설립된 한국표준과학연구원(이하 "표준원"이라 한다)을 국가측정표준 대표기관으로 한다.
② 표준원은 다음 각 호의 사업을 수행한다.
1. 기본단위의 구현
2. 국가측정표준의 보급
3. 측정표준 및 측정과학기술의 연구·개발 및 보급
4. 측정표준의 국제비교활동 참여
5. 각국 측정표준 관련 기관 및 국제기구와의 교류 협력
6. 그 밖에 국가측정표준과 관련하여 정부가 위탁하는 사업
(2018.6.12 1호~6호개정)
③ 심의회의 업무수행을 지원하기 위하여 표준원에 표준관련 기관의 장과 표준과학 분야의 전문가로 구성된 국가측정표준자문위원회를 둘 수 있다.
(2009.4.1 본조개정)

제14조【국가교정제도의 확립】 ① 정부는 국가측정표준과 국가사회의 모든 분야에서 사용하는 측정기기 간의 소급성을 높이기 위하여 국가교정제도를 확립하여야 한다.
② 정부는 전국적 교정망을 통하여 중소기업을 포함한 모든 측정현장에 주기적인 교정과 선진측정 과학기술을 보급하도록 노력하여야 한다.
③ 산업통상자원부장관은 제1항의 교정제도 확립을 위하여 국가교정업무 전담기관을 지정하여 운영할 수 있다.(2013.3.23 본항개정)
④ 제3항의 국가교정업무 전담기관의 지정 및 운영 등에 필요한 사항은 대통령령으로 정한다.
(2009.4.1 본조개정)

제15조【표준물질의 인증 및 보급】 ① 정부는 측정기기의 교정, 정밀측정, 물성평가에 필요한 표준물질의 개발과 생산을 장려하고 인증하여 이를 산업계, 과학기술계, 교육계 등에 보급하여야 한다.
② 표준물질의 인증과 보급에 필요한 사항은 대통령령으로 정한다.
(2009.4.1 본조개정)

제16조【참조표준의 제정 및 보급 등】 ① 정부는 산업과학기술과 정보화 사회에 필요한 참조표준을 제정·평가하고 이를 과학기술계, 산업계 및 관련 기관 등에 체계적으로 보급하여야 한다.
② 산업통상자원부장관은 참조표준의 제정 및 보급을 위하여 다음 각 호의 사업을 할 수 있다.
1. 측정데이터의 수집·분석·평가 체계의 확립
2. 참조표준 제정절차의 수립 및 사후관리
3. 참조표준과 측정데이터의 축적 및 보급 체계의 확립
4. 측정표준과의 소급성 체계 유지
(2017.12.12 본항개정)
③ 제1항 및 제2항에서 규정한 사항 외에 참조표준의 제정 및 보급에 필요한 사항은 대통령령으로 정한다.
(2017.12.12 본항신설)
(2009.4.1 본조개정)

제17조【법정계량】 ① 정부는 공정거래질서 확립과 국민경제의 향상을 위하여 법정계량제도를 확립하고, 그 제도가 국제적 기준과 규범에 조화롭게 발전될 수 있도록 하여야 한다.
② 법정계량에 필요한 사항은 「계량에 관한 법률」에서 규정한 바에 따른다.
(2009.4.1 본조개정)

제18조【성문표준의 제정 및 보급】 ① 정부는 제품등의 품질·생산효율·생산기술의 향상, 단순화·공정화(公正化) 및 소비의 합리화를 통하여 산업경쟁력을 높일 수 있도록 성문표준을 제정하고 이를 보급하여야 한다.
② 성문표준의 제정 및 보급 등에 관하여 필요한 사항은 「산업표준화법」, 「방송통신발전 기본법」 등 제품등의 표준화에 관한 법률에서 규정한 바에 따른다.
(2018.6.12 본조개정)

제19조【국가측정표준 확립사업의 추진 등】 ① 관련 중앙행정기관의 장은 소관 측정표준체계를 확립하고 그 유지·발전을 위하여 국가측정표준 확립사업을 추진하여야 한다.
② 산업통상자원부장관은 관련 중앙행정기관이 추진하는 국가측정표준 확립사업에 대하여 예산을 확보하여 사업비의 전부 또는 일부를 지원할 수 있다.(2013.3.23 본항개정)
③ 국가측정표준 확립사업 추진의 구체적 절차 등에 관하여 필요한 사항은 대통령령으로 정한다.
(2009.4.1 본조개정)

제4장 국가표준체계의 운영 및 관리

제20조【국가표준체계의 총괄관리】 ① 정부는 성문표준 및 기술규정 등이 국제표준과 조화를 이루도록 노력하여야 한다.(2018.6.12 본항개정)
② 정부는 국가표준을 제정할 때에는 국제표준이 있는 경우 가급적 이를 반영하여야 하며, 국제표준을 반영하지 아니하고 무역에 중대한 영향을 미칠 수 있는 기술규정 또는 적합성평가를 도입할 경우 이를 세계무역기구(WTO)에 통보하여야 한다.(2018.6.12 본항개정)
③ 산업통상자원부장관은 관련 법률 및 규정에 따라 운영되고 있는 국가표준이 일관성을 유지하도록 총괄적으로 관리하여야 하며, 국민에게 정보를 신속하게 제공하기 위하여 정보화시스템을 설치·운영하는 등 필요한 조치를 마련할 수 있다.(2014.12.30 본항개정)
④ 관련 중앙행정기관의 장은 산업통상자원부장관이 요청하는 경우 법령에 관한 자료 제공, 훈령 및 규정의 제출 등 필요한 지원을 하여야 한다.(2013.3.23 본항개정)
⑤ 제3항에 따른 국가표준의 일관성을 유지하기 위하여 국가표준의 제정 등을 위한 표준서식 및 작성방법, 중복성 확인절차 등 필요한 사항은 대통령령으로 정한다.
(2014.12.30 본항신설)

제21조【적합성평가체제의 구축】 ① 정부는 적합성평가체제를 구축하고 적합성평가절차를 국제가이드 및 국제표준(이하 "국제기준"이라 한다)과 일치시키기 위하여 노력하여야 한다.(2018.6.12 본항개정)
② 제1항에 따른 적합성평가체제의 구축을 위하여 추진하는 사업은 다음 각 호와 같다.(2018.6.12 본문개정)
1. 성문표준 및 기술규정의 제정 및 보급(2018.6.12 본호개정)
2. 제품인증체제 구축
3. 시험·검사기관 인정
4. 교정기관의 인정
5. 품질경영체제 및 환경경영체제 인증
6. 표준 및 적합성평가에 대한 국제상호인정
7. 민간단체의 규격 및 기준에 대한 승인
8. 제22조의4에 따른 국가통합인증마크의 운영(2010.4.5 본호개정)
9. 그 밖에 적합성평가체제의 구축에 필요한 사항
(2018.6.12 본호개정)
(2009.4.1 본조개정)

제22조【제품등의 적합성평가 등】 ① 중앙행정기관의 장은 적합성평가를 도입할 때에는 산업통상자원부장관에게 통보하여야 한다. 다만, 법령을 제정하거나 개정하여 적합성평가를 반드시 받도록 하거나 적합성평가의 마크를 표시하도록 하려면 그 내용에 관하여 산업통상자원부장관과 협의하여야 한다.
② 관련 중앙행정기관의 장은 새로운 적합성평가가 국제기준에 맞는지 등을 종합적으로 검토하고 그 결과를 심의회에 제출하여야 한다.
③ 관계 중앙행정기관의 장은 소관 적합성평가의 존속필요성, 절차 등을 대통령령으로 정하는 바에 따라 검토하고 그 결과를 「행정규제기본법」 제23조에 따른 규제개혁위원회(이하 "규제개혁위원회"라 한다)에 제출하여야 한다.(2018.6.12 본항신설)
④ 규제개혁위원회는 제3항에 따라 제출받은 결과를 심의하여 개선이 필요한 사항이 있는 경우 이를 관계 중앙행정기관의 장에게 통보하여야 한다.(2018.6.12 본항신설)
⑤ 제4항에 따라 개선이 필요한 사항을 통보받은 중앙행정기관의 장은 개선에 필요한 조치를 하여야 한다.
(2018.6.12 본항신설)
(2018.6.12 본조개정)

제22조의2【표준인증심사유형의 도입】 ① 적합성평가를 반드시 받도록 법령에 규정하는 경우 소관 중앙행정기관의 장은 이 법에 따른 표준인증심사유형을 도입하여 적합성평가를 하여야 한다.
② 표준인증심사유형의 구체적인 내용 및 운영에 필요한 사항은 대통령령으로 정한다.
(2018.6.12 본조개정)

제22조의3【신제품 등의 적합성평가】 ① 법령에서 적합성평가를 반드시 받도록 규정된 제품등에 대한 적합성평가의 신청이 있는 경우 소관 중앙행정기관의 장은 현행의 기준 또는 규격이 없거나 이를 적용하는 것이 불합리하다고 인정되는 제품등에 대하여 별도의 기준이나 규격 또는 절차를 정하여 적합성평가를 할 수 있다. 이 경우 별도의 기준이나 규격 또는 절차는 조속한 시일 내에 관련 법령에 따라 정비하여야 한다.(2018.6.12 전단개정)
② 현행의 기준 또는 규격에 관하여 이해관계가 있는 자는 소관 중앙행정기관의 장에게 기준 또는 규격의 제정·개정을 신청할 수 있다.
③ 중앙행정기관의 장은 제2항에 따른 제정·개정의 신청이 있는 경우 제정·개정 여부를 신속히 검토한 후 그 결과를 신청인에게 통보하여야 한다.
(2018.6.12 본조제목개정)
(2010.4.5 본조신설)

제22조의4【국가통합인증마크의 도입】 ① 적합성평가를 받아야 하는 제품등에 마크를 표시하도록 법령에 규정하는 경우 소관 중앙행정기관의 장은 국가통합인증마크를 도입하여야 한다. 다만, 국제협약(조약을 포함한다) 또는 국가 간 협정을 준수하거나 통상마찰을 방지하기 위하여 관련 중앙행정기관의 장이 국가통합인증마크의 도입을 제외하는 것이 필요하다고 인정하는 경우에는 그러하지 아니하다.(2018.6.12 본문개정)
② 중앙행정기관의 장은 제1항 단서의 사유가 소멸되었다고 판단되는 경우 국가통합인증마크를 도입하여야 한다.
③ 제1항에 따른 국가통합인증마크의 표시기준 및 방법 등에 필요한 사항은 대통령령으로 정한다.
(2009.4.1 본조신설)

제23조【시험·검사기관 인정 등】 ① 정부는 제21조에 따른 적합성평가체제를 구축하기 위하여 시험·검사기관 인정제도의 선진화에 필요한 조치를 마련하여야 한다.
② 시험·검사기관 인정제도의 확립에 필요한 인정기구와 운영기관의 지정, 인정기준 및 절차 등에 필요한 사항은 대통령령으로 정한다.
③ 관련 중앙행정기관의 장은 시험·검사기관 인정제도를 도입할 때에는 제2항에 따른 인정기구를 활용하여야 한다.
④ 관련 중앙행정기관의 장은 시험·검사 등의 업무를 수행할 때에는 제2항에 따른 인정기구로부터 인정받은 시험·검사기관을 활용하도록 노력하여야 한다.
(2016.1.6 본항신설)
⑤ 제2항에 따른 인정을 받은 시험·검사기관의 장은 해당 시험·검사의 신청 및 평가 등에 관련된 기록을 4년 이상 보관하여야 한다.(2014.12.30 본항신설)
(2014.12.30 본조제목개정)
(2009.4.1 본조개정)

제24조【품질경영체제 및 환경경영체제 인증】 ① 정부는 품질경영 및 환경경영 촉진을 위하여 품질경영체제

(ISO 9000 표준시리즈) 및 환경경영체제(ISO 14000 표준시리즈)를 인증하는 제도를 도입할 수 있다.
② 정부는 품질경영체제 및 환경경영체제 인증제도의 효율적인 관리·운영을 위하여 관련 민간기구를 활용할 수 있다.
③ (2016.1.27 삭제)
(2009.4.1 본조개정)
제25조【적합성평가에 대한 상호인정】 ① 정부는 국내 인정기구와 국제인정협력기구 간의 적합성평가에 대한 상호인정협정 체결을 권장하여야 한다.
② 산업통상자원부장관은 제1항에서 규정한 협정이 세계무역기구의 「무역에 대한 기술장벽 협정」과 조화를 이루며 관련 국제기준에 규정된 공정관행(公正慣行) 요건을 충족시키도록 관련 기관에 권고하여야 한다.(2013.3.23 본항개정)
(2009.4.1 본조개정)
제25조의2【심사결과의 상호인정 등】 ① 중앙행정기관의 장은 소관 기술규정 및 적합성평가를 위한 심사기준을 성문표준과 일치시키는 것을 원칙으로 한다.(2018.6.12 본항신설)
② 중앙행정기관의 장은 소관 기술규정 또는 적합성평가를 위한 심사기준에 대하여 다른 법령에서 해당 심사기준과 같은 수준 이상의 심사기준으로 심사한 결과가 있는 경우에는 다른 법령에 따른 심사결과를 인정하고 해당 심사를 생략하여야 한다.
③ 제2항에 따른 심사의 생략 및 심사결과의 인정을 위한 요건, 절차 등은 대통령령으로 정한다.
(2018.6.12 본조개정)
제26조【국제표준의 협력증진】 정부는 국내 표준 관련 기관과 국제표준기구 또는 다른 국가표준기관과 협력체계를 유지하거나 강화하고 학술 및 기술교류의 증진을 위하여 노력하여야 한다.(2009.4.1 본조개정)
제26조의2【무역기술장벽 대응시책의 추진】 ① 정부는 무역기술장벽에 대한 대응시책을 마련하여야 하며, 이를 위하여 다음 각 호의 사업을 추진할 수 있다.
(2018.6.12 본문개정)
1. 무역기술장벽에 관한 정보의 수집·분석·보급 및 국내외 협력
2. 무역기술장벽과 관련된 체제 및 정보망의 구축
3. 무역기술장벽과 관련된 교육·훈련·조사·연구·개발 및 홍보
4. 그 밖에 무역기술장벽과 관련하여 필요한 사항
② 산업통상자원부장관은 제1항 각 호의 사업을 위하여 필요한 지원을 할 수 있다.
③ 산업통상자원부장관은 제1항에 따른 사업을 추진하기 위하여 필요하다고 인정하면 관계 중앙행정기관, 무역 및 기업의 해외 진출과 관련한 법인 또는 단체에 자료의 제출을 요청할 수 있다.(2018.6.12 본항신설)
④ 제3항에 따라 자료 제출을 요청받은 중앙행정기관, 법인 또는 단체의 장은 특별한 사유가 없으면 이에 협조하여야 한다.(2018.6.12 본항신설)
⑤ 산업통상자원부장관과 관계 중앙행정기관의 장은 무역기술장벽에 대응하기 위한 협의회를 구성할 수 있다.
(2018.6.12 본항신설)
⑥ 제5항에 따른 협의회의 구성 및 운영에 필요한 사항은 대통령령으로 정한다.(2018.6.12 본항신설)
(2018.6.12 본조제목개정)
(2014.12.30 본조신설)
제27조【국가표준 관련 사업에 대한 출연】 ① 정부는 다음 각 호의 사업을 추진하는 데 드는 비용의 전부 또는 일부를 출연할 수 있다.(2017.3.21 본문개정)
1. 제7조제3항제4호에 따른 표준 관련 기술의 연구개발
2. 제7조제3항제5호에 따른 국제협력
3. 제7조제3항제6호에 따른 전문인력 양성
4. 제13조제1항에 따른 국가측정표준 대표기관의 운영 및 지원
5. 제15조제1항에 따른 표준물질의 인증 및 보급
6. 제16조제1항에 따른 참조표준의 제정·보급
7. 제19조제1항에 따른 국가측정표준 확립사업
8. 제20조제2항·제3항에 따른 국가표준의 제정, 총괄관리를 위한 기획 및 조사 연구
9. 제21조제2항에 따른 적합성평가체제 구축사업
9의2. 제26조의2제1항제1호에 따른 무역기술장벽에 관한 정보 수집·분석·보급 및 국내외 협력
9의3. 제26조의2제1항제2호에 따른 무역기술장벽 관련 체제 및 정보망의 구축
9의4. 제26조의2제1항제3호에 따른 무역기술장벽 관련 교육·훈련·조사·연구·개발 및 홍보
(2018.6.12 9호의2~9호의4신설)
10. 제28조제1항에 따른 산업구조 고도화의 기반 확립 등
11. 그 밖에 심의회에서 결정하는 사항
② 정부는 제1항에 따른 사업을 효율적으로 추진하기 위하여 필요하다고 인정하면 다음 각 호의 어느 하나에 해당하는 기관 또는 단체 등과 협약을 맺어 사업을 수행하게 할 수 있다.(2017.3.21 본문개정)
1. 국공립 연구기관
2. 「공공기관의 운영에 관한 법률」 제4조에 따른 공공기관
3. 「고등교육법」 제2조에 따른 학교
4. 「민법」이나 다른 법률에 따라 설립된 법인 또는 단체
5. 그 밖에 대통령령으로 정하는 국가표준 관련 연구기관 또는 단체
(2017.3.21 1호~5호신설)
③ 제1항에 따른 출연금의 지급기준, 사용 및 관리에 필요한 사항은 대통령령으로 정한다.(2017.3.21 본항신설)
(2017.3.21 본조제목개정)
(2009.4.1 본조개정)
제28조【산업구조 고도화의 기반 확립 등】 ① 정부는 산업구조 고도화를 위하여 초정밀 측정, 시험, 검사, 교정 및 관련 기기 산업의 발전 및 육성을 위한 종합계획을 수립하여야 한다.
② 산업통상자원부장관은 제1항에 따른 종합계획의 추진대책을 마련하고 필요하면 전담기구를 설립하거나 지정할 수 있다.(2013.3.23 본항개정)
(2009.4.1 본조개정)
제29조【표준기술 전문인력의 양성】 ① 정부는 표준기술 전문 인력의 양성을 위한 전문적인 교육 및 훈련 시책을 수립하고 시행하여야 한다.
② 정부는 국가표준화 및 국제표준화 활동을 수행하여 국가경쟁력 강화에 크게 기여한 개인, 기업, 단체 등에 대하여 포상하거나 필요한 지원을 할 수 있다.
(2014.12.30 본항신설)
제30조【국가표준 담당 공무원의 인사관리】 관련 중앙행정기관의 장은 모든 국가표준 업무와 적합성평가제도 등의 전문성과 연속성을 확보하고 업무의 신뢰성을 유지하기 위하여 관련 업무 담당 공무원의 보직 등 필요한 인사관리기준을 정하여 운용하여야 한다.(2009.4.1 본조개정)

제4장의2 시험인증기관의 설립 등

제30조의2~제30조의4 (2014.12.30 삭제)

제5장 보 칙

제31조【권한의 위임·위탁】 ① 이 법에 따른 산업통상자원부장관의 권한은 그 일부를 대통령령으로 정하는 바에 따라 특별시장·광역시장·특별자치시장·도지사·특별자치도지사 또는 소속 기관의 장에게 위임할 수 있다.
(2014.12.30 본항개정)
② 이 법에 따른 산업통상자원부장관의 권한은 그 일부를 대통령령으로 정하는 바에 따라 다른 행정기관의 장, 정부출연연구기관, 국가측정표준 대표기관, 표준 관련 기관 또는 「민법」 및 특별법에 따라 설립된 관련 법인 또는 단체에 위탁할 수 있다.
(2013.3.23 본조개정)

부 칙 (2010.4.5)

제1조【시행일】 이 법은 공포 후 3개월이 경과한 날부터 시행한다.
제2조【한국화학융합시험연구원의 설립에 따른 경과조치】 ① 다음 각 호의 기관들은 해당 이사회의 결의에 의하여 모든 권리와 의무를 이 법에 따른 한국화학융합시험연구원이 승계하도록 지식경제부장관에게 신청할 수 있다.
1. 「민법」 제32조에 따라 설립된 재단법인 한국화학시험연구원
2. 「산업기술혁신 촉진법」 제42조에 따라 설립된 한국전자파연구원
② 제1항 각 호의 기관들이 제1항의 신청에 의하여 지식경제부장관의 승인을 받은 때에는 한국화학융합시험연구원의 설립과 동시에 「민법」 중 법인의 해산 및 청산에 관한 규정에도 불구하고 해산된 것으로 보며, 각 기관들의 모든 권리와 의무 및 직원은 한국화학융합시험연구원이 승계한다.
③ 제2항에 따라 한국화학융합시험연구원에 승계될 재산의 가액은 설립등기일 전일의 장부가액으로 한다.
④ 이 법 시행 당시 등기부나 그 밖의 공부에 표시된 제1항 각 호의 기관의 명의는 한국화학융합시험연구원의 명의로 본다.
⑤ 이 법 시행 전에 제1항 각 호의 기관이 행한 행위는 한국화학융합시험연구원이 행한 행위로 본다.
제3조【한국기계전기전자시험연구원의 설립에 관한 경과조치】 ① 다음 각 호의 기관들은 해당 이사회의 결의에 의하여 모든 권리와 의무를 이 법에 따른 한국기계전기전자시험연구원이 승계하도록 지식경제부장관에게 신청할 수 있다.
1. 「민법」 제32조에 따라 설립된 재단법인 한국전기전자시험연구원
2. 「민법」 제32조에 따라 설립된 재단법인 한국기기유화시험연구원
② 한국기계전기전자시험연구원의 설립에 관하여는 부칙 제2조제2항부터 제5항까지의 규정을 준용한다. 이 경우 한국화학융합시험연구원은 한국기계전기전자시험연구원으로 본다.
제4조【한국건설생활환경시험연구원의 설립에 관한 경과조치】 ① 다음 각 호의 기관들은 해당 이사회의 결의에 의하여 모든 권리와 의무를 이 법에 따른 한국건설생활환경시험연구원이 승계하도록 지식경제부장관에게 신청할 수 있다.
1. 「민법」 제32조에 따라 설립된 재단법인 한국건자재시험연구원
2. 「민법」 제32조에 따라 설립된 재단법인 한국생활환경시험연구원
② 한국건설생활환경시험연구원의 설립에 관하여는 부칙 제2조제2항부터 제5항까지의 규정을 준용한다. 이 경우 한국화학융합시험연구원은 한국건설생활환경시험연구원으로 본다.

부 칙 (2014.12.30)

제1조【시행일】 이 법은 공포 후 6개월이 경과한 날부터 시행한다.
제2조【한국화학융합시험연구원에 대한 경과조치】 ① 이 법 시행 당시 종전의 제30조의2에 따라 설립된 한국화학융합시험연구원(이하 "종전의 한국화학융합시험연구원"이라 한다)은 그 지위의 승계에 관하여 이사회의 의결을 거쳐 주무관청에 신고를 한 때에는 「민법」 제32조에 따라 설립된 재단법인으로 본다.
② 제1항에 따라 신고를 한 종전의 한국화학융합시험연구원은 지체 없이 그 해산등기와 제1항에 따라 설립이 의제되는 재단법인의 설립등기를 하여야 한다.
③ 제1항의 경우 종전의 한국화학융합시험연구원의 재산과 권리·의무는 같은 항에 따라 설립이 의제되는 재단법인이 포괄승계한다.
④ 이 법 시행 전에 종전의 한국화학융합시험연구원이 한 행위는 제1항에 따라 설립된 재단법인이 한 행위로, 종전의 한국화학융합시험연구원에 대하여 한 행위는 같은 항에 따라 설립된 재단법인에 대하여 한 행위로 본다.
⑤ 이 법 시행 당시 종전의 한국화학융합시험연구원의 임원 및 직원은 제1항에 따라 설립된 재단법인의 임원 및 직원으로 본다. 이 경우 임원의 임기는 종전의 한국화학융합시험연구원 정관에 따른 임기의 남은 기간으로 한다.
제3조【한국기계전기전자시험연구원에 대한 경과조치】 ① 이 법 시행 당시 종전의 제30조의3에 따라 설립된 한국기계전기전자시험연구원은 그 지위의 승계에 관하여 이사회의 의결을 거쳐 주무관청에 신고를 한 때에는 「민법」 제32조에 따라 설립된 재단법인으로 본다.
② 제1항에 따라 설립된 재단법인의 해산등기·설립등기, 재산 및 권리·의무의 포괄승계, 행위의제, 임원 및 직원 지위 승계 등에 관하여는 부칙 제2조제2항부터 제5항까지의 규정을 준용한다. 이 경우 "한국화학융합시험연구원"은 "한국기계전기전자시험연구원"으로 본다.
제4조【한국건설생활환경시험연구원에 대한 경과조치】 ① 이 법 시행 당시 종전의 제30조의4에 따라 설립된 한국건설생활환경시험연구원은 그 지위의 승계에 관하여 이사회의 의결을 거쳐 주무관청에 신고를 한 때에는 「민법」 제32조에 따라 설립된 재단법인으로 본다.
② 제1항에 따라 설립된 재단법인의 해산등기·설립등기, 재산 및 권리·의무의 포괄승계, 행위의제, 임원 및 직원 지위 승계 등에 관하여는 부칙 제2조제2항부터 제5항까지의 규정을 준용한다. 이 경우 "한국화학융합시험연구원"은 "한국건설생활환경시험연구원"으로 본다.

부 칙 (2017.3.21)

이 법은 공포 후 3개월이 경과한 날부터 시행한다.

부 칙 (2017.12.12)
(2018.6.12)

이 법은 공포 후 6개월이 경과한 날부터 시행한다.

환경친화적 산업구조로의 전환촉진에 관한 법률(약칭 : 친환경산업법)

(1995년 12월 29일
법 률 제5085호)

개정
1997.12.13법 5453호(행정절차)
1997.12.13법 5454호(정부부처명)
1999. 1.29법 5733호(정부출연)
1999. 2. 5법 5772호
1999. 2. 8법 5825호(산업발전법)
2001.12.31법 6590호(기금관리기본법)
2002. 1.14법 6600호
2002.12.30법 6846호(환경정책)
2004. 9.23법 7219호(과학기술분야정부출연연구기관등의설립·운영및육성에관한법)
2005.12.23법 7750호
2007. 4.11법 8371호(폐기물관리법)
2008. 2.29법 8852호(정부조직)
2008. 3.28법 9013호
2009. 5.21법 9685호(중소기업판로지원)
2010. 1.13법 9931호(저탄소녹색성장기본법)
2011. 4. 5법10550호(녹색제품구매촉진에관한법)
2011. 5.24법10717호
2011. 7.21법10893호(환경정책)
2011. 8. 4법11020호(산업입지및개발에관한법)
2013. 3.23법11690호(정부조직)
2014. 1. 1법12154호(에너지및자원사업특별회계법)
2016. 1. 6법13747호 2016. 1.27법13870호
2017. 7.26법14839호(정부조직)
2018.12.31법16172호(중소기업진흥에관한법)
2021. 9.24법18469호(기후위기대응을위한탄소중립·녹색성장기본법)
2021.10.19법18506호
2022.12.31법19208호(순환경제사회전환촉진법)

제1장 총 칙
(2008.3.28 본장개정)

제1조【목적】 이 법은 환경친화적인 산업구조의 구축을 촉진하여 에너지와 자원을 절약하고 저탄소·친환경 산업활동을 적극 추진함으로써 환경보전과 국가경제의 지속가능한 발전에 이바지함을 목적으로 한다.(2021.10.19 본조개정)

제2조【정의】 이 법에서 사용하는 용어의 뜻은 다음과 같다.
1. "청정생산기술"이란 제품의 설계·생산과정 등 생산과정에서 환경오염을 제거하거나 줄이기 위한 기술과 녹색제품을 생산하기 위한 기술을 말한다.(2010.1.13 본호개정)
1의2. "재생자원"이란 「폐기물관리법」 제2조제7호에 따라 재활용 과정의 일부 또는 전부를 거쳐 원재료 및 부품 등으로 이용할 수 있는 유용한 물질을 말한다.(2011.5.24 본호신설)
2. "환경설비"란 환경오염을 제거하고 줄이기 위한 기기(器機)와 장치를 말한다.
3. "재제조(再製造)"란 「자원의 절약과 재활용촉진에 관한 법률」 제2조제2호에 따른 재활용가능자원을 「폐기물관리법」 제2조제7호에 따른 재사용·재생이용할 수 있는 상태로 만드는 활동 중에서 분해·세척·검사·보수·조정·재조립 등의 공정을 거쳐 원래의 성능 또는 그 이상의 성능을 가진 상태로 만드는 산업활동을 말한다.(2021.10.19 본호개정)
4. "제품서비스화"란 제품의 사용으로 발생하는 환경오염을 줄이고, 제품의 이용 효율성을 높이기 위하여 제품의 품질·기능 등을 서비스 형태로 제공하는 것을 말한다.
5. "녹색경영"이란 「기후위기 대응을 위한 탄소중립·녹색성장 기본법」 제55조에 따른 녹색경영을 말한다.(2021.9.24 본호개정)
5의2. (2021.10.19 삭제)
6. "생태산업단지"란 「산업입지 및 개발에 관한 법률」 제2조제8호에 따른 산업단지 중 제품의 생산과정에서 발생되는 부산물 등의 잔재물과 폐기물을 원료 또는 에너지로 재자원화함으로써 환경에 대한 부담을 최소화하고 자원 효율성을 극대화하기 위하여 제21조에 따라 지정된 산업단지를 말한다.(2011.8.4 본호개정)
6의2. "생태산업개발"이란 제품의 생산과정에서 발생하는 부산물 등의 잔재물과 폐기물을 「순환경제사회 전환촉진법」 제2조제3호에 따른 순환이용 또는 「폐기물관리법」 제2조제7호에 따른 재활용의 방법으로 기업 또는 지역사회 간 원료 및 에너지로 재자원화하는 활동을 말한다.(2022.12.31 본호개정)
7. "녹색경영체제"란 기업등이 녹색경영을 도입하여 실행함으로써 환경요인을 효율적으로 관리하기 적합하도록 구축한 체제를 말한다.(2010.1.13 본호개정)
7의2. (2021.10.19 삭제)
8.~8의2. (2016.1.6 삭제)
9. (2021.10.19 삭제)
10. "녹색제품"이란 「기후위기 대응을 위한 탄소중립·녹색성장 기본법」 제66조제4항에 따른 녹색제품을 말한다.(2021.9.24 본호개정)
11. "청정생산사업장"이란 제조공정에서 청정생산기술 및 환경설비를 활용하여 환경오염물질의 배출을 저감하는 사업장을 말한다.(2021.10.19 본호신설)
12. "순환경제"란 원료조달, 설계, 생산, 유통, 사용, 재자원화 등 제품의 전과정 단계에서 자원의 이용 가치를 극대화하여 자원순환사회를 실현하고 지속가능한 발전을 추구하는 친환경 경제를 말한다.(2021.10.19 본호신설)
13. "금속자원 재자원화"란 재생자원으로부터 재생이용할 수 있는 상태로 만들어진 물질에서 금속자원을 회수하여 산업의 원료로 공급할 수 있도록 하는 활동을 말한다.(2021.10.19 본호신설)

제2조의2【국가 등의 책무】 ① 국가 및 지방자치단체는 저탄소·친환경 산업활동, 산업부문의 순환경제 활성화 등을 통하여 환경친화적인 산업구조로의 전환이 촉진되도록 노력하여야 한다.
② 사업자는 환경친화적인 산업구조로의 전환을 위한 정부의 정책에 적극 협력하여야 하며, 정부는 이에 필요한 지원 방안을 강구하여야 한다.
(2021.10.19 본조신설)

제2장 환경친화적인 산업구조로의 전환
(2008.3.28 본장개정)

제3조【종합시책】 ① 산업통상자원부장관은 관계 중앙행정기관의 장과 협의하여 5년마다 환경친화적인 산업구조로의 전환을 촉진하기 위한 종합시책(이하 "종합시책"이라 한다)을 수립하여야 한다.(2013.3.23 본항개정)
② 종합시책에는 다음 각 호의 사항이 포함되어야 한다.
1. 산업구조의 현황과 전망
2. 환경친화적인 산업구조로의 전환을 촉진하기 위한 목표의 설정
3. 생산공정 개선과 청정생산기술 개발 등 환경친화적 산업구조의 구축 방안
4. 환경친화적인 산업구조로의 전환을 촉진하기 위한 환경설비산업, 재제조산업 및 제품서비스화산업의 육성 방안
5. 녹색경영의 촉진 방안(2010.1.13 본호개정)
6. 국제 환경규제에 대한 대응 방안
6의2. 산업부문의 순환경제로의 전환 촉진 방안(2021.10.19 본호신설)
6의3. 환경친화적인 산업구조로의 전환 촉진을 위한 국제협력과 관련된 사항(2021.10.19 본호신설)
7. 그 밖에 환경친화적인 산업구조로의 전환촉진과 지속가능한 산업발전을 위하여 필요한 사항
③ 산업통상자원부장관은 제2항제2호에 따른 목표를 설정할 때에 환경부장관과 협의하여 업종별 또는 품목별 환경 친화수준, 에너지 소비수준, 공업용수 사용수준, 자원 재활용률 등 환경친화적인 산업구조로의 전환을 촉진하기 위한 기준을 제시할 수 있다.(2013.3.23 본항개정)
④ 산업통상자원부장관은 제1항에 따른 종합시책을 수립하기 위하여 필요하면 관계 중앙행정기관, 지방자치단체, 관련 연구기관 및 국가연구개발사업에 참여하는 법인이나 단체에 필요한 자료의 제출을 요청할 수 있다. 이 경우 자료 요청을 받은 기관 또는 단체의 장은 특별한 사유가 없으면 이에 따라야 한다.(2013.3.23 전단개정)
⑤ 산업통상자원부장관은 종합시책을 시행하기 위하여 관계 중앙행정기관의 장에게 필요한 조치를 요청할 수 있다.(2013.3.23 본항개정)

제3조의2【산업환경 통계 등 실태조사】 ① 산업통상자원부장관은 종합시책을 효과적으로 수립·시행하기 위하여 환경친화적 산업환경 통계 등 실태조사를 실시할 수 있다. 이 경우 해당 통계를 작성할 때에는 「통계법」을 준용한다.(2013.3.23 전단개정)
② 산업통상자원부장관은 제1항에 따른 실태조사 및 통계작성을 위하여 필요한 경우에는 중앙행정기관의 장, 지방자치단체의 장, 「공공기관의 운영에 관한 법률」 제4조에 따른 공공기관 또는 협회 등 관련 단체의 장에게 필요한 자료의 제출을 요청할 수 있다. 이 경우 요청을 받은 기관 또는 단체의 장 등은 정당한 사유가 없으면 이에 따라야 한다.(2021.10.19 본항신설)
③ 제1항에 따른 실태조사의 시기 및 방법 등에 관하여 필요한 사항은 대통령령으로 정한다.
(2008.3.28 본조신설)

제4조【산업환경 실천과제】 ① 대통령령으로 정하는 업종별·품목별 사업자단체(이하 "사업자단체"라 한다)는 종합시책을 효율적으로 추진하기 위한 실천과제(이하 "산업환경 실천과제"라 한다)를 발굴하여 추진할 수 있다.
② 산업환경 실천과제에 포함될 내용은 다음 각 호와 같다.
1. 원료조달단계에서의 환경에 대한 부담 감소와 재생자원 활용 제고에 관한 사항
2. 생산공정에서의 에너지절약 및 온실가스배출의 저감(低減), 환경오염의 제거·감축, 부산물의 효율적 이용, 용수의 재이용 확대 등 생산공정의 개선에 관한 사항
3. 유통단계에서의 환경에 대한 부담 감소를 위한 포장 및 물류합리화에 관한 사항
4. 녹색제품의 개발에 관한 사항(2010.1.13 본호개정)
5. 환경친화적인 산업구조로의 전환을 촉진하기 위하여 다른 부문의 산업과 공동으로 추진되어야 할 사항
③ 제1항에 따라 산업환경 실천과제를 발굴한 사업자단체는 사업자나 사업자단체가 이를 추진하는 데에 지원이 필요하다고 판단되는 사업에 대하여는 지원과제를 선정하여 정부에 필요한 지원을 요청할 수 있다.
④ 정부는 제3항에 따라 사업자단체가 지원을 요청하면 그 지원에 필요한 조치를 마련하여야 한다.

제4조의2 → 제21조로 이동

제5조【설비자금 등 지원】 ① 정부는 종합시책 또는 산업환경 실천과제의 추진을 위하여 사업자가 생산공정을 개선하거나 설비를 고쳐 바꾸거나 신설 또는 증설하는 투자사업에 대하여 다음 각 호의 기금·회계 또는 자금에서 필요한 지원을 할 수 있다.
1. 「국가재정법」에 따른 국가의 일반회계(2021.10.19 본호신설)
2. 「에너지 및 자원사업 특별회계법」에 따른 에너지 및 자원사업 특별회계(2014.1.1 본호개정)
3. 「중소기업진흥에 관한 법률」에 따른 중소벤처기업창업 및 진흥기금(2018.12.31 본호개정)
4. 「환경정책기본법」에 따른 환경개선특별회계(2011.7.21 본호개정)
5. 「한국산업은행법」에 따른 한국산업은행의 설비투자지원 관련 자금
6. 그 밖에 대통령령으로 정하는 자금
② 산업통상자원부장관은 제1항제3호부터 제6호까지의 규정에 따른 회계나 자금을 관장하는 관계 기관의 장에게 제1항에 따른 지원을 위하여 필요한 협조를 요청할 수 있다.(2021.10.19 본항개정)

제6조【기술개발사업에 대한 지원】 ① 정부는 환경친화적인 산업구조로의 전환을 촉진하기 위하여 다음 각 호의 기술을 개발하기 위한 사업(이하 "기술개발사업"이라 한다)을 추진하여야 한다.
1. 청정생산기술
2. 제4조제3항에 따라 사업자단체가 지원요청한 기술
3. 환경설비기술
4. 녹색제품의 설계·생산 기술(2011.5.24 본호개정)
5. 생태산업개발 관련 기술(2021.10.19 본호개정)
6. 제품서비스화산업의 육성을 위한 관련 기술
7. 재제조 산업, 기업 간 자원 및 에너지 연계 이용, 금속자원 재자원화 등 산업부문의 순환경제 관련 기술(2021.10.19 본호개정)
8. 그 밖에 산업통상자원부장관이 지원이 필요하다고 정하는 기술(2021.10.19 본호개정)
② 정부는 다음 각 호의 어느 하나에 해당하는 기관·단체·사업자 등이 기술개발사업을 실시하는 데에 드는 자금을 출연하거나 그 밖에 필요한 지원을 할 수 있다.
1. 국·공립 연구기관
2. 「특정연구기관 육성법」의 적용을 받는 특정연구기관
3. 「산업기술연구조합 육성법」에 따른 산업기술연구조합
4. 「고등교육법」 및 다른 법률에 따른 대학·전문대학·개방대학
5. 「과학기술분야 정부출연연구기관 등의 설립·운영 및 육성에 관한 법률」에 따라 설립된 한국생산기술연구원과 「산업기술혁신 촉진법」에 따른 전문생산기술연구소
6. 제7조에 따른 청정생산지원센터
7. 기술개발사업에 참여하는 사업자
8. 그 밖에 기술개발사업을 촉진하기 위하여 필요하다고 산업통상자원부장관이 인정하는 법인·단체 또는 사업자(2013.3.23 본호개정)
③ 산업통상자원부장관은 기술개발사업과 관련된 산업의 육성 등을 촉진하기 위하여 다음 각 호에 해당하는 지원 정책을 마련하고 산업통상자원부령으로 정하는 기관으로 하여금 지원을 하게 할 수 있다.(2021.10.19 본문개정)
1. 창업 지원, 국내외 판로 개척과 수출 촉진에 관한 사항
2. 산업체에 대한 정보 제공, 교육·훈련 및 홍보에 관한 사항
3. 그 밖에 산업통상자원부령으로 정하는 사항
(2013.3.23 본항개정)

제6조의2【청정컨설팅사업의 육성 등】 ① 정부는 기업등이 청정생산기술을 생산과정에 적용하거나 녹색경영을 도입하고 실행하는 데에 필요한 조사, 분석, 진단, 상담, 정보 제공, 교육 등의 역무(役務)를 기업등에 제공하는 사업(이하 "청정컨설팅사업"이라 한다)을 육성하기 위하여 다음 각 호의 사업을 추진할 수 있다.(2021.10.19 본문개정)
1. 전문인력 양성을 위한 교육·훈련
2. 컨설팅기법의 연구 및 보급
3. 그 밖에 청정컨설팅사업을 육성하기 위하여 대통령령으로 정하는 사업(2021.10.19 본호개정)
② (2021.10.19 삭제)
③ 제1항의 사업을 하기 위한 절차·방법, 그 밖에 필요한 사항은 산업통상자원부령으로 정한다.(2021.10.19 본항개정)
(2021.10.19 본조제목개정)

제7조【청정생산지원센터】 ① 산업통상자원부장관은 청정생산기술의 보급, 기업의 녹색경영 촉진 및 중소기업에 대한 청정생산기술의 지원 등을 하기 위하여 관계 중앙행정기관의 장과 협의하여 대통령령으로 정하는 연구기관을 청정생산지원센터로 지정할 수 있다.(2013.3.23 본항개정)
② 청정생산지원센터는 다음 각 호의 사업을 하며, 대통령령으로 정하는 전문기관에 그 사업의 일부를 위탁할 수 있다.

1. 청정생산기술의 개발 및 지원
2. 국내외 연구기관과의 청정생산기술 교류 및 협력사업
3. 청정생산기술과 관련한 교육·훈련
4. 녹색경영체제구축 지원에 관한 사업(2010.1.13 본호개정)
4의2. 국제 환경규제 대응에 관한 사업(2011.5.24 본호신설)
4의3. 제20조제2항 각 호에 따른 산업부문의 순환경제를 촉진하기 위한 사업(2021.10.19 본호개정)
4의4. 국내외 환경규제 이행과 관련한 기업 애로사항의 해소 지원(2021.10.19 본호신설)
5. 그 밖에 청정생산 지원과 관련하여 산업통상자원부령으로 정하는 사업(2013.3.23 본호개정)
③ 산업통상자원부장관은 청정생산지원센터가 제2항에 따른 사업을 실시하는 데에 필요한 자금을 출연하거나 그 밖에 필요한 지원을 할 수 있다.(2013.3.23 본항개정)
④ 청정생산지원센터의 운영에 필요한 사항은 산업통상자원부령으로 정한다.(2013.3.23 본항개정)

제8조【청정생산기술의 이전·확산】 ① 정부는 청정생산기술의 이전과 개발성과의 확산을 촉진하기 위하여 필요한 시책을 마련하여야 한다.
② 산업통상자원부장관 및 지방자치단체의 장은 청정생산기술의 이전과 개발성과의 확산을 촉진하기 위하여 청정생산기술 업무를 전문적으로 수행하는 기관 등 산업통상자원부령으로 정하는 기관으로 하여금 기업에 대하여 청정생산기술의 활용에 관한 생산공정 진단·지도사업과 청정생산기술의 보급사업 등을 추진하게 할 수 있다. 이 경우 그 기관에 필요한 자금을 출연하거나 그 밖에 필요한 지원을 할 수 있다.(2021.10.19 전단개정)

제8조의2【제조사업장의 청정생산 촉진】 ① 정부는 제조공정에서 발생하는 오염물질을 원천적으로 줄이는 청정생산을 촉진하기 위하여 청정생산사업장의 구축과 확산에 대한 시책을 수립하여야 한다.
② 제1항에 따른 시책에는 청정생산사업장 구축에 필요한 다음 각 호의 활동을 지원하기 위한 대책을 포함한다.
1. 생산공정의 개선
2. 사업장에서 발생하는 부산물·폐에너지 등의 재이용
3. 친환경 제품의 생산
4. 친환경 원료로의 대체
5. 작업조건의 개선
③ 정부는 청정생산사업장의 확산을 촉진하기 위하여 다음 각 호에 따른 사항을 지원할 수 있다.
1. 제조사업장의 청정생산 수준에 관한 진단
2. 제조사업장의 청정생산 수준 향상을 위한 지원
3. 「온실가스 배출권의 할당 및 거래에 관한 법률」 제30조에 따른 외부사업 온실가스 감축량의 인증에 대한 지원
4. 청정생산 수준의 진단과 환경설비 및 청정생산기술에 관한 전문기업의 육성
5. 청정생산사업장에 대한 정보를 종합적으로 관리하는 정보시스템의 구축·운영
6. 그 밖에 청정생산사업장의 확산을 촉진하기 위하여 필요한 사항
④ 정부는 대통령령으로 정하는 바에 따라 전담기관을 지정하여 청정생산사업장의 구축과 확산 지원 등에 관한 업무를 담당하게 할 수 있다.
⑤ 정부는 제4항에 따라 지정된 전담기관이 다음 각 호의 어느 하나에 해당하면 그 지정을 취소하거나 1년 이내의 기간을 정하여 업무정지를 명할 수 있다. 다만, 제1호에 해당하는 경우에는 지정을 취소하여야 한다.
1. 거짓이나 그 밖의 부정한 방법으로 지정을 받은 경우
2. 정당한 사유 없이 계속하여 1년 이상 사업을 하지 아니한 경우
(2021.10.19 본조신설)

제8조의3 → 제23조의2로 이동
제8조의4 → 제23조의3으로 이동
제8조의5 → 제23조의4로 이동

제9조【국제협력의 촉진】 ① (2021.10.19 삭제)
② 산업통상자원부장관은 제6조, 제8조, 제20조 및 제20조의2와 관련된 국제협력을 촉진하기 위하여 다음 각 호의 사업을 추진할 수 있다.(2021.10.19 본문개정)
1. 국제협력을 위한 조사·연구(2021.10.19 본호개정)
2. 인력·정보의 국제교류(2021.10.19 본호개정)
3. 전시회·세미나의 개최 또는 국제청정생산기술시장의 운영(2021.10.19 본호개정)
4. 환경설비산업, 청정생산기술 및 생태산업개발 사업의 해외시장 개척(2021.10.19 본호개정)
5. 그 밖에 국제협력을 촉진하기 위하여 필요하다고 인정하는 사업
③ 산업통상자원부장관은 제2항에 따른 사업을 하는 기관·단체·사업자 등에게 필요한 지원을 할 수 있다.(2021.10.19 본항개정)

제9조의2【국제 환경규제에 대한 대응시책의 추진】 ① 정부는 환경친화적인 산업구조로의 전환을 촉진하고 국제 환경규제에 대한 대응시책을 마련하기 위하여 다음 각 호의 사업을 추진할 수 있다.
1. 국제 환경규제에 관한 정보의 수집·분석·보급
2. 국제 환경규제에 대응하기 위한 체제 및 정보망의 구축
3. 국제 환경규제에 대응하기 위한 교육·훈련·조사·연구·개발·홍보
4. 그 밖에 국제 환경규제에 대한 대응시책을 추진하기 위하여 대통령령으로 정하는 사업
② 산업통상자원부장관은 제1항에 따른 사업을 하는 기관·단체·사업자 등에게 필요한 자금을 출연 또는 보조하거나 그 밖에 필요한 지원을 할 수 있다.(2021.10.19 본항개정)

제10조 → 제22조로 이동
제11조 → 제23조의5로 이동

제12조【보조금의 지급】 ① 정부는 대통령령으로 정하는 공공기관·사업자단체·연구기관 등이 다음 각 호의 사업을 추진하는 경우 이에 필요한 비용을 충당하게 하기 위하여 보조금을 지급할 수 있다.
1. 종합시책의 수립을 위한 연구사업
2. 산업환경 실천과제의 발굴을 위한 사업
3. 제13조에 따른 녹색경영 추진본부가 같은 조 제2항에 따른 사업을 추진하는 데에 드는 경비(2010.1.13 본호개정)
4. 제15조에 따른 녹색경영 촉진을 위한 연구사업(2010.1.13 본호개정)
② 제1항에 따른 보조금의 지급기준이나 그 밖에 필요한 사항은 대통령령으로 정한다.

제13조【녹색경영 추진본부】 ① 산업통상자원부장관은 녹색경영의 보급·확산과 환경친화적인 산업구조로의 전환을 촉진하기 위한 사업을 효율적으로 추진하고 민간의 자발적인 참여가 확대되도록 하기 위하여 대통령령으로 정하는 단체를 녹색경영 추진본부(이하 "추진본부"라 한다)로 지정할 수 있다.(2013.3.23 본항개정)
② 추진본부는 다음 각 호의 사업을 한다.
1. 환경친화적인 산업구조로의 전환을 위한 실천운동의 전개
2. 업종별·품목별 산업환경 실천과제의 추진과 관련한 애로사항의 발굴 및 건의
3. 환경규제의 동향 분석, 해당 기업에 대한 전파, 자발적 협약 등을 통한 환경규제의 대응능력 제고
4. 산업환경 개선을 위한 홍보·교육 등의 실시
5. 외국 관련 기관과의 녹색경영 활동을 위한 국제교류 및 협력사업(2010.1.13 본호개정)
6. 「기후위기 대응을 위한 탄소중립·녹색성장 기본법」 제2조제17호에 따른 녹색산업 관련 벤처 창업 활성화를 위한 조사·분석 및 관련 교육의 실시(2021.9.24 본호개정)
7. 녹색경영 평가기법의 개발 및 보급
8. 기업에 대한 녹색경영 지도·자문 및 교육·홍보의 실시(2011.5.24 7호~8호신설)
9. 그 밖에 녹색경영 확산을 위하여 산업통상자원부령으로 정하는 사업(2013.3.23 본호개정)
(2010.1.13 본조제목개정)

제14조【지역협의회】 추진본부는 지역별·공업단지별로 해당 지역의 기업·학계·연구소·중소기업 지원 유관기관 등의 관계자로 구성된 협의회를 구성하여 정보교류를 촉진하고 공동 추진과제의 발굴과 지원방안의 협의 등 산업환경 개선을 효율적으로 추진하기 위한 활동을 할 수 있다.

제3장 녹색경영의 촉진
(2010.1.13 본장제목개정)

제15조【녹색경영 촉진시책의 마련 등】 ① 정부는 녹색경영을 촉진하고 그 확산을 유도하기 위한 시책 및 녹색경영에 관한 기법을 개발·활용하는 기업과 녹색제품을 생산·구매하는 기업을 지원하기 위한 시책을 마련하여야 한다.
② 산업통상자원부장관은 기업등의 녹색경영을 지원하기 위하여 다음 각 호의 사업을 추진할 수 있다.(2013.3.23 본문개정)
1. 기업 간 녹색경영 파트너십의 확산
2. 국외 진출 국내기업의 녹색경영 지원사업
3. 그 밖에 녹색경영체제 구축을 지원하기 위하여 산업통상자원부령으로 정하는 사업(2013.3.23 본호개정)
(2011.5.24 본항신설)
③ 산업통상자원부장관은 제6조제2항에 따른 기관·단체·사업자 등이 제2항에 따른 사업을 하는 경우에는 그에 필요한 자금을 출연 또는 보조하거나 그 밖에 필요한 지원을 할 수 있다.(2013.3.23 본항개정)
④ 사업자단체는 녹색제품의 생산·구매를 촉진하기 위하여 녹색제품에 관한 정보 및 관련 자료를 작성·유지하고, 기업등에게 열람할 수 있도록 하여야 한다.
(2010.1.13 본조개정)

제16조~제16조의4 (2016.1.6 삭제)

제17조【산업환경정보망의 구축】 ① 산업통상자원부장관은 다음 각 호의 정보가 포함된 산업환경정보망을 구축·운영하여 기업등에게 제공하여야 한다.(2013.3.23 본문개정)
1. 청정생산기술에 관한 정보
2. 녹색경영에 관한 정보(2010.1.13 본호개정)
3. 「자원의 절약과 재활용촉진에 관한 법률」 제2조제3호에 따른 부산물의 교환에 관한 정보
4. 환경설비와 재제조 제품을 생산하는 기업 및 그 기업의 제품에 관한 정보
5. 국내외 산업환경에 관한 정보
② 산업통상자원부장관은 제1항에 따른 산업환경정보망의 구축·운영에 관한 업무를 산업통상자원부령으로 정하는 기관에 대행하게 할 수 있다. 이 경우 그 기관에 필요한 자금 등을 지원할 수 있다.(2013.3.23 전단개정)
(2008.3.28 본조개정)

제18조【녹색경영에 관한 교육·홍보 등】 ① 정부는 녹색경영에 관한 지식·정보 및 기술을 보급하기 위하여 사업자단체·대학·연구기관 등과 협력하여 녹색경영에 관한 교육 및 홍보사업을 추진할 수 있다.
② 정부는 녹색경영을 보급하기 위하여 녹색경영 우수기업을 발굴하고 포상하는 등의 지원시책을 마련할 수 있다.
(2010.1.13 본조개정)

제19조【녹색경영에 관한 진단·지도】 산업통상자원부장관은 중소기업의 녹색경영을 촉진하기 위하여 필요하다고 인정하면 대통령령으로 정하는 바에 따라 녹색경영에 관한 진단·지도를 할 수 있다.(2013.3.23 본조개정)

제4장 산업부문의 순환경제 촉진
(2021.10.19 본장제목개정)

제20조【산업부문의 순환경제 촉진】 ① 산업통상자원부장관은 산업부문의 순환경제를 촉진하기 위한 시책을 수립·시행하여야 한다.(2021.10.19 본항개정)
② 산업통상자원부장관은 산업부문의 순환경제를 촉진하기 위하여 다음 각 호의 사업을 추진할 수 있다.
(2021.10.19 본문개정)
1. 천연자원과 재생자원을 연계한 총괄적 수급 현황에 관한 조사·분석
2. 천연자원 및 재생자원의 고부가가치화를 위한 연구개발 및 표준화
3. 기업 간 천연자원·재생자원 및 에너지의 교환촉진을 위한 체제 구축 및 경제성 평가
4. 생태산업개발의 활성화 및 재제조 산업과 제품서비스화 산업의 육성(2021.10.19 본호개정)
4의2. 금속자원 재자원화 촉진을 위한 산업의 지원(2021.10.19 본호신설)
4의3. 자원의 효율적 이용을 위한 제품 설계 및 공정 개선 지원(2021.10.19 본호신설)
5. 그 밖에 산업부문의 순환경제를 촉진하기 위하여 산업통상자원부령으로 정하는 사업(2021.10.19 본호개정)
③ 산업통상자원부장관은 제6조제2항에 따른 기관·단체·사업자 등이 제2항에 따른 사업을 하는 경우에는 그에 필요한 자금을 출연 또는 보조하거나 그 밖에 필요한 지원을 할 수 있다.(2013.3.23 본항개정)
(2021.10.19 본조제목개정)
(2011.5.24 본조개정)

제20조의2【생태산업개발의 촉진】 ① 정부는 생태산업개발을 촉진하기 위하여 다음 각 호의 사업을 추진할 수 있다. 이 경우 정부는 해당 사업을 추진하는 데에 필요한 자금을 출연하거나 그 밖에 필요한 지원을 할 수 있다.
1. 생태산업개발을 위한 기술의 개발 및 보급
2. 생태산업개발에 필요한 종합관리시스템 구축
3. 생태산업개발에 관련된 전문가 양성 및 교육
4. 생태산업개발을 위한 지역사회와의 협력 지원
5. 생태산업개발을 통한 생산제품의 품질인증 획득 지원
6. 그 밖에 생태산업개발 촉진을 위하여 대통령령으로 정하는 사업
② 산업통상자원부장관은 대통령령으로 정하는 기관을 전담기관으로 지정하여 생태산업개발 촉진에 관한 업무를 담당하게 할 수 있다.
③ 산업통상자원부장관은 제2항에 따라 지정된 전담기관이 다음 각 호의 어느 하나에 해당하면 그 지정을 취소하거나 1년 이내의 기간을 정하여 업무정지를 명할 수 있다. 다만, 제1호에 해당하는 경우에는 지정을 취소하여야 한다.
1. 거짓이나 그 밖의 부정한 방법으로 지정을 받은 경우
2. 정당한 사유 없이 계속하여 1년 이상 사업을 하지 아니한 경우
(2021.10.19 본조신설)

제20조의3【금속자원 재자원화 등 지원】 ① 산업통상자원부장관은 산업적으로 중요한 금속자원의 재자원화를 위하여 다음 각 호의 사항에 관한 지원을 할 수 있다.
1. 금속자원 재자원화 관련 산업 육성
2. 금속자원 재자원화 기술의 개발 및 보급
3. 재자원화된 금속의 안정적인 수급
② 제1항에 따른 금속자원의 재자원화를 위한 지원의 요건 및 범위 등에 관한 구체적인 내용은 대통령령으로 정한다.
(2021.10.19 본조신설)

제21조【생태산업단지의 지정 등】 ① 산업통상자원부장관은 산업단지에서의 생태산업개발 촉진을 위하여 환경부장관 및 「산업입지 및 개발에 관한 법률」 제7조의4제1항에 따른 산업단지지정권자(이하 이 조에서 "산업단지지정권자"라 한다)와 협의하여 생태산업단지를 지정할 수 있다.(2021.10.19 본항개정)
②~③ (2021.10.19 삭제)
④ 산업통상자원부장관은 생태산업단지를 효율적으로 구축하기 위하여 필요한 경우에는 산업단지지정권자에게 「산업입지 및 개발에 관한 법률」 제6조, 제7조 및 제7

조의2에 따라 산업단지개발계획을 수립할 때 해당 산업단지의 주요 유치 업종, 토지이용계획 및 주요 기반시설 계획 등이 지역사회 및 입주 기업 간 자원 및 에너지의 이용 효율성을 극대화할 수 있도록 고려하여 줄 것을 요청할 수 있다.(2021.10.19 본항개정)
⑤ (2021.10.19 삭제)
⑥ 산업통상자원부장관은 생태산업개발 촉진을 위하여 제20조의2제1항의 사업을 이 조 제1항에 따라 지정된 생태산업단지에 대하여 우선적으로 실시할 수 있다.
(2021.10.19 본항신설)
⑦ 산업통상자원부장관은 제1항에 따라 지정된 생태산업단지가 다음 각 호의 어느 하나에 해당하는 경우에는 환경부장관과 협의하여 생태산업단지의 지정을 취소할 수 있다. 다만, 제1호 또는 제2호에 해당하는 경우에는 지정을 취소하여야 한다.
1. 거짓이나 그 밖의 부정한 방법으로 생태산업단지의 지정을 받은 경우
2. 「산업입지 및 개발에 관한 법률」 제13조에 따라 산업단지 지정이 해제된 경우
3. 그 밖에 생태산업단지의 지정을 유지할 필요가 없는 경우로서 산업통상자원부령으로 정하는 경우
(2021.10.19 본항신설)
⑧ 제1항에 따른 지정과 제7항에 따른 지정취소의 기준, 방법 및 절차 등에 관하여 필요한 사항은 산업통상자원부령으로 정한다.(2021.10.19 본항신설)
(2008.3.28 본조개정)

제22조 【환경설비 및 재제조 제품의 품질인증 등】 ① 산업통상자원부장관은 환경설비 및 재제조 제품의 품질과 기술경쟁력을 강화하기 위하여 환경설비 및 재제조 제품에 대한 품질·성능평가와 공장심사를 거쳐 품질인증을 할 수 있다. 다만, 품질인증을 할 때에 다른 법률에서 재제조 제품에 대한 품질기준 및 인증을 규정하고 있는 경우에는 그 법률로 정한 관계 중앙행정기관의 장과 협의하여야 한다.(2013.3.23 본문개정)
② 산업통상자원부장관은 환경설비와 재제조 제품을 구매하는 「녹색제품 구매촉진에 관한 법률」 제2조제2호에 따른 공공기관에 대하여 제1항에 따라 품질인증을 받은 환경설비와 재제조 제품을 우선하여 구매하도록 요청할 수 있다.(2013.3.23 본항개정)
③~④ (2021.10.19 삭제)
⑤ 산업통상자원부장관은 제1항에 따라 품질인증을 실시할 경우 품질인증의 대상·기준·절차 및 사후관리 등 필요한 세부사항을 정하여 고시하여야 한다. 이 경우 재제조 제품의 품질인증기준은 산업통상자원부장관이 환경부장관과 협의하여 정한다.(2021.10.19 본항개정)
⑥ (2021.10.19 삭제)
⑦ 산업통상자원부장관은 제1항에 따른 품질인증의 업무를 효율적으로 수행하기 위하여 대통령령으로 정하는 바에 따라 품질인증 업무를 담당하는 기관(이하 "평가기관"이라 한다)을 지정할 수 있으며, 예산의 범위에서 평가기관의 업무 수행에 필요한 경비를 지원할 수 있다.(2021.10.19 본항신설)
⑧ 산업통상자원부장관은 제7항에 따라 지정된 평가기관이 다음 각 호의 어느 하나에 해당하게 된 때에는 그 지정을 취소하거나 1년 이내의 기간을 정하여 업무정지 또는 개선을 명할 수 있다. 다만, 제1호에 해당하는 경우에는 지정을 취소하여야 한다.
1. 거짓이나 그 밖의 부정한 방법으로 지정을 받은 경우
2. 대통령령으로 정하는 지정 요건에 계속하여 3개월 이상 미달한 경우
3. 정당한 사유 없이 위탁받은 업무를 수행하지 아니하거나 부정한 방법으로 위탁받은 업무를 처리한 경우
4. 그 밖에 산업통상자원부령으로 정하는 경우
(2021.10.19 본항신설)
⑨ 제8항에 따른 지정취소 등에 관한 세부기준, 절차 및 방법 등에 관하여 필요한 사항은 산업통상자원부령으로 정한다.(2021.10.19 본항신설)
(2011.5.24 본조제목개정)

제22조의2 【품질인증의 취소 등】 ① 산업통상자원부장관은 재제조 제품에 대한 품질인증을 받은 자가 다음 각 호의 어느 하나에 해당하면 그 인증을 취소할 수 있다. 다만, 제1호에 해당하는 경우에는 인증을 취소하여야 한다.
1. 거짓이나 그 밖의 부정한 방법으로 인증을 받은 경우
2. 제22조제5항에 따른 품질인증의 기준에 미달하게 된 경우
3. 품질인증을 받은 재제조 제품에 대한 사후관리를 이행하지 아니한 경우
4. 품질인증을 받은 재제조 제품의 중대한 결함으로 타인의 생명, 신체 또는 재산에 중대한 위해를 끼친 경우
② 제1항에서 규정한 사항 외에 품질인증 취소의 기준 및 절차 등에 관하여는 산업통상자원부장관이 정하여 고시한다.
(2021.10.19 본조신설)

제22조의3 【품질인증 대상 제품의 설계 등】 품질인증 대상에 해당하는 제품을 설계하거나 생산하는 기업은 재활용·재제조 등을 통한 자원의 순환적 이용이 쉽도록 제품을 설계하거나 생산하여야 한다.(2021.10.19 본조신설)

제23조 (2021.10.19 삭제)

제23조의2 【인증제품의 표시 등】 ① 제22조에 따라 품질인증을 받은 사업자는 품질인증 표시 등 산업통상자원부령으로 정하는 사항을 인증제품에 표시할 수 있다.
② 제22조에 따라 품질인증을 받은 사업자가 아닌 자는 품질인증을 받은 표시 또는 이와 유사한 표시를 하거나 품질인증을 받은 사업자임을 홍보(인터넷 등 전자적 방식에 의한 홍보를 포함한다)하여서는 아니 된다.
③ 재제조 제품을 생산하는 사업자는 구매자가 재제조 제품임을 알 수 있도록 표시를 하여야 하며, 그 기준 및 방법은 산업통상자원부령으로 정한다.(2021.10.19 본항신설)
④ 재제조 제품을 생산하는 사업자는 제3항에 따라 표시한 재제조 제품에 대한 품질보증기간과 수리·교환·환불 등 보상방법 등에 관한 사항을 구매자에게 고지하여야 하며, 그 기준 및 방법은 대통령령으로 정한다.
(2021.10.19 본항신설)
(2021.10.19 본조개정)

제23조의3 【전문연구기관의 지정·운영 등】 산업통상자원부장관은 환경부장관과 협의하여 재제조 제품의 품질인증에 관한 다음 각 호의 사항에 대한 지원을 하기 위하여 산업통상자원부령으로 정하는 전문연구기관을 지정·운영할 수 있다.(2013.3.23 본문개정)
1. 재제조 제품의 기술 개발
2. 재제조 제품 품질의 평가방법 및 기준 개발
3. 그 밖에 재제조 제품의 품질인증과 관련하여 산업통상자원부령으로 정하는 사항(2013.3.23 본호개정)
(2008.3.28 본조개정)

제23조의4 【재제조 자금 등의 지원】 국가나 지방자치단체는 재제조 사업자가 재제조를 위한 연구 및 기술개발사업 등을 추진하는 경우 필요한 자금을 보조하거나 융자할 수 있다.(2011.5.24 본조제목개정)

제23조의5 【환경설비 공제사업】 ① 정부는 국내에서 개발된 환경설비의 실용화에 따른 초기의 위험부담을 줄이고 환경설비의 하자 보증을 위하여 대통령령으로 정하는 단체로 하여금 공제사업을 하도록 할 수 있다.
② 정부는 제1항에 따른 단체가 하는 공제사업에 대하여 자금을 출연할 수 있다.
(2011.5.24 본조제목개정)
(2008.3.28 본조개정)

제5장 보 칙
(2008.3.28 본장개정)

제24조 (2002.1.14 삭제)

제25조 【온실가스배출 저감조치】 산업통상자원부장관은 환경친화적인 산업구조로의 전환을 촉진하고 「기후변화에 관한 국제연합기본협약」을 시행하기 위하여 필요하다고 인정하면 「에너지이용 합리화법」 제8조에 따라 산업통상자원부장관에게 에너지사용계획을 제출하여야 하는 자에 대하여 대통령령으로 정하는 바에 따라 온실가스의 배출을 저감할 수 있도록 그 사업계획의 조정 또는 보완 등 필요한 조치를 하여 줄 것을 권고할 수 있다.
(2013.3.23 본조개정)

제26조 (2002.1.14 삭제)

제27조 【청정생산지원센터 등의 지정취소 등】 ① 산업통상자원부장관은 제7조제1항에 따른 청정생산지원센터, 제23조의3에 따른 전문연구기관이 다음 각 호의 어느 하나에 해당하면 그 지정을 취소하거나 1년 이내의 기간을 정하여 업무의 정지를 명할 수 있다. 다만, 제1호의 경우에는 그 지정을 취소하여야 한다.(2016.1.6 본문개정)
1. 거짓이나 그 밖의 부정한 방법으로 지정을 받은 경우
2. 정당한 사유 없이 계속하여 1년 이상 사업을 하지 아니한 경우
3. (2016.1.6 삭제)
② (2016.1.6 삭제)
③ (2021.10.19 삭제)

제28조 【권한의 위임·위탁】 ① 이 법에 따른 산업통상자원부장관의 권한은 그 일부를 대통령령으로 정하는 바에 따라 소속기관의 장에게 위임할 수 있다.(2017.7.26 본항개정)
② (2021.10.19 삭제)
③ 산업통상자원부장관은 대통령령으로 정하는 바에 따라 제19조에 따른 중소기업의 녹색경영에 관한 진단·지도업무를 대통령령으로 정하는 사업자단체에 위탁할 수 있다.
(2013.3.23 본조개정)

제28조의2 【청문】 산업통상자원부장관은 다음 각 호의 어느 하나에 해당하는 처분을 하려면 청문을 하여야 한다.
1. 제8조의2제5항에 따른 전담기관의 지정취소
2. 제20조의2제3항에 따른 생태산업개발 전담기관의 지정취소 및 업무정지
3. 제21조제7항에 따른 생태산업단지의 지정취소
4. 제22조제8항에 따른 평가기관의 지정취소 및 업무정지
5. 제22조의2제1항에 따른 품질인증의 취소
6. 제27조에 따른 청정생산지원센터 등의 지정취소
(2021.10.19 본조신설)

제6장 벌 칙
(2008.3.28 본장개정)

제29조 【벌칙】 다음 각 호의 어느 하나에 해당하는 자는 2년 이하의 징역 또는 2천만원 이하의 벌금에 처한다.
1. 거짓이나 그 밖의 부정한 방법으로 제22조제1항에 따른 품질인증을 받은 자
2. 제23조의2제2항을 위반하여 품질인증을 받은 표시 또는 이와 유사한 표시를 하거나 품질인증을 받은 사업자임을 홍보한 자
(2021.10.19 본조개정)

제30조 【양벌규정】 ① 법인의 대표자, 대리인, 사용인, 그 밖의 종업원이 그 법인의 업무에 관하여 제29조의 위반행위를 하면 그 행위자를 벌할 뿐만 아니라 그 법인에도 해당 조문의 벌금형을 과(科)한다. 다만, 법인이 그 위반행위를 방지하기 위하여 그 업무에 관하여 상당한 주의와 감독을 게을리 하지 아니한 때에는 그러하지 아니하다.
② 개인의 대리인, 사용인, 그 밖의 종업원이 그 개인의 업무에 관하여 제29조의 위반행위를 하면 그 행위자를 벌할 뿐만 아니라 그 개인에게도 해당 조문의 벌금형을 과한다. 다만, 개인이 그 위반행위를 방지하기 위하여 그 업무에 관하여 상당한 주의와 감독을 게을리 하지 아니한 때에는 그러하지 아니하다.

제31조 【벌칙 적용 시의 공무원 의제】 제22조제7항에 따른 업무에 종사하는 단체의 임직원은 「형법」 제129조부터 제132조까지의 규정에 따른 벌칙을 적용할 때에는 공무원으로 본다.(2021.10.19 본조개정)

제32조 【과태료】 다음 각 호의 어느 하나에 해당하는 자에게는 5백만원 이하의 과태료를 부과한다.
1. 제23조의2제3항을 위반하여 재제조 표시를 하지 아니한 자
2. 제23조의2제4항을 위반하여 품질보증기간·보상방법 등에 관한 사항을 구매자에게 고지하지 아니한 자
(2021.10.19 본조신설)

부 칙 (2016.1.6)

제1조 【시행일】 이 법은 공포한 날부터 시행한다.

제2조 【벌칙 및 과태료에 관한 경과조치】 이 법 시행 전의 행위에 대한 벌칙이나 과태료의 적용에 있어서는 종전의 규정에 따른다.

제3조 【다른 법률의 개정】 ①~② ※(해당 법령에 가제정리 하였음)

부 칙 (2021.9.24)

제1조 【시행일】 이 법은 공포 후 6개월이 경과한 날부터 시행한다.(이하 생략)

부 칙 (2021.10.19)

제1조 【시행일】 이 법은 공포 후 6개월이 경과한 날부터 시행한다.

제2조 【다른 법령과의 관계】 이 법 시행 당시 다른 법령에서 종전의 「환경친화적 산업구조로의 전환촉진에 관한 법률」의 규정을 인용하고 있는 경우에 이 법 가운데 그에 해당하는 규정이 있는 때에는 종전의 규정을 갈음하여 이 법의 해당 규정을 인용한 것으로 본다.

부 칙 (2022.12.31)

제1조 【시행일】 이 법은 공포 후 1년이 경과한 날부터 시행한다.(이하 생략)

반도체집적회로의 배치설계에 관한 법률(약칭 : 반도체설계법)

(1992년 12월 8일 법 률 제4526호)

개정
1995. 1. 5법 4890호
1997.12.13법 5453호(행정절차)
1997.12.13법 5454호(정부부처명)
1998.12.28법 5599호
2002. 1.26법 6626호(민사소송법)
2007. 4.27법 8397호
2008. 2.29법 8852호(정부조직)
2008.12.26법 9183호
2013. 3.23법11690호(정부조직)
2014. 1.21법12289호
2015. 2. 3법13150호
2024. 1.30법20169호(행정기관정비일부개정법령등)→2024년 7월 31일 시행

제1장 총 칙
(2008.12.26 본장개정)

제1조【목적】 이 법은 반도체집적회로(半導體集積回路)의 배치설계(配置設計)에 관한 창작자의 권리를 보호하고 배치설계를 공정하게 이용하도록 하여 반도체 관련 산업과 기술을 진흥함으로써 국민경제의 건전한 발전에 이바지함을 목적으로 한다.

제2조【정의】 이 법에서 사용하는 용어의 뜻은 다음과 같다.
1. “반도체집적회로”란 반도체 재료 또는 절연(絶緣) 재료의 표면이나 반도체 재료의 내부에 한 개 이상의 능동소자(能動素子)를 포함한 회로소자(回路素子)들과 그들을 연결하는 도선(導線)이 분리될 수 없는 상태로 동시에 형성되어 전자회로의 기능을 가지도록 제조된 중간 및 최종 단계의 제품을 말한다.
2. “배치설계”란 반도체집적회로를 제조하기 위하여 여러 가지 회로소자 및 그들을 연결하는 도선을 평면적 또는 입체적으로 배치한 설계를 말한다.
3. “창작”이란 배치설계 제작자의 지적(知的) 노력의 결과로 통상적이 아닌 배치설계를 제작하는 행위를 말한다. 이 경우 통상적인 배치설계 요소의 조합으로 구성된 경우라도 전체적으로 볼 때 통상적이 아닌 배치설계를 제작하는 행위는 창작으로 본다.
4. “이용”이란 다음 각 목의 어느 하나에 해당하는 행위를 말한다.
   가. 배치설계를 복제하는 행위
   나. 배치설계에 따라 반도체집적회로를 제조하는 행위
   다. 배치설계, 배치설계에 따라 제조된 반도체집적회로 또는 반도체집적회로를 사용하여 제조된 물품(이하 “반도체집적회로등”이라 한다)을 양도·대여하거나 전시(양도·대여를 위한 경우로 한정한다) 또는 수입하는 행위
5. “배치설계권”이란 배치설계를 제21조제1항에 따라 특허청장에게 설정등록함으로써 발생하는 권리를 말한다.

제3조【외국인 등의 배치설계】 ① 외국인 및 외국법인의 배치설계는 이 법 및 대한민국이 가입 또는 체결한 조약에 따라 보호된다.
② 특허청장은 제1항에 따라 보호되는 외국인 및 외국법인의 배치설계라 하더라도 그 외국에서 대한민국의 배치설계에 대하여 이 법에 준하는 보호를 하지 아니하는 경우에는 그에 상응하게 이 법 및 대한민국이 가입 또는 체결한 조약에 따른 보호를 제한할 수 있다.

제4조【재외자의 배치설계관리인】 ① 국내에 주소나 영업소가 없는 자[이하 “재외자(在外者)”라 한다]는 제3항에 따른 등록을 신청하는 경우와 재외자(법인의 경우에는 그 대표자)가 국내에 체재하는 경우를 제외하고는 그 재외자의 배치설계에 관한 대리인으로서 국내에 주소나 영업소가 있는 자(이하 “배치설계관리인”이라 한다)에 의하지 아니하면 배치설계에 관한 절차를 밟거나 이 법 또는 이 법에 따른 명령에 따라 행정청이 한 처분에 대하여 소송을 제기할 수 없다.
② 배치설계관리인은 부여받은 권한과 관련된 모든 절차 및 이 법 또는 이 법에 따른 명령에 따라 행정청이 한 처분에 관한 소송에 대하여 재외자 본인을 대리한다.
③ 재외자로서 배치설계에 관하여 제21조제1항에 따라 설정등록한 자 또는 제23조에 따라 등록한 자는 배치설계관리인의 선임·변경 또는 대리권의 수여·소멸에 관하여 등록하지 아니하면 제3자에게 대항할 수 없다.

제5조【업무상 창작한 배치설계의 창작자】 국가·법인·단체 및 그 밖의 사용자(이하 “법인등”이라 한다)의 업무에 종사하는 자가 업무상 창작한 배치설계는 계약이나 근무규칙 등에 달리 정한 것이 없으면 그 법인등을 그 배치설계의 창작자로 한다.

제5조의2【「특허법」의 준용】 제21조제1항에 따른 배치설계권의 설정등록 신청이나 그 밖의 절차에 관하여는 「특허법」 제28조의2부터 제28조의5까지의 규정을 준용한다. 이 경우 “특허에 관한 절차”는 “배치설계권의 설정등록 신청이나 그 밖의 절차”로, “특허청 또는 특허심판원”은 “특허청”으로, “특허청장 또는 특허심판원장”은 “특허청장”으로, “특허출원서”는 “설정등록신청서”로, “특허청장·특허심판원장·심판장·심판관·심사장 또는 심사관”은 “특허청장”으로 본다.

제2장 배치설계권
(2008.12.26 본장개정)

제6조【배치설계권의 발생】 배치설계권은 창작성이 있는 배치설계를 제21조제1항에 따라 설정등록함으로써 발생한다.

제7조【배치설계권의 존속기간】 ① 배치설계권의 존속기간은 설정등록일부터 10년으로 한다.
② 제1항의 배치설계권의 존속기간은 영리를 목적으로 그 배치설계를 최초로 이용한 날부터 10년 또는 그 배치설계의 창작일부터 15년을 초과할 수 없다.

제8조【배치설계권의 효력】 제21조제1항에 따라 설정등록을 한 자 및 그로부터 권리를 승계한 자(이하 “배치설계권자”라 한다)는 설정등록된 배치설계에 관하여 영리를 목적으로 이용하는 권리를 독점한다. 다만, 그 배치설계권에 관하여 제11조제1항에 따른 전용이용권을 설정한 경우 제11조제2항에 따라 전용이용권자가 그 배치설계를 이용하는 권리를 독점하는 범위에서는 그러하지 아니하다.

제9조【배치설계권의 효력이 미치지 아니하는 범위】 ① 제8조에 따른 배치설계권의 효력은 다음 각 호의 어느 하나에 해당하는 사항에는 미치지 아니한다.
1. 교육·연구·분석 또는 평가 등의 목적이나 개인이 비영리적으로 사용하기 위한 배치설계의 복제 또는 그 복제의 대행
2. 제1호에 따른 연구·분석 또는 평가 등의 결과에 따라 제작된 것으로서 창작성이 있는 배치설계
3. 배치설계권자가 아닌 자가 제작한 것으로서 창작성이 있는 동일한 배치설계
② 제8조에 따른 배치설계권의 효력은 적법하게 제조된 반도체집적회로등을 인도받은 자가 그 반도체집적회로등에 대하여 영리를 목적으로 제2조제4호다목에 규정된 행위를 하는 경우에는 미치지 아니한다.
③ 제8조에 따른 배치설계권의 효력은 다른 사람의 등록된 배치설계를 불법으로 복제하여 제조된 반도체집적회로등을 선의(善意)이며 과실 없이 인도받은 자(이하 “선의자”라 한다)가 그 반도체집적회로등에 대하여 영리를 목적으로 제2조제4호다목에 규정된 행위를 하는 경우에는 미치지 아니한다.

제10조【배치설계권의 양도 및 공유】 ① 배치설계권은 양도할 수 있다.
② 2명 이상이 공동으로 창작한 배치설계의 배치설계권은 공동으로 창작한 자가 공유하며, 공동창작자 사이에 특약이 없으면 공유자의 지분은 균등한 것으로 본다.
③ 배치설계권이 공유인 경우 공유자는 다른 공유자의 동의 없이 그 지분을 양도하거나 그 지분을 목적으로 하는 질권을 설정할 수 없다.
④ 배치설계권이 공유인 경우 공유자는 특약이 없으면 다른 공유자의 동의 없이 그 배치설계를 이용할 수 있다.
⑤ 배치설계권이 공유인 경우 공유자는 다른 공유자의 동의 없이 그 배치설계권에 대하여 제11조제1항에 따른 전용이용권이나 제12조제1항에 따른 통상이용권을 설정할 수 없다.

제11조【전용이용권】 ① 배치설계권자는 다른 사람에게 그 배치설계를 독점적으로 이용할 수 있는 권리(이하 “전용이용권”이라 한다)를 설정할 수 있다.
② 제1항에 따라 전용이용권을 설정 받은 자(이하 “전용이용권자”라 한다)는 그 설정행위로 정한 범위에서 영리를 목적으로 그 배치설계를 이용할 권리를 독점한다.
③ 전용이용권자는 다음 각 호의 어느 하나에 해당하는 경우에만 그 전용이용권을 이전할 수 있다.
1. 배치설계를 이용하는 사업과 같이 이전하는 경우
2. 상속이나 그 밖의 일반승계의 경우
3. 배치설계권자의 동의를 받은 경우
④ 전용이용권자는 배치설계권자의 동의 없이 그 전용이용권을 목적으로 하는 질권을 설정할 수 없다.
⑤ 전용이용권이 공유인 경우 공유자는 다른 공유자의 동의 없이 다른 사람에게 제12조제1항에 따른 통상이용권을 설정할 수 없다.
⑥ 전용이용권에 관하여는 제10조제3항 및 제4항을 준용한다. 이 경우 “배치설계권”은 각각 “전용이용권”으로 본다.

제12조【통상이용권】 ① 배치설계권자 또는 전용이용권자는 다른 사람에게 그 배치설계를 이용할 수 있는 권리(이하 “통상이용권”이라 한다)를 설정할 수 있다. 다만, 전용이용권자가 통상이용권을 설정하는 경우에는 배치설계권자의 동의가 있어야 한다.
② 제1항에 따라 통상이용권을 설정 받은 자(이하 “통상이용권자”라 한다)는 그 설정행위로 정한 범위에서 영리를 목적으로 그 배치설계를 이용할 수 있는 권리를 가진다.
③ 통상이용권자는 다음 각 호의 어느 하나에 해당하는 경우에만 그 통상이용권을 이전할 수 있다.
1. 배치설계를 이용하는 사업과 같이 이전하는 경우
2. 상속이나 그 밖의 일반승계의 경우
3. 배치설계권자(전용이용권자가 설정한 통상이용권인 경우에는 배치설계권자 및 전용이용권자를 말한다. 이하 이 조에서 같다)의 동의를 받은 경우
④ 통상이용권자는 배치설계권자의 동의 없이 그 통상이용권을 목적으로 하는 질권을 설정할 수 없다.
⑤ 통상이용권에 관하여는 제10조제3항 및 제4항을 준용한다. 이 경우 “배치설계권”은 각각 “통상이용권”으로 본다.

제13조【통상이용권 설정의 재정】 ① 제21조제1항에 따라 설정등록된 배치설계를 이용하려는 자는 그 배치설계가 다음 각 호의 어느 하나에 해당하면 그 배치설계권자 또는 전용이용권자에게 통상이용권의 설정에 관하여 협의를 청구할 수 있다.
1. 배치설계가 천재지변이나 그 밖의 불가항력 또는 대통령령으로 정하는 정당한 사유 없이 계속하여 2년 이상 국내에서 이용되고 있지 아니한 경우
2. 배치설계가 정당한 사유 없이 계속하여 2년 이상 국내에서 상당한 영업적 규모로 이용되지 아니하거나 적당한 정도와 조건으로 국내외 수요를 충족시키지 못한 경우
② 제1항에 따라 협의를 청구한 자는 통상의 상거래에서 발생할 수 있는 합리적인 조건을 제시하였음에도 불구하고 상당한 기간 내에 제1항에 따른 협의를 할 수 없거나, 협의 결과 통상이용권의 설정에 관한 합의가 성립되지 아니한 경우에는 특허청장에게 통상이용권의 설정에 관한 재정(裁定)을 신청할 수 있다.
③ 제21조제1항에 따라 설정등록된 배치설계를 이용하려는 자는 국가비상사태나 그 밖의 위급한 상황일 때에는 제1항과 제2항에도 불구하고 특허청장에게 직접 통상이용권의 설정에 관한 재정을 신청할 수 있다.
④ 특허청장은 제2항이나 제3항에 따른 재정 신청이 다음 각 호의 어느 하나에 해당한다고 인정되면 「발명진흥법」 제41조제1항에 따른 산업재산권분쟁조정위원회(이하 “산업재산권분쟁조정위원회”라 한다)의 심의를 거쳐 신청인에게 통상이용권의 설정을 재정(이하 “재정”이라 한다)할 수 있다.(2024.1.30 본문개정)
1. 그 배치설계의 이용이 상업적이 아닌 공공목적 달성을 위한 국내 수요를 충족하기 위하여 필요한 경우
2. 자유경쟁의 확보와 배치설계권자 또는 전용이용권자의 권리 남용 방지를 위하여 대통령령으로 정하는 사유가 발생한 경우
⑤ 재정은 다음 각 호의 사항을 명시한 서면으로 하여야 한다.
1. 통상이용권의 범위
2. 대가(對價)와 그 대가의 지급 방법 및 시기
⑥ 제2항과 제3항에 따른 재정의 신청절차 등에 관하여 필요한 사항은 대통령령으로 정한다.

제14조【재정의 실효】 재정을 받은 자가 제13조제5항제2호의 지급시기까지 대가(대가를 정기적으로 지급하거나 분할하여 지급할 경우에는 최초의 지급분)를 지급하지 아니하거나 공탁하지 아니한 경우에는 그 재정은 효력을 잃는다.

제15조【재정의 취소】 ① 특허청장은 다음 각 호의 어느 하나에 해당하는 경우에는 직권으로 또는 이해관계인의 신청에 의하여 그 재정을 취소할 수 있다. 이 경우 산업재산권분쟁조정위원회의 심의를 거쳐야 한다.
(2024.1.30 후단신설)
1. 재정을 받은 자가 그 배치설계를 이용하지 아니한 경우
2. 제13조제4항 각 호에 따른 재정 사유가 없어지고 그 사유가 다시 발생할 우려가 없는 경우
② 제1항에 따라 재정이 취소되면 통상이용권은 그 취소된 날부터 소멸한다.
③ 제1항에 따른 재정 취소의 절차 등에 관하여 필요한 사항은 대통령령으로 정한다.

제16조【질권】 ① 배치설계권·전용이용권 또는 통상이용권을 목적으로 하는 질권을 설정한 경우 질권자는 특약이 없으면 해당 배치설계를 이용할 수 없다.
② 배치설계권·전용이용권 또는 통상이용권을 목적으로 하는 질권은 이 법에 따른 보상금 또는 배치설계의 이용에 대하여 배치설계권자·전용이용권자 또는 통상이용권자(제13조제4항에 따라 통상이용권의 설정을 받은 자를 포함한다. 이하 같다)가 받을 금전이나 그 밖의 물건에 대하여도 행사할 수 있다. 이 경우 보상금·금전을 지급하거나 물건을 인도하기 전에 그 보상금·금전 또는 물건을 압류하여야 한다.

제17조【배치설계권의 소멸】 배치설계권은 다음 각 호의 어느 하나에 해당하는 경우에는 소멸한다.
1. 배치설계권자인 법인·단체 등이 해산되어 그 배치설계권이 「민법」이나 그 밖의 법률에 따라 국가에 귀속되는 경우
2. 배치설계권자인 개인이 상속인 없이 사망하여 그 배치설계권이 「민법」이나 그 밖의 법률에 따라 국가에 귀속되는 경우

제18조【배치설계권 등의 포기 제한 등】 ① 배치설계권자는 전용이용권자·통상이용권자(제13조제4항에 따라 통상이용권의 설정을 받은 자는 제외한다) 및 제16조제1항에 따른 질권자의 동의를 받지 아니하면 배치설계권을 포기할 수 없다.
② 전용이용권자는 전용이용권자로부터 통상이용권을 설정받은 자 또는 질권자의 동의를 받지 아니하면 전용이용권을 포기할 수 없다.

③ 통상이용권자는 질권자의 동의를 받지 아니하면 통상이용권을 포기할 수 없다.
④ 배치설계권·전용이용권 또는 통상이용권을 포기한 경우 그 권리는 그때부터 바로 소멸한다.

제3장 배치설계권의 등록
(2008.12.26 본장개정)

제19조【배치설계권의 설정등록 신청】 ① 배치설계를 창작한 자 또는 그 승계인(이하 "창작자"라 한다)은 영리를 목적으로 그 배치설계를 최초로 이용한 날부터 2년 이내에 특허청장에게 그 배치설계권의 설정등록을 신청할 수 있다.
② 제1항에 따라 배치설계권의 설정등록을 신청하려는 자는 대통령령으로 정하는 바에 따라 설정등록 신청서와 이에 첨부되는 자료(이하 "신청서등"이라 한다)를 제출하여야 한다.
제20조【설정등록 신청의 거절】 ① 특허청장은 배치설계권 설정등록 신청이 다음 각 호의 어느 하나에 해당하면 그 설정등록 신청을 거절하여야 한다.
1. 신청인이 창작자가 아닌 경우
2. 배치설계권이 2명 이상의 공유인 경우에 공유자 전원이 공동으로 배치설계권 설정등록 신청을 하지 아니한 경우
3. 제19조제1항에 따른 기간이 지난 경우
4. 그 밖에 배치설계권 설정등록 신청에 필요한 첨부자료를 제출하지 아니하는 등 대통령령으로 정하는 사유에 해당하는 경우
② 특허청장은 제1항에 따라 신청을 거절한 경우에는 지체 없이 그 이유를 구체적으로 밝혀 신청인에게 문서로 알려야 한다.
제21조【설정등록 및 공시】 ① 특허청장은 제19조제1항에 따른 배치설계권의 설정등록에 대한 신청이 있는 경우 제20조제1항에 따라 신청을 거절하는 경우를 제외하고는 설정등록을 하여야 한다.
② 제1항에 따른 설정등록은 특허청장이 배치설계 등록원부에 기록함으로써 행한다.
③ 특허청장은 제1항에 따른 설정등록을 한 경우에는 배치설계권자에게 배치설계등록증을 발급하고 이를 공시하여야 한다.
④ 배치설계권의 설정등록을 신청할 때의 기재사항, 배치설계등록증의 발급, 배치설계 등록사항의 공시, 배치설계 등록원부의 기재사항, 배치설계 등록원부의 열람 및 사본 발급의 청구 등 배치설계의 설정등록에 관하여 필요한 사항은 대통령령으로 정한다.
제22조【등록의 표시】 배치설계권자·전용이용권자 또는 통상이용권자는 그 배치설계를 이용하여 제조된 반도체집적회로 및 그 포장 등에 특허청장이 정하는 바에 따라 그 배치설계의 등록표시를 할 수 있다.
제23조【등록의 효력】 ① 다음 각 호의 어느 하나에 해당하는 사항은 특허청장에게 등록을 하지 아니하면 제3자에게 대항할 수 없다.
1. 배치설계권의 이전(상속이나 그 밖의 일반승계에 의한 것은 제외한다. 이하 이 조에서 같다) 또는 처분의 제한
2. 전용이용권의 설정·이전·변경·소멸 또는 처분의 제한
3. 통상이용권의 설정·이전·변경·소멸 또는 처분의 제한
4. 배치설계권·전용이용권 또는 통상이용권을 목적으로 하는 질권의 설정·이전·변경·소멸 또는 처분의 제한
② 통상이용권을 특허청장에게 등록한 경우에는 그 등록 후에 해당 배치설계권 또는 그 배치설계권에 관한 전용이용권을 취득한 자에 대하여도 그 효력이 발생한다.
③ 제1항과 제2항에 따른 등록은 특허청장이 배치설계 등록원부에 기록함으로써 행한다.
제24조【배치설계권의 설정등록 취소】 특허청장은 설정등록된 배치설계가 다음 각 호의 어느 하나에 해당하면 대통령령으로 정하는 바에 따라 그 설정등록을 취소할 수 있다. 다만, 제2호 및 제4호에 해당하는 경우에는 설정등록을 취소하여야 한다.
1. 제3조제1항에 따른 조약을 위반한 경우
2. 속임수나 그 밖의 부정한 방법으로 제21조제1항에 따른 설정등록을 한 경우
3. 설정등록된 배치설계가 제6조에 따른 창작성이 있는 배치설계가 아닐 경우
4. 제20조제1항제1호부터 제3호까지의 어느 하나에 해당하는 경우

제4장 배치설계심의조정위원회

제25조~제34조 (2024.1.30 삭제)

제5장 권리의 침해에 대한 구제
(2008.12.26 본장개정)

제35조【침해의 정지 등의 청구】 ① 배치설계권자나 전용이용권자는 그의 배치설계권 또는 전용이용권을 침해하거나 침해할 우려가 있는 자에게 그 침해의 정지 또는 예방을 청구할 수 있다.
② 배치설계권자나 전용이용권자는 제1항에 따른 청구를 하는 경우에는 침해 행위에 의하여 만들어진 반도체집적회로등의 폐기나 그 밖에 침해 예방에 필요한 조치를 함께 청구할 수 있다.
제36조【손해배상의 청구】 ① 배치설계권자나 전용이용권자는 고의 또는 과실로 그 권리를 침해한 자에게 손해배상을 청구할 수 있다.
② 배치설계권자나 전용이용권자는 제1항에 따른 청구를 하는 경우에 권리를 침해한 자가 그 침해 행위에 의하여 이익을 얻은 경우에는 그 이익액을 배치설계권자나 전용이용권자가 입은 손해액으로 추정한다.
③ 배치설계권자나 전용이용권자는 제1항에 따른 청구를 하는 경우에 배치설계의 이용에 대하여 통상 받을 수 있는 금액을 배치설계권자나 전용이용권자가 받은 손해액으로 하여 그 손해배상을 청구할 수 있다.
④ 손해액이 제3항에서 규정하는 금액을 초과하는 경우에는 그 초과액에 대하여도 손해배상을 청구할 수 있다.
제37조【보상금】 ① 배치설계의 설정등록 전에 영리를 목적으로 그 배치설계를 이용한 배치설계의 창작자는 그 이용 후 해당 배치설계에 대한 등록이 완료되기까지의 기간 동안 해당 배치설계가 복제한 것임을 알고도 영리를 목적으로 이용한 자에게 그 이용에 대하여 통상 지급하여야 할 금액에 상당하는 보상금의 지급을 청구할 수 있다. 다만, 복제된 배치설계를 이용하여 제조된 반도체집적회로등을 선의이며 과실 없이 인도받은 자에 대하여는 보상금의 지급을 청구할 수 없다.
② 제1항에 따른 보상금 지급 청구권은 해당 배치설계가 설정등록된 후가 아니면 행사할 수 없다.
③ 배치설계의 설정등록이 제24조에 따라 취소된 경우에는 제1항에 따른 보상금 지급 청구권은 처음부터 발생하지 아니한 것으로 본다.
④ 제1항에 따른 청구권을 행사하는 경우에는 「민법」 제760조제1항·제2항 및 제766조를 준용한다. 이 경우 청구권을 가지는 자가 그 배치설계의 설정등록 전에 해당 배치설계가 복제된 사실과 그 복제된 배치설계를 이용한 자를 알았을 경우에는 「민법」 제766조 중 "피해자나 그 법정대리인이 그 손해 및 가해자를 안 날"을 "해당 배치설계의 설정등록일"로 본다.
제38조【선의자에 대한 이용료 청구】 ① 제9조제3항에도 불구하고 배치설계권자나 전용이용권자는 선의자가 반도체집적회로등이 배치설계를 불법으로 복제하여 제조된 것이라는 사실을 안 후에 영리를 목적으로 그 반도체집적회로등에 대하여 제2조제4호다목에 규정된 행위를 하거나, 이를 위하여 그 반도체집적회로등을 보유하고 있거나 운송하고 있는 경우에는 통상의 이용료에 상당하는 금액(이하 "이용료"라 한다)의 지급을 청구할 수 있다.
② 이용료는 배치설계권자 또는 전용이용권자와 선의자가 협의하여 결정하는 합리적인 금액으로 한다.
③ 제1항에 따른 청구권을 행사하는 경우에는 「민법」 제760조제1항·제2항 및 제766조를 준용한다.

제6장 보 칙
(2008.12.26 본장개정)

제39조【청문】 특허청장은 다음 각 호의 어느 하나에 해당하는 처분을 하려면 청문을 하여야 한다.
1. 제15조제1항에 따른 재정의 취소
2. 제24조에 따른 배치설계권의 설정등록 취소
제40조【수수료】 ① 다음 각 호의 어느 하나에 해당하는 자는 수수료를 내야 한다.
1. 제13조제2항 및 제3항에 따른 통상이용권의 재정을 신청하거나 제15조제1항에 따른 재정의 취소를 신청하려는 자
2. 제21조제1항에 따른 배치설계권의 설정등록을 하려는 자
3. 제23조제1항 및 제2항에 따른 등록을 하려는 자
4. 제24조에 따른 배치설계권의 설정등록 취소에 대하여 불복신청을 하려는 자
5. 배치설계권에 관한 각종 증명의 발급 신청 등을 하려는 자
② 제1항에 따른 수수료의 항목과 금액은 산업통상자원부령으로 정한다.(2013.3.23 본항개정)
제40조의2【설정등록 수수료의 감면】 ① 특허청장은 중소기업 등 산업통상자원부령으로 정하는 자가 배치설계권의 설정등록을 신청한 경우에는 제40조제1항에도 불구하고 산업통상자원부령으로 정하는 바에 따라 배치설계권의 설정등록 수수료를 감면할 수 있다.
② 제1항에 따라 배치설계권의 설정등록 수수료를 감면받으려는 자는 산업통상자원부령으로 정하는 서류를 특허청장에게 제출하여야 한다.
(2013.3.23 본조개정)
제40조의3【잘못 납부된 수수료의 반환】 ① 납부된 수수료는 반환하지 아니한다. 다만, 잘못 납부된 수수료는 납부한 자의 청구에 의하여 반환한다.
② 특허청장은 잘못 납부된 수수료가 있는 경우에는 이를 납부한 자에게 통지하여야 한다.
③ 제1항 단서에 따른 반환은 제2항에 따른 통지를 받은 날부터 3년이 지난 경우에는 청구할 수 없다.
(2008.12.26 본조신설)
제41조【재외자의 재판관할】 재외자의 배치설계권에 관하여 배치설계관리인이 있으면 그 배치설계관리인의 주소 또는 영업소를, 배치설계관리인이 없으면 대법원의 소재지를 「민사소송법」 제11조에 따른 재산의 소재지로 본다.
제42조 (1998.12.28 삭제)
제43조【배치설계의 기술진흥】 ① 특허청장은 국내 배치설계의 기술향상 및 개발촉진 등을 위하여 필요한 육성 시책을 수립하여야 하며, 세제·금융 및 행정상의 지원책을 마련하여야 한다.
② 특허청장은 배치설계와 관련한 기술진흥과 인력양성 등을 수행하는 연구기관 또는 단체를 지원·육성할 수 있다.
제44조【비밀유지의 의무】 제19조부터 제24조까지의 규정에 따른 배치설계의 등록 사무에 종사하는 공무원 또는 그 직에 있었던 자는 직무상 알게 된 비밀을 다른 사람에게 누설하여서는 아니 된다.(2024.1.30 본조개정)
제44조의2 (2024.1.30 삭제)

제7장 벌 칙
(2008.12.26 본장개정)

제45조【침해죄 등】 ① 배치설계권이나 전용이용권을 침해한 자는 3년 이하의 징역 또는 3천만원 이하의 벌금에 처하거나 이를 병과(併科)할 수 있다.(2014.1.21 본항개정)
② 제1항의 죄는 고소가 있어야 공소를 제기할 수 있다.
제46조【거짓 표시의 죄】 제21조제1항에 따라 설정등록이 되지 아니한 배치설계를 이용하여 제조된 반도체집적회로 또는 그 포장 등에 거짓으로 제22조에 따른 등록의 표시를 한 자 또는 거짓으로 등록표시를 한 반도체집적회로를 양도 또는 대여한 자는 1년 이하의 징역 또는 1천만원 이하의 벌금에 처한다.(2014.1.21 본조개정)
제47조【속임수 행위의 죄】 속임수나 그 밖의 부정한 방법으로 제21조제1항에 따른 설정등록을 한 자는 1년 이하의 징역 또는 1천만원 이하의 벌금에 처한다.
(2014.1.21 본조개정)
제48조【비밀누설의 죄】 제44조를 위반하여 비밀을 누설한 자는 5년 이하의 징역 또는 5천만원 이하의 벌금에 처한다.
제49조【양벌규정】 법인의 대표자나 법인 또는 개인의 대리인, 사용인, 그 밖의 종업원이 그 법인 또는 개인의 업무에 관하여 제45조제1항, 제46조 또는 제47조의 어느 하나에 해당하는 위반행위를 하면 그 행위자를 벌하는 외에 그 법인 또는 개인에게도 해당 조문의 벌금형을 과(科)한다. 다만, 법인 또는 개인이 그 위반행위를 방지하기 위하여 해당 업무에 관하여 상당한 주의와 감독을 게을리하지 아니한 경우에는 그러하지 아니하다.
제50조 (1998.12.28 삭제)

부 칙 (2014.1.21)

이 법은 공포한 날부터 시행한다.

부 칙 (2015.2.3)

이 법은 공포 후 6개월이 경과한 날부터 시행한다. 다만, 제44조의2의 개정규정은 공포한 날부터 시행한다.

부 칙 (2024.1.30)

제1조【시행일】 이 법은 공포 후 6개월이 경과한 날부터 시행한다.
제2조【「반도체집적회로의 배치설계에 관한 법률」의 개정에 관한 경과조치】 ① 종전의 「반도체집적회로의 배치설계에 관한 법률」 제25조제2항에 따른 배치설계심의조정위원회의 위원이었던 사람의 비밀유지의 의무에 관하여는 같은 법 제44조의 개정규정에도 불구하고 종전의 규정에 따른다.
② 이 법 시행 전의 행위에 대하여 벌칙을 적용할 때 종전의 「반도체집적회로의 배치설계에 관한 법률」 제25조제2항에 따른 배치설계심의조정위원회 위원 중 공무원이 아닌 사람의 공무원 의제에 관하여는 같은 법 제44조의2의 개정규정에도 불구하고 종전의 규정에 따른다.
제3조 (생략)

산업집적활성화 및 공장설립에 관한 법률(약칭 : 산업집적법)

(1990년 1월 13일
법 률 제4212호)

개정
1991. 5.31법 4381호(건축)
<중략>
2013. 3.23법11690호(정부조직)
2013. 5.28법11831호
2013. 6. 4법11862호(화학물질관리법)
2013. 7.30법11964호
2013. 7.30법11965호(신에너지및재생에너지개발·이용·보급촉진법)
2014. 1.14법12246호(건축)
2014. 1.14법12248호(도로법)
2014. 1.21법12292호
2014. 5.28법12694호(계량에관한법)
2014. 6. 3법12738호(공간정보구축관리)
2014.12.30법12929호
2015. 1. 6법12960호(총포·도검·화약류등의안전관리에관한법)
2015. 1.28법13089호(액화석유가스의안전관리및사업법)
2015. 5.18법13312호
2015.12.22법13603호(환경오염시설의통합관리에관한법)
2016. 1.19법13782호(감정평가감정평가사)
2016. 1.19법13797호(부동산거래신고등에관한법)
2016. 1.27법13846호
2016. 3.29법14111호(중소기업진흥에관한법)
2016. 3.29법14122호(기술보증기금법)
2016.12. 2법14311호
2016.12.27법14480호(농어촌정비)
2017. 1.17법14532호(물환경보전법)
2017. 3.21법14669호
2017. 7.26법14839호(정부조직)
2017.10.24법14912호(자연재해대책법)
2017.10.31법14993호
2017.11.28법15086호
2018. 1.16법15347호
2018. 3.20법15489호(국가균형발전특별법)
2018.12.11법15866호
2018.12.31법16172호(중소기업진흥에관한법)
2019. 1.15법16272호(산업안전)
2019.11.26법16652호(자산관리)
2019.12.10법16799호
2020. 2.18법17007호(권한지방이양)
2020. 3.31법17171호(전기안전관리법)
2020. 4. 7법17219호(감정평가감정평가사)
2020.12. 8법17598호
2021. 1.12법17893호(지방자치)
2021. 6.15법18274호
2021. 7.27법18322호
2021. 7.27법18358호(지역중소기업육성및혁신촉진등에관한법)
2021. 8.17법18437호(한국자산관리공사설립등에관한법)
2021.10.19법18501호
2021.11.30법18522호(소방시설설치및관리에관한법)
2021.12.28법18661호(중소기업창업)
2022. 1.11법18755호(수산)
2022.11.15법19039호
2022.12.27법19117호(산림자원조성관리)
2023. 6. 9법19430호(지방자치분권및지역균형발전에관한특별법)
2024. 1. 9법19955호→2024년 7월 10일 시행
2024. 1. 9법19990호(벤처기업육성에관한특별법)→2024년 7월 10일 시행
2024. 2. 6법20234호(국토의계획및이용에관한법)→2024년 8월 7일 시행

제1장 총 칙
(2009.2.6 본장개정)

제1조【목적】 이 법은 산업의 집적(集積)을 활성화하고 공장의 원활한 설립을 지원하며 산업입지 및 산업단지를 체계적으로 관리함으로써 지속적인 산업발전 및 균형 있는 지역발전을 통하여 국민경제의 건전한 발전에 이바지함을 목적으로 한다.

제2조【정의】 이 법에서 사용하는 용어의 뜻은 다음과 같다.
1. "공장"이란 건축물 또는 공작물, 물품제조공정을 형성하는 기계·장치 등 제조시설과 그 부대시설(이하 "제조시설등"이라 한다)을 갖추고 대통령령으로 정하는 제조업을 하기 위한 사업장으로서 대통령령으로 정하는 것을 말한다.
2.~4. (2010.4.12 삭제)
5. "유치지역(誘致地域)"이란 공장의 지방이전 촉진 등 국가정책상 필요한 산업단지를 조성하기 위하여 제23조에 따라 지정·고시된 지역을 말한다.
6. "산업집적"이란 기업, 연구소, 대학 및 기업지원시설이 일정 지역에 집중함으로써 상호연계를 통하여 상승효과를 만들어 내는 집합체를 형성하는 것을 말한다.
7. "지식기반산업집적지구"란 지식기반산업의 집적을 촉진하기 위하여 제22조에 따라 지정·고시된 지역을 말한다.
8. "지식기반산업"이란 지식의 집약도가 높은 산업으로서 대통령령으로 정하는 산업을 말한다.

8의2. "산학융합지구"란 기업수요에 따라 교육과 연구·개발을 수행할 수 있는 대학과 기업, 연구소를 집적하기 위하여 제22조의4에 따라 지정·고시된 지역을 말한다.(2021.10.19 본호개정)

8의3. "첨단투자"란 「산업발전법」 제5조제1항에 따라 고시된 첨단기술 및 첨단제품의 연구·생산을 목적으로 하거나 「조세특례제한법」 제121조의2제1항제1호에 따른 신성장동력산업기술을 수반하는 사업을 영위하기 위한 목적으로 하는 투자를 말한다.

8의4. "첨단투자지구"란 첨단투자를 촉진하기 위하여 제22조의6에 따라 지정·고시된 지역을 말한다.

(2021.6.15 8호의3~8호의4신설)

9. "산업집적기반시설"이란 연구개발시설, 기업지원시설, 기술 인력의 교육·훈련시설 및 물류시설 등 산업의 집적을 활성화하기 위한 시설을 말한다.
10. "산업기반시설"이란 용수공급시설, 교통·통신시설, 에너지시설, 유통시설 등 기업의 생산 활동에 필요한 기초적인 시설을 말한다.
11. "산업단지구조고도화사업"이란 산업단지 입주업종의 고부가가치화, 기업지원서비스의 강화, 산업집적기반시설·산업기반시설 및 산업단지의 공공시설(대통령령으로 정하는 공공시설에 한정하며, 이하 "공공시설"이라 한다) 등의 유지·보수·개량 및 확충 등을 통하여 기업체 등의 유치를 촉진하고, 입주기업체의 경쟁력을 높이기 위한 사업을 말한다.(2014.1.21 본호개정)
12. "산업집적지경쟁력강화사업"이란 기업·대학·연구소 및 제19호에 따른 지원기관이 산업단지를 중심으로 지식·정보 및 기술 등을 교류·연계하고 상호 협력하여 산업집적이 형성된 지역(이하 "산업집적지"라 한다)의 경쟁력을 높이는 사업을 말한다.(2010.4.12 본호개정)
13. "지식산업센터"란 동일 건축물에 제조업, 지식산업 및 정보통신산업을 영위하는 자와 지원시설이 복합적으로 입주할 수 있는 다층형 집합건축물로서 대통령령으로 정하는 것을 말한다.(2010.4.12 본호개정)
14. "산업단지"란 「산업입지 및 개발에 관한 법률」 제6조·제7조·제7조의2 및 제8조에 따라 지정·개발된 국가산업단지, 일반산업단지, 도시첨단산업단지 및 농공단지를 말한다.

14의2. "스마트그린산업단지"란 입주기업체와 산업집적기반시설·산업기반시설 및 공공시설 등의 디지털화, 에너지 자립 및 친환경화를 추진하는 산업단지로서 제45조의11에 따라 지정된 것을 말한다.(2020.12.8 본호신설)

14의3. "스마트그린산업단지 촉진사업"이란 「지능정보화 기본법」 제2조제4호에 따른 지능정보기술(이하 "지능정보기술"이라 한다)을 접목하여 제조공정을 혁신하는 등 주력산업의 생산성을 향상시키고, 에너지 효율의 증대 및 신·재생에너지 보급 등을 추진하며, 신산업 및 일자리 창출 촉진 등을 통하여 산업단지의 경쟁력을 높이기 위한 사업을 말한다.(2020.12.8 본호신설)

15. "산업단지의 관리"란 다음 각 목의 어느 하나에 해당하는 것으로서 대통령령으로 정하는 업무를 말한다.
가. 산업단지의 용지 및 시설의 매각·임대 및 사후관리
나. 산업단지에서의 대통령령으로 정하는 기반시설의 설치·유지·보수 및 개량
다. 입주기업체 및 지원기관의 사업활동 지원
16. "관리권자"란 제30조제1항 각 호에 따른 산업단지의 관리권한을 가진 자를 말한다.
17. "관리기관"이란 제30조제2항 각 호에 따른 산업단지의 관리업무를 수행하는 자를 말한다.
18. "입주기업체"란 산업단지에 입주하여 제조업, 지식산업, 정보통신산업, 자원비축시설, 그 밖에 대통령령으로 정하는 산업을 운영하려는 자 중 대통령령으로 정하는 자격을 가진 자로서 제38조제1항 또는 제3항에 따라 입주계약을 체결한 기업체를 말한다.
19. "지원기관"이란 산업단지에 입주하여 입주기업체의 사업을 지원하거나 지역경제를 활성화하기 위하여 필요한 금융, 보험, 의료, 교육, 그 밖에 대통령령으로 정하는 사업을 하려는 자 중 대통령령으로 정하는 자격을 가진 자로서 제38조제3항에 따라 입주계약을 체결한 자를 말한다.(2024.1.9 본호개정)
20. "공장의 설립"이란 공장을 신설 또는 증설하는 것을 말한다.
21. "공장의 신설"이란 건축물을 신축(공작물을 축조하는 것을 포함한다)하거나 기존 건축물의 용도를 공장용도로 변경하여 제조시설등을 설치하는 것을 말한다.
22. "공장의 증설"이란 제16조제1항에 따라 등록된 공장의 공장건축면적 또는 공장부지면적을 넓히는 것을 말한다.
23. "업종변경"이란 제13조에 따라 공장설립등의 승인을 받은 공장 또는 제16조에 따라 등록된 공장의 업종을 다른 업종(제8조에 따른 공장입지의 기준에 따른 업종을 말한다)으로 변경하거나 해당 공장에 다른 업종을 추가하는 것을 말한다.(2019.12.10 본호신설)

제3조【산업집적활성화 기본계획】 ① 산업통상자원부장관은 5년 단위로 전 국토를 대상으로 산업집적의 활성화에 관한 기본계획(이하 "산업집적활성화 기본계획"이라 한다)을 수립하고 고시하여야 한다. 이를 변경할 때에도 또한 같다.(2013.3.23 전단개정)

② 산업집적활성화 기본계획에는 다음 각 호의 사항이 포함되어야 한다.
1. 대통령령으로 정하는 성장유망산업의 입지수요, 지역별 집적 및 특화와 그 연계방안에 관한 사항(2010.4.12 본호개정)
2. 지역별 산업집적을 촉진하기 위한 산업입지 및 인력수급에 관한 사항
3. 산업집적기반시설의 확충에 관한 사항
4. 산업이 낙후되거나 쇠퇴한 지역의 지원에 관한 사항
5. 그 밖에 산업집적 및 지역산업의 발전에 관한 사항

③ 산업통상자원부장관은 산업집적활성화 기본계획을 수립하거나 변경하려는 경우에는 특별시장·광역시장·특별자치시장·도지사 또는 특별자치도지사(이하 "시·도지사"라 한다)의 의견을 듣고, 국토교통부장관 및 관계 중앙행정기관의 장과 협의하여야 한다. 다만, 대통령령으로 정하는 경미한 사항을 변경할 때에는 그러하지 아니하다.(2015.5.18 본문개정)

④ 산업통상자원부장관은 산업집적활성화 기본계획을 수립하거나 변경하려는 경우에는 다음 각 호의 계획과 조화를 이루도록 하여야 한다.(2013.3.23 본문개정)
1. 「국토기본법」 제6조제2항에 따른 국토종합계획
2. 「지방자치분권 및 지역균형발전에 관한 특별법」 제6조에 따른 지방시대 종합계획(2023.6.9 본호개정)
3. 「국토의 계획 및 이용에 관한 법률」 제2조제2호에 따른 도시·군계획(2011.4.14 본호개정)
4. 「수도권정비계획법」 제2조제2호에 따른 수도권정비계획
5. 「산업입지 및 개발에 관한 법률」 제5조의2에 따른 산업입지공급계획

⑤ 중앙행정기관의 장은 산업발전에 관계되는 사업을 수행하거나 추진하려는 경우에는 그 사업이 산업집적활성화 기본계획과 조화를 이루도록 하여야 한다.

제3조의2【지역산업진흥계획의 수립 등】 ① 시·도지사 및 대도시 시장(「지방자치법」 제198조에 따른 서울특별시·광역시 및 특별자치시를 제외한 인구 50만 이상 대도시의 시장을 말한다. 이하 같다)은 5년 단위로 관할 구역의 산업집적활성화 등 지역산업의 발전을 위한 지역산업진흥계획을 수립할 수 있다. 이 경우 산업집적활성화 기본계획과 조화를 이루도록 하여야 한다.(2021.1.12 전단개정)

② 산업통상자원부장관은 산업의 집적 등 지역산업의 진흥을 위하여 필요한 지원을 할 수 있다.(2013.3.23 본항개정)

제3조의3【산업단지의 날】 ① 국민에게 산업단지의 중요성을 널리 알리고 산업단지에서 창출한 경제적 성과를 기념하기 위하여 매년 9월 14일을 산업단지의 날로 한다.

② 정부는 산업단지의 날에 기념행사를 개최한다.

(2022.11.15 본조신설)

제4조【행위의 효력의 승계】 이 법에 따라 행한 절차나 그 밖의 행위는 해당 공장의 소유자, 점유자, 그 밖의 이해관계인의 승계인에 대하여도 그 효력이 있다.

제2장 산업의 입지
(2009.2.6 본장개정)

제5조 (2009.2.6 삭제)

제6조【산업입지에 관한 조사】 ① 산업통상자원부장관은 다음 각 호의 사항을 위하여 대통령령으로 정하는 바에 따라 산업입지 등에 관한 필요한 조사(이하 "입지조사"라 한다)를 할 수 있다.(2013.3.23 본문개정)
1. 산업집적활성화 기본계획의 수립
2. 산업입지의 적절한 운용
3. 공장입지의 기준 설정
4. 산업단지 관리지침의 작성

4의2. 산업집적기반시설 및 산업기반시설 등의 관리(2010.4.12 본호신설)

5. 그 밖에 산업입지에 관하여 산업통상자원부장관이 필요하다고 인정하는 사항(2013.3.23 본호개정)

② 산업통상자원부장관은 제1항에 따른 입지조사를 위하여 필요하다고 인정하는 경우에는 시·도지사와 제45조의17에 따른 한국산업단지공단(이하 "공단"이라 한다), 「상공회의소법」에 따른 상공회의소 또는 대한상공회의소, 「중소기업협동조합법」에 따른 중소기업중앙회 등 관련 단체의 장에게 협조를 요청할 수 있다. 이 경우 협조요청을 받은 시·도지사와 관련 단체의 장은 정당한 사유가 없으면 이에 따라야 한다.(2020.12.8 전단개정)

③ 산업통상자원부장관은 제1항에 따른 입지조사 결과를 국토교통부장관에게 통보하여야 한다.(2013.3.23 본항개정)

④ 제3항에 따라 입지조사 결과를 통보받은 국토교통부장관은 특별한 사유가 없으면 그 결과를 「산업입지 및 개발에 관한 법률」 제5조의2에 따른 산업입지공급계획 수립지침에 반영하여야 한다.(2013.3.23 본항개정)

제6조의2【공장설립온라인지원시스템의 설치·운영 등】 ① 산업통상자원부장관은 다음 각 호의 업무를 효율적으로 처리하기 위하여 전자정보처리시스템(이하 "공장설립온라인지원시스템"이라 한다)을 설치·운영할 수 있다.(2013.3.23 본문개정)
1. 공장설립 승인 업무
2. 공장설립 등에 관한 정보의 원활한 수급
3. 산업집적 및 공장설립에 관한 정책에 필요한 정보의 수집·분석
4. 그 밖에 산업통상자원부장관이 정하는 업무(2013.3.23 본호개정)

(2011.7.25 본항개정)

② 지방자치단체의 장 및 관리기관은 공장설립온라인지원시스템을 이용하여 다음 각 호의 신청, 신고 등(이하 "전자신청등"이라 한다)을 하게 할 수 있다.
1. 제13조제1항 본문 및 같은 조 제3항, 제13조의2, 제13조의3, 제14조, 제14조의2, 제14조의3, 제16조, 제16조의2, 제20조, 제21조 및 제28조의2제1항·제5항에 따른 승인·허가·등록·확인 등의 신청(2019.12.10 본호개정)

2. 제13조제1항 단서, 제14조, 제15조, 제28조의2제2항, 제39조제3항, 제40조제2항 및 제43조제2항에 따른 신고
3. 제38조, 제38조의2 및 제40조제3항에 따른 입주계약의 신청
4. 제48조에 따른 보고 및 자료의 제출
5. 그 밖에 대통령령으로 정하는 신청 또는 자료의 제출
(2011.7.25 본항신설)
③ 지방자치단체의 장 및 관리기관은 공장설립온라인지원시스템을 이용하여 전자신청등의 승인·허가·수리 등에 대한 교부·통지 등을 하거나 그 밖에 대통령령으로 정하는 업무를 처리할 수 있다.(2011.7.25 본항신설)
④ 산업통상자원부장관은 공장설립온라인지원시스템의 운영을 위하여 관계 중앙행정기관, 지방자치단체, 「공공기관의 운영에 관한 법률」 제4조에 따른 공공기관, 정부출연기관 등 관련 기관의 장에게 필요한 자료·정보의 제공을 요청할 수 있다. 이 경우 자료·정보의 제공을 요청받은 기관의 장은 특별한 사유가 없으면 이에 따라야 한다.(2013.3.23 전단개정)
⑤ 공장설립온라인지원시스템의 운영에 필요한 사항은 대통령령으로 정한다.(2011.7.25 본항개정)
(2011.7.25 본조제목개정)

제6조의3【공장설립온라인지원시스템의 자료이용 등】 ① 산업통상자원부장관은 공장설립온라인지원시스템으로 처리된 자료(이하 "전산자료"라 한다)를 공장설립 승인 업무 등의 효율적인 처리에 지장이 없고 대통령령으로 정하는 공장설립자 등의 개인정보 보호기준을 위반하지 아니하는 범위에서 중앙행정기관·지방자치단체 또는 「공공기관의 운영에 관한 법률」 제4조에 따른 공공기관의 장이 이용하게 할 수 있다.(2015.5.18 본항개정)
② (2015.5.18 삭제)
③ 산업통상자원부장관은 제1항에 따라 전산자료를 이용하려는 자에게 산업통상자원부령으로 정하는 바에 따라 사용료를 내게 할 수 있다.(2013.3.23 본항개정)
④ 제1항에 따른 전산자료 이용절차 등에 관하여 필요한 사항은 대통령령으로 정한다.(2015.5.18 본항개정)

제6조의4【전산자료의 이용자에 대한 지도·감독】 ① 산업통상자원부장관은 필요하다고 인정하면 전산자료의 보유 또는 관리 등에 관한 사항에 대하여 제6조의3에 따라 전산자료를 이용하는 자를 지도·감독할 수 있다.
(2013.3.23 본항개정)
② 제1항에 따른 지도·감독의 절차 등에 관하여 필요한 사항은 대통령령으로 정한다.
(2011.7.25 본조신설)

제6조의5【공장설립온라인지원시스템 이용자의 교육】 ① 산업통상자원부장관은 공장설립온라인지원시스템을 이용하는 자에 대하여 필요한 교육을 할 수 있다.
② 산업통상자원부장관은 산업통상자원부령으로 정하는 바에 따라 제1항에 따른 교육에 드는 비용을 받을 수 있다.
(2013.3.23 본조개정)

제7조【산업입지연구센터의 설치 등】 ① 국내외 산업입지 현황에 관한 정보의 제공 등 기업의 산업입지 관련 사업의 효율적인 지원·조사·연구 및 자문 등을 위하여 공단에 산업입지연구센터를 둔다.
② (2002.12.30 삭제)
③ 제1항에 따른 산업입지연구센터의 운영 및 감독에 필요한 사항은 대통령령으로 정한다.
④ (2006.3.3 삭제)

제7조의2【공장설립지원센터의 설치 등】 ① 공장설립과 관련한 입지 선정의 상담, 각종 자금 알선 및 세금 감면의 안내, 공장설립온라인지원시스템의 운영, 각종 공장설립에 관한 업무(공장의 건축허가 신청 등 관련 업무를 포함한다. 이하 이 조에서 같다)의 처리 및 대행, 그 밖에 공장설립에 관한 지원업무를 수행하기 위하여 공단에 공장설립지원센터를 둔다.(2011.7.25 본항개정)
② 공장을 설립하려는 자는 공장설립에 관한 서류의 작성·제출 등 공장설립에 관한 업무의 대행을 제1항에 따른 공장설립지원센터(이하 "지원센터"라 한다)의 장에게 의뢰할 수 있다.
③ 공장설립에 관한 업무의 대행을 의뢰받은 지원센터의 장은 시장(「제주특별자치도 설치 및 국제자유도시 조성을 위한 특별법」에 따른 행정시장과 특별자치시장을 포함한다. 이하 같다)·군수 또는 구청장(자치구의 구청장을 말한다. 이하 같다) 및 관계 행정기관의 장에게 그 서류를 이송하여 처리하도록 하여야 한다. 이 경우 공장설립온라인지원시스템을 이용하여 처리할 수 있다.
(2019.12.10 전단개정)
④ (2007.8.3 삭제)
⑤ 지원센터의 구성 및 운영 등에 필요한 사항은 대통령령으로 정한다.

제7조의3【공장설립옴부즈만사무소의 설치 등】 ① 공장설립과 관련한 기업의 애로사항 또는 건의사항의 접수·조사 및 처리, 공장설립 관련 행정규제의 완화 및 정비방안 마련, 공장설립 관련 제도의 개선방안 마련 및 관계 행정기관에 대한 이행 권고 등을 위하여 공단에 공장설립옴부즈만사무소를 둔다.
② 제1항에 따른 공장설립옴부즈만사무소(이하 "공장설립옴부즈만사무소"라 한다)의 장은 공장설립에 관한 애로사항 등의 처리에 관한 업무를 수행하고, 애로사항 등을 처리하기 위하여 관계 행정기관 또는 유관기관에 협조를 요청할 수 있다. 이 경우 협조요청을 받은 기관은 10일 이내에 의견을 통보하여야 한다.
③ 공장설립옴부즈만사무소의 구성 및 운영 등에 필요한 사항은 대통령령으로 정한다.

제7조의4【기업입지지원단의 설치 등】 ① 시·도지사는 공장설립과 관련한 입지선정을 지원하고 공장의 입지정보를 제공하기 위하여 기업입지지원단(이하 "입지지원단"이라 한다)을 설치·운영할 수 있다.
② 입지지원단의 구성 및 운영 등에 필요한 사항은 대통령령으로 정한다.
(2009.2.6 본조신설)

제8조【공장입지의 기준】 산업통상자원부장관은 관계 중앙행정기관의 장과 협의하여 다음 각 호의 사항에 관한 공장입지의 기준(이하 "입지기준"이라 한다)을 정하여 고시하여야 한다. 이를 변경한 경우에도 또한 같다.
(2013.3.23 전단개정)
1. 「국토의 계획 및 이용에 관한 법률」 등 대통령령으로 정하는 법령에서 용도지역별로 허용 또는 제한되는 공장의 업종·규모 및 범위 등에 관한 사항
2. 제조업종별 공장부지면적에 대한 대통령령으로 정하는 공장건축물등(이하 "공장건축물등"이라 한다)의 면적의 비율(이하 "기준공장면적률"이라 한다)과 그 적용 대상
3. 제조업종별 환경오염 방지에 관한 사항
4. 환경오염을 일으킬 수 있는 공장의 입지 제한에 관한 사항

제9조【공장입지기준의 확인 등】 ① 시장·군수 또는 구청장은 토지소유자나 그 밖의 이해관계인이 신청한 경우에는 10일 이내에 그 관할 구역의 토지에 대하여 지번별로 공장설립이 가능한지 여부를 확인하여 알려 주어야 한다.
② 시장·군수 또는 구청장은 매년 2월 말일까지 공장설립이 가능한 지역과 그 지역에서의 공장설립 가능 업종 등 산업통상자원부령으로 정하는 사항을 공보에 고시할 수 있다. 고시한 사항을 변경할 때에도 또한 같다.
(2013.3.23 전단개정)

제10조【권리·의무의 승계】 다음 각 호의 어느 하나에 해당하는 자는 제13조제1항에 따른 승인을 받은 자의 그 공장에 관한 권리·의무를 승계한다.
1. 제13조제1항에 따른 승인을 받은 자가 사망한 경우 그 상속인
2. 제13조제1항에 따른 승인을 받은 자가 그 공장을 양도한 경우 그 양수인
3. 법인인 제13조제1항에 따른 승인을 받은 자가 합병한 경우 합병 후 존속하는 법인이나 합병에 따라 설립되는 법인

제11조【기준공장면적률의 적용】 ① 제8조제2호에 따라 고시된 기준공장면적률의 적용 대상이 되는 공장의 공장건축물등의 면적은 기준공장면적률을 적용하여 산정한 면적(이하 "기준공장건축면적"이라 한다)에 적합하여야 한다. 다만, 다른 법률에 따라 공장건축이 제한되거나 그 밖에 대통령령으로 정하는 용지의 경우에는 그러하지 아니하다.
② 시장·군수·구청장 또는 관리기관은 제15조에 따른 공장설립등의 완료신고를 받은 경우 공장건축물등의 면적이 제1항에 따른 기준공장건축면적에 미달할 때에는 이를 반려하고 요건을 갖추어 다시 완료신고를 하도록 하여야 한다.(2015.5.18 본항개정)
③ 제1항에 따른 공장건축물등의 면적은 제13조에 따른 공장설립등의 승인을 받은 날부터 대통령령으로 정하는 기간의 계획분(計劃分)을 포함한다.
④ 기준공장건축면적의 산출방법은 대통령령으로 정한다.

제12조【산업시설구역등에서 제조업 외 업종에 대한 기준건축면적률 적용】 ① 제33조제8항에 따른 산업시설구역 및 복합구역(이하 "산업시설구역등"이라 한다)에서 제조업 외의 사업을 하려는 입주기업체의 사업부지면적에 대한 사업건축물 등(이하 이 조에서 "사업건축물등"이라 한다)의 면적의 비율(이하 "기준건축면적률"이라 한다)은 제8조제2호를 준용한다. 이 경우 "공장건축물등"은 "사업건축물등"으로, "기준공장면적률"은 "기준건축면적률"로 본다.(2019.12.10 전단개정)
② 업종별 기준건축면적률은 제8조제2호에 따른 기준공장면적률 중 최고비율의 2배 이내에서 고시로 정하며, 그 적용하는 방법은 제11조제1항 본문 및 제4항을 준용한다. 이 경우 "공장의 공장건축물등"은 "사업건축물등"으로, "기준공장면적률"은 "기준건축면적률"로, "기준공장건축면적"은 "기준사업건축면적"으로 본다.
③ 기준사업건축면적에 적합하게 건축할 경우 안전이나 환경보전상 중대한 위해(危害)가 발생할 우려가 있다고 관리기관이 인정하는 용지로서 관리권자의 승인을 받은 경우에는 제2항에도 불구하고 기준건축면적률을 적용하지 아니할 수 있다.(2014.12.30 본항신설)
(2014.12.30 본조개정)

제3장 공장의 설립
(2009.2.6 본장개정)

제13조【공장설립등의 승인】 ① 공장건축면적이 500제곱미터 이상인 공장의 신설·증설 또는 업종변경(이하 "공장설립등"이라 한다)을 하려는 자는 대통령령으로 정하는 바에 따라 시장·군수 또는 구청장의 승인을 받아야 하며, 승인을 받은 사항을 변경하려는 경우에도 또한 같다. 다만, 승인을 받은 사항 중 산업통상자원부령으로 정하는 경미한 사항을 변경하려는 경우에는 시장·군수 또는 구청장에게 신고하여야 한다.(2013.3.23 단서개정)
② 다음 각 호의 어느 하나에 해당하는 경우에는 제1항에 따른 공장설립등의 승인을 받은 것으로 본다.
1. 제20조제2항에 따른 승인을 받은 경우
2. 제38조제1항 본문 및 제2항에 따른 입주계약 및 변경계약을 체결한 경우
3. 대통령령으로 정하는 다른 법률에 따라 그 공장설립에 관한 허가·인가·면허 등을 받은 경우
③ 공장건축면적이 500제곱미터 미만인 경우에도 제13조의2에 따른 허가·신고·면허·승인·해제 또는 용도폐지 등의 의제(擬制)를 받으려는 자는 제1항에 따른 공장설립등의 승인을 받을 수 있다.
④ 시장·군수 또는 구청장은 제7조의2제3항에 따라 지원센터의 장으로부터 공장설립등에 관한 서류를 송부받은 때에는 서류를 송부받은 날부터 20일(관계 법령에 인·허가 및 승인 사항이 따로 정하여진 경우에는 그 기간) 이내에 승인 여부 또는 승인 처리 지연 사유를 지원센터의 장에게 통보하여야 한다. 이 경우 그 기한 내에 승인 여부 또는 승인 처리 지연 사유를 통보하지 아니한 경우에는 그 기한이 지난 날의 다음날에 승인한 것으로 본다.
⑤ 시장·군수 또는 구청장은 제4항에 따라 승인 처리 지연 사유를 통보하는 경우에는 제4항의 승인 처리 기간을 10일 이내에서 연장할 수 있다.
⑥ 시장·군수 또는 구청장은 제4항에 따라 불승인을 통보하는 경우에는 그 사유를 분명히 밝혀야 하며, 지원센터의 장은 그 사유와 관련된 서류를 열람할 수 있다.
⑦ 시장·군수·구청장 또는 관리기관은 공장설립대장을 비치하여 필요한 사항을 적고 이를 관리하여야 한다.

제13조의2【인가·허가 등의 의제】 ① 제13조제1항에 따른 공장설립등의 승인을 할 때 해당 공장 및 진입로 부지에 대한 다음 각 호의 허가·신고·면허·승인·해제 또는 용도폐지 등(이하 "인·허가등"이라 한다)에 관하여 해당 시장·군수 또는 구청장이 제5항 본문에 따라 관계 행정기관의 장과 협의한 사항(제5항 단서에 따라 협의가 생략되는 경우를 포함한다)에 대하여는 해당 인·허가등을 받은 것으로 본다.
1. 「농지법」 제34조제1항에 따른 농지전용의 허가, 같은 법 제35조제1항·제43조에 따른 농지전용의 신고 및 같은 법 제40조제1항에 따른 용도변경의 승인
2. 「산지관리법」 제14조·제15조에 따른 산지전용허가 및 산지전용신고, 같은 법 제15조의2에 따른 산지일시사용허가·신고, 같은 법 제21조에 따른 산지 전용된 토지의 용도변경 승인 및 「산림자원의 조성 및 관리에 관한 법률」 제36조제1항·제5항에 따른 입목벌채등의 허가·신고(2022.12.27 본호개정)
3. 「초지법」 제23조제1항에 따른 초지전용의 허가
4. 「사방사업법」 제14조제1항 본문에 따른 사방지(砂防地)의 죽목의 벌채 등의 허가 및 같은 법 제20조제1항에 따른 사방지 지정의 해제
5. 「국토의 계획 및 이용에 관한 법률」 제56조제1항에 따른 개발행위(토지의 형질 변경 또는 토지 분할만 해당한다)의 허가, 같은 법 제86조에 따른 도시·군계획시설사업의 시행자의 지정 및 같은 법 제88조에 따른 실시계획의 인가(2016.1.19 본호개정)
6. 「하천법」 제30조제1항 본문에 따른 하천공사시행의 허가 및 같은 법 제33조제1항 각 호에 따른 하천점용의 허가
7. 「공유수면 관리 및 매립에 관한 법률」 제8조에 따른 공유수면의 점용·사용허가, 같은 법 제17조에 따른 실시계획의 승인 또는 신고 및 같은 법 제28조에 따른 공유수면의 매립면허(2010.4.15 본호개정)
8. 「장사 등에 관한 법률」 제27조제1항에 따른 분묘 개장의 허가
9. 「사도법」 제4조에 따른 사도(私道) 개설 등의 허가
10. 「도로법」 제52조제1항에 따른 도로와 다른 시설의 연결허가 및 같은 법 제61조제1항에 따른 도로점용의 허가(2019.12.10 본호개정)
11. (2010.4.15 삭제)
12. 「농어촌정비법」 제23조제1항 본문에 따른 농업생산기반시설의 사용허가(2016.12.27 본호개정)
13. 「국유재산법」 제30조에 따른 국유재산의 사용허가 및 같은 법 제40조제1항에 따른 도로·하천·도랑 및 제방의 용도폐지(2019.12.10 본호개정)
14. 「공유재산 및 물품 관리법」 제11조에 따른 행정재산의 용도의 변경 또는 폐지 및 같은 법 제20조제1항에 따른 행정재산의 사용·수익허가
15. 「건축법」 제11조제1항에 따른 건축허가, 같은 법 제14조제1항에 따른 건축신고, 같은 법 제19조제2항에 따른 건축물의 용도변경의 허가나 신고, 같은 조 제3항에 따른 기재내용의 변경, 같은 법 제20조제1항·제3항에 따른 가설건축물 건축의 허가 또는 신고 및 같은 법 제83조제1항에 따른 공작물 축조의 신고(2014.1.14 본호개정)
16. 「환경영향평가법」 제44조에 따른 소규모 환경영향평가에 대한 협의(2011.7.21 본호개정)

17.「자연재해대책법」 제4조에 따른 재해영향평가등의 협의(2017.10.24 본호개정)
18.「부동산 거래신고 등에 관한 법률」 제11조에 따른 토지거래계약에 관한 허가(2016.1.19 본호신설)
② 제13조제1항에 따라 공장설립등의 승인을 받은 자(제1항제9호에 따라 공장설립등의 승인 시에 사도개설 등의 허가의 의제를 받은 자는 제외한다)에게 「사도법」 제4조에 따른 사도개설 등의 허가를 할 때 그 공장진입로 부지에 대한 제1항 각 호(같은 항 제9호는 제외한다)의 인·허가등에 관하여 해당 시장·군수 또는 구청장이 제5항에 따라 관계 행정기관의 장과 협의한 사항에 대하여는 해당 인·허가등을 받은 것으로 본다.
③ 제13조제1항에 따른 공장설립등의 승인을 할 때 그 공장에서 운영하려는 사업에 대한 다음 각 호의 허가 또는 신고에 관하여 시장·군수 또는 구청장이 제5항에 따라 관계 행정기관의 장과 협의한 사항에 대하여는 해당 허가를 받거나 신고를 한 것으로 본다.
1.「액화석유가스의 안전관리 및 사업법」 제5조에 따른 가스용품 제조사업의 허가(2015.1.28 본호개정)
2.「고압가스 안전관리법」 제4조에 따른 고압가스 제조허가, 같은 법 제5조에 따른 용기등의 제조등록 및 같은 법 제20조에 따른 특정고압가스 사용의 신고
3.「먹는물관리법」 제23조제1항에 따른 먹는샘물등의 제조업의 조건부허가(2010.3.22 본호개정)
④ 제1항부터 제3항까지의 규정에 따른 인·허가등 또는 허가·신고의 의제를 받으려는 자(제1항제15호에 따라 건축허가 또는 건축신고의 의제와 함께 제14조제1항 각 호의 허가등의 의제를 받으려는 자를 포함한다)는 공장설립등의 승인신청 시에 산업통상자원부령으로 정하는 관련 서류를 함께 제출하여야 한다. 다만, 산업통상자원부령으로 정하는 서류는 제14조에 따른 건축허가신청 시(제1항제15호에 따라 건축허가 또는 건축신고의 의제를 받으려는 경우에는 공사착공 시)까지 사후에 이를 제출할 수 있다.(2013.3.23 본항개정)
⑤ 시장·군수 또는 구청장이 제13조제1항에 따라 공장설립등의 승인을 하거나 제2항에 따라 「사도법」 제4조에 따른 사도개설 등의 허가를 할 때 그 내용 중 제1항 및 제3항 각 호의 어느 하나에 해당하는 사항이 있을 때에는 관계 행정기관의 장과 협의하여야 한다. 다만, 시장·군수 또는 구청장이 제13조의4제2항에 따라 고시된 처리기준에 따라 승인을 하는 경우에는 그러하지 아니하다.
⑥ 관계 행정기관의 장은 제5항 본문에 따른 협의를 요청받은 날부터 10일(관계 행정기관의 장의 권한에 속하는 사항을 규정한 법령에서 정한 회신기간이 10일을 초과하는 경우에는 그 기간을 말한다) 이내에 의견을 제출하여야 한다.(2019.12.10 본항신설)
⑦ 관계 행정기관의 장이 제6항에서 정한 기간(「민원 처리에 관한 법률」 제20조제2항에 따라 회신기간을 연장한 경우에는 그 연장된 기간을 말한다) 내에 의견을 제출하지 아니하면 협의가 이루어진 것으로 본다.(2019.12.10 본항신설)
⑧ 시장·군수 또는 구청장은 제5항 단서에 따라 공장설립등의 승인을 한 경우에는 관계 행정기관의 장에게 그 승인 내용을 통보하여야 한다.

제13조의3【공장설립등의 승인에 대한 특례】 ① 시장·군수 또는 구청장은 공장진입로를 조성하기 위하여 부득이하게 도로(「도로법」 제2조제1호에 따른 도로 및 같은 법 제108조에 따른 준용도로를 말한다)가 아닌 길과 공장진입로를 연결할 필요가 있는 경우로서 대통령령으로 정하는 기준에 해당할 때에는 그 길을 「사도법」 제2조에 따른 사도로 보아 같은 법 제4조에 따라 사도개설을 허가하여야 한다.(2019.12.10 본항개정)
②「국토의 계획 및 이용에 관한 법률」에 따른 용도지역 및 지구 등의 지정·변경에 관한 도시·군관리계획 등의 결정·고시 당시 해당 용도지역·지구 등에서 제13조에 따른 공장설립등의 승인을 받은 자는 승인을 받은 후에 용도지역·지구의 지정 또는 변경이 있더라도 해당 행위를 제한받지 아니하고 그 공사 또는 사업을 계속할 수 있다. 이 경우 각 해당 법령에 따른 인·허가권자는 공장설립등에 필요한 인·허가를 할 수 있다.(2011.4.14 전단개정)
③ 시장·군수 또는 구청장은 「중소기업창업 지원법」 제45조제1항에 따른 공장 설립계획의 승인을 받은 자에 대하여 같은 법 제49조에 따라 그 공장 설립계획의 승인 또는 공장 건축허가를 취소하는 경우에는 같은 법 제49조에도 불구하고 그 토지의 원상회복을 명하지 아니하고 해당 창업기업 또는 제3자에게 대통령령으로 정하는 바에 따라 그 토지에 대한 공장설립등의 승인을 할 수 있다.(2021.12.28 본항개정)

제13조의4【공장설립업무 처리기준의 고시 등】 ① 제13조의2제1항 각 호(같은 항 제16호는 제외한다)에 따른 인·허가등의 권한을 가진 행정기관의 장은 그 인·허가등의 처리기준을 마련하여 이를 산업통상자원부장관에게 통보하여야 한다. 이를 변경한 경우에도 또한 같다.
② 산업통상자원부장관은 제1항에 따라 통보받은 처리기준을 통합하여 고시하여야 한다. 고시한 처리기준의 변경통보를 받은 경우에도 또한 같다.
(2013.3.23 본조개정)

제13조의5【공장설립등의 승인의 취소】 시장·군수 또는 구청장은 제13조에 따라 공장설립등의 승인을 받은 자가 다음 각 호의 어느 하나에 해당하는 사유로 사업시행이 곤란하다고 인정하는 경우에는 그 공장설립등의 승인의 취소 및 해당 토지의 원상회복을 명할 수 있으며, 이 경우 원상회복에 관하여는 「농지법」 제42조 및 「산지관리법」 제39조를 준용한다. 다만, 제3호에 따른 기간을 초과하는 것이 부득이하다고 인정되는 경우로서 대통령령으로 정하는 경우에는 그러하지 아니하다.
1. 공장설립등의 승인을 받은 날부터 3년(농지전용허가 또는 신고가 의제된 경우에는 2년)이 지날 때까지 공장을 착공하지 아니하는 경우
2. 토지의 형질변경 허가 등이 취소되어 공장설립등이 불가능하게 된 경우
3. 공장설립등의 승인 및 제14조의3에 따른 제조시설의 설치승인을 받은 후 4년이 지난 날까지 제15조제1항에 따른 완료신고를 하지 아니하거나 공장착공 후 1년 이상 공사를 중단한 경우
4. 공장설립등의 승인을 받은 부지 또는 건축물을 정당한 사유 없이 승인을 받은 내용과 다른 용도로 활용하는 경우
5. 제13조제1항에 따른 공장설립등의 승인기준에 미달하게 된 경우

제14조【공장의 건축허가】 ① 제13조제1항에 따라 공장설립등의 승인을 받은 자(같은 조 제2항에 따라 공장설립등의 승인을 받은 것으로 의제되는 자를 포함한다. 이하 같다)에게 「건축법」 제11조에 따른 건축허가를 하거나 같은 법 제14조에 따른 신고를 수리(제13조의2제1항제15호에 따라 공장설립등의 승인 시에 건축허가 및 건축신고가 의제되는 경우를 포함한다)할 때 해당 시장·군수 또는 구청장이 다음 각 호의 허가·인가·승인·동의·심사 또는 신고(이하 "허가등"이라 한다)에 관하여 제3항에 따라 관계 행정기관의 장과 협의한 사항에 대하여는 해당 허가등을 받은 것으로 본다.(2011.7.25 본문개정)
1.「도로법」 제61조제1항에 따른 도로점용의 허가(2014.1.14 본호개정)
2.「하수도법」 제24조에 따른 시설 또는 공작물 설치의 허가, 같은 법 제27조제3항에 따른 배수설비 설치의 신고 및 같은 법 제34조제2항에 따른 개인하수처리시설의 설치 신고
3.「수도법」 제52조제1항에 따른 전용상수도 설치의 인가
4.「전기안전관리법」 제8조제1항 및 제2항에 따른 자가용전기설비 공사계획의 인가 및 신고(2020.3.31 본호개정)
5.「소방시설 설치 및 관리에 관한 법률」 제6조제1항에 따른 건축허가등의 동의, 「소방시설공사업법」 제13조제1항에 따른 소방시설공사의 신고 및 「위험물안전관리법」 제6조제1항에 따른 제조소등의 설치허가(2021.11.30 본호개정)
6.「국토의 계획 및 이용에 관한 법률」 제56조제1항에 따른 개발행위(건축물의 건축 또는 공작물의 설치만 해당한다)의 허가, 같은 법 제86조에 따른 도시·군계획시설사업의 시행자의 지정 및 같은 법 제88조에 따른 실시계획의 인가(2011.4.14 본호개정)
7.「건축법」 제20조제1항·제3항에 따른 가설건축물 건축의 허가 또는 신고 및 같은 법 제83조에 따른 공작물 축조의 신고(2014.1.14 본호개정)
8.「폐기물관리법」 제29조제2항에 따른 폐기물처리시설의 설치승인 또는 신고
9.「가축분뇨의 관리 및 이용에 관한 법률」 제11조에 따른 배출시설의 설치 허가 또는 신고
10.「대기환경보전법」 제23조제1항, 「물환경보전법」 제33조제1항, 「소음·진동관리법」 제8조제1항에 따른 배출시설설치의 허가 또는 신고(2017.1.17 본호개정)
11.「토양환경보전법」 제12조에 따른 특정토양오염관리대상시설 설치의 신고
12.「총포·도검·화약류 등의 안전관리에 관한 법률」 제25조제1항에 따른 화약류간이저장소 설치의 허가(2015.1.6 본호개정)
13.「액화석유가스의 안전관리 및 사업법」 제8조제1항에 따른 액화석유가스저장소 설치의 허가(2015.1.28 본호개정)
14.「고압가스 안전관리법」 제4조제3항에 따른 고압가스 저장소 설치의 허가
15.「산업안전보건법」 제42조제4항에 따른 유해·위험방지계획서의 심사, 같은 법 제45조제1항에 따른 공정안전보고서의 심사(2019.1.15 본호개정)
16.「환경오염시설의 통합관리에 관한 법률」 제6조에 따른 허가(2015.12.22 본호신설)
② 제1항 각 호에 따른 허가등의 의제를 받으려는 자는 해당 공장의 건축허가신청 또는 건축신고 시에 해당 법령에서 정하는 관련 서류를 함께 제출하여야 한다.
③ 시장·군수 또는 구청장이 「건축법」 제11조제1항에 따른 건축허가를 하거나 같은 법 제14조제1항에 따른 건축신고를 수리할 때 그 내용 중 제1항 각 호의 어느 하나에 해당하는 사항이 있을 때에는 관계 행정기관의 장과 협의하여야 한다.
④ 관계 행정기관의 장은 제3항에 따른 협의를 요청받은 날부터 10일(관계 행정기관의 장의 권한에 속하는 사항을 규정한 법령에서 정한 회신기간이 10일을 초과하는 경우에는 그 기간을 말한다) 이내에 의견을 제출하여야 한다.(2019.12.10 본항신설)
⑤ 관계 행정기관의 장이 제4항에서 정한 기간(「민원 처리에 관한 법률」 제20조제2항에 따라 회신기간을 연장한 경우에는 그 연장된 기간을 말한다) 내에 의견을 제출하지 아니하면 협의가 이루어진 것으로 본다.(2019.12.10 본항신설)

제14조의2【공장건축물의 사용승인】 ① 시장·군수 또는 구청장이 제13조의2제1항에 따라 공장설립등의 승인 시에 건축허가 또는 건축신고를 의제 받은 자 및 제14조에 따른 건축허가를 받거나 신고를 한 자에 대하여 「건축법」 제22조제1항에 따른 건축물의 사용승인을 할 때 다음 각 호의 검사·신고·동의 및 신청(이하 "검사등"이라 한다)에 관하여 제3항에 따라 관계 행정기관의 장과 협의한 사항에 대하여는 해당 검사등을 한 것으로 본다.
1.「전기안전관리법」 제9조에 따른 자가용전기설비의 사용 전 검사(2020.3.31 본호개정)
2.「소방시설 설치 및 관리에 관한 법률」 제6조제1항에 따른 사용승인의 동의, 「소방시설공사업법」 제14조제1항에 따른 소방시설공사의 완공검사 및 「위험물안전관리법」 제9조제1항에 따른 제조소등의 완공검사(2021.11.30 본호개정)
3.「폐기물관리법」 제29조제4항에 따른 폐기물처리시설의 사용개시신고
4.「하수도법」 제37조제1항에 따른 개인하수처리시설의 준공검사
5.「대기환경보전법」 제30조제1항, 「물환경보전법」 제37조제1항에 따른 가동개시신고(2017.1.17 본호개정)
6.「총포·도검·화약류 등의 안전관리에 관한 법률」 제43조에 따른 완성검사(2015.1.6 본호개정)
7.「액화석유가스의 안전관리 및 사업법」 제36조제2항에 따른 저장소설치, 가스용품제조시설의 완성검사(2015.1.28 본호개정)
8.「고압가스 안전관리법」 제16조제3항에 따른 고압가스의 제조·저장소설치, 용기등의 제조시설 설치공사의 완성검사 및 같은 법 제20조에 따른 특정고압가스시설의 완성검사
9.「국토의 계획 및 이용에 관한 법률」 제62조제1항 및 같은 법 제98조제2항에 따른 준공검사
10.「공간정보의 구축 및 관리 등에 관한 법률」 제64조제2항에 따른 토지이동 등의 등록신청(2014.6.3 본호개정)
11.「환경오염시설의 통합관리에 관한 법률」 제12조에 따른 가동개시 신고(2015.12.22 본호신설)
② 제1항 각 호에 따른 검사등의 의제를 받으려는 자는 해당 공장건축물의 사용승인 신청 시에 해당 법령에서 정하는 관련 서류를 함께 제출하여야 한다.
③ 시장·군수 또는 구청장이 「건축법」 제22조제1항에 따른 사용승인을 할 때 그 내용 중 제1항 각 호의 어느 하나에 해당하는 사항이 있을 때에는 관계 행정기관의 장과 협의하여야 한다.
④ 관계 행정기관의 장은 제3항에 따른 협의를 요청받은 날부터 10일(관계 행정기관의 장의 권한에 속하는 사항을 규정한 법령에서 정한 회신기간이 10일을 초과하는 경우에는 그 기간을 말한다) 이내에 의견을 제출하여야 한다.(2019.12.10 본항신설)
⑤ 관계 행정기관의 장이 제4항에서 정한 기간(「민원 처리에 관한 법률」 제20조제2항에 따라 회신기간을 연장한 경우에는 그 연장된 기간을 말한다) 내에 의견을 제출하지 아니하면 협의가 이루어진 것으로 본다.(2019.12.10 본항신설)

제14조의3【제조시설설치승인】 ① 다음 각 호의 어느 하나에 해당하는 공장건축물로서 공장건축면적 500제곱미터 이상인 공장건축물의 전부 또는 일부에 제조시설등을 설치하여 제조업을 하려는 자는 대통령령으로 정하는 바에 따라 시장·군수 또는 구청장의 승인을 받아야 한다. 승인을 받은 사항을 변경하려는 경우에도 또한 같다. 다만, 승인을 받은 사항 중 산업통상자원부령으로 정하는 경미한 사항을 변경하려는 경우에는 시장·군수 또는 구청장에게 신고하여야 한다.(2013.3.23 단서개정)
1. 미리 업종을 특별히 정하지 아니하고 제13조제1항에 따른 공장설립등의 승인을 받아 건축된 공장건축물
2. 제16조제1항에 따라 등록된 공장으로서 제17조제1항제2호에 따라 그 등록이 취소된 공장건축물
② 제38조제1항 본문에 따른 입주계약을 체결한 경우에는 제1항에 따른 제조시설설치승인을 받은 것으로 본다.
③ 시장·군수 또는 구청장이 제1항에 따른 승인을 할 때 제13조의2제3항에 따른 허가 또는 신고 및 제14조제1항 각 호에 따른 허가등에 관하여 관계 행정기관의 장과 협의한 사항에 대하여는 제13조의2제3항 각 호에 따른 허가 또는 신고 및 제14조제1항 각 호에 따른 허가등을 받은 것으로 본다.
④ 제3항의 경우에 관하여는 제13조의2제4항, 같은 조 제5항 본문 및 제14조제2항·제3항을 준용한다. 이 경우 "공장설립등의 승인신청" 및 "공장의 건축허가신청 또는 건축신고"는 각각 "제조시설설치승인신청"으로 본다.
⑤ 시장·군수 또는 구청장이 제1항에 따른 제조시설설치승인을 받아 제조시설등을 설치한 자로부터 제15조에 따른 공장설립등의 완료신고를 수리할 때 제14조의2제1항 각 호의 검사등에 관하여 관계 행정기관의 장과 협의한 사항에 대하여는 제14조의2제1항 각 호에 따른 검사등을 한 것으로 본다.

⑥ 제5항의 경우에 관하여는 제14조의2제2항 및 제3항을 준용한다. 이 경우 "사용승인 신청" 및 "사용승인"은 "공장설립등의 완료신고" 및 "완료신고의 수리"로 본다.

제14조의4【제조시설설치승인의 취소】 시장·군수 또는 구청장은 속임수나 그 밖의 부정한 방법으로 제14조의3제1항에 따른 제조시설설치승인을 받거나 대통령령으로 정하는 사유로 사업시행이 곤란하다고 인정하는 경우에는 제조시설설치승인을 취소할 수 있다.

제15조【공장설립등의 완료신고 등】 ① 제13조제1항에 따른 공장설립등의 승인을 받은 자가 공장건설을 완료하거나 제14조의3제1항에 따른 제조시설설치승인을 받은 자(제14조의3제2항에 따라 제조시설설치승인을 받은 것으로 의제되는 자를 포함한다)가 제조시설등의 설치를 완료하였을 때에는 대통령령으로 정하는 기간 내에 시장·군수 또는 구청장에게 공장설립등의 완료신고를 하여야 한다. 다만, 입주기업체는 관리기관에 완료신고를 하여야 한다.

② 제38조제3항에 따라 준용되는 같은 조 제1항 및 제2항에 따라 입주계약을 체결한 입주기업체가 산업시설구역등에 사업계획서에 따라 시설을 설치한 경우에는 기준건축면적률에 적합하도록 요건을 갖추어 대통령령으로 정하는 기간에 관리기관에 사업개시 신고를 하여야 한다.(2014.12.30 본항개정)

③ 시장·군수·구청장 또는 관리기관은 제2항에 따라 신고를 받은 날부터 10일 이내에 신고수리 여부 또는 민원 처리 관련 법령에 따른 처리기간의 연장을 신고인에게 통지하여야 한다.(2019.12.10 본항신설)

④ 시장·군수·구청장 또는 관리기관이 제3항에서 정한 기간 내에 신고수리 여부 또는 민원 처리 관련 법령에 따른 처리기간의 연장을 신고인에게 통지하지 아니하면 그 기간(민원 처리 관련 법령에 따라 처리기간이 연장 또는 재연장된 경우에는 해당 처리기간을 말한다)이 끝난 날의 다음 날에 신고를 수리한 것으로 본다.(2019.12.10 본항신설)

제16조【공장의 등록】 ① 시장·군수·구청장 또는 관리기관은 제15조에 따른 공장설립등의 완료신고를 받았을 때에는 산업통상자원부령으로 정하는 바에 따라 이를 공장등록대장에 등록하여야 한다.(2013.3.23 본항개정)

② 제13조제1항에 따른 공장설립등의 승인 대상 및 제20조제2항에 따른 승인 대상 외의 공장의 소유자 또는 점유자는 산업통상자원부령으로 정하는 바에 따라 제1항에 따른 공장등록을 신청할 수 있다.(2013.3.23 본항개정)

③ 제13조제1항에 따른 공장설립등의 승인을 받은 자가 공장건설을 완료하기 전에 공장을 부분가동(部分稼動)하려는 경우에는 산업통상자원부령으로 정하는 바에 따라 공장등록을 신청하여야 한다.(2013.3.23 본항개정)

④ 제1항부터 제3항까지의 규정에 따라 공장등록대장에 등록한 사항 중 산업통상자원부령으로 정하는 사항을 변경한 자는 2개월 이내에 시장·군수 또는 구청장에게 변경등록을 신청하여야 한다. 다만, 입주기업체가 공장설립을 완료한 후 제38조제2항에 따른 입주계약의 변경신청을 한 경우에는 변경등록의 신청을 한 것으로 본다.(2013.3.23 본문개정)

⑤ 관리기관은 제1항부터 제3항까지의 규정에 따라 공장등록대장에 등록하거나 제4항에 따라 등록한 사항을 변경하여 등록한 경우에는 그 사실을 시장·군수 또는 구청장에게 통보하여야 한다.

⑥ 시장·군수 또는 구청장이 공장설립등을 완료한 자에 대하여 제1항부터 제3항까지의 규정에 따른 등록을 할 때 다음 각 호의 등록·신고 및 허가(이하 이 조에서 "등록등"이라 한다)에 관하여 제9항에 따라 관계 행정기관의 장과 협의한 사항에 대하여는 다음 각 호의 등록등을 한 것으로 본다.

1. 「인쇄문화산업 진흥법」 제12조제1항에 따른 인쇄사(印刷社)의 신고
2. 「양곡관리법」 제19조제1항에 따른 양곡가공업의 등록
3. 「인삼산업법」 제12조에 따른 인삼제조업의 신고
4. 「사료관리법」 제8조에 따른 사료제조업의 등록
5. 「비료관리법」 제11조제1항에 따른 비료생산업의 등록
6. 「축산물위생관리법」 제22조제1항에 따른 도축업·축산물가공업의 허가(2010.5.25 본호개정)
7. 「계량에 관한 법률」 제7조에 따른 계량기 제조업, 계량기 수리업 또는 계량증명업의 등록(2014.5.28 본호개정)
8. 「산업안전보건법」 제118조제1항에 따른 물질제조의 허가(2019.1.15 본호개정)
9. 「화학물질관리법」 제28조에 따른 유해화학물질 영업 허가(2013.6.4 본호개정)
10. 「가축분뇨의 관리 및 이용에 관한 법률」 제27조제1항에 따른 가축분뇨의 재활용 신고
11. 「먹는물관리법」 제21조에 따른 먹는샘물등의 제조업의 허가, 수처리제 제조업의 등록 및 정수기 제조업의 신고(2010.3.22 본호개정)
12. 「식품위생법」 제37조에 따른 식품 또는 식품첨가물의 제조업·가공업 및 기구 또는 용기·포장의 제조업의 허가 및 신고
13. 「건강기능식품에 관한 법률」 제5조에 따른 건강기능식품제조업의 허가
14. 「장애인복지법」 제69조제1항에 따른 의지·보조기 제조업의 개설 사실 통보
15. 「골재채취법」 제14조제1항에 따른 골재채취업의 등록
16. 「건설기계관리법」 제21조제1항에 따른 건설기계정비업의 신고
17. 「자동차관리법」 제53조제1항에 따른 자동차해체재활용업의 등록(2009.2.6 본호개정)
18. 「수산업법」 제53조에 따른 수산물가공업의 등록 및 신고(2022.1.11 본호개정)
19. 「사행행위 등 규제 및 처벌특례법」 제13조제1항에 따른 사행기구제조업의 허가

⑦ 시장·군수 또는 구청장이 제4항에 따른 변경등록을 할 때 다음 각 호의 변경허가·변경신고 또는 지위승계신고(이하 이 조에서 "변경허가등"이라 한다)에 관하여 제9항에 따라 관계 행정기관의 장과 협의한 사항에 대하여는 해당 변경허가등을 받은 것으로 본다.

1. 「전기안전관리법」 제8조제1항 및 제2항에 따른 자가용전기설비 공사계획의 변경인가 또는 신고(2020.3.31 본호개정)
2. 「위험물안전관리법」 제6조제1항에 따른 제조소등의 변경허가 및 같은 법 제10조제3항에 따른 지위승계신고
3. 「폐기물관리법」 제29조제3항에 따른 폐기물처리시설의 설치의 변경승인 또는 신고, 같은 법 제33조제2항에 따른 지위승계신고
4. 「하수도법」 제34조제2항에 따른 개인하수처리시설의 설치 또는 변경 신고
5. 「대기환경보전법」 제23조제2항·제3항, 「물환경보전법」 제33조제2항·제3항, 「소음·진동관리법」 제8조제2항에 따른 배출시설설치의 변경허가 또는 신고(2017.1.17 본호개정)
6. 「토양환경보전법」 제12조제1항에 따른 변경신고
7. 「액화석유가스의 안전관리 및 사업법」 제8조제1항에 따른 액화가스저장소설치의 변경허가 및 같은 법 제12조제3항에 따른 지위승계신고(2015.1.28 본호개정)
8. 「고압가스 안전관리법」 제4조제3항에 따른 고압가스 저장소설치의 변경허가

⑧ 제6항 각 호에 따른 등록등 또는 제7항 각 호에 따른 변경허가등의 의제를 받으려는 자는 해당 공장의 공장설립등의 완료신고 또는 변경등록신청 시에 해당 법령에서 정하는 관련 서류를 함께 제출하여야 한다.

⑨ 시장·군수 또는 구청장이 제1항부터 제3항까지의 규정에 따른 등록 또는 제4항에 따른 변경등록을 할 때 그 내용 중 제6항 각 호의 어느 하나 또는 제7항 각 호의 어느 하나에 해당하는 사항이 있을 때에는 관계 행정기관의 장과 협의하여야 한다.

⑩ 관계 행정기관의 장은 제9항에 따른 협의를 요청받은 날부터 10일(관계 행정기관의 장의 권한에 속하는 사항을 규정한 법령에서 정한 회신기간이 10일을 초과하는 경우에는 그 기간을 말한다) 이내에 의견을 제출하여야 한다.(2019.12.10 본항신설)

⑪ 관계 행정기관의 장이 제10항에서 정한 기간(「민원 처리에 관한 법률」 제20조제2항에 따라 회신기간을 연장한 경우에는 그 연장된 기간을 말한다) 내에 의견을 제출하지 아니하면 협의가 이루어진 것으로 본다.(2019.12.10 본항신설)

⑫ 제1항부터 제5항까지 및 제9항에 따른 공장의 등록절차, 신청 범위, 그 밖에 필요한 사항은 산업통상자원부령으로 정한다.(2013.3.23 본항개정)

제16조의2【공장건축물의 등록】 ① 제14조의2제1항에 따라 공장건축물의 사용승인을 받은 자는 제조시설등을 설치하기 전에 시장·군수·구청장 또는 관리기관에 그 공장건축물의 등록을 신청할 수 있다.

② 시장·군수·구청장 또는 관리기관은 제1항에 따른 신청을 받으면 산업통상자원부령으로 정하는 바에 따라 제16조제1항에 따른 공장등록대장에 해당 공장건축물의 등록을 하여야 한다.(2013.3.23 본항개정)

제17조【공장의 등록취소 등】 ① 시장·군수 또는 구청장은 제16조제1항부터 제3항까지의 규정에 따라 등록된 공장이 다음 각 호의 어느 하나에 해당하는 경우에는 대통령령으로 정하는 바에 따라 해당 공장의 등록을 취소할 수 있다.

1. 공장이 멸실(滅失)되거나 건축물의 용도가 변경된 경우
2. 공장이 폐업되거나 제조시설이 멸실된 경우
3. 그 밖에 대통령령으로 정하는 경우

② 시장·군수 또는 구청장은 제1항에 따라 공장등록을 취소하는 경우에는 제16조제6항 각 호의 등록등에 관하여 협의한 관계 행정기관에 그 취소 사실을 통보하여야 한다.

③ 제1항에 따른 등록취소의 범위는 대통령령으로 정한다.

제18조【공장설립등의 협의】 ① 시장·군수 또는 구청장은 제13조의2제5항(제20조제4항에서 준용하는 경우를 포함한다), 제14조제3항, 제14조의2제3항 또는 제16조제9항에 따라 관계 행정기관의 장과 협의를 할 때 그 협의가 성립되지 아니하는 경우에는 시·도지사에게 협의하여 줄 것을 요청할 수 있으며, 시·도지사에 의한 협의가 성립되지 아니하는 경우에는 산업통상자원부장관에게 협의하여 줄 것을 요청할 수 있다.

② 산업통상자원부장관은 제1항에 따른 요청을 받으면 그 내용을 관계 행정기관의 장과 협의하여야 한다.(2013.3.23 본조개정)

제19조【공장설립민원실의 설치 등】 ① 시·도지사, 시장·군수 또는 구청장은 산업입지 및 공장설립에 관련된 민원을 종합적으로 접수하여 처리할 수 있는 기구(이하 "공장설립민원실"이라 한다)를 설치할 수 있다.

②~③ (1996.12.31 삭제)

④ (1995.12.29 삭제)

⑤ 공장설립민원실의 설치 및 운영 등에 필요한 사항은 대통령령으로 정한다.

제4장 산업집적의 활성화
(2009.2.6 본장개정)

제20조【공장의 신설 등의 제한】 ① 「수도권정비계획법」 상 과밀억제권역·성장관리권역 및 자연보전권역에서는 공장건축면적 500제곱미터 이상의 공장(지식산업센터를 포함한다. 이하 이 장에서 같다)을 신설(제14조의3에 따른 제조시설설치를 포함한다. 이하 이 조에서 같다)·증설 또는 이전하거나 업종을 변경하는 행위를 하여서는 아니 된다. 다만, 국민경제의 발전과 지역주민의 생활환경 조성 등을 위하여 부득이하다고 인정하여 대통령령으로 정하는 경우에는 그러하지 아니하다.(2013.7.30 본문개정)

② 제1항 단서에 따라 공장을 신설·증설 또는 이전하거나 업종을 변경하려는 자는 산업통상자원부령으로 정하는 바에 따라 시장·군수 또는 구청장의 승인을 받아야 한다. 승인을 받은 사항을 변경하려는 경우에도 또한 같다. 다만, 승인을 받은 사항 중 산업통상자원부령으로 정하는 경미한 사항을 변경하려는 경우에는 시장·군수 또는 구청장에게 신고하여야 한다.(2013.3.23 본항개정)

③ (1996.12.31 삭제)

④ 제2항에 따른 승인에 관하여는 제13조제3항·제4항, 제13조의2 및 제13조의3을 준용한다.

⑤ (1995.12.29 삭제)

⑥ 제2항에 따른 승인을 받은 자에 대하여는 제13조의5를 준용한다.

⑦ 과밀억제권역·성장관리권역 및 자연보전권역에서 제38조제1항에 따라 입주계약(제38조제2항에 따른 변경계약을 포함한다)을 체결한 자는 제2항에 따른 승인을 받은 것으로 본다.(2010.4.12 본항개정)

제21조【공장 이전의 확인】 과밀억제권역에서 유치지역이나 그 밖의 지역으로 공장을 이전한 자는 종전의 공장 소재지 시장·군수 또는 구청장에게 신청하여 이전사실의 확인을 받을 수 있다.(2010.4.12 본조개정)

제22조【지식기반산업집적지구의 지정 등】 ① 시장·군수 또는 구청장, 공단, 그 밖에 대통령령으로 정하는 관리기관은 지식기반산업의 집적활성화 또는 산업집적지경쟁력강화사업을 추진하기 위하여 필요한 경우에 다음 각 호의 사항을 포함한 지식기반산업집적지구 활성화계획을 수립하여 시장·군수 또는 구청장에게 관할 구역의 일정 지역을 지식기반산업집적지구로 지정할 것을 요청할 수 있다.(2024.1.9 본문개정)

1. 지식기반산업집적지구로 지정받으려는 지역
2. 지식기반산업집적지구의 활성화를 위한 소요재원의 규모 및 조달방안

(2015.5.18 1호~2호개정)

3. 그 밖에 지식기반산업의 집적활성화 등을 위하여 대통령령으로 정하는 사항

② 시·도지사는 지식기반산업집적지구의 지정을 요청받은 경우 지식기반산업집적지구 활성화계획이 다음 각 호의 요건을 갖추었을 때에는 지식기반산업집적지구로 지정할 수 있다. 이 경우 미리 산업통상자원부장관 및 관계 중앙행정기관의 장과 협의하여야 한다.(2024.1.9 본문개정)

1. 산업집적활성화 기본계획과 조화를 이룰 것
2. 「산업입지 및 개발에 관한 법률」 제5조의2에 따른 산업입지수급계획과 조화를 이룰 것(「산업입지 및 개발에 관한 법률」 제2조제8호에 따른 산업단지에 지식기반산업집적지구가 지정되는 경우만 해당한다)(2015.5.18 본호개정)
3. 산업집적기반시설의 확충방안 및 그 소요재원의 조달방안 등이 타당성이 있을 것

③ 시·도지사는 지식기반산업집적지구의 지정을 요청받은 지역이 「산업입지 및 개발에 관한 법률」 제7조의2에 따른 도시첨단산업단지 또는 제22조의3에 따른 산업집적지경쟁력강화사업이나 제45조의2에 따른 산업단지구조고도화사업을 추진하는 산업단지에 해당되는 경우 그 지역을 지식기반산업집적지구로 우선 지정할 수 있다.(2024.1.9 본항개정)

④ 시·도지사는 제2항에 따라 지식기반산업집적지구를 지정한 경우에는 대통령령으로 정하는 바에 따라 그 내용을 고시하여야 한다.(2024.1.9 본항개정)

제22조의2【지식기반산업집적지구에 대한 지원】 ① 산업통상자원부장관은 지식기반산업집적지구에 대하여 다음 각 호의 사업을 우선 지원할 수 있다.(2015.5.18 본문개정)

1. 「산업기술단지 지원에 관한 특례법」 제2조에 따른 산업기술단지의 조성사업
2. 「산업기술혁신 촉진법」 제11조에 따른 산업기술개발사업
3. 「산업기술혁신 촉진법」 제19조에 따른 산업기술기반조성사업
4. 「기술의 이전 및 사업화 촉진에 관한 법률」 제17조에 따른 지방자치단체의 기술이전·사업화 촉진사업

② 중소벤처기업부장관은 지식기반산업집적지구의 활성화를 위하여 「지역중소기업 육성 및 혁신촉진 등에 관한 법률」 제8조에 따라 지방중소기업육성 관련 기금의 조성을 지원할 때 지식기반산업집적지구로 지정받은 지방자치단체를 우선 지원할 수 있다.(2021.7.27 본항개정)
③ 국가 또는 지방자치단체는 공단이 지식산업센터를 지식기반산업집적지구에 설치할 경우 지식산업센터의 설립에 필요한 자금을 우선 지원할 수 있다.(2015.5.18 본항개정)
④ 국가 또는 지방자치단체는 지식기반산업집적지구의 활성화를 위하여 지식기반산업집적지구의 산업집적기반시설 및 산업기반시설의 설치를 우선 지원할 수 있다.(2015.5.18 본항개정)
⑤ 지방자치단체는 지식기반산업집적지구에 있거나 지식기반산업집적지구로 이전하는 기업에 대하여 조례로 정하는 바에 따라 보조금의 지급 등 필요한 지원을 할 수 있다.(2015.5.18 본항개정)
⑥ 지식기반산업집적지구에서 지식기반산업을 운영하는 기업 및 지식기반산업집적지구의 산업집적기반시설에 대하여는 다음 각 호의 부담금을 감면할 수 있다.
(2015.5.18 본문개정)
1. 「산지관리법」 제19조에 따른 대체산림자원조성비
2. 「농지법」 제38조에 따른 농지보전부담금
3. 「초지법」 제23조제8항에 따른 대체초지조성비
(2021.6.15 본호개정)
4. 「도시교통정비 촉진법」 제36조에 따른 교통유발부담금(2010.4.12 본호신설)
⑦ 지방자치단체는 다음 각 호의 어느 하나에 해당하는 자에 대하여 「지방세특례제한법」 및 조례로 정하는 바에 따라 지방세를 감면할 수 있다.
1. 지식기반산업집적지구 내에 산업집적기반시설을 확충하는 자
2. 지식기반산업집적지구 내에 지식산업센터를 설립하는 자
3. 지식기반산업집적지구 내의 지식산업센터를 분양받는 입주기업체 또는 지원기관
(2015.5.18 1호~3호개정)
(2011.7.25 본항신설)
⑧ 지방자치단체는 지식기반산업집적지구의 활성화를 위하여 지식기반산업집적지구에서 지식산업센터를 건축하는 경우에는 지방자치단체의 조례로 각 용도지역별로 정하고 있는 건폐율 및 용적률의 최고한도까지 허용할 수 있다.(2015.5.18 본항개정)
⑨ 다음 각 호의 어느 하나에 해당하는 자는 지식기반산업집적지구에서 지식산업센터를 설립하거나 분양받는 자가 필요한 자금을 원활하게 조달할 수 있도록 우선적으로 신용보증을 할 수 있다.(2015.5.18 본문개정)
1. 「신용보증기금법」에 따른 신용보증기금
2. 「기술보증기금법」에 따른 기술보증기금(2016.3.29 본호개정)
3. 「지역신용보증재단법」 제9조에 따라 설립한 신용보증재단
(2011.7.25 본항신설)
(2015.5.18 본조제목개정)

제22조의3【산업집적지경쟁력강화사업추진계획의 수립 등】 ① 산업통상자원부장관은 산업집적지경쟁력강화사업을 효율적으로 추진하기 위하여 산업집적지경쟁력강화사업추진계획을 수립하고 고시하여야 한다. 이를 변경하는 경우에도 또한 같다.(2015.5.18 전단개정)
② 산업집적지경쟁력강화사업추진계획에는 다음 각 호의 사항이 포함되어야 한다.(2015.5.18 본문개정)
1. 산업집적지경쟁력강화사업을 추진하는 산업단지별 산업집적 현황에 관한 사항(2015.5.18 본호개정)
2. 기업·연구소·대학 등의 연구개발역량 강화 및 상호 연계에 관한 사항
3. 산업집적기반시설의 확충 및 우수한 산업기술 인력의 유치에 관한 사항
3의2. 산업집적지 간 연계활성화 방안(2010.4.12 본호신설)
4. 사업추진체계 및 재원조달방안
5. 그 밖에 산업집적지경쟁력강화사업을 추진하기 위하여 필요한 사항(2015.5.18 본호개정)
③ 산업통상자원부장관은 산업집적지경쟁력강화사업추진계획을 수립하거나 변경하려는 경우에는 관할 시·도지사의 의견을 듣고 관계 중앙행정기관의 장과 협의하여야 한다. 다만, 대통령령으로 정하는 경미한 사항을 변경하는 경우에는 그러하지 아니하다.(2015.5.18 본문개정)
④ 산업통상자원부장관은 산업집적지경쟁력강화사업추진계획을 수립하거나 변경하려는 경우에는 산업집적활성화 기본계획과 조화를 이루어야 한다.(2015.5.18 본항개정)
⑤ 국가 또는 지방자치단체는 산업집적지경쟁력강화사업을 추진하기 위하여 필요하면 공단이나 그 밖에 대통령령으로 정하는 관리기관에 출연 또는 보조할 수 있다.
(2015.5.18 본항개정)
⑥ 산업집적지경쟁력강화사업의 세부적인 시행절차 및 운용에 관하여는 산업통상자원부장관이 정하여 고시한다.(2015.5.18 본항개정)
(2015.5.18 본조제목개정)

제22조의4【산학융합지구의 지정 등】 ① 시장·군수 또는 구청장, 공단, 대학(「산업교육진흥 및 산학연협력촉진에 관한 법률」 제25조에 따른 산학협력단을 포함한다), 대통령령으로 정하는 관리기관 또는 대통령령으로 정하는 비영리법인은 산업집적 및 기업수요 중심의 산학연협력 활성화를 위하여 교육시설과 연구·개발 시설, 생산시설 및 그 지원 시설의 집적이 필요하면 다음 각 호의 사항이 포함된 산학융합 활성화계획(이하 "산학융합 활성화계획"이라 한다)을 수립하여 일정 지역을 산학융합지구로 지정할 것을 시·도지사에게 요청할 수 있다. 다만, 시장·군수 또는 구청장이 지정을 요청하려는 경우에는 관계 시장·군수 또는 구청장과 미리 협의하여야 한다.
(2024.1.9 본문개정)
1. 산학융합지구로 지정을 받으려는 지역
2. 대학·기업·연구소의 집적방안(2021.10.19 본호개정)
3. 교육, 연구·개발 및 생산에 필요한 시설의 확충방안
(2021.10.19 본호개정)
4. 기업수요에 기초한 교육 및 연구·개발 등의 수행방안
5. 그 밖에 대통령령으로 정하는 사항
② 시·도지사는 산학융합지구의 지정을 요청받은 경우 산학융합 활성화계획이 다음 각 호의 요건을 모두 갖추었을 때에는 산학융합지구를 지정할 수 있다. 이 경우 미리 산업통상자원부장관 및 관계 중앙행정기관의 장과 협의하여야 한다.(2024.1.9 본문개정)
1. 산업집적활성화 기본계획과 조화를 이룰 것
2. 산학융합지구로 지정받으려는 지역이 대학 교지(「국토의 계획 및 이용에 관한 법률」 제36조에 따른 지역 중 녹지지역 등 대통령령으로 정하는 지역은 제외한다), 산업단지, 「기업도시개발 특별법」 제2조제1호에 따른 기업도시, 「혁신도시 조성 및 발전에 관한 특별법」 제2조제3호에 따른 혁신도시 및 「경제자유구역의 지정 및 운영에 관한 특별법」 제2조제1호에 따른 경제자유구역 등을 포함한 산업집적지 또는 그 인접지역으로서 대통령령으로 정하는 기준에 적합한 지역일 것
(2021.10.19 본호개정)
3. 「고등교육법」 제4조에 따른 설립기준을 갖출 수 있는 등 대학·기업·연구소의 집적방안이 실현 가능할 것
(2021.10.19 본호개정)
4. 관련 시설의 확충방안 및 소요재원의 조달방안 등이 타당할 것
5. 교육 및 연구·개발 등의 수행방안이 적정할 것
③ 시·도지사는 산학융합지구의 지정이 필요하다고 인정하면 산학융합 활성화계획을 수립하고 산업통상자원부장관 및 관계 중앙행정기관의 장과의 협의를 거쳐 산학융합지구를 지정할 수 있다.(2024.1.9 본항개정)
④ 시·도지사는 제2항 및 제3항에 따라 산학융합지구를 지정한 경우에는 대통령령으로 정하는 바에 따라 그 내용을 고시하여야 한다.(2024.1.9 본항개정)
⑤ 제1항부터 제4항까지에서 규정한 사항 외에 산학융합지구의 지정·변경 등에 필요한 사항은 대통령령으로 정한다.
(2011.7.25 본조신설)

제22조의5【산학융합지구에 대한 지원 및 특례 등】 ① 국가 또는 지방자치단체는 산학융합지구의 활성화를 위하여 산학융합지구에서 교육 및 연구·개발을 수행하는 자에게 출연하거나 보조할 수 있다.
② 산학융합지구 내에 입주한 기업은 제8조제1호·제2호에 따른 입지기준, 「건축법」 제19조제1항 및 「국토의 계획 및 이용에 관한 법률」 제76조제1항에도 불구하고 구조안전에 지장이 없는 범위에서 산학융합지구 내의 교육시설 또는 연구·개발 시설에 제28조에 따른 도시형공장(대통령령으로 정하는 도시형공장으로 한정한다)과 이와 관련된 업무시설을 설치할 수 있다.(2021.10.19 본항신설)
③ 산학융합지구 내에 입주한 기업이 제2항에 따라 설치하는 도시형공장과 이와 관련된 업무시설은 제33조제8항에 따른 산업시설구역에 설치하는 것으로 본다.
(2021.10.19 본항신설)
(2021.10.19 본조제목개정)
(2011.7.25 본조신설)

제22조의6【첨단투자지구의 지정 등】 ① 중앙행정기관의 장 또는 시·도지사는 첨단투자 촉진을 위하여 다음 각 호의 어느 하나에 해당하는 지역에 대하여 산업통상자원부장관에게 첨단투자지구 지정을 신청할 수 있다. 다만, 시·도지사가 첨단투자지구 지정을 신청하는 경우에는 해당 시장·군수 또는 구청장과 사전에 협의하여야 한다.
1. 산업단지나 「경제자유구역의 지정 및 운영에 관한 특별법」 제2조제1호에 따른 경제자유구역 등 대통령령으로 정하는 지역 내의 일부 지역
2. 첨단투자를 하려는 기업이 대통령령으로 정하는 기준에 해당하는 첨단투자를 하는 경우 그 기업이 투자를 희망하는 지역
② 중앙행정기관의 장 또는 시·도지사는 제1항에 따라 첨단투자지구 지정을 신청하려는 경우에는 다음 각 호의 사항을 포함한 첨단투자지구계획을 수립하여 산업통상자원부장관에게 제출하여야 한다.
1. 첨단투자지구의 명칭, 위치 및 범위
2. 첨단투자지구 지정 필요성 및 기대 효과
3. 첨단투자지구 개발 및 발전 계획
4. 개발 및 발전을 위한 소요재원 규모 및 조달방안
5. 그 밖에 첨단투자지구 지정을 위하여 필요한 사항으로서 대통령령으로 정하는 사항
③ 산업통상자원부장관은 제1항에 따라 첨단투자지구 지정의 신청을 받거나 필요하다고 인정하는 경우 다음 각 호의 요건을 모두 갖춘 지역에 대하여 제22조의9에 따른 첨단투자지구위원회의 심의를 거쳐 첨단투자지구계획을 승인하고 첨단투자지구를 지정할 수 있다.
1. 충분한 국내외 기업의 입주수요 확보가 가능할 것
2. 첨단투자지구에 필요한 부지 및 정보통신망·용수·전력 등 기반시설의 확보가 가능할 것
3. 소요재원의 조달방안이 실현 가능할 것
4. 그 밖에 첨단투자지구 지정을 위하여 필요한 사항으로서 대통령령으로 정하는 요건을 갖출 것
④ 산업통상자원부장관은 제3항에 따라 첨단투자지구를 지정한 경우 대통령령으로 정하는 바에 따라 그 내용을 고시하여야 한다.
⑤ 첨단투자지구의 관리에 관하여는 제2조제15호를 준용하되, 관리주체는 다음 각 호의 구분에 따른 자로 한다. 이 경우 첨단투자지구를 효율적으로 관리하기 위하여 필요한 경우 관리주체는 대통령령으로 정하는 바에 따라 관리업무의 전부 또는 일부를 공단에 위탁할 수 있다.
1. 첨단투자지구가 산업단지에 지정된 경우는 제30조제1항에 따른 관리권자
2. 첨단투자지구가 산업단지 외의 지역에 지정된 경우는 관할 시·도지사
⑥ 제1항부터 제5항까지에서 규정한 사항 외에 첨단투자지구 지정에 관하여 필요한 사항은 대통령령으로 정한다.
(2021.6.15 본조신설)

제22조의7【첨단투자지구의 변경 및 해제】 ① 첨단투자지구의 지정을 신청한 중앙행정기관의 장 또는 시·도지사는 첨단투자지구의 운영을 위하여 필요한 경우에는 산업통상자원부장관에게 첨단투자지구계획 및 첨단투자지구 지정의 변경을 신청할 수 있으며, 산업통상자원부장관은 그 지정을 변경할 수 있다.
② 산업통상자원부장관은 첨단투자지구의 지정 사유가 없어졌다고 인정하거나 관계 중앙행정기관의 장 또는 시·도지사로부터 지정해제 요청을 받은 경우 등 대통령령으로 정하는 경우에는 첨단투자지구의 지정을 해제할 수 있다.
③ 제1항 또는 제2항에 따른 첨단투자지구의 변경 및 해제는 제22조의9에 따른 첨단투자지구위원회(이하 "첨단투자지구위원회"라 한다)의 심의를 거쳐야 한다. 다만, 산업통상자원부장관이 대통령령으로 정하는 경미한 사항을 변경하려는 경우에는 첨단투자지구위원회의 심의를 거치지 아니하고 첨단투자지구 관할 시·도지사 또는 중앙행정기관의 장과 협의하여 변경할 수 있다.
④ 제1항부터 제3항까지에서 규정한 사항 외에 첨단투자지구의 변경 및 해제에 관한 신청 방법 및 절차 등에 관하여 필요한 사항은 대통령령으로 정한다.
(2021.6.15 본조신설)

제22조의8【첨단투자지구에 대한 지원】 ① 국가 및 지방자치단체는 첨단투자지구에서의 다음 각 호의 어느 하나에 대하여 필요한 비용을 다른 사업에 우선하여 지원할 수 있다.
1. 첨단투자를 위한 산업집적기반시설 및 산업기반시설의 설치 및 운영
2. 지식산업센터의 설립
3. 첨단투자지구에 입주하는 기업(입주계약을 체결한 기업 등 대통령령으로 정하는 기업을 말한다. 이하 "첨단투자지구 입주기업체"라 한다) 또는 연구기관에 대한 부지의 조성, 의료시설·교육시설·주택 등 각종 편의시설의 설치
4. 「해외진출기업의 국내복귀 지원에 관한 법률」 제7조에 따른 국내복귀기업의 첨단투자지구 내 설비투자
5. 「산업기술단지 지원에 관한 특례법」 제2조에 따른 산업기술단지의 조성사업
6. 「산업기술혁신 촉진법」 제11조에 따른 산업기술개발사업
7. 「산업기술혁신 촉진법」 제19조에 따른 산업기술기반조성사업
8. 「기술의 이전 및 사업화 촉진에 관한 법률」 제17조에 따른 지방자치단체의 기술이전·사업화 촉진사업
9. 그 밖에 첨단투자 기업의 창업 및 유치 촉진 사업 등 첨단투자지구의 발전을 위하여 필요한 사업으로서 산업통상자원부장관이 정하여 고시하는 사업
② 국가 또는 지방자치단체는 첨단투자지구 입주기업체에 대하여 「외국인투자 촉진법」 제14조의2, 「해외진출기업의 국내복귀 지원에 관한 법률」 제12조, 「지방자치분권 및 지역균형발전에 관한 특별법」 제86조 등 관계 법령에서 정하는 바에 따라 보조금의 지급 등 필요한 지원을 할 수 있다.(2023.6.9 본항개정)
③ 국가 및 지방자치단체는 첨단투자 촉진 및 첨단투자지구 육성을 위하여 조세에 관한 법률 및 조례로 정하는 바에 따라 필요한 세제 지원을 할 수 있다.
④ 국가 및 지방자치단체는 첨단투자를 촉진하기 위하여 필요한 경우에는 첨단투자지구에 설치 또는 입주하는 산업집적기반시설, 지식산업센터, 첨단투자지구 입주기업체, 연구기관에 대하여 다음 각 호의 부담금을 감면할 수 있다.
1. 「산지관리법」 제19조에 따른 대체산림자원조성비

2. 「농지법」 제38조에 따른 농지보전부담금
3. 「초지법」 제23조제8항에 따른 대체초지조성비
4. 「도시교통정비 촉진법」 제36조에 따른 교통유발부담금
⑤ 국가 및 지방자치단체는 첨단투자지구에 입주하는 지식산업센터, 첨단투자지구 입주기업체(「외국인투자 촉진법」 제2조제1항제6호에 따른 외국인투자기업, 「해외진출기업의 국내복귀 지원에 관한 법률」 제7조에 따른 국내복귀기업 외에는 「수도권정비계획법」 제2조제1호에 따른 수도권에 입주한 기업은 제외한다), 연구기관에 대하여 「국유재산법」, 「공유재산 및 물품 관리법」 및 그 밖의 다른 법률의 규정에도 불구하고 국가 또는 지방자치단체가 소유하는 토지 등 국유 또는 공유 재산의 사용료·대부료를 감면할 수 있다. 이 경우 제34조제2항에도 불구하고 국유재산의 사용료·대부료 및 감면율은 대통령령으로 정하는 바에 따르고, 공유재산의 사용료·대부료 감면 대상사업, 사용료·대부료 및 감면율 등 세부적인 사항은 해당 지방자치단체의 조례로 정한다.
<2031.9.15까지 유효>
⑥ 국가 또는 지방자치단체는 첨단투자지구로 지정된 토지를 매입하여 임대할 수 있다. 이 경우 부지매입의 요건 등 부지매입에 관한 사항은 대통령령으로 정한다.
⑦ 「국토의 계획 및 이용에 관한 법률」 제29조에 따른 도시·군관리계획의 결정권자는 첨단투자지구를 같은 법 제40조의3에 따른 도시혁신구역으로 지정할 수 있다. 이 경우 지정절차에 대하여는 「국토의 계획 및 이용에 관한 법률」에서 정하는 바에 따른다.(2024.2.6 전단개정)
⑧ 다음 각 호의 어느 하나에 해당하는 기관은 첨단투자지구 입주기업체가 필요로 하는 자금을 원활하게 조달할 수 있도록 우선적으로 신용보증을 할 수 있다.
1. 「신용보증기금법」에 따른 신용보증기금
2. 「기술보증기금법」에 따른 기술보증기금
3. 「지역신용보증재단법」 제9조에 따라 설립한 신용보증재단
(2021.6.15 본조신설)
제22조의9【첨단투자지구위원회】 ① 첨단투자지구계획의 승인, 첨단투자지구 지정 등 대통령령으로 정하는 사항을 심의하기 위하여 산업통상자원부에 첨단투자지구위원회를 둔다.
② 첨단투자지구위원회는 필요한 경우 관계 행정기관 및 시·도의 소속 공무원, 관계 전문가 등으로부터 의견을 들을 수 있다.
③ 산업통상자원부장관은 관계 중앙행정기관의 장과 시·도지사에게 첨단투자지구위원회의 심의에 필요한 자료의 제출을 요청할 수 있고, 자료의 제출을 요청받은 관계 중앙행정기관의 장과 시·도지사는 정당한 사유가 없으면 이에 응하여야 한다.
④ 제1항부터 제3항까지에서 규정한 사항 외에 첨단투자지구위원회의 구성 및 운영에 관하여 필요한 사항은 대통령령으로 정한다.
(2021.6.15 본조신설)
제22조의10【규제개선의 신청 등】 ① 첨단투자지구 관리주체와 첨단투자지구 내의 지식산업센터, 첨단투자지구 입주기업체, 연구기관은 첨단기술 분야 연구개발, 시험·평가, 검증 및 생산 활동과 관련한 목적 달성을 위하여 필요한 경우 산업통상자원부장관에게 규제개선을 신청할 수 있다.
② 산업통상자원부장관은 제1항에 따른 신청이 있는 경우 그 신청내용을 관계 행정기관의 장에게 통보하여야 하며, 관계 행정기관의 장은 해당 신청내용을 검토하여 그 결과를 통보받은 날부터 15일 이내에 산업통상자원부장관에게 문서로 회신하여야 한다. 이 경우 관계 행정기관의 장은 법령 정비가 필요하지 아니한 신청내용에 대해서는 적극적으로 처리하여야 한다.
③ 관계 행정기관의 장이 규제개선 여부를 검토하기 위하여 제1항에 따라 규제개선을 신청한 자에게 자료 보완을 요구한 경우에는 관련 자료의 보완에 걸린 기간은 제2항에 따른 회신기간에 산입하지 아니한다. 이 경우 통보받은 날부터 45일 이내에 검토결과를 회신하여야 하며, 회신이 불가능한 경우에는 30일 이내의 범위에서 한 차례만 회신기간 연장을 요청할 수 있다.
④ 산업통상자원부장관은 제1항에 따른 신청이 있는 경우 첨단투자지구위원회에 심의를 요청하고, 첨단투자지구위원회는 제1항에 따른 신청내용, 관계 행정기관의 검토내용, 신청내용에 대한 처리결과, 규제개선 여부 등을 심의하여야 한다. 이 경우 산업통상자원부장관 또는 첨단투자지구위원회는 관계 행정기관의 장에게 첨단투자지구위원회의 심의에 참석할 것을 요청할 수 있다.
⑤ 산업통상자원부장관은 제4항에 따른 심의결과를 관계 행정기관의 장에게 통보하고 규제개선을 요청할 수 있으며, 관계 행정기관의 장은 첨단투자지구위원회의 심의결과를 존중하여 해당 규제를 개선할 수 있다.
⑥ 제4항에 따른 심의결과에 따라 법령을 정비할 필요성이 있는 경우 관계 행정기관의 장은 법령정비 여부를 검토하고, 조속히 관련 법령 정비를 추진하여야 한다. 이 경우 관계 행정기관의 장이 둘 이상인 경우 등 첨단투자지구위원회가 필요하다고 인정하는 때에는 「행정규제기본법」 제23조에 따른 규제개혁위원회에 규제개선을 요청할 수 있다.
⑦ 제4항에 따라 첨단투자지구위원회가 심의한 결과, 첨단기술 분야 연구개발, 시험·평가, 검증 및 생산 활동 등 실증을 위한 규제특례가 필요하다고 인정되는 경우에는 「산업융합 촉진법」 제10조의3, 「정보통신 진흥 및 융합 활성화 등에 관한 특별법」 제38조의2 및 「규제자유특구 및 지역특화발전특구에 관한 규제특례법」 제86조의 절차에 따라 관련 규제에 대한 특례를 부여할 수 있다. 다만, 「규제자유특구 및 지역특화발전특구에 관한 규제특례법」 제86조의 특례에 대해서는 관할 시·도지사에게 첨단투자지구위원회의 심의결과를 통보하여야 하며, 시·도지사는 이를 검토하여 같은 법 제72조 및 제81조에 따라 중소벤처기업부장관에게 규제특례 관련 사항을 신청할 수 있다.
⑧ 제1항부터 제7항까지의 규정과 관련한 세부사항 및 규제개선의 심사기준, 절차 및 방법에 관하여 필요한 사항은 대통령령으로 정한다.
(2021.6.15 본조신설)
제23조【유치지역의 지정】 ① 산업통상자원부장관은 공장의 지방 이전 촉진, 공해업종의 집단화 등의 산업단지의 조성이 필요한 경우와 산업경쟁력 향상을 위하여 대통령령으로 정하는 규모 이상의 공장용지 조성이 필요한 경우에는 유치지역을 지정하여 고시하여야 한다.
(2013.3.23 본항개정)
② 산업통상자원부장관은 유치지역을 지정하려면 유치지역 지정계획을 작성하여 국토교통부장관과 협의하여야 한다.(2013.3.23 본항개정)
③ 제2항에 따른 유치지역 지정계획에는 다음 각 호의 사항이 포함되어야 한다.
1. 유치지역의 위치 및 범위
2. 유치하려는 산업의 업종 및 규모
3. 유치지역의 개발에 의한 산업단지의 종류
4. 그 밖에 대통령령으로 정하는 사항
④ 제1항 및 제2항에 따른 유치지역의 지정절차 등 필요한 사항은 대통령령으로 정한다.
제24조【유치지역의 지정기준】 유치지역은 다음 각 호의 요건을 갖춘 지역 중에서 지정하여야 한다.
1. 산업의 밀집도 등 입지잠재력의 활용이 클 것
2. 지역발전의 효과가 클 것
3. 산업용지의 확보와 용수·전력 등 지원시설의 설치가 쉬울 것
제25조【유치지역으로의 공장 이전】 산업통상자원부장관은 제23조에 따라 지정·고시된 유치지역으로 이전하는 공장은 필요에 따라 과밀억제권역에서 이전을 희망하는 공장을 우선입주하게 할 수 있다.(2013.3.23 본조개정)
제26조【기업의 지방 이전 촉진】 ① 산업통상자원부장관은 기업의 지방 이전을 촉진함으로써 지역산업의 발전을 도모하기 위하여 관계 중앙행정기관의 장과 협의하여 지역산업발전시책을 수립·시행할 수 있다.(2013.3.23 본항개정)
② 국가 또는 지방자치단체는 기업의 지방 이전을 촉진하기 위하여 필요한 지원을 하여야 한다.
제27조【등록공장 이전의 지원】 ① 시장·군수 또는 구청장은 제16조제1항부터 제3항까지의 규정에 따라 등록된 공장이 다음 각 호에 모두 해당하는 경우에는 해당 공장의 이전을 권고할 수 있다.
1. 공장이 주거 밀집지역 인근에 위치할 것
2. 소음·분진·오수·폐수·악취 등에 따른 주민의 환경피해 민원이 집단적으로 발생할 것
② 국가와 지방자치단체는 제1항의 권고에 따라 공장이 이전하는 경우 해당 공장의 이전에 필요한 행정적·재정적 지원을 할 수 있다.
(2021.7.27 본조신설)
제28조【도시형공장】 시장·군수·구청장 및 관리기관은 첨단산업의 공장, 공해발생정도가 낮은 공장 및 도시민 생활과 밀접한 관계가 있는 공장등을 대통령령으로 정하는 바에 따라 도시형공장으로 지정할 수 있다.(2019.12.10 본조개정)

제4장의2 지식산업센터
(2010.4.12 본장제목개정)

제28조의2【지식산업센터의 설립 등】 ① 지식산업센터의 설립승인, 인·허가등의 의제, 설립등의 승인에 대한 특례, 처리기준의 고시등, 설립등의 승인취소, 건축허가, 사용승인, 제조시설설치승인, 제조시설설치승인의 취소 및 협의에 관하여는 제13조, 제13조의2부터 제13조의5까지, 제14조, 제14조의2부터 제14조의4까지 및 제18조를 준용한다.(2010.4.12 본항개정)
② 지식산업센터를 설립한 자가 「건축법」 제22조제1항에 따른 사용승인을 받은 경우에는 대통령령으로 정하는 기간 내에 시장·군수·구청장 또는 관리기관에 지식산업센터 설립완료신고를 하여야 한다. 신고한 사항 중 산업통상자원부령으로 정하는 중요사항을 변경하려는 경우에도 또한 같다.(2013.3.23 후단개정)
③ 시장·군수·구청장 또는 관리기관은 제2항에 따른 신고를 받은 날부터 10일 이내에 신고수리 여부 또는 민원 처리 관련 법령에 따른 처리기간의 연장을 신고인에게 통지하여야 한다.(2019.12.10 본항신설)
④ 시장·군수·구청장 또는 관리기관이 제3항에서 정한 기간 내에 신고수리 여부 또는 민원 처리 관련 법령에 따른 처리기간의 연장을 신고인에게 통지하지 아니하면 그 기간(민원 처리 관련 법령에 따라 처리기간이 연장 또는 재연장된 경우에는 해당 처리기간을 말한다)이 끝난 날의 다음 날에 신고를 수리한 것으로 본다.(2019.12.10 본항신설)
⑤ 시장·군수·구청장 또는 관리기관은 제2항에 따른 지식산업센터 설립완료신고를 수리한 경우(제4항에 따라 신고를 수리한 것으로 보는 경우를 포함한다) 지식산업센터 대장에 등록하여야 한다.(2019.12.10 본항개정)
⑥ 관리기관은 제5항에 따라 지식산업센터의 등록을 한 경우에는 이를 시장·군수 또는 구청장에게 통보하여야 한다.(2019.12.10 본항개정)
(2010.4.12 본조제목개정)
제28조의3【지식산업센터에 대한 지원】 ① 지식산업센터에 대하여는 다른 법률에서 정하는 바에 따라 필요한 자금을 지원할 수 있다.(2010.4.12 본항개정)
② 국가 또는 지방자치단체가 지식산업센터를 설립하여 분양 또는 임대하려는 경우에는 「국유재산법」 및 「공유재산 및 물품 관리법」에도 불구하고 건설원가로 분양하거나 대통령령으로 정하는 임대료로 임대할 수 있다.
(2010.4.12 본항개정)
③ 제2항에 따라 건설원가로 분양을 받은 자는 산업통상자원부령으로 정하는 기간에는 이를 매각할 수 없다. 다만, 파산으로 인한 매각 등 산업통상자원부령으로 정하는 경우에는 그러하지 아니하다.(2013.3.23 본항개정)
(2010.4.12 본조제목개정)
제28조의4【지식산업센터의 분양】 ① 지식산업센터를 설립한 자가 지식산업센터를 분양 또는 임대하려는 경우에는 공장건축물 착공 후 산업통상자원부령으로 정하는 바에 따라 모집공고안을 작성하여 시장·군수 또는 구청장의 승인을 받아 공개로 입주자(지식산업센터를 분양 또는 임대받아 제조업이나 그 밖의 사업을 하는 자를 말한다. 이하 같다)를 모집하여야 한다. 승인을 받은 사항 중 산업통상자원부령으로 정하는 중요사항을 변경하려는 경우에도 또한 같다.(2013.3.23 본항개정)
② 다음 각 호의 어느 하나에 해당하는 지식산업센터를 분양 또는 임대하는 경우에는 제1항을 적용하지 아니한다.
1. 공공사업에 의하여 철거되는 공장의 유치나 그 밖에 대통령령으로 정하는 사유로 설립된 지식산업센터
2. 대통령령으로 정하는 규모 미만의 지식산업센터
(2010.4.12 본항개정)
③ 지식산업센터를 설립한 자가 국가·지방자치단체, 공단, 「중소기업진흥에 관한 법률」에 따른 중소벤처기업진흥공단 또는 「지방공기업법」에 따른 지방공사(이하 "지방공사"라 한다)인 경우에는 제1항에도 불구하고 모집공고안을 시장·군수 또는 구청장에게 통보한 후 입주자를 모집할 수 있다. 통보한 사항 중 산업통상자원부령으로 정하는 중요 사항을 변경한 경우에도 또한 같다.
(2018.12.31 전단개정)
④ 지식산업센터를 설립한 자는 거짓 또는 과장된 사실을 알리거나 기만적 방법을 사용하여 입주자를 모집하여서는 아니 된다.(2010.4.12 본항개정)
(2010.4.12 본조제목개정)
제28조의5【지식산업센터에의 입주】 ① 지식산업센터에 입주할 수 있는 시설은 다음 각 호의 시설로 한다.
(2010.4.12 본문개정)
1. 제조업, 지식기반산업, 정보통신산업, 그 밖에 대통령령으로 정하는 사업을 운영하기 위한 시설
(2010.4.12 본호개정)
2. 「벤처기업육성에 관한 특별법」 제2조제1항에 따른 벤처기업을 운영하기 위한 시설(2024.1.9 본호개정)
3. 그 밖에 입주업체의 생산 활동을 지원하기 위한 시설로서 대통령령으로 정하는 시설
② 제1항제1호에 따라 지식산업센터에 입주할 수 있는 시설의 범위 및 규모는 대통령령으로 정한다.
(2010.4.12 본항개정)
(2010.4.12 본조제목개정)
(2009.2.6 본조개정)
제28조의6【지식산업센터의 관리】 ① 지식산업센터는 다음 각 호의 어느 하나에 해당하는 자가 관리한다.
(2010.4.12 본문개정)
1. 「집합건물의 소유 및 관리에 관한 법률」에 따른 구분소유관계가 성립하는 경우 : 같은 법 제23조제1항에 따른 관리단
2. 「집합건물의 소유 및 관리에 관한 법률」에 따른 구분소유관계가 성립하지 아니하는 경우 : 지식산업센터를 설립한 자(2010.4.12 본호개정)
② 제1항제1호에 따른 관리단은 관리단이 구성된 날부터 산업통상자원부령으로 정하는 기간 내에 「집합건물의 소유 및 관리에 관한 법률」 제28조제1항에 따른 규약을 정하여 시장·군수 또는 구청장에게 신고하여야 한다. 신고한 사항 중 산업통상자원부령으로 정하는 중요 사항을 변경한 경우에도 또한 같다.(2013.3.23 본항개정)
③ 제2항에 따라 신고를 받은 시장·군수 또는 구청장은 산업통상자원부령으로 정하는 기간 내에 관리기관에게 신고내용을 통보하여야 한다.(2013.3.23 본항개정)

④ 제1항 각 호에 따라 지식산업센터를 관리하는 자(이하 "관리자"라 한다)의 업무 범위는 산업통상자원부령으로 정한다.(2013.3.23 본항개정)
(2010.4.12 본조제목개정)
(2009.2.6 본조개정)

제28조의7【입주자 등의 의무】 ① 지식산업센터의 입주자 또는 관리자는 다음 각 호의 행위를 하여서는 아니 된다.(2010.4.12 본문개정)
1. 지식산업센터의 내력벽(耐力壁)이나 그 밖에 대통령령으로 정하는 주요 구조부를 철거하거나 파손 또는 훼손하는 행위(2010.4.12 본호개정)
2. 건축물의 건축허가 시의 설계도서에 정하여진 적재하중(積載荷重) 등을 초과하는 중량물 또는 진동발생장치를 설치하는 행위
3. 제28조의5제1항에 따른 입주대상시설이 아닌 용도로 지식산업센터를 활용하거나 입주대상시설이 아닌 용도로 활용하려는 자에게 지식산업센터의 전부 또는 일부를 양도·임대하는 행위(2010.4.12 본호개정)
4. 권한이 없이 공유시설 부분을 점용하는 행위

② 입주자는 제28조의6제2항에 따른 규약을 준수하여야 한다.
(2009.2.6 본조개정)

제28조의8【의무위반에 대한 조치 등】 시장·군수 또는 구청장은 입주자 또는 관리자가 제28조의7에 따른 의무를 준수하지 아니하여 지식산업센터의 안전에 위해를 끼치거나 다른 업체의 생산활동에 지장을 주는 등 지식산업센터의 안전을 해치거나 제28조의5제1항에 따른 입주대상시설 외의 용도로 활용하는 경우에는 상당한 기간을 정하여 그 시정을 명하거나 대통령령으로 정하는 바에 따라 지식산업센터의 안전확보 등을 위하여 필요한 조치를 할 수 있다.(2014.12.30 본조개정)

제29조 (1999.2.8 삭제)

제5장 산업단지의 관리
(2009.2.6 본장개정)

제30조【관리권자 등】 ① 관리권자는 다음 각 호와 같다.
1. 국가산업단지는 산업통상자원부장관(2013.3.23 본호개정)
2. 일반산업단지 및 도시첨단산업단지는 시·도지사(시장·군수 또는 구청장이 지정한 산업단지인 경우에는 시장·군수 또는 구청장을 말한다)
3. 농공단지는 시장·군수 또는 구청장

② 관리기관은 다음 각 호와 같다.
1. 관리권자
2. 관리권자로부터 관리업무를 위임받은 지방자치단체의 장
3. 관리권자로부터 관리업무를 위탁받은 공단 또는 제31조제2항의 산업단지관리공단
4. 관리권자로부터 관리업무를 위탁받은 제31조제2항의 입주기업체협의회
5. 관리권자로부터 관리업무(일반산업단지, 도시첨단산업단지 및 농공단지의 관리업무만 해당한다)를 위탁받은 기관으로서 대통령령으로 정하는 기관

③ 「산업입지 및 개발에 관한 법률」 외에 「국토의 계획 및 이용에 관한 법률」 등 다른 법률에 따라 국가·지방자치단체 또는 그 밖의 자가 산업시설에 입주하기 위하여 조성한 단지에 대하여는 제1항에 따른 관리권자가 해당 산업단지에 준하여 이를 관리할 수 있다.
④ 관리기관이 산업단지를 관리할 때는 「산업입지 및 개발에 관한 법률」 제6조·제7조 및 제7조의2에 따른 산업단지개발계획에 적합하도록 하여야 한다.
⑤ 관리권자로부터 관리업무를 위탁받은 관리기관은 「공인중개사법」 제9조에도 불구하고 해당 산업단지의 공장용지 및 공장건축물에 대한 부동산중개업을 할 수 있다.
(2018.12.11 본항개정)

제31조【산업단지관리공단 등】 ① 관리권자는 산업단지를 효율적으로 관리하기 위하여 대통령령으로 정하는 바에 따라 제30조제2항에 따른 관리기관에 관리업무의 전부 또는 일부를 위임 또는 위탁할 수 있다.
② 산업단지관리공단(이하 "관리공단"이라 한다) 또는 산업단지관리업무를 위탁받기 위하여 입주기업체로 구성된 협의회(이하 "입주기업체협의회"라 한다)를 설립하려는 자는 대통령령으로 정하는 설립요건을 갖추어 관리권자의 인가를 받아야 한다.
③ 관리권자는 제2항에 따른 설립인가의 신청을 받은 날부터 30일 이내에 인가 여부 또는 민원 처리 관련 법령에 따른 처리기간의 연장을 신청인에게 통지하여야 한다.
(2019.12.10 본항신설)
④ 관리공단 및 입주기업체협의회(이하 "관리공단등"이라 한다)는 법인으로 하고, 그 주된 사무소 소재지에서 설립등기를 함으로써 성립한다.
⑤ 관리공단등의 재산은 관리권자의 승인을 받지 아니하고는 양도하거나 담보로 제공할 수 없다.
⑥ 관리권자는 관리공단등이 다음 각 호의 어느 하나에 해당하는 경우에는 그 설립인가를 취소할 수 있다. 다만, 제1호에 해당하는 경우에는 설립인가를 취소하여야 한다.
1. 거짓이나 그 밖의 부정한 방법으로 설립인가를 받은 경우
2. 제31조제2항에 따른 설립요건을 위반한 경우
3. 설립인가를 받은 날부터 정당한 사유 없이 6개월 이내에 사업을 시작하지 아니하거나 1년 이상 사업실적이 없는 경우
4. 설립목적 외의 사업을 한 경우
5. 설립목적의 달성이 불가능하다고 인정되는 경우

⑦ 관리권자는 제2항에 따라 입주기업체협의회의 설립인가를 한 경우에는 지체 없이 해당 산업단지의 관리업무를 위탁하거나 관리기관을 입주기업체협의회로 변경하는 데 필요한 조치를 하여야 한다.
⑧ 입주기업체협의회의 구성과 운영에 필요한 사항은 대통령령으로 정한다.
⑨ 관리공단등에 관하여 이 법에 규정된 것을 제외하고는 「민법」 중 사단법인에 관한 규정을 준용한다. 이 경우 "주무관청"은 "관리권자"로 본다.
⑩ 지방자치단체는 관리공단등의 설립·운영을 위하여 보조금의 지급 등 필요한 지원을 할 수 있다.
(2016.1.27 본항신설)

제32조【산업단지관리지침 등】 ① 산업통상자원부장관은 산업단지의 관리에 대한 기본적 사항에 관하여 대통령령으로 정하는 바에 따라 산업단지의 관리지침(이하 "관리지침"이라 한다)을 수립하고 고시하여야 한다. 이를 변경한 경우에도 또한 같다. 다만, 대통령령으로 정하는 경미한 사항의 변경은 그러하지 아니하다.(2013.3.23 전단개정)
② 관리지침 중 농공단지의 관리지침에 관하여는 대통령령으로 정한다.

제33조【산업단지관리기본계획의 수립】 ① 관리기관은 「산업입지 및 개발에 관한 법률」 제6조, 제7조, 제7조의2부터 제7조의4까지 및 제8조에 따라 산업단지가 지정된 경우에는 산업단지로 관리할 필요가 있는 지역에 대하여 대통령령으로 정하는 바에 따라 산업단지관리기본계획(이하 "관리기본계획"이라 한다)을 수립하여야 한다. 이 경우 관리권자로부터 관리업무를 위임 또는 위탁받은 관리기관은 관리기본계획(변경계획을 포함한다)에 관하여 관리권자의 승인을 받아야 하며, 농공단지의 관리기본계획에 관하여는 대통령령으로 정하는 바에 따라 시·도지사 또는 대도시 시장의 승인을 받아야 한다.(2020.2.18 후단개정)
② 「산업입지 및 개발에 관한 법률」 제37조에 따른 준공인가를 받지 아니한 산업단지의 경우 관리기관이 관리기본계획을 수립(변경을 포함한다)하거나 관리권자가 관리기본계획의 수립(변경을 포함한다) 또는 승인을 하려는 경우에는 「산업입지 및 개발에 관한 법률」 제6조·제7조 및 제7조의2에 따른 해당 산업단지지정권자(이하 "해당 산업단지지정권자"라 한다)와 협의하여야 한다. 다만, 대통령령으로 정하는 경미한 사항을 변경하는 경우에는 그러하지 아니하다.(2010.4.12 본문개정)
③ 「산업입지 및 개발에 관한 법률」 제37조에 따른 준공인가를 받은 산업단지의 경우 관리기관 또는 관리권자가 관리기본계획을 변경 또는 변경승인을 하려는 경우에는 해당 산업단지지정권자 및 관계 행정기관의 장과 협의하여야 한다. 다만, 대통령령으로 정하는 경미한 사항을 변경하는 경우에는 그러하지 아니하다.(2010.4.12 본문개정)
④ 해당 산업단지지정권자 및 관계 행정기관의 장은 제2항 및 제3항에 따른 협의를 요청받은 날부터 20일(관계 행정기관의 장의 권한에 속하는 사항을 규정한 법령에서 정한 회신기간이 20일을 초과하는 경우에는 그 기간을 말한다) 이내에 의견을 제출하여야 한다.(2019.12.10 본항신설)
⑤ 해당 산업단지지정권자 및 관계 행정기관의 장이 제4항에서 정한 기간(「민원 처리에 관한 법률」 제20조제2항에 따라 회신기간을 연장한 경우에는 그 연장된 기간을 말한다) 내에 의견을 제출하지 아니하면 협의가 이루어진 것으로 본다.(2019.12.10 본항신설)
⑥ 관리기관·관리권자 또는 시·도지사는 관리기본계획을 수립하거나 승인한 경우에는 이를 고시하여야 한다.
⑦ 관리기본계획은 다음 각 호의 사항을 포함하여야 한다.
1. 관리할 산업단지의 면적에 관한 사항
2. 입주대상업종 및 입주기업체의 자격에 관한 사항
3. 산업단지의 용지(이하 "산업용지"라 한다)의 용도별 구역에 관한 사항
4. 업종별 공장의 배치에 관한 사항
5. 지원시설의 설치 및 운영에 관한 사항
6. 그 밖에 산업단지의 관리를 위하여 필요한 사항

⑧ 제7항제3호에 따른 용도별 구역은 산업시설구역·지원시설구역·공공시설구역 및 녹지구역으로 구분하여 관리할 수 있으며, 산업시설구역은 용도별로 세분할 수 있다. 다만, 제2조제6호에 따른 산업집적을 위하여 기업, 연구소, 대학 및 기업지원시설 등을 하나의 구역에 설치할 필요가 있을 경우에는 대통령령으로 정하는 바에 따라 복합구역을 지정하여 관리할 수 있다.(2019.12.10 본문개정)
⑨ 제8항에 따른 용도별 구역에 대하여는 「국토의 계획 및 이용에 관한 법률」 제76조제1항을 적용하지 아니한다.
(2019.12.10 본항개정)
⑩ 관리권자는 관리기본계획의 변경으로 산업용지의 용도별 구역을 변경하는 경우 대통령령으로 정하는 바에 따라 그 소유자로부터 구역변경에 따른 지가상승분을 기부받아 산업단지의 기반시설 확충 등 입주기업체 지원용도로 사용할 수 있다. 다만, 다음 각 호의 어느 하나에 해당하는 경우에는 그러하지 아니하다.(2024.1.9 단서개정)
1. 제45조의6에 따른 산업단지구조고도화사업으로 인하여 발생하는 개발이익을 재투자하는 경우
2. 「산업입지 및 개발에 관한 법률」에 따른 산업단지 개발·재생사업의 시행을 위하여 같은 법 제6조·제7조·제7조의2·제8조에 따른 산업단지개발계획, 같은 법 제17조·제18조·제18조의2·제19조에 따른 국가산업단지개발·일반산업단지개발·도시첨단산업단지개발·농공단지개발 실시계획의 승인(「산업단지 인·허가 절차 간소화를 위한 특례법」 제8조에 따른 산업단지계획을 포함한다), 「산업입지 및 개발에 관한 법률」 제39조의2제5항에 따른 산업단지 재생계획, 같은 법 제39조의7제1항에 따른 재생시행계획, 같은 법 제39조의10제3항에 따른 재생사업지구계획 또는 같은 법 제39조의12제2항에 따른 재생사업 활성화계획이 수립·변경됨에 따라 관리기본계획상 용도별 구역이 변경되는 경우로서 다음 각 목의 어느 하나에 해당하는 경우
   가. 「산업입지 및 개발에 관한 법률」 제16조제1항제1호, 제2호, 제7호 및 제8호에 따른 사업시행자가 사업시행을 위하여 관리기본계획상 용도별 구역을 변경하는 경우(같은 법 제13조의4제2항에 따라 산업단지개발계획이나 실시계획을 변경·수립하지 아니하여도 되는 경우로서 사업시행자 지정을 받지 아니하는 경우도 포함한다)
   나. 「산업입지 및 개발에 관한 법률」 제16조제1항제2호의2, 제3호부터 제6호까지에 따른 사업시행자가 같은 법 제13조의4제4항이나 제33조제1항에 따라 공공시설을 설치하거나, 같은 법 제38조제5항에 따라 분양수익을 산업시설용지의 가격인하 용도로 사용하거나, 같은 법 제39조의15에 따라 개발이익을 재투자하는 경우

(2024.1.9 1호~2호신설)
⑪ 관리기관은 「산업입지 및 개발에 관한 법률」 제13조의4제2항에 따른 개발행위 해당 여부를 확인하기 위하여 산업단지에 입주를 희망하는 자에게 산업통상자원부령으로 정하는 자료의 제출을 요구할 수 있다.(2024.1.9 본항신설)
⑫ 시·도지사는 「산업입지 및 개발에 관한 법률」 제6조 및 제49조에 따라 국가산업단지의 산업단지개발계획을 변경한 경우 그 사항을 해당 관리기관에 통보하여야 하고, 관리기관은 이를 관리기본계획에 반영하여야 한다.
(2024.1.9 본항신설)
⑬ 관리기관은 「산업입지 및 개발에 관한 법률」 제6조 및 제7조에 따라 지정된 산업단지 중 대통령령으로 정하는 산업단지에 대하여 5년 단위로 산업통상자원부령으로 정하는 바에 따라 입주대상업종의 변경을 검토하여야 하며, 주요 유치업종의 변경이 필요한 경우 해당 산업단지 지정권자에게 변경을 요청할 수 있다.(2024.1.9 본항신설)

제33조의2【다른 법률에 따른 인가·허가 등의 의제】 ① 관리기관·관리권자 또는 시·도지사가 「산업입지 및 개발에 관한 법률」 제37조에 따라 준공인가를 받은 산업단지의 관리기본계획 중 대통령령으로 정하는 사항을 변경하거나 변경승인할 때 다음 각 호의 허가·결정·인가·협의 또는 승인 등(이하 이 조에서 "인가등"이라 한다)에 관하여 해당 산업단지지정권자 및 관계 행정기관의 장과 협의한 사항에 대하여는 해당 인가등을 받은 것으로 보며, 제33조제6항에 따라 관리기본계획의 변경 또는 변경승인이 고시된 때에는 다음 각 호의 법률에 따른 인가등이 고시 또는 공고된 것으로 본다.(2019.12.10 본문개정)
1. 「건축법」 제11조에 따른 건축허가, 같은 법 제14조에 따른 건축신고, 같은 법 제16조에 따른 허가·신고사항의 변경허가·신고, 같은 법 제20조에 따른 가설건축물의 건축허가·축조신고 및 같은 법 제29조에 따른 건축협의
2. 「국토의 계획 및 이용에 관한 법률」 제30조에 따른 도시·군관리계획의 결정(용도지역, 용도지구 및 용도구역의 지정 및 변경 결정은 제외한다), 같은 법 제56조에 따른 개발행위허가, 같은 법 제86조에 따른 도시·군계획시설사업 시행자의 지정 및 같은 법 제88조에 따른 실시계획의 인가(2011.4.14 본호개정)
3. 「도로법」 제36조에 따른 도로관리청이 아닌 자에 대한 도로공사 시행의 허가, 같은 법 제61조에 따른 도로의 점용 허가 및 같은 법 제107조에 따른 도로관리청과의 협의 또는 승인(2014.1.14 본호개정)
4. 「사도법」 제4조에 따른 사도의 개설허가
5. 「산림보호법」 제9조제1항 및 제2항제1호·제2호에 따른 산림보호구역(산림유전자원보호구역은 제외한다)에서의 행위의 허가·신고와 같은 법 제11조제1항제1호에 따른 산림보호구역의 지정해제, 「산림자원의 조성 및 관리에 관한 법률」 제36조제1항·제5항에 따른 입목벌채등의 허가·신고 및 「산지관리법」 제14조에 따른 산지전용허가 및 같은 법 제15조에 따른 산지전용신고, 같은 법 제15조의2에 따른 산지일시사용허가·신고
(2022.12.27 본호개정)

6.「산업입지 및 개발에 관한 법률」 제17조·제17조의2·제18조·제18조의2 및 제19조에 따른 산업단지개발실시계획의 승인·변경승인
7.「소하천정비법」 제6조에 따른 소하천정비종합계획의 변경승인, 같은 법 제8조에 따른 소하천정비시행계획의 협의, 같은 법 제10조에 따른 소하천공사의 시행허가 및 같은 법 제14조에 따른 소하천 점용허가
8.「수도법」 제17조·제49조에 따른 일반수도사업·공업용수도사업의 인가 및 같은 법 제52조·제54조에 따른 전용상수도·전용공업용수도의 설치인가
9.「공간정보의 구축 및 관리 등에 관한 법률」 제86조제1항에 따른 사업의 착수·변경 또는 완료의 신고 (2014.6.3 본호개정)
10.「하수도법」 제16조에 따른 공공하수도공사의 시행허가 및 같은 법 제24조에 따른 공공하수도의 점용허가
② 제1항에 따른 인가등의 의제를 받으려는 관리기관은 제33조제1항 후단에 따른 관리기본계획의 변경승인 신청을 하는 때에는 해당 법률에서 정하는 관련 서류를 함께 관리권자에게 제출하여야 한다.
③ 관리기관·관리권자 또는 시·도지사는 관리기본계획을 변경 또는 변경승인을 할 때 그 내용에 제1항 각 호의 어느 하나에 해당되는 사항이 포함되어 있는 경우에는 해당 산업단지지정권자 및 관계 행정기관의 장과 협의하여야 한다. 이 경우 관리기관·관리권자 또는 시·도지사로부터 협의를 요청받은 해당 산업단지지정권자 및 관계 행정기관의 장은 협의요청을 받은 날부터 15일 이내에 의견을 제출하여야 한다.
④ 관리기관은 제1항에 따라 관리기본계획을 변경한 경우에는 변경된 사항을 해당 산업단지지정권자 및 관계 행정기관의 장에게 통보하여야 한다.
⑤ 제1항에 따라 관계 법률에 따른 인가등을 받은 것으로 보는 경우에는 해당 관계 법률에 따라 부과되는 수수료 또는 사용료를 면제한다.
(2010.4.12 본조신설)

제34조【산업단지의 국유 또는 공유 토지의 매각 및 임대】 ① 산업통상자원부장관 또는 지방자치단체의 장은 산업단지에 있는 국유 또는 공유의 토지 또는 공장 및 건축물, 그 밖의 시설(국유인 경우에는 그 관리청으로부터 관리전환을 받거나 기획재정부장관의 관리·처분에 관한 지정을 받은 것만 해당한다)을 대통령령으로 정하는 바에 따라 입주기업체 또는 지원기관에 매각하거나 임대할 수 있다.(2013.3.23 본항개정)
② 제1항에 따라 매각하거나 임대하는 국유의 토지 또는 공장 및 건축물과 그 밖의 시설(이하 "공장등"이라 한다)의 가격은 「국유재산법」에도 불구하고 산업통상자원부장관이 기획재정부장관과 협의하여 정하는 바에 따르며, 공유의 토지 또는 공장등의 가격은 「공유재산 및 물품 관리법」에도 불구하고 해당 지방자치단체의 장이 정하는 바에 따른다. 이 경우 필요하면 그 금액을 외화로 표시할 수 있다.(2013.3.23 전단개정)
③ 제1항에 따라 국유 또는 공유의 토지를 임대받은 입주기업체 또는 지원기관은 「국유재산법」 및 「공유재산 및 물품 관리법」에도 불구하고 임대받은 토지 위에 공장등을 설치할 수 있다.

제35조 (2006.3.3 삭제)

제35조의2 (2015.5.18 삭제)

제35조의3 (2004.12.31 삭제)

제35조의4 (1996.12.31 삭제)

제35조의5【입주 등】 관리기관은 제38조제1항에 따른 입주계약을 체결한 외국인투자기업 또는 해당 외국인투자기업에 출자하는 외국투자가의 다음 각 호의 업무를 대행할 수 있다.
1.「외국인투자 촉진법」에 따른 각종 신고 및 인·허가의 신청 등에 관한 업무
2.「부동산 거래신고 등에 관한 법률」에 따른 외국인등의 각종 토지거래 신고 및 허가의 신청 등에 관한 업무 (2016.1.19 본호개정)
3.「건축법」과 그 밖의 관계 법령에 따른 신고 및 허가의 신청 등에 관한 업무

제35조의6【북한지역의 기업지원】 정부는 공단으로 하여금 남한기업이 북한지역에 투자하고 북한지역에서 기업활동을 하기 위한 공장설립 및 산업입지 관리 등을 지원하는 사업을 수행하게 할 수 있다.

제36조【개발토지 등의 분양·임대 등】 ① 관리기관이 「산업입지 및 개발에 관한 법률」 제16조에 따른 사업시행자(이하 이 장에서 "사업시행자"라 한다)로부터 같은 법 제38조에 따라 분양·임대에 관한 업무를 위탁받으려는 경우에는 분양·임대계획서를 관리권자에게 제출하여야 한다. 다만, 농공단지의 경우에는 시·도지사 또는 대도시 시장의 승인을 받아야 한다.(2020.2.18 단서개정)
② (1999.2.8 삭제)
③ 제1항에 따른 승인의 대상·범위 및 절차 등에 관하여 필요한 사항은 대통령령으로 정한다.

제37조【공동부담금】 ① (1996.12.31 삭제)
② 관리기관은 산업단지의 도로, 폐수처리장, 폐기물처리장, 가로등, 그 밖에 산업통상자원부령으로 정하는 공동시설 중 국가 또는 지방자치단체가 유지·관리하여야 하는 시설이 아닌 공동시설의 설치·유지 및 보수를 위하여 필요하면 관리권자의 승인을 받아 입주기업체 및 지원기관으로부터 공동부담금을 받을 수 있다. 다만, 농공단지의 공동부담금인 경우에는 대통령령으로 정하는 바에 따라 시·도지사 또는 대도시 시장의 승인을 받아야 한다.(2020.2.18 단서개정)
③ (1996.12.31 삭제)
④ 제2항에 따른 공동부담금에 관한 기준 및 방법은 대통령령으로 정한다.

제38조【입주계약 등】 ① 산업단지에서 제조업을 하거나 하려는 자는 산업통상자원부령으로 정하는 바에 따라 관리기관과 그 입주에 관한 계약(이하 "입주계약"이라 한다)을 체결하여야 한다. 다만, 대통령령으로 정하는 경우에는 그러하지 아니하다.(2013.3.23 본문개정)
② 입주기업체 및 지원기관이 입주계약사항 중 산업통상자원부령으로 정하는 사항을 변경하려는 경우에는 새로 변경계약을 체결하여야 한다.(2013.3.23 본항개정)
③ 제1항과 제2항은 산업단지에서 제조업 외의 사업을 하거나 하려는 자에 대하여 준용한다.
④ 관리기관 중 관리공단 또는 입주기업체협의회가 제1항 또는 제2항에 따라 입주계약 또는 그 변경계약을 체결하였을 때에는 산업통상자원부령으로 정하는 바에 따라 시장·군수 또는 구청장에게 보고하여야 한다.
(2013.3.23 본항개정)

제38조의2【산업단지에서의 임대사업 등】 ① 산업시설구역등에서 산업용지 및 공장등의 임대사업을 하려는 자(지원기관과 「산업입지 및 개발에 관한 법률」 제16조제1항제1호 및 제2호에 따른 산업단지개발사업의 시행자는 제외한다)는 제15조제1항에 따른 공장설립등의 완료신고 또는 같은 조 제2항에 따른 사업개시의 신고를 한 후에 관리기관과 입주계약을 체결하여야 한다. 다만, 다음 각 호의 어느 하나에 해당하는 경우에는 공장설립등의 완료신고 또는 사업개시의 신고를 하기 전에 입주계약을 체결할 수 있다.(2016.12.2 단서개정)
1. 제16조제3항에 따라 부분가동을 위한 공장등록을 받은 건축물에 「신에너지 및 재생에너지 개발·이용·보급 촉진법」 제2조제2호가목에 따른 태양에너지를 이용하여 「전기사업법」 제2조제3호에 따른 발전사업을 하는 자에게 임대사업을 하려는 경우(2016.12.2 본호신설)
2.「한국자산관리공사 설립 등에 관한 법률」 제26조제1항제2호라목에 따라 한국자산관리공사가 입주기업체의 재무구조 개선을 지원하기 위하여 취득한 산업용지 또는 공장등을 임대하는 경우(2021.8.17 본호개정)
② 산업용지 및 공장등의 임대계약기간은 5년 이상으로 한다. 다만, 임차인의 요청이 있는 경우에는 1년 이상으로 하고, 임대계약기간이 만료되기 6개월 전부터 2개월 전까지 사이에 임차인이 계약갱신을 요구할 경우 전 임대계약과 동일한 조건으로 5년까지 갱신할 수 있다.
(2014.12.30 본항신설)
③ 제1항에 따른 산업용지 및 공장등의 임대사업의 범위, 임대가격의 기준, 입주계약의 기간 등에 관하여 필요한 사항은 대통령령으로 정한다.
④ 산업시설구역등에서 산업용지 또는 공장등의 임대사업을 하는 자가 제1항에 따라 체결한 입주계약의 계약기간 만료 전에 산업용지 또는 공장등을 양도하려는 경우에는 제39조제5항에 따른 금액으로 관리기관에 양도하여야 하며, 관리기관이 매수할 수 없는 경우에는 제39조제2항을 준용한다. 입주계약의 계약기간 만료 후에 제39조제1항 각 호의 공장설립등의 완료신고 또는 사업개시의 신고 후 대통령령으로 정한 기간 이내에 양도하려는 경우에도 또한 같다.(2014.12.30 전단개정)
⑤ (2016.12.2 삭제)
⑥ 관리기관은 「산업입지 및 개발에 관한 법률」 제46조의6에 따라 산업단지의 일부를 임대전용산업단지로 지정받은 경우에는 사업시행자와 협의하여 입주자격 및 임대기간 등 임대전용산업단지의 관리에 필요한 사항을 정하여 관리기본계획에 반영하여야 한다.
⑦ 제6항에 따른 임대전용산업단지에 속한 산업용지를 임대받은 자는 다른 사람에게 전대(轉貸)할 수 없다. 다만, 해당 산업용지를 임대한 가격보다 낮은 가격으로 전대하는 경우 등 대통령령으로 정하는 부득이한 경우에는 그러하지 아니하다.(2014.12.30 본문개정)
⑧ 산업통상자원부장관은 산업집적활성화 등을 위하여 국토교통부장관과 협의하여 제6항에 따른 임대전용산업단지의 입지 및 규모 등에 관한 수요조사를 할 수 있다.
(2014.12.30 본항개정)

제38조의3【연접한 입주기업체에 대한 임대】 제38조의2에도 불구하고 입주기업체는 자신이 소유하고 있는 산업시설구역등의 산업용지에 대하여 연접한 입주기업체가 기존 제조시설과 물리적 또는 기능적으로 연계하여 제조시설 또는 부대시설(관리지침으로 정하는 요건을 충족하는 경우에 한정한다)을 설치하려는 경우에는 해당 산업용지의 일부를 연접한 입주기업체에 임대할 수 있다.
(2024.1.9 본조신설)

제39조【산업용지 등의 처분제한 등】 ① 산업시설구역등의 산업용지 또는 공장등을 소유하고 있는 입주기업체가 다음 각 호의 어느 하나에 해당하는 경우로서 대통령령으로 정하는 경우에는 산업용지(공유지분을 처분하려는 때에는 해당 공유지분을 말한다) 또는 공장등을 관리기관에 양도하여야 한다.(2014.12.30 본문개정)
1. 제15조제1항에 따른 공장설립등의 완료신고 전 또는 신고 후 10년 이내의 범위에서 대통령령으로 정하는 기간이 지나기 전에 분양받은 산업용지(분양받은 자로부터 제2항에 따라 양도받거나 법원의 판결, 상속 등의 사유로 소유권을 취득한 산업용지, 제39조의2제2항제1호에 따라 분할된 산업용지 및 「산업입지 및 개발에 관한 법률」 제46조의6에 따른 임대전용산업단지에서 분양 전환으로 소유권을 취득한 산업용지를 포함한다)를 처분(해당 산업용지의 공유지분을 처분하는 경우를 포함한다)하려는 경우 또는 공장등을 처분하려는 경우 (2019.12.10 본호개정)
2. 제15조제2항에 따른 사업개시의 신고 전 또는 신고 후 제1호에 따라 대통령령으로 정하는 기간이 지나기 전에 분양받은 산업용지(분양받은 자로부터 제2항에 따라 양도받거나 법원의 판결, 상속 등의 사유로 소유권을 취득한 산업용지, 제39조의2제2항제1호에 따라 분할된 산업용지 및 「산업입지 및 개발에 관한 법률」 제46조의6에 따른 임대전용산업단지에서 분양 전환으로 소유권을 취득한 산업용지를 포함한다)를 처분(해당 산업용지의 공유지분을 처분하는 경우를 포함한다)하려는 경우 또는 공장등을 처분하려는 경우(2019.12.10 본호개정)
② 관리기관이 제1항에 따라 입주기업체의 산업용지 또는 공장등을 매수할 수 없는 때에는 대통령령으로 정하는 바에 따라 관리기관이 매수신청을 받아 선정한 다른 기업체나 다음 각 호의 기관(이하 "유관기관"이라 한다)에 양도하여야 한다.
1.「중소기업진흥에 관한 법률」에 따른 중소벤처기업진흥공단(2018.12.31 본호개정)
2.「한국토지주택공사법」에 따른 한국토지주택공사 및 「한국수자원공사법」에 따른 한국수자원공사(2011.7.25 본호개정)
3.「은행법」 제8조에 따라 설립인가를 받은 은행(「중소기업은행법」 등 법률에 따라 설립된 은행을 포함한다) (2010.5.17 본호개정)
4. 그 밖에 입주기업체의 설립 및 지원과 관련된 기관으로서 대통령령으로 정하는 기관
③ 산업시설구역등의 산업용지 또는 공장등을 소유하고 있는 입주기업체가 제15조제1항에 따른 공장설립등의 완료신고 또는 제15조제2항에 따른 사업개시의 신고 후 제1항제1호에 따라 대통령령으로 정하는 기간이 지나 그 소유하는 산업용지 또는 공장등을 처분하려는 경우로서 대통령령으로 정하는 경우에는 대통령령으로 정하는 바에 따라 관리기관에 신고하여야 한다. 다만, 산업용지 또는 공장등을 입주기업체 또는 같은 업종(제33조제7항제2호에 따른 입주대상업종을 말한다)을 운영하려는 자에게 처분하려는 경우에는 그러하지 아니하다.(2019.12.10 단서개정)
④ 관리기관이 제1항 및 제2항에 따라 양도받거나 매수신청을 받은 산업시설구역등의 산업용지 및 공장등을 양도하는 때에는 대통령령으로 정하는 바에 따라 양수기업체로부터 실비의 범위에서 양수자의 선정에 필요한 비용을 받을 수 있다.(2014.12.30 본항개정)
⑤ 제1항 및 제2항에 따른 산업용지의 양도가격은 그가 취득한 가격에 대통령령으로 정하는 이자 및 비용을 합산한 금액으로 하고, 공장등의 양도가격은 「감정평가 및 감정평가사에 관한 법률」에 따른 감정평가법인등의 시가감정액을 고려하여 결정할 수 있다. 다만, 입주기업체의 요청이 있는 경우 산업용지의 양도가격은 그가 취득한 가격에 대통령령으로 정하는 이자 및 비용을 합산한 금액 이하로 할 수 있다.(2020.4.7 본문개정)
⑥ 제38조의2제1항에 따른 임대사업자로부터 산업용지 및 공장등을 임대받거나 제2항 및 제3항에 따라 다른 입주기업체로부터 산업용지 및 공장등을 양도받으려는 자가 기존 입주기업체가 아닌 경우에는 미리 제38조제1항 또는 제3항에 따라 입주계약을 체결하여야 한다. 다만, 양도받으려는 자가 유관기관인 경우에는 그러하지 아니하다.
⑦ 유관기관이 매수한 산업용지 및 공장등의 매각가격·매각절차 등에 관하여 필요한 사항은 대통령령으로 정한다.

제39조의2【산업용지의 분할 등】 ① 관리권자·관리기관 및 사업시행자는 소유하고 있는 산업용지(건축물이 없는 것을 말한다. 이하 이 항에서 같다)를 분할(산업시설구역등의 산업용지는 산업통상자원부령으로 정하는 면적 이상으로 분할하는 경우로 한정한다)할 수 있다. 이 경우 사업시행자는 미리 관리기관과 협의하여야 한다.
(2015.5.18 본항개정)
② 입주기업체가 제15조제1항에 따른 공장설립등의 완료신고 또는 제15조제2항에 따른 사업개시의 신고 후에 소유하고 있는 산업용지(건축물이 있는 것을 말한다)를 분할하거나 그 공유지분을 처분하려는 때에는 다음 각 호의 구분에 따른 요건을 갖추어야 한다. 이 경우 입주기업체는 미리 관리기관과 협의하여야 한다.
1. 산업용지의 면적을 분할하는 경우 : 분할된 면적이 산업통상자원부령으로 정하는 면적 이상이 될 것(산업시설구역등 외의 산업용지는 산업통상자원부령으로 정하는 기반시설의 여건상 분할 면적을 제한할 필요가 있다고 관리기관이 인정하는 경우로 한정한다)
2. 산업용지의 공유지분(지식산업센터의 산업용지에 대한 공유지분은 제외한다. 이하 이 호 및 제4항제2호에서

같다)을 처분하는 경우 : 산업용지의 전체면적에 공유자의 공유지분의 비율을 곱하여 계산한 면적이 제1호에 따라 산업통상자원부령으로 정하는 면적 이상이 될 것(산업시설구역등 외의 산업용지는 산업통상자원부령으로 정하는 기반시설의 여건상 분할 면적을 제한할 필요가 있다고 관리기관이 인정하는 경우로 한정한다)
(2015.5.18 1호~2호개정)

③ 제1항에 따라 산업용지를 분할하려는 자는 분할된 산업용지의 활용에 필요한 도로·용수·상하수도 등 산업통상자원부령으로 정하는 기반시설을 설치하여야 한다.
(2013.3.23 본항개정)

④ 입주기업체는 다음 각 호의 어느 하나에 해당하는 경우에는 해당 산업용지 또는 공유지분을 제39조제5항에 따른 금액으로 관리기관에 양도하여야 한다. 다만, 관리기관이 매수할 수 없는 때에는 제39조제2항을 준용한다.

1. 제2항제1호에 따라 분할한 날부터 최대 10년의 범위 내에서 대통령령으로 정하는 기간이 지나기 전에 분할된 산업용지(기준공장면적률 또는 기준건축면적률에 미달하는 경우에만 해당한다)를 처분하려는 경우
(2011.3.30 본호개정)
2. 제2항제2호에 따라 공유지분을 분할하여 취득한 날부터 제1호에 따라 대통령령으로 정하는 기간이 지나기 전에 취득한 공유지분을 처분하려는 경우

⑤「산업발전법」제21조에 따른 구조조정 대상기업(이하 "구조조정 대상기업"이라 한다)은 다음 각 호의 요건을 모두 갖춘 경우에는 제4항제1호에도 불구하고 분할된 산업용지를 처분할 수 있다. 이 경우 미리 관리기관과 협의하여야 한다.

1. 제15조제1항에 따른 공장설립등의 완료신고 또는 제15조제2항에 따른 사업개시 신고 후 10년의 범위에서 대통령령으로 정하는 기간이 지났을 것
2. 구조조정 대상기업이 된 날부터 5년의 범위에서 대통령령으로 정하는 기간이 지났을 것
3. 구조조정 대상기업이 된 이후에 제2항제1호에 따라 산업용지를 분할할 것
4. 산업용지 분할 전의 면적이 산업통상자원부령으로 정하는 면적 이상일 것(2013.3.23 본호개정)
5. 구조조정 대상기업이 산업용지를 처분하기 전에 제3항에 따른 기반시설을 설치할 것

(2011.7.25 본항신설)

제40조【경매 등에 의한 산업용지 등의 취득】 ① 경매나 그 밖의 법률에 따라 입주기업체의 산업용지 또는 공장등을 취득한 자가 그 취득한 날부터 산업통상자원부령으로 정하는 기간 내에 입주계약을 체결하지 못한 경우에는 그 기간이 지난 날부터 산업통상자원부령으로 정하는 기간 내에 이를 제3자에게 양도하여야 한다.
(2013.3.23 본항개정)

② 제1항에 따라 산업용지 및 공장등을 취득한 자가 이를 제3자에게 양도하려는 경우에는 대통령령으로 정하는 바에 따라 관리기관에 신고하여야 한다. 다만, 산업용지 및 공장등을 입주기업체에 처분하려는 경우에는 그러하지 아니한다.

③ 제1항에 따라 산업용지 및 공장등을 취득한 자가 기존 입주기업체가 아닌 경우에는 미리 제38조제1항 또는 제3항에 따라 입주계약을 체결하여야 한다. 다만, 취득하려는 자가 유관기관인 경우에는 그러하지 아니한다.

제40조의2【입주계약 미체결 산업용지 등의 처분】 ① 분양에 의하여 산업용지 또는 공장등을 취득한 자(제39조제2항·제3항 및 제40조제1항에 따라 양도받은 자를 포함한다)가 그 취득한 날부터 3개월에서 6개월의 범위에서 산업통상자원부령으로 정하는 기간 내에 입주계약을 체결하지 못하는 경우에는 그 기간이 지난 날부터 6개월에서 1년의 범위에서 산업통상자원부령으로 정하는 기간 내에 이를 관리기관에 양도하여야 하고 관리기관이 매수할 수 없을 때에는 대통령령으로 정하는 바에 따라 관리기관이 매수신청을 받아 선정한 다른 기업체나 유관기관에 양도하여야 한다.(2013.3.23 본항개정)

② 제1항에 따라 산업용지 또는 공장등을 양도하는 경우에는 제39조제5항에 따라 정하는 가격으로 양도하여야 한다.
(2011.3.30 본조신설)

제41조【산업용지의 환수】 ① 관리기관은 입주기업체 또는 지원기관이 분양받은 산업용지의 전부 또는 일부가 입주계약에 의한 용도에 사용되지 아니하고 있을 때에는 대통령령으로 정하는 바에 따라 제39조제5항 본문에 따른 가격을 지급하고 그 용지를 환수(還收)할 수 있다.

② 관리기관은 제1항에 따라 산업용지의 전부 또는 일부를 환수하기 전에 입주기업체 또는 지원기관에 입주계약에 의한 용도에 사용하도록 대통령령으로 정하는 바에 따라 시정명령을 하여야 한다.

제42조【입주계약의 해지 등】 ① 관리기관은 입주기업체 또는 지원기관이 다음 각 호의 어느 하나에 해당하는 경우에는 대통령령으로 정하는 기간 내에 그 시정을 명하고 이를 이행하지 아니하는 경우 그 입주계약을 해지할 수 있다.

1. 입주계약을 체결한 후 정당한 사유 없이 산업통상자원부령으로 정하는 기간 내에 그 공장등의 건설에 착수하지 아니한 경우(2013.3.23 본호개정)
2. 공장등의 준공이 사실상 불가능하다고 인정될 경우
3. 공장등의 준공 후 1년 이내에 정당한 사유 없이 그 사업을 시작하지 아니하거나 계속하여 1년 이상 그 사업을 휴업한 경우
4. 제38조제2항(제38조제3항에서 준용하는 경우를 포함한다)에 따른 변경계약을 체결하지 아니하고 산업통상자원부령으로 정하는 사항을 변경한 경우(2013.3.23 본호개정)
5. 제38조 및 제38조의2에 따른 입주계약을 위반한 경우
6. 제38조의2 또는 제39조제1항 및 제2항을 위반하여 산업용지 및 공장등을 임대하거나 처분한 경우
7. 제39조의2제4항을 위반하여 분할된 산업용지 또는 산업용지의 공유지분을 처분한 경우

② 제1항에 따라 입주계약이 해지된 자는 남은 업무의 처리 등 대통령령으로 정하는 업무를 제외하고는 그 사업을 즉시 중지하여야 한다.

③ (1999.2.8 삭제)

④ 관리기관은 제1항에 따라 입주계약을 해지한 경우에는 그 내용을 시장·군수 또는 구청장에게 보고하여야 한다.

⑤ 관리기관이 제1항에 따라 입주계약을 해지하려는 경우에는 사전에 계약당사자의 의견을 들어야 한다.

제43조【입주계약 해지 후의 재산처분 등】 ① 제42조제1항 각 호의 사유로 입주계약이 해지된 자 중 제39조제1항 각 호의 어느 하나에 해당하는 자는 그가 소유하는 산업용지 및 공장등을 산업통상자원부령으로 정하는 기간에 제39조제1항 및 제2항에 따라 처분하여야 한다.
(2013.3.23 본항개정)

② 제42조제1항 각 호의 사유로 입주계약이 해지된 자 중 제39조제1항 각 호 외의 경우로 그 소유한 산업용지 및 공장등을 양도하려는 자는 대통령령으로 정하는 바에 따라 관리기관에 신고한 후 산업통상자원부령으로 정하는 기간에 다른 기업체나 유관기관에 양도하여야 하며, 폐업한 자의 경우에도 또한 같다. 다만, 산업용지 및 공장등을 입주기업체에 양도하려는 경우에는 그러하지 아니한다.(2013.3.23 본문개정)

③ 제1항 및 제2항에 따른 산업용지 및 공장등의 양도가격에 관하여는 제39조제5항을 준용한다.

④ 제2항에 따른 기간 내에 양도되지 아니한 산업용지 및 공장등은 제39조제5항에 따른 가격으로 관리기관이 매수할 수 있다.

제43조의2【양도의무 불이행자에 대한 조치】 ① 관리권자는 공장등을 취득한 자가 다음 각 호의 어느 하나에 해당하는 경우에는 대통령령으로 정하는 바에 따라 공장등의 철거를 명할 수 있다.(2016.1.27 본문개정)

1. 제40조제1항을 위반하여 공장등을 양도하지 아니한 경우
2. 제43조제1항 및 제2항에 따른 기간에 공장등을 양도하지 아니한 경우

② 제1항에 따른 철거명령은 관리권자가 해당 산업용지의 소유권을 가지고 있는 경우에만 행사할 수 있다.

③ 제1항에 따른 철거명령을 하려면 청문을 하여야 한다.

제43조의3【이행강제금】 ① 관리권자는 제43조제1항 또는 제2항에 따른 처분·양도 의무를 이행하지 아니한 자에 대하여는 산업통상자원부령으로 이행기한을 정하여야 하며, 그 기한까지 의무를 이행하지 아니한 경우에는 처분·양도할 재산가액의 100분의 20에 해당하는 금액의 이행강제금을 부과할 수 있다.(2013.3.23 본항개정)

② 관리권자는 제1항에 따른 이행강제금을 부과하기 전에 같은 항에 따른 이행강제금을 부과하고 징수한다는 뜻을 미리 문서로 알려 주어야 한다.

③ 관리권자는 제1항에 따른 이행강제금을 부과하는 경우에는 이행강제금의 금액, 부과사유, 납부기한 및 수납기관, 이의제기방법 및 이의제기기관 등을 분명하게 밝힌 문서로 하여야 한다.

④ 관리권자는 제43조제1항 또는 제2항에 따른 처분·양도 의무가 발생한 날을 기준으로 하여 매년 1회 그 의무가 이행될 때까지 반복하여 제1항에 따른 이행강제금을 부과하고 징수할 수 있다.

⑤ 관리권자는 제43조제1항 또는 제2항에 따른 처분·양도 의무가 있는 자가 그 의무를 이행한 경우에는 새로운 이행강제금의 부과를 중지하되, 이미 부과된 이행강제금은 징수하여야 한다.

⑥ 관리권자는 이행강제금의 처분 및 징수 업무를 대통령령으로 정한 관리기관에 위탁하여 업무를 집행하도록 할 수 있다.

제44조【입주기업체의 지원】 ① 관리기관은 입주기업체를 위하여 시장정보제공, 에너지이용효율 개선, 에너지공급, 노사관계 증진, 직업훈련 등 대통령령으로 정하는 지원사업을 수행할 수 있다.(2010.4.12 본항개정)

②「중소기업진흥에 관한 법률」에 따른 중소벤처기업진흥공단 및「한국농수산식품유통공사법」에 따른 한국농수산식품유통공사는 관리기관·입주기업체 또는 지원기관이 요청하면 경영 및 기술지도(농수산물유통공사의 경우에는 농산물가공 및 음식료품 제조업체만 해당한다)를 할 수 있다.(2018.12.31 본항개정)

제44조의2【입주기업의 자금확보 지원 등】 ①「수도권정비계획법」제2조제1호에 따른 수도권 외 지역의 입주기업체는 제15조제1항에 따른 공장설립등의 완료신고 또는 같은 조 제2항에 따른 사업개시의 신고 후 소유하고 있는 산업용지 및 공장등을「자산유동화에 관한 법률」에 따른 자산유동화나 그 밖에 대통령령으로 정하는 부동산 금융의 방법(이하 "자산유동화등"이라 한다)을 활용하여 처분 후 임차하는 조건으로 자금을 조달할 수 있다.

② 입주기업체는 자산유동화등을 통하여 자금을 조달하려는 경우 관리기관과 사전에 협의하여야 한다.

③ 제1항에 따른 입주기업체 및 자산유동화등의 계약 당사자가 대통령령으로 정하는 기간 내에 관리기관과 체결한 입주계약에 따른 사업을 영위하지 아니하는 경우에는 제39조제1항·제2항·제5항을 준용한다.

④ 관리권자는 대통령령으로 정하는 바에 따라 자산유동화등으로 인하여 발생하는 토지가격 차액분을 기부받아 제2조제15호가목 및 다목에 해당하는 업무에 사용할 수 있다.

⑤ 자산유동화등의 계약절차 및 방법 등 세부적인 사항에 대하여는 대통령령으로 정한다.
(2024.1.9 본조신설)

제45조【산업단지의 안전관리 등】 관리기관은 안전관리, 공해관리, 환경관리 등에 관하여 대통령령으로 정하는 바에 따라 입주기업체에 대하여 필요한 지도를 할 수 있다.

제5장의2 산업단지구조고도화사업의 추진
(2010.4.12 본장제목삽입)

제45조의2【산업단지구조고도화사업계획의 수립】 ① 관리권자는「산업입지 및 개발에 관한 법률」제37조에 따른 준공인가를 받은 산업단지가 다음 각 호의 어느 하나에 해당하는 경우에는 제45조의3에 따른 사업시행자(이하 이 장에서 "사업시행자"라 한다)로 하여금 산업단지구조고도화사업(「산업입지 및 개발에 관한 법률」제2조제9호가목·다목·라목에도 불구하고 대통령령으로 정하는 건축사업을 포함한다. 이하 같다)을 시행하게 할 수 있다.(2015.5.18 본문개정)

1. 산업 여건의 변화, 주변 지역의 도시화 등으로 산업단지의 업종 고부가가치화 및 산업재배치가 필요한 경우
2. 입주기업체의 경영활동을 지원하기 위하여 산업기반시설·산업집적기반시설·공공시설 등의 유지·보수·개량 및 확충이 필요한 경우
3. 그 밖에 입주기업체의 지원 및 산업단지의 경쟁력을 강화하기 위하여 관리권자가 필요하다고 인정하는 경우

② 시·도지사는 관할구역 내 착공일 기준 20년이 경과된 산업단지 중 대통령령으로 정하는 산업단지에 대하여 다음 각 호의 사항을 포함한 10년 단위의 산업단지구조고도화계획(이하 "구조고도화계획"이라 한다)을 착공일 기준 20년이 경과된 날부터 1년 이내에 수립하여 고시하여야 한다. 고시한 사항을 변경할 때에도 또한 같다.(2024.1.9 본문개정)

1. 구조고도화계획 수립 대상 산업단지의 현황 및 경쟁력 분석
2. 구조고도화계획 수립 대상 산업단지의 발전전략
3. 제3조의2에 따른 지역산업진흥계획 등 지역발전계획과의 연계방안 및 입주업종의 첨단화·고부가가치화 방안
4. 성장유망산업의 배치 및 토지이용계획의 변경에 관한 사항
5. 산업집적기반시설·산업기반시설·공공시설 등의 정비 및 확충 방안
6. 기업·연구소·대학 및 우수한 산업기술 인력 등의 유치 방안
7. 구조고도화계획 수립 대상 산업단지 내 정주·교통여건 및 편의시설 등 근로자 생활환경 개선에 관한 사항

(2024.1.9 1호~7호신설)

③ 시·도지사가 제2항에 따라 구조고도화계획을 수립하거나 변경하려는 경우에는 해당 산업단지의 관할 시장·군수 또는 구청장의 의견을 듣고 지정권자 및 관리권자(국가산업단지가 포함되는 경우 해당 국가산업단지의 관리기관을 포함한다)와 협의하여야 한다. 이 경우 시·도지사는 그 협의 결과를 구조고도화계획에 반영하여야 한다.(2024.1.9 본항신설)

④ 사업시행자가 산업단지구조고도화사업을 실시하려는 경우에는 다음 각 호의 사항을 포함한 산업단지구조고도화사업계획(이하 "구조고도화사업계획"이라 한다)을 수립하여 관리권자의 승인을 받아야 한다. 대통령령으로 정하는 중요한 사항을 변경하려는 때에도 또한 같다.
(2024.1.9 전단개정)

1. 산업단지구조고도화사업의 목적 및 필요성(2024.1.9 본호개정)
2. 산업단지구조고도화사업의 시행기간 및 시행자
3. 산업단지구조고도화사업 예정지구의 위치 및 면적
4. 산업단지구조고도화사업 예정지구의 현황 및 경쟁력 분석
5. 산업단지구조고도화사업의 시행방법

(2015.5.18 2호~5호개정)

6. 산업단지구조고도화사업 예정지구의 토지이용계획 변경에 관한 사항(2024.1.9 본호신설)
7. 재원조달방안
8. 제45조의6에 따른 개발이익의 재투자 계획(2011.7.25 본호신설)
9. 그 밖에 대통령령으로 정하는 사항

⑤ 제4항제3호에 따른 산업단지구조고도화사업 예정지구의 위치 및 면적은 다음 각 호의 기준을 모두 충족하여야 한다.(2024.1.9 본문개정)

1. 「산업입지 및 개발에 관한 법률」 제39조의2제5항에 따라 수립·고시된 산업단지 재생계획상의 지역(대통령령으로 정하는 산업단지 재생계획의 수립절차가 진행 중인 지역을 포함한다)과 중복되는 경우에는 사업시행자가 「산업입지 및 개발에 관한 법률」 제39조의2제1항에 따른 재생사업지구지정권자와 협의를 거쳐 정한 위치와 면적일 것(2017.10.31 본호개정)
2. 이미 추진되었거나 추진 중인 산업단지구조고도화사업지구를 포함하여 전체 산업단지 면적의 100분의 30을 초과하지 아니할 것(2024.1.9 본호개정)

⑥ 사업시행자는 구조고도화사업계획을 수립하기 전에 산업단지구조고도화사업 대상 산업단지의 지정권자 및 관리권자와 협의하여야 한다. 이 경우 사업시행자는 그 협의 결과를 구조고도화사업계획에 반영하여야 한다.
(2024.1.9 본항개정)

⑦ 관리권자가 제4항에 따라 구조고도화사업계획을 승인하려는 때에는 입주기업체 및 관련 지방자치단체의 장의 의견을 듣고 해당 산업단지지정권자 및 관계 행정기관의 장과 협의하여야 한다. 대통령령으로 정하는 중요한 사항을 변경하려는 때에도 또한 같다.(2024.1.9 전단개정)

⑧ 관리권자는 구조고도화사업계획을 승인(변경승인을 포함한다. 이하 같다)하려는 때에는 산업집적활성화 기본계획, 관리기본계획 및 구조고도화계획과 조화를 이루도록 하여야 한다.(2024.1.9 본항개정)

⑨ 관리권자가 구조고도화사업계획을 승인한 때에는 대통령령으로 정하는 바에 따라 이를 고시하여야 한다.
(2024.1.9 본항개정)

⑩ 제9항에 따라 구조고도화사업계획이 승인·고시된 때에는 그 범위에서 제33조에 따른 관리기본계획이 변경된 것으로 본다. 이 경우 제33조제6항에 따른 고시는 생략하지 아니한다.(2024.1.9 전단개정)

⑪ 산업통상자원부장관은 제2항에 따라 구조고도화계획이 수립·고시된 산업단지에 대하여 다음 각 호의 사업을 우선 지원할 수 있다.
1. 제2조제11호에 따른 산업단지구조고도화사업
2. 제2조제12호에 따른 산업집적지경쟁력강화사업
3. 제2조제14호의3에 따른 스마트그린산업단지 촉진사업
4. 「기술의 이전 및 사업화 촉진에 관한 법률」 제17조에 따른 지방자치단체의 기술이전·사업화 촉진사업
5. 「산업기술혁신 촉진법」 제11조에 따른 산업기술개발사업 및 같은 법 제19조에 따른 산업기술기반조성사업
6. 「해외진출기업의 국내복귀 지원에 관한 법률」 제7조에 따라 선정된 지원대상 국내복귀기업의 설비투자
(2024.1.9 본항신설)

⑫ 산업통상자원부장관은 구조고도화계획 수립에 필요한 비용의 일부를 보조할 수 있다.(2024.1.9 본항신설)
(2010.4.12 본조개정)

제45조의3 【산업단지구조고도화사업의 시행자】 ① 산업단지구조고도화사업을 시행할 수 있는 사업시행자는 다음 각 호의 자로 한다.(2015.5.18 본문개정)
1. 국가·지방자치단체
2. 관리기관
3. 제1호 또는 제2호에 해당하는 자와 대통령령으로 정하는 요건을 갖춘 민간기업이 산업단지구조고도화사업을 목적으로 출자에 참여하여 설립한 법인. 다만, 대통령령으로 정하는 출자비율을 준수하는 법인에 한정한다.
(2015.5.18 본문개정)
4. 「사회기반시설에 대한 민간투자법」 제2조제7호에 따른 사업시행자(2011.7.25 본호신설)
5. 그 밖에 지방공기업 등 대통령령으로 정하는 자

② 제1항에 따른 사업시행자는 산업단지구조고도화사업을 효율적으로 시행하기 위하여 필요하다고 인정하는 경우에는 산업단지구조고도화사업의 일부를 다음 각 호의 어느 하나에 해당하는 자(이하 "대행사업자"라 한다)에게 대통령령으로 정하는 바에 따라 대행하게 할 수 있다.
(2015.5.18 본문개정)
1. 해당 산업단지의 토지소유자(2011.7.25 본호신설)
2. 대통령령으로 정하는 요건을 갖춘 민간기업이 산업단지구조고도화사업을 목적으로 출자에 참여하여 설립한 법인(2015.5.18 본호개정)
(2015.5.18 본조제목개정)
(2010.4.12 본조신설)

제45조의4 【다른 법률에 따른 인가·허가 등의 의제】
① 관리권자가 구조고도화사업계획의 승인을 할 때 그 구조고도화사업계획에 대한 다음 각 호의 허가·결정·인가·협의 또는 승인 등(이하 이 조에서 "인가등"이라 한다)에 관하여 제45조의2제7항에 따라 해당 산업단지지정권자 및 관계 행정기관의 장과 협의한 사항에 대하여는 해당 인가등을 받은 것으로 보며, 제45조의2제9항에 따라 구조고도화사업계획의 승인이 고시된 때에는 다음 각 호의 법률에 따른 인가등이 고시 또는 공고된 것으로 본다.(2024.1.9 본문개정)
1. 「건축법」 제11조에 따른 건축허가, 같은 법 제16조에 따른 허가·신고사항의 변경허가·신고, 같은 법 제20조에 따른 가설건축물의 건축허가·축조신고 및 같은 법 제29조에 따른 건축협의
2. 「국토의 계획 및 이용에 관한 법률」 제30조에 따른 도시·군관리계획의 결정(용도지역, 용도지구 및 용도구역의 지정 및 변경 결정은 제외한다), 같은 법 제56조에 따른 개발행위허가, 같은 법 제86조에 따른 도시·군계획시설사업 시행자의 지정 및 같은 법 제88조에 따른 실시계획의 인가(2011.4.14 본호개정)
3. 「도로법」 제36조에 따른 도로관리청이 아닌 자에 대한 도로공사 시행의 허가, 같은 법 제61조에 따른 도로의 점용 허가 및 같은 법 제107조에 따른 도로관리청과의 협의 또는 승인(2014.1.14 본호개정)
4. 「사도법」 제4조에 따른 사도의 개설허가
5. 「산림보호법」 제9조제1항 및 제2항제1호·제2호에 따른 산림보호구역(산림유전자원보호구역은 제외한다)에서의 행위의 허가·신고와 같은 법 제11조제1항제1호에 따른 산림보호구역의 지정해제, 「산림자원의 조성 및 관리에 관한 법률」 제36조제1항·제5항에 따른 입목벌채등의 허가·신고 및 「산지관리법」 제14조에 따른 산지전용허가 및 같은 법 제15조에 따른 산지전용신고, 같은 법 제15조의2에 따른 산지일시사용허가·신고
(2022.12.27 본호개정)
6. 「산업입지 및 개발에 관한 법률」 제6조·제7조·제7조의2 및 제8조에 따른 산업단지개발계획의 변경과 같은 법 제17조·제17조의2·제18조·제18조의2 및 제19조에 따른 산업단지개발실시계획의 승인·변경승인
6의2. 「산업입지 및 개발에 관한 법률」 제39조의2제5항에 따른 산업단지 재생계획의 변경, 같은 법 제39조의7제1항에 따른 재생시행계획의 변경, 같은 법 제39조의10제3항에 따른 재생사업지구계획의 변경 및 같은 법 제39조의12제2항에 따른 재생사업 활성화계획의 변경
(2024.1.9 본호신설)
7. 「소하천정비법」 제6조에 따른 소하천정비종합계획의 변경승인, 같은 법 제8조에 따른 소하천정비시행계획의 협의, 같은 법 제10조에 따른 소하천공사의 시행허가 및 같은 법 제14조에 따른 소하천 점용허가
8. 「수도법」 제17조·제49조에 따른 일반수도사업·공업용수도사업의 인가 및 같은 법 제52조·제54조에 따른 전용상수도·전용공업용수도의 설치인가
9. 「공간정보의 구축 및 관리 등에 관한 법률」 제86조제1항에 따른 사업의 착수·변경 또는 완료의 신고
(2014.6.3 본호개정)
10. 「하수도법」 제16조에 따른 공공하수도공사의 시행허가 및 같은 법 제24조에 따른 공공하수도의 점용허가

② 제1항에 따른 인가등의 의제를 받으려는 사업시행자가 구조고도화사업계획의 승인 신청을 하는 때에는 해당 법률에서 정하는 관련 서류를 함께 관리권자에게 제출하여야 한다.(2024.1.9 본항개정)

③ 관리권자는 구조고도화사업계획의 승인을 할 때 그 내용에 제1항 각 호의 어느 하나에 해당하는 사항이 포함되어 있는 경우에는 관계 행정기관의 장과 미리 협의하여야 한다.(2024.1.9 본항개정)

④ 관계 행정기관의 장은 제3항에 따른 협의를 요청받은 날부터 15일(관계 행정기관의 장의 권한에 속하는 사항을 규정한 법령에서 정한 회신기간이 15일을 초과하는 경우에는 그 기간을 말한다) 이내에 의견을 제출하여야 한다.(2019.12.10 본항개정)

⑤ 관계 행정기관의 장이 제4항에서 정한 기간(「민원 처리에 관한 법률」 제20조제2항에 따라 회신기간을 연장한 경우에는 그 연장된 기간을 말한다) 내에 의견을 제출하지 아니하면 협의가 이루어진 것으로 본다.(2019.12.10 본항신설)

⑥ 제1항에 따라 관계 법률에 따른 인가등을 받은 것으로 보는 경우에는 해당 관계 법률에 따라 부과되는 수수료 또는 사용료를 면제한다.
(2010.4.12 본조신설)

제45조의5 【비용부담 등】 ① 산업단지구조고도화사업에 필요한 비용은 사업시행자가 부담한다.

② 국가 또는 지방자치단체는 제45조의3제1항제2호부터 제5호까지에 해당하는 사업시행자가 시행하는 산업단지구조고도화사업 중 공공시설에 한하여 필요한 비용의 일부를 보조할 수 있다. 다만, 산업단지 중 착공 후 30년 이상된 국가산업단지에서 시행되는 산업단지구조고도화사업의 경우에는 산업기반시설에 대하여도 필요한 비용의 일부를 보조할 수 있다.
(2015.5.18 본조개정)

제45조의6 【개발이익의 재투자】 ① 사업시행자와 대행사업자는 산업단지구조고도화사업으로 인하여 발생하는 개발이익의 일부를 대통령령으로 정하는 바에 따라 산업기반시설과 공공시설의 설치 등 대통령령으로 정하는 산업단지구조고도화사업에 재투자하여야 한다. 다만, 제45조의3제1항제1호 또는 제2호에 따른 사업시행자가 실시하는 산업단지구조고도화사업(같은 조 제2항에 따라 대행하게 하는 경우는 제외한다)에 대하여는 적용하지 아니한다.(2024.1.9 단서신설)

② 사업시행자 중 제30조제2항제3호부터 제5호까지에 해당하는 관리기관은 제1항에 따른 재투자 및 사업비 조달이 차질 없이 이루어질 수 있도록 대통령령으로 정하는 바에 따라 별도의 회계를 설치·운영하여야 한다.
(2010.4.12 본조신설)

제45조의7 【준공인가】 ① 사업시행자는 산업단지구조고도화사업의 전부 또는 일부를 완료한 경우에는 대통령령으로 정하는 바에 따라 관리권자의 준공인가를 받아야 한다.(2015.5.18 본항개정)

② 제1항에 따른 준공인가 신청을 받은 관리권자는 지체 없이 준공검사를 실시하여야 한다.

③ 관리권자는 효율적인 준공검사를 위하여 필요한 때에는 관계 행정기관·공공기관·연구기관, 그 밖의 전문 기관 또는 단체에 준공검사를 의뢰할 수 있다. 이 경우 필요한 비용은 사업시행자가 부담한다.(2011.7.25 본항신설)

④ 관리권자는 제1항에 따른 준공인가의 신청을 받은 날부터 30일 이내에 인가 여부 또는 민원 처리 관련 법령에 따른 처리기간의 연장을 신청인에게 통지하여야 한다.
(2019.12.10 본항신설)

⑤ 관리권자가 제4항에서 정한 기간 내에 인가 여부 또는 민원 처리 관련 법령에 따른 처리기간의 연장을 신청인에게 통지하지 아니하면 그 기간(민원 처리 관련 법령에 따라 처리기간이 연장 또는 재연장된 경우에는 해당 처리기간을 말한다)이 끝난 날의 다음 날에 인가를 한 것으로 본다.(2019.12.10 본항신설)

⑥ 관리권자가 제1항에 따라 준공을 인가한 때(제5항에 따라 인가한 것으로 보는 경우를 포함한다)에는 대통령령으로 정하는 바에 따라 공고하고 이를 사업시행자에게 통지하여야 한다.(2019.12.10 본항개정)

⑦ 관리권자가 제1항에 따라 준공인가를 할 때 다음 각 호의 사용승인·검사·확인·인가 등에 관하여 제9항에 따라 관계 행정기관의 장과 협의한 경우에는 해당 사용승인 등을 받은 것으로 본다.(2019.12.10 본문개정)
1. 「건축법」 제22조에 따른 건축물의 사용승인
2. 「국토의 계획 및 이용에 관한 법률」 제62조에 따른 개발행위의 준공검사, 같은 법 제98조에 따른 도시계획시설사업의 준공검사
3. 「도로법」 제62조제2항에 따른 도로점용공사 완료확인
(2014.1.14 본호개정)
4. 「산업입지 및 개발에 관한 법률」 제37조에 따른 산업단지개발사업의 준공인가
5. 「소하천정비법」 제10조제3항에 따른 소하천공사의 준공검사
6. 「수도법」 제19조에 따른 수도공사 완공 시의 수질검사
(2011.7.25 본항신설)

⑧ 사업시행자는 제7항에 따른 사용승인 등의 의제를 받으려면 준공인가를 신청할 때에 해당 법률에서 정하는 관련 서류를 관리권자에게 함께 제출하여야 한다.
(2019.12.10 본항개정)

⑨ 관리권자는 준공검사를 할 때 제7항 각 호의 사항이 포함되어 있으면 관계 행정기관의 장과 미리 협의하여야 한다.(2019.12.10 본항개정)
(2010.4.12 본조신설)

제45조의8 【공공시설의 귀속】 사업시행자가 산업단지구조고도화사업으로 새로 공공시설을 설치하거나 기존의 공공시설에 대체되는 공공시설을 설치하는 경우 그 공공시설의 귀속에 관하여는 「산업입지 및 개발에 관한 법률」 제26조를 준용한다. 이 경우 「산업입지 및 개발에 관한 법률」 제26조에 따른 공공시설에 한정한다.
(2015.5.18 전단개정)

제5장의3 스마트그린산업단지 촉진사업의 추진
(2020.12.8 본장신설)

제45조의9 【스마트그린산업단지 육성지침】 ① 산업통상자원부장관은 스마트그린산업단지의 지정, 관리, 사업추진체계 및 스마트그린산업단지 촉진사업 등의 구체적 내용과 관련하여 대통령령으로 정하는 바에 따라 스마트그린산업단지 육성지침을 수립하고 고시할 수 있다.

② 제1항에 따라 고시한 스마트그린산업단지 육성지침을 변경하는 경우에는 변경사항을 고시하여야 한다. 다만, 대통령령으로 정하는 경미한 사항의 변경은 그러하지 아니하다.

제45조의10 【스마트그린산업단지의 공모】 ① 산업통상자원부장관은 스마트그린산업단지를 지정하려는 때에는 대통령령으로 정하는 바에 따라 관할구역 내 산업단지가 있는 특별시·광역시·특별자치시·도·특별자치도를 대상으로 공모를 실시하여야 한다.

② 스마트그린산업단지로 지정받으려는 시·도지사는 대통령령으로 정하는 바에 따라 다음 각 호의 사항이 포함된 스마트그린산업단지 지정요청서(이하 "지정요청서"라 한다)를 제출하여야 한다.
1. 사업추진 목표와 중장기 발전방향
2. 대상 산업단지의 기본현황
3. 연도별 사업추진계획
4. 입주기업체의 제조기술 혁신, 기반시설의 디지털화 등 지능정보기술 활용에 관한 사항
5. 산업단지 신·재생에너지 활성화 및 온실가스 감축에 관한 사항
6. 사업추진을 위한 재원 확보 방안
7. 그 밖에 스마트그린산업단지 지정을 위하여 필요하다고 인정되는 사항으로서 대통령령으로 정하는 사항

③ 스마트그린산업단지로 지정받으려는 시·도지사는 해당 산업단지의 지정권자(「산업입지 및 개발에 관한 법률」 제6조, 제7조, 제7조의2 및 제8조에 따른 지정권자를 말한다), 관리권자 및 관리기관과 협의하여야 하며, 그 협의 결과를 지정요청서와 함께 제출하여야 한다.

제45조의11【스마트그린산업단지의 지정】 ① 산업통상자원부장관은 지정요청서에 대한 평가결과를 토대로 스마트그린산업단지를 지정하여야 한다.
② 제1항에 따른 평가는 다음 각 호에 따른 기준을 고려하여 실시하여야 한다.
1. 산업단지의 경쟁력강화, 기업환경 개선, 환경친화적 산업구조 전환이 필요할 것
2. 산업단지의 입지현황 등 여건이 산업단지 제조혁신 등을 위한 지능정보기술 활용에 적합할 것
3. 에너지 효율화 및 신·재생에너지 활용계획이 타당하고 실현가능성이 있을 것
4. 입주기업체에 대한 제조기술 혁신 도모 및 그와 관련된 다양한 기업지원 서비스 제공을 위하여 기존의 산업집적기반시설, 산업기반시설 및 공공시설 등의 유지·보수·개량·확충이 필요할 것
5. 사업 추진을 위한 재원 확보 방안이 마련되어 있을 것
6. 그 밖의 사유로 입주기업체에 대한 제조기술 혁신 도모 및 그와 관련된 다양한 기업지원 서비스 제공이 시급할 것
③ 산업통상자원부장관은 평가대상 산업단지에 다음 각 호의 어느 하나에 해당하는 입주기업체 및 지원기관이 입지한 경우 대통령령으로 정하는 바에 따라 평가 시 우대할 수 있다.
1. 「해외진출기업의 국내복귀 지원에 관한 법률」 제2조제4호에 따른 국내복귀기업
2. 「지방자치분권 및 지역균형발전에 관한 특별법」 제29조에 따라 상생형지역일자리사업에 참여하는 기관·법인·단체(2023.6.9 본호개정)
④ 산업통상자원부장관은 제1항에 따라 스마트그린산업단지를 지정한 경우 대통령령으로 정하는 바에 따라 이를 관보에 고시하여야 한다.
제45조의12【스마트그린산업단지 촉진사업계획】 ① 제45조의14에 따른 사업시행자는 스마트그린산업단지 촉진사업계획(이하 "스마트그린산단계획"이라 한다)을 수립하여 산업통상자원부장관의 승인을 받아야 한다. 승인받은 스마트그린산단계획을 변경하는 경우에도 또한 같다. 다만, 대통령령으로 정하는 경미한 사항을 변경하는 경우에는 그러하지 아니하다.
② 스마트그린산단계획을 수립하는 경우에는 산업단지 전체면적을 대상으로 계획하여야 한다.
③ 산업통상자원부장관이 스마트그린산단계획을 승인하였을 때에는 대통령령으로 정하는 바에 따라 이를 고시하여야 한다.
제45조의13【사업단의 구성 등】 ① 산업통상자원부장관은 스마트그린산업단지 촉진사업을 전략적으로 추진하기 위하여 공단에 사업단을 둘 수 있다. 다만, 시·도지사의 요청에 따라 산업통상자원부장관이 이를 승인한 경우에는 해당 스마트그린산업단지(「산업입지 및 개발에 관한 법률」 제6조에 따라 지정·개발된 국가산업단지에 지정된 스마트그린사업단지는 제외한다) 관리기관에 사업단을 둘 수 있다.(2024.1.9 단서신설)
② 제1항에 따른 사업단은 단장을 포함하여 15명 이내로 구성하며, 사업단의 구성·운영 등에 필요한 사항은 산업통상자원부령으로 정한다.
제45조의14【사업시행자】 스마트그린산업단지 촉진사업을 시행할 수 있는 사업시행자는 다음 각 호의 자로 한다.
1. 국가·지방자치단체
2. 「공공기관의 운영에 관한 법률」에 따른 공공기관
3. 그 밖에 스마트그린산업단지 촉진사업을 수행할 수 있다고 인정되는 자로서 대통령령으로 정하는 자
제45조의15【입주기업체 정보수집 등】 ① 제45조의14에 따른 사업시행자는 스마트그린산업단지 촉진사업을 위하여 필요한 경우 정보통신기술을 활용하여 입주기업체의 공장에서 축적되는 제조공정 데이터, 산업집적기반시설·산업기반시설 및 공공시설 데이터, 「공공데이터의 제공 및 이용 활성화에 관한 법률」 제2조제2호에 따른 공공데이터 등 대통령령으로 정하는 정보(이하 "산업단지 데이터"라 한다)를 정보 보유자(해당 산업단지 데이터를 제3자에게 제공할 정당한 권한이 있는 자로 한정한다. 이하 같다)의 동의를 받아 수집·가공할 수 있다. 이 경우 사업시행자가 수집·가공한 정보를 활용(정보 보유자 이외의 제3자에게 제공하는 경우를 포함한다. 이하 이 조에서 같다)하려면 정보 보유자에게 이에 대한 동의를 받아야 한다.
② 사업시행자의 산업단지 데이터 수집·가공·활용에 관하여 다른 법률에 특별한 규정이 있는 경우에는 그 법률에서 정하는 바에 따른다. 이 경우 개인정보의 보호에 관하여는 제1항 및 다른 법률에 특별한 규정이 있는 경우를 제외하고는 「개인정보 보호법」에서 정하는 바에 따른다.
③ 산업단지 데이터의 수집·가공·활용에 필요한 사항은 대통령령으로 정한다.
제45조의16【스마트그린산업단지 지정에 대한 특례】
① (2024.1.9 삭제)
② 시·도지사는 스마트그린산업단지 중 일정 지역에 대하여 제45조의11에 따른 지정권자의 의견을 듣고 지식기반산업집적지구를 우선 지정할 수 있다.(2024.1.9 본항개정)
③ 산업통상자원부장관은 스마트그린산업단지에 대하여 다음 각 호에 따른 승인을 할 수 있다. 이 경우 관리권자는 관리기본계획에 이를 반영하여야 한다.
1. 제2조제18호 및 제28조의5에도 불구하고 입주기업체 및 지식산업센터에 입주할 수 있는 시설에 관하여 스마트그린산단계획에서 달리 정하는 승인
2. 근로자 복리후생시설 확충 등을 위하여 필요한 경우 제2조제1호에 따른 부대시설의 개념을 스마트그린산단계획에서 달리 정하는 승인
④ 스마트그린산업단지에 관하여는 「스마트도시 조성 및 산업진흥 등에 관한 법률」 제41조를 준용한다. 이 경우 "국가기관등"은 "스마트그린산업단지 촉진사업의 제45조의14에 따른 사업시행자"로 보고, "국가시범도시건설사업"은 "스마트그린산업단지 촉진사업"으로 본다.

제5장의4 한국산업단지공단
(2009.2.6 본장개정)

제45조의17【한국산업단지공단의 설립 등】 ① 산업단지의 개발 및 관리와 기업체의 산업활동 지원과 산학협력 촉진을 위하여 한국산업단지공단을 설립한다.
(2018.1.16 본항개정)
② 공단은 법인으로 하고, 주된 사무소의 소재지에서 설립등기를 함으로써 성립한다.
③ 공단이 아닌 자는 한국산업단지공단 또는 이와 유사한 명칭을 사용하지 못한다.
④ 공단은 제45조의21에 따른 사업을 추진하기 위하여 필요한 자금을 다음 각 호의 재원으로 조달한다.
(2020.12.8 본문개정)
1. 국가 또는 지방자치단체의 출연금 및 보조금
2. 제45조의21에 따른 사업의 수익금
3. 제45조의22에 따른 차입금
4. 제45조의27에 따른 채권의 발행으로 조성한 자금
(2020.12.8 2호~4호개정)
5. 그 밖의 수입금
⑤ 제4항제1호에 따른 출연금의 사용 및 관리 등에 필요한 사항은 대통령령으로 정한다.
제45조의18【정관】 ① 공단의 정관에는 다음 각 호의 사항이 포함되어야 한다.
1. 목적
2. 명칭
3. 주된 사무소, 지역본부, 지부(支部), 연수원, 제45조의28에 따른 산하기관의 설치·운영, 그 밖의 사무소에 관한 사항(2020.12.8 본호개정)
4. 임원 및 직원에 관한 사항
5. 이사회에 관한 사항
6. 업무 및 그 집행에 관한 사항
7. 자산 및 그 회계에 관한 사항
8. 정관변경에 관한 사항
9. 공고의 방법
10. 규약·규정의 제정·개정 및 폐지에 관한 사항
11. 채권의 발행
② 공단이 정관을 변경하려면 산업통상자원부장관의 인가를 받아야 한다.(2013.3.23 본항개정)
제45조의19【임원 등】 ① 공단에 다음 각 호의 임원을 둔다.
1. 이사장 1명
2. 부이사장 1명
3. 이사장 및 부이사장을 제외한 이사(비상임이사를 포함한다) 13명 이내(이사장 및 부이사장을 포함한 상임이사는 이사 정수의 3분의 2 미만으로 한다)(2011.7.25 본호개정)
4. 감사 1명(비상근을 말한다. 이하 같다)
② 이사장 및 비상임이사는 산업통상자원부장관이 임면(任免)하고, 부이사장을 포함한 상임이사는 이사장이 임면한다. 다만, 정관으로 정하는 바에 따라 당연직이사를 둘 수 있다.(2013.3.23 본문개정)
③ 감사는 기획재정부장관이 임면한다.
④ 이사장의 임기는 3년으로 하고, 부이사장·이사 및 감사의 임기는 2년으로 하며 1년 단위로 연임할 수 있다. 다만, 당연직이사의 임기는 그 직에 재임하는 기간으로 한다.
제45조의20【이사회】 ① 공단의 중요 사항을 의결하게 하기 위하여 공단에 이사회를 둔다.
② 이사회는 이사장·부이사장을 포함한 15명 이내의 이사로 구성하고, 이사회 의장은 이사장이 된다.
③ 이사회의 운영에 필요한 사항은 정관으로 정한다.
제45조의21【사업】 ① 공단은 제45조의17제1항의 목적을 달성하기 위하여 다음 각 호의 사업을 한다.
(2020.12.8 본문개정)
1. 제2조제15호에 따른 산업단지의 관리
2. 산업단지의 개발, 조성, 분양, 임대 및 매각에 관한 사업
3. 공장·지식산업센터 및 지원시설·산업집적기반시설의 설치·운영과 분양·임대 및 매각에 관한 사업(제39조제1항에 따라 양도받은 산업용지 또는 공장등을 매각하는 사업을 포함한다)(2010.4.12 본호개정)
3의2. 산업단지 입주업종 판단 등을 위한 심의기구의 운영(2024.1.9 본호신설)
4. 입주기업체의 노사협력 증진 및 인력수급에 관한 사업
5. 입주기업체 근로자의 후생복지·교육사업 및 주택건설사업
5의2. 입주기업체 근로자의 자녀들을 위한 보육시설의 운영에 관한 사업(2011.3.30 본호신설)
5의3. 산업단지 입주기업의 산업기술혁신에 필요한 현장 전문인력 양성과 산학협력, 근로자의 재교육 등을 위한 「사립학교법」에 따른 학교의 설립·운영 지원
(2018.1.16 본호신설)
6. 입주기업체의 생산성 향상 및 수출 촉진을 위한 사업
7. 공장설립 관련 업무의 지원
8. 공장의 이전·집단화를 위한 사업
9. 공장설립 및 산업단지와 관련한 정보의 수집·보급 및 조사·연구
10. 구조고도화계획 수립 지원에 관한 업무 및 산업단지 구조고도화사업(2024.1.9 본호개정)
11. 산업집적지경쟁력강화사업(2015.5.18 본호개정)
11의2. 산업단지의 안전관리 및 안전교육에 관한 사업
(2017.11.28 본호신설)
11의3. 스마트그린산업단지 관리 및 스마트그린산업단지 촉진사업 지원에 관한 업무(2020.12.8 본호신설)
12. 입주기업체를 지원하기 위한 사업으로서 그 밖에 대통령령으로 정하는 사업
② 각 산업단지의 관리권자는 산업단지의 관리업무를 산업통상자원부장관과 협의하여 공단에 위탁할 수 있다.
(2013.3.23 본항개정)
③ (1999.2.8 삭제)
④ 공단은 제1항의 사업을 할 때 지방자치단체 및 중소벤처기업진흥공단 또는 상공회의소 등 유관기관과 입주기업에 대한 지원업무에 관하여 상호 협력할 수 있다.
(2018.12.31 본항개정)
⑤ 제4항에 따른 지방자치단체 및 유관기관과의 협력에 필요한 사항은 대통령령으로 정한다.
제45조의22【자금의 차입】 공단은 제45조의21에 따른 사업을 위하여 필요하면 산업통상자원부장관의 승인을 받아 관계 법령에서 정하는 바에 따라 국내외로부터 자금을 차입할 수 있다.(2020.12.8 본조개정)
제45조의23【비용부담】 공단은 산업통상자원부장관의 승인을 받아 그 사업과 관련되어 수익을 얻는 자로 하여금 그 사업에 필요한 비용을 부담하게 할 수 있다.
(2013.3.23 본조개정)
제45조의24【예산과 결산】 ① 공단은 사업연도마다 총수입과 총지출을 예산으로 편성하여 산업통상자원부장관의 승인을 받아야 한다. 이를 변경하려는 경우에도 또한 같다.(2013.3.23 전단개정)
② 공단이 제1항에 따른 승인을 받으려는 경우에는 그 편성된 예산안을 회계연도 개시 20일 전까지 산업통상자원부장관에게 제출하여야 한다.(2013.3.23 본항개정)
③ 공단은 매 회계연도가 끝난 후 2개월 이내에 다음 각 호의 서류를 첨부한 결산서를 산업통상자원부장관에게 제출하여 그 승인을 받아 결산을 확정하여야 한다.
(2013.3.23 본문개정)
1. 재무제표(공인회계사나 회계법인의 감사의견서를 포함한다)와 그 부속서류
2. 그 밖에 결산의 내용을 명확하게 하기 위하여 필요한 서류
④ 공단은 매 회계연도의 결산 결과 이익금이 생겼을 때에는 이월손실금의 보전(補塡)에 충당하고, 충당하고도 남는 이익금은 산업통상자원부장관이 정하는 바에 따라 적립하여야 한다.(2013.3.23 본항개정)
제45조의25【업무의 지도·감독】 ① 산업통상자원부장관은 제45조의21제1항 각 호에 따른 공단의 업무를 지도·감독하고, 필요하다고 인정하면 공단에 대하여 사업에 관한 지시 또는 명령을 할 수 있다.(2020.12.8 본항개정)
② 공단에 대한 산업통상자원부장관의 지도·감독에 필요한 사항은 대통령령으로 정한다.
(2013.3.23 본조개정)
제45조의26【출연 및 보조금】 국가 또는 지방자치단체는 공단의 운영 및 사업에 필요한 경비에 충당하기 위하여 대통령령으로 정하는 바에 따라 공단에 출연하거나 보조할 수 있다.
제45조의27【채권의 발행】 ① 공단은 산업통상자원부장관의 승인을 받아 채권을 발행할 수 있다.(2013.3.23 본항개정)
② (2010.4.12 삭제)
③ 채권의 발행액은 공단의 자본금과 적립금을 합친 금액의 10배를 초과하지 못한다.
④ 정부는 공단이 발행하는 채권 원리금의 상환을 보증할 수 있다.
⑤ 채권의 소멸시효는 상환일부터 기산하여 원금은 5년, 이자는 2년이 지나면 완성한다.
⑥ 그 밖에 채권의 발행에 필요한 사항은 대통령령으로 정한다.
제45조의28【산하기관】 ① 공단은 제45조의21의 사업을 효율적으로 수행하기 위하여 공단 산하에 「사립학교법」에 따른 학교(학교법인을 포함한다)와 그 밖에 필요한 기관(이하 "산하기관"이라 한다)을 둘 수 있다.
(2020.12.8 본항개정)
② 공단의 이사장은 산하기관을 지도·감독한다.
③ 산하기관의 설치·운영 등에 필요한 사항은 공단의 정관으로 정한다.

④ 산업통상자원부장관은 산업기술혁신에 필요한 현장전문인력을 양성하기 위하여 공단에 학교운영에 필요한 자금(「사립학교법」 제5조에 따른 재산)을 지원할 수 있다. (2018.1.16 본조신설)

제6장 보 칙
(2009.2.6 본장개정)

제46조【조세감면】 국가 또는 지방자치단체는 산업입지의 원활한 조성 및 산업단지에의 입주기업체 또는 지원기관의 유치를 위하여 「조세특례제한법」에서 정하는 바에 따라 법인세·소득세·취득세·재산세 및 등록세 등을 감면할 수 있다.

제47조【자금지원】 국가 또는 지방자치단체는 산업입지에의 원활한 조성 및 산업단지의 입주기업체 또는 지원기관의 유치를 위하여 자금지원에 대한 필요한 조치를 할 수 있다.

제48조【보고 및 검사】 ① 산업통상자원부장관은 시·도지사에 대하여, 시·도지사는 시장·군수 또는 구청장에 대하여, 시장·군수 또는 구청장은 공장의 소유자 또는 점유자에 대하여 산업통상자원부령으로 정하는 바에 따라 공장입지, 공장건축, 공장등록 등에 관한 필요한 보고를 하게 하거나 자료의 제출을 명할 수 있으며, 소속 공무원으로 하여금 이를 검사하게 할 수 있다.(2013.3.23 본항개정)
② 산업통상자원부장관은 국가산업단지의 관리기관·입주기업체·지원기관과 시·도지사에 대하여, 시·도지사는 일반산업단지 및 도시첨단산업단지의 관리기관·입주기업체·지원기관과 시장·군수 또는 구청장에 대하여, 시장·군수 또는 구청장은 농공단지의 관리기관·입주기업체·지원기관에 대하여 산업통상자원부령으로 정하는 바에 따라 산업단지의 관리에 필요한 보고를 하게 하거나 자료의 제출을 명할 수 있으며, 소속 공무원으로 하여금 산업단지의 관리에 관한 업무를 검사하게 할 수 있다.(2013.3.23 본항개정)
③ 제1항 및 제2항에 따른 검사를 할 때에는 검사 7일 전까지 검사 일시, 검사 이유 및 검사 내용 등을 포함한 검사계획을 검사대상자에게 알려야 한다. 다만, 긴급한 경우이거나 사전에 알리면 증거인멸 등으로 검사의 목적을 달성할 수 없다고 인정하는 경우에는 그러하지 아니하다.
④ 제1항 및 제2항에 따라 검사하는 공무원은 그 신분을 표시하는 증표를 지니고 이를 관계인에게 내보여야 하며, 출입·검사 시 담당 공무원의 성명, 출입 시간 및 출입 목적 등을 적은 문서를 관계인에게 내주어야 한다.
⑤ 제1항부터 제4항까지의 규정에 따른 보고 및 검사에 필요한 사항은 산업통상자원부령으로 정한다.(2013.3.23 본항개정)

제49조【지도 및 감독】 ① 산업통상자원부장관은 시·도지사, 시장·군수 또는 구청장, 공장의 소유자 또는 점유자에 대하여 산업통상자원부령으로 정하는 바에 따라 공장입지, 공장건축, 공장등록 등에 관하여 필요한 지도와 감독을 할 수 있다.
② 산업통상자원부장관은 관리기관, 입주기업체 및 지원기관에 대하여 산업통상자원부령으로 정하는 바에 따라 산업단지의 관리 등에 관하여 필요한 지도와 감독을 할 수 있다. (2013.3.23 본조개정)

제50조【건축허가 등의 제한】 시·도지사, 시장·군수 또는 구청장은 이 법에 따른 공장의 신설·증설·이전 또는 업종변경에 관한 승인을 받지 아니한 자에 대하여는 관계 법령에 따른 공장의 건축허가·영업 등의 허가 등을 하여서는 아니 된다.

제51조【권한의 위임·위탁】 ① 이 법에 따른 산업통상자원부장관의 권한은 대통령령으로 정하는 바에 따라 그 일부를 중앙행정기관의 장, 시·도지사, 시장·군수·구청장, 관리기관 또는 공단에 위임 또는 위탁할 수 있다.
② 산업통상자원부장관은 공장설립온라인지원시스템의 설치·운영을 공단 또는 대통령령으로 정하는 기관·단체에 위탁할 수 있다.
(2013.3.23 본조개정)

제51조의2【청문】 시장·군수 또는 구청장은 다음 각 호의 어느 하나에 해당하는 처분을 하려면 청문을 하여야 한다.
1. 제13조의5에 따른 공장설립등의 승인 취소 및 해당 토지의 원상회복 명령(2011.7.25 본호개정)
2. 제14조의4에 따른 제조시설설치승인의 취소
3. 제17조에 따른 공장의 등록취소
4. 제20조제6항에 따라 준용되는 제13조의5에 따른 승인 취소

제51조의3【휴업·폐업 업체 현황 등 요청】 산업단지의 효율적 관리를 위하여 관리권자 또는 관리기관은 「부가가치세법」 등 관련 법령에 따라 제출된 해당 산업단지 내 위치한 업체의 사업자등록 및 휴업·폐업에 관한 정보 및 현황 등을 국세청장에게 요청할 수 있다. (2019.12.10 본조개정)

제51조의4【규제의 재검토】 산업통상자원부장관은 제31조제6항에 따른 관리공단등의 설립인가 취소 사유에 대하여 2016년 1월 1일을 기준으로 2년마다(매 2년이 되는 해의 1월 1일 전까지를 말한다) 그 타당성을 검토하여 필요한 조치를 하여야 한다.(2019.12.10 본조개정)

제7장 벌 칙
(2009.2.6 본장제목개정)

제52조【벌칙】 ① 다음 각 호의 어느 하나에 해당하는 자는 5년 이하의 징역 또는 5천만원 이하의 벌금에 처한다.(2015.5.18 본문개정)
1. 제38조의2제4항 또는 제39조제1항·제2항·제5항(제44조의2제3항에 따라 준용되는 경우를 포함한다)을 위반하여 산업용지 또는 공장등을 양도한 자(2024.1.9 본호개정)
2. 제39조의2제4항을 위반하여 분할된 산업용지 또는 산업용지의 공유지분을 처분한 자
3. 제40조의2제1항을 위반하여 관리기관 또는 관리기관이 매수신청을 받아 선정한 다른 기업체나 유관기관 이외의 자에게 산업용지 또는 공장등을 양도한 자
4. 제43조제1항을 위반하여 관리기관 또는 관리기관이 매수신청을 받아 선정한 다른 기업체나 유관기관 이외의 자에게 산업용지 또는 공장등을 양도한 자
(2011.3.30 3호～4호신설)
② 다음 각 호의 어느 하나에 해당하는 자는 3년 이하의 징역 또는 3천만원 이하의 벌금에 처한다.(2017.3.21 본문개정)
1. 제13조제1항을 위반하여 승인을 받지 아니하고 공장을 신설·증설 또는 업종변경을 하거나 변경승인을 받지 아니하고 승인받은 사항을 변경한 자(제28조의2제1항에 따라 준용되는 경우를 포함한다)
2. 제14조의3제1항을 위반하여 승인을 받지 아니하고 제조시설등을 설치한 자
3. 제20조제1항 및 제2항을 위반하여 공장을 신설(제14조의3에 따른 제조시설설치를 포함한다)·증설·이전 또는 업종변경을 하거나 변경승인을 받지 아니하고 승인받은 사항을 변경한 자(2013.7.30 본호개정)
4. 제28조의4제4항을 위반하여 거짓 또는 과장된 사실을 알리거나 기만적 방법을 사용하여 입주자를 모집한 자
5. 제38조제1항 또는 제3항에 따른 입주계약을 체결하지 아니하고 제조업 또는 그 외의 사업을 한 자
6. 제42조제2항을 위반하여 계속 그 사업을 하는 자
③ 제28조의4제1항에 따른 승인을 받지 아니하고 지식산업센터를 분양한 자는 1년 이하의 징역 또는 1천만원 이하의 벌금에 처한다.(2014.1.21 본항신설)
(2009.2.6 본조개정)

제53조【벌칙】 다음 각 호의 어느 하나에 해당하는 자는 1천500만원 이하의 벌금에 처한다.
1. 제28조의3제3항을 위반하여 지식산업센터를 매각한 자(2010.4.12 본호개정)
2. (2014.1.21 삭제)
3. 제28조의7제1항에 따른 의무를 위반한 자
4. 제38조제2항을 위반하여 변경계약(산업통상자원부령으로 정하는 경미한 사항에 대한 변경은 제외한다)을 체결하지 아니하고 제조업 또는 그 외의 사업을 하는 자(2013.3.23 본호개정)
(2009.2.6 본조개정)

제54조【양벌규정】 법인의 대표자나 법인 또는 개인의 대리인, 사용인, 그 밖의 종업원이 그 법인 또는 개인의 업무에 관하여 제52조 또는 제53조의 위반행위를 하면 그 행위자를 벌하는 외에 그 법인 또는 개인에게도 해당 조문의 벌금형을 과(科)한다. 다만, 법인 또는 개인이 그 위반행위를 방지하기 위하여 해당 업무에 관하여 상당한 주의와 감독을 게을리하지 아니한 경우에는 그러하지 아니하다.(2008.12.26 본조개정)

제55조【과태료】 ① 다음 각 호의 어느 하나에 해당하는 자에게는 500만원 이하의 과태료를 부과한다.
1. 제38조의2를 위반하여 산업용지 및 공장등의 임대사업을 하는 자
2. 제39조제3항·제40조제2항 또는 제43조제2항을 위반하여 신고를 하지 아니하고 산업용지 또는 공장등을 양도한 자
3. 제40조제1항을 위반하여 산업용지 또는 공장등을 양도하지 아니한 자
4. 제40조의2제1항 또는 제43조제1항·제2항에 따른 기간에 산업용지 또는 공장등을 양도하지 아니한 자 (2011.3.30 본호개정)
5. 제43조제2항을 위반하여 산업용지 또는 공장등을 양도한 자(2011.3.30 본호개정)
6. 제48조제1항 또는 제2항에 따른 검사를 거부·방해 또는 기피한 자
② 다음 각 호의 어느 하나에 해당하는 자에게는 200만원 이하의 과태료를 부과한다.
1. 제11조제2항에 따른 완료신고를 하지 아니하거나 거짓으로 하고 공장을 가동한 자(2015.5.18 본호개정)
2. 제13조제1항 단서, 제14조의3제1항 단서 및 제20조제2항 단서에 따른 변경신고를 하지 아니하고 승인된 사항을 변경한 자
3. 제15조제1항에 따른 공장설립등의 완료신고를 하지 아니하거나 거짓 신고를 하고 공장을 가동하는 자
4. 제15조제2항에 따른 기준건축면적률에 적합하도록 요건을 갖추어 사업개시의 신고를 하지 아니하거나 거짓이나 그 밖의 부정한 방법으로 신고를 하고 사업을 시작한 자(2011.3.30 본호개정)
5. 제16조제3항에 따른 부분가동을 위한 등록을 하지 아니하고 공장을 부분가동하는 자
6. 제16조제4항에 따른 변경등록을 하지 아니하고 등록된 사항을 변경한 자
7. 제28조의6제2항에 따른 신고를 하지 아니하거나 거짓으로 신고한 자
8. (2015.5.18 삭제)
9. 제38조제2항을 위반하여 변경계약(산업통상자원부령으로 정하는 경미한 사항에 대한 변경을 말한다)을 체결하지 아니하고 제조업 또는 그 외의 사업을 하는 자 (2013.3.23 본호개정)
10. 제45조의17제3항을 위반하여 한국산업단지공단 또는 이와 유사한 명칭을 사용한 자(2020.12.8 본호개정)
11. 제48조제1항 또는 제2항에 따른 보고를 하지 아니하거나 거짓으로 보고를 한 자
③ 제1항 및 제2항에 따른 과태료는 대통령령으로 정하는 바에 따라 산업통상자원부장관(제51조에 따라 그 권한이 중앙행정기관의 장, 시장·군수 또는 구청장에게 위임 또는 위탁된 경우에는 그 위임 또는 위탁을 받은 중앙행정기관의 장, 시장·군수 또는 구청장을 말한다), 시·도지사, 시장·군수 또는 구청장이 부과·징수한다.
(2013.3.23 본항개정)
(2009.2.6 본조개정)

부 칙 (2011.7.25 법10964호)

제1조【시행일】 이 법은 공포 후 3개월이 경과한 날부터 시행한다.

제2조【지역산업진흥계획의 수립에 관한 적용례】 제3조의2제1항의 개정규정은 이 법 시행 후 최초로 수립하는 지역산업진흥계획부터 적용한다.

제3조【공장설립온라인지원시스템 자료이용 등에 관한 적용례】 제6조의3의 개정규정은 이 법 시행 후 최초로 이용되는 전산자료부터 적용한다.

제4조【공장의 건축허가 의제에 관한 적용례】 제14조제1항의 개정규정은 이 법 시행 후 최초로 신청되는 공장의 건축허가부터 적용한다.

제5조【구조조정 대상기업의 산업용지 분할에 관한 적용례】 제39조의2제5항의 개정규정은 이 법 시행 후 최초로 「산업발전법」 제21조에 따른 구조조정 대상기업이 분할된 산업용지를 처분하는 것부터 적용한다.

제6조【구조고도화계획의 수립에 관한 적용례】 제45조의2제8항의 개정규정은 이 법 시행 후 최초로 구조고도화계획이 승인되는 것부터 적용한다.

제7조【준공인가 의제에 관한 적용례】 제45조의7의 개정규정은 이 법 시행 후 최초로 신청되는 준공인가부터 적용한다.

제8조【청문에 관한 적용례】 제51조의2제1호의 개정규정은 이 법 시행 후 최초로 원상회복을 명하는 토지부터 적용한다.

제9조【공장설립온라인지원시스템의 설치·운영에 관한 경과조치】 이 법 시행 당시 종전의 규정에 따라 설치된 정보망은 제6조의3제1항의 개정규정에 따라 설치한 공장설립온라인지원시스템으로 본다.

부 칙 (2014.1.21)

제1조【시행일】 이 법은 공포 후 6개월이 경과한 날부터 시행한다.

제2조【구조고도화계획 수립에 대한 경과조치】 이 법 시행 당시 착공일 기준 20년 이상 경과한 국가산업단지 및 일반산업단지는 제45조의2제2항의 개정규정에도 불구하고 이 법 시행일부터 2년 이내에 관리기관이 구조고도화계획을 수립하여 관리권자에게 보고하여야 한다.

부 칙 (2015.5.18)

제1조【시행일】 이 법은 공포 후 3개월이 경과한 날부터 시행한다.

제2조【과태료에 관한 경과조치】 이 법 시행 전의 행위에 대하여 과태료를 적용할 때에는 종전의 규정에 따른다.

부 칙 (2017.10.31)

제1조【시행일】 이 법은 공포한 날부터 시행한다.

제2조【산업단지구조고도화사업 예정지구의 기준에 관한 적용례】 제45조의2제4항제1호의 개정규정은 이 법 시행 후 최초로 수립하는 산업단지구조고도화계획부터 적용한다.

부 칙 (2018.1.16)

제1조【시행일】 이 법은 공포 후 6개월이 경과한 날부터 시행한다.

제2조【경과조치】 이 법 시행 당시 「사립학교법」에 따라 설립된 한국산업기술대학교 및 경기과학기술대학교

(한국산업기술대학교 및 경기과학기술대학교가 「고등교육법」 제4조제3항에 따라 교육부장관의 인가를 받아 학교의 명칭을 변경한 경우에는 변경된 명칭의 학교를 말한다)는 제45조의13제1항제5호의3 및 제45조의20제1항의 개정규정에 따른 「사립학교법」에 따른 학교로 본다.(2024.1.9 본조개정)

부　칙 (2018.12.11)

제1조【시행일】 이 법은 공포한 날부터 시행한다.
제2조【산학융합지구의 지정 등에 관한 적용례】 제22조의4의 개정규정은 이 법 시행 전에 지정되어 조성이 완료되지 아니한 산학융합지구에도 적용한다.

부　칙 (2019.12.10)

제1조【시행일】 이 법은 공포 후 3개월이 경과한 날부터 시행한다. 다만, 제2조제23호, 제7조의2제3항, 제13조의3제1항, 제28조, 제39조제1항제1호 및 제2호의 개정규정은 공포한 날부터 시행한다.
제2조【공장설립등의 승인에 따른 도로와 다른 시설의 연결허가의 의제에 관한 적용례】 제13조의2제1항제10호의 개정규정은 이 법 시행 이후 공장설립등의 승인신청을 하는 경우부터 적용한다.
제3조【관계 행정기관의 장 등과의 협의에 관한 적용례】 제13조의2제6항 · 제7항, 제14조제4항 · 제5항, 제14조의2제4항 · 제5항, 제16조제10항 · 제11항, 제33조제4항 · 제5항 및 제45조의4제4항 · 제5항의 개정규정은 이 법 시행 이후 관계 행정기관의 장에게 협의를 요청하는 경우부터 적용한다.
제4조【사업개시 신고 등에 관한 적용례】 ① 제15조제3항 및 제4항의 개정규정은 이 법 시행 이후 사업개시 신고를 하는 경우부터 적용한다.
② 제28조의2제3항 및 제4항의 개정규정은 이 법 시행 이후 지식산업센터 설립완료신고 또는 중요사항의 변경신고를 하는 경우부터 적용한다.
제5조【산업단지관리공단 설립인가 등에 관한 적용례】 ① 제31조제3항의 개정규정은 이 법 시행 이후 산업단지관리공단 또는 입주기업체협의회 설립인가를 신청하는 경우부터 적용한다.
② 제45조의7제4항 및 제5항의 개정규정은 이 법 시행 이후 산업단지구조고도화사업 준공인가를 신청하는 경우부터 적용한다.

부　칙 (2020.2.18)

제1조【시행일】 이 법은 2021년 1월 1일부터 시행한다.(단서 생략)
제2조【사무이양을 위한 사전조치】 ① 관계 중앙행정기관의 장은 이 법에 따른 중앙행정권한 및 사무의 지방일괄 이양에 필요한 인력 및 재정 소요 사항을 지원하기 위하여 필요한 조치를 마련하여 이 법에 따른 시행일 3개월 전까지 국회 소관 상임위원회에 보고하여야 한다.
② 「지방자치분권 및 지방행정체제개편에 관한 특별법」 제44조에 따른 자치분권위원회는 제1항에 따른 인력 및 재정 소요 사항을 사전에 전문적으로 조사 · 평가할 수 있다.
제3조【행정처분 등에 관한 일반적 경과조치】 이 법 시행 당시 종전의 규정에 따라 행정기관이 행한 처분 또는 그 밖의 행위는 이 법의 규정에 따라 행정기관이 행한 처분 또는 그 밖의 행위로 보고, 종전의 규정에 따라 행정기관에 대하여 행한 신청 · 신고, 그 밖의 행위는 이 법의 규정에 따라 행정기관에 대하여 행한 신청 · 신고, 그 밖의 행위로 본다.
제4조 (생략)

부　칙 (2020.12.8)

제1조【시행일】 이 법은 공포 후 6개월이 경과한 날부터 시행한다.
제2조【스마트그린산업단지의 지정에 관한 경과조치】 이 법 시행 이전에 산업통상자원부장관이 지정한 스마트산업단지는 이 법에 따라 스마트그린산업단지로 지정된 것으로 본다.
제3조【다른 법률의 개정】 ①~④ ※(해당 법령에 가제정리 하였음)

부　칙 (2021.1.12)

제1조【시행일】 이 법은 공포 후 1년이 경과한 날부터 시행한다.(이하 생략)

부　칙 (2021.6.15)

제1조【시행일】 이 법은 공포 후 3개월이 경과한 날부터 시행한다.
제2조【유효기간】 제22조의8제5항의 개정규정은 이 법 시행일부터 10년이 경과한 날까지 효력을 가진다.

부　칙 (2021.7.27 법18322호)

이 법은 공포 후 3개월이 경과한 날부터 시행한다.

부　칙 (2021.7.27 법18358호)
(2021.8.17)

제1조【시행일】 이 법은 공포 후 6개월이 경과한 날부터 시행한다.(이하 생략)

부　칙 (2021.10.19)

이 법은 공포 후 6개월이 경과한 날부터 시행한다.

부　칙 (2021.11.30)

제1조【시행일】 이 법은 공포 후 1년이 경과한 날부터 시행한다.(이하 생략)

부　칙 (2021.12.28)

제1조【시행일】 이 법은 공포 후 6개월이 경과한 날부터 시행한다.(이하 생략)

부　칙 (2022.1.11)

제1조【시행일】 이 법은 공포 후 1년이 경과한 날부터 시행한다.(이하 생략)

부　칙 (2022.11.15)

이 법은 공포한 날부터 시행한다.

부　칙 (2022.12.27)

제1조【시행일】 이 법은 공포 후 6개월이 경과한 날부터 시행한다.(이하 생략)

부　칙 (2023.6.9)

제1조【시행일】 이 법은 공포 후 1개월이 경과한 날부터 시행한다.(이하 생략)

부　칙 (2024.1.9 법19955호)

제1조【시행일】 이 법은 공포 후 6개월이 경과한 날부터 시행한다.
제2조【기존 산업단지에 대한 적용례】 제33조제10항제2호의 개정규정은 이 법 시행 이후 최초로 관리기본계획의 변경으로 산업용지의 용도별 구역을 변경하는 경우부터 적용한다.
제3조【기존 산업단지구조고도화사업에 대한 적용례】 제45조의6제1항 단서의 개정규정은 이 법 시행 이후 최초로 제45조의2제4항의 개정규정에 따라 관리권자의 승인(변경승인은 제외한다)을 받는 경우부터 적용한다.
제4조【구조고도화계획 수립에 대한 특례】 이 법 시행 당시 착공일 기준 20년 이상 경과한 산업단지에 대하여 시 · 도지사는 제45조의2제2항의 개정규정에도 불구하고 이 법 시행일부터 2년 이내에 구조고도화계획을 수립하여 고시하여야 한다.
제5조【지식기반산업집적지구의 지정 · 고시에 관한 경과조치】 이 법 시행 당시 산업통상자원부장관이 종전의 규정에 따라 지정 · 고시한 지식기반산업집적지구는 제22조의 개정규정에 따라 시 · 도지사가 지정 · 고시한 지식기반산업집적지구로 본다.
제6조【산학융합지구의 지정 · 고시에 관한 경과조치】 이 법 시행 당시 산업통상자원부장관이 종전의 규정에 따라 지정 · 고시한 산학융합지구는 제22조의4의 개정규정에 따라 시 · 도지사가 지정 · 고시한 산학융합지구로 본다.
제7조【다른 법률의 개정】 ①~② ※(해당 법령에 가제정리 하였음)

부　칙 (2024.1.9 법19990호)
(2024.2.6)

제1조【시행일】 이 법은 공포 후 6개월이 경과한 날부터 시행한다.(이하 생략)

산업집적활성화 및 공장설립에 관한 법률 시행령

(1991년 1월 14일
대통령령 제13249호)

개정
1991. 2. 2영13303호(환경정책시)　<중략>
2010. 1.27영22003호(신문등의진흥에관한법시)
2010. 7.12영22273호
2010. 9.20영22395호(지방세시)
2010.11.19영22497호(축산물위생관리법시)
2011. 4. 5영22872호
2011. 6.24영22977호(기초연구진흥개발시)
2011. 6.27영22987호　2011.10.26영23259호
2011.11.16영23297호(산업입지및개발에관한법시)
2011.12. 8영23356호(영유아보육법시)
2012. 4.10영23718호(국토이용시)
2012. 7.20영23966호(환경영향평가법시)
2012.12.12영24228호
2013. 3.23영24442호(직제)
2013.10.16영24798호
2013.12.30영25050호(행정규제재검토에따른일부개정령)
2014. 3.11영25250호
2014. 3.24영25279호(금융부실시)
2014. 7.14영25456호(도로법시)
2014. 8. 6영25539호
2014.12. 9영25840호(규제기한정비)
2014.12.30영25920호　2015. 5. 6영26228호
2015. 6. 1영26302호(공간정보구축관리시)
2015. 6.15영26316호(신에너지및재생에너지개발 · 이용 · 보급촉진법시)
2015. 6.30영26357호　2015.10. 6영26577호
2016. 1.22영26922호(제주자치법시)
2016. 2.12영26980호(민원처리에관한법시)
2016. 2.29영27027호　2016. 4.26영27105호
2016. 4.29영27115호(기업구조조정촉진법시)
2016. 5.31영27205호(기술보증기금법시)
2016. 6.30영27299호(행정규제정비일부개정령)
2016. 8.11영27444호(주택법시)
2016. 8.31영27472호(감정평가감정평가사시)
2017.10.31영28409호
2018. 1.16영28583호(물환경보전법시)
2019. 9.24영30094호
2020. 3. 3영30509호(규제기한해제)
2020. 5.12영30672호
2020. 9. 8영30993호(권한지방이양)
2021. 1. 5영31380호(법령용어정비)
2021. 6. 8영31741호　2021. 9.14영31982호
2021.12.16영32223호(지방자치시)
2022. 1.21영32352호(감정평가감정평가사시)
2022. 2.11영32411호(주택법시)
2022. 2.17영32447호(국민평생직업능력개발법시)
2022. 2.17영32449호(한국자산관리공사설립등에관한법시)
2022. 4.19영32587호
2022. 5. 3영32625호(산업입지및개발에관한법시)
2022. 6.28영32733호(중소기업창업시)
2023. 3.28영33366호(유연한규제혁신)
2023. 4.11영33399호
2023. 5.15영33466호(건축시)
2023. 7. 7영33621호(지방자치분권및지역균형발전에관한특별법시)
2023.12. 5영33899호(소재 · 부품 · 장비산업경쟁력강화및공급망안정화를위한특별조치법시)

제1조【목적】 이 영은 「산업집적활성화 및 공장설립에 관한 법률」에서 위임된 사항과 그 시행에 필요한 사항을 규정함을 목적으로 한다.(2009.8.5 본조개정)
제2조【공장의 범위】 ① 「산업집적활성화 및 공장설립에 관한 법률」(이하 "법"이라 한다) 제2조제1호에 따른 제조업의 범위는 「통계법」 제22조에 따라 통계청장이 고시하는 표준산업분류(이하 "한국표준산업분류"라 한다)에 따른 제조업으로 한다.(2021.9.14 본항개정)
② 법 제2조제1호에 따른 공장의 범위에 포함되는 것은 다음 각 호와 같다.
1. 제조업을 하기 위하여 필요한 제조시설(물품의 가공 · 조립 · 수리시설을 포함한다. 이하 같다) 및 시험생산시설
2. 제조업을 하는 경우 그 제조시설의 관리 · 지원, 종업원의 복지후생을 위하여 해당 공장부지 안에 설치하는 부대시설로서 산업통상자원부령으로 정하는 것(2013.3.23 본호개정)
3. 제조업을 하는 경우 관계 법령에 따라 설치가 의무화된 시설
4. 제1호부터 제3호까지의 시설이 설치된 공장부지
(2009.8.5 본조개정)
제3조~제4조의2 (2010.7.12 삭제)
제4조의3【산업집적의 형성체계】 법 제2조제6호에서 "기업, 연구소, 대학 및 기업지원시설이 일정 지역에 집중함으로써 상호연계를 통하여 상승효과를 만들어 내는 집합체"란 다음 각 호의 체계가 일정지역에 집중하여 상호연계를 통하여 상승효과를 만들어 내는 집합체를 말한다.
1. 생산기능을 담당하는 대기업 및 중소기업으로 구성된 산업생산체계
2. 연구개발기능을 담당하는 대학 및 연구소로 구성된 산업기술체계
3. 마케팅 · 금융 · 보험 · 컨설팅 등의 각종 지원기능을 담당하는 기관들로 구성된 기업지원체계
(2009.8.5 본조개정)
제4조의4【지식기반산업】 법 제2조제8호에서 "대통령령으로 정하는 산업"이란 다음 각 호의 산업을 말한다.
1. 제6조제2항에 따른 지식산업
2. 「산업발전법」 제5조에 따른 첨단기술을 활용한 산업
(2009.8.5 본조개정)

제4조의5【공공시설의 범위】 법 제2조제11호에서 "대통령령으로 정하는 공공시설"이란 다음 각 호의 시설을 말한다.
1. 「산업입지 및 개발에 관한 법률 시행령」 제31조제1항 각 호에 따른 공공시설
2. 공동방지시설(「대기환경보전법」 제29조에 따른 공동방지시설과 「물환경보전법」 제35조에 따른 공동방지시설을 말한다), 주차장, 운동장 및 「영유아보육법」 제2조제3호에 따른 어린이집(이하 "어린이집"이라 한다)
(2018.1.16 본호개정)
(2010.7.12 본조신설)
제4조의6【지식산업센터】 법 제2조제13호에서 "대통령령으로 정하는 것"이란 다음 각 호의 요건을 모두 갖춘 건축물을 말한다.(2011.10.26 본문개정)
1. 지상 3층 이상의 집합건축물일 것
2. 공장, 제6조제2항에 따른 지식산업의 사업장 또는 같은 조 제3항에 따른 정보통신산업의 사업장이 6개 이상 입주할 수 있을 것(2015.6.30 본호개정)
3. 「건축법 시행령」 제119조제1항제3호에 따른 바닥면적(지상층만 해당한다)의 합계가 같은 항 제2호에 따른 건축면적의 300퍼센트 이상일 것. 다만, 다음 각 목의 어느 하나에 해당하여 바닥면적의 합계가 건축면적의 300퍼센트 이상이 되기 어려운 경우에는 해당 법령이 허용하는 최대 비율로 한다.
가. 「국토의 계획 및 이용에 관한 법률」 제78조에 따라 용적률을 특별시·광역시·특별자치시·특별자치도·시 또는 군의 조례로 따로 정한 경우
나. 「산업기술단지 지원에 관한 특례법」 제8조에 따른 면적을 준수하기 위한 경우
(2011.10.26 본호신설)
(2010.7.12 본조제목개정)
제5조【산업단지의 관리업무】 ① 법 제2조제15호 각 목 외의 부분에서 "대통령령으로 정하는 업무"란 다음 각 호의 업무를 말한다.
1. 법 제33조제1항에 따른 산업단지관리기본계획(이하 "관리기본계획"이라 한다)의 수립 및 그 집행에 관한 업무
2. 공공시설, 지원시설 및 공동시설에 관한 계획의 수립과 그 설치 및 운영에 관한 업무
3. 산업용지의 매각·임대, 그 사후관리 및 산업단지의 입주에 관한 업무
4. 입주기업체 및 지원기관을 위한 공장·지식산업센터, 그 밖의 시설의 설치와 그 매각 및 임대에 관한 업무
(2010.7.12 본호개정)
5. 입주기업체 및 지원기관을 위한 용수·전기·증기·가스 및 유류의 공급에 관한 업무
6. 산업용지 및 시설의 설치·유지·보수 또는 개량에 따른 이용자로부터의 비용징수에 관한 업무
7. 산업단지구조고도화에 관한 업무
8. 입주기업에 대한 자금·기술·인력·판로 등의 지원에 관한 업무
9. 환경친화적 산업단지의 구축 및 환경오염방지에 관한 업무
10. 산업단지 안의 시설의 경비 및 산업재해예방에 관한 업무
11. 그 밖에 산업단지의 운영 및 입주기업체의 생산활동 지원에 필요한 업무
② 법 제2조제15호나목에서 "대통령령으로 정하는 기반시설"이란 다음 각 호의 시설을 말한다. 다만, 입주기업체 또는 지원기관이 소유하는 시설이거나 다른 법령에 따라 관리할 자가 정하여져 있는 시설은 제외한다.
1. 도로·환경오염방지시설·용수공급시설·정보통신시설·에너지공급시설, 그 밖의 공공시설
2. 제1호에 따른 시설 외의 시설로서 입주기업체 및 지원기관이 공동으로 사용하는 시설
(2009.8.5 본조개정)
제6조【산업단지의 입주자격】 ① 법 제2조제18호 및 제19호에서 "대통령령으로 정하는 자격"이란 다음 각 호의 자격을 말한다.
1. 해당 산업단지의 관리기본계획에 따른 입주대상산업 및 시설 또는 입주기업체의 사업지원에 필요한 사업일 것
2. 해당 사업의 시행을 위하여 관련 법규에 따른 인가·허가 등을 받았거나 받을 수 있을 것
② 법 제2조제18호에서 "지식산업"이란 창의적 정신활동에 의하여 고부가가치의 지식서비스를 창출하는 산업으로서 다음 각 호의 산업을 말한다.
1. 한국표준산업분류에 따른 연구개발업(2021.9.14 본호개정)
2. 「고등교육법」 제25조에 따른 연구소의 연구개발업
3. 「기초연구진흥 및 기술개발지원에 관한 법률」 제14조제1항 각 호에 따른 기관 또는 단체(같은 법 제6조제1항제3호에 따른 대학은 다음 각 목의 요건을 모두 갖춘 대학이나 「대학설립·운영 규정」 제2조의7에 따라 산업단지 안에서 운영하는 대학만 해당한다)의 연구개발업(2012.12.12 본문개정)
가. 법 제2조제8호의2에 따른 산학융합지구에 입주할 것
나. 건축연면적 2만제곱미터 이하일 것
다. 기업과의 공동연구를 위한 연구실, 연구개발을 위한 장비 지원시설 및 기업부설연구소를 위한 시설의 면적이 건축연면적의 100분의 50 이상을 차지할 것
(2011.10.26 가목~다목신설)
4. 건축기술, 엔지니어링 및 그 밖의 과학기술서비스업
5. 광고물 작성업
6. 영화, 비디오물 및 방송프로그램 제작업
7. 출판업
8. 전문 디자인업
9. 포장 및 충전업
10. 다음 각 목의 어느 하나에 해당하는 교육서비스업
가. 「국민 평생 직업능력 개발법」 제2조제3호에 따른 직업능력개발훈련시설에서 운영하는 경우(2022.2.17 본목개정)
나. 제3호 각 목의 요건을 모두 갖춘 대학의 경우
다. 「대학설립·운영 규정」 제2조의7에 따라 산업단지 안에서 운영하는 대학의 경우
(2012.12.12 본호개정)
11. 경영컨설팅업(재정·인력·생산·시장 관리나 전략기획에 관한 자문업무 및 지원을 하는 기업체만 해당한다)(2012.12.12 본호개정)
12. 번역 및 통역 서비스업(2012.12.12 본호신설)
13. 전시 및 행사 대행업(2012.12.12 본호신설)
14. 환경 정화 및 복원업
15. 영화, 비디오물 및 방송프로그램 제작 관련 서비스업
16. 음악 및 기타 오디오물 출판업
17. 시장조사 및 여론조사업
18. 사업 및 무형 재산권 중개업
19. 물품감정, 계량 및 견본 추출업
20. 무형재산권 임대업
(2014.8.6 14호~20호신설)
21. 광고 대행업
22. 옥외 및 전시 광고업
23. 사업시설 유지관리 서비스업
24. 보안시스템 서비스업
25. 콜센터 및 텔레마케팅 서비스업
26. 「이러닝(전자학습)산업 발전 및 이러닝 활용 촉진에 관한 법률」 제2조제3호가목에 따른 업(이 항 제7호, 제10호 또는 제3항 각 호에 따른 산업을 경영하는 입주기업체가 운영하는 경우로 한정한다)
(2015.10.6 21호~26호신설)
27. 한국표준산업분류에 따른 그 외 기타 전문, 과학 및 기술 서비스업으로서 관리기관이 인정하는 산업. 이 경우 관리기관의 인터넷 홈페이지에 해당 산업을 게시해야 한다.(2021.9.14 본호개정)
③ 법 제2조제18호에서 "정보통신산업"이란 정보의 수집·가공·저장·검색·송신·수신 및 그 활용과 이에 관련되는 기기·기술·역무, 그 밖에 정보화를 촉진하기 위한 산업으로서 다음 각 호의 산업을 말한다.
1. 컴퓨터 프로그래밍, 시스템 통합 및 관리업
2. 소프트웨어 개발 및 공급업
3. 자료처리, 호스팅(서버 대여, 운영 등의 서비스를 말한다) 및 관련 서비스업(2021.1.5 본호개정)
4. 데이터베이스 및 온라인 정보제공업
5. 전기 통신업
④ 법 제2조제18호에서 "자원비축시설"이란 석탄·석유·원자력·천연가스 등의 에너지자원의 비축을 위한 시설을 말한다.
⑤ 법 제2조제18호에서 "대통령령으로 정하는 산업"이란 다음 각 호의 산업을 말한다. 다만, 법 제33조제8항 본문에 따른 산업시설구역 중 법 제32조제1항에 따른 관리지침으로 정하는 구역에 대해서는 별표1에 따른 제한업종을 제외한 모든 산업을 말한다.(2020.5.12 단서신설)
1. 폐기물 수집운반, 처리 및 원료재생업
2. 폐수처리업
3. 창고업, 화물터미널, 그 밖에 물류시설을 설치·운영하는 사업
4. 운송업(여객운송업은 제외한다)
5. 산업용기계장비임대업
6. 부동산임대 및 공급업
7. 시장(「제주특별자치도 설치 및 국제자유도시 조성을 위한 특별법」에 따른 행정시장을 포함한다. 이하 같다)·군수 또는 구청장(자치구의 구청장을 말한다. 이하 같다)이 특화산업육성을 위하여 농공단지관리기본계획에 따라 농공단지에 입주시키는 농림어업등의 산업(이하 "지역특화산업"이라 한다)(2015.5.6 본호개정)
8. 전기업
9. 관리기본계획에서 산업단지의 조성목적, 지역경제의 활성화 등을 위하여 해당 산업단지에의 유치업종으로 지정한 산업
10. 「중소기업 창업지원법」 제2조제7호에 따른 창업보육센터를 설치·운영하는 사업
11. 「집단에너지사업법 시행령」 제2조제1항제2호에 따른 산업단지집단에너지사업(2013.10.16 본호신설)
11의2. 제11호의 산업단지집단에너지사업을 하는 자에게만 열·증기를 공급하기 위한 사업(에너지공급 효율성 저하, 환경오염의 발생 등으로 인하여 입주기업체의 조업에 지장을 주지 아니한다고 관리기관이 인정하는 경우에 한정한다)(2015.5.6 본호신설)
12. 「자본시장과 금융투자업에 관한 법률」 제6조제1항제6호에 따른 신탁업(다음 각 목의 어느 하나에 해당하는 경우만 해당한다)
가. 지식산업센터를 설립하기 위하여 산업용지의 소유권을 취득하는 경우
나. 「한국자산관리공사 설립 등에 관한 법률」 제26조제1항제2호라목에 따른 구조개선기업의 자산의 관리·매각 및 인수정리를 위하여 산업용지, 공장건축물 및 그 밖의 시설의 소유권을 취득하는 경우
(2023.4.11 본호개정)
13. 제조업, 지식산업, 정보통신산업, 자원비축시설 운영 등과 유사하거나 관련된 산업으로서 산업통상자원부장관이 신산업 또는 산업 간 융·복합 발전 촉진 등을 위하여 필요하다고 인정하여 고시하는 산업(2020.5.12 본호신설)
⑥ 법 제2조제19호에서 "대통령령으로 정하는 사업"이란 다음 각 호의 사업을 제외한 모든 사업을 말한다.
1. 한국표준산업분류에 따른 대분류 중 다음 각 목의 사업. 다만, 다음 각 목의 사업의 하위 분류로서 해당 산업단지의 관리기본계획에서 입주기업체의 사업지원에 필요하다고 인정하여 정한 사업은 제외한다.(2021.9.14 본문개정)
가. 농업, 임업 및 어업
나. 광업
다. 제조업
2. 「사행행위 등 규제 및 처벌 특례법」 제2조제1항제2호에 따른 사행행위영업
3. 다음 각 목의 어느 하나에 해당하는 시설을 설치·운영하는 사업
가. 「건축법 시행령」 별표1 제1호가목에 따른 단독주택
나. 「건축법 시행령」 별표1 제2호에 따른 공동주택(기숙사는 제외한다)
다. 「건축법 시행령」 별표1 제9호나목에 따른 격리병원
라. 「건축법 시행령」 별표1 제15호에 따른 숙박시설(「관광진흥법」 제3조제1항제2호가목에 따른 호텔업의 시설은 제외한다)
마. 「건축법 시행령」 별표1 제16호에 따른 위락시설
바. 「건축법 시행령」 별표1 제21호에 따른 동물 및 식물 관련 시설
사. 「건축법 시행령」 별표1 제22호에 따른 자원순환 관련 시설
아. 「건축법 시행령」 별표1 제23호에 따른 교정시설
(2023.5.15 본목개정)
자. 「건축법 시행령」 별표1 제23호의2에 따른 국방·군사시설(2023.5.15 본목신설)
차. 「건축법 시행령」 별표1 제26호에 따른 묘지 관련 시설
4. 그 밖에 해당 산업단지의 관리기본계획에서 지원기관이 운영하는 사업에서 제외할 필요가 있다고 인정하여 정한 사업
(2019.9.24 본항개정)
⑦ 관리기관은 산업단지의 조성목적, 지역경제의 활성화 또는 국민경제상 필요하다고 인정할 때에는 제1항제1호에도 불구하고 관리권자[농공단지의 관리기관의 경우에는 특별시장·광역시장·특별자치시장·도지사 또는 특별자치도지사(이하 "시·도지사"라 한다)]의 승인을 받아 해당 산업단지에 입주할 자격을 부여할 수 있다.
(2015.6.30 본항개정)
(2009.8.5 본조개정)
제7조【산업집적활성화기본계획 등】 ① 법 제3조제1항에 따른 산업집적활성화 기본계획(이하 "산업집적활성화 기본계획"이라 한다)은 관보에 고시하여야 한다.
② 법 제3조제2항제1호에서 "대통령령으로 정하는 성장유망산업"이란 다음 각 호의 산업을 말한다.
1. 지식기반산업
2. 지역별 입지여건에 적합하고, 지역별 발전을 주도할 수 있는 산업으로서 자동차산업, 조선산업 등 산업통상자원부장관이 정하여 고시하는 산업(2013.3.23 본호개정)
③ 산업통상자원부장관은 법 제3조제3항 본문에 따라 산업집적활성화 기본계획을 수립하거나 변경하려는 경우에는 다음 각 호의 사항을 고려하여야 한다.(2013.3.23 본문개정)
1. 법 제3조제2항제1호부터 제4호까지의 규정에 따른 사항
2. 지역별 산업발전비전과 전략에 관한 사항
3. 지역별·권역별 산업역량에 관한 사항
4. 지역별 산업집적의 현황 및 문제점에 관한 사항
④ 법 제3조제3항 단서에서 "대통령령으로 정하는 경미한 사항"이란 다음 각 호의 사항을 말한다.
1. 행정구역의 변경에 따른 변경 사항
2. 연도별·업종별 산업집적에 관한 변경 사항
⑤ 산업통상자원부장관은 산업집적활성화기본계획의 수립·변경을 위하여 필요한 경우에는 관계 중앙행정기관의 장 및 시·도지사에게 협조를 요청할 수 있다.
(2013.3.23 본항개정)
(2009.8.5 본조개정)
제7조의2【산업집적기획기구의 지정 등】 ① 시·도지사는 법 제3조의2제1항에 따른 지역산업진흥계획(이하 "지역산업진흥계획"이라 한다)의 수립을 위한 다음 각 호의 업무를 수행하게 하기 위하여 필요한 경우에는 지역산업진흥을 위하여 설립된 법인 등을 산업집적기획기구

로 지정하거나 설립할 수 있다. 이 경우 사전에 산업통상자원부장관과 협의하여야 한다.(2013.3.23 후단개정)
1. 지역산업진흥계획의 수립을 위한 정보의 수집 및 전략의 제시
2. 지역산업진흥계획을 위한 구체적인 기업지원프로그램의 개발
3. 지역간·기업간 협력사업의 발굴
4. 산·학·연 협력체계의 구축 방안 마련
5. 국내외 기업의 투자유치와 관련된 사항
6. 그 밖에 지역산업진흥계획의 수립 등과 관련된 사항
② 관계 중앙행정기관의 장 또는 시·도지사는 제1항에 따른 산업입지기획기구의 설립 또는 운영에 필요한 지원을 할 수 있다.
(2009.8.5 본조개정)

제7조의3 【지역산업진흥계획의 제출 등】 ① 시·도지사는 법 제3조의2제2항에 따른 지원을 받으려는 경우에는 지역산업진흥계획을 산업통상자원부장관에게 제출하여야 한다.(2013.3.23 본항개정)
② 산업통상자원부장관은 제1항에 따라 지역산업진흥계획이 제출된 경우 다음 각 호의 사항에 대하여 타당성 여부 등을 평가한 후 그 결과에 따라 지원할 수 있다. 이 경우 관계 중앙행정기관의 장과 협의하여야 한다.
(2013.3.23 전단개정)
1. 지역의 산업 현황
2. 지역의 산업발전역량
3. 지역의 산업발전비전
4. 지역산업육성을 위한 세부 실행계획
5. 재원조달방안
6. 그 밖에 지역산업의 진흥을 위하여 필요한 사항
③ 산업통상자원부장관은 법 제3조의2제2항에 따라 지역산업의 진흥을 위하여 지원되고 있는 사업에 대하여 사업개시 다음 연도부터 매년 사업별 평가를 실시하고 그 결과를 반영하여 사업지원에 차등을 둘 수 있다.
(2013.3.23 본항개정)
④ 산업통상자원부장관은 지역산업진흥을 위하여 필요하다고 인정하거나 시·도지사의 요청이 있는 경우에는 관계 중앙행정기관의 장에게 필요한 대책을 수립하여 줄 것을 요청할 수 있다.(2013.3.23 본항개정)
(2009.8.5 본조개정)

제7조의4~제7조의8 (2009.8.5 삭제)

제8조 【전문기관에의 자문 등】 ① 산업통상자원부장관은 산업집적 및 산업입지정책에 관한 중요사항이나 입지조사를 위하여 필요하다고 인정할 때에는 전문기관에 자문하거나 조사·연구를 의뢰할 수 있다.
② 산업통상자원부장관은 제1항의 경우에 필요한 비용의 일부를 예산의 범위에서 전문기관에 지급할 수 있으며, 산업집적 및 산업입지정책에 관한 자문이나 조사·연구를 필요로 하는 관계 행정기관이 따로 있을 때에는 그 관계 행정기관의 장과 협의하여 그 비용을 부담하게 할 수 있다.
(2013.3.23 본조개정)

제8조의2 【공장설립온라인지원시스템의 업무 등】 ① 법 제6조의2제1항에 따른 공장설립온라인지원시스템(이하 "공장설립온라인지원시스템"이라 한다)으로 처리할 수 있는 업무에는 다음 각 호의 업무를 포함한다.
1. 법 제2조제15호에 따른 산업단지의 관리 업무
2. 법 제6조의3제1항에 따라 공장설립온라인지원시스템으로 처리된 자료(이하 "전산자료"라 한다)의 이용에 관한 업무(2015.6.30 본호개정)
3. 법 제13조제1항에 따른 공장의 신설·증설 또는 업종변경(이하 "공장설립등"이라 한다) 등에 관한 업무
② 법 제6조의2제2항제5호에서 "대통령령으로 정하는 신청 또는 자료의 제출"이란 다음 각 호의 어느 하나에 해당하는 신청 또는 자료의 제출 등을 말한다.
1. 제48조의3제4항에 따른 서류의 제출
2. 제49조제2항에 따른 신청
3. 제52조의2제1항에 따른 신고
4. 「중소기업창업 지원법 시행령」 제20조제1항에 따른 공장 설립계획의 승인 신청(2022.6.28 본호개정)
5. 그 밖에 산업통상자원부령으로 정하는 신청 또는 자료의 제출 등(2013.3.23 본호개정)
③ 법 제6조의2제3항에서 "그 밖에 대통령령으로 정하는 업무"란 다음 각 호를 말한다.
1. 「중소기업창업 지원법」 제45조에 따른 공장 설립계획의 승인(2022.6.28 본호개정)
2. 「민원 처리에 관한 법률」 제22조에 따른 민원문서의 보완·취하(2016.2.12 본호개정)
3. 「민원 처리에 관한 법률 시행령」 제25조에 따른 민원문서의 반려(2016.2.12 본호개정)
④ 시·도지사 및 시장·군수·구청장이나 관리기관은 공장설립온라인지원시스템을 통하지 아니하고 법 제6조의2제2항 각 호의 업무를 처리한 경우에는 지체 없이 그 승인 등에 관한 자료를 공장설립온라인지원시스템에 입력·관리하여야 한다.(2015.10.6 본항개정)
(2011.10.26 본조개정)

제8조의3 【공장설립온라인지원시스템의 전산자료 이용 등】 ①~③ (2015.6.30 삭제)
④ 법 제6조의3제1항에서 "대통령령으로 정하는 공장설립자 등의 개인정보 보호기준을 위반하지 아니하는 범위"란 다음 각 호의 정보가 포함되지 아니한 경우를 말한다.(2015.6.30 본문개정)
1. 성명 및 주민등록번호
2. 법인등록번호 및 사업자등록번호
3. 연락처 등 산업통상자원부령으로 정하는 정보
(2013.3.23 본호개정)
⑤ 제4항에도 불구하고 다음 각 호의 어느 하나에 해당하는 경우 산업통상자원부장관은 제4항 각 호의 정보가 포함된 전산자료를 이용하게 할 수 있다.(2015.6.30 본문개정)
1. 다른 법률에 특별한 규정이 있는 경우
2. 공장설립자 등의 동의를 받은 경우
3. 통계작성 및 학술연구 등의 목적을 위하여 필요한 경우(제4항제1호 및 제2호는 제외한다)
⑥ 전산자료를 이용하는 자에게 제공되는 정보의 범위 및 기준, 정보의 열람 기간 등은 제8조의4제5항에 따른 공장설립온라인지원시스템 운영지침으로 정한다.
(2015.6.30 본항개정)
(2011.10.26 본조개정)

제8조의4 【공장설립온라인지원시스템의 구성·운영 등】 ① 제59조제6항에 따라 업무를 위탁받은 공단(이하 "위탁사업자"라 한다)은 다음 각 호의 업무를 한다.
(2011.10.26 본문개정)
1. 공장설립온라인지원시스템의 기초조사, 설계 및 구성(2011.10.26 본호개정)
2. 전산자료의 구축·제공·운영(2011.10.26 본호개정)
3. 컴퓨터·통신설비 등 전산설비의 설치 및 보안관리
4. 공장설립온라인지원시스템에 관한 수요조사 및 각종 자료조사(2011.10.26 본호개정)
5. 정보의 수집·관리
5의2. 공장설립온라인지원시스템을 통한 민원증명서의 열람 및 발급(2011.10.26 본호신설)
6. 그 밖에 산업통상자원부장관이 필요하다고 인정하여 요청하는 업무(2013.3.23 본호개정)
② 위탁사업자는 매년 산업통상자원부장관이 정하는 바에 따라 제1항 각 호의 사항이 포함된 공장설립온라인지원시스템 사업의 계획 및 추진실적을 작성하여 산업통상자원부장관에게 제출하여야 한다.(2013.3.23 본항개정)
③ 위탁사업자는 제2항에 따라 제출한 사업계획을 변경한 경우에는 그 변경된 계획을 산업통상자원부장관에게 제출하여야 한다.(2013.3.23 본항개정)
④ 산업통상자원부장관은 위탁사업자로 하여금 공장설립온라인지원시스템의 구축 및 운영에 관한 사업을 원활하게 수행하도록 하기 위하여 예산의 범위에서 필요한 자금·설비·기술 또는 행정지원을 할 수 있다.
(2013.3.23 본항개정)
⑤ 산업통상자원부장관은 그 밖에 공장설립온라인지원시스템의 운영에 필요한 사항에 대하여 공장설립온라인지원시스템 운영지침(이하 "공장설립온라인지원시스템 운영지침"이라 한다)을 작성하여 고시하여야 한다.
(2013.3.23 본항개정)
⑥ 위탁사업자는 공장설립온라인지원시스템을 이용하는 지방자치단체의 장 및 공공기관의 장에게 공장설립온라인지원시스템의 운영 등을 위한 비용 일부를 부담하게 할 수 있다.(2013.3.23 본항개정)
(2011.10.26 본조제목개정)
(2009.8.5 본조개정)

제8조의5 【전산자료의 이용자에 대한 지도·감독 등】 산업통상자원부장관은 전산자료를 이용하는 자에게 법 제6조의3에 따라 다음 각 호의 자료를 제출하도록 요구할 수 있고, 법 제6조의4제1항에 따라 전산자료의 이용실태 및 안전관리 등에 대하여 지도·감독할 수 있다.
(2013.3.23 본문개정)
1. 전산자료의 이용실태에 관한 자료
2. 전산자료의 이용에 따른 안전관리대책에 관한 자료
3. 그 밖에 공장설립온라인지원시스템 운영지침에서 정하는 자료
(2011.10.26 본조신설)

제9조 【산업입지연구센터의 업무】 법 제7조제1항에 따른 산업입지연구센터(이하 "산업입지연구센터"라 한다)는 다음 각 호의 업무를 한다.
1. 산업입지정책 수립을 위한 조사·연구 및 자문
2. 산업집적활성화를 위한 조사·연구 및 자문
3. 지역산업진흥을 위한 조사·연구 및 자문
4. 산업집적 및 산업입지 관련 국내외 제도의 조사·연구
5. 산업단지구조고도화사업 및 산업집적지경쟁력강화사업 관련 조사·연구 및 자문(2015.6.30 본호개정)
6. 북한지역의 산업 현황 및 기업지원제도의 조사·연구 및 자문지원
7. 그 밖에 산업집적 및 산업입지와 관련하여 필요한 업무
(2009.8.5 본조개정)

제9조의2 (2006.9.4 삭제)

제10조 【산업입지연구센터의 수수료 등】 ① 산업입지연구센터는 제9조에 따른 업무에 필요한 경비를 조달하기 위하여 산업입지 등에 관한 정보를 제공받거나 상담·알선 등을 의뢰한 자로부터 실비의 범위에서 수수료를 받을 수 있다.
② 산업입지연구센터가 제1항에 따라 수수료를 받으려는 경우에는 미리 산업통상자원부장관의 승인을 받아야 한다. 승인사항을 변경할 때에도 또한 같다.(2013.3.23 전단개정)
③ 산업입지연구센터는 제2항에 따라 산업통상자원부장관의 승인을 받으려는 경우에는 법 제45조의17에 따른 한국산업단지공단(이하 "공단"이라 한다)의 인터넷 홈페이지에 20일간 수수료 금액 및 그 산정 내용을 게시하여 이해관계인의 의견을 들어야 한다. 다만, 긴급한 사정이 있는 경우에는 공단의 인터넷 홈페이지에 그 사유를 소명하고 10일간 게시할 수 있다.(2021.6.8 본문개정)
④ 산업입지연구센터는 제2항에 따라 산업통상자원부장관의 승인을 받은 때에는 승인받은 내용과 실비 산정 내용을 공단의 인터넷 홈페이지에 게시하여야 한다.
(2013.3.23 본항개정)
(2009.8.5 본조개정)

제11조 【산업입지연구센터의 감독】 ① 산업통상자원부장관은 산업입지연구센터에 대하여 그 운영 및 회계, 그 밖에 필요한 사항에 관하여 보고하도록 할 수 있다.
② 산업통상자원부장관은 산업입지연구센터의 업무 또는 회계가 관계 법령에 위반된다고 인정하면 산업입지연구센터의 업무 또는 회계 상황을 검사할 수 있다.
③ 산업통상자원부장관은 산업입지연구센터의 업무 또는 회계가 현저하게 부당하다고 인정하면 일정기간을 정하여 업무의 시정 등 필요한 조치를 하도록 지도할 수 있다.
(2013.3.23 본조개정)

제11조의2 【공장설립지원센터의 구성 및 운영 등】 ① 법 제7조의2제1항에 따른 공장설립지원센터(이하 "공장설립지원센터"라 한다)는 공단 소속 임직원 중 공장정보관리·운영, 공장설립등에 관하여 상당한 지식과 경험이 있는 사람으로 구성한다.(2011.10.26 본항개정)
② 공장설립지원센터의 장은 매 반기별 공장설립지원 실적을 분석하여 매 반기 종료 후 1개월 이내에 산업통상자원부장관에게 보고하여야 한다.(2013.3.23 본항개정)
③ 산업통상자원부장관은 공장설립지원센터로 하여금 해당 사업을 원활하게 수행하도록 하기 위하여 예산의 범위에서 필요한 자금·설비·기술 또는 행정지원을 할 수 있다.(2013.3.23 본항개정)
④ 공장설립지원센터의 감독 및 수수료 등에 관하여는 제10조 및 제11조를 준용한다.
(2009.8.5 본조개정)

제11조의3 【공장설립옴부즈만사무소의 구성 및 운영 등】 ① 법 제7조의3제1항에 따른 공장설립옴부즈만사무소(이하 이 조에서 "사무소"라 한다)는 공장설립·운영 관련 법령 및 실무에 상당한 학식과 경험이 있는 민간인 전문가 및 공단 소속 임직원을 중심으로 구성한다.
② 사무소의 장은 공장설립 관련 업무에 관하여 풍부한 식견과 경험을 가진 사람 중에서 산업통상자원부장관이 임명한다.(2013.3.23 본항개정)
③ 사무소의 장은 매 반기별 사무소의 업무 현황 및 실적을 매 반기 종료 후 1개월 이내에 산업통상자원부장관에게 보고하여야 한다.(2013.3.23 본항개정)
④ 사무소의 지원 등에 관하여는 제11조의2제3항을 준용한다.
(2009.8.5 본조개정)

제11조의4 【기업입지지원단의 구성 및 운영 등】 ① 법 제7조의4제1항에 따른 기업입지지원단(이하 "입지지원단"이라 한다)은 도시·군계획, 산업입지, 건설, 환경 등 공장설립과 관련된 업무를 담당하고 있는 공무원 및 민간인 전문가로 구성한다.(2012.4.10 본항개정)
② 입지지원단은 다음 각 호의 업무를 담당한다.
1. 사업유형에 적합한 입지정보의 제공
2. 공장설립이 가능한지 여부에 대한 사전 타당성의 검토
3. 산업입지정책에 관한 각종 제도개선의 건의
4. 그 밖에 입지지원과 관련하여 필요한 업무
③ 입지지원단의 장은 제2항에 따른 업무를 할 때 필요하면 관계 행정기관 또는 유관기관에 협조를 요청할 수 있다.
④ 제1항부터 제3항까지에서 규정한 사항 외에 입지지원단의 설치·운영 등에 필요한 사항은 시·도지사가 규칙으로 정할 수 있다.
(2009.8.5 본조신설)

제12조 【공장입지기준의 고시내용 등】 ① 법 제8조제1호에서 "「국토의 계획 및 이용에 관한 법률」 등 대통령령으로 정하는 법령"이란 다음 각 호의 법령을 말한다.
1. 「건축법」
2. 「국토의 계획 및 이용에 관한 법률」
3. 「낙농진흥법」
4. 「대기환경보전법」
5. 「농지법」
6. 「문화재보호법」
7. 「산림자원의 조성 및 관리에 관한 법률」
8. 「산업입지 및 개발에 관한 법률」
9. 「수도법」
10. 「물환경보전법」(2018.1.16 본호개정)
11. 「자연공원법」
12. 「전원개발촉진법」
13. 「초지법」
14. 「택지개발촉진법」
15. 그 밖에 공장의 설립과 관련되는 토지의 이용 및 환경에 관한 법령
② 법 제8조제2호에 따른 공장부지면적은 공장이 설치된 부지의 수평투영면적으로 한다.

③ 법 제8조제2호에서 "대통령령으로 정하는 공장건축물등의 면적"이란 다음 각 호의 면적을 합산한 면적을 말한다.
1. 공장부지 안의 건축물 각 층의 바닥면적
2. 공장부지 안에 설치된 기계·장치, 그 밖에 공작물로서 건축물의 외부에 설치된 것(이하 "옥외공작물"이라 한다)의 수평투영면적
④ 법 제8조에 따른 공장입지의 기준은 관보에 고시하여야 한다.
(2009.8.5 본조개정)
제12조의2 (2003.6.30 삭제)
제13조 (1997.7.10 삭제)
제14조【기준공장건축면적의 산출 등】 ① 법 제11조제1항에 따른 기준공장건축면적은 다음의 계산식에 따라 산출한다.
기준공장건축면적 = 공장부지면적 × 기준공장면적률
② 법 제11조제3항에서 "대통령령으로 정하는 기간"이란 4년을 말한다. 다만, 시장·군수·구청장 또는 관리기관은 지역의 경제여건이나 공장의 규모 등을 고려하여 그 기간을 초과하여 공장을 건축하는 것이 부득이하다고 인정하는 경우에는 그 기간을 연장할 수 있다.
(2009.8.5 본조개정)
제15조【기준공장건축면적의 적용 예외】 법 제11조제1항 단서에서 "대통령령으로 정하는 용지"란 다음 각 호의 어느 하나에 해당하는 용지를 말한다.
1. 「국토의 계획 및 이용에 관한 법률」 제36조제1항제1호라목에 따른 녹지지역에 해당하는 용지
2. 공장에 활주로·철로 또는 6미터 이상의 도로가 있는 용지
3. 접도구역이 설정되어 공장건축이 곤란한 용지
4. 생산공정의 특성상 대규모의 저수지 또는 침전지로 사용되는 용지
5. 법 제33조제8항 본문에 따른 녹지구역 안에 있는 용지(2020.5.12 본호개정)
6. 경사도가 30도 이상인 사면용지로서 시장·군수·구청장 또는 관리기관이 공장건축이 곤란하다고 인정하는 용지
7. 제1호부터 제6호까지에서 규정한 용지 외의 용지로서 기준공장건축면적에 적합하게 건축할 경우 공장운영에 현저한 지장을 줄 우려가 있다고 시장·군수·구청장 또는 관리기관이 인정하는 용지
8. 공장부지를 임차한 자가 공장을 건축하는 용지
(2009.8.5 본조개정)
제16조～제18조 (1999.8.9 삭제)
제18조의2【공장의 설립등】 법 제13조제1항에서 "공장건축면적"이란 제조시설로 사용되는 기계 또는 장치를 설치하기 위한 건축물 각 층의 바닥면적과 제조시설로 사용되는 옥외공작물의 수평투영면적을 합산한 면적을 말한다.(2020.5.12 본조개정)
제19조【공장설립등의 승인절차】 ① 공장설립등의 승인 또는 그 변경승인을 받으려는 자는 공장설립승인신청서에 산업통상자원부령으로 정하는 서류를 첨부하여 시장·군수 또는 구청장에게 제출해야 한다. 이 경우 둘 이상의 시·군·구(자치구인 구를 말한다)에 걸치는 부지에 공장설립등을 하려는 때에는 제18조의2에 따른 공장건축면적이 가장 많이 포함된 구역을 관할하는 시장·군수 또는 구청장에게 제출해야 한다.(2020.5.12 본항개정)
② 시장·군수 또는 구청장은 제1항에 따른 공장설립등의 승인신청 또는 변경승인신청을 받은 경우에는 그 신청이 법·이 영, 그 밖에 관계 법령에 적합한지를 검토하여 승인 여부를 결정하여야 한다.
③ 시장·군수 또는 구청장은 제2항에 따라 공장설립등의 승인 또는 변경승인을 한 경우에는 신청인에게 공장설립등의 승인서 또는 변경승인서를 교부하여야 한다.
④ 법 제13조제2항제3호에 따라 공장설립등의 승인을 받은 것으로 보는 다른 법률에 따른 공장설립에 관한 허가·인가·면허 등은 다음 각 호와 같다.
1. 「자유무역지역의 지정 및 운영에 관한 법률」 제11조제1항에 따른 입주허가
2. 「중소기업창업 지원법」 제45조에 따른 공장 설립계획의 승인(2022.6.28 본호개정)
3. 「산업입지 및 개발에 관한 법률」 제17조, 제17조의2, 제18조, 제18조의2 및 제19조에 따른 실시계획의 승인(같은 법 제16조제3항에 따라 해당 산업단지에 입주할 자가 산업단지개발사업을 시행하는 경우만 해당한다)
⑤ 공장설립승인신청은 공장건설을 위한 건축허가신청 또는 건축신고 전에 하여야 한다. 다만, 법 제13조의2제1항에 따라 공장설립승인으로써 건축허가 또는 건축신고를 의제받으려는 경우에는 그러하지 아니하다.
⑥ 시장·군수 또는 구청장은 법 제13조제1항에 따라 공장설립등의 승인을 할 때 필요한 세부적인 기준을 정하여 이를 고시할 수 있다.
⑦ 제1항에 따른 공장설립등의 승인 또는 변경승인의 신청(법 제7조의2제2항 및 제3항에 따라 공장설립지원센터를 통하여 신청된 경우는 제외한다)을 받은 시장·군수 또는 구청장은 그 신청내용 중에 다른 행정기관의 권한에 속하는 사항이 있는 경우(법 제13조의2제5항 단서에 해당하는 경우는 제외한다)에는 공장설립등의 신청서 또는 변경신청서 사본과 관련 서류를 첨부하여 지체 없이 관계 행정기관의 장에게 협의를 요청하여야 하고, 협의 요청을 받은 관계 행정기관의 장은 10일(관계 행정기관의 권한에 속하는 사항을 규정한 법령에 회신기간이 10일을 초과하는 것으로 규정되어 있는 경우에는 그 법령에 규정된 기간으로 한다. 이하 이 항에서 같다) 이내에 의견을 제출하여야 한다. 이 경우 관계 행정기관의 장이 동의하지 아니할 때에는 그 사유를 명시하여야 하며, 10일 이내에 의견을 제출하지 아니하면 의견이 없는 것으로 본다.
(2009.8.5 본조개정)
제19조의2【사도개설허가에 관한 기준】 법 제13조의3제1항에서 "대통령령으로 정하는 기준"이란 다음 각 호의 어느 하나에 해당하는 경우를 말한다.
1. 공장부지에서 도로(「도로법」 제2조제1호에 따른 도로 및 같은 법 제108조에 따른 준용도로를 말한다. 이하 같다)를 연결하는 경우의 연결로의 거리가 도로가 아닌 길과 연결하는 경우의 연결로의 거리보다 긴 경우(2014.7.14 본호개정)
2. 공장부지와 도로의 사이에 하천·도랑·제방, 그 밖에 산업통상자원부장관이 정하는 장애물이 있는 경우(2013.3.23 본호개정)
3. 공장부지와 도로의 사이에 있는 토지 중 공장진입로 조성에 필요한 토지의 소유자가 그 토지의 매도를 거부하는 경우로서 시장·군수·구청장이 그 사실을 확인한 경우
(2009.8.5 본조개정)
제19조의3【창업사업계획승인이 취소된 토지에 대한 공장설립등의 승인】 ① 법 제13조의3제3항에 따라 「중소기업창업 지원법」 제49조에 따라 공장 설립계획의 승인 또는 공장건축의 허가가 취소된 부지 또는 공장을 이용하여 공장설립등을 하기 위하여 그 승인을 받으려는 자는 산업통상자원부령으로 정하는 서류를 시장·군수 또는 구청장에게 제출하여야 한다.(2022.6.28 본항개정)
② 시장·군수 또는 구청장은 제1항에 따른 신청을 받은 경우에는 그 신청이 법, 이 영, 그 밖의 관계 법령에 적합한지를 검토하여 승인 여부를 결정하여야 한다.
③ 시장·군수 또는 구청장은 제2항에 따라 승인을 한 경우에는 지체 없이 「중소기업창업 지원법」 제47조제4항에 따른 다른 행정기관에 그 내용을 통보하여야 한다.
(2022.6.28 본항개정)
(2009.8.5 본조개정)
제19조의4【공장설립등의 승인 취소의 예외】 법 제13조의5 각 호 외의 부분 단서에서 "대통령령으로 정하는 경우"란 다음 각 호의 어느 하나에 해당하는 경우를 말한다.
1. 화재, 자연재해 등 천재지변으로 공장건설공사를 중단한 경우
2. 법 제2조제1호에 따른 제조시설등(이하 "제조시설등"이라 한다)에 필요한 자재·기계·장치 등의 공급지연 또는 멸실 등 자기 책임이 아닌 사유로 제조시설등의 설치를 중단한 경우
3. 재무구조 개선 또는 경영 정상화의 추진 등을 위하여 공장건설공사를 중단하거나 제조시설등의 설치를 중단한 경우
4. 시장·군수 또는 구청장이 「민원 처리에 관한 법률 시행령」 제36조에 따른 민원실무심의회의 심의를 거쳐 제1호부터 제3호까지의 규정에 준하는 사유가 있다고 인정하는 경우(2016.2.12 본호개정)
(2009.8.5 본조개정)
제19조의5【공장설립등의 협의】 법 제13조의2제5항(법 제20조제4항에서 준용하는 경우를 포함하되, 법 제13조의2제2항에 따라 사도개설 등의 허가를 하는 경우만 해당한다), 법 제14조제3항(법 제14조의3제4항에서 준용하는 경우를 포함한다), 법 제14조의2제3항(법 제14조의3제6항에서 준용하는 경우를 포함한다) 및 법 제16조제9항에 따라 시장·군수 또는 구청장으로부터 협의를 요청받은 행정기관의 장은 10일 이내에 그 협의에 관한 의견을 회신하여야 한다. 이 경우 이견이 있으면 그 사유를 명시하여야 한다.(2009.8.5 본조개정)
제19조의6【제조시설의 설치승인】 ① 법 제14조의3제1항에 따라 제조시설의 설치승인 또는 그 변경승인을 받으려는 자는 산업통상자원부령으로 정하는 서류를 시장·군수 또는 구청장에게 제출하여야 한다.
(2013.3.23 본항개정)
② 시장·군수 또는 구청장은 제1항에 따른 신청을 받은 경우에는 해당 공장의 설립대장을 확인하고 그 신청이 법, 이 영, 그 밖에 관계 법령에 적합한지를 검토하여 승인 여부를 결정하여야 한다.
③ 시장·군수 또는 구청장은 제2항에 따라 제조시설의 설치 또는 그 변경을 승인한 경우에는 신청인에게 제조시설설치승인서 또는 제조시설설치변경승인서를 교부하여야 한다.
(2009.8.5 본조개정)
제19조의7【제조시설 설치승인의 취소사유】 법 제14조의4에서 "대통령령으로 정하는 사유"란 다음 각 호의 어느 하나에 해당하는 경우를 말한다.
1. 제조시설설치승인을 받은 날부터 1년 이내에 정당한 사유 없이 제조시설의 설치를 개시하지 아니한 경우
2. 공장건축물이 멸실되거나 용도변경, 그 밖의 사유로 해당 제조시설의 설치가 불가능하게 된 경우
(2009.8.5 본조개정)
제20조【공장설립등의 완료신고】 ① 법 제15조제1항에 따른 공장설립등의 완료신고를 하려는 자는 공장설립등의 완료신고서에 산업통상자원부령으로 정하는 서류를 첨부하여 시장·군수·구청장 또는 관리기관에 제출하여야 한다.(2013.3.23 본항개정)
② 법 제15조제1항에 따른 공장설립등의 완료신고는 다음 각 호에 해당하는 날부터 2개월 이내에 이를 하여야 한다.
1. 공장설립등의 경우에는 최종 건축물의 사용승인을 받고 기계·장치의 설치를 완료한 날
2. 제조시설설치의 경우에는 기계·장치의 설치를 완료한 날
(2009.8.5 본조개정)
제20조의2【제조업 외의 사업의 사업개시 신고】 ① 법 제15조제2항에 따라 사업개시 신고를 하려는 자는 사업개시 신고서에 산업통상자원부령으로 정하는 서류를 첨부하여 관리기관에 제출하여야 한다.(2013.3.23 본항개정)
② 관리기관은 제1항에 따라 사업개시 신고서를 받은 경우 사업계획서에 따른 시설의 설치 등이 사업계획서의 내용과 맞는 때에는 관리대장에 이를 기재하고 사업개시 신고서를 받은 날부터 3일 이내에 해당 신고인에게 확인서를 교부하여야 한다.
③ 법 제15조제2항에서 "대통령령으로 정하는 기간"이란 2개월을 말한다.
(2009.8.5 본조개정)
제21조【공장의 등록취소】 ① 법 제17조제1항제2호에서 "공장이 폐업되거나 제조시설이 멸실된 경우"란 제조업을 하지 아니할 목적으로 공장에서 제조시설을 철거하거나 그 밖의 사유로 제조시설을 없앤 경우를 말한다.
② 법 제17조제1항제3호에서 "대통령령으로 정하는 경우"란 다음 각 호의 경우를 말한다.
1. 법 제42조에 따라 입주계약이 해지된 경우(입주기업체의 경우만 해당한다)
2. 해당 공장을 공장 외의 용도로 활용하는 경우. 다만, 다음 각 목의 요건을 모두 갖추고 공장의 일부를 다른 용도로 활용하는 경우는 제외한다.
가. 다음의 어느 하나에 해당하는 용도로 활용할 것
1) 해당 공장과 관련된 사업의 용도나 해당 공장을 운영하는 데에 필요한 용도
2) 「신에너지 및 재생에너지 개발·이용·보급 촉진법」 제2조제1호에 따른 신에너지(이하 "신에너지"라 한다) 및 같은 조 제2호에 따른 재생에너지(이하 "재생에너지"라 한다)를 이용하여 「전기사업법」 제2조제3호에 따른 발전사업을 하는 데에 필요한 용도. 다만, 다음의 어느 하나에 해당하는 경우로 한정한다.
(2016.6.30 본문개정)
가) 공장부지 안의 건축물에 발전설비를 설치하는 경우
나) 공장부지 중 제2조제2항제1호부터 제3호까지의 시설이 설치되어 있지 않은 공장부지를 활용할 때에는 해당 발전설비의 수평투영면적이 제18조의2에 따른 해당 공장의 공장건축면적을 초과하지 않는 범위에서 발전설비를 설치하는 경우(2020.5.12 개정)
나. 해당 공장의 제조활동에 현저하게 지장을 주지하지 아니할 것
3. 공장등록 시 붙인 조건을 이행하지 아니한 경우
4. 법에 따른 명령이나 처분을 위반하는 경우
③ 시장·군수 또는 구청장은 법 제17조제1항에 따라 공장의 등록을 취소할 때에 공장의 일부가 등록취소의 사유에 해당하게 된 경우에는 산업통상자원부령으로 정하는 바에 따라 해당 공장등록의 일부를 취소할 수 있다.
(2013.3.23 본항개정)
(2009.8.5 본조개정)
제22조 (1996.7.19 삭제)
제23조 (1994.7.4 삭제)
제24조【공장설립민원실의 설치 및 운영 등】 ① 시·도지사, 시장·군수 또는 구청장은 법 제19조제1항에 따라 공장설립민원실을 설치하는 경우에는 그 민원실에 산업입지의 업무를 전담할 직원을 배치하여야 한다.
② 법 제19조제5항에 따라 시·도지사, 시장·군수 또는 구청장은 공장설립민원실의 설치·운영과 민원사항의 처리절차 등에 관하여 필요한 사항을 규칙으로 정하여야 한다.
(2009.8.5 본조개정)
제25조【공장건축면적 등】 ① 법 제20조제1항 본문에서 "공장건축면적"이란 제18조의2에 따른 공장건축면적을 말한다.(2020.5.12 본항개정)
② (2020.5.12 삭제)
③ 법 제20조제1항에서 "공장의 이전"이란 법 제16조에 따라 등록된 공장을 폐쇄하고 다른 위치로 이동하여 동종 업종의 공장을 신설 또는 증설하는 것을 말한다.
(2009.8.5 본조개정)
제26조【과밀억제권역에서의 행위제한의 완화】 법 제20조제1항 단서에 따라 과밀억제권역 안에서 허용될 수 있는 행위는 다음과 같다.(2010.7.12 본문개정)
1. 별표1의2에 해당하는 공장의 신설(법 제14조의3에 따른 제조시설설치를 포함한다. 이하 이 조 제5호부터 제8호까지, 제27조제1호, 제27조의2제1호, 제27조의3제1호,

별표1의2, 별표2 및 별표3에서 같다)·증설 또는 이전(2020.5.12 본호개정)
2. 다음 각 목의 어느 하나에 해당하는 지식산업센터의 신설·증설
가. 법 제22조에 따라 지정된 지식기반산업집적지구 안의 지식산업센터(2015.6.30 본목개정)
나. 제34조제1호에 따른 도시형공장을 유치하기 위한 지식산업센터
다.「중소기업진흥에 관한 법률」제29조에 따른 협동화 실천계획의 승인을 받은 지식산업센터
라. 산업단지 안의 지식산업센터
(2010.7.12 본호개정)
3. 공장의 부대시설의 증설 및 공장부지면적의 증가(기준공장면적률에 적합한 범위내의 증가만 해당한다)
4. 다른 법령에 따라 의무화된 설치기준에 따른 공장의 증설
5.「국토의 계획 및 이용에 관한 법률」제2조제7호에 따른 도시·군계획시설로 결정된 공항 안에서의 곡물조리식품제조업 또는 항공기제조업(부품제조업은 제외한다)을 위한 공장의 신설 또는 증설(2012.4.10 본호개정)
6.「개발제한구역의 지정 및 관리에 관한 특별조치법」제3조에 따른 개발제한구역 안에 있는 공장으로서 같은 법에 따라 허용이 되는 공장의 신설·증설 또는 이전
7.「국토의 계획 및 이용에 관한 법률」제2조제7호에 따른 도시·군계획시설에 해당하는 공장의 신설 또는 증설(2012.4.10 본호개정)
8.「경제자유구역의 지정 및 운영에 관한 특별법」제4조에 따라 지정된 경제자유구역 안에서 같은 법 제2조제4호에 따른 외국인투자기업 및 같은 조 제6호에 따른 국내복귀기업 공장의 신설 또는 증설(2023.4.11 본호개정)
(2010.7.12 본조제목개정)
(2009.8.5 본조개정)

제27조【성장관리권역에서의 행위제한의 완화】 법 제20조제1항 단서에 따라 성장관리권역 안에서 허용될 수 있는 행위는 다음과 같다.(2010.7.12 본문개정)
1. 별표2에 해당하는 공장의 신설·증설 또는 이전
2. 제26조제2호부터 제8호까지에 규정된 행위
(2010.7.12 본조제목개정)
(2009.8.5 본조개정)

제27조의2【자연보전권역에서의 행위제한의 완화】 법 제20조제1항 단서에 따라 자연보전권역에서 허용될 수 있는 행위는 다음과 같다.(2010.7.12 본문개정)
1. 별표3에 해당하는 공장의 신설·증설 또는 이전
2. 다음 각 목의 어느 하나에 해당하는 지식산업센터의 신설·증설(2010.7.12 본문개정)
가. 제34조제1호에 따른 도시형공장 중 수질에 미치는 영향이 자연보전권역의 지정목적에 적합하다고 인정되는 공장으로서 산업통상자원부령으로 정하는 공장을 유치하기 위한 지식산업센터. 이 경우 산업통상자원부장관은 산업통상자원부령을 제정·개정하기 전에 환경부장관과 협의하여야 한다.(2013.3.23 본목개정)
나. 산업단지 및 공업지역 안의 지식산업센터(2010.7.12 본목개정)
3. 제26조제3호부터 제6호까지에 규정된 행위
(2010.7.12 본조제목개정)
(2009.8.5 본조개정)

제27조의3【업종변경】 법 제20조제1항 단서에 따라 과밀억제권역·성장관리권역 또는 자연보전권역에서 업종변경을 할 수 있는 경우는 다음과 같다.(2010.7.12 본문개정)
1. 법 제13조에 따라 공장의 설립 승인을 받은 공장 또는 법 제16조제1항에 따라 등록한 공장으로서 다음 각 목의 어느 하나에 해당하는 경우
가. 기존의 업종보다 공해의 정도가 낮은 업종으로 변경하거나 별표1의2 제2호마목에 따른 첨단업종으로 변경하는 경우(2020.5.12 본목개정)
나. 해당 지역에서 신설이 허용되는 공장으로 변경하는 경우(신설이 허용되는 규모로 한정한다)
2. 기존공장의 최종 제품 생산에 필요한 공정의 업종을 추가하는 경우로서 해당 공정이 차지하는 건축면적이 공장건축면적의 50퍼센트 이하인 경우
3. (2017.10.31 삭제)
(2009.8.5 본조개정)

제27조의4【첨단업종의 선정 기준 등】 별표1의2 제2호마목에 따라 산업통상자원부령으로 첨단업종을 정하려는 경우에는 다음 각 호의 사항을 모두 고려해야 한다.(2020.5.12 본문개정)
1. 정량적(定量的) 평가지표 : 총 지출액 대비 연구개발 지출비율, 연구개발 인력비중 및 투자규모 등
2. 정성적(定性的) 평가지표 : 업종 또는 제품의 성장성, 산업 간 연관효과 등
(2009.8.5 본조개정)

제28조【지식기반산업집적지구 활성화계획의 수립 및 제출】 ① 법 제22조제1항 각 호 외의 부분에서 "대통령령으로 정하는 관리기관"이란 법 제30조제2항제1호부터 제3호까지의 관리기관을 말한다.(2011.6.27 본항개정)
② 법 제22조제1항제3호에서 "대통령령으로 정하는 사항"이란 다음 각 호의 어느 하나에 해당하는 사항을 말한다.
1. 지식기반산업집적지구로 지정받으려는 지역이 산업집적 지역이거나「산업입지 및 개발에 관한 법률」제37조에 따라 준공인가를 받은 산업단지인 경우에는 다음 각 목의 사항(2015.6.30 본문개정)
가. 지식기반산업의 집적 현황
나. 산업집적기반시설의 현황
다. 지식기반산업의 집적 촉진 및 산업집적기반시설의 확충 방안
2. 지식기반산업집적지구로 지정받으려는 지역이「산업입지 및 개발에 관한 법률」제2조제8호에 따른 산업단지로서 개발사업이 완료되지 아니하여 같은 법 제37조에 따른 준공인가를 받지 못한 지역인 경우에는 다음 각 목의 사항(2015.6.30 본문개정)
가.「산업입지 및 개발에 관한 법률」제7조의4 및 제19조의2에 따른 산업단지 지정 및 실시계획 승인의 고시 내용
나. 지식기반산업 집적계획
다. 지식기반산업 관련 업체 입주수요 현황(입주의향서 포함)
라. 산업집적기반기설의 설치 방안
③ 산업통상자원부장관은 법 제22조제1항에 따라 지식기반산업집적지구의 지정을 요청하기 위하여 시·도지사가 수립하여 제출한 지식기반산업집적지구 활성화계획이 다음 각 호의 어느 하나에 해당하는 경우에는 관련 시·도지사 간의 협의를 거쳐 공동으로 지식기반산업집적지구 활성화계획을 제출하게 할 수 있다.
1. 둘 이상의 특별시·광역시·특별자치시·도 또는 특별자치도(이하 "시·도"라 한다)의 지식기반산업집적지구가 밀접하게 연계될 수 있는 경우
2. 둘 이상의 시·도의 지식기반산업집적지구 활성화계획에 포함된 산업집적기반시설의 확충 방안 등이 밀접하게 연계되는 경우
(2015.6.30 본항개정)
(2015.6.30 본조제목개정)
(2009.8.5 본조개정)

제29조【지식기반산업집적지구의 지정고시】 산업통상자원부장관은 법 제22조제4항에 따라 지식기반산업집적지구를 지정한 경우에는 다음 각 호의 사항을 관보에 고시하여야 한다.(2015.6.30 본문개정)
1. 지식기반산업집적지구의 명칭·범위
2. 지식기반산업집적지구의 지정목적
3. 지식기반산업집적지구의 육성방향
(2015.6.30 1호~3호개정)
4. 주요 유치업종 및 업종별 집적계획
5. 기업·연구소·대학 및 기업지원시설 등의 상호 연계방안
6. 주요 산업집적기반시설 설치계획
7. 주요 지원기관 및 입주업체의 생산활동을 지원하기 위한 시설의 유치에 관한 사항
(2015.6.30 본조제목개정)
(2009.8.5 본조개정)

제29조의2【산업집적지경쟁력강화사업추진계획의 변경】 법 제22조의3제3항 단서에서 "대통령령으로 정하는 경미한 사항을 변경하는 경우"란 다음 각 호의 어느 하나에 해당하는 경우를 말한다.
1. 산업집적지경쟁력강화사업추진계획이 산업집적활성화 기본계획과 연계되어 있는 경우로서 법 제3조제3항에 따른 절차를 거쳐 산업집적활성화 기본계획이 변경됨에 따라 산업집적지경쟁력강화사업추진계획을 변경하는 경우(2015.6.30 본호개정)
2. 산업집적지경쟁력강화사업을 추진하는 법 제2조제12호에 따른 산업집적지별 산업집적 현황에 관한 사항을 변경하는 경우(2015.6.30 본호개정)
(2015.6.30 본조제목개정)

제29조의3【출연금의 지급 및 관리】 ① 법 제22조의3 제5항에서 "대통령령으로 정하는 관리기관"이란 법 제30조제2항제2호 및 제3호에 따른 관리기관을 말한다.
② 법 제22조의3제5항에 따라 출연금을 지급받은 자는 별도의 계정을 설정하여 이를 관리하여야 하며, 산업집적지경쟁력강화사업의 용도로만 이를 사용하여야 한다.(2015.6.30 본항개정)
③ 국가 또는 지방자치단체는 출연금을 지급받은 자가 제2항에 따른 용도 외의 목적으로 이를 사용한 경우에는 용도 외의 목적으로 사용한 출연금의 전부를 회수할 수 있다.
(2009.8.5 본조개정)

제29조의4【산학융합지구 신청】 ① 법 제22조의4제1항 각 호 외의 부분 본문에서 "대통령령으로 정하는 관리기관"이란 법 제31조제2항에 따른 산업단지관리공단을 말한다.
② 법 제22조의4제1항 각 호 외의 부분 본문에서 "대통령령으로 정하는 비영리법인"이란 기업(기업으로 구성된 단체를 포함한다. 이하 이 조에서 같다), 연구소, 대학 등이 공동으로 설립한 민법 제32조에 따른 비영리법인을 말한다. 다만,「사립학교법」제2조에 따른 학교 법인은 제외한다.
③ 법 제22조의4제1항제5호에서 "대통령령으로 정하는 사항"이란 다음 각 호의 사항을 말한다.
1. 입주기업체의 교육 및 연구·개발 수요에 대한 분석
2. 산학융합지구의 조성, 교육 및 연구·개발 사업의 수행에 필요한 재원조달 방안
3. 대학·기업·연구소·관리기관 상호 간 협의기구 구성 방안
4. 산학융합지구 사업추진 일정
(2011.10.26 본조신설)

제29조의5【산학융합지구 지정】 ① 법 제22조의4제2항 제2호에서 "녹지지역 등 대통령령으로 정하는 지역"이란 다음 각 호의 지역을 말한다.
1.「국토의 계획 및 이용에 관한 법률」제36조제1항에 따른 용도지역 중 보전관리지역, 생산관리지역, 농림지역 및 자연환경보전지역
2.「국토의 계획 및 이용에 관한 법률 시행령」제30조에 따른 용도지역 중 제1종전용주거지역, 제2종전용주거지역, 유통상업지역, 보전녹지지역 및 생산녹지지역
(2022.4.19 본항신설)
② 법 제22조의4제2항제2호에서 "대통령령으로 정하는 기준"이란 다음 각 호의 기준을 말한다.
1. 소음·진동이 적고 대기환경이 양호하여 교육 및 연구개발시설의 설치에 적합할 것
2. 면적이 1만제곱미터 이상인 대학 교지인 경우에는「산업입지 및 개발에 관한 법률」에 따른 도시첨단산업단지로 지정받을 것
(2022.4.19 본항개정)
③ 법 제22조의5제2항에 따라 산학융합지구 내에 입주한 기업이 산학융합지구의 교육시설 또는 연구·개발시설에 법 제28조에 따른 도시형공장을 설치하는 경우에는 다음 각 호의 공장을 설치할 수 없다.
1.「대기환경보전법」에 따른 특정대기유해물질을 배출하는 대기오염물질배출시설을 설치하는 공장
2.「대기환경보전법」에 따른 대기오염물질배출시설을 설치하는 공장으로서 같은 법 시행령 별표10의 1종사업장부터 3종사업장까지에 해당하는 공장. 다만, 연료를 직접 사용하지 않는 공장은 제외한다.
3.「물환경보전법」에 따른 특정수질유해물질을 배출하는 폐수배출시설을 설치하는 공장. 다만, 같은 법 시행령 제33조제2호에 따라 폐수를 전량 위탁처리하는 공장은 제외한다.
4.「물환경보전법」에 따른 폐수배출시설을 설치하는 공장으로서 같은 법 시행령 별표13의 1종사업장부터 4종사업장까지에 해당하는 공장
5.「국토의 계획 및 이용에 관한 법률」제36조제1항에 따른 용도지역 중 주거지역 및 상업지역인 경우에는「폐기물관리법」에 따른 지정폐기물을 배출하는 공장
(2022.4.19 본항개정)
④ 산업통상자원부장관은 법 제22조의4제4항에 따라 산학융합지구를 지정한 경우에는 다음 각 호의 사항을 관보에 고시하여야 한다.(2013.3.23 본문개정)
1. 산학융합지구의 명칭·범위
2. 산학융합지구의 조성 목적 및 특화 업종
3. 산학융합지구 안 대학·연구소의 집적 방안
4. 교육 및 연구·개발에 필요한 시설의 설치 및 배치계획
5. 기업수요에 기초한 교육 및 연구·개발 사업의 수행계획
6. 연구개발기관 및 입주기업체의 연구소 유치계획
(2011.10.26 본조신설)

제29조의6【산학융합지구의 변경】 ① 법 제22조의4제1항부터 제3항까지의 규정에 따라 산학융합지구로 지정을 받은 자는 산학융합지구의 변경이 필요한 경우에는 법 제22조의4제5항에 따라 산학융합지구의 변경을 산업통상자원부장관에게 요청할 수 있다. 이 경우 산학융합 활성화계획에 대한 수정계획을 수립하여야 한다.
(2013.3.23 전단개정)
② 산업통상자원부장관은 다음 각 호의 요건을 모두 갖추었을 때에는 산학융합지구의 지정을 변경할 수 있다. 이 경우 미리 관계 중앙행정기관의 장과 협의하여야 한다.(2013.3.23 전단개정)
1. 법 제22조의4제2항 각 호의 요건을 모두 갖출 것
2. 산학융합지구의 변경 필요성이 인정될 것
3. 산학융합 활성화계획에 대한 수정계획이 타당할 것
③ 산업통상자원부장관은 제2항에 따라 산학융합지구를 변경한 경우에는 제29조의5제4항에 따라 그 내용을 고시해야 한다.(2022.4.19 본항개정)
④ 법 제22조의4제3항에 따라 산업통상자원부장관이 산학융합지구를 지정한 경우의 지정변경에 관하여는 제2항 및 제3항을 준용한다.(2013.3.23 본항개정)
(2011.10.26 본조신설)

제29조의7【산학융합지구 지정 및 변경 등에 관한 세부적인 절차와 기준】 법 및 이 영에서 규정한 사항 외에 산학융합지구의 지정, 운영 및 변경 등을 위한 세부적인 절차와 기준은 산업통상자원부장관이 정하여 고시한다.
(2022.4.19 본조개정)

제29조의8【첨단투자지구의 지정 등】 ① 법 제22조의6 제1항제1호에서 "산업단지나「경제자유구역의 지정 및 운영에 관한 특별법」제2조제1호에 따른 경제자유구역 등 대통령령으로 정하는 지역"이란 다음 각 호의 지역을 말한다.
1. 산업단지
2.「경제자유구역의 지정 및 운영에 관한 특별법」제2조제1호의 경제자유구역
3.「지방자치분권 및 지역균형발전에 관한 특별법」제2조제15호의 지역혁신융복합단지(2023.7.7 본호개정)
4.「국제과학비즈니스벨트 조성 및 지원에 관한 특별법」제2조제1호의 국제과학비즈니스벨트

5.「규제자유특구 및 지역특화발전특구에 관한 규제특례법」 제2조제1호의 지역특구
6.「벤처기업육성에 관한 특별조치법」 제2조제6항의 벤처기업육성촉진지구 또는 같은 조 제9항의 신기술창업집적지역
7.「산업기술단지 지원에 관한 특례법」 제2조제1호의 산업기술단지
8.「소재·부품·장비산업 경쟁력 강화 및 공급망 안정화를 위한 특별조치법」 제45조에 따른 소재·부품·장비특화단지(2023.12.5 본호개정)
9.「수소경제 육성 및 수소 안전관리에 관한 법률」 제2조제5호의 수소특화단지
10.「스마트도시 조성 및 산업진흥 등에 관한 법률」 제2조제1호의 스마트도시 또는 같은 조 제1호의2에 따른 국가시범도시
11.「새만금사업 추진 및 지원에 관한 특별법」 제2조제1호의 새만금사업지역
12.「연구개발특구의 육성에 관한 특별법」 제2조제1호의 연구개발특구
13.「외국인투자 촉진법」 제18조에 따른 외국인투자지역
14.「자유무역지역의 지정 및 운영에 관한 법률」 제2조제1호의 자유무역지역
15.「자율주행자동차 상용화 촉진 및 지원에 관한 법률」 제2조제5호의 자율주행자동차 시범운행지구
16.「지능정보화 기본법」 제33조에 따른 선도사업 거점지구
17.「첨단의료복합단지 육성에 관한 특별법」 제2조제1호의 첨단의료복합단지
18. 그 밖에 법령에 따라 지정된 구역·지구·단지·특구 등으로서 산업통상자원부장관이 법 제22조의9제1항에 따른 첨단투자지구위원회의 심의를 거쳐 첨단투자지구로 지정할 필요가 있다고 인정하는 지역

② 법 제22조의6제1항제2호에서 "대통령령으로 정하는 기준에 해당하는 첨단투자"란 첨단투자의 내용별로 다음 각 호의 구분에 따라 해당 호에서 정하는 투자기준을 충족하는 첨단투자를 말한다.

1. 한국표준산업분류에 따른 제조업 또는 정보통신업이나 「산업발전법」 제8조제2항의 지식서비스산업(한국표준산업분류에 따른 연구개발업은 제외한다)에 해당하는 사업에 첨단투자를 하려는 경우 : 해당 사업을 경영하기 위하여 공장 또는 사업장을 신설·증설하거나 기존 공장 또는 사업장 내 생산설비를 추가로 설치하는 경우로서 다음 각 목의 어느 하나의 기준을 충족하는 경우일 것
  가. 투자금액이 300억원 이상일 것
  나. 상시 근로자 수(「근로기준법」 제11조제3항에 따라 산정한 상시 사용하는 근로자의 수를 말한다. 이하 같다) 100명 이상의 신규 고용을 창출할 것
2.「물류시설의 개발 및 운영에 관한 법률」 제2조제4호의 복합물류터미널사업이나 「유통산업발전법」 제2조제16호의 공동집배송센터를 조성하여 운영하는 사업에 첨단투자를 하려는 경우 : 해당 사업을 경영하기 위하여 사업장을 신설·증설하거나 기존 사업장 내 설비를 추가로 설치하는 경우로서 다음 각 목의 어느 하나의 기준을 충족하는 경우일 것
  가. 투자금액이 100억원 이상일 것
  나. 상시 근로자 수 80명 이상의 신규 고용을 창출할 것
3. 첨단투자의 대상 기술 및 제품과 관련된 연구개발에 첨단투자를 하려는 경우 : 연구개발시설을 신설·증설하거나 기존 연구개발시설 내 연구설비를 추가로 설치하는 경우로서 다음 각 목의 어느 하나의 기준을 충족하는 경우일 것
  가. 투자금액이 20억원 이상이고, 상시 근로자 수(해당 연구개발과 관련된 분야의 석사 학위를 취득한 후 3년 이상의 연구경력을 가진 연구전담인력으로 한정한다)가 10명 이상일 것
  나. 투자금액이 1억원 이상이고, 상시 근로자 수 40명 이상의 신규 고용을 창출할 것. 이 경우 상시 근로자 수에는 다음의 어느 하나에 해당하는 연구전담인력이 5명 이상 포함돼야 한다.
    1) 해당 연구개발과 관련된 분야의 학사 학위를 취득한 후 3년 이상의 연구경력이 있는 사람
    2) 해당 연구개발과 관련된 분야의 석사 이상의 학위를 취득한 사람
4. 제1호부터 제3호까지에서 규정한 사항 외의 첨단투자를 하려는 경우 : 산업통상자원부장관이 투자희망기업(연구기관을 포함한다. 이하 같다)의 업종, 투자규모, 첨단투자를 희망하는 지역 등을 종합적으로 검토하고, 법 제22조의9제1항에 따른 첨단투자지구위원회의 심의를 거쳐 첨단투자지구로 지정할 필요가 있다고 인정할 것

③ 법 제22조의6제2항제5호에서 "대통령령으로 정하는 사항"이란 다음 각 호의 구분에 따른 사항을 말한다.

1. 법 제22조의6제1항제1호의 지역을 대상으로 하는 첨단투자지구(이하 "단지형첨단투자지구"라 한다)의 지정을 신청하려는 경우 : 다음 각 목의 사항
  가. 주요 투자대상 업종, 투자희망기업 현황과 각 기업의 제6항제1호에 따른 투자기준 충족 여부
  나. 투자희망기업과 협력관계에 있는 기업 또는 연구기관(이하 "협력업체등"이라 한다)의 명단(투자희망기업이 해당 협력업체등의 입주를 요청한 경우로 한정한다)
  다. 첨단투자지구의 관리주체 및 관리방안(관리주체가 법 제22조의6제5항 각 호 외의 부분 후단에 따라 관리업무의 전부 또는 일부를 공단에 위탁하려는 경우에는 위탁계획 및 위탁업무의 내용을 포함한다. 이하 같다)
  라. 첨단투자지구가 표시된 지형도면
  마. 지정 신청 대상 지역에 대한 제29조의8제1항 각 호에 따른 구역·지구·단지·특구 등의 개발사업 시행자
  바. 지정 신청 대상 지역의 토지이용계획 및 주요 기반시설계획
  사. 그 밖에 단지형첨단투자지구의 지정을 위하여 필요한 사항으로서 각 지역의 특성에 따라 법 제22조의9제1항에 따른 첨단투자지구위원회의 심의를 거쳐 산업통상자원부장관이 정하여 고시하는 사항
2. 법 제22조의6제1항제2호의 지역을 대상으로 하는 첨단투자지구(이하 "개별형첨단투자지구"라 한다)의 지정을 신청하려는 경우 : 다음 각 목의 사항. 다만, 지정 신청 대상 지역의 부지 조성 등이 완료된 경우 사목 및 아목의 사항은 생략할 수 있다.
  가. 투자희망기업의 투자계획과 제2항에 따른 투자기준 충족 여부
  나. 협력업체등의 명칭, 사업내용, 투자희망기업과 협력업체등의 협력 내용, 입주 필요성 및 입주 면적(투자희망기업이 협력업체등의 입주를 요청한 경우로 한정한다)
  다. 첨단투자지구의 관리주체 및 관리방안
  라. 첨단투자지구가 표시된 지형도면
  마. 첨단투자지구 개발사업 시행자
  바. 지정 신청 대상 지역의 토지이용계획 및 주요 기반시설계획
  사. 첨단투자지구 개발사업의 시행 방법 및 기간
  아. 첨단투자지구 개발사업을 위해 수용·사용할 토지, 건축물, 그 밖의 물건이나 권리가 있는 경우에는 그 세부 내용
  자. 그 밖에 개별형첨단투자지구의 지정을 위하여 필요한 사항으로서 법 제22조의9제1항에 따른 첨단투자지구위원회의 심의를 거쳐 산업통상자원부장관이 정하여 고시하는 사항

④ 중앙행정기관의 장 또는 시·도지사는 법 제22조의6제2항에 따른 첨단투자지구계획(이하 "첨단투자지구계획"이라 한다)을 수립하는 경우에는 해당 지역의 주민과 관계 전문가의 의견을 들어야 한다.

⑤ 산업통상자원부장관은 법 제22조의6제2항에 따른 첨단투자지구의 지정 신청에 보완이나 보정이 필요하다고 인정되는 경우에는 기간을 정하여 그 보완이나 보정을 요구할 수 있다.

⑥ 법 제22조의6제3항제4호에서 "대통령령으로 정하는 요건"이란 다음 각 호의 모든 요건(단지형첨단투자지구의 경우에만 적용한다)을 말한다.

1. 다음 각 목의 구분에 따른 투자기준을 충족하는 첨단투자를 하려는 자와 그 협력업체등을 입주대상으로 할 것
  가. 제2항제1호 또는 제2호에 따른 사업을 경영하기 위하여 공장 또는 사업장을 신설·증설하거나 기존 공장 또는 사업장 내 설비를 추가로 설치하는 경우 : 투자금액이 10억원 이상일 것
  나. 제2항제3호에 따른 연구개발시설을 신설·증설하거나 기존 연구개발시설 내 연구설비를 추가로 설치하는 경우 : 투자금액이 1억원 이상이고, 상시 근로자 수(해당 연구개발과 관련된 분야의 학사 학위를 취득한 후 3년 이상의 연구경력이 있거나 해당 분야의 석사 학위를 취득한 연구전담인력으로 한정한다)가 5명 이상일 것
  다. 가목 및 나목에서 규정한 사항 외의 첨단투자를 하려는 경우 : 첨단투자지구의 관리주체와의 협의 등 산업통상자원부장관이 정하여 고시하는 절차에 따라 업종별·시설별로 정하는 기준을 충족할 것
2. 지정 신청 대상 지역에 대한 제29조의8제1항 각 호에 따른 구역·지구·단지·특구 등의 개발사업이 완료되어 즉시 입주가 가능할 것
3. 첨단투자지구의 지정 신청 면적이 5만 제곱미터 이상일 것
4. 투자수요가 확인된 면적이 지정 신청 면적 대비 100분의 60 이상일 것

⑦ 법 제22조의9제1항에 따른 첨단투자지구위원회가 법 제22조의6제3항에 따라 첨단투자지구의 지정 여부를 심의하는 경우에는 첨단투자지구계획을 기초로 해당 첨단투자의 실행가능성, 지역 간 균형발전, 국토의 효율적 이용, 고용증대 및 지역개발 효과 등 국민경제에 미치는 영향을 종합적으로 고려해야 한다.

⑧ 산업통상자원부장관은 법 제22조의6제3항에 따라 첨단투자지구를 지정한 경우에는 같은 조 제4항에 따라 다음 각 호의 사항을 관보에 고시하고, 해당 첨단투자지구의 관리주체 및 관할 시·도지사(해당 시·도지사가 첨단투자지구의 관리주체가 아닌 경우만 해당한다)에게 즉시 통보해야 한다.

1. 첨단투자지구의 명칭·유형·위치 및 면적
2. 첨단투자지구 지정목적
3. 첨단투자지구의 개발 또는 발전 방안
4. 첨단투자지구의 관리주체 및 관리방안
5. 첨단투자지구 개발기간(개별형첨단투자지구의 개발사업이 완료되지 않은 경우만 해당한다)
6. 주요 투자대상 업종 및 투자기준(단지형첨단투자지구인 경우만 해당한다)
7. 관련 지형도면 및 서류의 열람방법
8. 그 밖에 각 지역의 특성에 따라 산업통상자원부장관이 정하여 고시하는 사항

⑨ 제8항에 따른 통보를 받은 관리주체 또는 관할 시·도지사는 해당 첨단투자지구계획상의 투자희망기업에 해당 내용을 즉시 통보해야 한다.

⑩ 산업통상자원부장관은 법 제22조의6제5항 각 호 외의 부분 후단에 따라 국가산업단지에 지정된 첨단투자지구의 관리업무를 공단에 위탁한다.

⑪ 시·도지사 또는 시장·군수·구청장은 법 제22조의6제5항 각 호 외의 부분 후단에 따라 관할 첨단투자지구의 관리업무를 공단에 위탁한 경우에는 위탁사실 및 위탁업무의 내용을 공보에 고시하고, 산업통상자원부장관에게 통지해야 한다.

⑫ 제1항부터 제11항까지에서 규정한 사항 외에 투자수요의 확인방법, 투자희망기업의 제2항 및 제6항제1호에 따른 투자기준(이하 "첨단투자기준"이라 한다) 충족 여부의 확인방법, 첨단투자지구에서 첨단투자를 하려는 자와 협력업체등의 입주 방법 및 절차 등 첨단투자지구의 지정 및 관리에 필요한 세부사항은 산업통상자원부장관이 정하여 고시한다.
(2021.9.14 본조신설)

제29조의9【첨단투자지구의 변경 및 해제 등】 ① 산업통상자원부장관이 법 제22조의7제1항에 따라 첨단투자지구 지정을 변경하려는 경우에는 변경하려는 내용이 법 제22조의6제3항제1호부터 제3호까지의 요건을 갖추었는지를 확인해야 한다. 이 경우 해당 변경 신청 내용에 첨단투자지구의 면적을 변경하는 내용이 포함된 경우에는 다음 각 호의 구분에 따른 기준을 충족했는지를 추가로 확인해야 한다.

1. 첨단투자지구의 면적을 축소하는 내용이 포함된 경우 : 변경 이후의 첨단투자지구 전체 면적이 5만 제곱미터 이상일 것(단지형첨단투자지구인 경우만 해당한다)
2. 첨단투자지구의 면적을 확대하는 내용이 포함된 경우 : 다음 각 목의 기준을 모두 충족할 것
  가. 기존 첨단투자지구의 면적 대비 입주율이 80 퍼센트 이상일 것
  나. 확대 신청 면적 중 투자수요가 확인된 면적이 100분의 60 이상일 것. 이 경우 투자수요의 확인방법은 제29조의8제12항을 준용한다.
  다. 확대 신청 지역에 대한 제29조의8제1항 각 호에 따른 구역·지구·단지·특구 등의 개발사업이 완료되어 즉시 입주가 가능할 것(단지형첨단투자지구인 경우만 해당한다.)

② 법 제22조의7제2항에서 "첨단투자지구의 지정 사유가 없어졌다고 인정하거나 관계 중앙행정기관의 장 또는 시·도지사로부터 지정해제 요청을 받은 경우 등 대통령령으로 정하는 경우"란 다음 각 호의 어느 하나에 해당하는 경우를 말한다.

1. 첨단투자지구의 지정을 신청한 중앙행정기관의 장 또는 시·도지사로부터 그 지정해제를 요청받은 경우
2. 법 제22조의6제3항제1호부터 제3호까지의 규정에 따른 지정요건을 갖추지 못하게 되는 등 첨단투자지구의 지정 및 운영 목적이 상실되었거나 지정 사유가 없어졌다고 인정되는 경우
3. 첨단투자지구 지정일부터 5년 이내에 제29조의8제2항에 따른 투자기준을 충족하는 첨단투자를 이행하지 못한 경우(개별형첨단투자지구인 경우만 해당한다)
4. 그 밖에 첨단투자지구의 지정해제가 필요하다고 인정되는 경우로서 산업통상자원부장관이 법 제22조의9제1항에 따른 첨단투자지구위원회의 심의를 거쳐 고시하는 경우

③ 중앙행정기관의 장 또는 시·도지사가 제2항제1호에 따라 첨단투자지구의 지정해제를 요청하려는 경우에는 첨단투자지구에서 첨단투자를 하는 자(이하 "첨단투자기업"이라 한다) 모두의 동의를 받는 등 첨단투자지구의 지정 목적에 반하여 지정해제가 요청되지 않도록 산업통상자원부장관이 정하여 고시하는 요건을 갖추어야 한다.

④ 첨단투자지구의 관리주체(법 제22조의6제5항 각 호 외의 부분 후단에 따라 관리업무를 위탁한 경우에는 공단을 포함한다. 이하 같다)는 제2항제3호의 지정해제 사유가 발생한 경우에는 해당 사유가 발생한 날부터 30일 이내에 산업통상자원부장관에게 해당 사실을 통지해야 한다.

⑤ 산업통상자원부장관은 제2항제3호의 지정해제 사유로 첨단투자지구의 지정을 해제하려는 경우에는 6개월의 범위에서 기간(이하 이 조에서 "이행기간"이라 한다)을 정하여 지정해제를 한 차례 유예할 수 있으며, 부득이한 사유가 있는 경우에는 관리주체와 협의하여 6개월의 범위에서 이행기간을 추가로 연장하고 지정해제를 한 차례 더 유예할 수 있다.

⑥ 법 제22조의7제3항 단서에서 "대통령령으로 정하는 경미한 사항을 변경하려는 경우"란 다음 각 호의 구분에 따라 해당 호에서 정하는 경우를 말한다.
1. 단지형첨단투자지구인 경우 : 다음 각 목의 어느 하나에 해당하는 경우(다른 목에 저촉되지 않는 경우로 한정한다)
가. 행정구역의 명칭 변경 등으로 인하여 해당 첨단투자지구의 명칭을 변경하는 경우
나. 첨단투자지구의 면적을 최초 지정된 면적의 100분의 10 이내에서 변경하는 경우(제1항 각 호의 구분에 따른 기준을 충족하는 경우로 한정한다)
다. 주요 투자대상 업종을 변경하는 경우
라. 그 밖에 단지형첨단투자지구의 지역별·업종별 특성 등을 고려하여 법 제22조의9제1항에 따른 첨단투자지구위원회의 심의를 거쳐 산업통상자원부장관이 정하여 고시하는 사항을 변경하는 경우
2. 개별형첨단투자지구인 경우 : 다음 각 목의 어느 하나에 해당하는 경우(다른 목에 저촉되지 않는 경우로 한정한다)
가. 행정구역 또는 첨단투자기업의 명칭 변경 등으로 인하여 해당 첨단투자지구의 명칭을 변경하는 경우
나. 첨단투자지구의 면적을 최초 지정된 면적의 100분의 10 이내에서 변경하는 경우(제1항제2호가목·나목의 기준을 충족하는 경우로 한정한다)
다. 투자규모를 증액하거나 최초의 첨단투자지구계획서상 투자규모의 100분의 10 이내에서 감액하는 경우(제29조의8제2항의 투자기준을 충족하는 경우로 한정한다)
라. 고용규모를 늘리거나 최초의 첨단투자지구계획서상 고용규모의 100분의 10 이내에서 감축하는 경우(제29조의8제2항의 투자기준을 충족하는 경우로 한정한다)
마. 첨단투자의 사업내용을 변경하는 경우
바. 그 밖에 개별형첨단투자지구의 업종별·시설별 특성 등을 고려하여 법 제22조의9제1항에 따른 첨단투자지구위원회의 심의를 거쳐 산업통상자원부장관이 정하여 고시하는 사항을 변경하는 경우
⑦ 산업통상자원부장관은 법 제22조의7에 따라 첨단투자지구의 지정을 변경하거나 해제한 경우에는 다음 각 호의 구분에 따른 사항을 관보에 고시하고, 해당 첨단투자지구의 관리주체 및 관할 시·도지사(해당 시·도지사가 첨단투자지구의 관리주체가 아닌 경우만 해당한다)에게 즉시 통보해야 한다.
1. 첨단투자지구의 지정을 변경한 경우 : 제29조의8제8항 각 호의 사항 중 변경된 사항
2. 첨단투자지구의 지정을 해제한 경우 : 다음 각 목의 사항
가. 해당 첨단투자지구의 명칭·위치 및 면적
나. 해당 첨단투자지구의 해제 사유
다. 해당 첨단투자지구의 지정일 및 지정해제일
⑧ 제7항에 따른 통보를 받은 관리주체 또는 관할 시·도지사는 해당 첨단투자지구 내 첨단투자기업과 그 협력업체등, 첨단투자지구계획(첨단투자지구의 지정이 변경된 경우에는 변경 직전과 변경 이후의 첨단투자지구계획 모두를 말한다)상의 투자희망기업에 해당 내용을 즉시 통보해야 한다.
⑨ 제1항부터 제8항까지에서 규정한 사항 외에 첨단투자지구 지정의 변경 및 해제에 필요한 사항은 법 제22조의9제1항에 따른 첨단투자지구위원회의 심의를 거쳐 산업통상자원부장관이 정하여 고시한다.
(2021.9.14 본조신설)

제29조의10 【첨단투자지구에 대한 지원】 ① 법 제22조의8제1항제3호에서 "입주계약을 체결한 기업 등 대통령령으로 정하는 기업"이란 다음 각 호의 기업(이하 "첨단투자지구입주기업체"라 한다)을 말한다.
1. 단지형첨단투자지구의 경우 : 법 제38조제1항 또는 제3항에 따라 입주계약을 체결하거나 제29조의8제1항제2호부터 제18호까지에서 정하는 법률에 따라 입주계약을 체결하는 등 첨단투자지구에의 입주가 결정된 첨단투자기업
2. 개별형첨단투자지구의 경우 : 해당 첨단투자지구에 입주하는 첨단투자기업
3. 그 밖에 첨단투자지구의 원활한 조성을 위하여 산업통상자원부장관이 정하여 고시하는 기준을 충족하는 기업
② 제1항에서 규정한 사항 외에 법 제22조의8에 따른 첨단투자지구에 대한 지원의 방법 및 절차 등에 관한 세부사항은 산업통상자원부장관이 정하여 고시한다.
(2021.9.14 본조신설)

제29조의11 【국유재산의 사용료·대부료 감면】 ① 법 제22조의8제5항에 따른 국유재산의 사용료·대부료는 해당 국유재산의 가액에 1천분의 10 이상에서 1천분의 50 이하까지의 범위에서 해당 국유재산을 관리하는 중앙관서의 장이 산업통상자원부장관과 협의하여 정하는 요율을 곱하여 산출한 금액으로 한다. 이 경우 첨단투자지구입주기업체의 첨단투자가 첨단투자기준을 충족하지 않는 기간에 대해서는 그 요율을 1천분의 50으로 적용하고, 그 이후 첨단투자기준을 충족하면 산업통상자원부장관이 정하는 방법과 절차에 따라 그 차액(첨단투자기준을 충족하지 않은 기간에 납부한 금액에서 같은 기간에 대해 전단에 따라 산출한 금액을 뺀 금액을 말한다)을 환급한다.
② 첨단투자지구에서의 국유재산의 사용료·대부료에 관하여 다른 법령에서 제1항보다 완화하여 정하고 있는 경우에는 그 법령에서 정하는 바에 따른다.
③ 법 제22조의8제5항에 따라 국유재산의 사용료·대부료를 감면받으려는 자는 해당 재산을 관리하는 중앙관서의 장(「국유재산법」 제28조, 제29조 및 제42조제1항·제4항에 따라 위임받거나 위탁받은 자를 포함한다. 이하 같다)에게 감면 신청을 해야 한다.
④ 제3항에 따라 국유재산의 사용료·대부료의 감면을 신청받은 중앙관서의 장은 첨단투자지구입주기업체의 첨단투자가 첨단투자기준을 충족했는지를 심사하여 감면 여부를 결정하고, 매년 1회 이상 첨단투자기준을 충족하고 있는지를 확인해야 한다.
⑤ 제1항부터 제4항까지에서 규정한 사항 외에 국유재산의 사용료·대부료 감면을 위하여 필요한 사항은 산업통상자원부장관이 정하여 고시한다.
(2021.9.14 본조신설)

제29조의12 【첨단투자지구의 부지 매입 등】 ① 법 제22조의8제6항에 따라 임대할 토지를 매입하는 경우에는 국가와 지방자치단체가 공동으로 매입한다.
② 제1항에 따라 공동으로 매입하는 토지의 매입비에 대한 분담비율은 다음 각 호의 구분에 따른다.
1. 「수도권정비계획법」 제2조제1호의 수도권인 경우 : 100분의 30은 국가가, 100분의 70은 지방자치단체가 각각 부담
2. 「수도권정비계획법」 제2조제1호의 수도권 외의 지역인 경우 : 100분의 60은 국가가, 100분의 40은 지방자치단체가 각각 부담
③ 제2항에도 불구하고 다른 법령에서 임대를 목적으로 하는 토지의 매입에 관하여 국가와 지방자치단체 간 분담비율을 따로 정하고 있는 경우에는 그 분담비율에 따른다.
④ 제1항에 따라 부지를 매입하는 경우 계약금은 제2항 및 제3항의 비율에 따라 국가와 지방자치단체가 각각 분담하며, 나머지 부지매입 대금은 나누어 지급할 수 있다.
⑤ 제1항부터 제4항까지에서 규정한 사항 외에 부지매입의 절차와 대금의 지급방법 등은 산업통상자원부장관이 정하여 고시한다.
(2021.9.14 본조신설)

제29조의13 【첨단투자지구위원회의 심의사항 등】 ① 법 제22조의9제1항에 따른 첨단투자지구위원회(이하 "첨단투자지구위원회"라 한다)는 다음 각 호의 사항을 심의한다.
1. 첨단투자지구에 관한 기본정책과 제도의 중요 사항
2. 첨단투자지구계획의 승인과 첨단투자지구의 지정·변경·지정해제에 관한 사항
3. 첨단투자지구입주기업체 등에 대한 지원 및 규제개선에 관한 사항
4. 첨단투자지구 운영의 평가에 관한 사항
5. 첨단투자지구 관련 중앙행정기관의 장과 시·도지사 간의 의견 조정에 관한 사항
6. 그 밖에 첨단투자지구의 지정 및 운영에 필요한 사항
② 첨단투자지구위원회는 위원장 1명을 포함하여 15명 이내의 위원으로 구성한다.
③ 첨단투자지구위원회 위원장은 산업통상자원부장관으로 하고, 첨단투자지구위원회 위원은 다음 각 호의 사람으로 한다.
1. 기획재정부차관, 과학기술정보통신부차관, 행정안전부차관, 국토교통부차관, 해양수산부차관 및 중소벤처기업부차관. 이 경우 복수차관이 있는 기관은 해당 기관의 장이 지명하는 차관으로 한다.
2. 규제개혁, 첨단투자, 지역균형발전정책 등에 관한 학식과 경험이 풍부한 사람 중에서 산업통상자원부장관이 위촉하는 사람. 이 경우 산업통상자원부장관은 특정 성별이 위촉직 위원 총수의 10분의 6을 초과하지 않도록 해야 한다.(2023.7.7 전단개정)
3. 첨단투자지구위원회의 회의에 부치는 안건과 관련하여 첨단투자지구위원회의 위원장이 지정하는 중앙행정기관의 차관(차관이 없는 중앙행정기관의 경우에는 부기관장으로 한다) 또는 시·도지사
④ 첨단투자지구위원회 위원장은 첨단투자지구위원회를 대표하고, 첨단투자지구위원회의 사무를 총괄한다.
⑤ 첨단투자지구위원회 위원장이 부득이한 사유로 직무를 수행할 수 없을 때에는 위원장이 미리 지명한 위원이 그 직무를 대행한다.
⑥ 첨단투자지구위원회 위원장은 첨단투자지구위원회의 회의를 소집하고 그 의장이 된다.
⑦ 첨단투자지구위원회 위원장은 회의를 개최하려는 경우에는 회의의 일시·장소 및 목적 등을 회의 개최일 3일 전까지 각 위원에게 통지해야 한다. 다만, 긴급하게 필요한 경우에는 회의 개최일 전날까지 통지할 수 있다.
⑧ 첨단투자지구위원회의 회의는 대면 또는 서면으로 개최할 수 있다.
⑨ 첨단투자지구위원회의 회의는 재적위원 과반수의 출석으로 개의(開議)하고, 출석위원 과반수의 찬성으로 의결한다.
⑩ 위원회의 사무를 처리하기 위하여 위원회에 간사 1명을 두며, 간사는 산업통상자원부 소속 고위공무원단에 속하는 일반직공무원 중에서 산업통상자원부장관이 지명한다.
⑪ 첨단투자지구위원회에 상정할 안건을 미리 검토하고, 첨단투자지구위원회에서 위임받은 사항을 처리하기 위하여 첨단투자지구위원회에 실무위원회를 둘 수 있다.
⑫ 제1항부터 제11항까지 규정한 사항 외에 첨단투자지구위원회 및 실무위원회의 구성·운영 등에 필요한 사항은 첨단투자지구위원회의 의결을 거쳐 위원장이 정한다.
(2021.9.14 본조신설)

제29조의14 【규제개선의 신청 등】 ① 첨단투자지구위원회가 법 제22조의10제4항 전단에 따라 규제개선 신청내용, 관계 행정기관의 검토내용, 신청내용에 대한 처리결과, 규제개선 여부 등을 심의하는 경우에는 다음 각 호의 사항을 종합적으로 고려해야 한다.
1. 규제개선 신청내용의 구체성 및 실행 가능성
2. 규제개선 신청내용과 첨단투자의 관련성
3. 해당 규제개선의 결과로 인한 파급효과
4. 그 밖에 첨단투자지구위원회 위원장이 해당 규제개선의 검토에 필요하다고 인정하는 사항
② 관계 행정기관의 장은 법 제22조의10제6항에 따라 관련 법령의 정비에 착수하거나 관련 법령의 정비를 완료한 경우와 같은 조 제7항에 따라 규제특례를 부여한 경우에는 그 사실을 첨단투자지구위원회에 통보해야 한다.
(2021.9.14 본조신설)

제30조 【유치지역의 지정신청 등】 ① 법 제23조제1항에서 "대통령령으로 정하는 규모"란 15만제곱미터를 말한다.
② 산업통상자원부장관은 법 제23조제1항에 따라 유치지역을 지정할 때에는 공장의 계열화·집단화 등을 통하여 특정 업종 및 목적에 맞춘 산업용지(이하 이 조에서 "맞춤형산업단지"라 한다)의 조성이 필요한 자의 신청에 의하여 유치지역을 지정할 수 있다.(2013.3.23 본항개정)
③ 제2항에 따라 유치지역의 지정신청을 하려는 자는 유치지역지정신청서에 산업통상자원부령으로 정하는 서류를 첨부하여 산업통상자원부장관에게 제출하여야 한다. 지정받은 사항을 변경하는 경우에도 또한 같다.
(2013.3.23 전단개정)
④ 산업통상자원부장관은 제2항에 따라 지정된 맞춤형산업단지의 활성화를 위한 지원시책을 마련하여 지원할 수 있다.(2013.3.23 본항개정)
(2009.8.5 본조개정)

제31조 【유치지역의 지정절차】 ① 산업통상자원부장관은 법 제23조제2항에 따른 유치지역지정계획의 작성 등에 필요한 경우 시·도지사의 의견을 들을 수 있으며, 법 제6조에 따른 산업입지에 관한 조사를 할 수 있다.
② 산업통상자원부장관은 법 제23조제2항에 따라 국토교통부장관과 협의가 완료된 날부터 20일 이내에 해당지역을 유치지역으로 지정하여야 한다.
③ 제2항에 따라 유치지역을 지정한 경우 산업통상자원부장관은 이를 지체 없이 관보에 고시하여야 한다.
(2013.3.23 본조개정)

제32조 【유치지역 지정계획】 법 제23조제3항제4호에서 "대통령령으로 정하는 사항"이란 다음 각 호의 사항을 말한다.
1. 유치지역에 유치할 업종의 배치에 관한 사항
2. 유치지역의 산업용지공급 및 인력수급계획
3. 유치지역에 유치하려는 연구 및 교육기관
4. 유치지역의 지원에 필요한 기반시설의 설치 등에 관한 사항
5. 유치지역의 환경오염 방지에 관한 사항
6. 유치지역의 지정 필요성 및 활성화 방안
(2009.8.5 본조개정)

제33조 【지역산업발전시책】 법 제26조제1항에 따른 지역산업발전시책에는 다음 각 호의 사항이 포함되어야 한다.
1. 기업에 대한 컨설팅·마케팅·정보 등의 지원에 관한 사항
2. 기업의 기술개발 및 교육·훈련의 지원에 관한 사항
3. 정보화사업의 지원에 관한 사항
4. 그 밖에 기업의 지방이전을 촉진하기 위하여 필요한 지원에 관한 사항
(2009.8.5 본조개정)

제34조 【도시형공장의 구분 및 범위】 법 제28조에 따른 도시형공장은 다음 각 호의 어느 하나에 해당하는 공장(이하 "도시형공장"이라 한다)으로 한다.
1. 다음 각 목의 어느 하나에 해당하는 공장 외의 공장
가. 「대기환경보전법」 제2조제9호에 따른 특정대기유해물질을 배출하는 대기오염물질배출시설을 설치하는 공장
나. 「대기환경보전법」 제2조제11호에 따른 대기오염물질배출시설을 설치하는 공장으로서 같은 법 시행령 별표10의 1종사업장부터 3종사업장까지에 해당하는 공장. 다만, 연료를 직접 사용하지 아니하는 공장은 제외한다.
다. 「물환경보전법」 제2조제8호에 따른 특정수질유해물질을 배출하는 폐수배출시설을 설치하는 공장. 다만, 「물환경보전법 시행령」 제33조제1호에 따라 수질오염물질이 항상 배출허용기준 이하로 배출되는 공장 및 같은 조 제2호에 따라 폐수를 전량 위탁처리하는 공장은 제외한다.(2023.4.11 단서개정)

라. 「물환경보전법」 제2조제10호에 따른 폐수배출시설을 설치하는 공장으로서 같은 법 시행령 별표13의 1종 사업장부터 4종사업장까지에 해당하는 공장
(2018.1.16 본목개정)
2. 별표4에 해당하는 업종을 경영하는 공장으로서 제1호에 따른 공장에 해당하지 아니하는 공장(「환경영향평가법」 제22조에 따른 환경영향평가대상사업의 범위에 해당하는 공장만 해당한다)(2012.7.20 본호개정)
(2009.8.5 본조개정)

제35조 (1996.7.19 삭제)

제36조【지식산업센터의 설립승인 등】 ① 법 제28조의2에 따른 지식산업센터의 설립승인절차, 진입로에 대한 사도개설허가기준, 지식산업센터 설립 등의 협의, 지식산업센터 입주자의 제조시설설치승인과 그 취소사유 및 지식산업센터의 설립승인취소사유에 관하여는 제19조, 제19조의2, 제19조의5부터 제19조의7까지의 규정과 법 제13조의5를 준용한다.(2010.7.12 본항개정)
② 법 제28조의2제2항 전단에서 "대통령령으로 정하는 기간"이란 사용승인을 받은 날부터 2개월을 말한다.
(2010.7.12 본조제목개정)
(2009.8.5 본조개정)

제36조의2【국가 등이 설치한 지식산업센터의 임대료】 법 제28조의3제2항에서 "대통령령으로 정하는 임대료"란 「국유재산법」에 따른 임대료 및 「공유재산 및 물품 관리법」에 따른 대부료의 2분의 1 이상에 해당하는 임대료를 말한다.(2010.7.12 본조제목개정)

제36조의3【모집공고안 승인의 제외대상】 ① 법 제28조의4제2항제1호에 따라 지식산업센터의 입주자를 비공개로 모집할 수 있는 경우는 다음 각 호의 사유로 지식산업센터를 설립하는 경우로서 시장·군수 또는 구청장이 해당 지식산업센터의 유치 등을 위하여 미리 입주할 대상자를 정할 필요가 있다고 인정하는 경우로 한다.
(2010.7.12 본문개정)
1. 공공사업에 의하여 철거되는 공장의 유치
2. 특정 업종(한국표준산업분류의 중분류에 해당하는 업종을 말한다)의 집단유치(2021.9.14 본호개정)
② 법 제28조의4제2항제2호에서 "대통령령으로 정하는 규모 미만"이란 건축연면적 2천제곱미터 미만을 말한다.
(2021.6.8 본조제목개정)
(2009.8.5 본조개정)

제36조의4【지식산업센터에의 입주】 ① 법 제28조의5제1항제1호에서 "대통령령으로 정하는 사업"이란 다음 각 호의 사업을 말한다.
1. 제6조제2항 및 같은 조 제3항에 따른 지식산업 및 정보통신산업
2. 그 밖에 특정 산업의 집단화와 지역경제의 발전을 위하여 다음 각 목의 구분에 따라 지식산업센터에의 입주가 필요하다고 인정하는 사업
가. 산업단지 안의 지식산업센터의 경우 : 법 제2조제18호에 따른 산업에 해당하는 사업으로서 관리기관이 인정하는 사업
나. 산업단지 밖의 지식산업센터의 경우 : 시장·군수 또는 구청장이 인정하는 사업
(2010.7.12 본호개정)
② 법 제28조의5제1항제3호에 따른 입주업체의 생산 활동을 지원하기 위한 시설은 다음 각 호의 시설을 제외한 시설로 한다.
1. 한국표준산업분류에 따른 대분류 중 다음 각 목의 사업을 하기 위한 시설
가. 농업, 임업 및 어업
나. 광업
다. 제조업
2. 「사행행위 등 규제 및 처벌 특례법」에 따른 사행행위영업을 하기 위한 시설
3. 다음 각 목의 어느 하나에 해당하는 시설
가. 「건축법 시행령」 별표1 제1호가목의 단독주택
나. 「건축법 시행령」 별표1 제2호의 공동주택(기숙사는 제외한다)
다. 「건축법 시행령」 별표1 제9호나목의 격리병원
라. 「건축법 시행령」 별표1 제14호나목2)의 오피스텔(산업단지 안의 지식산업센터에 설치하는 경우로서 해당 산업단지의 관리기본계획에 따라 허용되는 경우는 제외한다)
마. 「건축법 시행령」 별표1 제15호의 숙박시설(「관광진흥법」 제3조제1항제2호가목의 호텔업 시설은 제외한다)
바. 「건축법 시행령」 별표1 제16호의 위락시설
사. 「건축법 시행령」 별표1 제21호의 동물 및 식물 관련 시설
아. 「건축법 시행령」 별표1 제22호의 자원순환 관련 시설
자. 「건축법 시행령」 별표1 제23호의 교정시설
(2023.5.15 본목개정)
차. 「건축법 시행령」 별표1 제23호의2의 국방·군사시설(2023.5.15 본목신설)
카. 「건축법 시행령」 별표1 제26호의 묘지 관련 시설
4. 시장·군수 또는 구청장이나 관리기관이 해당 지식산업센터 입주업체의 생산 활동에 지장을 줄 수 있다고 인정하는 시설
(2023.3.28 본항개정)
③ 제2항에 따른 입주업체 생산활동지원시설 중 같은 업종(한국표준산업분류의 세세분류에 해당하는 업종을 말한다)에 속하는 시설의 총 건축연면적은 해당 지식산업센터 지원시설 총 건축연면적의 100분의 50을 초과할 수 없다.(2023.3.28 본항개정)
④ 제2항에 따른 입주업체 생산활동지원시설의 총 건축연면적은 다음 각 호의 범위 이내로 해야 한다.(2023.3.28 본문개정)
1. 산업단지 안의 지식산업센터로서 다음 각 목에 해당하는 경우에는 그 해당 범위
가. 법 제33조제8항 본문에 따른 산업시설구역 안의 지식산업센터 : 건축연면적의 100분의 30. 다만, 해당 지식산업센터에 어린이집(「영유아보육법」 제10조제1호에 따른 국공립어린이집은 제외한다. 이하 이 목에서 같다)이 설치(「영유아보육법」 제13조에 따라 어린이집의 설치인가를 받은 경우를 포함한다)되어 그 용도로 유지되고 있는 경우에는 지식산업센터 건축연면적의 100분의 10 이하의 범위에서 다음의 구분에 따른 면적을 지식산업센터 건축연면적의 100분의 30에 더한 면적으로 한다.(2020.5.12 본문개정)
1) 어린이집의 보육정원이 11명 이상 21명 미만인 경우 : 어린이집 건축연면적의 2배와 8백제곱미터 중 작은 면적
2) 어린이집의 보육정원이 21명 이상 50명 미만인 경우 : 어린이집 건축연면적의 3배와 2천제곱미터 중 작은 면적
3) 어린이집의 보육정원이 50명 이상인 경우 : 어린이집 건축연면적의 4배와 3천제곱미터 중 작은 면적
나. 법 제33조제8항 단서에 따른 복합구역 안의 지식산업센터 : 건축연면적의 100분의 50(2020.5.12 본목개정)
(2019.9.24 본호개정)
2. 산업단지 밖의 지식산업센터로서 다음 각 목에 해당하는 경우에는 그 해당 범위
가. 「수도권정비계획법」 제2조제1호에 따른 수도권 안의 지식산업센터 : 건축연면적의 100분의 30
나. 「수도권정비계획법」 제2조제1호에 따른 수도권 밖의 지식산업센터 : 건축연면적의 100분의 50
(2010.7.12 본호개정)
⑤ 법 제28조의5제1항제1호에 따라 제조업을 하기 위한 시설을 설치할 때 해당 지식산업센터가 산업단지 또는 공업지역이 아닌 지역에 위치한 경우에는 도시형공장(제34조제2호에 따른 도시형공장은 제외한다)의 시설에 한정하여 이를 설치할 수 있다.(2010.7.12 본항개정)
⑥ 시장·군수 또는 구청장이나 관리기관은 지식산업센터에서 제조업을 하는 입주기업의 부대시설 중 사무실 또는 창고를 그 지식산업센터 건축물 내의 별도 구역에 설치하게 할 수 있다.(2010.7.12 본항개정)
(2010.7.12 본조제목개정)

제36조의5【지식산업센터의 주요 구조부】 법 제28조의7제1항제1호에서 "대통령령으로 정하는 주요 구조부"란 다음 각 호의 어느 하나에 해당하는 것을 말한다.
1. 기둥·내력벽(힘을 받지 아니하는 조적벽 등은 제외한다)
2. 보·바닥·지붕
(2010.7.12 본조제목개정)
(2009.8.5 본조개정)

제36조의6【의무위반에 대한 조치】 ① 시장·군수 또는 구청장은 입주자 또는 관리자가 법 제28조의8에 따른 시정기간 내에 시정명령을 이행하지 아니하는 경우에는 지식산업센터의 안전을 확보하기 위하여 다음 각 호의 어느 하나의 조치를 할 수 있다.(2010.7.12 본문개정)
1. 허용기준을 초과하는 중량물의 철거 등 원인의 제거 및 건축물의 응급복구
2. 해당 건축물의 사용제한
② 시장·군수 또는 구청장은 제1항제1호에 따른 조치를 할 때에는 필요한 비용을 입주자 또는 관리자로부터 징수할 수 있다.
(2009.8.5 본조개정)

제36조의7【관리업무 위탁기관】 ① 법 제30조제2항제5호에서 "대통령령으로 정하는 기관"이란 다음 각 호의 기관을 말한다.
1. 「지방공기업법」 제49조에 따른 지방공사
2. 「농업협동조합법」 제15조에 따른 지역농업협동조합
3. 「중소기업협동조합법」 제3조제1항에 따른 중소기업협동조합. 이 경우 해당 산업단지 전체 입주기업체의 90퍼센트 이상이 조합원(「중소기업협동조합법」 제3조제1항에 따른 협동조합연합회 또는 중소기업중앙회의 경우에는 그 회원인 협동조합 또는 사업협동조합의 조합원을 말한다)으로 구성되어 있는 경우로 한정한다.
(2012.12.12 본호개정)
4. 「제주특별자치도 설치 및 국제자유도시 조성을 위한 특별법」 제166조에 따른 제주국제자유도시 개발센터
(2016.1.22 본호개정)
5. 「산업기술단지 지원에 관한 특례법」 제4조에 따른 사업시행자(2014.12.30 본호신설)
6. 제5조제1항 각 호의 업무를 수행할 능력이 있다고 인정되는 기관으로서 관리권자가 장으로 있는 지방자치단체의 조례로 정하는 기관(2014.12.30 본호신설)
② 법 제30조제1항제2호 또는 제3호에 따른 관리권자는 제1항제5호에 따른 사업시행자에게 산업단지의 관리업무를 위탁하려는 경우에는 산업통상자원부장관과 위탁기관으로서의 적정성 여부 및 범위 등에 관하여 미리 협의하여야 한다.(2014.12.30 본항신설)
(2009.8.5 본조개정)

제37조【「국토의 계획 및 이용에 관한 법률」 등의 다른 법률에 의한 단지의 관리】 법 제30조제3항에 따른 관리권자는 관리대상이 되는 단지에 대하여 다음 각 호의 사항을 고시하여야 한다.
1. 단지의 명칭 및 종류
2. 단지의 위치·전체면적 및 관리대상면적
3. 사업시행자 및 조성기간
4. 유치하려는 주요 업종
5. 관리기관
(2009.8.5 본조개정)

제37조의2【관리업무의 위탁】 ① 관리권자가 법 제31조제1항에 따라 산업단지의 관리업무를 관리기관에 위탁할 때에는 입주계약체결 및 공장의 등록 등에 관한 관리기관의 업무수행능력을 고려하여 업무위탁의 범위를 결정하여야 한다.
② 관리권자가 산업단지의 관리업무를 위탁한 때에는 위탁받은 관리기관 및 위탁업무의 내용 등을 고시하여야 한다.
(2009.8.5 본조개정)

제38조【관리공단 등의 설립요건】 법 제31조제2항에 따른 산업단지관리공단(이하 "관리공단"이라 한다) 및 입주기업체협의회의 설립요건은 다음 각 호와 같다.
1. 관리할 산업단지의 면적 또는 입주기업체의 수가 산업통상자원부령으로 정하는 규모 이상일 것(2013.3.23 본호개정)
2. 산업단지관리능력 및 관리에 소요되는 재정자립계획이 있을 것
3. 입주기업체협의회의 경우에는 해당 산업단지 입주기업체의 90퍼센트 이상이 회원으로 구성되어 있을 것. 다만, 농공단지의 경우에는 입주기업체의 70퍼센트 이상이 회원으로 구성되어 있거나 가동 중인 입주기업체의 90퍼센트 이상이 회원으로 구성되어 있을 것
(2009.8.5 본조개정)

제39조【관리공단 등의 설립절차】 ① 법 제31조제2항에 따라 관리공단 또는 입주기업체협의회를 설립하려는 자는 산업통상자원부령으로 정하는 관리공단 설립인가신청서 또는 입주기업체협의회 설립인가신청서에 다음 각 호의 서류를 첨부하여 관리권자에게 제출해야 한다.
(2021.6.8 본문개정)
1. 창립총회의 회의록
2. 정관
3. 사업계획서 및 수지예산서
4. 산업단지 관리계획서
5. 임원의 명단 및 이력서
② 법 제31조제2항에 따라 관리권자가 관리공단 또는 입주기업체협의회의 설립을 인가한 때에는 이를 공고하여야 한다.
(2009.8.5 본조개정)

제40조【입주기업체협의회의 구성과 운영】 ① 법 제31조제2항에 따른 입주기업체협의회는 일반회원과 특별회원으로 구성한다.(2020.5.12 본항개정)
② 제1항에 따른 일반회원은 입주기업체 및 지원기관의 대표자로 하고, 특별회원은 일반회원의 자 중에서 관리권자의 동의를 받아 입주기업체협의회의 장이 임명하는 자로 한다.
③ 입주기업체협의회는 매 연도 개시일부터 2개월 이내에 정기총회를 개최하여야 하며, 필요하면 임시총회를 개최할 수 있다.
④ 입주기업체협의회의 회의는 회원의 과반수 이상의 출석과 출석자 3분의 2 이상의 찬성으로 의결한다.
(2009.8.5 본조개정)

제40조의2 (1997.7.10 삭제)

제41조【관리지침의 내용】 ① 법 제32조제1항에 따른 관리지침에는 다음 각 호의 사항을 정한다.
1. 관리기본계획의 수립 및 집행에 관한 기준
2. 관리기본계획과 산업단지의 개발 및 처분 등에 관한 다른 법령에 따른 계획과의 연계에 관한 사항
3. 제5조에 따른 산업단지 관리업무에 필요한 사항
② 법 제32조제1항 단서에서 "대통령령으로 정하는 경미한 사항의 변경"이란 다음 각 호의 변경을 말한다.
1. 산업단지 및 농공단지의 관리지침의 일부 변경
2. 제1항제3호에 규정된 사항의 일부 변경
③ 법 제32조제1항에 따른 관리지침은 관보에 고시하여야 한다.
④ 법 제32조제2항에 따른 농공단지의 관리지침에는 제1항에 규정된 사항 외에 다음 각 호의 사항이 포함되어야 한다.
1. 지역경제 활성화를 위한 해당 지역의 부존자원 활용에 관한 사항
2. 인근 국가산업단지, 일반산업단지 및 도시첨단산업단지와의 연계발전에 관한 사항(2011.6.27 본호개정)
3. 그 밖에 농공단지의 관리에 필요한 사항
(2009.8.5 본조개정)

제42조【관리기본계획의 작성】 ① 관리기관이 법 제33조제1항에 따른 관리기본계획의 승인을 받으려는 경우에는 관리기본계획 승인신청서에 산업통상자원부령으로 정하는 서류를 첨부하여 관리권자〔농공단지의 경우에는 시ㆍ도지사 또는 대도시 시장(「지방자치법」 제198조제1항에 따른 서울특별시ㆍ광역시 및 특별자치시를 제외한 인구 50만 이상 대도시의 시장을 말한다. 이하 같다)〕에게 제출해야 한다. 다만, 산업단지에 하나의 기업이 입주하여 그 전부를 사용하는 경우에는 그렇지 않다.
(2021.12.16 본문개정)
② 법 제33조제1항 후단에 따른 농공단지의 관리기본계획에는 법 제33조제7항에 규정된 사항 외에 다음 각 호의 사항이 포함되어야 한다.(2020.5.12 본문개정)
1. 지역기능인력 육성 등 인력수급에 관한 사항
2. 입주기업체에 대한 시설ㆍ운전자금 및 기술지원에 관한 사항
3. 그 밖에 농공단지의 관리에 필요한 사항
③ 관리권자가 법 제33조제2항 및 제3항에 따라 관리기본계획의 승인에 관하여 산업단지지정권자와 협의하려면 산업통상자원부령으로 정하는 서류를 산업단지지정권자에게 송부하여야 한다.(2013.3.23 본항개정)
④ 법 제33조제2항 단서에 따라 산업단지지정권자와의 협의를 생략할 수 있는 관리기본계획의 경미한 사항의 변경은 다음 각 호의 어느 하나에 해당하는 경우로 한다.
(2020.5.12 본문개정)
1. 관리기본계획이 「산업입지 및 개발에 관한 법률」에 따른 산업단지개발계획과 연계되어 있는 경우로서 같은 법 제6조, 제7조, 제7조의2 및 제8조에 따라 관계 행정기관과의 협의 등의 절차를 거쳐 산업단지개발계획을 변경함에 따라 관리기본계획을 변경하는 경우
2. 지원시설의 설치 및 운영에 관한 사항의 변경을 위하여 관리기본계획을 변경하는 경우
3. 제7항에 따라 고시된 산업단지구조고도화계획(이하 "구조고도화계획"이라 한다)에 따라 관리기본계획을 변경하는 경우(2010.7.12 본호신설)
⑤ 법 제33조제3항 단서에서 "대통령령으로 정하는 경미한 사항을 변경하는 경우"란 다음 각 호의 어느 하나에 해당하는 경우를 말한다. 다만, 제6조제5항 각 호 외의 부분 단서에 따라 제한업종을 제외한 모든 산업이 입주할 수 있는 구역의 설정ㆍ변경에 따라 제2호 또는 제3호에 해당하게 된 경우는 제외한다.(2020.5.12 단서신설)
1. 제4항 각 호의 어느 하나에 해당하는 경우
2. 제43조제1항 각 호의 용도를 변경하는 경우. 다만, 제43조제1항제6호의 물류시설용도의 경우에는 그 면적의 100분의 10 이하의 범위에서 변경하는 때만 해당한다.
3. 「산업입지 및 개발에 관한 법률 시행령」 제15조의4제1항 각 호의 어느 하나에 해당하는 경우(2020.5.12 본호개정)
⑥ 관리기관(관리기관이 법 제30조제2항제3호 또는 제4호에 해당하는 경우에는 관리권자)은 관리기본계획의 시행을 위하여 필요한 경우 산업단지의 입주업종, 입주자격, 입주우선순위 및 그 사후관리 등을 내용으로 하는 산업단지의 입주관리요령을 고시할 수 있다.
⑦ 관리기관은 법 제45조의2제8항에 따라 구조고도화계획이 고시된 경우에는 이를 관리기본계획에 반영하여야 한다.(2014.12.30 본항개정)
(2009.8.5 본조개정)

제43조【용지의 용도별 구역 등】 ① 관리기관은 법 제33조제8항 본문에 따라 산업시설구역을 다음 각 호의 용도로 세분하여 관리할 수 있다.(2020.5.12 본문개정)
1. 공장시설용도
2. 지식산업시설용도
3. 정보통신산업시설용도
4. 자원비축시설용도
5. 폐기물처리시설용도
6. 물류시설용도
7. 지역특화산업용도(농공단지의 경우만 해당한다)
8. 전력시설용도
9. 벤처기업집적시설용도
10. 재생산업시설용도
11. 친환경신기술촉진시설용도
12. 그 밖에 관리기본계획에서 정하는 시설용도
② 관리기관은 제1항에 따라 산업시설구역을 용도별로 세분한 때에는 해당 용도에 적합하게 이를 관리하여야 한다. 다만, 산업단지의 개발여건 및 입주기업체의 경쟁력 강화를 위하여 필요하다고 인정하는 경우에는 산업시설구역의 일부를 제1항 각 호의 용도 중 둘 이상의 용도로 복합 이용될 수 있도록 할 수 있다.
③ 관리기관은 제1항에 따른 산업시설구역에 공장 및 업종을 배치할 때에는 업종 배치계획을 수립한 후 이에 따라 배치하여야 한다.(2012.12.12 본항개정)
④ 관리기관은 제3항에 따른 업종 배치계획을 수립하는 경우에는 전력 및 용수의 사용, 폐기물 처리, 환경오염 발생 등으로 인하여 입주기업체의 조업에 지장을 주지 않는 범위에서 두 개 이상의 업종을 통합하여 배치하도록 계획을 수립할 수 있다.(2012.12.12 본항신설)
⑤ 제3항 및 제4항에도 불구하고 다음 각 호의 어느 하나에 해당하는 경우에는 업종 배치계획에 따르지 않을 수 있다.(2020.5.12 본문개정)
1. 산업용지를 최초로 분양하는 경우로서 특정 업종의 입주신청면적이 업종 배치계획에 따른 해당 업종의 배치계획면적을 초과하고 다른 업종의 입주신청면적이 업종 배치계획에 따른 해당 다른 업종의 배치계획면적에 미달하는 경우
2. 기존 입주기업체가 공장설립을 완료한 후 업종을 변경하거나 기존 입주기업체의 산업용지 및 공장등을 적법하게 취득한 자가 해당 공장의 업종을 변경하여 입주하려는 경우로서 전력 및 용수의 사용, 폐기물 처리, 그 밖에 환경오염의 발생 등으로 인하여 입주기업체의 조업에 지장을 주지 아니하는 것으로 인정되는 경우
3. 입주업체가 업종 배치계획에 적합한 업종을 경영하면서 부수적으로 제1항 각 호에 따른 용도별 구역에 입주할 수 있는 업종을 경영하려는 경우로서 관리기관이 필요하다고 인정하는 경우
4. 업종 배치계획에 따른 해당 업종의 배치계획면적 중 100분의 20 이상이 최초 분양 공고일부터 5년 동안 분양되지 아니한 산업시설구역으로서 전력 및 용수의 사용, 폐기물 처리, 그 밖에 환경오염의 발생 등으로 인하여 입주기업체의 조업에 지장을 주지 아니하는 것으로 인정되는 경우
5. 제1항에 따른 산업시설구역에 입주한 기업체가 해당 사업장의 생산공정 또는 폐기물처리공정에서 발생하는 폐열 또는 폐증기 등을 해당 산업단지에 입주한 기업체에 공급하는 경우〔입주계약에 따른 주된 사업(「중소기업기본법 시행령」 제4조에 따른 매출액의 비중이 가장 큰 사업을 말한다)의 업종이 변경되지 아니하는 경우만 해당한다〕
6. 제6조제5항 각 호 외의 부분 단서에 따라 제한업종을 제외한 모든 산업이 입주할 수 있는 구역에 공장 및 업종을 배치하는 경우(2020.5.12 본호신설)
7. 지식산업센터를 설립하거나 지식산업센터에 법 제28조의5제1항 각 호의 시설이 입주하는 경우(2023.4.11 본호신설)
(2012.12.12 본항신설)
⑥ 신에너지 및 재생에너지의 이용ㆍ보급을 촉진하기 위하여 산업단지에는 「신에너지 및 재생에너지 개발ㆍ이용ㆍ보급 촉진법」 제2조제3호에 따른 신에너지 및 재생에너지 설비를 설치하게 할 수 있다.(2016.6.30 본항개정)
⑦ 법 제33조제8항 단서에 따른 복합구역은 입주기업체가 사용하는 건축물의 연면적을 합한 면적이 복합구역 내 건축물의 연면적을 합한 면적의 100분의 50 이상이어야 한다.(2020.5.12 본항개정)
(2009.8.5 본조개정)

제43조의2【용도별 구역변경에 따른 지가상승분의 기부】 ① 법 제33조제10항에 따라 관리권자가 기부받을 수 있는 지가상승분은 용도별 구역변경에 따른 지가차액의 100분의 50 이상으로서 법 제32조제1항에 따른 관리지침으로 정한다. 이 경우 용도별 구역변경 전후의 지가 산정은 관리기본계획 변경고시 전 3개월 이내의 범위에서 2인 이상의 감정평가법인등(「감정평가 및 감정평가사에 관한 법률」에 따른 감정평가법인등을 말한다)이 평가한 금액의 산술평균치로 한다.(2022.1.21 후단개정)
② 관리기관은 산업용지의 용도별 구역변경을 포함하는 관리기본계획 변경을 하려는 경우에는 해당 산업용지의 소유자와 지가상승분 기부 방법에 대해 사전에 협의해야 한다.(2020.5.12 본항신설)
③ 관리권자는 제1항 전단에도 불구하고 관리기본계획의 변경으로 산업용지의 용도별 구역이 변경됨에 따라 지가가 상승한 산업용지의 소유자가 「산업입지 및 개발에 관한 법률」 제33조제1항에 따라 공공시설을 설치하는데 드는 비용(이하 이 항에서 "공공시설 설치비용"이라 한다)을 부담하는 경우에는 제1항 전단에 따라 기부받을 수 있는 범위에서 법 제32조제1항에 따른 관리지침으로 정하는 바에 따라 공공시설 설치비용을 공제하고 남은 범위에서 지가상승분을 기부받을 수 있다. 이 경우 공공시설 설치비용의 공제는 용도별 구역변경에 따른 지가차액의 100분의 50을 한도로 한다.
④ 법 제33조제10항에 따라 기부받는 지가상승분은 다음 각 호의 구분에 따라 취득ㆍ관리한다.
1. 금전으로 기부받는 경우
 가. 국가산업단지의 경우 : 관리기관이 별도의 계정으로 구분하여 관리
 나. 가목 외의 경우 : 관리권자가 별도의 회계를 설치하여 취득ㆍ관리
2. 제1호 외의 경우 : 다음 각 목의 구분에 따른 법률에서 정하는 바에 따라 취득ㆍ관리
 가. 국가산업단지의 경우 : 「국유재산법」
 나. 가목 외의 경우 : 「공유재산 및 물품 관리법」
(2020.5.12 본항개정)
⑤ 관리기관은 제4항제1호가목에 따라 관리하는 금전을 법 제33조제10항 본문에 따라 입주기업체 지원용도로 사용하려는 경우에는 사전에 관리권자의 승인을 받아야 하며, 관리하는 금전의 연간 관리현황을 다음 연도 1월 31일까지 관리권자에게 보고해야 한다.(2020.5.12 본항신설)
(2015.5.6 본조개정)

제43조의3【다른 법률에 따른 인가ㆍ허가 등의 의제】 법 제33조의2제1항에서 "대통령령으로 정하는 사항을 변경하거나 변경승인할 때"란 「산업입지 및 개발에 관한 법률 시행령」 제15조의4제1항 각 호의 어느 하나에 해당하는 변경을 하거나 변경승인할 때를 말한다.(2020.5.12 본조개정)

제43조의4【산업단지 내 국유지와 공유지의 매각 및 임대】 ① 산업통상자원부장관 또는 지방자치단체의 장은 법 제34조에 따라 산업단지 안에서 국가 또는 지방자치단체가 소유하는 토지 또는 공장건축물, 그 밖의 시설(이하 "공장등"이라 한다)을 입주기업체 또는 지원기관에 매각 또는 임대하는 경우에는 계약의 이행을 보증하기 위하여 필요한 조건을 붙일 수 있다.(2013.3.23 본항개정)
② 산업통상자원부장관은 법 제34조제2항에 따라 국유의 토지 또는 공장등의 매각가격 또는 임대가격에 관하여 기획재정부장관과 협의하려면 다음 각 호의 사항에 관한 자료를 제시하여야 한다.(2013.3.23 본문개정)
1. 해당 토지 또는 공장등에 투입된 재원내역서
2. 가격산출조서
3. 토지 또는 공장등의 면적 및 도면
③ 산업통상자원부장관 또는 지방자치단체의 장은 법 제34조제2항에 따라 토지 또는 공장등의 매각가격 또는 임대가격을 정한 때에는 이를 지체 없이 공고하여야 한다.
(2013.3.23 본항개정)
④ 법 제34조에 따른 산업단지 안의 토지 또는 공장등의 임대기간은 10년을 기준으로 하되, 임대기간 만료 3개월 전에 임대기간 연장신청이 있는 때에는 그 기간을 연장할 수 있다.
⑤ 국유의 토지 또는 공장등에 대한 임대료의 납부시기ㆍ납부방법과 연체료 및 체납금의 징수 등에 관하여 필요한 사항은 산업통상자원부장관이 기획재정부장관과 협의하여 정하며, 공유의 토지 또는 공장등에 대한 임대료의 납부시기ㆍ납부방법과 연체료 및 체납금의 징수 등에 관하여 필요한 사항은 해당 지방자치단체의 장이 정한다.(2013.3.23 본항개정)
⑥ 산업통상자원부장관은 산업단지 안에 있는 국유의 토지 또는 공장등을 「국유재산법」 제29조제1항에 따라 관리기관에 관리위탁할 수 있다. 이 경우 관리위탁의 기간은 「국유재산법 시행령」 제22조제1항에도 불구하고 해당 국유의 토지 또는 공장등을 해당 목적사업에 이용할 때까지로 할 수 있다.(2016.2.29 본항개정)
(2009.8.5 본조개정)

제44조 (2009.8.5 삭제)

제44조의2 (2015.6.30 삭제)

제44조의3～제44조의4 (2007.12.13 삭제)

제44조의5 (1997.7.10 삭제)

제45조【산업단지의 양수 등】 ① 관리기관이 법 제36조제1항에 따라 사업시행자로부터 분양ㆍ임대에 관한 업무를 위탁받으려는 경우에는 분양ㆍ임대계획서에 다음 각 호의 사항을 기재한 서류를 첨부하여 관리권자에게 제출해야 한다. 다만, 농공단지의 경우에는 분양ㆍ임대계획서에 다음 각 호의 사항을 기재한 서류를 첨부하여 시ㆍ도지사 또는 대도시 시장에게 제출하고 그 승인을 받아야 한다.(2020.9.8 본문개정)
1. 관리기본계획
2. 위탁받으려는 관리대상면적 및 시설 등
3. 분양ㆍ임대에 관한 수탁업무의 내용
4. 그 밖에 수탁에 관한 합의사항
② 제1항에 따라 제출하였거나 승인을 받은 사항을 변경하려는 경우에 관하여는 제1항을 준용한다.
③ 관리기관은 법 제36조제1항에 따라 산업단지개발사업 사업시행자로부터 분양ㆍ임대에 관한 업무를 위탁받는 경우에는 그 사업시행자와 협의하여 위탁수수료를 받을 수 있다.
(2009.8.5 본조개정)

제46조 (1999.8.9 삭제)

제47조 (1997.7.10 삭제)

제48조【공동시설의 공동부담금 징수의 승인】 ① 관리기관이 법 제37조제2항에 따라 공동부담금 징수에 대한 승인을 받을 경우에는 다음 각 호의 사항을 기재한 승인신청서를 관리권자(농공단지의 경우에는 시ㆍ도지사 또는 대도시 시장)에게 제출해야 한다. 승인받은 사항을 변경할 경우에도 또한 같다.(2020.9.8 전단개정)
1. 공동시설의 설치 및 사용 현황
2. 공동시설의 설치ㆍ유지 및 보수비의 산출내역
3. 공동시설의 유지 및 보수 현황
② 관리기관은 법 제37조제2항에 따라 공동시설의 설치ㆍ유지보수를 위한 공동부담금을 입주기업체 및 지원기관과 협의하여 입주기업체 및 지원기관별로 정하는 산출요율에 따라 징수한다.
③ 관리기관은 공동부담금을 산업단지의 운영상황에 따라 매월 또는 매분기별로 징수할 수 있다.
(2009.8.5 본조개정)

제48조의2【입주기준 등】 ① 관리기관이 법 제38조제1항 및 제3항에 따라 입주계약을 체결하려면 미리 입주대상산업ㆍ입주자격 및 입주우선순위 등의 입주기준을 정하여 법 제6조의2에 따른 공장설립온라인정보시스템에 15일 이상 공고해야 하며, 필요한 경우에는 일간신문 등에 공고하는 방법을 병행할 수 있다. 다만, 다음 각 호의 어느 하나에 해당하는 경우에는 공고를 하지 않는다.
(2021.9.14 본문개정)

1. 환경오염업종의 합리적 배치, 첨단기술산업의 육성 및 외국인투자의 촉진 등을 위하여 산업단지에 우선 입주할 필요가 있는 사업으로서 산업통상자원부령으로 정하는 사업인 경우(2021.9.14 본호개정)
2. 다음 각 목의 어느 하나에 해당하는 자가 관리기본계획에 맞는 사업을 하려는 경우(2021.9.14 본문개정)
가. 「산업입지 및 개발에 관한 법률 시행령」 제42조의4 제4항에 따른 수의계약으로 산업시설용지를 공급받을 자격을 갖춘 자(2022.5.3 본목개정)
나. 「산업입지 및 개발에 관한 법률 시행령」 제42조의4 제5항에 따른 조례에 따라 산업시설용지를 분양받을 자격을 갖춘 자(2022.5.3 본목개정)
(2011.4.5 본호개정)
3. 첨단투자를 하려는 자나 그 협력업체등이 첨단투자지구에 입주하려는 경우(2021.9.14 본호신설)
② 법 제39조제2항에 따라 다른 기업체에 산업용지 및 공장등을 양도하는 경우에 관하여는 제1항을 준용한다.
③ 법 제38조제1항 단서(같은 조 제3항에 따라 준용되는 경우를 포함한다)에 따라 입주계약을 체결하지 않을 수 있는 경우는 다음과 같다.(2020.5.12 본문개정)
1. 「산업입지 및 개발에 관한 법률」 제16조제3항에 따라 해당 산업단지에 입주할 자가 산업단지개발사업을 시행하여 입주하는 경우
2. 입주기업체에 공공서비스를 제공하기 위하여 공공기관이 입주하는 경우
3. 법 제33조제8항 본문에 따른 산업시설구역에 설립된 지식산업센터에 제36조의4제2항에 따른 시설로 입주하는 경우(2020.5.12 본호개정)
4. 법 제33조제8항 본문에 따른 산업시설구역에 설립된 공장내의 부대시설로서 종업원의 편의시설을 운영하는 경우(2020.5.12 본호개정)
5. 관리기관과 입주계약을 체결한 자의 부지 또는 건물(법 제33조제8항 본문에 따른 지원시설구역내의 것만 해당한다)을 임대 또는 분양받아 그 입주계약에 따라 입주하는 경우(2020.5.12 본호개정)
6. 관리기관과 임대차계약에 따라 입주하는 경우
7. 법 제33조제8항 본문에 따른 지원시설구역에 근린생활시설로 입주하는 경우(2020.5.12 본호개정)
8. 공공기관 또는 하나의 기업이 산업단지 전부를 사용하기 위하여 입주하는 경우(2011.10.26 본호신설)
④ 관리기관이 법 제38조제1항부터 제3항까지의 규정에 따라 입주계약을 체결하려면 법, 이 영, 그 밖에 관련 법령 및 해당 산업단지의 관리기본계획에 적합하여야 한다.
(2009.8.5 본조개정)

제48조의3【임대사업자의 입주계약등】 ① 법 제38조의2에 따라 관리기관과 산업용지 및 공장등의 임대사업을 하기 위한 입주계약을 체결하려는 자(이하 "임대사업자"라 한다)는 다음 각 호의 사항이 기재된 임대사업계획서를 관리기관에 제출하여야 한다.
1. 임대사업자명
2. 임대하려는 토지 및 시설의 명세
3. 임대차의 존속기간 및 그 연장에 관한 사항
4. 임대사업의 전부 또는 일부를 종료하는 경우의 산업용지(건축물이 있는 경우에는 건축물을 포함한다)의 처분에 관한 사항
5. 유치업종 및 규모(해당 산업단지 안에서 둘 이상의 산업용지 또는 공장등을 임대하려는 경우만 해당한다)
6. 건축물의 건축계획(건축물을 건축하여 함께 임대하려는 경우만 해당한다)
② 임대사업자가 산업용지 및 공장등을 임대하는 경우에는 해당 산업단지의 관리기본계획 및 제1항에 따른 입주계약에 맞도록 하여야 한다.
③ 임대사업자가 임대하는 산업용지 및 건축물에 입주하는 임차인은 관리기관과 법 제38조에 따른 입주계약을 체결하여야 한다.
④ 입주기업체 또는 지원기관이 입주계약에 따른 사업을 하면서 해당 산업용지 및 공장등의 일부를 임대하려는 경우에는 산업통상자원부령으로 정하는 서류를 관리기관에 제출하여야 한다.(2013.3.23 본항개정)
(2009.8.5 본조개정)

제48조의4【임대의 기준 등】 ① 법 제38조의2제1항에 따른 관리기관과 임대사업자가 체결하는 입주계약의 계약기간은 5년 이상으로 한다. 다만, 법 제28조의2에 따라 설립된 지식산업센터의 경우에는 관리기관이 정하는 바에 따른다.(2010.7.12 단서개정)
② (2015.6.30 삭제)
③ 임대사업자가 파산하거나 「산업발전법」 제21조에 따른 구조조정 대상기업이 되는 등의 경제적 사정으로 그 산업용지 및 공장등을 양도하려는 경우에는 해당 임차인이나 관리기관 또는 관리기관이 지정하는 자에게 우선적으로 양도하여야 한다.(2011.6.27 본항개정)
④ 산업통상자원부장관은 임대차계약서에 관하여 표준이 되는 서식을 정하여 임대사업자에게 그 사용을 권장할 수 있다.(2013.3.23 본항개정)
⑤ 제1항부터 제4항까지에서 규정한 사항 외에 임대사업의 관리에 관하여 필요한 사항은 해당 산업단지의 관리지침 또는 관리기본계획에서 정하는 바에 따른다.
⑥ 관리기관은 법 제38조의2제1항 본문에 따른 입주계약을 체결할 경우에는 법 제38조의2제4항 및 제5항의 취지를 입주계약서에 명시하여야 한다.(2015.6.30 본항개정)
(2009.8.5 본조개정)

제48조의5【임대전용산업단지 전대조건 등】 ① 법 제38조의2제7항 단서에서 "해당 산업용지를 임대한 가격보다 낮은 가격으로 전대하는 경우 등 대통령령으로 정하는 부득이한 경우"란 법 제16조제1항에 따라 공장을 등록한 자가 다음 각 호의 어느 하나에 해당하는 경우를 말한다.(2015.6.30 본문개정)
1. 법 제38조의2제6항에 따른 사업시행자(법 제36조제1항에 따라 업무를 위탁받은 경우에는 해당 관리기관을 말한다)와 체결한 임대가격 이하로 전대하는 경우(2015.6.30 본호개정)
2. 해당 산업용지를 임대받은 자가 「산업발전법」 제21조에 따른 구조조정대상 기업인 경우
3. 법 제38조의2제6항에 따른 사업시행자(법 제36조제1항에 따라 업무를 위탁받은 경우에는 해당 관리기관을 말한다)와 체결한 임대 가격보다 불리하지 않은 조건으로 전대하는 경우(2015.6.30 본호개정)
② 산업통상자원부장관은 법 제38조의2제8항에 따른 임대전용산업단지의 입지 및 규모 등에 관한 수요조사를 위하여 전문기관 또는 단체에 자문하거나 조사·연구를 의뢰할 수 있다.(2015.6.30 본항개정)
(2009.8.5 본조신설)

제49조【산업용지의 처분제한】 ① 법 제39조제1항 각 호 외의 부분 및 같은 조 제3항 본문에서 "대통령령으로 정하는 경우"란 입주기업체가 분양받은 산업용지 및 공장등의 소유권을 이전하는 것을 말한다. 다만, 다음 각 호의 어느 하나에 해당하는 경우는 제외한다.
(2016.2.29 본문개정)
1. 상속 또는 법인의 분할·합병으로 소유권을 이전하는 경우
2. 입주기업체(법인인 입주기업체는 제외한다)가 소유한 산업용지 및 공장등의 전부를 현물출자하여 법인으로 전환하는 경우(2016.2.29 본호개정)
2의2. 입주기업체와 「자본시장과 금융투자업에 관한 법률」 제8조제7항에 따른 신탁업자(관리기관과 입주계약을 체결한 자만 해당한다) 간 신탁계약을 통하여 소유권을 이전하는 경우(2014.3.11 본호신설)
3. 법 제28조의2에 따라 설립된 지식산업센터의 소유권을 이전하는 경우(2010.7.12 본호개정)
4. 입주기업체(법인인 입주기업체는 제외한다. 이하 이 호에서 같다)가 다음 각 목의 모두에 해당하는 경우
가. 입주기업체가 발기인이 되어 법인을 설립할 것
나. 입주기업체가 가목에 따른 법인에 입주기업체의 순자산가액(가목에 따른 법인설립일 현재의 시가로 평가한 자산의 합계액에서 충당금을 포함한 부채의 합계액을 공제한 금액을 말한다) 이상을 출자할 것
다. 입주기업체가 가목에 따른 법인 설립일부터 3개월 이내에 해당 법인에 산업용지 및 공장등 사업에 관한 모든 권리와 의무를 포괄적으로 양도할 것
(2016.2.29 본호신설)
② 법 제39조제1항·제2항, 제40조의2제1항 및 제43조제1항에 따라 입주기업체 등이 산업용지 또는 공장등을 처분하려면 처분신청서에 산업통상자원부령으로 정하는 서류를 첨부하여 관리기관에 제출하여야 한다.
(2013.3.23 본항개정)
③ 제2항에 따라 처분신청서를 받은 관리기관이 이를 매수할 수 없는 때에는 그 처분신청서를 받은 날부터 산업통상자원부령으로 정하는 기간 내에 법 제39조제2항에 따라 양도할 대상자를 선정하여 처분신청자에게 통지하여야 한다. 다만, 다음 각 호의 어느 하나에 해당하는 경우에는 처분신청자가 추천한 자를 양도대상자로 선정할 수 있다.(2013.3.23 본문개정)
1. 처분신청인의 구조조정으로 인하여 처분을 신청한 경우
2. 처분신청자의 공장과 인접하여 일련의 제조공정을 이루는 공장의 설립이 필요한 경우
3. 미분양된 산업용지가 있는 등 관리기관이 양도할 대상자를 선정하는 것이 부적절하다고 판단되는 경우
4. 관리기관이 정당한 사유 없이 산업통상자원부령으로 정하는 기간 내에 양도대상자를 선정하지 아니한 경우
(2013.3.23 본호개정)
④ 관리기관은 제3항 각 호 외의 부분 본문에 따른 기간 내에 산업용지를 양도할 대상자를 선정하지 못한 경우 입주기업체의 사전동의를 거쳐 산업통상자원부령으로 정하는 면적 이상으로 분할한 후 양도할 대상자를 산업통상자원부령으로 정하는 기간 내에 선정하여 통지할 수 있다. 이 경우 분할된 산업용지 양도가격의 합산액은 법 제39조제5항에 따른 산업용지의 양도가격을 초과할 수 없다.(2014.12.30 본항신설)
⑤ 제3항 각 호 외의 부분 본문 또는 제4항에 따라 통지를 받은 처분신청자는 그 통지를 받은 날부터 산업통상자원부령으로 정하는 기간 내에 제2항에 따른 산업용지 또는 공장등을 양도하여야 한다.(2014.12.30 본항개정)
⑥ 관리기관이 제3항 각 호 외의 부분 본문 또는 제4항에 따라 양도할 대상자를 선정하려면 미리 다음 각 호의 사항을 공고한 후 입주희망자로부터 매수신청을 받아야 한다.(2014.12.30 본문개정)
1. 매도물건의 표시
2. 매도가격 및 대금지급방법(2021.1.5 본호개정)
3. 매수시기
4. 매수자의 입주자격
5. 매매계약은 매도자와 매수자가 체결하고, 매수자는 관리기관과 입주계약을 체결하여야 한다는 사항
6. 그 밖에 관리기관이 필요로 하는 사항
⑦ 법 제39조제1항제1호에서 "대통령령으로 정하는 기간"이란 5년을 말한다.(2016.2.29 본항개정)
⑧ 법 제39조의2제4항제1호에서 "대통령령으로 정하는 기간"이란 5년[입주기업체가 법 제39조의2제2항에 따른 산업용지의 분할(공유지분의 분할을 포함한다) 전에 법 제15조제1항에 따른 공장설립등의 완료신고 또는 법 제15조제2항에 따른 사업개시 신고 후 입주계약에 따른 사업을 경영한 기간을 포함한다]을 말한다.(2016.2.29 본항신설)
(2009.8.5 본조개정)

제49조의2【유관기관】 법 제39조제2항제4호에서 "대통령령으로 정하는 기관"이란 다음 각 호의 기관을 말한다.
1. 「신용보증기금법」에 따른 신용보증기금
2. 「기술보증기금법」에 따른 기술보증기금(2016.5.31 본호개정)
3. 「한국자산관리공사 설립 등에 관한 법률」에 따른 한국자산관리공사(2022.2.17 본호개정)
4. 「농업협동조합법」에 따른 농업협동조합중앙회
5. 토지개발사업을 목적으로 하여 「지방공기업법」에 따라 설립된 지방공사
6. 관리기관이 해당 산업단지의 관리를 위하여 특히 필요하다고 인정하는 기관
(2009.8.5 본조개정)

제50조【공장등의 처분신고】 법 제39조제3항에 따라 입주기업체가 산업용지 또는 공장등을 처분하려면 미리 처분신고서에 산업통상자원부령으로 정하는 서류를 첨부하여 관리기관에 제출하여야 한다.(2013.3.23 본조개정)

제50조의2【고유식별정보의 처리】 산업통상자원부장관, 지방자치단체의 장 또는 관리기관의 장은 다음 각 호의 사무를 수행하기 위하여 「개인정보 보호법」 제24조제1항에 따른 고유식별정보가 포함된 자료를 제출받은 경우에 해당 고유식별정보를 처리할 수 있다.(2013.3.23 본문개정)
1. 법 제6조의2제2항 또는 이 영 제8조의2제4항에 따른 신청, 신고 및 승인 등에 관한 사무(토지 및 건축물의 권리를 확인하는 사무를 포함한다)
2. 법 제51조의2에 따른 청문에 관한 사무
3. 법 제55조에 따른 과태료 부과에 관한 사무
4. 「중소기업창업 지원법」 제45조에 따른 공장 설립계획의 승인에 관한 사무(2022.6.28 본호개정)
(2011.10.26 본조신설)

제51조【비용징수】 ① 관리기관은 법 제39조제4항에 따라 산업용지 및 공장등을 매수기업체에 양도하는 때에는 양수기업체로부터 다음 각 호의 비용을 실비의 범위에서 징수할 수 있다. 다만, 제3호에 따른 중개수수료는 매수신청을 받은 산업용지 및 공장등을 매수기업체에 양도하는 경우만 해당한다.
1. 「감정평가 및 감정평가사에 관한 법률」 제23조제1항에 따른 수수료 및 실비(2016.8.31 본호개정)
2. 매각공고비
3. 법 제32조에 따른 관리지침으로 정하는 중개수수료
4. 산업용지 분할로 인하여 발생하는 기반시설 설치 비용(제49조제4항에 따라 산업용지를 분할한 후 양도하는 경우로 한정한다)(2014.12.30 본호신설)
② 제1항에 따른 양수자 선정에 필요한 비용은 산업용지 및 공장등을 양도하는 때에 이를 징수한다. 다만, 관리기관이 인정하는 경우에는 징수시기를 따로 정할 수 있다.
(2009.8.5 본조개정)

제52조【이자 및 비용】 법 제39조제5항에 따른 이자 및 비용은 다음 각 호와 같다.
1. 양도할 산업용지의 취득가격에 그 취득일부터 양도일까지의 기간 중의 생산자물가총지수를 곱하여 계산한 금액
2. 양도할 산업용지의 취득에 소요된 취득세, 그 밖의 제세공과금. 다만, 산업용지를 취득한 자의 귀책사유로 추징된 세금은 제외한다.(2010.9.20 본호개정)
3. 양도할 산업용지의 유지·보존 또는 개량을 위하여 지출한 비용
(2009.8.5 본조개정)

제52조의2【유관기관의 산업용지등의 매각가격 등】
① 법 제39조제2항, 제43조제1항 및 제2항에 따라 유관기관이 산업용지 및 공장등을 매수한 때에는 그 매수한 날부터 1개월 이내에 관리기관에 신고하여야 한다.
② 법 제39조제2항, 제43조제1항 및 제2항에 따라 유관기관이 산업용지 및 공장등을 매수한 경우에는 그 매수한 날부터 1년 이내에 입주기업체·지원기관 또는 제6조에 따른 해당 산업단지의 입주자격이 있는 자에게 양도하여야 한다. 다만, 관리기관은 유관기관이 그 매수한 날부터 1년 이내에 양도하기가 곤란하다고 인정하는 경우에는 1년의 범위에서 그 기간을 연장할 수 있다.
③ 유관기관이 매수한 산업용지 또는 공장등의 매각가격은 다음 각 호의 구분에 따른 금액으로 한다.
1. 산업용지의 경우 : 유관기관이 매수한 산업용지의 매수가격에 다음 각 목의 모든 금액을 합산한 금액. 다만, 본문에 따른 금액보다 매각 시 「감정평가 및 감정평가

사에 관한 법률」에 따른 감정평가법인등이 감정평가한 금액(이하 "감정평가액"이라 한다)이 낮으면 감정평가액을 매각가격으로 할 수 있다.(2022.1.21 단서개정)

가. 「국채법」 제3조에 따른 국고채권(3년만기 국고채권을 말한다)의 유통수익률에 연 1퍼센트를 합산한 이자율을 산업용지의 매수가격에 곱하여 계산한 금액

나. 매수한 산업용지의 유지·보존 또는 개량을 위하여 지출한 비용

2. 공장등의 경우 : 감정평가액

④ 유관기관이 제2항에 따라 산업용지 또는 공장등을 양도하려면 미리 관리기관과 협의하여야 한다.

⑤ 유관기관은 제1항에 따라 매수한 산업용지 또는 공장등을 제2항에 따라 양도하기 전까지의 기간 동안 관리기본계획에 적합한 용도의 범위안에서 관리기관의 동의를 받아 이를 임대하거나 사용할 수 있다.

(2009.8.5 본조개정)

제52조의3【구조조정 대상기업의 산업용지 분할】 ① 법 제39조의2제5항제1호에서 "대통령령으로 정하는 기간"이란 5년을 말한다.

② 법 제39조의2제5항제2호에서 "대통령령으로 정하는 기간"이란 3년을 말한다.

(2011.10.26 본조신설)

제52조의4【경매 등에 의하여 취득한 산업용지 등의 처분신고】 법 제40조제2항 또는 제43조제2항에 따라 산업용지 및 공장등을 양도하는 경우에 관하여는 제50조를 준용한다.(2009.8.5 본조개정)

제53조【산업용지의 환수】 ① 관리기관은 법 제41조에 따른 산업용지의 환수에 관한 사항을 입주계약서에 명시하여야 한다.

② 법 제41조제2항에 따른 시정명령기간은 6개월로 한다.

(2009.8.5 본조개정)

제54조【시정기간 등】 법 제42조제1항 각 호 외의 부분에서 "대통령령으로 정하는 기간"이란 6개월을 말한다.

(2009.8.5 본조개정)

제55조【입주계약의 해지통보 등】 관리기관은 법 제42조제1항에 따라 그 입주계약을 해지한 때에는 해당 사업에 관한 법령에 따른 허가·인가·면허 또는 등록 등을 한 기관에 그 사실을 통보하여야 한다.(2009.8.5 본조개정)

제56조【입주계약해지 후의 남은 업무의 처리】 ① 법 제42조제2항에서 "남은 업무의 처리 등 대통령령으로 정하는 업무"란 입주계약 해지 당시에 이미 계약이 체결된 물품의 제조·가공·하역·수송·보관 및 수출입 업무와 이에 관련되는 부대 업무를 말한다.

② 법 제42조제2항에 따른 남은 업무는 3개월 이내에 처리하여야 한다. 다만, 관리기관이 부득이한 사유가 있다고 인정한 때에는 그 기간을 연장할 수 있다.

(2009.8.5 본조개정)

제56조의2【공장등의 철거명령】 ① 관리권자는 법 제43조의2제1항에 따라 공장등의 철거를 명하는 경우에는 미리 해당입주기업체에 다음 각 호의 사항이 포함된 문서로 알려야 한다.(2016.4.26 본문개정)

1. 철거명령의 사유
2. 철거의 기한
3. 이의제기의 방법 및 기한

② 법 제43조의2제3항에 따른 청문의 절차와 방법 등에 관하여는 「행정절차법」에서 정하는 바에 따른다.

(2016.4.26 본조제목개정)

(2009.8.5 본조개정)

제56조의3【이행강제금의 처분 및 징수업무 위탁기관】 ① 법 제43조의3제6항에서 "대통령령으로 정한 관리기관"이란 다음 각 호의 기관을 말한다.

1. 법 제30조제2항제2호에 따른 관리권자로부터 관리업무를 위임받은 지방자치단체의 장
2. 법 제30조제2항제3호에 따른 관리권자로부터 관리업무를 위탁받은 공단(이행강제금의 처분 및 징수에 필요한 조사업무만을 말한다)

② 법 제43조의3에 따른 이행강제금의 부과 및 징수 절차는 산업통상자원부령으로 정한다.(2013.3.23 본항개정)

(2009.8.5 본조개정)

제57조【입주기업체의 지원사업】 법 제44조제1항에서 "시장정보제공, 에너지공급, 노사관계 증진, 직업훈련 등 대통령령으로 정하는 지원사업"이란 다음 각 호의 사업을 말한다.

1. 종업원 아파트공급 등 종업원의 복지증진에 관한 사업
2. 용수공급사업, 산업재해예방사업 및 환경오염방지사업
3. 교육·연수사업
4. 전시장에 부대되는 사업
5. 입주기업체 제품의 공동판매 및 구매사업
6. 그 밖에 입주기업체의 수출촉진 및 생산성향상에 관한 사업

(2009.8.5 본조개정)

제58조【산업단지의 안전관리 등】 ① 관리기관은 법 제45조에 따라 입주기업체에 대하여 안전관리·공해관리·환경관리 등에 관하여 지도를 하려는 경우에는 다음 각 호의 사항이 포함된 안전관리계획을 수립·시행하여야 한다.

1. 위험시설의 안전관리에 관한 사항
2. 공해방지에 관한 사항
3. 제1호 및 제2호와 관련된 관계 행정기관과의 협조에 관한 사항

② 법 제45조에 따라 관리기관은 입주기업체에 대하여 다음 각 호의 사항에 관한 지도를 할 수 있다. 다만, 안전관리·공해관리 및 환경관리 등에 관한 지도를 하거나 필요한 경우에는 관계 행정기관의 장에게 그 시정에 대한 협조를 요청하여야 한다.

1. 공장시설물 및 공장작업장의 안전관리와 그 경비에 관한 사항
2. 공해방지시설의 설치 및 점검 등 관리에 관한 사항
3. 종업원의 복지증진을 위한 시설에 관한 사항
4. 녹지의 조성 등 공장의 환경개선에 관한 사항
5. 제1호부터 제4호까지의 규정 외에 산업단지의 안전관리 등에 필요한 사항

③ 제2항 각 호의 기준은 산업통상자원부령으로 정한다.

(2013.3.23 본항개정)

(2009.8.5 본조개정)

제58조의2【구조고도화계획의 수립·승인】 ① 법 제45조의2제1항 각 호 외의 부분에서 "대통령령으로 정하는 건축사업"이란 다음 각 호의 어느 하나에 해당하는 건축물 및 시설을 설치·운영하는 사업을 말한다.

1. 공장
2. 지식산업센터
3. 「건축법 시행령」 별표1에 따른 건축물 중 다음 각 목의 어느 하나에 해당하는 건축물

가. 공동주택(기숙사, 「주택법 시행령」 제10조제1항에 따른 소형 주택만 해당한다)(2022.2.11 본목개정)

나. 제1종 근린생활시설

다. 제2종 근린생활시설(종교집회장은 제외한다)

라. 문화 및 집회시설

마. 판매시설

바. 의료시설

사. 교육연구시설

아. 노유자(노인·어린이)시설(2021.1.5 본목개정)

자. 운동시설

차. 업무시설

카. 숙박시설(「관광진흥법」 제3조제1항제2호가목에 따른 호텔업만 해당한다)

타. 창고시설

파. 관광 휴게시설

하. 그 밖에 관리권자가 필요하다고 인정하는 시설

② 법 제45조의2제3항 각 호 외의 부분 후단 및 같은 조 제6항 후단에서 "대통령령으로 정하는 중요한 사항"이란 다음 각 호의 사항을 말한다.(2014.12.30 본문개정)

1. 산업단지구조고도화사업 예정지구의 위치 및 면적(면적 중 실체 측량결과에 따른 정정은 제외한다)
2. 산업단지구조고도화사업의 시행자

(2015.6.30 1호~2호개정)

3. 토지이용계획

③ 법 제45조의2제3항제13호에서 "대통령령으로 정하는 사항"이란 다음 각 호를 말한다.(2014.12.30 본문개정)

1. 산업단지구조고도화사업 예정지구 배치계획도(2015.6.30 본호개정)
2. 위치도·계획평면도 및 설계도
3. 개발되는 토지 및 시설의 관리·처분에 관한 계획
4. 법 제2조제11호에 따른 공공시설(이하 "공공시설"이라 한다)의 귀속과 대체에 관한 계획
5. (2011.10.26 삭제)
6. 산업단지구조고도화사업의 대행계획서(법 제45조의3제2항에 따라 산업단지구조고도화사업의 일부를 대행하게 할 경우만 해당한다)(2015.6.30 본호개정)

④ 법 제45조의2제4항제1호에서 "대통령령으로 정하는 산업단지재생계획의 수립절차가 진행 중인 지역"이란 시·도지사 또는 시장·군수 또는 구청장이 산업단지 재생계획 수립절차에 착수한 이후 2년 6개월이 경과하지 않은 지역을 말한다. 다만, 법 제45조의2제5항에 따라 관리권자와 해당 산업단지지정권자 간의 협의가 완료된 지역은 제외한다.(2014.12.30 본항개정)

⑤ 법 제45조의2제8항에 따라 고시할 사항은 다음 각 호와 같다.(2014.12.30 본문개정)

1. 산업단지구조고도화사업의 명칭(2015.6.30 본호개정)
2. 사업시행자의 성명(법인인 경우에는 법인의 명칭 및 대표자의 성명)
3. 산업단지구조고도화사업의 목적 및 개요
4. 산업단지구조고도화사업 예정지구의 위치 및 면적
5. 산업단지구조고도화사업 시행기간(착공 및 준공예정일을 포함한다)

(2015.6.30 3호~5호개정)

(2010.7.12 본조개정)

제58조의3【사업시행자】 ① 법 제45조의3제1항제3호 본문 및 같은 조 제2항제2호에서 "대통령령으로 정하는 요건을 갖춘 민간기업"이란 「민법」에 따른 법인 또는 「상법」에 따른 회사로서 다음 각 호의 어느 하나에 해당하지 않는 자를 말한다.(2011.10.26 본문개정)

1. 「산업발전법」 제21조에 따른 구조조정 대상기업
2. 「기업구조조정 촉진법」 제2조제7호에 따른 부실징후기업(2016.4.29 본호개정)

② 법 제45조의3제1항제3호 단서에서 "대통령령으로 정하는 출자비율"이란 같은 항 제1호 또는 제2호에 해당하는 자의 출자비율의 합이 100분의 20 이상인 것을 말한다.(2021.6.8 본항개정)

③ 법 제45조의3제1항제5호에서 "지방공기업 등 대통령령으로 정하는 자"란 공단, 「공공기관의 운영에 관한 법률」에 따른 공기업 및 「지방공기업법」에 따른 지방공기업을 말한다.(2011.10.26 본항개정)

(2010.7.12 본조개정)

제58조의4【산업단지구조고도화사업의 대행】 ① 법 제45조의3제2항에 따라 산업단지구조고도화사업의 일부를 대행하려는 자는 다음 각 호의 사항을 적은 산업단지구조고도화사업 대행신청서를 사업시행자에게 제출하여야 한다.(2015.6.30 본문개정)

1. 산업단지구조고도화사업을 대행하려는 자의 성명(법인인 경우에는 법인의 명칭 및 대표자의 성명을 말한다) 및 주소(2015.6.30 본호개정)
2. 산업단지구조고도화사업을 대행하려는 산업단지구조고도화사업 예정지구의 명칭·위치 및 면적(2015.6.30 본호개정)
3. 다음 각 목의 내용을 포함한 산업단지구조고도화사업의 대행에 관한 개요(2015.6.30 본문개정)

가. 사업의 목적 및 필요성

나. 사업의 종류 및 개요

다. 사업의 시행기간

② 제1항에 따른 산업단지구조고도화사업 대행신청서에는 다음 각 호의 서류를 첨부하여야 한다.(2015.6.30 본문개정)

1. 사업대상 지구의 위치도
2. 사업계획서
3. 자금조달계획서
4. 개발이익의 재투자 계획

③ 제1항에 따라 신청을 받은 사업시행자는 공공성, 사업추진가능성, 적정성 등을 종합적으로 고려하여 신청인의 대행 여부를 결정하여야 한다.

④ 사업시행자는 제3항에 따라 산업단지구조고도화사업을 대행하게 하려는 경우에는 그 대행자와 산업단지구조고도화사업의 대행에 관한 계약을 체결하여야 한다.

(2015.6.30 본항개정)

⑤ 사업시행자는 제4항에 따라 계약을 체결한 산업단지구조고도화사업의 대행자가 성실하게 사업을 시행하도록 지도·감독하여야 한다.(2015.6.30 본항개정)

(2015.6.30 본조제목개정)

(2010.7.12 본조개정)

제58조의5【개발이익 재투자】 ① 법 제45조의6제1항에 따른 개발이익은 해당 산업단지구조고도화사업의 총수익에서 총사업비를 뺀 금액으로 하며, 그 구성항목은 별표5와 같다. 다만, 제2항제1호에 해당하는 경우로서 법 제33조제8항 단서에 따른 복합구역으로의 변경만을 포함하는 산업단지구조고도화사업의 개발이익은 다음 계산식에 따른 금액으로 한다.

$$(\text{총수익}-\text{총사업비}) \times \frac{\text{실질적으로 용도가 변경된 구역의 용지 및 건축물의 매각수입}}{\text{총수익}}$$

(2020.5.12 단서개정)

② 법 제45조의6제1항에 따른 개발이익은 다음 각 호의 어느 하나에 해당하는 경우에 따른 개발이익으로 한정한다.

1. 법 제33조제8항에 따른 용도별 구역의 변경(2020.5.12 본호개정)
2. 「국토의 계획 및 이용에 관한 법률」 제43조에 따른 도시·군계획시설의 결정(2012.4.10 본호개정)
3. 「공간정보의 구축 및 관리 등에 관한 법률」 제67조에 따른 지목의 변경(2015.6.1 본호개정)

③ 제1항에 따른 개발이익은 구조고도화계획 승인 시 해당 구조고도화계획에 따른 추정이익을 기준으로 산정하고, 준공인가 신청 시 개발이익을 정산하여야 한다.

④ 법 제45조의6제1항에 따라 개발이익을 재투자할 수 있는 범위는 개발이익의 100분의 25(「수도권정비계획법」 제2조제1호에 따른 수도권 밖의 산업단지에서 시행하는 산업단지구조고도화사업의 경우에는 1천분의 125) 이상으로 한다.(2019.9.24 본항개정)

⑤ 법 제45조의6제1항에서 "산업기반시설과 공공시설의 설치 등 대통령령으로 정하는 산업단지구조고도화사업"이란 다음 각 호의 사업을 말한다.(2015.6.30 본문개정)

1. 산업기반시설의 유지·보수·개량 및 확충(2011.10.26 본호개정)
2. 공공시설의 유지·보수·개량 및 확충

2의2. 산업용지 및 시설의 분양가격 인하(2011.10.26 본호신설)

3. 그 밖에 관리권자가 인정하는 산업단지구조고도화사업(2015.6.30 본호개정)

⑥ 사업시행자 및 대행사업자는 준공인가일 전까지 산업단지구조고도화사업으로 인하여 발생하는 재투자를 완료하여야 한다.(2015.6.30 본항개정)

⑦ 법 제45조의6제2항에 따라 별도로 설치·운영해야 하는 회계의 수입은 다음 각 호의 재원으로 한다.

1. 법 제45조의6제1항에 따른 개발이익 재투자 회수금
2. 회계 자금의 이자수익금과 그 밖의 수익금
3. 그 밖에 법 제30조제2항제3호부터 제5호까지에서 규정하는 관리권자와 그 관리권자로부터 관리업무를 위탁받은 관리기관이 산업단지구조고도화사업으로 발생한 개발이익으로 인정하는 재원

(2022.4.19 본항신설)

⑧ 법 제45조의6제2항에 따라 별도로 설치·운영해야 하는 회계는 다음 각 호의 용도에 지출해야 한다.
1. 제5항 각 호의 산업단지구조고도화사업을 위한 지출비용
2. 산업단지구조고도화 사업을 위한 조사·연구비
3. 구조고도화계획 수립 비용
4. 개발이익 재투자 별도 회계의 조성·운용 및 관리를 위한 경비
5. 그 밖에 법 제30조제2항제3호부터 제5호까지에서 규정하는 관리권자와 그 관리권자로부터 관리업무를 위탁받은 관리기관이 산업단지구조고도화사업을 위하여 필요한 지출로 인정하는 비용
(2022.4.19 본항신설)
(2010.7.12 본조신설)

제58조의6【준공인가】 ① 사업시행자는 법 제45조의7제1항에 따라 준공인가를 받으려는 경우에는 다음 각 호의 사항을 적은 준공인가신청서를 해당 산업단지의 관리권자에게 제출하여야 한다.
1. 산업단지구조고도화사업 시행자의 성명(법인의 경우에는 법인의 명칭 및 대표자의 성명) 및 주소
2. 산업단지구조고도화사업의 명칭
3. 산업단지구조고도화사업이 시행된 지역의 위치 및 면적
(2015.6.30 1호~3호개정)
4. 사업시행기간
5. 토지이용계획
6. 산업집적기반시설·산업기반시설 및 공공시설의 유지·보수·개량 및 확충 등의 개요
② 제1항에 따른 준공인가신청서에는 다음 각 호의 서류 및 도면을 첨부하여야 한다.
1. 준공조서(준공설계도서 및 준공사진을 포함한다)
2. 지적측량성과도
3. 개발된 토지 및 시설의 처분계획서
4. 귀속주체를 구분·명시한 공공시설 등의 귀속조서와 도면
③ 관리권자는 제1항에 따른 준공인가신청서에 포함된 공공시설 등을 인수하거나 관리하게 될 국가·지방자치단체·공공기관 또는 관리기관에 준공인가에 참여할 것을 요청할 수 있다. 이 경우 요청을 받은 자는 특별한 사유가 없으면 해당 요청에 따라야 한다.
④ 관리권자는 법 제45조의7제2항에 따라 준공검사 결과 구조고도화계획대로 완료된 때에는 준공인가를 하고, 준공인가증명서를 발급하여야 한다. 다만, 구조고도화계획대로 완료되지 아니한 때에는 지체 없이 보완시공 등 필요한 조치를 명하여야 한다.
(2010.7.12 본조신설)

제58조의7【준공인가 공고】 법 제45조의7제6항에 따라 관리권자가 공고해야 할 사항은 다음 각 호와 같다.
(2020.5.12 본문개정)
1. 산업단지구조고도화사업의 명칭
2. 산업단지구조고도화사업 시행자의 성명(법인의 경우에는 법인의 명칭 및 대표자의 성명) 및 주소
3. 산업단지구조고도화사업 시행지역의 위치 및 면적(용도별 구역의 면적을 포함한다)
(2015.6.30 1호~3호개정)
4. 준공인가 연월일
5. 토지 및 시설의 관리·처분에 관한 사항
(2010.7.12 본조신설)

제58조의8【스마트그린산업단지 육성지침】 ① 법 제45조의9에 따른 스마트그린산업단지 육성지침(이하 이 조에서 "육성지침"이라 한다)에는 다음 각 호의 사항이 포함되어야 한다.
1. 스마트그린산업단지 지정 요건 및 기준에 관한 사항
2. 스마트그린산업단지의 공모 및 평가(법 제45조의11제3항의 우대에 관한 사항을 포함한다)에 관한 사항
3. 스마트그린산업단지의 관리에 관한 사항
4. 스마트그린산업단지 촉진사업의 기본방향에 관한 사항
5. 스마트그린산업단지 현황 조사에 관한 사항
6. 그 밖에 스마트그린산업단지 육성에 필요한 사항
② 법 제45조의9제2항 단서에서 "대통령령으로 정하는 경미한 사항의 변경"이란 다음 각 호의 어느 하나에 해당하는 변경을 말한다.
1. 관계 법령이 제정·개정 또는 폐지됨에 따른 육성지침의 변경
2. 착오, 오기, 누락 또는 그 밖에 육성지침 수립 목적에 영향을 미치지 않는 사항으로서 변경 근거가 명확한 사항의 변경
③ 법 제45조의9제1항 및 제2항에 따른 육성지침 및 변경사항의 고시는 관보에 게재하는 방법으로 한다.
④ 산업통상자원부장관은 육성지침의 수립·변경을 위하여 필요한 경우에는 관계 중앙행정기관의 장, 시·도지사 및 「공공기관의 운영에 관한 법률」에 따른 공공기관의 장에게 협조를 요청할 수 있다.
(2021.6.8 본조신설)

제58조의9【스마트그린산업단지의 공모】 ① 산업통상자원부장관은 법 제45조의10제1항에 따라 스마트그린산업단지를 지정하기 위하여 공모를 하려는 경우에는 다음 각 호의 사항을 관할구역 내 산업단지가 있는 시·도지사에게 알려야 한다.
1. 공모 일정
2. 공모 참가 자격 및 방법
3. 스마트그린산업단지의 지정 목적
4. 스마트그린산업단지의 지정기준 및 평가계획
5. 스마트그린산업단지에 대한 지원 내용
6. 그 밖에 스마트그린산업단지의 지정을 위한 공모에 필요한 사항
② 시·도지사는 스마트그린산업단지를 지정받으려는 경우 법 제45조의10제2항에 따른 스마트그린산업단지 지정요청서(이하 "지정요청서"라 한다)에 지정받으려는 산업단지의 위치도·계획평면도·조감도 및 그 밖에 지정요청서 내용을 확인할 수 있는 서류로서 산업통상자원부령으로 정하는 서류를 첨부하여 산업통상자원부장관에게 제출해야 한다.
③ 법 제45조의10제2항제7호에서 "대통령령으로 정하는 사항"이란 다음 각 호의 사항을 말한다.
1. 법 제45조의11제3항에 따른 우대 대상 입주기업체 및 지원기관의 입지 현황
2. 법 제45조의14에 따른 사업시행자에 관한 사항
3. 시·도지사가 지원할 수 있는 예산 및 인력 등의 구체적인 내용
4. 스마트그린산업단지와 인근 지역과의 연계 발전방안
④ 산업통상자원부장관은 스마트그린산업단지의 지정을 위한 공모 및 평가 등에 관한 업무를 원활하게 수행하기 위하여 필요한 경우에는 관계 전문기관에 자문하거나 조사·연구를 의뢰할 수 있다.
(2021.6.8 본조신설)

제58조의10【스마트그린산업단지의 지정】 ① 산업통상자원부장관은 법 제45조의11제3항에 따라 같은 항에 따른 입주기업체 또는 지원기관이 입지한 산업단지에 대해서는 평가 시 산업통상자원부장관이 고시하는 바에 따라 가점을 부여할 수 있다.
② 산업통상자원부장관은 스마트그린산업단지를 지정한 경우 법 제45조의11제4항에 따라 다음 각 호의 사항을 관보에 고시해야 한다.
1. 스마트그린산업단지의 명칭, 위치 및 면적
2. 스마트그린산업단지의 지정일
3. 그 밖에 산업통상자원부장관이 필요하다고 인정하는 사항
(2021.6.8 본조신설)

제58조의11【스마트그린산업단지 촉진사업계획】 ① 법 제45조의12제1항 단서에서 "대통령령으로 정하는 경미한 사항을 변경하는 경우"란 다음 각 호의 어느 하나에 해당하는 경우를 말한다.
1. 관계 법령이 제정·개정 또는 폐지됨에 따라 스마트그린산업단지 촉진사업계획을 변경하는 경우
2. 행정구역의 변경 등에 따라 사업대상지의 명칭을 변경하는 경우
3. 사업시행자의 명칭 또는 대표자를 변경하는 경우
4. 착오, 오기, 누락 또는 그 밖에 스마트그린산업단지 촉진사업의 목적에 영향을 미치지 않는 사항으로서 변경근거가 명확한 사항을 변경하는 경우
② 산업통상자원부장관은 법 제45조의12제1항에 따라 스마트그린산업단지 촉진사업계획을 승인한 경우에는 같은 조 제3항에 따라 다음 각 호의 사항을 관보에 고시해야 한다.
1. 스마트그린산업단지의 명칭, 위치 및 면적
2. 법 제45조의14에 따른 사업시행자의 명칭
3. 스마트그린산업단지 촉진사업의 목적 및 사업추진 내용의 개요
4. 스마트그린산업단지 촉진사업의 시행기간
(2021.6.8 본조신설)

제58조의12【사업시행자】 법 제45조의14제3호에서 "대통령령으로 정하는 자"란 다음 각 호의 자를 말한다.
1. 「지방공기업법」에 따른 지방공기업
2. 스마트그린산업단지로 지정된 산업단지의 관리기관
(2021.6.8 본조신설)

제58조의13【산업단지 데이터】 법 제45조의15제1항 전단에서 "입주기업체의 공장에서 축적되는 제조공정 데이터, 산업집적기반시설·산업기반시설 및 공공시설 데이터, 「공공데이터의 제공 및 이용 활성화에 관한 법률」 제2조제2호에 따른 공공데이터 등 대통령령으로 정하는 정보"란 다음 각 호의 정보를 말한다.
1. 입주기업체에서 축적되는 제조공정 데이터로서 생산품, 생산량, 가동설비, 가동률, 불량률, 에너지(신에너지 및 재생에너지를 포함한다. 이하 이 조에서 같다), 물류, 폐기물, 고용 등에 관한 데이터
2. 산업집적기반시설·산업기반시설 및 공공시설을 포함하여 산업단지 시설에서 축적되는 데이터로서 에너지, 상하수도, 통신, 환경, 교통량, 물류 등에 관한 데이터
3. 「공공데이터의 제공 및 이용 활성화에 관한 법률」 제2조제2호에 따른 공공데이터
4. 그 밖에 스마트그린산업단지 촉진사업 관련 장치 및 설비를 구축 또는 이용하기 위하여 광(光) 또는 전자적 방식으로 처리되어 부호, 문자, 음성, 음향 및 영상 등으로 표현된 자료 또는 지식
(2021.6.8 본조신설)

제58조의14【산업단지 데이터의 수집·가공·활용】 ① 법 제45조의14에 따른 사업시행자가 법 제45조의15제1항에 따라 같은 항에 따른 산업단지 데이터(이하 "산업단지 데이터"라 한다)의 수집·가공·활용에 대한 동의를 받으려는 경우에는 정보 보유자에게 다음 각 호의 사항을 알려야 한다.
1. 수집·가공·활용의 목적
2. 수집·가공·활용하는 데이터의 항목
3. 수집·가공·활용의 방법
4. 데이터의 보유 및 활용 기간
5. 동의를 거부할 권리가 있다는 사실 및 동의 거부에 따른 불이익이 있는 경우에는 그 불이익의 내용
② 법 제45조의14에 따른 사업시행자가 제1항 각 호의 어느 하나에 해당하는 사항을 변경하려는 경우에는 정보 보유자에게 변경사항을 알리고 동의를 받아야 한다.
③ 산업통상자원부장관은 법 제45조의14에 따른 사업시행자가 산업단지데이터(개인정보는 제외한다)를 정보 보유자 또는 제3자에게 제공하는 경우에 적용할 표준약관을 정하여 공시하고 이를 사용하도록 권고할 수 있다.
④ 산업통상자원부장관은 산업단지데이터의 수집·가공·활용의 촉진과 보호를 위하여 산업단지데이터 활용 및 보호에 관한 지침을 정하여 고시할 수 있다.
(2021.6.8 본조신설)

제58조의15【공단의 사업】 법 제45조의21제1항제12호에서 "대통령령으로 정하는 사업"이란 다음 각 호의 사업을 말한다.(2021.6.8 본문개정)
1. 산업집적촉진 및 지역산업진흥에 관한 사업
2. 산업단지 공동물류기반구축에 관한 사업
3. 해외산업단지와의 교류 및 협력에 관한 사업
4. 산업단지 안의 산업용지 및 공장등과 생산설비 등의 중개 및 그 활용을 촉진하기 위한 사업
5. 취업알선, 그 밖에 산업단지 입주기업체의 원활한 인력수급을 위한 사업
6. (2011.6.27 삭제)
7. 산업단지 및 입주기업의 지원을 위한 자금의 조성·운영 및 투자에 관한 사업
8. 토지의 취득·공급 및 시설의 임대에 관한 사업
9. 입주기업체 및 근로자의 교류증진과 해외구매자 등의 편의도모를 위한 전시장·회의장 등 각종 지원시설의 운영에 관한 사업
10. 입주기업체의 구조조정 및 경영 정상화를 지원하기 위한 사업
11. 산업통상자원부장관·지방자치단체의 장 등이 위탁한 사업(2013.3.23 본호개정)
12. 저탄소 녹색성장을 촉진하기 위한 「환경친화적 산업구조로의 전환촉진에 관한 법률」에 따른 생태산업단지 구축에 관한 사업
13. 제1호부터 제12호까지의 사업에 준하는 사업으로서 산업통상자원부장관의 승인을 받은 사업(2013.3.23 본호개정)
(2009.8.5 본조개정)

제58조의16【지방자치단체 등과의 협력 등】 ① 공단이 법 제45조의21제5항에 따라 지방자치단체 및 유관기관과 협력할 사항은 다음 각 호의 사항으로 한다.
1. 법 제45조의21제1항제7호에 따른 공장설립 관련 업무지원 중 공장설립에 관련된 각종 인가·허가 등의 절차에 대한 지원 및 그 지원업무의 위탁
2. 법 제45조의21제1항제2호·제3호 및 제5호에 규정된 사업의 추진에 따른 용지 및 손실보상업무의 위탁, 기반시설의 설치지원, 각종 인가·허가 등의 절차에 대한 지원
3. 그 밖에 법 제45조의21제1항 각 호 및 이 영 제58조의15 각 호에 따른 사업의 원활한 추진을 위하여 필요하다고 인정되는 사항
(2021.6.8 본항개정)
② 관리기관은 제1항 각 호의 지원 등을 수행할 경우 필요하면 지방자치단체 또는 유관기관에 필요한 서류의 열람 또는 복사를 요청할 수 있다.
(2009.8.5 본조개정)

제58조의17【업무의 지도·감독】 ① 산업통상자원부장관은 법 제45조의25에 따라 공단에 대하여 업무·회계 및 재산에 관한 사항을 보고하게 하거나 소속 공무원으로 하여금 공단의 장부·서류, 그 밖의 물건을 검사하게 할 수 있다.(2021.6.8 본항개정)
② 제1항에 따라 검사를 하는 공무원은 그 권한을 표시하는 증표를 관계인에게 내보여야 한다.
(2009.8.5 본조개정)

제58조의18【출연금의 지급 및 관리】 ① 공단이 법 제45조의26에 따라 출연금을 지급받은 경우에는 별도의 계정을 설정하여 관리해야 하며, 법 제45조의21제1항 각 호의 사업의 용도로만 사용해야 한다.(2021.6.8 본항개정)
② 국가 또는 지방자치단체는 출연금을 지급받은 공단이 제1항에 따른 용도 외의 목적으로 이를 사용한 경우에는 용도 외의 목적으로 사용한 출연금의 전부를 회수할 수 있다.
(2009.8.5 본조개정)

제58조의19【채권의 형식】 법 제45조의27에 따라 공단이 발행하는 채권은 무기명식으로 한다. 다만, 응모자 또는 소지인의 청구가 있는 때에는 기명식으로 할 수 있다.
(2021.6.8 본문개정)

제58조의20【채권의 발행방법】 공단이 발행하는 채권은 모집·총액인수 또는 매출의 방법으로 이를 발행한다.
(2009.8.5 본조개정)

제58조의21【채권의 응모 등】 ① 공단은 모집의 방법으로 채권을 발행하려는 경우에는 다음 각 호의 사항이 포함된 채권청약서를 작성하여 교부하여야 한다.
1. 공단의 명칭
2. 채권의 발행총액
3. 채권의 권종별 액면금액
4. 채권의 이율
5. 채권상환의 방법 및 기간과 이자지급의 방법
6. 채권의 발행가액 또는 그 최저가액
7. 상환되지 아니한 채권이 있는 경우에는 그 총액
8. 채권모집의 위탁을 받은 회사가 있는 경우에는 그 상호 및 주소
② 채권의 모집에 응하려는 자는 제1항에 따른 채권청약서 2통에 그 응모하려는 채권의 수·금액과 청약자의 주소를 기재하고 기명날인하여 공단에 제출하여야 한다. 이 경우 채권의 최저가액을 정하여 발행하는 때에는 응모가액을 기재하여야 한다.
(2009.8.5 본조개정)

제58조의22【총액인수 및 매출의 방법】 ① 제58조의21은 계약에 따라 채권의 총액을 인수하는 경우에는 이를 적용하지 않는다. 채권모집의 위탁을 받은 회사가 그 채권의 일부를 인수하는 경우 그 인수분에 대해서도 또한 같다.
② 매출의 방법으로 채권을 발행하는 경우에는 매출기간과 제58조의21제1항제1호부터 제6호까지의 사항을 미리 공고해야 한다.
(2021.6.8 본조개정)

제58조의23【채권의 발행총액】 공단은 채권의 발행에 있어서 실제로 응모된 총액이 채권청약서에 기재된 채권의 발행총액에 미달되는 경우에도 채권을 발행한다는 뜻을 채권청약서에 표시할 수 있다. 이 경우 그 응모총액을 채권의 발행총액으로 한다.(2009.8.5 본조개정)

제58조의24【채권인수가액의 납입 등】 ① 공단은 채권의 응모가 완료된 때에는 지체 없이 응모자로 하여금 인수한 채권금액의 전액을 납입하게 하여야 한다.
② 채권모집의 위탁을 받은 회사는 자기의 명의로 공단을 위하여 제1항에 따른 행위를 할 수 있다.
③ 모집의 방법으로 채권을 발행하는 경우에는 그 발행총액에 해당하는 납입금 전액이 납입된 후가 아니면 그 채권을 발행하지 못한다.
(2009.8.5 본조개정)

제58조의25【채권의 기재사항】 채권에는 다음 각 호의 사항을 기재하고 공단의 이사장이 기명날인해야 한다.
(2021.6.8 본문개정)
1. 제58조의21제1항제1호부터 제5호까지의 사항(매출의 방법에 따라 채권을 발행하는 경우 같은 항 제2호의 사항은 제외한다)(2021.6.8 본호개정)
2. 채권의 번호
3. 채권의 발행 연월일
(2009.8.5 본조개정)

제58조의26【채권원부】 ① 공단은 주된 사무소에 채권원부를 비치하고 다음 각 호의 사항을 기재해야 한다.
(2021.6.8 본문개정)
1. 채권의 권종별 수와 번호
2. 채권의 발행 연월일
3. 제58조의21제1항제2호부터 제5호까지의 사항과 제8호의 사항(2021.6.8 본호개정)
② 채권이 기명식인 때에는 제1항 각 호의 사항 외에 다음 각 호의 사항을 기재하여야 한다.
1. 채권소유자의 성명 및 주소
2. 채권의 취득 연월일
③ 채권의 소유자 또는 소지인은 공단의 근무시간 중 언제든지 채권원부의 열람을 요구할 수 있다.
(2009.8.5 본조개정)

제58조의27【이권흠결의 경우】 ① 이권이 있는 무기명식의 채권을 상환하는 경우 이권이 흠결된 때에는 그 이권에 상당하는 금액을 상환액으로부터 공제한다.
② 제1항에 따른 이권의 소지인은 그 이권과 상환으로 공제된 금액의 지급을 청구할 수 있다.
(2009.8.5 본조개정)

제58조의28【채권소지인에 대한 통지 등】 ① 채권을 발행하기 전의 그 응모자 또는 권리자에 대한 통지 또는 최고는 채권청약서에 기재된 주소로 하여야 한다. 이 경우 공단이 따로 주소를 통지받은 때에는 그 주소로 하여야 한다.
② 무기명식 채권의 소지인에 대한 통지 또는 최고는 공고의 방법으로 한다. 다만, 그 주소를 알 수 있는 경우에는 이에 따르지 아니할 수 있다.
③ 기명식 채권의 소유자에 대한 통지 또는 최고는 채권원부에 기재된 주소로 하여야 한다. 이 경우 공단이 따로 주소를 통지받은 때에는 그 주소로 하여야 한다.
(2009.8.5 본조개정)

제59조【권한 및 업무의 위임·위탁】 ① 법 제51조제1항에 따라 산업통상자원부장관(제3항에 따라 관리권한이 위탁된 경우에는 그 위탁을 받은 중앙행정기관의 장을 포함한다)은 법 제55조제1항제1호부터 제5호까지, 같은 조 제2항제9호에 따른 과태료처분 중 국가산업단지의 입주기업 또는 지원기관에 대한 과태료의 부과·징수와 이의제기의 수리 및 법원에의 통보에 관한 권한을 시·도지사에게 위임한다.(2021.9.14 본항개정)
② 법 제31조에 따라 산업통상자원부장관은 제3항 또는 다른 법령에서 특별히 정한 경우를 제외하고는 국가산업단지에 대한 법 제2조제15호에 따른 관리업무를 공단에 위탁한다.(2021.9.14 본항개정)
③ 법 제51조제1항에 따라 산업통상자원부장관은 「산업입지 및 개발에 관한 법률」 제6조제2항에 따른 중앙행정기관의 장의 요청에 따라 지정된 국가산업단지에 대하여 해당 중앙행정기관의 장의 요청이 있는 경우로서 그가 직접 관리하여야 할 필요가 있다고 인정되는 경우에는 해당 국가산업단지에 대한 관리권한을 그 중앙행정기관의 장에게 위탁할 수 있다.(2013.3.23 본항개정)
④ 법 제51조제1항에 따라 산업통상자원부장관은 법 제34조에 따른 국가산업단지 내 국유지의 매각 및 임대에 관한 업무를 해당 국가산업단지의 관리업무를 위임 또는 위탁받은 공단에 위탁하며, 법 제34조에 따른 일반산업단지 및 도시첨단산업단지 내 국유지의 매각 및 임대에 관한 업무를 관할 시·도지사에게 위임한다.
(2013.3.23 본항개정)
⑤ 법 제51조제1항에 따라 산업통상자원부장관은 스마트그린산업단지와 관련된 다음 각 호의 업무를 공단에 위탁한다.
1. 법 제45조의10제1항에 따른 스마트그린산업단지 공모절차 진행에 관한 업무
2. 법 제45조의11제2항에 따른 지정요청서 평가에 관한 업무
(2021.6.8 본항신설)
⑥ 법 제51조제2항에 따라 산업통상자원부장관은 공장설립온라인지원시스템의 설치·운영 등에 관한 다음 각 호의 업무를 공단에 위탁한다.(2013.3.23 본문개정)
1. 법 제6조의2제1항에 따른 공장설립온라인지원시스템의 설치·운영에 관한 업무
2. (2015.6.30 삭제)
3. 법 제6조의3제3항에 따른 전산자료를 이용하는 자에 대한 사용료 징수에 관한 업무
4. 법 제6조의5에 따른 공장설립온라인지원시스템 이용하는 자에 대한 교육과 그 교육비용의 징수에 관한 업무
(2011.10.26 본항신설)
(2021.6.8 본조제목개정)

제59조의2【규제의 재검토】 ① 산업통상자원부장관은 다음 각 호의 사항에 대하여 다음 각 호의 기준일을 기준으로 3년마다(매 3년이 되는 해의 기준일과 같은 날 전까지를 말한다) 그 타당성을 검토하여 개선 등의 조치를 하여야 한다.
1. 제6조에 따른 산업단지의 입주자격 : 2014년 1월 1일
2. (2020.3.3 삭제)
3. 제27조 및 별표2에 따른 성장관리권역에서 허용되는 행위의 범위 : 2014년 1월 1일
4. 제34조 및 별표4에 따른 도시형공장의 구분 및 범위 : 2014년 1월 1일
5. 제36조의3에 따른 분양공고안 승인의 제외대상 : 2014년 1월 1일
6. 제36조의4에 따른 지식산업센터에 입주할 수 있는 시설에 해당하기 위한 사업과 입주업체 생산활동지원시설로서 지식산업센터에 입주할 수 있는 시설의 범위 : 2014년 1월 1일
7. (2020.3.3 삭제)
8. 제48조의4에 따른 산업용지 및 공장등의 입주계약의 계약기간, 임대계약기간 및 우선 양도의 요건과 대상 : 2014년 1월 1일
9. 제49조에 따른 산업용지의 처분제한 사유 및 처분 절차 등 : 2014년 1월 1일
10. (2020.3.3 삭제)
11. 제58조의5에 따른 개발이익 재투자의 범위 및 대상사업 : 2014년 1월 1일
② 산업통상자원부장관은 다음 각 호의 사항에 대하여 다음 각 호의 기준일을 기준으로 2년마다(매 2년이 되는 해의 기준일과 같은 날 전까지를 말한다) 그 타당성을 검토하여 개선 등의 조치를 하여야 한다.
1. 제4조의6에 따른 지식산업센터의 요건 : 2015년 1월 1일
2. 제19조의2에 따른 사도개설허가에 관한 기준 : 2015년 1월 1일
3. 제19조의7에 따른 제조시설 설치승인의 취소사유 : 2015년 1월 1일
4. 제21조에 따른 공장의 등록 취소사유 : 2015년 1월 1일
5. 제43조의2에 따른 용도별 구역변경에 따른 지가상승의 산정 및 관리권자가 기부받을 수 있는 범위 : 2015년 1월 1일
6. 제48조에 따른 공동시설의 공동부담금 징수의 승인절차 및 징수절차 : 2015년 1월 1일
7. 제60조 및 별표6에 따른 과태료의 부과기준 : 2015년 1월 1일
(2014.12.9 본항신설)
(2013.12.30 본조개정)

제60조【과태료의 부과기준】 법 제55조제1항 및 제2항에 따른 과태료의 부과기준은 별표6과 같다.(2011.4.5 본조개정)

부　칙 (2012.12.12)

제1조【시행일】 이 영은 공포한 날부터 시행한다. 다만, 제43조의 개정규정은 공포 후 3개월이 경과한 날부터 시행한다.

제2조【업종별 배치계획에 관한 경과조치】 이 영 시행 당시 종전 규정에 따라 수립된 업종별 배치계획은 제43조제3항의 개정규정에 따라 수립된 업종 배치계획으로 본다.

부　칙 (2014.3.11)

제1조【시행일】 이 영은 공포한 날부터 시행한다.

제2조【개발이익 재투자에 관한 경과조치】 이 영 시행 당시 승인(변경승인을 포함한다. 이하 같다)을 받았거나 승인이 신청된 구조고도화사업에 대해서는 제58조의5제4항의 개정규정에도 불구하고 종전의 규정에 따른다.

부　칙 (2014.8.6)

제1조【시행일】 이 영은 공포한 날부터 시행한다.

제2조【용도별 구역변경에 따른 지가상승 분의 기부에 관한 적용례】 제43조의2제3항의 개정규정은 이 영 시행 후 관리기본계획을 변경하는 경우부터 적용한다.

부　칙 (2014.12.30)

제1조【시행일】 이 영은 공포한 날부터 시행한다.

제2조【산업용지의 분할 처분에 관한 적용례】 제49조제4항의 개정규정은 이 영 시행 전에 제49조제2항에 따라 입주기업체 등이 산업용지를 처분하기 위하여 처분신청서를 제출하고 양도대상자의 선정통지를 하지 아니한 경우에도 적용한다.

부　칙 (2015.5.6)

제1조【시행일】 이 영은 공포한 날부터 시행한다.

제2조【용도별 구역변경에 따른 지가상승분의 기부에 관한 적용례】 제43조의2제1항의 개정규정은 이 영 시행 전에 용도별 구역을 변경하여 지가가 상승함에 따라 발생한 지가상승분을 이 영 시행 이후 기부하는 경우에도 적용한다.

부　칙 (2019.9.24)

제1조【시행일】 이 영은 공포한 날부터 시행한다.

제2조【산업단지에 입주하는 지원기관의 업종 변경에 관한 경과조치】 이 영 시행 당시 종전의 규정에 따라 산업단지에 입주한 지원기관에 대해서는 제6조제6항의 개정규정에도 불구하고 종전의 규정에 따른다.

제3조【개발이익 산정 방식 변경 등에 관한 경과조치】 이 영 시행 당시 법 제45조의2제3항에 따라 승인(변경승인을 포함한다. 이하 같다)을 받았거나 승인이 신청된 산업단지구조고도화사업에 대해서는 제58조의5제1항 및 제4항의 개정규정에도 불구하고 종전의 규정에 따른다.

부　칙 (2020.3.3)

이 영은 공포한 날부터 시행한다.

부　칙 (2020.5.12)

제1조【시행일】 이 영은 공포한 날부터 시행한다. 다만, 제6조제5항 단서, 제26조제1호, 제27조의3제1호가목, 제27조의4, 제42조제5항 단서, 제43조제5항제6호, 별표1, 별표1의2, 별표2 및 별표3의 개정규정 및 부칙 제2조제1항·제2항·제5항은 공포 후 3개월이 경과한 날부터 시행한다.

제2조【다른 법령의 개정】 ①~⑤ ※(해당 법령에 가제정리 하였음)

부　칙 (2020.9.8)

이 영은 2021년 1월 1일부터 시행한다.

부　칙 (2021.1.5)

이 영은 공포한 날부터 시행한다.(이하 생략)

부　칙 (2021.6.8)

제1조【시행일】 이 영은 2021년 6월 9일부터 시행한다.

제2조【다른 법령의 개정】 ①~⑪ ※(해당 법령에 가제정리 하였음)

부　칙 (2021.9.14)

이 영은 2021년 9월 16일부터 시행한다.

부　칙 (2021.12.16)

제1조【시행일】 이 영은 2022년 1월 13일부터 시행한다.(이하 생략)

부　칙 (2022.1.21)

제1조【시행일】 이 영은 2022년 1월 21일부터 시행한다.(이하 생략)

부　칙 (2022.2.11)

제1조【시행일】 이 영은 공포한 날부터 시행한다.(이하 생략)

부　칙 (2022.2.17 영32447호)
(2022.2.17 영32449호)

제1조【시행일】 이 영은 2022년 2월 18일부터 시행한다.(이하 생략)

부　칙 (2022.4.19)

이 영은 2022년 4월 20일부터 시행한다.

부　칙 (2022.5.3)

제1조【시행일】 이 영은 공포한 날부터 시행한다.(이하 생략)

부　칙 (2022.6.28)

제1조【시행일】 이 영은 2022년 6월 29일부터 시행한다.(이하 생략)

부　칙 (2023.3.28)
(2023.4.11)

이 영은 공포한 날부터 시행한다.

부　칙 (2023.5.15)

제1조【시행일】 이 영은 2023년 5월 16일부터 시행한다.(이하 생략)

부　칙 (2023.7.7)

제1조【시행일】 이 영은 2023년 7월 10일부터 시행한다.(이하 생략)

부　칙 (2023.12.5)

제1조【시행일】 이 영은 2023년 12월 14일부터 시행한다.(이하 생략)

〔별표〕➡「法典 別冊」參照

산업발전법

(2009년　4월　1일 전부개정법률 제9584호)

개정
2009. 5.21법 9685호(중소기업판로지원)
2010. 1.13법 9931호(저탄소녹색성장기본법)
2011. 3.30법10490호
2013. 3.23법11690호(정부조직)
2014. 1.21법12307호(중견기업성장촉진및경쟁력강화에관한특별법)
2014. 5.20법12591호(상법)
2014.12.30법12892호(채무자회생파산)
2015. 7.24법13448호(자본시장금융투자업)
2016. 3.29법14109호
2017. 7.26법14839호(정부조직)
2017.12.12법15178호
2018.12.31법16172호(중소기업진흥에관한법)
2020. 2.11법16998호(벤처투자촉진에관한법)
2020.10.20법17530호
2020.12.29법17799호(독점)
2021. 4.20법18128호(자본시장금융투자업)
2022. 6.10법18888호

제1장　총　칙

제1조【목적】 이 법은 지식기반경제의 도래에 대응하여 산업의 경쟁력을 강화하고 지속가능한 산업발전을 도모함으로써 국민경제의 발전에 이바지함을 목적으로 한다.
제2조【적용 범위】 이 법은 다음 각 호의 업종 중 대통령령으로 정하는 업종(이하 "산업"이라 한다)에 대하여 적용한다. 다만, 「중견기업 성장촉진 및 경쟁력 강화에 관한 특별법」 제2조제1호에 따른 중견기업에 대한 지원의 경우에는 모든 업종에 대하여 적용한다.(2014.1.21 단서개정)
1. 제조업
2. 제조업의 경쟁력 강화와 밀접하게 관련되는 서비스업
(2011.3.30 본조개정)
제3조【산업발전시책】 산업통상자원부장관은 이 법의 목적을 달성하기 위하여 관계 중앙행정기관의 장과 협의하여 다음 각 호의 시책(이하 "산업발전시책"이라 한다)을 마련하여야 한다.(2013.3.23 본문개정)
1. 지식기반경제로의 이행 촉진
2. 산업의 경쟁력 강화
3. 지속가능한 산업발전의 기반 구축
4. 기업의 구조조정 및 사업 전환 촉진
5. 산업기술 및 생산성 향상
6. 산업인력의 공급 및 그 효율적인 관리
7. 산업기반의 확충
8. 국제산업협력의 증진
9. 산업부문별 전망과 분석을 위한 통계 기반 구축

제2장　산업의 경쟁력 강화

제4조【중·장기 산업발전전망의 수립】 ① 산업통상자원부장관은 산업의 중·장기적인 발전 방향을 제시하기 위하여 5년 단위의 중·장기 산업발전전망(이하 "중·장기 산업발전전망"이라 한다)을 수립할 수 있다.
(2013.3.23 본항개정)
② 중·장기 산업발전전망에는 다음 각 호의 사항이 포함되어야 한다.
1. 산업구조의 고도화에 대한 전망
2. 산업부문별 발전전망 및 투자 예측
3. 성장 잠재력 및 국민경제발전에 기여도가 높은 새로운 산업 부문(이하 "신산업"이라 한다)의 발전전망
4. 기술·인력·입지·자원(「에너지법」 제2조제1호에 따른 에너지 및 「폐기물관리법」 제2조제1호에 따른 폐기물은 제외한다. 이하 같다) 등 기업활동 요소의 수급 변화에 대한 전망(2010.1.13 본호개정)
5. 산업의 지속가능성에 대한 전망
제5조【첨단기술 및 첨단제품의 선정】 ① 산업통상자원부장관은 중·장기 산업발전전망에 따라 산업구조의 고도화를 촉진하기 위하여 첨단기술 및 첨단제품의 범위를 정하여 고시하여야 한다.(2013.3.23 본항개정)
② 제1항에 따른 첨단기술 및 첨단제품의 범위는 기술집약도가 높고 기술혁신속도가 빠른 기술 및 제품을 대상으로 다음 각 호의 사항을 고려하여 정하여야 한다.
1. 산업구조의 고도화에 대한 기여 효과
2. 신규 수요 및 부가가치 창출 효과
3. 산업 간 연관 효과
제6조【부문별 경쟁력 강화시책】 ① 산업통상자원부장관은 중·장기 산업발전전망에 따라 산업부문별로 경쟁력을 강화하기 위한 시책(이하 "부문별 경쟁력 강화시책"이라 한다)을 수립하여야 한다.(2013.3.23 본항개정)
② 부문별 경쟁력 강화시책에는 다음 각 호의 사항이 포함되어야 한다.
1. 산업부문별 경쟁력의 현황 및 강화 방안
2. 기술·인력·입지·자원 등 기업활동 요소의 원활한 공급 방안
3. 국제화·친환경화 및 지식기반화의 촉진 방안
4. 자원생산성(제품을 생산하는 데 투입된 생산요소로서 자원의 양에 대한 산출량과 부가가치의 비율을 의미한다. 이하 같다) 향상 방안
5. 산업부문의 온실가스 배출 감축 지원 방안
6. 산업부문별 지구온난화 등 기후변화에 따른 영향 분석 및 적응 방안
제7조【신산업의 창출 촉진】 ① 산업통상자원부장관은 중·장기 산업발전전망에 따라 신산업의 창출을 촉진하기 위한 시책을 수립하여야 한다.(2013.3.23 본항개정)
② 신산업의 창출을 촉진하기 위한 시책에는 다음 각 호의 사항이 포함되어야 한다.
1. 신산업의 부가가치 및 고용 창출 전망
2. 신산업의 발전 방향
3. 기술·인력·입지·자원 등 기업활동 요소의 원활한 공급 방안
제8조【지식서비스산업의 육성】 ① 정부는 산업의 고부가가치화 및 경쟁력 강화를 위하여 지식서비스산업의 발전을 촉진하는 다음 각 호의 사업을 할 수 있다.
1. 국내외 지식서비스산업의 실태조사
2. 지식서비스산업의 전문인력 양성 및 연구 활성화 지원
3. 새로운 지식서비스 사업모델의 개발 및 확산
4. 지식서비스 정보시스템의 구축 및 활용 지원
5. 지식서비스산업 표준화 및 보급에 관한 지원
6. 지식서비스의 외주화(外注化) 촉진
7. 그 밖에 지식서비스산업의 경쟁력 향상을 위한 지원
② 제1항에 따른 지식서비스산업이란 지식의 생산, 가공, 활용 및 유통을 통하여 부가가치를 창출하는 산업으로서 대통령령으로 정하는 업종을 말한다.
③ 정부는 지식서비스산업에 관하여 전문성이 있다고 인정하여 대통령령으로 정하는 기관으로 하여금 제1항의 사업을 지원하게 할 수 있다.
제9조【지역진흥사업】 산업통상자원부장관은 산업의 경쟁력 강화와 지역산업의 발전을 위하여 지역진흥사업을 할 수 있다.(2013.3.23 본조개정)
제10조【사업전문화 유도시책의 수립】 산업통상자원부장관은 산업의 경쟁력 강화를 위하여 기업이 경영하는 사업의 전문화를 유도하기 위한 시책을 수립할 수 있다.
(2013.3.23 본조개정)
제10조의2 (2014.1.21 삭제)
제11조【기업 간 협력의 촉진】 ① 산업통상자원부장관은 기업 간 협력에 의한 산업의 경쟁력 강화를 위하여 기업이 다음 각 호의 어느 하나에 해당하는 사업을 하는 경우에는 이에 필요한 지원을 할 수 있다.(2013.3.23 본문개정)
1. 부품 등의 표준화 또는 공용화를 위한 사업
2. 공동으로 기술 또는 상표를 개발하는 사업
3. 기업 간 협력을 통하여 기술·인력 등을 제휴하는 사업
4. 기업 간 협력을 통하여 자원생산성을 향상시키거나 온실가스 배출을 줄이는 사업
② 산업통상자원부장관은 제1항에 따라 지원하려는 사업이 「독점규제 및 공정거래에 관한 법률」 제40조에 따른 부당한 공동행위에 해당할 우려가 있을 때에는 그 사업을 지원할 지에 대하여 공정거래위원회와 협의하여야 한다.
(2020.12.29 본항개정)
③ 산업통상자원부장관은 기업 간 협력을 촉진하기 위하여 다음 각 호의 사업을 하는 자 중에서 대통령령으로 정하는 법인 또는 단체가 그 사업을 효율적으로 할 수 있도록 필요한 지원을 할 수 있다.(2013.3.23 본문개정)
1. 기업 간 협력의 중개
2. 기업 간 협력을 위한 정보제공
제12조【기업경영자원의 개발 촉진 등】 ① 정부는 인적자원의 개발 등 기업의 경영능력 증진을 위한 사업에 대하여 필요한 지원을 할 수 있다.
② 정부는 다음 각 호의 업무를 하기 위하여 산업을 경영하는 자(이하 "사업자"라 한다), 사업자단체(사업자들이 「민법」 제32조에 따라 비영리법인으로 설립한 단체를 말한다), 교육훈련기관, 연구기관, 노동조합 등으로 산업부문별 인적자원개발협의체를 구성·운영할 수 있다.
(2016.3.29 본문개정)
1. 인력 수급 및 교육훈련 수요에 관한 분석
2. 자격 및 직무능력에 관한 기준의 개발 및 제안
3. 교육훈련 프로그램의 개발
③ 정부는 제2항에 따른 산업부문별 인적자원개발협의체에 대하여 필요한 지원을 할 수 있다.
④ 제2항에 따른 산업부문별 인적자원개발협의체의 구성 및 운영 방법, 그 밖에 필요한 사항은 대통령령으로 정한다.
제12조의2【산업인력의 재교육·재훈련】 ① 국가와 지방자치단체는 산업인력이 디지털 전환, 신산업 진출, 주력산업 고도화 등 산업 환경의 변화에 적응하고 업무능력 등을 지속적으로 계발·향상할 수 있도록 재교육 또는 재훈련을 실시할 수 있다.
② 국가와 지방자치단체는 산업인력에 대하여 제1항에 따른 재교육 또는 재훈련을 실시하는 자에 대하여 행정적·재정적 지원을 할 수 있다.
③ 제1항에 따른 재교육 또는 재훈련의 실시기관, 실시방법 및 실시절차, 그 밖에 필요한 사항은 대통령령으로 정한다.
(2020.10.20 본조신설)
제13조【사업 전환의 지원 등】 ① 정부는 대통령령으로 정하는 사업 전환 등의 과정에서 발생하는 유휴(遊休) 경영자원의 활용도를 높이기 위하여 다음 각 호의 사업을 지원할 수 있다.

1. 유휴설비의 매각이나 담보 해제 등 유휴설비를 처리하기 위한 사업
2. 재취업훈련, 취업알선 등 고용안정과 관련한 사업
3. 기술이전, 고용승계 등 유휴 경영자원을 활용하기 위한 사업

② 산업통상자원부장관은 유휴설비의 거래를 촉진하기 위하여 다음 각 호의 사업을 하는 자 중에서 대통령령으로 정하는 법인 또는 단체가 그 사업을 효율적으로 할 수 있도록 필요한 지원을 할 수 있다.(2013.3.23 본문개정)

1. 기업 간 유휴설비 거래의 중개
2. 유휴설비의 매매에 관한 정보제공 등 유휴설비의 원활한 거래를 위하여 필요한 사업

제14조【산업통계시스템의 구축】 산업통상자원부장관은 산업발전시책, 중·장기 산업발전전망, 부문별 경쟁력 강화시책(이하 "산업발전시책등"이라 한다)의 원활한 수립·추진을 위하여 관련 산업의 통계조사 및 분석을 위한 시스템을 구축할 수 있다.(2013.3.23 본조개정)

제15조【실태조사】 ① 산업통상자원부장관은 산업발전시책등의 효율적인 수립·추진을 위하여 다음 각 호의 사항에 대한 실태조사를 할 수 있다.(2013.3.23 본문개정)

1. 산업 경쟁력
2. 산업의 기술개발 투자 및 기술 경쟁력
3. 기업의 설비 투자
4. 산업의 수요·공급
5. 산업인력의 수요·공급
6. 기업의 해외 투자
7. 산업의 공동화(空洞化)
8. 산업구조조정과 기업의 사업 전환
9. 그 밖에 대내외 환경의 급격한 변화에 대응하기 위하여 산업통상자원부장관이 필요하다고 인정하는 산업 현안(2013.3.23 본호개정)

② 산업통상자원부장관은 제1항에 따른 실태조사를 하기 위하여 필요한 경우에는 관계 중앙행정기관, 지방자치단체, 「공공기관의 운영에 관한 법률」 제4조에 따른 공공기관(이하 "공공기관"이라 한다), 그 밖에 대통령령으로 정하는 기관의 장에게 자료 제출이나 의견 진술 등을 요청할 수 있다. 이 경우 해당 기관의 장은 특별한 사유가 없으면 그 요청에 따라야 한다.(2013.3.23 전단개정)

③ 제1항에 따른 실태조사의 절차 및 방법, 그 밖에 필요한 사항은 대통령령으로 정한다.

제3장　지속가능한 산업발전의 기반 구축

제16조【산업의 자원생산성 향상】 ① 산업통상자원부장관은 자원의 수급과 이용을 통합적으로 고려하여 다음 각 호의 사항을 포함하는 산업의 자원생산성 향상에 관한 종합적인 시책을 수립·시행한다.(2013.3.23 본문개정)

1. 자원생산성 향상의 목표 설정에 관한 사항
2. 국내외 자원의 수급 추이와 전망에 관한 사항
3. 산업생산에 필요한 자원의 안정적인 확보·공급 및 관리를 위한 대책에 관한 사항
4. 산업의 자원생산성 향상 기술 및 경영기법의 보급·확산에 관한 사항
5. 산업의 자원생산성 향상을 위한 교육훈련 및 인력양성에 관한 사항
6. 그 밖에 산업의 자원생산성 향상을 위하여 산업통상자원부장관이 정하여 고시하는 사항(2013.3.23 본호개정)

② 산업통상자원부장관은 제1항에 따른 시책을 수립하기 위하여 대통령령으로 정하는 바에 따라 산업의 자원생산성에 관한 통계를 작성할 수 있다.(2013.3.23 본항개정)

③ 산업통상자원부장관은 제2항에 따른 통계 작성을 위하여 필요한 경우 관계 중앙행정기관, 지방자치단체, 공공기관, 교육·연구기관 및 그 밖에 대통령령으로 정하는 기관의 장에게 필요한 자료의 제출을 요청할 수 있다. 이 경우 해당 기관의 장은 특별한 사유가 없으면 그 요청에 따라야 한다.(2013.3.23 전단개정)

제17조【자원생산성에 관한 업무】 산업통상자원부장관은 자원생산성 향상 및 지속가능한 자원관리에 관한 업무를 효율적으로 하기 위하여 자원생산성 향상 및 관리에 관하여 전문성이 있다고 인정하여 대통령령으로 정하는 기관으로 하여금 다음 각 호의 업무를 하게 할 수 있다.(2013.3.23 본문개정)

1. 국내외 자원에 대한 수급 현황, 재고물량, 소비 동향, 해외시장 정보 등의 조사에 관한 업무
2. 산업생산에 많은 영향을 미치는 자원의 확보, 공급, 사용 등 자원의 전과정(全過程)에 대한 조사 및 관리에 관한 업무
3. 자원생산성에 관한 통계의 작성·분석·관리 등 통계와 관련된 업무
4. 산업의 자원생산성에 관한 현황 조사 및 제공에 관한 업무
5. 산업의 자원생산성 향상을 위한 기술개발 및 경영기법의 보급·확산에 관한 업무
6. 그 밖에 자원생산성 향상 및 지속가능한 자원관리에 관하여 대통령령으로 정하는 업무

제18조【지속가능한 산업발전의 평가기준 및 지표】 ① 산업통상자원부장관은 지속가능한 산업발전을 위하여 산업의 지속가능성을 측정·평가하기 위한 평가기준 및 지표를 설정하여 운영할 수 있다.

② 산업통상자원부장관은 제1항에 따른 평가기준과 지표를 활용하여 산업의 지속가능성을 측정·평가하고 그 결과를 산업발전시책에 반영하도록 노력하여야 한다.(2013.3.23 본조개정)

제19조【지속가능경영 종합시책】 ① 정부는 기업이 경제적 수익성, 환경적 건전성, 사회적 책임성을 함께 고려하는 지속가능한 경영(이하 "지속가능경영"이라 한다) 활동을 추진할 수 있도록 5년마다 종합시책을 수립·시행하여야 한다.(2017.12.12 본항개정)

② 제1항에 따른 종합시책에는 다음 각 호의 사항이 포함되어야 한다.

1. 기업의 지속가능경영 촉진정책의 기본방향 및 목표(2017.12.12 본호신설)
2. 지속가능경영의 국제표준화 및 규범화에 대한 대응 방안
3. 지속가능경영을 통한 산업 경쟁력 제고 방안
4. 기업의 자율적인 지속가능경영 기반 구축 및 확대 방안

③ 산업통상자원부장관은 제1항에 따른 종합시책에 따라 연차별 시행계획을 수립·시행하여야 한다.(2017.12.12 본항신설)

④ 정부는 기업이 자율적으로 지속가능경영을 추진하도록 필요한 지원을 할 수 있다.

⑤ 산업통상자원부장관은 기업의 지속가능경영을 효율적으로 촉진하기 위하여 기업 지원 관련 기관이나 단체를 지속가능경영 지원센터로 지정할 수 있다.(2017.12.12 본항신설)

⑥ 산업통상자원부장관은 지속가능경영 지원센터에 대하여 예산의 범위에서 업무수행 및 운영에 필요한 비용을 출연 또는 보조할 수 있다.(2017.12.12 본항신설)

⑦ 산업통상자원부장관은 지속가능경영 지원센터가 제9항에 따른 지원기준에 미달하게 되는 경우에는 지정을 취소할 수 있다.(2022.6.10 본항개정)

⑧ 산업통상자원부장관은 제7항에 따라 지정을 취소하는 경우에는 「행정절차법」에 따른 청문을 실시하여야 한다.(2022.6.10 본항신설)

⑨ 지속가능경영 지원센터의 지정 및 지정취소의 기준·절차 및 운영에 필요한 사항은 대통령령으로 정한다.(2017.12.12 본항신설)

제4장　기업구조조정의 원활화

제20조【기업구조개선 기관전용 사모집합투자기구의 등록 등】 ① 「자본시장과 금융투자업에 관한 법률」 제9조제19항제1호에 따른 기관전용 사모집합투자기구로서 다음 각 호의 요건에 해당하는 기관전용 사모집합투자기구를 설립하려는 자는 금융위원회에 기업구조개선 기관전용 사모집합투자기구로 등록할 수 있다.(2021.4.20 본문개정)

1. 제21조에 따른 구조조정 대상기업에 기관전용 사모집합투자기구 재산(이하 "회사재산"이라 한다)의 100분의 50 이상을 투자하는 것을 목적으로 할 것(2021.4.20 본호개정)
2. 「자본시장과 금융투자업에 관한 법률」 제249조의11제6항에도 불구하고 100억원 이내에서 대통령령으로 정하는 금액 이상을 각각의 유한책임사원이 출자할 것(2015.7.24 본호개정)
3. 최저 출자금액으로 100억원 이내에서 대통령령으로 정하는 금액 이상을 갖출 것

② 제1항에 따라 등록한 기업구조개선 기관전용 사모집합투자기구(이하 "기업구조개선 기관전용 사모집합투자기구"라 한다)는 「자본시장과 금융투자업에 관한 법률」에 따른 기관전용 사모집합투자기구로 본다.(2021.4.20 본항개정)

③ 금융위원회는 제1항에 따른 기업구조개선 기관전용 사모집합투자기구의 등록에 관하여 미리 산업통상자원부장관과 협의하여야 한다.(2021.4.20 본항개정)

④ 기업구조개선 기관전용 사모집합투자기구와 관련하여 이 법에 규정된 것을 제외하고는 「자본시장과 금융투자업에 관한 법률」에 따른다.(2021.4.20 본항개정)

(2021.4.20 본조제목개정)

제21조【구조조정 대상기업의 범위】 구조조정 대상기업이란 금융업 및 보험업(「통계법」 제22조에 따라 통계청장이 작성·고시하는 한국표준산업분류에 따른 금융업 및 보험업을 말한다)을 제외한 업종의 영업을 하고 있는 기업으로서 다음 각 호의 어느 하나에 해당하는 기업으로 한다.

1. 법률 제1001호 어음법 부칙 제83조에 따라 지정된 어음교환소로부터 최근 3년 이내에 1회 이상 거래정지처분을 받은 기업
2. 「채무자 회생 및 파산에 관한 법률」 제34조·제35조 또는 제293조의4에 따른 회생절차개시 또는 간이회생절차개시를 법원에 신청하거나 같은 법 제294조 또는 제295조에 따른 파산을 법원에 신청한 기업(2014.12.30 본호개정)
3. 해당 기업의 채권을 가진 금융기관이 부실채권을 정리하기 위하여 그 기업과 경영에 대한 위임계약을 체결하여 관리하는 기업
4. 해당 기업의 채권을 가진 금융기관 등으로 구성된 기구로서 대통령령으로 정하는 기구가 기업 정상화를 추진하는 것이 필요하다고 인정한 기업
5. 영업양도, 합병, 자산 매각 등을 통하여 해당 기업의 재무구조 개선 또는 경영 정상화의 추진(이하 "기업구조조정"이라 한다)이 필요한 기업으로서 대통령령으로 정하는 요건에 해당하는 기업

제22조【기업구조개선 기관전용 사모집합투자기구의 재산운용방법 등】 ① 기업구조개선 기관전용 사모집합투자기구는 2년 이내에 회사재산의 100분의 50 이상을 제21조에 따른 구조조정 대상기업에 다음 각 호의 어느 하나에 해당하는 방법에 따라 투자하여야 한다.(2021.4.20 본문개정)

1. 「자본시장과 금융투자업에 관한 법률」 제249조의7제5항제1호 또는 제2호의 투자(2021.4.20 본호개정)
2. 제1호에 준하는 회사재산의 운용방법으로서 금융위원회와 협의하여 대통령령으로 정하는 투자

② 산업통상자원부장관은 기업구조개선 기관전용 사모집합투자기구의 등록 현황 및 재산 운용 등과 관련하여 금융위원회에 필요한 자료를 요청할 수 있다. 이 경우 금융위원회는 특별한 사유가 없으면 그 요청에 따라야 한다.(2021.4.20 전단개정)

(2021.4.20 본조제목개정)

제23조【기업구조개선 기관전용 사모집합투자기구의 해산 등】 ① 금융위원회는 기업구조개선 기관전용 사모집합투자기구가 제20조제1항 각 호의 등록요건을 갖추지 못하게 되거나 제22조에 따른 재산운용방법에 따르지 아니하는 경우에는 「자본시장과 금융투자업에 관한 법률」 제249조의9에 따른 해산명령 등의 조치를 할 수 있다.

② 금융위원회가 「자본시장과 금융투자업에 관한 법률」 제249조의9에 따라 기업구조개선 기관전용 사모집합투자기구의 해산명령 등의 조치를 할 경우에는 미리 산업통상자원부장관과 협의하여야 한다.

(2021.4.20 본조개정)

제24조【기업구조개선 기관전용 사모집합투자기구에 대한 출자】 ① 「국가재정법」에 따른 기금으로서 대통령령으로 정하는 기금을 관리하는 자는 대통령령으로 정하는 비율 이내의 자금을 해당 기금운용계획에 따라 기업구조개선 기관전용 사모집합투자기구에 출자할 수 있다.

② 「벤처투자 촉진에 관한 법률」 제70조제1항에 따른 벤처투자모태조합은 같은 법 제66조에 따른 한국벤처투자가 작성한 모태조합운용계획에 따라 기업구조개선 기관전용 사모집합투자기구에 출자할 수 있다.

(2021.4.20 본조개정)

제25조【기업구조조정 지원시책의 수립·추진 등】 ① 산업통상자원부장관은 기업구조조정을 원활하게 하기 위하여 필요한 지원시책을 수립·추진할 수 있다.

② 산업통상자원부장관은 제1항에 따른 지원시책을 수립·추진하기 위하여 구조조정의 동향 및 구조조정의 산업경제적 효과 분석 등 대통령령으로 정하는 사업을 할 수 있다.

(2013.3.23 본조개정)

제26조【동일명칭의 사용금지】 기업구조개선 기관전용 사모집합투자기구가 아닌 자는 기업구조개선 기관전용 사모집합투자기구의 명칭을 사용하여서는 아니 된다.

(2021.4.20 본조개정)

제5장　산업기술·생산성 향상 및 온실가스 저감 촉진

제27조【사업의 장려】 ① 산업통상자원부장관은 사업자로 하여금 산업기술·생산성 향상 및 온실가스 배출감축을 촉진하게 하기 위하여 다음 각 호의 사업을 하도록 장려하여야 한다.(2013.3.23 본문개정)

1. 기업의 연구개발, 생산성 향상 및 온실가스 배출 감축과 관련된 조직의 설치 및 운영
2. 「산업기술혁신 촉진법」 제42조에 따른 전문생산기술연구소 및 「산업기술연구조합 육성법」에 따른 산업기술연구조합의 설립·운영
3. 제32조에 따른 한국생산성본부, 「특정연구기관 육성법」에 따른 특정연구기관 및 「과학기술분야 정부출연연구기관 등의 설립·운영 및 육성에 관한 법률」에 따른 정부출연연구기관이 하는 사업 참여
4. 「산업기술혁신 촉진법」 제11조 및 제19조에 따른 산업기술개발사업 및 산업기술기반조성사업 참여
5. 연구개발에 대한 투자 촉진
6. 외국 선진기술 도입
7. 생산성 향상을 위한 경영체제의 도입(2016.3.29 본호신설)

② 산업통상자원부장관은 기술개발 등을 통하여 현저한 생산성 향상 또는 온실가스 배출 감축을 한 사업자 등을 선정하여 포상하고 필요한 지원을 할 수 있다.(2013.3.23 본항개정)

③ 산업통상자원부장관은 다음 각 호의 기관으로 하여금 생산성 향상 또는 온실가스 배출 감축의 성공사례를 다른 사업자에게 보급하게 할 수 있으며, 그 보급을 지원할 수 있다.(2013.3.23 본문개정)

1. 제32조에 따른 한국생산성본부
2. 생산성 향상 또는 온실가스 배출 감축에 관하여 전문성이 있다고 인정되어 대통령령으로 정한 기관

④ 제2항과 제3항에 따른 포상 및 지원, 그 밖에 필요한 사항은 대통령령으로 정한다.

제28조【생산전문기업에 대한 지원】 산업통상자원부장관은 산업구조의 고도화를 위하여 기업 간 위탁계약에

의한 생산을 주된 기능으로 하는 생산전문기업으로서 대통령령으로 정하는 기준에 해당하는 기업에 대하여 필요한 지원을 할 수 있다.(2013.3.23 본조개정)

제29조【생산설비의 보전시책】 산업통상자원부장관은 생산성 제고와 산업의 경쟁력 강화를 위하여 설비보전자재의 표준화, 그 전문인력의 양성 등 생산설비의 보전(保全)에 필요한 시책을 마련하여야 한다.(2013.3.23 본조개정)

제30조~제31조 (2016.3.29 삭제)

제32조【한국생산성본부】 ① 산업의 생산성 향상을 효율적이고 체계적으로 추진하기 위하여 한국생산성본부를 설립한다.

② 한국생산성본부는 법인으로 한다.

③ 한국생산성본부는 그 주된 사무소의 소재지에서 설립등기를 함으로써 성립한다.

④ 한국생산성본부는 정관으로 정하는 바에 따라 국내외의 필요한 곳에 지부를 둘 수 있다.

⑤ 한국생산성본부는 생산성 향상을 위하여 다음 각 호의 사업을 한다.

1. 경영 진단 및 지도사업
2. 교육훈련사업
3. 생산성 관련 통계 및 조사연구사업
4. 자동화·정보화 등 생산성 향상을 위한 관련 기술의 연구개발 및 보급사업
5. 산업통상자원부장관이 생산성 향상을 위하여 위탁한 사업(2013.3.23 본호개정)
6. 그 밖에 생산성 향상을 위하여 필요한 사업으로서 한국생산성본부의 정관으로 정하는 사업

⑥ 한국생산성본부는 제1항에 따른 목적 달성에 필요한 경비를 조달하기 위하여 정관으로 정하는 바에 따라 수익사업을 할 수 있다.(2016.3.29 본항개정)

⑦ 한국생산성본부가 아닌 자는 한국생산성본부 또는 이와 유사한 명칭을 사용하지 못한다.

⑧ 한국생산성본부에 관하여 이 법과 「공공기관의 운영에 관한 법률」에 규정된 것을 제외하고는 「민법」 중 재단법인에 관한 규정을 준용한다.

제33조【사업의 재원】 다음 각 호의 사업을 위한 재원은 「중소기업진흥에 관한 법률」 제63조에 따른 중소벤처기업창업 및 진흥기금에서 지원한다.(2018.12.31 본문개정)

1. 산업의 생산성 향상 및 고부가가치화를 위한 사업
2. 입지·물류·유통·정보화 등 산업의 기반 여건 조성을 위한 사업
3. 환경친화적인 산업기반 조성을 위한 사업
4. 산업의 경쟁력 강화시책 추진을 위한 사업
5. 산업조직의 효율화시책 추진을 위한 사업
6. 자전거·모터보트 등 레저장비산업의 발전을 위한 사업

제6장 국제산업협력의 증진

제34조【국제산업협력 증진시책】 ① 산업통상자원부장관은 국내산업의 발전을 위하여 외국과 산업부문의 협력을 증진하기 위한 시책을 수립할 수 있다.(2013.3.23 본항개정)

② 제1항에 따른 시책에는 다음 각 호의 사항이 포함되어야 한다.

1. 국제산업협력의 기본 방향
2. 국제산업협력의 추진 방안
3. 국제산업협력을 촉진하기 위한 정부와 민간 부문과의 협력 방안

③ 산업통상자원부장관은 중앙행정기관의 장, 산업·기술 관련 단체의 장, 연구기관의 장 등에게 제1항에 따른 시책의 수립에 필요한 자료를 요청할 수 있다.(2013.3.23 본항개정)

제35조【산업협력협의체의 운영 등】 ① 산업통상자원부장관은 국내산업의 발전을 위하여 외국과의 산업협력협의체를 운영하는 등 산업부문의 협력을 증진하고 강화할 수 있다.(2013.3.23 본항개정)

② 정부는 산업협력협의체의 원활한 업무수행을 위하여 필요한 지원을 할 수 있다.

제36조【민간산업협력활동의 지원】 산업통상자원부장관은 국내기업, 「고등교육법」 제2조에 따른 학교, 산업·기술 관련 기관 또는 단체 등이 외국의 기관·단체 등과 대통령령으로 정하는 산업협력활동을 추진할 때에는 관련 정보의 수집·제공 등 필요한 지원을 할 수 있다.(2013.3.23 본조개정)

제37조【민간 전문가의 활용】 ① 산업통상자원부장관은 국제산업협력을 촉진하기 위하여 지역별 또는 분야별로 민간 전문가를 활용할 수 있다.(2013.3.23 본항개정)

② 정부는 제1항에 따른 민간 전문가의 국내외 활동에 대하여 대통령령으로 정하는 바에 따라 여비 등의 비용을 지원할 수 있다.

제7장 공제조합

(2016.3.29 본장제목개정)

제38조~제39조 (2016.3.29 삭제)

제40조【공제조합】 ① 사업자는 대통령령으로 정하는 바에 따라 산업통상자원부장관의 인가를 받아 다음 각 호의 공제조합(이하 "공제조합"이라 한다)을 설립할 수 있다.(2013.3.23 본문개정)

1. 기계·부품·소재산업 등의 자본재(資本財) 산업을 경영하는 자 상호 간의 자율적 경제 활동을 도모하고 사업의 경영에 필요한 각종 보증과 품질보장 등을 목적으로 하는 자본재공제조합
2. 건조 중인 선박이나 또는 건조 후 선주(船主)에게 인도하기 전의 선박이 사고로 인하여 손실을 입은 경우 그 손실에 대한 보상을 목적으로 하는 조선공제조합(造船共濟組合)

② 공제조합은 법인으로 한다.

③ 공제조합의 정관 기재사항과 운영, 감독에 필요한 사항은 대통령령으로 정한다.

④ 공제조합에 관하여 이 법에 규정된 것을 제외하고는 「민법」 중 사단법인에 관한 규정을 준용한다.

제41조【공제조합의 사업】 공제조합은 다음 각 호의 사업을 한다.

1. 조합원의 사업 경영에 필요한 자금의 융자 및 채무 또는 의무의 이행에 관한 보증 사업
2. 조합원의 제조용 기자재 구매 알선 사업
3. 영업상 제품의 결함으로 인한 손실을 보상하는 공제사업
4. 조합원의 복지 향상을 위한 사업
5. 국가, 지방자치단체 또는 정관으로 정하는 공공단체가 위탁하는 사업
6. 그 밖에 제1호부터 제5호까지의 사업에 딸린 사업으로서 정관으로 정하는 사업

제42조【공제조합의 지분 양도 등】 ① 조합원 또는 조합원이었던 자는 대통령령으로 정하는 바에 따라 그 지분을 다른 조합원이나 조합원이 되려는 자에게 양도할 수 있다.

② 제1항에 따라 지분을 양수한 자는 그 지분에 관한 양도인의 권리·의무를 승계한다.

③ 지분의 양도 및 질권설정은 「상법」에 따른 주식의 양도 및 질권설정의 방법으로 한다.(2014.5.20 본항개정)

④ 민사소송 절차나 국세 등의 체납처분에 따라 행하는 지분의 압류 또는 가압류는 「민사집행법」 제233조에 따른 지시채권의 압류 또는 가압류의 방법으로 한다.

제43조【공제조합의 지분 취득 등】 ① 공제조합은 다음 각 호의 어느 하나에 해당하는 사유가 있으면 조합원 또는 조합원이었던 자의 지분을 취득할 수 있다. 다만, 제1호 및 제3호에 해당하는 경우에는 그 지분을 취득하여야 한다.

1. 출자금을 줄이려는 경우
2. 조합원에 대하여 가지는 담보권을 실행하기 위하여 필요한 경우
3. 탈퇴하는 조합원이 자기 출자액을 회수하기 위하여 공제조합에 지분 양수를 요구한 경우

② 공제조합은 제1항제1호에 따라 지분을 취득한 경우에는 지체 없이 출자금의 감소 절차를 밟아야 하며, 제1항제2호 및 제3호에 따라 지분을 취득한 경우에는 그 취득한 지분을 지체 없이 처분하여야 한다.

③ 조합원의 지분은 공제조합에 대한 채무의 담보로 제공되는 경우 외에는 질권 설정대상으로 할 수 없다.

④ 공제조합은 제1항에 따라 지분을 취득한 경우 조합원 또는 조합원이었던 자에게 지급하여야 할 금액을 지체 없이 지급하여야 한다.

⑤ 제1항에 따른 공제조합의 지분 취득으로 조합원 또는 조합원이었던 자가 가지는 청산금(淸算金) 청구권은 공제조합이 그 지분을 취득한 날부터 5년간 행사하지 아니하면 시효로 인하여 소멸된다.

제44조【대리인의 선임】 공제조합은 정관으로 정하는 바에 따라 지명한 공제조합의 임원이나 직원으로 하여금 공제조합의 업무수행에 필요한 재판상 또는 재판 외의 모든 행위를 하게 할 수 있다.

제45조【공제조합의 책임】 ① 공제조합은 그가 보증한 사항에 관하여 법령이나 그 밖의 계약서 등에서 정하는 바에 따라 보증금을 지급할 사유가 발생한 경우에는 그 보증금을 보증채권자에게 지급하여야 한다.

② 제1항에 따라 보증채권자가 공제조합에 대하여 가지는 보증금에 관한 권리는 보증기간 만료일부터 2년간 행사하지 아니하면 시효로 인하여 소멸된다.

제46조【책임준비금 등의 적립】 공제조합은 결산기마다 공제계약의 종류에 따라 책임준비금과 비상위험준비금을 계상(計上)하여야 한다.

제8장 보 칙

제47조【자료 제출】 산업통상자원부장관은 이 법의 시행을 위하여 필요한 경우에는 제32조에 따른 한국생산성본부 및 공제조합에 대하여 그 업무에 관한 자료의 제출을 요구할 수 있다.(2016.3.29 본조개정)

제48조【권한의 위임·위탁】 ① 이 법에 따른 산업통상자원부장관의 권한은 그 일부를 대통령령으로 정하는 바에 따라 소속 기관의 장 또는 특별시장·광역시장·특별자치시장·도지사·특별자치도지사에게 위임할 수 있다.

② 이 법에 따른 산업통상자원부장관의 권한은 그 일부를 대통령령으로 정하는 바에 따라 중소벤처기업부장관 또는 제32조에 따른 한국생산성본부에 위탁할 수 있다.(2017.7.26 본조개정)

제49조【벌칙 적용 시의 공무원 의제】 산업통상자원부장관이 제48조제2항에 따라 위탁한 업무에 종사하는 한국생산성본부의 임직원은 「형법」 제129조부터 제132조까지의 규정을 적용할 때에는 공무원으로 본다.(2013.3.23 본조개정)

제49조의2【규제의 재검토】 산업통상자원부장관은 다음 각 호의 사항에 대하여 2016년 1월 1일을 기준으로 3년마다(매 3년이 되는 해의 기준일과 같은 날 전까지를 말한다) 그 타당성을 검토하여 개선 등의 조치를 하여야 한다.

1. 제5조에 따른 첨단기술 및 첨단제품의 범위
2. 제50조에 따른 과태료

(2016.3.29 본조신설)

제50조【과태료】 ① 제47조에 따라 자료의 제출을 요구받고도 제출하지 아니하거나 거짓 자료를 제출한 자에게는 2천만원 이하의 과태료를 부과한다.

② 다음 각 호의 어느 하나에 해당하는 자에게는 500만원 이하의 과태료를 부과한다.

1. 제26조를 위반하여 기업구조개선 기관전용 사모집합투자기구의 명칭을 사용한 자(2021.4.20 본호개정)
2. 제32조제7항을 위반하여 한국생산성본부 또는 이와 유사한 명칭을 사용한 자

③ 제1항 및 제2항에 따른 과태료는 대통령령으로 정하는 바에 따라 산업통상자원부장관이 부과·징수한다.(2013.3.23 본항개정)

부 칙

제1조【시행일】 이 법은 2009년 5월 8일부터 시행한다.

제2조【기업구조조정전문회사에 대한 경과조치】 ① 이 법 시행 당시 「여신전문금융업법」 제3조제2항에 따라 금융위원회에 등록한 신기술사업금융업자가 종전의 제14조제1항 각 호의 사업 중 같은 항 제2호 및 제3호의 사업을 포함한 둘 이상의 사업을 추가로 하기 위하여 종전의 규정에 따라 지식경제부장관에게 등록한 기업구조조정전문회사에 대하여는 이 법 시행일부터 2년이 되는 날까지는 종전의 제14조제1항제1호부터 제5호까지, 같은 항 제7호·제8호·제8호의2·제10호, 같은 조 제4항·제5항, 제14조의2, 제14조의3제1항부터 제3항까지, 제16조, 제18조제1항·제3항·제4항·제6항·제7항, 제18조의2, 제19조, 제20조, 제20조의3, 제20조의4, 제20조의5제1항·제3항 및 제44조제2항, 같은 조 제3항제1호, 같은 조 제4항을 적용한다.

② 이 법 시행 당시 종전의 규정에 따라 금융위원회에 등록한 기업구조조정조합의 업무집행조합원인 기업구조조정전문회사는 이 법 시행일부터 5년이 되는 날까지는 업무집행조합원으로서 활동할 수 있다.

③ 이 법 시행 당시 종전의 규정에 따라 지식경제부에 등록한 기업구조조정전문회사가 아닌 자는 이 법 시행 후 6년이 되는 날까지는 기업구조조정전문회사의 명칭을 사용할 수 없다.

제3조【기업구조조정조합에 대한 경과조치】 ① 이 법 시행 당시 종전의 규정에 따라 금융위원회에 등록한 기업구조조정조합에 대하여는 이 법 시행 후 5년이 되는 날까지는 종전의 제14조제1항제1호부터 제5호까지, 같은 조 제4항, 제14조의2제1항·제3항, 제15조제3항부터 제5항까지, 같은 조 제7항, 제15조의2, 제15조의3, 제15조의5, 제15조의6, 제16조, 제18조제5항·제6항, 제20조의2, 제20조의3, 제20조의5제2항, 제44조제2항제2호·제3호, 같은 조 제3항제1호 및 같은 조 제4항부터 제7항까지의 규정을 적용한다.

② 이 법 시행 당시 종전의 규정에 따라 금융위원회에 등록한 기업구조조정조합은 이 법 시행 후 5년이 되는 날까지 해산하여야 한다.

③ 이 법 시행 당시 종전의 규정에 따라 금융위원회에 등록한 기업구조조정조합이 아닌 자는 이 법 시행 후 6년이 되는 날까지는 기업구조조정조합의 명칭을 사용할 수 없다.

제4조【과태료에 관한 경과조치】 ① 이 법 시행 전의 행위 및 부칙 제2조제1항에 따른 기업구조조정전문회사 및 부칙 제3조제1항에 따른 기업구조조정조합이 다음 각 호의 어느 하나에 해당하여 과태료를 부과할 때에는 종전의 규정에 따른다.

1. 종전의 제14조제5항 또는 제6항에 따른 신고를 하지 아니한 때
2. 종전의 제18조제1항 또는 제5항에 따른 서류를 제출하지 아니하거나 거짓으로 제출한 때
3. 종전의 제18조제3항·제6항 또는 제7항에 따른 검사를 거부·방해 또는 기피한 때
4. 종전의 제16조를 위반하여 기업구조조정전문회사 또는 기업구조조정조합의 명칭을 사용한 때

② 부칙 제2조제3항 및 부칙 제3조제3항을 위반하여 기업구조조정전문회사 또는 기업구조조정조합의 명칭을 사용한 자에게는 500만원 이하의 과태료를 부과하되, 그 부과·징수는 제50조의 개정규정에 따른다.

제5조【다른 법률의 개정】 ①~⑪ ※(해당 법령에 가제정리 하였음)

제6조【다른 법령과의 관계】 이 법 시행 당시 다른 법령에서 종전의 「산업발전법」의 규정을 인용한 경우에 이

법 중 그에 해당하는 규정이 있을 때에는 종전의 규정을 갈음하여 이 법의 해당 규정을 인용한 것으로 본다.

부 칙 (2016.3.29)

제1조【시행일】 이 법은 공포한 날부터 시행한다.
제2조【생산성 경영체제 인증 등에 관한 경과조치】 ① 이 법 시행 당시 종전의 제30조제2항에 따라 생산성 경영체제 인증을 신청한 기업은 종전의 규정에 따라 인증을 받을 수 있다.
② 이 법 시행 당시 종전의 제30조제1항 및 이 조 제1항에 따라 생산성 경영체제 인증을 받은 기업은 해당 인증의 유효기간 동안 그 효력이 인정된다.
③ 이 법 시행 전의 위반행위에 대한 생산성 경영체제 인증의 취소 및 제2항에 따른 인증의 유효기간 동안의 인증의 취소에 관하여는 종전의 제30조제4항에 따른다.
제3조【생산성 경영체제 인증기관 지정에 관한 경과조치】 이 법 시행 당시 종전의 제31조에 따라 생산성 경영체제 인증기관으로 지정된 기관은 종전의 제30조제2항에 따라 인증을 신청한 기업을 인증할 때까지 종전의 규정에 따라 인증할 수 있다.
제4조【설립된 사업자단체에 관한 경과조치】 이 법 시행 당시 종전의 제38조에 따라 설립된 사업자단체는 「민법」 제32조에 따라 설립된 사단법인으로 본다.
제5조【다른 법률의 개정】 ①~② ※(해당 법령에 가제정리 하였음)

부 칙 (2017.12.12)

제1조【시행일】 이 법은 공포 후 6개월이 경과한 날부터 시행한다.
제2조【지속가능경영 종합시책에 관한 적용례】 이 법 시행 후 최초로 수립하는 종합시책은 공포 후 1년 이내에 수립한다.

부 칙 (2020.2.11)

제1조【시행일】 이 법은 공포 후 6개월이 경과한 날부터 시행한다.(이하 생략)

부 칙 (2020.10.20)

이 법은 공포 후 6개월이 경과한 날부터 시행한다.

부 칙 (2020.12.29)

제1조【시행일】 이 법은 공포 후 1년이 경과한 날부터 시행한다.(이하 생략)

부 칙 (2021.4.20)

제1조【시행일】 이 법은 공포 후 6개월이 경과한 날부터 시행한다.(이하 생략)

부 칙 (2022.6.10)

이 법은 공포한 날부터 시행한다.

(舊 : 소재·부품·장비산업 경쟁력강화를 위한 특별조치법)

소재·부품·장비산업 경쟁력 강화 및 공급망 안정화를 위한 특별조치법

(약칭 : 소재부품장비산업법)

(2019년 12월 31일 전부개정법률 제16859호)

개정
2020.12.29법17799호(독점)
2021. 1.12법17893호(지방자치)
2021. 8.17법18425호(국민평생직업능력개발법)
2021.12.28법18661호(중소기업창업)
2023. 6.13법19438호
2023. 6.20법19504호(벤처투자촉진에관한법)
2024. 1. 9법19990호(벤처기업육성에관한특별법)→2024년 7월 10일 시행
2024. 2. 6법20231호(화학물질관리법)→2025년 8월 7일 시행이므로 「法典 別冊」 보유편 수록

제1장 총 칙

제1조【목적】 이 법은 소재·부품·장비산업의 발전기반을 조성하고, 산업기술역량의 축적 등 소재·부품·장비산업의 경쟁력 강화와 공급망 안정화 및 건전한 생태계 구축을 통하여 국가안보 및 국민경제의 지속적인 성장에 이바지함을 목적으로 한다.(2023.6.13 본조개정)
제2조【정의】 이 법에서 사용하는 용어의 뜻은 다음과 같다.
1. "소재·부품"이란 상품의 제조에 사용되는 원재료 또는 중간생산물로서 대통령령으로 정하는 것을 말한다.
2. "장비"란 소재·부품을 생산하거나 소재·부품을 사용하여 제품을 생산하는 장치 또는 설비로서 대통령령으로 정하는 것을 말한다.
3. "핵심전략기술"이란 소재·부품·장비 중 산업 가치사슬에서 원활한 생산과 투자 활동을 위하여 핵심적 기능을 하는 기술로서 제12조에 따라 선정된 기술을 말한다.
4. "특화선도기업"이란 핵심전략기술과 관련한 기술적 역량과 생산능력을 갖춘 기업이거나 성장이 유망한 기업으로서 제13조에 따라 선정된 기업을 말한다.
5. "전문기업"이란 소재·부품 또는 장비의 개발·제조를 주된 사업으로 영위하는 기업으로서 제14조에 따라 확인을 받은 기업을 말한다.
6. "전문투자조합"이란 특화선도기업 등에 투자하고 그 성과를 배분하는 것을 주된 목적으로 하는 조합으로서 제18조에 따라 등록한 조합을 말한다.
7. "신뢰성"이란 소재·부품·장비의 품질·성능 등이 일정한 조건하에서 일정한 기간에 요구되는 수준을 갖추고 있는 것을 말한다.
8. "실증기반"이란 소재·부품·장비의 실증시험, 신뢰성 평가, 성능검증 등에 필요한 시설·설비 기반을 말한다.
9. "협력모델"이란 소재·부품·장비분야에서 수요기업 사이 또는 공급기업 사이의 수평적 협력, 수요·공급기업 사이의 수직적 협력 등 참여하는 기업 간에 상호이익을 위하여 구축한 협력체계를 말한다.
10. "상생모델"이란 제9호의 협력모델 중 대기업과 중소기업 간에 상호이익을 위하여 구축한 분업적 협력체계를 말한다.
11. "소재·부품·장비산업 공급망안정품목"(이하 "공급망안정품목"이라 한다)이란 소재·부품·장비 중 해외 특정국에 대한 수입 의존도가 높거나 국내경제에 미치는 영향이 큰 품목으로 제12조의2에 따라 선정된 품목을 말한다.(2023.6.13 본호신설)
12. "소재·부품·장비산업 공급망안정사업"(이하 "공급망안정사업"이라 한다)이란 기업이 공급망안정품목의 공급망 안정화를 목적으로 추진하는 사업을 말한다. (2023.6.13 본호신설)
제3조【국가 및 지방자치단체 등의 책무】 ① 국가 및 지방자치단체는 소재·부품·장비산업의 기반조성과 경쟁력 강화 및 공급망 안정화, 핵심전략기술의 안정적 확보 등을 위하여 노력할 책무가 있으며, 이에 필요한 행정적·재정적·기술적 지원시책을 마련하여야 한다.
② 소재·부품·장비산업을 영위하는 사업자는 혁신적인 소재·부품·장비의 개발과 제조 등을 통하여 소재·부품·장비산업의 경쟁력 강화 및 공급망 안정화와 산업발전에 이바지할 수 있도록 노력하여야 한다.
(2023.6.13 본조개정)
제4조【다른 법률과의 관계】 이 법은 소재·부품·장비산업에 대한 규제의 특례에 관하여 다른 법률에 우선하여 적용한다. 다만, 다른 법률에 이 법에 따른 규제 특례보다 완화된 규정이 있으면 그 법률에서 정하는 바에 따른다.

제2장 소재·부품·장비산업 경쟁력강화 기본계획의 수립 등

제5조【소재·부품·장비산업 경쟁력강화 기본계획의 수립】 ① 정부는 소재·부품·장비산업의 발전방향을 제시하고 소재·부품·장비분야의 발전기반 조성, 경쟁력 강화 및 공급망 안정화를 위하여 소재·부품·장비산업 경쟁력강화 기본계획(이하 "기본계획"이라 한다)을 수립·시행하여야 한다.(2023.6.13 본항개정)
② 기본계획은 산업통상자원부장관이 관계 중앙행정기관(대통령 소속기관을 포함한다. 이하 같다)의 의견을 종합하여 수립하되, 제8조에 따른 소재·부품·장비 경쟁력강화위원회의 심의를 거쳐 이를 확정한다.(2023.6.13 본항개정)
③ 기본계획에는 다음 각 호의 사항이 포함되어야 한다.
1. 소재·부품·장비 경쟁력 강화 및 공급망 안정화를 위한 기본방향(2023.6.13 본호개정)
2. 소재·부품·장비 분야의 발전전망
3. 소재·부품·장비 분야의 세계교역 및 국내 수급동향
4. 소재·부품·장비 분야의 기술확보 등 기술력 향상에 관한 사항
5. 소재·부품·장비 분야의 산·학·연 협력을 통한 기술인력 양성에 관한 사항
6. 신뢰성 향상과 시설투자 확대 등 기반조성에 관한 사항
7. 소재·부품·장비 분야의 기술혁신을 위한 정보자원의 고도화에 관한 사항
8. 소재·부품·장비산업 활성화를 위한 법·제도의 정비와 개선에 관한 사항
9. 필요한 재원의 조달 및 운용에 관한 사항
10. 그 밖에 소재·부품·장비 분야의 경쟁력 강화 및 공급망 안정화를 위하여 필요하다고 인정하는 사항 (2023.6.13 본호개정)
④ 산업통상자원부장관은 제2항에 따라 기본계획을 확정한 때에는 국회 소관 상임위원회에 보고하여야 한다.
제6조【소재·부품·장비산업 경쟁력강화 시행계획의 수립】 ① 관계 중앙행정기관의 장은 기본계획에 따라 매년 소관별로 소재·부품·장비산업 경쟁력강화 시행계획(이하 "시행계획"이라 한다)을 수립·시행하여야 한다.
② 관계 중앙행정기관의 장은 제8조에 따른 소재·부품·장비 경쟁력강화위원회에 전년도의 시행계획 추진실적을 보고하고, 다음 연도의 시행계획을 제출하여 심의를 받아야 한다.
③ 시행계획의 수립·시행 등에 관하여 필요한 사항은 대통령령으로 정한다.
제7조【소재·부품·장비 관련 통계의 작성】 ① 정부는 기본계획 및 시행계획의 효율적 수립을 위하여 소재·부품·장비 분야에 대한 통계를 작성하여 관리할 수 있다.
② 제1항에 따른 통계를 작성함에 있어서는 「통계법」을 준용한다.
③ 제1항에 따른 통계 작성대상의 범위 및 조사대상 등에 관하여는 대통령령으로 정한다.

제3장 소재·부품·장비 경쟁력강화위원회

제8조【소재·부품·장비경쟁력강화위원회】 ① 소재·부품·장비산업의 경쟁력에 관한 다음 각 호의 사항을 심의·조정하기 위하여 대통령 소속으로 소재·부품·장비 경쟁력강화위원회(이하 "경쟁력위원회"라 한다)를 둔다.
1. 제5조에 따른 기본계획 수립
2. 제6조에 따른 시행계획 수립 및 추진실적의 평가
3. 소재·부품·장비 관련 중장기 전망 분석 및 국가비전 수립
4. 새로운 소재·부품·장비의 수요를 유발하는 대규모 사업의 실시에 따른 소재·부품·장비의 개발 및 공급 대책
5. 소재·부품·장비분야의 경쟁력 혁신과 관련된 제도의 도입·변경
6. 소재·부품·장비분야 발전시책에 관한 관계 중앙행정기관간의 업무의 조정
7. 소재·부품·장비 관련 기업 간 협력모델 검토 및 승인
8. 소재·부품·장비 관련 수급안정 및 실증·성능검증·생산 지원
9. 소재·부품·장비 관련 기술·예산·자금·인력·입지 등 규제·제도개선의 부처 간 조율 및 종합 전략 수립
10. 소재·부품·장비 핵심전략기술의 선정·관리
11. 소재·부품·장비산업 투자활성화를 위한 전략수립 및 관계 행정기관간의 조율
11의2. 제23조의4제4항에 따른 규제개선 등의 검토
11의3. 공급망안정품목의 선정에 관한 기본방향
(2023.6.13 11호의2~11호의3신설)
12. 그 밖에 소재·부품·장비산업의 경쟁력 강화와 관련된 사항으로서 위원장이 필요하다고 인정하는 사항
② 경쟁력위원회는 위원장 1명, 부위원장 1명을 포함한 30명 이내의 위원으로 구성한다.
③ 위원장은 기획재정부장관이 되고, 부위원장은 산업통상자원부장관이 되며, 그 밖의 위원은 다음 각 호의 자로 한다.
1. 관계 중앙행정기관의 장 등 대통령령으로 정하는 자
2. 소재·부품·장비 산업의 경쟁력강화에 관한 학식과 경험이 풍부한 사람(제5항에 따른 대·중소기업 상생협의회의 장을 포함한다) 등 대통령령으로 정하는 사람 중에서 위원장이 위촉하는 자
④ 경쟁력위원회는 위원회의 업무를 전문적으로 수행하기 위하여 필요한 경우 경쟁력위원회의 위원 또는 외부

전문가로 구성되는 분야별 전문위원회를 둘 수 있으며, 소재·부품·장비의 경쟁력 강화 정책과 관련한 특정한 현안사항을 논의하기 위하여 필요한 경우 경쟁력위원회의 위원 또는 외부 전문가로 구성되는 다음 각 호의 특별위원회를 둘 수 있다.(2023.6.13 본문개정)
1. 공급망 위기대응 특별위원회
2. 그 밖에 위원장이 필요하다고 인정하는 특별위원회
(2023.6.13 1호~2호신설)
⑤ 경쟁력위원회는 대·중소기업을 대표할 수 있는 위원 등으로 구성된 협의회(이하 "대·중소기업상생협의회"라 한다)로부터 소재·부품·장비 경쟁력 강화에 관한 의견 및 상생모델 등에 대한 건의를 들을 수 있고, 업무를 수행하기 위하여 필요한 경우에는 전문적인 지식과 경험이 있는 관계 전문가의 의견을 듣거나 관계 중앙행정기관 및 지방자치단체, 공공기관·연구기관 또는 그 밖의 기관·단체 등에 자료 제출 또는 의견 제시 등의 협조를 요청할 수 있다.
⑥ 경쟁력위원회는 업무수행을 위하여 필요한 경우에는 중앙행정기관 및 지방자치단체 소속 공무원과 공공기관·연구기관 및 관계 기관·단체·협회·기업 소속 임직원 등의 파견 또는 겸임을 요청할 수 있고, 예산의 범위에서 관련 분야 전문가를 임기제공무원으로 둘 수 있다.
⑦ 경쟁력위원회, 제4항에 따른 전문위원회·특별위원회 및 대·중소기업상생협의회의 구성·운영에 필요한 사항은 대통령령으로 정한다.

제9조【실무추진단】 ① 경쟁력위원회의 운영을 지원하고, 제49조부터 제52조까지의 업무를 효율적으로 수행하기 위하여 산업통상자원부에 실무추진단(이하 "추진단"이라 한다)을 둔다.
② 추진단은 소재·부품·장비의 수급에 대한 긴급한 지원이 필요한 경우 수급대응지원센터를 둘 수 있다.
③ 제1항 및 제2항에서 규정한 사항 외에 추진단의 설치 및 운영에 필요한 사항은 대통령령으로 정한다.

제10조【긴급수급안정화를 위한 조정】 ① 정부는 천재지변, 국제통상여건의 급변 등으로 핵심전략기술 관련 품목의 안정적 수급과 산업 공급망의 원활한 기능에 지장이 초래되고 국민경제 활동이 현저하게 저해될 우려가 있는 경우에는 해당 핵심전략기술 관련 품목 및 공급망안정품목의 사업자나 수요자, 수출입 또는 운송이나 보관을 업으로 하는 자 또는 「공공기관의 운영에 관한 법률」 제4조에 따른 공공기관(이하 이 장에서는 "사업자등"이라 한다)에 대하여 대통령령으로 정하는 바에 따라 5월 이내의 기간을 정하여 다음 각 호의 어느 하나에 해당하는 긴급수급안정화를 위한 조정(이하 "수급안정화조정"이라 한다)을 할 수 있다.(2023.6.13 본문개정)
1. 생산계획의 수립·실시 및 변경
2. 국내우선공급 등 공급계획의 수립·실시 및 변경
3. 운송·보관·비축 또는 양도
4. 수급을 위한 물류·유통구조 정비 및 관련 시설의 개선·확충
5. 대체품목의 실증과 성능검증
6. 그 밖에 경쟁력위원회 심의를 통해 필요하다고 인정하는 사항
② 정부는 제1항에 따른 수급안정화조정을 하려는 경우에는 경쟁력위원회 및 국무회의 심의를 거쳐야 한다. 수급안정화조정의 사유가 없어졌다고 인정할 때에는 지체 없이 이를 해제하여야 한다.
③ 정부는 수급안정화조정의 이행을 위하여 필요한 행정적·재정적 지원을 할 수 있다.(2023.6.13 본항신설)

제11조【소재·부품·장비 관련 자료 제출 등의 요구】
① 정부는 수급안정화조정에 따라 필요한 경우 지방자치단체의 장과 사업자등에 대하여 수급안정화조정과 관련한 자료의 제출이나 의견의 진술, 협의 등을 요청할 수 있다.
② 제1항에 따른 요구를 받은 자는 국방상 또는 국가안전보장상의 기밀을 요하는 사항 등 정당한 사유가 없으면 요청에 따라야 한다.
③ 정부와 「공공기관의 운영에 관한 법률」 제4조에 따른 공공기관, 그 밖에 대통령령으로 정하는 기관은 국가의 안전보장 또는 국민경제의 발전에 지장을 줄 우려가 있거나 영업비밀 등 기업의 경영활동을 보호해야 할 필요가 있는 경우 제1항의 자료에 관한 정보를 공개하지 아니할 수 있다.
④ 누구든지 제1항에 따라 습득한 자료 및 정보에 대해 다음 각 호의 어느 하나에 해당하는 행위를 하여서는 아니 된다.
1. 부정한 방법으로 취득, 사용 또는 공개(비밀을 유지하면서 특정인에게 알리는 것을 포함한다. 이하 같다)하는 행위
2. 부정한 이익을 얻거나 관련기업 및 대상기관에게 손해를 가할 목적으로 유출하거나 그 유출한 자료·정보를 사용 또는 공개하거나 제3자가 사용하게 하는 행위
3. 제1호 또는 제2호의 규정에 해당하는 행위가 개입된 사실을 알고 그 자료·정보를 취득·사용 또는 공개하는 행위
4. 제1호 또는 제2호의 규정에 해당하는 행위가 개입된 사실을 중대한 과실로 알지 못하고 그 자료·정보를 취득·사용 또는 공개하는 행위
5. 관련 소송 등 대통령령으로 정하는 적법한 경로를 통하여 자료·정보를 제공받은 자가 제공받은 목적 외의 다른 용도로 그 자료·정보를 사용하거나 공개하는 행위
⑤ 제1항에 따른 자료 제출 등의 방법 및 절차에 관하여 필요한 사항은 대통령령으로 정한다.

제4장 소재·부품·장비 기업의 육성 등

제12조【핵심전략기술의 선정】 ① 산업통상자원부장관은 소재·부품·장비산업 가치사슬에 대한 조사·분석 등을 통해 관계 부처 협의 및 경쟁력위원회의 심의를 거친 후 소재·부품·장비분야의 핵심전략기술을 선정할 수 있다.
② 핵심전략기술의 선정은 다음 각 호의 기준을 고려하여야 한다.
1. 국가 및 산업활동과 관련한 전략적·안보적 중요성
2. 특허 보유 여부 등 국내 기술수준과 산업화 단계
3. 교역규모 및 국제 분업구조
4. 산업별 생산과 투자에 미치는 영향
5. 시장성장 전망 등 미래 유망성
6. 그 밖에 소재·부품·장비산업의 경쟁력 강화를 위하여 필요하다고 인정하는 사항
③ 산업통상자원부장관은 제1항에 따라 선정된 핵심전략기술을 재검토하여 제2항 각 호의 기준에 부합되지 않는 경우에는 관계 부처 협의 및 경쟁력위원회의 심의를 거친 후 핵심전략기술에서 제외할 수 있다.
④ 제1항과 관련하여 산업통상자원부장관은 관계 중앙행정기관의 장, 지방자치단체의 장 및 「공공기관의 운영에 관한 법률」 제4조에 따른 공공기관의 장에게 필요한 자료의 제출을 요청할 수 있다. 이 경우 자료제출을 요청받은 기관의 장은 특별한 사유가 없으면 이에 따라야 한다.
⑤ 정부와 「공공기관의 운영에 관한 법률」 제4조에 따른 공공기관, 그 밖에 대통령령으로 정하는 기관은 국가의 안전보장 또는 국민경제의 발전에 지장을 줄 우려가 있거나 영업비밀 등 기업의 경영활동을 보호해야 할 필요가 있는 경우 제1항에 따른 선정과 관련된 자료 및 정보를 공개하지 아니할 수 있다.
⑥ 제1항부터 제5항까지의 규정 외에 핵심전략기술의 선정기준, 선정절차, 재검토, 자료제출 및 공개에 필요한 사항은 대통령령으로 정한다.

제12조의2【공급망안정품목의 선정】 ① 산업통상자원부장관은 관계 중앙행정기관의 장과 협의하여 공급망안정품목을 선정할 수 있다.
② 제1항에 따라 공급망안정품목을 선정하는 때에는 다음 각 호의 기준을 고려하여야 한다.
1. 핵심전략기술의 연구·개발·사업화 또는 핵심전략기술 관련 품목의 생산 및 수급에 미치는 영향
2. 교역규모 및 국제 분업구조
3. 해외 특정 지역 또는 국가로부터의 수입 비중
4. 중·장기 수급 여건 전망
5. 국가 경제와 안보에 미치는 영향
6. 그 밖에 소재·부품·장비산업의 공급망 안정화를 위하여 필요하다고 인정하는 사항
③ 제1항에 따라 선정한 공급망안정품목은 공개하지 아니한다. 다만, 국가의 안전보장 및 국민경제의 발전에 지장을 줄 우려가 없다고 인정되는 경우에는 대통령령으로 정하는 바에 따라 공개할 수 있다.
④ 제1항부터 제3항까지에서 규정한 사항 외에 공급망안정품목의 선정절차에 필요한 사항은 대통령령으로 정한다.
(2023.6.13 본조신설)

제13조【특화선도기업의 선정】 ① 산업통상자원부장관은 다음 각 호를 종합적으로 고려하여 특화선도기업을 선정할 수 있다. 이 경우 산업통상자원부장관은 관계 부처의 의견을 수렴하여야 한다.
1. 총매출액 중 소재·부품·장비의 매출액 비중 및 총매출액 중 핵심전략기술과 관련한 연구개발비 지출 비중
2. 총매출액 중 소재·부품·장비의 매출액 비중 및 핵심전략기술과 관련한 지식재산권 또는 전문 연구인력 보유 현황
3. 전문투자조합, 「벤처투자 촉진에 관한 법률」에 따른 중소기업창업투자조합 등 대통령령으로 정하는 투자자로부터 받은 투자(2021.12.28 본호개정)
4. 그 밖에 핵심전략기술과 관련하여 대통령령으로 정하는 사항
② 산업통상자원부장관은 제1항의 선정을 받은 기업에 대해 대통령령이 정하는 바에 따라 유효기간을 정하여 특화선도기업 선정서를 발급할 수 있다.
③ 제1항 및 제2항에 따른 특화선도기업의 선정기준과 선정절차, 선정을 위한 조사, 사후관리 등에 필요한 사항은 대통령령으로 정한다.

제14조【전문기업 여부에 대한 확인】 ① 전문기업으로 확인을 받으려는 기업은 다음 각 호의 요건을 모두 갖추어 산업통상자원부장관에게 확인을 신청할 수 있다.
1. 총매출액 중 소재·부품·장비의 매출액이 차지하는 비중이 대통령령이 정하는 기준에 해당하는 기업
2. 「독점규제 및 공정거래에 관한 법률」 제31조제1항에 따른 상호출자제한기업집단에 속하지 아니하거나 상호출자제한기업집단 중 대통령령이 정하는 기준에 해당하는 상호출자제한기업집단에 속하는 기업(2020.12.29 본호개정)
② 산업통상자원부장관은 제1항의 신청을 한 기업이 전문기업에 해당될 때에는 대통령령으로 정하는 바에 따른 유효기간을 정하여 전문기업확인서를 발급하여야 한다.
③ 제1항 및 제2항에 따른 전문기업의 확인 절차, 확인을 위한 조사나 사후관리 등에 필요한 사항은 대통령령으로 정한다.

제15조【소재·부품·장비 강소기업 및 창업기업의 선정】 ① 중소벤처기업부장관은 성장성과 유망성 등 대통령령으로 정하는 기준에 따라 관계 중앙행정기관과 협의를 거쳐 소재·부품·장비분야의 강소기업과 창업기업을 선정하고, 필요한 지원을 할 수 있다.
② 중소벤처기업부장관은 제1항에 따라 선정된 기업에 대해 대통령령이 정하는 바에 따라 유효기간을 정하여 소재·부품·장비 강소기업 또는 창업기업 선정서를 발급할 수 있다.
③ 제1항에 따른 강소기업 또는 창업기업의 선정기준과 절차, 지원 등에 필요한 사항과 제2항에 따른 선정서 발급에 관한 사항은 대통령령으로 정한다.

제16조【특화선도기업등에 대한 지원】 ① 정부는 특화선도기업, 전문기업, 제15조에 따른 강소기업 및 창업기업(이하 "특화선도기업등"이라 한다)에 대하여 다음 각 호의 사항에 관한 지원을 할 수 있다.
1. 성장촉진 및 중장기 발전을 위한 전략의 수립 지원 등
2. 재정, 금융 등 행정적·기술적·재정적 지원
3. 연구개발, 인력양성, 기반조성 사업에 대한 지원
4. 기술·인력·금융·경영·입지 등 분야별 전문가의 파견·알선
5. 특허, 기술동향 등 기술혁신을 위한 정보의 제공
6. 해외진출 전략에 대한 지도 및 자문 등
7. 그 밖에 특화선도기업등으로의 성장을 촉진하기 위하여 필요한 사항
② 제1항에 따른 지원내용 및 절차에 관하여 필요한 사항은 대통령령으로 정한다.

제17조【특화선도기업등 선정 또는 확인의 취소 등】 ① 산업통상자원부장관 또는 중소벤처기업부장관은 다음 각 호의 어느 하나에 해당하면 관계 중앙행정기관과 협의를 거친 후 제13조 및 제15조의 선정서 또는 제14조의 확인서를 발급하지 아니하거나 선정 또는 확인을 취소할 수 있다. 다만, 제1호에 해당하는 경우는 선정 또는 확인을 취소하여야 한다.
1. 거짓이나 그 밖의 부정한 방법으로 선정 또는 확인을 받은 경우
2. 특화선도기업등의 요건을 갖추지 아니하게 된 경우
3. 부도, 폐업 또는 휴업 등으로 기업활동을 지속적으로 영위할 수 없다고 판단되는 경우
4. 그 밖에 다른 법률에서 정하는 사항을 현저히 위반하는 등 취소가 불가피한 경우
5. 고의나 과실로 사고가 발생하여 사람의 건강이나 재산·환경에 위해가 발생한 경우
② 제1항에 따라 선정 또는 확인을 취소하려는 경우에는 미리 해당 기업에게 이를 알려 의견을 청취하여야 한다.
③ 제1항과 제2항 외에 선정 또는 확인의 취소에 필요한 사항은 대통령령으로 정한다.

제18조【소재·부품·장비 전문투자조합】 ① 다음 각 호의 어느 하나에 해당하는 자는 각 호에 규정된 자 외의 자와 특화선도기업등에 대한 투자를 목적으로 전문투자조합을 결성하려는 때에는 출자금 총액, 업무집행조합원의 출자지분 비율, 존속기간 등에 관하여 대통령령이 정하는 등록요건을 갖추어 산업통상자원부장관에게 등록하여야 한다. 다만, 제1호의 자는 중소벤처기업부장관에게 등록하여야 한다.
1. 「벤처투자 촉진에 관한 법률」에 따른 벤처투자회사(2023.6.20 본호개정)
2. 「여신전문금융업법」에 따른 신기술사업금융업자
3. 「한국산업은행법」에 따른 한국산업은행
4. 「중소기업은행법」에 따른 중소기업은행
5. 그 밖에 투자사업을 영위하는 기관 또는 소재·부품·장비를 수요하는 기업 등으로서 대통령령으로 정하는 자
② 제1항 각 호의 자는 전문투자조합을 결성하고자 하는 때에는 다음 각 호의 사항이 기재된 조합결성계획서를 산업통상자원부장관에게 제출하여야 한다. 다만, 제1항 제1호의 자는 중소벤처기업부장관에게 제출하여야 한다.
1. 사업개요
2. 출자계획
3. 수익의 배분계획
4. 그 밖에 대통령령으로 정하는 사항
③ 전문투자조합은 출자금의 100분의 50을 초과하는 범위에서 대통령령으로 정하는 비율 이상의 금액을 특화선도기업등에 대한 투자사업에 사용하여야 한다.
④ 제1항 각 호의 자는 전문투자조합에 출자되는 자금을 선량한 관리자의 주의로써 출자자의 이익을 위하여 관리하여야 하며, 전문투자조합의 업무를 집행함에 있어서 자금차입·지급보증 또는 담보제공을 하여서는 아니 된다.
⑤ 전문투자조합에 관하여 이 법에 규정한 것을 제외하고는 「상법」 중 합자조합에 관한 규정을 준용한다.
⑥ 전문투자조합의 조직 및 운영에 필요한 사항은 대통령령으로 정한다.

제19조【특화선도기업등에 대한 기금의 투자】 ① 다음 각 호의 어느 하나에 해당하는 기금을 관리하는 자(이하 "기금관리주체"라 한다)는 해당 기금운용계획에 따라 특화선도기업등에 투자하거나 전문투자조합에 출자할 수 있다.
1. 「국가재정법」 별표2에 규정된 법률에 따라 설치된 기금으로서 대통령령이 정하는 기금
2. 그 밖에 설치목적이 제1호의 기금에 준하는 기금으로서 대통령령이 정하는 기금
② 지방자치단체의 장은 「지방자치법」 제159조에 따라 설치한 기금을 관리하는 자로 하여금 전문투자조합에 출자하게 할 수 있다.(2021.1.12 본항개정)

제20조【소재·부품·장비기업의 인수·합병 등의 지원】 ① 정부는 특화선도기업등 소재·부품·장비분야의 기업이 전문화 또는 대형화 등 경쟁력 강화 및 공급망 안정화를 위하여 「상법」에 따른 합병·분할합병, 분할(물적분할을 포함한다)을 하거나 국내외 기업의 소재·부품·장비 사업 부문의 전부 또는 일부의 양수, 주식 또는 출자 지분 취득 또는 기술 도입(이하 "인수·합병등"이라 한다)을 하는 경우에는 필요한 지원을 할 수 있다.(2023.6.13 본항개정)
② 기업이 제1항에 따른 지원을 받으려는 경우에는 정부에 인수·합병등에 관한 확인을 요청할 수 있으며, 지원대상 요건 및 확인절차에 관하여 필요한 사항은 대통령령으로 정한다.
③ 정부는 제2항의 규정에 따른 확인을 함에 있어서는 당해 인수·합병등이 해당 산업의 경쟁력 강화 및 공급망 안정화에 도움이 되는지에 대하여 미리 검토하여야 한다.(2023.6.13 본항개정)

제21조【인수·합병등의 촉진】 ① 정부는 제20조에 따른 소재·부품·장비분야의 인수·합병등을 촉진하기 위하여 대통령령으로 정하는 기관으로 하여금 다음 각 호의 사업을 수행하게 할 수 있다.
1. 인수·합병등을 위한 정보의 수집·제공
2. 인수·합병등을 위한 알선·중개 및 컨설팅 지원
3. 인수·합병등에 필요한 자금의 조성
4. 인수·합병등을 통해 확보한 기술의 상용화 지원
5. 인수·합병등에 필요한 자금의 연계지원
6. 인수·합병 지원사업에 소요되는 비용의 지원
7. 그 밖에 인수·합병등의 촉진을 위하여 대통령령으로 정하는 사업
② 정부는 특화선도기업등 소재·부품·장비분야의 기업이 핵심전략기술 및 공급망안정품목과 관련된 국내외 기업에 대해 인수·합병등을 하고자 하는 경우에는 제1항에 따른 사업을 지원할 수 있다.(2023.6.13 본항개정)
③ 제20조제2항에 따라 확인을 받은 기업에 대하여는 「주택도시기금법」 및 「도시철도법」이 정하는 바에 따라 국민주택채권 및 도시철도채권의 매입의무를 면제할 수 있다.

제21조의2【비상시 해외생산품목의 반입명령】 ① 정부는 핵심전략기술 관련 품목 및 공급망안정품목의 안정적 수급에 중대한 차질이 생길 우려가 있는 경우에는 제20조제1항, 제23조의5제1항제4호 및 제5호에 따른 지원을 받은 기업에 해당 기업이 해외에서 생산하고 있는 품목의 전부 또는 일부를 적정하고 합리적인 조건으로 국내에 반입할 것을 명할 수 있다.
② 제1항에 따른 반입명령을 받은 기업은 정당한 사유가 없으면 반입명령에 따라 해외생산품목을 국내에 반입하여야 한다.
③ 정부는 정당한 사유 없이 제2항에 따른 국내반입 의무를 이행하지 아니한 기업이 제20조제1항, 제23조의5제1항제4호 및 제5호에 따라 재정적 지원을 받은 경우에는 지원액에 상당하는 금액의 전부 또는 일부를 회수하여야 한다.
④ 제1항에 따른 해외생산품목의 반입명령에 관한 절차 및 제3항에 따른 지원금의 회수 절차에 필요한 사항은 대통령령으로 정한다.
(2023.6.13 본조신설)

제22조【소재·부품·장비 투자기관협의회】 ① 제18조제1항 각 호의 자와 대통령령이 정하는 기관은 소재·부품·장비분야 투자 활성화를 위하여 소재·부품·장비 투자기관협의회를 설립·운영할 수 있다.
② 제1항에 따른 투자기관협의회의 설립·운영에 필요한 사항은 대통령령으로 정한다.

제23조【조세 및 부담금의 감면 등】 정부는 소재·부품·장비산업의 발전기반을 조성하고 경쟁력 제고를 도모하기 위하여 조세에 관한 법률이 정하는 바에 의하여 필요한 세제지원을 할 수 있다.

제4장의2 소재·부품·장비산업의 공급망 안정화
(2023.6.13 본장신설)

제23조의2【소재·부품·장비 공급망 조기경보시스템의 운영】 ① 산업통상자원부장관은 공급망안정품목의 공급망 위기를 신속하게 파악하기 위하여 공급망 조기경보시스템을 구축·운영할 수 있다.
② 산업통상자원부장관은 제1항에 따른 공급망 조기경보시스템의 운영을 위하여 필요한 경우 관계 중앙행정기관의 장, 지방자치단체의 장, 「공공기관의 운영에 관한 법률」 제4조에 따른 공공기관의 장, 「민법」 제32조에 따라 설립된 사업자단체 및 관련 사업자 등에게 공급망안정품목 관련 정보의 제출을 요청할 수 있다. 이 경우 정보 제출을 요청받은 자는 정당한 사유가 없으면 이에 따라야 한다.
③ 산업통상자원부장관은 공급망 위기 징후를 포착한 경우 위기경보 발령의 필요성, 발령 단계, 발령 범위 등 산업통상자원부령으로 정하는 바에 따라 위기경보를 발령하여야 한다.

제23조의3【소재·부품·장비산업 공급망센터의 지정 등】 ① 산업통상자원부장관은 소재·부품·장비산업 공급망 관련 정보를 체계적으로 수집·분석하고, 공급망 안정화에 필요한 사업을 지원하기 위하여 다음 각 호의 요건을 모두 갖춘 자를 소재·부품·장비산업 공급망센터(이하 "공급망센터"라 한다)로 지정하여야 한다.
1. 다음 각 목의 어느 하나에 해당하는 기관 또는 법인일 것
가. 「공공기관의 운영에 관한 법률」 제4조에 따른 공공기관
나. 「민법」 제32조에 따라 설립된 법인
2. 제2항 각 호의 사업 수행에 필요한 전담조직 및 전담인력을 갖출 것
② 공급망센터는 다음 각 호의 사업을 수행한다.
1. 소재·부품·장비산업 공급망 정보 수집·분석
2. 소재·부품·장비산업 공급망 정보시스템의 구축·운영
3. 소재·부품·장비 공급망 관련 국내외 정책·제도·연구개발 동향 조사 등에 대한 정책지원
4. 소재·부품·장비 기업의 공급망 관련 정보제공 및 경영 등에 관한 자문
5. 그 밖에 소재·부품·장비의 공급망 안정을 위하여 산업통상자원부령으로 정하는 사업
③ 산업통상자원부장관은 공급망센터에 대하여 예산의 범위에서 기관 운영 및 제2항 각 호의 사업을 수행하는 데 필요한 경비를 출연 또는 보조할 수 있다.
④ 산업통상자원부장관은 제1항에 따라 지정된 공급망센터가 다음 각 호의 어느 하나에 해당하는 경우 지정을 취소할 수 있다. 다만, 제1호에 해당하는 경우에는 그 지정을 취소하여야 한다.
1. 거짓이나 그 밖의 부정한 방법으로 지정을 받은 경우
2. 제1항에 따른 지정 요건에 적합하지 아니하게 된 경우
⑤ 산업통상자원부장관은 제1항 또는 제4항에 따라 공급망센터를 지정 또는 지정 취소한 때에는 그 사실을 인터넷 홈페이지에 공고하여야 한다.
⑥ 그 밖에 공급망센터의 운영 및 지정 취소의 기준·절차에 필요한 사항은 대통령령으로 정한다.

제23조의4【공급망안정사업의 선정 등】 ① 산업통상자원부장관은 공급망안정사업을 선정하여 지원할 수 있다.
② 공급망안정사업을 추진하고자 하는 기업은 다음 각 호의 사항이 포함된 계획서를 작성하여 산업통상자원부장관에게 신청하여야 한다.
1. 품목별 목표
2. 공급망 안정을 위한 실행계획
3. 정부 지원의 필요성
4. 필요한 지원 및 규제개선 등에 관한 사항
③ 산업통상자원부장관은 공급망안정사업을 지원하기 위하여 다음 각 호와 관련된 사항에 대하여 행정적·기술적·재정적 지원을 할 수 있다.
1. 기술개발
2. 국내외 생산시설 구축
3. 수입 위험 완화를 위한 정보제공, 컨설팅, 국내 성능검증·인증·실증
4. 재고확대
5. 제51조에 따른 규제개선
6. 국제협력
7. 그 밖에 공급망안정사업의 효과적 수행에 필요한 사업으로서 대통령령으로 정하는 사업
④ 산업통상자원부장관은 제51조에 따른 규제개선의 신청 및 제64조부터 제67조까지에 따른 특례가 포함된 공급망안정사업을 선정하여 지원하고자 할 때에는 관계 중앙행정기관의 장과 미리 협의한 후 경쟁력위원회의 심의를 거쳐야 한다.
⑤ 제1항부터 제4항까지에 따른 공급망안정사업의 선정방법·절차에 필요한 사항은 대통령령으로 정한다.

제23조의5【수입 위험 완화를 위한 지원 등】 ① 산업통상자원부장관은 공급망안정품목의 수입 위험 완화를 위하여 다음 각 호의 사업을 추진할 수 있다.
1. 해외 공급망안정품목 생산 정보의 수집·제공
2. 무역거래 알선·중개 및 컨설팅 지원
3. 공급망안정품목의 국내 성능검증·인증·실증 지원
4. 특정국 수입의존도 완화를 위하여 국외기업의 소재·부품·장비 사업 부문의 전부 또는 일부의 양수, 주식 또는 출자 지분 취득 지원
5. 특정국 수입의존도 완화를 위하여 국내기업이 소유한 해외사업장을 인근 국가로 이전하는 경우 정보제공, 금융 등의 지원
6. 그 밖에 수입 위험 완화를 위하여 대통령령으로 정하는 사업
② 산업통상자원부장관은 공급망안정품목 수입 기업의 공급망 위기 대응능력 향상과 민관 협력체계 구축을 위하여 기업·기관·단체 등으로 구성되는 소재·부품·장비 공급망 관련 협의체로부터 의견을 들을 수 있다.
③ 「무역보험법」에 따라 설립된 한국무역보험공사는 소재·부품·장비 분야의 기업이 공급망안정품목의 수입선을 다변화하고자 하는 경우 우선적으로 신용보증을 하거나 보증 및 해외투자보험 조건 등을 우대할 수 있다.
④ 제1항부터 제3항까지에 따른 지원에 필요한 사항은 대통령령으로 정한다.

제23조의6【재고확대 권고 등】 ① 산업통상자원부장관은 공급망안정품목의 국내 총재고량, 국제가격 변화, 수급 전망 등 대통령령으로 정하는 기준을 종합적으로 검토하여 필요한 경우 기업에 공급망안정품목의 재고확대를 권고할 수 있다.
② 산업통상자원부장관은 기업이 제1항에 따른 권고에 따라 공급망안정품목의 재고를 확대하고자 하는 경우에는 구매·유지·관리 및 보관시설 신설·증설 등에 필요한 비용의 전부 또는 일부를 지원할 수 있다.
③ 제1항 및 제2항에 따른 권고의 대상 및 방법 등에 필요한 사항은 대통령령으로 정한다.

제23조의7【국내 생산시설 구축 지원 등】 ① 정부는 기업이 공급망안정품목의 국내 생산시설을 구축하고자 하는 경우로서 재정적 지원이 필요하다고 인정하면 자금의 일부를 보조 또는 융자하거나 기술지원을 할 수 있다.
② 「신용보증기금법」에 따른 신용보증기금, 「기술보증기금법」에 따른 기술보증기금은 소재·부품·장비 분야의 기업이 공급망안정품목의 국내 생산시설을 구축하고자 하는 경우 우선적으로 신용보증을 하거나 보증조건 등을 우대할 수 있다.

제5장 소재·부품·장비기술의 개발 및 사업화

제24조【소재·부품·장비 기술개발사업의 실시 등】 ① 정부는 소재·부품·장비의 기술확보와 경쟁력 강화 및 공급망 안정화를 위하여 다음 각 호의 소재·부품·장비와 관련된 기술개발을 위한 사업(이하 "기술개발사업"이라 한다)을 추진할 수 있다.(2023.6.13 본문개정)
1. 소재·부품·장비 분야의 연구개발사업
2. 기술개발의 효율화를 위한 국내외 특허 등 지식재산권에 대한 전략적 조사·분석
3. 기업, 대학, 연구기관 및 관련 기관·단체 간의 공동연구개발사업
4. 그 밖에 소재·부품·장비 기술경쟁력 강화를 위하여 대통령령으로 정하는 사항
② 정부는 다음 각 호의 어느 하나에 해당하는 기관·단체 또는 사업자로 하여금 기술개발사업을 실시하게 할 수 있다.
1. 특화선도기업등 소재·부품·장비기업
2. 국공립연구기관
3. 「정부출연연구기관 등의 설립·운영 및 육성에 관한 법률」 및 「과학기술분야 정부출연연구기관 등의 설립·운영 및 육성에 관한 법률」에 따라 설립된 정부출연연구기관(이하 "정부출연연구기관"이라 한다)
4. 대학(「고등교육법」 제2조제1호·제2호·제4호 및 제6호에 따른 대학·산업대학·전문대학 및 기술대학을 말한다. 이하 같다)
5. 「산업기술혁신 촉진법」 제42조에 따른 전문생산기술연구소(이하 "전문생산기술연구소"라 한다)
6. 그 밖에 소재·부품·장비 관련 기관·단체 또는 사업자 중 대통령령으로 정하는 자
③ 제1항의 기술개발사업을 수행하는 주관기관은 제1항제2호의 특허 등 지식재산권에 대한 전략적 조사·분석을 할 수 있다.
④ 정부는 제1항의 기술개발사업 추진시 핵심전략기술과 관련된 사업이나 과제를 우선적으로 기획하여야 하며, 기술개발사업을 실시할 때 다음 각 호의 기업을 우대할 수 있다.
1. 제1항제3호의 공동연구개발사업에 참여하는 기업
2. 특화선도기업등
3. 제49조에 따라 선정된 협력모델 및 관련 기술개발에 참여하는 소재·부품·장비 기업
4. 그 밖에 소재·부품·장비산업의 경쟁력 강화에 필요하다고 인정되는 대통령령으로 정하는 사업에 참여하는 기업
⑤ 정부는 제1항의 기술개발사업을 추진하는 기관에 출연할 수 있다.
⑥ 제1항부터 제5항까지에 따른 지원 범위, 방법 및 절차, 출연금의 지급·사용·관리에 필요한 사항은 대통령령으로 정한다.

제25조【국제협력사업】 ① 정부는 정부·기업·대학·연구소 및 단체 등이 국제기구 또는 외국의 정부·기업·대학·연구소 및 단체 등과의 소재·부품·장비 관련한 국제협력을 촉진하기 위한 시책을 마련하여야 한다.
② 정부는 소재·부품·장비 관련 국제협력을 촉진하기 위하여 다음 각 호의 사업을 추진할 수 있다.
1. 국제협력을 위한 조사·연구
2. 전문인력 및 정보의 교류
3. 외국의 지원기관 등과의 협력체계 구축
4. 국외 기술의 도입 촉진 및 공동 기술개발

5. 국내외 기업 간 합작법인의 설립 또는 제21조에 따른 인수·합병등의 지원
6. 해외시장 개척 및 기술지원
6의2. 공급망 안정화를 위한 협력체계 구축(2023.6.13 본호신설)
7. 그 밖에 국제협력을 촉진하기 위하여 대통령령으로 정하는 사업
③ 제1항에 따른 시책 및 제2항에 따른 사업추진에 필요한 사항은 대통령령으로 정한다.

제26조【기술이전 및 사업화 촉진】 ① 정부는 다음 각 호의 기관이 보유한 소재·부품·장비 분야 지식재산 등 기술의 이전·공유·활용 및 기술개발 성과의 사업화를 촉진할 수 있도록 행정적·기술적·재정적 지원시책을 마련할 수 있다.
1. 정부출연연구기관
2. 「특정연구기관 육성법」 제2조에 따른 특정연구기관
3. 전문생산기술연구소
4. 국가의 연구개발사업 수행을 통하여 소재·부품·장비 분야 연구성과물을 보유한 대학 등
5. 그 밖에 대통령령으로 정하는 기관
② 정부는 제1항과 관련하여 다음 각 호의 지원을 할 수 있다.
1. 시제품의 제작 및 설비투자에 필요한 출연 또는 투자·융자 등의 금융지원
2. 지식재산권의 출원, 등록, 이전 및 활용에 관한 사항(해당 업무의 위탁 및 그 비용 지급에 관한 사항을 포함한다)
3. 그 밖에 기술이전 및 사업화의 촉진을 위하여 필요한 사항
③ 제1항과 제2항에 따른 기술이전 및 사업화의 촉진을 위하여 필요한 사항은 「기술의 이전 및 사업화 촉진에 관한 법률」을 준용한다.

제27조【표준화사업】 ① 정부는 소재·부품·장비산업의 표준화 연구 및 보급 시책을 추진할 수 있다.
② 정부는 국내에서 개발되거나 개발 중에 있는 소재·부품·장비나 관련 기술이 「국가표준기본법」 제3조제2호에 따른 국제표준으로 제정되도록 하기 위하여 필요한 지원을 할 수 있다.
③ 정부는 소재·부품·장비나 관련 기술이 국가표준, 국제표준 등을 충족하는지를 평가하는 관련 연구 및 이에 대한 지원 시책을 추진할 수 있다.

제28조【소재·부품·장비 융합혁신지원단】 ① 정부는 소재·부품·장비분야의 기술력 향상을 효율적으로 지원하기 위하여 다음 각 호의 기관을 구성원으로 하는 연구기관의 협의체로서 소재·부품·장비 융합혁신지원단(이하 "융합혁신지원단"이라 한다)을 구성·운영할 수 있다.
1. 「과학기술분야 정부출연연구기관 등의 설립·운영 및 육성에 관한 법률」에 따른 과학기술분야 정부출연연구기관
2. 「특정연구기관 육성법」 제2조에 따른 특정연구기관 중 과학기술정보통신부장관이 지정하는 연구기관
3.산업통상자원부장관이 지정하는 전문생산기술연구소
4. 「공익법인의 설립·운영에 관한 법률」에 따른 공익법인
5. 그 밖에 소재·부품·장비산업의 기술·인력·경영 등을 지원하기 위하여 필요한 기관 또는 단체 중 산업통상자원부장관이 관계 중앙행정기관의 장과 협의하여 지정하는 기관 또는 단체
② 융합혁신지원단의 구성·운영에 필요한 사항은 대통령령으로 정한다.

제29조【융합혁신지원단의 지원사업】 ① 특화선도기업등 소재·부품·장비기업은 기술개발사업 등의 실시를 위하여 융합혁신지원단에 다음 각 호의 지원을 요청할 수 있다.
1. 융합혁신지원단 구성원에 소속된 연구원의 파견 및 융합혁신지원단 구성원 외의 기관 또는 단체에 소속된 해당분야 전문가의 파견·알선
2. 융합혁신지원단 구성원의 연구장비·시설의 이용 및 정보의 제공
3. 기술지도 및 자문
4. 그 밖에 소재·부품·장비산업의 기술력 향상을 위하여 필요한 사항으로서 대통령령이 정하는 사항
② 융합혁신지원단은 제1항의 지원요청이 있는 경우에는 지원기관·지원내용 및 그 밖에 필요한 사항을 정하여 지원을 요청한 자 및 융합혁신지원단 구성원에 통보한다. 이 경우 통보를 받은 융합혁신지원단 구성원의 장은 특별한 이유가 없는 한 이에 따라야 한다.
③ 융합혁신지원단 구성원의 장은 제2항의 규정에 의하여 특화선도기업등 소재·부품·장비기업에 파견된 소속 연구원에 대하여 이를 이유로 신분 및 급여상의 불이익을 주어서는 아니 된다.
④ 산업통상자원부장관은 매년 융합혁신지원단 구성원이 특화선도기업등 소재·부품·장비기업에 대하여 기술지원을 한 실적을 종합적으로 평가하고, 그 평가결과에 따라 융합혁신지원단 구성원의 예산배정 및 기관평가 등에 있어서 우대조치하여 줄 것을 대통령령이 정하는 관계 중앙행정기관의 장 및 기획재정부장관에게 요청할 수 있다.
⑤ 정부는 융합혁신지원단 구성원이 제2항에 따라 통보된 지원을 하는 경우에는 그에 소요되는 경비를 산업통상자원부령이 정하는 바에 따라 지원할 수 있다.

제6장 소재·부품·장비 실증기반의 확충과 활용 등

제30조【실증기반의 개방·활용】 ① 정부는 소재·부품·장비의 실증시험·신뢰성평가·성능검증 등을 촉진하기 위하여 다음 각 호의 기관이 보유한 실증·생산 관련 시설을 소재·부품·장비기업에게 개방·활용하게 할 수 있다.
1. 「공공기관의 운영에 관한 법률」 제5조제3항제1호에 따른 공기업
2. 정부출연연구기관
3. 전문생산기술연구소
4. 그 밖에 대통령령으로 정하는 기관
② 제1항 각 호의 기관은 실증·생산 관련 시설의 개방·활용 실적을 산업통상자원부장관에게 제출하여야 한다.
③ 산업통상자원부장관은 제2항에 따라 제출된 실적을 평가하고 그 결과를 기획재정부장관, 과학기술정보통신부장관 또는 「과학기술분야 정부출연연구기관 등의 설립·운영 및 육성에 관한 법률」 제18조에 따른 연구회의 이사장 등에게 통보할 수 있다.
④ 제1항부터 제3항까지에 따른 실증·생산시설의 개방·활용에 관한 절차 등에 관한 사항은 대통령령으로 정한다.

제31조【실증기반의 확충】 ① 정부는 제49조에 따라 수요기업과 공급기업이 협력하여 실증기반을 구축하고자 하는 경우에는 경쟁력위원회의 심의를 거쳐 필요한 비용 등 재정적·행정적·기술적 지원을 할 수 있다.
② 제1항과 관련하여 수요기업이 해당시설의 개방·운영계획, 구매의향 등 대통령령으로 정하는 사항을 이행하는 경우에는 제32조제2항에 따른 지원을 할 수 있다.
③ 정부는 제32조제2항에 따라 실증시험 또는 성능검증 등을 위하여 시설을 개방하는 수요기업에 대해 「국유재산법」 및 「공유재산 및 물품 관리법」에도 불구하고 국유 및 공유의 시설, 설비, 기계, 기기 및 지식재산을 유상 또는 무상으로 대부·양여하거나 사용·수익하게 할 수 있다.
④ 제1항부터 제3항까지의 지원내용과 절차에 관한 사항은 대통령령으로 정한다.

제32조【실증시험·성능검증 등 촉진 및 지원】 ① 정부는 소재·부품·장비분야 수요기업과 공급기업 간에 개발된 기술이나 이전받은 기술의 실증시험·성능검증 등을 촉진하기 위하여 다음 각 호의 사항을 포함하는 사업을 추진할 수 있다.
1. 실증시험, 성능검증 등에 필요한 시설 구축·운영
2. 실증시험, 성능검증 등에 필요한 시설이나 장비 제공기업에 대한 지원
3. 기술료 감면, 재정 부담비율 완화 등 기업 참여 촉진
4. 그 밖에 실증시험·성능검증 등의 촉진을 위하여 대통령령으로 정하는 사항
② 수요기업이 공급기업이 개발한 소재·부품·장비기술에 대해 실증시험·성능검증 등을 지원하는 경우 정부는 해당 기업에 대하여 제1항 각 호의 사업을 지원할 수 있다.
③ 제1항 및 제2항의 사업과 지원절차에 관한 사항은 대통령령으로 정한다.

제33조【신뢰성향상기반구축사업】 ① 정부는 소재·부품·장비의 신뢰성 향상을 위하여 다음 각 호의 사업(이하 "신뢰성향상기반구축사업"이라 한다)을 추진하여야 한다.
1. 신뢰성평가 장비·시설의 개발 및 확충
2. 신뢰성평가 기준의 개발 및 보급
3. 신뢰성평가 전문인력의 양성
4. 신뢰성평가 장비·시설 및 정보의 효율적 활용
5. 그 밖에 신뢰성향상기반을 구축하기 위한 사업으로서 대통령령이 정하는 사업
② 정부는 다음 각 호의 기관을 신뢰성향상기반구축사업의 실시기관으로 지정할 수 있으며, 필요한 사항은 대통령령으로 정한다.
1. 국공립연구기관
2. 정부출연연구기관
3. 대학
4. 전문생산기술연구소
5. 그 밖에 대통령령이 정하는 기관 또는 단체
③ 제2항에 따라 지정된 신뢰성향상기반구축사업의 실시기관(이하 "실시기관"이라 한다)은 소재·부품·장비를 개발·생산하는 기업에 대하여 다음 각 호의 지원을 할 수 있다.
1. 신뢰성향상기반구축사업에 의하여 구축된 신뢰성평가 장비·시설의 이용 및 정보 등의 제공
2. 신뢰성평가의 실시 및 평가결과의 분석
3. 소재·부품·장비의 신뢰성 향상을 위한 기술 지원 및 자문
4. 신뢰성평가를 위한 평가기준과 평가기법의 개발 및 보급
5. 그 밖에 신뢰성향상기반을 구축하고 신뢰성기술을 지원하기 위한 사업으로서 대통령령으로 정하는 사항
④ 실시기관은 신뢰성향상기반구축사업이 효율적으로 달성될 수 있도록 하기 위하여 다음 각 호의 사업을 추진하여야 한다.
1. 신뢰성향상기반구축사업을 위한 전용공간의 확보 및 전담조직의 설치·운영
2. 신뢰성평가 장비·시설 등의 중복투자 방지를 위한 실시기관 간 협력체제 구축
3. 그 밖에 신뢰성평가 장비·시설 및 정보 등의 효율적 활용을 위하여 필요한 사항으로서 대통령령으로 정하는 사항
⑤ 정부는 제1항에 따른 신뢰성향상기반구축사업을 실시할 때, 다음 각 호에 해당하는 기업을 우대할 수 있다.
1. 특화선도기업등
2. 제49조에 따라 선정된 협력모델 및 관련 기술개발에 참여하는 소재·부품·장비 기업
⑥ 실시기관의 지정요건 및 절차에 관하여 필요한 사항은 대통령령으로 정한다.

제34조【신뢰성인증기관의 지정】 ① 정부는 소재·부품·장비의 신뢰성 향상을 위하여 신뢰성 인증을 실시하는 기관(이하 "신뢰성인증기관"이라 한다)을 지정할 수 있다.
② 정부는 다음 각 호의 어느 하나에 해당하는 경우에는 제1항에 따른 신뢰성인증기관의 지정을 취소하여야 한다.
1. 거짓이나 그 밖의 부정한 방법으로 인증이나 확인을 받은 경우
2. 중대한 결함이 있어 인증이 적당하지 아니하다고 인정되는 경우
③ 제1항 및 제2항에 따른 신뢰성인증기관의 지정·지정취소, 신뢰성 인증의 절차에 관하여 필요한 사항은 대통령령으로 정한다.

제35조【신뢰성 보증사업의 실시】 ① 특화선도기업등 및 실시기관 등은 소재·부품·장비로 인하여 수요기업이 입을 수 있는 손해를 담보하기 위하여 다음 각 호의 자가 실시하는 공제 또는 보험에 가입할 수 있다. 다만, 필요하다고 대통령령으로 정하는 경우에는 공제 또는 보험에 가입하여야 한다.
1. 「산업발전법」 제40조제1항제1호에 따른 자본재공제조합
2. 「보험업법」 제2조제4호에 따른 손해보험업을 영위하는 같은 법 제2조제6호에 따른 보험회사
3. 「무역보험법」 제37조에 따른 한국무역보험공사
4. 「중소기업협동조합법」 제3조제1항제4호에 따른 중소기업중앙회
5. 그 밖에 대통령령으로 정하는 기관
② 제1항에 따른 공제 또는 보험 사업의 내용 및 운영에 관한 사항과 그 밖에 필요한 사항은 대통령령으로 정한다.

제36조【소재·부품·장비정보의 체계적 생산·관리 등】 ① 정부는 소재·부품·장비분야의 기술·무역·생산·수급시장 등에 관한 정보(이하 "소재·부품·장비정보"라 한다)를 체계적으로 생산·관리·유통 및 활용하기 위하여 다음 각 호의 사업을 추진하여야 한다.
1. 소재·부품·장비정보의 수집·분석·가공 및 데이터베이스의 구축
2. 소재·부품·장비정보 유통시스템의 정비 및 확충
3. 관련연구자 및 특화선도기업등에 대한 정보의 제공
4. 소재·부품·장비정보를 활용한 인공지능 기반의 분석 시스템 구축
5. 그 밖에 대통령령으로 정하는 사업
② 정부는 다음 각 호에 해당하는 기관으로 하여금 제1항 각 호의 사업을 실시하게 하고, 이에 소요되는 비용을 출연할 수 있다.
1. 정부출연연구기관
2. 전문생산기술연구소
3. 「산업기술혁신 촉진법」 제38조에 따른 한국산업기술진흥원
4. 「대한무역투자진흥공사법」에 따른 대한무역투자진흥공사
5. 「중소기업협동조합법」에 따른 중소기업협동조합
6. 그 밖에 소재·부품·장비정보의 효율적 활용을 촉진을 위하여 필요한 기관·단체 또는 사업자 중 대통령령이 정하는 기관·단체 또는 사업자
③ 정부는 제1항 각 호의 사업을 효율적으로 추진하기 위하여 필요한 경우에는 제2항 각 호의 기관으로 하여금 소재·부품·장비정보 협의회를 구성·운영하게 할 수 있다.
④ 제2항에 따른 출연금의 지급·사용·관리 및 제3항에 따른 협의회의 구성·운영에 관하여 필요한 사항은 대통령령으로 정한다.

제37조【소재개발 촉진을 위한 조치 등】 ① 정부는 소재 개발의 효율화와 개발된 소재의 상용화 촉진 등을 위하여 제36조제2항 각 호의 기관으로서 소재 분야의 연구실적 및 수행능력 등이 산업통상자원부령이 정하는 기준에 해당하는 기관(이하 "소재전문기관"이라 한다)에 대하여 다음 각 호의 사업을 수행하게 할 수 있다.
1. 소재정보의 수집·분석·가공 및 데이터베이스의 구축
2. 소재정보 유통시스템의 정비 및 확충
3. 기업·대학·연구기관 등에 대한 정보의 제공
4. 소재의 개발 및 상용화를 위한 기술지원
5. 소재 분야 연구개발 인력의 양성
6. 제1호부터 제5호까지의 사업을 효율적으로 추진하기 위한 관련 대학·연구기관 등과의 협력체계 구축
② 산업통상자원부장관은 다음 각 호의 어느 하나에 해당하는 자 중 소재 관련 연구를 수행한 자에 대하여는

해당 연구사업 수행의 결과로 얻어지는 연구보고서 등 산업통상자원부령이 정하는 연구성과물(이하 "연구성과물"이라 한다)을 산업통상자원부장관이 지정하는 소재전문기관에 제출하게 할 수 있다.
1. 제24조에 따라 기술개발사업을 실시하는 자(산업통상자원부장관이 지정한 사업자에 한한다)
2. 제33조에 따라 신뢰성향상기반구축사업을 실시하는 자
3. 「산업기술혁신 촉진법」 제11조에 따른 주관연구기관의 장
4. 그 밖에 대통령령으로 정하는 사업을 수행하는 주관연구기관의 장
③ 제2항에 따라 연구성과물을 제출받는 소재전문기관의 장은 연구성과물을 제출하는 자와 연구성과물의 공개시기에 관하여 협의하여야 한다.
④ 제1항 및 제2항에 따른 연구성과물 제출 절차·방법에 관한 사항은 산업통상자원부령으로 정한다.

제37조의2【희소금속산업 경쟁력 강화시책의 마련 등】 ① 정부는 산업통상자원부령으로 정하는 희소금속의 국가안보적 특성을 고려하여 5년마다 희소금속산업 경쟁력 강화를 위하여 다음 각 호의 사항을 포함하는 시책을 마련하여야 한다.
1. 희소금속의 안정적 공급망 확보를 위한 희소금속 공급국가 및 수요국가와의 협력에 관한 사항
2. 희소금속 비축체계에 관한 사항
3. 희소금속이 함유된 폐자원의 재자원화에 관한 사항
4. 희소금속 전문기업의 경쟁력 강화 지원에 관한 사항
5. 희소금속의 친환경 생산, 고부가가치화 및 대체물질의 개발 등 희소금속의 안정적 확보를 위한 연구·개발에 관한 사항
6. 희소금속의 생산·수급 및 재고 등 실태조사에 관한 사항
7. 희소금속산업발전의 기반조성에 필요한 인력양성·표준화·통계체계 및 국제협력 등에 관한 사항
8. 그 밖에 희소금속산업의 경쟁력 강화를 위하여 필요한 사항
② 산업통상자원부장관은 제1항에 따른 시책 마련과 관련하여 희소금속 현황에 대한 실태조사와 통계 구축을 위하여 관계 중앙행정기관의 장 또는 관련 기관·단체의 장에게 자료제출 및 정보제공을 요청할 수 있다. 이 경우 자료제출 및 정보제공을 요청받은 관계 중앙행정기관의 장 또는 관련 기관·단체의 장은 특별한 사유가 없으면 이에 따라야 한다.
(2023.6.13 본조신설)

제37조의3【국가희소금속센터의 지정·운영 등】 ① 산업통상자원부장관은 희소금속산업 경쟁력 강화와 희소금속 공급망 안정 등에 관한 업무를 효율적으로 수행하기 위하여 다음 각 호에 해당하는 기관을 국가희소금속센터(이하 "센터"라 한다)로 지정할 수 있다.
1. 「과학기술분야 정부출연연구기관 등의 설립·운영 및 육성에 관한 법률」 제8조제1항에 따른 한국생산기술연구원
2. 그 밖에 전문인력과 시설 등 대통령령으로 정하는 요건을 갖춘 기관
② 센터는 다음 각 호의 업무를 수행한다.
1. 희소금속의 친환경 생산, 고부가가치화 및 대체물질의 개발 등 희소금속 관련 연구 지원에 관한 업무
2. 희소금속산업 관련 선행연구·개발에 관한 업무
3. 희소금속 전문기업 등에 대한 기술지원 업무
4. 희소금속산업 종합정보시스템의 구축·운영에 관한 업무
5. 희소금속산업 생태계 분석과 정보제공에 관한 업무
6. 희소금속 관련 협력대상국의 기관·기업과의 상호 교류에 관한 업무
7. 그 밖에 희소금속산업 경쟁력 강화 또는 안정적 확보를 위하여 산업통상자원부령으로 정하는 업무
③ 산업통상자원부장관은 센터의 운영에 필요한 경비를 출연하고, 제2항에 따른 업무를 수행하는 데에 필요한 자금을 출연 또는 보조할 수 있다.
④ 산업통상자원부장관은 제1항에 따라 지정된 센터가 다음 각 호의 어느 하나에 해당하는 경우 지정을 취소할 수 있다. 다만, 제1호에 해당하는 경우에는 그 지정을 취소하여야 한다.
1. 거짓이나 그 밖의 부정한 방법으로 지정을 받은 경우
2. 제1항제2호에 따른 지정 요건에 적합하지 아니하게 된 경우
⑤ 센터의 지정 절차 및 운영에 필요한 사항은 산업통상자원부령으로 정한다.
(2023.6.13 본조신설)

제38조【소재·부품·장비 수요창출】 ① 정부는 소재·부품·장비기업이 개발한 기술개발제품의 수요를 창출하기 위하여 이들 제품을 우선적으로 구매하는 등 필요한 지원시책을 마련할 수 있다.
② 산업통상자원부장관 또는 관계 중앙행정기관의 장은 소재·부품·장비기업이 개발한 기술개발제품의 구매를 늘리기 위하여 다음 각 호의 자에게 우선구매 계획수립 등 필요한 조치를 요청할 수 있다.
1. 조달청 등 국가기관
2. 지방자치단체
3. 법률에 따라 설립된 법인 중 대통령령으로 정하는 자
4. 「공공기관의 운영에 관한 법률」에 따른 공공기관 중 대통령령으로 정하는 자
5. 「지방공기업법」에 따른 지방공사 및 지방공단
6. 「지방의료원의 설립 및 운영에 관한 법률」에 따른 지방의료원
7. 그 밖에 대통령령으로 정하는 자
③ 제2항에 따른 요구를 받은 자는 우선구매 계획을 수립·시행하여야 하며, 부득이한 사유로 인하여 조치를 할 수 없는 경우에는 그 사유를 대통령령으로 정하는 기간 내에 산업통상자원부장관과 관계 중앙행정기관의 장에게 통보하여야 한다.
④ 제1항부터 제3항까지에 따른 절차에 관한 사항은 대통령령으로 정한다.

제7장 소재·부품·장비 전문기술인력의 양성 등

제39조【소재·부품·장비 기술인력의 수급동향조사】 ① 정부는 소재·부품·장비산업의 기술인력 수급동향에 관한 조사를 할 수 있다.
② 정부는 제1항에 따른 기술인력의 수급동향에 관한 조사를 위하여 다음 각 호의 기관에 필요한 자료의 제공을 요청할 수 있다.
1. 소재·부품·장비 관련 사업자 또는 사업자단체
2. 소재·부품·장비 관련 교육·연구기관
3. 「공공기관의 운영에 관한 법률」 제4조에 따른 공공기관
4. 그 밖에 기술인력의 수급동향 조사에 필요한 관계 기관
③ 제2항에 따라 자료 제공을 요청받은 자는 특별한 사유가 없으면 그 요청에 따라야 한다.
④ 정부는 기술인력의 수급동향 조사결과를 공표하여야 하며, 대학 등 교육기관은 이를 활용하여 학생 정원 운영 등에 반영할 수 있다.

제40조【소재·부품·장비 전문기술인력양성】 ① 정부는 제39조에 따른 기술인력 수급동향 조사를 고려하여 소재·부품·장비 전문기술인력의 원활한 수급을 위하여 산업계·대학·연구기관 등과 연계하여 다음 각 호의 사업을 추진할 수 있다.
1. 대학, 특성화고 등 교육기관을 통한 인력양성사업
2. 미취업 인력을 대상으로 시행하는 소재·부품·장비기업 현장연수사업
3. 소재·부품·장비 기업 재직자의 능력개발을 위한 사업
4. 소재·부품·장비 기업의 수요에 연계된 교육과정 개설 및 취업연계사업
5. 소재·부품·장비 전문기술인력의 양성에 필요한 연구시설·장비의 확충
6. 산학협력을 통한 인력양성사업
7. 핵심전략기술 관련 국가기술자격제도의 활용
8. 신뢰성기술 전문인력의 양성
9. 그 밖에 전문기술인력 양성을 위하여 필요하다고 대통령령으로 정하는 사업
② 정부는 제1항의 사업을 추진하면서 특화선도기업등을 우대할 수 있다.
③ 정부는 제1항의 사업과 관련하여 관계 중앙행정기관, 연구기관, 대학, 기업 등에 필요한 자료의 제출과 협조를 요청할 수 있다.

제41조【계약에 의한 직업교육훈련과정 등의 설치 지원】 ① 정부는 소재·부품·장비기업의 수요에 맞는 맞춤형 인력 양성을 위하여 「산업교육진흥 및 산학연협력촉진에 관한 법률」 제8조제1항의 계약에 의한 학과 및 학부(이하 "계약학과등"이라 한다) 설치·운영을 지원할 수 있다.
② 정부는 「산업발전법」 제12조제2항 또는 「중소기업 인력지원 특별법」 제7조제2항에 따라 산업계의 제1항에 따른 계약학과등의 설치에 대한 수요를 매년 조사할 수 있으며 그 결과를 토대로 계약학과등을 설치·지원할 수 있다.
③ 소재·부품·장비 산업 관련 계약학과등을 운영 중이거나 정부가 제1항에 따라 계약학과등을 설치하려는 경우, 정부는 산업체 부담금의 일부 및 학생 등록금의 일부를 대통령령으로 정하는 바에 따라 지원할 수 있다.

제42조【소재·부품·장비 분야 기업 공동교육훈련시설】 ① 정부는 소재·부품·장비중소기업의 직업능력개발훈련 실시를 촉진하기 위하여 소재·부품·장비기업 공동교육훈련시설의 설치 및 운영에 필요한 지원을 할 수 있다.
② 제1항에 따른 지원 대상, 지원 절차에 관하여 필요한 사항은 대통령령으로 정한다.

제43조【전문인력 양성기관의 지정 등】 ① 정부는 다음 각 호의 어느 하나에 해당하는 기관을 핵심전략기술 전문인력양성을 위한 교육훈련기관으로 지정할 수 있다.
1. 「수도권정비계획법」 제2조제1호에 따른 수도권에 소재하는 산업단지(「산업입지 및 개발에 관한 법률」 제2조제8호에 따른 산업단지를 말한다. 이하 같다) 중 대통령령이 정하는 산업단지에 소재하는 대학과 수도권 외의 지역에 소재하는 대학
2. 「한국과학기술원법」에 따른 한국과학기술원, 「광주과학기술원법」에 따른 광주과학기술원, 「대구경북과학기술원법」에 따른 대구경북과학기술원 및 「울산과학기술원법」에 따른 울산과학기술원
3. 정부출연연구기관
4. 「산업기술혁신 촉진법」 제38조에 따른 한국산업기술진흥원과 기술교육협약을 체결한 외국에 있는 대학 및 기술연구기관
5. 그 밖에 소재·부품·장비 분야의 교육 및 훈련기관으로서 대통령령으로 정하는 기관
② 정부는 제1항의 규정에 따라 지정된 자가 전문인력양성사업을 실시하는데 소요되는 비용을 출연할 수 있다.
③ 제1항의 규정에 따라 지정된 자가 실시하는 전문인력양성사업이 「국민 평생 직업능력 개발법」 제38조에 따른 훈련기준에 따라 실시되는 훈련과정으로 같은 법 제19조제1항 또는 제24조제1항에 따라 인정받은 경우 훈련비용의 지원 등에 있어서 이를 우대할 수 있다.(2021.8.17 본항개정)
④ 제1항 및 제2항에 따른 지정 요건·절차, 출연금의 지급·사용·관리에 필요한 사항은 대통령령으로 정한다.

제44조【해외 우수인력의 발굴·유치】 ① 정부는 소재·부품·장비 관련 해외 우수인력의 발굴·유치를 위하여 다음 각 호의 시책을 추진할 수 있다.
1. 핵심전략기술과 관련한 해외 대학·연구기관·기업 전문인력에 관한 조사·분석
2. 해외 우수인력에 관한 정보의 제공과 활용 지원
3. 해외 우수인력의 유치를 위한 국제네트워크 구축, 국제행사 참가 등의 지원
4. 해외 우수인력의 취업과 이민절차 등 행정절차의 완화
5. 해외 우수인력의 근로조건과 처우의 개선
6. 그 밖에 해외 우수인력 발굴·유치를 위하여 대통령령으로 정하는 사항
② 정부는 제1항에 따른 사업 수행에 필요한 비용을 지원할 수 있다.

제8장 소재·부품·장비 특화단지의 지정 및 지원 등

제45조【소재·부품·장비산업 특화단지의 지정】 ① 산업통상자원부장관은 소재·부품·장비산업의 진흥을 위하여 소재·부품·장비기업과 그 지원시설 등이 집단적으로 입주하여 있거나 입주하려는 지역에 대하여 필요한 경우 소재·부품·장비 특화단지(이하 "특화단지"라 한다)를 지정할 수 있다.
② 산업통상자원부장관은 대통령령으로 정하는 바에 따라 신청을 받아 특화단지를 지정하여야 한다. 이 경우 관계 중앙행정기관 및 지방자치단체의 장과 협의를 거쳐야 한다.
③ 특화단지의 지정 요건 및 그 밖에 특화단지의 지정에 필요한 사항은 대통령령으로 정한다.

제46조【특화단지의 지정 해제】 산업통상자원부장관은 다음 각 호의 어느 하나에 해당하는 경우에는 관계 중앙행정기관의 장과 협의하여 대통령령으로 정하는 바에 따라 특화단지의 지정을 해제할 수 있다.
1. 제45조제3항에 따른 지정 요건에 미달하게 되는 경우
2. 제48조제1항 각 호에 따른 지원금을 당초 목적 외에 사용한 경우
3. 특화단지 지정 목적의 달성이 불가능하다고 인정되는 경우
4. 관련 특별시장·광역시장·특별자치시장·도지사 또는 특별자치도지사(이하 "시·도지사"라 한다)가 요청하는 경우

제47조【특화단지육성시책】 ① 정부는 소재·부품·장비산업 경쟁력 강화를 위하여 특화단지의 육성에 관한 시책(이하 "특화단지육성시책"이라 한다)을 추진할 수 있다.
② 특화단지육성시책에는 다음 각 호의 사항이 포함되어야 한다.
1. 특화단지 육성의 기본방향에 관한 사항
2. 특화단지의 대학·연구소 및 기업의 연구개발 활동 지원에 관한 사항
3. 특화단지의 대학·연구소 및 기업의 연구개발 성과의 사업화 촉진에 관한 사항
4. 소재·부품·장비산업 관련 첨단기술기업의 창업 및 유치 촉진에 관한 사항
5. 특화단지의 대학·연구소 및 기업의 연구개발 전문 인력과 사업화 지원 인력의 양성에 관한 사항
6. 특화단지의 대학·연구소 및 기업 간 교류와 협력 활성화에 관한 사항
7. 소재·부품·장비산업 경쟁력 강화에 필요한 기반조성에 관한 사항
8. 소재·부품·장비 제품의 실증시설 및 성능검증 기반 등의 구축에 관한 사항
9. 특화단지 운영 성과의 확산에 관한 사항
10. 특화단지의 대학·연구소 및 기업에 대한 통합 지원체계 구축 방안에 관한 사항
11. 특화단지의 확대 및 재원 조달 방안에 관한 사항
12. 특화단지의 체계적인 개발에 대한 사항
13. 그 밖에 특화단지의 육성을 위하여 대통령령으로 정하는 사항
③ 특화단지육성시책을 수립하거나 변경하려는 때에는 관계 중앙행정기관의 장 및 관련 시·도지사와 협의하여야 한다.
④ 관련 시·도지사는 특화단지육성시책의 효율적인 추진을 위하여 입지, 세제, 재정, 행정 등 관련 지원책을 마련하여야 한다.

제48조【특화단지의 지원】 ① 정부는 특화단지에서 다음 각 호의 사업을 수행할 수 있으며 이에 필요한 비용을 지원할 수 있다.
1. 산업기반시설 및 공동연구개발 인프라의 설치 및 운영
2. 그 밖에 특화단지가 위치한 지역의 발전을 위하여 필요한 사업
② 국가 및 지방자치단체는 특화단지에 입주하는 기업과 연구기관에 대한 부지의 조성, 임대료 감면, 의료시설·교육시설·주택 등 각종 편의시설의 설치에 필요한 비용을 지원할 수 있다.
③ 국가 및 지방자치단체는 「국유재산법」, 「공유재산 및 물품 관리법」 및 그 밖의 다른 법률의 규정에도 불구하고 특화단지에 입주하는 기업과 연구기관에 대하여 국유·공유 재산의 임대료를 대통령령으로 정하는 바에 따라 감면할 수 있다.
④ 산업통상자원부장관은 특화단지에 입주하는 기업과 연구기관이 「산업융합 촉진법」 제8조에 따른 심의를 받을 경우, 우선하여 심의할 수 있다.
⑤ 제1항부터 제4항까지에서 규정한 사항 외에 특화단지의 지원에 필요한 사항은 대통령령으로 정한다.

제9장 소재·부품·장비 기업의 상호 개발협력 촉진 등

제49조【협력모델의 발굴】 ① 정부는 협력모델을 발굴하여 지원할 수 있다
② 경쟁력위원회는 기업 간 상호 협력을 권고·알선할 수 있으며, 상호 협력하려는 기업으로부터 다음 각 호의 사항이 포함된 경쟁력강화 계획서를 신청 받아 협력모델 선정을 위한 심의를 할 수 있다.
1. 품목별 목표
2. 기업 간 협력내용
3. 연구개발, 시험·평가, 검증, 생산 또는 투자 계획
4. 필요한 지원 및 규제개선 등에 관한 사항
③ 제1항 및 제2항에 따른 협력모델의 발굴, 선정방법과 절차에 관한 사항은 대통령령으로 정한다.
제50조【협력모델에 대한 지원】 ① 국가와 지방자치단체는 기업 간 상호협력을 촉진하거나 경쟁력위원회의 심의를 거친 협력모델을 지원하기 위하여 다음 각 호와 관련된 행정적·기술적·재정적 지원을 할 수 있다.
1. 공동기술개발
2. 공동기반구축 및 물류·보관
3. 기술이전 및 연구개발·생산 등을 위한 투자
4. 신뢰성평가, 성능검증 등 적합성 평가
5. 시험제품 제작 및 설비확충
6. 신뢰성 보증
7. 제51조에 따른 규제개선
8. 그 밖에 제1호부터 제7호까지와 유사한 사업으로 대통령령이 정하는 사업
② 제38조제2항에 따른 요청을 받은 기관의 장은 우선구매 계획 등을 수립할 때 협력모델의 기술개발 품목을 우대할 수 있다.
③ 제1항 및 제2항에 따른 지원 및 우대에 필요한 사항은 대통령령으로 정한다.
제51조【규제개선의 신청 등】 ① 제49조의 협력모델 및 제23조의4의 공급망안정사업에 참여하는 기업은 소재·부품·장비 분야 연구개발, 시험·평가, 검증 및 생산 활동과 관련하여 협력모델 및 공급망안정사업의 목적 달성을 위하여 필요한 경우 경쟁력위원회에 해당 활동에 필요한 규제개선(이하 이 장에서 "규제개선"이라 한다)을 신청할 수 있다.(2023.6.13 본항개정)
② 산업통상자원부장관은 제1항에 따른 신청이 있는 경우 그 신청내용을 관계 행정기관의 장에게 통보하여야 하며, 관계 행정기관의 장은 해당 신청 내용을 검토하여 그 결과를 15일 이내에 산업통상자원부장관에게 문서로 회신하여야 한다. 이 경우 관계 행정기관의 장은 법령정비가 필요하지 않은 신청내용에 대해서는 적극적으로 처리하여야 한다.
③ 관계 행정기관의 장이 규제개선 여부를 검토하기 위하여 신청기업에게 자료 보완을 요구한 경우에는 관련 자료의 보완에 걸린 기간은 제2항에 따른 회신 기간에 산입하지 아니한다. 다만, 이 경우에도 45일 이내에는 검토결과를 회신하여야 하며, 회신이 불가능한 경우에는 30일 이내의 범위에서 한 차례만 회신기간 연장을 요청할 수 있다.
④ 경쟁력위원회는 제1항에 따른 신청내용, 관계 행정기관의 검토, 신청내용에 대한 처리결과, 규제개선 여부 등을 심의하여야 한다. 이 경우 관계 행정기관의 장에게 경쟁력위원회에 참석할 것을 요청할 수 있다.
⑤ 산업통상자원부장관은 제4항에 따른 심의 결과를 관계 행정기관의 장에게 통보하고 규제개선을 요청할 수 있으며, 관계 행정기관의 장은 특별한 사유가 없는 한 경쟁력위원회의 심의결과를 존중하여 해당 규제를 개선할 수 있다.
⑥ 제4항에 따른 심의 결과에 따라 법령을 정비할 필요성이 있는 경우 관계 행정기관의 장은 법령정비 여부를 검토하고, 조속히 관련 법령정비를 추진하여야 한다.
⑦ 제4항에 따른 경쟁력위원회의 심의결과, 연구개발, 시험·평가, 검증 등 실증을 위한 규제특례가 필요하다고 인정되는 경우에는 「산업융합 촉진법」 제10조의3, 「정보통신 진흥 및 융합 활성화 등에 관한 특별법」 제38조의2 및 「규제자유특구 및 지역특화발전특구에 관한 규제특례법」 제86조의 절차에 따라 관련 규제에 대한 특례를 부여할 수 있다. 다만, 「규제자유특구 및 지역특화발전특구에 관한 규제특례법」 제86조의 특례에 대해서는 관할 시·도지사에게 경쟁력위원회의 심의결과를 통보하여야 하며, 이 경우 시·도지사는 이를 검토하여 같은 법 제72조 및 제81조에 따라 중소벤처기업부장관에게 규제특례 관련 사항을 신청할 수 있다.
⑧ 제1항부터 제7항까지와 관련한 세부사항 및 규제개선의 심사기준, 절차 및 방법에 필요한 사항은 대통령령으로 정한다.
제52조【규제개선 관리 및 감독 등】 ① 관계 행정기관의 장은 제51조에 따른 규제개선을 부여받아 시행하는 사업 등을 관리·감독한다.
② 제51조의 규제개선 업무를 적극적으로 처리한 결과에 대하여 그의 행위에 고의나 중대한 과실이 없는 경우에는 「공공감사에 관한 법률」에 따른 징계 요구 또는 문책 요구 등 책임을 묻지 아니한다.
③ 관계 행정기관의 장은 규제개선을 부여받은 자가 다음 각 호의 어느 하나에 해당하는 경우에는 규제개선의 적용을 취소하거나 시정을 명할 수 있다. 다만, 제1호에 해당하는 경우에는 취소하여야 한다.
1. 거짓이나 그 밖의 부정한 방법으로 적용받은 경우
2. 제51조제8항에 따른 심사기준을 충족하지 못하게 되는 경우
3. 규제개선의 목적을 달성하는 것이 명백히 불가능하다고 판단되는 경우
4. 고의나 과실로 사고가 발생하여 사람의 건강이나 재산·환경에 위해가 발생한 경우
④ 제1항부터 제3항까지와 관련한 세부사항 및 규제개선의 적용 취소 등의 절차에 관한 사항은 대통령령으로 정한다.

제10장 특화선도기업등 및 핵심전략기술 등에 대한 특례

제53조【외국인의 출자에 대한 특례 등】 ① 「외국인투자 촉진법」 제2조제1항제1호에 따른 외국인이 행하는 전문투자조합에 대한 출자는 같은 법 제2조제1항제4호에 따른 외국인투자로 본다.
② 외국인(대한민국에 6월 이상 주소 또는 거소를 두지 아니한 개인을 말한다) 또는 「자본시장과 금융투자업에 관한 법률」 제9조제16항에 따른 외국법인등에 의한 특화선도기업등의 주식취득에 관하여는 같은 법 제168조를 적용하지 아니한다.
③ 제2항의 규정에도 불구하고 외국인 또는 외국법인 등에 의한 특화선도기업등의 주식취득에 관하여는 그 특화선도기업등의 정관이 정하는 바에 의하여 이를 제한할 수 있다.
제54조【공모전문투자조합에 관한 특례】 ① 「자본시장과 금융투자업에 관한 법률」 제30조부터 제32조까지, 제34조부터 제43조까지, 제48조, 제50조부터 제53조까지, 제56조, 제58조, 제60조부터 제65조까지, 제80조부터 제83조까지, 제85조제2호·제3호 및 제6호부터 제8호까지, 제86조부터 제95조까지, 제181조부터 제183조까지, 제184조제1항·제2항·제5항부터 제7항까지, 제185조부터 제187조까지, 제218조부터 제223조까지, 제229조부터 제253조까지 및 「금융회사의 지배구조에 관한 법률」(제24조부터 제26조까지의 규정은 제외한다)은 공모전문투자조합(「자본시장과 금융투자업에 관한 법률」 제9조제19항에 따른 사모집합투자기구에 해당하지 아니하는 전문투자조합을 말한다. 이하 같다) 및 그 업무집행조합원에 대하여는 적용하지 아니한다.
② 산업통상자원부장관은 공모의 방법으로 결성되는 조합을 제18조제1항에 따라 등록하는 경우에는 미리 금융위원회와 협의하여야 한다.
③ 금융위원회는 공익 또는 공모전문투자조합의 조합원을 보호하기 위하여 필요한 경우에는 공모전문투자조합에 대하여 업무에 관한 자료의 제출이나 보고를 명할 수 있고, 금융감독원의 원장으로 하여금 그 업무에 관하여 검사하게 할 수 있다.
④ 금융위원회는 공모전문투자조합이 이 법 또는 이 법에 따른 명령이나 처분을 위반하거나, 「자본시장과 금융투자업에 관한 법률」 또는 같은 법에 따른 명령이나 처분을 위반한 경우 또는 「금융회사의 지배구조에 관한 법률」(제24조부터 제26조까지의 규정으로 한정한다)을 위반한 경우에는 해당 전문투자조합의 등록취소 또는 그 밖에 조합원 보호에 필요한 조치를 취하도록 산업통상자원부장관에게 요구할 수 있고, 산업통상자원부장관은 특별한 사유가 없는 한 이에 따라야 한다. 이 경우 산업통상자원부장관은 그 조치내역을 금융위원회에 통보하여야 한다.
제55조【특화선도기업등 합병절차 등의 특례】 특화선도기업등의 합병절차, 주식교환, 영업양수, 소규모합병, 간이합병에 관하여는 「벤처기업육성에 관한 특별법」 제15조부터 제15조의6까지 및 제15조의8부터 제15조의10까지를 각각 준용한다. 이 경우 "벤처기업"은 "특화선도기업등"으로 본다.(2024.1.9 전단개정)
제56조【주식매수선택권에 관한 특례】 주식회사인 특화선도기업등은 정관이 정하는 바에 따라 「상법」 등 관련 법령에서 정하고 있는 자 외에도 「상법」 제434조에 따른 특별결의로써 다음 각 호의 어느 하나에 해당하는 자 중 당해 기업의 기술·경영의 혁신 등에 기여하였거나 기여할 능력을 갖춘 자에게 주식매수선택권을 부여할 수 있다.
1. 융합혁신지원단 구성원
2. 제29조제2항에 따라 파견된 연구원 또는 융합혁신지원단 구성원외의 기관이나 단체에 소속된 해당분야 전문가
3. 기술이나 경영능력을 갖춘 자로서 「벤처기업육성에 관한 특별법」 제16조의3제1항 각 호의 자. 이 경우 "벤처기업"은 "특화선도기업등"으로 본다.(2024.1.9 전단개정)
제57조【교육공무원 등의 휴직에 관한 특례】 ① 다음 각 호의 어느 하나에 해당하는 자(이하 "교육공무원등"이라 한다)는 「교육공무원법」 제44조제1항 및 「사립학교법」 제59조제1항에도 불구하고 특화선도기업등에 근무하기 위하여 휴직할 수 있다.
1. 대학의 교원(대학부설연구소의 연구원을 포함한다. 이하 같다)
2. 정부출연연구기관의 연구원 및 국·공립연구기관의 연구원(「한국과학기술원법」 제15조, 「광주과학기술원법」 제14조, 「대구경북과학기술원법」 제12조의4 및 「울산과학기술원법」 제8조에 따른 교원 및 연구원을 포함한다. 이하 같다)
② 제1항에 따른 휴직기간은 「교육공무원법」 제45조 및 「사립학교법」 제59조제2항에도 불구하고 3년 이내로 한다. 이 경우, 대학 교원의 휴직기간은 「교육공무원법」 제45조제2항의 규정에도 불구하고 임용기간 중의 잔여기간을 초과할 수 있다.
③ 제1항의 규정에 의하여 교원이나 연구원이 6월 이상 휴직하는 경우에는 휴직일부터 휴직기간 만료일까지 당해 대학 또는 국·공립연구기관에 그 휴직자의 수에 해당하는 교원 또는 연구원의 정원이 따로 있는 것으로 본다.
제58조【교육공무원등의 겸임 또는 겸직에 관한 특례】 ① 교육공무원등과 정부출연연구기관 또는 「특정연구기관 육성법」 제2조에 따른 특정연구기관의 연구원은 그 소속기관의 장의 허가를 받아 특화선도기업등의 대표자 또는 임·직원을 겸임 또는 겸직할 수 있다. 이 경우, 공무원에 대한 허가는 직무상의 능률을 저해할 우려가 없는 경우에 한한다.
② 제1항에 따른 소속기관의 장의 허가를 받은 때에는 「교육공무원법」 제18조제1항 및 「협동연구개발촉진법」 제6조제4항에 따른 겸임 및 겸직허가를 받은 것으로 본다.
제59조【사업주 및 사업주단체 등에 대한 직업능력개발 지원에 대한 특례】 고용노동부장관은 「국민 평생 직업능력 개발법」 제20조제1항제1호에 따른 근로자 직업능력개발훈련에 대해 지원 또는 융자를 하는 경우에 특화선도기업등, 핵심전략기술 관련 직종에 대한 직업능력개발훈련을 하는 사업주나 사업주단체·근로자단체 또는 그 연합체를 우대할 수 있다.(2021.8.17 본조개정)
제60조【대·중소·중견기업의 공동기술혁신 촉진에 관한 특례】 중앙행정기관의 장은 「과학기술기본법」 제11조제3항에 따라 국가연구개발사업의 과제의 선정과 협약 등에 관한 사항을 정할 때 핵심전략기술 관련 기술개발 참여기업 또는 공급기업과의 공동기술개발에 참여하는 수요기업에 대한 정부출연금의 지원기준 및 현금 부담비율을 해당 사업과 관련한 다른 규정에도 불구하고 달리 정할 수 있다.
제61조【예비타당성 조사에 관한 특례】 기획재정부장관 및 과학기술정보통신부장관은 핵심전략기술의 개발 등 소재·부품·장비산업의 경쟁력 강화를 위하여 사업목적, 규모, 추진방안 등 구체적인 사업계획이 수립된 사업으로서 경쟁력위원회의 심의·의결을 거친 경우에는 「국가재정법」 제38조제1항에 따른 예비타당성조사를 최대한 단축하여 처리하여야 한다.
제62조【「산업집적활성화 및 공장설립에 관한 법률」에 관한 특례】 ① 특화단지에 입주한 특화선도기업등에 대하여는 「산업집적활성화 및 공장설립에 관한 법률」 제38조의2제1항에도 불구하고 같은 법 제15조제1항에 따른 공장설립등의 완료신고 또는 제15조제2항에 따른 사업개시의 신고를 하지 않은 경우에도 관리기관과 입주계약을 체결하여 산업용지 및 공장 등의 임대사업을 할 수 있다. 다만, 임대사업을 하려는 자는 특화선도기업등으로 선정 또는 확인된 업종을 병행하여 영위하여야 한다.
② 특화단지에 입주한 특화선도기업등이 핵심전략기술의 개발·제조 또는 수급안정화조정과 관련하여 산업용지 또는 공장 및 건축물과 그 밖의 시설을 처분하는 경우에는 「산업집적활성화 및 공장설립에 관한 법률」 제39조를 적용하지 아니한다. 다만 산업용지 및 공장 등을 양도한 경우에는 관리기관에 신고하여야 하며, 그 매각대금 중 대통령령으로 정하는 양도차익의 일정금액 이상을 핵심전략기술과 관련한 목적으로 사용하여야 한다.
제63조【임대전용산업단지 입주에 관한 특례】 국가 또는 지방자치단체는 「산업입지 및 개발에 관한 법률」 제46조의6에 따라 지정된 임대전용산업단지에 특화선도기업등의 우선 입주를 지원할 수 있다.

제64조【「화학물질관리법」에 관한 특례】 환경부장관은 제12조에 따라 선정된 핵심전략기술 또는 공급망안정품목에 해당하는 유해화학물질을 취급하는 시설을 설치·운영하려는 자가 「화학물질관리법」 제23조제1항에 따라 장외영향평가서를 작성하여 제출한 경우 제출된 장외영향평가서를 같은 법 제23조제2항에 따라 조속히 검토한 후 해당 유해화학물질 취급시설의 위험도 및 적합 여부를 통보하여야 한다.(2023.6.13 본조개정)

제65조【「화학물질의 등록 및 평가 등에 관한 법률」에 관한 특례】 환경부장관은 제12조에 따라 선정된 핵심전략기술 또는 공급망안정품목에 해당하는 화학물질의 경우에는 「화학물질의 등록 및 평가 등에 관한 법률」 제10조에 따른 등록 또는 같은 법 제11조에 따른 등록면제확인을 조속히 처리하여야 한다.(2023.6.13 본조개정)

제66조【「산업안전보건법」에 관한 특례】 고용노동부장관은 제12조에 따라 선정된 핵심전략기술 또는 공급망안정품목에 해당하는 신규화학물질을 제조하거나 수입하려는 자가 「산업안전보건법」 제108조에 따른 유해성·위험성 조사보고서를 제출한 경우 조속히 처리하여야 한다.(2023.6.13 본조개정)

제67조【공정안전보고서 심사에 관한 특례】 고용노동부장관은 유해하거나 위험한 설비를 보유한 사업장의 사업주가 핵심전략기술 또는 공급망안정품목과 관련한 설비의 신설·증설·이전에 대한 공정안전보고서를 제출하는 경우, 「산업안전보건법」 제45조제1항에 따른 공정안전보고서 심사를 조속히 처리하여야 한다.(2023.6.13 본조개정)

제11장 특별회계 등

제68조【소재·부품·장비경쟁력강화특별회계의 설치】 소재·부품·장비산업 경쟁력강화 기본계획의 안정적 추진을 위한 재원확보와 관련 사업의 효율적 시행을 위하여 소재·부품·장비경쟁력강화특별회계(이하 "회계"라 한다)를 설치한다.
<2024.12.31까지 유효>

제69조【회계의 운용·관리】 ① 회계는 산업통상자원부장관이 관리·운용한다.
② 회계의 예산은 중앙행정기관의 조직별로 구분할 수 있다.
③ 세출예산의 배정·자금운영·결산, 그 밖에 회계의 관리·운용에 필요한 사항은 대통령령으로 정한다.
<2024.12.31까지 유효>

제70조【세입·세출】 ① 회계의 세입은 다음 각 호와 같다.
1. 일반회계로부터의 전입금(직전 회계연도 관세 징수액의 100분의 10을 기준으로 한다)
2. 다른 회계 또는 기금으로부터의 전입금 및 예수금(預受金)
3. 「산업기술혁신 촉진법」에 따라 소재·부품·장비 관련 사업에서 징수한 기술료
4. 「공공자금관리기금법」에 따른 공공자금관리기금으로부터의 예수금
5. 회계 보유자산의 매각수입 또는 운용수입
6. 회계 소관 예탁금으로부터 발생하는 원리금 수입
7. 제1호부터 제6호까지 외의 수입금
② 회계의 세출은 다음 각 호와 같다.
1. 다음 각 목의 사업에 대한 출연·투자·보조 또는 융자
가. 기술개발 및 기술개발성과 확산을 위한 사업
나. 신뢰성향상, 실증·성능검증에 관한 지원 및 기반구축사업
다. 인력양성 및 인력양성 기관에 대한 보조사업
라. 관련기업 육성을 위한 펀드 출자·투자 등 자금지원
마. 기술개발 다각화를 위한 인수·합병, 기술제휴, 기술도입과 관련된 사업
바. 공공 및 민간 연구기관의 기술이전과 기술지원 강화를 위한 사업
사. 국제협력 촉진을 위하여 필요한 사업
아. 설비운영 및 시설투자 등에 대한 지원
자. 그 밖에 소재·부품·장비산업 경쟁력 강화를 위하여 필요한 사업
2. 소재·부품·장비산업 경쟁력강화 관련 사업을 하는 법인·기관 또는 단체에의 출연금 또는 출자금
3. 차입금 및 예수금의 원리금 상환
4. 운용·관리에 필요한 경비
<2024.12.31까지 유효>

제71조【일반회계 또는 다른 특별회계 및 기금으로부터의 전입 등】 ① 회계의 수입으로써 회계에 속하는 경비의 전부를 마련할 수 없는 경우에는 그 부족액의 전부 또는 일부를 일반회계나 다른 특별회계 및 기금으로부터의 전입금으로 충당할 수 있다.
② 회계는 예측할 수 없는 예산 외의 지출 또는 예산을 넘는 지출에 충당하기 위하여 세출예산에 예비비를 계상할 수 있다.
③ 회계는 일시적으로 자금이 부족한 때에는 일시 차입할 수 있으며, 이 경우 다음회계연도 예산에 차입금 상환 등에 소요되는 금액을 일반회계에서 전입받을 수 있다.
<2024.12.31까지 유효>

제72조【예산의 이월 등】 ① 회계는 세출예산 중 부득이한 사유로 해당 회계연도 내에 지출하지 아니한 것은 「국가재정법」 제48조제1항에도 불구하고 대통령령으로 정하는 바에 따라 회계의 소관 부처별 세출예산의 총액 범위에서 다음 연도에 이월(移越)하여 사용할 수 있다. 다만, 그 회계연도부터 2회계연도를 초과하여 이월할 수 없다.
② 산업통상자원부장관은 제1항에 따라 세출예산을 이월하는 때에는 해당 연도 12월 31일 현재를 기준으로 하여 이월 사용하고, 이월명세서를 작성하여 다음 연도 1월 31일까지 기획재정부장관과 감사원에 보내야 한다.
③ 회계의 결산상 잉여금은 다음 연도의 세입에 이입(移入)한다.
<2024.12.31까지 유효>

제73조【회계사무의 위탁】 ① 중앙행정기관의 장은 제70조에 따른 사무의 일부를 대통령령으로 정하는 바에 따라 「은행법」에 따른 은행 또는 대통령령으로 정하는 법인에 위탁할 수 있다.
② 중앙행정기관의 장은 제1항에 따라 사무를 위탁한 경우에는 산업통상자원부장관과 협의하여 정한 바에 따라 취급수수료와 그 밖에 필요한 경비를 지급할 수 있다.
③ 중앙행정기관의 장은 제1항에 따라 사무를 위탁한 경우에는 위탁받은 법인의 임직원 중에서 해당 사무를 수행할 회계관계직원을 임명할 수 있다.
④ 「회계관계직원 등의 책임에 관한 법률」은 제3항에 따라 임명된 회계관계직원에 대하여 준용한다.
<2024.12.31까지 유효>

제12장 보 칙

제74조【자료제출 및 검사 등】 ① 정부는 감독을 위하여 필요한 경우에는 특화선도기업등, 전문투자조합, 이 법의 특례를 적용받는 기업 및 소재·부품·장비 관련기관·법인·단체(이하 이 조에서 "소재·부품·장비 관련기업등"이라 한다)에 대하여 그 업무에 관한 보고 또는 자료의 제출을 명할 수 있다.
② 국가의 안전보장 또는 국민경제의 발전에 지장을 줄 우려가 있거나 영업비밀 등 기업의 경영활동을 보호해야 할 필요가 있는 경우 제1항의 자료에 관한 정보를 공개하지 아니할 수 있다.
③ 정부는 감독을 위하여 필요한 경우에는 소속 공무원으로 하여금 소재·부품·장비 관련기업등의 사무소, 사업장, 제조시설 및 그 밖의 장소에 출입하여 관련 서류를 검사하게 하거나 관계인에게 질문을 하게 하는 등 필요한 조치를 할 수 있다.
④ 제3항에 따라 출입검사를 하는 공무원은 그 권한을 나타내는 증표를 지니고 이를 관계인에게 내보여야 한다.

제75조【수수료 등】 융합혁신지원단의 구성원 또는 신뢰성향상기반구축사업 실시기관은 지원대상 기업에 대하여 대통령령이 정하는 바에 따라 필요한 비용을 징수할 수 있다.

제76조【권한의 위임·위탁】 ① 이 법에 따른 산업통상자원부장관, 중앙행정기관의 장의 권한은 그 일부를 대통령령으로 정하는 바에 따라 소속기관의 장, 특별시장·광역시장·도지사 또는 특별자치도지사에게 위임할 수 있다.
② 이 법에 따른 산업통상자원부장관의 권한 중 다음 각 호의 권한을 대통령령이 정하는 바에 의하여 관계 행정기관의 장 그 밖에 대통령령이 정하는 법인 또는 단체에 위탁할 수 있다.
1. 제7조에 따른 통계 작성
2. 전문투자조합의 등록
3. 제29조제4항에 따른 평가
3의2. 제23조의2에 따른 공급망 조기경보시스템의 구축·운영(2023.6.13 본호신설)
4. 그 밖에 대통령령으로 정하는 권한의 일부
③ 제2항에 따라 위탁받아 업무를 수행하거나 수행하였던 사람은 업무상 알게 된 비밀을 누설하거나 업무 목적 외의 용도로 사용하여서는 아니 된다.(2023.6.13 본항개정)

제77조【벌칙 적용에서 공무원 의제】 경쟁력위원회 위원 중 공무원이 아닌 사람, 제76조에 따라 산업통상자원부장관이 위탁하는 사무에 종사하는 법인·단체의 임원 및 직원과 제23조의3에 따른 공급망센터의 임직원은 「형법」 제127조 및 제129조부터 제132조까지의 규정을 적용할 때에는 공무원으로 본다.(2023.6.13 본조개정)

부 칙

제1조【시행일】 이 법은 공포 후 3개월이 경과한 날부터 시행한다. 다만, 제68조부터 제73조까지의 개정규정은 2020년 1월 1일부터 시행한다.

제2조【특별회계의 유효기간】 제68조부터 제73조까지의 개정규정은 2024년 12월 31일까지 효력을 가진다.

제3조【일반적 경과조치】 이 법 시행 당시 종전의 「소재·부품전문기업 등의 육성에 관한 특별조치법」에 따른 행정기관의 행위나 행정기관에 대한 행위는 그에 해당하는 이 법에 따른 행정기관의 행위나 행정기관에 대한 행위로 본다.

제4조【소재·부품전문기업확인서 발급에 관한 경과조치】 이 법 시행 당시 종전의 제5조의2에 따라 소재·부품전문기업확인서를 발급받은 자는 제15조의 개정규정에 따른 전문기업확인서를 발급받은 것으로 본다.

제5조【소재·부품전문투자조합에 관한 경과조치】 이 법 시행 당시 종전의 제6조에 따른 소재·부품전문투자조합은 제18조의 개정규정에 따른 전문투자조합으로 본다.

제6조【소재·부품통합연구단에 관한 경과조치】 이 법 시행 당시 종전의 제9조에 따른 소재·부품통합연구단은 제28조의 개정규정에 따른 소재·부품·장비 융합혁신지원단으로 본다.

제7조【전문기술인력 양성 및 기술향상을 위한 교육 및 훈련기관에 관한 경과조치】 이 법 시행 당시 종전의 제12조에 따라 교육 및 훈련기관으로 지정받은 기관은 제43조의 개정규정에 따라 이 법에 따른 전문인력의 양성기관으로 지정받은 것으로 본다.

제8조【소재·부품투자기관협의회에 관한 경과조치】 이 법 시행 당시 종전의 제21조에 따른 소재·부품투자기관협의회는 제22조의 개정규정에 따른 소재·부품·장비 투자기관협의회로 본다.

제9조【다른 법률의 개정】 ①~⑤ ※(해당 법령에 가제정리 하였음)

제10조【다른 법령과의 관계】 이 법 시행 당시 다른 법령에서 종전의 「소재·부품전문기업 등의 육성에 관한 특별조치법」 또는 그 규정을 인용하고 있는 경우에 이 법 가운데 그에 해당하는 규정이 있으면 종전의 「소재·부품전문기업 등의 육성에 관한 특별조치법」 또는 그 규정을 갈음하여 이 법 또는 이 법의 해당 규정을 인용한 것으로 본다.

부 칙 (2020.12.29)
(2021.1.12)

제1조【시행일】 이 법은 공포 후 1년이 경과한 날부터 시행한다.(이하 생략)

부 칙 (2021.8.17)
(2021.12.28)

제1조【시행일】 이 법은 공포 후 6개월이 경과한 날부터 시행한다.(이하 생략)

부 칙 (2023.6.13)

제1조【시행일】 이 법은 공포 후 6개월이 경과한 날부터 시행한다. 다만, 제23조의3 및 제77조(공급망센터의 임직원에 관한 부분으로 한정한다)의 개정규정은 공포한 날부터 시행한다.

제2조【다른 법률의 개정】 ①~⑦ ※(해당 법령에 가제정리 하였음)

부 칙 (2023.6.20)
(2024.1.9)

제1조【시행일】 이 법은 공포 후 6개월이 경과한 날부터 시행한다.(이하 생략)

발명진흥법

(2007년 4월 11일
전부개정법률 제8357호)

개정
2007. 8. 3법 8601호
2008. 2.29법 8852호(정부조직)
2009. 1.30법 9369호(산업기술혁신촉진법)
2009. 1.30법 9401호(국유재산)
2009. 3.18법 9509호
2009. 5.21법 9685호(중소기업판로지원)
2010. 1.27법 9986호　2010. 6. 8법10357호
2011. 3.29법10465호(개인정보보호법)
2011. 3.30법10489호　2013. 3.22법11661호
2013. 3.23법11690호(정부조직)
2013. 7.30법11960호　2015. 5.18법13309호
2016. 1.27법13817호(조달사업)
2016. 1.27법13842호　2016.12. 2법14370호
2017. 3.14법14590호(발명교육의활성화및지원에관한법)
2017. 3.21법14687호　2017.11.28법15091호
2018.12.31법16172호(중소기업진흥에관한법)
2019. 4.23법16361호
2019.11.26법16652호(자산관리)
2020. 2. 4법16938호　2020.10.20법17527호
2021. 4.20법18094호　2021. 8.17법18405호
2022. 2. 3법18816호　2022.11.15법19036호
2023. 1. 3법19164호　2023. 6.20법19495호
2024. 1.30법20169호(행정기관정비일부개정법령등)→2024년 7월 31일 시행
2024. 2. 6법20197호→2024년 8월 7일 시행

제1장 총 칙

제1조【목적】 이 법은 발명을 장려하고 발명의 신속하고 효율적인 권리화와 사업화를 촉진함으로써 산업의 기술 경쟁력을 높이고 나아가 국민경제 발전에 이바지함을 목적으로 한다.

제2조【정의】 이 법에서 사용하는 용어의 뜻은 다음과 같다.
1. "발명"이란 「특허법」·「실용신안법」 또는 「디자인보호법」에 따라 보호 대상이 되는 발명, 고안 및 창작을 말한다.
2. "직무발명"이란 종업원, 법인의 임원 또는 공무원(이하 "종업원등"이라 한다)이 그 직무에 관하여 발명한 것이 성질상 사용자·법인 또는 국가나 지방자치단체(이하 "사용자등"이라 한다)의 업무 범위에 속하고 그 발명을 하게 된 행위가 종업원등의 현재 또는 과거의 직무에 속하는 발명을 말한다.
3. "개인발명가"란 직무발명 외의 발명을 한 자를 말한다.
4. "산업재산권"이란 「특허법」·「실용신안법」·「디자인보호법」 또는 「상표법」에 따라 등록된 특허권, 실용신안권, 디자인권 및 상표권을 말한다.
5. "특허관리전담부서"란 사용자등에서 산업재산권에 관한 기획, 조사 및 관리 등의 업무를 담당하는 부서를 말한다.

5의2. "공익변리사"란 제26조의2에 따라 설치된 공익변리사 특허상담센터에서 업무를 수행하는 변리사를 말한다.(2010.6.8 본호신설)

6.～8. (2024.2.6 삭제)

9. "산업재산권 서비스업"이란 산업재산권의 창출·보호·활용을 지원하는 다음 각 목의 서비스업을 말한다.
가. 산업재산권에 관한 정보를 수집·분석·가공·번역·유통 또는 관리하거나 이와 관련한 소프트웨어 또는 시스템을 개발하거나 구축하는 업(2024.2.6 본목개정)
나. 「변리사법」 제2조에서 규정하는 업
다. 산업재산권의 경제적 가치 및 기술적 우수성을 가액(價額)·등급 또는 점수 등으로 평가하는 업
라. 산업재산권의 양도 또는 실시권의 설정·허락 등 산업재산권의 거래행위를 중개·알선하는 업
마. 그 밖에 대통령령으로 정하는 업
(2013.7.30 본호신설)

10. "산업재산권 서비스사업자"란 산업재산권 서비스업을 영위하는 자를 말한다.(2013.7.30 본호신설)

11. "발명 등의 평가"란 다음 각 목의 어느 하나에 해당하는 것에 대한 현재 또는 장래의 경제적 가치를 가액·등급 또는 점수 등으로 표시하는 것을 말한다.
가. 국내 또는 해외에 출원 중이거나 등록된 발명 및 「상표법」 제2조제1호에 따른 상표(이하 "상표"라 한다)
나. 「부정경쟁방지 및 영업비밀보호에 관한 법률」 제2조제2호에 따른 영업비밀(이하 "영업비밀"이라 한다)
다. 「반도체집적회로의 배치설계에 관한 법률」 제2조제2호에 따른 배치설계(이하 "배치설계"라 한다)
(2023.1.3 본호신설)

제3조【발명진흥종합시책】 ① 정부는 매년 발명의 진흥을 위한 종합시책(이하 "발명진흥종합시책"이라 한다)을 수립·시행하여야 한다.
② 제1항의 발명진흥종합시책에는 다음 각 호의 사항이 포함되어야 한다.
1. 국민의 발명에 대한 인식의 향상
2. 발명 활동의 진작과 발명 성과의 권리화 촉진
3. 우수 발명의 이전 알선과 사업화 촉진
4. 그 밖에 발명진흥을 위하여 필요한 사항

제4조【발명진흥보조금의 지급 등】 ① 정부는 발명 진흥을 위하여 예산의 범위에서 다음 각 호의 어느 하나에 해당하는 자에게 보조금을 지급할 수 있다.(2013.7.30 본문개정)
1. 발명자와 그 승계인(承繼人)
2. 발명의 연구나 진흥사업을 수행하는 개인 또는 단체(2013.7.30 본호개정)
② 제1항에 따른 보조금의 지급대상 사업, 교부신청 및 관리 등에 필요한 사항은 대통령령으로 정한다.
(2013.7.30 본항개정)
(2013.7.30 본조제목개정)

제5조【발명의 날】 정부는 국민에게 발명의 중요성을 인식시키고 발명 의욕을 북돋우기 위하여 매년 5월 19일을 발명의 날로 정하고 발명진흥을 위한 기념행사를 개최한다.

제2장 발명의 진흥

제1절 발명에 대한 인식의 향상

제6조【발명에 대한 인식 향상과 발명 활동의 촉진】 특허청장은 발명에 대한 국민의 인식 향상과 발명 활동의 촉진을 위하여 다음 각 호의 사업을 한다.
1. 발명 장려 행사의 개최
2. 학생·여성 및 사회적 약자의 발명 활동의 촉진(2010.6.8 본호개정)
3. 우수 발명품에 대한 전시회 개최와 우수 발명자에 대한 해외 전시회 참가 지원
4. 발명 활동 관련 정보 등의 지원(2024.2.6 본호개정)
5. 발명과 산업재산권에 대한 교육 및 연수
6. 발명 유공자와 우수 발명의 발굴 및 포상
7. 그 밖에 발명에 대한 국민의 인식 향상과 발명 활동의 촉진을 위하여 필요한 사업

제7조 (2017.3.14 삭제)

제8조【여성 발명 활동의 촉진】 ① 정부는 여성의 발명에 대한 창의력을 개발하고 우수한 여성 발명 인력을 육성하기 위한 지원시책을 수립·시행하여야 한다.
② 제1항에 따른 시책에는 다음 각 호의 사항이 포함되어야 한다.
1. 여성 발명인에 대한 산업재산권에 관한 교육
2. 여성 발명의 사업화
3. 여성 발명진흥 행사의 개최 등 여성의 발명을 진흥하기 위하여 필요한 사항

제8조의2【사회적 약자의 발명 활동 촉진】 ① 정부는 사회적 약자의 발명 활동을 촉진하기 위한 지원시책을 수립·시행하여야 한다.
② 제1항에 따른 지원시책에는 다음 각 호의 사항이 포함되어야 한다.
1. 사회적 약자에 대한 발명 활동 관련 정보 등의 지원(2024.2.6 본호개정)
2. 사회적 약자의 발명 촉진을 위한 변리(辨理)서비스의 지원
3. 사회적 약자의 산업재산권 보호
(2010.6.8 본조신설)

제9조 (2017.3.14 삭제)

제9조의2 (2023.1.3 삭제)

제2절 직무발명의 활성화

제10조【직무발명】 ① 직무발명에 대하여 종업원등이 특허, 실용신안등록, 디자인등록(이하 "특허등"이라 한다)을 받았거나 특허등을 받을 수 있는 권리를 승계한 자가 특허등을 받으면 사용자등은 그 특허권, 실용신안권, 디자인권(이하 "특허권등"이라 한다)에 대하여 통상실시권(通常實施權)을 가진다. 다만, 사용자등이 「중소기업기본법」 제2조에 따른 중소기업이 아닌 기업인 경우 종업원등과의 협의를 거쳐 미리 다음 각 호의 어느 하나에 해당하는 계약 또는 근무규정을 체결 또는 작성하지 아니한 경우에는 그러하지 아니하다.(2013.7.30 단서신설)
1. 종업원등의 직무발명에 대하여 사용자등에게 특허등을 받을 수 있는 권리나 특허권등을 승계시키는 계약 또는 근무규정
2. 종업원등의 직무발명에 대하여 사용자등을 위하여 전용실시권을 설정하도록 하는 계약 또는 근무규정
(2013.7.30 1호～2호신설)
② 제1항에도 불구하고 공무원 또는 국가나 지방자치단체에 소속되어 있으나 공무원이 아닌 자(이하 "공무원등"이라 한다)의 직무발명에 대한 권리는 국가나 지방자치단체가 승계할 수 있으며, 국가나 지방자치단체가 승계한 공무원등의 직무발명에 대한 특허권등은 국유나 공유로 한다. 다만, 「고등교육법」 제3조에 따른 국·공립학교(이하 "국·공립학교"라 한다) 교직원의 직무발명에 대한 권리는 「기술의 이전 및 사업화 촉진에 관한 법률」 제11조제1항 후단에 따른 전담조직(이하 "전담조직"이라 한다)이 승계할 수 있으며, 전담조직이 승계한 국·공립학교 교직원의 직무발명에 대한 특허권등은 그 전담조직의 소유로 한다.(2021.4.20 본항개정)
③ 직무발명 외의 종업원등의 발명에 대하여 미리 사용자등에게 특허등을 받을 수 있는 권리나 특허권등을 승계시키거나 사용자등을 위하여 전용실시권(專用實施權)을 설정하도록 하는 계약이나 근무규정의 조항은 무효로 한다.
④ 제2항에 따라 국유로 된 특허권등의 처분과 관리(특허권등의 포기를 포함한다)는 「국유재산법」 제8조에도 불구하고 특허청장이 이를 관장하며, 그 처분과 관리에 필요한 사항은 대통령령으로 정한다.(2010.1.27 본항개정)

제10조의2【공무원등의 직무발명 처분의 특례】 「국유재산법」 제65조의11제2항 단서에도 불구하고 특허청장이 정하여 고시하는 경우에는 제10조제2항에 따라 국유로 된 특허권등에 관한 전용실시권 설정을 한 번 이상 갱신할 수 있다.(2021.4.20 본조신설)

제11조【직무발명보상제도의 실시와 지원시책】 ① 정부는 종업원등의 직무발명을 장려하기 위하여 직무발명보상제도 등의 실시에 관한 지원시책을 수립·시행하여야 한다.
② 제1항에 따른 지원시책에는 다음 각 호의 내용이 포함되어야 한다.
1. 표준이 되는 보상규정의 작성 및 보급
2. 보상과 관련된 분쟁을 예방 및 해결하기 위한 합리적인 절차규정의 작성 및 보급(2013.7.30 본호개정)
3. 직무발명보상제도의 실시·운영에 관한 상담 등의 지원(2013.7.30 본호신설)
③ 정부는 직무발명에 대한 보상을 실시하는 사용자등에 대하여는 제3장과 제4장에 따른 발명의 권리화와 사업화를 촉진하기 위한 조치를 먼저 하여야 한다.

제11조의2【직무발명보상 우수기업 인증 등】 ① 특허청장은 제11조제1항에 따른 직무발명보상제도의 활성화를 위하여 직무발명보상제도를 모범적으로 운영하는 기업을 직무발명보상 우수기업(이하 "우수기업"이라 한다)으로 인증할 수 있다.
② 우수기업 인증을 받고자 하는 기업은 특허청장에게 신청하여야 한다.(2024.2.6 본항신설)
③ 특허청장은 제2항에 따른 인증신청을 받은 경우에는 인증을 받으려는 기업에 대한 심사를 하고, 인증기준에 적합하면 유효기간을 정하여 인증을 하여야 한다.
(2024.2.6 본항신설)
④ 특허청장은 인증받은 우수기업이 다음 각 호의 어느 하나에 해당하는 경우에는 그 인증을 취소할 수 있다. 다만, 제1호에 해당하는 경우에는 인증을 취소하여야 한다.
1. 거짓이나 그 밖의 부정한 방법으로 인증을 받은 경우
2. 제6항에 따른 인증기준에 적합하지 아니하게 된 경우
(2024.2.6 본항신설)
⑤ 국가 및 지방자치단체는 인증받은 우수기업에 대하여 대통령령으로 정하는 바에 따라 행정적·재정적 지원을 할 수 있다.(2024.2.6 본항신설)
⑥ 우수기업 인증의 기준, 절차, 재인증, 유효기간, 그 밖에 인증에 필요한 사항은 대통령령으로 정한다.
(2024.2.6 본조개정)

제12조【직무발명 완성사실의 통지】 종업원등이 직무발명을 완성한 경우에는 지체 없이 그 사실을 사용자등에게 서면(「전자문서 및 전자거래 기본법」 제2조제1호에 따른 전자문서를 포함한다. 이하 같다)으로 알려야 한다. 2명 이상의 종업원등이 공동으로 직무발명을 완성한 경우에는 공동으로 알려야 한다.(2022.11.15 전단개정)

제13조【직무발명의 권리승계】 ① 제12조에 따라 통지를 받은 사용자등이 종업원등의 직무발명에 대하여 미리 특허등을 받을 수 있는 권리나 특허권등을 승계시키거나 전용실시권을 설정하도록 하는 계약이나 근무규정을 정한 경우에는 그 권리는 발명을 완성한 때부터 사용자등에게 승계된다. 다만, 사용자등이 대통령령으로 정하는 기간에 그 발명에 대한 권리를 승계하지 아니하기로 종업원등에게 통지하는 경우에는 그러하지 아니하다.
② 제1항에 따른 계약 또는 근무규정이 모두 없는 사용자등(국가나 지방자치단체는 제외한다)이 제12조에 따라 통지를 받은 경우에는 대통령령으로 정하는 기간에 그 발명에 대한 권리의 승계 여부를 종업원등에게 서면으로 알려야 한다. 이 경우 사용자등은 종업원등의 의사와 다르게 그 발명에 대한 권리의 승계를 주장할 수 없다.
③ 사용자등이 제2항에 따른 기간에 승계 여부를 알리지 아니한 경우에는 사용자등은 그 발명에 대한 권리의 승계를 포기한 것으로 본다. 이 경우 사용자등은 제10조제1항에도 불구하고 그 발명을 한 종업원등의 동의를 받지 아니하고는 통상실시권을 가질 수 없다.
(2024.2.6 본조개정)

제14조【공동발명에 대한 권리의 승계】 종업원등의 직무발명이 제삼자와 공동으로 행하여진 경우 계약이나 근무규정에 따라 사용자등이 그 발명에 대한 권리를 승계하면 사용자등은 그 발명에 대하여 종업원등이 가지는 권리의 지분을 갖는다.

제15조【직무발명에 대한 보상】 ① 종업원등은 직무발명에 대하여 특허등을 받을 수 있는 권리나 특허권등을 계약이나 근무규정에 따라 사용자등에게 승계하게 하거나 전용실시권을 설정한 경우에는 정당한 보상을 받을 권리를 가진다.

② 사용자등은 제1항에 따른 보상에 대하여 보상형태와 보상액을 결정하기 위한 기준, 지급방법 등이 명시된 보상규정을 작성하고 종업원등에게 서면으로 알려야 한다.
(2022.11.15 본항개정)
③ 사용자등은 제2항에 따른 보상규정의 작성 또는 변경에 관하여 종업원등과 협의하여야 한다. 다만, 보상규정을 종업원등에게 불리하게 변경하는 경우에는 해당 계약 또는 규정의 적용을 받는 종업원등의 과반수의 동의를 받아야 한다.(2013.7.30 본항개정)
④ 사용자등은 제1항에 따른 보상을 받을 종업원등에게 제2항에 따른 보상규정에 따라 결정된 보상액 등 보상의 구체적 사항을 서면으로 알려야 한다.(2022.11.15 본항개정)
⑤ 사용자등이 제3항에 따라 협의하여야 하거나 동의를 받아야 하는 종업원등의 범위, 절차 등 필요한 사항은 대통령령으로 정한다.(2013.7.30 본항신설)
⑥ 사용자등이 제2항부터 제4항까지의 규정에 따라 종업원등에게 보상한 경우에는 정당한 보상을 한 것으로 본다. 다만, 그 보상액이 직무발명에 의하여 사용자등이 얻을 이익과 그 발명의 완성에 사용자등과 종업원등이 공헌한 정도를 고려하지 아니한 경우에는 그러하지 아니하다.
(2013.7.30 본항신설)
⑦ 공무원등의 직무발명에 대하여 제10조제2항에 따라 국가나 지방자치단체가 그 권리를 승계한 경우에는 정당한 보상을 하여야 한다. 이 경우 보상금의 지급에 필요한 사항은 대통령령이나 조례로 정한다.(2021.4.20 전단개정)

제16조 【출원 유보시의 보상】 사용자등은 직무발명에 대한 권리를 승계한 후 출원(出願)하지 아니하거나 출원을 포기 또는 취하하는 경우에도 제15조에 따라 정당한 보상을 하여야 한다. 이 경우 그 발명에 대한 보상액을 결정할 때에는 그 발명이 산업재산권으로 보호되었더라면 종업원등이 받을 수 있었던 경제적 이익을 고려하여야 한다.

제16조의2 【승계한 권리의 포기 및 종업원등의 양수】
①「기술의 이전 및 사업화 촉진에 관한 법률」 제2조제6호에 따른 공공연구기관(이하 이 조에서 "공공연구기관"이라 한다)이 국내 또는 해외에서 직무발명에 대하여 특허등을 받을 수 있는 권리 또는 특허권등(이하 "직무발명에 대한 권리"라 한다)을 종업원등으로부터 승계한 후 이를 포기하는 경우 해당 직무발명을 완성한 모든 종업원등은 그 직무발명에 대한 권리를 양수할 수 있다.
② 제1항에도 불구하고 공공연구기관의 장이 대통령령으로 정하는 바에 따라 공공연구기관의 이익을 위하여 특별히 직무발명에 대한 권리를 포기할 필요가 있다고 인정하는 경우에는 그 권리를 종업원등에게 양도하지 아니할 수 있다. 이 경우 공공연구기관의 장은 제3항의 기간 내에 종업원등에게 그 사유를 구체적으로 알려야 한다.
③ 제1항에 따라 직무발명에 대한 권리를 포기하려는 공공연구기관의 장은 대통령령으로 정하는 기간 내에 해당 직무발명을 완성한 모든 종업원등에게 그 사실을 통지하여야 한다.
④ 제3항에 따른 통지를 받은 종업원등은 직무발명에 대한 권리를 양수하려는 경우 통지를 받은 날부터 대통령령으로 정하는 기간 내에 직무발명에 대한 권리의 양수 의사를 공공연구기관의 장에게 서면으로 알려야 한다.
(2022.11.15 본항개정)
⑤ 제4항에 따라 종업원등이 직무발명에 대한 권리의 양수 의사를 알린 경우 제4항의 기간이 끝난 날의 다음 날부터 그 권리가 종업원등에게 양도된 것으로 본다. 이 경우 공공연구기관이 직무발명에 대한 권리를 제3자와 공유한 경우에는 공공연구기관의 장이 다른 공유자 모두의 동의를 받은 때에 한정하여 그 권리가 양도된 것으로 본다.
⑥ 제4항에 따라 직무발명에 대한 권리의 양수 의사를 알린 종업원등이 2명 이상인 경우에는 그 권리를 공유한다.
⑦ 공공연구기관의 장과 종업원등은 공공연구기관이 직무발명에 대한 권리를 계속 유지하기 위한 비용을 종업원등이 일부 부담하는 대신 직무발명에 대한 종업원등의 보상을 조정하는 방안을 제3항의 기간 내에 상호 협의할 수 있다.
⑧ 공공연구기관의 장은 제5항 전단에 따라 직무발명에 대한 권리가 종업원등에게 양도된 것으로 보는 날 이후 그 권리와 관련하여 발생하는 비용(세금을 포함한다)을 종업원등에게 청구할 수 있다.
(2021.4.20 본조신설)

제17조 【직무발명심의위원회의 운영 등】 ① 사용자등은 종업원등의 직무발명에 관한 다음 각 호의 사항을 심의하기 위하여 직무발명심의위원회(이하 "심의위원회"라 한다)를 설치·운영할 수 있다.(2013.7.30 본문개정)
1. 직무발명에 관한 규정의 작성·변경 및 운용에 관한 사항(2013.7.30 본호개정)
2. 직무발명에 대한 권리 및 보상 등에 관한 종업원등과 사용자등의 이견 조정에 관한 사항(2013.7.30 본호개정)
3. 그 밖에 직무발명과 관련하여 필요한 사항
② 심의위원회는 사용자등과 종업원등(법인의 임원은 제외한다)을 각각 대표하는 같은 수의 위원으로 구성하되, 필요한 경우에는 관련 분야의 전문가를 자문위원으로 위촉할 수 있다.(2013.7.30 본항개정)
③ 그 밖에 심의위원회의 구성 및 운영에 필요한 사항은 대통령령으로 정한다.(2013.7.30 본항신설)
(2013.7.30 본조제목개정)

제18조 【직무발명 관련 분쟁의 조정 등】 ① 종업원등은 다음 각 호의 어느 하나에 해당하는 경우 사용자등에게 심의위원회를 구성하여 심의하도록 요구할 수 있다.
1. 직무발명인지 여부에 관하여 사용자등과 이견이 있는 경우
2. 사용자등이 제10조제3항을 위반하여 종업원등의 의사와 다르게 직무발명 외의 발명에 대한 권리의 승계 또는 전용실시권의 설정을 주장하는 경우
3. 사용자등이 제13조제2항을 위반하여 종업원등의 의사와 다르게 직무발명에 대한 권리의 승계 또는 전용실시권의 설정을 주장하는 경우(2024.2.6 본호개정)
4. 사용자등이 제10조제1항 단서 또는 제13조제3항을 위반하여 통상실시권을 주장하는 경우
5. 사용자등이 제시한 보상규정에 이견이 있는 경우
6. 사용자등과의 협의 또는 동의 절차에 이견이 있는 경우
7. 사용자등이 제15조제4항에 따라 통지한 보상액 등 보상의 구체적 사항에 이견이 있는 경우
8. 사용자등이 제15조제2항부터 제4항까지의 규정에 따라 종업원등에게 보상하지 아니하는 경우
9. 그 밖에 직무발명에 대한 권리 및 보상 등에 관하여 사용자등과 종업원등 간에 이견이 있는 경우
② 제1항에 따른 권리는 제1항 각 호의 사유가 발생한 날부터 30일 이내에 행사하여야 한다. 다만, 제1항제7호의 경우에는 종업원등이 통지를 받은 날부터 30일 이내에 행사하여야 한다.
③ 사용자등은 제1항에 따른 요구를 받은 경우에 60일 이내에 심의위원회를 구성하여 심의하도록 하여야 한다. 이 경우 심의위원회에는 직무발명 관련 분야의 전문가인 자문위원이 1명 이상 포함되도록 하여야 한다.
④ 제3항에 따른 심의위원회는 심의의 결과를 사용자등과 종업원등에게 지체 없이 서면으로 통지하여야 한다.
⑤ 정부는 사용자등의 요청에 따라 관련 분야의 전문가를 제3항에 따른 자문위원으로 파견할 수 있으며, 이에 필요한 사항은 대통령령으로 정한다.
⑥ 제3항에 따른 심의위원회의 심의 결과에 불복하는 사용자등 또는 종업원등은 제41조에 따른 산업재산권분쟁조정위원회에 조정을 신청할 수 있다.(2015.5.18 본항개정)
(2013.7.30 본조개정)

제19조 【비밀유지의 의무】 ① 종업원등은 사용자등이 직무발명을 출원할 때까지 그 발명의 내용에 관한 비밀을 유지하여야 한다. 다만, 사용자등이 승계하지 아니하기로 확정된 경우에는 그러하지 아니하다.
② 제18조제3항에 따라 자문위원으로 심의위원회에 참여하거나 참여하였던 사람은 직무상 알게 된 직무발명에 관한 내용을 다른 사람에게 누설하여서는 아니 된다.
(2013.7.30 본항신설)

제3절 발명 진흥의 기반 조성
(2024.2.6 본절제목개정)

제20조~제20조의5 (2024.2.6 삭제)

제20조의6 【산업재산권 활동 등에 대한 실태조사】 ① 정부는 산업재산권과 관련된 지식재산 활동 전반에 관한 실태를 파악하기 위하여 대학·연구기관 및 기업 등을 대상으로 실태조사를 매년 실시하여야 한다.(2020.10.20 본항개정)
② 특허청장은 제1항에 따른 실태조사를 지식재산에 관한 조사 업무에 전문성이 있다고 인정되는 기관 또는 단체로서 대통령령으로 정하는 기관 또는 단체에 위탁할 수 있다.
③ 제1항에 따른 실태조사의 내용 및 방법 등에 필요한 사항은 대통령령으로 정한다.
(2015.5.18 본조신설)

제20조의7 (2013.7.30 삭제)

제20조의8 (2024.2.6 삭제)

제21조~제22조 (2015.5.18 삭제)

제23조 【지역지식재산센터】 ① 지역 중소기업과 주민의 산업재산권에 관한 인식을 제고하고 산업재산권의 창출·보호 및 활용을 지원하기 위하여 지역별로 지역지식재산센터를 둘 수 있다.(2011.3.30 본항개정)
② 제1항에 따른 지역지식재산센터(이하 "지역지식재산센터"라 한다)는 다음 각 호의 사업을 한다.(2010.1.27 본문개정)
1. 산업재산권에 관한 정보 제공 및 상담
2. 산업재산권에 관한 교육 및 홍보 등 인식제고
3. 산업재산권의 창출·보호 및 활용 지원
(2011.3.30 1호~3호개정)
4. 그 밖에 산업재산권에 관한 지원 사업
③ 지역지식재산센터를 설립하려는 자는 특허청장에게 등록하여야 한다.
④ 제3항에 따라 지역지식재산센터로 등록하려는 자는 대통령령으로 정하는 전문인력 및 시설을 갖추어야 한다.
(2015.5.18 본항개정)
⑤ 지역지식재산센터가 아닌 자는 지역지식재산센터의 명칭을 사용하지 못한다.
⑥ 정부는 예산의 범위에서 지역지식재산센터를 운영하는 데 필요한 경비를 지원할 수 있다.
⑦ 지역지식재산센터는 제2항에 따른 사업수행에 필요한 자금을 충당하기 위하여 수익사업을 할 수 있다.
(2011.3.30 본항개정)
⑧ 제3항에 따라 지역지식재산센터로 등록한 자는 매 사업연도가 시작되는 날의 1개월 전까지 그 사업연도의 사업계획서를, 사업연도가 끝난 날부터 3개월 이내에 그 사업연도의 사업실적서를 특허청장에게 제출하여야 한다.
(2011.3.30 본항신설)
⑨ 제3항에 따른 등록 절차 등에 필요한 사항은 대통령령으로 정한다.
⑩ 특허청장은 매년 지역지식재산센터의 사업수행 실적과 성과 등에 대하여 평가할 수 있다. 이 경우 평가의 절차 및 방법 등에 필요한 사항은 대통령령으로 정한다.
(2013.7.30 후단신설)
⑪ 특허청장은 제10항에 따른 사업실적 평가결과 사업실적이 부진한 지역지식재산센터에 대하여 경고하고 제6항에 따른 지원을 중단하거나 축소할 수 있다.(2011.3.30 본항신설)

제24조 【지역지식재산센터의 등록말소 등】 ① 특허청장은 지역지식재산센터가 다음 각 호의 어느 하나에 해당하는 경우에는 그 등록을 말소하거나 6개월 이내의 기간을 정하여 그 업무의 정지를 명할 수 있다. 다만, 제1호에 해당하는 경우에는 그 등록을 말소하여야 한다.
1. 거짓이나 그 밖의 부정한 방법으로 지역지식재산센터의 등록을 한 경우
2. 제23조제2항에 따른 사업을 수행할 능력을 상실한 경우
3. 제23조제4항에 따른 등록기준에 미달하게 된 경우
4. 제23조제8항에 따른 사업계획서 및 사업실적서를 같은 항에 따른 기간 이내에 제출하지 아니한 경우
5. 최근 3년 이내에 두 번 이상 제23조제11항에 따른 경고를 받은 경우
② 제1항에 따른 행정처분의 세부 기준은 그 사유와 위반 정도를 고려하여 대통령령으로 정한다.(2013.7.30 본항신설)
(2011.3.30 본조개정)

제24조의2 【중소기업 지식재산 경영인증 등】 ① 특허청장은 산업재산권의 창출·보호 및 활용 촉진에 있어서 전략적인 경영활동을 모범적으로 수행하고 있는 중소기업을 대상으로 지식재산 경영인증(이하 "인증"이라 한다)을 할 수 있다.
② 인증을 받으려는 중소기업은 특허청장에게 인증을 신청하여야 한다.
③ 특허청장은 제2항에 따른 인증신청을 받은 경우에는 인증을 받으려는 중소기업에 대한 심사를 하고, 인증기준에 적합하면 유효기간을 정하여 인증을 하여야 한다.
④ 특허청장은 인증을 받은 중소기업이 거짓이나 그 밖의 부정한 방법으로 인증을 받은 경우에는 인증을 취소하여야 한다.
⑤ 특허청장은 인증을 받은 중소기업이 인증기준에 미치지 못하게 된 경우에는 인증을 취소할 수 있다.
⑥ 특허청장은 인증을 받으려는 중소기업으로부터 인증과 관련하여 필요한 비용을 받을 수 있다.
⑦ 인증의 절차·비용, 인증기준, 인증마크, 인증업무 운영기관 지정, 인증의 유효기간, 그 밖에 인증에 필요한 사항은 대통령령으로 정한다.
(2016.1.27 본조신설)

제3장 발명의 권리화 지원

제25조 【선행기술 조사】 ① 특허청장은 산업재산권의 출원이 있으면 이를 신속·정확하게 심사하고 처리하기 위하여 관련 분야의 국내외의 선행기술에 관하여 종합적으로 조사하는 시책을 수립·시행하여야 한다.
② 제1항에 따른 시책에는 다음 각 호의 사항이 포함되어야 한다.
1. 선행기술정보의 수집·분석
2. 선행기술에 대한 외부 용역 의뢰
3. 그 밖에 선행기술조사에 필요한 사항

제26조 【특허관리전담부서 설치】 ① 특허청장은 사용자등의 특허관리 능력을 높여 국내외의 산업재산권 분쟁에 효율적으로 대처하고 산업의 경쟁력을 확보하는 데 기여할 수 있도록 특허관리전담부서의 효율적인 설치와 운영에 필요한 지원시책을 수립·시행하여야 한다.
② 제1항에 따른 시책에는 다음 각 호의 사항이 포함되어야 한다.
1. 특허관리전담부서 설치에 관한 정보 제공
2. 특허관리전담부서 요원에 대한 산업재산권 교육
3. 그 밖에 특허관리전담부서 설치에 필요한 사항

제26조의2 【공익변리사 특허상담센터】 ① 특허청장은 사회적 약자에 대한 특허 관련 상담 등 무료 변리서비스

를 제공하기 위하여 공익변리사 특허상담센터(이하 "상담센터"라 한다)를 설치한다.
② 상담센터는 다음 각 호의 업무를 수행한다.
1. 산업재산권의 출원·심사·등록·심판절차와 관련한 상담 및 서류작성 지원
2. 「변리사법」 제2조에 따라 특허청 또는 법원에 대하여 하여야 할 사항의 대리
3. 산업재산권 관련 분쟁조정신청서 검토 및 잠정 합의권고안 작성 지원
4. 특허분쟁 경영컨설팅 및 법률 자문
5. 산업재산권 관련 설명회의 개최 및 상담
6. 그 밖의 산업재산권 관련 법률서비스 지원 및 대통령령으로 정하는 상담센터의 운영 목적에 부합하는 업무
③ 상담센터는 다음 각 호의 어느 하나에 해당하는 자를 지원대상으로 한다.
1. 「국민기초생활 보장법」에 따른 의료급여 수급자 (2016.12.2 본호개정)
2. 「국가유공자 등 예우 및 지원에 관한 법률」 제4조 및 제5조에 따른 국가유공자와 그 유족 및 가족
3. 「장애인복지법」 제32조제1항에 따라 등록된 장애인
4. 「초·중등교육법」 제2조 및 「고등교육법」 제2조에 따른 학교의 학생(특수대학원의 학생은 제외한다) (2015.5.18 본호개정)
5. 「중소기업기본법」 제2조에 따른 소기업
6. 그 밖에 상담·지원이 특별히 필요하다고 대통령령으로 정하는 자
④ 정부는 예산의 범위에서 상담센터의 운영에 필요한 경비를 지원할 수 있다.
⑤ 특허청장은 상담센터 운영을 대통령령으로 정하는 산업재산권 분야에 전문성이 있는 법인이나 단체에 위탁할 수 있다.
⑥ 상담센터의 구성, 운영, 업무범위 및 절차 등에 필요한 사항은 대통령령으로 정한다.
(2010.6.8 본조신설)

제27조【특허관리 비용의 지원】 ① 특허청장은 대통령령으로 정하는 바에 따라 개인발명가 또는 종업원등이 연구개발한 발명의 신속한 권리화가 촉진될 수 있도록 출원 및 등록 비용을 줄이기 위하여 필요한 조치를 할 수 있다.
② 특허청장은 「유아교육법」 제2조제2호에 따른 유치원, 「초·중등교육법」 제2조 및 「고등교육법」 제2조에 따른 학교의 학생, 「국민기초생활 보장법」에 따른 의료급여 수급권자 및 대통령령으로 정하는 일정 규모 이하의 소기업에 대하여 우선적으로 제1항에 따른 조치를 할 수 있다.(2017.3.14 본항개정)

제4장 발명의 사업화 촉진

제28조【발명 등의 평가기관 지정 등】 ① 특허청장은 제2조제11호 각 목의 어느 하나에 해당하는 것의 이전, 거래, 사업화 등 활용을 촉진하기 위하여 국공립 연구기관, 정부출연연구기관, 민간연구기관 또는 발명 등의 평가를 전문적으로 수행하는 기관을 발명 등의 평가기관(이하 "평가기관"이라 한다)으로 지정할 수 있다. (2023.1.3 본항개정)
② 제1항에 따른 평가기관으로 지정받으려는 자는 대통령령으로 정하는 평가 전문인력, 평가 조직 및 시설을 갖추어야 한다.(2023.1.3 본항개정)
③ 발명 등의 평가를 받으려는 자는 제1항에 따라 지정된 평가기관에 대하여 발명 등의 평가를 의뢰할 수 있다. (2023.1.3 본항개정)
④ 제3항에 따른 의뢰를 받은 평가기관은 발명 등의 평가를 실시한 후 지체 없이 그 평가 결과서(「전자문서 및 전자거래 기본법」 제2조에 따른 전자문서로 된 평가 결과서를 포함한다)를 의뢰한 자에게 발급하여야 한다. (2023.1.3 본항개정)
⑤ 특허청장은 다음 각 호의 사항에 관하여 평가기관의 장과 협의할 수 있다.
1. 발명 등의 평가의 대상 및 범위(2023.1.3 본호개정)
2. 평가기관에 대한 자금 지원 및 평가수수료
3. 평가기관과의 업무협약
⑥ 제1항과 제2항에 따른 지정 절차 등에 필요한 사항은 대통령령으로 정한다.
(2023.1.3 본조제목개정)

제29조【평가기관의 사업 등】 ① 평가기관은 다음 각 호의 사업을 할 수 있다.
1. 발명 등의 평가
2. 발명 등의 평가에 대한 수요의 조사 및 분석
3. 발명 등의 평가에 대한 정보의 수집·분석·제공·유통 및 관련 정보망 구축
4. 발명 등의 평가에 대한 정보의 공동 활용 및 확산
5. 발명 등의 평가 관련 전문인력의 양성
6. 발명 등의 평가 기법의 연구
7. 그 밖에 발명 등의 평가를 위하여 필요한 사항으로서 대통령령으로 정하는 사항
② 특허청장은 제1항 각 호의 사업을 하는 평가기관에 대하여 예산의 범위에서 그 사업에 드는 비용의 전부 또는 일부를 지원할 수 있다.
(2023.1.3 본조개정)

제29조의2【현물출자에 대한 특례】 제2조제11호 각 목의 어느 하나에 해당하는 것을 기업에 현물출자하려는 자가 평가기관의 평가를 받은 경우 그 평가 내용은 「상법」 제299조의2 또는 제422조에 따라 공인된 감정인이 감정한 것으로 본다. 이 경우 평가기관의 발명 등의 평가를 담당하는 자는 「상법」 제625조, 제630조 및 제635조를 적용할 때에는 감정인으로 본다.(2023.1.3 본조신설)

제30조【평가수수료의 지원】 특허청장은 제28조제3항 및 제4항에 따라 평가기관으로부터 발명 등의 평가를 받은 자에 대하여 예산의 범위에서 평가수수료의 전부 또는 일부를 지원할 수 있다.(2023.1.3 본조개정)

제31조【평가기관의 지정취소 등】 ① 특허청장은 평가기관이 다음 각 호의 어느 하나에 해당하는 경우에는 그 지정을 취소하거나 6개월 이내의 기간을 정하여 그 업무의 정지를 명할 수 있다. 다만, 제1호에 해당하는 경우에는 그 지정을 취소하여야 한다.(2023.1.3 본문개정)
1. 거짓이나 그 밖의 부정한 방법으로 평가기관의 지정을 받은 경우
2. 제28조제2항 및 제3항에 따른 발명 등의 평가를 수행할 능력을 상실한 경우(2023.1.3 본호개정)
3. 제31조의2에 따른 기준을 위반하여 발명 등의 평가를 수행한 경우(2023.1.3 본호신설)
② 제1항에 따른 행정처분의 세부 기준은 그 사유와 위반 정도를 고려하여 대통령령으로 정한다.(2013.7.30 본항신설)

제31조의2【발명 등의 평가 기준】 ① 발명 등의 평가의 공정성, 객관성 및 신뢰성을 보장하기 위한 발명 등의 평가 기준(이하 "평가기준"이라 한다)은 대통령령으로 정한다.
② 평가기관은 발명 등의 평가 시 평가기준을 준수하여야 한다.
(2023.1.3 본조신설)

제31조의3【발명 등의 평가 기법의 개발 및 보급】 ① 특허청장은 객관적이고 전문적인 발명 등의 평가시장을 조성하기 위하여 발명 등의 평가 기법(이하 "평가기법"이라 한다)을 개발하여 보급하여야 한다.
② 특허청장은 제1항에 따라 개발된 평가기법을 평가기관, 공공연구기관, 금융회사 및 기업 등에 보급하여 그 활용이 촉진되도록 노력하여야 한다.
③ 평가기법의 개발·보급 및 활용 촉진 등에 필요한 사항은 대통령령으로 정한다.
(2023.1.3 본조신설)

제31조의4【발명 등의 평가에 대한 조사】 ① 특허청장은 제28조제4항에 따른 평가 결과서가 발급된 후 직권으로 또는 다음 각 호의 어느 하나에 해당하는 자의 요청이 있는 경우 해당 평가가 평가기준에 따라 타당하게 이루어졌는지를 조사(이하 "타당성조사"라 한다)할 수 있다.
1. 국가, 지방자치단체, 「공공기관의 운영에 관한 법률」에 따른 공공기관, 그 밖에 대통령령으로 정하는 공공단체(이하 "국가등"이라 한다)
2. 대통령령으로 정하는 이해관계인
② 특허청장은 타당성조사를 할 경우에는 해당 평가기관, 해당 발명 등의 평가를 의뢰한 자 및 타당성조사를 요청한 자에게 의견진술 기회를 주어야 한다.
③ 특허청장은 국가등이 대통령령으로 정하는 사유에 따라 요청을 한 경우 타당성조사 결과를 제공할 수 있다.
④ 특허청장은 발명 등의 평가에 관한 제도를 개선하기 위하여 대통령령으로 정하는 바에 따라 제28조제4항에 따른 평가 결과서에 대한 표본조사(이하 "표본조사"라 한다)를 실시할 수 있다.
⑤ 타당성조사 및 표본조사의 절차 등에 관하여 필요한 사항은 대통령령으로 정한다.
(2023.1.3 본조신설)

제31조의5【평가정보체계 구축·운영】 ① 특허청장은 발명 등의 평가에 대한 효율적이고 체계적인 조사 및 관리를 위하여 평가기관이 수행하는 발명 등의 평가 결과 및 그와 관련된 자료를 통합하여 관리할 수 있는 체계(이하 "평가정보체계"라 한다)를 구축·운영할 수 있다.
② 평가기관은 평가정보체계 구축을 위하여 필요한 제28조제4항에 따른 평가 결과서 및 관련 자료를 대통령령으로 정하는 바에 따라 특허청장 또는 제31조의6제1항에 따른 평가관리센터의 장에게 제출하여야 한다. 다만, 개인정보 보호 등 대통령령으로 정하는 정당한 사유가 있는 경우에는 해당 사유가 있는 부분을 제외하고 제출할 수 있다.
③ 평가기관은 제28조제3항에 따라 발명 등의 평가를 의뢰받을 때 의뢰한 자에게 같은 조 제4항에 따른 평가 결과서가 타당성조사, 표본조사 등 대통령령으로 정하는 사유로 활용될 수 있다는 사실을 알려야 한다.
④ 특허청장은 평가정보체계의 구축·운영을 위하여 필요한 경우 관계 기관에 자료의 제출을 요청할 수 있다. 이 경우 자료 제출을 요청받은 기관은 특별한 사유가 없으면 그 요청을 따라야 한다.
⑤ 그 밖에 평가정보체계의 구축·운영에 필요한 사항은 대통령령으로 정한다.
(2023.1.3 본조신설)

제31조의6【평가관리센터】 ① 발명 등의 평가에 대한 조사·관리 등 평가의 신뢰성을 제고하기 위한 업무를 체계적으로 추진하기 위하여 평가관리센터를 둔다.
② 평가관리센터는 다음 각 호의 업무를 수행한다.
1. 발명 등의 평가와 관련된 연구·교육 및 홍보
2. 평가기준의 수립 지원
3. 평가기법의 개발·보급
4. 타당성조사 및 표본조사
5. 평가정보체계 구축·운영
6. 제1호부터 제5호까지의 업무에 부수되는 업무로서 대통령령으로 정하는 업무
③ 정부는 평가관리센터의 설립·운영 또는 업무 수행에 필요한 경비의 전부 또는 일부를 지원할 수 있다.
④ 평가관리센터의 구성, 운영, 업무수행 등에 필요한 사항은 대통령령으로 정한다.
(2023.1.3 본조신설)

제31조의7【발명 등의 평가 관련 비밀유지 등】 ① 평가기관(평가기관으로 지정되었던 기관을 포함한다) 및 그 소속 직원(소속 직원이었던 자를 포함한다)은 업무상 알게 된 비밀을 누설하거나 업무 외의 목적으로 사용하여서는 아니 된다. 다만, 이 법 또는 다른 법령에 특별한 규정이 있는 경우에는 그러하지 아니하다.
② 평가정보체계에 관한 업무를 수행하고 있거나 수행하였던 자(용역계약 등에 따라 해당 업무를 수임한 자 또는 그 사용인을 포함한다)는 평가정보체계의 구축·관리 및 활용과 관련된 업무를 수행하면서 알게 된 비밀을 누설하거나 업무 외의 목적으로 사용하여서는 아니 된다. 다만, 이 법 또는 다른 법령에 특별한 규정이 있는 경우에는 그러하지 아니하다.
(2023.1.3 본조신설)

제32조【우수 발명의 사업화 지원】 특허청장은 개인발명가 또는 사용자등의 발명이 제28조제4항에 따라 실시한 발명 등의 평가 결과가 우수하다고 인정되면 그 발명의 자금 지원 및 구매 촉진 등 사업화를 지원할 수 있다. (2023.1.3 본조개정)

제32조의2【담보 산업재산권 매입·활용사업의 실시】 ① 특허청장은 산업재산권을 담보로 대출을 받은 중소기업(「중소기업기본법」 제2조에 따른 중소기업을 말한다) 및 중견기업(「중견기업 성장촉진 및 경쟁력 강화에 관한 특별법」 제2조제1호에 따른 중견기업을 말한다)의 채무 불이행으로 금융회사등(「한국자산관리공사 설립 등에 관한 법률」 제2조제1호에 따른 금융회사등을 말한다)이 보유하게 된 산업재산권(이하 "담보 산업재산권"이라 한다)을 매입하고 활용하는 사업(이하 "담보 산업재산권 매입·활용사업"이라 한다)을 실시할 수 있다.(2019.11.26 본항개정)
② 제1항에 따라 담보 산업재산권을 매입하는 방식·조건 등 매입에 필요한 사항은 대통령령으로 정한다.
(2019.4.23 본조신설)

제32조의3【담보 산업재산권 매입·활용사업에 필요한 자금의 조성 등】 ① 특허청장은 담보 산업재산권 매입·활용사업을 실시하기 위하여 다음 각 호의 어느 하나에 해당하는 기관·단체(이하 "전담기관"이라 한다)에 출연할 수 있다.
1. 제52조에 따른 한국발명진흥회
2. 「산업기술혁신 촉진법」 제38조에 따른 한국산업기술진흥원
3. 그 밖에 대통령령으로 정하는 기관 또는 단체
② 담보 산업재산권 매입·활용사업 운영을 위한 자금은 다음 각 호의 재원으로 조성한다.
1. 금융회사등의 출연금
2. 정부의 출연금
3. 담보 산업재산권의 거래를 통한 수익금
4. 그 밖에 대통령령으로 정하는 재원
③ 전담기관은 담보 산업재산권 매입·활용사업을 효율적으로 추진하기 위하여 산업재산권 거래 분야에 전문성이 있는 기관 또는 단체를 전문기관으로 선정하여 다음 각 호의 업무를 대행하게 할 수 있다. 이 경우 전담기관은 업무수행에 필요한 비용의 전부 또는 일부를 지원할 수 있다.
1. 담보 산업재산권의 매입
2. 매입한 담보 산업재산권에 대한 관리·처분 및 실시권 허락 등 활용
3. 그 밖에 특허청장이 사업운영을 위하여 필요하다고 인정하는 업무
④ 제1항부터 제3항까지에서 규정한 사항 외에 담보 산업재산권 매입·활용사업 운영에 필요한 사항은 대통령령으로 정한다.
(2019.4.23 본조신설)

제33조 (2009.3.18 삭제)

제34조【특허기술사업화지원센터의 설치 등】 ① 다음 각 호의 어느 하나에 해당하는 발명 등의 관련 기술(이하 이 조에서 "특허기술"이라 한다) 및 상표의 사업화 또는 활용을 지원하는 업무를 수행하기 위하여 특허기술사업화지원센터(이하 "사업화지원센터"라 한다)를 둔다.

1. 국내 또는 해외에 출원 중이거나 등록된 발명
2. 영업비밀
3. 배치설계
(2023.1.3 본항개정)
② 사업화지원센터는 다음 각 호의 사업을 한다.
(2023.1.3 본문개정)
1. 특허기술 상설시장과 인터넷 특허기술 시장의 운영 등 특허기술 및 상표의 양도 또는 매매의 알선·중개
2. 산업재산권의 실시권 또는 사용권 허락의 알선·중개(산업재산권자가 사업화지원센터에 그 권리의 실시 또는 사용을 허락하고, 사업화지원센터는 이를 제3자에게 다시 허락하여 실시 또는 사용하게 하는 경우를 포함한다. 이 경우 그 제3자로부터 받은 사용료는 산업재산권자와 체결한 계약에서 정한 범위와 절차에 따라 사업화지원센터가 산업재산권자에게 지급하여야 한다)
3. 특허기술 및 상표의 알선·중개를 위한 수요조사·분석 및 평가
(2023.1.3 1호~3호개정)
4. 특허기술 및 상표의 알선·중개와 관련된 정보의 수집·분석 및 제공(2023.1.3 본호신설)
5. 「산업기술혁신 촉진법」 제38조에 따른 한국산업기술진흥원 등 기술이전 관련 기관과의 연계 체제 구축(2009.1.30 본호개정)
6. 그 밖에 특허기술의 사업화 지원과 특허기술의 알선·중개 사업의 활성화를 위하여 필요한 사업(2023.1.3 본호개정)
③ 정부는 사업화지원센터의 설치·운영 또는 사업 수행에 필요한 경비의 전부 또는 일부를 출연할 수 있다.
(2023.1.3 본항개정)
④ 사업화지원센터의 구성, 기능, 운영, 정부 출연, 그 밖에 필요한 사항은 대통령령으로 정한다.(2023.1.3 본항개정)
(2023.1.3 본조제목개정)

제35조【시작품의 제작 지원】 정부는 제28조제4항에 따라 실시한 발명 등의 평가 결과가 우수하다고 인정된 발명의 시작품(試作品)을 제작하는 데 필요한 자금의 전부 또는 일부를 예산의 범위에서 지원할 수 있다.(2023.1.3 본조개정)

제36조~제37조 (2024.2.6 삭제)

제38조【각종 규격의 개정 요청】 산업재산권으로 등록된 발명이 기존 규격과 달라 국가, 지방자치단체 또는 「공공기관의 운영에 관한 법률」 제4조에 따른 공공기관 등의 물품 구매 대상에서 제외되는 경우 특허청장은 해당 규격을 관리하는 관계 행정기관의 장에게 그 발명에 따른 제품이 구매 대상에 포함될 수 있도록 관련 규격의 개정이나 보완을 요청할 수 있다.(2009.3.18 본조개정)

제39조【우수 발명품의 우선 구매】 「조달사업에 관한 법률」 제2조제5호에 따른 수요기관이 물품을 구매하려면 특허청장이 추천하는 중소기업(「중소기업기본법」 제2조에 따른 중소기업을 말한다)의 우수 발명품을 먼저 구매할 수 있다.(2016.1.27 본조개정)

제39조의2【우수 발명품의 홍보 지원】 특허청장은 다음 각 호의 어느 하나에 해당하는 발명품의 홍보를 지원할 수 있다.
1. 제39조에 따른 중소기업의 우수 발명품
2. 대통령령으로 정하는 절차에 따라 범죄 피해 예방, 산업 안전 제고 등의 공익성을 인정받은 발명품
(2016.12.2 본조신설)

제40조【세제 지원】 정부는 「조세특례제한법」에서 정하는 바에 따라 발명의 진흥, 산업재산권의 출원과 등록 또는 산업재산권의 양도와 실시 등에 따라 생기는 소득이나 비용에 대한 세제상 지원을 할 수 있다.

제4장의2 산업재산권 서비스업의 육성

(2013.7.30 본장신설)

제40조의2【육성시책의 수립 및 시행】 ① 특허청장은 매년 산업재산권 서비스업을 육성하기 위하여 필요한 시책(이하 "육성시책"이라 한다)을 수립·시행하여야 한다.
② 육성시책에는 다음 각 호의 사항이 포함되어야 한다.
1. 산업재산권 서비스업을 육성하기 위하여 필요한 기반조성
2. 산업재산권 서비스업의 경쟁력 강화
3. 산업재산권 서비스업의 이용 촉진 및 창업 지원
4. 그 밖에 산업재산권 서비스업을 육성하기 위하여 필요한 사항

제40조의3【산업재산권 서비스업의 경쟁력 강화】 ① 특허청장은 산업재산권 서비스업의 경쟁력을 강화하기 위하여 다음 각 호의 업무를 할 수 있다.
1. 산업재산권 서비스업의 전문성을 높이기 위한 인력의 양성
2. 산업재산권 서비스업의 국제협력 및 해외진출 촉진
3. 그 밖에 산업재산권 서비스업의 경쟁력을 강화하기 위하여 필요한 업무
② 특허청장은 전문기관 또는 단체를 지정하여 제1항에 따른 사업을 대행하게 할 수 있다. 이 경우 그 사업에 필요한 비용의 전부 또는 일부를 지원할 수 있다.
③ 제2항에 따른 전문기관 또는 단체를 지정하기 위한 기준 및 절차는 대통령령으로 정한다.
④ 특허청장은 제2항에 따라 지정된 전문기관 또는 단체가 다음 각 호의 어느 하나에 해당하면 그 지정을 취소하거나 6개월 이내의 기간을 정하여 그 업무 또는 사업의 정지를 명할 수 있다. 다만, 제1호에 해당하면 그 지정을 취소하여야 한다.
1. 거짓이나 그 밖의 부정한 방법으로 지정을 받은 경우
2. 업무 또는 사업을 수행할 능력을 상실한 경우
3. 제3항에 따른 지정기준에 미달한 경우
(2023.1.3 본항개정)
⑤ 제4항에 따른 행정처분의 세부 기준은 그 사유와 위반 정도를 고려하여 대통령령으로 정한다.(2023.1.3 본항신설)

제40조의4【산업재산권 서비스업의 이용 촉진 및 창업지원】 특허청장은 산업재산권 서비스업의 이용을 촉진하고 산업재산권 서비스업의 창업을 활성화하기 위하여 다음 각 호의 업무를 할 수 있다.
1. 산업재산권 서비스업에 대한 인식을 높이기 위한 홍보
2. 창업 관련 정보의 제공, 상담 및 박람회·전시회 등 개최
3. 우수 산업재산권 서비스사업자와 우수 창업사례 선정 및 포상
4. 그 밖에 산업재산권 서비스업의 이용을 촉진하고 창업을 활성화하기 위하여 필요한 업무

제40조의5【산업재산권 서비스업에 대한 실태조사】 ① 특허청장은 산업재산권 서비스업에 대한 육성시책을 효율적으로 수립·추진하기 위하여 3년의 범위에서 산업재산권 서비스업에 관한 실태를 조사할 수 있다.
② 특허청장은 제1항에 따른 실태조사를 위하여 산업재산권 서비스사업자에게 인력 현황·매출액 등 대통령령으로 정하는 자료의 제출이나 의견의 진술을 요청할 수 있다. 이 경우 산업재산권 서비스사업자는 전단의 요청사항이 영업비밀에 해당하는 등의 특별한 사유가 없으면 이에 협조하여야 한다.(2023.1.3 후단개정)
③ 제1항에 따른 실태조사의 주기·방법 및 항목 등은 대통령령으로 정한다.
(2015.5.18 본조제목개정)

제40조의6【협회의 설립·운영 등】 ① 산업재산권 서비스사업자는 산업재산권 서비스업의 건전한 발전과 산업재산권 서비스사업자의 공동이익을 도모하기 위하여 산업재산권 서비스업 관련 협회(이하 "협회"라 한다)를 설립할 수 있다.
② 협회는 법인으로 한다.
③ 협회는 다음 각 호의 업무를 수행한다.
1. 산업재산권 서비스업의 발전을 위한 제도의 연구 및 개선 건의
2. 산업재산권 서비스사업자의 현황 및 통계의 관리
3. 산업재산권 서비스업 정보의 수집·분석 및 제공
4. 특허청장이 산업재산권 서비스업 육성에 관하여 위탁한 업무
5. 그 밖에 협회의 설립목적을 달성하는 데 필요한 업무
④ 협회에 관하여 이 법에서 규정한 것을 제외하고는 「민법」 중 사단법인에 관한 규정을 준용한다.

제40조의7【산업재산권 서비스업 전문회사】 ① 특허청장은 산업재산권 서비스업의 이용을 촉진하기 위하여 산업재산권 서비스업(제2조제9호나목은 제외한다. 이하 이 조에서 같다)을 전문적으로 수행하는 회사로서 인력, 시설 등 대통령령으로 정하는 기준을 갖춘 회사를 산업재산권 서비스업 전문회사(이하 "전문회사"라 한다)로 지정할 수 있다.
② 특허청장은 전문회사가 다음 각 호의 어느 하나에 해당하면 그 지정을 취소할 수 있다. 다만, 제1호에 해당하는 경우에는 그 지정을 취소하여야 한다.
1. 거짓이나 그 밖의 부정한 방법으로 전문회사의 지정을 받은 경우
2. 지정된 후 2년간 산업재산권 서비스업 업무 실적이 없는 경우
3. 제1항에 따른 지정기준에 미달하게 된 경우
③ 정부는 전문회사에 대하여 필요한 지원을 할 수 있다.
④ 제1항에 따른 지정, 제2항에 따른 지정 취소, 제3항에 따른 정부의 지원 등에 필요한 사항은 대통령령으로 정한다.
(2015.5.18 본조신설)

제5장 산업재산권 분쟁의 조정 및 기술공유 촉진

제41조【산업재산권분쟁조정위원회】 ① 다음 각 호의 사항과 관련된 분쟁(이하 "분쟁"이라 한다)을 심의·조정하기 위하여 산업재산권분쟁조정위원회(이하 "위원회"라 한다)를 둔다.(2015.5.18 본문개정)
1. 산업재산권(산업재산권 출원을 포함한다)
2. 직무발명
(2015.5.18 1호~2호신설)
3. 영업비밀(2020.2.4 본호개정)
4. 「부정경쟁방지 및 영업비밀보호에 관한 법률」 제2조제1호에 따른 부정경쟁행위(이하 "부정경쟁행위"라 한다)
(2020.2.4 본호신설)
5. 「반도체집적회로의 배치설계에 관한 법률」 제2조제5호에 따른 배치설계권, 같은 법 제11조에 따른 전용이용권 및 같은 법 제12조에 따른 통상이용권
6. 다른 법령에서 위원회의 심의를 거치도록 한 사항
(2024.1.30 5호~6호신설)
② 위원회는 위원장 1명을 포함한 15명 이상 100명 이하의 조정위원(이하 "위원"이라 한다)으로 구성한다.
(2020.2.4 본항개정)
③ 위원회의 위원은 다음 각 호의 어느 하나에 해당하는 자 중에서 특허청장이 위촉하며, 위원장은 특허청장이 위원 중에서 지명한다.(2010.6.8 본문개정)
1. 특허청 소속 공무원으로서 3급의 직(職)에 있거나 고위공무원단에 속하는 공무원인 자
2. 판사 또는 검사의 직에 있는 자
3. 변호사 또는 변리사의 자격이 있는 자
4. 대학에서 부교수 이상의 직에 있는 자
5. 「비영리민간단체 지원법」 제2조에 따른 비영리 민간단체에서 추천한 자
6. 그 밖에 제1항 각 호의 사항에 관한 학식과 경험이 풍부한 자(2015.5.18 본호개정)
④ 위원의 임기는 3년으로 한다. 다만, 제3항제1호 및 제2호에 해당하는 위원의 임기는 해당 직위에 재임하는 기간으로 한다.
⑤ 위원 중 결원이 생기면 제3항에 따라 보궐위원을 위촉하여야 하며, 그 보궐위원의 임기는 전임자의 남은 임기로 한다. 다만, 위원의 수가 15명 이상인 경우에는 보궐위원을 위촉하지 아니할 수 있다.
⑥ 위원회의 업무를 지원하기 위하여 제55조의2제1항에 따른 한국지식재산보호원에 사무국을 둔다.(2020.2.4 본항신설)

제41조의2【위원의 제척·기피·회피】 ① 위원은 다음 각 호의 어느 하나에 해당하는 경우에는 해당 분쟁조정청구사건(이하 이 조에서 "사건"이라 한다)의 심의·조정에서 제척된다.
1. 위원 또는 그 배우자나 배우자이었던 자가 해당 사건의 당사자가 되거나 해당 사건에 관하여 공동권리자 또는 의무자의 관계에 있는 경우
2. 위원이 해당 사건의 당사자와 친족관계에 있거나 있었던 경우
3. 위원이 해당 사건에 관하여 심사·심판 및 재판에 직접 관여한 경우
4. 위원이 해당 사건에 관하여 당사자의 증인, 감정인 또는 대리인으로서 관여하거나 관여하였던 경우
5. 위원이 해당 사건에 관하여 직접 이해관계를 가진 경우
② 분쟁당사자는 위원에게 심의·조정의 공정을 기대하기 어려운 사정이 있는 경우에는 위원회에 기피신청을 할 수 있다. 이 경우 위원회는 기피신청이 타당하다고 인정하는 때에는 해당 위원에 대하여 기피의 결정을 하여야 한다.
③ 위원이 제1항 또는 제2항의 사유에 해당하는 경우에는 스스로 그 사건의 심의·조정을 회피할 수 있다.
(2010.6.8 본조신설)

제41조의3【위원의 해촉】 특허청장은 위원이 다음 각 호의 어느 하나에 해당하는 경우에는 해당 위원을 해촉할 수 있다.
1. 심신장애로 인하여 직무를 수행할 수 없게 된 경우
2. 직무와 관련된 비위사실이 있는 경우
3. 직무태만, 품위손상, 그 밖의 사유로 인하여 위원으로 적합하지 아니하다고 인정되는 경우
4. 제41조의2제1항 각 호의 어느 하나에 해당하는 데에도 불구하고 회피하지 아니한 경우
5. 그 밖에 해당 직무의 수행이 어렵다고 인정되는 경우
(2020.2.4 본조신설)

제42조【조정부】 위원회는 분쟁 조정 업무를 효율적으로 수행하기 위하여 위원회에 3명 이내의 위원으로 구성된 조정부(調停部)를 두되, 조정부의 위원 중 1명은 변호사 또는 변리사의 자격이 있는 자이어야 한다.(2020.2.4 본조개정)

제43조【조정의 신청 등】 ① 분쟁의 조정을 받으려는 자는 신청 취지와 원인을 적은 조정신청서를 위원회에 제출하여 조정을 신청할 수 있다.(2010.6.8 본항개정)
② 제1항에 따른 분쟁의 조정은 제42조에 따른 조정부가 행한다.
③ 위원회는 조정신청이 있는 날부터 3개월 이내에 조정을 하여야 한다. 다만, 상당한 사유가 있다고 인정되는 경우에는 1개월 단위로 3회에 한정하여 조정기간을 연장할 수 있고, 이 경우 연장 기간 및 사유를 사건의 당사자에게 통지하여야 한다.(2017.3.21 단서개정)
④ 제3항에 따른 기간이 지난 경우에는 조정이 성립되지 아니한 것으로 본다.
⑤ 조정이 신청된 경우 피신청인은 조정에 성실하게 따라야 한다.(2017.3.21 본항신설)

제43조의2【조정신청을 할 수 있는 자】 ① 제43조제1항에 따라 분쟁의 조정을 신청할 수 있는 자는 다음 각 호의 어느 하나에 해당하는 자에 한정한다. 다만, 국내에 주소 또는 영업소를 가지지 아니하는 자의 경우에는 국

내에 주소 또는 영업소를 둔 대리인을 통하여서만 신청을 할 수 있다.(2015.5.18 본문개정)
1. 산업재산권 출원인(2015.5.18 본호신설)
2. 권리자
3. 실시권자
4. 사용권자
5. 직무발명자
6. 영업비밀을 보유한 자(2020.2.4 본호개정)
7. 부정경쟁행위의 분쟁당사자(2020.2.4 본호신설)
7의2. 「반도체집적회로의 배치설계에 관한 법률」 제8조에 따른 배치설계권자, 같은 법 제11조제2항에 따른 전용이용권자 및 같은 법 제12조제2항에 따른 통상이용권자(2024.1.30 본호신설)
8. 그 밖에 해당 권리의 실시, 직무발명, 영업비밀 또는 부정경쟁행위와 직접적인 이해관계가 있는 자(2020.2.4 본호개정)
② 제1항에 해당하는 자 중 미성년자, 피성년후견인, 피한정후견인은 법정대리인에 의하여서만 조정을 신청할 수 있다.(2013.7.30 본항개정)
(2010.6.8 본조신설)
제44조【조정신청의 대상에서 제외되는 사항】 분쟁 중에서 산업재산권의 무효 및 취소 여부, 권리범위의 확인 등에 관한 판단만을 요청하는 사항은 조정신청의 대상이 될 수 없다.
제45조【출석의 요구】 ① 위원회는 분쟁의 조정을 위하여 필요하면 당사자, 그 대리인 또는 이해관계인의 출석을 요구할 수 있다.(2020.2.4 본항개정)
② 조정 당사자가 정당한 사유 없이 제1항에 따른 출석의 요구에 2회에 걸쳐 따르지 아니한 경우에는 조정이 성립되지 아니한 것으로 본다.(2017.3.21 본항개정)
제45조의2【사실조사 등】 위원회는 해당 분쟁조정사항에 관한 사실을 확인하기 위하여 필요한 경우 조사를 하거나 분쟁당사자에 대하여 관련 자료의 제출을 요구할 수 있다.(2020.2.4 본조신설)
제46조【조정의 성립 등】 ① 조정은 당사자 사이에 합의된 사항을 조서에 적음으로써 성립된다.
② 제1항에 따른 조서는 재판상 화해와 같은 효력이 있다. 다만, 당사자가 임의로 처분할 수 없는 사항에 관한 것은 그러하지 아니하다.
제46조의2【조정의 거부 및 중지】 ① 위원회는 다음 각 호의 어느 하나에 해당하는 경우에는 조정을 거부하거나 중지할 수 있다.
1. 분쟁당사자의 일방이 조정을 거부한 경우
2. 분쟁당사자 중 일방이 법원에 소를 제기하였거나 조정의 신청이 있은 후 법원에 소를 제기한 경우
3. 신청의 내용이 관계 법령 또는 객관적인 자료에 의하여 명백하게 인정되는 등 조정을 할 실익이 없는 것으로서 대통령령으로 정하는 경우
② 위원회는 제1항에 따른 조정 거부 또는 중지의 사유가 발생하는 경우에는 그 사유를 서면으로 분쟁당사자에게 알려야 한다.
(2010.6.8 본조신설)
제47조【소멸시효의 중단 등】 ① 조정신청은 시효중단의 효력이 있다.
② 조정이 성립되지 아니한 경우에는 그 불성립이 확정된 날부터 1개월 이내에 소(訴)를 제기하지 아니하면 시효중단의 효력이 없다.
제48조【위원회의 구성 등】 위원회 및 제42조에 따른 조정부의 구성·운영과 분쟁의 조정방법·조정절차 및 조정업무의 처리 등에 필요한 사항은 대통령령으로 정한다.(2020.2.4 본조개정)
제49조【경비 보조】 정부는 예산의 범위에서 위원회를 운영하는 데 필요한 경비를 지원할 수 있다.(2010.6.8 본조개정)
제49조의2【비밀누설의 금지】 위원회 위원 또는 위원이었던 자는 그 직무상 알게 된 비밀을 누설하여서는 아니 된다.(2020.2.4 본조개정)
제49조의3【심판과 조정의 연계 특례】 ① 「특허법」 제164조의2, 「실용신안법」 제33조, 「디자인보호법」 제152조의2 및 「상표법」 제151조의2에 따라 위원회 회부가 결정된 때에는 해당 사건이 위원회에 회부된 날에 제43조제1항에 따른 신청이 있는 것으로 본다.
② 제1항에 따라 조정신청된 사건으로서 해당 심판장이 필요하다고 인정하고 당사자가 동의하는 경우에는 해당 심판합의체의 전부 또는 일부가 제42조에 따른 조정부의 일원이 될 수 있다.
(2021.8.17 본조신설)
제50조【산업재산권의 공유 및 상호사용 촉진】 ① 특허청장은 사용자등이 다른 사용자등과 산업재산권의 공유 또는 공동사용협약을 체결하여 각자 보유하고 있는 산업재산권에 대한 공동소유 또는 통상실시권의 상호허여(이하 "산업재산권의 공유 및 상호사용"이라 한다)를 촉진하기 위하여 필요한 지원시책을 수립·시행하여야 한다.
② 제1항에 따른 지원시책에는 다음 각 호의 사항이 포함되어야 한다.
1. 산업재산권의 공유 및 상호사용에 대한 국내외 정보 제공
2. 산업재산권의 공유 및 상호사용의 촉진을 위한 설명회 개최
3. 그 밖에 산업재산권의 공유 및 상호사용의 촉진에 필요한 사항
③ 특허청장은 제1항에 따라 산업재산권의 공유 및 상호사용협약을 체결한 사용자등이 산업재산권의 공유 및 상호사용 대상 기술 분야에 대한 공동기술을 개발할 때 그에 따른 비용을 제55조에 따른 기금, 「산업기술혁신 촉진법」 제11조제2항에 따른 산업기술개발사업을 위한 자금, 「중소기업진흥에 관한 법률」 제63조에 따른 중소벤처기업창업 및 진흥기금 등에서 먼저 지원하도록 산업통상자원부장관 또는 제52조에 따른 한국발명진흥회 회장에게 요청할 수 있다.(2018.12.31 본항개정)
제50조의2【산업재산권의 보호】 ① 정부는 산업의 기술경쟁력을 높이고 공정한 거래질서를 확립하기 위하여 대통령령으로 정하는 바에 따라 산업재산권 보호사업을 할 수 있다.
② 특허청장은 전문기관 또는 단체를 지정하여 제1항에 따른 사업을 대행하게 할 수 있다. 이 경우 그 사업에 필요한 비용의 전부 또는 일부를 지원할 수 있다.(2013.7.30 본항개정)
③ 제2항에 따른 전문기관 또는 단체를 지정하기 위한 기준 및 절차는 대통령령으로 정한다.(2013.7.30 본항신설)
④ 제2항에 따른 전문기관 또는 단체의 지정취소 또는 업무정지에 관하여는 제40조의3제4항 및 제5항을 준용한다.(2023.1.3 본항개정)
(2010.1.27 본조신설)
제50조의3【해외산업재산권센터】 ① 해외에서 수출기업의 산업재산권 확보, 활용 및 보호 등을 지원하기 위하여 해외산업재산권센터를 둘 수 있다.
② 제1항에 따른 해외산업재산권센터(이하 이 조에서 "해외산업재산권센터"라 한다)는 다음 각 호의 사업을 한다.
1. 해외에서 수출기업의 산업재산권 출원, 등록 및 활용 지원
2. 해외에서 수출기업 등의 산업재산권 분쟁 대응 지원
3. 해외에서 수출기업의 영업비밀보호 지원
4. 해외 산업재산권의 보호에 관한 정보의 공유 및 확산
5. 산업재산권의 출원·등록 등의 지원을 위한 관련 해외 자료의 수집
6. 해외에서 산업재산권 보호를 위한 협력 네트워크 구축
7. 해외 산업재산권 보호 관련 제도·통계·수요 조사 및 홍보
8. 그 밖에 수출기업의 해외 산업재산권 확보·활용 및 보호 등을 위하여 필요한 사항
③ 정부는 예산의 범위에서 해외산업재산권센터를 운영하는 자에게 사업 수행에 필요한 자금을 지원할 수 있다.
④ 해외산업재산권센터는 제2항에 따른 업무를 수행하기 위하여 필요한 범위에서 수익사업을 할 수 있다.
(2024.2.6 본항개정)
(2010.1.27 본조신설)
제50조의4【지식재산권 관련 공제사업의 관리·운영】 특허청장은 산업재산권의 국제출원 비용, 국내외 지식재산권 관련 소송 비용 등 지식재산권 관련 비용부담으로 인한 재무적인 위험을 분산·완화하기 위하여 「중소기업기본법」 제2조에 따른 중소기업 및 「중견기업 성장촉진 및 경쟁력 강화에 관한 특별법」 제2조제1호에 따른 중견기업을 대상으로 공제사업(이하 "특허공제사업"이라 한다)을 관리·운영할 수 있다.(2017.11.28 본조신설)
제50조의5【특허공제사업의 위탁 및 자금의 조성 등】 ① 특허청장은 특허공제사업을 효율적으로 운영하기 위하여 다음 각 호의 기관 또는 단체에 사업 운영을 위탁할 수 있다.
1. 「중소기업협동조합법」에 따른 중소기업중앙회
2. 그 밖에 대통령령으로 정하는 기관 또는 단체
② 특허공제사업 운영을 위한 자금은 다음 각 호의 재원으로 조성한다.
1. 가입자가 납부하는 공제부금
2. 기업, 지식재산 관련 기관·단체, 그 밖의 자의 출연금
3. 초기 운영비 충당을 위한 정부의 출연금 또는 보조금
4. 그 밖에 대통령령으로 정하는 재원
③ 제1항 및 제2항에서 규정한 사항 외에 특허공제사업 운영에 필요한 사항은 대통령령으로 정한다.
(2017.11.28 본조신설)
제50조의6【준비금의 적립】 ① 특허청장이나 제50조의5에 따라 특허공제사업을 위탁받은 기관 또는 단체는 결산기마다 장래에 지급할 환급금에 충당하기 위한 준비금을 계상하고, 이를 별도로 적립·운용하여야 한다.
② 제1항에 따른 준비금의 적립·운용에 필요한 사항은 대통령령으로 정한다.
(2023.6.20 본조신설)
제51조【한국지식재산연구원】 ① 정부는 지식재산권에 관련된 국내외 분쟁에 대한 효율적인 대응방안을 세우고 국내외 지식재산권의 동향 분석과 신지식재산권 분야에 대한 연구를 하기 위하여 한국지식재산연구원(이하 "연구원"이라 한다)을 설립한다.(2013.3.22 본항개정)
② 연구원은 법인으로 한다.(2013.3.22 본항신설)
③ 연구원은 그 주된 사무소의 소재지에서 설립등기를 함으로써 성립한다.(2013.3.22 본항신설)
④ 연구원은 정관으로 정하는 바에 따라 다음 각 호의 업무를 한다.
1. 국내외 지식재산에 관한 조사 및 연구
2. 국내외 지식재산과 관련된 국제협력 및 교류
3. 국내외 지식재산과 관련된 인식고취, 정보수집, 지식재산전문도서관 운영 등을 위한 사업
4. 정부·국내외 공공기관 및 민간단체나 기업 등으로부터 연구용역의 수탁 또는 이들과의 공동연구
5. 지식재산 및 지식재산권 관련 정책 자문 및 건의
6. 그 밖에 제1호부터 제5호까지의 사업에 따른 부대사업 및 정부가 제1항의 설립목적에 부응한다고 인정하는 사업
(2013.3.22 본항신설)
⑤ 정부는 제1항에 따른 연구원에 대하여 필요한 지원시책을 수립·시행하여야 한다.(2013.3.22 본항개정)
⑥ 제5항에 따른 시책에는 다음 각 호의 사항이 포함되어야 한다.(2013.3.22 본문개정)
1. 사업비 및 운영비의 보조
2. 지식재산 연구를 위한 공무원의 파견
3. 그 밖에 지식재산 연구를 위하여 필요한 사항
(2013.3.22 2호~3호개정)
⑦ 연구원에 대하여 이 법에서 정한 것을 제외하고는 「민법」 중 재단법인에 관한 규정을 준용한다.(2013.3.22 본항신설)
⑧ 특허청장은 연구원의 업무를 지도·감독한다.
(2013.3.22 본항신설)
(2013.3.22 본조제목개정)

제6장 한국발명진흥회

제52조【한국발명진흥회의 설립】 ① 발명진흥사업을 체계적, 효율적으로 추진하고 발명가의 이익 증진을 도모할 수 있는 사업을 하기 위하여 한국발명진흥회를 설립한다.
② 한국발명진흥회는 법인으로 한다.
③ 한국발명진흥회는 그 주된 사업소의 소재지에 설립등기를 함으로써 성립한다.
④ 한국발명진흥회는 정관으로 정하는 바에 따라 국내외의 필요한 곳에 지부를 둘 수 있다.
⑤ 한국발명진흥회가 아닌 자는 한국발명진흥회의 명칭을 사용하지 못한다.
⑥ 한국발명진흥회에 관하여 이 법에 규정한 것 외에는 「민법」 중 재단법인에 관한 규정을 준용한다.
제53조【사업】 ① 한국발명진흥회는 다음 각 호의 사업을 한다.
1. 발명진흥에 대한 조사·연구 및 정보화
2. 산업재산권 기술정보자료의 수집·분석 및 보급
3. 산업재산권 관련 인재 양성 및 교육시설의 운영
4. 발명 교육·연구 및 발명교원의 육성
5. 발명진흥을 위한 전시·행사 및 국제 교류·협력
6. 지역지식재산센터를 통한 산업재산권의 창출·보호·활용에 대한 지원
7. 특허기술의 평가 및 사업화 촉진
8. 특허청장이 발명의 진흥에 관하여 위탁한 사업
9. 그 밖에 정관으로 정하는 사업
(2013.7.30 1호~9호개정)
② 한국발명진흥회는 제1항에 따른 사업수행에 필요한 재원을 조달하기 위하여 수익사업을 할 수 있다.
③ 정부는 발명진흥을 위하여 예산의 범위에서 한국발명진흥회에 대하여 사업비와 운영에 필요한 경비를 지원할 수 있다.
제54조【지도·감독】 특허청장은 한국발명진흥회의 업무를 지도·감독한다.
제55조【기금의 조성 등】 ① 한국발명진흥회는 이 법에 따른 발명진흥을 위한 사업의 효율적인 지원을 위하여 기금(이하 "기금"이라 한다)을 조성·운용할 수 있다.
② 기금은 다음 각 호의 재원으로 조성한다.
1. 제53조제2항에 따른 수익사업으로 발생된 수익금
2. 사용자등의 출연금 또는 기부금
3. 차입금
4. 기금 운용 수익금
5. 그 밖에 대통령령으로 정하는 수입금
③ 기금은 다음 각 호의 사업에 사용한다.
1. 발명 장려 행사 등 발명 활동의 촉진
2. 우수 발명 시작품의 제작 지원
3. 발명 등의 평가 지원(2023.1.3 본호개정)
4. 발명의 양도, 실시 허여와 창업자금 지원 등의 사업화 지원
5. 직무발명제도 활용 촉진
6. 국내외 출원 및 등록의 장려
7. 학생 발명의 장려
8. 산업재산권의 조사·분석(2024.2.6 본호개정)
9. 산업재산권 제도 조사와 연구개발
10. 학생, 영세 발명가에 대한 무료 변리(辨理)에 관한 지원
11. 산업재산권의 사업화자금 지원을 할 때의 신용보증에 관한 지원
12. 그 밖에 한국발명진흥회 회장이 발명진흥을 위하여 필요하다고 인정하는 사업

제6장의2 한국지식재산보호원
(2020.2.4 본장신설)

제55조의2【한국지식재산보호원의 설립】 ① 지식재산 보호에 관한 지원 사업을 하기 위하여 한국지식재산보호원(이하 "보호원"이라 한다)을 설립한다.
② 보호원은 법인으로 한다.
③ 보호원은 그 주된 사무소의 소재지에서 설립등기를 함으로써 성립한다.
④ 보호원이 아닌 자는 한국지식재산보호원의 명칭을 사용하지 못한다.
⑤ 보호원에 관하여 이 법에 규정한 것 외에는 「민법」 중 재단법인에 관한 규정을 준용한다.
제55조의3【보호원의 업무 등】 ① 보호원은 다음 각 호의 업무를 한다. 다만, 「저작권법」 제122조의5제1호부터 제6호까지의 규정에 따른 한국저작권보호원의 업무는 제외한다.
1. 국내외 지식재산 보호에 관한 조사·연구
2. 국내외 지식재산 보호와 관련된 기반조성 및 교육·홍보
3. 국내외 지식재산 보호를 위한 국제협력
4. 국내외 지식재산 보호를 위한 분쟁예방 및 대응 지원
5. 「사법경찰관리의 직무를 수행할 자와 그 직무범위에 관한 법률」 제5조제38호에 따른 부정경쟁행위, 상표권 및 전용사용권 침해에 관한 단속 사무 지원
5의2. 「사법경찰관리의 직무를 수행할 자와 그 직무범위에 관한 법률」 제5조제38호의2에 따른 특허권·전용실시권 침해, 부정경쟁행위, 영업비밀의 취득·사용·누설 및 디자인권·전용실시권 침해에 관한 단속 사무 지원(2022.11.15 본호신설)
6. 위원회의 업무 지원
7. 특허청장이 국내외 지식재산 보호를 위하여 위탁하는 업무
8. 그 밖에 보호원의 설립목적의 달성에 필요한 업무로서 대통령령으로 정하는 업무
② 보호원은 제1항에 따른 업무 수행에 필요한 재원을 조달하기 위하여 대통령령으로 정하는 수익사업을 할 수 있다.
③ 정부는 예산의 범위에서 보호원에 대하여 사업비와 운영에 필요한 경비를 지원할 수 있다.
제55조의4【보호원에 대한 지도·감독】 특허청장은 보호원의 업무를 지도·감독한다.

제6장의3 한국특허전략개발원

제55조의5~제55조의7 (2024.2.6 삭제)

제7장 보 칙

제55조의8【자료의 제출】 ① 법원은 직무발명 보상금에 관한 소송에서 당사자의 신청에 의하여 상대방 당사자에게 해당 직무발명 보상액의 산정에 필요한 자료의 제출을 명할 수 있다. 다만, 그 자료의 소지자가 그 자료의 제출을 거절할 정당한 이유가 있으면 그러하지 아니하다.
② 법원은 자료의 소지자가 제1항에 따른 제출을 거부할 정당한 이유가 있다고 주장하는 경우에는 그 주장의 당부를 판단하기 위하여 자료의 제시를 명할 수 있다. 이 경우 법원은 그 자료를 다른 사람이 보게 하여서는 아니 된다.
③ 제1항에 따라 제출되어야 할 자료가 영업비밀(「부정경쟁방지 및 영업비밀보호에 관한 법률」 제2조제2호에 따른 영업비밀을 말한다. 이하 같다)에 해당하나 직무발명 보상액의 산정에 반드시 필요한 때에는 제1항 단서에 따른 정당한 이유로 보지 아니한다. 이 경우 법원은 제출명령의 목적 내에서 열람할 수 있는 범위 또는 열람할 수 있는 사람을 지정하여야 한다.
④ 당사자가 정당한 이유 없이 자료제출명령에 따르지 아니한 때에는 법원은 자료의 기재에 대한 상대방의 주장을 진실한 것으로 인정할 수 있다.
⑤ 제4항에 해당하는 경우 자료의 제출을 신청한 당사자가 자료의 기재에 관하여 구체적으로 주장하기에 현저히 곤란한 사정이 있고 자료로 증명할 사실을 다른 증거로 증명하는 것을 기대하기도 어려운 때에는 법원은 그 당사자가 자료의 기재에 의하여 증명하고자 하는 사실에 관한 주장을 진실한 것으로 인정할 수 있다.
(2024.2.6 본조신설)
제55조의9【비밀유지명령】 ① 법원은 직무발명 보상금에 관한 소송에서 그 당사자가 보유한 영업비밀에 대하여 다음 각 호의 사유를 모두 소명한 경우에는 그 당사자의 신청에 따라 결정으로 다른 당사자(법인인 경우에는 그 대표자), 당사자를 위하여 소송을 대리하는 자, 그 밖에 그 소송으로 인하여 영업비밀을 알게 된 자에게 그 영업비밀을 그 소송의 계속적인 수행 외의 목적으로 사용하거나 그 영업비밀에 관계된 이 항에 따른 명령을 받은 자 외의 자에게 공개하지 아니할 것을 명할 수 있다. 다만, 그 신청 시점까지 다른 당사자(법인인 경우에는 그 대표자), 당사자를 위하여 소송을 대리하는 자, 그 밖에 그 소송으로 인하여 영업비밀을 알게 된 자가 제1호에 규정한 준비서면의 열람이나 증거조사 외의 방법으로 그 영업비밀을 이미 취득하고 있는 경우에는 그러하지 아니하다.
1. 이미 제출하였거나 제출하여야 할 준비서면, 이미 조사하였거나 조사하여야 할 증거 또는 제55조의8제2항에 따라 제출하였거나 제출하여야 할 자료에 영업비밀이 포함되어 있다는 것
2. 제1호의 영업비밀이 해당 소송 수행 외의 목적으로 사용되거나 공개되면 당사자의 영업에 지장을 줄 우려가 있어 이를 방지하기 위하여 영업비밀의 사용 또는 공개를 제한할 필요가 있다는 것
② 제1항에 따른 명령(이하 "비밀유지명령"이라 한다)의 신청은 다음 각 호의 사항을 적은 서면으로 하여야 한다.
1. 비밀유지명령을 받을 자
2. 비밀유지명령의 대상이 될 영업비밀을 특정하기에 충분한 사실
3. 제1항 각 호의 사유에 해당하는 사실
③ 법원은 비밀유지명령이 결정된 경우에는 그 결정서를 비밀유지명령을 받은 자에게 송달하여야 한다.
④ 비밀유지명령은 제3항의 결정서가 비밀유지명령을 받은 자에게 송달된 때부터 효력이 발생한다.
⑤ 비밀유지명령의 신청을 기각하거나 각하한 재판에 대해서는 즉시항고를 할 수 있다.
(2024.2.6 본조신설)
제55조의10【비밀유지명령의 취소】 ① 비밀유지명령을 신청한 자 또는 비밀유지명령을 받은 자는 제55조의9제1항에 따른 요건을 갖추지 못하였거나 갖추지 못하게 된 경우 소송기록을 보관하고 있는 법원(소송기록을 보관하고 있는 법원이 없는 경우에는 비밀유지명령을 내린 법원)에 비밀유지명령의 취소를 신청할 수 있다.
② 법원은 비밀유지명령의 취소신청에 대한 재판이 있는 경우에는 그 결정서를 그 신청을 한 자 및 상대방에게 송달하여야 한다.
③ 비밀유지명령의 취소신청에 대한 재판에 대해서는 즉시항고를 할 수 있다.
④ 비밀유지명령을 취소하는 재판은 확정되어야 효력이 발생한다.
⑤ 비밀유지명령을 취소하는 재판을 한 법원은 비밀유지명령의 취소신청을 한 자 또는 상대방 외에 해당 영업비밀에 관한 비밀유지명령을 받은 자가 있는 경우에는 그 자에게 즉시 비밀유지명령의 취소 재판을 한 사실을 알려야 한다.
(2024.2.6 본조신설)
제55조의11【소송기록 열람 등의 청구 통지 등】 ① 비밀유지명령이 내려진 소송(모든 비밀유지명령이 취소된 소송은 제외한다)에 관한 소송기록에 대하여 「민사소송법」 제163조제1항의 결정이 있었던 경우, 당사자가 같은 항에서 규정하는 비밀 기재부분의 열람 등의 청구를 하였으나 그 청구 절차를 해당 소송에서 비밀유지명령을 받지 아니한 자가 밟은 경우에는 법원서기관, 법원사무관, 법원주사 또는 법원주사보(이하 이 조에서 "법원사무관등"이라 한다)는 「민사소송법」 제163조제1항의 신청을 한 당사자(그 열람 등의 청구를 한 자는 제외한다. 이하 제3항에서 같다)에게 그 청구 직후에 그 열람 등의 청구가 있었다는 사실을 알려야 한다.
② 제1항의 경우에 법원사무관등은 제1항의 청구가 있었던 날부터 2주일이 지날 때까지(그 청구 절차를 밟은 자에 대한 비밀유지명령 신청이 그 기간 내에 이루어진 경우에는 그 신청에 대한 재판이 확정되는 시점까지) 그 청구 절차를 밟은 자에게 제1항의 비밀 기재부분의 열람 등을 하게 하여서는 아니 된다.
③ 제2항은 제1항의 열람 등의 청구를 한 자에게 제1항의 비밀 기재부분의 열람 등을 하게 하는 것에 대하여 「민사소송법」 제163조제1항의 신청을 한 당사자 모두가 동의하는 경우에는 적용되지 아니한다.
(2024.2.6 본조신설)
제56조【권한의 위임 등】 ① 특허청장은 이 법에 따른 권한의 일부를 대통령령으로 정하는 바에 따라 특별시장·광역시장·특별자치시장·도지사 또는 특별자치도지사에게 위임할 수 있다.
② 특허청장은 이 법에 따른 업무의 일부를 대통령령으로 정하는 바에 따라 협회, 한국발명진흥회, 보호원, 발명기관의 장(직무발명을 한 당시 공무원등이 소속된 기관의 장을 말한다), 「변리사법」 제9조에 따른 대한변리사회 또는 「기술의 이전 및 사업화 촉진에 관한 법률」 제10조에 따라 지정된 기술거래기관에 위탁할 수 있다.(2024.2.6 본항개정)
(2013.7.30 본조개정)
제57조【청문】 특허청장은 다음 각 호의 어느 하나에 해당하는 처분을 하려면 청문을 하여야 한다.
1. 제40조의3제4항 및 제50조의2제4항에 따른 전문기관 또는 단체의 지정취소 또는 업무정지(2023.1.3 본호개정)
2. 제11조의2제4항에 따른 인증취소(2024.2.6 본호신설)
3. 제24조제1항에 따른 지역지식재산센터의 등록말소 또는 업무정지(2013.7.30 본호개정)
4. 제31조제1항에 따른 평가기관의 지정취소 또는 업무정지(2013.7.30 본호개정)
5. (2024.2.6 삭제)
제57조의2【규제의 재검토】 특허청장은 다음 각 호의 사항에 대하여 다음 각 호의 기준일을 기준으로 3년마다(매 3년이 되는 해의 기준일과 같은 날 전까지를 말한다) 그 타당성을 검토하여 개선 등의 조치를 하여야 한다.
1. 제23조에 따른 지역지식재산센터의 등록기준 및 신청절차 : 2015년 1월 1일
2. 제24조에 따른 지역지식재산센터에 대한 행정처분 기준 : 2015년 1월 1일
3. 제28조에 따른 평가기관의 지정기준 : 2015년 1월 1일
4. 제31조에 따른 평가기관에 대한 행정처분 기준 : 2015년 1월 1일
5.~6. (2024.2.6 삭제)
7. 제50조의2에 따른 전문기관 또는 단체의 지정기준 및 전문기관 또는 단체에 대한 행정처분 기준 : 2015년 1월 1일
8. 제60조제1항제4호에 따른 과태료 부과처분 : 2015년 1월 1일
(2015.5.18 본조신설)

제8장 벌 칙

제58조【벌칙】 ① 국내외에서 정당한 사유 없이 제55조의9제1항에 따른 비밀유지명령을 위반한 자는 5년 이하의 징역 또는 5천만원 이하의 벌금에 처한다.(2024.2.6 본항신설)
② 제19조를 위반하여 부정한 이익을 얻거나 사용자등에 손해를 가할 목적으로 직무발명의 내용을 공개한 자에 대하여는 3년 이하의 징역 또는 3천만원 이하의 벌금에 처한다.
③ 제31조의7을 위반한 자는 1년 이하의 징역 또는 1천만원 이하의 벌금에 처한다.(2023.1.3 본항신설)
④ 제1항 및 제2항의 죄는 비밀유지명령을 신청한 자 및 사용자등의 고소가 있어야 공소를 제기할 수 있다.
(2024.2.6 본항개정)
제58조의2【양벌규정】 법인 또는 단체의 대표자나 대리인, 사용인, 그 밖의 종업원이 그 법인 또는 단체의 업무에 관하여 제58조제3항의 위반행위를 하면 그 행위자를 벌하는 외에 그 법인 또는 단체에도 해당 조문의 벌금형을 과(科)한다. 다만, 법인 또는 단체가 그 위반행위를 방지하기 위하여 해당 업무에 관하여 상당한 주의와 감독을 게을리하지 아니한 경우에는 그러하지 아니하다.
(2024.2.6 본문개정)
제59조【벌칙 적용에서 공무원 의제】 ① 위원회 위원으로서 공무원이 아닌 사람, 평가관리센터, 사업화지원센터, 한국발명진흥회 및 보호원의 임직원은 「형법」과 그 밖의 법률에 따른 벌칙을 적용할 때에는 공무원으로 본다.
② 특허청장이 이 법에 따라 업무를 위탁한 기관(평가관리센터, 사업화지원센터, 한국발명진흥회 및 보호원은 제외한다)의 임직원(위탁받은 업무에 종사하는 임직원으로 한정한다)은 「형법」 제129조부터 제132조까지의 규정을 적용할 때에는 공무원으로 본다.
(2024.2.6 본조개정)
제60조【과태료】 ① 다음 각 호의 어느 하나에 해당하는 자에게는 1천만원 이하의 과태료를 부과한다.
1. 제18조제3항을 위반하여 심의위원회를 구성하지 아니하거나 심의하도록 하지 아니한 자(2013.7.30 본호신설)
2. 제19조제2항을 위반하여 자문위원으로 심의위원회에 참여하여 직무상 알게 된 직무발명에 관한 내용을 다른 사람에게 누설한 자(2013.7.30 본호신설)
3. (2024.2.6 삭제)
4. 제23조제3항에 따른 등록을 하지 아니하고 같은 조 제5항을 위반하여 지역지식재산센터의 명칭을 사용한 자
5. 제52조제5항을 위반하여 한국발명진흥회의 명칭을 사용한 자
6. 제55조의2제4항을 위반하여 한국지식재산보호원의 명칭을 사용한 자(2020.2.4 본호신설)
7. (2024.2.6 삭제)
② 정당한 사유 없이 제31조의5제2항을 위반하여 평가결과서 및 관련 자료를 제출하지 아니하거나 거짓으로 제출한 자에게는 150만원 이하의 과태료를 부과한다.
(2023.1.3 본항신설)
③ 제1항 및 제2항에 따른 과태료는 대통령령으로 정하는 바에 따라 특허청장이 부과·징수한다.(2023.1.3 본항개정)
④~⑤ (2009.3.18 삭제)

부 칙 (2013.7.30)

제1조【시행일】 이 법은 공포 후 6개월이 경과한 날부터 시행한다. 다만, 제43조의2제2항의 개정규정과 부칙 제6조는 공포한 날부터 시행한다.

제2조【청문에 관한 적용례】 제57조의 개정규정은 이 법 시행 후 업무정지처분에 대한 사전통지를 하는 것부터 적용한다.

제3조【산업재산권 정보산업 등에 관한 경과조치】 ① 이 법 시행 당시 산업재산권 정보산업은 제2조제9호가목의 개정규정에 따른 산업재산권 정보서비스업으로 본다.
② 이 법 시행 당시 「민법」 제32조에 따라 특허청장으로부터 설립허가를 받은 산업재산권 정보산업 관련 협회는 제40조의6의 개정규정에 따른 협회로 본다.

제4조【발명교실에 관한 경과조치】 이 법 시행 당시 종전의 규정에 따라 설치·운영 중인 발명교실은 제9조제1항의 개정규정에 따른 발명교육센터로 본다.

제5조【사용자등의 통상실시권에 관한 경과조치】 이 법 시행 당시 종전의 규정에 따라 「중소기업기본법」 제2조에 따른 중소기업이 아닌 기업인 사용자등이 종업원등의 직무발명에 대한 특허권등에 대하여 통상실시권을 가지고 있는 경우에는 제10조제1항의 개정규정에 따라 통상실시권을 가지게 된 것으로 본다.

제6조【금치산자 등에 대한 경과조치】 제43조의2제2항의 개정규정에 따른 피성년후견인 및 피한정후견인에는 법률 제10429호 민법 일부개정법률 부칙 제2조에 따라 금치산 또는 한정치산 선고의 효력이 유지되는 사람을 포함하는 것으로 본다.

부 칙 (2015.5.18)

제1조【시행일】 이 법은 공포 후 6개월이 경과한 날부터 시행한다.

제2조【산업재산권 정보화전문기관의 지정에 관한 경과조치】 이 법 시행 당시 종전의 제20조의3에 따라 지정된 전문기관 또는 단체 및 제21조에 따라 등록된 특허기술정보센터는 제20조의3의 개정규정에 따라 지정된 산업재산권 정보화전문기관으로 본다.

제3조【과태료에 관한 경과조치】 이 법 시행 전의 행위에 대한 과태료를 적용할 때에는 종전의 규정에 따른다.

부 칙 (2020.2.4)

제1조【시행일】 이 법은 공포 후 6개월이 경과한 날부터 시행한다.

제2조【한국지식재산보호원의 설립에 관한 경과조치】
① 이 법 시행 당시 「민법」 제32조에 따라 설립된 재단법인 한국지식재산보호원이 그 지위의 승계에 관하여 이사회의 의결을 거쳐 특허청장의 인가를 받고 설립등기를 한 경우에는 제55조의2에 따라 설립된 보호원으로 본다. 이 경우 재단법인 한국지식재산보호원은 「민법」 중 법인의 해산 및 청산에 관한 규정에도 불구하고 해산된 것으로 본다.
② 재단법인 한국지식재산보호원의 재산과 권리·의무는 보호원의 재산과 권리·의무로 보며, 그 재산과 권리·의무에 관한 등기부와 그 밖의 공부에 표시된 재단법인 한국지식재산보호원의 명의는 보호원의 명의로 본다.
③ 보호원의 재산으로 보는 재산의 가액은 제1항에 따른 설립등기일 전일의 장부가액으로 한다.
④ 이 법 시행 전에 재단법인 한국지식재산보호원이 행한 행위는 보호원이 행한 행위로, 재단법인 한국지식재산보호원에 대하여 행한 행위는 보호원에 대하여 행한 행위로 본다.
⑤ 이 법 시행 당시 재단법인 한국지식재산보호원의 임직원은 보호원의 임직원으로 선임 또는 임명된 것으로 본다. 이 경우 임원의 임기는 재단법인 한국지식재산보호원 정관에 따른 임기의 남은 기간으로 한다.
⑥ 이 법 시행 당시 재단법인 한국지식재산보호원에 대하여 기획재정부장관이 「공공기관의 운영에 관한 법률」에 따라 공공기관으로 지정한 것은 보호원에 대하여 지정한 것으로 본다.

제3조【한국특허전략개발원의 설립에 관한 경과조치】
① 이 법 시행 당시 「민법」 제32조에 따라 설립된 재단법인 한국특허전략개발원이 그 지위의 승계에 관하여 이사회의 의결을 거쳐 특허청장의 인가를 받고 설립등기를 한 경우에는 제55조의5에 따라 설립된 전략원으로 본다. 이 경우 재단법인 한국특허전략개발원은 「민법」 중 법인의 해산 및 청산에 관한 규정에도 불구하고 해산된 것으로 본다.
② 재단법인 한국특허전략개발원의 재산과 권리·의무는 전략원의 재산과 권리·의무로 보며, 그 재산과 권리·의무에 관한 등기부와 그 밖의 공부에 표시된 재단법인 한국특허전략개발원의 명의는 전략원의 명의로 본다.
③ 전략원의 재산으로 보는 재산의 가액은 제1항에 따른 설립등기일 전일의 장부가액으로 한다.
④ 이 법 시행 전에 재단법인 한국특허전략개발원이 행한 행위는 전략원이 행한 행위로, 재단법인 한국특허전략개발원에 대하여 행한 행위는 전략원에 대하여 행한 행위로 본다.
⑤ 이 법 시행 당시 재단법인 한국특허전략개발원의 임직원은 전략원의 임직원으로 선임 또는 임명된 것으로 본다. 이 경우 임원의 임기는 재단법인 한국특허전략개발원 정관에 따른 임기의 남은 기간으로 한다.
⑥ 이 법 시행 당시 재단법인 한국특허전략개발원에 대하여 기획재정부장관이 「공공기관의 운영에 관한 법률」에 따라 공공기관으로 지정한 것은 전략원에 대하여 지정한 것으로 본다.

부 칙 (2020.10.20)
(2021.4.20)

이 법은 공포 후 6개월이 경과한 날부터 시행한다.

부 칙 (2021.8.17)

이 법은 공포 후 3개월이 경과한 날부터 시행한다.

부 칙 (2022.2.3)

제1조【시행일】 이 법은 공포 후 6개월이 경과한 날부터 시행한다.

제2조【한국특허정보원의 설립준비】 ① 특허청장은 정보원의 설립에 관한 사무를 처리하게 하기 위하여 이 법 공포일부터 30일 이내에 산업재산권 정보화 및 정보 활용 분야에서 학식과 경험을 갖춘 사람 중에서 위원장을 포함한 7명 이내의 설립위원을 위촉하여 설립위원회를 구성한다.
② 설립위원회는 다음 각 호의 사항을 작성하여 특허청장의 인가를 받아야 한다.
1. 정보원의 정관
2. 정보원이 승계하게 되는 다음 각 목의 사항에 관한 계획
가. 이 법 시행 당시 「민법」 제32조에 따라 설립된 재단법인 한국특허정보원(이하 "재단법인 한국특허정보원"이라 한다)이 보유하는 채권·채무, 그 밖의 권리·의무 및 재산의 처분
나. 재단법인 한국특허정보원에 소속된 직원의 승계
③ 정보원 최초의 원장, 이사 및 감사는 설립위원회의 추천으로 특허청장이 임명한다.
④ 설립위원회는 제2항에 따른 인가를 받은 때에는 지체 없이 정보원의 설립등기를 한 후 정보원의 장에게 사무를 인계하여야 한다.
⑤ 설립위원회 및 설립위원은 제4항에 따른 사무 인계가 끝난 때에는 해산 및 해촉된 것으로 본다.
⑥ 정보원의 설립준비에 드는 비용은 재단법인 한국특허정보원의 예산에서 지원받을 수 있다.

제3조【한국특허정보원의 설립에 관한 경과조치】 ① 재단법인 한국특허정보원의 모든 권리·의무, 재산 및 직원은 부칙 제2조제2항제2호에 따라 특허청장의 인가를 받은 계획의 내용에 따라 정보원이 승계한다.
② 정보원에 승계될 재산의 가액은 설립등기일 전일의 장부가액으로 한다.
③ 이 법 시행 당시 등기부나 그 밖의 공부에 표시된 재단법인 한국특허정보원의 명의는 부칙 제2조제2항제2호에 따라 특허청장의 인가를 받은 계획의 내용에 따라 정보원의 명의로 본다.
④ 이 법 시행 전에 재단법인 한국특허정보원이 행한 행위 또는 재단법인 한국특허정보원에 대하여 행하여진 행위는 부칙 제2조제2항제2호에 따라 특허청장의 인가를 받은 계획의 내용에 따라 정보원이 행한 행위 또는 정보원에 대하여 행하여진 행위로 본다.

제4조【공공기관 지정에 관한 경과조치】 이 법 시행 당시 재단법인 한국특허정보원에 대하여 기획재정부장관이 「공공기관의 운영에 관한 법률」에 따라 공공기관으로 지정한 것은 이 법에 따른 정보원에 대하여 지정한 것으로 본다.

부 칙 (2022.11.15)

이 법은 공포 후 3개월이 경과한 날부터 시행한다. 다만, 제55조의3제1항제5호의2의 개정규정은 공포한 날부터 시행한다.

부 칙 (2023.1.3)

제1조【시행일】 이 법은 공포 후 6개월이 경과한 날부터 시행한다.

제2조【평가관리센터의 설치를 위한 준비행위】 특허청장은 이 법 시행 전에 제31조의6의 개정규정에 따른 평가관리센터의 설치를 위하여 필요한 준비행위를 할 수 있다.

제3조【현물출자에 대한 특례에 관한 적용례】 제29조의2의 개정규정은 제2조제11호 각 목의 어느 하나에 해당하는 것을 기업에 현물출자하려는 자가 이 법 시행 이후 평가기관의 발명 등의 평가를 받은 건부터 적용한다.

제4조【특허기술사업화알선센터의 명칭 변경에 관한 경과조치】 이 법 시행 당시 종전의 제34조에 따른 특허기술사업화알선센터는 제34조의 개정규정에 따른 사업화지원센터로 본다.

부 칙 (2023.6.20)

이 법은 공포 후 6개월이 경과한 날부터 시행한다.

부 칙 (2024.1.30)

제1조【시행일】 이 법은 공포 후 6개월이 경과한 날부터 시행한다.(이하 생략)

부 칙 (2024.2.6)

제1조【시행일】 이 법은 공포 후 6개월이 경과한 날부터 시행한다.

제2조【직무발명 권리승계에 관한 적용례】 제13조의 개정규정은 이 법 시행 이후 직무발명한 경우부터 적용한다.

제3조【직무발명 보상금에 관한 소송에서의 자료제출명령에 관한 적용례】 제55조의8의 개정규정은 이 법 시행 이후 제기된 직무발명 보상금에 관한 소송부터 적용한다.

제4조【직무발명 보상금에 관한 소송에서의 비밀유지명령에 관한 적용례】 제55조의9부터 제55조의11까지의 개정규정은 이 법 시행 이후 제기된 직무발명 보상금에 관한 소송부터 적용한다.

제5조【직무발명 우수기업 인증에 관한 경과조치】 이 법 시행 당시 직무발명 우수기업 인증을 받은 기업은 제11조의2의 개정규정에 따라 우수기업 인증을 받은 것으로 본다.

변리사법

(1961년 12월 23일
법 률 제864호)

개정
1973. 2. 8법 2510호
1976.12.31법 2957호(정부조직)
1993. 3. 6법 4541호(정부조직)
1997.12.13법 5454호(정부부처명)
1999. 2. 5법 5815호(독점적외)
1999. 2. 8법 5826호 2000. 1.28법 6225호
2002.12. 5법 6753호
2004.12.31법 7289호(디자인보호)
2005. 3.31법 7428호(채무자회생파산)
2005.12.29법 7796호(국가공무원)
2006. 3. 3법 7870호 2007. 5.17법 8457호
2008. 2.29법 8852호(정부조직)
2008. 3.21법 8936호 2008.12.26법 9224호
2011. 5.24법 10706호
2013. 3.23법 11690호(정부조직)
2013. 7.30법 11962호 2016. 1.27법 13843호
2017. 3.21법 14688호
2017.10.31법 15022호(주식회사등의외부감사에관한법)
2017.11.28법 15092호 2020.12.22법 17726호
2023. 1. 3법 19165호

제1조【목적】 이 법은 변리사 제도를 확립하여 발명가의 권익을 보호하고 산업재산권 제도 및 산업의 발전에 이바지함을 목적으로 한다.(2011.5.24 본조개정)
제1조의2 (1999.2.8 삭제)
제2조【업무】 변리사는 특허청 또는 법원에 대하여 특허, 실용신안, 디자인 또는 상표에 관한 사항을 대리하고 그 사항에 관한 감정(鑑定)과 그 밖의 사무를 수행하는 것을 업(業)으로 한다.(2011.5.24 본조개정)
제3조【자격】 다음 각 호의 어느 하나에 해당하는 사람으로서 대통령령으로 정하는 실무수습을 마친 사람은 변리사의 자격이 있다.(2016.1.27 본문개정)
1. 변리사시험에 합격한 사람
2. 「변호사법」에 따른 변호사 자격을 가진 사람(2016.1.27 본호개정)
(2011.5.24 본조개정)
제4조【결격사유】 다음 각 호의 어느 하나에 해당하는 사람은 변리사가 되지 못한다.
1. 금고 이상의 실형을 선고받고 그 집행이 끝나거나(집행이 끝난 것으로 보는 경우를 포함한다) 집행이 면제된 날부터 3년이 지나지 아니한 사람
2. 금고 이상의 형의 집행유예를 선고받고 그 유예기간 중에 있는 사람
3. 미성년자, 피한정후견인 또는 피성년후견인(2013.7.30 본호개정)
4. 파산선고를 받고 복권되지 아니한 사람
5. 다음 각목의 어느 하나에 해당하는 사람
  가. 탄핵 또는 징계처분에 따라 파면 또는 해임된 사람(2016.1.27 본목개정)
  나. 강등 또는 정직처분을 받은 후 2년이 지나지 아니한 사람(2016.1.27 본목신설)
  다. 이 법에 따른 징계처분으로 등록취소된 후 2년이 지나지 아니한 사람
  라. 「변호사법」에 따라 제명된 후 2년이 지나지 아니한 사람
(2011.5.24 본조개정)
제4조의2【변리사시험】 ① 변리사시험은 특허청장이 실시한다.
② 변리사시험은 제1차 시험과 제2차 시험으로 구분하여 실시한다.
③ 변리사시험의 최종 합격 발표일을 기준으로 제4조의 결격사유에 해당하는 사람(제4조제3호 중 미성년자는 제외한다)은 변리사시험에 응시할 자격이 없다.(2013.7.30 본항신설)
④ 변리사시험에 응시하려는 사람은 실비의 범위에서 대통령령으로 정하는 수수료를 내야 한다. 이 경우 수수료의 납부 및 반환에 필요한 사항은 대통령령으로 정한다.(2013.7.30 본항신설)
⑤ 변리사시험의 과목과 그 밖에 시험에 관한 사항은 대통령령으로 정한다.
(2011.5.24 본조개정)
제4조의3【시험의 일부 면제】 ① 특허청 소속의 7급 이상 공무원으로서 10년 이상 특허행정사무에 종사한 경력이 있는 사람에 대하여는 제1차 시험을 면제한다.
② 특허청의 5급 이상 공무원 또는 고위공무원단에 속하는 일반직공무원으로서 5년 이상 특허행정사무에 종사한 경력이 있는 사람에 대하여는 제1차 시험의 전과목을 면제하고, 제2차 시험의 과목 중 일부를 면제하되 면제되는 과목은 대통령령으로 정한다.
③ 제1차 시험에 합격한 사람에 대하여는 다음 회에만 제1차 시험을 면제한다.
④ 금품 및 향응 수수(授受)로 강등 또는 정직에 해당하는 징계처분을 받은 사람에게는 제1항 및 제2항을 적용하지 아니한다.(2023.1.3 본항신설)
(2011.5.24 본조개정)
제4조의4 (2013.7.30 삭제)
제4조의5【부정행위자에 대한 제재】 특허청장은 다음 각 호의 어느 하나에 해당하는 사람에 대하여는 해당 시험을 정지시키거나 합격결정을 취소하고 그 처분을 한 날부터 3년간 시험응시자격을 정지한다.
1. 시험에서 부정한 행위를 한 사람
2. 시험에 관한 소명서류에 거짓으로 적은 사람
(2011.5.24 본조개정)
제5조【등록】 ① 변리사 자격을 가진 사람이 변리사 업무를 시작하려는 때에는 특허청장에게 등록하여야 한다.
② (2016.1.27 삭제)
③ 변리사의 등록신청과 그 밖에 등록에 필요한 사항은 대통령령으로 정한다.
(2011.5.24 본조개정)
제5조의2【등록 거부】 ① 특허청장은 제5조제1항에 따라 변리사 등록을 신청한 사람이 제4조 각 호의 어느 하나에 해당하면 등록을 거부하여야 한다.(2016.1.27 본문개정)
1.～2. (2016.1.27 삭제)
② 특허청장은 공무원으로 재직 중 형사소추 또는 징계처분을 받은 사실이 있거나 직무와 관련한 위법행위로 인하여 퇴직한 사람으로서 변리사의 업무를 수행하는 것이 현저히 부적당하다고 인정하면 등록을 거부할 수 있다.(2013.7.30 본항개정)
③ 특허청장은 제1항과 제2항에 따라 등록을 거부하였을 때에는 지체 없이 그 사유를 구체적으로 밝혀 신청인에게 알려야 한다.
(2011.5.24 본조개정)
제5조의3【등록취소】 특허청장은 변리사가 다음 각 호의 어느 하나에 해당할 때에는 그 등록을 취소하여야 한다.
1. 제4조 각 호의 어느 하나에 해당할 때
2. 등록취소의 신청을 하였을 때
3. 제6조의2제2항에 따라 폐업신고를 하였을 때
4. 사망하였을 때
(2011.5.24 본조개정)
제6조【등록료】 변리사 등록을 하려는 사람은 산업통상자원부령으로 정하는 바에 따라 등록료를 내야 한다.
(2013.3.23 본조개정)
제6조의2【사무소 설치】 ① 변리사 업무를 수행하기 위한 사무소는 변리사 한 사람당 1개소만 설치할 수 있다.
② 변리사가 개업, 휴업 또는 폐업하거나 사무소를 설치, 이전 또는 폐지하였을 때에는 지체 없이 특허청장에게 신고하여야 한다.
③ 변리사는 그 업무를 효율적으로 수행하고 공신력을 높이기 위하여 변리사 2명 이상으로 구성되는 합동사무소를 설치할 수 있다.(2023.1.3 본항신설)
④ 제3항에 따라 합동사무소를 설치하려면 특허청장에게 신고하여야 한다.(2023.1.3 본항신설)
⑤ 제4항에 따른 합동사무소의 신고에 필요한 사항은 대통령령으로 정한다.(2023.1.3 본항신설)
(2011.5.24 본조개정)
제6조의3【특허법인의 설립】 ① 변리사는 업무를 조직적·전문적으로 수행하기 위하여 대통령령으로 정하는 바에 따라 3명 이상의 변리사를 구성원으로 하는 특허법인을 설립할 수 있다.(2016.1.27 본항개정)
② 특허법인을 설립할 때에는 구성원이 될 변리사가 정관을 작성하여 대통령령으로 정하는 바에 따라 특허청장의 인가를 받아야 한다. 정관을 변경할 때에도 또한 같다.(2013.7.30 전단개정)
③ 특허청장은 제2항에 따른 인가·변경인가의 신청을 받은 날부터 10일 이내에 인가·변경인가 여부를 신청인에게 통지하여야 한다.(2017.3.21 본항신설)
④ 특허청장이 제3항에서 정한 기간 내에 인가 여부 또는 민원 처리 관련 법령에 따른 처리기간의 연장을 신청인에게 통지하지 아니하면 그 기간이 끝난 날의 다음 날에 인가를 한 것으로 본다.(2017.3.21 본항신설)
⑤ 정관에는 다음 각 호의 사항을 적어야 한다.
1. 목적, 명칭, 주사무소 및 분사무소(分事務所)의 소재지
2. 구성원의 성명, 주민등록번호 및 주소(2013.7.30 본호개정)
3. 구성원의 회의에 관한 사항
4. 특허법인의 대표에 관한 사항(2013.7.30 본호개정)
5. 자산 및 회계에 관한 사항
6. 존립시기 또는 해산사유를 정한 경우에는 그 시기 또는 사유
⑥ 특허법인은 대통령령으로 정하는 바에 따라 등기하여야 한다.(2013.7.30 본항개정)
⑦ 특허법인은 주사무소의 소재지에서 설립등기를 함으로써 성립한다.(2013.7.30 본항개정)
(2013.7.30 본조제목개정)
(2011.5.24 본조개정)
제6조의4【특허법인의 구성원 등】 ① 특허법인의 구성원은 다음 각 호의 어느 하나에 해당하면 당연 탈퇴한다.
(2013.7.30 본문개정)
1. 제4조 각 호의 어느 하나에 해당할 때
2. 제17조 또는 「변호사법」 제90조에 따른 징계처분으로 업무정지처분 또는 정직처분을 받았을 때(2013.7.30 본호개정)
3. 정관으로 정한 사유가 발생하였을 때
② 특허법인은 구성원이 아닌 소속 변리사(이하 "소속변리사"라 한다)를 둘 수 있으며, 소속변리사를 둔 경우와 소속변리사가 변경된 경우에는 지체 없이 특허청장에게 신고하여야 한다.(2013.7.30 본항개정)
(2013.7.30 본조제목개정)
(2011.5.24 본조개정)
제6조의5【특허법인의 사무소 등】 ① 특허법인은 분사무소를 둘 수 있으며, 분사무소에는 1명 이상의 구성원이 상근(常勤)하여야 한다.
② 특허법인의 구성원과 소속변리사는 소속 특허법인의 사무소 외에 따로 사무소를 두거나 다른 특허법인·특허법인(유한)의 구성원 또는 소속변리사가 될 수 없다.
(2013.7.30 본조개정)
제6조의6【특허법인의 업무집행 방법】 ① 특허법인은 특허법인의 명의로 업무를 수행하며, 업무를 수행할 때에는 그 업무를 담당할 변리사를 지정하여야 한다. 다만, 소속변리사를 업무담당 변리사로 지정할 경우에는 구성원과 공동으로 지정하여야 한다.
② 제1항에 따라 지정된 구성원 또는 소속변리사는 해당 업무에 관하여 각자가 그 특허법인을 대표한다.
③ 특허법인이 업무에 관하여 작성하는 문서에는 특허법인의 명의를 표시하고, 그 업무를 담당하는 구성원 및 소속변리사가 기명날인하여야 한다.
(2013.7.30 본조개정)
제6조의7【특허법인의 구성원 등의 업무제한】 ① 특허법인의 구성원 및 소속변리사는 자기 또는 제3자를 위하여 특허법인의 업무범위에 속하는 업무를 수행할 수 없다.
② 특허법인의 구성원이었던 사람 또는 소속변리사였던 사람은 그 특허법인에 소속된 기간 중에 그 특허법인이 수임하거나 수임을 승낙한 사건에 관하여는 변리사 업무를 수행할 수 없다. 다만, 그 특허법인이 동의한 경우에는 그러하지 아니하다.
(2013.7.30 본조개정)
제6조의8【특허법인 설립인가의 취소】 ① 특허청장은 특허법인이 다음 각 호의 어느 하나에 해당하는 경우에는 그 설립인가를 취소할 수 있다. 다만, 제1호 또는 제2호에 해당하는 경우에는 그 인가를 취소하여야 한다.
(2013.7.30 본문개정)
1. 거짓이나 그 밖의 부정한 방법으로 제6조의3에 따른 인가를 받은 경우
2. 제6조의3제1항에 따른 구성원 수를 채우지 못한 날부터 3개월 이내에 구성원을 보충하지 아니한 경우
3. 제6조의4제2항, 제6조의5, 제6조의6, 제11조 또는 제6조의11에서 준용하는 제6조의2제2항, 제7조, 제7조의2, 제7조의3, 제8조의2부터 제8조의4까지의 규정을 위반한 경우(2023.1.3 본호개정)
② 특허청장은 제1항에 따라 특허법인의 설립인가를 취소하려면 청문을 하여야 한다.(2013.7.30 본항개정)
(2013.7.30 본조제목개정)
(2011.5.24 본조신설)
제6조의9【특허법인의 해산】 ① 특허법인은 다음 각 호의 어느 하나에 해당하는 경우에는 해산한다.(2013.7.30 본문개정)
1. 정관으로 정한 해산 사유의 발생
2. 구성원 전원의 동의
3. 합병
4. 파산
5. 설립인가의 취소
② 특허법인이 해산하였을 때에는 청산인은 지체 없이 특허청장에게 신고하여야 한다.(2013.7.30 본항개정)
(2013.7.30 본조제목개정)
(2011.5.24 본조신설)
제6조의10【특허법인의 조직 변경】 ① 특허법인(유한)의 설립요건을 갖춘 특허법인은 구성원 전원의 동의가 있으면 특허청장의 인가를 받아 특허법인(유한)으로 조직 변경을 할 수 있다.
② 특허법인이 제1항에 따라 특허법인(유한)의 인가를 받은 경우에는 2주일 이내에 주사무소 소재지에서 특허법인의 해산등기 및 특허법인(유한)의 설립등기를 하여야 한다.
③ 제1항에 따른 조직 변경의 경우 특허법인에 현존하는 순재산액이 새로 설립되는 특허법인(유한)의 자본금보다 적은 경우에는 제1항에 따른 동의가 있을 당시의 구성원들이 연대하여 그 차액을 보충하여야 한다.
④ 제1항에 따라 설립된 특허법인(유한)의 구성원 중 종전의 특허법인의 구성원이었던 사람은 제2항에 따른 등기를 하기 전에 발생한 특허법인의 채무에 대하여 등기 후 2년간 특허법인의 구성원으로서 책임을 진다.
(2013.7.30 본조신설)
제6조의11【특허법인의 준용규정】 ① 특허법인에 관하여는 제6조의2제2항, 제7조, 제7조의2, 제7조의3, 제8조, 제8조의2부터 제8조의4까지, 제15조의2 및 제17조(제17조제2항제4호는 제외한다)를 준용한다.(2023.1.3 본항개정)
② 특허법인에 관하여 이 법에서 규정한 사항 외에는 「상법」 중 합명회사(合名會社)에 관한 규정을 준용한다.
(2013.7.30 본조개정)
판례 변리사법 제7조 규정의 취지에 비추어 볼 때, 동일한 변리사가 동일한 사건에서 시기를 달리하여 심판청구인과 피심판청구인을 대리하는 경우뿐만 아니라 같은 시기에 심판청구인과 피심판청구인을 동시에 대리하는 행위도 당연히 금지된다고 할 것이고,

이 규정은 변리사법 제6조의11 제1항에 의하여 특허법인의 경우에도 준용되므로, 일방 당사자의 대리인으로 특허법인이 선임된 경우에 상대방의 대리인인 변리사가 그 특허법인의 구성원 내지 소속변리사라면 변리사법 제7조에 위반하게 된다. 이때 일방 당사자의 대리인으로 특허법인이 선임된 경우에는 상대방의 대리인인 변리사가 형식적으로 특허청장에게 그 특허법인의 소속변리사로 신고되어 있는 경우뿐만 아니라 실질적으로 그 특허법인의 소속변리사에 해당하는 경우에도 그 특허법인의 소속변리사라고 보아야 한다.(대판 2007.7.26, 2005후2571)

제6조의12【특허법인(유한)의 설립】 ① 변리사는 업무를 조직적·전문적으로 수행하기 위하여 대통령령으로 정하는 바에 따라 5명 이상의 변리사를 구성원으로 하는 특허법인(유한)을 설립할 수 있다.
② 특허법인(유한)을 설립할 때에는 구성원이 될 변리사가 정관을 작성하여 대통령령으로 정하는 바에 따라 특허청장의 인가를 받아야 한다. 정관을 변경할 때에도 또한 같다.
③ 특허청장은 제2항에 따른 인가·변경인가의 신청을 받은 날부터 10일 이내에 인가·변경인가 여부를 신청인에게 통지하여야 한다.(2017.3.21 본항신설)
④ 특허청장이 제3항에서 정한 기간 내에 인가 여부 또는 민원 처리 관련 법령에 따른 처리기간의 연장을 신청인에게 통지하지 아니하면 그 기간이 끝난 날의 다음 날에 인가를 한 것으로 본다.(2017.3.21 본항신설)
⑤ 정관에는 다음 각 호의 사항이 포함되어야 한다.
1. 목적, 명칭, 주사무소 및 분사무소의 소재지
2. 구성원과 이사의 성명, 주민등록번호 및 주소
3. 각 구성원의 출자좌수 및 자본금 총액
4. 구성원의 회의에 관한 사항
5. 특허법인(유한)의 대표에 관한 사항
6. 자산 및 회계에 관한 사항
7. 존립시기 또는 해산사유를 정한 경우에는 그 시기 또는 사유
⑥ 특허법인(유한)은 대통령령으로 정하는 바에 따라 등기하여야 한다.
⑦ 특허법인(유한)은 주사무소의 소재지에서 설립등기를 함으로써 성립한다.
(2013.7.30 본조신설)

제6조의13【특허법인(유한)의 구성원 등】 ① 특허법인(유한)의 구성원은 다음 각 호의 어느 하나에 해당하면 당연 탈퇴한다.
1. 제4조 각 호의 어느 하나에 해당할 때
2. 제17조 또는 「변호사법」 제90조에 따른 징계처분으로 업무정지처분 또는 정직처분을 받았을 때
3. 정관으로 정한 사유가 발생하였을 때
② 특허법인(유한)은 소속변리사를 둘 수 있으며, 소속변리사를 둔 경우와 소속변리사가 변경된 경우에는 지체 없이 특허청장에게 신고하여야 한다.
③ 특허법인(유한)은 3명 이상의 이사를 두어야 한다. 이 경우 다음 각 호의 어느 하나에 해당하는 사람은 이사가 될 수 없다.
1. 구성원이 아닌 사람
2. 설립인가가 취소된 특허법인(유한)의 이사이었던 사람(취소 사유가 발생하였을 때 이사이었던 사람으로 한정한다)으로서 그 취소 후 3년이 지나지 아니한 사람
(2013.7.30 본조신설)

제6조의14【특허법인(유한)의 사무소 등】 ① 특허법인(유한)은 분사무소를 둘 수 있으며, 분사무소에는 1명 이상의 이사가 상근하여야 한다.
② 특허법인(유한)의 구성원과 소속변리사는 소속 특허법인(유한)의 사무소 외에 따로 사무소를 두거나 다른 특허법인·특허법인(유한)의 구성원 또는 소속변리사가 될 수 없다.
(2013.7.30 본조신설)

제6조의15【특허법인(유한)의 업무집행 방법】 ① 특허법인(유한)은 특허법인(유한)의 명의로 업무를 수행하며 업무를 수행할 때에는 그 업무를 담당할 변리사를 지정하여야 한다. 이 경우 이사가 아닌 구성원이나 소속변리사를 업무담당 변리사로 지정할 경우에는 이사와 공동으로 지정하여야 한다.
② 제1항에 따라 지정된 이사, 이사가 아닌 구성원 또는 소속변리사는 해당 업무에 관하여 각자가 그 특허법인(유한)을 대표한다.
③ 특허법인(유한)이 업무에 관하여 작성하는 문서에는 특허법인(유한)의 명의를 표시하고, 그 업무를 담당하는 구성원 및 소속변리사가 기명날인하여야 한다.
(2013.7.30 본조신설)

제6조의16【특허법인(유한)의 자본금 등】 ① 특허법인(유한)의 자본금은 3억원 이상이어야 한다.
② 출자 1좌(座)의 금액은 1만원으로 한다.
③ 각 구성원의 출자좌수는 1천좌 이상이어야 한다.
④ 특허법인(유한)은 직전 사업연도 말 재무상태표의 자산총액에서 부채총액을 뺀 금액이 3억원에 미달하면 부족한 금액을 매 사업연도가 끝난 후 6개월 내에 증자(增資)를 하거나 구성원의 증여로 보전(補塡)하여야 한다.
⑤ 제4항에 따라 증여받은 경우에는 영업외수익으로 계상(計上)한다.
⑥ 특허청장은 특허법인(유한)이 제4항에 따라 증자나 보전을 하지 아니하면 기간을 정하여 증자나 보전을 명할 수 있다.
(2013.7.30 본조신설)

제6조의17【특허법인(유한)의 다른 법인에의 출자 제한 등】 ① 특허법인(유한)은 자기자본에 100분의 50 범위에서 대통령령으로 정하는 비율을 곱한 금액을 초과하여 다른 법인에 출자하거나 다른 사람을 위한 채무보증을 하여서는 아니 된다.
② 제1항에서 "자기자본"이란 직전 사업연도 말 재무상태표의 자산총액에서 부채총액(제6조의18에 따른 손해배상준비금은 제외한다)을 뺀 금액을 말한다. 새로 설립된 특허법인(유한)으로서 직전 사업연도의 재무상태표가 없는 경우에는 설립 당시의 납입자본금을 말한다.
(2013.7.30 본조신설)

제6조의18【특허법인(유한)의 손해배상준비금 등】 ① 특허법인(유한)은 업무를 수행하다가 위임인에게 손해를 입힌 경우 그 손해에 대한 배상책임을 보장하기 위하여 대통령령으로 정하는 바에 따라 사업연도마다 손해배상준비금을 적립하거나 손해배상책임보험에 가입하여야 한다.
② 제1항에 따른 손해배상준비금 또는 손해배상책임보험은 특허청장의 승인 없이는 손해배상 외의 다른 용도로 사용하거나 그 보험계약을 해제 또는 해지하여서는 아니 된다.
(2013.7.30 본조신설)

제6조의19【특허법인(유한) 설립인가의 취소】 ① 특허청장은 특허법인(유한)이 다음 각 호의 어느 하나에 해당하는 경우에는 그 설립인가를 취소할 수 있다. 다만, 제1호부터 제4호까지의 어느 하나에 해당하는 경우에는 인가를 취소하여야 한다.
1. 거짓이나 그 밖의 부정한 방법으로 제6조의12에 따른 인가를 받은 경우
2. 제6조의12제1항 또는 제6조의13제3항에 따른 구성원 또는 이사의 수를 채우지 못하게 된 날부터 3개월 이내에 구성원 또는 이사를 보충하지 아니한 경우
3. 이사 중에 제6조의13제3항 각 호의 어느 하나에 해당하는 사람이 있는 경우. 다만, 해당 사유가 발생한 날부터 3개월 이내에 그 이사를 교체한 경우는 제외한다.
4. 제6조의16제1항에 따른 요건을 충족하지 못하게 된 날부터 3개월 이내에 이를 보완하지 아니한 경우
5. 제6조의13제2항, 제6조의14, 제6조의15, 제6조의16제6항, 제6조의17제1항, 제6조의18, 제11조 또는 제6조의22에서 준용하는 제6조의2제2항, 제7조, 제7조의2, 제7조의3, 제8조의2부터 제8조의4까지의 규정을 위반한 경우(2023.1.3 본호개정)
② 특허청장은 제1항에 따라 특허법인(유한)의 설립인가를 취소하려면 청문을 하여야 한다.
(2013.7.30 본조신설)

제6조의20【특허법인(유한)의 해산】 ① 특허법인(유한)은 다음 각 호의 어느 하나에 해당하는 경우에는 해산한다.
1. 정관으로 정한 해산 사유의 발생
2. 구성원 과반수와 총 구성원의 의결권의 4분의 3 이상을 가진 자의 동의
3. 합병
4. 파산
5. 설립인가의 취소
② 특허법인(유한)이 해산하였을 때에는 청산인은 지체 없이 특허청장에게 신고하여야 한다.
(2013.7.30 본조신설)

제6조의21【특허법인(유한)의 회계처리 등】 ① 특허법인(유한)은 이 법에 정한 것 외에는 「주식회사 등의 외부감사에 관한 법률」 제5조에 따른 회계처리기준에 따라 회계처리를 하여야 한다.(2017.10.31 본항개정)
② 특허법인(유한)은 제1항의 회계처리기준에 따른 재무상태표를 작성하여 매 사업연도가 끝난 후 3개월 이내에 특허청장에게 제출하여야 한다.
③ 특허청장은 필요하면 제2항에 따른 재무상태표가 적정하게 작성되었는지를 검사할 수 있다.
(2013.7.30 본조신설)

제6조의22【특허법인(유한)의 준용규정】 ① 특허법인(유한)에 관하여는 제6조의2제2항, 제6조의7, 제7조, 제7조의2, 제7조의3, 제8조, 제8조의2부터 제8조의4까지, 제15조의2 및 제17조(제17조제2항제4호는 제외한다)를 준용한다.(2023.1.3 본항개정)
② 특허법인(유한)에 관하여 이 법에서 규정한 사항 외에는 「상법」 중 유한회사에 관한 규정을 준용한다.
(2013.7.30 본조신설)

제7조【취급하지 못할 사건】 변리사는 상대방의 대리인으로서 취급한 사건에 대하여는 업무를 수행하지 못한다.
(2011.5.24 본조개정)

제7조의2【변리사가 아닌 자 등과의 제휴금지】 변리사나 사무직원(제8조의4에 따른 사무직원을 말한다. 이하 제7조의3에서 같다)은 제5조, 제21조 또는 제22조를 위반한 자로부터 특허, 실용신안, 디자인 또는 상표에 관한 청탁이나 주선을 받을 수 없으며 이들에게 자기의 명칭을 사용하게 할 수 없다.(2023.1.3 본조개정)

제7조의3【변리사 업무의 소개·알선 등 제한】 ① 누구든지 제2조에 따른 변리사 업무의 수임에 관하여 다음 각 호의 어느 하나에 해당하는 행위를 하여서는 아니 된다.
1. 사전에 금품·향응 또는 그 밖의 이익을 받거나 받기로 약속하고 당사자 또는 그 밖의 관계인을 특정한 변리사나 그 사무직원에게 소개·알선 또는 유인하는 행위
2. 당사자 또는 그 밖의 관계인을 특정한 변리사나 그 사무직원에게 소개·알선 또는 유인한 후 그 대가로 금품·향응 또는 그 밖의 이익을 받거나 요구하는 행위
② 변리사나 그 사무직원은 변리사 업무의 수임에 관하여 소개·알선 또는 유인의 대가로 금품·향응 또는 그 밖의 이익을 제공하거나 제공하기로 약속하여서는 아니 된다.
③ 변리사가 아닌 자는 변리사가 아니면 할 수 없는 업무를 통하여 보수나 그 밖의 이익을 분배받아서는 아니 된다.
(2023.1.3 본조신설)

제8조【소송대리인이 될 자격】 변리사는 특허, 실용신안, 디자인 또는 상표에 관한 사항의 소송대리인이 될 수 있다.(2011.5.24 본조개정)

판례 특허심결취소소송에서는 특허권 등 자체에 관한 전문적 내용의 쟁점이 소송의 핵심이 되므로 이에 대한 전문가인 변리사가 당사자의 권리의 내용과 범위를 정확하게 이해하고 이를 법관에게 잘 설명해 소송당사자의 권익을 도모할 수 있지만, (민사소송인)특허침해소송은 고도의 법률지식 및 공정성과 신뢰성이 요구되는 소송으로 변호사 소송대리원칙(민사소송법 제87조)이 적용돼야 한다. 따라서 특허침해소송에서는 변호사에게만 소송대리를 허용한 것은 합리적, 합목적적인 차이에 따른 것으로서 정당하며, 달리 입법자가 형성권을 자의적으로 행사하여 변호사와 비교하여 청구인들을 포함한 변리사를 부당하게 차별한 것이라고 할 수 없다.
(헌재결 2012.8.23, 2010헌마740)

제8조의2【품위유지 및 성실·공정 의무】 변리사는 품위를 손상하는 행위를 하여서는 아니 되며, 법령에 따라 성실·공정하게 그 업무를 수행하여야 한다.(2011.5.24 본조개정)

제8조의3【명의대여 등의 금지】 ① 변리사는 타인에게 자기의 성명이나 상호를 사용하여 변리사 업무를 수행하게 하여서는 아니 되며 자격증이나 등록증을 대여하여서는 아니 된다.
② 누구든지 변리사 자격증이나 등록증을 대여받아서는 아니 되며, 이를 알선하여서도 아니 된다.(2020.12.22 본항신설)
③ 변리사는 수임하고 있는 사건에 관하여 상대방으로부터 이익을 받아서는 아니 되며, 이익을 요구하거나 약속하여서도 아니 된다.
④ 변리사는 쟁송 중인 권리를 양수(讓受)하여서는 아니 된다.
(2011.5.24 본조개정)

제8조의4【사무직원】 변리사는 사무직원을 둘 수 있으며, 사무직원을 지도·감독할 책임이 있다.(2011.5.24 본조개정)

제8조의5【광고】 ① 변리사·특허법인 또는 특허법인(유한)(이하 이 조에서 "변리사등"이라 한다)은 자기 또는 그 구성원의 학력, 경력, 주요 취급 업무, 업무 실적, 그 밖에 그 업무의 홍보에 필요한 사항을 신문·잡지·방송·컴퓨터통신 등의 매체를 이용하여 광고할 수 있다.
② 변리사등은 다음 각 호의 어느 하나에 해당하는 광고를 하여서는 아니 된다.
1. 변리사의 업무에 관하여 거짓된 내용을 표시하는 광고
2. 법적 근거가 없는 자격이나 명칭을 표방하는 내용의 광고
3. 객관적 사실을 과장하거나 사실의 일부를 누락하는 등 소비자를 오도(誤導)하거나 소비자에게 오해를 불러일으킬 우려가 있는 내용의 광고
4. 소비자에게 업무수행 결과에 대하여 부당한 기대를 가지도록 하는 내용의 광고
5. 다른 변리사등을 비방하거나 자신의 입장에서 비교하는 내용의 광고
6. 부정한 방법을 제시하는 등 변리사의 품위를 훼손할 우려가 있는 광고
7. 그 밖에 광고의 방법 또는 내용이 변리사의 공공성이나 공정한 수임 질서를 해치거나 소비자에게 피해를 줄 우려가 있는 광고
③ 변리사등의 광고에 관한 심사를 위하여 제9조에 따른 대한변리사회에 광고심사위원회를 둔다.
④ 광고심사위원회의 운영과 그 밖에 광고에 관하여 필요한 사항은 제9조에 따른 대한변리사회가 정한다.
(2023.1.3 본조신설)

제9조【대한변리사회의 설립 등】 ① 산업재산권 제도의 발전을 도모하고 변리사의 품위향상 및 업무개선을 위하여 대한변리사회(이하 "변리사회"라 한다)를 둔다.
② 변리사회는 법인으로 한다.
③ 변리사회에 관하여 이 법에서 규정한 사항 외에는 「민법」 중 사단법인에 관한 규정을 준용한다.
④ 변리사회는 특허청장의 승인을 받아 지회 또는 지부를 둘 수 있다.
⑤ 변리사회의 조직과 그 밖에 필요한 사항은 대통령령으로 정한다.
(2011.5.24 본조개정)

제10조【변리사회의 회칙】 ① 변리사회는 회칙을 정하고 특허청장의 인가를 받아야 한다. 회칙을 변경할 때에도 또한 같다.
② 제1항에 따른 회칙에는 다음 각 호의 사항을 적어야 한다.
1. 임원과 회원에 관한 사항
2. 회의에 관한 사항
3. 회칙 변경에 관한 사항
4. 그 밖에 변리사회의 사무 처리에 필요한 사항
(2011.5.24 본조개정)

제11조【변리사회의 가입의무】 제5조제1항에 따라 등록한 변리사와 제6조의3제1항 또는 제6조의12제1항에 따라 설립된 특허법인 또는 특허법인(유한)은 변리사회에 가입하여야 한다.(2013.7.30 본조개정)

제12조【윤리규정】 ① 변리사회는 회원이 업무를 수행할 때 지켜야 할 직업윤리에 관한 규정을 제정하여야 한다.(2013.7.30 본항개정)

② 회원은 제1항에 따른 직업윤리에 관한 규정을 준수하여야 한다.

(2011.5.24 본조개정)

제13조【변리사회에 대한 감독】 ① 특허청장은 변리사회를 감독한다.

② 특허청장은 필요하다고 인정할 때에는 변리사회에 보고서 제출을 요구하거나 소속 공무원으로 하여금 변리사회의 업무상황 기록과 그 밖의 서류를 검사하게 할 수 있다.

③ 특허청장은 제2항에 따른 검사를 하려면 검사 7일 전까지 검사의 일시, 이유 및 내용 등을 포함한 검사계획을 관계인에게 통보하여야 한다. 다만, 긴급히 검사하여야 하거나 사전에 알리면 증거인멸 등으로 검사 목적을 달성하기 어렵다고 인정할 때에는 그러하지 아니하다.

④ 제2항에 따라 검사를 하는 공무원은 그 권한을 표시하는 증표를 지니고 이를 관계인에게 보여 주어야 하며, 출입 시 성명, 출입시간, 출입목적 등이 표시된 문서를 관계인에게 내주어야 한다.

(2011.5.24 본조개정)

제14조【정보 공개】 ① 변리사회는 의뢰인의 변리사 선임의 편의를 위하여, 제5조제1항에 따라 등록된 변리사의 전문분야, 자격취득사항 등 필요한 정보를 공개하여야 한다.

② 제5조제1항에 따라 등록된 변리사는 제1항에 따른 정보공개를 위하여 필요한 정보를 변리사회에 제공하여야 한다. 이 경우 변리사는 거짓정보를 제공하여서는 아니된다.

③ 특허청장은 제1항에 따른 정보 공개를 위하여 변리사 등록정보를 변리사회에 제공할 수 있다.

④ 제1항에 따른 정보의 공개범위, 공개방법 및 그 밖에 필요한 사항은 대통령령으로 정한다.

(2011.5.24 본조신설)

제15조【변리사의 연수】 ① 제5조제1항에 따라 등록된 변리사는 전문성과 윤리의식을 높이기 위하여 변리사회가 시행하는 연수교육을 대통령령으로 정하는 시간 이상 받아야 한다. 다만, 질병·휴업 등으로 연수교육을 받기에 적당하지 아니한 경우로서 대통령령으로 정하는 경우에는 그러하지 아니하다.

② 변리사회는 연수교육의 방법, 절차 등 필요한 사항을 규정한 연수규칙을 제정하여 특허청장의 승인을 받아야 한다.

③ 변리사회는 효율적인 교육을 위하여 전문 교육기관 또는 단체에 연수교육을 위탁하여 운영할 수 있다.

④ 특허청장은 제1항에 따른 연수교육을 위하여 변리사 등록정보를 변리사회에 제공할 수 있다.

(2011.5.24 본조신설)

제15조의2【공익활동】 ① 변리사는 연간 일정 시간 이상 공익활동에 참여하여야 한다.

② 공익활동의 범위와 그 시행 방법 등에 필요한 사항은 변리사회가 정한다.

(2023.1.3 본조신설)

제16조【변리사자격·징계위원회】 ① 다음 각 호의 사항을 심의 또는 의결하기 위하여 특허청에 변리사자격·징계위원회(이하 "위원회"라 한다)를 둔다.

1. 변리사시험의 과목 등 시험에 관한 사항
2. 변리사시험 선발인원의 결정
3. 변리사시험의 일부 면제 대상자의 요건
4. 변리사의 징계에 관한 사항
5. 그 밖에 변리사의 자격 취득 및 징계와 관련된 중요 사항

② 위원회는 위원장 1명을 포함한 9명의 위원으로 구성한다.

③ 위원회의 위원장은 특허청 차장이 되고, 위원은 다음 각 호의 어느 하나에 해당하는 사람 중에서 특허청장이 임명하거나 위촉한다.

1. 특허청 소속 공무원
2. 변리사
3. 대학교수
4. 산업재산권 제도에 관한 학식과 경험이 풍부한 사람

④ 위원회의 의결방법은 다음 각 호의 구분에 따른다.

1. 제17조제2항제1호 또는 제2호에 해당하는 징계 : 위원회 재적위원 과반수의 찬성
2. 제17조제2항제3호 또는 제4호에 해당하는 징계 : 위원회 재적위원 3분의 2 이상의 찬성
3. 제1호 또는 제2호 외의 사항 : 위원회 재적위원 과반수의 출석과 출석위원 과반수의 찬성

⑤ 위원회의 위원 중 공무원이 아닌 사람은 「형법」 제127조 및 제129조부터 제132조까지의 규정을 적용할 때에는 공무원으로 본다.(2017.11.28 본항신설)

⑥ 제1항부터 제5항까지에서 규정한 사항 외에 위원회의 운영 및 그 밖에 필요한 사항은 대통령령으로 정한다.

(2017.11.28 본항개정)

(2013.7.30 본조개정)

제17조【징계】 ① 특허청장은 변리사가 이 법 또는 이 법에 따른 명령을 위반하는 행위를 하였을 때에는 위원회의 의결에 따라 징계를 할 수 있다.

② 변리사에 대한 징계의 종류는 다음 각 호와 같다.

1. 견책
2. 500만원 이하의 과태료
3. 2년 이내의 전부 또는 일부의 업무정지
4. 등록취소

③ 변리사회는 회원인 변리사가 제1항에 따른 징계사유가 있다고 인정하는 경우에는 증거서류를 첨부하여 특허청장에게 그 변리사의 징계를 요구할 수 있다.

④ 제1항에 따른 징계는 징계사유가 발생한 날부터 3년이 지나면 할 수 없다.

(2013.7.30 본조개정)

제17조의2【변호사 징계처분의 효과】「변호사법」에 따른 변호사 자격을 가지고 변리사 등록을 한 사람이 같은 법 제90조제3호에 따른 징계처분 또는 같은 법 제102조에 따른 업무정지명령을 받은 경우에는 해당 기간 동안 변리사의 업무를 수행할 수 없다.(2013.7.30 본조신설)

제18조【자격정지처분】 ① 특허청장은 위원회에 징계 요구된 변리사가 제5조의3제2호 또는 제3호에 따라 이미 등록이 취소된 경우에는 위원회의 의결에 따라 5년 이내의 기간을 정하여 자격정지를 명할 수 있다.

② 제1항에 따른 자격정지처분은 그 사유가 발생한 날부터 3년이 지나면 할 수 없다.

(2013.7.30 본조개정)

제19조 (1999.2.8 삭제)

제20조 (2013.7.30 삭제)

제21조【변리사가 아닌 자의 변리사 업무금지】 변리사가 아닌 자는 제2조에 따른 대리 업무를 하지 못한다.

(2011.5.24 본조개정)

제22조【유사명칭 사용금지】 ① 변리사가 아닌 자는 변리사·변리사사무소·변리사합동사무소 또는 이와 유사한 명칭을 사용하지 못한다.(2023.1.3 본항개정)

② 특허법인 또는 특허법인(유한)이 아닌 자는 특허법인 또는 특허법인(유한)이나 이와 유사한 명칭을 사용하지 못한다.(2013.7.30 본항신설)

(2013.7.30 본조제목개정)

제23조【도용 및 누설의 죄】 변리사이거나 변리사였던 사람이 정당한 사유 없이 업무상 알게 된 발명자, 고안자, 창작자, 특허출원인 또는 실용신안·디자인등록출원인의 발명, 고안 또는 창작의 비밀을 누설(漏泄)하거나 도용(盜用)하였을 때에는 5년 이하의 징역 또는 5천만원 이하의 벌금에 처한다.(2017.3.21 본조개정)

제24조【벌칙】 ① 다음 각 호의 어느 하나에 해당하는 자는 5년 이하의 징역 또는 5천만원 이하의 벌금에 처한다.

(2023.1.3 본문개정)

1. 제7조의3(제6조의11 또는 제6조의22에 따라 준용되는 경우를 포함한다)을 위반한 자
2. 제8조의3(제6조의11 또는 제6조의22에 따라 준용되는 경우를 포함한다)을 위반한 자
3. 제21조를 위반한 자

(2023.1.3 1호~3호신설)

② 제22조를 위반한 자는 2년 이하의 징역 또는 2천만원 이하의 벌금에 처한다.(2017.11.28 본항개정)

③ 제8조의5제2항제1호 및 제2호를 위반하여 광고를 한 자는 1년 이하의 징역 또는 1천만원 이하의 벌금에 처한다.(2023.1.3 본항신설)

제25조【미등록 개업금지】 변리사자격을 가진 사람이 등록을 하지 아니하고 변리사 업무를 수행하면 2년 이하의 징역 또는 2천만원 이하의 벌금에 처한다.(2017.11.28 본조개정)

제26조【양벌규정】 특허법인·특허법인(유한)의 구성원이나 소속변리사 또는 사무직원이 그 특허법인·특허법인(유한)의 업무에 관하여 제23조 또는 제24조의 위반행위를 하면 그 행위자를 벌하는 외에 그 특허법인·특허법인(유한)에도 해당 조문의 벌금형을 과(科)한다. 다만, 특허법인·특허법인(유한)이 그 위반행위를 방지하기 위하여 해당 업무에 관하여 상당한 주의와 감독을 게을리하지 아니한 경우에는 그러하지 아니하다.(2013.7.30 본조개정)

제26조의2【몰수·추징】 제23조 및 제24조의 죄를 지은 자 또는 그 사정을 아는 제3자가 받은 금품이나 그 밖의 이익은 몰수한다. 이를 몰수할 수 없을 때에는 그 가액을 추징한다.(2017.3.21 본조신설)

제27조【과태료】 ① 제15조제1항을 위반하여 연수교육을 받지 아니한 사람에게는 500만원 이하의 과태료를 부과한다.

② 제1항에 따른 과태료는 대통령령으로 정하는 바에 따라 특허청장이 부과·징수한다.

(2011.5.24 본조신설)

제28조【업무의 위탁】 특허청장은 이 법에 따른 업무의 일부를 대통령령으로 정하는 바에 따라 변리사회 또는 시험운영 관련 전문기관·단체에 위탁할 수 있다.

(2013.7.30 본조신설)

제29조【규제의 재검토】 특허청장은 다음 각 호의 사항에 대하여 2017년 1월 1일부터 3년마다 그 타당성을 검토하여 개선 등의 조치를 하여야 한다.

1. 제4조에 따른 변리사의 결격사유
2. 제5조의2에 따른 변리사 등록의 거부
3. 제5조의3에 따른 변리사 등록의 취소
4. 제6조의2에 따른 변리사 사무소의 설치
5. 제9조 및 제10조에 따른 변리사회의 설립 및 회칙의 인가
6. 제13조에 따른 변리사회에 대한 감독

(2016.1.27 본조신설)

부 칙 (2013.7.30)

제1조【시행일】 이 법은 공포 후 6개월이 경과한 날부터 시행한다. 다만, 제4조제3호, 제4조의2, 제6조의3, 제6조의4, 제6조의6부터 제6조의9까지, 제6조의11, 제12조, 제17조의2, 제23조 및 제28조의 개정규정은 공포한 날부터 시행하고, 부칙 제10조제5항은 2014년 7월 1일부터 시행한다.

제2조【정관기재사항에 관한 적용례】 제6조의3제3항제2호의 개정규정은 같은 개정규정 시행 후 법인설립인가 또는 정관변경인가를 신청하는 경우부터 적용한다.

제3조【구성원 등의 업무제한에 관한 적용례】 제6조의7제2항 단서의 개정규정은 같은 개정규정 시행 후 특허법인이 수임하거나 수임을 승낙한 사건부터 적용한다.

제4조【특허법인 설립인가의 취소에 관한 적용례】 제6조의8제1항 단서의 개정규정은 같은 개정규정 시행 후 발생하는 위반행위부터 적용한다.

제5조【특허법인에 대한 징계규정 준용에 관한 적용례】 제6조의11의 개정규정은 같은 개정규정 시행 후 발생하는 위반행위부터 적용한다.

제6조【변리사에 대한 징계의 시효에 관한 적용례】 제17조제4항의 개정규정은 이 법 시행 후 발생하는 위반행위부터 적용한다.

제7조【변호사 징계처분의 효과에 관한 적용례】 제17조의2의 개정규정은 같은 개정규정 시행 후 「변호사법」 제90조제3호에 따른 징계처분 또는 같은 법 제102조에 따른 업무정지명령처분을 받은 자부터 적용한다.

제8조【금치산자 등에 대한 경과조치】 제4조제3호의 개정규정에 따른 피성년후견인 및 피한정후견인에는 법률 제10429호 민법 일부개정법률 부칙 제2조에 따라 금치산 또는 한정치산 선고의 효력이 유지되는 사람을 포함하는 것으로 본다.

제9조【위원회에 관한 경과조치】 이 법 시행 당시 종전의 규정에 따른 변리사자격심의위원회 및 변리사징계위원회의 심의, 의결, 그 밖의 행위나 변리사자격심의위원회 및 변리사징계위원회에 대한 징계 요구, 그 밖의 행위는 제16조의 개정규정에 따른 위원회의 행위 또는 위원회에 대한 행위로 본다.

제10조【다른 법률의 개정】 ①~⑥ ※(해당 법령에 가제정리 하였음)

부 칙 (2016.1.27)

제1조【시행일】 이 법은 공포 후 6개월이 경과한 날부터 시행한다.

제2조【결격사유에 관한 적용례】 제4조제5호가목 및 나목의 개정규정은 이 법 시행 후 최초로 결격사유가 발생한 사람부터 적용한다.

제3조【변리사 자격취득 및 등록에 관한 경과조치】 이 법 시행 전에 변리사시험에 합격하였거나 「변호사법」에 따른 변호사 자격을 가진 사람에 대하여는 제3조, 제5조 및 제5조의2의 개정규정에도 불구하고 종전의 규정에 따른다.

부 칙 (2017.3.21)

제1조【시행일】 이 법은 공포 후 6개월이 경과한 날부터 시행한다. 다만, 제6조의3 및 제6조의12의 개정규정은 공포 후 1개월이 경과한 날부터 시행한다.

제2조【특허법인 등의 설립인가 및 정관 변경인가에 관한 적용례】 제6조의3 및 제6조의12의 개정규정은 같은 개정규정 시행 이후 설립인가 또는 정관 변경인가를 신청하는 경우부터 적용한다.

부 칙 (2020.12.22)

이 법은 공포 후 6개월이 경과한 날부터 시행한다.

부 칙 (2023.1.3)

제1조【시행일】 이 법은 공포 후 6개월이 경과한 날부터 시행한다.

제2조【시험의 일부 면제의 적용 배제에 관한 적용례】 제4조의3제4항의 개정규정은 이 법 시행 이후 강등 또는 정직에 해당하는 징계처분을 받은 사람부터 적용한다.

특허법

(1990년 1월 13일 전개법률 제4207호)

개정
1993. 3. 6법 4541호(정부조직)
1993.12.10법 4594호
1994. 3.24법 4757호(발명)
1995. 1. 5법 4892호 1995.12.29법 5080호
1997. 4.10법 5329호 1998. 9.23법 5576호
1999. 9. 7법 6024호(국민기초생활)
2001. 2. 3법 6411호 2001.12.31법 6582호
2002. 1.26법 6626호(민사소송법)
2002.12.11법 6768호
2004.12.31법 7289호(디자인보호)
2005. 3.31법 7427호(민법)
2005. 5.31법 7554호
2006. 3. 3법 7869호(발명)
2006. 3. 3법 7871호
2007. 1. 3법 8171호(전자정부법)
2007. 1. 3법 8197호
2007. 4.11법 8357호(발명)
2007. 5.17법 8462호
2008. 2.29법 8852호(정부조직)
2008.12.26법 9249호 2009. 1.30법 9381호
2010. 1.27법 9985호
2010. 2. 4법10012호(전자정부법)
2011. 5.24법10716호 2011.12. 2법11117호
2013. 3.22법11654호
2013. 3.23법11690호(정부조직)
2013. 5.28법11848호(디자인보호)
2013. 7.30법11962호(변리사)
2014. 1.21법12313호 2014. 6.11법12753호
2015. 1.28법13096호 2015. 5.18법13317호
2016. 2.29법14035호 2016. 3.29법14112호
2016.12. 2법14371호 2017. 3.21법14691호
2017.11.28법15093호 2018. 4.17법15582호
2019. 1. 8법16208호 2019.12.10법16804호
2020. 6. 9법17422호 2020.10.20법17536호
2020.12.22법17730호 2021. 4.20법18098호
2021. 8.17법18409호 2021.10.19법18505호
2022.10.18법19007호 2023. 9.14법19714호
2024. 2. 6법20200호(산업재산정보의관리및활용촉진에관한법)→2024년 8월 7일 시행
2024년 1월 25일 제412회 국회 본회의 통과→「法典 別册」 보유편 수록

제1장 총 칙
(2014.6.11 본장개정)

제1조【목적】 이 법은 발명을 보호·장려하고 그 이용을 도모함으로써 기술의 발전을 촉진하여 산업발전에 이바지함을 목적으로 한다.

참조 [보호]헌22

제2조【정의】 이 법에서 사용하는 용어의 뜻은 다음과 같다.
1. "발명"이란 자연법칙을 이용한 기술적 사상의 창작으로서 고도(高度)한 것을 말한다.
2. "특허발명"이란 특허를 받은 발명을 말한다.
3. "실시"란 다음 각 목의 구분에 따른 행위를 말한다.
  가. 물건의 발명인 경우 : 그 물건을 생산·사용·양도·대여 또는 수입하거나 그 물건의 양도 또는 대여의 청약(양도 또는 대여를 위한 전시를 포함한다. 이하 같다)을 하는 행위
  나. 방법의 발명인 경우 : 그 방법을 사용하는 행위 또는 그 방법의 사용을 청약하는 행위(2019.12.10 본목개정)
  다. 물건을 생산하는 방법의 발명인 경우 : 나목의 행위 외에 그 방법에 의하여 생산한 물건을 사용·양도·대여 또는 수입하거나 그 물건의 양도 또는 대여의 청약을 하는 행위

참조 [특허발명]29이하, [실시]100이하, [공지 등이 되지 아니한 발명]30

판례 물건을 생산하는 '방법'의 발명인 경우에는 그 방법에 의하여 생산된 물건에까지 특허권의 효력이 미친다 할 것이어서, 특정한 생산방법에 의하여 생산한 물건을 실시발명으로 특정하여 특허권의 보호범위에 속하는지 여부의 확인을 구할 수 있다.
(대판 2004.10.14, 2003후2164)

판례 자연법칙을 이용하지 않은 특허출원의 거절 여부 : 동조 제1호는 자연법칙을 이용한 기술적 사상의 창작으로서 고도한 것을 '발명'으로 정의하고 있고, 동규정이 훈시적인 규정에 해당한다고 볼 아무런 근거가 없으므로, 자연법칙을 이용하지 않은 것을 특허출원하였을 때에는 동법 제29조 제1항 본문의 '산업상 이용할 수 있는 발명'의 요건을 충족하지 못함을 이유로 동법 제62조에 따라 그 특허출원이 거절된다.(대판 2003.5.16, 2001후3149)

제3조【미성년자 등의 행위능력】 ① 미성년자·피한정후견인 또는 피성년후견인은 법정대리인에 의하지 아니하면 특허에 관한 출원·청구, 그 밖의 절차(이하 "특허에 관한 절차"라 한다)를 밟을 수 없다. 다만, 미성년자와 피한정후견인이 독립하여 법률행위를 할 수 있는 경우에는 그러하지 아니하다.
② 제1항의 법정대리인은 후견감독인의 동의 없이 제132조의2에 따른 특허취소신청(이하 "특허취소신청"이라 한다)이나 상대방이 청구한 심판 또는 재심에 대한 절차를 밟을 수 있다.(2016.2.29 본항개정)

참조 영18⑤, [절차]16이하, [미성년자등]민5이하, 민소55, [법정대리인]민소51·56

제4조【법인이 아닌 사단 등】 법인이 아닌 사단 또는 재단으로서 대표자나 관리인이 정하여져 있는 경우에는 그 사단 또는 재단의 이름으로 출원심사의 청구인, 특허취소신청인, 심판의 청구인·피청구인 또는 재심의 청구인·피청구인이 될 수 있다.(2016.2.29 본조개정)

참조 [법인]민31이하

제5조【재외자의 특허관리인】 ① 국내에 주소 또는 영업소가 없는 자(이하 "재외자"라 한다)는 재외자(법인의 경우에는 그 대표자)가 국내에 체류하는 경우를 제외하고는 그 재외자의 특허에 관한 대리인으로서 국내에 주소 또는 영업소가 있는 자(이하 "특허관리인"이라 한다)에 의해서만 특허에 관한 절차를 밟거나 이 법 또는 이 법에 따른 명령에 따라 행정청이 한 처분에 대하여 소(訴)를 제기할 수 있다.
② 특허관리인은 위임된 권한의 범위에서 특허에 관한 모든 절차 및 이 법 또는 이 법에 따른 명령에 따라 행정청이 한 처분에 관한 소송에서 본인을 대리한다.

참조 [재외자]헌2, 재외국민등록법2·3, [국제출원의 경우]206

제6조【대리권의 범위】 국내에 주소 또는 영업소가 있는 자로부터 특허에 관한 절차를 밟을 것을 위임받은 대리인은 특별히 권한을 위임받아야만 다음 각 호의 어느 하나에 해당하는 행위를 할 수 있다. 특허관리인의 경우에도 또한 같다.
1. 특허출원의 변경·포기·취하
2. 특허권의 포기
3. 특허권 존속기간의 연장등록출원의 취하
4. 신청의 취하
5. 청구의 취하
6. 제55조제1항에 따른 우선권 주장 또는 그 취하
7. 제132조의17에 따른 심판청구(2016.2.29 본호개정)
8. 복대리인의 선임

참조 [대리권]민114이하

제7조【대리권의 증명】 특허에 관한 절차를 밟는 자의 대리인(특허관리인을 포함한다. 이하 같다)의 대리권은 서면으로써 증명하여야 한다.

참조 [서류의 원용]규10

제7조의2【행위능력 등의 흠에 대한 추인】 행위능력 또는 법정대리권이 없거나 특허에 관한 절차를 밟는 데 필요한 권한의 위임에 흠이 있는 자가 밟은 절차는 보정(補正)된 당사자나 법정대리인이 추인하면 행위를 한 때로 소급하여 그 효력이 발생한다.

제8조【대리권의 불소멸】 특허에 관한 절차를 밟는 자의 위임을 받은 대리인의 대리권은 다음 각 호의 어느 하나에 해당하는 사유가 있어도 소멸하지 아니한다.
1. 본인의 사망이나 행위능력의 상실
2. 본인인 법인의 합병에 의한 소멸
3. 본인인 수탁자(受託者)의 신탁임무 종료
4. 법정대리인의 사망이나 행위능력의 상실
5. 법정대리인의 대리권 소멸이나 변경

참조 [대리권의 소멸]민127

제9조【개별대리】 특허에 관한 절차를 밟는 자의 대리인이 2인 이상이면 특허청장 또는 특허심판원장에 대하여 각각의 대리인이 본인을 대리한다.

제10조【대리인의 선임 또는 교체 명령 등】 ① 특허청장 또는 제145조제1항에 따라 지정된 심판장(이하 "심판장"이라 한다)은 특허에 관한 절차를 밟는 자가 그 절차를 원활히 수행할 수 없거나 구술심리(口述審理)에서 진술할 능력이 없다고 인정되는 등 그 절차를 밟는 데 적당하지 아니하다고 인정되면 대리인을 선임하여 그 절차를 밟을 것을 명할 수 있다.
② 특허청장 또는 심판장은 특허에 관한 절차를 밟는 자의 대리인이 그 절차를 원활히 수행할 수 없거나 구술심리에서 진술할 능력이 없다고 인정되는 등 그 절차를 밟는 데 적당하지 아니하다고 인정되면 그 대리인을 바꿀 것을 명할 수 있다.(2019.12.10 본항개정)
③ 특허청장 또는 심판장은 제1항 및 제2항의 경우에 변리사로 하여금 대리하게 할 것을 명할 수 있다.
④ 특허청장 또는 심판장은 제1항 또는 제2항에 따라 대리인의 선임 또는 교체 명령을 한 경우에는 제1항에 따른 특허에 관한 절차를 밟는 자 또는 제2항에 따른 대리인이 그 전에 특허청장 또는 특허심판원장에 대하여 한 특허에 관한 절차의 전부 또는 일부를 무효로 할 수 있다.
(2019.12.10 본항개정)
(2019.12.10 본조제목개정)

제11조【복수당사자의 대표】 ① 2인 이상이 특허에 관한 절차를 밟을 때에는 다음 각 호의 어느 하나에 해당하는 사항을 제외하고는 각자가 모두를 대표한다. 다만, 대표자를 선정하여 특허청장 또는 특허심판원장에게 신고하면 그 대표자만이 모두를 대표할 수 있다.
1. 특허출원의 변경·포기·취하
2. 특허권 존속기간의 연장등록출원의 취하
3. 신청의 취하
4. 청구의 취하
5. 제55조제1항에 따른 우선권 주장 또는 그 취하
6. 제132조의17에 따른 심판청구(2016.2.29 본호개정)
② 제1항 단서에 따라 대표자를 선정하여 신고하는 경우에는 대표자로 선임된 사실을 서면으로 증명하여야 한다.

참조 [대표자]규6

제12조【「민사소송법」의 준용】 대리인에 관하여는 이 법에 특별한 규정이 있는 경우를 제외하고는 「민사소송법」 제1편제2장제4절을 준용한다.

제13조【재외자의 재판관할】 재외자의 특허권 또는 특허에 관한 권리에 관하여 특허관리인이 있으면 그 특허관리인의 주소 또는 영업소를, 특허관리인이 없으면 특허청 소재지를 「민사소송법」 제11조에 따른 재산이 있는 곳으로 본다.

참조 [재외자]재외국민등록법2·3

제14조【기간의 계산】 이 법 또는 이 법에 따른 명령에서 정한 기간의 계산은 다음 각 호에 따른다.
1. 기간의 첫날은 계산에 넣지 아니한다. 다만, 그 기간이 오전 0시부터 시작하는 경우에는 계산에 넣는다.
2. 기간을 월 또는 연(年)으로 정한 경우에는 역(曆)에 따라 계산한다.
3. 월 또는 연의 처음부터 기간을 기산(起算)하지 아니하는 경우에는 마지막의 월 또는 연에서 그 기산일에 해당하는 날의 전날로 기간이 만료한다. 다만, 월 또는 연으로 정한 경우에 마지막 월에 해당하는 날이 없으면 그 월의 마지막 날로 기간이 만료한다.
4. 특허에 관한 절차에서 기간의 마지막 날이 공휴일(「근로자의날제정에관한법률」에 따른 근로자의 날 및 토요일을 포함한다)에 해당하면 기간은 그 다음 날로 만료한다.

참조 [기간]민155이하

제15조【기간의 연장 등】 ① 특허청장은 청구에 따라 또는 직권으로 제132조의17에 따른 심판의 청구기간을 30일 이내에서 한 차례만 연장할 수 있다. 다만, 도서·벽지 등 교통이 불편한 지역에 있는 자의 경우에는 산업통상자원부령으로 정하는 바에 따라 그 횟수 및 기간을 추가로 연장할 수 있다.(2016.2.29 본항개정)
② 특허청장·특허심판원장·심판장 또는 제57조제1항에 따른 심사관(이하 "심사관"이라 한다)은 이 법에 따라 특허에 관한 절차를 밟을 기간을 정한 경우에는 청구에 따라 그 기간을 단축 또는 연장하거나 직권으로 그 기간을 연장할 수 있다. 이 경우 특허청장 등은 그 절차의 이해관계인의 이익이 부당하게 침해되지 아니하도록 단축 또는 연장 여부를 결정하여야 한다.
③ 심판장은 이 법에 따라 특허에 관한 절차를 밟을 기일을 정한 경우에는 청구에 따라 또는 직권으로 그 기일을 변경할 수 있다.

제16조【절차의 무효】 ① 특허청장 또는 특허심판원장은 제46조에 따른 보정명령을 받은 자가 지정된 기간에 그 보정을 하지 아니하면 특허에 관한 절차를 무효로 할 수 있다. 다만, 제82조제2항에 따른 심사청구료를 내지 아니하여 보정명령을 받은 자가 지정된 기간에 그 심사청구료를 내지 아니하면 특허출원서에 첨부한 명세서에 관한 보정을 무효로 할 수 있다.
② 특허청장 또는 특허심판원장은 제1항에 따라 특허에 관한 절차가 무효로 된 경우로서 지정된 기간을 지키지 못한 것이 정당한 사유에 의한 것으로 인정될 때에는 그 사유가 소멸한 날부터 2개월 이내에 보정명령을 받은 자의 청구에 따라 그 무효처분을 취소할 수 있다. 다만, 지정된 기간의 만료일부터 1년이 지났을 때에는 그러하지 아니하다.(2021.10.19 본문개정)
③ 특허청장 또는 특허심판원장은 제1항 본문·단서에 따른 무효처분 또는 제2항 본문에 따른 무효처분의 취소처분을 할 때에는 그 보정명령을 받은 자에게 처분통지서를 송달하여야 한다.

제17조【절차의 추후보완】 특허에 관한 절차를 밟은 자가 책임질 수 없는 사유로 다음 각 호의 어느 하나에 해당하는 기간을 지키지 못한 경우에는 그 사유가 소멸한 날부터 2개월 이내에 지키지 못한 절차를 추후 보완할 수 있다. 다만, 그 기간의 만료일부터 1년이 지났을 때에는 그러하지 아니하다.(2016.2.29 본문개정)
1. 제132조의17에 따른 심판의 청구기간(2016.2.29 본호개정)
2. 제180조제1항에 따른 재심의 청구기간

제18조【절차의 효력 승계】 특허권 또는 특허에 관한 권리에 관하여 밟은 절차의 효력은 그 특허권 또는 특허에 관한 권리의 승계인에게 미친다.

참조 [특허권의 효력]94

제19조【절차의 속행】 특허청장 또는 심판장은 특허에 관한 절차가 특허청 또는 특허심판원에 계속(係屬) 중일 때 특허권 또는 특허에 관한 권리가 이전되면 그 특허권 또는 특허에 관한 권리의 승계인에 대하여 그 절차를 속행(續行)하게 할 수 있다.

제20조【절차의 중단】 특허에 관한 절차가 다음 각 호의 어느 하나에 해당하는 경우에는 특허청 또는 특허심판원에 계속 중인 절차는 중단된다. 다만, 절차를 밟을 것을

위임받은 대리인이 있는 경우에는 그러하지 아니하다.

1. 당사자가 사망한 경우
2. 당사자인 법인이 합병에 따라 소멸한 경우
3. 당사자가 절차를 밟을 능력을 상실한 경우
4. 당사자의 법정대리인이 사망하거나 그 대리권을 상실한 경우
5. 당사자의 신탁에 의한 수탁자의 임무가 끝난 경우
6. 제11조제1항 각 호 외의 부분 단서에 따른 대표자가 사망하거나 그 자격을 상실한 경우
7. 파산관재인 등 일정한 자격에 따라 자기 이름으로 남을 위하여 당사자가 된 자가 그 자격을 잃거나 사망한 경우

제21조【중단된 절차의 수계】 제20조에 따라 특허청 또는 특허심판원에 계속 중인 절차가 중단된 경우에는 다음 각 호의 구분에 따른 자가 그 절차를 수계(受繼)하여야 한다.

1. 제20조제1호의 경우 : 사망한 당사자의 상속인·상속재산관리인 또는 법률에 따라 절차를 속행할 자. 다만, 상속인은 상속을 포기할 수 있을 때까지 그 절차를 수계하지 못한다.
2. 제20조제2호의 경우 : 합병에 따라 설립되거나 합병 후 존속하는 법인
3. 제20조제3호 및 제4호의 경우 : 절차를 밟을 능력을 회복한 당사자 또는 법정대리인이 된 자
4. 제20조제5호의 경우 : 새로운 수탁자
5. 제20조제6호의 경우 : 새로운 대표자 또는 각 당사자
6. 제20조제7호의 경우 : 같은 자격을 가진 자

참조 [상속인]민1000이하

제22조【수계신청】 ① 제20조에 따라 중단된 절차에 관한 수계신청은 제21조 각 호의 어느 하나에 해당하는 자가 할 수 있다. 이 경우 그 상대방은 특허청장 또는 제143조에 따른 심판관(이하 "심판관"이라 한다)에게 제21조 각 호의 어느 하나에 해당하는 자에 대하여 수계신청할 것을 명하도록 요청할 수 있다.

② 특허청장 또는 심판장은 제20조에 따라 중단된 절차에 관한 수계신청이 있으면 그 사실을 상대방에게 알려야 한다.

③ 특허청장 또는 심판관은 제20조에 따라 중단된 절차에 관한 수계신청에 대하여 직권으로 조사하여 이유 없다고 인정하면 결정으로 기각하여야 한다.

④ 특허청장 또는 심판관은 결정 또는 심결의 등본을 송달한 후에 중단된 절차에 관한 수계신청에 대해서는 수계하게 할 것인지를 결정하여야 한다.

⑤ 특허청장 또는 심판관은 제21조 각 호의 어느 하나에 해당하는 자가 중단된 절차를 수계하지 아니하면 직권으로 기간을 정하여 수계를 명하여야 한다.

⑥ 제5항에 따른 기간에 수계가 없는 경우에는 그 기간이 끝나는 날의 다음 날에 수계가 있는 것으로 본다.

⑦ 특허청장 또는 심판장은 제6항에 따라 수계가 있는 것으로 본 경우에는 그 사실을 당사자에게 알려야 한다.

참조 [심판 및 항고심판]1330이하

제23조【절차의 중지】 ① 특허청장 또는 심판관이 천재지변이나 그 밖의 불가피한 사유로 그 직무를 수행할 수 없을 때에는 특허청 또는 특허심판원에 계속 중인 절차는 그 사유가 없어질 때까지 중지된다.

② 당사자에게 일정하지 아니한 기간 동안 특허청 또는 특허심판원에 계속 중인 절차를 속행할 수 없는 장애사유가 생긴 경우에는 특허청장 또는 심판관은 결정으로 장애사유가 해소될 때까지 그 절차의 중지를 명할 수 있다.

③ 특허청장 또는 심판관은 제2항에 따른 결정을 취소할 수 있다.

④ 제1항 또는 제2항에 따른 중지나 제3항에 따른 취소를 하였을 때에는 특허청장 또는 심판장은 그 사실을 각각 당사자에게 알려야 한다.

제24조【중단 또는 중지의 효과】 특허에 관한 절차가 중단되거나 중지된 경우에는 그 기간의 진행은 정지되고, 그 절차의 수계통지를 하거나 그 절차를 속행하였을 때부터 다시 모든 기간이 진행된다.

제25조【외국인의 권리능력】 재외자 중 외국인은 다음 각 호의 어느 하나에 해당하는 경우를 제외하고는 특허권 또는 특허에 관한 권리를 누릴 수 없다.

1. 그 외국인이 속하는 국가에서 대한민국 국민에 대하여 그 국가의 국민과 같은 조건으로 특허권 또는 특허에 관한 권리를 인정하는 경우
2. 대한민국이 그 외국인에 대하여 특허권 또는 특허에 관한 권리를 인정하는 경우에는 그 외국인이 속하는 국가에서 대한민국 국민에 대하여 그 국가의 국민과 같은 조건으로 특허권 또는 특허에 관한 권리를 인정하는 경우
3. 조약 또는 이에 준하는 것(이하 "조약"이라 한다)에 따라 특허권 또는 특허에 관한 권리가 인정되는 경우

제26조 (2011.12.2 삭제)

제27조 (2001.2.3 삭제)

제28조【서류제출의 효력발생시기】 ① 이 법 또는 이 법에 따른 명령에 따라 특허청장 또는 특허심판원장에게 제출하는 출원서, 청구서, 그 밖의 서류(물건을 포함한다. 이하 이 조에서 같다)는 특허청장 또는 특허심판원장에게 도달한 날부터 제출의 효력이 발생한다.

② 제1항의 출원서, 청구서, 그 밖의 서류를 우편으로 특허청장 또는 특허심판원장에게 제출하는 경우에는 다음 각 호의 구분에 따른 날에 특허청장 또는 특허심판원장에게 도달한 것으로 본다. 다만, 특허권 및 특허에 관한 권리의 등록신청서류와 「특허협력조약」 제2조(vii)에 따른 국제출원(이하 "국제출원"이라 한다)에 관한 서류를 우편으로 제출하는 경우에는 그 서류가 특허청장 또는 특허심판원장에게 도달한 날부터 효력이 발생한다.

1. 우편물의 통신일부인(通信日附印)에 표시된 날이 분명한 경우 : 표시된 날
2. 우편물의 통신일부인에 표시된 날이 분명하지 아니한 경우 : 우체국에 제출한 날을 우편물 수령증에 의하여 증명한 날

③ (1998.9.23 삭제)

④ 제1항 및 제2항에서 규정한 사항 외에 우편물의 지연, 우편물의 망실(亡失) 및 우편업무의 중단으로 인한 서류 제출에 필요한 사항은 산업통상자원부령으로 정한다.

참조 [의사표시의 효력발생시기]민111

제28조의2【고유번호의 기재】 ① 특허에 관한 절차를 밟는 자 중 산업통상자원부령으로 정하는 자는 특허청장 또는 특허심판원장에게 자신의 고유번호의 부여를 신청하여야 한다.

② 특허청장 또는 특허심판원장은 제1항에 따른 신청을 받으면 신청인에게 고유번호를 부여하고, 그 사실을 알려야 한다.

③ 특허청장 또는 특허심판원장은 특허에 관한 절차를 밟는 자가 제1항에 따라 고유번호를 신청하지 아니하면 그에게 직권으로 고유번호를 부여하고, 그 사실을 알려야 한다.

④ 제2항 또는 제3항에 따라 고유번호를 부여받은 자가 특허에 관한 절차를 밟는 경우에는 산업통상자원부령으로 정하는 서류에 자신의 고유번호를 적어야 한다. 이 경우 이 법 또는 이 법에 따른 명령에도 불구하고 그 서류에 주소(법인인 경우에는 영업소의 소재지를 말한다)를 적지 아니할 수 있다.

⑤ 특허에 관한 절차를 밟는 자의 대리인에 관하여는 제1항부터 제4항까지의 규정을 준용한다.

⑥ 고유번호의 부여 신청, 고유번호의 부여 및 통지, 그 밖에 고유번호에 관하여 필요한 사항은 산업통상자원부령으로 정한다.

제28조의3【전자문서에 의한 특허에 관한 절차의 수행】 ① 특허에 관한 절차를 밟는 자는 이 법에 따라 특허청장 또는 특허심판원장에게 제출하는 특허출원서, 그 밖의 서류를 산업통상자원부령으로 정하는 방식에 따라 전자문서화하고, 이를 정보통신망을 이용하여 제출하거나 이동식 저장장치 등 전자적 기록매체에 수록하여 제출할 수 있다.

② 제1항에 따라 제출된 전자문서는 이 법에 따라 제출된 서류와 같은 효력을 가진다.

③ 제1항에 따라 정보통신망을 이용하여 제출된 전자문서는 그 문서의 제출인이 정보통신망을 통하여 접수번호를 확인할 수 있는 때에 특허청 또는 특허심판원에서 사용하는 접수용 전산정보처리조직의 파일에 기록된 내용으로 접수된 것으로 본다.

④ 제1항에 따라 전자문서로 제출할 수 있는 서류의 종류·제출방법, 그 밖에 전자문서에 의한 서류의 제출에 필요한 사항은 산업통상자원부령으로 정한다.

제28조의4【전자문서 이용신고 및 전자서명】 ① 전자문서로 특허에 관한 절차를 밟으려는 자는 미리 특허청장 또는 특허심판원장에게 전자문서 이용신고를 하여야 하며, 특허청장 또는 특허심판원장에게 제출하는 전자문서에 제출인을 알아볼 수 있도록 전자서명을 하여야 한다.

② 제28조의3에 따라 제출된 전자문서는 제1항에 따른 전자서명을 한 자가 제출한 것으로 본다.

③ 제1항에 따른 전자문서 이용신고 절차, 전자서명 방법 등에 관하여 필요한 사항은 산업통상자원부령으로 정한다.

제28조의5【정보통신망을 이용한 통지 등의 수행】 ① 특허청장·특허심판원장·심판장·심판관 또는 심사관은 제28조의4제1항에 따라 전자문서 이용신고를 한 자에게 서류의 통지 및 송달(이하 "통지등"이라 한다)을 하려는 경우에는 정보통신망을 이용하여 통지등을 할 수 있다.

② 제1항에 따라 정보통신망을 이용하여 한 서류의 통지등은 서면으로 한 것과 같은 효력을 가진다.

③ 제1항에 따른 서류의 통지등은 그 통지등을 받을 자가 자신이 사용하는 전산정보처리조직을 통하여 그 서류를 확인한 때에 특허청 또는 특허심판원에서 사용하는 발송용 전산정보처리조직의 파일에 기록된 내용으로 도달한 것으로 본다.

④ 제1항에 따라 정보통신망을 이용하여 하는 통지등의 종류·방법 등에 관하여 필요한 사항은 산업통상자원부령으로 정한다.

제2장 특허요건 및 특허출원

(2014.6.11 본장제목개정)

제29조【특허요건】 ① 산업상 이용할 수 있는 발명으로서 다음 각 호의 어느 하나에 해당하는 것을 제외하고는 그 발명에 대하여 특허를 받을 수 있다.

1. 특허출원 전에 국내 또는 국외에서 공지(公知)되었거나 공연(公然)히 실시된 발명
2. 특허출원 전에 국내 또는 국외에서 반포된 간행물에 게재되었거나 전기통신회선을 통하여 공중(公衆)이 이용할 수 있는 발명

② 특허출원 전에 그 발명이 속하는 기술분야에서 통상의 지식을 가진 사람이 제1항 각 호의 어느 하나에 해당하는 발명에 의하여 쉽게 발명할 수 있으면 그 발명에 대해서는 제1항에도 불구하고 특허를 받을 수 없다.

③ 특허출원한 발명이 다음 각 호의 요건을 모두 갖춘 다른 특허출원의 출원서에 최초로 첨부된 명세서 또는 도면에 기재된 발명과 동일한 경우에 그 발명은 제1항에도 불구하고 특허를 받을 수 없다. 다만, 그 특허출원의 발명자와 다른 특허출원의 발명자가 같거나 그 특허출원을 출원한 때의 출원인과 다른 특허출원의 출원인이 같은 경우에는 그러하지 아니하다.

1. 그 특허출원일 전에 출원된 특허출원일 것
2. 그 특허출원 후 제64조에 따라 출원공개되거나 제87조제3항에 따라 등록공고된 특허출원일 것

④ 특허출원한 발명이 다음 각 호의 요건을 모두 갖춘 실용신안등록출원의 출원서에 최초로 첨부된 명세서 또는 도면에 기재된 고안(考案)과 동일한 경우에 그 발명은 제1항에도 불구하고 특허를 받을 수 없다. 다만, 그 특허출원의 발명자와 실용신안등록출원의 고안자가 같거나 그 특허출원을 출원한 때의 출원인과 실용신안등록출원의 출원인이 같은 경우에는 그러하지 아니하다.

1. 그 특허출원일 전에 출원된 실용신안등록출원일 것
2. 그 특허출원 후 「실용신안법」 제15조에 따라 준용되는 이 법 제64조에 따라 출원공개되거나 「실용신안법」 제21조제3항에 따라 등록공고된 실용신안등록출원일 것

⑤ 제3항을 적용할 때 다른 특허출원이 제199조제2항에 따른 국제특허출원(제214조제4항에 따라 특허출원으로 보는 국제출원을 포함한다)인 경우 제3항 본문 중 "출원서에 최초로 첨부된 명세서 또는 도면"은 "국제출원일까지 제출한 발명의 설명, 청구범위 또는 도면"으로, 같은 항 제2호 중 "출원공개"는 "출원공개 또는 「특허협력조약」 제21조에 따라 국제공개"로 본다.

⑥ 제4항을 적용할 때 실용신안등록출원이 「실용신안법」 제34조제2항에 따른 국제실용신안등록출원(같은 법 제40조제4항에 따라 실용신안등록출원으로 보는 국제출원을 포함한다)인 경우 제4항 본문 중 "출원서에 최초로 첨부된 명세서 또는 도면"은 "국제출원일까지 제출한 고안의 설명, 청구범위 또는 도면"으로, 같은 항 제2호 중 "출원공개"는 "출원공개 또는 「특허협력조약」 제21조에 따라 국제공개"로 본다.

⑦ 제3항 또는 제4항을 적용할 때 제201조제4항에 따라 취하한 것으로 보는 국제특허출원 또는 「실용신안법」 제35조제4항에 따라 취하한 것으로 보는 국제실용신안등록출원은 다른 특허출원 또는 실용신안등록출원으로 보지 아니한다.

(2014.6.11 본조개정)

참조 [발명]2·30, [특허출원]42이하, [선출원]36·56, [우선권주장]55

판례 제시된 선행문헌을 근거로 발명의 진보성이 부정되는지를 판단하기 위해서는 진보성 부정의 근거가 될 수 있는 일부 기재만이 아니라 선행문헌 전체에 의하여 발명이 속하는 기술분야에서 통상의 지식을 가진 사람(이하 '통상의 기술자'라고 한다)이 합리적으로 인식할 수 있는 사항을 기초로 대비 판단하여야 한다. 그리고 일부 기재 부분과 배치되거나 이를 불확실하게 하는 다른 선행문헌이 제시된 경우에는 그 내용까지도 종합적으로 고려하여 통상의 기술자가 발명을 용이하게 도출할 수 있는지를 판단하여야 한다.
(대판 2016.1.14, 2013후2873,2880)

판례 발명의 진보성 판단에 제공되는 대비 발명은 반드시 그 기술적 구성 전체가 명확하게 표현된 것뿐만 아니라, 미완성 발명 또는 자료의 부족으로 표현이 불충분한 것이라 하더라도 통상의 기술자가 경험칙에 의하여 극히 용이하게 기술내용의 파악이 가능하다면 그 대상이 될 수 있으므로, 비교대상발명이 이 사건 특허발명의 진보성을 부정하는 선행기술이 되지 못한다고 할 수 없고, 갑 제7호증의 논문 기재 내용으로 인하여 비교대상발명을 신뢰할 수 없다고 할 수도 없으므로, 이에 관한 상고이유의 주장은 모두 이유 없다.(대판 2011.1.13, 2009후1972)

판례 특허출원된 발명이 특허법 제29조 제1항, 제2항에서 정한 특허요건, 즉 신규성과 진보성이 있는지를 판단할 때에는, 특허출원된 발명을 같은 조 제1항 각호에서 정한 발명과 대비하는 전제로서 그 발명의 내용이 확정되어야 한다. 따라서 특허청구범위는 특허출원인이 특허발명으로 보호받고자 하는 사항이 기재된 것이므로, 발명의 내용의 확정은 특별한 사정이 없는 한 특허청구범위에 기재된 사항에 의하여야 하고 발명의 상세한 설명이나 도면 등 명세서의 다른 기재에 의하여 특허청구범위를 제한하거나 확장하여 해석하는 것은 허용되지 않으며, 이러한 법리는 특허출원된 발명의 특허청구범위가 통상적인 구조, 방법, 물질 등이 아니라 기능, 효과, 성질 등의 이른바 기능적 표현으로 기재된 경우에도 마찬가지이다. 따라서 특허출원된 발명의 특허청구범위에 기능, 효과, 성질 등에 의하여 발명을 특정하는 기재가 포함되어 있는 경우에는 특허청구범위에 기재된 사항에 의하여 그러한 기능, 효과, 성질 등을 가지는 모든 발명을 의미하는 것으로 해석하는 것이 원칙이나, 다만, 특허청구범위에 기재된 사항은 발명의 상세한 설명이나 도면 등을 참작하여야 그 기술적 의미를 정확하게 이해할 수 있으므로, 특허청구범위에 기재된 용어가 가지는 특별한 의미가 명세서의 발명의 상세한 설명이나 도면에 정의 또는 설명이 되어 있는 등의 다른 사정이 있는 경우에는 그 용어의 일반적인 의미를 기초로 하면서도 그 용어에 의하여 표현하고자 하는 기술적 의의를 고찰한 다음 용어의 의미를 객관적, 합리적으로 해석하여 발명의 내용을 확정하여야 한다.
(대판 2009.7.23, 2007후4977)

판례 어느 특허발명의 특허청구범위에 기재된 청구항이 복수의 구성요소로 되어 있는 경우에는 각 구성요소가 유기적으로 결합한 전체로서의 기술사상이 진보성 판단의 대상이 되는 것이지 각 구성요소가 독립하여 진보성 판단의 대상이 되는 것은 아니므로, 그 특

허발명의 진보성 여부를 판단함에 있어서는 청구항에 기재된 복수의 구성을 분해한 후 각각 분해된 개별 구성요소들이 공지된 것인지 여부만을 따져서는 안 되고, 특유의 과제 해결원리에 기초하여 유기적으로 결합된 전체로서의 구성의 곤란성을 따져 보아야 할 것이며, 이 때 결합된 전체 구성으로서의 발명이 갖는 특유한 효과도 함께 고려하여야 한다.(대판 2007.9.6, 2005후3284)

판례 성질이나 특성 등에 의하여 물건을 특정하려고 하는 기재를 포함하는 출원발명의 신규성 및 진보성 판단 기준 : 성질이나 특성 등에 의하여 물건을 특정하려고 하는 기재를 포함하는 출원발명의 신규성 및 진보성을 판단함에 있어서는 그 출원발명의 특허청구범위에 기재된 성질 또는 특성이 발명의 내용을 한정하는 사항인 이상, 이를 발명의 구성에서 제외하고 간행물에 실린 발명과 대비할 수 없으며, 다만 간행물에 실린 발명에 그것과 기술적인 표현만 달리할 뿐 실질적으로는 동일·유사한 사항이 있는 경우 등과 같은 사정이 있을 때에 그러한 출원발명의 신규성 및 진보성을 부정할 수 있을 뿐이다.(대판 2004.4.28, 2001후2207)

판례 선택발명의 특허요건과 그 효과의 입증방법 : 선행 또는 공지의 발명에 구성요건을 상위개념으로 기재하고 있고 위 상위개념에 포함하는 하위개념만을 구성요건 중의 전부나 일부로 하는 이른바 '선택발명'은, 첫째, 선행발명이 선택발명을 구성하는 하위개념을 구체적으로 개시하지 않고 있으며, 둘째, 선택발명에 포함되는 하위개념들 모두가 선행발명이 갖는 효과와 질적으로 다른 효과를 갖고 있거나 질적인 차이가 없더라도 양적으로 현저한 차이가 있는 경우에 한하여 특허를 받을 수 있고, 이 때 선택발명의 상세한 설명에는 선행발명에 비하여 위와 같은 효과가 있음을 명확히 기재하면 충분하고, 그 효과의 현저함을 구체적으로 확인할 수 있는 비교실험자료까지 기재하여야 하는 것은 아니며, 만일 그 효과가 의심스러울 때에는 출원일 이후에 출원인이 구체적인 비교실험자료를 제출하는 등의 방법으로 그 효과를 구체적으로 주장·입증하면 된다.(대판 2003.4.25, 2001후2740)

판례 특허출원된 발명이 출원일 당시가 아니라 장래에 산업적으로 이용될 가능성이 있다 하더라도 특허법이 요구하는 산업상 이용가능성의 요건을 충족한다고 하는 법리는 해당 발명의 산업적 실시화가 장래에 있어도 좋다는 의미일 뿐 장래 관련 기술의 발전에 따라 기술적으로 보완되어 장래에 비로소 산업상 이용가능성이 생겨나는 경우까지 포함하는 것은 아니다.(대판 2003.3.14, 2001후2801)

판례 발명의 진보성 유무의 판단 기준 : 동조제1항제2호, 제2항의 각 규정은 특허출원 전에 국내 또는 국외에서 반포된 간행물에 기재된 발명이나, 선행의 공지기술로부터 용이하게 도출될 수 있는 창작일 때에는 신규성이나 진보성을 결여한 것으로 보고 특허를 받을 수 없도록 하려는 취지인 바, 이와 같은 진보성 유무를 가늠하는 창작의 난이도는 그 기술구성의 차이와 작용효과를 고려하여 판단하여야 하는 것이므로, 특허된 기술의 구성이 선행기술과 차이가 있을 뿐 아니라 그 작용효과에 있어서 선행기술에 비하여 현저하게 향상 진보된 것인 때에는, 기술의 진보발전을 도모하는 특허제도의 목적에 비추어 특허발명의 진보성을 인정하여야 하고, 특허발명의 유리한 효과가 상세한 설명에 기재되어 있지 아니하더라도 그 발명이 속하는 기술분야에서 통상의 지식을 가진 자가 상세한 설명의 기재로부터 유리한 효과를 추론할 수 있을 때에는 진보성 판단을 함에 있어서 그 효과도 참작하여야 한다.(대판 2002.8.23, 2000후3234)

판례 공지라 함은 다수는 아니라도 불특정다수인이 알 수 있는 상태에 있는 것을 말한다.(대판 1963.2.28, 62후14)

판례 개개의 형상·모양·색채의 사용이 공지에 속한다 하더라도 이를 결합함으로써 새로운 장식적 효과를 발휘하였고 그 결합이 상당한 지능적 고안에 속한다고 볼 수 있을 때에는 이를 신규한 고안이라 하여 보호하여야 할 것이다.(대판 1960.10.27, 4292특상7)

제30조【공지 등이 되지 아니한 발명으로 보는 경우】 ① 특허를 받을 수 있는 권리를 가진 자의 발명이 다음 각 호의 어느 하나에 해당하게 된 경우 그 날부터 12개월 이내에 특허출원을 하면 그 특허출원된 발명에 대하여 제29조제1항 또는 제2항을 적용할 때에는 그 발명은 같은 조 제1항 각 호의 어느 하나에 해당하지 아니한 것으로 본다.

1. 특허를 받을 수 있는 권리를 가진 자에 의하여 그 발명이 제29조제1항 각 호의 어느 하나에 해당하게 된 경우. 다만, 조약 또는 법률에 따라 국내 또는 국외에서 출원공개되거나 등록공고된 경우는 제외한다.
2. 특허를 받을 수 있는 권리를 가진 자의 의사에 반하여 그 발명이 제29조제1항 각 호의 어느 하나에 해당하게 된 경우

② 제1항제1호를 적용받으려는 자는 특허출원서에 그 취지를 적어 출원하여야 하고, 이를 증명할 수 있는 서류를 산업통상자원부령으로 정하는 방법에 따라 특허출원일부터 30일 이내에 특허청장에게 제출하여야 한다.

③ 제2항에도 불구하고 산업통상자원부령으로 정하는 보완수수료를 납부한 경우에는 다음 각 호의 어느 하나에 해당하는 기간에 제1항제1호를 적용받으려는 취지를 적은 서류 또는 이를 증명할 수 있는 서류를 제출할 수 있다.

1. 제47조제1항에 따라 보정할 수 있는 기간
2. 제66조에 따른 특허결정 또는 제176조제1항에 따른 특허거절결정 취소심결(특허등록을 결정한 심결에 한정하되, 재심심결을 포함한다)의 등본을 송달받은 날부터 3개월 이내의 기간. 다만, 제79조에 따른 설정등록을 받으려는 날이 3개월보다 짧은 경우에는 그 날까지의 기간

(2015.1.28 본항신설)

(2014.6.11 본조개정)

참조 규20의2, [심사]57이하, [서류의 원용]규10

판례 구 특허법 제6조 소정의 "공지" 및 "반포된 간행물"의 의미 : 특허를 받을 수 있는 권리를 가진 자가 특허출원 이전에 출원발명을 간행물에 발표한 경우에 구 특허법(1990. 1. 13. 법률 제4207호로 전문 개정되기 전의 것) 제7조 제1항 제1호의 신규성 의제 규정이 적용되기 위하여는 우선 위 간행물에의 발표로 인하여 출원발명이 국내에서 공지되었거나 국내 또는 국외에서 반포된 간행물에 기재된 발명으로 되어야 하고, 여기에서 '공지되었다'고 함은 반드시 불특정다수인에게 인식되었을 필요는 없다 하더라도 적어도 불특정다수인이 인식할 수 있는 상태에 놓여져 있음을 의미하며, '반포된 간행물'이라 함은 불특정 다수의 일반 공중이 그 기재내용을 인식할 수 있는 상태에 있는 간행물을 말한다.

(대판 1996.6.14, 95후19)

제31조 (2006.3.3 삭제)

제32조【특허를 받을 수 없는 발명】 공공의 질서 또는 선량한 풍속에 어긋나거나 공중의 위생을 해칠 우려가 있는 발명에 대해서는 제29조제1항에도 불구하고 특허를 받을 수 없다.(2014.6.11 본조개정)

참조 [공공의 질서와 선량한 풍속]민103

제33조【특허를 받을 수 있는 자】 ① 발명을 한 사람 또는 그 승계인은 이 법에서 정하는 바에 따라 특허를 받을 수 있는 권리를 가진다. 다만, 특허청 직원 및 특허심판원 직원은 상속이나 유증(遺贈)의 경우를 제외하고는 재직 중 특허를 받을 수 없다.

② 2명 이상이 공동으로 발명한 경우에는 특허를 받을 수 있는 권리를 공유한다.

(2014.6.11 본조개정)

참조 [권리의 이전·승계]37·38

제34조【무권리자의 특허출원과 정당한 권리자의 보호】 발명자가 아닌 자로서 특허를 받을 수 있는 권리의 승계인이 아닌 자(이하 "무권리자"라 한다)가 한 특허출원이 제33조제1항 본문에 따른 특허를 받을 수 있는 권리를 가지지 아니한 사유로 제62조제2호에 해당하여 특허를 받지 못하게 된 경우에는 그 무권리자의 특허출원 후에 한 정당한 권리자의 특허출원은 무권리자가 특허출원한 때에 특허출원한 것으로 본다. 다만, 무권리자가 특허를 받지 못하게 된 날부터 30일이 지난 후에 정당한 권리자가 특허출원을 한 경우에는 그러하지 아니하다.

(2014.6.11 본조개정)

참조 규31, [특허출원]42, [출원공개]64·65, [기간의 계산]14, 민155이하

제35조【무권리자의 특허와 정당한 권리자의 보호】 제33조제1항 본문에 따른 특허를 받을 수 있는 권리를 가지지 아니한 사유로 제133조제1항제2호에 해당하여 특허를 무효로 한다는 심결이 확정된 경우에는 그 무권리자의 특허출원 후에 한 정당한 권리자의 특허출원은 무효로 된 그 특허의 출원 시에 특허출원한 것으로 본다. 다만, 심결이 확정된 날부터 30일이 지난 후에 정당한 권리자가 특허출원을 한 경우에는 그러하지 아니하다.(2016.2.29 단서개정)

참조 규31, [특허를 받을 수 있는 자]33, [기간의 계산]14, 민155이하

제36조【선출원】 ① 동일한 발명에 대하여 다른 날에 둘 이상의 특허출원이 있는 경우에는 먼저 특허출원한 자만이 그 발명에 대하여 특허를 받을 수 있다.

② 동일한 발명에 대하여 같은 날에 둘 이상의 특허출원이 있는 경우에는 특허출원인 간에 협의하여 정한 하나의 특허출원인만이 그 발명에 대하여 특허를 받을 수 있다. 다만, 협의가 성립하지 아니하거나 협의를 할 수 없는 경우에는 어느 특허출원인도 그 발명에 대하여 특허를 받을 수 없다.

③ 특허출원된 발명과 실용신안등록출원된 고안이 동일한 경우 그 특허출원과 실용신안등록출원이 다른 날에 출원된 것이면 제1항을 준용하고, 그 특허출원과 실용신안등록출원이 같은 날에 출원된 것이면 제2항을 준용한다.

④ 특허출원 또는 실용신안등록출원이 다음 각 호의 어느 하나에 해당하는 경우 그 특허출원 또는 실용신안등록출원은 제1항부터 제3항까지의 규정을 적용할 때에는 처음부터 없었던 것으로 본다. 다만, 제2항 단서(제3항에 따라 준용되는 경우를 포함한다)에 해당하여 그 특허출원 또는 실용신안등록출원에 대하여 거절결정이나 거절한다는 취지의 심결이 확정된 경우에는 그러하지 아니하다.

1. 포기, 무효 또는 취하된 경우
2. 거절결정이나 거절한다는 취지의 심결이 확정된 경우

⑤ 발명자 또는 고안자가 아닌 자로서 특허를 받을 수 있는 권리 또는 실용신안등록을 받을 수 있는 권리의 승계인이 아닌 자가 한 특허출원 또는 실용신안등록출원은 제1항부터 제3항까지의 규정을 적용할 때에는 처음부터 없었던 것으로 본다.

⑥ 특허청장은 제2항의 경우에 특허출원인에게 기간을 정하여 협의의 결과를 신고할 것을 명하고, 그 기간에 신고가 없으면 제2항에 따른 협의는 성립되지 아니한 것으로 본다.

(2014.6.11 본조개정)

참조 규34, [출원]42이하

제37조【특허를 받을 수 있는 권리의 이전 등】 ① 특허를 받을 수 있는 권리는 이전할 수 있다.

② 특허를 받을 수 있는 권리는 질권의 목적으로 할 수 없다.

③ 특허를 받을 수 있는 권리가 공유인 경우에는 각 공유자는 다른 공유자 모두의 동의를 받아야만 그 지분을 양도할 수 있다.

(2014.6.11 본조개정)

참조 [특허를 받을 수 있는 자]33

제38조【특허를 받을 수 있는 권리의 승계】 ① 특허출원 전에 이루어진 특허를 받을 수 있는 권리의 승계는 그 승계인이 특허출원을 하여야 제3자에게 대항할 수 있다.

② 동일한 자로부터 동일한 특허를 받을 수 있는 권리를 승계한 자가 둘 이상인 경우 그 승계한 권리에 대하여 같은 날에 둘 이상의 특허출원이 있으면 특허출원인 간에 협의하여 정한 자에게만 승계의 효력이 발생한다.

③ 동일한 자로부터 동일한 발명 및 고안에 대한 특허를 받을 수 있는 권리 및 실용신안등록을 받을 수 있는 권리를 승계한 자가 둘 이상인 경우 그 승계한 권리에 대하여 같은 날에 특허출원 및 실용신안등록출원이 있으면 특허출원인 및 실용신안등록출원인 간에 협의하여 정한 자에게만 승계의 효력이 발생한다.

④ 특허출원 후에는 특허를 받을 수 있는 권리의 승계는 상속, 그 밖의 일반승계의 경우를 제외하고는 특허출원인변경신고를 하여야만 그 효력이 발생한다.

⑤ 특허를 받을 수 있는 권리의 상속, 그 밖의 일반승계가 있는 경우에는 승계인은 지체 없이 그 취지를 특허청장에게 신고하여야 한다.

⑥ 동일한 자로부터 동일한 특허를 받을 수 있는 권리를 승계한 자가 둘 이상인 경우 그 승계한 권리에 대하여 같은 날에 둘 이상의 특허출원인변경신고가 있으면 신고를 한 자 간에 협의하여 정한 자에게만 신고의 효력이 발생한다.

⑦ 제2항·제3항 또는 제6항의 경우에는 제36조제6항을 준용한다.

(2014.6.11 본조개정)

참조 규26·27·34, [상속]민1000이하, [실용신안등록출원]실용신안8

제39조～제40조 (2006.3.3 삭제)

제41조【국방상 필요한 발명 등】 ① 정부는 국방상 필요한 경우 외국에 특허출원하는 것을 금지하거나 발명자·출원인 및 대리인에게 그 특허출원의 발명을 비밀로 취급하도록 명할 수 있다. 다만, 정부의 허가를 받은 경우에는 외국에 특허출원을 할 수 있다.

② 정부는 특허출원된 발명이 국방상 필요한 경우에는 특허를 하지 아니할 수 있으며, 전시·사변 또는 이에 준하는 비상시에 국방상 필요한 경우에는 특허를 받을 수 있는 권리를 수용할 수 있다.

③ 제1항에 따른 외국에의 특허출원 금지 또는 비밀취급에 따른 손실에 대해서는 정부는 정당한 보상금을 지급하여야 한다.

④ 제2항에 따라 특허하지 아니하거나 수용한 경우에는 정부는 정당한 보상금을 지급하여야 한다.

⑤ 제1항에 따른 외국에의 특허출원 금지 또는 비밀취급명령을 위반한 경우에는 그 발명에 대하여 특허를 받을 수 있는 권리를 포기한 것으로 본다.

⑥ 제1항에 따른 외국에의 특허출원 금지 또는 비밀취급명령을 위반한 경우에는 외국에의 특허출원 금지 또는 비밀취급에 따른 손실보상금의 청구권을 포기한 것으로 본다.

⑦ 제1항에 따른 외국에의 특허출원 금지 및 비밀취급의 절차, 제2항부터 제4항까지의 규정에 따른 수용, 보상금 지급의 절차, 그 밖에 필요한 사항은 대통령령으로 정한다.

(2014.6.11 본조개정)

제42조【특허출원】 ① 특허를 받으려는 자는 다음 각 호의 사항을 적은 특허출원서를 특허청장에게 제출하여야 한다.

1. 특허출원인의 성명 및 주소(법인인 경우에는 그 명칭 및 영업소의 소재지)
2. 특허출원인의 대리인이 있는 경우에는 그 대리인의 성명 및 주소나 영업소의 소재지[대리인이 특허법인·특허법인(유한)인 경우에는 그 명칭, 사무소의 소재지 및 지정된 변리사의 성명]
3. 발명의 명칭
4. 발명자의 성명 및 주소

② 제1항에 따른 특허출원서에는 발명의 설명·청구범위를 적은 명세서와 필요한 도면 및 요약서를 첨부하여야 한다.

③ 제2항에 따른 발명의 설명은 다음 각 호의 요건을 모두 충족하여야 한다.

1. 그 발명이 속하는 기술분야에서 통상의 지식을 가진 사람이 그 발명을 쉽게 실시할 수 있도록 명확하고 상세하게 적을 것
2. 그 발명의 배경이 되는 기술을 적을 것

④ 제2항에 따른 청구범위에는 보호받으려는 사항을 적은 항(이하 "청구항"이라 한다)이 하나 이상 있어야 하며, 그 청구항은 다음 각 호의 요건을 모두 충족하여야 한다.

1. 발명의 설명에 의하여 뒷받침될 것
2. 발명이 명확하고 간결하게 적혀 있을 것

⑤ (2014.6.11 삭제)

⑥ 제2항에 따른 청구범위에는 보호받으려는 사항을 명확히 할 수 있도록 발명을 특정하는 데 필요하다고 인정되는 구조·방법·기능·물질 또는 이들의 결합관계 등을 적어야 한다.

⑦ (2014.6.11 삭제)

⑧ 제2항에 따른 청구범위의 기재방법에 관하여 필요한 사항은 대통령령으로 정한다.

⑨ 제2항에 따른 발명의 설명, 도면 및 요약서의 기재방법 등에 관하여 필요한 사항은 산업통상자원부령으로 정한다.

(2014.6.11 본조개정)

참조 영3·5, 규11·21, [특허를 받을 수 있는 자]33, [특허요건]29, [발명]2, [선출원]36, [분할출원]52, [보정]47·51, [권리범위의 확인심판]135, [국제출원]규74이하

판례 특허권의 권리범위 내지 보호범위는 특허출원서에 첨부한 명세서의 특허청구범위에 기재된 사항에 의하여 정하여지는 것이므로, 발명이 특허를 받을 수 없는 사유가 있는지 여부를 판단함에 있어서 특허청구범위의 기재만으로 권리범위가 명백하게 되는 경우에는 특허청구범위의 기재 자체만을 기초로 하여야 할 것이지 발명의 상세한 설명이나 도면 등 다른 기재에 의하여 특허청구범위를 제한 해석하는 것은 허용되지 않는다.

(대판 2009.7.9, 2008후3360)

판례 특허권의 권리범위는 특허청구범위에 기재된 사항에 의하여 정해지는 것이어서 특허청구범위의 기재가 명확하게 이해될 수 있는 경우에 출원명세서상 발명의 상세한 설명이나 첨부된 도면 등에 의하여 특허청구범위를 보완하거나 제한하여 해석할 것은 아니지만, 특허청구범위에 기재된 발명은 원래 출원명세서상 발명의 상세한 설명이나 첨부된 도면을 전혀 참작하지 않는다면 그 기술적인 의미가 정확하게 이해될 수 없는 것이므로, 출원발명에 특허를 받을 수 없는 사유가 있는지 여부를 판단함에 있어서 특허청구범위의 해석은 특허청구범위에 기재된 문언의 일반적인 의미를 기초로 하면서 동시에 출원명세서상 발명의 상세한 설명이나 첨부된 도면을 참작하여 객관적·합리적으로 하여야 한다.
(대판 2007.9.21, 2005후520)

판례 의약의 용도발명에 있어서 발명의 특허청구범위의 기재 내용 : 의약의 용도발명에 있어서는 특정 물질이 가지고 있는 의약의 용도가 발명의 구성요건에 해당하므로, 발명의 특허청구범위에는 특정 물질의 의약용도를 대상 질병 또는 약효로 명확히 기재하여야 한다.(대판 2004.12.23, 2003후1550)

판례 심결취소소송의 심리범위 : 거절사정불복심판청구를 기각하는 심결의 취소소송단계에서 특허청은 심결에서 판단되지 않은 것이라고 하더라도 거절사정의 이유와 다른 새로운 거절이유에 해당하지 않는 한 심결의 결론을 정당하게 하는 사유를 주장·입증할 수 있고, 심결취소소송의 법원은 달리 볼 만한 특별한 사정이 없는 한, 제한없이 이를 심리 판단하여 판결의 기초로 삼을 수 있다.(대판 2003.2.26, 2001후1617)

제42조의2【특허출원일 등】 ① 특허출원일은 명세서 및 필요한 도면을 첨부한 특허출원서가 특허청장에게 도달한 날로 한다. 이 경우 명세서에 청구범위는 적지 아니할 수 있으나, 발명의 설명은 적어야 한다.
② 특허출원인은 제1항 후단에 따라 특허출원서에 최초로 첨부한 명세서에 청구범위를 적지 아니한 경우에는 제64조제1항 각 호의 구분에 따른 날부터 1년 2개월이 되는 날까지 명세서에 청구범위를 적는 보정을 하여야 한다. 다만, 본문에 따른 기한 이전에 제60조제3항에 따른 출원심사 청구의 취지를 통지받은 경우에는 그 통지를 받은 날부터 3개월이 되는 날 또는 제64조제1항 각 호의 구분에 따른 날부터 1년 2개월이 되는 날 중 빠른 날까지 보정을 하여야 한다.
③ 특허출원인이 제2항에 따른 보정을 하지 아니한 경우에는 제2항에 따른 기한이 되는 날의 다음 날에 해당 특허출원을 취하한 것으로 본다.
(2014.6.11 본조신설)

제42조의3【외국어특허출원 등】 ① 특허출원인이 명세서 및 도면(도면 중 설명부분에 한정한다. 이하 제2항 및 제5항에서 같다)을 국어가 아닌 산업통상자원부령으로 정하는 언어로 적겠다는 취지를 특허출원을 할 때 특허출원서에 적은 경우에는 그 언어로 적을 수 있다.
② 특허출원인이 특허출원서에 최초로 첨부한 명세서 및 도면을 제1항에 따른 언어로 적은 특허출원(이하 "외국어특허출원"이라 한다)을 한 경우에는 제64조제1항 각 호의 구분에 따른 날부터 1년 2개월이 되는 날까지 그 명세서 및 도면의 국어번역문을 산업통상자원부령으로 정하는 방법에 따라 제출하여야 한다. 다만, 본문에 따른 기한 이전에 제60조제3항에 따른 출원심사 청구의 취지를 통지받은 경우에는 그 통지를 받은 날부터 3개월이 되는 날 또는 제64조제1항 각 호의 구분에 따른 날부터 1년 2개월이 되는 날 중 빠른 날까지 제출하여야 한다.
③ 제2항에 따라 국어번역문을 제출한 특허출원인은 제2항에 따른 기한 이전에 그 국어번역문을 갈음하여 새로운 국어번역문을 제출할 수 있다. 다만, 다음 각 호의 어느 하나에 해당하는 경우에는 그러하지 아니하다.
1. 명세서 또는 도면을 보정(제5항에 따라 보정한 것으로 보는 경우는 제외한다)한 경우
2. 특허출원인이 출원심사의 청구를 한 경우
④ 특허출원인이 제2항에 따른 명세서의 국어번역문을 제출하지 아니한 경우에는 제2항에 따른 기한이 되는 날의 다음 날에 해당 특허출원을 취하한 것으로 본다.
⑤ 특허출원인이 제2항에 따른 국어번역문 또는 제3항 본문에 따른 새로운 국어번역문을 제출한 경우에는 외국어특허출원의 특허출원서에 최초로 첨부한 명세서 및 도면을 그 국어번역문에 따라 보정한 것으로 본다. 다만, 제3항 본문에 따라 새로운 국어번역문을 제출한 경우에는 마지막 국어번역문(이하 이 조 및 제47조제2항 후단에서 "최종 국어번역문"이라 한다) 전에 제출한 국어번역문에 따라 보정한 것으로 보는 모든 보정은 처음부터 없었던 것으로 본다.
⑥ 특허출원인은 제47조제1항에 따라 보정을 할 수 있는 기간에 최종 국어번역문의 잘못된 번역을 산업통상자원부령으로 정하는 방법에 따라 정정할 수 있다. 이 경우 정정된 국어번역문에 관하여는 제5항을 적용하지 아니한다.
⑦ 제6항 전단에 따라 제47조제1항제1호 또는 제2호에 따른 기간에 정정을 하는 경우에는 마지막 정정 전에 한 모든 정정은 처음부터 없었던 것으로 본다.(2016.2.29 본항신설)
(2014.6.11 본조신설)

제43조【요약서】 제42조제2항에 따른 요약서는 기술정보로서의 용도로 사용하여야 하며, 특허발명의 보호범위를 정하는 데에는 사용할 수 없다.(2014.6.11 본조개정)

제44조【공동출원】 특허를 받을 수 있는 권리가 공유인 경우에는 공유자 모두가 공동으로 특허출원을 하여야 한다.(2014.6.11 본조개정)

참조 [선출원]36·56, [공유]민262

제45조【하나의 특허출원의 범위】 ① 특허출원은 하나의 발명마다 하나의 특허출원으로 한다. 다만, 하나의 총괄적 발명의 개념을 형성하는 일 군(群)의 발명에 대하여 하나의 특허출원으로 할 수 있다.
② 제1항 단서에 따라 일 군의 발명에 대하여 하나의 특허출원으로 할 수 있는 요건은 대통령령으로 정한다.
(2014.6.11 본조개정)

제46조【절차의 보정】 특허청장 또는 특허심판원장은 특허에 관한 절차가 다음 각 호의 어느 하나에 해당하는 경우에는 기간을 정하여 보정을 명하여야 한다. 이 경우 보정명령을 받은 자는 그 기간에 그 보정명령에 대한 의견서를 특허청장 또는 특허심판원장에게 제출할 수 있다.
1. 제3조제1항 또는 제6조를 위반한 경우
2. 이 법 또는 이 법에 따른 명령으로 정하는 방식을 위반한 경우
3. 제82조에 따라 내야 할 수수료를 내지 아니한 경우
(2014.6.11 본조개정)

참조 규13·13의3·16, [절차의 무효]16

제47조【특허출원의 보정】 ① 특허출원인은 제66조에 따른 특허결정의 등본을 송달하기 전까지 특허출원서에 첨부한 명세서 또는 도면을 보정할 수 있다. 다만, 제63조제1항에 따른 거절이유통지(이하 "거절이유통지"라 한다)를 받은 후에는 다음 각 호의 구분에 따른 기간(제3호의 경우에는 그 때)에만 보정할 수 있다.
1. 거절이유통지(거절이유통지에 대한 보정에 따라 발생한 거절이유에 대한 거절이유통지는 제외한다)를 최초로 받거나 제2호의 거절이유통지가 아닌 거절이유통지를 받은 경우 : 해당 거절이유통지에 따른 의견서 제출기간
2. 거절이유통지(제66조의3제2항에 따른 통지를 한 경우에는 그 통지 전의 거절이유통지는 제외한다)에 대한 보정에 따라 발생한 거절이유에 대하여 거절이유통지를 받은 경우 : 해당 거절이유통지에 따른 의견서 제출기간(2016.2.29 본호개정)
3. 제67조의2에 따른 재심사를 청구하는 경우 : 청구할 때
② 제1항에 따른 명세서 또는 도면의 보정은 특허출원서에 최초로 첨부한 명세서 또는 도면에 기재된 사항의 범위에서 하여야 한다. 이 경우, 외국어특허출원에 대한 보정은 최종 국어번역문(제42조의3제6항 전단에 따른 정정이 있는 경우에는 정정된 국어번역문을 말한다) 또는 특허출원서에 최초로 첨부한 도면(도면 중 설명부분은 제외한다)에 기재된 사항의 범위에서도 하여야 한다.
③ 제1항제2호 및 제3호에 따른 보정 중 청구범위에 대한 보정은 다음 각 호의 어느 하나에 해당하는 경우에만 할 수 있다.
1. 청구항을 한정 또는 삭제하거나 청구항에 부가하여 청구범위를 감축하는 경우
2. 잘못 기재된 사항을 정정하는 경우
3. 분명하지 아니하게 기재된 사항을 명확하게 하는 경우
4. 제2항에 따른 범위를 벗어난 보정에 대하여 그 보정 전 청구범위로 되돌아가거나 되돌아가면서 청구범위를 제1호부터 제3호까지의 규정에 따라 보정하는 경우
④ 제1항제1호 또는 제2호에 따른 기간에 보정을 하는 경우에는 각각의 보정절차에서 마지막 보정 전에 한 모든 보정은 취하된 것으로 본다.
⑤ 외국어특허출원인 경우에는 제1항 본문에도 불구하고 제42조의3제2항에 따라 국어번역문을 제출한 경우에만 명세서 또는 도면을 보정할 수 있다.
(2014.6.11 본조개정)

제48조 (2001.2.3 삭제)

제49조 (2006.3.3 삭제)

제50조 (1997.4.10 삭제)

제51조【보정각하】 ① 심사관은 제47조제1항제2호 및 제3호에 따른 보정이 같은 조 제2항 또는 제3항을 위반하거나 그 보정(같은 조 제3항제1호 및 제4호에 따른 보정 중 청구항을 삭제하는 보정은 제외한다)에 따라 새로운 거절이유가 발생한 것으로 인정하면 결정으로 그 보정을 각하하여야 한다. 다만, 다음 각 호의 어느 하나에 해당하는 보정인 경우에는 그러하지 아니하다.(2016.2.29 단서개정)
1. 제66조의2에 따른 직권보정을 하는 경우 : 그 직권보정 전에 한 보정
2. 제66조의3에 따른 직권 재심사를 하는 경우 : 취소된 특허결정 전에 한 보정
3. 제67조의2에 따른 재심사의 청구가 있는 경우 : 그 청구 전에 한 보정
(2016.2.29 1호~3호신설)
② 제1항에 따른 각하결정은 서면으로 하여야 하며, 그 이유를 붙여야 한다.
③ 제1항에 따른 각하결정에 대해서는 불복할 수 없다. 다만, 제132조의17에 따른 특허거절결정에 대한 심판에서 그 각하결정(제66조의3에 따른 직권 재심사를 하는 경우 취소된 특허결정 전에 한 각하결정과 제67조의2에 따른 재심사의 청구가 있는 경우 그 청구 전에 한 각하결정은 제외한다)에 대하여 다투는 경우에는 그러하지 아니하다.(2016.2.29 단서개정)
(2014.6.11 본조개정)

판례 특허출원인이 거절결정에 대하여 불복심판을 청구하면서 명세서 등에 대한 보정서를 제출하고 거기에서 보정의 적법성에 관하여도 이미 주장한 이상, 그러한 당사자의 의사는 보정된 명세서대로의 특허출원에 등록거절사유가 있는지 여부에 관한 판단을 구하는 것이므로, 비록 특허출원인이 심사전치절차에서의 보정각하결정에 대하여 거절결정 불복심판절차에서 별도로 이를 다툰다는 취지의 서면을 제출하지 아니하였다 하더라도 심결이 있을 때까지 달리 보정의사를 철회하였다고 볼 만한 특별한 사정이 없는 한, 보정의 적법성에 대한 판단도 함께 구하는 것으로 보아 특허법 제51조 제3항 단서의 특허거절결정에 대한 심판에서 특허심사관의 보정 각하결정에 대하여 '다투는 경우'에 해당한다.
(대판 2007.6.1, 2007후609)

제52조【분할출원】 ① 특허출원인은 둘 이상의 발명을 하나의 특허출원으로 한 경우에는 그 특허출원의 출원서에 최초로 첨부된 명세서 또는 도면에 기재된 사항의 범위에서 다음 각 호의 어느 하나에 해당하는 기간에 그 일부를 하나 이상의 특허출원으로 분할할 수 있다. 다만, 그 특허출원이 외국어특허출원인 경우에는 그 특허출원에 대한 제42조의3제2항에 따른 국어번역문이 제출된 경우에만 분할할 수 있다.
1. 제47조제1항에 따라 보정을 할 수 있는 기간
2. 특허거절결정등본을 송달받은 날부터 3개월(제15조제1항에 따라 제132조의17에 따른 기간이 연장된 경우 그 연장된 기간을 말한다) 이내의 기간(2021.10.19 본호개정)
3. 제66조에 따른 특허결정 또는 제176조제1항에 따른 특허거절결정 취소심결(특허등록을 결정한 심결에 한정하되, 재심심결을 포함한다)의 등본을 송달받은 날부터 3개월 이내의 기간. 다만, 제79조에 따른 설정등록을 받으려는 날이 3개월보다 짧은 경우에는 그 날까지의 기간(2015.1.28 본호신설)
② 제1항에 따라 분할된 특허출원(이하 "분할출원"이라 한다)이 있는 경우 그 분할출원은 특허출원한 때에 출원한 것으로 본다. 다만, 그 분할출원에 대하여 다음 각 호의 규정을 적용할 경우에는 해당 분할출원을 한 때에 출원한 것으로 본다.
1. 분할출원이 제29조제3항에 따른 다른 특허출원 또는 「실용신안법」 제4조제4항에 따른 특허출원에 해당하여 이 법 제29조제3항 또는 「실용신안법」 제4조제4항을 적용하는 경우
2. 제30조제2항을 적용하는 경우
3. 제54조제3항을 적용하는 경우
4. 제55조제2항을 적용하는 경우
③ 제1항에 따라 분할출원을 하려는 자는 분할출원을 할 때에 특허출원서에 그 취지 및 분할의 기초가 된 특허출원의 표시를 하여야 한다.
④ 분할의 기초가 된 특허출원이 제54조 또는 제55조에 따라 우선권을 주장한 특허출원인 경우에는 제1항에 따라 분할출원을 한 때에 그 분할출원에 대해서도 우선권 주장을 한 것으로 보며, 분할의 기초가 된 특허출원에 대하여 제54조제4항에 따라 제출된 서류 또는 서면이 있는 경우에는 분할출원에 대해서도 해당 서류 또는 서면이 제출된 것으로 본다.(2021.10.19 본항신설)
⑤ 제4항에 따라 우선권을 주장한 것으로 보는 분할출원에 관하여는 제54조제7항 또는 제55조제7항에 따른 기한이 지난 후에도 분할출원을 한 날부터 30일 이내에 그 우선권 주장의 전부 또는 일부를 취하할 수 있다.
(2021.10.19 본항신설)
⑥ 분할출원의 경우에 제54조에 따른 우선권을 주장하는 자는 같은 조 제4항에 따른 서류를 같은 조 제5항에 따른 기간이 지난 후에도 분할출원을 한 날부터 3개월 이내에 특허청장에게 제출할 수 있다.
⑦ 분할출원이 외국어특허출원인 경우에는 특허출원인은 제42조의3제2항에 따른 국어번역문 또는 같은 조 제3항 본문에 따른 새로운 국어번역문을 같은 조 제2항에 따른 기한이 지난 후에도 분할출원을 한 날부터 30일이 되는 날까지는 제출할 수 있다. 다만, 제42조의3제3항 각 호의 어느 하나에 해당하는 경우에는 새로운 국어번역문을 제출할 수 없다.
⑧ 특허출원서에 최초로 첨부한 명세서에 청구범위를 적지 아니한 분할출원에 관하여는 제42조의2제2항에 따른 기한이 지난 후에도 분할출원을 한 날부터 30일이 되는 날까지는 명세서에 청구범위를 적는 보정을 할 수 있다.
(2014.6.11 본조개정)

참조 [출원]42이하, 규29·38 [기간의 계산]14, 민155이하

판례 원출원 발명과 분할출원 발명의 동일성 판단 기준 : 원출원 중 일부 발명이 실시례 등의 상세한 설명에 기재된 것으로서 원출원 발명과 다른 하나의 발명으로 볼 수 있는 경우에는 그 일부를 분할출원할 수 있으며, 이 경우 그 동일성 여부의 판단은 특허청구범위에 기재된 양 발명의 기술적 구성이 동일한가 여부에 의하여 판단하되 그 효과도 참작하여야 할 것인바, 기술적 구성에 차이가 있더라도 그 차이가 주지 관용기술의 부가, 삭제, 변경 등으로 새로운 효과의 발생이 없는 정도에 불과하다면 양 발명은 서로 동일하다고 하여야 한다.(대판 2004.3.12, 2002후2778)

제52조의2【분리출원】 ① 특허거절결정을 받은 자는 제132조의17에 따른 심판청구가 기각된 경우 그 심결의 등본을 송달받은 날부터 30일(제186조제5항에 따라 심판장이 부가기간을 정한 경우에는 그 기간을 말한다) 이내에 그 특허출원의 출원서에 최초로 첨부된 명세서 또는 도면에 기재된 사항의 범위에서 그 특허출원의 일부를 새로운 특허출원으로 분리할 수 있다. 이 경우 새로운 특허출원의 청구범위에는 다음 각 호의 어느 하나에 해당하는 청구항만을 적을 수 있다.

1. 그 심판청구의 대상이 되는 특허거절결정에서 거절되지 아니한 청구항
2. 거절된 청구항에서 그 특허거절결정의 기초가 된 선택적 기재사항을 삭제한 청구항
3. 제1호 또는 제2호에 따른 청구항을 제47조제3항 각 호(같은 항 제4호는 제외한다)의 어느 하나에 해당하도록 적은 청구항
4. 제1호부터 제3호까지 중 어느 하나의 청구항에서 그 특허출원의 출원서에 최초로 첨부된 명세서 또는 도면에 기재된 사항의 범위를 벗어난 부분을 삭제한 청구항

② 제1항에 따라 분리된 특허출원(이하 "분리출원"이라 한다)에 관하여는 제52조제2항부터 제5항까지의 규정을 준용한다. 이 경우 "분할"은 "분리"로, "분할출원"은 "분리출원"으로 본다.

③ 분리출원을 하는 경우에는 제42조의2제1항 후단 또는 제42조의3제1항에도 불구하고 특허출원서에 최초로 첨부한 명세서에 청구범위를 적지 아니하거나 명세서 및 도면(도면 중 설명부분에 한정한다)을 국어가 아닌 언어로 적을 수 없다.

④ 분리출원은 새로운 분리출원, 분할출원 또는 「실용신안법」 제10조에 따른 변경출원의 기초가 될 수 없다.
(2021.10.19 본조신설)

제53조【변경출원】 ① 실용신안등록출원인은 그 실용신안등록출원의 출원서에 최초로 첨부된 명세서 또는 도면에 기재된 사항의 범위에서 그 실용신안등록출원을 특허출원으로 변경할 수 있다. 다만, 다음 각 호의 어느 하나에 해당하는 경우에는 그러하지 아니하다.
1. 그 실용신안등록출원에 관하여 최초의 거절결정등본을 송달받은 날부터 3개월(「실용신안법」 제3조에 따라 준용되는 이 법 제15조제1항에 따라 제132조의17에 따른 기간이 연장된 경우에는 그 연장된 기간을 말한다)이 지난 경우(2021.10.19 본호개정)
2. 그 실용신안등록출원이 「실용신안법」 제8조의3제2항에 따른 외국어실용신안등록출원인 경우로서 변경하여 출원할 때 같은 항에 따른 국어번역문이 제출되지 아니한 경우
(2014.6.11 본항개정)

② 제1항에 따라 변경된 특허출원(이하 "변경출원"이라 한다)이 있는 경우에 그 변경출원은 실용신안등록출원을 한 때에 특허출원한 것으로 본다. 다만, 그 변경출원이 다음 각 호의 어느 하나에 해당하는 경우에는 그러하지 아니하다.
1. 제29조제3항에 따른 다른 특허출원 또는 「실용신안법」 제4조제4항에 따른 특허출원에 해당하여 이 법 제29조제3항 또는 「실용신안법」 제4조제4항을 적용하는 경우
2. 제30조제2항을 적용하는 경우
3. 제54조제3항을 적용하는 경우
4. 제55조제2항을 적용하는 경우
(2014.6.11 본항개정)

③ 제1항에 따라 변경출원을 하려는 자는 변경출원을 할 때 특허출원서에 그 취지 및 변경출원의 기초가 된 실용신안등록출원의 표시를 하여야 한다.(2014.6.11 본항개정)

④ 변경출원이 있는 경우에는 그 실용신안등록출원은 취하된 것으로 본다.(2014.6.11 본항개정)

⑤ (2014.6.11 삭제)

⑥ 변경출원의 경우에 제54조에 따른 우선권을 주장하는 자는 같은 조 제4항에 따른 서류를 같은 조 제5항에 따른 기간이 지난 후에도 변경출원을 한 날부터 3개월 이내에 특허청장에게 제출할 수 있다.(2013.3.22 본항개정)

⑦ 특허출원인은 변경출원이 외국어특허출원인 경우에는 제42조의3제2항에 따른 국어번역문 또는 같은 조 제3항 본문에 따른 새로운 국어번역문을 같은 조 제2항에 따른 기한이 지난 후에도 변경출원을 한 날부터 30일이 되는 날까지는 제출할 수 있다. 다만, 제42조의3제3항 각 호의 어느 하나에 해당하는 경우에는 새로운 국어번역문을 제출할 수 없다.(2014.6.11 본항신설)

⑧ 특허출원인은 특허출원서에 최초로 첨부한 명세서에 청구범위를 적지 아니한 변경출원의 경우 제42조의2제2항에 따른 기한이 지난 후에도 변경출원을 한 날부터 30일이 되는 날까지 명세서에 청구범위를 적는 보정을 할 수 있다.(2014.6.11 본항신설)

제54조【조약에 의한 우선권 주장】 ① 조약에 따라 다음 각 호의 어느 하나에 해당하는 경우에는 제29조 및 제36조를 적용할 때에 그 당사국에 출원한 날을 대한민국에 특허출원한 날로 본다.
1. 대한민국 국민에게 특허출원에 대한 우선권을 인정하는 당사국의 국민이 그 당사국 또는 다른 당사국에 특허출원한 후 동일한 발명을 대한민국에 특허출원하여 우선권을 주장하는 경우
2. 대한민국 국민에게 특허출원에 대한 우선권을 인정하는 당사국에 대한민국 국민이 특허출원한 후 동일한 발명을 대한민국에 특허출원하여 우선권을 주장하는 경우

② 제1항에 따라 우선권을 주장하려는 자는 우선권 주장의 기초가 되는 최초의 출원일부터 1년 이내에 특허출원을 하지 아니하면 우선권을 주장할 수 없다.

③ 제1항에 따라 우선권을 주장하려는 자는 특허출원을 할 때 특허출원서에 그 취지, 최초로 출원한 국가명 및 출원의 연월일을 적어야 한다.

④ 제3항에 따라 우선권을 주장한 자는 제1호의 서류 또는 제2호의 서면을 특허청장에게 제출하여야 한다. 다만, 제2호의 서면은 산업통상자원부령으로 정하는 국가의 경우만 해당한다.
1. 최초로 출원한 국가의 정부가 인증하는 서류로서 특허출원의 연월일을 적은 서면, 발명의 명세서 및 도면의 등본
2. 최초로 출원한 국가의 특허출원의 출원번호 및 그 밖에 출원을 확인할 수 있는 정보 등 산업통상자원부령으로 정하는 사항을 적은 서면

⑤ 제4항에 따른 서류 또는 서면은 다음 각 호에 해당하는 날 중 최우선일(最優先日)부터 1년 4개월 이내에 제출하여야 한다.
1. 조약 당사국에 최초로 출원한 출원일
2. 그 특허출원이 제55조제1항에 따른 우선권 주장을 수반하는 경우에는 그 우선권 주장의 기초가 되는 출원의 출원일
3. 그 특허출원이 제3항에 따른 다른 우선권 주장을 수반하는 경우에는 그 우선권 주장의 기초가 되는 출원의 출원일

⑥ 제3항에 따라 우선권을 주장한 자가 제5항의 기간에 제4항에 따른 서류를 제출하지 아니한 경우에는 그 우선권 주장은 효력을 상실한다.

⑦ 제1항에 따라 우선권 주장을 한 자 중 제2항의 요건을 갖춘 자는 제5항에 따른 최우선일부터 1년 4개월 이내에 해당 우선권 주장을 보정하거나 추가할 수 있다.
(2014.6.11 본조개정)

참조 [서류의 원용]규10 · 25, [조약]헌6, [특허출원]42이하

제55조【특허출원 등을 기초로 한 우선권 주장】 ① 특허를 받으려는 자는 자신이 특허나 실용신안등록을 받을 수 있는 권리를 가진 특허출원 또는 실용신안등록출원으로 먼저 한 출원(이하 "선출원"이라 한다)의 출원서에 최초로 첨부된 명세서 또는 도면에 기재된 발명을 기초로 그 특허출원한 발명에 관하여 우선권을 주장할 수 있다. 다만, 다음 각 호의 어느 하나에 해당하는 경우에는 그러하지 아니하다.
1. 그 특허출원이 선출원의 출원일부터 1년이 지난 후에 출원된 경우
2. 선출원이 제52조제2항(「실용신안법」 제11조에 따라 준용되는 경우를 포함한다)에 따른 분할출원 또는 제52조의2제2항(「실용신안법」 제11조에 따라 준용되는 경우를 포함한다)에 따른 분리출원이거나 제53조제2항 또는 「실용신안법」 제10조제2항에 따른 변경출원인 경우(2021.10.19 본호개정)
3. 그 특허출원을 할 때에 선출원이 포기 · 무효 또는 취하된 경우
4. 그 특허출원을 할 때에 선출원이 설정등록되었거나 특허거절결정, 실용신안등록거절결정 또는 거절한다는 취지의 심결이 확정된 경우(2021.10.19 본호개정)

② 제1항에 따른 우선권을 주장하려는 자는 특허출원을 할 때 특허출원서에 그 취지와 선출원의 표시를 하여야 한다.

③ 제1항에 따른 우선권 주장을 수반하는 특허출원된 발명 중 해당 우선권 주장의 기초가 된 선출원의 출원서에 최초로 첨부된 명세서 또는 도면에 기재된 발명과 같은 발명에 관하여 제29조제1항 · 제2항, 같은 조 제3항 본문, 같은 조 제4항 본문, 제30조제1항, 제36조제1항부터 제3항까지, 제96조제1항제3호, 제98조, 제103조, 제105조제1항 · 제2항, 제129조 및 제136조제5항(제132조의3제3항 또는 제133조의2제4항에 따라 준용되는 경우를 포함한다), 「실용신안법」 제7조제3항 · 제4항 및 제25조, 「디자인보호법」 제95조 및 제103조제3항을 적용할 때에는 그 특허출원은 그 선출원을 한 때에 특허출원한 것으로 본다.(2016.2.29 본항개정)

④ 제1항에 따른 우선권 주장을 수반하는 특허출원의 출원서에 최초로 첨부된 명세서 또는 도면에 기재된 발명 중 해당 우선권 주장의 기초가 된 선출원의 출원서에 최초로 첨부된 명세서 또는 도면에 기재된 발명과 같은 발명은 그 특허출원이 출원공개되거나 특허가 등록공고되었을 때에 해당 우선권 주장의 기초가 된 선출원에 관하여 출원공개가 된 것으로 보고 제29조제3항 본문, 같은 조 제4항 본문 또는 「실용신안법」 제4조제3항 본문 · 제4항 본문을 적용한다.

⑤ 선출원이 다음 각 호의 어느 하나에 해당하면 그 선출원의 출원서에 최초로 첨부된 명세서 또는 도면에 기재된 발명 중 그 선출원에 관하여 우선권 주장의 기초가 된 출원의 출원서에 최초로 첨부된 명세서 또는 도면에 기재된 발명에 대해서는 제3항과 제4항을 적용하지 아니한다.
1. 선출원이 제1항에 따른 우선권 주장을 수반하는 출원인 경우
2. 선출원이 「공업소유권의 보호를 위한 파리 협약」 제4조D(1)에 따른 우선권 주장을 수반하는 출원인 경우

⑥ 제4항을 적용할 때 선출원이 다음 각 호의 어느 하나에 해당하더라도 제29조제7항을 적용하지 아니한다.
1. 선출원이 제201조제4항에 따라 취하한 것으로 보는 국제특허출원인 경우
2. 선출원이 「실용신안법」 제35조제4항에 따라 취하한 것으로 보는 국제실용신안등록출원인 경우

⑦ 제1항에 따른 요건을 갖추어 우선권 주장을 한 자는 선출원일(선출원이 둘 이상인 경우에는 최선출원일을 말한다)부터 1년 4개월 이내에 그 우선권 주장을 보정하거나 추가할 수 있다.

⑧ 제1항에 따른 우선권 주장의 기초가 된 선출원은 제79조에 따른 설정등록을 받을 수 없다. 다만, 해당 선출원을 기초로 한 우선권 주장이 취하된 경우에는 그러하지 아니하다.(2021.10.19 본항신설)
(2014.6.11 본조개정)

참조 규13 · 19, [실용신안등록출원]실용신안8, [선출원]36 · 56

제56조【선출원의 취하 등】 ① 제55조제1항에 따른 우선권 주장의 기초가 된 선출원은 그 출원일부터 1년 3개월이 지난 때에 취하된 것으로 본다. 다만, 그 선출원이 다음 각 호의 어느 하나에 해당하는 경우에는 그러하지 아니하다.
1. 포기, 무효 또는 취하된 경우
2. 설정등록되었거나 특허거절결정, 실용신안등록거절결정 또는 거절한다는 취지의 심결이 확정된 경우
(2021.10.19 본호개정)
3. 해당 선출원을 기초로 한 우선권 주장이 취하된 경우

② 제55조제1항에 따른 우선권 주장을 수반하는 특허출원의 출원인은 선출원의 출원일부터 1년 3개월이 지난 후에는 그 우선권 주장을 취하할 수 없다.

③ 제55조제1항에 따른 우선권 주장을 수반하는 특허출원이 선출원의 출원일부터 1년 3개월 이내에 취하된 때에는 그 우선권 주장도 동시에 취하된 것으로 본다.
(2014.6.11 본조개정)

참조 [선출원]36

제3장 심 사
(2014.6.11 본장제목개정)

제57조【심사관에 의한 심사】 ① 특허청장은 심사관에게 특허출원을 심사하게 한다.

② 심사관의 자격에 관하여 필요한 사항은 대통령령으로 정한다.
(2014.6.11 본조개정)

제58조【전문기관의 등록 등】 ① 특허청장은 출원인이 특허출원할 때 필요하거나 특허출원을 심사(국제출원에 대한 국제조사 및 국제예비심사를 포함한다)할 때에 필요하다고 인정하면 제2항에 따른 전문기관에 미생물의 기탁 · 분양, 선행기술의 조사, 특허분류의 부여, 그 밖에 대통령령으로 정하는 업무를 의뢰할 수 있다.(2016.12.2 본항개정)

② 제1항에 따라 특허청장이 의뢰하는 업무를 수행하려는 자는 특허청장에게 전문기관의 등록을 하여야 한다.
(2016.12.2 본항신설)

③ 특허청장은 제1항의 업무를 효과적으로 수행하기 위하여 필요하다고 인정하는 경우에는 대통령령으로 정하는 전담기관으로 하여금 전문기관 업무에 대한 관리 및 평가에 관한 업무를 대행하게 할 수 있다.(2018.4.17 본항신설)

④ 특허청장은 특허출원의 심사에 필요하다고 인정하는 경우에는 관계 행정기관, 해당 기술분야의 전문기관 또는 특허에 관한 지식과 경험이 풍부한 사람에게 협조를 요청하거나 의견을 들을 수 있다. 이 경우 특허청장은 예산의 범위에서 수당 또는 비용을 지급할 수 있다.

⑤ 제2항에 따른 전문기관의 등록기준, 선행기술의 조사 또는 특허분류의 부여 등의 의뢰에 필요한 사항은 대통령령으로 정한다.(2016.12.2 본항개정)
(2016.12.2 본조제목개정)
(2014.6.11 본조개정)

제58조의2【전문기관 등록의 취소 등】 ① 특허청장은 제58조제2항에 따른 전문기관이 제1호에 해당하는 경우에는 전문기관의 등록을 취소하여야 하며, 제2호 또는 제3호에 해당하는 경우에는 그 등록을 취소하거나 6개월 이내의 기간을 정하여 업무의 전부 또는 일부의 정지를 명할 수 있다.(2016.12.2 본문개정)
1. 거짓이나 그 밖의 부정한 방법으로 등록을 한 경우
(2016.12.2 본호개정)
2. 제58조제5항에 따른 등록기준에 맞지 아니하게 된 경우(2018.4.17 본호개정)
3. 전문기관의 임직원이 특허출원 중인 발명(국제출원 중인 발명을 포함한다)에 관하여 직무상 알게 된 비밀을 누설하거나 도용한 경우(2016.2.29 본호신설)

② 특허청장은 제1항에 따라 전문기관의 등록을 취소하거나 업무정지를 명하려면 청문을 하여야 한다.
(2016.12.2 본항개정)

③ 제1항에 따른 처분의 세부 기준과 절차 등에 관하여 필요한 사항은 산업통상자원부령으로 정한다.
(2016.12.2 본조제목개정)
(2014.6.11 본조개정)

제59조【특허출원심사의 청구】 ① 특허출원에 대하여 심사청구가 있을 때에만 이를 심사한다.

② 누구든지 특허출원에 대하여 특허출원일부터 3년 이내에 특허청장에게 출원심사의 청구를 할 수 있다. 다만, 특허출원인은 다음 각 호의 어느 하나에 해당하는 경우에는 출원심사의 청구를 할 수 없다.(2016.2.29 본문개정)

1. 명세서에 청구범위를 적지 아니한 경우
2. 제42조의3제2항에 따른 국어번역문을 제출하지 아니한 경우(외국어특허출원의 경우로 한정한다)
③ 제34조 및 제35조에 따른 정당한 권리자의 특허출원, 분할출원, 분리출원 또는 변경출원에 관하여는 제2항에 따른 기간이 지난 후에도 정당한 권리자가 특허출원을 한 날, 분할출원을 한 날, 분리출원을 한 날 또는 변경출원을 한 날부터 각각 30일 이내에 출원심사의 청구를 할 수 있다.(2021.10.19 본항개정)
④ 출원심사의 청구는 취하할 수 없다.
⑤ 제2항 또는 제3항에 따라 출원심사의 청구를 할 수 있는 기간에 출원심사의 청구가 없으면 그 특허출원은 취하한 것으로 본다.
(2014.6.11 본조개정)

참조 규38, [기간의 계산]14, 민155이하

제60조【출원심사의 청구절차】 ① 출원심사의 청구를 하려는 자는 다음 각 호의 사항을 적은 출원심사청구서를 특허청장에게 제출하여야 한다.
1. 청구인의 성명 및 주소(법인인 경우에는 그 명칭 및 영업소의 소재지)
2. 출원심사의 청구대상이 되는 특허출원의 표시
② 특허청장은 출원공개 전에 출원심사의 청구가 있으면 출원공개 시에, 출원공개 후에 출원심사의 청구가 있으면 지체 없이 그 취지를 특허공보에 게재하여야 한다.
③ 특허청장은 특허출원인이 아닌 자로부터 출원심사의 청구가 있으면 그 취지를 특허출원인에게 알려야 한다.
(2014.6.11 본조개정)

참조 영19, 규37, [주소]민18 · 36, 국적법5, [출원공개]64 · 65

제61조【우선심사】 특허청장은 다음 각 호의 어느 하나에 해당하는 특허출원에 대해서는 심사관에게 다른 특허출원에 우선하여 심사하게 할 수 있다.
1. 제64조에 따른 출원공개 후 특허출원인이 아닌 자가 업(業)으로서 특허출원된 발명을 실시하고 있다고 인정되는 경우
2. 대통령령으로 정하는 특허출원으로서 긴급하게 처리할 필요가 있다고 인정되는 경우
3. 대통령령으로 정하는 특허출원으로서 재난의 예방·대응·복구 등에 필요하다고 인정되는 경우
(2020.12.22 본호신설)
(2014.6.11 본조개정)

제62조【특허거절결정】 심사관은 특허출원이 다음 각 호의 어느 하나의 거절이유(이하 "거절이유"라 한다)에 해당하는 경우에는 특허거절결정을 하여야 한다.
1. 제25조·제29조·제32조·제36조제1항부터 제3항까지 또는 제44조에 따라 특허를 받을 수 없는 경우
2. 제33조제1항 본문에 따른 특허를 받을 수 있는 권리를 가지지 아니하거나 같은 항 단서에 따라 특허를 받을 수 없는 경우
3. 조약을 위반한 경우
4. 제42조제3항·제4항·제8항 또는 제45조에 따른 요건을 갖추지 아니한 경우
5. 제47조제2항에 따른 범위를 벗어난 보정인 경우
6. 제52조제1항에 따른 범위를 벗어난 분할출원 또는 제52조의2제1항에 따른 범위를 벗어나는 분리출원인 경우(2021.10.19 본호개정)
7. 제53조제1항에 따른 범위를 벗어난 변경출원인 경우
(2014.6.11 본조개정)

참조 [특허출원]42이하

제63조【거절이유통지】 ① 심사관은 다음 각 호의 어느 하나에 해당하는 경우 특허출원인에게 거절이유를 통지하고, 기간을 정하여 의견서를 제출할 수 있는 기회를 주어야 한다. 다만, 제51조제1항에 따라 각하결정을 하려는 경우에는 그러하지 아니하다.
1. 제62조에 따라 특허거절결정을 하려는 경우
2. 제66조의3제1항에 따른 직권 재심사를 하여 취소된 특허결정 전에 이미 통지한 거절이유로 특허거절결정을 하려는 경우
(2016.2.29 본항개정)
② 심사관은 청구범위에 둘 이상의 청구항이 있는 특허출원에 대하여 제1항 본문에 따라 거절이유를 통지할 때에는 그 통지서에 거절되는 청구항을 명확히 밝히고, 그 청구항에 관한 거절이유를 구체적으로 적어야 한다.
(2014.6.11 본조개정)

참조 영4, 규48, [기간의 계산]14, 민155이하, 규16, [의견서]규41

제63조의2【특허출원에 대한 정보제공】 특허출원에 관하여 누구든지 그 특허출원이 거절이유에 해당하여 특허될 수 없다는 취지의 정보를 증거와 함께 특허청장에게 제공할 수 있다. 다만, 제42조제3항제2호, 같은 조 제8항 및 제45조에 따른 요건을 갖추지 아니한 경우에는 그러하지 아니하다.(2014.6.11 본조개정)

참조 영19, 규45

제63조의3【외국의 심사결과 제출명령】 심사관은 제54조에 따른 우선권 주장을 수반한 특허출원의 심사에 필요한 경우에는 기간을 정하여 그 우선권 주장의 기초가 되는 출원을 한 국가의 심사결과에 대한 자료(그 심사결과가 없는 경우에는 그 취지를 적은 의견서를 말한다)를 산업통상자원부령으로 정하는 방법에 따라 제출할 것을 특허출원인에게 명할 수 있다.(2016.2.29 본조신설)

제64조【출원공개】 ① 특허청장은 다음 각 호의 구분에 따른 날부터 1년 6개월이 지난 후 또는 그 전이라도 특허출원인이 신청한 경우에는 산업통상자원부령으로 정하는 바에 따라 그 특허출원에 관하여 특허공보에 게재하여 출원공개를 하여야 한다.
1. 제54조제1항에 따른 우선권 주장을 수반하는 특허출원의 경우 : 그 우선권 주장의 기초가 된 출원일
2. 제55조제1항에 따른 우선권 주장을 수반하는 특허출원의 경우 : 선출원의 출원일
3. 제54조제1항 또는 제55조제1항에 따른 둘 이상의 우선권 주장을 수반하는 특허출원의 경우 : 해당 우선권 주장의 기초가 된 출원일 중 최우선일
4. 제1호부터 제3호까지의 어느 하나에 해당하지 아니하는 특허출원의 경우 : 그 특허출원일
② 제1항에도 불구하고 다음 각 호의 어느 하나에 해당하는 경우에는 출원공개를 하지 아니한다.
1. 명세서에 청구범위를 적지 아니한 경우
2. 제42조의3제2항에 따른 국어번역문을 제출하지 아니한 경우(외국어특허출원의 경우로 한정한다)
3. 제87조제3항에 따라 등록공고를 한 특허의 경우
③ 제41조제1항에 따라 비밀취급된 특허출원의 발명에 대해서는 그 발명의 비밀취급이 해제될 때까지 그 특허출원의 출원공개를 보류하여야 하며, 그 발명의 비밀취급이 해제된 경우에는 지체 없이 제1항에 따라 출원공개를 하여야 한다. 다만, 그 특허출원이 설정등록된 경우에는 출원공개를 하지 아니한다.
④ 제1항의 출원공개에 관하여 출원인의 성명·주소 및 출원번호 등 특허공보에 게재할 사항은 대통령령으로 정한다.
(2014.6.11 본조개정)

참조 [특허출원]42이하

제65조【출원공개의 효과】 ① 특허출원인은 출원공개가 있은 후 그 특허출원된 발명을 업으로서 실시한 자에게 특허출원된 발명임을 서면으로 경고할 수 있다.
② 특허출원인은 제1항에 따른 경고를 받거나 제64조에 따라 출원공개된 발명임을 알고 그 특허출원된 발명을 업으로 실시한 자에게 그 경고를 받거나 출원공개된 발명임을 알았을 때부터 특허권의 설정등록을 할 때까지의 기간 동안 그 특허발명의 실시에 대하여 합리적으로 받을 수 있는 금액에 상당하는 보상금의 지급을 청구할 수 있다.
(2019.1.8 본항개정)
③ 제2항에 따른 청구권은 그 특허출원된 발명에 대한 특허권이 설정등록된 후에만 행사할 수 있다.
④ 제2항에 따른 청구권의 행사는 특허권의 행사에 영향을 미치지 아니한다.
⑤ 제2항에 따른 청구권을 행사하는 경우에는 제127조·제129조·제132조 및 「민법」 제760조·제766조를 준용한다. 이 경우 「민법」 제766조제1항 중 "피해자나 그 법정대리인이 그 손해 및 가해자를 안 날"은 "해당 특허권의 설정등록일"로 본다.
⑥ 제64조에 따른 출원공개 후 다음 각 호의 어느 하나에 해당하는 경우에는 제2항에 따른 청구권은 처음부터 발생하지 아니한 것으로 본다.
1. 특허출원이 포기·무효 또는 취하된 경우
2. 특허출원에 대하여 제62조에 따른 특허거절결정이 확정된 경우
3. 제132조의13제1항에 따른 특허취소결정이 확정된 경우(2016.2.29 본호신설)
4. 제133조에 따른 특허를 무효로 한다는 심결(같은 조 제1항제4호에 따른 경우는 제외한다)이 확정된 경우
(2014.6.11 본조개정)

제66조【특허결정】 심사관은 특허출원에 대하여 거절이유를 발견할 수 없으면 특허결정을 하여야 한다.
(2014.6.11 본조개정)

제66조의2【직권보정 등】 ① 심사관은 제66조에 따른 특허결정을 할 때에 특허출원서에 첨부된 명세서, 도면 또는 요약서에 적힌 사항이 명백히 잘못된 경우에는 직권으로 보정(이하 "직권보정"이라 한다)할 수 있다. 이 경우 직권보정은 제47조제2항에 따른 범위에서 하여야 한다.(2021.8.17 후단신설)
② 제1항에 따라 심사관이 직권보정을 하려면 제67조제2항에 따른 특허결정의 등본 송달과 함께 그 직권보정 사항을 특허출원인에게 알려야 한다.
③ 특허출원인은 직권보정 사항의 전부 또는 일부를 받아들일 수 없으면 제79조제1항에 따라 특허료를 낼 때까지 그 직권보정 사항에 대한 의견서를 특허청장에게 제출하여야 한다.
④ 특허출원인이 제3항에 따라 의견서를 제출한 경우 해당 직권보정 사항의 전부 또는 일부는 처음부터 없었던 것으로 본다. 이 경우 그 특허결정도 함께 취소된 것으로 본다. 다만, 특허출원서에 첨부된 요약서에 관한 직권보정 사항의 전부 또는 일부만 처음부터 없었던 것으로 보는 경우에는 그러하지 아니하다.(2016.2.29 본항개정)
⑤ (2016.2.29 삭제)
⑥ 직권보정이 제47조제2항에 따른 범위를 벗어나거나 명백히 잘못되지 아니한 사항을 직권보정한 경우 그 직권보정은 처음부터 없었던 것으로 본다.(2021.8.17 본항신설)
(2016.2.29 본조제목개정)
(2014.6.11 본조개정)

제66조의3【특허결정 이후 직권 재심사】 ① 심사관은 특허결정된 특허출원에 관하여 명백한 거절이유를 발견한 경우에는 직권으로 특허결정을 취소하고, 그 특허출원을 다시 심사(이하 "직권 재심사"라 한다)할 수 있다. 다만, 다음 각 호의 어느 하나에 해당하는 경우에는 그러하지 아니하다.
1. 거절이유가 제42조제3항제2호, 같은 조 제8항 및 제45조에 따른 요건에 관한 것인 경우
2. 그 특허결정에 따라 특허권이 설정등록된 경우
3. 그 특허출원이 취하되거나 포기된 경우
② 제1항에 따라 심사관이 직권 재심사를 하려면 특허결정을 취소한다는 사실을 특허출원인에게 통지하여야 한다.
③ 특허출원인이 제2항에 따른 통지를 받기 전에 그 특허출원이 제1항제2호 또는 제3호에 해당하게 된 경우에는 특허결정의 취소는 처음부터 없었던 것으로 본다.
(2016.2.29 본조신설)

제67조【특허여부결정의 방식】 ① 특허결정 및 특허거절결정(이하 "특허여부결정"이라 한다)은 서면으로 하여야 하며, 그 이유를 붙여야 한다.
② 특허청장은 특허여부결정이 있는 경우에는 그 결정의 등본을 특허출원인에게 송달하여야 한다.
(2014.6.11 본조개정)

제67조의2【재심사의 청구】 ① 특허출원인은 그 특허출원에 관하여 특허결정의 등본을 송달받은 날부터 제79조에 따른 설정등록을 받기 전까지의 기간 또는 특허거절결정등본을 송달받은 날부터 3개월(제15조제1항에 따라 제132조의17에 따른 기간이 연장된 경우 그 연장된 기간을 말한다) 이내에 그 특허출원의 명세서 또는 도면을 보정하여 해당 특허출원에 관한 재심사(이하 "재심사"라 한다)를 청구할 수 있다. 다만, 다음 각 호의 어느 하나에 해당하는 경우에는 그러하지 아니하다.(2021.10.19 본문개정)
1. 재심사를 청구할 때에 이미 재심사에 따른 특허여부의 결정이 있는 경우
2. 제132조의17에 따른 심판청구가 있는 경우(제176조제1항에 따라 특허거절결정이 취소된 경우는 제외한다)
3. 그 특허출원이 분리출원인 경우
(2021.10.19 1호~3호신설)
② 특허출원인은 제1항에 따른 재심사의 청구와 함께 의견서를 제출할 수 있다.
③ 제1항에 따라 재심사가 청구된 경우 그 특허출원에 대하여 종전에 이루어진 특허결정 또는 특허거절결정은 취소된 것으로 본다. 다만, 재심사의 청구절차가 제16조제1항에 따라 무효로 된 경우에는 그러하지 아니하다.
(2021.10.19 본문개정)
④ 제1항에 따른 재심사의 청구는 취하할 수 없다.
(2014.6.11 본조개정)

제67조의3【특허출원의 회복】 ① 특허출원인이 정당한 사유로 다음 각 호의 어느 하나에 해당하는 기간을 지키지 못하여 특허출원이 취하되거나 특허거절결정이 확정된 것으로 인정되는 경우에는 그 사유가 소멸한 날부터 2개월 이내에 출원심사의 청구 또는 재심사의 청구를 할 수 있다. 다만, 그 기간의 만료일부터 1년이 지난 때에는 그러하지 아니하다.(2021.10.19 본문개정)
1. 제59조제2항 또는 제3항에 따라 출원심사의 청구를 할 수 있는 기간
2. 제67조의2제1항에 따라 재심사의 청구를 할 수 있는 기간
② 제1항에 따른 출원심사의 청구 또는 재심사의 청구가 있는 경우에는 제59조제5항에도 불구하고 그 특허출원은 취하되지 아니한 것으로 보거나 특허거절결정이 확정되지 아니한 것으로 본다.
(2013.3.22 본조신설)

제68조【심판규정의 심사에의 준용】 특허출원의 심사에 관하여는 제148조제1호부터 제5호까지 및 제7호를 준용한다.(2014.6.11 본조개정)

참조 [포기]119, [거절결정]62

제69조~제77조 (2006.3.3 삭제)

제78조【심사 또는 소송절차의 중지】 ① 특허출원의 심사에 필요한 경우에는 특허취소신청에 대한 결정이나 심결이 확정될 때까지 또는 소송절차가 완결될 때까지 그 심사절차를 중지할 수 있다.(2016.2.29 본항개정)
② 법원은 소송에 필요한 경우에는 특허출원에 대한 특허여부결정이 확정될 때까지 그 소송절차를 중지할 수 있다.
③ 제1항 및 제2항에 따른 중지에 대해서는 불복할 수 없다.
(2014.6.11 본조개정)

제78조의2 (2006.3.3 삭제)

제4장 특허료 및 특허등록 등
(2014.6.11 본장개정)

제79조【특허료】 ① 제87조제1항에 따른 특허권의 설정등록을 받으려는 자는 설정등록을 받으려는 날(이하 "설정등록일"이라 한다)부터 3년분의 특허료를 내야 하고, 특허권자는 그 다음 해부터의 특허료를 해당 권리의 설정등록일에 해당하는 날을 기준으로 매년 1년분씩 내야 한다.
② 제1항에도 불구하고 특허권자는 그 다음 해부터의 특허료는 그 납부연도 순서에 따라 수년분 또는 모든 연도분을 함께 낼 수 있다.

③ 제1항 및 제2항에 따른 특허료, 그 납부방법 및 납부기간, 그 밖에 필요한 사항은 산업통상자원부령으로 정한다.
참조 [등록]85·87

제80조【이해관계인에 의한 특허료의 납부】 ① 이해관계인은 특허료를 내야 할 자의 의사와 관계없이 특허료를 낼 수 있다.
② 이해관계인은 제1항에 따라 특허료를 낸 경우에는 내야 할 자가 현재 이익을 얻는 한도에서 그 비용의 상환을 청구할 수 있다.

제81조【특허료의 추가납부 등】 ① 특허권의 설정등록을 받으려는 자 또는 특허권자는 제79조제3항에 따른 납부기간이 지난 후에도 6개월 이내(이하 "추가납부기간"이라 한다)에 특허료를 추가로 낼 수 있다.
② 제1항에 따라 특허료를 추가로 낼 때에는 내야 할 특허료의 2배의 범위에서 산업통상자원부령으로 정하는 금액을 납부하여야 한다.
③ 추가납부기간에 특허료를 내지 아니한 경우(추가납부기간이 끝나더라도 제81조의2제2항에 따른 보전기간이 끝나지 아니한 경우에는 그 보전기간에 보전하지 아니한 경우를 말한다)에는 특허권의 설정등록을 받으려는 자의 특허출원은 포기한 것으로 보며, 특허권자의 특허권은 제79조제1항 또는 제2항에 따라 낸 특허료에 해당되는 기간이 끝나는 날의 다음 날로 소급하여 소멸된 것으로 본다.

제81조의2【특허료의 보전】 ① 특허청장은 특허권의 설정등록을 받으려는 자 또는 특허권자가 제79조제3항 또는 제81조제1항에 따른 기간에 특허료의 일부를 내지 아니한 경우에는 특허료의 보전(補塡)을 명하여야 한다.
② 제1항에 따라 보전명령을 받은 자는 그 보전명령을 받은 날부터 1개월 이내(이하 "보전기간"이라 한다)에 특허료를 보전할 수 있다.
③ 제2항에 따라 특허료를 보전하는 자는 내지 아니한 금액의 2배의 범위에서 산업통상자원부령으로 정한 금액을 내야 한다.

제81조의3【특허료의 추가납부 또는 보전에 의한 특허출원과 특허권의 회복 등】 ① 특허권의 설정등록을 받으려는 자 또는 특허권자가 정당한 사유로 추가납부기간에 특허료를 내지 아니하였거나 보전기간에 보전하지 아니한 경우에는 그 사유가 소멸한 날부터 2개월 이내에 그 특허료를 내거나 보전할 수 있다. 다만, 추가납부기간의 만료일 또는 보전기간의 만료일 중 늦은 날부터 1년이 지난 때에는 그러하지 아니하다.(2021.10.19 본문개정)
② 제1항에 따라 특허료를 내거나 보전한 자는 제81조제3항에도 불구하고 그 특허출원을 포기하지 아니한 것으로 보며, 그 특허권은 계속하여 존속하고 있던 것으로 본다.
③ 추가납부기간에 특허료를 내지 아니하였거나 보전기간에 보전하지 아니하여 특허발명의 특허권이 소멸한 경우 그 특허권자는 추가납부기간 또는 보전기간 만료일부터 3개월 이내에 제79조에 따른 특허료의 2배를 내고, 그 소멸한 권리의 회복을 신청할 수 있다. 이 경우 그 특허권은 계속하여 존속하고 있던 것으로 본다.
④ 제2항 또는 제3항에 따른 특허출원 또는 특허권의 효력은 추가납부기간 또는 보전기간이 지난 날부터 특허료를 내거나 보전한 날까지의 기간(이하 이 조에서 "효력제한기간"이라 한다) 중에 타인이 특허출원된 발명 또는 특허발명을 실시한 행위에 대해서는 그 효력이 미치지 아니한다.
⑤ 효력제한기간 중 국내에서 선의로 제2항 또는 제3항에 따른 특허출원된 발명 또는 특허발명을 업으로 실시하거나 이를 준비하고 있는 자는 그 실시하거나 준비하고 있는 발명 및 사업목적의 범위에서 그 특허출원된 발명 또는 특허발명에 대한 특허권에 대하여 통상실시권을 가진다.
⑥ 제5항에 따라 통상실시권을 가진 자는 특허권자 또는 전용실시권자에게 상당한 대가를 지급하여야 한다.
⑦ 제1항 본문에 따른 납부나 보전 또는 제3항 전단에 따른 신청에 필요한 사항은 산업통상자원부령으로 정한다.

제82조【수수료】 ① 특허에 관한 절차를 밟는 자는 수수료를 내야 한다.
② 특허출원인이 아닌 자가 출원심사의 청구를 한 후 그 특허출원서에 첨부한 명세서를 보정하여 청구범위에 적은 청구항의 수가 증가한 경우에는 그 증가한 청구항에 관하여 내야 할 심사청구료는 특허출원인이 내야 한다.
③ 제1항에 따른 수수료, 그 납부방법 및 납부기간, 그 밖에 필요한 사항은 산업통상자원부령으로 정한다.
참조 [출원인]42, [심사청구]59

제83조【특허료 또는 수수료의 감면】 ① 특허청장은 다음 각 호의 어느 하나에 해당하는 특허료 및 수수료는 제79조 및 제82조에도 불구하고 면제한다.
1. 국가에 속하는 특허출원 또는 특허권에 관한 수수료 또는 특허료
2. 제133조제1항, 제134조제1항·제2항 또는 제137조제1항에 따른 심사관의 무효심판청구에 대한 수수료
② 특허청장은 다음 각 호의 어느 하나에 해당하는 자가 한 특허출원 또는 그 특허출원하여 받은 특허권에 대해서는 제79조 및 제82조에도 불구하고 산업통상자원부령으로 정하는 특허료 및 수수료를 감면할 수 있다.
(2021.8.17 본문개정)
1. 「국민기초생활 보장법」에 따른 의료급여 수급자
2. 「재난 및 안전관리 기본법」 제36조에 따른 재난사태 또는 같은 법 제60조에 따른 특별재난지역으로 선포된 지역에 거주하거나 주된 사무소를 두고 있는 자 중 산업통상자원부령으로 정하는 요건을 갖춘 자
3. 그 밖에 산업통상자원부령으로 정하는 자
(2021.8.17 1호~3호신설)
③ 제2항에 따라 특허료 및 수수료를 감면받으려는 자는 산업통상자원부령으로 정하는 서류를 특허청장에게 제출하여야 한다.
④ 특허청장은 제2항에 따른 특허료 및 수수료 감면을 거짓이나 그 밖의 부정한 방법으로 받은 자에 대하여는 산업통상자원부령으로 정하는 바에 따라 감면받은 특허료 및 수수료의 2배액을 징수할 수 있다. 이 경우 그 출원인 또는 특허권자가 하는 특허출원 또는 그 특허출원하여 받은 특허권에 대해서는 산업통상자원부령으로 정하는 기간 동안 제2항을 적용하지 아니한다.(2021.8.17 본항신설)

제84조【특허료 등의 반환】 ① 납부된 특허료 및 수수료는 다음 각 호의 어느 하나에 해당하는 경우에만 납부한 자의 청구에 의하여 반환한다.
1. 잘못 납부된 특허료 및 수수료
2. 제132조의13제1항에 따른 특허취소결정이나 특허를 무효로 한다는 심결이 확정된 해의 다음 해부터의 특허료 해당분(2016.2.29 본호개정)
3. 특허권의 존속기간의 연장등록을 무효로 한다는 심결이 확정된 해의 다음 해부터의 특허료 해당분
4. 특허출원(분할출원, 분리출원, 변경출원 및 제61조에 따른 우선심사의 신청을 한 특허출원은 제외한다) 후 1개월 이내에 그 특허출원을 취하하거나 포기한 경우에 이미 낸 수수료 중 특허출원료 및 특허출원의 우선권 주장 신청료(2021.10.19 본호개정)
5. 출원심사의 청구를 한 이후 다음 각 목 중 어느 하나가 있기 전까지 특허출원을 취하(제53조제4항 또는 제56조제1항 본문에 따라 취하된 것으로 보는 경우를 포함한다. 이하 이 조에서 같다)하거나 포기한 경우 이미 낸 심사청구료(2021.8.17 본문개정)
가. 제36조제6항에 따른 협의 결과 신고 명령(동일인에 의한 특허출원에 한정한다)
나. (2021.8.17 삭제)
다. 제63조에 따른 거절이유통지
라. 제67조제2항에 따른 특허결정의 등본 송달
(2015.5.18 본호신설)
5의2. 출원심사의 청구를 한 이후 다음 각 목의 어느 하나에 해당하는 기간 내에 특허출원을 취하하거나 포기한 경우 이미 낸 심사청구료의 3분의 1에 해당하는 금액
가. 제5호가목에 따른 신고 명령 후 신고기간 만료 전까지
나. 제5호다목에 따른 거절이유통지(제47조제1항제1호에 해당하는 경우로 한정한다) 후 의견서 제출기간 만료 전까지
(2021.8.17 본호신설)
6. 특허권을 포기한 해의 다음 해부터의 특허료 해당분
7. 제176조제1항에 따라 특허거절결정 또는 특허권의 존속기간의 연장등록거절결정이 취소된 경우(제184조에 따라 재심의 절차에서 준용되는 경우를 포함하되, 심판 또는 재심 중 제170조제1항에 따라 준용되는 제47조제1항제1호 또는 제2호에 따른 보정이 있는 경우는 제외한다)에 이미 낸 수수료 중 심판청구료(재심의 경우에는 재심청구료를 말한다. 이하 이 조에서 같다)
8. 심판청구가 제141조제2항에 따라 결정으로 각하되고 그 결정이 확정된 경우(제184조에 따라 재심의 절차에서 준용되는 경우를 포함한다)에 이미 낸 심판청구료의 2분의 1에 해당하는 금액
9. 심리의 종결을 통지받기 전까지 제155조제1항에 따른 참가신청을 취하한 경우(제184조에 따라 재심의 절차에서 준용되는 경우를 포함한다)에 이미 낸 수수료 중 참가신청료의 2분의 1에 해당하는 금액
10. 제155조제1항에 따른 참가신청이 결정으로 거부된 경우(제184조에 따라 재심의 절차에서 준용되는 경우를 포함한다)에 이미 낸 수수료 중 참가신청료의 2분의 1에 해당하는 금액
11. 심리의 종결을 통지받기 전까지 심판청구를 취하한 경우(제184조에 따라 재심의 절차에서 준용되는 경우를 포함한다)에 이미 낸 수수료 중 심판청구료의 2분의 1에 해당하는 금액
(2016.3.29 6호~11호신설)
② 특허청장 또는 특허심판원장은 납부된 특허료 및 수수료가 제1항 각 호의 어느 하나에 해당하는 경우에는 그 사실을 납부한 자에게 통지하여야 한다.(2016.3.29 본항개정)
③ 제1항에 따른 특허료 및 수수료의 반환청구는 제2항에 따른 통지를 받은 날부터 5년이 지나면 할 수 없다.
(2022.10.18 본항개정)

제85조【특허원부】 ① 특허청장은 특허청에 특허원부를 갖추어 두고 다음 각 호의 사항을 등록한다.
1. 특허권의 설정·이전·소멸·회복·처분의 제한 또는 존속기간의 연장
2. 전용실시권 또는 통상실시권의 설정·보존·이전·변경·소멸 또는 처분의 제한
3. 특허권·전용실시권 또는 통상실시권을 목적으로 하는 질권의 설정·이전·변경·소멸 또는 처분의 제한
② 제1항에 따른 특허원부는 그 전부 또는 일부를 전자적 기록매체 등으로 작성할 수 있다.
③ 제1항 및 제2항에서 규정한 사항 외에 등록사항 및 등록절차 등에 관하여 필요한 사항은 대통령령으로 정한다.
④ 특허발명의 명세서 및 도면, 그 밖에 대통령령으로 정하는 서류는 특허원부의 일부로 본다.
참조 [특허료]79, [등록원부]특허권등의등록령9－12, [등록절차]특허권등의등록령3장

제86조【특허증의 발급】 ① 특허청장은 특허권의 설정등록을 한 경우에는 산업통상자원부령으로 정하는 바에 따라 특허권자에게 특허증을 발급하여야 한다.
② 특허청장은 특허증이 특허원부나 그 밖의 서류와 맞지 아니하면 신청에 따라 또는 직권으로 특허증을 회수하여 정정발급하거나 새로운 특허증을 발급하여야 한다.
③ 특허청장은 다음 각 호의 어느 하나에 해당하는 경우에는 결정, 심결 또는 이전등록에 따른 새로운 특허증을 발급하여야 한다.
1. 특허발명의 명세서 또는 도면의 정정을 인정한다는 취지의 결정 또는 심결이 확정된 경우
2. 제99조의2제2항에 따라 특허권이 이전등록된 경우
(2016.2.29 본항개정)

제5장 특허권
(2014.6.11 본장제목개정)

제87조【특허권의 설정등록 및 등록공고】 ① 특허권은 설정등록에 의하여 발생한다.
② 특허청장은 다음 각 호의 어느 하나에 해당하는 경우에는 특허권을 설정하기 위한 등록을 하여야 한다.
1. 제79조제1항에 따라 특허료를 냈을 때
2. 제81조제1항에 따라 특허료를 추가로 냈을 때
3. 제81조의2제2항에 따라 특허료를 보전하였을 때
4. 제81조의3제1항에 따라 특허료를 내거나 보전하였을 때
5. 제83조제1항제1호 및 같은 조 제2항에 따라 그 특허료가 면제되었을 때
③ 특허청장은 제2항에 따라 등록한 경우에는 다음 각 호의 사항을 특허공보에 게재하여 등록공고를 하여야 한다.
1. 특허권자의 성명 및 주소(법인인 경우에는 그 명칭 및 영업소의 소재지를 말한다)
2. 특허출원번호 및 출원연월일
3. 발명자의 성명 및 주소
4. 특허출원서에 첨부된 요약서
5. 특허번호 및 설정등록연월일
6. 등록공고연월일
7. 제63조제1항 각 호 외의 부분 본문에 따라 통지한 거절이유에 선행기술에 관한 정보(선행기술이 적혀 있는 간행물의 명칭과 그 밖에 선행기술에 관한 정보의 소재지를 말한다)가 포함된 경우 그 정보
8. 그 밖에 대통령령으로 정하는 사항
(2016.2.29 본항개정)
④ 비밀취급이 필요한 특허발명에 대해서는 그 발명의 비밀취급이 해제될 때까지 그 특허의 등록공고를 보류하여야 하며, 그 발명의 비밀취급이 해제된 경우에는 지체 없이 제3항에 따라 등록공고를 하여야 한다.
⑤ (2016.2.29 삭제)
(2014.6.11 본조개정)
참조 [특허권의 효력]94－96, [특허권의 수용]106, [특허번호]규12

제88조【특허권의 존속기간】 ① 특허권의 존속기간은 제87조제1항에 따라 특허권을 설정등록한 날부터 특허출원일 후 20년이 되는 날까지로 한다.
② 정당한 권리자의 특허출원이 제34조 또는 제35조에 따라 특허된 경우에는 제1항의 특허권의 존속기간은 무권리자의 특허출원일의 다음 날부터 기산한다.
(2014.6.11 본조개정)
참조 [특허결정]66, [기간의 계산]14, 민155이하

제89조【허가등에 따른 특허권의 존속기간의 연장】 ① 특허발명을 실시하기 위하여 다른 법령에 따라 허가를 받거나 등록 등을 하여야 하고, 그 허가 또는 등록 등(이하 "허가등"이라 한다)을 위하여 필요한 유효성·안전성 등의 시험으로 인하여 장기간이 소요되는 대통령령으로 정하는 발명인 경우에는 제88조제1항에도 불구하고 그 실시할 수 없었던 기간에 대하여 5년의 기간까지 그 특허권의 존속기간을 한 차례만 연장할 수 있다.
② 제1항을 적용할 때 허가등을 받은 자에게 책임있는 사유로 소요된 기간은 제1항의 "실시할 수 없었던 기간"에 포함되지 아니한다.
(2014.6.11 본조개정)
참조 영7, 규54, [기간의 계산]14, 민155이하

제90조【허가등에 따른 특허권의 존속기간의 연장등록출원】 ① 제89조제1항에 따라 특허권의 존속기간의 연장등록출원을 하려는 자(이하 이 조 및 제91조에서 "연장등록출원인"이라 한다)는 다음 각 호의 사항을 적은 특허권

의 존속기간의 연장등록출원서를 특허청장에게 제출하여야 한다.
1. 연장등록출원인의 성명 및 주소(법인인 경우에는 그 명칭 및 영업소의 소재지)
2. 연장등록출원인의 대리인이 있는 경우에는 그 대리인의 성명 및 주소나 영업소의 소재지[대리인이 특허법인·특허법인(유한)인 경우에는 그 명칭, 사무소의 소재지 및 지정된 변리사의 성명]
3. 연장대상특허권의 특허번호 및 연장대상청구범위의 표시
4. 연장신청의 기간
5. 제89조제1항에 따른 허가등의 내용
6. 산업통상자원부령으로 정하는 연장이유(이를 증명할 수 있는 자료를 첨부하여야 한다)
② 제1항에 따른 특허권의 존속기간의 연장등록출원은 제89조제1항에 따른 허가등을 받은 날부터 3개월 이내에 출원하여야 한다. 다만, 제88조에 따른 특허권의 존속기간의 만료 전 6개월 이후에는 그 특허권의 존속기간의 연장등록출원을 할 수 없다.
③ 특허권이 공유인 경우에는 공유자 모두가 공동으로 특허권의 존속기간의 연장등록출원을 하여야 한다.
④ 제1항에 따른 특허권의 존속기간의 연장등록출원이 있으면 그 존속기간은 연장된 것으로 본다. 다만, 그 출원에 관하여 제91조의 연장등록거절결정이 확정된 경우에는 그러하지 아니하다.
⑤ 특허청장은 제1항에 따른 특허권의 존속기간의 연장등록출원이 있으면 제1항 각 호의 사항을 특허공보에 게재하여야 한다.
⑥ 연장등록출원인은 특허청장이 연장등록여부결정등본을 송달하기 전까지 연장등록출원서에 적혀 있는 사항 중 제1항제3호부터 제6호까지의 사항(제3호 중 연장대상특허권의 특허번호는 제외한다)에 대하여 보정할 수 있다. 다만, 제93조에 따라 준용되는 거절이유통지를 받은 후에는 해당 거절이유통지에 따른 의견서 제출기간에만 보정할 수 있다.
(2014.6.11 본조개정)
참조 규48·52–54, [대리]6이하, 민114이하, [공유]민262, [기간의 계산]14, 민155이하

제91조【허가등에 따른 특허권의 존속기간의 연장등록거절결정】 심사관은 제90조에 따른 특허권의 존속기간의 연장등록출원이 다음 각 호의 어느 하나에 해당하는 경우에는 그 출원에 대하여 연장등록거절결정을 하여야 한다.
1. 그 특허발명의 실시가 제89조제1항에 따른 허가등을 받을 필요가 있는 것으로 인정되지 아니하는 경우
2. 그 특허권자 또는 그 특허권의 전용실시권이나 등록된 통상실시권을 가진 자가 제89조제1항에 따른 허가등을 받지 아니한 경우
3. 연장신청의 기간이 제89조에 따라 인정되는 그 특허발명을 실시할 수 없었던 기간을 초과하는 경우
4. 연장등록출원인이 해당 특허권자가 아닌 경우
5. 제90조제3항을 위반하여 연장등록출원을 한 경우
(2014.6.11 본조개정)
참조 [실시권]85·94·100–105·107·126, [기간의 계산]14, 민155이하

제92조【허가등에 따른 특허권의 존속기간의 연장등록결정 등】 ① 심사관은 제90조에 따른 특허권의 존속기간의 연장등록출원에 대하여 제91조 각 호의 어느 하나에 해당하는 사유를 발견할 수 없을 때에는 연장등록결정을 하여야 한다.
② 특허청장은 제1항에 따른 연장등록결정을 한 경우에는 특허권의 존속기간의 연장을 특허원부에 등록하여야 한다.
③ 특허청장은 제2항에 따른 등록을 한 경우에는 다음 각 호의 사항을 특허공보에 게재하여야 한다.
1. 특허권자의 성명 및 주소(법인인 경우에는 그 명칭 및 영업소의 소재지)
2. 특허번호
3. 연장등록의 연월일
4. 연장기간
5. 제89조제1항에 따른 허가등의 내용
(2014.6.11 본조개정)
참조 [특허원부]85

제92조의2【등록지연에 따른 특허권의 존속기간의 연장】 ① 특허출원에 대하여 특허출원일부터 4년과 출원심사 청구일부터 3년 중 늦은 날보다 지연되어 특허권의 설정등록이 이루어지는 경우에는 제88조제1항에도 불구하고 그 지연된 기간만큼 해당 특허권의 존속기간을 연장할 수 있다.
② 제1항의 규정을 적용함에 있어서 출원인으로 인하여 지연된 기간은 제1항에 따른 특허권의 존속기간의 연장에서 제외된다. 다만, 출원인으로 인하여 지연된 기간이 겹치는 경우에는 특허권의 존속기간의 연장에서 제외되는 기간은 출원인으로 인하여 실제 지연된 기간을 초과하여서는 아니된다.
③ 제2항에서 "출원인으로 인하여 지연된 기간"에 관한 사항은 대통령령으로 정한다.
④ 제1항에 따라 특허출원일부터 4년을 기산할 때에는 제34조, 제35조, 제52조제2항, 제52조의2제2항, 제53조제2항, 제199조제1항 및 제214조제4항에도 불구하고 다음 각 호에 해당하는 날을 특허출원일로 본다.(2021.10.19 본문개정)
1. 제34조 또는 제35조에 따른 정당한 권리자의 특허출원의 경우에는 정당한 권리자가 출원을 한 날
2. 제52조에 따른 분할출원의 경우에는 분할출원을 한 날
2의2. 제52조의2에 따른 분리출원의 경우에는 분리출원을 한 날(2021.10.19 본호신설)
3. 제53조에 따른 변경출원의 경우에는 변경출원을 한 날
4. 제199조제1항에 따라 특허출원으로 보는 국제출원의 경우에는 제203조제1항 각 호의 사항을 기재한 서면을 제출한 날
5. 제214조에 따라 특허출원으로 보는 국제출원의 경우에는 국제출원의 출원인이 제214조제1항에 따라 결정을 신청한 날
6. 제1호부터 제5호까지의 규정 중 어느 하나에 해당되지 아니하는 특허출원에 대하여는 그 특허출원일
(2011.12.2 본조신설)

제92조의3【등록지연에 따른 특허권의 존속기간의 연장등록출원】 ① 제92조의2에 따라 특허권의 존속기간의 연장등록출원을 하려는 자(이하 이 조 및 제92조의4에서 "연장등록출원인"이라 한다)는 다음 각 호의 사항을 적은 특허권의 존속기간의 연장등록출원서를 특허청장에게 제출하여야 한다.
1. 연장등록출원인의 성명 및 주소(법인인 경우에는 그 명칭 및 영업소의 소재지)
2. 연장등록출원인의 대리인이 있는 경우에는 그 대리인의 성명 및 주소나 영업소의 소재지[대리인이 특허법인·특허법인(유한)인 경우에는 그 명칭, 사무소의 소재지 및 지정된 변리사의 성명](2013.7.30 본호개정)
3. 연장 대상 특허권의 특허번호
4. 연장신청의 기간
5. 산업통상자원부령이 정하는 연장이유(이를 증명할 수 있는 자료를 첨부하여야 한다)(2013.3.23 본호개정)
② 제1항에 따른 특허권의 존속기간의 연장등록출원은 특허권의 설정등록일부터 3개월 이내에 출원하여야 한다.
③ 특허권이 공유인 경우에는 공유자 전원이 공동으로 특허권의 존속기간의 연장등록출원을 하여야 한다.
④ 연장등록출원인은 심사관이 특허권의 존속기간의 연장등록 여부결정 전까지 연장등록출원서에 기재된 사항 중 제1항제4호 및 제5호의 사항에 대하여 보정할 수 있다. 다만, 제93조에 따라 준용되는 거절이유통지를 받은 후에는 해당 거절이유통지에 따른 의견서 제출기간에만 보정할 수 있다.
(2011.12.2 본조신설)

제92조의4【등록지연에 따른 특허권의 존속기간의 연장등록거절결정】 심사관은 제92조의3에 따른 특허권의 존속기간의 연장등록출원이 다음 각 호의 어느 하나에 해당하는 경우에는 그 출원에 대하여 연장등록거절결정을 하여야 한다.
1. 연장신청의 기간이 제92조의2에 따라 인정되는 연장의 기간을 초과한 경우
2. 연장등록출원인이 해당 특허권자가 아닌 경우
3. 제92조의3제3항을 위반하여 연장등록출원을 한 경우
(2011.12.2 본조신설)

제92조의5【등록지연에 따른 특허권의 존속기간의 연장등록결정 등】 ① 심사관은 제92조의3에 따른 특허권의 존속기간의 연장등록출원에 대하여 제92조의4 각 호의 어느 하나에 해당하는 사유를 발견할 수 없는 경우에는 연장등록결정을 하여야 한다.
② 특허청장은 제1항의 연장등록결정이 있으면 특허권의 존속기간의 연장을 특허원부에 등록하여야 한다.
③ 제2항에 따른 등록이 있으면 다음 각 호의 사항을 특허공보에 게재하여야 한다.
1. 특허권자의 성명 및 주소(법인인 경우에는 그 명칭 및 영업소의 소재지)
2. 특허번호
3. 연장등록 연월일
4. 연장 기간
(2011.12.2 본조신설)

제93조【준용규정】 특허권의 존속기간의 연장등록출원의 심사에 관하여는 제57조제1항, 제63조, 제67조, 제148조제1호부터 제5호까지 및 같은 조 제7호를 준용한다.
(2011.12.2 본조개정)
참조 [기간의 계산]14, 규48, 민155이하

제94조【특허권의 효력】 ① 특허권자는 업으로서 특허발명을 실시할 권리를 독점한다. 다만, 그 특허권에 관하여 전용실시권을 설정하였을 때에는 제100조제2항에 따라 전용실시권자가 그 특허발명을 실시할 권리를 독점하는 범위에서는 그러하지 아니하다.
② 특허발명의 실시가 제2조제3호나목에 따른 방법의 사용을 청약하는 행위인 경우 특허권의 효력은 그 방법의 사용이 특허권 또는 전용실시권을 침해한다는 것을 알면서 그 방법의 사용을 청약하는 행위에만 미친다.
(2019.12.10 본항신설)
(2014.6.11 본조개정)
참조 [설정등록]85·87, 특허권등의등록령38

제95조【허가등에 따른 존속기간이 연장된 경우의 특허권의 효력】 제90조제4항에 따라 특허권의 존속기간이 연장된 특허권의 효력은 그 연장등록의 이유가 된 허가등의 대상물건(그 허가등에 있어 물건에 대하여 특정의 용도가 정하여져 있는 경우에는 그 용도에 사용되는 물건)에 관한 그 특허발명의 실시 행위에만 미친다.(2014.6.11 본조개정)

제96조【특허권의 효력이 미치지 아니하는 범위】 ① 특허권의 효력은 다음 각 호의 어느 하나에 해당하는 사항에는 미치지 아니한다.
1. 연구 또는 시험(「약사법」에 따른 의약품의 품목허가·품목신고 및 「농약관리법」에 따른 농약의 등록을 위한 연구 또는 시험을 포함한다)을 하기 위한 특허발명의 실시
2. 국내를 통과하는데 불과한 선박·항공기·차량 또는 이에 사용되는 기계·기구·장치, 그 밖의 물건
3. 특허출원을 한 때부터 국내에 있는 물건
② 둘 이상의 의약(사람의 질병의 진단·경감·치료·처치(處置) 또는 예방을 위하여 사용되는 물건을 말한다. 이하 같다)이 혼합되어 제조되는 의약의 발명 또는 둘 이상의 의약을 혼합하여 의약을 제조하는 방법의 발명에 관한 특허권의 효력은 「약사법」에 따른 조제행위와 그 조제에 의한 의약에는 미치지 아니한다.
(2014.6.11 본조개정)
참조 [조제]약사23이하

제97조【특허발명의 보호범위】 특허발명의 보호범위는 청구범위에 적혀 있는 사항에 의하여 정하여진다.
(2014.6.11 본조개정)
참조 [특허청구범위]42
판례 특허출원인이 특허청 심사관으로부터 기재불비 및 진보성 흠결을 이유로 한 거절이유통지를 받고서 거절결정을 피하기 위하여 원출원의 특허청구범위를 한정하는 보정을 하면서 원출원발명 중 일부를 별개의 발명으로 분할출원한 경우, 이 분할출원된 발명은 특별한 사정이 없는 한 보정된 발명의 보호범위로부터 의식적으로 제외된 것이라고 보아야 한다.
(대판 2008.4.10, 2006다35308)
판례 [1] 특허발명의 권리범위를 판단함에 있어서는 특허청구범위에 기재된 용어의 의미가 명료하더라도, 그 용어로부터 기술적 구성의 구체적인 내용을 알 수 없는 경우에는 그 발명의 상세한 설명과 도면의 기재를 참작하여 그 용어가 표현하고 있는 기술적 구성을 확정하여 특허발명의 권리범위를 정하여야 한다.
[2] 특허발명의 특허청구범위에 기재된 '완충기'라는 용어 자체만으로는 기술적 구성의 구체적인 내용을 알 수 없어 그 '발명의 상세한 설명'의 기재를 참작하여 기술적 구성을 확정한 후 특허발명의 권리범위를 판단한다.
(대판 2007.6.14, 2007후883)

제98조【타인의 특허발명 등과의 관계】 특허권자·전용실시권자 또는 통상실시권자는 특허발명이 그 특허발명의 특허출원일 전에 출원된 타인의 특허발명·등록실용신안 또는 등록디자인이나 그 디자인과 유사한 디자인을 이용하거나 특허권이 그 특허발명의 특허출원일 전에 출원된 타인의 디자인권 또는 상표권과 저촉되는 경우에는 그 특허권자·실용신안권자·디자인권자 또는 상표권자의 허락을 받지 아니하고는 자기의 특허발명을 업으로서 실시할 수 없다.(2014.6.11 본조개정)

제99조【특허권의 이전 및 공유 등】 ① 특허권은 이전할 수 있다.
② 특허권이 공유인 경우에는 각 공유자는 다른 공유자 모두의 동의를 받아야만 그 지분을 양도하거나 그 지분을 목적으로 하는 질권을 설정할 수 있다.
③ 특허권이 공유인 경우에는 각 공유자는 계약으로 특별히 약정한 경우를 제외하고는 다른 공유자의 동의를 받지 아니하고 그 특허발명을 자신이 실시할 수 있다.
④ 특허권이 공유인 경우에는 각 공유자는 다른 공유자 모두의 동의를 받아야만 그 특허권에 대하여 전용실시권을 설정하거나 통상실시권을 허락할 수 있다.
(2014.6.11 본조개정)
참조 [공유]민262

제99조의2【특허권의 이전청구】 ① 특허가 제133조제1항제2호 본문에 해당하는 경우에 특허를 받을 수 있는 권리를 가진 자는 법원에 해당 특허권의 이전(특허를 받을 수 있는 권리가 공유인 경우에는 그 지분의 이전을 말한다)을 청구할 수 있다.
② 제1항의 청구에 기초하여 특허권이 이전등록된 경우에는 다음 각 호의 권리는 그 특허권이 설정등록된 날부터 이전등록을 받은 자에게 있는 것으로 본다.
1. 해당 특허권
2. 제65조제2항에 따른 보상금 지급 청구권
3. 제207조제4항에 따른 보상금 지급 청구권
③ 제1항의 청구에 따라 공유인 특허권의 지분을 이전하는 경우에는 제99조제2항에도 불구하고 다른 공유자의 동의를 받지 아니하더라도 그 지분을 이전할 수 있다.
(2016.2.29 본조신설)

제100조【전용실시권】 ① 특허권자는 그 특허권에 대하여 타인에게 전용실시권을 설정할 수 있다.
② 전용실시권을 설정받은 전용실시권자는 그 설정행위로 정한 범위에서 그 특허발명을 업으로서 실시할 권리를 독점한다.
③ 전용실시권자는 다음 각 호의 경우를 제외하고는 특허권자의 동의를 받아야만 전용실시권을 이전할 수 있다.
1. 전용실시권을 실시사업(實施事業)과 함께 이전하는 경우
2. 상속이나 그 밖의 일반승계의 경우
④ 전용실시권자는 특허권자의 동의를 받아야만 그 전용

실시권을 목적으로 하는 질권을 설정하거나 통상실시권을 허락할 수 있다.
⑤ 전용실시권에 관하여는 제99조제2항부터 제4항까지의 규정을 준용한다.
(2014.6.11 본조개정)
참조 [상속]민1005이하, [특허권의 수용]106, [실시권설정의 재정]107

제101조【특허권 및 전용실시권의 등록의 효력】 ① 다음 각 호의 어느 하나에 해당하는 사항은 등록하여야만 효력이 발생한다.
1. 특허권의 이전(상속이나 그 밖의 일반승계에 의한 경우는 제외한다), 포기에 의한 소멸 또는 처분의 제한
2. 전용실시권의 설정·이전(상속이나 그 밖의 일반승계에 의한 경우는 제외한다)·변경·소멸(혼동에 의한 경우는 제외한다) 또는 처분의 제한
3. 특허권 또는 전용실시권을 목적으로 하는 질권의 설정·이전(상속이나 그 밖의 일반승계에 의한 경우는 제외한다)·변경·소멸(혼동에 의한 경우는 제외한다) 또는 처분의 제한
② 제1항 각 호에 따른 특허권·전용실시권 및 질권의 상속이나 그 밖의 일반승계의 경우에는 지체 없이 그 취지를 특허청장에게 신고하여야 한다.
(2014.6.11 본조개정)
참조 [질권]민345이하

제102조【통상실시권】 ① 특허권자는 그 특허권에 대하여 타인에게 통상실시권을 허락할 수 있다.
② 통상실시권자는 이 법에 따라 또는 설정행위로 정한 범위에서 특허발명을 업으로서 실시할 수 있는 권리를 가진다.
③ 제107조에 따른 통상실시권은 실시사업과 함께 이전하는 경우에만 이전할 수 있다.
④ 제138조, 「실용신안법」 제32조 또는 「디자인보호법」 제123조에 따른 통상실시권은 그 통상실시권자의 해당 특허권·실용신안권 또는 디자인권과 함께 이전되고, 해당 특허권·실용신안권 또는 디자인권이 소멸되면 함께 소멸된다.
⑤ 제3항 및 제4항에 따른 통상실시권 외의 통상실시권은 실시사업과 함께 이전하는 경우 또는 상속이나 그 밖의 일반승계의 경우를 제외하고는 특허권자(전용실시권에 관한 통상실시권의 경우에는 특허권자 및 전용실시권자)의 동의를 받아야만 이전할 수 있다.
⑥ 제3항 및 제4항에 따른 통상실시권 외의 통상실시권은 특허권자(전용실시권에 관한 통상실시권의 경우에는 특허권자 및 전용실시권자)의 동의를 받아야만 그 통상실시권을 목적으로 하는 질권을 설정할 수 있다.
⑦ 통상실시권에 관하여는 제99조제2항 및 제3항을 준용한다.
(2014.6.11 본조개정)
참조 [설정등록]87, [특허권의 수용]106, [실시권설정의 재정]107

제103조【선사용에 의한 통상실시권】 특허출원 시에 그 특허출원된 발명의 내용을 알지 못하고 그 발명을 하거나 그 발명을 한 사람으로부터 알게 되어 국내에서 그 발명의 실시사업을 하거나 이를 준비하고 있는 자는 그 실시하거나 준비하고 있는 발명 및 사업목적의 범위에서 그 특허출원된 발명의 특허권에 대하여 통상실시권을 가진다.(2014.6.11 본조개정)

제103조의2【특허권의 이전청구에 따른 이전등록 전의 실시에 의한 통상실시권】 ① 다음 각 호의 어느 하나에 해당하는 자가 제99조의2제2항에 따른 특허권의 이전등록이 있기 전에 해당 특허가 제133조제1항제2호 본문에 해당하는 것을 알지 못하고 국내에서 해당 발명의 실시사업을 하거나 이를 준비하고 있는 경우에는 그 실시하거나 준비를 하고 있는 발명 및 사업목적의 범위에서 그 특허권에 대하여 통상실시권을 가진다.
1. 이전등록된 특허의 원(原)특허권자
2. 이전등록된 특허권에 대하여 이전등록 당시에 이미 전용실시권이나 통상실시권 또는 그 전용실시권에 대한 통상실시권을 취득하고 등록을 받은 자. 다만, 제118조제2항에 따른 통상실시권을 취득한 자는 등록을 필요로 하지 아니한다.
② 제1항에 따라 통상실시권을 가진 자는 이전등록된 특허권자에게 상당한 대가를 지급하여야 한다.
(2016.2.29 본조신설)

제104조【무효심판청구 등록 전의 실시에 의한 통상실시권】 ① 다음 각 호의 어느 하나에 해당하는 자가 특허 또는 실용신안등록에 대한 무효심판청구의 등록 전에 자기의 특허발명 또는 등록실용신안이 무효사유에 해당하는 것을 알지 못하고 국내에서 그 발명 또는 고안의 실시사업을 하거나 이를 준비하고 있는 경우에는 그 실시하거나 준비하고 있는 발명 또는 고안 및 사업목적의 범위에서 그 특허권에 대하여 통상실시권을 가지거나 특허나 실용신안등록이 무효로 된 당시에 존재하는 특허권의 전용실시권에 대하여 통상실시권을 가진다.
1. 동일한 발명에 대한 둘 이상의 특허 중 그 하나의 특허를 무효로 한 경우 그 무효로 된 특허의 원특허권자 (2016.2.29 본호개정)
2. 특허발명과 등록실용신안이 동일하여 그 실용신안등록을 무효로 한 경우 그 무효로 된 실용신안등록의 원(原)실용신안권자
3. 특허를 무효로 하고 동일한 발명에 관하여 정당한 권리자에게 특허를 한 경우 그 무효로 된 특허의 원특허권자
4. 실용신안등록을 무효로 하고 그 고안과 동일한 발명에 관하여 정당한 권리자에게 특허를 한 경우 그 무효로 된 실용신안의 원실용신안권자
5. 제1호부터 제4호까지의 경우에 있어서 그 무효로 된 특허권 또는 실용신안권에 대하여 무효심판청구 등록 당시에 이미 전용실시권이나 통상실시권 또는 그 전용실시권에 대한 통상실시권을 취득하고 등록을 받은 자. 다만, 제118조제2항에 따른 통상실시권을 취득한 자는 등록을 필요로 하지 아니한다.
② 제1항에 따라 통상실시권을 가진 자는 특허권자 또는 전용실시권자에게 상당한 대가를 지급하여야 한다.
(2014.6.11 본조개정)
참조 [실시권]100이하, [무효심판]133

제105조【디자인권의 존속기간 만료 후의 통상실시권】 ① 특허출원일 전 또는 특허출원일과 같은 날에 출원되어 등록된 디자인권이 그 특허권과 저촉되는 경우 그 디자인권의 존속기간이 만료될 때에는 그 디자인권자는 그 디자인권의 범위에서 그 특허권에 대하여 통상실시권을 가지거나 그 디자인권의 존속기간 만료 당시 존재하는 그 특허권의 전용실시권에 대하여 통상실시권을 가진다.
② 특허출원일 전 또는 특허출원일과 같은 날에 출원되어 등록된 디자인권이 그 특허권과 저촉되는 경우 그 디자인권의 존속기간이 만료될 때에는 다음 각 호의 어느 하나에 해당하는 권리를 가진 자는 원(原)권리의 범위에서 그 특허권에 대하여 통상실시권을 가지거나 그 디자인권의 존속기간 만료 당시 존재하는 그 특허권의 전용실시권에 대하여 통상실시권을 가진다.
1. 그 디자인권의 존속기간 만료 당시 존재하는 그 디자인권에 대한 전용실시권
2. 그 디자인권이나 그 디자인권에 대한 전용실시권에 대하여 「디자인보호법」 제104조제1항에 따라 효력이 발생한 통상실시권
③ 제2항에 따라 통상실시권을 가진 자는 특허권자 또는 전용실시권자에게 상당한 대가를 지급하여야 한다.
(2014.6.11 본조개정)
참조 [기간의 계산]14, 민155이하

제106조【특허권의 수용】 ① 정부는 특허발명이 전시, 사변 또는 이에 준하는 비상시에 국방상 필요한 경우에는 특허권을 수용할 수 있다.
② 특허권이 수용되는 경우에는 그 특허발명에 관한 특허권 외의 권리는 소멸된다.
③ 정부는 제1항에 따라 특허권을 수용하는 경우에는 특허권자, 전용실시권자 또는 통상실시권자에 대하여 정당한 보상금을 지급하여야 한다.
④ 특허권의 수용 및 보상금의 지급에 필요한 사항은 대통령령으로 정한다.
(2014.6.11 본조개정)

제106조의2【정부 등에 의한 특허발명의 실시】 ① 정부는 특허발명이 국가 비상사태, 극도의 긴급상황 또는 공공의 이익을 위하여 비상업적(非商業的)으로 실시할 필요가 있다고 인정하는 경우에는 그 특허발명을 실시하거나 정부 외의 자에게 실시하게 할 수 있다.
② 정부 또는 제1항에 따른 정부 외의 자는 타인의 특허권이 존재한다는 사실을 알았거나 알 수 있을 때에는 제1항에 따른 실시 사실을 특허권자, 전용실시권자 또는 통상실시권자에게 신속하게 알려야 한다.
③ 정부 또는 제1항에 따른 정부 외의 자는 제1항에 따라 특허발명을 실시하는 경우에는 특허권자, 전용실시권자 또는 통상실시권자에게 정당한 보상금을 지급하여야 한다.
④ 특허발명의 실시 및 보상금의 지급에 필요한 사항은 대통령령으로 정한다.
(2014.6.11 본조개정)

제107조【통상실시권 설정의 재정】 ① 특허발명을 실시하려는 자는 특허발명이 다음 각 호의 어느 하나에 해당하고, 그 특허발명의 특허권자 또는 전용실시권자와 합리적인 조건으로 통상실시권 허락에 관한 협의(이하 이 조에서 "협의"라 한다)를 하였으나 합의가 이루어지지 아니하는 경우 또는 협의를 할 수 없는 경우에는 특허청장에게 통상실시권 설정에 관한 재정(裁定)(이하 "재정"이라 한다)을 청구할 수 있다. 다만, 공공의 이익을 위하여 비상업적으로 실시하려는 경우와 제4호에 해당하는 경우에는 협의 없이도 재정을 청구할 수 있다.
1. 특허발명이 천재지변이나 그 밖의 불가항력 또는 대통령령으로 정하는 정당한 이유 없이 계속하여 3년 이상 국내에서 실시되고 있지 아니한 경우
2. 특허발명이 정당한 이유 없이 계속하여 3년 이상 국내에서 상당한 영업적 규모로 실시되고 있지 아니하거나 적당한 정도와 조건으로 국내수요를 충족시키지 못한 경우
3. 특허발명의 실시가 공공의 이익을 위하여 특히 필요한 경우
4. 사법적 절차 또는 행정적 절차에 의하여 불공정거래행위로 판정된 사항을 바로잡기 위하여 특허발명을 실시할 필요가 있는 경우
5. 자국민 다수의 보건을 위협하는 질병을 치료하기 위하여 의약품(의약품 생산에 필요한 유효성분, 의약품 사용에 필요한 진단키트를 포함한다)을 수입하려는 국가(이하 이 조에서 "수입국"이라 한다)에 그 의약품을 수출할 수 있도록 특허발명을 실시할 필요가 있는 경우
② 특허출원일부터 4년이 지나지 아니한 특허발명에 관하여는 제1항제1호 및 제2호를 적용하지 아니한다.
③ 특허청장은 재정을 하는 경우 청구별로 통상실시권 설정의 필요성을 검토하여야 한다.
④ 특허청장은 제1항제1호부터 제3호까지 또는 제5호에 따른 재정을 하는 경우 재정을 받는 자에게 다음 각 호의 조건을 붙여야 한다.
1. 제1항제1호부터 제3호까지의 규정에 따른 재정의 경우에는 통상실시권을 국내수요충족을 위한 공급을 주목적으로 실시할 것
2. 제1항제5호에 따른 재정의 경우에는 생산된 의약품 전량을 수입국에 수출할 것
⑤ 특허청장은 재정을 하는 경우 상당한 대가가 지급될 수 있도록 하여야 한다. 이 경우 제1항제4호 또는 제5호에 따른 재정을 하는 경우에는 다음 각 호의 사항을 대가 결정에 고려할 수 있다.
1. 제1항제4호에 따른 재정의 경우에는 불공정거래행위를 바로잡기 위한 취지
2. 제1항제5호에 따른 재정의 경우에는 그 특허발명을 실시함으로써 발생하는 수입국에서의 경제적 가치
⑥ 반도체 기술에 대해서는 제1항제3호(공공의 이익을 위하여 비상업적으로 실시하는 경우만 해당한다) 또는 제4호의 경우에만 재정을 청구할 수 있다.
⑦ 수입국은 세계무역기구회원국 중 세계무역기구에 다음 각 호의 사항을 통지한 국가 또는 세계무역기구회원국이 아닌 국가 중 대통령령으로 정하는 국가로서 다음 각 호의 사항을 대한민국정부에 통지한 국가의 경우만 해당한다.
1. 수입국이 필요로 하는 의약품의 명칭과 수량
2. 국제연합총회의 결의에 따른 최빈개발도상국이 아닌 경우 해당 의약품의 생산을 위한 제조능력이 없거나 부족하다는 수입국의 확인
3. 수입국에서 해당 의약품이 특허된 경우 강제적인 실시를 허락하였거나 허락할 의사가 있다는 그 국가의 확인
⑧ 제1항제5호에 따른 의약품은 다음 각 호의 어느 하나에 해당하는 것으로 한다.
1. 특허된 의약품
2. 특허된 제조방법으로 생산된 의약품
3. 의약품 생산에 필요한 특허된 유효성분
4. 의약품 사용에 필요한 특허된 진단키트
⑨ 재정을 청구하는 자가 제출하여야 하는 서류, 그 밖에 재정에 관하여 필요한 사항은 대통령령으로 정한다.
(2014.6.11 본조개정)

제108조【답변서의 제출】 특허청장은 재정의 청구가 있으면 그 청구서의 부본(副本)을 그 청구에 관련된 특허권자·전용실시권자, 그 밖에 그 특허에 관하여 등록을 한 권리를 가지는 자에게 송달하고, 기간을 정하여 답변서를 제출할 수 있는 기회를 주어야 한다.(2014.6.11 본조개정)

제109조【산업재산권분쟁조정위원회 및 관계 부처의 장의 의견청취】 특허청장은 재정을 할 때 필요하다고 인정하는 경우에는 「발명진흥법」 제41조에 따른 산업재산권분쟁조정위원회(이하 "조정위원회"라 한다) 및 관계 부처의 장의 의견을 들을 수 있고, 관계 행정기관이나 관계인에게 협조를 요청할 수 있다.(2021.8.17 본조개정)

제110조【재정의 방식 등】 ① 재정은 서면으로 하고, 그 이유를 구체적으로 적어야 한다.
② 제1항에 따른 재정에는 다음 각 호의 사항을 구체적으로 적어야 한다.
1. 통상실시권의 범위 및 기간
2. 대가와 그 지급방법 및 지급시기
3. 제107조제1항제5호에 따른 재정의 경우에는 그 특허발명의 특허권자·전용실시권자 또는 통상실시권자(재정에 따른 경우는 제외한다)가 공급하는 의약품과 외관상 구분할 수 있는 포장·표시 및 재정에서 정한 사항을 공시할 인터넷 주소
4. 그 밖에 재정을 받은 자가 그 특허발명을 실시할 경우 법령 또는 조약에 따른 내용을 이행하기 위하여 필요한 준수사항
③ 특허청장은 정당한 사유가 있는 경우를 제외하고는 재정청구일부터 6개월 이내에 재정에 관한 결정을 하여야 한다.
④ 제107조제1항제5호에 따른 재정청구가 같은 조 제7항 및 제8항에 해당하고 같은 조 제9항에 따른 서류가 모두 제출된 경우에는 특허청장은 정당한 사유가 있는 경우를 제외하고는 통상실시권 설정의 재정을 하여야 한다.
(2014.6.11 본조개정)

제111조【재정서등본의 송달】 ① 특허청장은 재정을 한 경우에는 당사자 및 그 특허에 관하여 등록을 한 권리를 가지는 자에게 재정서등본을 송달하여야 한다.
② 제1항에 따라 당사자에게 재정서등본이 송달되었을 때에는 재정서에 적혀 있는 바에 따라 당사자 사이에 협의가 이루어진 것으로 본다.
(2014.6.11 본조개정)

제111조의2【재정서의 변경】 ① 재정을 받은 자는 재정서에 적혀 있는 제110조제2항제3호의 사항에 관하여

변경이 필요하면 그 원인을 증명하는 서류를 첨부하여 특허청장에게 변경청구를 할 수 있다.
② 특허청장은 제1항에 따른 청구가 이유있다고 인정되면 재정서에 적혀 있는 사항을 변경할 수 있다. 이 경우 이해관계인의 의견을 들어야 한다.
③ 제2항의 경우에 관하여는 제111조를 준용한다.
(2014.6.11 본조개정)

제112조【대가의 공탁】 제110조제2항제2호에 따른 대가를 지급하여야 하는 자는 다음 각 호의 어느 하나에 해당하는 경우에는 그 대가를 공탁(供託)하여야 한다.
1. 대가를 받을 자가 수령을 거부하거나 수령할 수 없는 경우
2. 대가에 대하여 제190조제1항에 따른 소송이 제기된 경우
3. 해당 특허권 또는 전용실시권을 목적으로 하는 질권이 설정되어 있는 경우. 다만, 질권자의 동의를 받은 경우에는 그러하지 아니하다.
(2014.6.11 본조개정)
참조 [공탁]공탁4

제113조【재정의 실효】 재정을 받은 자가 제110조제2항제2호에 따른 지급시기까지 대가(대가를 정기 또는 분할하여 지급할 경우에는 최초의 지급분)를 지급하지 아니하거나 공탁을 하지 아니한 경우에는 그 재정은 효력을 잃는다.(2014.6.11 본조개정)

제114조【재정의 취소】 ① 특허청장은 재정을 받은 자가 다음 각 호의 어느 하나에 해당하는 경우에는 이해관계인의 신청에 따라 또는 직권으로 그 재정을 취소할 수 있다. 다만, 제2호의 경우에는 재정을 받은 통상실시권자의 정당한 이익이 보호될 수 있는 경우로 한정한다.
1. 재정을 받은 목적에 적합하도록 그 특허발명을 실시하지 아니한 경우
2. 통상실시권을 재정한 사유가 없어지고 그 사유가 다시 발생하지 아니할 것이라고 인정되는 경우
3. 정당한 사유 없이 재정서에 적혀 있는 제110조제2항제3호 또는 제4호의 사항을 위반하였을 경우
② 제1항의 경우에 관하여는 제108조·제109조·제110조제1항 및 제111조제1항을 준용한다.
③ 제1항에 따라 재정이 취소되면 통상실시권은 그때부터 소멸된다.
(2014.6.11 본조개정)

제115조【재정에 대한 불복이유의 제한】 재정에 대하여 「행정심판법」에 따라 행정심판을 제기하거나 「행정소송법」에 따라 취소소송을 제기하는 경우에는 그 재정으로 정한 대가는 불복이유로 할 수 없다.(2014.6.11 본조개정)

제116조 (2011.12.2 삭제)

제117조 (2001.2.3 삭제)

제118조【통상실시권의 등록의 효력】 ① 통상실시권을 등록한 경우에는 그 등록 후에 특허권 또는 전용실시권을 취득한 자에 대해서도 그 효력이 발생한다.
② 제81조의3제5항, 제103조부터 제105조까지, 제122조, 제182조, 제183조 및 「발명진흥법」 제10조제1항에 따른 통상실시권은 등록이 없더라도 제1항에 따른 효력이 발생한다.
③ 통상실시권의 이전·변경·소멸 또는 처분의 제한, 통상실시권을 목적으로 하는 질권의 설정·이전·변경·소멸 또는 처분의 제한은 이를 등록하여야만 제3자에게 대항할 수 있다.
(2014.6.11 본조개정)
참조 [등록]85·87

제119조【특허권 등의 포기의 제한】 ① 특허권자는 다음 각 호의 모두의 동의를 받아야만 특허권을 포기할 수 있다.
1. 전용실시권자
2. 질권자
3. 제100조제4항에 따른 통상실시권자
4. 제102조제1항에 따른 통상실시권자
5. 「발명진흥법」 제10조제1항에 따른 통상실시권자
② 전용실시권자는 질권자 또는 제100조제4항에 따른 통상실시권자의 동의를 받아야만 전용실시권을 포기할 수 있다.
③ 통상실시권자는 질권자의 동의를 받아야만 통상실시권을 포기할 수 있다.
(2014.6.11 본조개정)

제120조【포기의 효과】 특허권·전용실시권 또는 통상실시권을 포기한 때에는 특허권·전용실시권 또는 통상실시권은 그때부터 소멸된다.(2014.6.11 본조개정)

제121조【질권】 특허권·전용실시권 또는 통상실시권을 목적으로 하는 질권을 설정하였을 때에는 질권자는 계약으로 특별히 정한 경우를 제외하고는 해당 특허발명을 실시할 수 없다.(2014.6.11 본조개정)
참조 [질권]민345이하

제122조【질권행사 등으로 인한 특허권의 이전에 따른 통상실시권】 특허권자(공유인 특허권을 분할청구한 경우에는 분할청구를 한 공유자를 제외한 나머지 공유자를 말한다)는 특허권을 목적으로 하는 질권설정 또는 공유인 특허권의 분할청구 이전에 그 특허발명을 실시하고 있는 경우에는 그 특허권이 경매 등에 의하여 이전되더라도 그 특허발명에 대하여 통상실시권을 가진다. 이 경우 특허권자는 경매 등에 의하여 특허권을 이전받은 자에게 상당한 대가를 지급하여야 한다.(2021.10.19 본조개정)

제123조【질권의 물상대위】 질권은 이 법에 따른 보상금이나 특허발명의 실시에 대하여 받을 대가나 물건에 대해서도 행사할 수 있다. 다만, 그 보상금 등의 지급 또는 인도 전에 압류하여야 한다.(2014.6.11 본조개정)
참조 [물상대위]민342

제124조【상속인이 없는 경우 등의 특허권 소멸】 ① 특허권의 상속이 개시된 때 상속인이 없는 경우에는 그 특허권은 소멸된다.
② 청산절차가 진행 중인 법인의 특허권은 법인의 청산종결등기일(청산종결등기가 되었더라도 청산사무가 사실상 끝나지 아니한 경우에는 청산사무가 사실상 끝난 날과 청산종결등기일부터 6개월이 지난 날 중 빠른 날로 한다. 이하 이 항에서 같다)까지 그 특허권의 이전등록을 하지 아니한 경우에는 청산종결등기일의 다음 날에 소멸한다.(2016.2.29 본항신설)
(2016.2.29 본조제목개정)
(2014.6.11 본조개정)
참조 규55, [상속]민1000이하

제125조【특허실시보고】 특허청장은 특허권자·전용실시권자 또는 통상실시권자에게 특허발명의 실시 여부 및 그 규모 등에 관하여 보고하게 할 수 있다.(2014.6.11 본조개정)

제125조의2【대가 및 보상금액에 대한 집행권원】 이 법에 따라 특허청장이 정한 대가와 보상금액에 관하여 확정된 결정은 집행력 있는 집행권원(執行權原)과 같은 효력을 가진다. 이 경우 집행력 있는 정본은 특허청 소속 공무원이 부여한다.(2014.6.11 본조개정)

제6장 특허권자의 보호
(2014.6.11 본장개정)

제126조【권리침해에 대한 금지청구권 등】 ① 특허권자 또는 전용실시권자는 자기의 권리를 침해한 자 또는 침해할 우려가 있는 자에 대하여 그 침해의 금지 또는 예방을 청구할 수 있다.
② 특허권자 또는 전용실시권자가 제1항에 따른 청구를 할 때에는 침해행위를 조성한 물건(물건을 생산하는 방법의 발명인 경우에는 침해행위로 생긴 물건을 포함한다)의 폐기, 침해행위에 제공된 설비의 제거, 그 밖에 침해의 예방에 필요한 행위를 청구할 수 있다.
참조 [침해죄]225

제126조의2【구체적 행위태양 제시 의무】 ① 특허권 또는 전용실시권 침해소송에서 특허권자 또는 전용실시권자가 주장하는 침해행위의 구체적 행위태양을 부인하는 당사자는 자기의 구체적 행위태양을 제시하여야 한다.
② 법원은 당사자가 제1항에도 불구하고 자기의 구체적 행위태양을 제시할 수 없는 정당한 이유가 있다고 주장하는 경우에는 그 주장의 당부를 판단하기 위하여 그 당사자에게 자료의 제출을 명할 수 있다. 다만, 그 자료의 소지자가 그 자료의 제출을 거절할 정당한 이유가 있으면 그러하지 아니하다.
③ 제2항에 따른 자료제출명령에 관하여는 제132조제2항 및 제3항을 준용한다. 이 경우 제132조제3항 중 "침해의 증명 또는 손해액의 산정에 반드시 필요한 때"를 "구체적 행위태양을 제시할 수 없는 정당한 이유의 유무 판단에 반드시 필요한 때"로 한다.
④ 당사자가 정당한 이유 없이 자기의 구체적 행위태양을 제시하지 않는 경우에는 법원은 특허권자 또는 전용실시권자가 주장하는 침해행위의 구체적 행위태양을 진실한 것으로 인정할 수 있다.
(2019.1.8 본조신설)

제127조【침해로 보는 행위】 다음 각 호의 구분에 따른 행위를 업으로서 하는 경우에는 특허권 또는 전용실시권을 침해한 것으로 본다.
1. 특허가 물건의 발명인 경우 : 그 물건의 생산에만 사용하는 물건을 생산·양도·대여 또는 수입하거나 그 물건의 양도 또는 대여의 청약을 하는 행위
2. 특허가 방법의 발명인 경우 : 그 방법의 실시에만 사용하는 물건을 생산·양도·대여 또는 수입하거나 그 물건의 양도 또는 대여의 청약을 하는 행위

판례 간접침해에 관하여 규정하고 있는 특허법 제127조 제1호 규정은 발명의 모든 구성요소를 가진 물건을 실시한 것이 아니고 그 전 단계에 있는 행위를 하였더라도 발명의 모든 구성요소를 가진 물건을 실시하게 될 개연성이 큰 경우에는 장래의 특허권 침해에 대한 권리 구제의 실효성을 높이기 위하여 일정한 요건 아래 이를 특허권의 침해로 간주하더라도 특허권이 부당하게 확장되지 않는다고 본 것이라고 이해된다. 위 조항의 문언과 그 취지에 비추어 볼 때, 여기서 말하는 '생산'이란 발명의 구성요소 일부를 결여한 물건을 사용하여 발명의 모든 구성요소를 가진 물건을 새로 만들어내는 모든 행위를 의미하므로, 공업적 생산에 한하지 않고 가공, 조립 등의 행위도 포함된다. 나아가 '특허 물건의 생산에만 사용하는 물건'에 해당하기 위하여는 사회통념상 통용되고 승인될 수 있는 경제적, 상업적 내지 실용적인 다른 용도가 없어야 하고, 이와 달리 단순히 특허 물건 이외의 물건에 사용될 이론적, 실험적 또는 일시적인 사용가능성이 있는 정도에 불과한 경우에는 간접침해의 성립을 부정할 만한 다른 용도가 있다고 할 수 없다.(대판 2009.9.10, 2007후3356)

제128조【손해배상청구권 등】 ① 특허권자 또는 전용실시권자는 고의 또는 과실로 자기의 특허권 또는 전용실시권을 침해한 자에 대하여 침해로 인하여 입은 손해의 배상을 청구할 수 있다.(2016.3.29 본항신설)
② 제1항에 따라 손해배상을 청구하는 경우 그 권리를 침해한 자가 그 침해행위를 하게 한 물건을 양도하였을 때에는 다음 각 호에 해당하는 금액의 합계액을 특허권자 또는 전용실시권자가 입은 손해액으로 할 수 있다.
1. 그 물건의 양도수량(특허권자 또는 전용실시권자가 그 침해행위 외의 사유로 판매할 수 없었던 사정이 있는 경우에는 그 침해행위 외의 사유로 판매할 수 없었던 수량을 뺀 수량) 중 특허권자 또는 전용실시권자가 생산할 수 있었던 물건의 수량에서 실제 판매한 물건의 수량을 뺀 수량을 넘지 않는 수량에 특허권자 또는 전용실시권자가 그 침해행위가 없었다면 판매할 수 있었던 물건의 단위수량당 이익액을 곱한 금액
2. 그 물건의 양도수량 중 특허권자 또는 전용실시권자가 생산할 수 있었던 물건의 수량에서 실제 판매한 물건의 수량을 뺀 수량을 넘는 수량 또는 그 침해행위 외의 사유로 판매할 수 없었던 수량이 있는 경우 이들 수량(특허권자 또는 전용실시권자가 그 특허권자의 특허권에 대한 전용실시권의 설정, 통상실시권의 허락 또는 그 전용실시권자의 전용실시권에 대한 통상실시권의 허락을 할 수 있었다고 인정되지 않는 경우에는 해당 수량을 뺀 수량)에 대해서는 특허발명의 실시에 대하여 합리적으로 받을 수 있는 금액
(2020.6.9 본항개정)
③ (2020.6.9 삭제)
④ 제1항에 따라 손해배상을 청구하는 경우 특허권 또는 전용실시권을 침해한 자가 그 침해행위로 인하여 얻은 이익액을 특허권자 또는 전용실시권자가 입은 손해액으로 추정한다.
⑤ 제1항에 따라 손해배상을 청구하는 경우 그 특허발명의 실시에 대하여 합리적으로 받을 수 있는 금액을 특허권자 또는 전용실시권자가 입은 손해액으로 하여 손해배상을 청구할 수 있다.(2019.1.8 본항개정)
⑥ 제5항에도 불구하고 손해액이 같은 항에 따른 금액을 초과하는 경우에는 그 초과액에 대해서도 손해배상을 청구할 수 있다. 이 경우 특허권 또는 전용실시권을 침해한 자에게 고의 또는 중대한 과실이 없을 때에는 법원은 손해배상액을 산정할 때 그 사실을 고려할 수 있다.
⑦ 법원은 특허권 또는 전용실시권의 침해에 관한 소송에서 손해가 발생된 것은 인정되나 그 손해액을 증명하기 위하여 필요한 사실을 증명하는 것이 해당 사실의 성질상 극히 곤란한 경우에는 제2항부터 제6항까지의 규정에도 불구하고 변론 전체의 취지와 증거조사의 결과에 기초하여 상당한 손해액을 인정할 수 있다.
⑧ 법원은 타인의 특허권 또는 전용실시권을 침해한 행위가 고의적인 것으로 인정되는 경우에는 제1항에도 불구하고 제2항부터 제7항까지의 규정에 따라 손해로 인정된 금액의 3배를 넘지 아니하는 범위에서 배상액을 정할 수 있다.(2019.1.8 본항신설)
⑨ 제8항에 따른 배상액을 판단할 때에는 다음 각 호의 사항을 고려하여야 한다.
1. 침해행위를 한 자의 우월적 지위 여부
2. 고의 또는 손해 발생의 우려를 인식한 정도
3. 침해행위로 인하여 특허권자 및 전용실시권자가 입은 피해규모
4. 침해행위로 인하여 침해한 자가 얻은 경제적 이익
5. 침해행위의 기간·횟수 등
6. 침해행위에 따른 벌금
7. 침해행위를 한 자의 재산상태
8. 침해행위를 한 자의 피해구제 노력의 정도
(2019.1.8 본항신설)
(2016.3.29 본조개정)

판례 특허침해로 인한 손해액의 증명이 어려운 경우 손해액의 산정 방법 : 특허침해로 손해가 발생된 것은 인정되나 그 손해액의 입증이 어려운 경우 특허법 제128조 제5항을 적용하여 상당한 손해액을 결정할 수 있고, 이 경우에는 그 기간 동안의 침해자의 자본, 설비 등을 고려하여 평균적인 제조수량이나 판매수량을 가늠하여 이를 기초로 삼을 수 있다고 할 것이며, 특허침해가 이루어진 기간의 일부에 대해서만 손해액을 입증하기 어려운 경우 반드시 손해액을 입증할 수 있는 기간에 대하여 채택된 손해액 산정 방법이나 그와 유사한 방법으로만 상당한 손해액을 산정하여야만 하는 것은 아니고, 자유로이 합리적인 방법을 채택하여 변론 전체의 취지와 증거조사의 결과에 기초하여 상당한 손해액을 산정할 수 있다.(대판 2006.4.27, 2003다15006)

제128조의2【감정사항 설명의무】 특허권 또는 전용실시권 침해소송에서 법원이 침해로 인한 손해액의 산정을 위하여 감정을 명한 때에는 당사자는 감정인에게 감정에 필요한 사항을 설명하여야 한다.(2016.3.29 본조신설)

제129조【생산방법의 추정】 물건을 생산하는 방법의 발명에 관하여 특허가 된 경우에 그 물건과 동일한 물건은 그 특허된 방법에 의하여 생산된 것으로 추정한다. 다만, 그 물건이 다음 각 호의 어느 하나에 해당하는 경우에는 그러하지 아니하다.
1. 특허출원 전에 국내에서 공지되었거나 공연히 실시된 물건
2. 특허출원 전에 국내 또는 국외에서 반포된 간행물에 게재되었거나 전기통신회선을 통하여 공중이 이용할 수 있는 물건

제130조【과실의 추정】 타인의 특허권 또는 전용실시권을 침해한 자는 그 침해행위에 대하여 과실이 있는 것으로 추정한다.

제131조【특허권자 등의 신용회복】 법원은 고의나 과실로 특허권 또는 전용실시권을 침해함으로써 특허권자 또는 전용실시권자의 업무상 신용을 떨어뜨린 자에 대해서는 특허권자 또는 전용실시권자의 청구에 의하여 손해배상을 갈음하여 또는 손해배상과 함께 특허권자 또는 전용실시권자의 업무상 신용회복을 위하여 필요한 조치를 명할 수 있다.

제132조【자료의 제출】 ① 법원은 특허권 또는 전용실시권 침해소송에서 당사자의 신청에 의하여 상대방 당사자에게 해당 침해의 증명 또는 침해로 인한 손해액의 산정에 필요한 자료의 제출을 명할 수 있다. 다만, 그 자료의 소지자가 그 자료의 제출을 거절할 정당한 이유가 있으면 그러하지 아니하다.

② 법원은 자료의 소지자가 제1항에 따른 제출을 거부할 정당한 이유가 있다고 주장하는 경우에는 그 주장의 당부를 판단하기 위하여 자료의 제시를 명할 수 있다. 이 경우 법원은 그 자료를 다른 사람이 보게 하여서는 아니 된다.(2016.3.29 본항신설)

③ 제1항에 따라 제출되어야 할 자료가 영업비밀(「부정경쟁방지 및 영업비밀보호에 관한 법률」 제2조제2호에 따른 영업비밀을 말한다. 이하 같다)에 해당하나 침해의 증명 또는 손해액의 산정에 반드시 필요한 때에는 제1항 단서에 따른 정당한 이유로 보지 아니한다. 이 경우 법원은 제출명령의 목적 내에서 열람할 수 있는 범위 또는 열람할 수 있는 사람을 지정하여야 한다.(2016.3.29 본항신설)

④ 당사자가 정당한 이유 없이 자료제출명령에 따르지 아니한 때에는 법원은 자료의 기재에 대한 상대방의 주장을 진실한 것으로 인정할 수 있다.(2016.3.29 본항신설)

⑤ 제4항에 해당하는 경우 자료의 제출을 신청한 당사자가 자료의 기재에 관하여 구체적으로 주장하기에 현저히 곤란한 사정이 있고 자료로 증명할 사실을 다른 증거로 증명하는 것을 기대하기도 어려운 때에는 법원은 그 당사자가 자료의 기재에 의하여 증명하고자 하는 사실에 관한 주장을 진실한 것으로 인정할 수 있다.(2016.3.29 본항신설)

(2016.3.29 본조개정)

제6장의2 특허취소신청

(2016.2.29 본장신설)

제132조의2【특허취소신청】 ① 누구든지 특허권의 설정등록일부터 등록공고일 후 6개월이 되는 날까지 그 특허가 다음 각 호의 어느 하나에 해당하는 경우에는 특허심판원장에게 특허취소신청을 할 수 있다. 이 경우 청구범위의 청구항이 둘 이상인 경우에는 청구항마다 특허취소신청을 할 수 있다.

1. 제29조(같은 조 제1항제1호에 해당하는 경우와 같은 호에 해당하는 발명에 의하여 쉽게 발명할 수 있는 경우는 제외한다)에 위반된 경우
2. 제36조제1항부터 제3항까지의 규정에 위반된 경우

② 제1항에도 불구하고 특허공보에 게재된 제87조제3항제7호에 따른 선행기술에 기초한 이유로는 특허취소신청을 할 수 없다.

제132조의3【특허취소신청절차에서의 특허의 정정】

① 특허취소신청절차가 진행 중인 특허에 대한 특허권자는 제136조제1항 각 호의 어느 하나에 해당하는 경우에만 제132조의13제2항에 따라 지정된 기간에 특허발명의 명세서 또는 도면에 대하여 정정청구를 할 수 있다.

② 제1항에 따른 정정청구를 하였을 때에는 해당 특허취소신청절차에서 그 정정청구 전에 한 정정청구는 취하된 것으로 본다.

③ 제1항에 따른 정정청구에 관하여는 제136조제3항부터 제6항까지, 제8항, 제10항부터 제13항까지, 제139조제3항 및 제140조제1항·제2항·제5항을 준용한다. 이 경우 제136조제11항 중 "제162조제3항에 따른 심리의 종결이 통지되기 전(같은 조 제4항에 따라 심리가 재개된 경우에는 그 후 다시 같은 조 제3항에 따른 심리의 종결이 통지되기 전)에"는 "제132조의13제2항 또는 제136조제6항에 따라 지정된 기간에"로 본다.

④ 제1항에 따른 정정청구는 다음 각 호의 어느 하나에 해당하는 기간에만 취하할 수 있다.

1. 제1항에 따라 정정을 청구할 수 있도록 지정된 기간과 그 기간의 만료일부터 1개월 이내의 기간
2. 제3항에서 준용하는 제136조제6항에 따라 지정된 기간

⑤ 제3항을 적용할 때 제132조의2에 따라 특허취소신청이 된 청구항을 정정하는 경우에는 제136조제5항을 준용하지 아니한다.

제132조의4【특허취소신청의 방식 등】 ① 특허취소신청을 하려는 자는 다음 각 호의 사항을 적은 특허취소신청서를 특허심판원장에게 제출하여야 한다.

1. 신청인의 성명 및 주소(법인인 경우에는 그 명칭 및 영업소의 소재지)
2. 대리인이 있는 경우에는 그 대리인의 성명 및 주소나 영업소의 소재지〔대리인이 특허법인·특허법인(유한)인 경우에는 그 명칭, 사무소의 소재지 및 지정된 변리사의 성명〕
3. 특허취소신청의 대상이 되는 특허의 표시
4. 특허취소신청의 이유 및 증거의 표시

② 제1항에 따라 제출된 특허취소신청서의 보정은 그 요지를 변경할 수 없다. 다만, 제132조의2제1항에 따른 기간(그 기간 중 제132조의13제2항에 따른 통지가 있는 경우에는 통지한 때까지로 한정한다)에 제1항제4호의 사항을 보정하는 경우에는 그러하지 아니하다.

③ 심판장은 특허취소신청이 있으면 그 신청서의 부본을 특허권자에게 송달하여야 한다.

④ 심판장은 특허취소신청이 있으면 그 사실을 해당 특허권의 전용실시권자나 그 밖에 그 특허에 관하여 등록을 한 권리를 가지는 자에게 알려야 한다.

제132조의5【특허취소신청서 등의 보정·각하】 ① 심판장은 다음 각 호의 어느 하나에 해당하는 경우에는 기간을 정하여 그 보정을 명하여야 한다.

1. 특허취소신청서가 제132조의4제1항(같은 항 제4호는 제외한다)을 위반한 경우
2. 특허취소신청에 관한 절차가 다음 각 목의 어느 하나에 해당하는 경우
   가. 제3조제1항 또는 제6조를 위반한 경우
   나. 이 법 또는 이 법에 따른 명령으로 정하는 방식을 위반한 경우
   다. 제82조에 따라 내야 할 수수료를 내지 아니한 경우

② 심판장은 제1항에 따른 보정명령을 받은 자가 지정된 기간에 보정을 하지 아니하거나 보정한 사항이 제132조의4제2항을 위반한 경우에는 특허취소신청서 또는 해당 절차와 관련된 청구 또는 신청 등을 결정으로 각하하여야 한다.

③ 제2항에 따른 각하결정은 서면으로 하여야 하며, 그 이유를 붙여야 한다.

제132조의6【보정할 수 없는 특허취소신청의 각하결정】 ① 제132조의7제1항에 따른 합의체는 부적법한 특허취소신청으로서 그 흠을 보정할 수 없을 때에는 제132조의4제3항에도 불구하고 특허권자에게 특허취소신청서의 부본을 송달하지 아니하고, 결정으로 그 특허취소신청을 각하할 수 있다.

② 제1항에 따른 각하결정에 대해서는 불복할 수 없다.

제132조의7【특허취소신청의 합의체 등】 ① 특허취소신청은 3명 또는 5명의 심판관으로 구성되는 합의체가 심리하여 결정한다.

② 제1항의 합의체 및 이를 구성하는 심판관에 관하여는 제143조부터 제145조까지, 제146조제2항·제3항, 제148조부터 제153조까지 및 제153조의2를 준용한다. 이 경우 제148조제6호 중 "심결"은 "특허취소결정"으로 본다.

제132조의8【심리의 방식 등】 ① 특허취소신청에 관한 심리는 서면으로 한다.

② 공유인 특허권의 특허권자 중 1인에게 특허취소신청절차의 중단 또는 중지의 원인이 있으면 모두에게 그 효력이 발생한다.

제132조의9【참가】 ① 특허권에 관하여 권리를 가진 자 또는 이해관계를 가진 자는 특허취소신청에 대한 결정이 있을 때까지 특허권자를 보조하기 위하여 그 심리에 참가할 수 있다.

② 제1항의 참가에 관하여는 제155조제4항·제5항 및 제156조를 준용한다.

제132조의10【특허취소신청의 심리에서의 직권심리】

① 심판관은 특허취소신청에 관하여 특허취소신청인, 특허권자 또는 참가인이 제출하지 아니한 이유에 대해서도 심리할 수 있다.

② 심판관은 특허취소신청에 관하여 특허취소신청인이 신청하지 아니한 청구항에 대해서는 심리할 수 없다.

제132조의11【특허취소신청의 병합 또는 분리】 ① 심판관 합의체는 하나의 특허권에 관한 둘 이상의 특허취소신청에 대해서는 특별한 사정이 있는 경우를 제외하고는 그 심리를 병합하여 결정하여야 한다.

② 심판관 합의체는 특허취소신청의 심리에 필요하다고 인정하는 경우에는 제1항에 따라 병합된 심리를 분리할 수 있다.

제132조의12【특허취소신청의 취하】 ① 특허취소신청은 제132조의14제2항에 따라 결정등본이 송달되기 전까지만 취하할 수 있다. 다만, 제132조의13제2항에 따라 특허권자 및 참가인에게 특허의 취소이유가 통지된 후에는 취하할 수 없다.

② 둘 이상의 청구항에 관하여 특허취소신청이 있는 경우에는 청구항마다 취하할 수 있다.

③ 제1항 또는 제2항에 따른 취하가 있으면 그 특허취소신청 또는 그 청구항에 대한 특허취소신청은 처음부터 없었던 것으로 본다.

제132조의13【특허취소신청에 대한 결정】 ① 심판관 합의체는 특허취소신청이 이유 있다고 인정되는 때에는 그 특허를 취소한다는 취지의 결정(이하 "특허취소결정"이라 한다)을 하여야 한다.

② 심판장은 특허취소결정을 하려는 때에는 특허권자 및 참가인에게 특허의 취소이유를 통지하고 기간을 정하여 의견서를 제출할 수 있는 기회를 주어야 한다.

③ 특허취소결정이 확정된 때에는 그 특허권은 처음부터 없었던 것으로 본다.

④ 심판관 합의체는 특허취소신청이 제132조의2제1항 각 호의 어느 하나에 해당하지 아니하거나 같은 조 제2항을 위반한 것으로 인정되는 경우에는 결정으로 그 특허취소신청을 기각하여야 한다.

⑤ 제4항에 따른 기각결정에 대해서는 불복할 수 없다.

제132조의14【특허취소신청의 결정 방식】 ① 특허취소신청에 대한 결정은 다음 각 호의 사항을 적은 서면으로 하여야 하며, 결정을 한 심판관은 그 서면에 기명날인 하여야 한다.

1. 특허취소신청사건의 번호
2. 특허취소신청인, 특허권자 및 참가인의 성명 및 주소(법인인 경우에는 그 명칭 및 영업소의 소재지)
3. 대리인이 있는 경우에는 그 대리인의 성명 및 주소나 영업소의 소재지〔대리인이 특허법인·특허법인(유한)인 경우에는 그 명칭, 사무소의 소재지 및 지정된 변리사의 성명〕
4. 결정에 관련된 특허의 표시
5. 결정의 결론 및 이유
6. 결정연월일

② 심판장은 특허취소신청에 대한 결정이 있는 때에는 그 결정의 등본을 특허취소신청인, 특허권자, 참가인 및 그 특허취소신청에 대한 심리에 참가를 신청하였으나 그 신청이 거부된 자에게 송달하여야 한다.

제132조의15【심판규정의 특허취소신청에의 준용】 특허취소신청의 심리·결정에 관하여는 제147조제3항, 제157조, 제158조, 제164조, 제165조제3항부터 제6항까지 및 제166조를 준용한다.

제7장 심 판

(2014.6.11 본장제목개정)

제132조의16【특허심판원】 ① 특허·실용신안에 관한 취소신청, 특허·실용신안·디자인·상표에 관한 심판과 재심 및 이에 관한 조사·연구 사무를 관장하게 하기 위하여 특허청장 소속으로 특허심판원을 둔다.(2016.2.29 본항개정)

② 특허심판원에 원장과 심판관을 둔다.

③ 특허심판원에 제1항에 따른 조사·연구와 그 밖의 사무를 담당하는 인력을 둘 수 있다.(2021.8.17 본항신설)

④ 특허심판원의 조직과 정원 및 운영에 필요한 사항은 대통령령으로 정한다.

(2014.6.11 본조개정)

제132조의17【특허거절결정 등에 대한 심판】 특허거절결정 또는 특허권의 존속기간의 연장등록거절결정을 받은 자가 결정에 불복할 때에는 그 결정등본을 송달받은 날부터 3개월 이내에 심판을 청구할 수 있다.

(2021.10.19 본조개정)

제133조【특허의 무효심판】 ① 이해관계인(제2호 본문의 경우에는 특허를 받을 수 있는 권리를 가진 자만 해당한다) 또는 심사관은 특허가 다음 각 호의 어느 하나에 해당하는 경우에는 무효심판을 청구할 수 있다. 이 경우 청구범위의 청구항이 둘 이상인 경우에는 청구항마다 청구할 수 있다.(2016.2.29 본문개정)

1. 제25조, 제29조, 제32조, 제36조제1항부터 제3항까지, 제42조제3항제1호 또는 같은 조 제4항을 위반한 경우
2. 제33조제1항 본문에 따른 특허를 받을 수 있는 권리를 가지지 아니하거나 제44조를 위반한 경우. 다만, 제99조의2제2항에 따라 이전등록된 경우에는 제외한다.(2016.2.29 단서신설)
3. 제33조제1항 단서에 따라 특허를 받을 수 없는 경우
4. 특허된 후 그 특허권자가 제25조에 따라 특허권을 누릴 수 없는 자로 되거나 그 특허가 조약을 위반한 경우
5. 조약을 위반하여 특허를 받을 수 없는 경우
6. 제47조제2항 전단에 따른 범위를 벗어난 보정인 경우
7. 제52조제1항에 따른 범위를 벗어난 분할출원 또는 제52조의2제1항 각 호 외의 부분 전단에 따른 범위를 벗어난 분리출원인 경우(2021.10.19 본호개정)
8. 제53조제1항에 따른 범위를 벗어난 변경출원인 경우

② 제1항에 따른 심판은 특허권이 소멸된 후에도 청구할 수 있다.

③ 특허를 무효로 한다는 심결이 확정된 경우에는 그 특허권은 처음부터 없었던 것으로 본다. 다만, 제1항제4호에 따라 특허를 무효로 한다는 심결이 확정된 경우에는 특허권은 그 특허가 같은 호에 해당하게 된 때부터 없었던 것으로 본다.

④ 심판장은 제1항에 따른 심판이 청구된 경우에는 그 취지를 해당 특허권의 전용실시권자나 그 밖에 특허에 관하여 등록을 한 권리를 가지는 자에게 알려야 한다.

(2014.6.11 본조개정)

참조 규57, [특허출원]42

판례 제1항에서 이야기하는 이해관계인이란 해당 특허발명의 권리존속으로 인하여 법률상 어떠한 불이익을 받거나 받을 우려가 있어 그 소멸에 관하여 직접적이고도 현실적인 이해관계를 가진 사람을 말한다. 여기에는 해당 특허발명과 같은 종류의 물품을 제조·판매하거나 제조·판매할 사람도 포함된다. 이러한 법리에 의하면 특별한 사정이 없는 한 특허권의 실시권자가 특허권자로부터 권리의 대항을 받거나 받을 염려가 없다는 이유만으로 무효심판을 청구할 수 있는 이해관계가 소멸되었다고 볼 수 없다. 따라서 특허권자로부터 특허권을 실시할 수 있는 권리를 허락받은 실시권자도 특허발명 무효심판을 청구할 수 있는 이해관계인에 해당한다.
(대판 2019.2.21, 2017후2819)

판례 특허발명에 대한 무효심결이 확정되기 전이라고 하더라도 특허발명이 진보성이 부정되어 그 특허가 특허무효심판에 의하여 무효로 될 것임이 명백한 경우에는 그 특허권에 기초한 침해금지 또는

손해배상 등의 청구는 특별한 사정이 없는 한 권리남용에 해당하여 허용되지 아니한다고 보아야 하고, 특허권침해소송을 담당하는 법원으로서도 특허권자의 그러한 청구가 권리남용에 해당한다는 항변이 있는 경우 그 당부를 살피기 위한 전제로서 특허발명의 진보성 여부에 대하여 심리·판단할 수 있다고 할 것이다.
(대판 2012.1.19, 2010다95390 전원합의체)

판례 특허의 무효심결이 확정되기 이전이라고 하더라도 특허권침해소송을 심리하는 법원은 특허에 무효사유가 있는 것이 명백한지 여부에 대하여 판단할 수 있고, 심리한 결과 당해 특허에 무효사유가 있는 것이 분명한 때에는 그 특허권에 기초한 금지와 손해배상 등의 청구는 특별한 사정이 없는 한 권리남용에 해당하여 허용되지 아니한다.(대판 2004.10.28, 2000다69194)

제133조의2【특허무효심판절차에서의 특허의 정정】 ① 제133조제1항에 따른 심판의 피청구인은 제136조제1항 각 호의 어느 하나에 해당하는 경우에만 제147조제1항 또는 제159조제1항 후단에 따라 지정된 기간에 특허발명의 명세서 또는 도면에 대하여 정정청구를 할 수 있다. 이 경우 심판장이 제147조제1항에 따라 지정된 기간 후에도 청구인이 증거를 제출하거나 새로운 무효사유를 주장함으로 인하여 정정청구를 허용할 필요가 있다고 인정하는 경우에는 기간을 정하여 정정청구를 하게 할 수 있다.
(2016.2.29 후단개정)

② 제1항에 따른 정정청구를 하였을 때에는 해당 무효심판절차에서 그 정정청구 전에 한 정정청구는 취하된 것으로 본다.

③ 심판장은 제1항에 따른 정정청구가 있을 때에는 그 청구서의 부본을 제133조제1항에 따른 심판의 청구인에게 송달하여야 한다.

④ 제1항에 따른 정정청구에 관하여는 제136조제3항부터 제6항까지, 제8항 및 제10항부터 제13항까지, 제139조제3항 및 제140조제1항·제2항·제5항을 준용한다. 이 경우 제136조제11항 중 "제162조제3항에 따른 심리의 종결이 통지되기 전(같은 조 제4항에 따라 심리가 재개된 경우에는 그 후 다시 같은 조 제3항에 따른 심리의 종결이 통지되기 전)에"는 "제133조의2제1항 또는 제136조제6항에 따라 지정된 기간에"로 본다.(2016.2.29 본항개정)

⑤ 제1항에 따른 정정청구는 다음 각 호의 어느 하나에 해당하는 기간에만 취하할 수 있다.
1. 제1항에 따라 정정을 청구할 수 있도록 지정된 기간과 그 기간의 만료일부터 1개월 이내의 기간
2. 제4항에서 준용하는 제136조제6항에 따라 지정된 기간
(2016.2.29 본항신설)

⑥ 제4항을 적용할 때 제133조제1항에 따른 특허무효심판이 청구된 청구항을 정정하는 경우에는 제136조제5항을 준용하지 아니한다.(2016.2.29 본항개정)
(2014.6.11 본조개정)

제134조【특허권 존속기간의 연장등록의 무효심판】
① 이해관계인 또는 심사관은 제92조에 따른 특허권의 존속기간의 연장등록이 다음 각 호의 어느 하나에 해당하는 경우에는 무효심판을 청구할 수 있다.
1. 특허발명을 실시하기 위하여 제89조에 따른 허가등을 받을 필요가 없는 출원에 대하여 연장등록이 된 경우
2. 특허권자 또는 그 특허권의 전용실시권 또는 등록된 통상실시권을 가진 자가 제89조에 따른 허가등을 받지 아니한 출원에 대하여 연장등록이 된 경우
3. 연장등록에 따라 연장된 기간이 그 특허발명을 실시할 수 없었던 기간을 초과하는 경우
4. 해당 특허권자가 아닌 자의 출원에 대하여 연장등록이 된 경우
5. 제90조제3항을 위반한 출원에 대하여 연장등록이 된 경우

② 이해관계인 또는 심사관은 제92조의5에 따른 특허권의 존속기간의 연장등록이 다음 각 호의 어느 하나에 해당하면 무효심판을 청구할 수 있다.
1. 연장등록에 따라 연장된 기간이 제92조의2에 따라 인정되는 연장의 기간을 초과한 경우
2. 해당 특허권자가 아닌 자의 출원에 대하여 연장등록이 된 경우
3. 제92조의3제3항을 위반한 출원에 대하여 연장등록이 된 경우

③ 제1항 및 제2항에 따른 심판의 청구에 관하여는 제133조제2항 및 제4항을 준용한다.

④ 연장등록을 무효로 한다는 심결이 확정된 경우에는 그 연장등록에 따른 존속기간의 연장은 처음부터 없었던 것으로 본다. 다만, 연장등록이 다음 각 호의 어느 하나에 해당하는 경우에는 해당 기간에 대해서만 연장이 없었던 것으로 본다.
1. 연장등록이 제1항제3호에 해당하여 무효로 된 경우 : 그 특허발명을 실시할 수 없었던 기간을 초과하여 연장된 기간
2. 연장등록이 제2항제1호에 해당하여 무효로 된 경우 : 제92조의2에 따라 인정되는 연장의 기간을 초과하여 연장된 기간
(2014.6.11 본조개정)

참조 규57, [기간의 계산]14, 민155이하, [실시권]100이하

제135조【권리범위 확인심판】 ① 특허권자 또는 전용실시권자는 자신의 특허발명의 보호범위를 확인하기 위하여 특허권의 권리범위 확인심판을 청구할 수 있다.

② 이해관계인은 타인의 특허발명의 보호범위를 확인하기 위하여 특허권의 권리범위 확인심판을 청구할 수 있다.(2016.2.29 본항신설)

③ 제1항 또는 제2항에 따른 특허권의 권리범위 확인심판을 청구하는 경우에 청구범위의 청구항이 둘 이상인 경우에는 청구항마다 청구할 수 있다.
(2016.2.29 본조개정)

판례 특허발명의 권리범위확인심판을 청구함에 있어 심판청구의 대상이 되는 확인대상발명의 특정 정도 : 특허발명의 권리범위확인심판을 청구함에 있어 심판청구의 대상이 되는 확인대상발명은 당해 특허발명과 서로 대비할 수 있을 만큼 구체적으로 특정되어야 하는 것인 바, 그 특정을 위하여 대상물의 구체적인 구성을 전부 기재할 필요는 없다고 하더라도 특허발명의 구성요건에 대응하는 부분의 구체적인 구성을 기재하여야 하며, 그 구체적인 구성의 기재는 특허발명의 구성요건에 대비하여 그 차이점을 판단함에 필요한 정도는 되어야 한다.(대판 2005.4.29, 2003후656)

판례 특허권의 권리범위를 제한 해석할 수 있는 경우 : 특허권의 권리범위는 특허출원서에 첨부한 명세서의 특허청구범위에 기재된 사항에 의하여 정하여지고, 청구범위의 기재만으로 기술적 범위가 명백한 경우에는 원칙적으로 명세서의 다른 기재에 의하여 청구범위의 기재를 제한 해석할 수 없지만, 청구범위에 포함되는 것으로 문언적으로 해석되는 것 중 일부가 발명의 상세한 설명의 기재에 의하여 뒷받침되고 있지 않거나 출원인이 그 중 일부를 특허권의 권리범위에서 의식적으로 제외하고 있다고 보이는 경우 등과 같이 청구범위를 문언 그대로 해석하는 것이 명세서의 다른 기재에 비추어 보아 명백히 불합리할 때에는, 출원된 기술사상의 내용과 명세서의 다른 기재 및 출원인의 의사와 제3자에 대한 법적 안정성을 두루 참작하여 특허권의 권리범위를 제한 해석하는 것이 가능하다.(대판 2003.7.11, 2001후2856)

제136조【정정심판】 ① 특허권자는 다음 각 호의 어느 하나에 해당하는 경우에는 특허발명의 명세서 또는 도면에 대하여 정정심판을 청구할 수 있다.(2016.2.29 단서삭제)
1. 청구범위를 감축하는 경우
2. 잘못 기재된 사항을 정정하는 경우
3. 분명하지 아니하게 기재된 사항을 명확하게 하는 경우

② 제1항에도 불구하고 다음 각 호의 어느 하나에 해당하는 기간에는 정정심판을 청구할 수 없다.
1. 특허취소신청이 특허심판원에 계속 중인 때부터 그 결정이 확정될 때까지의 기간. 다만, 특허무효심판의 심결 또는 정정의 무효심판의 심결에 대한 소가 특허법원에 계속 중인 경우에는 특허법원에서 변론이 종결(변론 없이 한 판결의 경우에는 판결의 선고를 말한다)된 날까지 정정심판을 청구할 수 있다.
2. 특허무효심판 또는 정정의 무효심판이 특허심판원에 계속 중인 기간
(2016.2.29 본항신설)

③ 제1항에 따른 명세서 또는 도면의 정정은 특허발명의 명세서 또는 도면에 기재된 사항의 범위에서 할 수 있다. 다만, 제1항제2호에 따라 잘못된 기재를 정정하는 경우에는 출원서에 최초로 첨부된 명세서 또는 도면에 기재된 사항의 범위에서 할 수 있다.

④ 제1항에 따른 명세서 또는 도면의 정정은 청구범위를 실질적으로 확장하거나 변경할 수 없다.

⑤ 제1항에 따른 정정 중 같은 항 제1호 또는 제2호에 해당하는 정정은 정정 후의 청구범위에 적혀 있는 사항이 특허출원을 하였을 때에 특허를 받을 수 있는 것이어야 한다.

⑥ 심판관은 제1항에 따른 심판청구가 다음 각 호의 어느 하나에 해당한다고 인정하는 경우에는 청구인에게 그 이유를 통지하고, 기간을 정하여 의견서를 제출할 수 있는 기회를 주어야 한다.
1. 제1항 각 호의 어느 하나에 해당하지 아니한 경우
2. 제3항에 따른 범위를 벗어난 경우(2016.2.29 본호개정)
3. 제4항 또는 제5항을 위반한 경우(2016.2.29 본호개정)

⑦ 제1항에 따른 정정심판은 특허권이 소멸된 후에도 청구할 수 있다. 다만, 특허취소결정이 확정되거나 특허를 무효(제133조제1항제4호에 의한 무효는 제외한다)로 한다는 심결이 확정된 후에는 그러하지 아니하다.
(2016.2.29 단서개정)

⑧ 특허권자는 전용실시권자, 질권자와 제100조제4항·제102조제1항 및 「발명진흥법」 제10조제1항에 따른 통상실시권을 갖는 자의 동의를 받아야만 제1항에 따른 정정심판을 청구할 수 있다. 다만, 특허권자가 정정심판을 청구하기 위하여 동의를 받아야 하는 자가 무효심판을 청구한 경우에는 그러하지 아니하다.(2016.2.29 단서신설)

⑨ 제1항에 따른 정정심판에는 제147조제1항·제2항, 제155조 및 제156조를 적용하지 아니한다.(2016.2.29 본항신설)

⑩ 특허발명의 명세서 또는 도면에 대하여 정정을 한다는 심결이 확정되었을 때에는 그 정정 후의 명세서 또는 도면에 따라 특허출원, 출원공개, 특허결정 또는 심결 및 특허권의 설정등록이 된 것으로 본다.

⑪ 청구인은 제162조제3항에 따른 심리의 종결이 통지되기 전(같은 조 제4항에 따라 심리가 재개된 경우에는 그 후 다시 같은 조 제3항에 따른 심리의 종결이 통지되기 전)에 제140조제5항에 따른 심판청구서에 첨부된 정정한 명세서 또는 도면에 대하여 보정할 수 있다.

⑫ 특허발명의 명세서 또는 도면에 대한 정정을 한다는 심결이 있는 경우 특허심판원장은 그 내용을 특허청장에게 알려야 한다.

⑬ 특허청장은 제12항에 따른 통보가 있으면 이를 특허공보에 게재하여야 한다.(2016.2.29 본항개정)
(2014.6.11 본조개정)

판례 동일한 특허발명에 대하여 특허무효심판과 정정심판이 특허심판원에 동시에 계속 중에 있는 경우, 심리·판단의 우선 순위 및 그 판단 대상 : 이 경우 정정심판제도의 취지상 정정심판을 특허무효심판에 우선하여 심리·판단하는 것이 바람직하나, 그렇다고 하여 반드시 정정심판을 먼저 심리·판단하여야 하는 것은 아니고, 또 특허무효심판을 먼저 심리하는 경우에도 그 판단대상은 정정심판청구 전 특허발명이며, 이러한 법리는 특허무효심판과 정정심판의 심결에 대한 취소소송이 특허법원에 동시에 계속되어 있는 경우에도 적용된다고 볼 것이다.(대판 2002.8.23, 2001후713)

제137조【정정의 무효심판】 ① 이해관계인 또는 심사관은 제132조의3제1항, 제133조의2제1항, 제136조제1항 또는 이 조 제3항에 따른 특허발명의 명세서 또는 도면에 대한 정정이 다음 각 호의 어느 하나의 규정을 위반한 경우에는 정정의 무효심판을 청구할 수 있다.
(2016.2.29 본문개정)
1. 제136조제1항 각 호의 어느 하나의 규정
2. 제136조제3항부터 제5항까지의 규정(제132조의3제3항 또는 제133조의2제4항에 따라 준용되는 경우를 포함한다)(2016.2.29 본호개정)

② 제1항에 따른 심판청구에 관하여는 제133조제2항 및 제4항을 준용한다.

③ 제1항에 따른 무효심판의 피청구인은 제136조제1항 각 호의 어느 하나에 해당하는 경우에만 제147조제1항 또는 제159조제1항 후단에 따라 지정된 기간에 특허발명의 명세서 또는 도면의 정정을 청구할 수 있다. 이 경우 심판장이 제147조제1항에 따라 지정된 기간 후에도 청구인이 증거를 제출하거나 새로운 무효사유를 주장함으로 인하여 정정의 청구를 허용할 필요가 있다고 인정하는 경우에는 기간을 정하여 정정청구를 하게 할 수 있다.
(2016.2.29 후단신설)

④ 제3항에 따른 정정청구에 관하여는 제133조의2제2항부터 제5항까지의 규정을 준용한다. 이 경우 제133조의2제3항 중 "제133조제1항"은 "제137조제1항"으로 보고, 같은 조 제4항 후단 중 "제133조의2제1항"을 "제137조제3항"으로 보며, 같은 조 제5항 각 호 외의 부분 및 같은 항 제1호 중 "제1항"을 각각 "제3항"으로 본다.
(2016.2.29 본항개정)

⑤ 제1항에 따라 정정을 무효로 한다는 심결이 확정되었을 때에는 그 정정은 처음부터 없었던 것으로 본다.
(2014.6.11 본조개정)

제138조【통상실시권 허락의 심판】 ① 특허권자, 전용실시권자 또는 통상실시권자는 해당 특허발명이 제98조에 해당하여 실시의 허락을 받으려는 경우에 그 타인이 정당한 이유 없이 허락하지 아니하거나 그 타인의 허락을 받을 수 없을 때에는 자기의 특허발명의 실시에 필요한 범위에서 통상실시권 허락의 심판을 청구할 수 있다.

② 제1항에 따른 청구가 있는 경우에 그 특허발명이 그 특허출원일 전에 출원된 타인의 특허발명 또는 등록실용신안과 비교하여 상당한 경제적 가치가 있는 중요한 기술적 진보를 가져오는 것이 아니면 통상실시권을 허락하여서는 아니 된다.

③ 제1항에 따른 심판에 따라 통상실시권을 허락한 자가 그 통상실시권을 허락받은 자의 특허발명을 실시할 필요가 있는 경우 그 통상실시권을 허락받은 자가 실시를 허락하지 아니하거나 실시의 허락을 받을 수 없을 때에는 통상실시권을 허락받아 실시하려는 특허발명의 범위에서 통상실시권 허락의 심판을 청구할 수 있다.

④ 제1항 및 제3항에 따라 통상실시권을 허락받은 자는 특허권자, 실용신안권자, 디자인권자 또는 그 전용실시권자에게 대가를 지급하여야 한다. 다만, 자기가 책임질 수 없는 사유로 지급할 수 없는 경우에는 그 대가를 공탁하여야 한다.

⑤ 제4항에 따른 통상실시권자는 그 대가를 지급하지 아니하거나 공탁을 하지 아니하면 그 특허발명, 등록실용신안 또는 등록디자인이나 이와 유사한 디자인을 실시할 수 없다.
(2014.6.11 본조개정)

참조 규57, [실시권]100이하, [특허권자]85·87, 실용신안32

제139조【공동심판의 청구 등】 ① 동일한 특허권에 관하여 제133조제1항, 제134조제1항·제2항 또는 제137조제1항의 무효심판이나 제135조제1항·제2항의 권리범위 확인심판을 청구하는 자가 2인 이상이면 모두가 공동으로 심판을 청구할 수 있다.(2016.2.29 본항개정)

② 공유인 특허권의 특허권자에 대하여 심판을 청구할 때에는 공유자 모두를 피청구인으로 하여야 한다.

③ 특허권 또는 특허를 받을 수 있는 권리의 공유자가 그 공유인 권리에 관하여 심판을 청구할 때에는 공유자 모두가 공동으로 청구하여야 한다.

④ 제1항 또는 제3항에 따른 청구인이나 제2항에 따른 피청구인 중 1인에게 심판절차의 중단 또는 중지의 원인이 있으면 모두에게 그 효력이 발생한다.
(2014.6.11 본조개정)

참조 [공유]44, 민262

제139조의2【국선대리인】 ① 특허심판원장은 산업통상자원부령으로 정하는 요건을 갖춘 심판 당사자의 신청에 따라 대리인(이하 "국선대리인"이라 한다)을 선임하여 줄 수 있다. 다만, 심판청구가 이유 없음이 명백하거나 권리의 남용이라고 인정되는 경우에는 그러하지 아니하다.

② 국선대리인이 선임된 당사자에 대하여 심판절차와 관련된 수수료를 감면할 수 있다.
③ 국선대리인의 신청절차 및 수수료 감면 등 국선대리인 운영에 필요한 사항은 산업통상자원부령으로 정한다.
(2019.1.8 본조신설)

제140조【심판청구방식】 ① 심판을 청구하려는 자는 다음 각 호의 사항을 적은 심판청구서를 특허심판원장에게 제출하여야 한다.
1. 당사자의 성명 및 주소(법인인 경우에는 그 명칭 및 영업소의 소재지)
2. 대리인이 있는 경우에는 그 대리인의 성명 및 주소나 영업소의 소재지〔대리인이 특허법인·특허법인(유한)인 경우에는 그 명칭, 사무소의 소재지 및 지정된 변리사의 성명〕
3. 심판사건의 표시
4. 청구의 취지 및 그 이유
② 제1항에 따라 제출된 심판청구서의 보정은 그 요지를 변경할 수 없다. 다만, 다음 각 호의 어느 하나에 해당하는 경우에는 그러하지 아니하다.
1. 제1항제1호에 따른 당사자 중 특허권자의 기재를 바로잡기 위하여 보정(특허권자를 추가하는 것을 포함하되, 청구인이 특허권자인 경우에는 추가되는 특허권자의 동의가 있는 경우로 한정한다)하는 경우
2. 제1항제4호에 따른 청구의 이유를 보정하는 경우
3. 제135조제1항에 따른 권리범위 확인심판에서 심판청구서의 확인대상 발명(청구인이 주장하는 피청구인의 발명을 말한다)의 설명서 또는 도면에 대하여 피청구인이 자신이 실제로 실시하고 있는 발명과 비교하여 다르다고 주장하는 경우에 청구인이 피청구인의 실시 발명과 동일하게 하기 위하여 심판청구서의 확인대상 발명의 설명서 또는 도면을 보정하는 경우(2016.2.29 본호개정)
③ 제135조제1항·제2항에 따른 권리범위 확인심판을 청구할 때에는 특허발명과 대비할 수 있는 설명서 및 필요한 도면을 첨부하여야 한다.(2016.2.29 본항개정)
④ 제138조제1항에 따른 통상실시권 허락의 심판의 심판청구서에는 제1항 각 호의 사항 외에 다음 사항을 추가로 적어야 한다.
1. 실시하려는 자기의 특허의 번호 및 명칭
2. 실시되어야 할 타인의 특허발명·등록실용신안 또는 등록디자인의 번호·명칭 및 특허나 등록 연월일
3. 특허발명·등록실용신안 또는 등록디자인의 통상실시권의 범위·기간 및 대가
⑤ 제136조제1항에 따른 정정심판을 청구할 때에는 심판청구서에 정정한 명세서 또는 도면을 첨부하여야 한다.
(2014.6.11 본조개정)
참조 [대리인]민114이하

제140조의2【특허거절결정에 대한 심판청구방식】 ① 제132조의17에 따라 특허거절결정에 대한 심판을 청구하려는 자는 제140조제1항에도 불구하고 다음 각 호의 사항을 적은 심판청구서를 특허심판원장에게 제출하여야 한다.(2016.2.29 본문개정)
1. 청구인의 성명 및 주소(법인인 경우에는 그 명칭 및 영업소의 소재지)
2. 대리인이 있는 경우에는 그 대리인의 성명 및 주소나 영업소의 소재지〔대리인이 특허법인·특허법인(유한)인 경우에는 그 명칭, 사무소의 소재지 및 지정된 변리사의 성명〕
3. 출원일 및 출원번호
4. 발명의 명칭
5. 특허거절결정일
6. 심판사건의 표시
7. 청구의 취지 및 그 이유
② 제1항에 따라 제출된 심판청구서를 보정하는 경우에는 그 요지를 변경할 수 없다. 다만, 다음 각 호의 어느 하나에 해당하는 경우에는 그러하지 아니하다.
1. 제1항제1호에 따른 청구인의 기재를 바로잡기 위하여 보정(청구인을 추가하는 것을 포함하되, 그 청구인의 동의가 있는 경우로 한정한다)하는 경우
2. 제1항제7호에 따른 청구의 이유를 보정하는 경우
(2014.6.11 본조개정)

제141조【심판청구서 등의 각하】 ① 심판장은 다음 각 호의 어느 하나에 해당하는 경우에는 기간을 정하여 그 보정을 명하여야 한다. 다만, 보정할 사항이 경미하고 명확한 경우에는 직권으로 보정할 수 있다.(2023.9.14 단서신설)
1. 심판청구서가 제140조제1항 및 제3항부터 제5항까지 또는 제140조의2제1항을 위반한 경우
2. 심판에 관한 절차가 다음 각 목의 어느 하나에 해당하는 경우
가. 제3조제1항 또는 제6조를 위반한 경우
나. 제82조에 따라 내야 할 수수료를 내지 아니한 경우
다. 이 법 또는 이 법에 따른 명령으로 정하는 방식을 위반한 경우
② 심판장은 제1항 본문에 따른 보정명령을 받은 자가 지정된 기간에 보정을 하지 아니하거나 보정한 사항이 제140조제2항 또는 제140조의2제2항을 위반한 경우에는 심판청구서 또는 해당 절차와 관련된 청구나 신청 등을 결정으로 각하하여야 한다.(2023.9.14 본항개정)
③ 제2항에 따른 결정은 서면으로 하여야 하며, 그 이유를 붙여야 한다.
④ 심판장은 제1항 단서에 따라 직권보정을 하려면 그 직권보정 사항을 청구인에게 통지하여야 한다.
(2023.9.14 본항신설)
⑤ 청구인은 제1항 단서에 따른 직권보정 사항을 받아들일 수 없으면 직권보정 사항의 통지를 받은 날부터 7일 이내에 그 직권보정 사항에 대한 의견서를 심판장에게 제출하여야 한다.(2023.9.14 본항신설)
⑥ 청구인이 제5항에 따라 의견서를 제출한 경우에는 해당 직권보정 사항은 처음부터 없었던 것으로 본다.
(2023.9.14 본항신설)
⑦ 제1항 단서에 따른 직권보정이 명백히 잘못된 경우 그 직권보정은 처음부터 없었던 것으로 본다.(2023.9.14 본항신설)
(2016.2.29 본조제목개정)
(2014.6.11 본조개정)
참조 규13의3·16, [즉시항고]민소444

제142조【보정할 수 없는 심판청구의 심결각하】 부적법한 심판청구로서 그 흠을 보정할 수 없을 때에는 피청구인에게 답변서 제출의 기회를 주지 아니하고, 심결로써 그 청구를 각하할 수 있다.(2014.6.11 본조개정)

제143조【심판관】 ① 특허심판원장은 심판이 청구되면 심판관에게 심판하게 한다.
② 심판관의 자격은 대통령령으로 정한다.
③ 심판관은 직무상 독립하여 심판한다.
(2014.6.11 본조개정)

제144조【심판관의 지정】 ① 특허심판원장은 각 심판사건에 대하여 제146조에 따른 합의체를 구성할 심판관을 지정하여야 한다.
② 특허심판원장은 제1항의 심판관 중 심판에 관여하는 데 지장이 있는 사람이 있으면 다른 심판관에게 심판하게 할 수 있다.
(2014.6.11 본조개정)

제145조【심판장】 ① 특허심판원장은 제144조제1항에 따라 지정된 심판관 중에서 1명을 심판장으로 지정하여야 한다.
② 심판장은 그 심판사건에 관한 사무를 총괄한다.
(2014.6.11 본조개정)

제146조【심판의 합의체】 ① 심판은 3명 또는 5명의 심판관으로 구성되는 합의체가 한다.
② 제1항의 합의체의 합의는 과반수로 결정한다.
③ 심판의 합의는 공개하지 아니한다.
(2014.6.11 본조개정)

제147조【답변서 제출 등】 ① 심판장은 심판이 청구되면 심판청구서 부본을 피청구인에게 송달하고, 기간을 정하여 답변서를 제출할 수 있는 기회를 주어야 한다.
② 심판장은 제1항의 답변서를 받았을 때에는 그 부본을 청구인에게 송달하여야 한다.
③ 심판장은 심판에 관하여 당사자를 심문할 수 있다.
(2014.6.11 본조개정)
참조 규60, [답변서]민소148

제148조【심판관의 제척】 심판관은 다음 각 호의 어느 하나에 해당하는 경우에는 그 심판에서 제척된다.
1. 심판관 또는 그 배우자이거나 배우자이었던 사람이 사건의 당사자, 참가인 또는 특허취소신청인인 경우
2. 심판관이 사건의 당사자, 참가인 또는 특허취소신청인의 친족이거나 친족이었던 경우
3. 심판관이 사건의 당사자, 참가인 또는 특허취소신청인의 법정대리인이거나 법정대리인이었던 경우
(2016.2.29 1호~3호개정)
4. 심판관이 사건에 대한 증인, 감정인이거나 감정인이었던 경우
5. 심판관이 사건의 당사자, 참가인 또는 특허취소신청인의 대리인이거나 대리인이었던 경우(2016.2.29 본호개정)
6. 심판관이 사건에 대하여 심사관 또는 심판관으로서 특허여부결정 또는 심결에 관여한 경우
7. 심판관이 사건에 관하여 직접 이해관계를 가진 경우
(2014.6.11 본조개정)
참조 [제척]민소41·42

제149조【제척신청】 제148조에 따른 제척의 원인이 있으면 당사자 또는 참가인은 제척신청을 할 수 있다.
(2014.6.11 본조개정)

제150조【심판관의 기피】 ① 심판관에게 공정한 심판을 기대하기 어려운 사정이 있으면 당사자 또는 참가인은 기피신청을 할 수 있다.
② 당사자 또는 참가인은 사건에 대하여 심판관에게 서면 또는 구두로 진술을 한 후에는 기피신청을 할 수 없다. 다만, 기피의 원인이 있는 것을 알지 못한 경우 또는 기피의 원인이 그 후에 발생한 경우에는 그러하지 아니하다.
(2014.6.11 본조개정)
참조 규61, [기피]민소43

제151조【제척 또는 기피의 소명】 ① 제149조 또는 제150조에 따라 제척 또는 기피 신청을 하려는 자는 그 원인을 적은 서면을 특허심판원장에게 제출하여야 한다. 다만, 구술심리를 할 때에는 구술로 할 수 있다.
② 제척 또는 기피의 원인은 신청한 날부터 3일 이내에 소명하여야 한다.
(2014.6.11 본조개정)

제152조【제척 또는 기피 신청에 관한 결정】 ① 제척 또는 기피 신청이 있으면 심판으로 결정하여야 한다.
② 제척 또는 기피 신청의 대상이 된 심판관은 그 제척 또는 기피에 대한 심판에 관여할 수 없다. 다만, 의견을 진술할 수 있다.
③ 제1항에 따른 결정은 서면으로 하여야 하며, 그 이유를 붙여야 한다.
④ 제1항에 따른 결정에 대해서는 불복할 수 없다.
(2014.6.11 본조개정)

제153조【심판절차의 중지】 제척 또는 기피 신청이 있으면 그 신청에 대한 결정이 있을 때까지 심판절차를 중지하여야 한다. 다만, 긴급한 경우에는 그러하지 아니하다.(2014.6.11 본조개정)
참조 [소송절차의 정지]민소48

제153조의2【심판관의 회피】 심판관이 제148조 또는 제150조에 해당하는 경우에는 특허심판원장의 허가를 받아 그 사건에 대한 심판을 회피할 수 있다.(2014.6.11 본조개정)

제154조【심리 등】 ① 심판은 구술심리 또는 서면심리로 한다. 다만, 당사자가 구술심리를 신청하였을 때에는 서면심리만으로 결정할 수 있다고 인정되는 경우 외에는 구술심리를 하여야 한다.
② (2001.2.3 삭제)
③ 구술심리는 공개하여야 한다. 다만, 공공의 질서 또는 선량한 풍속에 어긋날 우려가 있으면 그러하지 아니하다.
④ 심판장은 제1항에 따라 구술심리로 심판을 할 경우에는 그 기일 및 장소를 정하고, 그 취지를 적은 서면을 당사자 및 참가인에게 송달하여야 한다. 다만, 해당 사건의 이전 심리에 출석한 당사자 및 참가인에게 알렸을 때에는 그러하지 아니하다.
⑤ 심판장은 제1항에 따라 구술심리로 심판을 할 경우에는 특허심판원장이 지정한 직원에게 기일마다 심리의 요지와 그 밖에 필요한 사항을 적은 조서를 작성하게 하여야 한다.
⑥ 제5항의 조서에는 심판의 심판장 및 조서를 작성한 직원이 기명날인하여야 한다.
⑦ 제5항의 조서에 관하여는 「민사소송법」 제153조·제154조 및 제156조부터 제160조까지의 규정을 준용한다.
⑧ 심판에 관하여는 「민사소송법」 제143조·제259조·제299조 및 제367조를 준용한다.
⑨ 심판장은 구술심리 중 심판정 내의 질서를 유지한다.
(2014.6.11 본항신설)
(2014.6.11 본조개정)

제154조의2【전문심리위원】 ① 심판장은 직권에 따른 결정으로 전문심리위원을 지정하여 심판절차에 참여하게 할 수 있다.
② 심판장은 제1항에 따라 전문심리위원을 심판절차에 참여시키는 경우 당사자의 의견을 들어 각 사건마다 1명 이상의 전문심리위원을 지정하여야 한다.
③ 전문심리위원에게는 산업통상자원부령으로 정하는 바에 따라 수당을 지급하고, 필요한 경우에는 그 밖의 여비, 일당 및 숙박료를 지급할 수 있다.
④ 전문심리위원의 지정에 관하여 그 밖에 필요한 사항은 산업통상자원부령으로 정한다.
⑤ 제1항에 따른 전문심리위원에 관하여는 「민사소송법」 제164조의2제2항부터 제4항까지 및 제164조의3을 준용한다. 이 경우 "법원"은 "심판장"으로 본다.
⑥ 제1항에 따른 전문심리위원의 제척 및 기피에 관하여는 제148조부터 제152조까지의 규정을 준용한다. 이 경우 "심판관"은 "전문심리위원"으로 본다.
(2021.4.20 본조신설)

제154조의3【참고인 의견서의 제출】 ① 심판장은 산업에 미치는 영향 등을 고려하여 사건 심리에 필요하다고 인정되는 경우 공공단체, 그 밖의 참고인에게 심판사건에 관한 의견서를 제출하게 할 수 있다.
② 국가기관과 지방자치단체는 공익과 관련된 사항에 관하여 특허심판원에 심판사건에 관한 의견서를 제출할 수 있다.
③ 심판장은 제1항 또는 제2항에 따라 참고인이 제출한 의견서에 대하여 당사자에게 구술 또는 서면에 의한 의견진술의 기회를 주어야 한다.
④ 제1항 또는 제2항에 따른 참고인의 선정 및 비용, 준수 사항 등 참고인 의견서 제출에 필요한 사항은 산업통상자원부령으로 정한다.
(2023.9.14 본조신설)

제155조【참가】 ① 제139조제1항에 따라 심판을 청구할 수 있는 자는 심리가 종결될 때까지 그 심판에 참가할 수 있다.
② 제1항에 따른 참가인은 피참가인이 그 심판의 청구를 취하한 후에도 심판절차를 속행할 수 있다.
③ 심판의 결과에 대하여 이해관계를 가진 자는 심리가 종결될 때까지 당사자의 어느 한쪽을 보조하기 위하여 그 심판에 참가할 수 있다.
④ 제3항에 따른 참가인은 모든 심판절차를 밟을 수 있다.
⑤ 제1항 또는 제3항에 따른 참가인에게 심판절차의 중단 또는 중지의 원인이 있으면 그 중단 또는 중지는 피참가인에 대해서도 그 효력이 발생한다.
(2014.6.11 본조개정)

제156조【참가의 신청 및 결정】 ① 심판에 참가하려는 자는 참가신청서를 심판장에게 제출하여야 한다.
② 심판장은 참가신청이 있는 경우에는 참가신청서 부본을 당사자 및 다른 참가인에게 송달하고, 기간을 정하여 의견서를 제출할 수 있는 기회를 주어야 한다.
③ 참가신청이 있는 경우에는 심판으로 그 참가 여부를 결정하여야 한다.
④ 제3항에 따른 결정은 서면으로 하여야 하며, 그 이유를 붙여야 한다.
⑤ 제3항에 따른 결정에 대해서는 불복할 수 없다.
(2014.6.11 본조개정)
참조 규62, [소송참가]민소71-86

제157조【증거조사 및 증거보전】 ① 심판에서는 당사자, 참가인 또는 이해관계인의 신청에 의하여 또는 직권으로 증거조사나 증거보전을 할 수 있다.
② 제1항에 따른 증거조사 및 증거보전에 관하여는 「민사소송법」 중 증거조사 및 증거보전에 관한 규정을 준용한다. 다만, 심판관은 다음 각 호의 행위는 하지 못한다.
1. 과태료의 결정
2. 구인(拘引)을 명하는 행위
3. 보증금을 공탁하게 하는 행위
③ 증거보전신청은 심판청구 전에는 특허심판원장에게 하고, 심판계속 중에는 그 사건의 심판장에게 하여야 한다.
④ 특허심판원장은 심판청구 전에 제1항에 따른 증거보전신청이 있으면 그 신청에 관여할 심판관을 지정한다.
⑤ 심판장은 제1항에 따라 직권으로 증거조사나 증거보전을 하였을 때에는 그 결과를 당사자, 참가인 또는 이해관계인에게 통지하고, 기간을 정하여 의견서를 제출할 수 있는 기회를 주어야 한다.
(2014.6.11 본조개정)
참조 규63, [증거보전의 요건]민소375

제158조【심판의 진행】 심판장은 당사자 또는 참가인이 법정기간 또는 지정기간에 절차를 밟지 아니하거나 제154조제4항에 따른 기일에 출석하지 아니하여도 심판을 진행할 수 있다.(2014.6.11 본조개정)

제158조의2【적시제출주의】 심판절차에서의 주장이나 증거의 제출에 관하여는 「민사소송법」 제146조, 제147조 및 제149조를 준용한다.(2021.8.17 본조신설)

제159조【직권심리】 ① 심판에서는 당사자 또는 참가인이 신청하지 아니한 이유에 대해서도 심리할 수 있다. 이 경우 당사자 및 참가인에게 기간을 정하여 그 이유에 대하여 의견을 진술할 수 있는 기회를 주어야 한다.
② 심판에서는 청구인이 신청하지 아니한 청구의 취지에 대해서는 심리할 수 없다.
(2014.6.11 본조개정)
참조 [기간의 계산]14, 민155이하

제160조【심리·심결의 병합 또는 분리】 심판관은 당사자 양쪽 또는 어느 한쪽이 동일한 둘 이상의 심판에 대하여 심리 또는 심결을 병합하거나 분리할 수 있다.
(2014.6.11 본조개정)

제161조【심판청구의 취하】 ① 심판청구는 심결이 확정될 때까지 취하할 수 있다. 다만, 답변서가 제출된 후에는 상대방의 동의를 받아야 한다.
② 둘 이상의 청구항에 관하여 제133조제1항의 무효심판 또는 제135조의 권리범위 확인심판을 청구하였을 때에는 청구항마다 취하할 수 있다.
③ 제1항 또는 제2항에 따른 취하가 있으면 그 심판청구 또는 그 청구항에 대한 심판청구는 처음부터 없었던 것으로 본다.
(2014.6.11 본조개정)
참조 규69

제162조【심결】 ① 심판은 특별한 규정이 있는 경우를 제외하고는 심결로써 종결한다.
② 제1항의 심결은 다음 각 호의 사항을 적은 서면으로 하여야 하며, 심결을 한 심판관은 그 서면에 기명날인하여야 한다.
1. 심판의 번호
2. 당사자 및 참가인의 성명 및 주소(법인인 경우에는 그 명칭 및 영업소의 소재지)
3. 대리인이 있는 경우에는 그 대리인의 성명 및 주소나 영업소의 소재지[대리인이 특허법인·특허법인(유한)인 경우에는 그 명칭, 사무소의 소재지 및 지정된 변리사의 성명]
4. 심판사건의 표시
5. 심결의 주문(제138조에 따른 심판의 경우에는 통상실시권의 범위·기간 및 대가를 포함한다)
6. 심결의 이유(청구의 취지 및 그 이유의 요지를 포함한다)
7. 심결연월일
③ 심판장은 사건이 심결을 할 정도로 성숙하였을 때에는 심리의 종결을 당사자 및 참가인에게 통지하여야 한다.
④ 심판장은 필요하다고 인정하면 제3항에 따라 심리종결을 통지한 후에도 당사자 또는 참가인의 신청에 의하여 또는 직권으로 심리를 재개할 수 있다.
⑤ 심결은 제3항에 따른 심리종결통지를 한 날부터 20일 이내에 한다.
⑥ 심판장은 심결 또는 결정이 있으면 그 등본을 당사자, 참가인 및 심판에 참가신청을 하였으나 그 신청이 거부된 자에게 송달하여야 한다.
(2014.6.11 본조개정)

제163조【일사부재리】 이 법에 따른 심판의 심결이 확정되었을 때에는 그 사건에 대해서는 누구든지 동일 사실 및 동일 증거에 의하여 다시 심판을 청구할 수 없다. 다만, 확정된 심결이 각하심결인 경우에는 그러하지 아니하다.(2014.6.11 본조개정)
참조 [일사부재리]헌13

제164조【소송과의 관계】 ① 심판장은 심판에서 필요하면 직권 또는 당사자의 신청에 따라 그 심판사건과 관련되는 특허취소신청에 대한 결정 또는 다른 심판의 심결이 확정되거나 소송절차가 완결될 때까지 그 절차를 중지할 수 있다.(2016.2.29 본항개정)
② 법원은 소송절차에서 필요하면 직권 또는 당사자의 신청에 따라 특허취소신청에 대한 결정이나 특허에 관한 심결이 확정될 때까지 그 소송절차를 중지할 수 있다.
(2016.2.29 본항개정)
③ 법원은 특허권 또는 전용실시권의 침해에 관한 소가 제기된 경우에는 그 취지를 특허심판원장에게 통보하여야 한다. 그 소송절차가 끝났을 때에도 또한 같다.
④ 특허심판원장은 제3항에 따른 특허권 또는 전용실시권의 침해에 관한 소에 대응하여 그 특허권에 관한 무효심판 등이 청구된 경우에는 그 취지를 제3항에 해당하는 법원에 통보하여야 한다. 그 심판청구서의 각하결정, 심결 또는 청구의 취하가 있는 경우에도 또한 같다.
(2014.6.11 본조개정)

제164조의2【조정위원회 회부】 ① 심판장은 심판사건을 합리적으로 해결하기 위하여 필요하다고 인정되면 당사자의 동의를 받아 해당 심판사건의 절차를 중지하고 결정으로 해당 사건을 조정위원회에 회부할 수 있다.
② 심판장은 제1항에 따라 조정위원회에 회부한 때에는 해당 심판사건의 기록을 조정위원회에 송부하여야 한다.
③ 심판장은 조정위원회의 조정절차가 조정 불성립으로 종료되면 제1항에 따른 중지 결정을 취소하고 심판을 재개하며, 조정이 성립된 경우에는 해당 심판청구는 취하된 것으로 본다.
(2021.8.17 본조신설)

제165조【심판비용】 ① 제133조제1항, 제134조제1항·제2항, 제135조 및 제137조제1항의 심판비용의 부담은 심판이 심결에 의하여 종결될 때에는 그 심결로써 정하고, 심판이 심결에 의하지 아니하고 종결될 때에는 결정으로써 정하여야 한다.
② 제1항의 심판비용에 관하여는 「민사소송법」 제98조부터 제103조까지, 제107조제1항·제2항, 제108조, 제111조, 제112조 및 제116조를 준용한다.
③ 제132조의17, 제136조 또는 제138조에 따른 심판비용은 청구인이 부담한다.(2016.2.29 본항개정)
④ 제3항에 따라 청구인이 부담하는 비용에 관하여는 「민사소송법」 제102조를 준용한다.
⑤ 심판비용액은 심결 또는 결정이 확정된 후 당사자의 청구에 따라 특허심판원장이 결정한다.
⑥ 심판비용의 범위·금액·납부 및 심판에서 절차상의 행위를 하기 위하여 필요한 비용의 지급에 관하여는 그 성질에 반하지 아니하는 범위에서 「민사소송비용법」 중 해당 규정의 예에 따른다.
⑦ 심판의 대리를 한 변리사에게 당사자가 지급하였거나 지급할 보수는 특허청장이 정하는 금액의 범위에서 심판비용으로 본다. 이 경우 여러 명의 변리사가 심판의 대리를 한 경우라도 1명의 변리사가 심판대리를 한 것으로 본다.
(2014.6.11 본조개정)

제166조【심판비용액 또는 대가에 대한 집행권원】 이 법에 따라 특허심판원장이 정한 심판비용액 또는 심판관이 정한 대가에 관하여 확정된 결정은 집행력 있는 집행권원과 같은 효력을 가진다. 이 경우 집행력 있는 정본은 특허심판원 소속 공무원이 부여한다.(2014.6.11 본조개정)

제167조~제169조 (1995.1.5 삭제)

제170조【심사규정의 특허거절결정에 대한 심판에의 준용】 ① 특허거절결정에 대한 심판에 관하여는 제47조제1항제1호·제2호, 같은 조 제4항, 제51조, 제63조, 제63조의2 및 제66조를 준용한다. 이 경우 제51조제1항 본문 중 "제47조제1항제2호 및 제3호에 따른 보정"은 "제47조제1항제2호에 따른 보정(제132조의17의 특허거절결정에 대한 심판청구 전에 한 것은 제외한다)"으로, 제63조의2 본문 중 "특허청장"은 "특허심판원장"으로 본다.(2016.2.29 본항개정)
② 제1항에 따라 준용되는 제63조는 특허거절결정의 이유와 다른 거절이유를 발견한 경우에만 적용한다.
(2014.6.11 본조개정)

제171조【특허거절결정에 대한 심판의 특칙】 특허거절결정 또는 특허권의 존속기간의 연장등록거절결정에 대한 심판에는 제147조제1항·제2항, 제155조 및 제156조를 적용하지 아니한다.(2009.1.30 본조개정)

제172조【심사의 효력】 심사에서 밟은 특허에 관한 절차는 특허거절결정 또는 특허권의 존속기간의 연장등록거절결정에 대한 심판에서도 그 효력이 있다.(2014.6.11 본조개정)

제173조~제175조 (2009.1.30 삭제)

제176조【특허거절결정 등의 취소】 ① 심판관은 제132조의17에 따른 심판이 청구된 경우에 그 청구가 이유 있다고 인정할 때에는 심결로써 특허거절결정 또는 특허권의 존속기간의 연장등록거절결정을 취소하여야 한다.
(2016.2.29 본항개정)
② 심판에서 제1항에 따라 특허거절결정 또는 특허권의 존속기간의 연장등록거절결정을 취소할 경우에는 심사에 부칠 것이라는 심결을 할 수 있다.
③ 제1항 및 제2항에 따른 심결에서 취소의 기본이 된 이유는 그 사건에 대하여 심사관을 기속한다.
(2014.6.11 본조개정)

제177조 (1995.1.5 삭제)

제8장 재 심

(2014.6.11 본장개정)

제178조【재심의 청구】 ① 당사자는 확정된 특허취소결정 또는 확정된 심결에 대하여 재심을 청구할 수 있다.
(2016.2.29 본항개정)
② 제1항의 재심청구에 관하여는 「민사소송법」 제451조 및 제453조를 준용한다.

제179조【제3자에 의한 재심청구】 ① 심판의 당사자가 공모하여 제3자의 권리나 이익을 사해(詐害)할 목적으로 심결을 하게 하였을 때에는 제3자는 그 확정된 심결에 대하여 재심을 청구할 수 있다.
② 제1항의 재심청구의 경우에는 심판의 당사자를 공동피청구인으로 한다.

제180조【재심청구의 기간】 ① 당사자는 특허취소결정 또는 심결 확정 후 재심사유를 안 날부터 30일 이내에 재심을 청구하여야 한다.(2016.2.29 본항개정)
② 대리권의 흠을 이유로 재심을 청구하는 경우에 제1항의 기간은 청구인 또는 법정대리인이 특허취소결정등본 또는 심결등본의 송달에 의하여 특허취소결정 또는 심결이 있는 것을 안 날의 다음 날부터 기산한다.
(2016.2.29 본항개정)
③ 특허취소결정 또는 심결 확정 후 3년이 지나면 재심을 청구할 수 없다.(2016.2.29 본항개정)
④ 재심사유가 특허취소결정 또는 심결 확정 후에 생겼을 때에는 제3항의 기간은 그 사유가 발생한 날의 다음 날부터 기산한다.(2016.2.29 본항개정)
⑤ 제1항 및 제3항은 해당 심결 이전의 확정심결에 저촉된다는 이유로 재심을 청구하는 경우에는 적용하지 아니한다.
참조 [기간의 계산]14, 민155이하

제181조【재심에 의하여 회복된 특허권의 효력 제한】
① 다음 각 호의 어느 하나에 해당하는 경우에 특허권의 효력은 해당 특허취소결정 또는 심결이 확정된 후 재심청구 등록 전에 선의로 수입하거나 국내에서 생산 또는 취득한 물건에는 미치지 아니한다.(2016.2.29 본문개정)
1. 무효가 된 특허권(존속기간이 연장등록된 특허권을 포함한다)이 재심에 의하여 회복된 경우
2. 특허권의 권리범위에 속하지 아니한다는 심결이 확정된 후 재심에 의하여 그 심결과 상반되는 심결이 확정된 경우
3. 거절한다는 취지의 심결이 있었던 특허출원 또는 특허권의 존속기간의 연장등록출원이 재심에 의하여 특허권의 설정등록 또는 특허권의 존속기간의 연장등록이 된 경우
4. 취소된 특허권이 재심에 의하여 회복된 경우
(2016.2.29 본호신설)
② 제1항 각 호의 어느 하나에 해당하는 경우의 특허권의 효력은 다음 각 호의 어느 하나의 행위에 미치지 아니한다.
1. 해당 특허취소결정 또는 심결이 확정된 후 재심청구 등록 전에 한 해당 발명의 선의의 실시
2. 특허가 물건의 발명인 경우에는 그 물건의 생산에만 사용하는 물건을 해당 특허취소결정 또는 심결이 확정된 후 재심청구 등록 전에 선의로 생산·양도·대여 또는 수입하거나 양도 또는 대여의 청약을 하는 행위
3. 특허가 방법의 발명인 경우에는 그 방법의 실시에만 사용하는 물건을 해당 특허취소결정 또는 심결이 확정된 후 재심청구 등록 전에 선의로 생산·양도·대여 또는 수입하거나 양도 또는 대여를 청약하는 행위
(2016.2.29 1호~3호개정)
참조 [기간의 계산]14, 민155이하

제182조【재심에 의하여 회복한 특허권에 대한 선사용자의 통상실시권】 제181조제1항 각 호의 어느 하나에 해당하는 경우에 해당 특허취소결정 또는 심결이 확정된 후 재심청구 등록 전에 국내에서 선의로 그 발명의 실시사업을 하고 있는 자 또는 그 사업을 준비하고 있는 자는 실시하고 있거나 준비하고 있는 발명 및 사업목적의 범위에서 그 특허권에 관하여 통상실시권을 가진다.
(2016.2.29 본조개정)
참조 [통상실시권]102

제183조【재심에 의하여 통상실시권을 상실한 원권리자의 통상실시권】 ① 제138조제1항 또는 제3항에 따라 통상실시권을 허락한다는 심결이 확정된 후 재심에서 그 심결과 상반되는 심결이 확정된 경우에는 재심청구 등록 전에 선의로 국내에서 그 발명의 실시사업을 하고 있는 자 또는 그 사업을 준비하고 있는 자는 원(原)통상실시권의 사업목적 및 발명의 범위에서 그 특허권 또는 재심의 심결이 확정된 당시에 존재하는 전용실시권에 대하여 통상실시권을 가진다.

② 제1항에 따라 통상실시권을 가진 자는 특허권자 또는 전용실시권자에게 상당한 대가를 지급하여야 한다.

제184조【재심에서의 심판규정 등의 준용】 특허취소결정 또는 심판에 대한 재심의 절차에 관하여는 그 성질에 반하지 아니하는 범위에서 특허취소신청 또는 심판의 절차에 관한 규정을 준용한다.(2016.2.29 본조개정)

제185조【「민사소송법」의 준용】 재심청구에 관하여는 「민사소송법」 제459조제1항을 준용한다.

제9장 소 송

(2014.6.11 본장개정)

제186조【심결 등에 대한 소】 ① 특허취소결정 또는 심결에 대한 소 및 특허취소신청서·심판청구서·재심청구서의 각하결정에 대한 소는 특허법원의 전속관할로 한다.(2016.2.29 본항개정)

② 제1항에 따른 소는 다음 각 호의 자만 제기할 수 있다.

1. 당사자
2. 참가인
3. 해당 특허취소신청의 심리, 심판 또는 재심에 참가신청을 하였으나 신청이 거부된 자(2016.2.29 본호개정)

③ 제1항에 따른 소는 심결 또는 결정의 등본을 송달받은 날부터 30일 이내에 제기하여야 한다.

④ 제3항의 기간은 불변기간으로 한다.

⑤ 심판장은 주소 또는 거소가 멀리 떨어진 곳에 있거나 교통이 불편한 지역에 있는 자를 위하여 직권으로 제4항의 불변기간에 대하여 부가기간을 정할 수 있다.

⑥ 특허취소를 신청할 수 있는 사항 또는 심판을 청구할 수 있는 사항에 관한 소는 특허취소결정이나 심결에 대한 것이 아니면 제기할 수 없다.(2016.2.29 본항개정)

⑦ 제162조제2항제5호에 따른 대가의 심결 및 제165조제1항에 따른 심판비용의 심결 또는 결정에 대해서는 독립하여 제1항에 따른 소를 제기할 수 없다.

⑧ 제1항에 따른 특허법원의 판결에 대해서는 대법원에 상고할 수 있다.

제187조【피고적격】 제186조제1항에 따라 소를 제기하는 경우에는 특허청장을 피고로 하여야 한다. 다만, 제133조제1항, 제134조제1항·제2항, 제135조제1항·제2항, 제137조제1항 또는 제138조제1항·제3항에 따른 심판 또는 그 재심의 심결에 대한 소를 제기하는 경우에는 그 청구인 또는 피청구인을 피고로 하여야 한다.(2016.2.29 단서개정)

제188조【소 제기 통지 및 재판서 정본 송부】 ① 법원은 제186조제1항에 따른 소 또는 같은 조 제8항에 따른 상고가 제기되었을 때에는 지체 없이 그 취지를 특허심판원장에게 통지하여야 한다.

② 법원은 제187조 단서에 따른 소에 관하여 소송절차가 완결되었을 때에는 지체 없이 그 사건에 대한 각 심급(審級)의 재판서 정본을 특허심판원장에게 보내야 한다.

제188조의2【기술심리관의 제척·기피·회피】 ①「법원조직법」 제54조의2에 따른 기술심리관의 제척·기피에 관하여는 제148조, 「민사소송법」 제42조부터 제45조까지, 제47조 및 제48조를 준용한다.

② 제1항에 따른 기술심리관에 대한 제척·기피의 재판은 그 소속 법원이 결정으로 하여야 한다.

③ 기술심리관은 제척 또는 기피의 사유가 있다고 인정하면 특허법원장의 허가를 받아 회피할 수 있다.

제189조【심결 또는 결정의 취소】 ① 법원은 제186조제1항에 따라 소가 제기된 경우에 그 청구가 이유 있다고 인정할 때에는 판결로써 해당 심결 또는 결정을 취소하여야 한다.

② 심판관은 제1항에 따라 심결 또는 결정의 취소판결이 확정되었을 때에는 다시 심리를 하여 심결 또는 결정을 하여야 한다.

③ 제1항에 따른 판결에서 취소의 기본이 된 이유는 그 사건에 대하여 특허심판원을 기속한다.

제190조【보상금 또는 대가에 관한 불복의 소】 ① 제41조제3항·제4항, 제106조제3항, 제106조의2제3항, 제110조제2항제2호 및 제138조제4항에 따른 보상금 및 대가에 대하여 심결·결정 또는 재정을 받은 자가 그 보상금 또는 대가에 불복할 때에는 법원에 소송을 제기할 수 있다.

② 제1항에 따른 소송은 심결·결정 또는 재정의 등본을 송달받은 날부터 30일 이내에 제기하여야 한다.

③ 제2항에 따른 기간은 불변기간으로 한다.

제191조【보상금 또는 대가에 관한 소송에서의 피고】 제190조에 따른 소송에서는 다음 각 호의 어느 하나에 해당하는 자를 피고로 하여야 한다.

1. 제41조제3항 및 제4항에 따른 보상금에 대해서는 보상금을 지급하여야 하는 중앙행정기관의 장 또는 출원인
2. 제106조제3항 및 제106조의2제3항에 따른 보상금에 대해서는 보상금을 지급하여야 하는 중앙행정기관의 장, 특허권자, 전용실시권자 또는 통상실시권자
3. 제110조제2항제2호 및 제138조제4항에 따른 대가에 대해서는 통상실시권자·전용실시권자·특허권자·실용신안권자 또는 디자인권자

제191조의2【변리사의 보수와 소송비용】 소송을 대리한 변리사의 보수에 관하여는 「민사소송법」 제109조를 준용한다. 이 경우 "변호사"는 "변리사"로 본다.

제10장 「특허협력조약」에 따른 국제출원

(2014.6.11 본장개정)

제1절 국제출원절차

제192조【국제출원을 할 수 있는 자】 특허청장에게 국제출원을 할 수 있는 자는 다음 각 호의 어느 하나에 해당하는 자로 한다.

1. 대한민국 국민
2. 국내에 주소 또는 영업소를 가진 외국인
3. 제1호 또는 제2호에 해당하는 자가 아닌 자로서 제1호 또는 제2호에 해당하는 자를 대표자로 하여 국제출원을 하는 자
4. 산업통상자원부령으로 정하는 요건에 해당하는 자

참조 [대한민국 국민]국적법1, 국제사법1, [외국인]국제사법

제193조【국제출원】 ① 국제출원을 하려는 자는 산업통상자원부령으로 정하는 언어로 작성한 출원서와 발명의 설명·청구범위·필요한 도면 및 요약서를 특허청장에게 제출하여야 한다.

② 제1항의 출원서에는 다음 각 호의 사항을 적어야 한다.

1. 해당 출원이 「특허협력조약」에 따른 국제출원이라는 표시
2. 해당 출원된 발명의 보호가 필요한 「특허협력조약」 체약국(締約國)의 지정
3. 제2호에 따라 지정된 체약국(이하 "지정국"이라 한다) 중 「특허협력조약」 제2조(iv)의 지역특허를 받으려는 경우에는 그 취지
4. 출원인의 성명이나 명칭·주소나 영업소 및 국적
5. 대리인이 있으면 그 대리인의 성명 및 주소나 영업소
6. 발명의 명칭
7. 발명자의 성명 및 주소(지정국의 법령에서 발명자에 관한 사항을 적도록 규정되어 있는 경우만 해당한다)

③ 제1항의 발명의 설명은 그 발명이 속하는 기술분야에서 통상의 지식을 가진 사람이 쉽게 실시할 수 있도록 명확하고 상세하게 적어야 한다.

④ 제1항의 청구범위는 보호를 받으려는 사항을 명확하고 간결하게 적어야 하며, 발명의 설명에 의하여 충분히 뒷받침되어야 한다.

⑤ 제1항부터 제4항까지에서 규정한 사항 외에 국제출원에 관하여 필요한 사항은 산업통상자원부령으로 정한다.

참조 [국제출원의 사용어]규4·91, [대리]민114이하, [주소]민18이하

제194조【국제출원일의 인정 등】 ① 특허청장은 국제출원이 특허청에 도달한 날을 「특허협력조약」 제11조의 국제출원일(이하 "국제출원일"이라 한다)로 인정하여야 한다. 다만, 다음 각 호의 어느 하나에 해당하는 경우에는 그러하지 아니하다.

1. 출원인이 제192조 각 호의 어느 하나에 해당하지 아니하는 경우
2. 제193조제1항에 따른 언어로 작성되지 아니한 경우
3. 제193조제1항에 따른 발명의 설명 또는 청구범위가 제출되지 아니한 경우
4. 제193조제2항제1호·제2호에 따른 사항 및 출원인의 성명이나 명칭을 적지 아니한 경우

② 특허청장은 국제출원이 제1항 각 호의 어느 하나에 해당하는 경우에는 기간을 정하여 서면으로 절차를 보완할 것을 명하여야 한다.

③ 특허청장은 국제출원이 도면에 관하여 적고 있으나 그 출원에 도면이 포함되어 있지 아니하면 그 취지를 출원인에게 통지하여야 한다.

④ 특허청장은 제2항에 따른 절차의 보완명령을 받은 자가 지정된 기간에 보완을 한 경우에는 그 보완에 관계되는 서면의 도달일을, 제3항에 따른 통지를 받은 자가 산업통상자원부령으로 정하는 기간에 도면을 제출한 경우에는 그 도면의 도달일을 국제출원일로 인정하여야 한다. 다만, 제3항에 따른 통지를 받은 자가 산업통상자원부령으로 정하는 기간에 도면을 제출하지 아니한 경우에는 그 도면에 관한 기재는 없는 것으로 본다.

참조 규90이하, [기간의 계산]14, 민155이하

제195조【보정명령】 특허청장은 국제출원이 다음 각 호의 어느 하나에 해당하는 경우에는 기간을 정하여 보정을 명하여야 한다.

1. 발명의 명칭이 적혀 있지 아니한 경우
2. 요약서가 제출되지 아니한 경우
3. 제3조 또는 제197조제3항을 위반한 경우
4. 산업통상자원부령으로 정하는 방식을 위반한 경우

참조 규101, [요약서]43

제196조【취하된 것으로 보는 국제출원 등】 ① 다음 각 호의 어느 하나에 해당하는 국제출원은 취하된 것으로 본다.

1. 제195조에 따른 보정명령을 받은 자가 지정된 기간에 보정을 하지 아니한 경우
2. 국제출원에 관한 수수료를 산업통상자원부령으로 정하는 기간에 내지 아니하여 「특허협력조약」 제14조(3)(a)에 해당하게 된 경우
3. 제194조에 따라 국제출원일이 인정된 국제출원에 관하여 산업통상자원부령으로 정하는 기간에 그 국제출원이 제194조제1항 각 호의 어느 하나에 해당하는 것이 발견된 경우

② 국제출원에 관하여 내야 할 수수료의 일부를 산업통상자원부령으로 정하는 기간에 내지 아니하여 「특허협력조약」 제14조(3)(b)에 해당하게 된 경우에는 수수료를 내지 아니한 지정국의 지정은 취하된 것으로 본다.

③ 특허청장은 제1항 및 제2항에 따라 국제출원 또는 지정국의 일부가 취하된 것으로 보는 경우에는 그 사실을 출원인에게 알려야 한다.

참조 규106·106의2, [기간의 계산]14, 민155이하

제197조【대표자 등】 ① 2인 이상이 공동으로 국제출원을 하는 경우에 제192조부터 제196조까지 및 제198조에 따른 절차는 출원인의 대표자가 밟을 수 있다.

② 2인 이상이 공동으로 국제출원을 하는 경우에 출원인이 대표자를 정하지 아니한 경우에는 산업통상자원부령으로 정하는 방법에 따라 대표자를 정할 수 있다.

③ 제1항의 절차를 대리인에 의하여 밟으려는 자는 제3조에 따른 법정대리인을 제외하고는 변리사를 대리인으로 하여야 한다.

제198조【수수료】 ① 국제출원을 하려는 자는 수수료를 내야 한다.

② 제1항에 따른 수수료, 그 납부방법 및 납부기간 등에 관하여 필요한 사항은 산업통상자원부령으로 정한다.

제198조의2【국제조사 및 국제예비심사】 ① 특허청은 「특허협력조약」 제2조(xix)의 국제사무국(이하 "국제사무국"이라 한다)과 체결하는 협정에 따라 국제출원에 대한 국제조사기관 및 국제예비심사기관으로서의 업무를 수행한다.

② 제1항에 따른 업무수행에 필요한 사항은 산업통상자원부령으로 정한다.

제2절 국제특허출원에 관한 특례

제199조【국제출원에 의한 특허출원】 ①「특허협력조약」에 따라 국제출원일이 인정된 국제출원으로서 특허를 받기 위하여 대한민국을 지정국으로 지정한 국제출원은 그 국제출원일에 출원된 특허출원으로 본다.

② 제1항에 따라 특허출원으로 보는 국제출원(이하 "국제특허출원"이라 한다)에 관하여는 제42조의2, 제42조의3 및 제54조를 적용하지 아니한다.

제200조【공지 등이 되지 아니한 발명으로 보는 경우의 특례】 국제특허출원된 발명에 관하여 제30조제1항제1호를 적용받으려는 자는 그 취지를 적은 서면 및 이를 증명할 수 있는 서류를 같은 조 제2항에도 불구하고 산업통상자원부령으로 정하는 기간에 특허청장에게 제출할 수 있다.

제200조의2【국제특허출원의 출원서 등】 ① 국제특허출원의 국제출원일까지 제출된 출원서는 제42조제1항에 따라 제출된 특허출원서로 본다.

② 국제특허출원의 국제출원일까지 제출된 발명의 설명, 청구범위 및 도면은 제42조제2항에 따른 특허출원서에 최초로 첨부된 명세서 및 도면으로 본다.

③ 국제특허출원에 대해서는 다음 각 호의 구분에 따른 요약서 또는 국어번역문을 제42조제2항에 따른 요약서로 본다.

1. 국제특허출원의 요약서를 국어로 적은 경우 : 국제특허출원의 요약서
2. 국제특허출원의 요약서를 외국어로 적은 경우 : 제201조제1항에 따라 제출된 국제특허출원의 요약서의 국어번역문(제201조제3항 본문에 따라 새로운 국어번역문을 제출한 경우에는 마지막에 제출한 국제특허출원의 요약서의 국어번역문을 말한다)

(2014.6.11 본조신설)

제201조【국제특허출원의 국어번역문】 ① 국제특허출원을 외국어로 출원한 출원인은 「특허협력조약」 제2조(xi)의 우선일(이하 "우선일"이라 한다)부터 2년 7개월(이하 "국내서면제출기간"이라 한다) 이내에 다음 각 호의 국어번역문을 특허청장에게 제출하여야 한다. 다만, 국어번역문의 제출기간을 연장하여 달라는 취지를 제203조제1항에 따른 서면에 적어 국내서면제출기간 만료일 전 1개월부터 그 만료일까지 제출한 경우(그 서면을 제출하기 전에 국어번역문을 제출한 경우는 제외한다)에는 국내서면제출기간 만료일부터 1개월이 되는 날까지 국어번역문을 제출할 수 있다.

1. 국제출원일까지 제출한 발명의 설명, 청구범위 및 도면(도면 중 설명부분에 한정한다)의 국어번역문
2. 국제특허출원의 요약서의 국어번역문

② 제1항에도 불구하고 국제특허출원을 외국어로 출원한 출원인이 「특허협력조약」 제19조(1)에 따라 청구범위에 관한 보정을 한 경우에는 국제출원일까지 제출한 청구범위에 대한 국어번역문을 보정 후의 청구범위에 대한 국어번역문으로 대체하여 제출할 수 있다.

③ 제1항에 따라 국어번역문을 제출한 출원인은 국내서면제출기간(제1항 단서에 따라 취지를 적은 서면이 제출된 경우에는 연장된 국어번역문 제출 기간을 말한다. 이하 이 조에서 같다)에 그 국어번역문을 갈음하여 새로운 국어번역문을 제출할 수 있다. 다만, 출원인이 출원심사의 청구를 한 후에는 그러하지 아니하다.

④ 제1항에 따른 출원인이 국내서면제출기간에 제1항에 따른 발명의 설명 및 청구범위의 국어번역문을 제출하지 아니하면 그 국제특허출원을 취하한 것으로 본다.
⑤ 특허출원인이 국내서면제출기간의 만료일(국내서면제출기간에 출원인이 출원심사의 청구를 한 경우에는 그 청구일을 말하며, 이하 "기준일"이라 한다)까지 제1항에 따라 발명의 설명, 청구범위 및 도면(도면 중 설명부분에 한정한다)의 국어번역문(제3항 본문에 따라 새로운 국어번역문을 제출한 경우에는 마지막에 제출한 국어번역문을 말한다. 이하 이 조에서 "최종 국어번역문"이라 한다)을 제출한 경우에는 국제출원일까지 제출한 발명의 설명, 청구범위 및 도면(도면 중 설명부분에 한정한다)을 최종 국어번역문에 따라 국제출원일에 제47조제1항에 따른 보정을 한 것으로 본다.
⑥ 특허출원인은 제47조제1항 및 제208조제1항에 따라 보정을 할 수 있는 기간에 최종 국어번역문의 잘못된 번역을 산업통상자원부령으로 정하는 방법에 따라 정정할 수 있다. 이 경우 정정된 국어번역문에 관하여는 제5항을 적용하지 아니한다.
⑦ 제6항 전단에 따라 제47조제1항제1호 또는 제2호에 따른 기간에 정정을 하는 경우에는 마지막 정정 전에 한 모든 정정은 처음부터 없었던 것으로 본다.(2016.2.29 본항신설)
⑧ 제2항에 따라 보정 후의 청구범위에 대한 국어번역문을 제출하는 경우에는 제204조제1항 및 제2항을 적용하지 아니한다.

제202조【특허출원 등에 의한 우선권 주장의 특례】 ① 국제특허출원에 관하여는 제55조제2항 및 제56조제2항을 적용하지 아니한다.
② 제55조제4항을 적용할 때 우선권 주장을 수반하는 특허출원이 국제특허출원인 경우에는 같은 항 중 "특허출원의 출원서에 최초로 첨부된 명세서 또는 도면"은 "국제출원일까지 제출된 발명의 설명, 청구범위 또는 도면"으로, "출원공개되거나"는 "출원공개 또는 「특허협력조약」 제21조에 따라 국제공개되거나"로 본다. 다만, 그 국제특허출원이 제201조제4항에 따라 취하한 것으로 보는 경우에는 제55조제4항을 적용하지 아니한다.
③ 제55조제1항, 같은 조 제3항부터 제5항까지 및 제56조제1항을 적용할 때 선출원이 국제특허출원 또는 「실용신안법」 제34조제2항에 따른 국제실용신안등록출원인 경우에는 다음 각 호에 따른다.
1. 제55조제1항 각 호 외의 부분 본문, 같은 조 제3항 및 제5항 각 호 외의 부분 중 "출원서에 최초로 첨부된 명세서 또는 도면"은 다음 각 목의 구분에 따른 것으로 본다.
  가. 선출원이 국제특허출원인 경우 : "국제출원일까지 제출된 국제출원의 발명의 설명, 청구범위 또는 도면"
  나. 선출원이 「실용신안법」 제34조제2항에 따른 국제실용신안등록출원인 경우 : "국제출원일까지 제출된 국제출원의 고안의 설명, 청구범위 또는 도면"
2. 제55조제4항 중 "선출원의 출원서에 최초로 첨부된 명세서 또는 도면"은 다음 각 목의 구분에 따른 것으로 보고, "선출원에 관하여 출원공개"는 "선출원에 관하여 출원공개 또는 「특허협력조약」 제21조에 따른 국제공개"로 본다.
  가. 선출원이 국제특허출원인 경우 : "선출원의 국제출원일까지 제출된 국제출원의 발명의 설명, 청구범위 또는 도면"
  나. 선출원이 「실용신안법」 제34조제2항에 따른 국제실용신안등록출원인 경우 : "선출원의 국제출원일까지 제출된 국제출원의 고안의 설명, 청구범위 또는 도면"
3. 제56조제1항 각 호 외의 부분 본문 중 "그 출원일부터 1년 3개월이 지난 때"는 "국제출원일부터 1년 3개월이 지난 때 또는 제201조제5항이나 「실용신안법」 제35조제5항에 따른 기준일 중 늦은 때"로 본다.
④ 제55조제1항, 같은 조 제3항부터 제5항까지 및 제56조제1항을 적용할 때 제55조제1항에 따른 선출원이 제214조제4항 또는 「실용신안법」 제40조제4항에 따라 특허출원 또는 실용신안등록출원으로 되는 국제출원인 경우에는 다음 각 호에 따른다.
1. 제55조제1항 각 호 외의 부분 본문, 같은 조 제3항 및 제5항 각 호 외의 부분 중 "출원서에 최초로 첨부된 명세서 또는 도면"은 다음 각 목의 구분에 따른 것으로 본다.
  가. 선출원이 제214조제4항에 따라 특허출원으로 되는 국제출원인 경우 : "제214조제4항에 따라 국제출원일로 인정할 수 있었던 날의 국제출원의 발명의 설명, 청구범위 또는 도면"
  나. 선출원이 「실용신안법」 제40조제4항에 따라 실용신안등록출원으로 되는 국제출원인 경우 : "「실용신안법」 제40조제4항에 따라 국제출원일로 인정할 수 있었던 날의 국제출원의 고안의 설명, 청구범위 또는 도면"
2. 제55조제4항 중 "선출원의 출원서에 최초로 첨부된 명세서 또는 도면"은 다음 각 목의 구분에 따른 것으로 본다.
  가. 선출원이 제214조제4항에 따라 특허출원으로 되는 국제출원인 경우 : "제214조제4항에 따라 국제출원일로 인정할 수 있었던 날의 선출원의 국제출원의 발명의 설명, 청구범위 또는 도면"
  나. 선출원이 「실용신안법」 제40조제4항에 따라 실용신안등록출원으로 되는 국제출원인 경우 : "「실용신안법」 제40조제4항에 따라 국제출원일로 인정할 수 있었던 날의 선출원의 국제출원의 고안의 설명, 청구범위 또는 도면"
3. 제56조제1항 각 호 외의 부분 본문 중 "그 출원일부터 1년 3개월이 지난 때"는 "제214조제4항 또는 「실용신안법」 제40조제4항에 따라 국제출원일로 인정할 수 있었던 날부터 1년 3개월이 지난 때 또는 제214조제4항이나 「실용신안법」 제40조제4항에 따른 결정을 한 때 중 늦은 때"로 본다.

제203조【서면의 제출】 ① 국제특허출원의 출원인은 국내서면제출기간에 다음 각 호의 사항을 적은 서면을 특허청장에게 제출하여야 한다. 이 경우 국제특허출원을 외국어로 출원한 출원인은 제201조제1항에 따른 국어번역문을 함께 제출하여야 한다.
1. 출원인의 성명 및 주소(법인인 경우에는 그 명칭 및 영업소의 소재지)
2. 출원인의 대리인이 있는 경우에는 그 대리인의 성명 및 주소나 영업소의 소재지〔대리인이 특허법인·특허법인(유한)인 경우에는 그 명칭, 사무소의 소재지 및 지정된 변리사의 성명〕
3. 발명의 명칭
4. 발명자의 성명 및 주소
5. 국제출원일 및 국제출원번호
② 제1항 후단에도 불구하고 제201조제1항 단서에 따라 국어번역문의 제출기간을 연장하여 달라는 취지를 적어 제1항 전단에 따른 서면을 제출하는 경우에는 국어번역문을 함께 제출하지 아니할 수 있다.
③ 특허청장은 다음 각 호의 어느 하나에 해당하는 경우에는 보정기간을 정하여 보정을 명하여야 한다.
1. 제1항 전단에 따른 서면을 국내서면제출기간에 제출하지 아니한 경우
2. 제1항 전단에 따라 제출된 서면이 이 법 또는 이 법에 따른 명령으로 정하는 방식에 위반되는 경우
④ 제3항에 따른 보정명령을 받은 자가 지정된 기간에 보정을 하지 아니하면 특허청장은 해당 국제특허출원을 무효로 할 수 있다.
참조 규108·114, [주소]민18－21

제204조【국제조사보고서를 받은 후의 보정】 ① 국제특허출원의 출원인은 「특허협력조약」 제19조(1)에 따라 국제조사보고서를 받은 후에 국제특허출원의 청구범위에 관하여 보정을 한 경우 기준일까지(기준일이 출원심사의 청구일인 경우 출원심사의 청구를 한 때까지를 말한다. 이하 이 조 및 제205조에서 같다) 다음 각 호의 구분에 따른 서류를 특허청장에게 제출하여야 한다.
1. 외국어로 출원한 국제특허출원인 경우 : 그 보정서의 국어번역문
2. 국어로 출원한 국제특허출원인 경우 : 그 보정서의 사본
② 제1항에 따라 보정서의 국어번역문 또는 사본이 제출되었을 때에는 그 보정서의 국어번역문 또는 사본에 따라 제47조제1항에 따른 청구범위가 보정된 것으로 본다. 다만, 「특허협력조약」 제20조에 따라 기준일까지 그 보정서(국어로 출원한 국제특허출원인 경우에 한정한다)가 특허청에 송달된 경우에는 그 보정서에 따라 보정된 것으로 본다.
③ 국제특허출원의 출원인은 「특허협력조약」 제19조(1)에 따른 설명서를 국제사무국에 제출한 경우 다음 각 호의 구분에 따른 서류를 기준일까지 특허청장에게 제출하여야 한다.
1. 외국어로 출원한 국제특허출원인 경우 : 그 설명서의 국어번역문
2. 국어로 출원한 국제특허출원인 경우 : 그 설명서의 사본
④ 국제특허출원의 출원인이 기준일까지 제1항 또는 제3항에 따른 절차를 밟지 아니하면 「특허협력조약」 제19조(1)에 따른 보정서 또는 설명서는 제출되지 아니한 것으로 본다. 다만, 국어로 출원한 국제특허출원인 경우에 「특허협력조약」 제20조에 따라 기준일까지 그 보정서 또는 그 설명서가 특허청에 송달된 경우에는 그러하지 아니하다.

제205조【국제예비심사보고서 작성 전의 보정】 ① 국제특허출원의 출원인은 「특허협력조약」 제34조(2)(b)에 따라 국제특허출원의 발명의 설명, 청구범위 및 도면에 대하여 보정을 한 경우 기준일까지 다음 각 호의 구분에 따른 서류를 특허청장에게 제출하여야 한다.
1. 외국어로 작성된 보정서인 경우 : 그 보정서의 국어번역문
2. 국어로 작성된 보정서인 경우 : 그 보정서의 사본
② 제1항에 따라 보정서의 국어번역문 또는 사본이 제출되었을 때에는 그 보정서의 국어번역문 또는 사본에 따라 제47조제1항에 따른 명세서 및 도면이 보정된 것으로 본다. 다만, 「특허협력조약」 제36조(3)(a)에 따라 기준일까지 그 보정서(국어로 작성된 보정서의 경우만 해당한다)가 특허청에 송달된 경우에는 그 보정서에 따라 보정된 것으로 본다.
③ 국제특허출원의 출원인이 기준일까지 제1항에 따른 절차를 밟지 아니하면 「특허협력조약」 제34조(2)(b)에 따른 보정서는 제출되지 아니한 것으로 본다. 다만, 「특허협력조약」 제36조(3)(a)에 따라 기준일까지 그 보정서(국어로 작성된 보정서의 경우만 해당한다)가 특허청에 송달된 경우에는 그러하지 아니하다.

제206조【재외자의 특허관리인의 특례】 ① 재외자인 국제특허출원의 출원인은 기준일까지는 제5조제1항에도 불구하고 특허관리인에 의하지 아니하고 특허에 관한 절차를 밟을 수 있다.
② 제201조제1항에 따라 국어번역문을 제출한 재외자는 산업통상자원부령으로 정하는 기간에 특허관리인을 선임하여 특허청장에게 신고하여야 한다.
③ 제2항에 따른 선임신고가 없으면 그 국제특허출원은 취하된 것으로 본다.

제207조【출원공개시기 및 효과의 특례】 ① 국제특허출원의 출원공개에 관하여 제64조제1항을 적용하는 경우에는 "다음 각 호의 구분에 따른 날부터 1년 6개월이 지난 후"는 "국내서면제출기간(제201조제1항 각 호 외의 부분 단서에 따라 국어번역문의 제출기간을 연장해 달라는 취지를 적은 서면이 제출된 경우에는 연장된 국어번역문 제출 기간을 말한다. 이하 이 항에서 같다)이 지난 후(국내서면제출기간에 출원인이 출원심사의 청구를 한 국제특허출원으로서 「특허협력조약」 제21조에 따라 국제공개된 경우에는 우선일부터 1년 6개월이 되는 날 또는 출원심사의 청구일 중 늦은 날이 지난 후)"로 본다.
② 제1항에도 불구하고 국어로 출원한 국제특허출원에 관하여 제1항에 따른 출원공개 전에 이미 「특허협력조약」 제21조에 따라 국제공개가 된 경우에는 그 국제공개가 된 때에 출원공개가 된 것으로 본다.
③ 국제특허출원의 출원인은 국제특허출원에 관하여 출원공개(국어로 출원한 국제특허출원인 경우 「특허협력조약」 제21조에 따른 국제공개를 말한다. 이하 이 조에서 같다)가 있은 후 국제특허출원된 발명을 업으로 실시한 자에게 국제특허출원된 발명인 것을 서면으로 경고할 수 있다.
④ 국제특허출원의 출원인은 제3항에 따른 경고를 받거나 출원공개된 발명임을 알고도 그 국제특허출원된 발명을 업으로서 실시한 자에게 그 경고를 받거나 출원공개된 발명임을 안 때부터 특허권의 설정등록 시까지의 기간 동안 그 특허발명의 실시에 대하여 합리적으로 받을 수 있는 금액에 상당하는 보상금의 지급을 청구할 수 있다. 다만, 그 청구권은 해당 특허출원이 특허권의 설정등록된 후에만 행사할 수 있다.(2019.1.8 본문개정)

제208조【보정의 특례 등】 ① 국제특허출원에 관하여는 다음 각 호의 요건을 모두 갖추지 아니하면 제47조제1항에도 불구하고 보정(제204조제2항 및 제205조제2항에 따른 보정은 제외한다)을 할 수 없다.
1. 제82조제1항에 따른 수수료를 낼 것
2. 제201조제1항에 따른 국어번역문을 제출할 것. 다만, 국어로 출원된 국제특허출원인 경우는 그러하지 아니하다.
3. 기준일(기준일이 출원심사의 청구일인 경우 출원심사를 청구한 때를 말한다)이 지날 것
② (2001.2.3 삭제)
③ 외국어로 출원된 국제특허출원의 보정할 수 있는 범위에 관하여 제47조제2항 전단을 적용할 때에는 "특허출원서에 최초로 첨부한 명세서 또는 도면"은 "국제출원일까지 제출한 발명의 설명, 청구범위 또는 도면"으로 본다.
④ 외국어로 출원된 국제특허출원의 보정할 수 있는 범위에 관하여 제47조제2항 후단을 적용할 때에는 "외국어특허출원"은 "외국어로 출원된 국제특허출원"으로, "최종 국어번역문(제42조의3제6항 전단에 따른 정정이 있는 경우에는 정정된 국어번역문을 말한다) 또는 특허출원서에 최초로 첨부한 도면(도면 중 설명부분은 제외한다)"은 "제201조제5항에 따른 최종 국어번역문(제201조제6항 전단에 따른 정정이 있는 경우에는 정정된 국어번역문을 말한다) 또는 국제출원일까지 제출한 도면(도면 중 설명부분은 제외한다)"으로 본다.(2014.6.11 본항신설)
⑤ (2001.2.3 삭제)

제209조【변경출원시기의 제한】 「실용신안법」 제34조제1항에 따라 국제출원일에 출원된 실용신안등록출원으로 보는 국제출원을 기초로 하여 특허출원으로 변경출원을 하는 경우에는 이 법 제53조제1항에도 불구하고 「실용신안법」 제17조제1항에 따른 수수료를 내고 같은 법 제35조제1항에 따른 국어번역문(국어로 출원된 국제실용신안등록출원의 경우는 제외한다)을 제출한 후(「실용신안법」 제40조제4항에 따라 국제출원일로 인정할 수 있었던 날에 출원된 것으로 보는 국제출원을 기초로 하는 경우에는 같은 항에 따른 결정이 있은 후)에만 변경출원을 할 수 있다.

제210조【출원심사청구시기의 제한】 국제특허출원에 관하여는 제59조제2항에도 불구하고 다음 각 호의 어느 하나에 해당하는 때에만 출원심사의 청구를 할 수 있다.
1. 국제특허출원의 출원인은 제201조제1항에 따라 국어번역문을 제출하고(국어로 출원된 국제특허출원의 경우는 제외한다) 제82조제1항에 따른 수수료를 낸 후
2. 국제특허출원의 출원인이 아닌 자는 국내서면제출기간(제201조제1항 각 호 외의 부분 단서에 따라 국어번역문의 제출기간을 연장하여 달라는 취지를 적은 서면

이 제출된 경우에는 연장된 국어번역문 제출 기간을 말한다)이 지난 후

제211조【국제조사보고서 등에 기재된 문헌의 제출명령】 특허청장은 국제특허출원의 출원인에 대하여 기간을 정하여 「특허협력조약」 제18조의 국제조사보고서 또는 같은 조약 제35조의 국제예비심사보고서에 적혀 있는 문헌의 사본을 제출하게 할 수 있다.

제212조 (2006.3.3 삭제)

제213조 (2014.6.11 삭제)

제214조【결정에 의하여 특허출원으로 되는 국제출원】 ① 국제출원의 출원인은 「특허협력조약」 제4조(1)(ii)의 지정국에 대한민국을 포함하는 국제출원(특허출원만 해당한다)이 다음 각 호의 어느 하나에 해당하는 경우 산업통상자원부령으로 정하는 기간에 산업통상자원부령으로 정하는 바에 따라 특허청장에게 같은 조약 제25조(2)(a)에 따른 결정을 하여줄 것을 신청할 수 있다.

1. 「특허협력조약」 제2조(xv)의 수리관청이 그 국제출원에 대하여 같은 조약 제25조(1)(a)에 따른 거부를 한 경우
2. 「특허협력조약」 제2조(xv)의 수리관청이 그 국제출원에 대하여 같은 조약 제25조(1)(a) 또는 (b)에 따른 선언을 한 경우
3. 국제사무국이 그 국제출원에 대하여 같은 조약 제25조(1)(a)에 따른 인정을 한 경우

② 제1항의 신청을 하려는 자는 그 신청 시 발명의 설명, 청구범위 또는 도면(도면 중 설명부분에 한정한다), 그 밖에 산업통상자원부령으로 정하는 국제출원에 관한 서류의 국어번역문을 특허청장에게 제출하여야 한다.

③ 특허청장은 제1항의 신청이 있으면 그 신청에 관한 거부·선언 또는 인정이 「특허협력조약」 및 같은 조약규칙에 따라 정당하게 된 것인지에 관하여 결정을 하여야 한다.

④ 특허청장은 제3항에 따라 그 거부·선언 또는 인정이 「특허협력조약」 및 같은 조약규칙에 따라 정당하게 된 것이 아니라고 결정을 한 경우에는 그 결정에 관한 국제출원은 그 국제출원에 대하여 거부·선언 또는 인정이 없었다면 국제출원일로 인정할 수 있었던 날에 출원된 특허출원으로 본다.

⑤ 특허청장은 제3항에 따른 정당성 여부의 결정을 하는 경우에는 그 결정의 등본을 국제출원의 출원인에게 송달하여야 한다.

⑥ 제4항에 따라 특허출원으로 보는 국제출원에 관하여는 제199조제2항, 제200조, 제200조의2, 제201조제5항부터 제8항까지, 제202조제1항·제2항, 제208조 및 제210조를 준용한다.(2016.2.29 본항개정)

⑦ 제4항에 따라 특허출원으로 보는 국제출원에 관한 출원공개에 관하여는 제64조제1항 중 "다음 각 호의 구분에 따른 날"을 "제201조제1항의 우선일"로 본다.

제11장 보 칙

(2014.6.11 본장개정)

제215조【둘 이상의 청구항이 있는 특허 또는 특허권에 관한 특칙】 둘 이상의 청구항이 있는 특허 또는 특허권에 관하여 제65조제6항, 제84조제1항제2호·제6호, 제85조제1항제1호(소멸의 경우만 해당한다), 제101조제1항제1호, 제104조제1항제1호·제3호·제5호, 제119조제1항, 제132조의13제3항, 제133조제2항·제3항, 제136조제7항, 제139조제1항, 제181조, 제182조 또는 「실용신안법」 제26조제1항제2호·제4호·제5호를 적용할 때에는 청구항마다 특허가 되거나 특허권이 있는 것으로 본다.(2016.3.29 본조개정)

제215조의2【둘 이상의 청구항이 있는 특허출원의 등록에 관한 특칙】 ① 둘 이상의 청구항이 있는 특허출원에 대한 특허결정을 받은 자가 특허료를 낼 때에는 청구항별로 이를 포기할 수 있다.

② 제1항에 따른 청구항의 포기에 관하여 필요한 사항은 산업통상자원부령으로 정한다.

제216조【서류의 열람 등】 ① 특허출원, 특허취소신청, 심판 등에 관한 증명, 서류의 등본 또는 초본의 발급, 특허원부 및 서류의 열람 또는 복사가 필요한 자는 특허청장 또는 특허심판원장에게 서류의 열람 등의 허가를 신청할 수 있다.

② 특허청장 또는 특허심판원장은 제1항의 신청이 있더라도 다음 각 호의 어느 하나에 해당하는 서류를 비밀로 유지할 필요가 있다고 인정하는 경우에는 그 서류의 열람 또는 복사를 허가하지 아니할 수 있다.

1. 출원공개 또는 설정등록되지 아니한 특허출원(제55조제1항에 따른 우선권 주장을 수반하는 특허출원이 출원공개 또는 설정등록된 경우에는 그 선출원은 제외한다)에 관한 서류
2. 출원공개 또는 설정등록되지 아니한 특허출원의 제132조의17에 따른 특허거절결정에 대한 심판에 관한 서류
3. 공공의 질서 또는 선량한 풍속에 어긋나거나 공중의 위생을 해칠 우려가 있는 서류

(2016.2.29 본조개정)

제217조【특허출원 등에 관한 서류 등의 반출 및 감정 등의 금지】 ① 특허출원·심사·특허취소신청·심판·재심에 관한 서류 또는 특허원부는 다음 각 호의 어느 하나에 해당하는 경우에만 외부로 반출할 수 있다.(2016.2.29 본문개정)

1. 제58조제1항, 제3항 또는 제4항에 따른 선행기술의 조사 등을 위하여 특허출원 또는 심사에 관한 서류를 반출하는 경우(2018.4.17 본호개정)

1의2. 제164조의2제2항에 따른 조정을 위하여 특허출원·심사·특허취소신청·심판·재심에 관한 서류 또는 특허원부를 반출하는 경우(2021.8.17 본호신설)

2. 「산업재산 정보의 관리 및 활용 촉진에 관한 법률」 제12조제1항에 따른 산업재산문서 전자화업무의 위탁을 위하여 특허출원·심사·특허취소신청·심판·재심에 관한 서류 또는 특허원부를 반출하는 경우(2024.2.6 본호개정)
3. 「전자정부법」 제32조제2항에 따른 온라인 원격근무를 위하여 특허출원·심사·특허취소신청·심판·재심에 관한 서류 또는 특허원부를 반출하는 경우(2016.2.29 본호개정)
4. 외국 특허청 또는 국제기구와의 업무협약을 이행하기 위하여 특허출원 또는 심사에 관한 서류를 반출하는 경우(2017.11.28 본호신설)

② 특허출원·심사·특허취소신청·심판 또는 재심으로 계속 중인 사건의 내용이나 특허여부결정·심결 또는 결정의 내용에 관하여는 감정·증언하거나 질의에 응답할 수 없다.(2016.2.29 본항개정)

③ 제1항제4호에 따른 반출 요건·절차, 서류의 종류 등에 필요한 사항은 산업통상자원부령으로 정한다.

(2017.11.28 본항신설)

제217조의2 (2024.2.6 삭제)

제218조【서류의 송달】 이 법에 규정된 서류의 송달절차 등에 관하여 필요한 사항은 대통령령으로 정한다.

제219조【공시송달】 ① 서류를 송달받을 자의 주소나 영업소가 분명하지 아니하여 송달할 수 없는 경우에는 공시송달(公示送達)을 하여야 한다.

② 공시송달은 서류를 송달받을 자에게 어느 때라도 발급한다는 뜻을 특허공보에 게재하는 것으로 한다.

③ 최초의 공시송달은 특허공보에 게재한 날부터 2주일이 지나면 그 효력이 발생한다. 다만, 같은 당사자에게 대한 이후의 공시송달은 특허공보에 게재한 날의 다음 날부터 효력이 발생한다.

판례 출원발명의 공동출원인에 대한 공시송달의 요건 : 공동출원인에 대하여 동조 제1항에 의한 공시송달을 실시하기 위해서는 '공동출원인 전원의 주소 또는 영업소가 불분명하여 송달받을 수 없는 때'에 해당하여야 하고, 이러한 공시송달 요건이 구비되지 않은 상태에서 공동출원인 중 1인에 대하여 이루어진 공시송달은 부적법하고 그 효력이 발생하지 않는다.
(대판 2005.5.27, 2003후182)

제220조【재외자에 대한 송달】 ① 재외자로서 특허관리인이 있으면 그 재외자에게 송달할 서류는 특허관리인에게 송달하여야 한다.

② 재외자로서 특허관리인이 없으면 그 재외자에게 송달할 서류는 항공등기우편으로 발송할 수 있다.

③ 제2항에 따라 서류를 항공등기우편으로 발송한 경우에는 그 발송일에 송달된 것으로 본다.

제221조【특허공보】 ① 특허청장은 대통령령으로 정하는 바에 따라 특허공보를 발행하여야 한다.

② 특허공보는 산업통상자원부령으로 정하는 바에 따라 전자적 매체로 발행할 수 있다.

③ 특허청장은 전자적 매체로 특허공보를 발행하는 경우에는 정보통신망을 활용하여 특허공보의 발행사실·주요목록 및 공시송달에 관한 사항을 알려야 한다.

제222조【서류의 제출 등】 특허청장 또는 심사관은 당사자에게 특허취소신청, 심판 또는 재심에 관한 절차 외의 절차를 처리하기 위하여 필요한 서류나 그 밖의 물건의 제출을 명할 수 있다.(2016.2.29 본조개정)

제223조【특허표시 및 특허출원표시】 ① 특허권자, 전용실시권자 또는 통상실시권자는 다음 각 호의 구분에 따른 방법으로 특허표시를 할 수 있다.

1. 물건의 특허발명의 경우 : 그 물건에 "특허"라는 문자와 그 특허번호를 표시(2017.3.21 본호개정)
2. 물건을 생산하는 방법의 특허발명의 경우 : 그 방법에 따라 생산된 물건에 "방법특허"라는 문자와 그 특허번호를 표시(2017.3.21 본호개정)
3. (2017.3.21 삭제)

② 특허출원인은 다음 각 호의 구분에 따른 방법으로 특허출원의 표시(이하 "특허출원표시"라 한다)를 할 수 있다.

1. 물건의 특허출원의 경우 : 그 물건에 "특허출원(심사중)"이라는 문자와 그 출원번호를 표시
2. 물건을 생산하는 방법의 특허출원의 경우 : 그 방법에 따라 생산된 물건에 "방법특허출원(심사중)"이라는 문자와 그 출원번호를 표시

(2017.3.21 본항개정)

③ 제1항 또는 제2항에 따른 특허표시 또는 특허출원표시를 할 수 없는 물건의 경우에는 그 물건의 용기 또는 포장에 특허표시 또는 특허출원표시를 할 수 있다.(2017.3.21 본항신설)

④ 그 밖에 특허표시 또는 특허출원표시에 필요한 사항은 산업통상자원부령으로 정한다.(2017.3.21 본항신설)

(2017.3.21 본조제목개정)

제224조【허위표시의 금지】 누구든지 다음 각 호의 어느 하나에 해당하는 행위를 하여서는 아니 된다.

1. 특허된 것이 아닌 물건, 특허출원 중이 아닌 물건, 특허된 것이 아닌 방법이나 특허출원 중이 아닌 방법에 의하여 생산한 물건 또는 그 물건의 용기나 포장에 특허표시 또는 특허출원표시를 하거나 이와 혼동하기 쉬운 표시를 하는 행위
2. 제1호의 표시를 한 것을 양도·대여 또는 전시하는 행위
3. 제1호의 물건을 생산·사용·양도 또는 대여하기 위하여 광고·간판 또는 표찰에 그 물건이 특허나 특허출원된 것 또는 특허된 방법이나 특허출원 중인 방법에 따라 생산한 것으로 표시하거나 이와 혼동하기 쉬운 표시를 하는 행위
4. 특허된 것이 아닌 방법이나 특허출원 중이 아닌 방법을 사용·양도 또는 대여하기 위하여 광고·간판 또는 표찰에 그 방법이 특허 또는 특허출원된 것으로 표시하거나 이와 혼동하기 쉬운 표시를 하는 행위

참조 [벌칙]225-232

제224조의2【불복의 제한】 ① 보정각하결정, 특허여부결정, 특허취소결정, 심결이나 특허취소신청서·심판청구서·재심청구서의 각하결정에 대해서는 다른 법률에 따른 불복을 할 수 없으며, 이 법에 따라 불복할 수 없도록 규정되어 있는 처분에 대해서는 다른 법률에 따라 불복을 할 수 없다.(2016.2.29 본항개정)

② 제1항에 따른 처분 외의 처분의 불복에 대해서는 「행정심판법」 또는 「행정소송법」에 따른다.

제224조의3【비밀유지명령】 ① 법원은 특허권 또는 전용실시권의 침해에 관한 소송에서 그 당사자가 보유한 영업비밀에 대하여 다음 각 호의 사유를 모두 소명한 경우에는 그 당사자의 신청에 따라 결정으로 다른 당사자(법인인 경우에는 그 대표자), 당사자를 위하여 소송을 대리하는 자, 그 밖에 그 소송으로 인하여 영업비밀을 알게 된 자에게 그 영업비밀을 그 소송의 계속적인 수행 외의 목적으로 사용하거나 그 영업비밀에 관계된 이 항에 따른 명령을 받은 자 외의 자에게 공개하지 아니할 것을 명할 수 있다. 다만, 그 신청 시점까지 다른 당사자(법인인 경우에는 그 대표자), 당사자를 위하여 소송을 대리하는 자, 그 밖에 그 소송으로 인하여 영업비밀을 알게 된 자가 제1호에 규정된 준비서면의 열람이나 증거조사 외의 방법으로 그 영업비밀을 이미 취득하고 있는 경우에는 그러하지 아니하다.(2016.3.29 본문개정)

1. 이미 제출하였거나 제출하여야 할 준비서면, 이미 조사하였거나 조사하여야 할 증거 또는 제132조제3항에 따라 제출하였거나 제출하여야 할 자료에 영업비밀이 포함되어 있다는 것(2016.3.29 본호개정)
2. 제1호의 영업비밀이 해당 소송 수행 외의 목적으로 사용되거나 공개되면 당사자의 영업에 지장을 줄 우려가 있어 이를 방지하기 위하여 영업비밀의 사용 또는 공개를 제한할 필요가 있다는 것

② 제1항에 따른 명령(이하 "비밀유지명령"이라 한다)의 신청은 다음 각 호의 사항을 적은 서면으로 하여야 한다.

1. 비밀유지명령을 받을 자
2. 비밀유지명령의 대상이 될 영업비밀을 특정하기에 충분한 사실
3. 제1항 각 호의 사유에 해당하는 사실

③ 법원은 비밀유지명령이 결정된 경우에는 그 결정서를 비밀유지명령을 받은 자에게 송달하여야 한다.

④ 비밀유지명령은 제3항의 결정서가 비밀유지명령을 받은 자에게 송달된 때부터 효력이 발생한다.

⑤ 비밀유지명령의 신청을 기각하거나 각하한 재판에 대해서는 즉시항고를 할 수 있다.

제224조의4【비밀유지명령의 취소】 ① 비밀유지명령을 신청한 자 또는 비밀유지명령을 받은 자는 제224조의3제1항에 따른 요건을 갖추지 못하였거나 갖추지 못하게 된 경우 소송기록을 보관하고 있는 법원(소송기록을 보관하고 있는 법원이 없는 경우에는 비밀유지명령을 내린 법원)에 비밀유지명령의 취소를 신청할 수 있다.

② 법원은 비밀유지명령의 취소신청에 대한 재판이 있는 경우에는 그 결정서를 그 신청을 한 자 및 상대방에게 송달하여야 한다.

③ 비밀유지명령의 취소신청에 대한 재판에 대해서는 즉시항고를 할 수 있다.

④ 비밀유지명령을 취소하는 재판은 확정되어야 효력이 발생한다.

⑤ 비밀유지명령을 취소하는 재판을 한 법원은 비밀유지명령의 취소신청을 한 자 또는 상대방 외에 해당 영업비밀에 관한 비밀유지명령을 받은 자가 있는 경우에는 그 자에게 즉시 비밀유지명령의 취소 재판을 한 사실을 알려야 한다.

제224조의5【소송기록 열람 등의 청구 통지 등】 ① 비밀유지명령이 내려진 소송(모든 비밀유지명령이 취소된 소송은 제외한다)에 관한 소송기록에 대하여 「민사소송법」 제163조제1항의 결정이 있었던 경우, 당사자가 같은 항에서 규정하는 비밀 기재부분의 열람 등의 청구를 하였으나 그 청구 절차를 해당 소송에서 비밀유지명령을 받지 아니한 자가 밟은 경우에는 법원서기관, 법원사무관, 법원주사 또는 법원주사보(이하 이 조에서 "법원사무관등"이라 한다)는 「민사소송법」 제163조제1항의 신청

을 한 당사자(그 열람 등의 청구를 한 자는 제외한다. 이하 제3항에서 같다)에게 그 청구 직후에 그 열람 등의 청구가 있었다는 사실을 알려야 한다.
② 제1항의 경우에 법원사무관등은 제1항의 청구가 있었던 날부터 2주일이 지날 때까지(그 청구 절차를 밟은 자에 대한 비밀유지명령 신청이 그 기간 내에 이루어진 경우에는 그 신청에 대한 재판이 확정되는 시점까지) 그 청구 절차를 밟은 자에게 제1항의 비밀 기재부분의 열람 등을 하게 하여서는 아니 된다.
③ 제2항은 제1항의 열람 등의 청구를 한 자에게 제1항의 비밀 기재부분의 열람 등을 하게 하는 것에 대하여 「민사소송법」 제163조제1항의 신청을 한 당사자 모두가 동의하는 경우에는 적용되지 아니한다.

제12장 벌 칙

(2014.6.11 본장제목개정)

제225조【침해죄】 ① 특허권 또는 전용실시권을 침해한 자는 7년 이하의 징역 또는 1억원 이하의 벌금에 처한다.
② 제1항의 죄는 피해자의 명시적인 의사에 반하여 공소(公訴)를 제기할 수 없다.(2020.10.20 본항개정)
(2014.6.11 본조개정)

제226조【비밀누설죄 등】 ① 특허청 또는 특허심판원 소속 직원이거나 직원이었던 사람이 특허출원 중인 발명(국제출원 중인 발명을 포함한다)에 관하여 직무상 알게 된 비밀을 누설하거나 도용한 경우에는 5년 이하의 징역 또는 5천만원 이하의 벌금에 처한다.
② 전문심리위원 또는 전문심리위원이었던 자가 그 직무수행 중에 알게 된 다른 사람의 비밀을 누설하는 경우에는 2년 이하의 징역이나 금고 또는 1천만원 이하의 벌금에 처한다.(2021.4.20 본항신설)
(2014.6.11 본조개정)

제226조의2【전문기관 등의 임직원에 대한 공무원 의제】 ① 제58조제2항에 따른 전문기관 또는 제58조제3항에 따른 전담기관의 임직원이거나 임직원이었던 사람은 제226조제1항을 적용하는 경우에는 특허청 소속 직원 또는 직원이었던 사람으로 본다.(2024.2.6 본항개정)
② 전문심리위원은 「형법」 제129조부터 제132조까지의 규정을 적용할 때에는 공무원으로 본다.(2021.4.20 본항신설)

제227조【위증죄】 ① 이 법에 따라 선서한 증인, 감정인 또는 통역인이 특허심판원에 대하여 거짓으로 진술·감정 또는 통역을 한 경우에는 5년 이하의 징역 또는 5천만원 이하의 벌금에 처한다.(2017.3.21 본항개정)
② 제1항에 따른 죄를 범한 자가 그 사건의 특허취소신청에 대한 결정 또는 심결이 확정되기 전에 자수한 경우에는 그 형을 감경 또는 면제할 수 있다.(2016.2.29 본항개정)
참조 [위증죄]형152①

제228조【허위표시의 죄】 제224조를 위반한 자는 3년 이하의 징역 또는 3천만원 이하의 벌금에 처한다.
(2017.3.21 본조개정)

제229조【거짓행위의 죄】 거짓이나 그 밖의 부정한 행위로 특허, 특허권의 존속기간의 연장등록, 특허취소신청에 대한 결정 또는 심결을 받은 자는 3년 이하의 징역 또는 3천만원 이하의 벌금에 처한다.(2017.3.21 본조개정)
참조 [기간의 계산]14, 민155이하
판례 동조 '사위 기타 부정한 행위로써 특허를 받은 자'라고 함은 정상적인 절차에 의하여서는 특허를 받을 수 없는 경우임에도 불구하고 위계 기타 사회통념상 부정이라고 인정되는 행위로써 그 특허를 받은 자를 가리킨다고 할 것인데, 우선 '특허출원 전에 국내에서 공지되었거나 공연히 실시된 발명'이거나 '특허출원 전에 국내 또는 국외에서 반포된 간행물에 게재된 발명' 등으로서 특허를 받을 수 없는 발명임에도 불구하고 특허출원을 하였다는 사실만으로는 그 '사위 기타 부정한 행위'가 있었다고 볼 수 없다.
(대판 2004.2.27, 2003도6283)

제229조의2【비밀유지명령 위반죄】 ① 국내외에서 정당한 사유 없이 제224조의3제1항에 따른 비밀유지명령을 위반한 자는 5년 이하의 징역 또는 5천만원 이하의 벌금에 처한다.
② 제1항의 죄는 비밀유지명령을 신청한 자의 고소가 없으면 공소를 제기할 수 없다.
(2011.12.2 본조신설)

제230조【양벌규정】 법인의 대표자나 법인 또는 개인의 대리인, 사용인, 그 밖의 종업원이 그 법인 또는 개인의 업무에 관하여 제225조제1항, 제228조 또는 제229조의 어느 하나에 해당하는 위반행위를 하면 그 행위자를 벌하는 외에 그 법인에는 다음 각 호의 구분에 따른 벌금형을, 그 개인에게는 해당 조문의 벌금형을 과(科)한다. 다만, 법인 또는 개인이 그 위반행위를 방지하기 위하여 해당 업무에 관하여 상당한 주의와 감독을 게을리하지 아니한 경우에는 그러하지 아니하다.
1. 제225조제1항의 경우 : 3억원 이하의 벌금
2. 제228조 또는 제229조의 경우 : 6천만원 이하의 벌금
(2014.6.11 본조개정)

제231조【몰수 등】 ① 제225조제1항에 해당하는 침해행위를 조성한 물건 또는 그 침해행위로부터 생긴 물건은 몰수하거나 피해자의 청구에 따라 그 물건을 피해자에게 교부할 것을 선고하여야 한다.
② 피해자는 제1항에 따른 물건을 받은 경우에는 그 물건의 가액을 초과하는 손해액에 대해서만 배상을 청구할 수 있다.
(2014.6.11 본조개정)

제232조【과태료】 ① 다음 각 호의 어느 하나에 해당하는 자에게는 50만원 이하의 과태료를 부과한다.
1. 「민사소송법」 제299조제2항 및 같은 법 제367조에 따라 선서를 한 자로서 특허심판원에 대하여 거짓 진술을 한 자
2. 특허심판원으로부터 증거조사 또는 증거보전에 관하여 서류나 그 밖의 물건 제출 또는 제시의 명령을 받은 자로서 정당한 이유 없이 그 명령에 따르지 아니한 자
3. 특허심판원으로부터 증인·감정인 또는 통역인으로 소환된 자로서 정당한 이유 없이 소환에 따르지 아니하거나 선서·진술·증언·감정 또는 통역을 거부한 자
② 제1항에 따른 과태료는 대통령령으로 정하는 바에 따라 특허청장이 부과·징수한다.
(2014.6.11 본조개정)

부 칙 (2016.2.29)

제1조【시행일】 이 법은 공포 후 1년이 경과한 날부터 시행한다.

제2조【국어번역문의 정정에 관한 적용례】 제42조의3제7항 및 제201조제7항(제214조제6항에 따라 준용되는 경우를 포함한다)의 개정규정은 이 법 시행 이후 국어번역문을 정정하는 경우부터 적용한다.

제3조【보정각하에 관한 적용례】 제51조제1항제1호의 개정규정은 이 법 시행 이후 직권보정을 하는 경우부터 적용한다.

제4조【전문기관 지정의 취소 등에 관한 적용례】 제58조의2제1항의 개정규정은 이 법 시행 이후 전문기관의 임직원이 특허출원 중인 발명(국제출원 중인 발명을 포함한다)에 관하여 직무상 알게 된 비밀을 누설하거나 도용한 경우부터 적용한다.

제5조【외국의 심사결과 제출명령에 관한 적용례】 제63조의3의 개정규정은 이 법 시행 전에 출원된 우선권 주장을 수반한 특허출원에 대해서도 적용한다.

제6조【직권 재심사에 관한 적용례】 제66조의3의 개정규정은 이 법 시행 이후 특허결정하는 특허출원부터 적용한다.

제7조【특허권의 등록공고에 관한 적용례】 제87조제3항의 개정규정은 이 법 시행 이후 설정등록된 특허권에 관한 등록공고부터 적용한다.

제8조【특허권의 이전청구에 관한 적용례】 제99조의2의 개정규정은 이 법 시행 이후 설정등록된 무권리자의 특허권부터 적용한다.

제9조【청산절차가 진행 중인 법인의 특허권 소멸에 관한 적용례】 제124조제2항의 개정규정은 이 법 시행 이후 청산종결등기가 된 법인의 특허권부터 적용한다.

제10조【특허취소신청에 관한 적용례】 제6장의2(제132조의2부터 제132조의15까지)의 개정규정은 이 법 시행 이후 설정등록된 특허권부터 적용한다.

제11조【특허무효심판절차에서의 특허의 정정에 관한 적용례】 ① 제133조의2제1항 후단의 개정규정은 이 법 시행 당시 특허무효심판이 계속 중인 특허의 정정에 대해서도 적용한다.
② 다음 각 호의 개정규정은 이 법 시행 이후 특허발명의 명세서 또는 도면에 대하여 정정청구를 하는 경우부터 적용한다.
1. 제133조의2제4항 전단의 개정규정(제136조제8항 단서의 개정규정을 준용하는 부분에 한정한다)
2. 제133조의2제4항 후단의 개정규정(제133조의2제1항에 관한 개정부분에 한정한다)
3. 제133조의2제5항의 개정규정

제12조【정정심판청구의 동의 등에 관한 적용례】 제136조제8항 및 제9항의 개정규정은 이 법 시행 이후 청구되는 정정심판부터 적용한다.

제13조【정정의 무효심판에 관한 적용례】 ① 제137조제3항 후단의 개정규정은 이 법 시행 당시 계속 중인 정정의 무효심판에 대해서도 적용한다.
② 제137조제4항의 개정규정(다음 각 호의 개정규정을 준용하는 부분에 한정한다)은 이 법 시행 이후 특허발명의 명세서 또는 도면에 대하여 정정청구를 하는 경우부터 적용한다.
1. 제133조의2제4항 전단의 개정규정(제136조제8항 단서의 개정규정을 준용하는 부분에 한정한다)
2. 제133조의2제4항 후단의 개정규정(제133조의2제1항에 관한 개정부분에 한정한다)
3. 제133조의2제5항의 개정규정

제14조【심판청구서 등의 각하에 관한 적용례】 제141조제2항의 개정규정은 이 법 시행 이후 청구되는 심판부터 적용한다.

제15조【심사규정의 특허거절결정에 대한 심판에의 준용에 관한 적용례】 제170조제1항(제47조제4항에 관한 개정부분에 한정한다)의 개정규정은 이 법 시행 당시 특허거절결정에 대한 심판이 계속 중인 특허출원의 보정에 대해서도 적용한다.

제16조【특허거절결정 등에 대한 심판의 청구기간 연장청구에 관한 경과조치】 이 법 시행 전에 종전의 제15조제1항 본문에 따라 특허심판원장에게 특허거절결정 또는 특허권의 존속기간의 연장등록거절결정에 대한 심판의 청구기간 연장을 청구한 자는 제15조제1항 본문의 개정규정에 따라 특허청장에게 청구한 것으로 본다.

제17조【절차의 추후보완에 관한 경과조치】 이 법 시행 당시 종전의 규정에 따라 절차를 추후 보완할 수 있는 기간이 이미 경과된 경우에는 제17조의 개정규정에도 불구하고 종전의 규정에 따른다.

제18조【정당한 권리자의 특허출원일 소급에 관한 경과조치】 이 법 시행 전에 설정등록된 무권리자의 특허권에 관하여는 제35조 단서의 개정규정에도 불구하고 종전의 규정에 따른다.

제19조【특허출원심사 청구기간에 관한 경과조치】 이 법 시행 전에 출원한 특허출원에 관하여는 제59조제2항 본문의 개정규정에도 불구하고 종전의 규정에 따른다.

제20조【직권보정에 관한 경과조치】 이 법 시행 전에 특허출원서에 첨부된 명세서, 도면 또는 요약서에 대하여 직권보정이 이루어진 경우에는 제66조의2의 개정규정에도 불구하고 종전의 규정에 따른다.

제21조【특허무효심판에 관한 경과조치】 이 법 시행 전에 설정등록된 특허권에 관하여는 제133조제1항의 개정규정에도 불구하고 종전의 규정에 따른다.

제22조【서류의 열람 허가에 관한 경과조치】 이 법 시행 전에 출원한 제55조제1항에 따른 우선권 주장의 기초가 된 선출원에 관하여는 제216조제2항의 개정규정에도 불구하고 종전의 규정에 따른다.

제23조【다른 법률의 개정】 ①~② ※(해당 법령에 가제정리 하였음)

부 칙 (2016.3.29)

제1조【시행일】 이 법은 공포 후 3개월이 경과한 날부터 시행한다.

제2조【특허료의 반환에 관한 적용례】 제84조제1항제6호 및 제215조의 개정규정은 이 법 시행 후 최초로 특허권을 포기한 경우부터 적용한다.

제3조【특허거절결정 또는 특허권의 존속기간의 연장등록거절결정이 취소된 경우의 적용례】 제84조제1항제7호의 개정규정은 이 법 시행 후 최초로 특허거절결정 또는 특허권의 존속기간의 연장등록거절결정이 취소된 심판청구(재심청구를 포함한다. 이하 부칙에서 같다)부터 적용한다. 다만, 종전의 「특허법」(법률 제9381호 특허법 일부개정법률로 개정되기 전의 것을 말한다) 제173조제1항에 따라 심판청구를 하고 명세서 또는 도면을 보정하여 특허청장에게 통지한 출원의 심판청구는 적용하지 아니한다.

제4조【심판청구가 결정으로 각하된 경우의 적용례】 제84조제1항제8호의 개정규정은 이 법 시행 후 최초로 각하결정이 확정된 심판청구부터 적용한다.

제5조【참가신청을 취하한 경우의 적용례】 제84조제1항제9호의 개정규정은 이 법 시행 후 최초로 취하한 참가신청부터 적용한다.

제6조【참가신청이 결정으로 거부된 경우의 적용례】 제84조제1항제10호의 개정규정은 이 법 시행 후 최초로 결정으로 거부된 참가신청부터 적용한다.

제7조【심판청구를 취하한 경우의 적용례】 제84조제1항제11호의 개정규정은 이 법 시행 후 최초로 취하한 심판청구부터 적용한다.

제8조【특허권 또는 전용실시권 침해소송에 관한 적용례】 제128조의2, 제132조 및 제224조의3의 개정규정은 이 법 시행 후 최초로 제기되는 소송부터 적용한다.

제9조【종전의 「국민기초생활 보장법」 제5조에 따른 수급권자의 특허출원 또는 특허권에 관한 경과조치】 이 법 시행 전에 한 특허출원 또는 설정등록한 특허권에 관하여는 제83조제2항의 개정규정에도 불구하고 종전의 규정에 따른다.

제10조【다른 법률의 개정】 ※(해당 법령에 가제정리 하였음)

부 칙 (2016.12.2)

제1조【시행일】 이 법은 공포 후 6개월이 경과한 날부터 시행한다.

제2조【등록요건에 관한 경과조치】 이 법 시행 당시 종전의 규정에 따라 지정된 전문기관은 제58조의 개정규정에 따라 등록한 것으로 본다.

부 칙 (2017.3.21)

제1조【시행일】 이 법은 공포 후 6개월이 경과한 날부터 시행한다.

제2조【특허표시에 관한 적용례】 제223조의 개정규정은 이 법 시행 후 최초로 표시하는 것부터 적용한다.

부 칙 (2019.1.8)

제1조【시행일】 이 법은 공포 후 6개월이 경과한 날부터 시행한다.
제2조【구체적 행위태양 제시 의무에 관한 적용례】 제126조의2의 개정규정은 이 법 시행 후 최초로 청구되는 특허권 및 전용실시권 침해소송부터 적용한다.
제3조【손해배상청구권에 관한 적용례】 제128조제8항 및 제9항의 개정규정은 이 법 시행 후 최초로 위반행위가 발생한 경우부터 적용한다.
제4조【다른 법률의 개정】 ※(해당 법령에 가제정리 하였음)

부 칙 (2020.6.9)

제1조【시행일】 이 법은 공포 후 6개월이 경과한 날부터 시행한다.
제2조【손해배상청구권에 관한 적용례】 제128조의 개정규정은 이 법 시행 후 최초로 손해배상이 청구된 경우부터 적용한다.

부 칙 (2020.10.20)

제1조【시행일】 이 법은 공포한 날부터 시행한다.
제2조【공소 제기에 관한 적용례】 제225조제2항의 개정규정은 이 법 시행 후 저지른 범죄부터 적용한다.

부 칙 (2020.12.22)

제1조【시행일】 이 법은 공포 후 6개월이 경과한 날부터 시행한다.
제2조【우선심사에 관한 적용례】 제61조제3호의 개정규정은 이 법 시행 전에 출원된 특허출원에 대해서도 적용한다.

부 칙 (2021.4.20)

제1조【시행일】 이 법은 공포 후 6개월이 경과한 날부터 시행한다.
제2조【적용례】 제154조의2, 제226조 및 제226조의2의 개정규정은 이 법 시행 당시 특허심판원에 계속 중인 심판사건에 대해서도 적용한다.
제3조【다른 법률의 개정】 ※(해당 법령에 가제정리 하였음)

부 칙 (2021.8.17)

제1조【시행일】 이 법은 공포 후 3개월이 경과한 날부터 시행한다. 다만, 제83조 및 제132조의16의 개정규정은 공포 후 6개월이 경과한 날부터 시행한다.
제2조【직권보정에 관한 적용례】 제66조의2제6항의 개정규정은 이 법 시행 이후 설정등록된 특허권부터 적용한다.
제3조【특허료 및 수수료 감면에 관한 적용례】 ① 제83조의 개정규정 중 특허료 감면에 관한 부분은 같은 개정규정 시행 이후 제66조에 따른 특허결정 또는 제176조제1항에 따른 특허거절결정 취소심결(특허등록을 결정한 심결에 한정하되, 재심심결을 포함한다)의 등본을 송달받은 특허출원부터 적용한다.
② 제83조의 개정규정 중 수수료 감면에 관한 부분은 같은 개정규정 시행 이후 제출하는 특허출원부터 적용한다.
제4조【심사청구료 반환에 관한 적용례】 제84조제1항의 개정규정은 이 법 시행 이후 취하하거나 포기한 특허출원부터 적용한다.
제5조【심판사건의 조정위원회 회부에 관한 적용례】 제164조의2의 개정규정은 이 법 시행 당시 심판이 진행 중인 사건에도 적용한다.
제6조【감면액 징수 등에 관한 경과조치】 제83조제4항의 개정규정 시행 전에 거짓이나 그 밖의 부정한 방법으로 특허료 또는 수수료를 감면받은 자에 대해서는 같은 개정규정에도 불구하고 종전의 규정에 따른다.
제7조【다른 법률의 개정】 ※(해당 법령에 가제정리 하였음)

부 칙 (2021.10.19)

제1조【시행일】 이 법은 공포 후 6개월이 경과한 날부터 시행한다.
제2조【절차의 무효에 관한 적용례】 제16조제2항의 개정규정은 이 법 시행 전에 보정명령을 받은 자가 정당한 사유로 보정기간을 지키지 못하여 특허에 관한 절차가 무효로 된 경우로서 이 법 시행 당시 그 사유가 소멸한 날부터 2개월이 지나지 아니한 경우에도 적용한다.
제3조【분할출원에 관한 적용례】 ① 제52조제1항의 개정규정은 이 법 시행 이후 특허거절결정등본을 송달받은 특허출원을 기초로 한 분할출원부터 적용한다.
② 제52조제4항 및 제5항의 개정규정은 이 법 시행 이후 출원한 분할출원부터 적용한다.
제4조【분리출원에 관한 적용례】 제52조의2의 개정규정은 이 법 시행 이후 특허거절결정에 대한 심판이 청구된 특허출원의 일부를 분리출원하는 것부터 적용한다.
제5조【변경출원에 관한 적용례】 제53조제1항의 개정규정은 이 법 시행 이후 실용신안등록거절결정등본을 송달받은 실용신안등록출원을 기초로 한 변경출원부터 적용한다.
제6조【특허출원 등을 기초로 한 우선권 주장에 관한 적용례】 제55조제1항제4호, 같은 조 제8항 및 제56조제1항제2호의 개정규정은 이 법 시행 이후 제66조에 따른 특허결정, 「실용신안법」 제15조에 따라 준용되는 「특허법」 제66조에 따른 실용신안등록결정 또는 제176조제1항에 따른 특허거절결정 취소심결 및 「실용신안법」 제33조에 따라 준용되는 「특허법」 제176조제1항에 따른 실용신안등록거절결정의 취소심결(특허등록 및 실용신안등록을 결정한 심결에 한정하되, 재심심결을 포함한다)의 등본을 송달받은 선출원을 기초로 한 우선권 주장부터 적용한다.
제7조【재심사의 청구에 관한 적용례】 제67조의2제1항 및 제3항의 개정규정은 이 법 시행 이후 제62조에 따른 특허거절결정, 제66조에 따른 특허결정 또는 제176조제1항에 따른 특허거절결정 취소심결(특허등록을 결정한 심결에 한정하되, 재심심결을 포함한다)의 등본을 송달받은 특허출원부터 적용한다.
제8조【특허출원의 회복에 관한 적용례】 제67조의3제1항의 개정규정은 이 법 시행 전에 특허출원인이 정당한 사유로 같은 항 각 호의 어느 하나에 해당하는 기간을 지키지 못하여 특허출원이 취하되거나 특허거절결정이 확정된 것으로 인정된 경우로서 그 사유가 소멸한 날부터 2개월이 지나지 아니한 경우에도 적용한다.
제9조【특허료의 추가납부 또는 보전에 의한 특허출원과 특허권의 회복 등에 관한 적용례】 제81조의3제1항의 개정규정은 이 법 시행 전에 특허권의 설정등록을 받으려는 자 또는 특허권자가 정당한 사유로 특허료 납부기간 내에 특허료를 내지 아니하거나 보전기간 내에 보전하지 아니한 경우로서 이 법 시행 당시 그 사유가 소멸한 날부터 2개월이 지나지 아니한 경우에도 적용한다.
제10조【질권행사 등으로 인한 특허권의 이전에 따른 통상실시권에 관한 적용례】 제122조의 개정규정은 이 법 시행 이후 공유인 특허권의 분할을 청구한 경우부터 적용한다.
제11조【특허거절결정 등에 대한 심판에 관한 적용례】 제132조의17의 개정규정은 이 법 시행 이후 특허거절결정등본 또는 특허권의 존속기간의 연장등록거절결정등본을 송달받은 특허출원부터 적용한다.
제12조【다른 법률의 개정】 ※(해당 법령에 가제정리 하였음)
제13조【다른 법률의 개정에 따른 적용례】 부칙 제12조에 따라 개정되는 「실용신안법」 제10조제1항제1호의 개정규정은 이 법 시행 이후 특허거절결정등본을 송달받은 특허출원을 기초로 한 변경출원부터 적용한다.

부 칙 (2022.10.18)

제1조【시행일】 이 법은 공포한 날부터 시행한다.
제2조【특허료 등의 반환에 관한 적용례】 제84조제3항의 개정규정은 이법 시행 당시 종전의 규정에 따른 반환청구 기간이 경과하지 아니한 특허료와 수수료에 대하여도 적용한다.

부 칙 (2023.9.14)

제1조【시행일】 이 법은 공포 후 6개월이 경과한 날부터 시행한다.
제2조【참고인 의견서의 제출에 관한 적용례】 제154조의3의 개정규정은 이 법 시행 당시 특허심판원에 계속 중인 심판사건에 대하여도 적용한다.

부 칙 (2024.2.6)

제1조【시행일】 이 법은 공포 후 6개월이 경과한 날부터 시행한다.(이하 생략)

특허법 시행령

(1990년 8월 28일
전개대통령령 제13078호)

개정
1992.10.27영13744호
1993. 3. 6영13870호(직제)
1993.12.31영14059호
1996. 6. 3영15009호
1997. 6.26영15408호
1999. 6.30영16417호
2000. 2.28영16725호(직제)
2000. 6.23영16852호
2001. 6.27영17246호
2003. 6.13영17995호
2004. 3.17영18312호(전자적민원처리를위한가석방자관리규정등)
2005. 1.31영18694호
2006. 6.12영19513호(고위공무원단인사규정)
2006. 9.28영19697호
2007. 6.28영20127호
2007. 6.29영20137호(기술의이전및사업화촉진에관한법시)
2008. 2.29영20729호(직제)
2008. 9.30영21053호
2009. 6.26영21567호
2009.12.30영21917호
2011. 2.22영22674호
2011.12. 2영23341호
2012. 1. 6영23488호(민감정보고유식별정보)
2013. 3.23영24439호(직제)
2013. 4. 3영24491호
2013. 6.28영24645호
2013.11.20영24852호(공무원임용)
2014.12.30영25924호
2015. 8.19영26494호
2017. 1.10영27778호
2017. 5.29영28066호
2018. 4.24영28819호
2018. 7.17영29050호
2019. 7. 9영29955호
2020. 7.14영30844호
2021. 6.22영31813호
2022. 4.19영32590호
2022.11. 1영32973호
2023.12.19영33997호

제1장 총칙 및 특허출원

제1조【목적】 이 영은 「특허법」에서 위임된 사항과 그 시행에 관하여 필요한 사항을 규정함을 목적으로 한다. (2005.1.31 본조개정)
제1조의2 (2013.6.28 삭제)
제2조【미생물의 기탁】 ① 미생물에 관계되는 발명에 대하여 특허출원을 하려는 자는 특허출원 전에 다음 각 호의 어느 하나에 해당하는 기관에 특허청장이 정하여 고시하는 방법에 따라 해당 미생물을 기탁해야 한다. 다만, 해당 발명이 속하는 기술 분야에서 통상의 지식을 가진 자가 그 미생물을 쉽게 입수할 수 있는 경우에는 기탁하지 않을 수 있다.(2020.7.14 본문개정)
1. 「특허법」(이하 "법"이라 한다) 제58조제2항에 따라 미생물 기탁 및 분양에 관한 업무를 담당하는 전문기관으로 등록한 기관(이하 "국내기탁기관"이라 한다) (2017.5.29 본호개정)
2. 「특허절차상 미생물기탁의 국제적 승인에 관한 부다페스트조약」 제7조에 따라 국제기탁기관으로서의 지위를 취득한 기관(이하 "국제기탁기관"이라 한다)
3. 다음 각 목의 요건을 모두 충족하는 국가에서 미생물 기탁 및 분양에 관한 업무를 담당하는 전문기관으로 지정한 기관(이하 "지정기탁기관"이라 한다)
 가. 「특허절차상 미생물기탁의 국제적 승인에 관한 부다페스트 조약」의 당사국이 아닐 것
 나. 해당 국가의 특허청장이 대한민국 국민에게 특허절차상 미생물기탁에 대해 대한민국과 동일한 조건의 절차를 인정하기로 특허청장과 합의한 국가일 것
 (2020.7.14 본호신설)
(2014.12.30 본항개정)
② 제1항에 따라 미생물을 기탁한 자는 특허출원서에 산업통상자원부령으로 정하는 방법에 따라 그 취지를 적고, 미생물의 기탁 사실을 증명하는 서류(국제기탁기관에 기탁한 경우에는 「특허절차상 미생물기탁의 국제적 승인에 관한 부다페스트조약 규칙」 제7규칙에 따른 수탁증 중 최신의 수탁증 사본을 말한다)를 첨부하여야 한다. 다만, 국내에 소재지가 있는 국내기탁기관 또는 국제기탁기관에 해당 미생물을 기탁한 경우에는 미생물의 기탁 사실을 증명하는 서류를 첨부하지 않을 수 있다.(2022.4.19 단서신설)
③ 특허출원인 또는 특허권자는 제1항의 미생물의 기탁에 대하여 특허출원후 새로운 수탁번호가 부여된 때에는 지체없이 그 사실을 특허청장에게 신고하여야 한다. (1993.12.31 본항개정)
제3조【미생물에 관계되는 발명의 특허출원명세서 기재】 미생물에 관계되는 발명에 대하여 특허출원을 하려는 자는 법 제42조제2항에 따른 명세서(특허출원서에 최초로 첨부한 명세서를 말한다)를 적을 때 제2조제1항 본문에 따라 미생물을 기탁한 경우에는 국내기탁기관, 국제기탁기관 또는 지정기탁기관에서 부여받은 수탁번호를, 같은 항 단서에 따라 그 미생물을 기탁하지 않은 경우에는 그 미생물의 입수방법을 적어야 한다.(2020.7.14 본조개정)
제4조【미생물의 분양】 ① 제2조에 따라 기탁된 미생물에 관계되는 발명을 시험 또는 연구를 위하여 실시하려는 자는 다음 각 호의 어느 하나에 해당하는 경우 산업통상자원부령으로 정하는 바에 따라 국내기탁기관, 국제기탁기관 또는 지정기탁기관으로부터 그 미생물을 분양받을 수 있다.(2020.7.14 본문개정)
1. 그 미생물에 관계되는 발명에 대한 특허출원이 공개되거나 설정등록된 경우(2003.6.13 본호개정)

2. 법 제63조제1항(법 제170조제2항에서 준용하는 경우를 포함한다)에 따른 의견서를 작성하기 위하여 필요한 경우(2009.6.26 본호개정)

② 제2조에 따라 미생물을 기탁한 자로부터 미생물 분양에 대한 허락을 받은 자는 국내기탁기관, 국제기탁기관 또는 지정기탁기관에 신청하여 해당 미생물을 분양받을 수 있다.(2020.7.14 본항개정)

③ 제1항 및 제2항에 따라 미생물을 분양받은 자는 그 미생물을 타인에게 이용하게 해서는 아니 된다.
(2014.12.30 본항개정)
(2014.12.30 본조제목개정)

제5조【청구범위의 기재방법】 ① 법 제42조제8항에 따른 청구범위의 청구항(이하 "청구항"이라 한다)을 기재할 때에는 독립청구항(이하 "독립항"이라 한다)을 기재하여야 하며, 그 독립항을 한정하거나 부가하여 구체화하는 종속청구항(이하 "종속항"이라 한다)을 기재할 수 있다. 이 경우 필요한 때에는 그 종속항을 한정하거나 부가하여 구체화하는 다른 종속항을 기재할 수 있다.
(2014.12.30 전단개정)

② 청구항은 발명의 성질에 따라 적정한 수로 기재하여야 한다.(2003.6.13 본항개정)

③ (1999.6.30 삭제)

④ 다른 청구항을 인용하는 청구항은 인용되는 항의 번호를 적어야 한다.(2013.6.28 본항개정)

⑤ 2 이상의 항을 인용하는 청구항은 인용되는 항의 번호를 택일적으로 기재하여야 한다.(2003.6.13 본항개정)

⑥ 2 이상의 항을 인용한 청구항에서 그 청구항의 인용된 항은 다시 2 이상의 항을 인용하는 방식을 사용하여서는 아니 된다. 2 이상의 항을 인용한 청구항에서 그 청구항의 인용된 항이 다시 하나의 항을 인용한 후에 그 하나의 항이 결과적으로 2 이상의 항을 인용하는 방식에 대하여도 또한 같다.(2006.9.28 본항개정)

⑦ 인용되는 청구항은 인용하는 청구항보다 먼저 기재하여야 한다.(2003.6.13 본항개정)

⑧ 각 청구항은 항마다 행을 바꾸어 기재하고, 그 기재하는 순서에 따라 아라비아숫자로 일련번호를 붙여야 한다.
(2014.12.30 본조제목개정)

제6조【1군의 발명에 대한 1특허출원의 요건】 법 제45조제1항 단서의 규정에 의한 1군의 발명에 대하여 1특허출원을 하기 위하여는 다음 각호의 요건을 갖추어야 한다.
1. 청구된 발명간에 기술적 상호관련성이 있을 것
2. 청구된 발명들이 동일하거나 상응하는 기술적 특징을 가지고 있을 것. 이 경우 기술적 특징은 발명 전체로 보아 선행기술에 비하여 개선된 것이어야 한다.
(2003.6.13 본조개정)

제7조【허가등에 따른 특허권의 존속기간의 연장등록출원 대상 발명 등】 ① 법 제89조제1항에서 "대통령령으로 정하는 발명"이란 다음 각 호의 어느 하나에 해당하는 발명을 말한다.(2020.7.14 본문개정)
1. 특허발명을 실시하기 위하여 「약사법」 제31조제2항ㆍ제3항 또는 제42조제1항에 따라 품목허가를 받은 의약품〔신물질(약효를 나타내는 활성부분의 화학구조가 새로운 물질을 말한다. 이하 이 조에서 같다)을 유효성분으로 하여 제조한 의약품으로서 최초로 품목허가를 받은 의약품으로 한정한다〕 또는 「마약류 관리에 관한 법률」 제18조제2항 또는 제21조제2항에 따라 품목허가를 받은 마약 또는 향정신성의약품(신물질을 유효성분으로 하여 제조한 마약 또는 향정신성의약품으로서 최초로 품목허가를 받은 마약 또는 향정신성의약품으로 한정한다)의 발명(2020.7.14 본호개정)
2. 특허발명을 실시하기 위하여 「농약관리법」 제8조제1항, 제16조제1항 또는 제17조제1항에 따라 등록한 농약 또는 원제(신물질을 유효성분으로 하여 제조한 농약 또는 원제로서 최초로 등록한 농약 또는 원제로 한정한다)의 발명(2013.4.3 본호개정)

② 제1항 각 호의 발명과 관련하여 법 제89조제1항에 따른 특허발명을 실시할 수 없었던 기간의 산정 및 그 밖에 특허권의 존속기간 연장등록출원의 심사에 관한 세부적인 사항은 특허청장이 정하여 고시한다.(2020.7.14 본항신설)
(2020.7.14 본조제목개정)

제7조의2【출원인으로 인하여 지연된 기간】 ① 법 제92조의2제3항에서 "출원인으로 인하여 지연된 기간"이란 다음 각 호의 어느 하나에 해당하는 기간을 말한다.
1. 특허청 또는 특허심판원에 계속 중인 특허에 관한 절차에서 다음 각 목의 어느 하나에 해당하는 기간
가. 법 제10조에 따라 특허청장 또는 심판장이 대리인에 의하여 특허에 관한 절차를 밟도록 명하거나 대리인을 바꿀 것을 명한 경우에는 그 명한 날부터 대리인이 선임되거나 교체된 날까지의 기간(2023.12.19 본목개정)
나. 법 제15조제2항에 따라 출원인의 청구에 의하여 특허에 관한 절차를 밟을 기간이 연장된 경우에는 그 연장된 만큼의 기간(기간이 연장된 후 법 제15조제2항에 따라 출원인의 청구에 의하여 특허에 관한 절차를 밟을 기간이 단축된 경우에는 그 단축된 만큼의 기간은 제외한다)(2023.12.19 본목개정)
다. 법 제15조제3항에 따라 특허에 관한 절차를 밟을 기일이 정해진 후 출원인의 청구에 의하여 그 정해진 기일보다 늦은 기일로 변경된 경우에는 그 정해진 기일의 다음 날부터 변경된 기일까지의 기간
라. 법 제17조 본문에 따라 책임질 수 없는 사유가 소멸한 후 특허에 관한 절차를 추후보완한 경우에는 그 사유가 소멸한 날부터 그 절차를 추후보완한 날까지의 기간
마. 법 제20조, 제23조제2항, 제78조제1항 또는 제164조제1항에 따라 특허에 관한 절차가 중단 또는 중지된 경우에는 그 특허에 관한 절차가 중단 또는 중지된 기간
바. 법 제36조제6항에 따라 특허청장이 출원인에게 기간을 정하여 협의의 결과를 신고할 것을 명한 경우에는 그 기간(법 제15조제2항에 따라 출원인의 청구에 의하여 기간이 단축된 경우에는 그 단축된 만큼의 기간은 제외한다)
사. 법 제42조의2제2항 단서에 따른 기한 이내에 청구범위가 기재되도록 명세서를 보정한 경우에는 출원심사 청구의 취지를 통지받은 날부터 그 명세서를 보정한 날까지의 기간(2015.8.19 본목개정)
아. 법 제42조의3제6항에 따라 최종 국어번역문의 잘못된 번역을 정정한 문서(이하 이 목에서 "오역정정서"라 한다)를 출원심사 청구일부터 8개월이 되는 날보다 늦게 제출하는 경우 그 8개월이 되는 날의 다음날부터 오역정정서를 마지막으로 제출한 날까지의 기간
(2020.7.14 본목신설)
자. 법 제46조, 제141조제1항 또는 제203조제3항에 따라 특허청장ㆍ특허심판원장 또는 심판장이 기간을 정하여 보정을 명한 경우에는 그 기간(법 제15조제2항에 따라 출원인의 청구에 의하여 기간이 단축된 경우에는 그 단축된 만큼의 기간은 제외한다)(2020.7.14 본목개정)
차. 법 제55조제1항에 따른 우선권 주장의 기초가 된 선출원에 대하여 그 선출원을 기초로 한 우선권 주장이 법 제56조에 따라 취하되거나 취하된 것으로 보는 경우에는 그 선출원에 대하여 우선권 주장이 있었던 날부터 그 우선권 주장이 취하되거나 취하된 것으로 보는 날까지의 기간
카. 법 제61조에 따른 우선심사와 관련하여 제10조에 따른 우선심사의 결정이 출원인으로 인하여 지연된 경우에는 그 지연된 기간
타. 법 제63조제1항 본문에 따라 심사관(법 제170조에 따라 법 제63조가 준용되는 경우에는 법 제143조에 따른 심판관을 말한다. 이하 이 목에서 같다)이 출원인에게 거절이유를 통지하고 기간을 정하여 의견서를 제출할 수 있는 기회를 준 경우〔다만, 심사관이 거절이유를 통지한 후에 그 거절이유통지에 대한 명세서 또는 도면의 보정 없이 법 제66조에 따른 특허결정을 한 경우(법 제170조에 따라 법 제66조가 준용되어 특허결정을 한 경우를 포함한다)는 제외한다〕에는 그 기간(법 제15조제2항에 따라 출원인의 청구에 의하여 의견서를 제출할 수 있는 기간이 단축된 경우에는 그 단축된 만큼의 기간은 제외한다)
파. 법 제67조제2항에 따른 특허결정의 등본을 송달받은 날 후에 법 제79조제1항에 따라 특허료를 납부(법 제81조제1항에 따라 특허료를 추가납부하는 경우, 법 제81조의2제2항에 따라 특허료를 보전하는 경우 또는 법 제81조의3제1항에 따라 특허료를 납부하거나 보전하는 경우를 포함한다)하거나 법 제83조제3항에 따라 출원인이 산업통상자원부령으로 정하는 서류를 제출하여 특허료를 면제받은 경우에는 그 송달받은 날부터 법 제87조에 따른 특허권의 설정등록이 있는 날까지의 기간(2013.3.23 본목개정)
하. 법 제67조의2제1항 본문에 따른 재심사를 청구한 경우에는 재심사 청구 전에 법 제67조제2항에 따른 특허결정 또는 특허거절결정의 등본을 송달받은 날부터 특허청장이 재심사에 따른 특허여부의 결정을 한 날까지의 기간(2023.12.19 본목개정)
거. 법 제67조의3제1항에 따라 정당한 사유가 소멸한 후 출원심사의 청구 또는 재심사의 청구를 한 경우에는 그 사유가 소멸한 날부터 출원심사의 청구 또는 재심사의 청구를 한 날까지의 기간(2022.4.19 본목개정)
너. 법 제132조의17에 따른 특허거절결정에 대해 불복하는 심판을 청구한 경우에는 법 제67조제2항에 따른 특허거절결정의 등본을 송달받은 날부터 법 제132조의17에 따른 심판을 청구(법 제15조제1항에 따라 출원인의 청구에 의하여 심판의 청구기간이 연장된 경우를 포함한다)한 날까지의 기간(2023.12.19 본목신설)
더. 법 제149조 또는 제150조에 따른 제척 또는 기피의 신청이 법 제152조제1항의 결정에 따라 받아들여지지 아니한 경우에는 법 제153조 본문에 따라 심판절차를 중지한 기간
러. 법 제157조에 따른 출원인의 증거조사 또는 증거보전의 신청에 대하여 그 증거조사 또는 증거보전이 필요하지 아니하다고 인정한 경우에는 그 신청이 있는 날부터 그 증거조사 또는 증거보전이 필요하지 아니하다고 인정한 날까지의 기간
머. 법 제162조제4항에 따라 심리의 종결을 통지한 후 출원인의 신청에 의하여 심리를 재개한 경우에는 심리를 재개한 날부터 법 제162조제3항에 따른 심리의 종결을 다시 통지한 날까지의 기간
버. 법 제178조에 따른 재심을 그 재심의 사유를 안 날 후에 청구한 경우에는 그 재심의 사유를 안 날부터 재심을 청구한 날까지의 기간
서. 법 제186조제5항에 따라 심판장이 부가기간을 정한 경우에는 그 기간
어. 법 제218조 또는 제219조에 따른 서류의 송달 또는 공시송달이 출원인으로 인하여 지연된 경우(제18조제10항에 따라 송달할 장소를 변경한 때에 그 취지를 특허청장에게 신고하지 아니하여 송달이 지연된 경우 등을 말한다)에는 그 송달이 지연된 기간
저. 다음의 어느 하나에 해당하는 서류 또는 서면을 출원심사 청구일부터 8개월이 되는 날까지 제출하지 않은 경우에는 그 8개월이 되는 날의 다음날부터 그 서류 등을 제출한 날까지의 기간
1) 미생물에 관계되는 발명에 대한 특허출원인 경우 제2조제2항에 따른 미생물의 기탁 사실을 증명하는 서류
2) 법 제30조제3항제1호에 따라 같은 조 제1항제1호를 적용받으려는 경우 그 증명서류
3) 법 제54조제3항에 따라 우선권을 주장한 경우 같은 조 제4항에 따른 서류 또는 서면
(2020.7.14 본목신설)
2. 법 제186조제1항 또는 제8항에 따른 심결ㆍ결정ㆍ판결에 대한 소송절차에서 다음 각 목의 어느 하나에 해당하는 기간
가. 법 제78조제2항 또는 제164조제2항에 따라 소송절차가 중지된 경우에는 그 소송절차가 중지된 기간
나. 「민사소송법」 제41조부터 제43조까지의 규정에 따른 법관(법 제188조의2제1항에 따라 준용되는 기술심리관 및 「민사소송법」 제50조에 따라 준용되는 법원사무관등을 포함한다)에 대한 제척 또는 기피의 신청이 「민사소송법」 제45조 또는 제46조의 결정에 따라 받아들여지지 아니한 경우에는 제척 또는 기피의 신청이 있는 날부터 그 신청에 대한 각하결정이 있는 날까지의 기간 또는 「민사소송법」 제48조 본문에 따라 소송절차를 정지한 기간
다. 「민사소송법」 제59조 또는 제254조제1항에 따라 법원 또는 재판장이 기간을 정하여 보정을 명한 경우에는 그 기간
라. 「민사소송법」 제62조에 따라 특별대리인이 선임된 경우에는 그 선임을 신청한 날부터 특별대리인이 선임된 날까지의 기간
마. 「민사소송법」 제142조에 따른 변론의 재개가 출원인으로 인한 경우에는 변론의 재개를 명한 날부터 변론이 다시 종결된 날까지의 기간
바. 「민사소송법」 제144조제1항에 따라 법원이 출원인 또는 대리인의 진술을 금지하고 변론을 계속할 새 기일을 정한 경우에는 그 진술을 금지한 날부터 새 기일까지의 기간
사. 「민사소송법」 제144조제2항에 따라 법원이 변호사를 선임하도록 명한 경우에는 그 선임을 명한 날부터 변호사가 선임된 날까지의 기간
아. 「민사소송법」 제165조제1항에 따라 재판장이 지정한 기일이 출원인의 신청 등 현저한 사유가 있어 그 지정한 기일보다 늦은 기일로 변경된 경우에는 그 지정한 기일의 다음 날부터 변경된 기일까지의 기간
자. 「민사소송법」 제172조에 따라 법원이 출원인의 신청에 의하여 법정기간 또는 법원이 정한 기간을 늘이거나 불변기간에 대하여 부가기간을 정한 경우에는 그 늘어난 기간 또는 그 부가기간
차. 「민사소송법」 제173조에 따라 책임질 수 없는 사유가 없어진 후 소송행위를 추후보완한 경우에는 그 사유가 없어진 날부터 그 소송행위를 추후보완한 날까지의 기간
카. 「민사소송법」 제178조, 제186조부터 제188조까지 또는 제194조에 따른 서류의 송달 또는 공시송달이 출원인으로 인하여 지연된 경우에는 그 송달이 지연된 기간
타. 「민사소송법」 제233조부터 제237조까지, 제239조, 제240조 또는 제246조에 따라 소송절차가 중단 또는 중지된 경우에는 그 소송절차가 중단 또는 중지된 기간
파. 「민사소송법」 제268조제1항에 따라 출원인이 변론기일에 출석하지 아니하거나 출석하였다 하더라도 변론하지 아니하여 재판장이 다시 변론기일을 정한 경우에는 그 변론기일의 다음 날부터 다시 정한 변론기일까지의 기간
하. 「민사소송법」 제289조에 따른 증거의 신청에 대해서 그 증거가 필요하지 아니하다고 인정된 경우에는 그 신청이 있는 날부터 그 증거가 필요하지 아니하다고 인정된 날까지의 기간
거. 「민사소송법」 제451조에 따른 재심의 소를 그 재심의 사유를 안 날 후에 제기한 경우에는 그 재심의 사유를 안 날부터 재심의 소를 제기한 날까지의 기간

3. 법 제224조의2제2항에 따른 처분의 불복에 대한 행정심판·행정소송의 절차에서 다음 각 목의 어느 하나에 해당하는 기간
가.「행정심판법」제10조에 따른 제척 또는 기피의 신청이 같은 법 시행령 제12조에 따른 결정으로 각하되거나 기각된 경우에는 같은 영 제13조에 따라 심판절차를 정지한 기간
나.「행정심판법」제27조제2항에 따라 천재지변, 전쟁, 사변, 그 밖의 불가항력의 사유가 소멸한 후 행정심판을 청구하는 경우에는 그 사유가 소멸한 날부터 행정심판을 청구한 날까지의 기간
다.「행정심판법」제32조제1항 본문에 따라 중앙행정심판위원회(이하 이 조에서 "위원회"라 한다)가 기간을 정하여 보정할 것을 요구한 경우에는 그 기간
라.「행정심판법」제33조제2항에 따라 위원회가 보충서면의 제출기한을 정한 경우에는 그 제출기한을 정한 날부터 보충서면을 제출한 날까지의 기간
마.「행정심판법」제38조에 따라 위원회가 지정한 심리기일이 출원인의 신청에 의하여 그 지정한 심리기일보다 늦은 심리기일로 변경된 경우에는 그 지정한 심리기일의 다음 날부터 변경된 심리기일까지의 기간
바.「행정심판법」제57조에 따라「민사소송법」중 송달에 관한 규정을 준용하는 경우에는 제2호카목에 해당하는 기간
사.「행정소송법」제8조제2항에 따라「민사소송법」의 규정을 준용하는 경우에는 제2호 각 목의 어느 하나에 해당하는 기간
4. 그 밖에 특허청 또는 특허심판원에 계속 중인 특허에 관한 절차, 법 제186조제1항 또는 제8항에 따른 심결·결정·판결에 대한 소송절차 또는 법 제224조의2제2항에 따른 처분의 불복에 대한 행정심판·행정소송의 절차에서 출원인으로 인하여 지연된 기간으로서 산업통상자원부령으로 정하는 기간(2013.3.23 본호개정)
② 제1항에도 불구하고 법 제92조의2제1항에 따른 특허권의 설정등록이 지연된 원인 중 출원인으로 인하여 지연된 것이 아니라고 객관적으로 인정되는 원인이 있는 경우에는 그에 해당하는 기간은 제1항에 따른 기간에서 제외한다.
(2011.12.2 본조신설)

제2장 심사 및 심판

제8조【심사관 등의 자격】 ① 심사관이 될 수 있는 사람은 특허청 또는 그 소속기관의 다음 각 호의 어느 하나에 해당하는 공무원으로서 국제지식재산연수원에서 소정의 심사관 연수과정을 수료한 자로 한다. 다만,「국가공무원법」제28조의4제1항에 따른 개방형 직위로 지정된 심사관으로 임용될 수 있는 사람은 같은 조 제2항에 따라 설정된 직무수행요건을 갖춘 사람으로 하고, 같은 법 제28조의5제1항에 따른 공모 직위로 지정된 심사관으로 임용될 수 있는 사람은 같은 조 제2항에 따라 설정된 직무수행요건을 갖춘 사람으로 한다.(2015.8.19 단서신설)
1. 고위공무원단에 속하는 일반직공무원
2. 5급 이상의 일반직 국가공무원
(2014.12.30 1호~2호개정)
3.「공무원임용령」별표4의2에 따른 가급 또는 나급의 자격기준에 해당하는 전문임기제공무원(2013.11.20 본호개정)
4. 6급 일반직 국가공무원(「공무원임용령」별표4의2에 따른 전문임기제공무원 가급 또는 나급의 자격기준에 해당하는 자격을 갖춘 사람으로 한정한다)(2014.12.30 본호신설)
② 심판관이 될 수 있는 사람은 특허청 또는 그 소속기관의 4급 이상의 일반직 국가공무원 또는 고위공무원단에 속하는 일반직공무원 중 다음 각 호의 어느 하나에 해당하는 사람으로서 국제지식재산연수원에서 소정의 심판관 연수과정을 수료한 사람으로 한다. 다만,「국가공무원법」제28조의4제1항에 따른 개방형 직위로 지정된 심판관으로 임용될 수 있는 사람은 같은 조 제2항에 따라 설정된 직무수행요건을 갖춘 사람으로 하고, 같은 법 제28조의5제1항에 따른 공모 직위로 지정된 심판관으로 임용될 수 있는 사람은 같은 조 제2항에 따라 설정된 직무수행요건을 갖춘 사람으로 한다.
1. 특허청에서 2년 이상 심사관으로 재직한 사람
2. (2006.9.28 삭제)
3. 특허청에서 심사관으로 재직한 기간과 5급 이상의 일반직국가공무원 또는 고위공무원단에 속하는 일반직공무원으로서 특허심판원에서 심판업무에 직접 종사한 기간 및 특허법원에서 기술심리관으로 재직한 기간을 통산하여 2년 이상인 사람
(2013.4.3 본항개정)
③ 심판장이 될 수 있는 사람은 특허청 또는 그 소속기관의 4급 이상의 일반직 국가공무원 또는 고위공무원단에 속하는 일반직공무원으로서 다음 각 호의 어느 하나에 해당하는 사람으로 한다. 다만,「국가공무원법」제28조의4제1항에 따른 개방형 직위로 지정된 심판장으로 임용될 수 있는 사람은 같은 조 제2항에 따라 설정된 직무수행요건을 갖춘 사람으로 하고, 같은 법 제28조의5제1항에 따른 공모 직위로 지정된 심판장으로 임용될 수 있는 사람은 같은 조 제2항에 따라 설정된 직무수행요건을 갖춘 사람으로 한다.(2020.7.14 본문개정)
1. 특허심판원에서 2년 이상 심판관으로 재직한 사람
2. 제2항에 따른 심판관의 자격을 갖춘 사람으로서 3년 이상 특허청 또는 그 소속기관에서 심사 또는 심판사무에 종사한 사람
(2013.4.3 본항개정)
④ 특허심판원장이 될 수 있는 사람은 심판관의 자격이 있는 사람으로 한다.(2013.4.3 본항개정)
⑤ 제1항부터 제4항까지의 규정에 따른 심사관, 심판관, 심판장 또는 특허심판원장의 자격의 직급에 해당하는 공무원(고위공무원단에 속하는 일반직공무원 및 제1항제3호에 따른 전문임기제공무원을 포함한다)으로서 변리사의 자격이 있는 사람은 제1항부터 제4항까지의 규정에도 불구하고 각각 심사관, 심판관, 심판장 또는 특허심판원장이 될 수 있다. 다만, 제1항제3호에 따른 전문임기제공무원과 같은 항 제4호에 따른 6급 일반직 국가공무원은 심사관에 한정한다.(2014.12.30 단서개정)
⑥ 제1항 및 제2항의 규정에 의한 심사관 및 심판관의 연수에 관하여 필요한 사항은 특허청장이 이를 정한다.
(2014.12.30 본조제목개정)
(1997.6.26 본조개정)

제8조의2【선행기술 조사 등에 관한 전문기관의 등록기준 등】 ① 특허청장은 법 제58조제2항에 따라 다음 각 호의 요건을 모두 갖춘 법인을 법 제58조제1항에 따른 선행기술의 조사 또는 특허분류의 부여에 관한 업무를 담당하는 전문기관(이하 "조사·분류 전문기관"이라 한다)으로 등록하여야 한다. 다만, 법 제58조의2제1항제1호에 따라 조사·분류 전문기관의 등록이 취소된 법인 또는 그 법인에서 취소 당시에 임원으로 있던 사람이 소속되어 있는 법인으로서 그 등록이 취소된 후 2년이 지나지 아니한 경우에는 그러하지 아니하다.(2017.5.29 본문개정)
1. 제8조의3제1항 각 호의 업무에 필요한 문헌 및 장비를 확보할 것(2014.12.30 본호개정)
2. 제8조의3제1항 각 호의 업무를 전담하여 수행하는 인력과 조직을 확보할 것(2014.12.30 본호개정)
3. 임직원 중「변리사법」제2조에 따른 업무를 행하는 다른 기관의 임직원을 겸하는 자 또는 같은 법 제5조에 따라 등록한 변리사(같은 법 제6조의2제2항에 따라 휴업을 신고하고 휴업 중에 있는 변리사는 제외한다)가 없을 것(2017.1.10 본호개정)
4. 제8조의3제1항 각 호의 업무와 관련된 임직원, 시설 및 장비에 대한 보안체계를 갖출 것(2014.12.30 본호개정)
② 조사·분류 전문기관이 제8조의3제1항 각 호의 업무 외의 업무를 수행하는 경우에는 그 업무를 수행함으로써 같은 항 각 호의 업무가 불공정하게 되어서는 아니 된다.
(2014.12.30 본항개정)
③ 조사·분류 전문기관으로 등록하려는 자는 산업통상자원부령으로 정하는 바에 따라 등록신청서를 특허청장에게 제출하여야 한다.(2017.5.29 본항개정)
④ 제1항 각 호에 따른 문헌, 장비 및 인력·조직의 확보에 관한 세부적인 기준, 보안체계의 구체적인 기준과 그 밖에 조사·분류 전문기관의 등록 및 운영에 필요한 사항은 특허청장이 정하여 고시한다.(2017.5.29 본항개정)
(2017.5.29 본조제목개정)

제8조의3【선행기술의 조사 의뢰 등】 ① 특허청장은 법 제58조제1항에 따라 다음 각 호의 업무를 조사·분류 전문기관에 의뢰할 수 있다.
1. 선행기술의 조사 업무
2. 특허분류의 부여 업무
3. 그 밖에 특허출원 심사에 관하여 특허청장이 필요하다고 인정하는 업무
(2014.12.30 본항개정)
② 조사·분류 전문기관의 장은 특허청장으로부터 제1항 각 호의 업무를 의뢰받은 경우에는 그 업무 결과를 특허청장에게 신속히 통지하여야 한다.(2014.12.30 본항개정)
③ 특허청장은 제2항에 따라 통지받은 업무 결과에 대하여 추가 조사 등이 필요하다고 판단되는 경우에는 조사범위 등을 정하여 그 조사·분류 전문기관의 장에게 해당 업무를 재의뢰할 수 있다.(2014.12.30 본항개정)
④ 제3항의 재의뢰에 관하여는 제2항을 준용한다.
(2009.6.26 본항개정)
(2014.12.30 본조제목개정)

제8조의4【미생물 기탁·분양에 관한 전문기관의 등록기준 등】 ① 특허청장은 법 제58조제2항에 따라 다음 각 호의 요건을 모두 갖춘 기관 또는 단체(이하 "기관등"이라 한다)를 미생물 기탁 및 분양에 관한 업무를 담당하는 전문기관으로 등록하여야 한다. 다만, 법 제58조의2제1항제1호에 따라 미생물 기탁 및 분양에 관한 업무를 담당하는 전문기관의 등록이 취소된 기관등 또는 그 기관등에서 취소 당시에 임원으로 있던 사람이 소속되어 있는 기관등으로서 그 등록이 취소된 후 2년이 지나지 아니한 경우에는 그러하지 아니하다.(2017.5.29 본문개정)
1. 미생물의 보존 및 안전 유지에 필요한 인력 및 시설을 갖출 것
2. 미생물 기탁 및 분양 업무의 수행에 관한 계획을 수립할 것
3. 미생물에 대한 비밀 유지를 위한 보안체계를 갖출 것
② 미생물 기탁 및 분양에 관한 업무를 담당하는 전문기관으로 등록하려는 자는 산업통상자원부령으로 정하는 바에 따라 등록신청서를 특허청장에게 제출하여야 한다.
(2017.5.29 본항개정)
③ 제1항 각 호에 따른 인력·시설, 업무수행 계획 및 보안체계의 구체적인 기준과 그 밖에 미생물 기탁 및 분양에 관한 업무를 담당하는 전문기관의 등록 및 운영에 필요한 사항은 특허청장이 정하여 고시한다.(2017.5.29 본항개정)
(2017.5.29 본조제목개정)
(2014.12.30 본조신설)

제8조의5【전문기관 업무에 대한 관리 및 평가】 ① 법 제58조제3항에서 "대통령령으로 정하는 전담기관"이란 같은 조 제2항에 따른 전문기관 업무에 대한 관리 및 평가 업무의 수행에 필요한 전문인력·전담조직 및 보안체계를 갖추었다고 특허청장이 인정하는 기관 또는 단체를 말한다.
② 제1항에 따른 전문인력·전담조직 및 보안체계의 구체적인 기준, 전담기관의 업무 수행 범위 등 전담기관의 운영에 필요한 세부사항은 특허청장이 정하여 고시한다.
(2018.7.17 본조신설)

제9조【우선심사의 대상】 ① 법 제61조제2호에서 "대통령령으로 정하는 특허출원"이란 다음 각 호의 어느 하나에 해당하는 것으로서 특허청장이 정하는 특허출원을 말한다.(2014.12.30 본문개정)
1. 방위산업분야의 특허출원
2.「기후위기 대응을 위한 탄소중립·녹색성장 기본법」에 따른 녹색기술과 직접 관련된 특허출원
(2022.4.19 본호개정)
2의2. 인공지능 또는 사물인터넷 등 4차 산업혁명과 관련된 기술을 활용한 특허출원(2018.4.24 본호신설)
2의3. 반도체 등 국민경제 및 국가경쟁력 강화에 중요한 첨단기술과 관련된 특허출원(특허청장이 우선심사의 구체적인 대상과 신청 기간을 정하여 공고하는 특허출원으로 한정한다)(2022.11.1 본호신설)
3. 수출촉진에 직접 관련된 특허출원
4. 국가 또는 지방자치단체의 직무에 관한 특허출원(「고등교육법」에 따른 국·공립학교의 직무에 관한 특허출원으로서「기술의 이전 및 사업화 촉진에 관한 법률」제11조제1항에 따라 국·공립학교 안에 설치된 기술이전·사업화 전담조직에 의한 특허출원을 포함한다)
(2007.6.29 본호개정)
5.「벤처기업육성에 관한 특별조치법」제25조에 따른 벤처기업의 확인을 받은 기업의 특허출원
5의2.「중소기업기술혁신 촉진법」제15조에 따라 기술혁신형 중소기업으로 선정된 기업의 특허출원
(2008.9.30 5호~5호의2개정)
5의3.「발명진흥법」제11조의2에 따라 직무발명보상 우수기업으로 선정된 기업의 특허출원(2013.6.28 본호신설)
5의4.「발명진흥법」제24조의2에 따라 지식재산 경영인증을 받은 중소기업의 특허출원(2017.1.10 본호신설)
6.「국가연구개발혁신법」제2조제1호에 따른 국가연구개발사업의 결과물에 관한 특허출원(2021.6.22 본호개정)
7. 조약에 의한 우선권주장의 기초가 되는 특허출원(당해 특허출원을 기초로 하는 우선권주장에 의하여 외국특허청에서 특허에 관한 절차가 진행중인 것에 한정한다)
(2008.9.30 본호개정)
7의2. 법 제198조의2에 따라 특허청이「특허협력조약」에 따른 국제조사기관으로서 국제조사를 수행한 국제특허출원(2019.7.9 본호신설)
8. 특허출원인이 특허출원된 발명을 실시하고 있거나 실시준비중인 특허출원(2001.6.27 본호개정)
9. (2019.7.9 삭제)
10. 특허청장이 외국특허청장과 우선심사하기로 합의한 특허출원(2006.9.28 본호신설)
11.~12. (2023.12.19 삭제)
② 법 제61조제3호에서 "대통령령으로 정하는 특허출원"이란 다음 각 호의 어느 하나에 해당하는 특허출원을 말한다.
1. 다음 각 목의 어느 하나에 해당하는 것으로서 특허청장이 정하여 고시하는 특허출원
가.「감염병의 예방 및 관리에 관한 법률」제2조제21호에 따른 의료·방역 물품과 직접 관련된 특허출원
나.「재난안전산업 진흥법」제16조에 따라 인증을 받은 재난안전제품과 직접 관련된 특허출원(2023.12.19 본목개정)
2. 재난으로 인한 긴급한 상황에 대응하기 위해 특허청장이 우선심사 신청 기간을 정해 공고한 대상에 해당하는 특허출원
(2021.6.22 본항신설)
(1999.6.30 본조개정)

제10조【우선심사의 결정】 ① 우선심사를 신청하는 자는 산업통상자원부령이 정하는 우선심사신청서를 특허청장에게 제출하여야 한다.(2013.3.23 본항개정)
② 특허청장은 제1항의 규정에 의한 우선심사 신청이 있는 때에는 우선심사여부를 결정하여야 한다.
③ 제2항의 우선심사의 결정에 관하여 필요한 사항은 특허청장이 정한다.

제3장 국방관련 특허출원의 비밀취급등

제11조【국방관련 특허출원의 비밀분류기준】 특허청장은 법 제41조제1항의 규정에 의하여 비밀로 분류하여 취급하여야 하는 발명의 선별에 필요한 분류기준(이하 "분류기준"이라 한다)을 방위사업청장과 협의하여 정하여야 한다.(2006.9.28 본조개정)

제12조【비밀취급절차】 ① 특허청장은 국내에 주소 또는 영업소를 가진 자의 특허출원이 제11조의 규정에 의한 분류기준에 해당되는 경우에는 방위사업청장에게 비밀로 분류하여 취급할 필요가 있는지 여부를 조회하여야 한다.(2006.9.28 본항개정)

② 특허청장은 제1항의 규정에 의하여 방위사업청장에게 조회한 경우에는 그 특허출원의 발명자·출원인·대리인 및 그 발명을 알고 있다고 인정하는 자(이하 "발명자등"이라 한다)에게 그 사실을 통지하고 보안을 유지하도록 요청하여야 한다.(2006.9.28 본항개정)

③ 방위사업청장은 제1항의 규정에 의하여 조회를 받은 경우에는 2월이내에 회신하여야 하며, 그 특허출원에 대하여 비밀취급이 필요하다고 인정되는 경우에는 특허청장에게 비밀로 분류하여 취급하도록 요청하여야 한다.(2006.9.28 본항개정)

④ 특허청장은 제3항의 규정에 의하여 비밀로 분류하여 취급할 것을 요청받은 경우에는 「보안업무규정」에 따라 필요한 조치를 취하고 그 특허출원의 발명자등에게 비밀로 분류하여 취급하도록 명하여야 하며, 비밀로 분류하여 취급할 것을 요청받지 아니한 경우에는 그 특허출원의 발명자등에게는 제2항의 보안유지요청의 해제통지를 하여야 한다.(2005.1.31 본항개정)

⑤ 특허청장은 제3항의 규정에 의한 방위사업청장의 회신을 받은 때에는 지체없이 제4항의 규정에 의하여 비밀로 분류하여 취급하도록 명하거나 보안유지 요청의 해제통지를 하여야 한다.(2006.9.28 본항개정)

제13조【비밀에서의 해제등】 ① 특허청장은 제12조제4항의 규정에 의하여 비밀로 분류하여 취급할 것을 명한 특허출원에 대하여는 비밀에서의 해제, 비밀보호기간의 연장 또는 비밀등급의 변경여부를 연 2회이상 방위사업청장과 협의하여 필요한 조치를 하여야 한다.(2006.9.28 본항개정)

② 제12조제4항의 규정에 의하여 비밀로 분류하여 취급할 것을 명령받은 발명자등은 특허청장에게 비밀에서의 해제 또는 비밀등급의 변경이나 특허출원된 발명의 일정범위의 공개 또는 실시의 허가를 청구할 수 있다.

제14조【보상금】 ① 특허출원인은 법 제41조제3항의 규정에 의하여 외국에의 특허출원이 금지됨에 따른 손실 또는 비밀로 취급됨에 따른 손실에 대한 보상금(이하 "보상금"이라 한다)을 방위사업청장에게 청구할 수 있다.(2006.9.28 본항개정)

② 특허출원인이 제1항의 규정에 의하여 보상금을 청구하는 경우에는 보상금청구서와 손실을 입증할 수 있는 증거자료를 제출하여야 한다.

③ 방위사업청장은 특허출원인으로부터 제1항의 규정에 의한 보상금청구를 받은 경우에는 보상액을 결정하여 지급하여야 하며, 필요한 경우에는 특허청장과 협의할 수 있다.(2006.9.28 본항개정)

제15조【외국에의 특허출원금지 및 허가】 ① 국내에 주소 또는 영업소를 가진 자가 특허출원한 발명이 제12조제2항의 규정에 의하여 특허청장으로부터 보안유지요청을 받거나, 동조제4항의 규정에 의하여 비밀로 분류하여 취급하도록 명령을 받은 경우에는 특허청장의 허가를 받은 경우에 한하여 외국에 특허출원을 할 수 있다.

② 외국에의 특허출원 허가를 신청하고자 하는 자는 산업통상자원부령이 정하는 신청서를 특허청장에게 제출하여야 한다.(2013.3.23 본항개정)

제16조【방위사업청장과의 협의】 특허청장은 다음 각 호의 어느 하나에 해당하는 허가를 하고자 하는 경우에는 미리 방위사업청장과 협의하여야 한다.(2006.9.28 본문개정)
1. 제13조제2항의 규정에 의한 비밀로 취급되고 있는 발명의 일정범위의 공개 또는 실시허가
2. 제15조제2항의 규정에 의한 외국에의 특허출원 허가
(2006.9.28 본조제목개정)

제4장 보 칙

제17조 (2007.6.28 삭제)

제18조【서류의 송달등】 ① 법에 따라 송달할 서류는 특허청 또는 특허심판원에서 당사자 또는 그 대리인이 이를 직접 수령하거나 정보통신망을 이용하여 수령하는 경우를 제외하고는 등기우편으로 발송하여야 한다.(2007.6.28 본항개정)

② 특허청장 또는 특허심판원장은 제1항의 규정에 의하여 서류를 송달한 경우에는 다음 각호에 정하는 바에 따라 수령증 또는 그 내용을 보관하여야 한다.
1. 당사자 또는 대리인이 특허청 또는 특허심판원에서 직접 수령하는 경우에는 수령일자 및 수령자의 성명이 기재된 수령증
2. 당사자 또는 대리인이 정보통신망을 이용하여 수령하는 경우에는 특허청 또는 특허심판원이 운영하는 발송용 전산정보처리조직의 파일에 기록된 내용
3. 등기우편으로 발송하는 경우에는 등기우편물 수령증
(2001.6.27 본항개정)

③ 심판·재심·통상실시권 설정의 재정 및 특허권의 취소에 관한 심결 또는 결정의 등본을 송달하는 경우에는 우편법령에 따른 특별송달의 방법으로 하여야 한다. 다만, 법 제28조의4제1항에 따른 전자문서 이용신고를 한 자에게 송달하는 경우에는 정보통신망을 이용하여 할 수 있다.(2011.2.22 본항개정)

④ 송달에 있어서는 법 또는 이 영에 특별한 규정이 있는 경우를 제외하고 송달을 받는 자에게 그 서류의 등본을 교부하여야 하며, 송달할 서류의 제출에 갈음하여 조서를 작성한 때에는 그 조서의 등본이나 초본을 교부하여야 한다.

⑤ 법 제3조제1항의 본문에 해당하는 자에 대한 송달은 그 법정대리인에게 하여야 한다.

⑥ 수인이 공동으로 대리권을 행사하는 경우에는 그 중 1인에게 송달한다.(2011.2.22 본항개정)

⑦ 교도소 또는 구치소에 구속된 자에 대한 송달은 그 소장에게 한다.(1993.12.31 본항개정)

⑧ 당사자 또는 그 대리인이 2인 이상인 경우로서 서류를 송달받기 위한 대표자 1인을 선정하여 특허청장 또는 특허심판원장에게 신고한 경우에는 그 대표자에게 송달한다.(2011.2.22 본항신설)

⑨ 송달할 장소는 이를 받을 자의 주소 또는 영업소로 한다. 다만, 송달을 받고자 하는 자가 송달을 받고자 하는 장소(국내에 한한다)를 특허청장 또는 특허심판원장에게 미리 신고한 경우에는 그 장소로 한다.(2005.1.31 단서신설)

⑩ 송달을 받을 자가 그 장소를 변경한 때에는 지체없이 그 취지를 특허청장에게 신고하여야 한다.(1993.12.31 본항신설)

⑪ 송달을 받는 자가 정당한 사유없이 송달받기를 거부함으로써 송달할 수 없게 된 때에는 발송한 날에 송달된 것으로 본다.

⑫ 법에 따라 송달할 서류외의 서류의 발송 등은 특허청장이 정하는 방법에 따른다.(2007.6.28 본항개정)

제19조【특허공보】 ① 법 제221조제1항에 따른 특허공보는 등록특허공보와 공개특허공보로 구분한다.(2014.12.30 본항개정)

② 법 제87조제3항제8호에서 "대통령령으로 정하는 사항"이란 다음 각 호의 사항을 말한다.
1. 분류기호
2. 법 제30조에 따른 공지 등이 되지 아니한 발명으로 보는 발명에 관한 사항
3. 특허출원서에 첨부된 명세서 및 도면(법 제87조제2항에 따른 설정등록 시에 첨부된 명세서 및 도면을 말한다)
4. 분할출원, 분리출원 또는 변경출원에 관한 사항
(2023.12.19 본호개정)
5. 우선권주장에 관한 사항
6. 출원공개번호 및 공개연월일
7. 법 제66조의2에 따른 직권보정에 관한 사항
8. 법 제132조의3, 제133조의2, 제136조 또는 제137조에 따라 정정된 내용
9. 그 밖에 특허청장이 필요하다고 인정하는 사항
(2017.1.10 본항개정)

③ 공개특허공보에는 다음 각 호의 사항을 게재한다. 다만, 공공의 질서 또는 선량한 풍속을 문란하게 하거나 공중의 위생을 해할 염려가 있다고 인정되는 사항은 게재하지 아니한다.(2014.12.30 본문개정)
1. 다음 각 목의 구분에 따른 사항
   가. 출원인이 자연인인 경우 : 성명 및 주소
   나. 출원인이 법인인 경우 : 법인의 명칭 및 영업소의 소재지
   (2013.6.28 본호개정)
2. 출원번호·분류기호 및 출원연월일
3. 발명자의 성명 및 주소
4. 출원공개번호 및 공개연월일
5. 특허출원서에 최초로 첨부된 명세서 및 도면. 다만, 법 제42조의3제1항에 따라 명세서 및 도면을 국어가 아닌 언어로 적은 특허출원(이하 "외국어특허출원"이라 한다)과 법 제199조제1항에 따른 국제특허출원 중 국어가 아닌 언어로 적은 국제특허출원(이하 "외국어국제특허출원"이라 한다)의 경우에는 다음 각 목의 구분에 따른 명세서(외국어국제특허출원의 경우에는 발명의 설명 및 청구범위를 말한다. 이하 이 호에서 같다) 및 도면으로 한다.
   가. 외국어특허출원의 경우 : 법 제42조의3제5항에 따라 보정한 것으로 보는 명세서 및 도면
   나. 외국어국제특허출원의 경우 : 법 제201조제5항에 따라 보정한 것으로 보는 명세서 및 도면
   (2014.12.30 본호개정)

5의2. 특허출원서에 첨부된 요약서(2014.12.30 본호신설)
5의3. 법 제42조의2제2항에 따른 명세서 보정에 관한 사항(2014.12.30 본호신설)
6. 우선권주장에 관한 사항
7. 분할출원, 분리출원 또는 변경출원에 관한 사항
(2023.12.19 본호개정)
8. 법 제60조제2항에 따른 출원심사의 청구사실. 다만, 출원공개시에 그 사실이 게재되지 아니한 경우에는 해당 출원의 공개번호·분류기호 및 출원번호를 그 심사청구사실과 함께 추후 발행되는 공개특허공보에 게재하여야 한다.(2014.12.30 본호개정)
9. 법 제63조의2의 규정에 의하여 누구든지 그 특허출원이 특허될 수 없다는 취지의 정보를 증거와 함께 특허청장에게 제공할 수 있다는 취지(2006.9.28 본호개정)
10. 기타 특허출원의 공개에 관계되는 사항
(1999.6.30 본항개정)

④ 특허청장은 법 제87조제3항 및 이 조 제3항에 따라 자연인인 특허권자, 자연인인 출원인 또는 발명자의 주소를 게재하는 경우 그 특허권자, 출원인 또는 발명자의 신청이 있으면 그 주소의 일부만을 게재할 수 있다.(2017.1.10 본항개정)

⑤ 제4항에 따른 신청 방법 및 절차, 주소의 게재 범위는 특허청장이 정하여 고시한다.(2013.6.28 본항신설)

제19조의2【고유식별정보의 처리】 특허청장 또는 특허심판원장은 다음 각 호의 사무를 수행하기 위하여 불가피한 경우 「개인정보 보호법 시행령」 제19조제1호 또는 제4호에 따른 주민등록번호 또는 외국인등록번호가 포함된 자료를 처리할 수 있다.
1. 법 제28조의2에 따른 고유번호의 부여에 관한 사무
2. 법 제42조에 따른 특허출원에 관한 사무
3. 법 제157조에 따른 증거조사 및 증거보전에 관한 사무
4. 법 제222조에 따른 서류의 제출 등에 관한 사무
5. 그 밖에 법 및 이 영에 따른 출원, 심사, 심판, 등록에 관한 신청·신고 또는 제출에 관한 사무
(2012.1.6 본조신설)

제20조【과태료의 부과】 법 제232조제1항에 따른 과태료의 부과기준은 별표와 같다.(2011.12.2 단서삭제)

부 칙 (2011.12.2)

제1조【시행일】 이 영은 「대한민국과 미합중국 간의 자유무역협정」이 우리나라에 대하여 그 효력을 발생하는 날부터 시행한다.<2012.3.15 발효> 다만, 제20조 및 별표의 개정규정은 2012년 1월 1일부터 시행한다.

제2조【출원인으로 인하여 지연된 기간에 관한 적용례】 제7조의2의 개정규정은 이 영 시행 후 최초로 출원하는 특허출원부터 적용한다.

제3조【과태료에 관한 경과조치】 ① 이 영 시행 전의 위반행위에 대하여 과태료의 부과기준을 적용할 때에는 별표의 개정규정에도 불구하고 종전의 규정에 따른다.

② 이 영 시행 전의 위반행위로 받은 과태료의 부과처분은 별표의 개정규정에 따른 위반행위의 횟수 산정에 포함하지 아니한다.

부 칙 (2013.6.28)

제1조【시행일】 이 영은 2013년 7월 1일부터 시행한다. 다만, 제9조제5호의3의 개정규정은 2013년 9월 23일부터 시행하고, 제19조제2항부터 제4항까지의 개정규정은 2014년 7월 1일부터 시행한다.

제2조【특허청구범위의 기재방법에 관한 적용례】 제5조제4항의 개정규정은 다음 각 호의 특허출원에 대해서도 적용한다.
1. 이 영 시행 당시 출원이 계속중인 특허출원
2. 이 영 시행 전에 출원한 특허출원(다목의 경우에는 실용신안등록출원을 말한다)에 대하여 이 영 시행 후 출원한 다음 각 목의 특허출원
   가. 법 제34조 본문 및 제35조 본문에 따른 정당한 권리자의 특허출원
   나. 법 제52조에 따른 분할출원
   다. 법 제53조에 따른 변경출원

제3조【우선심사의 대상에 관한 적용례】 제9조제5호의3의 개정규정은 「발명진흥법」 제11조의2에 따라 직무발명보상 우수기업으로 선정된 기업이 부칙 제1조 단서에 따른 시행일 이후 우선심사를 신청하는 특허출원부터 적용한다.

제4조【특허공보에 관한 적용례】 제19조제4항의 개정규정은 부칙 제1조 단서에 따른 시행일 이후 발행되는 등록공고용특허공보 또는 공개용특허공보에 주소의 일부만을 게재하도록 신청하는 경우부터 적용한다.

부 칙 (2014.12.30)

제1조【시행일】 이 영은 2015년 1월 1일부터 시행한다.

제2조【등록특허공보 게재사항에 관한 적용례】 제19조제2항제6호의2의 개정규정은 이 영 시행 전에 설정등록된 특허권으로서 이 영 시행 이후 등록특허공보에 게재하는 특허권에 대해서도 적용한다.

제3조【선행기술 조사 등에 관한 전문기관에 관한 경과조치】 이 영 시행 당시 종전의 제8조의2에 따라 지정받은 전문기관은 제8조의2의 개정규정에 따라 지정받은 조사·분류 전문기관으로 본다.

제4조【특허청장이 정한 미생물 기탁기관에 관한 경과조치】 이 영 시행 당시 종전의 제2조제1항에 따라 특허청장이 정한 미생물 기탁기관은 제8조의4의 개정규정에 따라 지정된 미생물 기탁 및 분양에 관한 업무를 담당하는 전문기관으로 본다.

부 칙 (2019.7.9)

제1조【시행일】 이 영은 공포한 날부터 시행한다.
제2조【우선심사의 대상에 관한 적용례】 제9조제7호의2의 개정규정은 이 영 시행 이후 제출되는 우선심사신청부터 적용한다.
제3조【우선심사의 대상에 관한 경과조치】 이 영 시행 전에 우선심사를 신청한 특허출원은 제9조제6호 및 제9호의 개정규정에도 불구하고 종전의 규정에 따른다.

부 칙 (2020.7.14)

제1조【시행일】 이 영은 공포한 날부터 시행한다.
제2조【출원인으로 인한 지연기간에 관한 적용례】 ① 제7조의2제1항제1호아목 및 어목의 개정규정은 이 영 시행 이후 특허출원된 특허권에 대하여 법 제92조의2에 따라 존속기간을 연장하는 경우부터 적용한다.
② 제7조의2제1항제1호하목의 개정규정은 이 영 시행 이후 재심사 청구된 특허권에 대하여 법 제92조의2에 따라 존속기간을 연장하는 경우부터 적용한다.

부 칙 (2021.6.22)

이 영은 2021년 6월 23일부터 시행한다.

부 칙 (2022.4.19)

이 영은 2022년 4월 20일부터 시행한다.

부 칙 (2022.11.1)

이 영은 공포한 날부터 시행한다.

부 칙 (2023.12.19)

제1조【시행일】 이 영은 2024년 1월 1일부터 시행한다.
제2조【출원인으로 인하여 지연된 기간에 관한 적용례】
① 제7조의2제1항제1호하목의 개정규정은 이 영 시행 이후 법 제67조의2제1항 본문에 따른 재심사를 청구하는 경우부터 적용한다.
② 제7조의2제1항제1호너목의 개정규정은 이 영 시행 이후 법 제132조의17에 따른 특허거절결정에 대해 불복하는 심판을 청구하는 경우(이 영 시행 전에 법 제15조제1항에 따라 출원인의 청구에 의하여 심판의 청구기간이 연장된 경우는 제외한다)부터 적용한다.
제3조【출원인으로 인하여 지연된 기간에 관한 경과조치】 이 영 시행 전에 법 제15조제1항에 따라 출원인이 심판 청구기간의 연장을 청구한 경우에는 제7조의2제1항제1호나목의 개정규정에도 불구하고 종전의 규정에 따른다.
제4조【우선심사의 대상에 관한 경과조치】 이 영 시행 전에 우선심사를 신청한 특허출원에 관하여는 제9조제1항제11호 및 제12호의 개정규정에도 불구하고 종전의 규정에 따른다.

〔별표〕➡「法典 別冊」참조

특허권 등의 등록령

(2011년 12월 2일 대통령령 제23344호)

개정
2012. 8.14영24044호
2013. 3.23영24439호(직제)
2013. 7.22영24671호
2014. 1. 7영25067호(디자인보호시)
2014. 1.28영25122호(변리사시)
2014. 6.17영25387호
2015. 1. 6영26022호
2015. 3.17영26147호(공익신탁법시)
2016. 9.13영27495호
2017.11.28영28452호
2018.12.31영29449호

제1장 총 칙

제1조【목적】 이 영은 특허권, 실용신안권, 디자인권 및 상표권(단체표장, 증명표장 및 업무표장에 관한 권리를 포함한다)과 그에 관한 권리의 등록에 관하여 「특허법」, 「실용신안법」, 「디자인보호법」 및 「상표법」에서 위임된 사항과 그 시행에 필요한 사항을 규정함을 목적으로 한다.(2016.9.13 본조개정)
제2조【정의】 이 영에서 사용하는 용어의 뜻은 다음과 같다.
1. "등록원부"란 「특허법」 제85조에 따른 특허원부, 「실용신안법」 제20조에서 준용하는 「특허법」 제85조에 따른 실용신안등록원부, 「디자인보호법」 제88조에 따른 디자인등록원부 및 「상표법」 제80조에 따른 상표원부를 말한다.(2016.9.13 본호개정)
2. "등록번호"란 「특허법」 제87조제1항에 따른 특허권의 설정등록 시에 부여되는 특허번호, 「실용신안법」 제21조제1항에 따른 실용신안권의 설정등록 시에 부여되는 실용신안등록번호, 「디자인보호법」 제90조제1항에 따른 디자인권의 설정등록 시에 부여되는 디자인등록번호 및 「상표법」 제82조제1항에 따른 상표권의 설정등록 시에 부여되는 상표등록번호를 말한다.(2016.9.13 본호개정)
3. "특허권등"이란 특허권, 실용신안권, 디자인권 및 상표권을 말한다.
4. "특허권등에 관한 권리"란 특허권등에 관한 전용실시권·통상실시권·전용사용권 또는 통상사용권과 특허권등 및 그에 관한 권리를 목적으로 하는 질권(質權)을 말한다.
5. "등록료"란 「특허법」 제79조에 따른 특허료, 「실용신안법」 제16조에 따른 등록료, 「디자인보호법」 제79조에 따른 디자인등록료 및 「상표법」 제72조에 따른 상표등록료를 말한다.(2016.9.13 본호개정)
6. "등록수수료"란 「특허법」 제79조, 「실용신안법」 제16조, 「디자인보호법」 제79조, 「상표법」 제72조 및 그에 따른 특허료 등에 관한 법령의 규정에 따른 이전등록료, 가등록료 및 신탁등록료 등의 수수료를 말한다.(2016.9.13 본호개정)
제3조【등록사항】 ① 「특허법」 제85조제3항에 따른 등록사항은 다음 각 호와 같다.
1. 「특허법」 제106조제1항 및 제106조의2제1항에 따른 특허권의 수용·실시
2. 「특허법」 제107조제1항에 따른 통상실시권 설정의 재정, 같은 법 제114조제1항에 따른 재정의 취소
2의2. 「특허법」 제132조의13에 따른 특허취소결정 또는 기각결정(2017.11.28 본호개정)
3. 「특허법」 제132조의17(특허권의 존속기간의 연장등록거절결정에 대한 심판만 해당한다), 제133조제1항, 제134조제1항·제2항, 제135조제1항·제2항, 제136조제1항, 제137조제1항 및 제138조제1항·제3항에 따른 심판의 확정심결(2016.9.13 본호개정)
4. 「특허법」 제178조제1항에 따른 재심의 확정심결
5. 「특허법」 제186조제1항에 따른 특허법원의 확정판결
6. 「특허법」 제186조제8항에 따른 대법원의 판결
② 「실용신안법」 제20조에서 준용하는 「특허법」 제85조제3항에 따른 등록사항은 다음 각 호와 같다.(2016.9.13 본문개정)
1. 「실용신안법」 제28조에 따라 준용되는 「특허법」 제106조제1항에 따른 실용신안권의 수용·실시
2. 「실용신안법」 제28조에 따라 준용되는 「특허법」 제107조제1항에 따라 청구된 통상실시권 설정의 재정, 같은 법 제114조제1항에 따른 재정의 취소
2의2. 「실용신안법」 제30조의3에 따라 준용되는 「특허법」 제132조의13에 따른 실용신안등록취소결정 또는 기각결정(2017.11.28 본호개정)
3. 「실용신안법」 제31조제1항, 제31조의2제1항, 제32조제1항·제3항 및 제33조에 따라 준용되는 「특허법」 제132조의17(실용신안권의 존속기간의 연장등록거절결정에 대한 심판만 해당한다) 및 제135조부터 제137조까지의 규정에 따른 심판의 확정심결(2016.9.13 본호개정)
4. 「실용신안법」 제33조에 따라 준용되는 「특허법」 제178조제1항에 따라 청구된 재심의 확정심결
5. 「실용신안법」 제33조에 따라 준용되는 「특허법」 제186조제1항에 따른 특허법원의 확정판결
6. 「실용신안법」 제33조에 따라 준용되는 「특허법」 제186조제8항에 따른 대법원의 판결
③ 「디자인보호법」 제88조제3항에 따른 등록사항은 다음 각 호와 같다.
1. 「디자인보호법」 제68조제1항에 따른 디자인일부심사등록 이의신청의 확정결정
2. 「디자인보호법」 제120조(디자인등록취소결정에 대한 심판만 해당한다), 제121조제1항, 제122조 및 제123조제1항·제2항에 따른 심판의 확정심결
3. 「디자인보호법」 제158조제1항에 따른 재심의 확정심결
4. 「디자인보호법」 제166조제1항에 따른 특허법원의 확정판결
5. 「디자인보호법」 제166조제8항에 따른 대법원의 판결
6. 「산업디자인의 국제등록에 관한 헤이그협정」(이하 "헤이그협정"이라 한다) 제1조(viii)에 따른 국제등록부(이하 "국제디자인등록부"라 한다)에 등재된 사항〔「디자인보호법」 제198조제2항에 따라 설정등록을 받은 디자인권(이하 "국제등록디자인권"이라 한다)의 경우만 해당한다〕(2014.6.17 본호신설)
(2014.1.7 본항개정)
④ 「상표법」 제80조제3항에 따른 등록사항은 다음 각 호와 같다.
1. 「상표법」 제117조제1항, 제118조제1항, 제119조제1항, 제120조제1항, 제121조 및 제214조제1항에 따른 심판의 확정심결
2. 「상표법」 제157조제1항에 따른 재심의 확정심결
3. 「상표법」 제162조제1항에 따른 특허법원의 확정판결
4. 「상표법」 제162조제7항에 따른 대법원의 판결
5. 「표장의 국제등록에 관한 마드리드협정에 대한 의정서」(이하 "마드리드 의정서"라 한다) 제2조(1)에 따른 국제등록부(이하 "국제상표등록부"라 한다)에 등록된 사항〔「상표법」 제197조에 따라 설정등록을 받은 상표권(이하 "국제등록기초상표권"이라 한다)의 경우만 해당한다〕
(2016.9.13 본항개정)
제4조【권리의 순위】 ① 같은 특허권등이나 특허권등에 관한 권리에 관하여 등록된 권리의 순위는 법령에 특별한 규정이 있는 경우를 제외하고는 등록된 순서에 따른다.
② 제1항의 등록 순서는 등록원부 중 같은 난에 등록된 것은 순위번호에 따르고, 다른 난에 등록된 것은 접수번호에 따른다.
제5조【등록 신청의 접수 시기 및 등록의 효력발생 시기】 ① 등록 신청은 등록번호, 신청인의 성명 등 신청서의 기재내용이 특허청 전산정보처리조직에 저장된 때에 접수된 것으로 본다.
② 등록 신청이 수리(受理)된 경우 그 등록은 접수된 때부터 효력을 발생한다.
제6조【예고등록】 ① 특허권과 그 밖에 특허에 관한 권리의 예고등록은 다음 각 호의 경우에 한다.
1. (2017.11.28 삭제)
2. 「특허법」 제106조제1항 및 제106조의2제1항에 따른 특허권의 수용·실시의 신청이 있는 경우
3. 「특허법」 제107조제1항에 따른 통상실시권 설정의 재정신청, 같은 법 제114조제1항에 따른 재정의 취소신청이 있는 경우
3의2. 「특허법」 제132조의2제1항에 따른 특허취소신청이 있는 경우(2016.9.13 본호신설)
4. 「특허법」 제132조의17(특허권의 존속기간의 연장등록거절결정에 대한 심판만 해당한다), 제133조제1항, 제134조제1항·제2항, 제135조제1항·제2항, 제136조제1항, 제137조제1항 및 제138조제1항·제3항에 따른 심판의 청구가 있는 경우(2016.9.13 본호개정)
5. 「특허법」 제178조제1항에 따른 재심의 청구가 있는 경우
6. 「특허법」 제186조제1항에 따라 특허법원에 소가 제기된 경우
7. 「특허법」 제186조제8항에 따라 대법원에 상고가 제기된 경우
② 실용신안권과 그 밖의 실용신안에 관한 권리의 예고등록은 다음 각 호의 경우에 한다.
1. (2017.11.28 삭제)
2. 「실용신안법」 제28조에 따라 준용되는 「특허법」 제106조제1항에 따른 실용신안권의 수용·실시의 신청이 있는 경우
3. 「실용신안법」 제28조에 따라 준용되는 「특허법」 제107조제1항에 따른 통상실시권 설정의 재정청구, 같은 법 제114조제1항에 따른 재정의 취소신청이 있는 경우
3의2. 「실용신안법」 제30조의2제1항에 따른 실용신안등록취소신청이 있는 경우(2016.9.13 본호신설)
4. 「실용신안법」 제31조제1항, 제31조의2제1항, 제32조제1항·제3항 및 제33조에 따라 준용되는 「특허법」 제132조의17(실용신안권의 존속기간의 연장등록거절결정에 대한 심판만 해당한다) 및 제135조부터 제137조까지의 규정에 따른 심판의 청구가 있는 경우(2016.9.13 본호개정)
5. 「실용신안법」 제33조에 따라 준용되는 「특허법」 제178조제1항에 따른 재심의 청구가 있는 경우
6. 「실용신안법」 제33조에 따라 준용되는 「특허법」 제186조제1항에 따라 특허법원에 소가 제기된 경우
7. 「실용신안법」 제33조에 따라 준용되는 「특허법」 제186조제8항에 따라 대법원에 상고가 제기된 경우

③ 디자인권과 그 밖의 디자인에 관한 권리의 예고등록은 다음 각 호의 경우에 한다.
1. (2017.11.28 삭제)
2. 「디자인보호법」 제68조제1항에 따른 디자인일부심사등록 이의신청
3. 「디자인보호법」 제120조(디자인등록취소결정에 대한 심판만 해당한다), 제121조제1항, 제122조 및 제123조제1항·제2항에 따른 심판의 청구가 있는 경우
4. 「디자인보호법」 제158조제1항에 따른 재심의 청구가 있는 경우
5. 「디자인보호법」 제166조제1항에 따라 특허법원에 소가 제기된 경우
6. 「디자인보호법」 제166조제8항에 따라 대법원에 상고가 제기된 경우
(2014.1.7 2호~6호개정)
④ 상표권과 그 밖의 상표에 관한 권리의 예고등록은 다음 각 호의 경우에 한다.
1. (2017.11.28 삭제)
2. 「상표법」 제117조제1항, 제118조제1항, 제119조제1항, 제120조제1항, 제121조 및 제214조제1항에 따른 심판의 청구가 있는 경우(2016.9.13 본호개정)
3. 「상표법」 제157조제1항에 따른 재심의 청구가 있는 경우(2016.9.13 본호개정)
4. 「상표법」 제162조제1항에 따라 특허법원에 소가 제기된 경우(2016.9.13 본호개정)
5. 「상표법」 제162조제7항에 따라 대법원에 소가 제기된 경우(2016.9.13 본호개정)

제7조【부기등록】 ① 다음 각 호의 사항의 등록은 부기(附記)로 한다.
1. 등록 명의인의 표시 변경 또는 경정(更正)
2. 특허권등에 관한 권리와 제8조에 따라 가등록된 권리(이하 "가등록된 권리"라 한다)의 이전(2018.12.31 본호개정)
3. 특허권등에 관한 권리와 가등록된 권리를 목적으로 하는 권리의 등록(2018.12.31 본호신설)
4. 특허권등에 관한 권리와 가등록된 권리에 대한 처분제한(2018.12.31 본호신설)
5. 일부가 말소된 등록의 회복
② 다음 각 호의 사항의 등록은 등록에 이해관계가 있는 제3자가 없는 경우 또는 등록신청서에 등록에 이해관계가 있는 제3자의 승낙서나 그에 대항할 수 있는 재판의 등본을 첨부한 경우에만 부기로 한다.
1. 특허권등에 관한 권리와 가등록된 권리의 등록사항 변경(2018.12.31 본호개정)
2. 등록의 경정(등록 명의인의 표시 경정은 제외한다)
③ 부기등록의 순위는 주등록의 순위에 따르고, 부기등록 간의 순위는 그 등록된 순서에 따른다.

제8조【가등록】 ① 가등록은 다음 각 호의 경우에 한다.
1. 특허권등이나 특허권등에 관한 권리의 설정, 이전, 변경 또는 소멸에 관하여 청구권을 보전하려는 경우
2. 제1호의 청구권이 시기부(始期附)이거나 정지조건부(停止條件附)인 경우와 그 밖에 장래에 확정될 것인 경우
② 가등록을 한 사항에 대하여 본등록을 한 경우에 그 본등록의 순위는 가등록의 순위에 따른다.

제2장 등록원부

제9조【등록원부의 종류】 ① 등록원부는 특허원부, 실용신안등록원부, 디자인등록원부 및 상표원부로 구분한다.
② 특허원부는 특허등록원부 및 특허신탁원부로 한다.
③ 실용신안등록원부는 실용신안등록원부 및 실용신안신탁원부로 한다.
④ 디자인등록원부는 디자인등록원부 및 디자인신탁원부로 하고, 등록을 받은 디자인의 도면은 디자인등록원부의 일부로 본다.
⑤ 상표원부는 상표등록원부 및 상표신탁원부로 하고, 등록을 받은 상표를 표시하는 서류는 상표원부의 일부로 본다.

제10조【등록원부의 작성 등】 등록원부는 전산정보처리조직으로 작성하고 자기디스크 등의 전자적 정보저장매체로 보존하되, 그 서식, 기록방법, 작성방법 및 부속정보의 종류는 산업통상자원부령으로 정한다.(2013.3.23 본조개정)

제11조【등록원부의 멸실】 특허청장은 등록원부의 전부 또는 일부가 멸실된 경우에는 3개월 이상의 기간을 정하여 그 기간에 등록의 회복을 신청한 자는 그 멸실된 등록원부에서의 종전 순위를 유지한다는 뜻을 고시하여야 한다.

제12조【특허권등의 소멸에 따른 등록원부 폐쇄】 ① 특허청장은 다음 각 호의 어느 하나에 해당하는 경우에는 해당 권리의 등록원부를 폐쇄하고 그 사실을 기록하여야 한다.
1. 특허권등의 소멸등록을 한 경우
2. 국제등록디자인권에 관한 국제등록이 소멸된 경우
3. 국제등록기초상표권에 관한 국제등록이 소멸된 경우
(2014.6.17 본항개정)
② 제1항에 따라 해당 등록원부에 폐쇄한 사실을 기록할 때에는 산업통상자원부령으로 정하는 바에 따라 등록원부에 그 취지를 기록하여야 한다.(2013.3.23 본항개정)

제3장 등록의 절차

제1절 통 칙

제13조【등록의 방법】 ① 등록은 법령에 따라 특허청장이 직권으로 하는 경우를 제외하고는 신청 또는 촉탁에 의해서만 한다.
② 촉탁에 의한 등록의 절차에 관하여는 법령에 특별한 규정이 있는 경우를 제외하고는 이 영 중 신청에 의한 등록에 관한 규정을 준용한다.

제14조【직권에 의한 등록】 ① 다음 각 호의 사항의 등록은 특허청장이 직권으로 하여야 한다.
1. 특허권등의 설정 및 소멸(포기에 따른 소멸은 제외한다)
2. 심판 또는 재심에 의한 명세서나 도면의 정정 또는 정정의 무효나 재심에 의한 정정의 회복
3. 특허권·실용신안권의 존속기간의 연장
4. 상표권의 상품분류전환에 관한 사항(2014.6.17 본호개정)
5. 혼동으로 인한 전용실시권·통상실시권·전용사용권·통상사용권 또는 질권의 소멸
6. 제3조에 따른 등록사항
7. 가등록에 따라 본등록을 하는 경우 가등록 이후에 된 등록으로서 가등록에 따라 보전되는 권리를 침해하는 등록의 말소(2018.12.31 본호신설)
② 제1항제2호, 제3조제1항제3호부터 제6호까지, 제3조제2항제3호부터 제6호까지, 제3조제3항제2호부터 제5호까지 및 제3조제4항제1호부터 제4호까지의 사항의 등록은 특허심판원장의 통지가 있는 경우에만 한다.
(2014.6.17 본항개정)
③ 제1항제6호에 따른 등록 중 다음 각 호의 어느 하나에 해당하는 사항의 등록은 다음 각 호의 구분에 따른 통지가 있는 경우에만 한다.
1. 국제디자인등록부에 등재된 사항 : 헤이그협정 제1조(xxviii)에 따른 국제사무국의 통지
2. 국제상표등록부에 등록된 사항 : 마드리드 의정서 제2조(1)에 따른 국제사무국의 통지
(2014.6.17 본항개정)

제15조【등록 신청인】 ① 등록은 법령에 특별한 규정이 있는 경우를 제외하고는 등록권리자와 등록의무자가 공동으로 신청하여야 한다.
② 제1항에도 불구하고 다음 각 호의 어느 하나에 해당하는 경우에는 등록권리자가 단독으로 신청할 수 있다.
1. 신청서에 등록의무자의 승낙서가 첨부된 경우
2. 제22조제1항제1호에 따른 서류에 등록의무자의 등록 승낙 의사표시가 적힌 경우
(2016.9.13 본항개정)
③ 판결에 의한 등록은 승소한 등록권리자 또는 등록의무자만으로 신청할 수 있다.
④ 상속, 법인의 합병이나 그 밖의 일반승계에 따른 등록은 등록권리자만으로 신청할 수 있다.
⑤ 등록 명의인의 표시 변경 또는 경정 등록은 등록 명의인만으로 신청할 수 있다.
⑥ 제1항에도 불구하고 상표권의 이전등록은 신청서에 다음 각 호의 어느 하나에 해당하는 서류로서 산업통상자원부령으로 정하는 서류가 첨부된 경우 등록권리자나 등록의무자가 단독으로 신청할 수 있다.
1. 「상표법 조약」 제11조(1)(b)에 따른 서류
2. 「상표법에 관한 싱가포르 조약」 제11조(1)(b)에 따른 서류
(2016.9.13 본항개정)
⑦ 상표사용권의 등록, 변경 및 말소 신청은 「상표법에 관한 싱가포르 조약」 제17조(1) 또는 제18조(1)에 규정된 서류로서 산업통상자원부령으로 정하는 서류를 첨부하였을 때에는 등록권리자나 등록의무자만으로 신청할 수 있다.(2013.3.23 본항개정)
⑧ 제1항에도 불구하고 「상표법」 제94조에 따른 상표권의 분할에 의한 등록은 상표권자인 등록명의인이 단독으로 신청할 수 있다.(2016.9.13 본항개정)
⑨ 가등록은 신청서에 가처분명령의 정본(正本)이나 등록의무자의 승낙서를 첨부한 경우에는 가등록 권리자만으로 신청할 수 있다.
⑩ 제1항에도 불구하고 제40조제1항제3호의2 및 같은 조 제3항에 따라 등록된 질권의 실행에 따른 권리의 이전등록은 등록권리자가 다음 각 호의 요건을 모두 갖춘 경우 단독으로 신청할 수 있다.
1. 등록의무자에게 채무불이행 사실 및 질권을 실행할 것임을 통지하였을 것
2. 등록의무자의 채무불이행 사실 및 제1호에 따른 통지 이행 사실을 증명할 것
(2016.9.13 본항신설)

제16조【관련디자인권 등이 있는 디자인권의 등록 신청】 디자인권에 관하여 다음 각 호의 사항을 등록 신청하는 경우로서 그 디자인권에 「디자인보호법」 제35조제1항에 따른 관련디자인권이 있을 때에는 그 관련디자인권에 대해서도 같은 사항의 등록을 함께 신청하여야 한다.
(2017.11.28 본문개정)
1. 이전
2. 등록 명의인의 표시 변경 또는 경정
3. 전용실시권 설정(2017.11.28 본호신설)
(2014.6.17 본조제목개정)

제17조【처분의 제한 등에 대한 등록의 촉탁】 ① 법원은 특허권등이나 특허권등에 관한 권리에 관하여 처분을 제한하거나 그 제한을 해제한 경우에는 촉탁서에 재판의 등본을 첨부하여 처분의 제한에 관한 등록 또는 그 등록의 말소를 특허청장에게 촉탁하여야 한다.
② 제1항의 경우에 필요하면 법원은 등록 명의인의 표시변경이나 경정 또는 상속이나 그 밖의 일반승계에 의한 권리의 이전등록을 특허청장에게 촉탁하여야 한다.

제18조【멸실된 등록원부의 회복의 등록 신청 등】 ① 제11조에 따른 회복의 등록은 등록권리자만으로 신청할 수 있다.
② 특허청장은 제1항의 신청을 받은 경우에는 등록증, 공보, 그 밖의 관계 서류를 조사·확인하여 등록원부를 작성하여야 한다.
③ 특허청장은 제2항에 따라 등록원부를 작성한 경우에는 그 등본을 특허권등의 권리자 및 특허권등에 관한 권리를 가진 자에게 각각 송부하여야 한다.

제19조【예고등록의 촉탁 및 방법】 ① (2017.11.28 삭제)
② 특허청장은 제6조제1항제2호부터 제7호까지의 규정에 따른 신청, 청구, 소의 제기 또는 상고가 있는 경우에는 직권으로 그 예고등록을 하여야 한다. 다만, 같은 항 제4호부터 제7호까지의 규정에 따른 청구, 소의 제기 또는 상고에 대한 예고등록은 특허심판원장의 통지가 있는 경우에만 한다.
③ 특허청장은 제6조제2항제2호부터 제7호까지의 규정에 따른 신청, 청구, 소의 제기 또는 상고가 있는 경우에는 직권으로 그 예고등록을 하여야 한다. 다만, 같은 항 제4호부터 제7호까지의 규정에 따른 청구, 소의 제기 또는 상고에 대한 예고등록은 특허심판원장의 통지가 있는 경우에만 한다.
④ 특허청장은 제6조제3항제2호부터 제6호까지의 규정에 따른 신청, 청구, 소의 제기 또는 상고가 있는 경우에는 직권으로 그 예고등록을 하여야 한다. 다만, 같은 항 제3호부터 제6호까지의 규정에 따른 청구, 소의 제기 또는 상고에 대한 예고등록은 특허심판원장의 통지가 있는 경우에만 한다.
⑤ 특허청장은 제6조제4항제2호부터 제5호까지의 규정에 따른 청구, 소의 제기 또는 상고가 있고 그에 대한 특허심판원장의 통지가 있는 경우에는 직권으로 그 예고등록을 한다.

제20조【신청서】 ① 이 영에 따른 등록을 하려는 자(이하 "신청인"이라 한다)는 1건마다 산업통상자원부령으로 정하는 신청서를 특허청장에게 제출하여야 한다.
(2013.3.23 본항개정)
② 신청인은 제1항에 따른 신청서에 다음 각 호의 사항을 적고 기명(記名)한 후 서명하거나 날인하여야 한다. 다만, 산업통상자원부령으로 정하는 경우에는 서명과 날인을 모두 생략할 수 있다.(2013.3.23 단서개정)
1. 등록번호(국제등록디자인권 또는 국제등록기초상표권인 경우에는 국제등록번호)(2014.6.17 본호개정)
2. 등록의 목적이 특허권등에 관한 권리와 가등록된 권리에 관한 것인 경우에는 그 권리의 표시(2018.12.31 본호개정)
3. 신청인의 성명(법인인 경우에는 그 명칭) 및 주소(법인인 경우에는 본점 또는 영업소 소재지)(2016.9.13 본호개정)
3의2. 특허고객번호[「특허법」 제28조의2(「실용신안법」 제3조에 따라 준용되는 경우를 포함한다), 「디자인보호법」 제29조 및 「상표법」 제29조에 따른 고유번호를 말하며, 권리전부이전등록신청 또는 권리전부말소등록신청의 등록의무자는 특허고객번호가 있는 경우만 해당한다. 이하 같다](2016.9.13 본호신설)
4. 신청인의 대리인이 있는 경우에는 그 대리인의 성명[대리인이 특허법인·특허법인(유한)인 경우에는 그 명칭] 및 대리인번호(대리인번호가 없는 경우에는 대리인의 주소 또는 법인의 영업소 소재지)(2016.9.13 본호개정)
5. 등록의 원인(2016.9.13 본호개정)
6. 그 밖에 다른 규정에 따라 적어야 할 사항
③ 신청인이 상표권과 그 밖의 상표에 관한 권리의 등록을 할 경우에는 제2항 각 호의 사항 외에 다음 각 호의 사항을 적어야 한다.
1. 상품류 구분
2. 지정상품(「상표법」 제93조제1항에 따라 지정상품을 분할하여 이전할 경우에는 그 지정상품과 유사한 지정상품, 「상표법」 제101조에 따라 지정상품의 일부를 포기하는 경우에는 그 포기할 지정상품)(2016.9.13 본호개정)
3. 등록권리자가 외국인인 경우에는 그 국적

제21조【병합신청】 둘 이상의 특허권등이나 특허권등에 관한 권리의 등록은 등록의 원인 및 신청 구분이 같은 경우에만 같은 신청서로 신청할 수 있다.

제22조【신청에 필요한 첨부서류】 ① 제20조제1항에 따른 신청서에는 다음 각 호의 서류를 첨부하여야 한다.
1. 등록의 원인을 증명하는 서류(신청 대상 권리가 상표권인 경우에는 공증을 받은 상표사용권에 관한 계약서

발췌본 또는 공증은 받지 아니하였으나 「상표법에 관한 싱가포르 조약」에 따른 국제표준서식의 내용과 일치하고 권리자 및 사용권자 모두가 서명한 상표사용권에 관한 진술서 제출로 갈음할 수 있다)
2. 등록의 원인에 대하여 제3자의 허가·인가·동의 또는 승낙이 필요한 경우에는 그 허가·인가·동의 또는 승낙을 받았음을 증명하는 서류
2의2. 등록상 이해관계가 있는 제3자의 승낙이 필요한 경우에는 그 제3자의 승낙서 또는 그 제3자에게 대항할 수 있는 판결문 등본(2017.11.28 본호신설)
3. 등록의 원인이 상속이거나 일반승계인 경우 신청인이 등록권리자 또는 등록의무자의 상속인이나 일반승계인일 때에는 그 사실을 증명할 수 있는 서류
4. 대리인이 등록을 신청하는 경우에는 그 대리권을 증명하는 서류
5. 신청인(등록권리자, 등록의무자, 제2호에 따른 제3자, 제2호의2에 따른 등록상 이해관계가 있는 제3자 및 제3호에 따른 상속인이나 일반승계인을 포함한다. 이하 이 조에서 같다)이 외국인인 경우에는 국적을 증명할 수 있는 서류(「출입국관리법」 제31조에 따른 외국인등록을 하지 아니한 경우만 해당한다)(2017.11.28 본호개정)
6. 신청인이 외국법인인 경우에는 외국법인임을 증명하는 서류(2016.9.13 본호개정)
7. 다음 각 목의 어느 하나에 해당하는 경우에는 각 목의 구분에 따른 신청인의 인감증명서나 「본인서명사실 확인 등에 관한 법률」 제2조제3호에 따른 본인서명사실확인서 또는 같은 법 제7조제7항에 따른 전자본인서명확인서 발급증(외국인인 경우에는 이에 준하는 증명서 또는 확인서를 말한다)
가. 특허권등에 관한 권리의 설정등록, 특허권등이나 특허권등에 관한 권리의 이전등록 또는 말소등록을 신청하는 경우 : 등록의무자
나. 협의분할에 의한 상속을 원인으로 한 등록을 신청하는 경우 : 상속인 전원
다. 법인 분할을 원인으로 한 등록을 신청하는 경우 : 등록의무자와 등록권리자
라. 특허권등 또는 특허권등에 관한 권리의 지분을 설정하여 등록을 신청하거나 등록된 특허권등 또는 특허권등에 관한 권리의 공유지분확인등록을 신청하는 경우 : 등록권리자 전원
마. 특허권등 또는 특허권등에 관한 권리의 등록사항의 변경을 신청하는 경우 : 변경으로 인하여 불이익이 발생하는 신청인
바. 신청서에 제3자의 동의 또는 승낙을 받았음을 증명하는 서류를 첨부하는 경우 : 제3자
(2017.11.28 본호개정)
8. 그 밖에 다른 규정에 따라 첨부할 서류
② 제1항제1호의 서류가 집행력 있는 판결인 경우에는 같은 항 제2호의 서류를 첨부하지 아니한다.
③ 제1항제2호의 서류가 필요한 경우에는 그 제3자로 하여금 신청서에 기명하고 서명 또는 날인하게 함으로써 그 서류의 첨부를 갈음할 수 있다.
④ 제1항제5호부터 제7호까지의 서류는 신청일부터 6개월 이내에 발급된 것이어야 한다.(2013.7.22 본항개정)
⑤ 제15조제10항에 따라 등록권리자가 단독으로 신청하는 경우에는 등록의무자의 제1항제5호부터 제7호까지의 서류를 첨부하지 아니한다.(2016.9.13 본항신설)
⑥ 제1항제7호의 서류는 다음 각 호의 어느 하나에 해당하는 경우에는 제출을 생략할 수 있다.
1. 둘 이상의 청구항, 디자인 또는 지정상품 중 일부를 말소하려는 경우(이해관계가 있는 제3자가 없는 경우만 해당한다)
2. 「특허법」 제87조제2항에 따라 특허권의 설정등록을 위하여 동일한 신청인이 특허권의 등록 신청과 동시에 실용신안권의 포기를 원인으로 한 말소등록을 신청하는 경우
3. 등록의무자와 등록권리자(법인은 제외한다)가 등록관청에 함께 방문하여 등록을 신청하는 경우로서 신분증(주민등록증 등 공공기관이 발행한 본인 및 주소확인이 가능한 신분증을 말한다) 사본에 기명날인 또는 서명하여 제출하는 경우
4. 출원 중 설정한 지분이 특허권등의 설정등록을 위한 납부서 제출 시까지 변경되지 아니한 경우
(2017.11.28 본항신설)
⑦ 제20조제1항에 따라 신청서를 받은 특허청장은 「전자정부법」 제36조제1항에 따른 행정정보의 공동이용을 통하여 다음 각 호의 서류를 확인하여야 한다. 다만, 신청인이 제2호 또는 제4호의 서류의 확인에 동의하지 아니하는 경우에는 그 사본(신청일 전 6개월 이내에 발급받은 것에 한정한다)을 첨부하여야 한다.(2018.12.31 단서개정)
1. 법인 등기사항증명서(법인인 경우만 해당한다)
(2016.9.13 본호개정)
2. 신청인의 주민등록표 초본(2018.12.31 본호개정)
3. (2018.12.31 삭제)
4. 외국인등록 사실증명(외국인인 경우만 해당한다)
(2016.9.13 본호개정)

제23조 【첨부서류 등의 생략】 ① 둘 이상의 신청서로 동시에 등록을 신청하는 경우에 각 신청서에 첨부할 서류의 내용이 같을 때에는 하나의 신청서에 그 서류를 첨부하고 다른 신청서에는 그 뜻을 적어 그 서류를 첨부하지 아니할 수 있다.
② 신청서에 첨부할 서류를 이미 다른 사건과 관련하여 특허청장에게 제출한 자는 그 사항이 변경되지 아니한 경우에는 신청서에 그 뜻을 적어 그 서류를 첨부하지 아니할 수 있다.

제24조 【채권자의 대위】 채권자가 「민법」 제404조에 따라 채무자를 대위(代位)하여 등록을 신청하는 경우에는 신청서에 다음 각 호의 사항을 적고 그 대위의 원인을 증명하는 서류를 첨부하여야 한다.
1. 채권자와 채무자의 성명 및 주소(법인인 경우에는 그 명칭 및 주된 영업소의 소재지를 말한다)
2. 대위의 원인

제25조 【권리의 소멸에 관한 사항의 기록】 등록의 원인에 등록의 목적인 권리의 소멸에 관한 사항을 정하고 있는 경우에는 신청서에 그 사항을 적을 수 있다.

제26조 【지분 등의 기록】 ① 등록권리자가 둘 이상인 경우 등록의 원인에 지분에 관한 사항을 정하고 있을 때에는 신청서에 그 지분을 적을 수 있다. 특허권등이나 특허권등에 관한 권리의 일부 이전의 등록을 신청하는 경우에도 또한 같다.
② 등록권리자가 둘 이상인 경우에 다음 각 호의 어느 하나에 따른 약정이 있을 때에는 신청서에 그 약정을 적을 수 있다.
1. 「특허법」 제99조제3항(같은 법 제100조제5항 및 제102조제7항에서 준용하는 경우를 포함한다)에 따른 약정
2. 「특허법」 제99조제3항, 제100조제5항 및 제102조제7항을 준용하는 「실용신안법」 제28조에 따른 약정
3. 「디자인보호법」 제96조제3항(같은 법 제97조제5항에서 준용하는 경우를 포함한다)에 따른 약정(2014.1.7 본호개정)
4. 「민법」 제268조제1항 단서에 따른 약정

제27조 【말소한 등록의 회복】 말소한 등록의 회복을 신청하는 경우에는 등록에 대한 이해관계가 있는 제3자가 있을 때에는 신청서에 그 승낙서나 그에 대항할 수 있는 재판의 등본을 첨부하여야 한다.

제28조 【등록의 순서】 ① 신청에 의한 등록은 접수번호 순에 따른다.
② 직권에 의한 등록은 등록의 원인이 생긴 순서에 따른다.
③ 제2항에도 불구하고 특허권등(국제등록디자인권 및 국제등록기초상표권은 제외한다)의 설정등록, 지정상품의 추가등록, 상표권의 존속기간갱신등록신청은 등록료를 납부(등록료 일부를 납부하지 아니한 경우를 포함한다)한 납부서가 접수된 순서에 따른다. 다만, 특허청장이 부여한 납부자번호(이하 "지정납부자번호"라 한다)로 등록료를 납부하는 경우에는 등록료의 수납 정보가 특허청 전산정보처리조직의 파일에 기록되는 순서에 따라 등록하여야 한다.(2014.6.17 본문개정)

제29조 【신청 등의 반려 및 보정】 ① 특허청장은 다음 각 호의 어느 하나에 해당하는 경우에는 등록 신청이나 촉탁을 반려하여야 한다. 다만, 그 신청의 흠이 보정(補正)될 수 있는 것으로서 보정요구서를 발송한 날부터 1개월 이내(신청인이 외국인인 경우에는 2개월 이내)에 그 흠결의 전부를 보정하였을 때에는 그러하지 아니하다.
(2018.12.31 단서개정)
1. 등록을 신청한 사항이 등록할 수 있는 것이 아닌 경우
2. 신청할 권한이 없는 자가 신청한 경우
3. 신청서가 방식에 맞지 아니한 경우
4. 신청서에 적힌 권리의 표시가 등록원부와 맞지 아니한 경우
5. 신청서에 적힌 등록의무자의 표시가 등록원부와 맞지 아니한 경우. 다만, 신청인이 등록권리자 또는 등록의무자의 상속인이나 그 밖의 일반승계인인 경우는 제외한다.
6. 신청서에 적힌 사항이 등록의 원인을 증명하는 서류와 맞지 아니한 경우
7. 신청서에 필요한 서류를 첨부하지 아니한 경우
8. 등록에 대한 등록면허세, 인지세, 등록료 또는 등록수수료를 납부하지 아니한 경우
② 특허청장은 다음 각 호의 어느 하나에 해당하여 등록 신청이나 촉탁을 반려하려는 경우에는 신청인에게 그 이유를 알리고 1개월 이내의 소명기간(疎明期間)을 주어 소명할 수 있는 기회를 주어야 한다.
1. 신청기한을 넘긴 경우
2. 등록료를 전혀 납부하지 아니한 경우
3.~5. (2013.7.22 삭제)
6. 등록의 원인을 증명하는 서류를 전혀 제출하지 아니한 경우
7. 그 밖에 법령상 보정할 수 없는 것이 명백한 경우
③ 제1항과 제2항에 따른 보정요구 및 통지는 서면으로 하되, 필요한 경우에는 팩스·전화 및 전자우편 등의 방법으로 할 수 있다.(2018.12.31 본항개정)
④ 제1항에 따른 보정기간은 연장할 수 없으며, 보정기간 중에는 다시 보정할 수 있다. 다만, 상표권의 존속기간갱신등록신청에 관하여는 「상표법」 제39조에 따른다.
(2016.9.13 단서개정)

제29조의2 【직권에 의한 보정】 ① 특허청장은 등록 신청이 제29조제1항 각 호의 어느 하나에 해당하지 아니하는 경우로서 그 신청서에 명백히 잘못 기재된 내용이 있는 경우에는 직권으로 보정(이하 "직권보정"이라 한다)할 수 있다.
② 특허청장은 제1항에 따라 직권보정을 한 경우에는 그 직권보정 사항이 기재된 보정안내서를 신청인에게 보내야 한다.
③ 신청인은 직권보정 사항의 전부 또는 일부를 받아들일 수 없는 경우에는 제2항에 따른 통지를 받은 날부터 5일 이내에 산업통상자원부령으로 정하는 소명서를 특허청장에게 제출하여야 한다.
④ 신청인이 제3항에 따라 소명서를 제출한 경우 해당 직권보정 사항의 전부 또는 일부는 처음부터 없었던 것으로 본다.
(2014.6.17 본조신설)

제30조 【등록 신청의 반려신청】 ① 등록 신청의 반려신청은 등록이 되기 전까지 할 수 있다.(2015.1.6 단서삭제)
② 등록 신청에 대하여 제29조제1항 또는 제2항에 따라 보정기회 또는 소명기회를 부여받은 자가 해당 등록 신청의 흠을 치유하여 해당 등록 신청과 목적이 같은 등록 신청을 다시 한 경우에는 해당 등록 신청에 대한 반려신청을 한 것으로 본다.(2013.7.22 본항신설)

제31조 【착오 또는 누락의 통지】 ① 특허청장은 등록을 마친 후 그 등록에 착오 또는 누락이 있음을 발견하였을 때에는 지체 없이 그 뜻을 등록권리자와 등록의무자 등 관계인에게 문서로 알려야 한다.
② 특허청장은 등록이 제24조에 따른 채권자의 신청에 의한 것일 때에는 그 채권자에게도 제1항에 따른 통지를 하여야 한다.
③ 등록권리자, 등록의무자 또는 채권자가 둘 이상일 때에는 제1항과 제2항에 따른 통지를 각각 그 중 어느 한쪽에만 할 수 있다.

제32조 【직권에 의한 경정】 ① 특허청장은 등록을 마친 후 그 등록에 착오 또는 누락이 있음을 발견한 경우에 그 착오 또는 누락이 특허청 또는 특허심판원 직원의 과실로 인한 것일 때에는 등록에 이해관계가 있는 제3자가 있는 경우를 제외하고는 지체 없이 그 등록을 경정하고 그 뜻을 등록권리자와 등록의무자에게 문서로 알려야 한다.
② 제1항의 경우에는 제31조제2항 및 제3항을 준용한다.

제33조 【통지에 의한 경정】 특허청장은 제3조제3항제6호 또는 같은 조 제4항제5호에 따른 등록사항을 등록한 이후 다음 각 호의 구분에 따른 통지를 받은 경우에는 해당 등록사항을 경정하여야 한다.
1. 국제등록디자인권 : 헤이그협정 제16조(1)에 따른 국제디자인등록부의 경정사항에 대한 국제사무국의 통지
2. 국제등록기초상표권 : 마드리드 의정서 공통규칙 제28조(2)에 따른 국제상표등록부의 경정사항에 대한 국제사무국의 통지
(2014.6.17 본조개정)

제34조 【직권에 의한 주소 변경 등】 ① 특허청장은 행정구역 또는 그 명칭이 변경된 경우나, 등록원부상의 주소가 신청서에 적힌 신청인의 주소로 변경된 사실을 첨부서류나 「전자정부법」 제36조제1항에 따른 행정정보의 공동이용을 통하여 확인할 수 있는 경우에는 직권으로 등록원부 또는 특허고객번호의 주소를 변경할 수 있다.
(2016.9.13 본항개정)
② 특허청장은 외국인의 등록원부상의 성명과 주소가 신청서에 적힌 성명·주소와 다른 경우에도 상호 동일인으로 인정될 때에는 등록원부상의 성명 및 주소를 신청서에 적힌 내용으로 경정할 수 있다.

제35조 【공장재단 등의 등록 변경 등】 「공장 및 광업재단 저당법」 제10조제1항에 따른 공장재단 또는 이에 준하는 것에 속한다는 뜻이 등록되어 있는 특허권등이나 특허권등에 관한 권리가 변경되거나 소멸된 경우에는 특허청장은 지체 없이 그 뜻을 관할 등기소에 문서로 알려야 한다.

제36조 【고유식별정보의 처리】 특허청장은 다음 각 호의 어느 하나에 해당하는 사무를 수행하기 위하여 불가피한 경우 「개인정보 보호법 시행령」 제19조제1호에 따른 주민등록번호 또는 같은 조 제4호에 따른 외국인등록번호가 포함된 자료를 처리할 수 있다.
1. 제20조에 따른 신청서의 확인
2. 제22조에 따른 첨부서류의 확인
3. 그 밖에 법령에 따른 신청, 제출 및 등록료·수수료의 납부

제2절 실시권 또는 사용권 등에 관한 절차

제37조 【통상실시권 또는 통상사용권 설정 등의 등록 신청】 ① 특허권·실용신안권·디자인권에 대한 통상실시권(이하 "통상실시권"이라 한다) 또는 상표권에 대한 통상사용권(이하 "통상사용권"이라 한다)의 설정등록을 신청하는 경우에는 신청서에 다음 각 호의 사항을 적어야 한다.
1. 설정할 통상실시권 또는 통상사용권의 범위
2. 등록의 원인에 대가 또는 대가의 지급방법이나 지급시기에 관한 사항을 정하고 있는 경우에는 그 사항(신청 대상 권리가 상표권인 경우에는 제외할 수 있다)
② 통상실시권이나 통상사용권의 보존 또는 이전등록을 신청하는 경우에는 그 신청서에 보존하거나 이전할 통상실시권 또는 통상사용권의 범위를 적어야 한다.

③ 특허발명, 실용신안고안 또는 등록디자인의 실시사업과 함께 통상실시권을 이전하는 경우에는 신청서에 그 사실을 증명하는 서류를 첨부하여야 한다.

제38조【전용실시권 또는 전용사용권 설정 등의 등록 신청】 ① 특허권·실용신안권·디자인권에 대한 전용실시권(이하 "전용실시권"이라 한다) 또는 상표권에 대한 전용사용권(이하 "전용사용권"이라 한다)의 설정등록을 신청하는 경우에는 신청서에 다음 각 호의 사항을 적어야 한다.

1. 설정할 전용실시권 또는 전용사용권의 범위
2. 등록의 원인에 대가 또는 대가의 지급방법이나 지급시기에 관한 사항을 정하고 있는 경우에는 그 사항(신청 대상 권리가 상표권인 경우에는 제외할 수 있다)

② 전용실시권이나 전용사용권의 이전등록을 신청하는 경우에는 그 신청서에 이전할 전용실시권 또는 전용사용권의 범위를 적어야 한다.

③ 특허발명, 실용신안고안 또는 등록디자인의 실시사업과 함께 전용실시권을 이전하는 경우에는 신청서에 그 사실을 증명하는 서류를 첨부하여야 한다.

제39조【심판에 의하여 통상실시권이 허락된 특허권 등의 등록 신청】 특허권, 실용신안권 또는 디자인권에 대하여 다음 각 호의 어느 하나에 해당하는 등록을 신청하려는 경우 그 특허권, 실용신안권 또는 디자인권에 「특허법」 제138조제1항·제3항, 「실용신안법」 제32조제1항·제3항 또는 「디자인보호법」 제123조제1항·제2항에 따른 통상실시권의 허락이 있을 때에는 그 통상실시권에 대해서도 동시에 같은 사항의 등록을 신청하여야 한다.

1. 이전
2. 등록명의인의 표시 변경 또는 경정

(2016.9.13 본조개정)

제3절 질권에 관한 절차

제40조【질권의 설정등록 및 변경등록 신청】 ① 질권의 설정등록 또는 변경등록을 신청하는 경우에는 신청서에 다음 각 호의 사항을 적어야 한다.(2016.9.13 본문개정)

1. 질권의 목적인 권리의 표시
2. 채권액
3. 등록의 원인에 존속기간·변제기·이자·위약금 또는 배상액에 관한 사항을 정하고 있는 경우, 「특허법」 제121조에 따른 계약이 있는 경우, 「실용신안법」 제28조에 따라 준용되는 「특허법」 제121조에 따른 계약이 있는 경우, 「디자인보호법」 제108조에 따른 계약이 있는 경우, 「민법」 제334조 단서에 따른 약정이 있는 경우 또는 그 채권에 조건을 붙인 경우에는 그 정하고 있는 사항이나 조건(2014.1.7 본호개정)

3의2. 「상법」 제59조에 따른 유질계약이 있는 경우 그 내용(2016.9.13 본호신설)

4. 채무자의 성명 및 주소(법인인 경우에는 그 명칭 및 주된 영업소의 소재지를 말한다)

② 일정한 금액을 목적으로 하지 아니하는 채권을 담보하기 위하여 질권의 설정등록 또는 변경등록을 신청하는 경우에는 신청서에 그 채권의 가액(價額)을 적어야 한다.(2016.9.13 본항개정)

③ 질권의 설정등록 또는 변경등록을 신청하려는 자가 제1항제3호의2의 사항을 적은 경우에는 등록의무자의 처분승낙서를 첨부하여야 한다.(2016.9.13 본항신설)

(2016.9.13 본조제목개정)

제41조【질권을 처분한 경우의 등록 신청】 질권을 양도하거나 포기한 경우의 등록 신청에 관하여는 제40조제1항을 준용한다.

제42조【채권의 일부 양도 등에 따른 이전의 등록 신청】 채권의 일부 양도 또는 대위변제에 따른 질권 이전의 등록을 신청하는 경우에는 신청서에 양도 또는 대위변제의 목적인 채권의 가액을 적어야 한다.

제4절 말소에 관한 절차

제43조【포기에 따른 등록 말소】 특허권등이나 특허권등에 관한 권리의 포기에 따른 등록의 말소는 등록 명의인만으로 신청할 수 있다.

제44조【사망 등에 따른 등록 말소】 등록권리자는 특허권등에 관한 권리와 가등록된 권리가 다음 각 호의 어느 하나에 해당하여 소멸한 경우에는 신청서에 해당 사실을 증명할 수 있는 서류를 첨부하여 단독으로 등록 말소를 신청할 수 있다.

1. 특허권등에 관한 권리와 가등록된 권리의 권리자인 사람이 사망한 경우(2018.12.31 본호신설)
2. 특허권등에 관한 권리와 가등록된 권리의 권리자인 법인이 해산한 경우(해산으로 특허권등에 관한 권리와 가등록된 권리가 소멸한다는 약정이 등록되어 있는 경우로 한정한다)(2018.12.31 본호신설)

(2018.12.31 본조개정)

제45조【등록의무자의 소재가 분명하지 아니한 경우의 등록 말소】 ① 등록권리자는 등록의무자의 소재가 분명하지 아니하여 등록 말소를 신청할 수 없는 경우에는 「민사소송법」에 따라 공시최고를 신청할 수 있다.

② 제1항에 따라 공시최고를 신청한 경우에 제권판결(除權判決)이 있을 때에는 신청서에 그 등본을 첨부하여 등록권리자만으로 등록 말소를 신청할 수 있다.

③ 제1항의 경우에 신청서에 채권증서 또는 원본의 영수증 및 등록된 채무의 변제증서를 첨부하였을 때에는 등록권리자만으로 질권에 관한 등록 말소를 신청할 수 있다.

제46조【가등록의 말소】 ① 가등록의 말소는 가등록 명의인만으로 신청할 수 있다.

② 신청서에 가등록 명의인의 승낙서 또는 재판의 등본을 첨부한 경우에는 등록에 이해관계가 있는 자만으로 가등록 말소를 신청할 수 있다.

제47조【예고등록의 말소】 ① (2017.11.28 삭제)

② 특허청장은 다음 각 호의 어느 하나에 해당하는 경우에는 예고등록을 말소하여야 한다.

1. 제6조제1항제2호·제3호·제3호의2, 제6조제2항제2호·제3호·제3호의2 및 제6조제3항제2호의 신청에 대한 결정이 있거나 신청의 취하가 있는 경우(2016.9.13 본호개정)
2. 제6조제1항제4호부터 제7호까지, 제6조제2항제4호부터 제7호까지, 제6조제3항제3호부터 제6호까지, 제6조제4항제2호부터 제5호까지의 규정에 따른 심판청구, 재심청구, 소의 제기 또는 상고가 다음 각 목의 어느 하나에 해당하는 경우
   가. 심판청구, 재심청구, 소의 제기 또는 상고를 각하한 심결 또는 판결이 확정된 경우
   나. 심판청구, 재심청구, 소의 제기 또는 상고가 이유 없다는 심결 또는 판결이 확정된 경우
   다. 심판청구, 재심청구, 소의 제기 또는 상고의 취하가 있는 경우
   라. 심판청구, 재심청구 또는 소의 상급심에 대한 예고등록이 있는 경우

③ 특허청장은 제2항의 경우 외에 등록의 원인이 무효나 취소라는 이유로 등록을 말소하거나 회복시킨 경우 또는 그 밖에 예고등록의 원인이 된 사실이 소멸한 경우에는 예고등록을 말소하여야 한다.(2017.11.28 본항개정)

제48조【이해관계가 있는 제3자가 있는 경우의 등록 말소】 등록 말소를 신청하는 경우에 등록에 이해관계가 있는 제3자가 있을 때에는 신청서에 그 승낙서 또는 그에 대항할 수 있는 재판의 등본을 첨부하여야 한다.

제5절 신탁에 관한 절차

제49조【신탁등록의 신청인】 특허권등이나 특허권등에 관한 권리의 신탁등록은 수탁자가 단독으로 신청한다.
(2012.8.14 본조개정)

제50조 (2012.8.14 삭제)

제51조【신탁등록의 등록사항】 ① 신탁등록을 신청하는 경우에는 신청서에 다음 각 호의 사항을 적은 서류를 첨부하여야 한다.

1. 위탁자, 수탁자 및 수익자의 성명과 주소(법인인 경우에는 그 명칭과 영업소의 소재지를 말한다)
2. 수익자를 지정하거나 변경할 수 있는 권한을 갖는 자를 정한 경우에는 그 자의 성명과 주소(법인인 경우에는 그 명칭과 영업소의 소재지를 말한다)
3. 수익자를 지정하거나 변경할 방법을 정한 경우에는 그 방법
4. 수익권의 발생 또는 소멸에 관한 조건이 있는 경우에는 그 조건
5. 신탁관리인이 선임된 경우에는 그 자의 성명과 주소(법인인 경우에는 그 명칭과 영업소의 소재지를 말한다)
6. 수익자가 없는 특정의 목적을 위한 신탁인 경우에는 그 뜻
7. 「신탁법」 제3조제5항에 따라 수탁자가 타인에게 신탁을 설정하는 경우에는 그 뜻
8. 「신탁법」 제59조제1항에 따른 유언대용신탁인 경우에는 그 뜻
9. 「신탁법」 제60조에 따른 수익자연속신탁인 경우에는 그 뜻
10. 「신탁법」 제78조에 따른 수익증권발행신탁인 경우에는 그 뜻
11. 「공익신탁법」에 따른 공익신탁인 경우에는 그 뜻(2015.3.17 본호개정)
12. 「신탁법」 제114조제1항에 따른 유한책임신탁인 경우에는 그 뜻
13. 신탁의 목적
14. 신탁재산의 관리, 처분, 운용, 개발, 그 밖에 신탁 목적의 달성을 위하여 필요한 방법
15. 신탁종료의 사유
16. 그 밖의 신탁 내용

(2012.8.14 본항개정)

② 특허청장은 등록원부에 제1항에 따른 신탁의 등록을 한 경우에는 직권으로 같은 항 각 호의 사항을 신탁원부에 등록하여야 한다.

③ 제1항제5호, 제10호 및 제11호의 경우에는 수익자의 성명과 주소(법인인 경우에는 그 명칭과 영업소의 소재지를 말한다. 이하 이 항에서 같다)를 적지 아니할 수 있으며, 같은 항 제6호의 경우에는 수익자의 성명과 주소를 적지 아니한다.(2012.8.14 본항신설)

(2012.8.14 본조제목개정)

제52조【대위신청 절차】 ① 수익자나 위탁자는 수탁자를 대위하여 신탁의 등록을 신청할 수 있다.

② 제1항에 따른 신청에 관하여는 제24조를 준용한다. 이 경우 신청서에 등록의 목적인 특허권등이나 특허권등에 관한 권리가 신탁재산임을 증명하는 서류를 첨부하여야 한다.

제53조【신탁등록의 동시 신청】 ① 신탁의 등록은 신탁에 의한 특허권등의 이전(특허 등을 받을 수 있는 권리를 수탁받은 자가 특허권등을 설정등록하는 경우를 포함한다) 또는 특허권등에 관한 권리의 설정이나 이전등록의 신청과 동시에 신청하여야 한다. 다만, 제52조제1항에 따라 수익자나 위탁자가 수탁자를 대위하여 신탁의 등록을 신청하거나 국제등록디자인권 또는 국제등록기초상표권에 대한 신탁의 등록을 신청하는 경우에는 그러하지 아니하다.(2018.12.31 본문개정)

② 「신탁법」 제27조에 따라 신탁재산에 속하는 특허권등이나 특허권등에 관한 권리 신탁의 등록을 신청하거나 같은 법 제43조에 따라 신탁재산의 회복을 청구하는 경우에는 제1항을 준용한다.

(2012.8.14 본조개정)

제54조【신탁등록의 말소 신청】 ① 신탁재산에 속하는 특허권등이나 특허권등에 관한 권리가 이전되어 신탁재산에 속하지 아니하게 된 경우 신탁등록 말소는 특허권등이나 특허권등에 관한 권리의 이전등록 신청과 같은 신청서로 신청하여야 한다. 다만, 국제등록디자인권 또는 국제등록기초상표권에 대한 신탁등록의 말소를 신청하는 경우에는 그러하지 아니하다.(2014.6.17 단서개정)

② 신탁이 종료됨에 따라 신탁재산에 속하는 특허권등이나 특허권등에 관한 권리가 이전된 경우에는 제1항을 준용한다.

제55조【수탁자의 변경에 따른 이전등록 신청절차】 수탁자가 변경된 경우에 특허권등이나 특허권등에 관한 권리의 이전등록을 신청하거나 국제등록디자인권의 디자인신탁원부 또는 국제등록기초상표권의 상표신탁원부상 수탁자의 변경등록을 신청하는 경우에는 신청서에 그 변경을 증명하는 서류를 첨부하여야 한다.(2014.6.17 본조개정)

제56조【수탁자의 임무 종료에 따른 이전등록 등의 신청절차】 ① 다음 각 호의 어느 하나의 경우에 해당하여 수탁자의 임무가 종료된 경우 신수탁자는 단독으로 신탁재산에 속하는 특허권등이나 특허권등에 관한 권리의 이전등록을 신청할 수 있다.

1. 「신탁법」 제12조제1항 각 호의 어느 하나에 해당하여 수탁자의 임무가 종료된 경우
2. 「신탁법」 제16조제1항에 따라 수탁자를 해임한 경우
3. 「신탁법」 제16조제3항에 따라 법원이 수탁자를 해임한 경우
4. 「공익신탁법」 제27조에 따라 법무부장관이 직권으로 공익신탁의 수탁자를 해임한 경우(2015.3.17 본호개정)

② 여럿인 수탁자 중 1인이 제1항 각 호의 어느 하나의 사유로 그 임무가 종료된 경우 다른 수탁자는 단독으로 권리변경등록을 신청할 수 있다. 이 경우 다른 수탁자가 여럿인 경우에는 그 전원이 공동으로 신청하여야 한다.

(2012.8.14 본조개정)

제57조【신탁원부 등록 촉탁】 법원이나 주무관청은 신탁관리인을 선임하거나 해임한 경우에는 신탁원부에 그 사실을 등록할 것을 특허청장에게 촉탁하여야 한다. 법원이나 주무관청이 수탁자를 해임한 경우에도 또한 같다.

제58조【신탁의 변경에 따른 등록 촉탁】 ① 법원은 신탁을 변경한 경우에는 신탁원부에 그 사실을 등록할 것을 특허청장에게 촉탁하여야 한다.

② 주무관청이 신탁의 내용을 변경한 경우에는 제1항을 준용한다.

(2012.8.14 본조개정)

제59조【신탁원부 직권등록】 특허청장은 제55조 또는 제56조에 따른 신청을 받은 후 등록원부에 특허권등이나 특허권등에 관한 권리의 이전등록을 할 때에는 직권으로 신탁원부에도 등록하여야 한다.

제60조【신탁사항 변경의 등록 신청】 ① 제55조부터 제58조까지의 경우 외에 제51조제1항 각 호의 사항이 변경되었음을 신탁원부에 등록할 때에는 그 변경을 증명하는 서류를 첨부한 경우에만 수탁자만으로 신청할 수 있다.

② 수익자나 위탁자는 수탁자에게 제1항에 따른 신청을 할 수 있다.

③ 제2항에 따른 신청에 관하여는 제24조를 준용한다.

제60조의2【신탁의 합병·분할 등에 따른 신탁등록의 신청】 ① 신탁의 합병 또는 분할로 인하여 하나의 신탁재산에 속하는 특허권등이나 특허권등에 관한 권리가 다른 신탁의 신탁재산에 귀속되는 경우 신탁등록의 말소등록 및 새로운 신탁등록의 신청은 신탁의 합병 또는 분할로 인한 권리변경등록의 신청과 동시에 하여야 한다.

② 「신탁법」 제34조제1항제3호 및 같은 조 제2항에 따라 여러 개의 신탁을 인수한 수탁자가 하나의 신탁재산에 속하는 특허권등이나 특허권등에 관한 권리를 다른 신탁의 신탁재산에 귀속시키는 경우 신탁등록의 말소등록 및 새로운 신탁등록의 신청은 다른 신탁의 신탁재산으로의 귀속으로 인한 권리변경등록의 신청과 동시에 하여야 한다.

(2012.8.14 본조신설)

제60조의3【수탁자가 신탁재산으로 타인에게 설정한 신탁의 등록신청인】 수탁자가 「신탁법」 제3조제5항에 따라 타인에게 신탁재산에 대하여 신탁을 설정하는 경우

해당 신탁재산에 속하는 특허권등이나 특허권등에 관한 권리에 관한 권리이전등록에 대해서는 새로운 신탁의 수탁자를 등록권리자로 하고 원래 신탁의 수탁자를 등록의무자로 한다.(2012.8.14 본조신설)

제60조의4【신탁재산에 관한 권리변경등록의 특례】 다음 각 호의 어느 하나에 해당하는 경우 수탁자는 단독으로 해당 신탁재산에 속하는 특허권등이나 특허권등에 관한 권리의 변경등록을 신청할 수 있다.

1.「신탁법」제3조제1항제3호에 따라 신탁을 설정하는 경우
2.「신탁법」제34조제2항 각 호의 어느 하나에 해당하여 다음 각 목의 어느 하나에 해당하는 행위를 하는 것이 허용된 경우
   가. 수탁자가 신탁재산에 속하는 특허권등이나 특허권등에 관한 권리를 고유재산에 귀속시키는 행위
   나. 수탁자가 고유재산에 속하는 특허권등이나 특허권등에 관한 권리를 신탁재산에 귀속시키는 행위
   다. 여러 개의 신탁을 인수한 수탁자가 하나의 신탁재산에 속하는 특허권등이나 특허권등에 관한 권리를 다른 신탁의 신탁재산에 귀속시키는 행위

(2012.8.14 본조신설)

제60조의5【담보권신탁에 관한 특례】 ① 위탁자가 자기 또는 제3자 소유의 특허권등이나 특허권등에 관한 권리에 채권자가 아닌 수탁자를 질권자로 하여 설정한 질권을 신탁재산으로 하고 채권자를 수익자로 지정한 신탁의 경우 그 질권에 의하여 담보되는 피담보채권이 여럿이고 각 피담보채권별로 제40조제1항 각 호에 따른 등록사항이 다를 때에는 제40조제1항 각 호에 따른 등록사항을 각 채권별로 구분하여 기록하여야 한다.
② 제1항에 따른 신탁의 신탁재산에 속하는 질권에 의하여 담보되는 피담보채권이 이전되는 경우 수탁자는 신탁원부 기록의 변경등록을 신청하여야 한다.
③ 제1항에 따른 신탁의 신탁재산에 속하는 질권의 이전등록을 하는 경우에는 제42조를 적용하지 아니한다.
(2012.8.14 본조신설)

제60조의6【신탁재산관리인이 선임된 신탁의 등록】「신탁법」제17조제1항 또는 제18조제1항에 따라 신탁재산관리인이 선임된 신탁에 관하여는 제49조, 제51조부터 제53조까지, 제57조, 제60조, 제60조의2부터 제60조의5까지 및 제61조를 적용한다. 이 경우 "수탁자"는 "신탁재산관리인"으로 본다.(2012.8.14 본조신설)

제61조【수탁자의 해임에 대한 부기】 특허청장은 제57조 후단에 따라 신탁원부에 수탁자의 해임을 등록한 경우에는 직권으로 등록원부에 그 뜻을 부기하여야 한다.

부　칙

제1조【시행일】 이 영은 2012년 1월 1일부터 시행한다. 다만, 제14조제1항제3호 중 실용실안권의 존속기간의 연장에 관한 부분은「대한민국과 미합중국 간의 자유무역협정」이 대한민국에 대하여 효력이 발생하는 날부터 시행하고,<2012.3.15 발효> 제20조제2항제5호의 개정규정 중 상표권에 관한 부분, 제22조제1항제1호의 개정규정 중 상표권에 관한 부분, 제37조제1항제2호의 개정규정 중 상표권에 관한 부분 및 제38조제1항제2호의 개정규정 중 상표권에 관한 부분은「상표법에 관한 싱가포르 조약」이 대한민국에 대하여 효력이 발생한 날부터 시행하며, <2016.7.1 발효> 제29조제1항 각 호 외의 부분 단서, 같은 조 제2항부터 제4항까지, 제30조 및 제34조는 2012년 7월 1일부터 시행한다.

제2조【다른 법령의 폐지】 특허등록령, 실용신안등록령, 디자인등록령 및 상표등록령을 각각 폐지한다.

제3조【특허권등의 등록에 관한 경과조치】 이 영 시행 당시 종전의「특허등록령」,「실용신안등록령」,「디자인등록령」및「상표등록령」에 따라 등록하거나 등록을 신청한 특허권등은 이 영에 따라 등록하거나 등록을 신청한 것으로 본다.

제4조【다른 법령의 개정】 ※(해당 법령에 가제정리 하였음)

제5조【다른 법령과의 관계】 이 영 시행 당시 다른 법령에서 종전의「특허등록령」,「실용신안등록령」,「디자인등록령」및「상표등록령」또는 그 규정을 인용하고 있는 경우에 이 영 중 그에 해당하는 규정이 있으면 종전의 규정에 갈음하여 이 영 또는 이 영의 해당 규정을 인용한 것으로 본다.

부　칙 (2013.7.22)

제1조【시행일】 이 영은 공포한 날부터 시행한다.

제2조【등록 신청에 필요한 첨부서류에 관한 적용례】 제22조제1항제7호의 개정규정은 이 영 시행 후 등록을 신청하는 경우부터 적용한다.

제3조【흠 있는 등록 신청의 보정기간에 관한 적용례】 제29조제1항 각 호 외의 부분 단서의 개정규정은 이 영 시행 당시 등록 신청되어 있는 경우에 대해서도 적용한다. 다만, 신청의 흠을 보정할 수 있도록 보정안내서가 발송된 경우에는 종전의 규정에 따른다.

제4조【등록 신청 반려 이유에 관한 적용례】 제29조제2항의 개정규정은 이 영 시행 당시 등록 신청되어 있는 경우에 대해서도 적용한다.

제5조【등록 신청의 반려신청 간주에 관한 적용례】 제30조제2항의 개정규정은 이 영 시행 당시 등록 신청되어 있는 경우에 대해서도 적용한다.

부　칙 (2014.6.17)

제1조【시행일】 이 영은 헤이그협정이 대한민국에 대하여 그 효력을 발생하는 날부터 시행한다.<2014.7.1 발효> 다만, 대통령령 제25067호 특허권 등의 등록령 일부개정령 제16조의 개정규정 및 제29조의2의 개정규정은 2014년 7월 1일부터 시행한다.

제2조【직권에 의한 보정에 관한 적용례】 제29조의2의 개정규정은 이 영 시행 후 특허권등의 등록을 신청하는 경우부터 적용한다.

부　칙 (2016.9.13)

제1조【시행일】 이 영은 공포한 날부터 시행한다. 다만, 제2조제1호(「실용신안법」및「특허법」관련 부분만 해당한다), 제3조제1항제2호의2·제3호, 같은 조 제2항제2호의2·제3호, 제6조제1항제3호의2·제4호, 같은 조 제2항제3호의2·제4호 및 제47조제2항제1호의 개정규정은 2017년 3월 1일부터 시행한다.

제2조【등록권리자의 단독 등록신청에 관한 적용례】 제15조제2항제2호의 개정규정은 이 영 시행 전에 제22조제1항제1호에 따른 서류에 등록의무자의 등록 승낙 의사표시가 적힌 경우에 대해서도 적용한다.

제3조【심판에 의하여 통상실시권이 허락된 실용신안권등의 등록 신청에 관한 적용례】 제39조의 개정규정은 이 영 시행 전에 심판에 의하여 통상실시권이 허락된 실용신안권 또는 디자인권에 대하여 이 영 시행 이후 이전등록이나 등록명의인의 표시 변경 또는 경정 등록을 신청하는 경우에도 적용한다.

제4조【질권의 설정등록 및 변경등록 신청에 관한 적용례】 제40조제1항제3호의2 및 같은 조 제3항의 개정규정은 이 영 시행 전에 약정된「상법」제59조에 따른 유질계약에 대해서도 적용한다.

제5조【출원인코드 등의 변경에 관한 경과조치】 ① 이 영 시행 당시 종전의 규정에 따라 적은 출원인코드는 제20조제2항제3호의2의 개정규정에 따른 특허고객번호로 본다.
② 이 영 시행 당시 종전의 규정에 따라 적은 대리인코드는 제20조제2항제4호의 개정규정에 따른 대리인번호로 본다.

부　칙 (2018.12.31)

제1조【시행일】 이 영은 공포한 날부터 시행한다. 다만, 제7조제1항의 개정규정은 공포 후 1년이 경과한 날부터 시행한다.

제2조【부기등록에 관한 적용례 등】 ① 제7조제1항의 개정규정은 부칙 제1조 단서에 따른 시행일 전에 등록원부에 등록된 사항에 대해서도 적용한다.
② 부칙 제1조 단서에 따른 시행일 전에 등록원부에 주등록된 사항으로서 제1항에 따라 부칙 제1조 단서에 따른 시행일 이후 부기로 변경되어 작성되는 사항은 제1항에도 불구하고 종전의 순위번호에 따른다.

특허권의 수용·실시 등에 관한 규정(약칭 : 특허권수용규정)

(1969년 11월 10일 대통령령 제4216호)

개정
1974. 1. 4영 7002호
1978. 7.26영 9101호(직제)
1987. 7. 1영12202호
1990. 8.28영13087호
1996. 6. 3영15009호(특허시)
2001. 6.27영17256호
2005. 6.30영18903호(디자인보호시)
2005.11.30영19153호
2010. 7.26영22306호
2012. 1. 6영23488호(민감정보고유식별정보)

제1조【목적】 이 영은「특허법」제41조제2항 및 제4항, 제106조, 제106조의2, 제107조, 제110조, 제111조의2, 제114조 및 제116조의 시행에 관하여 필요한 사항을 규정함을 목적으로 한다.(2010.7.26 본조개정)

제2조【처분의 신청】 ① 주무부장관은 특허출원한 발명이「특허법」(이하 "법"이라 한다) 제41조제2항에 해당하는 것이라고 인정하거나 특허발명이 법 제106조제1항 또는 제106조의2제1항에 해당하는 것이라고 인정할 때에는 특허청장에게 해당 규정에 따른 처분을 신청할 수 있다.
② 주무부장관은 제1항에 따른 처분을 신청하는 경우에는 특허청장에게 해당 발명과 관련된 특허조사를 요청할 수 있다.
(2010.7.26 본조개정)

제2조의2【의약품수입을 위한 재정청구】 법 제107조제1항제3호의 규정에 따라 다수인의 보건을 위협하는 질병을 치료하기 위하여 특허발명에 대한 강제적인 실시를 통하여 생산된 의약품을 수입하고자 재정을 청구하는 경우에는 다음 각 호의 요건을 모두 갖추어야 한다.
1. 국내에 그 의약품의 생산시설이 없거나 부족할 것
2. 전시·사변 또는 이에 준하는 비상시이거나,「재난 및 안전관리기본법」제36조의 규정에 따른 재난사태가 선포된 때일 것

(2005.11.30 본조신설)

제2조의3【수입국의 자격】 법 제107조제7항에서 "세계무역기구회원국이 아닌 국가 중 대통령령이 정하는 국가"라 함은 국제연합총회 결의에 따른 최빈개발도상국을 말한다.(2005.11.30 본조신설)

제3조【신청서 등】 ① 제2조제1항에 따른 신청이나 법 제107조, 제114조 또는 제116조에 따른 청구 또는 신청을 할 때에는 신청서 또는 청구서에 다음 각 호의 사항을 기재하여야 한다.(2010.7.26 본문개정)
1. 출원번호 또는 특허번호
2. 발명의 명칭
3. 신청인의 성명 및 주소(법인의 경우에는 그 명칭·영업소 및 대표자의 성명)(1990.8.28 본호개정)
4. 특허출원인 또는 특허권자·전용실시권자·통상실시권자, 질권자의 성명 및 주소나 영업소
5. 신청내용의 표시
6. 신청의 취지 및 이유
7. 보상금 또는 대가의 액과 그 지급방법 및 시기 (1987.7.1 본호개정)
8. 통상실시권의 범위(법 제41조제2항 또는 제106조제1항에 따른 처분의 신청의 경우에는 제외한다) (2010.7.26 본호개정)

② 제1항의 규정에 따른 신청서 또는 청구서에는 다음 각 호의 서류를 첨부하여야 한다.
1. 보상금 또는 대가의 산출근거를 기재한 서류
2. 신청 또는 청구의 이유를 입증하는 서류
3. 특허발명의 특허권자 또는 전용실시권자와 합리적인 조건하에 통상실시권 허락에 관한 협의를 하였으나 합의가 이루어지지 아니한 사실 또는 협의를 할 수 없음을 입증하는 서류(제107조의 규정에 따른 청구에 한한다). 다만, 법 제107조제1항 단서에 해당하는 경우에는 그러하지 아니하다.

(2005.11.30 본항개정)
③ 제2조의2의 규정에 따라 재정을 청구하는 경우에는 제1항 및 제2항의 규정에 따른 서류 외에 동조 각 호의 사실을 입증하는 서류를 추가로 첨부하여야 한다.
(2005.11.30 본항신설)
④ 법 제107조제1항제5호의 규정에 따라 재정을 청구하는 경우에는 그 청구서에 의약품을 수입하고자 하는 국가명, 필요한 의약품의 명칭 및 수량을 기재하여야 하며, 제1항 및 제2항의 규정에 의한 서류 외에 다음 각 호의 서류를 추가로 첨부하여야 한다. 이 경우 의약품을 수입하고자 하는 국가(이하 이 조에서 "수입국"이라 한다)가 2 이상인 때에는 국가별로 구분하여야 한다.
1. 의약품이 수입국 국민 다수의 보건을 위협하는 질병을 치료하기 위한 것임을 입증하는 서류
2. 수입국이 재정을 청구하는 자로부터 의약품을 수입하겠다는 의사를 확인하는 서류
3. 의약품이 수입국에서 갖는 경제적 가치에 관한 평가서
4. 법 제107조제7항에 따라 통지한 서류의 사본 또는 이를 입증하는 서류
5. 법 제110조제2항제3호의 규정에 따라 특허권자·전용실시권자 또는 통상실시권자(재정에 의한 경우를 제외

한다. 이하 같다)가 공급하는 의약품과 외관상 구분할 수 있는 포장·표시 및 특징을 명시한 서류 및 재정에서 정한 사항을 공시할 인터넷 주소. 다만, 특허권자·전용실시권자 또는 통상실시권자가 공급하는 의약품과 구분할 수 있도록 하는 포장·표시가 불가능하거나, 구분하기 위한 포장·표시가 그 의약품의 가격에 중대한 영향을 미칠 때에는 이를 입증하는 서류를 제출하여야 한다.
(2005.11.30 본항신설)

⑤ 법 제111조의2제1항의 규정에 따라 재정서의 변경을 청구하는 때에는 청구서에 다음 각 호의 사항을 기재하여야 한다.

1. 재정을 받은 특허번호
2. 재정을 받은 발명의 명칭
3. 청구인의 성명 및 주소(법인의 경우에는 그 명칭·영업소 및 대표자의 성명)
4. 특허권자·전용실시권자·통상실시권자의 성명 및 주소나 영업소
5. 청구내용의 표시
6. 청구의 취지 및 이유
7. 재정서의 변경이 필요한 원인 및 그 원인을 증명하는 서류

(2005.11.30 본항신설)

⑥ 특허청장은 제1항부터 제5항까지의 규정과 관련하여 특히 필요하다고 인정하는 경우에는 추가로 관련 자료의 제출을 요청할 수 있다.(2010.7.26 본항개정)
(2005.11.30 본조제목개정)

제4조【부본의 송달 및 신청의 공고】 ① 특허청장은 제3조의 규정에 의한 신청서를 받은 때에는 법에 다른 규정이 있는 경우를 제외하고는 특허출원인 또는 특허권자·전용실시권자·통상실시권자·질권자에게 각각 그 신청서의 부본을 송달하고 기간을 정하여 의견서 제출의 기회를 주어야 한다.

② 특허청장은 제1항의 규정에 의한 의견서의 제출이 있을 때에는 그 의견서의 부본을 신청인에게 송달하여야 한다.

③ 특허청장은 제3조의 규정에 의한 신청서를 받은 때 또는 법 제116조의 규정에 의하여 직권으로 특허권을 취소하고자 할 때에는 그 뜻을 특허공보에 공고하여야 한다. 다만, 국방상 비밀을 요하는 때에는 공고를 하지 아니할 수 있다.(1990.8.28 본항개정)

④ (1987.7.1 삭제)
(1987.7.1 본조개정)

제5조【보상금액의 결정 등】 ① 특허청장은 제4조제1항에 따른 지정 기간이 경과한 후에 제2조제1항 및 제3조에 따른 처분을 하여야 한다.(2010.7.26 본항개정)

② 특허청장은 제1항에 따른 처분을 할 때에는 그 처분에 대한 보상금이나 대가도 제5조의2의 보상금액의 산정기준 등에 따라 함께 결정하여야 한다.(2010.7.26 본항개정)

③ 특허청장은 제2항의 규정에 의하여 보상금 및 대가를 결정할 때에는 신청인·특허출원인 또는 특허권자·전용실시권자·통상실시권자·질권자의 의견을 참작하여야 한다.(2005.11.30 본항개정)

④ 특허청장은 제2항에 따른 보상금이나 대가를 결정하기 위하여 필요하다고 인정할 때에는 「발명진흥법」 제41조에 따른 산업재산권분쟁조정위원회 및 관계 중앙행정기관의 장의 의견을 들을 수 있고, 보상금이나 대가의 결정에 그 의견을 고려할 수 있다.(2010.7.26 본항개정)
(2010.7.26 본조제목개정)

제5조의2【보상금액의 산정기준 등】 ① 법 제106조제3항에 따른 보상금의 산정은 다음 각 호의 금액을 기준으로 한다.

1. 특허권의 존속기간 중의 실시료 추정총액
2. 제1호에 따라 보상금을 정할 수 없는 경우에는 유사 특허권의 매매실례가격

② 법 제106조의2제3항에 따른 보상금이나 법 제107조제5항에 따른 대가의 산정은 다음의 계산식에 따른다.

보상금액 또는 대가의 액 = 총판매예정수량 × 제품의 판매단가 × 점유율 × 기본율

③ 제2항의 산식에 따른 총판매예정수량, 제품의 판매단가, 점유율 및 기본율은 다음 각 호와 같다.

1. 총판매예정수량 : 실시기간 중 매 연도별 판매예정수량을 합한 것
2. 제품의 판매단가 : 실시기간 중 매 연도별 공장도가격의 평균
3. 점유율 : 단위제품을 생산하는 데에 해당 특허권이 이용되는 비율
4. 기본율 : 3퍼센트. 다만, 해당 특허권의 실용적 가치 및 산업상 이용성 등을 고려하여 2퍼센트 이상 4퍼센트 이하로 할 수 있다.

④ 제1항부터 제3항까지의 규정에 따라 보상금액이나 대가의 액을 정할 수 없는 경우에는 특허청장이 따로 정하여 고시하는 기준에 따라 정한다.

⑤ 제2항부터 제4항까지의 규정에 따른 보상금액이나 대가의 액은 실시기간 내의 총액으로 한다. 다만, 전용실시권을 설정하거나 통상실시권을 허락하는 경우 총판매예정수량을 미리 예측할 수 없는 때에는 다음의 계산식에 따라 제품단위당 보상금액이나 대가의 액을 정할 수 있다.

제품단위당 보상금액 또는 대가의 액 = 제품의 판매단가 × 점유율 × 기본율
(2010.7.26 본조신설)

제6조【특허발명 불실시】 ① 법 제107조제1항제1호에서 "대통령령이 정하는 정당한 이유"라 함은 다음 각호의 1에 해당하는 경우를 말한다.(1990.8.28 본문개정)

1. 특허권자가 심신장애로 인한 활동불능으로 그 특허발명을 실시하지 못한 경우. 다만, 의료기관의 장이 증명한 경우에 한한다.
2. 특허발명의 실시에 있어서 정부기관이나 타인의 허가·인가·동의 또는 승낙을 필요로 할 경우에 그 허가·인가·동의 또는 승낙을 받지 못함으로 인하여 그 특허발명을 실시하지 못한 경우
3. 특허발명의 실시가 법령에 의하여 금지 또는 제한되어 그 특허발명을 실시하지 못한 경우(1990.8.28 본호개정)
4. 특허발명의 실시에 필요한 원료 또는 시설이 국내에 없거나 수입이 금지되어 그 특허발명을 실시하지 못한 경우
5. 특허발명의 실시에 따른 물건의 수요가 없거나 그 수요가 적어 이를 영업적 규모로 실시할 수 없어 그 특허발명을 실시하지 못한 경우

② 특허권 설정의 등록이 된 후 계속하여 3년 이상 또는 통상실시권이 허여된 후 계속하여 2년 이상 그 특허발명의 실시에 착수하지 아니한 때에는 이를 특허발명의 불실시로 본다.

제7조【처분의 결정서】 제5조의 규정에 의한 처분의 결정은 다음 각 호의 사항을 기재한 문서로 하여야 한다.(2005.11.30 본문개정)

1. 결정의 번호
2. 신청인 또는 청구인의 성명 및 주소(법인의 경우에는 그 명칭·영업소 및 대표자의 성명)(2005.11.30 본호개정)
3. 특허출원인 또는 특허권자·전용실시권자·통상실시권자·질권자의 성명 및 주소나 영업소
4. 신청 또는 청구내용의 표시
5. 결정의 주문(보상금 및 대가를 포함한다)
6. 결정의 이유(신청 또는 청구의 취지 및 이유를 포함한다)

(2005.11.30 4호~6호개정)

7. 결정연월일
8. 법 제110조제2항제3호 및 제4호의 규정에 따른 사항

(2005.11.30 본호신설)

제8조【결정서의 등본의 송달 및 공고】 특허청장은 제5조 및 제7조의 규정에 의하여 처분의 결정을 한 때에는 그 결정서의 등본을 신청인·특허출원인 또는 특허권자·전용실시권자·통상실시권자·질권자에게 각각 송달하고 그 결정의 요지를 특허공보에 공고하여야 한다. 다만, 국방상 비밀을 요하는 것인 때에는 공고를 하지 아니할 수 있다.

제9조【신청의 예외 등】 ① 특허청장은 법 제106조제1항 또는 제106조의2제1항에 따라 제2조제1항에 따른 신청 당시 극도의 긴급상황 등 불가피한 사유로 특허권이 존재한다는 사실을 알지 못하거나 알 수 없어 제3조제1항 및 제2항에 따른 신청서의 기재사항 및 첨부 서류(이하 이 조에서 "서류등"이라 한다) 중 일부를 기재할 수 없거나 첨부할 수 없는 것으로 인정하는 경우에는 제3조제1항 및 제2항에도 불구하고 향후 특허권의 존재가 확인되면 지체 없이 서류등을 보완하는 것을 조건으로 신청을 받을 수 있다. 이 경우에는 서류등이 보완된 때를 제4조제1항 및 제3항에 따른 신청서를 받은 때로 본다.

② 특허청장은 제1항에 따라 신청을 받은 경우 서류등이 보완되기 전에 신청에 대한 처분을 하여야 할 필요가 있다고 인정하는 때에는 제4조 및 제5조에도 불구하고 그 처분을 할 수 있다. 이 경우 제7조에 따른 처분의 결정서에는 같은 조 각 호의 기재사항 중 제1항에 해당하여 기재할 수 없는 것으로 특허청장이 인정한 사항은 제외하고 기재할 수 있고, 제8조에 따른 공고를 하여야 한다.

③ 특허청장은 제2항에 따른 처분을 한 후 서류등이 보완되면 지체 없이 그 처분에 대하여 제4조, 제5조, 제7조 및 제8조에 따라 보완하는 조치를 하여야 한다.
(2010.7.26 본조신설)

제10조【고유식별정보의 처리】 특허청장은 이 영에 따른 신청 또는 청구에 관한 사무를 수행하기 위하여 불가피한 경우 제3조 및 제9조에 따라 제출된 서류에 포함된 「개인정보 보호법 시행령」 제19조제1호 또는 제4호에 따른 주민등록번호 또는 외국인등록번호가 포함된 자료를 처리할 수 있다.(2012.1.6 본조신설)

제11조～제18조 (2001.6.27 삭제)

제19조【준용】 이 영의 규정은 실용신안 및 디자인에 관하여 이를 준용한다.(2005.6.30 본조개정)

부 칙 (2010.7.26)

이 영은 2010년 7월 28일부터 시행한다.

부 칙 (2012.1.6)

제1조【시행일】 이 영은 공포한 날부터 시행한다.(이하 생략)

(舊 : 공무원 직무발명의 처분·관리 및 보상 등에 관한 규정)

국가공무원 등 직무발명의 처분·관리 및 보상 등에 관한 규정

(1999년 6월 30일
전개대통령령 제16451호)

개정
2002. 6.29영17657호
2004. 7.29영18493호(공공기관의정보공개에관한법시)
2004.12.18영18604호
2005. 6.30영18903호(디자인보호시)
2006. 9. 4영19672호(발명시)
2007. 6.29영20137호(기술의이전및사업화촉진에관한법시)
2007. 9.10영20264호(발명시)
2008. 2.29영20729호(직제)
2010. 7.26영22307호
2010.11.15영22493호(은행법시)
2011. 9.30영23182호
2012. 1. 6영23488호(민감정보고유식별정보)
2013. 3.23영24439호(직제)
2018. 8.28영29123호 2020. 1.29영30370호
2021.10.19영32074호

제1조【목적】 이 영은 「발명진흥법」 제10조, 제15조 및 제56조에 따른 국가공무원 등의 직무발명의 처분·관리 및 그 보상 등에 필요한 사항을 규정함을 목적으로 한다.
(2021.10.19 본조개정)

제2조【용어의 정의】 이 영에서 사용하는 용어의 뜻은 다음과 같다.

1. "직무발명"이란 국가공무원과 국가기관에 소속되어 있으나 공무원이 아닌 사람(이하 "국가공무원등"이라 한다)이 그 직무에 관하여 발명한 것이 성질상 국가의 업무 범위에 속하고 그 발명을 하게 된 행위가 국가공무원등의 현재 또는 과거의 직무에 속하는 발명을 말한다.
(2021.10.19 본호개정)
2. "발명기관의 장"이란 직무발명을 한 당시 그 국가공무원등이 소속된 기관의 장을 말한다.(2021.10.19 본호개정)
3. "국유특허권"이란 이 영에 따라 국가 명의로 등록된 특허권을 말한다.
4. "처분"이란 다음 각 목의 어느 하나에 해당하는 것을 말한다.
   가. 국유특허권 또는 특허출원 중인 직무발명에 대하여 특허를 받을 수 있는 권리의 매각
   나. 국유특허권에 대한 「특허법」 제100조에 따른 전용실시권(이하 "전용실시권"이라 한다)의 설정 또는 같은 법 제102조에 따른 통상실시권(이하 "통상실시권"이라 한다)의 허락
   다. 특허출원 중인 직무발명에 대한 전용실시 또는 통상실시를 내용으로 하는 계약
5. "처분수입금"이란 국유특허권 또는 특허출원 중인 직무발명에 대하여 특허를 받을 수 있는 권리의 처분에 따라 1회계연도 내에 발생한 수입금의 합계액을 말한다.
6. "발명자"란 직무발명을 한 국가공무원등을 말한다.
(2021.10.19 본호개정)

(2010.7.26 본조개정)

제2조의2【적용 제외】 이 영은 「기술의 이전 및 사업화 촉진에 관한 법률」 제11조제1항 후단에 따른 전담조직이 설치된 국공립학교 교직원의 직무발명에 대해서는 적용하지 아니한다.(2010.7.26 본조개정)

제3조【업무의 관장】 ① 특허청장은 직무발명 및 국유특허권에 관하여 다음 각 호의 업무를 관장한다.

1. 직무발명의 장려
2. 직무발명에 대한 보상
3. 국유특허권의 처분·관리(심판·소송에 관한 업무를 포함한다)(2018.8.28 본호개정)
4. 국유특허권의 활용 촉진

② 발명기관의 장은 직무발명에 관하여 다음 각 호의 업무를 관장한다.

1. 「발명진흥법」 제10조제2항 본문에 따른 국가의 직무발명에 대한 권리(특허를 받을 수 있는 권리 및 특허권을 말한다)의 승계(이하 "국가승계"라 한다)
2. 국가승계한 직무발명의 국내외 특허출원

(2021.10.19 1호～2호개정)

3. 특허출원 중인 직무발명에 대하여 특허를 받을 수 있는 권리의 처분·관리

(2010.7.26 본조개정)

제3조의2 (2011.9.30 삭제)

제4조 (2021.10.19 삭제)

제5조【발명의 신고】 국가공무원등이 자기가 맡은 직무와 관계되는 발명을 한 경우에는 지체 없이 그 내용을 산업통상자원부령으로 정하는 바에 따라 발명기관의 장에게 신고해야 한다.(2021.10.19 본조개정)

제6조【직무발명의 국가승계】 ① 제5조 및 제8조제2항에 따라 신고를 받은 발명기관의 장은 그 발명이 직무발명에 속하는지 여부와 해당 직무발명에 대한 국가승계 여부를 결정해야 하며, 특별한 사유가 없으면 신고를 받은 날부터 4개월 이내에 그 결과를 해당 국가공무원등에게 서면으로 통지해야 한다.(2021.10.19 본항개정)

② 제1항에도 불구하고 발명기관의 장은 신고받은 발명이 직무발명에 속하는지에 대하여 분쟁이 진행 중인 경우에는 분쟁 당사자 간 합의가 있거나 법원의 판결이 확정된 날부터 4개월 이내에 국가승계 여부에 대한 통지를 할 수 있다.(2021.10.19 본항신설)
③ 직무발명이 발명자와 제3자가 공동으로 한 것인 경우 국가는 그 발명자가 가지는 지분만을 승계한다.
(2021.10.19 본항신설)
④ 국가승계하는 권리에는 직무발명에 대하여 외국에 출원하여 특허를 받을 수 있는 권리와 외국에서 받은 특허권이 포함된다.(2021.10.19 본항신설)
⑤ 발명기관의 장으로부터 국가승계 결정의 통지를 받은 발명자는 지체 없이 그 직무발명에 대하여 특허를 받을 수 있는 권리 또는 특허권을 국가에 양도하여야 한다.
(2021.10.19 본조제목개정)
(2010.7.26 본조개정)
제7조【국가승계 발명의 출원】 ① 발명기관의 장은 제6조제5항에 따라 특허를 받을 수 있는 권리를 양도받았을 때에는 지체 없이 발명기관의 장을 부기하여 국가 명의로 특허출원을 해야 하며, 그 발명의 내용을 판단하여 외국에 출원할 것인지를 결정해야 한다.(2021.10.19 본항개정)
② 발명기관의 장이 제1항에 따라 국내 또는 외국에 특허출원을 한 경우에는 그 사실을 발명자에게 통보하여야 한다.
(2010.7.26 본조개정)
제8조【발명자의 출원 등】 ① 발명자는 제6조제1항에 따라 국가승계를 하지 아니한다는 결정의 통지를 받지 아니하고는 직무발명에 대하여 자기의 명의로 특허출원을 하거나 특허를 받을 수 있는 권리를 제3자에게 이전할 수 없다. 다만, 그 발명이 자기가 맡은 직무와 관계되는 발명에 해당되지 아니하는 경우에는 그러하지 아니하다.
② 제1항 단서에 따라 특허출원을 하거나 특허를 받을 수 있는 권리를 제3자에게 이전한 경우에는 제5조에 준하여 신고하여야 한다.
(2018.8.28 본조개정)
제9조【국유특허권의 등록】 ① 발명기관의 장은 특허권을 국가승계하거나 특허출원 중인 직무발명이 특허결정되었을 때에는 지체 없이 산업통상자원부령으로 정하는 서류를 첨부하여 특허청장에게 국유특허권의 등록을 요청하여야 한다.(2013.3.23 본항개정)
② 특허청장은 제1항에 따른 등록 요청을 받았을 때에는 다음 각 호와 같이 국가 명의로 국유특허권의 등록을 하여야 한다.(2011.9.30 본문개정)
1. 특허권자 : 대한민국
2. 관리청 : 특허청장
3. 승계청 : 발명기관의 장
(2011.9.30 본조제목개정)
(2010.7.26 본조개정)
제9조의2【국유특허권의 포기】 특허청장이 「발명진흥법」 제10조제4항에 따라 국유특허권을 포기하려는 경우에는 발명기관의 장과 관계기관의 장의 의견, 국유특허권 실시 이력, 기술평가 결과 및 국유특허권의 존속기간 등을 고려하여야 한다.(2010.7.26 본조신설)
제10조【처분의 원칙】 ① 국유특허권의 처분은 통상실시권의 허락을 원칙으로 한다. 다만, 다음 각 호의 어느 하나에 해당하는 경우에는 국유특허권을 매각하거나 전용실시권을 설정할 수 있다.
1. 통상실시권을 받으려는 자가 없는 경우
2. 국유특허권의 실시일부터 사업화하여 수익이 발생할 때까지 3년 이상의 후속연구가 필요한 경우
3. 국유특허권을 실시하기 위하여 다른 법령에 따라 허가를 받거나 등록 등을 해야 하는 경우로서 그 허가 · 등록 등에 필요한 유효성 · 안정성 등의 시험으로 인하여 사업화에 3년 이상의 기간이 소요될 것으로 인정되는 경우
4. 그 밖에 국유특허권의 실시를 통한 사업화를 위하여 매각 또는 전용실시권을 설정하는 것이 필요하다고 특허청장이 인정하는 경우
(2020.1.29 본항개정)
② 국유특허권의 처분은 유상으로 한다. 다만, 다음 각 호의 어느 하나에 해당하는 경우에는 무상으로 할 수 있다.
1. 농어민의 소득 증대, 수출 증진, 그 밖의 국가시책 추진을 위하여 특허청장이 특히 필요하다고 인정하는 경우
2. 국가기관의 장(발명기관의 장을 포함한다. 이하 이 조에서 같다)이 공공의 목적을 위하여 특허청장의 승인을 받아 국유특허권을 직접 실시하려는 경우
③ 국가기관의 장이 제2항제2호에 따라 무상실시의 승인을 받으려면 산업통상자원부령으로 정하는 승인신청서를 특허청장에게 제출하여야 한다.(2013.3.23 본항개정)
(2010.7.26 본조개정)
제11조【처분의 방법 등】 ① 국유특허권에 대한 통상실시권의 허락은 수의계약의 방법으로 한다.
② 국유특허권의 매각 및 그 전용실시권의 설정은 경쟁입찰의 방법으로 한다. 다만, 다음 각 호의 어느 하나에 해당하는 경우에는 수의계약의 방법으로 할 수 있다.
1. 국유특허권의 특허내용상 그 실시에 특정인의 기술이나 설비가 필요하여 경쟁입찰을 할 수 없는 경우
2. 「공공기관의 정보공개에 관한 법률」 제9조제1항제1호 및 제2호를 준용하여 국가기관의 행위를 공개하지 아니할 필요가 있는 경우
3. 전용실시권의 설정을 받은 자에게 그 국유특허권을 매각하는 경우
4. 전용실시권의 설정기간이 만료된 후 그 전용실시권자가 계속 실시할 필요가 있다고 인정되어 재계약을 하는 경우
5. 천재지변이나 전시 · 사변 또는 그 밖에 이에 준하는 경우로서 경쟁입찰을 할 여유가 없는 경우
6. 「공공기관의 운영에 관한 법률」 제4조에 따라 지정된 공공기관 중 정부가 납입자본금의 5할 이상을 출자한 공공기관의 보호 · 육성을 위하여 그 공공기관에 필요한 국유특허권을 처분하는 경우. 다만, 「한국산업은행법」에 따른 한국산업은행, 「중소기업은행법」에 따른 중소기업은행, 「한국수출입은행법」에 따른 한국수출입은행 및 「은행법」 제2조 및 제5조에 따른 은행에 대해서는 적용하지 아니한다.(2010.11.15 단서개정)
7. 2회 이상 유찰(流札)되거나 낙찰자가 계약을 체결하지 아니하는 경우
③ 국유특허권의 처분에 관하여 그 밖에 필요한 사항은 산업통상자원부령으로 정한다.(2013.3.23 본항개정)
(2010.7.26 본조개정)
제12조【의견청취 등】 특허청장은 제10조에 따라 국유특허권을 처분하려는 경우에는 예정가격 결정, 무상실시기간 및 무상실시 조건 등에 관하여 발명기관의 장 및 관계기관의 장의 의견을 들어야 하며, 발명기관의 장에게는 국유특허권의 처분을 위한 예정가격 산정에 필요한 자료의 제출을 요구할 수 있다.(2010.7.26 본조개정)
제13조【국유특허권 등록 전의 처분】 ① 발명기관의 장은 특허출원 중인 직무발명에 대하여 필요한 경우 국유특허권으로 등록되기 전이라도 그 직무발명에 대하여 특허를 받을 수 있는 권리를 처분할 수 있다.
② 제1항에 따른 직무발명에 대하여 특허를 받을 수 있는 권리의 처분에 관하여는 제10조부터 제12조까지의 규정을 준용한다. 이 경우 "국유특허권"은 "직무발명에 대하여 특허를 받을 수 있는 권리"로 본다.(2011.9.30 후단신설)
(2011.9.30 본조제목개정)
(2010.7.26 본조개정)
제14조【처분결과의 통지】 ① 특허청장이 국유특허권을 처분하였을 때에는 그 내용과 제17조에 따른 처분보상금의 지급에 관한 사항을 발명기관의 장에게 통지하여야 한다.
② 제1항의 통지를 받은 발명기관의 장은 그 내용을 발명자 또는 그 상속인에게 통지하여야 한다.
③ 제13조에 따라 발명기관의 장이 특허출원 중인 직무발명에 대하여 특허를 받을 수 있는 권리를 처분하거나 수탁기관의 장이 국유특허권을 처분하였을 때에는 그 내용을 특허청장에게 통지하고 그 처분에 따른 대금의 수납 및 보상금의 지급을 요청하여야 한다.
(2010.7.26 본조개정)
제15조【처분대금의 처리】 국유특허권 및 특허출원 중인 직무발명에 대하여 특허를 받을 수 있는 권리의 처분대금은 「책임운영기관의 설치 · 운영에 관한 법률 시행령」 제23조제1항 및 별표4에 따른 책임운영기관특별회계의 특허청계정의 세입(歲入)으로 한다.(2010.7.26 본조개정)
제16조【등록보상금】 ① 특허청장은 국유특허권에 대하여 각 권리마다 50만원의 범위에서 국유특허권의 활용가치, 직무발명 활성화에 미치는 영향 및 예산 등을 고려하여 특허청장이 정하여 고시하는 바에 따라 등록보상금을 발명자에게 지급하여야 한다.(2018.8.28 본항개정)
② 제1항에 따른 등록보상금은 동일한 직무발명에 대하여 한 번만 지급하여야 한다.
(2010.7.26 본조개정)
제17조【처분보상금】 ① 특허청장은 국유특허권 또는 특허출원 중인 직무발명에 대하여 특허를 받을 수 있는 권리를 유상으로 처분한 경우에는 그 처분수입금의 100분의 50의 범위에서 처분수입금에 대한 기여도, 직무발명 활성화에 미치는 영향 및 예산 등을 고려하여 특허청장이 정하여 고시하는 바에 따라 처분보상금을 발명자에게 지급하여야 한다.
② (2018.8.28 삭제)
(2018.8.28 본조개정)
제18조【기관포상금 등】 ① 특허청장은 국유특허권 또는 특허출원 중인 직무발명에 대하여 특허를 받을 수 있는 권리를 유상으로 처분한 경우에는 그 처분수입금을 기준으로 하여 다음 각 호의 구분에 따른 금액의 범위에서 처분수입금에 대한 기여도, 직무발명 활성화에 미치는 영향 및 예산 등을 고려하여 특허청장이 정하여 고시하는 바에 따라 기관포상금을 발명기관의 장에게 지급하여야 한다.(2018.8.28 본문개정)
1. 처분수입금이 1천만원 초과 5천만원 이하인 경우 : 100만원
2. 처분수입금이 5천만원 초과 1억원 이하인 경우 : 500만원
3. 처분수입금이 1억원을 초과하는 경우 : 1천만원
② 특허청장은 수탁기관의 장이 국유특허권을 유상으로 처분한 경우에는 그 처분수입금의 100분의 17.5의 범위에서 처분수입금에 대한 기여도, 직무발명 활성화에 미치는 영향 및 예산 등을 고려하여 특허청장이 정하여 고시하는 바에 따른 금액을 수탁기관의 장에게 지급하여야 한다.
(2018.8.28 본항개정)
(2010.7.26 본조개정)
제19조【보상금 등의 지급】 ① 제16조부터 제18조까지의 규정에 따른 등록보상금, 처분보상금 및 기관포상금 등은 「책임운영기관의 설치 · 운영에 관한 법률 시행령」 제23조제1항 및 별표4에 따른 책임운영기관특별회계의 특허청계정의 예산에서 지급하며, 그 지급 시기는 다음 각 호의 구분에 따른다.
1. 제16조에 따른 등록보상금 : 국유특허권으로 등록한 연도 또는 그 다음 연도
2. 제17조제1항에 따른 처분보상금 및 제18조에 따른 기관포상금 등 : 처분수입금이 납부된 연도 또는 그 다음 연도
3. (2018.8.28 삭제)
② 등록보상금 또는 처분보상금을 받을 수 있는 발명자가 2명 이상인 경우에는 그 지분에 따라 각각 분할하여 지급하여야 한다.
③ 직무발명이 발명자와 제3자가 공동으로 한 것으로서 제6조제3항에 따라 국가가 발명자의 지분을 승계한 이후에 다음 각 호의 어느 하나에 해당하는 경우에는 제17조에 따른 처분보상금은 국가가 승계할 당시의 발명자의 지분에 대해서만 지급한다.(2021.10.19 본문개정)
1. 제3자가 지분을 포기하는 경우
2. 제3자가 지분을 국가에 무상으로 양도하는 경우
(2011.9.30 본항신설)
④ 등록보상금 및 처분보상금은 발명자가 전직하거나 퇴직한 경우에도 지급하여야 하며, 발명자가 사망한 경우에는 그 상속인에게 지급하여야 한다.
(2010.7.26 본조개정)
제20조【보상금 등의 반환】 발명자 또는 그 상속인이 받은 등록보상금 및 처분보상금과 발명기관의 장 또는 수탁기관의 장이 받은 기관포상금 등은 특허가 취소되거나 무효로 된 경우에도 반환하지 아니한다. 다만, 「특허법」 제133조제1항제2호에 따른 사유로 해당 특허가 무효로 된 경우에는 그러하지 아니하다.(2010.7.26 본조개정)
제21조【발명자 등의 의무】 ① 발명자 또는 발명기관의 장은 국유특허권 또는 특허출원 중인 직무발명에 대하여 특허를 받을 수 있는 권리를 처분한 경우 그 상대방이 그 발명의 실시를 위하여 필요로 하는 사항에 대해서는 특별한 사유가 없으면 협력하여야 한다.
② 발명자, 발명기관의 장 및 직무발명에 관계되는 일에 종사하는 사람은 해당 직무발명의 출원 시까지 그 발명의 내용에 대하여 비밀을 유지하여야 한다.
③ 발명기관의 장은 국유특허권에 관한 심판청구서의 부본 또는 소장의 부본을 송달받은 경우에는 지체 없이 그 사실을 특허청장에게 통보하여야 한다.(2018.8.28 본항신설)
(2010.7.26 본조개정)
제21조의2【자료 제출의 요청】 특허청장은 국유특허권의 처분 · 관리 업무를 수행하기 위하여 필요한 경우에는 발명자 또는 발명기관의 장에게 관련 자료의 제출을 요청할 수 있다.(2018.8.28 본조신설)
제22조【실용신안 및 디자인에 관한 준용】 ① 직무에 관한 실용신안의 고안 및 디자인의 창작에 관하여는 이 영을 준용한다. 이 경우 "직무발명"은 "직무에 관한 실용신안의 고안 및 디자인의 창작"으로 본다.(2011.9.30 본항개정)
② 제1항의 경우 제16조에 따른 등록보상금은 다음 각 호의 구분에 따른 금액의 범위에서 국유실용신안권과 국유디자인권의 활용가치, 실용신안의 고안과 디자인의 창작 활성화에 미치는 영향 및 예산 등을 고려하여 특허청장이 정하여 고시하는 바에 따라 지급하여야 한다.
(2018.8.28 본문개정)
1. 실용신안권 : 각 권리마다 30만원
2. 디자인권 : 각 권리마다 20만원
(2010.7.26 본조개정)
제23조【외국에서 취득한 특허권 등에 관한 준용】 직무발명에 대하여 외국에서 취득한 특허권 및 외국에 특허출원 중인 직무발명에 대하여 특허를 받을 수 있는 권리의 처분 · 관리 및 그 보상 등에 관하여는 제10조부터 제20조까지의 규정을 준용한다. 이 경우 "국유특허권 또는 특허출원 중인 직무발명에 대하여 특허를 받을 수 있는 권리"는 "외국에서 취득한 특허권 및 외국에 특허출원 중인 직무발명에 대하여 특허를 받을 수 있는 권리"로 본다.
(2011.9.30 후단신설)
제24조【업무의 위탁】 ① 특허청장은 「발명진흥법」 제56조에 따라 제3조제1항제3호의 국유특허권의 처분 · 관리 업무 중 다음 각 호의 업무를 발명기관의 장 또는 「기술의 이전 및 사업화 촉진에 관한 법률」 제10조에 따라 지정된 기술거래기관에 위탁할 수 있다. 이 경우 그 업무를 위탁받는 기관(이하 "수탁기관"이라 한다)이 「기술의 이전 및 사업화 촉진에 관한 법률」 제10조에 따라 지정된 기술거래기관인 경우에는 발명기관의 장과 협의하여야 한다.
1. 전용실시권의 설정 또는 통상실시권의 허락에 관한 업무(2018.8.28 본호개정)
2. 국유특허권의 홍보 등 관리
② 특허청장은 제1항 각 호의 업무를 위탁한 경우에는 수탁기관의 명칭 및 위탁업무의 범위 등에 관한 사항을 관보 및 인터넷 홈페이지 등에 공고하여야 한다.
③ 특허청장은 제1항에 따른 위탁업무의 처리절차 및 구체적인 내용 등을 정하여 고시하여야 한다.
(2011.9.30 본조신설)

제25조【고유식별정보의 처리】 특허청장(제24조에 따라 특허청장의 업무를 위탁받은 자를 포함한다)은 다음 각 호의 사무를 수행하기 위하여 불가피한 경우 「개인정보 보호법 시행령」 제19조제1호 또는 제4호에 따른 주민등록번호 또는 외국인등록번호가 포함된 자료를 처리할 수 있다.
1. 제5조에 따른 발명의 신고에 관한 사무
2. 제9조에 따른 국유특허권의 등록에 관한 사무
3. 제10조 또는 제11조에 따른 국유특허권의 처분에 관한 사무
4. 그 밖에 「발명진흥법」 및 이 영에 따른 국가공무원등의 직무발명과 관련된 신청 또는 신고에 관한 사무
(2021.10.19 본호개정)
(2012.1.6 본조신설)

부 칙 (2011.9.30)

제1조【시행일】 이 영은 공포한 날부터 시행한다.
제2조【처분보상금 지급에 관한 적용례】 제19조제3항의 개정규정은 이 영 시행 후 최초로 처분을 하는 것부터 적용한다.

부 칙 (2018.8.28)

제1조【시행일】 이 영은 공포한 날부터 시행한다.
제2조【직무발명의 국가승계 결정 통지에 관한 적용례】 제6조제1항의 개정규정은 이 영 시행 이후 신고를 하는 경우부터 적용한다.
제3조【등록보상금 등의 지급에 관한 경과조치】 이 영 시행 전에 직무발명 또는 직무에 관한 실용신안의 고안 및 디자인의 창작의 신고를 한 경우에 대해서는 제16조제1항·제17조제1항·제18조 및 제22조제2항(제23조에서 준용하는 경우를 포함한다)의 개정규정에도 불구하고 종전의 규정에 따른다.
제4조【처분보상금 지급에 관한 경과조치】 이 영 시행 전에 국유특허권·국유실용신안권·국유디자인권(외국에서 취득한 특허권·실용신안권·디자인권을 포함한다) 또는 특허출원 중인 직무발명에 대하여 특허를 받을 수 있는 권리·실용신안등록출원 중인 고안에 대하여 실용신안등록을 받을 수 있는 권리·디자인등록출원 중인 디자인에 대하여 디자인등록을 받을 수 있는 권리(외국에 출원 중인 경우를 포함한다)를 무상으로 처분한 경우에는 제17조제2항의 개정규정에도 불구하고 종전의 규정에 따른다.

부 칙 (2020.1.29)

이 영은 공포한 날부터 시행한다.

부 칙 (2021.10.19)

제1조【시행일】 이 영은 2021년 10월 21일부터 시행한다.
제2조【국가에 소속되어 있으나 공무원이 아닌 사람의 발명 등에 대한 특허권 등 승계에 관한 특례】 이 영 시행 전에 국가기관의 장이 공무원이 아닌 소속 직원의 직무에 관한 발명, 실용신안의 고안 및 디자인의 창작에 대하여 계약 또는 근무규정에 따라 승계한 특허권, 실용신안권, 디자인권 또는 특허, 실용신안등록, 디자인등록을 받을 수 있는 권리로서 이 영 시행 당시 보유하고 있는 권리는 이 영 시행일에 제6조제1항의 개정규정 및 제22조제1항(제6조제1항을 준용하는 부분으로 한정한다)에 따라 국가승계한 것으로 본다.
제3조【다른 법령의 개정】 ①~⑥ ※(해당 법령에 가제정리 하였음)
제4조【다른 법령과의 관계】 이 영 시행 당시 다른 법령에서 종전의 「공무원 직무발명의 처분·관리 및 보상 등에 관한 규정」 또는 그 규정을 인용한 경우 이 영 중 그에 해당하는 규정이 있으면 종전의 「공무원 직무발명의 처분·관리 및 보상 등에 관한 규정」 또는 그 규정을 갈음하여 이 영 또는 이 영의 해당 규정을 인용한 것으로 본다.

실용신안법

(2006년 3월 3일 전부개정법률 제7872호)

개정
2007. 1. 3법 8193호
2008. 2.29법 8852호(정부조직)
2008.12.26법 9234호　2009. 1.30법 9371호
2011. 3.30법10502호　2011.12. 2법11114호
2013. 3.22법11653호
2013. 3.23법11690호(정부조직)
2013. 5.28법11848호(디자인보호)
2013. 7.30법11962호(변리사)
2014. 6.11법12752호　2015. 1.28법13088호
2016. 2.29법14034호
2016. 3.29법14112호(특허)
2017. 3.21법14690호
2019. 1. 8법16208호(특허)
2021. 4.20법18098호(특허)
2021. 8.17법18409호(특허)
2021.10.19법18505호(특허)
2022. 6.10법18890호　2023. 9.14법19712호
2024. 2. 6법20200호(산업재산정보의관리및활용촉진에관한법)→2024년 8월 7일 시행

제1장 총 칙

제1조【목적】 이 법은 실용적인 고안을 보호·장려하고 그 이용을 도모함으로써 기술의 발전을 촉진하여 산업발전에 이바지함을 목적으로 한다.
제2조【정의】 이 법에서 사용하는 용어의 뜻은 다음과 같다.
1. "고안"이란 자연법칙을 이용한 기술적 사상의 창작을 말한다.
2. "등록실용신안"이란 실용신안등록을 받은 고안을 말한다.
3. "실시"란 고안에 관한 물품을 생산·사용·양도·대여 또는 수입하거나 그 물품의 양도 또는 대여의 청약(양도 또는 대여를 위한 전시를 포함한다. 이하 같다)을 하는 행위를 말한다.
(2014.6.11 본조개정)
제3조【「특허법」의 준용】 실용신안에 관하여는 「특허법」 제3조부터 제7조까지, 제7조의2, 제8조부터 제25조까지, 제28조, 제28조의2부터 제28조의5까지의 규정을 준용한다.(2014.6.11 본조개정)

제2장 실용신안등록요건 및 실용신안등록출원

제4조【실용신안등록의 요건】 ① 산업상 이용할 수 있는 물품의 형상·구조 또는 조합에 관한 고안으로서 다음 각 호의 어느 하나에 해당하는 것을 제외하고는 그 고안에 대하여 실용신안등록을 받을 수 있다.
1. 실용신안등록출원 전에 국내 또는 국외에서 공지(公知)되었거나 공연(公然)히 실시된 고안
2. 실용신안등록출원 전에 국내 또는 국외에서 반포된 간행물에 게재되었거나 전기통신회선을 통하여 공중(公衆)이 이용할 수 있는 고안
② 실용신안등록출원 전에 그 고안이 속하는 기술분야에서 통상의 지식을 가진 사람이 제1항 각 호의 어느 하나에 해당하는 고안에 의하여 극히 쉽게 고안할 수 있으면 그 고안에 대해서는 제1항에도 불구하고 실용신안등록을 받을 수 없다.
③ 실용신안등록출원한 고안이 다음 각 호의 요건을 모두 갖춘 다른 실용신안등록출원의 출원서에 최초로 첨부된 명세서 또는 도면에 기재된 고안과 동일한 경우에 그 고안은 제1항에도 불구하고 실용신안등록을 받을 수 없다. 다만, 그 실용신안등록출원의 고안자와 다른 실용신안등록출원의 고안자가 같거나 그 실용신안등록출원을 출원한 때의 출원인과 다른 실용신안등록출원의 출원인이 같은 경우에는 그러하지 아니하다.
1. 그 실용신안등록출원일 전에 출원된 실용신안등록출원일 것
2. 그 실용신안등록출원 후 제15조에 따라 준용되는 「특허법」 제64조에 따라 출원공개되거나 이 법 제21조제3항에 따라 등록공고된 실용신안등록출원일 것
④ 실용신안등록출원한 고안이 다음 각 호의 요건을 모두 갖춘 특허출원의 출원서에 최초로 첨부된 명세서 또는 도면에 기재된 발명과 동일한 경우에 그 고안은 제1항에도 불구하고 실용신안등록을 받을 수 없다. 다만, 그 실용신안등록출원의 고안자와 특허출원의 발명자가 같거나 그 실용신안등록출원을 출원한 때의 출원인과 특허출원의 출원인이 같은 경우에는 그러하지 아니하다.
1. 그 실용신안등록출원일 전에 출원된 특허출원일 것
2. 그 실용신안등록출원 후 「특허법」 제64조에 따라 출원공개되거나 같은 법 제87조제3항에 따라 등록공고된 특허출원일 것
⑤ 제3항을 적용할 때 다른 실용신안등록출원이 제34조제2항에 따른 국제실용신안등록출원(제40조제4항에 따라 실용신안등록출원으로 보는 국제출원을 포함한다)인 경우 제3항 본문 중 "출원서에 최초로 첨부된 명세서 또는 도면"은 "국제출원일까지 제출한 고안의 설명, 청구범위 또는 도면"으로, 같은 항 제2호 중 "출원공개"는 "출원공개 또는 「특허협력조약」 제21조에 따라 국제공개"로 본다.
⑥ 제4항을 적용할 때 특허출원이 「특허법」 제199조제2항에 따른 국제특허출원(같은 법 제214조제4항에 따라 특허출원으로 보는 국제출원을 포함한다)인 경우 제4항 본문 중 "출원서에 최초로 첨부된 명세서 또는 도면"은 "국제출원일까지 제출한 발명의 설명, 청구범위 또는 도면"으로, 같은 항 제2호 중 "출원공개되거나 같은 법"은 "출원공개 또는 「특허협력조약」 제21조에 따라 국제공개되거나 「특허법」"으로 본다.
⑦ 제3항 또는 제4항을 적용할 때 제35조제4항에 따라 취하한 것으로 보는 국제실용신안등록출원 또는 「특허법」 제201조제4항에 따라 취하한 것으로 보는 국제특허출원은 다른 실용신안등록출원 또는 특허출원으로 보지 아니한다.
(2014.6.11 본조개정)
제5조 (2015.1.28 삭제)
제6조【실용신안등록을 받을 수 없는 고안】 다음 각 호의 어느 하나에 해당하는 고안에 대해서는 제4조제1항에도 불구하고 실용신안등록을 받을 수 없다.
1. 국기 또는 훈장과 동일하거나 유사한 고안
2. 공공의 질서 또는 선량한 풍속에 어긋나거나 공중의 위생을 해칠 우려가 있는 고안
(2014.6.11 본조개정)
제7조【선출원】 ① 동일한 고안에 대하여 다른 날에 둘 이상의 실용신안등록출원이 있는 경우에는 먼저 실용신안등록출원한 자만이 그 고안에 대하여 실용신안등록을 받을 수 있다.
② 동일한 고안에 대하여 같은 날에 둘 이상의 실용신안등록출원이 있는 경우에는 실용신안등록출원인 간에 협의하여 정한 하나의 실용신안등록출원인만이 그 고안에 대하여 실용신안등록을 받을 수 있다. 다만, 협의가 성립하지 아니하거나 협의를 할 수 없는 경우에는 어느 실용신안등록출원인도 그 고안에 대하여 실용신안등록을 받을 수 없다.
③ 실용신안등록출원된 고안과 특허출원된 발명이 동일한 경우 그 실용신안등록출원과 특허출원이 다른 날에 출원된 것이면 제1항을 준용하고, 그 실용신안등록출원과 특허출원이 같은 날에 출원된 것이면 제2항을 준용한다.
④ 실용신안등록출원 또는 특허출원이 다음 각 호의 어느 하나에 해당하는 경우 그 실용신안등록출원 또는 특허출원은 제1항부터 제3항까지의 규정을 적용할 때에는 처음부터 없었던 것으로 본다. 다만, 제2항 단서(제3항에 따라 준용되는 경우를 포함한다)에 해당하여 그 실용신안등록출원 또는 특허출원에 대하여 거절결정이나 거절한다는 취지의 심결이 확정된 경우에는 그러하지 아니하다.
1. 포기, 무효 또는 취하된 경우
2. 거절결정이나 거절한다는 취지의 심결이 확정된 경우
⑤ 고안자 또는 발명자가 아닌 자로서 실용신안등록을 받을 수 있는 권리 또는 특허를 받을 수 있는 권리의 승계인이 아닌 자가 한 실용신안등록출원 또는 특허출원은 제1항부터 제3항까지의 규정을 적용할 때에는 처음부터 없었던 것으로 본다.
⑥ 특허청장은 제2항의 경우에 실용신안등록출원인에게 기간을 정하여 협의의 결과를 신고할 것을 명하고, 그 기간에 신고가 없으면 제2항에 따른 협의는 성립되지 아니한 것으로 본다.
(2014.6.11 본조개정)
제8조【실용신안등록출원】 ① 실용신안등록을 받으려는 자는 다음 각 호의 사항을 적은 실용신안등록출원서를 특허청장에게 제출하여야 한다.
1. 실용신안등록출원인의 성명 및 주소(법인인 경우에는 그 명칭 및 영업소의 소재지)
2. 실용신안등록출원인의 대리인이 있는 경우에는 그 대리인의 성명 및 주소나 영업소의 소재지〔대리인이 특허법인·특허법인(유한)인 경우에는 그 명칭, 사무소의 소재지 및 지정된 변리사의 성명〕
3. 고안의 명칭
4. 고안자의 성명 및 주소
② 제1항에 따른 실용신안등록출원서에는 고안의 설명, 청구범위를 적은 명세서와 도면 및 요약서를 첨부하여야 한다.
③ 제2항에 따른 고안의 설명은 다음 각 호의 요건을 모두 충족하여야 한다.
1. 그 고안이 속하는 기술분야에서 통상의 지식을 가진 사람이 그 고안을 쉽게 실시할 수 있도록 명확하고 상세하게 적을 것
2. 그 고안의 배경이 되는 기술을 적을 것

④ 제2항에 따른 청구범위에는 보호받으려는 사항을 적은 항(이하 "청구항"이라 한다)이 하나 이상 있어야 하며, 그 청구항은 다음 각 호의 요건을 모두 충족하여야 한다.
1. 고안의 설명에 의하여 뒷받침될 것
2. 고안이 명확하고 간결하게 적혀 있을 것
⑤ (2014.6.11 삭제)
⑥ 제2항에 따른 청구범위에는 보호받으려는 사항을 명확히 할 수 있도록 고안을 특정하는 데 필요하다고 인정되는 형상·구조 또는 이들의 결합관계 등을 적어야 한다.
⑦ (2014.6.11 삭제)
⑧ 제2항에 따른 청구범위의 기재방법에 관하여 필요한 사항은 대통령령으로 정한다.
⑨ 제2항에 따른 고안의 설명, 도면 및 요약서의 기재방법 등에 관하여 필요한 사항은 산업통상자원부령으로 정한다.
(2014.6.11 본조개정)

제8조의2【실용신안등록출원일 등】 ① 실용신안등록출원일은 명세서 및 도면을 첨부한 실용신안등록출원서가 특허청장에게 도달한 날로 한다. 이 경우 명세서에 청구범위는 적지 아니할 수 있으나, 고안의 설명은 적어야 한다.
② 실용신안등록출원인은 제1항 후단에 따라 실용신안등록출원서에 최초로 첨부한 명세서에 청구범위를 적지 아니한 경우에는 제15조에 따라 준용되는 「특허법」 제64조제1항 각 호의 구분에 따른 날부터 1년 2개월이 되는 날까지 명세서에 청구범위를 적는 보정을 하여야 한다. 다만, 본문에 따른 기한 이전에 제15조에 따라 준용되는 「특허법」 제60조제3항에 따른 출원심사 청구의 취지를 통지받은 경우에는 그 통지를 받은 날부터 3개월이 되는 날 또는 제15조에 따라 준용되는 「특허법」 제64조제1항 각 호의 구분에 따른 날부터 1년 2개월이 되는 날 중 빠른 날까지 보정을 하여야 한다.
③ 실용신안등록출원인이 제2항에 따른 보정을 하지 아니한 경우에는 제2항에 따른 기한이 되는 날의 다음 날에 해당 실용신안등록출원을 취하한 것으로 본다.
(2014.6.11 본조신설)

제8조의3【외국어실용신안등록출원 등】 ① 실용신안등록출원인이 명세서 및 도면(도면 중 설명부분에 한정한다. 이하 제2항 및 제5항에서 같다)을 국어가 아닌 산업통상자원부령으로 정하는 언어로 적겠다는 취지를 실용신안등록출원을 할 때 실용신안등록출원서에 적은 경우에는 그 언어로 적을 수 있다.
② 실용신안등록출원인이 실용신안등록출원서에 최초로 첨부된 명세서 및 도면을 제1항에 따른 언어로 적은 실용신안등록출원(이하 "외국어실용신안등록출원"이라 한다)을 한 경우에는 제15조에 따라 준용되는 「특허법」 제64조제1항 각 호의 구분에 따른 날부터 1년 2개월이 되는 날까지 그 명세서 및 도면의 국어번역문을 산업통상자원부령으로 정하는 방법에 따라 제출하여야 한다. 다만, 본문에 따른 기한 이전에 제15조에 따라 준용되는 「특허법」 제60조제3항에 따른 출원심사 청구의 취지를 통지받은 경우에는 그 통지를 받은 날부터 3개월이 되는 날 또는 제15조에 따라 준용되는 「특허법」 제64조제1항 각 호의 구분에 따른 날부터 1년 2개월이 되는 날 중 빠른 날까지 제출하여야 한다.
③ 제2항에 따라 국어번역문을 제출한 실용신안등록출원인은 제2항에 따른 기한 이전에 그 국어번역문을 갈음하여 새로운 국어번역문을 제출할 수 있다. 다만, 다음 각 호의 어느 하나에 해당하는 경우에는 그러하지 아니하다.
1. 명세서 또는 도면을 보정(제5항에 따라 보정한 것으로 보는 경우는 제외한다)한 경우
2. 실용신안등록출원인이 출원심사의 청구를 한 경우
④ 실용신안등록출원인이 제2항에 따른 명세서의 국어번역문을 제출하지 아니한 경우에는 제2항에 따른 기한이 되는 날의 다음 날에 해당 실용신안등록출원을 취하한 것으로 본다.
⑤ 실용신안등록출원인이 제2항에 따른 국어번역문 또는 제3항 본문에 따른 새로운 국어번역문을 제출한 경우에는 외국어실용신안등록출원의 실용신안등록출원서에 최초로 첨부된 명세서 또는 도면을 그 국어번역문에 따라 보정한 것으로 본다. 다만, 제3항 본문에 따라 새로운 국어번역문을 제출한 경우에는 마지막 국어번역문(이하 이 조에서 "최종 국어번역문"이라 한다) 전에 제출한 국어번역문에 따라 보정한 것으로 보는 모든 보정은 처음부터 없었던 것으로 본다.
⑥ 실용신안등록출원인은 제11조에 따라 준용되는 「특허법」 제47조제1항에 따라 보정을 할 수 있는 기간에 최종 국어번역문의 잘못된 번역을 산업통상자원부령으로 정하는 방법에 따라 정정할 수 있다. 이 경우 정정된 국어번역문에 관하여는 제5항을 적용하지 아니한다.
⑦ 제11조에 따라 준용되는 「특허법」 제47조제1항제1호 또는 제2호에 따른 기간에 정정을 하는 경우에는 마지막 정정 전에 한 모든 정정은 처음부터 없었던 것으로 본다.
(2016.2.29 본항신설)
(2014.6.11 본조신설)

제9조【하나의 실용신안등록출원의 범위】 ① 실용신안등록출원은 하나의 고안마다 하나의 실용신안등록출원으로 한다. 다만, 하나의 총괄적 고안의 개념을 형성하는 일 군(群)의 고안에 대하여 하나의 실용신안등록출원으로 할 수 있다.
② 제1항 단서에 따라 일 군의 고안에 대하여 하나의 실용신안등록출원으로 할 수 있는 요건은 대통령령으로 정한다.
(2014.6.11 본조개정)

제10조【변경출원】 ① 특허출원인은 그 특허출원의 출원서에 최초로 첨부된 명세서 또는 도면에 기재된 사항의 범위에서 그 특허출원을 실용신안등록출원으로 변경할 수 있다. 다만, 다음 각 호의 어느 하나에 해당하는 경우에는 그러하지 아니하다.
1. 그 특허출원에 관하여 최초의 거절결정등본을 송달받은 날부터 3개월(「특허법」 제15조제1항에 따라 같은 법 제132조의17에 따른 기간이 연장된 경우에는 그 연장된 기간을 말한다)이 지난 경우(2021.10.19 본호개정)
2. 그 특허출원이 「특허법」 제42조의3제2항에 따른 외국어특허출원인 경우로서 변경하여 출원할 때 같은 항에 따른 국어번역문이 제출되지 아니한 경우
(2014.6.11 본항개정)
② 제1항에 따라 변경된 실용신안등록출원(이하 "변경출원"이라 한다)이 있는 경우에 그 변경출원은 특허출원을 한 때에 실용신안등록출원을 한 것으로 본다. 다만, 그 변경출원이 다음 각 호의 어느 하나에 해당하는 경우에는 그러하지 아니하다.
1. 제4조제3항에 따른 다른 실용신안등록출원 또는 「특허법」 제29조제4항에 따른 실용신안등록출원에 해당하여 이 법 제4조제3항 또는 「특허법」 제29조제4항을 적용하는 경우
2. 제11조에 따라 준용되는 「특허법」 제30조제2항을 적용하는 경우(2015.1.28 본호개정)
3. 제11조에 따라 준용되는 「특허법」 제54조제3항을 적용하는 경우
4. 제11조에 따라 준용되는 「특허법」 제55조제2항을 적용하는 경우
(2014.6.11 본항개정)
③ 제1항에 따라 변경출원을 하려는 자는 변경출원을 할 때 실용신안등록출원서에 그 취지 및 변경출원의 기초가 된 특허출원의 표시를 하여야 한다.(2014.6.11 본항개정)
④ 변경출원이 있는 경우에는 그 특허출원은 취하된 것으로 본다.(2014.6.11 본항개정)
⑤ (2014.6.11 삭제)
⑥ 변경출원의 경우에 「특허법」 제54조에 따른 우선권을 주장하는 자는 같은 조 제4항에 따른 서류를 같은 조 제5항에 따른 기간이 지난 후에도 변경출원을 한 날부터 3개월 이내에 특허청장에게 제출할 수 있다.(2013.3.22 본항개정)
⑦ 실용신안등록출원인은 변경출원이 외국어실용신안등록출원인 경우에는 제8조의3제2항에 따른 국어번역문 또는 같은 조 제3항 본문에 따른 새로운 국어번역문을 같은 조 제2항에 따른 기한이 지난 후에도 변경출원을 한 날부터 30일이 되는 날까지 제출할 수 있다. 다만, 제8조의3제3항 각 호의 어느 하나에 해당하는 경우에는 새로운 국어번역문을 제출할 수 없다.(2014.6.11 본항신설)
⑧ 실용신안등록출원인은 실용신안등록출원서에 최초로 첨부한 명세서에 청구범위를 적지 아니한 변경출원의 경우 제8조의2제2항에 따른 기한이 지난 후에도 변경출원을 한 날부터 30일이 되는 날까지 명세서에 청구범위를 적는 보정을 할 수 있다.(2014.6.11 본항신설)

제11조【「특허법」의 준용】 실용신안등록요건 및 실용신안등록출원에 관하여는 「특허법」 제30조, 제33조부터 제35조까지, 제37조, 제38조, 제41조, 제43조, 제44조, 제46조, 제47조, 제51조, 제52조, 제52조의2 및 제54조부터 제56조까지의 규정을 준용한다.(2021.10.19 본조개정)

제3장 심　사

제12조【실용신안등록출원심사의 청구】 ① 실용신안등록출원에 대하여 심사청구가 있을 때에만 이를 심사한다.
② 누구든지 실용신안등록출원에 대하여 실용신안등록출원일부터 3년 이내에 특허청장에게 출원심사의 청구를 할 수 있다. 다만, 실용신안등록출원인은 다음 각 호의 어느 하나에 해당하는 경우에는 출원심사의 청구를 할 수 없다.
1. 명세서에 청구범위를 적지 아니한 경우
2. 제8조의3제2항에 따른 국어번역문을 제출하지 아니한 경우(외국어실용신안등록출원의 경우로 한정한다)
③ 다음 각 호의 어느 하나에 해당하는 실용신안등록출원에 관하여는 제2항에 따른 기간이 지난 후에도 다음 각 호의 구분에 따른 기간 이내에 출원심사의 청구를 할 수 있다.
1. 변경출원 : 변경출원을 한 날부터 30일
2. 제11조에 따라 준용되는 「특허법」 제34조 및 제35조에 따른 정당한 권리자의 실용신안등록출원 : 정당한 권리자가 실용신안등록출원을 한 날부터 30일
3. 제11조에 따라 준용되는 「특허법」 제52조제2항에 따른 분할출원 : 분할출원을 한 날부터 30일
4. 제11조에 따라 준용되는 「특허법」 제52조의2제2항에 따른 분리출원 : 분리출원을 한 날부터 30일(2021.10.19 본호신설)
④ 출원심사의 청구는 취하할 수 없다.
⑤ 제2항 또는 제3항에 따라 출원심사의 청구를 할 수 있는 기간에 출원심사의 청구가 없으면 그 실용신안등록출원은 취하한 것으로 본다.
(2014.6.11 본조개정)

제13조【실용신안등록거절결정】 제15조에 따라 준용되는 「특허법」 제57조제1항에 따른 심사관(이하 "심사관"이라 한다)은 실용신안등록출원이 다음 각 호의 어느 하나의 거절이유(이하 "거절이유"라 한다)에 해당하는 경우에는 실용신안등록거절결정을 하여야 한다.
1. 제4조, 제6조, 제7조제1항부터 제3항까지, 제3조에 따라 준용되는 「특허법」 제25조 또는 이 법 제11조에 따라 준용되는 「특허법」 제44조에 따라 실용신안등록을 받을 수 없는 경우
2. 제11조에 따라 준용되는 「특허법」 제33조제1항 본문에 따른 실용신안등록을 받을 수 있는 권리를 가지지 아니하거나 같은 항 단서에 따라 실용신안등록을 받을 수 없는 경우
3. 조약을 위반한 경우
4. 제8조제3항·제4항·제8항 또는 제9조에 따른 요건을 갖추지 아니한 경우
5. 제10조제1항에 따른 범위를 벗어난 변경출원인 경우
6. 제11조에 따라 준용되는 「특허법」 제47조제2항에 따른 범위를 벗어난 보정인 경우
7. 제11조에 따라 준용되는 「특허법」 제52조제1항에 따른 범위를 벗어난 분할출원인 경우
8. 제11조에 따라 준용되는 「특허법」 제52조의2제1항에 따른 범위를 벗어난 분리출원인 경우(2021.10.19 본호신설)
(2014.6.11 본조개정)

제14조【거절이유통지】 ① 심사관은 다음 각 호의 어느 하나에 해당하는 경우 실용신안등록출원인에게 거절이유를 통지하고, 기간을 정하여 의견서를 제출할 수 있는 기회를 주어야 한다. 다만, 제11조에 따라 준용되는 「특허법」 제51조제1항에 따라 각하결정을 하려는 경우에는 그러하지 아니하다.
1. 제13조에 따라 실용신안등록거절결정을 하려는 경우
2. 제15조에 따라 준용되는 「특허법」 제66조의3에 따른 직권 재심사를 하여 취소된 실용신안등록결정 전에 이미 통지한 거절이유로 실용신안등록거절결정을 하려는 경우
(2016.2.29 본항개정)
② 심사관은 청구범위에 둘 이상의 청구항이 있는 실용신안등록출원에 대하여 제1항 본문에 따라 거절이유를 통지할 때에는 그 통지서에 거절되는 청구항을 명확히 밝히고, 그 청구항에 관한 거절이유를 구체적으로 적어야 한다.
(2014.6.11 본조개정)

제15조【「특허법」의 준용】 실용신안등록출원의 심사·결정에 관하여는 「특허법」 제57조, 제58조, 제58조의2, 제60조, 제61조, 제63조, 제63조의3, 제64조부터 제66조까지, 제66조의2, 제66조의3, 제67조, 제67조의2, 제67조의3, 제68조 및 제78조를 준용한다.(2016.2.29 본조개정)

제4장 등록료 및 실용신안등록 등
(2014.6.11 본장개정)

제16조【등록료】 ① 제21조제1항에 따른 실용신안권의 설정등록을 받으려는 자는 설정등록을 받으려는 날(이하 "설정등록일"이라 한다)부터 3년분의 등록료를 내야 하고, 실용신안권자는 그 다음 해부터의 등록료를 해당 권리의 설정등록일에 해당하는 날을 기준으로 매년 1년분씩 내야 한다.
② 제1항에도 불구하고 실용신안권자는 그 다음 해부터의 등록료는 그 납부연도 순서에 따라 수년분 또는 모든 연도분을 함께 낼 수 있다.
③ 제1항 및 제2항에 따른 등록료, 그 납부방법 및 납부기간, 그 밖에 필요한 사항은 산업통상자원부령으로 정한다.

제17조【수수료】 ① 실용신안등록에 관한 절차를 밟는 자는 수수료를 내야 한다.
② 실용신안등록출원인이 아닌 자가 출원심사의 청구를 한 후 그 실용신안등록출원서에 첨부한 명세서를 보정하여 청구범위에 적은 청구항의 수가 증가한 경우에는 그 증가한 청구항에 관하여 내야 할 심사청구료는 실용신안등록출원인이 내야 한다.
③ 제1항에 따른 수수료, 그 납부방법 및 납부기간, 그 밖에 필요한 사항은 산업통상자원부령으로 정한다.

제18조~제19조 (2016.2.29 삭제)

제20조【「특허법」의 준용】 등록료 및 실용신안등록에 관하여는 「특허법」 제80조, 제81조, 제81조의2, 제81조의3 및 제83조부터 제86조까지의 규정을 준용한다.
(2016.2.29 본조개정)

제5장 실용신안권

제21조【실용신안권의 설정등록 및 등록공고】 ① 실용신안권은 설정등록에 의하여 발생한다.

② 특허청장은 다음 각 호의 어느 하나에 해당할 때에는 실용신안권을 설정하기 위한 등록을 하여야 한다.
1. 제16조제1항에 따른 등록료를 냈을 때
2. 제20조에 따라 준용되는 「특허법」 제81조제1항에 따라 등록료를 추가로 냈을 때
3. 제20조에 따라 준용되는 「특허법」 제81조의2제2항에 따라 등록료를 보전하였을 때
4. 제20조에 따라 준용되는 「특허법」 제81조의3제1항에 따라 등록료를 내거나 보전하였을 때
5. 제20조에 따라 준용되는 「특허법」 제83조제1항제1호 및 같은 조 제2항에 따라 그 등록료가 면제되었을 때
③ 특허청장은 제2항에 따라 등록한 경우에는 다음 각 호의 사항을 실용신안공보에 게재하여 등록공고를 하여야 한다.
1. 실용신안권자의 성명 및 주소(법인인 경우에는 그 명칭 및 영업소의 소재지를 말한다)
2. 실용신안등록출원번호 및 출원연월일
3. 고안자의 성명 및 주소
4. 실용신안등록출원서에 첨부된 요약서
5. 실용신안등록번호 및 설정등록연월일
6. 등록공고연월일
7. 제14조제1항 각 호 외의 부분 본문에 따라 통지한 거절이유에 선행기술에 관한 정보(선행기술이 적혀 있는 간행물의 명칭과 그 밖에 선행기술에 관한 정보의 소재지를 말한다)가 포함된 경우 그 정보
8. 그 밖에 대통령령으로 정하는 사항
(2016.2.29 본항개정)
④ 제3항에도 불구하고 특허청장은 제11조에 따라 준용되는 「특허법」 제41조제1항에 따라 비밀취급이 필요한 등록실용신안에 대해서는 그 고안의 비밀취급이 해제될 때까지 그 실용신안등록의 등록공고를 보류하여야 하며, 그 고안의 비밀취급이 해제된 경우에는 지체 없이 등록공고를 하여야 한다.
⑤ (2016.2.29 삭제)
(2014.6.11 본조개정)

제22조【실용신안권의 존속기간】 ① 실용신안권의 존속기간은 제21조제1항에 따라 실용신안권을 설정등록한 날부터 실용신안등록출원일 후 10년이 되는 날까지로 한다.
② 정당한 권리자의 실용신안등록출원이 제11조에 따라 준용되는 「특허법」 제34조 또는 제35조에 따라 실용신안등록된 경우에는 제1항의 실용신안권의 존속기간은 무권리자의 실용신안등록출원일의 다음 날부터 기산한다.
(2014.6.11 본조개정)

제22조의2【등록지연에 따른 실용신안권의 존속기간의 연장】 ① 실용신안등록출원에 대하여 실용신안등록출원일부터 4년 또는 출원심사의 청구일부터 3년 중 늦은 날보다 지연되어 실용신안권의 설정등록이 이루어지는 경우에는 제22조제1항에도 불구하고 그 지연된 기간만큼 해당 실용신안권의 존속기간을 연장할 수 있다.
② 제1항의 규정을 적용함에 있어서 출원인으로 인하여 지연된 기간은 제1항에 따른 실용신안권의 존속기간의 연장에서 제외된다. 다만, 출원인으로 인하여 지연된 기간이 겹치는 경우에는 실용신안권의 존속기간의 연장에서 제외되는 기간은 출원인으로 인하여 실제 지연된 기간을 초과하여서는 아니된다.
③ 제2항에서 "출원인으로 인하여 지연된 기간"에 관한 사항은 대통령령으로 정한다.
④ 제1항에 따라 실용신안등록출원일부터 4년을 기산할 때에는 제10조제2항, 제34조제1항, 제40조제4항 및 제11조에 따라 준용되는 「특허법」 제34조·제35조·제52조제2항·제52조의2제2항에도 불구하고 다음 각 호에 해당하는 날을 실용신안등록출원일로 본다.(2021.10.19 본문개정)
1. 제10조에 따른 변경출원의 경우에는 변경출원을 한 날
2. 제11조에 따라 준용되는 「특허법」 제34조 또는 제35조에 따른 정당한 권리자의 실용신안등록출원의 경우에는 정당한 권리자가 출원을 한 날
3. 제11조에 따라 준용되는 「특허법」 제52조에 따른 분할출원의 경우에는 분할출원을 한 날
3의2. 제11조에 따라 준용되는 「특허법」 제52조의2에 따른 분리출원의 경우에는 분리출원을 한 날(2021.10.19 본호신설)
4. 제34조제1항에 따라 실용신안등록출원으로 보는 국제출원의 경우에는 제41조에 따라 준용되는 「특허법」 제203조제1항 각 호의 사항을 기재한 서면을 제출한 날
5. 제40조에 따라 실용신안등록출원으로 보는 국제출원의 경우에는 국제출원의 출원인이 제40조제1항에 따라 결정을 신청한 날
6. 제1호부터 제5호까지의 규정 중 어느 하나에 해당되지 아니하는 실용신안등록출원에 대하여는 그 실용신안등록출원일
(2011.12.2 본조신설)

제22조의3【등록지연에 따른 실용신안권의 존속기간의 연장등록출원】 ① 제22조의2에 따라 실용신안권의 존속기간의 연장등록출원을 하려는 자(이하 이 조 및 제22조의4에서 "연장등록출원인"이라 한다)는 다음 각 호의 사항을 적은 실용신안권의 존속기간의 연장등록출원서를 특허청장에게 제출하여야 한다.
1. 연장등록출원인의 성명 및 주소(법인인 경우에는 그 명칭 및 영업소의 소재지)
2. 연장등록출원인의 대리인이 있는 경우에는 그 대리인의 성명 및 주소나 영업소의 소재지[대리인이 특허법인·특허법인(유한)인 경우에는 그 명칭, 사무소의 소재지 및 지정된 변리사의 성명](2013.7.30 본호개정)
3. 연장대상 실용신안권의 등록번호
4. 연장신청의 기간
5. 산업통상자원부령이 정하는 연장이유(이를 증명할 수 있는 자료를 첨부하여야 한다)(2013.3.23 본호개정)
② 제1항에 따른 실용신안권의 존속기간의 연장등록출원은 실용신안권의 설정등록일부터 3개월 이내에 출원하여야 한다.
③ 실용신안권이 공유인 경우에는 공유자 전원이 공동으로 실용신안권의 존속기간의 연장등록출원을 하여야 한다.
④ 연장등록출원인은 심사관이 실용신안권의 존속기간의 연장등록 여부결정 전까지 연장등록출원서에 기재된 사항 중 제1항제4호 및 제5호의 사항에 대하여 보정할 수 있다. 다만, 제22조의6에 따라 준용되는 거절이유통지를 받은 후에는 해당 거절이유통지에 따른 의견서 제출기간에만 보정할 수 있다.
(2011.12.2 본조신설)

제22조의4【등록지연에 따른 실용신안권의 존속기간의 연장등록거절결정】 심사관은 실용신안권의 존속기간의 연장등록출원이 다음 각 호의 어느 하나에 해당하는 경우에는 그 출원에 대하여 연장등록거절결정을 하여야 한다.
1. 연장신청의 기간이 제22조의2에 따라 인정되는 연장의 기간을 초과한 경우
2. 연장등록출원인이 해당 실용신안권자가 아닌 경우
3. 제22조의3제3항을 위반하여 연장등록출원을 한 경우
(2011.12.2 본조신설)

제22조의5【등록지연에 따른 실용신안권의 존속기간의 연장등록결정 등】 ① 심사관은 실용신안권의 존속기간의 연장등록출원에 대하여 제22조의4 각 호의 어느 하나에 해당하는 사유를 발견할 수 없는 경우에는 연장등록결정을 하여야 한다.
② 특허청장은 제1항의 연장등록결정이 있으면 실용신안권의 존속기간의 연장을 실용신안등록원부에 등록하여야 한다.
③ 제2항에 따른 등록이 있으면 다음 각 호의 사항을 실용신안공보에 게재하여야 한다.
1. 실용신안권자의 성명 및 주소(법인인 경우에는 그 명칭 및 영업소의 소재지)
2. 실용신안권의 등록번호
3. 연장등록 연월일
4. 연장 기간
(2011.12.2 본조신설)

제22조의6【준용규정】 실용신안권의 존속기간의 연장등록출원의 심사에 관하여는 제14조, 「특허법」 제57조제1항·제67조·제148조제1호부터 제5호까지 및 같은 조 제7호를 준용한다.(2011.12.2 본조신설)

제23조【실용신안권의 효력】 실용신안권자는 업(業)으로서 등록실용신안을 실시할 권리를 독점한다. 다만, 그 실용신안권에 관하여 제28조에 따라 준용되는 「특허법」 제100조제1항에 따라 전용실시권을 설정하였을 때에는 같은 조 제2항에 따라 전용실시권자가 그 등록실용신안을 실시할 권리를 독점하는 범위에서는 그러하지 아니하다.(2014.6.11 본조개정)

제24조【실용신안권의 효력이 미치지 아니하는 범위】 실용신안권의 효력은 다음 각 호의 어느 하나에 해당하는 사항에는 미치지 아니한다.
1. 연구 또는 시험을 하기 위한 등록실용신안의 실시
2. 국내를 통과하는데 불과한 선박·항공기·차량 또는 이에 사용되는 기계·기구·장치 그 밖의 물건
3. 실용신안등록출원시부터 국내에 있는 물건

제25조【타인의 등록실용신안 등과의 관계】 실용신안권자·전용실시권자 또는 통상실시권자는 등록실용신안이 그 등록실용신안의 실용신안등록출원일 전에 출원된 타인의 등록실용신안·특허발명 또는 등록디자인이나 그 디자인과 유사한 디자인을 이용하거나 실용신안권이 그 등록실용신안의 실용신안등록출원일 전에 출원된 타인의 디자인권 또는 상표권과 저촉되는 경우에는 그 실용신안권자·특허권자·디자인권자 또는 상표권자의 허락을 받지 아니하고는 자기의 등록실용신안을 업으로서 실시할 수 없다.(2014.6.11 본조개정)

제26조【무효심판청구 등록 전의 실시에 의한 통상실시권】 ① 다음 각 호의 어느 하나에 해당하는 자가 실용신안등록 또는 특허에 대한 무효심판청구의 등록 전에 자기의 등록실용신안 또는 특허발명이 무효사유에 해당되는 것을 알지 못하고 국내에서 그 고안 또는 발명의 실시사업을 하거나 이를 준비하고 있는 경우에는 그 실시하거나 준비하고 있는 고안 또는 발명 및 사업목적의 범위에서 그 실용신안권에 대하여 통상실시권을 가지거나 실용신안등록이나 특허가 무효로 된 당시에 존재하는 실용신안권의 전용실시권에 대하여 통상실시권을 가진다.
1. 동일한 고안에 대한 둘 이상의 실용신안등록 중 그 하나의 실용신안등록을 무효로 한 경우 그 무효로 된 실용신안등록의 원(原)실용신안권자
2. 등록실용신안과 특허발명이 동일하여 그 특허를 무효로 한 경우 그 무효로 된 특허의 원(原)특허권자
3. 실용신안등록을 무효로 하고 동일한 고안에 관하여 정당한 권리자에게 실용신안등록을 한 경우 그 무효로 된 실용신안등록의 원실용신안권자
4. 특허를 무효로 하고 그 발명과 동일한 고안에 관하여 정당한 권리자에게 실용신안등록을 한 경우 그 무효로 된 특허의 원특허권자
5. 제1호부터 제4호까지의 경우에 있어서 그 무효로 된 실용신안권 또는 특허권에 대하여 무효심판청구 등록 당시에 이미 전용실시권이나 통상실시권 또는 그 전용실시권에 대한 통상실시권을 취득하고 등록을 받은 자. 다만, 제28조에 따라 준용되는 「특허법」 제118조제2항에 따른 통상실시권을 취득한 자는 등록을 필요로 하지 아니한다.
② 제1항에 따라 통상실시권을 가진 자는 실용신안권자 또는 전용실시권자에게 상당한 대가를 지급하여야 한다.
(2014.6.11 본조개정)

제27조【디자인권의 존속기간 만료 후의 통상실시권】 ① 실용신안등록출원일 전 또는 실용신안등록출원일과 같은 날에 출원되어 등록된 디자인권이 그 실용신안권과 저촉되는 경우 그 디자인권의 존속기간이 만료될 때에는 그 디자인권자는 그 디자인권의 범위에서 그 실용신안권에 대하여 통상실시권을 가지거나 그 디자인권의 존속기간 만료 당시 존재하는 그 실용신안권의 전용실시권에 대하여 통상실시권을 가진다.
② 실용신안등록출원일 전 또는 실용신안등록출원일과 같은 날에 출원되어 등록된 디자인권이 그 실용신안권과 저촉되는 경우 그 디자인권의 존속기간이 만료될 때에는 다음 각 호의 어느 하나의 권리를 가진 자는 원(原)권리의 범위에서 그 실용신안권에 대하여 통상실시권을 가지거나 그 디자인권의 존속기간 만료 당시 존재하는 그 실용신안권의 전용실시권에 대하여 통상실시권을 가진다.
1. 그 디자인권의 존속기간 만료 당시 존재하는 그 디자인권에 대한 전용실시권
2. 그 디자인권이나 그 디자인권에 대한 전용실시권에 대하여 「디자인보호법」 제104조제1항에 따라 효력이 발생한 통상실시권
③ 제2항에 따라 통상실시권을 가진 자는 실용신안권자 또는 전용실시권자에게 상당한 대가를 지급하여야 한다.
(2014.6.11 본조개정)

제28조【「특허법」의 준용】 실용신안권에 관하여는 「특허법」 제97조, 제99조, 제99조의2, 제100조부터 제103조까지, 제103조의2, 제106조, 제106조의2, 제107조부터 제111조까지, 제111조의2, 제112조부터 제115조까지, 제118조부터 제125조까지 및 제125조의2를 준용한다.
(2016.2.29 본조개정)

제6장 실용신안권자의 보호

제29조【침해로 보는 행위】 등록실용신안에 관한 물품의 생산에만 사용하는 물건을 업으로서 생산·양도·대여 또는 수입하거나 업으로 그 물건의 양도 또는 대여의 청약을 하는 행위는 실용신안권 또는 전용실시권을 침해한 것으로 본다.

제30조【「특허법」의 준용】 실용신안권자의 보호에 관하여는 「특허법」 제126조, 제128조, 제128조의2 및 제130조부터 제132조까지의 규정을 준용한다.(2016.3.29 본조개정)

제6장의2 실용신안등록취소신청

(2016.2.29 본장신설)

제30조의2【실용신안등록취소신청】 ① 누구든지 실용신안권의 설정등록일부터 등록공고일 후 6개월이 되는 날까지 그 실용신안등록이 다음 각 호의 어느 하나에 해당하는 경우에는 특허심판원장에게 실용신안등록취소신청을 할 수 있다. 이 경우 청구범위의 청구항이 둘 이상인 경우에는 청구항마다 실용신안등록취소신청을 할 수 있다.
1. 제4조(같은 조 제1항제1호에 해당하는 경우와 같은 호에 해당하는 고안에 의하여 극히 쉽게 고안할 수 있는 경우는 제외한다)에 위반된 경우
2. 제7조제1항부터 제3항까지의 규정에 위반된 경우
② 제1항에도 불구하고 실용신안공보에 게재된 제21조제3항제7호에 따른 선행기술에 기초한 이유로는 실용신안등록취소신청을 할 수 없다.

제30조의3【「특허법」의 준용】 실용신안등록취소신청의 심리·결정 등에 관하여는 「특허법」 제132조의3부터 제132조의15까지의 규정을 준용한다.

제7장 심판·재심 및 소송

제31조【실용신안등록의 무효심판】 ① 이해관계인(제5호 본문의 경우에는 실용신안등록을 받을 수 있는 권리를 가진 자만 해당한다) 또는 심사관은 실용신안등록이 다음 각 호의 어느 하나에 해당하는 경우에는 무효심판을 청구할 수 있다. 이 경우 청구범위의 청구항이 둘 이

상인 경우에는 청구항마다 청구할 수 있다.(2016.2.29 본문개정)
1. 제4조, 제6조, 제7조제1항부터 제3항까지, 제8조제3항제1호, 같은 조 제4항 또는 제3조에 따라 준용되는 「특허법」 제25조를 위반한 경우
2. 실용신안등록 후 그 실용신안권자가 제3조에 따라 준용되는 「특허법」 제25조에 따라 실용신안권을 누릴 수 없는 자로 되거나 그 실용신안등록이 조약을 위반한 경우
3. 조약을 위반하여 실용신안등록을 받을 수 없는 경우
4. 제10조제1항에 따른 범위를 벗어난 변경출원인 경우
5. 제11조에 따라 준용되는 「특허법」 제33조제1항 본문에 따른 실용신안등록을 받을 수 있는 권리를 가지지 아니하거나 같은 법 제44조를 위반한 경우. 다만, 제28조에 따라 준용되는 「특허법」 제99조의2제2항에 따라 이전등록된 경우에는 제외한다.(2016.2.29 단서신설)
6. 제11조에 따라 준용되는 「특허법」 제33조제1항 단서에 따라 실용신안등록을 받을 수 없는 경우
7. 제11조에 따라 준용되는 「특허법」 제47조제2항 전단에 따른 범위를 벗어난 보정인 경우
8. 제11조에 따라 준용되는 「특허법」 제52조제1항에 따른 범위를 벗어난 분할출원인 경우
9. 제11조에 따라 준용되는 「특허법」 제52조의2제1항 각 호 외의 부분 전단에 따른 범위를 벗어난 분리출원인 경우(2021.10.19 본호신설)

② 제1항에 따른 심판은 실용신안권이 소멸된 후에도 청구할 수 있다.
③ 실용신안등록을 무효로 한다는 심결이 확정된 경우에는 그 실용신안권은 처음부터 없었던 것으로 본다. 다만, 제1항제2호에 따라 실용신안등록을 무효로 한다는 심결이 확정된 경우에는 실용신안권은 그 실용신안등록이 같은 호에 해당하게 된 때부터 없었던 것으로 본다.
④ 심판장은 제1항에 따른 심판이 청구된 경우에는 그 취지를 해당 실용신안권의 전용실시권자나 그 밖에 실용신안등록에 관하여 등록을 한 권리를 가진 자에게 알려야 한다.
(2014.6.11 본조개정)

제31조의2【실용신안권의 존속기간의 연장등록의 무효심판】 ① 이해관계인 또는 심사관은 제22조의5에 따른 실용신안권의 존속기간의 연장등록이 다음 각 호의 어느 하나에 해당하는 경우에는 무효심판을 청구할 수 있다.
1. 연장등록에 따라 연장된 기간이 제22조의2에 따라 인정되는 연장의 기간을 초과한 경우
2. 해당 실용신안권자가 아닌 자의 출원에 대하여 연장등록이 된 경우
3. 제22조의3제3항을 위반한 출원에 대하여 연장등록이 된 경우

② 제1항의 심판의 청구에 관하여는 제31조제2항 및 제4항을 준용한다.
③ 연장등록을 무효로 한다는 심결이 확정된 경우에는 그 연장등록에 따른 존속기간의 연장은 처음부터 없었던 것으로 본다. 다만, 연장등록이 제1항제1호에 해당되어 무효로 된 경우에는 제22조의2에 따라 인정되는 연장의 기간을 초과하여 연장된 기간에 대하여만 연장이 없었던 것으로 본다.
(2011.12.2 본조신설)

제32조【통상실시권 허락의 심판】 ① 실용신안권자, 전용실시권자 또는 통상실시권자는 해당 등록실용신안이 제25조에 해당하여 실시의 허락을 받으려는 경우에 그 타인이 정당한 이유 없이 허락하지 아니하거나 그 타인의 허락을 받을 수 없을 때에는 자기의 등록실용신안의 실시에 필요한 범위에서 통상실시권 허락의 심판을 청구할 수 있다.
② 제1항에 따른 청구가 있는 경우에 그 등록실용신안이 그 실용신안등록출원일 전에 출원된 타인의 등록실용신안 또는 특허발명과 비교하여 상당한 경제적 가치가 있는 중요한 기술적 진보를 가져오는 것이 아니면 통상실시권을 허락하여서는 아니 된다.
③ 제1항에 따른 심판에 따라 통상실시권을 허락한 자가 그 통상실시권을 허락받는 자의 등록실용신안을 실시할 필요가 있는 경우 그 통상실시권을 허락받은 자가 실시를 허락하지 아니하거나 실시의 허락을 받을 수 없을 때에는 통상실시권을 허락받아 실시하려는 등록실용신안의 범위에서 통상실시권 허락의 심판을 청구할 수 있다.
④ 제1항 및 제3항에 따라 통상실시권을 허락받은 자는 실용신안권자, 특허권자, 디자인권자 또는 그 전용실시권자에게 대가를 지급하여야 한다. 다만, 자기가 책임질 수 없는 사유로 지급할 수 없는 경우에는 그 대가를 공탁하여야 한다.
⑤ 제4항에 따른 통상실시권자는 그 대가를 지급하지 아니하거나 공탁을 하지 아니하면 그 등록실용신안, 특허발명 또는 등록디자인이나 이와 유사한 디자인을 실시할 수 없다.
(2014.6.11 본조개정)

제33조【「특허법」의 준용】 실용신안에 관한 심판 · 재심 및 소송에 관하여는 「특허법」 제132조의17, 제133조의2, 제135조부터 제137조까지, 제139조, 제139조의2, 제140조, 제140조의2, 제141조부터 제153조까지, 제153조의2, 제154조, 제154조의2, 제154조의3, 제155조부터 제158조까지, 제158조의2, 제159조부터 제164조까지, 제164조의2, 제165조, 제166조, 제170조부터 제172조까지, 제176조, 제178조부터 제188조까지, 제188조의2, 제189조부터 제191조까지 및 제191조의2를 준용한다.(2023.9.14 본조개정)

제8장 「특허협력조약」에 의한 국제출원
(2014.6.11 본장개정)

제34조【국제출원에 의한 실용신안등록출원】 ① 「특허협력조약」에 따라 국제출원일이 인정된 국제출원으로서 실용신안등록을 받기 위하여 대한민국을 지정국으로 지정한 국제출원은 그 국제출원일에 출원된 실용신안등록출원으로 본다.
② 제1항에 따라 실용신안등록출원으로 보는 국제출원(이하 "국제실용신안등록출원"이라 한다)에 관하여는 제8조의2, 제8조의3 및 제11조에 따라 준용되는 「특허법」 제54조를 적용하지 아니한다.

제34조의2【국제실용신안등록출원의 출원서 등】 ① 국제실용신안등록출원의 국제출원일까지 제출된 출원서는 제8조제1항에 따라 제출된 실용신안등록출원서로 본다.
② 국제실용신안등록출원의 국제출원일까지 제출된 고안의 설명, 청구범위 및 도면은 제8조제2항에 따른 실용신안등록출원서에 최초로 첨부된 명세서 및 도면으로 본다.
③ 국제실용신안등록출원에 대해서는 다음 각 호의 구분에 따른 요약서 또는 국어번역문을 제8조제2항에 따른 요약서로 본다.
1. 국제실용신안등록출원의 요약서를 국어로 적은 경우 : 국제실용신안등록출원의 요약서
2. 국제실용신안등록출원의 요약서를 외국어로 적은 경우 : 제35조제1항에 따라 제출된 국제실용신안등록출원의 요약서의 국어번역문(제35조제3항 본문에 따라 새로운 국어번역문을 제출한 경우에는 마지막에 제출한 국제실용신안등록출원의 요약서의 국어번역문을 말한다)

(2014.6.11 본조신설)

제35조【국제실용신안등록출원의 국어번역문】 ① 국제실용신안등록출원을 외국어로 출원한 출원인은 「특허협력조약」 제2조(xi)의 우선일(이하 "우선일"이라 한다)부터 2년 7개월(이하 "국내서면제출기간"이라 한다) 이내에 다음 각 호의 국어번역문을 특허청장에게 제출하여야 한다. 다만, 국어번역문의 제출기간을 연장하여 달라는 취지를 제41조에 따라 준용되는 「특허법」 제203조제1항에 따른 서면에 적어 국내서면제출기간 만료일 전 1개월부터 그 만료일까지 제출한 경우(그 서면을 제출하기 전에 국어번역문을 제출한 경우는 제외한다)에는 국내서면제출기간 만료일부터 1개월이 되는 날까지 국어번역문을 제출할 수 있다.
1. 국제출원일까지 제출한 고안의 설명, 청구범위 및 도면(도면 중 설명부분에 한정한다)의 국어번역문
2. 국제실용신안등록출원의 요약서의 국어번역문

② 제1항에도 불구하고 국제실용신안등록출원을 외국어로 출원한 출원인이 「특허협력조약」 제19조(1)에 따라 청구범위에 관한 보정을 한 경우에는 국제출원일까지 제출한 청구범위에 대한 국어번역문을 보정 후의 청구범위에 대한 국어번역문으로 대체하여 제출할 수 있다.
③ 제1항에 따라 국어번역문을 제출한 출원인은 국내서면제출기간(제1항 각 호 외의 부분 단서에 따라 취지를 적은 서면이 제출된 경우에는 연장된 국어번역문 제출기간을 말한다. 이하 이 조에서 같다)에 그 국어번역문을 갈음하여 새로운 국어번역문을 제출할 수 있다. 다만, 출원인이 출원심사의 청구를 한 후에는 그러하지 아니하다.
④ 제1항에 따른 출원인이 국내서면제출기간에 제1항에 따른 고안의 설명 및 청구범위의 국어번역문을 제출하지 아니하면 그 국제실용신안등록출원을 취하한 것으로 본다.
⑤ 실용신안등록출원인이 국내서면제출기간의 만료일(국내서면제출기간에 출원인이 출원심사의 청구를 한 경우에는 그 청구일을 말하며, 이하 "기준일"이라 한다)까지 제1항에 따라 고안의 설명, 청구범위 및 도면(도면 중 설명부분에 한정한다)의 국어번역문(제3항 본문에 따라 새로운 국어번역문을 제출한 경우에는 마지막에 제출한 국어번역문을 말한다. 이하 이 조에서 "최종 국어번역문"이라 한다)을 제출한 경우에는 국제출원일까지 제출한 고안의 설명, 청구범위 및 도면(도면 중 설명부분에 한정한다)을 최종 국어번역문에 따라 국제출원일에 제11조에 따라 준용되는 「특허법」 제47조제1항에 따른 보정을 한 것으로 본다.
⑥ 실용신안등록출원인은 제11조에 따라 준용되는 「특허법」 제47조제1항 및 이 법 제41조에 따라 준용되는 「특허법」 제208조제1항에 따라 보정을 할 수 있는 기간에 최종 국어번역문의 잘못된 번역을 산업통상자원부령으로 정하는 방법에 따라 정정할 수 있다. 이 경우 정정된 국어번역문에 관하여는 제5항을 적용하지 아니한다.
⑦ 제6항 전단에 따라 제11조에서 준용하는 「특허법」 제47조제1항제1호 또는 제2호에 따른 기간에 정정을 하는 경우에는 마지막 정정 전에 한 모든 정정은 처음부터 없었던 것으로 본다.(2016.2.29 본항신설)
⑧ 제2항에 따라 보정 후의 청구범위에 대한 국어번역문을 제출하는 경우에는 제41조에 따라 준용되는 「특허법」 제204조제1항 및 제2항을 적용하지 아니한다.

제36조【도면의 제출】 ① 국제실용신안등록출원의 출원인은 국제출원일에 제출한 국제출원이 도면을 포함하지 아니한 경우에는 기준일까지 도면(도면에 관한 간단한 설명을 포함한다)을 특허청장에게 제출하여야 한다.
② 특허청장은 기준일까지 제1항에 따른 도면의 제출이 없는 경우에는 국제실용신안등록출원의 출원인에게 기간을 정하여 도면의 제출을 명할 수 있다. 기준일까지 제35조제1항 또는 제3항에 따른 도면의 국어번역문의 제출이 없는 경우에도 또한 같다.
③ 특허청장은 제2항에 따른 도면의 제출명령을 받은 자가 그 지정된 기간에 도면을 제출하지 아니한 경우에는 그 국제실용신안등록출원을 무효로 할 수 있다.
④ 출원인이 제1항 또는 제2항에 따라 도면 및 도면의 국어번역문을 제출한 경우에는 그 도면 및 도면의 국어번역문에 따라 제11조에 따라 준용되는 「특허법」 제47조제1항에 따른 보정을 한 것으로 본다. 이 경우 「특허법」 제47조제1항의 보정기간은 도면의 제출에 적용하지 아니한다.

제37조【변경출원시기의 제한】 「특허법」 제199조제1항에 따라 국제출원일에 출원된 특허출원으로 보는 국제출원을 기초로 하여 실용신안등록출원으로 변경출원을 하는 경우에는 이 법 제10조제1항에도 불구하고 「특허법」 제82조제1항에 따른 수수료를 내고, 같은 법 제201조제1항에 따른 국어번역문(국어로 출원된 국제특허출원의 경우는 제외한다)을 제출한 후(「특허법」 제214조제4항에 따라 국제출원일로 인정할 수 있었던 날에 출원된 것으로 보는 국제출원을 기초로 하는 경우에는 같은 항에 따른 결정이 있은 후)에만 변경출원을 할 수 있다.

제38조【출원심사청구시기의 제한】 국제실용신안등록출원에 관하여는 제12조제2항에도 불구하고 다음 각 호의 어느 하나에 해당하는 때에만 출원심사의 청구를 할 수 있다.
1. 국제실용신안등록출원의 출원인이 출원심사의 청구를 하려는 경우는 제35조제1항에 따라 국어번역문을 제출하고(국어로 출원된 국제실용신안등록출원의 경우는 제외한다) 제17조제1항에 따른 수수료를 낸 후
2. 국제실용신안등록출원의 출원인이 아닌 자가 출원심사의 청구를 하려는 경우는 국내서면제출기간(제35조제1항 각 호 외의 부분 단서에 따라 국어번역문의 제출기간을 연장하여 달라는 취지를 적은 서면이 제출된 경우에는 연장된 국어번역문 제출 기간을 말한다)이 지난 후

제39조 (2014.6.11 삭제)

제40조【결정에 의하여 실용신안등록출원으로 되는 국제출원】 ① 국제출원의 출원인은 「특허협력조약」 제4조(1)(ii)의 지정국에 대한민국을 포함하는 국제출원(실용신안등록출원만 해당한다)이 다음 각 호의 어느 하나에 해당하는 경우 산업통상자원부령으로 정하는 기간에 산업통상자원부령으로 정하는 바에 따라 특허청장에게 같은 조약 제25조(2)(a)에 따른 결정을 하여줄 것을 신청할 수 있다.
1. 「특허협력조약」 제2조(xv)의 수리관청이 그 국제출원에 대하여 같은 조약 제25조(1)(a)에 따른 거부를 한 경우
2. 「특허협력조약」 제2조(xv)의 수리관청이 그 국제출원에 대하여 같은 조약 제25조(1)(a) 또는 (b)에 따른 선언을 한 경우
3. 「특허협력조약」 제2조(xix)의 국제사무국이 그 국제출원에 대하여 같은 조약 제25조(1)(a)에 따른 인정을 한 경우

② 제1항의 신청을 하려는 자는 그 신청 시 고안의 설명, 청구범위 또는 도면(도면 중 설명부분에 한정한다), 그 밖에 산업통상자원부령으로 정하는 국제출원에 관한 서류의 국어번역문을 특허청장에게 제출하여야 한다.
③ 특허청장은 제1항의 신청이 있으면 그 신청에 관한 거부 · 선언 또는 인정이 「특허협력조약」 및 같은 조약 규칙에 따라 정당하게 된 것인지에 관하여 결정을 하여야 한다.
④ 특허청장은 제3항에 따라 거부 · 선언 또는 인정이 「특허협력조약」 및 같은 조약 규칙에 따라 정당하게 된 것이 아니라고 결정을 한 경우에는 그 결정에 관한 국제출원은 그 국제출원에 대하여 거부 · 선언 또는 인정이 없었다면 국제출원일로 인정할 수 있었던 날에 출원된 실용신안등록출원으로 본다.
⑤ 특허청장은 제3항에 따른 정당성 여부의 결정을 하는 경우에는 그 결정의 등본을 국제출원의 출원인에게 송달하여야 한다.
⑥ 제4항에 따라 실용신안등록출원으로 보는 국제출원에 관하여는 제34조제2항, 제34조의2, 제35조제5항부터 제8항까지, 제38조, 제41조에 따라 준용되는 「특허법」 제200조, 제202조제1항 · 제2항 및 제208조를 준용한다.
(2016.2.29 본항개정)
⑦ 제4항에 따라 실용신안등록출원으로 보는 국제출원에 관한 출원공개에 관하여는 제15조에 따라 준용되는 「특허법」 제64조제1항 중 "다음 각 호의 구분에 따른 날"은 "제35조제1항의 우선일"로 본다.

제41조【「특허법」의 준용】 국제실용신안등록출원에 관하여는 「특허법」 제192조부터 제198조까지, 제198조의2, 제200조, 제202조부터 제208조까지 및 제211조를 준용한다.

제9장 보 칙

제42조【실용신안공보】 ① 특허청장은 대통령령으로 정하는 바에 따라 실용신안공보를 발행하여야 한다.
② 실용신안공보는 산업통상자원부령으로 정하는 바에 따라 전자적 매체로 발행할 수 있다.
③ 특허청장은 전자적 매체로 실용신안공보를 발행하는 경우에는 정보통신망을 활용하여 실용신안공보의 발행사실·주요목록 및 공시송달에 관한 사항을 알려야 한다.
(2014.6.11 본조개정)

제43조【전문기관 등의 임직원에 대한 공무원 의제】 제15조에 따라 준용되는 「특허법」 제58조제1항에 따른 전문기관의 임직원이거나 임직원이었던 사람은 이 법 제46조를 적용하는 경우에는 특허청 소속 직원 또는 직원이었던 사람으로 본다.(2024.2.6 본조개정)

제44조【「특허법」의 준용】 실용신안에 관하여는 「특허법」 제215조, 제215조의2, 제216조, 제217조, 제218조부터 제220조까지, 제222조부터 제224조까지 및 제224조의2부터 제224조의5까지의 규정을 준용한다.(2024.2.6 본조개정)

제10장 벌 칙

제45조【침해죄】 ① 실용신안권 또는 전용실시권을 침해한 자는 7년 이하의 징역 또는 1억원 이하의 벌금에 처한다.
② 제1항의 죄는 피해자가 명시한 의사에 반하여 공소를 제기할 수 없다.(2022.6.10 본항개정)
(2014.6.11 본조개정)

제46조【비밀누설죄 등】 특허청 또는 특허심판원 소속 직원이거나 직원이었던 사람이 실용신안등록출원 중인 고안(국제출원 중인 고안을 포함한다)에 관하여 직무상 알게 된 비밀을 누설하거나 도용한 경우에는 5년 이하의 징역 또는 5천만원 이하의 벌금에 처한다.(2014.6.11 본조개정)

제47조【위증죄】 ① 제33조 및 「특허법」 제157조제2항에 따라 준용되는 「민사소송법」에 따라 선서한 증인, 감정인 또는 통역인이 특허심판원에 대하여 거짓으로 진술·감정 또는 통역을 한 경우에는 5년 이하의 징역 또는 5천만원 이하의 벌금에 처한다.(2017.3.21 본항개정)
② 제1항에 따른 죄를 범한 자가 그 사건의 실용신안등록취소신청에 대한 결정 또는 심결이 확정되기 전에 자수한 경우에는 그 형을 감경 또는 면제할 수 있다.(2016.2.29 본항개정)

제48조【허위표시의 죄】 제44조에 따라 준용되는 「특허법」 제224조제1호부터 제3호까지의 규정을 위반한 자는 3년 이하의 징역 또는 3천만원 이하의 벌금에 처한다.
(2017.3.21 본조개정)

제49조【거짓행위의 죄】 거짓이나 그 밖의 부정한 행위로 실용신안등록, 실용신안권의 존속기간의 연장등록, 실용신안등록취소신청에 대한 결정 또는 심결을 받은 자는 3년 이하의 징역 또는 3천만원 이하의 벌금에 처한다.
(2017.3.21 본조개정)

제49조의2【비밀유지명령 위반죄】 ① 국내외에서 정당한 사유 없이 제44조에 따라 준용되는 「특허법」 제224조의3제1항에 따른 비밀유지명령을 위반한 자는 5년 이하의 징역 또는 5천만원 이하의 벌금에 처한다.
② 제1항의 죄는 비밀유지명령을 신청한 자의 고소가 없으면 공소를 제기할 수 없다.
(2011.12.2 본조신설)

제50조【양벌규정】 법인의 대표자나 법인 또는 개인의 대리인, 사용인, 그 밖의 종업원이 그 법인 또는 개인의 업무에 관하여 제45조제1항, 제48조 또는 제49조의 어느 하나에 해당하는 위반행위를 하면 그 행위자를 벌하는 외에 그 법인에는 다음 각 호의 구분에 따른 벌금형을, 그 개인에게는 해당 조문의 벌금형을 과(科)한다. 다만, 법인 또는 개인이 그 위반행위를 방지하기 위하여 해당 업무에 관하여 상당한 주의와 감독을 게을리하지 아니한 경우에는 그러하지 아니하다.
1. 제45조제1항의 경우 : 3억원 이하의 벌금
2. 제48조 또는 제49조의 경우 : 6천만원 이하의 벌금
(2014.6.11 본조개정)

제51조【몰수 등】 ① 제45조제1항에 해당하는 침해행위를 조성한 물품 또는 그 침해행위로부터 생긴 물품은 몰수하거나 피해자의 청구에 따라 그 물품을 피해자에게 교부할 것을 선고할 수 있다.
② 피해자는 제1항에 따른 물품을 받은 경우에는 그 물품의 가액을 초과하는 손해액에 대해서만 배상을 청구할 수 있다.
(2014.6.11 본조개정)

제52조【과태료】 ① 다음 각 호의 어느 하나에 해당하는 자에게는 50만원 이하의 과태료를 부과한다.
1. 「민사소송법」 제299조제2항 및 같은 법 제367조에 따라 선서를 한 자로서 특허심판원에 대하여 거짓 진술을 한 자
2. 특허심판원으로부터 증거조사 또는 증거보전에 관하여 서류나 그 밖의 물품 제출 또는 제시의 명령을 받은 자로서 정당한 이유 없이 그 명령에 따르지 아니한 자
3. 특허심판원으로부터 증인·감정인 또는 통역인으로 소환된 자로서 정당한 이유 없이 소환에 따르지 아니하거나 선서·진술·증언·감정 또는 통역을 거부한 자
② 제1항에 따른 과태료는 대통령령으로 정하는 바에 따라 특허청장이 부과·징수한다.
(2014.6.11 본조개정)

부 칙 (2011.12.2)

제1조【시행일】 이 법은 「대한민국과 미합중국 간의 자유무역협정 및 대한민국과 미합중국 간의 자유무역협정에 관한 서한교환」이 발효되는 날부터 시행한다.
<2012.3.15 발효>

제2조【공지 등이 되지 아니한 고안으로 보는 경우에 관한 적용례】 제5조의 개정규정은 이 법 시행 후 최초로 출원하는 실용신안등록출원부터 적용한다.

제3조【등록지연에 따른 실용신안권의 존속기간의 연장등에 관한 적용례】 제20조에서 준용하는 「특허법」 제83조, 제33조에서 준용하는 「특허법」 제132조의3, 제139조, 제165조, 제176조 및 제187조와 제22조의2부터 제22조의6까지 및 제31조의2의 개정규정은 이 법 시행 후 최초로 출원하는 실용신안등록출원부터 적용한다.

제4조【비밀유지명령 등에 관한 적용례】 제44조의 개정규정에서 준용하는 「특허법」 제224조의3부터 제224조의5까지의 개정규정은 이 법 시행 후 최초로 실용신안권 또는 전용실시권의 침해에 관한 소송이 제기된 것부터 적용한다.

제5조【실용신안권 취소의 폐지에 따른 경과조치】 이 법 시행 전에 종전의 제28조에 따라 준용되는 「특허법」 제116조에 따른 실용신안권의 취소사유가 발생한 것에 대한 실용신안권의 취소에 관하여는 종전의 규정에 따른다.

부 칙 (2014.6.11)

제1조【시행일】 이 법은 2015년 1월 1일부터 시행한다.

제2조【전자문서로 통지 및 송달한 서류의 도달시기에 관한 적용례】 제3조의 개정규정에 따라 준용되는 법률 제12753호 특허법 일부개정법률 제28조의5제3항의 개정규정은 이 법 시행 후 같은 법 제28조의5제1항의 개정규정에 따라 통지 및 송달하는 서류부터 적용한다.

제3조【등록료 미납에 따라 소멸된 실용신안권 회복에 관한 적용례】 제20조의 개정규정에 따라 준용되는 법률 제12753호 특허법 일부개정법률 제81조의3제3항의 개정규정은 같은 개정규정 시행 후 실용신안권의 회복을 신청하는 것부터 적용한다.

제4조【정정심판에 관한 적용례】 제33조에 따라 준용되는 법률 제12753호 특허법 일부개정법률 제136조제1항 단서 및 같은 조 제6항 단서의 개정규정은 이 법 시행 후 청구되는 정정심판부터 적용한다.

제5조【정정의 무효심판에 관한 적용례】 제33조에 따라 준용되는 법률 제12753호 특허법 일부개정법률 제137조제1항 및 같은 조 제4항의 개정규정은 이 법 시행 후 청구되는 정정의 무효심판부터 적용한다.

제6조【심판청구인 보정에 관한 적용례】 제33조에 따라 준용되는 법률 제12753호 특허법 일부개정법률 제140조제2항제1호 및 제140조의2제2항제1호의 개정규정은 이 법 시행 후 청구되는 심판부터 적용한다.

제7조【거절결정불복심판 중 정보제공에 관한 적용례】 제33조에 따라 준용되는 법률 제12753호 특허법 일부개정법률 제170조제1항 전단의 개정규정(같은 법 제63조의2의 개정규정을 준용하는 부분에 한정한다)은 부칙 제8조에도 불구하고 이 법 시행 당시 거절결정불복심판이 계속 중인 실용신안등록출원에 대해서도 적용한다.

제8조【일반적 경과조치】 이 법 시행 전에 출원된 실용신안등록출원, 실용신안등록출원에 대한 심사 및 심판에 대해서는 종전의 규정에 따른다.

제9조【실용신안등록요건 등에 관한 경과조치】 종전의 제4조제3항에 따른 다른 실용신안등록출원 또는 특허출원이 이 법 시행 전에 출원되고, 다른 실용신안등록출원 또는 특허출원의 출원서에 최초로 첨부된 명세서 또는 도면에 기재된 고안 또는 발명과 동일한 고안이 기재된 실용신안등록출원이 이 법 시행 후에 출원된 경우에는 제4조제5항부터 제7항까지의 개정규정에도 불구하고 종전의 제4조제4항에 따른다.

제10조【청구범위 제출유예에 관한 경과조치】 이 법 시행 전에 종전의 제8조제5항에 따라 실용신안등록청구범위를 적지 아니한 명세서를 실용신안등록출원서에 첨부하여 출원한 실용신안등록출원에 대해서는 종전의 규정에 따른다.

제11조【다른 법령과의 관계】 이 법 시행 당시 다른 법령에서 종전의 「실용신안법」의 규정을 인용하고 있는 경우에 이 법 가운데 그에 해당하는 규정이 있으면 종전의 규정을 갈음하여 이 법의 해당 규정을 인용한 것으로 본다.

부 칙 (2015.1.28)

제1조【시행일】 이 법은 공포 후 6개월이 경과한 날부터 시행한다.

제2조【적용례】 제11조의 개정규정은 이 법 시행 후 출원한 실용신안등록출원부터 적용한다.

부 칙 (2016.2.29)

제1조【시행일】 이 법은 공포 후 1년이 경과한 날부터 시행한다.

제2조【국어번역문의 정정에 관한 적용례】 제8조의3제7항 및 제35조제7항(제40조제6항에 따라 준용되는 경우를 포함한다)의 개정규정은 이 법 시행 이후 국어번역문을 정정하는 경우부터 적용한다.

제3조【보정각하에 관한 적용례】 제11조에 따라 준용되는 법률 제14035호 특허법 일부개정법률 제51조제1항제1호의 개정규정은 이 법 시행 이후 직권보정을 하는 경우부터 적용한다.

제4조【전문기관 지정의 취소 등에 관한 적용례】 제15조에 따라 준용되는 법률 제14035호 특허법 일부개정법률 제58조의2제1항의 개정규정은 이 법 시행 이후 전문기관의 임직원이 실용신안등록출원 중인 고안(국제출원 중인 고안을 포함한다)에 관하여 직무상 알게 된 비밀을 누설하거나 도용한 경우부터 적용한다.

제5조【외국의 심사결과 제출명령에 관한 적용례】 제15조의 개정규정에 따라 준용되는 법률 제14035호 특허법 일부개정법률 제63조의3의 개정규정은 이 법 시행 전에 출원된 우선권 주장을 수반한 실용신안등록출원에 대해서도 적용한다.

제6조【직권 재심사에 관한 적용례】 제15조의 개정규정에 따라 준용되는 법률 제14035호 특허법 일부개정법률 제66조의3의 개정규정은 이 법 시행 이후 실용신안등록결정하는 실용신안등록출원부터 적용한다.

제7조【실용신안권의 등록공고에 관한 적용례】 제21조제3항의 개정규정은 이 법 시행 이후 설정등록된 실용신안권에 관한 등록공고부터 적용한다.

제8조【실용신안권의 이전청구에 관한 적용례】 제28조의 개정규정에 따라 준용되는 법률 제14035호 특허법 일부개정법률 제99조의2의 개정규정은 이 법 시행 이후 설정등록된 무권리자의 실용신안권부터 적용한다.

제9조【청산절차가 진행 중인 법인의 실용신안권 소멸에 관한 적용례】 제28조에 따라 준용되는 법률 제14035호 특허법 일부개정법률 제124조제2항의 개정규정은 이 법 시행 이후 청산종결등기가 된 법인의 실용신안권부터 적용한다.

제10조【실용신안등록취소신청에 관한 적용례】 다음 각 호의 개정규정은 이 법 시행 이후 설정등록된 실용신안권부터 적용한다.
1. 제30조의2의 개정규정
2. 제30조의3의 개정규정에 따라 준용되는 법률 제14035호 특허법 일부개정법률 제132조의3부터 제132조의15까지의 개정규정

제11조【실용신안등록무효심판절차에서의 실용신안등록의 정정에 관한 적용례】 ① 제33조에 따라 준용되는 법률 제14035호 특허법 일부개정법률 제133조의2제1항 후단의 개정규정은 이 법 시행 당시 실용신안등록무효심판이 계속 중인 실용신안등록의 정정에 대해서도 적용한다.
② 제33조에 따라 준용되는 다음 각 호의 개정규정은 이 법 시행 이후 등록실용신안의 명세서 또는 도면에 대하여 정정청구를 하는 경우부터 적용한다.
1. 법률 제14035호 특허법 일부개정법률 제133조의2제4항 전단의 개정규정(같은 법 제136조제8항 단서의 개정규정을 준용하는 부분에 한정한다)
2. 법률 제14035호 특허법 일부개정법률 제133조의2제4항 후단의 개정규정(같은 법 제133조의2제1항에 관한 개정부분에 한정한다)
3. 법률 제14035호 특허법 일부개정법률 제133조의2제5항의 개정규정

제12조【정정심판청구의 동의 등에 관한 적용례】 제33조에 따라 준용되는 법률 제14035호 특허법 일부개정법률 제136조제8항 및 제9항의 개정규정은 이 법 시행 이후 청구되는 정정심판부터 적용한다.

제13조【정정의 무효심판에 관한 적용례】 ① 제33조에 따라 준용되는 법률 제14035호 특허법 일부개정법률 제137조제3항 후단의 개정규정은 이 법 시행 당시 계속 중인 정정의 무효심판에 대해서도 적용한다.
② 제33조에 따라 준용되는 법률 제14035호 특허법 일부개정법률 제137조제4항의 개정규정(다음 각 호의 개정규정을 준용하는 부분에 한정한다)은 이 법 시행 이후 등록실용신안의 명세서 또는 도면에 대하여 정정청구를 하는 경우부터 적용한다.
1. 법률 제14035호 특허법 일부개정법률 제133조의2제4항 전단의 개정규정(같은 법 제136조제8항 단서의 개정규정을 준용하는 부분에 한정한다)
2. 법률 제14035호 특허법 일부개정법률 제133조의2제4항 후단의 개정규정(같은 법 제133조의2제1항에 관한 개정부분에 한정한다)

3. 법률 제14035호 특허법 일부개정법률 제133조의2제5항의 개정규정

제14조【심판청구서 등의 각하에 관한 적용례】 제33조에 따라 준용되는 법률 제14035호 특허법 일부개정법률 제141조제2항의 개정규정은 이 법 시행 이후 청구되는 심판부터 적용한다.

제15조【심사규정의 실용신안등록거절결정에 대한 심판에의 준용에 관한 적용례】 제33조에 따라 준용되는 법률 제14035호 특허법 일부개정법률 제170조제1항(같은 법 제47조제4항에 관한 개정부분에 한정한다)의 개정규정은 이 법 시행 당시 실용신안등록거절결정에 대한 심판이 계속 중인 실용신안등록출원의 보정에 대해서도 적용한다.

제16조【실용신안등록거절결정 등에 대한 심판의 청구기간 연장 청구에 관한 경과조치】 이 법 시행 전에 제3조에 따라 준용되는 종전의 「특허법」 제15조제1항 본문에 따라 특허심판원장에게 실용신안등록거절결정 또는 실용신안권의 존속기간의 연장등록거절결정에 대한 심판의 청구기간 연장을 청구한 자는 제3조에 따라 준용되는 법률 제14035호 특허법 일부개정법률 제15조제1항 본문의 개정규정에 따라 특허청장에게 청구한 것으로 본다.

제17조【절차의 추후보완에 관한 경과조치】 이 법 시행 당시 종전의 규정에 따라 절차를 추후 보완할 수 있는 기간이 이미 경과된 경우에는 제3조에 따라 준용되는 법률 제14035호 특허법 일부개정법률 제17조의 개정규정에도 불구하고 종전의 규정에 따른다.

제18조【정당한 권리자의 실용신안등록출원일 소급에 관한 경과조치】 이 법 시행 전에 설정등록된 무권리자의 실용신안권에 관하여는 제11조에 따라 준용되는 법률 제14035호 특허법 일부개정법률 제35조 단서의 개정규정에도 불구하고 종전의 규정에 따른다.

제19조【직권보정에 관한 경과조치】 이 법 시행 전에 실용신안등록출원서에 첨부된 명세서, 도면 또는 요약서에 대하여 직권보정이 이루어진 경우에는 제15조의 개정규정에 따라 준용되는 법률 제14035호 특허법 일부개정법률 제66조의2의 개정규정에도 불구하고 종전의 규정에 따른다.

제20조【실용신안등록의 무효심판에 관한 경과조치】 이 법 시행 전에 설정등록된 실용신안권에 관하여는 제31조제1항의 개정규정에도 불구하고 종전의 규정에 따른다.

제21조【서류의 열람 허가에 관한 경과조치】 이 법 시행 전에 출원한 제11조에 따라 준용되는 법률 제14035호 특허법 일부개정법률 제55조제1항에 따른 우선권 주장의 기초가 된 선출원에 관하여는 제44조에 따라 준용되는 법률 제14035호 특허법 일부개정법률 제216조제2항의 개정규정에도 불구하고 종전의 규정에 따른다.

부　칙 (2019.1.8)
(2021.4.20)

제1조【시행일】 이 법은 공포 후 6개월이 경과한 날부터 시행한다.(이하 생략)

부　칙 (2021.8.17)

제1조【시행일】 이 법은 공포 후 3개월이 경과한 날부터 시행한다.(이하 생략)

부　칙 (2021.10.19)

제1조【시행일】 이 법은 공포 후 6개월이 경과한 날부터 시행한다.(이하 생략)

부　칙 (2022.6.10)

제1조【시행일】 이 법은 공포한 날부터 시행한다.

제2조【소송에 관한 적용례】 제45조제2항의 개정규정은 이 법 시행 이후의 범행부터 적용한다.

부　칙 (2023.9.14)

제1조【시행일】 이 법은 공포 후 6개월이 경과한 날부터 시행한다.

제2조【참고인 의견서의 제출에 관한 적용례】 제33조에서 준용하는 「특허법」 제154조의3의 개정규정은 이 법 시행 당시 특허심판원에 계속 중인 심판사건에 대하여도 적용한다.

부　칙 (2024.2.6)

제1조【시행일】 이 법은 공포 후 6개월이 경과한 날부터 시행한다.(이하 생략)

실용신안법 시행령

(2006년 9월 28일 전부개정대통령령 제19696호)

개정
2007. 6.28영20128호
2007. 6.29영20137호(기술의이전및사업화촉진에관한법시)
2008. 2.29영20729호(직제)
2008. 9.30영21054호
2009. 6.26영21568호
2011.12. 2영23342호
2012. 1. 6영23488호(민감정보고유식별정보)
2013. 3.23영24439호(직제)
2013. 6.28영24646호
2014.12.30영25925호
2015. 8.19영26495호
2017. 1.10영27779호
2019. 7. 9영29956호
2020. 7.14영30845호
2021. 6.22영31814호
2022. 4.19영32591호
2022.11. 1영32974호
2023.12.19영33998호

제1조【목적】 이 영은 「실용신안법」에서 위임된 사항과 그 시행에 관하여 필요한 사항을 규정함을 목적으로 한다.

제2조 (2013.6.28 삭제)

제3조【청구범위의 기재방법】 ① 「실용신안법」(이하 "법"이라 한다) 제8조제8항에 따른 청구범위의 청구항(이하 "청구항"이라 한다)을 기재할 때에는 물품에 관한 독립청구항(이하 "독립항"이라 한다)을 기재하여야 하며, 그 독립항을 한정하거나 부가하여 구체화하는 종속청구항(이하 "종속항"이라 한다)을 기재할 수 있다. 이 경우 필요한 때에는 그 종속항을 한정하거나 부가하여 구체화하는 다른 종속항을 기재할 수 있다.(2014.12.30 전단개정)
② 청구항은 고안의 성질에 따라 적정한 수로 기재하여야 한다.
③ 다른 청구항을 인용하는 청구항은 인용되는 항의 번호를 적어야 한다.(2013.6.28 본항개정)
④ 2 이상의 항을 인용하는 청구항은 인용되는 항의 번호를 택일적으로 기재하여야 한다.
⑤ 2 이상의 항을 인용한 청구항에서 그 청구항의 인용된 항은 다시 2 이상의 항을 인용하는 방식을 사용하여서는 아니 된다. 2 이상의 항을 인용한 청구항에서 그 청구항의 인용된 항이 다시 하나의 항을 인용한 후에 그 하나의 항이 결과적으로 2 이상의 항을 인용하는 방식에 대하여도 또한 같다.
⑥ 인용되는 청구항은 인용하는 청구항보다 먼저 기재하여야 한다.
⑦ 각 청구항은 항마다 행을 바꾸어 기재하고, 그 기재하는 순서에 따라 아라비아숫자로 일련번호를 붙여야 한다.
(2014.12.30 본조제목개정)

제4조【1군의 고안에 대한 1실용신안등록출원의 요건】 법 제9조제1항 단서에 따른 1군의 고안에 대하여 1실용신안등록출원을 하기 위하여는 다음 각 호의 요건을 갖추어야 한다.
1. 청구된 고안 간에 기술적 상호관련성이 있을 것
2. 청구된 고안들이 동일하거나 상응하는 기술적 특징을 가지고 있을 것. 이 경우 기술적 특징은 고안 전체로 보아 선행기술에 비하여 개선된 것이어야 한다.

제5조【우선심사의 대상】 법 제15조에서 준용하는 「특허법」 제61조제2호에서 "대통령령으로 정하는 특허출원"이란 다음 각 호의 어느 하나에 해당하는 것으로서 특허청장이 정하는 실용신안등록출원을 말한다.(2014.12.30 본문개정)
1. 방위산업분야의 실용신안등록출원
2. 공해방지에 유용한 실용신안등록출원
2의2. 반도체 등 국민경제 및 국가경쟁력 강화에 중요한 첨단기술과 관련된 실용신안등록출원(특허청장이 우선심사의 구체적인 대상과 신청 기간을 정하여 공고하는 실용신안등록출원으로 한정한다)(2022.11.1 본호신설)
3. 수출촉진에 직접 관련된 실용신안등록출원
4. 국가 또는 지방자치단체의 직무에 관한 실용신안등록출원(「고등교육법」에 따른 국·공립학교의 직무에 관한 실용신안등록출원으로서 「기술의 이전 및 사업화 촉진에 관한 법률」 제11조제1항에 따라 국·공립학교 안에 설치된 기술이전·사업화 전담조직에 의한 실용신안등록출원을 포함한다)(2007.6.29 본호개정)
5. 「벤처기업육성에 관한 특별조치법」 제25조에 따른 벤처기업의 확인을 받은 기업의 실용신안등록출원
6. 「중소기업기술혁신 촉진법」 제15조에 따라 기술혁신형 중소기업으로 선정된 기업의 실용신안등록출원
6의2. 「발명진흥법」 제11조의2에 따라 직무발명보상 우수기업으로 선정된 기업의 실용신안등록출원(2013.6.28 본호신설)
6의3. 「발명진흥법」 제24조의2에 따라 지식재산 경영인증을 받은 중소기업의 실용신안등록출원(2017.1.10 본호신설)
7. 「국가연구개발혁신법」 제2조제1호에 따른 국가연구개발사업의 결과물에 관한 실용신안등록출원(2021.6.22 본호개정)
8. 조약에 의한 우선권주장의 기초가 되는 실용신안등록출원(그 실용신안등록출원을 기초로 하는 우선권주장에 의하여 외국 특허청에서 특허출원 또는 실용신안등록출원에 관한 절차가 진행 중인 것에 한정한다)(2008.9.30 본호개정)
9. 실용신안등록출원인이 실용신안등록출원된 고안을 실시하고 있거나 실시준비 중인 실용신안등록출원
10.～11. (2019.7.9 삭제)
12.～13. (2023.12.19 삭제)

제6조【우선심사의 결정】 ① 법 제15조에서 준용하는 「특허법」 제61조에 따른 우선심사를 신청하려는 자는 산업통상자원부령이 정하는 우선심사신청서를 특허청장에게 제출하여야 한다.(2013.3.23 본항개정)
② 특허청장은 제1항에 따른 우선심사 신청이 있는 때에는 우선심사여부를 결정하여야 한다.
③ 제2항의 우선심사의 결정에 관하여 필요한 사항은 특허청장이 정한다.

제6조의2【출원인으로 인하여 지연된 기간】 ① 법 제22조의2제3항에서 "출원인으로 인하여 지연된 기간"이란 다음 각 호의 어느 하나에 해당하는 기간을 말한다.
1. 특허청 또는 특허심판원에 계속 중인 실용신안등록에 관한 절차에서 다음 각 목의 어느 하나에 해당하는 기간
가. 법 제3조에 따라 준용되는 「특허법」 제10조에 따라 특허청장 또는 심판장이 대리인에 의하여 실용신안등록에 관한 절차를 밟도록 명하거나 대리인을 바꿀 것을 명한 경우에는 그 명한 날부터 대리인이 선임되거나 교체된 날까지의 기간(2023.12.19 본목개정)
나. 법 제3조에 따라 준용되는 「특허법」 제15조제2항에 따라 출원인의 청구에 의하여 실용신안등록에 관한 절차를 밟을 기간이 연장된 경우에는 그 연장된 만큼의 기간(기간이 연장된 후 법 제3조에 따라 준용되는 「특허법」 제15조제2항에 따라 출원인의 청구에 의하여 실용신안등록에 관한 절차를 밟을 기간이 단축된 경우에는 그 단축된 만큼의 기간은 제외한다)(2023.12.19 본목개정)
다. 법 제3조에 따라 준용되는 「특허법」 제15조제3항에 따라 실용신안등록에 관한 절차를 밟을 기일이 정해진 후 출원인의 청구에 의하여 그 정해진 기일보다 늦은 기일로 변경된 경우에는 그 정해진 기일의 다음 날부터 변경된 기일까지의 기간
라. 법 제3조에 따라 준용되는 「특허법」 제17조 본문에 따라 책임질 수 없는 사유가 소멸한 후 실용신안등록에 관한 절차를 추후보완한 경우에는 그 사유가 소멸한 날부터 그 절차를 추후보완한 날까지의 기간
마. 법 제3조, 제15조 또는 제33조에 따라 준용되는 「특허법」 제20조, 제23조제2항, 제78조제1항 또는 제164조제1항에 따라 실용신안등록에 관한 절차가 중단 또는 중지된 경우에는 그 실용신안등록에 관한 절차가 중단 또는 중지된 기간
바. 법 제7조제6항에 따라 특허청장이 출원인에게 기간을 정하여 협의의 결과를 신고할 것을 명한 경우에는 그 기간(법 제3조에 따라 준용되는 「특허법」 제15조제2항에 따라 출원인의 청구에 의하여 기간이 단축된 경우에는 그 단축된 만큼의 기간은 제외한다)
사. 법 제8조의2제2항 단서에 따른 기한 이내에 실용신안등록청구범위가 기재되도록 명세서를 보정한 경우에는 출원심사 청구의 취지를 통지받은 날부터 그 명세서를 보정한 날까지의 기간(2015.8.19 본목개정)
아. 법 제8조의3제6항에 따라 최종 국어번역문의 잘못된 번역을 정정한 문서(이하 이 목에서 "오역정정서"라 한다)를 출원심사 청구일부터 8개월이 되는 날보다 늦게 제출하는 경우 그 8개월이 되는 날의 다음날부터 오역정정서를 마지막으로 제출한 날까지의 기간(2020.7.14 본목신설)
자. 법 제11조, 제33조 또는 제41조에 따라 준용되는 「특허법」 제46조, 제141조제1항 또는 제203조제3항에 따라 특허청장·특허심판원장 또는 심판장이 기간을 정하여 보정을 명한 경우에는 그 기간(법 제3조에 따라 준용되는 「특허법」 제15조제2항에 따라 출원인의 청구에 의하여 기간이 단축된 경우에는 그 단축된 만큼의 기간은 제외한다)(2020.7.14 본목개정)
차. 법 제11조에 따라 준용되는 「특허법」 제55조제1항에 따른 우선권 주장의 기초가 된 선출원에 대하여 그 선출원을 기초로 한 우선권 주장이 법 제11조에 따라 준용되는 「특허법」 제56조에 따라 취하되거나 취하된 것으로 보는 경우에는 그 선출원에 대하여 우선권 주장이 있었던 날부터 그 우선권 주장이 취하되거나 취하된 것으로 보는 날까지의 기간
카. 법 제14조제1항 본문에 따라 심사관(법 제33조 및 「특허법」 제170조에 따라 실용신안에 관한 심판에 대하여 준용되는 경우에는 심판관을 말한다. 이하 이 목에서 같다)이 출원인에게 거절이유를 통지하고 기간을 정하여 의견서를 제출할 수 있는 기회를 준 경우(다만, 심사관이 거절이유를 통지한 후에 그 거절이유통지에 대한 명세서 또는 도면의 보정 없이 법 제15조에 따라 준용되는 「특허법」 제66조에 따른 실용신안등록결정을 한 경우(법 제33조 및 「특허법」 제170조에 따라 같은 법 제66조가 준용되어 실용신안등록결정을 한

경우를 포함한다)는 제외한다]에는 그 기간(법 제3조에 따라 준용되는 「특허법」 제15조제2항에 따라 출원인의 청구에 의하여 의견서를 제출할 수 있는 기간이 단축된 경우에는 그 단축된 만큼의 기간은 제외한다)
타. 법 제15조에 따라 준용되는 「특허법」 제61조에 따른 우선심사와 관련하여 제6조에 따른 우선심사의 결정이 출원인으로 인하여 지연된 경우에는 그 지연된 기간
파. 법 제15조에 따라 준용되는 「특허법」 제67조제2항에 따른 실용신안등록결정의 등본을 송달받은 날 후에 법 제16조제1항에 따라 등록료를 납부(법 제20조에 따라 준용되는 「특허법」 제81조제1항에 따라 특허료를 추가납부하는 경우, 같은 법 제81조의2제2항에 따라 특허료를 보전하는 경우 또는 같은 법 제81조의3제1항에 따라 특허료를 납부하거나 보전하는 경우를 포함한다)하거나 법 제20조에 따라 준용되는 「특허법」 제83조제3항에 따라 출원인이 산업통상자원부령으로 정하는 서류를 제출하여 등록료를 면제받은 경우에는 그 송달받은 날부터 법 제21조에 따른 실용신안권의 설정등록이 있는 날까지의 기간(2013.3.23 본목개정)
하. 법 제15조에 따라 준용되는 「특허법」 제67조의2제1항 본문에 따른 재심사를 청구한 경우에는 재심사 청구 전에 법 제15조에 따라 준용되는 「특허법」 제67조제2항에 따른 실용신안등록결정 또는 실용신안등록거절결정의 등본을 송달받은 날부터 특허청장이 재심사에 따른 실용신안등록여부의 결정을 한 날까지의 기간(2023.12.19 본목개정)
거. 법 제15조에 따라 준용되는 「특허법」 제67조의3제1항에 따라 정당한 사유가 소멸한 후 출원심사의 청구 또는 재심사의 청구를 한 경우에는 그 사유가 소멸한 날부터 출원심사의 청구 또는 재심사의 청구를 한 날까지의 기간(2022.4.19 본목개정)
너. 법 제33조에 따라 준용되는 「특허법」 제132조의17에 따른 실용신안등록거절결정에 대해 불복하는 심판을 청구한 경우에는 법 제15조에 따라 준용되는 「특허법」 제67조제2항에 따른 실용신안등록거절결정의 등본을 송달받은 날부터 법 제33조에 따라 준용되는 「특허법」 제132조의17에 따른 심판을 청구(법 제3조에 따라 준용되는 「특허법」 제15조제1항에 따라 출원인의 청구에 의하여 심판의 청구기간이 연장된 경우를 포함한다)한 날까지의 기간(2023.12.19 본목신설)
더. 법 제33조에 따라 준용되는 「특허법」 제149조 또는 제150조에 따른 제척 또는 기피의 신청이 법 제33조에 따라 준용되는 「특허법」 제152조제1항의 결정에 따라 받아들여지지 아니한 경우에는 법 제33조에 따라 준용되는 「특허법」 제153조 본문에 따라 심판절차를 중지한 기간
러. 법 제33조에 따라 준용되는 「특허법」 제157조에 따른 출원인의 증거조사 또는 증거보전의 신청에 대하여 그 증거조사 또는 증거보전이 필요하지 아니하다고 인정한 경우에는 그 신청이 있는 날부터 그 증거조사 또는 증거보전이 필요하지 아니하다고 인정한 날까지의 기간
머. 법 제33조에 따라 준용되는 「특허법」 제162조제4항에 따라 심리의 종결을 통지한 후 출원인의 신청에 의하여 심리를 재개한 경우에는 심리를 재개한 날부터 법 제33조에 따라 준용되는 「특허법」 제162조제3항에 따른 심리의 종결을 다시 통지한 날까지의 기간
버. 법 제33조에 따라 준용되는 「특허법」 제178조에 따른 재심을 그 재심의 사유를 안 날 후에 청구한 경우에는 그 재심의 사유를 안 날부터 재심을 청구한 날까지의 기간
서. 법 제33조에 따라 준용되는 「특허법」 제186조제5항에 따라 심판장이 부가기간을 정한 경우에는 그 기간
어. 법 제44조에 따라 준용되는 「특허법」 제218조 또는 제219조에 따른 서류의 송달 또는 공시송달이 출원인으로 인하여 지연된 경우(제9조에 따라 준용되는 「특허법 시행령」 제18조제10항에 따라 송달할 장소를 변경한 때에 그 취지를 특허청장에게 신고하지 아니하여 송달이 지연된 경우 등을 말한다)에는 그 송달이 지연된 기간
저. 다음의 어느 하나에 해당하는 서류 또는 서면을 출원심사 청구일부터 8개월이 되는 날까지 제출하지 않은 경우에는 그 8개월이 되는 날의 다음날부터 그 서류 등을 제출한 날까지의 기간
 1) 미생물에 관계되는 고안에 대한 실용신안등록출원인 경우 제9조에 따라 준용되는 「특허법 시행령」 제2조제2항에 따른 미생물의 기탁 사실을 증명하는 서류
 2) 법 제11조에 따라 준용되는 「특허법」 제30조제3항제1호에 따라 같은 조 제1항제1호를 적용받으려는 경우 그 증명서류
 3) 법 제11조에 따라 준용되는 「특허법」 제54조제3항에 따라 우선권을 주장한 경우 같은 조 제4항에 따른 서류 또는 서면
 (2020.7.14 본목신설)
2. 법 제33조에 따라 준용되는 「특허법」 제186조제1항 또는 제8항에 따른 심결·결정·판결에 대한 소송절차에서 다음 각 목의 어느 하나에 해당하는 기간
 가. 법 제15조에 따라 준용되는 「특허법」 제78조제2항 또는 법 제33조에 따라 준용되는 「특허법」 제164조제2항에 따라 소송절차가 중지된 경우에는 그 소송절차가 중지된 기간
 나. 「민사소송법」 제41조부터 제43조까지의 규정에 따른 법관(법 제33조 및 「특허법」 제188조의2제1항에 따라 준용되는 기술심리관 및 「민사소송법」 제50조에 따라 준용되는 법원사무관등을 포함한다)에 대한 제척 또는 기피의 신청이 「민사소송법」 제45조 또는 제46조의 결정에 따라 받아들여지지 아니한 경우에는 제척 또는 기피의 신청이 있는 날부터 그 신청에 대한 각하결정이 있는 날까지의 기간 또는 「민사소송법」 제48조 본문에 따라 소송절차를 정지한 기간
 다. 「민사소송법」 제59조 또는 제254조제1항에 따라 법원 또는 재판장이 기간을 정하여 보정을 명한 경우에는 그 기간
 라. 「민사소송법」 제62조에 따라 특별대리인이 선임된 경우에는 그 선임을 신청한 날부터 특별대리인이 선임된 날까지의 기간
 마. 「민사소송법」 제142조에 따른 변론의 재개가 출원인으로 인한 경우에는 변론의 재개를 명한 날부터 변론이 다시 종결된 날까지의 기간
 바. 「민사소송법」 제144조제1항에 따라 법원이 출원인 또는 대리인의 진술을 금지하고 변론을 계속할 새 기일을 정한 경우에는 그 진술을 금지한 날부터 새 기일까지의 기간
 사. 「민사소송법」 제144조제2항에 따라 법원이 변호사를 선임하도록 명한 경우에는 그 선임을 명한 날부터 변호사가 선임된 날까지의 기간
 아. 「민사소송법」 제165조제1항에 따라 재판장이 지정한 기일이 출원인의 신청 등 현저한 사유가 있어 그 지정한 기일보다 늦은 기일로 변경된 경우에는 그 지정한 기일의 다음 날부터 변경된 기일까지의 기간
 자. 「민사소송법」 제172조에 따라 법원이 출원인의 신청에 의하여 법정기간 또는 법원이 정한 기간을 늘이거나 불변기간에 대하여 부가기간을 정한 경우에는 그 늘어난 기간 또는 그 부가기간
 차. 「민사소송법」 제173조에 따라 책임질 수 없는 사유가 없어진 후 소송행위를 추후보완한 경우에는 그 사유가 없어진 날부터 그 소송행위를 추후보완한 날까지의 기간
 카. 「민사소송법」 제178조, 제186조부터 제188조까지 또는 제194조에 따른 서류의 송달 또는 공시송달이 출원인으로 인하여 지연된 경우에는 그 송달이 지연된 기간
 타. 「민사소송법」 제233조부터 제237조까지, 제239조, 제240조 또는 제246조에 따라 소송절차가 중단 또는 중지된 경우에는 그 소송절차가 중단 또는 중지된 기간
 파. 「민사소송법」 제268조제1항에 따라 출원인이 변론기일에 출석하지 아니하거나 출석하였다 하더라도 변론하지 아니하여 재판장이 다시 변론기일을 정한 경우에는 그 변론기일의 다음 날부터 다시 정한 변론기일까지의 기간
 하. 「민사소송법」 제289조에 따른 증거의 신청에 대해서 그 증거가 필요하지 아니하다고 인정된 경우에는 그 신청이 있는 날부터 그 증거가 필요하지 아니하다고 인정된 날까지의 기간
 거. 「민사소송법」 제451조에 따른 재심의 소를 그 재심의 사유를 안 날 후에 제기한 경우에는 그 재심의 사유를 안 날부터 재심의 소를 제기한 날까지의 기간
3. 법 제44조에 따라 준용되는 「특허법」 제224조의2제2항에 따른 처분의 불복에 대한 행정심판·행정소송의 절차에서 다음 각 목의 어느 하나에 해당하는 기간
 가. 「행정심판법」 제10조에 따른 제척 또는 기피의 신청이 같은 법 시행령 제12조에 따른 결정으로 각하되거나 기각된 경우에는 같은 영 제13조에 따라 심판절차를 정지한 기간
 나. 「행정심판법」 제27조제2항에 따라 천재지변, 전쟁, 사변, 그 밖의 불가항력의 사유가 소멸한 후 행정심판을 청구하는 경우에는 그 사유가 소멸한 날부터 행정심판을 청구한 날까지의 기간
 다. 「행정심판법」 제32조제1항 본문에 따라 중앙행정심판위원회(이하 이 조에서 "위원회"라 한다)가 기간을 정하여 보정할 것을 요구한 경우에는 그 기간
 라. 「행정심판법」 제33조제2항에 따라 위원회가 보충서면의 제출기한을 정한 경우에는 그 제출기한을 정한 날부터 보충서면을 제출한 날까지의 기간
 마. 「행정심판법」 제38조에 따라 위원회가 지정한 심리기일이 출원인의 신청에 의하여 그 지정한 심리기일보다 늦은 심리기일로 변경된 경우에는 그 지정한 심리기일의 다음 날부터 변경된 심리기일까지의 기간
 바. 「행정심판법」 제57조에 따라 「민사소송법」 중 송달에 관한 규정을 준용하는 경우에는 제2호카목에 해당하는 기간
 사. 「행정소송법」 제8조제2항에 따라 「민사소송법」의 규정을 준용하는 경우에는 제2호 각 목의 어느 하나에 해당하는 기간
4. 그 밖에 특허청 또는 특허심판원에 계속 중인 실용신안등록에 관한 절차, 법 제33조에 따라 준용되는 「특허법」 제186조제1항 또는 제8항에 따른 심결·결정·판결에 대한 소송절차 또는 법 제44조에 따라 준용되는 「특허법」 제224조의2제2항에 따른 처분의 불복에 대한 행정심판·행정소송의 절차에서 출원인으로 인하여 지연된 기간으로서 산업통상자원부령으로 정하는 기간
(2013.3.23 본호개정)

② 제1항에도 불구하고 법 제22조의2제1항에 따른 실용신안권의 설정등록이 지연된 원인 중 출원인으로 인하여 지연된 것이 아니라고 객관적으로 인정되는 원인이 있는 경우에는 그에 해당하는 기간은 제1항에 따른 기간에서 제외한다.
(2011.12.2 본조신설)

제7조 【실용신안공보】 ① 법 제42조에 따른 실용신안공보는 등록실용신안공보와 공개실용신안공보로 구분한다.
(2014.12.30 본항개정)

② 법 제21조제3항제8호에서 "대통령령으로 정하는 사항"이란 다음 각 호의 사항을 말한다.
1. 분류기호
2. 법 제11조에서 준용하는 「특허법」 제30조에 따라 공지 등이 되지 아니한 고안으로 보는 고안에 관한 사항
3. 실용신안등록출원서에 첨부된 명세서 및 도면(법 제21조제2항에 따른 설정등록 시에 첨부된 명세서 및 도면을 말한다)
4. 분할출원, 분리출원 또는 변경출원에 관한 사항
(2023.12.19 본호개정)
5. 우선권주장에 관한 사항
6. 출원공개번호 및 공개연월일
7. 법 제15조에서 준용하는 「특허법」 제66조의2에 따른 직권보정에 관한 사항
8. 법 제30조의3에서 준용하는 「특허법」 제132조의3에 따라 정정된 내용
9. 법 제33조에서 준용하는 「특허법」 제133조의2, 제136조 또는 제137조에 따라 정정된 내용
10. 그 밖에 특허청장이 필요하다고 인정하는 사항
(2017.1.10 본항개정)

③ 공개실용신안공보에는 다음 각 호의 사항을 게재한다. 다만, 공공의 질서 또는 선량한 풍속을 문란하게 하거나 공중의 위생을 해칠 염려가 있다고 인정되는 사항은 게재하지 아니한다.(2014.12.30 본문개정)
1. 다음 각 목의 구분에 따른 사항
 가. 출원인이 자연인인 경우 : 성명 및 주소
 나. 출원인이 법인인 경우 : 법인의 명칭 및 영업소의 소재지
 (2013.6.28 본호개정)
2. 출원번호·분류기호 및 출원연월일
3. 고안자의 성명 및 주소
4. 우선권주장에 관한 사항
5. 분할출원, 분리출원 또는 변경출원에 관한 사항
(2023.12.19 본호개정)
5의2. 실용신안등록출원서에 최초로 첨부된 명세서 및 도면. 다만, 법 제8조의3제1항에 따라 명세서 및 도면을 국어가 아닌 언어로 적은 실용신안등록출원(이하 "외국어실용신안등록출원"이라 한다)과 법 제34조제1항에 따른 국제실용신안등록출원 중 국어가 아닌 언어로 적은 국제실용신안등록출원(이하 "외국어국제실용신안등록출원"이라 한다)의 경우에는 다음 각 목의 구분에 따른 명세서(외국어국제실용신안등록출원의 경우에는 고안의 설명 및 청구범위를 말한다. 이하 이 호에서 같다) 및 도면으로 한다.
 가. 외국어실용신안등록출원의 경우 : 법 제8조의3제5항에 따라 보정한 것으로 보는 명세서 및 도면
 나. 외국어국제실용신안등록출원의 경우 : 법 제35조제5항에 따라 보정한 것으로 보는 명세서 및 도면
 (2014.12.30 본호신설)
6. 실용신안등록출원서에 첨부된 요약서(2014.12.30 본호개정)
6의2. 법 제8조의2제2항에 따른 명세서 보정에 관한 사항
(2014.12.30 본호신설)
7. 출원공개번호 및 공개연월일
8. 법 제15조에서 준용하는 「특허법」 제60조제2항에 따른 출원심사의 청구사실. 다만, 출원공개시에 그 출원심사의 청구사실이 게재되지 아니한 때에는 그 출원의 공개번호·분류기호 및 출원번호를 그 출원심사의 청구사실과 함께 추후 발행되는 공개실용신안공보에 게재하여야 한다.(2014.12.30 단서개정)
9. 법 제15조에서 준용하는 「특허법」 제63조의2에 따라 누구든지 그 고안이 실용신안등록될 수 없다는 취지의 정보를 증거와 함께 특허청장에게 제공할 수 있다는 취지
10. 그 밖에 실용신안등록출원의 공개에 관계되는 사항

④ 특허청장은 법 제21조제3항 및 이 조 제3항에 따라 자연인인 실용신안권자, 자연인인 출원인 또는 고안자의 주소를 게재하는 경우 그 실용신안권자, 출원인 또는 고안자의 신청이 있으면 그 주소의 일부만을 게재할 수 있다.(2017.1.10 본항개정)

⑤ 제4항에 따른 그 신청 방법 및 절차, 주소의 게재 범위는 특허청장이 정하여 고시한다.(2013.6.28 본항신설)

제7조의2【고유식별정보의 처리】 특허청장 또는 특허심판원장은 다음 각 호의 사무를 수행하기 위하여 불가피한 경우 「개인정보 보호법 시행령」 제19조제1호 또는 제4호에 따른 주민등록번호 또는 외국인등록번호가 포함된 자료를 처리할 수 있다.

1. 법 제3조에서 준용하고 있는 「특허법」 제28조의2에 따른 고유번호의 부여에 관한 사무
2. 법 제8조에 따른 실용신안등록출원에 관한 사무
3. 법 제33조에서 준용하고 있는 「특허법」 제157조에 따른 증거조사 및 증거보전에 관한 사무
4. 법 제44조에서 준용하고 있는 「특허법」 제222조에 따른 서류의 제출 등에 관한 사무
5. 그 밖에 법 및 이 영에 따른 출원, 심사, 심판, 등록에 관한 신청·신고 또는 제출에 관한 사무

(2012.1.6 본조신설)

제8조【과태료의 부과】 법 제52조제1항에 따른 과태료의 부과기준은 별표와 같다.(2011.12.2 단서삭제)

제9조【「특허법 시행령」의 준용】 ① 실용신안등록에 관한 출원·청구, 그 밖의 절차에 관하여는 「특허법 시행령」 제2조부터 제4조까지, 제8조의2부터 제8조의5까지, 제9조제2항, 제11조부터 제16조까지 및 제18조를 준용한다.(2021.6.22 본항개정)

② 「특허법 시행령」 제8조의 규정은 실용신안등록출원에 관한 심사·심판 등에 있어서 심사관·심판관·심판장 및 특허심판원장의 자격에 관하여 이를 준용한다.

부 칙 (2011.12.2)

제1조【시행일】 이 영은 「대한민국과 미합중국 간의 자유무역협정」이 우리나라에 대하여 그 효력을 발생하는 날부터 시행한다.<2012.3.15 발효> 다만, 제8조 및 별표의 개정규정은 2012년 1월 1일부터 시행한다.

제2조【출원인으로 인하여 지연된 기간에 관한 적용례】 제6조의2의 개정규정은 이 영 시행 후 최초로 출원하는 실용신안등록출원부터 적용한다.

제3조【과태료에 관한 경과조치】 ① 이 영 시행 전의 위반행위에 대하여 과태료의 부과기준을 적용할 때에는 별표의 개정규정에도 불구하고 종전의 규정에 따른다.

② 이 영 시행 전의 위반행위로 받은 과태료의 부과처분은 별표의 개정규정에 따른 위반행위의 횟수 산정에 포함하지 아니한다.

부 칙 (2013.6.28)

제1조【시행일】 이 영은 2013년 7월 1일부터 시행한다. 다만, 제5조제6호의2의 개정규정은 2013년 9월 23일부터 시행하고, 제7조제2항부터 제4항까지의 개정규정은 2014년 7월 1일부터 시행한다.

제2조【실용신안등록청구범위의 기재방법에 관한 적용례】 제3조제3항의 개정규정은 다음 각 호의 실용신안등록출원에 대해서도 적용한다.

1. 이 영 시행 당시 출원이 계속중인 실용신안등록출원
2. 이 영 시행 전에 출원한 실용신안등록출원(가목의 경우에는 특허출원을 말한다)에 대하여 이 영 시행 후 출원한 다음 각 목의 실용신안등록출원
   가. 법 제10조에 따른 변경출원
   나. 법 제11조에 따른 정당한 권리자의 실용신안등록출원
   다. 법 제11조에 따른 분할출원

제3조【우선심사의 대상에 관한 적용례】 제5조제6호의2의 개정규정은 「발명진흥법」 제11조의2에 따라 직무발명보상 우수기업으로 선정된 기업이 부칙 제1조 단서에 따른 시행일 이후 우선심사를 신청하는 실용신안등록출원부터 적용한다.

제4조【실용신안공보에 관한 적용례】 제7조제4항의 개정규정은 부칙 제1조 단서에 따른 시행일 이후 발행되는 등록공고용실용신안공보 또는 공개용실용신안공보에 주소의 일부만을 게재하도록 신청하는 경우부터 적용한다.

부 칙 (2014.12.30)

제1조【시행일】 이 영은 2015년 1월 1일부터 시행한다.

제2조【등록실용신안공보 게재사항에 관한 적용례】 제7조제2항제5호의2의 개정규정은 이 영 시행 전에 설정등록된 실용신안권으로서 이 영 시행 이후 등록실용신안공보에 게재하는 실용신안권에 대해서도 적용한다.

부 칙 (2019.7.9)

제1조【시행일】 이 영은 공포한 날부터 시행한다.

제2조【우선심사의 대상에 관한 경과조치】 이 영 시행 전에 우선심사를 신청한 실용신안등록출원은 제5조의 개정규정에도 불구하고 종전의 규정에 따른다.

부 칙 (2020.7.14)

제1조【시행일】 이 영은 공포한 날부터 시행한다.

제2조【출원인으로 인한 지연기간에 관한 적용례】 ① 제6조의2제1항제1호아목 및 어목의 개정규정은 이 영 시행 이후 실용신안등록출원된 실용신안권에 대하여 법 제22조의2에 따라 존속기간을 연장하는 경우부터 적용한다.

② 제6조의2제1항제1호하목의 개정규정은 이 영 시행 이후 재심사 청구된 실용신안권에 대하여 법 제22조의2에 따라 존속기간을 연장하는 경우부터 적용한다.

부 칙 (2021.6.22)

이 영은 2021년 6월 23일부터 시행한다.

부 칙 (2022.4.19)

제1조【시행일】 이 영은 2022년 4월 20일부터 시행한다.

제2조【실용신안등록출원의 회복에 관한 적용례】 제6조의2제1항제1호거목의 개정규정은 이 영 시행 전에 실용신안등록출원인이 정당한 사유로 법 제15조에 따라 준용되는 「특허법」 제67조의3제1항 각 호의 어느 하나에 해당하는 기간을 지키지 못하여 실용신안등록출원이 취하되거나 실용신안등록거절결정이 확정된 것으로 인정된 경우로서 그 사유가 소멸한 날부터 2개월이 지나지 않은 경우에도 적용한다.

부 칙 (2022.11.1)

이 영은 공포한 날부터 시행한다.

부 칙 (2023.12.19)

제1조【시행일】 이 영은 2024년 1월 1일부터 시행한다.

제2조【출원인으로 인하여 지연된 기간에 관한 적용례】 ① 제6조의2제1항제1호하목의 개정규정은 이 영 시행 이후 법 제15조에 따라 준용되는 「특허법」 제67조의2제1항 본문에 따른 재심사를 청구하는 경우부터 적용한다.

② 제6조의2제1항제1호너목의 개정규정은 이 영 시행 이후 법 제33조에 따라 준용되는 「특허법」 제132조의17에 따른 실용신안등록거절결정에 대해 불복하는 심판을 청구하는 경우(이 영 시행 전에 법 제3조에 따라 준용되는 「특허법」 제15조제1항에 따라 출원인의 청구에 의하여 심판의 청구기간이 연장된 경우는 제외한다)부터 적용한다.

제3조【우선심사의 대상에 관한 경과조치】 이 영 시행 전에 우선심사를 신청한 실용신안등록출원에 관하여는 제5조제12호 및 제13호의 개정규정에도 불구하고 종전의 규정에 따른다.

제4조【출원인으로 인하여 지연된 기간에 관한 경과조치】 이 영 시행 전에 법 제3조에 따라 준용되는 「특허법」 제15조제1항에 따라 출원인이 심판 청구기간의 연장을 청구한 경우에는 제6조의2제1항제1호나목의 개정규정에도 불구하고 종전의 규정에 따른다.

〔별표〕 ➡ 「法典 別冊」 참조

디자인보호법

(2013년 5월 28일 전부개정법률 제11848호)

개정
2013. 7.30법11962호(변리사)
2014. 1.21법12288호
2016. 1.27법13840호
2016. 2.29법14032호
2017. 3.21법14686호
2018. 4.17법15579호
2019. 1. 8법16203호
2020.10.20법17526호
2020.12.22법17725호
2021. 4.20법18093호
2021. 8.17법18404호
2021.10.19법18500호
2022. 2. 3법18815호
2022. 6.10법18886호
2022.10.18법18998호
2023. 6.20법19494호
2023. 9.14법19710호
2024. 2. 6법20200호(산업재산정보의관리및활용촉진에관한법)→2024년 8월 7일 시행

제1장 총 칙

제1조【목적】 이 법은 디자인의 보호와 이용을 도모함으로써 디자인의 창작을 장려하여 산업발전에 이바지함을 목적으로 한다.

제2조【정의】 이 법에서 사용하는 용어의 뜻은 다음과 같다.

1. "디자인"이란 물품〔물품의 부분, 글자체 및 화상(畫像)을 포함한다. 이하 같다〕의 형상·모양·색채 또는 이들을 결합한 것으로서 시각을 통하여 미감(美感)을 일으키게 하는 것을 말한다.(2021.4.20 본호개정)
2. "글자체"란 기록이나 표시 또는 인쇄 등에 사용하기 위하여 공통적인 특징을 가진 형태로 만들어진 한 벌의 글자꼴(숫자, 문장부호 및 기호 등의 형태를 포함한다)을 말한다.

2의2. "화상"이란 디지털 기술 또는 전자적 방식으로 표현되는 도형·기호 등〔기기(器機)의 조작에 이용되거나 기능이 발휘되는 것에 한정하고, 화상의 부분을 포함한다〕을 말한다.(2021.4.20 본호신설)

3. "등록디자인"이란 디자인등록을 받은 디자인을 말한다.
4. "디자인등록"이란 디자인심사등록 및 디자인일부심사등록을 말한다.
5. "디자인심사등록"이란 디자인등록출원이 디자인등록요건을 모두 갖추고 있는지를 심사하여 등록하는 것을 말한다.
6. "디자인일부심사등록"이란 디자인등록출원이 디자인등록요건 중 일부만을 갖추고 있는지를 심사하여 등록하는 것을 말한다.
7. "실시"란 다음 각 목의 구분에 따른 행위를 말한다.(2021.4.20 본문개정)
   가. 디자인의 대상이 물품(화상은 제외한다)인 경우 그 물품을 생산·사용·양도·대여·수출 또는 수입하거나 그 물품을 양도 또는 대여하기 위하여 청약(양도나 대여를 위한 전시를 포함한다. 이하 같다)하는 행위
   나. 디자인의 대상이 화상인 경우 그 화상을 생산·사용 또는 전기통신회선을 통한 방법으로 제공하거나 그 화상을 전기통신회선을 통한 방법으로 제공하기 위하여 청약(전기통신회선을 통한 방법으로 제공하기 위한 전시를 포함한다. 이하 같다)하는 행위 또는 그 화상을 저장한 매체를 양도·대여·수출·수입하거나 그 화상을 저장한 매체를 양도·대여하기 위하여 청약(양도나 대여를 위한 전시를 포함한다. 이하 같다)하는 행위

   (2021.4.20 가목~나목신설)

제3조【디자인등록을 받을 수 있는 자】 ① 디자인을 창작한 사람 또는 그 승계인은 이 법에서 정하는 바에 따라 디자인등록을 받을 수 있는 권리를 가진다. 다만, 특허청 또는 특허심판원 직원은 상속 또는 유증(遺贈)의 경우를 제외하고는 재직 중 디자인등록을 받을 수 없다.

② 2명 이상이 공동으로 디자인을 창작한 경우에는 디자인등록을 받을 수 있는 권리를 공유(共有)한다.

제4조【미성년자 등의 행위능력】 ① 미성년자·피한정후견인 또는 피성년후견인은 법정대리인에 의하지 아니하면 디자인등록에 관한 출원·청구, 그 밖의 절차(이하 "디자인에 관한 절차"라 한다)를 밟을 수 없다. 다만, 미성년자와 피한정후견인이 독립하여 법률행위를 할 수 있는 경우에는 그러하지 아니하다.

② 제1항의 법정대리인은 후견감독인의 동의 없이 상대

방이 청구한 디자인일부심사등록 이의신청, 심판 또는 재심에 대한 절차를 밟을 수 있다.
제5조【법인이 아닌 사단 등】 법인이 아닌 사단 또는 재단으로서 대표자 또는 관리인이 정하여져 있는 경우에는 그 사단 또는 재단의 이름으로 디자인일부심사등록 이의신청인, 심판의 청구인·피청구인 또는 재심의 청구인·피청구인이 될 수 있다.
제6조【재외자의 디자인관리인】 ① 국내에 주소 또는 영업소가 없는 자(이하 "재외자"라 한다)는 재외자(법인인 경우에는 그 대표자)가 국내에 체류하는 경우를 제외하고는 그 재외자의 디자인에 관한 대리인으로서 국내에 주소 또는 영업소가 있는 자(이하 "디자인관리인"이라 한다)에 의하지 아니하면 디자인에 관한 절차를 밟거나 이 법 또는 이 법에 따른 명령에 따라 행정청이 한 처분에 대하여 소(訴)를 제기할 수 없다.
② 디자인관리인은 위임된 권한의 범위에서 디자인에 관한 절차 및 이 법 또는 이 법에 따른 명령에 따라 행정청이 한 처분에 관한 소송에서 본인을 대리한다.
제7조【대리권의 범위】 국내에 주소 또는 영업소가 있는 자로부터 디자인에 관한 절차를 밟을 것을 위임받은 대리인(디자인관리인을 포함한다. 이하 같다)은 특별히 권한을 위임받지 아니하면 다음 각 호의 행위를 할 수 없다.
1. 디자인등록출원의 포기·취하, 디자인권의 포기
2. 신청의 취하
3. 청구의 취하
4. 제119조 또는 제120조에 따른 심판청구
5. 복대리인의 선임

제8조【대리권의 증명】 디자인에 관한 절차를 밟는 자의 대리인의 대리권은 서면으로 증명하여야 한다.
제9조【행위능력 등의 흠결에 대한 추인】 행위능력 또는 법정대리권이 없거나 디자인에 관한 절차를 밟는 데에 필요한 권한의 위임에 흠이 있는 자가 밟은 절차는 보정(補正)된 당사자나 법정대리인이 추인하면 행위를 한 때로 소급하여 그 효력이 발생한다.
제10조【대리권의 불소멸】 디자인에 관한 절차를 밟는 자의 위임을 받은 대리인의 대리권은 다음 각 호의 사유가 있어도 소멸하지 아니한다.
1. 본인의 사망이나 행위능력의 상실
2. 본인인 법인의 합병에 의한 소멸
3. 본인인 수탁자의 신탁임무 종료
4. 법정대리인의 사망이나 행위능력의 상실
5. 법정대리인의 대리권 소멸이나 변경

제11조【개별대리】 디자인에 관한 절차를 밟는 자의 대리인이 2인 이상이면 특허청장 또는 특허심판원장에 대하여 각각의 대리인이 본인을 대리한다.
제12조【대리인의 선임 또는 교체 명령 등】 ① 특허청장 또는 제132조에 따라 지정된 심판장(이하 "심판장"이라 한다)은 디자인에 관한 절차를 밟는 자가 그 절차를 원활히 수행할 수 없거나 구술심리에서 진술할 능력이 없다고 인정되는 등 그 절차를 밟는 데에 적당하지 아니하다고 인정하면 대리인이 그 절차를 밟을 것을 명할 수 있다.
② 특허청장 또는 심판장은 디자인에 관한 절차를 밟는 자의 대리인이 그 절차를 원활히 수행할 수 없거나 구술심리에서 진술할 능력이 없다고 인정되는 등 그 절차를 밟는 데에 적당하지 아니하다고 인정하면 그 대리인을 바꿀 것을 명할 수 있다.
③ 특허청장 또는 심판장은 제1항 및 제2항의 경우에 변리사로 하여금 대리하게 할 것을 명할 수 있다.
④ 특허청장 또는 심판장은 제1항 또는 제2항에 따라 대리인의 선임 또는 교체명령을 한 경우에는 제1항에 따른 디자인에 관한 절차를 밟는 자 또는 제2항에 따른 대리인이 그 전에 특허청장 또는 특허심판원장에 대하여 한 디자인에 관한 절차의 전부 또는 일부를 디자인에 관한 절차를 밟는 자의 신청에 따라 무효로 할 수 있다.
제13조【복수당사자의 대표】 ① 2인 이상이 공동으로 디자인에 관한 절차를 밟을 때에는 다음 각 호의 어느 하나에 해당하는 사항을 제외하고는 각자가 모두를 대표한다. 다만, 대표자를 선정하여 특허청장 또는 특허심판원장에게 신고하면 그 대표자가 모두를 대표한다.
1. 디자인등록출원의 포기·취하
2. 신청의 취하
3. 청구의 취하
4. 제52조에 따른 출원공개의 신청
5. 제119조 또는 제120조에 따른 심판청구

② 제1항 단서에 따라 신고하는 경우에는 대표자로 선임된 사실을 서면으로 증명하여야 한다.
제14조【「민사소송법」의 준용】 이 법에서 대리인에 관하여 특별히 규정한 것을 제외하고는 「민사소송법」 제1편제2장제4절을 준용한다.
제15조【재외자의 재판관할】 재외자의 디자인권 또는 디자인에 관한 권리에 관하여 디자인관리인이 있으면 그 디자인관리인의 주소 또는 영업소를, 디자인관리인이 없으면 특허청 소재지를 「민사소송법」 제11조에 따른 재산이 있는 곳으로 본다.
제16조【기간의 계산】 이 법 또는 이 법에 따른 명령에서 정한 기간의 계산은 다음 각 호에 따른다.
1. 기간의 첫날은 계산에 넣지 아니한다. 다만, 그 기간이 오전 0시부터 시작하는 경우에는 그러하지 아니하다.
2. 기간을 월 또는 연으로 정한 경우에는 역(曆)에 따라 계산한다.
3. 월 또는 연의 처음부터 기간을 기산(起算)하지 아니하는 경우에는 마지막 월 또는 연에서 그 기산일에 해당하는 날의 전날로 기간이 만료한다. 다만, 월 또는 연으로 정한 경우에 마지막 월에 해당하는 날이 없으면 그 월의 마지막 날로 기간이 만료한다.
4. 디자인에 관한 절차에서 기간의 마지막 날이 토요일이나 공휴일(「勤勞者의날制定에관한法律」에 따른 근로자의 날을 포함한다)에 해당하면 기간은 그 다음 날로 만료한다.

제17조【기간의 연장 등】 ① 특허청장은 청구에 따라 또는 직권으로 제69조에 따른 디자인일부심사등록 이의신청 이유 등의 보정기간, 제119조 또는 제120조에 따른 심판의 청구기간을 30일 이내에서 한 차례만 연장할 수 있다. 다만, 교통이 불편한 지역에 있는 자의 경우에는 산업통상자원부령으로 정하는 바에 따라 그 횟수 및 기간을 추가로 연장할 수 있다.(2022.2.3 본문개정)
② 특허청장·특허심판원장·심판장 또는 제58조에 따른 심사관(이하 "심사관"이라 한다)은 이 법에 따라 디자인에 관한 절차를 밟을 기간을 정한 경우에는 청구에 따라 그 기간을 단축 또는 연장하거나 직권으로 그 기간을 연장할 수 있다. 이 경우 특허청장 등은 그 절차의 이해관계인의 이익이 부당하게 침해되지 아니하도록 단축 또는 연장 여부를 결정하여야 한다.
③ 심판장 또는 심사관은 이 법에 따라 디자인에 관한 절차를 밟을 기일을 정한 경우에는 청구에 따라 또는 직권으로 그 기일을 변경할 수 있다.
제18조【절차의 무효】 ① 특허청장 또는 특허심판원장은 제47조에 따른 보정명령을 받은 자가 지정된 기간 내에 그 보정을 하지 아니하면 디자인에 관한 절차를 무효로 할 수 있다.
② 특허청장 또는 특허심판원장은 제1항에 따라 디자인에 관한 절차가 무효로 된 경우에 지정된 기간을 지키지 못한 것이 정당한 사유에 의한 것으로 인정될 때에는 그 사유가 소멸한 날부터 2개월 이내에 보정명령을 받은 자의 청구에 따라 그 무효처분을 취소할 수 있다. 다만, 지정된 기간의 만료일부터 1년이 지났을 때에는 그러하지 아니하다.(2021.10.19 본문개정)
③ 특허청장 또는 특허심판원장은 제1항에 따른 무효처분 또는 제2항 본문에 따른 무효처분의 취소처분을 할 때에는 그 보정명령을 받은 자에게 처분통지서를 송달하여야 한다.
제19조【절차의 추후 보완】 디자인에 관한 절차를 밟은 자가 책임질 수 없는 사유로 다음 각 호에 따른 기간을 지키지 못한 경우에는 그 사유가 소멸한 날부터 2개월 이내에 지키지 못한 절차를 추후 보완할 수 있다. 다만, 그 기간의 만료일부터 1년이 지났을 때에는 그러하지 아니하다.(2016.2.29 본문개정)
1. 제119조 또는 제120조에 따른 심판의 청구기간
2. 제160조에 따른 재심청구의 기간

제20조【절차의 효력 승계】 디자인권 또는 디자인에 관한 권리에 관하여 밟은 절차의 효력은 그 디자인권 또는 디자인에 관한 권리의 승계인에게 미친다.
제21조【절차의 속행】 특허청장 또는 심판장은 디자인에 관한 절차가 특허청 또는 특허심판원에 계속(係屬) 중일 때 디자인권 또는 디자인에 관한 권리가 이전되면 그 디자인권 또는 디자인에 관한 권리의 승계인에 대하여 그 절차를 속행(續行)하게 할 수 있다.
제22조【절차의 중단】 디자인에 관한 절차가 다음 각 호의 어느 하나에 해당하는 경우에는 특허청 또는 특허심판원에 계속 중인 절차는 중단된다. 다만, 절차를 밟을 것을 위임받은 대리인이 있는 경우에는 그러하지 아니하다.
1. 당사자가 사망한 경우
2. 당사자인 법인이 합병에 따라 소멸한 경우
3. 당사자가 절차를 밟을 능력을 상실한 경우
4. 당사자의 법정대리인이 사망하거나 그 대리권을 상실한 경우
5. 당사자의 신탁에 의한 수탁자의 임무가 끝난 경우
6. 제13조제1항 각 호 외의 부분 단서에 따른 대표자가 사망하거나 그 자격을 상실한 경우
7. 파산관재인 등 일정한 자격에 따라 자기 이름으로 다른 사람을 위하여 당사자가 된 자가 그 자격을 상실하거나 사망한 경우

제23조【중단된 절차의 수계】 제22조에 따라 특허청 또는 특허심판원에 계속 중인 절차가 중단된 경우에는 다음 각 호의 구분에 따른 자가 그 절차를 수계(受繼)하여야 한다.
1. 제22조제1호의 경우 : 그 상속인·상속재산관리인 또는 법률에 따라 절차를 계속할 자. 다만, 상속인은 상속을 포기할 수 있는 동안에는 그 절차를 수계하지 못한다.
2. 제22조제2호의 경우 : 합병에 따라 설립되거나 합병 후 존속하는 법인
3. 제22조제3호 및 제4호의 경우 : 절차를 밟을 능력을 회복한 당사자 또는 법정대리인이 된 자
4. 제22조제5호의 경우 : 새로운 수탁자
5. 제22조제6호의 경우 : 새로운 대표자 또는 각 당사자
6. 제22조제7호의 경우 : 같은 자격을 가진 자

제24조【수계신청】 ① 제22조에 따라 중단된 절차에 관한 수계신청은 제23조 각 호에 규정된 자가 할 수 있다. 이 경우 그 상대방은 특허청장 또는 제130조에 따른 심판관(이하 "심판관"이라 한다)에게 제23조 각 호에 규정된 자에 대하여 수계신청할 것을 명하도록 요청할 수 있다.
② 특허청장 또는 심판장은 제22조에 따라 중단된 절차에 관한 수계신청이 있을 때에는 그 사실을 상대방에게 알려야 한다.
③ 특허청장 또는 심판관은 제22조에 따라 중단된 절차에 관한 수계신청에 대하여 직권으로 조사하여 이유 없다고 인정하면 결정으로 기각하여야 한다.
④ 특허청장 또는 심판관은 제23조 각 호에 규정된 자가 중단된 절차를 수계하지 아니하면 직권으로 기간을 정하여 수계를 명하여야 한다.
⑤ 제4항에 따라 수계명령을 받은 자가 같은 항에 따른 기간에 수계하지 아니하면 그 기간이 끝나는 날의 다음 날에 수계한 것으로 본다.
⑥ 특허청장 또는 심판장은 제5항에 따라 수계가 있는 것으로 본 경우에는 그 사실을 당사자에게 알려야 한다.
제25조【절차의 중지】 ① 특허청장 또는 심판관이 천재지변이나 그 밖의 불가피한 사유로 그 직무를 수행할 수 없을 때에는 특허청 또는 특허심판원에 계속 중인 절차는 그 사유가 없어질 때까지 중지된다.
② 당사자에게 특허청 또는 특허심판원에 계속 중인 절차를 속행할 수 없는 장애사유가 생긴 경우에는 특허청장 또는 심판관은 결정으로 장애사유가 해소될 때까지 그 절차의 중지를 명할 수 있다.
③ 특허청장 또는 심판관은 제2항에 따른 결정을 취소할 수 있다.
④ 제1항 및 제2항에 따른 중지 또는 제3항에 따른 취소를 하였을 때에는 특허청장 또는 심판장은 그 사실을 각각 당사자에게 알려야 한다.
제26조【중단 또는 중지의 효과】 디자인에 관한 절차가 중단되거나 중지된 경우에는 그 기간의 진행은 정지되고 그 절차의 수계통지를 하거나 그 절차를 속행한 때부터 전체기간이 새로 진행된다.
제27조【외국인의 권리능력】 재외자인 외국인은 다음 각 호의 어느 하나에 해당하는 경우를 제외하고는 디자인권 또는 디자인에 관한 권리를 누릴 수 없다.
1. 그 외국인이 속하는 국가에서 대한민국 국민에 대하여 그 국민과 같은 조건으로 디자인권 또는 디자인에 관한 권리를 인정하는 경우
2. 대한민국이 그 외국인에 대하여 디자인권 또는 디자인에 관한 권리를 인정하는 경우에는 그 외국인이 속하는 국가에서 대한민국 국민에 대하여 그 국민과 같은 조건으로 디자인권 또는 디자인에 관한 권리를 인정하는 경우
3. 조약 및 이에 준하는 것(이하 "조약"이라 한다)에 따라 디자인권 또는 디자인에 관한 권리가 인정되는 경우

제28조【서류제출의 효력 발생 시기】 ① 이 법 또는 이 법에 따른 명령에 따라 특허청장 또는 특허심판원장에게 제출하는 출원서·청구서, 그 밖의 서류(물건을 포함한다. 이하 이 조에서 같다)는 특허청장 또는 특허심판원장에게 도달한 날부터 그 효력이 발생한다.
② 제1항의 출원서·청구서, 그 밖의 서류를 우편으로 특허청장 또는 특허심판원장에게 제출하는 경우에는 다음 각 호의 구분에 따른 날에 특허청장 또는 특허심판원장에게 도달한 것으로 본다. 다만, 디자인권 및 디자인에 관한 권리의 등록신청서류를 우편으로 제출하는 경우에는 그 서류가 특허청장 또는 특허심판원장에게 도달한 날부터 효력이 발생한다.
1. 우편법령에 따른 통신날짜도장에 표시된 날이 분명한 경우 : 표시된 날(2018.4.17 본호개정)
2. 우편법령에 따른 통신날짜도장에 표시된 날이 분명하지 아니한 경우 : 우체국에 제출한 날(우편물 수령증으로 증명한 날을 말한다)(2018.4.17 본호개정)

③ 제1항 및 제2항에서 규정한 사항 외에 우편물의 지연, 우편물의 망실(亡失) 및 우편업무의 중단으로 인한 서류제출에 필요한 사항은 산업통상자원부령으로 정한다.
제29조【고유번호의 기재】 ① 디자인에 관한 절차를 밟는 자는 산업통상자원부령으로 정하는 바에 따라 특허청장 또는 특허심판원장에게 자신의 고유번호의 부여를 신청하여야 한다.
② 특허청장 또는 특허심판원장은 제1항에 따른 신청을 받으면 신청인에게 고유번호를 부여하고 그 사실을 알려야 한다.
③ 특허청장 또는 특허심판원장은 제1항에 따라 고유번호를 신청하지 아니하는 자에게는 직권으로 고유번호를 부여하고 그 사실을 알려야 한다.
④ 제2항 또는 제3항에 따라 고유번호를 부여받은 자가 디자인에 관한 절차를 밟는 경우에는 산업통상자원부령으로 정하는 서류에 자신의 고유번호를 적어야 한다. 이 경우 이 법 또는 이 법에 따른 명령에도 불구하고 그 서류에 주소(법인인 경우에는 영업소의 소재지를 말한다)를 적지 아니할 수 있다.
⑤ 디자인에 관한 절차를 밟는 자의 대리인에 관하여는 제1항부터 제4항까지의 규정을 준용한다.
⑥ 고유번호의 부여 신청, 고유번호의 부여 및 통지, 그

밖에 고유번호에 관하여 필요한 사항은 산업통상자원부령으로 정한다.
제30조【전자문서에 의한 디자인에 관한 절차의 수행】 ① 디자인에 관한 절차를 밟는 자는 이 법에 따라 특허청장 또는 특허심판원장에게 제출하는 디자인등록출원서, 그 밖의 서류를 산업통상자원부령으로 정하는 방식에 따라 전자문서화하고 이를 정보통신망을 이용하여 제출하거나 이동식 저장장치 또는 광디스크 등 전자적 기록매체에 수록하여 제출할 수 있다.
② 제1항에 따라 제출된 전자문서는 이 법에 따라 제출된 서류와 같은 효력을 가진다.
③ 제1항에 따라 정보통신망을 이용하여 제출된 전자문서는 그 문서의 제출인이 정보통신망을 통하여 접수번호를 확인할 수 있는 때에 특허청 또는 특허심판원에서 사용하는 접수용 전산정보처리조직의 파일에 기록된 내용으로 접수된 것으로 본다.
④ 제1항에 따라 전자문서로 제출할 수 있는 서류의 종류·제출방법, 그 밖에 전자문서에 의한 서류의 제출에 필요한 사항은 산업통상자원부령으로 정한다.
제31조【전자문서 이용신고 및 전자서명】 ① 전자문서로 디자인에 관한 절차를 밟으려는 자는 미리 특허청장 또는 특허심판원장에게 전자문서 이용신고를 하여야 하며, 특허청장 또는 특허심판원장에게 제출하는 전자문서에 제출인을 알아볼 수 있도록 전자서명을 하여야 한다.
② 제30조에 따라 제출된 전자문서는 제1항에 따른 전자서명을 한 자가 제출한 것으로 본다.
③ 제1항에 따른 전자문서 이용신고 절차, 전자서명 방법 등에 관하여 필요한 사항은 산업통상자원부령으로 정한다.
제32조【정보통신망을 이용한 통지 등의 수행】 ① 특허청장, 특허심판원장, 심판장, 심판관, 제70조제3항에 따라 지정된 심사장(이하 "심사장"이라 한다) 또는 심사관은 제31조제1항에 따라 전자문서 이용신고를 한 자에게 서류의 통지 및 송달(이하 "통지등"이라 한다)을 하려는 경우에는 정보통신망을 이용하여 할 수 있다.
② 제1항에 따라 정보통신망을 이용하여 한 서류의 통지등은 서면으로 한 것과 같은 효력을 가진다.
③ 제1항에 따른 서류의 통지등은 그 통지등을 받을 자가 자신이 사용하는 전산정보처리조직을 통하여 그 서류를 확인한 때에 특허청 또는 특허심판원에서 사용하는 발송용 전산정보처리조직의 파일에 기록된 내용으로 도달한 것으로 본다.
④ 제1항에 따라 정보통신망을 이용하여 행하는 통지등의 종류·방법 등에 관하여 필요한 사항은 산업통상자원부령으로 정한다.

제2장 디자인등록요건 및 디자인등록출원

제33조【디자인등록의 요건】 ① 공업상 이용할 수 있는 디자인으로서 다음 각 호의 어느 하나에 해당하는 것을 제외하고는 그 디자인에 대하여 디자인등록을 받을 수 있다.
1. 디자인등록출원 전에 국내 또는 국외에서 공지(公知)되었거나 공연(公然)히 실시된 디자인
2. 디자인등록출원 전에 국내 또는 국외에서 반포된 간행물에 게재되었거나 전기통신회선을 통하여 공중(公衆)이 이용할 수 있게 된 디자인
3. 제1호 또는 제2호에 해당하는 디자인과 유사한 디자인
② 디자인등록출원 전에 그 디자인이 속하는 분야에서 통상의 지식을 가진 사람이 다음 각 호의 어느 하나에 따라 쉽게 창작할 수 있는 디자인(제1항 각 호의 어느 하나에 해당하는 디자인은 제외한다)은 제1항에도 불구하고 디자인등록을 받을 수 없다.
1. 제1항제1호·제2호에 해당하는 디자인 또는 이들의 결합
2. 국내 또는 국외에서 널리 알려진 형상·모양·색채 또는 이들의 결합
③ 디자인등록출원한 디자인이 그 출원을 한 후에 제52조, 제56조 또는 제90조제3항에 따라 디자인공보에 게재된 다른 디자인등록출원(그 디자인등록출원일 전에 출원된 것으로 한정한다)의 출원서의 기재사항 및 출원서에 첨부된 도면·사진 또는 견본에 표현된 디자인의 일부와 동일하거나 유사한 경우에 그 디자인은 제1항에도 불구하고 디자인등록을 받을 수 없다. 다만, 그 디자인등록출원의 출원인과 다른 디자인등록출원의 출원인이 같은 경우에는 그러하지 아니하다.
제34조【디자인등록을 받을 수 없는 디자인】 다음 각 호의 어느 하나에 해당하는 디자인에 대하여는 제33조에도 불구하고 디자인등록을 받을 수 없다.
1. 국기, 국장(國章), 군기(軍旗), 훈장, 포장, 기장(記章), 그 밖의 공공기관 등의 표장과 외국의 국기, 국장 또는 국제기관 등의 문자나 표지와 동일하거나 유사한 디자인
2. 디자인이 주는 의미나 내용 등이 일반인의 통상적인 도덕관념이나 선량한 풍속에 어긋나거나 공공질서를 해칠 우려가 있는 디자인
3. 타인의 업무와 관련된 물품과 혼동을 가져올 우려가 있는 디자인
4. 물품의 기능을 확보하는 데에 불가결한 형상만으로 된 디자인

제35조【관련디자인】 ① 디자인권자 또는 디자인등록출원인은 자기의 등록디자인 또는 디자인등록출원한 디자인(이하 "기본디자인"이라 한다)과만 유사한 디자인(이하 "관련디자인"이라 한다)에 대하여는 그 기본디자인의 디자인등록출원일부터 3년 이내에 디자인등록출원된 경우에 한하여 제33조제1항 각 호 및 제46조제1항·제2항에도 불구하고 관련디자인으로 디자인등록을 받을 수 있다. 다만, 해당 관련디자인의 디자인권을 설정등록할 때에 기본디자인의 디자인권이 설정등록되어 있지 아니하거나 기본디자인의 디자인권이 취소, 포기 또는 무효심결 등으로 소멸한 경우에는 그러하지 아니하다.
(2023.6.20 본항개정)
② 제1항에 따라 디자인등록을 받은 관련디자인 또는 디자인등록출원된 관련디자인과만 유사한 디자인은 디자인등록을 받을 수 없다.
③ 기본디자인의 디자인권에 제97조에 따른 전용실시권(이하 "전용실시권"이라 한다)이 설정되어 있는 경우에는 그 기본디자인에 관한 관련디자인에 대하여는 제1항에도 불구하고 디자인등록을 받을 수 없다.
④ 제1항에 따라 기본디자인과만 유사한 둘 이상의 관련디자인등록출원이 있는 경우에 이들 디자인 사이에는 제33조제1항 각 호 및 제46조제1항·제2항은 적용하지 아니한다.(2023.6.20 본항신설)
제36조【신규성 상실의 예외】 ① 디자인등록을 받을 수 있는 권리를 가진 자의 디자인이 제33조제1항제1호 또는 제2호에 해당하게 된 경우 그 디자인은 그날부터 12개월 이내에 그 자가 디자인등록출원한 디자인에 대하여 같은 조 제1항 및 제2항을 적용할 때에는 같은 조 제1항제1호 또는 제2호에 해당하지 아니한 것으로 본다. 다만, 그 디자인이 조약이나 법률에 따라 국내 또는 국외에서 출원공개 또는 등록공고된 경우에는 그러하지 아니하다.
(2017.3.21 본문개정)
② (2023.6.20 삭제)
제37조【디자인등록출원】 ① 디자인등록을 받으려는 자는 다음 각 호의 사항을 적은 디자인등록출원서를 특허청장에게 제출하여야 한다.
1. 디자인등록출원인의 성명 및 주소(법인인 경우에는 그 명칭 및 영업소의 소재지)
2. 디자인등록출원인의 대리인이 있는 경우에는 그 대리인의 성명 및 주소나 영업소의 소재지[대리인이 특허법인·특허법인(유한)인 경우에는 그 명칭, 사무소의 소재지 및 지정된 변리사의 성명](2013.7.30 본호개정)
3. 디자인의 대상이 되는 물품 및 제40조제2항에 따른 물품류(이하 "물품류"라 한다)
4. 단독의 디자인등록출원 또는 관련디자인의 디자인등록출원(이하 "관련디자인등록출원"이라 한다) 여부
5. 기본디자인의 디자인등록번호 또는 디자인등록출원번호(제35조제1항에 따라 관련디자인으로 디자인등록을 받으려는 경우만 해당한다)
6. 디자인을 창작한 사람의 성명 및 주소
7. 제41조에 따른 복수디자인등록출원 여부
8. 디자인의 수 및 각 디자인의 일련번호(제41조에 따라 복수디자인등록출원을 하는 경우에만 해당한다)
9. 제51조제3항에 규정된 사항(우선권 주장을 하는 경우만 해당한다)
② 제1항에 따른 디자인등록출원서에는 각 디자인에 관한 다음 각 호의 사항을 적은 도면을 첨부하여야 한다.
1. 디자인의 대상이 되는 물품 및 물품류
2. 디자인의 설명 및 창작내용의 요점
3. 디자인의 일련번호(제41조에 따라 복수디자인등록출원을 하는 경우에만 해당한다)
③ 디자인등록출원인은 제2항의 도면을 갈음하여 디자인의 사진 또는 견본을 제출할 수 있다.
④ 디자인일부심사등록출원을 할 수 있는 디자인은 물품류 구분 중 산업통상자원부령으로 정하는 물품으로 한정한다. 이 경우 해당 물품에 대하여는 디자인일부심사등록출원으로만 출원할 수 있다.
⑤ 제1항부터 제4항까지 규정된 것 외에 디자인등록출원에 필요한 사항은 산업통상자원부령으로 정한다.
제38조【디자인등록출원일의 인정 등】 ① 디자인등록출원일은 디자인등록출원서가 특허청장에게 도달한 날로 한다. 다만, 디자인등록출원이 다음 각 호의 어느 하나에 해당하는 경우에는 그러하지 아니하다.
1. 디자인등록을 받으려는 취지가 명확하게 표시되지 아니한 경우
2. 디자인등록출원인의 성명이나 명칭이 적혀 있지 아니하거나 명확하게 적혀있지 아니하여 디자인등록출원인을 특정할 수 없는 경우
3. 도면·사진 또는 견본이 제출되지 아니하거나 도면에 적힌 사항이 선명하지 아니하여 인식할 수 없는 경우
4. 한글로 적혀 있지 아니한 경우
② 특허청장은 디자인등록출원이 제1항 각 호의 어느 하나에 해당하는 경우에는 디자인등록을 받으려는 자에게 상당한 기간을 정하여 보완할 것을 명하여야 한다.
③ 제2항에 따른 보완명령을 받은 자가 디자인등록출원을 보완하는 경우에는 절차보완에 관한 서면(이하 이 조에서 "절차보완서"라 한다)을 제출하여야 한다.
④ 특허청장은 제2항에 따른 보완명령을 받은 자가 지정 기간 내에 디자인등록출원을 보완한 경우에는 그 절차보완서가 특허청장에게 도달한 날을 출원일로 본다. 다만, 제41조에 따라 복수디자인등록출원된 디자인 중 일부 디자인에만 보완이 필요한 경우에는 그 일부 디자인에 대한 절차보완서가 특허청장에게 도달한 날을 복수디자인 전체의 출원일로 본다.
⑤ 특허청장은 제2항에 따른 보완명령을 받은 자가 지정 기간 내에 보완을 하지 아니한 경우에는 그 디자인등록출원을 부적법한 출원으로 보아 반려할 수 있다. 제41조에 따라 복수디자인등록출원된 디자인 중 일부 디자인만 보완하지 아니한 경우에도 같다.
제39조【공동출원】 디자인등록을 받을 수 있는 권리가 공유인 경우에는 공유자 모두가 공동으로 디자인등록출원을 하여야 한다.(2023.6.20 본조개정)
제40조【1디자인 1디자인등록출원】 ① 디자인등록출원은 1디자인마다 1디자인등록출원으로 한다.
② 디자인등록출원을 하려는 자는 산업통상자원부령으로 정하는 물품류 구분에 따라야 한다.
제41조【복수디자인등록출원】 디자인등록출원을 하려는 자는 제40조제1항에도 불구하고 산업통상자원부령으로 정하는 물품류 구분에서 같은 물품류에 속하는 물품에 대하여는 100 이내의 디자인을 1디자인등록출원(이하 "복수디자인등록출원"이라 한다)으로 할 수 있다. 이 경우 1 디자인마다 분리하여 표현하여야 한다.
제42조【한 벌의 물품의 디자인】 ① 2 이상의 물품이 한 벌의 물품으로 동시에 사용되는 경우 그 한 벌의 물품의 디자인이 한 벌 전체로서 통일성이 있을 때에는 1디자인으로 디자인등록을 받을 수 있다.
② 제1항에 따른 한 벌의 물품의 구분은 산업통상자원부령으로 정한다.
제43조【비밀디자인】 ① 디자인등록출원인은 디자인권의 설정등록일부터 3년 이내의 기간을 정하여 그 디자인을 비밀로 할 것을 청구할 수 있다. 이 경우 복수디자인등록출원된 디자인에 대하여는 출원된 디자인의 전부 또는 일부에 대하여 청구할 수 있다.
② 디자인등록출원인은 디자인등록출원을 한 날부터 최초의 디자인등록료를 내는 날까지 제1항의 청구를 할 수 있다. 다만, 제86조제1항제1호 및 제2항에 따라 그 등록료가 면제된 경우에는 제90조제2항 각 호의 어느 하나에 따라 특허청장이 디자인권을 설정등록할 때까지 할 수 있다.
③ 디자인등록출원인 또는 디자인권자는 제1항에 따라 지정한 기간을 청구에 의하여 단축하거나 연장할 수 있다. 이 경우 그 기간을 연장하는 경우에는 디자인권의 설정등록일부터 3년을 초과할 수 없다.
④ 특허청장은 다음 각 호의 어느 하나에 해당하는 경우에는 비밀디자인의 열람청구에 응하여야 한다.
1. 디자인권자의 동의를 받은 자가 열람청구한 경우
2. 그 비밀디자인과 동일하거나 유사한 디자인에 관한 심사, 디자인일부심사등록 이의신청, 심판, 재심 또는 소송의 당사자나 참가인이 열람청구한 경우
3. 디자인권 침해의 경고를 받은 사실을 소명한 자가 열람청구한 경우
4. 법원 또는 특허심판원이 열람청구한 경우
⑤ 제4항에 따라 비밀디자인을 열람한 자는 그 열람한 내용을 무단으로 촬영·복사 등의 방법으로 취득하거나 알게 된 내용을 누설하여서는 아니 된다.
⑥ 제52조에 따른 출원공개신청을 한 경우에는 제1항에 따른 청구는 철회된 것으로 본다.
제44조【무권리자의 디자인등록출원과 정당한 권리자의 보호】 디자인 창작자가 아닌 자로서 디자인등록을 받을 수 있는 권리의 승계인이 아닌 자(이하 "무권리자"라 한다)가 한 디자인등록출원이 제62조제1항제1호에 해당하여 디자인등록거절결정 또는 거절한다는 취지의 심결이 확정된 경우에는 그 무권리자의 디자인등록출원 후에 한 정당한 권리자의 디자인등록출원은 무권리자가 디자인등록출원한 때에 디자인등록출원한 것으로 본다. 다만, 디자인등록거절결정 또는 거절한다는 취지의 심결이 확정된 날부터 30일이 지난 후에 정당한 권리자가 디자인등록출원을 한 경우에는 그러하지 아니하다.
제45조【무권리자의 디자인등록과 정당한 권리자의 보호】 무권리자라는 사유로 디자인등록에 대한 취소결정 또는 무효심결이 확정된 경우에는 그 디자인등록출원 후에 한 정당한 권리자의 디자인등록출원은 취소 또는 무효로 된 그 등록디자인의 디자인등록출원 시에 디자인등록출원을 한 것으로 본다. 다만, 취소결정 또는 무효심결이 확정된 날부터 30일이 지난 후에 디자인등록출원을 한 경우에는 그러하지 아니하다.
제46조【선출원】 ① 동일하거나 유사한 디자인에 대하여 다른 날에 2 이상의 디자인등록출원이 있는 경우에는 먼저 디자인등록출원한 자만이 그 디자인에 관하여 디자인등록을 받을 수 있다.
② 동일하거나 유사한 디자인에 대하여 같은 날에 2 이상의 디자인등록출원이 있는 경우에는 디자인등록출원인이 협의하여 정한 하나의 디자인등록출원인만이 그 디자인에 대하여 디자인등록을 받을 수 있다. 협의가 성립하지 아니하거나 협의를 할 수 없는 경우에는 어느 디자인등록출원인도 그 디자인에 대하여 디자인등록을 받을 수 없다.
③ 디자인등록출원이 무효·취하·포기되거나 제62조에 따른 디자인등록거절결정 또는 거절한다는 취지의 심결

이 확정된 경우 그 디자인등록출원은 제1항 및 제2항을 적용할 때에는 처음부터 없었던 것으로 본다. 다만, 제2항 후단에 해당하여 제62조에 따른 디자인등록거절결정이나 거절한다는 취지의 심결이 확정된 경우에는 그러하지 아니하다.
④ 무권리자가 한 디자인등록출원은 제1항 및 제2항을 적용할 때에는 처음부터 없었던 것으로 본다.
⑤ 특허청장은 제2항의 경우에 디자인등록출원인에게 기간을 정하여 협의의 결과를 신고할 것을 명하고 그 기간 내에 신고가 없으면 제2항에 따른 협의는 성립되지 아니한 것으로 본다.
제47조【절차의 보정】 특허청장 또는 특허심판원장은 디자인에 관한 절차가 다음 각 호의 어느 하나에 해당하는 경우에는 기간을 정하여 디자인에 관한 절차를 밟는 자에게 보정을 명하여야 한다.
1. 제4조제1항 또는 제7조에 위반된 경우
2. 이 법 또는 이 법에 따른 명령에서 정한 방식에 위반된 경우
3. 제85조에 따라 내야 할 수수료를 내지 아니한 경우
제48조【출원의 보정과 요지변경】 ① 디자인등록출원인은 최초의 디자인등록출원의 요지를 변경하지 아니하는 범위에서 디자인등록출원서의 기재사항, 디자인등록출원서에 첨부한 도면, 도면의 기재사항이나 사진 또는 견본을 보정할 수 있다.
② 디자인등록출원인은 관련디자인등록출원을 단독의 디자인등록출원으로, 단독의 디자인등록출원을 관련디자인등록출원으로 변경하는 보정을 할 수 있다.
③ 디자인등록출원인은 디자인일부심사등록출원을 디자인심사등록출원으로, 디자인심사등록출원을 디자인일부심사등록출원으로 변경하는 보정을 할 수 있다.
④ 제1항부터 제3항까지의 규정에 따른 보정은 다음 각 호에서 정한 시기에 할 수 있다.
1. 제62조에 따른 디자인등록거절결정 또는 제65조에 따른 디자인등록결정(이하 "디자인등록여부결정"이라 한다)의 통지서가 발송되기 전까지(2023.6.20 본호개정)
2. 제64조에 따른 재심사 청구기간(2021.10.19 본호개정)
3. 제120조에 따라 디자인등록거절결정에 대한 심판을 청구하는 경우에는 그 청구일부터 30일 이내
⑤ 제1항부터 제3항까지의 규정에 따른 보정이 최초의 디자인등록출원의 요지를 변경하는 것으로 디자인권의 설정등록 후에 인정된 경우에는 그 디자인등록출원은 그 보정서를 제출한 때에 디자인등록출원을 한 것으로 본다.
제49조【보정각하】 ① 심사관은 제48조에 따른 보정이 디자인등록출원의 요지를 변경하는 것일 때에는 결정으로 그 보정을 각하하여야 한다.
② 심사관은 제1항에 따른 각하결정을 한 경우에는 제119조에 따른 보정각하결정에 대한 심판청구기간이 지나기 전까지는 그 디자인등록출원(복수디자인등록출원된 일부 디자인에 대하여 각하결정을 한 경우에는 그 일부 디자인을 말한다)에 대한 디자인등록여부결정을 하여서는 아니 된다.(2021.10.19 본항개정)
③ 심사관은 디자인등록출원인이 제1항에 따른 각하결정에 대하여 제119조에 따라 심판을 청구한 경우에는 그 심결이 확정될 때까지 그 디자인등록출원(복수디자인등록출원된 일부 디자인에 대한 각하결정에 대하여 심판을 청구한 경우에는 그 일부 디자인을 말한다)의 심사를 중지하여야 한다.
④ 제1항에 따른 각하결정은 서면으로 하여야 하며 그 이유를 붙여야 한다.
제50조【출원의 분할】 ① 다음 각 호의 어느 하나에 해당하는 자는 디자인등록출원의 일부를 1 이상의 새로운 디자인등록출원으로 분할하여 디자인등록출원을 할 수 있다.
1. 제40조를 위반하여 2 이상의 디자인을 1디자인등록출원으로 출원한 자
2. 복수디자인등록출원을 한 자
② 제1항에 따라 분할된 디자인등록출원(이하 "분할출원"이라 한다)이 있는 경우 그 분할출원은 최초에 디자인등록출원을 한 때에 출원한 것으로 본다. 다만, 제51조제3항 및 제4항을 적용할 때에는 그러하지 아니하다.
(2023.6.20 단서개정)
③ 제1항에 따른 디자인등록출원의 분할은 제48조제4항에 따른 보정을 할 수 있는 기간에 할 수 있다.
④ 분할의 기초가 된 디자인등록출원이 제51조, 제51조의2 또는 제51조의3에 따라 우선권을 주장한 디자인등록출원인 경우에는 제1항에 따라 분할출원을 한 때에 그 분할출원에 대해서도 우선권 주장을 한 것으로 보며, 분할의 기초가 된 디자인등록출원에 대하여 제51조, 제51조의2 또는 제51조의3에 따라 제출된 서류 또는 서면이 있는 경우에는 그 분할출원에 대해서도 해당 서류 또는 서면이 제출된 것으로 본다.(2023.6.20 본항개정)
⑤ 제4항에 따라 제51조, 제51조의2 또는 제51조의3에 따른 우선권 주장을 한 것으로 보는 분할출원에 대해서는 분할출원을 한 날부터 30일 이내에 그 우선권 주장의 전부 또는 일부를 취하할 수 있다.(2023.6.20 본항개정)
제51조【조약에 따른 우선권 주장】 ① 조약에 따라 대한민국 국민에게 출원에 대한 우선권을 인정하는 당사국의 국민이 그 당사국 또는 다른 당사국에 출원한 후 동일한 디자인을 대한민국에 디자인등록출원하여 우선권을 주장하는 경우에는 제33조 및 제46조를 적용할 때 그 당사국 또는 다른 당사국에 출원한 날을 대한민국에 디자인등록출원한 날로 본다. 대한민국 국민이 조약에 따라 대한민국 국민에게 출원에 대한 우선권을 인정하는 당사국에 출원한 후 동일한 디자인을 대한민국에 디자인등록출원한 경우에도 또한 같다.
② 제1항에 따라 우선권을 주장하려는 자는 우선권 주장의 기초가 되는 최초의 출원일부터 6개월 이내에 디자인등록출원을 하지 아니하면 우선권을 주장할 수 없다.
③ 제1항에 따라 우선권을 주장하려는 자는 디자인등록출원 시 디자인등록출원서에 그 취지와 최초로 출원한 국명 및 출원연월일을 적어야 한다.
④ 제3항에 따라 우선권을 주장한 자는 제1호의 서류 또는 제2호의 서면을 디자인등록출원일부터 3개월 이내에 특허청장에게 제출하여야 한다. 다만, 제2호의 서면은 산업통상자원부령으로 정하는 국가의 경우만 해당한다.
(2017.3.21 본문개정)
1. 최초로 출원한 국가의 정부가 인증하는 서류로서 디자인등록출원의 연월일을 적은 서면 및 도면의 등본
2. 최초로 출원한 국가의 디자인등록출원의 출원번호 및 그 밖에 출원을 확인할 수 있는 정보 등 산업통상자원부령으로 정하는 사항을 적은 서면
(2017.3.21 1호~2호신설)
⑤ 제3항에 따라 우선권을 주장한 자가 정당한 사유로 제4항의 기간 내에 같은 항에 규정된 서류 또는 서면을 제출할 수 없었던 경우에는 그 기간의 만료일부터 2개월 이내에 같은 항에 규정된 서류 또는 서면을 특허청장에게 제출할 수 있다.(2023.6.20 본항신설)
⑥ 제3항에 따라 우선권을 주장한 자가 제4항 또는 제5항의 기간 내에 제4항에 규정된 서류 또는 서면을 제출하지 아니한 경우에는 그 우선권 주장은 효력을 상실한다.
(2023.6.20 본항개정)
제51조의2【우선권 주장의 보정 및 추가】 ① 제51조제1항부터 제3항까지에 따라 우선권 주장을 한 자는 디자인등록출원일부터 3개월 이내에 해당 우선권 주장을 보정하거나 추가할 수 있다.
② 제1항에 따라 우선권 주장을 보정하거나 추가한 자에 대하여는 제51조제4항부터 제6항까지를 적용한다.
(2023.6.20 본조신설)
제51조의3【우선권 주장 기간의 연장】 ① 제51조제1항에 따라 우선권을 주장하려는 자가 정당한 사유로 같은 조 제2항의 기간을 지키지 못한 경우에 그 기간의 만료일부터 2개월 이내에 디자인등록출원을 한 때에는 그 디자인등록출원에 대하여 우선권을 주장할 수 있다.
② 제1항에 따라 우선권을 주장한 자에 대하여는 제51조제3항부터 제6항까지를 준용한다.
(2023.6.20 본조신설)
제52조【출원공개】 ① 디자인등록출원인은 산업통상자원부령으로 정하는 바에 따라 자기의 디자인등록출원에 대한 공개를 신청할 수 있다. 이 경우 복수디자인등록출원에 대한 공개는 출원된 디자인의 전부 또는 일부에 대하여 신청할 수 있다.
② 특허청장은 제1항에 따른 공개신청이 있는 경우에는 그 디자인등록출원에 관하여 제212조에 따른 디자인공보(이하 "디자인공보"라 한다)에 게재하여 출원공개를 하여야 한다. 다만, 디자인등록출원된 디자인이 제34조제2호에 해당하는 경우에는 출원공개를 하지 아니할 수 있다.
③ 제1항에 따른 공개신청은 그 디자인등록출원에 대한 최초의 디자인등록여부결정의 등본이 송달된 후에는 할 수 없다.
제53조【출원공개의 효과】 ① 디자인등록출원인은 제52조에 따른 출원공개가 있은 후 그 디자인등록출원된 디자인 또는 이와 유사한 디자인을 업(業)으로서 실시한 자에게 디자인등록출원된 디자인임을 서면으로 경고할 수 있다.
② 디자인등록출원인은 제1항에 따라 경고를 받거나 제52조에 따라 출원공개된 디자인임을 알고 그 디자인등록출원된 디자인 또는 이와 유사한 디자인을 업으로서 실시한 자에게 그 경고를 받거나 제52조에 따라 출원공개된 디자인임을 안 때부터 디자인권의 설정등록 시까지의 기간 동안 그 등록디자인 또는 이와 유사한 디자인의 실시에 대하여 합리적으로 받을 수 있는 금액에 상당하는 보상금의 지급을 청구할 수 있다.(2020.10.20 본항개정)
③ 제2항에 따른 청구권은 그 디자인등록출원된 디자인에 대한 디자인권이 설정등록된 후가 아니면 행사할 수 없다.
④ 제2항에 따른 청구권의 행사는 디자인권의 행사에 영향을 미치지 아니한다.
⑤ 제2항에 따른 청구권을 행사하는 경우에는 제114조, 제118조 또는 「민법」 제760조 · 제766조를 준용한다. 이 경우 「민법」 제766조제1항 중 "피해자나 그 법정대리인이 그 손해 및 가해자를 안 날"은 "해당 디자인권의 설정등록일"로 본다.
⑥ 디자인등록출원이 제52조에 따라 출원공개된 후 다음 각 호의 어느 하나에 해당하는 경우에는 제2항에 따른 청구권은 처음부터 발생하지 아니한 것으로 본다.
1. 디자인등록출원이 포기 · 무효 또는 취하된 경우
2. 디자인등록출원에 대하여 제62조에 따른 디자인등록거절결정이 확정된 경우
3. 제73조제3항에 따른 디자인등록취소결정이 확정된 경우
4. 제121조에 따른 디자인등록을 무효로 한다는 심결(제121조제1항제4호에 따른 경우는 제외한다)이 확정된 경우
제54조【디자인등록을 받을 수 있는 권리의 이전 등】 ① 디자인등록을 받을 수 있는 권리는 이전할 수 있다. 다만, 기본디자인등록을 받을 수 있는 권리와 관련디자인등록을 받을 수 있는 권리는 함께 이전하여야 한다.
② 디자인등록을 받을 수 있는 권리는 질권의 목적으로 할 수 없다.
③ 디자인등록을 받을 수 있는 권리가 공유인 경우에는 각 공유자는 다른 공유자 모두의 동의를 받지 아니하면 그 지분을 양도할 수 없다.
제55조【정보 제공】 누구든지 디자인등록출원된 디자인이 제62조제1항 각 호의 어느 하나에 해당되어 디자인등록될 수 없다는 취지의 정보를 증거와 함께 특허청장 또는 특허심판원장에게 제공할 수 있다.
제56조【거절결정된 출원의 공보게재】 특허청장은 제46조제2항 후단에 따라 제62조에 따른 디자인등록거절결정이나 거절한다는 취지의 심결이 확정된 경우에는 그 디자인등록출원에 관한 사항을 디자인공보에 게재하여야 한다. 다만, 디자인등록출원된 디자인이 제34조제2호에 해당하는 경우에는 게재하지 아니할 수 있다.
제57조【디자인등록을 받을 수 있는 권리의 승계】 ① 디자인등록출원 전에 디자인등록을 받을 수 있는 권리의 승계에 대하여는 그 승계인이 디자인등록출원을 하지 아니하면 제3자에게 대항할 수 없다.
② 같은 자로부터 디자인등록을 받을 수 있는 권리를 승계한 자가 2 이상인 경우로서 같은 날에 2 이상의 디자인등록출원이 있을 때에는 디자인등록출원인이 협의하여 정한 자에게만 승계의 효력이 발생한다.
③ 디자인등록출원 후에는 디자인등록을 받을 수 있는 권리의 승계는 상속이나 그 밖의 일반승계의 경우를 제외하고는 디자인등록출원인 변경신고를 하지 아니하면 그 효력이 발생하지 아니한다.
④ 디자인등록을 받을 수 있는 권리의 상속이나 그 밖의 일반승계가 있는 경우에는 승계인은 지체 없이 그 취지를 특허청장에게 신고하여야 한다.
⑤ 같은 자로부터 디자인등록을 받을 수 있는 권리를 승계한 자가 2 이상인 경우로서 같은 날에 2 이상의 디자인등록출원인 변경신고가 있을 때에는 신고를 한 자 간에 협의하여 정한 자에게만 신고의 효력이 발생한다.
⑥ 제2항 및 제5항의 경우에는 제46조제5항을 준용한다.

제3장 심 사

제58조【심사관에 의한 심사】 ① 특허청장은 심사관에게 디자인등록출원 및 디자인일부심사등록 이의신청을 심사하게 한다.
② 심사관의 자격에 관하여 필요한 사항은 대통령령으로 정한다.
제59조【전문기관의 지정 등】 ① 특허청장은 디자인등록출원을 심사할 때에 필요하다고 인정하면 전문기관을 지정하여 선행디자인의 조사, 그 밖에 대통령령으로 정하는 업무를 의뢰할 수 있다.
② 특허청장은 디자인등록출원의 심사에 필요하다고 인정하는 경우에는 관계 행정기관, 해당 디자인 분야의 전문기관 또는 디자인에 관한 지식과 경험이 풍부한 사람에게 협조를 요청하거나 의견을 들을 수 있다. 이 경우 특허청장은 예산의 범위에서 수당 또는 비용을 지급할 수 있다.
③ 제1항에 따른 전문기관의 지정기준, 선행디자인의 조사 등의 의뢰에 필요한 사항은 대통령령으로 정한다.
제60조【전문기관 지정의 취소 등】 ① 특허청장은 제59조제1항에 따른 전문기관이 제1호에 해당하는 경우에는 그 지정을 취소하여야 하며, 제2호에 해당하는 경우에는 그 지정을 취소하거나 6개월 이내의 기간을 정하여 업무의 전부 또는 일부의 정지를 명할 수 있다.
1. 거짓이나 그 밖의 부정한 방법으로 지정을 받은 경우
2. 제59조제3항에 따른 지정기준에 맞지 아니하게 된 경우
② 특허청장은 제1항에 따라 지정을 취소하거나 업무정지를 명하려면 청문을 하여야 한다.
③ 제1항에 따른 처분의 세부 기준과 절차 등에 관하여 필요한 사항은 산업통상자원부령으로 정한다.
제61조【우선심사】 ① 특허청장은 다음 각 호의 어느 하나에 해당하는 디자인등록출원에 대하여는 심사관에게 다른 디자인등록출원에 우선하여 심사하게 할 수 있다.
1. 제52조에 따른 출원공개 후 디자인등록출원인이 아닌 자가 업으로서 디자인등록출원된 디자인을 실시하고 있다고 인정되는 경우
2. 대통령령으로 정하는 디자인등록출원으로서 긴급하게 처리할 필요가 있다고 인정되는 경우
② 특허청장은 복수디자인등록출원에 대하여 제1항에 따라 우선심사를 하는 경우에는 제1항 각 호의 어느 하나에 해당하는 일부 디자인만 우선하여 심사하게 할 수 있다.

제62조【디자인등록거절결정】 ① 심사관은 디자인심사등록출원이 다음 각 호의 어느 하나에 해당하는 경우에는 디자인등록거절결정을 하여야 한다.
1. 제3조제1항 본문에 따른 디자인등록을 받을 수 있는 권리를 가지지 아니하거나 같은 항 단서에 따라 디자인등록을 받을 수 없는 경우
2. 제27조, 제33조부터 제35조까지, 제37조제4항, 제39조부터 제42조까지 및 제46조제1항·제2항에 따라 디자인등록을 받을 수 없는 경우
3. 조약에 위반된 경우
② 심사관은 디자인일부심사등록출원이 다음 각 호의 어느 하나에 해당하는 경우에는 디자인등록거절결정을 하여야 한다.
1. 제3조제1항 본문에 따른 디자인등록을 받을 수 있는 권리를 가지지 아니하거나 같은 항 단서에 따라 디자인등록을 받을 수 없는 경우
2. 제27조, 제33조(제1항 각 호 외의 부분 및 제2항제2호만 해당한다), 제34조, 제37조제4항 및 제39조부터 제42조까지의 규정에 따라 디자인등록을 받을 수 없는 경우
3. 조약에 위반된 경우
③ 심사관은 디자인일부심사등록출원으로서 제35조에 따른 관련디자인등록출원이 제2항 각 호의 어느 하나 또는 다음 각 호의 어느 하나에 해당하는 경우에는 디자인등록거절결정을 하여야 한다.
1. 디자인등록을 받은 관련디자인 또는 디자인등록출원된 관련디자인을 기본디자인으로 표시한 경우
2. 기본디자인의 디자인권이 소멸된 경우
3. 기본디자인의 디자인등록출원이 무효·취하·포기되거나 디자인등록거절결정이 확정된 경우
4. 관련디자인의 디자인등록출원인이 기본디자인의 디자인권자 또는 기본디자인의 디자인등록출원인과 다른 경우
5. 기본디자인과 유사하지 아니한 경우
6. 기본디자인의 디자인등록출원일부터 3년이 지난 후에 디자인등록출원된 경우(2023.6.20 본호개정)
7. 제35조제3항에 따라 디자인등록을 받을 수 없는 경우
④ 심사관은 디자인일부심사등록출원에 관하여 제55조에 따른 정보 및 증거가 제공된 경우에는 제2항에도 불구하고 그 정보 및 증거에 근거하여 디자인등록거절결정을 할 수 있다.
⑤ 복수디자인등록출원에 대하여 제1항부터 제3항까지의 규정에 따라 디자인등록거절결정을 할 경우 일부 디자인에만 거절이유가 있으면 그 일부 디자인에 대하여만 디자인등록거절결정을 할 수 있다.

제63조【거절이유통지】 ① 심사관은 다음 각 호의 어느 하나에 해당하는 경우에는 디자인등록출원인에게 미리 거절이유(제62조제1항부터 제3항까지에 해당하는 이유를 말하며, 이하 "거절이유"라 한다)를 통지하고 기간을 정하여 의견서를 제출할 수 있는 기회를 주어야 한다.
(2021.10.19 본문개정)
1. 제62조에 따라 디자인등록거절결정을 하려는 경우
2. 제66조의2제1항에 따른 직권 재심사를 하여 취소된 디자인등록결정 전에 이미 통지한 거절이유로 디자인등록거절결정을 하려는 경우
(2021.10.19 1호~2호신설)
② 복수디자인등록출원된 디자인 중 일부 디자인에 대하여 거절이유가 있는 경우에는 그 디자인의 일련번호, 디자인의 대상이 되는 물품 및 거절이유를 구체적으로 적어야 한다.

제64조【재심사의 청구】 ① 디자인등록출원인은 그 디자인등록출원에 관하여 디자인등록거절결정(재심사에 따른 디자인등록거절결정은 제외한다) 등본을 송달받은 날부터 3개월(제17조제1항에 따라 제120조에 따른 기간이 연장된 경우에는 그 연장된 기간을 말한다) 이내에 제48조제1항부터 제3항까지의 규정에 따른 보정을 하여 디자인등록출원에 대하여 재심사를 청구할 수 있다. 다만, 제120조에 따른 심판청구가 있는 경우에는 그러하지 아니하다.(2021.10.19 본문개정)
② 디자인등록출원인은 제1항에 따른 재심사의 청구와 함께 의견서를 제출할 수 있다.
③ 제1항 본문에 따른 요건을 갖추어 재심사가 청구된 경우 그 디자인등록출원에 대하여 종전에 이루어진 디자인등록거절결정은 취소된 것으로 본다.
④ 제1항에 따른 재심사의 청구는 취하할 수 없다.

제65조【디자인등록결정】 심사관은 디자인등록출원에 대하여 거절이유를 발견할 수 없을 때에는 디자인등록결정을 하여야 한다. 이 경우 복수디자인등록출원된 디자인 중 일부 디자인에 대하여 거절이유를 발견할 수 없을 때에는 그 일부 디자인에 대하여 디자인등록결정을 하여야 한다.

제66조【직권보정】 ① 심사관은 제65조에 따른 디자인등록결정을 할 때에 디자인등록출원서 또는 도면에 적힌 사항이 명백히 잘못된 경우에는 직권으로 보정(이하 "직권보정"이라 한다)을 할 수 있다. 이 경우 직권보정은 제48조제1항에 따른 범위에서 하여야 한다.(2023.6.20 후단신설)
② 제1항에 따라 심사관이 직권보정을 한 경우에는 제67조제2항에 따른 디자인등록결정 등본의 송달과 함께 그 직권보정 사항을 디자인등록출원인에게 알려야 한다.
③ 디자인등록출원인은 직권보정 사항의 전부 또는 일부를 받아들일 수 없는 경우에는 제79조제1항에 따라 디자인등록료를 낼 때까지 그 직권보정 사항에 대한 의견서를 특허청장에게 제출하여야 한다.
④ 디자인등록출원인이 제3항에 따라 의견서를 제출한 경우 해당 직권보정 사항의 전부 또는 일부는 처음부터 없었던 것으로 본다.
⑤ 제4항에 따라 직권보정의 전부 또는 일부가 처음부터 없었던 것으로 보는 경우 심사관은 그 디자인등록결정을 취소하고 처음부터 다시 심사하여야 한다.
⑥ 직권보정이 제48조제1항에 따른 범위를 벗어나거나 명백히 잘못되지 아니한 사항을 직권보정한 경우 그 직권보정은 처음부터 없었던 것으로 본다.(2023.6.20 본항신설)

제66조의2【디자인등록결정 이후의 직권 재심사】 ① 심사관은 디자인등록결정을 한 출원에 대하여 명백한 거절이유를 발견한 경우에는 직권으로 디자인등록결정을 취소하고 그 디자인등록출원을 다시 심사(이하 "직권 재심사"라 한다)할 수 있다. 다만, 다음 각 호의 어느 하나에 해당하는 경우에는 그러하지 아니하다.
1. 거절이유가 제35조제1항, 제37조제4항, 제40조부터 제42조까지에 해당하는 경우
2. 그 디자인등록결정에 따라 디자인권이 설정등록된 경우
3. 그 디자인등록출원이 취하되거나 포기된 경우
② 제1항에 따라 심사관이 직권 재심사를 하려면 디자인등록결정을 취소한다는 사실을 디자인등록출원인에게 통지하여야 한다.
③ 디자인등록출원인이 제2항에 따른 통지를 받기 전에 그 디자인등록출원이 제1항제2호 또는 제3호에 해당하게 된 경우에는 디자인등록결정의 취소는 처음부터 없었던 것으로 본다.
(2021.10.19 본조신설)

제67조【디자인등록여부결정의 방식】 ① 디자인등록여부결정은 서면으로 하여야 하며 그 이유를 붙여야 한다.
② 특허청장은 디자인등록여부결정을 한 경우에는 그 결정의 등본을 디자인등록출원인에게 송달하여야 한다.

제68조【디자인일부심사등록 이의신청】 ① 누구든지 디자인일부심사등록출원에 따라 디자인권이 설정등록된 날부터 디자인일부심사등록 공고일 후 3개월이 되는 날까지 그 디자인일부심사등록이 다음 각 호의 어느 하나에 해당하는 것을 이유로 특허청장에게 디자인일부심사등록 이의신청을 할 수 있다. 이 경우 복수디자인등록출원된 디자인등록에 대하여는 각 디자인마다 디자인일부심사등록 이의신청을 하여야 한다.
1. 제3조제1항 본문에 따른 디자인등록을 받을 수 있는 권리를 가지지 아니하거나 같은 항 단서에 따라 디자인등록을 받을 수 없는 경우
2. 제27조, 제33조부터 제35조까지, 제39조 및 제46조제1항·제2항에 위반된 경우(2023.6.20 본호개정)
3. 조약에 위반된 경우
② 디자인일부심사등록 이의신청을 하는 자(이하 "이의신청인"이라 한다)는 다음 각 호의 사항을 적은 디자인일부심사등록 이의신청서에 필요한 증거를 첨부하여 특허청장에게 제출하여야 한다.
1. 이의신청인의 성명 및 주소(법인인 경우에는 그 명칭 및 영업소의 소재지)
2. 이의신청인의 대리인이 있는 경우에는 그 대리인의 성명 및 주소나 영업소의 소재지[대리인이 특허법인·특허법인(유한)인 경우에는 그 명칭, 사무소의 소재지 및 지정된 변리사의 성명](2013.7.30 본호개정)
3. 디자인일부심사등록 이의신청의 대상이 되는 등록디자인의 표시
4. 디자인일부심사등록 이의신청의 취지
5. 디자인일부심사등록 이의신청의 이유 및 필요한 증거의 표시
③ 심사장은 디자인일부심사등록 이의신청이 있을 때에는 디자인일부심사등록 이의신청서 부본(副本)을 디자인일부심사등록 이의신청의 대상이 된 등록디자인의 디자인권자에게 송달하고 기간을 정하여 답변서를 제출할 기회를 주어야 한다.
④ 디자인일부심사등록 이의신청에 관하여는 제121조제4항을 준용한다.

제69조【디자인일부심사등록 이의신청 이유 등의 보정】 이의신청인은 디자인일부심사등록 이의신청을 한 날부터 30일 이내에 디자인일부심사등록 이의신청서에 적은 이유 또는 증거를 보정할 수 있다.

제70조【심사·결정의 합의체】 ① 디자인일부심사등록 이의신청은 심사관 3명으로 구성되는 심사관합의체에서 심사·결정한다.
② 특허청장은 각 디자인일부심사등록 이의신청에 대하여 심사관합의체를 구성할 심사관을 지정하여야 한다.
③ 특허청장은 제2항에 따라 지정된 심사관 중 1명을 심사장으로 지정하여야 한다.
④ 심사관합의체 및 심사장에 관하여는 제131조제2항, 제132조제2항 및 제133조제2항·제3항을 준용한다.

제71조【디자인일부심사등록 이의신청 심사에서의 직권심사】 ① 디자인일부심사등록 이의신청에 관한 심사를 할 때에는 디자인권자나 이의신청인이 주장하지 아니한 이유에 대하여도 심사할 수 있다. 이 경우 디자인권자나 이의신청인에게 기간을 정하여 그 이유에 관하여 의견을 진술할 수 있는 기회를 주어야 한다.
② 디자인일부심사등록 이의신청에 관한 심사를 할 때에는 이의신청인이 신청하지 아니한 등록디자인에 관하여는 심사할 수 없다.

제72조【디자인일부심사등록 이의신청의 병합 또는 분리】 심사관합의체는 2 이상의 디자인일부심사등록 이의신청을 병합하거나 분리하여 심사·결정할 수 있다.

제73조【디자인일부심사등록 이의신청에 대한 결정】 ① 심사관합의체는 제68조제3항 및 제69조에 따른 기간이 지난 후에 디자인일부심사등록 이의신청에 대한 결정을 하여야 한다.
② 심사장은 이의신청인이 그 이유 및 증거를 제출하지 아니한 경우에는 제68조제3항에도 불구하고 제69조에 따른 기간이 지난 후에 결정으로 디자인일부심사등록 이의신청을 각하할 수 있다.
③ 심사관합의체는 디자인일부심사등록 이의신청이 이유 있다고 인정될 때에는 그 등록디자인을 취소한다는 취지의 결정(이하 "디자인등록취소결정"이라 한다)을 하여야 한다.
④ 디자인등록취소결정이 확정된 때에는 그 디자인권은 처음부터 없었던 것으로 본다.
⑤ 심사관합의체는 디자인일부심사등록 이의신청이 이유 없다고 인정될 때에는 그 이의신청을 기각한다는 취지의 결정(이하 "이의신청기각결정"이라 한다)을 하여야 한다.
⑥ 디자인일부심사등록 이의신청에 대한 각하결정 및 이의신청기각결정에 대하여는 불복할 수 없다.

제74조【디자인일부심사등록 이의신청에 대한 결정방식】 ① 디자인일부심사등록 이의신청에 대한 결정은 다음 각 호의 사항을 적은 서면으로 하여야 하며, 결정을 한 심사관은 그 서면에 기명날인하여야 한다.
1. 디자인일부심사등록 이의신청 사건의 번호
2. 디자인권자와 이의신청인의 성명 및 주소(법인인 경우에는 그 명칭 및 영업소의 소재지)
3. 디자인권자와 이의신청인의 대리인이 있는 경우에는 대리인의 성명 및 주소나 영업소의 소재지[대리인이 특허법인·특허법인(유한)인 경우에는 그 명칭, 사무소의 소재지 및 지정된 변리사의 성명](2013.7.30 본호개정)
4. 결정과 관련된 디자인의 표시
5. 결정의 결론 및 이유
6. 결정연월일
② 심사장은 디자인일부심사등록 이의신청에 대한 결정을 한 경우에는 결정등본을 이의신청인과 디자인권자에게 송달하여야 한다.

제75조【디자인일부심사등록 이의신청의 취하】 ① 디자인일부심사등록 이의신청은 제71조제1항 후단에 따른 의견진술의 통지 또는 제74조제2항에 따른 결정등본이 송달된 후에는 취하할 수 없다.
② 디자인일부심사등록 이의신청을 취하하면 그 이의신청은 처음부터 없었던 것으로 본다.

제76조【심판규정의 심사에의 준용】 디자인등록출원의 심사에 관하여는 제135조(제6호는 제외한다)를 준용한다. 이 경우 "심판"은 "심사"로, "심판관"은 "심사관"으로 본다.

제77조【심사 또는 소송절차의 중지】 ① 심사관은 디자인등록출원의 심사에 필요한 경우에는 심결이 확정될 때까지 또는 소송절차가 완결될 때까지 그 절차를 중지할 수 있다.
② 법원은 필요한 경우에는 디자인등록출원에 대한 결정이 확정될 때까지 그 소송절차를 중지할 수 있다.
③ 제1항 및 제2항에 따른 중지에 대하여는 불복할 수 없다.

제78조【준용규정】 디자인일부심사등록 이의신청에 대한 심사·결정에 관하여는 제77조, 제129조, 제135조(제6호는 제외한다), 제142조제7항, 제145조, 제153조제3항부터 제6항까지 및 제154조를 준용한다.

제4장 등록료 및 디자인등록 등

제79조【디자인등록료】 ① 제90조제1항에 따른 디자인권의 설정등록을 받으려는 자는 설정등록을 받으려는 날부터 3년분의 디자인등록료(이하 "등록료"라 한다)를 내야 하며, 디자인권자는 그 다음 해부터의 등록료를 그 권리의 설정등록일에 해당하는 날을 기준으로 매년 1년분씩 내야 한다.
② 제1항에도 불구하고 디자인권자는 그 다음 해부터의 등록료는 그 납부연도 순서에 따라 수년분 또는 모든 연도분을 함께 낼 수 있다.
③ 제1항 및 제2항에 따른 등록료, 그 납부방법 및 납부기간, 그 밖에 필요한 사항은 산업통상자원부령으로 정한다.

제80조【등록료를 납부할 때의 디자인별 포기】 ① 복수디자인등록출원에 대한 디자인등록결정을 받은 자가 등록료를 낼 때에는 디자인별로 포기할 수 있다.
② 제1항에 따른 디자인의 포기에 필요한 사항은 산업통상자원부령으로 정한다.

제81조【이해관계인의 등록료 납부】 ① 이해관계인은 등록료를 내야 할 자의 의사와 관계없이 등록료를 낼 수 있다.
② 이해관계인이 제1항에 따라 등록료를 낸 경우에는 내야 할 자가 현재 이익을 얻는 한도에서 그 비용의 상환을 청구할 수 있다.

제82조【등록료의 추가납부 등】 ① 디자인권의 설정등록을 받으려는 자 또는 디자인권자는 제79조제3항에 따른 등록료 납부기간이 지난 후에도 6개월 이내(이하 "추가납부기간"이라 한다)에 등록료를 추가납부할 수 있다.
② 제1항에 따라 등록료를 추가납부할 때에는 내야 할 등록료의 2배의 범위에서 산업통상자원부령으로 정하는 금액을 내야 한다.
③ 추가납부기간에 등록료를 내지 아니한 경우(추가납부기간이 끝나더라도 제83조제2항에 따른 보전기간이 끝나지 아니한 경우에는 그 보전기간에 보전하지 아니한 경우를 말한다)에는 디자인권의 설정등록을 받으려는 자의 디자인등록출원은 포기한 것으로 보며, 디자인권자의 디자인권은 제79조제1항 또는 제2항에 따라 낸 등록료에 해당하는 기간이 끝나는 날의 다음 날로 소급하여 소멸된 것으로 본다.

제83조【등록료의 보전】 ① 특허청장은 디자인권의 설정등록을 받으려는 자 또는 디자인권자가 제79조제3항 또는 제82조제1항에 따른 기간 이내에 등록료의 일부를 내지 아니한 경우에는 등록료의 보전(補塡)을 명하여야 한다.
② 제1항에 따라 보전명령을 받은 자는 그 보전명령을 받은 날부터 1개월 이내(이하 "보전기간"이라 한다)에 등록료를 보전할 수 있다.
③ 제2항에 따라 등록료를 보전하는 자는 내지 아니한 금액의 2배의 범위에서 산업통상자원부령으로 정하는 금액을 내야 한다.

제84조【등록료의 추가납부 또는 보전에 의한 디자인등록출원과 디자인권의 회복 등】 ① 디자인권의 설정등록을 받으려는 자 또는 디자인권자가 정당한 사유로 추가납부기간 내에 등록료를 내지 아니하였거나 보전기간 내에 보전하지 아니한 경우에는 그 사유가 종료된 날부터 2개월 이내에 그 등록료를 내거나 보전할 수 있다. 다만, 추가납부기간의 만료일 또는 보전기간의 만료일 중 늦은 날부터 1년이 지났을 때에는 그러하지 아니하다.
(2021.10.19 본문개정)
② 제1항에 따라 등록료를 내거나 보전한 자는 제82조제3항에도 불구하고 그 디자인등록출원을 포기하지 아니한 것으로 보며, 그 디자인권은 계속하여 존속하고 있던 것으로 본다.
③ 추가납부기간 내에 등록료를 내지 아니하였거나 보전기간 내에 보전하지 아니하여 등록디자인의 디자인권이 소멸한 경우 그 디자인권자는 추가납부기간 또는 보전기간 만료일부터 3개월 이내에 등록료의 2배를 내고 그 소멸한 권리의 회복을 신청할 수 있다. 이 경우 그 디자인권은 계속하여 존속하고 있던 것으로 본다.(2016.1.27 전단개정)
④ 제2항 또는 제3항에 따른 디자인등록출원 또는 디자인권의 효력은 등록료 추가납부기간이 지난 날부터 등록료를 내거나 보전한 날까지의 기간(이하 "효력제한기간"이라 한다) 중에 다른 사람이 그 디자인 또는 이와 유사한 디자인을 실시한 행위에 대하여는 효력이 미치지 아니한다.
⑤ 효력제한기간 중 국내에서 선의로 제2항 또는 제3항에 따른 디자인등록출원된 디자인, 등록디자인 또는 이와 유사한 디자인을 업으로 실시하거나 이를 준비하고 있는 자는 그 실시하거나 준비하고 있는 디자인 및 사업목적의 범위에서 그 디자인권에 대하여 통상실시권을 가진다.
⑥ 제5항에 따라 통상실시권을 갖는 자는 디자인권자 또는 전용실시권자에게 상당한 대가를 지급하여야 한다.

제85조【수수료】 ① 디자인에 관한 절차를 밟는 자는 수수료를 내야 한다.
② 제1항에 따른 수수료, 그 납부방법 및 납부기간, 그 밖에 필요한 사항은 산업통상자원부령으로 정한다.

제86조【등록료 및 수수료의 감면】 ① 특허청장은 다음 각 호의 어느 하나에 해당하는 등록료 및 수수료는 제79조 및 제85조에도 불구하고 면제한다.
1. 국가에 속하는 디자인등록출원 또는 디자인권에 관한 등록료 및 수수료
2. 제121조제1항에 따라 심사관이 청구한 무효심판에 대한 수수료
② 특허청장은 다음 각 호의 어느 하나에 해당하는 자가 한 디자인등록출원 또는 그 디자인등록출원하여 받은 디자인권에 대하여는 제79조 및 제85조에도 불구하고 산업통상자원부령으로 정하는 등록료 및 수수료를 감면할 수 있다.(2021.8.17 본문개정)
1. 「국민기초생활 보장법」에 따른 의료급여 수급자
2. 「재난 및 안전관리 기본법」 제36조에 따른 재난사태 또는 같은 법 제60조에 따른 특별재난지역으로 선포된 지역에 거주하거나 주된 사무소를 두고 있는 자 중 산업통상자원부령으로 정하는 요건을 갖춘 자
3. 그 밖에 산업통상자원부령으로 정하는 자
(2021.8.17 1호~3호신설)
③ 특허청장은 제2항에 따른 등록료 및 수수료의 감면을 거짓이나 그 밖의 부정한 방법으로 받은 자에 대하여는 산업통상자원부령으로 정하는 바에 따라 감면받은 등록료 및 수수료의 2배액을 징수할 수 있다. 이 경우 그 출원인 또는 디자인권자가 하는 디자인등록출원 또는 그 디자인등록출원을 하여 받은 디자인권에 대하여는 산업통상자원부령으로 정하는 기간 동안 제2항을 적용하지 아니한다.(2021.8.17 본항신설)
④ 제2항에 따라 등록료 및 수수료를 감면받으려는 자는 산업통상자원부령으로 정하는 서류를 특허청장에게 제출하여야 한다.

제87조【등록료 및 수수료의 반환】 ① 납부된 등록료 및 수수료는 다음 각 호의 어느 하나에 해당하는 경우에는 납부한 자의 청구에 의하여 반환한다.
1. 잘못 납부된 등록료 및 수수료
2. 디자인등록취소결정 또는 디자인등록을 무효로 한다는 심결이 확정되거나 디자인권을 포기한 해의 다음 해부터의 등록료 해당분(2016.1.27 본호개정)
3. 디자인등록출원 후 1개월 이내에 그 디자인등록출원을 취하하거나 포기한 경우 이미 낸 수수료 중 디자인등록출원료, 우선권주장 신청료, 비밀디자인 청구료 및 출원공개 신청료. 다만, 다음 각 목의 어느 하나에 해당하는 디자인등록출원의 경우에는 그러하지 아니하다.
(2021.8.17 본문개정)
가. 분할출원 또는 분할출원의 기초가 된 디자인등록출원
나. 제61조제1항에 따라 우선심사의 신청을 한 디자인등록출원
다. 심사관이 제63조에 따라 거절이유를 통지하거나 제65조에 따라 디자인등록결정을 한 디자인등록출원
4. 제157조제1항에 따라 보정각하결정, 디자인등록거절결정 또는 디자인등록취소결정이 취소된 경우(제164조에 따라 재심의 절차에서 준용되는 경우를 포함하되, 심판 또는 재심 중 제48조제4항제3호에 따른 보정 또는 제124조제1항에 따라 준용되는 제48조제4항제1호에 따른 보정이 있는 경우는 제외한다)에 이미 낸 수수료 중 심판청구료(재심의 경우에는 재심청구료를 말한다. 이하 이 조에서 같다)
5. 심판청구가 제128조제2항에 따라 결정으로 각하되고 그 결정이 확정된 경우(제164조에 따라 재심의 절차에서 준용되는 경우를 포함한다)에 이미 낸 수수료 중 심판청구료의 2분의 1에 해당하는 금액
6. 심리의 종결을 통지받기 전까지 제143조제1항에 따른 참가신청을 취하한 경우(제164조에 따라 재심의 절차에서 준용되는 경우를 포함한다)에 이미 낸 수수료 중 참가신청료의 2분의 1에 해당하는 금액
7. 제143조제1항에 따른 참가신청이 결정으로 거부된 경우(제164조에 따라 재심의 절차에서 준용되는 경우를 포함한다)에 이미 낸 수수료 중 참가신청료의 2분의 1에 해당하는 금액
8. 심리의 종결을 통지받기 전까지 심판청구를 취하한 경우(제164조에 따라 재심의 절차에서 준용되는 경우를 포함한다)에 이미 낸 수수료 중 심판청구료의 2분의 1에 해당하는 금액
(2016.1.27 4호~8호신설)
② 특허청장 또는 특허심판원장은 납부된 등록료 및 수수료가 제1항 각 호의 어느 하나에 해당하는 경우에는 그 사실을 납부한 자에게 통지하여야 한다.(2016.1.27 본항개정)
③ 제1항에 따른 등록료 및 수수료의 반환청구는 제2항에 따른 통지를 받은 날부터 5년이 지나면 할 수 없다.
(2022.10.18 본항개정)

제88조【디자인등록원부】 ① 특허청장은 특허청에 디자인등록원부를 갖추어 두고 다음 각 호의 사항을 등록한다.
1. 디자인권의 설정·이전·소멸·회복 또는 처분의 제한
2. 전용실시권 또는 통상실시권의 설정·보존·이전·변경·소멸 또는 처분의 제한
3. 디자인권·전용실시권 또는 통상실시권을 목적으로 하는 질권의 설정·이전·변경·소멸 또는 처분의 제한
② 제1항에 따른 디자인등록원부는 그 전부 또는 일부를 전자적 기록매체 등으로 작성할 수 있다.
③ 제1항 및 제2항에서 규정한 사항 외에 등록사항 및 등록절차 등에 관하여 필요한 사항은 대통령령으로 정한다.

제89조【디자인등록증의 발급】 ① 특허청장은 디자인권의 설정등록을 하였을 때에는 산업통상자원부령으로 정하는 바에 따라 디자인권자에게 디자인등록증을 발급하여야 한다.
② 특허청장은 디자인등록증이 디자인등록원부나 그 밖의 서류와 맞지 아니할 때에는 신청에2724
의하여 또는 직권으로 디자인등록증을 회수하여 정정발급하거나 새로운 디자인등록증을 발급하여야 한다.

제5장 디자인권

제90조【디자인권의 설정등록】 ① 디자인권은 설정등록에 의하여 발생한다.
② 특허청장은 다음 각 호의 어느 하나에 해당하는 경우에는 디자인권을 설정하기 위한 등록을 하여야 한다.
1. 제79조제1항에 따라 등록료를 냈을 때
2. 제82조제1항에 따라 등록료를 추가납부하였을 때
3. 제83조제2항에 따라 등록료를 보전하였을 때
4. 제84조제1항에 따라 등록료를 내거나 보전하였을 때
5. 제86조제1항제1호 또는 제2항에 따라 그 등록료가 면제되었을 때
③ 특허청장은 제2항에 따라 등록한 경우에는 디자인권자의 성명·주소 및 디자인등록번호 등 대통령령으로 정하는 사항을 디자인공보에 게재하여 등록공고를 하여야 한다.

제91조【디자인권의 존속기간】 ① 디자인권은 제90조제1항에 따라 설정등록한 날부터 발생하여 디자인등록출원일 후 20년이 되는 날까지 존속한다. 다만, 제35조에 따라 관련디자인으로 등록된 디자인권의 존속기간 만료일은 그 기본디자인의 디자인권 존속기간 만료일로 한다.
② 정당한 권리자의 디자인등록출원이 제44조 및 제45조에 따라 디자인권이 설정등록된 경우에는 제1항의 디자인권 존속기간은 무권리자의 디자인등록출원일 다음 날부터 기산한다.

제92조【디자인권의 효력】 디자인권자는 업으로서 등록디자인 또는 이와 유사한 디자인을 실시할 권리를 독점한다. 다만, 그 디자인권에 관하여 전용실시권을 설정하였을 때에는 제97조제2항에 따라 전용실시권자가 그 등록디자인 또는 이와 유사한 디자인을 실시할 권리를 독점하는 범위에서는 그러하지 아니하다.

제93조【등록디자인의 보호범위】 등록디자인의 보호범위는 디자인등록출원서의 기재사항 및 그 출원서에 첨부된 도면·사진 또는 견본과 도면에 적힌 디자인의 설명에 따라 표현된 디자인에 의하여 정하여진다.

제94조【디자인권의 효력이 미치지 아니하는 범위】 ① 디자인권의 효력은 다음 각 호의 어느 하나에 해당하는 사항에는 미치지 아니한다.
1. 연구 또는 시험을 하기 위한 등록디자인 또는 이와 유사한 디자인의 실시
2. 국내를 통과하는 데에 불과한 선박·항공기·차량 또는 이에 사용되는 기계·기구·장치, 그 밖의 물건
3. 디자인등록출원 시부터 국내에 있던 물건
② 글자체가 디자인권으로 설정등록된 경우 그 디자인권의 효력은 다음 각 호의 어느 하나에 해당하는 경우에는 미치지 아니한다.
1. 타자·조판 또는 인쇄 등의 통상적인 과정에서 글자체를 사용하는 경우
2. 제1호에 따른 글자체의 사용으로 생산된 결과물인 경우

제95조【타인의 등록디자인 등과의 관계】 ① 디자인권자·전용실시권자 또는 통상실시권자는 등록디자인이 그 디자인등록출원일 전에 출원된 타인의 등록디자인 또는 이와 유사한 디자인·특허발명·등록실용신안 또는 등록상표를 이용하거나 디자인권이 그 디자인권의 디자인등록출원일 전에 출원된 타인의 특허권·실용신안권 또는 상표권과 저촉되는 경우에는 그 디자인권자·특허권자·실용신안권자 또는 상표권자의 허락을 받지 아니하거나 제123조에 따르지 아니하고는 자기의 등록디자인을 업으로서 실시할 수 없다.
② 디자인권자·전용실시권자 또는 통상실시권자는 그 등록디자인과 유사한 디자인이 그 디자인등록출원일 전에 출원된 타인의 등록디자인 또는 이와 유사한 디자인·특허발명·등록실용신안 또는 등록상표를 이용하거나 그 디자인권의 등록디자인과 유사한 디자인이 디자인등록출원일 전에 출원된 타인의 디자인권·특허권·실용신안권 또는 상표권과 저촉되는 경우에는 그 디자인권자·특허권자·실용신안권자 또는 상표권자의 허락을 받지 아니하거나 제123조에 따르지 아니하고는 자기의 등록디자인과 유사한 디자인을 업으로서 실시할 수 없다.
③ 디자인권자·전용실시권자 또는 통상실시권자는 등록디자인 또는 이와 유사한 디자인이 그 디자인등록출원일 전에 발생한 타인의 저작물을 이용하거나 그 저작권에 저촉되는 경우에는 저작권자의 허락을 받지 아니하고는 자기의 등록디자인 또는 이와 유사한 디자인을 업으로서 실시할 수 없다.

제96조【디자인권의 이전 및 공유 등】 ① 디자인권은 이전할 수 있다. 다만, 기본디자인의 디자인권과 관련디자인의 디자인권은 같은 자에게 함께 이전하여야 한다.
② 디자인권이 공유인 경우에 각 공유자는 다른 공유자의 동의를 받지 아니하면 그 지분을 이전하거나 그 지분을 목적으로 하는 질권을 설정할 수 없다.
③ 디자인권이 공유인 경우에는 각 공유자는 계약으로 특별히 약정한 경우를 제외하고는 다른 공유자의 동의를 받지 아니하고 그 등록디자인 또는 이와 유사한 디자인을 단독으로 실시할 수 있다.
④ 디자인권이 공유인 경우에는 각 공유자는 다른 공유자의 동의를 받지 아니하면 그 디자인권에 대하여 전용실시권을 설정하거나 통상실시권을 허락할 수 없다.
⑤ 복수디자인등록된 디자인권은 각 디자인권마다 분리하여 이전할 수 있다.
⑥ 기본디자인의 디자인권이 취소, 포기 또는 무효심결 등으로 소멸한 경우 그 기본디자인에 관한 2 이상의 관련디자인의 디자인권을 이전하려면 같은 자에게 함께 이전하여야 한다.

제97조【전용실시권】 ① 디자인권자는 그 디자인권에 대하여 타인에게 전용실시권을 설정할 수 있다. 다만, 기

본디자인의 디자인권과 관련디자인의 디자인권에 대한 전용실시권은 같은 자에게 동시에 설정하여야 한다.
② 전용실시권을 설정받은 전용실시권자는 그 설정행위로 정한 범위에서 그 등록디자인 또는 이와 유사한 디자인을 업으로서 실시할 권리를 독점한다.
③ 전용실시권자는 실시사업(實施事業)과 같이 이전하는 경우 또는 상속이나 그 밖의 일반승계의 경우를 제외하고는 디자인권자의 동의를 받지 아니하면 그 전용실시권을 이전할 수 없다.
④ 전용실시권자는 디자인권자의 동의를 받지 아니하면 그 전용실시권을 목적으로 하는 질권을 설정하거나 통상실시권을 허락할 수 없다.
⑤ 전용실시권에 관하여는 제96조제2항부터 제4항까지의 규정을 준용한다.
⑥ 기본디자인의 디자인권이 취소, 포기 또는 무효심결 등으로 소멸한 경우 그 기본디자인에 관한 2 이상의 관련디자인의 전용실시권을 설정하려면 같은 자에게 함께 설정하여야 한다.

제98조【디자인권 및 전용실시권 등록의 효력】 ① 다음 각 호에 해당하는 사항은 등록하지 아니하면 효력이 발생하지 아니한다.
1. 디자인권의 이전(상속이나 그 밖의 일반승계에 의한 경우는 제외한다), 포기에 의한 소멸 또는 처분의 제한
2. 전용실시권의 설정·이전(상속이나 그 밖의 일반승계에 의한 경우는 제외한다)·변경·소멸(혼동에 의한 경우는 제외한다) 또는 처분의 제한
3. 디자인권 또는 전용실시권을 목적으로 하는 질권의 설정·이전(상속이나 그 밖의 일반승계에 의한 경우는 제외한다)·변경·소멸(혼동에 의한 경우는 제외한다) 또는 처분의 제한

② 제1항 각 호에 따른 디자인권·전용실시권 및 질권의 상속이나 그 밖의 일반승계의 경우에는 지체 없이 그 취지를 특허청장에게 신고하여야 한다.

제99조【통상실시권】 ① 디자인권자는 그 디자인권에 대하여 타인에게 통상실시권을 허락할 수 있다.
② 통상실시권자는 이 법에 따라 또는 설정행위로 정한 범위에서 그 등록디자인 또는 이와 유사한 디자인을 업으로서 실시할 수 있는 권리를 가진다.
③ 제123조에 따른 통상실시권은 그 통상실시권자의 해당 디자인권·전용실시권 또는 통상실시권과 함께 이전되고 해당 디자인권·전용실시권 또는 통상실시권이 소멸되면 함께 소멸된다.
④ 제3항 외의 통상실시권은 실시사업과 같이 이전하는 경우 또는 상속이나 그 밖의 일반승계의 경우를 제외하고는 디자인권자(전용실시권자로부터 통상실시권을 허락받은 경우에는 디자인권자 및 전용실시권자)의 동의를 받지 아니하면 이전할 수 없다.
⑤ 제3항 외의 통상실시권은 디자인권자(전용실시권자로부터 통상실시권을 허락받은 경우에는 디자인권자 및 전용실시권자)의 동의를 받지 아니하면 그 통상실시권을 목적으로 하는 질권을 설정할 수 없다.
⑥ 통상실시권에 관하여는 제96조제2항·제3항을 준용한다.

제100조【선사용에 따른 통상실시권】 디자인등록출원 시에 그 디자인등록출원된 디자인의 내용을 알지 못하고 그 디자인을 창작하거나 그 디자인을 창작한 사람으로부터 알게 되어 국내에서 그 등록디자인 또는 이와 유사한 디자인의 실시사업을 하거나 그 사업의 준비를 하고 있는 자는 그 실시 또는 준비를 하고 있는 디자인 및 사업의 목적 범위에서 그 디자인등록출원된 디자인의 디자인권에 대하여 통상실시권을 가진다.

제101조【선출원에 따른 통상실시권】 타인의 디자인권이 설정등록되는 때에 그 디자인등록출원된 디자인의 내용을 알지 못하고 그 디자인을 창작하거나 그 디자인을 창작한 사람으로부터 알게 되어 국내에서 그 디자인 또는 이와 유사한 디자인의 실시사업을 하거나 그 사업의 준비를 하고 있는 자(제100조에 해당하는 자는 제외한다)는 다음 각 호의 요건을 모두 갖춘 경우에 한정하여 그 실시 또는 준비를 하고 있는 디자인 및 사업의 목적 범위에서 그 디자인권에 대하여 통상실시권을 가진다.
1. 타인이 디자인권을 설정등록받기 위하여 디자인등록출원을 한 날 전에 그 디자인 또는 이와 유사한 디자인에 대하여 디자인등록출원을 하였을 것
2. 타인의 디자인권이 설정등록되는 때에 제1호에 따른 디자인등록출원에 관한 디자인의 실시사업을 하거나 그 사업의 준비를 하고 있을 것
3. 제1호 중 먼저 디자인등록출원한 디자인이 제33조제1항 각 호의 어느 하나에 해당하여 디자인등록거절결정이나 거절한다는 취지의 심결이 확정되었을 것

제102조【무효심판청구 등록 전의 실시에 의한 통상실시권】 ① 다음 각 호의 어느 하나에 해당하는 자가 디자인등록에 대한 무효심판청구의 등록 전에 자기의 등록디자인이 무효사유에 해당하는 것을 알지 못하고 국내에서 그 디자인 또는 이와 유사한 디자인의 실시사업을 하거나 그 사업의 준비를 하고 있는 경우에는 그 실시 또는 준비를 하고 있는 디자인 및 사업의 목적 범위에서 그 디자인권에 대하여 통상실시권을 가진다.
1. 동일하거나 유사한 디자인에 대한 2 이상의 등록디자인 중 그 하나의 디자인등록을 무효로 한 경우의 원(原)디자인권자
2. 디자인등록을 무효로 하고 동일하거나 유사한 디자인에 관하여 정당한 권리자에게 디자인등록을 한 경우의 원디자인권자

② 제1항제1호 및 제2호의 경우에 있어서 그 무효로 된 디자인권에 대하여 무효심판청구 등록 당시에 이미 전용실시권이나 통상실시권 또는 그 전용실시권에 대한 통상실시권을 취득한 자로서 다음 각 호의 어느 하나에 해당하는 자는 통상실시권을 가진다.
1. 해당 통상실시권 또는 전용실시권의 등록을 받은 자
2. 제104조제2항에 해당하는 통상실시권을 취득한 자

③ 제1항 및 제2항에 따라 통상실시권을 가지는 자는 디자인권자 또는 전용실시권자에게 상당한 대가를 지급하여야 한다.

제103조【디자인권 등의 존속기간 만료 후의 통상실시권】 ① 등록디자인과 유사한 디자인이 그 디자인등록출원일 전 또는 디자인등록출원일과 같은 날에 출원되어 등록된 디자인권(이하 "원디자인권"이라 한다)과 저촉되는 경우 원디자인권의 존속기간이 만료되는 때에는 원디자인권자는 원디자인권의 범위에서 그 디자인권에 대하여 통상실시권을 가지거나 원디자인권의 존속기간 만료 당시 존재하는 그 디자인권의 전용실시권에 대하여 통상실시권을 가진다.
② 제1항의 경우 원디자인권의 만료 당시 존재하는 원디자인권에 대한 전용실시권자 또는 제104조제1항에 따라 등록된 통상실시권자는 원권리의 범위에서 그 디자인권에 대하여 통상실시권을 가지거나 원디자인권의 존속기간 만료 당시 존재하는 그 디자인권의 전용실시권에 대하여 통상실시권을 가진다.
③ 등록디자인 또는 이와 유사한 디자인이 그 디자인등록출원일 전 또는 디자인등록출원일과 같은 날에 출원되어 등록된 특허권·실용신안권과 저촉되고 그 특허권 또는 실용신안권의 존속기간이 만료되는 경우에 관하여는 제1항 및 제2항을 준용한다.
④ 제2항(제3항에서 준용하는 경우를 포함한다)에 따라 통상실시권을 갖는 자는 그 디자인권자 또는 그 디자인권에 대한 전용실시권자에게 상당한 대가를 지급하여야 한다.

제104조【통상실시권 등록의 효력】 ① 통상실시권을 등록한 경우에는 그 등록 후에 디자인권 또는 전용실시권을 취득한 자에 대하여도 그 효력이 발생한다.
② 제84조제5항, 제100조부터 제103조까지, 제110조, 제162조, 제163조 및 「발명진흥법」 제10조제1항에 따른 통상실시권은 등록이 없더라도 제1항에 따른 효력이 발생한다.
③ 통상실시권의 이전·변경·소멸 또는 처분의 제한, 통상실시권을 목적으로 하는 질권의 설정·이전·변경·소멸 또는 처분의 제한은 등록하지 아니하면 제3자에게 대항할 수 없다.

제105조【디자인권의 포기】 디자인권자는 디자인권을 포기할 수 있다. 이 경우 복수디자인등록된 디자인권은 각 디자인권마다 분리하여 포기할 수 있다.

제106조【디자인권 등의 포기의 제한】 ① 디자인권자는 전용실시권자·질권자 및 제97조제4항·제99조제1항 또는 「발명진흥법」 제10조제1항에 따른 통상실시권자의 동의를 받지 아니하면 디자인권을 포기할 수 없다.
② 전용실시권자는 질권자 및 제97조제4항에 따른 통상실시권자의 동의를 받지 아니하면 전용실시권을 포기할 수 없다.
③ 통상실시권자는 질권자의 동의를 받지 아니하면 통상실시권을 포기할 수 없다.

제107조【포기의 효과】 디자인권·전용실시권 및 통상실시권을 포기하였을 때에는 디자인권·전용실시권 및 통상실시권은 그때부터 효력이 소멸된다.

제108조【질권】 디자인권·전용실시권 또는 통상실시권을 목적으로 하는 질권을 설정하였을 때에는 질권자는 계약으로 특별히 정한 경우를 제외하고는 해당 등록디자인을 실시할 수 없다.

제109조【질권의 물상대위】 질권은 이 법에 따른 보상금이나 등록디자인 실시에 대하여 받을 대가나 물품에 대하여도 행사할 수 있다. 다만, 그 보상금 등의 지급 또는 인도 전에 압류하여야 한다.

제110조【질권행사 등으로 인한 디자인권의 이전에 따른 통상실시권】 디자인권자(공유인 디자인권을 분할청구한 경우에는 분할청구를 한 공유자를 제외한 나머지 공유자를 말한다)는 디자인권을 목적으로 하는 질권설정 또는 공유인 디자인권의 분할청구 전에 그 등록디자인 또는 이와 유사한 디자인을 실시하고 있는 경우에는 그 디자인권이 경매 등에 의하여 이전되더라도 그 디자인권에 대하여 통상실시권을 가진다. 이 경우 디자인권자는 경매 등에 의하여 디자인권을 이전받은 자에게 상당한 대가를 지급하여야 한다.(2021.10.19 본조개정)

제111조【상속인이 없는 경우 등의 디자인권 소멸】 ① 디자인권의 상속이 개시되었으나 상속인이 없는 경우에는 그 디자인권은 소멸된다.
② 청산절차가 진행 중인 법인의 디자인권은 법인의 청산종결등기일(청산종결등기가 되었더라도 청산사무가 사실상 끝나지 아니한 경우에는 청산사무가 사실상 끝난 날과 청산종결등기일부터 6개월이 지난 날 중 빠른 날을 말한다. 이하 이 항에서 같다)까지 그 디자인권의 이전등록을 하지 아니한 경우에는 청산종결등기일의 다음 날에 소멸된다.(2021.10.19 본항신설)
(2021.10.19 본조제목개정)

제112조【대가 및 보상금액에 대한 집행권원】 이 법에 따라 특허청장이 정한 대가와 보상금액에 관하여 확정된 결정은 집행력 있는 집행권원(執行權原)과 같은 효력을 가진다. 이 경우 집행력 있는 정본은 특허청 소속 공무원이 부여한다.

제6장 디자인권자의 보호

제113조【권리침해에 대한 금지청구권 등】 ① 디자인권자 또는 전용실시권자는 자기의 권리를 침해한 자 또는 침해할 우려가 있는 자에 대하여 그 침해의 금지 또는 예방을 청구할 수 있다.
② 제43조제1항에 따라 비밀로 할 것을 청구한 디자인의 디자인권자 및 전용실시권자는 산업통상자원부령으로 정하는 바에 따라 그 디자인에 관한 다음 각 호의 사항에 대하여 특허청장으로부터 증명을 받은 서면을 제시하여 경고한 후가 아니면 제1항에 따른 청구를 할 수 없다.
1. 디자인권자 및 전용실시권자(전용실시권자가 청구하는 경우만 해당한다)의 성명 및 주소(법인인 경우에는 그 명칭 및 주된 사무소의 소재지를 말한다)
2. 디자인등록출원번호 및 출원일
3. 디자인등록번호 및 등록일
4. 디자인등록출원서에 첨부한 도면·사진 또는 견본의 내용

③ 디자인권자 또는 전용실시권자는 제1항에 따른 청구를 할 때에는 침해행위를 조성한 물품의 폐기, 침해행위에 제공된 설비의 제거, 그 밖에 침해의 예방에 필요한 행위를 청구할 수 있다.

제114조【침해로 보는 행위】 등록디자인이나 이와 유사한 디자인에 관한 물품의 생산에만 사용하는 물품을 업으로서 생산·양도·대여·수출 또는 수입하거나 업으로서 그 물품의 양도 또는 대여의 청약을 하는 행위는 그 디자인권 또는 전용실시권을 침해한 것으로 본다.

제115조【손해액의 추정 등】 ① 디자인권자 또는 전용실시권자는 고의나 과실로 인하여 자기의 디자인권 또는 전용실시권을 침해한 자에 대하여 그 침해에 의하여 자기가 입은 손해의 배상을 청구할 수 있다.(2020.12.22 본항개정)
② 제1항에 따라 손해배상을 청구하는 경우 그 권리를 침해한 자가 그 침해행위를 하게 한 물건을 양도하였을 때에는 다음 각 호에 해당하는 금액의 합계액을 디자인권자 또는 전용실시권자가 입은 손해액으로 할 수 있다.
1. 그 물건의 양도수량(디자인권자 또는 전용실시권자가 그 침해행위 외의 사유로 판매할 수 없었던 사정이 있는 경우에는 그 침해행위 외의 사유로 판매할 수 없었던 수량을 뺀 수량) 중 디자인권자 또는 전용실시권자가 생산할 수 있었던 물건의 수량에서 실제 판매한 물건의 수량을 뺀 수량을 넘지 아니하는 수량에 디자인권자 또는 전용실시권자가 그 침해행위가 없었다면 판매할 수 있었던 물건의 단위수량당 이익액을 곱한 금액
2. 그 물건의 양도수량 중 디자인권자 또는 전용실시권자가 생산할 수 있었던 물건의 수량에서 실제 판매한 물건의 수량을 뺀 수량을 넘는 수량 또는 그 침해행위 외의 사유로 판매할 수 없었던 수량이 있는 경우 이들 수량(디자인권자 또는 전용실시권자가 그 디자인권자의 디자인권에 대한 전용실시권의 설정, 통상실시권의 허락 또는 그 전용실시권자의 전용실시권에 대한 통상실시권의 허락을 할 수 있었다고 인정되지 아니하는 경우에는 해당 수량을 뺀 수량)에 대해서는 디자인등록을 받은 디자인의 실시에 대하여 합리적으로 받을 수 있는 금액

(2020.12.22 본항개정)
③ 디자인권자 또는 전용실시권자가 고의나 과실로 자기의 디자인권 또는 전용실시권을 침해한 자에 대하여 그 침해에 의하여 자기가 입은 손해의 배상을 청구하는 경우 권리를 침해한 자가 그 침해행위로 이익을 얻었을 때에는 그 이익액을 디자인권자 또는 전용실시권자가 받은 손해액으로 추정한다.
④ 디자인권자 또는 전용실시권자가 고의나 과실로 자기의 디자인권 또는 전용실시권을 침해한 자에 대하여 그 침해에 의하여 자기가 입은 손해의 배상을 청구하는 경우 그 등록디자인의 실시에 대하여 합리적으로 받을 수 있는 금액을 디자인권자 또는 전용실시권자가 입은 손해액으로 하여 손해배상을 청구할 수 있다.(2020.10.20 본항개정)
⑤ 제4항에도 불구하고 손해액이 같은 항에 규정된 금액을 초과하는 경우에는 그 초과액에 대해서도 손해배상을 청구할 수 있다. 이 경우 디자인권 또는 전용실시권을 침해한 자에게 고의 또는 중대한 과실이 없을 때에는 법원은 손해배상액을 산정할 때 그 사실을 고려할 수 있다.
⑥ 법원은 디자인권 또는 전용실시권의 침해에 관한 소송에서 손해가 발생한 것은 인정되나 그 손해액을 증명하기 위하여 필요한 사실을 밝히는 것이 사실의 성질상 극히 곤란한 경우에는 제1항부터 제5항까지의 규정에도

불구하고 변론전체의 취지와 증거조사의 결과에 기초하여 상당한 손해액을 인정할 수 있다.
⑦ 법원은 타인의 디자인권 또는 전용실시권을 침해한 행위가 고의적인 것으로 인정되는 경우에는 제1항부터 제6항까지의 규정에 따라 손해로 인정된 금액의 3배를 넘지 아니하는 범위에서 배상액 을 정할 수 있다.
(2020.10.20 본항신설)
⑧ 제7항에 따른 배상액을 판단할 때에는 다음 각 호의 사항을 고려하여야 한다.
1. 침해행위를 한 자의 우월적 지위 여부
2. 고의 또는 손해 발생의 우려를 인식한 정도
3. 침해행위로 인하여 디자인권자 또는 전용실시권자가 입은 피해규모
4. 침해행위로 인하여 침해한 자가 얻은 경제적 이익
5. 침해행위의 기간·횟수 등
6. 침해행위에 따른 벌금
7. 침해행위를 한 자의 재산상태
8. 침해행위를 한 자의 피해구제 노력의 정도
(2020.10.20 본항신설)
제116조【과실의 추정】 ① 타인의 디자인권 또는 전용실시권을 침해한 자는 그 침해행위에 대하여 과실이 있는 것으로 추정한다. 다만, 제43조제1항에 따라 비밀디자인으로 설정등록된 디자인권 또는 전용실시권의 침해에 대하여는 그러하지 아니하다.
② 디자인일부심사등록디자인의 디자인권자·전용실시권자 또는 통상실시권자가 그 등록디자인 또는 이와 유사한 디자인과 관련하여 타인의 디자인권 또는 전용실시권을 침해한 경우에는 제1항을 준용한다.
제117조【디자인권자 등의 신용회복】 법원은 고의나 과실로 디자인권 또는 전용실시권을 침해함으로써 디자인권자 또는 전용실시권자의 업무상 신용을 떨어뜨린 자에 대하여는 디자인권자 또는 전용실시권자의 청구에 의하여 손해배상을 갈음하여 또는 손해배상과 함께 디자인권자 또는 전용실시권자의 업무상 신용회복을 위하여 필요한 조치를 명할 수 있다.
제118조【서류의 제출】 법원은 디자인권 또는 전용실시권의 침해에 관한 소송에서 당사자의 신청에 의하여 해당 침해행위로 인한 손해를 계산하는 데에 필요한 서류를 제출하도록 다른 당사자에게 명할 수 있다. 다만, 그 서류의 소지자가 그 서류의 제출을 거절할 정당한 이유가 있을 때에는 그러하지 아니하다.

제7장 심 판

제119조【보정각하결정에 대한 심판】 제49조제1항에 따른 보정각하결정을 받은 자가 그 결정에 불복할 때에는 그 결정등본을 송달받은 날부터 3개월 이내에 심판을 청구할 수 있다.(2021.10.19 본조개정)
제120조【디자인등록거절결정 또는 디자인등록취소결정에 대한 심판】 디자인등록거절결정 또는 디자인등록취소결정을 받은 자가 불복할 때에는 그 결정등본을 송달받은 날부터 3개월 이내에 심판을 청구할 수 있다.
(2021.10.19 본조개정)
제121조【디자인등록의 무효심판】 ① 이해관계인 또는 심사관은 디자인등록이 다음 각 호의 어느 하나에 해당하는 경우에는 무효심판을 청구할 수 있다. 이 경우 제41조에 따라 복수디자인등록출원된 디자인등록에 대하여는 각 디자인마다 청구하여야 한다.
1. 제3조제1항 본문에 따른 디자인등록을 받을 수 있는 권리를 가지지 아니하거나 같은 항 단서에 따라 디자인등록을 받을 수 없는 경우
2. 제27조, 제33조부터 제35조까지, 제39조 및 제46조제1항·제2항에 위반된 경우(2023.6.20 본호개정)
3. 조약에 위반된 경우
4. 디자인등록된 후 그 디자인권자가 제27조에 따라 디자인권을 누릴 수 없는 자로 되거나 그 디자인등록이 조약에 위반된 경우
② 제1항에 따른 심판은 디자인권이 소멸된 후에도 청구할 수 있다.
③ 디자인등록을 무효로 한다는 심결이 확정된 때에는 그 디자인권은 처음부터 없었던 것으로 본다. 다만, 제1항 제4호에 따라 디자인등록을 무효로 한다는 심결이 확정된 경우에는 디자인권은 그 디자인등록이 같은 호에 해당하게 된 때부터 없었던 것으로 본다.
④ 심판장은 제1항의 심판이 청구된 경우에는 그 취지를 해당 디자인권의 전용실시권자나 그 밖에 디자인에 관한 권리를 등록한 자에게 통지하여야 한다.
제122조【권리범위 확인심판】 디자인권자·전용실시권자 또는 이해관계인은 등록디자인의 보호범위를 확인하기 위하여 디자인권의 권리범위 확인심판을 청구할 수 있다. 이 경우 제41조에 따라 복수디자인등록출원된 디자인등록에 대하여는 각 디자인마다 청구하여야 한다.
제123조【통상실시권 허락의 심판】 ① 디자인권자·전용실시권자 또는 통상실시권자는 해당 등록디자인 또는 등록디자인과 유사한 디자인이 제95조제1항 또는 제2항에 해당하여 실시의 허락을 받으려는 경우에 그 타인이 정당한 이유 없이 허락하지 아니하거나 그 타인의 허락을 받을 수 없을 때에는 자기의 등록디자인 또는 등록디자인과 유사한 디자인의 실시에 필요한 범위에서 통상실시권 허락의 심판을 청구할 수 있다.
② 제1항에 따른 심판에 따라 통상실시권을 허락한 자가 그 통상실시권을 허락받은 자의 등록디자인 또는 이와 유사한 디자인을 실시할 필요가 있는 경우에 그 통상실시권을 허락받은 자가 실시를 허락하지 아니하거나 실시의 허락을 받을 수 없을 때에는 통상실시권을 허락받아 실시하려는 등록디자인 또는 이와 유사한 디자인의 범위에서 통상실시권 허락의 심판을 청구할 수 있다.
③ 제1항 및 제2항에 따라 통상실시권을 허락받은 자는 특허권자·실용신안권자·디자인권자 또는 그 전용실시권자에게 대가를 지급하여야 한다. 다만, 자기가 책임질 수 없는 사유로 지급할 수 없는 경우에는 그 대가를 공탁하여야 한다.
④ 제3항에 따른 통상실시권자는 그 대가를 지급하지 아니하거나 공탁을 하지 아니하면 그 특허발명·등록실용신안 또는 등록디자인이나 이와 유사한 디자인을 실시할 수 없다.
제124조【심사규정의 디자인등록거절결정에 대한 심판에의 준용】 ① 디자인등록거절결정에 대한 심판에 관하여는 제48조제1항부터 제3항까지, 제48조제4항제1호, 제49조, 제63조 및 제65조를 준용한다. 이 경우 제48조제4항제1호 중 "제62조에 따른 디자인등록거절결정 또는 제65조에 따른 디자인등록결정(이하 "디자인등록여부결정"이라 한다)의 통지서가 발송되기 전까지"는 "거절이유통지에 따른 의견서 제출기간까지"로 보고, 제49조제3항 중 "제119조에 따라 심판을 청구한 경우"는 "제166조제1항에 따라 소를 제기한 경우"로, "그 심결이 확정될 때까지"는 "그 판결이 확정될 때까지"로 본다.
② 제1항에 따라 준용되는 제63조는 디자인등록거절결정의 이유와 다른 거절이유를 심판절차에서 발견한 경우에만 적용한다.
제125조【공동심판의 청구 등】 ① 디자인권 또는 디자인등록을 받을 수 있는 권리의 공유자가 그 공유인 권리에 관하여 심판을 청구할 때에는 공유자 모두가 공동으로 청구하여야 한다.
② 제1항에도 불구하고 같은 디자인권에 관하여 제121조제1항의 디자인등록무효심판 또는 제122조의 권리범위확인심판을 청구하는 자가 2인 이상이면 각자 또는 모두가 공동으로 심판을 청구할 수 있다.
③ 공유인 디자인권의 디자인권자에 대하여 심판을 청구할 때에는 공유자 모두를 피청구인으로 하여야 한다.
④ 제1항 또는 제2항에 따른 청구인이나 제3항에 따른 피청구인 중 1인에게 심판절차의 중단 또는 중지의 원인이 있으면 모두에게 그 효력이 발생한다.
제125조의2【국선대리인】 ① 특허심판원장은 산업통상자원부령으로 정하는 요건을 갖춘 심판 당사자의 신청에 따라 대리인(이하 "국선대리인"이라 한다)을 선임하여 줄 수 있다. 다만, 심판청구가 이유 없음이 명백하거나 권리의 남용이라고 인정되는 경우에는 그러하지 아니하다.
② 국선대리인이 선임된 당사자에 대하여 심판절차와 관련된 수수료를 감면할 수 있다.
③ 국선대리인의 신청절차 및 수수료 감면 등 국선대리인 운영에 필요한 사항은 산업통상자원부령으로 정한다.
(2019.1.8 본조신설)
제126조【심판청구방식】 ① 제121조부터 제123조까지에 따라 디자인등록의 무효심판, 권리범위 확인심판 또는 통상실시권 허락의 심판을 청구하려는 자는 다음 각 호의 사항을 적은 심판청구서를 특허심판원장에게 제출하여야 한다.
1. 당사자의 성명 및 주소(법인인 경우에는 그 명칭 및 영업소의 소재지)
2. 대리인이 있는 경우에는 그 대리인의 성명 및 주소나 영업소의 소재지[대리인이 특허법인·특허법인(유한)인 경우에는 그 명칭, 사무소의 소재지 및 지정된 변리사의 성명](2013.7.30 본호개정)
3. 심판사건의 표시
4. 청구의 취지 및 그 이유
② 제1항에 따라 제출된 심판청구서를 보정하는 경우에는 그 요지를 변경할 수 없다. 다만, 다음 각 호의 어느 하나에 해당하는 경우에는 그러하지 아니하다.
1. 제1항제1호에 따른 당사자 중 디자인권자의 기재를 바로잡기 위하여 보정(추가하는 것을 포함한다)하는 경우
2. 제1항제4호에 따른 청구의 이유를 보정하는 경우
3. 디자인권자 또는 전용실시권자가 제122조에 따라 청구한 권리범위 확인심판에서 심판청구서의 확인대상 디자인(청구인이 주장하는 피청구인의 디자인을 말한다)의 도면에 대하여 피청구인이 자신이 실제로 실시하고 있는 디자인과 비교하여 다르다고 주장하는 경우에 청구인이 피청구인의 실시 디자인과 같게 하기 위하여 심판청구서의 확인대상 디자인의 도면을 보정하는 경우
③ 제122조에 따른 권리범위 확인심판을 청구할 때에는 등록디자인과 대비할 수 있는 도면을 첨부하여야 한다.
④ 제123조제1항에 따른 통상실시권 허락의 심판의 청구서에는 제1항 각 호의 사항 외에 다음 각 호의 사항을 추가로 적어야 한다.
1. 실시하려는 자기의 등록디자인의 번호 및 명칭
2. 실시되어야 할 타인의 특허발명·등록실용신안 또는 등록디자인의 번호·명칭 및 특허나 등록의 연월일
3. 특허발명·등록실용신안 또는 등록디자인의 통상실시권의 범위·기간 및 대가
제127조【디자인등록거절결정 등에 대한 심판청구방식】 ① 제119조 또는 제120조에 따라 보정각하결정, 디자인등록거절결정 또는 디자인등록취소결정에 대한 심판을 청구하려는 자는 다음 각 호의 사항을 적은 심판청구서를 특허심판원장에게 제출하여야 하며, 특허심판원장은 제120조에 따른 디자인등록취소결정에 대한 심판이 청구된 경우에는 그 취지를 이의신청인에게 알려야 한다.
1. 청구인의 성명 및 주소(법인인 경우에는 그 명칭 및 영업소의 소재지)
2. 대리인이 있는 경우에는 그 대리인의 성명 및 주소나 영업소의 소재지[대리인이 특허법인·특허법인(유한)인 경우에는 그 명칭, 사무소의 소재지 및 지정된 변리사의 성명](2013.7.30 본호개정)
3. 출원일과 출원번호(디자인등록취소결정에 대하여 불복하는 경우에는 디자인등록일과 등록번호)
4. 디자인의 대상이 되는 물품 및 물품류
5. 디자인등록거절결정일, 디자인등록취소결정일 또는 보정각하결정일
6. 심판사건의 표시
7. 청구의 취지 및 그 이유
② 제1항에 따라 제출된 심판청구서를 보정하는 경우에는 그 요지를 변경할 수 없다. 다만, 다음 각 호의 어느 하나에 해당하는 경우에는 그러하지 아니하다.
1. 제1항제1호에 따른 청구인의 기재를 바로잡기 위하여 보정(추가하는 것을 포함한다)하는 경우
2. 제1항제7호에 따른 청구의 이유를 보정하는 경우
제128조【심판청구서 등의 각하 등】 ① 심판장은 다음 각 호의 어느 하나에 해당하는 경우에는 기간을 정하여 그 보정을 명하여야 한다. 다만, 보정할 사항이 경미하고 명확한 경우에는 직권으로 보정할 수 있다.(2023.9.14 단서신설)
1. 심판청구서가 제126조제1항·제3항·제4항 또는 제127조제1항에 위반된 경우
2. 심판에 관한 절차가 다음 각 목의 어느 하나에 해당되는 경우
가. 제4조제1항 또는 제7조에 위반된 경우
나. 제85조에 따라 내야 할 수수료를 내지 아니한 경우
다. 이 법 또는 이 법에 따른 명령으로 정하는 방식에 위반된 경우
② 심판장은 제1항 본문에 따른 보정명령을 받은 자가 지정된 기간에 보정을 하지 아니하거나 보정한 사항이 제126조제2항 또는 제127조제2항을 위반한 경우에는 심판청구서 또는 해당 절차와 관련된 청구 등을 결정으로 각하하여야 한다.(2023.9.14 본항개정)
③ 제2항에 따른 결정은 서면으로 하여야 하며 그 이유를 붙여야 한다.
④ 심판장은 제1항 단서에 따라 직권보정을 하려면 그 직권보정 사항을 청구인에게 통지하여야 한다.
(2023.9.14 본항신설)
⑤ 청구인은 제1항 단서에 따른 직권보정 사항을 받아들일 수 없으면 직권보정 사항의 통지를 받은 날부터 7일 이내에 그 직권보정 사항에 대한 의견서를 심판장에게 제출하여야 한다.(2023.9.14 본항신설)
⑥ 청구인이 제5항에 따라 의견서를 제출한 경우에는 해당 직권보정 사항은 처음부터 없었던 것으로 본다.
(2023.9.14 본항신설)
⑦ 제1항 단서에 따른 직권보정이 명백히 잘못된 경우 그 직권보정은 처음부터 없었던 것으로 본다.(2023.9.14 본항신설)
(2022.2.3 본조제목개정)
제129조【보정할 수 없는 심판청구의 심결각하】 부적법한 심판청구로서 그 흠을 보정할 수 없을 때에는 피청구인에게 답변서 제출의 기회를 주지 아니하고 심결로써 각하할 수 있다.
제130조【심판관】 ① 특허심판원장은 심판이 청구되면 심판관에게 심판하게 한다.
② 심판관의 자격은 대통령령으로 정한다.
③ 심판관은 직무상 독립하여 심판한다.
제131조【심판관의 지정】 ① 특허심판원장은 각 심판사건에 대하여 제133조에 따른 합의체를 구성할 심판관을 지정하여야 한다.
② 특허심판원장은 제1항의 심판관 중 심판에 관여하는 데에 지장이 있는 사람이 있으면 다른 심판관에게 심판하게 할 수 있다.
제132조【심판장의 지정】 ① 특허심판원장은 제131조제1항에 따라 지정된 심판관 중에서 1명을 심판장으로 지정하여야 한다.
② 심판장은 그 심판사건에 관한 사무를 총괄한다.
제133조【심판의 합의체】 ① 심판은 3명 또는 5명의 심판관으로 구성되는 합의체가 한다.
② 제1항의 합의체의 합의는 과반수로 결정한다.
③ 심판의 합의는 공개하지 아니한다.
제134조【답변서 제출 등】 ① 심판장은 심판이 청구되면 청구서 부본을 피청구인에게 송달하고 기간을 정하여 답변서를 제출할 수 있는 기회를 주어야 한다.

② 심판장은 제1항의 답변서를 받았을 때에는 그 부본을 청구인에게 송달하여야 한다.
③ 심판장은 심판에 관하여 당사자를 심문할 수 있다.
제135조【심판관의 제척】 심판관은 다음 각 호의 어느 하나에 해당하는 경우에는 그 심판 관여로부터 제척된다.
1. 심판관 또는 그 배우자이거나 배우자였던 사람이 사건의 당사자, 참가인 또는 이의신청인인 경우
2. 심판관이 사건의 당사자, 참가인 또는 이의신청인의 친족이거나 친족이었던 경우
3. 심판관이 사건의 당사자, 참가인 또는 이의신청인의 법정대리인이거나 법정대리인이었던 경우
4. 심판관이 사건에 대한 증인, 감정인으로 된 경우 또는 감정인이었던 경우
5. 심판관이 사건의 당사자·참가인 또는 이의신청인의 대리인이거나 대리인이었던 경우
6. 심판관이 사건에 대하여 심사관 또는 심판관으로서 보정각하결정, 디자인등록여부결정, 디자인일부심사등록 이의신청에 대한 결정 또는 심결에 관여한 경우
7. 심판관이 사건에 관하여 직접 이해관계를 가진 경우

제136조【제척신청】 제135조에 따른 제척의 원인이 있으면 당사자 또는 참가인은 제척신청을 할 수 있다.
제137조【심판관의 기피】 ① 심판관에게 공정한 심판을 기대하기 어려운 사정이 있으면 당사자 또는 참가인은 기피신청을 할 수 있다.
② 당사자 또는 참가인은 사건에 대하여 심판관에게 서면 또는 구두로 진술을 한 후에는 기피신청을 할 수 없다. 다만, 기피의 원인이 있는 것을 알지 못한 경우 또는 기피의 원인이 그 후에 발생한 경우에는 그러하지 아니하다.
제138조【제척 또는 기피의 소명】 ① 제136조 및 제137조에 따라 제척 및 기피 신청을 하려는 자는 그 원인을 적은 서면을 특허심판원장에게 제출하여야 한다. 다만, 구술심리를 할 때에는 구술로 할 수 있다.
② 제척 또는 기피의 원인은 신청한 날부터 3일 이내에 소명하여야 한다.
제139조【제척 또는 기피 신청에 관한 결정】 ① 제척 또는 기피 신청이 있으면 심판으로 결정하여야 한다.
② 제척 또는 기피의 신청을 당한 심판관은 그 제척 또는 기피에 대한 심판에 관여할 수 없다. 다만, 의견을 진술할 수 있다.
③ 제1항에 따른 결정은 서면으로 하여야 하며 그 이유를 붙여야 한다.
④ 제1항에 따른 결정에는 불복할 수 없다.
제140조【심판절차의 중지】 제척 또는 기피의 신청이 있으면 그 신청에 대한 결정이 있을 때까지 심판절차를 중지하여야 한다. 다만, 긴급한 경우에는 그러하지 아니하다.
제141조【심판관의 회피】 심판관이 제135조 또는 제137조에 해당하는 경우에는 특허심판원장의 허가를 받아 해당 사건에 대한 심판을 회피할 수 있다.
제142조【심리 등】 ① 심판은 구술심리 또는 서면심리로 한다. 다만, 당사자가 구술심리를 신청하였을 때에는 서면심리만으로 결정할 수 있다고 인정되는 경우 외에는 구술심리를 하여야 한다.
② 구술심리는 공개하여야 한다. 다만, 공공의 질서 또는 선량한 풍속을 문란하게 할 우려가 있으면 그러하지 아니하다.
③ 심판장은 제1항에 따라 구술심리로 심판을 할 경우에는 그 기일 및 장소를 정하고 그 취지를 적은 서면을 당사자 및 참가인에게 송달하여야 한다. 다만, 해당 사건에 출석한 당사자 및 참가인에게 알렸을 때에는 그러하지 아니하다.
④ 심판장은 제1항에 따라 구술심리로 심판을 할 경우에는 특허심판원장이 지정한 직원에게 기일마다 심리의 요지와 그 밖에 필요한 사항을 적은 조서를 작성하게 하여야 한다.
⑤ 제4항의 조서는 심판장 및 조서를 작성한 직원이 기명날인하여야 한다.
⑥ 제4항의 조서에 관하여는 「민사소송법」 제153조·제154조 및 제156조부터 제160조까지의 규정을 준용한다.
⑦ 심판에 관하여는 「민사소송법」 제143조·제259조·제299조 및 제367조를 준용한다.
⑧ 심판장은 구술심리 중 심판정 내의 질서를 유지한다.
제142조의2【참고인 의견서의 제출】 ① 심판장은 산업에 미치는 영향 등을 고려하여 사건 심리에 필요하다고 인정되는 경우 공공단체, 그 밖의 참고인에게 심판사건에 관한 의견서를 제출하게 할 수 있다.
② 국가기관과 지방자치단체는 공익과 관련된 사항에 관하여 특허심판원에 심판사건에 관한 의견서를 제출할 수 있다.
③ 심판장은 제1항 또는 제2항에 따라 참고인이 제출한 의견서에 대하여 당사자에게 구술 또는 서면에 의한 의견진술의 기회를 주어야 한다.
④ 제1항 또는 제2항에 따른 참고인의 선정 및 비용, 준수사항 등 참고인 의견서 제출에 필요한 사항은 산업통상자원부령으로 정한다.
(2023.9.14 본조신설)
제143조【참가】 ① 제125조제2항에 따라 심판을 청구할 수 있는 자는 심리가 종결될 때까지 그 심판에 참가할 수 있다.
② 제1항에 따른 참가인은 피참가인이 그 심판의 청구를 취하한 후에도 심판절차를 속행할 수 있다.
③ 심판의 결과에 대하여 이해관계를 가진 자는 심리가 종결될 때까지 당사자의 어느 한쪽을 보조하기 위하여 그 심판에 참가할 수 있다.
④ 제3항에 따른 참가인은 모든 심판절차를 밟을 수 있다.
⑤ 제1항 또는 제3항에 따른 참가인에게 심판절차의 중단 또는 중지의 원인이 있으면 그 중단 또는 중지는 피참가인에 대하여도 그 효력이 발생한다.
제144조【참가의 신청 및 결정】 ① 심판에 참가하려는 자는 참가신청서를 심판장에게 제출하여야 한다.
② 심판장은 참가신청이 있는 경우에는 참가신청서 부본을 당사자 및 다른 참가인에게 송달하고 기간을 정하여 의견서를 제출할 수 있는 기회를 주어야 한다.
③ 참가신청이 있는 경우에는 심판으로 그 참가 여부를 결정하여야 한다.
④ 제3항에 따른 결정은 서면으로 하여야 하며 그 이유를 붙여야 한다.
⑤ 제3항에 따른 결정에는 불복할 수 없다.
제145조【증거조사 및 증거보전】 ① 심판에서는 당사자, 참가인 또는 이해관계인의 신청에 의하여 또는 직권으로 증거조사나 증거보전을 할 수 있다.
② 제1항에 따른 증거조사 및 증거보전에 관하여는 「민사소송법」 제2편제3장 중 증거조사에 관한 규정을 준용한다. 다만, 심판관은 과태료의 결정을 하거나 구인을 명하거나 보증금을 공탁하게 하지 못한다.
③ 증거보전신청은 심판청구 전에는 특허심판원장에게 하고, 심판계속 중에는 그 사건의 심판장에게 하여야 한다.
④ 특허심판원장은 심판청구 전에 제1항에 따른 증거보전신청이 있으면 증거보전신청에 관여할 심판관을 지정한다.
⑤ 심판장은 제1항에 따라 직권으로 증거조사나 증거보전을 하였을 때에는 그 결과를 당사자·참가인 또는 이해관계인에게 송달하고 기간을 정하여 의견서를 제출할 수 있는 기회를 주어야 한다.
제146조【심판의 진행】 심판장은 당사자 또는 참가인이 법정기간 또는 지정기간에 절차를 밟지 아니하거나 제142조제3항에 따른 기일에 출석하지 아니하여도 심판을 진행할 수 있다.
제146조의2【적시제출주의】 심판절차에서의 주장이나 증거의 제출에 관하여는 「민사소송법」 제146조, 제147조 및 제149조를 준용한다.(2021.8.17 본조신설)
제147조【직권심리】 ① 심판에서는 당사자 또는 참가인이 신청하지 아니한 이유에 대하여도 심리할 수 있다. 이 경우 당사자 및 참가인에게 기간을 정하여 그 이유에 대하여 의견을 진술할 기회를 주어야 한다.
② 심판에서는 청구인이 신청하지 아니한 청구의 취지에 대하여는 심리할 수 없다.
제148조【심리·심결의 병합 또는 분리】 심판관은 당사자 양쪽 또는 어느 한쪽이 같은 2 이상의 심판에 대하여 심리 또는 심결을 병합하거나 분리할 수 있다.
제149조【심판청구의 취하】 ① 심판청구는 심결이 확정될 때까지 취하할 수 있다. 다만, 제134조제1항에 따른 답변서가 제출된 후에는 상대방의 동의를 받아야 한다.
② 제1항에 따라 취하를 하였을 때에는 그 심판청구는 처음부터 없었던 것으로 본다.
제150조【심결】 ① 심판은 특별한 규정이 있는 경우를 제외하고는 심결로써 종결한다.
② 제1항의 심결은 다음 각 호의 사항을 적은 서면으로 하여야 하며 심결을 한 심판관은 그 서면에 기명날인하여야 한다.
1. 심판의 번호
2. 당사자 및 참가인의 성명 및 주소(법인인 경우에는 그 명칭 및 영업소의 소재지)
3. 대리인이 있으면 그 대리인의 성명 및 주소나 영업소의 소재지〔대리인이 특허법인·특허법인(유한)인 경우에는 그 명칭, 사무소의 소재지 및 지정된 변리사의 성명〕(2013.7.30 본호개정)
4. 심판사건의 표시
5. 심결의 주문(제123조의 심판의 경우에는 통상실시권의 범위·기간 및 대가를 포함한다)
6. 심결의 이유(청구의 취지 및 그 이유의 요지를 포함한다)
7. 심결연월일

③ 심판장은 사건이 심결을 할 정도로 성숙하였을 때에는 심리의 종결을 당사자 및 참가인에게 알려야 한다.
④ 심판장은 필요하다고 인정하면 제3항에 따라 심리종결을 통지한 후에도 당사자 또는 참가인의 신청에 의하여 또는 직권으로 심리를 재개할 수 있다.
⑤ 심결은 제3항에 따른 심리종결통지를 한 날부터 20일 이내에 한다.
⑥ 심판장은 심결 또는 결정이 있으면 그 등본을 당사자, 참가인 및 심판에 참가신청을 하였으나 그 신청이 거부된 자에게 송달하여야 한다.
제151조【일사부재리】 이 법에 따른 심판의 심결이 확정되었을 때에는 그 사건에 대하여는 누구든지 같은 사실 및 같은 증거에 의하여 다시 심판을 청구할 수 없다. 다만, 확정된 심결이 각하심결인 경우에는 그러하지 아니하다.
제152조【소송과의 관계】 ① 심판장은 심판에서 필요하면 그 심판사건과 관련되는 디자인일부심사등록 이의신청에 대한 결정 또는 다른 심판의 심결이 확정되거나 소송절차가 완결될 때까지 그 절차를 중지할 수 있다.
② 법원은 소송절차에서 필요하면 디자인에 관한 심결이 확정될 때까지 그 소송절차를 중지할 수 있다.
③ 법원은 디자인권 또는 전용실시권의 침해에 관한 소가 제기된 경우에는 그 취지를 특허심판원장에게 통보하여야 한다. 그 소송절차가 끝났을 때에도 또한 같다.
④ 특허심판원장은 제3항에 따른 디자인권 또는 전용실시권의 침해에 관한 소에 대응하여 그 디자인권에 관한 무효심판 등이 청구된 경우에는 그 취지를 제3항에 해당하는 법원에 통보하여야 한다. 그 심판청구의 각하결정, 심결 또는 청구의 취하가 있는 경우에도 또한 같다.
제152조의2【산업재산권분쟁조정위원회 회부】 ① 심판장은 심판사건을 합리적으로 해결하기 위하여 필요하다고 인정되면 당사자의 동의를 받아 해당 심판사건의 절차를 중지하고 결정으로 해당 사건을 「발명진흥법」 제41조에 따른 산업재산권분쟁조정위원회(이하 “조정위원회”라 한다)에 회부할 수 있다.
② 심판장은 제1항에 따라 조정위원회에 회부한 때에는 해당 심판사건의 기록을 조정위원회에 송부하여야 한다.
③ 심판장은 조정위원회의 조정절차가 조정 불성립으로 종료되면 제1항에 따른 중지 결정을 취소하고 심판을 재개하며, 조정이 성립된 경우에는 해당 심판청구는 취하된 것으로 본다.
(2021.8.17 본조신설)
제153조【심판비용】 ① 제121조제1항 및 제122조에 따른 심판비용의 부담에 관한 사항은 심판이 심결에 의하여 종결될 때에는 그 심결로써 정하고, 심판이 심결에 의하지 아니하고 종결될 때에는 결정으로써 정하여야 한다.
② 제1항의 심판비용에 관하여는 「민사소송법」 제98조부터 제103조까지, 제107조제1항·제2항, 제108조, 제111조, 제112조 및 제116조를 준용한다.
③ 제119조·제120조 또는 제123조의 심판비용은 청구인 또는 이의신청인이 부담한다.
④ 제3항에 따라 청구인 또는 이의신청인이 부담하는 비용에 관하여는 「민사소송법」 제102조를 준용한다.
⑤ 심판비용액은 심결 또는 결정이 확정된 후 당사자의 청구를 받아 특허심판원장이 결정한다.
⑥ 심판비용의 범위·금액·납부 및 심판에서 절차상의 행위를 하기 위하여 필요한 비용의 지급에 관하여는 그 성질에 반하지 아니하는 범위에서 「민사소송비용법」 중 해당 규정의 예에 따른다.
⑦ 심판의 대리를 한 변리사에게 당사자가 지급하였거나 지급할 보수는 특허청장이 정하는 금액의 범위에서 심판비용으로 본다. 이 경우 여러 명의 변리사가 심판의 대리를 한 경우라도 1명의 변리사가 심판대리를 한 것으로 본다.
제154조【심판비용액 또는 대가에 대한 집행권원】 이 법에 따라 특허심판원장이 정한 심판비용액 또는 심판관이 정한 대가에 관하여 확정된 결정은 집행력 있는 집행권원과 같은 효력을 가진다. 이 경우 집행력 있는 정본은 특허심판원 소속 공무원이 부여한다.
제155조【디자인등록거절결정 등에 대한 심판의 특칙】 제134조제1항·제2항, 제143조 및 제144조는 제119조 또는 제120조에 따른 심판에는 적용하지 아니한다.
제156조【심사 또는 디자인일부심사등록 이의신청 절차의 효력】 심사 또는 디자인일부심사등록 이의신청 절차에서 밟은 디자인에 관한 절차는 디자인등록거절결정 또는 디자인등록취소결정에 대한 심판에서도 그 효력이 있다.
제157조【디자인등록거절결정 등의 취소】 ① 심판관은 제119조 또는 제120조에 따른 심판이 청구된 경우에 그 청구가 이유 있다고 인정할 때에는 심결로써 보정각하결정, 디자인등록거절결정 또는 디자인등록취소결정을 취소하여야 한다.
② 심판에서 보정각하결정, 디자인등록거절결정 또는 디자인등록취소결정을 취소할 경우에는 심사에 부칠 것이라는 심결을 할 수 있다.
③ 제1항 및 제2항에 따른 심결에서 취소의 기본이 된 이유는 그 사건에 대하여 심사관을 기속한다.

제8장 재심 및 소송

제158조【재심의 청구】 ① 당사자는 확정된 심결에 대하여 재심을 청구할 수 있다.
② 제1항의 재심청구에 관하여는 「민사소송법」 제451조 및 제453조를 준용한다.
제159조【사해심결에 대한 불복청구】 ① 심판의 당사자가 공모하여 제3자의 권리 또는 이익을 사해(詐害)할 목적으로 심결을 하게 한 경우에는 제3자는 그 확정된 심결에 대하여 재심을 청구할 수 있다.
② 제1항의 재심청구의 경우에는 심판의 당사자를 공동피청구인으로 한다.
제160조【재심청구의 기간】 ① 당사자는 심결 확정 후 재심사유를 안 날부터 30일 이내에 재심을 청구하여야 한다.
② 대리권의 흠을 이유로 재심을 청구하는 경우에 제1항의 기간은 청구인 또는 법정대리인이 심결등본의 송달에 의하여 심결이 있은 것을 안 날의 다음 날부터 기산한다.
③ 심결 확정 후 3년이 지나면 재심을 청구할 수 없다.
④ 재심사유가 심결 확정 후에 생겼을 때에는 제3항의 기간은 그 사유가 발생한 날의 다음 날부터 기산한다.

⑤ 제1항 및 제3항은 해당 심결 이전의 확정심결과 저촉한다는 이유로 재심을 청구하는 경우에는 적용하지 아니한다.

제161조【재심에 의하여 회복한 디자인권의 효력 제한】 ① 다음 각 호의 어느 하나에 해당하는 경우에 디자인권의 효력은 해당 심결이 확정된 후 재심청구 등록 전에 선의로 수입 또는 국내에서 생산하거나 취득한 물품에는 미치지 아니한다.
1. 무효가 된 디자인권(디자인등록취소결정에 대한 심판에 의하여 취소가 확정된 디자인권을 포함한다)이 재심에 의하여 회복된 경우
2. 디자인권의 권리범위에 속하지 아니한다는 심결이 확정된 후 재심에 의하여 그 심결과 상반되는 심결이 확정된 경우
3. 거절한다는 취지의 심결이 있었던 디자인등록출원에 대하여 재심에 의하여 디자인권이 설정등록된 경우

② 제1항 각 호에 해당하는 경우의 디자인권의 효력은 다음 각 호의 어느 하나의 행위에 미치지 아니한다.
1. 해당 심결이 확정된 후 재심청구 등록 전에 한 해당 디자인의 선의의 실시
2. 등록디자인과 관련된 물품의 생산에만 사용하는 물품을 해당 심결이 확정된 후 재심청구 등록 전에 선의로 생산·양도·대여·수출 또는 수입하거나 양도 또는 대여의 청약을 하는 행위

제162조【재심에 의하여 회복한 디자인권에 대한 선사용자의 통상실시권】 제161조제1항 각 호의 어느 하나에 해당하는 경우에 해당 심결이 확정된 후 재심청구 등록 전에 국내에서 선의로 그 디자인의 실시사업을 하고 있는 자 또는 그 사업을 준비하고 있는 자는 실시하고 있거나 준비하고 있는 디자인 및 사업의 목적 범위에서 그 디자인권에 관하여 통상실시권을 가진다.

제163조【재심에 의하여 통상실시권을 상실한 원권리자의 통상실시권】 ① 제123조제1항 또는 제2항에 따라 통상실시권을 허락한다는 심결이 확정된 후 재심에서 이에 상반되는 심결이 확정된 경우에는 재심청구 등록 전에 선의로 국내에서 그 디자인의 실시사업을 하고 있는 자 또는 그 사업을 준비하고 있는 자는 원통상실시권의 사업 목적 및 디자인의 범위에서 그 디자인권 또는 재심의 심결이 확정된 당시에 존재하는 전용실시권에 대하여 통상실시권을 가진다.

② 제1항에 따라 통상실시권을 가진 자는 디자인권자 또는 전용실시권자에게 상당한 대가를 지급하여야 한다.

제164조【재심에서의 심판규정의 준용】 재심의 절차에 관하여는 그 성질에 반하지 아니하는 범위에서 심판의 절차에 관한 규정을 준용한다.

제165조【「민사소송법」의 준용】 재심청구에 관하여는 「민사소송법」 제459조제1항을 준용한다.

제166조【심결 등에 대한 소】 ① 심결에 대한 소와 제124조제1항(제164조에서 준용하는 경우를 포함한다)에 따라 준용되는 제49조제1항에 따른 각하결정 및 심판청구나 재심청구의 각하결정에 대한 소는 특허법원의 전속관할로 한다.

② 제1항에 따른 소는 당사자, 참가인 또는 해당 심판이나 재심에 참가신청을 하였으나 그 신청이 거부된 자만 제기할 수 있다.

③ 제1항에 따른 소는 심결 또는 결정의 등본을 송달받은 날부터 30일 이내에 제기하여야 한다.

④ 제3항의 기간은 불변기간으로 한다.

⑤ 심판장은 주소 또는 거소가 멀리 떨어진 곳에 있거나 교통이 불편한 지역에 있는 자를 위하여 직권으로 제3항의 불변기간에 대하여 부가기간을 정할 수 있다.

⑥ 심판을 청구할 수 있는 사항에 관한 소는 심결에 대한 것이 아니면 제기할 수 없다.

⑦ 제150조제2항제5호에 따른 대가의 심결 및 제153조제1항에 따른 심판비용의 심결 또는 결정에 대하여는 독립하여 제1항에 따른 소를 제기할 수 없다.

⑧ 제1항에 따른 특허법원의 판결에 대하여는 대법원에 상고할 수 있다.

제167조【피고적격】 제166조제1항에 따른 소는 특허청장을 피고로 하여 제기하여야 한다. 다만, 제121조제1항, 제122조, 제123조제1항 및 제2항에 따른 심판 또는 그 재심의 심결에 대한 소는 그 청구인 또는 피청구인을 피고로 하여 제기하여야 한다.

제168조【소 제기 통지 및 재판서 정본 송부】 ① 법원은 심결에 대한 소와 제124조제1항(제164조에서 준용하는 경우를 포함한다)에 따라 준용되는 제49조제1항에 따른 각하결정에 대한 소 또는 제166조제8항에 따른 상고가 제기되었을 때에는 지체 없이 그 취지를 특허심판원장에게 통지하여야 한다.

② 법원은 제167조 단서에 따른 소에 관하여 소송절차가 완결되었을 때에는 지체 없이 그 사건에 대한 각 심급의 재판서 정본을 특허심판원장에게 보내야 한다.

제169조【심결 또는 결정의 취소】 ① 법원은 제166조제1항에 따라 소가 제기된 경우에 그 청구가 이유 있다고 인정할 때에는 판결로써 해당 심결 또는 결정을 취소하여야 한다.

② 심판관은 제1항에 따라 심결 또는 결정의 취소판결이 확정되었을 때에는 다시 심리를 하여 심결 또는 결정을 하여야 한다.

③ 제1항에 따른 판결에서 취소의 기본이 된 이유는 그 사건에 대하여 특허심판원을 기속한다.

제170조【대가에 관한 불복의 소】 ① 제123조제3항에 따른 대가에 대하여 심결·결정을 받은 자가 그 대가에 불복할 때에는 법원에 소송을 제기할 수 있다.

② 제1항에 따른 소송은 심결·결정의 등본을 송달받은 날부터 30일 이내에 제기하여야 한다.

③ 제2항에 따른 기간은 불변기간으로 한다.

제171조【대가에 관한 소송의 피고】 제170조에 따른 소송에서 제123조제3항에 따른 대가에 대하여는 통상실시권자·전용실시권자 또는 디자인권자를 피고로 하여야 한다.

제172조【변리사의 보수와 소송비용】 소송을 대리한 변리사의 보수에 관하여는 「민사소송법」 제109조를 준용한다. 이 경우 "변호사"는 "변리사"로 본다.

제9장 「산업디자인의 국제등록에 관한 헤이그협정」에 따른 국제출원

제1절 특허청을 통한 국제출원

제173조【국제출원】 「산업디자인의 국제등록에 관한 헤이그협정」(1999년 세계지식재산기구에 의하여 제네바 외교회의에서 채택된 조약을 말하며, 이하 "헤이그협정"이라 한다) 제1조(vi)에 따른 국제등록(이하 "국제등록"이라 한다)을 위하여 출원을 하려는 자는 특허청을 통하여 헤이그협정 제1조(vii)에 따른 국제출원(이하 "특허청을 통한 국제출원"이라 한다)을 할 수 있다.

제174조【국제출원을 할 수 있는 자】 특허청을 통한 국제출원을 할 수 있는 자는 다음 각 호의 어느 하나에 해당하여야 한다. 2인 이상이 공동으로 출원하는 경우에는 각자 모두가 다음 각 호의 어느 하나에 해당하여야 한다.
1. 대한민국 국민
2. 대한민국에 주소(법인인 경우에는 영업소를 말한다)가 있는 자
3. 그 밖에 산업통상자원부령으로 정하는 바에 따라 대한민국에 거소가 있는 자

제175조【국제출원의 절차】 ① 특허청을 통한 국제출원을 하려는 자는 산업통상자원부령으로 정하는 방식에 따라 작성된 국제출원서 및 그 출원에 필요한 서류(헤이그협정의 특정 체약당사자가 요구하는 서류 등을 말한다)를 특허청장에게 제출하여야 한다.

② 국제출원서에는 다음 각 호의 사항을 적거나 첨부하여야 한다.
1. 헤이그협정 제1조(vii)에 따른 국제출원의 취지
2. 특허청을 통한 국제출원을 하려는 자의 성명 및 주소(법인인 경우에는 그 명칭 및 영업소의 소재지를 말한다). 국제출원을 하려는 자가 2인 이상으로서 그 주소가 서로 다르고 대리인이 없는 경우에는 연락을 받을 주소를 추가로 적어야 한다.
3. 제174조 각 호에 관한 사항
4. 디자인을 보호받으려는 국가(헤이그협정 제1조(xii)에 따른 정부 간 기구를 포함하며, 이하 "지정국"이라 한다)
5. 도면(사진을 포함한다. 이하 같다)
6. 디자인의 대상이 되는 물품 및 물품류
7. 헤이그협정 제5조(1)(vi)에 따른 수수료의 납부방법
8. 그 밖에 산업통상자원부령으로 정하는 사항

③ 특허청을 통한 국제출원을 하려는 자가 헤이그협정 제5조(5)에 따른 공개연기신청을 하려는 경우에는 국제출원서에 도면을 대신하여 산업통상자원부령으로 정하는 바에 따른 견본을 첨부할 수 있다.

④ 특허청을 통한 국제출원을 하려는 자는 지정국이 요구하는 경우에 다음 각 호의 사항을 국제출원서에 포함하여야 한다.
1. 디자인을 창작한 사람의 성명 및 주소
2. 도면 또는 디자인의 특징에 대한 설명
3. 디자인권의 청구범위

제176조【국제출원서 등 서류제출의 효력발생시기】 국제출원서, 그 출원에 필요한 서류 및 제177조제2항에 따른 서류는 특허청장에게 도달한 날부터 그 효력이 발생한다. 우편으로 제출된 경우에도 또한 같다.

제177조【기재사항의 확인 등】 ① 특허청장은 국제출원서가 도달한 날을 국제출원서에 적어 관계 서류와 함께 헤이그협정 제1조(xxviii)에 따른 국제사무국(이하 "국제사무국"이라 한다)에 보내고, 그 국제출원서 사본을 특허청을 통한 국제출원을 한 자(이하 이 조에서 "국제출원인"이라 한다)에게 보내야 한다.

② 제1항에도 불구하고 특허청장은 국제출원서의 기재사항이 다음 각 호의 어느 하나에 해당하는 경우에는 국제출원인에게 상당한 기간을 정하여 보완에 필요한 서류(이하 이 장에서 "대체서류"라 한다)의 제출을 명하여야 한다.
1. 산업통상자원부령으로 정하는 언어로 작성되지 아니한 경우
2. 국제출원의 취지가 명확하게 표시되지 아니한 경우
3. 특허청을 통한 국제출원을 한 자의 성명 또는 명칭이 적혀 있지 아니하거나 명확하게 적혀있지 아니하여 국제출원인을 특정할 수 없는 경우
4. 국제출원인(대리인이 디자인에 관한 절차를 밟는 경우에는 그 대리인을 말한다)과 연락을 하기 위한 주소 등이 명확하게 적혀있지 아니한 경우
5. 도면 또는 견본이 없는 경우
6. 지정국 표시가 없는 경우

③ 제2항에 따른 제출명령을 받은 자가 지정기간 내에 대체서류를 제출한 경우에는 그 대체서류가 특허청장에게 도달한 날을 국제출원서가 도달한 날로 본다.

제178조【송달료의 납부】 ① 특허청을 통한 국제출원을 하려는 자는 특허청장이 국제출원서 및 출원에 필요한 서류를 국제사무국으로 보내는 데에 필요한 금액(이하 "송달료"라 한다)을 특허청장에게 내야 한다.

② 송달료, 그 납부방법·납부기간, 그 밖에 필요한 사항은 산업통상자원부령으로 정한다.

③ 특허청장은 특허청을 통한 국제출원을 하려는 자가 송달료를 내지 아니한 경우에는 상당한 기간을 정하여 보정을 명하여야 한다.

④ 특허청장은 제3항에 따른 보정명령을 받은 자가 지정된 기간에 송달료를 내지 아니한 경우에는 해당 절차를 무효로 할 수 있다.

제2절 국제디자인등록출원

제179조【국제디자인등록출원】 ① 헤이그협정 제1조(vi)에 따른 국제등록으로서 대한민국을 지정국으로 지정한 국제등록(이하 "국제디자인등록출원"이라 한다)은 이 법에 따른 디자인등록출원으로 본다.

② 헤이그협정 제10조(2)에 따른 국제등록일은 이 법에 따른 디자인등록출원일로 본다.

③ 국제디자인등록출원에 대하여는 헤이그협정 제1조(viii)에 따른 국제등록부(이하 "국제등록부"라 한다)에 등재된 국제등록명의인의 성명 및 주소(법인인 경우에는 그 명칭 및 영업소의 소재지를 말한다), 도면, 디자인의 대상이 되는 물품, 물품류, 디자인을 창작한 사람의 성명 및 주소, 디자인의 설명은 이 법에 따른 디자인등록출원인의 성명 및 주소(법인인 경우에는 그 명칭 및 영업소의 소재지를 말한다), 도면, 디자인의 대상이 되는 물품, 물품류, 디자인을 창작한 사람의 성명 및 주소, 디자인의 설명으로 본다.

제180조【디자인등록요건의 특례】 제33조제3항을 국제디자인등록출원에 대하여 적용할 때에 "제52조, 제56조 또는 제90조제3항에 따라 디자인공보"는 "헤이그협정 제10조(3)에 따른 국제등록공보, 제56조 또는 제90조제3항에 따라 디자인공보"로 한다.

제181조【디자인등록출원의 특례】 ① 국제디자인등록출원에 대하여 이 법을 적용할 때에 국제등록공개는 제37조제1항에 따른 디자인등록출원서의 제출로 본다.

② 국제디자인등록출원에 대하여 이 법을 적용할 때에 국제등록부에 등재된 사항과 도면은 제37조제1항 및 제2항에 따른 디자인등록출원서의 기재사항과 도면으로 본다.

③ 국제디자인등록출원에 대하여는 제37조제2항제2호 중 창작내용의 요점 및 같은 조 제3항을 적용하지 아니한다.

제182조【출원일 인정 등의 특례】 국제디자인등록출원에 대하여는 제38조를 적용하지 아니한다.

제183조【국제등록의 소멸로 인한 국제디자인등록출원 또는 국제등록디자인권의 취하 등】 ① 헤이그협정 제16조(1)(iv)에 따른 포기 및 같은 협정 제16조(1)(v)에 따른 감축 등 변경사항의 등재에 따라 국제등록의 전부 또는 일부가 소멸된 경우에는 그 소멸된 범위에서 해당 국제디자인등록출원의 전부 또는 일부가 취하된 것으로 보며, 국제등록디자인권(국제디자인등록출원인이 제198조제2항에 따라 국내에서 설정등록을 받은 디자인권을 말한다. 이하 같다)의 전부 또는 일부가 포기된 것으로 본다.

② 제1항에 따른 취하 또는 포기의 효력은 국제등록부에 해당 국제등록의 변경사항이 등재된 날부터 발생한다.

제184조【비밀디자인의 특례】 국제디자인등록출원에 대하여는 제43조를 적용하지 아니한다.

제185조【국제등록공개의 연기가 신청된 국제디자인등록출원의 열람 등】 ① 특허청장은 헤이그협정 제11조에 따라 국제등록공개의 연기가 신청된 국제디자인등록출원에 대하여 다음 각 호의 어느 하나에 해당하는 경우에는 같은 협정 제10조(5)(a)에 따른 비밀사본의 열람청구에 응하여야 한다.
1. 국제디자인등록출원을 한 자(이하 이 절에서 "국제디자인등록출원인"이라 한다)의 자격에 관한 행정적 또는 사법적 절차의 진행을 목적으로 분쟁 당사자가 국제디자인등록출원에 대한 열람청구를 하는 경우
2. 국제등록부에 등재된 국제등록명의인의 동의를 받은 자가 열람청구를 하는 경우

② 제1항에 따라 비밀사본을 열람한 자는 그 열람한 내용을 무단으로 촬영·복사 등의 방법으로 취득하거나 알게 된 내용을 누설·도용하여서는 아니 된다.

제186조【출원보정의 특례】 ① 제48조제1항을 국제디자인등록출원에 대하여 적용할 때에 "도면의 기재사항이나 사진 또는 견본"은 "도면의 기재사항"으로 한다.

② 국제디자인등록출원에 대하여는 제48조제3항을 적용하지 아니한다.

③ 제48조제4항을 국제디자인등록출원에 대하여 적용할 때에 "제1항부터 제3항까지의 규정"은 "제1항 및 제2항"으로 하고, 같은 항 제1호 중 "제62조에 따른 디자인등록거절결정 또는 제65조에 따른 디자인등록결정(이하 "디자인등록여부결정"이라 한다)"은 "헤이그협정 제10조(3)

에 따른 국제등록공개가 있은 날부터 디자인등록여부결정"으로 한다.(2023.6.20 본항개정)
④ 제48조제5항을 국제디자인등록출원에 대하여 적용할 때에 "제1항부터 제3항까지의 규정"은 "제1항 및 제2항"으로 한다.
제187조【분할출원의 특례】 ① 제50조제1항을 국제디자인등록출원에 대하여 적용할 때에 "디자인등록출원의 일부"는 "제63조에 따른 거절이유통지를 받은 경우에만 디자인등록출원의 일부"로 한다.
② 제50조제3항을 국제디자인등록출원에 대하여 적용할 때에 "제48조제4항"은 "제186조제3항"으로 한다.
제188조【조약에 따른 우선권 주장의 특례】 제51조제4항을 국제디자인등록출원에 대하여 적용할 때에 "디자인등록출원일"은 "헤이그협정 제10조(3)에 따른 국제등록공개가 있은 날"로 한다.
제189조【출원공개의 특례】 국제디자인등록출원에 대하여는 제52조를 적용하지 아니한다.
제190조【출원공개 효과의 특례】 제53조제1항을 국제디자인등록출원에 대하여 적용할 때 "제52조에 따른 출원공개"는 "헤이그협정 제10조(3)에 따른 국제등록공개"로 하며, 같은 조 제2항 및 제6항을 국제디자인등록출원에 대하여 적용할 때 "제52조에 따라 출원공개된"은 각각 "헤이그협정 제10조(3)에 따라 국제등록공개된"으로 한다.
제191조【디자인등록을 받을 수 있는 권리 승계의 특례】 ① 제57조제3항을 국제디자인등록출원에 대하여 적용할 때에 "상속이나 그 밖의 일반승계의 경우를 제외하고는 디자인등록출원인 변경신고"는 "국제디자인등록출원인이 국제사무국에 명의변경신고"로 한다.
② 국제디자인등록출원에 대하여는 제57조제4항 및 제5항을 적용하지 아니한다.
③ 제57조제6항을 국제디자인등록출원에 대하여 적용할 때에 "제2항 및 제5항"은 "제2항"으로 한다.
제192조【우선심사의 특례】 제61조제1항제1호를 국제디자인등록출원에 대하여 적용할 때에 "제52조에 따른 출원공개"는 "헤이그협정 제10조(3)에 따른 국제등록공개"로 한다.
제193조【거절결정의 특례】 국제디자인등록출원에 대하여는 제62조제1항제2호 중 제37조제4항에 따라 디자인등록을 받을 수 없는 경우는 적용하지 아니한다.
제194조【거절이유통지의 특례】 제63조제1항을 국제디자인등록출원에 대하여 적용할 때에 "디자인등록출원인에게"는 "국제사무국을 통하여 국제디자인등록출원인에게"로 한다.
제195조【직권보정의 특례】 국제디자인등록출원에 대하여는 제66조를 적용하지 아니한다.
제195조의2【디자인등록결정 이후의 직권 재심사의 특례】 국제디자인등록출원에 대해서는 제66조의2를 적용하지 아니한다.(2021.10.19 본조신설)
제196조【등록료 및 수수료의 특례】 ① 국제등록디자인권의 존속기간을 헤이그협정 제17조(2)에 따라 갱신하려는 자 또는 국제디자인등록출원인은 산업통상자원부령으로 정하는 물품 및 물품류에 따라 같은 협정 제7조(1)에 따른 표준지정수수료 또는 같은 협정 제7조(2)에 따른 개별지정수수료를 국제사무국에 내야 한다.
② 제1항에 따른 표준지정수수료 및 개별지정수수료에 관한 사항은 산업통상자원부령으로 정한다.
③ 국제디자인등록출원이나 국제등록디자인권에 대하여는 제79조부터 제84조까지 및 제86조(제1항제2호에 따른 무효심판청구에 대한 수수료는 제외한다)를 적용하지 아니한다.
제197조【등록료 및 수수료 반환의 특례】 제87조를 국제디자인등록출원에 대하여 적용할 때에 같은 조 제1항제3호는 국제디자인등록출원에 대하여는 적용하지 아니한다.
제198조【디자인권 설정등록의 특례】 ① 국제디자인등록출원에 대하여는 제90조제2항을 적용하지 아니한다.
② 특허청장은 국제디자인등록출원에 대하여 제65조에 따른 디자인등록결정이 있는 경우에는 디자인권을 설정하기 위한 등록을 하여야 한다.
제199조【디자인권 존속기간 등의 특례】 ① 국제등록디자인권은 제198조제2항에 따라 국내에서 설정등록된 날부터 발생하여 헤이그협정 제10조(2)에 따른 국제등록일(이하 "국제등록일"이라 한다) 후 5년이 되는 날까지 존속한다. 다만, 국제등록일 후 5년이 되는 날(이하 이 항에서 "국제등록만료일"이라 한다) 이후에 등록결정이 되어 제198조제2항에 따라 국내에서 설정등록된 경우에는 설정등록된 날부터 발생하여 국제등록만료일 후 5년이 되는 날까지 존속한다.
② 제1항에 따른 국제등록디자인권의 존속기간은 헤이그협정 제17조(2)에 따라 5년마다 갱신할 수 있다.
제200조【등록디자인 보호범위의 특례】 제93조를 국제등록디자인권에 대하여 적용할 때에 해당 국제등록디자인권의 보호범위는 다음 각 호의 구분에 따른다.
1. 제48조에 따른 보정이 없는 경우 : 국제등록부에 등재된 사항, 도면 및 디자인의 설명
2. 제48조에 따른 보정이 있는 경우 : 각각 보정된 디자인등록출원서의 기재사항, 도면 및 디자인의 설명
제201조【디자인권 등록효력의 특례】 ① 국제등록디자인권의 이전, 포기에 의한 소멸 또는 존속기간의 갱신은 국제등록부에 등재함으로써 효력이 발생한다. 다만, 특허청장이 국제등록디자인권의 이전이 제96조제1항 단서 또는 같은 조 제2항에 위반되어 효력이 발생하지 아니한다고 국제사무국에 통지한 경우에는 그러하지 아니하다.
② 제98조제1항제1호를 국제등록디자인권에 대하여 적용할 때에 "이전(상속이나 그 밖의 일반승계에 의한 경우는 제외한다), 포기에 의한 소멸 또는 처분의 제한"은 "처분의 제한"으로 한다.
③ 제98조제2항을 국제등록디자인권에 대하여 적용할 때에 "디자인권 · 전용실시권"은 "전용실시권"으로 한다.
제202조【디자인권 포기의 특례】 ① 국제등록디자인권에 대하여는 제106조제1항을 적용하지 아니한다.
② 제107조를 국제등록디자인권에 대하여 적용할 때에 "디자인권 · 전용실시권"은 각각 "전용실시권"으로 한다.
제203조【국제등록부 경정의 효력 등】 ① 헤이그협정 제1조(viii)에 따른 국제등록부의 경정(이하 이 조에서 "경정"이라 한다)이 있는 경우에는 해당 국제디자인등록출원은 경정된 대로 효력을 가진다.
② 경정의 효력은 해당 국제디자인등록출원의 국제등록일로 소급하여 발생한다.
③ 경정이 산업통상자원부령으로 정하는 사항에 관한 것으로서 해당 국제디자인등록출원에 대한 등록여부결정이 있은 후에 통지된 경우에 그 등록여부결정은 없었던 것으로 본다.
제204조【권리침해에 대한 금지청구권 등의 특례】 국제등록디자인권에 대하여는 제113조제2항을 적용하지 아니한다.
제205조【서류의 열람 등의 특례】 제206조제2항을 국제디자인등록출원에 대하여 적용할 때에 "제52조에 따라 출원공개"는 "헤이그협정 제10조(3)에 따라 국제등록공개"로 한다.

제10장 보 칙

제206조【서류의 열람 등】 ① 디자인등록출원 또는 심판 등에 관한 증명, 서류의 등본 또는 초본의 발급, 디자인등록원부 및 서류의 열람 또는 복사가 필요한 자는 특허청장 또는 특허심판원장에게 신청할 수 있다.
② 특허청장 또는 특허심판원장은 제1항의 신청이 있더라도 제52조에 따라 출원공개되지 아니하고 디자인권의 설정등록이 되지 아니한 디자인등록출원에 관한 서류와 공공의 질서 또는 선량한 풍속을 문란하게 할 우려가 있는 것은 허가하지 아니할 수 있다.
제207조【디자인등록출원 · 심사 · 심판 등에 관한 서류의 반출 및 공개금지】 ① 디자인등록출원, 심사, 디자인일부심사등록 이의신청, 심판, 재심에 관한 서류 또는 디자인등록원부는 다음 각 호의 어느 하나에 해당하는 경우를 제외하고는 외부로 반출할 수 없다.
1. 제59조제1항 또는 제2항에 따른 선행디자인의 조사 등을 위하여 디자인등록출원 또는 심사에 관한 서류를 반출하는 경우
1의2. 제152조의2제2항에 따른 조정을 위하여 디자인등록출원, 심사, 디자인일부심사등록 이의신청, 심판, 재심에 관한 서류나 디자인등록원부를 반출하는 경우(2021.8.17 본호신설)
2. 「산업재산 정보의 관리 및 활용 촉진에 관한 법률」 제12조제1항에 따른 산업재산문서 전자화업무의 위탁을 위하여 디자인등록출원, 심사, 디자인일부심사등록 이의신청, 심판, 재심에 관한 서류나 디자인등록원부를 반출하는 경우(2024.2.6 본호개정)
3. 「전자정부법」 제32조제2항에 따른 온라인 원격근무를 위하여 디자인등록출원, 심사, 디자인일부심사등록 이의신청, 심판, 재심에 관한 서류나 디자인등록원부를 반출하는 경우
② 디자인등록출원, 심사, 디자인일부심사등록 이의신청, 심판 또는 재심으로 계속 중인 사건의 내용이나 디자인등록여부결정 · 심결 또는 결정의 내용에 관하여는 감정 · 증언하거나 질의에 응답할 수 없다.
제208조 (2024.2.6 삭제)
제209조【서류의 송달】 이 법에 규정된 서류의 송달절차 등에 관한 사항은 대통령령으로 정한다.
제210조【공시송달】 ① 송달을 받을 자의 주소나 영업소가 불분명하여 송달할 수 없을 때에는 공시송달을 하여야 한다.
② 공시송달은 서류를 송달받을 자에게 어느 때라도 교부한다는 뜻을 디자인공보에 게재함으로써 한다.
③ 최초의 공시송달은 디자인공보에 게재한 날부터 2주일이 지나면 그 효력이 발생한다. 다만, 같은 당사자에 대한 이후의 공시송달은 디자인공보에 게재한 날의 다음 날부터 그 효력이 발생한다.
제211조【재외자에 대한 송달】 ① 재외자로서 디자인관리인이 있으면 그 재외자에게 송달할 서류는 디자인관리인에게 송달하여야 한다.
② 재외자로서 디자인관리인이 없으면 그 재외자에게 송달할 서류는 항공등기우편으로 발송할 수 있다.
③ 제2항에 따라 서류를 항공등기우편으로 발송한 경우에는 그 발송을 한 날에 송달된 것으로 본다.
제212조【디자인공보】 ① 특허청장은 디자인공보를 발행하여야 한다.
② 디자인공보는 산업통상자원부령으로 정하는 바에 따라 전자적 매체로 발행할 수 있다.
③ 특허청장은 전자적 매체로 디자인공보를 발행하는 경우에는 정보통신망을 활용하여 디자인공보의 발행사실 · 주요목록 및 공시송달에 관한 사항을 알려야 한다.
④ 디자인공보에 게재할 사항은 대통령령으로 정한다.
제213조【서류의 제출 등】 특허청장 또는 심사관은 당사자에게 심판 또는 재심에 관한 절차 외의 절차를 처리하기 위하여 필요한 서류, 그 밖의 물건의 제출을 명할 수 있다.
제214조【디자인등록표시】 디자인권자 · 전용실시권자 또는 통상실시권자는 등록디자인에 관한 물품 또는 그 물품의 용기나 포장 등에 디자인등록의 표시를 할 수 있다.
제215조【허위표시의 금지】 누구든지 다음 각 호의 어느 하나에 해당하는 행위를 하여서는 아니 된다.
1. 디자인등록된 것이 아닌 물품, 디자인등록출원 중이 아닌 물품 또는 그 물품의 용기나 포장에 디자인등록표시 또는 디자인등록출원표시를 하거나 이와 혼동하기 쉬운 표시를 하는 행위
2. 제1호의 표시를 한 것을 양도 · 대여 또는 전시하는 행위
3. 디자인등록된 것이 아닌 물품, 디자인등록출원 중이 아닌 물품을 생산 · 사용 · 양도 또는 대여하기 위하여 광고 · 간판 또는 표찰에 그 물품이 디자인등록 또는 디자인등록출원된 것으로 표시하거나 이와 혼동하기 쉬운 표시를 하는 행위
제216조【불복의 제한】 ① 보정각하결정, 디자인등록여부결정, 디자인등록취소결정, 심결, 심판청구나 재심청구의 각하결정에 대하여는 다른 법률에 따른 불복을 할 수 없으며, 이 법에 따라 불복할 수 없도록 규정되어 있는 처분에 대하여는 다른 법률에 따른 불복을 할 수 없다.
② 제1항에 따른 처분 외의 처분에 대한 불복에 대하여는 「행정심판법」 또는 「행정소송법」에 따른다.
제217조【비밀유지명령】 ① 법원은 디자인권 또는 전용실시권의 침해에 관한 소송에서 당사자가 보유한 영업비밀(「부정경쟁방지 및 영업비밀보호에 관한 법률」 제2조제2호에 따른 영업비밀을 말한다. 이하 같다)에 대하여 다음 각 호의 사유를 모두 소명한 경우에는 그 당사자의 신청에 의하여 결정으로 다른 당사자(법인인 경우에는 그 대표자), 당사자를 위하여 소송을 대리하는 자, 그 밖에 그 소송으로 인하여 영업비밀을 알게 된 자에게 그 영업비밀을 그 소송의 계속적인 수행 외의 목적으로 사용하거나 그 영업비밀에 관계된 이 항에 따른 명령을 받은 자 외의 자에게 공개하지 아니할 것을 명할 수 있다. 다만, 그 신청 시점까지 다른 당사자(법인인 경우에는 그 대표자), 당사자를 위하여 소송을 대리하는 자, 그 밖에 그 소송으로 인하여 영업비밀을 알게 된 자가 제1호에 규정된 준비서면의 열람이나 증거 조사 외의 방법으로 그 영업비밀을 이미 취득하고 있는 경우에는 그러하지 아니하다.
1. 이미 제출하였거나 제출하여야 할 준비서면 또는 이미 조사하였거나 조사하여야 할 증거에 영업비밀이 포함되어 있다는 것
2. 제1호의 영업비밀이 그 소송 수행 외의 목적으로 사용되거나 공개되면 당사자의 영업에 지장을 줄 우려가 있어 이를 방지하기 위하여 영업비밀의 사용 또는 공개를 제한할 필요가 있다는 것
② 제1항에 따른 명령(이하 "비밀유지명령"이라 한다)의 신청은 다음 각 호의 사항을 적은 서면으로 하여야 한다.
1. 비밀유지명령을 받을 자
2. 비밀유지명령의 대상이 될 영업비밀을 특정하기에 충분한 사실
3. 제1항 각 호의 사유에 해당하는 사실
③ 법원은 비밀유지명령이 결정된 경우에는 그 결정서를 비밀유지명령을 받은 자에게 송달하여야 한다.
④ 비밀유지명령은 제3항의 결정서가 비밀유지명령을 받은 자에게 송달된 때부터 효력이 발생한다.
⑤ 비밀유지명령의 신청을 기각 또는 각하한 재판에 대하여는 즉시항고를 할 수 있다.
제218조【비밀유지명령의 취소】 ① 비밀유지명령을 신청한 자 또는 비밀유지명령을 받은 자는 제217조제1항에 따른 요건을 갖추지 못하였거나 갖추지 못하게 된 경우 소송기록을 보관하고 있는 법원(소송기록을 보관하고 있는 법원이 없는 경우에는 비밀유지명령을 내린 법원)에 비밀유지명령의 취소를 신청할 수 있다.
② 법원은 비밀유지명령의 취소 신청에 대한 재판이 있는 경우에는 그 결정서를 그 신청을 한 자 및 상대방에게 송달하여야 한다.
③ 비밀유지명령의 취소 신청에 대한 재판에 대하여는 즉시항고를 할 수 있다.
④ 비밀유지명령을 취소하는 재판은 확정되어야 그 효력이 발생한다.
⑤ 비밀유지명령을 취소하는 재판을 한 법원은 비밀유지명령의 취소 신청을 한 자 또는 상대방 외에 해당 영업비밀에 관한 비밀유지명령을 받은 자가 있는 경우에는 그 자에게 즉시 비밀유지명령의 취소 재판을 한 사실을 알려야 한다.
제219조【소송기록 열람 등의 청구 통지 등】 ① 비밀유지명령이 내려진 소송(모든 비밀유지명령이 취소된 소송은 제외한다)에 관한 소송기록에 대하여 「민사소송법」 제163조제1항의 결정이 있었던 경우에 당사자가 같은 항에서 규정하는 비밀 기재 부분의 열람 등의 청구를 하였

으나 그 청구절차를 해당 소송에서 비밀유지명령을 받지 아니한 자가 밟았을 때에는 법원서기관, 법원사무관, 법원주사 또는 법원주사보(이하 이 조에서 "법원사무관등"이라 한다)는 「민사소송법」 제163조제1항의 신청을 한 당사자(그 열람 등의 청구를 한 자는 제외한다. 이하 제3항에서 같다)에게 그 청구 직후에 그 열람 등의 청구가 있었다는 사실을 알려야 한다.
② 제1항의 경우에 법원사무관등은 제1항의 청구가 있었던 날부터 2주일이 지날 때까지(그 청구절차를 밟은 자에 대한 비밀유지명령신청이 그 기간 내에 이루어진 경우에는 그 신청에 대한 재판이 확정되는 시점까지) 그 청구절차를 밟은 자에게 제1항의 비밀 기재 부분의 열람 등을 하게 하여서는 아니 된다.
③ 제2항은 제1항의 열람 등의 청구를 한 자에게 제1항의 비밀 기재 부분의 열람 등을 하게 하는 것에 대하여 「민사소송법」 제163조제1항의 신청을 한 당사자 모두의 동의가 있는 경우에는 적용되지 아니한다.

제11장 벌 칙

제220조【침해죄】 ① 디자인권 또는 전용실시권을 침해한 자는 7년 이하의 징역 또는 1억원 이하의 벌금에 처한다.
② 제1항의 죄는 피해자가 명시한 의사에 반하여 공소를 제기할 수 없다.(2022.6.10 본항개정)
제221조【위증죄】 ① 이 법에 따라 선서한 증인, 감정인 또는 통역인이 특허심판원에 대하여 거짓의 진술·감정 또는 통역을 한 경우에는 5년 이하의 징역 또는 5천만원 이하의 벌금에 처한다.(2017.3.21 본항개정)
② 제1항에 따른 죄를 범한 자가 그 사건의 디자인등록여부결정, 디자인일부심사등록 이의신청에 대한 결정 또는 심결이 확정되기 전에 자수한 경우에는 그 형을 감경하거나 면제할 수 있다.
제222조【허위표시의 죄】 제215조를 위반한 자는 3년 이하의 징역 또는 3천만원 이하의 벌금에 처한다.
(2017.3.21 본조개정)
제223조【거짓행위의 죄】 거짓이나 그 밖의 부정한 행위로써 디자인등록 또는 심결을 받은 자는 3년 이하의 징역 또는 3천만원 이하의 벌금에 처한다.(2017.3.21 본조개정)
제224조【비밀유지명령위반죄】 ① 국내외에서 정당한 사유 없이 제217조제1항에 따른 비밀유지명령을 위반한 자는 5년 이하의 징역 또는 5천만원 이하의 벌금에 처한다.
② 제1항의 죄는 비밀유지명령을 신청한 자의 고소가 없으면 공소를 제기할 수 없다.
제225조【비밀누설죄 등】 ① 특허청 또는 특허심판원 직원이나 그 직원으로 재직하였던 사람이 디자인등록출원 중인 디자인(헤이그협정 제11조에 따라 연기 신청된 국제디자인등록출원 중인 디자인을 포함한다)에 관하여 직무상 알게 된 비밀을 누설하거나 도용한 경우에는 5년 이하의 징역 또는 5천만원 이하의 벌금에 처한다.
② 특허청 또는 특허심판원 직원이나 그 직원으로 재직하였던 사람이 제43조제1항에 따른 비밀디자인에 관하여 직무상 알게 된 비밀을 누설한 경우에는 5년 이하의 징역 또는 5천만원 이하의 벌금에 처한다.
③ 제43조제4항에 따라 비밀디자인을 열람한 자(제43조제4항제4호에 해당하는 자는 제외한다)가 같은 조 제5항을 위반하여 열람한 내용을 무단으로 촬영·복사 등의 방법으로 취득하거나 알게 된 내용을 누설하는 경우에는 2년 이하의 징역 또는 2천만원 이하의 벌금에 처한다.
④ 제185조제1항에 따라 비밀사본을 열람한 자가 같은 조 제2항을 위반하여 열람한 내용을 무단으로 촬영·복사 등의 방법으로 취득하거나 알게 된 내용을 누설·도용하는 경우에는 2년 이하의 징역 또는 2천만원 이하의 벌금에 처한다.
제226조【전문기관 등의 임직원에 대한 공무원 의제】 제59조제1항에 따른 전문기관의 임직원이나 임직원으로 재직하였던 사람은 제225조를 적용할 때에 특허청 직원 또는 그 직원으로 재직하였던 사람으로 본다.(2024.2.6 본조개정)
제227조【양벌규정】 법인의 대표자나 법인 또는 개인의 대리인, 사용인, 그 밖의 종업원이 그 법인 또는 개인의 업무에 관하여 제220조제1항, 제222조 또는 제223조의 어느 하나에 해당하는 위반행위를 하면 그 행위자를 벌하는 외에 그 법인에는 다음 각 호의 구분에 따른 벌금형을, 그 개인에게는 해당 조문의 벌금형을 과(科)한다. 다만, 법인 또는 개인이 그 위반행위를 방지하기 위하여 해당 업무에 관하여 상당한 주의와 감독을 게을리하지 아니한 경우에는 그러하지 아니하다.
1. 제220조제1항의 경우 : 3억원 이하의 벌금
2. 제222조 또는 제223조의 경우 : 6천만원 이하의 벌금
제228조【몰수 등】 ① 제220조제1항에 해당하는 침해행위를 조성한 물건 또는 그 침해행위로부터 생긴 물건은 몰수하거나 피해자의 청구에 의하여 피해자에게 교부할 것을 선고하여야 한다.
② 피해자는 제1항에 따른 물건을 받은 경우에는 그 물건의 가액을 초과하는 손해액에 대하여만 배상을 청구할 수 있다.
제229조【과태료】 ① 다음 각 호의 어느 하나에 해당하는 자에게는 50만원 이하의 과태료를 부과한다.
1. 제145조에 따라 준용되는 「민사소송법」 제299조제2항 및 제367조에 따라 선서를 한 자로서 특허심판원에 대하여 거짓 진술을 한 자
2. 특허심판원으로부터 증거조사 또는 증거보전에 관하여 서류나 그 밖의 물건 제출 또는 제시의 명령을 받은 자로서 정당한 이유 없이 그 명령에 따르지 아니한 자
3. 특허심판원으로부터 증인, 감정인 또는 통역인으로 출석요구된 사람으로서 정당한 이유 없이 출석요구에 응하지 아니하거나 선서·진술·증언·감정 또는 통역을 거부한 자
② 제1항에 따른 과태료는 대통령령으로 정하는 바에 따라 특허청장이 부과·징수한다.

부 칙

제1조【시행일】 이 법은 2014년 7월 1일부터 시행한다. 다만, 제4조의 개정규정 및 부칙 제11조는 2013년 7월 1일부터 시행하고, 제9장(제173조부터 제205조까지)의 개정규정은 헤이그협정이 대한민국에 대하여 그 효력을 발생하는 날부터 시행한다.<2014.7.1 발효>
제2조【일반적 적용례】 이 법은 이 법 시행 후 출원한 디자인등록출원부터 적용한다.
제3조【확대된 선출원의 예외에 관한 적용례】 제33조제3항 단서의 개정규정은 이 법 시행 후 출원한 디자인등록출원부터 적용한다.
제4조【관련디자인 등록출원에 관한 적용례】 ① 제35조제1항의 개정규정은 이 법 시행 전의 등록디자인 또는 디자인등록출원과만 유사한 디자인으로서 이 법 시행 후 1년 이내에 관련디자인으로 디자인등록출원된 것에 대하여도 적용한다.
② 제35조제3항의 개정규정은 이 법 시행 전에 전용실시권이 설정된 디자인권의 디자인과만 유사한 디자인으로서 이 법 시행 후 관련디자인으로 디자인등록출원된 것에 대하여도 적용한다.
제5조【심판청구에 따른 보정에 관한 적용례】 제48조제4항제3호의 개정규정은 이 법 시행 전에 출원된 디자인등록출원에 대하여 이 법 시행 후에 디자인등록거절결정을 받은 것에 대하여도 적용한다.
제6조【복수디자인등록출원의 보정각하 결정에 따른 심사중지에 관한 적용례】 제49조제3항의 개정규정은 이 법 시행 전에 출원된 복수디자인등록출원으로서 이 법 시행 후 그 일부 디자인에 대하여 보정각하 결정을 한 것에 대하여도 적용한다.
제7조【직권보정에 관한 적용례】 제66조의 개정규정은 이 법 시행 전에 출원된 디자인등록출원으로서 이 법 시행 후에 디자인등록결정을 하는 때에도 적용한다.
제8조【복수디자인에 대한 디자인일부심사등록 이의신청에 관한 적용례】 제68조제1항의 개정규정은 이 법 시행 후 출원한 디자인등록출원부터 적용한다.
제9조【등록료의 추가납부 및 반환 등에 관한 적용례】 제84조제1항 및 제87조제1항제3호의 개정규정은 이 법 시행 후 출원된 디자인등록출원에 대한 것부터 적용한다.
제10조【디자인권의 존속기간에 관한 적용례】 제91조의 개정규정은 이 법 시행 후 출원되어 디자인등록된 디자인권부터 적용한다.
제11조【복수등록디자인의 포기에 관한 적용례】 제105조의 개정규정은 이 법 시행 전에 복수디자인등록된 디자인권에 대하여도 적용한다.
제12조【디자인등록무효심판에 관한 적용례】 제121조제1항의 개정규정은 이 법 시행 후 출원한 디자인등록출원부터 적용한다.
제13조【권리범위 확인심판에 관한 적용례】 제122조의 개정규정은 이 법 시행 후 출원한 디자인등록출원부터 적용한다.
제14조【금치산자 등에 대한 경과조치】 제4조제1항의 개정규정에 따른 피성년후견인 및 피한정후견인에는 법률 제10429호 민법 일부개정법률 부칙 제2조에 따라 금치산 또는 한정치산 선고의 효력이 유지되는 자를 포함하는 것으로 본다.
제15조【유사디자인에 관한 경과조치】 이 법 시행 당시 종전의 규정에 따라 유사디자인으로 등록출원되거나 등록된 디자인에 대하여는 관련디자인에 관한 제35조, 제37조, 제49조, 제54조, 제62조, 제91조, 제92조, 제96조, 제97조 및 제121조의 개정규정에도 불구하고 종전의 규정에 따른다.
제16조【종전 법률의 개정에 따른 포기·거절결정된 출원의 선출원 불인정에 관한 경과조치】 2007년 7월 1일 전에 디자인등록출원을 한 후 그 출원을 포기하거나 그 출원에 대하여 거절결정 또는 거절한다는 취지의 심결이 확정되는 것에 대하여는 종전의 규정(법률 제8187호 디자인보호법 일부개정법률로 개정되기 전의 법 제16조제3항을 말한다)에 따른다.
제17조【종전 법률의 개정에 따른 거절결정된 출원의 디자인공보 게재에 관한 경과조치】 2007년 7월 1일 전에 디자인등록출원을 한 후 그 출원에 대하여 거절결정 또는 거절한다는 취지의 심결이 확정되는 것에 대하여는 법률 제8187호 디자인보호법 일부개정법률 제23조의6(이 법 제56조의 개정규정에 해당한다)을 적용하지 아니한다.
제18조【종전 법률의 개정에 따른 선출원에 따른 통상실시권에 관한 경과조치】 2007년 7월 1일 전에 출원한 디자인등록출원에 대하여는 선출원에 따른 통상실시권의 요건을 갖춘 경우라도 법률 제8187호 디자인보호법 일부개정법률 제50조의2(이 법 제101조의 개정규정에 해당한다)를 적용하지 아니한다.
제19조【다른 법률의 개정】 ①~③ ※(해당 법령에 가제정리 하였음)
제20조【다른 법령과의 관계】 이 법 시행 당시 다른 법령에서 종전의 「디자인보호법」의 규정을 인용하고 있는 경우에 이 법 가운데 그에 해당하는 규정이 있으면 종전의 규정을 갈음하여 이 법의 해당 규정을 인용한 것으로 본다.

부 칙 (2016.1.27)

제1조【시행일】 이 법은 공포 후 3개월이 경과한 날부터 시행한다.
제2조【디자인권의 회복신청에 관한 적용례】 제84조제3항의 개정규정은 이 법 시행 후 최초로 디자인권의 회복을 신청한 경우부터 적용한다.
제3조【종전의 「국민기초생활 보장법」 제5조에 따른 수급권자의 디자인등록출원에 관한 경과조치】 이 법 시행 전에 한 디자인등록출원에 관하여는 제86조제2항의 개정규정에도 불구하고 종전의 규정에 따른다.
제4조【등록료의 반환에 관한 적용례】 제87조제1항제2호의 개정규정은 이 법 시행 후 최초로 디자인권을 포기한 경우부터 적용한다.
제5조【보정각하결정, 디자인등록거절결정 또는 디자인등록취소결정이 취소된 경우의 적용례】 제87조제1항제4호의 개정규정은 이 법 시행 후 최초로 보정각하결정, 디자인등록거절결정 또는 디자인등록취소결정이 취소된 심판청구(재심청구를 포함한다. 이하 부칙에서 같다)부터 적용한다.
제6조【심판청구가 결정으로 각하된 경우의 적용례】 제87조제1항제5호의 개정규정은 이 법 시행 후 최초로 각하결정이 확정된 심판청구부터 적용한다.
제7조【참가신청을 취하한 경우의 적용례】 제87조제1항제6호의 개정규정은 이 법 시행 후 최초로 취하한 참가신청부터 적용한다.
제8조【참가신청이 결정으로 거부된 경우의 적용례】 제87조제1항제7호의 개정규정은 이 법 시행 후 최초로 결정으로 거부된 참가신청부터 적용한다.
제9조【심판청구를 취하한 경우의 적용례】 제87조제1항제8호의 개정규정은 이 법 시행 후 최초로 취하한 심판청구부터 적용한다.

부 칙 (2016.2.29)

제1조【시행일】 이 법은 공포한 날부터 시행한다.
제2조【절차의 추후 보완에 관한 경과조치】 이 법 시행 당시 종전의 규정에 따라 절차를 추후 보완할 수 있는 기간이 이미 경과된 경우에는 제19조의 개정규정에도 불구하고 종전의 규정에 따른다.

부 칙 (2017.3.21)

제1조【시행일】 이 법은 공포 후 6개월이 경과한 날부터 시행한다.
제2조【일반적 적용례】 제36조, 제48조제4항 및 제51조제4항의 개정규정은 이 법 시행 이후 출원한 디자인등록출원부터 적용한다.

부 칙 (2020.10.20)

제1조【시행일】 이 법은 공포한 날부터 시행한다.
제2조【디자인권 또는 전용실시권 침해소송에 관한 적용례】 제115조제7항 및 제8항의 개정규정은 이 법 시행 후 발생한 위반행위부터 적용한다.

부 칙 (2020.12.22)

제1조【시행일】 이 법은 공포 후 6개월이 경과한 날부터 시행한다.
제2조【손해액의 추정에 관한 적용례】 제115조의 개정규정은 이 법 시행 후 최초로 손해배상이 청구된 경우부터 적용한다.

부 칙 (2021.4.20)

제1조【시행일】 이 법은 공포 후 6개월이 경과한 날부터 시행한다.
제2조【일반적 적용례】 이 법은 이 법 시행 이후 출원한 디자인등록출원부터 적용한다.

부 칙 (2021.8.17)

제1조【시행일】 이 법은 공포 후 3개월이 경과한 날부터 시행한다. 다만, 제86조 및 제87조의 개정규정은 공포 후 6개월이 경과한 날부터 시행한다.

제2조【등록료 및 수수료 감면에 관한 적용례】① 제86조의 개정규정 중 등록료 감면에 관한 부분은 같은 개정규정 시행 이후 제65조에 따른 디자인등록결정 또는 제157조제1항에 따른 디자인등록거절결정 취소심결(디자인등록을 결정한 심결에 한정하되, 재심심결을 포함한다)의 등본을 송달받은 디자인등록출원부터 적용한다.
② 제86조의 개정규정 중 수수료 감면 부분은 같은 개정규정 시행 이후 출원하는 디자인등록출원부터 적용한다.
제3조【등록료 및 수수료의 반환에 관한 적용례】제87조제1항제3호의 개정규정은 같은 개정규정 시행 이후 취하 또는 포기한 디자인등록출원부터 적용한다.
제4조【심판사건의 조정위원회 회부에 관한 적용례】제152조의2의 개정규정은 이 법 시행 당시 심판이 진행 중인 사건에도 적용한다.
제5조【감면액 징수 등에 관한 경과조치】제86조제3항의 개정규정 시행 전에 거짓이나 그 밖의 부정한 방법으로 등록료 또는 수수료를 감면받은 자에 대해서는 같은 개정규정에도 불구하고 종전의 규정에 따른다.

부 칙 (2021.10.19)

제1조【시행일】이 법은 공포 후 6개월이 경과한 날부터 시행한다.
제2조【절차의 무효에 관한 적용례】제18조제2항의 개정규정은 이 법 시행 전에 보정명령을 받은 자가 정당한 사유로 보정기간을 지키지 못하여 디자인에 관한 절차가 무효로 된 경우로서 이 법 시행 당시 그 사유가 소멸한 날부터 2개월이 지나지 아니한 경우에 대해서도 적용한다.
제3조【출원의 보정에 관한 적용례】제48조제4항의 개정규정은 이 법 시행 전에 디자인등록거절결정등본을 송달받은 경우로서 이 법 시행 당시 제64조제1항에 따른 재심사 청구기간이 끝나지 아니한 경우에 대해서도 적용한다.
제4조【보정각하에 관한 적용례】제49조제2항의 개정규정은 이 법 시행 이후 보정각하결정의 등본을 송달받은 디자인등록출원(복수디자인등록출원된 일부 디자인에 대하여 각하결정을 한 경우에는 그 일부 디자인을 말한다)부터 적용한다.
제5조【출원의 분할에 관한 적용례】제50조제4항 및 제5항의 개정규정은 이 법 시행 이후 출원한 분할출원부터 적용한다.
제6조【디자인등록결정 이후의 직권 재심사 등에 관한 적용례】제63조제1항 및 제66조의2의 개정규정은 이 법 시행 이후 출원한 디자인등록출원부터 적용한다.
제7조【재심사의 청구에 관한 적용례】제64조제1항의 개정규정은 이 법 시행 이후 제62조에 따른 디자인등록거절결정의 등본을 송달받은 디자인등록출원부터 적용한다.
제8조【등록료의 추가납부 또는 보전에 의한 디자인등록출원과 디자인권의 회복 등에 관한 적용례】제84조제1항의 개정규정은 이 법 시행 전에 출원인 등이 정당한 사유로 등록료 납부기간 내에 등록료를 내지 아니하거나 보전기간 내에 보전하지 아니한 경우로서 이 법 시행 당시 그 사유가 소멸한 날부터 2개월이 지나지 아니한 경우에 대해서도 적용한다.
제9조【질권행사 등으로 인한 디자인권의 이전에 따른 통상실시권에 관한 적용례】제110조의 개정규정은 이 법 시행 이후 공유인 디자인권의 분할을 청구한 경우부터 적용한다.
제10조【청산절차가 진행 중인 법인의 디자인권 소멸에 관한 적용례】제111조제2항의 개정규정은 이 법 시행 이후 청산종결등기가 된 법인의 디자인권부터 적용한다.
제11조【보정각하결정에 대한 심판에 관한 적용례】제119조의 개정규정은 이 법 시행 이후 보정각하결정의 등본을 송달받은 디자인등록출원부터 적용한다.
제12조【디자인등록거절결정 또는 디자인등록취소결정에 대한 심판에 관한 적용례】제120조의 개정규정은 이 법 시행 이후 거절결정등본을 송달받은 디자인등록출원 또는 등록취소결정의 등본을 송달받은 등록디자인부터 적용한다.

부 칙 (2022.2.3)

제1조【시행일】이 법은 공포한 날부터 시행한다.
제2조【심판청구서 등의 각하에 관한 적용례】제128조제2항의 개정규정은 이 법 시행 이후 청구되는 심판부터 적용한다.
제3조【보정각하결정 등에 대한 심판의 청구기간 연장청구에 관한 경과조치】이 법 시행 전에 종전의 제17조제1항 본문에 따라 특허심판원장에게 보정각하결정, 디자인등록거절결정 또는 디자인등록취소결정에 대한 심판의 청구기간 연장을 청구한 자는 제17조제1항 본문의 개정규정에 따라 특허청장에게 청구한 것으로 본다.

부 칙 (2022.6.10)

제1조【시행일】이 법은 공포한 날부터 시행한다.
제2조【소송에 관한 적용례】제220조제2항의 개정규정은 이 법 시행 이후의 범행부터 적용한다.

부 칙 (2022.10.18)

제1조【시행일】이 법은 공포한 날부터 시행한다.
제2조【등록료 및 수수료의 반환에 관한 적용례】제87조제3항의 개정규정은 이 법 시행 당시 종전의 규정에 따른 반환청구 기간이 경과하지 아니한 등록료와 수수료에 대하여도 적용한다.

부 칙 (2023.6.20)

제1조【시행일】이 법은 공포 후 6개월이 경과한 날부터 시행한다.
제2조【관련디자인 등에 관한 적용례】제35조제1항 본문 및 제62조제3항의 개정규정은 이 법 시행 이후 관련디자인으로 출원한 디자인등록출원부터 적용하되, 이 법 시행 당시 종전의 규정에 따라 관련디자인으로 디자인등록을 받을 수 있는 기간이 이미 경과된 경우에는 같은 개정규정에도 불구하고 종전의 규정에 따른다.
제3조【신규성 상실의 예외 등에 관한 적용례】제36조 및 제50조제2항의 개정규정은 이 법 시행 이후 출원한 디자인등록출원부터 적용한다.
제4조【조약에 따른 우선권 주장 등에 관한 적용례】제50조제4항 · 제5항, 제51조제5항 · 제6항, 제51조의2 및 제51조의3의 개정규정은 이 법 시행 이후 출원한 디자인등록출원부터 적용한다.
제5조【직권보정 등에 관한 적용례】제66조제1항 및 제6항의 개정규정은 이 법 시행 이후 심사관이 한 직권보정부터 적용한다.

부 칙 (2023.9.14)

제1조【시행일】이 법은 공포 후 6개월이 경과한 날부터 시행한다.
제2조【참고인 의견서의 제출에 관한 적용례】제142조의2의 개정규정은 이 법 시행 당시 특허심판원에 계속 중인 심판사건에 대하여도 적용한다.

부 칙 (2024.2.6)

제1조【시행일】이 법은 공포 후 6개월이 경과한 날부터 시행한다.(이하 생략)

디자인보호법 시행령

(2014년 1월 7일
전부개정대통령령 제25067호)

개정
2014. 1.28영25120호(발명시)
2014.12.30영25926호 2015. 4.29영26217호
2016. 9.27영27515호 2017.12.29영28549호
2021. 3.30영31577호 2023.12.19영33999호

제1조【목적】이 영은 「디자인보호법」에서 위임된 사항과 그 시행에 필요한 사항을 규정함을 목적으로 한다.
제2조【출원공개를 하지 아니하는 경우의 통지】특허청장은 「디자인보호법」(이하 "법"이라 한다) 제52조제2항 단서에 따라 출원공개를 하지 아니하는 경우에는 그 취지와 이유를 디자인등록출원인에게 알려야 한다.
제3조【심사관의 자격】① 법 제58조제2항에 따른 심사관이 될 수 있는 사람은 특허청이나 그 소속 기관의 다음 각 호의 어느 하나에 해당하는 공무원으로서 국제지식재산연수원에서 심사관 연수과정을 수료한 사람으로 한다. 다만, 「국가공무원법」 제28조의4제1항에 따른 개방형 직위로 지정된 심사관으로 임용될 수 있는 사람은 같은 조 제2항에 따라 설정된 직무수행요건을 갖춘 사람으로 하고, 같은 법 제28조의5제1항에 따른 공모 직위로 지정된 심사관으로 임용될 수 있는 사람은 같은 조 제2항에 따라 설정된 직무수행요건을 갖춘 사람으로 한다.
(2015.4.29 단서신설)
1. 고위공무원단에 속하는 일반직공무원
2. 5급 이상의 일반직 국가공무원
3. 6급 일반직 국가공무원(「공무원임용령」 별표4의2에 따른 전문임기제공무원 가급 또는 나급의 자격기준에 해당하는 자격을 갖춘 사람으로 한정한다)
(2014.12.30 1호~3호신설)
② 제1항에 따른 심사관 자격의 직급에 해당하는 공무원(고위공무원단에 속하는 일반직공무원을 포함한다)으로서 변리사 자격이 있는 사람은 제1항에도 불구하고 심사관이 될 수 있다.
③ 제1항에 따른 심사관의 연수에 관하여 필요한 사항은 특허청장이 정한다.
제4조【전문기관의 지정기준】① 특허청장은 법 제59조제3항에 따라 다음 각 호의 요건을 모두 갖춘 법인을 전문기관으로 지정할 수 있다. 다만, 법 제60조제1항제1호의 사유로 전문기관 지정이 취소된 법인 또는 그 법인에서 취소 당시에 임원으로 있던 사람이 소속되어 있는 법인으로서 그 지정이 취소된 후 2년이 지나지 아니한 경우에는 그러하지 아니하다.
1. 제5조제1항 각 호의 업무에 필요한 장비를 확보할 것
2. 제5조제1항 각 호의 업무를 수행할 수 있는 전담인력 및 조직을 확보할 것
3. 제5조제1항 각 호의 업무와 관련된 임직원 및 시설 · 장비에 대한 보안체계를 갖출 것
4. 임직원 중 다른 기관에서 「변리사법」 제2조에 따른 업무를 수행하는 임직원을 겸하는 사람이 없을 것
② 전문기관으로 지정받으려는 자는 전문기관 지정신청서에 제1항 각 호의 요건을 모두 갖추었음을 증명하는 서류를 첨부하여 특허청장에게 제출하여야 한다.
③ 제1항에 따라 지정된 전문기관이 선행디자인의 조사, 디자인물품의 분류 및 디자인심사자료의 정비 · 구축 업무 외의 업무를 수행하는 경우에는 그 업무를 수행함으로써 선행디자인의 조사, 디자인물품의 분류 및 디자인심사자료의 정비 · 구축 업무가 불공정하게 되도록 해서는 아니 된다.
④ 제1항 각 호에 따른 장비, 전담인력 및 조직의 확보에 관한 세부적인 기준, 보안체계의 구체적인 기준과 전문기관의 지정 · 운영에 필요한 사항은 특허청장이 정하여 고시한다.
제5조【전문기관에의 업무 의뢰】① 특허청장은 법 제59조제1항에 따라 다음 각 호의 업무를 전문기관에 의뢰할 수 있다.
1. 선행디자인의 조사 업무
2. 디자인물품의 분류 업무
3. 디자인심사자료의 정비 · 구축 업무
4. 국제디자인등록출원에 관한 번역 업무
5. 그 밖에 특허청장이 디자인등록출원 심사에 필요하다고 인정하는 업무
(2015.4.29 4호~5호신설)
② 전문기관의 장은 특허청장으로부터 제1항 각 호의 업무를 의뢰받았을 때에는 그 업무 결과를 특허청장에게 신속히 통지하여야 한다.
③ 특허청장은 제2항에 따라 통지받은 업무 결과에 대하여 추가 조사 등이 필요하다고 판단되는 경우에는 조사 범위 등을 정하여 그 전문기관의 장에게 제1항 각 호의 업무를 다시 의뢰할 수 있다.
④ 제3항에 따라 업무를 다시 의뢰하는 경우에는 제2항을 준용한다.
제6조【우선심사의 대상】법 제61조제1항제2호에서 "대통령령으로 정하는 디자인등록출원"이란 다음 각 호의 어느 하나에 해당하는 것으로서 특허청장이 정하는 디자인등록출원을 말한다.

1. 방위산업 분야의 디자인등록출원
2. 「기후위기 대응을 위한 탄소중립·녹색성장 기본법」에 따른 녹색기술과 직접 관련된 디자인등록출원(2023.12.19 본호개정)
3. 수출 촉진과 직접 관련된 디자인등록출원
4. 국가나 지방자치단체의 직무에 관한 디자인등록출원(「고등교육법」에 따른 국립·공립학교의 직무에 관한 디자인등록출원으로서 「기술의 이전 및 사업화 촉진에 관한 법률」 제11조제1항에 따라 국립·공립학교에 설치된 기술이전·사업화에 관한 업무를 전담하는 조직이 낸 디자인등록출원을 포함한다)
5. 「벤처기업육성에 관한 특별조치법」 제25조에 따라 벤처기업 확인을 받은 기업의 디자인등록출원
6. 「중소기업 기술혁신 촉진법」 제15조에 따라 기술혁신형 중소기업으로 선정된 기업의 디자인등록출원
7. 「발명진흥법」 제11조의2에 따라 직무발명보상 우수기업으로 선정된 기업의 디자인등록출원
7의2. 「발명진흥법」 제24조의2에 따라 지식재산 경영인증을 받은 중소기업의 디자인등록출원(2016.9.27 본호신설)
7의3. 「산업디자인진흥법」 제6조에 따라 디자인이 우수한 상품으로 선정된 상품에 관한 디자인등록출원(2014.12.30 본호신설)
8. 「국가연구개발혁신법」에 따른 국가연구개발사업의 결과물에 관한 디자인등록출원(2023.12.19 본호개정)
9. 조약에 따른 우선권주장의 기초가 되는 디자인등록출원(해당 디자인등록출원을 기초로 하는 우선권주장에 의하여 외국 특허청에서 디자인에 관한 절차가 진행 중인 것으로 한정한다)
10. 디자인등록출원인이 디자인등록출원된 디자인을 실시하고 있거나 실시를 준비 중인 디자인등록출원
11. (2023.12.19 삭제)
12. 특허청장이 외국 특허청장과 우선심사하기로 합의한 디자인등록출원
13. (2023.12.19 삭제)
14. 인공지능, 사물인터넷 등 4차 산업혁명과 관련된 기술을 활용한 디자인등록출원(2017.12.29 본호신설)

제7조【우선심사의 신청 등】 ① 우선심사를 신청하려는 자는 산업통상자원부령으로 정하는 우선심사신청서를 특허청장에게 제출하여야 한다.
② 특허청장은 제1항에 따른 우선심사 신청을 받은 경우에는 우선심사 여부를 결정하여야 한다.
③ 제2항에 따른 우선심사 여부 결정에 필요한 사항은 특허청장이 정하여 고시한다.

제8조【심판관 등의 자격】 ① 법 제130조제2항에 따른 심판관이 될 수 있는 사람은 특허청이나 그 소속 기관의 4급 이상 일반직 국가공무원 또는 고위공무원단에 속하는 일반직공무원 중 다음 각 호의 어느 하나에 해당하는 사람으로서 국제지식재산연수원에서 심판관 연수과정을 수료한 사람으로 한다.
1. 특허청에서 2년 이상 심사관으로 재직한 사람
2. 특허청에서 심사관으로 재직한 기간과 5급 이상 일반직 국가공무원 또는 고위공무원단에 속하는 일반직공무원으로서 특허심판원에서 심판 업무에 직접 종사한 기간을 합한 기간이 2년 이상인 사람
② 제1항에 따른 심판관 자격의 직급에 해당하는 공무원(고위공무원단에 속하는 일반직공무원을 포함한다)으로서 변리사 자격이 있는 사람은 제1항에도 불구하고 심판관이 될 수 있다.
③ 법 제132조제1항에 따른 심판장은 다음 각 호의 어느 하나에 해당하는 사람 중에서 특허심판원장이 지정하는 사람으로 한다.
1. 특허심판원에서 심판관으로 재직한 기간이 2년 이상인 사람
2. 특허청 또는 그 소속기관에서 심사 또는 심판 사무에 종사한 기간이 3년 이상인 사람
3. 변리사 자격이 있는 사람
(2021.3.30 본항신설)
④ 제1항에 따른 심판관의 연수에 관하여 필요한 사항은 특허청장이 정한다.
(2021.3.30 본조제목개정)

제9조【서류의 송달 등】 ① 법 제209조에 따라 송달할 서류는 특허청 또는 특허심판원에서 당사자나 그 대리인이 직접 수령하거나 정보통신망을 이용하여 수령하는 경우 외에는 등기우편으로 발송하여야 한다.
② 특허청장 또는 특허심판원장은 제1항에 따라 서류를 송달한 경우에는 다음 각 호의 구분에 따라 수령증이나 그 내용을 보관하여야 한다.
1. 당사자나 그 대리인이 특허청 또는 특허심판원에서 직접 수령하는 경우 : 수령일 및 수령자의 성명이 적힌 수령증
2. 당사자나 그 대리인이 정보통신망을 이용하여 수령하는 경우 : 특허청 또는 특허심판원이 운영하는 발송용 전산정보처리조직의 파일에 기록된 내용
3. 등기우편으로 발송하는 경우 : 등기우편물 수령증
③ 디자인일부심사등록 이의신청, 심판, 재심, 통상실시권 설정의 재정(裁定) 및 디자인등록의 취소에 관한 심결 또는 결정의 등본을 송달하는 경우에는 「우편법」 제15조제3항에 따른 선택적 우편역무 중 특별송달의 방법으로 하여야 한다. 다만, 법 제31조제1항에 따른 전자문서 이용신고를 한 자에게 송달하는 경우에는 정보통신망을 이용하여 할 수 있다.
④ 송달을 하는 경우에는 법이나 이 영에 특별한 규정이 있는 경우 외에는 송달을 받는 자에게 그 서류의 등본을 보내야 하며, 송달할 서류의 제출을 갈음하여 조서를 작성하였을 때에는 그 조서의 등본이나 초본을 보내야 한다.
⑤ 미성년자, 피한정후견인(디자인권 또는 디자인에 관한 권리와 관련된 법정대리인이 있는 경우로 한정한다) 또는 피성년후견인에게 송달할 서류는 그 법정대리인에게 송달한다.
⑥ 2인 이상이 공동으로 대리권을 행사하는 경우에는 그 중 1인에게 송달한다.
⑦ 교도소·구치소 등 교정시설에 구속된 사람에게 송달할 서류는 그 소장에게 송달한다.
⑧ 당사자나 그 대리인이 2인 이상인 경우에 서류를 송달받기 위한 대표자 1인을 선정하여 특허청장 또는 특허심판원장에게 신고한 경우에는 그 대표자에게 송달한다.
⑨ 송달 장소는 송달을 받을 자의 주소나 영업소로 한다. 다만, 송달을 받으려는 자가 송달 장소(국내로 한정한다)를 특허청장 또는 특허심판원장에게 미리 신고한 경우에는 그 장소로 한다.
⑩ 송달을 받을 자가 송달 장소를 변경하였을 때에는 지체 없이 그 사실을 특허청장에게 신고하여야 한다.
⑪ 송달을 받을 자가 정당한 사유 없이 송달받기를 거부하여 송달할 수 없게 되었을 때에는 발송한 날에 송달된 것으로 본다.
⑫ 법에 따라 송달할 서류 외의 서류의 발송 등에 관하여는 특허청장이 정하는 방법에 따른다.

제10조【디자인공보】 ① 법 제212조제1항에 따른 디자인공보는 등록디자인공보와 공개디자인공보로 구분한다.
② 법 제90조제3항 및 제212조제4항에 따라 등록디자인공보에는 다음 각 호의 사항을 게재한다. 다만, 법 제43조에 따른 비밀디자인의 경우 제2호 및 제7호부터 제9호까지의 사항은 디자인등록출원인이 청구한 비밀 지정기간이 지난 후에 게재해야 한다.(2021.3.30 단서개정)
1. 디자인권자의 성명과 주소(법인인 경우에는 그 명칭과 영업소의 소재지)
2. 디자인의 대상이 되는 물품 및 물품류
3. 디자인심사등록 또는 디자인일부심사등록이라는 사실
4. 창작자의 성명과 주소
5. 디자인등록출원번호 및 디자인등록출원일
6. 디자인등록번호 및 디자인등록일
7. 도면 또는 사진(견본의 사진을 포함한다)
8. 창작내용의 요점
9. 디자인의 설명
10. 다음 각 목의 구분에 따른 사항
  가. 물품의 부분에 관한 디자인(이하 "부분디자인"이라 한다)인 경우 : 부분디자인의 등록이라는 사실
  나. 법 제35조에 따라 관련디자인등록출원되어 등록된 디자인인 경우 : 기본디자인의 표시
  다. 법 제41조에 따라 복수디자인등록출원되어 등록된 디자인인 경우 : 디자인의 일련번호
  라. 법 제51조, 제51조의2 또는 제51조의3에 따라 디자인등록출원되어 등록된 디자인인 경우 : 우선권주장에 관한 사항(2023.12.19 본목개정)
  마. 법 제52조에 따라 출원공개된 디자인등록인 경우 : 출원공개 및 공개연월일
11. 그 밖에 특허청장이 게재할 필요가 있다고 인정하는 사항
③ 공개디자인공보에는 법 제52조제1항에 따른 공개신청이 있는 디자인등록출원 또는 법 제56조 본문에 해당하는 디자인등록출원에 대하여 다음 각 호의 사항을 게재한다.
1. 디자인등록출원인의 성명과 주소(법인인 경우에는 그 명칭과 영업소의 소재지)
2. 디자인의 대상이 되는 물품 및 물품류
3. 디자인심사등록출원 또는 디자인일부심사등록출원이라는 사실
4. 창작자의 성명과 주소
5. 디자인등록출원번호 및 디자인등록출원일
6. 출원공개번호 및 공개연월일
7. 도면 또는 사진(견본의 사진을 포함한다)
8. 창작내용의 요점
9. 디자인의 설명
10. 다음 각 목의 구분에 따른 사항
  가. 부분디자인인 경우 : 부분디자인의 디자인등록출원이라는 사실
  나. 법 제35조에 따른 관련디자인등록출원인 경우 : 기본디자인의 표시
  다. 법 제41조에 따른 복수디자인등록출원인 경우 : 디자인의 일련번호
  라. 법 제51조, 제51조의2 또는 제51조의3에 따른 디자인등록출원인 경우 : 우선권주장에 관한 사항(2023.12.19 본목개정)
  마. 법 제56조에 따라 게재하는 경우 : 동일하거나 유사한 디자인에 대하여 같은 날에 디자인등록출원을 한 둘 이상의 디자인등록출원인 간에 협의가 성립하지 아니하거나 협의를 할 수 없어 해당 디자인등록출원에 대하여 모두 거절결정을 하였거나 거절한다는 취지의 심결이 확정된 사실
11. 그 밖에 특허청장이 게재할 필요가 있다고 인정하는 디자인등록출원공개에 관련된 사항
④ 특허청장은 제2항이나 제3항에 따라 자연인인 디자인권자, 자연인인 디자인등록출원인 또는 자연인인 창작자의 주소를 게재하는 경우에 그 디자인권자, 디자인등록출원인 또는 창작자의 신청이 있으면 그 주소의 일부만을 게재할 수 있다.
⑤ 제4항에 따른 신청의 방법·절차와 주소의 게재 범위는 특허청장이 정하여 고시한다.

제11조【고유식별정보의 처리】 특허청장 또는 특허심판원장은 다음 각 호의 사무를 수행하기 위하여 불가피한 경우 「개인정보 보호법 시행령」 제19조제1호 또는 제4호에 따른 주민등록번호나 외국인등록번호가 포함된 자료를 처리할 수 있다.
1. 법 제29조에 따른 고유번호의 부여에 관한 사무
2. 법 제37조에 따른 디자인등록출원에 관한 사무
3. 법 제145조에 따른 증거조사 및 증거보전에 관한 사무
4. 법 제213조에 따른 서류의 제출 등에 관한 사무
5. 그 밖에 법 및 이 영에 따른 출원, 심사, 심판, 등록에 관한 신청·신고 또는 제출에 관한 사무

제12조【과태료의 부과기준】 법 제229조제1항에 따른 과태료의 부과기준은 별표와 같다.

부 칙

제1조【시행일】 이 영은 2014년 7월 1일부터 시행한다. 다만, 제6조제7호 및 제9조제5항의 개정규정은 공포한 날부터 시행한다.

제2조【일반적 적용례】 이 영은 이 영 시행 후 최초로 출원하는 디자인등록출원부터 적용한다.

제3조【금치산자 등에 관한 경과조치】 제9조제5항의 개정규정에 따른 피성년후견인 및 피한정후견인에는 법률 제10429호 민법 일부개정법률 부칙 제2조에 따라 금치산 또는 한정치산 선고의 효력이 유지되는 사람을 포함하는 것으로 본다.

제4조【디자인공보 명칭 변경에 관한 경과조치】 이 영 시행 당시 종전의 규정에 따른 디자인심사등록공보 및 디자인무심사등록공보는 제10조의 개정규정에 따른 등록디자인공보로 본다.

제5조【다른 법령의 개정】 ①~③ ※(해당 법령에 가제정리 하였음)

제6조【다른 법령과의 관계】 이 영 시행 당시 다른 법령에서 종전의 「디자인보호법 시행령」의 규정을 인용하고 있는 경우에 이 영 가운데 그에 해당하는 규정이 있으면 종전의 규정을 갈음하여 이 영의 해당 규정을 인용한 것으로 본다.

부 칙 (2014.12.30)

이 영은 2015년 1월 1일부터 시행한다.

부 칙 (2015.4.29)
(2016.9.27)
(2017.12.29)

이 영은 공포한 날부터 시행한다.

부 칙 (2021.3.30)

제1조【시행일】 이 영은 2021년 4월 1일부터 시행한다.

제2조【비밀디자인의 등록디자인공보 게재에 관한 적용례】 제10조제2항 단서의 개정규정은 이 영 시행 이후 등록디자인공보에 게재하는 경우부터 적용한다.

부 칙 (2023.12.19)

제1조【시행일】 이 영은 2023년 12월 21일부터 시행한다. 다만, 제6조제11호 및 제13호의 개정규정은 2024년 1월 1일부터 시행한다.

제2조【우선심사의 대상에 관한 경과조치】 부칙 제1조 단서에 따른 시행일 전에 우선심사를 신청한 디자인등록출원에 관하여는 제6조제11호 및 제13호의 개정규정에도 불구하고 종전의 규정에 따른다.

[별표] ➡ 「法典 別册」 참조

상표법

(2016년 2월 29일 전부개정법률 제14033호)

개정
2017. 3.21법14689호 2018. 4.17법15581호
2019. 1. 8법16205호 2019. 4.23법16362호
2020.10.20법17531호 2020.12.22법17728호
2021. 8.17법18406호 2021.10.19법18502호
2021.12. 7법18548호(부정경쟁)
2022. 2. 3법18817호 2022.10.18법18999호
2023. 9.14법19711호 2023.10.31법19809호
2024. 2. 6법20200호(산업재산정보의관리및활용촉진에관한법)→2024년 8월 7일 시행

제1장 총 칙

제1조【목적】 이 법은 상표를 보호함으로써 상표 사용자의 업무상 신용 유지를 도모하여 산업발전에 이바지하고 수요자의 이익을 보호함을 목적으로 한다.

제2조【정의】 ① 이 법에서 사용하는 용어의 뜻은 다음과 같다.
1. "상표"란 자기의 상품(지리적 표시가 사용되는 상품의 경우를 제외하고는 서비스 또는 서비스의 제공에 관련된 물건을 포함한다. 이하 같다)과 타인의 상품을 식별하기 위하여 사용하는 표장(標章)을 말한다.
2. "표장"이란 기호, 문자, 도형, 소리, 냄새, 입체적 형상, 홀로그램·동작 또는 색채 등으로서 그 구성이나 표현방식에 상관없이 상품의 출처(出處)를 나타내기 위하여 사용하는 모든 표시를 말한다.
3. "단체표장"이란 상품을 생산·제조·가공·판매하거나 서비스를 제공하는 자가 공동으로 설립한 법인이 직접 사용하거나 그 소속 단체원에게 사용하게 하기 위한 표장을 말한다.
4. "지리적 표시"란 상품의 특정 품질·명성 또는 그 밖의 특성이 본질적으로 특정지역에서 비롯된 경우에 그 지역에서 생산·제조 또는 가공된 상품임을 나타내는 표시를 말한다.
5. "동음이의어 지리적 표시"란 같은 상품에 대한 지리적 표시가 타인의 지리적 표시와 발음은 같지만 해당 지역이 다른 지리적 표시를 말한다.
6. "지리적 표시 단체표장"이란 지리적 표시를 사용할 수 있는 상품을 생산·제조 또는 가공하는 자가 공동으로 설립한 법인이 직접 사용하거나 그 소속 단체원에게 사용하게 하기 위한 표장을 말한다.
7. "증명표장"이란 상품의 품질, 원산지, 생산방법 또는 그 밖의 특성을 증명하고 관리하는 것을 업(業)으로 하는 자가 타인의 상품에 대하여 그 상품이 품질, 원산지, 생산방법 또는 그 밖의 특성을 충족한다는 것을 증명하는 데 사용하는 표장을 말한다.
8. "지리적 표시 증명표장"이란 지리적 표시를 증명하는 것을 업으로 하는 자가 타인의 상품에 대하여 그 상품이 정해진 지리적 특성을 충족한다는 것을 증명하는 데 사용하는 표장을 말한다.
9. "업무표장"이란 영리를 목적으로 하지 아니하는 업무를 하는 자가 그 업무를 나타내기 위하여 사용하는 표장을 말한다.
10. "등록상표"란 상표등록을 받은 상표를 말한다.
11. "상표의 사용"이란 다음 각 목의 어느 하나에 해당하는 행위를 말한다.
  가. 상품 또는 상품의 포장에 상표를 표시하는 행위
  나. 상품 또는 상품의 포장에 상표를 표시한 것을 양도·인도하거나 전기통신회선을 통하여 제공하는 행위 또는 이를 목적으로 전시하거나 수출·수입하는 행위(2022.2.3 본목개정)
  다. 상품에 관한 광고·정가표(定價表)·거래서류, 그 밖의 수단에 상표를 표시하고 전시하거나 널리 알리는 행위

② 제1항제11호 각 목에 따른 상표를 표시하는 행위에는 다음 각 호의 어느 하나의 방법으로 표시하는 행위가 포함된다.
1. 표장의 형상이나 소리 또는 냄새로 상표를 표시하는 행위
2. 전기통신회선을 통하여 제공되는 정보에 전자적 방법으로 표시하는 행위

③ 단체표장·증명표장 또는 업무표장에 관하여는 이 법에서 특별히 규정한 것을 제외하고는 상표에 관한 규정을 적용한다.
④ 지리적 표시 증명표장에 관하여는 이 법에서 특별히 규정한 것을 제외하고는 지리적 표시 단체표장에 관한 규정을 적용한다.

제3조【상표등록을 받을 수 있는 자】 ① 국내에서 상표를 사용하는 자 또는 사용하려는 자는 자기의 상표를 등록받을 수 있다. 다만, 특허청 직원과 특허심판원 직원은 상속 또는 유증(遺贈)의 경우를 제외하고는 재직 중에 상표를 등록받을 수 없다.
② 상품을 생산·제조·가공·판매하거나 서비스를 제공하는 자가 공동으로 설립한 법인(지리적 표시 단체표장의 경우에는 그 지리적 표시를 사용할 수 있는 상품을 생산·제조 또는 가공하는 자로 구성된 법인으로 한정한다)은 자기의 단체표장을 등록받을 수 있다.(2018.4.17 본항개정)
③ 상품의 품질, 원산지, 생산방법 또는 그 밖의 특성을 증명하고 관리하는 것을 업으로 할 수 있는 자는 타인의 상품에 대하여 그 상품이 정해진 품질, 원산지, 생산방법 또는 그 밖의 특성을 충족하는 것을 증명하는 데 사용하기 위해서만 증명표장을 등록받을 수 있다. 다만, 자기의 영업에 관한 상품에 사용하려는 경우에는 증명표장의 등록을 받을 수 없다.
④ 제3항에도 불구하고 상표·단체표장 또는 업무표장을 출원(出願)하거나 등록을 받은 자는 그 상표 등과 동일·유사한 표장을 증명표장으로 등록받을 수 없다.
⑤ 증명표장을 출원하거나 등록을 받은 자는 그 증명표장과 동일·유사한 표장을 상표·단체표장 또는 업무표장으로 등록을 받을 수 없다.
⑥ 국내에서 영리를 목적으로 하지 아니하는 업무를 하는 자는 자기의 업무표장을 등록받을 수 있다.

제4조【미성년자 등의 행위능력】 ① 미성년자·피한정후견인(상표권 또는 상표에 관한 권리와 관련된 법정대리인이 있는 경우만 해당한다) 또는 피성년후견인은 법정대리인에 의해서만 상표등록에 관한 출원·청구, 그 밖의 절차(이하 "상표에 관한 절차"라 한다)를 밟을 수 있다. 다만, 미성년자 또는 피한정후견인이 독립하여 법률행위를 할 수 있는 경우에는 그러하지 아니하다.
② 제1항의 법정대리인은 후견감독인의 동의 없이 상대방이 청구한 제60조에 따른 상표등록 이의신청(이하 "이의신청"이라 한다)이나 심판 또는 재심에 대한 절차를 밟을 수 있다.

제5조【법인이 아닌 사단 등】 법인이 아닌 사단 또는 재단으로서 대표자 또는 관리인이 정해져 있는 경우에는 그 사단이나 재단의 이름으로 제60조제1항에 따른 상표등록의 이의신청인이나 심판 또는 재심의 당사자가 될 수 있다.

제6조【재외자의 상표관리인】 ① 국내에 주소나 영업소가 없는 자(이하 "재외자"라 한다)는 재외자(법인인 경우에는 그 대표자를 말한다)가 국내에 체류하는 경우를 제외하고는 그 재외자의 상표에 관한 대리인으로서 국내에 주소나 영업소가 있는 자(이하 "상표관리인"이라 한다)에 의해서만 상표에 관한 절차를 밟거나 이 법 또는 이 법에 따른 명령에 따라 행정청이 한 처분에 대하여 소(訴)를 제기할 수 있다.
② 상표관리인은 위임된 권한의 범위에서 상표에 관한 절차 및 이 법 또는 이 법에 따른 명령에 따라 행정청이 한 처분에 관한 소송에서 본인을 대리한다.

제7조【대리권의 범위】 국내에 주소나 영업소가 있는 자로부터 상표에 관한 절차를 밟을 것을 위임받은 대리인(상표관리인을 포함한다. 이하 같다)은 특별히 권한을 위임받지 아니하면 다음 각 호에 해당하는 행위를 할 수 없다.
1. 제36조에 따른 상표등록출원(이하 "상표등록출원"이라 한다)의 포기 또는 취하
2. 제44조에 따른 출원의 변경
3. 다음 각 목의 어느 하나에 해당하는 신청 또는 출원의 취하
  가. 제84조에 따른 상표권의 존속기간 갱신등록(이하 "존속기간갱신등록"이라 한다)의 신청(이하 "존속기간갱신등록신청"이라 한다)
  나. 제86조제1항에 따라 추가로 지정한 상품의 추가등록출원(이하 "지정상품추가등록출원"이라 한다)
  다. 제211조에 따른 상품분류전환 등록(이하 "상품분류전환등록"이라 한다)을 위한 제209조제2항에 따른 신청(이하 "상품분류전환등록신청"이라 한다)
4. 상표권의 포기
5. 신청의 취하
6. 청구의 취하
7. 제115조 또는 제116조에 따른 심판청구
8. 복대리인(復代理人)의 선임

제8조【대리권의 증명】 상표에 관한 절차를 밟는 자의 대리인의 대리권은 서면으로 증명하여야 한다.

제9조【행위능력 등의 흠에 대한 추인】 행위능력 또는 법정대리권이 없거나 상표에 관한 절차를 밟는 데 필요한 권한의 위임에 흠이 있는 자가 밟은 절차는 보정(補正)된 당사자나 법정대리인이 추인(追認)하면 행위를 한 때로 소급하여 그 효력이 발생한다.

제10조【대리권의 불소멸】 상표에 관한 절차를 밟는 자의 위임을 받은 대리인의 대리권은 다음 각 호의 사유가 있어도 소멸하지 아니한다.
1. 본인의 사망이나 행위능력 상실
2. 본인인 법인의 합병에 의한 소멸
3. 본인인 수탁자의 신탁임무 종료
4. 법정대리인의 사망이나 행위능력 상실
5. 법정대리인의 대리권의 소멸이나 변경

제11조【개별대리】 상표에 관한 절차를 밟는 자의 대리인이 2인 이상이면 특허청장 또는 특허심판원장에 대하여 각각의 대리인이 본인을 대리한다.

제12조【대리인의 선임 또는 교체 명령 등】 ① 특허청장 또는 제131조제1항에 따라 지정된 심판장(이하 "심판장"이라 한다)은 상표에 관한 절차를 밟는 자가 그 절차를 원활히 수행할 수 없거나 구술심리에서 진술할 능력이 없다고 인정되는 등 그 절차를 밟는 데 적당하지 아니하다고 인정되면 대리인에 의하여 그 절차를 밟도록 명할 수 있다.
② 특허청장 또는 심판장은 상표에 관한 절차를 밟는 자의 대리인이 그 절차를 원활히 수행할 수 없거나 구술심리에서 진술할 능력이 없다고 인정되는 등 그 절차를 밟는 데 적당하지 아니하다고 인정되면 그 대리인을 바꿀 것을 명할 수 있다.
③ 특허청장 또는 심판장은 제1항 및 제2항의 경우에 변리사에 의하여 대리하게 할 것을 명할 수 있다.
④ 특허청장 또는 심판장은 제1항 또는 제2항에 따라 대리인의 선임 또는 교체 명령을 한 경우에는 제1항에 따라 대리인이 선임되거나 제2항에 따라 대리인이 교체되기 전에 특허청장 또는 특허심판원장에 대하여 상표에 관한 절차를 밟는 자 또는 교체되기 전의 대리인이 한 상표에 관한 절차의 전부 또는 일부를 상표에 관한 절차를 밟는 자의 신청에 따라 무효로 할 수 있다.

제13조【복수당사자의 대표】 ① 2인 이상이 공동으로 상표등록출원 또는 심판청구를 하고 그 출원 또는 심판에 관계된 절차를 밟을 경우에는 다음 각 호의 어느 하나에 해당하는 사항을 제외하고는 각자가 전원을 대표한다. 다만, 대표자를 선정하여 특허청장 또는 특허심판원장에게 신고한 경우에는 그 대표자가 전원을 대표한다.
1. 상표등록출원의 포기 또는 취하
2. 제44조에 따른 출원의 변경
3. 다음 각 목의 어느 하나에 해당하는 신청 또는 출원의 취하
  가. 존속기간갱신등록신청
  나. 지정상품추가등록출원
  다. 상품분류전환등록신청
4. 신청의 취하
5. 청구의 취하
6. 제115조 또는 제116조에 따른 심판청구

② 제1항 각 호 외의 부분 단서에 따라 신고할 경우에는 대표자로 선임된 사실을 서면으로 증명하여야 한다.

제14조【「민사소송법」의 준용】 대리인에 관하여는 이 법에서 특별히 규정한 것을 제외하고는 「민사소송법」 제1편제2장제4절(제87조부터 제97조까지)을 준용한다.

제15조【재외자의 재판관할】 재외자의 상표권 또는 상표에 관한 권리에 관하여 상표관리인이 있으면 그 상표관리인의 주소 또는 영업소를, 상표관리인이 없으면 특허청 소재지를 「민사소송법」 제11조에 따른 재산이 있는 곳으로 본다.

제16조【기간의 계산】 이 법 또는 이 법에 따른 명령으로 정한 기간의 계산은 다음 각 호에 따른다.
1. 기간의 첫날은 계산에 넣지 아니한다. 다만, 그 기간이 오전 0시부터 시작하는 경우에는 그러하지 아니하다.
2. 기간을 월 또는 연으로 정한 경우에는 역(曆)에 따라 계산한다.
3. 월 또는 연의 처음부터 기간을 기산(起算)하지 아니하는 경우에는 마지막 월 또는 연에서 그 기산일에 해당하는 날의 전날로 기간이 만료한다. 다만, 기간을 월 또는 연으로 정한 경우에 마지막 월에 해당 일이 없으면 그 월의 마지막 날로 기간이 만료한다.
4. 상표에 관한 절차에서 기간의 마지막 날이 공휴일(토요일 및 「근로자의 날 제정에 관한 법률」에 따른 근로자의 날을 포함한다)이면 기간은 그 다음 날로 만료한다.

제17조【기간의 연장 등】 ① 특허청장은 당사자의 청구에 의하여 또는 직권으로 다음 각 호의 어느 하나에 해당하는 기간을 30일 이내에서 한 차례 연장할 수 있다. 다만, 도서·벽지 등 교통이 불편한 지역에 있는 자의 경우에는 산업통상자원부령으로 정하는 바에 따라 그 횟수 및 기간을 추가로 연장할 수 있다.
1. 제61조에 따른 이의신청 이유 등의 보정기간
2. 제115조에 따른 보정각하결정에 대한 심판의 청구기간
3. 제116조에 따른 거절결정에 대한 심판의 청구기간

② 특허청장, 특허심판원장, 심판장 또는 제50조에 따른 심사관(이하 "심사관"이라 한다)은 이 법에 따라 상표에 관한 절차를 밟을 기간을 정한 경우에는 상표에 관한 절차를 밟는 자 또는 그 대리인의 청구에 따라 그 기간을 단축 또는 연장하거나 직권으로 그 기간을 연장할 수 있다. 이 경우 특허청장 등은 해당 절차의 이해관계인의 이익이 부당하게 침해되지 아니하도록 단축 또는 연장 여부를 결정하여야 한다.

③ 심판장 또는 심사관은 이 법에 따라 상표에 관한 절차를 밟을 기일을 정하였을 경우에는 상표에 관한 절차를 밟는 자 또는 그 대리인의 청구에 의하여 또는 직권으로 그 기일을 변경할 수 있다.

제18조【절차의 무효】 ① 특허청장 또는 특허심판원장은 제39조(제212조에서 준용하는 경우를 포함한다)에 따른 보정명령을 받은 자가 지정된 기간 내에 그 보정을 하지 아니하면 상표에 관한 절차를 무효로 할 수 있다.

② 특허청장 또는 특허심판원장은 제1항에 따라 상표에 관한 절차를 무효로 하였더라도 지정된 기간을 지키지 못한 것이 정당한 사유에 의한 것으로 인정될 때에는 그 사유가 소멸한 날부터 2개월 이내에 보정명령을 받은 자의 청구에 의하여 그 무효처분을 취소할 수 있다. 다만, 지정된 기간의 만료일부터 1년이 지났을 경우에는 그러하지 아니하다.(2021.10.19 본문개정)

③ 특허청장 또는 특허심판원장은 제1항에 따른 무효처분 또는 제2항 본문에 따른 무효처분의 취소처분을 할 경우에는 그 보정명령을 받은 자에게 처분통지서를 송달하여야 한다.

제19조【절차의 추후 보완】 상표에 관한 절차를 밟는 자가 책임질 수 없는 사유로 다음 각 호의 어느 하나에 해당하는 기간을 지키지 못한 경우에는 그 사유가 소멸한 날부터 2개월 이내에 지키지 못한 절차를 추후 보완할 수 있다. 다만, 그 기간의 만료일부터 1년이 지났을 경우에는 그러하지 아니하다.

1. 제115조에 따른 보정각하결정에 대한 심판의 청구기간
2. 제116조에 따른 거절결정에 대한 심판의 청구기간
3. 제159조제1항에 따른 재심의 청구기간

제20조【절차의 효력 승계】 상표권 또는 상표에 관한 권리에 관하여 밟은 절차의 효력은 그 상표권 또는 상표에 관한 권리의 승계인에게 미친다.

제21조【절차의 속행】 특허청장 또는 심판장은 상표에 관한 절차가 특허청 또는 특허심판원에 계속(繫屬) 중일 때 상표권 또는 상표에 관한 권리가 이전된 경우에는 그 상표권 또는 상표에 관한 권리의 승계인에게 그 절차를 속행(續行)하게 할 수 있다.

제22조【절차의 중단】 상표에 관한 절차가 특허청 또는 특허심판원에 계속 중일 때 다음 각 호의 어느 하나에 해당하는 사유가 발생한 경우에는 그 절차는 중단된다. 다만, 절차를 밟을 것을 위임받은 대리인이 있는 경우에는 그러하지 아니하다.

1. 당사자가 사망한 경우
2. 당사자인 법인이 합병으로 소멸한 경우
3. 당사자가 절차를 밟을 능력을 상실한 경우
4. 당사자의 법정대리인이 사망하거나 그 대리권을 상실한 경우
5. 당사자의 신탁에 의한 수탁자의 임무가 끝난 경우
6. 제13조제1항 각 호 외의 부분 단서에 따른 대표자가 사망하거나 그 자격을 상실한 경우
7. 파산관재인 등 일정한 자격에 의하여 자기 이름으로 다른 사람을 위하여 당사자가 된 자가 그 자격을 상실하거나 사망한 경우

제23조【중단된 절차의 수계】 제22조에 따라 특허청 또는 특허심판원에 계속 중인 절차가 중단된 경우에는 다음 각 호의 구분에 따른 자가 그 절차를 수계(受繼)하여야 한다.

1. 제22조제1호의 경우 : 그 상속인·상속재산관리인 또는 법률에 따라 절차를 계속 진행할 자. 다만, 상속인은 상속을 포기할 수 있는 기간 동안에는 그 절차를 수계하지 못한다.
2. 제22조제2호의 경우 : 합병으로 설립되거나 합병 후 존속하는 법인
3. 제22조제3호 및 제4호의 경우 : 절차를 밟을 능력을 회복한 당사자 또는 법정대리인이 된 자
4. 제22조제5호의 경우 : 새로운 수탁자
5. 제22조제6호의 경우 : 새로운 대표자 또는 각 당사자
6. 제22조제7호의 경우 : 파산관재인 등 일정한 자격을 가진 자

제24조【수계신청】 ① 제22조에 따라 중단된 절차에 관한 수계신청은 제23조 각 호에 따른 자 및 상대방도 할 수 있다.

② 특허청장 또는 심판장은 제22조에 따라 중단된 절차에 관한 수계신청이 있는 경우에는 그 사실을 제23조 각 호에 따른 자 또는 상대방에게 알려야 한다.

③ 특허청장 또는 제129조에 따른 심판관(이하 "심판관"이라 한다)은 제22조에 따라 중단된 절차에 관한 수계신청에 대하여 직권으로 조사하여 이유 없다고 인정할 경우에는 결정으로 기각하여야 한다.

④ 특허청장 또는 심판관은 제23조 각 호에 따른 자가 중단된 절차를 수계하지 아니하면 직권으로 기간을 정하여 수계를 명하여야 한다.

⑤ 제4항에 따라 수계명령을 받은 자가 같은 항에 따른 기간 내에 절차를 수계하지 아니하면 그 기간이 끝나는 날의 다음 날에 수계한 것으로 본다.

⑥ 특허청장 또는 심판장은 제5항에 따라 수계한 것으로 본 경우에는 그 사실을 당사자에게 알려야 한다.

제25조【절차의 중지】 ① 특허청장 또는 심판관이 천재지변이나 그 밖의 불가피한 사유로 그 직무를 수행할 수 없는 경우에는 특허청 또는 특허심판원에 계속 중인 절차는 그 사유가 없어질 때까지 중지된다.

② 당사자에게 특허청 또는 특허심판원에 계속 중인 절차를 속행할 수 없는 장애 사유가 생긴 경우에는 특허청장 또는 심판관은 결정으로 그 절차의 중지를 명할 수 있다.

③ 특허청장 또는 심판관은 제2항에 따른 결정을 취소할 수 있다.

④ 특허청장 또는 심판장은 제1항 및 제2항에 따른 중지 또는 제3항에 따른 취소를 하였을 경우에는 그 사실을 각각 당사자에게 알려야 한다.

제26조【중단 또는 중지의 효과】 상표에 관한 절차가 중단되거나 중지된 경우에는 그 기간의 진행은 정지되고 그 절차의 수계 통지를 하거나 그 절차를 속행한 때부터 전체 기간이 새로 진행된다.

제27조【외국인의 권리능력】 재외자인 외국인은 다음 각 호의 어느 하나에 해당하는 경우를 제외하고는 상표권 또는 상표에 관한 권리를 누릴 수 없다.

1. 그 외국인이 속하는 국가에서 대한민국 국민에 대하여 그 국민과 같은 조건으로 상표권 또는 상표에 관한 권리를 인정하는 경우
2. 대한민국이 그 외국인에 대하여 상표권 또는 상표에 관한 권리를 인정하는 경우에는 그 외국인이 속하는 국가에서 대한민국 국민에 대하여 그 국민과 같은 조건으로 상표권 또는 상표에 관한 권리를 인정하는 경우
3. 조약 및 이에 준하는 것(이하 "조약"이라 한다)에 따라 상표권 또는 상표에 관한 권리를 인정하는 경우

제28조【서류 제출의 효력 발생 시기】 ① 이 법 또는 이 법에 따른 명령에 따라 특허청장 또는 특허심판원장에게 제출하는 출원서·청구서, 그 밖의 서류(물건을 포함한다. 이하 이 조에서 같다)는 특허청장 또는 특허심판원장에게 도달한 날부터 그 효력이 발생한다.

② 제1항의 출원서·청구서, 그 밖의 서류를 우편으로 특허청장 또는 특허심판원장에게 제출하는 경우에는 다음 각 호의 구분에 따른 날에 특허청장 또는 특허심판원장에게 도달한 것으로 본다. 다만, 상표권 및 상표에 관한 권리의 등록신청서류를 우편으로 제출하는 경우에는 그 서류가 특허청장 또는 특허심판원장에게 도달한 날부터 효력이 발생한다.

1. 우편법령에 따른 통신날짜도장에 표시된 날이 분명한 경우 : 표시된 날
2. 우편법령에 따른 통신날짜도장에 표시된 날이 분명하지 아니한 경우 : 우체국에 제출한 날(우편물 수령증에 의하여 증명된 날을 말한다)

③ 제1항 및 제2항에서 규정한 사항 외에 우편물의 지연, 우편물의 분실·도난 및 우편업무의 중단으로 인한 서류 제출에 필요한 사항은 산업통상자원부령으로 정한다.

제29조【고유번호의 기재】 ① 상표에 관한 절차를 밟는 자는 산업통상자원부령으로 정하는 바에 따라 특허청장 또는 특허심판원장에게 자신의 고유번호를 부여하여 줄 것을 신청하여야 한다.

② 특허청장 또는 특허심판원장은 제1항에 따른 신청을 받으면 신청인에게 고유번호를 부여하고 그 사실을 알려야 한다.

③ 특허청장 또는 특허심판원장은 제1항에 따른 고유번호 부여 신청을 하지 아니하는 자에게는 직권으로 고유번호를 부여하고 그 사실을 알려야 한다.

④ 제2항 또는 제3항에 따라 고유번호를 부여받은 자가 상표에 관한 절차를 밟는 경우에는 산업통상자원부령으로 정하는 서류에 자신의 고유번호를 적어야 한다. 이 경우 이 법 또는 이 법에 따른 명령에도 불구하고 해당 서류에 주소(법인인 경우에는 영업소의 소재지를 말한다)를 적지 아니할 수 있다.

⑤ 상표에 관한 절차를 밟는 자의 대리인에 관하여는 제1항부터 제4항까지의 규정을 준용한다.

⑥ 고유번호 부여 신청, 고유번호의 부여 및 통지, 그 밖에 고유번호에 관하여 필요한 사항은 산업통상자원부령으로 정한다.

제30조【전자문서에 의한 상표에 관한 절차의 수행】 ① 상표에 관한 절차를 밟는 자는 이 법에 따라 특허청장 또는 특허심판원장에게 제출하는 상표등록출원서와 그 밖의 서류를 산업통상자원부령으로 정하는 방식에 따라 전자문서화하고, 이를 「정보통신망 이용촉진 및 정보보호 등에 관한 법률」 제2조제1항제1호에 따른 정보통신망(이하 "정보통신망"이라 한다)을 이용하여 제출하거나 이동식 저장매체 등 전자적 기록매체에 수록하여 제출할 수 있다.

② 제1항에 따라 제출된 전자문서는 이 법에 따라 제출된 서류와 같은 효력을 가진다.

③ 제1항에 따라 정보통신망을 이용하여 제출된 전자문서는 그 문서의 제출인이 정보통신망을 통하여 접수번호를 확인할 수 있는 때에 특허청 또는 특허심판원에서 사용하는 접수용 전산정보처리조직의 파일에 기록된 내용으로 접수된 것으로 본다.

④ 제1항에 따라 전자문서로 제출할 수 있는 서류의 종류, 제출 방법과 그 밖에 전자문서에 의한 서류의 제출에 필요한 사항은 산업통상자원부령으로 정한다.

제31조【전자문서 이용신고 및 전자서명】 ① 전자문서로 상표에 관한 절차를 밟으려는 자는 미리 특허청장 또는 특허심판원장에게 전자문서 이용신고를 하여야 하며, 특허청장 또는 특허심판원장에게 제출하는 전자문서에 제출인을 알아볼 수 있도록 전자서명을 하여야 한다.

② 제30조에 따라 제출된 전자문서는 제1항에 따른 전자서명을 한 자가 제출한 것으로 본다.

③ 제1항에 따른 전자문서 이용신고 절차 및 전자서명 방법 등에 관하여 필요한 사항은 산업통상자원부령으로 정한다.

제32조【정보통신망을 이용한 통지 등의 수행】 ① 특허청장, 특허심판원장, 심판장, 심판관, 제62조제3항에 따라 지정된 심사장(이하 "심사장"이라 한다) 또는 심사관은 제31조제1항에 따라 전자문서 이용신고를 한 자에게 서류의 통지 및 송달(이하 이 조에서 "통지등"이라 한다)을 하려는 경우에는 정보통신망을 이용하여 할 수 있다.

② 제1항에 따른 서류의 통지등은 서면으로 한 것과 같은 효력을 가진다.

③ 제1항에 따른 서류의 통지등은 그 통지등을 받는 자가 자신이 사용하는 전산정보처리조직을 통하여 그 서류를 확인한 때에 특허청 또는 특허심판원에서 사용하는 발송용 전산정보처리조직의 파일에 기록된 내용으로 도달한 것으로 본다.

④ 제1항에 따라 정보통신망을 이용하여 하는 통지등의 종류 및 방법 등에 관하여 필요한 사항은 산업통상자원부령으로 정한다.

제2장 상표등록요건 및 상표등록출원

제33조【상표등록의 요건】 ① 다음 각 호의 어느 하나에 해당하는 상표를 제외하고는 상표등록을 받을 수 있다.

1. 그 상품의 보통명칭을 보통으로 사용하는 방법으로 표시한 표장만으로 된 상표
2. 그 상품에 대하여 관용(慣用)하는 상표
3. 그 상품의 산지(産地)·품질·원재료·효능·용도·수량·형상·가격·생산방법·가공방법·사용방법 또는 시기를 보통으로 사용하는 방법으로 표시한 표장만으로 된 상표
4. 현저한 지리적 명칭이나 그 약어(略語) 또는 지도만으로 된 상표
5. 흔히 있는 성(姓) 또는 명칭을 보통으로 사용하는 방법으로 표시한 표장만으로 된 상표
6. 간단하고 흔히 있는 표장만으로 된 상표
7. 제1호부터 제6호까지에 해당하는 상표 외에 수요자가 누구의 업무에 관련된 상품을 표시하는 것인가를 식별할 수 없는 상표

② 제1항제3호부터 제7호까지에 해당하는 상표라도 상표등록출원 전부터 그 상표를 사용한 결과 수요자 간에 특정인의 상품에 관한 출처를 표시하는 것으로 식별할 수 있게 된 경우에는 그 상표를 사용한 상품에 한정하여 상표등록을 받을 수 있다.(2023.10.31 본항개정)

③ 제1항제3호(산지로 한정한다) 또는 제4호에 해당하는 표장이라도 그 표장이 특정 상품에 대한 지리적 표시인 경우에는 그 지리적 표시를 사용한 상품을 지정상품(제38조제1항에 따라 지정한 상품 및 제86조제1항에 따라 추가로 지정한 상품을 말한다. 이하 같다)으로 하여 지리적 표시 단체표장등록을 받을 수 있다.

제34조【상표등록을 받을 수 없는 상표】 ① 제33조에도 불구하고 다음 각 호의 어느 하나에 해당하는 상표에 대해서는 상표등록을 받을 수 없다.

1. 국가의 국기(國旗) 및 국제기구의 기장(記章) 등으로서 다음 각 목의 어느 하나에 해당하는 상표
   가. 대한민국의 국기, 국장(國章), 군기(軍旗), 훈장, 포장(褒章), 기장, 대한민국이나 공공기관의 감독용 또는 증명용 인장(印章)·기호와 동일·유사한 상표
   나. 「공업소유권의 보호를 위한 파리 협약」(이하 "파리협약"이라 한다) 동맹국, 세계무역기구 회원국 또는 「상표법조약」 체약국(이하 이 항에서 "동맹국등"이라 한다)의 국기와 동일·유사한 상표
   다. 국제적십자, 국제올림픽위원회 또는 저명(著名)한 국제기관의 명칭, 약칭, 표장과 동일·유사한 상표. 다만, 그 기관이 자기의 명칭, 약칭 또는 표장을 상표등록출원한 경우에는 상표등록을 받을 수 있다.
   라. 파리협약 제6조의3에 따라 세계지식재산기구로부터 통지받아 특허청장이 지정한 동맹국등의 문장(紋章), 기(旗), 훈장, 포장 또는 기장이나 동맹국등이 가입한 정부 간 국제기구의 명칭, 약칭, 문장, 기, 훈장, 포장 또는 기장과 동일·유사한 상표. 다만, 그 동맹국등이 가입한 정부 간 국제기구가 자기의 명칭·약칭, 표장을 상표등록출원한 경우에는 상표등록을 받을 수 있다.
   마. 파리협약 제6조의3에 따라 세계지식재산기구로부터 통지받아 특허청장이 지정한 동맹국등이나 그 공공기관의 감독용 또는 증명용 인장·기호와 동일·유사한 상표로서 그 인장 또는 기호가 사용되고 있는 상품과 동일·유사한 상품에 대하여 사용하는 상표
2. 국가·인종·민족·공공단체·종교 또는 저명한 고인(故人)과의 관계를 거짓으로 표시하거나 이들을 비방 또는 모욕하거나 이들에 대한 평판을 나쁘게 할 우려가 있는 상표
3. 국가·공공단체 또는 이들의 기관과 공익법인의 비영리 업무나 공익사업을 표시하는 표장으로서 저명한 것과 동일·유사한 상표. 다만, 그 국가 등이 자기의 표장을 상표등록출원한 경우에는 상표등록을 받을 수 있다.

4. 상표 그 자체 또는 상표가 상품에 사용되는 경우 수요자에게 주는 의미와 내용 등이 일반인의 통상적인 도덕관념인 선량한 풍속에 어긋나는 등 공공의 질서를 해칠 우려가 있는 상표
5. 정부가 개최하거나 정부의 승인을 받아 개최하는 박람회 또는 외국정부가 개최하거나 외국정부의 승인을 받아 개최하는 박람회의 상패·상장 또는 포장과 동일·유사한 표장이 있는 상표. 다만, 그 박람회에서 수상한 자가 그 수상한 상품에 관하여 상표의 일부로서 그 표장을 사용하는 경우에는 상표등록을 받을 수 있다.
6. 저명한 타인의 성명·명칭 또는 상호·초상·서명·인장·아호(雅號)·예명(藝名)·필명(筆名) 또는 이들의 약칭을 포함하는 상표. 다만, 그 타인의 승낙을 받은 경우에는 상표등록을 받을 수 있다.
7. 선출원(先出願)에 의한 타인의 등록상표(등록된 지리적 표시 단체표장은 제외한다)와 동일·유사한 상표로서 그 지정상품과 동일·유사한 상품에 사용하는 상표. 다만, 그 타인으로부터 상표등록에 대한 동의를 받은 경우(동일한 상표로서 그 지정상품과 동일한 상품에 사용하는 상표에 대하여 동의를 받은 경우는 제외한다)에는 상표등록을 받을 수 있다.(2023.10.31 단서신설)
8. 선출원에 의한 타인의 등록된 지리적 표시 단체표장과 동일·유사한 상표로서 그 지정상품과 동일하다고 인식되어 있는 상품에 사용하는 상표
9. 타인의 상품을 표시하는 것이라고 수요자들에게 널리 인식되어 있는 상표(지리적 표시는 제외한다)와 동일·유사한 상표로서 그 타인의 상품과 동일·유사한 상품에 사용하는 상표
10. 특정 지역의 상품을 표시하는 것이라고 수요자들에게 널리 인식되어 있는 타인의 지리적 표시와 동일·유사한 상표로서 그 지리적 표시를 사용하는 상품과 동일하다고 인정되어 있는 상품에 사용하는 상표
11. 수요자들에게 현저하게 인식되어 있는 타인의 상품이나 영업과 혼동을 일으키게 하거나 그 식별력 또는 명성을 손상시킬 염려가 있는 상표
12. 상품의 품질을 오인하게 하거나 수요자를 기만할 염려가 있는 상표
13. 국내 또는 외국의 수요자들에게 특정인의 상품을 표시하는 것이라고 인식되어 있는 상표(지리적 표시는 제외한다)와 동일·유사한 상표로서 부당한 이익을 얻으려 하거나 그 특정인에게 손해를 입히려고 하는 등 부정한 목적으로 사용하는 상표
14. 국내 또는 외국의 수요자들에게 특정 지역의 상품을 표시하는 것이라고 인식되어 있는 지리적 표시와 동일·유사한 상표로서 부당한 이익을 얻으려 하거나 그 지리적 표시의 정당한 사용자에게 손해를 입히려고 하는 등 부정한 목적으로 사용하는 상표
15. 상표등록을 받으려는 상품 또는 그 상품의 포장의 기능을 확보하는 데 꼭 필요한(서비스의 경우에는 그 이용과 목적에 꼭 필요한 경우를 말한다) 입체적 형상, 색채, 색채의 조합, 소리 또는 냄새만으로 된 상표
16. 세계무역기구 회원국 내의 포도주 또는 증류주의 산지에 관한 지리적 표시로서 구성되거나 그 지리적 표시를 포함하는 상표로서 포도주 또는 증류주에 사용하려는 상표. 다만, 지리적 표시의 정당한 사용자가 해당 상품을 지정상품으로 하여 제36조제5항에 따른 지리적 표시 단체표장등록출원을 한 경우에는 상표등록을 받을 수 있다.
17. 「식물신품종 보호법」 제109조에 따라 등록된 품종명칭과 동일·유사한 상표로서 그 품종명칭과 동일·유사한 상품에 대하여 사용하는 상표
18. 「농수산물 품질관리법」 제32조에 따라 등록된 타인의 지리적 표시와 동일·유사한 상표로서 그 지리적 표시를 사용하는 상품과 동일하다고 인정되는 상품에 사용하는 상표
19. 대한민국이 외국과 양자간(兩者間) 또는 다자간(多者間)으로 체결하여 발효된 자유무역협정에 따라 보호하는 타인의 지리적 표시와 동일·유사한 상표 또는 그 지리적 표시로 구성되거나 그 지리적 표시를 포함하는 상표로서 지리적 표시를 사용하는 상품과 동일하다고 인정되는 상품에 사용하는 상표
20. 동업·고용 등 계약관계나 업무상 거래관계 또는 그 밖의 관계를 통하여 타인이 사용하거나 사용을 준비 중인 상표임을 알면서 그 상표와 동일·유사한 상표를 동일·유사한 상품에 등록출원한 상표
21. 조약당사국에 등록된 상표와 동일·유사한 상표로서 그 등록된 상표에 관한 권리를 가진 자와의 동업·고용 등 계약관계나 업무상 거래관계 또는 그 밖의 관계에 있거나 있었던 자가 그 상표에 관한 권리를 가진 자의 동의를 받지 아니하고 그 상표의 지정상품과 동일·유사한 상품을 지정상품으로 하여 등록출원한 상표

② 제1항은 다음 각 호의 어느 하나에 해당하는 결정(이하 "상표등록여부결정"이라 한다)을 할 때를 기준으로 하여 결정한다. 다만, 제1항제11호·제13호·제14호·제20호 및 제21호의 경우는 상표등록출원을 한 때를 기준으로 하여 결정하되, 상표등록출원인(이하 "출원인"이라 한다)이 제1항의 타인에 해당하는지는 상표등록여부결정을 할 때를 기준으로 하여 결정한다.(2023.10.31 본문개정)
1. 제54조에 따른 상표등록거절결정
2. 제68조에 따른 상표등록결정

③ 상표권자 또는 그 상표권자의 상표를 사용하는 자는 제119조제1항제1호부터 제3호까지, 제5호, 제5호의2 및 제6호부터 제9호까지의 규정에 해당한다는 이유로 상표등록의 취소심판이 청구되고 그 청구일 이후에 다음 각 호의 어느 하나에 해당하게 된 경우 그 상표와 동일·유사한 상표〔동일·유사한 상품(지리적 표시 단체표장의 경우에는 동일하다고 인정되는 상품을 말한다)을 지정상품으로 하여 다시 등록받으려는 경우로 한정한다〕에 대해서는 그 청구일부터 다음 각 호의 어느 하나에 해당하게 된 날 이후 3년이 지나기 전에 출원하면 상표등록을 받을 수 없다.(2023.10.31 본문개정)
1. 존속기간이 만료되어 상표권이 소멸한 경우
2. 상표권자가 상표권 또는 지정상품의 일부를 포기한 경우
3. 상표등록 취소의 심결(審決)이 확정된 경우

④ 동음이의어 지리적 표시 단체표장 상호 간에는 제1항 제8호 및 제10호를 적용하지 아니한다.

판례 상표법 제34조제1항제11호에서 말하는 '식별력을 손상시킬 염려'란 출처의 오인·혼동 염려가 없더라도 타인의 저명상표가 가지는 특정한 출처와의 단일한 연관 관계, 즉 단일한 출처를 표시하는 기능을 손상시킬 염려를 의미한다. 신약 개발기업 레고켐바이오사이언스(레고켐바이오)가 출원한 상표 '레고켐파마(LEGOCHEMPHARMA)'가 단지 신약 연구·개발의 특징을 나타낼 목적으로 'Lego chemistry'라는 용어의 약칭인 'LEGOCHEM'을 포함하는 등록상표를 출원한 것이라 하더라도 이는 선사용상표이자 세계적으로 유명한 완구회사 레고(LEGO)의 상표인 'LEGO'와 연상 작용을 의도하고 등록상표를 출원했다고 볼 여지가 크고, 등록상표와 선사용상표들 사이에 실제로 연상 작용이 발생할 가능성도 높다고 보인다. 이러한 사정을 종합해 보면, 등록상표가 그 지정상품인 의약품류에 사용될 경우, 저명상표인 선사용상표들이 가지는 단일한 출처를 표시하는 기능이 손상될 염려가 있다.(대판 2023.11.16, 2020후11943)

판례 A는 채무를 변제하기 위하여 자신이 운영하던 B출판사의 재고도서와 출판권을 채무자 C에게 양도하고 출판사를 폐업하였다. 이후 채무자C가 해당 출판사의 직원 일부를 채용하여 'B'를 상호로 도서를 출판했고, C의 아들이 이를 이어받아 'B출판'이라는 상호로 사업자등록을 하였다. A는 이와 같은 사실을 알고 있으면서도 이후 '도서출판 B'라는 명칭으로 직원을 채용하고, 상표 'B'를 출원해 등록하였다. A가 양도계약 등을 통해 C가 해당 표장을 사용하고 있다는 사실을 알면서도 이와 동일·유사한 서비스표를 출원해 등록 받은 것은 신의성실의 원칙에 위반돼 무효이다.(대판 2020.11.5, 2020후10827)

제35조【선출원】 ① 동일·유사한 상품에 사용할 동일·유사한 상표에 대하여 다른 날에 둘 이상의 상표등록출원이 있는 경우에는 먼저 출원한 자만이 그 상표를 등록받을 수 있다.

② 동일·유사한 상품에 사용할 동일·유사한 상표에 대하여 같은 날에 둘 이상의 상표등록출원이 있는 경우에는 출원인의 협의에 의하여 정하여진 하나의 출원인만이 그 상표에 관하여 상표등록을 받을 수 있다. 협의가 성립하지 아니하거나 협의를 할 수 없는 때에는 특허청장이 행하는 추첨에 의하여 결정된 하나의 출원인만이 상표등록을 받을 수 있다.

③ 상표등록출원이 다음 각 호의 어느 하나에 해당되는 경우에는 그 상표등록출원은 제1항 및 제2항을 적용할 때에 처음부터 없었던 것으로 본다.
1. 포기 또는 취하된 경우
2. 무효로 된 경우
3. 제54조에 따른 상표등록거절결정 또는 거절한다는 취지의 심결이 확정된 경우

④ 특허청장은 제2항의 경우에는 출원인에게 기간을 정하여 협의의 결과를 신고할 것을 명하고, 그 기간 내에 신고가 없는 경우에는 제2항에 따른 협의는 성립되지 아니한 것으로 본다.

⑤ 제1항 및 제2항은 다음 각 호의 어느 하나에 해당하는 경우에는 적용하지 아니한다.
1. 동일(동일하다고 인정되는 경우를 포함한다)하지 아니한 상품에 대하여 동일·유사한 표장으로 둘 이상의 지리적 표시 단체표장등록출원 또는 지리적 표시 단체표장등록출원과 상표등록출원이 있는 경우
2. 서로 동음이의어 지리적 표시에 해당하는 표장으로 둘 이상의 지리적 표시 단체표장등록출원이 있는 경우

⑥ 제1항 및 제2항에도 불구하고 먼저 출원한 자 또는 협의·추첨에 의하여 정하여지거나 결정된 출원인으로부터 상표등록에 대한 동의를 받은 경우(동일한 상표로서 그 지정상품과 동일한 상품에 사용하는 상표에 대하여 동의를 받은 경우는 제외한다)에는 나중에 출원한 자 또는 협의·추첨에 의하여 정하여지거나 결정된 출원인이 아닌 출원인도 상표를 등록받을 수 있다.(2023.10.31 본항신설)

제36조【상표등록출원】 ① 상표등록을 받으려는 자는 다음 각 호의 사항을 적은 상표등록출원서를 특허청장에게 제출하여야 한다.
1. 출원인의 성명 및 주소(법인인 경우에는 그 명칭 및 영업소의 소재지를 말한다)
2. 출원인의 대리인이 있는 경우에는 그 대리인의 성명 및 주소나 영업소의 소재지〔대리인이 특허법인·특허법인(유한)인 경우에는 그 명칭, 사무소의 소재지 및 지정된 변리사의 성명을 말한다〕
3. 상표
4. 지정상품 및 산업통상자원부령으로 정하는 상품류(이하 "상품류"라 한다)
5. 제46조제3항에 따른 사항(우선권을 주장하는 경우만 해당한다)
6. 그 밖에 산업통상자원부령으로 정하는 사항

② 상표등록을 받으려는 자는 제1항 각 호의 사항 외에 산업통상자원부령으로 정하는 바에 따라 그 표장에 관한 설명을 상표등록출원서에 적어야 한다.

③ 단체표장등록을 받으려는 자는 제1항 각 호의 사항 외에 대통령령으로 정하는 단체표장의 사용에 관한 사항을 정한 정관을 단체표장등록출원서에 첨부하여야 한다.

④ 증명표장등록을 받으려는 자는 제1항 각 호의 사항 외에 대통령령으로 정하는 증명표장의 사용에 관한 사항을 정한 서류(법인인 경우에는 정관을 말하고, 법인이 아닌 경우에는 규약을 말하며, 이하 "정관 또는 규약"이라 한다)와 증명하려는 상품의 품질, 원산지, 생산방법이나 그 밖의 특성을 증명하고 관리할 수 있음을 증명하는 서류를 증명표장등록출원서에 첨부하여야 한다.

⑤ 지리적 표시 단체표장등록이나 지리적 표시 증명표장등록을 받으려는 자는 제3항 또는 제4항의 서류 외에 대통령령으로 정하는 바에 따라 지리적 표시의 정의에 일치함을 증명할 수 있는 서류를 지리적 표시 단체표장등록출원서 또는 지리적 표시 증명표장등록출원서에 첨부하여야 한다.

⑥ 업무표장등록을 받으려는 자는 제1항 각 호의 사항 외에 그 업무의 경영 사실을 증명하는 서류를 업무표장등록출원서에 첨부하여야 한다.

제37조【상표등록출원일의 인정 등】 ① 상표등록출원일은 상표등록출원에 관한 출원서가 특허청장에게 도달한 날로 한다. 다만, 상표등록출원이 다음 각 호의 어느 하나에 해당하는 경우에는 그러하지 아니하다.
1. 상표등록을 받으려는 취지가 명확하게 표시되지 아니한 경우
2. 출원인의 성명이나 명칭이 적혀 있지 아니하거나 명확하게 적혀 있지 아니하여 출원인을 특정할 수 없는 경우
3. 상표등록출원서에 상표등록을 받으려는 상표가 적혀 있지 아니하거나 적힌 사항이 선명하지 아니하여 상표로 인식할 수 없는 경우
4. 지정상품이 적혀 있지 아니한 경우
5. 한글로 적혀 있지 아니한 경우

② 특허청장은 상표등록출원이 제1항 각 호의 어느 하나에 해당하는 경우에는 상표등록을 받으려는 자에게 적절한 기간을 정하여 보완할 것을 명하여야 한다.

③ 제2항에 따른 보완명령을 받은 자가 상표등록출원을 보완하는 경우에는 절차보완에 관한 서면(이하 이 조에서 "절차보완서"라 한다)을 제출하여야 한다.

④ 특허청장은 제2항에 따른 보완명령을 받은 자가 지정된 기간 내에 상표등록출원을 보완한 경우에는 그 절차보완서가 특허청에 도달한 날을 상표등록출원일로 본다.

⑤ 특허청장은 제2항에 따른 보완명령을 받은 자가 지정된 기간 내에 보완을 하지 아니한 경우에는 그 상표등록출원을 부적합한 출원으로 보아 반려할 수 있다.

제38조【1상표 1출원】 ① 상표등록출원을 하려는 자는 상품류의 구분에 따라 1류 이상의 상품을 지정하여 1상표마다 1출원을 하여야 한다.

② 제1항에 따른 상품류에 속하는 구체적인 상품은 특허청장이 정하여 고시한다.

③ 제1항에 따른 상품류의 구분은 상품의 유사범위를 정하는 것은 아니다.

제39조【절차의 보정】 특허청장 또는 특허심판원장은 상표에 관한 절차가 다음 각 호의 어느 하나에 해당하는 경우에는 산업통상자원부령으로 정하는 바에 따라 기간을 정하여 상표에 관한 절차를 밟는 자에게 보정을 명하여야 한다.
1. 제4조제1항 또는 제7조에 위반된 경우
2. 제78조에 따라 내야 할 수수료를 내지 아니한 경우
3. 이 법 또는 이 법에 따른 명령으로 정한 방식에 위반된 경우

제40조【출원공고결정 전의 보정】 ① 출원인은 다음 각 호의 구분에 따른 때까지는 최초의 상표등록출원의 요지를 변경하지 아니하는 범위에서 상표등록출원서의 기재사항, 상표등록출원에 관한 지정상품 및 상표를 보정할 수 있다.
1. 제55조의2에 따른 재심사를 청구하는 경우 : 재심사의 청구기간(2022.2.3 본호신설)

1의2. 제57조에 따른 출원공고의 결정이 있는 경우 : 출원공고의 때까지
2. 제57조에 따른 출원공고의 결정이 없는 경우 : 제54조에 따른 상표등록거절결정의 때까지
3. 제116조에 따른 거절결정에 대한 심판을 청구하는 경우 : 그 청구일부터 30일 이내
4. 제123조에 따라 거절결정에 대한 심판에서 심사규정이 준용되는 경우 : 제55조제1항·제3항 또는 제87조제2항·제3항에 따른 의견서 제출기간

② 제1항에 따른 보정이 다음 각 호의 어느 하나에 해당하는 경우에는 상표등록출원의 요지를 변경하지 아니하는 것으로 본다.
1. 지정상품의 범위의 감축(減縮)
2. 오기(誤記)의 정정
3. 불명료한 기재의 석명(釋明)
4. 상표의 부기적(附記的)인 부분의 삭제

5. 그 밖에 제36조제2항에 따른 표장에 관한 설명 등 산업통상자원부령으로 정하는 사항
③ 상표권 설정등록이 있은 후에 제1항에 따른 보정이 제2항 각 호의 어느 하나에 해당하지 아니하는 것으로 인정된 경우에는 그 상표등록출원은 그 보정서를 제출한 때에 상표등록출원을 한 것으로 본다.
제41조【출원공고결정 후의 보정】 ① 출원인은 제57조제2항에 따른 출원공고결정 등본의 송달 후에 다음 각 호의 어느 하나에 해당하게 된 경우에는 해당 호에서 정하는 기간 내에 최초의 상표등록출원의 요지를 변경하지 아니하는 범위에서 지정상품 및 상표를 보정할 수 있다.
1. 제54조에 따른 상표등록거절결정 또는 제87조제1항에 따른 지정상품의 추가등록거절결정의 거절이유에 나타난 사항에 대하여 제116조에 따른 심판을 청구한 경우 : 심판청구일부터 30일
2. 제55조제1항 및 제87조제2항에 따른 거절이유의 통지를 받고 그 거절이유에 나타난 사항에 대하여 보정하려는 경우 : 해당 거절이유에 대한 의견서 제출기간
2의2. 제55조의2에 따른 재심사를 청구하는 경우 : 재심사의 청구기간(2022.2.3 본호신설)
3. 이의신청이 있는 경우에 그 이의신청의 이유에 나타난 사항에 대하여 보정하려는 경우 : 제66조제1항에 따른 답변서 제출기간
② 제1항에 따른 보정이 제40조제2항 각 호의 어느 하나에 해당하는 경우에는 상표등록출원의 요지를 변경하지 아니하는 것으로 본다.
③ 상표권 설정등록이 있은 후에 제1항에 따른 보정이 제40조제2항 각 호의 어느 하나에 해당하지 아니하는 것으로 인정된 경우에는 그 상표등록출원은 그 보정을 하지 아니하였던 상표등록출원에 관하여 상표권이 설정등록된 것으로 본다.
제42조【보정의 각하】 ① 심사관은 제40조 및 제41조에 따른 보정이 제40조제2항 각 호의 어느 하나에 해당하지 아니하는 것인 경우에는 결정으로 그 보정을 각하(却下)하여야 한다.
② 심사관은 제1항에 따른 각하결정을 한 경우에는 제115조에 따른 보정각하결정에 대한 심판청구기간이 지나기 전까지는 그 상표등록출원에 대한 상표등록여부결정을 해서는 아니 되며, 출원공고할 것을 결정하기 전에 제1항에 따른 각하결정을 한 경우에는 출원공고결정도 해서는 아니 된다.(2021.10.19 본항개정)
③ 심사관은 출원인이 제1항에 따른 각하결정에 대하여 제115조에 따라 심판을 청구한 경우에는 그 심판의 심결이 확정될 때까지 그 상표등록출원의 심사를 중지하여야 한다.
④ 제1항에 따른 각하결정은 서면으로 하여야 하며, 그 이유를 붙여야 한다.
⑤ 제1항에 따른 각하결정(제41조에 따른 보정에 대한 각하결정으로 한정한다)에 대해서는 불복할 수 없다. 다만, 제116조에 따른 거절결정에 대한 심판을 청구하는 경우에는 그러하지 아니하다.
제43조【수정정관 등의 제출】 ① 단체표장등록을 출원한 출원인은 제36조제3항에 따른 정관을 수정한 경우에는 제40조제1항 각 호 또는 제41조제1항 각 호에서 정한 기간 내에 특허청장에게 수정된 정관을 제출하여야 한다.
② 증명표장등록을 출원한 출원인은 정관 또는 규약을 수정한 경우에는 제40조제1항 각 호 또는 제41조제1항 각 호에서 정한 기간 내에 특허청장에게 수정된 정관 또는 규약을 제출하여야 한다.
제44조【출원의 변경】 ① 다음 각 호의 어느 하나에 해당하는 출원을 한 출원인은 그 출원을 다음 각 호의 어느 하나에 해당하는 다른 출원으로 변경할 수 있다.
1. 상표등록출원
2. 단체표장등록출원(지리적 표시 단체표장등록출원은 제외한다)
3. 증명표장등록출원(지리적 표시 증명표장등록출원은 제외한다)
② 지정상품추가등록출원을 한 출원인은 상표등록출원으로 변경할 수 있다. 다만, 지정상품추가등록출원의 기초가 된 등록상표에 대하여 무효심판 또는 취소심판이 청구되거나 그 등록상표가 무효심판 또는 취소심판 등으로 소멸된 경우에는 그러하지 아니하다.
③ 제1항 및 제2항에 따라 변경된 출원(이하 "변경출원"이라 한다)은 최초의 출원을 한 때에 출원한 것으로 본다. 다만, 제46조제3항·제4항 또는 제47조제2항을 적용할 때에는 변경출원한 때를 기준으로 한다.(2023.10.31 단서개정)
④ 제1항 및 제2항에 따른 출원의 변경은 최초의 출원에 대한 등록여부결정 또는 심결이 확정된 후에는 할 수 없다.
⑤ 변경출원의 기초가 된 출원이 제46조에 따라 우선권을 주장한 출원인 경우에는 제1항 및 제2항에 따라 변경출원을 한 때에 그 변경출원에 우선권 주장을 한 것으로 보며, 변경출원의 기초가 된 출원에 대하여 제46조에 따라 제출된 서류 또는 서면이 있는 경우에는 그 변경출원에 해당 서류 또는 서면이 제출된 것으로 본다.
(2023.10.31 본항신설)
⑥ 제5항에 따라 제46조에 따른 우선권 주장을 한 것으로 보는 변경출원에 대해서는 변경출원을 한 날부터 30일 이내에 그 우선권 주장의 전부 또는 일부를 취하할 수 있다.(2023.10.31 본항신설)
⑦ 제47조에 따른 출원 시의 특례에 관하여는 제5항 및 제6항을 준용한다.(2023.10.31 본항신설)
⑧ 변경출원의 경우 최초의 출원은 취하된 것으로 본다.
제45조【출원의 분할】 ① 출원인은 둘 이상의 상품을 지정상품으로 하여 상표등록출원을 한 경우에는 제40조제1항 각 호 및 제41조제1항 각 호에서 정한 기간 내에 둘 이상의 상표등록출원으로 분할할 수 있다.
② 제1항에 따라 분할하는 상표등록출원(이하 "분할출원"이라 한다)이 있는 경우 그 분할출원은 최초에 상표등록출원을 한 때에 출원한 것으로 본다. 다만, 제46조제3항·제4항 또는 제47조제2항을 적용할 때에는 분할출원한 때를 기준으로 한다.(2023.10.31 단서개정)
③ 분할의 기초가 된 상표등록출원이 제46조에 따라 우선권을 주장한 상표등록출원인 경우에는 제1항에 따라 분할출원을 한 때에 그 분할출원에 대해서도 우선권 주장을 한 것으로 보며, 분할의 기초가 된 상표등록출원에 대하여 제46조에 따라 제출된 서류 또는 서면이 있는 경우에는 그 분할출원에 대해서도 해당 서류 또는 서면이 제출된 것으로 본다.(2021.10.19 본항신설)
④ 제3항에 따라 제46조에 따른 우선권 주장을 한 것으로 보는 분할출원에 대해서는 분할출원을 한 날부터 30일 이내에 그 우선권 주장의 전부 또는 일부를 취하할 수 있다.(2021.10.19 본항신설)
⑤ 제47조에 따른 출원 시의 특례에 관하여는 제3항 및 제4항을 준용한다.(2021.10.19 본항신설)
제46조【조약에 따른 우선권 주장】 ① 조약에 따라 대한민국 국민에게 상표등록출원에 대한 우선권을 인정하는 당사국의 국민이 그 당사국 또는 다른 당사국에 상표등록출원을 한 후 같은 상표를 대한민국에 상표등록출원하여 우선권을 주장하는 경우에는 제35조를 적용할 때 그 당사국에 출원한 날을 대한민국에 상표등록출원한 날로 본다. 대한민국 국민이 조약에 따라 대한민국 국민에게 상표등록출원에 대한 우선권을 인정하는 당사국에 상표등록출원한 후 같은 상표를 대한민국에 상표등록출원한 경우에도 또한 같다.
② 제1항에 따라 우선권을 주장하려는 자는 우선권 주장의 기초가 되는 최초의 출원일부터 6개월 이내에 출원하지 아니하면 우선권을 주장할 수 없다.
③ 제1항에 따라 우선권을 주장하려는 자는 상표등록출원 시 상표등록출원서에 그 취지, 최초로 출원한 국가명 및 출원 연월일을 적어야 한다.
④ 제3항에 따라 우선권을 주장한 자는 최초로 출원한 국가의 정부가 인정하는 상표등록출원의 연월일을 적은 서면, 상표 및 지정상품의 등본을 상표등록출원일부터 3개월 이내에 특허청장에게 제출하여야 한다.
⑤ 제3항에 따라 우선권을 주장한 자가 제4항의 기간 내에 같은 항에 따른 서류를 제출하지 아니한 경우에는 그 우선권 주장은 효력을 상실한다.
제47조【출원 시의 특례】 ① 상표등록을 받을 수 있는 자가 다음 각 호의 어느 하나에 해당하는 박람회에 출품한 상품에 사용한 상표를 그 출품일부터 6개월 이내에 그 상품을 지정상품으로 하여 상표등록출원을 한 경우에는 그 상표등록출원은 그 출품을 한 때에 출원한 것으로 본다.
1. 정부 또는 지방자치단체가 개최하는 박람회
2. 정부 또는 지방자치단체의 승인을 받은 자가 개최하는 박람회
3. 정부의 승인을 받아 국외에서 개최하는 박람회
4. 조약당사국의 영역(領域)에서 그 정부나 그 정부로부터 승인을 받은 자가 개최하는 국제박람회
② 제1항을 적용받으려는 자는 그 취지를 적은 상표등록출원서를 특허청장에게 제출하고, 이를 증명할 수 있는 서류를 상표등록출원일부터 30일 이내에 특허청장에게 제출하여야 한다.
제48조【출원의 승계 및 분할이전 등】 ① 상표등록출원의 승계는 상속이나 그 밖의 일반승계의 경우를 제외하고는 출원인 변경신고를 하지 아니하면 그 효력이 발생하지 아니한다.
② 상표등록출원은 그 지정상품마다 분할하여 이전할 수 있다. 이 경우 유사한 지정상품은 함께 이전하여야 한다.
③ 상표등록출원의 상속이나 그 밖의 일반승계가 있는 경우에는 승계인은 지체 없이 그 취지를 특허청장에게 신고하여야 한다.
④ 상표등록출원이 공유인 경우에는 각 공유자는 다른 공유자 전원의 동의를 받지 아니하면 그 지분을 양도할 수 없다.
⑤ 제2항에 따라 분할하여 이전된 상표등록출원은 최초의 상표등록출원을 한 때에 출원한 것으로 본다. 다만, 제46조제1항에 따른 우선권 주장이 있거나 제47조제1항에 따른 출원 시의 특례를 적용하는 경우에는 그러하지 아니하다.
⑥ 다음 각 호의 어느 하나에 해당하는 등록출원은 양도할 수 없다. 다만, 해당 호의 업무와 함께 양도하는 경우에는 양도할 수 있다.
1. 제3조제6항에 따른 업무표장등록출원
2. 제34조제1항제1호다목 단서, 같은 호 라목 단서 및 같은 항 제3호 단서에 따른 상표등록출원
⑦ 단체표장등록출원은 이전할 수 없다. 다만, 법인이 합병하는 경우에는 특허청장의 허가를 받아 이전할 수 있다.
⑧ 증명표장등록출원은 이전할 수 없다. 다만, 해당 증명표장에 대하여 제3조제3항에 따른 증명표장의 등록을 받을 수 있는 자에게 그 업무와 함께 이전하는 경우에는 특허청장의 허가를 받아 이전할 수 있다.
제49조【정보의 제공】 누구든지 상표등록출원된 상표가 제54조 각 호의 어느 하나에 해당되어 상표등록될 수 없다는 취지의 정보를 증거와 함께 특허청장 또는 특허심판원장에게 제공할 수 있다.

제3장 심 사

제50조【심사관에 의한 심사】 ① 특허청장은 심사관에게 상표등록출원 및 이의신청을 심사하게 한다.
② 심사관의 자격에 관하여 필요한 사항은 대통령령으로 정한다.
제51조【상표전문기관의 등록 등】 ① 특허청장은 상표등록출원의 심사에 필요하다고 인정하면 제2항에 따른 전문기관에 다음 각 호의 업무를 의뢰할 수 있다.
(2019.1.8 본문개정)
1. 상표검색
2. 상품분류
3. 그 밖에 상표의 사용실태 조사 등 대통령령으로 정하는 업무
② 제1항에 따라 특허청장이 의뢰하는 업무를 수행하려는 자는 특허청장에게 전문기관의 등록을 하여야 한다.
(2019.1.8 본항신설)
③ 특허청장은 제1항의 업무를 효과적으로 수행하기 위하여 필요하다고 인정하는 경우에는 대통령령으로 정하는 전담기관으로 하여금 전문기관 업무에 대한 관리 및 평가에 관한 업무를 대행하게 할 수 있다.(2019.1.8 본항신설)
④ 특허청장은 상표등록출원의 심사에 필요하다고 인정하는 경우에는 관계 행정기관이나 상표에 관한 지식과 경험이 풍부한 사람 또는 관계인에게 협조를 요청하거나 의견을 들을 수 있다.
⑤ 특허청장은 「농수산물 품질관리법」에 따른 지리적 표시 등록 대상품목에 대하여 지리적 표시 단체표장이 출원된 경우에는 그 단체표장이 지리적 표시에 해당되는지에 관하여 농림축산식품부장관 또는 해양수산부장관의 의견을 들어야 한다.
⑥ 제2항에 따른 전문기관의 등록기준 및 상표검색 등의 의뢰에 필요한 사항은 대통령령으로 정한다.(2019.1.8 본항개정)
(2019.1.8 본조제목개정)
제52조【상표전문기관의 등록취소 등】 ① 특허청장은 제51조제2항에 따른 전문기관이 제1호에 해당하는 경우에는 그 등록을 취소하여야 하며, 제2호에 해당하는 경우에는 그 등록을 취소하거나 6개월 이내의 기간을 정하여 업무의 정지를 명할 수 있다.
1. 거짓이나 그 밖의 부정한 방법으로 등록을 한 경우
2. 제51조제6항에 따른 등록기준에 적합하지 아니하게 된 경우
(2019.1.8 본항개정)
② 특허청장은 제1항에 따라 전문기관의 등록을 취소하거나 업무의 정지를 명하려면 청문을 하여야 한다.
(2019.1.8 본항개정)
③ 제1항에 따른 행정처분의 기준과 절차 등에 관하여 필요한 사항은 산업통상자원부령으로 정한다.
(2019.1.8 본조제목개정)
제53조【심사의 순위 및 우선심사】 ① 상표등록출원에 대한 심사의 순위는 출원의 순위에 따른다.
② 특허청장은 다음 각 호의 어느 하나에 해당하는 상표등록출원에 대해서는 제1항에도 불구하고 심사관으로 하여금 다른 상표등록출원보다 우선하여 심사하게 할 수 있다.
1. 상표등록출원 후 출원인이 아닌 자가 상표등록출원된 상표와 동일·유사한 상표를 동일·유사한 지정상품에 정당한 사유 없이 업으로서 사용하고 있다고 인정되는 경우
2. 출원인이 상표등록출원한 상표를 지정상품의 전부에 사용하고 있는 등 대통령령으로 정하는 상표등록출원으로서 긴급한 처리가 필요하다고 인정되는 경우
제54조【상표등록거절결정】 심사관은 상표등록출원이 다음 각 호의 어느 하나에 해당하는 경우에는 상표등록거절결정을 하여야 한다. 이 경우 상표등록출원의 지정상품 일부가 다음 각 호의 어느 하나에 해당하는 경우에는 그 지정상품에 대하여만 상표등록거절결정을 하여야 한다.(2022.2.3 후단신설)
1. 제2조제1항에 따른 상표, 단체표장, 지리적 표시, 지리적 표시 단체표장, 증명표장, 지리적 표시 증명표장 또는 업무표장의 정의에 맞지 아니하는 경우
2. 조약에 위반된 경우
3. 제3조, 제27조, 제33조부터 제35조까지, 제38조제1항, 제48조제2항 후단, 같은 조 제4항 또는 제6항부터 제8항까지의 규정에 따라 상표등록을 할 수 없는 경우
4. 제3조에 따른 단체표장, 증명표장 및 업무표장의 등록을 받을 수 있는 자에 해당하지 아니한 경우
5. 지리적 표시 단체표장등록출원의 경우에 그 소속 단체원의 가입에 관하여 정관에 의하여 단체의 가입을 금지하거나 정관에 충족하기 어려운 가입조건을 규정하는 등 단체의 가입을 실질적으로 허용하지 아니한 경우

6. 제36조제3항에 따른 정관에 대통령령으로 정하는 단체표장의 사용에 관한 사항의 전부 또는 일부를 적지 아니하였거나 같은 조 제4항에 따른 정관 또는 규약에 대통령령으로 정하는 증명표장의 사용에 관한 사항의 전부 또는 일부를 적지 아니한 경우
7. 증명표장등록출원의 경우에 그 증명표장을 사용할 수 있는 자에 대하여 정당한 사유 없이 정관 또는 규약으로 사용을 허락하지 아니하거나 정관 또는 규약에 충족하기 어려운 사용조건을 규정하는 등 실질적으로 사용을 허락하지 아니한 경우

제55조【거절이유통지】 ① 심사관은 다음 각 호의 어느 하나에 해당하는 경우에는 출원인에게 미리 거절이유(제54조 각 호의 어느 하나에 해당하는 이유를 말하며, 이하 "거절이유"라 한다)를 통지하여야 한다. 이 경우 출원인은 산업통상자원부령으로 정하는 기간 내에 거절이유에 대한 의견서를 제출할 수 있다.(2021.10.19 전단개정)
1. 제54조에 따라 상표등록거절결정을 하려는 경우
2. 제68조의2제1항에 따른 직권 재심사를 하여 취소된 상표등록결정 전에 이미 통지한 거절이유로 상표등록거절결정을 하려는 경우

(2021.10.19 1호~2호신설)
② 심사관은 제1항에 따라 거절이유를 통지하는 경우에 지정상품별로 거절이유와 근거를 구체적으로 적어야 한다.
③ 제1항 후단에 따른 기간 내에 의견서를 제출하지 못한 출원인은 그 기간의 만료일부터 2개월 내에 상표에 관한 절차를 계속 진행할 것을 신청하고, 거절이유에 대한 의견서를 제출할 수 있다.

제55조의2【재심사의 청구】 ① 제54조에 따른 상표등록거절결정을 받은 자는 그 결정 등본을 송달받은 날부터 3개월(제17조제1항에 따라 제116조에 따른 기간이 연장된 경우에는 그 연장된 기간을 말한다) 이내에 지정상품 또는 상표를 보정하여 해당 상표등록출원에 관한 재심사를 청구할 수 있다. 다만, 재심사를 청구할 때 이미 재심사에 따른 거절결정이 있거나 제116조에 따른 심판청구가 있는 경우에는 그러하지 아니하다.
② 출원인은 제1항에 따른 재심사의 청구와 함께 의견서를 제출할 수 있다.
③ 제1항에 따라 재심사가 청구된 경우 그 상표등록출원에 대하여 종전에 이루어진 상표등록거절결정은 취소된 것으로 본다. 다만, 재심사의 청구절차가 제18조제1항에 따라 무효로 된 경우에는 그러하지 아니하다.
④ 제1항에 따른 재심사의 청구는 취하할 수 없다.
(2022.2.3 본조신설)

제56조【서류의 제출 등】 특허청장 또는 심사관은 당사자에게 심판 또는 재심에 관한 절차 외의 절차를 처리하기 위하여 심사에 필요한 서류, 그 밖의 물건의 제출을 요청할 수 있다.

제57조【출원공고】 ① 심사관은 상표등록출원에 대하여 거절이유를 발견할 수 없는 경우(일부 지정상품에 대하여 거절이유가 있는 경우에는 그 지정상품에 대한 거절결정이 확정된 경우를 말한다)에는 출원공고결정을 하여야 한다. 다만, 다음 각 호의 어느 하나에 해당하는 경우에는 출원공고결정을 생략할 수 있다.(2022.2.3 본문개정)
1. 제2항에 따른 출원공고결정의 등본이 출원인에게 송달된 후 그 출원인이 출원공고된 상표등록출원을 제45조에 따라 둘 이상의 상표등록출원으로 분할한 경우로서 그 분할출원에 대하여 거절이유를 발견할 수 없는 경우
2. 제54조에 따른 상표등록거절결정에 대하여 취소의 심결이 있는 경우로서 해당 상표등록출원의 지정상품에 대하여 이미 출원공고된 사실이 있고 다른 거절이유를 발견할 수 없는 경우(2022.2.3 본호개정)

② 특허청장은 제1항 각 호 외의 부분 본문에 따른 결정이 있을 경우에는 그 결정의 등본을 출원인에게 송달하고 그 상표등록출원에 관하여 상표공보에 게재하여 출원공고를 하여야 한다.
③ 특허청장은 제2항에 따라 출원공고를 한 날부터 2개월간 상표등록출원 서류 및 그 부속 서류를 특허청에서 일반인이 열람할 수 있게 하여야 한다.

제58조【손실보상청구권】 ① 출원인은 제57조제2항(제88조제2항 및 제123조제1항에 따라 준용되는 경우를 포함한다)에 따른 출원공고가 있은 후 해당 상표등록출원에 관한 지정상품과 동일·유사한 상품에 대하여 해당 상표등록출원에 관한 상표와 동일·유사한 상표를 사용하는 자에게 서면으로 경고할 수 있다. 다만, 출원인이 해당 상표등록출원의 사본을 제시하는 경우에는 출원공고 전이라도 서면으로 경고할 수 있다.
② 제1항에 따라 경고를 한 출원인은 경고 후 상표권을 설정등록할 때까지의 기간에 발생한 해당 상표의 사용에 관한 업무상 손실에 상당하는 보상금의 지급을 청구할 수 있다.
③ 제2항에 따른 청구권은 해당 상표등록출원에 대한 상표권의 설정등록 전까지는 행사할 수 없다.
④ 제2항에 따른 청구권의 행사는 상표권의 행사에 영향을 미치지 아니한다.
⑤ 제2항에 따른 청구권을 행사하는 경우의 등록상표 보호범위 등에 관하여는 제91조, 제108조, 제113조 및 제114조와 「민법」 제760조 및 제766조를 준용한다. 이 경우 「민법」 제766조제1항 중 "피해자나 그 법정대리인이 그 손해 및 가해자를 안 날"은 "해당 상표권의 설정등록일"로 본다.
⑥ 상표등록출원이 다음 각 호의 어느 하나에 해당하는 경우에는 제2항에 따른 청구권은 처음부터 발생하지 아니한 것으로 본다.
1. 상표등록출원이 포기·취하 또는 무효가 된 경우
2. 상표등록출원에 대한 제54조에 따른 상표등록거절결정이 확정된 경우
3. 제117조에 따라 상표등록을 무효로 한다는 심결(같은 조 제1항제5호부터 제7호까지의 규정에 따른 경우는 제외한다)이 확정된 경우

제59조【직권보정 등】 ① 심사관은 제57조에 따른 출원공고결정을 할 때에 상표등록출원서에 적힌 사항이 명백히 잘못된 경우에는 직권으로 보정(이하 이 조에서 "직권보정"이라 한다)을 할 수 있다. 이 경우 직권보정은 제40조제2항에 따른 범위에서 하여야 한다.(2023.10.31 후단신설)
② 제1항에 따라 심사관이 직권보정을 하려면 제57조제2항에 따른 출원공고결정 등본의 송달과 함께 그 직권보정 사항을 출원인에게 알려야 한다.
③ 출원인은 직권보정 사항의 전부 또는 일부를 받아들일 수 없는 경우에는 제57조제3항에 따른 기간 내에 그 직권보정 사항에 대한 의견서를 특허청장에게 제출하여야 한다.
④ 출원인이 제3항에 따라 의견서를 제출한 경우 해당 직권보정 사항의 전부 또는 일부는 처음부터 없었던 것으로 본다. 이 경우 그 출원공고결정도 함께 취소된 것으로 본다.
⑤ 직권보정이 제40조제2항에 따른 범위를 벗어나거나 명백히 잘못되지 아니한 사항을 직권보정한 경우 그 직권보정은 처음부터 없었던 것으로 본다.(2023.10.31 본항신설)

제60조【이의신청】 ① 출원공고가 있는 경우에는 누구든지 출원공고일부터 2개월 내에 다음 각 호의 어느 하나에 해당한다는 것을 이유로 특허청장에게 이의신청을 할 수 있다.
1. 제54조에 따른 상표등록거절결정의 거절이유에 해당한다는 것
2. 제87조제1항에 따른 추가등록거절결정의 거절이유에 해당한다는 것

② 제1항에 따라 이의신청을 하려는 자는 다음 각 호의 사항을 적은 이의신청서에 필요한 증거를 첨부하여 특허청장에게 제출하여야 한다.
1. 신청인의 성명 및 주소(법인인 경우에는 그 명칭 및 영업소의 소재지를 말한다)
2. 신청인의 대리인이 있는 경우에는 그 대리인의 성명 및 주소나 영업소의 소재지〔대리인이 특허법인·특허법인(유한)인 경우에는 그 명칭, 사무소의 소재지 및 지정된 변리사의 성명을 말한다〕
3. 이의신청의 대상
4. 이의신청사항
5. 이의신청의 이유 및 필요한 증거의 표시

제61조【이의신청 이유 등의 보정】 제60조제1항에 따른 상표등록의 이의신청인(이하 "이의신청인"이라 한다)은 이의신청기간이 지난 후 30일 이내에 그 이의신청서에 적은 이유와 증거를 보정할 수 있다.

제62조【이의신청에 대한 심사 등】 ① 이의신청은 심사관 3명으로 구성되는 심사관합의체(이하 "심사관합의체"라 한다)에서 심사·결정한다.
② 특허청장은 각각의 이의신청에 대하여 심사관합의체를 구성할 심사관을 지정하여야 한다.
③ 특허청장은 제2항에 따라 지정된 심사관 중 1명을 심사장으로 지정하여야 한다.
④ 심사관합의체 및 심사장에 관하여는 제130조제2항, 제131조제2항 및 제132조제2항·제3항을 준용한다. 이 경우 제130조제2항 중 "특허심판원장"은 "특허청장"으로, "심판관"은 "심사관"으로, "심판"은 "심사"로 보고, 제131조제2항 중 "심판장"은 "심사장"으로, "심판사건"은 "이의신청사건"으로 보며, 제132조제2항 중 "심판관합의체"는 "심사관합의체"로 보고, 같은 조 제3항 중 "심판"은 "심사"로 본다.

제63조【이의신청에 대한 심사의 범위】 심사관합의체는 이의신청에 관하여 출원인이나 이의신청인이 주장하지 아니한 이유에 관하여도 심사할 수 있다. 이 경우 출원인이나 이의신청인에게 기간을 정하여 그 이유에 관하여 의견을 진술할 수 있는 기회를 주어야 한다.

제64조【이의신청의 병합 또는 분리】 심사관합의체는 둘 이상의 이의신청을 병합하거나 분리하여 심사·결정할 수 있다.

제65조【이의신청의 경합】 ① 심사관합의체는 둘 이상의 이의신청이 있는 경우에 그 중 어느 하나의 이의신청에 대하여 심사한 결과 그 이의신청이 이유가 있다고 인정할 때에는 다른 이의신청에 대해서는 결정을 하지 아니할 수 있다.
② 특허청장은 심사관합의체가 제1항에 따라 이의신청에 대하여 결정을 하지 아니한 경우에는 해당 이의신청인에게도 상표등록거절결정 등본을 송달하여야 한다.

제66조【이의신청에 대한 결정】 ① 심사장은 이의신청이 있는 경우에는 이의신청서 부본(副本)을 출원인에게 송달하고 기간을 정하여 답변서 제출의 기회를 주어야 한다.
② 심사관합의체는 제1항 및 제60조제1항에 따른 이의신청기간이 지난 후에 이의신청에 대한 결정을 하여야 한다.
③ 이의신청에 대한 결정은 서면으로 하여야 하며, 그 이유를 붙여야 한다. 이 경우 둘 이상의 지정상품에 대한 결정이유가 다른 경우에는 지정상품마다 그 이유를 붙여야 한다.
④ 심사관합의체는 이의신청인이 제60조제1항에 따른 이의신청기간 내에 그 이유나 증거를 제출하지 아니한 경우에는 제1항에도 불구하고 제61조에 따른 기간이 지난 후 결정으로 이의신청을 각하할 수 있다. 이 경우 그 결정의 등본을 이의신청인에게 송달하여야 한다.
⑤ 특허청장은 제2항에 따른 결정이 있는 경우에는 그 결정의 등본을 출원인 및 이의신청인에게 송달하여야 한다.
⑥ 출원인 및 이의신청인은 제2항 및 제4항에 따른 결정에 대하여 다음 각 호의 구분에 따른 방법으로 불복할 수 있다.
1. 출원인 : 제116조에 따른 심판의 청구
2. 이의신청인 : 제117조에 따른 상표등록 무효심판의 청구

제67조【상표등록 출원공고 후의 직권에 의한 상표등록거절결정】 ① 심사관은 출원공고 후 거절이유를 발견한 경우에는 직권으로 제54조에 따른 상표등록거절결정을 할 수 있다.
② 제1항에 따라 상표등록거절결정을 할 경우에는 이의신청이 있더라도 그 이의신청에 대해서는 결정을 하지 아니한다.
③ 특허청장은 제1항에 따라 심사관이 상표등록거절결정을 한 경우에는 이의신청인에게 상표등록거절결정 등본을 송달하여야 한다.

제68조【상표등록결정】 심사관은 상표등록출원에 대하여 거절이유를 발견할 수 없는 경우(일부 지정상품에 대하여 거절이유가 있는 경우에는 그 지정상품에 대한 거절결정이 확정된 경우를 말한다)에는 상표등록결정을 하여야 한다.(2022.2.3 본조개정)

제68조의2【상표등록결정 이후의 직권 재심사】 ① 심사관은 상표등록결정을 한 출원에 대하여 명백한 거절이유를 발견한 경우에는 직권으로 상표등록결정을 취소하고 그 상표등록출원을 다시 심사(이하 "직권 재심사"라 한다)할 수 있다. 다만, 다음 각 호의 어느 하나에 해당하는 경우에는 그러하지 아니하다.
1. 거절이유가 제38조제1항에 해당하는 경우
2. 그 상표등록결정에 따라 상표권이 설정등록된 경우
3. 그 상표등록출원이 취하되거나 포기된 경우

② 제1항에 따라 심사관이 직권 재심사를 하려면 상표등록결정을 취소한다는 사실을 출원인에게 통지하여야 한다.
③ 출원인이 제2항에 따른 통지를 받기 전에 그 상표등록출원이 제1항제2호 또는 제3호에 해당하게 된 경우에는 상표등록결정의 취소는 처음부터 없었던 것으로 본다.
(2021.10.19 본조신설)

제69조【상표등록여부결정의 방식】 ① 상표등록여부결정은 서면으로 하여야 하며, 그 이유를 붙여야 한다.
② 특허청장은 상표등록여부결정이 있는 경우에는 그 결정의 등본을 출원인에게 송달하여야 한다.

제70조【심사 또는 소송 절차의 중지】 ① 상표등록출원의 심사에서 필요한 경우에는 심결이 확정될 때까지 또는 소송절차가 완결될 때까지 그 상표등록출원의 심사절차를 중지할 수 있다.
② 법원은 소송에서 필요한 경우에는 상표등록여부결정이 확정될 때까지 그 소송절차를 중지할 수 있다.

제71조【심판 규정의 이의신청 심사 및 결정에의 준용】 이의신청에 대한 심사 및 결정에 관하여는 제128조, 제134조제1호부터 제5호까지 및 제7호, 제144조와 「민사소송법」 제143조, 제299조 및 제367조를 준용한다.

제4장 상표등록료 및 상표등록 등

제72조【상표등록료】 ① 다음 각 호의 어느 하나에 해당하는 상표권의 설정등록 등을 받으려는 자는 상표등록료를 내야 한다. 이 경우 제1호 또는 제2호에 해당할 때에는 상표등록료를 2회로 분할하여 낼 수 있다.
1. 제82조에 따른 상표권의 설정등록
2. 존속기간갱신등록
3. 제86조에 따른 지정상품의 추가등록

② 이해관계인은 제1항에 따른 상표등록료를 내야 할 자의 의사와 관계없이 상표등록료를 낼 수 있다.
③ 제1항에 따른 상표등록료, 그 납부방법, 납부기간 및 분할납부 등에 필요한 사항은 산업통상자원부령으로 정한다.

제73조【상표등록료를 납부할 때의 일부 지정상품의 포기】 ① 다음 각 호의 어느 하나에 해당하는 자가 상표등록료(제72조제1항 각 호 외의 부분 후단에 따라 분할납부하는 경우에는 1회차 상표등록료를 말한다)를 낼 때에는 지정상품별로 상표등록을 포기할 수 있다.
1. 둘 이상의 지정상품이 있는 상표등록출원에 대한 상표등록결정을 받은 자
2. 지정상품추가등록출원에 대한 지정상품의 추가등록결정을 받은 자
3. 존속기간갱신등록신청을 한 자

② 제1항에 따른 지정상품의 포기에 필요한 사항은 산업통상자원부령으로 정한다.
제74조【상표등록료의 납부기간 연장】 특허청장은 제72조제3항에 따른 상표등록료의 납부기간을 청구에 의하여 30일을 넘지 아니하는 범위에서 연장할 수 있다.
제75조【상표등록료의 미납으로 인한 출원 또는 신청의 포기】 다음 각 호의 어느 하나에 해당하는 경우에는 상표등록출원, 지정상품추가등록출원 또는 존속기간갱신등록신청을 포기한 것으로 본다.
1. 제72조제3항 또는 제74조에 따른 납부기간에 해당 상표등록료(제72조제1항 각 호 외의 부분 후단에 따라 분할납부하는 경우에는 1회차 상표등록료를 말한다. 이하 이 조에서 같다)를 내지 아니한 경우
2. 제76조제1항에 따라 상표등록료의 보전명령을 받은 경우로서 그 보전기간 내에 보전하지 아니한 경우
3. 제77조제1항에 해당하는 경우로서 그 해당 기간 내에 상표등록료를 내지 아니하거나 보전하지 아니한 경우
제76조【상표등록료의 보전 등】 ① 특허청장은 상표권의 설정등록, 지정상품의 추가등록, 존속기간갱신등록을 받으려는 자 또는 상표권자가 제72조제3항 또는 제74조에 따른 납부기간 내에 상표등록료의 일부를 내지 아니한 경우에는 상표등록료의 보전(補塡)을 명하여야 한다.
② 제1항에 따라 보전명령을 받은 자는 그 보전명령을 받은 날부터 1개월 이내(이하 "보전기간"이라 한다)에 상표등록료를 보전할 수 있다.
③ 제2항에 따라 상표등록료를 보전하는 자는 내지 아니한 금액의 2배의 범위에서 산업통상자원부령으로 정하는 금액을 내야 한다.
제77조【상표등록료 납부 또는 보전에 의한 상표등록출원의 회복 등】 ① 다음 각 호의 어느 하나에 해당하는 자가 정당한 사유로 제72조제3항 또는 제74조에 따른 납부기간 내에 상표등록료를 내지 아니하였거나 제76조제2항에 따른 보전기간 내에 보전하지 아니한 경우에는 그 사유가 소멸한 날부터 2개월 이내에 그 상표등록료를 내거나 보전할 수 있다. 다만, 납부기간의 만료일 또는 보전기간의 만료일 중 늦은 날부터 1년이 지났을 경우에는 상표등록료를 내거나 보전할 수 없다.(2021.10.19 본문개정)
1. 상표등록출원의 출원인
2. 지정상품추가등록출원의 출원인
3. 존속기간갱신등록신청의 신청인 또는 상표권자
② 제1항에 따라 상표등록료를 내거나 보전한 자(제72조제1항 각 호 외의 부분 후단에 따라 분할납부하는 경우에는 1회차 상표등록료를 내거나 보전한 자를 말한다)는 제75조에도 불구하고 그 상표등록출원, 지정상품추가등록출원 또는 존속기간갱신등록신청을 포기하지 아니한 것으로 본다.
③ 제2항에 따라 상표등록출원, 지정상품추가등록출원 또는 상표권(이하 이 조에서 "상표등록출원등"이라 한다)이 회복된 경우에는 그 상표등록출원등의 효력은 제72조제3항 또는 제74조에 따른 납부기간이 지난 후 상표등록출원등이 회복되기 전에 그 상표와 동일·유사한 상표를 그 지정상품과 동일·유사한 상품에 사용한 행위에는 미치지 아니한다.
제78조【수수료】 ① 상표에 관한 절차를 밟는 자는 수수료를 내야 한다. 다만, 제117조제1항 및 제118조제1항에 따라 심사관이 무효심판을 청구하는 경우에는 수수료를 면제한다.
② 제1항에 따른 수수료, 그 납부방법, 납부기간 등에 관하여 필요한 사항은 산업통상자원부령으로 정한다.
③ 제84조제2항 단서에 따른 기간에 존속기간갱신등록신청을 하려는 자는 제2항에 따른 수수료에 산업통상자원부령으로 정하는 금액을 더하여 내야 한다.
제79조【상표등록료 및 수수료의 반환】 ① 납부된 상표등록료와 수수료가 다음 각 호의 어느 하나에 해당하는 경우에는 해당 호의 구분에 따른 상표등록료 및 수수료를 납부한 자의 청구에 의하여 반환한다.
1. 잘못 납부된 경우 : 그 잘못 납부된 상표등록료 및 수수료
2. 상표등록출원 후 1개월 이내에 그 상표등록출원을 취하하거나 포기한 경우 : 이미 낸 수수료 중 상표등록출원료 및 우선권 주장 신청료. 다만, 다음 각 목의 어느 하나에 해당하는 경우는 제외한다.
   가. 분할출원, 변경출원, 분할출원 또는 변경출원의 기초가 된 상표등록출원
   나. 제53조에 따른 우선심사의 신청이 있는 출원
   다. 제180조제1항에 따라 이 법에 따른 상표등록출원으로 보는 국제상표등록출원
3. 제156조에 따라 보정각하결정 또는 거절결정이 취소된 경우(제161조에 따라 재심의 절차에서 준용되는 경우를 포함하되, 심판 또는 재심 중 제40조제1항 각 호 및 제41조제1항제1호에 따른 보정이 있는 경우는 제외한다) : 이미 낸 수수료 중 심판청구료(재심의 경우에는 재심청구료를 말한다. 이하 이 조에서 같다)
4. 심판청구가 제127조제2항에 따라 결정으로 각하되고 그 결정이 확정된 경우(제161조에 따라 재심의 절차에서 준용되는 경우를 포함한다) : 이미 낸 수수료 중 심판청구료의 2분의 1에 해당하는 금액
5. 심리의 종결을 통지받기 전까지 제142조제1항에 따른 참가신청을 취하한 경우(제161조에 따라 재심의 절차에서 준용되는 경우를 포함한다) : 이미 낸 수수료 중 참가신청료의 2분의 1에 해당하는 금액
6. 제142조제1항에 따른 참가신청이 결정으로 거부된 경우(제161조에 따라 재심의 절차에서 준용되는 경우를 포함한다) : 이미 낸 수수료 중 참가신청료의 2분의 1에 해당하는 금액
7. 심리의 종결을 통지받기 전까지 심판청구를 취하한 경우(제161조에 따라 재심의 절차에서 준용되는 경우를 포함한다) : 이미 낸 수수료 중 심판청구료의 2분의 1에 해당하는 금액
8. 제84조제2항 본문에 따라 존속기간 만료 전에 존속기간갱신등록신청을 하였으나 존속기간갱신등록의 효력 발생일 전에 상표권의 전부 또는 일부가 소멸 또는 포기된 경우 : 이미 낸 상표등록료에서 그 소멸 또는 포기된 상표권을 제외하여 산정한 상표등록료를 뺀 금액(2023.10.31 본호신설)
9. 제72조제1항 후단에 따라 상표등록료를 분할납부한 경우로서 2회차 상표등록료를 납부하였으나 상표권의 설정등록일 또는 존속기간갱신등록일로부터 5년이 되기 전에 상표권의 전부 또는 일부가 소멸 또는 포기된 경우 : 이미 낸 2회차 상표등록료에서 그 소멸 또는 포기된 상표권을 제외하여 산정한 2회차 상표등록료를 뺀 금액(2023.10.31 본호신설)
② 특허청장 또는 특허심판원장은 납부된 상표등록료 및 수수료가 제1항 각 호의 어느 하나에 해당하는 경우에는 그 사실을 납부한 자에게 통지하여야 한다.
③ 제1항에 따른 상표등록료 및 수수료의 반환청구는 제2항에 따른 통지를 받은 날부터 5년이 지나면 할 수 없다.(2022.10.18 본항개정)
제80조【상표원부】 ① 특허청장은 특허청에 상표원부를 갖추어 두고 다음 각 호의 사항을 등록한다.
1. 상표권의 설정·이전·변경·소멸·회복, 존속기간의 갱신, 제209조에 따른 상품분류전환(이하 "상품분류전환"이라 한다), 지정상품의 추가 또는 처분의 제한
2. 전용사용권 또는 통상사용권의 설정·보존·이전·변경·소멸 또는 처분의 제한
3. 상표권·전용사용권 또는 통상사용권을 목적으로 하는 질권(質權)의 설정·이전·변경·소멸 또는 처분의 제한
② 제1항에 따른 상표원부는 그 전부 또는 일부를 전자적 기록매체 등으로 작성할 수 있다.
③ 제1항 및 제2항에서 규정한 사항 외에 등록사항 및 등록절차 등에 관하여 필요한 사항은 대통령령으로 정한다.
제81조【상표등록증의 발급】 ① 특허청장은 상표권의 설정등록을 하였을 경우에는 산업통상자원부령으로 정하는 바에 따라 상표권자에게 상표등록증을 발급하여야 한다.
② 특허청장은 상표등록증이 상표원부나 그 밖의 서류와 맞지 아니할 경우에는 신청에 의하여 또는 직권으로 상표등록증을 회수하여 정정발급하거나 새로운 상표등록증을 발급하여야 한다.

제5장 상표권

제82조【상표권의 설정등록】 ① 상표권은 설정등록에 의하여 발생한다.
② 특허청장은 다음 각 호의 어느 하나에 해당하는 경우에는 상표권을 설정하기 위한 등록을 하여야 한다.
1. 제72조제3항 또는 제74조에 따라 상표등록료(제72조제1항 각 호 외의 부분 후단에 따라 분할납부하는 경우에는 1회차 상표등록료를 말하며, 이하 이 항에서 같다)를 낸 경우
2. 제76조제2항에 따라 상표등록료를 보전하였을 경우
3. 제77조제1항에 따라 상표등록료를 내거나 보전하였을 경우
③ 특허청장은 제2항에 따라 등록한 경우에는 상표권자의 성명·주소 및 상표등록번호 등 대통령령으로 정하는 사항을 상표공보에 게재하여 등록공고를 하여야 한다.
제83조【상표권의 존속기간】 ① 상표권의 존속기간은 제82조제1항에 따라 설정등록이 있는 날부터 10년으로 한다.
② 상표권의 존속기간은 존속기간갱신등록신청에 의하여 10년씩 갱신할 수 있다.
③ 제1항 및 제2항에도 불구하고 다음 각 호의 어느 하나에 해당하는 경우에는 상표권의 설정등록일 또는 존속기간갱신등록일부터 5년이 지나면 상표권이 소멸한다.
1. 제72조제3항 또는 제74조에 따른 납부기간 내에 상표등록료(제72조제1항 각 호 외의 부분 후단에 따라 상표등록료를 분할납부하는 경우로서 2회차 상표등록료를 말한다. 이하 이 항에서 같다)를 내지 아니한 경우
2. 제76조제1항에 따라 상표등록료의 보전을 명한 경우로서 그 보전기간 내에 보전하지 아니한 경우
3. 제77조제1항에 해당하는 경우로서 그 해당 기간 내에 상표등록료를 내지 아니하거나 보전하지 아니한 경우
제84조【존속기간갱신등록신청】 ① 제83조제2항에 따라 존속기간갱신등록신청을 하고자 하는 상표권자(상표권이 공유인 경우 각 공유자도 상표권자로 본다. 이하 이 조에서 같다)는 다음 각 호의 사항을 적은 존속기간갱신등록신청서를 특허청장에게 제출하여야 한다.
(2023.10.31 본문개정)
1. 상표권자의 성명 및 주소(법인인 경우에는 그 명칭 및 영업소의 소재지를 말한다)(2023.10.31 본호개정)
2. 대리인이 있는 경우에는 그 대리인의 성명 및 주소나 영업소의 소재지〔대리인이 특허법인·특허법인(유한)인 경우에는 그 명칭, 사무소의 소재지 및 지정된 변리사의 성명을 말한다〕(2023.10.31 본호신설)
3. 등록상표의 등록번호
4. 지정상품 및 상품류(2023.10.31 본호신설)
② 존속기간갱신등록신청서는 상표권의 존속기간 만료 전 1년 이내에 제출하여야 한다. 다만, 이 기간에 존속기간갱신등록신청을 하지 아니한 상표권자는 상표권의 존속기간이 끝난 후 6개월 이내에 할 수 있다.(2023.10.31 단서개정)
③ (2019.4.23 삭제)
④ 제1항 및 제2항에서 규정한 사항 외에 존속기간갱신등록신청에 필요한 사항은 산업통상자원부령으로 정한다.
(2019.4.23 본항개정)
제85조【존속기간갱신등록신청 등의 효력】 ① 제84조제2항에 따른 기간에 존속기간갱신등록신청을 하면 상표권의 존속기간이 갱신된 것으로 본다.
② 존속기간갱신등록은 원등록(原登錄)의 효력이 끝나는 날의 다음 날부터 효력이 발생한다.
제86조【지정상품추가등록출원】 ① 상표권자 또는 출원인은 등록상표 또는 상표등록출원의 지정상품을 추가하여 상표등록을 받을 수 있다. 이 경우 추가등록된 지정상품에 대한 상표권의 존속기간 만료일은 그 등록상표권의 존속기간 만료일로 한다.
② 제1항에 따라 지정상품의 추가등록을 받으려는 자는 다음 각 호의 사항을 적은 지정상품의 추가등록출원서를 특허청장에게 제출하여야 한다.
1. 제36조제1항제1호·제2호·제5호 및 제6호의 사항
2. 상표등록번호 또는 상표등록출원번호
3. 추가로 지정할 상품 및 그 상품류
제87조【지정상품의 추가등록거절결정 및 거절이유통지】 ① 심사관은 지정상품추가등록출원이 다음 각 호의 어느 하나에 해당하는 경우에는 그 지정상품의 추가등록 거절결정을 하여야 한다. 이 경우 지정상품추가등록출원의 지정상품 일부가 다음 각 호의 어느 하나에 해당하는 경우에는 그 지정상품에 대하여만 지정상품의 추가등록 거절결정을 하여야 한다.(2022.2.3 후단신설)
1. 제54조 각 호의 어느 하나에 해당할 경우
2. 지정상품의 추가등록출원인이 해당 상표권자 또는 출원인이 아닌 경우
3. 등록상표의 상표권 또는 상표등록출원이 다음 각 목의 어느 하나에 해당하게 된 경우
   가. 상표권의 소멸
   나. 상표등록출원의 포기, 취하 또는 무효
   다. 상표등록출원에 대한 제54조에 따른 상표등록거절결정의 확정
② 심사관은 다음 각 호의 어느 하나에 해당하는 경우에는 출원인에게 거절이유를 통지하여야 한다. 이 경우 출원인은 산업통상자원부령으로 정하는 기간 내에 거절이유에 대한 의견서를 제출할 수 있다.
1. 제1항에 따라 지정상품의 추가등록거절결정을 하려는 경우(2021.10.19 본호신설)
2. 제88조제2항에 따라 준용되는 제68조의2제1항에 따른 직권 재심사를 하여 취소된 지정상품의 추가등록결정 전에 이미 통지한 거절이유로 지정상품의 추가등록거절결정을 하려는 경우(2021.10.19 본호신설)
(2021.10.19 본항개정)
③ 제2항 후단에 따른 기간 내에 의견서를 제출하지 아니한 출원인은 그 기간의 만료일부터 2개월 이내에 지정상품의 추가등록에 관한 절차를 계속 진행할 것을 신청하고, 그 기간 내에 거절이유에 대한 의견서를 제출할 수 있다.
④ 심사관은 제2항에 따라 거절이유를 통지하는 경우 지정상품별로 거절이유와 근거를 구체적으로 적어야 한다.
(2022.2.3 본항신설)
제88조【존속기간갱신등록신청 절차 등에 관한 준용】 ① 존속기간갱신등록신청 절차의 보정에 관하여는 제39조를 준용한다.
② 지정상품추가등록출원에 관하여는 제37조, 제38조제1항, 제39조부터 제43조까지, 제46조, 제47조, 제50조, 제53조, 제55조의2, 제57조부터 제68조까지, 제68조의2, 제69조, 제70조, 제128조, 제134조제1호부터 제5호까지 및 제7호, 제144조, 「민사소송법」 제143조, 제299조 및 제367조를 준용한다.(2022.2.3 본항개정)
제89조【상표권의 효력】 상표권자는 지정상품에 관하여 그 등록상표를 사용할 권리를 독점한다. 다만, 그 상표권에 관하여 전용사용권을 설정한 때에는 제95조제3항에 따라 전용사용권자가 등록상표를 사용할 권리를 독점하는 범위에서는 그러하지 아니하다.
제90조【상표권의 효력이 미치지 아니하는 범위】 ① 상표권(지리적 표시 단체표장권은 제외한다)은 다음 각 호의 어느 하나에 해당하는 경우에는 그 효력이 미치지 아니한다.
1. 자기의 성명·명칭 또는 상호·초상·서명·인장 또는 저명한 아호·예명·필명과 이들의 저명한 약칭을 상거래 관행에 따라 사용하는 상표
2. 등록상표의 지정상품과 동일·유사한 상품의 보통명칭·산지·품질·원재료·효능·용도·수량·형상·

가격 또는 생산방법·가공방법·사용방법 및 시기를 보통으로 사용하는 방법으로 표시하는 상표
3. 입체적 형상으로 된 등록상표의 경우에는 그 입체적 형상이 누구의 업무에 관련된 상품을 표시하는 것인지 식별할 수 없는 경우에 등록상표의 지정상품과 동일·유사한 상품에 사용하는 등록상표의 입체적 형상과 동일·유사한 형상으로 된 상표
4. 등록상표의 지정상품과 동일·유사한 상품에 대하여 관용하는 상표와 현저한 지리적 명칭 및 그 약어 또는 지도로 된 상표
5. 등록상표의 지정상품 또는 그 지정상품 포장의 기능을 확보하는 데 불가결한 형상, 색채, 색채의 조합, 소리 또는 냄새로 된 상표
② 지리적 표시 단체표장권은 다음 각 호의 어느 하나에 해당하는 경우에는 그 효력이 미치지 아니한다.
1. 제1항제1호·제2호(산지에 해당하는 경우는 제외한다) 또는 제5호에 해당하는 상표
2. 지리적 표시 등록단체표장의 지정상품과 동일하다고 인정되어 있는 상품에 대하여 관용하는 상표
3. 지리적 표시 등록단체표장의 지정상품과 동일하다고 인정되어 있는 상품에 사용하는 지리적 표시로서 해당 지역에서 그 상품을 생산·제조 또는 가공하는 것을 업으로 영위하는 자가 사용하는 지리적 표시 또는 동음이의어 지리적 표시
4. 선출원에 의한 등록상표가 지리적 표시 등록단체표장과 동일·유사한 지리적 표시를 포함하고 있는 경우에 상표권자, 전용사용권자 또는 통상사용권자가 지정상품에 사용하는 등록상표
③ 제1항제1호는 상표권의 설정등록이 있은 후에 부정경쟁의 목적으로 자기의 성명·명칭 또는 상호·초상·서명·인장 또는 저명한 아호·예명·필명과 이들의 저명한 약칭을 사용하는 경우에는 적용하지 아니한다.

제91조【등록상표 등의 보호범위】 ① 등록상표의 보호범위는 상표등록출원서에 적은 상표 및 기재사항에 따라 정해진다.
② 지정상품의 보호범위는 상표등록출원서 또는 상품분류전환등록신청서에 기재된 상품에 따라 정해진다.

제92조【타인의 디자인권 등과의 관계】 ① 상표권자·전용사용권자 또는 통상사용권자는 그 등록상표를 사용할 경우에 그 사용상태에 따라 그 상표등록출원일 전에 출원된 타인의 특허권·실용신안권·디자인권 또는 그 상표등록출원일 전에 발생한 타인의 저작권과 저촉되는 경우에는 지정상품 중 저촉되는 지정상품에 대한 상표의 사용은 특허권자·실용신안권자·디자인권자 또는 저작권자의 동의를 받지 아니하고는 그 등록상표를 사용할 수 없다.
② 상표권자·전용사용권자 또는 통상사용권자는 그 등록상표의 사용이 「부정경쟁방지 및 영업비밀보호에 관한 법률」 제2조제1호파목에 따른 부정경쟁행위에 해당하는 경우에는 같은 목에 따른 타인의 동의를 받지 아니하고는 그 등록상표를 사용할 수 없다.(2021.12.7 본항개정)

제93조【상표권 등의 이전 및 공유】 ① 상표권은 그 지정상품마다 분할하여 이전할 수 있다. 이 경우 유사한 지정상품은 함께 이전하여야 한다.
② 상표권이 공유인 경우에는 각 공유자는 다른 공유자 모두의 동의를 받지 아니하면 그 지분을 양도하거나 그 지분을 목적으로 하는 질권을 설정할 수 없다.
③ 상표권이 공유인 경우에는 각 공유자는 다른 공유자 모두의 동의를 받지 아니하면 그 상표권에 대하여 전용사용권 또는 통상사용권을 설정할 수 없다.
④ 업무표장권은 양도할 수 없다. 다만, 그 업무와 함께 양도하는 경우에는 그러하지 아니하다.
⑤ 제34조제1항제1호다목 단서, 같은 호 라목 단서 또는 같은 항 제3호 단서에 따라 등록된 상표권은 이전할 수 없다. 다만, 제34조제1항제1호다목·라목 또는 같은 항 제3호의 명칭, 약칭 또는 표장과 관련된 업무와 함께 양도하는 경우에는 그러하지 아니하다.
⑥ 단체표장권은 이전할 수 없다. 다만, 법인의 합병의 경우에는 특허청장의 허가를 받아 이전할 수 있다.
⑦ 증명표장권은 이전할 수 없다. 다만, 해당 증명표장에 대하여 제3조제3항에 따라 등록받을 수 있는 자에게 그 업무와 함께 이전할 경우에는 특허청장의 허가를 받아 이전할 수 있다.
⑧ 업무표장권, 제34조제1항제1호다목 단서, 같은 호 라목 단서 또는 같은 항 제3호 단서에 따른 상표권, 단체표장권 또는 증명표장권을 목적으로 하는 질권은 설정할 수 없다.

제94조【상표권의 분할】 ① 상표권의 지정상품이 둘 이상인 경우에는 그 상표권을 지정상품별로 분할할 수 있다.
② 제1항에 따른 분할은 제117조제1항에 따른 무효심판이 청구된 경우에는 심결이 확정되기까지는 상표권이 소멸된 후에도 할 수 있다.

제95조【전용사용권】 ① 상표권자는 그 상표권에 관하여 타인에게 전용사용권을 설정할 수 있다.
② 업무표장권, 단체표장권 또는 증명표장권에 관하여는 전용사용권을 설정할 수 없다.
③ 제1항에 따른 전용사용권의 설정을 받은 전용사용권자는 그 설정행위로 정한 범위에서 지정상품에 관하여 등록상표를 사용할 권리를 독점한다.
④ 전용사용권자는 그 상품에 자기의 성명 또는 명칭을 표시하여야 한다.
⑤ 전용사용권자는 상속이나 그 밖의 일반승계의 경우를 제외하고는 상표권자의 동의를 받지 아니하면 그 전용사용권을 이전할 수 없다.
⑥ 전용사용권자는 상표권자의 동의를 받지 아니하면 그 전용사용권을 목적으로 하는 질권을 설정하거나 통상사용권을 설정할 수 없다.
⑦ 전용사용권의 이전 및 공유에 관하여는 제93조제2항 및 제3항을 준용한다.

제96조【상표권 등의 등록의 효력】 ① 다음 각 호에 해당하는 사항은 등록하지 아니하면 그 효력이 발생하지 아니한다.
1. 상표권의 이전(상속이나 그 밖의 일반승계에 의한 경우는 제외한다)·변경·포기에 의한 소멸, 존속기간의 갱신, 상품분류전환, 지정상품의 추가 또는 처분의 제한
2. 상표권을 목적으로 하는 질권의 설정·이전(상속이나 그 밖의 일반승계에 의한 경우는 제외한다)·변경·소멸(권리의 혼동에 의한 경우는 제외한다) 또는 처분의 제한
② 제1항 각 호에 따른 상표권 및 질권의 상속이나 그 밖의 일반승계의 경우에는 지체 없이 그 취지를 특허청장에게 신고하여야 한다.

제97조【통상사용권】 ① 상표권자는 그 상표권에 관하여 타인에게 통상사용권을 설정할 수 있다.
② 제1항에 따른 통상사용권의 설정을 받은 통상사용권자는 그 설정행위로 정한 범위에서 지정상품에 관하여 등록상표를 사용할 권리를 가진다.
③ 통상사용권은 상속이나 그 밖의 일반승계의 경우를 제외하고는 상표권자(전용사용권에 관한 통상사용권의 경우에는 상표권자 및 전용사용권자를 말한다)의 동의를 받지 아니하면 이전할 수 없다.
④ 통상사용권은 상표권자(전용사용권에 관한 통상사용권의 경우에는 상표권자 및 전용사용권자를 말한다)의 동의를 받지 아니하면 그 통상사용권을 목적으로 하는 질권을 설정할 수 없다.
⑤ 통상사용권의 공유 및 설정의 제한 등에 관하여는 제93조제2항 및 제95조제2항·제4항을 준용한다.

판례 온라인몰 시계판매업체의 실질적 대표자인 피고인이, 상표권자인 갑 주식회사가 을 주식회사에 갑 회사와 합의된 매장에서 판매하는 경우에는 상표를 사용할 수 있는 조건으로 통상사용권을 부여한 'M'자 문양의 브랜드가 부착된 시계를 위 약정에 위반하여 을 회사로부터 납품받아 갑 회사와 합의되지 않은 온라인몰이나 오픈마켓 등에서 판매함으로써 갑 회사의 상표권을 침해하였다는 내용으로 기소된 사안에서, 을 회사가 피고인에게 상품을 공급함으로써 해당 상품에 대한 상표권은 그 목적을 달성한 것으로서 소진되고, 그로써 상표권의 효력은 해당 상품을 사용, 양도 또는 대여한 행위 등에는 미치지 않는다.(대판 2020.1.30, 2018도14446)

제98조【특허권 등의 존속기간 만료 후 상표를 사용하는 권리】 ① 상표등록출원일 전 또는 상표등록출원일과 동일한 날에 출원되어 등록된 특허권이 그 상표권과 저촉되는 경우 그 특허권의 존속기간이 만료되는 때에는 그 원특허권자는 원특허권의 범위에서 그 등록상표의 지정상품과 동일·유사한 상품에 대하여 그 등록상표와 동일·유사한 상표를 사용할 권리를 가진다. 다만, 부정경쟁의 목적으로 그 상표를 사용하는 경우에는 그러하지 아니하다.
② 상표등록출원일 전 또는 상표등록출원일과 동일한 날에 출원되어 등록된 특허권이 그 상표권과 저촉되는 경우 그 특허권의 존속기간이 만료되는 때에는 그 만료되는 당시에 존재하는 특허권에 대한 전용실시권 또는 그 특허권이나 전용실시권에 대한 「특허법」 제118조제1항의 효력을 가지는 통상실시권을 가진 자는 원권리의 범위에서 그 등록상표의 지정상품과 동일·유사한 상품에 대하여 그 등록상표와 동일·유사한 상표를 사용할 권리를 가진다. 다만, 부정경쟁의 목적으로 그 상표를 사용하는 경우에는 그러하지 아니하다.
③ 제2항에 따라 상표를 사용할 권리를 가진 자는 상표권자 또는 전용사용권자에게 상당한 대가를 지급하여야 한다.
④ 해당 상표권자 또는 전용사용권자는 제1항 또는 제2항에 따라 상표를 사용할 권리를 가진 자에게 그 자의 업무에 관한 상품과 자기의 업무에 관한 상품 간에 혼동을 방지하는 데 필요한 표시를 하도록 청구할 수 있다.
⑤ 제1항 및 제2항에 따른 상표를 사용할 권리를 이전(상속이나 그 밖의 일반승계에 의한 경우는 제외한다)하려는 경우에는 상표권자 또는 전용사용권자의 동의를 받아야 한다.
⑥ 상표등록출원일 전 또는 상표등록출원일과 동일한 날에 출원되어 등록된 실용신안권 또는 디자인권이 그 상표권과 저촉되는 경우로서 그 실용신안권 또는 디자인권의 존속기간이 만료되는 경우에는 제1항부터 제5항까지의 규정을 준용한다.

제99조【선사용에 따른 상표를 계속 사용할 권리】 ① 타인의 등록상표와 동일·유사한 상표를 그 지정상품과 동일·유사한 상품에 사용하는 자로서 다음 각 호의 요건을 모두 갖춘 자(그 지위를 승계한 자를 포함한다)는 해당 상표를 그 사용하는 상품에 대하여 계속하여 사용할 권리를 가진다.
1. 부정경쟁의 목적이 없이 타인의 상표등록출원 전부터 국내에서 계속하여 사용하고 있을 것
2. 제1호에 따라 상표를 사용한 결과 타인의 상표등록출원 시에 국내 수요자 간에 그 상표가 특정인의 상품을 표시하는 것이라고 인식되어 있을 것
② 자기의 성명·상호 등 인격의 동일성을 표시하는 수단을 상거래 관행에 따라 상표로 사용하는 자로서 제1항 제1호의 요건을 갖춘 자는 해당 상표를 그 사용하는 상품에 대하여 계속 사용할 권리를 가진다.
③ 상표권자나 전용사용권자는 제1항에 따라 상표를 사용할 권리를 가지는 자에게 그 자의 상품과 자기의 상품 간에 출처의 오인이나 혼동을 방지하는 데 필요한 표시를 할 것을 청구할 수 있다.

제100조【전용사용권·통상사용권 등의 등록의 효력】 ① 다음 각 호에 해당하는 사항은 등록하지 아니하면 제3자에게 대항할 수 없다.
1. 전용사용권 또는 통상사용권의 설정·이전(상속이나 그 밖의 일반승계에 의한 경우는 제외한다)·변경·포기에 의한 소멸 또는 처분의 제한
2. 전용사용권 또는 통상사용권을 목적으로 하는 질권의 설정·이전(상속이나 그 밖의 일반승계에 의한 경우는 제외한다)·변경·포기에 의한 소멸 또는 처분의 제한
② 전용사용권 또는 통상사용권을 등록한 경우에는 그 등록 후에 상표권 또는 전용사용권을 취득한 자에 대해서도 그 효력이 발생한다.
③ 제1항 각 호에 따른 전용사용권·통상사용권 및 질권의 상속이나 그 밖의 일반승계의 경우에는 지체 없이 그 취지를 특허청장에게 신고하여야 한다.

제101조【상표권의 포기】 상표권자는 상표권에 관하여 지정상품마다 포기할 수 있다.

제102조【상표권 등의 포기의 제한】 ① 상표권자는 전용사용권자·통상사용권자 또는 질권자의 동의를 받지 아니하면 상표권을 포기할 수 없다.
② 전용사용권자는 제95조제6항에 따른 질권자 또는 통상사용권자의 동의를 받지 아니하면 전용사용권을 포기할 수 없다.
③ 통상사용권자는 제97조제4항에 따른 질권자의 동의를 받지 아니하면 통상사용권을 포기할 수 없다.

제103조【포기의 효과】 상표권·전용사용권·통상사용권 및 질권을 포기하였을 경우에는 상표권·전용사용권·통상사용권 및 질권은 그때부터 소멸된다.

제104조【질권】 상표권·전용사용권 또는 통상사용권을 목적으로 하는 질권을 설정하였을 경우에는 질권자는 해당 등록상표를 사용할 수 없다.

제104조의2【질권행사 등으로 인한 상표권의 이전에 따른 통상사용권】 상표권자(공유인 상표권을 분할청구한 경우에는 분할청구를 한 공유자를 제외한 나머지 공유자를 말한다)는 상표권을 목적으로 하는 질권설정 또는 공유인 상표권의 분할청구 전에 지정상품에 관하여 그 등록상표를 사용하고 있는 경우에는 그 상표권이 경매 등에 의하여 이전되더라도 그 상표권에 대하여 지정상품 중 사용하고 있는 상품에 한정하여 통상사용권을 가진다. 이 경우 상표권자는 경매 등에 의하여 상표권을 이전받은 자에게 상당한 대가를 지급하여야 한다.(2021.10.19 본조신설)

제105조【질권의 물상대위】 질권은 이 법에 따른 상표권의 사용에 대하여 받을 대가나 물건에 대해서도 행사할 수 있다. 다만, 그 지급 또는 인도 전에 그 대가나 물건을 압류하여야 한다.

제106조【상표권의 소멸】 ① 상표권자가 사망한 날부터 3년 이내에 상속인이 그 상표권의 이전등록을 하지 아니한 경우에는 상표권자가 사망한 날부터 3년이 되는 날의 다음 날에 상표권이 소멸된다.
② 상표권의 상속이 개시된 때 상속인이 없는 경우에는 그 상표권은 소멸된다.(2023.10.31 본항신설)
③ 청산절차가 진행 중인 법인의 상표권은 법인의 청산종결등기일(청산종결등기가 되었더라도 청산사무가 사실상 끝나지 아니한 경우에는 청산사무가 사실상 끝난 날과 청산종결등기일부터 6개월이 지난 날 중 빠른 날로 한다. 이하 이 항에서 같다)까지 그 상표권의 이전등록을 하지 아니한 경우에는 청산종결등기일의 다음 날에 소멸된다.

제6장 상표권자의 보호

제107조【권리침해에 대한 금지청구권 등】 ① 상표권자 또는 전용사용권자는 자기의 권리를 침해한 자 또는 침해할 우려가 있는 자에 대하여 그 침해의 금지 또는 예방을 청구할 수 있다.
② 상표권자 또는 전용사용권자가 제1항에 따른 청구를 할 경우에는 침해행위를 조성한 물건의 폐기, 침해행위에 제공된 설비의 제거나 그 밖에 필요한 조치를 청구할 수 있다.
③ 제1항에 따른 침해의 금지 또는 예방을 청구하는 소가 제기된 경우 법원은 원고 또는 고소인(이 법에 따른 공소가 제기된 경우만 해당한다)의 신청에 의하여 임시로 침해행위의 금지, 침해행위에 사용된 물건 등의 압류나 그 밖에 필요한 조치를 명할 수 있다. 이 경우 법원은 원고 또는 고소인에게 담보를 제공하게 할 수 있다.

제108조【침해로 보는 행위】 ① 다음 각 호의 어느 하나에 해당하는 행위는 상표권(지리적 표시 단체표장권은 제외한다) 또는 전용사용권을 침해한 것으로 본다.

1. 타인의 등록상표와 동일한 상표를 그 지정상품과 유사한 상품에 사용하거나 타인의 등록상표와 유사한 상표를 그 지정상품과 동일·유사한 상품에 사용하는 행위
2. 타인의 등록상표와 동일·유사한 상표를 그 지정상품과 동일·유사한 상품에 사용하거나 사용하게 할 목적으로 교부·판매·위조·모조 또는 소지하는 행위
3. 타인의 등록상표를 위조 또는 모조하거나 위조 또는 모조하게 할 목적으로 그 용구를 제작·교부·판매 또는 소지하는 행위
4. 타인의 등록상표 또는 이와 유사한 상표가 표시된 지정상품과 동일·유사한 상품을 양도 또는 인도하기 위하여 소지하는 행위

② 다음 각 호의 어느 하나에 해당하는 행위는 지리적 표시 단체표장권을 침해한 것으로 본다.

1. 타인의 지리적 표시 등록단체표장과 유사한 상표(동음이의어 지리적 표시는 제외한다. 이하 이 항에서 같다)를 그 지정상품과 동일하다고 인정되는 상품에 사용하는 행위
2. 타인의 지리적 표시 등록단체표장과 동일·유사한 상표를 그 지정상품과 동일하다고 인정되는 상품에 사용하거나 사용하게 할 목적으로 교부·판매·위조·모조 또는 소지하는 행위
3. 타인의 지리적 표시 등록단체표장을 위조 또는 모조하거나 위조 또는 모조하게 할 목적으로 그 용구를 제작·교부·판매 또는 소지하는 행위
4. 타인의 지리적 표시 등록단체표장과 동일·유사한 상표가 표시된 지정상품과 동일하다고 인정되는 상품을 양도 또는 인도하기 위하여 소지하는 행위

제109조【손해배상의 청구】 상표권자 또는 전용사용권자는 자기의 상표권 또는 전용사용권을 고의 또는 과실로 침해한 자에 대하여 그 침해에 의하여 자기가 받은 손해의 배상을 청구할 수 있다.

제110조【손해액의 추정 등】 ① 제109조에 따른 손해배상을 청구하는 경우 그 권리를 침해한 자가 그 침해행위를 하게 한 상품을 양도하였을 때에는 다음 각 호에 해당하는 금액의 합계액을 상표권자 또는 전용사용권자가 입은 손해액으로 할 수 있다.(2020.12.22 본문개정)

1. 그 상품의 양도수량(상표권자 또는 전용사용권자가 그 침해행위 외의 사유로 판매할 수 없었던 사정이 있는 경우에는 그 침해행위 외의 사유로 판매할 수 없었던 수량을 뺀 수량) 중 상표권자 또는 전용사용권자가 생산할 수 있었던 상품의 수량에서 실제 판매한 상품의 수량을 뺀 수량을 넘지 아니하는 수량에 상표권자 또는 전용사용권자가 그 침해행위가 없었다면 판매할 수 있었던 상품의 단위수량당 이익액을 곱한 금액
2. 그 상품의 양도수량 중 상표권자 또는 전용사용권자가 생산할 수 있었던 상품의 수량에서 실제 판매한 상품의 수량을 뺀 수량을 넘는 수량 또는 그 침해행위 외의 사유로 판매할 수 없었던 수량이 있는 경우 이들 수량(상표권자 또는 전용사용권자가 그 상표권자의 상표권에 대한 전용사용권의 설정, 통상사용권의 허락 또는 그 전용사용권자의 전용사용권에 대한 통상사용권의 허락을 할 수 있었다고 인정되지 아니하는 경우에는 해당 수량을 뺀 수량)에 대해서는 상표등록을 받은 상표의 사용에 대하여 합리적으로 받을 수 있는 금액

(2020.12.22 1호~2호신설)

② (2020.12.22 삭제)

③ 제109조에 따른 손해배상을 청구하는 경우 권리를 침해한 자가 그 침해행위에 의하여 이익을 받은 경우에는 그 이익액을 상표권자 또는 전용사용권자가 받은 손해액으로 추정한다.

④ 제109조에 따른 손해배상을 청구하는 경우 그 등록상표의 사용에 대하여 합리적으로 받을 수 있는 금액에 상당하는 금액을 상표권자 또는 전용사용권자가 받은 손해액으로 하여 그 손해배상을 청구할 수 있다.(2020.10.20 본항개정)

⑤ 제4항에도 불구하고 손해액이 같은 항에 규정된 금액을 초과하는 경우에는 그 초과액에 대해서도 손해배상을 청구할 수 있다. 이 경우 상표권 또는 전용사용권을 침해한 자에게 고의 또는 중대한 과실이 없을 때에는 법원은 손해배상액을 산정할 때 그 사실을 고려할 수 있다.

⑥ 법원은 상표권 또는 전용사용권의 침해행위에 관한 소송에서 손해가 발생한 것은 인정되나 그 손해액을 증명하기 위하여 필요한 사실을 밝히는 것이 해당 사실의 성질상 극히 곤란한 경우에는 제1항부터 제5항까지의 규정에도 불구하고 변론전체의 취지와 증거조사의 결과에 기초하여 상당한 손해액을 인정할 수 있다.

⑦ 법원은 고의적으로 상표권자 또는 전용사용권자의 등록상표와 동일·유사한 상표를 그 지정상품과 동일·유사한 상품에 사용하여 상표권 또는 전용사용권을 침해한 자에 대하여 제109조에도 불구하고 제1항부터 제6항까지의 규정에 따라 손해로 인정된 금액의 3배를 넘지 아니하는 범위에서 배상액을 정할 수 있다.(2020.10.20 본항신설)

⑧ 제7항에 따른 배상액을 판단할 때에는 다음 각 호의 사항을 고려하여야 한다.

1. 침해행위로 인하여 해당 상표의 식별력 또는 명성이 손상된 정도
2. 고의 또는 손해 발생의 우려를 인식한 정도
3. 침해행위로 인하여 상표권자 또는 전용사용권자가 입은 피해규모
4. 침해행위로 인하여 침해한 자가 얻은 경제적 이익
5. 침해행위의 기간·횟수 등
6. 침해행위에 따른 벌금
7. 침해행위를 한 자의 재산상태
8. 침해행위를 한 자의 피해구제 노력의 정도

(2020.10.20 본항신설)

제111조【법정손해배상의 청구】 ① 상표권자 또는 전용사용권자는 자기가 사용하고 있는 등록상표와 같거나 동일성이 있는 상표를 그 지정상품과 같거나 동일성이 있는 상품에 사용하여 자기의 상표권 또는 전용사용권을 고의나 과실로 침해한 자에 대하여 제109조에 따른 손해배상을 청구하는 대신 1억원(고의적으로 침해한 경우에는 3억원) 이하의 범위에서 상당한 금액을 손해액으로 하여 배상을 청구할 수 있다. 이 경우 법원은 변론전체의 취지와 증거조사의 결과를 고려하여 상당한 손해액을 인정할 수 있다.(2020.10.20 전단개정)

② 제1항 전단에 해당하는 침해행위에 대하여 제109조에 따라 손해배상을 청구한 상표권자 또는 전용사용권자는 법원이 변론을 종결할 때까지 그 청구를 제1항에 따른 청구로 변경할 수 있다.

제112조【고의의 추정】 제222조에 따라 등록상표임을 표시한 타인의 상표권 또는 전용사용권을 침해한 자는 그 침해행위에 대하여 그 상표가 이미 등록된 사실을 알았던 것으로 추정한다.

제113조【상표권자 등의 신용회복】 법원은 고의나 과실로 상표권 또는 전용사용권을 침해함으로써 상표권자 또는 전용사용권자의 업무상 신용을 떨어뜨린 자에 대해서는 상표권자 또는 전용사용권자의 청구에 의하여 손해배상을 갈음하거나 손해배상과 함께 상표권자 또는 전용사용권자의 업무상 신용회복을 위하여 필요한 조치를 명할 수 있다.

제114조【서류의 제출】 법원은 상표권 또는 전용사용권의 침해에 관한 소송에서 당사자의 신청에 의하여 다른 당사자에 대하여 해당 침해행위로 인한 손해를 계산하는 데에 필요한 서류의 제출을 명할 수 있다. 다만, 그 서류의 소지자가 그 서류의 제출을 거절할 정당한 이유가 있는 경우에는 그러하지 아니하다.

제7장 심 판

제115조【보정각하결정에 대한 심판】 제42조제1항에 따른 보정각하결정을 받은 자가 그 결정에 불복할 경우에는 그 결정등본을 송달받은 날부터 3개월 이내에 심판을 청구할 수 있다.(2021.10.19 본조개정)

제116조【거절결정에 대한 심판】 제54조에 따른 상표등록거절결정, 지정상품추가등록 거절결정 또는 상품분류전환등록 거절결정(이하 "거절결정"이라 한다)을 받은 자가 불복하는 경우에는 그 거절결정의 등본을 송달받은 날부터 3개월 이내에 거절결정된 지정상품의 전부 또는 일부에 관하여 심판을 청구할 수 있다.(2022.2.3 본조개정)

제117조【상표등록의 무효심판】 ① 이해관계인 또는 심사관은 상표등록 또는 지정상품의 추가등록이 다음 각 호의 어느 하나에 해당하는 경우에는 무효심판을 청구할 수 있다. 이 경우 등록상표의 지정상품이 둘 이상인 경우에는 지정상품마다 청구할 수 있다.

1. 상표등록 또는 지정상품의 추가등록이 제3조, 제27조, 제33조부터 제35조까지, 제48조제2항 후단, 같은 조 제4항 및 제6항부터 제8항까지, 제54조제1호·제2호 및 제4호부터 제7호까지의 규정에 위반된 경우
2. 상표등록 또는 지정상품의 추가등록이 그 상표등록출원에 의하여 발생한 권리를 승계하지 아니한 자가 한 것인 경우
3. 지정상품의 추가등록이 제87조제1항제3호에 위반된 경우
4. 상표등록 또는 지정상품의 추가등록이 조약에 위반된 경우
5. 상표등록된 후 그 상표권자가 제27조에 따라 상표권을 누릴 수 없는 자로 되거나 그 등록상표가 조약에 위반된 경우
6. 상표등록된 후 그 등록상표가 제33조제1항 각 호의 어느 하나에 해당하게 된 경우(같은 조 제2항에 해당하게 된 경우는 제외한다)
7. 제82조에 따라 지리적 표시 단체표장등록이 된 후 그 등록단체표장을 구성하는 지리적 표시가 원산지 국가에서 보호가 중단되거나 사용되지 아니하게 된 경우

② 제1항에 따른 무효심판은 상표권이 소멸된 후에도 청구할 수 있다.

③ 상표등록을 무효로 한다는 심결이 확정된 경우에는 그 상표권은 처음부터 없었던 것으로 본다. 다만, 제1항제5호부터 제7호까지의 규정에 따라 상표등록을 무효로 한다는 심결이 확정된 경우에는 상표권은 그 등록상표가 같은 호에 해당하게 된 때부터 없었던 것으로 본다.

④ 제3항 단서를 적용하는 경우에 등록상표가 제1항제5호부터 제7호까지의 규정에 해당하게 된 때를 특정할 수 없는 경우에는 해당 상표권은 제1항에 따른 무효심판이 청구되어 그 청구내용이 등록원부에 공시(公示)된 때부터 없었던 것으로 본다.

⑤ 심판장은 제1항의 무효심판이 청구된 경우에는 그 취지를 해당 상표권의 전용사용권자와 그 밖에 상표에 관한 권리를 등록한 자에게 통지하여야 한다.

제118조【존속기간갱신등록의 무효심판】 ① 이해관계인 또는 심사관은 존속기간갱신등록이 다음 각 호의 어느 하나에 해당하는 경우에는 무효심판을 청구할 수 있다. 이 경우 갱신등록된 등록상표의 지정상품이 둘 이상인 경우에는 지정상품마다 청구할 수 있다.

1. 존속기간갱신등록이 제84조제2항에 위반된 경우
2. 해당 상표권자(상표권이 공유인 경우 각 공유자도 상표권자로 본다)가 아닌 자가 존속기간갱신등록신청을 한 경우(2019.4.23 본호개정)

② 제1항에 따른 무효심판은 상표권이 소멸된 후에도 청구할 수 있다.

③ 존속기간갱신등록을 무효로 한다는 심결이 확정된 경우에는 그 존속기간갱신등록은 처음부터 없었던 것으로 본다.

④ 심판장은 제1항의 심판이 청구된 경우에는 그 취지를 해당 상표권의 전용사용권자와 그 밖에 상표에 관한 권리를 등록한 자에게 통지하여야 한다.

제119조【상표등록의 취소심판】 ① 등록상표가 다음 각 호의 어느 하나에 해당하는 경우에는 그 상표등록의 취소심판을 청구할 수 있다.

1. 상표권자가 고의로 지정상품에 등록상표와 유사한 상표를 사용하거나 지정상품과 유사한 상품에 등록상표 또는 이와 유사한 상표를 사용함으로써 수요자에게 상품의 품질을 오인하게 하거나 타인의 업무와 관련된 상품과 혼동을 불러일으키게 한 경우
2. 전용사용권자 또는 통상사용권자가 지정상품 또는 이와 유사한 상품에 등록상표 또는 이와 유사한 상표를 사용함으로써 수요자에게 상품의 품질을 오인하게 하거나 타인의 업무와 관련된 상품과의 혼동을 불러일으키게 한 경우. 다만, 상표권자가 상당한 주의를 한 경우는 제외한다.
3. 상표권자·전용사용권자 또는 통상사용권자 중 어느 누구도 정당한 이유 없이 등록상표를 그 지정상품에 대하여 취소심판청구일 전 계속하여 3년 이상 국내에서 사용하고 있지 아니한 경우
4. 제93조제1항 후단, 같은 조 제2항 및 같은 조 제4항부터 제7항까지의 규정에 위반된 경우
5. 상표권의 이전으로 유사한 등록상표가 각각 다른 상표권자에게 속하게 되고 그 중 1인이 자기의 등록상표의 지정상품과 동일·유사한 상품에 부정경쟁을 목적으로 자기의 등록상표를 사용함으로써 수요자에게 상품의 품질을 오인하게 하거나 타인의 업무와 관련된 상품과 혼동을 불러일으키게 한 경우

5의2. 제34조제1항제7호 단서 또는 제35조제6항에 따라 등록된 상표의 권리자 또는 그 상표등록에 대한 동의를 한 자 중 1인이 자기의 등록상표의 지정상품과 동일·유사한 상품에 부정경쟁을 목적으로 자기의 등록상표를 사용함으로써 수요자에게 상품의 품질을 오인하게 하거나 타인의 업무와 관련된 상품과 혼동을 불러일으키게 한 경우(2023.10.31 본호신설)

6. 제92조제2항에 해당하는 상표가 등록된 경우에 그 상표에 관한 권리를 가진 자가 해당 상표등록일부터 5년 이내에 취소심판을 청구한 경우
7. 단체표장과 관련하여 다음 각 목의 어느 하나에 해당하는 경우
   가. 소속 단체원이 그 단체의 정관을 위반하여 단체표장을 타인에게 사용하게 한 경우나 소속 단체원이 그 단체의 정관을 위반하여 단체표장을 사용함으로써 수요자에게 상품의 품질 또는 지리적 출처를 오인하게 하거나 타인의 업무와 관련된 상품과 혼동을 불러일으키게 한 경우. 다만, 단체표장권자가 소속 단체원의 감독에 상당한 주의를 한 경우는 제외한다.
   나. 단체표장의 설정등록 후 제36조제3항에 따른 정관을 변경함으로써 수요자에게 상품의 품질을 오인하게 하거나 타인의 업무와 관련된 상품과 혼동을 불러일으키게 할 염려가 있는 경우
   다. 제3자가 단체표장을 사용하여 수요자에게 상품의 품질이나 지리적 출처를 오인하게 하거나 타인의 업무와 관련된 상품과 혼동을 불러일으키게 하였음에도 단체표장권자가 고의로 적절한 조치를 하지 아니한 경우
8. 지리적 표시 단체표장과 관련하여 다음 각 목의 어느 하나에 해당하는 경우
   가. 지리적 표시 단체표장등록출원의 경우에 그 소속 단체원의 가입에 관하여 정관에 의하여 단체의 가입을 금지하거나 정관에 충족하기 어려운 가입조건을 규정하는 등 단체의 가입을 실질적으로 허용하지 아니하거나 그 지리적 표시를 사용할 수 없는 자에게 단체의 가입을 허용한 경우
   나. 지리적 표시 단체표장권자나 그 소속 단체원이 제223조를 위반하여 단체표장을 사용함으로써 수요자에게 상품의 품질을 오인하게 하거나 지리적 출처에 대한 혼동을 불러일으키게 한 경우
9. 증명표장과 관련하여 다음 각 목의 어느 하나에 해당하는 경우
   가. 증명표장권자가 제36조제4항에 따라 제출된 정관 또는 규약을 위반하여 증명표장의 사용을 허락한 경우

나. 증명표장권자가 제3조제3항 단서를 위반하여 증명표장을 자기의 상품에 대하여 사용하는 경우
다. 증명표장의 사용허락을 받은 자가 정관 또는 규약을 위반하여 타인에게 사용하게 한 경우 또는 사용을 허락받은 자가 정관 또는 규약을 위반하여 증명표장을 사용함으로써 수요자에게 상품의 품질, 원산지, 생산방법이나 그 밖의 특성에 관하여 혼동을 불러일으키게 한 경우. 다만, 증명표장권자가 사용을 허락받은 자에 대한 감독에 상당한 주의를 한 경우는 제외한다.
라. 증명표장권자가 증명표장의 사용허락을 받지 아니한 제3자가 증명표장을 사용하여 수요자에게 상품의 품질, 원산지, 생산방법이나 그 밖의 상품의 특성에 관한 혼동을 불러일으키게 하였음을 알면서도 적절한 조치를 하지 아니한 경우
마. 증명표장권자가 그 증명표장을 사용할 수 있는 자에 대하여 정당한 사유 없이 정관 또는 규약으로 사용을 허락하지 아니하거나 정관 또는 규약에 충족하기 어려운 사용조건을 규정하는 등 실질적으로 사용을 허락하지 아니한 경우

② 제1항제3호에 해당하는 것을 사유로 취소심판을 청구하는 경우 등록상표의 지정상품이 둘 이상 있는 경우에는 일부 지정상품에 관하여 취소심판을 청구할 수 있다.
③ 제1항제3호에 해당하는 것을 사유로 취소심판이 청구된 경우에는 피청구인이 해당 등록상표를 취소심판청구에 관계되는 지정상품 중 하나 이상에 대하여 그 심판청구일 전 3년 이내에 국내에서 정당하게 사용하였음을 증명하지 아니하면 상표권자는 취소심판청구와 관계되는 지정상품에 관한 상표등록의 취소를 면할 수 없다. 다만, 피청구인이 사용하지 아니한 것에 대한 정당한 이유를 증명한 경우에는 그러하지 아니하다.
④ 제1항(같은 항 제4호 및 제6호는 제외한다)에 해당하는 것을 사유로 취소심판을 청구한 후 그 심판청구사유에 해당하는 사실이 없어진 경우에도 취소사유에 영향이 미치지 아니한다.
⑤ 제1항에 따른 취소심판은 누구든지 청구할 수 있다. 다만, 제1항제4호 및 제6호에 해당하는 것을 사유로 하는 심판은 이해관계인만이 청구할 수 있다.
⑥ 상표등록을 취소한다는 심결이 확정되었을 경우에는 그 상표권은 그때부터 소멸된다. 다만, 제1항제3호에 해당하는 것을 사유로 취소한다는 심결이 확정된 경우에는 그 심판청구일에 소멸하는 것으로 본다.
⑦ 심판장은 제1항의 심판이 청구된 경우에는 그 취지를 해당 상표권의 전용사용권자와 그 밖에 상표에 관한 권리를 등록한 자에게 통지하여야 한다.

제120조【전용사용권 또는 통상사용권 등록의 취소심판】 ① 전용사용권자 또는 통상사용권자가 제119조제1항제2호에 해당하는 행위를 한 경우에는 그 전용사용권 또는 통상사용권 등록의 취소심판을 청구할 수 있다.
② 제1항에 따라 전용사용권 또는 통상사용권 등록의 취소심판을 청구한 후 그 심판청구사유에 해당하는 사실이 없어진 경우에도 취소 사유에 영향이 미치지 아니한다.
③ 제1항에 따른 전용사용권 또는 통상사용권의 취소심판은 누구든지 청구할 수 있다.
④ 전용사용권 또는 통상사용권 등록을 취소한다는 심결이 확정되었을 경우에는 그 전용사용권 또는 통상사용권은 그 때부터 소멸된다.
⑤ 심판장은 제1항의 심판이 청구되었을 경우에는 그 취지를 해당 전용사용권의 통상사용권자와 그 밖에 전용사용권에 관하여 등록을 한 권리자 또는 해당 통상사용권에 관하여 등록을 한 권리자에게 알려야 한다.

제121조【권리범위 확인심판】 상표권자, 전용사용권자 또는 이해관계인은 등록상표의 권리범위를 확인하기 위하여 상표권의 권리범위 확인심판을 청구할 수 있다. 이 경우 등록상표의 지정상품이 둘 이상 있는 경우에는 지정상품마다 청구할 수 있다.

제122조【제척기간】 ① 제34조제1항제6호부터 제10호까지 및 제16호, 제35조, 제118조제1항제1호 및 제214조제1항제3호에 해당하는 것을 사유로 하는 상표등록의 무효심판, 존속기간갱신등록의 무효심판 또는 상품분류전환등록의 무효심판은 상표등록일, 존속기간갱신등록일 또는 상품분류전환등록일부터 5년이 지난 후에는 청구할 수 없다.
② 제119조제1항제1호·제2호·제5호·제5호의2, 제7호부터 제9호까지 및 제120조제1항에 해당하는 것을 사유로 하는 상표등록의 취소심판 및 전용사용권 또는 통상사용권 등록의 취소심판은 취소사유에 해당하는 사실이 없어진 날부터 3년이 지난 후에는 청구할 수 없다.
(2023.10.31 본항개정)

제123조【심사규정의 상표등록거절결정에 대한 심판에 관한 준용】 ① 제54조에 따른 상표등록거절결정에 대한 심판에 관하여는 제41조, 제42조, 제45조, 제55조, 제57조부터 제68조까지, 제87조제2항·제3항 및 제210조제2항·제3항을 준용한다. 이 경우 그 상표등록출원 또는 지정상품추가등록출원에 대하여 이미 출원공고가 있는 경우에는 제57조는 준용하지 아니한다.
② 제1항에 따라 제42조를 준용하는 경우에는 제42조제3항 중 "제115조에 따라 심판을 청구한 경우"는 "제162조제1항에 따라 소를 제기한 경우"로, "그 심판의 심결이 확정될 때까지"는 "그 판결이 확정될 때까지"로 본다.
③ 제1항에 따라 준용되는 제42조제4항·제5항, 제55조, 제87조제2항·제3항 및 제210조제2항·제3항을 적용할 때에는 해당 상표등록거절결정의 이유와 다른 거절이유를 발견한 경우에도 준용한다.

제124조【공동심판의 청구 등】 ① 같은 상표권에 대하여 다음 각 호의 어느 하나에 해당하는 심판을 청구하는 자가 2인 이상이면 각자 또는 그 모두가 공동으로 심판을 청구할 수 있다.
1. 제117조제1항 또는 제118조제1항에 따른 상표등록 또는 존속기간갱신등록의 무효심판
2. 제119조제1항에 따른 상표등록의 취소심판
3. 제120조제1항에 따른 전용사용권 또는 통상사용권 등록의 취소심판
4. 제121조에 따른 권리범위 확인심판
5. 제214조제1항에 따른 상품분류전환등록의 무효심판

② 공유인 상표권의 상표권자에 대하여 심판을 청구할 경우에는 공유자 모두를 피청구인으로 청구하여야 한다.
③ 제1항에도 불구하고 상표권 또는 상표등록을 받을 수 있는 권리의 공유자가 그 공유인 권리에 관하여 심판을 청구할 경우에는 공유자 모두가 공동으로 청구하여야 한다.
④ 제1항 또는 제3항에 따른 청구인이나 제2항에 따른 피청구인 중 1인에게 심판절차의 중단 또는 중지의 원인이 있을 경우에는 모두에게 대하여 그 효력이 발생한다.

제124조의2【국선대리인】 ① 특허심판원장은 산업통상자원부령으로 정하는 요건을 갖춘 심판 당사자의 신청에 따라 대리인(이하 "국선대리인"이라 한다)을 선임하여 줄 수 있다. 다만, 심판청구가 이유 없음이 명백하거나 권리의 남용이라고 인정되는 경우에는 그러하지 아니하다.
② 국선대리인이 선임된 당사자에 대하여 심판절차와 관련된 수수료를 감면할 수 있다.
③ 국선대리인의 신청절차 및 수수료 감면 등 국선대리인 운영에 필요한 사항은 산업통상자원부령으로 정한다.
(2019.1.8 본조신설)

제125조【상표등록의 무효심판 등에 대한 심판청구방식】 ① 제117조부터 제121조까지의 규정에 따른 심판을 청구하려는 자는 다음 각 호의 사항을 적은 심판청구서를 특허심판원장에게 제출하여야 한다.
1. 당사자의 성명 및 주소(법인인 경우에는 그 명칭 및 영업소의 소재지를 말한다)
2. 당사자의 대리인이 있는 경우에는 그 대리인의 성명 및 주소나 영업소의 소재지〔대리인이 특허법인·특허법인(유한)인 경우에는 그 명칭, 사무소의 소재지 및 지정된 변리사의 성명을 말한다〕
3. 심판사건의 표시
4. 청구의 취지 및 그 이유

② 제1항에 따라 제출된 심판청구서를 보정하는 경우에는 요지를 변경할 수 없다. 다만, 다음 각 호의 어느 하나에 해당하는 경우에는 그러하지 아니하다.
1. 제1항제1호에 따른 당사자 중 상표권자의 기재사항을 바로 잡기 위하여 보정(추가하는 것을 포함한다)하는 경우
2. 제1항제4호에 따른 청구의 이유를 보정하는 경우
3. 상표권자 또는 전용사용권자가 제121조에 따라 청구한 권리범위 확인심판에서 심판청구서의 확인대상 상표 및 상표가 사용되고 있는 상품(청구인이 주장하는 피청구인의 상표와 그 사용상품을 말한다)에 대하여 피청구인이 자신이 실제로 사용하고 있는 상표 및 그 사용상품과 비교하여 다르다고 주장하는 경우에 청구인이 피청구인의 사용 상표 및 그 상품과 같게 하기 위하여 심판청구서의 확인대상 상표 및 사용상품을 보정하는 경우

③ 제121조에 따른 권리범위 확인심판을 청구할 경우에는 등록상표와 대비할 수 있는 상표견본 및 그 사용상품 목록을 첨부하여야 한다.

제126조【보정각하결정 등에 대한 심판청구방식】 ① 제115조에 따른 보정각하결정에 대한 심판 또는 제116조에 따른 거절결정에 대한 심판을 청구하려는 자는 다음 각 호의 사항을 적은 심판청구서를 특허심판원장에게 제출하여야 한다.
1. 청구인의 성명 및 주소(법인인 경우에는 그 명칭 및 영업소의 소재지를 말한다)
2. 청구인의 대리인이 있는 경우에는 그 대리인의 성명 및 주소나 영업소의 소재지〔대리인이 특허법인·특허법인(유한)인 경우에는 그 명칭, 사무소의 소재지 및 지정된 변리사의 성명을 말한다〕
3. 출원일 및 출원번호
4. 지정상품 및 그 상품류
5. 심사관의 거절결정일 또는 보정각하결정일
6. 심판사건의 표시
7. 청구의 취지 및 그 이유

② 제1항에 따라 제출된 심판청구서를 보정하는 경우 그 요지를 변경할 수 없다. 다만, 다음 각 호의 어느 하나에 해당하는 경우에는 그러하지 아니하다.
1. 제1항제1호에 따른 청구인의 기재사항을 바로잡기 위하여 보정(추가하는 것을 포함한다)하는 경우
2. 제1항제7호에 따른 청구의 이유를 보정하는 경우

③ 특허심판원장은 제116조에 따른 거절결정에 대한 심판이 청구된 경우 그 거절결정이 이의신청에 의한 것일 경우에는 그 취지를 이의신청인에게 알려야 한다.

제127조【심판청구서 등의 각하】 ① 심판장은 다음 각 호의 어느 하나에 해당하는 경우에는 기간을 정하여 그 보정을 명하여야 한다. 다만, 보정할 사항이 경미하고 명확한 경우에는 직권으로 보정할 수 있다.(2023.9.14 단서신설)
1. 심판청구서가 제125조제1항·제3항 또는 제126조제1항에 위반된 경우
2. 심판에 관한 절차가 다음 각 목의 어느 하나에 해당되는 경우
가. 제4조제1항 또는 제7조에 위반된 경우
나. 제78조에 따라 내야 할 수수료를 내지 아니한 경우
다. 이 법 또는 이 법에 따른 명령으로 정하는 방식에 위반된 경우

② 심판장은 제1항 본문에 따른 보정명령을 받은 자가 지정된 기간 내에 보정을 하지 아니하거나 보정한 사항이 제125조제2항 또는 제126조제2항을 위반한 경우에는 심판청구서 또는 해당 절차와 관련된 청구 등을 결정으로 각하하여야 한다.(2023.9.14 본항개정)
③ 제2항에 따른 결정은 서면으로 하여야 하며, 그 이유를 붙여야 한다.
④ 심판장은 제1항 단서에 따라 직권보정을 하려면 그 직권보정 사항을 청구인에게 통지하여야 한다.
(2023.9.14 본항신설)
⑤ 청구인은 제1항 단서에 따른 직권보정 사항을 받아들일 수 없으면 직권보정 사항의 통지를 받은 날부터 7일 이내에 그 직권보정 사항에 대한 의견서를 심판장에게 제출하여야 한다.(2023.9.14 본항신설)
⑥ 청구인이 제5항에 따라 의견서를 제출한 경우에는 해당 직권보정 사항은 처음부터 없었던 것으로 본다.
(2023.9.14 본항신설)
⑦ 제1항 단서에 따른 직권보정이 명백히 잘못된 경우 그 직권보정은 처음부터 없었던 것으로 본다.(2023.9.14 본항신설)

제128조【보정할 수 없는 심판청구의 심결 각하】 부적법한 심판청구로서 그 흠을 보정할 수 없는 경우에는 제133조제1항에도 불구하고 피청구인에게 답변서 제출의 기회를 주지 아니하고 심결로써 그 청구를 각하할 수 있다.

제129조【심판관】 ① 특허심판원장은 심판청구가 있으면 심판관에게 심판하게 한다.
② 심판관의 자격은 대통령령으로 정한다.
③ 심판관은 직무상 독립하여 심판한다.

제130조【심판관의 지정】 ① 특허심판원장은 각 심판사건에 대하여 제132조에 따른 합의체(이하 "심판관합의체"라 한다)를 구성할 심판관을 지정하여야 한다.
② 특허심판원장은 제1항의 심판관 중 심판에 관여하는 데에 지장이 있는 사람이 있으면 다른 심판관에게 심판을 하게 할 수 있다.

제131조【심판장】 ① 특허심판원장은 제130조제1항에 따라 지정된 심판관 중에서 1명을 심판장으로 지정하여야 한다.
② 심판장은 그 심판사건에 관한 사무를 총괄한다.

제132조【심판의 합의체】 ① 심판은 3명 또는 5명의 심판관으로 구성되는 심판관합의체가 한다.
② 제1항에 따른 심판관합의체의 합의는 과반수로 결정한다.
③ 심판의 합의는 공개하지 아니한다.

제133조【답변서 제출 등】 ① 심판장은 심판이 청구되면 청구서 부본을 피청구인에게 송달하고 기간을 정하여 답변서를 제출할 수 있는 기회를 주어야 한다.
② 심판장은 제1항의 답변서를 수리(受理)하였을 경우에는 그 부본을 청구인에게 송달하여야 한다.
③ 심판장은 심판에 관하여 당사자를 심문할 수 있다.

제134조【심판관의 제척】 심판관은 다음 각 호의 어느 하나에 해당하는 경우에는 그 심판에서 제척된다.
1. 심판관 또는 그 배우자나 배우자였던 사람이 사건의 당사자, 참가인 또는 이의신청인인 경우
2. 심판관이 사건의 당사자, 참가인 또는 이의신청인의 친족이거나 친족이었던 경우
3. 심판관이 사건의 당사자, 참가인 또는 이의신청인의 법정대리인이거나 법정대리인이었던 경우
4. 심판관이 사건에 대한 증인, 감정인이 된 경우 또는 감정인이었던 경우
5. 심판관이 사건의 당사자, 참가인 또는 이의신청인의 대리인이거나 대리인이었던 경우
6. 심판관이 사건에 대하여 심사관 또는 심판관으로서 상표등록여부결정이나 이의신청에 대한 결정 또는 심결에 관여한 경우
7. 심판관이 사건에 관하여 직접 이해관계를 가진 경우

제135조【제척신청】 제134조에 따른 제척의 원인이 있으면 당사자 또는 참가인은 제척신청을 할 수 있다.

제136조【심판관의 기피】 ① 심판관에게 공정한 심판을 기대하기 어려운 사정이 있으면 당사자 또는 참가인은 기피신청을 할 수 있다.
② 당사자 또는 참가인은 사건에 대하여 심판관에게 서면 또는 말로 진술을 한 후에는 기피신청을 할 수 없다. 다만, 기피의 원인이 있는 것을 알지 못한 경우 또는 기피의 원인이 그 후에 발생한 경우에는 그러하지 아니하다.

제137조【제척 또는 기피의 소명】 ① 제135조 및 제136조에 따라 제척 또는 기피 신청을 하려는 자는 그 원인을

적은 서면을 특허심판원장에게 제출하여야 한다. 다만, 구술심리를 할 경우에는 말로 할 수 있다.
② 제척 또는 기피의 원인은 신청한 날부터 3일 이내에 소명(疎明)하여야 한다.
제138조【제척 또는 기피 신청에 관한 결정】 ① 제척 또는 기피 신청이 있으면 심판으로 결정하여야 한다.
② 제척 또는 기피 신청의 대상이 된 심판관은 그 제척 또는 기피에 대한 심판에 관여할 수 없다. 다만, 의견을 진술할 수 있다.
③ 제1항에 따른 결정은 서면으로 하여야 하며, 그 이유를 붙여야 한다.
④ 제1항에 따른 결정에는 불복할 수 없다.
제139조【심판절차의 중지】 제척 또는 기피의 신청이 있으면 그 신청에 대한 결정이 있을 때까지 심판절차를 중지하여야 한다. 다만, 대통령령으로 정하는 긴급한 사유가 있는 경우에는 그러하지 아니하다.
제140조【심판관의 회피】 심판관이 제134조 또는 제136조에 해당하는 경우에는 특허심판원장의 허가를 받아 해당 사건에 대한 심판을 회피할 수 있다.
제141조【심리 등】 ① 심판은 구술심리 또는 서면심리로 한다. 다만, 당사자가 구술심리를 신청한 경우에는 서면심리만으로 결정할 수 있다고 인정되는 경우 외에는 구술심리를 하여야 한다.
② 구술심리는 공개하여야 한다. 다만, 공공의 질서 또는 선량한 풍속을 어지럽힐 우려가 있는 경우에는 그러하지 아니하다.
③ 심판장은 제1항에 따라 구술심리에 의한 심판을 할 경우에는 그 기일 및 장소를 정하고 그 취지를 적은 서면을 당사자와 참가인에게 송달하여야 한다. 다만, 해당 사건에 출석한 당사자 및 참가인에게 알린 경우에는 그러하지 아니하다.
④ 심판장은 제1항에 따라 구술심리에 의한 심판을 할 경우에는 특허심판원장이 지정한 직원에게 기일마다 심리의 요지와 그 밖에 필요한 사항을 적은 조서를 작성하게 하여야 한다.
⑤ 제4항에 따른 조서에는 심판의 심판장 및 조서를 작성한 직원이 기명날인하여야 한다.
⑥ 제4항에 따른 조서에 관하여는 「민사소송법」 제153조, 제154조 및 제156조부터 제160조까지의 규정을 준용한다.
⑦ 심판에 관하여는 「민사소송법」 제143조, 제259조, 제299조 및 제367조를 준용한다.
⑧ 심판장은 구술심리 중 심판정 내의 질서를 유지한다.
제141조의2【참고인 의견서의 제출】 ① 심판장은 산업에 미치는 영향 등을 고려하여 사건 심리에 필요하다고 인정되는 경우 공공단체, 그 밖의 참고인에게 심판사건에 관한 의견서를 제출하게 할 수 있다.
② 국가기관과 지방자치단체는 공익과 관련된 사항에 관하여 특허심판원에 심판사건에 관한 의견서를 제출할 수 있다.
③ 심판장은 제1항 또는 제2항에 따라 참고인이 제출한 의견서에 대하여 당사자에게 구술 또는 서면에 의한 의견진술의 기회를 주어야 한다.
④ 제1항 또는 제2항에 따른 참고인의 선정 및 비용, 준수사항 등 참고인 의견서 제출에 필요한 사항은 산업통상자원부령으로 정한다.
(2023.9.14 본조신설)
제142조【참가】 ① 제124조제1항에 따라 심판을 청구할 수 있는 자는 심리가 종결될 때까지 그 심판에 참가할 수 있다.
② 제1항에 따른 참가인은 피참가인이 그 심판의 청구를 취하한 후에도 심판절차를 속행할 수 있다.
③ 심판의 결과에 대하여 이해관계를 가진 자는 심리가 종결될 때까지 당사자의 어느 한쪽을 보조하기 위하여 그 심판에 참가할 수 있다.
④ 제3항에 따른 참가인은 모든 심판절차를 밟을 수 있다.
⑤ 제1항 또는 제3항에 따른 참가인에게 심판절차의 중단 또는 중지의 원인이 있으면 그 중단 또는 중지는 피참가인에 대해서도 그 효력이 발생한다.
제143조【참가의 신청 및 결정】 ① 심판에 참가하려는 자는 참가신청서를 심판장에게 제출하여야 한다.
② 심판장은 참가신청을 받은 경우에는 참가신청서 부본을 당사자와 다른 참가인에게 송달하고 기간을 정하여 의견서를 제출할 수 있는 기회를 주어야 한다.
③ 참가신청이 있는 경우에는 심판에 의하여 그 참가 여부를 결정하여야 한다.
④ 제3항에 따른 결정은 서면으로 하여야 하며, 그 이유를 붙여야 한다.
⑤ 제3항에 따른 결정에 대해서는 불복할 수 없다.
제144조【증거조사 및 증거보전】 ① 심판관은 당사자, 참가인 또는 이해관계인의 신청에 의하여 또는 직권으로 증거조사나 증거보전을 할 수 있다.
② 제1항에 따른 증거조사 및 증거보전에 관하여는 「민사소송법」 중 증거조사 및 증거보전에 관한 규정을 준용한다. 다만, 심판관은 과태료를 결정하거나 구인(拘引)을 명하거나 보증금을 공탁하게 하지 못한다.
③ 제1항에 따른 증거보전 신청은 심판청구 전에는 특허심판원장에게 하고, 심판계속 중에는 그 사건의 심판장에게 하여야 한다.
④ 특허심판원장은 심판청구 전에 제1항에 따른 증거보전 신청이 있으면 그 신청에 관여할 심판관을 지정한다.
⑤ 심판장은 제1항에 따라 직권으로 증거조사나 증거보전을 하였을 경우에는 그 결과를 당사자, 참가인 또는 이해관계인에게 송달하고 기간을 정하여 의견서를 제출할 수 있는 기회를 주어야 한다.
제145조【심판의 진행】 심판장은 당사자 또는 참가인이 법정기간 또는 지정기간 내에 절차를 밟지 아니하거나 제141조제3항에 따른 기일에 출석하지 아니하여도 심판을 진행할 수 있다.
제145조의2【적시제출주의】 심판절차에서의 주장이나 증거의 제출에 관하여는 「민사소송법」 제146조, 제147조 및 제149조를 준용한다.(2021.8.17 본조신설)
제146조【직권심리】 ① 심판관은 당사자 또는 참가인이 신청하지 아니한 이유에 대해서도 심리할 수 있다. 이 경우 기간을 정하여 당사자와 참가인에게 그 이유에 대하여 의견을 진술할 수 있는 기회를 주어야 한다.
② 심판관은 청구인이 신청하지 아니한 청구의 취지에 대해서는 심리할 수 없다.
제147조【심리·심결의 병합 또는 분리】 심판관합의체는 당사자 양쪽 또는 어느 한 쪽이 같은 둘 이상의 심판에 대하여 심리 또는 심결을 병합하거나 분리할 수 있다.
제148조【심판청구의 취하】 ① 심판청구는 심결이 확정될 때까지 취하할 수 있다. 다만, 제133조제1항에 따른 답변서가 제출된 경우에는 상대방의 동의를 받아야 한다.
② 둘 이상의 지정상품에 관하여 제116조에 따른 거절결정에 대한 심판이나 제117조제1항, 제118조제1항 또는 제214조제1항에 따른 무효심판이 청구되었을 경우에는 지정상품마다 심판청구를 취하할 수 있다.(2022.2.3 본항개정)
③ 제1항 또는 제2항에 따라 심판청구가 취하되었을 경우에는 그 심판청구 또는 그 지정상품에 대한 심판청구는 처음부터 없었던 것으로 본다.
제149조【심결】 ① 심판은 특별한 규정이 있는 경우를 제외하고는 심결로써 종결한다.
② 제1항에 따른 심결은 다음 각 호의 사항을 적은 서면으로 하여야 하며, 심결을 한 심판관은 그 서면에 기명날인하여야 한다.
1. 심판의 번호
2. 당사자와 참가인의 성명 및 주소(법인인 경우에는 그 명칭 및 영업소의 소재지를 말한다)
3. 당사자와 참가인의 대리인이 있는 경우에는 그 대리인의 성명 및 주소나 영업소의 소재지[대리인이 특허법인·특허법인(유한)인 경우에는 그 명칭, 사무소의 소재지 및 지정된 변리사의 성명을 말한다]
4. 심판사건의 표시
5. 심결의 주문(主文)
6. 심결의 이유(청구의 취지와 그 이유의 요지를 포함한다)
7. 심결 연월일
③ 심판장은 사건이 심결을 할 정도로 성숙하였을 때에는 심리의 종결을 당사자와 참가인에게 알려야 한다.
④ 심판장은 필요하다고 인정하면 제3항에 따라 심리 종결을 통지한 후에도 당사자 또는 참가인의 신청에 의하여 또는 직권으로 심리를 재개할 수 있다.
⑤ 심결은 제3항에 따른 심리 종결 통지를 한 날부터 20일 이내에 한다.
⑥ 심판장은 심결 또는 결정이 있으면 그 등본을 당사자, 참가인 및 심판에 참가신청을 하였으나 그 신청이 거부된 자에게 송달하여야 한다.
제150조【일사부재리】 이 법에 따른 심판의 심결이 확정되었을 경우에는 그 사건에 대해서는 누구든지 같은 사실 및 같은 증거에 의하여 다시 심판을 청구할 수 없다. 다만, 확정된 심결이 각하심결인 경우에는 그러하지 아니하다.
제151조【소송과의 관계】 ① 심판장은 심판에서 필요하면 직권 또는 당사자의 신청에 따라 그 심판사건과 관련되는 다른 심판의 심결이 확정되거나 소송절차가 완결될 때까지 그 절차를 중지할 수 있다.
② 법원은 소송절차에서 필요하면 직권 또는 당사자의 신청에 따라 상표에 관한 심결이 확정될 때까지 그 소송절차를 중지할 수 있다.
③ 법원은 상표권 또는 전용사용권의 침해에 관한 소가 제기된 경우에는 그 취지를 특허심판원장에게 통보하여야 한다. 그 소송절차가 끝난 경우에도 또한 같다.
④ 특허심판원장은 제3항에 따른 상표권 또는 전용사용권의 침해에 관한 소에 대응하여 그 상표권에 관한 무효심판 등이 청구된 경우에는 그 취지를 같은 항에 따른 법원에 통보하여야 한다. 그 심판청구서의 각하결정, 심결 또는 청구의 취하가 있는 경우에도 또한 같다.
제151조의2【산업재산권분쟁조정위원회 회부】 ① 심판장은 심판사건을 합리적으로 해결하기 위하여 필요하다고 인정되면 당사자의 동의를 받아 해당 심판사건의 절차를 중지하고 결정으로 해당 사건을 「발명진흥법」 제41조에 따른 산업재산권분쟁조정위원회(이하 "조정위원회"라 한다)에 회부할 수 있다.
② 심판장은 제1항에 따라 조정위원회에 회부한 때에는 해당 심판사건의 기록을 조정위원회에 송부하여야 한다.
③ 심판장은 조정위원회의 조정절차가 조정 불성립으로 종료되면 제1항에 따른 중지 결정을 취소하고 심판을 재개하며, 조정이 성립된 경우에는 해당 심판청구는 취하된 것으로 본다.
(2021.8.17 본조신설)
제152조【심판비용】 ① 제117조제1항, 제118조제1항, 제119조제1항, 제120조제1항, 제121조 및 제214조제1항에 따른 심판비용의 부담에 관하여는 심판이 심결에 의하여 종결될 경우에는 그 심결로써 정하고, 심판이 심결에 의하지 아니하고 종결될 경우에는 결정으로써 정하여야 한다.
② 제1항에 따른 심판비용에 관하여는 「민사소송법」 제98조부터 제103조까지, 제107조제1항·제2항, 제108조, 제111조, 제112조 및 제116조를 준용한다.
③ 제115조 또는 제116조에 따른 심판비용은 청구인이 부담한다.
④ 제3항에 따라 청구인이 부담하는 비용에 관하여는 「민사소송법」 제102조를 준용한다.
⑤ 심판비용의 금액은 심결 또는 결정이 확정된 후 당사자의 청구에 의하여 특허심판원장이 결정한다.
⑥ 심판비용의 범위·금액·납부 및 심판에서 절차상의 행위를 하기 위하여 필요한 비용의 지급에 관하여는 그 성질에 반하지 아니하는 범위에서 「민사소송비용법」 중 해당 규정의 예에 따른다.
⑦ 심판절차를 대리한 변리사에게 당사자가 지급하였거나 지급할 보수는 특허청장이 정하는 금액의 범위에서 심판비용으로 본다. 이 경우 여러 명의 변리사가 심판절차를 대리하였더라도 1명의 변리사가 심판대리를 한 것으로 본다.
제153조【심판비용의 금액에 대한 집행권원】 이 법에 따라 특허심판원장이 정한 심판비용의 금액에 관하여 확정된 결정은 집행력 있는 집행권원(執行權原)과 같은 효력을 가진다. 이 경우 집행력 있는 정본은 특허심판원 소속 공무원이 부여한다.
제154조【보정각하결정 및 거절결정에 대한 심판의 특칙】 제133조제1항·제2항, 제142조 및 제143조는 제115조에 따른 보정각하결정 및 제116조에 따른 거절결정에 대한 심판에는 적용하지 아니한다.
제155조【심사 또는 이의신청 절차의 효력】 심사 또는 이의신청에서 밟은 상표에 관한 절차는 다음 각 호의 어느 하나에 해당하는 거절결정에 대한 심판에서도 그 효력이 있다.
1. 제54조에 따른 상표등록거절결정
2. 존속기간갱신등록신청의 거절결정
3. 지정상품추가등록출원의 거절결정
4. 상품분류전환등록의 거절결정
제156조【보정각하결정 등의 취소】 ① 심판관합의체는 제115조에 따른 보정각하결정에 대한 심판 또는 제116조에 따른 거절결정에 대한 심판이 청구된 경우에 그 청구가 이유 있다고 인정하는 경우에는 심결로써 보정각하결정 또는 거절결정을 취소하여야 한다.
② 제1항에 따라 심판에서 보정각하결정 또는 거절결정을 취소하는 경우에는 심사에 부칠 것이라는 심결을 할 수 있다.
③ 제1항 및 제2항에 따른 심결에서 취소의 기본이 된 이유는 그 사건에 대하여 심사관을 기속(羈束)한다.

제8장 재심 및 소송

제157조【재심의 청구】 ① 당사자는 확정된 심결에 대하여 재심을 청구할 수 있다.
② 제1항의 재심청구에 관하여는 「민사소송법」 제451조, 제453조 및 제459조제1항을 준용한다.
제158조【사해심결에 대한 불복청구】 ① 심판의 당사자가 공모(共謀)하여 속임수를 써서 제3자의 권리 또는 이익에 손해를 입힐 목적으로 심결을 하게 하였을 경우에는 제3자는 그 확정된 심결에 대하여 재심을 청구할 수 있다.
② 제1항에 따른 재심청구의 경우에는 심판의 당사자를 공동피청구인으로 한다.
제159조【재심의 청구기간】 ① 당사자는 심결 확정 후 재심 사유를 안 날부터 30일 이내에 재심을 청구하여야 한다.
② 대리권의 흠을 이유로 하여 재심을 청구하는 경우에 제1항의 기간은 청구인 또는 법정대리인이 심결 등본의 송달에 의하여 심결이 있은 것을 안 날의 다음 날부터 기산한다.
③ 심결 확정 후 3년이 지나면 재심을 청구할 수 없다.
④ 재심 사유가 심결 확정 후에 생겼을 경우에는 제3항의 기간은 그 사유가 발생한 날의 다음 날부터 기산한다.
⑤ 제1항 및 제3항은 해당 심결 이전의 확정심결에 저촉된다는 이유로 재심을 청구하는 경우에는 적용하지 아니한다.
제160조【재심에 의하여 회복한 상표권의 효력 제한】 다음 각 호의 어느 하나에 해당하는 경우 상표권의 효력은 해당 심결이 확정된 후 그 회복된 상표권의 등록 전에 선의(善意)로 해당 등록상표와 같은 상표를 그 지정상품과 같은 상품에 사용한 행위, 제108조제1항 각 호의 어느 하나 또는 같은 조 제2항 각 호의 어느 하나에 해당하는 행위에는 미치지 아니한다.
1. 상표등록 또는 존속기간갱신등록이 무효로 된 후 재심에 의하여 그 효력이 회복된 경우

2. 상표등록이 취소된 후 재심에 의하여 그 효력이 회복된 경우
3. 상표권의 권리범위에 속하지 아니한다는 심결이 확정된 후 재심에 의하여 이와 상반되는 심결이 확정된 경우

제161조【재심에서의 심판 절차 규정의 준용】 심판에 대한 재심의 절차에 관하여는 그 성질에 반하지 아니하는 범위에서 심판의 절차에 관한 규정을 준용한다.

제162조【심결 등에 대한 소】 ① 심결에 대한 소와 제123조제1항(제161조에서 준용하는 경우를 포함한다)에 따라 준용되는 제42조제1항에 따른 보정각하결정 및 심판청구서나 재심청구서의 각하결정에 대한 소는 특허법원의 전속관할로 한다.

② 제1항에 따른 소는 당사자, 참가인 또는 해당 심판이나 재심에 참가신청을 하였으나 그 신청이 거부된 자만 제기할 수 있다.

③ 제1항에 따른 소는 심결 또는 결정의 등본을 송달받은 날부터 30일 이내에 제기하여야 한다.

④ 제3항의 기간은 불변기간(不變期間)으로 한다. 다만, 심판장은 도서·벽지 등 교통이 불편한 지역에 있는 자를 위하여 산업통상자원부령으로 정하는 바에 따라 직권으로 불변기간에 대하여 부가기간(附加期間)을 정할 수 있다.

⑤ 심판을 청구할 수 있는 사항에 관한 소는 심결에 대한 것이 아니면 제기할 수 없다.

⑥ 제152조제1항에 따른 심판비용의 심결 또는 결정에 대해서는 독립하여 제1항에 따른 소를 제기할 수 없다.

⑦ 제1항에 따른 특허법원의 판결에 대해서는 대법원에 상고할 수 있다.

제163조【피고적격】 제162조제1항에 따른 소는 특허청장을 피고로 하여 제기하여야 한다. 다만, 제117조제1항, 제118조제1항, 제119조제1항·제2항, 제120조제1항, 제121조 및 제214조제1항에 따른 심판 또는 그 재심의 심결에 대한 소는 그 청구인 또는 피청구인을 피고로 하여 제기하여야 한다.

제164조【소 제기 통지 및 재판서 정본 송부】 ① 법원은 제162조제1항에 따른 소 제기 또는 같은 조 제7항에 따른 상고가 있는 경우에는 지체 없이 그 취지를 특허심판원장에게 통지하여야 한다.

② 법원은 제163조 단서에 따른 소에 관하여 소송절차가 완결되었을 경우에는 지체 없이 그 사건에 대한 각 심급(審級)의 재판서 정본을 특허심판원장에게 송부하여야 한다.

제165조【심결 또는 결정의 취소】 ① 법원은 제162조제1항에 따라 소가 제기된 경우에 그 청구가 이유 있다고 인정할 경우에는 판결로써 해당 심결 또는 결정을 취소하여야 한다.

② 심판관은 제1항에 따라 심결 또는 결정의 취소판결이 확정되었을 경우에는 다시 심리를 하여 심결 또는 결정을 하여야 한다.

③ 제1항에 따른 판결에서 취소의 기본이 된 이유는 그 사건에 대하여 특허심판원을 기속한다.

제166조【변리사의 보수와 소송비용】 소송을 대리한 변리사의 보수에 관하여는 「민사소송법」 제109조를 준용한다. 이 경우 "변호사"는 "변리사"로 본다.

제9장 「표장의 국제등록에 관한 마드리드협정에 대한 의정서」에 따른 국제출원

제1절 국제출원 등

제167조【국제출원】 「표장의 국제등록에 관한 마드리드협정에 대한 의정서」(이하 "마드리드 의정서"라 한다) 제2조(1)에 따른 국제등록(이하 "국제등록"이라 한다)을 받으려는 자는 다음 각 호의 어느 하나에 해당하는 상표등록출원 또는 상표등록을 기초로 하여 특허청장에게 국제출원을 하여야 한다.

1. 본인의 상표등록출원
2. 본인의 상표등록
3. 본인의 상표등록출원 및 본인의 상표등록

제168조【국제출원인의 자격】 ① 특허청장에게 국제출원을 할 수 있는 자는 다음 각 호의 어느 하나에 해당하는 자로 한다.

1. 대한민국 국민
2. 대한민국에 주소(법인인 경우에는 영업소의 소재지를 말한다)를 가진 자

② 2인 이상이 공동으로 국제출원을 하려는 경우 출원인은 다음 각 호의 요건을 모두 충족하여야 한다.

1. 공동으로 국제출원을 하려는 자가 각각 제1항 각 호의 어느 하나에 해당할 것
2. 제169조제2항제4호에 따른 기초출원을 공동으로 하였거나 기초등록에 관한 상표권을 공유하고 있을 것

제169조【국제출원의 절차】 ① 국제출원을 하려는 자는 산업통상자원부령으로 정하는 언어로 작성한 국제출원서(이하 "국제출원서"라 한다) 및 국제출원에 필요한 서류를 특허청장에게 제출하여야 한다.

② 국제출원서에는 다음 각 호의 사항을 적어야 한다.

1. 출원인의 성명 및 주소(법인인 경우에는 그 명칭 및 영업소의 소재지를 말한다)
2. 제168조에 따른 국제출원인 자격에 관한 사항
3. 상표를 보호받으려는 국가(정부 간 기구를 포함하며, 이하 "지정국"이라 한다)
4. 마드리드 의정서 제2조(1)에 따른 기초출원(이하 "기초출원"이라 한다)의 출원일 및 출원번호 또는 마드리드 의정서 제2조(1)에 따른 기초등록(이하 "기초등록"이라 한다)의 등록일 및 등록번호
5. 국제등록을 받으려는 상표
6. 국제등록을 받으려는 상품과 그 상품류
7. 그 밖에 산업통상자원부령으로 정하는 사항

제170조【국제출원서 등 서류제출의 효력발생 시기】 국제출원서와 그 출원에 필요한 서류는 특허청장에게 도달한 날부터 그 효력이 발생한다. 우편으로 제출된 경우에도 또한 같다.

제171조【기재사항의 심사 등】 ① 특허청장은 국제출원서의 기재사항이 기초출원 또는 기초등록의 기재사항과 합치하는 경우에는 그 사실을 인정한다는 뜻과 국제출원서가 특허청에 도달한 날을 국제출원서에 적어야 한다.

② 특허청장은 제1항에 따라 도달일 등을 적은 후에는 즉시 국제출원서 및 국제출원에 필요한 서류를 마드리드 의정서 제2조(1)에 따른 국제사무국(이하 "국제사무국"이라 한다)에 보내고, 그 국제출원서의 사본을 해당 출원인에게 보내야 한다.

제172조【사후지정】 ① 국제등록의 명의인(이하 "국제등록명의인"이라 한다)은 국제등록된 지정국을 추가로 지정(이하 "사후지정"이라 한다)하려는 경우에는 산업통상자원부령으로 정하는 바에 따라 특허청장에게 사후지정을 신청할 수 있다.

② 제1항을 적용하는 경우 국제등록명의인은 국제등록된 지정상품의 전부 또는 일부에 대하여 사후지정을 할 수 있다.

제173조【존속기간의 갱신】 ① 국제등록명의인은 국제등록의 존속기간을 10년씩 갱신할 수 있다.

② 제1항에 따라 국제등록의 존속기간을 갱신하려는 자는 산업통상자원부령으로 정하는 바에 따라 특허청장에게 국제등록 존속기간의 갱신을 신청할 수 있다.

제174조【국제등록의 명의변경】 ① 국제등록명의인이나 그 승계인은 지정상품 또는 지정국의 전부 또는 일부에 대하여 국제등록의 명의를 변경할 수 있다.

② 제1항에 따라 국제등록의 명의를 변경하려는 자는 산업통상자원부령으로 정하는 바에 따라 특허청장에게 국제등록 명의변경등록을 신청할 수 있다.

제175조【수수료의 납부】 ① 다음 각 호의 어느 하나에 해당하는 자는 수수료를 특허청장에게 내야 한다.

1. 국제출원을 하려는 자
2. 사후지정을 신청하려는 자
3. 제173조에 따라 국제등록 존속기간의 갱신을 신청하려는 자
4. 제174조에 따라 국제등록 명의변경등록을 신청하려는 자

② 제1항에 따른 수수료, 그 납부방법 및 납부기간 등에 관하여 필요한 사항은 산업통상자원부령으로 정한다.

제176조【수수료 미납에 대한 보정】 특허청장은 제175조제1항 각 호의 어느 하나에 해당하는 자가 수수료를 내지 아니하는 경우에는 산업통상자원부령으로 정하는 바에 따라 기간을 정하여 보정을 명할 수 있다.

제177조【절차의 무효】 특허청장은 제176조에 따라 보정명령을 받은 자가 지정된 기간 내에 그 수수료를 내지 아니하는 경우에는 해당 절차를 무효로 할 수 있다.

제178조【국제등록 사항의 변경등록 등】 국제등록 사항의 변경등록 신청과 그 밖에 국제출원에 관하여 필요한 사항은 산업통상자원부령으로 정한다.

제179조【업무표장에 대한 적용 제외】 업무표장에 관하여는 제167조부터 제178조까지의 규정을 적용하지 아니한다.

제2절 국제상표등록출원에 관한 특례

제180조【국제상표등록출원】 ① 마드리드 의정서에 따라 국제등록된 국제출원으로서 대한민국을 지정국으로 지정(사후지정을 포함한다)한 국제출원은 이 법에 따른 상표등록출원으로 본다.

② 제1항을 적용하는 경우 마드리드 의정서 제3조(4)에 따른 국제등록일(이하 "국제등록일"이라 한다)은 이 법에 따른 상표등록출원일로 본다. 다만, 대한민국을 사후지정한 국제출원의 경우에는 그 사후지정이 국제등록부[마드리드 의정서 제2조(1)에 따른 국제등록부를 말하며, 이하 "국제상표등록부"라 한다]에 등록된 날(이하 "사후지정일"이라 한다)을 이 법에 따른 상표등록출원일로 본다.

③ 제1항에 따라 이 법에 따른 상표등록출원으로 보는 국제출원(이하 "국제상표등록출원"이라 한다)에 대해서는 국제상표등록부에 등록된 국제등록명의인의 성명 및 주소(법인인 경우에는 그 명칭 및 영업소의 소재지를 말한다), 상표, 지정상품 및 그 상품류는 이 법에 따른 출원인의 성명 및 주소(법인인 경우에는 그 명칭 및 영업소의 소재지를 말한다), 상표, 지정상품 및 그 상품류로 본다.

제181조【업무표장의 특례】 국제상표등록출원에 대해서는 업무표장에 관한 규정을 적용하지 아니한다.

제182조【국제상표등록출원의 특례】 ① 국제상표등록출원에 대하여 이 법을 적용할 경우에는 국제상표등록부에 등록된 우선권 주장의 취지, 최초로 출원한 국가명 및 출원 연월일은 상표등록출원서에 적힌 우선권 주장의 취지, 최초로 출원한 국가명 및 출원의 연월일로 본다.

② 국제상표등록출원에 대하여 이 법을 적용할 경우에는 국제상표등록부에 등록된 상표의 취지는 상표등록출원서에 기재된 해당 상표의 취지로 본다.

③ 단체표장등록을 받으려는 자는 제36조제1항·제3항에 따른 서류 및 정관을, 증명표장의 등록을 받으려는 자는 같은 조 제1항·제4항에 따른 서류를 산업통상자원부령으로 정하는 기간 내에 특허청장에게 제출하여야 한다. 이 경우 지리적 표시 단체표장을 등록받으려는 자는 그 취지를 적은 서류와 제2조제1항제4호에 따른 지리적 표시의 정의에 합치함을 입증할 수 있는 대통령령으로 정하는 서류를 함께 제출하여야 한다.

제183조【국내등록상표가 있는 경우의 국제상표등록출원의 효과】 ① 대한민국에 설정등록된 상표(국제상표등록출원에 따른 등록상표는 제외하며, 이하 이 조에서 "국내등록상표"라 한다)의 상표권자가 국제상표등록출원을 하는 경우에 다음 각 호의 요건을 모두 갖추었을 때에는 그 국제상표등록출원은 지정상품이 중복되는 범위에서 해당 국내등록상표에 관한 상표등록출원의 출원일에 출원된 것으로 본다.

1. 국제상표등록출원에 따라 국제상표등록부에 등록된 상표(이하 이 항에서 "국제등록상표"라 한다)와 국내등록상표가 동일할 것
2. 국제등록상표에 관한 국제등록명의인과 국내등록상표의 상표권자가 동일할 것
3. (2023.10.31 삭제)
4. 마드리드 의정서 제3조의3에 따른 영역확장의 효력이 국내등록상표의 상표등록일 후에 발생할 것

② 제1항에 따른 국내등록상표에 관한 상표등록출원에 대하여 조약에 따른 우선권이 인정되는 경우에는 그 우선권이 같은 항에 따른 국제상표등록출원에도 인정된다.

③ 국내등록상표의 상표권이 다음 각 호의 어느 하나에 해당하는 사유로 취소되거나 소멸되는 경우에는 그 취소되거나 소멸된 상표권의 지정상품과 동일한 범위에서 제1항 및 제2항에 따른 해당 국제상표등록출원에 대한 효과는 인정되지 아니한다.

1. 제119조제1항 각 호(제4호는 제외한다)에 해당한다는 사유로 상표등록을 취소한다는 심결이 확정된 경우
2. 제119조제1항 각 호(제4호는 제외한다)에 해당한다는 사유로 상표등록의 취소심판이 청구되고, 그 청구일 이후에 존속기간의 만료로 상표권이 소멸하거나 상표권 또는 지정상품의 일부를 포기한 경우

④ 마드리드 의정서 제4조의2(2)에 따른 신청을 하려는 자는 다음 각 호의 사항을 적은 신청서를 특허청장에게 제출하여야 한다.

1. 국제등록명의인의 성명 및 주소(법인인 경우에는 그 명칭 및 영업소의 소재지를 말한다)
2. 국제등록번호
3. 관련 국내등록상표 번호
4. 중복되는 지정상품
5. 그 밖에 산업통상자원부령으로 정하는 사항

⑤ 심사관은 제4항에 따른 신청이 있는 경우에는 해당 국제상표등록출원에 대하여 제1항부터 제3항까지의 규정에 따른 효과의 인정 여부를 신청인에게 알려야 한다.

제184조【출원의 승계 및 분할이전 등의 특례】 ① 국제상표등록출원에 대하여 제48조제1항을 적용할 경우 "상속이나 그 밖의 일반승계의 경우를 제외하고는 출원인 변경신고를"은 "출원인이 국제사무국에 명의변경 신고를"로 본다.

② 국제등록 명의의 변경에 따라 국제등록 지정상품의 전부 또는 일부가 분할되어 이전된 경우에는 국제상표등록출원은 변경된 국제등록명의인에 의하여 각각 출원된 것으로 본다.

③ 국제상표등록출원에 대해서는 제48조제3항을 적용하지 아니한다.

제185조【보정의 특례】 ① 국제상표등록출원에 대하여 제40조제1항 각 호 외의 부분을 적용할 경우 "상표등록출원서의 기재사항, 상표등록출원에 관한 지정상품 및 상표를"은 "제55조제1항에 따른 거절이유의 통지를 받은 경우에 한정하여 그 상표등록출원에 관한 지정상품을"로 본다.

② 국제상표등록출원에 대해서는 제40조제1항제1호, 같은 조 제2항제4호 및 제41조제1항제2호의2를 적용하지 아니한다.(2022.2.3 본항개정)

③ 국제상표등록출원에 대하여 제40조제3항을 적용할 경우 "제1항에 따른 보정이 제2항 각 호"는 "지정상품의 보정이 제2항 각 호(같은 항 제4호는 제외한다)"로 보고, 제41조제3항을 적용할 경우 "제1항에 따른 보정이 제40조제2항 각 호"는 "지정상품의 보정이 제40조제2항 각 호(같은 항 제4호는 제외한다)"로 본다.

④ 국제상표등록출원에 대하여 제41조제1항을 적용할 경우 "지정상품 및 상표를"은 "지정상품을"로 본다.

제186조【출원 변경의 특례】 국제상표등록출원에 대해서는 제44조제1항부터 제7항까지의 규정을 적용하지 아니한다.(2023.10.31 본조개정)

제187조【출원 분할의 특례】 국제상표등록출원에 대해서는 제45조제4항을 적용하지 아니한다.(2023.10.31 본조개정)

제188조【파리협약에 따른 우선권 주장의 특례】 국제상표등록출원을 하려는 자가 파리협약에 따른 우선권 주장을 하는 경우에는 제46조제4항 및 제5항을 적용하지 아니한다.

제189조【출원 시 및 우선심사의 특례】 ① 국제상표등록출원에 대하여 제47조제2항을 적용할 경우 "그 취지를 적은 상표등록출원서를 특허청장에게 제출하고, 이를 증명할 수 있는 서류를 상표등록출원일부터 30일 이내에"는 "그 취지를 적은 서면 및 이를 증명할 수 있는 서류를 산업통상자원부령으로 정하는 기간 내에"로 본다.
② 국제상표등록출원에 대해서는 제53조제2항을 적용하지 아니한다.

제190조【거절이유 통지의 특례】 ① 국제상표등록출원에 대하여 제55조제1항 전단을 적용할 경우 "출원인에게"는 "국제사무국을 통하여 출원인에게"로 본다.
② 국제상표등록출원에 대해서는 제55조제3항을 적용하지 아니한다.

제191조【출원공고의 특례】 국제상표등록출원에 대하여 제57조제1항 각 호 외의 부분 본문을 적용할 경우 "거절이유를 발견할 수 없는 경우(일부 지정상품에 대하여 거절이유가 있는 경우에는 그 지정상품에 대한 거절결정이 확정된 경우를 말한다)에는"은 "산업통상자원부령으로 정하는 기간 내에 거절이유를 발견할 수 없는 경우(일부 지정상품에 대하여 거절이유가 있는 경우에는 그 지정상품에 대한 거절결정이 확정된 경우를 말한다)에는"으로 본다.(2022.2.3 본조개정)

제192조【손실보상청구권의 특례】 국제상표등록출원에 대하여 제58조제1항 단서를 적용할 경우 "해당 상표등록출원의 사본"은 "해당 국제출원의 사본"으로 본다.

제193조【상표등록결정 및 직권에 의한 보정 등의 특례】 ① 국제상표등록출원에 대하여 제68조를 적용할 경우 "거절이유를 발견할 수 없는 경우(일부 지정상품에 대하여 거절이유가 있는 경우에는 그 지정상품에 대한 거절결정이 확정된 경우를 말한다)에는"은 "산업통상자원부령으로 정하는 기간 내에 거절이유를 발견할 수 없는 경우(일부 지정상품에 대하여 거절이유가 있는 경우에는 그 지정상품에 대한 거절결정이 확정된 경우를 말한다)에는"으로 본다.(2022.2.3 본항개정)
② 국제상표등록출원에 대해서는 제59조를 적용하지 아니한다.
③ 국제상표등록출원에 대해서는 제68조의2를 적용하지 아니한다.(2021.10.19 본항신설)
(2021.10.19 본조제목개정)

제193조의2【재심사 청구의 특례】 국제상표등록출원에 대해서는 제55조의2를 적용하지 아니한다.(2022.2.3 본조신설)

제193조의3【상표등록여부결정의 방식에 관한 특례】 국제상표등록출원에 대하여 제69조제2항을 적용할 경우 "상표등록여부결정"은 "상표등록여부결정(제54조 각 호 외의 부분 후단에 해당하는 경우에는 제외한다)"으로, "출원인에게"는 "국제사무국을 통하여 출원인에게"로 본다.(2023.10.31 본조신설)

제194조【상표등록료 등의 특례】 ① 국제상표등록출원을 하려는 자 또는 제197조에 따라 설정등록을 받은 상표권(이하 "국제등록기초상표권"이라 한다)의 존속기간을 갱신하려는 자는 마드리드 의정서 제8조(7)(a)에 따른 개별수수료를 국제사무국에 내야 한다.
② 제1항에 따른 개별수수료에 관하여 필요한 사항은 산업통상자원부령으로 정한다.
③ 국제상표등록출원 또는 국제등록기초상표권에 대해서는 제72조부터 제77조까지의 규정을 적용하지 아니한다.

제195조【상표등록료 등의 반환의 특례】 국제상표등록출원에 대하여 제79조제1항 각 호 외의 부분을 적용할 경우 "납부된 상표등록료와 수수료"는 "이미 낸 수수료"로, "상표등록료 및 수수료"를 "수수료"로 보고, 같은 항 제1호 및 같은 조 제2항·제3항을 적용할 경우 "상표등록료 및 수수료"는 각각 "수수료"로 본다.

제196조【상표원부에의 등록의 특례】 ① 국제등록기초상표권에 대하여 제80조제1항제1호를 적용할 경우 "상표권의 설정·이전·변경·소멸·회복, 존속기간의 갱신, 상품분류전환, 지정상품의 추가 또는 처분의 제한"은 "상표권의 설정 또는 처분의 제한"으로 본다.
② 국제등록기초상표권의 이전, 변경, 소멸 또는 존속기간의 갱신은 국제상표등록부에 등록된 바에 따른다.

제197조【상표권 설정등록의 특례】 국제상표등록출원에 대하여 제82조제2항 각 호 외의 부분을 적용할 경우 "다음 각 호의 어느 하나에 해당하는 경우에는"은 "상표등록결정이 있는 경우"로 본다.

제198조【상표권 존속기간 등의 특례】 ① 국제등록기초상표권의 존속기간은 제197조에 따른 상표권의 설정등록이 있은 날부터 국제등록일 후 10년이 되는 날까지로 한다.
② 국제등록기초상표권의 존속기간은 국제등록의 존속기간의 갱신에 의하여 10년씩 갱신할 수 있다.
③ 제2항에 따라 국제등록기초상표권의 존속기간이 갱신된 경우에는 그 국제등록기초상표권의 존속기간은 그 존속기간의 만료 시에 갱신된 것으로 본다.
④ 국제등록기초상표권에 대해서는 제83조부터 제85조까지, 제88조제1항 및 제209조부터 제213조까지의 규정을 적용하지 아니한다.

제199조【지정상품추가등록출원의 특례】 국제상표등록출원 또는 국제등록기초상표권에 대해서는 제86조, 제87조 및 제88조제2항을 적용하지 아니한다.

제200조 (2023.10.31 삭제)

제201조【상표권등록 효력의 특례】 ① 국제등록기초상표권의 이전·변경·포기에 의한 소멸 또는 존속기간의 갱신은 국제상표등록부에 등록하지 아니하면 그 효력이 발생하지 아니한다.
② 국제등록기초상표권에 대해서는 제96조제1항제1호(처분의 제한에 관한 부분은 제외한다)를 적용하지 아니한다.
③ 국제등록기초상표권에 대하여 제96조제2항을 적용할 경우 "상표권 및 질권"은 "질권"으로 본다.

제202조【국제등록 소멸의 효과】 ① 국제상표등록출원의 기초가 되는 국제등록의 전부 또는 일부가 소멸된 경우에는 그 소멸된 범위에서 해당 국제상표등록출원은 지정상품의 전부 또는 일부에 대하여 취하된 것으로 본다.
② 국제등록기초상표권의 기초가 되는 국제등록의 전부 또는 일부가 소멸된 경우에는 그 소멸된 범위에서 해당 상표권은 지정상품의 전부 또는 일부에 대하여 소멸된 것으로 본다.
③ 제1항 및 제2항에 따른 취하 또는 소멸의 효과는 국제상표등록부상 해당 국제등록이 소멸된 날부터 발생한다.

제203조【상표권 포기의 특례】 ① 국제등록기초상표권에 대해서는 제102조제1항을 적용하지 아니한다.
② 국제등록기초상표권에 대하여 제103조를 적용할 경우 "상표권·전용사용권"은 "전용사용권"으로 본다.

제204조【존속기간갱신등록의 무효심판 등의 특례】 국제등록기초상표권에 대해서는 제118조 또는 제214조를 적용하지 아니한다.

제3절 상표등록출원의 특례

제205조【국제등록 소멸 후의 상표등록출원의 특례】 ① 대한민국을 지정국으로 지정(사후지정을 포함한다)한 국제등록의 대상인 상표가 지정상품의 전부 또는 일부에 관하여 마드리드 의정서 제6조(4)에 따라 그 국제등록이 소멸된 경우에는 그 국제등록의 명의인은 그 상품의 전부 또는 일부에 관하여 특허청장에게 상표등록출원을 할 수 있다.
② 제1항에 따른 상표등록출원이 다음 각 호의 요건을 모두 갖춘 경우에는 국제등록일(사후지정의 경우에는 사후지정일을 말한다)에 출원된 것으로 본다.
1. 제1항에 따른 상표등록출원이 같은 항에 따른 국제등록 소멸일부터 3개월 이내에 출원될 것
2. 제1항에 따른 상표등록출원의 지정상품이 같은 항에 따른 국제등록의 지정상품에 모두 포함될 것
3. 상표등록을 받으려는 상표가 소멸된 국제등록의 대상인 상표와 동일할 것
③ 제1항에 따른 국제등록에 관한 국제상표등록출원에 대하여 조약에 따른 우선권이 인정되는 경우에는 그 우선권이 같은 항에 따른 상표등록출원에도 인정된다.

제206조【마드리드 의정서 폐기 후의 상표등록출원의 특례】 ① 대한민국을 지정국으로 지정(사후지정을 포함한다)한 국제등록의 명의인이 마드리드 의정서 제15조(5)(b)에 따라 출원인 자격을 잃게 되었을 경우에는 해당 국제등록의 명의인은 국제등록된 지정상품의 전부 또는 일부에 관하여 특허청장에게 상표등록출원을 할 수 있다.
② 제1항에 따른 상표등록출원에 관하여는 제205조제2항 및 제3항을 준용한다. 이 경우 제205조제2항제1호 중 "같은 항에 따른 국제등록 소멸일부터 3개월 이내"는 "마드리드 의정서 제15조(3)에 따라 폐기의 효력이 발생한 날부터 2년 이내"로 본다.

제207조【심사의 특례】 다음 각 호의 어느 하나에 해당하는 상표등록출원(이하 "재출원"이라 한다)이 제197조에 따라 설정등록되었던 등록상표에 관한 것인 경우 해당 본인의 상표등록출원에 대해서는 제54조, 제55조, 제57조 및 제60조부터 제67조까지의 규정을 적용하지 아니한다. 다만, 제54조제2호에 해당하는 경우에는 그러하지 아니하다.
1. 제205조제2항 각 호의 요건을 모두 갖추어 같은 조 제1항에 따라 하는 상표등록출원
2. 제206조제2항에 따라 준용되는 제205조제2항 각 호의 요건을 모두 갖추어 제206조제1항에 따라 하는 상표등록출원

제208조【제척기간의 특례】 재출원에 따라 해당 상표가 설정등록된 경우로서 종전의 국제등록기초상표권에 대한 제122조제1항의 제척기간이 지났을 경우에는 재출원에 따라 설정등록된 상표에 대하여 무효심판을 청구할 수 없다.

제10장 상품분류전환의 등록

제209조【상품분류전환등록의 신청】 ① 종전의 법(법률 제5355호 상표법중개정법률로 개정되기 전의 것을 말한다) 제10조제1항에 따른 통상산업부령으로 정하는 상품류의 구분에 따라 상품을 지정하여 상표권의 설정등록, 지정상품의 추가등록 또는 존속기간갱신등록을 받은 상표권자는 해당 지정상품을 상품류의 구분에 따라 전환하여 등록을 받아야 한다. 다만, 법률 제5355호 상표법중개정법률 제10조제1항에 따른 통상산업부령으로 정하는 상품류의 구분에 따라 상품을 지정하여 존속기간갱신등록을 받은 자는 그러하지 아니하다.
② 제1항에 따른 상품분류전환등록을 받으려는 자는 다음 각 호의 사항을 적은 상품분류전환등록신청서를 특허청장에게 제출하여야 한다.
1. 신청인의 성명 및 주소(법인인 경우에는 그 명칭 및 영업소의 소재지를 말한다)
2. 신청인의 대리인이 있는 경우에는 그 대리인의 성명 및 주소나 영업소의 소재지〔대리인이 특허법인·특허법인(유한)인 경우에는 그 명칭, 사무소의 소재지 및 지정된 변리사의 성명을 말한다〕
3. 등록상표의 등록번호
4. 전환하여 등록받으려는 지정상품 및 그 상품류
③ 상품분류전환등록신청은 상표권의 존속기간이 만료되기 1년 전부터 존속기간이 만료된 후 6개월 이내의 기간에 하여야 한다.
④ 상표권이 공유인 경우에는 공유자 전원이 공동으로 상품분류전환등록을 신청하여야 한다.

제210조【상품분류전환등록의 거절결정 및 거절이유의 통지】 ① 심사관은 상품분류전환등록신청이 다음 각 호의 어느 하나에 해당하는 경우에는 그 신청에 대하여 상품분류전환등록거절결정을 하여야 한다.
1. 상품분류전환등록신청의 지정상품을 해당 등록상표의 지정상품이 아닌 상품으로 하거나 지정상품의 범위를 실질적으로 확장한 경우
2. 상품분류전환등록신청의 지정상품이 상품류 구분과 일치하지 아니하는 경우
3. 상품분류전환등록을 신청한 자가 해당 등록상표의 상표권자가 아닌 경우
4. 제209조에 따른 상품분류전환등록신청의 요건을 갖추지 못한 경우
5. 상표권이 소멸하거나 존속기간갱신등록신청을 포기·취하하거나 존속기간갱신등록신청이 무효로 된 경우
② 심사관은 다음 각 호의 어느 하나에 해당하는 경우에는 신청인에게 거절이유를 통지하여야 한다. 이 경우 신청인은 산업통상자원부령으로 정하는 기간 내에 거절이유에 대한 의견서를 제출할 수 있다.(2021.10.19 전단개정)
1. 제1항에 따라 상품분류전환등록거절결정을 하려는 경우(2021.10.19 본호신설)
2. 제212조에 따라 준용되는 제68조의2제1항에 따른 직권재심사를 하여 취소된 상품분류전환등록결정 전에 이미 통지한 거절이유로 상품분류전환등록거절결정을 하려는 경우(2021.10.19 본호신설)
③ 제2항 후단에 따른 기간 내에 의견서를 제출하지 아니한 신청인은 그 기간이 만료된 후 2개월 이내에 상품분류전환등록에 관한 절차를 계속 진행할 것을 신청하고, 그 기간 내에 거절이유에 대한 의견서를 제출할 수 있다.
④ 심사관은 제2항에 따라 거절이유를 통지하는 경우 지정상품별로 거절이유와 근거를 구체적으로 적어야 한다.(2022.2.3 본항개정)

제211조【상품분류전환등록】 특허청장은 제212조에 따라 준용되는 제68조에 따른 상표등록결정이 있는 경우에는 지정상품의 분류를 전환하여 등록하여야 한다.

제212조【상품분류전환등록신청에 관한 준용】 상품분류전환등록신청에 관하여는 제38조제1항, 제39조, 제40조, 제41조제3항, 제42조, 제50조, 제55조의2, 제68조, 제68조의2, 제69조, 제70조, 제134조제1호부터 제5호까지 및 제7호를 준용한다.(2022.2.3 본조개정)

제213조【상품분류전환등록이 없는 경우 등의 상표권의 소멸】 ① 다음 각 호의 어느 하나에 해당하는 경우에는 상품분류전환등록의 대상이 되는 지정상품에 관한 상표권은 제209조제3항에 따른 상품분류전환등록신청기간의 만료일이 속하는 존속기간의 만료일 다음 날에 소멸한다.
1. 상품분류전환등록을 받아야 하는 자가 제209조제3항에 따른 기간 내에 상품분류전환등록을 신청하지 아니하는 경우
2. 상품분류전환등록신청이 취하된 경우
3. 제18조제1항에 따라 상품분류전환에 관한 절차가 무효로 된 경우
4. 상품분류전환등록거절결정이 확정된 경우
5. 제214조에 따라 상품분류전환등록을 무효로 한다는 심결이 확정된 경우
② 상품분류전환등록의 대상이 되는 지정상품으로서 제209조제2항에 따른 상품분류전환등록신청서에 적지 아니한 지정상품에 관한 상표권은 상품분류전환등록신청서에 적은 지정상품이 제211조에 따라 전환등록되는 날에 소멸한다. 다만, 상품분류전환등록이 상표권의 존속기간만료일 이전에 이루어지는 경우에는 상표권의 존속기간만료일의 다음 날에 소멸한다.

제214조【상품분류전환등록의 무효심판】 ① 이해관계인 또는 심사관은 상품분류전환등록이 다음 각 호의 어느 하나에 해당하는 경우에는 무효심판을 청구할 수 있다. 이 경우 상품분류전환등록에 관한 지정상품이 둘 이상 있는 경우에는 지정상품마다 청구할 수 있다.
1. 상품분류전환등록이 해당 등록상표의 지정상품이 아닌 상품으로 되거나 지정상품의 범위가 실질적으로 확장된 경우
2. 상품분류전환등록이 해당 등록상표의 상표권자가 아닌 자의 신청에 의하여 이루어진 경우
3. 상품분류전환등록이 제209조제3항에 위반되는 경우

② 상품분류전환등록의 무효심판에 관하여는 제117조제2항 및 제5항을 준용한다.
③ 상품분류전환등록을 무효로 한다는 심결이 확정된 경우에는 해당 상품분류전환등록은 처음부터 없었던 것으로 본다.

제11장 보 칙

제215조【서류의 열람 등】 상표등록출원 및 심판에 관한 증명, 서류의 등본 또는 초본의 발급, 상표원부 및 서류의 열람 또는 복사를 원하는 자는 특허청장 또는 특허심판원장에게 서류의 열람 등의 허가를 신청할 수 있다.
제216조【상표등록출원·심사·심판 등에 관한 서류의 반출과 공개 금지】 ① 상표등록출원, 심사, 이의신청, 심판 또는 재심에 관한 서류나 상표원부는 다음 각 호의 어느 하나에 해당하는 경우를 제외하고는 외부로 반출할 수 없다.
1. 제51조제1항 및 제3항부터 제5항까지의 규정에 따른 상표검색 등을 위하여 상표등록출원, 지리적 표시 단체표장등록출원, 심사 또는 이의신청에 관한 서류를 반출하는 경우(2019.1.8 본호개정)
1의2. 제151조의2제2항에 따른 조정을 위하여 상표등록출원, 심사, 이의신청, 심판 또는 재심에 관한 서류나 상표원부를 반출하는 경우(2021.8.17 본호신설)
2. 「산업재산 정보의 관리 및 활용 촉진에 관한 법률」 제12조제1항에 따른 산업재산문서 전자화업무의 위탁을 위하여 상표등록출원, 심사, 이의신청, 심판 또는 재심에 관한 서류나 상표원부를 반출하는 경우(2024.2.6 본호개정)
3. 「전자정부법」 제32조제3항에 따른 온라인 원격근무를 위하여 상표등록출원, 심사, 이의신청, 심판 또는 재심에 관한 서류나 상표원부를 반출하는 경우
② 상표등록출원, 심사, 이의신청, 심판 또는 재심으로 계속 중인 사건의 내용이나 상표등록여부결정, 심결 또는 결정의 내용에 관하여는 감정·증언을 하거나 질의에 응답할 수 없다.
제217조 (2024.2.6 삭제)
제218조【서류의 송달】 이 법에 규정된 서류의 송달절차 등에 관하여 필요한 사항은 대통령령으로 정한다.
제219조【공시송달】 ① 송달을 받을 자의 주소나 영업소가 불분명하여 송달할 수 없을 경우에는 공시송달을 하여야 한다.
② 공시송달은 서류를 송달받을 자에게 어느 때라도 교부한다는 뜻을 상표공보에 게재함으로써 한다.
③ 최초의 공시송달은 상표공보에 게재한 날부터 2주일이 지나면 그 효력이 발생한다. 다만, 그 이후의 같은 당사자에 대한 공시송달은 상표공보에 게재한 날의 다음 날부터 그 효력이 발생한다.
제220조【재외자에 대한 송달】 ① 재외자로서 상표관리인이 있으면 그 재외자에게 송달할 서류는 상표관리인에게 송달하여야 한다. 다만, 다음 각 호의 경우에는 그러하지 아니하다.(2023.10.31 단서개정)
1. 심사관이 제190조에 따라 국제사무국을 통하여 국제상표등록출원인에게 거절이유를 통지하는 경우
2. 심사관이 제193조의3에 따라 국제사무국을 통하여 국제상표등록출원인에게 상표등록여부결정의 등본을 송달하는 경우
(2023.10.31 1호~2호신설)
② 재외자로서 상표관리인이 없으면 그 재외자에게 송달할 서류는 항공등기우편으로 발송할 수 있다.
③ 제1항제2호에 따라 상표등록여부결정의 등본을 국제사무국에 발송하였거나 제2항에 따라 서류를 항공등기우편으로 발송하였을 경우에는 발송을 한 날에 송달된 것으로 본다.(2023.10.31 본항개정)
제221조【상표공보】 ① 특허청장은 상표공보를 발행하여야 한다.
② 상표공보는 산업통상자원부령으로 정하는 바에 따라 전자적 매체로 발행할 수 있다.
③ 특허청장은 전자적 매체로 상표공보를 발행하는 경우에는 정보통신망을 활용하여 상표공보의 발행 사실, 주요목록 및 공시송달에 관한 사항을 알려야 한다.
④ 상표공보에 게재할 사항은 대통령령으로 정한다.
제222조【등록상표의 표시】 상표권자·전용사용권자 또는 통상사용권자는 등록상표를 사용할 때에 해당 상표가 등록상표임을 표시할 수 있다.
제223조【동음이의어 지리적 표시 등록단체표장의 표시】 둘 이상의 지리적 표시 등록단체표장이 서로 동음이의어 지리적 표시에 해당하는 경우 각 단체표장권자와 그 소속 단체원은 지리적 출처에 대하여 수요자가 혼동하지 아니하도록 하는 표시를 등록단체표장과 함께 사용하여야 한다.
제224조【거짓 표시의 금지】 ① 누구든지 다음 각 호의 어느 하나에 해당하는 행위를 해서는 아니 된다.
1. 등록을 하지 아니한 상표 또는 상표등록출원을 하지 아니한 상표를 등록상표 또는 등록출원상표인 것같이 상품에 표시하는 행위
2. 등록을 하지 아니한 상표 또는 상표등록출원을 하지 아니한 상표를 등록상표 또는 등록출원상표인 것같이 영업용 광고, 간판, 표찰, 상품의 포장 또는 그 밖의 영업용 거래 서류 등에 표시하는 행위
3. 지정상품 외의 상품에 대하여 등록상표를 사용하는 경우에 그 상표에 상표등록 표시 또는 이와 혼동하기 쉬운 표시를 하는 행위
② 제1항제1호 및 제2호에 따른 상표를 표시하는 행위에는 상품, 상품의 포장, 광고, 간판 또는 표찰을 표장의 형상으로 하는 것을 포함한다.
제225조【등록상표와 유사한 상표 등에 대한 특칙】 ① 제89조, 제92조, 제95조제3항, 제97조제2항, 제104조, 제110조제4항, 제119조제1항제3호 및 같은 조 제3항, 제160조, 제222조 및 제224조에 따른 "등록상표"에는 그 등록상표와 유사한 상표로서 색채를 등록상표와 동일하게 하면 등록상표와 같은 상표라고 인정되는 상표가 포함되는 것으로 한다.
② 제108조제1항제1호 및 제119조제1항제1호에 따른 "등록상표와 유사한 상표"에는 그 등록상표와 유사한 상표로서 색채를 등록상표와 동일하게 하면 등록상표와 같은 상표라고 인정되는 상표가 포함되지 아니하는 것으로 한다.
③ 제108조제2항제1호에 따른 "타인의 지리적 표시 등록단체표장과 유사한 상표"에는 그 등록단체표장과 유사한 상표로서 색채를 등록단체표장과 동일하게 하면 등록단체표장과 같은 상표라고 인정되는 상표가 포함되지 아니하는 것으로 한다.
④ 제1항부터 제3항까지의 규정은 색채나 색채의 조합만으로 된 등록상표의 경우에는 적용하지 아니한다.
제226조【불복의 제한】 ① 보정각하결정, 상표등록여부결정, 심결, 심판청구나 재심청구의 각하결정에 대해서는 다른 법률에 따른 불복을 할 수 없으며, 이 법에 따라 불복할 수 없도록 규정되어 있는 처분에 대해서는 다른 법률에 따른 불복을 할 수 없다.
② 제1항에 따른 처분 외의 처분에 대한 불복에 대해서는 「행정심판법」 또는 「행정소송법」에 따른다.
제227조【비밀유지명령】 ① 법원은 상표권 또는 전용사용권의 침해에 관한 소송에서 어느 한쪽 당사자가 보유한 영업비밀(「부정경쟁방지 및 영업비밀보호에 관한 법률」 제2조제2호에 따른 영업비밀을 말하며, 이하 같다)에 대하여 다음 각 호의 사유를 모두 소명한 경우에는 그 당사자의 신청에 의하여 결정으로 다른 당사자(법인인 경우에는 그 대표자를 말한다), 당사자를 위하여 소송을 대리하는 자, 그 밖에 그 소송으로 인하여 영업비밀을 알게 된 자에게 그 영업비밀을 그 소송의 계속적인 수행 외의 목적으로 사용하거나 그 영업비밀에 관계된 이 항에 따른 명령을 받은 자 외의 자에게 공개하지 아니할 것을 명할 수 있다. 다만, 그 신청 시점까지 다른 당사자(법인인 경우에는 그 대표자를 말한다), 당사자를 위하여 소송을 대리하는 자, 그 밖에 그 소송으로 인하여 영업비밀을 알게 된 자가 제1호에 따른 준비서면의 열람이나 증거조사 외의 방법으로 그 영업비밀을 이미 취득하고 있는 경우에는 그러하지 아니하다.
1. 이미 제출하였거나 제출하여야 할 준비서면 또는 이미 조사하였거나 조사하여야 할 증거에 영업비밀이 포함되어 있다는 것
2. 제1호에 따른 영업비밀이 해당 소송 수행 외의 목적으로 사용되거나 공개되면 당사자의 영업에 지장을 줄 우려가 있어 이를 방지하기 위하여 영업비밀의 사용 또는 공개를 제한할 필요가 있다는 것
② 제1항에 따른 명령(이하 "비밀유지명령"이라 한다)의 신청은 다음 각 호의 사항을 적은 서면으로 하여야 한다.
1. 비밀유지명령을 받을 자
2. 비밀유지명령의 대상이 될 영업비밀을 특정하기에 충분한 사실
3. 제1항 각 호의 사유에 해당하는 사실
③ 법원은 비밀유지명령이 결정된 경우에는 그 결정서를 비밀유지명령을 받은 자에게 송달하여야 한다.
④ 비밀유지명령은 제3항에 따른 결정서가 비밀유지명령을 받은 자에게 송달된 때부터 효력이 발생한다.
⑤ 비밀유지명령의 신청을 기각하거나 각하한 재판에 대해서는 즉시항고를 할 수 있다.
제228조【비밀유지명령의 취소】 ① 비밀유지명령을 신청한 자 또는 비밀유지명령을 받은 자는 제227조제1항에 따른 요건을 갖추지 못하였거나 갖추지 못하게 된 경우 소송기록을 보관하고 있는 법원(소송기록을 보관하고 있는 법원이 없는 경우에는 비밀유지명령을 내린 법원을 말한다)에 비밀유지명령의 취소를 신청할 수 있다.
② 법원은 비밀유지명령의 취소 신청에 대한 재판이 있는 경우에는 그 결정서를 그 신청을 한 자 및 상대방에게 송달하여야 한다.
③ 비밀유지명령의 취소 신청에 대한 재판에 대해서는 즉시항고를 할 수 있다.
④ 비밀유지명령을 취소하는 재판은 확정되어야 그 효력이 발생한다.
⑤ 비밀유지명령을 취소하는 재판을 한 법원은 비밀유지명령의 취소 신청을 한 자 또는 상대방 외에 해당 영업비밀에 관한 비밀유지명령을 받은 자가 있는 경우에는 그 자에게 즉시 비밀유지명령의 취소 재판을 한 사실을 알려야 한다.
제229조【소송기록 열람 등의 청구 통지 등】 ① 비밀유지명령이 내려진 소송(모든 비밀유지명령이 취소된 소송은 제외한다)에 관한 소송기록에 대하여 「민사소송법」 제163조제1항에 따른 열람 등의 제한 결정이 있는 경우로서, 그 소송에서 비밀유지명령을 받지 아니한 자가 열람 등이 가능한 당사자를 위하여 그 비밀 기재 부분의 열람 등의 청구절차를 밟은 경우에는 법원서기관, 법원사무관, 법원주사 또는 법원주사보(이하 이 조에서 "법원사무관등"이라 한다)는 「민사소송법」 제163조제1항에 따라 열람 등의 제한 신청을 한 당사자(그 열람 등의 청구를 한 자는 제외하며, 이하 제3항에서 같다)에게 그 청구 직후에 그 열람 등의 청구가 있었다는 사실을 알려야 한다.
② 제1항의 경우에 법원사무관등은 제1항에 따른 청구가 있었던 날부터 2주일이 지날 때까지 그 청구절차를 밟은 자에게 같은 항에 따른 비밀 기재 부분의 열람 등을 하게 해서는 아니 된다. 이 경우 그 청구절차를 밟은 자에 대한 비밀유지명령 신청이 그 기간 내에 이루어진 경우에는 그 신청에 대한 재판이 확정되는 시점까지 그 청구절차를 밟은 자에게 제1항에 따른 비밀 기재 부분의 열람 등을 하게 해서는 아니 된다.
③ 제2항은 제1항에 따라 열람 등의 청구를 한 자에게 제1항에 따른 비밀 기재 부분의 열람 등을 하게 하는 것에 대하여 「민사소송법」 제163조제1항에 따라 열람 등의 제한 신청을 한 당사자 모두의 동의가 있는 경우에는 적용되지 아니한다.

제12장 벌 칙

제230조【침해죄】 상표권 또는 전용사용권의 침해행위를 한 자는 7년 이하의 징역 또는 1억원 이하의 벌금에 처한다.
제231조【비밀유지명령 위반죄】 ① 국내외에서 정당한 사유 없이 비밀유지명령을 위반한 자는 5년 이하의 징역 또는 5천만원 이하의 벌금에 처한다.
② 제1항의 죄에 대해서는 비밀유지명령을 신청한 자의 고소가 있어야 공소를 제기할 수 있다.
제232조【위증죄】 ① 이 법에 따라 선서한 증인, 감정인 또는 통역인이 특허심판원에 대하여 거짓의 진술·감정 또는 통역을 하였을 경우에는 5년 이하의 징역 또는 5천만원 이하의 벌금에 처한다.(2017.3.21 본항개정)
② 제1항에 따른 죄를 범한 자가 그 사건의 상표등록여부결정 또는 심결의 확정 전에 자수하였을 경우에는 그 형을 감경하거나 면제할 수 있다.
제233조【거짓 표시의 죄】 제224조를 위반한 자는 3년 이하의 징역 또는 3천만원 이하의 벌금에 처한다.
(2017.3.21 본조개정)
제234조【거짓 행위의 죄】 거짓이나 그 밖의 부정한 행위를 하여 상표등록, 지정상품의 추가등록, 존속기간갱신등록, 상품분류전환등록 또는 심결을 받은 자는 3년 이하의 징역 또는 3천만원 이하의 벌금에 처한다.(2017.3.21 본조개정)
제235조【양벌규정】 법인의 대표자나 법인 또는 개인의 대리인, 사용인, 그 밖의 종업원이 그 법인 또는 개인의 업무에 관하여 제230조, 제233조 또는 제234조의 위반행위를 하면 그 행위자를 벌하는 외에 그 법인에는 다음 각 호의 구분에 따른 벌금형을 과(科)하고, 그 개인에게는 해당 조문의 벌금형을 과한다. 다만, 법인 또는 개인이 그 위반행위를 방지하기 위하여 해당 업무에 관하여 상당한 주의와 감독을 게을리하지 아니한 경우에는 그러하지 아니하다.
1. 제230조를 위반한 경우 : 3억원 이하의 벌금
2. 제233조 또는 제234조를 위반한 경우 : 6천만원 이하의 벌금
제236조【몰수】 ① 제230조에 따른 상표권 또는 전용사용권의 침해행위에 제공되거나 그 침해행위로 인하여 생긴 상표·포장 또는 상품(이하 이 항에서 "침해물"이라 한다)과 그 침해물 제작에 주로 사용하기 위하여 제공된 제작 용구 또는 재료는 몰수한다.
② 제1항에도 불구하고 상품이 그 기능 및 외관을 해치지 아니하고 상표 또는 포장과 쉽게 분리될 수 있는 경우에는 그 상품은 몰수하지 아니할 수 있다.
제237조【과태료】 ① 다음 각 호의 어느 하나에 해당하는 자에게는 50만원 이하의 과태료를 부과한다.
1. 제141조제7항에 따라 준용되는 「민사소송법」 제299조제2항 또는 제367조에 따라 선서를 한 사람으로서 특허심판원에 대하여 거짓 진술을 한 사람
2. 특허심판원으로부터 증거조사 또는 증거보전에 관하여 서류나 그 밖의 물건의 제출 또는 제시 명령을 받은 자로서 정당한 이유 없이 그 명령에 따르지 아니한 자
3. 특허심판원으로부터 증인, 감정인 또는 통역인으로 출석이 요구된 사람으로서 정당한 이유 없이 출석요구에 응하지 아니하거나 선서·진술·증언·감정 또는 통역을 거부한 사람
② 제1항에 따른 과태료는 대통령령으로 정하는 바에 따라 특허청장이 부과·징수한다.

부 칙

제1조【시행일】 이 법은 공포 후 6개월이 경과한 날부터 시행한다.

제2조【일반적 적용례】 ① 이 법은 이 법 시행 이후 출원한 상표등록출원부터 적용한다.
② 이 법 중 심판청구에 관한 개정규정은 이 법 시행 이후 심판청구한 경우부터 적용한다. 다만, 제79조제1항 및 제2항의 개정규정은 법률 제13848호 상표법 일부개정법률의 시행일인 2016년 4월 28일 이후에 보정각하결정 또는 거절결정이 취소되거나 취하된 심판청구, 각하결정이 확정된 심판청구, 참가신청이 취하되거나 거부된 심판청구에 대해서도 적용한다.
제3조【절차의 무효에 관한 적용례】 제18조제2항 본문의 개정규정은 이 법 시행 전에 보정명령을 받은 자가 책임질 수 없는 사유로 보정기간을 지키지 못하여 상표에 관한 절차가 무효로 된 경우로서 이 법 시행 당시 그 사유가 소멸한 날부터 2개월이 지나지 아니한 경우에도 적용한다.
제4조【상표등록을 받을 수 없는 상표에 관한 적용례】 제34조제1항의 개정규정(같은 항 제21호의 개정규정은 제외한다)은 이 법 시행 전에 출원된 상표등록출원으로서 이 법 시행 이후 상표등록결정을 하는 경우에도 적용한다.
제5조【출원공고결정 전 보정에 관한 적용례】 제40조제1항의 개정규정은 이 법 시행 전에 출원된 상표등록출원의 경우에도 적용한다.
제6조【상표등록료 납부 또는 보전에 의한 상표등록출원의 회복 등에 관한 적용례】 ① 제77조제1항 각 호 외의 부분 본문의 개정규정은 이 법 시행 전에 출원인 등이 책임질 수 없는 사유로 상표등록료 납부기간 내에 상표등록료를 내지 아니하거나 보전기간 내에 보전하지 아니한 경우로서 이 법 시행 당시 그 사유가 소멸한 날부터 2개월이 지나지 아니한 경우에도 적용한다.
② 제77조제1항 각 호 외의 부분 단서의 개정규정은 이 법 시행 전에 출원인 등이 책임질 수 없는 사유로 상표등록료 납부기간 내에 상표등록료를 내지 아니하거나 보전기간 내에 보전하지 아니한 경우로서 이 법 시행 당시 그 납부기간의 만료일 또는 보전기간의 만료일 중 늦은 날부터 1년이 지나지 아니한 경우에도 적용한다.
제7조【상표권 설정등록의 공고에 관한 적용례】 제82조제3항의 개정규정은 이 법 시행 이후 상표권의 설정등록을 하는 경우부터 적용한다.
제8조【심판청구서 등의 각하에 관한 적용례】 제127조제2항의 개정규정은 이 법 시행 이후 청구되는 심판부터 적용한다.
제9조【일반적 경과조치】 이 법 시행 전에 종전의 규정에 따라 출원된 상표등록출원에 대해서는 종전의 규정에 따른다.
제10조【서비스표에 관한 경과조치】 이 법 시행 당시 종전의 규정에 따라 서비스표로 등록출원되었거나 등록된 경우에 대해서는 제2조제3항, 제3조제4항 및 제44조제1항의 개정규정에도 불구하고 종전의 규정에 따른다.
제11조【금치산자 등에 대한 경과조치】 제4조제1항의 개정규정에 따른 피성년후견인 및 피한정후견인에는 법률 제10429호 민법 일부개정법률 부칙 제2조에 따라 금치산 또는 한정치산 선고의 효력이 유지되는 자가 포함되는 것으로 본다.
제12조【상표등록출원서 제출에 관한 경과조치】 이 법 시행 당시 종전의 규정에 따라 유구분(類區分)을 기재하여 제출된 상표등록출원서는 제36조제1항의 개정규정에 따라 제출된 상표등록출원서로 본다.
제13조【수정정관 등의 제출에 관한 경과조치】 이 법 시행 전에 정관 또는 규약을 수정한 경우에 대해서는 제43조의 개정규정에도 불구하고 종전의 규정에 따른다.
제14조【전문조사기관에 대한 경과조치】 이 법 시행 당시 종전의 규정에 따라 지정된 전문조사기관은 제51조의 개정규정에 따라 지정된 전문기관으로 본다.
제15조【상표등록거절결정 및 거절이유 통지의 사유 등에 관한 경과조치】 ① 이 법 시행 당시 조약당사국에 등록된 상표 또는 이와 유사한 상표로서 그 등록된 상표에 관한 권리를 가진 자의 대리인이나 대표자 또는 상표등록출원일 전 1년 이내에 대리인이나 대표자였던 자가 그 상품에 관한 권리를 가진 자의 동의를 받지 아니하는 등 정당한 이유 없이 그 상표의 지정상품과 동일·유사한 상품을 지정상품으로 상표등록출원한 상표(이하 이 조에서 "해당 상표"이라 한다)에 해당한다는 이유로 등록거절결정 또는 거절이유 통지를 받은 경우에 대해서는 제54조의 개정규정에도 불구하고 종전의 규정에 따른다.
② 이 법 시행 당시 해당 상표가 상표등록된 경우로서 조약당사국에 등록된 상표에 관한 권리를 가진 자가 종전의 규정에 따라 해당 상표의 등록일부터 5년 이내에 취소심판을 청구한 경우에는 제119조제1항의 개정규정에도 불구하고 종전의 규정에 따른다.
제16조【직권보정에 관한 경과조치】 이 법 시행 전에 상표등록출원서에 대하여 직권보정이 이루어진 경우에는 제59조의 개정규정에도 불구하고 종전의 규정에 따른다.
제17조【종전 법률의 개정에 따른 사용권의 효력에 관한 경과조치】 법률 제4210호 상표법개정법률(이하 이 조에서 "같은 법"이라 한다)의 시행일인 1990년 9월 1일 전에 같은 법으로 개정되기 전의 규정(이하 이 조에서 "종전의 규정"이라 한다)에 따라 등록된 사용권의 효력은 종전의 규정에 따른다.
제18조【다른 법률의 개정】 ①~④ ※(해당 법령에 가제정리 하였음)
제19조【다른 법령과의 관계】 이 법 시행 당시 다른 법령에서 종전의 「상표법」의 규정을 인용하고 있는 경우에 이 법 가운데 그에 해당하는 규정이 있을 때에는 종전의 규정을 갈음하여 이 법의 해당 규정을 인용한 것으로 본다.

부 칙 (2019.1.8)

제1조【시행일】 이 법은 공포 후 6개월이 경과한 날부터 시행한다.
제2조【전문기관에 관한 경과조치】 이 법 시행 당시 종전의 규정에 따라 지정된 전문기관은 제51조의 개정규정에 따라 등록한 것으로 본다.

부 칙 (2020.10.20)

제1조【시행일】 이 법은 공포한 날부터 시행한다.
제2조【상표권 또는 전용사용권 침해소송에 관한 적용례】 제110조제7항·제8항 및 제111조의 개정규정은 이 법 시행 후 발생한 위반행위부터 적용한다.

부 칙 (2020.12.22)

제1조【시행일】 이 법은 공포 후 6개월이 경과한 날부터 시행한다.
제2조【손해액의 추정에 관한 적용례】 제110조의 개정규정은 이 법 시행 후 최초로 손해배상이 청구된 경우부터 적용한다.

부 칙 (2021.8.17)

제1조【시행일】 이 법은 공포 후 3개월이 경과한 날부터 시행한다.
제2조【심판사건의 조정위원회 회부에 관한 적용례】 제151조의2의 개정규정은 이 법 시행 당시 심판이 진행 중인 사건에도 적용한다.

부 칙 (2021.10.19)

제1조【시행일】 이 법은 공포 후 6개월이 경과한 날부터 시행한다.
제2조【절차의 무효에 관한 적용례】 제18조제2항의 개정규정은 이 법 시행 전에 보정명령을 받은 자가 정당한 사유로 보정기간을 지키지 못하여 상표에 관한 절차가 무효로 된 경우로서 이 법 시행 당시 그 사유가 소멸한 날부터 2개월이 지나지 아니한 경우에 대해서도 적용한다.
제3조【보정의 각하에 관한 적용례】 제42조제2항의 개정규정은 이 법 시행 이후 보정각하결정의 등본을 송달받은 상표등록출원, 지정상품추가등록출원 또는 상품분류전환등록의 신청부터 적용한다.
제4조【출원의 분할에 관한 적용례】 제45조제3항부터 제5항까지의 개정규정은 이 법 시행 이후 출원한 분할출원부터 적용한다.
제5조【상표등록결정 이후의 직권 재심사에 관한 적용례】 제55조제1항, 제68조의2, 제87조제2항, 제88조제2항, 제210조제2항 및 제212조의 개정규정은 이 법 시행 이후 출원한 상표등록출원, 지정상품추가등록출원 또는 상품분류전환등록의 신청부터 적용한다.
제6조【상표등록료 납부 또는 보전에 의한 상표등록출원의 회복 등에 관한 적용례】 제77조제1항의 개정규정은 이 법 시행 전에 출원인 등이 정당한 사유로 상표등록료 납부기간 내에 상표등록료를 내지 아니하거나 보전기간 내에 보전하지 아니한 경우로서 이 법 시행 당시 그 사유가 소멸한 날부터 2개월이 지나지 아니한 경우에도 적용한다.
제7조【질권행사 등으로 인한 상표권의 이전에 따른 통상사용권에 관한 적용례】 제104조의2의 개정규정은 이 법 시행 이후 상표권을 목적으로 질권이 설정되거나 공유인 상표권의 분할을 청구한 경우부터 적용한다.
제8조【보정각하결정에 대한 심판에 관한 적용례】 제115조의 개정규정은 이 법 시행 이후 보정각하결정의 등본을 송달받은 상표등록출원, 지정상품추가등록출원 또는 상품분류전환등록의 신청부터 적용한다.
제9조【거절결정에 대한 심판에 관한 적용례】 제116조의 개정규정은 이 법 시행 이후 거절결정의 등본을 송달받은 상표등록출원, 지정상품추가등록출원 또는 상품분류전환등록의 신청부터 적용한다.

부 칙 (2021.12.7)

제1조【시행일】 이 법은 2022년 4월 20일부터 시행한다.(이하 생략)

부 칙 (2022.2.3)

제1조【시행일】 이 법은 공포 후 1년이 경과한 날부터 시행한다. 다만, 제2조제1항제11호나목의 개정규정은 공포 후 6개월이 경과한 날부터 시행한다.
제2조【재심사의 청구 등에 관한 적용례】 제40조제1항, 제41조제1항, 제55조의2, 제88조제2항 및 제212조의 개정규정은 이 법 시행 이후 출원하는 상표등록출원, 지정상품추가등록출원 또는 상품분류전환등록의 신청부터 적용한다.
제3조【상표등록거절결정 등에 관한 적용례】 제54조, 제57조제1항, 제68조, 제87조제1항, 제116조, 제148조제2항, 제191조 및 제193조제1항의 개정규정은 이 법 시행 이후 출원하는 상표등록출원 또는 지정상품추가등록출원부터 적용한다.

부 칙 (2022.10.18)

제1조【시행일】 이 법은 공포한 날부터 시행한다.
제2조【상표등록료 및 수수료의 반환에 관한 적용례】 제79조제3항의 개정규정은 이 법 시행 당시 종전의 규정에 따른 반환청구 기간이 경과하지 아니한 상표등록료와 수수료에 대하여도 적용한다.

부 칙 (2023.9.14)

제1조【시행일】 이 법은 공포 후 6개월이 경과한 날부터 시행한다.
제2조【참고인 의견서의 제출에 관한 적용례】 제141조의2의 개정규정은 이 법 시행 당시 특허심판원에 계속 중인 심판사건에 대하여도 적용한다.

부 칙 (2023.10.31)

제1조【시행일】 이 법은 공포 후 6개월이 경과한 날부터 시행한다.
제2조【상표등록을 받을 수 없는 상표의 예외에 관한 적용례】 제34조제1항제7호 단서 및 제35조제6항의 개정규정은 이 법 시행 전에 출원된 상표등록출원, 변경출원, 분할출원 및 지정상품추가등록출원으로서 이 법 시행 이후 상표등록여부결정을 하는 경우에도 적용한다.
제3조【상표등록을 받을 수 없는 상표에 관한 적용례】 제34조제3항의 개정규정은 이 법 시행 전에 출원된 상표등록출원으로서 이 법 시행 이후 상표등록여부결정을 하는 경우에도 적용한다.
제4조【출원의 변경에 관한 적용례】 제44조제5항부터 제7항까지의 개정규정은 이 법 시행 이후 출원한 변경출원부터 적용한다.
제5조【직권보정에 관한 적용례】 제59조제5항의 개정규정은 이 법 시행 이후 출원공고된 상표등록출원 및 지정상품추가등록출원부터 적용한다.
제6조【상표등록료의 반환에 관한 적용례】 제79조제1항제8호 및 제9호의 개정규정은 이 법 시행 이후 상표권의 전부 또는 일부가 소멸 또는 포기된 경우부터 적용한다.
제7조【상표등록여부결정의 방식에 관한 특례 등의 적용례】 제193조의3 및 제220조의 개정규정은 이 법 시행 이후 상표등록여부결정을 하는 국제상표등록출원부터 적용한다.

부 칙 (2024.2.6)

제1조【시행일】 이 법은 공포 후 6개월이 경과한 날부터 시행한다.(이하 생략)

상표법 시행령

(2016년 7월 12일 전부개정대통령령 제27331호)

개정
2019. 6.11영29826호 2020. 7.14영30843호
2020. 9.29영31053호(조달사업에관한법시)
2023.12.19영34000호

제1조【목적】 이 영은 「상표법」에서 위임된 사항과 그 시행에 필요한 사항을 규정함을 목적으로 한다.

제2조【표장의 구분】 「상표법」(이하 "법"이라 한다) 제2조제1항제2호에 따른 표장은 다음 각 호로 구분한다.
1. 기호, 문자, 숫자, 도형, 도안, 입체적 형상, 이들의 결합 또는 이들에 색채를 결합한 것
2. 단일의 색채, 색채의 조합, 홀로그램, 연속된 동작 등 시각적으로 인식할 수 있는 것
3. 소리 · 냄새 등 시각적으로 인식할 수 없는 것

제3조【단체표장 사용에 관한 정관의 기재사항】 ① 법 제36조제3항에서 "대통령령으로 정하는 단체표장의 사용에 관한 사항"이란 다음 각 호의 사항을 말한다.
1. 단체표장을 사용하는 소속 단체원의 가입자격 · 가입조건 및 탈퇴
2. 단체표장의 사용조건
3. 제2호의 사용조건을 위반한 자에 대한 제재
4. 그 밖에 단체표장 사용에 필요한 사항

② 지리적 표시 단체표장의 경우에는 제1항 각 호의 사항 외에 다음 각 호의 사항을 포함한다.
1. 상품의 특정 품질 · 명성 또는 그 밖의 특성
2. 지리적 환경과 상품의 특정 품질 · 명성 또는 그 밖의 특성과의 본질적 연관성
3. 지리적 표시의 대상 지역
4. 상품의 특정 품질 · 명성 또는 그 밖의 특성에 대한 자체관리기준 및 유지 · 관리 방안

제4조【증명표장 사용에 관한 사항을 정한 서류 등의 기재사항】 ① 법 제36조제4항에서 "대통령령으로 정하는 증명표장의 사용에 관한 사항"이란 다음 각 호의 사항을 말한다.
1. 증명하려는 상품의 품질, 원산지, 생산방법이나 그 밖의 특성(이하 "품질등"이라 한다)
2. 증명표장의 사용조건
3. 제2호의 사용조건을 위반한 자에 대한 제재
4. 그 밖에 증명표장 사용에 필요한 사항

② 법 제36조제4항에 따른 품질등을 증명하고 관리할 수 있음을 증명하는 서류에는 다음 각 호의 사항이 포함되어야 한다.
1. 증명하려는 상품의 품질등에 대한 시험 · 검사의 기준, 절차 및 방법 등
2. 증명하려는 상품의 품질등을 증명하고 관리하기 위하여 필요한 전문설비, 전문인력 등
3. 증명표장 사용자에 대한 관리 · 감독 등
4. 그 밖에 증명하려는 상품의 품질등을 증명하고 관리할 수 있음을 객관적으로 증명할 수 있는 사항

제5조【지리적 표시의 정의와 일치함을 증명할 수 있는 서류】 지리적 표시 단체표장등록이나 지리적 표시 증명표장등록을 받으려는 자는 법 제36조제5항에 따라 같은 조 제3항 또는 제4항의 서류 외에 지리적 표시의 정의와 일치함을 증명할 수 있는 다음 각 호의 서류를 첨부하여야 한다.
1. 상품의 특정 품질 · 명성 또는 그 밖의 특성에 관한 서류
2. 지리적 환경과 상품의 특정 품질 · 명성 또는 그 밖의 특성과의 본질적 연관성에 관한 서류
3. 지리적 표시의 대상 지역에 관한 서류

제6조【증명표장등록출원에 관한 의견 청취 등】 특허청장은 증명표장등록출원의 심사에 필요한 경우 다음 각 호의 사항에 대하여 관계 행정기관이나 상품에 관한 지식과 경험이 풍부한 사람의 의견을 듣거나 자료 제출 등의 협조를 요청할 수 있다.
1. 증명하려는 상품의 품질등에 관한 사항
2. 증명표장등록출원인이 해당 상품의 품질등을 증명하고 관리할 수 있는 능력을 갖추고 있는지에 관한 사항
3. 그 밖에 증명표장등록의 요건에 관한 사항

제7조【지리적 표시 단체표장등록출원에 관한 지방자치단체의 의견 청취 등】 ① 특허청장은 지리적 표시 단체표장등록출원의 심사에 필요한 경우 다음 각 호의 사항에 대하여 관련 지방자치단체의 의견을 듣거나 자료 제출 등의 협조를 요청할 수 있다.
1. 지리적 표시를 사용할 수 있는 해당 상품(이하 "지리적 표시 해당 상품"이라 한다)의 생산 · 제조 · 가공 및 유통에 관한 사항
2. 지리적 표시 해당 상품의 생산자 단체 등 지리적 표시 상품 현황에 관한 사항
3. 출원인이 그 지역의 생산자 등을 대표할 수 있는 자격이나 능력을 갖추고 있는지에 관한 사항
4. 그 밖에 지리적 표시 해당 상품의 특성, 지리적 환경과 상품의 특정 품질과의 본질적 연관성 등 지리적 표시 단체표장의 등록요건에 관한 사항

② 지리적 표시의 대상 지역을 관할하는 지방자치단체의 장은 해당 지리적 표시 단체표장등록출원에 대하여 특허청장에게 다음 각 호의 사항에 관한 의견을 제출할 수 있다.
1. 출원인이 지리적 표시 해당 상품의 생산 · 제조 · 가공 및 유통과 관련하여 그 지역의 생산자 등을 대표할 수 있는 자격이나 능력을 갖추고 있는지 여부
2. 지리적 표시 해당 상품의 특성, 지리적 표시의 대상 지역 및 자체관리기준 등이 적절한지 여부

③ 지리적 표시의 대상 지역을 관할하는 지방자치단체의 장은 지리적 표시의 적절한 보호를 위하여 필요한 경우에는 출원인과 협의하거나 조정할 수 있다.

제8조【단체표장등록출원 등의 이전】 ① 법 제48조제7항 단서에 따라 단체표장등록출원의 이전허가를 받으려는 자는 산업통상자원부령으로 정하는 이전허가신청서에 다음 각 호의 서류를 첨부하여 특허청장에게 제출하여야 한다.
1. 법인의 합병을 증명하는 서류
2. 합병 후 존속하는 법인의 정관(제3조 각 호에 따른 단체표장의 사용에 관한 사항이 포함된 것을 말한다)

② 법 제48조제8항 단서에 따라 증명표장등록출원의 이전허가를 받으려는 자는 산업통상자원부령으로 정하는 이전허가신청서에 다음 각 호의 서류를 첨부하여 특허청장에게 제출하여야 한다.
1. 증명표장등록출원을 그 증명표장의 업무와 함께 이전함을 증명하는 서류
2. 증명표장등록출원을 이전받을 자가 사용할 법 제36조제4항에 따른 정관 또는 규약
3. 제4조제1항에 따른 증명표장 사용에 관한 사항을 정한 서류
4. 제4조제2항에 따른 증명하려는 상품의 품질등을 증명하고 관리할 수 있음을 증명하는 서류

제9조【심사관의 자격】 ① 법 제50조제1항에 따른 심사관이 될 수 있는 사람은 다음 각 호의 어느 하나에 해당하는 특허청 또는 그 소속기관 공무원으로서 국제지식재산연수원에서 심사관 연수과정을 수료한 사람으로 한다. 다만, 「국가공무원법」 제28조의4제1항에 따른 개방형 직위로 지정된 심사관으로 임용될 수 있는 사람은 같은 조 제2항에 따라 설정된 직무수행요건을 갖춘 사람으로 하고, 같은 법 제28조의5제1항에 따른 공모 직위로 지정된 심사관으로 임용될 수 있는 사람은 같은 조 제2항에 따라 설정된 직무수행요건을 갖춘 사람으로 한다.
1. 고위공무원단에 속하는 일반직공무원
2. 5급 이상의 일반직 국가공무원
3. 6급 일반직 국가공무원(「공무원임용령」 별표4의2에 따른 전문임기제공무원 가급 또는 나급의 자격기준을 충족하는 사람으로 한정한다)

② 제1항 각 호에 따른 심사관 자격의 직급에 해당하는 공무원(고위공무원단에 속하는 일반직공무원을 포함한다)으로서 변리사 자격이 있는 사람은 제1항 각 호 외의 부분 본문에도 불구하고 심사관이 될 수 있다.

③ 제1항 각 호 외의 부분 본문에 따른 심사관의 연수에 관한 사항은 특허청장이 정한다.

제10조【전문기관의 등록기준 등】 ① 특허청장은 법 제51조제2항에 따라 다음 각 호의 요건을 모두 갖춘 법인을 전문기관으로 등록해야 한다. 다만, 법 제52조제1항제1호에 따라 전문기관 등록이 취소된 법인 또는 그 법인에서 취소 당시에 임원으로 있던 사람이 소속되어 있는 법인으로서 그 등록이 취소된 지 2년이 지나지 않은 경우는 제외한다.
1. 법 제51조제1항 각 호의 업무에 필요한 장비를 보유할 것
2. 법 제51조제1항 각 호의 업무를 수행할 수 있는 전담인력 및 조직을 확보할 것
3. 업무 수행의 독립성과 공정성을 보장할 수 있는 업무처리기준을 갖출 것
4. 업무와 관련된 비밀의 누설 방지를 위한 보안체계를 갖출 것

② 법 제51조제2항에 따라 전문기관으로 등록하려는 자는 산업통상자원부령으로 정하는 바에 따라 전문기관 등록신청서를 특허청장에게 제출해야 한다.

③ 제1항 각 호에 따른 장비, 전담인력 및 조직의 확보에 관한 세부적인 기준, 업무처리기준 및 보안체계의 구체적인 기준과 그 밖에 전문기관의 등록 및 운영에 필요한 사항은 특허청장이 정하여 고시한다.
(2019.6.11 본조개정)

제11조【전문기관의 업무 등】 ① 법 제51조제1항제3호에서 "상표의 사용실태 조사 등 대통령령으로 정하는 업무"란 다음 각 호의 업무를 말한다.
1. 상표의 사용실태 조사
2. 상품의 거래실태 조사
3. 국제상표등록출원에 관한 번역
4. 상표심사자료의 구축 및 관리
5. 상표의 객관적 인지도 조사
6. 그 밖에 특허청장이 상표등록출원의 심사에 필요하다고 인정하는 업무

② 전문기관은 법 제51조제1항에 따라 특허청장으로부터 의뢰받은 업무를 공정하게 처리하고, 그 처리 결과를 신속히 특허청장에게 통지하여야 한다.

③ 특허청장은 제2항에 따라 통지받은 업무의 처리 결과에 대하여 추가 조사 등이 필요하다고 판단되는 경우에는 조사 범위 등을 정하여 그 전문기관의 장에게 업무를 다시 의뢰할 수 있다.

제11조의2【전문기관 업무에 대한 관리 및 평가】 ① 법 제51조제3항에서 "대통령령으로 정하는 전담기관"이란 같은 조 제2항에 따른 전문기관 업무에 대한 관리 및 평가 업무의 수행에 필요한 전문인력 · 전담조직 및 보안체계를 갖추었다고 특허청장이 인정하는 기관 또는 단체를 말한다.

② 제1항에 따른 전문인력 · 전담조직 및 보안체계의 구체적인 기준, 전담기관의 업무 수행 범위 등 전담기관의 운영에 필요한 세부사항은 특허청장이 정하여 고시한다.
(2019.6.11 본조신설)

제12조【우선심사의 대상】 법 제53조제2항제2호에서 "출원인이 상표등록출원한 상표를 지정상품의 전부에 사용하고 있는 등 대통령령으로 정하는 상표등록출원으로서 긴급한 처리가 필요하다고 인정되는 경우"란 다음 각 호의 어느 하나에 해당하는 경우를 말한다.
1. 상표등록출원인이 상표등록출원한 상표를 지정상품 전부에 대하여 사용하고 있거나 사용할 준비를 하고 있음이 명백한 경우
2. 상표등록출원인이 그 상표등록출원과 관련하여 다른 상표등록출원인으로부터 법 제58조제1항에 따른 서면 경고를 받은 경우

2의2. 상표등록출원인이 그 상표등록출원과 관련하여 다른 상표권자로부터 이의를 제기 받은 경우(2019.6.11 본호신설)

3. 상표등록출원인이 그 상표등록출원과 관련하여 법 제58조제1항에 따른 서면 경고를 한 경우
4. 법 제167조에 따른 마드리드 의정서(이하 "마드리드 의정서"라 한다)에 따른 국제출원의 기초가 되는 상표등록출원을 한 경우로서 마드리드 의정서에 따른 국제등록일 또는 사후지정일이 국제등록부에 등록된 경우
5. 「조달사업에 관한 법률」 제26조제1항제2호에 따른 중소기업자가 공동으로 설립한 법인이 출원한 단체표장인 경우(2020.9.29 본호개정)
6. 조약에 따른 우선권 주장의 기초가 되는 상표등록출원을 한 경우로서 외국 특허기관에서 우선권 주장을 수반한 출원에 관한 절차가 진행 중인 경우
7. 존속기간 만료로 소멸한 등록상표의 상표권자가 상표등록출원을 한 경우로서 그 표장과 지정상품이 존속기간 만료로 소멸한 등록상표의 표장 및 지정상품과 전부 동일한 경우
8. (2023.12.19 삭제)

제13조【우선심사의 신청 등】 ① 법 제53조제2항에 따른 우선심사를 신청하려는 자는 산업통상자원부령으로 정하는 우선심사신청서에 산업통상자원부령으로 정하는 서류를 첨부하여 특허청장에게 제출하여야 한다.

② 특허청장은 제1항에 따른 우선심사 신청을 받은 경우에는 우선심사 여부를 결정하여 신청인에게 통지하여야 한다.

③ 제2항에 따른 우선심사 여부 결정에 필요한 사항은 특허청장이 정하여 고시한다.

제14조【상표공보에 게재하는 등록공고 사항】 ① 법 제82조제3항에서 "상표권자의 성명 · 주소 및 상표등록번호 등 대통령령으로 정하는 사항"이란 다음 각 호의 사항을 말한다.
1. 상표권자의 성명과 주소(법인인 경우에는 그 명칭과 영업소의 소재지). 다만, 자연인인 상표권자의 신청이 있으면 주소의 일부만을 게재할 수 있다.
2. 표장(제2조제3호에 해당하는 표장의 경우에는 "견본 없음"이라고 표시한다)
3. 지정상품 및 상품류
4. 상표등록출원번호 및 상표등록출원일(법 제180조제1항에 따른 국제상표등록출원인 경우에는 국제등록번호 및 같은 조 제2항에 따른 국제등록일이나 사후지정일)
5. 출원공고번호 및 출원공고일
6. 상표등록번호 및 상표등록일
7. 상표등록공보번호 및 상표등록공고일
8. 조약에 따른 우선권 주장에 관한 사항(법 제46조제1항에 따른 우선권을 주장하는 상표등록출원인 경우만 해당한다)
9. 상표에 대한 설명(제2조제2호에 해당하는 표장만으로 된 상표 및 같은 조 제3호에 해당하는 표장을 포함하는 상표인 경우만 해당한다)
10. 제2조제3호에 해당하는 표장을 포함하는 상표의 경우 시각적 표현(해당 표장을 문자 · 숫자 · 기호 · 도형 또는 그 밖의 방법을 통하여 시각적으로 인식하고 특정할 수 있도록 구체적으로 표현한 것을 말한다. 이하 같다)에 관한 사항
11. 시각적 표현에 합치하는 소리파일(소리상표인 경우만 해당한다)
12. 법 제33조제2항에 해당함을 나타내는 취지(같은 항에 해당하여 등록결정된 상표등록출원인 경우만 해당한다)

13. 지리적 표시 단체표장 또는 지리적 표시 증명표장이라는 취지(지리적 표시 단체표장 또는 지리적 표시 증명표장만 해당한다)
14. 법 제36조제3항 및 제4항에 따른 정관 또는 규약의 요약서(단체표장, 지리적 표시 단체표장, 증명표장 및 지리적 표시 증명표장만 해당하며, 법 제43조제1항 또는 제2항에 따라 수정된 정관 또는 규약은 수정된 것으로 한다)
15. 지정상품을 추가하려는 상표의 상표등록번호 또는 상표등록출원번호(지정상품 추가등록인 경우만 해당한다)
16. 그 밖에 특허청장이 게재할 필요가 있다고 인정하는 사항

② 제1항제1호 단서에 따른 신청의 방법·절차와 주소의 게재 범위는 특허청장이 정하여 고시한다.

제15조【단체표장권 등의 이전】 ① 법 제93조제6항 단서에 따라 단체표장권의 이전허가를 받으려는 자는 산업통상자원부령으로 정하는 이전허가신청서에 제8조제1항 각 호의 서류를 첨부하여 특허청장에게 제출하여야 한다.

② 법 제93조제7항 단서에 따라 증명표장권의 이전허가를 받으려는 자는 산업통상자원부령으로 정하는 이전허가신청서에 다음 각 호의 서류를 첨부하여 특허청장에게 제출하여야 한다.
1. 증명표장권을 그 증명표장의 업무와 함께 이전함을 증명하는 서류
2. 증명표장권을 이전받을 자가 사용할 법 제36조제4항에 따른 정관 또는 규약
3. 제8조제2항제3호 및 제4호의 서류

제16조【심판관 등의 자격】 ① 법 제129조제2항에 따른 심판관이 될 수 있는 사람은 특허청이나 그 소속기관의 고위공무원단에 속하는 일반직공무원 또는 같은 기관의 4급 이상 일반직 국가공무원 중 다음 각 호의 어느 하나에 해당하는 사람으로서 국제지식재산연수원에서 심판관 연수과정을 수료한 사람으로 한다. 다만, 「국가공무원법」 제28조의4제1항에 따른 개방형 직위로 지정된 심판관으로 임용될 수 있는 사람은 같은 조 제2항에 따라 설정된 직무수행요건을 갖춘 사람으로 하고, 같은 법 제28조의5제1항에 따른 공모 직위로 지정된 심판관으로 임용될 수 있는 사람은 같은 조 제2항에 따라 설정된 직무수행요건을 갖춘 사람으로 한다.
1. 특허청에서 2년 이상 심사관으로 재직한 사람
2. 다음 각 목의 기간을 합한 기간이 2년 이상인 사람
  가. 고위공무원단에 속하는 일반직공무원 또는 5급 이상 일반직 국가공무원으로서 특허심판원에서 심판 업무에 직접 종사한 기간
  나. 특허청에서 심사관으로 재직한 기간

② 법 제131조제1항에 따른 심판장이 될 수 있는 사람은 특허청 또는 그 소속기관의 고위공무원단에 속하는 일반직공무원 또는 같은 기관의 4급 이상의 일반직 국가공무원으로서 다음 각 호의 어느 하나에 해당하는 사람으로 한다. 다만, 「국가공무원법」 제28조의4제1항에 따른 개방형 직위로 지정된 심판장으로 임용될 수 있는 사람은 같은 조 제2항에 따라 설정된 직무수행요건을 갖춘 사람으로 하고, 같은 법 제28조의5제1항에 따른 공모 직위로 지정된 심판장으로 임용될 수 있는 사람은 같은 조 제2항에 따라 설정된 직무수행요건을 갖춘 사람으로 한다. (2020.7.14 본문개정)
1. 특허심판원에서 2년 이상 심판관으로 재직한 사람
2. 제1항에 따른 심판관 자격을 갖춘 사람으로서 3년 이상 특허청 또는 그 소속기관에서 심사 또는 심판 사무에 종사한 사람

③ 특허심판원장이 될 수 있는 사람은 심판관 자격이 있는 사람으로 한다.

④ 제1항부터 제3항까지의 규정에 따른 심판관, 심판장 또는 특허심판원장의 자격의 직급에 해당하는 공무원(고위공무원단에 속하는 일반직공무원을 포함한다)으로서 변리사 자격이 있는 사람은 제1항부터 제3항까지의 규정에도 불구하고 각각 심판관, 심판장 또는 특허심판원장이 될 수 있다.

⑤ 제1항 본문에 따른 심판관 연수에 필요한 사항은 특허청장이 정한다.

제17조【지리적 표시 단체표장의 국제상표등록출원 시 제출 서류】 법 제182조제3항 후단에서 "대통령령으로 정하는 서류"란 제5조 각 호의 서류를 말한다.

제18조【서류의 송달 등】 ① 법 제218조에 따른 서류의 송달절차는 다음 각 호의 어느 하나에 해당하는 방법으로 한다.
1. 당사자나 그 대리인이 특허청 또는 특허심판원에서 직접 수령하는 방법
2. 당사자나 그 대리인이 정보통신망을 이용하여 수령하는 방법
3. 등기우편으로 발송하는 방법

② 특허청장이나 특허심판원장은 제1항에 따라 서류를 송달하였으면 다음 각 호의 구분에 따라 수령증 등을 보관하여야 한다.
1. 제1항제1호의 경우 : 수령일 및 수령자의 성명이 적힌 수령증
2. 제1항제2호의 경우 : 특허청이나 특허심판원이 운영하는 발송용 전산정보처리조직의 파일에 기록된 내용
3. 제1항제3호의 경우 : 등기우편물 수령증

③ 상표등록 이의신청, 심판, 재심에 관한 심결 또는 결정의 등본은 제1항에도 불구하고 「우편법」 제15조제3항에 따른 선택적 우편역무 중 산업통상자원부령으로 정하는 종류로 송달하여야 한다. 다만, 법 제31조제1항에 따른 전자문서 이용신고를 한 자에게는 정보통신망을 이용하여 송달할 수 있다.

④ 송달을 하는 경우에는 법이나 이 영에 특별한 규정이 없으면 송달을 받는 자에게 서류의 등본을 보내야 하며, 송달할 서류의 제출을 갈음하여 조서를 작성하였을 때에는 그 조서의 등본이나 초본을 보내야 한다.

⑤ 다음 각 호의 어느 하나에 해당하는 경우에는 각 호에서 정한 자에게 서류를 송달한다.
1. 미성년자, 피한정후견인(상표권 또는 상표에 관한 권리와 관련된 법정대리인이 있는 경우로 한정한다) 또는 피성년후견인인 경우 : 법정대리인
2. 교도소·구치소 등 교정시설에 구속된 사람인 경우 : 교정시설의장
3. 당사자나 그의 대리인이 2인 이상인 경우에 서류를 송달받기 위한 대표자 1인을 선정하여 특허청장이나 특허심판원장에게 신고한 경우 : 그 대표자
4. 2인 이상이 공동으로 대리권을 행사하는 경우 : 그 중 1인

⑥ 송달 장소는 송달을 받을 자의 주소나 영업소로 한다. 다만, 송달을 받으려는 자가 국내의 송달 장소를 특허청장이나 특허심판원장에게 미리 신고한 경우에는 그 장소로 한다.

⑦ 송달을 받을 자가 송달 장소를 변경하였을 때에는 지체 없이 그 사실을 특허청장에게 신고하여야 한다.

⑧ 송달을 받을 자가 정당한 사유 없이 송달받기를 거부하여 송달할 수 없게 되었을 때에는 발송한 날에 송달된 것으로 본다.

⑨ 법에 따라 송달할 서류 외의 서류의 송달에 필요한 사항은 특허청장이 정한다.

제19조【상표공보】 ① 특허청장은 법 제221조제1항에 따라 다음 각 호의 사항을 게재한 상표공보를 발행하여야 한다.
1. 법 제57조제2항에 따른 출원공고
2. 법 제82조제3항에 따른 등록공고

② 제1항제1호에 따른 출원공고 사항을 상표공보에 게재할 경우에는 다음 각 호의 사항을 포함하여야 한다.
1. 출원인의 성명과 주소(법인인 경우에는 그 명칭과 영업소의 소재지). 다만, 자연인인 출원인의 주소는 그 출원인의 신청이 있으면 주소의 일부만을 게재할 수 있다.
2. 표장(제2조제3호에 해당하는 표장의 경우에는 "견본없음"이라고 표시한다)
3. 지정상품 및 상품류
4. 상표등록출원번호 및 상표등록출원일(법 제180조제1항에 따른 국제상표등록출원인 경우에는 국제등록번호 및 같은 조 제2항에 따른 국제등록일이나 사후지정일)
5. 출원공고번호와 출원공고일
6. 조약에 따른 우선권 주장에 관한 사항(법 제46조제1항에 따른 우선권을 주장하는 상표등록출원인 경우만 해당한다)
7. 상표에 대한 설명(제2조제2호에 해당하는 표장만으로 된 상표 및 같은 조 제3호에 해당하는 표장을 포함하는 상표인 경우만 해당한다)
8. 시각적 표현에 관한 사항(제2조제3호에 해당하는 표장을 포함하는 상표인 경우만 해당한다)
9. 시각적 표현에 합치하는 소리파일(소리상표인 경우만 해당한다)
10. 법 제33조제2항에 해당함을 나타내는 취지(같은 항에 해당하여 공고결정된 상표등록출원인 경우만 해당한다)
11. 지리적 표시 단체표장 또는 지리적 표시 증명표장이라는 취지(지리적 표시 단체표장 또는 지리적 표시 증명표장만 해당한다)
12. 법 제36조제3항 및 제4항에 따른 정관 또는 규약의 요약서(단체표장, 지리적 표시 단체표장, 증명표장 및 지리적 표시 증명표장만 해당하며, 법 제43조제1항 또는 제2항에 따라 수정된 정관 또는 규약은 수정된 것으로 한다)
13. 지정상품을 추가하려는 상표의 상표등록번호 또는 상표등록출원번호(지정상품 추가등록인 경우만 해당한다)
14. 법 제59조에 따른 직권보정에 관한 사항
15. 그 밖에 특허청장이 게재할 필요가 있다고 인정하는 사항

③ 제2항제1호 단서에 따른 신청의 방법·절차와 주소의 게재 범위는 특허청장이 정하여 고시한다.

제20조【고유식별정보의 처리】 특허청장이나 특허심판원장은 다음 각 호의 사무를 수행하기 위하여 불가피한 경우 「개인정보 보호법 시행령」 제19조제1호 또는 제4호에 따른 주민등록번호 또는 외국인등록번호가 포함된 자료를 처리할 수 있다.
1. 법 제29조에 따른 고유번호의 부여에 관한 사무
2. 법 제56조에 따른 서류의 제출 등에 관한 사무
3. 법 제144조에 따른 증거조사 또는 증거보전에 관한 사무
4. 그 밖에 법 및 이 영에 따른 출원, 심사, 심판, 등록에 관한 신청·신고 또는 제출에 관한 사무

제21조【과태료의 부과기준】 법 제237조제1항에 따른 과태료의 부과기준은 별표와 같다.

부 칙

제1조【시행일】 이 영은 2016년 9월 1일부터 시행한다.

제2조【우선심사의 대상에 관한 적용례】 제12조의 개정규정은 이 영 시행 전에 출원한 상표등록출원에 대해서도 적용한다.

제3조【과태료에 관한 경과조치】 ① 이 영 시행 전의 위반행위로 받은 과태료의 부과처분은 별표의 개정규정에 따른 위반행위의 횟수 산정에 포함한다.

② 대통령령 제23343호 상표법 시행령 일부개정령(이하 "일부개정령"이라 한다)의 시행일인 2011년 12월 2일 전의 위반행위에 대하여 과태료의 부과기준을 적용할 때에는 별표의 개정규정에도 불구하고 일부개정령으로 개정되기 전의 규정에 따른다.

부 칙 (2019.6.11)

제1조【시행일】 이 영은 2019년 7월 9일부터 시행한다. 다만, 제12조제2호의2의 개정규정은 공포한 날부터 시행한다.

제2조【우선심사의 대상에 관한 적용례】 제12조제2호의2 및 제8호의 개정규정은 이 영 시행 이후 제출되는 우선심사신청부터 적용한다.

부 칙 (2020.7.14)

이 영은 공포한 날부터 시행한다.

부 칙 (2020.9.29)

제1조【시행일】 이 영은 2020년 10월 1일부터 시행한다.(이하 생략)

부 칙 (2023.12.19)

제1조【시행일】 이 영은 2024년 1월 1일부터 시행한다.

제2조【우선심사의 대상에 관한 경과조치】 이 영 시행 전에 우선심사를 신청한 상표등록출원에 관하여는 제12조제8호의 개정규정에도 불구하고 종전의 규정에 따른다.

〔별표〕 ➡ 「法典 別册」 참조

특허료 등의 징수규칙

(2004년 1월 2일
전부개정산업자원부령 제217호)

개정
2005. 3.31산업자원부령 273호 2005. 7. 1산업자원부령 291호
2006. 4.27산업자원부령 332호 2006. 9.29산업자원부령 363호
2006.12.30산업자원부령 389호 2007. 6.29산업자원부령 401호
2007.12.21산업자원부령 439호
2007.12.28보건복지부령 424호(장애인시규)
2008.12.31지식경제부령 46호 2009. 7. 1지식경제부령 82호
2009.12.31지식경제부령 110호 2010. 7.27지식경제부령 139호
2010.12.30지식경제부령 160호 2011.12. 2지식경제부령 220호
2012. 5.29지식경제부령 253호 2012.12.31지식경제부령 280호
2013. 6.24산업통상자원부령 12호 2014. 2.21산업통상자원부령 51호
2014. 6.30산업통상자원부령 62호 2014.12.31산업통상자원부령105호
2015. 7.29산업통상자원부령141호 2015.10.29산업통상자원부령161호
2016. 3.25산업통상자원부령187호 2016. 7.29산업통상자원부령204호
2016. 9. 1산업통상자원부령213호(상표시규)
2016.10. 4산업통상자원부령220호(산업재산권관련절차의식별번호용어정비를위한일부개정령)
2017. 2.28산업통상자원부령247호 2018. 4. 6산업통상자원부령292호
2019. 7. 9산업통상자원부령341호 2019.12.31산업통상자원부령359호
2021. 2.15산업통상자원부령410호 2022. 2.18산업통상자원부령450호
2023. 2. 3산업통상자원부령499호 2023. 8. 1산업통상자원부령517호

제1조【목적】 이 규칙은 「특허법」, 「실용신안법」, 「디자인보호법」 및 「상표법」에서 위임된 특허료, 등록료 및 수수료와 그 납부방법 및 납부기간, 「지방세법」에 따른 등록면허세 납부방법, 「인지세법」에 따른 인지세 납부방법 그 밖에 필요한 사항을 규정함을 목적으로 한다.(2019.7.9 본조개정)

제2조【특허료 및 특허 관련 수수료】 ① 「특허법」 제82조제1항에 따른 출원관련 수수료는 다음 각 호와 같다.(2014.2.21 본문개정)
1. 특허출원료
가. 출원서를 「특허법 시행규칙」 제1조의2제2호에 따른 전자문서(이하 "전자문서"라 한다)로 제출하는 경우 : 매건 4만6천원. 다만, 첨부서류 중 명세서, 도면 및 요약서를 특허청에서 제공하지 않은 소프트웨어로 작성하여 제출한 경우(「특허법 시행규칙」 제21조제5항에 따라 임시 명세서를 제출하는 경우는 제외한다)에는 매건 5만6천원으로 한다.(2021.2.15 본목개정)
나. 출원서를 서면으로 제출하는 경우 : 매건 6만6천원에 출원서의 첨부서류 중 명세서, 도면 및 요약서의 합이 20면을 초과하는 경우 초과하는 1면마다 1천원을 가산한 금액(2014.2.21 본목개정)
다. 「특허법」 제42조의3제1항에 따라 명세서 및 도면을 국어가 아닌 언어로 적은 특허출원(이하 "외국어특허출원"이라 한다)의 출원서를 전자문서로 제출하는 경우 : 매건 7만3천원(2014.12.31 본목신설)
라. 외국어특허출원의 출원서를 서면으로 제출하는 경우 : 매건 9만3천원에 출원서의 첨부서류 중 명세서, 도면 및 요약서의 합이 20면을 초과하는 경우 초과하는 1면마다 1천원을 가산한 금액(2014.12.31 본목신설)
2. 특허권의 존속기간의 연장등록출원료(법률 제3891호 특허법중개정법률 제53조제2항의 규정에 의한 연장승인신청료를 포함한다) : 매건 30만원(2010.7.27 본호개정)
3. 「특허법」 제52조에 따른 분할출원료
가. 1회 : 특허권의 신규출원료에 해당하는 금액
나. 2회 : 특허권의 신규출원료에 해당하는 금액의 2배
다. 3회 : 특허권의 신규출원료에 해당하는 금액의 3배
라. 4회 : 특허권의 신규출원료에 해당하는 금액의 4배
마. 5회 이상 : 특허권의 신규출원료에 해당하는 금액의 5배
(2023.8.1 본호개정)
3의2. 「특허법」 제52조의2에 따른 분리출원료 : 특허권의 신규출원료에 해당하는 금액(2023.2.3 본호신설)
4. 「특허법」 제53조의 규정에 따른 변경출원료 : 특허권의 신규출원료에 해당하는 금액(2006.9.29 본호개정)
5. 특허출원의 우선권주장 신청료(2012.5.29 본문개정)
가. 우선권주장 신청을 전자문서로 하는 경우 : 우선권주장마다 1만8천원(2012.5.29 본목신설)
나. 우선권주장 신청을 서면으로 하는 경우 : 우선권주장마다 2만원(2012.5.29 본목신설)
6. 특허출원의 우선권주장 추가료(2012.5.29 본문개정)
가. 우선권주장 신청을 전자문서로 하는 경우 : 우선권주장마다 1만8천원(2012.5.29 본목신설)
나. 우선권주장 신청을 서면으로 하는 경우 : 우선권주장마다 2만원(2012.5.29 본목신설)
6의2. 특허출원의 공지 등이 되지 아니한 발명 주장 보완료
가. 보완을 전자문서로 제출하는 경우 : 보완마다 1만8천원
나. 보완을 서면으로 제출하는 경우 : 보완마다 2만원
(2015.7.29 본호신설)
7. 특허심사청구료 : 매건 16만6천원에 청구범위의 1항마다 5만1천원을 가산한 금액(2023.8.1 본호개정)
7의2. 특허출원의 재심사청구료 : 매건 10만원에 청구범위의 1항마다 1만원을 가산한 금액(2009.7.1 본호신설)
8. 특허출원의 우선심사신청료 : 매건 20만원. 다만, 해당 출원이 「특허법 시행령」 제10조제2항에 따른 우선심사의 대상이 아니라고 결정되거나 그 결정이 있기 전에 우선심사신청을 포기·취하한 경우에는 4만원으로 한다.(2011.12.2 단서개정)
9. 특허심사청구 후 「특허법」 제47조(같은 조 제1항제3호는 제외한다)에 따른 특허출원의 보정으로 청구항(「특허법」 제47조제1항제1호 또는 제2호에 따른 의견서 제출기간에 보정한 경우에는 해당 기간 내에 마지막으로 보정하여 추가되는 청구항만을 말한다)을 추가하는 경우 : 추가되는 청구항의 1항마다 4만4천원(2014.2.21 본호개정)
10. 보정료 : 다음 각목의 금액. 다만, 보정의 기준 및 보정료의 납부대상에 관한 구체적 사항은 특허청장이 고시한다.
가. 보정서를 전자문서로 제출하는 경우 : 매건 4천원(2010.7.27 본목개정)
나. 보정서를 서면으로 제출하는 경우 : 매건 1만4천원. 다만, 「특허법 시행규칙」 제21조제6항에 따라 임시 명세서를 보정하는 경우에는 매건 1만4천원에 보정서 및 첨부서류의 합이 20면을 초과하는 경우 초과하는 1면마다 1천원을 가산한 금액으로 한다.(2021.2.15 본목개정)
10의2. 「특허법」 제42조의3제6항에 따른 국어번역문의 오역정정료 : 다음 각 목의 금액
가. 오역정정서를 전자문서로 제출하는 경우 : 매건 7만1천원에 청구범위의 1항마다 2만2천원을 가산한 금액
나. 오역정정서를 서면으로 제출하는 경우 : 매건 9만1천원에 청구범위의 1항마다 2만2천원을 가산한 금액
(2014.12.31 본호신설)
11. 「특허법」 제201조제1항에 따른 국내서면제출기간이 경과한 후 보정기간 이내에 출원정보에 관한 서류를 제출하는 경우의 가산료 : 출원료의 100분의 50에 해당하는 금액. 다만, 「특허법」 제203조제2항에 따른 보정명령이 발송되기 전에 특허청장에게 서류가 제출된 경우는 제외한다.(2009.7.1 본호개정)
11의2. 「특허법」 제201조제1항의 각 호 외의 부분 단서에 따른 국어번역문 제출기간 연장료 : 매건 2만원
11의3. 「특허법」 제201조제6항에 따른 국어번역문의 오역정정료 : 다음 각 목의 금액
가. 오역정정서를 전자문서로 제출하는 경우 : 매건 7만1천원에 청구범위의 1항마다 2만2천원을 가산한 금액
나. 오역정정서를 서면으로 제출하는 경우 : 매건 9만1천원에 청구범위의 1항마다 2만2천원을 가산한 금액
(2014.12.31 11호의2～11호의3신설)
12. 출원인변경신고료
가. 상속에 따른 경우
1) 출원인변경신고를 전자문서로 하는 경우 : 매건 5천원
2) 출원인변경신고를 서면으로 하는 경우 : 매건 6천5백원
나. 법인의 분할·합병에 따른 경우
1) 출원인변경신고를 전자문서로 하는 경우 : 매건 5천원
2) 출원인변경신고를 서면으로 하는 경우 : 매건 6천5백원
다. 「기업구조조정 촉진법」 제8조제1항에 따른 약정을 체결한 기업이 경영정상화계획의 이행을 위하여 행하는 영업양도의 경우
1) 출원인변경신고를 전자문서로 하는 경우 : 매건 5천원
2) 출원인변경신고를 서면으로 하는 경우 : 매건 6천5백원
라. 가목부터 다목까지의 규정 외의 사유에 따른 경우
1) 출원인변경신고를 전자문서로 하는 경우 : 매건 1만1천원
2) 출원인변경신고를 서면으로 하는 경우 : 매건 1만3천원
(2012.5.29 가목～라목개정)
13. 법정기간 연장신청료(2012.12.31 본문개정)
가. 1회 : 매건 2만원
나. 2회 : 매건 3만원(2005.3.31 본목개정)
다. 3회 : 매건 6만원(2005.3.31 본목개정)
라. 4회 : 매건 12만원(2005.3.31 본목개정)
마. 5회 이상 : 매건 24만원(2005.3.31 본목개정)
13의2. 지정기간 연장신청료
가. 연장기간 중 1개월 이하 해당분 : 2만원
나. 연장기간 중 1개월 초과 2개월 이하 해당분 : 3만원
다. 연장기간 중 2개월 초과 3개월 이하 해당분 : 6만원
라. 연장기간 중 3개월 초과 4개월 이하 해당분 : 12만원
마. 연장기간 중 4개월 초과 해당분 : 1개월마다 24만원
(2012.12.31 본호신설)
14. 기간경과 구제 신청료(2012.5.29 본문개정)
가. 기간경과 구제 신청서를 전자문서로 제출하는 경우 : 매건 1만5천원(2012.5.29 본목신설)
나. 기간경과 구제 신청서를 서면으로 제출하는 경우 : 매건 1만7천원(2012.5.29 본목신설)
15. (2007.6.29 삭제)
② 「특허법」 제79조제1항 및 제2항에 따른 특허료 및 그 밖의 특허등록 관련 수수료는 다음 각 호와 같다.(2014.2.21 본문개정)
1. 특허료 : 별표1과 같다.
2. 특허권의 이전등록료
가. 상속에 의한 경우 : 매건 1만4천원
나. 법인의 분할·합병에 의한 경우 : 매건 1만4천원(2006.4.27 본목개정)
다. 「기업구조조정 촉진법」 제8조제1항의 규정에 따른 약정을 체결한 기업이 경영정상화계획의 이행을 위하여 행하는 영업양도의 경우 : 매건 1만4천원(2012.5.29 본목개정)
라. 가목부터 다목까지 외의 사유에 의한 경우 : 매건 4만원(2023.8.1 본목개정)
3. 특허권의 실시권 설정 또는 그 보존등록료
가. 전용실시권 : 매건 7만2천원
나. 통상실시권 : 매건 4만3천원
3의2. 특허권을 목적으로 하는 질권의 설정등록료 : 매건 2만원. 다만, 2026년 12월 31일까지 공동담보인 특허권이 6건을 초과하는 신청이 있는 경우에는 그 초과하는 건마다 1만원으로 한다.(2022.2.18 본호신설)
4. 특허권의 전용실시권 또는 통상실시권을 목적으로 하는 질권의 설정등록료 및 특허권, 특허권의 전용실시권 또는 통상실시권을 목적으로 하는 처분의 제한등록료 : 매건 8만4천원. 다만, 회사의 정리, 파산 또는 화의와 관련하여 법원의 촉탁으로 인한 처분의 제한등록 또는 국가가 공익을 위하여 신청하는 처분의 제한등록의 경우에 처분의 제한등록료는 이를 징수하지 아니한다.(2022.2.18 본문개정)
5. 제3호에 따른 실시권, 제3호의2 및 제4호에 따른 질권의 이전등록료(2022.2.18 본문개정)
가. 상속에 의한 경우 : 매건 1만4천원
나. 법인의 분할·합병에 의한 경우 : 매건 1만4천원(2006.4.27 본목개정)
다. 「기업구조조정 촉진법」 제8조제1항의 규정에 따른 약정을 체결한 기업이 경영정상화계획의 이행을 위하여 행하는 영업양도의 경우 : 매건 1만4천원(2012.5.29 본목개정)
라. 가목 내지 다목외의 사유에 의한 경우 : 매건 4만3천원
6. 등록사항의 경정·변경(행정구역 또는 지번의 변경으로 인한 경우 및 등록명의인의 표시변경 또는 경정으로 인한 경우는 제외한다)·취소 또는 회복등록료 : 매건 5천원(2019.7.9 본호개정)
7. 가등록료 : 매건 1만3천원
7의2. 가등록에 대한 처분의 제한등록료 : 매건 1만3천원(2012.12.31 본호신설)
8. 신탁등록 또는 그 변경등록료 : 매건 2만원
9. (2007.6.29 삭제)
10. 「특허법」 제107조의 규정에 따른 통상실시권 설정에 관한 재정청구료 또는 「특허법」 제114조의 규정에 따른 재정의 취소신청료 : 매건 2만6천원(2005.3.31 본호개정)
11. (2014.2.21 삭제)
③ 「특허법」 제82조에 따른 심판청구 관련 수수료는 다음 각 호와 같다.(2007.6.29 본문개정)
1. 거절결정불복심판·정정심판 또는 정정무효심판 청구료 : 다음 각 목의 금액. 다만, 거절결정불복심판의 경우 청구범위 항수 산정에 관한 구체적 사항은 특허심판원장이 정하여 고시한다.(2015.7.29 본문개정)
가. 청구서를 전자문서로 제출하는 경우 : 매건 15만원에 특허출원 또는 특허권의 청구범위의 1항마다 1만5천원을 가산한 금액(2008.12.31 본목개정)
나. 청구서를 서면으로 제출하는 경우 : 매건 17만원에 특허출원 또는 특허권의 청구범위의 1항마다 1만5천원을 가산한 금액(2008.12.31 본목개정)
2. (2009.7.1 삭제)
3. 무효심판, 특허권존속기간연장등록의 무효심판, 권리범위확인심판 또는 통상실시권허여심판 청구료 : 직접적으로 심판청구의 이유가 있는 청구항에 대하여 제1호에 따라 산정한 금액. 다만, 「특허법」 제132조의2에 따른 특허취소신청의 경우에는 다음 각 목의 금액으로 한다.(2023.2.3 단서개정)
가. 청구서를 전자문서로 제출하는 경우 : 매건 5만원에 특허권의 청구범위의 1항마다 5천원을 가산한 금액
나. 청구서를 서면으로 제출하는 경우 : 매건 6만원에 특허권의 청구범위의 1항마다 5천원을 가산한 금액
(2023.2.3 가목～나목신설)
4. 재심청구료 : 원 심판의 종류에 따라 제1호 내지 제3호의 규정에 의하여 산정한 금액
5. 정정청구료
가. 정정청구서를 전자문서로 제출하는 경우 : 매건 3만원에 청구범위의 1항마다 7천원을 가산한 금액. 다만, 종전의 「특허법」(2006년 3월 3일 법률 제7871호로 개정되기 전의 것을 말한다) 제69조에 따라 「특허법 시행규칙」 별지 제32호서식의 기재요령 제9호라목(1)에 따른 특허이의신청과 관련되는 정정청구에 대해서는 매건 2만6천원(2017.2.28 단서개정)
나. 정정청구서를 서면으로 제출하는 경우 : 매건 4만원에 청구범위의 1항마다 7천원을 가산한 금액. 다만, 종전의 「특허법」(2006년 3월 3일 법률 제7871호로 개정되기 전의 것을 말한다) 제69조에 따라 「특허법 시행규칙」 별지 제32호서식의 기재요령 제9호라목(1)에 따른 특허이의신청과 관련되는 정정청구에 대해서는 매건 3만6천원(2017.2.28 단서개정)
다. 「특허법 시행규칙」 제10조제4항에 따라 정정명세서와 도면을 원용한 정정청구서를 제출하는 경우 : 면제(2017.2.28 본목개정)

6. 보정료 : 다음 각목의 금액. 다만, 보정의 기준 및 보정료의 납부대상에 관한 구체적 사항은 특허청장이 고시한다.
가. 보정서를 전자문서로 제출하는 경우 : 매건 4천원
나. 보정서를 서면으로 제출하는 경우 : 매건 1만4천원
(2010.7.27 가목~나목개정)
7. 심판 또는 재심청구의 참가신청료
가. 당사자 참가
1) 참가신청을 전자문서로 하는 경우 : 매건 14만2천원
2) 참가신청을 서면으로 하는 경우 : 매건 15만원
나. 보조참가
1) 참가신청을 전자문서로 하는 경우 : 매건 1만6천원
2) 참가신청을 서면으로 하는 경우 : 매건 1만8천원
(2012.5.29 가목~나목개정)
8. 심판관의 제척 · 기피신청료
가. 제척 · 기피신청을 전자문서로 하는 경우 : 매건 1천원
나. 제척 · 기피신청을 서면으로 하는 경우 : 매건 1천5백원
(2012.5.29 본호개정)
9. 비용액결정의 청구료 : 매건 5백원
10. 집행문 정본의 청구료 : 매건 4백원
11. 법정기간 연장신청료 또는 기일변경신청료
(2012.12.31 본문개정)
가. 1회 : 매건 2만원
나. 2회 : 매건 3만원(2005.3.31 본목개정)
다. 3회 : 매건 6만원(2005.3.31 본목개정)
라. 4회 : 매건 12만원(2005.3.31 본목개정)
마. 5회 이상 : 매건 24만원(2005.3.31 본목개정)
11의2. 지정기간 연장신청료
가. 연장기간 중 1개월 이하 해당분 : 2만원
나. 연장기간 중 1개월 초과 2개월 이하 해당분 : 3만원
다. 연장기간 중 2개월 초과 3개월 이하 해당분 : 6만원
라. 연장기간 중 3개월 초과 4개월 이하 해당분 : 12만원
마. 연장기간 중 4개월 초과 해당분 : 1개월마다 24만원
(2012.12.31 본호신설)
12. 기간경과 구제 신청료(2012.5.29 본문개정)
가. 기간경과 구제 신청서를 전자문서로 제출하는 경우 : 매건 1만5천원(2012.5.29 본목신설)
나. 기간경과 구제 신청서를 서면으로 제출하는 경우 : 매건 1만7천원(2012.5.29 본목신설)

제3조【실용신안등록료 및 실용신안 관련수수료】 ①「실용신안법」 제17조제1항에 따른 출원 관련 수수료는 다음 각 호와 같다.(2014.2.21 본문개정)
1. 실용신안등록출원료
가. 출원서를 전자문서로 제출하는 경우 : 매건 2만원. 다만, 첨부서류 중 명세서, 도면 및 요약서를 특허청에서 제공하지 않은 소프트웨어로 작성하여 제출한 경우(「실용신안법 시행규칙」 제3조제5항에 따라 임시 명세서를 제출하는 경우는 제외한다)에는 매건 2만5천원으로 한다.(2021.2.15 단서개정)
나. 출원서를 서면으로 제출하는 경우 : 매건 3만원에 출원서의 첨부서류 중 명세서, 도면 및 요약서의 합이 20면을 초과하는 경우 초과하는 1면마다 1천원을 가산한 금액(2014.2.21 본목개정)
다.「실용신안법」 제8조의3제1항에 따라 명세서 및 도면을 국어가 아닌 언어로 적은 실용신안등록출원(이하 "외국어실용신안등록출원"이라 한다)의 출원서를 전자문서로 제출하는 경우 : 매건 3만2천원
라. 외국어실용신안등록출원의 출원서를 서면으로 제출하는 경우 : 매건 4만2천원에 출원서의 첨부서류 중 명세서, 도면 및 요약서의 합이 20면을 초과하는 경우 초과하는 1면마다 1천원을 가산한 금액
(2014.12.31 다목~라목신설)
2.「실용신안법」 제11조에 따라 준용되는「특허법」 제52조의 규정에 따른 분할출원료 : 실용신안권의 신규출원료에 해당하는 금액(2006.9.29 본호개정)
2의2. 실용신안권의 존속기간연장등록출원료 : 매건 15만원(2011.12.2 본호신설)
2의3.「실용신안법」 제11조에 따라 준용되는「특허법」 제52조의2에 따른 분리출원료 : 실용신안권의 신규출원료에 해당하는 금액(2023.2.3 본호신설)
3.「실용신안법」 제10조에 따른 변경출원료 : 실용신안권의 신규출원료에 해당하는 금액(2006.9.29 본호개정)
4. 실용신안등록출원의 우선권주장 신청료(2012.5.29 본문개정)
가. 우선권주장 신청을 전자문서로 하는 경우 : 우선권주장마다 1만8천원(2012.5.29 본목신설)
나. 우선권주장 신청을 서면으로 하는 경우 : 우선권주장마다 2만원(2012.5.29 본목신설)
5. 실용신안등록출원의 우선권주장 추가료(2012.5.29 본문개정)
가. 우선권주장 신청을 전자문서로 하는 경우 : 우선권주장마다 1만8천원(2012.5.29 본목신설)
나. 우선권주장 신청을 서면으로 하는 경우 : 우선권주장마다 2만원(2012.5.29 본목신설)
5의2. 실용신안등록출원의 공지 등이 되지 아니한 고안주장 보완료
가. 보완을 전자문서로 제출하는 경우 : 보완마다 1만8천원
나. 보완을 서면으로 제출하는 경우 : 보완마다 2만원
(2015.7.29 본호신설)
6. 실용신안심사청구료 : 매건 7만1천원에 청구범위의 1항마다 1만9천원을 가산한 금액(2014.2.21 본호개정)
6의2. 실용신안등록출원의 재심사청구료 : 매건 5만원에 청구범위의 1항마다 5천원을 가산한 금액(2009.7.1 본호신설)
7. 실용신안등록출원의 우선심사신청료 : 매건 10만원. 다만, 그 출원이「실용신안법 시행령」 제6조제2항에 따른 우선심사의 대상이 아니라고 결정되거나 그 결정이 있기 전에 우선심사신청을 포기 · 취하한 경우에는 2만원으로 한다.(2011.12.2 단서개정)
7의2. 실용신안심사청구 후「실용신안법」 제11조에 따라 준용되는「특허법」 제47조(같은 조 제1항제3호는 제외한다)에 따른 실용신안등록출원의 보정으로 청구항(「실용신안법」 제11조에 따라 실용신안 출원의 보정에 관하여 준용되는「특허법」 제47조제1항제1호 또는 제2호에 따른 의견서 제출기간에 보정한 경우에는 해당 기간 내에 마지막으로 보정하여 추가되는 청구항만을 말한다)을 추가하는 경우 : 추가되는 청구항의 1항마다 1만9천원(2014.2.21 본호개정)
8. 보정료 : 다음 각목의 금액. 다만, 보정의 기준 및 보정료의 납부대상에 관한 구체적 사항은 특허청장이 고시한다.
가. 보정서를 전자문서로 제출하는 경우 : 매건 4천원
(2010.7.27 본목개정)
나. 보정서를 서면으로 제출하는 경우 : 매건 1만4천원. 다만,「실용신안법 시행규칙」 제3조제6항에 따라 임시 명세서를 보정하는 경우에는 매건 1만4천원에 보정서 및 첨부서류의 합이 20면을 초과하는 경우 초과하는 1면마다 1천원을 가산한 금액으로 한다.
(2021.2.15 본목개정)
8의2.「실용신안법」 제8조의3제6항에 따른 국어번역문의 오역정정료 : 다음 각 목의 금액
가. 오역정정서를 전자문서로 제출하는 경우 : 매건 3만5천원에 청구범위의 1항마다 9천원을 가산한 금액
나. 오역정정서를 서면으로 제출하는 경우 : 매건 4만5천원에 청구범위의 1항마다 9천원을 가산한 금액
(2014.12.31 본호신설)
9.「실용신안법」 제35조제1항에 따른 국내서면제출기간이 경과한 후 보정기간 이내에 출원정보에 관한 서류를 제출하는 경우의 가산료 : 출원료의 100분의 50에 해당하는 금액. 다만,「실용신안법」 제41조에 따라 준용되는「특허법」 제203조제2항에 따른 보정명령이 발송되기 전에 특허청장에게 서류가 제출된 경우는 제외한다.
(2009.7.1 본호개정)
9의2.「실용신안법」 제35조제1항 각 호 외의 부분 단서에 따른 국어번역문 제출기간 연장료 : 매건 2만원
9의3.「실용신안법」 제35조제6항에 따른 국어번역문의 오역정정료 : 다음 각 목의 금액
가. 오역정정서를 전자문서로 제출하는 경우 : 매건 3만5천원에 청구범위의 1항마다 9천원을 가산한 금액
나. 오역정정서를 서면으로 제출하는 경우 : 매건 4만5천원에 청구범위의 1항마다 9천원을 가산한 금액
(2014.12.31 9호의2~9호의3신설)
10. 출원인변경신고료
가. 상속에 따른 경우
1) 출원인변경신고를 전자문서로 하는 경우 : 매건 5천원
2) 출원인변경신고를 서면으로 하는 경우 : 매건 6천5백원
나. 법인의 분할 · 합병에 따른 경우
1) 출원인변경신고를 전자문서로 하는 경우 : 매건 5천원
2) 출원인변경신고를 서면으로 하는 경우 : 매건 6천5백원
다.「기업구조조정 촉진법」 제8조제1항에 따른 약정을 체결한 기업이 경영정상화계획의 이행을 위하여 행하는 영업양도의 경우
1) 출원인변경신고를 전자문서로 하는 경우 : 매건 5천원
2) 출원인변경신고를 서면으로 하는 경우 : 매건 6천5백원
라. 가목부터 다목까지의 규정 외의 사유에 따른 경우
1) 출원인변경신고를 전자문서로 하는 경우 : 매건 1만1천원
2) 출원인변경신고를 서면으로 하는 경우 : 매건 1만3천원
(2012.5.29 가목~라목개정)
11. 법정기간 연장신청료(2012.12.31 본문개정)
가. 1회 : 매건 2만원
나. 2회 : 매건 3만원(2005.3.31 본목개정)
다. 3회 : 매건 6만원(2005.3.31 본목개정)
라. 4회 : 매건 12만원(2005.3.31 본목개정)
마. 5회 이상 : 매건 24만원(2005.3.31 본목개정)
11의2. 지정기간 연장신청료
가. 연장기간 중 1개월 이하 해당분 : 2만원
나. 연장기간 중 1개월 초과 2개월 이하 해당분 : 3만원
다. 연장기간 중 2개월 초과 3개월 이하 해당분 : 6만원
라. 연장기간 중 3개월 초과 4개월 이하 해당분 : 12만원
마. 연장기간 중 4개월 초과 해당분 : 1개월마다 24만원
(2012.12.31 본호신설)
12. 기간경과 구제 신청료(2012.5.29 본문개정)
가. 기간경과 구제 신청서를 전자문서로 제출하는 경우 : 매건 1만5천원(2012.5.29 본목신설)
나. 기간경과 구제 신청서를 서면으로 제출하는 경우 : 매건 1만7천원(2012.5.29 본목신설)
13. (2007.6.29 삭제)
②「실용신안법」 제16조제1항 및 제2항에 따른 실용신안등록료 및 그 밖의 실용신안등록 관련 수수료는 다음 각 호와 같다.(2014.2.21 본문개정)
1. 실용신안등록료 : 별표2와 같다.
2. 실용신안권의 이전등록료
가. 상속에 의한 경우 : 매건 1만4천원
나. 법인의 분할 · 합병에 의한 경우 : 매건 1만4천원
(2006.4.27 본목개정)
다.「기업구조조정 촉진법」 제8조제1항에 따른 약정을 체결한 기업이 경영정상화계획의 이행을 위하여 행하는 영업양도의 경우 : 매건 1만4천원(2012.5.29 본목개정)
라. 가목 내지 다목외의 사유에 의한 경우 : 매건 4만원
3. 실용신안권의 실시권 설정 또는 그 보존등록료
가. 전용실시권 : 매건 7만2천원
나. 통상실시권 : 매건 4만3천원
3의2. 실용신안권을 목적으로 하는 질권의 설정등록료 : 매건 2만원. 다만, 2026년 12월 31일까지 공동담보인 실용신안권이 6건을 초과하는 신청이 있는 경우에는 그 초과하는 건마다 1만원으로 한다.(2022.2.18 본호신설)
4. 실용신안권의 전용실시권 또는 통상실시권을 목적으로 하는 질권의 설정등록료 및 실용신안권, 실용신안권의 전용실시권 또는 통상실시권을 목적으로 하는 처분의 제한등록료 : 매건 8만4천원. 다만, 회사의 정리, 파산 또는 화의와 관련하여 법원의 촉탁으로 인한 처분의 제한등록 또는 국가가 공익을 위하여 신청하는 처분의 제한등록의 경우에 처분의 제한등록료는 이를 징수하지 아니한다.
(2022.2.18 본문개정)
5. 제3호에 따른 실시권, 제3호의2 및 제4호에 따른 질권의 이전등록료(2022.2.18 본문개정)
가. 상속에 의한 경우 : 매건 1만4천원
나. 법인의 분할 · 합병에 의한 경우 : 매건 1만4천원
(2006.4.27 본목개정)
다.「기업구조조정 촉진법」 제8조제1항에 따른 약정을 체결한 기업이 경영정상화계획의 이행을 위하여 행하는 영업양도의 경우 : 매건 1만4천원(2012.5.29 본목개정)
라. 가목 내지 다목외의 사유에 의한 경우 : 매건 4만3천원
6. 등록사항의 경정 · 변경(행정구역 또는 지번의 변경으로 인한 경우 및 등록명의인의 표시변경 또는 경정으로 인한 경우는 제외한다) · 취소 또는 회복등록료 : 매건 5천원(2019.7.9 본호개정)
7. 가등록료 : 매건 1만3천원
7의2. 가등록에 대한 처분의 제한등록료 : 매건 1만3천원
(2012.12.31 본호신설)
8. 신탁등록 또는 그 변경등록료 : 매건 2만원
9. (2007.6.29 삭제)
10.「실용신안법」 제28조에 따라 준용되는「특허법」 제107조에 따른 통상실시권 설정에 관한 재정청구료 또는「실용신안법」 제28조에 따라 준용되는「특허법」 제114조에 따른 재정의 취소신청료 : 매건 2만6천원
(2006.9.29 본호개정)
11. (2014.2.21 삭제)
③「실용신안법」 제17조에 따른 심판청구 관련 수수료는 다음 각 호와 같다.(2007.6.29 본문개정)
1. 거절결정불복심판 · 정정심판 또는 정정무효심판 청구료 : 다음 각 목의 금액. 다만, 거절결정불복심판의 경우 청구범위 항수 산정에 관한 구체적 사항은 특허심판원장이 정하여 고시한다.(2015.7.29 본문개정)
가. 청구서를 전자문서로 제출하는 경우 : 매건 15만원에 실용신안등록출원 또는 실용신안권의 청구범위의 1항마다 1만5천원을 가산한 금액
나. 청구서를 서면으로 제출하는 경우 : 매건 17만원에 실용신안등록출원 또는 실용신안권의 청구범위의 1항마다 1만5천원을 가산한 금액
2. (2009.7.1 삭제)
3. 무효심판, 존속기간연장등록무효심판, 권리범위확인심판, 통상실시권허여심판 청구료 : 직접적으로 심판청구의 이유가 있는 청구항에 대하여 제1호에 따라 산정한 금액. 다만,「실용신안법」 제30조의2에 따른 실용신안등록취소신청의 경우에는 다음 각 목의 금액으로 한다.(2023.2.3 단서개정)
가. 청구서를 전자문서로 제출하는 경우 : 매건 5만원에 실용신안권의 청구범위의 1항마다 5천원을 가산한 금액
나. 청구서를 서면으로 제출하는 경우 : 매건 6만원에 실용신안권의 청구범위의 1항마다 5천원을 가산한 금액
(2023.2.3 가목~나목신설)

4. 재심청구료 : 원 심판의 종류에 따라 제1호 내지 제3호의 규정에 의하여 산정한 금액
5. 정정청구료
 가. 정정청구서를 전자문서로 제출하는 경우 : 매건 3만원에 청구범위의 1항마다 7천원을 가산한 금액. 다만, 종전의 「실용신안법」(2006년 3월 3일 법률 제7872호로 개정되기 전의 것을 말한다) 제47조 및 제21조에 따라 「특허법 시행규칙」 별지 제32호서식의 기재요령 제9호라목(2) 및 같은 호 마목에 따른 실용신안등록이의신청 또는 실용신안 기술평가와 관련되는 정정청구에 대해서는 매건 2만6천원(2017.2.28 단서개정)
 나. 정정청구서를 서면으로 제출하는 경우 : 매건 4만원에 청구범위의 1항마다 7천원을 가산한 금액. 다만, 종전의 「실용신안법」(2006년 3월 3일 법률 제7872호로 개정되기 전의 것을 말한다) 제47조 및 제21조에 따라 「특허법 시행규칙」 별지 제32호서식의 기재요령 제9호라목(2) 및 같은 호 마목에 따른 실용신안등록이의신청 또는 실용신안 기술평가와 관련되는 정정청구에 대해서는 매건 3만6천원(2017.2.28 단서개정)
 다. 「실용신안법 시행규칙」 제17조에 따라 준용되는 「특허법 시행규칙」 제10조제4항에 따라 정정명세서와 도면을 원용한 정정청구서를 제출하는 경우 : 면제
(2017.2.28 본목신설)
6. 보정료 : 다음 각목의 금액. 다만, 보정의 기준 및 보정료의 납부대상에 관한 구체적 사항은 특허청장이 고시한다.
 가. 보정서를 전자문서로 제출하는 경우 : 매건 4천원
 나. 보정서를 서면으로 제출하는 경우 : 매건 1만4천원
(2010.7.27 가목~나목개정)
7. 심판 또는 재심청구의 참가신청료
 가. 당사자 참가
  1) 참가신청을 전자문서로 하는 경우 : 매건 14만2천원
  2) 참가신청을 서면으로 하는 경우 : 매건 15만원
 나. 보조참가
  1) 참가신청을 전자문서로 하는 경우 : 매건 1만6천원
  2) 참가신청을 서면으로 하는 경우 : 매건 1만8천원
(2012.5.29 가목~나목개정)
8. 심판관의 제척·기피신청료
 가. 제척·기피신청을 전자문서로 하는 경우 : 매건 1천원
 나. 제척·기피신청을 서면으로 하는 경우 : 매건 1천5백원
(2012.5.29 본호개정)
9. 비용액결정의 청구료 : 매건 5백원
10. 집행문 정본의 청구료 : 매건 4백원
11. 법정기간 연장신청료 또는 기일변경신청료
(2012.12.31 본문개정)
 가. 1회 : 매건 2만원
 나. 2회 : 매건 3만원(2005.3.31 본목개정)
 다. 3회 : 매건 6만원(2005.3.31 본목개정)
 라. 4회 : 매건 12만원(2005.3.31 본목개정)
 마. 5회 이상 : 매건 24만원(2005.3.31 본목개정)
11의2. 지정기간 연장신청료
 가. 연장기간 중 1개월 이하 해당분 : 2만원
 나. 연장기간 중 1개월 초과 2개월 이하 해당분 : 3만원
 다. 연장기간 중 2개월 초과 3개월 이하 해당분 : 6만원
 라. 연장기간 중 3개월 초과 4개월 이하 해당분 : 12만원
 마. 연장기간 중 4개월 초과 해당분 : 1개월마다 24만원
(2012.12.31 본호신설)
12. 기간경과 구제 신청료(2012.5.29 본문개정)
 가. 기간경과 구제 신청서를 전자문서로 제출하는 경우 : 매건 1만5천원(2012.5.29 본목신설)
 나. 기간경과 구제 신청서를 서면으로 제출하는 경우 : 매건 1만7천원(2012.5.29 본목신설)

제4조 【디자인등록료 및 디자인 관련 수수료】 ① 「디자인보호법」 제85조제1항에 따른 출원 관련 수수료는 다음 각 호와 같다.(2014.6.30 본문개정)
1. 디자인등록출원료(2005.7.1 본문개정)
 가. 심사등록출원서를 전자문서로 제출하는 경우 : 1디자인마다 9만4천원. 다만, 첨부서류 중 도면을 특허청에서 제공하지 아니한 소프트웨어로 작성하여 제출한 경우에는 매건 9만9천원으로 한다.(2016.7.29 단서신설)
 나. 심사등록출원서를 서면으로 제출하는 경우 : 1디자인마다 10만4천원(2014.12.31 본목개정)
 다. 일부심사등록출원서를 전자문서로 제출하는 경우 : 1디자인마다 4만5천원. 다만, 첨부서류 중 도면을 특허청에서 제공하지 아니한 소프트웨어로 작성하여 제출한 경우에는 매건 5만원으로 한다.
(2016.7.29 단서신설)
 라. 일부심사등록출원서를 서면으로 제출하는 경우 : 1디자인마다 5만5천원(2014.6.30 본목개정)
2. 「디자인보호법」 제50조에 따른 분할출원료 : 디자인권의 신규출원료에 해당하는 금액. 다만, 다음 각 목의 경우에는 그에 해당하는 금액으로 한다.
 가. 복수디자인등록출원의 일부 일련번호 디자인에 대한 분할출원을 전자문서로 하는 경우 : 1디자인마다 1만원. 다만, 일부심사등록출원을 심사등록출원으로 분할출원하는 경우에는 1디자인마다 5만9천원으로 한다.
 나. 복수디자인등록출원의 일부 일련번호 디자인에 대한 분할출원을 서면으로 하는 경우 : 1디자인마다 2만원. 다만, 일부심사등록출원을 심사등록출원으로 분할출원하는 경우에는 1디자인마다 6만9천원으로 한다.
(2014.12.31 본호개정)
3.~4. (2005.7.1 삭제)
5. 디자인등록출원의 우선권주장 신청료(2012.5.29 본문개정)
 가. 우선권주장 신청을 전자문서로 하는 경우 : 우선권주장마다 1만8천원(2012.5.29 본목신설)
 나. 우선권주장 신청을 서면으로 하는 경우 : 우선권주장마다 2만원(2012.5.29 본목신설)
6. 디자인등록출원의 우선심사신청료 : 1디자인마다 7만원. 다만, 해당 출원이 「디자인보호법 시행령」 제7조제2항에 따른 우선심사의 대상이 아니라고 결정되거나 그 결정이 있기 전에 우선심사신청을 포기·취하한 경우에는 1만4천원으로 한다.(2014.12.31 본문개정)
7. 보정료 : 다음 각 목의 금액. 다만, 보정의 기준 및 보정료의 납부대상에 관한 구체적 사항은 특허청장이 고시한다.(2014.6.30 본문개정)
 가. 보정서를 전자문서로 제출하는 경우 : 1디자인마다 4천원. 다만, 디자인일부심사등록출원을 디자인심사등록출원으로 변경하는 보정을 하는 경우에는 1디자인마다 5만3천원으로 한다.(2014.12.31 본목개정)
 나. 보정서를 서면으로 제출하는 경우 : 1디자인마다 1만4천원. 다만, 디자인일부심사등록출원을 디자인심사등록출원으로 변경하는 보정을 하는 경우에는 1디자인마다 6만3천원으로 한다.(2014.12.31 본목개정)
 다.~라. (2014.12.31 삭제)
 마. 「디자인보호법」 제64조에 따른 보정서를 전자문서로 제출하는 경우 : 1디자인마다 3만원. 다만, 일부심사등록출원을 심사등록출원으로 변경하는 보정을 하는 경우에는 1디자인마다 7만9천원으로 한다.
(2014.12.31 본목개정)
 바. 「디자인보호법」 제64조에 따른 보정서를 서면으로 제출하는 경우 : 1디자인마다 4만원. 다만, 디자인일부심사등록출원을 디자인심사등록출원으로 변경하는 보정을 하는 경우에는 1디자인마다 8만9천원으로 한다.(2015.7.29 단서신설)
8. 비밀디자인 청구료
 가. 비밀디자인청구서를 전자문서로 제출하는 경우 : 1디자인마다 1만8천원
 나. 비밀디자인청구서를 서면으로 제출하는 경우 : 1디자인마다 2만원
(2012.5.29 본호개정)
9. 디자인등록 출원공개 신청료(2012.5.29 본문개정)
 가. 디자인등록 출원공개 신청서를 전자문서로 제출하는 경우 : 1디자인마다 2만1천원
 나. 디자인등록 출원공개 신청서를 서면으로 제출하는 경우 : 1디자인마다 2만4천원
(2014.12.31 가목~나목개정)
9의2. 「디자인보호법」 제38조제3항에 따른 디자인등록출원에 대한 절차보완료 : 다음 각 목의 금액
 가. 절차보완서를 전자문서로 제출하는 경우 : 1디자인마다 4천원
 나. 절차보완서를 서면으로 제출하는 경우 : 1디자인마다 1만4천원
(2014.12.31 본호신설)
10. 출원인변경신고료
 가. 상속에 따른 경우
  1) 출원인변경신고를 전자문서로 하는 경우 : 매건 5천원
  2) 출원인변경신고를 서면으로 하는 경우 : 매건 6천5백원
 나. 법인의 분할·합병에 따른 경우
  1) 출원인변경신고를 전자문서로 하는 경우 : 매건 5천원
  2) 출원인변경신고를 서면으로 하는 경우 : 매건 6천5백원
 다. 「기업구조조정 촉진법」 제8조제1항에 따른 약정을 체결한 기업이 경영정상화계획의 이행을 위하여 행하는 영업양도의 경우
  1) 출원인변경신고를 전자문서로 하는 경우 : 매건 5천원
  2) 출원인변경신고를 서면으로 하는 경우 : 매건 6천5백원
 라. 가목부터 다목까지의 규정 외의 사유에 따른 경우
  1) 출원인변경신고를 전자문서로 하는 경우 : 매건 1만1천원
  2) 출원인변경신고를 서면으로 하는 경우 : 매건 1만3천원
(2012.5.29 가목~라목개정)
11. 법정기간 연장신청료(2012.12.31 본문개정)
 가. 1회 : 매건 2만원
 나. 2회 : 매건 3만원(2005.3.31 본목개정)
 다. 3회 : 매건 6만원(2005.3.31 본목개정)
 라. 4회 : 매건 12만원(2005.3.31 본목개정)
 마. 5회 이상 : 매건 24만원(2005.3.31 본목개정)
11의2. 지정기간 연장신청료
 가. 연장기간 중 1개월 이하 해당분 : 2만원
 나. 연장기간 중 1개월 초과 2개월 이하 해당분 : 3만원
 다. 연장기간 중 2개월 초과 3개월 이하 해당분 : 6만원
 라. 연장기간 중 3개월 초과 4개월 이하 해당분 : 12만원
 마. 연장기간 중 4개월 초과 해당분 : 1개월마다 24만원
(2012.12.31 본호신설)
12. 기간경과 구제 신청료(2012.5.29 본문개정)
 가. 기간경과 구제 신청서를 전자문서로 제출하는 경우 : 매건 1만5천원(2012.5.29 본목신설)
 나. 기간경과 구제 신청서를 서면으로 제출하는 경우 : 매건 1만7천원(2012.5.29 본목신설)
13. 이의신청료 : 1디자인마다 5만원(2010.7.27 본호개정)
② 「디자인보호법」 제79조에 따른 디자인등록료(관련디자인등록료를 포함한다. 이하 같다) 및 그 밖의 디자인등록 관련 수수료는 다음 각 호와 같다.(2014.6.30 본문개정)
1. 디자인등록료 : 별표3과 같다.(2014.6.30 본호개정)
2. 디자인권(관련디자인권을 포함한다. 이하 같다)의 이전등록료는 다음 각 목의 금액(2014.12.31 후단삭제)
 가. 상속에 의한 경우 : 매건 1만4천원
 나. 법인의 분할·합병에 의한 경우 : 매건 1만4천원
(2006.4.27 본목개정)
 다. 「기업구조조정 촉진법」 제8조제1항에 따른 약정을 체결한 기업이 경영정상화계획의 이행을 위하여 행하는 영업양도의 경우 : 매건 1만4천원(2012.5.29 본목개정)
 라. 가목 내지 다목외의 사유에 의한 경우 : 매건 4만원
3. 디자인권의 실시권 설정 또는 그 보존등록료
(2005.7.1 본문개정)
 가. 전용실시권 : 매건 7만2천원
 나. 통상실시권 : 매건 4만3천원
3의2. 디자인권을 목적으로 하는 질권의 설정등록료 : 매건 2만원. 다만, 2026년 12월 31일까지 공동담보인 디자인권이 6건을 초과하는 신청이 있는 경우에는 그 초과하는 건마다 1만원으로 한다.(2022.2.18 본호신설)
4. 디자인권의 전용실시권 또는 통상실시권을 목적으로 하는 질권의 설정등록료 및 디자인권, 디자인권의 전용실시권 또는 통상실시권을 목적으로 하는 처분의 제한등록료 : 매건 8만4천원. 다만, 회사의 정리, 파산 또는 화의와 관련하여 법원의 촉탁으로 인한 처분의 제한등록 또는 국가가 공익을 위하여 신청하는 처분의 제한등록의 경우에 처분의 제한등록료는 이를 징수하지 아니한다.(2022.2.18 본문개정)
5. 제3호에 따른 실시권, 제3호의2 및 제4호에 따른 질권의 이전등록료(2022.2.18 본문개정)
 가. 상속에 의한 경우 : 매건 1만4천원
 나. 법인의 분할·합병에 의한 경우 : 매건 1만4천원
(2006.4.27 본목개정)
 다. 「기업구조조정 촉진법」 제8조제1항에 따른 약정을 체결한 기업이 경영정상화계획의 이행을 위하여 행하는 영업양도의 경우 : 매건 1만4천원(2012.5.29 본목개정)
 라. 가목 내지 다목외의 사유에 의한 경우 : 매건 4만3천원
6. 등록사항의 경정·변경(행정구역 또는 지번의 변경으로 인한 경우 및 등록명의인의 표시변경 또는 경정으로 인한 경우는 제외한다)·취소 또는 회복등록료 : 매건 5천원(2019.7.9 본호개정)
7. 가등록료 : 매건 1만3천원
7의2. 가등록에 대한 처분의 제한등록료 : 매건 1만3천원
(2012.12.31 본호신설)
8. 신탁등록 또는 그 변경등록료 : 매건 2만원
③ 「디자인보호법」 제85조에 따른 심판청구 관련 수수료는 다음 각 호와 같다.(2014.6.30 본문개정)
1. 거절결정불복심판 청구료 : 다음 각 목의 금액. 다만, 디자인 수 산정에 관한 구체적 사항은 특허심판원장이 정하여 고시한다.(2015.7.29 본문개정)
 가. 청구서를 전자문서로 제출하는 경우 : 1디자인마다 24만원(2008.12.31 본목개정)
 나. 청구서를 서면으로 제출하는 경우 : 1디자인마다 26만원(2008.12.31 본목개정)
2. 보정각하결정불복심판청구료
 가. 청구서를 전자문서로 제출하는 경우 : 매건 20만원
 나. 청구서를 서면으로 제출하는 경우 : 매건 22만원
(2008.12.31 가목~나목개정)
3. 취소결정불복심판, 무효심판, 권리범위확인심판, 통상실시권허여심판청구료 : 직접적으로 심판청구의 이유가 있는 디자인에 대하여 제1호의 규정에 따라 산정한 금액(2005.7.1 본호개정)
4. 재심청구료 : 원 심판의 종류에 따라 제1호 내지 제3호의 규정에 의하여 산정한 금액
5. 보정료 : 다음 각목의 금액. 다만, 보정의 기준 및 보정료의 납부대상에 관한 구체적 사항은 특허청장이 고시한다.

가. 보정서를 전자문서로 제출하는 경우 : 매건 4천원
나. 보정서를 서면으로 제출하는 경우 : 매건 1만4천원
(2010.7.27 가목~나목개정)
6. 심판 또는 재심청구의 참가신청료
가. 당사자 참가
1) 참가신청을 전자문서로 하는 경우 : 매건 14만2천원
2) 참가신청을 서면으로 하는 경우 : 매건 15만원
나. 보조참가
1) 참가신청을 전자문서로 하는 경우 : 매건 1만6천원
2) 참가신청을 서면으로 하는 경우 : 매건 1만8천원
(2012.5.29 가목~나목개정)
7. 심판관의 제척 · 기피신청료
가. 제척 · 기피신청을 전자문서로 하는 경우 : 매건 1천원
나. 제척 · 기피신청을 서면으로 하는 경우 : 매건 1천5백원
(2012.5.29 본호개정)
8. 비용액결정의 청구료 : 매건 5백원
9. 집행문 정본의 청구료 : 매건 4백원
10. 법정기간 연장신청료 또는 기일변경신청료
(2012.12.31 본문개정)
가. 1회 : 매건 2만원
나. 2회 : 매건 3만원(2005.3.31 본목개정)
다. 3회 : 매건 6만원(2005.3.31 본목개정)
라. 4회 : 매건 12만원(2005.3.31 본목개정)
마. 5회 이상 : 매건 24만원(2005.3.31 본목개정)
10의2. 지정기간 연장신청료
가. 연장기간 중 1개월 이하 해당분 : 2만원
나. 연장기간 중 1개월 초과 2개월 이하 해당분 : 3만원
다. 연장기간 중 2개월 초과 3개월 이하 해당분 : 6만원
라. 연장기간 중 3개월 초과 4개월 이하 해당분 : 12만원
마. 연장기간 중 4개월 초과 해당분 : 1개월마다 24만원
(2012.12.31 본호신설)
11. 기간경과 구제 신청료(2012.5.29 본문개정)
가. 기간경과 구제 신청서를 전자문서로 제출하는 경우 : 매건 1만5천원(2012.5.29 본목신설)
나. 기간경과 구제 신청서를 서면으로 제출하는 경우 : 매건 1만7천원(2012.5.29 본목신설)
(2005.7.1 본조제목개정)

제5조【상표등록료 및 상표 관련 수수료】 ①「상표법」 제78조제1항에 따른 출원 관련 수수료는 다음 각 호와 같다.(2016.9.1 본문개정)
1. 상표등록출원료(단체표장등록출원료 · 지리적 표시 단체표장등록출원료 · 업무표장등록출원료 · 증명표장출원료 및 지리적 표시 증명표장출원료를 포함한다. 이하 같다) 및 지정상품(지정업무를 포함한다. 이하 같다)의 추가등록출원료(2017.2.28 본문개정)
가. 출원서를 전자문서로 제출하는 경우 : 1상품류 구분마다 5만2천원. 다만, 1상품류 구분의 지정상품이 10개를 초과하는 경우에는 그 초과하는 지정상품마다 2천원을 가산한 금액으로 한다.
나. 출원서를 서면으로 제출하는 경우 : 1상품류구분마다 6만2천원. 다만, 1상품류구분의 지정상품이 10개를 초과하는 경우에는 그 초과하는 지정상품마다 2천원을 가산한 금액으로 한다.
다. 출원서를 전자문서로 제출하고, 그 지정상품을「상표법 시행규칙」 별표1에 따라 특허청장이 정하여 고시하는 상품류에 속하는 상품의 명칭만으로 지정하는 경우 : 1상품류 구분마다 4만6천원. 다만, 1상품류 구분의 지정상품이 10개를 초과하는 경우에는 그 초과하는 지정상품마다 2천원을 가산한 금액으로 한다.
라. 출원서를 서면으로 제출하고, 그 지정상품을「상표법 시행규칙」 별표1에 따라 특허청장이 정하여 고시하는 상품류에 속하는 상품의 명칭만으로 지정하는 경우 : 1상품류 구분마다 5만6천원. 다만, 1상품류 구분의 지정상품이 10개를 초과하는 경우에는 그 초과하는 지정상품마다 2천원을 가산한 금액으로 한다.
(2023.8.1 가목~라목개정)
2. (2010.7.27 삭제)
3.「상표법」 제45조에 따른 분할출원료 : 상표권의 신규출원료에 해당하는 금액. 다만, 다류(多類)지정(상품류구분의 2류구분 이상의 상품의 지정을 말한다) 상표등록출원의 분할출원이 다음 각 목의 어느 하나에 해당하는 경우에는 그 분할되는 출원마다 1만원으로 한다. (2017.2.28 단서개정)
가. 동일 상품류구분에 속하는 지정상품의 변경없이 상품류구분만을 분할출원하는 경우
나. 동일 상품류구분에 속하는 지정상품을 삭제하면서 상품류구분만을 분할출원하는 경우
(2011.12.2 본호개정)
4.「상표법」 제44조에 따른 변경출원료(2016.9.1 본문개정)
가. 출원서를 전자문서로 제출하는 경우 : 매건 9천원
나. 출원서를 서면으로 제출하는 경우 : 매건 1만원
(2012.5.29 본호개정)
5. 상표등록출원의 우선권주장 신청료(2012.5.29 본문개정)
가. 우선권주장 신청을 전자문서로 하는 경우 : 1상품류구분마다 1만8천원(2012.5.29 본목신설)
나. 우선권주장 신청을 서면으로 하는 경우 : 1상품류구분마다 2만원(2012.5.29 본목신설)
5의2. 상표등록출원의 우선심사신청료 : 1상품류구분마다 16만원. 다만, 해당 출원이「상표법」 제53조제2항에 따른 우선심사의 대상이 아니라고 결정되거나 그 결정이 있기 전에 우선심사신청을 포기 · 취하한 경우에는 1상품류구분마다 3만2천원으로 한다.(2016.9.1 단서개정)
6. 상표등록출원 또는 지정상품추가등록출원에 대하여 상품류구분 또는 지정상품을 보정하는 경우의 보정료 (2010.7.27 본문개정)
가. 보정서를 전자문서로 제출하는 경우 : 매건 4천원. 다만, 다음의 경우에는 각각의 구분에 따른 금액으로 한다.
1) 보정 후의 상품류구분이 보정 전의 상품류구분을 초과하는 경우 : 매건 4천원에 그 초과하는 상품류구분마다 5만2천원을 가산한 금액(2023.8.1 개정)
2) 보정 후 1상품류구분의 지정상품이 10개를 초과하는 경우 : 매건 4천원에 그 초과하는 지정상품마다 2천원을 가산한 금액. 다만, 지정상품의 가산금 부과대상인 출원에 대한 보정인 경우에는 보정 후 지정상품 가산금 부과대상 상품이 보정 전보다 증가된 상품마다 2천원을 가산한 금액으로 한다.(2023.8.1 본문개정)
나. 보정서를 서면으로 제출하는 경우 : 매건 1만4천원. 다만, 다음의 경우에는 각각의 구분에 따른 금액으로 한다.
1) 보정 후의 상품류구분이 보정 전의 상품류구분을 초과하는 경우 : 매건 1만4천원에 그 초과하는 상품류구분마다 6만2천원을 가산한 금액(2023.8.1 개정)
2) 보정 후 1상품류구분의 지정상품이 10개를 초과하는 경우 : 매건 1만4천원에 그 초과하는 지정상품마다 2천원을 가산한 금액. 다만, 지정상품의 가산금 부과대상인 출원에 대한 보정인 경우에는 보정 후 지정상품 가산금 부과대상 상품이 보정 전보다 증가된 상품마 다 2천원을 가산한 금액으로 한다.(2023.8.1 본문개정)
(2011.12.2 가목~나목개정)
7. 제6호 이외의 보정료 : 다음 각목의 금액. 다만, 보정의 기준 및 보정료의 납부대상에 관한 구체적 사항은 특허청장이 고시한다.
가. 보정서를 전자문서로 제출하는 경우 : 매건 4천원
나. 보정서를 서면으로 제출하는 경우 : 매건 1만4천원
(2010.7.27 가목~나목개정)
7의2.「상표법」 제55조의2에 따른 재심사청구료
가. 재심사청구의 취지를 기재한 보정서를 전자문서로 제출하는 경우 : 재심사의 청구 대상이 되는 1상품류(「상표법」 제54조에 따른 상표등록거절결정된 지정상품이 속하는 상품류를 말한다. 이하 이 호에서 같다) 구분마다 2만원. 다만, 다음의 경우에는 각각의 구분에 따른 금액을 가산한다.
1) 보정 후의 상품류 구분이 보정 전의 상품류 구분을 초과하는 경우 : 초과하는 상품류 구분마다 5만2천원 (2023.8.1 개정)
2) 보정 후 1상품류 구분의 지정상품이 10개를 초과하는 경우 : 초과하는 지정상품마다 2천원. 다만, 지정상품의 가산금 부과대상인 출원에 대한 보정인 경우에는 보정 후 지정상품 가산금 부과대상 상품이 보정 전보다 증가된 상품마다 2천원(2023.8.1 본문개정)
나. 재심사청구의 취지를 기재한 보정서를 서면으로 제출하는 경우 : 재심사의 청구 대상이 되는 1상품류 구분마다 3만원. 다만, 다음의 경우에는 각각의 구분에 따른 금액을 가산한다.
1) 보정 후의 상품류 구분이 보정 전의 상품류 구분을 초과하는 경우 : 초과하는 상품류 구분마다 6만2천원 (2023.8.1 개정)
2) 보정 후 1상품류 구분의 지정상품이 10개를 초과하는 경우 : 초과하는 지정상품마다 2천원. 다만, 지정상품의 가산금 부과대상인 출원에 대한 보정인 경우에는 보정 후 지정상품 가산금 부과대상 상품이 보정 전보다 증가된 상품마다 2천원(2023.8.1 본문개정)
(2023.2.3 본호신설)
8. 상표등록출원 및 지정상품추가등록출원에 대한 절차보완료 : 매건 1만원
9. 출원인변경신고료
가. 상속에 따른 경우
1) 출원인변경신고를 전자문서로 하는 경우 : 매건 5천원
2) 출원인변경신고를 서면으로 하는 경우 : 매건 6천5백원
나. 법인의 분할 · 합병에 따른 경우
1) 출원인변경신고를 전자문서로 하는 경우 : 매건 5천원
2) 출원인변경신고를 서면으로 하는 경우 : 매건 6천5백원
다.「기업구조조정 촉진법」 제8조제1항에 따른 약정을 체결한 기업이 경영정상화계획의 이행을 위하여 행하는 영업양도의 경우
1) 출원인변경신고를 전자문서로 하는 경우 : 매건 5천원
2) 출원인변경신고를 서면으로 하는 경우 : 매건 6천5백원
라. 가목부터 다목까지의 규정 외의 사유에 따른 경우
1) 출원인변경신고를 전자문서로 하는 경우 : 매건 1만1천원
2) 출원인변경신고를 서면으로 하는 경우 : 매건 1만3천원
(2012.5.29 가목~라목개정)
10. 법정기간 연장신청료 또는 기일변경신청료 : 다음 각 목의 금액(2012.12.31 본문개정)
가. 1회 : 매건 2만원
나. 2회 : 매건 3만원(2005.3.31 본목개정)
다. 3회 : 매건 6만원(2005.3.31 본목개정)
라. 4회 : 매건 12만원(2005.3.31 본목개정)
마. 5회 이상 : 매건 24만원(2005.3.31 본목개정)
10의2. 지정기간 연장신청료
가. 연장기간 중 1개월 이하 해당분 : 2만원
나. 연장기간 중 1개월 초과 2개월 이하 해당분 : 3만원
다. 연장기간 중 2개월 초과 3개월 이하 해당분 : 6만원
라. 연장기간 중 3개월 초과 4개월 이하 해당분 : 12만원
마. 연장기간 중 4개월 초과 해당분 : 1개월마다 24만원
(2012.12.31 본호신설)
11. 기간경과 구제 신청료(2012.5.29 본문개정)
가. 기간경과 구제 신청서를 전자문서로 제출하는 경우 : 매건 1만5천원(2012.5.29 본목신설)
나. 기간경과 구제 신청서를 서면으로 제출하는 경우 : 매건 1만7천원(2012.5.29 본목신설)
12. 이의신청료 : 1상품류구분마다 5만원(2010.7.27 본호개정)
13. 절차계속신청료 : 매건 4만원(2011.12.2 본호신설)
②「상표법」 제72조에 따른 등록료 및 그 밖의 상표등록관련 수수료는 다음 각 호와 같다.(2016.9.1 본문개정)
1. 상표권(단체표장권 · 지리적 표시 단체표장권 · 업무표장권 · 증명표장권 및 지리적 표시 증명표장권을 포함한다. 이하 같다)의 설정등록료 : 1상품류구분마다 20만1천원에 1상품류구분의 지정상품이 10개를 초과하는 경우에는 그 초과하는 지정상품마다 2천원을 가산한 금액. 다만,「상표법」 제72조제1항 후단에 따라 2회로 분할하여 납부하는 경우에는 1상품류구분마다 매회 12만2천원에 1상품류구분의 지정상품이 10개를 초과하는 경우에는 그 초과하는 지정상품마다 1천원을 가산한 금액으로 한다.(2023.9.14 본호개정)
2. 지정상품 추가등록료 : 1상품류구분마다 20만1천원에 1상품류구분의 지정상품이 10개를 초과하는 경우에는 그 초과하는 지정상품마다 2천원을 가산한 금액으로 한다.(2023.8.1 본호개정)
3. 상표권의 존속기간갱신등록료(2010.7.27 본문개정)
가.「상표법」 제84조제2항 본문에 따라 상표권의 존속기간 만료 전 1년 이내에 존속기간갱신등록신청하는 경우 : 1상품류구분마다 30만원에 1상품류구분의 지정상품이 10개를 초과하는 경우에는 그 초과하는 지정상품마다 2천원을 가산한 금액. 다만,「상표법」 제72조제1항 후단에 따라 2회로 분할하여 납부하는 경우에는 1상품류구분마다 매회 18만4천원에 1상품류구분의 지정상품이 10개를 초과하는 경우에는 그 초과하는 지정상품마다 1천원을 가산한 금액으로 한다.
나.「상표법」 제84조제2항 후단에 따라 상표권의 존속기간이 끝난 후 6개월 이내에 존속기간갱신등록신청하는 경우 : 1상품류 구분마다 33만원에 1상품류구분의 지정상품이 10개를 초과하는 경우에는 그 초과하는 지정상품마다 2천원을 가산한 금액. 다만,「상표법」 제72조제1항 후단에 따라 2회로 분할하여 납부하는 경우에는 1상품류구분마다 매회 20만3천원에 1상품류구분의 지정상품이 10개를 초과하는 경우에는 그 초과하는 지정상품마다 1천원을 가산한 금액으로 한다.
(2023.8.1 가목~나목개정)
4. 상표권의 이전등록료
가. 상속에 의한 경우 : 매건 1만4천원
나. 법인의 분할 · 합병에 의한 경우 : 매건 1만4천원 (2006.4.27 본목개정)
다.「기업구조조정 촉진법」 제8조제1항에 따른 약정을 체결한 기업이 경영정상화계획의 이행을 위하여 행하는 영업양도의 경우 : 매건 1만4천원(2012.5.29 본목개정)
라. 가목부터 다목까지 외의 사유에 의한 경우 : 매건 4만원(2023.8.1 본목개정)
5. 다류지정 상표권의 분할등록료 : 매건 5만6천원
6. 상표권의 사용권 설정등록료 또는 그 보존등록료
가. 전용사용권 : 매건 7만2천원
나. 통상사용권 : 매건 4만3천원
6의2. 상표권을 목적으로 하는 질권의 설정등록료 : 매건 2만원. 다만, 2026년 12월 31일까지 공동담보인 상표권이 6건을 초과하는 신청이 있는 경우에는 그 초과하는 건마다 1만원으로 한다.(2022.2.18 본호신설)
7. 상표권의 전용사용권 또는 통상사용권을 목적으로 하는 질권의 설정등록료 및 상표권, 상표권의 전용사용권 또는 통상사용권을 목적으로 하는 처분의 제한등록료 : 매건 8만4천원. 다만, 회사의 정리, 파산 또는 화의와 관련하여 법원의 촉탁으로 인한 처분의 제한등록 또

는 국가가 공익을 위하여 신청하는 처분의 제한등록의 경우에 처분의 제한등록료는 이를 징수하지 아니한다.(2022.2.18 본문개정)
8. 제6호에 따른 사용권, 제6호의2 및 제7호에 따른 질권의 이전등록료(2022.2.18 본문개정)
가. 상속에 의한 경우 : 매건 1만4천원
나. 법인의 분할·합병에 의한 경우 : 매건 1만4천원(2006.4.27 본목개정)
다. 「기업구조조정 촉진법」 제8조제1항에 따른 약정을 체결한 기업이 경영정상화계획의 이행을 위하여 행하는 영업양도의 경우 : 매건 1만4천원(2012.5.29 본목개정)
라. 가목 내지 다목외의 사유에 의한 경우 : 매건 4만3천원
9. 등록사항의 경정·변경(행정구역 또는 지번의 변경으로 인한 경우 및 등록명의인의 표시변경 또는 경정으로 인한 경우는 제외한다)·취소 또는 회복등록료 : 매건 5천원(2019.7.9 본호개정)
10. 가등록료 : 매건 1만3천원
10의2. 가등록에 대한 처분의 제한등록료 : 매건 1만3천원(2012.12.31 본호신설)
11. 신탁등록 또는 그 변경등록료 : 매건 2만원
12. 「상표법」 제74조의 규정에 따른 상표등록료의 납부기간연장청구료 : 매건 2만원(2016.9.1 본호개정)
13. 절차계속신청료 : 매건 4만원(2011.12.2 본호신설)
③ 「상표법」 제78조에 따른 심판청구 관련 수수료는 다음 각호와 같다.(2016.9.1 본문개정)
1. 거절결정불복심판 청구료 : 다음 각 목의 금액. 다만, 상품류 수 산정에 관한 구체적 사항은 특허심판원장이 정하여 고시한다.(2015.7.29 본문개정)
가. 청구서를 전자문서로 제출하는 경우
1) 직접적으로 심판청구의 이유가 있는 1상품류 구분마다 24만원. 다만, 심판청구의 이유가 있는 1상품류의 지정상품이 10개를 초과하는 경우 초과하는 지정상품마다 2천원을 가산한다.(2023.8.1 단서개정)
2) 상품분류전환등록신청에 대한 거절결정불복심판의 경우 : 매건 25만원
나. 청구서를 서면으로 제출하는 경우
1) 직접적으로 심판청구의 이유가 있는 1상품류 구분마다 25만원. 다만, 심판청구의 이유가 있는 1상품류의 지정상품이 10개를 초과하는 경우 초과하는 지정상품마다 2천원을 가산한다.(2023.8.1 단서개정)
2) 상품분류전환등록신청에 대한 거절결정불복심판의 경우 : 매건 26만원(2023.8.1 개정)
(2023.2.3 가목~나목개정)
2. 보정각하결정불복심판 청구료
가. 청구서를 전자문서로 제출하는 경우 : 매건 20만원
나. 청구서를 서면으로 제출하는 경우 : 매건 22만원
(2008.12.31 가목~나목개정)
3. 무효심판, 권리범위확인심판, 상표권의 존속기간갱신등록의 무효심판, 상표등록의 취소심판, 사용권등록의 취소심판, 상품분류전환등록의 무효심판 청구료 : 직접적으로 심판청구의 이유가 있는 상품류구분에 대하여 제1호의 규정에 따라 산정한 금액
4. 재심청구료 : 원 심판의 종류에 따라 제1호 내지 제3호의 규정에 의하여 산정한 금액
5. 보정료 : 다음 각목의 금액. 다만, 보정의 기준 및 보정료의 납부대상에 관한 구체적 사항은 특허청장이 고시한다.
가. 보정서를 전자문서로 제출하는 경우 : 매건 4천원
나. 보정서를 서면으로 제출하는 경우 : 매건 1만4천원
(2010.7.27 가목~나목개정)
6. 심판 또는 재심청구의 참가신청료
가. 당사자 참가
1) 참가신청을 전자문서로 하는 경우 : 매건 14만2천원
2) 참가신청을 서면으로 하는 경우 : 매건 15만원
나. 보조참가
1) 참가신청을 전자문서로 하는 경우 : 매건 1만6천원
2) 참가신청을 서면으로 하는 경우 : 매건 1만8천원
(2012.5.29 가목~나목개정)
7. 심판관의 제척·기피신청료
가. 제척·기피신청을 전자문서로 하는 경우 : 매건 1천원
나. 제척·기피신청을 서면으로 하는 경우 : 매건 1천5백원
(2012.5.29 본호개정)
8. 비용액결정의 청구료 : 매건 5백원
9. 집행문 정본의 청구료 : 매건 4백원
10. 법정기간 연장신청료 또는 기일변경신청료
(2012.12.31 본문개정)
가. 1회 : 매건 2만원
나. 2회 : 매건 3만원(2005.3.31 본목개정)
다. 3회 : 매건 6만원(2005.3.31 본목개정)
라. 4회 : 매건 12만원(2005.3.31 본목개정)
마. 5회 이상 : 매건 24만원(2005.3.31 본목개정)
10의2. 지정기간 연장신청료
가. 연장기간 중 1개월 이하 해당분 : 2만원
나. 연장기간 중 1개월 초과 2개월 이하 해당분 : 3만원
다. 연장기간 중 2개월 초과 3개월 이하 해당분 : 6만원
라. 연장기간 중 3개월 초과 4개월 이하 해당분 : 12만원
마. 연장기간 중 4개월 초과 해당분 : 1개월마다 24만원
(2012.12.31 본호신설)
11. 기간경과 구제 신청료(2012.5.29 본문개정)
가. 기간경과 구제 신청서를 전자문서로 제출하는 경우 : 매건 1만5천원(2012.5.29 본목신설)
나. 기간경과 구제 신청서를 서면으로 제출하는 경우 : 매건 1만7천원(2012.5.29 본목신설)

제6조 【그 밖의 수수료】 ① 특허·실용신안·디자인 및 상표 관련 각종 증서의 발급 신청 또는 각종 서류의 사본 발급 신청 등에 따른 수수료는 다음 각 호와 같다.(2019.7.9 본문개정)
1. 특허증, 실용신안등록증, 디자인등록증(관련디자인등록증을 포함한다. 이하 같다), 상표등록증(단체표장등록증, 지리적 표시 단체표장등록증, 증명표장등록증, 지리적 표시 증명표장등록증, 업무표장등록증을 포함한다. 이하 같다), 외국어특허증, 외국어실용신안등록증, 영어디자인등록증, 영어 상표등록증(영어 단체표장등록증, 영어 지리적 표시 단체표장등록증, 영어 증명표장등록증, 영어 지리적 표시 증명표장등록증, 영어 업무표장등록증을 포함한다. 이하 같다)의 재발급 신청료
가. 재발급 신청을 전자문서로 하는 경우 : 매건 5천원
나. 재발급 신청을 서면으로 하는 경우 : 매건 6천5백원
다. 온라인으로 수령하는 경우 : 무료
1의2. 휴대용 특허증, 휴대용 실용신안등록증, 휴대용 디자인등록증, 휴대용 상표등록증, 휴대용 외국어특허증, 휴대용 외국어실용신안등록증, 휴대용 영어디자인등록증, 휴대용 영어 상표등록증의 발급(재발급을 포함한다) 신청료
가. 발급 신청을 전자문서로 하는 경우 : 매건 7천원
나. 발급 신청을 서면으로 하는 경우 : 매건 9천원
2. 각종 서류의 등본·초본의 발급 신청료
가. 온라인으로 발급 신청하고 온라인으로 수령하는 경우 : 무료
나. 그 밖의 경우 : 매건 5백원. 다만, 발급 하는 서류가 10면을 초과하는 경우 제5호나목 및 다목에 따른 금액을 가산한다.
(2019.7.9 1호~2호개정)
3. 각종 서류의 증명 신청료
가. 온라인으로 신청하고 온라인으로 수령하는 경우 : 무료
나. 그 밖의 경우 : 매건 5백원
다. 가목 및 나목의 경우 복사가 필요한 첨부물이 있는 때에는 가목 및 나목에 따른 신청료 외에 권리별로 제5호나목 및 다목에 따른 금액을 가산(2014.12.31 본목개정)
(2012.5.29 본호개정)
4. 등록원부의 사본 또는 기록사항의 발급 신청료
가. 온라인으로 발급 신청하고 온라인으로 수령하는 경우 : 무료
나. 그 밖의 경우 : 매건 5백원. 다만, 발급 하는 서류가 10면을 초과하는 경우 제5호나목 및 다목에 따른 금액을 가산한다.
(2019.7.9 본호개정)
5. 출원 관련서류, 등록 관련서류, 이의신청 관련서류, 심판 관련서류와 「특허법」 제63조의2, 「실용신안법」 제15조에 따라 준용되는 「특허법」 제63조의2, 「디자인보호법」 제55조 또는 「상표법」 제49조에 따른 정보제공 관련 서류의 사본 발급 신청료 및 공보류(마이크로필름류 및 광디스크류를 포함한다) 또는 도서의 복사 신청료
(2019.7.9 본문개정)
가. 온라인으로 수령하는 경우(공보류 또는 도서의 복사를 제외한다) : 무료
나. 서면으로 수령하는 경우 : 매면 100원
다. 모사전송으로 수령하는 경우 : 매면 300원
(2014.12.31 본목개정)
(2005.3.31 본호개정)
6.~8. (2005.3.31 삭제)
9. 심판 관련 멀티미디어 파일의 복사신청료(2023.2.3 본문개정)
가. 온라인으로 복사신청하는 경우 : 매건 9천원
나. 서면으로 복사신청하는 경우 : 매건 1만원
(2012.5.29 가목~나목신설)
10. (2005.3.31 삭제)
② 제1항제2호부터 제5호까지에 따른 각종 증서 또는 서류를 우편으로 발급 신청하는 경우에 우송에 드는 비용은 신청인의 부담으로 한다.(2019.7.9 본항개정)

제7조 【특허료, 등록료 및 수수료의 감면】 ① 특허료, 등록료 및 수수료의 감면에 관한 사항은 다음 각 호의 구분에 따른다.
1. 특허료, 등록료 및 수수료의 면제 : 별표4
2. 특허료, 등록료 및 수수료의 감경 : 별표5
3. 특허료, 등록료 및 수수료의 한시적 감면 : 별표6
(2022.2.18 본항개정)
②~④ (2022.2.18 삭제)
⑤ 다음 각 호의 어느 하나에 해당하는 자가 공동으로 출원하여 「특허법」 제83조제1항제1호(「실용신안법」 제20조에 따라 준용되는 경우를 포함한다) 또는 「디자인보호법」 제86조제1항제1호 및 이 규칙 제7조제1항 각 호 또는 제13조제2항에 따른 감면을 받으려는 경우(공동으로 출원하는 자가 모두 해당 특허료, 등록료 또는 수수료의 감면 대상인 경우만 해당한다)에 감면율(제7조제1항 각 호에 따라 특허료, 등록료 및 수수료가 면제되는 경우 감면율을 100분의 100으로 한다)이 서로 다르면 각각의 감면율을 더하여 감면대상자수로 나누어 구한 평균감면율을 적용하여 감면한다. 이 경우 소숫점 이하는 올림한다.(2022.2.18 전단개정)
1. (2022.2.18 삭제)
2. 별표4부터 별표7까지의 경우 중 어느 하나에 해당하는 자(2022.2.18 본호개정)
3. 「특허법」 제83조제1항제1호에 따른 국가에 속하는 특허출원을 한 자, 「실용신안법」 제20조에 따라 준용되는 「특허법」 제83조제1항제1호에 따른 국가에 속하는 실용신안등록출원을 한 자 또는 「디자인보호법」 제86조제1항제1호에 따른 국가에 속하는 디자인등록출원을 한 자(2015.7.29 본호신설)
(2014.2.21 본항신설)
⑥ 제1항 각 호 또는 제13조제2항에 따른 감면을 받으려는 자는 출원시의 출원서, 「특허법」 제203조의 서면, 심사청구시의 심사청구서, 심판청구시의 심판청구서 또는 권리설정등록 시와 4년차 분부터의 특허료 또는 등록료 납부 시의 특허(등록)료납부서 등에 감면의 사유와 그 대상 등을 적고, 다음 각 호의 구분에 따른 서류를 첨부하여 특허청장 또는 특허심판원장에게 제출하여야 한다.
(2023.2.3 단서삭제)
1. 별표4 제1호부터 제8호까지 및 제12호에 해당하는 자의 경우에는 그 자격을 증명하는 서류 1통
2. 별표4 제9호에 해당하는 자의 경우에는 재학증명서 1통
2의2. 별표4 제11호에 해당하는 자의 경우에는 복무증명서 1통
3. 별표5부터 별표7까지의 각 호에 해당하는 자의 경우에는 그 사실을 증명하는 서류 1통
(2022.2.18 본항개정)
⑦ 제6항에 따라 첨부하여야 하는 서류 중 「전자정부법」 제36조제1항에 따른 행정정보의 공동이용을 통하여 담당 공무원이 확인하도록 특허청장이 정하여 고시하는 서류는 이를 첨부하지 아니할 수 있다. 다만, 신청인이 확인에 동의하지 아니하는 경우에는 해당 서류를 첨부하도록 하여야 한다.(2014.2.21 본문개정)
⑧ 제6항에 따른 감면사유와 그 대상 등을 적지 아니하거나 이를 증명하는 서류를 첨부하지 아니한 이유 등으로 제1항 각 호 및 제13조제2항에 따른 감면을 받지 못하고 납부한 자가 감면분을 반환받으려는 경우에는 출원·심사청구·권리설정등록·권리범위확인심판청구 및 권리관계변경신고 등을 할 당시에 감면대상이었음을 증명하는 서류와 별지 제3호서식의 수수료 사후 감면 신청서를 그 반환의 대상이 되는 출원료, 심사청구료, 특허료·실용신안등록료·디자인등록료, 심판청구료, 이전등록료 또는 출원인변경신고료 등을 납부한 날부터 5년 이내에 특허청장 또는 특허심판원장에게 제출하여야 한다. 이 경우 신청서를 제출받은 특허청장 또는 특허심판원장은 「전자정부법」 제36조제1항에 따른 행정정보의 공동이용을 통하여 신청인의 입금계좌정보를 확인해야 하며, 신청인이 확인에 동의하지 않는 경우에는 통장의 사본을 첨부하도록 해야 한다.(2022.2.18 전단개정)
(2022.2.18 본조제목개정)

제7조의2 【지식재산포인트의 부여·사용 및 환수】 ① 특허청장은 특허권자, 실용신안권자, 디자인권자 또는 상표권자가 다음 각 호의 어느 하나에 해당하는 경우에는 특허청장이 정하여 고시하는 바에 따라 지식재산포인트를 부여할 수 있다. 다만, 제2호의 경우에는 2026년 12월 31일까지 지식재산포인트를 부여한다.(2023.2.3 단서개정)
1. 「중소기업기본법」 제2조제1항에 따른 중소기업(이하 "중소기업"이라 한다) 또는 「중견기업 성장촉진 및 경쟁력 강화에 관한 특별법」에 따른 중견기업을 대상으로 다음 각 목의 어느 하나에 해당하는 행위를 한 경우
(2022.2.18 본문개정)
가. 특허권·실용신안권 또는 디자인권을 무상으로 이전한 경우
나. 특허권·실용신안권 또는 디자인권에 대하여 무상으로 전용실시권을 설정하거나 무상으로 통상실시권을 허락한 경우
2. 다음 각 목의 모든 금액의 연간 납부 총액이 특허청장이 정하여 고시하는 금액을 초과하는 경우(개인 또는 중소기업만 해당한다)(2021.2.15 본문개정)
가. 제2조제1항제1호에 따른 특허출원료, 제3조제1항제1호에 따른 실용신안등록출원료 및 제4조제1항제1호에 따른 디자인등록출원료
나. 제2조제1항제7호에 따른 특허심사청구료 및 제3조제1항제6호에 따른 실용신안심사청구료
다. 최초 3년분의 특허료·실용신안등록료 및 디자인등록료
3. 제8조제16항에 따라 특허료·등록료 또는 수수료를 자동납부하는 경우 등 특허청장이 정하여 고시하는 사항에 해당하는 경우(2019.7.9 본호신설)
(2018.4.6 본항개정)

② (2018.4.6 삭제)
③ 지식재산포인트를 보유하고 있는 자는 지식재산포인트를 받은 날부터 5년 이내에 특허료, 등록료 및 수수료(국제출원수수료의 경우에는 제10조제1항제1호 및 제3호에 따른 송달료 및 조사료만 해당한다)의 전부 또는 일부를 지식재산포인트로 납부할 수 있다.(2018.4.6 본항개정)
④ 특허청장은 거짓으로 지식재산포인트를 받은 경우 등 특허청장이 정하여 고시하는 경우에 해당하면 해당 지식재산포인트를 환수할 수 있다.
(2015.10.29 본조신설)

제7조의3【국선대리인이 선임된 당사자에 대한 심판청구료 등의 감면에 관한 특례】「특허법」 제139조의2(「실용신안법」 제33조에 따라 준용되는 경우를 포함한다), 「디자인보호법」 제125조의2 또는 「상표법」 제124조의2에 따라 국선대리인이 선임된 당사자가 특허심판원장에게 납부한 다음 각 호에 해당하는 수수료는 국선대리인이 선임된 해당 심판사건에 대한 심결의 등본이 송달된 후 당사자의 청구에 따라 이를 반환한다. 다만, 「특허심판원 국선대리인의 선임 및 운영에 관한 규칙」 제3조제1항제1호 또는 같은 조 제2항제2호에 따라 국선대리인 선임의 취소 또는 국선대리인 사임이 있는 경우는 제외한다.
1. 제2조제3항제1호, 제3호 및 제5호에 따른 심판청구 관련 수수료
2. 제3조제3항제1호, 제3호 및 제5호에 따른 심판청구 관련 수수료
3. 제4조제3항제1호부터 제3호까지에 따른 심판청구 관련 수수료
4. 제5조제3항제1호부터 제3호까지에 따른 심판청구 관련 수수료

(2019.7.9 본조신설)

제8조【납부방법 등】 ① 이 규칙에 따른 특허료·등록료 및 수수료는 접수번호를 부여받아 이를 납부자번호로 하여 접수번호를 부여받은 날의 다음 날까지 납부하여야 한다. 다만, 다음 각 호의 어느 하나에 해당하는 경우에는 각 호에서 각각 정하는 바에 따른다.
1. 제6조제2호 내지 제5호·제9호 및 제10조제1항제10호의 경우에는 각종 증서·사본 또는 복사물을 수령하기 이전까지 납부하여야 한다.
2. 제5항·제7항 내지 제9항의 경우에는 동 규정에 따른 기간 이내에 특허청장이 부여한 납부자번호로 납부하거나 접수번호를 부여받은 날의 다음 날까지 납부하여야 한다.(2006.12.30 본호개정)
3. (2006.12.30 삭제)
4. 「특허법」 제46조제3호, 「실용신안법」 제11조에 따라 준용되는 「특허법」 제46조제3호, 「디자인보호법」 제47조제3호 또는 「상표법」 제39조제2호·제176조의 규정에 해당하여 특허청장 또는 특허심판원장이 기간을 정하여 보정을 명한 때에 납부자번호를 부여한 경우에는 그 기간 이내에 그 납부자번호로 해당 수수료를 납부하여야 한다.(2016.9.1 본호개정)
5. 「특허법」 제199조 또는 「실용신안법」 제34조의 규정에 따라 특허출원 또는 실용신안등록출원으로 보는 국제출원(「특허법」 제214조 또는 「실용신안법」 제40조의 규정에 따른 국제출원을 포함한다)으로서 번역문을 제출하여야 하는 국제출원에 있어서는 그 번역문 제출시에 접수번호를 부여받아 접수번호를 부여받은 날의 다음 날까지 납부하여야 한다.(2006.9.29 본호개정)

(2005.7.1 본항개정)
② 제1항의 규정에 따른 특허료·등록료 및 수수료의 납부일이 공휴일(「근로자의 날 제정에 관한 법률」에 따른 근로자의 날 및 토요휴무일을 포함한다)에 해당하는 경우에는 그 날 이후의 첫번째 근무일까지 납부하여야 한다.(2018.4.6 본항개정)
③ 이 규칙에 따른 가산료는 그 기본료와 합산하여 납부하여야 한다.
④ 심사청구료·재심사청구료·우선심사신청료는 심사청구·재심사청구·우선심사신청을 하는 자가 심사청구·재심사청구·우선심사신청 시 접수번호를 부여받아 그 다음 날까지 납부하여야 하되, 심사청구와 동시에 「특허법 시행규칙」 제40조의3 또는 「실용신안법 시행규칙」 제10조의3에 따른 특허출원심사 또는 실용신안등록출원 심사의 유예를 신청한 경우에는 심사를 받으려는 시점으로부터 2개월 전까지 심사청구를 하였을 때의 심사청구료를 납부하여야 한다. 심사청구 후에 보정에 따라 심사청구료가 증가된 경우(새로운 청구범위의 항이 추가되어 그 항에 대한 심사청구료가 추가된 경우를 포함한다)에는 출원인이 보정서를 제출할 때 접수번호를 부여받아 그 다음 날까지 그 증가액을 납부하여야 한다.
(2016.3.25 전단개정)
⑤ 특허료·실용신안등록료 또는 디자인등록료는 최초 3년분을 특허결정, 등록결정 또는 등록심결의 등본을 받은 날부터 3개월 이내에 일시에 납부하여야 한다. 이 경우 특허증, 실용신안등록증 및 디자인등록증을 전자문서에 의해 발급하는 경우에는 2026년 12월 31일까지 각각 1만원(총액이 1만원 미만이면 그 금액)을 차감한 금액을 납부하여야 한다.(2023.2.3 후단개정)
⑥ 제5항의 기간이 경과된 후에도 특허료·실용신안등록료 또는 디자인등록료는 그 기간이 경과된 날부터 6개월 이내에 납부할 수 있다. 이 경우 다음 각 호의 구분에 따른 금액을 해당 특허료·실용신안등록료 또는 디자인등록료에 가산하여 납부하여야 한다.(2014.2.21 후단개정)
1. 1개월이 지나기 전 : 100분의 3에 상당하는 금액
2. 2개월이 지나기 전 : 100분의 6에 상당하는 금액
3. 3개월이 지나기 전 : 100분의 9에 상당하는 금액
4. 4개월이 지나기 전 : 100분의 12에 해당하는 금액
5. 5개월이 지나기 전 : 100분의 15에 해당하는 금액
6. 6개월이 지나기 전 : 100분의 18에 해당하는 금액

(2014.2.21 1호~6호신설)
⑦ 상표권의 설정등록료, 지정상품 추가등록료 및 상표권의 존속기간갱신등록료는 다음 각 호에서 정하는 바에 따라 납부하여야 한다. 다만, 「상표법」 제74조에 따라 납부기간을 연장하려 할 때에는 그 납부기간 경과 전에 등록료납부기간의 연장신청을 하여야 한다.
1. 상표권의 설정등록료(「상표법」 제72조제1항 후단에 따라 분할납부하는 경우의 1회차 설정등록료를 포함한다)는 등록결정 또는 등록심결의 등본을 받은 날부터 2개월 이내에 납부하여야 하며, 「상표법」 제72조제1항 후단에 따라 분할납부하는 경우의 2회차 설정등록료(1회차 설정등록료 납부 후 「상표법」 제93조제1항 또는 제94조제1항에 따라 상표권을 분할이전하거나 분할한 경우에는 각 상표권의 2회차 설정등록료를 말한다)는 상표권의 설정등록일부터 5년 이내에 납부자번호를 부여받아 납부자번호를 부여받은 날의 다음날까지 납부하여야 한다. 이 경우 상표등록증을 전자문서에 의해 발급하는 경우에는 2026년 12월 31일까지 1만원(총액이 1만원 미만이면 그 금액)을 차감한 금액을 납부하여야 한다.(2023.2.3 후단개정)
2. 지정상품 추가등록료는 등록결정 또는 등록심결의 등본을 받은 날부터 2개월 이내에 납부하여야 한다.
3. 상표권의 존속기간갱신등록료(「상표법」 제72조제1항 후단에 따라 분할납부하는 경우의 1회차 존속기간갱신등록료를 포함한다)는 「상표법」 제84조제2항에서 정하는 기간 내에 접수번호를 부여받아 접수번호를 부여받은 날의 다음날까지 납부하여야 하며, 「상표법」 제72조제1항 후단에 따라 분할납부하는 경우의 2회차 존속기간갱신등록료(1회차 존속기간갱신등록료 납부 후 「상표법」 제93조제1항 또는 제94조제1항에 따라 상표권을 분할이전하거나 분할한 경우에는 각 상표권의 2회차 존속기간갱신등록료를 말한다)는 상표권의 갱신등록일부터 5년 이내에 납부자번호를 부여받아 납부자번호를 부여받은 날의 다음날까지 납부하여야 한다.

(2018.4.6 본항개정)
⑧ 특허권자·실용신안권자·디자인권자(관련디자인권자를 포함한다. 이하 같다)는 4년차분부터의 특허료 또는 등록료를 해당 권리의 설정등록일을 기준으로 하여 매년 1년분씩 그 전년도에 납부하여야 한다. 다만, 그 납부기간에 납부하지 아니한 경우에는 그 납부기간이 지난 날부터 다음 각 호의 구분에 따른 금액을 해당 특허료 또는 등록료에 가산하여 납부하여야 한다.(2019.7.9 본문개정)
1. 1개월이 지나기 전 : 100분의 3에 상당하는 금액
2. 2개월이 지나기 전 : 100분의 6에 상당하는 금액
3. 3개월이 지나기 전 : 100분의 9에 상당하는 금액
4. 4개월이 지나기 전 : 100분의 12에 해당하는 금액
5. 5개월이 지나기 전 : 100분의 15에 해당하는 금액
6. 6개월이 지나기 전 : 100분의 18에 해당하는 금액

(2014.2.21 1호~6호신설)
⑨ 제5항부터 제8항까지의 규정에도 불구하고 「특허법」 제81조의2, 「실용신안법」 제20조에 따라 준용되는 「특허법」 제81조의2, 「디자인보호법」 제83조 및 「상표법」 제76조에 따라 특허료 또는 등록료의 보전명령을 받은 자는 그 보전명령을 받은 날부터 1개월 이내에 특허료 또는 등록료를 보전하여야 한다. 다만, 특허료 또는 등록료의 납부기간 또는 추가납부기간을 경과하여 보전하는 때에는 부족하게 납부된 금액의 100분의 3에 상당하는 금액을 가산하여 납부하여야 한다.(2016.9.1 본문개정)
⑩ 「특허법」 제81조의3제3항, 「실용신안법」 제20조(「특허법」 제81조의3제3항을 준용하는 경우를 말한다) 또는 「디자인보호법」 제84조제3항에 따라 소멸한 특허권·실용신안권 또는 디자인권을 회복하려는 자는 제8항 단서 또는 제9항 본문의 규정에 따른 기간의 만료일부터 3월 이내에 특허료 또는 등록료를 납부하여야 한다. 이 경우 다음 각 호의 구분에 따른 금액을 납부하여야 한다.
(2014.6.30 본문개정)
1. 특허권 회복의 경우 : 제2조제2항제1호에 따른 특허료의 2배에 상당하는 금액(2014.6.30 본호신설)
2. 실용신안권 회복의 경우 : 제3조제2항제1호에 따른 실용신안등록료의 2배에 상당하는 금액(2014.6.30 본호신설)
3. 디자인권 회복의 경우 : 제4조제2항제1호에 따른 디자인등록료의 2배에 상당하는 금액(2016.7.29 본호개정)

⑪ 제8항 본문에도 불구하고 특허권자·실용신안권자·디자인권자는 4년차분부터의 특허료 또는 등록료를 그 납부연차 순위에 따라 여러 연차분 또는 모든 연차분을 일괄하여 납부할 수 있으며, 제8항 본문에 따른 납부기간이 경과하지 않은 4년차분 이후부터의 특허료 또는 등록료를 3년분 이상 일괄하여 납부하는 경우에는 별표1부터 별표3까지에 따라 납부하여야 할 특허료 또는 등록료 총액에서 그 총액의 100분의 10에 해당하는 금액을 차감한 금액을 납부할 금액으로 한다. 이 경우 일괄납부 후에 특허료 또는 등록료의 금액이 변경되었을 때에는 변경된 특허료 또는 등록료를 납부한 것으로 본다.(2019.12.31 전단개정)
⑫ 특허료·등록료·수수료 및 「지방세법」 제28조제1항제11호와 같은 항 제12호에 따른 등록면허세(「지방세법」 제151조제1항에 따른 지방교육세를 포함한다. 이하 같다) 또는 「인지세법」 제8조의4에 따른 인지세를 납부하는 자는 인터넷지로 등 정보통신망을 이용한 전자적 수단으로 납부하거나 별지 제1호의2서식에 기재사항을 적어 현금으로 납부하여야 한다. 이 경우 특허청장은 정보통신망을 이용한 전자적 수단으로 납부한 자에 대하여는 별지 제2호서식의 납입영수증을 발급할 수 있다.
(2019.7.9 전단개정)
⑬ 제12항에 따라 전자적 수단을 이용하여 납부하려는 자가 정보통신망의 장애, 특허청이 사용하는 컴퓨터 또는 관련 장치의 장애(정보통신망, 특허청이 사용하는 컴퓨터 또는 관련 장치의 유지·보수를 위하여 그 사용을 일시 중단한 경우로서 특허청장이 사전에 공지한 경우는 제외한다)로 인하여 기한 내에 납부할 수 없는 경우에는 그 장애가 제거된 날의 다음 날에 그 기한이 도래한 것으로 본다.(2017.2.28 본항신설)
⑭ 우편으로 특허료·등록료·수수료 및 등록면허세 또는 인지세를 납부하여야 하는 서류를 제출하는 경우에는 통상환을 동봉하여 제출하여야 한다.(2019.7.9 본항개정)
⑮ 접수번호를 부여받은 날의 다음 날이 경과하여 납부한 특허료·등록료 및 수수료는 이를 반환한다.
⑯ 제12항에도 불구하고 특허료·등록료 또는 수수료를 자동납부하려는 경우 또는 자동납부를 취하하려는 경우에는 별지 제4호 서식의 수수료 자동납부신청(취하)서를 특허청장 또는 특허심판원장에게 제출하여야 한다. 다만, 제10조제1항제4호다목·라목 및 제6호부터 제9호까지의 규정에 따른 수수료를 자동납부하려는 재외자는 신청서의 제출을 생략할 수 있다.(2009.7.1 본항신설)
⑰ 등록면허세는 인지세 및 수수료 또는 등록료와 일괄하여 납부하여야 한다.(2019.7.9 본항개정)
⑱ 제17항에 따라 등록면허세를 인지세 및 수수료와 일괄하여 납부한 때에는 인지세, 등록면허세, 수수료의 순서로 충당하고, 등록면허세를 등록료와 함께 일괄하여 납부한 때에는 등록면허세, 등록료의 순서로 충당한다.
(2019.7.9 본항개정)
⑲ 특허청장은 등록면허세 또는 인지세를 잘못 납부받은 때에는 이를 납부한 자에게 통지하여야 하며, 납부한 자의 청구에 따라 잘못 납부받은 등록면허세 또는 인지세를 반환한다.(2019.7.9 본항개정)

제8조의2 (2009.7.1 삭제)

제9조【반환할 특허료·등록료·수수료 및 등록면허세의 납부사항 정정】 ① 「특허법」 제84조, 「실용신안법」 제20조에 따라 준용되는 「특허법」 제84조, 「디자인보호법」 제87조, 「상표법」 제79조 및 이 규칙 제8조제19항에 따라 반환을 청구할 수 있는 자는 납부일부터 1년 이내에 특허료·등록료·수수료 및 등록면허세 납부사항의 정정을 신청할 수 있다.(2019.7.9 본항개정)
② (2009.7.1 삭제)
(2019.7.9 본조제목개정)

제10조【「특허협력조약」에 따른 국제출원수수료】 ① 「특허협력조약」에 따른 국제출원에 관한 수수료는 다음 각 호와 같다.(2006.4.27 본문개정)
1. 송달료 : 매건 4만5천원
2. 국제출원료 : 특허청장이 「특허협력조약」 제2조(xix)의 규정에 따른 국제사무국(이하 "국제사무국"이라 한다)과 협의하여 정하는 금액(2005.3.31 본호개정)
3. 조사료
   가. 특허청을 국제조사기관으로 하는 경우 : 국어 조사의 경우 매건 45만원, 영어 조사의 경우 매건 120만원. 다만, 「특허법 시행규칙」 제106조의22에 따라 특허청장은 심사관이 국제조사보고서를 작성할 때 해당 국제출원의 우선권 주장의 기초가 되는 다른 국제출원의 국제조사보고서를 이용하거나 해당 국제출원과 관련된 국내출원의 심사의 결과를 이용하는 경우에는 출원인의 청구에 따라 납부된 조사료의 100분의 75에 해당하는 금액을 반환(제4항에 따라 조사료를 감면받은 경우는 제외한다)한다.(2019.7.9 본목개정)
   나. 특허청외의 기관을 국제조사기관으로 하는 경우 : 「특허협력조약 규칙」 16.1(a)의 규정에 따라 관할 국제조사기관이 정하는 금액에 상당하는 원화금액으로서 특허청장이 국제사무국과 협의하여 정하는 금액(2005.3.31 본목개정)
4. 가산료 : 다음 각 목의 금액(2009.7.1 본문개정)
   가. 「특허법 시행규칙」 제95조의2제3항에 따른 가산료 : 제2호에 따른 국제출원료(출원서류가 30매를 초과하는 때에는 30매로 본다)의 100분의 25에 해당하는 금액(2009.7.1 본목개정)

나. 「특허법 시행규칙」 제104조제1항의 규정에 따른 가산료 : 납부할 것을 명한 금액의 100분의 50에 해당하는 금액. 다만, 당해 금액이 제1호의 송달료보다 적은 경우에는 송달료와 동일한 금액으로 하고, 제2호의 국제출원료(출원서류가 30매를 초과하는 때에는 30매로 본다)의 100분의 50보다 많은 경우에는 국제출원료의 100분의 50에 해당하는 금액으로 한다.(2005.3.31 본문개정)

다. 「특허법 시행규칙」 제106조의30제1항의 규정에 따른 가산료 : 납부할 것을 명한 금액의 100분의 50에 해당하는 금액. 다만, 당해 금액이 제9호의 취급료보다 적은 경우에는 취급료와 동일한 금액으로 하고, 취급료의 2배보다 많은 경우에는 취급료의 2배에 해당하는 금액으로 한다.(2005.3.31 본문개정)

라. 「특허법 시행규칙」 제106조의12제1항 또는 동규칙 제106조의38의 규정에 따른 가산료 : 매건 11만2천500원(2005.3.31 본목신설)

5. (2007.12.21 삭제)

6. 「특허법 시행규칙」 제106조의14제1항에 따른 추가수수료 : 국어 조사의 경우 발명마다 45만원, 영어 조사의 경우 발명마다 120만원(2021.2.15 본호개정)

6의2. 「특허법 시행규칙」 제106조의14제5항에 따른 추가수수료 : 국어 조사의 경우 매건 45만원, 영어 조사의 경우 매건 120만원(2021.2.15 본호신설)

6의3. 「특허법 시행규칙」 제106조의39제1항에 따른 추가수수료 : 발명마다 45만원(2021.2.15 본호신설)

7. 「특허법 시행규칙」 제106조의15제1항 또는 동규칙 제106조의39제4항의 규정에 따른 추가수수료이의신청료 : 매건 1만1천원(2005.3.31 본호개정)

8. 「특허법 시행규칙」 제106조의23의 규정에 따른 국제예비심사청구시의 예비심사료 : 매건 45만원(2008.12.31 본호개정)

9. 「특허법 시행규칙」 제106조의23의 규정에 따른 국제예비심사청구시의 취급료 : 특허청장이 국제사무국과 협의하여 정하는 금액(2005.3.31 본호개정)

10. (2009.12.31 삭제)

11. 그 밖에 「특허협력조약 규칙」에서 정하는 수수료(2005.3.31 본호개정)

② 국제출원에 관한 수수료의 납부기간은 다음 각 호와 같다.(2009.7.1 본문개정)

1. 송달료·국제출원료 및 조사료 : 국제출원의 접수일부터 1월

2. 예비심사료 및 취급료 : 국제예비심사청구서 제출일부터 1월 또는 우선일로부터 22월중 늦게 만료되는 날 이내. 다만, 국제예비심사청구서가 관할 국제예비심사기관에 제출되지 아니한 경우 또는 국제조사와 국제예비심사를 동시에 수행하는 경우에는 「특허협력조약 규칙」 57.3(b) 또는 (c)의 규정에 따른다.(2005.3.31 단서개정)

3. 가산료

가. (2009.7.1 삭제)

나. 「특허법 시행규칙」 제95조의2제3항의 규정에 따른 가산료 : 국제조사용 번역문 제출 보정을 명한 날부터 1월 이내(2005.3.31 본목개정)

다. 「특허법 시행규칙」 제104조 또는 동규칙 제106조의30의 규정에 따른 가산료 : 납부의 보정통지일부터 1월 이내(2005.3.31 본목개정)

라. 「특허법 시행규칙」 제106조의12제1항 또는 동규칙 제106조의38의 규정에 따른 가산료 : 서열목록 또는 진술서의 제출 및 가산료의 납부명령을 받은 날부터 1월(2005.3.31 본목신설)

4. 「특허법 시행규칙」 제106조의14제1항 또는 동규칙 제106조의39제1항의 규정에 따른 추가수수료 : 납부통지일부터 1월(2005.3.31 본호개정)

5. 「특허법 시행규칙」 제106조의15제1항 또는 동규칙 제106조의39제4항의 규정에 따른 추가수수료이의신청료 : 추가수수료 납부통지일부터 1월(2005.3.31 본호개정)

6. (2005.3.31 삭제)

③ 국제출원료의 감면은 다음 각 호의 규정에 따른다.(2006.12.30 본문개정)

1. (2015.10.29 삭제)

2. 「특허협력조약 규칙」 제96조 수수료표 item4(c)의 규정에 따라 출원서, 명세서, 청구범위 및 요약서를 전자문서로 제출하는 자에 대하여 300 스위스프랑에 상당하는 금액은 이를 징수하지 아니한다.(2019.7.9 본호개정)

④ 특허청장이 정하여 고시하는 국가의 국적을 가진 자로서 해당 국가에 주소 또는 영업소를 가진 자(둘 이상의 자가 공동으로 출원하는 경우에는 출원인 모두가 해당해야 한다)가 특허청을 국제조사기관으로 지정한 국제출원의 조사료에 대해서는 100분의 75를 감면한다.(2019.7.9 본항신설)

⑤ 「특허법」 제199조 또는 「실용신안법」 제34조에 따라 특허출원 또는 실용신안등록출원으로 보는 국제출원에 대한 심사청구료의 감면은 다음 각 호와 같다.

1. 「특허법 시행규칙」 제106조의11제1항이나 「실용신안법 시행규칙」 제17조제2항에 따른 국제조사보고서(이하 "국제조사보고서"라 한다) 또는 「특허법 시행규칙」 제106조의41제1항이나 「실용신안법 시행규칙」 제17조제2항에 따른 국제예비심사보고서(이하 "국제예비심사보고서"라 한다) 중 하나가 작성된 경우에는 제2조제1항제7호에 따른 특허심사청구료 또는 제3조제1항제6호에 따른 실용신안심사청구료의 100분의 70에 해당하는 금액을 감면한다.(2019.7.9 본호개정)

2. (2019.7.9 삭제)

3. 심사청구료의 감면에 대하여 특허청장이 고시하여 정한 외국특허청에서 「특허협력조약」 제18조(1)의 규정에 따라 작성한 국제조사보고서를 첨부하여 심사청구한 특허출원 또는 실용신안등록출원에 대해서는 제2조제1항제7호에 따른 특허심사청구료 또는 제3조제1항제6호에 따른 실용신안심사청구료의 100분의 10에 해당하는 금액을 감면한다.

(2010.7.27 본항개정)

⑥ 국제출원수수료를 납부하는 자는 별지 제1호서식의 기재사항을 기재하여 현금 또는 통상환(우편으로 제1항의 규정에 따른 수수료를 납부하여야 하는 대상서류를 제출한 경우에 한한다)으로 납부하여야 한다.

⑦ 국제출원수수료에 관하여는 제8조제15항을 준용한다.(2017.2.28 본항개정)

⑧ 제4항 및 제5항에 따른 감면을 받으려는 경우의 제출서류에 관하여는 제7조제6항 및 제7항을 준용한다.(2019.7.9 본항개정)

⑨ 제3항부터 제5항까지에 따른 감면을 받지 못하고 납부한 자가 감면분을 반환받으려는 경우의 제출서류 등에 관하여는 제7조제8항을 준용한다.(2019.7.9 본항개정)

(2005.3.31 본조제목개정)

제11조【마드리드의정서에 따른 국제출원수수료】 ① 「상표법」 제175조제2항의 규정에 따른 수수료는 다음 각 호와 같다.(2016.9.1 본문개정)

1. 국제출원 또는 사후지정신청 : 다음 각목의 금액

가. 국제출원서 또는 사후지정신청서를 전자문서로 제출하는 경우 : 매건 5천원

나. 국제출원서 또는 사후지정신청서를 서면으로 제출하는 경우 : 매건 1만5천원

2. 국제등록존속기간갱신신청 또는 국제등록명의변경등록신청 : 다음 각목의 금액

가. 신청서를 전자문서로 제출하는 경우 : 매건 3천원

나. 신청서를 서면으로 제출하는 경우 : 매건 1만3천원

② 「상표법」 제194조제2항의 규정에 따른 개별 수수료는 다음 각호와 같다.(2016.9.1 본문개정)

1. 국제상표등록출원 : 1상품류구분마다 28만원

2. 국제등록존속기간갱신 : 1상품류구분마다 32만원

③ 국제상표등록출원에 대하여 지정상품을 보정하는 경우의 보정료 : 매건 1만원

④ 제1항에 따른 수수료의 납부에 관하여는 제8조제1항 본문 및 제2항, 제12항부터 제15항까지의 규정을 준용한다.(2017.2.28 본항개정)

제12조【헤이그협정에 따른 국제출원수수료】 ① 특허청을 통한 국제출원을 하려는 자는 「디자인보호법」 제178조제1항에 따라 다음 각 호의 구분에 따른 송달료를 납부하여야 한다.

1. 국제출원서를 전자문서로 제출하는 경우 : 1건마다 5천원

2. 국제출원서를 서면으로 제출하는 경우 : 1건마다 1만5천원

② 국제디자인권의 존속기한을 헤이그협정 제17조(2)에 따라 갱신하려는 자 또는 국제디자인등록출원을 한 자는 「디자인보호법」 제196조제1항에 따라 다음 각 호의 구분에 따른 수수료를 납부하여야 한다.

1. 국제등록디자인권의 존속기간 갱신

가. 일부심사출원 : 헤이그협정 공통규칙의 수수료표에서 정한 표준지정수수료

나. 심사출원 : 다음의 구분에 따른 갱신수수료

1) 1차 갱신수수료(6년분부터 10년분까지) : 1디자인마다 38만5천원

2) 2차 갱신수수료(11년분부터 15년분까지) : 1디자인마다 91만원

3) 3차 갱신수수료(16년분부터 20년분까지) : 1디자인마다 1백5만원

2. 국제디자인등록출원

가. 일부심사출원 : 헤이그협정 공통규칙의 수수료표에서 정한 3수준의 표준지정수수료

나. 심사출원 : 1디자인마다 23만9천원

③ 제1항에 따른 송달료의 납부기한 및 납부방법 등에 관하여는 제8조제1항 각 호 외의 부분 본문, 같은 조 제2항 및 제12항부터 제15항까지의 규정을 준용한다.(2017.2.28 본항개정)

(2014.6.30 본조신설)

제13조【재난 등 발생시 수수료 등의 감면에 관한 특례】 ① 특허청장은 「특허법」 제83조제2항제2호 및 「디자인보호법」 제86조제2항제2호에 따라 「재난 및 안전관리 기본법」 제36조에 따른 재난사태 또는 같은 법 제60조에 따른 특별재난지역으로 선포된 지역에 거주하거나 주된 사무소를 두고 있는 자 중 피해를 입은 자에 대하여 특허료, 등록료 및 수수료를 감면할 수 있다.(2023.2.3 본항개정)

② 제1항에 따른 특허료, 등록료 및 수수료의 감면은 별표7과 같다.

(2022.2.18 본조개정)

제13조의2【거짓이나 그 밖의 부정한 방법에 의한 감면 시의 제재】 ① 특허청장은 「특허법」 제83조제4항 및 「디자인보호법」 제86조제3항에 따라 특허료, 등록료 및 수수료의 감면을 거짓이나 그 밖의 부정한 방법으로 받은 자에 대하여는 감면받은 금액의 2배액을 징수할 수 있다.

② 특허청장은 거짓이나 그 밖의 부정한 방법으로 특허료, 등록료 및 수수료를 감면받은 사실을 출원 후 등록결정 전 또는 등록결정 이후에 확인한 경우 보정요구서 또는 보정명령 등을 통하여 해당 사실을 기재한 내용과 징수금액을 고지할 수 있다.

③ 특허청장은 거짓이나 그 밖의 부정한 방법으로 특허료, 등록료 및 수수료를 감면받은 출원인 또는 특허권자·디자인권자가 하는 특허출원·디자인등록출원 또는 그 특허출원·디자인등록출원하여 받은 특허권·디자인권에 대하여는 그 출원인 또는 특허권자·디자인권자가 제2항에 따른 고지를 송달받은 날부터 1년간 이 규칙에서 정한 모든 감면조항을 적용하지 아니한다.

(2022.2.18 본조신설)

제14조【그 밖의 세부 절차 등】 제2조부터 제13조까지의 시행에 관한 구체적인 사항 및 절차 등 필요한 사항은 특허청장이 정하여 고시한다.(2021.2.15 본조개정)

부 칙

제1조【시행일】 이 규칙은 2004년 4월 1일부터 시행한다. 다만, 제2조제1항제1호 가목, 제3조제1항제1호 가목, 제7조제4항중 출원인변경신고료 부분, 제10조제1항제2호·제4호 가목 및 나목, 동조제2항제1호·제2호, 동조제3항 및 제4항제3호의 규정은 공포한 날부터 시행한다.

제2조【유효기간】 제2조제1항제12호 다목·제2항제2호 다목·제2항제5호 다목, 제3조제1항제10호 다목·제2항제2호 다목·제2항제5호 다목, 제4조제1항제10호 다목·제2항제2호 다목·제2항제5호 다목 및 제5조제1항제9호 다목·제2항제4호 다목·제2항제8호 다목의 규정은 2005년 12월 31일까지 효력을 가진다.

제3조【이미 납부된 특허료 등에 관한 경과조치】 이 규칙 시행전에 이미 납부된 특허료·등록료 및 수수료는 이 규칙에 의하여 납부된 것으로 본다.

제4조【특허료에 관한 경과조치】 이 규칙 시행전에 특허결정·특허등록심결의 등본이 발송된 특허출원에 대한 특허료의 납부기준일과 최초 3년분의 특허료에 관하여는 등본 발송당시에 적용되던 규정에 따른다.

제5조【의장등록료 등에 관한 경과조치】 이 규칙 시행전에 등록결정 또는 등록심결의 등본이 발송된 의장등록출원이나 유사의장등록출원에 대한 최초 3년분의 의장등록료 또는 유사의장등록료에 관하여는 등본 발송당시에 적용되던 규정에 따른다.

제6조【그 밖의 등록료 및 수수료에 관한 경과조치】 이 규칙 시행전에 행하여진 출원·청구·신청 등으로서 이 규칙 시행당시 그에 대한 등록료 및 수수료의 전부 또는 일부가 납부되지 아니한 출원·청구·신청 등에 대한 등록료 및 수수료와 제8조제5항의 규정에 따른 최초 1년분의 실용신안등록료에 관하여는 출원·청구·신청 등이 행하여진 당시에 적용되던 규정에 따른다.

부 칙 (2011.12.2)

제1조【시행일】 이 규칙은 2012년 1월 1일부터 시행한다. 다만, 제5조제1항제1호 및 제6호, 같은 조 제2항제1호부터 제3호까지의 개정규정, 제7조의 개정규정은 2012년 4월 1일부터 시행하고, 제3조제1항제2호의2 및 같은 조제3항제3호의 개정규정은 「대한민국과 미합중국 간의 자유무역협정」이 대한민국에 대하여 효력을 발생하는 날부터 시행하며,<2012.3.15 발효> 제5조제1항제13호 및 같은 조 제2항제13호의 개정규정은 2014년 3월 1일부터 시행한다.(2014.2.21 단서개정)

제2조【특허등록출원·실용신안등록출원·디자인등록출원 및 상표등록출원의 우선심사신청료에 관한 적용례】 제2조제1항제8호, 제3조제1항제7호, 제4조제1항제6호 및 제5조제1항제5호의2의 개정규정은 이 규칙 시행 후 최초로 우선심사신청을 하는 것부터 적용한다.

제3조【상표등록료 및 상표 관련 수수료에 관한 적용례】 제5조제1항제1호 및 제6호, 같은 조 제2항제1호 및 제2호의 개정규정은 이 규칙 시행 후 최초로 상표등록출원 또는 지정상품추가등록출원하는 것부터 적용하고, 같은 조 제2항제3호의 개정규정은 이 규칙 시행 후 최초로 갱신등록신청하는 것부터 적용한다.

제4조【특허료·등록료·수수료 및 심사청구료 등의 면제 및 감면에 관한 적용례】 제7조제1항 각 호 외의 부분의 개정규정은 이 규칙 시행 후 최초로 복수디자인등록출원하는 것부터 적용하고, 제7조제1항제7호 및 같은 조 제4항제2호의2의 개정규정은 이 규칙 시행 후 최초로 출원, 심사청구 또는 등록하는 것부터 적용한다.

부 칙 (2014.6.30)

제1조【시행일】 이 규칙은 2014년 7월 1일부터 시행한다. 다만, 제12조 및 제13조의 개정규정은 헤이그협정이 대한민국에 대하여 그 효력을 발생하는 날부터 시행한다.
<2014.7.1 발효>

제2조【일반적 적용례】 이 규칙은 이 규칙 시행 후 출원하는 경우부터 적용한다.
제3조【디자인일부심사등록출원 디자인등록료에 관한 적용례】 별표3 제2호부터 제4호까지의 개정규정 및 제5호(디자인권설정등록일부터의 연수가 제13년부터 제15년까지인 경우에 한정한다)의 개정규정은 이 규칙 시행 전에 출원하여 제8조제8항 본문에 따른 납부기간이 끝나는 날이 이 규칙 시행 후인 경우부터 적용한다.
제4조【디자인일부심사등록출원 디자인등록료에 관한 경과조치】 ① 이 규칙 시행 전에 종전의 규정에 따라 이미 납부된 디자인등록료는 별표3 제2호부터 제4호까지의 개정규정 및 제5호(디자인권설정등록일부터의 연수가 제13년부터 제15년까지인 경우에 한정한다)의 개정규정에도 불구하고 이 규칙에 따라 납부된 것으로 본다.
② 이 규칙 시행 당시 제8조제8항 본문에 따른 납부기간이 지났으나 그 전부 또는 일부가 납부되지 아니한 등록료는 별표3 제2호부터 제4호까지의 개정규정 및 제5호(디자인권설정등록일부터의 연수가 제13년부터 제15년까지인 경우에 한정한다)의 개정규정에도 불구하고 종전의 규정에 따른다.
제5조【유사디자인 등에 관한 경과조치】 ① 이 규칙 시행 당시 종전의 규정에 따라 유사디자인으로 등록출원되거나 등록된 경우에는 제4조제2항 각 호 외의 부분 본문 및 같은 항 제2호의 개정규정에 따른 관련디자인으로 본다.
② 이 규칙 시행 당시 종전의 규정에 따라 유사디자인 또는 복수디자인으로 등록출원되거나 등록된 디자인에 대해서는 제6조제1항제1호 및 제1호의2의 개정규정에도 불구하고 종전의 규정에 따른다.

부 칙 (2014.12.31)

제1조【시행일】 이 규칙은 2015년 1월 1일부터 시행한다.
제2조【일반적 적용례】 이 규칙은 이 규칙 시행 이후 출원하는 경우부터 적용한다.
제3조【외국어특허출원 등에 관한 적용례】 제2조제11호의2·제11호의3 및 제3조제9호의2·제9호의3의 개정규정은 이 규칙 시행 이후 「특허법」 제203조제1항 전단에 따른 서면을 제출하는 경우(「실용신안법」 제41조에 따라 준용되는 경우를 포함한다)부터 적용한다.
제4조【복수디자인등록출원의 분할출원에 관한 적용례】 제4조제1항제2호나목의 개정규정은 이 규칙 시행 이후 서면으로 분할출원하는 경우부터 적용한다.
제5조【디자인권의 이전등록료에 관한 적용례】 제4조제2항제2호의 개정규정은 이 규칙 시행 이후 이전등록하는 경우부터 적용한다.
제6조【각종 서류의 교부신청 등에 따른 수수료에 관한 적용례】 제6조제1항제2호나목 단서 및 같은 항 제4호나목 단서의 개정규정은 이 규칙 시행 이후 각종 서류의 등본·초본의 교부신청 등을 하는 경우부터 적용한다.

부 칙 (2016.7.29)

이 규칙은 공포한 날부터 시행한다. 다만, 제4조제1항제1호가목 및 다목의 개정규정은 2017년 1월 1일부터 시행한다.

부 칙 (2016.10.4)

제1조【시행일】 이 규칙은 공포한 날부터 시행한다.
제2조【출원인코드 용어 변경에 관한 경과조치】 ① 이 규칙 시행 전에 종전의 규정에 따라 부여 받은 출원인코드는 이 규칙의 개정규정에 따른 특허고객번호로 본다.
② 이 규칙 시행 전에 종전의 규정에 따라 출원인코드의 부여를 신청한 경우에는 이 규칙의 개정규정에 따라 특허고객번호의 부여를 신청한 것으로 본다.
제3조【대리인코드 및 신청인코드 용어 변경에 관한 경과조치】 ① 이 규칙 시행 전에 종전의 규정에 따라 부여받은 대리인코드 또는 신청인코드는 이 규칙의 개정규정에 따른 대리인번호 또는 신청인번호로 본다.
② 이 규칙 시행 전에 종전의 규정에 따라 대리인코드 또는 신청인코드의 부여를 신청한 경우에는 이 규칙의 개정규정에 따라 대리인번호 또는 신청인번호의 부여를 신청한 것으로 본다.

부 칙 (2017.2.28)

제1조【시행일】 이 규칙은 2017년 3월 1일부터 시행한다.
제2조【특허·실용신안등록무효심판에 관한 경과조치】 이 규칙 시행 전에 설정등록된 특허권 또는 실용신안권에 대해서는 제2조제3항제3호 및 제3조제3항제3호의 개정규정에도 불구하고 종전의 규정을 따른다.

부 칙 (2018.4.6)

제1조【시행일】 이 규칙은 공포한 날부터 시행한다.
제2조【특허료·실용신안등록료 및 디자인등록료의 감면에 관한 적용례 등】 ① 제7조제2항제9호의2 및 같은 조 제3항의 개정규정은 이 규칙 시행 이후 제8조제8항 본문에 따른 납부기간이 개시되어 특허료·실용신안등록료 및 디자인등록료를 납부하는 경우(제7조제2항제9호의2의 개정규정은 이 규칙 시행 전에 제8조제8항 본문에 따른 4년분부터 9년분까지의 납부기간이 각각 개시되어 이 규칙 시행 이후에 납부기한이 만료되는 경우를 포함한다)부터 적용한다.
② 제7조제3항 각 호의 개정규정의 어느 하나에 해당하는 소기업, 중기업 및 중견기업의 제8조제8항 본문에 따른 4년분부터 6년분까지의 특허료·실용신안등록료 및 디자인등록료의 납부기간이 이 규칙 시행 전에 개시된 경우로서 그 납부기한이 2018년 3월 1일부터 이 규칙 시행일 전까지의 기간에 만료되거나 이 규칙 시행 이후에 만료되는 경우에는 제7조제3항의 개정규정에도 불구하고 해당 특허료·실용신안등록료 및 디자인등록료를 각각 100분의 50까지 감면한다.
제3조【국제출원에 대한 심사청구료 감면에 관한 적용례】 제10조제4항제1호 및 제2호의 개정규정은 「특허법」 제199조 또는 「실용신안법」 제34조에 따라 특허출원 또는 실용신안등록출원으로 보는 국제출원에 대하여 이 규칙 시행 이후에 심사청구하는 것부터 적용한다.

부 칙 (2019.7.9)

제1조【시행일】 이 규칙은 공포한 날부터 시행한다. 다만, 제10조제1항제3호가목 및 제10조제4항의 개정규정은 공포 후 3개월이 경과한 날부터 시행한다.
제2조【말소등록 신청 수수료에 대한 적용례】 제2조제2항제6호, 제3조제2항제6호, 제4조제2항제6호 및 제5조제2항제9호의 개정규정은 이 규칙 시행 이후 「특허권 등의 등록령 시행규칙」 제13조제1항제6호의 규정에 따라 말소등록을 신청하는 것부터 적용한다.
제3조【기술신탁관리기관에 대한 특허료 등의 감면에 관한 적용례】 제7조제2항제9호의3 개정규정은 이 규칙 시행 이후 특허료·실용신안등록료 및 디자인등록료를 납부하는 것부터 적용한다.
제4조【평균감면율에 관한 적용례】 제7조제5항의 개정규정은 이 규칙 시행 이후 다음 각 호에 해당하는 것부터 적용한다.
1. 특허출원, 실용신안등록출원, 디자인등록출원, 분할출원, 변경출원
2. 특허출원에 대한 심사청구, 실용신안등록출원에 대한 심사청구, 권리범위확인심판의 청구
3. 특허권, 실용신안권 또는 디자인권의 설정등록을 위한 특허결정, 등록결정 또는 등록심결의 등본 발송
제5조【특허증 등을 전자문서에 의해 발급하는 경우의 설정등록료에 관한 적용례】 제8조제5항 및 제7항제1호 후단의 개정규정은 이 규칙 시행 이후 설정등록을 위한 특허결정, 등록결정 또는 등록심결의 등본이 발송되는 것부터 적용한다.
제6조【특허청을 국제조사기관으로 하는 경우의 조사료 인하에 관한 적용례】 제10조제1항제3호가목 및 제4항의 개정규정은 이 규칙 시행 이후에 국제출원하는 것부터 적용한다.
제7조【국제출원에 대한 심사청구료 감면에 관한 적용례】 제10조제5항제1호 및 제2호의 개정규정은 「특허법」 제199조 또는 「실용신안법」 제34조에 따라 특허출원 또는 실용신안등록출원으로 보는 국제출원에 대하여 이 규칙 시행 이후 심사청구하는 것부터 적용한다.

부 칙 (2019.12.31)

제1조【시행일】 이 규칙은 공포한 날부터 시행한다.
제2조【은행에 대한 특허료 등의 감면에 관한 적용례】 제7조제2항제9호의4의 개정규정은 이 규칙 시행 당시 제8조제8항 본문에 따른 납부기간이 지나지 않은 경우로서 그 특허료·실용신안등록료 또는 디자인등록료를 납부하는 것부터 적용한다.
제3조【우선심사신청료의 감면에 관한 적용례】 제7조제2항제11호의 개정규정은 이 규칙 시행 이후 우선심사를 신청하는 것부터 적용한다.

부 칙 (2021.2.15)

제1조【시행일】 이 규칙은 공포한 날부터 시행한다. 다만, 제2조제1항제10호나목, 제3조제1항제8호나목 및 제10조제1항제6호·제6호의2·제6호의3의 개정규정은 공포 후 3개월이 경과한 날부터 시행한다.
제2조【임시 명세서 첨부 출원의 출원료에 관한 적용례】 제2조제1항제1호가목 및 제3조제1항제1호가목의 개정규정은 이 규칙 시행 이후 특허출원 또는 실용신안등록출원하는 경우부터 적용한다.
제3조【중소기업 공동연구에 대한 특허출원료 감면 등에 관한 적용례】 제7조제2항제1호의 개정규정은 이 규칙 시행 이후 특허·실용신안등록의 출원, 심사청구 또는 설정등록을 하는 경우부터 적용한다.
제4조【국제출원에 대한 추가수수료에 관한 적용례】 제10조제1항제6호, 제6호의2 및 제6호의3의 개정규정은 부칙 제1조 단서에 따른 시행일 이후 「특허협력조약」에 따라 출원한 국제출원부터 적용한다.
제5조【임시 명세서 보정료에 관한 경과조치】 부칙 제1조 단서에 따른 시행일 전에 한 특허출원 또는 실용신안등록출원에 첨부한 임시 명세서의 보정료에 관하여는 제2조제1항제10호나목 및 제3조제1항제8호나목의 개정규정에도 불구하고 종전의 규정에 따른다.

부 칙 (2022.2.18)

제1조【시행일】 이 규칙은 2022년 2월 18일부터 시행한다. 다만, 제2조제2항제3호의2, 제3조제2항제3호의2, 제4조제2항제3호의2, 제5조제1항제1호라목, 같은 조 제2항제6호의2 및 별지 제1호의2서식의 개정규정은 2022년 8월 19일부터 시행한다.
제2조【질권의 설정등록료에 관한 적용례】 제2조제2항제3호의2, 제3조제2항제3호의2, 제4조제2항제3호의2, 제5조제2항제6호의2의 개정규정은 2022년 8월 19일 이후 질권을 설정하는 경우부터 적용한다.
제3조【상표등록출원료 및 지정상품의 추가등록출원료에 관한 적용례】 제5조제1항제1호라목의 개정규정은 2022년 8월 19일 이후 상표등록출원을 하거나 지정상품의 추가등록출원을 하는 경우부터 적용한다.

부 칙 (2023.2.3)

이 규칙은 2023년 2월 4일부터 시행한다.

부 칙 (2023.8.1)

제1조【시행일】 이 규칙은 2023년 8월 1일부터 시행한다.
제2조【특허료, 등록료 및 수수료의 면제 건수의 산정에 관한 적용례】 별표4의 개정규정은 2024년 1월 1일 이후 「특허법」, 「실용신안법」 또는 「디자인보호법」에 따라 출원된 것부터 적용한다.
제3조【분할출원료 및 특허심사청구료에 관한 경과조치】 ① 이 규칙 시행 전의 분할출원의 횟수는 제2조제1항제3호의 개정규정에 따른 분할출원의 횟수 산정에 포함하지 않는다.
② 이 규칙 시행 전에 특허출원을 한 경우에는 제2조제1항제7호의 개정규정에도 불구하고 종전의 규정에 따른다.
제4조【특허권의 이전등록료에 관한 경과조치】 이 규칙 시행 전에 특허권의 이전등록을 신청한 경우에는 제2조제2항제2호라목의 개정규정에도 불구하고 종전의 규정에 따른다.
제5조【상표등록료 및 상표 관련 수수료에 관한 경과조치 등】 ① 이 규칙 시행 전에 상표등록출원, 지정상품추가등록출원 또는 재심사를 청구한 경우에는 제5조제1항제1호·제6호·제7호의2의 개정규정에도 불구하고 종전의 규정에 따른다.
② 이 규칙 시행 전에 상표등록·지정상품추가등록을 출원하거나 존속기간갱신등록·이전등록을 신청한 경우에는 제5조제2항제1호부터 제4호까지의 개정규정에도 불구하고 종전의 규정에 따른다.
③ 이 규칙 시행 전에 상표등록출원을 하거나 지정상품추가등록출원을 한 경우에는 제5조제3항제1호의 개정규정에도 불구하고 종전의 규정에 따른다.
제6조【특허료에 관한 경과조치】 ① 이 규칙 시행 전에 이미 납부된 특허료는 이 규칙에 따라 납부된 것으로 본다.
② 이 규칙 시행 전에 특허결정의 등본이 발송된 출원에 대한 최초 3년분의 특허료는 별표1의 개규정에도 불구하고 종전의 규정에 따른다.
③ 이 규칙 시행 전에 제8조제5항 또는 제8항에 따른 납부기간 이내에 납부해야 하는 특허료로서 이 규칙 시행 당시 그 전부 또는 일부가 납부되지 않은 특허료에 관하여는 별표1의 개정규정에도 불구하고 종전의 규정에 따른다.

〔별표〕 ➡ 「法典 別册」 참조

〔별지서식〕 ➡ 「www.hyeonamsa.com」 참조

산업재산 정보의 관리 및 활용 촉진에 관한 법률

(2024년 2월 6일
법 률 제20200호)

제1장 총 칙

제1조【목적】 이 법은 산업재산 정보의 관리 및 활용을 촉진하는 데에 필요한 사항을 정함으로써 산업경쟁력을 강화하고 국민경제의 발전에 이바지함을 목적으로 한다.

제2조【정의】 이 법에서 사용하는 용어의 정의는 다음과 같다.

1. "산업재산"이란 「발명진흥법」 제2조제4호에 따른 산업재산권의 발생·변경 및 소멸 과정에서 수집되거나 생성되는 지식재산을 말한다.
2. "산업재산 정보"란 산업재산의 창출·보호 및 활용 단계에서 특허청장이 수집·생성하거나 이를 조사·분석·가공·연계하는 등의 방법으로 처리한 모든 종류의 지식 또는 자료를 말한다.
3. "산업재산 정보화"란 공공 및 민간 연구개발의 효율성을 높이거나 기술·산업 관련 전략의 수립·추진 및 평가 등이 효과적으로 이루어질 수 있도록 산업재산 정보를 체계적으로 생산·관리·제공 및 활용하는 것을 말한다.
4. "산업재산 정보 데이터베이스"란 산업재산 정보를 체계적으로 정리하여 사용자가 검색하고 활용할 수 있도록 가공한 정보의 집합체를 말한다.
5. "산업재산 정보 시스템"이란 산업재산 정보의 수집·생성·가공·저장·관리·검색·송신·수신 및 그 활용과 관련되는 기기와 소프트웨어의 조직화된 체계를 말한다.
6. "산업재산진단"이란 산업재산 및 산업재산 정보를 종합적으로 조사·분석하여 체계적인 연구개발 및 사업화 전략을 제시하는 것을 말한다. 다만, 「발명진흥법」 제28조에 따른 평가는 제외한다.

제3조【국가 등의 책무】 ① 국가는 산업재산 정보를 체계적으로 관리하고 효율적으로 활용하기 위한 시책을 강구하고 추진하여야 한다.
② 국가, 지방자치단체 및 「공공기관의 운영에 관한 법률」에 따른 공공기관(이하 "공공기관"이라 한다)은 제1항에 따른 시책에 따라 각 기관의 특성을 고려하여 기술·산업 관련 정책의 수립·추진 및 평가 등에 산업재산 정보의 활용이 촉진되도록 노력하여야 한다.
③ 국가, 지방자치단체 및 공공기관은 산업재산 정보의 관리 및 활용 촉진과 그 기반 조성을 위한 시책이 효과적으로 추진될 수 있도록 서로 협력하여야 한다.

제4조【다른 법률과의 관계】 산업재산 정보의 관리 및 활용에 관하여 다른 법률에 특별한 규정이 있는 경우를 제외하고는 이 법에서 정하는 바에 따른다.

제2장 산업재산 정보의 관리 및 활용 촉진 정책의 수립

제5조【기본계획의 수립】 ① 특허청장은 5년마다 산업재산 정보의 관리 및 활용 촉진에 관한 기본계획(이하 "기본계획"이라 한다)을 관계 중앙행정기관의 장과 협의하여 수립하여야 한다.
② 기본계획에는 다음 각 호의 사항이 포함되어야 한다.

1. 산업재산 정보의 관리 및 활용 촉진의 기본방향·중장기 발전방향
2. 산업재산 정보 데이터베이스의 구축·관리
3. 산업재산 정보 시스템의 구축·운영 및 연계
4. 산업재산 정보의 관리 및 활용 촉진을 위한 관련 법령·제도의 정비 및 사업의 추진
5. 민간 산업재산 정보서비스의 개발·상용화 촉진
6. 산업재산 정보 관련 국제협력
7. 그 밖에 산업재산 정보의 관리 및 활용 촉진을 위하여 필요한 사항

③ 특허청장은 산업재산 정보의 관리 및 활용을 위하여 필요한 경우 관계 중앙행정기관의 장과 협의하여 기본계획을 변경할 수 있다. 다만, 대통령령으로 정하는 경미한 사항을 변경하는 경우에는 관계 중앙행정기관의 장과 협의 절차를 거치지 아니할 수 있다.
④ 특허청장은 기본계획을 수립하거나 변경하기 위하여 관계 중앙행정기관의 장, 지방자치단체의 장 및 공공기관의 장에게 필요한 자료의 제출 또는 협조를 요청할 수 있다. 이 경우 관계 중앙행정기관의 장, 지방자치단체의 장 및 공공기관의 장은 특별한 사유가 없으면 이에 따라야 한다.
⑤ 기본계획의 수립 및 변경에 관하여 필요한 사항은 대통령령으로 정한다.

제6조【시행계획의 수립】 ① 특허청장은 기본계획에 따라 매년 산업재산 정보의 관리 및 활용 촉진에 관한 시행계획(이하 "시행계획"이라 한다)을 수립·시행하여야 한다.
② 시행계획의 수립·시행에 관하여 필요한 사항은 대통령령으로 정한다.

제7조【실태조사】 ① 특허청장은 기본계획 및 시행계획의 수립·시행 및 평가를 위한 기초자료를 확보하기 위하여 매년 산업재산 정보의 수요 및 활용 등에 관한 실태조사를 실시할 수 있다.
② 특허청장은 제1항에 따른 실태조사를 위하여 관계 중앙행정기관의 장, 지방자치단체의 장, 공공기관의 장 및 관련 기업·법인 또는 단체 등에게 필요한 자료의 제출 또는 협조를 요청할 수 있다.
③ 제1항에 따른 실태조사의 범위 및 방법 등에 관하여 필요한 사항은 대통령령으로 정한다.

제3장 산업재산 정보의 관리 및 활용 지원

제8조【산업재산 정보화 사업의 추진】 ① 정부는 산업재산 정보화를 촉진하고 관련 기술의 연구개발을 활성화하기 위하여 필요한 사업을 추진하여야 한다.
② 정부는 제1항에 따른 산업재산 정보화 사업을 추진하는 기관 또는 단체에 행정적·기술적·재정적 지원을 할 수 있다.

제9조【산업재산 정보 데이터베이스의 구축·관리】 ① 특허청장은 업무 수행과정에서 수집·생성된 산업재산 정보를 체계적으로 관리하기 위하여 산업재산 정보 데이터베이스를 구축할 수 있다.
② 특허청장은 산업재산 정보 데이터베이스의 구축·관리 등을 위하여 관계 중앙행정기관의 장, 지방자치단체의 장, 공공기관의 장 및 관련 기업·법인 또는 단체 등에게 필요한 자료의 제출 또는 협조를 요청할 수 있다. 이 경우 요청을 받은 행정기관의 장 등은 특별한 사유가 없으면 이에 따라야 한다.

제10조【산업재산 정보 시스템의 구축·운영】 ① 특허청장은 산업재산 정보의 수집·검색·가공 및 분석 등의 업무를 효율적으로 수행하고 산업재산 정보 이용자에게 산업재산 정보를 원활하게 제공하기 위하여 산업재산 정보 시스템을 구축·운영할 수 있다.
② 특허청장은 산업재산 정보 시스템의 구축·운영을 위하여 필요한 경우 관계 중앙행정기관의 장, 지방자치단체의 장 및 공공기관의 장에게 해당 기관이 운영하는 정보시스템과의 연계를 요청할 수 있다. 이 경우 요청을 받은 행정기관의 장 등은 특별한 사유가 없으면 이에 따라야 한다.

제11조【분류정보의 이용 촉진】 ① 특허청장은 산업재산 정보의 체계적 관리 및 효과적 활용을 위하여 「특허법」 제58조에 따른 특허분류, 「상표법」 제51조에 따른 상품분류 등 산업재산에 관한 분류정보의 이용을 촉진하여야 한다.
② 정부는 산업재산 정보의 활용 가치를 높이고 산업·경제 등 다양한 부문으로의 활용을 확산하기 위하여 제1항에 따른 분류정보와 「통계법」 제22조에 따른 산업에 관한 표준분류, 「과학기술기본법」 제27조에 따른 국가과학기술표준분류표 등 다른 분야의 분류정보 간 연계표를 작성·활용할 수 있다.
③ 제2항에 따른 분류정보 간 연계표 작성 절차 및 방법 등에 관하여 필요한 사항은 대통령령으로 정한다.

제12조【산업재산문서 전자화업무】 ① 특허청장은 「특허법」·「실용신안법」·「디자인보호법」 및 「상표법」에 따른 특허·실용신안·디자인 및 상표에 관한 절차를 효율적으로 처리하기 위하여 산업재산의 출원, 심사, 심판, 재심 및 그 밖의 절차에서 제출 또는 생성된 문서(이하 "산업재산문서"라 한다)를 전산정보처리조직과 그 조직의 기술을 활용하여 전자화하는 업무 또는 이와 유사한 업무(이하 "산업재산문서 전자화업무"라 한다)를 할 수 있다.
② 특허청장은 「특허법」 제28조의3제1항, 「실용신안법」 제3조, 「디자인보호법」 제30조제1항, 「상표법」 제30조제1항에 따른 전자문서로 제출되지 아니한 출원서나 그 밖에 산업통상자원부령으로 정하는 산업재산문서를 제1항에 따라 전자화하고, 특허청 또는 특허심판원에서 사용하는 전산정보처리조직의 파일에 수록할 수 있다.
③ 제2항에 따라 파일에 수록된 내용은 해당 문서에 적힌 내용과 같은 것으로 본다.
④ 제1항부터 제3항까지에 따른 산업재산문서 전자화업무의 수행방법 등에 관하여 필요한 사항은 산업통상자원부령으로 정한다.
⑤ 특허청장은 산업재산문서 전자화업무를 산업통상자원부령으로 정하는 시설 및 인력을 갖춘 기관 또는 단체에 위탁하여 수행하게 할 수 있다.
⑥ 특허청장은 제5항에 따라 산업재산문서 전자화업무를 위탁받은 기관 또는 단체(이하 "문서전자화기관"이라 한다)가 제5항에 따른 시설 및 인력 기준에 미치지 못하는 경우 또는 임직원이 직무상 알게 된 출원 중인 산업재산(국제출원 중인 산업재산 및 「디자인보호법」 제43조제1항에 따른 비밀디자인을 포함한다. 이하 같다)에 관하여 비밀을 누설하거나 도용한 경우 시정을 요구할 수 있으며, 문서전자화기관이 시정 요구에 따르지 아니하는 경우 산업재산문서 전자화업무의 위탁을 취소할 수 있다.

제13조【통계·지표의 조사·분석】 ① 특허청장은 공공 및 민간의 기술·산업 관련 전략의 수립·추진 및 평가 등에 활용하기 위하여 산업재산 및 산업재산 정보와 관련된 통계와 지표를 조사·분석하여야 한다.
② 특허청장은 제1항에 따른 통계와 지표의 개선을 위한 시책을 수립·추진하여야 한다.
③ 특허청장은 제1항에 따른 통계와 지표를 조사·분석하기 위하여 관계 중앙행정기관의 장, 지방자치단체의 장, 공공기관의 장 및 관련 기업·법인 또는 단체 등에게 필요한 자료의 제출 또는 협조를 요청할 수 있다. 이 경우 요청을 받은 자는 특별한 사유가 없으면 이에 따라야 한다.
④ 특허청장은 산업재산의 무역통계에 관한 조사·분석을 위하여 필요한 경우 기획재정부장관에게 대통령령으로 정하는 자료의 제출을 요청할 수 있다. 이 경우 기획재정부장관은 「외국환거래법」 제21조 및 제22조에도 불구하고 요청받은 자료를 제공할 수 있다.
⑤ 제1항에 따른 조사·분석의 대상과 방법 등에 관하여 필요한 사항은 대통령령으로 정한다.

제14조【산업재산 정보의 이용 및 제공】 ① 특허청장은 공공 및 민간 연구개발의 효율성을 높이고 기술·산업 관련 전략의 수립·추진 및 평가 등을 효과적으로 지원하기 위하여 「특허법」·「실용신안법」·「상표법」·「디자인보호법」에 따라 공개된 산업재산 정보를 수집·가공하여 이용하거나, 수집·가공된 정보를 제공할 수 있다. 이 경우 개인정보가 포함된 산업재산 정보의 이용 및 제공은 정보주체의 이익을 부당하게 침해할 가능성이 없다고 인정되는 경우로서 다음 각 호의 어느 하나에 해당하는 경우에 한한다.

1. 제5조 및 제6조에 따른 기본계획 및 시행계획의 수립·추진 등 산업재산 정보의 관리 및 활용 촉진 정책의 수립·추진을 위하여 이용하는 경우
2. 출원·등록현황 등의 정보를 정리하여 제공하는 경우
3. 그 밖에 공공 및 민간 연구개발의 효율성을 높이고 기술·산업 관련 전략의 수립·추진 및 평가 등을 효과적으로 지원하기 위하여 필요한 경우로서 대통령령으로 정하는 경우

② 특허청장은 제1항에 따라 정보를 제공받으려는 자에게 실비의 범위에서 대통령령으로 정하는 수수료를 받을 수 있다.
③ 그 밖에 산업재산 정보의 이용 및 제공에 관하여 필요한 사항은 대통령령으로 정한다.

제15조【국가 안전보장 등 목적의 정보 제공】 ① 특허청장은 국가의 안전보장 또는 국가의 중대한 이익과 관련된 기술 등의 유출 방지 및 보호를 위하여 필요한 경우 출원 중인 산업재산 정보를 이용하거나 관계 국가행정기관에 제공할 수 있다.
② 제1항에 따라 이용·제공하는 산업재산 정보의 내용 및 절차 등에 관하여 필요한 사항은 대통령령으로 정한다.

제16조【공공 및 민간 연구개발에서의 정보 활용】 ① 특허청장은 산업재산 정보를 효과적으로 활용함으로써 공공 및 민간 연구개발의 효율적인 추진을 지원하기 위하여 다음 각 호의 시책을 수립·추진하여야 한다.

1. 미래유망기술 및 연구개발과제 발굴을 위한 산업재산 정보의 동향조사
2. 연구개발과제의 효율적 추진을 위한 전체 연구개발기간 동안의 산업재산 정보의 전략적 조사·분석
3. 표준특허 창출을 위한 산업재산 정보의 전략적 조사·분석
4. 연구개발 성과의 평가·이전·거래 및 사업화 등에서의 산업재산 정보의 활용을 위한 지원
5. 다음 각 목의 어느 하나에 해당하는 자에 대한 산업재산 정보의 조사·분석 역량 강화를 위한 지원
   가. 과학·산업기술 분야 연구자
   나. 「국가연구개발혁신법」 제2조제4호에 따른 전문기관
   다. 「지식재산 기본법」 제3조제4호에 따른 공공연구기관(이하 "공공연구기관"이라 한다)
   라. 「지식재산 기본법」 제3조제5호에 따른 사업자등(이하 "사업자등"이라 한다)
6. 그 밖에 공공 및 민간 연구개발의 효율적 추진을 위하여 산업재산 정보의 활용이 필요한 사항

② 과학·산업기술 분야 연구자, 공공연구기관 및 사업자등은 연구개발의 효율성 및 성과를 향상시키기 위하여 연구개발 추진 과정에서 산업재산 정보를 활용하도록 노력하여야 한다.

제17조【산업재산진단기관의 지정 등】 ① 특허청장은 기업 및 연구기관 등의 산업재산진단을 효과적으로 실시하기 위하여 대통령령으로 정하는 시설 및 인력을 갖춘 국공립 연구기관, 정부출연연구기관, 민간연구기관 또는 산업재산진단을 전문적으로 수행하는 기관 또는 단체를 산업재산진단기관(이하 "진단기관"이라 한다)으로 지정할 수 있다.
② 특허청장은 진단기관이 실시한 산업재산진단에 지출된 비용의 전부 또는 일부를 예산의 범위에서 지원할 수 있다.
③ 특허청장은 진단기관이 다음 각 호의 어느 하나에 해당하는 경우 그 지정을 취소하거나 6개월 이내의 기간을 정하여 업무의 전부 또는 일부의 정지를 명할 수 있다. 다만, 제1호에 해당하는 경우 그 지정을 취소하여야 한다.

1. 거짓이나 그 밖의 부정한 방법으로 진단기관의 지정을 받은 경우

2. 산업재산진단을 수행할 능력을 상실한 경우
3. 제1항에 따른 지정기준을 충족하지 못하게 된 경우
④ 이 법에 따른 진단기관이 아닌 자는 산업재산진단기관 또는 이와 유사한 명칭을 사용하지 못한다.
⑤ 제1항에 따른 진단기관의 지정 절차 및 제3항에 따른 행정처분의 세부기준 등에 관하여 필요한 사항은 대통령령으로 정한다.

제4장 산업재산 정보의 관리 및 활용 촉진을 위한 기반 구축

제18조【산업재산 정보화 연구개발의 지원】 ① 정부는 산업재산 정보의 관리 및 활용과 관련된 기술, 서비스 및 소프트웨어에 대한 연구개발을 촉진할 수 있도록 노력하여야 한다.
② 정부는 제1항에 따른 연구개발을 효율적으로 추진하기 위하여 필요한 경우 관련 기관 또는 단체에 연구개발을 수행하게 할 수 있다. 이 경우 정부는 연구개발을 수행하는 데 필요한 비용의 전부 또는 일부를 지원할 수 있다.
③ 정부는 제1항 및 제2항에 따라 수행된 연구개발 성과(연구개발 결과물 및 연구개발을 수행하는 과정에서 투입되거나 생성된 연구기자재·재료·물품 등을 포함한다)가 민간 부문에 원활히 이전될 수 있도록 노력하여야 한다.
제19조【전문인력의 양성】 정부는 산업재산 정보 관련 전문인력(이하 "전문인력"이라 한다)의 양성을 위하여 다음 각 호의 정책을 수립·추진할 수 있다.
1. 전문인력의 수요 실태 파악 및 중장기 수급 계획
2. 전문인력 양성 교육·훈련 프로그램의 개발 및 활용
3. 전문인력의 고용 창출 지원
4. 그 밖에 산업재산 정보 관련 전문인력의 양성을 위하여 필요한 사항
제20조【인식제고 및 저변확대】 정부는 산업재산 정보의 중요성에 대한 국민의 사회적 인식을 높이고 그 활용 기반을 확대하기 위하여 다음 각 호의 사업을 추진할 수 있다.
1. 과학·산업기술·디자인 분야의 연구자 등에 대한 산업재산 정보의 활용 교육
2. 산업재산 정보의 활용 우수사례 발굴 및 포상
3. 산업재산 정보의 활용 촉진을 위한 홍보 및 간행물 등 자료의 발간
4. 그 밖에 산업재산 정보의 활용에 대한 인식제고 등을 위하여 필요한 사항
제21조【국제협력】 정부는 산업재산 정보 관련 국제협력을 활성화하기 위하여 국제기구·외국의 정부·기업 또는 단체 등과 다음 각 호의 정책을 수립·추진할 수 있다.
1. 국제기구 또는 외국정부와의 산업재산 정보의 상호 교환
2. 산업재산 정보 관련 국제공동조사·연구 지원
3. 산업재산 정보 관련 기술·인력의 교류 지원
4. 산업재산 정보 관련 국제표준화 활동 지원
5. 산업재산 정보 관련 기술·시스템의 수출 또는 도입
6. 그 밖에 산업재산 정보 관련 국제협력의 활성화를 위하여 필요한 사항
제22조【보안 및 품질관리】 ① 특허청장은 산업재산 정보 데이터베이스 및 산업재산 정보 시스템에 대한 부당한 접근과 이용 또는 산업재산 정보의 위조·변조·훼손 또는 유출을 방지하기 위하여 필요한 보안대책을 수립·시행하여야 한다.
② 특허청장은 산업재산 정보의 정확성과 신뢰성을 확보하기 위하여 품질 진단·평가 및 개선지원 등 산업재산 정보의 품질관리에 필요한 조치를 하여야 한다.
③ 제2항에 따른 품질관리의 대상, 기준 및 절차 등에 관하여 필요한 사항은 대통령령으로 정한다.
제23조【민간 산업재산 정보서비스의 개발·상용화 촉진】 정부는 민간 산업재산 정보서비스의 개발·상용화를 촉진하기 위하여 다음 각 호의 사업을 추진할 수 있다.
1. 민간 산업재산 정보화 연구개발 지원
2. 민간 산업재산 정보서비스에 대한 정부 구매 및 해외시장 진출 지원
3. 민간 산업재산 정보서비스 홍보를 위한 박람회·전시회 등 행사의 개최
4. 우수 산업재산 정보서비스 사업자 및 창업사례에 대한 포상
5. 그 밖에 민간 산업재산 정보서비스의 개발·상용화를 촉진하기 위하여 필요한 사업
제24조【한국특허정보원의 설립 등】 ① 산업재산 정보화 및 산업재산 정보의 활용 기반 구축에 관한 사업을 효율적으로 지원하기 위하여 한국특허정보원(이하 "정보원"이라 한다)을 설립한다.
② 정보원은 법인으로 한다.
③ 정보원은 그 주된 사무소의 소재지에서 설립등기를 함으로써 성립한다.
④ 정보원은 다음 각 호의 사업을 한다.
1. 산업재산 정보 데이터베이스의 구축·관리 지원
2. 산업재산 정보 시스템의 구축·운영 및 연계 지원
3. 산업재산 정보의 가공 및 보급 지원
4. 산업재산 통계 및 정보검색 서비스 제공
5. 산업재산 정보화 연구개발 및 성과의 민간 이전 지원
6. 민간 산업재산 정보서비스의 개발·상용화 촉진 지원
7. 산업재산 정보 관련 국제협력 지원
8. 산업재산 정보화 등에 관한 고객지원
9. 그 밖에 산업재산 정보화 등과 관련하여 특허청장이 위탁하는 업무
⑤ 정보원은 제4항에 따른 사업 수행에 필요한 재원을 조달하기 위하여 대통령령으로 정하는 수익사업을 할 수 있다.
⑥ 정부는 예산의 범위에서 정보원에 대하여 사업비와 운영에 필요한 경비를 지원할 수 있다.
⑦ 이 법에 따른 정보원이 아닌 자는 한국특허정보원 또는 이와 유사한 명칭을 사용하지 못한다.
⑧ 정보원에 관하여 이 법 또는 「공공기관의 운영에 관한 법률」에서 정한 사항 외에는 「민법」 상 재단법인에 관한 규정을 준용한다.
⑨ 특허청장은 정보원의 업무를 지도·감독한다.
제25조【한국특허전략개발원의 설립 등】 ① 중앙행정기관, 지방자치단체 및 공공연구기관 등의 산업재산전략 수립 및 연구개발에 관한 사업을 효율적으로 지원하기 위하여 한국특허전략개발원(이하 "전략원"이라 한다)을 설립한다.
② 전략원은 법인으로 한다.
③ 전략원은 그 주된 사무소의 소재지에서 설립등기를 함으로써 성립한다.
④ 전략원은 다음 각 호의 사업을 한다.
1. 산업재산 정보의 조사·분석 지원
2. 연구기획단계에서의 산업재산 정보의 동향조사 지원
3. 연구개발과정에서의 산업재산 창출 전략 지원
4. 표준특허 창출을 위한 지원
5. 국가연구개발 산업재산 성과의 조사·분석 및 관리
6. 산업재산 연계 연구개발 전략 관련 정책 연구·실태조사 및 성과분석
7. 그 밖에 산업재산전략 수립 및 효율적 연구개발 수행과 관련하여 관계 중앙행정기관의 장이 위탁하는 업무
⑤ 전략원은 제4항에 따른 사업 수행에 필요한 재원을 조달하기 위하여 대통령령으로 정하는 수익사업을 할 수 있다.
⑥ 정부는 예산의 범위에서 전략원에 대하여 사업비와 운영에 필요한 경비를 지원할 수 있다.
⑦ 이 법에 따른 전략원이 아닌 자는 한국특허전략개발원 또는 이와 유사한 명칭을 사용하지 못한다.
⑧ 전략원에 관하여 이 법 또는 「공공기관의 운영에 관한 법률」에서 정한 사항 외에는 「민법」 상 재단법인에 관한 규정을 준용한다.
⑨ 특허청장은 전략원의 업무를 지도·감독한다.

제5장 보 칙

제26조【업무의 위탁】 ① 특허청장은 이 법에 따른 업무의 일부를 대통령령으로 정하는 바에 따라 문서전자화기관, 진단기관, 정보원, 전략원 또는 그 밖의 관련 기관·법인 또는 단체에 위탁할 수 있다.
② 특허청장은 제1항에 따라 업무를 위탁하는 경우 필요한 경비의 전부 또는 일부를 지원할 수 있다.
제27조【비밀유지 의무】 다음 각 호의 어느 하나에 해당하는 기관·법인·단체의 임직원 또는 임직원이었던 사람은 직무상 알게 된 비밀을 누설하거나 도용하여서는 아니 된다.
1. 문서전자화기관
2. 제15조에 따라 정보를 제공받은 관계 국가행정기관
3. 정보원
4. 전략원
5. 제26조에 따라 업무의 일부를 위탁받은 기관·법인 또는 단체
제28조【청문】 특허청장은 다음 각 호의 어느 하나에 해당하는 처분을 하려면 청문을 하여야 한다.
1. 제12조제6항에 따른 문서전자화기관의 산업재산문서 전자화업무의 위탁 취소
2. 제17조제3항에 따른 진단기관의 지정 취소 또는 업무의 정지
제29조【벌칙 적용에서 공무원 의제】 문서전자화기관의 임직원 및 제26조에 따라 특허청장이 위탁한 업무에 종사하는 기관·법인 또는 단체의 임직원은 「형법」 제129조부터 제132조까지의 규정을 적용할 때에는 공무원으로 본다.

제6장 벌 칙

제30조【벌칙】 ① 제27조를 위반하여 직무상 알게 된 출원 중인 산업재산에 관한 비밀을 누설하거나 도용한 자는 5년 이하의 징역 또는 5천만원 이하의 벌금에 처한다.
② 제27조를 위반하여 직무상 알게 된 비밀(제1항에 규정한 출원 중인 산업재산에 관한 비밀은 제외한다)을 누설하거나 도용한 자는 3년 이하의 징역 또는 3천만원 이하의 벌금에 처한다.
제31조【과태료】 ① 다음 각 호의 어느 하나에 해당하는 자에게는 1천만원 이하의 과태료를 부과한다.
1. 제17조제4항을 위반하여 산업재산진단기관 또는 이와 유사한 명칭을 사용한 자
2. 제24조제7항을 위반하여 한국특허정보원 또는 이와 유사한 명칭을 사용한 자
3. 제25조제7항을 위반하여 한국특허전략개발원 또는 이와 유사한 명칭을 사용한 자
② 제1항에 따른 과태료는 대통령령으로 정하는 바에 따라 특허청장이 부과·징수한다.

부 칙

제1조【시행일】 이 법은 공포 후 6개월이 경과한 날부터 시행한다.
제2조【산업재산진단기관 지정에 관한 경과조치】 이 법 시행 당시 종전의 「발명진흥법」 제36조에 따라 산업재산권진단기관으로 지정받은 자는 이 법 제17조에 따라 진단기관으로 지정받은 것으로 본다.
제3조【한국특허정보원의 설립에 따른 경과조치】 이 법 시행 당시 종전의 「발명진흥법」 제20조의3에 따라 설립된 한국특허정보원은 이 법 제24조에 따라 설립된 정보원으로 본다.
제4조【한국특허전략개발원에 관한 경과조치】 이 법 시행 당시 종전의 「발명진흥법」 제55조의5에 따라 설립된 한국특허전략개발원은 이 법 제25조에 따라 설립된 전략원으로 본다.
제5조【다른 법률의 개정】 ①~④ ※(해당 법령에 가제정리 하였음)
제6조【다른 법령과의 관계】 이 법 시행 당시 다른 법령에서 종전의 「특허법」, 「실용신안법」, 「디자인보호법」, 「상표법」, 「발명진흥법」의 규정을 인용한 경우에 이 법 가운데 그에 해당하는 규정이 있으면 종전의 규정을 갈음하여 이 법의 해당 규정을 인용한 것으로 본다.

계량에 관한 법률

(2014년 5월 28일 전부개정법률 제12694호)

개정
2017. 3.21법14661호 2017.12.12법15174호
2022.10.18법18997호
2024. 1. 9법19953호→2024년 1월 9일 및 2024년 7월 10일 시행

제1장 총 칙

제1조【목적】 이 법은 계량의 기준을 정하여 계량을 적정하게 함으로써 공정한 상거래 질서를 유지하고, 산업의 선진화 및 국민경제 발전에 기여함을 목적으로 한다.

제2조【정의】 이 법에서 사용하는 용어의 뜻은 다음과 같다.
1. "계량"이란 상거래 또는 증명에 사용하기 위하여 어떤 양의 값을 결정하기 위한 일련의 작업을 말한다.
2. "계량기"란 계량을 하기 위한 기계·기구 또는 장치로서 대통령령으로 정하는 것을 말한다.
3. "정량표시상품"이란 제4조에 따른 법정단위인 길이, 질량, 부피, 면적과 개수〔이하 "정량"(定量)이라 한다〕로 표시된 상품 중 용기나 포장을 개봉하지 아니하고는 양을 증감할 수 없게 한 것으로 대통령령으로 정하는 상품을 말한다.

제3조【다른 법률과의 관계】 계량에 관하여 다른 법률에서 특별한 규정이 있는 경우를 제외하고는 이 법이 정하는 바에 따른다.

제4조【법정단위】 ① 법정단위는 기본단위, 유도단위 및 특수단위로 구분한다.
② 기본단위는 「국가표준기본법」 제10조에 따른다.
③ 유도단위는 「국가표준기본법」 제11조에 따른다.
④ 특수단위는 특수한 계량의 용도에 쓰이는 단위로서 그 단위와 뜻은 대통령령으로 정한다.

제5조【법정단위의 기준 마련】 산업통상자원부장관은 제4조에 따른 법정단위의 올바른 사용을 권고하기 위한 기준을 마련하여 고시할 수 있다.

제6조【비법정단위의 사용금지 등】 ① 누구든지 법정단위 외의 단위(이하 "비법정단위"라 한다)로 표시된 계량기나 상품을 제조하거나 수입해서는 아니 된다. 다만, 다음 각 호의 어느 하나에 해당하는 계량기나 상품에 대해서는 그러하지 아니하다.
1. 수출물품 또는 수출을 위하여 수입하는 물품의 계량에 사용하는 계량기
2. 선박·항공기 또는 군용물품의 계량에 사용하는 계량기
3. 연구·개발에 이용되는 물품의 계량에 사용하는 계량기
4. 수출을 목적으로 하는 계량기나 상품
5. 수출물품의 원료 또는 부품으로서 수입하는 계량기나 상품

② 누구든지 비법정단위를 계량이나 광고에 사용해서는 아니 된다. 다만, 다음 각 호의 어느 하나에 해당되는 경우에는 그러하지 아니하다.
1. 수출물품 또는 수출을 위하여 수입하는 물품의 계량
2. 선박·항공기 또는 군용 물품의 계량
3. 연구·개발에 이용되는 물품의 계량

③ 제1항 및 제2항에도 불구하고 누구든지 산업통상자원부령으로 정하는 표시요건을 만족하는 경우 비법정단위를 법정단위와 함께 표시할 수 있다.
④ 산업통상자원부장관 또는 특별시장·광역시장·특별자치시장·도지사 또는 특별자치도지사(이하 "시·도지사"라 한다)는 비법정단위의 사용을 단속하고, 비법정단위를 사용한 자에게는 법정단위의 표시를 명할 수 있다.
⑤ 제4항에 따라 법정단위의 표시 명령을 받은 자는 해당 명령을 이행하고 산업통상자원부장관 또는 시·도지사에게 그 결과를 보고하여야 한다.
⑥ 제4항 및 제5항에 따른 법정단위 표시 명령 및 결과보고에 관한 절차는 산업통상자원부령으로 정한다.

제2장 계량기의 형식승인 및 검정 등

제1절 계량기 제조업의 등록 등

제7조【계량기 제조업의 등록 등】 ① 다음 각 호의 구분에 따른 계량기 제조업, 계량기 수리업 또는 계량증명업을 하려는 자는 대통령령으로 정하는 바에 따라 시·도지사에게 등록하여야 한다.
1. 계량기 제조업 : 계량기를 제조하거나 그가 제조한 계량기를 수리하는 영업
2. 계량기 수리업 : 계량기(그가 제조한 계량기는 제외한다)를 수리하는 영업
3. 계량증명업 : 계량기로 계량을 하고 그 계량한 값이 진실임을 증명하는 영업

② 제1항에 따라 등록을 하려는 자는 계량기의 제조, 수리 및 증명에 필요한 자체 시설 및 검사설비 등 대통령령으로 정하는 등록기준을 갖추어야 한다.
③ 제1항제2호에 따른 계량기 수리업의 업무범위는 대통령령으로 정한다.
④ 계량기 제조업 등록을 한 자(이하 "제조업자"라 한다), 계량기 수리업 등록을 한 자(이하 "수리업자"라 한다) 및 계량증명업 등록을 한 자(이하 "계량증명업자"라 한다)는 등록사항이 변경된 경우 산업통상자원부령으로 정하는 바에 따라 30일 이내에 시·도지사에게 변경사항을 신고하여야 한다.
⑤ 시·도지사는 제4항에 따른 변경신고를 받은 날부터 7일 이내에 신고수리 여부를 신고인에게 통지하여야 한다.(2017.12.12 본항신설)
⑥ 시·도지사가 제5항에서 정한 기간 내에 신고수리 여부 또는 민원 처리 관련 법령에 따른 처리기간의 연장을 신고인에게 통지하지 아니하면 그 기간(민원 처리 관련 법령에 따라 처리기간이 연장 또는 재연장된 경우에는 해당 처리기간을 말한다)이 끝난 날의 다음 날에 신고를 수리한 것으로 본다.(2017.12.12 본항신설)

제8조【계량기의 자체수리】 ① 제7조에도 불구하고 시·도지사로부터 자체수리자로 지정받은 자(이하 "자체수리자"라 한다)는 그가 사용하는 계량기를 자체적으로 수리할 수 있다.
② 제1항에 따른 자체수리자로 지정받으려는 자는 계량기의 수리에 필요한 자체 시설 및 검사설비 등 대통령령으로 정하는 지정기준을 갖추어 시·도지사에게 신청하여야 한다.
③ 제1항에 따른 자체수리의 범위는 대통령령으로 정한다.
④ 자체수리자는 지정사항이 변경된 경우 30일 이내에 시·도지사에게 변경사항을 신고하여야 한다.
⑤ 시·도지사는 제4항에 따른 변경신고를 받은 날부터 7일 이내에 신고수리 여부를 신고인에게 통지하여야 한다.(2017.12.12 본항신설)
⑥ 시·도지사가 제5항에서 정한 기간 내에 신고수리 여부 또는 민원 처리 관련 법령에 따른 처리기간의 연장을 신고인에게 통지하지 아니하면 그 기간(민원 처리 관련 법령에 따라 처리기간이 연장 또는 재연장된 경우에는 해당 처리기간을 말한다)이 끝난 날의 다음 날에 신고를 수리한 것으로 본다.(2017.12.12 본항신설)
⑦ 제2항 및 제4항에 따른 신청방법 및 신고절차 등에 필요한 사항은 산업통상자원부령으로 정한다.

제9조【수입업의 신고】 ① 계량기의 수입을 업(이하 "계량기 수입업"이라 한다)으로 하려는 자는 대통령령으로 정하는 신고사항을 시·도지사에게 신고하여야 한다.
② 제1항에 따라 계량기 수입업의 신고를 한 자(이하 "수입업자"라 한다)는 신고사항이 변경된 경우 30일 이내에 시·도지사에게 변경사항을 신고하여야 한다.
③ 시·도지사는 제1항 또는 제2항에 따른 신고 또는 변경신고를 받은 날부터 7일 이내에 신고수리 여부를 신고인에게 통지하여야 한다.(2017.12.12 본항신설)
④ 시·도지사가 제3항에서 정한 기간 내에 신고수리 여부 또는 민원 처리 관련 법령에 따른 처리기간의 연장을 신고인에게 통지하지 아니하면 그 기간(민원 처리 관련 법령에 따라 처리기간이 연장 또는 재연장된 경우에는 해당 처리기간을 말한다)이 끝난 날의 다음 날에 신고를 수리한 것으로 본다.(2017.12.12 본항신설)
⑤ 제1항 및 제2항에 따른 신고방법 및 신고절차 등에 필요한 사항은 산업통상자원부령으로 정한다.

제10조【제조업 등록 등의 결격사유】 다음 각 호의 어느 하나에 해당하는 자는 제7조에 따른 등록을 하거나 제8조에 따른 지정을 받거나 제9조에 따른 신고를 할 수 없다.
1. 피성년후견인
2. 파산선고를 받고 복권되지 아니한 사람
3. 임원 중에 제1호 및 제2호의 어느 하나에 해당하는 사람이 있는 법인이나 단체
4. 제13조제1항에 따라 등록 또는 지정이 취소되거나 영업소가 폐쇄된 후 1년이 지나지 아니한 자. 다만, 이 조 제1호 또는 제2호에 해당하여 그 등록 또는 지정이 취소되거나 영업소가 폐쇄된 경우는 제외한다.(2022.10.18 단서신설)
5. 이 법을 위반하여 징역 이상의 실형을 선고받고 그 집행이 종료(집행이 종료된 것으로 보는 경우를 포함한다)되거나 집행을 받지 아니하기로 확정된 날부터 1년이 지나지 아니한 자

제11조【제조업자 등의 준수사항】 ① 제조업자, 수리업자, 계량증명업자, 자체수리자 및 수입업자(이하 "제조업자등"이라 한다)는 해당 업무와 관련하여 금품을 주고받는 등 대통령령으로 정하는 부정한 행위를 하여서는 아니 된다.
② 제조업자, 수리업자 및 자체수리자가 아닌 자는 계량기를 수리해서는 아니 된다.
③ 제조업자등은 대통령령으로 정하는 기간 동안 다음 각 호의 사항을 기록·관리하며 보존하여야 한다.
1. 제14조에 따른 형식승인 관련 신청서류
2. 계량기 수리 내용 및 검사기록
3. 계량증명을 위한 증명서 및 관련 내용

제12조【폐업 등의 신고】 ① 제조업자등은 사업을 폐업·휴업하거나 휴업한 사업을 다시 시작할 경우 30일 이내에 그 사실을 산업통상자원부령으로 정하는 바에 따라 시·도지사에게 신고하여야 한다.
② 제1항에 따른 신고가 신고서의 기재사항 및 첨부서류에 흠이 없고, 법령 등에 규정된 형식상의 요건을 충족하는 경우에는 신고서가 접수기관에 도달된 때에 신고된 것으로 본다.(2017.12.12 본항신설)
③ 제1항에 따른 폐업신고를 한 자가 폐업신고 후 6개월 이내에 폐업신고 당시와 동일한 업종에 대하여 제7조, 제8조 및 제9조에 따라 등록, 지정 또는 신고를 한 경우 해당 제조업자등은 폐업신고 전의 제조업자등의 지위를 승계한다.
④ 제3항에 따라 제조업자등의 지위를 승계한 자에 대하여는 폐업신고 전의 제조업자등에 대한 행정처분의 효과가 승계된다.(2017.12.12 본항개정)
⑤ 시·도지사는 제3항에 따라 폐업신고 전의 제조업자등의 지위를 승계한 자에 대하여 폐업신고 전의 위반행위를 사유로 제13조에 따른 등록 또는 지정의 취소, 영업소의 폐쇄 및 업무의 정지를 명할 수 있다.(2017.12.12 본항개정)
⑥ 시·도지사는 제조업자등이 「부가가치세법」 제8조에 따라 관할 세무서장에게 폐업신고를 하거나 관할 세무서장이 사업자등록을 말소한 경우에는 등록, 지정 또는 신고 사항을 직권으로 말소할 수 있다.
⑦ 시·도지사는 제6항에 따른 직권말소를 위하여 필요한 경우 관할 세무서장에게 제조업자등의 폐업신고 또는 사업자등록의 말소 여부에 대한 정보 제공을 요청할 수 있다. 이 경우 요청을 받은 관할 세무서장은 「전자정부법」 제36조제1항에 따라 지체 없이 시·도지사에게 해당 정보를 제공하여야 한다.(2017.12.12 본항신설)

제13조【등록·지정의 취소 및 업무정지 등】 ① 시·도지사는 제조업자등이 다음 각 호의 어느 하나에 해당하는 경우에는 그 등록 또는 지정을 취소하거나 영업소의 폐쇄(제조업자등 중 자체수리자 및 수입업자에 대해서만 해당한다) 또는 1년 이내의 기간을 정하여 그 업무의 전부 또는 일부의 정지를 명할 수 있다. 다만, 제1호 또는 제2호의 어느 하나에 해당하는 경우에는 등록·지정을 취소하거나 영업소의 폐쇄를 명하여야 한다.
1. 거짓이나 그 밖의 부정한 방법으로 등록, 지정 또는 신고한 경우
2. 업무정지기간에 업무를 한 경우
3. 제7조제2항에 따른 등록기준에 맞지 아니한 경우
4. 제8조제2항에 따른 지정기준에 맞지 아니한 경우
5. 제9조제1항에 따른 신고사항을 위반하여 영업을 한 경우
6. 제10조 각 호의 어느 하나에 해당하는 경우. 다만, 제10조제3호에 해당하게 된 법인이나 단체가 그 사유가 발생한 날부터 3개월 이내에 그 사유를 해소한 경우는 제외한다.(2022.10.18 단서신설)

② 제1항에 따른 행정처분의 세부기준은 대통령령으로 정한다.

제2절 계량기의 형식승인 등

제14조【형식승인】 ① 상거래 또는 증명에서 공정성을 확보하기 위하여 오차관리가 필요한 대통령령으로 정하는 계량기를 제조(외국에서 계량기를 제조하여 대한민국에 수출하는 것을 포함한다)하거나 수입하여 판매하려는 자는 그 계량기를 제조하거나 수입하기 전에 산업통상자원부령으로 정하는 바에 따라 제16조제1항에 따라 지정을 받은 형식승인기관으로부터 형식승인을 받아야 한다. 다만, 다음 각 호의 어느 하나에 해당하는 경우에는 그러하지 아니하다.
1. 연구·개발, 선박·항공기, 군용 또는 전시 등을 목적으로 제조하거나 수입하는 계량기
2. 수출을 목적으로 제조하거나 수입하는 계량기

② 제1항에 따른 형식승인(이하 "형식승인"이라 한다)의 기준은 대통령령으로 정한다.

제15조【형식승인의 면제】 ① 제16조제1항 본문에 따른 형식승인기관의 장은 계량기가 다음 각 호의 어느 하나에 해당하는 경우에는 형식승인 시 형식승인 기준의 전부 또는 일부를 면제할 수 있다.
1. 우리나라와 계량기 형식승인 상호인정에 관한 협정을 체결한 국가의 형식승인기관에서 형식승인을 받은 경우
2. 「산업표준화법」 제15조에 따라 제품의 인증을 받은 경우
2의2. (2022.10.18 삭제)

③ 제1항에 따른 형식승인 면제의 방법 및 절차 등에 필요한 사항은 산업통상자원부령으로 정한다.(2022.10.18 본항개정)

제16조【형식승인기관의 지정 등】 ① 산업통상자원부장관은 형식승인 업무를 전문적, 효율적으로 수행하기 위하여 형식승인기관을 지정할 수 있다. 다만, 제18조제1항에 따라 형식승인기관의 지정이 취소된 후 1년이 지나지 아니한 자를 형식승인기관으로 지정해서는 아니 된다.
② 제1항에 따라 지정을 받으려는 자는 다음 각 호의 요건을 모두 갖추어 산업통상자원부장관에게 신청하여야 한다.
1. 비영리 법인 또는 단체일 것
2. 대통령령으로 정하는 전담조직, 시험설비 등을 갖출 것
3. 제조업자 및 수입업자로부터 재정적인 지원을 받지 아니하는 등 독립성을 갖출 것
4. 계량기와 관련된 분야에서 「국가표준기본법」 제23조에 따라 시험기관과 검사기관으로 모두 인정을 받을 것

③ 제2항에 따른 신청을 받은 산업통상자원부장관은 지정을 신청한 자가 제1항 단서에 해당되거나 제2항에 따른 지정요건을 갖추지 못한 경우를 제외하고는 형식승인기관으로 지정하여야 한다.
④ 제1항 및 제2항에 따른 형식승인기관의 지정 방법 및 절차 등에 필요한 사항은 산업통상자원부령으로 정한다.

제17조【형식승인기관의 준수사항】① 형식승인기관의 장은 다음 각 호의 어느 하나에 해당하는 행위를 하여서는 아니 된다.
1. 형식승인 신청 등 관련 사실을 이해관계자에게 제공하는 행위
2. 형식승인과 관련하여 금품을 주고받는 등 대통령령으로 정하는 부정한 행위
3. 형식승인에 관한 이용자의 요청을 정당한 사유 없이 거부하는 행위
② 형식승인기관의 장은 대통령령으로 정하는 기간 동안 다음 각 호의 사항을 기록·관리하며 보존하여야 한다.
1. 형식승인 관련 신청 서류
2. 형식승인 관련 시험·검사 결과서
3. 형식승인서
4. 제49조에 따른 형식승인 통계에 관한 보고사항
제18조【형식승인기관의 지정 취소 등】① 산업통상자원부장관은 제16조제1항에 따라 지정된 형식승인기관이 다음 각 호의 어느 하나에 해당하는 경우 지정을 취소하거나 1년 이내의 기간을 정하여 그 업무의 전부 또는 일부의 정지를 명할 수 있다. 다만, 제1호 또는 제2호의 어느 하나에 해당하는 경우에는 그 지정을 취소하여야 한다.
1. 거짓이나 그 밖의 부정한 방법으로 형식승인기관으로 지정받은 경우
2. 업무정지기간에 형식승인을 한 경우
3. 형식승인 기준을 위반하여 형식승인을 한 경우
4. 제16조제2항에 따른 지정요건을 갖추지 못하게 된 경우
5. 제17조제1항에 따른 준수사항을 위반한 경우
6. 정당한 사유 없이 형식승인 업무를 하지 아니한 경우
② 제1항에 따른 행정처분의 세부기준은 대통령령으로 정한다.
③ 형식승인기관의 지정 취소 등의 방법 및 공고 등의 절차에 필요한 사항은 산업통상자원부령으로 정한다.
(2017.3.21 본항신설)
제19조【형식승인의 취소】① 형식승인기관의 장은 다음 각 호의 어느 하나에 해당하는 경우 계량기에 대한 형식승인을 취소할 수 있다. 다만, 제1호부터 제3호까지의 어느 하나에 해당할 때에는 형식승인을 취소하여야 한다.
1. 제12조에 따라 제조업자등이 폐업하거나 직권 말소된 경우
2. 제13조에 따라 제조업등의 등록·지정이 취소되거나 영업소가 폐쇄된 경우
3. 거짓이나 그 밖의 부정한 방법으로 제14조제1항에 따른 형식승인 또는 제21조제1항에 따른 변경승인을 받은 경우
4. 형식승인을 받은 후 제조된 계량기가 형식승인 기준에 적합하지 아니한 경우
5. 제21조제1항에 따른 변경승인을 받지 아니한 경우
② 제1항에 따른 형식승인 취소의 세부기준은 대통령령으로 정한다.
제20조【형식승인번호의 표시 등】① 제14조제1항에 따라 계량기의 형식승인을 받은 자는 그 계량기에 산업통상자원부령으로 정하는 바에 따라 형식승인번호를 표시하여야 한다.
② 누구든지 형식승인을 받지 아니한 계량기(형식승인을 받은 후 형식승인이 취소된 경우를 포함한다)에 제1항에 따른 형식승인번호의 표시 또는 이와 유사한 표시를 하여서는 아니 된다.
③ 누구든지 형식승인번호의 표시를 훼손해서는 아니 된다.
④ 산업통상자원부장관은 형식승인번호가 표시된 계량기가 형식승인을 받은 구조와 다르게 수리된 경우에는 그 형식승인번호를 삭제하거나 소인(消印)을 하여야 한다. 다만, 수리한 계량기의 성능이 수리 전의 성능과 동일하다고 제25조제1항제1호 및 제2호에 따른 검정기관의 장 또는 지방자치단체의 장이 인정하는 경우에는 그러하지 아니하다.
⑤ 제1항 및 제4항에 따른 형식승인번호의 표시 및 표시제거 등에 필요한 사항은 산업통상자원부령으로 정한다.
제21조【형식승인의 변경 등】① 형식승인을 받은 자는 계량기의 계량성능에 영향을 미치는 구조변경 등 대통령령으로 정하는 사항을 변경하는 경우 형식승인기관으로부터 변경승인을 받아야 한다.
② 제1항에 따른 변경승인의 방법 및 절차 등에 필요한 사항은 산업통상자원부령으로 정한다.
제22조【제품결함의 시정】① 제조업자, 수리업자 또는 수입업자는 계량기의 허용오차에 영향을 미치는 등 대통령령으로 정하는 중대한 결함이 있다고 판단되는 경우에는 그 사실을 공개하고, 산업통상자원부장관이 정하는 방법과 절차에 따라 지체 없이 해당 계량기의 수거·파기·수리·교환·환급·개선조치 또는 제조·유통의 금지, 그 밖에 필요한 조치(이하 "수거등"이라 한다)를 하여야 한다.
② 산업통상자원부장관은 제1항에 따른 결함 사실의 공개 또는 수거등을 하지 아니하는 경우 제조업자, 수리업자 또는 수입업자에게 산업통상자원부령으로 정하는 바에 따라 수거등을 명하여야 한다.
③ 산업통상자원부장관은 제조업자, 수리업자 또는 수입업자가 제2항에 따른 시정명령을 이행하지 아니하는 경우에는 직접 해당 계량기의 수거등을 할 수 있다. 이 경우 수거등에 사용되는 비용을 해당 제조업자, 수리업자 또는 수입업자에게 대통령령으로 정하는 바에 따라 징수할 수 있다.
④ 제조업자, 수리업자 또는 수입업자는 제1항 및 제2항에 따라 시정조치를 하는 경우 산업통상자원부령으로 정하는 바에 따라 시정조치 계획과 진행상황 또는 그 결과를 산업통상자원부장관에게 보고하여야 한다.

제3절 계량기의 검정 등

제23조【검정】① 제조업자 또는 수입업자는 형식승인을 받은 계량기(제15조제1항에 따라 형식승인을 면제받은 계량기를 포함한다)에 대하여 제26조에 따른 검정기관으로부터 검정을 받아야 한다. 다만, 제26조제3항에 따라 자체검정을 받은 계량기는 제외한다.(2022.10.18 본문개정)
② 제1항에 따른 검정의 기준 및 검정유효기간은 대통령령으로 정한다.
③ 제1항에 따른 검정의 신청 방법 및 절차 등에 필요한 사항은 산업통상자원부령으로 정한다.
제24조【재검정】① 제23조제1항에 따라 검정을 받은 계량기 중 검정유효기간이 있는 계량기를 사용하는 자는 검정유효기간이 만료되기 전에 재검정을 받아야 한다.
② 제1항에 따른 재검정의 기준 및 재검정유효기간은 대통령령으로 정한다.
③ 제1항에 따른 재검정의 신청 방법 및 절차 등에 필요한 사항은 산업통상자원부령으로 정한다.
제25조【수리한 계량기의 재검정】① 제24조제1항 및 제30조제1항에도 불구하고 검정유효기간이 만료되기 전 또는 정기검사 기일이 되기 전에 수리한 계량기를 사용하려는 자는 다음 각 호의 어느 하나에 해당하는 자로부터 재검정을 받아야 한다.
1. 제26조에 따른 검정기관
2. 검정요원, 검정설비 등 대통령령으로 정하는 요건을 갖춘 지방자치단체
② 제1항에 따른 재검정의 기준은 대통령령으로 정한다.
③ 제1항에 따른 재검정유효기간에 관하여는 대통령령으로 정한다.
④ 제1항에 따른 재검정의 신청 방법 및 절차 등에 필요한 사항은 산업통상자원부령으로 정한다.
제26조【검정기관의 지정 등】① 산업통상자원부장관은 제23조부터 제25조까지의 검정 및 재검정 업무를 전문적·효율적으로 수행하기 위하여 검정기관을 지정할 수 있다. 다만, 제28조제1항에 따라 검정기관의 지정이 취소된 후 1년이 지나지 아니한 자를 검정기관으로 지정해서는 아니 된다.
② 제1항에 따라 검정기관으로 지정을 받으려는 자는 다음 각 호의 요건을 모두 갖추어 산업통상자원부장관에게 신청하여야 한다.
1. 비영리 법인 또는 단체일 것
2. 검정요원, 검정설비 등 대통령령으로 정하는 요건을 갖출 것
3. 제조업자 및 수입업자로부터 재정적인 지원을 받지 아니하는 등 독립성을 갖출 것
4. 계량기와 관련된 분야에서 「국가표준기본법」 제23조에 따라 검사기관으로 인정을 받을 것
③ 제1항에도 불구하고 산업통상자원부장관은 제조업자(외국에서 계량기를 제조하여 대한민국에 수출하는 자를 포함한다) 중 다음 각 호의 요건을 모두 갖춘 자가 신청한 경우 계량기 검정을 할 수 있는 사업자(이하 "자체검정사업자"라 한다)로 지정하여 그가 제조한 계량기를 직접 검정(제24조 및 제25조에 따른 재검정은 제외한다)하게 할 수 있다. 다만, 제28조제1항에 따라 자체검정사업자의 지정이 취소된 후 1년이 지나지 아니한 자를 자체검정사업자로 지정해서는 아니 된다.
1. 검정요원, 검정설비 등 대통령령으로 정하는 요건을 갖출 것
2. 계량기와 관련된 분야에서 「국가표준기본법」 제23조에 따라 검사기관으로 인정을 받을 것
3. 최근 2년간 계량기의 검정 불합격률이 1천분의 1이하일 것
④ 제2항 또는 제3항에 따른 신청을 받은 산업통상자원부장관은 지정을 신청한 자가 제1항 단서 또는 제3항 단서에 해당되거나 제2항 또는 제3항 본문에 따른 지정요건을 갖추지 못한 경우를 제외하고는 검정기관 또는 자체검정사업자로 지정하여야 한다.
⑤ 검정기관 및 자체검정사업자의 지정 방법 및 절차 등에 필요한 사항은 산업통상자원부령으로 정한다.
제27조【검정기관 등의 준수사항】① 검정기관의 장은 다음 각 호의 어느 하나에 해당하는 행위를 하여서는 아니 된다.
1. 검정 신청 등 관련 사실을 이해관계자에게 제공하는 행위
2. 검정 업무와 관련하여 금품을 주고받는 등 대통령령으로 정하는 부정한 행위
3. 검정에 관한 이용자의 요청을 정당한 사유 없이 거부하는 행위
② 검정기관의 장 및 자체검정사업자는 대통령령으로 정하는 기간 동안 다음 각 호의 사항을 기록·관리하며 보존하여야 한다.
1. 검정 관련 신청 서류
2. 검정 관련 검사 결과서
3. 제49조에 따른 검정 통계에 관한 보고사항
제28조【검정기관 등의 지정 취소 등】① 산업통상자원부장관은 검정기관 또는 자체검정사업자로 지정받은 자가 다음 각 호의 어느 하나에 해당하는 경우에는 지정을 취소하거나 1년 이내의 기간을 정하여 그 업무의 전부 또는 일부의 정지를 명할 수 있다. 다만, 제1호 또는 제2호의 어느 하나에 해당하는 경우에는 그 지정을 취소하여야 한다.
1. 거짓이나 그 밖의 부정한 방법으로 검정기관 또는 자체검정사업자로 지정을 받은 경우
2. 업무정지기간에 검정을 한 경우
3. 제23조제2항에 따른 검정의 기준을 위반하여 검정을 한 경우
4. 제26조제2항 또는 제3항에 따른 지정기준에 적합하지 아니하게 된 경우
5. 제27조제1항에 따른 준수사항을 위반한 경우
6. 정당한 사유 없이 검정 업무를 하지 아니한 경우
② 제1항에 따른 행정처분의 세부기준은 대통령령으로 정한다.
제29조【검정증인의 표시 등】① 검정기관, 자체검정사업자 및 시·도지사는 그가 한 검정에 합격한 계량기에 검정증인(檢定證印)을 표시하고, 계량 오차를 임의로 조작할 수 있는 구조로 된 계량기는 봉인하여야 한다.
② 누구든지 계량기를 변조할 목적으로 제1항에 따른 검정증인이나 봉인을 훼손해서는 아니 된다.
③ 시·도지사 또는 검정기관의 장은 재검정에 불합격한 계량기에 표시되어 있는 검정증인을 제거하여야 한다.
④ 시·도지사 또는 검정기관의 장은 형식승인번호가 표시된 계량기가 형식승인을 받은 구조와 다르게 제조·수리된 경우에는 표시되어 있는 검정증인을 제거하여야 한다. 다만, 수리한 계량기의 성능이 수리 전의 성능과 같은 수준 이상이라고 제25조제1항제1호 및 제2호에 따른 검정기관의 장 또는 지방자치단체의 장이 인정하는 경우에는 그러하지 아니하다.
⑤ 제1항에 따른 검정증인의 표시 및 봉인 등에 필요한 사항은 산업통상자원부령으로 정한다.

제4절 계량기의 정기검사 등

제30조【정기검사】① 형식승인을 받은 계량기 중 제24조제1항에 따른 재검정 대상 외에 대통령령으로 정하는 계량기를 사용하는 자는 시·도지사가 2년에 한 번씩 실시하는 정기검사를 받아야 한다.
② 제1항에 따른 정기검사의 기준은 대통령령으로 정한다.
③ 정기검사의 신청 방법 및 절차 등에 필요한 사항은 산업통상자원부령으로 정한다.
④ 시·도지사는 정기검사에 준하는 검사 또는 교정을 받은 계량기 등 산업통상자원부령으로 정하는 계량기에 대하여는 제1항에 따른 정기검사를 면제할 수 있다.
제31조【수시검사】 산업통상자원부장관 및 시·도지사는 형식승인을 받은 계량기가 검정, 재검정 및 정기검사를 받았는지 등을 확인하기 위하여 수시로 검사할 수 있다.
제32조【자체정기검사사업자의 지정 등】① 제30조에도 불구하고 시·도지사는 정기검사를 할 수 있는 사업자를 지정하여 그가 제작 및 수입하거나 사용하는 계량기를 자체적으로 정기검사하게 할 수 있다. 다만, 시·도지사는 제33조제1항에 따라 자체정기검사사업자 지정이 취소된 후 1년이 지나지 아니한 자를 자체정기검사사업자로 지정해서는 아니 된다.
② 제1항에 따라 지정을 받으려는 자는 검사요원, 검사설비 등 대통령령으로 정하는 요건을 갖추어 시·도지사에게 지정을 신청하여야 한다.
③ 제1항 및 제2항에 따른 지정신청의 방법 및 절차 등에 필요한 사항은 산업통상자원부령으로 정한다.
제33조【자체정기검사사업자의 지정 취소 등】① 시·도지사는 제32조제1항에 따라 정기검사를 할 수 있는 사업자로 지정을 받은 자(이하 "자체정기검사사업자"라 한다)가 다음 각 호의 어느 하나에 해당하는 경우에는 지정을 취소할 수 있다. 다만, 제1호에 해당하는 경우에는 그 지정을 취소하여야 한다.
1. 거짓이나 그 밖의 부정한 방법으로 자체정기검사사업자로 지정받은 경우
2. 제30조제2항에 따른 정기검사의 기준을 위반하여 검사를 한 경우
3. 제32조제2항에 따른 지정기준에 적합하지 아니하게 된 경우
② 제1항에 따라 지정이 취소된 자는 그가 자체적으로 검사한 계량기에 대하여 지정이 취소된 날부터 3개월 이내에 시·도지사로부터 정기검사와 동일한 검사를 받아야 한다.
③ 제1항에 따른 지정 취소의 세부기준은 대통령령으로 정한다.
제34조【검사증인의 표시 등】① 시·도지사 및 자체정기검사사업자는 제30조제1항에 따른 정기검사에 합격한 계량기에 검사증인(檢査證印)을 표시하여야 한다.
② 시·도지사 및 자체정기검사사업자는 정기검사에 불합격한 계량기에 표시되어 있는 검사증인을 제거하여야 한다.

③ 시·도지사 또는 자체정기검사사업자는 형식승인번호가 표시된 계량기가 형식승인을 받은 구조와 다르게 제조·수리된 경우에는 표시되어 있는 검사증인을 제거하여야 한다. 다만, 수리한 계량기의 성능이 수리 전의 성능과 같은 수준 이상이라고 제25조제1항제1호 및 제2호에 따른 검정기관의 장 또는 지방자치단체의 장이 인정하는 경우에는 그러하지 아니하다.
④ 제1항부터 제3항까지에 따른 검사증인의 표시 및 제거 등에 필요한 사항은 산업통상자원부령으로 정한다.

제5절 계량의 일반준수사항

제35조【양도 등의 제한】 누구든지 다음 각 호의 어느 하나에 해당하는 계량기를 양도·대여하거나 양도·대여하기 위한 광고를 하여서는 아니 된다. 다만, 검정증인 또는 검사증인의 표시가 곤란한 계량기로서 질량이 1천 밀리그램 이하의 선분동(線分銅)·판상분동(板狀分銅)인 계량기 등 대통령령으로 정하는 경우에는 그러하지 아니하다.
1. 비법정단위가 표시되어 있는 계량기. 다만, 제6조제1항 단서 및 같은 조 제3항에 따라 비법정단위로 표시할 수 있는 계량기는 제외한다.
2. 형식승인을 받지 아니한 계량기
3. 형식승인과 다르게 변조된 계량기
4. 제23조제1항 본문에 따른 검정을 받지 아니한 계량기
5. 제23조제2항에 따른 검정유효기간이 지난 계량기
6. 제24조제2항에 따른 재검정유효기간이 지난 계량기
7. 제29조에 따른 검정증인 또는 제34조에 따른 검사증인을 표시하지 아니하거나 거짓으로 표시한 계량기
8. 제38조에 따른 최대허용오차등을 표시하지 아니하거나 거짓으로 표시한 계량기

제36조【사용의 제한】 다음 각 호의 어느 하나에 해당하는 계량기를 계량에 사용해서는 아니 된다.
1. 제25조제1항에 따른 수리 후 재검정을 받지 아니한 계량기
2. 제30조제1항에 따른 정기검사를 받지 아니한 계량기
3. 제35조에 따라 양도·대여하거나 양도·대여하기 위한 광고가 제한되는 계량기
4. 제37조제1항에 따른 사용오차를 초과하는 계량기

제37조【정확히 계량하여야 할 의무 등】 ① 계량기를 사용하는 자는 계량을 정확하게 하여야 하며, 대통령령으로 정하는 사용오차를 초과하여 계량해서는 아니 된다.
② 수평장치가 있는 계량기를 사용할 때에는 수평을 유지하여야 하며, 영점(零點) 조정장치가 있는 계량기는 영점을 조정한 후 사용하여야 한다.
③ 누구든지 계량값을 조작할 목적으로 계량기를 변조하거나 변조된 계량기를 사용해서는 아니 된다.
④ 누구든지 형식승인을 거짓으로 받거나 형식승인과 다르게 변조된 사실을 알고 해당 계량기를 사용해서는 아니 된다.
⑤ 누구든지 검정증인 또는 검사증인이 거짓으로 표시된 사실을 알고 해당 계량기를 사용해서는 아니 된다.

제38조【최대허용오차등의 표시】 제조업자, 수리업자 및 수입업자는 제조, 수리 또는 수입한 계량기에 최대허용오차와 그 밖에 산업통상자원부령으로 정하는 사항(이하 "최대허용오차등"이라 한다)을 표시하여야 한다.

제6절 측정기기의 교정

제39조【측정기기의 교정】 ①「국가표준기본법」에 따른 측정기기 중 상거래 또는 증명에 사용하기 위하여 교정이 필요한 대통령령으로 정하는 교정대상 측정기기를 사용하려는 자는 같은 법 제14조제3항에 따른 국가교정업무 전담기관으로부터 같은 법 제3조제16호에 따른 교정을 받아야 한다.
② 제1항에 따른 교정대상 측정기기를 사용하는 자는 대통령령으로 정하는 교정주기가 끝나기 전에 다시 교정을 받아야 한다.
③ 제1항 및 제2항에 따른 교정 및 재교정의 기준은 대통령령으로 정한다.

제40조【측정기기의 자율교정】 ① 교정대상 측정기기 사용자가 자율적으로 교정할 필요가 있는 자율교정 측정기기의 종류를 대통령령으로 정한다.
② 산업통상자원부장관은 제1항에 따른 자율교정 측정기기를 효율적으로 관리하기 위한 교정주기, 교정절차 등을 정하여 고시할 수 있다.

제3장 정량표시상품의 관리

제41조【정량표시상품】 ① 정량표시상품을 제조, 수입, 가공 또는 판매하는 자(이하 "정량표시상품사업자"라 한다)는 정량표시상품의 용기 또는 포장에 정량표시상품사업자의 상호, 성명 및 정량을 표시하여야 한다. 이 경우 상품에 표시된 양과 실제 내용량이 대통령령으로 정하는 허용오차를 초과하지 아니하여야 한다.
② 제1항에 따른 정량의 표시방법 및 검사기준 등에 필요한 사항은 대통령령으로 정한다.

제42조【정량표시 위반의 시정】 ① 산업통상자원부장관 또는 시·도지사는 제41조제1항을 위반한 자에 대하여 정량의 표시를 명하거나 표시의 정정을 요구할 수 있다.
② 제1항에 따라 정량표시 명령 또는 표시의 정정을 요구받은 자는 산업통상자원부장관 또는 시·도지사에게 개선 결과를 보고하여야 한다.
③ 제1항 및 제2항에 따른 정량표시 명령 또는 표시의 정정 및 개선 결과보고 등에 필요한 사항은 산업통상자원부령으로 정한다.

제43조~제48조 (2024.1.9 삭제)

제4장 사후관리

제49조【보고】 다음 각 호의 어느 하나에 해당하는 자는 비법정단위의 단속현황, 계량기 제조업 등록현황, 형식승인 및 검정 통계, 교정대상 측정기기 교정이력 등 대통령령으로 정하는 관련 자료를 산업통상자원부장관에게 보고하여야 한다.(2024.1.9 본문개정)
1. 시·도지사
2. 형식승인기관의 장
3. 검정기관의 장
4. 자체검정사업자
5. 자체정기검사사업자
6. (2024.1.9 삭제)
7. 「국가표준기본법」 제14조제3항에 따른 국가교정업무 전담기관의 장

제50조【조사 등】 ① 산업통상자원부장관 및 시·도지사는 비법정단위의 단속, 교정대상 측정기기의 교정이력 확인, 정량표시상품의 정량관리 및 불법계량기의 유통방지 등을 위하여 소속 공무원으로 하여금 다음 각 호의 조사 업무를 하게 할 수 있다.
1. 제조업자등, 자체정기검사사업자, 정량표시상품사업자, 계량을 수행하는 자 및 계량기를 사용하는 자에 대한 자료의 제출 요구
2. 사업장, 점포, 영업소, 사무소, 공장, 창고나 그 밖에 필요한 장소에 출입하여 계량기의 훼손·조작 여부 확인 등 위반사항에 대한 검사 및 질문
3. 유통 중인 계량기 또는 정량표시상품 등에 대한 시판품의 조사
② 제1항에 따라 사업자의 사업장, 점포, 영업소, 사무소, 공장, 창고나 그 밖에 필요한 장소에 출입하여 검사 또는 질문을 하게 하는 경우에는 검사 7일 전까지 검사 일시, 이유 및 내용 등을 포함한 검사계획을 검사대상자에게 통지하여야 한다. 다만, 긴급한 경우 또는 사전에 통지하면 증거인멸 등으로 검사목적을 달성할 수 없다고 인정되는 경우에는 그러하지 아니하다.
③ 제1항에 따라 출입, 검사 또는 질문을 하는 공무원(이하 "계량검사공무원"이라 한다)은 현장에서 검사하기 어려운 계량기 또는 정량표시상품이 있을 때에는 그 소유자나 점유자에게 기간을 정하여 지정한 장소에 이를 제출할 것을 요구할 수 있다.
④ 제1항에 따라 출입하거나 검사·질문하는 계량검사공무원은 그 권한을 표시하는 증표를 지니고 이를 관계인에게 보여주어야 한다.
⑤ 보고 및 검사의 절차, 검사기준 등에 필요한 사항은 산업통상자원부령으로 정한다.

제51조【위반사실의 공표】 ① 산업통상자원부장관은 다음 각 호의 어느 하나에 해당되는 경우 위반행위와 관련된 사실 등 대통령령으로 정하는 내용을 공표할 수 있다.
1. 제22조제1항에 따른 중대한 결함이 발견되어 시정조치를 요구하였으나 조치를 하지 아니한 경우
2. 제37조제3항을 위반하여 계량값을 조작할 목적으로 계량기를 변조하거나 변조된 계량기를 사용하는 경우
② 제1항에 따른 공표대상의 세부기준, 공표 방법 및 절차 등에 필요한 사항은 대통령령으로 정한다.

제52조【부정계량기의 처리】 ① 시·도지사는 다음 각 호의 어느 하나에 해당하는 계량기가 계량에 사용되는 경우에는 검정증인 또는 검사증인 표시를 제거하고 산업통상자원부령으로 정하는 사용중지 표시증을 붙여야 한다. 다만, 제4호에 해당하는 경우에는 3개월 이내의 기간을 정하여 표시의 개선을 명할 수 있다.
1. 제7조제1항에 따른 계량기 제조업·계량기 수리업 등록을 하지 아니하거나 제8조제1항에 따른 자체수리자로 지정을 받지 아니한 자가 제조 또는 수리한 계량기
2. 제9조에 따른 계량기 수입업 신고를 하지 아니한 자가 수입한 계량기
3. 제36조 각 호에 따라 사용이 제한되는 계량기
4. 제38조에 따른 최대허용오차등의 표시 의무를 위반한 계량기
② 누구든지 제1항에 따른 사용중지 표시증을 임의로 제거하거나 제거한 계량기를 사용해서는 아니 된다.
③ 제1항에 따른 검정증인, 검사증인의 표시 제거 및 사용중지 표시증 부착 방법 등에 필요한 사항은 산업통상자원부령으로 정한다.

제53조【사법경찰권】 계량검사공무원은 이 법에 규정된 범죄에 관하여는 「사법경찰관리의 직무를 수행할 자와 그 직무범위에 관한 법률」에서 정하는 바에 따라 사법경찰관리의 직무를 수행한다.

제54조【소비자감시원】 ① 산업통상자원부장관 및 시·도지사는 효율적인 계량관리를 위하여 계량에 관한 지식이 있는 제65조제1항에 따른 한국계량측정협회 및 「소비자기본법」 제29조에 따라 등록한 소비자단체의 임원 및 직원, 산업통상자원부장관이 위촉한 자를 소비자감시원(이하 "감시원"이라 한다)으로 위촉하고, 직무수행과 관련된 비용을 지원할 수 있다.
② 제1항에 따라 위촉된 감시원의 직무는 다음 각 호와 같다.
1. 비법정단위의 사용 여부 확인
2. 재검정 및 정기검사 여부 확인
3. 정기검사 및 단속 업무의 보조
4. 그 밖에 계량기에 관한 사항으로서 대통령령으로 정하는 사항
③ 산업통상자원부장관 및 시·도지사는 제1항에 따라 위촉된 감시원에게 산업통상자원부령으로 정하는 증표를 발급하여야 한다.
④ 산업통상자원부장관 및 시·도지사는 감시원에게 직무수행에 필요한 교육을 하여야 한다.
⑤ 산업통상자원부장관 및 시·도지사는 위촉된 감시원이 심신장애 등 대통령령으로 정하는 사유로 직무를 수행할 수 없을 때에는 위촉을 해제할 수 있다.
⑥ 감시원의 활동과 관련된 사항은 산업통상자원부령으로 정한다.

제55조【과징금】 ① 산업통상자원부장관은 제18조 또는 제28조에 따라 업무정지를 명하여야 할 경우로서 업무정지 명령이 해당 업무 이용자에게 심한 불편을 초래하는 경우 그 처분을 갈음하여 3억원 이하의 과징금을 부과할 수 있다.(2024.1.9 본항개정)
② 산업통상자원부장관 및 시·도지사는 제37조제3항에 따라 계량값을 조작할 목적으로 계량기를 변조하거나 변조된 계량기를 사용한 자에게 2억원 이하의 과징금을 부과할 수 있다.
③ 제1항 또는 제2항에 따른 위반행위의 종류 및 위반정도 등에 따른 과징금의 금액은 대통령령으로 정한다.
④ 산업통상자원부장관 또는 시·도지사는 제1항 또는 제2항에 따른 과징금 부과처분을 받은 자가 해당 과징금을 기한까지 내지 아니하는 경우에는 국세강제징수의 예 또는 「지방행정제재·부과금의 징수 등에 관한 법률」에 따라 징수한다.(2024.1.9 본항개정)

제56조【신고포상금】 ① 산업통상자원부장관 및 시·도지사는 제35조제3호에 따른 변조된 계량기를 사용한 자 또는 제37조제3항에 따라 계량값을 조작할 목적으로 계량기를 변조한 자를 신고한 자에게 예산의 범위에서 포상금을 줄 수 있다.
② 제1항에 따른 신고포상금 지급의 기준, 방법과 절차 및 구체적인 지급액 등에 필요한 사항은 산업통상자원부령으로 정한다.

제5장 계량 산업의 육성

제57조【계량 산업의 육성 지원】 ① 산업통상자원부장관은 계량 산업의 건전한 발전과 경쟁력 향상을 위하여 다음 각 호의 사업을 할 수 있다.
1. 계량 산업 정책, 제도의 조사 및 연구에 관한 사업
2. 계량 산업 관련 창업지원에 관한 사업
3. 계량 산업 전문기술인력의 양성 사업
4. 계량 사업자의 해외진출 지원에 관한 사업
5. 제60조에 따른 국제협력사업 지원에 관한 사업
6. 계량기의 형식승인 및 검정 기술기준 개발에 관한 사업
7. 형식승인 및 검정 평가기술의 연구·개발에 관한 사업
8. 그 밖에 산업통상자원부장관이 계량 산업의 육성에 필요하다고 인정하는 사업
② 산업통상자원부장관은 제1항에 따른 사업의 원활한 추진을 위하여 필요한 경우 관련 사업자, 단체 및 기관에 대하여 행정적·재정적 지원을 할 수 있다.

제58조【시범사업의 실시】 ① 산업통상자원부장관은 제57조제1항제2호부터 제6호까지에 따른 연구·개발 결과 등을 계량 산업 관련 기업에 지원하고 관련 산업과의 연계를 촉진하기 위하여 필요하다고 판단되는 경우 계량기술 등의 이용·보급 등에 관한 시범사업을 할 수 있다.
② 산업통상자원부장관은 제1항에 따른 시범사업에 참여하는 계량 산업 관련 사업자, 단체 및 기관을 행정적·재정적으로 지원할 수 있다.
③ 제1항에 따른 시범사업의 계획 수립 및 추진절차 등에 필요한 사항은 대통령령으로 정한다.

제59조【실태조사】 ① 산업통상자원부장관은 제57조제1항에 따른 사업추진에 필요한 기초자료를 확보하기 위하여 다음 각 호의 사항에 대한 실태를 조사할 수 있다.
1. 국내외 계량 산업의 현황에 관한 사항
2. 계량 기술의 개발 및 보급 현황에 관한 사항
3. 계량 관련 전문기술인력의 현황 및 이력 등에 관한 사항
4. 계량 기술의 상품화 등에 관한 사항
5. 그 밖에 산업통상자원부장관이 필요하다고 인정하는 사항
② 산업통상자원부장관은 계량 산업 관련 사업자, 단체 및 기관의 장에게 제1항에 따른 실태조사에 필요한 자료의 제출 등을 요구할 수 있다. 이 경우 자료제출 등을 요청받은 자는 특별한 사유가 없으면 협조하여야 한다.

제60조【국제협력사업의 지원 등】 산업통상자원부장관은 계량기 관련 사업자에 대한 수출지원 및 기술개발 촉

진 등을 위하여 외국 정부 등 대통령령으로 정하는 단체 등과 협력하여 다음 각 호의 사업을 할 수 있다.
1. 계량 기술의 상품화를 위한 국제 공동 연구
2. 계량 관련 기술정보의 교류
3. 계량에 관한 국제상호인정협정 추진을 위한 활동
4. 그 밖에 산업통상자원부장관이 계량 산업 육성을 위하여 필요하다고 인정하는 사항

제61조【계량정보의 종합관리 등】 ① 산업통상자원부장관은 다음 각 호의 사항과 관련된 계량정보의 효율적 관리 및 기업의 신기술 계량기 개발 지원 등을 위하여 계량종합관리시스템을 구축·운영할 수 있다.
1. 제7조제1항에 따른 계량기 제조업의 등록 등에 관한 사항
2. 형식승인 이력현황
3. 제23조제1항의 검정, 제24조제1항의 재검정, 제25조제1항의 수리한 계량기의 재검정 현황
4. 제30조제1항의 정기검사 현황
5. 제39조제1항의 교정대상 측정기기의 교정 이력현황
6. (2024.1.9 삭제)
7. 제50조제1항제3호에 따른 시판품 조사 결과

② 산업통상자원부장관은 필요한 경우 제1항에 따른 계량정보를 관계 행정기관 및 소비자 등에게 제공할 수 있다. 다만,「개인정보 보호법」제2조제1호에 따른 개인정보에 관한 사항은 제외한다.
③ 제1항에 따른 계량종합관리시스템의 구축 및 운영 등에 필요한 사항은 산업통상자원부령으로 정한다.

제62조【계량정보의 요청 등】 ① 산업통상자원부장관은 제61조에 따른 계량정보의 종합관리를 위하여 다음 각 호의 어느 하나에 해당하는 자에게 필요한 자료를 제출하도록 요청할 수 있다. 이 경우 요청을 받은 자는 특별한 사유가 없으면 요청에 따라야 한다.
1. 제조업자, 수리업자, 계량증명업자, 자체수리자 및 수입업자
2. 제24조제1항에 따른 재검정을 받아야 하는 자
3. 제65조제1항에 따른 한국계량측정협회의 장

② 제1항에 따른 계량정보의 요청 절차는 산업통상자원부령으로 정한다.

제6장 보 칙

제63조【지위승계】 ① 다음 각 호의 어느 하나에 해당하는 자가 그가 등록하거나 지정받거나 신고한 사업의 전부를 양도하거나 사망하였을 때 또는 법인이 합병하였을 때에는 양수인·상속인 또는 합병 후 존속하는 법인이나 합병에 의하여 설립되는 법인은 등록업자, 신고업자 및 지정기관 또는 지정사업자의 지위를 승계한다.
1. 제조업자등
2. 제16조제1항 본문에 따른 형식승인기관의 장
3. 제26조제1항 본문에 따른 검정기관의 장
4. 자체검정사업자
5. 자체정기검사사업자
6.~7. (2024.1.9 삭제)

② 제1항에 따라 등록업자, 신고업자 및 지정기관 또는 지정사업자의 지위를 승계한 자는 지위를 승계한 날부터 3개월 이내에 산업통상자원부장관 또는 시·도지사에게 신고하여야 한다.
③ 산업통상자원부장관 또는 시·도지사는 제2항에 따른 신고를 받은 날부터 7일 이내에 신고수리 여부를 신고인에게 통지하여야 한다.(2017.12.12 본항신설)
④ 산업통상자원부장관 또는 시·도지사가 제3항에서 정한 기간 내에 신고수리 여부 또는 민원 처리 관련 법령에 따른 처리기간의 연장을 신고인에게 통지하지 아니하면 그 기간(민원 처리 관련 법령에 따라 처리기간이 연장 또는 재연장된 경우에는 해당 처리기간을 말한다)이 끝난 날의 다음 날에 신고를 수리한 것으로 본다.(2017.12.12 본항신설)
⑤ 제1항 및 제2항에 따른 지위승계에 필요한 신청방법 및 신고절차 등에 필요한 사항은 산업통상자원부령으로 정한다.

제64조【계량검사공무원의 인사관리】 시·도지사는 계량 관련 업무의 전문성과 연속성을 확보하고 업무의 신뢰성을 유지하기 위하여 계량검사공무원의 보직 등 필요한 인사관리 기준을 정하여 운용하여야 한다.

제65조【한국계량측정협회】 ① 제조업자, 수리업자, 계량증명업자 및「국가표준기본법」제14조제3항에 따라 국가교정업무 전담기관으로 지정받은 자는 산업통상자원부장관의 인가를 받아 한국계량측정협회(이하 "협회"라 한다)를 설립할 수 있다.
② 협회는 다음 각 호의 사업을 한다.
1. 계량 산업의 발전 및 측정의 정밀도 향상을 위한 지도, 조사, 통계관리 및 홍보 등에 관한 사업
2. 계량·측정 산업의 전문기술인력 양성 사업
3. 계량기의 기술기준 및「산업표준화법」제27조에 따른 단체표준의 개발·보급에 관한 사업
4.「국가표준기본법」제23조에 따른 시험·검사기관의 인정에 관한 사업
5. 계량·측정 관련 국제기구 및 외국 관련 단체와의 협력 증진에 관한 사업
6. 계량기 사후관리 및 비법정단위 사용 단속 업무 지원에 관한 사업
7. 정량표시상품의 시판품 조사
8. 그 밖에 계량과 관련된 사업으로서 산업통상자원부장관이 위탁하거나 지정하는 사업

③ 협회는 법인으로 한다.
④ 협회의 설립, 운영 및 감독 등에 필요한 사항은 대통령령으로 정한다.

제66조【청문】 ① 산업통상자원부장관은 다음 각 호의 어느 하나에 해당하는 처분을 하려면 청문을 하여야 한다.
1. 제18조제1항에 따른 형식승인기관 지정의 취소 및 업무의 정지
2. (2022.10.18 삭제)
3. 제28조제1항에 따른 검정기관 또는 자체검정사업자 지정의 취소 및 업무의 정지
4. (2024.1.9 삭제)
5. 제16조제2항 또는 제26조제2항·제3항에 따른 형식승인기관, 검정기관 또는 자체검정사업자 지정신청의 거부(2024.1.9 본호개정)

② 시·도지사는 제13조 및 제33조제1항에 따른 등록·지정을 취소하거나 영업소의 폐쇄를 명하려면 청문을 하여야 한다.
③ 형식승인기관의 장은 제19조제1항에 따라 형식승인의 취소를 하려면 청문을 하여야 한다.(2022.10.18 본항신설)
④ (2024.1.9 삭제)

제67조【수수료】 다음 각 호의 어느 하나에 해당하는 자는 산업통상자원부령으로 정하는 바에 따라 수수료를 내야 한다.
1. 제7조제1항에 따른 등록을 하려는 자
2. 제8조제2항에 따른 지정을 받으려는 자
3. 제9조제1항 및 제2항에 따른 수입업의 신고 또는 변경신고를 하려는 자
4. 형식승인 또는 제21조제1항에 따른 변경승인을 받으려는 자
5. 제16조제1항에 따른 형식승인기관으로 지정받으려는 자
6. 제23조제1항 또는 제24조제1항에 따른 검정 또는 재검정을 받으려는 자
7. 제25조제1항에 따른 수리한 계량기의 재검정을 받으려는 자
8. 제26조제1항에 따른 검정기관으로 지정받으려는 자
9. 자체검정사업자로 지정받으려는 자
10. 제30조제1항에 따른 정기검사를 받으려는 자
11. 자체정기검사사업자로 지정받으려는 자
12. 제39조 및 제40조에 따른 교정을 받으려는 자
13.~14. (2024.1.9 삭제)

제68조【권한의 위임】 ① 이 법에 따른 산업통상자원부장관의 권한은 대통령령으로 정하는 바에 따라 그 일부를 시·도지사 또는 소속 기관의 장에게 위임할 수 있다.
② 이 법에 따른 시·도지사의 권한은 대통령령으로 정하는 바에 따라 그 일부를 시장·군수·자치구의 구청장 또는 소속 기관의 장에게 위임할 수 있다.
③ 제1항에 따라 위임받은 시·도지사의 권한은 산업통상자원부장관의 승인을 받아 대통령령으로 정하는 바에 따라 그 일부를 시장·군수·자치구의 구청장 또는 소속 기관의 장에게 재위임할 수 있다.

제69조【업무의 위탁】 ① 이 법에 따른 산업통상자원부장관 및 시·도지사의 업무는 대통령령으로 정하는 바에 따라 그 일부를 대통령령으로 정하는 법인 또는 단체에 위탁할 수 있다.
② 산업통상자원부장관 및 시·도지사는 제1항에 따라 업무를 위탁하는 경우에는 위탁받는 기관, 업무의 내용 등 그 밖에 필요한 사항을 정하여 관보에 고시하여야 한다.

제70조【벌칙 적용에서 공무원 의제】 다음 각 호의 어느 하나에 해당하는 사람은「형법」제129조부터 제133조까지의 규정을 적용할 때에는 공무원으로 본다.
1. 제16조에 따라 형식승인 업무에 종사하는 형식승인기관의 임직원
2. 제26조에 따라 검정 및 재검정 업무에 종사하는 검정기관의 임직원
3. (2024.1.9 삭제)
4. 제54조에 따라 위촉된 감시원
5. 제69조에 따라 산업통상자원부장관 또는 시·도지사로부터 위탁받은 업무에 종사하는 법인 또는 단체의 임직원

(2022.10.18 본조개정)

제7장 벌 칙

제71조【벌칙】 다음 각 호의 어느 하나에 해당하는 자는 3년 이하의 징역 또는 3천만원 이하의 벌금에 처하거나 이를 병과(竝科)할 수 있다.
1. 제35조제3호를 위반하여 형식승인과 다르게 변조된 계량기를 양도·대여하거나 양도·대여하기 위하여 광고한 자
2. 제36조제3호를 위반하여 양도·대여 및 양도·대여하기 위한 광고가 제한되는 계량기(제35조제3호에 따라 형식승인과 다르게 변조된 계량기를 말한다)를 사용한 자
3. 제37조제3항을 위반하여 계량값을 조작할 목적으로 계량기를 변조하거나 변조된 계량기를 사용한 자
4. 제37조제4항을 위반하여 형식승인과 다르게 변조된 사실을 알고 해당 계량기를 사용한 자
5. 제52조제2항을 위반하여 사용중지 표시증을 임의로 제거하거나 제거한 계량기를 사용한 자

제72조【벌칙】 다음 각 호의 어느 하나에 해당하는 자는 2년 이하의 징역 또는 2천만원 이하의 벌금에 처하거나 이를 병과할 수 있다.
1. 제7조제1항을 위반하여 등록을 하지 아니하고 계량기를 제조 또는 수리한 자
2. 제8조제1항을 위반하여 자체수리자로 지정받지 아니하고 계량기를 수리한 자
3. 제9조제1항을 위반하여 신고를 하지 아니하고 계량기를 수입한 자
4. 제20조제2항을 위반하여 형식승인을 받지 아니한 계량기(형식승인을 받은 후 형식승인이 취소된 경우를 포함한다)에 형식승인번호를 표시하거나 이와 유사한 표시를 한 자
5. 제20조제3항을 위반하여 형식승인번호의 표시를 훼손한 자
6. 제29조제2항을 위반하여 계량기를 변조할 목적으로 검정증인이나 봉인을 훼손한 자
7. 제32조제1항을 위반하여 자체정기검사사업자로 지정을 받지 아니하고 계량기를 자체적으로 정기검사한 자
8. 제35조제2호를 위반하여 형식승인을 받지 아니한 계량기를 양도·대여하거나 양도·대여하기 위하여 광고한 자
9. 제35조제4호를 위반하여 검정을 받지 아니한 계량기를 양도·대여하거나 양도·대여하기 위하여 광고한 자
10. 제35조제7호를 위반하여 검정증인 또는 검사증인이 표시되지 아니하거나 거짓으로 표시된 계량기를 양도·대여하거나 양도·대여하기 위하여 광고한 자
11. 제36조제3호를 위반하여 양도·대여하거나 양도·대여하기 위한 광고가 제한되는 계량기(제35조제2호의 형식승인을 받지 아니한 계량기를 말한다)를 사용한 자
12. 제36조제3호를 위반하여 양도·대여하거나 양도·대여하기 위한 광고가 제한되는 계량기(제35조제4호의 검정을 받지 아니한 계량기를 말한다)를 사용한 자
13. 제36조제3호를 위반하여 양도·대여하거나 양도·대여하기 위한 광고가 제한되는 계량기(제35조제7호의 검정증인 또는 검사증인을 표시하지 아니하거나 거짓으로 표시한 계량기를 말한다)를 사용한 자
14. 제37조제4항을 위반하여 형식승인을 거짓으로 받은 사실을 알고 해당 계량기를 사용한 자
15. 제37조제5항을 위반하여 검정증인 또는 검사증인이 거짓으로 표시된 사실을 알고 해당 계량기를 사용한 자
16. (2024.1.9 삭제)

제73조【벌칙】 다음 각 호의 어느 하나에 해당하는 자는 1년 이하의 징역 또는 1천만원 이하의 벌금에 처하거나 이를 병과할 수 있다.
1. 제6조제1항을 위반하여 비법정단위로 표시된 계량기를 제조하거나 수입한 자
2. 제6조제4항을 위반하여 법정단위 표시 명령 또는 제42조제1항에 따른 정량표시 명령 또는 표시의 정정요구를 이행하지 아니한 자
3. 제7조제1항을 위반하여 등록을 하지 아니하고 계량증명업을 한 자
4. 제22조제2항에 따른 시정명령을 이행하지 아니한 자
5. 제38조를 위반하여 최대허용오차등을 표시하지 아니하거나 거짓으로 표시한 자
6. 제41조제1항을 위반하여 정량을 표시하지 아니하거나 상품에 표시된 양과 실제량이 허용오차를 초과하여 표시한 자
7. (2024.1.9 삭제)

제74조【미수범】 제71조제1호·제2호, 제72조제1호부터 제3호까지, 같은 조 제9호 및 제10호에 따른 죄의 미수범은 처벌한다.

제75조【양벌규정】 법인의 대표자나 법인 또는 개인의 대리인, 사용인, 그 밖의 종업원이 그 법인 또는 개인의 업무에 관하여 제71조부터 제74조까지의 어느 하나에 해당하는 위반행위를 하면 그 행위자를 벌하는 외에 그 법인 또는 개인에게도 해당 조문의 벌금형을 과(科)한다. 다만, 법인 또는 개인이 그 위반행위를 방지하기 위하여 해당 업무에 관하여 상당한 주의와 감독을 게을리하지 아니한 경우에는 그러하지 아니하다.

제76조【과태료】 ① 다음 각 호의 어느 하나에 해당하는 자에게는 500만원 이하의 과태료를 부과한다.
(2022.10.18 본문개정)
1. 제6조제1항을 위반하여 비법정단위로 표시된 상품을 제조하거나 수입한 자
2. 제22조제1항을 위반하여 계량기의 결함사실을 공개하지 아니하거나 거짓으로 공개한 자
3. 제35조제1호를 위반하여 비법정단위가 표시된 계량기를 양도·대여하거나 양도·대여하기 위하여 광고한 자
4. 제36조제3호를 위반하여 양도·대여하거나 양도·대여하기 위한 광고가 제한되는 계량기(제35조제1호 본문의 비법정단위가 표시되어 있는 계량기를 말한다)를 사용한 자

5. 제36조제4호를 위반하여 사용오차를 초과하는 계량기를 사용한 자
6. 제37조제1항을 위반하여 사용오차를 초과하여 계량한 자
② 다음 각 호의 어느 하나에 해당하는 자에게는 200만원 이하의 과태료를 부과한다.(2022.10.18 본문개정)
1. 제6조제2항을 위반하여 비법정단위를 계량에 사용하거나 광고에 사용한 자
2. 제6조제5항 또는 제42조제2항을 위반하여 결과보고를 하지 아니한 자
3. 제7조제4항, 제8조제4항 및 제9조제2항을 위반하여 변경사항의 신고를 하지 아니한 자
4. 제11조제3항을 위반하여 관련 기록을 보존하지 아니한 자
5. 제12조제1항을 위반하여 폐업 등의 신고를 하지 아니한 자
6. 제17조제2항을 위반하여 관련 기록을 보존하지 아니한 자
7. 제22조제4항에 따른 시정조치 계획, 진행상황 및 결과를 보고하지 아니한 자(2024.1.9 본호개정)
8. 제24조제1항을 위반하여 검정유효기간이 지난 계량기의 재검정을 받지 아니하고 계량기를 사용한 자
9. 제27조제2항을 위반하여 관련 기록을 보존하지 아니한 자
10. 제35조제5호 또는 제6호를 위반하여 검정유효기간 또는 재검정유효기간이 지난 계량기를 양도·대여하거나 양도·대여하기 위하여 광고한 자
11. 제35조제8호를 위반하여 최대허용오차등을 표시하지 아니하거나 거짓으로 표시한 계량기를 양도·대여하거나 양도·대여하기 위하여 광고한 자
12. 제36조제1호를 위반하여 수리 후 재검정을 받지 아니한 계량기를 사용한 자
13. 제36조제2호를 위반하여 정기검사를 받지 아니한 계량기를 사용한 자
14. 제36조제3호를 위반하여 양도·대여하거나 양도·대여하기 위한 광고가 제한되는 계량기(제35조제6호의 재검정유효기간이 지난 계량기를 말한다)를 사용한 자
15. 제36조제3호를 위반하여 양도·대여하거나 양도·대여하기 위한 광고가 제한되는 계량기(제35조제8호에 따른 계량기를 말한다)를 사용한 자
16. 제39조를 위반하여 교정 및 재교정을 받지 아니한 교정대상 측정기기를 사용한 자
17. 제41조제1항을 위반하여 정량표시상품의 용기 또는 포장에 정량표시상품사업자의 상호 또는 성명을 표시하지 아니한 자
18. (2024.1.9 삭제)
19. 제50조제1항에 따른 조사 업무를 거부, 방해 또는 기피한 자
20. 제50조제3항을 위반하여 계량기 또는 정량표시상품의 제출요구에 따르지 아니한 자
21. 제62조제1항을 위반하여 자료제출을 하지 아니한 자
22. 제63조제2항을 위반하여 지위승계의 신고를 하지 아니한 자(2022.10.18 본호신설)
③ 제1항 및 제2항에 따른 과태료는 대통령령으로 정하는 바에 따라 산업통상자원부장관 또는 시·도지사가 부과·징수한다.

부　칙

제1조【시행일】 이 법은 2015년 1월 1일부터 시행한다.
제2조【폐업 등의 신고에 관한 적용례】 제12조의 개정규정은 이 법 시행 후 사업을 폐업 또는 휴업하는 제조업자등부터 적용한다.
제3조【과징금에 관한 적용례】 제55조의 개정규정은 이 법 시행 후 업무정지처분의 대상이 되는 위반행위를 한 자부터 적용한다.
제4조【실량표시상품 등에 관한 경과조치】 이 법 시행 당시 종전의 제2조제4호 및 제26조에 따른 실량, 실량표시상품 및 실량 오차는 제2조제3호 및 제43조의 개정규정에 따른 정량, 정량표시상품 및 정량표시 오차로 본다.
제5조【계량기 제조업의 등록 등에 관한 경과조치】 ① 이 법 시행 당시 종전의 제6조 및 제7조에 따라 계량기 제작업, 계량기 수리업 및 계량증명업의 등록을 하거나 자체수리자로 인정을 받은 자는 제7조 및 제8조의 개정규정에 따른 계량기 제조업, 계량기 수리업 및 계량증명업의 등록을 하거나 자체수리자로 지정받은 것으로 본다.
② 제1항에 따라 계량기 제조업, 계량기 수리업 및 계량증명업의 등록을 하거나 자체수리자로 지정받은 것으로 간주되는 자는 이 법 시행일부터 1년 이내에 제10조의 개정규정에 따른 제조업 등록 등의 결격사유를 해소하여야 한다.
제6조【수입업 신고에 관한 경과조치】 이 법 시행 당시 계량기 수입업을 영위하고 있는 자는 이 법 시행 후 3개월까지는 제9조의 개정규정에 따른 신고를 하지 아니하고 계량기 수입업을 영위할 수 있다.
제7조【계량기의 형식승인, 검정, 재검정 또는 정기검사에 관한 경과조치】 이 법 시행 당시 종전의 제12조, 제20조제1항·제2항·제4항 및 제32조에 따라 계량기의 형식승인, 검정, 재검정 또는 정기검사를 받은 계량기는 그 유효기간 동안 제14조, 제23조, 제24조 및 제30조의 개정규정에 따른 계량기의 형식승인, 검정, 재검정 또는 정기검사를 받은 것으로 본다.
제8조【계량기 형식승인기관 및 검정기관의 지정에 관한 경과조치】 이 법 시행 당시 종전의 제14조 및 제21조제1항에 따라 계량기 형식승인기관 및 검정기관으로 지정받은 자는 이 법에 따라 지정받은 것으로 본다. 다만, 이 법 시행일부터 1년 이내에 제16조 및 제26조의 개정규정에 따른 지정을 받아야 한다.
제9조【계량기 자체검정사업자에 대한 경과조치】 이 법 시행 당시 종전의 제21조제3항에 따라 계량기 자체검정사업자로 지정받은 자는 이 법에 따라 지정받은 것으로 보되, 이 법 시행일부터 1년 이내에 제26조제3항의 개정규정에 따른 계량기 자체검정사업자로 지정을 받아야 한다.
제10조【측정기기의 교정에 관한 경과조치】 ① 이 법 시행 당시 종전의 제24조에 따라 기준기 검사를 받은 측정기기는 제39조제1항의 개정규정에 따른 교정을 받은 것으로 본다.
② 이 법 시행 당시 제39조제1항의 개정규정에 따른 교정대상 측정기기(제1항에 따른 기준기 검사를 받은 측정기기는 제외한다)를 사용 중인 자는 이 법 시행일부터 6개월 이내에 같은 개정규정에 따른 교정을 받아야 한다.
제11조【적합성사업자에 대한 경과조치】 이 법 시행 당시 종전의 제26조에 따라 자기적합성선언을 한 실량표시상품사업자는 제43조제2항의 개정규정에 따른 적합성사업자로 본다.
제12조【적합성확인기관에 대한 경과조치】 이 법 시행 당시 종전의 제27조에 따라 적합성확인기관으로 지정받은 자는 제44조제1항의 개정규정에 따른 적합성확인기관으로 지정받은 것으로 본다.
제13조【자기적합성선언표시의 제거에 관한 경과조치】 이 법 시행 당시 종전의 제30조에 따라 자기적합성선언표시의 제거 명령을 받은 적합성사업자에 대한 자기적합성선언의 제한에 관하여는 종전의 제31조제3항의 규정에 따른다.
제14조【계량기의 정기검사에 관한 경과조치】 이 법 시행 당시 종전의 제32조제4항에 따라 교정을 받은 정기검사 대상 계량기는 그 유효기간 동안 제30조제1항의 개정규정에 따른 정기검사를 받은 것으로 본다.
제15조【행정처분에 관한 경과조치】 이 법 시행 전에 종전의 제38조제3호 및 제4호에 해당되는 위반행위에 대해서는 종전의 규정을 따른다.
제16조【벌칙 및 과태료에 관한 경과조치】 이 법 시행 전의 위반행위에 대한 벌칙 및 과태료의 적용은 종전의 규정에 따른다.
제17조【다른 법률의 개정】 ①~② ※(해당 법령에 가제정리 하였음)
제18조【다른 법령과의 관계】 이 법 시행 당시 다른 법령에서 종전의 「계량에 관한 법률」의 규정을 인용하고 있는 경우에는 이 법 중 그에 해당하는 규정이 있을 때에는 종전의 규정을 갈음하여 이 법의 해당 규정을 인용한 것으로 본다.

부　칙 (2017.3.21)

이 법은 공포 후 6개월이 경과한 날부터 시행한다.

부　칙 (2017.12.12)

제1조【시행일】 이 법은 공포 후 3개월이 경과한 날부터 시행한다.
제2조【적용례】 제7조제5항·제6항, 제8조제5항·제6항, 제9조제3항·제4항 및 제63조제3항·제4항의 개정규정은 이 법 시행 후 최초로 신고 또는 변경신고를 하는 경우부터 적용한다.

부　칙 (2022.10.18)

제1조【시행일】 이 법은 공포한 날부터 시행한다. 다만, 제70조 및 제76조제1항·제2항의 개정규정은 공포 후 6개월이 경과한 날부터 시행한다.
제2조【제조업자등의 등록·지정 취소 및 업무정지 등에 관한 적용례】 제13조제1항제6호 단서의 개정규정은 법인이나 단체가 이 법 시행 전에 제10조제3호에 해당하게 된 경우에도 적용한다.

부　칙 (2024.1.9)

제1조【시행일】 이 법은 공포 후 6개월이 경과한 날부터 시행한다. 다만, 제55조제4항의 개정규정은 공포한 날부터 시행한다.
제2조【정량표시상품의 자기적합성선언제도 폐지에 관한 경과조치】 이 법 시행 당시 종전의 제43조제1항에 따라 자기적합성선언을 한 정량표시상품에 대해서는 이 법의 개정규정에도 불구하고 종전의 자기적합성선언 관련 규정(벌칙 및 과태료에 관한 규정을 포함한다)에 따른다. 다만, 자기적합성선언의 유효기간을 연장하는 경우에도 그 기한은 2025년 12월 31일까지로 한다.

고압가스 안전관리법

(약칭 : 고압가스법)

(1983년 12월 31일 전개법률 제3703호)

개정
1993. 3. 6법 4541호(정부조직)
1993.12.27법 4625호
1995. 8. 4법 4966호
1996.12.12법 5184호
1997.12.13법 5453호(행정절차)
1997.12.13법 5454호(정부부처명)
1998. 1.13법 5505호(금융감독)
1999. 2. 8법 5828호
2001. 2. 3법 6419호
2001.12.31법 6581호
2002. 3.25법 6676호
2004.10.22법 7240호(석유대체연료사업)
2005. 5.26법 7504호
2007. 1. 3법 8183호
2007. 5.17법 8452호
2007. 5.25법 8486호(산업표준화법)
2007.12.21법 8763호
2008. 2.29법 8852호(정부조직)
2008. 2.29법 8863호(금융위원회의설치등에관한법)
2009. 5.21법 9679호
2010. 4.12법 10248호
2011. 5.24법 10705호
2011.12.31법 11140호
2013. 3.23법 11690호(정부조직)
2013. 8. 6법 11998호(지방세외수입금의징수등에관한법)
2014. 1. 1법 12154호(에너지및자원사업특별회계법)
2014. 1.21법 12283호
2015. 1.28법 13079호
2015. 1.28법 13089호(액화석유가스의안전관리및사업법)
2016. 1. 6법 13728호
2016. 3.22법 14079호(기초연구진흥개발)
2016.12. 2법 14308호
2017.10.31법 14989호
2018. 3.20법 15505호
2018.12.11법 15864호
2020. 2. 4법 16935호
2020. 3.24법 17091호(지방행정제재·부과금의징수등에관한법)
2021. 6.15법 18269호

제1조【목적】 이 법은 고압가스의 제조·저장·판매·운반·사용과 고압가스의 용기·냉동기·특정설비 등의 제조와 검사 등에 관한 사항 및 가스안전에 관한 기본적인 사항을 정함으로써 고압가스 등으로 인한 위해(危害)를 방지하고 공공의 안전을 확보함을 목적으로 한다.(2014.1.21 본조개정)
제2조【적용 범위】 이 법의 적용을 받는 고압가스의 종류와 범위는 대통령령으로 정한다.(2007.12.21 본조개정)
제3조【정의】 이 법에서 사용하는 용어의 뜻은 다음과 같다.
1. "저장소"란 산업통상자원부령으로 정하는 일정량 이상의 고압가스를 용기나 저장탱크로 저장하는 일정한 장소를 말한다.(2013.3.23 본호개정)
2. "용기(容器)"란 고압가스를 충전(充塡)하기 위한 것(부속품을 포함한다)으로서 이동할 수 있는 것을 말한다.
2의2. "차량에 고정된 탱크"란 고압가스의 수송·운반을 위하여 차량에 고정 설치된 탱크를 말한다.(2020.2.4 본호신설)
3. "저장탱크"란 고압가스를 저장하기 위한 것으로서 일정한 위치에 고정(固定) 설치된 것을 말한다.
4. "냉동기"란 고압가스를 사용하여 냉동을 하기 위한 기기(機器)로서 산업통상자원부령으로 정하는 냉동능력 이상인 것을 말한다.(2013.3.23 본호개정)
4의2. "안전설비"란 고압가스의 제조·저장·판매·운반 또는 사용시설에서 설치·사용하는 가스검지기 등의 안전기기와 밸브 등의 부품으로서 산업통상자원부령으로 정하는 것(제5호에 따른 특정설비는 제외한다)을 말한다.(2017.10.31 본호신설)
5. "특정설비"란 저장탱크와 산업통상자원부령으로 정하는 고압가스 관련 설비를 말한다.(2013.3.23 본호개정)
6. "정밀안전검진"이란 대형(大型) 가스사고를 방지하기 위하여 오래되어 낡은 고압가스 제조시설의 가동을 중지한 상태에서 가스안전관리 전문기관이 정기적으로 첨단장비와 기술을 이용하여 잠재된 위험요소와 원인을 찾아내고 그 제거방법을 제시하는 것을 말한다.(2007.12.21 본호개정)
제3조의2【가스안전관리에 관한 기본계획의 수립】 ① 산업통상자원부장관은 가스로 인한 위해 방지 및 체계적인 가스안전관리를 위하여 5년마다 가스안전관리에 관한 기본계획(이하 "기본계획"이라 한다)을 수립·시행하여야 한다.
② 기본계획에는 다음 각 호의 사항이 포함되어야 한다.
1. 고압가스, 「액화석유가스의 안전관리 및 사업법」 제2조제1호에 따른 액화석유가스 및 「도시가스사업법」 제2조제1호에 따른 도시가스(이하 "고압가스등"이라 한다)에 대한 중기·장기 안전관리 정책에 관한 사항
2. 고압가스등 안전관리 제도의 개선에 관한 사항
3. 고압가스등으로 인한 사고를 예방하기 위한 교육·홍보 및 검사·진단에 관한 사항
4. 고압가스등의 안전관리를 위한 정책 및 기술 등의 연구·개발에 관한 사항
5. 그 밖에 고압가스등의 안전관리를 위하여 필요한 사항
③ 산업통상자원부장관은 기본계획을 수립하거나 변경하려면 미리 관계 중앙행정기관의 장과 협의한 후 「에너지법」 제9조제1항에 따른 에너지위원회의 심의를 거쳐야 한다. 다만, 대통령령으로 정하는 경미한 사항을 변경하려는 경우에는 협의 및 심의 절차를 생략할 수 있다.
④ 산업통상자원부장관은 기본계획의 수립·변경 또는 시행을 위하여 필요한 경우에는 관계 중앙행정기관의 장, 특

별시장·광역시장·특별자치시장·도지사·특별자치도지사(이하 "시·도지사"라 한다) 또는 「공공기관의 운영에 관한 법률」 제4조에 따른 공공기관의 장에 대하여 관련 자료의 제출이나 협력을 요청할 수 있다. 이 경우 요청을 받은 자는 특별한 사유가 없으면 이에 따라야 한다.
⑤ 산업통상자원부장관은 기본계획을 수립 또는 변경한 경우에는 관계 중앙행정기관의 장, 시·도지사 및 「공공기관의 운영에 관한 법률」 제4조에 따른 공공기관(가스안전에 관한 업무를 수행하는 공공기관에 한정한다)의 장에게 통보하고, 공고(인터넷 게재를 포함한다)하여야 한다.
⑥ 제1항부터 제5항까지의 규정에 따른 기본계획의 수립·변경 및 시행에 필요한 사항은 대통령령으로 정한다.
(2014.1.21 본조신설)
제3조의3【고압가스등의 안전 기술 및 기준에 관한 연구·개발사업】 ① 산업통상자원부장관은 다음 각 호의 어느 하나에 해당하는 기관이나 단체로 하여금 고압가스등의 안전 기술 및 기준에 관한 연구·개발사업을 수행하게 할 수 있다.
1. 제28조제1항에 따른 한국가스안전공사
2. 국공립 연구기관
3. 「고등교육법」에 따른 대학·산업대학·전문대학 및 기술대학
4. 「과학기술분야 정부출연연구기관 등의 설립·운영 및 육성에 관한 법률」에 따라 설립된 연구기관
5. 「기초연구진흥 및 기술개발지원에 관한 법률」 제14조의2제1항에 따라 인정받은 기업부설연구소
(2016.3.22 본호개정)
6. 「특정연구기관 육성법」 제2조에 따른 특정연구기관
7. 「민법」이나 다른 법률에 따라 설립된 가스안전 분야의 법인인 연구기관 또는 법인 부설 연구소
8. 그 밖에 가스안전에 관한 기술 및 기준을 연구·개발하는 기관 또는 단체로서 산업통상자원부령으로 정하는 기관 또는 단체
② 산업통상자원부장관은 제1항에 따른 연구·개발에 필요한 재정적 지원을 할 수 있다.
(2014.1.21 본조신설)
제4조【고압가스의 제조허가 등】 ① 고압가스를 제조(용기 또는 차량에 고정된 탱크에 충전하는 것을 포함한다. 이하 같다)하려는 자는 그 제조소마다 특별자치시장·특별자치도지사·시장·군수 또는 구청장(구청장은 자치구의 구청장을 말하며, 이하 "시장·군수 또는 구청장"이라 한다)의 허가를 받아야 한다. 허가받은 사항 중 산업통상자원부령으로 정하는 중요 사항을 변경하려는 경우에도 또한 같다.(2020.2.4 전단개정)
② 제1항에도 불구하고 대통령령으로 정하는 종류 및 규모 이하의 고압가스를 제조하려는 자는 산업통상자원부령으로 정하는 바에 따라 시장·군수 또는 구청장에게 신고하여야 한다. 신고한 사항 중 산업통상자원부령으로 정하는 중요 사항을 변경하려는 경우에도 또한 같다.
(2013.3.23 본항개정)
③ 시장·군수 또는 구청장은 제2항에 따른 신고를 받은 날부터 2일 이내에 신고수리 여부를 신고인에게 통지하여야 한다.(2018.3.20 본항신설)
④ 시장·군수 또는 구청장이 제3항에서 정한 기간 내에 신고수리 여부 또는 민원 처리 관련 법령에 따른 처리기간의 연장을 신고인에게 통지하지 아니하면 그 기간(민원 처리 관련 법령에 따라 처리기간이 연장 또는 재연장된 경우에는 해당 처리기간을 말한다)이 끝난 날의 다음 날에 신고를 수리한 것으로 본다.(2018.3.20 본항신설)
⑤ 저장소를 설치하려는 자 또는 고압가스를 판매하려는 자는 그 저장소나 판매소마다 시장·군수 또는 구청장의 허가를 받아야 한다. 허가받은 사항 중 산업통상자원부령으로 정하는 중요 사항을 변경하려는 경우에도 또한 같다.(2013.3.23 후단개정)
⑥ 제1항과 제5항에 따른 허가의 종류 및 기준과 대상범위는 대통령령으로 정하고, 고압가스의 제조·저장 및 판매에 필요한 시설기준과 기술기준은 산업통상자원부령으로 정한다.(2018.3.20 본항개정)
⑦ 제1항부터 제5항까지의 규정에 따른 허가를 하거나 신고를 받은 관청은 7일 이내에 그 허가 또는 신고 사항을 관할 소방서장에게 알려야 한다.(2018.3.20 본항개정)
제5조【용기·냉동기 및 특정설비의 제조등록 등】 ① 용기·냉동기 또는 특정설비(이하 "용기등"이라 한다)를 제조하려는 자는 시장·군수 또는 구청장에게 등록하여야 한다. 등록한 사항 중 산업통상자원부령으로 정하는 중요사항을 변경하려는 경우에도 또한 같다.(2013.3.23 후단개정)
② 제1항에 따른 등록의 기준과 대상범위는 대통령령으로 정하고, 용기등의 제조에 필요한 시설기준과 기술기준은 산업통상자원부령으로 정한다.(2013.3.23 본항개정)
③ 다음 각 호의 어느 하나에 해당하는 자가 아니면 용기등의 수리를 하여서는 아니 된다.
1. 제4조에 따라 고압가스의 제조허가를 받은 자
2. 제1항에 따라 용기등의 제조등록을 한 자
3. 제35조에 따라 지정을 받은 용기등의 검사기관
4. 「액화석유가스의 안전관리 및 사업법」 제5조에 따라 액화석유가스 충전사업의 허가를 받은 자(2015.1.28 본호개정)
5. 「자동차관리법」 제53조에 따라 자동차관리사업(자동차정비업만을 말한다)의 등록을 한 자로서 자동차의 액화석유가스용기에 부착된 용기부속품의 수리에 필요한 잔류가스의 회수장치를 갖춘 자
6. 제1호부터 제5호까지의 규정에 준하는 자로서 대통령령으로 정하는 자
(2014.1.21 본항신설)
④ 용기등의 소유자나 점유자가 용기등을 수리하려면 제3항 각 호의 어느 하나에 해당하는 자로 하여금 수리하게 하여야 한다.(2014.1.21 본항개정)
⑤ 제3항 각 호의 어느 하나에 해당하는 자가 용기등을 수리하는 경우 용기등의 종류별로 대통령령으로 정하는 구분에 따라 일정 자격을 갖춘 자로 하여금 감독하도록 하여야 한다.(2014.1.21 본항신설)
⑥ 용기등의 수리기준 및 수리범위는 산업통상자원부령으로 정한다.(2014.1.21 본항개정)
제5조의2【외국용기등의 제조등록】 ① 외국에서 국내로 수출하기 위하여 용기등을 제조하려는 자는 산업통상자원부장관에게 등록하여야 한다. 등록한 사항 중 산업통상자원부령으로 정하는 중요 사항을 변경하려는 경우에도 또한 같다.
② 제1항에 따라 등록한 자(이하 "외국용기등 제조자"라 한다)는 산업통상자원부령으로 정하는 기간마다 정기적으로 재등록을 하여야 한다.
③ 제1항에 따른 등록이나 제2항에 따른 재등록을 하려는 자의 기술 능력 등 등록의 기준과 대상범위는 대통령령으로 정하고, 용기등의 제조에 필요한 시설기준과 기술기준, 그 밖에 등록에 필요한 사항은 산업통상자원부령으로 정한다.
(2013.3.23 본조개정)
제5조의3【고압가스 수입업자의 등록】 ① 고압가스의 수입을 업(業)으로 하려는 자는 시장·군수 또는 구청장에게 등록하여야 한다. 등록한 사항 중 산업통상자원부령으로 정하는 중요 사항을 변경하려는 경우에도 또한 같다.
② 제1항에 따른 등록의 기준과 대상범위는 대통령령으로 정하고, 수입업의 영위(營爲)에 필요한 시설기준과 기술기준은 산업통상자원부령으로 정한다.
(2013.3.23 본조개정)
제5조의4【고압가스 운반자의 등록】 ① 고압가스 운반차량을 이용하여 고압가스를 운반하려는 자는 시장·군수 또는 구청장에게 등록하여야 한다. 등록한 사항 중 산업통상자원부령으로 정하는 중요 사항을 변경하려는 경우에도 또한 같다.
② 제1항에 따른 등록의 기준과 대상범위는 대통령령으로 정하고, 고압가스 운반차량에 필요한 시설기준과 기술기준은 산업통상자원부령으로 정한다.
(2013.3.23 본조개정)
제6조【결격사유】 다음 각 호의 어느 하나에 해당하는 자는 제4조에 따른 허가를 받거나 제5조, 제5조의3 및 제5조의4에 따른 등록 또는 제4조에 따른 신고를 할 수 없다. 다만, 고압가스를 제조하려는 자 중 냉동기를 사용하여 고압가스를 제조하려는 자와 저장소를 설치하려는 자에 대하여는 그러하지 아니하다.(2018.3.20 본문개정)
1. 피성년후견인(2014.1.21 본호개정)
2. 파산선고를 받고 복권되지 아니한 자
3. 「형법」 제172조, 제172조의2, 제173조, 제173조의2, 제174조(제164조제1항, 제165조 및 제166조제1항의 미수범은 제외한다), 제175조(제164조제1항, 제165조 및 제166조제1항의 죄를 범할 목적으로 예비하거나 음모한 자는 제외한다), 「액화석유가스의 안전관리 및 사업법」, 「도시가스사업법」 또는 이 법을 위반하여 징역 이상의 실형(實刑)을 선고받고 그 집행이 끝나거나(집행이 끝난 것으로 보는 경우를 포함한다) 집행이 면제된 날부터 2년이 지나지 아니한 자
4. 「형법」 제172조, 제172조의2, 제173조, 제173조의2, 제174조(제164조제1항, 제165조 및 제166조제1항의 미수범은 제외한다), 제175조(제164조제1항, 제165조 및 제166조제1항의 죄를 범할 목적으로 예비하거나 음모한 자는 제외한다), 「액화석유가스의 안전관리 및 사업법」, 「도시가스사업법」 또는 이 법을 위반하여 징역 이상의 형(刑)의 집행유예를 선고받고 그 유예 기간 중에 있는 자
5. 제9조에 따라 허가나 등록이 취소되거나 영업장이 폐쇄(제1호 또는 제2호의 결격사유에 해당하여 허가나 등록이 취소되거나 영업장이 폐쇄된 경우는 제외한다)된 후 2년이 지나지 아니한 자(2018.3.20 본호개정)
6. 대표자가 제1호부터 제5호까지의 규정 중 어느 하나에 해당하는 법인
(2007.12.21 본조개정)
제7조【사업 개시 등의 신고】 제4조에 따른 허가를 받거나 신고를 한 자나 제5조, 제5조의3 및 제5조의4에 따른 등록을 한 자(이하 "사업자등"이라 한다)는 그 사업 또는 저장소의 사용을 시작하거나 일정 기간 중단하거나 폐지하려면 산업통상자원부령으로 정하는 바에 따라 미리 제4조에 따른 허가를 한 관청(이하 "허가관청"이라 한다), 신고를 받은 관청(이하 "신고관청"이라 한다) 또는 제5조, 제5조의3 및 제5조의4에 따른 등록을 받은 관청(이하 "등록관청"이라 한다)에 신고하여야 한다. 일정 기간 중단한 사업 또는 저장소의 사용을 재개(再開)하려는 경우에도 또한 같다.(2013.3.23 전단개정)
제8조【승계】 ① 사업자등이 사망하거나 그 사업 또는 저장소를 양도한 때와 법인인 사업자등이 합병한 때에는 그 사업 또는 저장소의 상속인·양수인 또는 합병 후 존속하는 법인과 합병에 따라 설립된 법인은 그 사업자등의 지위를 승계(承繼)한다.
② 제1항에 따라 사업자등의 지위를 승계한 자는 산업통상자원부령으로 정하는 바에 따라 허가관청·신고관청 또는 등록관청에 신고하여야 한다.(2013.3.23 본항개정)
③ 제1항에 따른 승계자에 관하여는 제6조를 준용한다. 이 경우 "허가"를 "승계"로 본다.
(2007.12.21 본조개정)
제9조【허가·등록의 취소 등】 ① 허가관청, 등록관청 또는 신고관청은 사업자등이 다음 각 호의 어느 하나에 해당하면 그 허가나 등록을 취소하거나 그 사업자등에게 영업장 폐쇄(신고한 사업자에 한정한다. 이하 이 조에서 같다) 또는 6개월 이내의 기간을 정하여 그 사업의 정지나 제한 또는 저장소의 사용 정지나 사용 제한을 명할 수 있다. 다만, 제1호, 제3호, 제5호 또는 제43호에 해당하는 경우에는 그 허가나 등록을 취소하거나 영업장 폐쇄를 명하여야 한다.(2018.3.20 본문개정)
1. 거짓이나 그 밖의 부정한 방법으로 제4조제1항 또는 제5항에 따른 허가를 받거나 같은 조 제2항에 따른 신고를 한 경우 또는 제5조, 제5조의3 또는 제5조의4에 따른 등록을 한 경우(2018.3.20 본호개정)
2. 허가를 받은 날이나 등록을 한 날부터 정당한 사유 없이 1년 이내에 그 사업 또는 저장소의 사용을 시작하지 아니하거나 1년 이상 계속하여 그 사업 또는 저장소의 사용을 중단한 경우
3. 고의나 과실로 공중(公衆)이나 사용자에게 현저히 위해(危害)를 미치게 한 경우
4. 제4조에 따른 허가기준에 미달하게 되거나 제5조, 제5조의3 또는 제5조의4에 따른 등록기준에 미달하게 된 경우
5. 제6조 각 호의 어느 하나에 해당하게 된 경우. 다만, 법인의 대표자가 그 사유에 해당하게 된 경우로서 3개월 이내에 대표자를 바꾸어 임명한 경우와 피상속인이 사망한 날부터 6개월 이내에 상속인이 다른 사람에게 그 사업을 양도하는 경우는 제외한다.
6. 제10조제1항을 위반하여 안전점검을 하지 아니하거나 위해 예방에 필요한 사항을 계도(啓導)하지 아니한 경우
7. 제10조제2항을 위반하여 시설을 개선하도록 하지 아니한 경우
8. 제10조제3항을 위반하여 고압가스의 공급을 중지하지 아니하거나 공급 중지 사실을 신고하지 아니한 경우
9. 제10조제4항에 따른 개선 명령을 위반한 경우
10. 제10조제5항에 따른 안전점검자의 자격·인원, 점검장비, 점검기준 등이 기준에 미달한 경우
11. 제11조제1항을 위반하여 안전관리규정을 제출하지 아니한 경우
12. 제11조제3항을 위반하여 제조공정·자체검사방법 등을 안전관리규정에 포함시키지 아니한 경우
13. 제11조제4항에 따른 변경 명령을 위반한 경우
14. 제11조제5항을 위반하여 안전관리규정을 지키지 아니하거나 그 실시기록을 작성·보존하지 아니한 경우
15. 제11조의2를 위반하여 표시를 하지 아니한 경우
16. 제13조제1항을 위반하여 시설기준과 기술기준을 준수하지 아니한 경우(2020.2.4 본호개정)
17. 제13조제2항을 위반하여 점검기준에 맞지 아니한 용기에 충전한 경우
18. 제13조제4항을 위반하여 용기를 안전하게 유지·관리하지 아니한 경우
18의2. 제13조제5항을 위반하여 충전·판매 기록을 작성·보존하지 아니한 경우(2014.1.21 본호신설)
19. 제13조의2제2항에 따른 변경 명령을 위반한 경우
20. 제13조의2제3항을 위반하여 안전성향상계획을 충실히 이행하지 아니한 경우
21. 제15조제1항을 위반하여 안전관리자를 선임하지 아니한 경우
22. 제15조제3항을 위반하여 신고하지 아니하거나 다른 안전관리자를 선임하지 아니한 경우
23. 제15조제4항을 위반하여 대리자를 지정하여 그 업무를 대행하게 하지 아니한 경우
24. 제15조제5항에 따른 안전관리자의 권고에 따르지 아니한 경우
25. 제16조제1항을 위반하여 중간검사를 받지 아니한 경우
26. 제16조제2항을 위반하여 감리를 받지 아니한 경우
27. 제16조제3항을 위반하여 완성검사에 합격하지 아니하고 시설을 사용한 경우
28. 제16조제4항 후단을 위반하여 정하여진 기간 이내에 그 사용방법에 따라 사용하지 아니한 경우
29. 제16조제5항을 위반하여 시공기록 및 완공도면을 작성·보존하지 아니한 경우
30. 제16조의2제1항을 위반하여 검사를 받지 아니한 경우
31. 제16조의3제1항을 위반하여 정밀안전검진을 정기적으로 받지 아니한 경우
32. 제17조제1항을 위반하여 검사를 받지 아니한 경우
33. 제17조제2항을 위반하여 재검사를 받지 아니한 경우

34. 제17조제5항을 위반하여 검사나 재검사를 받지 아니하고 용기등을 양도·임대 또는 사용하거나 판매를 목적으로 진열한 경우
35. 제17조제7항을 위반하여 용기등을 제조하거나 수입하는 사실을 알리지 아니한 경우
36. 제18조제2항 또는 제3항에 따른 회수등의 명령을 위반한 경우(2009.5.21 본호개정)
36의2. 제18조의2제3항을 위반하여 품질기준에 맞지 아니한 고압가스를 판매 또는 인도하거나 판매 또는 인도할 목적으로 저장·운송 또는 보관한 경우
36의3. 제18조의3제1항에 따른 품질검사를 받지 아니하거나 같은 조 제2항에 따른 품질검사를 거부·방해·기피한 경우
(2015.1.28 36호의2~36호의3신설)
36의4. 제20조제6항을 위반하여 특정고압가스를 공급할 때 같은 항 각 호의 사항을 확인하지 아니한 경우
36의5. 제20조제7항을 위반하여 특정고압가스 공급을 중지하지 아니하거나 공급 중지 사실을 신고하지 아니한 경우
(2018.12.11 36호의4~36호의5신설)
37. 제22조제1항을 위반하여 산업통상자원부령으로 정하는 기준에 따르지 아니한 경우(2013.3.23 본호개정)
38.~39. (2011.5.24 삭제)
40. 제24조제1항에 따른 조치 명령을 위반한 경우
41. 제24조제2항에 따른 이전·사용정지·제한·폐기 명령을 위반한 경우
42. 제25조제1항을 위반하여 보험에 가입하지 아니한 경우
43. 사업의 정지나 제한 또는 저장소의 사용 정지나 사용제한 기간 중에 사업을 하거나 저장소를 사용한 경우
(2018.3.20 본호신설)
② 제1항에 따른 위반행위별 처분기준은 그 사유와 위반 정도를 고려하여 산업통상자원부령으로 정한다.
(2013.3.23 본항개정)
(2007.12.21 본조개정)

제9조의2【과징금】 ① 허가관청이나 등록관청은 제9조에 따라 사업 또는 저장소 사용의 정지나 제한을 명하여야 할 경우 그 처분을 갈음하여 4천만원 이하의 과징금을 부과할 수 있다.(2015.1.28 본항개정)
② 제1항에 따라 과징금을 부과하는 위반행위의 종류와 위반 정도에 따른 과징금의 금액과 그 밖에 필요한 사항은 대통령령으로 정한다.
③ 제1항에 따른 과징금을 그 기한까지 내지 아니하면 허가관청이나 등록관청이 「지방행정제재·부과금의 징수 등에 관한 법률」에 따라 징수한다.(2020.3.24 본항개정)
(2007.12.21 본조개정)

제9조의3【외국용기등 제조자의 등록취소 등】 산업통상자원부장관은 외국용기등 제조자가 제5조의2제2항에 따라 재등록을 한 자가 다음 각 호의 어느 하나에 해당하면 그 등록을 취소하거나 6개월 이내의 기간을 정하여 용기등의 국내 수입을 제한할 수 있다.(2013.3.23 본문개정)
1. 거짓이나 그 밖의 부정한 방법으로 제5조의2에 따른 등록을 한 경우
2. 제5조의2에 따른 등록기준에 미달하게 된 경우
3. 제11조의2 및 제17조제1항을 위반한 경우
4. 제17조제7항을 위반하여 용기등을 제조하거나 수입하는 사실을 알리지 아니한 경우
5. 제18조제2항 또는 제3항에 따른 회수등의 명령을 위반한 경우(2009.5.21 본호개정)
(2007.12.21 본조개정)

제10조【공급자의 의무 등】 ① 제4조제1항·제2항에 따라 고압가스의 제조허가를 받거나 제조신고를 한 자(이하 "고압가스제조자"라 한다) 또는 같은 조 제5항에 따라 고압가스의 판매허가를 받은 자(이하 "고압가스판매자"라 한다)가 고압가스를 수요자에게 공급할 때에는 그 수요자의 시설에 대하여 안전점검을 하여야 하며, 산업통상자원부령으로 정하는 바에 따라 수요자에게 위해 예방에 필요한 사항을 계도하여야 한다.(2018.3.20 본항개정)
② 고압가스제조자나 고압가스판매자는 제1항에 따른 안전점검을 한 결과 수요자의 시설 중 개선되어야 할 사항이 있다고 판단되면 그 수요자에게 그 시설을 개선하도록 하여야 한다.
③ 고압가스제조자나 고압가스판매자는 고압가스의 수요자가 그 시설을 개선하지 아니하면 그 수요자에 대한 고압가스의 공급을 중지하고 지체 없이 그 사실을 시장·군수 또는 구청장에게 신고하여야 한다.
④ 제3항에 따라 신고를 받은 시장·군수 또는 구청장은 고압가스의 수요자에게 그 시설의 개선을 명하여야 한다.
⑤ 제1항에 따른 안전점검에 필요한 점검자의 자격·인원, 점검장비, 점검기준 등은 산업통상자원부령으로 정한다.
(2013.3.23 본항개정)
(2007.12.21 본조개정)

제11조【안전관리규정】 ① 사업자등은 그 사업의 개시(開始)나 저장소의 사용 전에 고압가스의 제조·저장·판매의 시설 또는 용기등의 제조시설의 안전유지에 관하여 산업통상자원부령으로 정하는 사항을 포함한 안전관리규정을 정하고 이를 허가관청·신고관청 또는 등록관청에 제출하여야 한다. 이 경우 제28조에 따른 한국가스안전공사의 의견서를 첨부하여야 한다.(2013.3.23 전단개정)
② 대통령령으로 정하는 사업자등은 경영방침, 조직관리, 자료·정보관리, 시설관리, 종업원 안전교육 등 전체 경영활동에서 안전을 우선으로 하고 이를 통하여 종합적으로 안전이 확보될 수 있도록 하기 위하여 필요한 사항을 제1항에 따른 안전관리규정에 포함시켜야 한다.
③ 제5조에 따른 등록을 한 자는 용기등의 제조공정·자체검사방법 등을 제1항에 따른 안전관리규정에 포함시켜야 한다.
④ 허가관청·신고관청 또는 등록관청은 안전 확보를 위하여 필요하다고 인정하면 제1항에 따른 안전관리규정의 변경을 명할 수 있다.
⑤ 제1항에 따른 안전관리규정을 제출한 자와 그 종사자는 안전관리규정을 지키고, 그 실시기록을 작성·보존하여야 한다.
⑥ 허가관청·신고관청 또는 등록관청은 산업통상자원부령으로 정하는 바에 따라 사업자등 및 그 종사자가 제1항에 따른 안전관리규정을 지키고 있는지를 확인하고 이를 평가하여야 한다.(2013.3.23 본항개정)
⑦ 제1항에 따른 안전관리규정의 작성요령과 제28조에 따른 한국가스안전공사의 의견표시방법은 산업통상자원부령으로 정한다.(2013.3.23 본항개정)
(2007.12.21 본조개정)

제11조의2【용기등의 표시】 용기등을 제조·수입하는 자(외국용기등 제조자를 포함한다)는 그 용기등에 제조일자, 제조자 등 산업통상자원부령으로 정하는 표시를 하여야 한다.(2013.3.23 본조개정)

제12조 (1999.2.8 삭제)

제13조【시설·용기의 안전유지】 ① 사업자등은 제4조제6항, 제5조제2항, 제5조의3제2항 또는 제5조의4제2항에 따른 시설기준과 기술기준을 준수하여야 한다.
(2020.2.4 본항개정)
② 고압가스제조자가 고압가스를 용기에 충전하려면 산업통상자원부령으로 정하는 바에 따라 미리 용기의 안전을 점검한 후 점검기준에 맞는 용기에 충전하여야 한다.
(2013.3.23 본항개정)
③ (1999.2.8 삭제)
④ 고압가스제조자나 고압가스판매자는 산업통상자원부령으로 정하는 바에 따라 용기를 안전하게 유지·관리하여야 한다.(2013.3.23 본항개정)
⑤ 고압가스제조자가 용기에 고압가스를 충전하거나, 고압가스판매자가 용기에 충전된 고압가스를 판매하는 때에는 산업통상자원부령으로 정하는 바에 따라 그 충전·판매 기록을 작성·보존하여야 한다.(2014.1.21 본항신설)

제13조의2【안전성 평가 등】 ① 제11조제2항에 따른 사업자등은 산업통상자원부령으로 정하는 시설에 대하여 안전성 평가를 하고 안전성향상계획을 작성하여 대통령령으로 정하는 바에 따라 허가관청에 제출하거나 사무소에 갖추어 두어야 한다. 이 경우 안전성향상계획에는 제28조에 따른 한국가스안전공사의 의견서를 첨부하여야 한다.(2013.3.23 전단개정)
② 허가관청은 공공의 안전을 위하여 필요하다고 인정하면 제1항에 따른 안전성향상계획의 변경을 명할 수 있다.
③ 제1항에 따라 안전성향상계획을 작성·제출한 자는 이를 충실히 이행하여야 한다.
④ 제1항에 따라 안전성향상계획을 제출받은 허가관청은 7일 이내에 그 안전성향상계획 중 산업통상자원부령으로 정하는 사항을 관할 소방서장에게 제공하여야 한다.
(2015.1.28 본항신설)
⑤ 제1항에 따른 안전성 평가에 관한 기준과 그 밖에 필요한 사항은 산업통상자원부장관이 정한다.(2013.3.23 본항개정)
(2007.12.21 본조개정)

제14조 (1999.2.8 삭제)

제15조【안전관리자】 ① 사업자등과 제20조제4항에 따른 특정고압가스 사용신고자는 그 시설 및 용기등의 안전 확보와 위해 방지에 관한 직무를 수행하게 하기 위하여 사업 개시 전이나 특정고압가스의 사용 전에 안전관리자를 선임하여야 한다.(2009.5.21 본항개정)
② 다음 각 호의 어느 하나에 해당하는 자 중 대통령령으로 정하는 자와 제20조제4항에 따른 특정고압가스 사용신고자가 그 시설 및 용기등을 시설물 관리를 전문으로 하는 자에게 위탁하여 관리하게 하려면 그 시설 및 용기등의 관리업무를 위탁받은 자(이하 "수탁관리자"라 한다)는 제1항에 따른 안전관리자를 선임하여야 한다.
1. 고압가스제조자로서 냉동기를 사용하여 고압가스를 제조하는 자
2. 제4조제5항에 따라 저장소의 설치허가를 받은 자(이하 "고압가스저장자"라 한다)로서 비가연성·비독성 고압가스저장자(2018.3.20 본호개정)
(2009.5.21 본항개정)
③ 제1항이나 제2항에 따라 안전관리자를 선임한 자는 안전관리자를 선임 또는 해임하거나 안전관리자가 퇴직한 경우에는 지체 없이 이를 허가관청·신고관청·등록관청 또는 제20조제1항에 따른 신고를 받은 관청(이하 "사용신고관청"이라 한다)에 신고하고, 해임 또는 퇴직한 날부터 30일 이내에 다른 안전관리자를 선임하여야 한다. 다만, 그 기간 내에 선임할 수 없으면 허가관청·신고관청·등록관청 또는 사용신고관청의 승인을 받아 그 기간을 연장할 수 있다.
④ 제1항이나 제2항에 따라 안전관리자를 선임한 자는 다음 각 호의 어느 하나에 해당하는 경우에는 대통령령으로 정하는 바에 따라 대리자를 지정하여 일시적으로 안전관리자의 직무를 대행하게 하여야 한다.(2016.12.2 본문개정)
1. 안전관리자가 여행·질병이나 그 밖의 사유로 일시적으로 그 직무를 수행할 수 없는 경우
2. 안전관리자의 해임 또는 퇴직과 동시에 다른 안전관리자가 선임되지 아니한 경우
(2016.12.2 1호~2호신설)
⑤ 안전관리자는 그 직무를 성실히 수행하여야 하며 그 사업자등, 제20조제4항에 따른 특정고압가스 사용신고자, 수탁관리자 및 종사자는 안전관리자의 안전에 관한 의견을 존중하고 권고에 따라야 한다.
⑥ 허가관청·신고관청·등록관청 또는 사용신고관청은 안전관리자가 그 직무를 성실히 수행하지 아니하면 그 안전관리자를 선임한 사업자등, 제20조제4항에 따른 특정고압가스 사용신고자 또는 수탁관리자에게 그 안전관리자의 해임을 요구할 수 있다.
⑦ 허가관청·신고관청·등록관청 또는 사용신고관청은 제6항에 따라 안전관리자의 해임을 요구하면 그 안전관리자에 대하여 「국가기술자격법」에 따른 기술자격의 취소나 정지를 하여 줄 것을 산업통상자원부장관에게 요청할 수 있다.(2013.3.23 본항개정)
⑧ 안전관리자의 종류·자격·인원·직무범위 및 안전관리자의 대리자의 대행 기간과 그 밖에 필요한 사항은 대통령령으로 정한다.
(2007.12.21 본조개정)

제16조【검사 등】 ① 제4조에 따른 허가를 받거나 신고를 한 자 또는 제5조의3에 따른 등록을 한 자가 고압가스의 제조·저장·판매 또는 수입시설의 설치공사나 변경공사를 할 때에는 산업통상자원부령으로 정하는 바에 따라 그 공사의 공정별(工程別)로 허가관청이나 신고관청의 중간검사를 받아야 한다.(2013.3.23 본항개정)
② 고압가스제조자 중 대통령령으로 정하는 종류와 규모 이상의 고압가스제조자가 제1항에 따른 고압가스 제조시설의 설치공사나 변경공사를 할 때에 제조소 경계 밖의 지하에 고압가스배관의 설치공사나 변경공사를 하는 경우에는 허가관청이나 신고관청의 감리(監理)를 받아야 한다.
③ 사업자등이 고압가스의 제조·저장·판매·수입의 시설이나 용기등의 제조시설의 설치공사 또는 변경공사를 완공한 때에는 그 시설을 사용하기 전에 허가관청·신고관청 또는 등록관청의 완성검사를 받고 합격한 후에 이를 사용하여야 한다. 다만, 제2항에 따라 감리를 받은 시설은 완성검사를 갈음하여 감리적합판정을 받아야 한다.
④ 허가관청·신고관청 또는 등록관청은 제2항과 제3항에도 불구하고 다음 각 호의 어느 하나에 해당하는 경우에는 사용방법과 기간을 정하여 해당 시설을 임시로 사용하게 할 수 있다. 이 경우 고압가스의 제조·저장 또는 판매시설은 정하여진 기간 이내로 제한하여 그 사용방법에 따라 사용하여야 한다.(2010.4.12 전단개정)
1. 제2항과 제3항에 따른 감리나 완성검사를 한 결과, 산업통상자원부령으로 정하는 경미한 사항이 미비된 경우(2013.3.23 본호개정)
2. 고압가스 제조시설의 설치공사 중 설치가 완료되어 사용이 가능한 일부 시설에 대한 완성검사(이하 "부분완성검사"라 한다)에 합격한 경우 또는 부분완성검사를 한 결과, 제1호의 산업통상자원부령으로 정하는 경미한 사항이 미비된 경우(2013.3.23 본호개정)
⑤ 제2항에 따른 고압가스제조자는 지하 배관의 설치공사나 변경공사를 완공하면 산업통상자원부령으로 정하는 바에 따라 그 시공기록과 완공도면(전산보조기억장치에 입력되어 있으면 그 입력된 자료로 할 수 있다)을 작성·보존하여야 한다.(2013.3.23 본항개정)
⑥ 제1항부터 제3항까지의 규정에 따른 중간검사·감리 및 완성검사의 기준과 그 밖에 감리와 검사에 필요한 사항은 산업통상자원부령으로 정한다.(2013.3.23 본항개정)
(2007.12.21 본조개정)

제16조의2【정기검사 및 수시검사】 ① 제4조에 따른 허가를 받은 자(고압가스판매자 중 용기에 의한 고압가스판매자는 제외한다)나 신고를 한 자 또는 제5조의3에 따라 등록을 한 자는 산업통상자원부령으로 정하는 바에 따라 정기적으로 또는 수시로 허가관청·신고관청 또는 등록관청의 검사를 받아야 한다. 다만, 대통령령으로 정하는 자에 대하여는 정기검사의 전부 또는 일부를 면제할 수 있다.
② 제1항에 따른 정기검사 및 수시검사의 대상과 기준, 그 밖에 검사에 필요한 사항은 산업통상자원부령으로 정한다.
(2013.3.23 본조개정)

제16조의3【정밀안전검진의 실시】 ① 고압가스제조자는 고압가스제조시설로서 산업통상자원부령으로 정하는 종류와 규모에 해당되는 노후시설에 대하여 가스안전관리 전문기관으로서 대통령령으로 정하는 기관으로부터 4년의 범위에서 산업통상자원부령으로 정하는 기간마다 정밀안전검진을 정기적으로 받아야 한다.

② 제1항에 따른 정밀안전검진의 절차와 기준 등 그 실시에 필요한 사항은 산업통상자원부령으로 정한다.
(2013.3.23 본조개정)

제17조【용기등의 검사】 ① 용기등을 제조·수리 또는 수입한 자(외국용기등 제조자를 포함한다)는 그 용기등을 판매하거나 사용하기 전에 산업통상자원부장관, 시장·군수 또는 구청장의 검사를 받아야 한다. 다만, 대통령령으로 정하는 용기등에 대하여는 그 검사의 전부 또는 일부를 생략할 수 있다.(2013.3.23 본문개정)

② 제1항에 따른 검사를 받은 후 용기나 특정설비가 다음 각 호의 어느 하나에 해당하게 되면 용기나 특정설비의 소유자는 그 용기나 특정설비에 대하여 시장·군수 또는 구청장의 재검사를 받아야 한다. 다만, 제4조제1항에 따른 허가를 받은 자로서 자체검사의 실적이 우수하고 그 밖에 대통령령으로 정하는 기준에 맞는 자의 특정설비가 제1호에 해당하는 경우에는 대통령령으로 정하는 바에 따라 그에 대한 재검사의 전부 또는 일부를 면제할 수 있다.(2009.5.21 본문개정)

1. 산업통상자원부령으로 정하는 기간의 경과(2013.3.23 본호개정)
2. 손상의 발생
3. 합격표시의 훼손
4. 충전할 고압가스 종류의 변경

③ 시장·군수 또는 구청장은 제1항이나 제2항에 따른 검사나 재검사에 불합격한 용기나 특정설비는 산업통상자원부령으로 정하는 바에 따라 파기(破棄)하여야 한다. 다만, 특정설비는 산업통상자원부령으로 정하는 바에 따라 수리하여 제1항이나 제2항에 따른 검사를 다시 받도록 할 수 있다.(2013.3.23 본항개정)

④ 시장·군수 또는 구청장은 제1항이나 제2항에 따른 검사에 합격한 용기등에는 산업통상자원부령으로 정하는 바에 따라 필요한 사항을 각인(刻印)하거나 표시하여야 한다.(2013.3.23 본항개정)

⑤ 제1항이나 제2항에 따라 검사나 재검사를 받아야 할 용기등으로서 검사나 재검사를 받지 아니한 경우에는 이를 양도·임대 또는 사용(가스를 충전하는 행위를 포함한다)하거나 판매할 목적으로 진열하여서는 아니 된다.
(2015.1.28 본항개정)

⑥ 시장·군수 또는 구청장은 산업통상자원부령으로 정하는 용기등이 제1항이나 제2항에 따른 검사나 재검사에 합격하면 합격증명서를 교부하여야 한다.(2013.3.23 본항개정)

⑦ 제1항 단서에 따라 용기등에 대한 검사의 전부가 생략되는 용기등을 제조하거나 수입하는 자는 산업통상자원부령으로 정하는 바에 따라 시장·군수 또는 구청장에게 그 사실을 알려야 한다.(2013.3.23 본항개정)

⑧ 제1항과 제2항에 따른 검사 및 재검사의 기준과 기간, 그 밖에 필요한 사항은 산업통상자원부령으로 정한다.
(2013.3.23 본항개정)
(2007.12.21 본조개정)

제18조【용기등의 품질보장 등】 ① 산업통상자원부장관은 용기의 안전성 확보를 위하여 필요하다고 인정하면 용기의 종류를 지정하여 그 용기의 제조자(제5조의2에 따라 등록한 용기 제조자를 포함한다)에게 「산업표준화법」 제15조에 따른 인증을 받아 용기를 판매하게 할 수 있다.(2013.3.23 본항개정)

② 산업통상자원부장관과 시장·군수 또는 구청장은 용기등의 안전관리를 위하여 필요하다고 인정하면 산업통상자원부령으로 정하는 유통 중인 용기등을 수집하여 검사를 하고, 검사 결과 중대한 결함이 있다고 인정되면 그 용기등의 제조자 또는 수입자(외국용기등 제조자를 포함한다. 이하 제3항에서 같다)에게 회수·교환·환불 및 그 사실의 공표(이하 "회수등"이라 한다)를 명할 수 있다.
(2013.3.23 본항개정)

③ 산업통상자원부장관은 다음 각 호의 어느 하나에 해당하는 경우 제2항에 따른 수집검사를 하지 아니하고 그 용기등의 제조자 또는 수입자에게 회수등을 명할 수 있다.(2013.3.23 본문개정)

1. 제26조의2제2항에 따라 가스사고조사위원회가 유사한 사고의 재발 방지를 위하여 용기등에 대한 회수등의 조치가 필요하다고 권고 또는 건의하는 경우
2. 유통 중인 용기등에서 공공의 안전에 위해를 일으킬 수 있는 명백하고 중대한 결함이 발견되어 긴급하게 용기등에 대한 회수등의 조치가 필요한 경우

(2009.5.21 본항신설)

④ 제2항 또는 제3항에 따른 용기등의 수집방법, 회수등의 절차 및 방법은 산업통상자원부령으로 정한다.
(2013.3.23 본항개정)

제18조의2【고압가스의 품질유지】 ① 산업통상자원부장관은 고압가스의 적정한 품질을 확보하기 위하여 필요한 경우 냉매로 사용되는 가스 등 대통령령으로 정하는 종류의 고압가스에 대한 품질기준을 정할 수 있다.

② 산업통상자원부장관은 제1항에 따라 정한 고압가스의 품질기준을 고시하여야 한다.

③ 고압가스제조자, 고압가스판매자 및 고압가스 수입업자는 제1항에 따른 품질기준에 맞도록 고압가스의 품질을 유지하여야 하며, 품질기준에 미달되는 고압가스임을 알고 판매 또는 인도하거나 판매 또는 인도할 목적으로 저장·운송 또는 보관하여서는 아니 된다.
(2015.1.28 본조신설)

제18조의3【고압가스의 품질검사】 ① 고압가스제조자 및 고압가스 수입업자는 고압가스를 판매하거나 인도하려는 경우 고압가스가 제18조의2제1항에 따른 품질기준에 맞는지를 확인하기 위하여 대통령령으로 정하는 고압가스 품질검사기관으로부터 품질검사를 받아야 한다.

② 산업통상자원부장관, 시장·군수 또는 구청장은 제18조의2제2항에 따라 품질기준이 고시된 고압가스의 품질유지를 위하여 필요하면 고압가스제조자, 고압가스판매자 및 고압가스 수입업자가 판매 또는 인도하거나 판매 또는 인도할 목적으로 저장·운송 또는 보관하고 있는 고압가스에 대하여 품질검사를 할 수 있다.

③ 산업통상자원부장관은 제2항에 따른 품질검사 결과 해당 고압가스의 품질이 제18조의2제1항에 따른 품질기준에 맞지 아니한 경우에는 산업통상자원부령으로 정하는 바에 따라 위반사실을 공표할 수 있다.

④ 산업통상자원부장관은 제2항에 따라 품질검사를 하는 시장·군수 또는 구청장에게 품질검사에 드는 비용의 전부 또는 일부를 지원할 수 있다. 이 경우 품질검사에 드는 비용의 지원 방법 등은 산업통상자원부장관이 정하여 고시한다.

⑤ 제1항 및 제2항에 따른 품질검사의 방법과 절차, 제3항에 따른 공표절차에 필요한 사항은 산업통상자원부령으로 정한다.
(2015.1.28 본조신설)

제18조의4【안전설비의 인증】 ① 안전설비를 제조 또는 수입한 자는 그 안전설비를 판매하거나 사용하기 전에 「산업표준화법」 제15조에 따른 인증을 받아야 한다. 다만, 다른 법령에 따라 안정성에 관한 검사나 인증을 받은 안전설비 등 대통령령으로 정하는 안전설비에 대하여는 인증의 전부 또는 일부를 면제할 수 있다.

② 제1항에 따라 인증을 받아야 할 안전설비로서 인증을 받지 아니한 경우에는 이를 양도·임대 또는 사용하거나 판매할 목적으로 진열하여서는 아니 된다.
(2017.10.31 본조신설)

제19조 (1999.2.8 삭제)

제20조【사용신고 등】 ① 수소·산소·액화암모니아·아세틸렌·액화염소·천연가스·압축모노실란·압축디보레인·액화알진, 그 밖에 대통령령으로 정하는 고압가스(이하 "특정고압가스"라 한다)를 사용하려는 자로서 일정규모 이상의 저장능력을 가진 자 등 산업통상자원부령으로 정하는 자는 특정고압가스를 사용하기 전에 미리 시장·군수 또는 구청장에게 신고하여야 한다. 다만, 다음 각 호의 어느 하나에 해당하는 자로서 허가받은 내용이나 등록한 내용에 특정고압가스의 사용에 관한 사항이 포함되어 있으면 특정고압가스 사용의 신고를 한 것으로 본다.(2013.3.23 본문개정)

1. 제4조제1항에 따른 고압가스의 제조허가를 받은 자 또는 고압가스저장자(2009.5.21 본호개정)
2. 제5조에 따라 용기등의 제조등록을 한 자
3. 「자동차관리법」 제5조에 따라 자동차등록을 한 자

② 제1항 본문에 따른 신고를 받은 시장·군수 또는 구청장은 7일 이내에 그 신고사항을 관할 소방서장에게 알려야 한다.

③ 특정고압가스를 사용하는 자는 산업통상자원부령으로 정하는 시설기준과 기술기준에 맞도록 그 특정고압가스의 사용시설을 갖추어야 한다.(2013.3.23 본항개정)

④ 제1항에 따라 신고를 하거나 신고를 한 것으로 보는 자(이하 "특정고압가스 사용신고자"라 한다)가 특정고압가스의 사용시설의 설치나 변경공사를 완공하면 그 시설의 사용 전에 신고를 받은 관청의 완성검사를 받아야 하며, 정기적으로 신고를 받은 관청의 정기검사를 받아야 한다.

⑤ 제4항에 따른 완성검사 및 정기검사의 기준과 기간, 그 밖에 필요한 사항은 산업통상자원부령으로 정한다.
(2013.3.23 본항개정)

⑥ 고압가스제조자나 고압가스판매자가 특정고압가스를 공급할 때에는 다음 각 호의 사항을 확인하여야 한다.

1. 특정고압가스를 사용하는 자가 제1항에 따른 신고를 하여야 하는 자인지 여부
2. 특정고압가스 사용신고자의 사용시설이 제4항에 따른 완성검사 및 정기검사를 받았는지 여부

(2018.12.11 본항신설)

⑦ 고압가스제조자나 고압가스판매자가 제6항에 따른 확인을 한 결과 특정고압가스를 사용하는 자가 제1항에 따른 신고를 하지 아니하거나 제4항에 따른 사용시설의 완성검사 및 정기검사를 받지 아니한 경우에는 특정고압가스의 공급을 중지하고 지체 없이 그 사실을 시장·군수 또는 구청장에게 신고하여야 한다.(2018.12.11 본항신설)

⑧ 시장·군수 또는 구청장, 경찰서장이나 소방서장은 특정고압가스를 사용하는 자가 이 법 또는 이 법에 따른 명령을 위반하여 위해를 발생시킬 우려가 있다고 인정하면 특정고압가스의 사용을 일시 금지하거나 특정고압가스의 사용시설을 봉인(封印) 또는 임시 영치(領置)할 수 있다.(2009.5.21 본항개정)
(2007.12.21 본조개정)

[판례] 특정고압가스 사용신고 의무자의 의미 : 제20조제1항은 특정고압가스를 사용하려는 자로서 일정 규모 이상의 저장능력을 가진 자는 특정고압가스를 사용하기 전에 미리 시장·군수 또는 구청장에게 신고하여야 한다고 규정하고 있다. 위 규정의 문언 내용, 입법 목적, 관련 조문 체계 및 형벌법규 엄격해석의 원칙 등에 비추어 보면, 위 규정에 따라 특정고압가스 사용에 관한 신고의무를 부담하는 자는 특정고압가스를 충전·저장하기 위한 설비를 직접 점유·관리하면서 특정고압가스를 직접 사용하려는 자를 말한다.(대판 2009.8.20, 2009도4799)

제21조【수입신고】 고압가스를 수입하려는 자는 산업통상자원부령으로 정하는 바에 따라 수입품목과 수량 등을 시장·군수 또는 구청장에게 미리 또는 수입 후 30일 이내에 신고하여야 한다. 다만, 일정한 용량 미만이거나 다른 법령에 따라 수입 현황이 파악되는 경우로서 산업통상자원부령으로 정하는 경우에는 그러하지 아니하다.
(2013.3.23 본조개정)

제22조【운반 등】 ① 고압가스를 양도·양수·운반 또는 휴대할 때에는 산업통상자원부령으로 정하는 기준에 따라야 한다.(2013.3.23 본항개정)

② 허가관청이나 경찰서장은 제1항에 따른 기준에 위반된 고압가스의 양도·양수·운반·휴대를 금지 또는 제한하거나 고압가스를 임시 영치할 수 있다.
(2007.12.21 본조개정)

제22조의2【상세기준】 ① 제33조의2에 따른 가스기술기준위원회는 다음 각 호의 어느 하나에 해당하는 기준의 범위에서 그 기준을 충족하는 상세한 규격, 특정한 수치 및 특정한 시험방법 등을 세부적으로 규정한 기준(이하 "상세기준"이라 한다)을 정할 수 있다.

1. 제4조제6항에 따른 고압가스의 제조·저장 및 판매에 필요한 시설기준과 기술기준(2018.3.20 본호개정)
2. 제5조제2항에 따른 용기등의 제조에 필요한 시설기준과 기술기준
3. 제5조의2제3항에 따른 용기등의 제조에 필요한 시설기준과 기술기준
4. 제5조의3제2항에 따른 수입업의 영위에 필요한 시설기준과 기술기준
5. 제5조의4제2항에 따른 고압가스 운반차량에 필요한 시설기준과 기술기준
6. 제13조의2제5항에 따른 안전성 평가의 기준
(2015.1.28 본호개정)
7. 제16조제6항에 따른 중간검사·감리 및 완성검사의 기준
8. 제16조의2제2항에 따른 정기검사 및 수시검사의 기준
9. 제16조의3제2항에 따른 정밀안전검진의 기준
10. 제17조제8항에 따른 검사 및 재검사의 기준
11. 제20조제3항에 따른 특정고압가스 사용시설의 시설기준과 기술기준
12. 제20조제5항에 따른 완성검사 및 정기검사의 기준
13. 제22조제1항에 따른 양도·양수·운반 또는 휴대의 기준
14. 제23조의5에 따른 고압가스배관 손상방지기준
(2015.1.28 본호신설)

② 상세기준은 제1항에 따른 가스기술기준위원회의 심의·의결을 거쳐 대통령령으로 정하는 바에 따라 산업통상자원부장관의 승인을 받아야 한다.(2013.3.23 본항개정)

③ 제1항에 따른 가스기술기준위원회는 제2항에 따라 승인을 받은 경우 그 상세기준의 내용을 지체 없이 인터넷 홈페이지 등을 이용하여 일반인에게 알려야 하고, 산업통상자원부장관은 그 승인사실을 관보에 공고하여야 한다.
(2013.3.23 본항개정)

④ 상세기준에 적합하면 제1항 각 호의 기준 중 그 상세기준이 해당하는 기준에 적합한 것으로 본다.

⑤ 제1항부터 제4항까지에서 규정한 사항 외에 상세기준의 제정·개정 절차 등은 산업통상자원부령으로 정한다.
(2013.3.23 본항개정)
(2007.12.21 본조신설)

제23조【안전교육】 ① 사업자등, 특정고압가스 사용신고자, 수탁관리자 및 제35조에 따른 검사기관의 안전관리에 관계되는 업무를 하는 자는 시·도지사나 시장·군수·구청장(구청장은 자치구의 구청장을 말한다. 이하 같다)이 실시하는 교육을 받아야 한다.(2014.1.21 본항개정)

② 사업자등, 특정고압가스 사용신고자, 수탁관리자 및 제35조에 따른 검사기관은 그가 고용하고 있는 자 중 제1항에 따른 안전교육대상자에게 안전교육을 받게 하여야 한다.

③ 제1항에 따른 안전교육대상자의 범위·교육기간 및 교육과정과 그 밖에 교육에 필요한 사항은 산업통상자원부령으로 정한다.(2013.3.23 본항개정)
(2007.12.21 본조개정)

제23조의2【고압가스배관에 대한 정보지원】 「도시가스사업법」 제30조의2에 따른 굴착공사정보지원센터(이하 "정보지원센터"라 한다)는 구멍 뚫기, 말뚝 박기, 터파기, 그 밖의 토지의 굴착공사(이하 "굴착공사"라 한다)로 인하여 일어날 수 있는 고압가스배관의 파손사고를 예방하기 위하여 정보제공, 홍보 등에 필요한 굴착공사지원정보망의 구축·운영, 그 밖에 매설배관 확인에 대한 정보지원 업무를 수행한다.(2015.1.28 본조신설)

제23조의3【고압가스배관 매설상황 확인】 ① 굴착공사를 하려는 자는 굴착공사를 하기 전에 해당 토지의 지하에 고압가스배관이 묻혀 있는지를 확인하여 줄 것을 산

업통상자원부령으로 정하는 바에 따라 정보지원센터에 요청하여야 한다. 다만, 고압가스배관에 위험을 발생시킬 우려가 없다고 인정되는 굴착공사로서 대통령령으로 정하는 굴착공사의 경우에는 그러하지 아니하다.
② 제1항에 따른 요청을 받은 정보지원센터는 산업통상자원부령으로 정하는 바에 따라 사업자등 중에 사업소 경계 밖의 지하에 고압가스 배관을 보유한 자(이하 "사업소 밖 배관 보유 사업자"라 한다)에게 해당 사실을 알려주어야 한다.
③ 제2항에 따른 통지를 받은 사업소 밖 배관 보유 사업자는 산업통상자원부령으로 정하는 바에 따라 해당 토지의 지하에 고압가스배관이 묻혀 있는지를 확인하여 주어야 한다.
④ 제3항에 따른 확인 결과, 고압가스배관이 묻혀 있는 것으로 확인되면, 굴착공사자와 사업소 밖 배관 보유 사업자는 해당 굴착공사가 시작되기 전에 산업통상자원부령으로 정하는 바에 따라 다음 각 호의 조치를 하여야 한다.
1. 굴착공사의 현장 위치 및 고압가스배관의 매설 위치의 표시
2. 정보지원센터에 대한 제1호에 따른 표시 사실의 통지
3. 고압가스배관의 보호를 위하여 필요한 시설의 설치, 고압가스배관의 매설 위치 등이 표시된 도면의 제공 등 굴착공사로 인한 사고를 예방하기 위하여 산업통상자원부령으로 정하는 조치
⑤ 정보지원센터는 제3항에 따른 확인 결과, 매설된 배관이 없다고 확인을 받거나 제4항제2호에 따른 통지를 받은 경우에는 산업통상자원부령으로 정하는 바에 따라 굴착공사자에게 굴착공사를 하여도 된다는 통보를 하여야 한다.
⑥ 굴착공사자는 정보지원센터로부터 제5항에 따른 굴착공사 개시통보를 받기 전에 굴착공사를 하여서는 아니된다.
(2015.1.28 본조신설)
제23조의4【굴착공사의 협의】 ① 사업소 밖 배관 보유 사업자가 설치한 고압가스배관이 매설된 지역에서 고압가스배관 파손사고의 위험성이 높은 굴착공사로서 산업통상자원부령으로 정하는 굴착공사를 하려는 자는 고압가스배관을 보호하기 위하여 산업통상자원부령으로 정하는 바에 따라 그 사업소 밖 배관 보유 사업자와 안전조치 방법 등을 협의하여야 하며 협의를 요청받은 사업소 밖 배관 보유 사업자는 정당한 사유가 없으면 이에 응하여야 한다.
② 사업소 밖 배관 보유 사업자와 굴착공사를 하려는 자는 제1항에 따라 협의를 한 경우에는 산업통상자원부령으로 정하는 바에 따라 협의서를 작성하고 그 협의 내용을 지켜야 한다.
(2015.1.28 본조신설)
제23조의5【고압가스배관 손상방지기준의 준수】 사업소 밖 배관 보유 사업자가 설치한 고압가스배관이 매설된 지역에서 굴착공사를 하려는 자는 산업통상자원부령으로 정하는 고압가스배관 손상방지기준에 따라 굴착작업을 하여야 한다.(2015.1.28 본조신설)
제23조의6【고압가스배관의 안전조치 등】 ① 사업소 밖 배관 보유 사업자는 사업소 경계 밖의 지하에 매설된 배관이 있는 지역에서 시행되는 굴착공사가 있으면 고압가스배관에 대하여 산업통상자원부령으로 정하는 안전조치를 하도록 노력하여야 한다.
② 사업소 밖 배관 보유 사업자는 고압가스배관의 설치 위치와 그 밖에 산업통상자원부령으로 정하는 사항이 포함된 고압가스배관에 관한 도면을 작성·보존하여야 한다.
(2015.1.28 본조신설)
제24조【허가관청 등의 조치】 ① 허가관청·신고관청·등록관청 또는 사용신고관청은 대통령령으로 정하는 바에 따라 이 법에 따른 허가를 받았거나 신고를 한 자, 등록을 한 자 또는 고압가스를 사용하는 자에게 위해 방지를 위하여 필요한 조치를 명할 수 있다.
② 허가관청·신고관청 또는 사용신고관청은 고압가스의 제조·저장·판매·사용의 시설이나 용기등(이하 이 항에서 "시설등"이라 한다)으로 인하여 위해가 발생하거나 발생할 우려가 있다고 인정하면 그 시설등의 이전·사용정지 또는 제한을 명하거나 그 시설등의 안에 있는 고압가스의 폐기를 명할 수 있으며, 그 시설등을 봉인할 수 있다.
③ 제2항에 따른 명령이나 조치가 사업자의 귀책사유 없이 공공의 안전유지를 위하여 이루어진 경우 허가관청·신고관청 또는 사용신고관청은 해당 사업자에게 발생한 손실에 대하여 대통령령으로 정하는 바에 따른 정당한 보상을 하여야 한다. 다만, 천재지변·전쟁, 그 밖의 불가항력의 사유로 인한 경우에는 그러하지 아니하다.
(2007.12.21 본조개정)
제25조【보험 가입】 ① 사업자등, 특정고압가스 사용신고자 또는 용기등을 수입한 자는 고압가스의 사고로 인한 타인의 생명·신체나 재산상의 손해를 보상하기 위하여 보험에 가입하여야 한다.(2011.5.24 본항개정)
② 제1항에 따른 보험의 종류·가입대상·가입절차와 그 밖에 필요한 사항은 대통령령으로 정한다.
③ 산업통상자원부장관은 금융위원회와 협의하여 3년마다 그 3년째 사업연도가 끝난 후 3개월 이내에 보험사업자로 하여금 제1항에 따른 보험의 수익금의 일부를 고압가스사고 예방사업을 수행하는 자에게 지원하게 할 수 있으며, 이에 관하여 필요한 사항은 대통령령으로 정한다.
(2013.3.23 본항개정)
(2007.12.21 본조개정)
제26조【사고의 통보 등】 ① 사업자등과 특정고압가스 사용신고자는 그의 시설이나 제품과 관련하여 다음 각 호의 어느 하나에 해당하는 사고가 발생하면 산업통상자원부령으로 정하는 바에 따라 즉시 제28조에 따른 한국가스안전공사에 통보하여야 하며, 통보를 받은 한국가스안전공사는 이를 시장·군수 또는 구청장에게 보고하여야 한다.(2013.3.23 본문개정)
1. 사람이 사망한 사고
2. 사람이 부상당하거나 중독된 사고
3. 가스누출에 의한 폭발 또는 화재사고
4. 가스시설이 손괴되거나 가스누출로 인하여 인명대피나 공급중단이 발생한 사고
5. 그 밖에 가스시설이 손괴(損壞)되거나 가스가 누출된 사고로서 산업통상자원부령으로 정하는 사고
(2013.3.23 본호개정)
② 제1항에 따라 통보를 받은 한국가스안전공사는 사고재발 방지와 그 밖의 가스사고 예방을 위하여 필요하다고 인정하면 그 원인과 경위 등 사고에 관한 조사를 할 수 있다.
(2007.12.21 본조개정)
제26조의2【가스사고조사위원회】 ① 산업통상자원부장관은 중대한 가스사고의 조사를 위하여 필요하다고 인정되는 때에는 가스사고조사위원회를 구성·운영할 수 있다.(2013.3.23 본항개정)
② 가스사고조사위원회는 중대한 가스사고의 조사를 마친 때에는 사고의 재발 방지를 위한 대책을 산업통상자원부장관, 허가관청, 신고관청, 등록관청 또는 사용신고관청에 권고 또는 건의할 수 있다.(2013.3.23 본항개정)
③ 산업통상자원부장관, 허가관청, 신고관청, 등록관청 또는 사용신고관청은 특별한 사유가 없는 한 제2항에 따른 가스사고조사위원회의 권고 또는 건의에 따라야 한다.
(2013.3.23 본항개정)
④ 가스사고조사위원회의 구성·운영 등에 관하여 필요한 사항은 대통령령으로 정한다.
(2009.5.21 본조신설)
제26조의3【지도·감독】 산업통상자원부장관은 가스의 공급 및 사용과 관련한 공공의 안전 또는 위해발생의 방지를 위하여 가스시설이나 용기등의 각종 검사 등 안전관리업무에 대하여 대통령령으로 정하는 바에 따라 시·도지사나 시장·군수·구청장을 지도·감독하고, 필요한 경우 보고를 하게 할 수 있다.(2013.3.23 본조개정)
제27조 (1999.2.8 삭제)
제28조【한국가스안전공사의 설립】 ① 고압가스로 인한 위해를 방지하고 가스안전기술의 개발 및 가스안전관리사업을 효율적이고 체계적으로 추진하기 위하여 한국가스안전공사(이하 "공사"라 한다)를 설립한다.
② 공사는 가스안전에 관한 다음 각 호의 사업을 한다.
1. 전문교육 및 홍보사업
2. 조사·연구사업
3. 기술과 기기의 개발·보급사업
4. 정보의 수집·제공사업
5. 통계의 수집 및 제공사업
6. 자체검사 및 다른 검사기관의 검사에 대한 지도·확인
7. 용역사업
8. 검사·교육·시공감리·점검·평가 등 행정관청이 위탁하는 업무
9. 국제기술협력사업
10. 기기의 무료설치 및 시설의 개선사업
11. 시범사업
12. 제33조의2에 따른 가스기술기준위원회 사무국의 설치 및 운영(2009.5.21 본호신설)
13. 독성가스(공기 중에 일정량 이상 존재하는 경우 인체에 유해한 독성을 가진 가스로서 산업통상자원부령으로 정하는 고압가스를 말한다) 중화처리 및 잔가스처리 사업(2021.6.15 본호개정)
14. 안전설비의 인증업무(2021.6.15 본호신설)
15. 그 밖에 산업통상자원부장관이 필요하다고 인정하는 사업(2013.3.23 본호개정)
③ 공사는 법인으로 한다.
④ 공사는 주된 사무소의 소재지에서 설립등기를 함으로써 성립한다.
⑤ 공사는 산업통상자원부장관의 승인을 받아 지사·연수원·사업소 또는 부설기관을 둘 수 있다.(2013.3.23 본항개정)
⑥ 가스안전기술에 관한 사항을 심의하기 위하여 공사에 가스안전기술심의위원회를 둔다.
⑦ 가스안전기술심의위원회에 관하여 필요한 사항은 산업통상자원부령으로 정한다.(2013.3.23 본항개정)
⑧ 공사는 산업통상자원부장관의 승인을 받아 그 사업에 따른 수익자(受益者)에게 필요한 비용을 부담하게 할 수 있다.(2013.3.23 본항개정)
(2007.12.21 본조개정)
제28조의2【유사명칭의 사용금지】 이 법에 따른 공사가 아닌 자는 한국가스안전공사 또는 이와 유사한 명칭을 사용하지 못한다.(2007.12.21 본조개정)
제29조【공사의 운영 등】 ① 공사는 검사수수료와 그 밖의 수입으로 운영한다.
② 정부나 정부 외의 자로서 산업통상자원부령으로 정하는 자는 공사의 운영과 사업 수행에 필요한 자금을 출연할 수 있다.(2013.3.23 본항개정)
(2007.12.21 본조개정)
제30조【임원】 ① 공사에는 임원으로 사장을 포함한 9명 이내의 이사와 감사 1명을 둔다.
② 사장은 공사를 대표하고 공사의 업무를 총괄한다.
③ 이사는 정관으로 정하는 바에 따라 업무를 분장한다.
(2009.5.21 본조개정)
제30조의2 (2009.5.21 삭제)
제31조【감독】 산업통상자원부장관은 공사의 업무 중 다음 각 호의 어느 하나에 해당하는 사항과 관련되는 업무에 대하여 지도·감독한다.(2013.3.23 본문개정)
1. 제28조제2항에 따른 사업의 적절한 수행에 관한 사항
2. 산업통상자원부장관이 공사에 위탁한 사업에 관한 사항(2013.3.23 본호개정)
3. 그 밖에 다른 법령에서 정한 사항
(2009.5.21 본조개정)
제32조【정관의 기재사항 등】 공사의 정관 기재사항과 사업, 그 밖에 운영에 필요한 사항은 대통령령으로 정한다.(2007.12.21 본조개정)
제33조【「민법」의 준용】 공사에 관하여 이 법 및 「공공기관의 운영에 관한 법률」에 규정된 것 외에는 「민법」 중 재단법인에 관한 규정을 준용한다.(2009.5.21 본조개정)
제33조의2【가스기술기준위원회】 ① 제22조의2제1항에 따른 상세기준의 제정·개정과 운영 등을 위하여 가스기술기준위원회를 둔다.
② 가스기술기준위원회는 다음 각 호의 사항을 심의·의결한다.
1. 상세기준의 제정·개정 및 폐지에 관한 사항
2. 상세기준의 적용 및 운영에 관한 사항
3. 가스기술에 관한 외국 기준 및 신기술의 채택에 관한 사항
4. 가스기술기준위원회규정의 제정·개정 및 폐지에 관한 사항
5. 그 밖에 상세기준과 관련된 사항으로서 산업통상자원부장관이 의뢰하는 사항(2013.3.23 본호개정)
③ 가스기술기준위원회는 위원장과 부위원장 각 1인을 포함한 20인 이내의 위원으로 구성한다.
④ 가스기술기준위원회의 위원장과 부위원장은 위원 중에서 호선하고, 가스기술기준위원회의 위원은 기계·화공·금속·안전관리·토목·건축·전기·전자 또는 가스 기술기준에 관한 전문성과 경험이 풍부한 자 중에서 산업통상자원부장관이 대통령령으로 정하는 바에 따라 위촉하며, 선임기준에 관한 구체적인 사항은 대통령령으로 정한다.(2013.3.23 본항개정)
⑤ 가스기술기준위원회 위원의 임기는 3년으로 하며, 연임할 수 있다.
⑥ 가스기술기준위원회의 업무를 효율적으로 수행하기 위하여 필요한 경우에는 분과위원회를 둘 수 있다.
⑦ 가스기술기준위원회의 업무를 지원하기 위하여 공사에 사무국을 두며, 사무국의 조직과 운영, 그 밖에 필요한 사항은 산업통상자원부령으로 정한다.(2013.3.23 본항개정)
⑧ 가스기술기준위원회의 구성 및 운영에 필요한 세부사항은 가스기술기준위원회규정으로 정한다.
(2007.12.21 본조신설)
제34조【수수료 등】 ① 다음 각 호의 어느 하나에 해당하는 자는 산업통상자원부령으로 정하는 바에 따라 수수료를 내야 한다.(2013.3.23 본문개정)
1. 제4조제1항 및 제5항에 따른 고압가스의 제조·저장·판매의 허가나 변경허가를 받으려는 자(2018.3.20 본호개정)
2. 제5조제1항 및 제5조의2제1항·제2항에 따른 용기등의 제조등록·변경등록 또는 재등록을 하려는 자
3. 제5조의3제1항에 따른 고압가스 수입업의 등록이나 변경등록을 하려는 자
4. 제5조의4제1항에 따른 고압가스 운반자의 등록이나 변경등록을 하려는 자
5. 제35조제1항부터 제3항까지의 규정에 따라 검사기관의 지정·변경지정 또는 재지정을 받으려는 자
(2009.5.21 본호개정)
② 다음 각 호의 어느 하나에 해당하는 자는 산업통상자원부장관이 정하는 바에 따라 수수료나 교육비를 내야 한다.(2013.3.23 본문개정)
1. 제11조제1항에 따른 안전관리규정과 제13조의2제1항에 따른 안전성향상계획에 대한 공사의 의견을 받으려는 자
2. 제16조제1항부터 제3항까지의 규정에 따른 고압가스의 제조·저장·판매 또는 수입시설의 설치나 변경공사에 따르는 중간검사·감리 또는 완성검사를 받으려는 자
3. 제16조의2제1항에 따른 고압가스의 제조·저장·판매 또는 수입시설의 정기검사를 받으려는 자
4. 제16조의3제1항에 따른 정밀안전검진을 받으려는 자

5. 제17조제1항 또는 제2항에 따른 용기등의 검사나 재검사를 받으려는 자
5의2. 제18조의3제1항에 따른 품질검사를 받으려는 자(2015.1.28 본호신설)
6. 제21조에 따른 고압가스의 수입신고를 하려는 자
7. 제20조제4항에 따른 특정고압가스 사용시설의 완성검사나 정기검사를 받으려는 자
8. 제23조제1항에 따른 교육을 받으려는 자
9. 제35조제5항에 따른 확인을 받으려는 자(2009.5.21 본호개정)
③ 정보지원센터가 제23조의3에 따른 고압가스배관 매설상황 확인과 관련된 업무를 수행하는 데에 드는 비용은 산업통상자원부장관이 정하여 고시하는 바에 따라 해당 사업소 밖 배관 보유 사업자가 부담한다.(2015.1.28 본항신설)
(2007.12.21 본조개정)

제34조의2【안전관리부담금】 ① 산업통상자원부장관은 가스의 안전관리와 유통구조의 개선을 위하여 다음 각 호의 어느 하나에 해당하는 자로부터 안전관리부담금(이하 "부담금"이라 한다)을 부과·징수할 수 있다.
(2013.3.23 본문개정)
1. 「석유 및 석유대체연료 사업법」에 따른 석유정제업자나 석유정제업자 외의 자로서 액화석유가스를 제조하여 판매(수출에 따른 판매는 제외한다)하는 자
2. 「석유 및 석유대체연료 사업법」, 「액화석유가스의 안전관리 및 사업법」에 따른 액화석유가스나 「석유 및 석유대체연료 사업법」, 「도시가스사업법」에 따른 액화천연가스를 수입하는 자
② 제1항에 따른 부담금의 징수금액은 다음 각 호의 어느 하나의 금액의 범위에서 산업통상자원부장관이 기획재정부장관과 협의하여 고시하는 금액으로 한다.(2013.3.23 본문개정)
1. 액화석유가스 : 1킬로그램당 5원
2. 액화천연가스 : 1세제곱미터당 4.4원
③ 제1항에 따른 부담금의 징수대상, 징수방법, 납부기한, 그 밖에 부담금의 부과·징수 등에 필요한 사항은 대통령령으로 정한다.
④ 산업통상자원부장관은 제1항에 따른 부담금의 징수대상자가 납부기한까지 부담금을 내지 아니하면 그 납부기한의 다음 날부터 납부일의 전날까지의 기간에 대하여 체납된 부담금의 100분의 3을 초과하지 아니하는 범위에서 대통령령으로 정하는 가산금을 징수한다.(2021.6.15 본항개정)
⑤ 산업통상자원부장관은 제1항에 따른 부담금의 징수대상자가 납부기한까지 부담금을 내지 아니하면 기간을 정하여 독촉을 하고, 그 지정된 기간에 부담금과 제4항에 따른 가산금을 내지 아니하면 국세 체납처분의 예에 따라 징수할 수 있다.(2013.3.23 본항개정)
⑥ 제1항과 제4항에 따라 징수한 부담금과 가산금은 「에너지 및 자원사업 특별회계법」에 따른 에너지 및 자원사업 특별회계(이하 "특별회계"라 한다)에 귀속된다.
(2014.1.1 본항개정)
(2007.12.21 본조개정)

제34조의3【부담금 및 가산금 징수 사무의 위탁】 ① 산업통상자원부장관은 제34조의2에 따른 부담금과 가산금의 징수 사무를 대통령령으로 정하는 기관에 위탁할 수 있다.(2013.3.23 본항개정)
② 산업통상자원부장관은 제1항에 따라 부담금과 가산금의 징수 사무를 위탁한 경우에는 위탁받은 기관의 임직원 중에서 그 사무를 수행할 회계관계직원을 임명할 수 있다.(2013.3.23 본항개정)
③ 제2항에 따라 임명된 회계관계직원에 대하여는 「회계관계직원 등의 책임에 관한 법률」 중 회계관계직원에 관한 규정을 준용한다.
④ 산업통상자원부장관은 제1항에 따라 부담금과 가산금의 징수 사무를 위탁한 경우에는 산업통상자원부장관이 정하는 바에 따라 특별회계에서 취급수수료나 필요한 경비를 지급할 수 있다.(2013.3.23 본항개정)
(2007.12.21 본조개정)

제35조【검사기관의 지정】 ① 시·도지사는 이 법에 따른 검사의 일부와 안전관리업무를 전문적·효율적으로 수행하게 하기 위하여 대통령령으로 정하는 바에 따라 검사기관을 지정할 수 있다.
② 제1항에 따라 지정을 받은 검사기관은 지정받은 사항 중 검사범위의 변경 등 산업통상자원부령으로 정하는 중요 사항을 변경하려면 변경지정을 받아야 한다.
(2013.3.23 본항개정)
③ 시·도지사는 제1항에 따라 검사기관을 지정하는 때에는 산업통상자원부령으로 정하는 유효기간을 정하여 지정하여야 하며, 검사기관이 그 유효기간의 만료 전에 재지정을 신청하는 경우에는 제4항에 따른 재지정 기준에 미달하지 아니하는 한 재지정을 하여야 한다.
(2013.3.23 본항개정)
④ 제1항 또는 제3항에 따른 검사기관의 지정 또는 재지정 기준·방법과 그 밖에 필요한 사항은 대통령령으로 정한다.(2009.5.21 본항개정)
⑤ 시·도지사는 검사기관이 제4항에 따른 기준에 따라 검사업무를 수행하는지를 확인하고 지도·감독할 수 있다.(2009.5.21 본항개정)
(2007.12.21 본조개정)

제35조의2【지정의 취소】 ① 시·도지사는 제35조제1항에 따른 검사기관이 다음 각 호의 어느 하나에 해당하면 그 지정을 취소하거나 6개월 이내의 기간을 정하여 사업의 정지나 제한을 명할 수 있다. 다만, 제1호 또는 제2호에 해당하는 경우에는 그 지정을 취소하여야 한다.
(2018.3.20 단서개정)
1. 거짓이나 그 밖의 부정한 방법으로 지정을 받은 경우
2. 사업의 정지나 제한 기간 중에 사업을 한 경우
(2018.3.20 본호신설)
3. 변경지정을 받지 아니하고 지정받은 사항을 변경한 경우
4. 제35조제4항에 따른 지정기준에 미달하게 된 경우
(2009.5.21 본호개정)
5. 그 밖에 검사부적정(檢査不適正) 등 검사기관으로서 적합하지 아니하다고 인정한 경우
② 제1항에 따른 위반행위별 처분기준은 그 사유와 위반정도를 고려하여 산업통상자원부령으로 정한다.
(2013.3.23 본항개정)
(2007.12.21 본조개정)

제35조의3【청문】 허가관청, 등록관청 또는 신고관청은 다음 각 호의 어느 하나에 해당하는 처분을 하려면 청문을 하여야 한다.(2018.3.20 본문개정)
1. 제9조에 따른 허가나 등록의 취소 또는 영업장의 폐쇄
(2018.3.20 본호개정)
2. 제35조의2에 따른 검사기관의 지정취소
(2007.12.21 본조개정)

제36조【업무의 위탁】 ① 산업통상자원부장관, 시·도지사 및 시장·군수·구청장은 다음 각 호의 업무를 대통령령으로 정하는 바에 따라 공사에 위탁할 수 있다. 다만, 제9호의 경우는 중대한 위해가 발생하였거나 위해의 발생이 긴박하여 긴급하고 부득이하다고 인정할 때로 한정한다.(2013.3.23 본문개정)
1. 제11조제6항에 따른 안전관리규정의 준수 여부 확인 및 평가
2. 제16조제1항부터 제3항까지의 규정에 따른 중간검사·감리 및 완성검사
3. 제16조의2제1항에 따른 정기검사 및 수시검사
4. 제17조제1항 및 제2항에 따른 검사 및 재검사
5. 제18조제2항에 따른 유통 중인 용기의 수집검사
6. 제20조제4항에 따른 특정고압가스 사용신고시설에 대한 완성검사 및 정기검사
7. 제21조에 따른 고압가스 수입신고의 접수
8. 제23조제1항에 따른 안전교육의 실시
9. 제24조제2항에 따른 시설등의 사용정지 또는 제한에 관한 명령
10. 제35조제5항에 따른 검사기관의 검사업무에 대한 확인 및 지도·감독(2009.5.21 본호개정)
② 이 법에 따른 시장·군수 또는 구청장의 권한 중 다음 각 호의 업무는 대통령령으로 정하는 바에 따라 공사 또는 제35조제1항에 따라 지정된 검사기관에 위탁할 수 있다.
1. 제16조의2제1항에 따른 정기검사 중 가연성 또는 독성가스 외의 가스를 냉매로 사용하는 건축물의 냉난방용 냉동제조시설에 대한 정기검사
2. 제17조제1항에 따른 용기등의 검사 중 냉동기 및 산업통상자원부령으로 정하는 특정설비의 검사
(2013.3.23 본호개정)
3. 제17조제2항에 따른 용기 및 산업통상자원부령으로 정하는 특정설비의 재검사(2013.3.23 본호개정)
4. 제20조제4항에 따른 특정고압가스 사용신고시설에 대한 정기검사
(2009.5.21 본조제목개정)
(2007.12.21 본조개정)

제36조의2【처분의 요구 등】 ① 공사는 제36조에 따라 위탁받은 권한의 행사 중 이 법이나 이 법에 따른 명령을 위반한 사실이 있는 것을 알게 되면 시·도지사나 시장·군수·구청장에게 그 위반사실을 알리거나 그 위반행위를 한 자에 대하여 필요한 처분을 할 것을 요구할 수 있다.
② 시·도지사나 시장·군수·구청장은 제1항에 따른 요구를 받은 경우에는 정당한 사유가 없으면 필요한 처분을 하여야 한다.
(2009.5.21 본조개정)

제37조【다른 법률과의 관계】 ① 「액화석유가스의 안전관리 및 사업법」과 「도시가스사업법」에서 규정한 사항에 대하여는 이 법을 적용하지 아니한다.
② 고압가스제조자와 고압가스판매자가 고압가스를 판매하는 경우에는 「석유 및 석유대체연료 사업법」 제10조(부산물인 석유제품의 판매업에 관한 사항은 제외한다)를 적용하지 아니한다.
(2007.12.21 본조개정)

제37조의2【벌칙 적용에서 공무원 의제】 ① 제33조의2에 따른 가스기술기준위원회의 위원 중 공무원이 아닌 사람은 「형법」 제127조 및 제129조부터 제132조까지의 규정을 적용할 때에는 공무원으로 본다.(2021.6.15 본항신설)
② 제36조에 따라 위탁한 업무에 종사하는 공사 또는 검사기관의 임직원은 「형법」 제129조부터 제132조까지의 규정을 적용할 때에는 공무원으로 본다.
(2021.6.15 본조제목개정)
(2007.12.21 본조개정)

제38조【벌칙】 ① 고압가스시설을 손괴한 자 및 용기·특정설비를 개조한 자는 5년 이하의 징역 또는 5천만원 이하의 벌금에 처한다.
② 업무상 과실 또는 중대한 과실로 인하여 고압가스 시설을 손괴한 자는 2년 이하의 금고(禁錮) 또는 2천만원 이하의 벌금에 처한다.
③ 제2항의 죄를 범하여 가스를 누출시키거나 폭발하게 함으로써 사람을 상해(傷害)에 이르게 하면 10년 이하의 금고 또는 1억원 이하의 벌금에 처한다. 사망에 이르게 하면 10년 이하의 금고 또는 1억5천만원 이하의 벌금에 처한다.(2009.5.21 후단개정)
④ 제1항의 미수범은 처벌한다.
(2007.12.21 본조개정)

제39조【벌칙】 다음 각 호의 어느 하나에 해당하는 자는 2년 이하의 징역 또는 2천만원 이하의 벌금에 처한다.
1. 제4조제1항 전단에 따른 허가를 받지 아니하고 고압가스를 제조한 자
2. 제4조제5항 전단에 따른 허가를 받지 아니하고 저장소를 설치하거나 고압가스를 판매한 자(2018.3.20 본호개정)
3. 제5조제1항 전단에 따른 등록을 하지 아니하고 용기등을 제조한 자
4. 제5조의3제1항 전단에 따른 등록을 하지 아니하고 고압가스 수입업을 한 자
5. 제5조의4제1항 전단에 따른 등록을 하지 아니하고 고압가스를 운반한 자
6. 제23조의3제1항에 따른 고압가스배관 매설상황의 확인요청을 하지 아니하고 굴착공사를 한 자
7. 제23조의4제1항에 따른 협의를 하지 아니하고 굴착공사를 하거나 정당한 사유 없이 협의 요청에 응하지 아니한 자
8. 제23조의4제2항에 따른 협의서를 작성하지 아니하거나 거짓으로 작성한 자
9. 제23조의4제2항을 위반하여 협의 내용을 지키지 아니한 사업소 밖 배관 보유 사업자와 굴착공사의 시행자
10. 제23조의5에 따른 기준에 따르지 아니하고 굴착작업을 한 자
11. 제23조의6제2항에 따른 고압가스배관에 대한 도면을 작성·보존하지 아니하거나 거짓으로 작성·보존한 사업소 밖 배관 보유 사업자
(2015.1.28 6호~11호신설)
12. 제35조제1항에 따라 검사기관으로 지정을 받지 아니하고 검사를 한 자(2011.5.24 본호신설)
13. 제36조제2항에 따라 검사업무를 위탁받지 아니하고 검사를 한 자(2011.5.24 본호신설)
(2007.12.21 본조개정)

제40조【벌칙】 다음 각 호의 어느 하나에 해당하는 자는 1년 이하의 징역 또는 1천만원 이하의 벌금에 처한다.
1. 제4조제1항 후단이나 제5항 후단에 따른 변경허가를 받지 아니하고 허가받은 사항을 변경한 자(상호의 변경 및 법인의 대표자 변경은 제외한다)(2018.3.20 본호개정)
2. 제5조제1항 후단, 제5조의3제1항 후단이나 제5조의4제1항 후단에 따른 변경등록을 하지 아니하고 등록받은 사항을 변경한 자(상호의 변경 및 법인의 대표자 변경은 제외한다)(2009.5.21 본호개정)
3. 제10조제1항에 따른 안전점검을 실시하지 아니한 자 또는 제13조제1항을 위반한 자
4. 제13조의2제1항에 따른 안전성 평가를 하지 아니하거나 안전성향상계획을 제출하지 아니한 자
5. 제13조의2제3항에 따른 안전성향상계획을 이행하지 아니한 자
6. 제16조제1항부터 제3항까지의 규정이나 제17조제1항에 따른 검사나 감리를 받지 아니한 자
7. 제17조제5항을 위반한 자
8. 제18조의2제3항을 위반하여 품질기준에 맞지 아니한 고압가스를 판매 또는 인도하거나 판매 또는 인도할 목적으로 저장·운송 또는 보관한 자(2015.1.28 본호신설)
9. 제18조의3제1항에 따른 품질검사를 받지 아니하거나 같은 조 제2항에 따른 품질검사를 거부·방해·기피한 자(2015.1.28 본호신설)
9의2. 제18조의4제2항을 위반하여 인증을 받지 아니한 안전설비를 양도·임대 또는 사용하거나 판매할 목적으로 진열한 자(2017.10.31 본호신설)
10. 제23조의3제3항에 따른 고압가스배관 매설상황 확인을 하여 주지 아니한 사업소 밖 배관 보유 사업자
11. 제23조의3제4항 각 호의 조치를 하지 아니한 굴착공사자 또는 사업소 밖 배관 보유 사업자
12. 제23조의3제6항을 위반하여 굴착공사 개시통보를 받기 전에 굴착공사를 한 굴착공사자
(2015.1.28 10호~12호신설)
(2007.12.21 본조개정)

제41조【벌칙】 다음 각 호의 어느 하나에 해당하는 자는 500만원 이하의 벌금에 처한다.
1. 제4조제2항 전단에 따른 신고를 하지 아니하고 고압가스를 제조한 자
2. 제15조제1항부터 제3항까지의 규정에 따른 안전관리자를 선임하지 아니한 자
(2007.12.21 본조개정)

제42조【벌칙】 다음 각 호의 어느 하나에 해당하는 자는 300만원 이하의 벌금에 처한다.
1. 제5조제3항, 제4항 또는 제5항을 위반한 자(2014.1.21 본호개정)
2. 제7조나 제21조에 따른 신고를 하지 아니한 자
3. 제13조제2항이나 제22조제1항을 위반한 자
4. 제16조의2제1항에 따른 정기검사나 수시검사를 받지 아니한 자
5. 제16조의3제1항에 따른 정밀안전검진을 받지 아니한 자
6. 제18조제2항 또는 제3항에 따른 회수등의 명령을 위반한 자(2009.5.21 본호개정)
7. 제20조제1항에 따른 신고를 하지 아니하거나 거짓으로 신고한 자
(2007.12.21 본조개정)

제42조의2【양벌규정】 법인의 대표자나 법인 또는 개인의 대리인, 사용인, 그 밖의 종업원이 그 법인 또는 개인의 업무에 관하여 제38조부터 제42조까지의 어느 하나에 해당하는 위반행위를 하면 그 행위자를 벌하는 외에 그 법인 또는 개인에게도 해당 조문의 벌금형을 과(科)한다. 다만, 법인 또는 개인이 그 위반행위를 방지하기 위하여 해당 업무에 관하여 상당한 주의와 감독을 게을리하지 아니한 경우에는 그러하지 아니하다.(2009.5.21 본조개정)

제43조【과태료】 ① 다음 각 호의 어느 하나에 해당하는 자에게는 2천만원 이하의 과태료를 부과한다.
1. 제4조제2항 후단을 위반하여 변경신고를 하지 아니하고 신고한 사항을 변경한 자(상호의 변경 및 법인의 대표자 변경은 제외한다)(2009.5.21 본호개정)
2. 제11조제1항을 위반하여 안전관리규정을 제출하지 아니한 제4조제2항에 따른 고압가스 제조신고를 한 자(이하 이 조에서 "고압가스 제조신고자"라 한다)
(2011.5.24 본호개정)
3. 제11조제4항이나 제13조의2제2항에 따른 명령을 위반한 자
3의2. 제11조제6항에 따른 확인을 거부·방해 또는 기피한 자(2021.6.15 본호신설)
4. 제15조제4항을 위반하여 대리자를 지정하여 그 직무를 대행하게 하지 아니한 고압가스 제조신고자 또는 특정고압가스 사용신고자(2011.5.24 본호신설)
5. 제16조제4항 후단을 위반하여 고압가스의 제조·저장 또는 판매시설을 사용한 자
6. 제25조제1항을 위반하여 보험에 가입하지 아니한 고압가스 제조신고자, 특정고압가스 사용신고자 또는 용기 등을 수입한 자(2011.5.24 본호신설)
7. 제28조의2를 위반하여 한국가스안전공사 또는 이와 유사한 명칭을 사용한 자
(2007.12.21 본항개정)
② 다음 각 호의 어느 하나에 해당하는 자에게는 1천만원 이하의 과태료를 부과한다.(2007.12.21 본문개정)
1. 제11조제5항을 위반하여 안전관리규정을 지키지 아니하거나 안전관리규정의 실시기록을 거짓으로 작성한 자(2011.5.24 본호개정)
2. 제11조제5항을 위반하여 안전관리규정의 실시기록을 작성·보존하지 아니한 고압가스 제조신고자
(2011.5.24 본호신설)
2의2. 제10조제2항을 위반하여 시설을 개선하도록 하지 아니한 고압가스 제조신고자(2014.1.21 본호신설)
3. 제10조제3항, 제13조제4항이나 제20조제3항·제4항을 위반한 자(2007.12.21 본항개정)
3의2. 제13조제5항을 위반하여 충전·판매 기록을 작성·보존하지 아니한 고압가스 제조신고자(2014.1.21 본호신설)
4. 제24조에 따른 명령을 위반한 자(2007.12.21 본호개정)
5. 제26조제1항을 위반하여 사고발생사실을 공사에 통보하지 아니하거나 거짓으로 통보한 자(2007.5.17 본호신설)
③ 다음 각 호의 어느 하나에 해당하는 자에게는 500만원 이하의 과태료를 부과한다.
1. 제4조제1항 후단 또는 제5항 후단을 위반하여 변경허가를 받지 아니하고 허가받은 사항 중 상호를 변경하거나 법인의 대표자를 변경한 자(2018.3.20 본호개정)
2. 제4조제2항 후단을 위반하여 변경신고를 하지 아니하고 신고한 사항 중 상호를 변경하거나 법인의 대표자를 변경한 자
3. 제5조제1항 후단, 제5조의3제1항 후단 또는 제5조의4제1항 후단을 위반하여 변경등록을 하지 아니하고 등록한 사항 중 상호를 변경하거나 법인의 대표자를 변경한 자
(2009.5.21 1호~3호신설)
4. 제10조제4항에 따른 명령을 위반한 자
5. 제10조제5항에 따른 안전점검자의 자격·인원, 점검장비, 점검기준 등을 준수하지 아니한 고압가스 제조신고자(2014.1.21 본호신설)
6. 제11조의2를 위반하여 용기등에 표시를 하지 아니한 자
(2007.12.21 본항개정)
④ 다음 각 호의 어느 하나에 해당하는 자에게는 300만원 이하의 과태료를 부과한다.
1. 제8조제2항에 따른 신고를 하지 아니하거나 거짓으로 신고한 자
2. 제15조제5항을 위반하여 안전관리자의 안전에 관한 의견을 존중하지 아니하거나 권고에 따르지 아니한 고압가스 제조신고자, 특정고압가스 사용신고자, 수탁관리자 및 종사자(2014.1.21 본호신설)
2의2. 제20조제6항을 위반하여 특정고압가스를 공급할 때 같은 항 각 호의 사항을 확인하지 아니한 고압가스제조자나 고압가스판매자(2018.12.11 본호신설)
2의3. 제20조제7항을 위반하여 특정고압가스 공급을 중지하지 아니하거나 공급 중지 사실을 신고하지 아니한 고압가스제조자나 고압가스판매자(2018.12.11 본호신설)
3. 제23조제1항과 제2항을 위반한 자
(2007.12.21 본항개정)
⑤ 제1항부터 제4항까지의 규정에 따른 과태료는 대통령령으로 정하는 바에 따라 관할 시·도지사 또는 시장·군수·구청장이 부과·징수한다.(2009.5.21 본항개정)
⑥~⑧ (2009.5.21 삭제)

제44조~제46조 (1999.2.8 삭제)

부 칙 (2014.1.21)

제1조【시행일】 이 법은 공포 후 6개월이 경과한 날부터 시행한다. 다만, 제6조제1호의 개정규정은 공포한 날부터 시행한다.

제2조【금치산자 등에 대한 경과조치】 제6조제1호의 개정규정에 따른 피성년후견인에는 법률 제10429호 민법 일부개정법률 부칙 제2조에 따라 금치산 또는 한정치산 선고의 효력이 유지되는 사람을 포함하는 것으로 본다.

부 칙 (2015.1.28 법13079호)

제1조【시행일】 이 법은 공포 후 6개월이 경과한 날부터 시행한다. 다만, 제9조제1항, 제18조의2, 제18조의3, 제34조제2항제5호의2, 제40조제8호 및 제9호의 개정규정은 공포 후 1년이 경과한 날부터 시행한다.

제2조【안전성향상계획의 제공에 관한 적용례】 제13조의2제4항의 개정규정은 이 법 시행 전에 종전의 규정에 따라 제출받은 안전성향상계획에 대하여도 적용한다.

부 칙 (2018.3.20)

제1조【시행일】 이 법은 공포 후 1개월이 경과한 날부터 시행한다.

제2조【고압가스 제조신고에 관한 적용례】 이 법 시행 전에 종전의 제4조제2항에 따라 신고를 신청한 경우로서 이 법 시행 당시 그 신고수리의 절차가 진행 중인 경우에는 이 법 시행일에 그 신고가 접수된 것으로 보아 제4조제3항 및 제4항의 개정규정을 적용한다.

제3조【허가·등록 또는 지정 취소에 관한 적용례】 ① 제9조제1항제43호의 개정규정은 이 법 시행 후 사업의 정지 또는 제한 기간 중에 사업을 하거나 저장소의 사용정지 또는 사용 제한 기간 중에 저장소를 사용한 경우부터 적용한다.
② 제35조의2제1항제2호의 개정규정은 이 법 시행 후 사업의 정지나 제한 기간 중에 사업을 한 경우부터 적용한다.

부 칙 (2018.12.11)
(2020.2.4)

이 법은 공포 후 6개월이 경과한 날부터 시행한다.

부 칙 (2020.3.24)

제1조【시행일】 이 법은 공포한 날부터 시행한다.(이하 생략)

부 칙 (2021.6.15)

제1조【시행일】 이 법은 공포 후 6개월이 경과한 날부터 시행한다.

제2조【가산금의 징수에 관한 적용례】 제34조의2제4항의 개정규정은 이 법 시행 이후 부담금의 납부기한이 도래하는 경우부터 적용한다.

도시가스사업법

(1983년 12월 31일
전개법률 제3705호)

개정
1993. 3. 6법 4541호(정부조직) <중략>
2003. 5.27법 6886호
2003. 5.29법 6916호(주택법)
2004.10.22법 7240호(석유대체연료사업)
2004.12.31법 7282호
2004.12.31법 7306호(건설산업)
2005. 5.26법 7505호 2007. 1. 3법 8186호
2007. 5.17법 8455호 2007.12.21법 8765호
2008. 2.29법 8852호(정부조직)
2008. 2.29법 8863호(금융위원회의설치등에관한법)
2008. 3.21법 8976호(도로법)
2008. 3.28법 9021호 2008.12.26법 9222호
2009. 3.25법 9533호 2010. 1.27법 9983호
2010. 3.31법10219호(지방세기본법)
2011. 3.30법10498호
2011. 5.30법10764호(택지개발촉진법)
2011. 7.25법10959호
2013. 3.23법11690호(정부조직)
2013. 5.22법11794호(건설기술진흥법)
2013. 8. 6법11998호(지방세외수입금의징수등에관한법)
2013. 8.13법12065호
2014. 1. 1법12154호(에너지및자원사업특별회계법)
2014. 1.21법12287호 2014.12.30법12926호
2016. 1. 6법13733호 2016.12. 2법14310호
2016.12.27법14476호(지방세징수법)
2017.12.12법15177호 2018.12.11법15865호
2019. 1.15법16272호(산업안전)
2019.12.10법16796호 2020. 2. 4법16937호
2020. 3.24법17091호(지방행정제재·부과금의징수등에관한법)
2021. 6.15법18271호 2022. 2. 3법18814호

제1장 총 칙
(2007.12.21 본장개정)

제1조【목적】 이 법은 도시가스사업을 합리적으로 조정·육성하여 사용자의 이익을 보호하고 도시가스사업의 건전한 발전을 도모하며, 가스공급시설과 가스사용시설의 설치·유지 및 안전관리에 관한 사항을 규정함으로써 공공의 안전을 확보함을 목적으로 한다.

제2조【정의】 이 법에서 사용하는 용어의 뜻은 다음과 같다.
1. "도시가스"란 천연가스(액화한 것을 포함한다. 이하 같다), 배관(配管)을 통하여 공급되는 석유가스, 나프타부생(副生)가스, 바이오가스 또는 합성천연가스로서 대통령령으로 정하는 것을 말한다.(2014.1.21 본호개정)
1의2. "도시가스사업"이란 수요자에게 도시가스를 공급하거나 도시가스를 제조하는 사업(「석유 및 석유대체연료 사업법」에 따른 석유정제업은 제외한다)으로서 가스도매사업, 일반도시가스사업, 도시가스충전사업, 나프타부생가스·바이오가스제조사업 및 합성천연가스제조사업을 말한다.(2014.1.21 본호개정)
2. "도시가스사업자"란 제3조에 따라 도시가스사업의 허가를 받은 가스도매사업자, 일반도시가스사업자, 도시가스충전사업자, 나프타부생가스·바이오가스제조사업자 및 합성천연가스제조사업자를 말한다.(2014.1.21 본호개정)
3. "가스도매사업"이란 일반도시가스사업자 및 나프타부생가스·바이오가스제조사업자 외의 자가 일반도시가스사업자, 도시가스충전사업자, 선박용천연가스사업자 또는 산업통상자원부령으로 정하는 대량수요자에게 도시가스를 공급하는 사업을 말한다.(2020.2.4 본호개정)
4. "일반도시가스사업"이란 가스도매사업자 등으로부터 공급받은 도시가스 또는 스스로 제조한 석유가스, 나프타부생가스, 바이오가스를 일반의 수요에 따라 배관을 통하여 수요자에게 공급하는 사업을 말한다.
4의2. "도시가스충전사업"이란 가스도매사업자 등으로부터 공급받은 도시가스 또는 스스로 제조한 나프타부생가스, 바이오가스를 용기, 저장탱크 또는 자동차에 고정된 탱크에 충전하여 공급하는 사업으로서 산업통상자원부령으로 정하는 사업을 말한다.
(2014.1.21 4호~4호의2개정)
4의3. "나프타부생가스·바이오가스제조사업"이란 나프타부생가스·바이오가스를 스스로 제조하여 자기가 소비하거나 제8조의3제1항 각 호의 어느 하나에 해당하는 자에게 공급하는 사업(「고압가스 안전관리법」 제4조에

따른 제조허가를 받아 나프타부생가스를 제조하여 전용배관을 통해 산업통상자원부령으로 정하는 시설에 직접 공급하는 경우를 제외한다)을 말한다.(2016.12.2 본호개정)

4의4. "합성천연가스제조사업"이란 합성천연가스를 스스로 제조하여 자기가 소비하거나, 가스도매사업자에게 공급하거나, 해당 합성천연가스제조사업자의 주식 또는 지분의 과반수를 소유한 자로서 해당 합성천연가스를 공급받아 자기가 소비하려는 자에게 공급하는 사업을 말한다.(2014.1.21 본호신설)

5. "가스공급시설"이란 도시가스를 제조하거나 공급하기 위한 시설로서 산업통상자원부령으로 정하는 가스제조시설, 가스배관시설, 가스충전시설, 나프타부생가스·바이오가스제조시설 및 합성천연가스제조시설을 말한다.(2014.1.21 본호개정)

6. "가스사용시설"이란 가스공급시설 외의 가스사용자의 시설로서 산업통상자원부령으로 정하는 것을 말한다.(2013.3.23 본호개정)

7. "천연가스수출입업"이란 천연가스를 수출하거나 수입하는 사업을 말한다.

8. "천연가스수출입업자"란 제10조의2제1항에 따라 등록을 하고 천연가스수출입업을 하는 자를 말한다.(2014.1.21 본호개정)

9. "자가소비용직수입자"란 자기가 발전용·산업용 등 대통령령으로 정하는 용도로 소비할 목적으로 천연가스를 직접 수입하는 자를 말한다.(2013.8.13 본호개정)

9의2. "천연가스반출입업"이란 「관세법」 제154조에 따른 보세구역 내에 설치된 저장시설을 이용하여 천연가스를 반출하거나 반입하는 사업을 말한다.

9의3. "천연가스반출입업자"란 제10조의2제3항에 따라 신고를 하고 천연가스반출입업을 하는 자를 말한다.(2014.1.21 9호의2~9호의3신설)

9의4. "액화천연가스냉열이용자"란 제3호에 따른 대량수요자 중 액화천연가스를 기화시키는 과정에서 발생하는 에너지(이하 "냉열"이라 한다)를 이용하는 자를 말한다.(2019.12.10 본호신설)

9의5. "선박용천연가스사업"이란 천연가스를 「선박안전법」 제2조제1호에 따른 선박(건조 또는 수리 중인 선박을 포함한다)에 선박연료(건조검사 또는 선박검사를 받을 때 공급하는 천연가스를 포함한다)로 공급하는 사업을 말한다.(2020.2.4 본호신설)

9의6. "선박용천연가스사업자"란 제10조의11제1항에 따라 등록을 하고 선박용천연가스사업을 하는 자를 말한다.(2020.2.4 본호신설)

10. "정밀안전진단"이란 가스안전관리 전문기관이 도시가스사고를 방지하기 위하여 장비와 기술을 이용하여 가스공급시설의 잠재된 위험요소와 원인을 찾아내는 것을 말한다.(2009.3.25 본호개정)

제2장 도시가스사업

(2007.12.21 본장개정)

제3조【사업의 허가】 ① 가스도매사업을 하려는 자는 산업통상자원부장관의 허가를 받아야 한다. 허가받은 사항 중 산업통상자원부령으로 정하는 중요 사항을 변경하려는 경우에도 또한 같다.(2013.3.23 본항개정)

② 일반도시가스사업을 하려는 자는 특별시장·광역시장·특별자치시장·도지사 또는 특별자치도지사(이하 "시·도지사"라 한다)의 허가를 받아야 한다. 허가받은 사항 중 산업통상자원부령으로 정하는 중요 사항을 변경하려는 경우에도 또한 같다.(2013.8.13 전단개정)

③ 도시가스충전사업을 하려는 자는 그 사업소마다 특별자치시장·특별자치도지사·시장·군수·구청장(구청장은 자치구의 구청장을 말한다. 이하 "시장·군수·구청장"이라 한다)의 허가를 받아야 한다. 허가받은 사항 중 산업통상자원부령으로 정하는 중요 사항을 변경하려는 경우에도 또한 같다.(2013.8.13 전단개정)

④ 나프타부생가스·바이오가스제조사업을 하려는 자는 그 사업소마다 시·도지사의 허가를 받아야 한다. 허가받은 사항 중 산업통상자원부령으로 정하는 중요 사항을 변경하려는 경우에도 또한 같다.(2014.1.21 본항신설)

⑤ 합성천연가스제조사업을 하려는 자는 그 사업소마다 산업통상자원부장관의 허가를 받아야 한다. 허가받은 사항 중 산업통상자원부령으로 정하는 중요 사항을 변경하려는 경우에도 또한 같다.(2014.1.21 본항신설)

⑥ 일반도시가스사업자 또는 도시가스충전사업자가 나프타부생가스·바이오가스를 스스로 제조하려는 경우에는 제4항에 따른 허가를 받아야 한다.(2014.1.21 본항신설)

⑦ 제1항과 제2항에 따른 가스도매사업과 일반도시가스사업의 허가는 다음 각 호의 기준에 적합한 경우에만 할 수 있다.(2010.1.27 본문개정)

1. 사업이 공공의 이익과 일반수요에 적합한 경제 규모일 것(2010.1.27 본호개정)
2. 사업을 적절하게 수행하는 데에 필요한 재원(財源)과 기술적 능력이 있을 것(2010.1.27 본호개정)
3. 도시가스의 안정적 공급을 위하여 적합한 공급시설을 설치·유지할 능력이 있을 것

⑧ 제3항에 따른 도시가스충전사업의 허가는 다음 각 호의 기준에 적합한 경우에만 할 수 있다.

1. 사업의 개시 또는 변경으로 국민의 생명보호 및 재산상의 위해방지와 재해발생 방지에 지장이 없을 것
2. 「고압가스 안전관리법」 제28조에 따른 한국가스안전공사(이하 "한국가스안전공사"라 한다)의 기술검토 결과 안전성이 확보된다고 인정될 것
3. 시장·군수·구청장이 국민의 생명보호 및 재산상의 위해방지와 재해발생 방지를 위하여 설치를 금지한 지역에 해당 시설을 설치하지 아니할 것

(2010.1.27 본항신설)

⑨ 제4항에 따른 나프타부생가스·바이오가스제조사업 또는 제5항에 따른 합성천연가스제조사업의 허가는 다음 각 호의 기준에 적합한 경우에만 할 수 있다.

1. 나프타부생가스·바이오가스 또는 합성천연가스를 제조·공급하는 데에 적합한 가스공급시설을 설치·유지할 능력이 있을 것
2. 한국가스안전공사의 기술검토 결과 안전성이 확보된다고 인정될 것
3. 사업을 적절하게 수행하는 데에 필요한 재원과 기술적 능력이 있을 것
4. 가스수요량을 고려하여 가스공급시설이 필요 이상으로 중복되지 아니할 것

(2014.1.21 본항신설)

⑩ 제7항부터 제9항까지의 규정에 따른 허가기준에 관한 세부적인 사항은 산업통상자원부령으로 정한다.(2014.1.21 본항개정)

⑪ 시·도지사 또는 시장·군수·구청장은 제7항부터 제10항까지의 규정에 따른 허가기준의 범위에서 지역특성에 적합하도록 일반도시가스사업, 도시가스충전사업 또는 나프타부생가스·바이오가스제조사업의 허가에 관한 세부 기준을 정하거나 일반도시가스사업의 공급권역(이하 "공급권역"이라 한다)을 설정하여 고시할 수 있다. 이 경우 산업통상자원부장관과 협의하여야 한다.(2014.1.21 전단개정)

⑫ 산업통상자원부장관, 시·도지사 또는 시장·군수·구청장은 제1항부터 제6항까지의 규정에 따른 허가를 하면 7일 이내에 그 허가 사항을 관할 소방서장에게 통보하여야 한다.(2014.1.21 본항개정)

제4조【결격 사유】 다음 각 호의 어느 하나에 해당하는 자는 도시가스사업의 허가를 받을 수 없다.

1. 피성년후견인(2014.1.21 본호개정)
2. 파산선고를 받고 복권되지 아니한 자
3. 「형법」 제172조, 제172조의2, 제173조, 제173조의2, 제174조(제164조제1항, 제165조 및 제166조제1항의 미수범은 제외한다), 제175조(제164조제1항·제165조 및 제166조제1항의 죄를 범할 목적으로 예비하거나 음모한 자는 제외한다), 「고압가스 안전관리법」, 「액화석유가스의 안전관리 및 사업법」 또는 이 법을 위반하여 금고 이상의 실형을 선고받고 그 집행이 종료(집행이 종료된 것으로 보는 경우를 포함한다)되거나 집행이 면제된 날부터 2년이 지나지 아니한 자
4. 제3호에 따른 죄를 범하여 금고 이상의 형의 집행유예를 선고받고 그 유예기간 중에 있는 자
5. 제9조에 따라 허가가 취소(제1호 또는 제2호의 결격사유에 해당하여 허가가 취소된 경우는 제외한다)된 후 2년이 지나지 아니한 자(2016.1.6 본호개정)
6. 대표자가 제1호부터 제5호까지의 규정 중 어느 하나에 해당하는 법인

제5조~제6조 (1999.2.8 삭제)

제7조【사업의 승계 등】 ① 다음 각 호의 어느 하나에 해당하는 자는 도시가스사업자의 지위를 승계하려는 자는 산업통상자원부령으로 정하는 바에 따라 산업통상자원부장관, 시·도지사 또는 시장·군수·구청장에게 신고하여야 한다.

1. 도시가스사업자가 그 사업의 전부 또는 일부를 양도한 경우 그 양수인(讓受人)
2. 법인인 도시가스사업자가 다른 법인과 합병한 경우 합병 후 존속하는 법인이나 합병에 따라 설립된 법인

② 다음 각 호의 어느 하나에 해당하는 절차에 따라 도시가스사업자의 가스공급시설의 전부를 인수한 자가 종전의 도시가스사업자의 지위를 승계하려는 경우에는 산업통상자원부령으로 정하는 바에 따라 산업통상자원부장관, 시·도지사 또는 시장·군수·구청장에게 신고하여야 한다.

1. 「민사집행법」에 따른 경매
2. 「채무자 회생 및 파산에 관한 법률」에 따른 환가(換價)
3. 「국세징수법」, 「관세법」 또는 「지방세징수법」에 따른 압류재산의 매각
4. 그 밖에 제1호부터 제3호까지의 규정에 준하는 절차

③ 도시가스사업자가 사망한 경우 그 상속인이 도시가스사업자의 지위를 승계하려면 피상속인이 사망한 날부터 30일 이내에 산업통상자원부령으로 정하는 바에 따라 산업통상자원부장관, 시·도지사 또는 시장·군수·구청장에게 신고하여야 한다.

④ 산업통상자원부장관, 시·도지사 또는 시장·군수·구청장은 제1항부터 제3항까지에 따른 신고를 받은 경우 그 내용을 검토하여 이 법에 적합하면 신고를 수리하여야 한다. 다만, 도시가스사업자의 지위를 승계하려는 자가 제4조 각 호의 어느 하나의 결격사유에 해당하면 신고를 수리하여서는 아니 된다.

⑤ 제1항 또는 제2항에 따른 신고가 수리된 경우에는 양수인, 합병으로 설립되거나 합병 후 존속하는 법인 또는 도시가스사업자의 가스공급시설의 전부를 인수한 자는 그 양도일, 합병일 또는 인수일부터 종전의 도시가스사업자의 지위를 승계한다.

⑥ 제3항에 따른 신고가 수리된 경우에는 상속인은 피상속인의 도시가스사업자로서의 지위를 승계하며, 피상속인이 사망한 날부터 신고가 수리된 날까지의 기간 동안은 피상속인에 대한 도시가스사업의 허가를 상속인에 대한 도시가스사업의 허가로 본다.

(2022.2.3 본조개정)

제7조의2【처분효과의 승계】 제7조에 따라 도시가스사업자의 지위승계가 있으면 종전의 도시가스사업자에 대한 제9조에 따른 사업의 정지 또는 제한처분(제10조에 따라 사업의 정지 또는 제한명령에 갈음하여 부과하는 과징금을 포함한다)의 효과는 처분기간이 만료된 날부터 1년간 그 지위를 승계받은 자에게 승계되며, 처분의 절차가 진행 중이면 지위승계를 받은 자에게 그 절차를 속행할 수 있다. 다만, 지위승계를 받은 자(상속에 의하여 승계를 받은 자를 제외한다)가 승계를 받은 때에 그 처분 또는 위반사실을 알지 못하였음을 증명하는 경우에는 그러하지 아니하다.(2007.12.21 본조신설)

제8조【사업의 개시 등의 신고】 ① 도시가스사업자가 그 사업을 개시하려는 경우 및 사업의 전부 또는 일부를 휴업하거나 폐업하려는 경우에는 산업통상자원부장관, 시·도지사 또는 시장·군수·구청장에게 그 사실을 신고하여야 한다.(2022.2.3 본항개정)

② 산업통상자원부장관, 시·도지사 또는 시장·군수·구청장은 제1항에 따른 신고를 받은 경우 그 내용을 검토하여 이 법에 적합하면 신고를 수리하여야 한다.(2022.2.3 본항신설)

제8조의2【합성천연가스제조사업자의 자가소비 대상물량】 합성천연가스제조사업자 또는 해당 합성천연가스제조사업자의 주식 또는 지분의 과반수를 소유한 자가 합성천연가스를 자기가 소비하려는 경우 그 대상물량에 관하여는 제10조의9를 준용한다. 이 경우 "자가소비용직수입자"는 "합성천연가스제조사업자 또는 해당 합성천연가스제조사업자의 주식 또는 지분의 과반수를 소유한 자"로, "천연가스"는 "합성천연가스"로, "수입"은 "자가소비"로 본다.(2014.1.21 본조신설)

제8조의3【나프타부생가스·바이오가스제조사업자 등의 처분제한】 ① 나프타부생가스·바이오가스제조사업자는 스스로 제조한 도시가스를 다음 각 호에 규정된 자 외의 자에게 공급할 수 없다.

1. 가스도매사업자
2. 일반도시가스사업자
3. 일반도시가스사업자의 공급권역 외의 지역에서 도시가스를 사용하려는 자
4. 일반도시가스사업자의 공급권역에서 도시가스를 사용하려는 자 중 정당한 사유로 일반도시가스사업자로부터 도시가스를 공급받지 못하는 자
5. 월 최대 공급량 합계가 산업통상자원부령으로 정하는 규모 이하인 나프타부생가스·바이오가스제조사업자로부터 직접 도시가스를 공급받아 사용하려는 자

② 합성천연가스제조사업자는 스스로 제조한 도시가스를 제2조제4호의4에 따른 공급 이외의 방법으로 제3자에게 처분할 수 없다.

③ 제2항에도 불구하고 합성천연가스제조사업자는 합성천연가스의 수급안정과 효율적인 처리나 그 밖에 대통령령으로 정하는 사유에 해당하는 경우 대통령령으로 정하는 처분 절차 및 방법에 따라 합성천연가스를 제3자에게 처분할 수 있다.

(2014.1.21 본조신설)

제8조의4【액화천연가스냉열이용자의 천연가스 처분제한】 액화천연가스냉열이용자는 냉열이용과정에서 발생되는 천연가스를 자기가 소비하거나 다음 각 호에 규정된 자에게만 처분할 수 있다.

1. 가스도매사업자
2. 일반도시가스사업자
3. 액화천연가스냉열이용자가 주식 또는 지분의 과반수를 소유한 자로서 냉열이용과정에서 발생하는 천연가스를 공급받아 자기가 소비하려는 자

(2019.12.10 본조신설)

제9조【허가의 취소 등】 ① 산업통상자원부장관, 시·도지사 또는 시장·군수·구청장은 가스도매사업자와 일반도시가스사업자가 다음 각 호의 어느 하나에 해당하거나 도시가스충전사업자가 제1호부터 제4호까지, 제8호의2, 제8호의3, 제9호, 제9호의2 또는 제10호부터 제12호까지의 어느 하나에 해당하거나 나프타부생가스·바이오가스제조사업자와 합성천연가스제조사업자가 제1호부터 제5호까지, 제8호, 제8호의2, 제8호의3, 제9호, 제9호의2 또는 제10호부터 제16호까지의 어느 하나에 해당하면 그 허가를 취소하거나 6개월 이내의 기간을 정하여 그 사업의 정지나 제한을 명할 수 있다. 다만, 제1호나 제4호에 해당할 경우에는 그 허가를 취소하여야 한다.(2014.1.21 본문개정)

1. 거짓이나 그 밖의 부정한 방법으로 제3조에 따른 허가를 받은 경우
2. 제3조에 따른 허가기준에 미달하게 된 경우

3. 고의나 과실로 공중(公衆) 또는 사용자에게 현저한 위해(危害)를 끼친 경우
4. 제4조 각 호의 어느 하나에 해당하게 된 경우. 다만, 제4조제6호에 해당하게 된 법인이 3개월 이내에 그 대표자를 바꾸어 임명하는 경우와 제4조제1호부터 제5호까지의 규정 중 어느 하나에 해당하는 상속인이 피상속인의 사망일부터 6개월 이내에 다른 사람에게 그 사업을 양도하는 경우는 제외한다.
5. 제18조제5항에 따른 가스 공급계획의 변경 명령을 위반한 경우(2014.1.21 본호개정)
6. 제20조제4항을 위반하여 도시가스를 공급한 경우(2014.1.21 본호개정)
7. 제20조제7항에 따른 공급규정의 변경승인 신청 명령을 위반한 경우(2014.1.21 본호개정)
8. 제24조제2항에 따른 가스공급의 제한 명령을 위반한 경우
8의2. 제25조제3항을 위반하여 품질기준에 맞지 아니한 도시가스를 공급·소비하거나 공급·소비할 목적으로 저장·운송 또는 보관한 경우(2011.7.25 본호신설)
8의3. 제25조의2제1항에 따른 품질검사를 받지 아니하거나 같은 조 제2항에 따른 품질검사를 거부·방해·기피한 경우(2011.7.25 본호신설)
9. 제26조제3항에 따른 안전관리규정의 변경 명령을 위반한 경우
9의2. 제26조의2를 위반하여 가스공급시설을 시설별 시설기준과 기술기준에 적합하도록 유지하지 아니한 경우(2013.8.13 본호신설)
10. 제27조제1항에 따른 명령을 위반한 경우
11. 제27조제2항 전단에 따른 명령을 위반한 경우
12. 제29조제5항에 따른 안전관리자의 해임 요구에 정당한 사유 없이 응하지 아니한 경우
13. 제40조제1항에 따른 조정 명령을 위반한 경우
14. 제40조제2항에 따른 통폐합 명령을 위반한 경우
15. 제41조제1항에 따른 필요한 보고를 하지 아니한 경우
16. 제41조제2항에 따른 사업에 관한 보고를 하지 아니한 경우

② 제1항에 따른 위반행위별 처분 기준은 그 사유와 위반 정도를 고려하여 산업통상자원부령으로 정한다.(2013.3.23 본항개정)

제10조【과징금】 ① 산업통상자원부장관, 시·도지사 또는 시장·군수·구청장은 다음 각 호의 어느 하나에 해당하는 경우에는 제9조에 따른 사업의 정지명령이나 제한명령을 갈음하여 3천만원 이하의 과징금을 부과할 수 있다.(2013.3.23 본문개정)
1. 가스도매사업자, 일반도시가스사업자, 나프타부생가스·바이오가스제조사업자 또는 합성천연가스제조사업자가 제9조제1항제2호, 제3호, 제5호부터 제8호까지, 제8호의2, 제8호의3, 제9호, 제9호의2 또는 제10호부터 제16호까지의 어느 하나에 해당하는 경우(2014.1.21 본호개정)
2. 도시가스충전사업자가 제9조제1항제2호·제3호·제8호의2·제8호의3·제9호·제9호의2 또는 제10호부터 제12호까지의 어느 하나에 해당하는 경우(2013.8.13 본호개정)

② 제1항에 따라 과징금을 부과하는 위반행위별 종류와 위반 정도에 따른 과징금의 금액이나 그 밖에 필요한 사항은 산업통상자원부령으로 정한다.(2013.3.23 본항개정)
③ 산업통상자원부장관, 시·도지사 또는 시장·군수·구청장은 제1항에 따른 과징금을 내야 할 자가 그 납부기한까지 과징금을 내지 아니하면 국세 체납처분의 예 또는 「지방행정제재·부과금의 징수 등에 관한 법률」에 따라 징수한다.(2020.3.24 본항개정)

제2장의2 천연가스수출입업 등
(2014.1.21 본장제목개정)

제10조의2【천연가스수출입업의 등록 등】 ① 천연가스수출입업을 하려는 자는 산업통상자원부령으로 정하는 바에 따라 산업통상자원부장관에게 등록하여야 한다. 등록한 사항 중 천연가스 저장시설의 규모 등 대통령령으로 정하는 중요 사항을 변경하려는 경우에도 또한 같다.(2013.3.23 전단개정)
② 제1항에 따른 천연가스수출입업의 시설기준 등 등록요건에 관하여는 대통령령으로 정한다.
③ 천연가스반출입업을 하려는 자는 산업통상자원부령으로 정하는 바에 따라 산업통상자원부장관에게 신고하여야 한다. 신고한 사항 중 천연가스 저장시설의 규모 등 대통령령으로 정하는 중요 사항을 변경하려는 경우에도 또한 같다.(2014.1.21 본항신설)
④ 산업통상자원부장관은 제3항에 따른 신고 또는 변경신고를 받은 경우 그 내용을 검토하여 이 법에 적합하면 신고를 수리하여야 한다.(2022.2.3 본항신설)
⑤ 제4조·제7조 및 제7조의2는 천연가스수출입업자의 결격사유, 사업의 승계 및 처분효과의 승계에 관하여 준용한다. 이 경우 "도시가스사업"은 "천연가스수출입업"으로, "도시가스사업자"는 "천연가스수출입업자"로 보고, 제4조제5호 중 "제9조"는 "제10조의7"로, "허가"는 "등록"으로 보며, 제7조의2 중 "제9조"는 "제10조의7"로, "제10조"는 "제10조의8"로 본다.
⑥ 제4조 및 제7조는 천연가스반출입업자의 결격사유와 사업의 승계에 관하여 준용한다. 이 경우 "도시가스사업"은 "천연가스반출입업"으로, "도시가스사업자"는 "천연가스반출입업자"로 보고, 제4조제5호 중 "제9조"는 "제10조의7"로, "허가가 취소된 후"는 "영업장이 폐쇄된 후"로 본다.(2014.1.21 본항신설)
(2014.1.21 본조제목개정)
(2007.12.21 본조신설)

제10조의3【조건부 등록】 ① 제10조의2에 따른 등록(이하 이 조에서 "본등록"이라 한다)을 신청하려는 자는 등록요건에서 정하는 시설을 갖출 것을 조건으로 산업통상자원부장관에게 조건부 등록을 신청할 수 있다.(2014.12.30 본항개정)
② 제1항에 따른 조건부 등록 신청을 받은 산업통상자원부장관은 산업통상자원부령으로 정하는 기간 이내에 이를 심사하여 조건부 등록 여부를 통지하여야 한다.
③ 산업통상자원부장관은 제2항에 따른 조건부 등록을 한 자가 본등록을 신청하면 등록요건에 적합한지 여부를 확인한 후 본등록을 하여야 한다.
④ (2014.12.30 삭제)
⑤ 조건부 등록에 관하여 필요한 그 밖의 사항은 산업통상자원부령으로 정한다.
(2013.3.23 본조개정)

제10조의4【사업의 개시·휴업 및 폐업의 신고】 ① 천연가스수출입업자 또는 천연가스반출입업자는 그 사업을 개시·휴업 또는 폐업하려는 경우에는 산업통상자원부령으로 정하는 바에 따라 산업통상자원부장관에게 신고하여야 한다.(2022.2.3 본항개정)
② 산업통상자원부장관은 제1항에 따른 신고를 받은 경우 그 내용을 검토하여 이 법에 적합하면 신고를 수리하여야 한다.(2022.2.3 본항신설)

제10조의5【천연가스의 수출입 승인 등】 ① 도시가스사업자인 천연가스수출입업자는 천연가스의 수입계약·수출계약 또는 수송계약을 체결하려면 산업통상자원부령으로 정하는 바에 따라 도시가스 수급상의 필요성과 가격의 적정성 등의 요건을 모두 갖추어 산업통상자원부장관의 승인을 받아야 한다. 승인을 받은 계약의 내용을 변경하려는 경우에도 또한 같다.
② 제1항에도 불구하고 도시가스사업자인 천연가스수출입업자가 체결하려는 천연가스의 수입계약·수출계약 또는 수송계약이 물량 및 기간 등에 관하여 대통령령으로 정하는 계약에 해당하는 경우에는 산업통상자원부령으로 정하는 바에 따라 그 계약 체결 이후 산업통상자원부장관에게 신고하여야 한다. 신고한 계약의 내용을 변경하는 경우에도 또한 같다.(2014.12.30 본항신설)
③ 자가소비용직수입자인 천연가스수출입업자는 천연가스의 수입계약·수출계약 또는 수송계약을 체결한 때에는 산업통상자원부령으로 정하는 바에 따라 산업통상자원부장관에게 신고하여야 한다. 신고한 계약의 내용을 변경한 경우에도 또한 같다.(2014.1.21 전단개정)
④ 자가소비용직수입자는 제3항에 따른 천연가스의 수입계약·수출계약을 체결하려면 그 계약을 체결하기 전에 수입·수출의 물량 규모 및 시기 등을 산업통상자원부령으로 정하는 바에 따라 산업통상자원부장관에게 미리 통보하여야 한다.(2014.12.30 본항개정)
⑤ 천연가스반출입업자는 천연가스를 반입·반출하기 위한 계약 또는 수송계약을 체결한 때에는 산업통상자원부령으로 정하는 바에 따라 산업통상자원부장관에게 신고하여야 한다. 신고한 계약의 내용을 변경한 경우에도 또한 같다.(2014.1.21 본항신설)
⑥ 산업통상자원부장관은 제2항, 제3항 또는 제5항에 따른 신고·변경신고를 받은 날부터 5일 이내에 신고수리 여부를 신고인에게 통지하여야 한다.(2022.2.3 본항신설)
⑦ 산업통상자원부장관이 제6항에서 정한 기간 내에 신고수리 여부 또는 민원 처리 관련 법령에 따른 처리기간의 연장을 신고인에게 통지하지 아니하면 그 기간(민원 처리 관련 법령에 따라 처리기간이 연장 또는 재연장된 경우에는 해당 처리기간을 말한다)이 끝난 날의 다음 날에 신고를 수리한 것으로 본다.(2022.2.3 본항신설)
(2013.3.23 본조개정)

제10조의6【자가소비용직수입자 등의 처분 제한】 ① 자가소비용직수입자는 수입한 천연가스를 국내의 제3자에게 처분할 수 없다. 다만, 천연가스의 수급안정과 효율적인 처리나 그 밖에 대통령령으로 정하는 사유에 해당하는 경우에는 그러하지 아니하다.
② 자가소비용직수입자가 제1항 단서에 따라 천연가스를 국내의 제3자에게 처분하는 경우 그 처분절차 및 방법 등에 관하여 필요한 사항은 대통령령으로 정한다.
③ 천연가스반출입업자는 「관세법」 제154조에 따른 보세구역 내에 반입한 천연가스를 가스도매사업자를 제외한 국내의 제3자에게 처분할 수 없다. 다만, 가스공급시설을 운영하는 과정에서 발생한 증발가스는 대통령령으로 정하는 절차 및 방법에 따라 자가소비용직수입자에게 처분할 수 있다.(2014.1.21 본항신설)
(2014.1.21 본조개정)

제10조의7【등록의 취소 등】 ① 산업통상자원부장관은 천연가스수출입업자 또는 천연가스반출입업자가 다음 각 호의 어느 하나에 해당하면 그 천연가스수출입업의 등록을 취소하거나 그 천연가스반출입업자에게 영업장 폐쇄를 명하여야 한다.(2014.1.21 본문개정)
1. 거짓이나 그 밖의 부정한 방법으로 제10조의2제1항에 따른 등록 또는 제10조의2제3항에 따른 신고를 한 경우(2014.1.21 본호개정)
2. 천연가스수출입업을 폐업한 경우
3. 제10조의2제5항 또는 제6항에서 준용하는 제4조 각 호의 어느 하나에 해당하게 된 경우. 다만, 제4조제6호에 해당하게 된 법인이 6개월 이내에 그 대표자를 바꾸어 임명하는 경우는 제외한다.(2022.2.3 본문개정)
4. 정당한 사유 없이 사업 개시 후 1년 이상 계속하여 천연가스수출입업을 하지 아니한 경우(2014.12.30 본호개정)

② 산업통상자원부장관은 천연가스수출입업자가 제10조의2제2항에 따른 등록요건에 미달하게 된 경우에는 그 등록을 취소하거나 6개월 이내의 기간을 정하여 그 사업의 전부 또는 일부의 정지를 명할 수 있다.(2013.3.23 본항개정)
③ 제2항에 따른 위반행위별 처분기준은 산업통상자원부령으로 정한다.(2013.3.23 본항개정)
(2007.12.21 본조신설)

제10조의8【과징금】 ① 산업통상자원부장관은 제10조의7제2항에 따라 천연가스수출입업자에 대하여 그 사업의 전부 또는 일부의 정지를 명할 수 있는 경우 그 사업정지 처분을 갈음하여 그 등록요건에 적합하지 아니한 기간 동안의 천연가스의 수출입량에 해당하는 금액을 초과하지 아니하는 범위에서 과징금을 부과할 수 있다.(2013.3.23 본항개정)
② 제1항에 따라 과징금을 부과하는 위반행위의 종별과 정도에 따른 과징금의 금액, 과징금의 산출방법, 그 밖에 필요한 사항은 산업통상자원부령으로 정한다.(2013.3.23 본항개정)
③ 산업통상자원부장관은 제1항에 따라 과징금을 납부하여야 할 자가 납부기한까지 이를 납부하지 아니하면 과징금 부과처분을 취소하고 제10조의7제2항에 따라 천연가스수출입업의 사업정지 처분을 하여야 한다. 다만, 제10조의4에 따른 휴업 또는 폐업이나 그 밖에 산업통상자원부령으로 정하는 불가피한 사유로 인하여 사업정지 처분을 할 수 없는 때에는 국세 체납처분의 예에 따라 징수한다.(2014.12.30 단서개정)
④ 제1항 및 제3항에 따라 부과·징수한 금액은 「에너지 및 자원사업 특별회계법」에 따른 에너지 및 자원사업 특별회계에 귀속된다.(2014.1.1 본항개정)

제10조의9【자가소비용직수입 천연가스 대상물량】 ① 자가소비용직수입자는 설비의 신설 또는 증설이나 연료의 대체 등에 따라 신규 수요가 발생하는 경우에만 추가로 천연가스를 수입할 수 있다.
② 제1항에도 불구하고 자가소비용직수입자는 가스도매사업자인 천연가스수출입업자와 체결한 가스 공급에 관한 계약이 해지 또는 만료되거나 그 계약에서 자가소비용직수입으로 전환할 수 있다고 정한 경우 발전용 천연가스를 수입할 수 있다. 다만, 산업통상자원부장관은 수급상 필요하다고 인정하면 자가소비용직수입자의 발전용 천연가스 수입을 제한할 수 있다.
③ 자가소비용직수입자는 제2항의 경우 외에는 도시가스사업자로부터 공급받기로 계약이 체결되어 있는 물량에 대해서는 별도로 천연가스를 수입하여서는 아니 된다.
(2013.8.13 본조신설)

제10조의10【천연가스 비축의무】 ① 가스도매사업자는 도시가스의 수급 안정을 위하여 대통령령으로 정하는 바에 따라 천연가스를 비축하여야 한다.
② 가스도매사업자는 도시가스의 수급상 필요한 경우에는 제1항에 따라 비축한 천연가스를 대통령령으로 정하는 바에 따라 사용할 수 있다.
③ 제1항에도 불구하고 가스도매사업자가 해외에서 가스전을 직접 개발하여 수입하면서 대통령령으로 정하는 요건에 해당하는 경우에는 천연가스 비축의무를 면제 또는 감경할 수 있다.
④ 제3항에 따른 천연가스 비축의무의 면제 또는 감경에 필요한 사항은 대통령령으로 정한다.
(2013.8.13 본조신설)

제2장의3 선박용천연가스사업
(2020.2.4 본장신설)

제10조의11【선박용천연가스사업의 등록 등】 ① 선박용천연가스사업을 하려는 자는 선박용천연가스사업의 등록요건을 갖추어 산업통상자원부령으로 정하는 바에 따라 산업통상자원부장관에게 등록하여야 한다. 등록한 사항 중 천연가스 저장시설의 규모 등 대통령령으로 정하는 중요 사항을 변경하려는 경우에도 또한 같다.
② 제1항에 따른 선박용천연가스사업의 시설기준 등 등록요건에 관하여는 대통령령으로 정한다.
③ 제1항에 따라 선박용천연가스사업을 등록한 자가 천연가스를 직접 수입하여 선박용천연가스사업을 하려는 경우에는 제10조의2제1항에 따라 등록하여야 한다. 등록한 사항 중 천연가스 저장시설의 규모 등 대통령령으로 정하는 중요 사항을 변경하려는 경우에도 또한 같다.
④ 선박을 건조한 자 중 대통령령으로 정하는 자가 「선박안전법」 제11조에 따른 임시항해검사에 합격한 선박을 소유자에게 인도할 경우에는 제1항에 따라 선박용천연가스사업을 등록하지 아니하고도 해당 선박 내의 잔존 천연가스를 포함하여 선박을 인도할 수 있다.

⑤ 선박용천연가스사업자의 결격사유, 사업의 승계 및 처분효과의 승계에 관하여는 제4조·제7조 및 제7조의2를 준용한다. 이 경우 "도시가스사업"은 "선박용천연가스사업"으로, "허가"는 "등록"으로, "도시가스사업자"는 "선박용천연가스사업자"로 보고, 제4조제5호 중 "제9조"는 "제10조의15"로 보며, 제7조의2 중 "제9조"는 "제10조의15"로 본다.

제10조의12【사업의 개시·휴업 및 폐업의 신고】 선박용천연가스사업자는 그 사업을 개시·휴업 또는 폐업한 경우에는 산업통상자원부령으로 정하는 바에 따라 산업통상자원부장관에게 신고하여야 한다.

제10조의13【선박용천연가스의 수출입 신고·변경신고】 ① 선박용천연가스사업자는 천연가스의 수입계약·수출계약 또는 수송계약을 체결한 때에는 산업통상자원부령으로 정하는 바에 따라 산업통상자원부장관에게 신고하여야 한다. 신고한 계약의 내용을 변경한 경우에도 또한 같다.

② 선박용천연가스사업자는 제1항에 따른 천연가스의 수입계약·수출계약을 체결하기 전에 수입·수출의 물량 규모 및 시기 등을 산업통상자원부령으로 정하는 바에 따라 산업통상자원부장관에게 미리 통보하여야 한다.

제10조의14【선박용천연가스사업자의 처분제한】 ① 선박용천연가스사업자는 수입·공급받은 천연가스를 선박 및 다른 선박용천연가스사업자를 제외한 국내의 제3자에게 처분할 수 없다. 다만, 가스공급시설을 운영하는 과정에서 발생한 증발가스는 대통령령으로 정하는 절차 및 방법에 따라 처분할 수 있다.

② 제1항에도 불구하고 산업통상자원부장관이 천연가스의 긴급한 수급안정과 효율적인 처리를 위하여 천연가스의 공급이 필요하다고 인정하는 등 대통령령으로 정하는 사유에 해당하는 경우 선박용천연가스사업자는 대통령령으로 정하는 처분절차 및 방법에 따라 수입·공급받은 천연가스를 국내의 제3자에게 처분할 수 있다.

제10조의15【등록의 취소 등】 ① 산업통상자원부장관은 선박용천연가스사업자가 다음 각 호의 어느 하나에 해당하면 선박용천연가스사업의 등록을 취소하여야 한다.

1. 거짓이나 그 밖의 부정한 방법으로 제10조의11제1항에 따른 등록을 한 경우
2. 선박용천연가스사업을 폐업한 경우
3. 제10조의11제5항에서 준용하는 제4조 각 호의 어느 하나에 해당하게 된 경우. 다만, 제4조제6호에 해당하게 된 법인이 6개월 이내에 그 대표자를 바꾸어 임명하는 경우는 제외한다.
4. 정당한 사유 없이 사업 개시 후 1년 이상 계속하여 선박용천연가스사업을 하지 아니한 경우
5. 제10조의14제1항에 따른 선박용천연가스의 처분제한을 위반한 경우
6. 선박용천연가스를 선박용천연가스사업 외의 용도로 판매 또는 공급하거나 선박용천연가스사업 외의 용도와 혼합하여 판매 또는 공급하는 경우

② 산업통상자원부장관은 선박용천연가스사업자가 제10조의11제2항에 따른 등록요건에 미달하게 된 경우에는 그 등록을 취소하거나 6개월 이내의 기간을 정하여 그 사업의 전부 또는 일부의 정지를 명할 수 있다.

③ 제2항에 따른 위반행위별 처분기준은 산업통상자원부령으로 정한다.

제3장 가스공급시설 및 사용시설
(2007.12.21 본장개정)

제11조【시설공사계획의 승인 등】 ① 도시가스사업자가 산업통상자원부령으로 정하는 가스공급시설의 설치공사나 변경공사를 하려면 그 공사계획에 대하여 산업통상자원부령으로 정하는 바에 따라 시설·기술기준, 인력기준 등의 요건을 모두 갖추어 산업통상자원부장관 또는 시장·군수·구청장의 승인을 받아야 한다. 승인을 받은 사항 중 산업통상자원부령으로 정하는 중요 사항을 변경하려는 경우에도 또한 같다.(2013.3.23 본항개정)

② 도시가스사업자가 가스공급시설의 설치공사나 변경공사 중 산업통상자원부령으로 정하는 가스공급시설의 공사를 하려면 산업통상자원부령으로 정하는 바에 따라 그 공사계획을 산업통상자원부장관 또는 시장·군수·구청장에게 신고하여야 한다. 신고한 사항 중 산업통상자원부령으로 정하는 중요 사항을 변경하려는 경우에도 또한 같다.(2013.3.23 본항개정)

③ 산업통상자원부장관 또는 시장·군수·구청장은 제2항에 따른 신고 또는 변경신고를 받은 경우 그 내용을 검토하여 이 법에 적합하면 신고를 수리하여야 한다.
(2022.2.3 본항신설)

④ 제1항과 제2항에도 불구하고 「주택법」이나 그 밖의 다른 법률에 따라 도시가스를 사용하는 자의 부담으로 가스공급시설을 설치하거나 변경하는 경우에는 그 가스공급시설 공사를 하는 자가 도시가스사업자를 대신하여 공사계획의 승인 또는 변경승인을 신청하거나 공사 계획의 신고 또는 변경신고를 할 수 있다. 이 경우 그 가스공급시설 공사를 하는 자는 그 사실을 도시가스사업자에게 알려야 한다.(2009.3.25 전단개정)

⑤ 다음 각 호의 어느 하나에 해당하는 자는 산업통상자원부령으로 정하는 바에 따라 해당 공사계획에 대하여 미리 한국가스안전공사의 의견을 들어야 한다.(2013.3.23 본문개정)

1. 제1항에 따른 공사계획의 승인 또는 변경승인을 받으려는 자(2009.3.25 본호신설)
2. 제2항에 따른 공사계획의 신고 또는 변경신고를 하려는 자(2009.3.25 본호신설)
3. 제1항 및 제2항의 가스공급시설 외에 산업통상자원부령으로 정하는 가스공급시설의 설치공사나 변경공사를 하려는 자(2013.3.23 본호개정)

⑥ 도시가스사업자가 제1항에 따른 공사계획의 승인 또는 변경승인을 받거나 제2항에 따른 공사계획의 신고 또는 변경신고를 한 경우에는 「건축법」 제11조에 따른 허가를 받거나 같은 법 제14조에 따른 신고를 한 것으로 본다.(2008.3.28 본항신설)

⑦ 제6항에 따른 허가 또는 신고의 의제를 받으려는 도시가스사업자는 해당 법률로 정하는 관련 서류를 함께 제출하여야 한다.(2022.2.3 본항개정)

⑧ 산업통상자원부장관 또는 시장·군수·구청장은 제1항에 따른 공사계획의 승인 또는 변경승인의 신청이나 제2항에 따른 공사계획의 신고 또는 변경신고가 있는 경우 그 시설공사계획에 제6항에 해당하는 사항이 포함되어 있는 때에는 관계 행정기관의 장과 미리 협의하여야 한다. 이 경우 관계 행정기관의 장은 협의요청을 받은 날부터 15일 이내에 의견을 제출하여야 한다.(2022.2.3 전단개정)

제11조의2【비상공급시설의 설치 등】 ① 도시가스사업자는 가스공급시설이 멸실·손괴되거나 재해, 그 밖의 긴급한 사유로 제11조제1항에 따른 공사계획의 승인을 받을 수 없거나 같은 조 제2항에 따른 공사계획의 신고를 할 수 없으면 비상공급시설을 설치한 후 산업통상자원부령으로 정하는 바에 따라 산업통상자원부장관 또는 시장·군수·구청장에게 그 사실을 신고하여야 한다.

② 제1항에 따른 신고가 신고서의 기재사항 및 첨부서류에 흠이 없고, 법령 등에 규정된 형식상의 요건을 충족하는 경우에는 신고서가 접수기관에 도달된 때에 신고된 것으로 본다.(2022.2.3 본항신설)
(2013.3.23 본조개정)

제11조의3【공공용 토지의 사용】 ① 도시가스사업자는 국가, 지방자치단체, 그 밖의 공공기관이 관리하는 공공용 토지의 지상 또는 지하에 가스공급시설을 설치할 필요가 있는 경우 해당 공공용 토지의 효용을 방해하지 아니하는 범위에서 관리자의 허가를 받아 해당 공공용 토지를 사용할 수 있다.

② 제1항에 따른 해당 공공용 토지의 관리자는 정당한 사유 없이 해당 공공용 토지의 사용을 거부하여서는 아니 된다.
(2011.3.30 본조신설)

제12조【가스시설의 시공·관리】 ① 「건설산업기본법」 제9조에 따라 가스시설시공업의 등록을 한 자(이하 "시공자"라 한다)로서 산업통상자원부령으로 정하는 규모 이상의 가스공급시설 또는 가스사용시설의 설치공사나 변경공사를 시공·관리하려는 시공자는 산업통상자원부령으로 정하는 바에 따라 해당 도시가스사업자가 가스공급시설의 공사계획, 가스공급능력 등에 미치는 영향을 검토할 수 있도록 시공할 내용을 도시가스사업자에게 미리 알려주어야 하며, 도시가스사업자는 시공할 내용에 대하여 검토한 결과를 그 시공자와 도시가스를 사용하려는 자에게 알려주어야 한다.

② 시공자는 가스공급시설 또는 가스사용시설의 설치공사나 변경공사를 하는 경우에는 산업통상자원부령으로 정하는 시설별 시설기준과 기술기준에 적합하도록 시공·관리하여야 한다.
(2013.3.23 본조개정)

제12조의2 (1996.12.30 삭제)

제12조의3～제13조 (1999.2.8 삭제)

제14조【시공기록등의 보존·제출】 ① 시공자는 가스공급시설 또는 가스사용시설의 설치공사나 변경공사를 완공하면 산업통상자원부령으로 정하는 바에 따라 그 시공기록·완공도면(전산보조기억장치에 입력된 경우에는 그 입력된 자료를 할 수 있다. 이하 같다), 그 밖에 필요한 서류(이하 "시공기록등"이라 한다)를 작성·보존하여야 한다.

② 시공자는 가스공급시설의 시공기록등의 사본을 도시가스사업자에게 내주어야 하며, 가스사용시설의 시공기록등의 사본을 도시가스사업자 및 산업통상자원부령으로 정하는 가스사용시설(이하 "특정가스사용시설"이라 한다)에서 도시가스를 사용하는 자에게 내주어야 한다.

③ 도시가스사업자는 제2항에 따라 가스공급시설이나 가스사용시설의 시공기록등의 사본을 받은 경우에는 그 중 완공도면의 사본을 산업통상자원부령으로 정하는 바에 따라 산업통상자원부장관 또는 시장·군수·구청장에게 제출하여야 한다.
(2013.3.23 본조개정)

제15조【시공 감리 등】 ① 도시가스사업자(제11조제4항 전단의 경우에는 해당 가스공급시설을 시공하는 자를 말한다. 이하 이 조에서 같다)는 산업통상자원부령으로 정하는 가스공급시설의 설치공사나 변경공사를 하는 경우에는 산업통상자원부장관 또는 시장·군수·구청장의 감리를 받아야 한다. 다만, 「건설기술 진흥법」 제39조제2항에 따른 건설사업관리를 받는 경우에는 산업통상자원부령으로 정하는 바에 따라 그 감리를 받지 아니할 수 있다.(2022.2.3 본문개정)

② 도시가스사업자는 제1항 본문에 따른 가스공급시설의 설치공사나 변경공사를 한 경우 그 감리자로부터 사용 적합 판정을 받은 경우가 아니면 이를 사용할 수 없다.

③ 도시가스사업자는 제1항 단서에 따른 건설사업관리를 받으려면 공사착공 전과 완공 후에 그 건설사업관리에 관한 사항을 산업통상자원부장관 또는 시장·군수·구청장과 한국가스안전공사에 통보하여야 한다.(2013.5.22 본항개정)

④ 특정가스사용시설에서 도시가스를 사용하는 자(이하 "특정가스사용시설의 사용자"라 한다)는 특정가스사용시설의 설치공사나 변경공사를 하려면 그 공사계획에 대하여 미리 한국가스안전공사의 의견을 들어야 한다. 다만, 산업통상자원부령으로 정하는 자에 대하여는 이를 면제할 수 있다.(2013.3.23 단서개정)

⑤ 도시가스충전사업자는 가스충전시설의 설치공사나 변경공사를 할 때에는 산업통상자원부령으로 정하는 바에 따라 그 공사의 공정별(工程別)로 시장·군수·구청장의 중간검사를 받아야 한다.(2013.3.23 본항개정)

⑥ 도시가스충전사업자 및 특정가스사용시설의 사용자는 가스충전시설 및 특정가스사용시설의 설치공사나 변경공사를 완공하면 시장·군수·구청장의 완성검사를 받아 이에 합격한 경우에만 사용할 수 있다.(2010.1.27 본항개정)

⑦ 제1항, 제5항 및 제6항에 따른 감리, 중간검사 및 완성검사의 대상과 기준, 그 밖에 감리, 중간검사 및 완성검사에 필요한 사항은 산업통상자원부령으로 정한다.
(2013.3.23 본항개정)

제16조【공급시설의 임시사용】 ① 산업통상자원부장관 또는 시장·군수·구청장은 제15조제1항에 따른 가스공급시설의 설치공사나 변경공사의 전부가 완성되기 전이라도 산업통상자원부령으로 정하는 바에 따라 도시가스 수급상의 필요성과 해당 공급시설의 안전한 사용 가능성 등의 요건을 모두 갖춘 경우에는 그 사용기간 및 방법을 정하여 해당 가스공급시설을 임시로 사용하게 할 수 있다.(2013.3.23 본항개정)

② 제1항에 따라 임시로 사용하는 가스공급시설은 제1항에 따라 정하여진 기간에만 그 사용방법에 따라 사용하여야 한다.

제17조【정기검사 및 수시검사】 ① 도시가스사업자와 특정가스사용시설의 사용자는 그 가스공급시설이나 특정가스사용시설에 대하여 산업통상자원부령으로 정하는 바에 따라 정기 또는 수시로 산업통상자원부장관 또는 시장·군수·구청장의 검사를 받아야 한다. 다만, 대통령령으로 정하는 자는 정기검사의 전부 또는 일부를 면제할 수 있다.

② 제1항에 따른 정기검사 및 수시검사의 대상과 기준, 그 밖에 검사에 필요한 사항은 산업통상자원부령으로 정한다.
(2013.3.23 본조개정)

제17조의2【정밀안전진단 및 안전성평가의 실시 등】 ① 도시가스사업자는 산업통상자원부령으로 정하는 가스공급시설(제17조의4제1항 전단에 따른 건전성관리 수행계획서가 제출된 가스배관시설은 제외한다)에 대하여 한국가스안전공사가 실시하는 정밀안전진단 및 안전성평가를 정기적으로 받아야 한다.(2016.1.6 본항개정)

② 제1항에 따른 가스공급시설의 정밀안전진단 및 안전성평가의 시기는 다음 각 호와 같다.

1. 정밀안전진단 : 제1항에 따른 가스공급시설의 설치를 완료한 날부터 15년이 지난 날이 속하는 연도부터 5년 이내의 범위에서 산업통상자원부령으로 정하는 시기마다. 다만, 제1항에 따른 가스공급시설 중 액화천연가스 저장탱크의 경우에는 설치를 완료한 날부터 5년이 지난 날이 속하는 연도에 1회, 15년이 지난 날이 속하는 연도부터는 산업통상자원부령으로 정하는 시기마다
2. 안전성평가 : 제1항에 따른 가스공급시설의 설치 전 및 가스공급시설의 설치 후 5년 이내의 범위에서 산업통상자원부령으로 정하는 시기마다

(2013.8.13 본항신설)

③ 한국가스안전공사는 제1항에 따라 실시한 정밀안전진단 또는 안전성평가의 결과를 산업통상자원부령으로 정하는 바에 따라 정밀안전진단 또는 안전성평가를 받은 자에게 통보하고, 산업통상자원부장관에게 보고하여야 한다.(2013.8.13 본항신설)

④ 산업통상자원부장관은 제1항에 따른 정밀안전진단 또는 안전성평가의 실시결과 가스공급시설 개선 등이 필요한 경우에는 도시가스사업자와 제39조의2제1항에 따른 도시가스사업자 외의 가스공급시설설치자에게 산업통상자원부령으로 정하는 바에 따라 가스공급시설에 대한 보수·보강 등 필요한 조치를 명할 수 있다.(2013.8.13 본항신설)

⑤ 제1항에 따른 정밀안전진단 및 안전성평가의 구체적인 시기, 기준, 방법 등에 필요한 사항은 산업통상자원부령으로 정한다.
(2013.8.13 본조개정)

제17조의3【안전관리수준평가】 ① 도시가스사업자는 안전관리수준을 향상시키고 가스사고를 예방하기 위하여 한국가스안전공사가 실시하는 가스공급시설과 가스

사용시설의 관리 및 운영 실적에 대한 계량적 평가(이하 "안전관리수준평가"라 한다)를 받을 수 있다.
② 제1항에 따라 안전관리수준평가를 받은 도시가스사업자는 제17조제1항에 따른 정기검사와 제26조제5항에 따른 안전관리규정 준수 여부의 확인·평가를 각각 받은 것으로 본다.
③ 제1항에 따라 안전관리수준평가를 받은 도시가스사업자에 대해서는 산업통상자원부령으로 정하는 바에 따라 안전관리수준평가의 결과를 고려하여 3년의 범위에서 제17조제1항에 따른 정기검사와 제26조제5항에 따른 안전관리규정 준수 여부의 확인·평가를 받아야 하는 다음 시기까지의 기간을 각각 달리 정할 수 있다.
④ 제1항에 따른 안전관리수준평가의 기준, 방법, 그 밖에 필요한 사항은 산업통상자원부령으로 정한다.
(2013.8.13 본조신설)

제17조의4【도시가스배관의 안전관리】 ① 산업통상자원부령으로 정하는 도시가스사업자는 도시가스배관의 장기사용 등으로 인한 가스사고를 방지하기 위하여 산업통상자원부령으로 정하는 가스배관시설에 대한 건전성 관리 수행계획서(이하 "수행계획서"라 한다)를 산업통상자원부장관에게 제출하여야 한다. 이 경우 한국가스안전공사의 의견서를 첨부하여야 한다.
② 산업통상자원부장관은 수행계획서 및 제1항 후단에 따른 한국가스안전공사의 의견서를 검토한 결과 도시가스배관의 안전을 확보하기 위하여 필요한 경우에는 제1항 전단에 따른 도시가스사업자에게 수행계획서를 변경하도록 명할 수 있다.
③ 제1항 전단에 따른 도시가스사업자는 수행계획서를 이행하고, 그 결과를 작성하여 10년간 보존하여야 한다.
④ 제1항 전단에 따른 도시가스사업자는 제3항에 따른 수행계획서의 이행 결과를 산업통상자원부령으로 정하는 바에 따라 산업통상자원부장관에게 보고하여야 한다.
⑤ 제1항 전단에 따른 도시가스사업자는 수행계획서의 이행 결과에 대하여 산업통상자원부장관에게 산업통상자원부령으로 정하는 바에 따라 정기적으로 확인을 받아야 한다.
⑥ 산업통상자원부장관은 제4항에 따라 보고받거나 제5항에 따라 확인한 결과 도시가스배관의 안전관리에 개선 등이 필요한 경우에는 제1항 전단에 따른 도시가스사업자에 대하여 수행계획서의 보강, 재이행 또는 이행 결과 재확인 등 필요한 조치를 명할 수 있다.
⑦ 수행계획서 작성기준 및 제출시기, 그 밖에 도시가스배관의 안전관리에 관하여 필요한 사항은 산업통상자원부령으로 정한다.
(2016.1.6 본조신설)

제17조의5【상세기준】 ①「고압가스 안전관리법」 제33조의2에 따른 가스기술기준위원회는 다음 각 호의 어느 하나에 해당하는 기준의 범위에서 그 기준을 충족하는 상세한 규격, 특정한 수치 및 특정한 시험방법 등을 세부적으로 규정한 기준(이하 "상세기준"이라 한다)을 정할 수 있다.
1. 제12조제2항에 따른 시설별 시설기준과 기술기준
2. 제15조제7항에 따른 감리, 중간검사 및 완성검사의 기준(2010.1.27 본호개정)
3. 제17조제2항에 따른 정기검사 및 수시검사의 기준
4. 제17조의2제5항에 따른 정밀안전진단 및 안전성평가의 기준(2013.8.13 본호개정)
4의2. 제17조의3제4항에 따른 안전관리수준평가의 기준(2013.8.13 본호신설)
5. 제30조의6에 따른 도시가스배관 손상방지기준(2009.3.25 본호개정)
② 상세기준은 제1항에 따른 가스기술기준위원회의 심의·의결을 거쳐 대통령령으로 정하는 바에 따라 산업통상자원부장관의 승인을 받아야 한다.(2013.3.23 본항개정)
③ 제1항에 따른 가스기술기준위원회는 제2항에 따라 승인을 받은 경우 그 상세기준의 내용을 지체 없이 인터넷 홈페이지 등을 이용하여 일반인에게 알려야 하고, 산업통상자원부장관은 그 승인사실을 관보에 공고하여야 한다.
(2013.3.23 본항개정)
④ 상세기준에 적합하면 제1항 각 호의 기준 중 그 상세기준에 해당하는 기준에 적합한 것으로 본다.
⑤ 제1항부터 제4항까지에서 규정한 사항 외에 상세기준의 제정·개정 절차 등은 산업통상자원부령으로 정한다.
(2013.8.13 본항신설)
(2007.12.21 본조신설)

제4장 가스공급
(2007.12.21 본장개정)

제18조【가스의 공급계획】 ① 일반도시가스사업자는 산업통상자원부령으로 정하는 바에 따라 다음 연도 이후 5년간의 가스공급계획을 작성하여 매년 11월 말일까지 시·도지사에게 제출하여야 한다. 이 경우 가스도매사업자와 협의하여야 한다.
② 가스도매사업자 및 합성천연가스제조사업자는 산업통상자원부령으로 정하는 바에 따라 다음 연도 이후 5년간의 가스공급계획을 작성하여 매년 12월 말일까지 산업통상자원부장관에게 제출하여야 한다. 이 경우 합성천연가스제조사업자는 가스도매사업자와 협의하여야 한다.
(2014.1.21 본항개정)
③ 나프타부생가스·바이오가스제조사업자는 산업통상자원부령으로 정하는 바에 따라 다음 연도 이후 5년간의 가스공급계획을 작성하여 매년 11월 말일까지 시·도지사에게 제출하여야 한다. 이 경우 나프타부생가스·바이오가스제조사업자는 가스도매사업자 또는 일반도시가스사업자와 협의하여야 한다.(2014.1.21 본항신설)
④ 도시가스사업자가 제1항부터 제3항까지의 규정에 따른 가스공급계획을 변경한 경우에는 미리 산업통상자원부장관 또는 시·도지사에게 보고하여야 한다.(2014.1.21 본항개정)
⑤ 산업통상자원부장관 또는 시·도지사는 제1항부터 제4항까지의 규정에 따른 가스공급계획이 사회적·경제적 사정의 변동으로 적절하지 못하게 되어 공공의 이익 증진에 지장을 가져올 염려가 있다고 인정되면 도시가스사업자에게 적절한 기간을 정하여 그 가스공급계획을 변경하도록 명할 수 있다.(2014.1.21 본항개정)
(2013.3.23 본조개정)

제18조의2【가스의 수급계획】 ① 시·도지사는 산업통상자원부령으로 정하는 바에 따라 다음 연도 이후 5년간의 가스수급계획을 작성하여 매년 12월 말일까지 산업통상자원부장관에게 제출하여야 한다. 이 경우 가스수급계획에는 도시가스가 공급되지 아니하는 지역의 도시가스 공급을 촉진하기 위한 지원 등 도시가스 보급확대계획이 포함되어야 한다.(2014.1.21 후단신설)
② 산업통상자원부장관은 산업통상자원부령으로 정하는 바에 따라 매년 해당 연도를 포함한 5년간의 가스수급계획을 수립하여야 한다.
③ 산업통상자원부장관은 산업통상자원부령으로 정하는 바에 따라 2년마다 해당 연도를 포함한 10년 이상의 기간에 걸친 장기 천연가스 수급계획을 수립하여 그 주요 내용을 공고하여야 한다.(2014.1.21 본항신설)
④ 산업통상자원부장관은 제2항 및 제3항에 따른 가스수급계획에 도시가스가 공급되지 아니하는 지역의 도시가스 공급을 촉진하기 위한 지원 등 도시가스 보급확대계획이 포함되도록 노력하여야 한다.(2014.1.21 본항신설)
⑤ 산업통상자원부장관은 천연가스의 수급상 필요하다고 인정할 때에는 제3항에 따른 장기 천연가스 수급계획을 변경할 수 있다. 이 경우 그 변경 사유와 주요 내용을 공고하여야 한다.(2014.1.21 본항신설)
(2014.1.21 본조개정)

제18조의3【가스공급시설 공사계획】 ① 시·도지사는 제18조제1항에 따라 일반도시가스사업자가 제출한 가스공급계획을 기초로 하여 매년 3월 말일까지 해당 연도를 포함한 2년간의 지역별 가스공급시설의 공사계획을 수립하여 공고하여야 한다. 공고한 계획을 변경한 경우에도 또한 같다.
② 일반도시가스사업자는 제1항에 따라 공고한 지역별 가스공급시설의 공사계획에 따라 가스공급시설을 설치하여야 한다. 다만, 산업통상자원부령으로 정하는 부득이한 사유가 있는 경우에는 그러하지 아니하다.(2013.3.23 단서개정)

제18조의4 (2007.12.21 삭제)

제19조【도시가스사업자의 공급 의무】 ① 가스도매사업자는 제20조제1항에 따른 공급규정에서 별도로 정한 사유나 그 밖에 정당한 사유 없이 일반도시가스사업자, 도시가스충전사업자 또는 산업통상자원부령으로 정하는 대량수요자에게 공급하기로 한 천연가스의 공급을 거절하거나 공급이 중단되게 하여서는 아니 된다. 다만, 액화천연가스냉열이용자가 제8조의4를 위반하여 천연가스를 처분하는 경우에는 해당 액화천연가스냉열이용자에 대하여 천연가스 공급을 중단할 수 있다.(2019.12.10 단서신설)
② 제1항에도 불구하고 가스도매사업자는 제18조제2항에 따라 산업통상자원부장관에게 제출하는 가스공급계획에 공급의무가 반영된 경우 외에는 자가소비용직수입자에 대한 천연가스 공급의무를 부담하지 아니한다.
(2013.8.13 본항신설)
③ 일반도시가스사업자는 다음 각 호의 어느 하나에 해당하는 경우를 제외하고는 그 허가받은 공급권역에 있는 가스사용자에게 도시가스의 공급을 거절하거나 공급이 중단되게 하여서는 아니 된다.
1. 가스공급시설의 설치가 필요한 지역으로 가스공급을 신청하는 가구 수가 시·도 고시로 정하는 수 미만인 경우
2. 철도·고속철도, 상·하수도, 하천, 암반 등 지형이 특수하여 가스공급시설 설치가 기술적으로 곤란하거나 시설의 안전확보가 곤란한 경우
3. 지리, 환경 등 지역여건을 감안할 때 가스공급이 부적절하다고 대통령령으로 정한 경우
4. 다른 법령에서 정하는 바에 따라 가스공급시설에 대한 공사가 제한되어 있는 경우
5. 그 밖의 정당한 사유가 있는 경우
(2013.8.13 본조제목개정)
(2010.1.27 본조개정)

제19조의2【가스공급시설 설치비용의 분담】 ① 일반도시가스사업자는 가스공급시설 설치비용의 전부 또는 일부를 도시가스의 공급 또는 가스공급에 관한 계약의 변경을 요청하는 자에게 분담하게 할 수 있다.
② 일반도시가스사업자가 제1항에 따라 가스공급시설 설치비용을 분담하게 할 때에는 다음 각 호의 기준에 따라야 한다.
1. 가스 소비량
2. 취사용·주택난방용·영업용 및 산업용 등 가스 소비의 유형
3. 가스의 배관·공급설비 및 그 부속설비의 규모
③ 일반도시가스사업자가 제1항 및 제2항에 따라 가스공급시설 설치비용을 분담하게 할 때에는 분담금액, 분담금을 산정한 기준 및 방법, 납부방법 및 납부기한 등을 분담받는 자에게 서면으로 통지하여야 한다.
④ 제2항 및 제3항에 따른 설치비용 분담금의 산정 기준에 관한 세부사항, 분담의 방법, 분담금의 납부절차, 그 밖에 필요한 사항은 산업통상자원부령으로 정한다.
(2013.3.23 본항개정)
(2010.1.27 본조개정)

제19조의3【가스공급시설 설치비용의 지원】 국가 및 지방자치단체는 제19조 각 호의 어느 하나에 해당하여 도시가스를 공급하기 어려운 경우 가스공급시설 설치비용의 전부 또는 일부를 지원할 수 있다.(2011.3.30 본조신설)

제19조의4【도시가스충전사업자의 안전점검의무 등】 ① 도시가스충전사업자는 도시가스를 수요자에게 공급할 때에는 그 수요자의 시설에 대하여 안전점검을 하여야 하며, 산업통상자원부령으로 정하는 바에 따라 수요자에게 위해예방에 필요한 사항을 계도하여야 한다.
(2013.3.23 본항개정)
② 도시가스충전사업자는 제1항에 따른 안전점검을 한 결과, 수요자의 시설이 제12조제2항에 따른 시설기준과 기술기준에 맞지 아니하다고 판단되면 그 수요자에게 해당 시설을 개선하도록 권고하여야 한다.
③ 도시가스충전사업자는 제1항에 따른 안전점검을 한 경우에는 산업통상자원부령으로 정하는 바에 따라 안전점검기록을 작성하여 2년간 보존하여야 한다.(2013.8.13 본항신설)
④ 제1항에 따른 안전점검에 필요한 점검자의 자격, 점검인원, 점검 장비, 점검 기준 등은 산업통상자원부령으로 정한다.(2013.3.23 본항개정)
(2010.1.27 본조신설)

제20조【공급규정】 ① 가스도매사업자는 도시가스의 요금이나 그 밖의 공급조건에 관한 공급규정(이하 "공급규정"이라 한다)을 정하여 산업통상자원부장관의 승인을 받아야 한다. 승인을 받은 사항을 변경하려는 경우에도 또한 같다.(2014.1.21 전단개정)
② 일반도시가스사업자는 공급규정을 정하여 시·도지사의 승인을 받아야 한다. 승인을 받은 사항을 변경하려는 경우에도 또한 같다.(2014.1.21 본항신설)
③ 산업통상자원부장관 또는 시·도지사는 공급규정이 다음의 기준에 적합한 경우에만 승인하여야 한다.
(2013.3.23 본문개정)
1. 요금이 적절할 것
2. 요금이 정률(定率)이나 정액(定額)으로 명확하게 규정되어 있을 것
3. 가스공급자와 공급을 받는 자 또는 가스사용자 간의 책임과 가스공급시설 및 가스사용시설에 대한 비용의 부담액이 적정하고 명확하게 정하여질 것
4. 특정사업자나 특정인을 부당하게 차별하는 것이 아닐 것
④ 가스도매사업자 또는 일반도시가스사업자는 제1항 또는 제2항에 따라 승인받은 공급규정에 따라 도시가스를 공급하여야 한다.(2014.1.21 본항개정)
⑤ 제3항에 따른 승인기준에 관한 세부적인 사항은 산업통상자원부령으로 정한다.(2014.1.21 본항개정)
⑥ 산업통상자원부장관은 일반도시가스사업자의 공급규정 중 도시가스 요금과 공급조건 및 비용의 부담에 관한 사항이 적절하지 못하여 도시가스의 수급 불균형을 초래할 우려가 있거나 가스사용자의 보호를 위하여 이를 개선할 필요가 있다고 인정되면 시·도지사에게 공급규정의 내용변경을 위한 필요한 조치를 하게 하여야 한다.
(2013.3.23 본항개정)
⑦ 산업통상자원부장관 또는 시·도지사는 공급규정이 사회적·경제적 사정의 변동으로 적절하지 못하게 되어 공공의 이익 증진에 지장을 가져올 염려가 있다고 인정되면 가스도매사업자 또는 일반도시가스사업자에게 적절한 기간을 정하여 그 공급규정의 변경승인을 신청할 것을 명할 수 있다.(2014.1.21 본항개정)
⑧ 산업통상자원부장관은 시·도지사 또는 일반도시가스사업자에 대하여 제2항에 따라 시·도지사가 승인한 공급규정에 따른 도시가스 요금의 산정, 요금의 납부방법, 비용의 부담에 관한 자료의 제출을 요구할 수 있다.
(2014.1.21 본항신설)
(2009.3.25 본조제목개정)

제20조의2【공급규정의 비치 및 교부】 가스도매사업자 또는 일반도시가스사업자는 제20조제1항 또는 제2항에 따라 승인받은 공급규정을 사무소 또는 영업소 등 열람하기 쉬운 곳에 비치하고, 가스사용자가 요구할 때에는 해당 공급규정의 사본을 교부하여 이를 알 수 있도록 하여야 한다.(2014.1.21 본조개정)

제21조【가스공급량 측정의 적정성 확보】 ① 일반도시가스사업자는 도시가스를 공급할 때 온도와 압력의 차이 등으로 인하여 발생할 수 있는 가스공급량의 측정오차를 바로잡기 위하여 보정계수를 적용하는 등 대통령령으로 정하는 바에 따라 가스공급량 측정의 적정성 확보조치를 취하여야 한다.(2009.3.25 본항개정)

② 산업통상자원부장관 또는 시·도지사는 제1항에 따른 가스공급량 측정의 적정성 확보조치를 취하려는 일반도시가스사업자에게 대통령령으로 정하는 바에 따라 필요한 지원을 할 수 있다.(2013.3.23 본항개정)
③ 시·도지사는 가스공급량 측정의 적정성을 확보하기 위하여 필요하다고 인정하면 일반도시가스사업자에게 제1항에 따라 조치한 사항을 보고하게 하거나 그 소속 공무원으로 하여금 해당 사무소에 출입하여 장부·서류 및 시설과 그 밖의 물건을 검사하게 할 수 있다. 이 경우 출입·검사하는 공무원은 그 권한을 표시하는 증표를 지니고 이를 관계인에게 내보여야 한다.
④ 시·도지사는 제3항에 따른 검사를 하려면 7일 전까지 검사의 일시·이유·내용 등을 포함한 검사계획을 관계인에게 통보하여야 한다. 다만, 긴급히 검사할 필요가 있거나 사전통보 시 증거인멸 등으로 검사의 목적을 달성하기 어렵다고 인정하는 경우에는 그러하지 아니하다.
⑤ 시·도지사는 제3항에 따라 보고를 받거나 검사한 결과 개선할 필요가 있다고 인정되면 해당 일반도시가스사업자에게 시정하도록 명할 수 있다.
⑥ 제3항부터 제5항까지의 규정에 따른 보고·검사, 검사계획의 통보 및 시정명령의 방법과 절차에 필요한 사항은 대통령령으로 정한다.

제22조～제23조 (1999.2.8 삭제)

제24조【가스사용의 제한 등】 ① 산업통상자원부장관은 일시적인 도시가스의 공급부족으로 인하여 긴급히 가스사용을 제한하지 아니하면 국민생활에 지장을 주거나 공공의 이익을 해칠 우려가 현저하다고 인정될 경우에는 필요한 범위에서 다음 각 호의 사항을 정하여 가스사용자에게 도시가스의 사용을 제한할 수 있다.(2013.3.23 본문개정)
1. 사용량의 한도
2. 사용 용도
3. 사용 제한 기간
② 산업통상자원부장관은 도시가스사업자에게 제1항에 따른 제한에 필요한 범위에서 가스 공급을 제한하도록 명할 수 있다.(2013.3.23 본항개정)

제25조【도시가스의 품질 유지】 ① 산업통상자원부장관은 도시가스의 적정한 품질을 확보하기 위하여 연소성(燃燒性)·열량·유해성분 및 냄새가 나는 물질 농도 등의 도시가스 품질기준을 정할 수 있다.(2013.3.23 본항개정)
② 산업통상자원부장관은 제1항에 따라 도시가스의 품질기준을 정하면 고시하여야 한다.(2013.3.23 본항개정)
③ 도시가스사업자와 자가소비용직수입자는 공급·소비하거나 공급·소비할 목적으로 저장·운송 또는 보관하는 도시가스를 제1항에 따른 도시가스 품질기준에 맞도록 도시가스 품질을 유지하여야 한다.
(2011.7.25 본조개정)

제25조의2【도시가스의 품질검사】 ① 가스도매사업자, 석유가스를 제조하는 일반도시가스사업자, 도시가스충전사업자, 나프타부생가스·바이오가스제조사업자, 합성천연가스제조사업자, 자가소비용직수입자 및 액화천연가스냉열이용자(자가소비 또는 제8조의4제3호의 경우는 제외한다)는 도시가스를 공급·소비하려는 경우 제25조제1항에 따른 도시가스 품질기준에 맞는지를 확인하기 위하여 대통령령으로 정하는 도시가스 품질검사기관으로부터 품질검사를 받아야 한다.(2019.12.10 본항개정)
② 산업통상자원부장관, 시·도지사 또는 시장·군수·구청장은 도시가스의 품질 유지를 위하여 필요하면 도시가스사업자와 자가소비용직수입자가 공급·소비하거나 공급·소비할 목적으로 저장·운송 또는 보관하는 도시가스에 대하여 품질검사를 할 수 있다.(2013.3.23 본항개정)
③ 제1항 및 제2항에 따른 품질검사의 방법과 절차 등에 필요한 사항은 산업통상자원부령으로 정한다.(2013.3.23 본항개정)

제5장 안전관리
(2007.12.21 본장개정)

제26조【안전관리규정】 ① 도시가스사업자는 그 사업 개시 전에 가스공급시설과 가스사용시설의 안전유지에 관한 안전관리규정을 정하여 산업통상자원부장관, 시·도지사 또는 시장·군수·구청장에게 제출하여야 한다. 이 경우 한국가스안전공사의 의견서를 첨부하여야 한다.
(2013.3.23 전단개정)
② 제1항에 따른 안전관리규정에는 경영방침, 조직관리, 자료·정보관리, 시설관리 등 전체 경영활동에서 안전을 우선으로 하고 이를 통하여 종합적으로 안전이 확보될 수 있도록 하기 위하여 필요한 사항을 포함하여야 한다.
③ 산업통상자원부장관, 시·도지사 또는 시장·군수·구청장은 안전을 확보하기 위하여 필요하다고 인정하면 제1항에 따른 안전관리규정을 변경하도록 명할 수 있다.
(2013.3.23 본항개정)
④ 도시가스사업자 및 제28조제1항에 따른 가스사용시설 안전관리업무 대행자와 그 각각의 종사자는 안전관리규정을 지키고 그 실시기록을 작성·보존하여야 한다.
⑤ 산업통상자원부장관, 시·도지사 또는 시장·군수·구청장은 산업통상자원부령으로 정하는 바에 따라 도시가스사업자 및 제28조제1항에 따른 가스사용시설 안전관리업무 대행자와 그 각각의 종사자가 제1항에 따른 안전관리규정을 지키고 있는지를 확인하고 이를 평가하여야 한다.(2013.3.23 본항개정)
⑥ 제1항에 따른 안전관리규정의 작성요령과 한국가스안전공사의 의견표시에 필요한 사항은 산업통상자원부령으로 정한다.(2013.3.23 본항개정)

제26조의2【가스시설의 안전유지】 도시가스사업자 또는 특정가스사용시설의 사용자는 가스공급시설이나 특정가스사용시설을 제12조제2항에 따른 시설별 시설기준과 기술기준에 적합하도록 유지하여야 한다.
(2013.8.13 본조신설)

제27조【가스시설의 개선명령 등】 ① 산업통상자원부장관 또는 시장·군수·구청장은 가스공급시설이나 가스사용시설이 제12조제2항에 따른 시설별 시설기준과 기술기준에 적합하지 아니하다고 인정하면 대통령령으로 정하는 바에 따라 해당 도시가스사업자나 가스사용자에게 그 기준에 적합하도록 가스공급시설이나 가스사용시설의 수리·개선·이전을 명하거나 도시가스의 공급중지·제한, 가스공급시설이나 가스사용시설의 사용정지·제한 등 위해를 방지하기 위하여 필요한 조치를 명할 수 있다.
② 산업통상자원부장관 또는 시장·군수·구청장은 공공의 안전을 유지하기 위하여 긴급·부득이하다고 인정하면 도시가스사업자에게 그 가스공급시설의 이전, 사용의 정지 또는 제한을 명하거나 가스공급시설 안에 있는 도시가스의 폐기를 명할 수 있다. 이 경우 도시가스사업자에게 발생한 손실에 대하여는 천재지변·전쟁, 그 밖의 불가항력의 사유로 인한 경우 외에는 대통령령으로 정하는 바에 따라 정당한 보상을 하여야 한다.
(2013.3.23 본조개정)

제28조【가스사용시설의 안전관리업무 대행】 ① 일반도시가스사업자는 제26조의 안전관리규정에 따른 가스사용시설의 안전관리업무를 효율적으로 수행하기 위하여 그 업무의 일부를 대행하게 할 경우에는 산업통상자원부령으로 정하는 자격을 갖춘 자(이하 "가스사용시설 안전관리업무 대행자"라 한다)로 하여금 그 업무를 대행하게 하여야 한다.(2013.3.23 본항개정)
② 가스사용시설 안전관리업무 대행자는 가스사용시설 중 도시가스를 연료로 사용하는 보일러를 시공하여서는 아니 된다.
③ 산업통상자원부장관 또는 시·도지사는 가스사용시설 안전관리업무 대행자에 대하여 가스사용자에게 부담시키는 가스사용시설의 설치비용에 관한 자료의 제출을 요구할 수 있으며, 가스사용자의 보호 및 공공의 이익증진을 위하여 필요하다고 인정하면 그 내용의 전부 또는 일부를 공표할 수 있다.(2014.1.21 본항신설)

제28조의2【가스사용시설 변경에 따른 안전조치】 가스사용자가 「액화석유가스의 안전관리 및 사업법」에 따른 액화석유가스의 사용시설을 가스사용시설로 변경하여 도시가스를 사용하려는 경우 일반도시가스사업자, 시공자 및 가스사용자는 액화석유가스의 사용시설에 대하여 액화석유가스의 용기 및 부대설비의 철거 등 산업통상자원부령으로 정하는 안전조치를 하여야 한다.
(2014.12.30 본조신설)

제28조의3【건축물 공사에 따른 안전조치】 ① 도시가스배관이 설치된 건축물을 증축·개축·대수선·철거공사를 하려는 경우 그 공사의 시행자는 도시가스를 공급하고 있는 도시가스사업자에게 해당 공사를 시작하기 7일 전까지 산업통상자원부령으로 정하는 바에 따라 공사의 일시·내용 등을 포함한 공사계획을 알려 주어야 한다. 다만, 도시가스배관에 위험을 발생시킬 우려가 없다고 인정되는 공사로서 대통령령으로 정하는 공사의 경우에는 그러하지 아니하다.
② 제1항에 따른 건축물 공사의 시행자와 해당 도시가스사업자는 가스배관시설 및 가스사용시설에 대하여 가스차단밸브 잠금조치, 배관 내의 잔류가스 제거 등 산업통상자원부령으로 정하는 안전조치를 하여야 한다.
(2014.12.30 본조신설)

제29조【안전관리자】 ① 도시가스사업자 및 다음 각 호의 어느 하나에 해당하는 특정가스사용시설의 사용자(이하 이 조, 제30조제2항, 제53조제5호·제6호 및 제54조제1항제16호에서 같다)는 가스공급시설이나 특정가스사용시설의 안전 유지 및 운용에 관한 직무를 수행하게 하기 위하여 사업 개시 또는 사용 전에 안전관리자를 선임하여야 한다. 이 경우 「산업안전보건법」 제17조에 따라 선임된 안전관리자는 이 법에 따라 선임된 안전관리자로 본다.(2019.1.15 후단개정)
1. 건축물의 소유자
2. 특정가스사용시설의 관리업무를 위탁한 경우에는 그 시설관리업무를 위탁받은 자
3. 시장·군수·구청장이 주소 또는 거소의 불명, 그 밖의 사유로 부득이 특정가스사용시설의 사용자가 안전관리자를 선임하기 어렵다고 인정하는 경우에는 건축물의 임차인 또는 점유자
(2016.1.6 1호～3호신설)
② 제1항에 따라 안전관리자를 선임한 자는 안전관리자를 선임 또는 해임하거나 안전관리자가 퇴직한 경우에는 산업통상자원부령으로 정하는 바에 따라 지체 없이 산업통상자원부장관, 시·도지사 또는 시장·군수·구청장에게 신고하고, 안전관리자가 해임되거나 퇴직한 날부터 30일 이내에 다른 안전관리자를 선임하여야 한다. 다만, 그 기간 내에 선임할 수 없으면 산업통상자원부장관, 시·도지사 또는 시장·군수·구청장의 승인을 받아 그 기간을 연장할 수 있다.(2013.3.23 본항개정)
③ 제1항에 따라 안전관리자를 선임한 자는 다음 각 호의 어느 하나에 해당하는 경우에는 대통령령으로 정하는 바에 따라 대리자를 지정하여 일시적으로 안전관리자의 직무를 대행하게 하여야 한다.(2016.12.2 본문개정)
1. 안전관리자가 여행·질병이나 그 밖의 사유로 일시적으로 그 직무를 수행할 수 없는 경우
2. 안전관리자의 해임 또는 퇴직과 동시에 다른 안전관리자가 선임되지 아니한 경우
(2016.12.2 1호～2호신설)
④ 안전관리자는 그 직무를 성실히 수행하여야 하며, 제1항에 따라 안전관리자를 선임한 자와 그 종사자는 안전관리자의 안전에 관한 의견을 존중하고 권고에 따라야 한다.
⑤ 산업통상자원부장관, 시·도지사 또는 시장·군수·구청장은 대통령령으로 정하는 안전관리자가 그 직무를 성실히 수행하지 아니하면 그 안전관리자를 선임한 도시가스사업자나 특정가스사용시설의 사용자에게 그 안전관리자를 해임하도록 요구할 수 있다.(2013.3.23 본항개정)
⑥ 시·도지사 또는 시장·군수·구청장은 제5항에 따라 안전관리자의 해임을 요구한 경우에는 그 안전관리자가 그 직무를 성실히 수행하지 아니한 사실을 산업통상자원부장관에게 통보하여야 한다.(2013.3.23 본항개정)
⑦ 제2항에 따른 신고가 신고서의 기재사항 및 첨부서류에 흠이 없고, 법령 등에 규정된 형식상의 요건을 충족하는 경우에는 신고서가 접수기관에 도달된 때에 신고된 것으로 본다.(2022.2.3 본항신설)
⑧ 안전관리자의 종류·자격·수(數)·직무범위 및 안전관리자의 대리자의 대행기간, 그 밖에 필요한 사항은 대통령령으로 정한다.

제30조【안전교육】 ① 도시가스사업자, 시공자 및 특정가스사용시설의 사용자의 안전관리에 관계되는 업무를 행하는 자는 산업통상자원부장관, 시·도지사 또는 시장·군수·구청장이 실시하는 안전교육을 받아야 한다.
(2013.3.23 본항개정)
② 도시가스사업자, 시공자 및 특정가스사용시설의 사용자는 그가 고용하고 있는 자 중 제1항에 따른 안전교육 대상자에게 안전교육을 받게 하여야 한다.
③ 제1항에 따른 안전교육 대상자의 범위·교육기간 및 교육과정, 그 밖에 교육에 필요한 사항은 산업통상자원부령으로 정한다.(2013.3.23 본항개정)

제5장의2 도시가스배관의 보호
(2009.3.25 본장제목개정)

제30조의2【굴착공사정보지원센터의 설치】 구멍 뚫기, 말뚝 박기, 터파기, 그 밖의 토지의 굴착공사(이하 "굴착공사"라 한다)로 인하여 일어날 수 있는 도시가스배관의 파손사고를 예방하기 위한 정보제공, 홍보 등에 필요한 굴착공사지원정보망의 구축·운영, 그 밖에 매설배관 확인에 대한 정보지원 업무를 효율적으로 수행하기 위하여 한국가스안전공사에 굴착공사정보지원센터(이하 "정보지원센터"라 한다)를 둔다.(2007.12.21 본조신설)

제30조의3【도시가스배관 매설상황 확인】 ① 도시가스사업이 허가된 지역에서 굴착공사를 하려는 자는 굴착공사를 하기 전에 해당 지역을 공급권역으로 하는 도시가스사업자가 해당 토지의 지하에 도시가스배관이 묻혀 있는지에 관하여 확인하여 줄 것을 산업통상자원부령으로 정하는 바에 따라 정보지원센터에 요청하여야 한다. 다만, 도시가스배관에 위험을 발생시킬 우려가 없다고 인정되는 굴착공사로서 대통령령으로 정하는 공사의 경우에는 그러하지 아니하다.(2013.3.23 본문개정)
② 제1항에 따른 요청을 받은 정보지원센터는 산업통상자원부령으로 정하는 바에 따라 관련 도시가스사업자에게 해당 사실을 알려 주어야 한다.(2013.3.23 본항개정)
③ 제2항에 따른 통지를 받은 도시가스사업자는 산업통상자원부령으로 정하는 바에 따라 해당 토지의 지하에 도시가스배관이 묻혀 있는지를 확인하여 주어야 한다.
(2013.3.23 본항개정)
④ 제3항에 따른 확인 결과, 도시가스배관이 묻혀 있는 것으로 확인되면, 굴착공사자와 도시가스사업자는 해당 굴착공사가 시작되기 전에 산업통상자원부령으로 정하는 바에 따라 다음 각 호의 조치를 하여야 한다.(2013.3.23 본문개정)
1. 굴착공사의 현장 위치 및 도시가스배관의 매설 위치의 표시(2009.3.25 본호개정)
2. 정보지원센터에 대한 제1호에 따른 표시 사실의 통지
3. 도시가스배관의 보호를 위하여 필요한 시설의 설치, 도시가스배관의 매설 위치 등이 표시된 도면의 제공 등 굴착공사로 인한 사고를 예방하기 위하여 산업통상자원부령으로 정하는 조치(2013.3.23 본호개정)
⑤ 굴착공사자는 정보지원센터로부터 굴착공사 개시통보를 받기 전에 굴착공사를 하여서는 아니 된다.
(2007.12.21 본조개정)

제30조의4【가스안전 영향평가】 ① 도시가스사업이 허가된 지역에서 굴착공사를 하려는 자 중 대통령령으로

정하는 자는 가스안전 영향평가에 관한 서류(이하 "평가서"라 한다)를 작성하여 시장·군수 또는 구청장에게 제출하여야 한다. 이 경우 평가서에는 한국가스안전공사의 의견서를 첨부하여야 한다.
② 평가서를 작성하는 자는 굴착공사로 인하여 영향을 받는 도시가스배관을 관리하는 도시가스사업자의 의견을 평가서의 내용에 포함시켜야 한다.(2009.3.25 본항개정)
③ 시장·군수 또는 구청장은 평가서를 보완할 필요가 있다고 인정하면 그 평가서를 제출한 자에게 보완하게 할 수 있다.
④ 제1항에 따라 평가서를 제출한 자(제3항에 따라 평가서를 보완한 자를 포함한다)는 그 평가서의 내용에 따라 굴착공사를 하여야 한다.
⑤ 평가서의 작성요령 등에 필요한 사항은 산업통상자원부령으로 정한다.(2013.3.23 본항개정)
(2007.12.21 본조개정)

제30조의5【협의·순회점검】 ① 도시가스사업이 허가된 지역에서 도시가스배관 파손사고의 위험성이 높은 굴착공사로서 산업통상자원부령으로 정하는 굴착공사를 하려는 자는 도시가스배관을 보호하기 위하여 산업통상자원부령으로 정하는 바에 따라 도시가스사업자와 협의를 하여야 하며 협의를 요청받은 도시가스사업자는 정당한 사유가 없으면 이에 응하여야 한다. 다만, 제30조의4제1항 전단에 따라 시장·군수 또는 구청장에게 평가서를 제출한 자는 그러하지 아니하다.
② 도시가스사업자와 굴착공사를 하려는 자는 제1항 본문에 따라 협의를 한 경우에는 산업통상자원부령으로 정하는 바에 따라 협의서를 작성하고 그 협의된 내용을 지켜야 한다.
③ 도시가스배관이 지하에서 철도(도시철도를 포함한다)나 도로를 건설하는 공사, 그 밖에 산업통상자원부령으로 정하는 공사의 공사장을 통과하는 경우 그 도시가스배관을 관리하는 도시가스사업자와 그 공사의 시행자는 산업통상자원부령으로 정하는 바에 따라 합동 감시체제를 구축하고 정기적으로 순회점검을 하여야 한다.
(2013.3.23 본조개정)

제30조의6【도시가스배관 손상방지기준의 준수】 도시가스사업이 허가된 지역에서 굴착공사를 하는 자는 산업통상자원부령으로 정하는 도시가스배관 손상방지기준에 따라 굴착작업을 하여야 한다.(2013.3.23 본조개정)

제30조의7【도시가스배관의 안전조치 등】 ① 도시가스사업자는 그 허가받은 공급권역에서 시행되는 굴착공사가 있으면 도시가스배관에 대하여 산업통상자원부령으로 정하는 안전조치를 하도록 노력한다.
② 도시가스사업자는 도시가스배관의 설치위치와 그 밖에 산업통상자원부령으로 정하는 사항이 포함된 도시가스배관에 관한 도면을 작성·보존하여야 한다.
(2013.3.23 본조개정)

제6장 토지의 사용등

제31조~제39조 (1999.2.8 삭제)

제6장의2 도시가스사업자 외의 가스공급시설 설치자
(2007.12.21 본장개정)

제39조의2【시설공사계획의 승인 등】 ① 도시가스사업자 외의 가스공급시설설치자(도시가스사업자·자가소비용직수입자·천연가스반출입업자·선박용천연가스사업자와 가스공급시설의 이용에 관한 계약을 체결하여 그 가스공급시설을 설치하는 자 및 자가소비용직수입자·천연가스반출입업자·선박용천연가스사업자로서 가스공급시설을 설치하는 자를 말한다. 이하 같다)는 산업통상자원부령으로 정하는 가스공급시설의 설치공사나 변경공사를 하려면 그 공사계획에 대하여 산업통상자원부령으로 정하는 바에 따라 시설·기술 기준, 인력기준 등의 요건을 모두 갖추어 다음 각 호의 구분에 따라 승인을 받아야 한다. 승인을 받은 사항 중 산업통상자원부령으로 정하는 중요 사항을 변경하려는 경우에도 또한 같다.
(2020.2.4 전단개정)
1. 제2호를 제외한 가스공급시설 : 산업통상자원부장관
2. 일반도시가스사업자의 배관에 연결하는 가스배관시설 : 시·도지사
(2013.8.13 본항개정)
② 도시가스사업자 외의 가스공급시설설치자는 산업통상자원부령으로 정하는 가스공급시설의 설치공사나 변경공사 중 산업통상자원부령으로 정하는 공사를 하려면 산업통상자원부령으로 정하는 바에 따라 그 공사계획을 제1항 각 호의 구분에 따라 산업통상자원부장관 또는 시·도지사에게 신고하여야 한다. 신고한 사항 중 산업통상자원부령으로 정하는 중요 사항을 변경하려는 경우에도 또한 같다.(2013.8.13 전단개정)
③ 산업통상자원부장관 또는 시·도지사는 제2항에 따른 신고 또는 변경신고를 받은 경우 그 내용을 검토하여 이 법에 적합하면 신고를 수리하여야 한다.(2022.2.3 본항신설)
④ 제1항에 따른 공사계획의 승인 또는 변경승인을 받거나 제2항에 따른 공사계획의 신고 또는 변경신고를 하려면 그 공사계획에 대하여 한국가스안전공사의 의견을 들어야 한다.
⑤ 산업통상자원부장관 또는 시·도지사는 제1항에 따라 공사계획에 대하여 승인 또는 변경승인을 하려면 산업통상자원부령으로 정하는 바에 따라 그 공사계획상의 가스공급시설과 연결되는 가스배관시설을 보유한 도시가스사업자의 의견을 들어야 한다.(2013.8.13 본항개정)
⑥ 산업통상자원부장관은 제1항에 따른 공사계획의 승인 또는 변경승인을 하거나 제2항에 따른 공사계획의 신고 또는 변경신고를 받으면 해당 가스공급시설의 공사계획을 관할하는 시·도지사에게 그 승인내용이나 신고내용을 통보하여야 한다.(2013.3.23 본항개정)

제39조의3 (2007.12.21 삭제)

제39조의4【가스의 수급계획】 자가소비용직수입자는 산업통상자원부령으로 정하는 바에 따라 매년 12월 말일까지 다음 연도 이후 5년간의 가스수급계획을 작성하여 산업통상자원부장관에게 제출하여야 한다.(2013.3.23 본조개정)

제39조의5【준용 규정】 도시가스사업자 외의 가스공급시설설치자에 관하여는 제14조제2항·제3항, 제15조제1항부터 제3항까지, 제7항, 제17조, 제17조의2, 제26조, 제26조의2, 제27조, 제29조, 제30조, 제30조의3, 제30조의5, 제30조의7, 제40조제1항, 제41조제1항·제3항·제4항, 제43조, 제43조의3, 제44조제2항제1호·제3호·제4호·제4호의4·제5호·제6호, 제44조제3항 및 제44조의2를 준용한다. 이 경우 제26조제1항 전단, 같은 조 제3항·제5항, 제27조제1항, 같은 조 제2항 전단, 제29조제2항·제5항, 제43조의3 및 제44조의2제1항·제2항 중 "산업통상자원부장관, 시·도지사 또는 시장·군수·구청장", "산업통상자원부장관 또는 시장·군수·구청장"과 "산업통상자원부장관 또는 시·도지사"는 각각 "시·도지사"로 본다.(2016.1.6 전단개정)

제6장의3 가스공급시설의 공동이용
(2007.12.21 본장신설)

제39조의6【가스공급시설의 공동이용】 ① 나프타부생가스·바이오가스제조사업자, 합성천연가스제조사업자, 자가소비용직수입자 또는 선박용천연가스사업자는 가스공급시설을 보유한 자와 협의하여 그 가스공급시설을 공동이용할 수 있다.(2020.2.4 본항개정)
② 제1항에도 불구하고 가스배관시설을 보유한 가스도매사업자는 설비능력의 범위에서 제39조의8제1항에 따른 배관시설이용규정으로 정하는 바에 따라 나프타부생가스·바이오가스제조사업자, 합성천연가스제조사업자, 자가소비용직수입자 또는 선박용천연가스사업자에게 가스배관시설의 이용을 제공하여야 한다.(2020.2.4 본항개정)
③ 제1항에 따라 가스공급시설을 공동이용하려는 나프타부생가스·바이오가스제조사업자, 합성천연가스제조사업자, 자가소비용직수입자 또는 선박용천연가스사업자는 산업통상자원부령으로 정하는 바에 따라 제11조 또는 제39조의2에 따른 공사계획에 가스공급시설의 공동이용에 관한 계획을 포함시켜야 한다.(2020.2.4 본항개정)
④ 도시가스사업자 외의 가스공급시설설치자는 시설이용의 효율을 높이기 위하여 가스공급시설을 직접 사용하거나 다른 사업자에게 가스공급시설을 이용하게 할 수 있다.(2014.1.21 본항신설)

제39조의7【금지행위】 ① 가스배관시설을 보유한 가스도매사업자는 제39조의6제2항에 따라 가스배관시설의 이용을 제공함에 있어서 나프타부생가스·바이오가스제조사업자, 합성천연가스제조사업자, 자가소비용직수입자 또는 선박용천연가스사업자가 제39조의8제1항에 따른 배관시설이용규정으로 정하는 이용조건을 위반하는 경우를 제외하고는 그 배관시설의 이용 제공을 거부하거나 지연하여서는 아니 된다.(2020.2.4 본항개정)
② 산업통상자원부장관은 가스도매사업자가 제1항을 위반하는 것으로 인정되면 그 행위의 중지를 명할 수 있다.
(2013.3.23 본항개정)

제39조의8【배관시설이용규정 등】 ① 가스배관시설을 보유한 가스도매사업자는 산업통상자원부령으로 정하는 바에 따라 배관시설이용료나 그 밖의 이용조건에 관한 배관시설이용규정을 정하여 산업통상자원부장관의 승인을 받아야 한다. 승인받은 사항을 변경하려는 경우에도 또한 같다.
② 산업통상자원부장관은 제1항에 따른 배관시설이용규정이 사회적·경제적 사정의 변동으로 적정하지 못하게 되어 공공의 이익증진에 지장을 가져올 우려가 있다고 인정되면 가스도매사업자에게 산업통상자원부령으로 정하는 기간 이내에 그 배관시설이용규정을 변경할 것을 명할 수 있다.
③ 일반도시가스사업자는 산업통상자원부령으로 정하는 바에 따라 배관시설이용료나 그 밖의 이용조건에 관한 배관시설이용요령을 정하여 시·도지사에게 신고하여야 한다. 신고한 사항을 변경하려는 경우에도 또한 같다.
④ 가스제조시설을 보유한 가스도매사업자는 산업통상자원부령으로 정하는 바에 따라 제조시설이용료나 그 밖의 이용조건에 관한 제조시설이용요령을 정하여 산업통상자원부장관에게 신고하여야 한다. 신고한 사항을 변경하려는 경우에도 또한 같다.
⑤ 산업통상자원부장관 또는 시·도지사는 제3항 또는 제4항에 따른 신고 또는 변경신고를 받은 경우 그 내용을 검토하여 이 법에 적합하면 신고를 수리하여야 한다.
(2022.2.3 본항신설)
(2013.3.23 본조개정)

제7장 감 독
(2007.12.21 본장개정)

제40조【조정명령 등】 ① 산업통상자원부장관은 도시가스의 수급상 필요하다고 인정하면 대통령령으로 정하는 바에 따라 도시가스사업자 또는 자가소비용직수입자에게 필요한 조정(調整)을 명할 수 있다.(2013.8.13 본항개정)
② 산업통상자원부장관 또는 시·도지사는 원활한 도시가스 수급과 공익상 필요하다고 인정하는 경우 및 일반도시가스사업자가 제19조를 위반하여 도시가스의 공급을 거절하거나 공급이 중단되게 하였을 경우에는 가스공급권역의 조정 및 사업의 통폐합을 명할 수 있다.
(2013.3.23 본항개정)
③ 시·도지사는 일반도시가스사업자의 공급권역 안 일부 지역이 다음 각 호의 어느 하나에 해당되어 그 지역의 특성이 사업허가 시점과 비교하여 현저히 변화되었다고 판단되면 산업통상자원부장관과 협의하여 가스공급권역의 조정 및 사업의 통폐합을 명할 수 있다.(2013.3.23 본문개정)
1. 일반도시가스사업 허가 후 일정 기간이 지난 시점에 가스공급권역 안 일부 지역이 「택지개발촉진법」 제3조에 따라 택지개발지구로 지정된 경우(2011.5.30 본호개정)
2. 일반도시가스사업 허가 후 일정 기간이 지난 시점에 가스공급권역 안 일부 지역이 「지역 개발 및 지원에 관한 법률」 제11조에 따른 지역개발사업구역으로 지정된 경우(2018.12.11 본호개정)
3. 일반도시가스사업 허가 후 일정 기간이 지난 시점에 가스공급권역 안 일부 지역에서 「국토의 계획 및 이용에 관한 법률」 제36조제1항에 따라 용도지역이 변경된 경우
④ 제3항에 따른 세부적인 면적 및 기간의 기준은 대통령령으로 정한다.

제40조의2【회계 처리】 ① 도시가스사업자는 산업통상자원부장관이 금융위원회와 협의하여 정하는 회계기준에 따라 회계를 처리하여야 한다.(2013.3.23 본항개정)
② 도시가스사업과 함께 도시가스사업 외의 사업을 영위하는 도시가스사업자는 도시가스사업의 회계와 도시가스사업 외의 사업의 회계를 구분하여 처리하여야 한다.
③ 도시가스사업에 관한 회계는 가스공급시설에 관한 회계와 그 밖의 도시가스사업에 관한 회계로 구분하여 처리하여야 한다.

제40조의3【지도·감독】 산업통상자원부장관은 도시가스의 공급 및 사용과 관련한 공공의 안전 또는 위해발생의 방지를 위하여 가스공급시설이나 가스사용시설의 각종검사 등 안전관리업무에 대하여 대통령령으로 정하는 바에 따라 시·도지사 또는 시장·군수·구청장을 지도·감독한다.(2013.3.23 본조개정)

제41조【보고 등】 ① 산업통상자원부장관은 대통령령으로 정하는 바에 따라 시·도지사, 시장·군수·구청장, 도시가스사업자, 자가소비용직수입자 또는 선박용천연가스사업자에게 필요한 보고를 하게 할 수 있다.
(2020.2.4 본항개정)
② 시·도지사 또는 시장·군수·구청장은 산업통상자원부령으로 정하는 바에 따라 일반도시가스사업자, 나프타부생가스·바이오가스제조사업자에게 그 사업에 관한 보고를 하게 할 수 있다.(2014.1.21 본항개정)
③ 도시가스사업자는 가스공급시설 및 그가 공급하는 가스의 사용시설과 관련하여 다음 각 호의 어느 하나의 사고가 발생하면 산업통상자원부령으로 정하는 바에 따라 즉시 한국가스안전공사에 통보하여야 하며, 통보를 받은 한국가스안전공사는 이를 산업통상자원부장관, 시·도지사 또는 시장·군수·구청장에게 보고하여야 한다.
(2013.3.23 본문개정)
1. 사람이 사망한 사고
2. 사람이 부상당하거나 중독된 사고
3. 가스누출에 의한 폭발 또는 화재사고
4. 가스시설이 손괴되거나 가스누출로 인하여 인명대피나 공급중단이 발생한 사고
5. 그 밖에 가스시설이 손괴되거나 가스가 누출된 사고로서 산업통상자원부령으로 정하는 사고(2013.3.23 본호개정)
④ 제3항에 따른 통보를 받은 한국가스안전공사는 사고재발 방지나 그 밖의 도시가스사고 예방을 위하여 필요하다고 인정하면 그 원인·경위 등 사고에 관한 조사를 할 수 있다.(2009.3.25 본항개정)

제42조 (1999.2.8 삭제)

제8장 보 칙
(2007.12.21 본장개정)

제42조의2【다른 자의 토지 사용】 ① 일반도시가스사업자는 그 사업을 수행하기 위하여 필요한 경우에는 현

재의 사용방법을 방해하지 아니하는 범위에서 다른 자의 토지에 가스배관시설을 설치할 수 있다. 이 경우 일반도시가스사업자는 가스배관시설의 설치방법 및 존속기간 등에 대하여 미리 그 토지의 소유자 또는 점유자와 협의하여야 한다.

② 일반도시가스사업자는 가스배관시설을 설치하려는 토지의 소유자 또는 점유자의 소재확인이 현저히 곤란한 경우에는 전국적으로 배포되는 둘 이상의 일간신문에 2회 이상 공고하여야 하며, 그 공고한 날부터 30일 이상이 지나고도 토지의 소유자 또는 점유자를 알 수 없거나 그 주소·거소·영업소 또는 사무소를 알 수 없어 협의를 할 수 없으면 제1항 후단의 규정에도 불구하고 해당 토지 소재지를 관할하는 시·도지사의 허가를 받아 그 토지를 사용할 수 있다.

③ 일반도시가스사업자는 제2항에 따라 다른 자의 토지에 가스배관시설을 설치함으로 인하여 손실이 발생한 경우에는 손실을 입은 자에게 정당한 보상을 하여야 하며, 보상액의 산정과 보상방법 등 보상에 관한 사항은 「공익사업을 위한 토지 등의 취득 및 보상에 관한 법률」을 준용한다.
(2013.8.13 본조신설)

제43조【보험 가입】 ① 다음 각 호의 어느 하나에 해당하는 자는 그가 공급·사용하는 도시가스의 사고 또는 가스시설의 시공에 따른 사고로 인하여 발생한 타인의 생명·신체 또는 재산상의 손해를 보상하기 위하여 보험에 가입하여야 한다.(2009.3.25 본문개정)
1. 도시가스사업자
2. 산업통상자원부령으로 정하는 특정가스사용시설의 사용자
3. 산업통상자원부령으로 정하는 시공자
(2013.3.23 2호~3호개정)

② 제1항에 따른 보험의 종류, 가입 절차, 그 밖에 필요한 사항은 대통령령으로 정한다.

③ 산업통상자원부장관은 금융위원회와 협의하여 3년마다 그 3년째 사업연도 종료 후 3개월 이내에 보험사업자로 하여금 제1항에 따른 보험 수익금의 일부를 도시가스사고 예방사업을 수행하는 자에게 지원하게 할 수 있으며 이에 관하여 필요한 사항은 대통령령으로 정한다.
(2013.3.23 본항개정)

제43조의2【가스안전 장치의 보급】 ① 산업통상자원부장관 또는 시·도지사는 도시가스사업자에게 가스사용시설의 안전 유지를 위하여 퓨즈 콕, 가스누출 자동차단장치 등 가스안전 장치의 보급을 권고하고 필요한 지원을 할 수 있다.(2013.3.23 본항개정)

② 시·도지사는 도시가스를 사용하는 자에게 퓨즈 콕 등 가스안전 장치의 설치를 권고할 수 있다.(2009.3.25 본항개정)

제43조의3【안전관리를 위한 투자】 산업통상자원부장관 또는 시·도지사는 가스공급시설의 안전성 향상과 사고 예방을 위하여 제17조에 따른 검사 또는 안전관리수준평가 결과 낡은 가스공급시설을 과다하게 보유하고 있거나 대형 도시가스사고의 우려가 있는 도시가스사업자나 그 밖에 대통령령으로 정하는 도시가스사업자에게 가스공급시설의 유지·관리에 필요한 투자를 권고하고 필요한 지원을 할 수 있다.(2013.8.13 본조개정)

제43조의4【청문】 산업통상자원부장관, 시·도지사 또는 시장·군수·구청장은 다음 각 호의 어느 하나에 해당하는 경우에는 청문을 하여야 한다.
1. 제9조에 따라 허가를 취소하거나 사업의 정지 또는 제한을 명하려는 경우
2. (2014.12.30 삭제)
3. 제10조의7에 따라 등록을 취소하거나 영업장 폐쇄, 사업의 전부 또는 일부의 정지를 명하려는 경우
(2014.1.21 본호개정)
4. 제10조의15에 따라 등록을 취소하거나 사업의 전부 또는 일부의 정지를 명하려는 경우(2020.2.4 본호신설)
(2013.8.13 본조개정)

제44조【수수료 등】 ① 제3조제1항부터 제5항까지의 규정에 따른 도시가스사업의 허가 또는 변경허가를 받으려는 자는 산업통상자원부령으로 정하는 바에 따라 수수료를 내야 한다.(2014.1.21 본항개정)

② 다음 각 호의 어느 하나에 해당하는 자는 산업통상자원부장관이 정하는 바에 따라 수수료나 교육비를 내야 한다.(2013.3.23 본문개정)
1. 제15조제1항(제39조의5에서 준용하는 경우를 포함한다)에 따른 가스공급시설의 설치공사나 변경공사의 시공감리를 받으려는 자
1의2. 제15조제5항에 따른 가스충전시설의 설치공사나 변경공사의 중간검사를 받으려는 자(2010.1.27 본호신설)
2. 제15조제6항에 따른 가스충전시설 및 특정가스사용시설의 설치공사나 변경공사의 완성검사를 받으려는 자
(2010.1.27 본호개정)
3. 제17조제1항(제39조의5에서 준용하는 경우를 포함한다)에 따른 가스공급시설이나 특정가스사용시설의 정기검사를 받으려는 자
4. 제17조의2제1항에 따른 정밀안전진단 또는 안전성평가를 받으려는 자
4의2. 제17조의3제1항에 따른 안전관리수준평가를 받으려는 자(2013.8.13 본호신설)
4의3. 제17조의4제5항에 따른 수행계획서 이행 결과를 확인받으려는 자(2016.1.6 본호신설)
4의4. 제25조의2제1항에 따른 품질검사를 받으려는 자
(2011.7.25 본호신설)
5. 제26조제1항(제39조의5에서 준용하는 경우를 포함한다)에 따른 안전관리규정에 대한 한국가스안전공사의 의견을 들으려는 자
6. 제30조제1항(제39조의5에서 준용하는 경우를 포함한다)에 따른 안전교육을 받으려는 자
7. 제30조의4제1항에 따른 가스안전 영향평가에 대한 한국가스안전공사의 의견을 들으려는 자

③ 정보지원센터가 제30조의3에 따른 도시가스배관 매설상황 확인과 관련된 업무를 수행하는 데에 드는 비용은 산업통상자원부장관이 정하여 고시하는 바에 따라 해당 도시가스사업자가 부담한다.(2013.3.23 본항개정)

제44조의2【위반사실의 통보 등】 ① 한국가스안전공사는 제41조제4항에 따라 사고 조사나 제45조제2항에 따라 위탁받은 권한의 행사 중 이 법 또는 이 법에 따른 명령을 위반한 사실이 있는 것을 알게 되면 그 위반 사실의 근거 자료를 갖추어 이를 산업통상자원부장관, 시·도지사 또는 시장·군수·구청장에게 통보하여야 한다.

② 산업통상자원부장관, 시·도지사 또는 시장·군수·구청장은 제1항에 따른 통보를 받은 경우에는 정당한 사유가 없으면 그 위반사실에 대한 처분을 하여야 한다.
(2013.3.23 본조개정)

제45조【권한의 위임·위탁】 ① 이 법에 따른 산업통상자원부장관 또는 시·도지사의 권한은 그 일부를 대통령령으로 정하는 바에 따라 시·도지사 또는 시장·군수·구청장에게 위임할 수 있다.(2013.3.23 본항개정)

② 이 법에 따른 산업통상자원부장관, 시·도지사 또는 시장·군수·구청장의 권한 중 다음 각 호의 업무는 대통령령으로 정하는 바에 따라 한국가스안전공사에 위탁할 수 있다. 다만, 제5호의 업무는 중대한 위해(危害)가 발생하였거나 위해의 발생이 긴박하여 긴급하고 부득이하다고 인정할 때에만 위탁할 수 있다.(2013.3.23 본문개정)
1. 제14조제3항에 따른 완공도면 사본의 접수
2. 제15조제1항 본문(제39조의5에서 준용하는 경우를 포함한다), 같은 조 제5항 및 제6항에 따른 시공감리, 중간검사 및 완성검사(2010.1.27 본호개정)
3. 제17조제1항 본문(제39조의5에서 준용하는 경우를 포함한다)에 따른 정기검사 및 수시검사
3의2. 제17조의4제5항에 따른 정기적 확인(2016.1.6 본호신설)
4. 제26조제5항(제39조의5에서 준용하는 경우를 포함한다)에 따른 안전관리규정의 준수 여부 확인 및 평가
5. 제27조제1항에 따른 위해방지 조치 명령
6. 제30조제1항(제39조의5에서 준용하는 경우를 포함한다)에 따른 안전교육의 실시

③ 이 법에 따른 시·도지사 또는 시장·군수·구청장의 권한 중 제17조제1항 본문에 따른 특정가스사용시설에 대한 정기검사에 관한 업무는 대통령령으로 정하는 바에 따라 한국가스안전공사 또는 「고압가스 안전관리법」 제35조에 따른 검사기관에 위탁할 수 있다.

제45조의2【벌칙 적용 시의 공무원 의제】 산업통상자원부장관, 시·도지사 또는 시장·군수·구청장이 제45조제2항 및 제3항에 따라 위탁한 사무에 종사하는 한국가스안전공사 또는 검사기관의 임직원은 「형법」 제129조부터 제132조까지의 규정을 적용할 때에는 공무원으로 본다.(2013.3.23 본조개정)

제46조【다른 법률과의 관계】 ① 가스공급시설이나 가스사용시설에 관하여 이 법에서 규정하지 아니한 사항에 대하여는 「고압가스 안전관리법」과 「액화석유가스의 안전관리 및 사업법」을 적용한다.

② 도시가스사업자가 도시가스를 판매하는 경우에는 「석유 및 석유대체연료 사업법」 제10조를 적용하지 아니한다.(2009.3.25 본항개정)

제47조【도시가스충전사업자 등에 대한 적용배제】 ① 도시가스충전사업자에 대하여는 제11조, 제11조의2, 제14조, 제30조의7 및 제40조의2를 적용하지 아니한다.

② 나프타부생가스·바이오가스제조사업자 또는 합성천연가스제조사업자에 대하여는 제40조의2를 적용하지 아니한다.(2014.1.21 본항신설)
(2014.1.21 본조개정)

제9장 벌 칙
(2007.12.21 본장개정)

제48조【벌칙】 ① 도시가스사업자의 가스공급시설 중 가스제조시설과 가스배관시설을 손괴(損壞)하거나 그 기능에 장애를 입혀 도시가스 공급을 방해한 자는 1년 이상 10년 이하의 징역 또는 1억5천만원 이하의 벌금에 처한다.

② 도시가스사업자의 가스공급시설 중 가스충전시설, 나프타부생가스·바이오가스제조시설 또는 합성천연가스제조시설을 손괴하거나 그 기능에 장애를 입혀 도시가스 공급을 방해한 자는 5년 이하의 징역 또는 5천만원 이하의 벌금에 처한다.(2014.1.21 본항개정)

③ 도시가스사업자 외의 가스공급시설설치자의 가스공급시설을 손괴하거나 그 기능에 장애를 입혀 도시가스 공급을 방해한 자는 10년 이하의 징역 또는 1억원 이하의 벌금에 처한다.

④ 가스사용자의 도시가스배관을 손괴하거나 그 기능에 장애를 입혀 도시가스 공급을 방해한 자는 4년 이하의 징역 또는 4천만원 이하의 벌금에 처한다.(2014.12.30 본항신설)

⑤ 업무상 과실이나 중대한 과실로 인하여 제1항의 죄를 범한 자는 7년 이하의 금고(禁錮) 또는 2천만원 이하의 벌금에 처한다.

⑥ 업무상 과실이나 중대한 과실로 인하여 제2항의 죄를 범한 자는 2년 이하의 금고 또는 2천만원 이하의 벌금에 처한다.

⑦ 업무상 과실이나 중대한 과실로 인하여 제3항의 죄를 범한 자는 3년 이하의 금고 또는 1천만원 이하의 벌금에 처한다.

⑧ 업무상 과실이나 중대한 과실로 인하여 제4항의 죄를 범한 자는 1년 이하의 금고 또는 1천만원 이하의 벌금에 처한다.(2014.12.30 본항신설)

⑨ 제5항부터 제8항까지의 죄를 범하여 가스를 누출시키거나 폭발하게 함으로써 사람을 상해에 이르게 한 경우에는 10년 이하의 금고 또는 1억원 이하의 벌금에, 사망에 이르게 한 경우에는 1년 이상 10년 이하의 금고 또는 1억5천만원 이하의 벌금에 처한다.(2014.12.30 본항개정)

⑩ 도시가스사업자 또는 도시가스사업자 외의 가스공급시설설치자의 승낙 없이 가스공급시설을 조작하여 도시가스 공급을 방해한 자는 1년 이하의 징역 또는 1천만원 이하의 벌금에 처한다.

⑪ 도시가스사업자 또는 도시가스사업자 외의 가스공급시설에 종사하는 자가 정당한 사유 없이 도시가스 공급에 장애를 발생하게 한 경우에는 제10항의 형(刑)과 같다.
(2014.12.30 본항개정)

⑫ 도시가스사업자 또는 도시가스사업자 외의 가스공급시설설치자의 승낙 없이 가스공급시설을 변경한 자는 500만원 이하의 벌금에 처한다.

⑬ 제1항부터 제4항까지 및 제10항의 미수범은 처벌한다.
(2014.12.30 본항개정)
(2010.1.27 본조개정)

제49조【벌칙】 다음 각 호의 어느 하나에 해당하는 자는 3년 이하의 징역 또는 3천만원 이하의 벌금에 처하거나 이를 병과할 수 있다.
1. 제3조제1항 전단 또는 제2항 전단에 따른 허가를 받지 아니하고 가스도매사업 또는 일반도시가스사업을 영위한 자(2010.1.27 본호개정)
2. 제10조의2제1항에 따른 등록 또는 변경등록을 하지 아니하고 천연가스수출입업을 영위한 자(제10조의11제3항을 위반하여 등록 또는 변경등록을 하지 아니한 자를 포함한다)(2020.2.4 본호개정)
3. 제10조의11제1항을 위반하여 등록 또는 변경등록을 하지 아니하고 선박용천연가스사업을 영위한 자
(2020.2.4 본호신설)

제50조【벌칙】 다음 각 호의 어느 하나에 해당하는 자는 2년 이하의 징역 또는 2천만원 이하의 벌금에 처한다.
1. 제3조제1항 후단 또는 제2항 후단을 위반하여 변경허가를 받지 아니하고 허가받은 사항을 변경한 자
1의2. 제3조제3항 전단에 따른 허가를 받지 아니하고 도시가스충전사업을 영위한 자(2010.1.27 본호신설)
1의3. 제3조제4항 전단 또는 같은 조 제5항 전단에 따른 허가를 받지 아니하고 나프타부생가스·바이오가스제조사업 또는 합성천연가스제조사업을 영위한 자
(2014.1.21 본호신설)
2. 제10조의5제1항에 따른 승인 또는 변경승인을 받지 아니하고 천연가스의 수입계약·수출계약 또는 수송계약을 체결한 자
3. 제11조제1항 또는 제39조의2제1항에 따른 승인 또는 변경승인을 받지 아니하고 가스공급시설의 설치공사 또는 변경공사를 한 도시가스사업자 또는 도시가스사업자 외의 가스공급시설설치자
4. 제15조제2항(제39조의5에서 준용하는 경우를 포함한다)에 따른 적합판정(제16조제1항에 따른 임시사용을 포함한다)을 받지 아니하고 가스공급시설을 사용한 도시가스사업자 또는 도시가스사업자 외의 가스공급시설설치자
5. 제15조제6항을 위반하여 완성검사를 받지 아니하거나 불합격하고 가스충전시설을 사용한 도시가스충전사업자나 특정가스사용시설을 사용한 자(2010.1.27 본호개정)
5의2. 제25조제3항을 위반하여 품질기준에 맞지 아니한 도시가스를 공급·소비하거나 공급·소비할 목적으로 저장·운송 또는 보관한 자(2011.7.25 본호신설)
5의3. 제25조의2제1항에 따른 품질검사를 받지 아니하거나 같은 조 제2항에 따른 품질검사를 거부·방해·기피한 자(2011.7.25 본호신설)
6. 제27조제1항(제39조의5에서 준용하는 경우를 포함한다)에 따른 명령을 이행하지 아니한 도시가스사업자, 가스사용자 또는 도시가스사업자 외의 가스공급시설설치자
7. 제27조제2항 전단(제39조의5에서 준용하는 경우를 포함한다)에 따른 명령을 이행하지 아니한 도시가스사업자 또는 도시가스사업자 외의 가스공급시설설치자
8. 제30조의3제1항(제39조의5에서 준용하는 경우를 포함

한다)에 따른 도시가스배관 매설상황의 확인요청을 하지 아니하고 굴착공사를 한 자 또는 도시가스사업자 외의 가스공급시설설치자
9. 제30조의4제1항 전단에 따른 평가서를 제출하지 아니하고 굴착공사를 한 자
10. 제30조의5제1항 본문(제39조의5에서 준용하는 경우를 포함한다)에 따른 협의를 하지 아니하고 굴착공사를 하거나 정당한 사유 없이 제30조의5제1항 본문에 따른 협의 요청에 응하지 아니한 자
11. 제30조의5제2항(제39조의5에서 준용하는 경우를 포함한다)을 위반하여 도시가스사업자와 굴착공사의 시행자 간에 협의된 내용을 지키지 아니한 도시가스사업자, 굴착공사의 시행자 또는 도시가스사업자 외의 가스공급시설설치자
12. 제30조의5제3항(제39조의5에서 준용하는 경우를 포함한다)을 위반하여 합동감시 체제를 구축하지 아니하거나 정기적으로 순회점검을 하지 아니한 도시가스사업자, 굴착공사의 시행자 또는 도시가스사업자 외의 가스공급시설설치자
13. 제30조의6에 따른 기준에 따르지 아니하고 굴착작업을 한 자
14. 제30조의7제2항(제39조의5에서 준용하는 경우를 포함한다)에 따른 도시가스배관에 관한 도면을 작성·보존하지 아니하거나 거짓으로 작성·보존한 도시가스사업자 또는 도시가스사업자 외의 가스공급시설설치자(2009.3.25 본호개정)
15. 제40조(제39조의5에서 준용하는 경우를 포함한다)에 따른 조정 및 사업 통폐합 명령을 이행하지 아니한 자

제51조【벌칙】 다음 각 호의 어느 하나에 해당하는 자는 1년 이하의 징역 또는 1천만원 이하의 벌금에 처한다. 다만, 제1호의3에 해당하는 자 중 도시가스충전사업자, 나프타부생가스·바이오가스제조사업자 또는 합성천연가스제조사업자는 300만원 이하의 벌금에 처한다.
(2014.1.21 단서신설)
1. 제3조제3항 후단을 위반하여 변경허가를 받지 아니하고 허가받은 사항을 변경한 자(2010.1.27 본호개정)
1의2. 제3조제4항 후단 또는 같은 조 제5항 후단을 위반하여 변경허가를 받지 아니하고 허가받은 사항을 변경한 자(2014.1.21 본호개정)
1의3. 제8조제1항에 따른 신고를 하지 아니하고 사업을 개시, 휴업하거나 폐업한 자(2022.2.3 본호개정)
1의4. 제10조의2제3항에 따른 신고 또는 변경신고를 하지 아니하고 천연가스반출입업을 영위한 자(2014.1.21 본호신설)
2. 제10조의6을 위반하여 천연가스를 처분한 자
3. 제12조제2항에 따른 시설별 시설기준과 기술기준에 적합하지 아니하게 시공·관리를 한 시공자
3의2. 제15조제5항에 따른 중간검사를 받지 아니한 도시가스충전사업자(2010.1.27 본호신설)
4. 제17조제1항(제39조의5에서 준용하는 경우를 포함한다)에 따른 정기검사 또는 수시검사를 받지 아니한 도시가스사업자, 특정가스사용시설의 사용자 또는 도시가스사업자 외의 가스공급시설설치자
5. 제17조의2제1항에 따른 정밀안전진단 또는 안전성평가를 받지 아니한 자
5의2. 제17조의4제1항에 따라 수행계획서를 제출하지 아니한 자(2016.1.6 본호신설)
5의3. 제17조의4제3항에 따라 수행계획서를 이행하지 아니한 자(2016.1.6 본호신설)
5의4. 제17조의4제5항에 따라 정기적 확인을 받지 아니한 자(2016.1.6 본호신설)
6. 제19조를 위반하여 도시가스의 공급을 거절하거나 공급이 중단되게 한 자
6의2. 제19조의4제1항에 따른 안전점검을 실시하지 아니한 도시가스충전사업자(2011.3.30 본호개정)
7. 제20조제1항 또는 제2항에 따른 공급규정의 승인을 받지 아니한 도시가스사업자(2014.1.21 본호개정)
8. 제26조의2(제39조의5에서 준용하는 경우를 포함한다)를 위반하여 가스공급시설을 시설별 시설기준과 기술기준에 적합하도록 유지하지 아니한 도시가스사업자 또는 도시가스사업자 외의 가스공급시설설치자(2013.8.13 본호신설)
9. 제30조의3제3항(제39조의5에서 준용하는 경우를 포함한다)에 따른 도시가스배관 매설상황 확인을 하여 주지 아니한 도시가스사업자 또는 도시가스사업자 외의 가스공급시설설치자
10. 제30조의3제4항(제39조의5에서 준용하는 경우를 포함한다) 각 호의 조치를 하지 아니한 굴착공사자, 도시가스사업자 또는 도시가스사업자 외의 가스공급시설설치자
11. 제30조의3제5항을 위반하여 굴착공사 개시통보를 받기 전에 굴착공사를 한 굴착공사자
12. 제30조의4제4항에 따른 평가서의 내용을 지키지 아니하고 굴착공사를 시행한 자
13. 제39조의7제2항에 따른 명령을 이행하지 아니한 자
14. 제39조의8제1항에 따른 승인 또는 변경승인을 받지 아니한 자
15. 제40조의2에 따라 회계 처리를 하지 아니한 자

제52조 (1995.1.5 삭제)

제53조【벌칙】 다음 각 호의 어느 하나에 해당하는 자는 1천만원 이하의 벌금에 처한다. 다만, 제5호 또는 제6호에 해당하는 자 중 도시가스충전사업자, 나프타부생가스·바이오가스제조사업자 또는 합성천연가스제조사업자는 500만원 이하의 벌금에 처한다.(2014.1.21 단서신설)
1. 제18조제5항에 따른 가스공급계획의 변경명령을 이행하지 아니한 자(2014.1.21 본호개정)
2. 제18조의3제2항 본문에 따른 가스공급시설의 공사계획에 따라 가스공급시설을 설치하지 아니한 일반도시가스사업자
3. 제20조제7항에 따른 공급규정의 변경승인 신청명령을 이행하지 아니한 자(2014.1.21 본호개정)
4. 제28조제2항을 위반한 가스사용시설 안전관리업무 대행자
5. 제29조제1항(제39조의5에서 준용하는 경우를 포함한다)에 따른 안전관리자를 선임하지 아니한 도시가스사업자, 특정가스사용시설의 사용자 또는 도시가스사업자 외의 가스공급시설설치자(2014.1.21 본호개정)
6. 제29조제2항(제39조의5에서 준용하는 경우를 포함한다)을 위반한 도시가스사업자, 특정가스사용시설의 사용자 또는 도시가스사업자 외의 가스공급시설설치자
7. 제39조의8제2항에 따른 변경명령을 이행하지 아니한 자
8. 제39조의8제3항에 따른 신고 또는 변경신고를 하지 아니하거나 거짓으로 신고한 자
9. 제39조의8제4항에 따른 신고 또는 변경신고를 하지 아니하거나 거짓으로 신고한 자

제53조의2【벌칙】 제26조의2를 위반하여 특정가스사용시설을 시설별 시설기준과 기술기준에 적합하도록 유지하지 아니한 특정가스사용시설의 사용자는 500만원 이하의 벌금에 처한다.(2013.8.13 본조신설)

제53조의3【양벌규정】 법인의 대표자나 법인 또는 개인의 대리인, 사용인, 그 밖의 종업원이 그 법인 또는 개인의 업무에 관하여 제48조부터 제51조까지, 제53조 또는 제53조의2의 어느 하나에 해당하는 위반행위를 하면 그 행위자를 벌하는 외에 그 법인 또는 개인에게도 해당 조문의 벌금형을 과(科)한다. 다만, 법인 또는 개인이 그 위반행위를 방지하기 위하여 해당 업무에 관하여 상당한 주의와 감독을 게을리하지 아니한 경우에는 그러하지 아니하다.(2013.8.13 본문개정)

제54조【과태료】 ① 다음 각 호의 어느 하나에 해당하는 자에게는 3천만원 이하의 과태료를 부과한다.
1. 제10조의5제2항·제3항 또는 제5항에 따른 신고 또는 변경신고를 하지 아니하거나 거짓으로 신고한 자
2. 제10조의5제4항에 따른 사전통보를 하지 아니하거나 거짓으로 통보한 자
(2014.12.30 1호~2호개정)
2의2. 제10조의10을 위반하여 천연가스를 비축하지 아니한 자(2013.8.13 본호신설)
2의3. 제10조의13제1항을 위반하여 신고 또는 변경신고를 하지 아니하거나 거짓으로 신고한 자(2020.2.4 본호신설)
2의4. 제10조의13제2항을 위반하여 사전통보를 하지 아니하거나 거짓으로 통보한 자(2020.2.4 본호신설)
3. 제11조제2항 또는 제39조의2제2항에 따른 신고 또는 변경신고를 하지 아니하고 가스공급시설의 설치공사 또는 변경공사를 한 도시가스사업자 또는 도시가스사업자 외의 가스공급시설설치자
4. 제11조제2항 또는 제39조의2제2항을 위반하여 거짓으로 신고 또는 변경신고를 하고 가스공급시설의 설치공사 또는 변경공사를 한 도시가스사업자 또는 도시가스사업자 외의 가스공급시설설치자
5. 제11조의2에 따른 비상공급시설을 설치한 후 이를 신고하지 아니하거나 거짓으로 신고한 도시가스사업자
5의2. 제17조의2제4항에 따른 가스공급시설 개선 등의 명령을 이행하지 아니한 자(2013.8.13 본호신설)
5의3. 제17조의4제2항에 따른 수행계획서 변경 명령을 이행하지 아니한 자
5의4. 제17조의4제3항에 따른 수행계획서 이행 결과를 작성·보존하지 아니한 자
5의5. 제17조의4제4항에 따른 보고를 하지 아니한 자
5의6. 제17조의4제6항에 따른 명령을 이행하지 아니한 자
(2016.1.6 5호의3~5호의6신설)
6. 제18조제1항을 위반한 일반도시가스사업자
7. 제18조제2항 및 제39조의4에 따른 가스의 공급계획이나 수급계획을 작성하지 아니하거나 제출하지 아니한 도시가스사업자 또는 자가소비용직수입자
7의2. 제18조제3항을 위반하여 가스의 공급계획을 작성하지 아니하거나 제출하지 아니한 나프타부생가스·바이오가스제조사업자(2014.1.21 본호신설)
8. 제18조제4항에 따른 보고를 하지 아니하거나 거짓으로 보고한 도시가스사업자(2014.1.21 본호개정)
9. 제20조제6항에 따른 시·도지사의 조치명령을 이행하지 아니한 일반도시가스사업자(2014.1.21 본호개정)
10. 제21조를 위반하여 가스공급량 측정의 적정성 확보의무를 이행하지 아니한 일반도시가스사업자
11. 제26조제1항(제39조의5에서 준용하는 경우를 포함한다)에 따른 안전관리규정을 제출하지 아니한 도시가스사업자 또는 도시가스사업자 외의 가스공급시설설치자
12. 제26조제3항(제39조의5에서 준용하는 경우를 포함한다)에 따른 안전관리규정의 변경명령을 이행하지 아니한 도시가스사업자 또는 도시가스사업자 외의 가스공급시설설치자
13. 제26조제4항(제39조의5에서 준용하는 경우를 포함한다)에 따른 안전관리규정을 지키지 아니하거나 그 실시기록을 작성 또는 보존하지 아니하거나 거짓으로 작성한 도시가스사업자 및 가스사용시설 안전관리업무 대행자와 그 각각의 종사자 또는 도시가스사업자 외의 가스공급시설설치자 및 그 종사자
13의2. 제26조제5항(제39조의5에서 준용하는 경우를 포함한다)에 따른 확인을 거부·방해 또는 기피한 자(2021.6.15 본호신설)
13의3. 제28조의3제1항을 위반하여 도시가스사업자에게 공사계획을 알려주지 아니한 건축물 공사의 시행자(2014.12.30 본호신설)
14. 제29조제3항(제39조의5에서 준용하는 경우를 포함한다)을 위반한 자
15. (2013.8.13 삭제)
16. 제30조제2항(제39조의5에서 준용하는 경우를 포함한다)에 따른 안전교육을 받게 하지 아니한 도시가스사업자, 시공자, 특정가스사용시설의 사용자 또는 도시가스사업자 외의 가스공급시설설치자
17. 제43조제1항(제39조의5에서 준용하는 경우를 포함한다)을 위반하여 보험에 가입하지 아니한 도시가스사업자, 특정가스사용시설의 사용자, 시공자 또는 도시가스사업자 외의 가스공급시설 설치자

② 다음 각 호의 어느 하나에 해당하는 자에게는 2천만원 이하의 과태료를 부과한다.
1. 제7조제1항부터 제3항까지의 규정에 따른 신고를 하지 아니하거나 거짓으로 신고한 승계자(2022.2.3 본호개정)
2. 제12조제1항을 위반하여 도시가스사업자에게 공사의 시공내용을 알려주지 아니한 시공자
3. 제12조제1항을 위반하여 시공자 및 도시가스를 사용하고자 하는 자에게 시공할 내용에 대한 검토결과를 알려주지 아니한 도시가스사업자(2009.3.25 본호개정)
4. 제14조제1항을 위반하여 시공기록등을 작성 또는 보존하지 아니하거나 거짓으로 작성한 시공자
5. 제14조제2항(제39조의5에서 준용하는 경우를 포함한다)을 위반하여 시공기록등의 사본을 도시가스사업자, 특정가스사용시설의 사용자 또는 도시가스사업자 외의 가스공급시설설치자에게 내주지 아니한 시공자
6. 제14조제3항(제39조의5에서 준용하는 경우를 포함한다)을 위반하여 완공도면의 사본을 산업통상자원부장관 또는 시장·군수·구청장에게 제출하지 아니한 도시가스사업자 또는 도시가스사업자 외의 가스공급시설설치자(2013.3.23 본호개정)
7. 제15조제3항(제39조의5에서 준용하는 경우를 포함한다)을 위반하여 책임감리에 관한 사항을 통보하지 아니하거나 거짓으로 통보한 도시가스사업자 또는 도시가스사업자 외의 가스공급시설설치자
8. 제16조제2항을 위반하여 가스공급시설을 사용한 도시가스사업자
8의2. 제28조의3제2항에 따른 안전조치를 하지 아니한 도시가스사업자 또는 시행자(2014.12.30 본호신설)
9. 제41조제3항(제39조의5에서 준용하는 경우를 포함한다)을 위반하여 사고발생 사실을 한국가스안전공사에 통보하지 아니하거나 거짓으로 통보한 도시가스사업자 또는 도시가스사업자 외의 가스공급시설설치자

③ 다음 각 호의 어느 하나에 해당하는 자에게는 1천만원 이하의 과태료를 부과한다.
1. 제10조의4제1항에 따른 신고를 하지 아니하거나 거짓으로 신고한 자(2022.2.3 본호개정)
1의2. 제10조의12를 위반하여 신고를 하지 아니하거나 거짓으로 신고한 자(2020.2.4 본호신설)
2. 제11조제4항 후단에 따른 통지를 하지 아니한 시공자(2022.2.3 본호개정)
2의2. 제20조제8항에 따른 자료를 제출하지 아니하거나 거짓으로 제출한 일반도시가스사업자(2014.1.21 본호신설)
2의3. 제20조의2를 위반하여 공급규정을 비치하지 아니하거나 가스사용자의 요구가 있음에도 공급규정의 사본을 교부하여 열람할 수 있게 하지 아니한 자(2010.1.27 본호신설)
3. 제21조제3항에 따른 보고를 하지 아니하거나 거짓으로 보고를 한 자 또는 검사를 거부·방해·기피한 자
4. 제21조제5항에 따른 시정명령에 응하지 아니한 일반도시가스사업자
4의2. 제28조제3항에 따른 자료를 제출하지 아니하거나 거짓으로 제출한 가스사용시설 안전관리업무 대행자(2014.1.21 본호신설)
5. 제30조의5제2항(제39조의5에서 준용하는 경우를 포함한다)에 따른 협의서를 작성하지 아니하거나 거짓으로 작성한 자

④ 제19조의4제3항에 따른 안전점검기록을 작성·보존하지 아니한 도시가스충전사업자에게는 500만원 이하의 과태료를 부과한다.(2013.8.13 본항신설)

⑤ 다음 각 호의 어느 하나에 해당하는 자에게는 300만원 이하의 과태료를 부과한다.
1. 제19조의4제2항을 위반하여 시설을 개선하도록 권고하지 아니한 도시가스충전사업자

2. 제30조제1항(제39조의5에서 준용하는 경우를 포함한다)을 위반하여 안전교육을 받지 아니한 자
(2013.8.13 본항개정)
⑥ 제28조의2에 따른 안전조치를 하지 아니한 일반도시가스사업자, 시공자 또는 가스사용자에게는 200만원 이하의 과태료를 부과한다.(2014.12.30 본항개정)
⑦ 제1항부터 제6항까지의 규정에 따른 과태료는 대통령령으로 정하는 바에 따라 산업통상자원부장관, 시·도지사 또는 시장·군수·구청장이 부과·징수한다.
(2013.8.13 본항개정)
제55조~제56조 (1999.2.8 삭제)
제57조 (1995.1.5 삭제)

부 칙 (2014.1.21)

제1조【시행일】 이 법은 공포 후 6개월이 경과한 날부터 시행한다. 다만, 제4조제1호 및 제18조의2의 개정규정은 공포한 날부터 시행한다.
제2조【가스수급계획에 관한 적용례】 제18조의2제1항 후단의 개정규정은 같은 개정규정 시행 후 시·도지사가 가스수급계획을 산업통상자원부장관에게 제출하는 경우부터 적용한다.
제3조【금치산자 등에 대한 경과조치】 제4조제1호의 개정규정에 따른 피성년후견인에는 법률 제10429호 민법 일부개정법률 부칙 제2조에 따라 금치산 또는 한정치산 선고의 효력이 유지되는 사람을 포함하는 것으로 본다.
제4조【나프타부생가스·바이오가스제조사업에 관한 경과조치】 ① 이 법 시행 당시 제8조의3제1항 각 호의 개정규정에 해당하는 자가 아닌 자에게 나프타부생가스·바이오가스를 공급하고 있는 경우에 대하여는 제2조제4호의3의 개정규정에도 불구하고 이 법에 따른 나프타부생가스·바이오가스제조사업으로 본다.
② 이 법 시행 당시 나프타부생가스·바이오가스제조사업을 영위하고 있는 자가 이 법에 따른 나프타부생가스·바이오가스제조사업을 영위하려면 이 법 시행일부터 6개월 이내에 제3조의 개정규정에 따른 허가를 받아야 한다.
제5조【천연가스반출입업에 대한 경과조치】 이 법 시행 당시 제2조제9호의2의 개정규정에 따른 천연가스반출입업을 영위하고 있는 자가 이 법에 따른 천연가스반출입업을 영위하려면 이 법 시행일부터 3개월 이내에 제10조의2제3항의 개정규정에 따른 신고를 하여야 한다.

부 칙 (2014.12.30)

제1조【시행일】 이 법은 공포 후 6개월이 경과한 날부터 시행한다.
제2조【도시가스사업자인 천연가스수출입업자의 천연가스 수입계약 등에 관한 경과조치】 이 법 시행 전에 제10조의5제1항에 따라 승인을 받은 도시가스사업자인 천연가스수출입업자가 이 법 시행 후 그 승인받은 계약의 내용을 변경하는 경우로서 제10조의5제2항 전단의 개정규정에 따른 기준을 갖춘 계약에 해당하는 경우에는 같은 항 후단의 개정규정에 따라 변경신고를 하여야 한다.
제3조【과태료에 관한 경과조치】 이 법 시행 전의 행위에 대하여 과태료를 적용할 때에는 종전의 규정에 따른다.

부 칙 (2020.2.4)

이 법은 공포 후 6개월이 경과한 날부터 시행한다.

부 칙 (2020.3.24)

제1조【시행일】 이 법은 공포한 날부터 시행한다.(이하 생략)

부 칙 (2021.6.15)

이 법은 공포 후 6개월이 경과한 날부터 시행한다.

부 칙 (2022.2.3)

제1조【시행일】 이 법은 공포한 날부터 시행한다.
제2조【사업의 승계 등에 관한 적용례】 제7조의 개정규정은 이 법 시행 이후 지위 승계 사유가 발생하는 경우부터 적용한다.
제3조【다른 법률의 개정】 ※(해당 법령에 가제정리 하였음)

액화석유가스의 안전관리 및 사업법(약칭 : 액화석유가스법)

(2015년 1월 28일 전부개정법률 제13089호)

개정
2016. 1. 6법13738호
2016.12.27법14476호(지방세징수법)
2017. 3.21법14671호
2017.10.31법14995호
2017.11.28법15089호
2018.12.11법15867호
2019. 3.26법16302호
2019. 8.20법16477호
2020. 2. 4법16943호
2020. 3.24법17091호(지방행정제재·부과금의징수등에관한법)
2021. 6.15법18277호
2022. 2. 3법18818호

제1장 총 칙

제1조【목적】 이 법은 액화석유가스의 수출입·충전·저장·판매·사용 및 가스용품의 안전 관리에 관한 사항을 정하여 공공의 안전을 확보하고 액화석유가스사업을 합리적으로 조정하여 액화석유가스를 적정히 공급·사용하게 함을 목적으로 한다.
제2조【정의】 이 법에서 사용하는 용어의 뜻은 다음과 같다.
1. "액화석유가스"란 프로판이나 부탄을 주성분으로 한 가스를 액화(液化)한 것[기화(氣化)된 것을 포함한다]을 말한다.
2. "액화석유가스 수출입업"이란 액화석유가스를 수출하거나 수입하는 사업을 말한다.
3. "액화석유가스 수출입업자"란 제17조에 따라 등록(등록이 면제된 경우를 포함한다)을 하고 액화석유가스 수출입업을 하는 자를 말한다.
4. "액화석유가스 충전사업"이란 저장시설에 저장된 액화석유가스를 용기(容器)에 충전(배관을 통하여 다른 저장 탱크에 이송하는 것을 포함한다. 이하 같다)하거나 자동차에 고정된 탱크에 충전하여 공급하는 사업을 말한다.
5. "액화석유가스 충전사업자"란 제5조에 따라 액화석유가스 충전사업의 허가를 받은 자를 말한다.
6. "액화석유가스 집단공급사업"이란 액화석유가스를 일반의 수요에 따라 배관을 통하여 연료로 공급하는 사업을 말한다.
6의2. "액화석유가스 배관망공급사업"이란 액화석유가스 집단공급사업 중 저장탱크로부터 도로 등에 지중(地中) 매설된 배관을 통하여 일반 수요자에게 액화석유가스를 공급하는 사업으로 대통령령으로 정하는 사업을 말한다.(2019.8.20 본호신설)
7. "액화석유가스 집단공급사업자"란 제5조에 따라 액화석유가스 집단공급사업의 허가를 받은 자를 말한다.
7의2. "액화석유가스 배관망공급사업자"란 액화석유가스 집단공급사업자 중 제5조에 따라 액화석유가스 배관망공급사업으로 허가를 받은 자를 말한다.(2019.8.20 본호신설)
8. "액화석유가스 판매사업"이란 용기에 충전된 액화석유가스를 판매하거나 자동차에 고정된 탱크(탱크의 규모 등이 산업통상자원부령으로 정하는 기준에 맞는 것만을 말한다)에 충전된 액화석유가스를 산업통상자원부령으로 정하는 규모 이하의 저장 설비에 공급하는 사업을 말한다.
9. "액화석유가스 판매사업자"란 제5조에 따라 액화석유가스 판매사업의 허가를 받은 자를 말한다.
10. "액화석유가스 위탁운송사업"이란 산업통상자원부령으로 정하는 액화석유가스 충전사업자나 액화석유가스 판매사업자로부터 액화석유가스의 운송을 위탁받아 산업통상자원부령으로 정하는 자동차에 고정된 탱크를 이용하여 소형저장탱크에 운송하여 공급하는 사업을 말한다.
11. "액화석유가스 위탁운송사업자"란 제9조에 따라 액화석유가스 위탁운송사업의 등록을 한 자를 말한다.
12. "가스용품 제조사업"이란 액화석유가스 또는 「도시가스사업법」에 따른 연료용 가스를 사용하기 위한 기기(機器)를 제조하는 사업을 말한다.
13. "가스용품 제조사업자"란 제5조에 따라 가스용품 제조사업의 허가를 받은 자를 말한다.
14. "액화석유가스 저장소"란 산업통상자원부령으로 정하는 일정량 이상의 액화석유가스를 용기 또는 저장 탱크에 저장하는 일정한 장소를 말한다.
15. "액화석유가스 저장자"란 제8조에 따라 액화석유가스 저장소의 설치 허가를 받은 자를 말한다.
16. "액화석유가스 사업자등"이란 액화석유가스 충전사업자, 액화석유가스 집단공급사업자, 액화석유가스 판매사업자, 액화석유가스 위탁운송사업자, 가스용품 제조사업자 및 액화석유가스 저장자를 말한다.
17. "정밀안전진단"이란 가스안전관리 전문기관이 가스사고를 방지하기 위하여 가스공급시설에 대하여 장비와 기술을 이용하여 잠재된 위험요소와 원인을 찾아내는 것을 말한다.

제3조【액화석유가스 수급상황에 대한 예측】 산업통상자원부장관은 국가 전체의 안정적인 액화석유가스의 수급을 위하여 대통령령으로 정하는 바에 따라 매년 해당 연도 이후 5년간의 액화석유가스의 수급 상황에 관한 예측을 하여야 한다. 이 경우 다음 각 호의 사항을 고려하여야 한다.
1. 액화석유가스의 수요량
2. 액화석유가스의 생산량 및 수출량·수입량
3. 액화석유가스 저장시설의 처리능력
4. 그 밖에 액화석유가스의 수급에 영향을 미치는 중요 사항
제3조의2【액화석유가스 이용·보급 시책】 산업통상자원부장관은 제3조에 따른 수급상황에 대한 예측을 바탕으로 2년마다 액화석유가스 이용·보급 시책을 수립하여 시행하여야 한다.(2017.10.31 본조신설)
제4조【다른 법률과의 관계】 ① 액화석유가스에 관하여 이 법에서 규정하지 아니한 사항에 대하여는 「고압가스 안전관리법」과 「도시가스사업법」을 적용한다.
② 액화석유가스 충전사업자, 액화석유가스 판매사업자가 액화석유가스를 판매하는 경우에는 「석유 및 석유대체연료 사업법」 제10조를 적용하지 아니한다.

제2장 액화석유가스사업 등

제5조【사업의 허가 등】 ① 액화석유가스 충전사업, 가스용품 제조사업 또는 액화석유가스 집단공급사업을 하려는 자는 그 사업소마다 특별자치시장·특별자치도지사·시장·군수 또는 구청장(구청장은 자치구의 구청장을 말하며, 이하 "시장·군수·구청장"이라 한다)의 허가를 받아야 한다.
② 액화석유가스 판매사업을 하려는 자는 판매소마다 시장·군수·구청장의 허가를 받아야 한다. 이 경우 허가를 받은 액화석유가스 판매사업자가 액화석유가스를 용기로 판매하는 경우에는 그 허가를 받은 지역의 특별자치시·특별자치도·시·군·구(구는 자치구를 말하며, 이하 "시·군·구"라 한다)를 관할구역으로 하는 특별시·광역시·특별자치시·도 또는 특별자치도(이하 "시·도"라 한다) 지역에서만 판매할 수 있다. 다만, 다른 시·도 관할구역에 있는 시·군·구 지역이라도 그 시·군·구가 허가를 받은 지역의 시·군·구와 연접한 경우에는 판매할 수 있다.
③ 제1항, 제2항 또는 제7항에 따라 허가받은 사항 중 산업통상자원부령으로 정하는 중요 사항을 변경하려면 시장·군수·구청장의 변경허가를 받아야 한다. 다만, 허가받은 사항 중 산업통상자원부령으로 정하는 경미한 사항을 변경하려면 그 사항을 신고하여야 한다.(2022.2.3 본문개정)
④ 시장·군수·구청장은 제3항 단서에 따른 변경신고를 받은 경우 그 내용을 검토하여 이 법에 적합하면 신고를 수리하여야 한다.(2022.2.3 본항신설)
⑤ 제1항과 제2항에 따른 허가의 종류 및 대상 범위는 대통령령으로 정하고, 액화석유가스의 충전·집단공급·판매 및 가스용품 제조에 관한 시설기준과 기술기준은 산업통상자원부령으로 정한다.
⑥ 액화석유가스 충전사업자는 용기에 충전된 액화석유가스를 공급하기 위하여 영업소를 둘 수 있다. 이 경우 영업소를 두려는 액화석유가스 충전사업자는 산업통상자원부령으로 정하는 시설 등의 요건을 갖추어야 한다.
⑦ 제6항에 따라 액화석유가스 충전사업자가 영업소를 두려면 그 영업소마다 시장·군수·구청장의 허가를 받아야 하며, 영업소에 설치하는 용기저장소의 시설기준과 기술기준은 산업통상자원부령으로 정한다.(2022.2.3 본항개정)
⑧ 시장·군수·구청장은 제1항부터 제3항까지 또는 제7항에 따라 허가·변경허가 또는 변경신고가 있으면 허가한 날 또는 신고를 수리한 날부터 7일 이내에 허가·신고사항을 그 사업소·판매소 또는 영업소의 소재지를 관할하는 소방서장에게 알려야 한다.(2022.2.3 본항개정)
⑨ 액화석유가스 판매사업자가 액화석유가스를 일반 수요자에게 용기로 판매하는 경우에 그 판매 지역을 관할하는 시장·군수·구청장은 산업통상자원부령으로 정하는 바에 따라 이를 감독하여야 하고, 그에 따라 필요한 조치를 명하여야 한다.
제6조【허가의 기준】 ① 시장·군수·구청장은 제5조제1항부터 제3항까지 또는 제7항에 따른 허가 또는 변경허가의 신청이 있으면 그 신청 내용이 다음 각 호의 어느 하나에 해당하는 경우를 제외하고는 이를 허가하여야 한다.
(2022.2.3 본문개정)
1. 사업의 개시 또는 변경으로 국민의 생명 보호 및 재산상의 위해(危害) 방지와 재해발생 방지에 지장이 있다고 판단되는 경우
2. 사업을 적정하게 수행하는 데에 필요한 재원과 기술적 능력이 없는 경우
3. 연결 도로, 도시계획, 인구 밀집 등을 고려하여 설치를 금지한 지역에 해당 시설을 설치하는 경우
4. 「고압가스 안전관리법」 제28조에 따른 한국가스안전공사(이하 "한국가스안전공사"라 한다)의 기술검토 결과 안전성이 확보되지 아니한 것으로 인정된 경우

5. 액화석유가스 집단공급사업의 경우에는 다음 각 목의 어느 하나의 요건도 갖추지 아니한 경우
가. 산업통상자원부령으로 정하는 공급시설(이하 "공급시설"이라 한다)을 소유할 것
나. 임차 계약 등에 따라 5년 이상 공급시설을 사용·관리할 수 있는 권리가 있을 것
다. 분양을 목적으로 신축하는 공동주택에 액화석유가스를 공급하려는 경우 그 공동주택을 건설하는 사업 주체가 건설·관리하는 동안에는 그 사업 주체와 임차 계약 등에 따라 공급시설을 사용·관리할 수 있는 권리가 있을 것
6. 그 밖에 다른 법령에 따른 제한에 위반되는 경우
② 제1항에도 불구하고 제5조제1항 및 제3항에 따른 액화석유가스 집단공급사업 중 액화석유가스 배관망공급사업 허가 또는 변경허가는 다음 각 호의 기준에 적합한 경우에만 할 수 있다.
1. 사업이 공공의 이익과 일반 수요에 적합한 경제 규모일 것
2. 사업을 적절하게 수행하는 데에 필요한 재원(財源)과 기술적 능력이 있을 것
3. 액화석유가스의 안정적 공급을 위하여 적합한 공급시설을 설치·유지할 능력이 있을 것
4. 소유 또는 임차계약 등에 따라 배관망공급시설을 사용·관리할 수 있는 권리가 있을 것
(2019.8.20 본항신설)
③ 제1항제1호부터 제3호까지의 요건에 관한 세부적인 사항은 해당 지방자치단체의 조례로 정한다.
④ 제2항에 따른 허가 기준에 관한 세부적인 사항은 산업통상자원부령으로 정한다.(2019.8.20 본항신설)
⑤ 시장·군수·구청장은 제2항에 따른 허가 기준의 범위에서 지역 특성에 적합하도록 액화석유가스 집단공급사업 중 액화석유가스 배관망공급사업의 허가에 관한 세부 기준을 정하거나 공급권역을 설정하여 고시할 수 있다. 이 경우 산업통상자원부장관과 협의하여야 한다.
(2019.8.20 본항신설)

제7조【결격사유】 다음 각 호의 어느 하나에 해당하는 자는 제5조에 따른 허가를 받거나 제9조에 따른 등록을 할 수 없다.
1. 피성년후견인
2. 파산자로서 복권되지 아니한 자
3. 「형법」 제172조, 제172조의2, 제173조, 제173조의2, 제174조(제164조제1항, 제165조 및 제166조제1항의 미수범은 제외한다), 제175조(제164조제1항, 제165조 및 제166조제1항의 죄를 범할 목적으로 예비 또는 음모한 자는 제외한다), 「고압가스 안전관리법」, 「도시가스사업법」 또는 이 법을 위반하여 금고 이상의 실형을 선고받고 그 집행이 끝나거나(집행이 끝난 것으로 보는 경우를 포함한다) 집행이 면제된 날부터 2년이 지나지 아니한 자
4. 제3호에 규정된 죄를 범하여 금고 이상의 형의 집행유예를 선고받고 그 유예 기간 중에 있는 자
5. 제13조에 따라 허가나 등록이 취소(제1호 또는 제2호의 결격사유에 해당하여 허가나 등록이 취소된 경우는 제외한다)된 후 2년이 지나지 아니한 자(2016.1.6 본호개정)
6. 법인을 대표하는 자가 제1호부터 제5호까지의 규정 중 어느 하나에 해당하는 법인

제8조【저장소의 설치 허가】 ① 액화석유가스 저장소를 설치하려는 자는 그 저장소마다 시장·군수·구청장의 허가를 받아야 한다.
② 제1항에 따라 허가받은 사항 중 산업통상자원부령으로 정하는 중요한 사항을 변경하려면 시장·군수·구청장의 변경허가를 받아야 한다. 다만, 허가받은 사항 중 산업통상자원부령으로 정하는 경미한 사항을 변경하려면 그 사항을 신고하여야 한다.
③ 시장·군수·구청장은 제2항 단서에 따른 변경신고를 받은 경우 그 내용을 검토하여 이 법에 적합하면 신고를 수리하여야 한다.(2022.2.3 본항신설)
④ 제1항에 따른 허가의 기준과 대상 범위는 대통령령으로 정하고, 액화석유가스 저장소의 시설기준과 기술기준은 산업통상자원부령으로 정한다.
⑤ 시장·군수·구청장은 제1항과 제2항에 따라 허가·변경허가 또는 변경신고가 있으면 허가한 날 또는 신고를 수리한 날부터 7일 이내에 허가·신고 사항을 그 저장소의 소재지를 관할하는 소방서장에게 알려야 한다.
(2022.2.3 본항개정)

제9조【액화석유가스 위탁운송사업자의 등록】 ① 액화석유가스 위탁운송사업을 하려는 자는 시장·군수·구청장에게 등록하여야 한다.
② 제1항에 따라 등록한 사항 중 산업통상자원부령으로 정하는 중요한 사항을 변경하려면 시장·군수·구청장에게 변경등록을 하여야 한다. 다만, 산업통상자원부령으로 정하는 경미한 사항을 변경하려면 그 사항을 신고하여야 한다.
③ 시장·군수·구청장은 제2항 단서에 따른 신고를 받은 경우 그 내용을 검토하여 이 법에 적합하면 신고를 수리하여야 한다.(2022.2.3 본항신설)
④ 제1항에 따른 등록의 기준 및 대상 범위는 대통령령으로 정한다.
⑤ 제1항부터 제4항까지에서 규정한 사항 외에 액화석유가스 위탁운송사업에 필요한 사항은 산업통상자원부령으로 정한다.(2022.2.3 본항개정)

제10조【외국가스용품의 제조등록】 ① 외국에서 국내로 수출하기 위하여 가스용품을 제조하려는 자는 산업통상자원부장관에게 등록하여야 한다.
② 제1항에 따라 등록한 사항 중 산업통상자원부령으로 정하는 중요한 사항을 변경하려면 산업통상자원부장관에게 변경등록을 하여야 한다. 다만, 산업통상자원부령으로 정하는 경미한 사항을 변경하려면 그 사항을 신고하여야 한다.
③ 제1항에 따라 등록을 한 자(이하 "외국가스용품 제조자"라 한다)는 산업통상자원부령으로 정하는 기간마다 정기적으로 재등록을 하여야 한다.
④ 제1항에 따른 등록이나 제3항에 따른 재등록을 하려는 자의 기술능력 등 등록의 기준 및 대상 범위는 대통령령으로 정한다.
⑤ 산업통상자원부장관은 제2항 단서에 따른 변경신고를 받은 날부터 3일 이내에 신고수리 여부를 신고인에게 통지하여야 한다.(2022.2.3 본항신설)
⑥ 산업통상자원부장관이 제5항에서 정한 기간 내에 신고수리 여부 또는 민원 처리 관련 법령에 따른 처리기간의 연장을 신고인에게 통지하지 아니하면 그 기간(민원 처리 관련 법령에 따라 처리기간이 연장 또는 재연장된 경우에는 해당 처리기간을 말한다)이 끝난 날의 다음 날에 신고를 수리한 것으로 본다.(2022.2.3 본항신설)
⑦ 제1항부터 제6항까지에서 규정한 사항 외에 가스용품의 제조에 관한 시설기준 및 기술기준, 그 밖에 등록에 필요한 사항은 산업통상자원부령으로 정한다.(2022.2.3 본항개정)

제11조【사업 개시 등의 신고】 ① 액화석유가스 사업자등은 다음 각 호의 어느 하나에 해당하는 경우에는 산업통상자원부령으로 정하는 바에 따라 제5조 또는 제8조에 따른 시장·군수·구청장(이하 "허가관청"이라 한다)이나 제9조에 따른 시장·군수·구청장(이하 "등록관청"이라 한다)에게 신고하여야 한다.
1. 사업이나 액화석유가스 저장소의 사용을 시작하거나 폐업하려는 경우
2. 사업이나 액화석유가스 저장소의 사용을 일정 기간 중단하거나 중단 후 이를 재개하려는 경우
② 허가관청이나 등록관청은 제1항에 따른 신고를 받은 경우 그 내용을 검토하여 이 법에 적합하면 신고를 수리하여야 한다.(2022.2.3 본항신설)

제12조【사업자등의 지위 승계】 ① 다음 각 호의 어느 하나에 해당하는 자로서 액화석유가스 사업자등의 지위를 승계하려는 자는 산업통상자원부령으로 정하는 바에 따라 허가관청이나 등록관청에 신고하여야 한다.
1. 액화석유가스 사업자등이 그 사업 또는 액화석유가스 저장소를 양도한 경우 그 양수인
2. 법인인 액화석유가스 사업자등이 다른 법인과 합병한 경우 합병 후 존속하는 법인 또는 합병에 따라 설립된 법인
② 다음 각 호의 어느 하나에 해당하는 절차에 따라 액화석유가스 사업자등의 시설의 전부를 인수한 자가 종전의 액화석유가스 사업자등의 지위를 승계하려는 경우에는 산업통상자원부령으로 정하는 바에 따라 허가관청이나 등록관청에 신고하여야 한다.
1. 「민사집행법」에 따른 경매
2. 「채무자 회생 및 파산에 관한 법률」에 따른 환가(換價)
3. 「국세징수법」, 「관세법」 또는 「지방세징수법」에 따른 압류재산의 매각
4. 그 밖에 제1호부터 제3호까지의 규정에 준하는 절차
③ 액화석유가스 사업자등이 사망한 경우 그 상속인이 액화석유가스 사업자등의 지위를 승계하려면 피상속인이 사망한 날부터 30일 이내에 산업통상자원부령으로 정하는 바에 따라 허가관청이나 등록관청에 신고하여야 한다.
④ 허가관청이나 등록관청은 제1항부터 제3항까지의 규정에 따른 신고를 받은 경우 그 내용을 검토하여 이 법에 적합하면 신고를 수리하여야 한다. 다만, 액화석유가스 사업자등의 지위를 승계하려는 자(액화석유가스 저장자의 지위를 승계하려는 자는 제외한다)가 제7조 각 호의 어느 하나의 결격사유에 해당하면 신고를 수리하여서는 아니 된다.
⑤ 제1항 또는 제2항에 따른 신고가 수리된 경우 양수인, 합병으로 설립되거나 합병 후 존속하는 법인 또는 액화석유가스 사업자등의 시설의 전부를 인수한 자는 그 양수일, 합병일 또는 인수일부터 종전의 액화석유가스 사업자등의 지위를 승계한다.
⑥ 제3항에 따른 신고가 수리된 경우에는 상속인은 피상속인의 액화석유가스 사업자등으로서의 지위를 승계하며, 피상속인이 사망한 날부터 신고가 수리된 날까지의 기간 동안은 피상속인에 대한 액화석유가스사업의 허가 또는 등록을 상속인에 대한 액화석유가스사업의 허가 또는 등록으로 본다.
(2022.2.3 본조개정)

제13조【허가·등록의 취소 등】 ① 허가관청이나 등록관청은 액화석유가스 사업자등이 다음 각 호의 어느 하나에 해당하면 그 허가나 등록을 취소하거나 6개월 이내의 기간을 정하여 그 사업 또는 액화석유가스 저장소 사용의 정지 또는 제한을 명할 수 있다. 다만, 제1호, 제2호, 제7호 또는 제9호의4에 해당하면 그 허가나 등록을 취소하여야 한다.(2019.8.20 단서개정)
1. 거짓이나 그 밖의 부정한 방법으로 제5조나 제8조에 따른 허가를 받거나 제9조에 따른 등록을 한 경우
2. 허가를 받은 날 또는 등록을 한 날부터 정당한 사유 없이 1년 이내에 그 사업 또는 액화석유가스 저장소의 사용을 시작하지 아니하거나 1년 이상 계속하여 그 사업 또는 액화석유가스 저장소의 사용을 하지 아니한 경우
3. 고의나 과실로 공중(公衆) 또는 사용자에게 현저히 위해를 끼친 경우
4. 제5조, 제6조 또는 제8조에 따른 허가 기준이나 제9조에 따른 등록 기준에 미달하게 된 경우
5. 제5조제2항에 따라 판매지역을 위반하여 판매한 경우 또는 같은 조 제8항의 명령을 위반한 경우
6. 제5조제3항 본문 또는 제8조제2항 본문을 위반하여 변경허가를 받지 아니하거나 제9조제2항 본문을 위반하여 변경등록을 하지 아니한 경우
7. 제7조의 결격사유에 해당하게 된 경우
8. 정당한 사유 없이 가스 공급을 거절하거나 다른 사업자에게 가스 공급을 거절하도록 요구하거나 권고한 경우
9. 제23조제1항부터 제3항까지의 규정 중 어느 하나를 위반한 경우
9의2. 제23조의2제1항을 위반한 경우
9의3. 제23조의2제2항을 위반한 경우
9의4. 제23조의2제1항과 제2항을 모두 위반하여 정량 미달 공급을 목적으로 영업시설을 설치·개조하거나 그 설치·개조한 영업시설을 양수·임차하고 이를 사용하여 액화석유가스를 정량에 미달되게 공급한 경우
(2019.8.20 9호의2~9호의4신설)
10. 제25조제1항에 따른 공급규정을 위반한 경우
11. 제26조제3항을 위반하여 액화석유가스를 판매 또는 인도하거나 판매 또는 인도할 목적으로 저장·운송 또는 보관한 경우
12. 제27조제2항에 따른 품질검사를 거부·방해·기피한 경우
13. 제30조제1항 또는 제2항을 위반한 경우
14. 제32조제1항 또는 제2항을 위반한 경우
15. 제33조제1항에 따른 명령을 위반한 경우
16. 제33조제3항을 위반하여 수요자의 요청을 이행하지 아니한 경우
17. 제34조제1항 또는 제2항을 위반한 경우
18. 제36조제1항 또는 제2항을 위반한 경우
19. 제37조제1항을 위반하여 정기검사 또는 수시검사를 받지 아니한 경우
20. 제39조제1항을 위반하여 검사를 받지 아니한 경우
21. 제40조제2항을 위반하여 회수명령 또는 공표명령을 이행하지 아니한 경우
21의2. 제40조제4항을 위반하여 제조한 가스용품에 표시하여야 할 사항을 표시하지 아니한 경우(2017.11.28 본호신설)
22. 제53조에 따른 조정명령을 거부한 경우
23. 제64조제2항에 따라 준용되는 「석유 및 석유대체연료 사업법」 제23조에 따른 판매가격의 최고액보다 높은 가격으로 액화석유가스를 판매한 경우
24. 「고압가스 안전관리법」 제17조제5항을 위반하여 검사나 재검사를 받지 아니한 용기등을 양도·임대 또는 사용(가스를 충전하는 행위를 포함한다)하거나 판매할 목적으로 진열한 경우
② 허가관청이나 등록관청은 액화석유가스 사업자등이 다음 각 호의 어느 하나에 해당하면 그 법인이 제7조제6호에 해당하게 된 날 또는 지위를 승계한 상속인의 상속이 개시된 날부터 6개월 동안은 제1항을 적용하지 아니한다.
1. 액화석유가스 사업자등의 지위를 승계한 상속인이 제7조제1호부터 제5호까지의 규정 중 어느 하나에 해당하게 된 경우
2. 법인이 제7조제6호에 해당하게 된 경우
③ 허가관청이나 등록관청은 제1항에 따라 사업정지명령을 받은 자가 그 정지기간 중 사업을 계속하는 경우에는 그 허가나 등록을 취소하여야 한다.(2019.8.20 본항신설)
④ 제1항에 따른 위반 행위별 처분 기준은 그 사유와 위반 정도를 고려하여 산업통상자원부령으로 정한다.

제14조【과징금】 ① 허가관청이나 등록관청은 액화석유가스 사업자등이 제13조제1항제3호부터 제6호까지 또는 제8호, 제9호, 제9호의2, 제9호의3, 제10호부터 제24호까지의 규정 중 어느 하나에 해당하는 경우로서 사업의 정지 또는 제한이 수요자에게 심한 불편을 주거나 공익을 해칠 우려가 있는 경우에는 사업의 정지 또는 제한 명령을 갈음하여 4천만원 이하의 과징금을 부과할 수 있다.(2019.8.20 본항개정)
② 제1항에 따른 과징금을 부과하는 위반 행위의 종류와 정도에 따른 과징금의 액수와 그 밖에 필요한 사항은 산업통상자원부령으로 정한다.
③ 허가관청이나 등록관청은 제1항에 따른 과징금을 내야

할 자가 그 납부 기한까지 과징금을 내지 아니하면 「지방행정제재·부과금의 징수 등에 관한 법률」에 따라 징수한다.(2020.3.24 본항개정)

제15조【외국가스용품 제조자의 등록 취소 등】 산업통상자원부장관은 외국가스용품 제조자나 제10조제3항에 따라 재등록을 한 자가 다음 각 호의 어느 하나에 해당하면 그 등록을 취소하거나 6개월 이내의 기간을 정하여 외국가스용품의 국내 수입을 제한할 수 있다. 다만, 제1호에 해당하면 그 등록을 취소하여야 한다.
1. 거짓이나 그 밖의 부정한 방법으로 제10조제1항에 따른 등록을 한 경우
2. 제10조제4항에 따른 등록의 기준에 미달하게 된 경우
3. 제39조제1항 본문을 위반하여 검사를 받지 아니하고 판매하거나 사용한 경우
4. 제40조제2항에 따른 회수·교환·환불 및 그 사실의 공표 명령을 위반한 경우
5. 제40조제4항을 위반하여 제조한 가스용품에 표시하여야 할 사항을 표시하지 아니한 경우

제16조【처분효과의 승계】 제12조에 따라 액화석유가스 사업자등의 지위가 승계되면 종전의 액화석유가스 사업자등에 대한 제13조에 따른 사업의 정지 또는 제한처분(제14조에 따라 사업의 정지 또는 제한명령을 갈음하여 부과하는 과징금을 포함한다)의 효과는 그 지위를 승계받은 자에게 승계되며, 처분의 절차가 진행 중일 때에는 지위를 승계받은 자에 대하여 그 절차를 진행할 수 있다. 다만, 지위를 승계받은 자(상속에 의하여 승계를 받은 자는 제외한다)가 승계를 받은 때에 그 처분 또는 위반사실을 알지 못하였음을 증명하는 경우에는 그러하지 아니하다.

제3장 액화석유가스 수출입업

제17조【액화석유가스 수출입업의 등록】 ① 액화석유가스 수출입업을 하려는 자는 산업통상자원부령으로 정하는 바에 따라 산업통상자원부장관에게 등록하여야 한다. 다만, 「석유 및 석유대체연료 사업법」 제9조제1항 각 호의 어느 하나에 해당하는 경우에는 그러하지 아니하다.
② 제1항에 따른 등록을 한 자가 등록한 사항 중 액화석유가스 저장시설의 규모 등 대통령령으로 정하는 사항을 변경하려는 경우에는 산업통상자원부령으로 정하는 바에 따라 산업통상자원부장관에게 변경등록을 하여야 한다.
③ 제1항에 따른 액화석유가스 수출입업의 시설기준 등 등록요건은 대통령령으로 정한다.
④ 액화석유가스 수출입업자의 결격사유, 지위 승계 및 처분효과의 승계에 관하여는 제7조, 제12조 및 제16조를 준용한다. 이 경우 "액화석유가스 사업자등"은 "액화석유가스 수출입업자"로 보고, 제7조제5호 중 "제13조"는 "제21조"로, "허가나 등록"은 "등록"으로 본다.

제18조【조건부 등록】 ① 제17조에 따른 등록을 신청하려는 자는 대통령령으로 정하는 기간 이내에 등록요건에서 정하는 시설을 갖출 것을 조건으로 산업통상자원부장관에게 조건부 등록을 신청할 수 있다.
② 제1항에 따른 조건부 등록 신청을 받은 산업통상자원부장관은 산업통상자원부령으로 정하는 기간 이내에 이를 심사하여 조건부 등록 여부를 알려야 한다.
③ 산업통상자원부장관은 제2항에 따른 조건부 등록을 한 자가 제17조에 따른 등록을 신청하면 등록요건에 적합한지를 확인한 후 등록을 수리하여야 한다.
④ 산업통상자원부장관은 제2항에 따른 조건부 등록을 한 자가 정당한 사유 없이 제1항에 따른 기간 이내에 등록요건에서 정하는 시설을 갖추지 아니하면 그 조건부 등록을 취소하여야 한다.
⑤ 조건부 등록의 기준과 그 밖에 필요한 사항은 산업통상자원부령으로 정한다.

제19조【사업의 개시·휴업 및 폐업의 신고】 ① 액화석유가스 수출입업자는 제17조에 따른 등록을 한 날부터 대통령령으로 정하는 기간 이내에 사업을 개시하여야 한다.
② 액화석유가스 수출입업자는 그 사업을 개시·휴업 또는 폐업한 때에는 산업통상자원부령으로 정하는 바에 따라 산업통상자원부장관에게 신고하여야 한다.
③ 산업통상자원부장관은 제2항에 따른 신고를 받은 경우 그 내용을 검토하여 이 법에 적합하면 신고를 수리하여야 한다.(2022.2.3 본항신설)

제20조【액화석유가스 비축의무】 ① 액화석유가스 수출입업자는 액화석유가스의 수급과 가격의 안정을 위하여 대통령령으로 정하는 바에 따라 액화석유가스를 비축하여야 한다.
② 액화석유가스 수출입업자는 시설기준 등 대통령령으로 정하는 요건을 갖춘 자에게 제1항에 따른 액화석유가스 비축의무를 대행하게 할 수 있다.

제21조【등록의 취소 등】 ① 산업통상자원부장관은 액화석유가스 수출입업자가 다음 각 호의 어느 하나에 해당하는 때에는 그 액화석유가스 수출입업의 등록을 취소하여야 한다.
1. 거짓이나 그 밖의 부정한 방법으로 제17조제1항에 따른 등록을 한 경우
2. 액화석유가스 수출입업을 폐업한 경우
3. 정당한 사유 없이 제19조제1항에 따른 기간 이내에 그 사업을 개시하지 아니하거나 사업 개시 후 1년 이상 계속하여 액화석유가스 수출입업을 하지 아니한 경우
4. 제7조 각 호에 따른 결격사유 중 어느 하나에 해당하게 된 경우(6개월 이내에 대표자를 결격사유가 없는 대표자로 변경하는 법인은 제외한다)
② 산업통상자원부장관은 액화석유가스 수출입업자가 다음 각 호의 어느 하나에 해당하면 그 액화석유가스 수출입업의 등록을 취소하거나 6개월 이내의 기간을 정하여 그 사업의 전부 또는 일부의 정지를 명할 수 있다.
1. 제17조제3항에 따른 등록요건에 맞지 아니하게 된 경우
2. 제20조에 따른 비축의무를 위반한 경우
3. 제26조제3항을 위반하여 품질기준에 미달되는 액화석유가스를 판매 또는 인도하거나 판매 또는 인도할 목적으로 저장·운송 또는 보관한 경우
4. 제27조제1항에 따른 품질검사를 받지 아니한 액화석유가스를 판매 또는 인도하거나 같은 조 제2항에 따른 품질검사를 거부·방해 또는 기피한 경우
5. 제55조제1항에 따른 조사를 거부·방해 또는 기피한 경우
6. 제64조제2항에 따라 준용되는 「석유 및 석유대체연료 사업법」 제21조제1항에 따른 명령이나 같은 법 제22조제1항에 따른 조치를 위반한 경우
7. 「석유 및 석유대체연료 사업법」 제39조에 따른 행위의 금지를 위반한 경우
③ 제2항에 따른 위반행위별 처분기준은 산업통상자원부령으로 정한다.
④ 산업통상자원부장관은 제2항에 따라 사업의 정지명령을 받은 자가 그 정지기간 중 사업을 계속하는 경우에는 액화석유가스 수출입업의 등록을 취소하거나 영업장 폐쇄를 명하여야 한다.

제22조【과징금】 ① 산업통상자원부장관은 액화석유가스 수출입업자가 제21조제2항제3호부터 제7호까지의 어느 하나에 해당하는 경우로서 사업정지가 수요자에게 심한 불편을 주거나 공익을 해칠 우려가 있는 경우에는 그에 대한 사업정지처분을 갈음하여 20억원 이하의 과징금을 부과할 수 있다.
② 산업통상자원부장관은 액화석유가스 수출입업자가 제17조제3항에 따른 등록요건에 맞지 아니하게 된 경우로서 사업정지가 수요자에게 심한 불편을 주거나 공익을 해칠 우려가 있는 경우에는 제21조제2항에 따른 사업정지처분을 갈음하여 그 등록요건에 맞지 아니한 기간 동안의 액화석유가스의 수출입량에 해당하는 금액을 초과하지 아니하는 범위에서 과징금을 부과할 수 있다.
③ 산업통상자원부장관은 액화석유가스 수출입업자가 제20조에 따른 비축의무를 위반한 경우로서 사업정지가 수요자에게 심한 불편을 주거나 공익을 해칠 우려가 있는 경우에는 제21조제2항에 따른 사업정지처분을 갈음하여 그 비축의무를 이행하지 아니한 기간 동안 비축의무량에 미달된 양에 해당하는 금액을 초과하지 아니하는 범위에서 과징금을 부과할 수 있다.
④ 제1항에 따라 과징금을 부과하는 위반행위의 종류와 위반 정도에 따른 과징금의 금액, 제2항과 제3항에 따른 과징금의 산출방법, 그 밖에 필요한 사항은 산업통상자원부령으로 정한다.
⑤ 산업통상자원부장관은 제1항부터 제3항까지의 규정에 따른 과징금을 내야 할 자가 납부기한까지 과징금을 내지 아니하면 국세 체납처분의 예에 따라 징수하거나, 제1항부터 제3항까지의 규정에 따른 과징금부과처분을 취소하고 제21조제2항에 따라 액화석유가스 수출입업의 사업정지처분을 하여야 한다.
⑥ 제1항부터 제3항까지의 규정에 따라 부과·징수한 금액은 「에너지 및 자원사업 특별회계법」에 따른 에너지 및 자원사업 특별회계에 귀속된다.

제4장 공급 및 품질관리

제23조【충전량 등의 표시】 ① 액화석유가스 충전사업자는 액화석유가스를 용기에 충전하는 경우에는 그 용기에 충전량 및 그 사업자의 상호를 표시하여야 한다. 이 경우 표시를 하여야 하는 용기의 종류, 표시 방법, 표시 내용 등에 필요한 사항은 산업통상자원부령으로 정한다.
② 액화석유가스 충전사업자는 제1항에 따른 표시를 위하여 충전량을 계량(計量)할 때에는 산업통상자원부령으로 정하는 허용 오차를 넘지 아니하도록 하여야 한다.
③ 액화석유가스 판매사업자는 제1항에 따른 표시를 훼손하거나 용기에 충전된 액화석유가스의 양을 줄여서는 아니 된다.

제23조의2【액화석유가스 충전사업자의 정량 공급 의무 등】 ① 액화석유가스 충전사업자는 액화석유가스를 자동차에 고정된 용기에 충전하는 경우 산업통상자원부령으로 정하는 허용오차를 벗어나 정량에 미달되게 공급해서는 아니 된다.
② 액화석유가스 충전사업자는 액화석유가스를 자동차에 고정된 용기에 충전하는 경우 정량에 미달되게 공급하려는 목적으로 영업시설을 설치·개조하거나 그 설치·개조한 영업시설을 양수·임차하여 사용하는 행위를 하여서는 아니 된다.
③ 제2항에 따른 설치·개조 행위에 대한 구체적인 기준 및 그 대상이 되는 영업시설은 대통령령으로 정한다.
④ 산업통상자원부장관 또는 시장·군수·구청장은 제1항에 따른 액화석유가스 충전사업자의 정량 미달 공급 또는 제2항에 따른 영업시설 설치·개조 행위 등을 산업통상자원부령으로 정하는 바에 따라 검사하게 할 수 있다.
⑤ 산업통상자원부장관 또는 시장·군수·구청장은 액화석유가스 충전사업자가 제1항 또는 제2항을 위반하는 경우에는 산업통상자원부령으로 정하는 바에 따라 위반사실을 공표할 수 있다.
⑥ 산업통상자원부장관은 제4항에 따라 검사를 하는 시장·군수·구청장 또는 제61조제3항제1호의2에 따라 검사 업무를 위탁받아 검사를 하는 자에게 검사에 드는 비용의 전부 또는 일부를 지원할 수 있다. 이 경우 검사에 드는 비용의 지원 방법은 산업통상자원부장관이 정하여 고시한다.
(2019.8.20 본조신설)

제24조【판매 등의 방법】 액화석유가스 충전사업자와 액화석유가스 판매사업자가 일반 수요자에게 액화석유가스를 판매하거나 액화석유가스 위탁운송사업자가 일반 수요자에게 액화석유가스를 운송하여 공급할 때에는 산업통상자원부령으로 정하는 공급 방법에 따라야 한다.

제25조【공급규정】 ① 액화석유가스 집단공급사업자는 액화석유가스의 요금과 그 밖의 공급 조건에 관한 공급규정을 정하려는 경우에는 허가관청에 신고하여야 한다. 신고한 사항 중 산업통상자원부령으로 정하는 중요 사항을 변경하려는 경우에도 또한 같다.(2022.2.3 전단개정)
② 허가관청은 제1항에 따른 신고 또는 변경신고를 받은 경우 그 내용을 검토하여 이 법에 적합하면 신고를 수리하여야 한다.(2022.2.3 본항신설)
③ 제1항에 따른 공급규정에 포함되어야 할 내용 등에 필요한 사항은 산업통상자원부령으로 정한다.

제26조【액화석유가스의 품질 유지】 ① 산업통상자원부장관은 액화석유가스의 적정한 품질을 확보하기 위하여 액화석유가스에 대한 품질기준을 정할 수 있다. 이 경우 대기환경에 영향을 미치는 품질기준을 정하는 경우에는 미리 환경부장관과 협의를 하여야 한다.
② 산업통상자원부장관은 제1항에 따라 액화석유가스의 품질기준을 정하면 고시하여야 한다.
③ 액화석유가스 수출입업자, 액화석유가스 충전사업자, 액화석유가스 집단공급사업자, 액화석유가스 판매사업자와 「석유 및 석유대체연료 사업법」에 따른 석유정제업자 및 부산물인 석유제품판매업자는 제1항에 따른 품질기준에 맞도록 액화석유가스의 품질을 유지하여야 하며, 품질기준에 미달되는 액화석유가스임을 알고 판매 또는 인도하거나 판매 또는 인도할 목적으로 저장·운송 또는 보관하여서는 아니 된다.

제27조【액화석유가스의 품질검사】 ① 액화석유가스 수출입업자, 「석유 및 석유대체연료 사업법」에 따른 석유정제업자 및 부산물인 석유제품판매업자가 액화석유가스를 판매하거나 인도하려는 경우에는 액화석유가스가 제26조제1항에 따른 품질기준에 맞는지에 대하여 같은 법 제25조제1항에 따라 지정받은 품질검사기관 또는 같은 법 제25조의2에 따라 설립된 한국석유관리원으로부터 품질검사를 받아야 한다. 다만, 검사 인력과 검사 장비를 갖춘 자로서 산업통상자원부장관의 승인을 받은 자는 자체검사로 이를 대체할 수 있다.(2019.8.20 본문개정)
② 산업통상자원부장관 또는 시장·군수·구청장은 액화석유가스의 품질 유지를 위하여 필요하면 액화석유가스 수출입업자, 액화석유가스 충전사업자, 액화석유가스 집단공급사업자, 액화석유가스 판매사업자와 「석유 및 석유대체연료 사업법」에 따른 석유정제업자 및 부산물인 석유제품판매업자가 판매 또는 인도하거나 판매 또는 인도할 목적으로 저장·운송 또는 보관하고 있는 액화석유가스에 대하여 품질검사를 할 수 있다.
③ 제1항 및 제2항에도 불구하고 수출용으로 판매 또는 인도되는 액화석유가스 등 산업통상자원부령으로 정하는 경우는 액화석유가스 품질검사 대상에서 제외한다.
(2019.8.20 본항신설)
④ 산업통상자원부장관은 제2항에 따른 품질검사 결과 해당 액화석유가스의 품질이 제26조제1항에 따른 품질기준에 맞지 아니한 경우에는 산업통상자원부령으로 정하는 바에 따라 위반 사실을 공표할 수 있다.
⑤ 산업통상자원부장관은 제2항에 따라 품질검사를 하는 시장·군수·구청장 또는 제61조제3항제2호에 따라 품질검사 업무를 위탁받아 품질검사를 하는 자에게 품질검사에 드는 비용의 전부 또는 일부를 지원할 수 있다. 이 경우 품질검사에 드는 비용의 지원 방법 등은 산업통상자원부장관이 정하여 고시한다.(2019.8.20 전단개정)
⑥ 제1항 본문 및 제2항에 따른 품질검사, 제1항 단서에 따른 자체검사의 방법과 절차, 제4항에 따른 공표절차 등에 필요한 사항은 산업통상자원부령으로 정한다.
(2019.8.20 본항개정)

제28조 (2019.3.26 삭제)

제29조【자동차에 대한 액화석유가스 충전행위의 제한】 ① 액화석유가스를 자동차의 연료로 사용하려는 자는 액화석유가스 충전사업소에서 액화석유가스를 충전 받아야 하며, 자기가 직접 충전하여서는 아니 된다. 다만, 자동차의 운행 중 연료가 떨어지거나 자동차의 수리를 위하여 연료의 충전이 필요한 경우 등 산업통상자원부령으로 정하는 경우에는 그러하지 아니하다.
② 제1항 단서에 따른 액화석유가스의 충전방법 등에 필요한 사항은 산업통상자원부령으로 정한다.

제5장 안전관리

제30조【공급자의 의무】 ① 액화석유가스 충전사업자, 액화석유가스 집단공급사업자 및 액화석유가스 판매사업자(이하 "가스공급자"라 한다)가 액화석유가스를 수요자(액화석유가스 사업자등은 제외한다. 이하 이 조에서 같다)에게 공급할 때에는 그 수요자의 시설에 대하여 안전 점검을 하고, 산업통상자원부령으로 정하는 바에 따라 수요자에게 위해를 예방하는 데에 필요한 사항을 지도하여야 한다.
② 가스공급자는 제1항에 따른 안전 점검을 한 결과, 수요자의 시설이 제44조제1항에 따른 시설기준과 기술기준에 맞지 아니하다고 판단되면 그 수요자에게 해당 시설을 개선하도록 권고하여야 한다.
③ 가스공급자는 액화석유가스의 수요자가 제2항에 따라 시설 개선 권고를 받고도 시설을 개선하지 아니하면 가스 공급 차단 등 위해를 예방하기 위한 조치를 하고, 지체 없이 그 사실을 그 수요자가 소재하는 지역의 시장·군수·구청장에게 신고하여야 한다.
④ 제1항에 따른 안전 점검에 필요한 점검자의 자격, 점검 인원, 점검 장비, 점검 기준 등은 산업통상자원부령으로 정한다.

제30조의2【가스사용시설의 안전관리업무 대행】 ① 가스공급자는 제31조의 안전관리규정에 따른 가스사용시설의 안전관리업무(제30조의 공급자의 의무에 따른 안전관리업무를 포함한다. 이하 같다)를 효율적으로 수행하기 위하여 그 업무의 일부를 대행하게 할 경우에는 산업통상자원부령으로 정하는 자격을 갖춘 자(이하 "가스사용시설 안전관리업무 대행자"라 한다)로 하여금 그 업무의 일부를 대행하게 할 수 있다.
② 가스사용시설 안전관리업무 대행자는 제1항에 따라 안전관리업무를 대행하는 가스사용시설 중 액화석유가스를 연료로 사용하는 보일러를 시공해서는 아니 된다.
③ 산업통상자원부장관 또는 시장·군수·구청장은 가스사용시설 안전관리업무 대행자에 대하여 가스사용자에게 부담시키는 가스사용시설의 설치비용에 관한 자료의 제출을 요구할 수 있으며, 가스사용자의 보호 및 공공의 이익증진을 위하여 필요하다고 인정하면 그 내용의 전부 또는 일부를 공표할 수 있다.
(2019.8.20 본조신설)

제31조【안전관리규정】 ① 액화석유가스 사업자등(액화석유가스 위탁운송사업자는 제외한다. 이하 이 조에서 같다)은 그 시설 및 용기·가스용품 등의 안전 유지에 관하여 산업통상자원부령으로 정하는 사항을 포함한 안전관리규정을 정하고 사업을 시작할 때에 그 안전관리규정을 허가관청에 제출하여야 한다. 이 경우 한국가스안전공사의 의견서를 첨부하여야 한다.
② 대통령령으로 정하는 액화석유가스 사업자등은 경영방침, 조직 관리, 자료·정보 관리, 시설 관리, 종업원 안전교육 등 경영 활동 전반에서 안전을 우선으로 하고, 이를 통하여 종합적으로 안전을 확보할 수 있도록 필요한 사항을 제1항에 따른 안전관리규정에 포함시켜야 한다.
③ 가스용품 제조사업자는 가스용품의 제조 공정(工程)과 자체검사 방법 등을 제1항에 따른 안전관리규정에 포함시켜야 한다.
④ 허가관청은 안전 확보를 위하여 필요하다고 인정할 때에는 액화석유가스 사업자등에게 제1항에 따른 안전관리규정을 변경하도록 명할 수 있다.
⑤ 제1항에 따른 안전관리규정을 제출한 자(가스사용시설 안전관리업무 대행자를 포함한다)와 그 종사자는 안전관리규정을 지키고, 그 실시 기록을 작성하고 보존하여야 한다.(2019.8.20 본항개정)
⑥ 허가관청은 산업통상자원부령으로 정하는 바에 따라 액화석유가스 사업자등(가스사용시설 안전관리업무 대행자를 포함한다)과 그 종사자가 제1항에 따른 안전관리규정을 지키고 있는지를 확인하고 평가하여야 한다.
(2019.8.20 본항개정)
⑦ 제1항에 따른 안전관리규정의 작성 요령과 한국가스안전공사의 의견 표시에 필요한 사항은 산업통상자원부령으로 정한다.

제32조【시설과 용기의 안전 유지】 ① 액화석유가스 사업자등(액화석유가스 위탁운송사업자는 제외한다)은 액화석유가스의 충전시설, 집단공급시설, 판매시설, 영업소시설, 저장시설 또는 가스용품 제조시설을 제5조제5항 및 제7항이나 제8조제4항에 따른 시설기준과 기술기준에 맞도록 유지하여야 한다.(2022.2.3 본항개정)
② 액화석유가스 충전사업자가 액화석유가스를 용기에 충전하려면 산업통상자원부령으로 정하는 바에 따라 미리 용기의 안전을 점검하여 기준에 맞는 용기에 충전하여야 한다.
③ 액화석유가스 충전사업자와 액화석유가스 판매사업자가 용기를 효율적으로 관리하기 위하여 필요한 경우에는 「고압가스 안전관리법」 제35조에 따른 검사기관에 위탁하여 검사하게 할 수 있다.

제33조【시설의 개선과 안전 유지】 ① 제30조제3항에 따라 신고를 받은 시장·군수·구청장은 그 시설이 제44조제1항에 따른 시설기준과 기술기준에 맞지 아니하다고 인정되면 산업통상자원부령으로 정하는 바에 따라 해당 가스공급자에게 액화석유가스의 공급을 중지하거나 제한하도록 명할 수 있으며, 수요자에게 액화석유가스 사용시설을 그 기준에 맞게 수리하거나 개선하도록 하는 등 필요한 조치를 명하여야 한다.
② 가스공급자와 사전 협의 없이는 누구든지 가스공급자 소유의 설비를 임의로 철거하거나 변경하여서는 아니 된다.
③ 가스공급자는 수요자가 다음 각 호의 요청을 하는 경우 정당한 사유가 없으면 2일 이내에 그 요청에 따라야 한다.
1. 제1항에 따른 시장·군수·구청장의 명령을 이행하기 위하여 시설 개선을 요구한 경우
2. 제2항에 따른 협의가 이루어지지 아니하여 시설 철거를 요청한 경우

제34조【안전관리자】 ① 액화석유가스 사업자등과 제44조제2항에 따른 액화석유가스 특정사용자는 그 시설·용기·가스용품 등의 안전 확보와 위해 방지에 관한 직무를 수행하게 하기 위하여 산업통상자원부령으로 정하는 바에 따라 사업을 시작하거나 액화석유가스를 사용하기 전에 안전관리자를 선임하여야 한다. 다만, 액화석유가스 특정사용자의 사용시설 중 저장설비를 이용하여 다수의 사용자가 액화석유가스를 사용하는 시설로서 산업통상자원부령으로 정하는 시설은 그 시설에 액화석유가스를 공급하는 사업자가 안전관리자를 선임하여야 한다.
② 제1항에 따른 안전관리자를 선임 또는 해임하거나 안전관리자가 퇴직한 경우에는 지체 없이 그 사실을 허가관청 또는 등록관청이나 시장·군수·구청장에게 신고하고, 해임하거나 퇴직한 날부터 30일 이내에 다른 안전관리자를 선임하여야 한다. 다만, 30일 이내에 선임할 수 없을 경우에는 허가관청 또는 등록관청이나 시장·군수·구청장의 승인을 받아 그 기간을 연장할 수 있다.
③ 제1항에 따라 안전관리자를 선임한 자는 다음 각 호의 어느 하나에 해당하는 경우에는 대통령령으로 정하는 바에 따라 대리자를 지정하여 일시적으로 안전관리자의 직무를 대행하게 하여야 한다.(2016.1.6 본문개정)
1. 안전관리자가 여행·질병이나 그 밖의 사유로 일시적으로 그 직무를 수행할 수 없는 경우
2. 안전관리자의 해임 또는 퇴직과 동시에 다른 안전관리자가 선임되지 아니한 경우
(2016.1.6 1호~2호신설)
④ 안전관리자는 그 직무를 성실히 수행하여야 하며, 그 액화석유가스 사업자등과 제44조제2항에 따른 액화석유가스 특정사용자 및 종사자는 안전관리자의 안전에 관한 의견을 존중하고 권고에 따라야 한다.
⑤ 허가관청 또는 등록관청이나 시장·군수·구청장은 대통령령으로 정하는 안전관리자가 그 직무를 성실히 수행하지 아니하면 그 안전관리자를 선임한 액화석유가스 사업자등이나 제44조제2항에 따른 액화석유가스 특정사용자에게 그 안전관리자의 해임을 요구할 수 있다.
⑥ 허가관청 또는 등록관청이나 시장·군수·구청장은 제5항에 따라 안전관리자의 해임을 요구한 경우 해당 안전관리자가 그 직무를 성실히 수행하지 아니한 사실을 산업통상자원부장관에게 알려야 한다.
⑦ 제2항에 따른 신고가 신고서의 기재사항 및 첨부서류에 흠이 없고 법령 등에 규정된 형식상의 요건을 충족하는 경우에는 신고서가 접수기관에 도달된 때에 신고된 것으로 본다.(2022.2.3 본항신설)
⑧ 안전관리자의 종류·자격·인원·직무 범위 및 안전관리자의 대리자의 대행 기간과 그 밖에 필요한 사항은 대통령령으로 정한다.

제34조의2【시설공사계획의 승인 등】 ① 액화석유가스 배관망공급사업자가 산업통상자원부령으로 정하는 가스공급시설의 설치공사나 변경공사를 하려면 그 공사계획에 대하여 산업통상자원부령으로 정하는 바에 따라 시설·기술기준, 인력기준 등의 요건을 모두 갖추어 시장·군수·구청장의 승인을 받아야 한다. 승인을 받은 사항 중 산업통상자원부령으로 정하는 중요 사항을 변경하려는 경우에도 또한 같다.
② 액화석유가스 배관망공급사업자가 가스공급시설의 설치공사나 변경공사 중 산업통상자원부령으로 정하는 가스공급시설의 공사를 하려면 산업통상자원부령으로 정하는 바에 따라 그 공사계획을 시장·군수·구청장에게 신고하여야 한다. 신고한 사항 중 산업통상자원부령으로 정하는 중요 사항을 변경하려는 경우에도 또한 같다.
③ 제1항과 제2항에도 불구하고 「주택법」이나 그 밖의 다른 법률에 따라 액화석유가스를 사용하는 자의 부담으로 가스공급시설을 설치하거나 변경하는 경우에는 그 가스공급시설 공사를 하는 자가 액화석유가스 배관망공급사업자를 대신하여 공사계획의 승인 또는 변경승인을 신청하거나 공사계획의 신고 또는 변경신고를 할 수 있다. 이 경우 그 가스공급시설 공사를 하는 자는 그 사실을 액화석유가스 배관망공급사업자에게 알려야 한다.
④ 다음 각 호의 어느 하나에 해당하는 자는 산업통상자원부령으로 정하는 바에 따라 해당 공사계획에 대하여 미리 한국가스안전공사의 기술검토를 받아야 한다.
1. 제1항에 따른 공사계획의 승인 또는 변경승인을 받으려는 자
2. 제2항에 따른 공사계획의 신고 또는 변경신고를 하려는 자
3. 제1항 및 제2항의 가스공급시설 외에 산업통상자원부령으로 정하는 가스공급시설의 설치공사나 변경공사를 하려는 자
(2019.8.20 본조신설)

제34조의3【공공용 토지의 사용】 ① 액화석유가스 배관망공급사업자는 국가, 지방자치단체, 그 밖의 공공기관이 관리하는 공공용 토지의 지상 또는 지하에 가스공급시설을 설치할 필요가 있는 경우에 해당 공공용 토지의 효용을 방해하지 아니하는 범위에서 관리자의 허가를 받아 해당 공공용 토지를 사용할 수 있다.
② 제1항에 따른 해당 공공용 토지의 관리자는 정당한 사유 없이 해당 공공용 토지의 사용을 거부해서는 아니 된다.
(2019.8.20 본조신설)

제35조【시설의 시공·관리 및 시공기록 등의 보존·제출】 ① 액화석유가스의 충전시설, 집단공급시설, 판매시설, 영업소시설, 저장시설 또는 사용시설(이하 "액화석유가스시설"이라 한다)을 시공하려는 자는 「건설산업기본법」 제9조에 따라 가스시설시공업의 등록을 한 자(이하 "가스시설시공업자"라 한다)이어야 한다.
② 산업통상자원부령으로 정하는 규모 이상의 가스공급시설 또는 가스사용시설의 설치공사나 변경공사를 시공·관리하려는 가스시설시공업자는 산업통상자원부령으로 정하는 바에 따라 해당 액화석유가스 배관망공급사업자가 가스공급시설의 공사계획, 가스공급능력 등에 미치는 영향을 검토할 수 있도록 시공할 내용을 액화석유가스 배관망공급사업자에게 미리 알려주어야 하며, 액화석유가스 배관망공급사업자는 시공할 내용에 대하여 검토한 결과를 그 가스시설시공업자와 액화석유가스를 사용하려는 자에게 알려주어야 한다.(2019.8.20 본항신설)
③ 가스시설시공업자는 가스공급시설 또는 가스사용시설의 설치공사나 변경공사를 하는 경우에는 산업통상자원부령으로 정하는 시설별 시설기준과 기술기준에 적합하도록 시공·관리하여야 한다.(2019.8.20 본항신설)
④ 가스시설시공업자가 액화석유가스시설을 시공할 때에는 제5조제5항·제7항, 제8조제4항 및 제44조제1항에 따른 시설기준과 기술기준에 맞게 시공하여야 한다.
(2022.2.3 본항개정)
⑤ 가스시설시공업자는 액화석유가스시설의 설치공사나 변경공사를 완공하면 산업통상자원부령으로 정하는 바에 따라 그 시공기록·완공도면(전산보조기억장치에 입력된 경우에는 그 입력된 자료를 말한다. 이하 같다), 그 밖에 필요한 서류(이하 "시공기록 등"이라 한다)를 작성·보존하여야 한다.
⑥ 가스시설시공업자는 산업통상자원부령으로 정하는 바에 따라 시공기록 등의 사본을 액화석유가스시설의 설치공사나 변경공사를 발주한 자에게 내주고, 완공도면의 사본을 시장·군수·구청장에게 제출하여야 한다.
⑦ 제6항에 따라 시공기록 등의 사본을 받은 가스공급자 및 액화석유가스 저장자는 그 중 완공도면 사본을 산업통상자원부령으로 정하는 바에 따라 보존하여야 한다.
(2019.8.20 본항개정)
(2019.8.20 본조제목개정)

제36조【안전성 확인 및 완성검사】 ① 액화석유가스 충전사업자, 액화석유가스 집단공급사업자(액화석유가스 배관망공급사업자는 제외한다), 액화석유가스 판매사업자 및 액화석유가스 저장자는 액화석유가스의 충전시설, 집단공급시설, 판매시설, 저장시설의 설치공사 또는 변경공사 중 시설을 지하에 매설하는 공사 등 산업통상자원부령으로 정하는 공사를 할 때에는 산업통상자원부령으로 정하는 바에 따라 그 공사의 공정별(工程別)로 허가관청의 안전성 확인을 받아야 한다. 다만, 액화석유가스 집단공급사업자 외의 자가 액화석유가스 집단공급시설의 설치공사를 할 때에는 그 공사를 한 시공자가 안전성 확인을 받아야 한다.(2019.8.20 본문개정)
② 액화석유가스 사업자등(액화석유가스 배관망공급사업자 및 액화석유가스 위탁운송사업자는 제외한다)은 액화석유가스의 충전시설, 집단공급시설, 판매시설, 영업소시설, 저장시설 또는 가스용품 제조시설의 설치공사나 변경공사를 완공하면 그 시설을 사용하기 전에 허가관청의 완성검사를 받아야 한다. 다만, 액화석유가스 집단공급사업자가 아닌 자가 액화석유가스 집단공급시설의 설치공사를 완공하였을 때에는 그 공사의 시공자가 완성검사를 받아야 한다.(2019.8.20 본문개정)
③ 제1항과 제2항에 따른 안전성 확인과 완성검사의 기준, 그 밖에 검사에 필요한 사항은 산업통상자원부령으로 정한다.

제36조의2【시공감리】 ① 액화석유가스 배관망공급사업자(제34조의2제3항 전단의 경우에는 해당 가스공급시설을 시공한 자를 말한다. 이하 이 조에서 같다)는 산업통상자원부령으로 정하는 가스공급시설의 설치공사나 변경공사를 하는 경우에는 허가관청의 감리를 받아야 한다.
② 액화석유가스 배관망공급사업자는 제1항에 따른 가스공급시설의 설치공사나 변경공사를 한 경우 그 감리자로부터 사용 적합 판정을 받은 경우가 아니면 이를 사용할 수 없다.
③ 제1항에 따른 감리의 대상과 기준, 그 밖에 감리에 필요한 사항은 산업통상자원부령으로 정한다.
(2019.8.20 본조신설)

제37조【정기검사 및 수시검사】 ① 액화석유가스 사업자등(액화석유가스 위탁운송사업자와 가스용품 제조사업자는 제외한다)은 산업통상자원부령으로 정하는 바에 따라 정기 또는 수시로 허가관청의 검사를 받아야 한다. 다만, 대통령령으로 정하는 자는 정기검사의 전부 또는 일부를 면제할 수 있다.
② 제1항에 따른 정기검사 및 수시검사의 대상과 기준, 그 밖에 검사에 필요한 사항은 산업통상자원부령으로 정한다.
제38조【정밀안전진단 및 안전성평가】 ① 액화석유가스 충전사업자, 액화석유가스 저장자 및 액화석유가스 배관망공급사업자는 산업통상자원부령으로 정하는 사업소, 저장소 또는 배관에 대하여 한국가스안전공사가 실시하는 정밀안전진단 및 안전성평가를 정기적으로 받아야 한다.(2019.8.20 본항개정)
② 제1항에 따른 정밀안전진단 및 안전성평가의 시기 및 기준 등에 필요한 사항은 산업통상자원부령으로 정한다.
제39조【가스용품의 수입 및 검사】 ① 가스용품을 제조하거나 수입한 자(외국가스용품 제조자를 포함한다)는 그 가스용품을 판매하거나 사용하기 전에 산업통상자원부장관(외국가스용품 제조자의 경우에만 해당한다) 또는 시장·군수·구청장의 검사를 받아야 한다. 다만, 대통령령으로 정하는 가스용품은 검사의 전부 또는 일부를 생략할 수 있다.
② 산업통상자원부장관 또는 시장·군수·구청장은 제1항에 따른 검사에 합격한 가스용품에는 산업통상자원부령으로 정하는 바에 따라 필요한 사항을 각인(刻印)하거나 표시하여야 한다.
③ 제1항에 따라 검사를 받아야 하는데도 검사를 받지 아니한 가스용품은 양도·임대 또는 사용하거나 판매를 목적으로 진열하여서는 아니 된다.
④ 제1항에 따른 검사의 기준과 기간, 그 밖에 검사에 필요한 사항은 산업통상자원부령으로 정한다.
제40조【가스용품의 안전성 확보 등】 ① 산업통상자원부장관은 가스용품의 안전성 확보를 위하여 필요하다고 인정할 때에는 가스용품의 종류를 지정하여 가스용품 제조사업자에게 「산업표준화법」 제15조에 따른 인증을 받아 그 가스용품을 판매하게 할 수 있다.
② 산업통상자원부장관 또는 시장·군수·구청장은 가스용품의 안전 관리를 위하여 필요하다고 인정할 때에는 유통 중인 가스용품을 수집하여 검사하고, 검사 결과 중대한 결함이 있다고 인정되면 그 가스용품을 제조하거나 수입한 자(외국가스용품 제조자를 포함한다)에게 회수·교환·환불 및 그 사실의 공표를 명할 수 있다.
③ 제2항에 따른 가스용품의 수집 방법, 회수·교환·환불의 절차 및 공표 방법은 산업통상자원부령으로 정한다.
④ 가스용품을 제조하거나 수입한 자(외국가스용품 제조자를 포함한다)는 그 가스용품에 가스용품의 제조자, 제조일자, 용도, 사용 방법, 보증기간 등을 산업통상자원부령으로 정하는 바에 따라 표시하여야 한다.(2017.11.28 본항개정)
⑤ 누구든지 가스용품을 개조(구조나 성능이 변경되는 경우를 말하며, 산업통상자원부령으로 정하는 경미한 경우는 제외한다)하여서는 아니 되며, 가스용품 사용자는 제4항에서 규정한 표시에 따라 가스용품을 사용하여야 한다.
제41조【안전교육】 ① 액화석유가스 사업자등과 시공자 및 액화석유가스 특정사용자(액화석유가스를 자동차의 연료로 사용하는 자는 제외한다)의 안전 관리에 관계되는 업무를 하는 자는 특별시장·광역시장·특별자치시장·도지사·특별자치도지사(이하 "시·도지사"라 한다)가 실시하는 교육을 받아야 한다.(2018.12.11 본항개정)
② 액화석유가스 사업자등과 시공자 및 액화석유가스 특정사용자는 그가 고용하고 있는 자 중에서 제1항에 따라 교육을 받아야 하는 자(이하 이 조에서 "안전교육대상자"라 한다)에게 안전교육을 받게 하여야 한다.
③ 안전교육대상자의 범위, 교육기간 및 교육과정과 그 밖에 교육에 필요한 사항은 산업통상자원부령으로 정한다.
제42조~제43조 (2018.12.11 삭제)
제44조【액화석유가스 사용시설의 설치와 검사 등】 ① 액화석유가스를 사용하려는 자는 산업통상자원부령으로 정하는 시설기준과 기술기준에 맞도록 액화석유가스의 사용시설과 가스용품을 갖추어야 한다.
② 가스시설시공업자는 액화석유가스를 사용하려는 자로서 산업통상자원부령으로 정하는 자(이하 "액화석유가스 특정사용자"라 한다)의 액화석유가스 사용시설의 설치공사나 산업통상자원부령으로 정하는 변경공사를 완공하면 액화석유가스 특정사용자가 그 시설을 사용하기 전에 시장·군수·구청장의 완성검사를 받아야 한다.
③ 액화석유가스 특정사용자는 해당 액화석유가스 사용시설에 대하여 제2항에 따른 완성검사에 합격한 경우에만 해당 액화석유가스 사용시설을 사용할 수 있다.
④ 액화석유가스 특정사용자는 산업통상자원부령으로 정하는 바에 따라 액화석유가스 사용시설에 대하여 정기적으로 시장·군수·구청장의 검사를 받아야 한다. 다만, 액화석유가스 특정사용자 중 산업통상자원부령으로 정하는 자의 액화석유가스 사용시설에 대하여는 정기검사를 면제할 수 있다.
⑤ 제2항에 따라 완성검사를 한 시장·군수·구청장은 산업통상자원부령으로 정하는 사항을 관할 소방서장에게 알려야 한다.
⑥ 제2항 및 제4항에 따른 완성검사 및 정기검사의 기준과 기간, 그 밖에 필요한 사항은 산업통상자원부령으로 정한다.
⑦ 시장·군수·구청장, 경찰서장 또는 소방서장은 액화석유가스 특정사용자가 이 법이나 이 법에 따른 명령을 위반하여 위해를 발생시킬 우려가 있다고 인정하면 액화석유가스의 사용을 일시 금지하거나 액화석유가스의 사용시설을 봉인(封印) 또는 임시 영치(領置)할 수 있다.
⑧ 가스공급자는 액화석유가스 특정사용자의 액화석유가스 사용시설에 액화석유가스를 공급하기 전에 제2항에 따른 완성검사와 제4항에 따른 정기검사를 받았는지 확인하여야 한다.
⑨ 시장·군수·구청장은 제2항 및 제4항에 따른 완성검사 및 정기검사의 결과를 공개할 수 있다.(2021.6.15 본항신설)
⑩ 제9항에 따른 검사 결과 공개의 대상·범위·방법 등에 필요한 사항은 산업통상자원부령으로 정한다.
(2021.6.15 본항신설)
제44조의2【사용시설의 안전장치 등】 ① 가스보일러 등 가스용품을 제조하거나 수입한 자(외국가스용품 제조자를 포함한다)가 그 가스용품을 판매하는 때에는 일산화탄소 경보기 등의 안전장치를 포함하여야 한다.
② 「공중위생관리법」에 따른 숙박업을 운영하는 자 등 산업통상자원부령으로 정하는 자가 가스보일러 등 가스용품을 사용하는 경우에는 일산화탄소 경보기 등의 안전장치를 설치하여야 한다.
③ 제1항 및 제2항에 따른 가스용품의 범위, 안전장치의 종류와 설치기준 등에 관하여 필요한 사항은 산업통상자원부령으로 정한다.
(2020.2.4 본조신설)
제45조【상세기준】 ① 「고압가스 안전관리법」 제33조의2에 따른 가스기술기준위원회는 다음 각 호의 어느 하나에 해당하는 기준의 범위에서 그 기준을 충족하는 상세한 규격, 특정한 수치 및 특정한 시험방법 등을 세부적으로 규정한 기준(이하 "상세기준"이라 한다)을 정할 수 있다.
1. 제5조제5항에 따른 액화석유가스의 충전·집단공급·판매 및 가스용품 제조에 관한 시설기준과 기술기준
2. 제5조제7항에 따른 용기저장소의 시설기준과 기술기준
3. 제8조제4항에 따른 액화석유가스 저장소의 시설기준과 기술기준
4. 제10조제7항에 따른 가스용품의 제조에 관한 시설기준과 기술기준
(2022.2.3 1호~4호개정)
5. 제36조제3항에 따른 안전성 확인과 완성검사의 기준
6. 제36조의2제1항에 따른 시공감리의 기준(2019.8.20 본호신설)
7. 제37조제2항에 따른 정기검사 및 수시검사의 기준
8. 제38조제2항에 따른 정밀안전진단 및 안전성평가의 기준
9. 제39조제4항에 따른 가스용품 검사의 기준
10. 제44조제1항에 따른 액화석유가스 사용시설의 시설기준과 기술기준
11. 제44조제6항에 따른 완성검사 및 정기검사의 기준
② 상세기준은 제1항에 따른 가스기술기준위원회의 심의·의결을 거쳐 대통령령으로 정하는 바에 따라 산업통상자원부장관의 승인을 받아야 한다.
③ 제1항에 따른 가스기술기준위원회는 제2항에 따라 승인을 받은 경우 그 상세기준의 내용을 지체 없이 인터넷 홈페이지 등을 이용하여 일반인에게 알려야 하고, 산업통상자원부장관은 그 승인사실을 관보에 공고하여야 한다.
④ 상세기준에 적합하면 제1항 각 호의 기준 중 그 상세기준이 해당하는 기준에 적합한 것으로 본다.
⑤ 제1항부터 제4항까지에서 규정한 사항 외에 상세기준의 제정·개정 절차 등은 산업통상자원부령으로 정한다.
제46조【안전 관리 등의 개선을 위한 지원】 ① 산업통상자원부장관, 시·도지사 및 시장·군수·구청장(특별자치시장 및 특별자치도지사는 제외한다. 이하 이 조에서 같다)은 가스의 안전 관리와 유통 구조의 개선을 위하여 필요한 경우에 지원을 할 수 있다.
② 산업통상자원부장관, 시·도지사 및 시장·군수·구청장은 제1항에 따른 지원을 하기 위하여 필요한 경우 한국가스안전공사로 하여금 안전관리 조치를 하도록 요구할 수 있다. 이 경우 산업통상자원부장관, 시·도지사 및 시장·군수·구청장은 한국가스안전공사에 대하여 안전관리 조치에 드는 비용을 지원하여야 한다.
제47조【액화석유가스 소형저장탱크와 배관망 설치 사업 및 안전관리 체계 조성의 지원】 ① 산업통상자원부장관, 시·도지사 및 시장·군수·구청장(특별자치시장 및 특별자치도지사는 제외한다)은 액화석유가스의 안전성과 편리성 향상을 위하여 「도시가스사업법」 제2조제1호에 따른 도시가스가 공급되지 아니하는 지역에 액화석유가스 소형저장탱크와 배관망을 설치하는 사업 및 산업통상자원부령으로 정하는 안전관리 체계 조성에 필요한 지원을 할 수 있다.
② 산업통상자원부장관, 시·도지사 및 시장·군수·구청장은 제1항에 따른 필요한 지원의 원활한 추진을 위하여 대통령령으로 정하는 바에 따라 지원기관을 지정할 수 있다.(2019.8.20 본항신설)
③ 제1항 및 제2항에 따른 사업의 지원과 추진 등에 관하여 필요한 사항은 산업통상자원부령으로 정한다.
(2019.8.20 본항신설)
(2019.8.20 본조개정)
제48조【허가관청 등의 조치】 ① 허가관청, 등록관청 또는 시장·군수·구청장은 대통령령으로 정하는 바에 따라 이 법에 따른 허가를 받았거나 등록을 한 자, 액화석유가스 특정사용자 또는 액화석유가스 사용자에게 위해 방지를 위하여 필요한 조치를 명할 수 있다.
② 허가관청, 등록관청 또는 시장·군수·구청장은 이 법에 따른 허가를 받았거나 등록을 한 자, 액화석유가스 특정사용자 또는 액화석유가스 사용자의 액화석유가스의 충전·집단공급·판매·영업소·위탁운송·저장·사용시설이나 용기·가스용품(이하 이 항에서 "시설등"이라 한다)으로 인하여 위해가 발생하였거나 위해의 발생이 긴박하여 긴급하고 부득이하다고 인정할 때에는 그 시설등의 이전·사용정지 또는 사용제한을 명하거나 그 시설등의 안에 있는 액화석유가스를 폐기하도록 명할 수 있으며, 그 시설등을 봉인할 수 있다.
③ 제2항에 따른 명령이나 조치가 사업자의 귀책사유 없이 공공의 안전유지를 위하여 이루어진 경우 허가관청, 등록관청 또는 시장·군수·구청장은 해당 사업자에게 발생한 손실에 대하여 대통령령으로 정하는 바에 따른 정당한 보상을 하여야 한다. 다만, 천재지변·전쟁, 그 밖의 불가항력의 사유로 인한 경우에는 그러하지 아니하다.
제49조【액화석유가스 자동차 충전사업소에서의 흡연금지】 누구든지 액화석유가스를 연료로 사용하는 자동차에 액화석유가스를 충전하는 사업소에서 흡연을 하여서는 아니 된다.
제49조의2【액화석유가스배관에 대한 정보 지원】 ① 시·도지사 및 시장·군수·구청장은 구멍 뚫기, 말뚝 박기, 터파기, 그 밖의 토지의 굴착공사(이하 "굴착공사"라 한다)로 인하여 일어날 수 있는 액화석유가스배관의 파손사고를 예방하기 위하여 정보제공, 홍보 등에 필요한 굴착공사지원정보망의 구축·운영, 그 밖에 매설배관 확인에 대한 정보를 지원하여야 한다.
② 시·도지사 및 시장·군수·구청장은 제1항에 따른 정보 지원업무를 대통령령으로 정하는 바에 따라 전문기관에 위탁할 수 있다.
(2019.8.20 본조신설)
제49조의3【액화석유가스배관 매설상황 확인】 ① 액화석유가스 충전사업 중 산업통상자원부령으로 정하는 사업 및 액화석유가스 집단공급사업(대통령령으로 정하는 것을 제외한다. 이하 제5장에서 같다)이 허가된 지역에서 굴착공사를 하려는 자는 굴착공사를 하기 전에 해당 토지의 지하에 액화석유가스배관이 묻혀 있는지를 확인하여 줄 것을 산업통상자원부령으로 정하는 바에 따라 시·도지사 및 시장·군수·구청장 또는 제49조의2제1항에 따라 위탁받은 전문기관(이하 "위탁기관등"이라 한다)에 요청하여야 한다. 다만, 액화석유가스배관에 위험을 발생시킬 우려가 없다고 인정되는 굴착공사로서 대통령령으로 정하는 굴착공사의 경우에는 그러하지 아니하다.
② 제1항에 따른 요청을 받은 위탁기관등은 산업통상자원부령으로 정하는 바에 따라 액화석유가스 충전사업자 및 액화석유가스 집단공급사업자(제1항에 따른 액화석유가스 집단공급사업의 허가를 받은 자를 말한다. 이하 제5장에서 같다)에게 해당 사실을 알려 주어야 한다.
③ 제2항에 따른 통지를 받은 액화석유가스 충전사업자 및 액화석유가스 집단공급사업자는 산업통상자원부령으로 정하는 바에 따라 해당 토지의 지하에 액화석유가스배관이 묻혀 있는지를 위탁기관등에 확인하여 주어야 한다.
④ 제3항에 따른 확인 결과 액화석유가스배관이 묻혀 있으면 굴착공사자와 액화석유가스 충전사업자 및 액화석유가스 집단공급사업자는 해당 굴착공사가 시작되기 전에 산업통상자원부령으로 정하는 바에 따라 다음 각 호의 조치를 하여야 한다.
1. 굴착공사의 현장 위치 및 액화석유가스배관의 매설 위치의 표시
2. 위탁기관등에 대한 제1호에 따른 표시 사실의 통지
3. 액화석유가스배관의 보호를 위하여 필요한 시설의 설치, 액화석유가스배관의 매설 위치 등이 표시된 도면의 제공 등 굴착공사로 인한 사고를 예방하기 위하여 산업통상자원부령으로 정하는 조치
⑤ 위탁기관등은 제3항에 따라 매설된 배관이 없다고 확인을 받거나 제4항제2호에 따른 통지를 받은 경우에는 산업통상자원부령으로 정하는 바에 따라 굴착공사자에게 굴착공사를 하여도 된다는 통보를 하여야 한다.
⑥ 굴착공사자는 위탁기관등으로부터 제5항에 따른 굴착공사 개시통보를 받기 전에 굴착공사를 하여서는 아니 된다.
(2019.8.20 본조신설)
제49조의4【가스안전 영향평가】 ① 액화석유가스 충전사업 중 산업통상자원부령으로 정하는 사업 및 액화석유가스 집단공급사업이 허가된 지역에서 굴착공사를 하

려는 자 중 대통령령으로 정하는 자는 가스안전 영향평가에 관한 서류(이하 "평가서"라 한다)를 작성하여 시장·군수 또는 구청장에게 제출하여야 한다. 이 경우 평가서에는 한국가스안전공사의 의견서를 첨부하여야 한다.
② 평가서를 작성하는 자는 굴착공사로 인하여 영향을 받는 액화석유가스배관을 관리하는 액화석유가스 충전사업자 및 액화석유가스 집단공급사업자의 의견을 평가서의 내용에 포함시켜야 한다.
③ 시장·군수·구청장은 평가서를 보완할 필요가 있다고 인정하면 그 평가서를 제출한 자에게 보완하게 할 수 있다.
④ 제1항에 따라 평가서를 제출한 자(제3항에 따라 평가서를 보완한 자를 포함한다)는 그 평가서의 내용에 따라 굴착공사를 하여야 한다.
⑤ 평가서의 작성 및 제출에 필요한 사항은 산업통상자원부령으로 정한다.
(2019.8.20 본조신설)
제49조의5【굴착공사의 협의·순회점검】 ① 액화석유가스 충전사업 중 산업통상자원부령으로 정하는 사업 및 액화석유가스 집단공급사업이 허가된 지역에서 액화석유가스배관 파손사고의 위험성이 높은 굴착공사로서 산업통상자원부령으로 정하는 굴착공사를 하려는 자는 액화석유가스배관을 보호하기 위하여 산업통상자원부령으로 정하는 바에 따라 해당 액화석유가스 충전사업자 또는 액화석유가스 집단공급사업자와 안전조치 방법 등을 협의하여야 하며, 협의를 요청받은 액화석유가스 충전사업자 및 액화석유가스 집단공급사업자는 정당한 사유가 없으면 이에 응하여야 한다. 다만, 제49조의4제1항 전단에 따라 시장·군수·구청장에게 평가서를 제출한 자는 그러하지 아니하다.
② 액화석유가스 충전사업자 및 액화석유가스 집단공급사업자와 굴착공사를 하려는 자는 제1항에 따라 협의를 한 경우에는 산업통상자원부령으로 정하는 바에 따라 협의서를 작성하고 그 협의 내용을 지켜야 한다.
③ 액화석유가스배관이 지하에서 철도(도시철도를 포함한다)나 도로를 건설하는 공사 및 그 밖에 산업통상자원부령으로 정하는 공사의 공사장을 통과하는 경우에 그 액화석유가스배관을 관리하는 액화석유가스 충전사업자 또는 액화석유가스 집단공급사업자와 그 공사의 시행자는 산업통상자원부령으로 정하는 바에 따라 합동 감시체계를 구축하고 정기적으로 순회점검을 하여야 한다.
(2019.8.20 본조신설)
제49조의6【액화석유가스배관 손상방지기준의 준수】 액화석유가스 충전사업 및 액화석유가스 집단공급사업 중 산업통상자원부령으로 정하는 사업이 허가된 지역에서 굴착공사를 하려는 자는 산업통상자원부령으로 정하는 액화석유가스배관 손상방지기준에 따라 굴착공사를 하여야 한다.(2019.8.20 본조신설)
제49조의7【액화석유가스배관의 안전조치 등】 ① 액화석유가스 충전사업 중 산업통상자원부령으로 정하는 사업 및 액화석유가스 집단공급사업 허가를 받은 사업자는 그 사업 허가를 받은 지역에서 시행되는 굴착공사가 있으면 액화석유가스배관에 대하여 산업통상자원부령으로 정하는 안전조치를 하도록 노력하여야 한다.
② 제1항에 따른 액화석유가스 충전사업자 및 액화석유가스 집단공급사업자는 액화석유가스배관의 설치 위치와 그 밖에 산업통상자원부령으로 정하는 사항이 포함된 액화석유가스배관에 관한 도면을 작성·보존하여야 한다.
(2019.8.20 본조신설)

제6장 사업자단체

제50조【사업자단체의 설립】 ① 액화석유가스 사업자등은 대통령령으로 정하는 바에 따라 산업통상자원부장관의 인가를 받아 제5조·제8조 및 제9조에 따른 사업별로 사업자단체(이하 "사업자단체"라 한다)를 설립할 수 있다.
② 사업자단체는 법인으로 한다.
③ 사업자단체의 정관 기재사항과 운영 및 감독 등에 필요한 사항은 대통령령으로 정한다.
④ 사업자단체에 관하여 이 법에 규정된 것 외에는 「민법」 중 사단법인에 관한 규정을 준용한다.
제51조【사업】 사업자단체는 다음 각 호의 사업을 할 수 있다.
1. 액화석유가스사업의 진흥·발전에 관한 조사·연구 사업
2. 액화석유가스의 원활한 수급에 기여하는 사업
3. 손해 등을 보전(補塡)하기 위한 공제사업(共濟事業)
4. 산업통상자원부장관으로부터 위탁받은 사업
5. 그 밖에 제1호부터 제4호까지의 사업에 딸린 사업으로서 사업자단체의 정관에서 정한 사업
제52조【공제사업】 ① 사업자단체가 제51조제3호에 따른 공제사업을 하려면 대통령령으로 정하는 바에 따라 산업통상자원부장관의 허가를 받아야 한다.
② 제1항에 따른 공제사업에 가입한 액화석유가스 사업자등은 공제사업 수행에 필요한 분담금을 부담한다.
③ 제2항에 따른 분담금의 분담비율에 관하여는 산업통상자원부장관의 승인을 받아야 한다.
④ 제1항에 따른 공제사업의 내용과 운영에 필요한 사항은 대통령령으로 정한다.

제7장 감 독

제53조【조정명령】 산업통상자원부장관 또는 시·도지사는 액화석유가스의 수급과 안전 확보에 필요하다고 인정할 때에는 대통령령으로 정하는 바에 따라 액화석유가스 수출입업자, 액화석유가스 충전사업자, 액화석유가스 집단공급사업자 및 액화석유가스 판매사업자에게 필요한 조정(調整)을 명할 수 있다.
제54조【지도·감독】 산업통상자원부장관은 가스의 공급 및 사용과 관련된 공공의 안전 또는 위해 발생을 방지하기 위하여 가스시설 또는 가스용품의 각종 검사 등 안전관리 업무에 대하여 대통령령으로 정하는 바에 따라 시·도지사 또는 시장·군수·구청장(특별자치시장 및 특별자치도지사는 제외한다)을 지도·감독한다.
제55조【보고와 조사 등】 ① 산업통상자원부장관, 시·도지사 또는 시장·군수·구청장(특별자치시장 및 특별자치도지사는 제외한다)은 액화석유가스의 수급·가격 안정, 안전 관리 및 유통 질서 확립 등을 위하여 필요한 경우에는 사업자단체, 액화석유가스 수출입업자, 액화석유가스 사업자등, 액화석유가스 특정사용자 및 시공자에게 그 업무에 관한 보고 또는 서류 제출을 명하거나 소속 공무원 또는 제61조에 따라 그 권한의 일부를 위탁받은 자로 하여금 그 사업소·공장·사업장이나 창고에서 액화석유가스 충전시설·집단공급시설·판매시설·영업소시설·위탁운송시설·저장시설, 가스용품 제조시설, 용기, 가스용품, 장부, 서류, 그 밖의 물건을 조사하게 할 수 있다. 이 경우 보고 또는 서류 제출의 방법 등에 필요한 사항은 산업통상자원부령으로 정한다.
② 제1항에 따라 검사를 하는 공무원 및 위탁받은 자의 소속 직원은 그 권한을 표시하는 증표를 지니고 이를 관계인에게 보여주어야 한다.
제56조【사고의 통보 등】 ① 액화석유가스 사업자등과 액화석유가스 특정사용자는 그의 시설이나 제품과 관련하여 다음 각 호의 어느 하나에 해당하는 사고가 발생하면 산업통상자원부령으로 정하는 바에 따라 즉시 한국가스안전공사에 알려야 하며, 한국가스안전공사는 통보받은 내용을 허가관청, 등록관청 또는 시장·군수·구청장에게 보고하여야 한다.
1. 사람이 사망한 사고
2. 사람이 부상당하거나 중독된 사고
3. 가스누출에 의한 폭발 또는 화재 사고
4. 가스시설이 손괴되거나 가스누출로 인하여 인명대피나 공급중단이 발생한 사고
5. 그 밖에 가스시설이 손괴되거나 가스가 누출된 사고로서 산업통상자원부령으로 정하는 사고
② 제1항에 따라 통보를 받은 한국가스안전공사는 사고 재발 방지와 그 밖에 가스사고 예방을 위하여 필요하다고 인정할 때에는 그 원인과 경위 등 사고에 관한 조사를 할 수 있다.

제8장 보 칙

제57조【보험가입】 ① 액화석유가스 사업자등, 가스용품을 수입한 자, 제35조에 따른 액화석유가스시설의 시공자와 액화석유가스 특정사용자는 사고로 인한 타인의 생명·신체나 재산상의 손해를 보상하기 위하여 보험에 가입하여야 한다. 다만, 제52조에 따른 공제사업에 가입한 경우에는 그러하지 아니하다.
② 제1항에 따른 보험의 종류·가입대상·가입절차와 그 밖에 필요한 사항은 대통령령으로 정한다.
③ 산업통상자원부장관은 금융위원회와 협의하여 3년마다 그 3년째 사업연도 종료 후 3개월 이내에 보험사업자로 하여금 제1항에 따른 보험의 수익금(제52조에 따른 공제사업의 보험 수익금은 제외한다)의 일부를 액화석유가스사고 예방사업을 수행하는 자에게 지원하게 할 수 있으며, 이에 관하여 필요한 사항은 대통령령으로 정한다.
제57조의2【다른 자의 토지 사용】 ① 액화석유가스 배관망공급사업자는 그 사업을 수행하기 위하여 필요한 경우에는 현재의 사용방법을 방해하지 아니하는 범위에서 다른 자의 토지에 가스배관시설을 설치할 수 있다. 이 경우 액화석유가스 배관망공급사업자는 가스배관시설의 설치방법 및 존속기간 등에 대하여 미리 그 토지의 소유자 또는 점유자와 협의하여야 한다.
② 액화석유가스 배관망공급사업자는 제1항에 따라 다른 자의 토지에 가스배관시설을 설치함으로 인하여 손실이 발생한 때에는 손실을 입은 자에게 정당한 보상을 하여야 한다.
(2019.8.20 본조신설)
제58조【판매가격의 보고 및 공개 등】 ① 액화석유가스 수출입업자, 액화석유가스 충전사업자, 액화석유가스 집단공급사업자 및 액화석유가스 판매사업자로서 대통령령으로 정하는 자는 산업통상자원부장관에게 액화석유가스 판매가격을 보고하여야 한다.
② 산업통상자원부장관은 거래의 투명성을 높여 경쟁을 촉진하고 액화석유가스 가격의 적정화를 위하여 「부정경쟁방지 및 영업비밀보호에 관한 법률」 제2조제2호에 따른 영업비밀을 침해하지 아니하는 범위에서 액화석유가스 수출입업자, 액화석유가스 충전사업자, 액화석유가스 집단공급사업자 및 액화석유가스 판매사업자의 액화석유가스 판매가격을 공개할 수 있다.
③ 산업통상자원부장관은 제1항 및 제2항에 따른 액화석유가스 판매가격의 보고 및 공개에 관한 업무를 대통령령으로 정하는 기관 또는 단체에 위탁할 수 있다.
④ 제1항부터 제3항까지에 따른 액화석유가스 판매가격의 보고 및 공개 등에 관한 구체적인 절차와 방법은 대통령령으로 정한다.
제59조【청문】 산업통상자원부장관, 허가관청 또는 등록관청은 제13조제1항에 따라 허가나 등록을 취소하거나 제21조제1항 또는 제2항에 따라 등록을 취소하려면 청문을 하여야 한다.
제60조【수수료 등】 ① 다음 각 호의 어느 하나에 해당하는 자는 산업통상자원부령으로 정하는 바에 따라 수수료를 내야 한다.
1. 제5조제1항부터 제3항까지 또는 제7항에 따른 허가나 변경허가를 받으려는 자(2022.2.3 본호개정)
2. 제8조제1항에 따른 허가나 같은 조 제2항 본문에 따른 변경허가를 받으려는 자
3. 제9조제1항 및 제2항에 따른 액화석유가스 위탁운송사업자의 등록 및 변경등록을 하려는 자
4. 제10조제1항부터 제3항까지의 규정에 따른 외국가스용품의 제조등록·변경등록 및 재등록을 하려는 자
② 다음 각 호의 어느 하나에 해당하는 자는 산업통상자원부장관이 정하는 바에 따라 수수료 또는 교육비를 내야 한다.
1. 제27조제1항에 따른 품질검사를 받으려는 자
2. 제31조제1항 후단에 따른 안전관리규정에 대한 한국가스안전공사의 의견을 받으려는 자
3. 제36조제2항에 따른 액화석유가스의 충전시설·집단공급시설·판매시설·영업소시설·저장시설 또는 가스용품제조시설의 설치공사 또는 변경공사의 완성검사를 받으려는 자
4. 제36조의2제1항에 따른 시공감리를 받으려는 자(2019.8.20 본호신설)
5. 제37조제1항에 따른 정기검사를 받으려는 자
6. 제38조제1항에 따른 정밀안전진단 또는 안전성평가를 받으려는 자
7. 제39조제1항에 따른 가스용품의 검사를 받으려는 자
8. 제41조제1항에 따른 안전교육을 받으려는 자
9. 제44조제2항에 따라 액화석유가스 사용시설의 완성검사를 받으려는 자
10. 제44조제4항에 따라 액화석유가스 사용시설의 정기검사를 받으려는 자
11. 제49조의4제1항에 따른 가스안전 영향평가에 대한 한국가스안전공사의 의견을 들으려는 자(2019.8.20 본호신설)
③ 위탁기관등이 제49조의3에 따른 액화석유가스배관 매설상황 확인과 관련된 업무를 수행하는 데에 드는 비용은 산업통상자원부장관이 정하여 고시하는 바에 따라 해당 액화석유가스 충전사업자 및 액화석유가스 집단공급사업자가 부담한다.(2019.8.20 본항신설)
제61조【권한의 위임·위탁】 ① 이 법에 따른 산업통상자원부장관 또는 시·도지사(특별자치시장 및 특별자치도지사는 제외한다)의 권한은 그 일부를 대통령령으로 정하는 바에 따라 시·도지사 또는 시장·군수·구청장(특별자치시장 및 특별자치도지사는 제외한다)에게 위임할 수 있다.
② 이 법에 따른 산업통상자원부장관, 시·도지사 또는 시장·군수·구청장(특별자치시장 및 특별자치도지사는 제외한다)의 권한 중 다음 각 호의 업무는 대통령령으로 정하는 바에 따라 한국가스안전공사에 위탁할 수 있다.
1. 제31조제6항에 따른 안전관리규정 준수 여부의 확인과 평가
2. 제35조제6항에 따른 완공도면 사본의 접수(2019.8.20 본호개정)
3. 제36조제1항에 따른 안전성 확인
4. 제36조제2항에 따른 완성검사
5. 제36조의2제1항에 따른 시공감리(2019.8.20 본호신설)
6. 제37조제1항 본문에 따른 정기검사와 수시검사
7. 제39조제1항 본문에 따른 수입가스용품의 검사
8. 제40조제2항에 따른 유통 중인 가스용품의 수집과 검사
9. 제41조제1항에 따른 안전교육의 실시
10. (2018.12.11 삭제)
11. 제44조제2항 및 제9항에 따른 액화석유가스 사용시설의 완성검사와 그 결과의 공개(2021.6.15 본호개정)
12. 제48조제1항에 따른 위해 방지 조치 명령
13. 제48조제2항에 따른 시설등의 사용정지 명령
14. 「고압가스 안전관리법」 제35조에 따른 검사기관이 실시하는 검사 업무에 대한 지도와 확인
③ 이 법에 따른 산업통상자원부장관 또는 시장·군수·구청장의 권한 중 다음 각 호의 업무는 대통령령으로 정하는 바에 따라 한국가스안전공사, 「석유 및 석유대체연

료 사업법」 제25조제1항에 따라 지정받은 품질검사기관, 같은 법 제25조의2에 따른 한국석유관리원 및 「고압가스 안전관리법」 제35조에 따른 검사기관에 위탁할 수 있다. (2017.3.21 본문개정)
1. 제23조의2제4항에 따른 액화석유가스 충전사업자의 정량 공급 여부 및 영업시설의 설치·개조 행위 등의 검사(2019.8.20 본호신설)
2. 제27조제2항에 따른 액화석유가스의 품질검사
3. 제39조제1항 본문에 따른 가스용품의 검사. 다만, 수입 가스용품의 검사는 제외한다.
4. 제44조제4항 및 제9항에 따른 액화석유가스 사용시설의 정기검사와 그 결과의 공개(2021.6.15 본호개정)
④ 이 법에 따른 산업통상자원부장관의 권한 중 제17조제1항에 따른 액화석유가스 수출입업의 등록 및 변경등록(제18조에 따른 조건부 등록을 포함한다) 신청의 접수 및 신청내용의 확인 업무는 대통령령으로 정하는 바에 따라 「석유 및 석유대체연료 사업법」 제25조의2에 따른 한국석유관리원에 위탁할 수 있다.

제62조【처분의 요구 등】 ① 한국가스안전공사는 제56조제2항에 따른 사고조사 또는 제61조에 따라 위탁받은 권한의 행사 중 이 법이나 이 법에 따른 명령을 위반한 사실이 있는 것을 알게 되면 시·도지사 또는 시장·군수·구청장(특별자치시장 및 특별자치도지사는 제외한다)에게 위반 사실을 통보하거나 위반 행위를 한 자에 대하여 필요한 처분을 할 것을 요구할 수 있다.
② 시·도지사 또는 시장·군수·구청장(특별자치시장 및 특별자치도지사는 제외한다)은 제1항에 따른 요구를 받으면 정당한 사유가 없으면 필요한 처분을 하여야 한다.

제63조【벌칙 적용에서의 공무원 의제】 제58조제3항에 따라 위탁받은 업무에 종사하는 기관 또는 단체의 임원과 직원 및 제61조제2항부터 제4항까지의 규정에 따라 위탁한 업무에 종사하는 한국가스안전공사, 한국석유관리원 또는 「고압가스 안전관리법」 제35조에 따른 검사기관의 임원과 직원은 「형법」 제129조부터 제132조까지의 규정을 적용할 때 공무원으로 본다.

제64조【「석유 및 석유대체연료 사업법」의 준용】 ① 액화석유가스의 수입·판매 부과금에 관하여는 「석유 및 석유대체연료 사업법」 제18조, 제19조, 제19조의2 및 제20조를 준용한다.
② 비상시의 액화석유가스 수급 조정에 관하여는 「석유 및 석유대체연료 사업법」 제21조부터 제23조까지의 규정을 준용한다.

제9장 벌 칙

제65조【벌칙】 ① 액화석유가스 집단공급사업자의 가스시설을 손괴(損壞)하거나 그 기능에 장애를 가져오게 하여 액화석유가스의 공급을 방해한 자는 1년 이상 10년 이하의 징역 또는 1억 5천만원 이하의 벌금에 처한다.
② 액화석유가스 충전시설을 손괴하거나 그 기능에 장애를 입혀 액화석유가스 공급을 방해한 자는 5년 이하의 징역 또는 5천만원 이하의 벌금에 처한다.(2019.8.20 본항신설)
③ 제40조제5항을 위반하여 가스용품을 개조하여 판매하거나 판매할 목적으로 개조한 자는 3년 이하의 징역 또는 3천만원 이하의 벌금에 처한다.
④ 업무상 과실이나 중대한 과실로 제1항의 죄를 범한 자는 7년 이하의 금고 또는 2천만원 이하의 벌금에 처한다.
⑤ 업무상 과실이나 중대한 과실로 제2항의 죄를 범한 자는 2년 이하의 금고 또는 2천만원 이하의 벌금에 처한다.(2019.8.20 본항신설)
⑥ 제4항 및 제5항의 죄를 범하여 가스를 누출시키거나 폭발하게 함으로써 사람을 상해(傷害)한 경우에는 10년 이하의 금고 또는 1억원 이하의 벌금에, 사망에 이르게 한 경우에는 1년 이상 10년 이하의 금고 또는 1억 5천만원 이하의 벌금에 처한다.(2019.8.20 본항개정)
⑦ 액화석유가스 사업자등(액화석유가스 위탁운송사업자와 가스용품 제조사업자는 제외한다) 또는 액화석유가스 사용자의 승낙 없이 가스공급시설 또는 가스사용시설(액화석유가스 판매사업자가 액화석유가스를 공급하는 경우에는 그 사업자 소유인 가스설비만을 말한다)을 조작하여 가스의 공급 및 사용을 방해한 자는 1년 이하의 징역 또는 1천만원 이하의 벌금에 처한다.(2019.8.20 본항개정)
⑧ 액화석유가스 사업자등(액화석유가스 위탁운송사업자와 가스용품 제조사업자는 제외한다) 또는 액화석유가스 사용자의 가스공급시설 및 가스사용시설에 종사하는 자가 정당한 사유 없이 가스 공급에 장애를 발생하게 한 경우에는 제7항의 형(刑)과 같다.(2019.8.20 본항개정)
⑨ 액화석유가스 사업자등(액화석유가스 위탁운송사업자와 가스용품 제조사업자는 제외한다) 또는 액화석유가스 사용자의 승낙 없이 가스공급시설 또는 가스사용시설(액화석유가스 판매사업자가 액화석유가스를 공급하는 경우에는 그 사업자 소유인 가스설비만을 말한다)을 변경한 자는 500만원 이하의 벌금에 처한다.(2019.8.20 본항개정)
⑩ 제1항, 제2항 및 제7항에 규정된 죄의 미수범은 처벌한다.(2019.8.20 본항개정)

제66조【벌칙】 ① 제17조제1항에 따른 등록을 하지 아니하고 액화석유가스 수출입업을 한 자는 5년 이하의 징역 또는 2억원 이하의 벌금에 처한다.
② 다음 각 호의 어느 하나에 해당하는 자는 3년 이하의 징역 또는 1억원 이하의 벌금에 처한다.
1. 제20조에 따른 액화석유가스 비축의무를 위반한 자
2. 제64조제2항에 따라 준용되는 「석유 및 석유대체연료 사업법」 제22조제1항에 따른 조치를 위반한 자
③ 다음 각 호의 어느 하나에 해당하는 자는 2년 이하의 징역 또는 2천만원 이하의 벌금에 처한다.
1. 제5조제1항에 따른 허가를 받지 아니하고 액화석유가스 충전사업, 액화석유가스 집단공급사업 또는 가스용품 제조사업을 한 자
2. 제49조의3제1항에 따른 액화석유가스배관 매설상황의 확인요청을 하지 아니하고 굴착공사를 한 자
3. 제49조의4제1항 전단에 따른 평가서를 제출하지 아니하고 굴착공사를 한 자
4. 제49조의5제1항 본문에 따른 협의를 하지 아니하고 굴착공사를 한 자와 정당한 사유 없이 협의 요청에 응하지 아니한 자
5. 제49조의5제2항을 위반하여 협의 내용을 지키지 아니한 자
6. 제49조의5제3항을 위반하여 합동 감시체계를 구축하지 아니하거나 정기적으로 순회점검을 하지 아니한 자
7. 제49조의6에 따른 기준에 따르지 아니하고 굴착공사를 한 자
8. 제49조의7제2항에 따른 액화석유가스배관에 대한 도면을 작성·보존하지 아니하거나 거짓으로 작성·보존한 자
(2019.8.20 2호~8호신설)
9. 제64조제2항에 따라 준용되는 「석유 및 석유대체연료 사업법」 제21조제1항에 따른 명령을 위반한 자

제67조 (2018.12.11 삭제)

제68조【벌칙】 다음 각 호의 어느 하나에 해당하는 자는 1년 이하의 징역 또는 1천만원 이하의 벌금에 처한다.
1. 제5조제2항·제7항 또는 제8조제1항에 따른 허가를 받지 아니하고 액화석유가스 판매사업을 하거나 액화석유가스 충전사업자의 영업소 또는 액화석유가스 저장소를 설치한 자(2022.2.3 본호개정)
2. 제5조제3항 본문 또는 제8조제2항 본문을 위반하여 변경허가를 받지 아니하고 허가받은 사항을 변경한 자
3. 제9조제1항에 따른 등록을 하지 아니하고 액화석유가스 위탁운송사업을 한 자
4. 제9조제2항 본문에 따른 변경등록을 하지 아니하고 등록한 사항을 변경한 자
5. 제23조의2제1항과 제2항을 모두 위반하여 정량 미달 공급을 목적으로 영업시설을 설치·개조하거나 그 설치·개조한 영업시설을 양수·임차한 자로서 이를 사용하여 액화석유가스를 정량에 미달되게 공급한 자(2019.8.20 본호신설)
6. 제26조제3항을 위반하여 액화석유가스를 판매 또는 인도하거나 판매 또는 인도할 목적으로 저장·운송 또는 보관한 자
7. 제27조제1항에 따른 검사를 받지 아니하거나 같은 조 제2항에 따른 품질검사를 거부·방해하거나 기피한 자
8. 제30조제1항 또는 제32조제1항을 위반한 자
9. 제36조제2항에 따른 검사를 받지 아니한 액화석유가스 사업자등 또는 시공자
10. 제36조의2제2항에 따른 적합 판정을 받지 아니하고 가스공급시설을 사용한 자(2019.8.20 본호신설)
11. 제39조제1항 본문에 따른 검사를 받지 아니한 가스용품 제조사업자 또는 수입자
12. 제39조제3항을 위반하여 검사를 받지 아니한 가스용품을 양도·임대 또는 사용하거나 판매할 목적으로 진열한 자
13. 제49조의3제3항에 따른 액화석유가스배관 매설상황 확인을 하여 주지 아니한 자
14. 제49조의3제4항 각 호의 조치를 하지 아니한 자
15. 제49조의3제6항을 위반하여 굴착공사 개시통보를 받기 전에 굴착공사를 한 자
16. 제49조의4제4항에 따른 평가서의 내용을 지키지 아니하고 굴착공사를 시행한 자
(2019.8.20 13호~16호신설)
17. 제53조에 따른 명령을 위반한 자
18. 제64조제2항에 따라 준용되는 「석유 및 석유대체연료 사업법」 제23조에 따른 판매가격의 최고액보다 높은 가격으로 액화석유가스를 판매한 액화석유가스 충전사업자 또는 액화석유가스 판매사업자

제69조【벌칙】 다음 각 호의 어느 하나에 해당하는 자는 6개월 이하의 징역 또는 500만원 이하의 벌금에 처한다.
1. 제23조제1항에 따른 표시를 하지 아니하거나 거짓으로 표시한 자 또는 같은 조 제2항에 따른 허용 오차를 넘어서 계량한 자
2. 제23조제3항을 위반하여 충전량 등의 표시를 훼손하거나 액화석유가스의 양을 줄인 자
2의2. 제23조의2제1항을 위반하여 액화석유가스를 정량에 미달되게 공급한 자(2019.8.20 본호신설)
2의3. 제23조의2제2항을 위반하여 정량 미달 공급을 목적으로 영업시설을 설치·개조하거나 그 설치·개조한 영업시설을 양수·임차하여 사용한 자(2019.8.20 본호신설)
3. 제36조제1항에 따른 안전성 확인을 받지 아니한 액화석유가스 충전사업자, 액화석유가스 집단공급사업자, 액화석유가스 판매사업자 또는 액화석유가스 저장자
4. 제37조제1항 본문에 따른 정기검사 또는 수시검사를 받지 아니한 액화석유가스 사업자등
5. 제38조제1항에 따른 정밀안전진단 또는 안전성평가를 받지 아니한 액화석유가스 충전사업자, 액화석유가스 저장자 또는 액화석유가스 배관망공급사업자 (2019.8.20 본호개정)
6. 제40조제4항에 따른 표시를 하지 아니한 자

제69조의2【벌칙】 제30조의2제2항을 위반하여 액화석유가스를 연료로 사용하는 보일러를 시공한 가스사용시설 안전관리업무 대행자는 1천만원 이하의 벌금에 처한다.(2019.8.20 본조신설)

제70조【벌칙】 다음 각 호의 어느 하나에 해당하는 자는 500만원 이하의 벌금에 처한다.
1. 제34조제1항을 위반하여 안전관리자를 선임하지 아니한 액화석유가스 사업자등 또는 액화석유가스 특정사용자
2. 제34조제2항을 위반한 액화석유가스 사업자등 또는 액화석유가스 특정사용자
3. 제35조제4항을 위반하여 시설기준과 기술기준에 맞지 아니하게 시공한 자(2019.8.20 본호개정)

제71조【벌칙】 다음 각 호의 어느 하나에 해당하는 자는 300만원 이하의 벌금에 처한다.
1. 제5조제2항에 따른 판매 지역을 위반하여 판매한 자
2. 제5조제9항에 따른 명령을 위반한 액화석유가스 판매사업자(2022.2.3 본호개정)
3. 제25조제1항에 따른 공급규정을 위반한 액화석유가스 집단공급사업자
4. 제30조제2항을 위반한 액화석유가스 충전사업자, 액화석유가스 집단공급사업자 또는 액화석유가스 판매사업자
5. 제32조제2항을 위반하여 용기의 안전을 점검하지 아니하거나 기준에 맞지 아니한 용기에 충전한 액화석유가스 충전사업자
6. 제33조제1항에 따른 명령을 위반한 가스공급자
7. 제33조제3항을 위반하여 정당한 사유 없이 시설의 개선 또는 철거를 하지 아니한 가스공급자
8. 제40조제2항에 따른 회수명령 또는 공표명령을 따르지 아니한 가스용품 제조사업자 또는 수입자

제72조【양벌규정】 법인의 대표자나 법인 또는 개인의 대리인, 사용인, 그 밖의 종업원이 그 법인 또는 개인의 업무에 관하여 제65조부터 제71조까지의 어느 하나에 해당하는 위반행위를 하면 그 행위자를 벌하는 외에 그 법인 또는 개인에게도 해당 조문의 벌금형을 과(科)한다. 다만, 법인 또는 개인이 그 위반행위를 방지하기 위하여 해당 업무에 관하여 상당한 주의와 감독을 게을리하지 아니한 경우에는 그러하지 아니하다.

제73조【과태료】 ① 다음 각 호의 어느 하나에 해당하는 자에게는 2천만원 이하의 과태료를 부과한다.
1. 제55조제1항에 따른 보고 또는 서류 제출의 명령을 이행하지 아니하거나 거짓된 보고를 한 액화석유가스 수출입업자
2. 제58조제1항에 따른 보고를 하지 아니하거나 거짓으로 보고를 한 액화석유가스 수출입업자
② 다음 각 호의 어느 하나에 해당하는 자에게는 1천만원 이하의 과태료를 부과한다.
1. 제17조제2항에 따른 변경등록을 하지 아니하거나 거짓으로 변경등록을 한자
2. 제19조제2항에 따른 사업의 개시·휴업 또는 폐업의 신고를 하지 아니하거나 거짓으로 신고한 자
3. 제49조의5제2항에 따른 협의서를 작성하지 아니하거나 거짓으로 작성한 자(2019.8.20 본호신설)
4. 제55조제1항에 따른 조사를 거부한 액화석유가스 수출입업자
③ 다음 각 호의 어느 하나에 해당하는 자에게는 300만원 이하의 과태료를 부과한다.
1. 제5조제3항 단서, 제8조제2항 단서 또는 제9조제2항 단서에 따른 신고를 하지 아니한 액화석유가스 사업자등
2. 제11조에 따른 신고를 하지 아니한 액화석유가스 사업자등
3. 제12조제1항부터 제3항까지의 규정에 따른 신고를 하지 아니한 자(2022.2.3 본호개정)
4. 제25조제1항에 따른 신고를 하지 아니한 액화석유가스 집단공급사업자
5. (2019.3.26 삭제)
6. 제29조제1항 본문을 위반하여 액화석유가스를 자동차에 직접 충전한 자
7. 제30조의2제3항에 따른 자료를 제출하지 아니하거나 거짓으로 제출한 가스사용시설 안전관리업무 대행자 (2019.8.20 본호신설)
8. 제31조제1항에 따른 안전관리규정을 허가관청에 제출하지 아니한 액화석유가스 사업자등
9. 제31조제3항을 위반한 가스용품 제조사업자
10. 제31조제4항에 따른 안전관리규정의 변경명령을 이행하지 아니한 액화석유가스 사업자등
11. 제34조제3항을 위반한 액화석유가스 사업자등 또는 액화석유가스 특정사용자

12. 제35조제5항을 위반하여 시공기록 등을 작성·보존하지 아니하거나 거짓으로 작성한 가스시설시공업자
13. 제35조제6항을 위반하여 시공기록 등의 사본을 발주자에게 내주지 아니하거나 완공도면의 사본을 시장·군수·구청장에게 제출하지 아니한 가스시설시공업자
14. 제35조제7항을 위반하여 완공도면의 사본을 보존하지 아니한 가스공급자 또는 액화석유가스 저장자
(2019.8.20 12호~14호개정)
15. 제41조제1항을 위반하여 안전교육을 받지 아니한 자
16. 제41조제2항에 따른 안전교육대상자에 대하여 교육을 받게 하지 아니한 자
17. 제55조제1항에 따른 조사를 거부한 사업자단체, 액화석유가스 사업자등, 액화석유가스 특정사용자 또는 시공자
18. 제57조제1항을 위반하여 보험에 가입하지 아니한 자
19. 제58조제1항에 따른 보고를 하지 아니하거나 거짓으로 보고를 한 액화석유가스 충전사업자, 액화석유가스 집단공급사업자 또는 액화석유가스 판매사업자
④ 다음 각 호의 어느 하나에 해당하는 자에게는 200만원 이하의 과태료를 부과한다.
1. 제24조에 따른 액화석유가스 공급 방법을 위반한 액화석유가스 충전사업자, 액화석유가스 판매사업자 또는 액화석유가스 위탁운송사업자
2. 제30조제3항을 위반한 액화석유가스 충전사업자, 액화석유가스 집단공급사업자 또는 액화석유가스 판매사업자
3. 제31조제5항에 따른 안전관리규정을 지키지 아니하거나 실시 기록을 작성·보존하지 아니한 자(가스사용시설 안전관리업무 대행자를 포함한다)(2019.8.20 본호개정)
4. 제33조제2항에 따른 협의 없이 임의로 가스시설을 철거하거나 변경한 자
5. 제40조제5항을 위반하여 가스용품을 개조한 자(제65조제3항에 해당하는 자는 제외한다)(2019.8.20 본호개정)
6. 제44조제1항을 위반하여 액화석유가스의 사용시설 및 가스용품을 갖추지 아니한 액화석유가스 사용자
7. 제44조제2항에 따른 완성검사를 받지 아니한 가스시설시공업자
8. 제44조제3항을 위반하여 완성검사에 합격하지 아니하고 액화석유가스 사용시설을 사용한 액화석유가스 특정사용자
9. 제44조제4항에 따른 정기검사를 받지 아니한 액화석유가스 특정사용자
10. 제44조제8항을 위반하여 완성검사와 정기검사를 받았는지 확인하지 아니하고 액화석유가스를 공급한 가스공급자
10의2. 제44조의2제1항을 위반하여 안전장치가 포함되지 아니한 가스용품을 판매한 자(2020.2.4 본호신설)
11. 제48조제1항에 따른 명령을 이행하지 아니한 액화석유가스 사업자등, 액화석유가스 특정사용자 또는 액화석유가스 사용자
12. 제48조제2항에 따른 명령을 이행하지 아니한 액화석유가스 사업자등, 액화석유가스 특정사용자 또는 액화석유가스 사용자
13. 제55조제1항에 따른 보고 또는 서류 제출의 명령을 이행하지 아니하거나 거짓된 보고를 한 사업자단체, 액화석유가스 사업자등, 액화석유가스 특정사용자 또는 시공자
14. 제56조제1항에 따른 가스사고 발생 통보를 하지 아니한 액화석유가스 사업자등 또는 액화석유가스 특정사용자
⑤ 다음 각 호의 어느 하나에 해당하는 자에게는 100만원 이하의 과태료를 부과한다.
1. 제33조제1항에 따른 명령을 이행하지 아니한 액화석유가스 수요자
2. 제49조를 위반하여 흡연을 한 자
⑥ 제1항부터 제5항까지의 규정에 따른 과태료는 대통령령으로 정하는 바에 따라 산업통상자원부장관, 관할 시·도지사 또는 시장·군수·구청장(특별자치시장 및 특별자치도지사는 제외한다)이 부과·징수한다.

부　칙

제1조【시행일】 이 법은 공포 후 6개월이 경과한 날부터 시행한다.
제2조【규제의 재검토】 산업통상자원부장관은 제27조제3항의 개정규정에 따른 품질기준 위반자에 대한 공표제도에 대하여 이 법 시행일부터 3년 이내에 그 타당성을 검토하여 폐지, 완화 또는 유지 등의 조치를 하여야 한다.
제3조【액화석유가스 판매에 관한 경과조치】 법률 제6976호 液化石油가스의安全및事業管理法中改正法律의 시행 전에 종전의 규정에 따라 액화석유가스판매사업을 허가 받은 사업자가 액화석유가스를 용기로 판매할 수 있는 지역으로서 제5조제2항의 개정규정에 따라 판매할 수 없게 된 지역의 수요자와 2004년 3월 29일 이전에 안전공급계약을 체결한 경우에는 제5조제2항의 개정규정에도 불구하고 그 사업자는 그 안전공급계약기간이 종료되거나 그 안전공급계약이 해지될 때까지는 판매를 할 수 있다.
제4조【금치산자 등에 대한 경과조치】 제7조제1호의 개정규정에 따른 피성년후견인에는 법률 제10429호 민법 일부개정법률 부칙 제2조에 따라 금치산 또는 한정치산 선고의 효력이 유지되는 사람을 포함하는 것으로 본다.
제5조【액화석유가스 수출입업의 등록에 관한 경과조치】 ① 이 법 시행 당시 「석유 및 석유대체연료 사업법」 제9조에 따라 석유수출입업(액화석유가스 수출입업에 한정한다)의 등록을 신청하거나 등록을 한 자는 제17조제1항의 개정규정에 따라 액화석유가스 수출입업의 등록을 신청하거나 등록을 한 것으로 본다.
② 이 법 시행 당시 「석유 및 석유대체연료 사업법」 제11조에 따라 조건부 등록을 신청하거나 조건부 등록을 한 자는 제18조제1항의 개정규정에 따라 조건부 등록을 신청하거나 조건부 등록을 한 것으로 본다.
제6조【액화석유가스 수출입업자의 결격사유에 관한 경과조치】 이 법 시행 당시 액화석유가스 수출입업을 하는 자가 이 법 시행 전에 발생한 사유로 인하여 제17조제4항의 개정규정에 따라 준용되는 제7조의 개정규정의 결격사유에 해당하게 된 경우에는 제17조제4항의 개정규정에도 불구하고 「석유 및 석유대체연료 사업법」 제9조제4항에 따라 준용되는 같은 법 제6조에 따른다.
제7조【액화석유가스 수출입업자의 지위 승계에 관한 경과조치】 이 법 시행 전에 발생한 사유로 인하여 액화석유가스 수출입업자가 제17조제4항의 개정규정에 따라 준용되는 제12조의 개정규정에 따라 지위를 승계하게 된 경우에는 제12조의 개정규정에도 불구하고 「석유 및 석유대체연료 사업법」 제9조제4항에 따라 준용되는 같은 법 제7조에 따른다.
제8조【행정처분에 관한 경과조치】 이 법 시행 전에 액화석유가스 수출입업자가 한 위반행위에 대한 행정처분(과징금을 포함한다)에 관하여는 「석유 및 석유대체연료 사업법」 제13조 및 제14조에 따른다.
제9조【벌칙에 관한 경과조치】 이 법 시행 전의 행위에 대하여 벌칙을 적용할 때에는 종전의 규정에 따른다. 다만, 이 법 시행 전에 액화석유가스 수출입업자의 위반행위에 대한 벌칙의 적용에 관하여는 종전의 「석유 및 석유대체연료 사업법」 제44조, 제44조의2, 제45조 및 제46조에 따른다.
제10조【과태료에 관한 경과조치】 이 법 시행 전에 액화석유가스 수출입업자의 위반행위에 대한 과태료의 적용에 관하여는 종전의 「석유 및 석유대체연료 사업법」 제49조에 따른다.
제11조【다른 법률의 개정】 ①~⑩ ※(해당 법령에 가제정리 하였음)
제12조【다른 법령과의 관계】 이 법 시행 당시 다른 법령에서 종전의 「액화석유가스의 안전관리 및 사업법」 또는 그 규정을 인용한 경우에 이 법 가운데 그 해당하는 규정이 있으면 종전의 규정을 갈음하여 이 법 또는 이 법의 해당 규정을 인용한 것으로 본다.

부　칙 (2016.1.6)

제1조【시행일】 이 법은 공포한 날부터 시행한다. 다만, 제28조의 개정규정은 2017년 1월 1일부터 시행하고, 제34조제3항의 개정규정은 공포 후 6개월이 경과한 날부터 시행한다.
제2조【액화석유가스 연료사용제한의 예외에 관한 적용례】 제28조의 개정규정에 따른 액화석유가스를 사용하는 승용자동차는 2017년 1월 1일을 기준으로 하였을 때 등록 후 5년이 지난 경우부터 적용한다.

부　칙 (2017.11.28)

제1조【시행일】 이 법은 공포 후 1년이 경과한 날부터 시행한다.
제2조【가스용품 제조일자 표시에 관한 적용례】 제40조제4항의 개정규정은 이 법 시행 후 최초로 제조하거나 수입한 가스용품부터 적용한다.

부　칙 (2018.12.11)

제1조【시행일】 이 법은 공포한 날부터 시행한다.
제2조【벌칙에 관한 경과조치】 이 법 시행 전의 행위에 대하여 벌칙을 적용할 때에는 종전의 규정에 따른다.

부　칙 (2019.3.26)

이 법은 공포한 날부터 시행한다.

부　칙 (2019.8.20)

제1조【시행일】 이 법은 공포 후 6개월이 경과한 날부터 시행한다.
제2조【액화석유가스 배관망공급사업에 관한 경과조치】 ① 이 법 시행 당시 종전의 규정에 따라 액화석유가스 배관망공급사업 허가 신청을 하거나 허가를 받은 자는 제2조제6호의2의 개정규정 및 제5조제1항에 따라 액화석유가스 집단공급사업 중 액화석유가스 배관망공급사업으로 허가 신청을 하거나 허가를 받은 것으로 본다.
② 제1항에 따른 시설을 제외하고 이 법 시행 당시 종전의 규정에 따라 설치된 시설 중 제2조제6호의2의 개정규정에 따라 액화석유가스 배관망공급시설에 해당하는 시설에 액화석유가스를 공급하고 있는 자는 이 법 시행일부터 6개월 이내에 제2조제6호의2의 개정규정 및 제5조제1항에 따른 액화석유가스 집단공급사업 중 액화석유가스 배관망공급사업 허가를 받아야 한다.
제3조【가스사용시설의 안전관리업무 대행에 관한 경과조치】 이 법 시행 당시 종전의 규정에 따라 제31조의 안전관리규정에 따른 가스사용시설 안전관리업무의 일부를 대행하고 있는 자는 제30조의2의 개정규정에 따른 가스사용시설 안전관리업무 대행자로 본다.
제4조【시공감리에 관한 경과조치】 ① 이 법 시행 당시 종전의 규정에 따라 안전성 확인을 받은 액화석유가스 배관망공급사업자는 제36조의2의 개정규정에 따라 시공감리를 받은 것으로 본다.
② 이 법 시행 당시 종전의 규정에 따라 안전성 확인을 받아야 하는 액화석유가스 배관망공급사업자는 제36조의2의 개정규정에 따라 시공감리를 받아야 한다.

부　칙 (2020.2.4)

제1조【시행일】 이 법은 공포 후 6개월이 경과한 날부터 시행한다.
제2조【가스용품 판매에 관한 적용례】 제44조의2제1항의 개정규정은 이 법 시행 후 최초로 판매하는 가스용품부터 적용한다.
제3조【안전장치 설치에 관한 경과조치】 이 법 시행 당시 종전의 기준에 따라 가스용품을 설치한 액화석유가스 사용자는 이 법 시행일부터 1년 이내에 제44조의2제2항의 개정규정에 따라 안전장치를 설치하여야 한다.

부　칙 (2020.3.24)

제1조【시행일】 이 법은 공포한 날부터 시행한다.(이하 생략)

부　칙 (2021.6.15)

이 법은 공포 후 6개월이 경과한 날부터 시행한다.

부　칙 (2022.2.3)

제1조【시행일】 이 법은 공포한 날부터 시행한다.
제2조【사업자등의 지위 승계에 관한 적용례】 제12조의 개정규정은 이 법 시행 이후 지위 승계 사유가 발생하는 경우부터 적용한다.
제3조【다른 법률의 개정】 ※(해당 법령에 가제정리 하였음)

(舊 : 오존층 보호를 위한 특정물질의 제조규제 등에 관한 법률)

오존층 보호 등을 위한 특정물질의 관리에 관한 법률

(2007년 4월 11일 전부개정법률 제8359호)

개정
2008. 1.17법 8847호
2008. 2.29법 8852호(정부조직)
2008.12.26법 9238호
2009. 3.18법 9503호
2011. 3.30법10492호
2013. 3.23법11690호(정부조직)
2014. 1.21법12300호
2014.12.23법12858호(산업기술혁신촉진법)
2016.12. 2법14314호
2018. 9.18법15776호
2022.10.18법19002호

제1장 총 칙

제1조【목적】 이 법은 「오존층 보호를 위한 비엔나 협약」과 「오존층 파괴물질에 관한 몬트리올 의정서」를 시행하기 위하여 특정물질의 제조와 사용 등을 규제하고 대체물질의 개발과 이용을 촉진하며, 특정물질의 배출 억제와 사용합리화 등을 효율적으로 추진하는 것을 목적으로 한다.

제2조【정의】 이 법에서 사용하는 용어의 뜻은 다음과 같다.
1. "특정물질"이란 「오존층 파괴물질에 관한 몬트리올 의정서」(이하 "의정서"라 한다)에 따른 다음 각 목의 물질 중 대통령령으로 정하는 것을 말한다.
 가. 제1종 특정물질 : 오존층 파괴물질
 나. 제2종 특정물질 : 수소불화탄소(HFCs)
 (2022.10.18 본호개정)
2. "대체물질"이란 특정물질을 대체하는 물질 및 혼합물을 말한다.
3. "생산량"이란 특정물질의 제조 수량에서 다음 각 목의 수량을 모두 뺀 수량을 말한다.
 가. 제12조제1항에 따른 파괴확인을 받은 수량
 (2022.10.18 본목개정)
 나. 화학물질을 제조하는 데에 원료물질로 사용된 수량
4. "소비량"이란 특정물질의 생산량 및 수입량(제3호나목의 수량을 뺀 수량을 말한다. 이하 제11조제2항에서 같다)에서 수출량을 뺀 수량을 말한다.
(2008.1.17 3호~4호개정)
5. "산정치"란 특정물질의 종류별 수량에 의정서에 따른 특정물질의 종류별 오존파괴지수 또는 지구온난화지수를 곱하여 얻은 각각의 수량을 말한다.(2022.10.18 본호개정)
6. "특정물질의 사용합리화"란 특정물질을 회수하여 다시 이용하거나 사용량의 절감 및 대체물질의 사용으로 특정물질의 이용효율을 높이는 것을 말한다.

제3조【기준한도의 공고 등】 ① 산업통상자원부장관과 환경부장관은 의정서를 시행하기 위하여 우리나라가 준수하여야 하는 특정물질의 생산량 및 소비량 산정치의 기준한도를 정하여 공고하여야 한다. 기준한도를 변경하는 때에도 또한 같다.
② 산업통상자원부장관은 매년 전년도 특정물질의 생산량·소비량·수출량 및 수입량 산정치의 실적을 공고하여야 한다.
(2013.3.23 본조개정)

제2장 특정물질 제조 등의 규제

제1절 특정물질 제조업의 허가

제4조【제조업의 허가】 ① 특정물질의 제조업을 영위하려는 자는 산업통상자원부령으로 정하는 바에 따라 산업통상자원부장관의 허가를 받아야 하며, 허가받은 사항을 변경하려는 경우에도 산업통상자원부장관의 허가를 받아야 한다. 다만, 산업통상자원부령으로 정하는 경미한 사항을 변경하려는 경우에는 산업통상자원부장관에게 신고하여야 한다.(2013.3.23 본항개정)
② 산업통상자원부장관은 제1항에 따른 허가 또는 변경허가를 받으려는 자가 다음 각 호의 요건을 모두 갖춘 경우에만 허가 또는 변경허가를 할 수 있다. 다만, 특정물질의 수요가 공급보다 많아 생산량을 늘릴 필요가 있다고 인정되는 경우에는 제1호의 요건을 갖추지 아니하더라도 허가 또는 변경허가를 할 수 있다.(2013.3.23 본문개정)
1. 제조하려는 수량이 제3조제1항에 따른 생산량 산정치의 기준한도에 적합할 것
2. 특정물질의 제조·저장시설을 설치·유지할 능력이 있을 것
(2008.1.17 본항개정)
③ 산업통상자원부장관은 제1항에 따라 허가를 받은 자(이하 "제조업자"라 한다)에게 산업통상자원부령으로 정하는 바에 따라 제조업 허가증을 내주어야 한다.
(2013.3.23 본항개정)
④ 산업통상자원부장관은 제1항 단서에 따른 신고를 받은 경우 그 내용을 검토하여 이 법에 적합하면 신고를 수리하여야 한다.(2018.9.18 본항신설)

제5조【제조업 허가의 결격사유】 다음 각 호의 어느 하나에 해당하는 자는 제4조에 따른 특정물질의 제조업 허가를 받을 수 없다.
1. 피성년후견인
2. 파산 선고를 받고 복권(復權)되지 아니한 사람
3. 이 법을 위반하여 금고 이상의 형을 선고받고 그 집행이 끝나거나 집행을 받지 아니하기로 확정된 후 2년이 지나지 아니한 사람 또는 형의 집행유예를 선고받고 그 유예기간 중에 있는 사람
4. 임원 중에 제1호부터 제3호까지의 규정 중 어느 하나에 해당하는 사람이 있는 법인
(2014.1.21 본조개정)

제6조【제조업자의 지위 승계】 ① 다음 각 호의 어느 하나에 해당하는 자는 제조업자의 지위를 승계한다. 다만, 제2호 또는 제3호에 해당하는 자가 제5조 각 호의 어느 하나에 해당하는 경우에는 그러하지 아니하다.
1. 제조업자가 사망한 경우 그 상속인
2. 제조업자가 사업을 양도한 경우 그 양수인
3. 법인인 제조업자가 합병한 경우 합병 후 존속하는 법인이나 합병으로 설립되는 법인
(2014.1.21 본항개정)
② 제1항에 따라 제조업자의 지위를 승계한 상속인이 제5조제1호부터 제3호까지의 규정 중 어느 하나에 해당하는 경우에는 상속이 시작된 날부터 6개월 이내에 다른 사람에게 제조업자의 지위를 양도하여야 한다.
③ 제1항에 따라 제조업자의 지위를 승계한 자는 산업통상자원부령으로 정하는 바에 따라 승계한 날부터 30일 이내에 산업통상자원부장관에게 신고하여야 한다.
(2013.3.23 본항개정)
④ 산업통상자원부장관은 제3항에 따른 신고를 받은 경우 그 내용을 검토하여 이 법에 적합하면 신고를 수리하여야 한다.(2018.9.18 본항신설)

제7조【제조업 허가의 취소 등】 산업통상자원부장관은 제조업자가 다음 각 호의 어느 하나에 해당하면 제조업의 허가를 취소하거나 6개월 이내의 기간을 정하여 제조업의 전부 또는 일부의 정지를 명할 수 있다. 다만, 제조업자가 제2호에 해당하는 경우에는 그 허가를 취소하여야 한다.
(2014.1.21 단서개정)
1. 제5조 각 호의 어느 하나에 해당하게 된 경우. 다만, 제조업자가 제5조 각 호의 어느 하나에 해당하는 사유가 발생한 날부터 6개월 이내에 그 제조업을 양도하거나 임원(법인인 경우로 한정한다)을 변경하면 그러하지 아니하다.(2014.1.21 단서신설)
2. 거짓이나 그 밖의 부정한 방법으로 허가를 받은 경우
3. 허가를 받은 후 정당한 사유 없이 6개월 이내에 그 사업을 시작하지 아니하거나 6개월 이상 계속하여 그 사업을 휴지(休止)한 경우

제8조【제조업의 휴업·재개업 및 폐업의 신고】 제조업자가 다음 각 호의 어느 하나에 해당하면 산업통상자원부령으로 정하는 바에 따라 그 사실을 산업통상자원부장관에게 신고하여야 한다.(2013.3.23 본문개정)
1. 제조업을 일정 기간 중단하려는 경우
2. 제조업을 그만두려는 경우
3. 일정 기간 중단한 제조업을 다시 개업하려는 경우

제2절 특정물질 제조 수량 등의 규제

제9조【제조 수량의 허가】 ① 특정물질을 제조하려는 자는 제조하려는 특정물질의 수량을 정하여 제조하려는 연도 직전 연도마다 산업통상자원부령으로 정하는 바에 따라 산업통상자원부장관의 허가를 받아야 한다. 다만, 다음 각 호의 어느 하나에 해당하는 경우에는 그러하지 아니하다.(2013.3.23 본문개정)
1. 제12조제1항에 따라 파괴확인을 받은 수량의 범위에서 특정물질을 제조하려는 경우(2022.10.18 본호개정)
2. 산업통상자원부령으로 정하는 수량 이하의 특정물질을 제조하려는 경우(2013.3.23 본호개정)
② 제1항제2호에 따라 특정물질을 제조하려는 자는 산업통상자원부령으로 정하는 바에 따라 그 제조 수량을 산업통상자원부장관에게 신고하여야 한다.(2013.3.23 본항개정)
③ 산업통상자원부장관은 제1항에 따라 허가를 받으려는 특정물질이 제3조제1항에 따른 생산량 및 소비량 산정치의 기준한도에 적합한 경우에만 허가할 수 있다. 다만, 특정물질의 수요가 공급보다 많아 제조 수량을 늘릴 필요가 있다고 인정되는 경우에는 본문의 요건을 갖추지 아니하더라도 허가할 수 있다.(2013.3.23 본문개정)
④ 산업통상자원부장관은 제2항에 따른 신고를 받은 경우 그 내용을 검토하여 이 법에 적합하면 신고를 수리하여야 한다.(2018.9.18 본항신설)

제10조【허가 제조 수량의 증량 허가】 ① 제조업자는 제9조제1항에 따라 허가받은 제조 수량(이하 "허가제조수량"이라 한다)을 초과하여 특정물질을 제조하려면 산업통상자원부령으로 정하는 바에 따라 산업통상자원부장관의 증량(增量) 허가를 받아야 한다.(2013.3.23 본항개정)
② 제1항에 따른 증량 허가의 기준에 관하여는 제9조제3항을 준용한다.(2008.1.17 본항신설)

제11조【수입의 허가 등】 ① 특정물질을 수입하려는 자는 산업통상자원부령으로 정하는 바에 따라 산업통상자원부장관의 허가를 받아야 한다. 허가받은 사항을 변경하려는 경우에도 또한 같다.
② 산업통상자원부장관은 제1항에 따른 허가 또는 변경허가를 받으려는 특정물질이 제3조제1항에 따른 소비량 산정치의 기준한도에 적합한 경우에만 허가 또는 변경허가를 할 수 있다. 다만, 특정물질의 수요가 공급보다 많아 수입량을 늘릴 필요가 있다고 인정되는 경우에는 본문의 요건을 갖추지 아니하더라도 허가 또는 변경허가를 할 수 있다.
③ 제1항에 따라 특정물질의 수입 허가를 받은 자(이하 "수입업자"라 한다)는 다른 수입업자에게 허가받은 수입량(이하 "허가수입량"이라 한다)의 전부 또는 일부를 양도할 수 있다.(2014.1.21 본항신설)
④ 제3항에 따라 허가수입량을 양도하려는 경우에는 양도하려는 자와 양수하려는 자가 함께 산업통상자원부령으로 정하는 바에 따라 산업통상자원부장관의 승인을 받아야 한다. 이 경우 제1항 후단에 따른 변경허가를 받은 것으로 본다.(2014.1.21 본항신설)
⑤ 산업통상자원부장관은 의정서를 시행하기 위하여 특정물질이 포함된 제품(이하 "포함제품"이라 한다)의 수입을 제한할 수 있다.
⑥ 포함제품은 산업통상자원부장관이 정하여 공고한다.
(2013.3.23 본조개정)

제11조의2【수출의 승인】 특정물질을 수출하려는 자는 산업통상자원부령으로 정하는 바에 따라 산업통상자원부장관의 승인을 받아야 한다. 승인받은 사항을 변경하려는 경우에도 또한 같다.(2014.1.21 본조신설)

제12조【파괴확인 등】 ① 제조업자가 산업통상자원부령으로 정하는 바에 따라 특정물질이 파괴된 것을 보고하면 보고된 수량에 대하여 산업통상자원부장관의 파괴확인을 받아 확인받은 수량의 범위에서 특정물질을 제조할 수 있다.
② 제조업자는 특정물질의 제조 과정 중에 생성되어 배출되는 대통령령으로 정하는 제2종 특정물질을 파괴하기 위하여 필요한 노력을 하여야 한다.(2022.10.18 본항신설)
③ 제1항 및 제2항에 따른 특정물질의 파괴의 기준과 방법은 산업통상자원부령으로 정한다.(2022.10.18 본항개정)
(2022.10.18 본조제목개정)
(2013.3.23 본조개정)

제13조【판매 계획의 승인】 제조하거나 수입한 특정물질을 판매하려는 자는 산업통상자원부령으로 정하는 바에 따라 특정물질의 종류별 용도, 수요업종 및 판매 방법 등이 포함된 판매계획을 정하여 산업통상자원부장관의 승인을 받아야 한다. 승인받은 사항을 변경하려는 경우에도 또한 같다.(2013.3.23 전단개정)

제14조【수급 등의 조정】 ① 산업통상자원부장관은 특정물질의 국내외 수급여건이 변동되었거나 유통질서의 혼란 등으로 인하여 국민 경제의 원활한 운영을 저해하거나 저해할 우려가 있다고 인정하면 제조업자나 수입업자에게 다음 각 호의 사항에 관해 조정(調整)을 명할 수 있다.(2014.1.21 본문개정)
1. 특정물질의 허가제조수량에 관한 사항
2. 특정물질의 수입에 관한 사항
3. 특정물질의 판매계획에 관한 사항
4. 특정물질의 판매가격에 관한 사항
② 제1항에 따른 조정에 필요한 사항은 대통령령으로 정한다.

제15조【제조 수량의 허가취소 등】 ① 산업통상자원부장관은 제조업자가 거짓이나 그 밖의 부정한 방법으로 제9조제1항에 따른 제조 수량의 허가 또는 제10조에 따른 증량 허가를 받으면 그 허가를 취소하여야 한다.
② 산업통상자원부장관은 제조업자가 거짓이나 그 밖의 부정한 방법으로 제12조제1항에 따른 파괴확인을 받은 경우에는 확인을 한 수량을 줄여야 한다.(2022.10.18 본항개정)
(2014.1.21 본조개정)

제3장 특정물질의 배출 억제 및 사용합리화

제16조【특정물질 사용업자의 노력】 특정물질의 사용을 업으로 하는 자(이하 "사용업자"라 한다)는 특정물질의 배출을 억제하고 특정물질을 합리적으로 사용하기 위하여 노력하여야 한다.

제17조【배출 억제 및 사용합리화 지침의 공고】 산업통상자원부장관과 환경부장관은 「오존층 보호를 위한 비엔나 협약」 및 의정서를 시행하기 위하여 필요하다고 인정하면 사용업자가 특정물질의 배출 억제와 특정물질의 사용합리화를 꾀하기 위한 지침을 정하여 공고하여야 한다.
(2013.3.23 본조개정)

제18조【오존층 등의 관측】 ① 환경부장관은 오존층의 상황 및 지구 온난화 효과를 유발하는 주요 온실기체(溫室氣體)의 대기 내 상황을 관측하여 그 결과를 공고하여야 한다.(2008.2.29 본항개정)
② 환경부장관은 대기 중에서의 특정물질의 농도 변화 상황을 관측하여 그 결과를 공고하여야 한다.

제19조【조사 및 연구】 정부는 특정물질이 오존층에 미치는 영향 및 오존층의 변화가 기후 등에 미치는 영향에 관하여 조사·연구하고 그 결과를 홍보하여야 한다.

제20조【정부의 지원】 정부는 대체물질의 개발과 특정물질의 배출 억제 및 특정물질의 사용합리화에 도움이 되는 설비의 개발과 이용 및 제17조에 따른 지침의 이행 촉진 등을 위하여 조세·금융·행정상의 필요한 지원을 할 수 있다.

제4장 특정물질 제조·수입 부담금

(2014.12.23 본장제목개정)

제21조~제24조 (2014.12.23 삭제)

제24조의2【특정물질 제조·수입 부담금의 부과·징수】 산업통상자원부장관은 「산업기술혁신 촉진법」 제37조의5제2항 각 호에 따른 사업의 재원을 조성하기 위하여 제조업자와 수입업자에게 특정물질 제조·수입 부담금(이하 "부담금"이라 한다)을 부과·징수할 수 있다.
(2014.12.23 본조개정)

제24조의3【부담금의 면제·환급】 ① 산업통상자원부장관은 특정물질이 다음 각 호의 어느 하나에 해당하는 경우에는 부담금을 부과하지 아니한다.(2013.3.23 본문개정)
1. 수출하거나 외화 획득을 위하여 사용되는 원료(이하 이 조에서 "외화 획득용 원료"라 한다)로 판매하거나 수입하는 경우
2. 특정물질의 제조용 원료로 판매하거나 수입하는 경우
3. 오존층을 파괴하지 아니하는 물질의 제조용 원료로 판매하거나 수입하는 경우
4. 그 밖에 부담금의 면제가 필요하다고 인정되는 경우로서 대통령령으로 정하는 경우

② 제1항에 따라 부담금을 면제받은 특정물질이 다음 각 호의 어느 하나에 해당하는 용도로 판매되거나 수입되었으나 그 용도로 사용되지 아니한 경우에는 면제받은 부담금을 「산업기술혁신 촉진법」 제37조의2에 따른 산업기술진흥및사업화촉진기금의 특정물질사용합리화계정에 내야 한다.(2014.12.23 본문개정)
1. 외화 획득용 원료
2. 특정물질의 제조용 원료
3. 오존층을 파괴하지 아니하는 물질의 제조용 원료
4. 그 밖에 부담금의 면제가 필요하다고 인정되는 경우로서 대통령령으로 정하는 용도의 원료

③ 산업통상자원부장관은 부담금을 낸 특정물질이 다음 각 호의 어느 하나에 해당하는 경우에는 이미 낸 부담금을 환급한다.(2013.3.23 본문개정)
1. 수출하였거나 외화 획득용 원료로 사용한 경우
2. 특정물질의 제조용 원료로 사용한 경우
3. 오존층을 파괴하지 아니하는 물질의 제조용 원료로 사용한 경우
4. 그 밖에 부담금의 환급이 필요하다고 인정되는 경우로서 대통령령으로 정하는 경우

(2011.3.30 본조신설)

제24조의4【부담금의 산정기준】 ① 부담금은 산업통상자원부장관이 정하여 고시하는 특정물질의 종류별 킬로그램당 부담금에 해당 특정물질을 제조·판매하거나 수입하는 수량을 곱한 금액으로 한다.

② 제1항에 따른 특정물질의 종류별 킬로그램당 부담금의 계산식은 각 특정물질이 갖는 오존파괴지수 및 지구온난화지수와 다음 각 호의 사항을 고려하여 대통령령으로 정한다.
1. 특정물질과 대체물질의 수급상황
2. 특정물질과 대체물질의 가격상황
3. 그 밖에 대체물질과 그 이용기술의 개발상황

(2022.10.18 본조개정)

제24조의5【부담금의 징수 방법 등】 ① 제24조의2에 따른 부담금의 부과 대상자는 다음 각 호의 구분에 따라 부담금을 내야 한다.
1. 제조업자 : 매월 제조하여 판매한 특정물질(제조업자가 수입하여 판매한 것은 제외하며, 제조업자가 스스로 사용한 것은 판매한 것으로 본다)에 대한 부담금을 다음 달 15일까지 낼 것
2. 수입업자 : 수입을 할 때마다 해당 특정물질에 대한 부담금을 통관일까지 낼 것

② 산업통상자원부장관은 대통령령으로 정하는 바에 따라 부담금을 나누어 내게 할 수 있다.(2013.3.23 본항개정)

③ 산업통상자원부장관은 부담금을 내야 하는 자가 제1항에 따른 납부기한까지 부담금을 내지 아니하면 납부기한이 지난 후 10일 이내에 10일 이내의 기간을 정한 독촉장을 발급하여야 한다.(2013.3.23 본항개정)

④ 산업통상자원부장관은 부담금을 내야 하는 자가 납부기한까지 부담금을 내지 아니하면 그 납부기한의 다음 날부터 납부한 날까지의 기간에 대하여 내지 아니한 부담금의 100분의 3 이내의 범위에서 대통령령으로 정하는 가산금을 부과할 수 있다.(2022.10.18 본항개정)

⑤ 산업통상자원부장관은 부담금을 내야 하는 자가 제3항에 따른 독촉장을 받고 지정된 기한까지 부담금과 제4항에 따른 가산금을 내지 아니하면 국세 강제징수의 예에 따라 부담금과 그 가산금을 징수할 수 있다.
(2022.10.18 본항개정)

⑥ 제1항부터 제5항까지에서 규정한 사항 외에 부담금의 부과·징수 등에 필요한 사항은 대통령령으로 정한다.
(2011.3.30 본조신설)

제24조의6【부담금에 대한 이의신청】 ① 제24조의2에 따라 부담금을 부과받은 자가 부과받은 사항에 대하여 이의가 있으면 부과받은 날부터 30일 이내에 산업통상자원부장관에게 그 사유를 증명할 수 있는 자료를 첨부하여 이의신청을 할 수 있다.

② 산업통상자원부장관은 제1항에 따른 이의신청이 있으면 그 신청을 받은 날부터 15일 이내에 이의신청에 대한 처리 결과를 신청인에게 서면으로 통보하여야 한다.
(2013.3.23 본조개정)

제5장 보 칙

제25조【보고·검사】 ① 산업통상자원부장관은 이 법의 시행을 위하여 필요하다고 인정하면 대통령령으로 정하는 바에 따라 제조업자, 수입업자, 제11조의2에 따라 특정물질의 수출승인을 받은 자(이하 "수출업자"라 한다) 또는 사용업자에게 필요한 보고를 하게 할 수 있다.
(2014.1.21 본항개정)

② 산업통상자원부장관은 다음 각 호의 어느 하나에 해당하면 그 소속 공무원에게 제조업자, 수입업자, 수출업자 또는 사용업자의 사무소·공장, 그 밖의 사업소에서 장부·서류, 그 밖의 물건을 검사하게 할 수 있다. 이 경우 검사를 위하여 필요한 최소한의 수량에 한정하여 특정물질을 무상으로 수거할 수 있다.
1. 제4조, 제9조, 제10조, 제11조, 제11조의2 또는 제13조에 따른 허가·승인의 신청이나 신고, 제12조 또는 제1항에 따른 보고에 거짓이 있다고 인정되는 경우
2. 제4조, 제9조, 제10조, 제11조, 제11조의2 또는 제13조에 따른 허가 또는 승인을 받지 아니하거나 신고하지 아니하고 제조·수입·수출 및 판매한 것으로 의심되는 경우
3. 제9조, 제10조, 제11조, 제11조의2 또는 제13조에 따라 허가 또는 승인을 받거나 신고한 제조 수량, 수입량, 수출량 및 판매량을 초과하였다고 인정되는 경우

(2014.1.21 본항개정)

③ 제2항에 따른 검사를 하려면 검사 7일 전까지 검사일시·검사 이유 및 검사 내용 등을 포함한 검사 계획을 검사받는 자에게 알려야 한다. 다만, 긴급히 검사할 필요가 있거나 검사계획을 미리 알리면 증거 인멸 등으로 검사목적을 달성할 수 없다고 인정하면 그러하지 아니하다.

④ 산업통상자원부장관은 제2항에 따른 검사의 결과를 검사받은 자에게 알려야 한다.(2013.3.23 본항개정)

⑤ 제2항에 따라 검사를 하는 공무원은 그 권한을 표시하는 증표를 지니고 이를 관계인에게 내보여야 한다.

제26조【청문】 산업통상자원부장관은 다음 각 호의 어느 하나에 해당하는 처분을 하려면 청문을 하여야 한다.
(2013.3.23 본문개정)
1. 제7조에 따른 제조업 허가의 취소
2. 제15조제1항에 따른 허가취소

제27조【권한의 위임·위탁】 이 법에 따른 산업통상자원부장관의 권한은 그 일부를 대통령령으로 정하는 바에 따라 특별시장·광역시장·도지사 또는 특별자치도지사에게 위임하거나 관계 행정기관의 장 또는 대통령령으로 정하는 법인 또는 단체에 위탁할 수 있다.(2013.3.23 본조개정)

제6장 벌 칙

제28조【벌칙】 다음 각 호의 어느 하나에 해당하는 자는 3년 이하의 징역 또는 3천만원 이하의 벌금에 처한다. 이 경우 징역과 벌금은 병과(倂科)할 수 있다.(2016.12.2 전단개정)
1. 제4조제1항 본문을 위반하여 허가 또는 변경허가를 받지 아니하고 제조업을 영위하거나 거짓, 그 밖의 부정한 방법으로 제조업의 허가 또는 변경허가를 받은 자
2. 제9조제1항 본문을 위반하여 허가를 받지 아니하고 특정물질을 제조한 자
3. 제10조제1항을 위반하여 허가를 받지 아니하고 허가제조수량을 초과하여 특정물질을 제조한 자
4. 제11조제1항을 위반하여 허가 또는 변경허가를 받지 아니하고 특정물질을 수입한 자

(2008.1.17 1호~4호개정)

제29조【벌칙】 다음 각 호의 어느 하나에 해당하는 자는 2년 이하의 징역 또는 2천만원 이하의 벌금에 처한다. 이 경우 징역과 벌금을 병과할 수 있다.(2016.12.2 전단개정)
1. 제11조의2에 따라 수출승인을 받지 아니하고 특정물질을 수출하거나 승인받은 사항과 다르게 특정물질을 수출한 자(2014.1.21 본호신설)
2. 제13조에 따른 판매계획의 승인을 받지 아니하고 특정물질을 판매하거나 승인받은 판매계획과 다르게 특정물질을 판매한 자
3. 제14조에 따른 조정명령을 위반한 자

제30조【벌칙】 다음 각 호의 어느 하나에 해당하는 자는 5백만원 이하의 벌금에 처한다.
1. 거짓이나 그 밖의 부정한 방법으로 제12조제1항에 따른 파괴확인을 받은 자(2022.10.18 본호개정)
2. 제25조제1항에 따른 보고를 하지 아니하거나 거짓으로 보고한 자
3. (2009.3.18 삭제)

제31조【양벌규정】 법인의 대표자나 법인 또는 개인의 대리인, 사용인, 그 밖의 종업원이 그 법인 또는 개인의 업무에 관하여 제28조부터 제30조까지의 어느 하나에 해당하는 위반행위를 하면 그 행위자를 벌하는 외에 그 법인 또는 개인에게도 해당 조문의 벌금형을 과(科)한다. 다만, 법인 또는 개인이 그 위반행위를 방지하기 위하여 해당 업무에 관하여 상당한 주의와 감독을 게을리하지 아니한 경우에는 그러하지 아니하다.(2008.12.26 본조개정)

제32조【과태료】 ① 다음 각 호의 어느 하나에 해당하는 자에게는 500만원 이하의 과태료를 부과한다.
1. 제6조제3항에 따른 신고를 하지 아니하거나 거짓으로 신고한 자
2. 제25조제2항에 따른 검사나 수거를 거부·방해 또는 기피한 자

(2022.10.18 본항개정)

② 다음 각 호의 어느 하나에 해당하는 자에게는 300만원 이하의 과태료를 부과한다.(2022.10.18 본문개정)
1. 제4조제1항 단서에 따른 신고를 하지 아니하거나 거짓으로 신고한 자
2. (2022.10.18 삭제)
3. 제8조에 따른 신고를 하지 아니하거나 거짓으로 신고한 자
4. 제9조제2항에 따른 신고를 하지 아니하거나 거짓으로 신고한 자

③ 제1항 및 제2항에 따른 과태료는 대통령령으로 정하는 바에 따라 산업통상자원부장관이 부과·징수한다.
(2022.10.18 본항개정)

④~⑤ (2009.3.18 삭제)

부 칙 (2016.12.2)

이 법은 공포 후 6개월이 경과한 날부터 시행한다.

부 칙 (2018.9.18)

이 법은 공포한 날부터 시행한다.

부 칙 (2022.10.18)

제1조【시행일】 이 법은 공포 후 6개월이 경과한 날부터 시행한다.

제2조【부담금에 관한 적용례】 제24조의4의 개정규정은 이 법 시행 이후 부담금을 부과하는 경우부터 적용한다.

제3조【가산금 징수에 관한 적용례】 제24조의5의 개정규정은 이 법 시행 이후 납부기한이 경과한 부담금에 대하여 가산금을 부과하는 경우부터 적용한다.

제4조【특정물질 제조업 허가에 관한 경과조치 등】 ① 이 법 시행 당시 제4조에 따라 특정물질 제조업 허가 또는 변경허가를 받은 자, 제9조에 따라 제조 수량의 허가를 받거나 신고가 수리된 자, 제10조에 따라 허가 제조 수량의 증량 허가를 받은 자, 제11조에 따라 특정물질 수입 허가 또는 변경허가를 받은 자, 제11조의2에 따라 특정물질 수출의 승인 또는 변경승인을 받은 자 및 제13조에 따라 특정물질 판매 계획 승인 또는 변경승인을 받은 자는 제1종 특정물질에 한정하여 제4조에 따른 특정물질 제조업 허가 또는 변경허가를 받은 자, 제9조에 따른 특정물질 제조 수량 허가를 받거나 신고가 수리된 자, 제10조에 따른 특정물질 허가 제조 수량의 증량 허가를 받은 자, 제11조에 따른 특정물질 수입 허가 또는 변경허가를 받은 자, 제11조의2에 따른 특정물질 수출의 승인 또는 변경승인을 받은 자 및 제13조에 따른 특정물질 판매 계획 승인 또는 변경승인을 받은 자로 각각 본다.

② 이 법 시행 당시 제2종 특정물질을 제조하고 있는 자는 이 법 시행 이후 2개월 이내에 제4조에 따른 제조업의 허가를 받고, 제9조에 따른 제조 수량 허가를 받거나 신고하여야 한다.

③ 이 법 시행 당시 제2종 특정물질을 수입하고 있는 자는 이 법 시행 이후 2개월 이내에 제11조에 따라 수입 허가를 받아야 한다.

④ 이 법 시행 당시 제2종 특정물질을 판매하고 있는 자는 이 법 시행 이후 2개월 이내에 제13조에 따라 판매계획의 승인을 받아야 한다.

제5조【다른 법률의 개정】 ①~⑤ ※(해당 법령에 가제정리 하였음)

에너지법

(2006년 3월 3일
법 률 제7860호)

개정
2008. 2.29법 8852호(정부조직)
2009. 1.30법 9372호
2010. 1.13법 9931호(저탄소녹색성장기본법)
2010. 6. 8법10352호
2011. 3. 9법10445호(기초연구진흥개발)
2011. 7.25법10911호(원자력안전법)
2013. 3.23법11690호(정부조직)
2013. 3.23법11713호(과학기술기본법)
2013. 7.30법11965호(신에너지및재생에너지개발·이용·보급촉진법)
2014.12.30법12931호
2015. 1.28법13082호(소재·부품전문기업등의육성에관한특별조치법)
2016. 3.22법14079호(기초연구진흥개발)
2018. 1.16법15344호(과학기술기본법)
2019. 8.20법16478호
2019.12.31법16859호(소재·부품·장비산업경쟁력강화를위한특별조치법)
2021. 4.20법18075호(연구산업진흥법)
2021. 9.24법18469호(기후위기대응을위한탄소중립·녹색성장기본법)
2022.10.18법19000호
2023. 6.13법19438호(소재·부품·장비산업경쟁력강화및공급망안정화를위한특별조치법)

제1조【목적】 이 법은 안정적이고 효율적이며 환경친화적인 에너지 수급(需給) 구조를 실현하기 위한 에너지정책 및 에너지 관련 계획의 수립·시행에 관한 기본적인 사항을 정함으로써 국민경제의 지속가능한 발전과 국민의 복리(福利) 향상에 이바지하는 것을 목적으로 한다.
(2010.6.8 본조개정)

제2조【정의】 이 법에서 사용하는 용어의 뜻은 다음과 같다.
1. "에너지"란 연료·열 및 전기를 말한다.
2. "연료"란 석유·가스·석탄, 그 밖에 열을 발생하는 열원(熱源)을 말한다. 다만, 제품의 원료로 사용되는 것은 제외한다.
3. "신·재생에너지"란 「신에너지 및 재생에너지 개발·이용·보급 촉진법」 제2조제1호 및 제2호에 따른 에너지를 말한다.(2013.7.30 본호개정)
4. "에너지사용시설"이란 에너지를 사용하는 공장·사업장 등의 시설이나 에너지를 전환하여 사용하는 시설을 말한다.
5. "에너지사용자"란 에너지사용시설의 소유자 또는 관리자를 말한다.
6. "에너지공급설비"란 에너지를 생산·전환·수송 또는 저장하기 위하여 설치하는 설비를 말한다.
7. "에너지공급자"란 에너지를 생산·수입·전환·수송·저장 또는 판매하는 사업자를 말한다.
7의2. "에너지이용권"이란 저소득층 등 에너지 이용에서 소외되기 쉬운 계층의 사람이 에너지공급자에게 제시하여 냉방 및 난방 등에 필요한 에너지를 공급받을 수 있도록 일정한 금액이 기재(전자적 또는 자기적 방법에 의한 기록을 포함한다)된 증표를 말한다.(2019.8.20 본호개정)
8. "에너지사용기자재"란 열사용기자재나 그 밖에 에너지를 사용하는 기자재를 말한다.
9. "열사용기자재"란 연료 및 열을 사용하는 기기, 축열식 전기기기와 단열성(斷熱性) 자재로서 산업통상자원부령으로 정하는 것을 말한다.(2013.3.23 본호개정)
10. "온실가스"란 「기후위기 대응을 위한 탄소중립·녹색성장 기본법」 제2조제5호에 따른 온실가스를 말한다.
(2021.9.24 본호개정)
(2010.6.8 본조개정)

제3조 (2010.1.13 삭제)

제4조【국가 등의 책무】 ① 국가는 이 법의 목적을 실현하기 위한 종합적인 시책을 수립·시행하여야 한다.
② 지방자치단체는 이 법의 목적, 국가의 에너지정책 및 시책과 지역적 특성을 고려한 지역에너지시책을 수립·시행하여야 한다. 이 경우 지역에너지시책의 수립·시행에 필요한 사항은 해당 지방자치단체의 조례로 정할 수 있다.
③ 에너지공급자와 에너지사용자는 국가와 지방자치단체의 에너지시책에 적극 참여하고 협력하여야 하며, 에너지의 생산·전환·수송·저장·이용 등의 안전성, 효율성 및 환경친화성을 극대화하도록 노력하여야 한다.
④ 모든 국민은 일상생활에서 국가와 지방자치단체의 에너지시책에 적극 참여하고 협력하여야 하며, 에너지를 합리적이고 환경친화적으로 사용하도록 노력하여야 한다.
⑤ 국가, 지방자치단체 및 에너지공급자는 빈곤층 등 모든 국민에게 에너지가 보편적으로 공급되도록 기여하여야 한다.
(2010.6.8 본조개정)

제5조【적용 범위】 에너지에 관한 법령을 제정하거나 개정하는 경우에는 「저탄소 녹색성장 기본법」 제39조에 따른 기본원칙과 이 법의 목적에 맞도록 하여야 한다. 다만, 원자력의 연구·개발·생산·이용 및 안전관리에 관하여는 「원자력 진흥법」 및 「원자력안전법」 등 관계 법률에서 정하는 바에 따른다.(2011.7.25 단서개정)

제6조 (2010.1.13 삭제)

제7조【지역에너지계획의 수립】 ① 특별시장·광역시장·특별자치시장·도지사 또는 특별자치도지사(이하 "시·도지사"라 한다)는 관할 구역의 지역적 특성을 고려하여 「저탄소 녹색성장 기본법」 제41조에 따른 에너지기본계획(이하 "기본계획"이라 한다)의 효율적인 달성과 지역경제의 발전을 위한 지역에너지계획(이하 "지역계획"이라 한다)을 5년마다 5년 이상을 계획기간으로 하여 수립·시행하여야 한다.(2014.12.30 본항개정)
② 지역계획에는 해당 지역에 대한 다음 각 호의 사항이 포함되어야 한다.
1. 에너지 수급의 추이와 전망에 관한 사항
2. 에너지의 안정적 공급을 위한 대책에 관한 사항
3. 신·재생에너지 등 환경친화적 에너지 사용을 위한 대책에 관한 사항
4. 에너지 사용의 합리화와 이를 통한 온실가스의 배출감소를 위한 대책에 관한 사항
5. 「집단에너지사업법」 제5조제1항에 따라 집단에너지공급대상지역으로 지정된 지역의 경우 그 지역의 집단에너지 공급을 위한 대책에 관한 사항
6. 미활용 에너지원의 개발·사용을 위한 대책에 관한 사항
7. 그 밖에 에너지시책 및 관련 사업을 위하여 시·도지사가 필요하다고 인정하는 사항
③ 지역계획을 수립한 시·도지사는 이를 산업통상자원부장관에게 제출하여야 한다. 수립된 지역계획을 변경하였을 때에도 또한 같다.(2013.3.23 전단개정)
④ 정부는 지방자치단체의 에너지시책 및 관련 사업을 촉진하기 위하여 필요한 지원시책을 마련할 수 있다.
(2010.6.8 본조개정)

제8조【비상시 에너지수급계획의 수립 등】 ① 산업통상자원부장관은 에너지 수급에 중대한 차질이 발생할 경우에 대비하여 비상시 에너지수급계획(이하 "비상계획"이라 한다)을 수립하여야 한다.(2013.3.23 본항개정)
② 비상계획은 제9조에 따른 에너지위원회의 심의를 거쳐 확정한다. 수립된 비상계획을 변경할 때에도 또한 같다.
③ 비상계획에는 다음 각 호의 사항이 포함되어야 한다.
1. 국내외 에너지 수급의 추이와 전망에 관한 사항
2. 비상시 에너지 소비 절감을 위한 대책에 관한 사항
3. 비상시 비축(備蓄)에너지의 활용 대책에 관한 사항
4. 비상시 에너지의 할당·배급 등 수급조정 대책에 관한 사항
5. 비상시 에너지 수급 안정을 위한 국제협력 대책에 관한 사항
6. 비상계획의 효율적 시행을 위한 행정계획에 관한 사항
④ 산업통상자원부장관은 국내외 에너지 사정의 변동에 따른 에너지의 수급 차질에 대비하기 위하여 에너지 사용을 제한하는 등 관계 법령에서 정하는 바에 따라 필요한 조치를 할 수 있다.(2013.3.23 본항개정)
(2010.6.8 본조개정)

제9조【에너지위원회의 구성 및 운영】 ① 정부는 주요 에너지정책 및 에너지 관련 계획에 관한 사항을 심의하기 위하여 산업통상자원부장관 소속으로 에너지위원회(이하 "위원회"라 한다)를 둔다.(2013.3.23 본항개정)
② 위원회는 위원장 1명을 포함한 25명 이내의 위원으로 구성하고, 위원은 당연직위원과 위촉위원으로 구성한다.
③ 위원장은 산업통상자원부장관이 된다.(2013.3.23 본항개정)
④ 당연직위원은 관계 중앙행정기관의 차관급 공무원 중 대통령령으로 정하는 사람이 된다.
⑤ 위촉위원은 에너지 분야에 관한 학식과 경험이 풍부한 사람 중에서 산업통상자원부장관이 위촉하는 사람이 된다. 이 경우 위촉위원에는 대통령령으로 정하는 바에 따라 에너지 관련 시민단체에서 추천한 사람이 5명 이상 포함되어야 한다.(2013.3.23 전단개정)
⑥ 위촉위원의 임기는 2년으로 하고, 연임할 수 있다.
⑦ 위원회의 회의에 부칠 안건을 검토하거나 위원회가 위임한 안건을 조사·연구하기 위하여 분야별 전문위원회를 둘 수 있다.
⑧ 그 밖에 위원회 및 전문위원회의 구성·운영 등에 관하여 필요한 사항은 대통령령으로 정한다.
(2010.6.8 본조개정)

제10조【위원회의 기능】 위원회는 다음 각 호의 사항을 심의한다.
1. 「저탄소 녹색성장 기본법」 제41조제2항에 따른 에너지기본계획 수립·변경의 사전심의에 관한 사항
2. 비상계획에 관한 사항
3. 국내외 에너지개발에 관한 사항
4. 에너지와 관련된 교통 또는 물류에 관련된 계획에 관한 사항
5. 주요 에너지정책 및 에너지사업의 조정에 관한 사항
6. 에너지와 관련된 사회적 갈등의 예방 및 해소 방안에 관한 사항
7. 에너지 관련 예산의 효율적 사용 등에 관한 사항
8. 원자력 발전정책에 관한 사항
9. 「기후변화에 관한 국제연합 기본협약」에 대한 대책 중 에너지에 관한 사항
10. 다른 법률에서 위원회의 심의를 거치도록 한 사항
11. 그 밖에 에너지에 관련된 주요 정책사항에 관한 것으로서 위원장이 회의에 부치는 사항
(2010.6.8 본조개정)

제11조【에너지기술개발계획】 ① 정부는 에너지 관련 기술의 개발과 보급을 촉진하기 위하여 10년 이상을 계획기간으로 하는 에너지기술개발계획(이하 "에너지기술개발계획"이라 한다)을 5년마다 수립하고, 이에 따른 연차별 실행계획을 수립·시행하여야 한다.
② 에너지기술개발계획은 대통령령으로 정하는 바에 따라 관계 중앙행정기관의 장의 협의와 「국가과학기술자문회의법」에 따른 국가과학기술자문회의의 심의를 거쳐서 수립된다. 이 경우 위원회의 심의를 거친 것으로 본다.
(2018.1.16 전단개정)
③ 에너지기술개발계획에는 다음 각 호의 사항이 포함되어야 한다.
1. 에너지의 효율적 사용을 위한 기술개발에 관한 사항
2. 신·재생에너지 등 환경친화적 에너지에 관련된 기술개발에 관한 사항
3. 에너지 사용에 따른 환경오염을 줄이기 위한 기술개발에 관한 사항
4. 온실가스 배출을 줄이기 위한 기술개발에 관한 사항
5. 개발된 에너지기술의 실용화의 촉진에 관한 사항
6. 국제 에너지기술 협력의 촉진에 관한 사항
7. 에너지기술에 관련된 인력·정보·시설 등 기술개발자원의 확대 및 효율적 활용에 관한 사항
(2010.6.8 본조개정)

제12조【에너지기술 개발】 ① 관계 중앙행정기관의 장은 에너지기술 개발을 효율적으로 추진하기 위하여 대통령령으로 정하는 바에 따라 다음 각 호의 어느 하나에 해당하는 자에게 에너지기술 개발을 하게 할 수 있다.
1. 「공공기관의 운영에 관한 법률」 제4조에 따른 공공기관
2. 국·공립 연구기관
3. 「특정연구기관 육성법」의 적용을 받는 특정연구기관
4. 「산업기술혁신 촉진법」 제42조에 따른 전문생산기술연구소
5. 「소재·부품·장비산업 경쟁력 강화 및 공급망 안정화를 위한 특별조치법」에 따른 특화선도기업등
(2023.6.13 본호개정)
6. 「정부출연연구기관 등의 설립·운영 및 육성에 관한 법률」에 따른 정부출연연구기관
7. 「과학기술분야 정부출연연구기관 등의 설립·운영 및 육성에 관한 법률」에 따른 과학기술분야 정부출연연구기관
8. 「연구산업진흥법」 제2조제1호가목의 사업을 전문으로 하는 기업(2021.4.20 본호개정)
9. 「고등교육법」에 따른 대학, 산업대학, 전문대학
10. 「산업기술연구조합 육성법」에 따른 산업기술연구조합
11. 「기초연구진흥 및 기술개발지원에 관한 법률」 제14조의2제1항에 따라 인정받은 기업부설연구소
(2016.3.22 본호개정)
12. 그 밖에 대통령령으로 정하는 과학기술 분야 연구기관 또는 단체
② 관계 중앙행정기관의 장은 제1항에 따른 기술개발에 필요한 비용의 전부 또는 일부를 출연(出捐)할 수 있다.
(2010.6.8 본조개정)

제13조【한국에너지기술평가원의 설립】 ① 제12조제1항에 따른 에너지기술 개발에 관한 사업(이하 "에너지기술개발사업"이라 한다)의 기획·평가 및 관리 등을 효율적으로 지원하기 위하여 한국에너지기술평가원(이하 "평가원"이라 한다)을 설립한다.
② 평가원은 법인으로 한다.
③ 평가원은 그 주된 사무소의 소재지에서 설립등기를 함으로써 성립한다.
④ 평가원은 다음 각 호의 사업을 한다.
1. 에너지기술개발사업의 기획, 평가 및 관리
2. 에너지기술 분야 전문인력 양성사업의 지원
3. 에너지기술 분야의 국제협력 및 국제 공동연구사업의 지원
4. 그 밖에 에너지기술 개발과 관련하여 대통령령으로 정하는 사업
⑤ 정부는 평가원의 설립·운영에 필요한 경비를 예산의 범위에서 출연할 수 있다.
⑥ 중앙행정기관의 장 및 지방자치단체의 장은 제4항 각 호의 사업을 평가원으로 하여금 수행하게 하고 필요한 비용의 전부 또는 일부를 대통령령으로 정하는 바에 따라 출연할 수 있다.
⑦ 평가원은 제1항에 따른 목적 달성에 필요한 경비를 조달하기 위하여 대통령령으로 정하는 바에 따라 수익사업을 할 수 있다.
⑧ 평가원의 운영 및 감독 등에 필요한 사항은 대통령령으로 정한다.
⑨ (2014.12.30 삭제)
⑩ 평가원에 관하여 이 법에 규정되지 아니한 사항은 「민법」 중 재단법인에 관한 규정을 준용한다.
(2010.6.8 본조개정)

제14조【에너지기술개발사업비】 ① 관계 중앙행정기관의 장은 에너지기술개발사업을 종합적이고 효율적으로 추진하기 위하여 제11조제1항에 따른 연차별 실행계획의 시행에 필요한 에너지기술개발사업비를 조성할 수 있다.
② 제1항에 따른 에너지기술개발사업비는 정부 또는 에너지 관련 사업자 등의 출연금, 융자금, 그 밖에 대통령령으로 정하는 재원(財源)으로 조성한다.
③ 관계 중앙행정기관의 장은 평가원으로 하여금 에너지기술개발사업비의 조성 및 관리에 관한 업무를 담당하게 할 수 있다.
④ 에너지기술개발사업비는 다음 각 호의 사업 지원을 위하여 사용하여야 한다.
1. 에너지기술의 연구·개발에 관한 사항
2. 에너지기술의 수요 조사에 관한 사항
3. 에너지사용기자재와 에너지공급설비 및 그 부품에 관한 기술개발에 관한 사항
4. 에너지기술 개발 성과의 보급 및 홍보에 관한 사항
5. 에너지기술에 관한 국제협력에 관한 사항
6. 에너지에 관한 연구인력 양성에 관한 사항
7. 에너지 사용에 따른 대기오염을 줄이기 위한 기술개발에 관한 사항
8. 온실가스 배출을 줄이기 위한 기술개발에 관한 사항
9. 에너지기술에 관한 정보의 수집·분석 및 제공과 이와 관련된 학술활동에 관한 사항
10. 평가원의 에너지기술개발사업 관리에 관한 사항
⑤ 제1항부터 제4항까지의 규정에 따른 에너지기술개발사업비의 관리 및 사용에 필요한 사항은 대통령령으로 정한다.
(2010.6.8 본조개정)

제15조【에너지기술 개발 투자 등의 권고】 관계 중앙행정기관의 장은 에너지기술 개발을 촉진하기 위하여 필요한 경우 에너지 관련 사업자에게 에너지기술 개발을 위한 사업에 투자하거나 출연할 것을 권고할 수 있다.
(2010.6.8 본조개정)

제16조【에너지 및 에너지자원기술 전문인력의 양성】
① 산업통상자원부장관은 에너지 및 에너지자원기술 분야의 전문인력을 양성하기 위하여 필요한 사업을 할 수 있다.
② 산업통상자원부장관은 제1항에 따른 사업을 하기 위하여 자금지원 등 필요한 지원을 할 수 있다. 이 경우 지원의 대상 및 절차 등에 관하여 필요한 사항은 산업통상자원부령으로 정한다.
(2013.3.23 본조개정)

제16조의2【에너지복지 사업의 실시 등】 ① 정부는 모든 국민에게 에너지가 보편적으로 공급되도록 하기 위하여 다음 각 호의 사항에 관한 지원사업(이하 "에너지복지사업"이라 한다)을 할 수 있다.
1. 저소득층 등 에너지 이용에서 소외되기 쉬운 계층(이하 "에너지이용 소외계층"이라 한다)에 대한 에너지의 공급
2. 냉방·난방 장치의 보급 등 에너지이용 소외계층에 대한 에너지이용 효율의 개선(2019.8.20 본호개정)
3. 그 밖에 에너지이용 소외계층의 에너지 이용 관련 복리의 향상에 관한 사항
② 산업통상자원부장관은 에너지복지 사업을 실시하는 경우 3년마다 에너지이용 소외계층에 관한 실태조사를 하고 그 결과를 공표하여야 한다. 다만, 산업통상자원부장관이 필요하다고 인정하는 경우에는 추가로 간이조사를 할 수 있다.(2022.10.18 본항신설)
③ 산업통상자원부장관은 제2항에 따른 실태조사 및 간이조사를 위하여 필요한 경우에는 관계 중앙행정기관의 장 또는 지방자치단체의 장에게 관련 자료의 제출을 요청할 수 있다. 이 경우 자료의 제출을 요청받은 중앙행정기관의 장 또는 지방자치단체의 장은 특별한 사유가 없으면 이에 따라야 한다.(2022.10.18 본항신설)
④ 제2항에 따른 실태조사 및 간이조사의 내용·방법 등에 관하여 필요한 사항은 대통령령으로 정한다.
(2022.10.18 본항신설)
(2022.10.18 본조제목개정)
(2014.12.30 본조신설)

제16조의3【에너지이용권의 발급 등】 ① 산업통상자원부장관은 에너지이용 소외계층에 속하는 사람으로서 대통령령으로 정하는 요건을 갖춘 사람의 신청을 받아 에너지이용권을 발급할 수 있다.
② 산업통상자원부장관은 에너지이용권의 수급자 선정 및 수급 자격 유지에 관한 사항을 확인하기 위하여 가족관계증명·국세 및 지방세 등에 관한 자료 등 대통령령으로 정하는 자료의 제공을 당사자의 동의를 받아 관계 중앙행정기관의 장 또는 지방자치단체의 장에게 요청할 수 있다. 이 경우 요청을 받은 중앙행정기관의 장 또는 지방자치단체의 장은 특별한 사유가 없으면 그 요청에 따라야 한다.
③ 산업통상자원부장관은 제2항에 따른 자료의 확인을 위하여 「사회복지사업법」 제6조의2제2항에 따른 정보시스템을 연계하여 사용할 수 있다.
④ 산업통상자원부장관은 에너지공급자, 그 밖의 에너지 관련 기관 또는 단체에 다음 각 호의 자료의 제공을 요청할 수 있다. 이 경우 요청을 받은 에너지공급자, 기관 또는 단체는 특별한 사유가 없으면 그 요청에 따라야 한다.
1. 에너지 공급 현황
2. 에너지 이용 현황
3. 그 밖에 에너지이용권 수급 자격 기준 마련에 필요한 자료
⑤ 제1항부터 제4항까지에서 규정한 사항 외에 에너지이용권의 신청 및 발급 등에 필요한 사항은 대통령령으로 정한다.
(2014.12.30 본조신설)

제16조의4【에너지이용권의 사용 등】 ① 에너지이용권을 발급받은 사람(이하 "이용자"라 한다)은 에너지공급자에게 에너지이용권을 제시하고, 에너지를 공급받을 수 있다.
② 에너지이용권을 제시받은 에너지공급자는 정당한 사유 없이 에너지 공급을 거부할 수 없다.
③ 누구든지 에너지이용권을 판매·대여하거나 부정한 방법으로 사용해서는 아니 된다.
④ 산업통상자원부장관은 이용자가 에너지이용권을 판매·대여하거나 부정한 방법으로 사용한 경우에는 그 에너지이용권을 회수하거나 에너지이용권 기재금액에 상당하는 금액의 전부 또는 일부를 환수할 수 있다.
⑤ 제1항부터 제4항까지에서 규정한 사항 외에 에너지이용권의 사용 등에 필요한 사항은 산업통상자원부령으로 정한다.
(2014.12.30 본조신설)

제16조의5【전담기관의 지정】 ① 산업통상자원부장관은 에너지 관련 업무를 전문적으로 수행하는 기관 또는 단체를 에너지복지 사업 전담기관(이하 "전담기관"이라 한다)으로 지정하여 에너지이용권의 발급 및 운영 등 에너지복지 사업 관련 업무를 수행하게 할 수 있다.
② 산업통상자원부장관은 예산의 범위에서 전담기관에 대하여 제1항의 사업을 수행하는 데 필요한 경비의 전부 또는 일부를 지원할 수 있다.
③ 전담기관의 지정 기준 및 절차 등에 관한 세부사항은 대통령령으로 정한다.
(2014.12.30 본조신설)

제16조의6【전담기관 지정의 취소】 ① 산업통상자원부장관은 전담기관이 다음 각 호의 어느 하나에 해당하는 경우에는 지정을 취소하거나 6개월의 범위에서 기간을 정하여 업무의 전부 또는 일부를 정지할 수 있다. 다만, 제1호에 해당하는 경우에는 지정을 취소하여야 한다.
1. 거짓이나 그 밖의 부정한 방법으로 지정을 받은 경우
2. 제16조의5제3항에 따른 지정 기준에 적합하지 아니하게 된 경우
② 제1항에 따른 행정처분의 세부기준은 그 사유와 위반의 정도를 고려하여 대통령령으로 정한다.
(2014.12.30 본조신설)

제16조의7【과징금처분】 ① 산업통상자원부장관은 제16조의6제1항에 따라 업무정지를 명하여야 할 경우로서 업무정지가 이용자 등에게 심한 불편을 주거나 공익을 해칠 우려가 있는 경우에는 대통령령으로 정하는 바에 따라 업무정지처분을 갈음하여 1천만원 이하의 과징금을 부과할 수 있다.
② 제1항에 따른 과징금을 부과하는 위반행위의 종류와 위반정도 등에 따른 과징금의 금액 등에 필요한 사항은 대통령령으로 정한다.
③ 제1항에 따라 과징금 부과처분을 받은 자가 과징금을 기한까지 납부하지 아니하면 국세 체납처분의 예에 따라 징수한다.
(2014.12.30 본조신설)

제17조【행정 및 재정상의 조치】 국가와 지방자치단체는 이 법의 목적을 달성하기 위하여 학술연구·조사 및 기술개발 등에 필요한 행정적·재정적 조치를 할 수 있다.(2010.6.8 본조개정)

제18조【민간활동의 지원】 국가와 지방자치단체는 에너지에 관련된 공익적 활동을 촉진하기 위하여 민간부문에 대하여 필요한 자료를 제공하거나 재정적 지원을 할 수 있다.

제19조【에너지 관련 통계의 관리·공표】 ① 산업통상자원부장관은 기본계획 및 에너지 관련 시책의 효과적인 수립·시행을 위하여 국내외 에너지 수급에 관한 통계를 작성·분석·관리하며, 관련 법령에 저촉되지 아니하는 범위에서 이를 공표할 수 있다.
② 산업통상자원부장관은 매년 다음 각 호에 따른 통계를 작성·분석하며, 그 결과를 공표할 수 있다.
1. 에너지 사용 및 산업 공정에서 발생하는 온실가스 배출량
2. 에너지이용 소외계층의 에너지 이용현황 등
(2019.8.20 본항개정)
③ (2010.1.13 삭제)
④ 산업통상자원부장관은 제1항과 제2항에 따른 통계를 작성할 때 필요하다고 인정하면 에너지 유관기관의 장 또는 산업통상자원부령으로 정하는 에너지사용자에 대하여 자료의 제출을 요구할 수 있다. 이 경우 자료의 제출을 요구받은 에너지 유관기관의 장 또는 에너지사용자는 정당한 사유가 없으면 이에 따라야 한다.(2022.10.18 본항개정)
⑤ 산업통상자원부장관은 필요하다고 인정하면 대통령령으로 정하는 바에 따라 에너지 총조사를 할 수 있다.
⑥ 산업통상자원부장관은 대통령령으로 정하는 바에 따라 전문성을 갖춘 기관을 지정하여 제1항과 제2항에 따른 통계의 작성·분석·관리 및 제5항에 따른 에너지 총조사에 관한 업무의 전부 또는 일부를 수행하게 할 수 있다.
(2022.10.18 본항개정)
(2013.3.23 본조개정)

제20조【국회 보고】 ① 정부는 매년 주요 에너지정책의 집행 경과 및 결과를 국회에 보고하여야 한다.
② 제1항에 따른 보고에는 다음 각 호의 사항이 포함되어야 한다.
1. 국내외 에너지 수급의 추이와 전망에 관한 사항
2. 에너지·자원의 확보, 도입, 공급, 관리를 위한 대책의 추진 현황 및 계획에 관한 사항
3. 에너지 수요관리 추진 현황 및 계획에 관한 사항
4. 환경친화적인 에너지의 공급·사용 대책의 추진 현황 및 계획에 관한 사항
5. 온실가스 배출 현황과 온실가스 감축을 위한 대책의 추진 현황 및 계획에 관한 사항
6. 에너지정책의 국제협력 등에 관한 사항의 추진 현황 및 계획에 관한 사항
7. 그 밖에 주요 에너지정책의 추진에 관한 사항
③ 제1항에 따른 보고에 필요한 사항은 대통령령으로 정한다.
(2010.6.8 본조개정)

제21조【질문 및 조사】 산업통상자원부장관은 다음 각 호의 어느 하나에 해당하는 경우에는 소속 공무원으로 하여금 에너지공급자, 에너지복지 사업의 대상자 또는 관계인에 대하여 질문하거나 장부 등 서류를 조사하게 할 수 있다.
1. 에너지복지 사업 대상자의 선정 및 자격 확인을 위하여 필요한 경우
2. 에너지이용권의 발급 및 사용의 적정성 여부 확인을 위하여 필요한 경우
3. 그 밖에 에너지복지 사업의 수행을 위하여 필요한 경우로서 대통령령으로 정하는 경우
(2014.12.30 본조신설)

제22조【청문】 산업통상자원부장관은 제16조의6제1항에 따른 전담기관의 지정취소에 해당하는 처분을 하려면 청문을 하여야 한다.(2014.12.30 본조신설)

제23조【권한의 위임·위탁】 ① 이 법에 따른 산업통상자원부장관의 권한은 그 일부를 대통령령으로 정하는 바에 따라 시·도지사 또는 시장·군수·구청장(자치구의 구청장을 말한다)에게 위임할 수 있다.
② 이 법에 따른 산업통상자원부장관의 업무는 그 일부를 대통령령으로 정하는 바에 따라 전담기관에 위탁할 수 있다.
(2014.12.30 본조신설)

제24조【벌칙 적용에서의 공무원 의제】 다음 각 호의 어느 하나에 해당하는 사람은 「형법」 제129조부터 제132조까지의 규정을 적용할 때에는 공무원으로 본다.
1. 평가원의 임직원
2. 전담기관의 임직원(제16조의5제1항 또는 제23조제2항에 따른 업무에 종사하는 임직원에 한정한다)
(2014.12.30 본조신설)

제25조【벌칙】 다음 각 호의 어느 하나에 해당하는 자는 1년 이하의 징역 또는 1천만원 이하의 벌금에 처한다.
1. 거짓 또는 그 밖의 부정한 방법으로 에너지이용권을 발급받거나 다른 사람으로 하여금 에너지이용권을 발급받게 한 자
2. 제16조의4제3항을 위반하여 에너지이용권을 판매·대여하거나 부정한 방법으로 사용한 자(해당 에너지이용권을 발급받은 이용자는 제외한다)
(2014.12.30 본조신설)

제26조【과태료】 ① 정당한 사유 없이 제21조에 따른 질문에 대하여 진술 거부 또는 거짓 진술을 하거나 조사를 거부·방해 또는 기피한 에너지공급자에게는 500만원 이하의 과태료를 부과한다.
② 정당한 사유 없이 제19조제4항에 따른 자료 제출 요구에 따르지 아니하거나 거짓으로 자료를 제출한 자에게는 100만원 이하의 과태료를 부과한다.(2022.10.18 본항신설)
③ 제1항 및 제2항에 따른 과태료는 대통령령으로 정하는 바에 따라 산업통상자원부장관이 부과·징수한다.
(2022.10.18 본항개정)
(2014.12.30 본조신설)

부 칙 (2009.1.30)

제1조【시행일】 이 법은 공포 후 3개월이 경과한 날부터 시행한다.

제2조【평가원의 설립준비】 ① 지식경제부장관은 이 법 시행 전에 5명 이내의 설립위원을 위촉하여 평가원의 설립에 관한 사무를 처리하게 할 수 있다.

② 설립위원은 다음 각 호의 사항을 작성하여 지식경제부장관의 인가를 받아야 한다.
1. 평가원의 정관
2. 종전의 제13조제1항에 따라 지정받은 에너지기술개발사업 전담기관에 소속된 직원의 승계에 관한 계획
③ 설립위원은 평가원에 최초로 선임될 임원을 지식경제부장관에게 연명(連名)으로 추천하고, 지식경제부장관은 추천받은 사람 중에서 평가원의 임원을 임명한다.
④ 설립위원은 제3항에 따라 임원이 임명되면 지체 없이 연명으로 평가원의 설립등기를 하여야 한다.
⑤ 설립위원은 평가원의 설립등기를 한 후 지체 없이 평가원장에게 사무를 인계하여야 한다.
⑥ 설립위원은 제4항에 따른 사무인계가 끝난 때에는 해촉된 것으로 본다.
제3조【한국에너지자원기술기획평가원 등에 대한 경과조치】 ① 이 법 시행 당시 「민법」 제32조에 따라 설립된 재단법인 한국에너지자원기술기획평가원(이하 "재단법인"이라 한다)은 이사회의 의결로써 모든 재산과 권리·의무를 제13조의 개정규정에 따라 설립될 평가원이 승계할 수 있도록 지식경제부장관에게 승인을 신청할 수 있다.
② 제1항에 따른 승인을 받은 재단법인은 이 법에 따른 평가원의 설립과 동시에 「민법」 중 법인의 해산 및 청산에 관한 규정에도 불구하고 해산된 것으로 본다.
③ 제2항에 따라 해산되는 재단법인의 모든 재산과 권리·의무는 평가원이 포괄 승계한다. 이 경우 승계하는 재산의 가액은 설립등기일 전일의 장부가액으로 한다.
④ 이 법 시행 당시 재산과 권리·의무에 관한 등기부와 그 밖의 공부(公簿)에 있는 재단법인의 이름은 평가원의 이름으로 본다.
⑤ 이 법 시행 전에 재단법인이 한 행위와 그 밖의 법률관계에 있어서는 재단법인을 평가원으로 본다.
⑥ 이 법 시행 전에 제12조제1항에 따라 실시하는 에너지기술개발사업을 주관하는 기관이 종전의 제13조제1항에 따라 지정받은 에너지기술개발사업 전담기관(재단법인은 제외한다. 이하 이 조에서 "전담기관"이라 한다)과 체결한 협약은 제13조의 개정규정에 따른 평가원과 체결한 협약으로 본다.
⑦ 제2항에 따라 해산되는 재단법인의 직원 및 이 법 시행 당시 전담기관에서 에너지기술개발사업 관리업무를 수행하는 직원은 부칙 제2조제2항제2호의 계획 내용에 따라 평가원의 직원으로 고용된 것으로 본다.
제4조【공공기관 지정에 대한 경과조치】 이 법 시행 당시 재단법인에 대하여 기획재정부장관이 「공공기관의 운영에 관한 법률」에 따라 공공기관으로 지정한 것은 이 법에 따른 평가원에 대하여 지정한 것으로 본다.
제5조【다른 법률의 개정】 ※(해당 법령에 가제정리 하였음)

부 칙 (2019.8.20)

이 법은 공포한 날부터 시행한다.

부 칙 (2019.12.31)

제1조【시행일】 이 법은 공포 후 3개월이 경과한 날부터 시행한다.(이하 생략)

부 칙 (2021.4.20)
(2021.9.24)

제1조【시행일】 이 법은 공포 후 6개월이 경과한 날부터 시행한다.(이하 생략)

부 칙 (2022.10.18)

이 법은 공포 후 3개월이 경과한 날부터 시행한다. 다만, 제16조의2의 개정규정은 공포 후 6개월이 경과한 날부터 시행한다.

부 칙 (2023.6.13)

제1조【시행일】 이 법은 공포 후 6개월이 경과한 날부터 시행한다.(이하 생략)

에너지이용 합리화법

(2007년 12월 27일 전부개정법률 제8800호)

개정
2008. 2.29법 8852호(정부조직)
2008.12.26법 9236호
2009. 1.30법 9373호
2010. 1.13법 9931호(저탄소녹색성장기본법)
2011. 7.25법10954호
2013. 3.23법11690호(정부조직)
2013. 7.30법11966호
2014. 1.21법12298호
2015. 1.28법13090호
2016. 1.19법13805호(주택법)
2016.12. 2법14313호
2017.10.31법14996호
2018. 4.17법15574호
2019.12.10법16801호
2021. 9.24법18469호(기후위기대응을위한탄소중립·녹색성장기본법)
2022.10.18법19001호

제1장 총 칙

제1조【목적】 이 법은 에너지의 수급(需給)을 안정시키고 에너지의 합리적이고 효율적인 이용을 증진하며 에너지소비로 인한 환경피해를 줄임으로써 국민경제의 건전한 발전 및 국민복지의 증진과 지구온난화의 최소화에 이바지함을 목적으로 한다.
제2조【정의】 ① 이 법에서 사용하는 용어의 뜻은 다음과 같다.
1. "에너지경영시스템"이란 에너지사용자 또는 에너지공급자가 에너지이용효율을 개선할 수 있는 경영목표를 설정하고, 이를 달성하기 위하여 인적·물적 자원을 일정한 절차와 방법에 따라 체계적이고 지속적으로 관리하는 경영활동체제를 말한다.
2. "에너지관리시스템"이란 에너지사용을 효율적으로 관리하기 위하여 센서·계측장비, 분석 소프트웨어 등을 설치하고 에너지사용현황을 실시간으로 모니터링하여 필요시 에너지사용을 제어할 수 있는 통합관리시스템을 말한다.
3. "에너지진단"이란 에너지를 사용하거나 공급하는 시설에 대한 에너지 이용실태와 손실요인 등을 파악하여 에너지이용효율의 개선 방안을 제시하는 모든 행위를 말한다.
② 제1항에 규정된 것 외에 이 법에서 사용하는 용어의 뜻은 「에너지법」 제2조 각 호에서 정하는 바에 따른다.(2015.1.28 본조개정)
제3조【정부와 에너지사용자·공급자 등의 책무】 ① 정부는 에너지의 수급안정과 합리적이고 효율적인 이용을 도모하고 이를 통한 온실가스의 배출을 줄이기 위한 기본적이고 종합적인 시책을 강구하고 시행할 책무를 진다.
② 지방자치단체는 관할 지역의 특성을 고려하여 국가에너지정책의 효과적인 수행과 지역경제의 발전을 도모하기 위한 지역에너지시책을 강구하고 시행할 책무를 진다.
③ 에너지사용자와 에너지공급자는 국가나 지방자치단체의 에너지시책에 적극 참여하고 협력하여야 하며, 에너지의 생산·전환·수송·저장·이용 등에서 그 효율을 극대화하고 온실가스의 배출을 줄이도록 노력하여야 한다.
④ 에너지사용기자재와 에너지공급설비를 생산하는 제조업자는 그 기자재와 설비의 에너지효율을 높이고 온실가스의 배출을 줄이기 위한 기술의 개발과 도입을 위하여 노력하여야 한다.
⑤ 모든 국민은 일상 생활에서 에너지를 합리적으로 이용하여 온실가스의 배출을 줄이도록 노력하여야 한다.

제2장 에너지이용 합리화를 위한 계획 및 조치 등

제4조【에너지이용 합리화 기본계획】 ① 산업통상자원부장관은 에너지를 합리적으로 이용하게 하기 위하여 에너지이용 합리화에 관한 기본계획(이하 "기본계획"이라 한다)을 수립하여야 한다.(2013.3.23 본항개정)
② 기본계획에는 다음 각 호의 사항이 포함되어야 한다.
1. 에너지절약형 경제구조로의 전환
2. 에너지이용효율의 증대
3. 에너지이용 합리화를 위한 기술개발
4. 에너지이용 합리화를 위한 홍보 및 교육
5. 에너지원간 대체(代替)
6. 열사용기자재의 안전관리
7. 에너지이용 합리화를 위한 가격예시제(價格豫示制)의 시행에 관한 사항
8. 에너지의 합리적인 이용을 통한 온실가스의 배출을 줄이기 위한 대책
9. 그 밖에 에너지이용 합리화를 추진하기 위하여 필요한 사항으로서 산업통상자원부령으로 정하는 사항(2013.3.23 본호개정)
③ 산업통상자원부장관이 제1항에 따라 기본계획을 수립하려면 관계 행정기관의 장과 협의한 후 「에너지법」 제9조에 따른 에너지위원회(이하 "위원회"라 한다)의 심의를 거쳐야 한다.(2018.4.17 본항개정)
④ 산업통상자원부장관은 기본계획을 수립하기 위하여 필요하다고 인정하는 경우 관계 행정기관의 장에게 필요한 자료를 제출하도록 요청할 수 있다.(2018.4.17 본항신설)
제5조 (2018.4.17 삭제)
제6조【에너지이용 합리화 실시계획】 ① 관계 행정기관의 장과 특별시장·광역시장·도지사 또는 특별자치도지사(이하 "시·도지사"라 한다)는 기본계획에 따라 에너지이용 합리화에 관한 실시계획을 수립하고 시행하여야 한다.
② 관계 행정기관의 장 및 시·도지사는 제1항에 따른 실시계획과 그 시행 결과를 산업통상자원부장관에게 제출하여야 한다.(2013.3.23 본항개정)
③ 산업통상자원부장관은 위원회의 심의를 거쳐 제2항에 따라 제출된 실시계획을 종합·조정하고 추진상황을 점검·평가하여야 한다. 이 경우 평가업무의 효과적인 수행을 위하여 대통령령으로 정하는 바에 따라 관계 연구기관 등에 그 업무를 대행하도록 할 수 있다.(2018.4.17 본항신설)
제7조【수급안정을 위한 조치】 ① 산업통상자원부장관은 국내외 에너지사정의 변동에 따른 에너지의 수급차질에 대비하기 위하여 대통령령으로 정하는 주요 에너지사용자와 에너지공급자에게 에너지저장시설을 보유하고 에너지를 저장하는 의무를 부과할 수 있다.(2013.3.23 본항개정)
② 산업통상자원부장관은 국내외 에너지사정의 변동으로 에너지수급에 중대한 차질이 발생하거나 발생할 우려가 있다고 인정되면 에너지수급의 안정을 기하기 위하여 필요한 범위에서 에너지사용자·에너지공급자 또는 에너지사용기자재의 소유자와 관리자에게 다음 각 호의 사항에 관한 조정·명령, 그 밖에 필요한 조치를 할 수 있다.(2013.3.23 본문개정)
1. 지역별·주요 수급자별 에너지 할당
2. 에너지공급설비의 가동 및 조업
3. 에너지의 비축과 저장
4. 에너지의 도입·수출입 및 위탁가공
5. 에너지공급자 상호 간의 에너지의 교환 또는 분배 사용
6. 에너지의 유통시설과 그 사용 및 유통경로
7. 에너지의 배급
8. 에너지의 양도·양수의 제한 또는 금지
9. 에너지사용의 시기·방법 및 에너지사용기자재의 사용 제한 또는 금지 등 대통령령으로 정하는 사항
10. 그 밖에 에너지수급을 안정시키기 위하여 대통령령으로 정하는 사항
③ 산업통상자원부장관은 제2항에 따른 조치를 시행하기 위하여 관계 행정기관의 장이나 지방자치단체의 장에게 필요한 협조를 요청할 수 있으며 관계 행정기관의 장이나 지방자치단체의 장은 이에 협조하여야 한다.(2013.3.23 본항개정)
④ 산업통상자원부장관은 제2항에 따른 조치를 한 사유가 소멸되었다고 인정하면 지체 없이 이를 해제하여야 한다.(2013.3.23 본항개정)
제8조【국가·지방자치단체 등의 에너지이용 효율화조치 등】 ① 다음 각 호의 자는 이 법의 목적에 따라 에너지를 효율적으로 이용하고 온실가스 배출을 줄이기 위하여 필요한 조치를 추진하여야 한다. 이 경우 해당 조치에 관하여 위원회의 심의를 거쳐야 한다.(2018.4.17 후단신설)
1. 국가
2. 지방자치단체
3. 「공공기관의 운영에 관한 법률」 제4조제1항에 따른 공공기관
② 제1항에 따라 국가·지방자치단체 등이 추진하여야 하는 에너지의 효율적 이용과 온실가스의 배출 저감을 위하여 필요한 조치의 구체적인 내용은 대통령령으로 정한다.
제9조【에너지공급자의 수요관리투자계획】 ① 에너지공급자 중 대통령령으로 정하는 에너지공급자는 해당 에너지의 생산·전환·수송·저장 및 이용상의 효율향상, 수요의 절감 및 온실가스배출의 감축 등을 도모하기 위한 연차별 수요관리투자계획을 수립·시행하여야 하며, 그 계획과 시행 결과를 산업통상자원부장관에게 제출하여야 한다. 연차별 수요관리투자계획을 변경하는 경우에도 또한 같다.(2013.3.23 전단개정)
② 산업통상자원부장관은 에너지수급상황의 변화, 에너지가격의 변동, 그 밖에 대통령령으로 정하는 사유가 생긴 경우에는 제1항에 따른 수요관리투자계획을 수정·보완하여 시행하게 할 수 있다.(2013.3.23 본항개정)
③ 제1항에 따른 에너지공급자는 연차별 수요관리투자사업비 중 일부를 대통령령으로 정하는 수요관리전문기관에 출연할 수 있다.
④ 산업통상자원부장관은 제1항에 따른 에너지공급자의 수요관리투자를 촉진하기 위하여 수요관리투자로 인하여 에너지공급자에게 발생되는 비용과 손실을 최소화하는 방안을 수립·시행할 수 있다.(2013.3.23 본항개정)

제10조【에너지사용계획의 협의】 ① 도시개발사업이나 산업단지개발사업 등 대통령령으로 정하는 일정규모 이상의 에너지를 사용하는 사업을 실시하거나 시설을 설치하려는 자(이하 "사업주관자"라 한다)는 그 사업의 실시와 시설의 설치로 에너지수급에 미칠 영향과 에너지소비로 인한 온실가스(이산화탄소만을 말한다)의 배출에 미칠 영향을 분석하고, 소요에너지의 공급계획 및 에너지의 합리적 사용과 그 평가에 관한 계획(이하 "에너지사용계획"이라 한다)을 수립하여, 그 사업의 실시 또는 시설의 설치 전에 산업통상자원부장관에게 제출하여야 한다.
(2013.3.23 본항개정)

② 산업통상자원부장관은 제1항에 따라 제출한 에너지사용계획에 관하여 사업주관자 중 제8조제1항 각 호에 해당하는 자(이하 "공공사업주관자"라 한다)와 협의하여야 하며, 공공사업주관자 외의 자(이하 "민간사업주관자"라 한다)로부터 의견을 들을 수 있다.(2013.3.23 본항개정)

③ 사업주관자가 제1항에 따라 제출한 에너지사용계획 중 에너지 수요예측 및 공급계획 등 대통령령으로 정한 사항을 변경하려는 경우에도 제1항과 제2항으로 정하는 바에 따른다.

④ 사업주관자는 국공립연구기관, 정부출연연구기관 등 에너지사용계획을 수립할 능력이 있는 자로 하여금 에너지사용계획의 수립을 대행하게 할 수 있다.

⑤ 제1항부터 제4항까지의 규정에 따른 에너지사용계획의 내용, 협의 및 의견청취의 절차, 대행기관의 요건, 그 밖에 필요한 사항은 대통령령으로 정한다.

⑥ 산업통상자원부장관은 제4항에 따른 에너지사용계획의 수립을 대행하는 데에 필요한 비용의 산정기준을 정하여 고시하여야 한다.(2013.3.23 본항개정)

제11조【에너지사용계획의 검토 등】 ① 산업통상자원부장관은 에너지사용계획을 검토한 결과, 그 내용이 에너지의 수급에 적절하지 아니하거나 에너지이용의 합리화와 이를 통한 온실가스(이산화탄소만을 말한다)의 배출감소 노력이 부족하다고 인정되면 대통령령으로 정하는 바에 따라 공공사업주관자에게는 에너지사용계획의 조정·보완을 요청할 수 있고, 민간사업주관자에게는 에너지사용계획의 조정·보완을 권고할 수 있다. 공공사업주관자가 조정·보완요청을 받은 경우에는 정당한 사유가 없으면 그 요청에 따라야 한다.

② 산업통상자원부장관은 에너지사용계획을 검토할 때 필요하다고 인정되면 사업주관자에게 관련 자료를 제출하도록 요청할 수 있다.

③ 제1항에 따른 에너지사용계획의 검토기준, 검토방법, 그 밖에 필요한 사항은 산업통상자원부령으로 정한다.
(2013.3.23 본조개정)

제12조【에너지사용계획의 사후관리】 ① 산업통상자원부장관은 사업주관자가 에너지사용계획 또는 제11조제1항에 따라 요청받거나 권고받은 조치를 이행하는지를 점검하거나 실태를 파악할 수 있다.(2013.3.23 본항개정)

② 제1항에 따른 점검이나 실태파악의 방법과 그 밖에 필요한 사항은 대통령령으로 정한다.

제13조【에너지이용 합리화를 위한 홍보】 정부는 에너지이용 합리화를 위하여 정부의 에너지정책, 기본계획 및 에너지의 효율적 사용방법 등에 관한 홍보방안을 강구하여야 한다.

제14조【금융·세제상의 지원】 ① 정부는 에너지이용을 합리화하고 이를 통하여 온실가스의 배출을 줄이기 위하여 대통령령으로 정하는 에너지절약형 시설투자, 에너지절약형 기자재의 제조·설치·시공, 그 밖에 에너지이용 합리화와 이를 통한 온실가스배출의 감축에 관한 사업과 우수한 에너지절약 활동 및 성과에 대하여 금융상·세제상의 지원, 경제적 인센티브 제공 또는 보조금의 지급, 그 밖에 필요한 지원을 할 수 있다.(2015.1.28 본항개정)

② 정부는 제1항에 따른 지원을 하는 경우 「중소기업기본법」 제2조에 따른 중소기업에 대하여 우선하여 지원할 수 있다.

제3장 에너지이용 합리화 시책

제1절 에너지사용기자재 및 에너지관련기자재 관련 시책
(2013.7.30 본절제목개정)

제15조【효율관리기자재의 지정 등】 ① 산업통상자원부장관은 에너지이용 합리화를 위하여 필요하다고 인정하는 경우에는 일반적으로 널리 보급되어 있는 에너지사용기자재(상당량의 에너지를 소비하는 기자재에 한정한다) 또는 에너지관련기자재(에너지를 사용하지 아니하나 그 구조 및 재질에 따라 열손실 방지 등으로 에너지절감에 기여하는 기자재를 말한다. 이하 같다)로서 산업통상자원부령으로 정하는 기자재(이하 "효율관리기자재"라 한다)에 대하여 다음 각 호의 사항을 정하여 고시하여야 한다. 다만, 에너지관련기자재 중 「건축법」 제2조제1항의 건축물에 고정되어 설치·이용되는 기자재 및 「자동차관리법」 제29조제2항에 따른 자동차부품을 효율관리기자재로 정하려는 경우에는 국토교통부장관과 협의한 후 다음 각 호의 사항을 공동으로 정하여 고시하여야 한다.
(2013.7.30 본문개정)

1. 에너지의 목표소비효율 또는 목표사용량의 기준
2. 에너지의 최저소비효율 또는 최대사용량의 기준
3. 에너지의 소비효율 또는 사용량의 표시
4. 에너지의 소비효율 등급기준 및 등급표시
5. 에너지의 소비효율 또는 사용량의 측정방법
6. 그 밖에 효율관리기자재의 관리에 필요한 사항으로서 산업통상자원부령으로 정하는 사항(2013.3.23 본호개정)

② 효율관리기자재의 제조업자 또는 수입업자는 산업통상자원부장관이 지정하는 시험기관(이하 "효율관리시험기관"이라 한다)에서 해당 효율관리기자재의 에너지 사용량을 측정받아 에너지소비효율등급 또는 에너지소비효율을 해당 효율관리기자재에 표시하여야 한다. 다만, 산업통상자원부장관이 정하여 고시하는 시험설비 및 전문인력을 모두 갖춘 제조업자 또는 수입업자로서 산업통상자원부령으로 정하는 바에 따라 산업통상자원부장관의 승인을 받은 자는 자체측정으로 효율관리시험기관의 측정을 대체할 수 있다.(2013.3.23 본항개정)

③ 효율관리기자재의 제조업자 또는 수입업자는 제2항에 따른 측정결과를 산업통상자원부령으로 정하는 바에 따라 산업통상자원부장관에게 신고하여야 한다.(2013.3.23 본항개정)

④ 효율관리기자재의 제조업자·수입업자 또는 판매업자가 산업통상자원부령으로 정하는 광고매체를 이용하여 효율관리기자재의 광고를 하는 경우에는 그 광고내용에 제2항에 따른 에너지소비효율등급 또는 에너지소비효율을 포함하여야 한다.(2013.3.23 본항개정)

⑤ 효율관리시험기관은 「국가표준기본법」 제23조에 따라 시험·검사기관으로 인정받은 기관으로서 다음 각 호의 어느 하나에 해당하는 기관이어야 한다.

1. 국가가 설립한 시험·연구기관
2. 「특정연구기관 육성법」 제2조에 따른 특정연구기관
3. 제1호 및 제2호의 연구기관과 동등 이상의 시험능력이 있다고 산업통상자원부장관이 인정하는 기관
(2013.3.23 본호개정)

제16조【효율관리기자재의 사후관리】 ① 산업통상자원부장관은 효율관리기자재가 제15조제1항제1호·제3호 또는 제4호에 따라 고시한 내용에 적합하지 아니하면 그 효율관리기자재의 제조업자·수입업자 또는 판매업자에게 일정한 기간을 정하여 그 시정을 명할 수 있다.

② 산업통상자원부장관은 효율관리기자재가 제15조제1항제2호에 따라 고시한 최저소비효율기준에 미달하거나 최대사용량기준을 초과하는 경우에는 해당 효율관리기자재의 제조업자·수입업자 또는 판매업자에게 그 생산이나 판매의 금지를 명할 수 있다.

③ 산업통상자원부장관은 효율관리기자재가 제15조제1항제1호부터 제4호까지의 규정에 따라 고시한 내용에 적합하지 아니한 경우에는 그 사실을 공표할 수 있다.

④ 산업통상자원부장관은 제1항부터 제3항까지의 규정에 따른 처분을 하기 위하여 필요한 경우에는 산업통상자원부령으로 정하는 바에 따라 시중에 유통되는 효율관리기자재가 제15조제1항에 따라 고시된 내용에 적합한지를 조사할 수 있다.
(2013.3.23 본조개정)

제17조【평균에너지소비효율제도】 ① 산업통상자원부장관은 각 효율관리기자재의 에너지소비효율 합계를 그 기자재의 총수로 나누어 산출한 평균에너지소비효율에 대하여 총량적인 에너지효율의 개선이 특히 필요하다고 인정되는 기자재로서 「자동차관리법」 제3조제1항에 따른 승용자동차 등 산업통상자원부령으로 정하는 기자재(이하 이 조에서 "평균효율관리기자재"라 한다)를 제조하거나 수입하여 판매하는 자가 지켜야 할 평균에너지소비효율을 관계 행정기관의 장과 협의하여 고시하여야 한다.

② 산업통상자원부장관은 제1항에 따라 고시한 평균에너지소비효율(이하 "평균에너지소비효율기준"이라 한다)에 미달하는 평균효율관리기자재를 제조하거나 수입하여 판매하는 자에게 일정한 기간을 정하여 평균에너지소비효율의 개선을 명할 수 있다. 다만, 「자동차관리법」 제3조제1항에 따른 승용자동차 등 산업통상자원부령으로 정하는 자동차에 대해서는 그러하지 아니하다.(2013.7.30 본항개정)

③ 산업통상자원부장관은 제2항에 따른 개선명령을 이행하지 아니하는 자에 대하여는 그 내용을 공표할 수 있다.

④ 평균효율관리기자재를 제조하거나 수입하여 판매하는 자는 에너지소비효율 산정에 필요하다고 인정되는 판매에 관한 자료와 효율측정에 관한 자료를 산업통상자원부장관에게 제출하여야 한다. 다만, 자동차 평균에너지소비효율 산정에 필요한 판매에 관한 자료에 대해서는 환경부장관이 산업통상자원부장관에게 제공하는 경우에는 그러하지 아니하다.(2013.7.30 단서신설)

⑤ 평균에너지소비효율의 산정방법, 개선기간, 개선명령의 이행절차 및 공표방법 등 필요한 사항은 산업통상자원부령으로 정한다.
(2013.3.23 본조개정)

제17조의2【과징금 부과】 ① 환경부장관은 「자동차관리법」 제3조제1항에 따른 승용자동차 등 산업통상자원부령으로 정하는 자동차에 대하여 「기후위기 대응을 위한 탄소중립·녹색성장 기본법」 제32조제2항에 따라 자동차 평균에너지소비효율기준을 택하여 준수하기로 한 자동차 제조업자·수입업자가 평균에너지소비효율기준을 달성하지 못한 경우 그 정도에 따라 대통령령으로 정하는 매출액에 100분의 1을 곱한 금액을 초과하지 아니하는 범위에서 과징금을 부과할 수 있다. 다만, 「대기환경보전법」 제76조의5제2항에 따라 자동차 제조업자·수입업자가 미달성분을 상환하는 경우에는 그러하지 아니하다.
(2021.9.24 본문개정)

② 자동차 평균에너지소비효율기준의 적용·관리에 관한 사항은 「대기환경보전법」 제76조의5에 따른다.

③ 제1항에 따른 과징금의 산정방법·금액, 징수시기, 그 밖에 필요한 사항은 대통령령으로 정한다. 이 경우 과징금의 금액은 「대기환경보전법」 제76조의2에 따른 자동차 온실가스 배출허용기준을 준수하지 못하여 부과하는 과징금 금액과 동일한 수준이 될 수 있도록 정한다.

④ 환경부장관은 제1항에 따라 과징금 부과처분을 받은 자가 납부기한까지 과징금을 내지 아니하면 국세 체납처분의 예에 따라 징수한다.

⑤ 제1항에 따라 징수한 과징금은 「환경정책기본법」에 따른 환경개선특별회계의 세입으로 한다.
(2013.7.30 본조신설)

제18조【대기전력저감대상제품의 지정】 산업통상자원부장관은 외부의 전원과 연결만 되어 있고, 주기능을 수행하지 아니하거나 외부로부터 켜짐 신호를 기다리는 상태에서 소비되는 전력(이하 "대기전력"이라 한다)의 저감(低減)이 필요하다고 인정되는 에너지사용기자재로서 산업통상자원부령으로 정하는 제품(이하 "대기전력저감대상제품"이라 한다)에 대하여 다음 각 호의 사항을 정하여 고시하여야 한다.(2013.3.23 본문개정)

1. 대기전력저감대상제품의 각 제품별 적용범위
2. 대기전력저감기준
3. 대기전력의 측정방법
4. 대기전력 저감성이 우수한 대기전력저감대상제품(이하 "대기전력저감우수제품"이라 한다)의 표시
5. 그 밖에 대기전력저감대상제품의 관리에 필요한 사항으로서 산업통상자원부령으로 정하는 사항
(2013.3.23 본호개정)

제19조【대기전력경고표지대상제품의 지정 등】 ① 산업통상자원부장관은 대기전력저감대상제품 중 대기전력 저감을 통한 에너지이용의 효율을 높이기 위하여 제18조 제2호의 대기전력저감기준에 적합할 것이 특히 요구되는 제품으로서 산업통상자원부령으로 정하는 제품(이하 "대기전력경고표지대상제품"이라 한다)에 대하여 다음 각 호의 사항을 정하여 고시하여야 한다.(2013.3.23 본문개정)

1. 대기전력경고표지대상제품의 각 제품별 적용범위
2. 대기전력경고표지대상제품의 경고 표시
3. 그 밖에 대기전력경고표지대상제품의 관리에 필요한 사항으로서 산업통상자원부령으로 정하는 사항
(2013.3.23 본호개정)

② 대기전력경고표지대상제품의 제조업자 또는 수입업자는 대기전력경고표지대상제품에 대하여 산업통상자원부장관이 지정하는 시험기관(이하 "대기전력시험기관"이라 한다)의 측정을 받아야 한다. 다만, 산업통상자원부장관이 정하여 고시하는 시험설비 및 전문인력을 모두 갖춘 제조업자 또는 수입업자로서 산업통상자원부령으로 정하는 바에 따라 산업통상자원부장관의 승인을 받은 자는 자체측정으로 대기전력시험기관의 측정을 대체할 수 있다.(2013.3.23 본항개정)

③ 대기전력경고표지대상제품의 제조업자 또는 수입업자는 제2항에 따른 측정 결과를 산업통상자원부령으로 정하는 바에 따라 산업통상자원부장관에게 신고하여야 한다.(2013.3.23 본항개정)

④ 대기전력경고표지대상제품의 제조업자 또는 수입업자는 제2항에 따른 측정 결과, 해당 제품이 제18조제2호의 대기전력저감기준에 미달하는 경우에는 그 제품에 대기전력경고표지를 하여야 한다.

⑤ 제2항의 대기전력시험기관으로 지정받으려는 자는 다음 각 호의 요건을 모두 갖추어 산업통상자원부령으로 정하는 바에 따라 산업통상자원부장관에게 지정 신청을 하여야 한다.(2013.3.23 본문개정)

1. 다음 각 목의 어느 하나에 해당할 것
   가. 국가가 설립한 시험·연구기관
   나. 「특정연구기관 육성법」 제2조에 따른 특정연구기관
   다. 「국가표준기본법」 제23조에 따라 시험·검사기관으로 인정받은 기관
   라. 가목 및 나목의 연구기관과 동등 이상의 시험능력이 있다고 산업통상자원부장관이 인정하는 기관
   (2013.3.23 본목개정)
2. 산업통상자원부장관이 대기전력저감대상제품별로 정하여 고시하는 시험설비 및 전문인력을 갖출 것
(2013.3.23 본호개정)

제20조【대기전력저감우수제품의 표시 등】 ① 대기전력저감대상제품의 제조업자 또는 수입업자가 해당 제품에 대기전력저감우수제품의 표시를 하려면 대기전력시험기관의 측정을 받아 해당 제품이 제18조제2호의 대기전력저감기준에 적합하다는 판정을 받아야 한다. 다만, 제19조제2항 단서에 따라 산업통상자원부장관의 승인을 받은 자는 자체측정으로 대기전력시험기관의 측정을 대체할 수 있다.

② 제1항에 따른 적합 판정을 받아 대기전력저감우수제품의 표시를 하는 제조업자 또는 수입업자는 제1항에 따른 측정 결과를 산업통상자원부령으로 정하는 바에 따라 산업통상자원부장관에게 신고하여야 한다.

③ 산업통상자원부장관은 대기전력저감우수제품의 보급을 촉진하기 위하여 필요하다고 인정되는 경우에는 제8조제1항 각 호에 따른 자에 대하여 대기전력저감우수제품을 우선적으로 구매하게 하거나, 공장·사업장 및 집단주택단지 등에 대하여 대기전력저감우수제품의 설치 또는 사용을 장려할 수 있다.
(2013.3.23 본조개정)

제21조【대기전력저감대상제품의 사후관리】 ① 산업통상자원부장관은 대기전력저감우수제품이 제18조제2호의 대기전력저감기준에 미달하는 경우 산업통상자원부령으로 정하는 바에 따라 대기전력저감대상제품의 제조업자 또는 수입업자에게 일정한 기간을 정하여 그 시정을 명할 수 있다.
② 산업통상자원부장관은 대기전력저감대상제품의 제조업자 또는 수입업자가 제1항에 따른 시정명령을 이행하지 아니하는 경우에는 그 사실을 공표할 수 있다.
(2013.3.23 본조개정)

제22조【고효율에너지기자재의 인증 등】 ① 산업통상자원부장관은 에너지이용의 효율성이 높아 보급을 촉진할 필요가 있는 에너지사용기자재 또는 에너지관련기자재로서 산업통상자원부령으로 정하는 기자재(이하 "고효율에너지인증대상기자재"라 한다)에 대하여 다음 각 호의 사항을 정하여 고시하여야 한다. 다만, 에너지관련기자재 중 「건축법」 제2조제1항의 건축물에 고정되어 설치·이용되는 기자재 및 「자동차관리법」 제29조제2항에 따른 자동차부품을 고효율에너지인증대상기자재로 정하려는 경우에는 국토교통부장관과 협의한 후 다음 각 호의 사항을 공동으로 정하여 고시하여야 한다.(2013.7.30 본문개정)
1. 고효율에너지인증대상기자재의 각 기자재별 적용범위
2. 고효율에너지인증대상기자재의 인증 기준·방법 및 절차
3. 고효율에너지인증대상기자재의 성능 측정방법
4. 에너지이용의 효율성이 우수한 고효율에너지인증대상기자재(이하 "고효율에너지기자재"라 한다)의 인증 표시
5. 그 밖에 고효율에너지인증대상기자재의 관리에 필요한 사항으로서 산업통상자원부령으로 정하는 사항
(2013.3.23 본호개정)
② 고효율에너지인증대상기자재의 제조업자 또는 수입업자가 해당 기자재에 고효율에너지기자재의 인증 표시를 하려면 해당 에너지사용기자재 또는 에너지관련기자재가 제1항제2호에 따른 인증기준에 적합한지 여부에 대하여 산업통상자원부장관이 지정하는 시험기관(이하 "고효율시험기관"이라 한다)의 측정을 받아 산업통상자원부장관으로부터 인증을 받아야 한다.(2013.7.30 본항개정)
③ 제2항에 따라 고효율에너지기자재의 인증을 받으려는 자는 산업통상자원부령으로 정하는 바에 따라 산업통상자원부장관에게 인증을 신청하여야 한다.(2013.3.23 본항개정)
④ 산업통상자원부장관은 제3항에 따라 신청된 고효율에너지인증대상기자재가 제1항제2호에 따른 인증기준에 적합한 경우에는 인증을 하여야 한다.(2013.3.23 본항개정)
⑤ 제4항에 따라 인증을 받은 자가 아닌 자는 해당 고효율에너지인증대상기자재에 고효율에너지기자재의 인증표시를 할 수 없다.
⑥ 산업통상자원부장관은 고효율에너지기자재의 보급을 촉진하기 위하여 필요하다고 인정하는 경우에는 제8조제1항 각 호에 따른 자에 대하여 고효율에너지기자재를 우선적으로 구매하게 하거나, 공장·사업장 및 집단주택단지 등에 대하여 고효율에너지기자재의 설치 또는 사용을 장려할 수 있다.(2013.3.23 본항개정)
⑦ 제2항의 고효율시험기관으로 지정받으려는 자는 다음 각 호의 요건을 모두 갖추어 산업통상자원부령으로 정하는 바에 따라 산업통상자원부장관에게 지정 신청을 하여야 한다.(2013.3.23 본문개정)
1. 다음 각 목의 어느 하나에 해당할 것
가. 국가가 설립한 시험·연구기관
나. 「특정연구기관육성법」 제2조에 따른 특정연구기관
다. 「국가표준기본법」 제23조에 따라 시험·검사기관으로 인정받은 기관
라. 가목 및 나목의 연구기관과 동등 이상의 시험능력이 있다고 산업통상자원부장관이 인정하는 기관
(2013.3.23 본목개정)
2. 산업통상자원부장관이 고효율에너지인증대상기자재별로 정하여 고시하는 시험설비 및 전문인력을 갖출 것
(2013.3.23 본호개정)
⑧ 산업통상자원부장관은 고효율에너지인증대상기자재 중 기술 수준 및 보급 정도 등을 고려하여 고효율에너지인증대상기자재로 유지할 필요성이 없다고 인정하는 기자재를 산업통상자원부령으로 정하는 기준과 절차에 따라 고효율에너지인증대상기자재에서 제외할 수 있다.
(2013.7.30 본항신설)

제23조【고효율에너지기자재의 사후관리】 ① 산업통상자원부장관은 고효율에너지기자재가 제1호에 해당하는 경우에는 인증을 취소하여야 하고, 제2호에 해당하는 경우에는 인증을 취소하거나 6개월 이내의 기간을 정하여 인증을 사용하지 못하도록 명할 수 있다.(2013.3.23 본문개정)
1. 거짓이나 그 밖의 부정한 방법으로 인증을 받은 경우
2. 고효율에너지기자재가 제22조제1항제2호에 따른 인증기준에 미달하는 경우
② 산업통상자원부장관은 제1항에 따라 인증이 취소된 고효율에너지기자재에 대하여 그 인증이 취소된 날부터 1년의 범위에서 산업통상자원부령으로 정하는 기간 동안 인증을 하지 아니할 수 있다.(2013.3.23 본항개정)

제24조【시험기관의 지정취소 등】 ① 산업통상자원부장관은 효율관리시험기관, 대기전력시험기관 및 고효율시험기관이 다음 각 호의 어느 하나에 해당하는 경우에는 그 지정을 취소하거나 6개월 이내의 기간을 정하여 시험업무의 정지를 명할 수 있다. 다만, 제1호 또는 제2호에 해당하면 그 지정을 취소하여야 한다.(2013.3.23 본문개정)
1. 거짓이나 그 밖의 부정한 방법으로 지정을 받은 경우
2. 업무정지 기간 중에 시험업무를 행한 경우
3. 정당한 사유 없이 시험을 거부하거나 지연하는 경우
4. 산업통상자원부장관이 정하여 고시하는 측정방법을 위반하여 시험한 경우(2013.3.23 본호개정)
5. 제15조제5항, 제19조제5항 또는 제22조제7항에 따른 시험기관의 지정기준에 적합하지 아니하게 된 경우
② 산업통상자원부장관은 제15조제2항 단서, 제19조제2항 단서에 따라 자체측정의 승인을 받은 자가 제1호 또는 제2호에 해당하면 그 승인을 취소하여야 하고, 제3호 또는 제4호에 해당하면 그 승인을 취소하거나 6개월 이내의 기간을 정하여 자체측정업무의 정지를 명할 수 있다.
(2013.3.23 본문개정)
1. 거짓이나 그 밖의 부정한 방법으로 승인을 받은 경우
2. 업무정지 기간 중에 자체측정업무를 행한 경우
3. 산업통상자원부장관이 정하여 고시하는 측정방법을 위반하여 측정한 경우
4. 산업통상자원부장관이 정하여 고시하는 시험설비 및 전문인력 기준에 적합하지 아니하게 된 경우
(2013.3.23 3호~4호개정)

제2절 산업 및 건물 관련 시책

제25조【에너지절약전문기업의 지원】 ① 정부는 제3자로부터 위탁을 받아 다음 각 호의 어느 하나에 해당하는 사업을 하는 자로서 산업통상자원부장관에게 등록을 한 자(이하 "에너지절약전문기업"이라 한다)가 에너지절약사업과 이를 통한 온실가스의 배출을 줄이는 사업을 하는 데에 필요한 지원을 할 수 있다.(2013.3.23 본문개정)
1. 에너지사용시설의 에너지절약을 위한 관리·용역사업
2. 제14조제1항에 따른 에너지절약형 시설투자에 관한 사업
3. 그 밖에 대통령령으로 정하는 에너지절약을 위한 사업
② 에너지절약전문기업으로 등록하려는 자는 대통령령으로 정하는 바에 따라 장비, 자산 및 기술인력 등의 등록기준을 갖추어 산업통상자원부장관에게 등록을 신청하여야 한다.(2013.3.23 본항개정)

제26조【에너지절약전문기업의 등록취소 등】 산업통상자원부장관은 에너지절약전문기업이 다음 각 호의 어느 하나에 해당하면 그 등록을 취소하거나 이 법에 따른 지원을 중단할 수 있다. 다만, 제1호에 해당하는 경우에는 그 등록을 취소하여야 한다.(2013.3.23 본문개정)
1. 거짓이나 그 밖의 부정한 방법으로 제25조제1항에 따른 등록을 한 경우
2. 거짓이나 그 밖의 부정한 방법으로 제14조제1항에 따른 지원을 받거나 지원받은 자금을 다른 용도로 사용한 경우
3. 에너지절약전문기업으로 등록한 업체가 그 등록의 취소를 신청한 경우
4. 타인에게 자기의 성명이나 상호를 사용하여 제25조제1항 각 호의 어느 하나에 해당하는 사업을 수행하게 하거나 산업통상자원부장관이 에너지절약전문기업에 내준 등록증을 대여한 경우(2013.3.23 본호개정)
5. 제25조제2항에 따른 등록기준에 미달하게 된 경우
6. 제66조제1항에 따른 보고를 하지 아니하거나 거짓으로 보고한 경우 또는 같은 항에 따른 검사를 거부·방해 또는 기피한 경우
7. 정당한 사유 없이 등록한 후 3년 이내에 사업을 시작하지 아니하거나 3년 이상 계속하여 사업수행실적이 없는 경우

제27조【에너지절약전문기업의 등록제한】 제26조에 따라 등록이 취소된 에너지절약전문기업은 등록취소일부터 2년이 지나지 아니하면 제25조제2항에 따른 등록을 할 수 없다.

제27조의2【에너지절약전문기업의 공제조합 가입 등】
① 에너지절약전문기업은 에너지절약사업과 이를 통한 온실가스의 배출을 줄이는 사업을 원활히 수행하기 위하여 「엔지니어링산업 진흥법」 제34조에 따른 공제조합의 조합원으로 가입할 수 있다.
② 제1항에 따른 공제조합은 다음 각 호의 사업을 실시할 수 있다.
1. 에너지절약사업에 따른 의무이행에 필요한 이행보증
2. 에너지절약사업을 위한 채무 보증 및 융자
3. 에너지절약사업 수출을 위한 주거래은행 설정에 관한 보증
4. 에너지절약사업으로 인한 매출채권의 팩토링
5. 에너지절약사업의 대가로 받은 어음의 할인
6. 조합원 및 조합원에 고용된 자의 복지 향상을 위한 공제사업
7. 조합원 출자금의 효율적 운영을 위한 투자사업
③ 제2항제6호의 공제사업을 위한 공제규정, 공제규정으로 정할 내용 등에 관한 사항은 대통령령으로 정한다.
(2011.7.25 본조신설)

제28조【자발적 협약체결기업의 지원 등】 ① 정부는 에너지사용자 또는 에너지공급자로서 에너지의 절약과 합리적인 이용을 통한 온실가스의 배출을 줄이기 위한 목표와 그 이행방법 등에 관한 계획을 자발적으로 수립하여 이를 이행하기로 정부나 지방자치단체와 약속(이하 "자발적 협약"이라 한다)한 자가 에너지절약형 시설이나 그 밖에 대통령령으로 정하는 시설 등에 투자하는 경우에는 그에 필요한 지원을 할 수 있다.
② 자발적 협약의 목표, 이행방법의 기준과 평가에 관하여 필요한 사항은 환경부장관과 협의하여 산업통상자원부령으로 정한다.(2013.3.23 본항개정)

제28조의2【에너지경영시스템의 지원 등】 ① 산업통상자원부장관은 에너지사용자 또는 에너지공급자에게 에너지효율 향상을 위한 전사적(全社的) 에너지경영시스템의 도입을 권장하여야 하며, 이를 도입하는 자에게 필요한 지원을 할 수 있다.
② 제1항에 따른 에너지경영시스템의 권장 대상, 지원 기준·방법 등에 관하여 필요한 사항은 산업통상자원부령으로 정한다.(2015.1.28 본항개정)
(2014.1.21 본조개정)

제28조의3【에너지관리시스템의 지원 등】 ① 산업통상자원부장관은 에너지의 효율적 사용과 에너지관리시스템의 보급 활성화를 위하여 에너지사용자에게 에너지관리시스템의 도입을 권장할 수 있으며, 이를 도입하는 자에게 필요한 지원을 할 수 있다.
② 제1항에 따른 에너지관리시스템의 권장 대상, 지원 기준·방법 등에 필요한 사항은 산업통상자원부령으로 정한다.
(2015.1.28 본조신설)

제29조【온실가스배출 감축실적의 등록·관리】 ① 정부는 에너지절약전문기업, 자발적 협약체결기업 등이 에너지이용 합리화를 통한 온실가스배출 감축실적의 등록을 신청하는 경우 그 감축실적을 등록·관리하여야 한다.
② 제1항에 따른 신청, 등록·관리 등에 관하여 필요한 사항은 대통령령으로 정한다.

제30조【온실가스의 배출을 줄이기 위한 교육훈련 및 인력양성 등】 ① 정부는 온실가스의 배출을 줄이기 위하여 필요하다고 인정하면 산업계종사자 등 온실가스배출 감축 관련 업무담당자에 대하여 교육훈련을 실시할 수 있다.
② 정부는 온실가스 배출을 줄이는 데에 필요한 전문인력을 양성하기 위하여 「고등교육법」 제29조에 따른 대학원 및 같은 법 제30조에 따른 대학원대학 중에서 대통령령으로 정하는 기준에 해당하는 대학원이나 대학원대학을 기후변화협약특성화대학원으로 지정할 수 있다.
③ 정부는 제2항에 따라 지정된 기후변화협약특성화대학원의 운영에 필요한 지원을 할 수 있다.
④ 제1항에 따른 교육훈련대상자와 교육훈련 내용, 제2항에 따른 기후변화협약특성화대학원 지정절차 및 제3항에 따른 지원내용 등에 필요한 사항은 대통령령으로 정한다.

제31조【에너지다소비사업자의 신고 등】 ① 에너지사용량이 대통령령으로 정하는 기준량 이상인 자(이하 "에너지다소비사업자"라 한다)는 다음 각 호의 사항을 산업통상자원부령으로 정하는 바에 따라 매년 1월 31일까지 그 에너지사용시설이 있는 지역을 관할하는 시·도지사에게 신고하여야 한다.(2013.3.23 본문개정)
1. 전년도의 분기별 에너지사용량·제품생산량
(2014.1.21 본호개정)
2. 해당 연도의 분기별 에너지사용예정량·제품생산예정량(2014.1.21 본호개정)
3. 에너지사용기자재의 현황
4. 전년도의 분기별 에너지이용 합리화 실적 및 해당 연도의 분기별 계획(2014.1.21 본호개정)
5. 제1호부터 제4호까지의 사항에 관한 업무를 담당하는 자(이하 "에너지관리자"라 한다)의 현황
② 시·도지사는 제1항에 따른 신고를 받으면 이를 매년 2월 말일까지 산업통상자원부장관에게 보고하여야 한다.
(2013.3.23 본항개정)
③ 산업통상자원부장관 및 시·도지사는 에너지다소비사업자가 신고한 제1항 각 호의 사항을 확인하기 위하여 필요한 경우 다음 각 호의 어느 하나에 해당하는 자에 대하여 에너지다소비사업자에게 공급한 에너지의 공급 자료를 제출하도록 요구할 수 있다.
1. 「한국전력공사법」에 따른 한국전력공사
2. 「한국가스공사법」에 따른 한국가스공사
3. 「도시가스사업법」 제2조제2호에 따른 도시가스사업자
4. 「집단에너지사업법」 제2조제3호에 따른 사업자 및 같은 법 제29조에 따른 한국지역난방공사
5. 그 밖에 대통령령으로 정하는 에너지공급기관 또는 관리기관
(2014.1.21 본항신설)

제32조【에너지진단 등】 ① 산업통상자원부장관은 관계 행정기관의 장과 협의하여 에너지다소비사업자가 에

너지를 효율적으로 관리하기 위하여 필요한 기준(이하 "에너지관리기준"이라 한다)을 부문별로 정하여 고시하여야 한다.
② 에너지다소비사업자는 산업통상자원부장관이 지정하는 에너지진단전문기관(이하 "진단기관"이라 한다)으로부터 3년 이상의 범위에서 대통령령으로 정하는 기간마다 그 사업장에 대하여 에너지진단을 받아야 한다. 다만, 물리적 또는 기술적으로 에너지진단을 실시할 수 없거나 에너지진단의 효과가 적은 아파트・발전소 등 산업통상자원부령으로 정하는 범위에 해당하는 사업장은 그러하지 아니하다.(2015.1.28 본문개정)
③ 산업통상자원부장관은 대통령령으로 정하는 바에 따라 에너지진단업무에 관한 자료제출을 요구하는 등 진단기관을 관리・감독한다.
④ 산업통상자원부장관은 자체에너지절감실적이 우수하다고 인정되는 에너지다소비사업자에 대하여는 산업통상자원부령으로 정하는 바에 따라 에너지진단을 면제하거나 에너지진단주기를 연장할 수 있다.
⑤ 산업통상자원부장관은 에너지진단 결과 에너지다소비사업자가 에너지관리기준을 지키고 있지 아니한 경우에는 에너지관리기준의 이행을 위한 지도(이하 "에너지관리지도"라 한다)를 할 수 있다.
⑥ 산업통상자원부장관은 에너지다소비사업자가 에너지진단을 받기 위하여 드는 비용의 전부 또는 일부를 지원할 수 있다. 이 경우 지원 대상・규모 및 절차는 대통령령으로 정한다.
⑦ 산업통상자원부장관은 진단기관에 대하여 평가하고 그 결과를 공개할 수 있다. 이 경우 평가의 기준・방법 및 결과의 공개에 필요한 사항은 산업통상자원부령으로 정한다.(2022.10.18 본항신설)
⑧ 진단기관의 지정기준은 대통령령으로 정하고, 진단기관의 지정절차와 그 밖에 필요한 사항은 산업통상자원부령으로 정한다.
⑨ 에너지진단의 범위와 방법, 그 밖에 필요한 사항은 산업통상자원부장관이 정하여 고시한다.
(2013.3.23 본조개정)

제33조【진단기관의 지정취소 등】 산업통상자원부장관은 진단기관의 지정을 받은 자가 다음 각 호의 어느 하나에 해당하면 그 지정을 취소하거나 2년 이내의 기간을 정하여 그 업무의 정지를 명할 수 있다. 다만, 제1호에 해당하는 경우에는 그 지정을 취소하여야 한다.
(2013.3.23 본문개정)
1. 거짓이나 그 밖의 부정한 방법으로 지정을 받은 경우
2. 에너지관리기준에 비추어 현저히 부적절하게 에너지진단을 하는 경우
3. 제32조제7항에 따른 평가 결과 진단기관으로서 적절하지 아니하다고 판단되는 경우(2022.10.18 본호신설)
4. 제32조제8항에 따른 지정기준에 적합하지 아니하게 된 경우(2022.10.18 본호개정)
5. 제66조제1항에 따른 보고를 하지 아니하거나 거짓으로 보고한 경우 또는 같은 항에 따른 검사를 거부・방해 또는 기피한 경우
6. 정당한 사유 없이 3년 이상 계속하여 에너지진단업무 실적이 없는 경우(2014.1.21 본호신설)

제34조【개선명령】 ① 산업통상자원부장관은 에너지관리지도 결과, 에너지가 손실되는 요인을 줄이기 위하여 필요하다고 인정하면 에너지다소비사업자에게 에너지손실요인의 개선을 명할 수 있다.(2013.3.23 본항개정)
② 제1항에 따른 개선명령의 요건 및 절차는 대통령령으로 정한다.

제35조【목표에너지원단위의 설정 등】 ① 산업통상자원부장관은 에너지의 이용효율을 높이기 위하여 필요하다고 인정하면 관계 행정기관의 장과 협의하여 에너지를 사용하여 만드는 제품의 단위당 에너지사용목표량 또는 건축물의 단위면적당 에너지사용목표량(이하 "목표에너지원단위"라 한다)를 정하여 고시하여야 한다.
② 산업통상자원부장관은 산업통상자원부령으로 정하는 바에 따라 목표에너지원단위의 달성에 필요한 자금을 융자할 수 있다.
(2013.3.23 본조개정)

제35조의2【붙박이에너지사용기자재의 효율관리】 ① 산업통상자원부장관은 건설사업자(「주택법」 제4조에 따라 등록한 주택건설사업자 또는 「건축법」 제2조에 따른 건축주 및 공사시공자를 말한다. 이하 같다)가 설치하여 입주자에게 공급하는 붙박이 가전제품(건축물의 난방, 냉방, 급탕, 조명, 환기를 위한 제품은 제외한다)으로서 국토교통부장관과 협의하여 산업통상자원부령으로 정하는 에너지사용기자재(이하 "붙박이에너지사용기자재"라 한다)의 에너지이용 효율을 높이기 위하여 다음 각 호의 사항을 정하여 고시하여야 한다.(2019.12.10 본문개정)
1. 에너지의 최저소비효율 또는 최대사용량의 기준
2. 에너지의 소비효율등급 또는 대기전력 기준
3. 그 밖에 붙박이에너지사용기자재의 관리에 필요한 사항으로서 산업통상자원부령으로 정하는 사항
② 산업통상자원부장관은 건설사업자에게 제1항에 따라 고시된 사항을 준수하도록 권고할 수 있다.(2019.12.10 본항개정)
③ 산업통상자원부장관은 붙박이에너지사용기자재를 설치한 건설사업자에 대하여 국토교통부장관과 협의하여 산업통상자원부령으로 정하는 바에 따라 제2항에 따른 권고의 이행 여부를 조사할 수 있다.(2019.12.10 본항개정)
(2013.7.30 본조신설)

제36조【폐열의 이용】 ① 에너지사용자는 사업장 안에서 발생하는 폐열을 이용하기 위하여 노력하여야 하며, 사업장 안에서 이용하지 아니하는 폐열을 타인이 사업장 밖에서 이용하기 위하여 공급받으려는 경우에는 이에 적극 협조하여야 한다.
② 산업통상자원부장관은 폐열의 이용을 촉진하기 위하여 필요하다고 인정하면 폐열을 발생시키는 에너지사용자에게 폐열의 공동이용 또는 타인에 대한 공급 등을 권고할 수 있다. 다만, 폐열의 공동이용 또는 타인에 대한 공급 등에 관하여 당사자 간에 협의가 이루어지지 아니하거나 협의를 할 수 없는 경우에는 조정을 할 수 있다.
(2013.3.23 본문개정)
③ 「집단에너지사업법」에 따른 사업자는 같은 법 제5조에 따라 집단에너지공급대상지역으로 지정된 지역에 소각시설이나 산업시설에서 발생되는 폐열을 활용하기 위하여 적극 노력하여야 한다.

제36조의2【냉난방온도제한건물의 지정 등】 ① 산업통상자원부장관은 에너지의 절약 및 합리적인 이용을 위하여 필요하다고 인정하면 냉난방온도의 제한온도 및 제한기간을 정하여 다음 각 호의 건물 중에서 냉난방온도를 제한하는 건물을 지정할 수 있다.(2013.3.23 본문개정)
1. 제8조제1항 각 호에 해당하는 자가 업무용으로 사용하는 건물
2. 에너지다소비사업자의 에너지사용시설 중 에너지사용량이 대통령령으로 정하는 기준량 이상인 건물
② 산업통상자원부장관은 제1항에 따라 냉난방온도의 제한온도 및 제한기간을 정하여 냉난방온도를 제한하는 건물을 지정한 때에는 다음 각 호의 구분에 따라 통지하고 이를 고시하여야 한다.(2013.3.23 본문개정)
1. 제1항제1호의 건물 : 관리기관(관리기관이 따로 없는 경우에는 그 기관의 장을 말한다. 이하 같다)에 통지
2. 제1항제2호의 건물 : 에너지다소비사업자에게 통지
③ 제1항 및 제2항에 따라 냉난방온도를 제한하는 건물로 지정된 건물(이하 "냉난방온도제한건물"이라 한다)의 관리기관 또는 에너지다소비사업자는 해당 건물의 냉난방온도를 제한온도에 적합하도록 유지・관리하여야 한다.
④ 산업통상자원부장관은 냉난방온도제한건물의 관리기관 또는 에너지다소비사업자가 해당 건물의 냉난방온도를 제한온도에 적합하게 유지・관리하는지 여부를 점검하거나 실태를 파악할 수 있다.(2013.3.23 본항개정)
⑤ 제1항에 따른 냉난방온도의 제한온도를 정하는 기준 및 냉난방온도제한건물의 지정기준, 제4항에 따른 점검방법 등에 필요한 사항은 산업통상자원부령으로 정한다.
(2013.3.23 본항개정)
(2009.1.30 본조신설)

제36조의3【건물의 냉난방온도 유지・관리를 위한 조치】 산업통상자원부장관은 냉난방온도제한건물의 관리기관 또는 에너지다소비사업자가 제36조의2제3항에 따라 해당 건물의 냉난방온도를 제한온도에 적합하게 유지・관리하지 아니한 경우에는 냉난방온도의 조절 등 냉난방온도의 적합한 유지・관리에 필요한 조치를 하도록 권고하거나 시정조치를 명할 수 있다.(2013.3.23 본조개정)

제4장 열사용기자재의 관리

제37조【특정열사용기자재】 열사용기자재 중 제조, 설치・시공 및 사용에서의 안전관리, 위해방지 또는 에너지이용의 효율관리가 특히 필요하다고 인정되는 것으로서 산업통상자원부령으로 정하는 열사용기자재(이하 "특정열사용기자재"라 한다)의 설치・시공이나 세관(洗罐 : 물이 흐르는 관 속에 낀 물때나 녹따위를 벗겨 냄)을 업(이하 "시공업"이라 한다)으로 하는 자는 「건설산업기본법」 제9조제1항에 따라 시・도지사에게 등록하여야 한다.(2013.3.23 본조개정)

제38조【시공업등록말소 등의 요청】 산업통상자원부장관은 제37조에 따라 시공업의 등록을 한 자(이하 "시공업자"라 한다)가 고의 또는 과실로 특정열사용기자재의 설치, 시공 또는 세관을 부실하게 함으로써 시설물의 안전 또는 에너지효율 관리에 중대한 문제를 초래하면 시・도지사에게 그 등록을 말소하거나 그 시공업의 전부 또는 일부를 정지하도록 요청할 수 있다.(2013.3.23 본조개정)

제39조【검사대상기기의 검사】 ① 특정열사용기자재 중 산업통상자원부령으로 정하는 검사대상기기(이하 "검사대상기기"라 한다)의 제조업자는 그 검사대상기기의 제조에 관하여 시・도지사의 검사를 받아야 한다.
(2013.3.23 본항개정)
② 다음 각 호의 어느 하나에 해당하는 자(이하 "검사대상기기설치자"라 한다)는 산업통상자원부령으로 정하는 바에 따라 시・도지사의 검사를 받아야 한다.(2013.3.23 본문개정)
1. 검사대상기기를 설치하거나 개조하여 사용하려는 자
2. 검사대상기기의 설치장소를 변경하여 사용하려는 자
3. 검사대상기기를 사용중지한 후 재사용하려는 자
③ 시・도지사는 제1항이나 제2항에 따른 검사에 합격된 검사대상기기의 제조업자나 설치자에게는 지체 없이 그 검사의 유효기간을 명시한 검사증을 내주어야 한다.
④ 검사의 유효기간이 끝나는 검사대상기기를 계속 사용하려는 자는 산업통상자원부령으로 정하는 바에 따라 다시 시・도지사의 검사를 받아야 한다.(2013.3.23 본항개정)
⑤ 제1항・제2항 또는 제4항에 따른 검사에 합격되지 아니한 검사대상기기는 사용할 수 없다. 다만, 시・도지사는 제4항에 따른 검사의 내용 중 산업통상자원부령으로 정하는 항목의 검사에 합격되지 아니한 검사대상기기에 대하여는 검사대상기기의 안전관리와 위해방지에 지장이 없는 범위에서 산업통상자원부령으로 정하는 기간 내에 그 검사에 합격할 것을 조건으로 계속 사용하게 할 수 있다.(2013.3.23 단서개정)
⑥ 시・도지사는 제1항・제2항 및 제4항에 따른 검사에서 검사대상기기의 안전관리와 위해방지에 지장이 없는 범위에서 산업통상자원부령으로 정하는 바에 따라 그 검사의 전부 또는 일부를 면제할 수 있다.(2013.3.23 본항개정)
⑦ 검사대상기기설치자는 다음 각 호의 어느 하나에 해당하면 산업통상자원부령으로 정하는 바에 따라 시・도지사에게 신고하여야 한다.(2013.3.23 본문개정)
1. 검사대상기기를 폐기한 경우
2. 검사대상기기의 사용을 중지한 경우
3. 검사대상기기의 설치자가 변경된 경우
4. 제6항에 따라 검사의 전부 또는 일부가 면제된 검사대상기기 중 산업통상자원부령으로 정하는 검사대상기기를 설치한 경우(2013.3.23 본호개정)
⑧ 검사대상기기에 대한 검사의 내용・기준, 그 밖에 필요한 사항은 산업통상자원부령으로 정한다.(2013.3.23 본항개정)

제39조의2【수입 검사대상기기의 검사】 ① 검사대상기기를 수입하려는 자는 제조업자로 하여금 그 검사대상기기의 제조에 관하여 산업통상자원부장관의 검사를 받도록 하여야 한다. 다만, 산업통상자원부장관은 수입 검사대상기기가 다음 각 호의 어느 하나에 해당하는 경우에는 검사대상기기의 안전관리와 위해방지에 지장이 없는 범위에서 산업통상자원부령으로 정하는 바에 따라 그 검사의 전부 또는 일부를 면제할 수 있다.
1. 산업통상자원부장관이 고시하는 외국의 검사기관에서 검사를 받은 경우
2. 전시회나 박람회에 출품할 목적으로 수입하는 경우
3. 그 밖에 산업통상자원부령으로 정하는 경우
② 산업통상자원부장관은 제1항에 따른 검사에 합격된 검사대상기기의 제조업자에게는 지체 없이 검사증을 내주어야 한다.
③ 제1항에 따른 검사에 합격되지 아니한 검사대상기기는 수입할 수 없다.
④ 제1항에 따른 검사의 내용・기준, 그 밖에 필요한 사항은 산업통상자원부령으로 정한다.
(2016.12.2 본조신설)

제40조【검사대상기기관리자의 선임】 ① 검사대상기기설치자는 검사대상기기의 안전관리, 위해방지 및 에너지이용의 효율을 관리하기 위하여 검사대상기기의 관리자(이하 "검사대상기기관리자"라 한다)를 선임하여야 한다.
② 검사대상기기관리자의 자격기준과 선임기준은 산업통상자원부령으로 정한다.
③ 검사대상기기설치자는 검사대상기기관리자를 선임 또는 해임하거나 검사대상기기관리자가 퇴직한 경우에는 산업통상자원부령으로 정하는 바에 따라 시・도지사에게 신고하여야 한다.
④ 검사대상기기설치자는 검사대상기기관리자를 해임하거나 검사대상기기관리자가 퇴직하는 경우에는 해임이나 퇴직 이전에 다른 검사대상기기관리자를 선임하여야 한다. 다만, 산업통상자원부령으로 정하는 사유에 해당하는 경우에는 시・도지사의 승인을 받아 다른 검사대상기기관리자의 선임을 연기할 수 있다.
(2018.4.17 본조개정)

제40조의2【검사대상기기 사고의 통보 및 조사】 ① 검사대상기기설치자는 검사대상기기로 인하여 다음 각 호의 어느 하나에 해당하는 사고가 발생한 때에는 지체 없이 사고의 일시・내용 등 산업통상자원부령으로 정하는 사항을 제45조에 따른 한국에너지공단에 통보하여야 하며, 한국에너지공단은 이를 산업통상자원부장관 또는 시・도지사에게 보고하여야 한다.
1. 사람이 사망한 사고
2. 사람이 부상당한 사고
3. 화재 또는 폭발 사고
4. 그 밖에 검사대상기기가 파손된 사고로서 산업통상자원부령으로 정하는 사고
② 제1항에 따라 통보를 받은 한국에너지공단은 사고의 재발 방지를 위하여 필요하다고 인정하면 사고의 원인과 경위 등을 조사할 수 있다.
(2017.10.31 본조신설)

제5장 시공업자단체

제41조【시공업자단체의 설립】 ① 시공업자는 품위 유지, 기술 향상, 시공방법 개선, 그 밖에 시공업의 건전한 발전을 위하여 산업통상자원부장관의 인가를 받아 시공업자단체를 설립할 수 있다.(2013.3.23 본항개정)
② 시공업자단체는 법인으로 한다.
③ 시공업자단체는 설립등기를 함으로써 성립한다.

④ 시공업자단체의 설립, 정관의 기재사항과 감독에 관하여 필요한 사항은 대통령령으로 정한다.
제42조【시공업자단체의 회원 자격】 시공업자는 시공업자단체에 가입할 수 있다.
제43조【건의와 자문】 시공업자단체는 시공업에 관한 사항을 정부에 건의하거나 정부의 자문에 응할 수 있다.
제44조【「민법」의 준용】 시공업자단체에 관하여 이 법에 규정한 것 외에는 「민법」 중 사단법인에 관한 규정을 준용한다.

제6장　한국에너지공단
(2015.1.28 본장제목개정)

제45조【한국에너지공단의 설립 등】 ① 에너지이용 합리화사업을 효율적으로 추진하기 위하여 한국에너지공단(이하 "공단"이라 한다)을 설립한다.(2015.1.28 본항개정)
② 정부 또는 정부 외의 자는 공단의 설립·운영과 사업에 드는 자금에 충당하기 위하여 출연을 할 수 있다.
③ 제2항에 따른 출연시기, 출연방법, 그 밖에 필요한 사항은 대통령령으로 정한다.
(2015.1.28 본조제목개정)
제46조【법인격】 공단은 법인으로 한다.
제47조【사무소】 ① 공단의 주된 사무소의 소재지는 정관으로 정한다.
② 공단은 산업통상자원부장관의 승인을 받아 필요한 곳에 지부(支部), 연수원, 사업소 또는 부설기관을 둘 수 있다.(2013.3.23 본항개정)
제48조【정관】 공단의 정관에는 「공공기관의 운영에 관한 법률」 제16조제1항에 따른 기재사항 외에 다음 각 호의 사항을 포함하여야 한다.
1. 지부, 연수원 및 사업소에 관한 사항
2. 부설기관의 운영과 관리에 관한 사항
3. 재산에 관한 사항
4. 규약·규정의 제정, 개정 및 폐지에 관한 사항
(2009.1.30 본조개정)
제49조【설립등기】 ① 공단은 주된 사무소의 소재지에서 설립등기를 함으로써 성립한다.
② 제1항에 따른 설립등기 사항은 다음 각 호와 같다.
1. 목적
2. 명칭
3. 주된 사무소, 지부, 연수원 및 사업소
4. 임원의 성명과 주소
5. 공고의 방법
③ 설립등기 외의 등기에 관하여 필요한 사항은 대통령령으로 정한다.
제50조【유사명칭의 사용금지】 공단이 아닌 자는 한국에너지공단 또는 이와 유사한 명칭을 사용하지 못한다.
(2015.1.28 본조개정)
제51조【임원】 공단에 임원으로 이사장과 부이사장을 포함한 이사와 감사를 두며, 그 정수는 다음 각 호와 같다.
1. 이사장 1명
2. 부이사장 1명
3. 이사장, 부이사장을 제외한 이사 9명 이내(6명 이내의 비상임이사를 포함한다)
4. 감사 1명
제52조 (2009.1.30 삭제)
제53조【임원의 직무】 ① 이사장은 공단을 대표하고, 공단의 업무를 총괄한다.
② 부이사장은 이사장을 보좌한다.(2009.1.30 본항개정)
③ 이사는 정관으로 정하는 바에 따라 공단의 업무를 분장한다.(2009.1.30 본항개정)
④ 감사는 공단의 업무와 회계를 감사한다.
제54조~제55조 (2009.1.30 삭제)
제56조【직원의 임면】 공단의 직원은 정관으로 정하는 바에 따라 이사장이 임면한다.
제57조【사업】 공단은 다음 각 호의 사업을 한다.
1. 에너지이용 합리화 및 이를 통한 온실가스의 배출을 줄이기 위한 사업과 국제협력(2015.1.28 본호개정)
2. 에너지기술의 개발·도입·지도 및 보급
3. 에너지이용 합리화, 신에너지 및 재생에너지의 개발과 보급, 집단에너지공급사업을 위한 자금의 융자 및 지원
4. 제25조제1항 각 호의 사업
5. 에너지진단 및 에너지관리지도
6. 신에너지 및 재생에너지 개발사업의 촉진
7. 에너지관리에 관한 조사·연구·교육 및 홍보
8. 에너지이용 합리화사업을 위한 토지·건물 및 시설 등의 취득·설치·운영·대여 및 양도
9. 「집단에너지사업법」 제2조에 따른 집단에너지사업의 촉진을 위한 지원 및 관리
10. 에너지사용기자재·에너지관련기자재의 효율관리 및 열사용기자재의 안전관리(2013.7.30 본호개정)
11. 사회취약계층의 에너지이용 지원(2015.1.28 본호신설)
12. 제1호부터 제11호까지의 사업에 딸린 사업
13. 제1호부터 제12호까지의 사업 외에 산업통상자원부장관, 시·도지사, 그 밖의 기관 등이 위탁하는 에너지이용의 합리화와 온실가스의 배출을 줄이기 위한 사업
(2015.1.28 12호~13호개정)
제58조【비용부담】 공단은 산업통상자원부장관의 승인을 받아 그 사업에 따른 수익자로 하여금 그 사업에 필요한 비용을 부담하게 할 수 있다.(2013.3.23 본조개정)
제59조【자금의 차입】 공단이 제57조제4호에 따른 사업을 하는 경우에는 정부, 정부가 설치한 기금, 국내외 금융기관, 외국정부 또는 국제기구로부터 자금을 차입할 수 있다.
제60조【회계 등】 ① (2009.1.30 삭제)
② 공단은 매 회계연도 시작 전에 예산총칙·추정손익계산서·추정대차대조표와 자금계획서로 구분하여 예산안을 편성하여 이사회의 의결을 거쳐 산업통상자원부장관의 승인을 받아야 한다. 이를 변경하는 경우에도 또한 같다.(2013.3.23 전단개정)
③ (2009.1.30 삭제)
제61조【이익금의 처리】 공단은 매 회계연도의 결산결과 이익금이 생긴 경우에는 이월손실금을 보전하는 데에 충당하고, 나머지는 산업통상자원부장관이 정하는 바에 따라 적립하여야 한다.(2013.3.23 본조개정)
제62조【업무의 지도 및 감독】 ① 산업통상자원부장관은 다음 각 호의 업무에 대하여 공단을 지도·감독하며, 그 사업의 수행에 필요한 지시·처분 또는 명령을 할 수 있다.(2013.3.23 본문개정)
1. 사업계획 및 예산편성
2. 사업실적 및 결산
3. 제57조에 따라 공단이 수행하는 사업
4. 제69조제3항에 따라 산업통상자원부장관이 위탁한 업무(2013.3.23 본호개정)
② 산업통상자원부장관은 공단에 업무·회계 및 재산에 관하여 필요한 사항을 보고하게 하거나 소속 공무원으로 하여금 공단의 장부·서류, 그 밖의 물건을 검사하게 할 수 있다.(2013.3.23 본항개정)
③ 제2항에 따라 검사를 하는 공무원은 그 권한을 표시하는 증표를 지니고 이를 관계인에게 내보여야 한다.
제63조【비밀누설 등의 금지】 공단의 임직원으로 근무하거나 근무하였던 사람은 그 직무상 알게 된 비밀을 누설하거나 도용하여서는 아니 된다.
제64조【「민법」의 준용】 공단에 관하여 이 법 및 「공공기관의 운영에 관한 법률」에 규정한 것 외에는 「민법」 중 재단법인에 관한 규정을 준용한다.(2009.1.30 본조개정)

제7장　보　칙

제65조【교육】 ① 산업통상자원부장관은 에너지관리의 효율적인 수행과 특정열사용기자재의 안전관리를 위하여 에너지관리자, 시공업의 기술인력 및 검사대상기기관리자에 대하여 교육을 실시하여야 한다.(2018.4.17 본항개정)
② 에너지관리자, 시공업의 기술인력 및 검사대상기기관리자는 제1항에 따라 실시하는 교육을 받아야 한다.
(2018.4.17 본항개정)
③ 에너지다소비사업자, 시공업자 및 검사대상기기설치자는 그가 선임 또는 채용하고 있는 에너지관리자, 시공업의 기술인력 또는 검사대상기기관리자로 하여금 제1항에 따라 실시하는 교육을 받게 하여야 한다.(2018.4.17 본항개정)
④ 제1항에 따른 교육담당기관·교육기간 및 교육과정, 그 밖에 교육에 관하여 필요한 사항은 산업통상자원부령으로 정한다.(2013.3.23 본항개정)
제66조【보고 및 검사 등】 ① 산업통상자원부장관이나 시·도지사는 이 법의 시행을 위하여 필요하면 산업통상자원부령으로 정하는 바에 따라 효율관리기자재·대기전력저감대상제품·고효율에너지인증대상기자재의 제조업자·수입업자·판매업자 및 각 시험기관, 에너지절약전문기업, 에너지다소비사업자, 진단기관과 검사대상기기설치자에 대하여 그 업무에 관한 보고를 명하거나 소속 공무원 또는 공단으로 하여금 효율관리기자재 제조업자 등의 사무소·사업장·공장이나 창고에 출입하여 장부·서류·에너지사용기자재, 그 밖의 물건을 검사하게 할 수 있다.(2013.3.23 본항개정)
② 제1항에 따른 검사를 하는 공무원이나 공단의 직원은 그 권한을 표시하는 증표를 지니고 이를 관계인에게 내보여야 한다.
제67조【수수료】 다음 각 호의 어느 하나에 해당하는 자는 산업통상자원부령으로 정하는 바에 따라 수수료를 내야 한다.(2013.3.23 본문개정)
1. 제22조제3항에 따라 고효율에너지기자재의 인증을 신청하려는 자
2. 제32조제2항 본문에 따른 에너지진단을 받으려는 자
3. 제39조제1항·제2항 또는 제4항에 따라 검사대상기기의 검사를 받으려는 자
4. 제39조의2제1항에 따라 검사대상기기의 검사를 받으려는 제조업자(2016.12.2 본호신설)
제68조【청문】 산업통상자원부장관은 다음 각 호의 어느 하나에 해당하는 처분을 하려면 청문을 하여야 한다.
(2013.3.23 본문개정)
1. 제16조제2항에 따른 효율관리기자재의 생산 또는 판매의 금지명령
2. 제23조제1항에 따른 고효율에너지기자재의 인증 취소
3. 제24조제1항에 따른 각 시험기관의 지정 취소
4. 제24조제2항에 따른 자체측정을 할 수 있는 자의 승인 취소
5. 제26조에 따른 에너지절약전문기업의 등록 취소. 다만, 같은 조 제3호에 따른 등록 취소는 제외한다.(2011.7.25 단서신설)
6. 제33조에 따른 진단기관의 지정 취소
제69조【권한의 위임·위탁】 ① 이 법에 따른 산업통상자원부장관의 권한은 대통령령으로 정하는 바에 따라 그 일부를 시·도지사에게 위임할 수 있다.(2013.3.23 본항개정)
② 시·도지사는 제1항에 따라 위임받은 권한의 일부를 산업통상자원부장관의 승인을 받아 시장·군수 또는 구청장(자치구의 구청장을 말한다)에게 재위임할 수 있다.
(2013.3.23 본항개정)
③ 산업통상자원부장관 또는 시·도지사는 대통령령으로 정하는 바에 따라 다음 각 호의 업무를 공단·시공업자단체 또는 대통령령으로 정하는 기관에 위탁할 수 있다.(2013.3.23 본문개정)
1. 제11조에 따른 에너지사용계획의 검토
2. 제12조에 따른 이행 여부의 점검 및 실태파악
3. 제15조제3항에 따른 효율관리기자재의 측정결과 신고의 접수
4. 제19조제3항에 따른 대기전력경고표지대상제품의 측정결과 신고의 접수
5. 제20조제2항에 따른 대기전력저감대상제품의 측정결과 신고의 접수
6. 제22조제3항 및 제4항에 따른 고효율에너지기자재 인증 신청의 접수 및 인증
7. 제23조제1항에 따른 고효율에너지기자재의 인증취소 또는 인증사용정지 명령
8. 제25조제1항에 따른 에너지절약전문기업의 등록
9. 제29조제1항에 따른 온실가스배출 감축실적의 등록 및 관리
10. 제31조제1항에 따른 에너지다소비사업자 신고의 접수
11. 제32조제3항에 따른 진단기관의 관리·감독
12. 제32조제5항에 따른 에너지관리지도
12의2. 제32조제7항에 따른 진단기관의 평가 및 그 결과의 공개(2022.10.18 본호신설)
12의3. 제36조의2제4항에 따른 냉난방온도의 유지·관리 여부에 대한 점검 및 실태 파악(2009.1.30 본호신설)
13. 제39조제1항부터 제4항까지 및 제7항에 따른 검사대상기기의 검사, 검사증의 교부 및 검사대상기기 폐기 등의 신고의 접수
13의2. 제39조의2제1항 및 제2항에 따른 검사대상기기의 검사 및 검사증의 교부(2016.12.2 본호신설)
14. 제40조제3항 및 제4항 단서에 따른 검사대상기기관리자의 선임·해임 또는 퇴직신고의 접수 및 검사대상기기관리자의 선임기한 연기에 관한 승인(2018.4.17 본호개정)
제70조【벌칙 적용 시의 공무원 의제】 산업통상자원부장관이 제69조제3항에 따라 위탁한 업무에 종사하는 기관 또는 단체의 임직원은 「형법」 제129조부터 제132조까지를 적용할 때에는 공무원으로 본다.(2013.3.23 본조개정)
제71조【다른 법률과의 관계】 ① (2009.1.30 삭제)
② 「집단에너지사업법」 제4조에 따라 집단에너지의 공급타당성에 관한 협의를 한 경우에는 제10조에 따른 에너지사용계획의 협의내용 중 집단에너지공급에 관한 사항을 협의한 것으로 본다.

제8장　벌　칙

제72조【벌칙】 다음 각 호의 어느 하나에 해당하는 자는 2년 이하의 징역 또는 2천만원 이하의 벌금에 처한다.
1. 제7조제1항에 따른 에너지저장시설의 보유 또는 저장의무의 부과시 정당한 이유 없이 이를 거부하거나 이행하지 아니한 자
2. 제7조제2항제1호부터 제8호까지 또는 제10호에 따른 조정·명령 등의 조치를 위반한 자
3. 제63조를 위반하여 직무상 알게 된 비밀을 누설하거나 도용한 자
제73조【벌칙】 다음 각 호의 어느 하나에 해당하는 자는 1년 이하의 징역 또는 1천만원 이하의 벌금에 처한다.
1. 제39조제1항·제2항 또는 제4항을 위반하여 검사대상기기의 검사를 받지 아니한 자
2. 제39조제5항을 위반하여 검사대상기기를 사용한 자
3. 제39조의2제3항을 위반하여 검사대상기기를 수입한 자(2016.12.2 본호신설)
제74조【벌칙】 제16조제2항에 따른 생산 또는 판매 금지명령을 위반한 자는 2천만원 이하의 벌금에 처한다.
제75조【벌칙】 제40조제1항 또는 제4항을 위반하여 검사대상기기관리자를 선임하지 아니한 자는 1천만원 이하의 벌금에 처한다.(2018.4.17 본조개정)
제76조【벌칙】 다음 각 호의 어느 하나에 해당하는 자는 500만원 이하의 벌금에 처한다.
1. (2009.1.30 삭제)
2. 제15조제3항을 위반하여 효율관리기자재에 대한 에너지사용량의 측정결과를 신고하지 아니한 자
3. (2009.1.30 삭제)
4. 제19조제3항에 따라 대기전력경고표지대상제품에 대한 측정결과를 신고하지 아니한 자
5. 제19조제4항에 따른 대기전력경고표지를 하지 아니한 자
6. 제20조제1항을 위반하여 대기전력저감우수제품임을 표시하거나 거짓 표시를 한 자
7. 제21조제1항에 따른 시정명령을 정당한 사유 없이 이행하지 아니한 자
8. 제22조제5항을 위반하여 인증 표시를 한 자

제77조【양벌규정】 법인의 대표자나 법인 또는 개인의 대리인, 사용인, 그 밖의 종업원이 그 법인 또는 개인의 업무에 관하여 제72조부터 제76조까지의 어느 하나에 해당하는 위반행위를 하면 그 행위자를 벌하는 외에 그 법인 또는 개인에게도 해당 조문의 벌금형을 과(科)한다. 다만, 법인 또는 개인이 그 위반행위를 방지하기 위하여 해당 업무에 관하여 상당한 주의와 감독을 게을리하지 아니한 경우에는 그러하지 아니하다.(2008.12.26 본조개정)

제78조【과태료】 ① 다음 각 호의 어느 하나에 해당하는 자에게는 2천만원 이하의 과태료를 부과한다.
(2013.7.30 본문개정)

1. 제15조제2항을 위반하여 효율관리기자재에 대한 에너지소비효율등급 또는 에너지소비효율을 표시하지 아니하거나 거짓으로 표시를 한 자(2013.7.30 본호신설)
2. 제32조제2항을 위반하여 에너지진단을 받지 아니한 에너지다소비사업자(2013.7.30 본호신설)
3. 제40조의2제1항을 위반하여 한국에너지공단에 사고의 일시·내용 등을 통보하지 아니하거나 거짓으로 통보한 자(2017.10.31 본호신설)

② 다음 각 호의 어느 하나에 해당하는 자에게는 1천만원 이하의 과태료를 부과한다.

1. 제10조제1항이나 제3항을 위반하여 에너지사용계획을 제출하지 아니하거나 변경하여 제출하지 아니한 자. 다만, 국가 또는 지방자치단체인 사업주관자는 제외한다.
2. 제34조에 따른 개선명령을 정당한 사유 없이 이행하지 아니한 자
3. 제66조제1항에 따른 검사를 거부·방해 또는 기피한 자(2009.1.30 본호신설)

③ 제15조제4항에 따른 광고내용이 포함되지 아니한 광고를 한 자에게는 500만원 이하의 과태료를 부과한다.
(2013.7.30 본문개정)

1.~2. (2013.7.30 삭제)

④ 다음 각 호의 어느 하나에 해당하는 자에게는 300만원 이하의 과태료를 부과한다. 다만, 제1호, 제4호부터 제6호까지, 제8호, 제9호 및 제9호의2부터 제9호의4까지의 경우에는 국가 또는 지방자치단체를 제외한다.(2009.1.30 단서개정)

1. 제7조제2항제9호에 따른 에너지사용의 제한 또는 금지에 관한 조정·명령, 그 밖에 필요한 조치를 위반한 자
2. 제9조제1항을 위반하여 정당한 이유 없이 수요관리투자계획과 시행결과를 제출하지 아니한 자
3. 제9조제2항을 위반하여 수요관리투자계획을 수정·보완하여 시행하지 아니한 자
4. 제11조제1항에 따른 필요한 조치의 요청을 정당한 이유 없이 거부하거나 이행하지 아니한 공공사업주관자
5. 제11조제2항에 따른 관련 자료의 제출요청을 정당한 이유 없이 거부한 사업주관자
6. 제12조에 따른 이행 여부에 대한 점검이나 실태 파악을 정당한 이유 없이 거부·방해 또는 기피한 사업주관자
7. 제17조제4항을 위반하여 자료를 제출하지 아니하거나 거짓으로 자료를 제출한 자
8. 제20조제3항 및 제22조제6항을 위반하여 정당한 이유 없이 대기전력저감우수제품 또는 고효율에너지기자재를 우선적으로 구매하지 아니한 자
9. 제31조제1항에 따른 신고를 하지 아니하거나 거짓으로 신고를 한 자(2009.1.30 본호개정)

9의2. 제36조의2제4항에 따른 냉난방온도의 유지·관리 여부에 대한 점검 및 실태 파악을 정당한 사유 없이 거부·방해 또는 기피한 자(2009.1.30 본호신설)

9의3. 제36조의3에 따른 시정조치명령을 정당한 사유 없이 이행하지 아니한 자(2009.1.30 본호신설)

9의4. 제39조제7항 또는 제40조제3항에 따른 신고를 하지 아니하거나 거짓으로 신고를 한 자(2009.1.30 본호신설)

10. 제50조를 위반하여 한국에너지공단 또는 이와 유사한 명칭을 사용한 자(2015.1.28 본호개정)
11. 제65조제2항을 위반하여 교육을 받지 아니한 자 또는 같은 조 제3항을 위반하여 교육을 받게 하지 아니한 자
12. 제66조제1항에 따른 보고를 하지 아니하거나 거짓으로 보고를 한 자

⑤ 제1항부터 제4항까지의 규정에 따른 과태료는 대통령령으로 정하는 바에 따라 산업통상자원부장관이나 시·도지사가 부과·징수한다.(2013.3.23 본항개정)

⑥~⑧ (2009.1.30 삭제)

부 칙

제1조【시행일】 이 법은 공포 후 8개월이 경과한 날부터 시행한다.

제2조【설치검사가 면제된 검사대상기기의 설치신고에 관한 경과조치】 이 법 시행 당시 종전의 규정에 따라 설치하여 사용 중인 설치검사가 면제된 검사대상기기는 이 법 시행 후 6개월 내에 제39조제7항제4호의 개정규정에 따른 설치신고를 하여야 한다.

제3조【다른 법률의 개정】 ①~⑤ ※(해당 법령에 가제정리 하였음)

제4조【다른 법령과의 관계】 이 법 시행 당시 다른 법령에서 종전의 「에너지이용 합리화법」의 규정을 인용하고 있는 경우 이 법 중 그에 해당하는 규정이 있는 때에는 이 법의 해당 규정을 인용한 것으로 본다.

부 칙 (2015.1.28)

제1조【시행일】 이 법은 공포 후 6개월이 경과한 날부터 시행한다.

제2조【공단의 명칭변경에 따른 경과조치】 ① 이 법 시행 당시 종전의 규정에 따라 설립된 에너지관리공단은 이 법에 따른 한국에너지공단으로 본다.

② 이 법 시행 당시 종전의 규정에 따른 에너지관리공단의 행위나 에너지관리공단에 대한 행위는 그에 해당하는 이 법에 따른 한국에너지공단의 행위나 한국에너지공단에 대한 행위로 본다.

③ 한국에너지공단은 이 법 시행 후 6개월 이내에 정관을 변경하여 산업통상자원부장관의 인가를 받아야 한다.

제3조【다른 법률의 개정】 ※(해당 법령에 가제정리 하였음)

부 칙 (2017.10.31)

이 법은 공포 후 6개월이 경과한 날부터 시행한다.

부 칙 (2018.4.17)

제1조【시행일】 이 법은 공포 후 6개월이 경과한 날부터 시행한다. 다만, 제40조, 제65조, 제69조 및 제75조의 개정규정은 공포 후 3개월이 경과한 날부터 시행한다.

제2조【국가에너지절약추진위원회에 관한 경과조치】 이 법 시행 당시 종전의 제5조의 규정에 따라 국가에너지절약추진위원회의 심의를 거친 사항은 제4조제3항, 제6조제3항 및 제8조제1항의 개정규정에 따라 「에너지법」 제9조에 따른 에너지위원회의 심의를 거친 것으로 본다.

제3조【다른 법률의 개정】 ※(해당 법령에 가제정리 하였음)

부 칙 (2019.12.10)

이 법은 공포한 날부터 시행한다.

부 칙 (2021.9.24)

제1조【시행일】 이 법은 공포 후 6개월이 경과한 날부터 시행한다.(이하 생략)

부 칙 (2022.10.18)

이 법은 공포 후 3개월이 경과한 날부터 시행한다.

신에너지 및 재생에너지 개발·이용·보급 촉진법

(약칭 : 신재생에너지법)

(2004년 12월 31일 전부개정법률 제7284호)

개정
2006. 9.27법 7998호
2008. 2.29법 8852호(정부조직)
2008. 3.14법 8899호
2008.12.26법 9233호
2009. 1.30법 9372호(에너지기본법)
2009. 5.21법 9680호(전기사업법)
2010. 1.13법 9931호(저탄소녹색성장기본법)
2010. 4.12법10253호
2011. 3. 9법10445호(기초연구진흥개발)
2013. 3.23법11690호(정부조직)
2013. 7.30법11965호
2014. 1. 1법12154호(에너지및자원사업특별회계법)
2014. 1.21법12296호
2015. 1.28법13087호
2016. 3.22법14079호(기초연구진흥개발)
2017. 3.21법14670호
2019. 1.15법16236호
2020. 3.31법17169호
2020.10.20법17533호
2021. 4.20법18095호
2022.11.15법19040호

제1조【목적】 이 법은 신에너지 및 재생에너지의 기술개발 및 이용·보급 촉진과 신에너지 및 재생에너지 산업의 활성화를 통하여 에너지원을 다양화하고, 에너지의 안정적인 공급, 에너지 구조의 환경친화적 전환 및 온실가스 배출의 감소를 추진함으로써 환경의 보전, 국가경제의 건전하고 지속적인 발전 및 국민복지의 증진에 이바지함을 목적으로 한다.(2010.4.12 본조개정)

제2조【정의】 이 법에서 사용하는 용어의 뜻은 다음과 같다.

1. "신에너지"란 기존의 화석연료를 변환시켜 이용하거나 수소·산소 등의 화학 반응을 통하여 전기 또는 열을 이용하는 에너지로서 다음 각 목의 어느 하나에 해당하는 것을 말한다.
   가. 수소에너지
   나. 연료전지
   다. 석탄을 액화·가스화한 에너지 및 중질잔사유(重質殘渣油)를 가스화한 에너지로서 대통령령으로 정하는 기준 및 범위에 해당하는 에너지
   라. 그 밖에 석유·석탄·원자력 또는 천연가스가 아닌 에너지로서 대통령령으로 정하는 에너지

   (2013.7.30 본호개정)
2. "재생에너지"란 햇빛·물·지열(地熱)·강수(降水)·생물유기체 등을 포함하는 재생 가능한 에너지를 변환시켜 이용하는 에너지로서 다음 각 목의 어느 하나에 해당하는 것을 말한다.
   가. 태양에너지
   나. 풍력
   다. 수력
   라. 해양에너지
   마. 지열에너지
   바. 생물자원을 변환시켜 이용하는 바이오에너지로서 대통령령으로 정하는 기준 및 범위에 해당하는 에너지
   사. 폐기물에너지(비재생폐기물로부터 생산된 것은 제외한다)로서 대통령령으로 정하는 기준 및 범위에 해당하는 에너지(2019.1.15 본목개정)
   아. 그 밖에 석유·석탄·원자력 또는 천연가스가 아닌 에너지로서 대통령령으로 정하는 에너지

   (2013.7.30 본호신설)
3. "신에너지 및 재생에너지 설비"(이하 "신·재생에너지 설비"라 한다)란 신에너지 및 재생에너지(이하 "신·재생에너지"라 한다)를 생산 또는 이용하거나 신·재생에너지의 전력계통 연계조건을 개선하기 위한 설비로서 산업통상자원부령으로 정하는 것을 말한다.(2014.1.21 본호개정)
4. "신·재생에너지 발전"이란 신·재생에너지를 이용하여 전기를 생산하는 것을 말한다.
5. "신·재생에너지 발전사업자"란 「전기사업법」 제2조제4호에 따른 발전사업자 또는 같은 조 제19호에 따른 자가용전기설비를 설치한 자로서 신·재생에너지 발전을 하는 사업자를 말한다.

(2010.4.12 본조개정)

제3조 (2010.4.12 삭제)

제4조【시책과 장려 등】 ① 정부는 신·재생에너지의 기술개발 및 이용·보급의 촉진에 관한 시책을 마련하여야 한다.

② 정부는 지방자치단체, 「공공기관의 운영에 관한 법률」 제4조에 따른 공공기관(이하 "공공기관"이라 한다), 기업체 등의 자발적인 신·재생에너지 기술개발 및 이용·보급을 장려하고 보호·육성하여야 한다.
(2010.4.12 본조개정)

제5조【기본계획의 수립】 ① 산업통상자원부장관은 관계 중앙행정기관의 장과 협의를 한 후 제8조에 따른 신·재생에너지정책심의회의 심의를 거쳐 신·재생에너지의 기술개발 및 이용·보급을 촉진하기 위한 기본계획(이하 "기본계획"이라 한다)을 5년마다 수립하여야 한다.
(2014.1.21 본항개정)

② 기본계획의 계획기간은 10년 이상으로 하며, 기본계획에는 다음 각 호의 사항이 포함되어야 한다.

1. 기본계획의 목표 및 기간
2. 신·재생에너지원별 기술개발 및 이용·보급의 목표
3. 총전력생산량 중 신·재생에너지 발전량이 차지하는 비율의 목표
4. 「에너지법」 제2조제10호에 따른 온실가스의 배출 감소 목표
5. 기본계획의 추진방법
6. 신·재생에너지 기술수준의 평가와 보급전망 및 기대효과
7. 신·재생에너지 기술개발 및 이용·보급에 관한 지원 방안
8. 신·재생에너지 분야 전문인력 양성계획
9. 직전 기본계획에 대한 평가(2017.3.21 본호신설)
10. 그 밖에 기본계획의 목표달성을 위하여 산업통상자원부장관이 필요하다고 인정하는 사항(2013.3.23 본호개정)

③ 산업통상자원부장관은 신·재생에너지의 기술개발 동향, 에너지 수요·공급 동향의 변화, 그 밖의 사정으로 인하여 수립된 기본계획을 변경할 필요가 있다고 인정하면 관계 중앙행정기관의 장과 협의를 한 후 제8조에 따른 신·재생에너지정책심의회의 심의를 거쳐 그 기본계획을 변경할 수 있다.(2013.3.23 본항개정)

(2010.4.12 본조개정)

제6조【연차별 실행계획】 ① 산업통상자원부장관은 기본계획에서 정한 목표를 달성하기 위하여 신·재생에너지의 종류별로 신·재생에너지의 기술개발 및 이용·보급과 신·재생에너지 발전에 의한 전기의 공급에 관한 실행계획(이하 "실행계획"이라 한다)을 매년 수립·시행하여야 한다.

② 산업통상자원부장관은 실행계획을 수립·시행하려면 미리 관계 중앙행정기관의 장과 협의하여야 한다.

③ 산업통상자원부장관은 실행계획을 수립하였을 때에는 이를 공고하여야 한다.

(2013.3.23 본조개정)

제7조【신·재생에너지 기술개발 등에 관한 계획의 사전협의】 국가기관, 지방자치단체, 공공기관, 그 밖에 대통령령으로 정하는 자가 신·재생에너지 기술개발 및 이용·보급에 관한 계획을 수립·시행하려면 대통령령으로 정하는 바에 따라 미리 산업통상자원부장관과 협의하여야 한다.(2013.3.23 본조개정)

제8조【신·재생에너지정책심의회】 ① 신·재생에너지의 기술개발 및 이용·보급에 관한 중요 사항을 심의하기 위하여 산업통상자원부에 신·재생에너지정책심의회(이하 "심의회"라 한다)를 둔다.(2013.3.23 본항개정)

② 심의회는 다음 각 호의 사항을 심의한다.
1. 기본계획의 수립 및 변경에 관한 사항. 다만, 기본계획의 내용 중 대통령령으로 정하는 경미한 사항을 변경하는 경우는 제외한다.
2. 신·재생에너지의 기술개발 및 이용·보급에 관한 중요 사항
3. 신·재생에너지 발전에 의하여 공급되는 전기의 기준가격 및 그 변경에 관한 사항
4. 신·재생에너지 이용·보급에 필요한 관계 법령의 정비 등 제도개선에 관한 사항(2020.3.31 본호신설)
5. 그 밖에 산업통상자원부장관이 필요하다고 인정하는 사항(2013.3.23 본호개정)

③ 심의회의 구성·운영과 그 밖에 필요한 사항은 대통령령으로 정한다.

(2010.4.12 본조개정)

제9조【신·재생에너지 기술개발 및 이용·보급 사업비의 조성】 정부는 실행계획을 시행하는 데에 필요한 사업비를 회계연도마다 세출예산에 계상(計上)하여야 한다.

(2010.4.12 본조개정)

제10조【조성된 사업비의 사용】 산업통상자원부장관은 제9조에 따라 조성된 사업비를 다음 각 호의 사업에 사용한다.(2013.3.23 본문개정)
1. 신·재생에너지의 자원조사, 기술수요조사 및 통계작성
2. 신·재생에너지의 연구·개발 및 기술평가
3. (2015.1.28 삭제)
4. 신·재생에너지 공급의무화 지원
5. 신·재생에너지 설비의 성능평가·인증 및 사후관리
6. 신·재생에너지 기술정보의 수집·분석 및 제공
7. 신·재생에너지 분야 기술지도 및 교육·홍보
8. 신·재생에너지 분야 특성화대학 및 핵심기술연구센터 육성
9. 신·재생에너지 분야 전문인력 양성
10. 신·재생에너지 설비 설치기업의 지원(2015.1.28 본호개정)
11. 신·재생에너지 시범사업 및 보급사업
12. 신·재생에너지 이용의무화 지원
13. 신·재생에너지 관련 국제협력
14. 신·재생에너지 기술의 국제표준화 지원
15. 신·재생에너지 설비 및 그 부품의 공용화 지원
16. 그 밖에 신·재생에너지의 기술개발 및 이용·보급을 위하여 필요한 사업으로서 대통령령으로 정하는 사업

(2010.4.12 본조개정)

제11조【사업의 실시】 ① 산업통상자원부장관은 제10조 각 호의 사업을 효율적으로 추진하기 위하여 필요하다고 인정하면 다음 각 호의 어느 하나에 해당하는 자와 협약을 맺어 그 사업을 하게 할 수 있다.(2013.3.23 본문개정)
1. 「특정연구기관 육성법」에 따른 특정연구기관
2. 「기초연구진흥 및 기술개발지원에 관한 법률」 제14조의2제1항에 따라 인정받은 기업부설연구소(2016.3.22 본호개정)
3. 「산업기술연구조합 육성법」에 따른 산업기술연구조합
4. 「고등교육법」에 따른 대학 또는 전문대학
5. 국공립연구기관
6. 국가기관, 지방자치단체 및 공공기관
7. 그 밖에 산업통상자원부장관이 기술개발능력이 있다고 인정하는 자(2013.3.23 본호개정)

② 산업통상자원부장관은 제1항 각 호의 어느 하나에 해당하는 자가 하는 기술개발사업 또는 이용·보급 사업에 드는 비용의 전부 또는 일부를 출연(出捐)할 수 있다.(2013.3.23 본항개정)

③ 제2항에 따른 출연금의 지급·사용 및 관리 등에 필요한 사항은 대통령령으로 정한다.

(2010.4.12 본조개정)

제12조【신·재생에너지사업에의 투자권고 및 신·재생에너지 이용의무화 등】 ① 산업통상자원부장관은 신·재생에너지의 기술개발 및 이용·보급을 촉진하기 위하여 필요하다고 인정하면 에너지 관련 사업을 하는 자에 대하여 제10조 각 호의 사업을 하거나 그 사업에 투자 또는 출연할 것을 권고할 수 있다.(2013.3.23 본항개정)

② 산업통상자원부장관은 신·재생에너지의 이용·보급을 촉진하고 신·재생에너지산업의 활성화를 위하여 필요하다고 인정하면 다음 각 호의 어느 하나에 해당하는 자가 신축·증축 또는 개축하는 건축물에 대하여 대통령령으로 정하는 바에 따라 그 설계 시 산출된 예상 에너지사용량의 일정 비율 이상을 신·재생에너지를 이용하여 공급되는 에너지를 사용하도록 신·재생에너지 설비를 의무적으로 설치하게 할 수 있다.(2013.3.23 본문개정)
1. 국가 및 지방자치단체
2. 공공기관(2015.1.28 본호개정)
3. 정부가 대통령령으로 정하는 금액 이상을 출연한 정부출연기관
4. 「국유재산법」 제2조제6호에 따른 정부출자기업체
5. 지방자치단체 및 제2호부터 제4호까지의 규정에 따른 공공기관, 정부출연기관 또는 정부출자기업체가 대통령령으로 정하는 비율 또는 금액 이상을 출자한 법인(2015.1.28 본호개정)
6. 특별법에 따라 설립된 법인

③ 산업통상자원부장관은 신·재생에너지의 활용 여건 등을 고려할 때 신·재생에너지를 이용하는 것이 적절하다고 인정되는 공장·사업장 및 집단주택단지 등에 대하여 신·재생에너지의 종류를 지정하여 이용하도록 권고하거나 그 이용설비를 설치하도록 권고할 수 있다.

(2013.3.23 본항개정)

(2010.4.12 본조개정)

제12조의2~제12조의4 (2015.1.28 삭제)

제12조의5【신·재생에너지 공급의무화 등】 ① 산업통상자원부장관은 신·재생에너지의 이용·보급을 촉진하고 신·재생에너지산업의 활성화를 위하여 필요하다고 인정하면 다음 각 호의 어느 하나에 해당하는 자 중 대통령령으로 정하는 자(이하 "공급의무자"라 한다)에게 발전량의 일정량 이상을 의무적으로 신·재생에너지를 이용하여 공급하게 할 수 있다.(2013.3.23 본문개정)
1. 「전기사업법」 제2조에 따른 발전사업자
2. 「집단에너지사업법」 제9조 및 제48조에 따라 「전기사업법」 제7조제1항에 따른 발전사업의 허가를 받은 것으로 보는 자
3. 공공기관

② 제1항에 따라 공급의무자가 의무적으로 신·재생에너지를 이용하여 공급하여야 하는 발전량(이하 "의무공급량"이라 한다)의 합계는 총전력생산량의 25퍼센트 이내의 범위에서 연도별로 대통령령으로 정한다. 이 경우 균형 있는 이용·보급이 필요한 신·재생에너지에 대하여는 대통령령으로 정하는 바에 따라 총의무공급량 중 일부를 해당 신·재생에너지를 이용하여 공급하게 할 수 있다.(2021.4.20 전단개정)

③ 공급의무자의 의무공급량은 산업통상자원부장관이 공급의무자의 의견을 들어 공급의무자별로 정하여 고시한다. 이 경우 산업통상자원부장관은 공급의무자의 총발전량 및 발전원(發電源) 등을 고려하여야 한다.

(2013.3.23 본항개정)

④ 공급의무자는 의무공급량의 일부에 대하여 3년의 범위에서 그 공급의무의 이행을 연기할 수 있다.(2014.1.21 본항개정)

⑤ 공급의무자는 제12조의7에 따른 신·재생에너지 공급인증서를 구매하여 의무공급량에 충당할 수 있다.

⑥ 산업통상자원부장관은 제1항에 따른 공급의무의 이행 여부를 확인하기 위하여 공급의무자에게 대통령령으로 정하는 바에 따라 필요한 자료의 제출 또는 제5항에 따라 구매하여 의무공급량에 충당하거나 제12조의7제1항에 따라 발급받은 신·재생에너지 공급인증서의 제출을 요구할 수 있다.(2013.3.23 본항개정)

⑦ 제4항에 따라 공급의무의 이행을 연기할 수 있는 총량과 연차별 허용량, 그 밖에 필요한 사항은 대통령령으로 정한다.(2014.1.21 본항신설)

(2010.4.12 본조신설)

제12조의6【신·재생에너지 공급 불이행에 대한 과징금】 ① 산업통상자원부장관은 공급의무자가 의무공급량에 부족하게 신·재생에너지를 이용하여 에너지를 공급한 경우에는 대통령령으로 정하는 바에 따라 그 부족분에 제12조의7에 따른 신·재생에너지 공급인증서의 해당 연도 평균거래 가격의 100분의 150을 곱한 금액의 범위에서 과징금을 부과할 수 있다.(2013.3.23 본항개정)

② 제1항에 따른 과징금을 납부한 공급의무자에 대하여는 그 과징금의 부과기간에 해당하는 의무공급량을 공급한 것으로 본다.

③ 산업통상자원부장관은 제1항에 따른 과징금을 납부하여야 할 자가 납부기한까지 그 과징금을 납부하지 아니한 때에는 국세 체납처분의 예를 따라 징수한다.(2013.3.23 본항개정)

④ 제1항 및 제3항에 따라 징수한 과징금은 「전기사업법」에 따른 전력산업기반기금의 재원으로 귀속된다.

(2010.4.12 본조신설)

제12조의7【신·재생에너지 공급인증서 등】 ① 신·재생에너지를 이용하여 에너지를 공급한 자(이하 "신·재생에너지 공급자"라 한다)는 산업통상자원부장관이 신·재생에너지를 이용한 에너지 공급의 증명 등을 위하여 지정하는 기관(이하 "공급인증기관"이라 한다)으로부터 그 공급 사실을 증명하는 인증서(전자문서로 된 인증서를 포함한다. 이하 "공급인증서"라 한다)를 발급받을 수 있다. 다만, 제17조에 따라 발전차액을 지원받은 신·재생에너지 공급자에 대한 공급인증서는 국가에 대하여 발급한다.(2015.1.28 단서개정)

② 공급인증서를 발급받으려는 자는 공급인증기관에 대통령령으로 정하는 바에 따라 공급인증서의 발급을 신청하여야 한다.

③ 공급인증기관은 제2항에 따른 신청을 받은 경우에는 신·재생에너지의 종류별 공급량 및 공급기간 등을 확인한 후 다음 각 호의 기재사항을 포함한 공급인증서를 발급하여야 한다. 이 경우 균형 있는 이용·보급과 기술개발 촉진 등이 필요한 신·재생에너지에 대하여는 대통령령으로 정하는 바에 따라 실제 공급량에 가중치를 곱한 양을 공급량으로 하는 공급인증서를 발급할 수 있다.
1. 신·재생에너지 공급자
2. 신·재생에너지의 종류별 공급량 및 공급기간
3. 유효기간

④ 공급인증서의 유효기간은 발급받은 날부터 3년으로 하되, 제12조의5제5항 및 제6항에 따라 공급의무자가 구매하여 의무공급량에 충당하거나 발급받아 산업통상자원부장관에게 제출한 공급인증서는 그 효력을 상실한다. 이 경우 유효기간이 지나거나 효력을 상실한 해당 공급인증서는 폐기하여야 한다.(2013.3.23 전단개정)

⑤ 공급인증서를 발급받은 자는 그 공급인증서를 거래하려면 제12조의9제2항에 따른 공급인증서 발급 및 거래시장 운영에 관한 규칙으로 정하는 바에 따라 공급인증기관이 개설한 거래시장(이하 "거래시장"이라 한다)에서 거래하여야 한다.

⑥ 산업통상자원부장관은 다른 신·재생에너지와의 형평을 고려하여 공급인증서가 일정 규모 이상의 수력을 이용하여 에너지를 공급하고 발급된 경우 등 산업통상자원부령으로 정하는 사유에 해당할 때에는 거래시장에서 해당 공급인증서가 거래될 수 없도록 할 수 있다.

(2013.3.23 본항개정)

⑦ 산업통상자원부장관은 거래시장의 수급조절과 가격안정화를 위하여 대통령령으로 정하는 바에 따라 국가에 대하여 발급된 공급인증서를 거래할 수 있다. 이 경우 산업통상자원부장관은 공급의무자의 의무공급량, 의무이행실적 및 거래시장 가격 등을 고려하여야 한다.

(2015.1.28 본항신설)

⑧ 신·재생에너지 공급자가 신·재생에너지 설비에 대한 지원 등 대통령령으로 정하는 정부의 지원을 받은 경우에는 대통령령으로 정하는 바에 따라 공급인증서의 발급을 제한할 수 있다.(2015.1.28 본항신설)

(2010.4.12 본조신설)

제12조의8【공급인증기관의 지정 등】 ① 산업통상자원부장관은 공급인증서 관련 업무를 전문적이고 효율적으로 실시하고 공급인증서의 공정한 거래를 위하여 다음 각 호의 어느 하나에 해당하는 자를 공급인증기관으로 지정할 수 있다.(2013.3.23 본문개정)
1. 제31조에 따른 신·재생에너지센터
2. 「전기사업법」 제35조에 따른 한국전력거래소
3. 제12조의9에 따른 공급인증기관의 업무에 필요한 인력·기술능력·시설·장비 등 대통령령으로 정하는 기준에 맞는 자

② 제1항에 따라 공급인증기관으로 지정받으려는 자는 산업통상자원부장관에게 지정을 신청하여야 한다.

(2013.3.23 본항개정)

③ 공급인증기관의 지정방법·지정절차, 그 밖에 공급인증기관의 지정에 필요한 사항은 산업통상자원부령으로 정한다.(2013.3.23 본항개정)

(2010.4.12 본조신설)

제12조의9【공급인증기관의 업무 등】 ① 제12조의8에 따라 지정된 공급인증기관은 다음 각 호의 업무를 수행한다.
1. 공급인증서의 발급, 등록, 관리 및 폐기

2. 국가가 소유하는 공급인증서의 거래 및 관리에 관한 사무의 대행(2013.7.30 본호신설)
3. 거래시장의 개설
4. 공급의무자가 제12조의5에 따른 의무를 이행하는 데 지급한 비용의 정산에 관한 업무(2013.7.30 본호신설)
5. 공급인증서 관련 정보의 제공
6. 그 밖에 공급인증서의 발급 및 거래에 딸린 업무
② 공급인증기관은 업무를 시작하기 전에 산업통상자원부령으로 정하는 바에 따라 공급인증서 발급 및 거래시장 운영에 관한 규칙(이하 "운영규칙"이라 한다)을 제정하여 산업통상자원부장관의 승인을 받아야 한다. 운영규칙을 변경하거나 폐지하는 경우(산업통상자원부령으로 정하는 경미한 사항의 변경은 제외한다)에도 또한 같다.
(2013.3.23 본항개정)
③ 산업통상자원부장관은 공급인증기관에 제1항에 따른 업무의 계획 및 실적에 관한 보고를 명하거나 자료의 제출을 요구할 수 있다.(2013.3.23 본항개정)
④ 산업통상자원부장관은 다음 각 호의 어느 하나에 해당하는 경우에는 공급인증기관에 시정기간을 정하여 시정을 명할 수 있다.(2013.3.23 본문개정)
1. 운영규칙을 준수하지 아니한 경우
2. 제3항에 따른 보고를 하지 아니하거나 거짓으로 보고한 경우
3. 제3항에 따른 자료의 제출 요구에 따르지 아니하거나 거짓의 자료를 제출한 경우
(2010.4.12 본조신설)

제12조의10【공급인증기관 지정의 취소 등】 ① 산업통상자원부장관은 공급인증기관이 다음 각 호의 어느 하나에 해당하는 경우에는 산업통상자원부령으로 정하는 바에 따라 그 지정을 취소하거나 1년 이내의 기간을 정하여 그 업무의 전부 또는 일부의 정지를 명할 수 있다. 다만, 제1호 또는 제2호에 해당하는 때에는 그 지정을 취소하여야 한다.(2013.3.23 본문개정)
1. 거짓이나 그 밖의 부정한 방법으로 지정을 받은 경우
2. 업무정지 처분을 받은 후 그 업무정지 기간에 업무를 계속한 경우
3. 제12조의8제1항제3호에 따른 지정기준에 부적합하게 된 경우
4. 제12조의9제4항에 따른 시정명령을 시정기간에 이행하지 아니한 경우
② 산업통상자원부장관은 공급인증기관이 제1항제3호 또는 제4호에 해당하여 업무정지를 명하여야 하는 경우로서 그 업무의 정지가 그 이용자 등에게 심한 불편을 주거나 그 밖에 공익을 해칠 우려가 있으면 그 업무정지 처분을 갈음하여 5천만원 이하의 과징금을 부과할 수 있다.
(2013.3.23 본항개정)
③ 제2항에 따른 과징금을 부과하는 위반행위의 종별·정도 등에 따른 과징금의 금액과 그 밖에 필요한 사항은 대통령령으로 정한다.
④ 산업통상자원부장관은 제2항에 따른 과징금을 납부하여야 할 자가 납부기한까지 그 과징금을 납부하지 아니한 때에는 국세 체납처분의 예를 따라 징수한다.
(2013.3.23 본항개정)
(2010.4.12 본조신설)

제12조의11【신·재생에너지 연료 품질기준】 ① 산업통상자원부장관은 신·재생에너지 연료(신·재생에너지를 이용한 연료 중 대통령령으로 정하는 기준 및 범위에 해당하는 것을 말하며, 「폐기물관리법」 제2조제1호에 따른 폐기물을 이용하여 제조한 것은 제외한다. 이하 같다)의 적정한 품질을 확보하기 위하여 품질기준을 정할 수 있다. 대기환경에 영향을 미치는 품질기준을 정하는 경우에는 미리 환경부장관과 협의를 하여야 한다.
② 산업통상자원부장관은 제1항에 따라 품질기준을 정한 경우에는 이를 고시하여야 한다.
③ 제1항에 따른 신·재생에너지 연료를 제조·수입 또는 판매하는 사업자(이하 "신·재생에너지 연료사업자"라 한다)는 산업통상자원부장관이 제1항에 따라 품질기준을 정한 경우에는 그 품질기준에 맞도록 신·재생에너지 연료의 품질을 유지하여야 한다.
(2013.7.30 본조신설)

제12조의12【신·재생에너지 연료 품질검사】 ① 신·재생에너지 연료사업자는 제조·수입 또는 판매하는 신·재생에너지 연료가 제12조의11제1항에 따른 품질기준에 맞는지를 확인하기 위하여 대통령령으로 정하는 신·재생에너지 품질검사기관(이하 "품질검사기관"이라 한다)의 품질검사를 받아야 한다.
② 제1항에 따른 품질검사의 방법과 절차, 그 밖에 필요한 사항은 산업통상자원부령으로 정한다.
(2013.7.30 본조신설)

제13조【신·재생에너지 설비의 인증 등】 ① 신·재생에너지 설비를 제조하거나 수입하여 판매하려는 자는 「산업표준화법」 제15조에 따른 제품의 인증(이하 "설비인증"이라 한다)을 받을 수 있다.
② 산업통상자원부장관은 산업통상자원부령으로 정하는 바에 따라 제1항에 따른 설비인증에 드는 경비의 일부를 지원하거나, 「산업표준화법」 제13조에 따라 지정된 설비인증기관(이하 "설비인증기관"이라 한다)에 대하여 지정 목적상 필요한 범위에서 행정상의 지원 등을 할 수 있다.
③ 설비인증에 관하여 이 법에 특별한 규정이 있는 경우를 제외하고는 「산업표준화법」에서 정하는 바에 따른다.
④~⑥ (2015.1.28 삭제)
(2015.1.28 본조개정)

제13조의2【보험·공제 가입】 ① 제13조에 따라 설비인증을 받은 자는 신·재생에너지 설비의 결함으로 인하여 제3자가 입을 수 있는 손해를 담보하기 위하여 보험 또는 공제에 가입하여야 한다.
② 제1항에 따른 보험 또는 공제의 기간·종류·대상 및 방법에 필요한 사항은 대통령령으로 정한다.
(2013.7.30 본조신설)

제14조~제15조 (2015.1.28 삭제)

제16조【수수료】 ① 품질검사기관은 품질검사를 신청하는 자로부터 산업통상자원부령으로 정하는 바에 따라 수수료를 받을 수 있다.(2015.1.28 본항개정)
② 공급인증기관은 공급인증서의 발급(발급에 딸린 업무를 포함한다)을 신청하는 자 또는 공급인증서를 거래하는 자로부터 산업통상자원부령으로 정하는 바에 따라 수수료를 받을 수 있다.
(2013.7.30 본조개정)

제17조【신·재생에너지 발전 기준가격의 고시 및 차액 지원】 ① 산업통상자원부장관은 신·재생에너지 발전에 의하여 공급되는 전기의 기준가격을 발전원별로 정한 경우에는 그 가격을 고시하여야 한다. 이 경우 기준가격의 산정기준은 대통령령으로 정한다.
② 산업통상자원부장관은 신·재생에너지 발전에 의하여 공급한 전기의 전력거래가격(「전기사업법」 제33조에 따른 전력거래가격을 말한다)이 제1항에 따라 고시한 기준가격보다 낮은 경우에는 그 전기를 공급한 신·재생에너지 발전사업자에 대하여 기준가격과 전력거래가격의 차액(이하 "발전차액"이라 한다)을 「전기사업법」 제48조에 따른 전력산업기반기금에서 우선적으로 지원한다.
③ 산업통상자원부장관은 제1항에 따라 기준가격을 고시하는 경우에는 발전차액을 지원하는 기간을 포함하여 고시할 수 있다.
④ 산업통상자원부장관은 발전차액을 지원받은 신·재생에너지 발전사업자에게 결산재무제표(決算財務諸表) 등 기준가격 설정을 위하여 필요한 자료를 제출할 것을 요구할 수 있다.
(2013.3.23 본조개정)
<법률 제10253호 부칙 제2조제1항에 의하여 2011.12.31까지 유효>

제18조【지원 중단 등】 ① 산업통상자원부장관은 발전차액을 지원받은 신·재생에너지 발전사업자가 다음 각 호의 어느 하나에 해당하면 산업통상자원부령으로 정하는 바에 따라 경고를 하거나 시정을 명하고, 그 시정명령에 따르지 아니하는 경우에는 발전차액의 지원을 중단할 수 있다.(2013.3.23 본문개정)
1. 거짓이나 부정한 방법으로 발전차액을 지원받은 경우
2. 제17조제4항에 따른 자료요구에 따르지 아니하거나 거짓으로 자료를 제출한 경우
② 산업통상자원부장관은 발전차액을 지원받은 신·재생에너지 발전사업자가 제1항제1호에 해당하면 산업통상자원부령으로 정하는 바에 따라 그 발전차액을 환수(還收)할 수 있다. 이 경우 산업통상자원부장관은 발전차액을 반환할 자가 30일 이내에 이를 반환하지 아니하면 국세 체납처분의 예에 따라 징수할 수 있다.(2013.3.23 본항개정)
(2010.4.12 본조개정)

제19조 (2015.1.28 삭제)

제20조【신·재생에너지 기술의 국제표준화 지원】 ① 산업통상자원부장관은 국내에서 개발되었거나 개발 중인 신·재생에너지 관련 기술이 「국가표준기본법」 제3조제2호에 따른 국제표준에 부합되도록 하기 위하여 설비인증기관에 대하여 표준화기반 구축, 국제활동 등에 필요한 지원을 할 수 있다.(2013.3.23 본항개정)
② 제1항에 따른 지원 범위 등에 관하여 필요한 사항은 대통령령으로 정한다.
(2010.4.12 본조개정)

제21조【신·재생에너지 설비 및 그 부품의 공용화】 ① 산업통상자원부장관은 신·재생에너지 설비 및 그 부품의 호환성(互換性)을 높이기 위하여 그 설비 및 부품을 산업통상자원부장관이 정하여 고시하는 바에 따라 공용화 품목으로 지정하여 운영할 수 있다.(2013.3.23 본항개정)
② 다음 각 호의 어느 하나에 해당하는 자는 신·재생에너지 설비 및 그 부품 중 공용화가 필요한 품목을 공용화 품목으로 지정하여 줄 것을 산업통상자원부장관에게 요청할 수 있다.(2013.3.23 본문개정)
1. 제31조에 따른 신·재생에너지센터
2. 그 밖에 산업통상자원부령으로 정하는 기관 또는 단체
(2013.3.23 본호개정)
③ 산업통상자원부장관은 신·재생에너지 설비 및 그 부품의 공용화를 효율적으로 추진하기 위하여 필요한 지원을 할 수 있다.(2013.3.23 본항개정)
④ 제1항부터 제3항까지의 규정에 따른 공용화 품목의 지정·운영, 지정 요청, 지원기준 등에 관하여 필요한 사항은 대통령령으로 정한다.
(2010.4.12 본조개정)

제22조~제22조의2 (2015.1.28 삭제)

제23조 (2010.4.12 삭제)

제23조의2【신·재생에너지 연료 혼합의무 등】 ① 산업통상자원부장관은 신·재생에너지의 이용·보급을 촉진하고 신·재생에너지 산업의 활성화를 위하여 필요하다고 인정하는 경우 대통령령으로 정하는 바에 따라 「석유 및 석유대체연료 사업법」 제2조에 따른 석유정제업자 또는 석유수출입업자(이하 "혼합의무자"라 한다)에게 일정 비율(이하 "혼합의무비율"이라 한다) 이상의 신·재생에너지 연료를 수송용연료에 혼합하게 할 수 있다.
② 산업통상자원부장관은 제1항에 따른 혼합의무의 이행여부를 확인하기 위하여 혼합의무자에게 대통령령으로 정하는 바에 따라 필요한 자료의 제출을 요구할 수 있다.
(2013.7.30 본조신설)

제23조의3【의무 불이행에 대한 과징금】 ① 산업통상자원부장관은 혼합의무자가 혼합의무비율을 충족시키지 못한 경우에는 대통령령으로 정하는 바에 따라 그 부족분에 해당 연도 평균거래가격의 100분의 150을 곱한 금액의 범위에서 과징금을 부과할 수 있다.
② 산업통상자원부장관은 제1항에 따른 과징금을 납부하여야 할 자가 납부기한까지 그 과징금을 납부하지 아니한 때에는 국세 체납처분의 예에 따라 징수한다.
③ 제1항 및 제2항에 따라 징수한 과징금은 「에너지 및 자원사업 특별회계법」에 따른 에너지 및 자원사업 특별회계의 재원으로 귀속된다.(2014.1.1 본항개정)
(2013.7.30 본조신설)

제23조의4【관리기관의 지정】 ① 산업통상자원부장관은 혼합의무자의 혼합의무비율 이행을 효율적으로 관리하기 위하여 다음 각 호의 어느 하나에 해당하는 자를 혼합의무 관리기관(이하 "관리기관"이라 한다)으로 지정할 수 있다
1. 제31조에 따른 신·재생에너지센터
2. 「석유 및 석유대체연료 사업법」 제25조의2에 따른 한국석유관리원
② 관리기관으로 지정받으려는 자는 산업통상자원부장관에게 지정을 신청하여야 한다.
③ 관리기관의 신청 및 지정 기준·방법 및 절차, 그 밖에 필요한 사항은 산업통상자원부령으로 정한다.
(2013.7.30 본조신설)

제23조의5【관리기관의 업무】 ① 제23조의4에 따라 지정된 관리기관은 다음 각 호의 업무를 수행한다.
1. 혼합의무 이행실적의 집계 및 검증
2. 의무이행 관련 정보의 수집 및 관리
3. 그 밖에 혼합의무의 이행과 관련하여 산업통상자원부장관이 필요하다고 인정하는 업무
② 관리기관은 제1항에 따른 업무를 수행하기 위하여 필요한 기준(이하 "혼합의무 관리기준"이라 한다)을 정하여 산업통상자원부장관의 승인을 받아야 한다. 승인받은 혼합의무 관리기준을 변경하는 경우에도 또한 같다.
③ 산업통상자원부장관은 관리기관에 혼합의무 관리에 관한 계획, 실적 및 정보에 관한 보고를 명하거나 자료의 제출을 요구할 수 있다.
④ 제3항에 따른 관리기관의 보고, 자료제출 및 그 밖에 혼합의무 운영에 필요한 사항은 산업통상자원부령으로 정한다.
⑤ 산업통상자원부장관은 관리기관이 다음 각 호의 어느 하나에 해당하는 경우에는 기간을 정하여 시정을 명할 수 있다.
1. 혼합의무 관리기준을 준수하지 아니한 경우
2. 제3항에 따른 보고 또는 자료제출을 하지 아니하거나 거짓으로 보고 또는 자료제출을 한 경우
(2013.7.30 본조신설)

제23조의6【관리기관의 지정 취소 등】 ① 산업통상자원부장관은 관리기관이 다음 각 호의 어느 하나에 해당하는 경우에는 그 지정을 취소하거나 1년 이내의 기간을 정하여 업무의 전부 또는 일부의 정지를 명할 수 있다. 다만 제1호 또는 제2호에 해당하는 경우에는 그 지정을 취소하여야 한다.
1. 거짓이나 그 밖의 부정한 방법으로 관리기관 지정을 받은 경우
2. 업무정지 기간에 관리업무를 계속한 경우
3. 제23조의4에 따른 지정기준에 부적합하게 된 경우
4. 제23조의5제5항에 따른 시정명령을 이행하지 아니한 경우
② 산업통상자원부장관은 관리기관이 제1항제3호 또는 제4호에 해당하여 업무정지를 명하여야 하는 경우로서 그 업무의 정지가 그 이용자 등에게 심한 불편을 주거나 그 밖에 공익을 해칠 우려가 있으면 그 업무정지 처분을 갈음하여 5천만원 이하의 과징금을 부과할 수 있다.
③ 제2항에 따라 과징금을 부과하는 위반행위의 종별·정도 등에 따른 과징금의 금액과 그 밖에 필요한 사항은 대통령령으로 정한다.
④ 산업통상자원부장관은 제2항에 따른 과징금을 납부하여야 할 자가 납부기한까지 그 과징금을 납부하지 아니한 때에는 국세 체납처분의 예에 따라 징수한다.
⑤ 제1항에 따른 지정 취소, 업무정지의 기준 및 절차, 그 밖에 필요한 사항은 산업통상자원부령으로 정한다.
(2013.7.30 본조신설)

제24조【청문】 산업통상자원부장관은 다음 각 호에 해당하는 처분을 하려면 청문을 하여야 한다.(2013.3.23 본문개정)

1. 제12조의10제1항에 따른 공급인증기관의 지정 취소
2. (2015.1.28 삭제)
3. 제23조의6에 따른 관리기관의 지정 취소(2013.7.30 본호신설)
(2010.4.12 본조개정)

제25조【관련 통계의 작성 등】 ① 산업통상자원부장관은 기본계획 및 실행계획 등 신·재생에너지 관련 시책을 효과적으로 수립·시행하기 위하여 필요한 국내외 신·재생에너지의 수요·공급에 관한 통계자료를 조사·작성·분석 및 관리할 수 있으며, 이를 위하여 필요한 자료와 정보를 제11조제1항에 따른 기관이나 신·재생에너지 설비의 생산자·설치자·사용자에게 요구할 수 있다.
② 산업통상자원부장관은 산업통상자원부령으로 정하는 바에 따라 전문성이 있는 기관을 지정하여 제1항에 따른 통계의 조사·작성·분석 및 관리에 관한 업무의 전부 또는 일부를 하게 할 수 있다.
(2013.3.23 본조개정)

제26조【국유재산·공유재산의 임대 등】 ① 국가 또는 지방자치단체는 국유재산 또는 공유재산을 신·재생에너지 기술개발 및 이용·보급에 관한 사업을 하는 자에게 대부계약의 체결 또는 사용허가(이하 "임대"라 한다)를 하거나 처분할 수 있다. 이 경우 국가 또는 지방자치단체는 신·재생에너지 기술개발 및 이용·보급에 관한 사업을 위하여 필요하다고 인정하면 「국유재산법」 또는 「공유재산 및 물품 관리법」에도 불구하고 수의계약(隨意契約)으로 국유재산 또는 공유재산을 임대 또는 처분할 수 있다.(2020.3.31 본항개정)
② 국가 또는 지방자치단체가 제1항에 따라 국유재산 또는 공유재산을 임대하는 경우에는 「국유재산법」 또는 「공유재산 및 물품 관리법」에도 불구하고 자진철거 및 철거비용의 공탁을 조건으로 영구시설물을 축조하게 할 수 있다. 다만, 공유재산에 영구시설물을 축조하려면 지방의회의 동의를 받아야 하며, 지방의회의 동의 절차에 관하여는 지방자치단체의 조례로 정할 수 있다.(2020.3.31 단서개정)
③ 제1항에 따른 국유재산 및 공유재산의 임대기간은 10년 이내로 하되, 제31조에 따른 신·재생에너지센터(이하 "센터"라 한다)로부터 신·재생에너지 설비의 정상가동 여부를 확인받는 등 운영의 특별한 사유가 없으면 각각 10년 이내의 기간에서 2회에 걸쳐 갱신할 수 있다.
(2020.3.31 본항개정)
④ 제1항에 따라 국유재산 또는 공유재산을 임차하거나 취득한 자가 임대일 또는 취득일부터 2년 이내에 해당 재산에서 신·재생에너지 기술개발 및 이용·보급에 관한 사업을 시행하지 아니하는 경우에는 대부계약 또는 사용허가를 취소하거나 환매할 수 있다.
⑤ 국가 또는 지방자치단체가 제1항에 따라 국유재산 또는 공유재산을 임대하는 경우에는 「국유재산법」 또는 「공유재산 및 물품관리법」에도 불구하고 임대료를 100분의 50의 범위에서 경감할 수 있다.(2020.3.31 본항개정)
⑥ 산업통상자원부장관은 제1항에 따라 임대 또는 처분할 수 있는 국유재산의 범위와 대상을 기획재정부장관과 협의하여 산업통상자원부령으로 정할 수 있다.(2020.3.31 본항신설)
(2010.4.12 본조개정)

제27조【보급사업】 ① 산업통상자원부장관은 신·재생에너지의 이용·보급을 촉진하기 위하여 필요하다고 인정하면 대통령령으로 정하는 바에 따라 다음 각 호의 보급사업을 할 수 있다.(2013.3.23 본문개정)
1. 신기술의 적용사업 및 시범사업
2. 환경친화적 신·재생에너지 집적화단지(集積化團地) 및 시범단지 조성사업
3. 지방자치단체와 연계한 보급사업
4. 실용화된 신·재생에너지 설비의 보급을 지원하는 사업
5. 그 밖에 신·재생에너지 기술의 이용·보급을 촉진하기 위하여 필요한 사업으로서 산업통상자원부장관이 정하는 사업(2013.3.23 본호개정)
② 산업통상자원부장관은 개발된 신·재생에너지 설비가 설비인증을 받거나 신·재생에너지 기술의 국제표준화 또는 신·재생에너지 설비와 그 부품의 공용화가 이루어진 경우에는 우선적으로 제1항에 따른 보급사업을 추진할 수 있다.(2013.3.23 본항개정)
③ 관계 중앙행정기관의 장은 환경 개선과 신·재생에너지의 보급 촉진을 위하여 필요한 협조를 할 수 있다.
(2010.4.12 본조개정)

제27조의2【신·재생에너지 발전사업에 대한 주민 참여】 ① 신·재생에너지 설비가 설치된 지역의 주민은 다음 각 호의 어느 하나에 따른 방식으로 해당 지역의 신·재생에너지 발전사업에 참여할 수 있다.
1. 신·재생에너지 발전사업에 출자하는 방식
2. 신·재생에너지 발전사업을 목적으로 하는 협동조합(「협동조합 기본법」에 따라 설립된 협동조합을 말한다)에 조합원으로 출자하는 방식
3. 그 밖에 산업통상자원부장관이 정하는 방식
② 신·재생에너지 발전사업자는 제12조의7제3항에 따라 발급받은 공급인증서 중 제1항에 따른 주민 참여로 인한 가중치로 발생한 수익을 지역 주민에게 제공하여야 한다.
③ 제1항에 따른 지역의 범위 및 제2항에 따라 지역 주민에게 제공하는 수익과 관련한 기준·절차·내용, 그 밖에 필요한 사항은 산업통상자원부장관이 정한다.
(2020.10.20 본조신설)

제28조【신·재생에너지 기술의 사업화】 ① 산업통상자원부장관은 자체 개발한 기술이나 제10조에 따른 사업비를 받아 개발한 기술의 사업화를 촉진시킬 필요가 있다고 인정하면 다음 각 호의 지원을 할 수 있다.
(2013.3.23 본문개정)
1. 시험제품 제작 및 설비투자에 드는 자금의 융자
2. 신·재생에너지 기술의 개발사업을 하여 정부가 취득한 산업재산권의 무상 양도
3. 개발된 신·재생에너지 기술의 교육 및 홍보
4. 그 밖에 개발된 신·재생에너지 기술을 사업화하기 위하여 필요하다고 인정하여 산업통상자원부장관이 정하는 지원사업(2013.3.23 본호개정)
② 제1항에 따른 지원의 대상, 범위, 조건 및 절차, 그 밖에 필요한 사항은 산업통상자원부령으로 정한다.(2013.3.23 본항개정)
(2010.4.12 본조개정)

제29조【재정상 조치 등】 정부는 제12조에 따라 권고를 받거나 의무를 준수하여야 하는 자, 신·재생에너지 기술개발 및 이용·보급을 하고 있는 자 또는 제13조에 따라 설비인증을 받은 자에 대하여 필요한 경우 금융상·세제상의 지원대책이나 그 밖에 필요한 지원대책을 마련하여야 한다.(2010.4.12 본조개정)

제30조【신·재생에너지의 교육·홍보 및 전문인력 양성】 ① 정부는 교육·홍보 등을 통하여 신·재생에너지의 기술개발 및 이용·보급에 관한 국민의 이해와 협력을 구하도록 노력하여야 한다.
② 산업통상자원부장관은 신·재생에너지 분야 전문인력의 양성을 위하여 신·재생에너지 분야 특성화대학 및 핵심기술연구센터를 지정하여 육성·지원할 수 있다.
(2013.3.23 본항개정)
(2010.4.12 본조개정)

제30조의2【신·재생에너지사업자의 공제조합 가입 등】 ① 신·재생에너지 발전사업자, 신·재생에너지 연료사업자, 신·재생에너지 설비 설치기업, 신·재생에너지 설비의 제조·수입 및 판매 등의 사업을 영위하는 자(이하 "신·재생에너지사업자"라 한다)는 신·재생에너지의 기술개발 및 이용·보급에 필요한 사업(이하 "신·재생에너지사업"이라 한다)을 원활히 수행하기 위하여 「엔지니어링산업 진흥법」 제34조에 따른 공제조합의 조합원으로 가입할 수 있다.(2015.1.28 본항개정)
② 제1항에 따른 공제조합은 다음 각 호의 사업을 실시할 수 있다.
1. 신·재생에너지사업에 따른 채무 또는 의무 이행에 필요한 공제, 보증 및 자금의 융자
2. 신·재생에너지사업의 수출에 따른 공제 및 주거래은행의 설정에 관한 보증
3. 신·재생에너지사업의 대가로 받은 어음의 할인
4. 신·재생에너지사업에 필요한 기자재의 공동구매·조달 알선 또는 공동위탁판매
5. 조합원 및 조합원에게 고용된 자의 복지 향상을 위한 공제사업
6. 조합원의 정보처리 및 컴퓨터 운용과 관련된 서비스 제공
7. 조합원이 공동으로 이용하는 시설의 설치, 운영, 그 밖에 조합원의 편익 증진을 위한 사업
8. 그 밖에 제1호부터 제7호까지의 사업에 부대되는 사업으로서 정관으로 정하는 공제사업
③ 제2항에 따른 공제규정, 공제규정으로 정할 내용, 공제사업의 절차 및 운영 방법에 필요한 사항은 대통령령으로 정한다.
(2013.7.30 본조신설)

제30조의3【하자보수】 ① 신·재생에너지 설비를 설치한 시공자는 해당 설비에 대하여 성실하게 무상으로 하자보수를 실시하여야 하며 그 이행을 보증하는 증서를 신·재생에너지 설비의 소유자 또는 산업통상자원부령으로 정하는 자에게 제공하여야 한다. 다만, 하자보수에 관하여 「국가를 당사자로 하는 계약에 관한 법률」 또는 「지방자치단체를 당사자로 하는 계약에 관한 법률」에 특별한 규정이 있는 경우에는 해당 법률이 정하는 바에 따른다.
② 제1항에 따른 하자보수의 대상이 되는 신·재생에너지 설비 및 하자보수 기간 등은 산업통상자원부령으로 정한다.
(2015.1.28 본조신설)

제30조의4【신·재생에너지 설비에 대한 사후관리】
① 신·재생에너지 보급사업의 시행기관 등 대통령령으로 정하는 기관의 장(이하 이 조에서 "시행기관의 장"이라 한다)은 제27조제1항에 따라 설치된 신·재생에너지 설비 등 산업통상자원부장관이 정하여 고시하는 신·재생에너지 설비에 대하여 사후관리에 관한 계획을 매년 수립·시행하여야 한다.
② 시행기관의 장은 제1항에 따라 고시된 신·재생에너지 설비에 대한 사후관리 계획을 수립할 때에는 신·재생에너지 설비의 시공자에게 해당 설비의 가동상태 등을 조사하여 그 결과를 보고하게 할 수 있다.
③ 제1항에 따라 고시된 신·재생에너지 설비의 시공자는 대통령령으로 정하는 바에 따라 연 1회 이상 사후관리를 의무적으로 실시하고, 그 실적을 시행기관의 장에게 보고하여야 한다.
④ 시행기관의 장은 제1항에 따른 사후관리 시행결과를 센터에 제출하여야 하고, 센터는 이를 종합하여 산업통상자원부장관에게 보고하여야 한다.
⑤ 제1항에 따른 사후관리 계획에 포함될 점검사항 및 점검시기, 제3항 또는 제4항에 따른 보고의 절차 등에 관하여 필요한 사항은 산업통상자원부령으로 정한다.
⑥ 산업통상자원부장관은 제4항에 따라 센터로부터 보고받은 신·재생에너지 설비에 대한 사후관리 시행결과를 확정한 후 국회 소관 상임위원회에 제출하여야 한다.
(2020.10.20 본항신설)
(2020.3.31 본조신설)

제31조【신·재생에너지센터】 ① 산업통상자원부장관은 신·재생에너지의 이용 및 보급을 전문적이고 효율적으로 추진하기 위하여 대통령령으로 정하는 에너지 관련 기관에 신·재생에너지센터를 두어 신·재생에너지 분야에 관한 다음 각 호의 사업을 하게 할 수 있다.
(2020.3.31 본문개정)
1. 제11조제1항에 따른 신·재생에너지의 기술개발 및 이용·보급사업의 실시자에 대한 지원·관리
2. 제12조제2항 및 제3항에 따른 신·재생에너지 이용의무의 이행에 관한 지원·관리(2013.7.30 본호신설)
3. (2015.1.28 삭제)
4. 제12조의5에 따른 신·재생에너지 공급의무의 이행에 관한 지원·관리(2013.7.30 본호신설)
5. 제12조의9에 따른 공급인증기관의 업무에 관한 지원·관리
6. 제13조에 따른 설비인증에 관한 지원·관리
7. 이미 보급된 신·재생에너지 설비에 대한 기술지원
8. 제20조에 따른 신·재생에너지 기술의 국제표준화에 대한 지원·관리
9. 제21조에 따른 신·재생에너지 설비 및 그 부품의 공용화에 관한 지원·관리
10. 신·재생에너지 설비 설치기업에 대한 지원·관리
(2015.1.28 본호개정)
11. 제23조의2에 따른 신·재생에너지 연료 혼합의무의 이행에 관한 지원·관리(2013.7.30 본호신설)
12. 제25조에 따른 통계관리
13. 제27조에 따른 신·재생에너지 보급사업의 지원·관리
14. 제28조에 따른 신·재생에너지 기술의 사업화에 관한 지원·관리
15. 제30조에 따른 교육·홍보 및 전문인력 양성에 관한 지원·관리
15의2. 신·재생에너지 설비의 효율적 사용에 관한 지원·관리(2020.3.31 본호신설)
16. 국내외 조사·연구 및 국제협력 사업
17. 제1호·제3호 및 제5호부터 제8호까지의 사업에 딸린 사업(2013.7.30 본호개정)
18. 그 밖에 신·재생에너지의 이용·보급 촉진을 위하여 필요한 사업으로서 산업통상자원부장관이 위탁하는 사업(2013.3.23 본호개정)
② 산업통상자원부장관은 센터가 제1항의 사업을 하는 경우 자금 출연이나 그 밖에 필요한 지원을 할 수 있다.
(2013.3.23 본항개정)
③ 센터의 조직·인력·예산 및 운영에 관하여 필요한 사항은 산업통상자원부령으로 정한다.(2013.3.23 본항개정)
(2010.4.12 본조개정)

제32조【권한의 위임·위탁】 ① 이 법에 따른 산업통상자원부장관의 권한은 그 일부를 대통령령으로 정하는 바에 따라 소속 기관의 장, 특별시장·광역시장·특별자치시장·도지사 또는 특별자치도지사(이하 "시·도지사"라 한다)에게 위임할 수 있다.(2022.11.15 본항개정)
② 이 법에 따른 산업통상자원부장관 또는 시·도지사의 업무는 그 일부를 대통령령으로 정하는 바에 따라 센터 또는 「에너지법」 제13조에 따른 한국에너지기술평가원에 위탁할 수 있다.
(2013.3.23 본조개정)

제33조【벌칙 적용 시의 공무원 의제】 다음 각 호에 해당하는 사람은 「형법」 제129조부터 제132조까지의 규정을 적용할 때에는 공무원으로 본다.
1. (2015.1.28 삭제)
2. 공급인증서의 발급·거래 업무에 종사하는 공급인증기관의 임직원
3. 설비인증 업무에 종사하는 설비인증기관의 임직원
4. (2015.1.28 삭제)
5. 신·재생에너지 연료 품질검사 업무에 종사하는 품질검사기관의 임직원(2013.7.30 본호신설)
6. 혼합의무비율 이행을 효율적으로 관리하는 업무에 종사하는 관리기관의 임직원(2013.7.30 본호신설)
(2010.4.12 본조개정)

제34조【벌칙】 ① 거짓이나 부정한 방법으로 제17조에 따른 발전차액을 지원받은 자와 그 사실을 알면서 발전차액을 지급한 자는 3년 이하의 징역 또는 지원받은 금액의 3배 이하에 상당하는 벌금에 처한다.
② 거짓이나 부정한 방법으로 공급인증서를 발급받은 자와 그 사실을 알면서 공급인증서를 발급한 자는 3년 이하의 징역 또는 3천만원 이하의 벌금에 처한다.
③ 제12조의7제5항을 위반하여 공급인증기관이 개설한 거래시장 외에서 공급인증서를 거래한 자는 2년 이하의 징역 또는 2천만원 이하의 벌금에 처한다.

④ 법인의 대표자나 법인 또는 개인의 대리인, 사용인, 그 밖의 종업원이 그 법인 또는 개인의 업무에 관하여 제1항부터 제3항까지의 어느 하나에 해당하는 위반행위를 하면 그 행위자를 벌하는 외에 그 법인 또는 개인에게도 해당 조문의 벌금형을 과(科)한다. 다만, 법인 또는 개인이 그 위반행위를 방지하기 위하여 해당 업무에 관하여 상당한 주의와 감독을 게을리하지 아니한 경우에는 그러하지 아니하다.
(2010.4.12 본조개정)
제35조【과태료】 ① 다음 각 호의 어느 하나에 해당하는 자에게는 1천만원 이하의 과태료를 부과한다.
1.~3. (2015.1.28 삭제)
4. 제13조의2를 위반하여 보험 또는 공제에 가입하지 아니한 자(2013.7.30 본호신설)
4의2. (2015.1.28 삭제)
5. 제23조의2제2항에 따른 자료제출요구에 따르지 아니하거나 거짓 자료를 제출한 자(2013.7.30 본호신설)
② 제1항에 따른 과태료는 대통령령으로 정하는 바에 따라 산업통상자원부장관이 부과·징수한다.(2013.3.23 본항개정)
(2010.4.12 본조개정)

부 칙 (2010.4.12)

제1조【시행일】 이 법은 공포한 날부터 시행한다. 다만, 제5조제2항 및 제32조제2항의 개정규정은 2010년 4월 14일부터 시행하고, 제22조 및 제23조의 개정규정은 공포 후 3개월이 경과한 날부터 시행하며, 제10조제3호, 제12조제2항 각 호 외의 부분, 제12조의2부터 제12조의4까지, 제13조, 제15조제1항, 제16조제1항, 제20조제1항, 제31조제1항제2호 및 제33조제1호·제3호·제4호의 개정규정은 공포 후 1년이 경과한 날부터 시행하고, 제10조제4호, 제12조의5부터 제12조의10까지, 제16조제2항, 제24조제1호, 제31조제1항제3호, 제33조제2호 및 제34조제2항·제3항의 개정규정과 부칙 제5조는 2012년 1월 1일부터 시행한다.
제2조【발전차액 지원에 관한 유효기간 등】 ① 제17조는 2011년 12월 31일까지 효력을 가진다.
② 제1항의 유효기간 만료 당시 종전의 제17조에 따라 발전차액을 지원받는 신·재생에너지 발전사업자에 대하여는 같은 조 제3항에 따라 고시된 지원기간 동안은 종전의 규정에 따라 계속하여 발전차액을 지원한다.
제3조【적용례】 제12조제2항 각 호 외의 부분의 개정규정은 부칙 제1조 단서에 따른 제12조제2항 각 호 외의 부분의 개정규정 시행 후 최초로 사업계획의 승인 또는 건축허가 등을 받아 신축·증축 또는 개축하는 건축물부터 적용한다.
제4조【신·재생에너지전문기업에 관한 경과조치】 부칙 제1조 단서에 따른 제22조의 개정규정 시행 당시 종전의 제22조제1항 및 제2항에 따라 신·재생에너지전문기업으로 등록한 자는 제22조제1항 및 제2항의 개정규정에 따라 신·재생에너지전문기업의 신고를 한 자로 본다.
제5조【다른 법률의 개정】 ※(해당 법령에 가제정리 하였음)

부 칙 (2019.1.15)

제1조【시행일】 이 법은 2019년 10월 1일부터 시행한다.
제2조【재생에너지 공급인증서의 발급에 관한 특례】 이 법 시행 당시 종전의 규정에 따라 비재생폐기물로 생산된 재생에너지를 공급하고 있는 자 또는 이 법 시행 전 비재생폐기물로 생산된 재생에너지를 공급하기 위하여 「전기사업법」 제61조제1항에 따라 공사계획의 인가를 받거나 같은 조 제3항에 따라 신고한 자(「집단에너지사업법」 제22조제1항에 따라 공사계획 승인을 받은 자를 포함한다)로서 공사에 착수한 자에 대하여는 제2조제2호사목의 개정규정에도 불구하고 산업통상자원부령으로 정하는 바에 따라 제2조제2호사목의 개정규정을 적용하지 아니한다.

부 칙 (2020.3.31)

제1조【시행일】 이 법은 공포 후 6개월이 경과한 날부터 시행한다. 다만, 제8조제2항의 개정규정은 공포한 날부터 시행하고, 제26조제2항의 개정규정은 공포 후 3개월이 경과한 날부터 시행한다.
제2조【임대기간 및 임대료 등에 관한 적용례】 제26조의 개정규정은 이 법 시행 후 최초로 국유재산 또는 공유재산의 임대계약을 체결하는 경우부터 적용한다.

부 칙 (2020.10.20)
(2021.4.20)

이 법은 공포 후 6개월이 경과한 날부터 시행한다.

부 칙 (2022.11.15)

이 법은 공포한 날부터 시행한다.

수소경제 육성 및 수소 안전관리에 관한 법률

(약칭 : 수소법)

(2020년 2월 4일
법 률 제16942호)

개정
2021. 7. 8법18293호(정부조직)
2022. 6.10법18889호→시행일 부칙 참조
2023.10.31법19810호

제1장 총 칙

제1조【목적】 이 법은 수소경제 이행 촉진을 위한 기반 조성 및 수소산업의 체계적 육성을 도모하고 수소의 안전관리에 관한 사항을 정함으로써 국민경제의 발전과 공공의 안전확보에 이바지함을 목적으로 한다.
제2조【정의】 이 법에서 사용하는 용어의 뜻은 다음과 같다.
1. "수소경제"란 수소의 생산 및 활용이 국가, 사회 및 국민생활 전반에 근본적 변화를 선도하여 새로운 경제성장을 견인하고 수소를 주요한 에너지원으로 사용하는 경제산업구조를 말한다.
2. "수소산업"이란 수소의 생산·저장·운송·충전·판매 및 연료전지, 수소가스터빈 등 수소를 활용하는 장비와 이에 사용되는 제품·부품·소재 및 장비의 제조 등 수소와 관련한 산업을 말한다.(2022.6.10 본호개정)
3. "수소전문기업"이란 수소산업과 관련된 사업(이하 "수소사업"이라 한다)을 영위하는 기업으로서 다음 각 목의 어느 하나에 해당하는 기업을 말한다.
가. 총매출액 중 수소사업과 관련된 매출액이 차지하는 비중이 대통령령으로 정하는 기준에 해당하는 기업
나. 총매출액 대비 수소사업 관련 연구개발 등에 대한 투자금액이 차지하는 비중이 대통령령으로 정하는 기준에 해당하는 기업
4. "수소전문투자회사"란 제15조에 따라 자산을 운용하여 그 수익을 주주에게 배분하는 것을 목적으로 설립된 회사를 말한다.
5. "수소특화단지"란 수소경제 이행을 촉진하기 위하여 제22조에 따라 지정된 지역을 말한다.
6. "연료전지"란 「신에너지 및 재생에너지 개발·이용·보급 촉진법」 제2조제1호에 따른 신에너지의 하나로서 수소와 산소의 전기화학적 반응을 통하여 전기와 열을 생산하는 설비와 그 부대설비를 말한다.
7. "수소연료공급시설"이란 수송·건물·발전 등의 용도로 사용되는 연료전지, 수소가스터빈 등 수소를 활용하는 장비에 수소를 공급하는 시설로서 산업통상자원부령으로 정하는 시설을 말한다.(2022.6.10 본호개정)
7의2. "청정수소"란 제25조의2에 따라 인증받은 수소 또는 수소화합물로서 다음 각 목의 어느 하나에 해당하는 것을 말한다.
가. 무탄소수소 : 수소의 생산·수입 등의 과정에서 「기후위기 대응을 위한 탄소중립·녹색성장 기본법」 제2조제5호에 따른 온실가스(이하 "온실가스"라 한다)를 배출하지 아니하는 수소
나. 저탄소수소 : 수소의 생산·수입 등의 과정에서 온실가스를 대통령령으로 정하는 기준 이하로 배출하는 수소
다. 저탄소수소화합물 : 수소의 운송 등을 위하여 생산된 수소화합물로서 생산·수입 등의 과정에서 온실가스를 대통령령으로 정하는 기준 이하로 배출하는 수소화합물
(2022.6.10 본호신설)
7의3. "수소발전"이란 수소 또는 수소화합물을 연료로 전기 또는 전기와 열을 생산하는 것을 말한다.(2022.6.10 본호신설)
7의4. "수소발전사업자"란 「전기사업법」 제2조제4호에 따른 발전사업자 또는 같은 조 제19호에 따른 자가용전기설비를 설치한 자로서 수소발전을 하는 사업자를 말한다.(2022.6.10 본호신설)
8. "수소용품"이란 연료전지와 수소관련 용품으로서 산업통상자원부령으로 정하는 용품을 말한다.
9. "수소연료사용시설"이란 연료전지, 수소가스터빈 등을 설치하여 전기 또는 열을 사용하기 위한 시설로서 산업통상자원부령으로 정하는 시설을 말한다.
(2022.6.10 본호개정)
10. "수소가스터빈"이란 수소 또는 수소를 포함하는 연료를 연소하여 발생하는 열에너지를 운동에너지로 전환하는 원동기를 말한다.(2022.6.10 본호신설)
제3조【국가·지방자치단체 및 사업자의 책무】 ① 국가 및 지방자치단체는 수소산업 육성, 청정수소의 개발·생산·보급 및 수소의 안전관리에 필요한 시책을 수립하고 추진하여야 한다.(2022.6.10 본항개정)
② 수소사업을 영위하는 자(이하 "수소사업자"라 한다)는 수소산업의 발전에 필요한 기술개발·사업화 촉진과 수소의 환경친화적인 생산·저장·운송·이용을 위하여 노력하여야 한다.
제4조【다른 법률과의 관계】 ① 수소사업 및 수소의 안전관리에 관하여 「고압가스 안전관리법」, 「도시가스사업법」 및 「액화석유가스의 안전관리 및 사업법」에서 규정한 사항에 대해서는 이 법을 적용하지 아니한다.
② 제1항에도 불구하고 연료전지의 제조 및 검사에 관하여는 「액화석유가스의 안전관리 및 사업법」을 적용하지 아니하고 이 법에서 규정한 사항을 적용한다.

제2장 수소경제 이행 촉진을 위한 추진 체계

제5조【수소경제 이행 기본계획의 수립】 ① 산업통상자원부장관은 수소경제 이행을 효과적으로 추진하기 위하여 수소경제 이행 기본계획(이하 "기본계획"이라 한다)을 수립하여야 하며, 사회적·경제적 여건변화 등으로 필요하다고 인정하는 경우에는 기본계획을 변경할 수 있다.
② 기본계획에는 다음 각 호의 사항이 포함되어야 한다.
1. 수소경제 이행을 위한 정책의 기본방향에 관한 사항
2. 수소경제 이행을 위한 제도의 수립 및 정비에 관한 사항
3. 수소경제 이행을 촉진하기 위한 기반조성에 관한 사항
4. 수소경제 이행에 필요한 재원조달 계획에 관한 사항
5. 수소의 생산시설 및 수소연료공급시설의 설치계획에 관한 사항
6. 수소의 수급계획에 관한 사항
6의2. 청정수소의 개발·생산·보급 촉진에 관한 사항
6의3. 산업부문의 탄소중립[대기중에 배출·방출 또는 누출되는 온실가스의 양에서 흡수되는 온실가스의 양을 상쇄한 순배출량이 영(零)이 되는 상태를 말한다] 실현을 위한 수소경제로의 전환에 관한 사항
(2022.6.10 6호의2~6호의3신설)
7. 수소의 안전한 활용에 관한 사항
8. 그 밖에 산업통상자원부령으로 정하는 수소경제 이행에 필요한 사항
③ 산업통상자원부장관은 기본계획을 수립하거나 변경하려는 때에는 관계 중앙행정기관의 장과 협의한 후 제6조에 따른 수소경제위원회의 심의를 거쳐야 한다. 다만, 대통령령으로 정하는 경미한 사항을 변경하는 경우에는 그러하지 아니하다.
④ 산업통상자원부장관은 기본계획 수립을 위하여 필요한 경우에는 관계 중앙행정기관의 장, 지방자치단체의 장 및 관련 단체·기관의 장에게 자료의 제출을 요청할 수 있다. 이 경우 자료제출을 요청받은 관계 중앙행정기관의 장, 지방자치단체의 장 또는 관련 단체·기관의 장은 특별한 사유가 없으면 이에 따라야 한다.
⑤ 제1항부터 제4항까지에서 규정한 사항 외에 기본계획의 수립·시행에 필요한 사항은 대통령령으로 정한다.
제6조【수소경제위원회】 ① 수소경제 이행과 관련된 주요 정책 및 계획에 관한 다음 각 호의 사항을 심의하기 위하여 국무총리 소속으로 수소경제위원회(이하 "위원회"라 한다)를 둔다.
1. 기본계획의 수립, 시행, 추진실적 점검 및 평가에 관한 사항
2. 수소경제 이행 관계 법령의 개선 권고에 관한 사항
3. 관계 중앙행정기관 및 지방자치단체의 수소경제와 관련된 정책 조정·협력 및 지원에 관한 사항
4. 수소경제와 관련된 국가 간 협력, 수소산업 생태계 구축, 기업 등의 고충처리에 관한 사항
5. 다른 법률에서 위원회의 심의를 거치도록 한 사항
6. 그 밖에 수소경제와 관련하여 위원장이 필요하다고 인정하는 사항
② 위원회는 위원장 1명을 포함한 20명 이내의 위원으로 구성하되, 위원장은 국무총리가 되며, 위원은 다음 각 호의 사람이 된다.
1. 대통령령으로 정하는 관계 중앙행정기관의 장
2. 수소산업 육성에 관하여 전문성과 경험이 풍부한 산업계·학계·연구기관 등에 종사하는 사람 중에서 국무총리가 위촉하는 사람
③ 위원회에 간사위원 1명을 두며, 간사위원은 산업통상자원부장관이 된다.
④ 위원회에서 심의·조정할 사항을 미리 검토하고 대통령령에 따라 위임된 사항을 다루기 위하여 위원회에 실무위원회를 둔다.
⑤ 제4항에 따른 실무위원회는 위원장 1명을 포함한 20명 이내의 위원으로 구성하되, 위원장은 산업통상자원부차관 중 산업통상자원부장관이 지명하는 차관이 된다.
(2021.7.8 본항개정)
⑥ 위원회의 원활한 업무 수행을 지원하기 위하여 산업통상자원부에 수소경제실무추진단을 둘 수 있다.
⑦ 산업통상자원부장관은 수소경제실무추진단의 운영을 위하여 필요한 경우에는 중앙행정기관, 지방자치단체 소속의 공무원 및 관련 민간기관·단체·연구소 또는 기업의 임직원 등의 파견 또는 겸임을 요청할 수 있다.
⑧ 제1항부터 제7항까지에서 규정한 사항 외에 위원회, 실무위원회 및 수소경제실무추진단의 구성·운영 등에 필요한 사항은 대통령령으로 정한다.
제7조【수소경제 이행 촉진을 위한 재원의 확충】 ① 정부는 기본계획을 효과적으로 추진하기 위하여 필요한 재원을 지속적이고 안정적으로 마련할 수 있는 방안을 마련하여야 한다.
② 산업통상자원부장관은 수소경제 이행을 촉진하기 위하여 필요한 경우에는 다음 각 호의 기관 중 에너지와 관련이 있는 기관으로서 대통령령으로 정하는 기관으로

하여금 수소경제 이행에 관한 사업 등에 필요한 지원을 하도록 권고할 수 있다.
1. 「공공기관의 운영에 관한 법률」 제4조에 따른 공공기관
2. 그 밖에 정부가 자본금의 일부를 출자한 기관
③ 정부는 기업 등 민간이 적극적으로 수소경제 이행과 관련된 사업에 투자할 수 있도록 필요한 조치를 마련하여야 한다.
④ 정부는 수소경제 이행의 추진단계 등을 종합적으로 고려하여 투자재원을 효율적으로 집행하도록 노력하여야 한다.

제8조【수소경제 이행 관계 법령의 개선 권고 등】 ① 산업통상자원부장관은 수소경제 이행과 관련된 법령의 합리적인 개선을 위하여 해당 법령을 관장하는 관계 중앙행정기관의 장에게 의견을 개진하거나 권고할 수 있다.
② 제1항에 따라 법령의 개선 의견 또는 권고를 받은 관계 중앙행정기관의 장은 특별한 사유가 없으면 산업통상자원부장관의 개선 의견 또는 권고를 존중하여 해당 법령을 개정하여야 한다.

제3장 수소전문기업의 육성 등

제9조【수소전문기업에 대한 지원】 ① 정부는 수소경제 이행 촉진을 위하여 필요한 경우에는 수소전문기업에 대하여 다음 각 호의 행정적·재정적 지원을 할 수 있다.
1. 수소산업 관련 기술개발의 지원 및 연구·개발 성과의 제공
2. 고가장비의 공동 사용
3. 수소산업 관련 우수한 기술 등의 발굴 및 사업화 지원
4. 수소특화단지로의 우선 입주기회 제공
5. 그 밖에 수소전문기업의 지원에 필요하여 대통령령으로 정하는 사항
② 제1항에 따른 지원의 절차와 방법에 관하여 필요한 사항은 대통령령으로 정한다.

제10조【보조·융자】 ① 정부는 수소경제 이행을 촉진하기 위하여 필요한 경우에는 대통령령으로 정하는 바에 따라 수소전문기업에 대하여 다음 각 호의 어느 하나에 해당하는 비용을 보조 또는 융자할 수 있다.
1. 수소사업의 안전성·경제성·친환경성을 혁신하기 위한 기술개발 및 전문인력 양성에 드는 비용
2. 외국과의 국제협력 및 기술교류에 드는 비용
3. 그 밖에 수소경제 이행을 촉진하기 위하여 필요한 비용으로서 대통령령으로 정하는 비용
② 제1항에 따른 보조 또는 융자의 절차와 방법에 필요한 사항은 대통령령으로 정한다.

제11조【수소전문기업의 확인】 ① 이 법에 따른 지원을 받으려는 기업은 수소전문기업 해당 여부의 확인을 산업통상자원부장관에게 신청할 수 있다.
② 산업통상자원부장관은 제1항에 따라 신청을 한 기업이 수소전문기업에 해당될 때에는 대통령령으로 정하는 바에 따라 유효기간을 정하여 수소전문기업 확인서를 발급하여야 한다.
③ 제1항 및 제2항에 따른 수소전문기업의 확인 절차, 확인을 위한 조사 및 사후관리에 필요한 사항은 대통령령으로 정한다.

제12조【수소전문기업 확인의 취소】 ① 산업통상자원부장관은 수소전문기업이 다음 각 호의 어느 하나에 해당하는 경우에는 제11조제2항에 따른 수소전문기업 확인을 취소할 수 있다. 다만, 제1호에 해당하는 경우에는 확인을 취소하여야 한다.
1. 거짓이나 그 밖의 부정한 방법으로 확인을 받은 경우
2. 제2조제3호의 수소전문기업의 요건을 갖추지 아니하게 된 경우
3. 부도, 폐업 또는 휴업 등으로 기업활동을 지속적으로 영위할 수 없다고 판단되는 경우
② 제1항에 따른 수소전문기업 확인의 취소 등에 필요한 사항은 대통령령으로 정한다.

제13조【수소전문투자회사】 ① 수소전문투자회사는 「자본시장과 금융투자업에 관한 법률」에 따른 투자회사로 본다.
② 수소전문투자회사는 이 법으로 특별히 정하는 경우를 제외하고는 「자본시장과 금융투자업에 관한 법률」의 적용을 받는다.
③ 이 법에 따른 수소전문투자회사가 아닌 자는 수소전문투자회사 또는 이와 유사한 명칭을 사용해서는 아니 된다.

제14조【수소전문투자회사의 등록에 관한 협의】 금융위원회는 「자본시장과 금융투자업에 관한 법률」 제182조에 따라 수소전문투자회사를 등록하는 경우에는 대통령령으로 정하는 바에 따라 미리 산업통상자원부장관과 협의하여야 한다.

제15조【자산운용의 방법】 ① 수소전문투자회사는 자본금의 100분의 50을 초과하는 범위에서 대통령령으로 정하는 비율 이상의 금액을 수소전문기업에 투자하여야 한다.
② 수소전문투자회사는 다음 각 호의 어느 하나에 해당하는 때에는 자금차입·담보제공 및 채무보증을 할 수 있다. 다만, 제1호에 해당하는 경우에는 주주총회의 승인을 받아야 한다.
1. 운영비용에 충당할 자금이 부족한 경우
2. 수소사업 투자에 사용할 자금이 부족한 경우
③ 제2항에 따른 자금차입금액·담보제공금액 및 채무보증금액의 합계는 수소전문투자회사 자본금의 100분의 30 이내에서 대통령령으로 정하는 비율에 따른 금액을 넘지 아니하여야 한다.
④ 제1항부터 제3항까지에서 규정한 사항 외에 수소전문투자회사의 자산운용에 필요한 사항은 대통령령으로 정한다.

제16조【수소전문기업 등에 대한 기금의 투자】 다음 각 호의 어느 하나에 해당하는 기금을 관리하는 자는 해당 기금운용계획에 따라 수소전문기업에 투자하거나 수소전문투자회사에 출자할 수 있다.
1. 「국가재정법」 별표2에 규정된 법률에 따라 설치된 기금으로서 대통령령으로 정하는 기금
2. 그 밖에 설치목적이 제1호의 기금에 준하는 기금으로서 대통령령으로 정하는 기금

제17조【조세 및 부담금의 감면】 ① 국가 및 지방자치단체는 수소경제 이행을 위하여 수소전문기업에 대하여 「조세특례제한법」, 「지방세특례제한법」 등의 법률에서 정하는 바에 따라 국세 및 지방세를 감면할 수 있다.
② 수소산업 관련 연구개발 등을 위한 시설에 대하여는 다음 각 호의 부담금을 면제할 수 있다.
1. 「개발이익 환수에 관한 법률」 제5조에 따른 개발부담금
2. 「도시교통정비 촉진법」 제36조에 따른 교통유발부담금
3. 「산지관리법」 제19조에 따른 대체산림자원조성비
4. 「초지법」 제23조에 따른 대체초지조성비

제18조【국유재산·공유재산의 대부·사용 등】 ① 국가와 지방자치단체는 수소경제 이행을 위하여 필요하다고 인정하는 경우에는 「국유재산법」이나 「공유재산 및 물품 관리법」에도 불구하고 국유재산·공유재산을 수의계약으로 수소전문기업에게 대부·사용·수익하게 하거나 매각할 수 있다.
② 제1항에 따른 국유재산·공유재산의 대부·사용·수익·매각 등의 구체적인 내용과 조건은 「국유재산법」 또는 「공유재산 및 물품 관리법」에 따른다.

제4장 수소연료공급시설 설치 등

제19조【수소연료공급시설 설치 등】 ① 산업통상자원부장관은 다음 각 호의 어느 하나에 해당하는 시설 등의 운영자(이하 "시설운영자"라 한다)에게 대통령령으로 정하는 바에 따라 수소연료공급시설 설치계획서의 제출을 요청할 수 있다. 다만, 법령상 해당 시설 또는 지역에 수소연료공급시설을 설치할 수 없는 경우에는 그러하지 아니하다.
1. 「경제자유구역의 지정 및 운영에 관한 특별법」 제2조제1호에 따른 경제자유구역
2. 「도로법」 제10조제1호에 따른 고속국도에 설치하는 휴게시설
3. 「산업입지 및 개발에 관한 법률」 제2조제8호에 따른 산업단지 중 대통령령으로 정하는 산업단지
4. 그 밖에 수소경제 이행을 촉진하기 위하여 수소연료공급시설의 설치가 필요하다고 산업통상자원부령으로 정하는 곳
② 제1항에 따라 요청을 받은 시설운영자는 대통령령으로 정하는 바에 따라 산업통상자원부장관에게 제1항의 설치계획서를 제출하여야 한다. 이 경우 산업통상자원부장관은 시설 등의 특성과 수소경제 이행 상황을 고려하여 수소연료공급시설 설치계획서의 변경을 요청할 수 있다.
③ 산업통상자원부장관은 시설운영자가 제2항에 따라 제출한 설치계획서에 따라 이행을 하지 아니하는 경우 기간을 정하여 그 이행을 요청할 수 있다. 이 경우 요청을 받은 시설운영자는 특별한 사유가 없으면 이에 따라야 한다.

제20조【수소 수급계획의 제출】 수소의 생산시설 또는 수소연료공급시설을 운영하려는 자는 수소의 원활한 수급과 가격안정화를 위하여 그 시설의 설치 이전에 산업통상자원부령으로 정하는 바에 따라 수소의 생산 또는 수급계획을 산업통상자원부장관에게 제출하여야 한다. 이 경우 산업통상자원부장관은 제출된 생산 또는 수급계획이 가격안정화에 적합하지 아니하다고 판단되면 보완을 요청할 수 있다.
<2029.12.31까지 유효>

제21조【연료전지 설치 등】 ① 산업통상자원부장관은 다음 각 호의 어느 하나에 해당하는 기관에 대통령령으로 정하는 바에 따라 연료전지 설치계획서의 제출을 요청할 수 있다.
1. 국가 및 지방자치단체
2. 「공공기관의 운영에 관한 법률」에 따른 공공기관
3. 「지방공기업법」에 따른 지방공기업
4. 그 밖에 수소경제 이행을 촉진하기 위하여 연료전지의 설치가 필요한 기관으로서 산업통상자원부령으로 정하는 기관
② 제1항에 따라 요청을 받은 기관은 산업통상자원부장관에게 대통령령으로 정하는 바에 따라 연료전지 설치계획서를 제출하여야 한다. 이 경우 산업통상자원부장관은 연료전지 설치계획서를 제출한 기관의 연료전지 설치환경을 고려하여 연료전지 발전비율을 증대하는 것이 적절하다고 인정되는 경우에는 연료전지 설치계획서의 변경을 요청할 수 있으며, 요청받은 기관은 특별한 사유가 없으면 이에 따라야 한다.

제22조【수소특화단지의 지정 등】 ① 산업통상자원부장관은 수소사업자와 그 지원시설을 유치하여 집적화를 추진하고, 수소전기차 및 연료전지 등의 개발·보급을 지원하기 위하여 수소특화단지를 지정하여 자금 및 설비 제공 등 필요한 지원을 할 수 있다.
② 수소특화단지로 지정받으려는 자는 대통령령으로 정하는 바에 따라 산업통상자원부장관에게 그 지정을 신청하여야 한다.
③ 산업통상자원부장관은 제1항에 따라 수소특화단지를 지정하는 경우에는 수소경제 이행 촉진을 위하여 필요한 조건을 붙일 수 있다. 이 경우 해당 조건은 공공의 이익을 증진하기 위하여 필요한 최소한의 것으로 한정하여야 하며 부당한 의무를 부과해서는 아니 된다.
④ 수소특화단지의 신청자격, 지정 요건·절차 등에 관하여 필요한 사항은 대통령령으로 정한다.

제23조【수소특화단지의 지정 해제】 산업통상자원부장관은 다음 각 호의 어느 하나에 해당하는 경우에는 대통령령으로 정하는 바에 따라 수소특화단지의 지정을 해제할 수 있다.
1. 제22조제1항에 따라 지원된 자금 및 설비 등을 당초 목적 외의 용도로 사용한 경우
2. 제22조제3항에 따른 지정 조건을 이행하지 아니한 경우
3. 제22조제4항에 따른 지정 요건을 갖추지 못하게 되는 경우

제24조【시범사업의 실시】 ① 산업통상자원부장관 및 관계 중앙행정기관의 장은 다음 각 호의 사항을 위하여 필요하다고 인정할 때에는 일정한 기간 동안 제한된 지역에서 시범사업을 실시할 수 있다.
1. 수소산업의 육성 및 발전
2. 수소사업 관련 서비스 보급의 활성화
3. 그 밖에 대통령령으로 정하는 수소경제 이행에 필요한 사업
② 산업통상자원부장관 및 관계 중앙행정기관의 장은 제1항에 따른 시범사업에 참여하는 자에 대하여 필요한 지원을 할 수 있다.
③ 제1항 및 제2항에 따른 시범사업의 실시와 지원에 필요한 사항은 대통령령으로 정한다.

제25조【수소발전용 천연가스 요금체계 수립】 ① 산업통상자원부장관은 수소발전의 개발과 보급 촉진을 통한 수소경제 이행을 위하여 수소발전에 공급하는 수소를 생산하기 위하여 사용되는 천연가스의 가격안정성을 확보하기 위한 노력을 하여야 한다.
② 산업통상자원부장관은 수소발전의 개발과 보급을 촉진하기 위하여 「도시가스사업법」에 따른 가스도매사업자에 대하여 같은 법 제20조에 따른 공급규정에서 수소발전사업자에게 공급하는 천연가스 요금을 별도로 정하도록 할 수 있다. 이 경우 천연가스는 수소발전에 공급하는 수소를 생산하기 위하여 사용되는 천연가스에 한한다.
(2022.6.10 본조개정)

제4장의2 청정수소 인증 및 수소발전량 구매·공급
(2022.6.10 본장신설)

제25조의2【청정수소의 인증 등】 ① 산업통상자원부장관은 청정수소의 사용을 촉진하기 위하여 생산·수입 등의 과정에서 배출되는 이산화탄소량 등 대통령령으로 정하는 인증기준을 충족하는 수소 또는 수소화합물에 대하여 등급별 청정수소 인증을 할 수 있다.
② 산업통상자원부장관은 청정수소를 생산·사용하는 자에 대하여 행정적·재정적 지원을 할 수 있다. 이 경우 청정수소의 등급에 따라 차등하여 지원할 수 있다.
③ 제1항에 따른 인증을 받은 청정수소는 산업통상자원부령으로 정하는 바에 따라 인증표시를 할 수 있다.
④ 제1항에 따른 인증을 받지 아니한 수소 또는 수소화합물에 대하여는 청정수소의 인증표시를 하거나 이와 유사한 표시를 하여서는 아니 된다.(2027.5.31 시행)
⑤ 산업통상자원부장관은 제1항에 따라 인증을 받은 청정수소의 생산자 또는 수입자가 다음 각 호의 어느 하나에 해당하는 경우에는 그 인증을 취소하거나 상당한 기간을 정하여 인증표시의 사용금지명령 또는 개선명령을 할 수 있다. 다만, 제1호에 해당하는 경우에는 인증을 취소하여야 한다.
1. 거짓이나 그 밖의 부정한 방법으로 인증을 받은 경우
2. 제1항에 따른 인증기준에 적합하지 아니하게 된 경우
3. 청정수소 생산·수입 등의 사업을 영위하는 자가 정당한 사유 없이 인증받은 날부터 1년 이내에 청정수소 생산·수입 등의 업무를 시작하지 아니하거나 1년 이상 계속하여 청정수소 생산·수입 등의 업무를 수행하지 아니한 경우
4. 제7항에 따른 점검을 거부·방해 또는 기피한 경우
5. 제25조의3에 따른 신고를 하지 아니한 경우
6. 제2호부터 제5호까지의 어느 하나에 해당되어 인증표시의 사용금지명령 또는 개선명령을 받고 이를 이행하지 아니한 경우
⑥ 산업통상자원부장관은 제5항에 따라 인증의 취소, 인

증표시의 사용금지명령 또는 개선명령을 한 경우에는 대통령령으로 정하는 바에 따라 그 사실을 공고하여야 한다.
⑦ 산업통상자원부장관은 제1항에 따라 인증을 받은 자가 인증기준을 유지하고 있는지를 확인하기 위하여 대통령령으로 정하는 바에 따라 점검을 실시할 수 있다.
⑧ 그 밖에 청정수소의 인증 및 인증 취소 등에 필요한 사항은 대통령령으로 정한다.

제25조의3【청정수소 생산량 등의 신고】 청정수소를 생산·수입 또는 판매하는 자는 대통령령으로 정하는 바에 따라 생산량·수입량·판매량과 구매자에 대하여 산업통상자원부장관에게 신고하여야 한다.

제25조의4【청정수소인증기관의 지정 등】 ① 산업통상자원부장관은 제25조의2제1항 및 제7항에 따른 인증 및 점검에 관한 업무를 효율적으로 수행하기 위하여 인증에 필요한 시설 등 대통령령으로 정하는 기준을 충족하는 수소사업 관련 기관·단체 또는 법인을 청정수소인증기관(이하 "인증기관"이라 한다)으로 지정할 수 있다.
② 인증기관은 산업통상자원부령으로 정하는 바에 따라 제1항에 따른 인증 및 점검에 관한 기록을 작성하여 보관하여야 한다.
③ 산업통상자원부장관은 인증기관에 대하여 제1항에 따른 인증 및 점검에 관한 업무를 수행하는 데 필요한 경비를 지원할 수 있다.
④ 산업통상자원부장관은 인증기관이 다음 각 호의 어느 하나에 해당하는 경우 지정을 취소하거나 상당한 기간을 정하여 시정을 명할 수 있다. 다만, 제1호에 해당하는 경우에는 지정을 취소하여야 한다.
1. 거짓이나 그 밖의 부정한 방법으로 지정을 받은 경우
2. 제1항에 따른 지정기준에 적합하지 아니하게 된 경우
3. 정당한 사유 없이 청정수소 인증을 하지 아니한 경우
4. 제25조의2제1항에 따른 청정수소 인증기준을 위반하여 청정수소 인증을 한 경우
5. 제2항을 위반하여 기록을 작성·보관하지 아니하거나 거짓으로 기록을 작성·보관한 경우
⑤ 그 밖에 인증기관의 지정 및 지정 취소 등에 필요한 사항은 대통령령으로 정한다.

제25조의5【청정수소의 판매·사용 의무 등】 ① 산업통상자원부장관은 청정수소의 보급을 촉진하기 위하여 필요하다고 인정하는 경우 대통령령으로 정하는 바에 따라 다음 각 호의 어느 하나에 해당하는 자에게 수소판매량 또는 사용량의 일정 비율 이상을 청정수소로 판매하게 하거나 사용하게 할 수 있다.
1. 수소연료공급시설의 운영자
2. 수소를 원료 또는 연료로 사용하여 온실가스 배출을 줄일 수 있는 사업을 영위하는 자로서 대통령령으로 정하는 자
② 판매·사용의무자는 대통령령으로 정하는 바에 따라 제1항에 따른 청정수소의 판매·사용실적을 산업통상자원부장관에게 보고하여야 한다.
③ 산업통상자원부장관은 제1항에 따른 판매·사용의무의 이행 여부를 확인하기 위하여 판매·사용의무자에게 대통령령으로 정하는 바에 따라 필요한 자료의 제출을 요구할 수 있다. 이 경우 판매·사용의무자는 특별한 사유가 없으면 이에 따라야 한다.
(2027.5.31 시행)

제25조의6【수소발전량 구매·공급 등】 ① 산업통상자원부장관은 「전기사업법」 제2조제2호에 따른 전기사업자 중 대통령령으로 정하는 자에게 대통령령으로 정하는 수소발전량을 구매하게 하거나 공급하게 할 수 있다.
② 산업통상자원부장관은 수소경제 이행 촉진을 위하여 수소발전 입찰시장(이하 "입찰시장"이라 한다)을 개설할 수 있다. 이 경우 입찰시장에서는 주민수용성 등 대통령령으로 정하는 기준을 충족하는 수소발전사업자 중에서 낙찰자를 결정한다.
③ 수소발전사업자와 구매·공급자는 입찰시장을 통하여 대통령령으로 정하는 방식에 따라 계약을 체결하여야 한다.
④ 제1항에 따라 구매하게 하거나 공급하게 할 수 있는 수소발전량(이하 "구매·공급량"이라 한다)은 다음 각 호의 사항을 고려하여 연도별로 대통령령으로 정한다.
1. 제5조에 따른 기본계획
2. 「전기사업법」 제25조에 따른 전력수급기본계획
3. 수소발전 관련 시설의 설치 및 가동 현황
4. 「기후위기 대응을 위한 탄소중립·녹색성장 기본법」 제8조에 따른 중장기 국가 온실가스 감축 목표
5. 그 밖에 산업통상자원부령으로 정하는 사항
⑤ 산업통상자원부장관은 구매·공급량을 정하기 위하여 필요한 경우에는 관계 중앙행정기관의 장, 지방자치단체의 장 및 관련 단체·기관의 장에게 자료의 제출을 요청할 수 있다. 이 경우 자료제출을 요청받은 관계 중앙행정기관의 장, 지방자치단체의 장 또는 관련 단체·기관의 장은 특별한 사유가 없으면 이에 따라야 한다.
⑥ 산업통상자원부장관은 구매·공급자가 구매·공급량의 이행에 소요되는 비용을 대통령령으로 정하는 바에 따라 전기사용자의 전기요금에 반영하여 회수할 수 있도록 하여야 한다.

제25조의7【입찰시장 관리기관의 지정 등】 ① 산업통상자원부장관은 입찰시장을 효율적으로 운영하기 위하여 시설, 인력 등 대통령령으로 정하는 기준을 충족하는 수소사업 또는 전력거래 관련 기관·단체 또는 법인을 입찰시장 관리기관(이하 "관리기관"이라 한다)으로 지정할 수 있다.
② 관리기관은 입찰시장에 관한 운영규칙(이하 "운영규칙"이라 한다)을 제정하여 산업통상자원부장관의 승인을 받아야 한다. 운영규칙을 변경하거나 폐지하는 경우(산업통상자원부령으로 정하는 경미한 사항의 변경은 제외한다)에도 또한 같다.
③ 관리기관은 운영에 필요한 경비를 충당하기 위하여 입찰시장 거래에 대한 수수료를 재원으로 할 수 있으며, 그 구체적인 기준은 대통령령으로 정한다.
④ 산업통상자원부장관은 관리기관이 다음 각 호의 어느 하나에 해당하는 경우 지정을 취소할 수 있다. 다만, 제1호에 해당하는 경우에는 지정을 취소하여야 한다.
1. 거짓이나 그 밖의 부정한 방법으로 지정을 받은 경우
2. 제1항에 따른 지정기준에 적합하지 아니하게 된 경우
⑤ 그 밖에 관리기관의 지정 및 지정 취소 등에 필요한 사항은 대통령령으로 정한다.

제25조의8【과징금】 ① 산업통상자원부장관은 판매·사용의무자가 판매·사용의무를 이행하지 아니한 경우에는 그 부족분에 대하여 대통령령으로 정하는 바에 따라 해당 연도 최고등급 청정수소의 시장가격과 해당 연도 일반수소의 시장가격 간의 차액을 기준으로 그 금액의 100분의 150을 곱한 금액의 범위에서 과징금을 부과할 수 있다.
② 산업통상자원부장관은 제1항에 따른 과징금을 내야 할 자가 납부기한까지 내지 아니하면 납부기한의 다음 날부터 낸 날의 전날까지의 기간에 대하여 대통령령으로 정하는 가산금을 징수한다.
③ 산업통상자원부장관은 제1항에 따른 과징금을 내야 할 자가 납부기한까지 내지 아니하면 기간을 정하여 독촉을 하고, 그 지정한 기간 이내에 과징금과 제2항에 따른 가산금을 내지 아니한 때에는 국세강제징수의 예에 따라 징수한다.
④ 과징금의 부과 등에 관하여 그 밖에 필요한 사항은 대통령령으로 정한다.
⑤ 제1항에 따른 과징금과 제2항에 따른 가산금은 「에너지 및 자원사업 특별회계법」에 따른 에너지 및 자원사업 특별회계로 귀속된다.
(2027.5.31 시행)

제5장 수소경제 이행을 위한 기반 조성

제26조【전문인력의 양성】 ① 정부는 수소산업에 관한 전문기술인력의 양성을 위하여 다음 각 호의 시책을 수립·추진할 수 있다.
1. 수소경제 기반구축에 부합하는 기술인력 양성체제 구축
2. 산·학 협력 활성화를 통한 우수인력의 양성
3. 수소경제 기반구축에 관한 미래 유망분야의 기술인력 양성
4. 수소경제 기반구축에 관한 현장 기술인력의 재교육
5. 그 밖에 수소경제 기반구축에 필요한 인력의 양성을 위하여 산업통상자원부령으로 정하는 사항
② 정부는 제1항 각 호의 사업을 수행하는 자에게 예산의 범위에서 해당 사업의 수행에 필요한 비용의 전부 또는 일부를 지원할 수 있다.

제27조【수소관련 제품 등 표준화】 ① 산업통상자원부장관은 수소산업 관련 기술, 제품 및 서비스의 품질 향상과 호환성 확보 등을 위하여 다음 각 호에 해당하는 표준화 사업을 추진할 수 있다.
1. 수소관련 제품, 기술 및 서비스의 표준 개발 및 보급
2. 수소관련 제품, 기술 및 서비스와 관련된 국내외 표준의 조사·연구 및 개발
3. 수소관련 제품, 기술 및 서비스의 표준화 관련 적합성 평가기술 개발·보급 및 확산
4. 수소관련 제품, 기술 및 서비스의 표준화에 관한 국제협력
5. 그 밖에 수소관련 제품, 기술 및 서비스의 표준화에 필요한 사업
② 산업통상자원부장관은 제1항 각 호의 사업을 수행하는 자에게 예산의 범위에서 해당 사업의 수행에 필요한 비용의 전부 또는 일부를 지원할 수 있다.

제28조【수소산업 관련 통계의 작성】 ① 산업통상자원부장관은 수소산업 육성을 위하여 수소산업에 관한 통계를 작성하여 관리할 수 있다.
② 산업통상자원부장관은 제1항에 따른 통계의 작성 및 관리 업무를 산업통상자원부령으로 정하는 바에 따라 관계 전문기관으로 하여금 수행하게 할 수 있다. 이 경우 예산의 범위에서 해당 업무의 수행에 드는 비용의 전부 또는 일부를 지원할 수 있다.
③ 제1항에 따른 통계의 작성 및 관리에 필요한 사항은 산업통상자원부령으로 정한다.

제29조【국제협력과 해외시장 진출 지원 등】 ① 산업통상자원부장관은 수소산업 관련 국제협력을 활성화하고 해외시장 진출을 촉진하기 위하여 다음 각 호의 사업을 할 수 있다.
1. 수소산업에 관한 기술과 인력의 국제교류·국제표준화 및 국제공동연구개발
2. 국제수소산업전시회의 국내 개최
3. 해외마케팅, 홍보활동 및 외국인의 투자유치
4. 해외진출에 관한 정보제공 및 상담·협조
5. 그 밖에 해외진출 및 국제교류 지원을 위하여 산업통상자원부령으로 정하는 사업
② 산업통상자원부장관은 제1항 각 호의 사업을 수행하는 자에게 예산의 범위에서 해당 사업의 수행에 필요한 비용의 전부 또는 일부를 지원할 수 있다.

제30조【수소산업 관련 기술개발의 촉진】 ① 산업통상자원부장관은 수소산업 관련 기술의 개발을 촉진하기 위하여 다음 각 호의 사항을 추진할 수 있다.
1. 수소산업 관련 기술의 동향 및 수요조사
2. 수소산업 관련 기술의 연구개발
3. 개발된 기술의 권리확보 및 실용화
4. 수소산업 관련 기술의 협력 및 정보교류
5. 그 밖에 수소산업 관련 기술의 연구개발에 필요한 사항으로서 산업통상자원부령으로 정하는 사항
② 산업통상자원부장관은 제1항에 따른 수소산업 관련 기술개발을 촉진하기 위하여 수소산업 관련 기술을 연구·개발하거나 이를 산업화하는 자에게 예산의 범위에서 필요한 비용의 전부 또는 일부를 지원할 수 있다.

제31조【사회적 공감대 형성】 산업통상자원부장관은 수소산업에 대한 국민의 올바른 인식과 이해를 통하여 수소경제에 대한 사회적 공감대를 형성하도록 다음 각 호의 시책을 수립·추진할 수 있다.
1. 수소의 안전한 사용에 대한 사회 전반적인 인식·이해 및 공감대 확산
2. 수소친화적 문화 정착 및 발전을 위한 교육과 홍보
3. 수소와 관련된 교육 콘텐츠의 개발 및 보급
4. 수소친화적 문화 정착 및 발전을 위한 사업이나 활동을 하는 기관 또는 단체의 육성 및 지원
5. 수소친화적 문화의 향유와 교류 활성화를 위한 제도와 기반 조성
6. 그 밖에 수소산업에 관한 사회적 공감대 형성을 위하여 대통령령으로 정하는 사항

제31조의2【수소의 날】 ① 수소경제의 중요성에 대한 사회적 공감대를 형성하기 위하여 매년 11월 2일을 수소의 날로 한다.
② 국가와 지방자치단체는 수소의 날의 취지에 적합한 기념행사를 개최할 수 있다.
③ 제2항에 따른 수소의 날 기념행사에 필요한 사항은 대통령령으로 정한다.
(2023.10.31 본조신설)

제32조【종합정보관리시스템의 구축·운영】 ① 산업통상자원부장관은 수소사업자에 대하여 기술, 인력 및 산업동향 등 필요한 정보를 제공하고 수소산업 현황에 관한 정보를 체계적으로 관리하기 위하여 수소산업과 수소사업에 관한 종합정보관리시스템을 구축·운영할 수 있다.
② 산업통상자원부장관은 제1항에 따른 종합정보관리시스템의 구축·운영에 관한 업무를 산업통상자원부령으로 정하는 바에 따라 관계 전문기관으로 하여금 수행하게 할 수 있다. 이 경우 예산의 범위에서 해당 업무의 수행에 드는 비용의 전부 또는 일부를 지원할 수 있다.
③ 그 밖에 종합정보관리시스템의 구축 범위 및 운영에 필요한 사항은 산업통상자원부령으로 정한다.

제33조【수소산업진흥전담기관의 지정 등】 ① 산업통상자원부장관은 수소경제 이행에 필요한 사업을 효율적·체계적으로 추진하고 수소산업 경쟁력 강화에 필요한 사업을 지원하기 위하여 대통령령으로 정하는 바에 따라 수소산업 관련 기관·단체 또는 법인을 수소산업진흥전담기관(이하 "진흥전담기관"이라 한다)으로 지정할 수 있다.
② 진흥전담기관은 다음 각 호의 사업을 수행한다.
1. 수소경제 이행 관련 성과분석, 조사 등 정책지원
2. 수소산업 관련 연구개발, 표준화, 전문인력양성 및 기반조성사업
3. 수소전문기업의 판로개척, 정보제공 및 경영·기술 등에 관한 자문
4. 제1호부터 제3호까지의 사업과 관련한 산·학·연 기술협력, 홍보 및 국제협력사업
5. 그 밖에 진흥전담기관의 목적달성을 위하여 산업통상자원부령으로 정하는 사업
③ 진흥전담기관은 제1항에 따른 목적달성에 필요한 경비를 조달하기 위하여 대통령령으로 정하는 바에 따라 수익사업을 할 수 있다.
④ 산업통상자원부장관은 진흥전담기관에 대하여 예산의 범위에서 운영 및 제2항 각 호의 사업을 수행하는데 필요한 경비를 출연 또는 보조할 수 있다.
⑤ 산업통상자원부장관은 제1항에 따라 지정된 진흥전담기관이 다음 각 호의 어느 하나에 해당하는 경우 지정을 취소할 수 있다. 다만, 제1호에 해당하는 경우에는 지정을 취소하여야 한다.
1. 거짓이나 그 밖의 부정한 방법으로 지정을 받은 경우
2. 제6항에 따른 지정 기준에 적합하지 아니하게 된 경우
⑥ 그 밖에 진흥전담기관 지정 및 지정 취소의 기준·절차, 운영에 필요한 사항은 대통령령으로 정한다.

제34조【수소유통전담기관의 지정 등】 ① 산업통상자원부장관은 다음 각 호의 사업을 수행하기 위하여 대통령령으로 정하는 바에 따라 수소사업 관련 기관·단체 또는 법인을 수소유통전담기관(이하 "유통전담기관"이라 한다)으로 지정할 수 있다.

1. 수소의 유통 및 거래에 관한 업무
2. 수소의 적정 가격유지에 관한 업무
3. 수소의 수급관리에 관한 업무
4. 수소의 공정한 유통질서 확립을 위한 감시·점검·지도 및 홍보
5. 수소의 생산설비 및 충전소 등 이용설비 운영정보의 수집·제공
6. 그 밖에 수소의 수급·유통관리 등과 관련하여 산업통상자원부령으로 정하는 사업
② 산업통상자원부장관은 유통전담기관에 대하여 예산의 범위에서 운영 및 제1항 각 호의 사업을 수행하는데 필요한 경비를 출연 또는 보조할 수 있다.
③ 산업통상자원부장관은 제1항에 따라 지정된 유통전담기관이 다음 각 호의 어느 하나에 해당하는 경우 지정을 취소할 수 있다. 다만, 제1호에 해당하는 경우에는 지정을 취소하여야 한다.
1. 거짓이나 그 밖의 부정한 방법으로 지정을 받은 경우
2. 제4항에 따른 지정 기준에 적합하지 아니하게 된 경우
④ 그 밖에 유통전담기관 지정 및 지정 취소의 기준·절차, 운영에 필요한 사항은 대통령령으로 정한다.

제35조【수소안전전담기관의 지정 등】 ① 산업통상자원부장관은 다음 각 호의 사업을 수행하기 위하여 대통령령으로 정하는 바에 따라 안전 관련 기관·단체 또는 법인을 수소안전전담기관(이하 "안전전담기관"이라 한다)으로 지정할 수 있다.
1. 수소용품 및 수소연료사용시설의 안전에 관한 기준 조사·연구 및 기술개발
2. 수소용품 및 수소연료사용시설의 안전에 관한 교육 및 홍보
3. 수소용품 및 수소연료사용시설의 안전에 관한 국제협력
4. 수소용품 및 수소연료사용시설의 사고예방에 관한 기술개발 및 기술지원
5. 그 밖에 안전전담기관의 목적달성을 위하여 산업통상자원부령으로 정하는 사업
② 안전전담기관은 제1항에 따른 목적달성에 필요한 경비를 조달하기 위하여 대통령령으로 정하는 바에 따라 수익사업을 할 수 있다.
③ 산업통상자원부장관은 안전전담기관에 대하여 예산의 범위에서 운영 및 제1항 각 호의 사업을 수행하는데 필요한 경비를 출연 또는 보조할 수 있다.
④ 산업통상자원부장관은 제1항에 따라 지정된 안전전담기관이 다음 각 호의 어느 하나에 해당하는 경우 지정을 취소할 수 있다. 다만, 제1호에 해당하는 경우에는 지정을 취소하여야 한다.
1. 거짓이나 그 밖의 부정한 방법으로 지정을 받은 경우
2. 제5항에 따른 지정 기준에 적합하지 아니하게 된 경우
⑤ 그 밖에 안전전담기관 지정 및 지정 취소의 기준·절차, 운영에 필요한 사항은 대통령령으로 정한다.

제6장 안전관리

제36조【수소용품 제조사업 허가】 ① 수소용품을 제조하려는 자는 그 사업소마다 산업통상자원부령으로 정하는 바에 따라 특별자치시장·특별자치도지사·시장·군수 또는 구청장(구청장은 자치구의 구청장을 말하며, 이하 "시장·군수·구청장"이라 한다)의 허가를 받아야 하며, 산업통상자원부령으로 정하는 중요 사항을 변경하려는 경우에도 또한 같다. 다만, 산업통상자원부령으로 정하는 경미한 사항의 변경은 시장·군수·구청장에게 신고하여야 한다.
② 시장·군수·구청장은 제1항에 따른 허가 또는 변경허가의 신청이 있는 경우 다음 각 호의 어느 하나에 해당되는 경우를 제외하고는 허가하여야 한다. 이 경우 제1호 및 제2호의 요건에 관한 세부적인 사항은 해당 지방자치단체의 조례로 정한다.
1. 사업의 개시 또는 변경으로 국민의 생명 보호 및 재산상의 위해(危害) 방지와 재해발생 방지에 지장이 있다고 판단되는 경우
2. 사업을 적정하게 수행하는 데에 필요한 재원과 기술적 능력이 없는 경우
3. 「고압가스 안전관리법」 제28조에 따른 한국가스안전공사(이하 "한국가스안전공사"라 한다)의 기술검토 결과 안전성이 확보되지 아니한 것으로 인정된 경우
4. 그 밖에 다른 법령에 따른 제한에 위반되는 경우
③ 제1항에 따라 수소용품 제조사업의 허가를 받은 자(이하 "수소용품 제조사업자"라 한다)는 산업통상자원부령으로 정하는 시설기준과 기술기준을 준수하여야 한다.
④ 제1항에서 제3항까지에서 규정한 사항 외에 허가에 필요한 사항은 대통령령으로 정한다.

제37조【결격사유】 다음 각 호의 어느 하나에 해당하는 자는 제36조에 따른 허가를 받을 수 없다.
1. 피성년후견인
2. 파산자로서 복권되지 아니한 자
3. 「형법」 제172조, 제172조의2, 제173조, 제173조의2, 제174조(제164조제1항, 제165조 및 제166조제1항의 미수범은 제외한다), 제175조(제164조제1항, 제165조 및 제166조제1항의 죄를 범할 목적으로 예비 또는 음모한 자는 제외한다), 「고압가스 안전관리법」, 「도시가스사업법」, 「액화석유가스의 안전관리 및 사업법」 또는 이 법을 위반하여 금고 이상의 실형을 선고받고 그 집행이 끝나거나(집행이 끝난 것으로 보는 경우를 포함한다) 집행이 면제된 날부터 2년이 지나지 아니한 자
4. 제3호에 규정된 죄를 범하고 금고 이상의 형의 집행유예를 선고받고 그 유예 기간 중에 있는 자
5. 제49조에 따라 허가가 취소된(제1호 또는 제2호의 결격사유에 해당하여 허가가 취소된 경우는 제외한다)된 후 2년이 지나지 아니한 자
6. 법인을 대표하는 자가 제1호부터 제5호까지의 규정 중 어느 하나에 해당하는 법인

제38조【외국수소용품의 제조등록 등】 ① 외국에서 국내로 수출하기 위하여 수소용품을 제조하려는 자는 산업통상자원부령으로 정하는 바에 따라 산업통상자원부장관에게 등록하여야 하며, 등록한 사항 중 산업통상자원부령으로 정하는 중요 사항을 변경하려는 경우에도 또한 같다. 다만, 산업통상자원부령으로 정하는 그 밖의 사항을 변경하려는 경우 산업통상자원부장관에게 신고하여야 한다.
② 제1항에 따라 등록을 한 자(이하 "외국수소용품 제조자"라 한다)는 산업통상자원부령으로 정하는 기간마다 정기적으로 재등록을 하여야 한다.
③ 제1항에 따른 등록이나 제2항에 따른 재등록을 하려는 자의 기술능력 등 등록의 기준 및 대상범위는 대통령령으로 정한다.
④ 제1항부터 제3항까지에서 규정한 사항 외에 수소용품의 제조에 관한 시설기준 및 기술기준, 그 밖에 등록에 필요한 사항은 산업통상자원부령으로 정한다.

제39조【사업 개시 등의 신고】 수소용품 제조사업자는 다음 각 호의 어느 하나에 해당하는 경우에는 산업통상자원부령으로 정하는 바에 따라 시장·군수·구청장에게 신고하여야 한다.
1. 수소용품 제조사업을 시작하거나 폐업하려는 경우
2. 수소용품 제조사업을 일정 기간 중단하거나 중단 후 이를 재개하려는 경우

제40조【사업자의 지위 승계】 ① 수소용품 제조사업자가 그 사업을 양도하거나 사망한 경우 또는 법인인 수소용품 제조사업자의 합병이 있는 경우에는 그 양수인·상속인 또는 합병 후 존속하는 법인이나 합병에 의하여 설립되는 법인이 그 수소용품 제조사업자의 지위를 승계한다.
② 「민사집행법」에 따른 경매, 「채무자 회생 및 파산에 관한 법률」에 따른 환가, 「국세징수법」·「관세법」 또는 「지방세징수법」에 따른 압류재산의 매각, 그 밖에 이에 준하는 절차에 따라 수소용품 제조사업자의 사업용 시설의 전부를 인수한 자는 종전의 수소용품 제조사업자의 지위를 승계한다.
③ 제1항 또는 제2항에 따라 수소용품 제조사업자의 지위를 승계한 자는 산업통상자원부령으로 정하는 바에 따라 그 승계한 사실을 시장·군수·구청장에게 신고하여야 한다.
④ 제1항 또는 제2항에 따라 지위를 승계한 자의 결격사유에 관하여는 제37조를 준용한다.
⑤ 제1항 또는 제2항에 따라 수소용품 제조사업자의 지위가 승계되면 종전의 수소용품 제조사업자에 대한 제49조에 따른 사업의 정지 또는 제한처분의 효과는 그 지위를 승계받은 자에게 승계되며, 처분의 절차가 진행 중일 때에는 지위를 승계받은 자에 대하여 그 절차를 진행할 수 있다. 다만, 지위를 승계받은 자(상속에 의하여 승계를 받은 자는 제외한다)가 승계를 받은 때에 그 처분 또는 위반사실을 알지 못하였음을 증명하는 경우에는 그러하지 아니하다.

제41조【안전관리규정】 ① 수소용품 제조사업자는 제조 공정, 자체검사 방법 등 수소용품의 안전유지에 관하여 산업통상자원부령으로 정하는 사항을 포함한 안전관리규정을 정하고 사업을 시작하기 전에 그 안전관리규정을 시장·군수·구청장에게 제출하여야 한다. 이 경우 한국가스안전공사의 의견서를 첨부하여야 한다.
② 시장·군수·구청장은 안전 확보를 위하여 필요하다고 인정하면 제1항에 따른 안전관리규정의 변경을 명할 수 있다.
③ 제1항에 따른 안전관리규정을 제출한 자와 그 종사자는 안전관리규정을 준수하고, 안전관리 이행 기록을 작성·보존하여야 한다.
④ 시장·군수·구청장은 수소용품 제조사업자 및 그 종사자가 제1항에 따른 안전관리규정을 준수하고 있는지를 확인하고 이를 평가할 수 있다.
⑤ 제1항에 따른 안전관리규정의 작성요령과 한국가스안전공사의 의견표시 방법은 산업통상자원부령으로 정한다.

제42조【안전관리자】 ① 수소용품 제조사업자는 수소용품 등의 안전 확보와 위해 방지에 관한 직무를 수행하기 위하여 산업통상자원부령으로 정하는 바에 따라 사업을 시작하기 전에 안전관리자를 선임하고, 그 사실을 시장·군수·구청장에게 신고하여야 한다.
② 제1항에 따라 선임된 안전관리자를 해임하거나 안전관리자가 퇴직한 경우에는 지체 없이 그 사실을 시장·군수·구청장에게 신고하고, 해임하거나 퇴직한 날부터 30일 이내에 다른 안전관리자를 선임하여야 한다. 다만, 30일 이내에 선임할 수 없을 경우에는 시장·군수·구청장의 승인을 받아 그 기간을 연장할 수 있다.
③ 제1항에 따라 안전관리자를 선임한 자는 다음 각 호의 어느 하나에 해당하는 경우에는 대통령령으로 정하는 바에 따라 대리자를 지정하여 일시적으로 안전관리자의 직무를 대행하게 하여야 한다.
1. 안전관리자가 여행·질병이나 그 밖의 사유로 일시적으로 그 직무를 수행할 수 없는 경우
2. 안전관리자의 해임 또는 퇴직과 동시에 다른 안전관리자가 선임되지 아니한 경우
④ 안전관리자는 그 직무를 성실히 수행하여야 하며, 그 수소용품 제조사업자와 종사자는 안전관리자의 안전에 관한 의견을 존중하고 권고에 따라야 한다.
⑤ 시장·군수·구청장은 대통령령으로 정하는 안전관리자가 그 직무를 성실히 수행하지 아니하면 그 안전관리자를 선임한 수소용품 제조사업자에게 그 안전관리자의 해임을 요구할 수 있다.
⑥ 안전관리자의 종류·자격·인원·직무범위 및 안전관리자의 대리자의 대행 기간과 그 밖에 필요한 사항은 대통령령으로 정한다.

제43조【수소용품 제조시설의 완성검사】 ① 수소용품 제조사업자가 수소용품 제조시설의 설치공사 또는 변경공사를 완공한 때에는 그 시설을 사용하기 전에 시장·군수·구청장의 완성검사를 받고 합격한 후에 이를 사용하여야 한다.
② 제1항에 따른 완성검사의 기준과 그 밖에 필요한 사항은 산업통상자원부령으로 정한다.

제44조【수소용품의 수입 및 검사】 ① 수소용품을 제조하거나 수입한 자(외국수소용품 제조자를 포함한다)는 그 수소용품을 판매하거나 사용하기 전에 산업통상자원부장관(외국수소용품 제조자의 경우에만 해당한다) 또는 시장·군수·구청장의 검사를 받아야 한다. 다만, 대통령령으로 정하는 수소용품은 검사의 전부 또는 일부를 생략할 수 있다.
② 산업통상자원부장관 또는 시장·군수·구청장은 제1항에 따른 검사에 합격한 수소용품에는 산업통상자원부령으로 정하는 바에 따라 필요한 사항을 각인(刻印)하거나 표시하여야 한다.
③ 제1항에 따라 검사를 받아야 하는 수소용품으로서 검사를 받지 아니한 수소용품은 양도·임대 또는 사용하거나 판매를 목적으로 진열을 하여서는 아니 된다.
④ 제1항에 따른 검사의 기준과 기간, 그 밖에 검사에 필요한 사항은 산업통상자원부령으로 정한다.

제45조【수소용품의 안전성 확보】 ① 산업통상자원부장관 또는 시장·군수·구청장은 수소용품의 안전성 확보를 위하여 필요하다고 인정할 때에는 유통 중인 수소용품을 수집하여 검사하고, 검사 결과 중대한 결함이 있다고 인정되면 그 수소용품을 제조하거나 수입한 자(외국수소용품 제조자를 포함한다)에게 회수·교환·환불 및 그 사실의 공표를 명할 수 있다.
② 제1항에 따른 수소용품의 수집 방법, 회수·교환·환불의 절차 및 공표 방법은 산업통상자원부령으로 정한다.
③ 수소용품을 제조하거나 수입한 자(외국수소용품 제조자를 포함한다)는 그 수소용품에 수소용품의 제조자, 제조일자, 용도, 사용 방법, 보증기간 등을 산업통상자원부령으로 정하는 바에 따라 표시하여야 한다.
④ 누구든지 수소용품을 개조(구조나 성능이 변경되는 경우를 말한다)해서는 아니 되며, 수소용품의 사용자는 제3항에서 규정한 표시에 따라 수소용품을 사용하여야 한다.

제46조【안전교육】 ① 수소용품 제조사업의 안전관리에 관계되는 업무를 하는 자는 시장·군수·구청장이 실시하는 교육을 받아야 한다.
② 수소용품 제조사업자는 그가 고용하고 있는 자 중에서 제1항에 따라 교육을 받아야 하는 자에게 안전교육을 받게 하여야 한다.
③ 제1항 및 제2항에 따른 안전교육대상자의 범위, 교육기간, 교육과정, 그 밖에 교육에 필요한 사항은 산업통상자원부령으로 정한다.

제47조【수소연료사용시설의 검사】 ① 수소연료사용시설을 설치하여 사용하려는 자(이하 "시설사용자"라 한다)는 산업통상자원부령으로 정하는 시설기준과 기술기준에 맞도록 수소연료사용시설을 갖추어야 한다.
② 시설사용자는 수소연료사용시설의 설치공사나 산업통상자원부령으로 정하는 변경공사를 완공하면 그 시설의 사용 전에 시장·군수·구청장의 완성검사를 받아야 하며, 완성검사에 합격한 후에만 그 시설을 사용할 수 있다.
③ 시설사용자는 수소연료사용시설에 대하여 대통령령으로 정하는 일정 기간마다 정기검사를 받아야 한다.
④ 제2항 및 제3항에 따른 완성검사 및 정기검사의 기준, 대상, 절차 및 방법에 필요한 사항은 산업통상자원부령으로 정한다.

제48조【상세기준】 ① 「고압가스 안전관리법」 제33조의2에 따른 가스기술기준위원회는 다음 각 호의 어느 하나에 해당하는 기준의 범위에서 그 기준을 충족하는 상세한 규격, 특정한 수치 및 특정한 시험방법 등을 세부적으로 규정한 기준(이하 "상세기준"이라 한다)을 정할 수 있다.
1. 제36조제3항에 따른 수소용품 제조에 관한 시설기준과 기술기준
2. 제38조제4항에 따른 수소용품의 제조에 관한 시설기준과 기술기준

3. 제43조제2항에 따른 완성검사의 기준
4. 제44조제4항에 따른 수소용품 검사의 기준
5. 제47조제1항에 따른 수소연료사용시설에 관한 시설기준과 기술기준
6. 제47조제4항에 따른 완성검사 및 정기검사의 기준
② 상세기준은 제1항에 따른 가스기술기준위원회의 심의·의결을 거쳐 대통령령으로 정하는 바에 따라 산업통상자원부장관의 승인을 받아야 한다.
③ 제1항에 따른 가스기술기준위원회는 제2항에 따라 승인을 받은 경우 그 상세기준의 내용을 지체 없이 인터넷 홈페이지 등을 이용하여 일반인에게 알려야 하고, 산업통상자원부장관은 그 승인사실을 관보에 공고하여야 한다.
④ 상세기준에 적합하면 제1항 각 호의 기준 중 그 상세기준이 해당하는 기준에 적합한 것으로 본다.
⑤ 제1항부터 제4항까지에서 규정한 사항 외에 상세기준의 제정·개정 절차는 산업통상자원부령으로 정한다.

제49조【허가 및 등록의 취소 등】 ① 시장·군수·구청장은 수소용품 제조사업자가 다음 각 호의 어느 하나에 해당하는 경우 그 허가를 취소하거나 6개월 이내의 기간을 정하여 그 사업의 정지 또는 제한을 명할 수 있다. 다만, 제1호, 제2호 또는 제7호에 해당하면 그 허가를 취소하여야 한다.
1. 거짓이나 그 밖의 부정한 방법으로 제36조에 따른 허가를 받은 경우
2. 허가를 받은 날부터 정당한 사유 없이 1년 이내에 그 사업을 시작하지 아니하거나 1년 이상 계속하여 그 사업을 하지 아니한 경우
3. 고의나 과실로 공중(公衆) 또는 사용자에게 현저히 위해를 끼친 경우
4. 제36조제1항 본문을 위반하여 변경허가를 받지 아니한 경우
5. 제36조제2항에 따른 허가기준에 미달하게 된 경우
6. 제36조제3항을 위반하여 시설기준과 기술기준을 준수하지 아니한 경우
7. 제37조 각 호의 어느 하나에 해당하게 된 경우
8. 제42조제1항을 위반하여 안전관리자를 선임하지 아니하거나 안전관리자 선임신고를 하지 아니한 경우
9. 제42조제2항을 위반하여 안전관리자의 해임 및 퇴직에 관한 신고를 하지 아니한 경우
10. 제43조제1항을 위반하여 수소용품 제조시설의 완성검사에 합격하지 아니하고 사용하는 경우
11. 제44조제1항을 위반하여 검사를 받지 아니한 경우
12. 제45조제1항을 위반하여 회수명령 또는 공표명령을 이행하지 아니한 경우
13. 제45조제3항을 위반하여 제조한 수소용품에 표시하여야 할 사항을 표시하지 아니한 경우
② 시장·군수·구청장은 수소용품 제조사업자가 다음 각 호의 어느 하나에 해당하면 지위를 승계한 상속인의 상속이 개시된 날 또는 그 법인이 제37조제6호에 해당하게 된 날부터 6개월 동안은 제1항을 적용하지 아니한다.
1. 수소용품 제조사업자의 지위를 승계한 상속인이 제37조제1호부터 제5호까지의 규정 중 어느 하나에 해당하게 된 경우
2. 법인이 제37조제6호에 해당하게 된 경우
③ 산업통상자원부장관은 외국수소용품제조자 또는 제38조제2항에 따라 재등록을 한 자가 다음 각 호의 어느 하나에 해당하면 그 등록을 취소하거나 6개월 이내의 기간을 정하여 수소용품의 수입을 제한할 수 있다. 다만, 제1호에 해당하는 경우 그 등록을 취소하여야 한다.
1. 거짓이나 그 밖의 부정한 방법으로 제38조제1항에 따른 등록을 한 경우
2. 제38조제3항에 따른 등록의 기준에 미달하게 된 경우
3. 제44조제1항을 위반하여 검사를 받지 아니하고 판매하거나 사용한 경우
4. 제45조제1항에 따른 회수·교환·환불 및 그 사실의 공표명령을 위반한 경우
5. 제45조제3항을 위반하여 제조한 수소용품에 표시하여야 할 사항을 표시하지 아니한 경우
④ 제1항에 따른 위반 행위별 처분 기준은 그 사유와 위반 정도를 고려하여 산업통상자원부령으로 정한다.

제7장 보 칙

제50조【수소판매가격의 보고·공개 및 표시】 ① 수소연료공급시설 중 연료전지를 장착한 자동차에 수소를 공급하는 시설을 통하여 수소를 판매하는 수소사업자(이하 "수소판매사업자"라 한다)는 대통령령으로 정하는 바에 따라 산업통상자원부장관에게 판매가격을 보고하여야 한다.
② 산업통상자원부장관은 거래의 투명성을 높여 경쟁을 촉진하고 수소가격의 적정화를 위하여 「부정경쟁방지 및 영업비밀보호에 관한 법률」 제2조제2호에 따른 영업비밀을 침해하지 아니하는 범위에서 수소판매사업자의 판매가격을 공개할 수 있다.
③ 수소판매사업자는 가격표시판을 설치하는 방법으로 판매가격을 표시하여야 한다.
④ 제1항부터 제3항까지의 규정에 따른 수소판매가격의 보고, 공개 및 표시에 관한 절차와 방법은 대통령령으로 정한다.

제51조【보험가입】 ① 수소용품 제조사업자 및 수소용품을 수입한 자는 사고로 인한 타인의 생명·신체나 재산상의 손해를 보상하기 위하여 보험에 가입하여야 한다.
② 제1항에 따른 보험의 종류·가입대상·가입절차와 그 밖에 필요한 사항은 대통령령으로 정한다.
③ 산업통상자원부장관은 금융위원회와 협의하여 3년마다 그 3년째 사업연도 종료 후 3개월 이내에 보험사업자로 하여금 제1항에 따른 보험의 수익금의 일부를 수소사업 관련 사고 예방사업을 수행하는 자에게 지원하게 할 수 있으며, 이에 필요한 사항은 대통령령으로 정한다.

제52조【금지행위】 수소사업자는 다음 각 호의 어느 하나에 해당하는 행위를 하여서는 아니 된다. 이 경우 제3호에 따른 영업시설의 종류 및 설치·개조 행위에 대한 구체적인 내용은 대통령령으로 정한다.
1. 수소를 대통령령으로 정하는 사용공차(使用公差)를 벗어나 정량에 미달되게 판매하는 행위
2. 인위적으로 열을 가하는 등 부당한 방법으로 수소의 부피를 증가시켜 판매하는 행위
3. 제1호에 따른 정량 미달 판매 또는 제2호에 따른 부당 부피 증가 판매를 목적으로 영업시설을 설치·개조하거나 그 설치·개조한 영업시설을 양수·임차하여 사용하는 행위
4. 정당한 사유 없이 수소의 생산을 중단·감축하거나 출고·판매를 제한하는 행위
5. 그 밖에 수소의 건전한 유통질서를 해치는 행위로서 대통령령으로 정하는 행위

제53조【자료제출 및 검사 등】 ① 산업통상자원부장관 또는 시장·군수·구청장은 감독을 위하여 필요한 경우에는 수소전문기업, 수소전문투자회사, 수소용품 제조사업자, 외국수소용품 제조자 및 수소관련 기관·법인·단체(이하 이 조에서 "수소전문기업등"이라 한다)에 대하여 그 업무에 관한 보고 또는 자료의 제출을 명할 수 있다.
② 산업통상자원부장관 또는 시장·군수·구청장은 소속 공무원으로 하여금 수소전문기업등의 사무소, 사업장, 수소용품 제조시설 및 그 밖의 장소에 출입하여 관련 서류를 검사하게 하거나 관계인에게 질문을 하게 하는 등 필요한 조치를 할 수 있다.
③ 제2항에 따라 출입검사를 하는 공무원은 그 권한을 나타내는 증표를 지니고 이를 관계인에게 내보여야 한다.

제54조【청문】 ① 산업통상자원부장관은 다음 각 호의 처분을 하려는 경우에는 청문을 하여야 한다.
1. 제12조에 따른 수소전문기업의 확인 취소
2. 제23조에 따른 수소특화단지의 지정 해제
2의2. 제25조의2제5항에 따른 청정수소의 인증 취소
2의3. 제25조의4제4항에 따른 인증기관의 지정 취소 (2022.6.10 2호의2~2호의3신설)
2의4. 제25조의7제4항에 따른 관리기관의 지정 취소 (2022.6.10 본호신설)
3. 제33조제5항에 따른 진흥전담기관의 지정 취소
4. 제34조제3항에 따른 유통전담기관의 지정 취소
5. 제35조제4항에 따른 안전전담기관의 지정 취소
6. 제49조제3항에 따른 등록 취소
② 시장·군수·구청장은 제49조제1항에 따라 허가를 취소하려는 경우에는 청문을 하여야 한다.

제55조【수수료 등】 ① 다음 각 호의 어느 하나에 해당하는 자는 산업통상자원부령으로 정하는 바에 따라 수수료를 내야 한다.
1. 제36조제1항에 따른 허가나 변경허가를 받으려는 자
2. 제38조제1항 및 제2항에 따라 외국수소용품의 제조등록, 변경등록 및 재등록을 하려는 자
3. 제25조의2제1항에 따른 청정수소 인증을 받으려는 자 (2022.6.10 본호신설)
② 다음 각 호의 어느 하나에 해당하는 자는 산업통상자원부장관이 정하는 바에 따라 수수료 또는 교육비를 내야 한다.
1. 제41조제1항 후단에 따른 안전관리규정에 대한 한국가스안전공사의 의견을 받으려는 자
2. 제43조제1항에 따른 수소용품 제조시설의 설치공사 또는 변경공사의 완성검사를 받으려는 자
3. 제44조제1항에 따른 수소용품의 검사를 받으려는 자
4. 제46조제1항에 따른 안전교육을 받으려는 자
5. 제47조제2항에 따른 수소연료사용시설의 완성검사를 받으려는 자
6. 제47조제3항에 따른 수소연료사용시설의 정기검사를 받으려는 자

제56조【권한의 위임·위탁】 ① 산업통상자원부장관은 이 법에 따른 권한의 일부를 대통령령으로 정하는 바에 따라 특별시장·광역시장·도지사(이하 "시·도지사"라 한다) 또는 시장·군수·구청장에게 위임할 수 있다.
② 산업통상자원부장관, 시·도지사 또는 시장·군수·구청장은 이 법에 따른 업무의 일부를 대통령령으로 정하는 바에 따라 진흥전담기관, 유통전담기관, 안전전담기관, 한국가스안전공사, 인증기관, 관리기관 또는 관계 전문기관에 위탁할 수 있다.(2022.6.10 본항개정)

제57조【벌칙 적용에서 공무원 의제】 다음 각 호의 사람은 「형법」 제127조 및 제129조부터 제132조까지의 규정을 적용할 때에는 공무원으로 본다.
1. 위원회와 실무위원회의 위원 중 공무원이 아닌 사람
1의2. 인증기관의 임직원(2022.6.10 본호신설)
1의3. 관리기관의 임직원(2022.6.10 본호신설)
2. 진흥전담기관의 임직원
3. 유통전담기관의 임직원
4. 안전전담기관의 임직원
5. 제56조에 따라 위탁받은 업무에 종사하는 법인 또는 단체의 임직원

제8장 벌 칙

제58조【벌칙】 ① 다음 각 호의 어느 하나에 해당하는 자는 5년 이하의 징역 또는 5천만원 이하의 벌금에 처한다.
1. 제45조제4항을 위반하여 수소용품을 개조하여 판매하거나 판매할 목적으로 개조한 자
2. 제52조제1호를 위반하여 수소를 정량에 미달되게 판매한 자
3. 제52조제2호를 위반하여 부당하게 수소의 부피를 증가시켜 판매한 자
4. 제52조제3호를 위반하여 정량 미달 판매 또는 부당 부피 증가 판매를 목적으로 영업시설을 설치·개조하거나 그 설치·개조한 영업시설을 양수·임차하여 사용한 자
② 다음 각 호의 어느 하나에 해당하는 자는 3년 이하의 징역 또는 3천만원 이하의 벌금에 처한다.
1. 제52조제4호를 위반하여 수소의 생산을 중단·감축하거나 출고·판매를 제한한 자
2. 제52조제5호를 위반하여 유통질서를 해치는 행위를 한 자

제59조【벌칙】 ① 다음 각 호의 어느 하나에 해당하는 자는 2년 이하의 징역 또는 2천만원 이하의 벌금에 처한다.(2022.6.10 본문개정)
1. 거짓이나 그 밖의 부정한 방법으로 제25조의2제1항에 따른 청정수소 인증을 받은 자(2022.6.10 본호신설)
2. 제25조의2제7항에 따른 점검을 거부·방해 또는 기피한 자(2022.6.10 본호신설)
3. 거짓이나 그 밖의 부정한 방법으로 제25조의4제1항에 따른 인증기관의 지정을 받은 자(2022.6.10 본호신설)
4. 제25조의4제1항에 따른 인증기관으로 지정을 받지 아니하고 청정수소 인증을 한 자(2022.6.10 본호신설)
5. 제25조의5제2항에 따른 청정수소의 판매·사용실적 보고를 하지 아니한 자(2022.6.10 본호신설 : 2027.5.31 시행)
6. 제36조제1항에 따른 허가를 받지 아니하고 수소용품 제조사업을 한 자(2022.6.10 본호신설)
② 다음 각 호의 어느 하나에 해당하는 자는 1년 이하의 징역 또는 1천만원 이하의 벌금에 처한다.
1. 제36조제1항 본문을 위반하여 변경허가를 받지 아니하고 허가받은 사항을 변경한 자
2. 제36조제3항을 위반하여 시설기준과 기술기준을 준수하지 아니한 자
3. 제43조제1항에 따른 완성검사를 받지 아니한 수소용품 제조사업자
4. 제44조제1항 본문에 따른 검사를 받지 아니한 수소용품 제조사업자 또는 수입자
5. 제44조제3항을 위반하여 검사를 받지 아니한 수소용품을 양도·임대 또는 사용하거나 판매할 목적으로 진열한 자
③ 제45조제3항에 따른 표시를 하지 아니한 자는 6개월 이하의 징역 또는 500만원 이하의 벌금에 처한다.

제60조【벌칙】 ① 다음 각 호의 어느 하나에 해당하는 자는 500만원 이하의 벌금에 처한다.
1. 제42조제1항을 위반하여 안전관리자를 선임하지 아니한 수소용품 제조사업자
2. 제42조제2항을 위반하여 안전관리자의 해임 및 퇴직에 관한 신고를 하지 아니한 수소용품 제조사업자
② 제45조제1항에 따른 회수명령 또는 공표명령을 따르지 아니한 수소용품 제조사업자 또는 수입자는 300만원 이하의 벌금에 처한다.

제61조【양벌규정】 법인의 대표자나 법인 또는 개인의 대리인, 사용인, 그 밖의 종업원이 그 법인 또는 개인의 업무에 관하여 제58조부터 제60조까지의 어느 하나에 해당하는 위반행위를 하면 그 행위자를 벌하는 외에 그 법인 또는 개인에게도 해당 조문의 벌금형을 과(科)한다. 다만, 법인 또는 개인이 그 위반행위를 방지하기 위하여 해당 업무에 관하여 상당한 주의와 감독을 게을리 하지 아니한 경우에는 그러하지 아니하다.

제62조【과태료】 ① 다음 각 호의 어느 하나에 해당하는 자에게는 1천만원 이하의 과태료를 부과한다.
1. 제13조제3항을 위반하여 수소전문투자회사 또는 이와 유사한 명칭을 사용한 자
1의2. 제25조의2제4항을 위반하여 청정수소 인증표시 또는 이와 유사한 표시를 한 자(2022.6.10 본호신설 : 2027.5.31 시행)
2. 제41조제1항을 위반하여 안전관리규정을 제출하지 아니한 자
3. 제47조제2항에 따른 완성검사에 합격하지 아니하고 수소연료사용시설을 사용한 자
4. 제47조제3항에 따른 정기검사를 받지 아니한 시설사용자
5. 제50조제1항을 위반하여 수소판매가격을 보고하지 아니하거나 거짓으로 보고한 자

6. 제50조제3항 및 제4항에 따른 수소판매가격을 표시하지 아니하거나 거짓으로 표시 또는 표시방법을 위반한 자
② 다음 각 호의 어느 하나에 해당하는 자에게 300만원 이하의 과태료를 부과한다.
1. 제36조제1항 단서에 따른 신고를 하지 아니한 수소용품 제조사업자
2. 제39조에 따른 신고를 하지 아니한 수소용품 제조사업자
3. 제40조제3항에 따른 신고를 하지 아니한 수소용품 제조사업자
4. 제41조제2항에 따른 안전관리규정 변경명령을 이행하지 아니한 자
5. 제41조제3항을 위반하여 안전관리규정을 준수하지 아니하거나 그 이행기록을 작성·보존하지 아니한 자
6. 제42조제3항을 위반한 수소용품 제조사업자
7. 제46조제1항을 위반하여 안전교육을 받지 아니한 자
8. 제46조제2항에 따른 안전교육대상자에 대하여 교육을 받게 하지 아니한 자
9. 제47조제1항을 위반하여 시설기준과 기술기준에 맞지 않는 수소연료사용시설을 설치하여 사용한 자
10. 제51조제1항을 위반하여 보험에 가입하지 아니한 자
11. 제53조제1항에 따른 보고 또는 자료 제출의 명령을 이행하지 아니하거나 거짓으로 보고한 자
③ 제1항 또는 제2항에 따른 과태료는 대통령령으로 정하는 바에 따라 산업통상자원부장관 또는 시장·군수·구청장이 부과·징수한다.

부 칙

제1조【시행일】 이 법은 공포 후 1년이 경과한 날부터 시행한다. 다만, 제36조부터 제49조까지 및 제51조의 규정은 공포 후 2년이 경과한 날부터 시행한다.
제2조【유효기간】 제20조는 2029년 12월 31일까지 효력을 가진다.
제3조【수소용품 제조사업자에 관한 경과조치】 이 법 시행 당시 「액화석유가스의 안전관리 및 사업법」에 따라 가스용품의 제조허가를 받았거나 외국가스용품의 제조등록을 한 자가 각각 이 법 제36조에 따른 수소용품 제조사업 허가를 받아야 하는 대상이 되거나 제38조에 따른 외국수소용품의 제조등록을 하여야 하는 대상이 된 경우에는 이 법에 따라 허가를 받거나 등록을 한 것으로 본다.

부 칙 (2021.7.8)

제1조【시행일】 이 법은 공포 후 1개월이 경과한 날부터 시행한다.(이하 생략)

부 칙 (2022.6.10)

제1조【시행일】 이 법은 공포 후 6개월이 경과한 날부터 시행한다. 다만, 제2조제7호의2, 제25조의2부터 제25조의5까지, 제25조의8, 제54조제1항제2호의2·제2호의3, 제55조제1항제3호, 제57조제1호의2, 제59조제1항제1호부터 제5호까지, 제62조제1항제1호의2의 개정규정 및 부칙 제3조는 공포한 날부터 5년을 넘지 아니하는 범위에서 대통령령으로 정하는 날부터 시행한다.
제2조【신·재생에너지 공급인증서의 발급에 관한 특례】 ① 이 법 시행 이후 「신에너지 및 재생에너지 개발·이용·보급 촉진법」 제2조제1호가목 및 나목에 따른 수소에너지 및 연료전지(이하 "수소에너지등")에 대하여는 같은 법 제12조의7에도 불구하고 신·재생에너지 공급인증서(이하 "공급인증서"라 한다)를 발급하지 아니한다. 다만, 다음 각 호의 어느 하나에 해당하는 수소에너지등에 대하여는 그러하지 아니한다.
1. 이 법 시행 당시 「신에너지 및 재생에너지 개발·이용·보급 촉진법」 제12조의9제2항에 따라 제정된 공급인증서 발급 및 거래시장 운영에 관한 규칙에 따른 공급인증서 발급대상 설비를 통하여 생산하는 수소에너지등
2. 이 법 시행 전 「전기사업법」 제7조제1항에 따라 발전사업의 허가를 받은 자 중 이 법 시행 이후 1년 이내에 「전기사업법」 제61조제1항에 따라 공사계획의 인가를 받거나 같은 조 제3항에 따라 신고한 자(「집단에너지사업법」 제22조제1항에 따라 공사계획의 승인을 받은 자를 포함한다)가 해당 인가·신고 등과 관련한 설비를 통하여 생산하는 수소에너지등. 이 경우 수소에너지등을 생산하는 자가 공급인증서를 발급받으려는 경우에 한정한다.
② 제1항 단서에 따라 공급인증서가 발급된 수소에너지등에 대하여는 이 법 제25조의6제1항에 따른 수소발전량으로 인정하지 아니한다.
제3조【다른 법률의 개정】 ※(해당 법령에 가제정리 하였음)

부 칙 (2023.10.31)

이 법은 공포 후 3개월이 경과한 날부터 시행한다.

전기사업법

(2000년 12월 23일
전개법률 제6283호)

개정
2002. 1.26법 6637호 <중략>
2013. 3.23법11690호(정부조직)
2013. 7.30법11965호(신에너지및재생에너지개발·이용·보급촉진법)
2013. 7.30법11968호
2014. 1. 1법12154호(에너지및자원사업특별회계법)
2014. 1.21법12329호(청소년활동진흥법)
2014. 1.28법12357호 2014. 5.20법12612호
2014.10.15법12816호 2015. 5.18법13313호
2015. 6.22법13340호(국가정보화기본법)
2016. 1.27법13858호 2017. 3.21법14672호
2018. 6.12법15644호 2019. 4.23법16364호
2019. 8.20법16480호
2019. 8.27법16568호(양식산업발전법)
2020. 2. 4법16945호
2020. 2.18법17007호(권한지방이양)
2020. 3.31법17170호
2020. 3.31법17171호(전기안전관리법)
2020. 6. 9법17344호(지능정보화기본법)
2020.10.20법17535호
2020.12.29법17799호(독점)
2021. 4.20법18097호 2021. 6.15법18280호
2021. 6.15법18284호(댐건설·관리및주변지역지원등에관한법)
2021. 7.20법18310호(공간정보구축관리)
2021. 9.24법18469호(기후위기대응을위한탄소중립·녹색성장기본법)
2021.10.19법18504호 2022.10.18법19003호
2022.12.27법19117호(산림자원조성관리)
2023. 6.13법19439호 2023.10.31법19813호
2024. 2. 6법20206호→2024년 8월 7일 시행

제1장 총 칙

제1조【목적】 이 법은 전기사업에 관한 기본제도를 확립하고 전기사업의 경쟁과 새로운 기술 및 사업의 도입을 촉진함으로써 전기사업의 건전한 발전을 도모하고 전기사용자의 이익을 보호하여 국민경제의 발전에 이바지함을 목적으로 한다.(2018.6.12 본조개정)
제2조【정의】 이 법에서 사용하는 용어의 뜻은 다음과 같다.
1. "전기사업"이란 발전사업·송전사업·배전사업·전기판매사업 및 구역전기사업을 말한다.
2. "전기사업자"란 발전사업자·송전사업자·배전사업자·전기판매사업자 및 구역전기사업자를 말한다.
3. "발전사업"이란 전기를 생산하여 이를 전력시장을 통하여 전기판매사업자에게 공급하는 것을 주된 목적으로 하는 사업을 말한다.
4. "발전사업자"란 제7조제1항에 따라 발전사업의 허가를 받은 자를 말한다.
5. "송전사업"이란 발전소에서 생산된 전기를 배전사업자에게 송전하는 데 필요한 전기설비를 설치·관리하는 것을 주된 목적으로 하는 사업을 말한다.
6. "송전사업자"란 제7조제1항에 따라 송전사업의 허가를 받은 자를 말한다.
7. "배전사업"이란 발전소로부터 송전된 전기를 전기사용자에게 배전하는 데 필요한 전기설비를 설치·운용하는 것을 주된 목적으로 하는 사업을 말한다.
8. "배전사업자"란 제7조제1항에 따라 배전사업의 허가를 받은 자를 말한다.
9. "전기판매사업"이란 전기사용자에게 전기를 공급하는 것을 주된 목적으로 하는 사업(전기자동차충전사업, 재생에너지전기공급사업 및 재생에너지전기저장판매사업은 제외한다)을 말한다.(2023.10.31 본호개정)
10. "전기판매사업자"란 제7조제1항에 따라 전기판매사업의 허가를 받은 자를 말한다.
11. "구역전기사업"이란 대통령령으로 정하는 규모 이하의 발전설비를 갖추고 특정한 공급구역의 수요에 맞추어 전기를 생산하여 전력시장을 통하지 아니하고 그 공급구역의 전기사용자에게 공급하는 것을 주된 목적으로 하는 사업을 말한다.
12. "구역전기사업자"란 제7조제1항에 따라 구역전기사업의 허가를 받은 자를 말한다.
12의2. "전기신사업"이란 전기자동차충전사업, 소규모전력중개사업, 재생에너지전기공급사업, 통합발전소사업, 재생에너지전기저장판매사업 및 송전제약발생지역전기공급사업을 말한다.(2024.2.6 본호개정)
12의3. "전기신사업자"란 전기자동차충전사업자, 소규모전력중개사업자, 재생에너지전기공급사업자, 통합발전소사업자, 재생에너지전기저장판매사업자 및 송전제약발생지역전기공급사업자를 말한다.(2024.2.6 본호개정)
12의4. "전기자동차충전사업"이란 「환경친화적 자동차의 개발 및 보급 촉진에 관한 법률」 제2조제3호에 따른 전기자동차(이하 "전기자동차"라 한다)에 전기를 유상으로 공급하는 것을 주된 목적으로 하는 사업을 말한다.
12의5. "전기자동차충전사업자"란 제7조의2제1항에 따라 전기자동차충전사업의 등록을 한 자를 말한다.
12의6. "소규모전력중개사업"이란 다음 각 목의 설비(이하 "소규모전력자원"이라 한다)에서 생산 또는 저장된 전력을 모아서 전력시장을 통하여 거래하는 것을 주된 목적으로 하는 사업을 말한다.
가. 대통령령으로 정하는 종류 및 규모의 「신에너지 및 재생에너지 개발·이용·보급 촉진법」 제2조제3호에 따른 신에너지 및 재생에너지 설비
나. 대통령령으로 정하는 규모의 전기저장장치
다. 대통령령으로 정하는 유형의 전기자동차
12의7. "소규모전력중개사업자"란 제7조의2제1항에 따라 소규모전력중개사업의 등록을 한 자를 말한다.
(2018.6.12 12호의4~12호의7신설)
12의8. "재생에너지전기공급사업"이란 「신에너지 및 재생에너지 개발·이용·보급 촉진법」 제2조제2호에 따른 재생에너지(이하 "재생에너지"라 한다)를 이용하여 생산한 전기를 전기사용자에게 공급하는 것을 주된 목적으로 하는 사업을 말한다.(2023.10.31 본호개정)
12의9. "재생에너지전기공급사업자"란 제7조의2제1항에 따라 재생에너지전기공급사업의 등록을 한 자를 말한다.(2021.4.20 본호신설)
12의10. "통합발전소사업"이란 정보통신 및 자동제어 기술을 이용해 대통령령으로 정하는 에너지자원을 연결·제어하여 하나의 발전소처럼 운영하는 시스템을 활용하는 사업을 말한다.(2023.10.31 본호개정)
12의11. "통합발전소사업자"란 제7조의2제1항에 따라 통합발전소사업의 등록을 한 자를 말한다.(2023.10.31 본호개정)
12의12. "재생에너지전기저장판매사업"이란 재생에너지를 이용하여 생산한 전기를 전기저장장치에 저장하여 전기사용자에게 판매하는 것을 주된 목적으로 하는 사업으로서 산업통상자원부령으로 정하는 것을 말한다.
12의13. "재생에너지전기저장판매사업자"란 제7조의2제1항에 따라 재생에너지전기저장판매사업의 등록을 한 자를 말한다.
(2023.10.31 12호의12~12호의13신설)
12의14. "송전제약발생지역전기공급사업"이란 발전용량과 송전용량의 불일치(이하 "송전제약"이라 한다)로 인하여 전력시장을 통하여 전기판매사업자에게 공급하지 못하게 된 전기를 발전설비의 인접한 지역에 위치한 전기사용자의 신규 시설에 공급하는 것을 주된 목적으로 하는 사업을 말한다.(2024.2.6 본호신설)
12의15. "송전제약발생지역전기공급사업자"란 제7조의2제1항에 따라 송전제약발생지역전기공급사업의 등록을 한 자를 말한다.(2024.2.6 본호신설)
13. "전력시장"이란 전력거래를 위하여 제35조에 따라 설립된 한국전력거래소(이하 "한국전력거래소"라 한다)가 개설하는 시장을 말한다.
13의2. "소규모전력중개시장"이란 소규모전력중개사업자가 소규모전력자원을 모집·관리할 수 있도록 한국전력거래소가 개설하는 시장을 말한다.(2018.6.12 본호신설)
14. "전력계통"이란 전기의 원활한 흐름과 품질유지를 위하여 전기의 흐름을 통제·관리하는 체제를 말한다.
15. "보편적 공급"이란 전기사용자가 언제 어디서나 적정한 요금으로 전기를 사용할 수 있도록 전기를 공급하는 것을 말한다.
16. "전기설비"란 발전·송전·변전·배전·전기공급 또는 전기사용을 위하여 설치하는 기계·기구·댐·수로·저수지·전선로·보안통신선로 및 그 밖의 설비(「댐건설·관리 및 주변지역지원 등에 관한 법률」에 따라 건설되는 댐·저수지와 선박·차량 또는 항공기에 설치되는 것과 그 밖에 대통령령으로 정하는 것은 제외한다)로서 다음 각 목의 것을 말한다.(2021.6.15 본문개정)
가. 전기사업용전기설비
나. 일반용전기설비
다. 자가용전기설비
16의2. "전선로"란 발전소·변전소·개폐소 및 이에 준하는 장소와 전기를 사용하는 장소 상호간의 전선 및 이를 지지하거나 수용하는 시설물을 말한다.(2011.3.30 본호신설)
17. "전기사업용전기설비"란 전기설비 중 전기사업자가 전기사업에 사용하는 전기설비를 말한다.
18. "일반용전기설비"란 산업통상자원부령으로 정하는 소규모의 전기설비로서 한정된 구역에서 전기를 사용하기 위하여 설치하는 전기설비를 말한다.(2013.3.23 본호개정)
19. "자가용전기설비"란 전기사업용전기설비 및 일반용전기설비 외의 전기설비를 말한다.
20. "안전관리"란 국민의 생명과 재산을 보호하기 위하여 이 법 및 「전기안전관리법」에서 정하는 바에 따라 전기설비의 공사·유지 및 운용에 필요한 조치를 하는 것을 말한다.(2020.3.31 본호개정)
21. "분산형전원"이란 전력수요 지역 인근에 설치하여 송전선로[발전소 상호 간, 변전소 상호 간 및 발전소와 변전소 간을 연결하는 전선로(통신용으로 전용하는 것은 제외한다)를 말한다. 이하 같다]의 건설을 최소화할 수 있는 일정 규모 이하의 발전설비로서 산업통상자원부령으로 정하는 것을 말한다.(2019.4.23 본호신설)
(2009.5.21 본조개정)
제3조【정부 등의 책무】 ① 산업통상자원부장관은 이 법의 목적을 달성하기 위하여 전력수급(電力需給)의 안정과 전력산업의 경쟁촉진 등에 관한 기본적이고 종합적인 시책을 마련하여야 한다.
② 산업통상자원부장관은 제1항에 따른 시책 및 제25조에 따른 전력수급기본계획을 수립할 때 전기설비의 경제성, 환경 및 국민안전에 미치는 영향 등을 종합적으로 고려하여야 한다.(2017.3.21 본항신설)

③ 제35조에 따라 설립된 한국전력거래소는 전력시장 및 전력계통의 운영과 관련하여 경제성, 환경 및 국민안전에 미치는 영향 등을 종합적으로 검토하여야 한다.
(2017.3.21 본항신설)
④ 특별시장·광역시장·특별자치시장·도지사·특별자치도지사(이하 "시·도지사"라 한다) 및 시장·군수·구청장(구청장은 자치구의 구청장을 말한다. 이하 같다)은 그 관할 구역의 전기사용자가 전기를 안정적으로 공급받기 위하여 필요한 시책을 마련하여야 하며, 제1항에 따른 산업통상자원부장관의 전력수급 안정을 위한 시책의 원활한 시행에 협력하여야 한다.(2020.2.18 본항개정)
(2013.3.23 본조개정)
제4조【전기사용자의 보호】 전기사업자와 전기신사업자(이하 "전기사업자등"이라 한다)는 전기사용자의 이익을 보호하기 위한 방안을 마련하여야 한다.(2018.6.12 본조개정)
제5조【환경보호】 전기사업자등은 전기설비를 설치하여 전기사업 및 전기신사업(이하 "전기사업등"이라 한다)을 할 때에는 자연환경 및 생활환경을 적정하게 관리·보존하는 데 필요한 조치를 마련하여야 한다.
(2018.6.12 본조개정)
제6조【보편적 공급】 ① 전기사업자등은 전기의 보편적 공급에 이바지할 의무가 있다.(2018.6.12 본항개정)
② 산업통상자원부장관은 다음 각 호의 사항을 고려하여 전기의 보편적 공급의 구체적 내용을 정한다.(2013.3.23 본문개정)
1. 전기기술의 발전 정도
2. 전기의 보급 정도
3. 공공의 이익과 안전
4. 사회복지의 증진
(2009.5.21 본조개정)

제2장 전기사업

(2009.5.21 본장개정)

제1절 허가 등

제7조【전기사업의 허가】 ① 전기사업을 하려는 자는 대통령령으로 정하는 바에 따라 전기사업의 종류별 또는 규모별로 산업통상자원부장관 또는 시·도지사(이하 "허가권자"라 한다)의 허가를 받아야 한다. 허가받은 사항 중 산업통상자원부령으로 정하는 중요 사항을 변경하려는 경우에도 또한 같다.(2020.2.18 전단개정)
② 산업통상자원부장관은 전기사업을 허가 또는 변경허가를 하려는 경우에는 미리 제53조에 따른 전기위원회(이하 "전기위원회"라 한다)의 심의를 거쳐야 한다.
(2013.3.23 본항개정)
③ 동일인에게는 두 종류 이상의 전기사업을 허가할 수 없다. 다만, 대통령령으로 정하는 경우에는 그러하지 아니하다.
④ 허가권자는 필요한 경우 사업구역 및 특정한 공급구역별로 구분하여 전기사업의 허가를 할 수 있다. 다만, 발전사업의 경우에는 발전소별로 허가할 수 있다.
(2020.2.18 본문개정)
⑤ 전기사업의 허가기준은 다음 각 호와 같다.
1. 전기사업을 적정하게 수행하는 데 필요한 재무능력 및 기술능력이 있을 것
2. 전기사업이 계획대로 수행될 수 있을 것
3. 배전사업 및 구역전기사업의 경우 둘 이상의 배전사업자의 사업구역 또는 구역전기사업자의 특정한 공급구역 중 그 전부 또는 일부가 중복되지 아니할 것
4. 구역전기사업의 경우 특정한 공급구역의 전력수요의 50퍼센트 이상으로서 대통령령으로 정하는 공급능력을 갖추고, 그 사업으로 인하여 인근 지역의 전기사용자에 대한 다른 전기사업자의 전기공급에 차질이 없을 것
4의2. 발전소나 발전연료가 특정 지역에 편중되어 전력계통의 운영에 지장을 주지 아니할 것(2014.10.15 본호신설)
5. 「신에너지 및 재생에너지 개발·이용·보급 촉진법」 제2조에 따른 태양에너지 중 태양광, 풍력, 연료전지를 이용하는 발전사업의 경우 대통령령으로 정하는 바에 따라 발전사업 내용에 대한 사전고지를 통하여 주민 의견수렴 절차를 거칠 것(2020.3.31 본호신설)
6. 그 밖에 공익상 필요한 것으로서 대통령령으로 정하는 기준에 적합할 것
⑥ 제1항에 따른 허가의 세부기준·절차와 그 밖에 필요한 사항은 산업통상자원부령으로 정한다.(2013.3.23 본항개정)
(2018.6.12 본조제목개정)
제7조의2【전기신사업의 등록】 ① 전기신사업을 하려는 자는 전기신사업의 종류별로 산업통상자원부장관에게 등록하여야 한다.
② 제1항에 따라 전기신사업을 등록하려는 자는 산업통상자원부령으로 정하는 바에 따라 산업통상자원부장관에게 신청하여야 한다.
③ 산업통상자원부장관은 제2항에 따른 신청이 다음 각 호의 어느 하나에 해당하는 경우를 제외하고는 등록을 해주어야 한다.
1. 신청인이 제8조제2항에 따른 결격사유에 해당하는 경우
2. 대통령령으로 정하는 자본금·인력·시설 등을 갖추지 못한 경우
④ 전기신사업자는 제1항에 따라 등록한 사항 중 상호, 대표자 등 대통령령으로 정하는 중요한 사항을 변경하려면 산업통상자원부장관에게 변경등록을 하여야 한다.
⑤ 전기신사업의 등록, 변경등록의 절차, 방법 및 그 밖에 필요한 사항은 산업통상자원부령으로 정한다.
(2018.6.12 본조신설)
제7조의3【관련 인·허가등의 의제】 ① 시·도지사가 제98조제1항에 따라 전기사업의 허가 권한을 위임받거나 시·도지사가 허가권자인 태양광 발전사업(「신에너지 및 재생에너지 개발·이용·보급 촉진법」 제2조제2호가목의 태양에너지 중 태양광을 이용하는 발전사업을 말한다. 이하 같다)에 대하여 제7조에 따른 전기사업의 허가 또는 변경허가를 하는 경우 시·도지사가 다음 각 호의 인가·허가·승인·면허·협의·해제·신고 또는 심사등(이하 "인·허가등"이라 한다)에 관하여 제3항에 따라 미리 관계 행정기관의 장과 협의한 사항에 대해서는 그 인·허가등을 받은 것으로 본다.
1. 「국토의 계획 및 이용에 관한 법률」 제56조제1항에 따른 개발행위의 허가
2. 「공유수면 관리 및 매립에 관한 법률」 제8조에 따른 공유수면의 점용·사용허가, 같은 법 제17조에 따른 점용·사용 실시계획의 승인 또는 신고, 같은 법 제28조에 따른 공유수면의 매립면허 및 같은 법 제38조에 따른 공유수면매립실시계획의 승인
3. 「광업법」 제42조에 따른 채굴계획의 인가
4. 「농어촌정비법」 제23조에 따른 농업생산기반시설의 사용허가
5. 「농지법」 제34조에 따른 농지전용의 허가 또는 협의, 같은 법 제35조에 따른 농지전용의 신고 및 같은 법 제36조에 따른 농지의 타용도 일시사용의 허가 또는 협의
6. 「도로법」 제36조에 따른 도로관리청이 아닌 자에 대한 도로공사 시행의 허가, 같은 법 제52조에 따른 도로와 다른 시설의 연결허가 및 같은 법 제61조에 따른 도로의 점용 허가
7. 「장사 등에 관한 법률」 제27조제1항에 따른 개장 허가
8. 「사도법」 제4조에 따른 사도 개설의 허가
9. 「사방사업법」 제14조에 따른 토지의 형질 변경 등의 허가 및 같은 법 제20조에 따른 사방지 지정의 해제
10. 「산업집적활성화 및 공장설립에 관한 법률」 제13조에 따른 공장설립등의 승인
11. 「산지관리법」 제14조에 따른 산지전용허가, 같은 법 제15조에 따른 산지전용신고, 같은 법 제15조의2에 따른 산지일시사용허가·신고, 같은 법 제25조제1항에 따른 토석채취허가 및 같은 조 제2항에 따른 토사채취신고
12. 「산림자원의 조성 및 관리에 관한 법률」 제36조제1항·제5항에 따른 입목벌채등의 허가·신고
(2022.12.27 본호개정)
13. 「소하천정비법」 제10조에 따른 소하천 공사의 허가 및 같은 법 제14조에 따른 소하천의 점용 허가
14. 「수도법」 제52조에 따른 전용상수도 설치의 인가 및 같은 법 제54조에 따른 전용공업용수도 설치의 인가
15. 「연안관리법」 제25조에 따른 연안정비사업실시계획의 승인
16. 「체육시설의 설치·이용에 관한 법률」 제12조에 따른 사업계획의 승인
17. 「초지법」 제23조에 따른 초지전용의 허가, 신고 또는 협의
18. 「공간정보의 구축 및 관리 등에 관한 법률」 제15조제4항에 따른 지도등의 간행 심사(2021.7.20 본호개정)
19. 「하수도법」 제16조에 따른 공공하수도에 관한 공사의 허가 및 같은 법 제24조에 따른 공공하수도의 점용허가
20. 「하천법」 제30조에 따른 하천공사의 허가 및 같은 법 제33조에 따른 하천 점용의 허가
21. 「도시공원 및 녹지 등에 관한 법률」 제24조에 따른 도시공원의 점용허가 및 같은 법 제38조에 따른 녹지의 점용허가
② 제1항에 따른 인·허가등의 의제를 받으려는 자는 전기사업의 허가 또는 변경허가를 신청할 때 해당 법률에서 정하는 관련 서류를 함께 제출하여야 한다.
③ 시·도지사는 제7조에 따른 전기사업의 허가 또는 변경허가를 할 때 그 내용에 제1항 각 호의 어느 하나에 해당하는 사항이 있으면 미리 관계 행정기관의 장과 협의하여야 한다.
④ 제3항에 따라 협의를 요청받은 관계 행정기관의 장은 요청을 받은 날부터 20일 이내에 의견을 제출하여야 한다. 이 경우 그 기간 내에 의견을 제출하지 아니하면 협의가 이루어진 것으로 본다.
⑤ 제4항에도 불구하고 관계 행정기관의 장은 제3항에 따른 협의내용에 각종 위원회의 심의를 필요로 하는 사항이 포함된 경우에는 해당 위원회의 심의를 거친 후 그 결과에 따라 협의를 하여야 한다.
⑥ 산업통상자원부장관은 제1항에 따라 의제되는 인·허가등의 처리기준을 관계 중앙행정기관으로부터 제출받아 통합하여 고시하여야 한다.
(2020.3.31 본조신설)
제8조【결격사유】 ① 다음 각 호의 어느 하나에 해당하는 자는 전기사업의 허가를 받을 수 없다.
1. 피성년후견인(2014.5.20 본호개정)
2. 파산선고를 받고 복권되지 아니한 자
3. 「형법」 제172조의2, 제173조, 제173조의2(제172조제1항의 죄를 범한 자는 제외한다), 제174조(제172조의2제1항 및 제173조제1항·제2항의 미수범만 해당한다) 및 제175조(제172조의2제1항 및 제173조제1항·제2항의 죄를 범할 목적으로 예비 또는 음모한 자만 해당한다) 중 전기에 관한 죄를 짓거나 이 법을 위반하여 금고 이상의 실형을 선고받고 그 집행이 끝나거나(집행이 끝난 것으로 보는 경우를 포함한다) 집행이 면제된 날부터 2년이 지나지 아니한 자
4. 제3호에 규정된 죄를 지어 금고 이상의 형의 집행유예 선고를 받고 그 유예기간 중에 있는 자
5. 제12조제1항에 따라 전기사업의 허가가 취소(제1호 또는 제2호의 결격사유에 해당하여 허가가 취소된 경우는 제외한다)된 후 2년이 지나지 아니한 자(2016.1.27 본호개정)
6. 제1호부터 제5호까지의 어느 하나에 해당하는 자가 대표자인 법인
② 다음 각 호의 어느 하나에 해당하는 자는 전기신사업의 등록을 할 수 없다.
1. 제1항제1호부터 제4호까지의 어느 하나에 해당하는 자
2. 제12조제2항에 따라 전기신사업의 등록이 취소(이 조 제1항제1호 또는 제2호의 사유에 해당하여 이 항 제1호 및 제12조제2항제3호에 따라 등록이 취소된 경우는 제외한다)된 후 2년이 지나지 아니한 자
3. 제1호 또는 제2호에 해당하는 자가 대표자인 법인
(2018.6.12 본항신설)
제9조【전기설비의 설치 및 사업의 개시 의무】 ① 전기사업자는 허가권자가 지정한 준비기간에 사업에 필요한 전기설비를 설치하고 사업을 시작하여야 한다.
② 제1항에 따른 준비기간은 10년의 범위에서 산업통상자원부장관이 정하여 고시하는 기간을 넘을 수 없다. 다만, 허가권자가 정당한 사유가 있다고 인정하는 경우에는 준비기간을 연장할 수 있다.
③ 허가권자는 전기사업을 허가할 때 필요하다고 인정하면 전기사업별 또는 전기설비별로 구분하여 준비기간을 지정할 수 있다.
④ 전기사업자는 사업을 시작한 경우에는 지체 없이 그 사실을 허가권자에게 신고하여야 한다. 다만, 발전사업자의 경우에는 최초로 전력거래를 한 날부터 30일 이내에 신고하여야 한다.(2020.3.31 단서신설)
(2020.2.18 본조개정)
제10조【사업의 양수 및 법인의 분할·합병 등】 ① 다음 각 호의 어느 하나에 해당하는 자는 산업통상자원부령으로 정하는 바에 따라 허가권자의 인가를 받아야 한다.
(2020.2.18 본문개정)
1. 전기사업의 전부 또는 일부를 양수하려는 자
2. 전기사업자인 법인을 분할하거나 합병하려는 자
3. 전기사업자(발전설비의 규모가 2만킬로와트 미만인 발전사업자는 제외한다)의 경영권을 실질적으로 지배하려는 목적으로 주식을 취득하려는 자로서 대통령령으로 정하는 기준에 해당하는 자(2016.1.27 본호개정)
(2014.10.15 본항개정)
② 허가권자는 제1항에 따른 인가를 하려는 경우 제7조의 절차에 따라 다음 각 호의 사항을 심사하여야 한다. 다만, 허가권자가 시·도지사인 경우에는 전기위원회의 심의를 거치지 아니한다.(2020.2.18 본문개정)
1. 제7조에 따른 허가기준에 적합할 것
2. 양수 또는 분할·합병 등으로 인하여 전력수급에 지장을 주거나 전력의 품질이 낮아지는 등 공공의 이익을 현저하게 해칠 우려가 없을 것
3. 제9조제1항에 따른 준비기간에 사업을 개시하였을 것(태양광 발전사업에 한정하되, 사업 영위가 곤란한 경우 등 대통령령으로 정하는 정당한 사유가 있는 경우는 그러하지 아니하다)(2020.3.31 본호신설)
(2014.10.15 본항개정)
③ 허가권자는 제1항에 따라 인가를 하는 경우에는 산업통상자원부령으로 정하는 바에 따라 이를 공고하여야 한다.(2020.2.18 본항개정)
④ 허가권자는 제1항에 따른 인가를 하려는 경우 그 전기설비가 원자력발전소인 경우에는 원자력안전위원회와 협의하여야 한다.(2020.2.18 본항개정)
제10조의2【경매 등에 따른 시설인수의 신고 등】 ① 다음 각 호의 어느 하나에 해당하는 절차에 따라 전기사업자의 사업용 시설 전부를 인수(引受)한 자가 전기사업을 하려는 경우에는 산업통상자원부령으로 정하는 바에 따라 산업통상자원부장관에게 신고하여야 한다.
1. 「민사집행법」에 따른 경매
2. 「채무자 회생 및 파산에 관한 법률」에 따른 환가(換價)
3. 「국세징수법」, 「관세법」 또는 「지방세징수법」에 따른 압류재산의 매각
4. 그 밖에 제1호부터 제3호까지의 규정에 준하는 절차
② 제1항에 따른 신고의 수리에 관하여는 제10조를 준용한다.
(2019.4.23 본조신설)
제11조【사업의 승계 등】 ① 다음 각 호의 어느 하나에 해당하는 자는 전기사업자의 지위를 승계한다.
1. 법인이 아닌 전기사업자가 사망한 경우에는 그 상속인

2. 제10조제1항에 따른 인가를 받아 전기사업자의 사업을 양수한 자
3. 법인인 전기사업자가 제10조제1항에 따른 인가를 받아 합병한 경우 합병 후 존속하는 법인이나 합병으로 설립되는 법인
4. 법인인 전기사업자가 제10조제1항에 따른 인가를 받아 법인을 분할한 경우 그 분할에 의하여 설립되는 법인
5. 제10조의2에 따라 시설인수의 신고가 수리된 자. 이 경우 종전의 전기사업자에 대한 허가는 그 효력을 잃는다.(2019.4.23 본호신설)
② 다음 각 호의 어느 하나에 해당하는 자는 전기신사업자의 지위를 승계한다.
1. 전기신사업자가 전기신사업을 전부 양도한 경우 그 양수인
2. 법인이 아닌 전기신사업자가 사망한 경우 그 상속인
3. 법인인 전기신사업자가 다른 법인과 합병한 경우 합병 후 존속하는 법인이나 합병으로 설립되는 법인
4. 법인인 전기신사업자가 법인을 분할한 경우 분할에 의하여 설립되는 법인
(2018.6.12 본항신설)
③ 제1항에 따른 승계인에 관하여는 제8조제1항을 준용하고, 제2항에 따른 승계인에 관하여는 제8조제2항을 준용한다.(2018.6.12 본항개정)
④ 제2항에 따라 전기신사업자의 지위를 승계한 자는 산업통상자원부령으로 정하는 바에 따라 승계한 날부터 30일 이내에 그 사실을 산업통상자원부장관에게 신고하여야 한다.(2018.6.12 본항신설)
제11조의2【처분효과의 승계】 제11조에 따라 전기사업자의 지위가 승계되면 종전의 전기사업자에 대한 제12조에 따른 사업정지처분(제12조에 따라 사업정지명령을 갈음하여 부과하는 과징금을 포함한다)의 효과는 그 지위를 승계받은 자에게 승계되며, 처분의 절차가 진행 중일 때에는 그 지위를 승계받은 자에 대하여 그 절차를 진행할 수 있다.(2019.4.23 본조신설)
제12조【사업허가의 취소 등】 ① 허가권자는 전기사업자가 다음 각 호의 어느 하나에 해당하는 경우에는 전기위원회의 심의(허가권자가 시·도지사인 전기사업의 경우는 제외한다)를 거쳐 그 허가를 취소하거나 6개월 이내의 기간을 정하여 사업정지를 명할 수 있다. 다만, 제1호부터 제4호까지 또는 제4호의2의 어느 하나에 해당하는 경우에는 그 허가를 취소하여야 한다.(2020.2.18 본문개정)
1. 제8조제1항 각 호의 어느 하나에 해당하게 된 경우(2018.6.12 본호개정)
2. 제9조에 따른 준비기간에 전기설비의 설치 및 사업을 시작하지 아니한 경우
3. 원자력발전소를 운영하는 발전사업자(이하 "원자력발전사업자"라 한다)에 대한 외국인의 투자가 「외국인투자 촉진법」 제2조제1항제4호에 해당하게 된 경우
4. 거짓이나 그 밖의 부정한 방법으로 제7조제1항에 따른 허가 또는 변경허가를 받은 경우
4의2. 산업통상자원부장관이 정하여 고시하는 시점까지 정당한 사유 없이 제61조제1항에 따른 공사계획 인가를 받지 못하여 공사에 착수하지 못하는 경우(2014.10.15 본호신설)
5. 제10조제1항에 따른 인가를 받지 아니하고 전기사업의 전부 또는 일부를 양수하거나 법인의 분할이나 합병을 한 경우
6. 제14조를 위반하여 정당한 사유 없이 전기의 공급을 거부한 경우
7. 제15조제1항 또는 제16조제1항을 위반하여 산업통상자원부장관의 인가 또는 변경인가를 받지 아니하고 전기설비를 이용하게 하거나 전기를 공급한 경우(2013.3.23 본호개정)
8. 제18조제3항에 따른 산업통상자원부장관의 명령을 위반한 경우(2013.3.23 본호개정)
9. 제23조제1항에 따른 허가권자의 명령을 위반한 경우(2020.2.18 본호개정)
10. 제29조제1항에 따른 산업통상자원부장관의 명령을 위반한 경우(2013.3.23 본호개정)
10의2. 제31조의2제2항에 따른 산업통상자원부장관의 명령을 위반한 경우(2020.3.31 본호신설)
11. 제34조제2항에 따라 차액계약을 통하여서만 전력을 거래하여야 하는 전기사업자가 같은 조 제3항에 따라 인가받은 차액계약을 통하지 아니하고 전력을 거래한 경우(2014.5.20 본호신설)
12. 제61조제1항부터 제5항까지의 규정에 따라 인가를 받지 아니하거나 신고를 하지 아니한 경우(2022.10.18 본호개정)
13. 제93조제1항을 위반하여 회계를 처리한 경우
14. 사업정지기간에 전기사업을 한 경우
② 산업통상자원부장관은 전기신사업자가 다음 각 호의 어느 하나에 해당하는 경우에는 그 사업의 등록을 취소하거나 그 사업자에게 6개월 이내의 기간을 정하여 사업정지를 명할 수 있다. 다만, 제1호부터 제3호까지의 어느 하나에 해당하는 경우에는 그 등록을 취소하여야 한다.
1. 거짓이나 그 밖의 부정한 방법으로 제7조의2제1항에 따른 등록 또는 같은 조 제4항에 따른 변경등록을 한 경우
2. 제7조의2제3항에 따른 등록기준에 부합하지 아니하게 된 경우. 다만, 「소상공인기본법」 제2조에 따른 소상공인 등이 일시적으로 등록기준에 부합하지 아니하는 등 대통령령으로 정하는 경우는 예외로 한다.(2024.2.6 본호개정)
3. 제8조제2항 각 호의 어느 하나에 해당하게 된 경우
4. 제14조를 위반하여 정당한 사유 없이 전기의 공급을 거부한 경우
5. 제23조제1항에 따른 산업통상자원부장관의 명령을 위반한 경우
6. 사업정지기간에 전기신사업을 한 경우
(2018.6.12 본항신설)
③ 다음 각 호의 어느 하나에 해당하는 경우에는 그 사유가 발생한 날부터 6개월간은 제1항 또는 제2항을 적용하지 아니한다.(2018.6.12 본문개정)
1. 법인이 제8조제1항제6호 또는 같은 조 제2항제3호에 해당하게 된 경우(2018.6.12 본호개정)
2. 원자력발전사업자가 제1항제3호에 해당하게 된 경우
3. 전기사업자의 지위를 승계한 상속인이 제8조제1항제1호부터 제5호까지의 어느 하나에 해당하는 경우(2018.6.12 본호개정)
4. 전기신사업자의 지위를 승계한 상속인이 제8조제2항제1호 또는 제2호에 해당하는 경우(2018.6.12 본호신설)
④ 허가권자는 배전사업자가 사업구역의 일부에서 허가받은 전기사업을 하지 아니하여 제6조를 위반한 사실이 인정되는 경우에는 그 사업구역의 일부를 감소시킬 수 있다.(2020.2.18 본항개정)
⑤ 허가권자는 다음 각 호의 어느 하나에 해당하는 경우로서 그 사업정지가 전기사용자 등에게 심한 불편을 주거나 공익을 해칠 우려가 있는 경우에는 대통령령으로 정하는 바에 따라 사업정지명령을 갈음하여 5천만원 이하의 과징금을 부과할 수 있다.(2020.2.18 본문개정)
1. 전기사업자가 제1항제5호부터 제10호까지, 제11호부터 제14호까지의 어느 하나에 해당하는 경우(2020.3.31 본호개정)
2. 전기신사업자가 제2항제4호부터 제6호까지의 어느 하나에 해당하는 경우
(2018.6.12 본항개정)
⑥ 제1항 및 제2항에 따른 위반행위별 처분기준과 제5항에 따른 과징금의 부과기준은 대통령령으로 정한다.
(2018.6.12 본항개정)
⑦ 허가권자는 제5항에 따른 과징금을 내야 할 자가 납부기한까지 이를 내지 아니하면 국세 체납처분의 예 또는 「지방세외수입금의 징수 등에 관한 법률」에 따라 징수할 수 있다.(2020.2.18 본항개정)
제13조【청문】 허가권자는 다음 각 호의 어느 하나에 해당하는 경우에는 청문을 하여야 한다.(2020.2.18 본문개정)
1. 제12조제1항에 따라 허가를 취소하려는 경우
2. 제12조제2항에 따라 등록을 취소하려는 경우
(2018.6.12 본조개정)

제2절 업 무

제14조【전기공급의 의무】 발전사업자, 전기판매사업자, 전기자동차충전사업자, 재생에너지전기공급사업자, 통합발전소사업자, 재생에너지전기저장판매사업자 및 송전제약발생지역전기공급사업자는 대통령령으로 정하는 정당한 사유 없이 전기의 공급을 거부하여서는 아니 된다.
(2024.2.6 본조개정)
제15조【송전·배전용 전기설비의 이용요금 등】 ① 송전사업자 또는 배전사업자는 대통령령으로 정하는 바에 따라 전기설비의 이용요금과 그 밖의 이용조건에 관한 사항을 정하여 산업통상자원부장관의 인가를 받아야 한다. 이를 변경하려는 경우에도 또한 같다.
② 산업통상자원부장관은 제1항에 따른 인가를 하려는 경우에는 전기위원회의 심의를 거쳐야 한다.
(2013.3.23 본조개정)
제16조【전기의 공급약관】 ① 전기판매사업자는 대통령령으로 정하는 바에 따라 전기요금과 그 밖의 공급조건에 관한 약관(이하 "기본공급약관"이라 한다)을 작성하여 산업통상자원부장관의 인가를 받아야 한다. 이를 변경하려는 경우에도 또한 같다.(2013.3.23 전단개정)
② 산업통상자원부장관은 제1항에 따른 인가를 하려는 경우에는 전기위원회의 심의를 거쳐야 한다.(2013.3.23 본항개정)
③ 전기판매사업자는 그 전기수요를 효율적으로 관리하기 위하여 필요한 범위에서 기본공급약관으로 정한 것과 다른 요금이나 그 밖의 공급조건을 내용으로 정하는 약관(이하 "선택공급약관"이라 한다)을 작성할 수 있으며, 전기사용자는 기본공급약관을 갈음하여 선택공급약관으로 정한 사항을 선택할 수 있다.
④ 전기판매사업자는 선택공급약관을 포함한 기본공급약관(이하 "공급약관"이라 한다)을 시행하기 전에 영업소 및 사업소 등에 이를 갖춰 두고 전기사용자가 열람할 수 있게 하여야 한다.
⑤ 전기판매사업자는 공급약관에 따라 전기를 공급하여야 한다.
제16조의2【전기신사업 약관의 신고 등】 ① 전기신사업자는 대통령령으로 정하는 바에 따라 요금과 그 밖의 이용조건에 관한 약관을 작성하여 산업통상자원부장관에게 신고할 수 있다. 이를 변경한 경우에도 또한 같다.
② 전기신사업자는 제1항에 따라 약관의 신고 또는 변경신고를 한 경우에는 신고 또는 변경신고한 약관을 사용하여야 한다.
③ 제1항에 따른 약관은 다음 각 호의 요건을 모두 갖추어야 한다.
1. 요금 또는 가격의 단가를 명확하게 규정하고 있을 것
2. 다음 각 목의 자(이하 이 조에서 "수요자"라 한다)의 권리와 책임 및 비용부담 등에 관한 사항을 적정하고 명확하게 규정하고 있을 것
가. 전기자동차충전사업자로부터 전기를 공급받는 자
나. 소규모전력중개사업자가 모집한 소규모전력자원의 소유자
다. 재생에너지전기공급사업자 또는 재생에너지전기저장판매사업자로부터 전기를 공급받는 전기사용자(2023.10.31 본목개정)
라. 통합발전소사업자가 연결·제어하는 에너지자원의 소유자(2023.6.13 본목신설)
마. 송전제약발생지역전기공급사업자로부터 전기를 공급받는 전기사용자(2024.2.6 본목신설)
3. 특정인에 대하여 부당한 차별적 대우를 하는 것이 아닐 것
4. 요금 및 이용조건이 사회적·경제적으로 부적절하거나, 수요자의 공정한 이익을 해할 우려가 없을 것
5. 수요자의 전기신사업자 선택권을 제한하는 등 다른 전기신사업자의 업무를 방해하지 아니할 것
6. 그 밖에 수요자의 이익을 해치거나 공정한 경쟁을 제한하는 내용으로 산업통상자원부령으로 정하는 사항에 위반하지 아니할 것
④ 산업통상자원부장관은 제3항에 따른 약관의 요건에 관한 세부 기준을 정하여 고시할 수 있다.
⑤ 산업통상자원부장관은 제1항에 따른 신고 또는 변경신고를 받은 날부터 7일 이내에 수리(受理) 여부 또는 수리 지연 사유 및 민원 처리 관련 법령에 따른 처리기간의 연장을 통지하여야 한다. 이 경우 7일 이내에 수리 여부 또는 수리 지연 사유 및 처리기간의 연장을 통지하지 아니하면 7일(민원 처리 관련 법령에 따라 처리기간이 연장 또는 재연장된 경우에는 해당 처리기간을 말한다)이 지난 날의 다음 날에 신고 또는 변경신고가 수리된 것으로 본다.
⑥ 산업통상자원부장관은 전기신사업의 공정한 거래질서를 확립하기 위하여 공정거래위원회 위원장과 협의를 거쳐 표준약관을 제정 또는 개정할 수 있다.
⑦ 제1항에 따라 약관의 신고 또는 변경신고를 하지 아니한 전기신사업자는 제6항에 따른 표준약관을 사용하여야 한다.
⑧ 제1항에 따른 약관의 신고 등에 필요한 사항은 산업통상자원부령으로 정한다.
(2018.6.12 본조신설)
제16조의3【구역전기사업자와 전기판매사업자의 전력거래 등】 ① 구역전기사업자는 사고나 그 밖에 산업통상자원부령으로 정하는 사유로 전력이 부족하거나 남는 경우에는 부족한 전력 또는 남는 전력을 전기판매사업자와 거래할 수 있다.(2013.3.23 본항개정)
② 전기판매사업자는 정당한 사유 없이 제1항의 거래를 거부하여서는 아니 된다.
③ 전기판매사업자는 제1항의 거래에 따른 전기요금과 그 밖의 거래조건에 관한 사항을 내용으로 하는 약관(이하 "보완공급약관"이라 한다)을 작성하여 산업통상자원부장관의 인가를 받아야 한다. 이를 변경하는 경우에도 또한 같다.(2013.3.23 전단개정)
④ 제3항에 따른 인가에 관하여는 제16조제2항을 준용한다.
제16조의4【전기판매사업자 등의 전기자동차충전사업자와의 전력거래 거부금지】 전기판매사업자 또는 구역전기사업자는 정당한 사유 없이 전기자동차충전사업자와의 전력거래를 거부해서는 아니 된다.(2018.6.12 본조신설)
제16조의5【재생에너지전기공급사업자 등의 전기공급】 ① 재생에너지전기공급사업자 및 재생에너지전기저장판매사업자는 재생에너지를 이용하여 생산한 전기를 전력시장을 거치지 아니하고 전기사용자에게 공급할 수 있다.
② 송전제약발생지역전기공급사업자는 다음 각 호의 요건을 갖춘 경우에 생산한 전기를 전력시장을 거치지 아니하고 전기사용자에게 공급할 수 있다. 이 경우 송전제약발생지역전기공급사업자의 전기 공급에 관한 세부사항은 산업통상자원부장관이 정하여 고시한다.
1. 송전제약으로 발전설비의 최적 활용이 곤란한 지역에 위치한 발전설비를 이용하여 생산한 전기를 공급할 것
2. 전기사용자의 수전설비가 발전설비 인접지역에 위치하고 신규 시설일 것
(2024.2.6 본항신설)
③ 전기자동차충전사업자는 대통령령으로 정하는 범위에서 재생에너지를 이용하여 생산한 전기를 전력시장을 거치지 아니하고 전기자동차에 공급할 수 있다.
(2023.10.31 본항신설)
④ 제1항 및 제2항에 따라 재생에너지전기공급사업자, 재생에너지전기저장판매사업자 및 송전제약발생지역전기공급사업자가 전기사용자에게 전기를 공급하는 경우 요금과 그 밖의 공급조건 등을 개별적으로 협의하여 계약할 수 있다.(2024.2.6 본항개정)

⑤ 제1항부터 제3항까지에 따라 공급되는 전기는 「신에너지 및 재생에너지 개발·이용·보급 촉진법」 제12조의7제1항에 따른 신·재생에너지 공급인증서의 발급대상이 되지 아니한다.(2024.2.6 본항개정)
⑥ 그 밖에 제1항부터 제3항까지에 따른 전기공급에 필요한 사항은 산업통상자원부령으로 정한다.(2024.2.6 본항개정)
(2023.10.31 본조개정)

제17조【전기요금의 청구】 전기판매사업자는 전기사용자에게 청구하는 전기요금청구서에 산업통상자원부령으로 정하는 방법에 따라 요금 명세를 항목별로 구분하여 명시하여야 한다.(2013.3.23 본조개정)

제17조의2【관계 기관에 대한 협조 요청】 ① 전기판매사업자는 전기요금을 산정하기 위하여 관계 기관의 장에게 전기사용자의 국가유공자등록사항, 기초생활수급자 등록사항, 장애인등록사항, 주민등록정보, 가족관계등록사항 및 재외국민등록사항 등의 자료를 요청하거나 「사회보장기본법」 제37조제2항에 따른 사회보장정보시스템 등 관계 전산망의 이용을 요청할 수 있다. 이 경우 요청을 받은 관계 기관의 장은 정당한 사유가 없으면 그 요청에 따라야 한다.
② 제1항에 따른 자료 또는 정보를 활용하여 업무를 수행하거나 수행하였던 자는 같은 항에 따라 제공받거나 취득한 자료 또는 정보를 이 법에서 정한 목적 외의 용도로 사용하거나 다른 사람 또는 기관에 제공 또는 누설하여서는 아니 된다.
③ 제1항에 따라 전기판매사업자에게 제공되는 자료 또는 정보에 대하여는 수수료 및 사용료 등을 면제한다.
④ 제1항에 따라 요청할 수 있는 자료 또는 정보의 구체적인 범위는 대통령령으로 정한다.
(2020.10.20 본조신설)

제18조【전기품질의 유지】 ① 전기사업자등은 산업통상자원부령으로 정하는 바에 따라 그가 공급하는 전기의 품질을 유지하여야 한다.(2018.6.12 본항개정)
② 전기사업자 및 한국전력거래소는 산업통상자원부령으로 정하는 바에 따라 전기품질을 측정하고 그 결과를 기록·보존하여야 한다.
③ 산업통상자원부장관은 전기사업자등이 공급하는 전기의 품질이 제1항에 적합하게 유지되지 아니하여 전기사용자의 이익을 해친다고 인정하는 경우에는 전기위원회의 심의를 거쳐 그 전기사업자등에게 전기설비의 수리 또는 개조, 전기설비의 운용방법의 개선, 그 밖에 필요한 조치를 할 것을 명할 수 있다.(2018.6.12 본항개정)
(2013.3.23 본조개정)

제19조【전력량계의 설치·관리】 ① 다음 각 호의 자는 시간대별로 전력거래량을 측정할 수 있는 전력량계를 설치·관리하여야 한다.
1. 발전사업자(대통령령으로 정하는 발전사업자는 제외한다)
2. 자가용전기설비를 설치한 자(제31조제2항 단서에 따라 전력을 거래하는 경우만 해당한다)
3. 구역전기사업자(제31조제3항에 따라 전력을 거래하는 경우만 해당한다)
4. 배전사업자
5. 제32조 단서에 따라 전력을 직접 구매하는 전기사용자
② 제1항에 따른 전력량계의 허용오차 등에 관한 사항은 산업통상자원부장관이 정한다.(2013.3.23 본항개정)

제20조【전기설비의 이용 제공】 ① 송전사업자 또는 배전사업자는 그 전기설비를 다른 전기사업자등 또는 제32조 단서에 따라 전력을 직접 구매하는 전기사용자에게 차별 없이 이용할 수 있도록 하여야 한다.(2018.6.12 본항개정)
② 전기사업자는 「지능정보화 기본법」 제37조제2항에 따른 전기통신 선로설비(이하 "전기통신선로설비"라 한다)의 설치 용량 확보 등 필요로 하는 자에게 전기설비를 대여할 수 있다.(2020.6.9 본항개정)
③ 전기사업자는 「지능정보화 기본법」 제37조제4항에 따른 협의가 성립된 경우에는 그 협의 결과에 따라 같은 조 제3항에 따른 조정을 요청한 자에게 전기설비를 대여하여야 한다.(2020.6.9 본항개정)
④ 제2항 및 제3항에 따라 전기설비를 대여받아 전기통신선로설비를 설치하는 자는 제67조에 따른 기술기준을 준수하여야 한다.(2020.3.31 본항개정)

제20조의2【전기설비의 정보 공개】 송전사업자 또는 배전사업자는 그 전기설비를 다른 전기사업자가 이용할 수 있도록 산업통상자원부령으로 정하는 바에 따라 전기설비 용량 및 전기사업자의 이용 현황 등 전기설비의 정보를 공개하여야 한다.(2019.4.23 본조신설)

제21조【금지행위】 ① 전기사업자등은 전력시장에서의 공정한 경쟁을 해치거나 전기사용자의 이익을 해칠 우려가 있는 다음 각 호의 어느 하나의 행위를 하거나 제3자로 하여금 이를 하게 하여서는 아니 된다.(2018.6.12 본문개정)
1. 제33조에 따른 전력거래가격을 부당하게 높게 형성할 목적으로 발전소에서 생산되는 전기에 대한 거짓 자료를 한국전력거래소에 제출하는 행위
2. 송전용 또는 배전용 전기설비의 이용을 제공할 때 부당하게 차별을 하거나 이용을 제공하는 의무를 이행하지 아니하는 행위 또는 지연하는 행위
3. 송전용 또는 배전용 전기설비의 이용을 제공함으로 인하여 알게 된 정보 등을 자신의 사적이익을 위해 부당하게 사용하거나 이러한 정보 등을 이용하여 다른 전기사업자등의 영업활동 또는 전기사용자의 이익을 부당하게 해치는 행위(2020.2.4 본호개정)
4. 비용이나 수익을 부당하게 분류하여 전기요금이나 송전용 또는 배전용 전기설비의 이용요금을 부당하게 산정하는 행위
5. 전기사업자등의 업무처리 지연 등 전기공급 과정에서 전기사용자의 이익을 현저하게 해치는 행위(2018.6.12 본호개정)
6. 전력계통의 운영에 관한 한국전력거래소의 지시를 정당한 사유 없이 이행하지 아니하는 행위
② 제1항에 따른 행위의 유형 및 기준은 대통령령으로 정한다.

제22조【사실조사 등】 ① 허가권자는 공공의 이익을 보호하기 위하여 필요하다고 인정되거나 전기사업자등이 제21조제1항에 따른 금지행위를 한 것으로 인정되는 경우에는 전기위원회 소속 공무원(허가권자가 시·도지사인 전기사업자의 경우에는 해당 시·도 소속 공무원을 말한다. 이하 이 조에서 같다)으로 하여금 이를 확인하기 위하여 필요한 조사를 하게 할 수 있다.(2020.2.18 본항개정)
② 허가권자는 제1항에 따른 조사를 위하여 필요한 경우에는 전기사업자등에게 필요한 자료나 물건의 제출을 명할 수 있으며, 대통령령으로 정하는 바에 따라 전기위원회 소속 공무원으로 하여금 전기사업자의 사무소와 사업장 또는 전기사업자의등 업무를 위탁받아 취급하는 자의 사업장에 출입하여 장부·서류나 그 밖의 자료 또는 물건을 조사하게 할 수 있다.(2020.2.18 본항개정)
③ 허가권자는 제2항에 따른 조사를 하는 경우에는 조사 7일 전까지 조사 일시, 조사 이유 및 조사 내용 등을 포함한 조사계획을 조사대상자에게 알려야 한다. 다만, 긴급한 경우나 사전에 알리면 증거인멸 등으로 조사목적을 달성할 수 없다고 인정하는 경우에는 그러하지 아니하다.(2020.2.18 본문개정)
④ 제2항에 따라 출입·조사하는 자는 그 권한을 표시하는 증표를 지니고 이를 관계인에게 내보여야 하며, 조사 시 그 조사의 일시·목적 등을 기록한 서류를 관계인에게 내주어야 한다.

제23조【금지행위에 대한 조치】 ① 허가권자는 전기사업자등이 제21조제1항에 따른 금지행위를 한 것으로 인정하는 경우에는 전기위원회의 심의를 거쳐 전기사업자에게 다음 각 호의 어느 하나의 조치를 명하거나 금지행위에 관여한 임직원의 징계를 요구할 수 있다. 다만, 전기신사업자와 허가권자가 시·도지사인 전기사업자의 경우에는 전기위원회의 심의를 거치지 아니한다.(2020.2.18 본문개정)
1. 송전용 또는 배전용 전기설비의 이용 제공
2. 내부 규정 등의 변경
3. 정보의 공개
4. 금지행위의 중지
5. 금지행위를 하여 시정조치를 명령받은 사실에 대한 공표
6. 금지행위로 인한 위법사항의 원상회복을 위하여 필요한 조치로서 대통령령으로 정하는 사항(2016.1.27 본호개정)
② 제1항에 따라 허가권자의 명령을 받은 전기사업자등은 허가권자가 정한 기간에 이를 이행하여야 한다. 다만, 허가권자는 천재지변이나 그 밖의 부득이한 사유로 전기사업자등이 그 기간에 명령을 이행할 수 없다고 인정되는 경우에는 그 이행기간을 연장할 수 있다.(2020.2.18 본항개정)

제24조【금지행위에 대한 과징금의 부과·징수】 ① 허가권자는 전기사업자등이 제21조제1항에 따른 금지행위를 한 경우에는 전기위원회의 심의(전기신사업자와 허가권자가 시·도지사인 전기사업자의 경우는 제외한다)를 거쳐 대통령령으로 정하는 바에 따라 그 전기사업자등의 매출액의 100분의 5의 범위에서 과징금을 부과·징수할 수 있다. 다만, 매출액이 없거나 매출액의 산정이 곤란한 경우로서 대통령령으로 정하는 경우에는 10억원 이하의 과징금을 부과·징수할 수 있다.(2020.2.18 본문개정)
② 제1항에 따른 위반행위별 유형, 과징금의 부과기준, 그 밖에 필요한 사항은 대통령령으로 정한다.
③ 허가권자는 제1항에 따른 과징금을 내야 할 자가 납부기한까지 이를 내지 아니하면 국세 체납처분의 예 또는 「지방세외수입금의 징수 등에 관한 법률」에 따라 징수할 수 있다.(2020.2.18 본항개정)

제24조의2【구역전기사업자에 대한 준용】 구역전기사업자에 관하여는 제14조부터 제16조까지, 제17조 및 제20조제1항을 준용한다.

제3장 전력수급의 안정

제25조【전력수급기본계획의 수립】 ① 산업통상자원부장관은 전력수급의 안정을 위하여 전력수급기본계획(이하 "기본계획"이라 한다)을 수립하여야 한다.(2013.7.30 본항개정)
② 산업통상자원부장관은 기본계획을 수립하거나 변경하고자 하는 때에는 관계 중앙행정기관의 장과 협의하고 공청회를 거쳐 의견을 수렴한 후 제47조의2에 따른 전력정책심의회의 심의를 거쳐 이를 확정한다. 다만, 산업통상자원부장관이 책임질 수 없는 사유로 공청회가 정상적으로 진행되지 못하는 등 대통령령으로 정하는 사유가 있는 경우에는 공청회를 개최하지 아니할 수 있으며 이 경우 대통령령으로 정하는 바에 따라 공청회에 준하는 방법으로 의견을 들어야 한다.(2013.7.30 본항신설)
③ 기본계획 중 대통령령으로 정하는 경미한 사항을 변경하는 경우에는 제2항에 따른 절차를 생략할 수 있다.(2013.7.30 본항신설)
④ 산업통상자원부장관은 제2항에 따라 기본계획이 확정된 때에는 지체 없이 이를 공고하고, 관계 중앙행정기관의 장에게 통보하여야 한다.(2013.7.30 본항신설)
⑤ 산업통상자원부장관은 기본계획을 수립하거나 변경하는 경우 국회 소관 상임위원회에 보고하여야 한다. 이 경우 제3조제2항에 따라 고려할 사항이 포함되어야 한다.(2017.3.21 후단신설)
⑥ 기본계획에는 다음 각 호의 사항이 포함되어야 한다.
1. 전력수급의 기본방향에 관한 사항
2. 전력수급의 장기전망에 관한 사항
3. 발전설비계획 및 주요 송전·변전설비계획에 관한 사항(2015.5.18 본호개정)
4. 전력수요의 관리에 관한 사항
5. 직전 기본계획의 평가에 관한 사항(2015.5.18 본호신설)
5의2. 분산형전원의 확대에 관한 사항(2019.4.23 본호신설)
6. 그 밖에 전력수급에 관하여 필요하다고 인정하는 사항
⑦ 산업통상자원부장관은 기본계획이 「기후위기 대응을 위한 탄소중립·녹색성장 기본법」 제8조에 따른 중장기 국가 온실가스 감축 목표에 부합하도록 노력하여야 한다.(2021.9.24 본항개정)
⑧ 산업통상자원부장관은 기본계획의 수립을 위하여 필요한 경우에는 전기사업자, 한국전력거래소, 그 밖에 대통령령으로 정하는 관계 기관 및 단체에 관련 자료의 제출을 요구할 수 있다.(2013.3.23 본항개정)
⑨ 기본계획의 수립에 관하여 그 밖에 필요한 사항은 대통령령으로 정한다.
(2009.5.21 본조개정)

제25조의2【기초조사 등의 실시】 ① 산업통상자원부장관은 기본계획을 수립하는 때에는 제2조제3호에 따른 발전사업을 하려는 자에게 해당 지역에 미치는 영향을 포함한 기초조사와 지역주민·관계전문가 등에 대한 의견청취를 실시하도록 하여야 한다.
② 제1항에 따른 기초조사와 의견청취의 방법 및 절차에 필요한 사항은 대통령령으로 정한다.
(2013.7.30 본조신설)

제26조【전기설비의 시설계획 등의 신고】 전기사업자는 대통령령으로 정하는 바에 따라 전기설비의 시설계획 및 전기공급계획을 작성하여 산업통상자원부장관에게 신고하여야 한다. 신고한 사항을 변경하는 경우에도 또한 같다.(2013.3.23 전단개정)

제27조【송전사업자 등의 책무】 송전사업자·배전사업자 및 구역전기사업자는 전기의 수요·공급의 변화에 따라 전기를 원활하게 송전 또는 배전할 수 있도록 산업통상자원부장관이 정하여 고시하는 기준에 적합한 설비를 갖추고 이를 유지·관리하여야 한다.(2013.3.23 본조개정)

제27조의2【전력계통의 신뢰도 유지】 ① 산업통상자원부장관은 전력계통의 신뢰도 유지를 위한 기준을 정하여 고시하여야 한다.
② 한국전력거래소 및 전기사업자는 제1항에서 정한 기준에 따라 전력계통의 신뢰도를 유지하여야 한다.
③ 산업통상자원부장관은 대통령령으로 정하는 바에 따라 전력계통의 신뢰도 유지 여부에 관한 감시·평가 및 조사 등(이하 "전력계통 신뢰도 관리"라 한다)을 실시하고 그 결과를 공개하여야 한다.(2015.5.18 본항개정)
④ 산업통상자원부장관은 전력계통 신뢰도 관리를 위하여 필요한 때에는 한국전력거래소 및 전기사업자에게 자료의 제출을 요구할 수 있다. 이 경우 자료 제출을 요구받은 자는 특별한 사유가 없으면 이에 따라야 한다.
⑤ 산업통상자원부장관은 전력계통의 신뢰도가 제1항에서 정한 기준에 적합하게 유지되지 아니하여 전기사용자의 이익을 해친다고 인정하는 경우에는 전기위원회의 심의를 거쳐 한국전력거래소 및 전기사업자에게 필요한 조치를 할 것을 명할 수 있다.(2015.5.18 본항신설)
(2013.7.30 본조신설)

제28조【원자력발전연료의 제조·공급계획】 원자력발전연료를 원자력발전사업자에게 제조·공급하려는 자는 대통령령으로 정하는 바에 따라 장기적인 원자력발전연료의 제조·공급계획을 작성하여 산업통상자원부장관의 승인을 받아야 한다. 승인받은 사항을 변경하려는 경우에도 또한 같다.(2013.3.23 전단개정)

제29조【전기의 수급조절 등】 ① 산업통상자원부장관은 천재지변, 전시·사변, 경제사정의 급격한 변동, 그 밖에 이에 준하는 사태가 발생하여 공공의 이익을 위하여 특히 필요하다고 인정하는 경우 전기사업자 또는 자가용전기설비를 설치한 자에게 다음 각 호의 어느 하나에 해당하는 사항을 명할 수 있다.(2013.3.23 본문개정)
1. 특정한 전기판매사업자 또는 구역전기사업자에 대한 전기의 공급
2. 특정한 전기사용자에 대한 전기의 공급
3. 특정한 전기판매사업자·구역전기사업자 또는 전기사용자에 대한 송전용 또는 배전용 전기설비의 이용 제공

② 제1항에 따른 명령이 있는 경우 당사자 간에 지급 또는 수령할 금액과 그 밖에 필요한 사항에 관하여는 당사자 간의 협의에 따른다.
(2009.5.21 본조개정)
제30조【손실보상】 산업통상자원부장관은 제29조제1항에 따른 명령에 따라 전기사업자 또는 자가용전기설비를 설치한 자가 손실을 입은 경우에는 정당한 보상을 하여야 한다.(2013.3.23 본조개정)

제4장 전력시장

제1절 전력시장의 구성

제31조【전력거래】 ① 발전사업자 및 전기판매사업자는 제43조에 따른 전력시장운영규칙으로 정하는 바에 따라 전력시장에서 전력거래를 하여야 한다. 다만, 도서지역 등 대통령령으로 정하는 경우에는 그러하지 아니하다.
② 자가용전기설비를 설치한 자는 그가 생산한 전력을 전력시장에서 거래할 수 없다. 다만, 대통령령으로 정하는 경우에는 그러하지 아니하다.
③ 구역전기사업자는 대통령령으로 정하는 바에 따라 특정한 공급구역의 수요에 부족하거나 남는 전력을 전력시장에서 거래할 수 있다.
④ 전기판매사업자는 다음 각 호의 어느 하나에 해당하는 자가 생산한 전력을 제43조에 따른 전력시장운영규칙으로 정하는 바에 따라 우선적으로 구매할 수 있다.
1. 대통령령으로 정하는 규모 이하의 발전사업자
2. 자가용전기설비를 설치한 자(제2항 단서에 따라 전력거래를 하는 경우만 해당한다)
3. 「신에너지 및 재생에너지 개발·이용·보급 촉진법」 제2조제1호 및 제2호에 따른 신에너지 및 재생에너지를 이용하여 전기를 생산하는 발전사업자(2013.7.30 본호개정)
4. 「집단에너지사업법」 제48조에 따라 발전사업의 허가를 받은 것으로 보는 집단에너지사업자
5. 수력발전소를 운영하는 발전사업자
⑤ 「지능형전력망의 구축 및 이용촉진에 관한 법률」 제12조제1항에 따라 지능형전력망 서비스 제공사업자로 등록한 자 중 대통령령으로 정하는 자(이하 "수요관리사업자"라 한다)는 제43조에 따른 전력시장운영규칙으로 정하는 바에 따라 전력시장에서 전력거래를 할 수 있다. 다만, 수요관리사업자 중 「독점규제 및 공정거래에 관한 법률」 제31조제1항의 상호출자제한기업집단에 속하는 자가 전력거래를 하는 경우에는 대통령령으로 정하는 전력거래량의 비율에 관한 기준을 충족하여야 한다.(2020.12.29 단서개정)
⑥ 소규모전력중개사업자는 모집한 소규모전력자원에서 생산 또는 저장한 전력을 제43조에 따른 전력시장운영규칙으로 정하는 바에 따라 전력시장에서 거래하여야 한다.
(2018.6.12 본항신설)
⑦ 통합발전소사업자는 제43조에 따른 전력시장운영규칙에서 정하는 바에 따라 통합발전소에서 생산 또는 저장한 전력을 전력시장에서 거래할 수 있다.(2023.6.13 본항신설)
(2009.5.21 본조개정)
제31조의2【산지에 설치되는 재생에너지 설비의 전력거래】 ① 「산지관리법」 제2조제1호에 따른 산지에 「신에너지 및 재생에너지 개발·이용·보급 촉진법」 제2조제2호가목 및 나목에 해당하는 재생에너지 설비를 설치하여 전력거래를 하려는 발전사업자는 「산지관리법」 제39조제2항에 따른 중간복구명령(이에 따른 복구준공검사를 포함한다)이 있는 경우 이를 전력거래 전에 완료하여야 한다.
② 산업통상자원부장관은 제1항의 발전사업자가 중간복구를 완료하지 아니하고 전력거래를 한 경우로서 「산지관리법」 제41조의2제2항에 따라 산림청장등이 사업정지를 요청하는 경우에는 중간복구준공이 완료될 때까지 사업정지를 명할 수 있다.
③ 제2항에도 불구하고 산업통상자원부장관은 계절적 요인으로 복구준공이 불가피하게 지연되거나 부분 복구준공이 가능한 경우 등 대통령령으로 정하는 사유가 있는 때에는 6개월의 범위에서 사업정지 명령을 유예할 수 있다.
④ 제2항에 따른 사업정지 명령의 방법·절차 및 해제에 필요한 사항은 대통령령으로 정한다.
(2020.3.31 본조신설)
제32조【전력의 직접 구매】 전기사용자는 전력시장에서 전력을 직접 구매할 수 없다. 다만, 대통령령으로 정하는 규모 이상의 전기사용자는 그러하지 아니하다.
(2009.5.21 본조개정)
제33조【전력거래의 가격 및 정산】 ① 전력시장에서 이루어지는 전력의 거래가격(이하 "전력거래가격"이라 한다)은 시간대별로 전력의 수요와 공급에 따라 결정되는 가격으로 한다.
② 산업통상자원부장관은 제1항에도 불구하고 전기사용자의 이익을 보호하기 위하여 필요한 경우에는 전력거래가격의 상한을 정하여 고시할 수 있다. 이 경우 산업통상자원부장관은 미리 전기위원회의 심의를 거쳐야 한다.
(2014.5.20 본항신설)
③ 전력거래의 정산은 전력거래가격을 기초로 하며, 구체적인 정산방법은 제43조에 따른 전력시장운영규칙에 따른다.(2011.3.30 본항신설)
(2011.3.30 본조제목개정)
제34조【차액계약】 ① 발전사업자는 전력구매자(전기판매사업자, 제31조제3항에 따라 전력을 구매하는 구역전기사업자 또는 제32조 단서에 따라 전력을 직접 구매하는 전기사용자를 말한다. 이하 이 조에서 같다)와 전력거래가격의 변동으로 인하여 발생하는 위험을 줄이기 위하여 일정한 기준가격을 설정하고 그 기준가격과 전력거래가격 간의 차액 보전(補塡)에 관한 것을 내용으로 하는 계약(이하 "차액계약"이라 한다)을 체결할 수 있다.
(2014.5.20 본항개정)
② 전력수급의 안정을 도모하고 전기사용자의 이익을 보호하기 위하여 대통령령으로 정하는 기준에 해당하는 발전사업자와 전력구매자는 산업통상자원부장관이 정하여 고시하는 전력량에 대해서는 차액계약을 통하여서만 전력을 거래하여야 한다. 다만, 차액계약의 체결로 인하여 「댐건설·관리 및 주변지역지원 등에 관한 법률」 제44조제2항제1호에 따른 출연금이 감소하는 경우 전력구매자는 대통령령으로 정하는 바에 따라 감소한 출연금을 보전하여야 한다.(2021.6.15 단서개정)
③ 제2항에 따라 차액계약을 체결한 발전사업자와 전력구매자는 대통령령으로 정하는 바에 따라 차액계약의 내용에 대하여 공동으로 산업통상자원부장관의 인가를 받아야 한다. 이를 변경하려는 경우에도 또한 같다.
(2014.5.20 본항신설)
④ 산업통상자원부장관은 제3항에 따른 인가를 하려는 경우에는 전기위원회의 심의를 거쳐야 한다. 다만, 대통령령으로 정하는 경미한 사항의 경우에는 전기위원회의 심의를 생략할 수 있다.(2014.5.20 본항신설)

제2절 한국전력거래소

제35조【설립】 ① 전력시장 및 전력계통의 운영을 위하여 한국전력거래소를 설립한다.
② 한국전력거래소는 법인으로 한다.
③ 한국전력거래소의 주된 사무소는 정관으로 정한다.
(2011.3.30 본항개정)
④ 한국전력거래소는 주된 사무소의 소재지에서 설립등기를 함으로써 성립한다.
(2009.5.21 본조개정)
제36조【업무】 ① 한국전력거래소는 그 목적을 달성하기 위하여 다음 각 호의 업무를 수행한다.
1. 전력시장 및 소규모전력중개시장의 개설·운영에 관한 업무(2018.6.12 본호개정)
2. 전력거래에 관한 업무
3. 회원의 자격 심사에 관한 업무
4. 전력거래대금 및 전력거래에 따른 비용의 청구·정산 및 지불에 관한 업무
5. 전력거래량의 계량에 관한 업무
6. 제43조에 따른 전력시장운영규칙 및 제43조의2에 따른 중개시장운영규칙 등 관련 규칙의 제정·개정에 관한 업무(2018.6.12 본호개정)
7. 전력계통의 운영에 관한 업무
8. 제18조제2항에 따른 전기품질의 측정·기록·보존에 관한 업무
9. 그 밖에 제1호부터 제8호까지의 업무에 딸린 업무
② 한국전력거래소는 제1항에 따른 업무 중 일부를 다른 기관 또는 단체에 위탁하여 처리하게 할 수 있다.
③ 한국전력거래소는 그가 수행하는 업무의 성격이 서로 다른 분야에 대하여는 회계를 구분하여 처리할 수 있다.
(2009.5.21 본조개정)
제37조【정관의 기재사항】 한국전력거래소의 정관에는 「공공기관의 운영에 관한 법률」 제16조제1항에 따른 기재사항 외에 다음 각 호의 사항이 포함되어야 한다.
1. 자산에 관한 사항
2. 회원에 관한 사항
3. 회원의 보증금에 관한 사항
4. 회원의 지분 양도 및 반환에 관한 사항
(2009.5.21 본조개정)
제38조【다른 법률과의 관계】 한국전력거래소에 대하여 이 법 및 「공공기관의 운영에 관한 법률」에 규정된 것을 제외하고는 「민법」 중 사단법인에 관한 규정(같은 법 제39조는 제외한다)을 준용한다. 이 경우 사단법인의 "사원"·"사원총회"와 "이사 또는 감사"는 각각 한국전력거래소의 "회원"·"회원총회"와 "임원"으로 본다.
(2009.5.21 본조개정)
제39조【회원의 자격】 한국전력거래소의 회원은 다음 각 호의 자로 한다.
1. 전력시장에서 전력거래를 하는 발전사업자
2. 전기판매사업자
3. 전력시장에서 전력을 직접 구매하는 전기사용자
4. 전력시장에서 전력거래를 하는 자가용전기설비를 설치한 자
5. 전력시장에서 전력거래를 하는 구역전기사업자
6. 전력시장에서 전력거래를 하지 아니하는 자 중 한국전력거래소의 정관으로 정하는 요건을 갖춘 자
7. 전력시장에서 전력거래를 하는 수요관리사업자
(2014.5.20 본호신설)
8. 전력시장에서 전력거래를 하는 소규모전력중개사업자
(2018.6.12 본호신설)
9. 전력시장에서 전력거래를 하는 통합발전소사업자
(2023.6.13 본호신설)
(2009.5.21 본조개정)
제40조【한국전력거래소의 운영 경비】 ① 한국전력거래소의 운영에 필요한 경비는 다음 각 호의 재원으로 충당한다.
1. 회원의 회비
2. 전력거래에 대한 수수료
3. 그 밖에 산업통상자원부령으로 정하는 수입(2013.3.23 본호개정)
② 한국전력거래소는 대통령령으로 정하는 바에 따라 제1항제2호에 따른 수수료를 정하여 산업통상자원부장관에게 신고하여야 한다.(2013.3.23 본항개정)
(2009.5.21 본조개정)
제41조【정보의 공개】 ① 한국전력거래소는 공정한 전력거래를 위하여 대통령령으로 정하는 바에 따라 전력거래량, 전력거래가격 및 전력수요 전망 등 전력시장과 전력계통의 운영에 관한 정보를 공개하여야 한다.
② 한국전력거래소는 전기사업자 및 수요관리사업자가 전력시장과 전력계통의 운영에 관한 자료(제45조제2항에 따라 전력시장에서 결정된 우선순위와 다르게 지시를 한 경우 변경된 지시의 기준과 사유를 포함한다) 제공을 요구하는 경우 그 내용이 다른 전기사업자 및 수요관리사업자의 영업비밀(「부정경쟁방지 및 영업비밀보호에 관한 법률」 제2조제2호에 따른 영업비밀을 말한다)을 침해하는 등의 특별한 사유가 없으면 이에 따라야 한다.
(2022.10.18 본항개정)
(2015.5.18 본조개정)
제42조【임직원의 비밀누설 금지 등】 ① 한국전력거래소의 임직원은 그 직무와 관련하여 알게 된 비밀을 누설 또는 도용하거나 다른 사람으로 하여금 이용하게 하여서는 아니 된다.
② 제1항은 제36조제2항에 따라 한국전력거래소의 업무를 위탁받은 기관 또는 단체의 임직원에 관하여 준용한다.
(2009.5.21 본조개정)
제43조【전력시장운영규칙】 ① 한국전력거래소는 전력시장 및 전력계통의 운영에 관한 규칙(이하 "전력시장운영규칙"이라 한다)을 정하여야 한다.
② 한국전력거래소는 전력시장운영규칙을 제정·변경 또는 폐지하려는 경우에는 산업통상자원부장관의 승인을 받아야 한다.(2013.3.23 본항개정)
③ 산업통상자원부장관은 제2항에 따른 승인을 하려면 전기위원회의 심의를 거쳐야 한다.(2013.3.23 본항개정)
④ 전력시장운영규칙에는 다음 각 호의 사항이 포함되어야 한다.
1. 전력거래방법에 관한 사항
2. 전력거래의 정산·결제에 관한 사항
3. 전력거래의 정보공개에 관한 사항
4. 전력계통의 운영 절차와 방법에 관한 사항
5. 전력량계의 설치 및 계량 등에 관한 사항
6. 전력거래에 관한 분쟁조정에 관한 사항
7. 그 밖에 전력시장의 운영에 필요하다고 인정되는 사항
(2009.5.21 본조개정)
제43조의2【중개시장운영규칙】 ① 한국전력거래소는 소규모전력중개시장의 운영에 관한 규칙(이하 "중개시장운영규칙"이라 한다)을 정하여야 한다.
② 한국전력거래소는 중개시장운영규칙을 제정·변경 또는 폐지하려는 경우에는 산업통상자원부장관의 승인을 받아야 한다.
③ 산업통상자원부장관은 제2항에 따른 승인을 하려면 전기위원회의 심의를 거쳐야 한다.
④ 중개시장운영규칙에는 다음 각 호의 사항이 포함되어야 한다.
1. 소규모전력자원의 모집에 관한 사항
2. 소규모전력자원에서 생산 또는 저장된 전력의 거래에 따른 정산·결제에 관한 사항
3. 소규모전력자원 모집·관리의 정보공개에 관한 사항
4. 소규모전력자원 모집·관리 등의 분쟁조정에 관한 사항
5. 그 밖에 소규모전력중개시장의 운영에 필요하다고 인정되는 사항
(2018.6.12 본조신설)
제44조【전력시장에의 참여자격】 한국전력거래소의 회원이 아닌 자는 전력시장에서 전력거래를 하지 못한다.
제45조【전력계통의 운영방법】 ① 한국전력거래소는 전기사업자 및 수요관리사업자에게 전력계통의 운영을 위하여 필요한 지시를 할 수 있다. 이 경우 발전사업자 및 수요관리사업자에 대한 지시는 전력시장에서 결정된 우선순위에 따라 하여야 한다.(2014.5.20 본항개정)
② 한국전력거래소는 제1항 후단에도 불구하고 전력계통의 운영을 위하여 필요하다고 인정하면 우선순위와 다르게 지시를 할 수 있다. 이 경우 변경된 지시는 객관적으로 공정한 기준에 따라 결정되어야 한다.(2014.5.20 전단개정)
③ 산업통상자원부장관은 송전사업자 또는 배전사업자에 대하여 산업통상자원부령으로 정하는 바에 따라 전력

계통의 운영에 관한 업무 중 일부를 수행하게 할 수 있다. 이 경우 업무의 범위 등에 관하여 필요한 사항은 산업통상자원부장관이 정하여 고시한다.(2013.3.23 본항개정)

제46조【긴급사태에 대한 처분】 ① 산업통상자원부장관은 천재지변, 전시·사변, 경제사정의 급격한 변동, 그 밖에 이에 준하는 사태가 발생하여 전력시장에서 전력거래가 정상적으로 이루어질 수 없다고 인정하는 경우에는 전력시장에서의 전력거래의 정지·제한이나 그 밖에 필요한 조치를 할 수 있다.

② 산업통상자원부장관은 제1항에 따른 조치를 한 후 그 사유가 없어졌다고 인정되는 경우에는 지체 없이 해제하여야 한다.

(2013.3.23 본조개정)

제5장 전력산업의 기반조성

제47조【전력산업기반조성계획의 수립·시행】 ① 산업통상자원부장관은 전력산업의 지속적인 발전과 전력수급의 안정을 위하여 전력산업의 기반조성을 위한 계획(이하 "전력산업기반조성계획"이라 한다)을 수립·시행하여야 한다.(2013.3.23 본항개정)

② 전력산업기반조성계획에는 다음 각 호의 사항이 포함되어야 한다.

1. 전력산업발전의 기본방향에 관한 사항
2. 제49조 각 호에 규정된 사업에 관한 사항
3. 전력산업전문인력의 양성에 관한 사항
4. 전력 분야의 연구기관 및 단체의 육성·지원에 관한 사항
5. 「석탄산업법」 제3조에 따른 석탄산업장기계획상 발전용 공급량의 사용에 관한 사항
6. 그 밖에 전력산업의 기반조성을 위하여 필요한 사항

③ 전력산업기반조성계획의 수립·시행에 필요한 사항은 대통령령으로 정한다.

(2009.5.21 본조개정)

제47조의2【전력정책심의회의 설치 등】 ① 전력수급 및 전력산업기반조성에 관한 중요 사항을 심의하기 위하여 산업통상자원부에 전력정책심의회를 둔다.(2013.3.23 본항개정)

② 전력정책심의회는 다음 각 호의 사항을 심의한다.

1. 기본계획
2. 전력산업기반조성계획
3. 전력산업기반조성계획의 시행계획
4. 그 밖에 전력산업의 발전에 중요한 사항으로서 산업통상자원부장관이 심의에 부치는 사항(2013.3.23 본호개정)

③ 전력정책심의회는 위원장 1명을 포함한 30명 이내의 위원으로 구성한다.(2016.1.27 본항신설)

④ 전력정책심의회의 구성 및 운영에 필요한 사항은 대통령령으로 정한다.

(2008.3.28 본조신설)

제48조【기금의 설치】 정부는 전력산업의 지속적인 발전과 전력산업의 기반조성에 필요한 재원을 확보하기 위하여 전력산업기반기금(이하 "기금"이라 한다)을 설치한다.

제49조【기금의 사용】 기금은 다음 각 호의 사업을 위하여 사용한다.

1. 「신에너지 및 재생에너지 개발·이용·보급 촉진법」에 따른 신·재생에너지 발전사업자에 대한 지원사업 및 신·재생에너지를 이용하여 생산한 전기의 전력계통 연계조건을 개선하기 위한 사업(2015.5.18 본호개정)
2. 전력수요 관리사업
3. 전원개발의 촉진사업
4. 도서·벽지의 주민 등에 대한 전력공급 지원사업
5. 전력산업 관련 연구개발사업
6. 전력산업과 관련된 국내의 석탄산업, 액화천연가스산업 및 집단에너지사업에 대한 지원사업
7. 「전기안전관리법」에 따른 전기안전·전기재해 예방 및 대응 관련 조사·연구·홍보에 관한 지원사업 (2021.10.19 본호개정)
8. 「전기안전관리법」 제12조에 따른 일반용전기설비의 점검사업(2020.3.31 본호개정)

8의2. 「전기안전관리법」 제14조에 따른 공동주택 등의 안전점검사업

8의3. 「전기안전관리법」 제15조에 따른 응급조치 사업 (2020.3.31 8호의2~8호의3신설)

9. 「발전소주변지역 지원에 관한 법률」에 따른 주변지역에 대한 지원사업

9의2. 「송·변전설비 주변지역의 보상 및 지원에 관한 법률」 제10조제2항에 따른 송·변전설비 주변지역 지원사업(2014.1.28 본호신설)

10. 「지능형전력망의 구축 및 이용촉진에 관한 법률」에 따른 지능형전력망의 구축 및 이용촉진에 관한 사업 (2013.7.30 본호신설)

10의2. (2020.3.31 삭제)

11. 제72조의2에 따른 가공전선로의 지중이설 사업 (2021.6.15 본호신설)
<2025.12.31까지 유효>

12. 그 밖에 대통령령으로 정하는 전력산업과 관련한 중요 사업

(2009.5.21 본조개정)

제50조【기금의 조성】 ① 기금은 다음 각 호의 재원으로 조성한다.

1. 제51조에 따른 부담금 및 가산금
2. 「신에너지 및 재생에너지 개발·이용·보급 촉진법」 제12조의6제1항에 따른 과징금(2010.4.12 본호신설)
3. 기금을 운용하여 생긴 수익금
4. 대통령령으로 정하는 수입금

② 산업통상자원부장관은 제1항에 따라 조성된 재원 외에 기금의 부담으로 에너지 및 자원사업 특별회계 또는 다른 기금 등으로부터 자금을 차입할 수 있다.(2014.1.1 본항개정)

③ 산업통상자원부장관은 제2항에 따라 자금을 차입하는 경우에는 미리 기획재정부장관과 협의하여야 한다. (2013.3.23 본항개정)

(2009.5.21 본조개정)

제51조【부담금】 ① 산업통상자원부장관은 제49조 각 호의 사업을 수행하기 위하여 전기사용자에 대하여 전기요금(제32조 단서에 따라 전력을 직접 구매하는 전기사용자의 경우에는 구매가격에 제15조에 따른 송전용 또는 배전용 전기설비의 이용요금을 포함한 금액을 말한다)의 1천분의 65 이내에서 대통령령으로 정하는 바에 따라 부담금을 부과·징수할 수 있다.(2013.3.23 본항개정)

② 산업통상자원부장관은 다음 각 호의 어느 하나에 해당하는 전기를 사용하는 자에게는 제1항에도 불구하고 부담금을 부과·징수하지 아니할 수 있다.(2013.3.23 본문개정)

1. 자가발전설비(「신에너지 및 재생에너지 개발·이용·보급 촉진법」에 따른 자가발전설비를 포함한다)에 의하여 생산된 전기
2. 전력시장에 판매할 전기를 생산할 목적으로 사용되는 양수발전사업용 전기
3. 구역전기사업자(이 법에 따라 구역전기사업자로 보는 집단에너지사업자를 포함한다)가 특정한 공급구역에서 공급하는 전기

③ 산업통상자원부장관은 제1항에 따른 부담금의 징수대상자가 납부기한까지 부담금을 내지 아니한 경우에는 그 납부기한 다음 날부터 납부한 날의 전날까지의 기간에 대하여 100분의 5를 초과하지 아니하는 범위에서 대통령령으로 정하는 가산금을 징수한다.(2013.3.23 본항개정)

④ 산업통상자원부장관은 제1항에 따른 부담금의 징수대상자가 납부기한까지 부담금을 내지 아니하면 기간을 정하여 독촉하고, 그 지정된 기간에 부담금 및 제3항에 따른 가산금을 내지 아니하면 국세 체납처분의 예에 따라 징수할 수 있다.(2013.3.23 본항개정)

⑤ 산업통상자원부장관은 제1항과 제3항에 따라 징수한 부담금 및 가산금을 기금에 내야 한다.(2013.3.23 본항개정)

⑥ 산업통상자원부장관은 제1항에 따른 부담금이 축소되도록 노력하고, 이에 필요한 조치를 마련하여야 한다. (2013.3.23 본항개정)

⑦ 부담금의 징수 등에 필요한 사항은 대통령령으로 정한다.

(2009.5.21 본조개정)

제52조【기금의 운용·관리】 ① 기금은 산업통상자원부장관이 운용·관리한다.(2013.3.23 본항개정)

② 산업통상자원부장관은 기금의 운용·관리에 관한 업무의 일부를 대통령령으로 정하는 법인 또는 단체에 위탁할 수 있다.(2013.3.23 본항개정)

③ 기금의 운용·관리에 필요한 사항은 대통령령으로 정한다.

(2009.5.21 본조개정)

제6장 전기위원회

제53조【전기위원회의 설치 및 구성】 ① 전기사업등의 공정한 경쟁환경 조성 및 전기사용자의 권익 보호에 관한 사항의 심의와 전기사업등과 관련된 분쟁의 재정(裁定)을 위하여 산업통상자원부에 전기위원회를 둔다. (2018.6.12 본항개정)

② 전기위원회는 위원장 1명을 포함한 9명 이내의 위원으로 구성하되, 위원 중 대통령령으로 정하는 수의 위원은 상임으로 한다.

③ 전기위원회의 위원장을 포함한 위원은 산업통상자원부장관의 제청으로 대통령이 임명 또는 위촉한다. (2013.3.23 본항개정)

④ 전기위원회의 사무를 처리하기 위하여 전기위원회에 사무기구를 둔다.

(2009.5.21 본조개정)

제54조【위원의 자격 등】 ① 전기위원회 위원은 다음 각 호의 어느 하나에 해당하는 사람으로 한다.

1. 3급 이상의 공무원으로 있거나 있었던 사람
2. 판사·검사 또는 변호사로서 10년 이상 있거나 있었던 사람
3. 대학에서 법률학·경제학·경영학·전기공학이나 그 밖의 전기 관련 학과를 전공한 사람으로서 「고등교육법」에 따른 학교나 공인된 연구기관에서 부교수 이상으로 있거나 있었던 사람 또는 이에 상당하는 자리에 10년 이상 있거나 있었던 사람
4. 전기 관련 기업의 대표자나 상임임원으로 5년 이상 있었거나 전기 관련 기업에서 15년 이상 종사한 경력이 있는 사람
5. 전기 관련 단체 또는 소비자보호 관련 단체에서 10년 이상 종사한 경력이 있는 사람

② 제1항제2호 및 제3호의 재직기간은 합산한다.

③ 공무원이 아닌 위원의 임기는 3년으로 하되, 연임할 수 있다.

(2009.5.21 본조개정)

제55조【위원의 신분보장】 전기위원회의 위원은 다음 각 호의 어느 하나에 해당하는 경우를 제외하고는 그 의사에 반하여 해임 또는 해촉되지 아니한다.

1. 금고 이상의 형을 선고받은 경우
2. 심신쇠약으로 장기간 직무를 수행할 수 없게 된 경우

(2009.5.21 본조개정)

제56조【전기위원회의 기능】 ① 전기위원회는 다음 각 호의 사항을 심의하고 제57조에 따른 재정을 한다.

1. 제7조에 따른 전기사업의 허가 또는 변경허가에 관한 사항
2. 제10조에 따른 전기사업의 양수 또는 법인의 분할·합병에 대한 인가에 관한 사항
3. 제12조에 따른 전기사업의 허가취소, 사업정지, 사업구역의 감소 및 과징금의 부과에 관한 사항
4. 제15조에 따른 송전용 또는 배전용 전기설비의 이용요금과 그 밖의 이용조건의 인가에 관한 사항
5. 제16조 및 제16조의3에 따른 전기판매사업자의 기본공급약관 및 보완공급약관의 인가에 관한 사항(2018.6.12 본호개정)
6. 제24조의2에 따라 준용되는 제16조에 따른 구역전기사업자의 기본공급약관의 인가에 관한 사항
7. 제18조제3항에 따른 전기설비의 수리 또는 개조, 전기설비의 운용방법의 개선, 그 밖에 필요한 조치에 관한 사항
8. 제23조제1항에 따른 금지행위에 대한 조치에 관한 사항
9. 제24조제1항에 따른 금지행위에 대한 과징금의 부과·징수에 관한 사항

9의2. 제33조제2항에 따른 전력거래가격의 상한에 관한 사항(2014.5.20 본호신설)

9의3. 제34조제3항에 따른 차액계약의 인가에 관한 사항 (2014.5.20 본호신설)

10. 전력시장운영규칙 및 중개시장운영규칙의 승인에 관한 사항(2018.6.12 본호개정)
11. 전력계통 신뢰도 관리업무에 대한 연간계획 및 실적, 관계 규정의 제정·개정 및 폐지 등에 관한 사항 (2013.7.30 본호신설)

11의2. 제27조의2제5항에 따른 산업통상자원부장관의 조치명령에 관한 사항(2015.5.18 본호신설)

12. 전기사용자의 보호에 관한 사항
13. 전력산업의 경쟁체제 도입 등 전력산업의 구조개편에 관한 사항
14. 다른 법령에서 전기위원회의 심의사항으로 규정한 사항
15. 산업통상자원부장관이 심의를 요청한 사항(2013.3.23 본호개정)

② 전기위원회는 산업통상자원부장관에게 전력시장의 관리·운영 등에 필요한 사항에 관한 건의를 할 수 있다. (2013.3.23 본항개정)

(2009.5.21 본조개정)

제57조【전기위원회의 재정】 ① 전기사업자등 또는 전기사용자 등은 전기사업등과 관련한 다음 각 호의 어느 하나의 사항에 관하여 당사자 간에 협의가 이루어지지 아니하거나 협의를 할 수 없는 경우에는 전기위원회에 재정을 신청할 수 있다.(2018.6.12 본문개정)

1. 제15조에 따른 송전용 또는 배전용 전기설비 이용요금과 그 밖의 이용조건에 관한 사항
2. 공급약관에 관한 사항
3. 제29조에 따른 수급조절 명령에 따른 금액의 지급 또는 수령 등에 관한 당사자 간의 협의에 관한 사항
4. 제72조에 따른 비용의 부담에 관한 사항
5. 제90조에 따른 손실보상에 관한 사항
6. 제90조의2에 따른 손실보상에 관한 사항(2011.3.30 본호신설)
7. 그 밖에 전기사업등과 관련한 분쟁이나 다른 법률에서 전기위원회의 재정사항으로 규정한 사항(2018.6.12 본호개정)

② 전기위원회는 제1항에 따른 재정신청을 받은 경우에는 그 사실을 다른 당사자에게 통지하고 기간을 정하여 의견을 진술할 기회를 주어야 한다. 다만, 당사자가 정당한 사유 없이 이에 응하지 아니하는 경우에는 그러하지 아니하다.

③ 전기위원회는 제1항에 따른 재정신청에 대하여 재정을 한 경우에는 지체 없이 재정서의 정본을 당사자에게 송달하여야 한다.

④ 전기위원회가 재정을 한 경우 그 재정의 내용에 대하여 재정서의 정본(正本)이 당사자에게 송달된 날부터 60일 이내에 다른 당사자를 피고로 하는 소송이 제기되지 아니하거나 그 소송이 취하(取下)된 경우에는 당사자 간에 그 재정의 내용과 동일한 합의가 성립된 것으로 본다. (2011.3.30 본항개정)

⑤ 제1항부터 제4항까지에서 규정한 사항 외에 재정에 관하여 필요한 사항은 대통령령으로 정한다.(2011.3.30 본항신설)

(2009.5.21 본조개정)

제58조【의결정족수】 전기위원회의 의사는 재적위원 과반수의 찬성으로 의결한다.

제59조【전문위원회】 ① 전기위원회는 그 업무를 효율적으로 수행하기 위하여 분야별로 전문위원회를 둘 수 있다.
② 제1항에 따른 전문위원회의 조직·기능·운영에 필요한 사항은 산업통상자원부령으로 정한다.(2013.3.23 본항개정)
(2009.5.21 본조개정)

제60조【조직 및 운영】 이 법에 규정된 것 외에 전기위원회의 조직 및 운영 등에 필요한 사항은 대통령령으로 정한다.(2009.5.21 본조개정)

제7장 전기설비의 안전관리

제61조【전기사업용전기설비의 공사계획의 인가 또는 신고】 ① 전기사업자는 전기사업용전기설비의 설치공사 또는 변경공사로서 산업통상자원부령으로 정하는 공사를 하려는 경우에는 그 공사계획에 대하여 산업통상자원부장관의 인가를 받아야 한다. 인가받은 사항을 변경하려는 경우에도 또한 같다.
② 제1항 후단에도 불구하고 인가를 받은 사항 중 산업통상자원부령으로 정하는 경미한 사항을 변경하려는 경우에는 산업통상자원부장관에게 신고하여야 한다.
③ 전기사업자는 제1항에 따라 인가를 받아야 하는 공사 외의 전기사업용전기설비의 설치공사 또는 변경공사로서 산업통상자원부령으로 정하는 공사를 하려는 경우에는 대통령령으로 정하는 바에 따라 공사를 시작하기 전에 허가권자에게 신고하여야 한다. 신고한 사항을 변경하려는 경우에도 또한 같다.(2020.2.18 전단개정)
④ 제2항에 따른 신고를 받은 산업통상자원부장관 또는 제3항에 따른 신고·변경신고를 받은 허가권자는 그 내용을 검토하여 이 법에 적합하면 신고를 수리하여야 한다.(2022.10.18 본항신설)
⑤ 전기사업자는 전기설비가 사고·재해 또는 그 밖의 사유로 멸실·파손되거나 전시·사변 등 비상사태가 발생하여 부득이하게 공사를 하여야 하는 경우에는 제1항부터 제3항까지의 규정에도 불구하고 산업통상자원부령으로 정하는 바에 따라 공사를 시작한 후 지체 없이 그 사실을 허가권자에게 신고하여야 한다.(2020.2.18 본항개정)
⑥ 제1항에 따른 인가 및 제2항부터 제5항까지의 규정에 따른 신고에 필요한 사항은 산업통상자원부령으로 정한다.(2022.10.18 본항개정)
(2013.3.23 본조개정)

제62조 (2020.3.31 삭제)

제63조【사용전검사】 제61조에 따라 전기설비의 설치공사 또는 변경공사를 한 자는 산업통상자원부령으로 정하는 바에 따라 허가권자가 실시하는 검사에 합격한 후에 이를 사용하여야 한다.(2020.3.31 본조개정)

제64조【전기설비의 임시사용】 ① 허가권자는 제63조에 따른 검사에 불합격한 경우에도 안전상 지장이 없고 전기설비의 임시사용이 필요하다고 인정되는 경우에는 사용 기간 및 방법을 정하여 그 설비를 임시로 사용하게 할 수 있다. 이 경우 허가권자는 그 사용 기간 및 방법을 정하여 통지를 하여야 한다.(2020.2.18 본항개정)
② 비상용 예비발전기가 완공되지 아니할 경우 등 제1항에 따른 전기설비 임시사용의 허용기준, 1년의 범위에서의 사용기간, 전기설비의 임시사용방법, 그 밖에 필요한 사항은 산업통상자원부령으로 정한다.
(2013.3.23 본조개정)

제65조 (2020.3.31 삭제)

제65조의2【송·배전사업자의 자체 검사】 송전사업자 및 배전사업자는 산업통상자원부령으로 정하는 바에 따라 송전사업자·배전사업자의 전기설비에 대하여 자체적으로 검사를 하여야 하고 산업통상자원부장관에게 검사 결과를 보고하여야 한다.(2020.3.31 본조신설)

제66조~제66조의3 (2020.3.31 삭제)

제67조【기술기준】 ① 산업통상자원부장관은 원활한 전기공급 및 전기설비의 안전관리를 위하여 필요한 기술기준(이하 "기술기준"이라 한다)을 정하여 고시하여야 한다. 이를 변경하는 경우에도 또한 같다.(2020.3.31 전단개정)
② 기술기준은 전자파가 인체에 미치는 영향을 고려한 전자파 인체보호기준을 포함하여야 한다.(2016.1.27 본항신설)
③ 산업통상자원부장관은 제1항에 따라 기술기준을 변경하는 경우 기존의 전기설비에 대하여는 변경 전의 기술기준을 적용한다. 다만, 공공의 안전 확보를 위하여 변경된 기술기준을 적용할 수 있다.(2020.3.31 본항신설)

제68조【전기설비의 유지】 전기사업자는 전기설비를 기술기준에 적합하도록 유지하여야 한다.(2020.3.31 본조개정)

제69조【물밑선로의 보호】 ① 전기사업자는 물밑에 설치한 전선로(이하 "물밑선로"라 한다)를 보호하기 위하여 필요한 경우에는 물밑선로보호구역의 지정을 산업통상자원부장관에게 신청할 수 있다.
② 산업통상자원부장관은 제1항에 따른 신청이 있는 경우에는 물밑선로보호구역을 지정할 수 있다. 이 경우 「양식산업발전법」에 따른 양식업 면허를 받은 지역을 물밑선로보호구역으로 지정하려는 경우에는 그 양식업 면허를 받은 자의 동의를 받아야 한다.(2019.8.27 후단개정)
③ 산업통상자원부장관은 물밑선로보호구역을 지정하였을 때에는 이를 고시하여야 한다.
④ 산업통상자원부장관은 물밑선로보호구역을 지정하려는 경우에는 미리 해양수산부장관과 협의하여야 한다.
(2013.3.23 본조개정)

제70조【물밑선로보호구역의 선로 손상행위 금지】 누구든지 제69조에 따른 물밑선로보호구역에서는 다음 각 호의 행위를 하여서는 아니 된다. 다만, 산업통상자원부장관의 승인을 받은 경우에는 그러하지 아니하다.
(2013.3.23 단서개정)
1. 물밑선로를 손상시키는 행위
2. 선박의 닻을 내리는 행위
3. 물밑에서 광물·수산물을 채취하는 행위
4. 그 밖에 물밑선로를 손상하게 할 우려가 있는 행위로서 대통령령으로 정하는 행위

(2009.5.21 본조개정)

제71조【기술기준에의 적합명령】 허가권자는 제63조에 따른 검사의 결과 전기설비 또는 제20조제4항에 따라 설치한 전기통신선로설비가 기술기준에 적합하지 아니하다고 인정되는 경우에는 해당 전기사업자 및 전기통신선로를 설치한 자에게 그 전기설비 또는 전기통신선로설비의 수리·개조·이전 또는 사용정지나 사용제한을 명할 수 있다.(2020.3.31 본조개정)

제72조【설비의 이설 등】 ① 전기사업용전기설비 또는 자가용전기설비와 다른 자의 전기설비나 그 밖의 물건 또는 다른 사업간에 상호 장애가 발생하거나 발생할 우려가 있는 경우에는 후에 그 원인을 제공한 자가 그 장애를 제거하기 위하여 필요한 조치를 하거나 그 조치에 드는 비용을 부담하여야 한다.(2011.3.30 본항개정)
② 전기사업용전기설비가 다른 자가 설치하거나 설치하려는 지상물 또는 그 밖의 물건으로 인하여 기술기준에 적합하지 아니하게 되거나 아니하게 될 우려가 있는 경우 그 지상물 또는 그 밖의 물건을 설치하거나 설치하려는 자는 그 전기사업용전기설비가 기술기준에 적합하도록 하기 위하여 필요한 조치를 하거나 전기사업자로 하여금 필요한 조치를 할 것을 요구할 수 있다.(2011.3.30 본항개정)
③ 전기사업자는 제2항에 따른 요구를 받은 경우 그 조치를 위한 이설부지(移設敷地) 확보가 불가능하거나 기술기준에 적합하도록 할 수 없는 등 업무를 수행함에 있어서나 기술적으로 곤란한 경우로서 대통령령으로 정하는 경우를 제외하고는 필요한 조치를 하여야 한다.
④ 제2항과 제3항에 따른 조치에 필요한 비용은 지상물 또는 그 밖의 물건을 설치하거나 설치하려는 자가 부담하여야 한다. 다만, 제89조에 따라 다른 자의 토지의 지상 또는 지하 공간에 전선로를 설치한 후 그 토지의 소유자 또는 점유자가 그 토지에 지상물 또는 그 밖의 물건을 설치하거나 설치하려는 경우에는 그 전선로의 이설계획 및 경과연도 등 대통령령으로 정하는 기준에 따라 이설 비용을 감면할 수 있다.(2011.3.30 본항개정)
⑤ 제1항 및 제4항에 따른 조치의 범위 및 방법, 비용의 부담기준, 그 밖에 필요한 사항은 대통령령으로 정한다.
(2011.3.30 본항신설)
(2009.5.21 본조개정)

제72조의2【가공전선로의 지중이설】 ① 시장·군수·구청장 또는 토지소유자는 전주와 그 전주에 가공으로 설치된 전선로(제20조에 따라 전주에 설치된 전기통신선로설비를 포함한다)의 지중이설(이하 "지중이설"이라 한다)이 필요하다고 판단하는 경우 전기사업자에게 이를 요청할 수 있다.
② 제1항에 따른 지중이설에 필요한 비용은 그 요청을 한 자가 부담한다. 다만, 시장·군수·구청장이 공익적인 목적을 위하여 지중이설을 요청하는 경우 전선로를 설치한 자는 산업통상자원부장관이 정하는 기준과 절차에 따라 그 비용의 일부를 부담할 수 있다.(2013.3.23 단서개정)
③ 제2항에도 불구하고 국민안전과 관련하여 필요한 경우에는 산업통상자원부장관이 정하는 기준과 절차에 따라 지방자치단체가 부담하는 비용의 일부를 국가가 부담할 수 있다.(2021.6.15 본항신설)
<2025.12.31까지 유효>
④ 산업통상자원부장관은 제2항 및 제3항에 따른 비용부담의 기준과 절차, 그 밖에 지중이설의 원활한 추진에 필요한 구체적인 사항을 정하여 고시할 수 있다.(2021.6.15 본항개정)
(2011.3.30 본조신설)

제73조~제73조의8 (2020.3.31 삭제)

제8장 한국전기안전공사

제74조~제81조 (2020.3.31 삭제)

제9장 방사성폐기물의 관리

제82조~제86조 (2008.3.28 삭제)

제10장 토지 등의 사용
(2009.5.21 본장개정)

제87조【다른 자의 토지 등의 사용】 ① 전기사업자는 전기사업용전기설비의 설치나 이를 위한 실지조사·측량 및 시공 또는 전기사업용전기설비의 유지·보수를 위하여 필요한 경우에는 「공익사업을 위한 토지 등의 취득 및 보상에 관한 법률」에서 정하는 바에 따라 다른 자의 토지 또는 이에 정착된 건물이나 그 밖의 공작물(이하 "토지등"이라 한다)을 사용하거나 다른 자의 식물 또는 그 밖의 장애물을 변경 또는 제거할 수 있다.
② 전기사업자는 다음 각 호의 어느 하나에 해당하는 경우에는 다른 자의 토지등을 일시사용하거나 다른 자의 식물을 변경 또는 제거할 수 있다. 다만, 다른 자의 토지등이 주거용으로 사용되고 있는 경우에는 그 사용 일시 및 기간에 관하여 미리 거주자와 협의하여야 한다.
1. 천재지변, 전시·사변, 그 밖의 긴급한 사태로 전기사업용전기설비 등이 파손되거나 파손될 우려가 있는 경우 15일 이내에서의 다른 자의 토지등의 일시사용
2. 전기사업용 전선로에 장애가 되는 식물을 방치하여 그 전선로를 현저하게 파손하거나 화재 또는 그 밖의 재해를 일으키게 할 우려가 있다고 인정되는 경우 그 식물의 변경 또는 제거

③ 전기사업자는 제2항에 따라 다른 자의 토지등을 일시사용하거나 식물의 변경 또는 제거를 한 경우에는 즉시 그 점유자나 소유자에게 그 사실을 통지하여야 한다.
④ 토지등의 점유자 또는 소유자는 정당한 사유 없이 제2항에 따른 전기사업자의 토지등의 일시사용 및 식물의 변경·제거 행위를 거부·방해 또는 기피하여서는 아니 된다.(2016.1.27 본항신설)

제88조【다른 자의 토지등에의 출입】 ① 전기사업자는 전기설비의 설치·유지 및 안전관리를 위하여 필요한 경우에는 다른 자의 토지등에 출입할 수 있다. 이 경우 전기사업자는 출입방법 및 출입기간 등에 대하여 미리 토지등의 소유자 또는 점유자와 협의하여야 한다.(2011.3.30 후단개정)
② 전기사업자는 제1항에 따른 협의가 성립되지 아니하거나 협의를 할 수 없는 경우에는 시장·군수 또는 구청장의 허가를 받아 토지등에 출입할 수 있다.
③ 시장·군수 또는 구청장은 제2항에 따른 허가신청이 있는 경우에는 그 사실을 토지등의 소유자 또는 점유자에게 알리고 의견을 진술할 기회를 주어야 한다.
④ 전기사업자는 제2항에 따라 다른 자의 토지등에 출입하려면 미리 토지등의 소유자 또는 점유자에게 그 사실을 알려야 한다.
⑤ 제2항에 따라 다른 자의 토지등에 출입하는 자는 그 권한을 표시하는 증표를 지니고 이를 관계인에게 내보여야 한다.

제89조【다른 자의 토지의 지상 등의 사용】 ① 전기사업자는 그 사업을 수행하기 위하여 필요한 경우에는 현재의 사용방법을 방해하지 아니하는 범위에서 다른 자의 토지의 지상 또는 지하 공간에 전선로를 설치할 수 있다. 이 경우 전기사업자는 전선로의 설치방법 및 존속기간 등에 대하여 미리 그 토지의 소유자 또는 점유자와 협의하여야 한다.(2011.3.30 본항개정)
② 제1항의 경우에는 제88조제2항부터 제5항까지의 규정을 준용한다.
(2011.3.30 본조제목개정)

제89조의2【구분지상권의 설정등기 등】 ① 전기사업자는 다른 자의 토지의 지상 또는 지하 공간의 사용에 관하여 구분지상권의 설정 또는 이전을 전제로 그 토지의 소유자 및 「공익사업을 위한 토지 등의 취득 및 보상에 관한 법률」 제2조제5호에 따른 관계인과 협의하여 그 협의가 성립된 경우에는 구분지상권을 설정 또는 이전한다.
② 전기사업자는 「공익사업을 위한 토지 등의 취득 및 보상에 관한 법률」에 따라 토지의 지상 또는 지하 공간의 사용에 관한 구분지상권의 설정 또는 이전을 내용으로 하는 수용·사용의 재결을 받은 경우에는 「부동산등기법」 제99조를 준용하여 단독으로 해당 구분지상권의 설정 또는 이전 등기를 신청할 수 있다.(2011.4.12 본항개정)
③ 토지의 지상 또는 지하 공간의 사용에 관한 구분지상권의 등기절차에 관하여 필요한 사항은 대법원규칙으로 정한다.
④ 제1항 및 제2항에 따른 구분지상권의 존속기간은 「민법」 제280조 및 제281조에도 불구하고 송전선로가 존속하는 때까지로 한다.(2019.4.23 본항개정)
(2011.3.30 본조개정)

제90조【토지의 일시사용 등에 대한 손실보상】 전기사업자는 제87조제2항에 따른 다른 자의 토지등의 일시사용, 다른 자의 식물의 변경 또는 제거나 제88조제1항에 따른 다른 자의 토지등에의 출입으로 인하여 손실이 발생한 때에는 손실을 입은 자에게 정당한 보상을 하여야 한다.(2011.3.30 본조개정)

제90조의2【토지의 지상 등의 사용에 대한 손실보상】
① 전기사업자는 제89조제1항에 따른 다른 자의 토지의 지상 또는 지하 공간에 송전선로를 설치함으로 인하여 손실이 발생한 때에는 손실을 입은 자에게 정당한 보상을 하여야 한다.
② 제1항에 따른 보상금액의 산정기준이 되는 토지 면적은 다음 각 호의 구분에 따른다.
1. 지상 공간의 사용 : 송전선로의 양측 가장 바깥선으로부터 수평으로 3미터를 더한 범위에서 수직으로 대응하는 토지의 면적. 이 경우 건축물 등의 보호가 필요한 경우에는 기술기준에 따른 전선과 건축물 간의 전압별 이격거리까지 확장할 수 있다.

2. 지하 공간의 사용 : 송전선로 시설물의 설치 또는 보호를 위하여 사용되는 토지의 지하 부분에서 수직으로 대응하는 토지의 면적
③ 제1항 및 제2항에 따른 손실보상의 구체적인 산정기준 및 방법에 관한 사항은 대통령령으로 정한다.
(2011.3.30 본조신설)
제91조【원상회복】 전기사업자는 제87조제2항제1호에 따른 토지등의 일시사용이 끝난 경우에는 토지등을 원상으로 회복하거나 이에 필요한 비용을 토지등의 소유자 또는 점유자에게 지급하여야 한다.
제92조【공공용 토지의 사용】 ① 전기사업자는 국가·지방자치단체나 그 밖의 공공기관이 관리하는 공공용 토지에 전기사업용 전선로를 설치할 필요가 있는 경우에는 그 토지 관리자의 허가를 받아 토지를 사용할 수 있다.
② 제1항의 경우에 토지 관리자가 정당한 사유 없이 허가를 거절하거나 허가조건이 적절하지 아니한 경우에는 전기사업자의 신청을 받아 그 토지를 관할하는 주무부장관이 사용을 허가하거나 허가조건을 변경할 수 있다.
③ 주무부장관은 제2항에 따라 사용을 허가하거나 허가조건을 변경하려는 경우에는 미리 산업통상자원부장관과 협의하여야 한다.(2013.3.23 본항개정)

제11장 보 칙

(2009.5.21 본장개정)

제92조의2【집단에너지사업자의 전기공급에 대한 특례】 ①「집단에너지사업법」 제9조에 따라 사업허가를 받은 집단에너지사업자 중 50만킬로와트 이하의 범위에서 대통령령으로 정하는 발전설비용량을 갖춘 자는 제31조제1항에도 불구하고「집단에너지사업법」 제9조에 따라 허가받은 공급구역에서 전기를 공급할 수 있다.
(2022.10.18 본항개정)
② 제1항의 집단에너지사업자는 이 법을 적용할 때에는 구역전기사업자로 본다.
제93조【회계의 구분】 ① 대통령령으로 정하는 전기사업자는 재무상태표, 손익계산서 등 회계서류작성에 대하여 산업통상자원부령으로 정하는 바에 따라 그 회계를 처리하여야 한다.(2015.5.18 본항개정)
② 제1항에 따른 전기사업자가 전기사업 외의 사업을 하는 경우에는 전기사업에 관한 회계와 전기사업 외의 사업에 관한 회계를 구분하여 처리하여야 한다.
제94조【상각 등】 산업통상자원부장관은 전기사업의 적절한 수행을 도모하기 위하여 특히 필요하다고 인정되는 경우에는「법인세법」 또는「조세특례제한법」에서 허용하는 범위에서 전기사업자에게 전기사업용 고정자산을 상각(償却)하거나 그 종류·방법 또는 금액을 정하여 적립금 또는 충당금을 설정할 것을 명할 수 있다.
(2013.3.23 본조개정)
제95조 (2008.3.28 삭제)
제96조【외국인투자기업에 대한 제한】 산업통상자원부장관은「외국인투자 촉진법」에 따른 외국인투자기업에 대하여는 다음 각 호의 어느 하나의 허가·승인 또는 지정을 하여서는 아니 된다.(2013.3.23 본문개정)
1. 제7조제1항에 따른 발전사업(원자력발전소를 운영하는 경우만 해당한다)의 허가
2. 제28조에 따른 원자력발전연료의 제조·공급계획의 승인
제96조의2~제96조의4 (2020.3.31 삭제)
제96조의5【충전요금의 표시】 ① 전기자동차충전사업자는 대통령령으로 정하는 바에 따라 충전요금을 표시하여야 한다.
② 산업통상자원부장관은 거래의 투명성을 높여 경쟁을 촉진하고 충전요금의 적정화를 위하여「부정경쟁방지 및 영업비밀보호에 관한 법률」 제2조제2호에 따른 영업비밀을 침해하지 아니하는 범위에서 전기자동차충전사업자의 충전요금을 공개할 수 있다.
(2018.6.12 본조신설)
제97조【수수료】 제63조에 따른 검사를 받으려는 자는 「전기안전관리법」 제42조제1항에 따른 수수료를 내야 한다.(2020.3.31 본조개정)
제98조【권한의 위임·위탁】 ① 이 법에 따른 산업통상자원부장관의 권한은 그 일부를 대통령령으로 정하는 바에 따라 그 소속 기관 또는 시·도지사에게 위임할 수 있다.(2013.3.23 본항개정)
② 이 법에 따른 산업통상자원부장관 또는 시·도지사의 권한 중 다음 각 호의 업무 중 일부를 대통령령으로 정하는 바에 따라「전기안전관리법」 제30조에 따른 한국전기안전공사(이하 "안전공사"라 한다)에 위탁할 수 있다.
(2020.3.31 본문개정)
1. (2020.3.31 삭제)
2. 제63조에 따른 전기설비의 검사(2020.3.31 본호개정)
3. 제64조에 따른 전기설비의 임시사용의 허용
③ (2020.3.31 삭제)
④ 산업통상자원부장관은 기술기준의 조사·연구 및 개정 검토에 관한 업무를 대통령령으로 정하는 바에 따라 전기설비의 안전관리와 관련된 법인 또는 단체에 위탁할 수 있다.(2013.3.23 본항개정)
⑤ 이 법에 따른 전기신사업에 관한 산업통상자원부장관의 업무는 대통령령으로 정하는 바에 따라 그 일부를 전기사업등 관련 기관 또는 단체에 위탁할 수 있다.
(2018.6.12 본항신설)
제99조【벌칙 적용 시의 공무원 의제】 다음 각 호의 어느 하나에 해당하는 자는「형법」 제129조부터 제132조까지의 규정에 따른 벌칙을 적용할 때에는 공무원으로 본다.
1. 전기위원회의 위원 중 공무원이 아닌 위원
2. 산업통상자원부장관 또는 시·도지사가 제52조제2항 및 제98조제2항부터 제5항까지의 규정에 따라 위탁한 업무에 종사하는 안전공사, 관련 기관, 법인 또는 단체의 임직원(2018.6.12 본호개정)

제12장 벌 칙

제100조【벌칙】 ① 다음 각 호의 어느 하나에 해당하는 자는 10년 이하의 징역 또는 1억원 이하의 벌금에 처한다.
(2014.5.20 본문개정)
1. 전기사업용전기설비를 손괴하거나 절취(竊取)하여 발전·송전·변전 또는 배전을 방해한 자
2. 전기사업용전기설비에 장애를 발생하게 하여 발전·송전·변전 또는 배전을 방해한 자
3. 제17조의2제2항을 위반하여 자료 또는 정보를 사용·제공 또는 누설한 자(2020.10.20 본호신설)
② 다음 각 호의 어느 하나에 해당하는 자는 5년 이하의 징역 또는 5천만원 이하의 벌금에 처한다.(2014.5.20 본문개정)
1. 정당한 사유 없이 전기사업용전기설비를 조작하여 발전·송전·변전 또는 배전을 방해한 자
2. 전기사업에 종사하는 자로서 정당한 사유 없이 전기사업용전기설비의 유지 또는 운용업무를 수행하지 아니함으로써 발전·송전·변전 또는 배전에 장애가 발생하게 한 자
③ 제1항 및 제2항제1호의 미수범은 처벌한다.
(2009.5.21 본조개정)
제101조【벌칙】 다음 각 호의 어느 하나에 해당하는 자는 3년 이하의 징역 또는 3천만원 이하의 벌금에 처하거나 이를 병과(倂科)할 수 있다.(2014.5.20 본문개정)
1. 제7조제1항을 위반하여 허가 또는 변경허가를 받지 아니하고 전기사업을 한 자
2. 제21조제1항에 따른 금지행위를 한 자
3. 제23조에 따른 명령을 이행하지 아니한 자
4. 제28조를 위반하여 승인 또는 변경승인을 받지 아니하고 원자력발전연료를 제조·공급한 자
5. 제31조제1항·제2항 또는 제32조를 위반하여 전력시장 외에서 전력거래를 한 자
6. (2016.1.27 삭제)
7. 제70조를 위반하여 물밑선로를 손상하거나 손상하게 할 우려가 있는 행위를 한 자(2014.5.20 본호신설)
(2009.5.21 본조개정)
제102조【벌칙】 ① 다음 각 호의 어느 하나에 해당하는 자는 2년 이하의 징역 또는 2천만원 이하의 벌금에 처하거나 이를 병과할 수 있다.(2014.5.20 본문개정)
1. 제14조를 위반하여 정당한 사유 없이 전기공급을 거부한 자
2. 제20조제1항을 위반하여 전기설비를 차별하여 이용하게 한 자
3. 제20조제2항에 따른 대여를 받지 아니하고 전기사업용전기설비에 전기통신선로설비를 설치한 자
4. (2014.5.20 삭제)
5. 제42조제1항(같은 조 제2항에 따라 준용하는 경우를 포함한다)을 위반하여 직무와 관련하여 알게 된 비밀을 누설 또는 도용하거나 다른 사람으로 하여금 이용하게 한 자(2016.1.27 본호신설)
② 제65조의2에 따른 자체 검사를 하지 아니한 자는 2천만원 이하의 벌금에 처한다.(2020.3.31 본항신설)
(2009.5.21 본조개정)
제103조【벌칙】 다음 각 호의 어느 하나에 해당하는 자는 1년 이하의 징역 또는 1천만원 이하의 벌금에 처한다.
(2014.5.20 본문개정)
1. 제7조의2제1항에 따른 등록 또는 변경등록을 하지 아니하고 전기신사업을 한 자(2018.6.12 본호신설)
1의2. 제15조제1항에 따른 인가 또는 변경인가를 받지 아니하고 전기설비를 이용하게 한 자
2. 제16조제1항에 따른 인가 또는 변경인가를 받지 아니하고 전기를 공급한 자
2의2. 제20조의2에 따른 전기설비의 정보를 공개하지 아니하거나 거짓으로 정보를 공개한 자(2019.4.23 본호신설)
3. 제41조제1항에 따른 정보를 공개하지 아니한 자 또는 같은 항에 따른 전력계통의 운영에 관한 정보를 정당한 사유 없이 변경 또는 말소하거나 조작한 자(2015.5.18 본호개정)
3의2. 제61조제1항을 위반하여 전기설비의 설치공사 또는 변경공사를 한 자(2020.3.31 본호개정)
4.~5. (2020.3.31 삭제)
(2009.5.21 본조개정)
제104조【벌칙】 (2020.3.31 삭제)
제105조【벌칙】 다음 각 호의 어느 하나에 해당하는 자는 300만원 이하의 벌금에 처한다.
1. 제16조제5항을 위반하여 전기를 공급한 자
1의2. 제16조의2제1항에 따라 신고 또는 변경신고한 약관이나 같은 조 제6항에 따른 표준약관과 다른 내용을 약관으로 사용한 자(2018.6.12 본호신설)
2. 제18조제3항, 제27조의2제5항 또는 제29조제1항에 따른 명령을 위반한 자(2015.5.18 본호개정)
3. 제63조에 따른 검사에 합격하지 아니하고 전기설비를 사용한 자. 다만, 제64조에 따른 임시사용의 통지를 받은 경우는 제외한다.(2014.5.20 본호개정)
4. 제71조(전기사업자만 해당한다)에 따른 명령을 위반한 자(2020.3.31 본호개정)
5. (2014.5.20 삭제)
6. 제93조제2항을 위반하여 회계를 처리한 자
7. 제96조의5제1항을 위반하여 충전요금을 표시하지 아니하거나 거짓으로 표시한 자(2018.6.12 본호신설)
(2009.5.21 본조개정)
제106조【벌칙】 제61조제3항을 위반하여 전기설비의 설치공사 또는 변경공사를 한 자는 100만원 이하의 벌금에 처한다.(2020.3.31 본조개정)
제107조【양벌규정】 법인의 대표자나 법인 또는 개인의 대리인, 사용인, 그 밖의 종업원이 그 법인 또는 개인의 업무에 관하여 제101조부터 제106조까지의 어느 하나에 해당하는 위반행위를 하면 그 행위자를 벌하는 외에 그 법인 또는 개인에게도 해당 조문의 벌금형을 과(科)한다. 다만, 법인 또는 개인이 그 위반행위를 방지하기 위하여 해당 업무에 관하여 상당한 주의와 감독을 게을리하지 아니한 경우에는 그러하지 아니하다.
(2008.12.26 본조개정)
제108조【과태료】 ① 다음 각 호의 어느 하나에 해당하는 자에게는 300만원 이하의 과태료를 부과한다.
1. 제22조제2항에 따른 자료나 물건의 제출명령 또는 장부·서류나 그 밖의 자료 또는 물건의 조사를 거부·방해 또는 기피한 자
2. 제27조의2제4항에 따른 자료 제출 요구에 따르지 아니하거나 거짓으로 제출한 자(2013.7.30 본호신설)
3.~6. (2020.3.31 삭제)
7. 제94조에 따른 명령을 위반한 자
8. (2020.3.31 삭제)
② 다음 각 호의 어느 하나에 해당하는 자에게는 100만원 이하의 과태료를 부과한다.
1. 제9조제4항, 제11조제4항, 제26조에 따른 신고 또는 변경신고를 하지 아니하거나 거짓으로 신고 또는 변경신고를 한 자(2020.3.31 본호개정)
2. 제16조제4항을 위반하여 공급약관을 갖춰 두지 아니하거나 열람할 수 있게 하지 아니한 자
3. 제18조제2항에 따른 기록을 하지 아니하거나 거짓 기록을 한 자 또는 기록을 보존하지 아니한 자(2020.3.31 본호개정)
4. 제61조제2항을 위반하여 전기설비의 설치공사 또는 변경공사를 한 자(2020.3.31 본호개정)
5.~6. (2020.3.31 삭제)
③ 제1항 및 제2항에 따른 과태료는 대통령령으로 정하는 바에 따라 산업통상자원부장관, 시·도지사 또는 시장·군수·구청장이 부과·징수한다.(2013.3.23 본항개정)
(2009.5.21 본조개정)

부 칙 (2018.6.12)

제1조【시행일】 이 법은 공포 후 6개월이 경과한 날부터 시행한다.
제2조【전기자동차충전사업의 등록 등에 관한 경과조치】 ① 이 법 시행 당시「지능형전력망의 구축 및 이용촉진에 관한 법률」에 따른 지능형전력망 서비스 제공사업자 등록을 한 자로서 전기자동차에 전기를 충전하여 공급하는 사업을 하고 있는 자는 이 법 시행일부터 6개월까지는 제7조의2제1항의 개정규정에 따라 등록한 전기자동차충전사업자로 본다. 다만, 이 법 시행일부터 6개월까지 이 법에 따른 요건을 갖추어 제7조의2제1항의 개정규정에 따라 등록하여야 한다.
② 제1항 본문에 따라 제7조의2제1항의 개정규정에 따라 등록한 전기자동차충전사업자로 보는 자는 이 법 시행일부터 1개월까지 제16조의2제1항의 개정규정에 따라 약관의 신고를 할 수 있다.
③ 제1항 본문에 따라 제7조의2제1항의 개정규정에 따라 등록한 전기자동차충전사업자로 보는 자는 이 법 시행일부터 1개월까지 제96조의5의 개정규정에 따라 충전요금을 표시하여야 한다.

부 칙 (2019.4.23)

제1조【시행일】 이 법은 공포 후 3개월이 경과한 날부터 시행한다. 다만, 제20조의2 및 제103조제2호의2의 개정규정은 공포 후 6개월이 경과한 날부터 시행한다.
제2조【경매 등에 따른 전기사업자의 지위승계에 관한 적용례】 제10조의2 및 제11조제1항제5호의 개정규정은 이 법 시행 후 최초로 신고를 한 자부터 적용한다.

부 칙 (2020.2.18)

제1조【시행일】 이 법은 2021년 1월 1일부터 시행한다.
(단서 생략)

제2조【사무이양을 위한 사전조치】 ① 관계 중앙행정기관의 장은 이 법에 따른 중앙행정권한 및 사무의 지방 일괄 이양에 필요한 인력 및 재정 소요 사항을 지원하기 위하여 필요한 조치를 마련하여 이 법에 따른 시행일 3개월 전까지 국회 소관 상임위원회에 보고하여야 한다.
②「지방자치분권 및 지방행정체제개편에 관한 특별법」 제44조에 따른 자치분권위원회는 제1항에 따른 인력 및 재정 소요 사항을 사전에 전문적으로 조사·평가할 수 있다.
제3조【행정처분 등에 관한 일반적 경과조치】 이 법 시행 당시 종전의 규정에 따라 행정기관이 행한 처분 또는 그 밖의 행위는 이 법의 규정에 따라 행정기관이 행한 처분 또는 그 밖의 행위로 보고, 종전의 규정에 따라 행정기관에 대하여 행한 신청·신고, 그 밖의 행위는 이 법의 규정에 따라 행정기관에 대하여 행한 신청·신고, 그 밖의 행위로 본다.
제4조 (생략)

부　칙 (2020.3.31 법17170호)

제1조【시행일】 이 법은 공포 후 6개월이 경과한 날부터 시행한다. 다만, 제7조의3제1항의 개정규정 중 시·도지사가 허가권자인 태양광 발전사업에 관한 부분은 2021년 1월 1일부터 시행한다.
제2조【다른 법률의 개정】 ※(해당 법령에 가제정리 하였음)

부　칙 (2021.4.20)

이 법은 공포 후 6개월이 경과한 날부터 시행한다.

부　칙 (2021.6.15 법18280호)

제1조【시행일】 이 법은 공포한 날부터 시행한다.
제2조【유효기간】 제49조제11호 및 제72조의2제3항의 개정규정은 2025년 12월 31일까지 효력을 가진다.

부　칙 (2021.6.15 법18284호)
(2021.7.20)

제1조【시행일】 이 법은 공포 후 1년이 경과한 날부터 시행한다.(이하 생략)

부　칙 (2021.9.24)

제1조【시행일】 이 법은 공포 후 6개월이 경과한 날부터 시행한다.(이하 생략)

부　칙 (2021.10.19)

이 법은 공포한 날부터 시행한다.

부　칙 (2022.10.18)

제1조【시행일】 이 법은 공포한 날부터 시행한다.
제2조【다른 법률의 개정】 ※(해당 법령에 가제정리 하였음)

부　칙 (2022.12.27)

제1조【시행일】 이 법은 공포 후 6개월이 경과한 날부터 시행한다.(이하 생략)

부　칙 (2023.6.13)

이 법은 공포 후 1년이 경과한 날부터 시행한다.

부　칙 (2023.10.31)

이 법은 공포 후 6개월이 경과한 날부터 시행한다. 다만, 법률 제19439호 전기사업법 일부개정법률 제2조제12호의2, 제12호의3, 제12호의10부터 제12호의13까지 및 제14조의 개정규정은 2024년 6월 14일부터 시행한다.

부　칙 (2024.2.6)

제1조【시행일】 이 법은 공포 후 6개월이 경과한 날부터 시행한다.
제2조【제재처분 유예에 관한 적용례】 제12조제2항제2호의 개정규정은 이 법 시행 전 등록기준에 부합하지 아니하게 된 경우에 대하여 이 법 시행 이후 행정처분을 하는 경우에도 적용한다.

전기안전관리법

(2020년 3월 31일
법 률 제17171호)

개정
2021.12.21법18602호　2022.10.18법19004호
2023. 3.21법19251호(자연유산의보존및활용에관한법)
2023. 8. 8법19590호(문화유산)
2024. 2. 6법20194호(자연유산의보존및활용에관한법)

제1장　총　칙

제1조【목적】 이 법은 전기재해의 예방과 전기설비 안전관리에 필요한 사항을 규정함으로써 국민의 생명과 재산을 보호하고 공공의 안전을 확보함을 목적으로 한다.
제2조【정의】 이 법에서 사용하는 용어의 뜻은 다음과 같다.
1. "전기안전관리"란 국민의 생명과 재산을 보호하기 위하여 전기설비의 공사·유지·관리 및 운용에 필요한 조치를 하는 것을 말한다.
2. "전기재해"란 전기화재, 감전사고 등으로 인하여 사람의 생명과 재산의 피해가 발생하는 경우를 말한다.
3. "전기사업자"란「전기사업법」 제2조제2호에 따른 전기사업자를 말한다.
4. "전기판매사업자"란「전기사업법」 제2조제10호에 따른 전기판매사업자를 말한다.
5. "구역전기사업자"란「전기사업법」 제2조제12호에 따른 구역전기사업자를 말한다.
6. "전기설비"란「전기사업법」 제2조제16호에 따른 전기설비를 말한다.
7. "전기사업용전기설비"란「전기사업법」 제2조제17호에 따른 전기사업용전기설비를 말한다.
8. "일반용전기설비"란「전기사업법」 제2조제18호에 따른 일반용전기설비를 말한다.
9. "자가용전기설비"란「전기사업법」 제2조제19호에 따른 자가용전기설비를 말한다.
10. "원격점검"이란 전기설비의 과전압·과전류 및 누설전류 등을 검출하여 이를 데이터로 수집, 분석 및 전송함으로써 전기설비의 안전 상태 등을 점검하는 것을 말한다.(2021.12.21 본호신설)

제3조【국가의 책무】 국가는 국민이 전기재해로부터 안전성을 확보할 수 있도록 전기안전관리에 관한 정책을 수립·시행하여야 한다.
제4조【다른 법률과의 관계】 전기안전관리에 대하여 다른 법률에 특별한 규정이 있는 경우를 제외하고는 이 법에서 정하는 바에 따른다.

제2장　전기안전관리에 관한 기본계획 수립 등

제5조【전기안전관리 기본계획 수립 등】 ① 산업통상자원부장관은 전기재해 예방 등 체계적인 전기안전관리를 위하여 5년마다 전기안전관리에 관한 기본계획(이하 "기본계획"이라 한다)을 수립·시행하여야 한다.
② 기본계획에는 다음 각 호의 사항이 포함되어야 한다.
1. 전기안전관리에 관한 중·장기 정책에 관한 사항
2. 전기설비의 안전관리제도 개선에 관한 사항
3. 전기재해 예방을 위한 교육·홍보 및 기술개발에 관한 사항
4. 전기설비의 안전관리를 위한 인력 양성에 관한 사항
5. 사회적 취약계층에 대한 전기안전 복지서비스에 관한 사항
6. 그 밖에 전기설비의 안전관리 수준 향상을 위하여 필요한 사항

③ 산업통상자원부장관은 기본계획을 수립하거나 변경하려면 미리 관계 중앙행정기관의 장과 협의한 후「에너지법」 제9조에 따른 에너지위원회의 심의를 거쳐 이를 확정한다. 다만, 대통령령으로 정하는 경미한 사항을 변경하려는 경우에는 그러하지 아니하다.
④ 산업통상자원부장관은 기본계획의 수립·시행을 위하여 필요한 경우 관계 중앙행정기관의 장, 특별시장·광역시장·특별자치시장·도지사·특별자치도지사(이하 "시·도지사"라 한다) 또는「공공기관의 운영에 관한 법률」 제4조에 따른 공공기관의 장에게 관련 자료의 제출이나 협력을 요청할 수 있다. 이 경우 요청을 받은 자는 특별한 사유가 없으면 이에 따라야 한다.
⑤ 산업통상자원부장관은 기본계획을 수립 또는 변경한 경우에는 관계 중앙행정기관의 장, 시·도지사 및「공공기관의 운영에 관한 법률」 제4조에 따른 공공기관(전기안전관리에 관한 업무를 수행하는 공공기관에 한정한다)의 장에게 통보하고, 공고(인터넷 게재를 포함한다)하여야 한다.
⑥ 제1항부터 제5항까지의 규정에 따른 기본계획의 수립·변경 및 시행에 필요한 사항은 대통령령으로 정한다.
제6조【전기안전자문기구의 설치】 ① 산업통상자원부장관은 전기안전관리 정책을 원활하게 수립·추진하기 위하여 필요한 경우 전기안전관리와 관련된 전문기관·단체 등으로 구성된 자문기구(이하 "전기안전자문기구"라 한다)를 설치·운영할 수 있다.
② 산업통상자원부장관은 전기안전자문기구가 원활하게 운영될 수 있도록 필요한 행정적·재정적 지원을 할 수 있다.
③ 전기안전자문기구의 구성 및 운영 등에 필요한 사항은 대통령령으로 정한다.
제7조【전기안전관리 관련 기술의 연구·개발】 ① 산업통상자원부장관은 전기안전관리 관련 기술의 연구·개발이 필요한 경우에는 다음 각 호의 어느 하나에 해당하는 기관이나 단체로 하여금 이를 수행하게 할 수 있다.
1. 제30조에 따른 한국전기안전공사(이하 "안전공사"라 한다)
2. 국·공립 연구기관
3.「고등교육법」에 따른 대학·산업대학·전문대학 및 기술대학
4.「과학기술분야 정부출연연구기관 등의 설립·운영 및 육성에 관한 법률」에 따라 설립된 연구기관
5.「기초연구진흥 및 기술개발지원에 관한 법률」 제14조의2제1항에 따라 인정받은 기업부설연구소
6.「특정연구기관 육성법」 제2조에 따른 특정연구기관
7.「민법」이나 다른 법률에 따라 설립된 전기안전 분야의 법인 연구기관 또는 법인 부설 연구소
8. 그 밖에 전기안전에 관한 기술 및 기준을 연구·개발하는 기관 또는 단체로서 산업통상자원부령으로 정하는 기관 또는 단체

② 산업통상자원부장관은 제1항에 따른 연구·개발에 필요한 재정적 지원을 할 수 있다.

제3장　전기설비의 안전관리

제8조【자가용전기설비의 공사계획의 인가 또는 신고】 ① 자가용전기설비의 설치공사 또는 변경공사로서 산업통상자원부령으로 정하는 공사를 하려는 자는 그 공사계획에 대하여 산업통상자원부장관의 인가를 받아야 한다. 인가받은 사항을 변경하려는 경우에도 또한 같다.
② 제1항에 따라 인가를 받아야 하는 공사 외의 자가용전기설비의 설치 또는 변경공사로서 산업통상자원부령으로 정하는 공사를 하려는 자는 공사를 시작하기 전에 시·도지사에게 신고하여야 한다. 신고한 사항을 변경하려는 경우에도 또한 같다.
③ 제2항 전단에도 불구하고 산업통상자원부령으로 정하는 저압(低壓)에 해당하는 자가용전기설비의 설치 또는 변경공사의 경우에는 제9조에 따른 사용전검사(使用前檢査) 신청으로 공사계획신고를 갈음할 수 있다.
④ 자가용전기설비의 소유자 또는 점유자는 전기설비가 사고·재해 또는 그 밖의 사유로 멸실·파손되거나 전시·사변 등 비상사태가 발생하여 부득이하게 공사를 하여야 하는 경우에는 제1항 및 제2항에도 불구하고 산업통상자원부령으로 정하는 바에 따라 공사를 시작한 후 지체 없이 그 사실을 산업통상자원부장관 또는 시·도지사에게 신고하여야 한다.
⑤ 제1항에 따른 인가 및 제2항·제4항에 따른 신고에 필요한 사항은 산업통상자원부령으로 정한다.
제9조【사용전검사】 제8조에 따라 자가용전기설비의 설치공사 또는 변경공사를 한 자는 산업통상자원부령으로 정하는 바에 따라 산업통상자원부장관 또는 시·도지사가 실시하는 검사에 합격한 후에 이를 사용하여야 한다.
제10조【자가용전기설비의 임시사용】 ① 산업통상자원부장관 또는 시·도지사는 제9조에 따른 검사에 불합격한 경우에도 안전상 지장이 없고 자가용전기설비의 임시사용이 필요하다고 인정되는 경우에는 1년의 범위에서 사용 기간 및 방법을 정하여 그 설비를 임시로 사용하게 할 수 있다. 이 경우 산업통상자원부장관 또는 시·도지사는 그 사용 기간 및 방법을 정하여 통지를 하여야 한다.
② 비상용 예비발전기가 완공되지 아니할 경우 등 제1항에 따른 전기설비 임시사용의 허용기준, 1년의 범위에서의 사용기간, 전기설비의 임시사용방법, 그 밖에 필요한 사항은 산업통상자원부령으로 정한다.
제11조【정기검사】 ① 전기사업자 및 자가용전기설비의 소유자 또는 점유자는 산업통상자원부령으로 정하는 전기설비에 대하여 산업통상자원부령으로 정하는 바에 따라 산업통상자원부장관 또는 시·도지사로부터 정기적으로 검사를 받아야 한다.
②「전기사업법」 제2조제6호 및 제8호에 따른 송전사업자 및 배전사업자가 같은 법 제65조의2에 따라 자체 검사를 실시한 경우에는 제1항에 따른 검사를 받은 것으로 본다.
제12조【일반용전기설비의 점검】 ① 산업통상자원부장관은 일반용전기설비가「전기사업법」 제67조에 따른 기술기준(이하 "기술기준"이라 한다)에 적합한지 여부에 대하여 산업통상자원부령으로 정하는 바에 따라 그 전기설비의 사용 전과 사용 중에 정기적으로 안전공사로 하여금 점검하도록 하여야 한다. 다만, 주거용 시설물에 설치된 일반용전기설비를 정기적으로 점검(이하 "정기점검"이라 한다)하는 경우 그 소유자 또는 점유자로부터 점검의 승낙을 받을 수 없는 경우에는 그러하지 아니하다. (2022.10.18 본문개정)

② 안전공사는 산업통상자원부장관이 정하여 고시하는 원격점검기능이 있는 장치(이하 "원격점검장치"라 한다)를 활용하여 일반용전기설비에 대한 원격점검을 실시할 수 있다. 이 경우 산업통상자원부령으로 정하는 바에 따라 정기점검을 원격점검으로 대체하거나 그 시기를 조정할 수 있다.(2021.12.21 본항신설)

③ 안전공사는 제2항에 따른 원격점검 결과가 기술기준에 부합하지 아니한 경우에는 해당 전기설비의 소유자 또는 점유자에게 이를 통지하여야 한다.(2021.12.21 본항신설)

④ 제3항에 따른 통지를 받은 소유자 또는 점유자가 안전공사에 점검을 요청하는 경우 안전공사는 특별한 사유가 없으면 점검을 실시하여야 한다.(2021.12.21 본항신설)

⑤ 안전공사는 제1항 본문 또는 제4항에 따른 점검 결과 일반용전기설비가 기술기준에 적합하지 아니하다고 인정되는 경우에는 지체 없이 다음 각 호의 사항을 그 소유자 또는 점유자에게 통지하여야 한다.(2022.10.18 본문개정)

1. 기술기준에 적합하도록 하기 위하여 필요한 조치의 내용
2. 제1호에 따른 조치를 하지 아니하는 경우에 발생할 수 있는 결과

⑥ 안전공사는 정기점검 또는 원격점검 결과 기술기준에 부합하지 아니한 전기설비 중 경미한 수리(「전기공사업법」 제3조제1항 단서에 따른 경미한 전기공사에 한정한다)가 필요한 경우로서 해당 전기설비의 소유자 또는 점유자의 요청이 있는 경우에는 직접 이를 수리할 수 있다.(2021.12.21 본항개정)

⑦ 안전공사는 제1항, 제4항 또는 제5항에 따른 점검 또는 통지에 관한 업무를 수행하는 경우 산업통상자원부령으로 정하는 사항을 기록·보존하여야 한다.(2022.10.18 본항개정)

⑧ 안전공사는 제5항에 따라 통지한 사항의 조치 이행 여부를 점검한 결과 그 소유자 또는 점유자가 통지를 받고도 같은 항 제1호의 조치를 하지 아니한 경우에는 특별자치도지사·특별자치시장·시장·군수·구청장(구청장은 자치구의 구청장을 말한다. 이하 "시장·군수·구청장"이라 한다)에게 그 조치 불이행 사실을 통보하여야 한다. 이 경우 시장·군수·구청장은 그 소유자 또는 점유자에게 그 전기설비의 수리·개조 또는 이전에 관한 명령(이하 "개선명령"이라 한다)을 하여야 하되, 전기설비가 기술기준에 적합하지 아니한 사항이 중대하여 시장·군수·구청장의 개선명령을 기다릴 여유가 없다고 인정되는 경우로서 산업통상자원부령으로 정하는 경우에는 안전공사가 직접 개선명령을 한 후 이를 시장·군수·구청장에게 통보하여야 한다.(2021.12.21 전단개정)

⑨ 시장·군수·구청장은 일반용전기설비의 소유자 또는 점유자가 개선명령(안전공사가 직접 개선명령을 한 경우를 포함한다)을 이행하지 아니하여 전기로 인한 재해가 발생할 우려가 크다고 인정되는 경우에는 산업통상자원부령으로 정하는 바에 따라 전기판매사업자에게 그 소유자 또는 점유자에 대한 전기의 공급을 정지하여 줄 것을 요청하고 그 개선명령을 이행하지 아니한 내용을 즉시 안전공사에 통보하여야 한다. 이 경우 전기공급의 정지요청을 받은 전기판매사업자는 특별한 사유가 없으면 이에 따라야 한다.

⑩ 안전공사는 제1항에 따른 점검에 필요한 자료를 산업통상자원부령으로 정하는 바에 따라 전기판매사업자에게 요청할 수 있다. 이 경우 자료요청을 받은 전기판매사업자는 특별한 사유가 없으면 이에 따라야 한다.

⑪ 제1항에 따라 점검을 하는 자는 그 권한을 표시하는 증표를 지니고 이를 관계인에게 내보여야 한다.

⑫ 제1항 및 제2항에 따른 점검의 기준·방법과 그 밖에 필요한 사항은 산업통상자원부령으로 정한다.
(2021.12.21 본항개정)

⑬ 구역전기사업자에 관하여는 제9항 및 제10항을 준용한다. 이 경우 "전기판매사업자"는 "구역전기사업자"로 본다.(2022.10.18 전단개정)

제12조의2【관제센터의 설치·운영】 산업통상자원부장관은 원격점검의 효율적 관리를 위하여 원격점검장치와 연결하여 그 측정결과를 전산처리할 수 있는 관제센터를 설치·운영할 수 있다.(2021.12.21 본조신설)

제13조【여러 사람이 이용하는 시설 등에 대한 전기안전점검】 ① 다음 각 호의 시설을 운영하려거나 그 시설을 증축 또는 개축하려는 자는 그 시설을 운영하기 위하여 다음 각 호의 법령에서 규정된 허가신청·등록신청·인가신청·신고(그 시설의 소재지 변경에 따른 변경허가신청·변경등록신청·변경인가신청·변경신고를 포함한다) 또는 「건축법」에 따른 건축물의 사용승인신청을 하기 전에 그 시설에 설치된 전기설비에 대하여 산업통상자원부령으로 정하는 바에 따라 안전공사로부터 안전점검을 받아야 한다.

1. 「청소년활동 진흥법」에 따른 청소년수련시설
2. 「영화 및 비디오물의 진흥에 관한 법률」에 따른 비디오물시청제공업시설, 「게임산업진흥에 관한 법률」에 따른 게임제공업시설·인터넷컴퓨터게임시설제공업시설 및 「음악산업진흥에 관한 법률」에 따른 노래연습장업 시설
3. 「사격 및 사격장 안전관리에 관한 법률」에 따른 사격장 중 대통령령으로 정하는 권총사격장
4. 「체육시설의 설치·이용에 관한 법률」에 따른 체육시설 중 대통령령으로 정하는 골프 연습장
5. 「의료법」에 따른 안마시술소 또는 안마원
6. 「식품위생법」에 따른 식품접객업 중 대통령령으로 정하는 단란주점영업 및 유흥주점영업의 시설
7. 「영유아보육법」에 따른 어린이집
8. 「유아교육법」에 따른 유치원
9. 그 밖에 전기설비에 대한 안전점검이 필요하다고 인정하는 시설로서 대통령령으로 정하는 시설

② 「문화유산의 보존 및 활용에 관한 법률」에 따른 지정문화유산 및 그 보호구역의 시설에 대하여 같은 법 제35조제1항제1호·제2호에 따른 현상변경(같은 법 제74조에 따라 준용되는 경우를 포함한다. 이하 같다)을 하려는 자는 그 현상변경이 끝난 후 제1항에 따라 산업통상자원부령으로 정하는 바에 따라 안전공사로부터 안전점검을 받아야 한다.(2023.8.8 본항개정)

③ 「자연유산의 보존 및 활용에 관한 법률」에 따른 천연기념물등과 그 보호구역의 시설에 대하여 같은 법 제17조제1항 각 호(제2호 및 제3호는 제외한다)에 따라 보존 및 가치에 영향을 미칠 수 있는 행위(같은 법 제42조에 따라 준용되는 경우를 포함한다)를 하려는 자는 그 행위가 끝난 후 제1항에 따라 산업통상자원부령으로 정하는 바에 따라 안전공사로부터 안전점검을 받아야 한다.(2024.2.6 본항개정)

④ 안전공사는 제1항부터 제3항까지에 따라 안전점검에 관한 업무를 수행하는 경우 산업통상자원부령으로 정하는 사항을 기록·보존하여야 한다.(2023.3.21 본항개정)

제14조【공동주택 등의 안전점검】 ① 산업통상자원부장관은 다음 각 호의 시설에 설치된 자가용전기설비에 대하여 산업통상자원부령으로 정하는 바에 따라 안전공사로 하여금 정기적으로 점검을 하도록 하여야 한다.

1. 「주택법」 제2조제3호에 따른 공동주택의 세대
2. 「전통시장 및 상점가 육성을 위한 특별법」 제2조제1호에 따른 전통시장 점포

② 제1항에 따른 안전점검에 관하여는 제12조제2항부터 제12항까지의 규정을 준용한다.(2021.12.21 본항개정)

제15조【특별안전점검 및 응급조치】 ① 산업통상자원부장관은 다음 각 호의 시설에 설치된 전기설비가 기술기준에 적합한지 여부에 대하여 안전공사로 하여금 특별안전점검을 하게 할 수 있다.

1. 태풍·폭설 등의 재난으로 전기사고가 발생하거나 발생할 우려가 있는 시설
2. 장마철·동절기 등 계절적인 요인으로 인한 취약시기에 전기사고가 발생할 우려가 있는 시설
3. 국가 또는 지방자치단체가 화재예방을 위하여 관계 행정기관과 합동으로 안전점검을 하는 경우 그 대상 시설
4. 국가 또는 지방자치단체가 주관하는 행사 관련 시설

② 안전공사는 제1항에 따른 특별안전점검의 결과를 전기설비의 소유자 또는 점유자와 관계 행정기관에 통보하여야 한다.

③ 산업통상자원부장관은 전기설비(전기사업용전기설비는 제외한다)의 소유자 또는 점유자가 전기사용상의 불편 해소나 안전 확보에 필요한 응급조치를 요청하는 경우에는 안전공사로 하여금 신속히 응급조치를 하게 할 수 있다.

④ 제3항에 따른 응급조치의 대상, 범위 등에 관한 세부사항은 대통령령으로 정한다.

제16조【전기재해 예방을 위한 안전조치】 ① 산업통상자원부장관은 전기재해 예방을 위하여 전기재해가 발생하거나 발생할 우려가 현저하여 긴급히 안전점검이 필요하다고 인정되는 시설에 대하여 소속 공무원 또는 안전공사에 산업통상자원부령으로 정하는 바에 따라 긴급점검을 하게 할 수 있다.

② 산업통상자원부장관 또는 안전공사는 제1항에 따른 긴급점검 결과를 전기사업자 및 자가용·일반용전기설비 소유자 또는 점유자와 관계 행정기관에 통보하여야 한다.

③ 산업통상자원부장관은 제1항에 따른 긴급점검을 실시한 결과 전기재해 발생으로 인명 또는 재산피해의 우려가 현저하다고 인정되는 시설에 대하여는 산업통상자원부령으로 정하는 바에 따라 전기사업자 및 자가용·일반용전기설비의 소유자 또는 점유자에게 전기설비의 개수·철거·이전 또는 공사중지, 사용정지, 운용제한, 그 밖의 필요한 조치를 명할 수 있다.

④ 산업통상자원부장관은 제40조제3항에 따른 사고조사 결과가 인명 또는 재산피해의 우려가 현저한 경우에는 제3항에 따른 조치를 명할 수 있다.

⑤ 산업통상자원부장관은 제3항 및 제4항에 따른 명령으로 인하여 손실을 입은 자가 있는 경우에는 대통령령으로 정하는 바에 따라 손실을 보상할 수 있다.

제17조【안전등급 지정 등】 ① 산업통상자원부장관 또는 시·도지사는 제11조·제12조·제14조에 따른 검사 및 점검의 결과에 따라 전기설비의 안전등급을 지정하고 해당 전기설비의 소유자 및 점유자에게 통보하여야 한다.

② 제1항에도 불구하고 산업통상자원부장관 또는 시·도지사는 다음 각 호의 어느 하나에 해당하는 경우에는 해당 전기설비의 안전등급을 변경할 수 있다. 이 경우 해당 전기설비의 소유자나 점유자에게 그 변경 사실을 통보하여야 한다.

1. 제12조제5항에 따라 전기설비의 수리·개조 등 필요한 조치를 하여 점검결과 안전등급의 변경이 필요하다고 인정되는 경우(2021.12.21 본호개정)
2. 제20조에 따라 전기설비의 수리·개조 등 필요한 조치를 하여 검사결과 등급조정이 필요하다고 인정되는 경우
3. 그 밖에 전기설비의 개보수 등 필요한 조치를 하거나 사고나 재해 등으로 전기설비의 성능이 저하되어 안전등급 조정이 필요한 것으로 산업통상자원부장관이 인정하는 경우

③ 산업통상자원부장관 또는 시·도지사는 제1항에 따른 전기설비의 안전등급에 따라 해당 전기설비에 대한 제11조·제12조·제14조에 따른 검사 및 점검의 시기를 조정할 수 있다.

④ 제1항부터 제3항까지 규정에 따른 안전등급의 지정대상 및 기준·방법·절차 등에 필요한 사항은 산업통상자원부령으로 정한다.

제18조【검사·점검의 방법·절차 등】 산업통상자원부장관은 전기설비의 안전성 확보를 위하여 제9조, 제11조부터 제15조까지의 규정에 따른 검사 및 점검의 방법·절차 등에 대하여 기술기준 등에 따라 필요한 사항을 정하여 고시할 수 있다.

제19조【전기설비의 유지】 자가용전기설비 또는 일반용전기설비의 소유자나 점유자는 전기설비를 기술기준에 적합하게 유지하여야 한다.

제20조【적합명령】 산업통상자원부장관 또는 시·도지사는 다음 각 호의 어느 하나에 해당하게 된 경우에는 전기사업자, 자가용전기설비·일반용전기설비의 소유자 또는 점유자에게 전기설비의 수리·개조·이전 또는 사용정지나 사용제한을 명할 수 있다.

1. 제9조 또는 제11조에 따른 검사 결과 기술기준에 적합하지 아니한 경우
2. 제15조에 따른 특별안전점검 결과 기술기준에 적합하지 아니한 경우

제21조【정보의 공개】 ① 산업통상자원부장관 또는 시·도지사는 대통령령으로 정하는 바에 따라 전기설비의 검사 및 점검 결과 등 전기안전관리에 관한 정보를 「공공기관의 정보공개에 관한 법률」에 따라 제38조의 전기안전종합정보시스템에 공개할 수 있다.

② 제1항에 따른 정보공개 대상, 방법, 절차에 필요한 사항은 대통령령으로 정한다.

제4장 전기안전관리자의 선임 등

제22조【전기안전관리자의 선임 등】 ① 전기사업자나 자가용전기설비의 소유자 또는 점유자는 전기설비(휴지 중인 전기설비는 제외한다)의 공사·유지 및 운용에 관한 전기안전관리업무를 수행하게 하기 위하여 산업통상자원부령으로 정하는 바에 따라 「국가기술자격법」에 따른 전기·기계·토목 분야의 기술자격을 취득한 사람 중에서 각 분야별로 전기안전관리자를 선임하여야 한다.

② 제1항에도 불구하고 자가용전기설비의 소유자 또는 점유자는 전기안전관리에 관한 업무를 다음 각 호의 자에게 위탁할 수 있다. 이 경우 안전관리업무를 위탁받은 자는 제1항에 따른 분야별 전기안전관리자를 선임하여야 한다.

1. 전기안전관리업무를 전문으로 하는 자로서 자본금, 기술인력, 장비 등 대통령령으로 정하는 요건을 갖춘 자
2. 시설물관리를 전문으로 하는 자로서 자본금, 기술인력, 장비 등 대통령령으로 정하는 요건을 갖춘 자

③ 제1항에도 불구하고 산업통상자원부령으로 정하는 규모 이하의 전기설비(자가용전기설비와 「신에너지 및 재생에너지 개발·이용·보급 촉진법」 제2조제1호 및 제2호에 따른 신에너지와 재생에너지를 이용하여 전기를 생산하는 발전설비만 해당한다)의 소유자 또는 점유자는 다음 각 호의 어느 하나에 해당하는 자에게 산업통상자원부령으로 정하는 바에 따라 전기안전관리업무를 대행하게 할 수 있고, 전기안전관리업무를 대행하는 자는 전기안전관리자로 선임된 것으로 본다. 다만, 제1호에 따른 안전공사는 격지, 오지 등 산업통상자원부령으로 정하는 지역으로서 산업통상자원부장관이 정하는 전기설비에 한정하여 대행할 수 있다.(2022.10.18 본문개정)

<단서는 2028.4.1 시행>

1. 안전공사
2. 자본금, 기술인력 등 대통령령으로 정하는 요건을 갖춘 전기안전관리대행사업자
3. 전기 분야의 기술자격을 취득한 사람으로서 대통령령으로 정하는 장비를 보유하고 있는 자

④ 제1항부터 제3항까지의 규정에도 불구하고 전기안전관리자를 선임 또는 선임 의제(擬制)하는 것이 곤란하거나 적합하지 아니하다고 인정되는 지역 또는 전기설비에 대하여는 산업통상자원부령으로 정하는 바에 따라 전기안전관리자를 선임할 수 있다.

⑤ 제1항부터 제4항까지의 규정에 따라 전기안전관리자를 선임한 자는 전기안전관리자가 여행·질병이나 그 밖의 사유로 일시적으로 그 직무를 수행할 수 없는 경우에는 그 기간 동안, 전기안전관리자를 해임한 경우에는 다른 전기안전관리자를 선임하기 전까지 산업통상자원부령으로 정하는 바에 따라 대행자를 각각 지정하여야 한다.
⑥ 제1항부터 제4항까지의 규정에 따른 전기안전관리자의 세부기술자격 및 직무와 제3항에 따라 전기안전관리업무를 대행하는 자가 준수하여야 하는 전기안전관리 대행업무의 범위, 업무량 및 최소점검횟수에 관한 사항은 산업통상자원부령으로 정한다.
⑦ 제3항에 따라 전기안전관리업무를 대행하게 하는 경우의 대가(代價)는 「엔지니어링산업 진흥법」 제31조에 따른 엔지니어링사업의 대가 기준 중에서 산업통상자원부령으로 정하는 방식에 따라 산정한다.
⑧ 제1항에 따라 전기안전관리자를 선임한 자는 산업통상자원부령으로 정하는 바에 따라 전기안전관리에 필요한 장비를 보유하여야 한다.

제23조【전기안전관리자의 선임 및 해임신고 등】 ① 제22조제1항부터 제4항까지의 규정에 따라 전기안전관리자를 선임 또는 해임한 자는 산업통상자원부령으로 정하는 바에 따라 지체 없이 그 사실을 「전력기술관리법」 제18조제1항에 따른 전력기술인단체 중 산업통상자원부장관이 정하여 고시하는 단체(이하 "전력기술인단체"라 한다)에 신고하여야 한다. 신고한 사항 중 산업통상자원부령으로 정하는 사항이 변경된 경우에도 또한 같다.
② 제1항에 따라 전기안전관리자의 선임신고를 한 자가 선임신고증명서의 발급을 요구한 경우에는 전력기술인단체는 산업통상자원부령으로 정하는 바에 따라 선임신고증명서를 발급하여야 한다.
③ 제1항에 따라 전기안전관리자의 해임신고를 한 자는 해임한 날부터 30일 이내에 다른 전기안전관리자를 선임하여야 한다.

제24조【전기안전관리자의 성실의무 등】 ① 전기안전관리자는 제22조제6항에 따른 직무를 성실히 수행하여야 한다.
② 전기사업자 및 자가용전기설비의 소유자 또는 점유자(제22조제2항에 따라 전기안전관리업무를 위탁받은 자를 포함한다)와 그 종업원은 전기안전관리자의 전기안전관리에 관한 의견에 따라야 한다.
③ 전기안전관리자는 산업통상자원부령으로 정하는 바에 따라 전기안전관리에 관한 기록을 작성·보존 및 제출하여야 한다.
④ 전기안전관리자는 전기설비가 기술기준에 적합하지 아니하다고 인정되는 경우에는 지체 없이 해당 전기사업자 및 자가용전기설비의 소유자 또는 점유자에게 그 전기설비의 수리·개조·이전 등 필요한 조치를 요구하여야 한다.
⑤ 전기안전관리자로부터 제4항에 따른 조치요구를 받은 해당 전기사업자 및 자가용전기설비의 소유자 또는 점유자는 지체 없이 이에 따라야 한다. 이 경우 이에 따른 조치요구를 이유로 전기안전관리자를 해임하거나 보수의 지급을 거부하는 등 불이익한 처우를 하여서는 아니 된다.

제25조【전기안전관리자의 교육 등】 ① 전기안전관리자 및 「전기공사업법」 제17조에 따른 시공관리책임자(이하 "시공관리책임자"라 한다)는 산업통상자원부장관이 실시하는 다음 각 호에 따라 교육(이하 "전기안전교육"이라 한다)을 받아야 한다.
1. 전기안전관리자 : 전기설비의 유지 및 운용에 관한 안전관리교육
2. 시공관리책임자 : 전기설비의 공사 및 시공관리에 관한 안전시공교육
② 산업통상자원부장관은 필요한 경우 이론교육과 실습교육을 병행하여 전기안전교육을 실시할 수 있다.
③ 제1항에 따라 전기안전교육을 수료한 전기안전관리자 또는 시공관리책임자에 대하여 교육수료증을 발급할 수 있다.
④ 전기안전관리자를 선임한 자는 정당한 사유 없이 전기안전교육을 받지 아니한 전기안전관리자를 해임하여야 한다.
⑤ 「전기공사업법」 제2조제3호에 따른 공사업자는 정당한 사유 없이 안전시공교육을 받지 아니한 시공관리책임자의 지정을 취소하여야 한다.
⑥ 그 밖에 전기안전교육의 실시에 필요한 사항은 산업통상자원부령으로 정한다.

제26조【전기안전관리업무를 전문으로 하는 자 등의 등록】 ① 제22조제2항 및 제3항에 따라 전기안전관리업무를 위탁받거나 대행하려는 자는 다음 각 호의 구분에 따라 산업통상자원부장관 또는 시·도지사에게 등록을 하여야 한다.
1. 제22조제2항제1호에 따라 전기안전관리업무를 전문으로 하는 자로서 전기안전관리업무를 위탁받으려는 자 : 산업통상자원부장관에게 등록
2. 제22조제2항제2호에 따라 시설물관리를 전문으로 하는 자로서 전기안전관리업무를 위탁받으려는 자 : 산업통상자원부장관에게 등록
3. 제22조제3항제2호에 따라 전기안전관리대행사업자로서 안전관리업무를 대행하려는 자 : 시·도지사에게 등록
4. 제22조제3항제3호에 따라 전기 분야의 기술자격을 취득한 사람으로서 안전관리업무를 대행하려는 자 : 시·도지사에게 등록
② 제1항에 따라 등록한 사항 중 산업통상자원부령으로 정하는 사항이 변경된 경우에는 변경 사유가 발생한 날부터 30일 이내에 변경등록을 하여야 한다.
③ 산업통상자원부장관 또는 시·도지사는 제1항 및 제2항에 따라 등록이나 변경등록을 받은 경우에는 등록신청자에게 등록증을 발급하여야 한다.

제27조【등록의 결격사유 및 취소 등】 ① 다음 각 호의 어느 하나에 해당하는 자는 제26조제1항에 따른 등록을 할 수 없다.
1. 피성년후견인
2. 파산선고를 받고 복권되지 아니한 자
3. 이 법을 위반하여 징역 이상의 실형을 선고받고 그 집행이 종료(집행이 종료된 것으로 보는 경우를 포함한다)되거나 집행이 면제된 날부터 2년이 지나지 아니한 자
4. 이 법을 위반하여 징역 이상의 형의 집행유예를 선고받고 그 유예기간 중에 있는 자
5. 제2항에 따라 등록이 취소(제1호 또는 제2호의 결격사유에 해당하여 등록이 취소된 경우는 제외한다)된 날부터 2년이 지나지 아니한 자(법인인 경우 그 등록취소의 원인이 된 행위를 한 자와 대표자를 포함한다)
6. 대표자가 제1호부터 제5호까지의 어느 하나에 해당하는 법인
② 산업통상자원부장관 또는 시·도지사는 제26조제1항에 따라 각각 등록한 자가 다음 각 호의 어느 하나에 해당하는 경우에는 그 등록을 취소하거나 산업통상자원부령으로 정하는 바에 따라 6개월 이내의 기간을 정하여 업무의 전부 또는 일부의 정지를 명할 수 있다. 다만, 제1호에 해당하는 경우에는 그 등록을 취소하여야 한다.
1. 거짓이나 그 밖의 부정한 방법으로 등록한 경우
2. 제22조제2항, 제22조제3항제2호 및 제3호에 따른 대통령령으로 정하는 요건에 미달한 날부터 1개월이 지난 경우
3. 제22조제6항에 따른 전기안전관리 대행업무의 범위 및 업무량을 넘거나 최소점검횟수에 미달한 경우
4. 제26조제3항에 따라 발급받은 등록증을 다른 사람에게 빌려 준 경우
5. 제1항 각 호의 어느 하나에 해당하게 된 경우(제1항제6호에 해당하게 된 법인이 그 대표자를 6개월 이내에 결격사유가 없는 다른 대표자로 바꾸어 임명하는 경우는 제외한다)

제28조【청문】 산업통상자원부장관 또는 시·도지사는 제27조제2항에 따라 등록을 취소하려면 청문을 하여야 한다.

제29조【전기안전관리업무에 대한 실태조사 등】 ① 산업통상자원부장관은 매년 1회 이상 전기안전관리업무에 대한 실태조사를 실시하여야 한다.
② 산업통상자원부장관은 제1항에 따른 실태조사 결과 전기안전관리에 필요하다고 인정될 때에는 전기설비의 소유자 또는 점유자에게 전기설비의 안전관리에 관하여 개선을 권고하거나 시정을 명할 수 있다.
③ 시·도지사는 전기안전관리업무 수행에 관한 사항을 점검하기 위하여 필요하다고 인정하면 제22조제2항 또는 같은 조 제3항제2호 및 제3호에 따라 전기안전관리업무를 위탁받아 수행하거나 대행하는 자(이하 이 조에서 "대행자등"이라 한다)에 대하여 필요한 자료의 제출을 명하거나, 소속 공무원으로 하여금 대행자등의 사업장 또는 대행자등이 전기안전관리업무를 수행하는 전기설비의 설치장소에 출입하여 장부·서류나 그 밖의 자료 또는 물건을 조사하게 할 수 있다.
④ 산업통상자원부장관 또는 시·도지사는 제1항 및 제3항에 따른 조사를 하는 경우에는 조사 7일 전까지 조사 일시, 조사 이유 및 조사 내용을 포함한 조사계획을 조사 대상자에게 알려야 한다. 다만, 긴급한 경우나 사전에 알리면 증거인멸 등으로 조사목적을 달성할 수 없다고 인정하는 경우에는 그러하지 아니하다.
⑤ 제1항 및 제3항에 따라 출입·조사하는 자는 그 권한을 표시하는 증표를 지니고 이를 관계인에게 내보여야 하며, 조사 시 그 조사의 일시·목적 등을 기록한 서류를 관계인에게 내주어야 한다.
⑥ 제1항에 따른 실태조사의 대상, 시기 등에 관하여 필요한 사항은 대통령령으로 정한다.

제5장 한국전기안전공사

제30조【한국전기안전공사의 설립】 ① 전기로 인한 재해를 예방하기 위하여 전기안전에 관한 조사·연구·기술개발 및 홍보업무와 전기설비에 대한 검사·점검업무를 수행하는 한국전기안전공사를 설립한다.
② 안전공사는 법인으로 한다.
③ 안전공사는 주된 사업소의 소재지에서 설립등기를 함으로써 성립한다.

제31조【안전공사의 운영 등】 안전공사의 운영에 필요한 경비는 다음 각 호의 재원으로 충당한다.
1. 제42조제1항제1호에 따른 검사 또는 같은 항 제2호에 따른 점검을 받으려는 자가 내는 수수료
2. 「재난 및 안전관리 기본법」에 따른 재난관리책임기관이 재난예방을 위하여 부담하는 재난예방점검비용 등
3. 「전기사업법」 제48조에 따른 전력산업기반기금에서의 출연금
4. 차입금 및 그 밖의 수입

제32조【임원】 ① 안전공사의 임원은 사장 1명, 이사 8명 이내와 감사 1명으로 한다.
② 사장은 안전공사를 대표하고, 그 사무를 총괄한다.

제33조【사업】 안전공사는 다음 각 호의 사업을 한다.
1. 전기안전에 관한 조사 및 연구
2. 전기안전에 관한 기술개발 및 보급
3. 전기안전에 관한 전문교육 및 정보의 제공
4. 전기안전에 관한 홍보
5. 전기설비에 대한 검사·점검 및 기술지원
6. 제40조제3항에 따른 전기사고의 원인·경위 등의 조사
7. 제41조제3항에 따른 전기재해에 관한 통계의 조사·작성·분석 및 관리
8. 전기안전에 관한 국제기술협력 및 기술·용역의 수출
9. 전기안전을 위하여 산업통상자원부장관 또는 시·도지사가 위탁하는 사업
10. 전기설비의 안전진단과 그 밖에 전기안전관리를 위하여 필요한 사업

제34조【다른 법률과의 관계】 안전공사에 관하여 이 법 및 「공공기관의 운영에 관한 법률」에 규정된 것을 제외하고는 「민법」 중 재단법인에 관한 규정을 준용한다.

제35조【감독】 산업통상자원부장관은 안전공사의 업무 중 다음 각 호의 어느 하나에 해당하는 사항에 관련되는 업무에 대하여 지도·감독한다.
1. 제33조에 따른 사업의 수행에 관한 사항
2. 토지·건물 등 안전공사의 주요 기본재산의 매각, 취득, 양도 또는 담보제공
3. 그 밖에 다른 법령에서 정하는 사항

제36조【유사명칭의 사용 금지】 이 법에 따른 안전공사가 아닌 자는 한국전기안전공사 또는 이와 유사한 명칭을 사용하지 못한다.

제37조【비밀 유지의 의무】 안전공사의 임직원이나 그 직에 있었던 사람은 직무와 관련하여 알게 된 비밀을 누설 또는 도용하거나 다른 사람이 이용하게 하여서는 아니 된다.

제6장 보 칙

제38조【전기안전종합정보시스템의 구축·운영 등】 ① 산업통상자원부장관은 전기안전관리에 관한 정보를 체계적으로 관리하기 위하여 전기안전종합정보시스템을 구축·운영할 수 있다.
② 산업통상자원부장관은 전기안전종합정보시스템을 구축·운영하기 위하여 필요한 경우에는 관계 중앙행정기관의 장, 시·도지사, 시장·군수·구청장, 「공공기관의 운영에 관한 법률」 제4조에 따른 공공기관의 장 및 전기관련 협회의 장 등에게 필요한 자료의 제공을 요청할 수 있다. 이 경우 요청을 받은 자는 특별한 사유가 없으면 이에 따라야 한다.
③ 제1항에 따른 전기안전종합정보시스템의 구축·운영에 필요한 사항은 대통령령으로 정한다.

제39조【보고】 ① 산업통상자원부장관은 산업통상자원부령으로 정하는 바에 따라 전기설비의 검사·점검현황 등 전기안전에 관한 사항을 시·도지사, 시장·군수·구청장, 안전공사, 전기판매사업자 및 구역전기사업자로 하여금 보고하게 할 수 있다.
② 시·도지사는 산업통상자원부령으로 정하는 바에 따라 전기안전관리자의 선임 및 해임에 관한 사항을 전력기술인단체로 하여금 보고하게 할 수 있다.

제40조【중대한 사고의 통보·조사】 ① 전기사업자 및 자가용전기설비의 소유자 또는 점유자는 그가 운용하는 전기설비로 인하여 산업통상자원부령으로 정하는 중대한 사고가 발생한 경우에는 산업통상자원부령으로 정하는 바에 따라 산업통상자원부장관에게 통보하여야 한다.
② 「전기사업법」 제35조에 따른 한국전력거래소는 전력계통의 운영과 관련하여 산업통상자원부령으로 정하는 중대한 사고가 발생한 경우에는 산업통상자원부령으로 정하는 바에 따라 산업통상자원부장관에게 통보하여야 한다.
③ 산업통상자원부장관은 전기사고의 재발방지를 위하여 필요하다고 인정하는 경우에는 다음 각 호의 자로 하여금 대통령령으로 정하는 전기사고의 원인·경위 등에 관한 조사를 하게 할 수 있다.
1. 안전공사
2. 산업통상자원부령으로 정하는 기술인력 및 장비 등을 갖춘 자 중 산업통상자원부장관이 지정한 자

제41조【전기재해통계의 작성】 ① 산업통상자원부장관은 전기안전관리 정책을 효과적으로 수립·시행하기 위하여 대통령령으로 정하는 바에 따라 전기재해에 관한 통계를 작성·관리할 수 있다.

② 제1항에 따라 통계의 작성에 관하여 이 법에서 규정한 것 이외에는 「통계법」을 준용한다.
③ 산업통상자원부장관은 안전공사 또는 전문성을 갖춘 기관을 지정하여 제1항에 따른 통계의 조사·작성·분석 및 관리에 관한 업무의 전부 또는 일부를 수행하게 할 수 있다.
제42조【수수료 등】 ① 다음 각 호의 어느 하나에 해당하는 자는 산업통상자원부령으로 정하는 바에 따라 수수료를 내야 한다.
1. 제9조 및 제11조에 따른 검사를 받으려는 자
2. 제13조에 따른 전기안전점검을 받으려는 자
3. 제23조제2항에 따른 전기안전관리자의 선임신고증명서를 발급받으려는 자
4. 제26조제2항에 따른 변경등록을 하려는 자(변경사항이 기술인력인 경우만 해당한다)
② 다음 각 호의 어느 하나에 해당하는 사람은 산업통상자원부령으로 정하는 바에 따라 교육비를 내야 한다.
1. 제25조제1항제1호에 따라 전기안전관리자의 안전관리 교육을 받으려는 사람
2. 제25조제1항제2호에 따라 시공관리책임자의 안전시공 교육을 받으려는 사람
제43조【권한의 위임·위탁】 ① 이 법에 따른 산업통상자원부장관의 권한은 그 일부를 대통령령으로 정하는 바에 따라 그 소속 기관 또는 시·도지사에게 위임할 수 있다.
② 이 법에 따른 산업통상자원부장관 또는 시·도지사의 권한 중 다음 각 호의 업무의 전부 또는 일부를 대통령령으로 정하는 바에 따라 안전공사에 위탁할 수 있다.
1. 제8조제2항에 따른 자가용전기설비의 공사계획의 신고 및 변경신고의 접수
2. 제9조 및 제11조에 따른 전기설비의 검사
3. 제10조에 따른 자가용전기설비의 임시사용의 허용
3의2. 제12조의2에 따른 관제센터의 설치·운영 (2021.12.21 본호신설)
4. 제38조에 따른 전기안전종합정보시스템의 구축·운영
③ 이 법에 따른 산업통상자원부장관 또는 시·도지사의 권한 중 다음 제1호 및 제3호의 업무는 대통령령으로 정하는 바에 따라 전력기술인단체에, 제2호의 업무는 대통령령으로 정하는 바에 따라 「전기공사업법」 제25조제1항에 따른 공사업자단체(이하 "공사업자단체"라 한다)에 위탁할 수 있다.
1. 제25조제1항제1호에 따른 안전관리교육
2. 제25조제1항제2호에 따른 안전시공교육
3. 제26조제1항에 따른 전기안전관리업무를 전문으로 하는 자, 시설물관리를 전문으로 하는 자 및 전기안전관리 대행사업자의 변경등록(변경사항이 기술인력인 경우만 해당한다)
제44조【관리·감독】 ① 산업통상자원부장관 또는 시·도지사는 전력기술인단체 또는 공사업자단체의 수탁사무의 처리가 위법하거나 부당하다고 판단되는 경우 등 필요하다고 인정될 때에는 위탁사무에 관하여 필요한 지시를 하거나 시정을 명할 수 있다.
② 산업통상자원부장관은 전력기술인단체 또는 공사업자단체가 제1항에 따른 명령을 위반한 경우 위탁을 취소하거나 6개월 이내의 기간을 정하여 업무정지를 명할 수 있다.
③ 산업통상자원부장관은 전력기술인단체 또는 공사업자단체가 제2항에 해당하는 경우로서 그 업무정지가 전기안전관리자 또는 시공관리책임자에게 심한 불편을 주거나 그 밖에 공공의 이익을 해칠 우려가 있는 경우에는 업무정지 명령을 갈음하여 5천만원 이하의 과징금을 부과할 수 있다.
④ 제2항에 따른 위반행위별 처분기준과 제3항에 따른 과징금의 부과기준은 산업통상자원부령으로 정한다.
⑤ 산업통상자원부장관은 제3항에 따른 과징금을 내야할 자가 납부기한까지 이를 내지 아니하면 국세 체납처분의 예에 따라 징수할 수 있다.
제45조【벌칙 적용에서 공무원 의제】 산업통상자원부장관 또는 시·도지사가 제43조제2항 및 제3항에 따라 위탁한 업무에 종사하는 안전공사, 단체의 임직원은 「형법」 제129조부터 제132조까지의 규정을 적용할 때에는 공무원으로 본다.

제7장 벌 칙

제46조【벌칙】 다음 각 호의 어느 하나에 해당하는 자는 2년 이하의 징역 또는 2천만원 이하의 벌금에 처하거나 이를 병과할 수 있다.
1. 제16조제3항 또는 제4항에 따른 명령을 정당한 사유 없이 위반한 자
2. 제37조를 위반하여 직무와 관련하여 알게 된 비밀을 누설 또는 도용하거나 다른 사람으로 하여금 이용하게 한 자
제47조【벌칙】 다음 각 호의 어느 하나에 해당하는 자는 1년 이하의 징역 또는 1천만원 이하의 벌금에 처한다.
1. 제8조제1항을 위반하여 전기설비의 설치공사 또는 변경공사를 한 자
2. 제22조제3항 각 호의 어느 하나에 해당하지 아니하는 자로서 전기안전관리업무를 대행한 자
3. 제26조제1항제1호부터 제3호까지의 규정에 따른 등록을 하지 아니하거나 같은 조 제2항에 따른 변경등록을 하지 아니하고 전기안전관리업무를 수행한 자
4. 거짓이나 그 밖의 부정한 방법으로 제26조제1항제1호부터 제3호까지의 규정에 따른 등록을 하거나 같은 조 제2항에 따른 변경등록을 한 자
제48조【벌칙】 제22조제1항부터 제4항까지의 규정을 위반하여 전기안전관리자를 선임하지 아니한 자는 500만원 이하의 벌금에 처한다.
제49조【벌칙】 다음 각 호의 어느 하나에 해당하는 자는 300만원 이하의 벌금에 처한다.
1. 제9조에 따른 검사에 합격하지 아니하고 전기설비를 사용한 자. 다만, 제10조에 따른 임시사용의 통지를 받은 경우는 제외한다.
2. 제20조(전기사업용전기설비 및 자가용전기설비의 소유자 또는 점유자만 해당한다)에 따른 명령을 위반한 자
제50조【벌칙】 제11조에 따른 검사를 거부·방해 또는 기피한 자는 100만원 이하의 벌금에 처한다.
제51조【양벌규정】 법인의 대표자나 법인 또는 개인의 대리인, 사용인, 그 밖의 종업원이 그 법인 또는 개인의 업무에 관하여 제46조부터 제50조까지의 어느 하나에 해당하는 위반행위를 하면 그 행위자를 벌하는 외에 그 법인 또는 개인에게도 해당 조문의 벌금형을 과(科)한다. 다만, 법인 또는 개인이 그 위반행위를 방지하기 위하여 해당 업무에 관하여 상당한 주의와 감독을 게을리 하지 아니한 경우에는 그러하지 아니하다.
제52조【과태료】 ① 다음 각 호의 어느 하나에 해당하는 자에게는 300만원 이하의 과태료를 부과한다.
1. 제12조제8항(제14조제2항에서 준용하는 경우를 포함한다)에 따른 시장·군수·구청장 또는 안전공사의 개선명령을 위반한 자(2021.12.21 본호개정)
2. 제20조에 따라 일반용전기설비의 소유자 또는 점유자에게 내린 명령을 위반한 자
3. 제22조제5항을 위반하여 전기안전관리자의 대행자를 지정하지 아니한 자
4. 제22조제6항에 따른 전기안전관리 대행업무의 범위 및 업무량을 넘겨서 최소점검횟수에 미달하여 전기안전관리업무를 대행한 자
5. 제24조제3항에 따른 기록을 하지 아니하거나 거짓으로 기록한 자 또는 기록을 보존·제출하지 아니한 자
6. 제25조제3항을 위반하여 전기안전교육을 수료하지 않은 사람에게 교육수료증을 발급한 자
7. 제26조제2항의 변경등록 중 기술인력 변경등록을 거짓이나 부정한 방법으로 처리한 자
8. 제29조제3항에 따른 자료의 제출명령을 거부하거나, 장부·서류나 그 밖의 자료 또는 물건의 조사를 거부·방해 또는 기피한 자
9. 제36조를 위반하여 한국전기안전공사 또는 이와 유사한 명칭을 사용한 자
10. 제40조제1항 또는 제2항에 따른 통보를 하지 아니한 자
② 다음 각 호의 어느 하나에 해당하는 자에게는 100만원 이하의 과태료를 부과한다.
1. 제8조제2항을 위반하여 전기설비의 설치공사 또는 변경공사를 한 자
2. 제12조제1항 및 제14조제1항에 따른 점검(주거용 시설물에 설치된 전기설비에 대한 점검은 제외한다)을 거부·방해 또는 기피한 자
3. 제12조제7항(제14조제2항에서 준용하는 경우를 포함한다) 또는 제13조제4항에 따른 기록을 하지 아니하거나 거짓 기록을 한 자 또는 기록을 보존하지 아니한 자 (2023.3.21 본호개정)
4. 제22조제8항을 위반하여 안전관리에 필요한 장비를 보유하지 아니한 자
5. 제23조제1항에 따른 전기안전관리자의 선임 또는 해임 신고를 하지 아니하거나 거짓으로 선임 신고를 한 자
6. 제24조제4항을 위반하여 필요한 조치를 요구하지 아니한 전기안전관리자
7. 제24조제5항을 위반하여 전기안전관리자의 조치요구를 따르지 않거나, 조치요구를 이유로 전기안전관리자에게 불이익한 처우를 한 전기사업자 및 자가용전기설비의 소유자 또는 점유자
8. 제25조제1항제1호를 위반하여 안전관리교육을 받지 아니한 사람
9. 제25조제1항제2호를 위반하여 안전시공교육을 받지 아니한 사람
10. 제25조제4항을 위반하여 전기안전교육을 받지 아니한 사람을 해임하지 아니한 자
11. 제25조제5항을 위반하여 안전시공교육을 받지 아니한 사람의 시공관리책임자 지정을 취소하지 아니한 자
12. 제26조제1항제4호에 따른 등록을 하지 아니하거나 같은 조 제2항에 따른 변경등록을 하지 아니하고 전기안전관리업무를 수행한 자
③ 제1항 및 제2항에 따른 과태료는 대통령령으로 정하는 바에 따라 산업통상자원부장관, 시·도지사 또는 시장·군수·구청장이 부과·징수한다.

부 칙

제1조【시행일】 이 법은 공포 후 1년이 경과한 날부터 시행한다. 다만, 제22조제3항 단서는 공포 후 8년이 경과한 날부터 시행하고, 제22조제8항 및 제52조제2항제4호는 공포 후 2년이 경과한 날부터 시행한다.
제2조【벌칙 및 과태료에 관한 경과조치】 이 법 시행 전의 행위에 대하여 벌칙이나 과태료를 적용할 때에는 종전의 「전기사업법」의 규정에 따른다.
제3조【시설물관리를 전문으로 하는 자의 등록에 관한 경과조치】 이 법 시행 당시 「전기사업법」 제73조제2항제2호에 따라 전기안전관리업무를 수행한 자는 제26조제1항제2호에 따른 등록을 한 것으로 본다. 다만, 이 법 시행 후 1년 이내에 제22조제2항제2호에 따른 요건을 갖추고 변경등록을 하여야 한다.
제4조【전기 분야의 기술자격을 취득한 사람의 등록에 관한 경과조치】 이 법 시행 당시 「전기사업법」 제73조제3항제3호에 따라 전기안전관리 대행업무를 수행한 자는 제26조제1항제4호에 따른 등록을 한 것으로 본다. 다만, 이 법 시행 후 1년 이내에 제22조제3항제3호에 따른 요건을 갖추고 변경등록을 하여야 한다.
제5조【시공관리책임자 지정에 대한 경과조치】 이 법 시행 당시 「전기공사업법」 제17조에 따라 시공관리책임자로 지정된 자는 제25조제1항제2호에 따른 안전시공교육을 받은 것으로 본다. 다만, 이 법 시행 후 1년 이내에 안전시공교육을 받아야 한다.
제6조【다른 법률의 개정】 ①~⑩ ※(해당 법령에 가제정리 하였음)
제7조【다른 법령과의 관계】 이 법 시행 당시 다른 법령에서 종전의 「전기사업법」의 규정을 인용하고 있는 경우 이 법 중 그에 해당하는 규정이 있으면 종전의 「전기사업법」의 규정을 갈음하여 이 법 또는 이 법의 해당 규정을 인용한 것으로 본다.

부 칙 (2021.12.21)

이 법은 공포 후 6개월이 경과한 날부터 시행한다.

부 칙 (2022.10.18)

이 법은 공포 후 6개월이 경과한 날부터 시행한다. 다만, 제22조제3항의 개정규정은 공포 후 1년이 경과한 날부터 시행한다.

부 칙 (2023.3.21)

제1조【시행일】 이 법은 공포 후 1년이 경과한 날부터 시행한다.(이하 생략)

부 칙 (2023.8.8)
(2024.2.6)

제1조【시행일】 이 법은 2024년 5월 17일부터 시행한다.(이하 생략)

(舊 : 전기용품안전 관리법)

전기용품 및 생활용품 안전관리법(약칭 : 전기생활용품안전법)

(2017년 12월 30일 전부개정법률 제15338호)

개정
2022.10.18법19005호

제1장 총 칙

제1조【목적】 이 법은 전기용품 및 생활용품의 안전관리에 관한 사항을 규정함으로써 국민의 생명·신체 및 재산을 보호하고, 소비자의 이익과 안전을 도모함을 목적으로 한다.

제2조【정의】 이 법에서 사용하는 용어의 뜻은 다음과 같다.

1. "전기용품"이란 공업적으로 생산된 물품으로서 교류전원 또는 직류 전원에 연결하여 사용되는 제품이나 그 부분품 또는 부속품을 말한다.
2. "생활용품"이란 공업적으로 생산된 물품으로서 별도의 가공(단순한 조립은 제외한다) 없이 소비자의 생활에 사용할 수 있는 제품이나 그 부분품 또는 부속품(전기용품은 제외한다)을 말한다.
3. "제조"란 전기용품이나 생활용품을 판매하거나 대여할 목적으로 생산·조립하거나 가공하는 것을 말한다.
4. "제품안전관리"란 제품의 취급 및 사용으로 인하여 발생하는 소비자의 생명·신체에 대한 위해(危害), 재산상 피해나 자연환경의 훼손을 방지하기 위하여 제품의 제조·수입·판매 등을 관리하는 활동을 말한다.
5. "안전인증"이란 제품시험 및 공장심사를 거쳐 제품의 안전성을 증명하는 것을 말한다.
6. "안전확인"이란 안전확인시험기관으로부터 안전확인 시험을 받아 안전기준에 적합한 것임을 확인하는 것을 말한다.
7. "공급자적합성확인"이란 직접 제품시험을 실시하거나 제3자에게 제품시험을 의뢰하여 해당 제품의 안전기준에 적합한 것임을 스스로 확인하는 것을 말한다.
8. "제품시험"이란 제품 자체의 안전성을 확인하기 위하여 시험하는 것을 말한다.
9. "공장심사"란 제품의 제조에 필요한 제조설비·검사설비·기술능력 및 제조체제를 평가하는 것을 말한다.

9의2. "안전성검사"란 제34조의2제1항에 따라 산업통상자원부장관이 지정한 기관(이하 "안전성검사기관"이라 한다)의 검사를 거쳐 안전기준에 적합한 것임을 확인하는 것을 말한다.(2022.10.18 본호신설)

10. "안전인증대상제품"이란 다음 각 목에 해당하는 전기용품 및 생활용품을 말한다.
   가. 안전인증대상전기용품 : 구조 또는 사용 방법 등으로 인하여 화재·감전 등의 위해가 발생할 우려가 크다고 인정되는 전기용품으로서 안전인증을 통하여 그 위해를 방지할 수 있다고 인정되어 산업통상자원부령으로 정하는 것
   나. 안전인증대상생활용품 : 구조·재질 또는 사용 방법 등으로 인하여 소비자의 생명·신체에 대한 위해, 재산상 피해나 자연환경의 훼손에 대한 우려가 크다고 인정되는 생활용품으로서 안전인증을 통하여 그 위해를 방지할 수 있다고 인정되어 산업통상자원부령으로 정하는 것
11. "안전확인대상제품"이란 다음 각 목에 해당하는 전기용품 및 생활용품을 말한다.
   가. 안전확인대상전기용품 : 구조 또는 사용 방법 등으로 인하여 화재·감전 등의 위해가 발생할 우려가 있는 전기용품으로서 산업통상자원부장관이 지정한 기관의 제품시험을 통하여 그 위해를 방지할 수 있다고 인정되어 산업통상자원부령으로 정하는 것
   나. 안전확인대상생활용품 : 구조·재질 또는 사용 방법 등으로 인하여 소비자의 생명·신체에 대한 위해, 재산상 피해나 자연환경의 훼손에 대한 우려가 있는 생활용품으로서 산업통상자원부장관이 지정한 기관의 제품시험을 통하여 그 위해를 방지할 수 있다고 인정되어 산업통상자원부령으로 정하는 것
12. "공급자적합성확인대상제품"이란 다음 각 목에 해당하는 전기용품 및 생활용품을 말한다.
   가. 공급자적합성확인대상전기용품 : 구조 또는 사용 방법 등으로 인하여 화재·감전 등의 위해가 발생할 가능성이 있는 전기용품으로서 제조업자 또는 수입업자가 직접 또는 제3자에게 의뢰하여 실시하는 제품시험을 통하여 그 위해를 방지할 수 있다고 인정되어 산업통상자원부령으로 정하는 것
   나. 공급자적합성확인대상생활용품 : 소비자가 취급·사용·운반 등을 하는 과정에서 사고가 발생하거나 위해를 입을 가능성이 있거나 소비자가 성분·성능·규격 등을 구별하기 곤란한 생활용품으로서 제조업자 또는 수입업자가 직접 또는 제3자에게 의뢰하여 실시하는 제품시험을 통하여 그 위해를 방지할 수 있다고 인정되어 산업통상자원부령으로 정하는 것
13. "안전기준준수대상생활용품"이란 소비자가 취급·사용·운반 등을 하는 과정에서 사고 또는 위해가 발생할 가능성은 적으나 소비자가 성분·성능·규격 등을 구별하기 곤란한 생활용품으로서 제조업자 또는 수입업자가 안전기준을 준수함으로써 그 위해를 방지할 수 있다고 인정되어 산업통상자원부령으로 정하는 것을 말한다.
14. "어린이보호포장"이란 성인이 개봉하기는 어렵지 아니하지만 5세 미만의 어린이가 일정 시간 내에 내용물을 꺼내기 어렵게 설계·고안된 포장 및 용기를 말한다.
15. "어린이보호포장대상생활용품"이란 소비자가 마시거나 흡입하는 경우에 중독 등의 위해가 우려되는 생활용품 중 어린이보호포장의 대상이 되는 것으로 산업통상자원부령으로 정하는 것을 말한다.

15의2. "안전성검사대상전기용품"이란 구조 또는 사용방법 등으로 인하여 화재·감전 등의 위해가 발생할 우려가 있는 재사용전기용품(사용된 전기용품을 재사용 목적으로 제조한 것을 말한다)으로서 안전성검사기관의 안전성검사를 통하여 그 위해를 방지할 수 있다고 인정되어 산업통상자원부령으로 정하는 것을 말한다. (2022.10.18 본호신설)

16. "구매대행"이란 개인 사용목적으로 소비자의 요청에 따라 해외에서 판매되는 제품에 대하여 주문, 대금지급 등의 절차를 대행하여 해당 제품을 해외 판매자가 국내 소비자에게 직접 발송하도록 하는 방식의 용역을 제공하는 것을 말한다.
17. "병행수입"이란 해외상표권자에 의해 생산·유통되는 제품(상표가 외국에서 적법하게 사용할 수 있는 권리가 있는 자에 의하여 부착·배포된 상품에 한정한다)을 국내 전용사용권자가 아닌 제3자가 판매를 목적으로 수입하는 것을 말한다.

제3조【제품안전심의위원회】 ① 전기용품 및 생활용품의 안전관리에 관한 다음 각 호의 사항을 심의하기 위하여 산업통상자원부에 제품안전심의위원회(이하 "위원회"라 한다)를 둔다.

1. 안전인증대상제품, 안전확인대상제품, 공급자적합성확인대상제품, 안전기준준수대상생활용품, 어린이보호포장대상생활용품 및 안전성검사대상전기용품(이하 "안전관리대상제품"이라 한다)의 지정 및 변경에 대한 사항(2022.10.18 본호개정)
2. 안전관리대상제품의 시험을 위한 안전기준의 제정·개정 등에 관한 사항
3. 이 법에 위반된 안전관리대상제품의 처분·조치 등과 관련하여 산업통상자원부장관이 심의를 요청하는 사항
4. 전기용품 및 생활용품의 안전성조사에 관한 사항
5. 전기용품 및 생활용품으로 인한 사고에 대한 종합 대응방안에 관한 사항
6. 다른 법령에서 위원회의 심의를 거치도록 규정하고 있는 사항
7. 그 밖에 제품안전관리 관련 중요 정책사항으로서 산업통상자원부장관이 회의에 부치는 사항

② 위원회는 위원장 1명을 포함하여 25명 이내의 위원으로 구성하고, 위원장은 위원 중에서 호선하며, 위원은 다음 각 호의 사람이 된다.

1. 행정안전부, 산업통상자원부, 보건복지부, 환경부, 식품의약품안전처, 공정거래위원회에서 제품안전관리 관련 업무를 수행하는 3급, 3급 상당 또는 고위공무원단에 속하는 공무원 중에서 소속 기관의 장이 지명하는 사람
2. 「소비자기본법」 제33조에 따른 한국소비자원에서 제품안전관리 관련 업무를 담당하는 소속 직원 중에서 한국소비자원의 원장이 지명하는 사람
3. 「비영리민간단체 지원법」 제2조에 따른 비영리민간단체 중 제품안전관리 관련 단체가 추천한 사람 중에서 성별을 고려하여 산업통상자원부장관이 위촉하는 사람
4. 그 밖에 제품안전관리에 관한 학식과 경험이 풍부한 사람 중에서 성별을 고려하여 산업통상자원부장관이 위촉하는 사람

③ 제2항제3호 또는 제4호에 해당하는 위원의 임기는 3년으로 하며, 한 차례만 연임할 수 있다.

④ 위원회는 제품시험 안전기준의 제정·개정 등에 관한 전문적인 사항을 검토하기 위하여 안전관리대상제품 분야별로 전문위원회를 둘 수 있다.

⑤ 제1항부터 제4항까지에서 규정한 사항 외에 위원회 및 전문위원회의 구성·운영에 필요한 사항은 대통령령으로 정한다.

제2장 안전인증대상제품의 안전관리

제4조【안전인증기관의 지정 등】 ① 산업통상자원부장관은 안전인증대상제품의 안전성을 확보하기 위하여 제품안전관리와 관련된 업무를 수행하는 법인이나 단체 중에서 안전인증업무를 수행하는 기관(이하 "안전인증기관"이라 한다)을 지정할 수 있다.

② 안전인증기관으로 지정을 받으려는 법인이나 단체는 안전인증을 하기 위하여 필요한 시험설비 및 인력 등 대통령령으로 정하는 지정기준을 갖추어 산업통상자원부령으로 정하는 바에 따라 산업통상자원부장관에게 지정신청을 하여야 한다.

③ 안전인증기관은 산업통상자원부령으로 정하는 바에 따라 안전인증대상제품의 안전에 관한 시험을 실시하는 국내외의 기관과 제품시험 또는 공장심사의 결과를 인정하는 계약을 체결할 수 있다.

④ 안전인증기관은 산업통상자원부령으로 정하는 바에 따라 안전인증을 한 기록을 작성·보관하여야 한다.

⑤ 산업통상자원부장관은 안전인증기관에 대하여 제품의 안전성을 확보하기 위하여 필요한 범위에서 지도·감독 및 지원을 할 수 있다.

제5조【안전인증 등】 ① 안전인증대상제품의 제조업자(외국에서 제조하여 대한민국으로 수출하는 자를 포함한다. 이하 같다) 또는 수입업자는 안전인증대상제품에 대하여 모델(산업통상자원부령으로 정하는 고유한 명칭을 붙인 제품의 형식을 말한다. 이하 같다)별로 산업통상자원부령으로 정하는 바에 따라 안전인증기관의 안전인증을 받아야 한다.

② 안전인증대상제품의 제조업자 또는 수입업자는 안전인증을 받은 사항을 변경하려는 경우에는 산업통상자원부령으로 정하는 바에 따라 안전인증기관으로부터 변경인증을 받아야 한다. 다만, 제품의 안전성과 관련이 없는 것으로서 산업통상자원부령으로 정하는 사항을 변경하는 경우에는 그러하지 아니하다.

③ 안전인증기관은 안전인증대상제품이 산업통상자원부장관이 정하여 고시하는 제품시험의 안전기준 및 공장심사 기준에 적합한 경우 안전인증을 하여야 한다. 다만, 안전기준이 고시되지 아니하거나 고시된 안전기준을 적용할 수 없는 경우의 안전인증대상제품에 대해서는 산업통상자원부령으로 정하는 바에 따라 안전인증을 할 수 있다.

④ 안전인증기관은 제3항에 따라 안전인증을 하는 경우 산업통상자원부령으로 정하는 바에 따라 조건을 붙일 수 있다. 이 경우 그 조건은 해당 제조업자에게 부당한 의무를 부과하는 것이어서는 아니 된다.

제6조【안전인증의 면제】 산업통상자원부장관은 안전인증대상제품이 다음 각 호의 어느 하나에 해당하는 경우에는 제5조제1항에도 불구하고 대통령령으로 정하는 바에 따라 안전인증의 전부 또는 일부를 면제할 수 있다.

1. 연구·개발, 전시 및 안전인증을 위한 제품시험을 목적으로 제조하거나 수입하는 안전인증대상제품으로서 대통령령으로 정하는 것에 대하여 산업통상자원부령으로 정하는 바에 따라 산업통상자원부장관의 확인을 받은 경우
2. 수출을 목적으로 수입하는 안전인증대상제품으로서 대통령령으로 정하는 것에 대하여 해당 특별시·광역시·특별자치시·도 또는 특별자치도(이하 "시·도"라 한다)의 조례로 정하는 바에 따라 특별시장·광역시장·특별자치시장·도지사 또는 특별자치도지사(이하 "시·도지사"라 한다)의 확인을 받은 경우
3. 수출을 목적으로 안전인증대상제품을 제조하는 경우
4. 국가 간 상호인정협정에 따라 산업통상자원부장관이 정하여 고시하는 외국의 안전인증기관에서 안전인증을 받은 경우
5. 제4조제3항에 따라 안전인증기관이 인정계약을 체결한 국내외의 기관에서 제품시험 또는 공장심사를 받아 안전인증기관이 적합한 것임을 확인한 경우
6. 산업통상자원부령으로 정하는 일정 수준 이상의 시험능력을 갖춘 제조업자 또는 수입업자가 산업통상자원부령으로 정하는 바에 따라 제품시험을 실시하여 안전인증기관이 적합한 것임을 확인한 경우
7. 산업통상자원부령으로 정하는 바에 따라 안전성이 확인된 안전인증대상제품을 병행수입하는 경우
8. 산업통상자원부령으로 정하는 바에 따라 안전인증대상제품을 일회성으로 수입하거나 생산하는 경우
9. 그 밖에 다른 법령에 따라 안전성이 인정되는 경우로서 산업통상자원부령으로 정하는 경우

제7조【정기검사와 자체검사 등】 ① 안전인증기관은 제5조제1항에 따라 안전인증을 받은 안전인증대상제품이 계속하여 안전성을 유지하고 있는지를 확인하기 위하여 다음 각 호의 사항에 대하여 2년에 1회 대통령령으로 정하는 바에 따라 정기검사를 실시하여야 한다.

1. 안전인증대상제품
2. 제조설비
3. 검사설비
4. 기술능력

② 안전인증을 받은 안전인증대상제품의 제조업자는 안전인증을 받은 후 제조하는 안전인증대상제품에 대하여 산업통상자원부령으로 정하는 바에 따라 자체검사를 실시하고, 그 기록을 작성·보관하여야 한다.

제8조【안전인증대상 수입 중고 전기용품의 안전검사】 ① 중고 안전인증대상전기용품을 외국에서 수입하려는 자는 산업통상자원부령으로 정하는 바에 따라 해당 안전인증대상전기용품의 안전성을 확인하기 위한 안전검사를 받아야 한다. 다만, 제5조제1항에 따른 안전인증을 받거나 제6조 각 호에 따른 안전인증의 면제 사유에 해당하는 경우에는 그러하지 아니하다.

② 제1항에 따른 안전검사의 기준은 제5조제3항에 따른 안전기준을 준용한다.

제9조【안전인증의 표시 등】① 안전인증대상제품의 제조업자 또는 수입업자는 산업통상자원부령으로 정하는 바에 따라 안전인증대상제품 또는 포장에 다음 각 호의 구분에 따른 표시(이하 "안전인증표시등"이라 한다)를 하여야 한다.
1. 제5조제1항에 따른 안전인증을 받은 안전인증대상제품 : 안전인증의 표시 및 제5조제3항에 따른 안전기준에서 정하는 표시
2. 제6조에 따라 안전인증의 면제를 받은 안전인증대상제품 : 안전인증의 면제표시
3. 제8조제1항에 따른 안전검사를 받은 안전인증대상전기용품 : 안전검사의 표시 및 제8조제2항에 따른 안전검사의 기준에서 정하는 표시
② 제5조제1항에 따른 안전인증을 받지 아니하거나 제6조에 따른 안전인증의 면제를 받지 아니하거나 제8조제1항에 따른 안전검사를 받지 아니한 자는 안전인증대상제품과 포장에 안전인증표시등을 하거나 이와 비슷한 표시를 해서는 아니 된다.
③ 다음 각 호의 어느 하나에 해당하는 자는 안전인증대상제품의 안전인증표시등을 임의로 변경하거나 제거해서는 아니 된다.
1. 안전인증대상제품의 제조업자·수입업자 또는 수입대행업자
2. 안전인증대상제품의 판매업자·판매중개업자 또는 구매대행업자
3. 안전인증대상제품의 대여업자
4. 안전인증대상제품을 부분품이나 부속품으로 사용하여 제품을 제조하는 자
5. 안전인증대상전기용품을 사용하는 다음 각 목에 해당하는 자
가.「전기사업법」제2조제2호에 따른 전기사업자
나.「전기사업법」제2조제19호에 따른 자가용전기설비(自家用電氣設備)를 설치하는 자
다.「전기공사업법」제2조제3호에 따른 공사업자
6. 안전인증대상생활용품을 영업에 사용하는 자
④ 제3항 각 호의 어느 하나에 해당하는 자가 인터넷을 통하여 안전인증대상제품을 판매·대여·판매중개(「전자상거래 등에서의 소비자보호에 관한 법률」에 따른 통신판매중개자가 자신이 운영하는 사이버몰에서 발견된 안전인증표시등의 표시가 없는 제품을 즉시 삭제하고 통신판매중개의뢰자가 상품등록 시 안전인증표시등의 정보를 입력하도록 하는 한편, 소비자가 이러한 정보를 확인할 수 있도록 기술적 조치를 취한 경우는 제외한다) 또는 수입대행을 하는 경우에는 산업통상자원부령으로 정하는 바에 따라 안전인증 관련 정보를 소비자가 알 수 있도록 해당 인터넷 홈페이지에 게시하여야 한다.
제10조【안전인증표시등이 없는 안전인증대상제품의 판매·사용 등의 금지】① 안전인증대상제품의 제조업자·수입업자·판매업자 및 대여업자는 안전인증표시등이 없는 안전인증대상제품을 판매·대여하거나 판매·대여할 목적으로 수입·진열 또는 보관해서는 아니 된다.
② 안전인증대상제품의 판매중개업자·구매대행업자 및 수입대행업자는 안전인증표시등이 없는 안전인증대상제품의 판매를 중개(「전자상거래 등에서의 소비자보호에 관한 법률」에 따른 통신판매중개자가 자신이 운영하는 사이버몰에서 발견된 안전인증표시등의 표시가 없는 제품을 즉시 삭제하고 통신판매중개의뢰자가 상품등록 시 안전인증표시등의 정보를 입력하도록 하는 한편, 소비자가 이러한 정보를 확인할 수 있도록 기술적 조치를 취한 경우는 제외한다)하거나 구매 또는 수입을 대행해서는 아니 된다.
③ 제9조제3항제4호부터 제6호까지의 어느 하나에 해당하는 자는 안전인증표시등이 없는 안전인증대상제품을 사용해서는 아니 된다.
제11조【안전인증의 취소 등】① 안전인증기관은 안전인증을 받은 안전인증대상제품의 제조업자 또는 수입업자가 다음 각 호의 어느 하나에 해당하는 경우에는 산업통상자원부령으로 정하는 바에 따라 안전인증을 취소하거나 6개월 이내의 범위에서 안전인증표시등의 사용금지명령 또는 개선명령을 할 수 있다. 다만, 제1호에 해당하는 경우에는 안전인증을 취소하여야 하며, 제10호에 해당하는 경우에는 안전인증을 취소하거나 안전인증표시등의 사용금지명령을 할 수 있다.
1. 거짓이나 그 밖의 부정한 방법으로 안전인증을 받은 경우
2. 안전인증을 받은 후 제조하는 안전인증대상제품이 제5조제3항에 따른 안전기준에 적합하지 아니한 경우
3. 안전인증표시등을 하지 아니하거나 거짓으로 표시한 경우
4. 제5조제4항에 따른 조건을 이행하지 아니한 경우
5. 제7조제1항에 따른 정기검사를 거부·방해 또는 기피한 경우
6. 제7조제1항에 따른 제조설비·검사설비 또는 기술능력이 공장심사 기준에 적합하지 아니한 경우
7. 제7조제2항에 따른 자체검사를 하지 아니한 경우
8. 제7조제2항에 따른 자체검사의 기록을 작성·보관하지 아니하거나 거짓으로 작성·보관한 경우
9. 제40조제1항 또는 제9항에 따른 명령을 위반한 경우(2022.10.18 본호개정)
10. 제2호부터 제9호까지의 규정에 해당되어 안전인증표시등의 사용금지명령 또는 개선명령을 받고 이를 이행하지 아니한 경우
② 안전인증기관은 제1항에 따라 안전인증의 취소, 안전인증표시등의 사용금지명령 또는 개선명령을 한 경우에는 산업통상자원부령으로 정하는 바에 따라 그 사실을 공고하여야 한다.
③ 안전인증기관은 제1항에 따라 안전인증을 취소한 경우 그 취소한 날부터 1년 이내에는 같은 모델의 안전인증대상제품에 안전인증을 해서는 아니 된다.
제12조【안전인증기관의 지정 취소 등】① 산업통상자원부장관은 안전인증기관이 다음 각 호의 어느 하나에 해당하는 경우에는 그 지정의 전부 또는 일부를 취소하거나 1년 이내의 기간을 정하여 그 업무의 전부 또는 일부의 정지를 명할 수 있다. 다만, 제1호 또는 제2호에 해당하는 경우에는 그 지정을 취소하여야 한다.
1. 거짓이나 그 밖의 부정한 방법으로 안전인증기관으로 지정을 받은 경우
2. 업무정지명령을 받은 후 그 업무정지기간에 안전인증 또는 안전검사를 실시한 경우
3. 정당한 사유 없이 안전인증 또는 안전검사를 실시하지 아니한 경우
4. 안전인증 또는 안전검사의 방법·절차 등을 위반하여 안전인증 또는 안전검사 업무를 수행한 경우
5. 제4조제2항에 따른 지정기준에 적합하지 아니하게 된 경우
6. 제4조제4항을 위반하여 안전인증의 기록을 작성·보관하지 아니하거나 거짓으로 기록을 작성·보관한 경우
7. 제5조제3항에 따른 안전기준 또는 공장심사 기준을 위반하여 안전인증을 한 경우
8. 제11조제1항에 따른 처분을 정당한 사유 없이 하지 아니한 경우
9. 제11조제3항을 위반하여 안전인증을 한 경우
10. 제43조에 따른 수수료를 초과하거나 미달하여 받은 경우
② 산업통상자원부장관은 제1항에 따라 지정이 취소된 안전인증기관에 대해서는 그 지정이 취소된 날부터 1년 이내에는 안전인증기관으로 지정할 수 없다.
③ 제1항에 따른 행정처분의 세부 기준은 산업통상자원부령으로 정한다.
제13조【안전인증 업무정지 처분을 갈음하여 부과하는 과징금】① 산업통상자원부장관은 제12조제1항 각 호에 따라 업무정지를 명하여야 하는 경우로서 그 업무의 정지가 해당 업무 이용자에게 심한 불편을 줄 우려가 있는 경우에는 그 업무정지 처분을 갈음하여 3억원 이하의 과징금을 부과할 수 있다.
② 제1항에 따라 과징금을 부과하는 위반행위의 종류, 위반 정도 등에 따른 과징금의 금액 및 징수방법 등에 필요한 사항은 대통령령으로 정한다.
③ 산업통상자원부장관은 제1항에 따른 과징금을 내야 할 자가 납부기한까지 과징금을 내지 아니하면 국세 체납처분의 예에 따라 징수한다.

제3장 안전확인대상제품의 안전관리

제14조【안전확인시험기관의 지정 등】① 산업통상자원부장관은 안전확인대상제품의 안전성을 확보하기 위하여 제품안전관리에 관련된 업무를 수행하는 법인이나 단체 중에서 안전확인을 위한 제품시험(이하 "안전확인시험"이라 한다)을 실시하는 기관(이하 "안전확인시험기관"이라 한다)을 지정할 수 있다.
② 안전확인시험기관으로 지정을 받으려는 법인이나 단체는 안전확인시험을 할 수 있는 시험설비 및 인력 등 대통령령으로 정하는 지정기준을 갖추어 산업통상자원부령으로 정하는 바에 따라 산업통상자원부장관에게 지정신청을 하여야 한다.
③ 안전확인시험기관은 산업통상자원부령으로 정하는 바에 따라 안전확인대상제품의 안전에 관한 시험을 실시하는 국내외의 기관과 제품시험의 결과를 인정하는 계약을 체결할 수 있다.
④ 안전확인시험기관은 산업통상자원부령으로 정하는 바에 따라 안전확인시험 관련 기록을 작성·보관하여야 한다.
⑤ 산업통상자원부장관은 안전확인시험기관에 대하여 제품의 안전성을 확보하기 위하여 필요한 범위에서 지도·감독 및 지원을 할 수 있다.
제15조【안전확인대상제품의 신고 등】① 안전확인대상제품의 제조업자 또는 수입업자는 안전확인대상제품에 대하여 모델별로 안전확인시험기관으로부터 산업통상자원부령으로 정하는 바에 따라 안전확인시험을 받아, 해당 안전확인대상제품이 제4항에 따른 안전기준에 적합한 것임을 확인한 후 그 사실을 산업통상자원부장관에게 신고하여야 한다.(2022.10.18 본항개정)
② 안전확인대상제품의 제조업자 또는 수입업자는 제1항에 따른 안전확인의 신고(이하 "안전확인신고"라 한다) 사항을 변경하려는 경우에는 산업통상자원부령으로 정하는 바에 따라 산업통상자원부장관에게 변경신고를 하여야 한다. 다만, 제품의 안전성과 관련이 없는 것으로서 산업통상자원부령으로 정하는 사항을 변경하는 경우에는 그러하지 아니하다.
③ 산업통상자원부장관은 제1항 또는 제2항 본문에 따른 신고 또는 변경신고를 받은 경우 그 내용을 검토하여 이 법에 적합하면 신고를 수리하여야 한다.(2022.10.18 본항신설)
④ 안전확인시험기관은 산업통상자원부장관이 정하여 고시하는 안전확인대상제품에 관한 안전기준을 적용하여 안전확인시험을 실시하여야 한다. 다만, 안전기준이 고시되지 아니하거나 고시된 안전기준을 적용할 수 없는 경우의 안전확인대상제품에 대해서는 산업통상자원부령으로 정하는 바에 따라 안전확인시험을 실시할 수 있다.
⑤ 안전확인대상제품의 제조업자 또는 수입업자는 제1항 또는 제2항 본문에 따른 신고 또는 변경신고를 한 경우에는 산업통상자원부령으로 정하는 바에 따라 해당 안전확인대상제품이 제4항에 따른 안전기준에 적합하다는 사실을 증명하는 서류를 갖추어 두어야 한다.(2022.10.18 본항개정)
제16조【안전확인신고의 면제】산업통상자원부장관은 안전확인대상제품이 다음 각 호의 어느 하나에 해당하는 경우에는 제15조제1항에도 불구하고 대통령령으로 정하는 바에 따라 안전확인신고의 전부 또는 일부를 면제할 수 있다.
1. 연구·개발, 전시 및 안전확인신고를 위한 제품시험을 목적으로 제조하거나 수입하는 안전확인대상제품으로서 대통령령으로 정하는 것에 대하여 산업통상자원부령으로 정하는 바에 따라 산업통상자원부장관의 확인을 받은 경우
2. 수출을 목적으로 수입하는 안전확인대상제품으로서 대통령령으로 정하는 것에 대하여 해당 시·도의 조례로 정하는 바에 따라 시·도지사의 확인을 받은 경우
3. 수출을 목적으로 안전확인대상제품을 제조하는 경우
4. 제14조제3항에 따라 안전확인시험기관이 인정계약을 체결한 국내외의 기관에서 제품시험을 받아 안전확인시험기관이 적합한 것임을 확인한 경우
5. 산업통상자원부령으로 정하는 일정 수준 이상의 시험능력을 갖춘 제조업자 또는 수입업자가 산업통상자원부령으로 정하는 바에 따라 제품시험을 실시하여 안전확인시험기관이 적합한 것임을 확인한 경우
6. 산업통상자원부령으로 정하는 바에 따라 안전성이 확인된 안전확인대상제품을 병행수입하는 경우
7. 그 밖에 다른 법령에 따라 안전성이 인정되는 경우로서 산업통상자원부령으로 정하는 경우
제17조【안전확인대상 수입 중고 전기용품의 안전검사】① 중고 안전확인대상전기용품을 외국에서 수입하려는 자는 산업통상자원부령으로 정하는 바에 따라 해당 안전확인대상전기용품의 안전성을 확인하기 위한 안전검사를 받아야 한다. 다만, 제16조 각 호에 따른 안전확인신고의 면제 사유에 해당하는 경우에는 그러하지 아니하다.
② 제1항에 따른 안전검사의 기준은 제15조제4항에 따른 안전기준을 준용한다.(2022.10.18 본항개정)
제18조【안전확인대상제품의 표시】① 안전확인대상제품의 제조업자 또는 수입업자는 산업통상자원부령으로 정하는 바에 따라 안전확인대상제품 또는 포장에 다음 각 호의 구분에 따른 표시(이하 "안전확인표시등"이라 한다)를 하여야 한다.
1. 안전확인신고를 한 안전확인대상제품 : 안전확인의 표시 및 제15조제4항에 따른 안전기준에서 정하는 표시(2022.10.18 본호개정)
2. 제16조에 따른 안전확인신고의 면제를 받은 안전확인대상제품 : 안전확인신고의 면제표시
3. 제17조제1항에 따른 안전검사를 받은 안전확인대상전기용품 : 안전검사의 표시 및 제17조제2항에 따른 안전검사의 기준에서 정하는 표시
② 안전확인신고를 하지 아니하거나 제16조에 따른 안전확인신고의 면제를 받지 아니하거나 제17조제1항에 따른 안전검사를 받지 아니한 자는 안전확인대상제품과 포장에 안전확인표시등을 하거나 이와 비슷한 표시를 해서는 아니 된다.
③ 다음 각 호의 어느 하나에 해당하는 자는 안전확인대상제품의 안전확인표시등을 임의로 변경하거나 제거해서는 아니 된다.
1. 안전확인대상제품의 제조업자·수입업자 또는 수입대행업자
2. 안전확인대상제품의 판매업자·판매중개업자 또는 구매대행업자
3. 안전확인대상제품의 대여업자
4. 안전확인대상제품을 부분품이나 부속품으로 사용하여 제품을 제조하는 자
5. 안전확인대상전기용품을 사용하는 다음 각 목에 해당하는 자

가. 「전기사업법」 제2조제2호에 따른 전기사업자
나. 「전기사업법」 제2조제19호에 따른 자가용전기설비를 설치하는 자
다. 「전기공사업법」 제2조제3호에 따른 공사업자
6. 안전확인대상생활용품을 영업에 사용하는 자
④ 제3항 각 호의 어느 하나에 해당하는 자가 인터넷을 통하여 안전확인대상제품을 판매·대여·판매중개(「전자상거래 등에서의 소비자보호에 관한 법률」에 따른 통신판매중개자가 자신이 운영하는 사이버몰에서 발견된 안전확인표시등의 표시가 없는 제품을 즉시 삭제하고 통신판매중개의뢰자가 상품등록 시 안전확인표시등의 정보를 입력하도록 하는 한편, 소비자가 이러한 정보를 확인할 수 있도록 기술적 조치를 취한 경우는 제외한다) 또는 수입대행을 하는 경우에는 산업통상자원부령으로 정하는 바에 따라 안전확인 관련 정보를 소비자가 알 수 있도록 해당 인터넷 홈페이지에 게시하여야 한다.

제19조【안전확인표시등이 없는 안전확인대상제품의 판매·사용 등의 금지】 ① 안전확인대상제품의 제조업자·수입업자·판매업자 및 대여업자는 안전확인표시등이 없는 안전확인대상제품을 판매·대여하거나 판매·대여할 목적으로 수입·진열 또는 보관해서는 아니 된다.
② 안전확인대상제품의 판매중개업자·구매대행업자 및 수입대행업자는 안전확인표시등이 없는 안전확인대상제품의 판매를 중개(「전자상거래 등에서의 소비자보호에 관한 법률」에 따른 통신판매중개자가 자신이 운영하는 사이버몰에서 발견된 안전확인표시등의 표시가 없는 제품을 즉시 삭제하고 통신판매중개의뢰자가 상품등록 시 안전확인표시등의 정보를 입력하도록 하는 한편, 소비자가 이러한 정보를 확인할 수 있도록 기술적 조치를 취한 경우는 제외한다)하거나 구매 또는 수입을 대행해서는 아니 된다.
③ 제18조제3항제4호부터 제6호까지의 어느 하나에 해당하는 자는 안전확인표시등이 없는 안전확인대상제품을 사용해서는 아니 된다.

제20조【안전확인신고의 효력상실 처분 등】 ① 산업통상자원부장관은 안전확인대상제품의 제조업자 또는 수입업자가 다음 각 호의 어느 하나에 해당하는 경우에는 산업통상자원부령으로 정하는 바에 따라 안전확인신고의 효력상실 처분을 하거나 6개월 이내의 범위에서 안전확인표시등의 사용금지명령 또는 개선명령을 할 수 있다. 다만, 제1호에 해당하는 경우에는 안전확인신고의 효력상실 처분을 하여야 한다.
1. 거짓이나 그 밖의 부정한 방법으로 안전확인신고를 한 경우
2. 안전확인대상제품이 제15조제4항에 따른 안전기준에 적합하지 아니한 경우(2022.10.18 본호개정)
3. 안전확인표시등을 하지 아니하거나 거짓으로 표시한 경우
4. 제40조제2항 또는 제9항에 따른 명령을 위반한 경우(2022.10.18 본호개정)
② 산업통상자원부장관은 제1항에 따라 안전확인신고의 효력상실 처분, 안전확인표시등의 사용금지명령 또는 개선명령을 한 경우에는 산업통상자원부령으로 정하는 바에 따라 그 사실을 공고하여야 한다.
③ 안전확인시험기관은 제1항에 따라 안전확인신고의 효력상실 처분을 한 경우 그 처분을 한 날부터 1년 이내에는 같은 모델의 안전확인대상제품에 안전확인시험을 해서는 아니 된다.

제21조【안전확인시험기관의 지정 취소 등】 ① 산업통상자원부장관은 안전확인시험기관이 다음 각 호의 어느 하나에 해당하는 경우에는 그 지정의 전부 또는 일부를 취소하거나 1년 이내의 기간을 정하여 그 업무의 전부 또는 일부의 정지를 명할 수 있다. 다만, 제1호 또는 제2호에 해당하는 경우에는 그 지정을 취소하여야 한다.
1. 거짓이나 그 밖의 부정한 방법으로 안전확인시험기관으로 지정을 받은 경우
2. 업무정지명령을 받은 후 그 업무정지기간에 안전확인시험 또는 안전검사를 실시한 경우
3. 정당한 사유 없이 안전확인시험 또는 안전검사를 실시하지 아니한 경우
4. 안전확인시험 또는 안전검사의 방법·절차 등을 위반하여 안전확인시험 또는 안전검사 업무를 수행한 경우
5. 제14조제2항에 따른 지정기준에 적합하지 아니하게 된 경우
6. 제14조제4항을 위반하여 안전확인시험의 관련 기록을 작성·보관하지 아니하거나 거짓으로 작성·보관한 경우
7. 제15조제4항에 따른 안전기준을 위반하여 안전확인시험을 실시한 경우(2022.10.18 본호개정)
8. 제20조제3항을 위반하여 안전확인시험을 실시한 경우
9. 제43조에 따른 수수료를 초과하거나 미달하여 받은 경우
② 산업통상자원부장관은 제1항에 따라 지정이 취소된 안전확인시험기관에 대해서는 그 지정이 취소된 날부터 1년 이내에는 안전확인시험기관으로 지정할 수 없다.
③ 제1항에 따른 행정처분의 세부 기준은 산업통상자원부령으로 정한다.

제22조【안전확인시험 업무정지 처분을 갈음하여 부과하는 과징금】 ① 산업통상자원부장관은 제21조제1항 각 호에 따라 업무정지를 명하여야 하는 경우로서 그 업무의 정지가 해당 업무 이용자에게 심한 불편을 줄 우려가 있는 경우에는 그 업무정지 처분을 갈음하여 3억원 이하의 과징금을 부과할 수 있다.
② 제1항에 따라 과징금을 부과하는 위반행위의 종류, 위반 정도 등에 따른 과징금의 금액 및 징수방법 등에 관하여 필요한 사항은 대통령령으로 정한다.
③ 산업통상자원부장관은 제1항에 따른 과징금을 내야 할 자가 납부기한까지 과징금을 내지 아니하면 국세 체납처분의 예에 따라 징수한다.

제4장 공급자적합성확인대상제품의 안전관리

제23조【공급자적합성확인 등】 ① 공급자적합성확인대상제품의 제조업자 또는 수입업자는 공급자적합성확인대상제품에 대하여 모델별로 산업통상자원부령으로 정하는 바에 따라 직접 제품시험을 실시하거나 제3자에게 제품시험을 의뢰하여 해당 제품이 제4항에 따른 안전기준에 적합한 것임을 스스로 확인하여야 한다.
(2022.10.18 본항개정)
② 제1항에 따라 공급자적합성확인을 한 공급자적합성확인대상전기용품의 제조업자 또는 수입업자는 산업통상자원부령으로 정하는 바에 따라 그 내용을 산업통상자원부장관에게 신고(이하 "공급자적합성확인신고"라 한다)하여야 한다. 신고한 사항을 변경하려는 경우에도 또한 같다.
③ 산업통상자원부장관은 제2항에 따른 신고 또는 변경신고를 받은 경우 그 내용을 검토하여 이 법에 적합하면 신고를 수리하여야 한다.(2022.10.18 본항신설)
④ 제1항에 따라 공급자적합성확인을 하는 경우에는 산업통상자원부장관이 정하여 고시하는 공급자적합성확인대상제품의 안전기준을 적용하여야 한다. 다만, 안전기준이 고시되지 아니하거나 고시된 안전기준을 적용할 수 없는 경우의 공급자적합성확인대상제품에 대해서는 산업통상자원부령으로 정하는 바에 따라 공급자적합성확인을 할 수 있다.
⑤ 제1항에 따라 공급자적합성확인을 한 제조업자 또는 수입업자는 산업통상자원부령으로 정하는 바에 따라 해당 공급자적합성확인대상제품이 제4항에 따른 안전기준에 적합하다는 사실을 증명하는 서류를 갖추어 두어야 한다.(2022.10.18 본항개정)

제24조【공급자적합성확인 등의 면제】 산업통상자원부장관은 공급자적합성확인대상제품이 다음 각 호의 어느 하나에 해당하는 경우에는 제23조제1항 및 제2항에도 불구하고 공급자적합성확인 또는 공급자적합성확인신고를 면제할 수 있다.
1. 연구·개발, 전시 및 공급자적합성확인 시험을 위한 목적으로 제조하거나 수입하는 공급자적합성확인대상제품으로서 대통령령으로 정하는 것에 대하여 산업통상자원부령으로 정하는 바에 따라 산업통상자원부장관의 확인을 받은 경우
2. 수출을 목적으로 수입하는 공급자적합성확인대상제품으로서 대통령령으로 정하는 것에 대하여 해당 시·도의 조례로 정하는 바에 따라 시·도지사의 확인을 받은 경우
3. 수출을 목적으로 공급자적합성확인대상제품을 제조하는 경우
4. 산업통상자원부령으로 정하는 바에 따라 안전성이 확인된 공급자적합성확인대상제품을 병행수입하는 경우
5. 그 밖에 다른 법령에 따라 안전성이 인정되는 경우로서 산업통상자원부령으로 정하는 경우

제25조【공급자적합성확인대상제품의 표시】 ① 공급자적합성확인대상제품의 제조업자 또는 수입업자는 산업통상자원부령으로 정하는 바에 따라 공급자적합성확인대상제품 또는 포장에 다음 각 호의 구분에 따른 표시(이하 "공급자적합성확인표시등"이라 한다)를 하여야 한다.
1. 공급자적합성확인 또는 공급자적합성확인신고를 한 공급자적합성확인대상제품 : 공급자적합성확인의 표시 및 제23조제4항의 안전기준에서 정하는 표시
(2022.10.18 본호개정)
2. 제24조에 따른 공급자적합성확인 또는 공급자적합성확인신고의 면제를 받은 공급자적합성확인제품 : 해당 면제표시
② 공급자적합성확인 또는 공급자적합성확인신고를 하지 아니하거나 공급자적합성확인 또는 공급자적합성확인신고의 면제를 받지 아니한 자는 공급자적합성확인대상제품과 포장에 공급자적합성확인표시등을 하거나 이와 비슷한 표시를 해서는 아니 된다.
③ 다음 각 호의 어느 하나에 해당하는 자는 공급자적합성확인대상제품의 공급자적합성확인표시등을 임의로 변경하거나 제거해서는 아니 된다.
1. 공급자적합성확인대상제품의 제조업자·수입업자 또는 수입대행업자
2. 공급자적합성확인대상제품의 판매업자 또는 판매중개업자
3. 공급자적합성확인대상제품의 대여업자
4. 공급자적합성확인대상제품을 부분품이나 부속품으로 사용하여 제품을 제조하는 자
5. 공급자적합성확인대상전기용품을 사용하는 다음 각 목에 해당하는 자
가. 「전기사업법」 제2조제2호에 따른 전기사업자
나. 「전기사업법」 제2조제19호에 따른 자가용전기설비를 설치하는 자
다. 「전기공사업법」 제2조제3호에 따른 공사업자
6. 공급자적합성확인대상생활용품을 영업에 사용하는 자
④ 제3항 각 호의 어느 하나에 해당하는 자가 인터넷을 통하여 공급자적합성확인대상제품을 판매·대여·판매중개(「전자상거래 등에서의 소비자보호에 관한 법률」에 따른 통신판매중개자가 자신이 운영하는 사이버몰에서 발견된 공급자적합성확인표시등의 표시가 없는 제품을 즉시 삭제하고 통신판매중개의뢰자가 상품등록 시 공급자적합성확인표시등의 정보를 입력하도록 하는 한편, 소비자가 이러한 정보를 확인할 수 있도록 기술적 조치를 취한 경우는 제외한다) 또는 수입대행을 하는 경우에는 산업통상자원부령으로 정하는 바에 따라 공급자적합성확인 관련 정보를 소비자가 알 수 있도록 해당 인터넷 홈페이지에 게시하여야 한다.

제26조【공급자적합성확인표시등이 없는 공급자적합성확인대상제품의 판매·사용 등의 금지】 ① 공급자적합성확인대상제품의 제조업자·수입업자·판매업자 및 대여업자는 공급자적합성확인표시등이 없는 공급자적합성확인대상제품을 판매·대여하거나 판매·대여할 목적으로 수입·진열 또는 보관해서는 아니 된다.
② 공급자적합성확인대상제품의 판매중개업자 및 수입대행업자는 공급자적합성확인표시등이 없는 공급자적합성확인대상제품의 판매를 중개(「전자상거래 등에서의 소비자보호에 관한 법률」에 따른 통신판매중개자가 자신이 운영하는 사이버몰에서 발견된 공급자적합성확인표시등의 표시가 없는 제품을 즉시 삭제하고 통신판매중개의뢰자가 상품등록 시 공급자적합성확인표시등의 정보를 입력하도록 하는 한편, 소비자가 이러한 정보를 확인할 수 있도록 기술적 조치를 취한 경우는 제외한다)하거나 수입을 대행해서는 아니 된다.
③ 제25조제3항제4호부터 제6호까지의 어느 하나에 해당하는 자는 공급자적합성확인표시등이 없는 공급자적합성확인대상제품을 사용해서는 아니 된다.

제27조【공급자적합성확인표시등의 사용금지 등】 ① 산업통상자원부장관은 공급자적합성확인대상제품의 제조업자 또는 수입업자가 다음 각 호의 어느 하나에 해당하는 경우에는 산업통상자원부령으로 정하는 바에 따라 6개월 이내의 범위에서 공급자적합성확인표시등의 사용금지명령 또는 개선명령을 할 수 있다. 다만, 제1호에 해당하는 경우에는 공급자적합성확인표시등의 사용금지명령을 하여야 한다.
1. 거짓이나 그 밖의 부정한 방법으로 공급자적합성확인을 하거나 공급자적합성확인신고를 한 경우
2. 공급자적합성확인대상제품이 제23조제4항에 따른 안전기준에 적합하지 아니한 경우(2022.10.18 본호개정)
3. 공급자적합성확인표시등을 하지 아니하거나 거짓으로 표시한 경우
4. 제40조제3항 또는 제9항에 따른 명령을 위반한 경우
(2022.10.18 본호개정)
② 산업통상자원부장관은 제1항에 따라 공급자적합성확인표시등의 사용금지명령 또는 개선명령을 한 경우에는 산업통상자원부령으로 정하는 바에 따라 그 사실을 공고하여야 한다.

제5장 안전기준준수대상생활용품의 안전관리

제28조【안전기준준수대상생활용품】 안전기준준수대상생활용품의 제조업자 또는 수입업자는 산업통상자원부장관이 정하여 고시하는 안전기준에 적합한 안전기준준수대상생활용품을 제조 또는 수입하여야 한다. 다만, 안전기준이 고시되지 아니하거나 고시된 안전기준을 적용할 수 없는 경우의 안전기준준수대상생활용품에 대해서는 산업통상자원부령으로 정하는 바에 따라 안전기준을 적용할 수 있다.

제29조【안전기준준수대상생활용품의 표시】 ① 안전기준준수대상생활용품의 제조업자 또는 수입업자는 산업통상자원부령으로 정하는 바에 따라 안전기준준수대상생활용품 또는 포장에 제28조에 따른 안전기준에서 정하는 표시를 하여야 한다.
② 다음 각 호의 어느 하나에 해당하는 자는 제1항에 따른 안전기준준수대상생활용품의 표시를 임의로 변경하거나 제거해서는 아니 된다.
1. 안전기준준수대상생활용품의 제조업자·수입업자 또는 수입대행업자
2. 안전기준준수대상생활용품의 판매업자 또는 판매중개업자

제30조【표시 없는 안전기준준수대상생활용품의 판매·사용 등의 금지】 안전기준준수대상생활용품의 제조업자·수입업자 및 판매업자는 제29조제1항에 따른 표시가

없는 안전기준준수대상생활용품을 판매하거나 판매할 목적으로 수입·진열 또는 보관해서는 아니 된다.

제31조【안전기준준수대상생활용품 표시의 개선명령】 ① 산업통상자원부장관은 안전기준준수대상생활용품의 제조업자 또는 수입업자가 다음 각 호의 어느 하나에 해당하는 경우에는 산업통상자원부령으로 정하는 바에 따라 6개월 이내의 범위에서 개선명령을 할 수 있다.
1. 안전기준준수대상생활용품이 제28조에 따른 안전기준에 적합하지 아니한 경우
2. 제29조제1항에 따른 표시사항을 표시하지 아니하거나 거짓으로 표시한 경우

② 산업통상자원부장관은 제1항에 따라 개선명령을 한 경우에는 산업통상자원부령으로 정하는 바에 따라 그 사실을 공고하여야 한다.

제6장 어린이보호포장대상생활용품의 안전관리

제32조【어린이보호포장대상생활용품의 신고 등】 ① 제조업자 및 수입업자는 어린이보호포장대상생활용품을 제조하거나 수입하는 경우에는 어린이보호포장을 사용하여야 한다. 다만, 다음 각 호의 어느 하나에 해당하는 것으로서 산업통상자원부장관의 확인을 받은 경우에는 그러하지 아니하다.
1. 제조업자에게 판매할 목적으로 제조하거나 수입하는 것
2. 연구·개발 또는 수출을 목적으로 제조하거나 수입하는 것

② 어린이보호포장대상생활용품의 제조업자·수입업자는 제1항 본문에 따라 어린이보호포장을 사용한 경우에는 그 내용을 어린이보호포장대상생활용품의 모델별로 산업통상자원부장관에게 신고하여야 한다. 신고한 사항을 변경하려는 경우에도 또한 같다.

③ 산업통상자원부장관은 제2항에 따른 신고 또는 변경신고를 받은 경우 그 내용을 검토하여 이 법에 적합하면 신고를 수리하여야 한다.(2022.10.18 본항신설)

④ 산업통상자원부장관은 어린이보호포장대상생활용품에 적용할 안전기준을 정하여 고시하여야 한다.

제33조【어린이보호포장표시 등】 ① 어린이보호포장대상생활용품의 제조업자·수입업자는 제32조제2항에 따른 신고를 한 경우에는 산업통상자원부령으로 정하는 바에 따라 해당 어린이보호포장대상생활용품 또는 포장에 어린이보호포장을 사용하였음을 나타내는 표시(이하 "어린이보호포장표시"라 한다)를 하여야 한다.

② 제32조제2항에 따른 신고를 하지 아니한 어린이보호포장대상생활용품 및 포장에는 어린이보호포장표시 또는 이와 비슷한 표시를 해서는 아니 된다.

제34조【판매 등의 금지】 어린이보호포장대상생활용품의 제조업자·수입업자 및 판매업자는 어린이보호포장표시가 없는 어린이보호포장대상생활용품을 판매하거나 판매를 목적으로 수입·진열 또는 보관해서는 아니 된다.

제6장의2 안전성검사대상전기용품의 안전관리
(2022.10.18 본장신설)

제34조의2【안전성검사기관의 지정 등】 ① 산업통상자원부장관은 안전성검사대상전기용품의 안전성을 확보하기 위하여 안전성검사대상전기용품의 제조업자, 제품안전관리와 관련된 업무를 수행하는 법인이나 단체를 안전성검사를 실시하는 기관으로 지정할 수 있다.

② 제1항에 따라 안전성검사를 실시하는 기관으로 지정을 받으려는 자는 안전성검사를 할 수 있는 검사설비 및 인력 등 대통령령으로 정하는 지정기준을 갖추어 산업통상자원부령으로 정하는 바에 따라 산업통상자원부장관에게 지정신청을 하여야 한다.

③ 안전성검사기관은 산업통상자원부령으로 정하는 바에 따라 안전성검사 관련 기록을 작성·보관하여야 한다.

④ 산업통상자원부장관은 안전성검사기관에 대하여 안전성검사대상전기용품의 안전성을 확보하기 위하여 필요한 범위에서 지도·감독 및 지원을 할 수 있다.

제34조의3【안전성검사 등】 ① 안전성검사대상전기용품의 제조업자는 안전성검사대상전기용품에 대하여 산업통상자원부령으로 정하는 바에 따라 안전성검사를 받아야 한다.

② 안전성검사기관은 산업통상자원부장관이 정하여 고시하는 안전성검사대상전기용품에 관한 안전기준을 적용하여 안전성검사를 실시하여야 한다. 다만, 안전기준이 고시되지 아니하거나 고시된 안전기준을 적용할 수 없는 경우에는 산업통상자원부령으로 정하는 바에 따라 안전성검사를 실시할 수 있다.

③ 안전성검사대상전기용품의 제조업자는 제1항에 따라 안전성검사를 받은 경우에는 산업통상자원부령으로 정하는 바에 따라 해당 안전성검사대상전기용품이 제2항 본문의 안전기준(같은 항 단서에 따른 안전성검사의 경우에는 산업통상자원부령으로 정하는 기준을 말한다)에 적합하다는 사실을 증명하는 서류를 갖추어 두어야 한다.

제34조의4【안전성검사대상전기용품의 안전성검사표시 등】 ① 안전성검사기관 및 안전성검사대상전기용품의 제조업자는 산업통상자원부령으로 정하는 바에 따라 안전성검사를 받은 안전성검사대상전기용품에 안전성검사의 표시 및 제34조의3제2항 본문의 안전기준(같은 항 단서에 따라 안전성검사를 받은 경우에는 산업통상자원부령으로 정하는 기준을 말한다)에서 정하는 표시(이하 "안전성검사표시등"이라 한다)를 하여야 한다.

② 안전성검사를 하지 아니한 자 및 안전성검사를 받지 아니한 자는 안전성검사대상전기용품에 안전성검사표시등을 하거나 이와 비슷한 표시를 하여서는 아니 된다.

③ 다음 각 호의 어느 하나에 해당하는 자는 안전성검사대상전기용품의 안전성검사표시등을 임의로 변경하거나 제거하여서는 아니 된다.
1. 안전성검사대상전기용품 제조업자·판매업자·판매중개업자 및 대여업자
2. 안전성검사대상전기용품을 부분품이나 부속품으로 사용하여 제품을 제조하는 자
3. 안전성검사대상전기용품을 사용하는 다음 각 목의 어느 하나에 해당하는 자
   가. 「전기사업법」 제2조제2호에 따른 전기사업자
   나. 「전기사업법」 제2조제19호에 따른 자가용전기설비를 설치하는 자
   다. 「전기공사업법」 제2조제3호에 따른 공사업자
4. 안전성검사대상전기용품을 영업에 사용하는 자

④ 제3항 각 호의 어느 하나에 해당하는 자가 인터넷을 통하여 안전성검사대상전기용품을 판매·대여·판매중개하는 경우에는 산업통상자원부령으로 정하는 바에 따라 안전성검사 관련 정보를 소비자가 알 수 있도록 해당 인터넷 홈페이지에 게시하여야 한다. 다만, 「전자상거래 등에서의 소비자보호에 관한 법률」에 따른 통신판매중개자가 자신이 운영하는 사이버몰에서 발견된 안전성검사표시등이 없는 안전성검사대상전기용품을 즉시 삭제하고 통신판매중개의뢰자가 상품등록 시 안전성검사표시등의 정보를 입력하도록 하는 한편, 소비자가 이러한 정보를 확인할 수 있도록 기술적 조치를 취한 경우에는 그러하지 아니하다.

제34조의5【안전성검사표시등이 없는 안전성검사대상전기용품의 판매·사용 등의 금지】 ① 안전성검사대상전기용품의 제조업자·판매업자 및 대여업자는 안전성검사표시등이 없는 안전성검사대상전기용품을 판매·대여하거나 판매·대여할 목적으로 진열 또는 보관하여서는 아니 된다.

② 안전성검사대상전기용품의 판매중개업자는 안전성검사표시등이 없는 안전성검사대상전기용품의 판매를 중개하여서는 아니 된다. 다만, 「전자상거래 등에서의 소비자보호에 관한 법률」에 따른 통신판매중개자가 자신이 운영하는 사이버몰에서 발견된 안전성검사표시등이 없는 안전성검사대상전기용품을 즉시 삭제하고 통신판매중개의뢰자가 상품등록 시 안전성검사표시등의 정보를 입력하도록 하는 한편, 소비자가 이러한 정보를 확인할 수 있도록 기술적 조치를 취한 경우에는 그러하지 아니하다.

③ 제34조의4제3항제2호부터 제4호까지의 어느 하나에 해당하는 자는 안전성검사표시등이 없는 안전성검사대상전기용품을 사용하여서는 아니 된다.

제34조의6【안전성검사기관의 지정 취소 등】 ① 산업통상자원부장관은 안전성검사기관이 다음 각 호의 어느 하나에 해당하는 경우에는 그 지정의 전부 또는 일부를 취소하거나 1년 이내의 기간을 정하여 업무의 전부 또는 일부의 정지를 명할 수 있다. 다만, 제1호 또는 제2호에 해당하는 경우에는 그 지정을 취소하여야 한다.
1. 거짓이나 그 밖에 부정한 방법으로 안전성검사기관으로 지정을 받은 경우
2. 업무정지명령을 받은 후 그 업무정지 기간에 안전성검사를 한 경우
3. 정당한 사유 없이 안전성검사를 실시하지 아니한 경우
4. 안전성검사의 방법·절차 등을 위반하여 안전성검사 업무를 수행한 경우
5. 제34조의2제2항에 따른 지정기준에 적합하지 아니하게 된 경우
6. 제34조의2제3항을 위반하여 안전성검사 관련 기록을 작성·보관하지 아니하거나 거짓으로 작성·보관한 경우
7. 제34조의3제2항 본문의 안전기준(같은 항 단서에 따라 안전성검사를 한 경우에는 산업통상자원부령으로 정하는 기준을 말한다)을 위반하여 안전성검사를 한 경우
8. 제43조에 따른 수수료를 초과하거나 미달하여 받은 경우

② 산업통상자원부장관은 제1항에 따라 지정이 취소된 안전성검사기관에 대해서는 그 지정이 취소된 날부터 1년 이내에는 안전성검사기관으로 지정할 수 없다.

③ 제1항에 따른 행정처분의 세부 기준은 산업통상자원부령으로 정한다.

제34조의7【안전성검사기관의 업무정지 처분을 갈음하여 부과하는 과징금】 ① 산업통상자원부장관은 제34조의6제1항에 따라 업무정지를 명하여야 하는 경우로서 그 업무의 정지가 해당 업무 이용자에게 심한 불편을 줄 우려가 있는 경우에는 그 업무정지 처분을 갈음하여 3억원 이하의 과징금을 부과할 수 있다.

② 산업통상자원부장관은 제1항에 따라 과징금을 내야 할 자가 납부기한까지 과징금을 내지 아니하면 국세 강제징수의 예에 따라 징수한다.

③ 제1항에 따라 과징금을 부과하는 위반행위의 종류, 위반 정도 등에 따른 과징금의 금액 및 징수방법 등에 관하여 필요한 사항은 대통령령으로 정한다.

제34조의8【안전성검사를 위한 정보의 공유 요청】 안전성검사기관은 안정적이고 효율적인 안전성검사의 수행을 위하여 전기용품 제조업자에게 전기용품(안전성검사대상전기용품으로 제조되는 것으로 한정한다)과 관련한 정보의 공유를 요청할 수 있다.

제34조의9【배상책임】 ① 안전성검사기관은 고의 또는 과실로 안전성검사를 부실하게 하여 타인에게 손해를 발생하게 한 경우에는 그 손해를 배상하여야 한다.

② 안전성검사기관은 제1항에 따른 손해배상책임을 보장하기 위하여 대통령령으로 정하는 바에 따라 보험에 가입하거나 「산업발전법」 제40조제1항제1호에 따른 자본재공제조합에 가입하는 등 필요한 조치를 하여야 한다.

제7장 구매대행 및 병행수입에 관한 특례 등

제35조【구매대행의 특례】 구매대행업자는 제10조제2항 및 제19조제2항에도 불구하고 다음 각 호의 어느 하나에 해당하는 제품의 구매대행을 할 수 있다.
1. 안전인증표시등이 없는 안전인증대상제품 중 제품의 용도 및 위해도 등을 고려하여 산업통상자원부령으로 정하는 제품
2. 안전확인표시등이 없는 안전확인대상전기용품 중 제품의 용도 및 위해도 등을 고려하여 산업통상자원부령으로 정하는 제품
3. 안전확인표시등이 없는 안전확인대상생활용품

제36조【구매대행업자의 고지의무 등】 ① 구매대행업자는 산업통상자원부령으로 정하는 바에 따라 다음 각 호의 사항(이하 "구매대행 고지사항"이라 한다)을 구매자에게 고지(인터넷을 통한 구매대행의 경우에는 인터넷 홈페이지에 게시하는 것을 말한다)하여야 한다.
1. 해당 제품이 구매대행을 통하여 유통되는 제품이라는 사항
2. 해당 제품이 이 법에 따른 안전관리대상제품이라는 사항
3. 해당 제품의 안전인증 표시 또는 안전확인신고 표시에 관한 사항
4. 그 밖에 소비자 안전에 필요하다고 인정되어 산업통상자원부령으로 정하는 사항

② 구매대행업자는 구매대행한 제품 또는 구매대행한 제품과 동일한 제품의 결함으로 인하여 소비자의 생명·신체 또는 재산에 위해를 끼치거나 끼칠 우려가 있다는 사실을 알게 된 때에는 해당 제품에 대한 구매대행을 중지하여야 한다.

③ 제2항에 따른 구매대행의 중지 요건 및 절차 등에 필요한 사항은 산업통상자원부령으로 정한다.

제37조【구매대행대상제품의 구매대행 금지 명령】 ① 산업통상자원부장관은 구매대행한 제품 또는 구매대행한 제품과 동일한 제품의 결함으로 인하여 소비자의 생명·신체 또는 재산에 위해를 끼치거나 끼칠 우려가 있는 경우에는 구매대행업자에게 해당 제품에 대한 구매대행의 금지를 명할 수 있다.

② 제1항에 따른 구매대행의 금지 명령에 필요한 사항은 산업통상자원부령으로 정한다.

제38조【병행수입업자의 표시의무 등】 ① 제6조제7호·제16조제6호 및 제24조제4호에 따라 안전인증·안전확인신고·공급자적합성확인 또는 공급자적합성확인신고를 면제받은 안전인증대상제품·안전확인대상제품 또는 공급자적합성확인대상제품을 병행수입하는 경우에는 다음 각 호의 사항을 제품 또는 포장에 표시(이하 "병행수입 표시"라 한다)하여야 하며, 해당 제품을 판매하는 경우(인터넷을 통하여 판매하는 경우를 포함한다)에는 다음 각 호의 사항을 구매자에게 고지(인터넷을 통하여 판매하는 경우에는 인터넷 홈페이지에 게시하는 것을 말한다)하여야 한다.
1. 해당 제품이 병행수입된 제품이라는 사항
2. 해당 제품이 이 법에 따른 안전관리대상제품이라는 사항
3. 그 밖에 소비자 안전에 필요하다고 인정되어 산업통상자원부령으로 정하는 사항

② 누구든지 병행수입 되지 아니한 안전인증대상제품·안전확인대상제품 또는 공급자적합성확인대상제품에 병행수입 표시를 해서는 아니 된다.

제8장 보 칙

제39조【사용연령에 따른 판매 제한】 판매업자는 안전관리대상제품을 사용할 수 있는 어린이의 나이를 이 법에 따른 안전기준에서 정하고 있는 경우에는 그 기준에 맞지 아니하는 어린이에게 해당 안전관리대상제품을 판매해서는 아니 된다.

제40조【안전관리대상제품의 개선·파기·수거 또는 판매중지 명령 등】 ① 시·도지사는 안전인증대상제품이 다음 각 호의 어느 하나에 해당하는 경우 그 안전인증대상제품의 제조업자·수입업자·판매업자·대여업자·영업자(제9조제3항제6호, 제18조제3항제6호, 제25조제3항제6호 또는 제34조의4제3항제4호 중 어느 하나에 해당하는 자를 말한다. 이하 이 조에서 같다)·판매중개업자·구매대행업자 및 수입대행업자에게 대통령령으로 정하는 바에 따라 일정한 기간을 정하여 그 안전인증대상제품의 개선·파기·수거 또는 판매중지(이하 "판매중지등"이라 한다)를 명할 수 있다.(2022.10.18 본문개정)
1. 제5조제1항에 따른 안전인증을 받지 아니한 경우
2. 제5조제2항 본문에 따른 변경인증을 받지 아니한 경우
3. 제5조제3항에 따른 안전기준(같은 항 단서에 따라 안전인증을 받은 경우에는 그 기준을 말하며, 제8조제2항에서 준용하는 경우를 포함한다) 또는 공장심사 기준에 적합하지 아니한 경우
4. 제8조제1항에 따른 안전검사를 받지 아니한 경우
5. 제9조제1항을 위반하여 안전인증을 받은 안전인증대상제품에 안전인증표시등을 하지 아니한 경우
6. 제9조제2항을 위반하여 안전인증표시등을 하거나 이와 비슷한 표시를 한 경우
7. 제9조제3항을 위반하여 안전인증표시등을 임의로 변경하거나 제거한 경우
8. 제10조제1항을 위반하여 안전인증표시등이 없는 안전인증대상제품을 판매·대여하거나 판매·대여할 목적으로 수입·진열 또는 보관한 경우
9. 제10조제2항을 위반하여 안전인증표시등이 없는 안전인증대상제품의 판매를 중개하거나 구매 또는 수입을 대행한 경우(제35조제1호에 따라 구매대행을 한 경우는 제외한다)
10. 제10조제3항을 위반하여 안전인증표시등이 없는 안전인증대상제품을 사용한 경우

② 시·도지사는 안전확인대상제품이 다음 각 호의 어느 하나에 해당하는 경우 그 안전확인대상제품의 제조업자·수입업자·판매업자·대여업자·영업자·판매중개업자·구매대행업자 또는 수입대행업자에게 대통령령으로 정하는 바에 따라 일정한 기간을 정하여 그 안전확인대상제품의 판매중지등을 명할 수 있다.
1. 제15조제1항에 따른 신고를 하지 아니한 경우
2. 제15조제2항 본문에 따른 변경신고를 하지 아니한 경우
3. 제15조제4항에 따른 안전기준(같은 항 단서에 따라 안전확인시험을 하는 경우에는 그 기준을 말하며, 제17조제2항에서 준용하는 경우를 포함한다)에 적합하지 아니한 경우(2022.10.18 본호개정)
4. 제17조제1항에 따른 안전검사를 받지 아니한 경우
5. 제18조제1항을 위반하여 안전확인표시등을 하지 아니한 경우
6. 제18조제2항을 위반하여 안전확인표시등을 하거나 이와 비슷한 표시를 한 경우
7. 제18조제3항을 위반하여 안전확인표시등을 임의로 변경하거나 제거한 경우
8. 제19조제1항을 위반하여 안전확인표시등이 없는 안전확인대상제품을 판매·대여하거나 판매·대여할 목적으로 수입·진열 또는 보관한 경우
9. 제19조제2항을 위반하여 안전확인표시등이 없는 안전확인대상제품의 판매를 중개하거나 구매 또는 수입을 대행한 경우(제35조제2호 및 제3호에 따라 구매대행을 한 경우는 제외한다)
10. 제19조제3항을 위반하여 안전확인표시등이 없는 안전확인대상제품을 사용한 경우

③ 시·도지사는 공급자적합성확인대상제품이 다음 각 호의 어느 하나에 해당하는 경우 그 공급자적합성확인대상제품의 제조업자·수입업자·판매업자·대여업자·영업자·판매중개업자 또는 수입대행업자에게 대통령령으로 정하는 바에 따라 일정한 기간을 정하여 그 공급자적합성확인대상제품의 판매중지등을 명할 수 있다.
1. 공급자적합성확인을 하지 아니한 경우
2. 제23조제4항에 따른 안전기준(같은 항 단서에 따라 공급자적합성확인을 하는 경우에는 그 기준을 말한다)에 적합하지 아니한 경우(2022.10.18 본호개정)
3. 제25조제1항을 위반하여 공급자적합성확인표시등을 하지 아니한 경우
4. 제25조제2항을 위반하여 공급자적합성확인표시등을 하거나 이와 비슷한 표시를 한 경우
5. 제25조제3항을 위반하여 공급자적합성확인표시등을 임의로 변경하거나 제거한 경우
6. 제26조제1항을 위반하여 공급자적합성확인표시등이 없는 공급자적합성확인대상제품을 판매·대여하거나 판매·대여할 목적으로 수입·진열 또는 보관한 경우
7. 제26조제2항을 위반하여 공급자적합성확인표시등이 없는 공급자적합성확인대상제품의 판매를 중개하거나 수입을 대행한 경우
8. 제26조제3항을 위반하여 공급자적합성확인표시등이 없는 공급자적합성확인대상제품을 사용한 경우

④ 시·도지사는 안전기준준수대상생활용품이 다음 각 호의 어느 하나에 해당하는 경우 그 안전기준준수대상생활용품의 제조업자·수입업자·판매업자·대여업자·영업자·판매중개업자 또는 수입대행업자에게 대통령령으로 정하는 바에 따라 일정한 기간을 정하여 그 안전기준준수대상생활용품의 판매중지등을 명할 수 있다.
1. 제28조에 따른 안전기준(같은 조 단서에 따른 안전기준을 적용한 경우에는 그 기준을 말한다)에 적합하지 아니한 경우
2. 제29조제1항에 따른 표시사항을 표시하지 아니하거나 거짓으로 표시한 경우
3. 제29조제2항을 위반하여 안전기준준수대상생활용품의 표시를 임의로 변경하거나 제거한 경우
4. 제30조를 위반하여 제29조제1항에 따른 표시가 없는 안전기준준수대상생활용품을 판매하거나 판매할 목적으로 수입·진열 또는 보관한 경우

⑤ 시·도지사는 어린이보호포장대상생활용품이 다음 각 호의 어느 하나에 해당하는 경우 그 어린이보호포장대상생활용품의 제조업자·수입업자·판매업자·대여업자·영업자·판매중개업자·구매대행업자 또는 수입대행업자에게 대통령령으로 정하는 바에 따라 일정한 기간을 정하여 그 어린이보호포장대상생활용품의 판매중지등을 명할 수 있다.
1. 제32조제1항을 위반하여 어린이보호포장대상생활용품에 어린이보호포장을 사용하지 아니한 경우
2. 제32조제2항에 따른 신고 또는 변경신고를 하지 아니한 경우
3. 제32조제4항에 따른 안전기준에 적합하지 아니한 어린이보호포장대상생활용품을 제조하거나 수입한 경우(2022.10.18 본호개정)
4. 제33조제1항을 위반하여 어린이보호포장표시를 하지 아니한 경우
5. 제33조제2항을 위반하여 어린이보호포장표시 또는 이와 비슷한 표시를 사용한 경우
6. 제34조를 위반하여 어린이보호포장표시가 없는 어린이보호포장대상생활용품을 판매하거나 판매를 목적으로 수입·진열 또는 보관한 경우

⑥ 시·도지사는 안전성검사대상전기용품이 다음 각 호의 어느 하나에 해당하는 경우 안전성검사대상전기용품의 제조업자·판매업자·대여업자·영업자 또는 판매중개업자 등에게 대통령령으로 정하는 바에 따라 안전성검사대상전기용품의 판매중지등을 명할 수 있다.
1. 제34조의3제1항을 위반하여 안전성검사를 받지 아니한 경우
2. 제34조의3제2항 본문의 안전기준(같은 항 단서에 따라 안전성검사를 받은 경우에는 산업통상자원부령으로 정하는 기준을 말한다)에 적합하지 아니한 경우
3. 제34조의4제1항을 위반하여 안전성검사표시등을 하지 아니한 경우
4. 제34조의4제2항을 위반하여 안전성검사표시등을 하거나 이와 비슷한 표시를 한 경우
5. 제34조의4제3항을 위반하여 안전성검사표시등을 임의로 변경하거나 제거한 경우
6. 제34조의5제1항을 위반하여 안전성검사표시등이 없는 안전성검사대상전기용품을 판매·대여하거나 판매·대여할 목적으로 진열·보관한 경우
7. 제34조의5제2항을 위반하여 안전성검사표시등이 없는 안전성검사대상전기용품의 판매를 중개한 경우
8. 제34조의5제3항을 위반하여 안전성검사표시등이 없는 안전성검사대상전기용품을 사용한 경우
9. 이 법 또는 다른 법률에 따라 판매중지등 또는 이와 유사한 명령을 받은 전기용품을 안전성검사대상전기용품으로 제조하여 판매 또는 대여한 경우

(2022.10.18 본항신설)

⑦ 시·도지사는 안전관리대상제품의 제조업자·수입업자·판매업자·대여업자·영업자·판매중개업자·구매대행업자 또는 수입대행업자가 제1항부터 제6항까지의 규정에 따른 판매중지등의 명령에 따르지 아니하면 대통령령으로 정하는 바에 따라 소속 공무원에게 해당 안전관리대상제품을 직접 파기하거나 수거하게 할 수 있다. 이 경우 그 비용은 해당 안전관리대상제품의 제조업자·수입업자·판매업자·대여업자·영업자·판매중개업자·구매대행업자 또는 수입대행업자가 부담한다.

(2022.10.18 전단개정)

⑧ 제7항에 따라 안전관리대상제품의 파기 또는 수거 업무를 수행하는 공무원은 그 권한을 표시하는 증표를 지니고 관계인에게 보여주어야 한다.(2022.10.18 본항개정)

⑨ 시·도지사는 제1항부터 제7항까지의 규정에 따른 안전관리대상제품의 판매중지등만으로는 그 위해를 방지하기가 어렵다고 인정되면 대통령령으로 정하는 바에 따라 해당 제조업자·수입업자·판매업자·대여업자·영업자·판매중개업자·구매대행업자 또는 수입대행업자에게 다음 각 호의 사항을 이행할 것을 명할 수 있다.

(2022.10.18 본문개정)
1. 판매중지등의 명령을 받은 사실의 공표
2. 해당 안전관리대상제품의 교환·환불 또는 수리
3. 그 밖에 시·도지사가 위해를 방지하기 위하여 필요하다고 인정하는 사항

제41조【보고와 검사 등】 ① 산업통상자원부장관 또는 시·도지사는 제품의 안전관리를 위하여 필요하다고 인정하는 경우에는 대통령령으로 정하는 바에 따라 다음 각 호의 자에 대하여 해당 제품의 제조, 수입, 판매, 대여, 사용 등에 관한 보고를 하게 하거나 소속 공무원으로 하여금 사무소·공장·사업장·가게 또는 창고나 그 밖에 필요한 장소에 출입하여 제조설비·검사설비, 제품, 서류·장부, 그 밖의 물건을 검사하거나 관계인에게 질문하게 할 수 있다.
1. 안전관리대상제품의 제조업자·수입업자 또는 수입대행업자
2. 안전관리대상제품의 판매업자·판매중개업자 또는 구매대행업자
3. 안전관리대상제품의 대여업자
4. 안전관리대상제품을 부분품이나 부속품으로 사용하여 제품을 제조하는 자
5. 안전관리대상전기용품을 사용하는 다음 각 목에 해당하는 자
   가. 「전기사업법」 제2조제2호에 따른 전기사업자
   나. 「전기사업법」 제2조제19호에 따른 자가용전기설비를 설치하는 자
   다. 「전기공사업법」 제2조제3호에 따른 공사업자
6. 안전관리대상생활용품을 영업에 사용하는 자

② 산업통상자원부장관 또는 시·도지사는 제1항에 따른 검사(질문을 포함한다. 이하 이 조에서 같다)를 하려면 검사 7일 전까지 다음 각 호의 사항 등이 포함된 검사계획을 해당 관계인에게 알려야 한다. 다만, 긴급한 경우나 사전에 통지를 하면 증거인멸 등으로 검사의 목적을 달성할 수 없다고 인정되는 경우에는 그러하지 아니하다.
1. 검사 일시
2. 검사 이유
3. 검사 내용

③ 제1항에 따라 출입·검사를 하는 공무원은 그 권한을 표시하는 증표를 지니고 관계인에게 보여주어야 하고, 사무소 등에 출입을 할 때에는 다음 각 호의 사항 등이 적혀 있는 문서를 관계인에게 내주어야 한다.
1. 해당 공무원의 성명
2. 출입 시간
3. 출입 목적

제42조【자료제출 요구】 산업통상자원부장관은 제품안전관리를 위하여 필요하다고 인정하는 경우에는 산업통상자원부령으로 정하는 바에 따라 시·도지사에게 다음 각 호의 사항에 대한 자료를 제출할 것을 요구할 수 있다.
1. 제40조제1항부터 제7항까지의 규정에 따른 판매중지등에 관한 사항(2022.10.18 본호개정)
2. 제41조에 따른 보고·검사·질문에 관한 사항
3. 제51조에 따른 과태료 처분에 관한 사항

제43조【수수료】 ① 다음 각 호의 어느 하나에 해당하는 자는 대통령령으로 정하는 바에 따라 수수료를 내야 한다.
1. 제4조제1항에 따른 안전인증기관의 지정을 받으려는 자
2. 제5조제1항에 따른 안전인증을 받으려는 자
3. 제5조제2항에 따른 변경인증을 받으려는 자
4. 제6조제1호에 따라 안전인증 전부 또는 일부의 면제 확인을 받으려는 자
5. 제7조제1항에 따른 안전인증대상제품의 정기검사를 받으려는 자
6. 제8조제1항에 따라 안전인증대상전기용품의 안전검사를 받으려는 자
7. 제14조제1항에 따른 안전확인시험기관의 지정을 받으려는 자
8. 제15조제1항에 따른 안전확인시험을 받거나 안전확인신고를 하려는 자
9. 제15조제2항에 따른 안전확인의 변경신고를 하려는 자
10. 제16조제1호에 따라 안전확인신고 전부 또는 일부의 면제 확인을 받으려는 자
11. 제17조제1항에 따라 안전확인대상전기용품의 안전검사를 받으려는 자
12. 제23조제2항에 따라 공급자적합성확인신고 또는 그 변경신고를 하려는 자
13. 제24조제1호에 따라 공급자적합성확인 또는 공급자적합성확인신고의 면제 확인을 받으려는 자
14. 제32조제2항에 따라 어린이보호포장대상생활용품의 신고 또는 변경신고를 하려는 자
15. 제34조의2제1항에 따른 안전성검사기관의 지정을 받으려는 자(2022.10.18 본호신설)
16. 제34조의3제1항에 따라 안전성검사를 받으려는 자

(2022.10.18 본호신설)

② 다음 각 호의 어느 하나에 해당하는 자는 대통령령으로 정하는 범위에서 해당 시·도의 조례로 정하는 바에 따라 수수료를 내야 한다.
1. 제6조제2호에 따라 안전인증 전부 또는 일부의 면제 확인을 받으려는 자
2. 제16조제2호에 따라 안전확인신고 전부 또는 일부의 면제 확인을 받으려는 자
3. 제24조제2호에 따른 공급자적합성확인 또는 공급자적합성확인신고의 면제 확인을 받으려는 자

제44조【청문】 산업통상자원부장관은 다음 각 호의 어느 하나에 해당하는 처분을 하려면 청문을 하여야 한다.
1. 제12조제1항에 따른 안전인증기관의 지정 취소 및 업무 정지
2. 제21조제1항에 따른 안전확인시험기관의 지정 취소 및 업무 정지
3. 제34조의6제1항에 따른 안전성검사기관의 지정취소 또는 업무정지(2022.10.18 본호신설)

제45조【권한 등의 위임·위탁】 ① 이 법에 따른 산업통상자원부장관의 권한은 그 일부를 대통령령으로 정하는 바에 따라 시·도지사 또는 소속 기관의 장에게 위임할 수 있다.
② 이 법에 따른 산업통상자원부장관의 업무는 그 일부를 대통령령으로 정하는 바에 따라 제품안전관리에 관련된 업무를 수행하는 기관이나 단체의 장에게 위탁할 수 있다.
③ 시·도지사는 제1항에 따라 산업통상자원부장관으로부터 위임받은 권한의 일부를 산업통상자원부장관의 승인을 받아 시장·군수 또는 구청장(자치구의 구청장을 말한다)에게 재위임할 수 있다.
④ 시·도지사는 제3항에 따라 재위임한 경우에는 이를 고시하여야 한다.

제46조【유해성평가 결과의 반영】 산업통상자원부장관은 「화학물질의 등록 및 평가 등에 관한 법률」 제19조에 따라 환경부장관이 실시하는 화학물질에 대한 유해성평가 결과를 안전관리대상제품의 안전기준에 반영하여야 한다.

제47조【안전관리대상제품의 원자재 안전관리】 산업통상자원부장관은 안전관리대상제품에 사용되는 원료·자재 및 재료물질(이하 "원자재"라 한다)의 안전성을 확보하기 위하여 다음 각 호의 조치를 할 수 있다.
1. 원자재 유해성 조사 등 원자재 안전관리에 필요한 조사·분석 및 연구
2. 원자재 및 안전관리대상제품의 제조업자 또는 수입업자 등에 대한 지도·감독 및 지원
3. 그 밖에 원자재 안전관리를 위하여 대통령령으로 정하는 사항

제48조【벌칙 적용에서 공무원 의제】 다음 각 호의 어느 하나에 해당하는 사람은 「형법」 제129조부터 제132조까지의 규정을 적용할 때에는 공무원으로 본다.
1. 위원회의 위원 중 공무원이 아닌 위원
2. 안전인증기관에서 안전인증업무에 종사하는 임직원
3. 안전확인시험기관에서 안전확인시험 업무에 종사하는 임직원
4. 안전성검사기관에서 안전성검사 업무에 종사하는 임직원(2022.10.18 본호신설)
5. 제45조제2항에 따라 위탁받은 업무에 종사하는 기관이나 단체의 임직원

제9장 벌 칙

제49조【벌칙】 ① 다음 각 호의 어느 하나에 해당하는 자는 3년 이하의 징역 또는 3천만원 이하의 벌금에 처한다.
1. 거짓이나 그 밖의 부정한 방법으로 안전인증기관으로 지정을 받고 안전인증이나 안전검사를 한 자
2. 안전인증기관으로 지정을 받지 아니하고 안전인증이나 안전검사를 한 자
3. 거짓이나 그 밖의 부정한 방법으로 제5조제1항에 따른 안전인증을 받은 자
4. 제5조제1항을 위반하여 안전인증을 받지 아니하고 안전인증대상제품을 제조 또는 수입한 자
5. 제5조제2항 본문을 위반하여 변경인증을 받지 아니한 자
6. 제5조제3항에 따른 안전기준 또는 공장심사 기준을 위반하여 안전인증을 한 자
7. 거짓이나 그 밖의 부정한 방법으로 제8조제1항에 따른 안전검사를 받은 자
8. 제8조제1항을 위반하여 안전검사를 받지 아니하고 중고 안전인증대상전기용품을 수입한 자
9. 제8조제2항에 따른 안전검사 기준을 위반하여 안전검사를 한 자
10. 제9조제2항을 위반하여 안전인증표시등을 하거나 이와 비슷한 표시를 한 자
11. 제10조제1항을 위반하여 안전인증표시등이 없는 안전인증대상전기용품을 판매·대여하거나 판매·대여할 목적으로 수입·진열 또는 보관한 자
12. 제10조제2항을 위반하여 안전인증표시등이 없는 안전인증대상전기용품의 판매를 중개하거나 구매 또는 수입을 대행한 자(제35조제1호에 따라 구매대행을 한 자는 제외한다)
13. 제12조제1항에 따라 안전인증기관의 지정이 취소된 후 또는 업무정지기간 중에 안전인증이나 안전검사를 한 자
14. 거짓이나 그 밖의 부정한 방법으로 안전확인시험기관으로 지정을 받고 안전확인시험이나 안전검사를 한 자
15. 안전확인시험기관으로 지정을 받지 아니하고 안전확인시험이나 안전검사를 한 자
16. 거짓이나 그 밖의 부정한 방법으로 안전확인신고를 한 자
17. 제15조제1항을 위반하여 안전확인신고를 하지 아니하고 안전확인대상제품을 제조 또는 수입한 자
18. 제15조제2항 본문을 위반하여 안전확인의 변경신고를 하지 아니한 자
19. 제15조제4항에 따른 안전기준을 위반하여 안전확인을 한 자(2022.10.18 본호개정)
20. 거짓이나 그 밖의 부정한 방법으로 제17조제1항에 따른 안전검사를 받은 자
21. 제17조제1항을 위반하여 안전검사를 받지 아니하고 중고 안전확인대상전기용품을 수입한 자
22. 제17조제2항에 따른 안전검사의 기준을 위반하여 안전검사를 한 자
23. 제18조제2항을 위반하여 안전확인표시등을 하거나 이와 비슷한 표시를 한 자
24. 제19조제1항을 위반하여 안전확인표시등이 없는 안전확인대상전기용품을 판매·대여하거나 판매·대여할 목적으로 수입·진열 또는 보관한 자
25. 제19조제2항을 위반하여 안전확인표시등이 없는 안전확인대상전기용품의 판매를 중개하거나 구매 또는 수입을 대행한 자(제35조제2호에 따라 구매대행을 한 자는 제외한다)
26. 제21조제1항에 따라 안전확인시험기관의 지정이 취소된 후 또는 업무정지기간 중에 안전확인시험을 한 자
27. 거짓이나 그 밖의 부정한 방법으로 공급자적합성확인을 한 자
28. 제23조제1항을 위반하여 공급자적합성확인을 하지 아니하고 공급자적합성확인대상제품을 제조 또는 수입한 자
29. 제25조제2항을 위반하여 공급자적합성확인표시등을 하거나 이와 비슷한 표시를 한 자
30. 제26조제1항을 위반하여 공급자적합성확인표시등이 없는 공급자적합성확인대상전기용품을 판매·대여하거나 판매·대여할 목적으로 수입·진열 또는 보관한 자
31. 제26조제2항을 위반하여 공급자적합성확인표시등이 없는 공급자적합성확인대상전기용품의 판매를 중개하거나 수입을 대행한 자
32. 제33조제2항을 위반하여 어린이보호포장표시를 하거나 이와 비슷한 표시를 한 자
32의2. 거짓이나 그 밖의 부정한 방법으로 안전성검사기관으로 지정을 받고 안전성검사를 한 자
32의3. 안전성검사기관으로 지정을 받지 아니하고 안전성검사를 한 자
32의4. 거짓이나 그 밖의 부정한 방법으로 제34조의3제1항에 따른 안전성검사를 받은 자
32의5. 제34조의3제1항을 위반하여 안전성검사를 받지 아니하고 안전성검사대상전기용품을 제조한 자
32의6. 제34조의3제2항 본문의 안전기준(같은 항 단서에 따라 안전성검사를 한 경우에는 산업통상자원부령으로 정하는 기준을 말한다)을 위반하여 안전성검사를 한 자
32의7. 제34조의4제2항을 위반하여 안전성검사표시등 또는 이와 비슷한 표시를 한 자
32의8. 제34조의5제1항을 위반하여 안전성검사표시등이 없는 안전성검사대상전기용품을 판매·대여하거나 판매·대여할 목적으로 진열 또는 보관한 자
32의9. 제34조의5제2항을 위반하여 안전성검사표시등이 없는 안전성검사대상전기용품의 판매를 중개한 자
32의10. 제34조의6제1항에 따라 안전성검사기관의 지정이 취소된 후 또는 같은 항에 따른 업무정지기간 중에 안전성검사를 한 자
(2022.10.18 32호의2~32호의10신설)
33. 제37조제1항에 따른 구매대행의 금지 명령을 위반하여 구매대행을 한 자
34. 제40조제1항부터 제6항까지 또는 제9항에 따른 명령을 이행하지 아니한 자(2022.10.18 본호개정)
② 다음 각 호의 어느 하나에 해당하는 자는 2년 이하의 징역 또는 2천만원 이하의 벌금에 처한다.
1. 제9조제3항을 위반하여 안전인증표시등을 임의로 변경하거나 제거한 자
2. 제18조제3항을 위반하여 안전확인표시등을 임의로 변경하거나 제거한 자
3. 제25조제3항을 위반하여 공급자적합성확인표시등을 임의로 변경하거나 제거한 자
4. 제34조의4제3항을 위반하여 정당한 사유 없이 안전성검사표시등을 임의로 변경하거나 제거한 자(2022.10.18 본호신설)
③ 다음 각 호의 어느 하나에 해당하는 자는 1년 이하의 징역 또는 1천만원 이하의 벌금에 처한다.
1. 거짓 또는 그 밖의 부정한 방법으로 제6조에 따른 안전인증의 면제를 받은 자
2. 제10조제3항을 위반하여 안전인증표시등이 없는 안전인증대상전기용품을 사용한 자
3. 제11조제3항을 위반하여 안전인증을 한 자
4. 거짓 또는 그 밖의 부정한 방법으로 제16조에 따른 안전확인신고의 면제를 받은 자
5. 제19조제3항을 위반하여 안전확인표시등이 없는 안전확인대상전기용품을 사용한 자
6. 거짓 또는 그 밖의 부정한 방법으로 제24조에 따른 공급자적합성확인 또는 공급자적합성확인신고의 면제를 받은 자
7. 제26조제3항을 위반하여 공급자적합성확인표시등이 없는 공급자적합성확인대상전기용품을 사용한 자
8. 제32조제1항을 위반하여 어린이보호포장대상생활용품에 어린이보호포장을 사용하지 아니한 자
9. 제34조를 위반하여 어린이보호포장표시가 없는 어린이보호포장대상생활용품을 판매하거나 판매할 목적으로 수입·진열 또는 보관한 자
10. 제34조의5제3항을 위반하여 안전성검사표시등이 없는 안전성검사대상전기용품을 사용한 자(2022.10.18 본호신설)

제50조【양벌규정】 법인의 대표자나 법인 또는 개인의 대리인, 사용인, 그 밖의 종업원이 그 법인 또는 개인의 업무에 관하여 제49조의 위반행위를 하면 그 행위자를 벌하는 외에 그 법인 또는 개인에게도 해당 조문의 벌금형을 과(科)한다. 다만, 법인 또는 개인이 그 위반행위를 방지하기 위하여 해당 업무에 관하여 상당한 주의와 감독을 게을리하지 아니한 경우에는 그러하지 아니하다.

제51조【과태료】 ① 다음 각 호의 어느 하나에 해당하는 자에게는 1천만원 이하의 과태료를 부과한다.
1. 제7조제1항에 따른 정기검사를 거부·방해 또는 기피한 자
2. 제10조제1항을 위반하여 안전인증표시등이 없는 안전인증대상생활용품을 판매·대여하거나 판매·대여할 목적으로 수입·진열 또는 보관한 자
3. 제19조제1항을 위반하여 안전확인표시등이 없는 안전확인대상생활용품을 판매·대여하거나 판매·대여할 목적으로 수입·진열 또는 보관한 자
4. 제32조제2항에 따른 어린이보호포장의 사용신고(변경신고를 포함한다)를 하지 아니한 자
4의2. 제34조의9제2항을 위반하여 손해배상책임을 보장하기 위하여 필요한 조치를 하지 아니한 자(2022.10.18 본호신설)
5. 제36조제1항을 위반하여 구매대행 고지사항을 고지하지 아니한 자
6. 제38조제1항을 위반하여 병행수입 표시 또는 고지를 하지 아니한 자
7. 제41조제1항에 따른 보고를 하지 아니하거나 거짓으로 보고한 자
8. 제41조제1항에 따른 검사나 질문을 거부·방해 또는 기피한 자
② 다음 각 호의 어느 하나에 해당하는 자에게는 500만원 이하의 과태료를 부과한다.
1. 제7조제2항에 따른 자체검사를 실시하지 아니하거나 자체검사의 기록을 거짓으로 작성·보관한 자
2. 제9조제1항을 위반하여 안전인증표시등을 하지 아니한 자
3. 제9조제4항을 위반하여 안전인증 관련 정보를 게시하지 아니한 자
4. 제10조제2항을 위반하여 안전인증표시등이 없는 안전인증대상생활용품의 판매를 중개하거나 구매 또는 수입을 대행한 자(제35조제1호에 따라 구매대행을 한 자는 제외한다)
5. 제10조제3항을 위반하여 안전인증표시등이 없는 안전인증대상생활용품을 사용한 자
6. 제15조제5항을 위반하여 안전기준에 적합하다는 사실을 증명하는 서류를 갖추어 두지 아니하거나 거짓으로 갖추어 둔 자(2022.10.18 본호개정)
7. 제18조제1항을 위반하여 안전확인표시등을 하지 아니한 자
8. 제18조제4항을 위반하여 안전확인 관련 정보를 게시하지 아니한 자
9. 제19조제2항을 위반하여 안전확인표시등이 없는 안전확인대상생활용품의 판매를 중개하거나 구매 또는 수입을 대행한 자(제35조제3호에 따라 구매대행을 한 자는 제외한다)
10. 제19조제3항을 위반하여 안전확인표시등이 없는 안전확인대상생활용품을 사용한 자
11. 제23조제2항을 위반하여 공급자적합성확인신고 또는 그 변경신고를 하지 아니하고 공급자적합성확인대상전기용품을 제조 또는 수입한 자
12. 제23조제5항을 위반하여 안전기준에 적합하다는 사실을 증명하는 서류를 갖추어 두지 아니하거나 거짓으로 갖추어 둔 자(2022.10.18 본호개정)
13. 제25조제1항을 위반하여 공급자적합성확인표시등을 하지 아니한 자
14. 제25조제4항을 위반하여 공급자적합성확인 관련 정보를 게시하지 아니한 자
15. 제26조제1항을 위반하여 공급자적합성확인표시등이 없는 공급자적합성확인대상생활용품을 판매·대여하거나 판매·대여할 목적으로 수입·진열 또는 보관한 자
16. 제26조제2항을 위반하여 공급자적합성확인표시등이 없는 공급자적합성확인대상생활용품의 판매를 중개하거나 수입을 대행한 자

17. 제26조제3항을 위반하여 공급자적합성확인표시등이 없는 공급자적합성확인대상생활용품을 사용한 자
18. 제29조제1항을 위반하여 안전기준준수대상생활용품의 표시를 하지 아니한 자
19. 제30조를 위반하여 표시가 없는 안전기준준수대상생활용품을 판매하거나 판매할 목적으로 수입·진열 또는 보관한 자
20. 제33조제1항을 위반하여 어린이보호포장표시를 하지 아니한 자
20의2. 제34조의3제3항을 위반하여 안전기준에 적합하다는 사실을 증명하는 서류를 갖추어 두지 아니하거나 거짓으로 갖추어 둔 자(2022.10.18 본호신설)
20의3. 제34조의4제1항을 위반하여 안전성검사표시등을 하지 아니한 자(2022.10.18 본호신설)
20의4. 제34조의4제4항을 위반하여 안전성검사 관련 정보를 게시하지 아니한 자(2022.10.18 본호신설)
21. 제38조제2항을 위반하여 병행수입되지 아니한 제품을 병행수입 제품으로 표시한 자
22. 제39조를 위반하여 해당 안전관리대상제품을 사용할 수 있는 연령기준에 맞지 아니하는 어린이에게 해당 안전관리대상제품을 판매한 자

③ 제1항과 제2항에 따른 과태료는 대통령령으로 정하는 바에 따라 산업통상자원부장관 또는 시·도지사가 부과·징수한다.

부 칙

제1조【시행일】 이 법은 공포 후 6개월이 경과한 날부터 시행한다. 다만, 부칙 제3조부터 제5조까지는 공포한 날부터 시행한다.
제2조【과징금 부과에 관한 적용례】 제13조 및 제22조의 개정규정은 이 법 시행 전의 위반행위에 대하여 이 법 시행 후에 업무정지를 명하는 경우에도 적용한다.
제3조【생활용품 구매대행업자에 대한 적용례】 생활용품 구매대행업자에 대해서는 종전의 제9조제4항, 제10조제2항, 제18조제4항, 제19조제2항, 제25조제4항 및 제26조제2항을 이 법 시행 전까지 적용하지 아니한다.
제4조【공급자적합성확인대상생활용품의 제조업자 또는 수입업자에 대한 적용례】 공급자적합성확인대상생활용품의 제조업자 또는 수입업자에 대해서는 종전의 제23조제4항을 이 법 시행 전까지 적용하지 아니한다.
제5조【공급자적합성확인대상생활용품의 정보 게시에 관한 특례】 공급자적합성확인대상생활용품에 대해서는 종전의 제25조제4항에도 불구하고 공급자적합성확인의 표시를 공포 후 이 법 시행 전까지 게시하지 아니할 수 있다.
제6조【일반적 경과조치】 ① 이 법 시행 당시 종전의 규정에 따라 행정기관에 대하여 한 신고 등 행위는 그에 해당하는 이 법의 규정에 따라 한 것으로 본다.
② 이 법 시행 당시 종전의 규정에 따라 행정기관이 한 취소, 표시등 사용금지조치, 개선명령, 공고 등의 처분·절차, 그 밖의 행위는 그에 해당하는 이 법의 규정에 따라 한 것으로 본다.
제7조【제품안전심의위원회 등에 대한 경과조치】 ① 이 법 시행 당시 종전의 제3조에 따른 제품안전심의위원회는 제3조의 개정규정에 따른 제품안전심의위원회로 본다.
② 이 법 시행 당시 종전의 제3조제2항에 따라 제품안전심의위원회의 위원장으로 호선되거나 위원으로 임명 또는 위촉된 사람은 제3조제2항의 개정규정에 따라 제품안전심의위원회 위원장으로 호선되거나 위원으로 임명 또는 위촉된 것으로 보며, 그 위촉 위원의 임기는 종전의 제3조제3항에 따른 임기 만료일까지로 한다.
제8조【안전인증기관의 지정에 관한 경과조치】 이 법 시행 당시 종전의 제4조제1항에 따라 안전인증기관으로 지정을 받은 기관은 제4조제1항의 개정규정에 따라 안전인증기관으로 지정을 받은 기관으로 본다.
제9조【안전인증 등에 관한 경과조치】 ① 이 법 시행 당시 종전의 제5조제1항에 따라 안전인증을 받은 전기용품 및 생활용품은 제5조제1항의 개정규정에 따라 안전인증을 받은 것으로 본다.
② 이 법 시행 당시 종전의 제5조제2항에 따라 안전인증의 변경인증을 받은 경우에는 제5조제2항의 개정규정에 따라 안전인증의 변경인증을 받은 것으로 본다.
③ 이 법 시행 당시 종전의 제6조에 따라 안전인증의 면제를 받은 전기용품 및 생활용품은 제6조의 개정규정에 따라 안전인증의 면제를 받은 안전인증대상제품으로 본다.
제10조【정기검사 및 자체검사에 관한 경과조치】 ① 이 법 시행 당시 종전의 제7조제1항에 따라 정기검사를 받은 경우에는 제7조제1항의 개정규정에 따라 정기검사를 받은 것으로 본다.
② 이 법 시행 당시 종전의 제7조제2항에 따라 자체검사를 한 경우에는 제7조제2항의 개정규정에 따라 자체검사를 한 것으로 본다.
제11조【안전인증대상전기용품의 안전검사에 관한 경과조치】 이 법 시행 당시 종전의 제8조제1항에 따라 안전검사를 받은 안전인증대상전기용품은 제8조제1항의 개정규정에 따라 안전검사를 받은 안전인증대상전기용품으로 본다.
제12조【표시 등에 관한 경과조치】 이 법 시행 당시 종전의 제9조제1항, 제18조제1항, 제26조제1항 및 제29조제1항에 따라 한 안전인증표시등, 안전확인표시등, 공급자적합성확인표시등 및 어린이보호포장표시는 제9조제1항, 제18조제1항, 제25조제1항 및 제33조제1항의 개정규정에 따라 한 안전인증표시등, 안전확인표시등, 공급자적합성확인표시등 및 어린이보호포장표시로 본다.
제13조【안전확인시험기관 등의 지정에 관한 경과조치】 이 법 시행 당시 종전의 제14조제1항에 따라 안전확인시험기관으로 지정을 받은 기관은 제14조제1항의 개정규정에 따라 안전확인시험기관으로 지정을 받은 기관으로 본다.
제14조【안전확인신고 등에 관한 경과조치】 ① 이 법 시행 당시 종전의 제15조제1항에 따라 안전확인신고를 한 안전확인대상제품은 제15조제1항의 개정규정에 따라 안전확인신고를 한 안전확인대상제품으로 본다.
② 이 법 시행 당시 종전의 제15조제2항에 따라 안전확인신고의 변경신고를 한 경우에는 제15조제2항의 개정규정에 따라 안전확인신고의 변경신고를 한 것으로 본다.
③ 이 법 시행 당시 종전의 제16조에 따라 안전확인신고의 면제를 받은 전기용품 및 생활용품은 제16조의 개정규정에 따라 안전확인신고의 면제를 받은 안전확인대상제품으로 본다.
제15조【안전확인대상전기용품의 안전검사에 관한 경과조치】 이 법 시행 당시 종전의 제17조제1항에 따라 안전검사를 받은 안전확인대상전기용품은 제17조제1항의 개정규정에 따라 안전검사를 받은 안전확인대상전기용품으로 본다.
제16조【공급자적합성확인 등에 관한 경과조치】 ① 이 법 시행 당시 종전의 제23조제1항에 따라 공급자적합성확인을 한 공급자적합성확인대상제품은 제23조제1항의 개정규정에 따라 공급자적합성확인을 한 공급자적합성확인대상제품으로 본다.
② 이 법 시행 당시 종전의 제23조제2항에 따라 공급자적합성확인신고를 한 전기용품은 제23조제2항의 개정규정에 따라 공급자적합성확인신고를 한 전기용품으로 본다.
③ 이 법 시행 당시 종전의 제24조에 따라 공급자적합성확인 및 공급자적합성확인신고를 면제받은 공급자적합성확인대상제품은 제24조의 개정규정에 따라 공급자적합성확인 및 공급자적합성확인신고를 면제받은 공급자적합성확인대상제품으로 본다.
제17조【어린이보호포장대상생활용품에 관한 경과조치】 ① 이 법 시행 당시 종전의 제28조제1항 단서에 따라 어린이보호포장의 사용면제에 해당하여 산업통상자원부장관의 확인을 받은 경우에는 제32조제1항 단서의 개정규정에 따라 어린이보호포장의 사용을 면제받은 것으로 본다.
② 이 법 시행 당시 종전의 제28조제2항에 따라 어린이보호포장대상생활용품 신고 또는 변경신고를 한 경우에는 제32조제2항의 개정규정에 따라 신고 또는 변경신고를 한 것으로 본다.
제18조【행정처분에 관한 경과조치】 이 법 시행 전의 위반행위에 대한 행정처분에 관하여는 종전의 규정에 따른다.
제19조【벌칙 및 과태료에 관한 경과조치】 이 법 시행 전의 위반행위에 대한 벌칙 및 과태료에 관하여는 종전의 규정에 따른다.

부 칙 (2022.10.18)

제1조【시행일】 이 법은 공포 후 1년이 경과한 날부터 시행한다.
제2조【규제특례를 부여받아 판매 또는 대여된 안전성검사대상전기용품의 안전성검사에 관한 특례】 이 법 시행 전에 「산업융합 촉진법」 제10조의3에 따라 규제특례를 부여받아 판매 또는 대여된 안전성검사대상전기용품은 제34조의3제1항의 개정규정에 따라 안전성검사를 받은 것으로 본다.

광업법

(2007년 4월 11일 전부개정법률 제8355호)

개정
2007. 4. 6법 8338호(하천법)
2007. 5.17법 8453호
2007.12.21법 8733호(군사기지및군사시설보호법)
2008. 2.29법 8852호(정부조직)
2008.12.31법 9313호(자연공원법)
2009. 4.22법 9636호(궤도운송법)
2009. 6. 9법 9763호(산림보호법)
2009. 6. 9법 9774호(측량·수로지적)
2010. 1.27법 9982호
2010. 5.31법10331호(산지관리법)
2012. 5.23법11434호
2013. 3.23법11690호(정부조직)
2014. 6. 3법12738호(공간정보구축관리)
2016. 1. 6법13729호(광산안전법)
2016. 1. 6법13730호
2017.10.31법14990호
2018.12.31법16127호
2022. 2. 3법18811호
2022.12.27법19117호(산림자원조성관리)

제1장 총 칙

제1조【목적】 이 법은 광물자원을 합리적으로 개발함으로써 국가 산업이 발달할 수 있도록 하기 위하여 광업에 관한 기본 제도를 규정함을 목적으로 한다.
제2조【국가의 권능】 국가는 채굴(採掘)되지 아니한 광물에 대하여 채굴하고 취득할 권리를 부여할 권능을 갖는다.
제3조【정의】 이 법에서 사용하는 용어의 뜻은 다음과 같다.
1. "광물"이란 금광, 은광, 백금광, 동광, 연광(鉛鑛), 아연광, 창연광(蒼鉛鑛), 주석광(朱錫鑛), 안티몬광, 수은광, 철광, 크롬철광, 티탄철광, 유화철광(硫化鐵鑛), 망간광, 니켈광, 코발트광, 텅스텐광, 몰리브덴광, 비소광(砒素鑛), 인광(燐鑛), 붕소광(硼素鑛), 보크사이트, 마그네사이트, 석탄, 흑연, 금강석, 석유(천연피치 및 가연성 천연가스를 포함한다), 운모〔견운모(絹雲母) 및 질석(蛭石)을 포함한다〕, 유황, 석고(石膏), 납석(蠟石), 활석(滑石), 홍주석〔紅柱石. 규선석(硅線石) 및 남정석(藍晶石)을 포함한다〕, 형석(螢石), 명반석(明礬石), 중정석(重晶石), 하석(霞石), 규조토(硅藻土), 장석(長石), 불석(沸石), 사문석(蛇紋石), 수정(水晶), 연옥(軟玉), 고령토〔도석(陶石), 벤토나이트, 산성백토(酸性白土), 와목점토(蛙目粘土), 목절점토(木節粘土) 및 반토혈암(礬土頁岩)을 포함한다〕, 석회석〔백운석(白雲石) 및 규회석(硅灰石)을 포함한다〕, 사금(砂金), 규석, 규사, 우라늄광, 리튬광, 카드뮴광, 토륨광, 베릴륨광, 탄탈륨광, 니오비움광, 지르코늄광, 바나듐광 및 희토류광〔세륨, 란타늄, 이트륨, 프라세오디뮴, 네오디뮴, 프로메튬, 사마륨, 유로퓸, 가돌리늄, 테르븀, 디스프로슘, 홀뮴, 에르븀, 툴륨, 이터븀, 루테튬, 스칸듐을 함유하는 토석을 말한다〕 중 어느 하나에 해당하는 물질을 말하며, 그 물질의 폐광(廢鑛) 또는 광재(鑛滓 : 제련하고 난 찌꺼기)로서 토지에 붙어 있는 것은 광물로 본다.(2016.1.6 본호개정)
2. "광업"이란 광물의 탐사(探査) 및 채굴과 이에 따르는 선광(選鑛)·제련 또는 그 밖의 사업을 말한다.
3. "광업권"이란 탐사권과 채굴권을 말한다.
(2010.1.27 2호~3호개정)
3의2. "탐사권"이란 등록을 한 일정한 토지의 구역(이하 "광구"라 한다)에서 등록을 한 광물과 이와 같은 광상(鑛床)에 묻혀 있는 다른 광물을 탐사하는 권리를 말한다.(2010.1.27 본호신설)
3의3. "채굴권"이란 광구에서 등록을 한 광물과 이와 같은 광상에 묻혀 있는 다른 광물을 채굴하고 취득하는 권리를 말한다.(2010.1.27 본호신설)
4. "조광권"(租鑛權)이란 설정행위에 의하여 타인의 광구에서 채굴권의 목적이 되어 있는 광물을 채굴하고 취득하는 권리를 말한다.(2010.1.27 본호개정)
제4조【광물의 채굴】 채굴되지 아니한 광물은 채굴권의 설정 없이는 채굴할 수 없다.(2010.1.27 본조개정)
제5조【분리된 광물의 귀속】 ① 광구에서 광업권이나 조광권에 의하지 아니하고 토지로부터 분리된 광물은 그 광업권자나 조광권자의 소유로 한다. 다만, 토지소유자나 그 밖에 토지에 대한 정당한 권원(權原)을 가진 자가 농작물의 경작, 공작물의 설치, 건축물의 건축 등을 하는 과정에서 토지로부터 분리된 광물은 광물을 분리한 해당 토지소유자나 그 밖에 토지에 대한 정당한 권원을 가진 자의 소유로 하되, 그 토지소유자나 그 밖에 토지에 대한 정당한 권원을 가진 자는 분리된 광물을 영리 목적으로 양도할 수 없다.(2010.1.27 단서신설)
② 광구 밖에서 토지로부터 분리된 광물은 그 취득자의 소유로 한다. 다만, 범죄 행위로 인하여 취득한 경우에는 그러하지 아니하다.
제6조【권리와 의무의 승계】 이 법에서 규정한 광업권자 또는 조광권자의 권리와 의무는 광업권 또는 조광권과 같이 이전(移轉)된다.
제7조【행위의 효력의 승계】 이 법에 따라 행한 절차나 그 밖의 행위는 다음 각 호의 어느 하나에 해당하는 자의 승계인에 대하여도 그 효력이 있다.

1. 광업권설정을 출원(出願)하려는 자
2. 조광권자가 되려는 자
3. 광업권설정을 출원한 자(이하 "광업출원인"이라 한다)
4. 조광권설정인가신청자
5. 광업권자
6. 조광권자
7. 토지 소유자
8. 그 밖의 이해관계인

제8조 (2016.1.6 삭제)

제9조【석유에 관한 광업권에 대한 특례】 ① 석유에 관한 광업권은 정부만이 가질 수 있다.
② 산업통상자원부장관은 석유를 채굴하고 취득하려면 대통령령으로 정하는 바에 따라 석유에 관한 광업권을 등록하여야 한다.(2013.3.23 본항개정)
③ 석유에 관한 광업권에 대하여는 제10조의2(제61조에서 준용하는 경우를 포함한다), 제11조, 제12조, 제15조, 제16조, 제17조(제61조에서 준용하는 경우를 포함한다), 제18조부터 제28조까지, 제30조(제61조에서 제30조제1항을 준용하는 경우를 포함한다), 제31조(제61조에서 준용하는 경우를 포함한다), 제32조(제61조에서 준용하는 경우를 포함한다), 제35조부터 제37조까지, 제38조제1항제3호·제4호 및 같은 조 제3항, 제39조, 제40조, 제41조, 제42조(제61조에서 준용하는 경우를 포함한다), 제42조의2(제61조에서 준용하는 경우를 포함한다), 제43조(제61조에서 준용하는 경우를 포함한다), 제44조(제61조에서 준용하는 경우를 포함한다), 제45조(제61조에서 준용하는 경우를 포함한다), 제46조(제61조에서 준용하는 경우를 포함한다), 제48조, 제49조, 제51조부터 제53조까지, 제56조부터 제59조까지를 적용하지 아니한다.(2010.1.27 본항개정)
④ 석유에 관한 광업권에 관하여는 「해저광물자원 개발법」 제5조, 제7조부터 제21조까지, 제26조, 제31조부터 제32조의2까지 및 제34조를 준용한다. 이 경우 "해저조광권"은 "조광권"으로, "해저조광권자"는 "조광권자"로, "해저광물"은 "석유"로, "해저구역도"는 "구역도"로, "해저조광구"는 "조광구"로, "해저광물 채취계획서"는 "석유채취계획서"로, "해저 광업원부"는 "광업원부"로, "해저광업활동"은 "광업활동"으로, "해저조광권포기서"는 "조광권포기서"로 본다.

제2장 광업권

제9조의2【광업권의 종류】 광업권의 종류는 다음 각 호와 같다.
1. 탐사권
2. 채굴권
(2010.1.27 본조신설)

제10조【광업권의 성질】 ① 광업권은 물권으로 하고, 이 법에서 따로 정한 경우 외에는 부동산에 관하여 「민법」과 그 밖의 법령에서 정하는 사항을 준용한다.
② 광업권은 광업의 합리적 개발이나 다른 공익과의 조절을 위하여 이 법이 규정하는 바에 따라 제한할 수 있다.

제10조의2【외국인의 권리능력】 ① 외국인은 다음 각 호의 어느 하나에 해당하는 경우에만 광업권을 가질 수 있다.
1. 그 외국인이 속하는 국가에서 대한민국 국민에 대하여 그 국가의 국민과 동일한 조건으로 광업권을 갖는 것을 인정하는 경우
2. 대한민국이 그 외국인에 대하여 광업권을 갖는 것을 인정하는 경우에는 그 외국인이 속하는 국가에서도 대한민국 국민에 대하여 그 국가의 국민과 동일한 조건으로 광업권을 갖는 것을 인정하는 경우
3. 조약 및 이에 준하는 것에서 광업권을 갖는 것을 인정하고 있는 경우
② 제1항에 따른 외국인의 구체적인 범위는 대통령령으로 정한다.
(2010.1.27 본조신설)

제11조【광업권의 처분 제한】 ① 탐사권은 상속, 양도, 체납처분 또는 강제집행의 경우 외에는 권리의 목적으로 하거나 타인이 행사하게 할 수 없다.
② 채굴권은 상속, 양도, 조광권·저당권의 설정, 체납처분 또는 강제집행의 경우 외에는 권리의 목적으로 하거나 타인이 행사하게 할 수 없다.
(2016.1.6 본조개정)

제12조【광업권의 존속기간】 ① 탐사권의 존속기간은 7년을 넘을 수 없다.
② 채굴권의 존속기간은 20년을 넘을 수 없다.
(2010.1.27 본항신설)
③ 채굴권자는 채굴권의 존속기간이 끝나기 전에 대통령령으로 정하는 바에 따라 산업통상자원부장관의 허가를 받아 채굴권의 존속기간을 연장할 수 있다. 이 경우 연장할 때마다 그 연장기간은 20년을 넘을 수 없다.
(2013.3.23 전단개정)
(2010.1.27 본조개정)

제13조【광구의 단위구역】 ① 광구의 경계는 직선으로 정하고 지표경계선의 직하(直下)를 한계로 한다.
② 광구는 경도선과 위도선으로 둘러싸인 사각형의 구역(이하 "단위구역"이라 한다)으로 하며, 그 각 모서리 점의 위치는 경도 1분, 위도 1분의 차(差)가 있는 것으로 한다.
③ 산업통상자원부장관은 단위구역의 광업지적(鑛業地籍), 변(邊)의 길이 및 면적을 고시한다.(2013.3.23 본항개정)

제14조【단위구역의 예외】 ① 다음 각 호의 어느 하나에 해당하면 제13조제2항에도 불구하고 광구를 설정할 수 있다.
1. 지형에 따라 단위구역으로 광구를 정하기 곤란한 경우
2. 광물의 종류에 따라 단위구역의 면적이 필요하지 아니한 경우
3. 기존 광구로 인하여 단위구역을 정하기 곤란한 경우
4. 제24조제2항에 따라 광업권설정의 출원구역을 줄여서 허가한 경우
5. 제34조제1항 및 제2항에 따라 광구의 감소처분을 한 경우
② 제1항제2호 및 제4호의 경우에 광구는 단위구역의 각 변 길이의 2분의 1로 한 사각형의 구역으로 할 수 있다.
③ 제1항과 제2항의 경우에 광구 면적의 최대치와 최소치는 대통령령으로 정한다.
④ 제1항제3호의 경우에 광구의 경계는 기존 광구의 경계로부터 상당한 거리를 두고 측점(測點)을 설치하여 직선으로 정하여야 한다. 다만, 기존 광구의 광업권자와 인접한 광구의 광업권자나 광업출원인이 서로 합의한 경우에는 그러하지 아니하다.

제15조【광업권설정의 출원 등】 ① 광업권의 설정을 받으려는 자는 광업권의 종류를 정하여 대통령령으로 정하는 바에 따라 산업통상자원부장관에게 출원하고 그 허가를 받아야 한다.(2013.3.23 본항개정)
② 제1항에 따라 광업권설정의 출원을 하는 자는 광업권설정출원서에 다음 각 호의 서류를 첨부하여 산업통상자원부장관에게 제출하여야 한다. 다만, 제2호의 광상에 관한 설명서는 광업권설정출원서를 제출한 날부터 대통령령으로 정하는 기간 내에 제출할 수 있다.(2016.1.6 단서개정)
1. (2016.1.6 삭제)
2. 대통령령으로 정하는 바에 따라 작성한 광상에 관한 설명서
3. 그 밖에 산업통상자원부령으로 정하는 서류(2013.3.23 본호개정)
③ 동일한 구역에서 두 종류 이상의 광물을 탐사하거나 채굴하고 취득하려는 경우에는 광물마다 제1항에 따른 출원을 하여야 한다. 다만, 같은 광상에 묻혀 있는 두 종류 이상의 광물을 탐사하거나 채굴하고 취득하려는 경우에는 그러하지 아니하다.(2010.1.27 본항개정)
④ 산업통상자원부장관은 광업권설정의 출원 서류가 완비되지 아니한 때에는 상당한 기간을 정하여 수정하거나 보완하게 할 수 있다.(2016.1.6 본항개정)
⑤ 산업통상자원부장관은 광업권설정의 출원을 받은 경우에는 현장조사를 하여야 한다. 다만, 대통령령으로 정하는 사유가 있을 때에는 현장조사를 하지 아니할 수 있다.(2013.3.23 본문개정)
⑥ 산업통상자원부장관은 제5항에 따라 현장조사를 하려는 때에는 조사자, 조사 사항, 출석 장소, 조사 일시(日時)를 지정하고 광업출원인 및 이해관계 있는 광업권자에게 출석할 것을 명할 수 있다. 다만, 조사 일시를 지정할 수 없을 때에는 조사 예정일을 정하고 실제 조사 일시는 조사자의 지정에 따를 것을 명할 수 있다.(2013.3.23 본문개정)
⑦ 제6항에 따라 출석명령을 받은 자가 정당한 사유 없이 출석명령에 응하지 아니한 때에는 출석명령을 받은 자의 출석 없이 현장조사를 진행할 수 있다. 이 경우 출석명령에 불응한 자는 현장조사 결과에 동의하는 것으로 본다.
(2016.1.6 본항신설)

제16조【소멸 광구의 출원 제한】 광업권이 다음 각 호의 어느 하나에 해당하는 경우로서 그 광업권이 소멸한 후 1년 이내에는 소멸한 광구에 등록되었던 광물 및 그 광물과 같은 광상에 묻혀 있는 다른 광물을 목적으로 하는 광업권설정의 출원[광구를 늘리는 증구(增區) 출원을 포함한다]을 할 수 없다.
1. 제12조에 따른 광업권의 존속기간이 끝나 광업권이 소멸한 경우
2. 제35조에 따라 광업권이 취소되어 광업권이 소멸한 경우
3. 제37조제1항에 따라 광업권이 소멸한 경우
(2010.1.27 본조개정)

제17조【공동광업출원인】 ① 2명 이상이 공동으로 광업권설정의 출원을 한 자(이하 "공동광업출원인"이라 한다)는 그 중 1명을 대표로 정하여 산업통상자원부장관에게 신고하여야 한다. 대표자를 변경한 경우에도 또한 같다.
(2013.3.23 전단개정)
② 산업통상자원부장관은 공동광업출원인이 제1항에 따른 신고를 하지 아니하면 그 대표자를 지정할 수 있다.
(2013.3.23 본항개정)
③ 대표자의 변경은 산업통상자원부장관에게 신고하지 아니하면 효력이 발생하지 아니한다.(2013.3.23 본항개정)
④ 대표자는 국가에 대하여 공동광업출원인을 대표한다.
⑤ 공동광업출원인은 조합계약을 한 것으로 본다.

제18조【광업권설정 출원이 중복될 때의 우선순위】 ① 광업권설정의 출원이 같은 구역에 중복된 경우에는 광업권설정출원서의 도달 일시가 앞선 출원이 우선한다.
② 광업권설정출원서가 동시에 도달한 경우에는 채굴권 설정의 출원이 탐사권설정의 출원보다 우선한다.
(2010.1.27 본항개정)
③ 광업권설정출원서가 동시에 도달한 경우로서 같은 종류의 광업권설정의 출원이 여럿이면 산업통상자원부장관이 추첨에 따라 우선자를 결정한다.(2013.3.23 본항개정)

제19조【출원의 각하】 산업통상자원부장관은 광업권설정의 출원이 다음 각 호의 어느 하나에 해당하면 각하하여야 한다.(2013.3.23 본문개정)
1. 제15조제4항에 따라 지정된 기간 내에 서류를 수정하거나 보완하지 아니한 경우(2016.1.6 본호개정)
2. 제15조제6항에 따른 명령을 받고 지정 일시에 출석하지 아니하거나 현장조사에서 광물 확인 지점을 명시하지 못하거나 조사 사항에 대하여 입증하지 못한 경우
(2010.1.27 본호개정)

제20조【중복 광구의 제한】 같은 구역에는 둘 이상의 광업권을 설정할 수 없다. 다만, 이종 광물(異種 鑛物)로서 각각 광업을 경영하여도 지장이 없다고 인정되는 경우와 제31조의 경우에는 그러하지 아니하다.

제21조【동종 광물이 중복될 때의 불허가】 광업권설정의 출원 당시 출원구역이 동종 광물(同種 鑛物) 광구와 중복된 경우 그 중복된 구역에 대한 광업권의 설정은 허가하지 아니한다.

제22조【이종 광물이 중복될 때의 불허가】 광업권설정의 출원구역이 이종 광물 광구와 중복된 경우 산업통상자원부장관이 각각 광업을 경영하는 데에 지장이 있다고 인정할 때에는 그 중복된 구역에 대한 광업권의 설정을 허가하지 아니한다. 다만, 석회석 광구와 석회석을 모암(母岩)으로 하여 묻혀 있는 이종 광물에 대한 광업권설정의 출원구역이 중복된 경우에는 각각 광업을 경영하여도 지장이 없는 것으로 본다.(2013.3.23 본문개정)

제23조【동종 광물 및 이종 광물】 제18조, 제21조 및 제22조를 적용할 때 같은 광상에 묻혀 있는 이종 광물은 동종 광물로 본다.

제24조【공익상 이유 등에 따른 불허가】 ① 산업통상자원부장관은 광업권설정의 출원구역에서 광물을 탐사하거나 채굴하는 것이 공익을 해친다고 인정하거나 산업통상자원부장관이 정하여 고시하는 광물의 종류별 광체(鑛體)의 규모 및 품위(品位) 등 기준에 미달하는 때에는 광업권의 설정을 허가하지 아니한다.
② 산업통상자원부장관은 제34조제7항에 따른 구역에서 광업을 할 경우 국가중요건설사업에 지장이 있다고 인정하면 광업권설정의 출원구역을 줄여서 허가하거나 광업권설정을 허가하지 아니할 수 있다.
③ 제1항에 따른 출원구역에서 광물을 탐사하거나 채굴하는 것이 공익을 해친다고 인정되는 기준은 산업통상자원부령으로 정한다.
(2013.3.23 본조개정)

제25조【광업권설정의 조건부 허가】 산업통상자원부장관은 광업권설정을 허가할 때 광업의 합리적 개발 또는 다른 공익을 고려할 필요가 있다고 인정하면 일정한 조건을 붙여 허가할 수 있다.(2013.3.23 본조개정)

제26조【광구의 증감·분할 또는 합병】 ① 광업권설정의 출원구역이나 광구가 다음 각 호의 어느 하나에 해당하면 그 광업권설정 출원구역이나 광구를 증감·분할 또는 합병(탐사권설정의 출원구역이나 광구가 포함되는 합병은 제외한다)하여 출원할 수 있다.(2010.1.27 본문개정)
1. 광업권설정의 출원구역이 먼저 출원된 출원구역이나 기존 광구와 중복되어 그 중복된 부분을 제거할 경우
2. 광업권설정의 출원구역 또는 광구의 일부나 전부를 단위구역에 일치시키기 위하여 필요한 경우
3. 광업권자가 그 광구의 일부나 전부를 단위구역에 일치시키기 위하여 광구를 분할하거나 합병하려는 경우
② 광구의 증감·분할 또는 합병의 출원에 관하여는 제15조, 제18조, 제20조부터 제23조까지, 제24조제1항 및 제28조를 준용한다.
③ 제1항의 경우에 조광권이나 저당권이 설정되어 있는 광구에 대하여는 조광권자 또는 저당권자의 승낙을 받지 아니하고 광구의 감구(減區)·분할 또는 합병을 출원할 수 없다.
④ 제3항에 따른 조광권자 또는 저당권자의 승낙에 관하여는 제31조와 제32조를 준용한다.

제27조【출원인의 명의 변경】 ① 광업출원인의 명의는 변경할 수 있다.
② 상속이나 그 밖의 일반 승계 또는 사망으로 인하여 공동광업출원인이 탈퇴함에 따라 광업출원인의 명의를 변경한 경우에는 지체 없이 산업통상자원부장관에게 신고하여야 한다.(2013.3.23 본항개정)
③ 제2항에 따른 사유 외의 사유로 인한 광업출원인의 명의 변경은 그 사실을 산업통상자원부장관에게 신고하지 아니하면 효력이 발생하지 아니한다.(2013.3.23 본항개정)

제28조【광업권설정】 ① 광업출원인은 광업권설정의 허가통지서를 받으면 허가통지를 받은 날부터 60일 이내에 대통령령으로 정하는 바에 따라 등록세를 내고 산업통상자원부장관에게 등록을 신청하여야 한다.(2016.1.6 본항개정)
② 제1항에 따른 등록을 신청하지 아니하면 허가는 효력을 상실한다.

제29조【같은 광상에 묻혀 있는 광물의 추가등록】 ① 광업권자는 제15조제1항의 광업권설정허가를 받고 제38조에 따라 등록한 광물을 탐사하거나 채굴하고 있는 광상과 같은 광상에 묻혀 있는 다른 광물을 추가로 탐사하거나 채굴하고 취득하려는 경우에는 산업통상자원부장관으로부터 그 광물의 존재를 확인받아야 한다.
(2013.3.23 본항개정)
② 제1항에 따라 산업통상자원부장관의 확인을 받은 경우에는 그 광물에 대하여 제15조제1항에 따른 광업권설정허가를 받고 제28조제1항에 따른 광업권의 등록신청을 한 것으로 본다.(2013.3.23 본항개정)
③ 제2항에 따라 광업권의 등록신청을 한 것으로 보는 경우의 광업권등록에 관하여는 제38조를 준용한다.
④ 제3항에 따라 등록한 광업권의 존속기간은 같은 광상에 이미 등록된 광업권의 존속기간과 같다.
(2010.1.27 본조제목개정)

제30조【공동광업권자】 ① 광업권을 공동소유하는 자(이하 "공동광업권자"라 한다)의 대표자 신고·지정·변경 등에 관하여는 제17조를 준용한다. 이 경우 "공동광업출원인"을 "공동광업권자"로 본다.(2010.1.27 전단개정)
② 공동광업권자의 광업권의 지분은 다른 공동광업권자의 동의 없이는 양도하거나 조광권 또는 저당권의 목적으로 할 수 없다.

제31조【기존 갱도를 이용한 증구의 출원】 ① 인접한 타인의 광구(이하 "인접광구"라 한다)의 목적광물이 자기 광구의 등록광물과 같은 광상에 묻혀 있는 광물과 동일한 경우에 광상위치·부존상태(賦存狀態)로 보아 인접광구에서 따로 개발하는 것보다 자기 광구에서 기존 갱도를 이용하여 개발하는 것이 경제적이고 합리적일 경우에는 그 인접광구의 광업권자·조광권자 및 저당권자의 승낙을 받아 광상을 정하여 광구의 증가를 출원할 수 있다.
② 제1항의 경우에 인접광구의 광업권자나 조광권자 및 저당권자는 정당한 이유 없이 승낙을 거부할 수 없다.
③ 제1항의 출원에 관하여는 제18조·제21조·제22조 및 제24조를 적용하지 아니한다.

제32조【기존 갱도를 이용한 증구의 결정】 ① 광업권자가 제31조제1항에 따른 승낙을 받을 수 없는 경우에는 산업통상자원부장관의 결정을 신청할 수 있다.
② 산업통상자원부장관은 제1항의 결정신청을 받으면 인접광구의 광업권자·조광권자 및 저당권자의 의견을 들어 광구의 증가 여부를 결정한다.
③ 산업통상자원부장관이 제2항의 결정을 한 경우에는 인접광구의 광업권자·조광권자 및 저당권자가 승낙한 것으로 본다.
(2013.3.23 본조개정)

제33조【현장조사 및 광구경계측량의 신청】 ① 광업권자와 그 밖의 이해관계인은 산업통상자원부장관에게 인접광구에 대한 현장조사를 신청할 수 있다.(2013.3.23 본항개정)
② 광업권자와 그 밖의 이해관계인은 산업통상자원부장관에게 자기 광구나 인접광구의 경계에 대한 경계측량을 신청할 수 있다.(2013.3.23 본항개정)
③ 산업통상자원부장관은 제2항에 따른 광구경계측량의 신청을 받으면 「공간정보의 구축 및 관리 등에 관한 법률」 제44조제2항에 따라 측량업의 등록을 한 자에게 그 경계측량을 대행하게 할 수 있다.(2014.6.3 본항개정)
④ 제1항과 제2항에 따른 신청인은 조사 또는 측량에 드는 비용을 부담하여야 한다.
⑤ 제3항에 따른 광구경계측량의 대행에 관하여 필요한 사항은 산업통상자원부장관이 정한다.(2013.3.23 본항개정)

제34조【공익상 이유에 따른 취소처분 등】 ① 산업통상자원부장관은 광업이 공익을 해친다고 인정할 때에는 광업권의 취소 또는 광구의 감소처분을 하여야 한다.
(2013.3.23 본항개정)
② 산업통상자원부장관은 국가중요건설사업지 또는 그 인접 지역의 광업권이나 광물의 채굴이 국가중요건설사업에 지장을 준다고 인정할 때에는 광업권의 취소 또는 그 지역에 있는 광구의 감소처분을 할 수 있다.(2013.3.23 본항개정)
③ 국가는 제1항과 제2항에 따른 광업권의 취소처분 또는 광구의 감소처분으로 발생한 손실을 해당 광업권자(취소처분에 따른 광업권의 광구 부분 또는 감소처분에 따른 광구 부분에 조광권이 설정되어 있는 경우에는 그 조광권자를 포함한다)에게 보상하여야 한다.
④ 제3항에 따라 보상할 손실의 범위는 제1항과 제2항에 따른 광업권의 취소처분 또는 광구의 감소처분에 따라 통상 발생하는 손실로 한다. 이 경우 통상 발생하는 손실은 다음 각 호의 사항 등을 고려하여 산정한다.
(2016.1.6 후단신설)
1. 산업통상자원부령으로 정하는 자가 광업권의 취소처분 또는 광구의 감소처분 당시를 기준으로 평가한 광산·광구·시설의 가치
2. 광업권의 취소처분 또는 광구의 감소처분 시까지 해당 광산개발에 투자된 비용
3. 광업권의 취소처분 또는 광구의 감소처분 당시의 탐사, 개발 및 채굴상황
(2016.1.6 1호～3호신설)
⑤ 산업통상자원부장관은 제1항과 제2항에 따른 광업권의 취소처분 또는 광구의 감소처분에 따라 이익을 받은 자가 있을 경우에는 그 자에게 그 이익을 받은 한도에서 제3항에 따른 보상 금액의 전부나 일부를 부담하게 할 수 있다.(2013.3.23 본항개정)
⑥ 제2항에 따른 처분에 관하여는 「행정소송법」 제23조제2항을 적용하지 아니한다.(2010.1.27 본항개정)
⑦ 제2항에 따른 국가중요건설사업지 또는 그 인접지역, 제4항에 따른 통상 발생하는 손실의 구체적인 산정기준 및 절차에 관한 사항은 대통령령으로 정한다.
(2016.1.6 본항개정)

제35조【광업권의 취소】 ① 산업통상자원부장관은 탐사권자가 다음 각 호의 어느 하나에 해당하면 그 탐사권을 취소할 수 있다.(2013.3.23 본문개정)
1. 제40조를 위반하여 탐사계획의 신고(변경신고는 제외한다)를 하지 아니한 경우
1의2. 제40조의2를 위반하여 산업통상자원부장관의 허가를 받지 아니하고 굴진탐사를 한 경우(2013.3.23 본호개정)
2. 제41조제1항 및 제2항을 위반하여 탐사실적을 제출하지 아니한 경우
3. 제41조제1항 및 제2항에 따른 기간에 제출한 탐사실적에 대하여 같은 조 제3항에 따른 인정을 받지 못한 경우
4. 제46조에 따른 명령을 위반한 경우
5. 「광산안전법」 제15조의2에 따른 명령을 위반한 경우
(2016.1.6 본호개정)
② 산업통상자원부장관은 채굴권자가 다음 각 호의 어느 하나에 해당하면 그 채굴권을 취소할 수 있다.
(2013.3.23 본문개정)
1. 제42조제1항부터 제3항까지의 규정을 위반하여 채굴계획의 인가를 신청하지 아니한 경우
2. 제42조제2항 및 제3항에 따른 기간에 인가 신청한 채굴계획에 대하여 같은 조 제1항에 따른 인가를 받지 못한 경우
3. 제42조제1항에 따른 채굴계획 인가를 받은 날부터 3년이 지나도 대통령령으로 정하는 생산실적 또는 투자실적이 없거나 제83조에 따른 보고를 3년간 계속하여 하지 아니한 경우
4. 제42조제4항을 위반하여 채굴계획의 인가를 받지 아니하고 광물을 채굴한 경우
5. 제42조제5항에 따른 채굴계획의 변경명령을 이행하지 아니한 경우
6. 제42조의2제2항에 따른 인가를 받지 아니하고 계속하여 1년 이상 채굴을 중단한 경우. 다만, 채굴을 중단하기 전 3년의 기간에 대통령령으로 정하는 생산실적 또는 투자실적이 있는 경우는 제외한다.
7. 제45조에 따른 시정명령을 이행하지 아니한 경우
8. 제46조에 따른 명령을 위반한 경우
9. 「광산안전법」 제15조의2에 따른 명령을 위반한 경우
(2016.1.6 본호개정)
③ 산업통상자원부장관은 제42조제2항 단서에 해당하는 광업권자가 다음 각 호의 어느 하나에 해당하면 그 광업권을 취소할 수 있다.
1. 제42조제2항 단서를 위반하여 채굴계획의 인가를 신청하지 아니한 경우
2. 제42조제2항 단서에 따른 기간에 인가 신청한 채굴계획에 대하여 같은 조 제1항에 따른 인가를 받지 못한 경우
3. 제42조제2항 단서에 따른 채굴계획의 인가를 받지 아니하고 광물을 채굴한 경우
4. 제46조에 따른 명령을 위반한 경우
5. 「광산보안법」 제15조의2에 따른 명령을 위반한 경우
(2016.1.6 본항신설)
(2010.1.27 본조개정)

제36조【취소와 저당권】 ① 산업통상자원부장관은 채굴권을 취소한 경우에는 지체 없이 그 사실을 저당권자에게 통지하여야 한다.(2013.3.23 본항개정)
② 저당권자는 제1항에 따른 통지를 받으면 그 통지를 받은 날부터 산업통상자원부장관이 지정한 기간에 채굴권의 경매를 청구할 수 있다. 다만, 제34조에 따른 채굴권의 취소의 경우에는 채굴권의 경매를 청구할 수 없다.
(2013.3.23 본문개정)
③ 채굴권은 경매절차의 완결일까지는 경매목적의 범위에서 존속하는 것으로 본다.(2010.1.27 본항개정)
④ 경락(競落)이 결정되었을 때에는 채굴권의 취소는 효력이 발생하지 아니한 것으로 본다.(2010.1.27 본항개정)
⑤ 경매에 따른 매득금(賣得金)은 경매의 비용, 저당권자에 대한 채무의 변제, 광업 종업원의 임금의 순서로 충당하고 나머지는 국고에 귀속한다.

제37조【광업권의 포기 및 소멸등록】 ① 폐업 등의 사유로 인한 광업권 포기의 효력은 해당 광업권자가 소멸등록을 신청하여 그 광업권이 소멸등록되어야 발생한다.
② 제1항에 따라 광업권자가 포기한 광업권(채굴권만 해당된다)의 저당권에 관하여는 제36조를 준용한다.
(2010.1.27 본조개정)

제38조【광업권의 등록】 ① 다음 각 호의 사항은 광업원부에 등록한다.
1. 광물 및 광업권의 종류(2010.1.27 본호신설)
2. 광업권 또는 저당권의 설정·변경·이전·소멸 및 처분의 제한
3. 광업권의 존속기간
4. 공동광업권자의 탈퇴
② 제1항에 따른 등록은 등기를 갈음한다.
③ 광업권의 처분이 제한된 경우에는 폐업 등의 사유로 광업권의 소멸등록을 할 수 없다.(2010.1.27 본항개정)
④ 광업권의 등록 및 등록된 사항의 변경에 관한 사항은 대통령령으로 정한다.(2016.1.6 본항개정)
(2010.1.27 본조제목개정)

제39조【등록의 효력】 제38조제1항 각 호의 사항은 다음 각 호의 어느 하나에 해당하는 경우 외에는 그 사항을 등록하지 아니하면 효력이 발생하지 아니한다.
1. 상속이나 그 밖의 일반승계로 인한 광업권의 이전
2. 사망으로 인한 공동광업권자의 탈퇴
3. 기간 만료로 인한 광업권의 소멸
4. 혼동 또는 담보하는 채권의 소멸로 인한 저당권의 소멸
5. 제36조 또는 제37조에 따른 경매

제40조【탐사계획의 신고】 ① 탐사권자는 탐사권설정의 등록이 된 날부터 1년 이내에 산업통상자원부령으로 정하는 바에 따라 산업통상자원부장관에게 탐사계획을 신고하여야 한다. 신고한 탐사계획을 변경한 경우에도 또한 같다.(2013.3.23 전단개정)
② 산업통상자원부장관은 제1항에 따른 신고 또는 변경신고를 받은 날부터 산업통상자원부령으로 정하는 기간 내에 신고수리 여부를 신고인에게 통지하여야 한다.
(2022.2.3 본항신설)
③ 산업통상자원부장관이 제2항에서 정한 기간 내에 신고수리 여부 또는 민원 처리 관련 법령에 따른 처리기간의 연장을 신고인에게 통지하지 아니하면 그 기간(민원 처리 관련 법령에 따라 처리기간이 연장 또는 재연장된 경우에는 해당 처리기간을 말한다)이 끝난 날의 다음 날에 신고를 수리한 것으로 본다.(2022.2.3 본항신설)

제40조의2【굴진탐사의 제한】 탐사권자는 굴진탐사(광체의 분포·품위 등을 파악하기 위하여 갱도를 만들어 수행하는 탐사방법을 말한다)를 하여서는 아니 된다. 다만, 불가피한 사유로 산업통상자원부장관의 허가를 받은 경우에는 그러하지 아니하다.(2013.3.23 단서개정)

제41조【탐사실적의 인정 및 채굴권설정의 출원 등】 ① 탐사권자는 제40조에 따라 탐사계획을 신고한 날부터 3년 이내에 대통령령으로 정하는 바에 따라 산업통상자원부장관에게 탐사실적을 제출하여야 한다. 이 경우 탐사실적의 제출은 채굴권설정의 출원으로 본다.(2013.3.23 전단개정)
② 산업통상자원부장관은 탐사권자가 대통령령으로 정하는 부득이한 사유로 제1항의 기간에 탐사실적을 제출할 수 없거나 제출한 탐사실적이 제3항에 따른 인정을 받지 못한 때에는 탐사권자의 신청에 따라 한 차례만 3년의 범위에서 탐사실적의 제출기간을 연장할 수 있다. 이 경우 그 연장기간에 제40조에 따른 탐사계획의 신고기간 및 제1항에 따른 탐사실적의 제출기간을 더한 전체 기간은 제12조제1항에 따른 탐사권의 존속기간을 넘을 수 없다.(2013.3.23 전단개정)
③ 산업통상자원부장관은 제1항 및 제2항에 따라 제출받은 탐사실적이 제24조제1항에 따른 광물의 종류별 광체의 규모 및 품위 등 기준에 적합하여 탐사실적을 인정한 때에는 그 탐사실적을 제출한 자에게 채굴권설정의 허가를 하여야 한다.(2013.3.23 본항개정)
④ 제3항에 따른 허가를 받아 채굴권설정의 등록이 된 때에는 제12조제1항에 따른 탐사권의 존속기간에도 불구하고 그 탐사권자의 탐사권은 소멸한다.
(2010.1.27 본조개정)

제42조【채굴계획의 인가】 ① 채굴권자는 채굴을 시작하기 전에 산업통상자원부장관의 채굴계획 인가를 받아야 한다. 인가받은 채굴계획을 변경하려는 경우에도 또한 같다.(2013.3.23 전단개정)
② 제1항에 따라 채굴계획의 인가를 받으려는 자는 채굴권설정의 등록이 된 날부터 3년 이내에 대통령령으로 정하는 바에 따라 채굴계획의 인가를 신청하여야 한다. 다만, 2011년 1월 28일 이전에 광업권 등록을 한 광업권자 또는 그 이전에 광업권 설정의 출원을 하였으나 2011년 1월 28일 이후에 광업권 등록을 한 광업권자는 광업권 등록일로부터 11년 이내 또는 탐광계획 신고일로부터 7년 이내에 채굴계획의 인가를 신청하여야 한다.(2016.1.6 단서신설)
③ 산업통상자원부장관은 채굴권자가 대통령령으로 정하는 부득이한 사유로 제2항의 기간에 채굴계획의 인가를 신청할 수 없거나 신청한 채굴계획이 제1항에 따른 인가를 받지 못한 때에는 채굴권자의 신청에 따라 한 차례만 1년의 범위에서 채굴계획 인가의 신청 기간을 연장할 수 있다.(2013.3.23 본항개정)
④ 채굴권자는 제1항에 따라 채굴계획의 인가를 받지 아니하면 광물을 채굴하거나 취득할 수 없다.
⑤ 산업통상자원부장관은 광업의 합리적 개발을 위하여 필요하다고 인정하는 때에는 채굴권자에게 채굴계획의 변경을 명할 수 있다.(2013.3.23 본항개정)
(2010.1.27 본조개정)

제42조의2【채굴의 시작, 중단 및 재개】 ① 채굴권자가 제42조제1항에 따라 채굴계획의 인가를 받은 날에 채굴이 시작된 것으로 본다.
② 채굴권자가 계속하여 1년 이상의 기간 동안 채굴을 중단하려면 기간을 정하여 산업통상자원부장관의 인가를 받아야 한다.(2013.3.23 본항개정)
③ 제2항에 따른 인가를 받아 채굴을 중단한 채굴권자가 채굴을 다시 시작한 경우에는 지체 없이 그 사실을 산업통상자원부장관에게 신고하여야 한다.(2013.3.23 본항개정)
(2010.1.27 본조신설)

제43조【허가 등의 의제】 ① 제42조제1항에 따라 채굴계획을 인가 또는 변경인가할 때 다음 각 호의 허가·해제 및 협의(이하 이 조에서 "허가등"이라 한다)에 관하여 산업통상자원부장관이 제2항에 따라 다른 행정기관의 장과 협의한 사항에 대하여는 그 허가등을 받은 것으로 본다.(2013.3.23 본문개정)
1. 「공유수면 관리 및 매립에 관한 법률」 제8조에 따른 공유 수면의 점용 및 사용의 허가(2017.10.31 본호개정)
2. 「국토의 계획 및 이용에 관한 법률」 제56조에 따른 개발행위허가
3. 「군사기지 및 군사시설 보호법」 제13조에 따른 행정기관의 허가등에 관한 협의(2007.12.21 본호개정)
4. (2007.12.21 삭제)
5. 「농지법」 제34조에 따른 농지전용의 허가
6. 「사도법」 제4조에 따른 사도개설의 허가
7. 「사방사업법」 제20조에 따른 사방지(砂防地) 지정의 해제
8. 「산림자원의 조성 및 관리에 관한 법률」 제36조제1항·제5항에 따른 입목벌채등의 허가·신고, 「산림보호법」 제9조제1항 및 제2항제1호·제2호에 따른 산림보호구역(산림유전자원보호구역은 제외한다)에서의 행위의 허가·신고(2022.12.27 본호개정)
9. 「산지관리법」 제14조·제15조에 따른 산지전용허가 및 산지전용신고, 같은 법 제15조의2에 따른 산지일시사용허가·신고(산지의 형질을 변경하여 채굴한 후 복구하는 경우에만 해당한다)(2010.5.31 본호개정)
10. 「자연공원법」 제23조제1항에 따른 공원구역에서의 행위허가(2008.12.31 본호개정)
11. 「하천법」 제33조에 따른 하천의 점용허가 및 같은 법 제50조에 따른 하천수의 사용허가(2007.4.6 본호개정)
12. (2007.12.21 삭제)
② 산업통상자원부장관은 제42조제2항에 따른 채굴계획인가의 신청을 받은 경우 이 조 제1항 각 호의 어느 하나에 해당하는 사항이 다른 행정기관의 권한에 속하면 미리 그 다른 행정기관의 장과 협의하여야 한다.(2013.3.23 본항개정)
③ 다른 행정기관의 장은 제2항에 따른 협의를 요청받으면 그 요청을 받은 날부터 20일 이내(관련 허가등에 필요한 심의, 의견 청취 등 절차에 걸리는 기간은 제외한다)에 의견을 제출하여야 한다. 이 경우 전단에서 정한 기간(민원 처리 관련 법령에 따라 의견을 제출하여야 하는 기간을 연장한 경우에는 그 연장한 기간을 말한다) 내에 협의 여부에 관하여 의견을 제출하지 아니하면 협의가 된 것으로 본다.(2022.2.3 본항신설)

제44조【채굴의 제한】 ① 광업권자는 다음 각 호의 어느 하나의 장소에서는 관할 관청의 허가나 소유자 또는 이해관계인의 승낙이 없으면 광물을 채굴할 수 없다.
1. 철도·궤도(軌道)·도로·수도·운하·항만·하천·호(湖)·소지(沼地)·관개(灌漑)시설·배수시설·묘우(廟宇)·교회·사찰의 경내지(境內地)·고적지(古蹟地)·건축물, 그 밖의 영조물의 지표 지하 50미터 이내의 장소
2. 묘지의 지표 지하 30미터 이내의 장소
(2012.5.23 1호~2호개정)
② 관할 관청, 소유자 또는 이해관계인은 정당한 이유 없이 허가 또는 승낙을 거부할 수 없다.

제45조【채굴 등에 대한 지도·점검】 산업통상자원부장관은 제42조에 따라 채굴계획의 인가를 받은 채굴권자가 그 채굴계획에 따른 채굴행위(채굴계획의 인가조건으로 산림형질변경범위를 정한 경우에는 산림형질변경행위를 포함한다. 이하 이 조에서 같다)를 하는지에 대하여 대통령령으로 정하는 바에 따라 지도·점검을 할 수 있으며, 지도·점검 결과 채굴권자가 채굴계획과 다르게 채굴행위를 한 경우에는 시정을 명할 수 있다.(2016.1.6 본조개정)

제46조【이종 광물 중복에 대한 광업의 제한】 광구가 타인의 이종 광물을 목적으로 하는 광구와 중복된 경우에 그 중복된 부분의 광업이 타인의 광업을 방해한다고 인정될 때에는 산업통상자원부장관은 광업권자에게 그 방해 부분을 제거하거나 광업을 정지할 것을 명할 수 있다.
(2013.3.23 본조개정)

제3장 조광권

제47조【성질 및 처분의 제한】 ① 조광권은 물권으로 하고, 이 법에서 따로 정한 경우 외에는 부동산에 관한 「민법」과 그 밖의 법령의 규정을 준용한다.
② 조광권은 상속이나 그 밖의 일반승계의 경우 외에는 권리의 목적으로 하거나 타인이 행사하게 할 수 없다.
(2016.1.6 본항개정)

제48조【조광권자의 결격사유】 다음 각 호의 어느 하나에 해당하는 자는 조광권의 설정인가를 받을 수 없다.
1. 「광업법」 또는 「광산안전법」을 위반하여 징역의 실형을 선고받고 그 집행이 끝나거나(집행이 끝난 것으로 보는 경우를 포함한다) 집행이 면제된 날부터 2년이 지나지 아니한 자(2016.1.6 본호개정)
2. 「광업법」 또는 「광산안전법」을 위반하여 징역의 집행유예를 선고받고 그 유예기간에 있는 자(2016.1.6 본호개정)
3. 대표자가 제1호나 제2호에 해당하는 법인

제49조【조광권의 존속기간】 ① 조광권의 존속기간은 그 채굴권의 존속기간과 같다. 다만, 채굴권자와 조광권자가 되려는 자 사이의 협의에 따른 경우에는 그러하지 아니하다.
② 제1항 단서의 경우에 채굴권자 또는 조광권자는 조광기간의 연장이 필요한 경우 조광권의 존속기간이 끝나기 전에 대통령령으로 정하는 바에 따라 산업통상자원부장관의 인가를 받아 그 기간을 연장할 수 있다.(2013.3.23 본항개정)
(2010.1.27 본조개정)

제50조【조광구】 ① 조광권의 구역(이하 "조광구"라 한다)의 경계는 채굴권의 광구의 경계와 같다. 다만, 대통령령으로 정하는 특정광상(特定鑛床)의 경계는 그러하지 아니하다.(2010.1.27 본문개정)
② 제1항 단서의 경우에는 그 지표경계를 직선으로 정하고 지표경계선의 직하를 구분하여 한계를 정할 수 있다.

제51조【조광권의 설정 등】 ① 조광권의 설정은 채굴권자와 조광권자가 되려는 자 사이의 서면에 의한 조광권설정계약에 의한다.
② 동일한 채굴권에는 2개 이상의 조광권을 설정할 수 없다. 다만, 제31조제1항 또는 제50조제1항 단서의 경우에는 최대 5개까지 조광구를 설정할 수 있다.
③ 제1항에 따른 설정계약에 따라 조광권자가 채굴권자에게 지급하는 조광료는 대통령령으로 정하는 바에 따라 그 상한(上限)을 제한할 수 있다.
(2010.1.27 본조개정)

제52조【설정인가 등】 ① 조광권을 설정하려는 때에는 조광권자가 되려는 자와 채굴권자는 대통령령으로 정하는 바에 따라 산업통상자원부장관의 인가를 받아야 한다.
(2013.3.23 본항개정)
② 조광권자가 되려는 자는 조광권설정의 인가통지서를 받으면 인가통지서를 받은 날부터 60일 이내에 대통령령으로 정하는 바에 따라 등록세를 내고 산업통상자원부장관에게 등록을 신청하여야 한다.(2016.1.6 본항개정)
③ 제2항에 따른 등록을 신청하지 아니하면 인가는 효력을 상실한다.

제53조【채굴권의 변경과 조광권】 채굴권자는 광구의 감소·분할·합병의 출원, 폐업 등으로 인한 소멸등록의 신청 또는 등록한 광물 종류의 감소 출원을 하려면 조광권자의 동의를 받아야 한다.(2010.1.27 본조개정)

제54조 (2010.1.27 삭제)

제55조【행위의 효력의 승계】 ① 조광권의 설정 또는 조광구의 증가가 있을 때에는 이 법에 따라 조광권자가 행한 절차와 그 밖의 행위는 조광권의 범위에서 조광권자에게도 효력을 가진다.
② 조광권의 소멸 또는 조광구의 감소가 있을 때에는 이 법에 따라 조광권자가 행한 절차와 그 밖의 행위는 채굴권의 범위에서 채굴권자에게도 효력을 가진다. 다만, 채굴권이 소멸하여 조광권이 소멸한 경우에는 그러하지 아니하다.
(2010.1.27 본조개정)

제56조【조광권의 소멸】 ① 채굴권자는 조광권자가 조광료의 지급을 지체하거나 그 밖에 계약상의 의무를 이행하지 아니하면 3개월 이상의 기간을 정하여 그 이행을 최고(催告)하고, 그 기간에도 이행하지 아니하면 대통령령으로 정하는 바에 따라 산업통상자원부장관에게 조광권의 소멸을 신청할 수 있다. 조광권자가 기업도산 등으로 인하여 광업 경영능력이 거의 없고 계약상의 의무를 이행하지 아니한 경우에는 조광권 소멸 신청에 필요한 최고기간은 1개월로 한다.
② 산업통상자원부장관은 제1항의 신청이 상당한 이유가 있다고 인정하면 대통령령으로 정하는 바에 따라 조광권을 소멸시킬 수 있다.
(2013.3.23 본조개정)

제57조【조광권의 취소】 산업통상자원부장관은 조광권자가 다음 각 호의 어느 하나에 해당하면 그 조광권을 취소할 수 있다.(2013.3.23 본문개정)
1. 제61조에 따라 준용되는 제42조제1항부터 제3항까지의 규정을 위반하여 채굴계획의 인가를 신청하지 아니한 경우
2. 제61조에 따라 준용되는 제42조제2항 및 제3항에 따른 기간에 인가 신청한 채굴계획에 대하여 같은 조 제1항에 따른 인가를 받지 못한 경우
3. 제61조에 따라 준용되는 제42조제1항에 따른 채굴계획인가를 받은 날부터 3년이 지나도 대통령령으로 정하는 생산실적 또는 투자실적이 없거나 제83조에 따른 보고를 3년간 계속하여 하지 아니한 경우
4. 제61조에 따라 준용되는 제42조제4항을 위반하여 채굴계획의 인가를 받지 아니하고 광물을 채굴한 경우
5. 제61조에 따라 준용되는 제42조제5항에 따른 채굴계획의 변경명령을 이행하지 아니한 경우
6. 제61조에 따라 준용되는 제42조의2제2항에 따른 인가를 받지 아니하고 계속하여 1년 이상 채굴을 중단한 경우. 다만, 채굴을 중단하기 전 3년의 기간에 대통령령으로 정하는 생산실적 또는 투자실적이 있는 경우는 제외한다.
7. 제61조에 따라 준용되는 제45조에 따른 시정명령을 이행하지 아니한 경우
8. 제61조에 따라 준용되는 제46조에 따른 명령을 위반한 경우
9. 「광산안전법」 제15조의2에 따른 명령을 위반한 경우
(2016.1.6 본호개정)
(2010.1.27 본조개정)

제58조【등록】 ① 다음 각 호의 사항은 조광원부(租鑛原簿)에 등록한다.
1. 조광권의 설정·변경
2. 상속이나 그 밖의 일반승계에 따른 조광권의 이전
3. 조광권의 소멸
4. 조광권의 존속기간
5. 공동조광권자(조광권을 공동소유하는 자를 말한다. 이하 같다)의 탈퇴(2010.1.27 본호개정)
② 제1항의 등록에 관하여는 광업권의 등록에 관한 제38조제2항 및 제4항을 준용한다.

제59조【등록의 효력】 제58조제1항 각 호의 사항은 다음 각 호의 어느 하나에 해당하는 경우 외에는 등록하지 아니하면 그 효력이 발생하지 아니한다.
1. 상속과 그 밖의 일반 승계로 인한 조광권의 이전
2. 사망으로 인한 공동조광권자의 탈퇴
3. 채굴권의 소멸·존속기간만료 또는 혼동으로 인한 조광권의 소멸(2010.1.27 본호개정)

제60조 (2010.1.27 삭제)

제61조【준용】 조광권 및 조광권자에 관하여는 제10조의2, 제17조, 제30조제1항, 제31조부터 제34조까지 및 제42조, 제42조의2, 제43조부터 제46조까지의 규정을 준용한다. 이 경우 "광업권" 또는 "채굴권"은 "조광권"으로, "공동광업출원인"은 "공동조광출원인"으로, "공동광업권자"는 "공동조광권자"로, "광업권자" 또는 "채굴권자"는 "조광권자"로 본다.(2010.1.27 본조개정)

제4장 국영광업

제62조【국영광업의 주무관청】 국영광업은 산업통상자원부장관이 주관한다.(2013.3.23 본조개정)

제63조【국영광업의 법인 설립】 국영광업은 따로 정하는 법률에 따라 설립된 법인이 경영하게 할 수 있다.

제64조【국영광업의 사인 출자】 제63조에 따른 법인에 대하여는 대한민국 국민[대한민국의 법률에 따라 설립된 법인을 포함한다. 이하 "사인"(私人)이라 한다]의 출자를 허용한다. 다만, 정부는 자본금의 과반액(過半額)을 출자하여야 한다.

제65조【이익배당의 보호】 제64조에 따라 사인의 출자를 허용한 경우에는 이익금배당에서 사인은 우선권을 가진다.

제66조【국영광업에 적용할 법】 국영광업에 관하여 따로 정하는 법률이 없으면 이 법을 적용한다.

제5장 토지의 사용과 수용

제67조【토지의 출입 및 장해물 제거】 ① 광업권설정을 출원하려는 자, 조광권자가 되려는 자, 광업출원인, 조광권설정인가신청자, 광업권자 또는 조광권자는 광업에 관한 측량 또는 현장조사를 위하여 필요하면 산업통상자원부장관의 허가를 받아 타인의 토지에 들어가거나 장해물을 제거할 수 있다.(2013.3.23 본항개정)
② 산업통상자원부장관이 제1항의 허가를 한 경우에는 토지의 소유자와 점유자 또는 장해물 소유자의 의견을 들어야 한다.(2013.3.23 본항개정)
③ 제1항에 따라 허가를 받은 자가 타인의 토지에 들어가거나 장해물을 제거할 때에는 미리 토지의 소유자와 점유자 또는 장해물의 소유자에게 그 사실을 알려야 한다.

제68조【토지 출입권 및 사용권】 광업권자나 조광권자는 광업상 급박한 위험을 방지하기 위하여 필요할 때에는 즉시 타인의 토지에 들어가거나 토지를 사용할 수 있다. 이 경우 광업권자나 조광권자는 지체 없이 토지의 소유자와 점유자에게 알려야 한다.

제69조【토지의 출입 및 사용에 대한 손실보상】 제67조와 제68조에 따라 타인의 토지에 들어가거나 토지를 사용하거나 장해물을 제거한 자는 이에 따라 발생한 손실을 보상하여야 한다.

제70조【토지 사용의 목적】 광업권자 또는 조광권자는 광구·조광구 또는 그 부근에서 타인의 토지가 다음 각 호의 어느 하나의 목적에 필요하면 그 토지를 사용할 수 있다.

1. 갱구(坑口)의 개설
2. 노천굴(露天掘)에 의한 광물의 채굴
3. 탐사 또는 광물의 채굴 작업에 필요한 기계 설비의 설치(2010.1.27 본호개정)
4. 갱목(坑木)·화약류·연료나 그 밖의 중요 자재의 적치장 또는 광물·토석·광재 또는 회신(灰燼 : 불에 타고 남은 끄트러기나 재)의 적치장 설치
5. 선광용 또는 제련용 시설의 설치
6. 철도·궤도·도로·운하·배수로·지정(池井) 또는 전기공작물의 개설(2009.4.22 본호개정)
7. 광업용 사무소, 광업에 종사하는 자의 숙박시설 또는 보건위생시설의 설치
8. 그 밖에 광업에 필요한 공작물의 설치

제71조【토지 수용의 목적】 광업권자나 조광권자는 광구·조광구 또는 그 부근에서 타인의 토지를 다음 각 호의 어느 하나의 목적에 사용하기 위하여 수용할 수 있다.
1. 갱구의 개설, 노천굴에 의한 광물의 채굴 또는 광물의 채굴 작업에 필요한 기계 설비의 설치
2. 토석 또는 광재의 적치장 설치
3. 선광용 또는 제련용 시설의 설치
4. 철도·궤도·도로·운하·배수로·지정(池井) 또는 전기공작물의 개설(2009.4.22 본호개정)

제72조【토지 사용·수용의 인정】 ① 광업권자나 조광권자는 제70조와 제71조에 따라 타인의 토지를 사용하거나 수용하려면 산업통상자원부장관의 인정을 받아야 한다.
② 산업통상자원부장관은 제1항에 따른 인정을 하려는 때에는 토지 소유자와 토지에 관한 권리를 가진 자의 의견을 들어야 한다.
③ 제1항에 따른 토지 사용·수용의 인정을 받은 광업권자 또는 조광권자는 「공익사업을 위한 토지 등의 취득 및 보상에 관한 법률」에 따라 타인의 토지에 관한 권리를 취득한 경우, 같은 법에 따라 타인의 토지를 사용하기 시작하거나 사용하지 아니하게 된 경우에는 그 사실을 산업통상자원부장관에게 신고하여야 한다.
(2013.3.23 본조개정)

제73조【「공익사업을 위한 토지 등의 취득 및 보상에 관한 법률」의 적용】 ① 제70조 및 제71조에 따른 토지의 사용 또는 수용에 관하여 이 법에 규정된 것 외에는 「공익사업을 위한 토지 등의 취득 및 보상에 관한 법률」을 적용한다.
② 제72조제1항에 따른 산업통상자원부장관의 인정은 「공익사업을 위한 토지 등의 취득 및 보상에 관한 법률」 제20조제1항에 따른 사업인정으로 본다.(2013.3.23 본항개정)

제74조【용수권】 용수(用水)에 관한 권리에 대하여는 토지의 사용과 수용에 관한 규정을 준용한다.

제6장 광해(鑛害) 배상

제75조【광해의 종류와 배상의무】 ① 광물을 채굴하기 위한 토지의 굴착, 갱수(坑水)나 폐수의 방류, 폐석이나 광재의 퇴적 또는 광연(鑛煙)의 배출로 인하여 타인에게 현저한 손해를 입힌 경우에는 다음 각 호의 구분에 따라 정하는 자가 손해를 배상할 의무를 진다.
1. 손해가 발생할 당시에 해당 광업권이 소멸하지 아니한 경우 : 해당 광구의 광업권자(그 광구에 조광권이 설정되어 있는 경우 그 조광구에서는 해당 조광권자)
2. 손해가 발생할 당시에 이미 광업권이 소멸한 경우 : 소멸 당시 그 광구의 광업권자(광업권이 소멸할 때 해당 광업권에 조광권이 설정되어 있었던 경우 그 조광구에서는 해당 조광권자)
② 제1항의 경우에 손해가 둘 이상의 광구 또는 조광구의 광업권자 또는 조광권자의 귀책사유로 발생한 경우에는 각 광업권자 또는 조광권자는 연대하여 손해를 배상할 의무를 진다. 손해가 둘 이상의 광구 또는 조광구의 광업권자 또는 조광권자 중 어느 광업권자 또는 조광권자의 귀책사유에 따른 것인지 분명하지 아니한 때에도 또한 같다.
③ 제1항과 제2항의 경우에 손해가 발생한 후에 광업권이 양도된 경우에는 손해가 발생할 당시의 광업권자와 그 후의 광업권자가 연대하여 손해를 배상할 의무를 지고, 손해가 발생한 후에 조광권이 설정된 경우에는 손해가 발생할 당시의 광업권자와 그 후의 조광권자가 연대하여 손해를 배상할 의무를 진다.
④ 제1항부터 제3항까지의 규정에 따라 조광권자가 손해를 배상할 경우에는 손해가 발생할 당시의 그 조광권이 설정되어 있던 광구의 광업권자와 그 후의 광업권자가 조광권자와 연대하여 손해를 배상할 의무를 지고, 손해가 발생할 당시에 이미 조광권이 소멸한 때에는 소멸 당시의 그 광구의 광업권자가 조광권자와 연대하여 손해를 배상할 의무를 진다.
⑤ 제1항부터 제4항까지의 규정에 따른 배상에 관하여는 공동광업권자 또는 공동조광권자는 연대책임이 있다.

제76조【부담부분과 상환청구】 ① 제75조제2항에 따른 연대채무자 상호 간의 부담부분은 같은 것으로 추정한다.
② 제75조제3항의 경우에 광업권을 양수한 자 또는 손해 발생 후의 조광권자가 배상의 의무를 이행한 경우에는 같은 조 제1항 또는 제2항에 따라 손해를 배상할 자에게 상환을 청구할 수 있다. 제75조제4항에 따라 광업권자가 배상의 의무를 이행한 때에도 또한 같다.

제77조【배상 방법】 ① 손해배상은 금전으로 한다. 다만, 배상 금액에 비하여 너무 많은 비용을 들이지 아니하고 원상으로 회복할 수 있는 경우에는 피해자는 원상회복을 청구할 수 있다.
② 배상의무자가 원상회복을 신청한 경우에 법원은 적당하다고 인정하면 제1항 본문에도 불구하고 금전 배상 대신에 원상회복을 명할 수 있다.

제78조【배상 결정을 할 때의 고려 사항】 손해의 발생에 피해자가 책임질 사유가 있으면 법원은 손해 배상의 책임과 범위를 정할 때 이를 고려하여야 한다. 손해의 발생에 천재지변, 그 밖에 불가항력의 사유가 경합한 경우에도 또한 같다.

제79조【손해배상 예정액】 손해배상의 액수가 예정되어 있는 경우에 그 금액이 현저하게 부적당하면 당사자는 그 증감을 청구할 수 있다.

제80조【소멸시효】 ① 손해배상청구권은 피해자가 손해와 배상의무자를 안 날부터 3년간 행사하지 아니하면 시효로 인하여 소멸한다. 손해가 발생한 날부터 10년이 지난 경우에도 또한 같다.(2007.5.17 본항개정)
② 제1항의 기간은 진행 중인 손해에 대하여는 그 진행이 정지한 날부터 기산(起算)한다.

제81조【관할 법원】 ① 손해배상에 관하여 분쟁이 발생하면 당사자는 손해 발생지를 관할하는 지방법원 또는 당사자가 합의하여 정하는 지방법원에 조정(調停)을 신청할 수 있다.
② 광해 조정에 관하여는 따로 법률로 정한다.

제82조【적용 제외】 광업에 종사하는 자의 업무상의 부상·질병 및 사망에 관하여는 제75조부터 제81조까지의 규정을 적용하지 아니한다.

제7장 감독 및 지원

제83조【생산 보고서】 채굴권자나 조광권자는 대통령령으로 정하는 바에 따라 광물 생산 보고서를 산업통상자원부장관에게 제출하여야 한다.(2013.3.23 본조개정)

제84조【갱내 실측도 및 광업부】 채굴권자나 조광권자는 대통령령으로 정하는 바에 따라 갱내 실측도(實測圖)와 광업부(鑛業簿)를 작성하여 광업 사무소에 갖추어 두고 그 부본(副本)을 산업통상자원부장관에게 제출하여야 한다.(2013.3.23 본조개정)

제85조【광업 기본계획】 산업통상자원부장관은 합리적인 광산개발과 산업원료광물의 원활한 공급을 촉진하기 위하여 필요하다고 인정하면 대통령령으로 정하는 바에 따라 광업에 대한 기본계획 및 연도별 시행계획을 수립하여 공고할 수 있다.(2013.3.23 본조개정)

제86조【광업 발전을 위한 지원】 산업통상자원부장관은 광업의 발전을 위하여 대통령령으로 정하는 바에 따라 예산의 범위에서 다음 각 호의 지원을 할 수 있다.
(2013.3.23 본문개정)
1. 중요 광물자원의 탐사·개발 및 광산물의 가공·유통·비축 사업에 대한 보조 또는 융자(2010.1.27 본호개정)
2. (2010.1.27 삭제)
3. 광산(폐광된 광산을 포함한다)의 광해 방지 및 복구사업에 대한 보조 또는 융자
4. 국가 지질 또는 광물 자원의 조사 사업 및 광물자원 관련 기술 개발 사업에 대한 출연
(2010.1.27 본조제목개정)

제87조【광물 수입부과금 및 판매부과금】 ① 산업통상자원부장관은 광물의 수급과 가격 안정 및 제86조제1항 각 호에 따른 사업 지원을 위하여 광물을 수입하거나 판매하는 자에게 부과금을 징수할 수 있다.(2013.3.23 본항개정)
② 제1항에 따른 부과금의 징수 대상자, 부과 기준, 징수 방법, 그 밖에 부과금의 부과와 징수에 필요한 사항은 대통령령으로 정한다.
③ 산업통상자원부장관은 제1항에 따른 부과금의 징수 대상자가 납부 기한 내에 부과금을 내지 아니하면 그 납부기한의 다음날부터 납부일까지의 기간에 대하여 대통령령으로 정하는 가산금을 징수한다.(2013.3.23 본항개정)
④ 산업통상자원부장관은 제1항에 따른 부과금의 징수 대상자가 납부 기한 내에 부과금을 내지 아니하면 기간을 지정하여 독촉하고, 그 지정 기간 내에도 부과금 및 제3항에 따른 가산금을 내지 아니하면 국세 체납처분의 예에 따라 징수할 수 있다.(2013.3.23 본항개정)
⑤ 제1항 및 제3항에 따라 징수한 부과금 및 가산금은 에너지 및 자원사업 특별회계에 귀속된다.

제88조【부과금 징수 사무의 위탁】 ① 산업통상자원부장관은 제87조에 따른 부과금의 징수 사무를 대통령령으로 정하는 기관 또는 단체에 위탁할 수 있다.(2013.3.23 본항개정)
② 산업통상자원부장관은 제1항에 따라 부과금의 징수 사무를 위탁한 경우에는 위탁받은 기관 또는 단체의 임원·직원 중에서 그 사무를 수행할 회계관계직원을 임명할 수 있다.(2013.3.23 본항개정)
③ 제2항에 따라 임명된 회계관계직원에 대하여는 「회계관계직원 등의 책임에 관한 법률」 중 회계관계직원에 관한 규정을 준용한다.
④ 산업통상자원부장관은 제1항에 따라 부과금의 징수 사무를 위탁한 경우에는 산업통상자원부장관이 정하는 바에 따라 에너지 및 자원사업 특별회계에서 수수료 또는 필요한 경비를 지급할 수 있다.(2013.3.23 본항개정)

제89조【감독】 ① (2016.1.6 삭제)
② 산업통상자원부장관은 필요하다고 인정하면 제86조에 따라 지원을 받은 자에게 필요한 서류를 제출 또는 보고하게 하거나 소속 공무원으로 하여금 필요한 서류를 검사하게 할 수 있다.(2013.3.23 본항개정)
③ 제2항에 따라 검사를 하는 공무원은 그 권한을 표시하는 증표를 지니고, 이를 관계인에게 보여주어야 한다.

제8장 이의신청

제90조【이의신청】 이 법에 따른 처분 또는 이 법에 의한 명령에 따른 처분에 불복하는 자는 산업통상자원부장관에게 이의신청을 할 수 있다.(2013.3.23 본조개정)

제91조【처분의 집행】 제90조에 따른 이의신청은 산업통상자원부장관의 처분의 집행을 정지시키지 아니한다. 다만, 산업통상자원부장관은 처분의 집행으로 인하여 회복할 수 없는 손해가 발생한다고 인정할 때에는 신청 또는 직권으로 그 집행을 정지시킬 수 있다.(2013.3.23 본조개정)

제92조【광업조정위원회】 ① 제90조에 따른 이의신청을 의결하기 위하여 산업통상자원부에 광업조정위원회(이하 "위원회"라 한다)를 둔다.(2013.3.23 본항개정)
② 위원회의 위원은 광업에 관한 학식과 경험이 있는 자로 한다.
③ 위원회의 구성·기능·운영과 그 밖에 필요한 사항은 대통령령으로 정한다.

제93조【의결】 산업통상자원부장관은 이의신청을 받으면 위원회의 의결을 거쳐 결정한다.(2013.3.23 본조개정)

제94조【재의 요구】 산업통상자원부장관은 위원회의 의결이 부당하다고 인정하면 1차에 한하여 재의(再議)를 요구할 수 있다.(2013.3.23 본조개정)

제95조【「행정심판법」의 준용】 이의신청에 관하여 제90조부터 제94조까지에서 규정한 것 외에는 「행정심판법」을 준용한다.

제9장 보 칙

제96조【권한의 위임】 이 법에 따른 산업통상자원부장관의 권한은 그 일부를 대통령령으로 정하는 바에 따라 특별시장·광역시장·도지사·특별자치도지사 또는 산업통상자원부장관 소속 기관의 장에게 위임할 수 있다.
(2013.3.23 본조개정)

제97조【광업 대리인】 광업권자나 조광권자는 광업을 할 때 본인이 행할 절차와 그 밖의 행위를 대리시키기 위하여 미리 대리권의 범위를 정하여 광산 단위로 광업대리인을 선임할 수 있다.

제98조【수수료】 광업권 또는 조광권에 관한 출원·청구·신청 또는 신고를 하려는 자는 산업통상자원부령으로 정하는 바에 따라 수수료를 내야 한다.(2013.3.23 본조개정)

제99조【청문】 산업통상자원부장관은 다음 각 호의 어느 하나에 해당하는 경우에는 청문을 하여야 한다.
(2013.3.23 본문개정)
1. 제34조에 따라 광업권의 취소처분 또는 광구의 감소처분을 하려는 경우
2. 제35조에 따라 광업권을 취소하려는 경우
3. 제57조에 따라 조광권을 취소하려는 경우

제10장 벌 칙

제100조【벌칙】 제9조제4항에 따라 준용되는 「해저광물자원 개발법」 제12조 및 제14조에 따른 탐사권 및 채취권의 설정허가를 받지 아니하고 석유를 채굴하거나 취득한 자는 5년 이하의 징역 또는 5천만원 이하의 벌금에 처하거나 이를 병과(倂科)할 수 있다.

제101조【벌칙】 ① 다음 각 호의 어느 하나에 해당하는 자는 3년 이하의 징역 또는 3천만원 이하의 벌금에 처하거나 이를 병과할 수 있다.
1. 제4조를 위반한 자(2016.1.6 본호개정)
1의2. 제40조의2를 위반하여 산업통상자원부장관의 허가를 받지 아니하고 굴진탐사를 한 탐사권자(2013.3.23 본호개정)
2. 부정한 방법으로 광업권 또는 조광권의 설정·변경의 허가 또는 인가를 받은 자
3. 허가를 받지 아니하고 타인의 조광구에서 석유를 탐사한 자
② 과실로 인하여 광구 또는 조광구 밖으로 침굴(侵掘)한 자는 1천만원 이하의 벌금에 처한다.

제102조【벌칙】 다음 각 호의 어느 하나에 해당하는 자는 1년 이하의 징역 또는 1천만원 이하의 벌금에 처한다.
1. 제5조제1항 단서를 위반하여 분리된 광물을 영리목적으로 양도한 자(2010.1.27 본호신설)
2. 제42조제4항(제61조에서 준용하는 경우를 포함한다)을 위반한 자(2010.1.27 본호개정)
3. 제42조제5항(제61조에서 준용하는 경우를 포함한다)에 따른 명령을 위반한 자(2010.1.27 본호개정)
4. 제44조(제61조에서 준용하는 경우를 포함한다)를 위반하여 광물을 채굴한 자

5. 제46조(제61조에서 준용하는 경우를 포함한다)에 따른 명령을 위반한 자

제102조의2【벌칙 적용에서 공무원 의제】 위원회의 위원 중 공무원이 아닌 사람은 「형법」 제127조 및 제129조부터 제132조까지를 적용할 때에는 공무원으로 본다.(2018.12.31 본조신설)

제103조【양벌규정】 법인의 대표자나 법인 또는 개인의 대리인, 사용인, 그 밖의 종업원이 그 법인 또는 개인의 업무에 관하여 제101조 또는 제102조의 위반행위를 하면 그 행위자를 벌하는 외에 그 법인 또는 개인에게도 해당 조문의 벌금형을 과(科)한다. 다만, 법인 또는 개인이 그 위반행위를 방지하기 위하여 해당 업무에 관하여 상당한 주의와 감독을 게을리하지 아니한 경우에는 그러하지 아니하다.(2010.1.27 본조개정)

제104조【과태료】 ① 제83조에 따른 광물 생산 보고서를 제출하지 아니하거나 거짓된 보고를 한 자에게는 500만원 이하의 과태료를 부과한다.

② 다음 각 호의 어느 하나에 해당하는 자에게는 200만원 이하의 과태료를 부과한다.

1. 제42조의2제3항(제61조에서 준용하는 경우를 포함한다)에 따른 채굴의 재개(再開) 신고를 하지 아니하거나 거짓된 신고를 한 자(2010.1.27 본호개정)
2. 제84조를 위반하여 갱내 실측도와 광업부를 작성·비치하지 아니하거나 그 부본을 제출하지 아니한 자

③ 다음 각 호의 어느 하나에 해당하는 자에게는 100만원 이하의 과태료를 부과한다.

1. 제9조제4항에 따라 준용되는 「해저광물자원 개발법」 제26조에 따른 현장조사를 거부·방해 또는 기피한 자
2. 제45조에 따른 채굴행위의 지도·점검을 거부·방해 또는 기피한 자(2010.1.27 본호개정)
3. 제89조제2항에 따른 서류를 제출 또는 보고하지 아니하거나 거짓된 서류를 제출 또는 보고한 자

④ 제89조제2항에 따른 검사를 거부·방해 또는 기피한 자

④ 제1항부터 제3항까지의 규정에 따른 과태료는 대통령령으로 정하는 바에 따라 산업통상자원부장관이 부과·징수한다.(2013.3.23 본항개정)

⑤~⑦ (2010.1.27 삭제)

부 칙 (2016.1.6 법13730호)

제1조【시행일】 이 법은 공포 후 6개월이 경과한 날부터 시행한다.

제2조【광업권설정의 등록세 납부 및 등록신청에 관한 경과조치】 이 법 시행 전에 광업권설정 허가통지서를 받은 경우의 등록세 납부 및 등록신청의 기한에 관하여는 제28조제1항의 개정규정에도 불구하고 종전의 규정에 따른다.

제3조【조광권설정의 등록세 납부 및 등록신청에 관한 경과조치】 이 법 시행 전에 조광권설정 인가통지서를 받은 경우의 등록세 납부 및 등록신청의 기한에 관하여는 제52조제2항의 개정규정에도 불구하고 종전의 규정에 따른다.

제4조【채굴계획의 인가를 받지 아니한 광업권 등에 관한 경과조치】 ① 법률 제9982호 부칙 제4조에 따라 종전의 규정의 적용을 받는 광업권자 및 조광권자는 제42조의 개정규정에 따라 채굴계획의 인가를 받은 경우 광업권등록이 된 날 및 조광권의 설정등록이 된 날에 이 법의 채굴권이 설정등록되거나 그 채굴권에 조광권이 설정등록된 것으로 본다.

② 제1항에 따라 설정등록이 된 것으로 보는 채굴권의 존속기간은 광업권 등록 당시에 광업권에 부여된 존속기간으로 하되, 그 존속기간의 연장에 관하여는 제12조제3항을 적용한다.

③ 제1항에 따라 채굴권에 설정등록이 된 것으로 보는 조광권의 존속기간은 조광권의 설정 등록 당시에 조광권에 부여된 존속기간으로 하되, 그 존속기간의 연장과 소멸에 관하여는 제49조제2항 및 제56조를 각각 적용한다.

부 칙 (2017.10.31)

이 법은 공포한 날부터 시행한다.

부 칙 (2018.12.31)

이 법은 공포 후 3개월이 경과한 날부터 시행한다.

부 칙 (2022.2.3)

제1조【시행일】 이 법은 공포 후 1개월이 경과한 날부터 시행한다.

제2조【탐사계획 신고·변경신고에 관한 적용례】 제40조제2항 및 제3항의 개정규정은 이 법 시행 이후 신고 또는 변경신고를 하는 경우부터 적용한다.

제3조【채굴계획 인가·변경인가 시 협의에 관한 적용례】 제43조제3항의 개정규정은 이 법 시행 이후 협의를 요청하는 경우부터 적용한다.

부 칙 (2022.12.27)

제1조【시행일】 이 법은 공포 후 6개월이 경과한 날부터 시행한다.(이하 생략)

석유 및 석유대체연료 사업법

(약칭 : 석유사업법)

(2004년 10월 22일 전부개정법률 제7240호)

개정
2005. 3.31법 7428호(채무자회생파산)
2005.12.23법 7755호
2007. 1.11법 8237호 2007. 4.27법 8399호
2007.12.21법 8765호(도시가스사업법)
2007.12.21법 8768호
2008. 2.29법 8852호(정부조직)
2008.12.26법 9231호 2009. 1.30법 9370호
2010. 3.31법10219호(지방세기본법)
2010. 4.12법10246호 2010. 6. 8법10353호
2011. 7.25법10958호 2011.11.14법11081호
2012. 1.26법11234호
2013. 3.23법11690호(정부조직)
2013. 6. 7법11873호(부가세)
2013. 8. 6법11998호(지방세외수입금의징수등에관한법)
2014. 1. 1법12154호(에너지및자원사업특별회계법)
2014. 1.21법12294호 2014. 3.18법12441호
2015. 1.28법13085호
2016.12.27법14476호(지방세징수법)
2017. 4.18법14774호 2017.12.12법15179호
2018. 4.17법15573호 2020. 2. 4법16940호
2020. 3.24법17091호(지방행정제재·부과금의징수등에관한법)
2020.10.20법17532호
2024. 2. 6법20201호→2024년 8월 7일 시행

제1장 총 칙

(2009.1.30 본장개정)

제1조【목적】 이 법은 석유 수급과 가격 안정을 도모하고 석유제품과 석유대체연료의 적정한 품질을 확보하고, 탄소중립화에 기여하며 관련 사업의 건전한 발전을 지원함으로써 국민경제의 발전과 국민생활의 향상에 이바지함을 목적으로 한다.(2024.2.6 본조개정)

제2조【정의】 이 법에서 사용하는 용어의 뜻은 다음과 같다.

1. "석유"란 원유, 천연가스〔액화(液化)한 것을 포함한다. 이하 같다〕 및 석유제품을 말한다.
2. "석유제품"이란 휘발유, 등유, 경유, 중유, 윤활유와 이에 준하는 탄화수소유 및 석유가스(액화한 것을 포함한다. 이하 같다)로서 다음 각 목의 것을 말한다.
 가. 탄화수소유 : 항공유, 용제(溶劑), 아스팔트, 나프타, 윤활기유, 석유중간제품〔석유제품 생산공정에 원료용으로 투입되는 잔사유(殘渣油) 및 유분(溜分)을 말한다〕 및 부생연료유(副生燃料油 : 등유나 중유를 대체하여 연료유로 사용되는 부산물인 석유제품을 말한다)(2014.1.21 본목개정)
 나. 석유가스 : 프로판·부탄 및 이를 혼합한 연료용 가스
3. "부산물인 석유제품"이란 석유제품 외의 물품을 제조할 때 그 제조공정에서 부산물로 생기는 석유제품을 말한다.

3의2. "친환경정제원료"란 석유에서 유래한 것을 재활용하거나 생물유기체에서 유래한 것으로 석유정제원료로 사용할 수 있도록 산업통상자원부령으로 정한 것을 말한다.(2024.2.6 본호신설)

4. "석유정제업"이란 석유(친환경정제원료를 혼합한 것을 포함한다)를 정제하여 석유제품(부산물인 석유제품은 제외한다)을 제조하는 사업을 말한다.(2024.2.6 본호개정)
5. "석유수출입업"이란 석유를 수출하거나 수입하는 사업을 말한다.

5의2. "국제석유거래업"이란 다음 각 목의 어느 하나에 해당하는 사업을 말한다.
 가. 「관세법」 제154조에 따른 보세구역(이하 이 법에서 "보세구역"이라 한다)에서 석유를 거래하는 사업
 나. 「관세법」 제197조에 따라 관세청장이 지정한 종합보세구역(이하 이 법에서 "종합보세구역"이라 한다)에서 대통령령으로 정하는 방법으로 석유제품 등을 혼합하여 석유제품을 제조(종합보세구역에서 종합보세사업장을 설치·운영하는 자에게 위탁하여 제조하는 경우를 포함한다)하여 그 제품을 보세구역에서 거래하는 사업

(2017.4.18 본호신설)

6. "석유판매업"이란 석유 판매를 업(業)으로 하는 것을 말한다.
7. "석유정제업자"란 제5조에 따라 등록을 하거나 신고를 하고 석유정제업을 하는 자를 말한다.
8. "석유수출입업자"란 제9조에 따라 등록(등록이 면제되는 경우를 포함한다)을 하고 석유수출입업을 하는 자를 말한다.

8의2. "국제석유거래업자"란 제9조의2에 따라 신고를 하고 국제석유거래업을 하는 자를 말한다.(2017.4.18 본호신설)

9. "석유판매업자"란 제10조에 따라 등록 또는 신고를 하고 석유판매업을 하는 자를 말한다.
10. "가짜석유제품"이란 조연제(助燃劑), 첨가제(다른 법률에서 규정하는 경우를 포함한다), 그 밖에 어떠한 명칭이든 다음 각 목의 어느 하나의 방법으로 제조된 것으로서 「자동차관리법」 제2조제1호에 따른 자동차 및 대통령령으로 정하는 차량·기계(휘발유 또는 경유를 연료로 사용하는 것만을 말한다)의 연료로 사용하거나 사용하게 할 목적으로 제조된 것(제11호의 석유대체연료는 제외한다)을 말한다.(2012.1.26 본문개정)
 가. 석유제품에 다른 석유제품(등급이 다른 석유제품을 포함한다)을 혼합하는 방법
 나. 석유제품에 석유화학제품(석유로부터 물리·화학적 공정을 거쳐 제조되는 제품 중 석유제품을 제외한 유기화학제품으로서 산업통상자원부령으로 정하는 것을 말한다. 이하 같다)을 혼합하는 방법(2013.3.23 본목개정)
 다. 석유화학제품에 다른 석유화학제품을 혼합하는 방법
 라. 석유제품이나 석유화학제품에 탄소와 수소가 들어있는 물질을 혼합하는 방법
11. "석유대체연료"란 석유제품 연소 설비의 근본적인 구조 변경 없이 석유제품을 대체하거나 석유제품에 혼합하여 사용할 수 있는 연료(석탄과 천연가스는 제외한다)로서 바이오연료(생물유기체를 변환시켜 생산한 연료를 말한다), 재생합성연료(수소와 재생탄소를 합성하여 생산한 연료를 말한다) 등 대통령령으로 정하는 것을 말한다.(2024.2.6 본호개정)
12. "석유대체연료 제조·수출입업"이란 석유대체연료를 제조하거나 수출·수입하는 사업을 말한다.
13. "석유대체연료 판매업"이란 석유대체연료 판매를 업으로 하는 것을 말한다.
14. "석유대체연료 제조·수출입업자"란 제32조에 따라 등록(등록이 면제되는 경우를 포함한다)을 하고 석유대체연료 제조·수출입업을 하는 자를 말한다.
15. "석유대체연료 판매업자"란 제33조에 따라 등록을 하고 석유대체연료 판매업을 하는 자를 말한다.

제3조【석유 수급 상황에 관한 예측】 산업통상자원부장관은 국가 전체의 안정적인 석유 수급을 위하여 대통령령으로 정하는 바에 따라 매년 해당 연도 이후 5년간의 석유 수급 상황에 관한 예측을 하여야 한다. 이 경우 다음 각 호의 사항을 고려하여야 한다.(2013.3.23 전단개정)

1. 석유의 수요량
2. 석유의 생산량 및 수출입량
3. 석유정제시설의 처리능력
4. 그 밖에 석유 수급에 영향을 미치는 중요 사항

제4조【다른 법률과의 관계】 천연가스와 석유가스에 관하여 「도시가스사업법」, 「고압가스 안전관리법」 및 「액화석유가스의 안전관리 및 사업법」에서 규정한 사항에 대하여는 이 법을 적용하지 아니한다.

제2장 석유사업

(2009.1.30 본장개정)

제5조【석유정제업의 등록 등】 ① 석유정제업을 하려는 자는 산업통상자원부령으로 정하는 바에 따라 산업통상자원부장관에게 등록하여야 한다. 등록한 사항 중 정제능력 등 대통령령으로 정하는 사항을 변경하려는 경우에도 또한 같다.(2013.3.23 전단개정)

② 석유제품 중 윤활유 등 대통령령으로 정하는 제품의 석유정제업을 하려는 자는 제1항에도 불구하고 산업통상자원부령으로 정하는 바에 따라 산업통상자원부장관에게 신고하여야 한다. 신고한 사항 중 생산능력 등 대통령령으로 정하는 사항을 변경하려는 경우에도 또한 같다.(2013.3.23 전단개정)

③ 산업통상자원부장관은 제2항에 따른 신고·변경신고를 받은 날부터 7일 이내에 신고수리 여부를 신고인에게 통지하여야 한다.(2017.12.12 본항신설)

④ 산업통상자원부장관이 제3항에서 정한 기간 내에 신고수리 여부 또는 민원 처리 관련 법령에 따른 처리기간의 연장을 신고인에게 통지하지 아니하면 그 기간(민원 처리 관련 법령에 따라 처리기간이 연장 또는 재연장된 경우에는 해당 처리기간을 말한다)이 끝난 날의 다음 날에 신고를 수리한 것으로 본다.(2017.12.12 본항신설)

⑤ 제1항과 제2항에 따른 석유정제업의 시설기준 등 등록요건과 신고 사항은 대통령령으로 정한다.

제6조【결격사유】 다음 각 호의 어느 하나에 해당하는 자는 석유정제업의 등록이나 신고를 할 수 없다.(2010.6.8 본문개정)

1. 미성년자
2. 피성년후견인(2014.1.21 본호개정)
3. 파산선고를 받고 복권되지 아니한 자
4. 이 법을 위반하여 징역형의 실형을 선고받고 그 집행이 끝나거나(집행이 끝난 것으로 보는 경우를 포함한다) 집행이 면제된 날부터 2년이 지나지 아니한 자
5. 이 법을 위반하여 징역형의 집행유예를 선고받고 그 유예기간 중에 있는 자
6. 제13조제1항에 따라 석유정제업의 등록이 취소되거나 영업장이 폐쇄(제1호부터 제3호까지에 해당하여 그 등록이 취소되거나 영업장이 폐쇄된 경우는 제외한다)된 후 2년이 지나지 아니한 자(2017.4.18 본호개정)
7. 대표자가 제1호부터 제6호까지의 어느 하나에 해당하는 법인

제7조【석유정제업자의 지위 승계】 ① 다음 각 호의 어느 하나에 해당하는 자는 석유정제업자의 지위를 승계한다.

1. 석유정제업자가 그 사업의 전부를 양도한 경우 그 양수인
2. 석유정제업자가 사망한 경우 그 상속인
3. 법인인 석유정제업자가 합병한 경우 합병 후 존속하는 법인이나 합병으로 설립되는 법인

② 다음 각 호의 어느 하나에 해당하는 절차에 따라 석유정제시설의 전부를 인수한 자는 종전의 석유정제업자의 지위를 승계한다.
1. 「민사집행법」에 따른 경매
2. 「채무자 회생 및 파산에 관한 법률」에 따른 환가(換價)
3. 「국세징수법」, 「관세법」 또는 「지방세징수법」에 따른 압류재산의 매각(2016.12.27 본호개정)
4. 그 밖에 제1호부터 제3호까지의 규정에 준하는 절차

제8조【처분 효과의 승계】 제7조에 따라 석유정제업자의 지위가 승계되면 종전의 석유정제업자에 대한 제13조제1항에 따른 사업정지처분(제14조에 따라 사업정지를 갈음하여 부과하는 과징금부과처분을 포함한다)의 효과는 새로운 석유정제업자에게 승계되며, 처분의 절차가 진행 중일 때에는 새로운 석유정제업자에 대하여 그 절차를 계속 진행할 수 있다. 다만, 새로운 석유정제업자(상속으로 승계받은 자는 제외한다)가 석유정제업을 승계할 때에 그 처분이나 위반의 사실을 알지 못하였음을 증명하는 경우에는 그러하지 아니하다.(2014.1.21 본문개정)

제9조【석유수출입업의 등록 등】 ① 석유수출입업(천연가스수출입업 및 액화석유가스수출입업은 제외한다. 이하 이 조, 제11조의2, 제12조 및 제17조에서 같다)을 하려는 자는 산업통상자원부령으로 정하는 바에 따라 산업통상자원부장관에게 등록하여야 한다. 다만, 다음 각 호의 어느 하나에 해당하는 경우에는 그러하지 아니하다.
(2015.1.28 본문개정)
1. 제5조제1항에 따른 석유정제업의 등록을 한 자가 석유수출입업을 하는 경우(해당 연도에 수입하는 석유가스의 양이 5만톤 이상으로서 대통령령으로 정하는 양 이상인 경우는 제외한다)
2. 윤활유 등 대통령령으로 정하는 석유제품의 수출입업을 하는 경우
3. 석유수출만을 업으로 하는 경우
4. 자기가 사용할 목적으로 해당 연도에 수입하는 석유의 양이 10만 킬로리터 이하인 경우
5. 제4호에 해당하는 자가 수입한 석유제품의 일부를 수출하거나 부산물인 석유제품을 수출하는 경우
6. 「한국석유공사법」에 따른 한국석유공사(이하 "공사"라 한다)가 제16조제2항에 따른 석유비축시책을 시행하기 위하여 석유를 수출입하는 경우

② 제1항에 따른 등록을 한 자가 등록한 사항 중 석유저장시설의 규모 등 대통령령으로 정하는 사항을 변경하려는 경우에는 산업통상자원부령으로 정하는 바에 따라 산업통상자원부장관에게 변경등록을 하여야 한다.
(2013.3.23 본항개정)
③ 제1항에 따른 석유수출입업의 시설기준 등 등록 요건은 대통령령으로 정한다.
④ 석유수출입업자의 결격사유, 지위 승계 및 처분 효과의 승계에 관하여는 제6조부터 제8조까지의 규정을 준용한다. 이 경우 제6조 각 호 외의 부분 중 "석유정제업"은 "석유수출입업"으로 보고, 같은 조 제6호 중 "제13조제1항"은 "제13조제2항"으로, "석유정제업"은 "석유수출입업"으로 보며, 제7조 중 "석유정제업자"는 "석유수출입업자"로, "석유정제시설"은 "석유수출입시설"로 보고, 제8조 중 "석유정제업자"는 "석유수출입업자"로, "제13조제1항"은 "제13조제2항"으로 본다.

제9조의2【국제석유거래업의 신고 등】 ① 국제석유거래업을 하려는 자는 산업통상자원부령으로 정하는 바에 따라 산업통상자원부장관에게 신고하여야 한다. 다만, 제2조제5호의2가목의 사업만을 하는 경우(제26조에 따른 품질보정을 하여 석유를 거래하는 경우는 제외한다)에는 신고하지 아니할 수 있다.
② 제1항에 따른 신고를 한 자가 신고한 사항 중 산업통상자원부령으로 정하는 사항을 변경하려는 경우에는 산업통상자원부령으로 정하는 바에 따라 산업통상자원부장관에게 변경신고를 하여야 한다.
③ 국제석유거래업자의 결격사유, 지위 승계 및 처분 효과의 승계에 관하여는 제6조, 제7조제1항 및 제8조의 규정을 준용한다. 이 경우 제6조 중 "석유정제업"은 "국제석유거래업"으로, "제13조제1항"은 "제13조제3항"으로 보고, 제7조제1항 중 "석유정제업자"는 "국제석유거래업자"로 보며, 제8조 중 "석유정제업자"는 "국제석유거래업자"로, "제13조제1항"은 "제13조제3항"으로, "석유정제업"은 "국제석유거래업"으로 본다.
(2017.4.18 본조신설)

제10조【석유판매업의 등록 등】 ① 석유판매업을 하려는 자는 산업통상자원부령으로 정하는 바에 따라 특별시장·광역시장·특별자치시장·도지사·특별자치도지사(이하 "시·도지사"라 한다) 또는 시장·군수·구청장(자치구의 구청장을 말한다. 이하 같다)에게 등록하여야 한다. 다만, 부산물인 석유제품을 생산하여 석유판매업을 하려는 자는 산업통상자원부장관에게 등록하여야 한다.
(2014.1.21 본문개정)
② 제1항에도 불구하고 석유판매업 중 일반판매소 등 대통령령으로 정하는 경우에는 산업통상자원부령으로 정하는 절차에 따라 시·도지사 또는 시장·군수·구청장에게 신고하여야 한다.(2013.3.23 본항개정)
③ 제1항 및 제2항에 따른 등록 또는 신고를 한 자가 등록 또는 신고한 사항 중 시설 소재지 등 대통령령으로 정하는 사항을 변경하려는 경우에는 산업통상자원부령으로 정하는 바에 따라 등록 또는 신고를 한 산업통상자원부장관이나 시·도지사 또는 시장·군수·구청장에게 변경등록 또는 변경신고를 하여야 한다.(2013.3.23 본항개정)
④ 시·도지사 또는 시장·군수·구청장은 제2항 또는 제3항에 따른 신고·변경신고를 받은 날부터 7일 이내에 신고수리 여부를 신고인에게 통지하여야 한다.
(2017.12.12 본항신설)
⑤ 시·도지사 또는 시장·군수·구청장이 제4항에서 정한 기간 내에 신고수리 여부 또는 민원 처리 관련 법령에 따른 처리기간의 연장을 신고인에게 통지하지 아니하면 그 기간(민원 처리 관련 법령에 따라 처리기간이 연장 또는 재연장된 경우에는 해당 처리기간을 말한다)이 끝난 날의 다음 날에 신고를 수리한 것으로 본다.(2017.12.12 본항신설)
⑥ 제1항 및 제2항에 따라 시·도지사 또는 시장·군수·구청장에게 등록하거나 신고하여야 하는 석유판매업의 종류와 그 취급 석유제품 및 제1항에 따른 석유판매업의 시설기준 등 등록 요건은 대통령령으로 정한다.
⑦ 석유판매업자의 결격사유, 지위 승계 및 처분 효과의 승계에 관하여는 제6조부터 제8조까지의 규정을 준용한다. 이 경우 제6조 각 호 외의 부분 중 "석유정제업"은 "석유판매업"으로 보고, 같은 조 제6호 중 "제13조제1항"은 "제13조제4항"으로, "석유정제업"은 "석유판매업"으로 보며, 제7조 중 "석유정제업자"는 "석유판매업자"로, "석유정제시설"은 "석유판매시설"로 보고, 제8조 중 "석유정제업자"는 "석유판매업자"로, "제13조제1항"은 "제13조제4항"으로 본다.(2017.4.18 후단개정)

제11조【조건부 등록 등】 ① 제5조·제9조 또는 제10조에 따른 등록(이하 이 조에서 "본등록"이라 한다)을 신청하려는 자는 대통령령으로 정하는 기간에 등록 요건에서 정하는 시설을 갖출 것을 조건으로 산업통상자원부장관, 시·도지사 또는 시장·군수·구청장에게 조건부 등록을 신청할 수 있다.(2013.3.23 본항개정)
② 제1항의 조건부 등록 신청을 받은 산업통상자원부장관, 시·도지사 또는 시장·군수·구청장은 산업통상자원부령으로 정하는 기간에 이를 심사하여 조건부 등록 여부를 알려야 한다.(2013.3.23 본항개정)
③ 산업통상자원부장관, 시·도지사 또는 시장·군수·구청장은 조건부 등록을 받은 자가 본등록을 신청하면 등록 요건을 모두 갖추었는지를 확인한 후 본등록을 하여야 한다.(2013.3.23 본항개정)
④ 산업통상자원부장관, 시·도지사 또는 시장·군수·구청장은 제2항에 따른 조건부 등록을 받은 자가 정당한 사유 없이 제1항에 따른 기간에 등록 요건에서 정하는 시설을 갖추지 아니한 경우에는 조건부 등록을 취소하여야 한다.(2013.3.23 본항개정)
⑤ 조건부 등록의 기준과 그 밖에 필요한 사항은 대통령령으로 정한다.

제11조의2【석유사업 등록 등의 제한】 제5조, 제9조 및 제10조에 따라 다음 각 호의 석유사업의 등록 또는 신고를 하려는 자는 해당 호의 각 목의 사유가 있은 후 2년(해당 호의 가목의 사유로 사업정지처분을 받은 경우에는 그 사업정지처분 기간을 말한다)이 지나기 전에는 그 영업에 사용하였던 시설의 전부 또는 대통령령으로 정하는 중요 시설을 이용하여 해당 호의 석유사업에 대한 등록 또는 신고를 할 수 없다.(2018.4.17 본문개정)
1. 석유정제업
  가. 제13조제1항제9호부터 제12호까지, 제12호의2 및 제13호부터 제15호까지의 규정 중 어느 하나에 해당하여 등록이 취소된 경우 또는 영업장이 폐쇄되거나 사업정지처분을 받은 경우(2018.4.17 본목개정)
  나. 제13조제6항에 해당하여 석유정제업의 등록이 취소되거나 그 영업장이 폐쇄된 경우(2017.4.18 본목개정)
2. 석유수출입업
  가. 제13조제2항제7호에 따라 같은 조 제1항제9호부터 제12호까지, 제12호의2 및 제13호부터 제15호까지의 규정 중 어느 하나에 해당하여 등록이 취소되거나 사업정지처분을 받은 경우(2018.4.17 본목개정)
  나. 제13조제6항에 해당하여 석유수출입업의 등록이 취소된 경우(2017.4.18 본목개정)
3. 석유판매업
  가. 제13조제4항제8호에 따라 같은 조 제1항제9호부터 제12호까지, 제12호의2 및 제13호부터 제15호까지의 규정 중 어느 하나에 해당하여 등록이 취소된 경우 또는 영업장이 폐쇄되거나 사업정지처분을 받은 경우(2018.4.17 본목개정)
  나. 제13조제4항제9호에 해당하여 등록이 취소되거나 영업장이 폐쇄된 경우(2017.4.18 본목개정)
  다. 제13조제6항에 해당하여 석유판매업의 등록이 취소되거나 그 영업장이 폐쇄된 경우(2017.4.18 본목개정)
(2010.6.8 본조신설)

제12조【사업의 개시·휴업 및 폐업의 신고】 ① 석유정제업자·석유수출입업자 또는 석유판매업자는 그 사업의 등록 또는 신고를 한 날부터 대통령령으로 정하는 기간 이내에 사업을 시작하여야 한다.
② 석유정제업자·석유수출입업자·국제석유거래업자 또는 석유판매업자는 그 사업을 개시·휴업 또는 폐업하였을 때에는 산업통상자원부령으로 정하는 바에 따라 산업통상자원부장관, 시·도지사 또는 시장·군수·구청장에게 신고하여야 한다.(2017.4.18 본항개정)
③ 제2항에 따른 신고가 신고서의 기재사항 및 첨부서류에 흠이 없고, 법령 등에 규정된 형식상의 요건을 충족하는 경우에는 신고서가 접수기관에 도달된 때에 신고된 것으로 본다.(2017.12.12 본항신설)
④ 시·도지사 또는 시장·군수·구청장은 제2항에 따라 석유판매업자의 휴업 또는 폐업 신고를 받은 때에는 그 내용을 산업통상자원부장관, 환경부장관 및 소방청장에게 통보하여야 한다.(2020.2.4 본항신설)

제12조의2【공제조합의 설립】 ① 석유판매업자 중 대통령령으로 정하는 자는 상호협동과 자주적인 경제활동 및 경제적 지위향상을 도모하는 데 필요한 보증과 융자 등을 위하여 산업통상자원부장관의 인가를 받아 공제조합(이하 "공제조합"이라 한다)을 설립할 수 있다.
② 공제조합은 법인으로 한다.
③ 공제조합의 설립인가 절차, 정관 기재사항, 운영 및 감독 등에 필요한 사항은 대통령령으로 정한다.
④ 공제조합은 주된 사무소의 소재지에 설립등기를 함으로써 성립된다.
⑤ 공제조합에 관하여 이 법에서 규정한 것 외에는 「민법」 중 사단법인에 관한 규정과 「상법」 중 주식회사의 회계에 관한 규정을 적용한다.
(2014.3.18 본조신설)

제12조의3【공제조합의 사업】 공제조합은 다음 각 호의 사업을 한다.
1. 조합원의 경영안정에 필요한 자금의 융자사업
2. 조합원의 경영을 합리화하기 위한 지원사업
3. 조합원의 전업 및 폐업에 드는 자금의 일부를 지원하는 사업
4. 조합원의 경영활동에서 발생할 수 있는 타인의 피해를 보상하기 위한 공제사업
5. 그 밖에 대통령령으로 정하는 사업
(2014.3.18 본조신설)

제12조의4【기본재산의 조성】 공제조합의 기본재산은 사업을 효율적으로 운영하기 위하여 다음 각 호의 재원으로 조성하되, 정부는 예산의 범위에서 출연하거나 보조할 수 있다.
1. 조합원의 출자금, 공제부금, 예탁금 또는 출연금
2. 그 밖에 대통령령으로 정하는 재원
(2014.3.18 본조신설)

제13조【등록의 취소 등】 ① 산업통상자원부장관은 석유정제업자가 다음 각 호의 어느 하나에 해당하면 그 석유정제업의 등록을 취소하거나 그 석유정제업자에게 영업장 폐쇄(신고한 사업자에 한한다. 이하 이 조에서 같다) 또는 6개월 이내의 기간을 정하여 그 사업의 전부 또는 일부의 정지를 명할 수 있다. 다만, 제1호 또는 제3호부터 제5호까지의 어느 하나에 해당하는 경우에는 그 등록을 취소하거나 영업장 폐쇄를 명하여야 한다.(2013.3.23 본문개정)
1. 거짓이나 그 밖의 부정한 방법으로 제5조제1항에 따른 등록 또는 같은 조 제2항에 따른 신고를 한 경우
(2010.6.8 본호개정)
2. 제5조제5항에 따른 석유정제업의 시설기준 등 등록 요건 또는 신고 사항에 맞지 아니하게 된 경우
(2017.12.12 본호개정)
3. 석유정제업을 폐업한 경우
4. 제6조제1호부터 제5호까지 또는 제7호에 따른 결격사유 중 어느 하나에 해당하게 된 경우(6개월 이내에 대표자를 결격사유가 없는 다른 대표자로 변경하는 법인은 제외한다)
5. 정당한 사유 없이 제12조제1항에 따른 기간에 그 사업을 시작하지 아니하거나 사업을 시작한 후 1년 이상 계속하여 석유정제업을 하지 아니한 경우
6. 제17조에 따른 석유비축의무를 위반한 경우
7. 제21조제1항에 따른 명령을 위반한 경우
8. 제22조제1항에 따른 조치를 위반한 경우
9. 제25조제1항에 따른 품질검사를 받지 아니한 석유제품을 판매 또는 인도하거나 같은 조 제2항에 따른 품질검사를 거부·방해 또는 기피한 경우
10. 제26조제2항을 위반하여 품질보정행위를 한 경우
11. 제27조에 따른 품질기준에 맞지 아니한 석유제품의 판매 금지 등을 위반한 경우
12. 제29조제1항제1호를 위반하여 가짜석유제품을 제조·수입·저장·운송·보관 또는 판매한 경우
(2012.1.26 본호개정)
12의2. 제29조제1항제3호를 위반하여 가짜석유제품으로 제조·사용하게 할 목적으로 석유제품·석유화학제품·석유대체연료 또는 탄소와 수소가 들어 있는 물질을 공급·판매·저장·운송 또는 보관한 경우(2014.1.21 본호신설)

13. 제30조제1항에 따른 명령을 위반하거나 봉인(封印)을 훼손한 경우(2012.1.26 본호신설)
14. 제38조제1항에 따른 검사를 거부·방해 또는 기피한 경우
15. 제39조에 따른 행위의 금지를 위반한 경우
② 산업통상자원부장관은 석유수출입업자가 다음 각 호의 어느 하나에 해당하면 그 석유수출입업의 등록을 취소하거나 6개월 이내의 기간을 정하여 그 사업의 전부 또는 일부의 정지를 명할 수 있다. 다만, 제1호 또는 제3호부터 제5호까지의 어느 하나에 해당하는 경우에는 그 등록을 취소하여야 한다.(2013.3.23 본문개정)
1. 거짓이나 그 밖의 부정한 방법으로 제9조제1항에 따른 등록을 한 경우
2. 제9조제3항에 따른 석유수출입업의 시설기준 등 등록 요건에 맞지 아니하게 된 경우
3. 석유수출입업을 폐업한 경우
4. 제9조제4항에 따라 준용되는 제6조제1호부터 제5호까지 또는 제7호에 따른 결격사유 중 어느 하나에 해당하게 된 경우(6개월 이내에 대표자를 결격사유가 없는 다른 대표자로 변경하는 법인은 제외한다)
5. 정당한 사유 없이 제12조제1항에 따른 기간에 그 사업을 시작하지 아니하거나 사업을 시작한 후 1년 이상 계속하여 석유수출입업을 하지 아니한 경우
6. 제17조에 따른 석유비축의무를 위반한 경우
7. 제1항제7호부터 제12호까지, 제12호의2 및 제13호부터 제15호까지의 규정 중 어느 하나에 해당하는 경우(2014.1.21 본호개정)
③ 산업통상자원부장관은 국제석유거래업자가 다음 각 호의 어느 하나에 해당하면 그 국제석유거래업자에게 영업장 폐쇄 또는 6개월 이내의 기간을 정하여 그 사업의 전부 또는 일부의 정지를 명할 수 있다. 다만, 제1호·제2호·제3호·제5호 또는 제6호의 어느 하나에 해당하는 경우에는 그 영업장 폐쇄를 명하여야 한다.
1. 거짓이나 그 밖의 부정한 방법으로 제9조의2제1항에 따른 신고를 한 경우
2. 국제석유거래업을 폐업한 경우
3. 제9조의2제3항에 따라 준용되는 제6조제1호부터 제5호까지 또는 제7호에 따른 결격사유 중 어느 하나에 해당하게 된 경우(6개월 이내에 대표자를 결격사유가 없는 다른 대표자로 변경하는 법인의 경우는 제외한다)
4. 사업을 시작한 후 휴업 또는 폐업을 하지 아니하고 1년 이상 계속하여 국제석유거래업을 하지 아니한 경우
5. 보세구역 밖에서 석유를 거래한 경우
6. 종합보세구역 밖에서 석유제품을 제조한 경우
7. 제1항제10호·제14호 또는 제15호에 해당하는 경우(2017.4.18 본항신설)
④ 산업통상자원부장관, 시·도지사 또는 시장·군수·구청장은 석유판매업자가 다음 각 호의 어느 하나에 해당하면 그 석유판매업의 등록을 취소하거나 그 석유판매업자에게 영업장 폐쇄 또는 6개월 이내의 기간을 정하여 그 사업의 전부 또는 일부의 정지를 명할 수 있다. 다만, 제1호, 제4호부터 제6호까지 및 제9호의 어느 하나에 해당하는 경우에는 그 등록을 취소하거나 영업장 폐쇄를 명하여야 한다.(2013.3.23 본문개정)
1. 거짓이나 그 밖의 부정한 방법으로 제10조제1항에 따른 등록 또는 같은 조 제2항에 따른 신고를 한 경우(2010.6.8 본호개정)
2. 제10조제6항에 따른 석유판매업의 시설기준 등 등록 요건에 맞지 아니하게 된 경우(2017.12.12 본호개정)
3. 제10조제6항에 따른 취급 석유제품이 아닌 석유제품을 판매하거나 다른 석유판매업자에게 그 취급 석유제품이 아닌 석유제품을 공급한 경우(2017.12.12 본호개정)
4. 석유판매업을 폐업한 경우
5. 제10조제7항에 따라 준용되는 제6조제1호부터 제5호까지 또는 제7호에 따른 결격사유 중 어느 하나에 해당하게 된 경우(6개월 이내에 대표자를 결격사유가 없는 다른 대표자로 변경하는 법인은 제외한다)(2017.12.12 본호개정)
6. 정당한 사유 없이 제12조제1항에 따른 기간에 그 사업을 시작하지 아니하거나 사업을 시작한 후 1년 이상 계속하여 석유판매업을 하지 아니한 경우
7. 제17조에 따른 석유비축의무를 위반한 경우
8. 제1항제7호부터 제12호까지, 제12호의2 및 제13호부터 제15호까지의 규정 중 어느 하나에 해당하는 경우(2014.1.21 본호개정)
9. 「송유관 안전관리법」에 따른 송유관설치자 및 송유관관리자가 운송·저장 또는 보관하는 석유제품을 절취하여 양도·운반·보관하거나, 이를 절취한 자로부터 장물임을 알면서 취득·양도·운반·보관 또는 이러한 행위를 알선한 경우
⑤ 제1항부터 제4항까지의 규정에 따른 위반행위별 처분기준은 산업통상자원부령으로 정한다.(2017.4.18 본항개정)
⑥ 산업통상자원부장관, 시·도지사 또는 시장·군수·구청장은 제1항부터 제4항까지의 규정에 따라 사업의 정지명령을 받은 자가 그 정지기간 중 사업을 계속하는 경우에는 그 석유정제업·석유수출입업·국제석유거래업 또는 석유판매업의 등록을 취소하거나 영업장 폐쇄를 명하여야 한다.(2017.4.18 본항개정)

제14조【과징금】 ① 산업통상자원부장관, 시·도지사 또는 시장·군수·구청장은 석유정제업자·석유수출입업자·국제석유거래업자 또는 석유판매업자가 다음 각 호의 어느 하나에 해당하는 경우에는 제13조에 따른 사업정지처분을 갈음하여 20억원 이하의 과징금을 부과할 수 있다. 다만, 영업시설 개조나 착색제(着色劑)·식별제(識別劑) 제거 등을 통하여 가짜석유제품을 제조·판매한 경우 등 산업통상자원부령으로 정하는 경우에는 그러하지 아니하다.(2017.4.18 본문개정)
1. 석유정제업자가 제13조제1항제7호부터 제12호까지, 제12호의2 및 제13호부터 제15호까지의 규정 중 어느 하나에 해당하는 경우(2014.1.21 본호개정)
2. 석유수출입업자가 제13조제2항제7호에 해당하는 경우
2의2. 국제석유거래업자가 제13조제3항제7호에 해당하는 경우(2017.4.18 본호신설)
3. 석유판매업자가 제13조제4항제2호·제3호 또는 제8호에 해당하는 경우(2017.4.18 본호개정)
② 산업통상자원부장관은 석유정제업자가 제13조제1항제2호에 해당하는 경우 또는 석유수출입업자가 같은 조 제2항제2호에 해당하는 경우에는 그에 대한 사업정지처분을 갈음하여 해당 등록 요건 또는 신고 사항에 맞지 아니한 기간 동안의 석유의 생산량 또는 수입량에 해당하는 금액을 초과하지 아니하는 범위에서 과징금을 부과할 수 있다.(2013.3.23 본항개정)
③ 산업통상자원부장관은 제17조에 따른 석유비축의무자가 그 비축의무를 이행하지 아니한 경우에는 제13조제1항·제2항 및 제4항에 따른 사업정지처분을 갈음하여 그 비축의무를 이행하지 아니한 기간 동안 비축 의무량에 미달된 양에 해당하는 금액을 초과하지 아니하는 범위에서 과징금을 부과할 수 있다.(2017.4.18 본항개정)
④ 제1항에 따른 과징금을 부과하는 위반행위의 종류와 위반 정도에 따른 과징금의 금액, 제2항과 제3항에 따른 과징금의 산출방법, 그 밖에 필요한 사항은 산업통상자원부령으로 정한다.(2013.3.23 본항개정)
⑤ 산업통상자원부장관, 시·도지사 또는 시장·군수·구청장은 제1항부터 제3항까지의 규정에 따른 과징금을 내야 할 자가 납부기한까지 과징금을 내지 아니하면 국세 체납처분의 예 또는 「지방행정제재·부과금의 징수 등에 관한 법률」에 따라 징수하거나, 제1항부터 제3항까지의 규정에 따른 과징금부과처분을 취소하고 제13조에 따라 석유정제업·석유수출입업·국제석유거래업 또는 석유판매업의 사업정지처분을 하여야 한다.(2020.3.24 본항개정)
⑥ 제1항부터 제3항까지의 규정에 따라 부과한 과징금 중 산업통상자원부장관이 징수한 금액은 「에너지 및 자원사업 특별회계법」에 따른 에너지 및 자원사업 특별회계(이하 "에너지 및 자원사업 특별회계"라 한다)에 귀속되고, 시·도지사 또는 시장·군수·구청장이 징수한 금액은 해당 지방자치단체에 귀속된다.(2014.1.1 본항개정)

제14조의2【가짜석유제품 제조 등에 대한 게시문 부착】 ① 산업통상자원부장관, 시·도지사 또는 시장·군수·구청장은 석유정제업자·석유수출입업자 또는 석유판매업자가 제29조제1항제1호를 위반하여 가짜석유제품을 제조·수입·저장·운송·보관 또는 판매함으로써 제13조에 따른 사업정지처분 또는 제14조제1항에 따른 과징금처분을 2회 이상 받은 경우 관계 공무원으로 하여금 행정처분의 내용 및 사유 등을 명시한 게시문을 사업정지기간에 상당하는 기간 동안 해당 사업자의 영업장에 붙이게 하여야 한다.
② 제1항에 따른 게시문의 내용, 게시 장소 등에 관하여 필요한 사항은 산업통상자원부령으로 정한다.(2013.3.23 본조개정)

제3장 석유비축

(2009.1.30 본장개정)

제15조【석유비축계획】 ① 산업통상자원부장관은 석유 수급과 석유가격의 안정을 위하여 석유비축목표를 설정하고 대통령령으로 정하는 바에 따라 그 비축목표를 달성하기 위한 석유비축계획을 수립하여야 한다.(2013.3.23 본항개정)
② 제1항에 따른 석유비축계획에는 다음 각 호의 사항이 포함되어야 한다.
1. 석유비축목표에 관한 사항
2. 비축할 석유의 종류 및 비축 물량에 관한 사항
3. 석유비축시설에 관한 사항
4. 그 밖에 석유비축에 관한 중요 사항
③ 산업통상자원부장관은 석유 수급 사정이나 그 밖의 경제 상황이 현저하게 변동되어 필요하다고 인정할 때에는 제1항에 따른 석유비축계획을 변경할 수 있다.(2013.3.23 본항개정)

제16조【석유비축시책의 수립 및 시행 등】 ① 산업통상자원부장관은 제15조제1항에 따른 석유비축목표를 달성하기 위하여 필요한 시책을 마련하여야 한다.
② 산업통상자원부장관은 필요한 경우 제1항에 따른 석유비축시책을 공사로 하여금 시행하게 할 수 있다.
③ 산업통상자원부장관은 제2항에 따른 석유비축시책의 시행을 위한 공사의 석유비축시설에 대하여 안전성을 검사할 수 있다.(2014.1.21 본항신설)
④ 제3항에 따른 석유비축시설의 안전성 검사에 필요한 검사 항목 및 절차 등은 산업통상자원부령으로 정한다.(2014.1.21 본항신설)
(2014.1.21 본조제목개정)
(2013.3.23 본조개정)

제17조【석유비축의무】 ① 다음 각 호의 어느 하나에 해당하는 자(이하 "석유비축의무자"라 한다)는 석유 수급과 석유가격의 안정을 위하여 대통령령으로 정하는 바에 따라 석유를 비축하여야 한다.
1. 석유정제업자
2. 원유 및 대통령령으로 정하는 석유제품을 수출입하는 석유수출입업자
3. 제10조제1항 단서에 따라 등록한 석유판매업자로서 대통령령으로 정하는 자(2010.6.8 본호개정)
② 석유비축의무자는 시설기준 등 대통령령으로 정하는 요건을 모두 갖춘 자(이하 "석유비축대행업자"라 한다)에게 제1항에 따른 석유비축의무를 대행하게 할 수 있다.

제4장 석유 수입·판매 부과금

(2009.1.30 본장개정)

제18조【석유의 수입·판매 부과금】 ① 산업통상자원부장관은 석유 수급과 석유가격의 안정을 위하여 다음 각 호의 자로부터 부과금을 징수할 수 있다. 다만, 제17조에 따른 석유비축의무를 이행하기 위하여 석유를 수입하는 등 부과금을 징수하지 아니하는 것이 합리적인 경우로서 대통령령으로 정하는 사유에 해당하는 경우에는 부과금을 부과하지 아니한다.(2014.1.21 단서신설)
1. 석유를 수입하거나 석유제품을 판매하는 석유정제업자·석유수출입업자 또는 석유판매업자
2. 국제 석유가격의 현저한 등락으로 인하여 지나치게 많은 이윤을 얻게 되는 석유정제업자 또는 석유수출입업자
② 제1항에 따른 부과금의 금액은 다음 각 호와 같다.
1. 제1항제1호에 따른 부과금 : 수입하는 석유 또는 판매하는 석유제품 1리터당 36원(천연가스 및 석유가스의 경우에는 그 가스를 액화하였을 때를 기준으로 1리터당 36원에 상당하는 금액)의 범위에서 대통령령으로 정하는 금액
2. 제1항제2호에 따른 부과금 : 수입 석유가격과 국내 석유가격과의 차액을 초과하지 아니하는 범위에서 산업통상자원부장관이 기획재정부장관과 협의하여 고시하는 금액(2013.3.23 본호개정)
③ 제1항에 따른 부과금의 징수대상자, 부과기준, 징수방법, 징수유예, 그 밖에 부과금의 부과·징수에 관하여 필요한 사항은 대통령령으로 정한다.
④ 산업통상자원부장관은 제1항에 따른 부과금 징수대상자가 납부기한까지 부과금을 내지 아니하면 그 납부기한의 다음 날부터 납부한 날까지의 기간에 대하여 대통령령으로 정하는 가산금을 징수한다.(2013.3.23 본항개정)
⑤ 산업통상자원부장관은 제1항에 따른 부과금 징수대상자가 납부기한까지 부과금을 내지 아니하면 기간을 정하여 독촉을 하고, 그 기간 이내에 부과금 및 제4항에 따른 가산금을 내지 아니하면 국세 체납처분의 예에 따라 징수할 수 있다.(2013.3.23 본항개정)
⑥ 산업통상자원부장관은 일정 기간 동안의 제1호의 비용과 제2호의 비용 간의 차액을 순계(純計)한 것을 기준으로 부과금을 부과할 수 있다.(2013.3.23 본문개정)
1. 석유정제업자·석유수출입업자 또는 석유판매업자에게 발생한 석유수입비용
2. 제23조에 따른 석유판매가격의 최고액 또는 최저액을 정할 때 기준으로 한 석유수입비용
⑦ 제1항 또는 제4항에 따른 부과금 또는 가산금의 부과처분에 대하여 불복이 있는 자는 그 부과처분을 받은 날부터 30일 이내에 산업통상자원부장관에게 문서로 이의신청을 할 수 있다.(2013.3.23 본항개정)
⑧ 산업통상자원부장관은 제7항에 따른 이의신청을 받은 날부터 15일 이내에 그 이의신청에 대하여 결정하고 그 결과를 신청인에게 지체 없이 문서로 통지하여야 한다. 다만, 부득이한 사유로 정하여진 기간 이내에 결정할 수 없는 때에는 그 기간의 만료일 다음 날부터 기산하여 10일 이내의 범위에서 연장할 수 있으며, 이 경우 연장사유를 신청인에게 통지하여야 한다.(2013.3.23 본문개정)
⑨ 제1항 및 제4항에 따라 징수한 부과금 및 가산금은 에너지 및 자원사업 특별회계에 귀속된다.(2014.1.1 본항개정)

제19조【부과금과 과오납금의 환급 등】 ① 산업통상자원부장관은 제18조에 따른 부과금 징수대상자가 석유를 수입하여 제17조에 따른 석유비축의무를 이행하기 위한 용도로 비축하는 등 석유를 대통령령으로 정하는 용도로 사용하거나 공급하는 경우에는 징수한 부과금을 환급(還給)할 수 있으며, 부과금, 가산금 또는 체납처분비로 낸 금액 중 과오납한 금액이 있으면 지체 없이 그 과오납금을 환급하여야 한다.(2014.1.21 본항개정)

② 산업통상자원부장관은 제1항에 따라 부과금이나 과오납금을 환급할 때 환급받을 자가 내야 할 부과금, 가산금 또는 체납처분비가 있는 경우에는 환급하여야 할 금액에서 이를 충당할 수 있다.(2013.3.23 본항개정)

③ 산업통상자원부장관은 제1항과 제2항에 따라 환급 또는 충당을 할 때에는 과오납한 날의 다음날부터 환급 결정 또는 충당 결정을 하는 날까지의 기간에 대하여 연 1할5푼의 범위에서 금융기관의 예금 이자율 등을 고려하여 대통령령으로 정하는 이율에 따라 계산한 금액을 환급금에 더하여야 한다.(2013.3.23 본항개정)

④ 제1항과 제3항에 따른 환급금과 가산금은 에너지 및 자원사업 특별회계 투자계정의 세입계정에서 지급한다.(2014.1.1 본항개정)

⑤ 제1항부터 제4항까지의 규정 외에 환급금과 가산금의 지급방법, 지급절차, 그 밖에 필요한 사항은 대통령령으로 정한다.

제19조의2【과다환급금의 징수 등】 ① 산업통상자원부장관은 제19조에 따른 부과금이나 과오납금을 환급한 후 그 환급액이 실제로 지급하여야 할 금액을 초과한 것을 알았을 때에는 그 과다환급(過多還給)된 금액을 부과금이나 과오납금을 환급받은 자로부터 징수하여야 한다.(2013.3.23 본항개정)

② 산업통상자원부장관은 제1항에 따라 과다환급된 금액을 징수할 때에는 과다환급한 날의 다음날부터 징수 결정을 하는 날까지의 기간에 대하여 제19조제3항에 따른 이율에 따라 계산한 금액을 징수금에 더하여야 한다.(2013.3.23 본항개정)

③ 제1항과 제2항에 따른 과다환급금과 가산금은 에너지 및 자원사업 특별회계에 귀속된다.(2014.1.1 본항개정)

④ 제1항부터 제3항까지의 규정 외에 과다환급금과 가산금의 징수방법, 징수절차, 그 밖에 필요한 사항은 대통령령으로 정한다.

제20조【부과금 징수사무 등의 위탁】 ① 산업통상자원부장관은 제18조에 따른 부과금과 가산금의 징수 및 이의신청, 제19조에 따른 부과금과 과오납금의 환급·충당 및 제19조의2에 따른 과다환급금의 징수에 관한 사무를 대통령령으로 정하는 기관 또는 단체에 위탁할 수 있다.(2013.3.23 본항개정)

② 산업통상자원부장관은 제1항에 따라 사무를 위탁한 경우에는 위탁받은 기관이나 단체의 임직원 중에서 해당 사무를 수행할 회계관계직원을 임명할 수 있다.(2013.3.23 본항개정)

③ 제2항에 따라 임명된 회계관계직원에 대하여는 「회계관계직원 등의 책임에 관한 법률」 중 회계관계직원에 관한 규정을 준용한다.

④ 산업통상자원부장관은 제1항에 따라 사무를 위탁한 경우에는 산업통상자원부장관이 정하는 바에 따라 에너지 및 자원사업 특별회계에서 취급수수료나 필요한 경비를 지급할 수 있다.(2014.1.1 본항개정)

제5장 비상시의 석유 수급 조정
(2009.1.30 본장개정)

제21조【석유 수급의 안정을 위한 명령 등】 ① 산업통상자원부장관은 국내외 석유 사정의 악화로 인하여 석유 수급에 중대한 차질이 생기거나 생길 우려가 있는 경우 또는 석유 유통질서의 문란으로 인하여 국민생활의 안정과 국민경제의 원활한 운용을 해치거나 해칠 우려가 있는 경우에는 석유 수급의 안정을 기하기 위하여 석유정제업자·석유수출입업자·석유판매업자·석유비축대행업자 또는 「송유관 안전관리법」에 따른 송유관설치자 및 송유관관리자(이하 "석유정제업자등"이라 한다), 석유화학제품의 제조·판매업자, 산업통상자원부령으로 정하는 물량 이상의 석유제품 또는 석유화학제품을 소비하는 자(이하 이 조에서 "주요소비자"라 한다)에게 다음 각 호의 사항에 관한 명령을 할 수 있다.(2013.3.23 본문개정)

1. 지역별·주요수급자별 석유의 배정
2. 석유정제시설의 정제능력·가동 및 조업
3. 석유정제업자의 석유제품 종류별 생산 비율
4. 석유의 비축량 및 석유저장시설의 사용
5. 석유의 도입방법·도입지역 등 수출입
6. 석유의 위탁 정제 및 위탁 가공
7. 석유제품의 규격 및 정량(定量) 거래질서의 확립
8. 석유정제업자·석유수출입업자 또는 석유판매업자 상호 간의 석유의 등가(等價) 교환 또는 분배 사용
9. 석유 및 석유화학제품의 유통시설 및 그 사용
10. 석유 및 석유화학제품의 유통구조 및 유통경로
11. 석유 및 석유화학제품의 유통거래질서의 확립
12. 대통령령으로 정하는 석유제품과 석유화학제품의 주요소비자·판매자의 신고
13. 그 밖에 석유 수급의 안정을 위하여 대통령령으로 정하는 사항

② 산업통상자원부장관은 제1항에 따른 명령을 한 사유가 없어졌다고 인정할 때에는 지체 없이 그 명령을 해제하여야 한다.(2013.3.23 본항개정)

③ 산업통상자원부장관은 석유 수급에 중대한 차질이 발생하거나 발생할 우려가 있는 경우에는 환경부장관에게 「대기환경보전법」에 따른 석유제품에 관한 기준을 완화하여 줄 것을 요청할 수 있다. 이 경우 환경부장관은 특별한 이유가 없으면 이에 협조하여야 한다.(2013.3.23 전단개정)

제22조【석유 배급 등의 조치】 ① 산업통상자원부장관은 전시·사변·천재지변이나 그 밖에 이에 준하는 사태의 발생 또는 국내외 석유 사정의 악화로 인하여 석유 수급에 중대한 차질이 생기거나 생길 우려가 있는 경우로서 제21조에 따른 명령만으로는 석유 수급의 안정을 확보할 수 없다고 인정될 때에는 대통령령으로 정하는 바에 따라 다음 각 호의 조치를 할 수 있다.(2013.3.23 본문개정)

1. 석유의 배급
2. 석유 양도·양수의 제한 또는 금지
3. 석유 사용의 제한 또는 금지
4. 그 밖에 석유 수급의 안정을 위하여 대통령령으로 정하는 사항

② 산업통상자원부장관은 제1항에 따른 조치를 한 사유가 없어졌다고 인정될 때에는 지체 없이 그 조치를 해제하여야 한다.(2013.3.23 본항개정)

제23조【석유판매가격의 최고액 등】 ① 산업통상자원부장관은 석유의 수입·판매 가격이 현저하게 등락하거나 등락할 우려가 있는 경우에 국민생활의 안정과 국민경제의 원활한 운용을 위하여 필요하다고 인정될 때에는 석유제품의 국제가격 및 국내외 경제 사정을 고려하여 석유정제업자·석유수출입업자 또는 석유판매업자의 석유판매가격의 최고액 또는 최저액을 정할 수 있다.(2013.3.23 본항개정)

② 산업통상자원부장관은 제1항에 따라 석유판매가격의 최고액 또는 최저액을 정하였을 때에는 이를 고시하여야 한다.(2013.3.23 본항개정)

③ 정부는 필요 시 제1항에 따른 석유판매가격의 최고액 또는 최저액 지정으로 인하여 석유정제업자·석유수출입업자 또는 석유판매업자가 입은 손실을 보전하기 위한 재정 지원을 할 수 있다.(2010.4.12 본항신설)

제6장 석유의 품질관리
(2009.1.30 본장개정)

제24조【석유제품의 품질기준 등】 ① 산업통상자원부장관은 석유제품의 적정한 품질을 확보하기 위하여 석유제품에 대한 품질기준을 정할 수 있다. 이 경우 「대기환경보전법」에 따른 석유제품에 관한 기준에서 정한 사항에 관하여는 미리 환경부장관과 협의를 하여야 한다.

② 산업통상자원부장관은 제1항에 따라 석유제품의 품질기준을 정한 경우에는 이를 고시하여야 한다.

③ 석유정제업자등은 산업통상자원부장관이 제1항에 따라 석유제품의 품질기준을 정한 경우에는 그 품질기준에 맞도록 석유제품의 품질을 유지하여야 한다.(2013.3.23 본조개정)

제25조【품질검사】 ① 석유정제업자·석유수출입업자 또는 제10조제1항 단서에 따라 등록한 석유판매업자는 산업통상자원부령으로 정하는 석유제품을 판매하거나 인도하려는 경우에는 제25조의2에 따라 설립된 한국석유관리원(이하 "한국석유관리원"이라 한다) 또는 산업통상자원부장관이 지정하는 기관(이하 "품질검사기관"이라 한다)의 검사를 받아야 한다. 다만, 검사시설과 검사인력을 갖춘 석유정제업자 또는 석유수출입업자로서 산업통상자원부장관의 승인을 받은 자(이하 "자체검사자"라 한다)는 자체검사로 이를 대체할 수 있다.(2013.3.23 본문개정)

② 산업통상자원부장관은 석유제품의 품질을 유지하기 위하여 필요한 경우에는 석유정제업자등 또는 「수산업협동조합법」에 따라 설립된 조합 및 중앙회가 판매 또는 인도하거나 판매 또는 인도할 목적으로 제조·수입·저장·운송 또는 보관하고 있는 석유제품에 대하여 품질검사를 할 수 있다.(2017.12.12 본항개정)

③ 제1항 및 제2항에 따른 품질검사 및 자체검사의 방법·절차와 그 밖에 필요한 사항은 산업통상자원부령으로 정한다.(2013.3.23 본항개정)

④ 품질검사기관으로 지정받으려는 자는 다음 각 호의 요건을 모두 갖추어 산업통상자원부령으로 정하는 바에 따라 산업통상자원부장관에게 지정 신청을 하여야 한다.(2013.3.23 본문개정)

1. 비영리법인으로서 「국가표준기본법」 제23조에 따라 인정받은 시험·검사기관일 것
2. 산업통상자원부령으로 정하는 검사인력과 검사시설을 확보할 것(2013.3.23 본호개정)
3. 지정 신청일 전 2년 이내에 제28조제1항에 따라 품질검사기관의 지정이 취소된 자가 아닐 것

⑤ 제1항 단서에 따라 자체검사자로 승인받으려는 자는 다음 각 호의 요건을 모두 갖추어 산업통상자원부령으로 정하는 바에 따라 산업통상자원부장관에게 승인 신청을 하여야 한다.(2013.3.23 본문개정)

1. 산업통상자원부령으로 정하는 검사인력과 검사시설을 확보할 것(2013.3.23 본호개정)
2. 승인 신청일 전 2년 이내에 제28조제2항에 따라 자체검사자의 승인이 취소된 자가 아닐 것

⑥ 한국석유관리원, 품질검사기관 및 자체검사자는 산업통상자원부령으로 정하는 바에 따라 검사기록을 작성·보관하여야 하며, 산업통상자원부장관에게 검사실적을 보고하여야 한다.(2013.3.23 본항개정)

⑦ (2012.1.26 삭제)

제25조의2【한국석유관리원의 설립】 ① 석유 및 석유대체연료의 유통과 품질관리사업을 효율적이고 체계적으로 추진하기 위하여 한국석유관리원을 설립한다.

② 한국석유관리원은 다음 각 호의 사업을 수행한다.

1. 석유 및 석유대체연료의 품질검사·시험분석 및 감정
2. 석유 및 석유대체연료의 공정한 유통질서 확립을 위한 감시·점검·지도 및 홍보
3. 석유 및 석유대체연료의 성능평가
4. 석유 및 석유대체연료의 품질향상을 위한 연구개발
5. 기술정보의 수집·제공 및 국제기술 협력
6. 품질기준의 제정·개정을 위한 조사·연구
7. 석유 및 석유대체연료에 대한 기술지도·교육 및 홍보
8. 자체검사자에 대한 지도·확인
9. 「액화석유가스의 안전관리 및 사업법」 제27조에 따른 액화석유가스의 품질검사 등 다른 법령에서 위탁하는 업무(2015.1.28 본호개정)
10. 가짜석유제품의 폐기 등을 위한 운송·보관 및 처리에 관한 업무(2017.12.12 본호신설)
11. 그 밖에 석유제품 및 석유대체연료의 유통·품질관리 등과 관련하여 산업통상자원부장관이 필요하다고 인정하는 사업(2014.1.21 본호개정)

③ 한국석유관리원은 법인으로 한다.

④ 한국석유관리원은 주된 사무소의 소재지에서 설립등기를 함으로써 성립한다.(2009.1.30 본조신설)

제25조의3【한국석유관리원의 운영 등】 ① 한국석유관리원은 제41조제2항에 따른 수수료와 그 밖의 수입으로 운영한다.

② 정부는 한국석유관리원의 사업수행에 필요한 자금을 보조할 수 있다.(2009.1.30 본조신설)

제25조의4【임원】 한국석유관리원에는 임원으로 이사장 1명을 포함한 9명 이내의 이사와 감사 1명을 둔다.(2009.1.30 본조신설)

제25조의5【임원의 직무】 ① 이사장은 한국석유관리원을 대표하고 한국석유관리원의 업무를 총괄한다.

② 이사는 정관으로 정하는 바에 따라 업무를 나누어 맡는다.

③ 감사는 한국석유관리원의 업무 및 회계를 감사한다.(2009.1.30 본조신설)

제25조의6【감독】 산업통상자원부장관은 다음 각 호의 사항에 대하여 한국석유관리원을 지도·감독한다.(2013.3.23 본문개정)

1. 사업계획 및 실적
2. 예산의 편성에 관한 사항
3. 산업통상자원부장관이 위탁한 업무(2013.3.23 본호개정)

(2009.1.30 본조신설)

제25조의7【「민법」 등의 준용】 한국석유관리원에 관하여 이 법과 「공공기관의 운영에 관한 법률」에서 정한 것 외에는 「민법」 중 재단법인에 관한 규정을 준용한다.(2009.1.30 본조신설)

제25조의8【유사명칭의 사용금지】 이 법에 따른 한국석유관리원이 아닌 자는 한국석유관리원 또는 이와 유사한 명칭을 사용하지 못한다.(2009.1.30 본조신설)

제26조【석유제품의 품질보정행위 등】 ① 석유정제업자, 석유수출입업자, 국제석유거래업자, 제10조제1항 단서에 따라 등록한 석유판매업자 또는 「송유관 안전관리법」에 따른 송유관설치자 및 송유관관리자 등 대통령령으로 정하는 자는 판매하거나 인도하려는 석유제품의 품질이 제24조제1항에 따른 품질기준에 맞지 아니한 경우에는 그 석유제품의 품질을 품질기준에 맞도록 보정하는 행위(이하 "품질보정행위"라 한다)를 할 수 있다.(2017.4.18 본항개정)

② 품질보정행위는 제5조제1항에 따라 등록된 석유정제시설의 소재지, 부산물인 석유제품의 제조시설 소재지, 보세구역 또는 「송유관 안전관리법」에 따른 송유관설치자 및 송유관관리자가 설치·운영하는 송유관에 딸린 저장시설 등 대통령령으로 정하는 장소에서 하여야 한다.(2017.4.18 본항개정)

③ 제2항에 따른 보정의 세부기준, 방법, 그 밖에 필요한 사항은 산업통상자원부령으로 정한다.(2013.3.23 본항개정)

제26조의2【석유대체연료의 혼합】 ① 석유정제업자 또는 석유수출입업자는 제조 또는 수입한 석유제품을 판매하거나 인도하기 전에 해당 석유제품에 제24조제1항의 품질기준에 따라 석유대체연료를 혼합하는 행위를 할 수 있다.

② 제1항에 따른 석유대체연료의 혼합행위는 제5조제1항에 따라 등록된 석유정제시설의 소재지, 보세구역 또는

「송유관 안전관리법」에 따른 송유관설치자 및 송유관관리자가 설치·운영하는 송유관에 딸린 저장시설 등 대통령령으로 정하는 장소에서 하여야 한다.(2017.4.18 본항개정)
③ 제1항에 따른 석유대체연료 혼합행위의 세부기준, 방법, 그 밖에 필요한 사항은 산업통상자원부령으로 정한다.(2013.3.23 본항개정)
제27조【품질기준에 맞지 아니한 석유제품의 판매 금지 등】 석유정제업자등은 제24조제1항의 품질기준에 맞지 아니한 석유제품 또는 제25조제1항·제2항에 따른 품질검사 결과 불합격 판정을 받은 석유제품(품질보정행위에 의하여 품질기준에 맞게 된 제품은 제외한다)을 판매 또는 인도하거나 판매 또는 인도할 목적으로 저장·운송 또는 보관하여서는 아니 된다.
제28조【품질검사기관의 지정취소 등】 ① 산업통상자원부장관은 품질검사기관이 다음 각 호의 어느 하나에 해당하면 그 지정을 취소하거나 6개월 이내의 기간을 정하여 품질검사업무의 정지를 명할 수 있다. 다만, 제1호 또는 제2호에 해당하는 경우에는 그 지정을 취소하여야 한다.(2013.3.23 본문개정)
1. 거짓이나 그 밖의 부정한 방법으로 품질검사기관의 지정을 받은 경우
2. 업무정지기간에 검사업무를 수행한 경우
3. 정당한 사유 없이 6개월 이상 계속하여 검사업무를 수행하지 아니한 경우
4. 석유제품의 품질을 고의로 왜곡하여 판정한 경우
5. 제25조제3항에 따른 품질검사의 방법 및 절차를 위반한 경우
6. 제25조제4항 각 호에 따른 지정 요건에 맞지 아니하게 된 경우
7. 제25조제6항에 따른 검사기록을 작성·보관하지 아니하거나 거짓으로 작성·보관한 경우 또는 검사실적을 보고하지 아니하거나 거짓으로 보고한 경우
8. 정당한 사유 없이 검사를 거부하거나 지연한 경우
② 산업통상자원부장관은 자체검사자가 다음 각 호의 어느 하나에 해당하면 그 승인을 취소하거나 6개월 이내의 기간을 정하여 자체검사업무의 정지를 명할 수 있다. 다만, 제1호에 해당하는 경우에는 그 승인을 취소하여야 한다.(2013.3.23 본문개정)
1. 거짓이나 그 밖의 부정한 방법으로 자체검사의 승인을 받은 경우
2. 석유제품의 품질을 고의로 왜곡하여 판정한 경우
3. 제25조제3항에 따른 자체검사의 방법 및 절차를 위반한 경우
4. 제25조제5항 각 호에 따른 승인 요건에 맞지 아니하게 된 경우
5. 제25조제6항에 따른 검사기록을 작성·보관하지 아니하거나 거짓으로 작성·보관한 경우 또는 검사실적을 보고하지 아니하거나 거짓으로 보고한 경우
③ 제1항 및 제2항에 따른 지정 및 승인의 취소와 검사업무정지의 기준 등에 관하여 필요한 사항은 산업통상자원부령으로 정한다.(2013.3.23 본항개정)
제29조【가짜석유제품 제조 등의 금지】 ① 누구든지 다음 각 호의 가짜석유제품 제조 등의 행위를 하여서는 아니 된다.
1. 가짜석유제품을 제조·수입·저장·운송·보관 또는 판매하는 행위
2. 가짜석유제품임을 알면서 사용하거나 제10조 및 제33조에 따라 등록·신고하지 아니한 자가 판매하는 가짜석유제품을 사용하는 행위
3. 가짜석유제품으로 제조·사용하게 할 목적으로 석유제품·석유화학제품·석유대체연료 또는 탄소와 수소가 들어 있는 물질을 공급·판매·저장·운송 또는 보관하는 행위
(2012.1.26 본항개정)
② 제1항에도 불구하고 다음 각 호의 경우는 제1항에 따른 가짜석유제품의 제조 등의 행위로 보지 아니한다.(2012.1.26 본문개정)
1. 석유정제업자가 제5조제1항에 따라 등록한 석유정제시설을 이용하여 석유제품을 제조하는 경우
2. 석유정제업자, 석유수출입업자 또는 국제석유거래업자가 품질보정행위를 하는 경우(2017.4.18 본호개정)
3. 석유정제업자 또는 석유수출입업자가 제26조의2에 따라 석유대체연료를 혼합하는 경우
4. 시험·연구 목적으로 제2조제10호 각 목의 어느 하나의 방법을 사용하여 연료를 제조하거나 그 제조 연료를 저장·운송 또는 보관하는 경우
5. 경주용자동차 등 산업통상자원부령으로 정하는 특수 용도의 연료로 제조 또는 판매하는 경우(2013.3.23 본호개정)
5의2. 국제석유거래업자가 종합보세구역에서 석유제품 등을 혼합하여 석유제품을 제조(종합보세구역에서 종합보세사업장을 설치·운영하는 자에게 위탁하여 제조하는 경우를 포함한다)하여 그 제품을 보세구역에서 거래하는 경우(2017.4.18 본호개정)
6. 그 밖에 석유제품을 대체하여 사용할 수 있는 연료로서 산업통상자원부장관이 그 이용·보급을 확대할 필요가 있다고 인정하여 기획재정부장관과의 협의를 거쳐 이용·보급의 방법, 대상 및 절차 등을 고시한 경우(2013.3.23 본호개정)
(2012.1.26 본조제목개정)
제30조【가짜석유제품의 제조 등에 대한 중지명령 등】 ① 산업통상자원부장관, 시·도지사 또는 시장·군수·구청장은 제29조를 위반하였거나 위반한 것으로 인정되는 자에게 다음 각 호의 명령이나 조치를 취할 수 있다. 이 경우 제4호 및 제5호에 따라 폐기나 폐쇄·철거 명령을 받은 자가 그 명령을 이행하지 아니한 때에는 「행정대집행법」에 따라 대집행(代執行)할 수 있다.(2013.3.23 전단개정)
1. 가짜석유제품의 제조·판매·운송 또는 사용의 중지명령
2. 석유제품·석유화학제품·석유대체연료 또는 탄소와 수소가 들어 있는 물질의 공급·판매·운송의 중지명령
3. 제1호 및 제2호에 따른 제조·공급 등에 사용된 시설·차량 등 물건에 대한 사용정지명령 및 봉인 조치
4. 제1호 및 제2호에 따른 제품 또는 물질의 폐기명령
5. 가짜석유제품 제조장·판매소·저장시설의 폐쇄 또는 철거 명령
(2012.1.26 본항개정)
② 산업통상자원부장관, 시·도지사 또는 시장·군수·구청장은 관계 행정기관으로부터 허가·인가·면허 및 등록(이하 "허가등"이라 한다)을 받은 자가 제29조를 위반하여 가짜석유제품을 제조·저장·운송·보관·판매하거나 가짜석유제품으로 제조·사용하게 할 목적으로 석유제품·석유화학제품·석유대체연료 또는 탄소와 수소가 들어 있는 물질을 공급하는 경우에는 그 관계 행정기관의 장에게 사업의 정지 또는 허가등의 취소를 할 것을 요청할 수 있다.(2013.3.23 본항개정)
③ 제2항에 따라 요청을 받은 관계 행정기관의 장은 특별한 이유가 없으면 그 요청에 적극 협력하여야 한다.
(2012.1.26 본조제목개정)

제7장 석유대체연료사업 등
(2009.1.30 본장개정)

제31조【석유대체연료의 품질기준 등】 ① 산업통상자원부장관은 석유대체연료의 적정한 품질을 확보하기 위하여 석유대체연료의 품질기준을 정할 수 있다. 이 경우 대기환경에 영향을 미치는 품질기준을 정하는 경우에는 미리 환경부장관과 협의를 하여야 한다.(2013.3.23 전단개정)
② 산업통상자원부장관은 제1항에 따라 석유대체연료의 품질기준을 정한 경우에는 이를 고시하여야 한다.(2013.3.23 본항개정)
③ 석유대체연료 제조·수출입업자는 석유대체연료를 판매하거나 인도하려는 경우에는 한국석유관리원 또는 품질검사기관의 검사를 받아야 한다.
④ 산업통상자원부장관은 석유대체연료의 품질을 유지하기 위하여 필요한 경우에는 석유대체연료 제조·수출입업자 또는 석유대체연료 판매업자(이하 "석유대체연료 제조업자등"이라 한다. 이하 같다)가 판매 또는 인도하거나 판매 또는 인도할 목적으로 제조·수입·저장·운송 또는 보관하고 있는 석유대체연료에 대하여 품질검사를 할 수 있다.(2013.3.23 본항개정)
⑤ 석유대체연료 제조업자등은 제1항의 품질기준에 맞지 아니한 석유대체연료 또는 제3항·제4항에 따른 품질검사 결과 불합격 판정을 받은 석유대체연료를 판매 또는 인도하거나 판매 또는 인도할 목적으로 저장·운송 또는 보관하여서는 아니 된다.
⑥ 제3항 및 제4항에 따른 품질검사의 방법·절차와 그 밖에 필요한 사항은 산업통상자원부령으로 정한다.(2013.3.23 본항개정)
⑦ 석유대체연료 제조업자등에 대하여는 제25조제6항을 준용한다.(2012.1.26 본항개정)
제32조【석유대체연료 제조·수출입업의 등록 등】 ① 석유대체연료 제조·수출입업을 하려는 자는 산업통상자원부령으로 정하는 바에 따라 산업통상자원부장관에게 등록하여야 한다. 다만, 다음 각 호의 어느 하나에 해당하는 경우에는 그러하지 아니하다.(2013.3.23 본문개정)
1. 석유대체연료의 수출만을 업으로 하는 경우
2. 대통령령으로 정하는 물량 이하의 석유대체연료를 자기가 사용할 목적으로 수입하는 경우
② 제1항에 따른 등록을 한 자가 등록 사항 중 대통령령으로 정하는 사항을 변경하려는 경우에는 산업통상자원부령으로 정하는 바에 따라 산업통상자원부장관에게 변경등록을 하여야 한다.(2013.3.23 본항개정)
③ 제1항에 따른 석유대체연료 제조·수출입업의 시설기준 등 등록 요건은 대통령령으로 정한다.
④ 석유대체연료 제조·수출입업에 관하여는 제6조부터 제8조까지, 제11조, 제12조 및 제26조를 준용한다. 이 경우 제6조 각 호 외의 부분 중 "석유정제업"은 "석유대체연료 제조·수출입업"으로 보고, 같은 조 제6호 중 "제13조제1항"은 "제34조"로, "석유정제업"은 "석유대체연료 제조·수출입업"으로 보며, 제7조 중 "석유정제업자"는 "석유대체연료 제조·수출입업자"로, "석유정제시설"은 "석유대체연료 제조·수출입시설"로 보고, 제8조 중 "석유정제업자"는 "석유대체연료 제조·수출입업자"로 보며, 제11조 중 "제5조"는 "제32조"로 보고, 제12조 중 "석유정제업자"는 "석유대체연료 제조·수출입업자"로 보며, 제26조 중 "석유정제업자"는 "석유대체연료 제조·수출입업자"로, "석유제품"은 "석유대체연료"로, "제24조제1항"은 "제31조제1항"으로, "제5조제1항"은 "제32조제1항"으로, "석유정제시설"은 "석유대체연료제조시설"로 본다.
제33조【석유대체연료 판매업의 등록 등】 ① 석유대체연료 판매업을 하려는 자는 산업통상자원부령으로 정하는 바에 따라 시·도지사 또는 시장·군수·구청장에게 등록하여야 한다. 등록한 사항 중 대통령령으로 정하는 사항을 변경하려는 경우에는 산업통상자원부령으로 정하는 바에 따라 시·도지사 또는 시장·군수·구청장에게 변경등록을 하여야 한다.(2013.3.23 본항개정)
② 제1항에 따라 시·도지사 또는 시장·군수·구청장에게 등록하여야 하는 석유대체연료 판매업의 종류와 그 취급 석유대체연료 및 시설기준 등 등록 요건은 대통령령으로 정한다.
③ 석유대체연료 판매업에 관하여는 제6조부터 제8조까지, 제11조 및 제12조를 준용한다. 이 경우 제6조 각 호 외의 부분 중 "석유정제업"은 "석유대체연료 판매업"으로 보고, 같은 조 제6호 중 "제13조제1항"은 "제34조"로, "석유정제업"은 "석유대체연료 판매업"으로 보며, 제7조 중 "석유정제업자"는 "석유대체연료 판매업자"로, "석유정제시설"은 "석유대체연료 판매시설"로 보고, 제8조 중 "석유정제업자"는 "석유대체연료 판매업자"로 보며, 제11조 중 "제10조"는 "제33조"로 보고, 제12조 중 "석유판매업자"는 "석유대체연료 판매업자"로 본다.
제33조의2【석유대체연료사업의 등록 제한】 제32조 및 제33조에 따라 다음 각 호의 석유대체연료사업의 등록을 하려는 자는 해당 호의 각 목의 사유가 있은 후 2년이 지나기 전에는 그 영업에 사용하였던 시설의 전부 또는 대통령령으로 정하는 중요 시설을 이용하여 해당 호의 석유대체연료사업에 대한 등록을 할 수 없다.(2012.1.26 본문개정)
1. 석유대체연료 제조·수출입업
가. 제34조제1호, 제1호의2, 제2호 및 제3호 중 어느 하나에 해당하여 석유대체연료 제조·수출입업의 등록이 취소된 경우(2012.1.26 본목개정)
나. 제34조제10호 또는 제11호에 해당하여 석유대체연료 제조·수출입업의 등록이 취소된 경우
2. 석유대체연료 판매업
가. 제34조제1호, 제1호의2, 제2호 및 제3호 중 어느 하나에 해당하여 석유대체연료 판매업의 등록이 취소된 경우(2012.1.26 본목개정)
나. 제34조제10호 또는 제11호에 해당하여 석유대체연료 판매업의 등록이 취소된 경우
(2010.6.8 본조신설)
제34조【등록의 취소 등】 산업통상자원부장관, 시·도지사 또는 시장·군수·구청장은 석유대체연료 제조업자등이 다음 각 호의 어느 하나에 해당하면 그 석유대체연료 제조·수출입업 또는 석유대체연료 판매업의 등록을 취소하거나 6개월 이내의 기간을 정하여 그 사업의 전부 또는 일부의 정지를 명할 수 있다. 다만, 제4호부터 제7호까지의 어느 하나에 해당하는 경우에는 그 등록을 취소하여야 한다.(2013.3.23 본문개정)
1. 제29조제1항제1호를 위반하여 가짜석유제품을 제조·수입·저장·운송·보관 또는 판매한 경우
(2012.1.26 본호개정)
1의2. 제30조제1항에 따른 명령을 위반하거나 봉인을 훼손한 경우(2012.1.26 본호신설)
2. 제31조제3항에 따른 품질검사를 받지 아니한 석유대체연료를 판매 또는 인도하거나 같은 조 제4항에 따른 품질검사를 거부·방해 또는 기피한 경우
3. 제31조제5항을 위반한 경우
4. 거짓이나 그 밖의 부정한 방법으로 제32조제1항 또는 제33조제1항에 따른 등록을 한 경우
5. 석유대체연료 제조·수출입업 또는 석유대체연료 판매업을 폐업한 경우
6. 제32조제4항 및 제33조제3항에 따라 준용되는 제6조제1호부터 제5호까지 또는 제7호에 따른 결격사유 중 어느 하나에 해당하게 된 경우(6개월 이내에 대표자를 결격사유가 없는 다른 대표자로 변경하는 법인은 제외한다)
7. 석유대체연료 제조업자등이 제32조제4항 및 제33조제3항에 따라 준용되는 제12조제1항에 따른 기간에 정당한 사유 없이 사업을 시작하지 아니하거나 사업을 시작한 후 1년 이상 계속하여 석유대체연료 제조·수출입업 또는 석유대체연료 판매업을 하지 아니한 경우
7의2. 제32조제4항에 따라 준용되는 제26조제2항을 위반하여 품질보정행위를 한 경우(2010.6.8 본호신설)
8. 제32조제3항 또는 제33조제2항에 따른 시설기준 등 등록 요건에 맞지 아니한 경우
9. 제36조에 따른 석유대체연료 비축의무를 위반한 경우
10. 제38조제1항에 따른 검사를 거부·방해 또는 기피한 경우
11. 제39조에 따른 행위의 금지를 위반한 경우

제35조【과징금】 ① 산업통상자원부장관, 시·도지사 또는 시장·군수·구청장은 석유대체연료 제조·수출입업자가 제34조제1호·제1호의2·제2호·제3호·제10호 및 제11호의 어느 하나에 해당하는 경우 또는 석유대체연료 판매업자가 제34조제1호부터 제3호까지, 제8호·제10호 및 제11호의 어느 하나에 해당하는 경우에는 제34조에 따른 사업정지처분을 갈음하여 5억원 이하의 과징금을 부과할 수 있다. 다만, 영업시설 개조나 착색제·식별제 제거 등을 통하여 가짜석유제품을 제조·판매한 경우 등 산업통상자원부령으로 정하는 경우에는 그러하지 아니하다.
② 산업통상자원부장관은 석유대체연료 제조·수출입업자가 제34조제8호에 해당하는 경우에는 그에 대한 사업정지처분을 갈음하여 해당 등록 요건에 맞지 아니한 기간 동안의 석유대체연료의 생산량 또는 수입량에 해당하는 금액을 초과하지 아니하는 범위에서 과징금을 부과할 수 있다.
③ 산업통상자원부장관은 석유대체연료 제조·수출입업자가 제36조에 따른 석유대체연료 비축의무를 이행하지 아니한 경우에는 제34조에 따른 사업정지처분을 갈음하여 그 비축의무를 이행하지 아니한 기간 동안 비축 의무량에 미달된 양에 해당하는 금액을 초과하지 아니하는 범위에서 과징금을 부과할 수 있다.
④ 제1항에 따라 과징금을 부과하는 위반행위의 종류와 위반 정도에 따른 과징금의 금액, 제2항과 제3항에 따른 과징금의 산출방법, 그 밖에 필요한 사항은 산업통상자원부령으로 정한다.
⑤ 산업통상자원부장관, 시·도지사 또는 시장·군수·구청장은 제1항부터 제3항까지의 규정에 따른 과징금을 내야 할 자가 납부기한까지 과징금을 내지 아니하면 국세 체납처분의 예 또는 「지방행정제재·부과금의 징수 등에 관한 법률」에 따라 징수하거나, 제1항부터 제3항까지의 규정에 따른 과징금부과처분을 취소하고 제34조에 따라 석유대체연료 제조·수출입업 또는 석유대체연료 판매업의 사업정지처분을 하여야 한다.(2020.3.24 본항개정)
⑥ 제1항부터 제3항까지의 규정에 따라 부과한 과징금 중 산업통상자원부장관이 징수한 금액은 에너지 및 자원사업 특별회계에 귀속되고, 시·도지사 또는 시장·군수·구청장이 징수한 금액은 해당 지방자치단체에 귀속된다.(2014.1.1 본항개정)
(2013.3.23 본조개정)
제36조【석유대체연료 비축의무】 산업통상자원부장관은 석유 및 석유대체연료의 수급 안정을 위하여 석유대체연료 제조·수출입업자에게 대통령령으로 정하는 바에 따라 석유대체연료를 비축하게 할 수 있다.(2013.3.23 본조개정)
제37조【석유대체연료의 수입·판매 부과금】 ① 산업통상자원부장관은 석유대체연료를 수입하거나 판매하는 석유대체연료 제조·수출입업자로부터 석유 수급과 석유 가격의 안정을 위하여 필요한 범위에서 수입부과금 또는 판매부과금을 징수할 수 있다. 다만, 제36조에 따른 석유대체연료 비축의무를 이행하기 위하여 석유대체연료를 수입하는 등 부과금을 징수하지 아니하는 것이 합리적인 경우로서 대통령령으로 정하는 사유에 해당하는 경우에는 부과금을 부과하지 아니한다.(2014.1.21 단서개정)
② 제1항에 따른 부과금의 금액은 수입 또는 판매하는 석유대체연료 1리터당 36원(석유대체연료가 가스 상태인 경우에는 그 가스를 액화하였을 때를 기준으로 1리터당 36원에 상당하는 금액)의 범위에서 대통령령으로 정하는 금액으로 한다.
③ 제1항에 따른 부과금의 징수대상자, 부과기준, 징수방법, 징수유예, 그 밖에 부과금의 부과·징수에 관하여 필요한 사항은 대통령령으로 정한다.
④ 산업통상자원부장관은 제1항에 따른 부과금 징수대상자가 납부기한까지 부과금을 내지 아니하면 그 납부기한의 다음날부터 납부한 날까지의 기간에 대하여 대통령령으로 정하는 가산금을 징수한다.(2013.3.23 본항개정)
⑤ 산업통상자원부장관은 제1항에 따른 부과금 징수대상자가 납부기한까지 부과금을 내지 아니하면 기간을 정하여 독촉을 하고, 그 기간 이내에 부과금 및 제4항에 따른 가산금을 내지 아니하면 국세 체납처분의 예에 따라 징수할 수 있다.(2013.3.23 본항개정)
⑥ 제1항 및 제4항에 따라 징수한 부과금 및 가산금은 에너지 및 자원사업 특별회계에 귀속된다.(2014.1.1 본항개정)
⑦ 석유대체연료의 부과금 및 가산금의 징수에 대한 이의신청, 부과금 및 과오납금의 환급·충당, 과다환급금의 징수 및 부과금 징수사무 등의 위탁에 관하여는 제18조제7항·제8항, 제19조, 제19조의2 및 제20조를 준용한다. 이 경우 제19조 중 "제18조"는 "제37조"로, "석유"는 "석유대체연료"로 보고, 제19조의2 중 "제19조"는 "제37조"로 보며, 제20조 중 "제18조", "제19조" 및 "제19조의2"는 각각 "제37조"로 본다.(2012.1.26 전단개정)
제37조의2【석유 및 석유대체연료 사업의 지원】 ① 산업통상자원부장관은 석유 및 석유대체연료 사업의 건전한 발전을 위하여 다음 각 호에 해당하는 사업을 지원할 수 있다.
1. 석유 및 석유대체연료의 정제·제조·유통·사용 과정에서의 탄소 감축
2. 석유대체연료의 이용 및 보급 확대
3. 석유대체연료의 원료 확보
4. 그 밖에 대통령령으로 정하는 사업
② 산업통상자원부장관은 제1항 각 호의 사업을 효율적으로 지원하기 위하여 대통령령으로 정하는 전문기관으로 하여금 석유대체연료센터를 설치·운영하게 할 수 있다.
③ 산업통상자원부장관은 예산의 범위에서 석유대체연료센터의 사업 및 운영에 필요한 비용의 전부 또는 일부를 지원할 수 있다.
(2024.2.6 본조신설)

제8장 보 칙
(2009.1.30 본장개정)

제38조【보고 및 검사】 ① 산업통상자원부장관, 시·도지사 또는 시장·군수·구청장은 산업통상자원부령으로 정하는 바에 따라 석유정제업자등, 국제석유거래업자 또는 석유대체연료 제조업자등에게 그 사업에 관한 보고를 명하거나, 소속 공무원으로 하여금 석유정제업자등, 국제석유거래업자, 석유대체연료 제조업자등 또는 제21조제1항 각 호의 사항에 관한 명령이나 제29조·제39조에 따른 의무의 위반 여부에 대한 확인이 필요하다고 인정되는 자의 사무소 또는 사업장(영업에 사용되는 차량을 포함한다)에 출입하여 장부·서류·시설 등 물건을 검사하거나 시료(試料)를 채취하게 할 수 있다.(2017.4.18 본항개정)
② 산업통상자원부장관은 제22조에 따른 조치를 한 경우 또는 제29조·제39조에 따른 의무의 준수 여부를 확인하기 위하여 필요한 경우에는 산업통상자원부령으로 정하는 바에 따라 주요 용제소비자 등 대통령령으로 정하는 석유소비자에게 그 석유 소비 상황에 관한 보고를 명하거나, 소속 공무원으로 하여금 그 석유소비자의 사무소 또는 사업장에 출입하여 장부·서류·시설 등의 물건을 검사하게 할 수 있다.(2013.3.23 본항개정)
③ 제1항 및 제2항에 따른 검사를 하거나 시료를 채취하는 공무원은 그 권한을 표시하는 증표를 지니고 이를 관계인에게 내보여야 한다.
제38조의2【석유제품 판매가격의 보고·공개 및 표시】 ① 석유정제업자·석유수출입업자 및 석유판매업자는 대통령령으로 정하는 바에 따라 산업통상자원부장관에게 석유제품 판매가격을 보고하여야 한다.(2013.3.23 본항개정)
② 산업통상자원부장관은 거래의 투명성을 높여 경쟁을 촉진하고 석유제품 가격의 적정화를 위하여 「부정경쟁방지 및 영업비밀보호에 관한 법률」 제2조제2호에 따른 영업비밀을 침해하지 아니하는 범위에서 석유정제업자·석유수출입업자 및 석유판매업자의 석유제품 판매가격을 공개한다.(2013.3.23 본항개정)
③ 석유판매업자는 가격표시판을 설치하는 방법으로 석유제품 판매가격을 표시하여야 한다.(2014.1.21 본항개정)
④ 산업통상자원부장관은 제1항 및 제2항에 따른 석유제품 판매가격 보고 및 공개에 관한 업무를 대통령령으로 정하는 기관 또는 단체에 위탁할 수 있다.(2013.3.23 본항개정)
⑤ 제1항부터 제4항까지의 규정에 따른 석유제품 판매가격 보고 및 공개 등에 관한 구체적인 절차와 방법, 석유제품 가격표시판의 종류, 위치, 표시방법 등은 대통령령으로 정하는 바에 따른다.(2014.1.21 본항개정)
(2012.1.26 본조제목개정)
제38조의3【친환경정제원료 사용의 보고】 석유정제업자는 친환경정제원료를 석유정제시설에 투입하는 경우 대통령령으로 정하는 바에 따라 산업통상자원부장관에게 그 사용내역을 보고하여야 한다.(2024.2.6 본조신설)
제38조의4【비밀유지】 ① 다음 각 호의 어느 하나에 해당하는 자는 제38조 및 제38조의2에 따른 보고를 받는 업무를 담당하면서 취득한 정보 또는 자료를 다른 사람 또는 기관에 제공 또는 누설하거나 제29조의 의무위반 여부의 확인을 위한 용도 등 대통령령으로 정하는 목적 외의 용도로 사용하여서는 아니 된다.
1. 제38조 및 제38조의2에 따른 보고를 받는 업무를 담당하는 공무원
2. 제38조 및 제38조의2에 따른 보고를 받는 업무를 위탁받은 자
② 제1항에도 불구하고 같은 항 각 호의 어느 하나에 해당하는 자는 다음 각 호에 따라 제38조 및 제38조의2에 따른 업무를 담당하면서 취득한 정보 또는 자료의 제공을 요청받은 경우에는 그 사용 목적에 맞는 범위에서 취득한 정보 또는 자료를 제공할 수 있다.
1. 국세의 부과·징수, 조세쟁송 및 조세범 소추를 위하여 「국세기본법」에 따라 해당 세무관서의 장이 요청하는 경우
2. 범죄의 수사를 위하여 「형사소송법」에 따라 해당 수사기관의 장이 요청하는 경우
3. 통계의 작성을 위하여 「통계법」에 따라 통계청장이 요청하는 경우
4. 그 밖에 정보 또는 자료 활용의 필요성 및 정보 또는 자료 유출 방지 조치의 안전성을 갖추고 있다고 인정하여 산업통상자원부령으로 정하는 경우
(2020.10.20 본항신설)
(2014.1.21 본조신설)
제39조【행위의 금지】 ① 석유정제업자·석유수출입업자·국제석유거래업자·석유판매업자·석유비축대행업자 또는 석유대체연료 제조업자등은 다음 각 호의 어느 하나에 해당하는 행위를 하여서는 아니 된다. 이 경우 제1호 및 제4호에 따른 영업시설의 종류 및 설치·개조 행위에 대한 구체적인 내용은 대통령령으로 정한다.
(2017.4.18 전단개정)
1. 제29조제1항제1호에 따른 가짜석유제품 제조 등을 목적으로 영업시설을 설치·개조하거나 그 설치·개조한 영업시설을 양수·임차하여 사용하는 행위(2012.1.26 본호신설)
2. 석유 및 석유대체연료를 대통령령으로 정하는 사용공차(使用公差)를 벗어나 정량에 미달되게 판매하는 행위
3. 인위적으로 열을 가하는 등 부당하게 석유 및 석유대체연료의 부피를 증가시켜 판매하는 행위(2015.1.28 본호신설)
4. 제2호에 따른 정량 미달 판매 또는 제3호에 따른 부당부피 증가 판매를 목적으로 영업시설을 설치·개조하거나 그 설치·개조한 영업시설을 양수·임차하여 사용하는 행위(2015.1.28 본호개정)
5. 정당한 사유 없이 석유 및 석유대체연료의 생산을 중단·감축하거나 출고·판매를 제한하는 행위
6. 제23조에 따른 최고액 또는 최저액을 위반하여 석유를 판매하는 행위
7. 폭리를 목적으로 석유 및 석유대체연료를 사재기하는 행위
8. 등유, 부생연료유, 바이오디젤, 바이오에탄올, 용제, 윤활유, 윤활기유, 선박용 경유 및 석유중간제품을 「자동차관리법」 제2조제1호에 따른 자동차 및 대통령령으로 정하는 차량·기계의 연료로 판매하는 행위(2012.1.26 본호신설)
9. 「개별소비세법」 제18조제1항제9호 및 「교통·에너지·환경세법」 제15조제1항제3호에 따른 외국항행선박 또는 원양어업선박에 사용하여야 하는 석유류를 외국항행선박 또는 원양어업선박의 연료 외의 용도로 반출하거나 반출된 사실을 알면서 취득하는 행위(2014.1.21 본호신설)
10. 그 밖에 석유 및 석유대체연료의 건전한 유통질서를 해치는 행위로서 대통령령으로 정하는 행위
② 누구든지(석유판매업자는 제외한다) 제10조제6항에서 정하지 아니한 석유판매업의 행위를 하여서는 아니 된다. 다만, 다음 각 호의 어느 하나에 해당하는 경우에는 그러하지 아니하다.(2017.12.12 본문개정)
1. 석유정제업자 또는 석유수출입업자 상호 간에 석유를 판매하는 행위
2. 석유정제업자·석유수출입업자 또는 제10조제1항 단서에 따라 등록한 석유판매업자 상호 간에 산업통상자원부령으로 정하는 석유제품을 판매하는 행위
(2013.3.23 본호개정)
3. 「건설산업기본법」 제2조제4호에 따른 건설공사를 수행하는 건설업자가 건설공사 사업장에서 자기가 소유하고 있는 시설 중 대통령령으로 정하는 시설을 이용하여 그 건설공사에 사용되는 건설기계(「건설기계관리법」 제2조제1항제1호에 따른 것을 말한다)에 석유 대금을 받지 아니하고 석유를 직접 공급하는 행위. 다만, 덤프트럭 및 콘크리트믹서트럭의 경우에는 대통령령으로 정하는 시설을 이용하는 경우만 해당한다.
4. 그 밖에 석유 수급의 안정을 위하여 필요하다고 인정하여 대통령령으로 정하는 행위
③ 누구든지 등유, 부생연료유, 바이오디젤, 바이오에탄올, 용제, 윤활유, 윤활기유, 선박용 경유 및 석유중간제품을 「자동차관리법」 제2조제1호에 따른 자동차 및 대통령령으로 정하는 차량·기계의 연료로 사용하여서는 아니 된다.
④ 석유판매업자는 다음 각 호의 어느 하나에 해당하는 행위를 하여서는 아니 된다.
1. 「화물자동차 운수사업법」 제43조에 따른 재정지원의 신청서류로서 「부가가치세법」 제32조에 따른 세금계산서를 거짓으로 발급하는 행위(2013.6.7 본호개정)
2. 「화물자동차 운수사업법」 제43조에 따라 재정지원을 받는 석유제품의 판매를 가장하거나 실제 판매금액을 초과하여 「여신전문금융업법」 제2조제3호에 따른 신용카드로 거래를 하거나 이를 대행하게 하는 행위
3. 「조세특례제한법」 제106조의2제1항제1호에 따른 농업·임업 또는 어업에 사용하여야 하는 석유류를 농업·임업 또는 어업 용도 외의 다른 용도로 판매하는 행위(2014.1.21 본호신설)
(2011.11.14 본항신설)
⑤ 석유정제업자는 석유 정제의 원료로 석유 또는 친환경정제원료가 아닌 물질을 사용하여서는 아니 된다.
(2024.2.6 본항신설)
제39조의2【공표】 산업통상자원부장관, 시·도지사 또는 시장·군수·구청장은 다음 각 호의 어느 하나에 해당하는 경우 산업통상자원부령으로 정하는 바에 따라 이를 공표할 수 있다. 다만, 제2호에 해당하는 경우에는 공표하여야 한다.(2014.1.21 본문개정)

1. 제25조제2항에 따른 품질검사 결과 석유정제업자등의 석유제품 품질이 제24조제1항에 따른 품질기준에 맞지 아니한 것으로 밝혀진 경우
2. 석유정제업자등 또는 석유대체연료 제조업자등이 제29조에 따른 가짜석유제품 제조 등의 금지 의무를 위반한 것으로 밝혀진 경우
3. 제31조제4항에 따른 품질검사 결과 석유대체연료 제조업자등의 석유대체연료 품질이 같은 조 제1항에 따른 품질기준에 맞지 아니한 것으로 밝혀진 경우
4. 석유정제업자·석유수출입업자·국제석유거래업자·석유판매업자·석유비축대행업자 또는 석유대체연료 제조업자등이 다음 각 목의 어느 하나에 해당하는 행위를 한 것으로 밝혀진 경우(2017.4.18 본문개정)
가. 제39조제1항제2호를 위반하여 석유 및 석유대체연료를 사용공차를 벗어나 정량에 미달되게 판매한 행위
나. 제39조제1항제3호를 위반하여 인위적으로 열을 가하는 등 부당하게 석유 및 석유대체연료의 부피를 증가시켜 판매한 행위(2015.1.28 본목신설)
다. 제39조제1항제8호를 위반하여 등유, 부생연료유 등을 자동차 및 차량·기계의 연료로 판매한 행위(2015.1.28 본목개정)
(2012.1.26 본조신설)

제40조【청문】 산업통상자원부장관, 시·도지사 또는 시장·군수·구청장은 다음 각 호의 어느 하나에 해당하는 처분을 하려는 경우에는 청문을 하여야 한다.
(2013.3.23 본문개정)
1. 제13조제1항부터 제4항까지, 같은 조 제6항 또는 제34조에 따른 등록 취소 또는 영업장 폐쇄(2017.4.18 본호개정)
2. 제28조에 따른 지정 또는 승인의 취소
(2010.6.8 본조개정)

제41조【수수료】 ① 제10조제1항 본문 및 제2항에 따른 석유판매업이나 제33조제1항에 따른 석유대체연료 판매업의 등록 또는 신고를 하려는 자는 해당 지방자치단체의 조례로 정하는 바에 따라 수수료를 내야 한다.
(2010.6.8 본항개정)
② 제25조제1항 또는 제31조제3항에 따라 품질검사를 받으려는 자는 한국석유관리원 또는 품질검사기관에 수수료를 내야 한다.
③ 제2항에 따른 수수료의 금액, 징수방법, 사용 용도, 그 밖에 필요한 사항은 산업통상자원부령으로 정한다.
(2013.3.23 본항개정)

제41조의2【포상금의 지급】 ① 산업통상자원부장관은 제29조제1항의 위반행위를 한 자 또는 제39조제1항제8호의 위반행위를 한 자를 관계 행정기관이나 수사기관에 제보 또는 고발한 자에 대하여 예산의 범위에서 포상금을 지급할 수 있다.(2020.10.20 본항개정)
② 제1항에 따른 포상금의 지급대상이 되는 위반행위, 포상금의 지급 기준과 방법 등에 관하여 필요한 사항은 산업통상자원부령으로 정한다.
(2013.3.23 본조개정)

제41조의3【자료의 요청】 ① 산업통상자원부장관은 다음 각 호의 어느 하나에 해당하는 업무와 관련하여 필요한 경우에는 「국세기본법」, 「지방세기본법」 및 「관세법」에 따라 문서로 해당 세무관서의 장이나 지방자치단체의 장 또는 해당 세관장에게 과세정보의 제공을 요청할 수 있다.
1. 제18조제1항·제4항과 제37조제1항·제4항에 따른 부과금 및 가산금 징수
2. 제29조와 제39조제1항제1호부터 제4호까지, 제8호 및 제10호에 따른 의무위반 여부의 확인
(2015.1.28 본항개정)
② 제1항에도 불구하고 제1항제2호에 해당되어 「국세기본법」에 따라 요청하는 과세정보는 제41조의2제1항에 따른 제보 또는 고발의 대상자에 대한 「부가가치세법」 제54조에 따른 세금계산서합계표로 한정한다.(2015.1.28 본항신설)
③ 산업통상자원부장관, 시·도지사 및 시장·군수·구청장은 다음 각 호의 어느 하나에 해당하는 업무와 관련하여 관계 행정기관의 장, 지방자치단체의 장 또는 「공공기관의 운영에 관한 법률」에 따른 공공기관의 장에게 필요한 자료의 제공을 요청할 수 있다.(2013.3.23 본문개정)
1. 제18조제1항·제4항과 제37조제1항·제4항에 따른 부과금 및 가산금 징수
2. 제29조 및 제39조에 따른 의무위반 여부의 확인
④ 제1항부터 제3항까지의 규정에 따라 과세정보 및 자료의 제공을 요청받은 자는 정당한 사유가 없으면 그 요청에 따라야 한다.(2015.1.28 본항개정)
(2012.1.26 본조신설)

제42조【지도·감독】 산업통상자원부장관은 석유 유통질서의 문란으로 인하여 국민생활 및 석유 수급의 안정을 해치거나 해칠 우려가 있는 경우에는 이 법에서 시·도지사 또는 시장·군수·구청장의 권한으로 정한 사무를 지도·감독한다.(2013.3.23 본조개정)

제43조【권한의 위임·위탁】 ① 산업통상자원부장관은 이 법에 따른 권한의 일부를 대통령령으로 정하는 바에 따라 시·도지사 또는 시장·군수·구청장에게 위임할 수 있다.
② 산업통상자원부장관, 시·도지사 또는 시장·군수·구청장은 이 법에 따른 권한의 일부를 대통령령으로 정하는 바에 따라 공사·한국석유관리원·품질검사기관 또는 석유산업의 건전한 발전을 목적으로 산업통상자원부장관의 허가를 받아 설립된 법인에 위탁할 수 있다.
③ 제2항에도 불구하고 산업통상자원부장관, 시·도지사 또는 시장·군수·구청장은 제30조제1항제1호부터 제4호까지의 규정에 따른 권한을 한국석유관리원에 한하여 위탁할 수 있다. 이 경우 중대한 위해가 발생하였거나 발생할 우려가 있어서 긴급하고 부득이하다고 인정되는 때로 제한하여야 한다.
(2013.3.23 본조개정)

제9장 벌 칙

제44조【벌칙】 다음 각 호의 어느 하나에 해당하는 자는 5년 이하의 징역 또는 2억원 이하의 벌금에 처한다.
1.~2. (2014.1.21 삭제)
3. 제29조제1항제1호를 위반하여 가짜석유제품을 제조·수입·저장·운송·보관 또는 판매하거나, 같은 항 제3호를 위반하여 가짜석유제품으로 제조·사용하게 할 목적으로 석유제품, 석유화학제품, 석유대체연료, 탄소와 수소가 들어 있는 물질을 공급·판매·저장·운송 또는 보관한 자(2012.1.26 본호개정)
4. (2014.1.21 삭제)
5. 제30조제1항에 따른 명령을 위반하거나 봉인을 훼손한 자
6. 제39조제1항제1호에 따른 행위의 금지를 위반한 자
(2012.1.26 5호~6호신설)
(2009.1.30 본조개정)

제44조의2【벌칙】 다음 각 호의 어느 하나에 해당하는 자는 3년 이하의 징역 또는 2억원 이하의 벌금에 처한다.
1. 제5조제1항에 따른 등록을 하지 아니하고 석유정제업을 한 자
2. 제9조제1항에 따른 등록을 하지 아니하고 석유수출입업(천연가스수출입업 및 액화석유가스수출입업은 제외한다)을 한 자(2015.1.28 본호개정)
3. 제32조제1항에 따른 등록을 하지 아니하고 석유대체연료 제조·수출입업을 한 자
(2014.1.21 본조신설)

제45조【벌칙】 다음 각 호의 어느 하나에 해당하는 자는 3년 이하의 징역 또는 1억원 이하의 벌금에 처한다.
1. 제13조제1항 또는 제2항에 따른 사업정지명령을 위반한 자
2. 제17조에 따른 석유비축의무를 위반한 자
3. 제22조제1항에 따른 조치를 위반한 자
4. 제25조제1항에 따른 품질검사를 받지 아니하거나 같은 조 제2항에 따른 품질검사를 거부·방해 또는 기피한 자
5. 제27조에 따른 품질기준에 맞지 아니한 석유제품의 판매 금지 등을 위반한 자
6. 제31조제3항에 따른 품질검사를 받지 아니하거나 같은 조 제4항에 따른 품질검사를 거부·방해 또는 기피한 자
7. 제31조제5항을 위반한 자
8. 제34조에 따른 사업정지명령을 위반한 석유대체연료 제조·수출입업자
9. 제36조에 따른 석유대체연료 비축의무를 위반한 자
10. 제39조제1항제5호부터 제7호까지 또는 같은 조 제2항에 따른 행위의 금지를 위반한 자(2015.1.28 본호개정)
(2009.1.30 본조개정)

제45조의2【벌칙】 제38조의4를 위반하여 보고를 받는 업무를 담당하면서 취득한 정보 또는 자료를 다른 사람 또는 기관에 제공 또는 누설하거나 목적 외의 용도로 사용한 자는 2년 이하의 징역 또는 2억원 이하의 벌금에 처한다.(2024.2.6 본조개정)

제46조【벌칙】 다음 각 호의 어느 하나에 해당하는 자는 2년 이하의 징역 또는 5천만원 이하의 벌금에 처한다.
1. 제5조제2항에 따른 신고를 하지 아니하거나 거짓으로 신고를 하고 석유정제업을 한 자
2. 제10조제1항에 따른 등록을 하지 아니하고 석유판매업을 한 자
3. 제10조제6항을 위반하여 그가 취급할 수 있는 석유제품이 아닌 석유제품을 판매하거나 다른 석유판매업자에게 이를 공급한 자(2017.12.12 본호개정)
4. 제13조제4항에 따른 사업정지명령을 위반한 자
(2017.4.18 본호개정)
5. 제21조제1항에 따른 명령을 위반한 자
6. 제26조제2항(제32조제4항에 따라 준용되는 경우를 포함한다)을 위반하여 품질보정행위를 한 자(2010.6.8 본호개정)
7. 제33조에 따른 등록을 하지 아니하고 석유대체연료 판매업을 한 자
8. 제34조에 따른 사업정지명령을 위반한 석유대체연료 판매업자
9. 제38조제1항 또는 제2항에 따른 검사 또는 시료 채취를 거부·방해하거나 기피한 자
10. 제39조제1항제2호부터 제4호까지, 제8호 또는 제10호에 따른 행위의 금지를 위반한 자(2015.1.28 본호개정)
11. 제39조제5항을 위반하여 석유 정제의 원료로 석유 또는 친환경정제원료가 아닌 물질을 사용한 석유정제업자(2024.2.6 본호신설)
(2009.1.30 본조개정)

제47조【벌칙】 다음 각 호의 어느 하나에 해당하는 자는 1년 이하의 징역 또는 3천만원 이하의 벌금에 처한다.
(2017.4.18 본문개정)
1. 제9조의2제1항에 따른 신고를 하지 아니하고 제2조제5호의2나목에 해당하는 국제석유거래업을 한 자
2. 거짓으로 제9조의2제1항에 따른 신고를 하고 국제석유거래업을 한 자
3. 제10조제2항에 따른 신고를 하지 아니하거나 거짓으로 신고를 하고 석유판매업을 한 자
4. 제13조제3항에 따른 사업정지명령을 위반한 자
(2017.4.18 1호~4호신설)

제48조【양벌규정】 법인의 대표자나 법인 또는 개인의 대리인, 사용인, 그 밖의 종업원이 그 법인 또는 개인의 업무에 관하여 제44조, 제44조의2, 제45조, 제46조 또는 제47조의 어느 하나에 해당하는 위반행위를 하면 그 행위자를 벌하는 외에 그 법인 또는 개인에게도 해당 조문의 벌금형을 과(科)한다. 다만, 법인 또는 개인이 그 위반행위를 방지하기 위하여 해당 업무에 관하여 상당한 주의와 감독을 게을리하지 아니한 경우에는 그러하지 아니하다.(2014.1.21 본문개정)

제49조【과태료】 ① 다음 각 호의 어느 하나에 해당하는 자에게는 3천만원 이하의 과태료를 부과한다.
1. 제5조제1항 후단 또는 같은 조 제2항 후단에 따른 변경등록 또는 변경신고를 하지 아니하거나 거짓으로 변경등록 또는 변경신고를 한 자
2. 제25조의8을 위반하여 한국석유관리원 또는 이와 유사한 명칭을 사용한 자
3. 제29조제1항제2호를 위반하여 가짜석유제품임을 알면서 사용하거나 제10조 및 제33조에 따라 등록·신고하지 아니한 자가 판매하는 가짜석유제품을 사용하는 행위(2012.1.26 본호개정)
4. 제32조제2항에 따른 변경등록을 하지 아니하거나 거짓으로 변경등록을 한 자
5. 제38조제1항에 따른 명령을 위반하여 보고를 하지 아니하거나 거짓으로 보고를 한 석유정제업자·석유수출입업자·국제석유거래업자 또는 석유대체연료 제조·수출입업자(2017.4.18 본호개정)
6. 제38조의2제1항을 위반하여 석유제품의 판매가격을 보고하지 아니하거나 거짓으로 보고한 석유정제업자·석유수출입업자 또는 석유판매업자
6의2. 제38조의3을 위반하여 친환경정제원료의 사용내역을 보고하지 아니하거나 거짓으로 보고한 석유정제업자(2024.2.6 본호신설)
7. 제39조제3항을 위반하여 등유, 부생연료유, 바이오디젤, 바이오에탄올, 용제, 윤활유, 윤활기유, 선박용 경유 및 석유중간제품임을 알면서 자동차 및 차량·기계의 연료로 사용한 자
② 다음 각 호의 어느 하나에 해당하는 자에게는 1천만원 이하의 과태료를 부과한다.
1. 제9조제2항, 제9조의2제2항 또는 제10조제3항에 따른 변경등록 또는 변경신고를 하지 아니하거나 거짓으로 변경등록 또는 변경신고를 한 자(2017.4.18 본호개정)
2. 제12조(제32조제4항 및 제33조제3항에 따라 준용되는 경우를 포함한다)에 따른 사업의 개시·휴업 및 폐업의 신고를 하지 아니하거나 거짓으로 신고한 자(2010.6.8 본호개정)
3. 제33조제1항 후단에 따른 변경등록을 하지 아니하거나 거짓으로 변경등록을 한 자
4. 제38조제1항 또는 제2항에 따른 명령을 위반하여 보고를 하지 아니하거나 거짓으로 보고를 한 석유판매업자, 석유비축대행업자, 석유대체연료 판매업자, 「송유관 안전관리법」에 따른 송유관설치자 및 송유관관리자 또는 석유소비자(2012.1.26 본호개정)
5. 제38조의2제3항 및 제5항에 따른 석유제품의 판매가격을 표시하지 아니하거나 거짓으로 표시 또는 표시방법을 위반한 석유판매업자(2014.1.21 본호개정)
③ 제1항과 제2항에 따른 과태료는 대통령령으로 정하는 바에 따라 산업통상자원부장관, 시·도지사 또는 시장·군수·구청장이 부과·징수한다.(2013.3.23 본항개정)
④ 제3항에 따라 부과한 과태료 중 산업통상자원부장관이 징수한 금액은 에너지 및 자원사업 특별회계에 귀속되고, 시·도지사 또는 시장·군수·구청장이 징수한 금액은 해당 지방자치단체에 귀속된다.(2014.1.1 본항개정)
(2009.1.30 본조개정)

제50조【벌칙 적용 시의 공무원 의제】 제20조 및 제43조제2항·제3항에 따라 위탁한 업무에 종사하는 기관·단체 또는 법인의 임직원은 「형법」 제122조·제127조 및 제129조부터 제132조까지의 규정을 적용할 때에는 공무원으로 본다.(2014.1.21 본조개정)

부 칙 (2017.4.18)

제1조【시행일】 이 법은 공포 후 6개월이 경과한 날부터 시행한다.

제2조【석유정제업자 등의 결격사유에 관한 적용례】 제6조제6호(제9조제4항 및 제10조제5항에서 준용하는 경우를 포함한다)의 개정규정은 이 법 시행 전에 석유정제업, 석유수출입업 또는 석유판매업의 등록이 취소되거나 영업장이 폐쇄된 후 이 법 시행 당시 2년이 지나지 아니한 자에 대해서도 적용한다.

제3조【보세구역에서 석유를 거래하던 자에 대한 특례】 이 법 시행 전에 보세구역에서 석유를 거래하는 사업을 하던 자가 이 법 시행 후 제9조의2의 개정규정에 따라 국제석유거래업의 신고를 하는 경우 제13조제3항제3호 및 제4호의 개정규정에 따른 기간을 적용할 때에는 그 신고일을 기산일로 한다.

제4조【행정처분에 관한 경과조치】 이 법 시행 전의 위반행위에 대한 행정처분에 관하여는 종전의 규정에 따른다.

제5조【벌칙에 관한 경과조치】 이 법 시행 전의 위반행위에 대한 벌칙에 관하여는 종전의 규정에 따른다.

부　칙 (2017.12.12)

제1조【시행일】 이 법은 공포 후 1개월이 경과한 날부터 시행한다. 다만, 제25조제2항 및 제25조의2의 개정규정은 공포 후 6개월이 경과한 날부터 시행한다.

제2조【석유정제업 및 석유판매업의 신고·변경신고에 관한 적용례】 제5조제3항·제4항, 제10조제4항·제5항의 개정규정은 이 법 시행 후 신고 또는 변경신고를 하는 경우부터 적용한다.

부　칙 (2018.4.17)

제1조【시행일】 이 법은 공포 후 3개월이 경과한 날부터 시행한다.

제2조【행정처분에 관한 경과조치】 이 법 시행 전의 위반행위에 대한 행정처분에 관하여는 종전의 규정에 따른다.

부　칙 (2020.2.4)

이 법은 공포 후 6개월이 경과한 날부터 시행한다.

부　칙 (2020.3.24)

제1조【시행일】 이 법은 공포한 날부터 시행한다.(이하 생략)

부　칙 (2020.10.20)
(2024.2.6)

이 법은 공포 후 6개월이 경과한 날부터 시행한다.

(舊 : 국가정보화 기본법)

지능정보화 기본법

(2020년　6월　9일 전부개정법률 제17344호)

개정
2021. 7.20법18298호(국가교육위원회설치및운영에관한법)

제1장 총　칙

제1조【목적】 이 법은 지능정보화 관련 정책의 수립·추진에 필요한 사항을 규정함으로써 지능정보사회의 구현에 이바지하고 국가경쟁력을 확보하며 국민의 삶의 질을 높이는 것을 목적으로 한다.

제2조【정의】 이 법에서 사용하는 용어의 뜻은 다음과 같다.

1. "정보"란 광(光) 또는 전자적 방식으로 처리되는 부호, 문자, 음성, 음향 및 영상 등으로 표현된 모든 종류의 자료 또는 지식을 말한다.
2. "정보화"란 정보를 생산·유통 또는 활용하여 사회 각 분야의 활동을 가능하게 하거나 그러한 활동의 효율화를 도모하는 것을 말한다.
3. "정보통신"이란 정보의 수집·가공·저장·검색·송신·수신 및 그 활용, 이에 관련되는 기기·기술·서비스 및 그 밖에 정보화를 촉진하기 위한 일련의 활동과 수단을 말한다.
4. "지능정보기술" 이란 다음 각 목의 어느 하나에 해당하는 기술 또는 그 결합 및 활용 기술을 말한다.
   가. 전자적 방법으로 학습·추론·판단 등을 구현하는 기술
   나. 데이터(부호, 문자, 음성, 음향 및 영상 등으로 표현된 모든 종류의 자료 또는 지식을 말한다)를 전자적 방법으로 수집·분석·가공 등 처리하는 기술
   다. 물건 상호간 또는 사람과 물건 사이에 데이터를 처리하거나 물건을 이용·제어 또는 관리할 수 있도록 하는 기술
   라. 「클라우드컴퓨팅 발전 및 이용자 보호에 관한 법률」 제2조제2호에 따른 클라우드컴퓨팅기술
   마. 무선 또는 유·무선이 결합된 초연결지능정보통신 기반 기술
   바. 그 밖에 대통령령으로 정하는 기술
5. "지능정보화"란 정보의 생산·유통 또는 활용을 기반으로 지능정보기술이나 그 밖의 다른 기술을 적용·융합하여 사회 각 분야의 활동을 가능하게 하거나 그러한 활동을 효율화·고도화하는 것을 말한다.
6. "지능정보사회"란 지능정보화를 통하여 산업·경제, 사회·문화, 행정 등 모든 분야에서 가치를 창출하고 발전을 이끌어가는 사회를 말한다.
7. "지능정보서비스"란 다음 각 목의 어느 하나에 해당하는 서비스를 말한다.
   가. 「전기통신사업법」 제2조제6호에 따른 전기통신역무와 이를 이용하여 정보를 제공하거나 정보의 제공을 매개하는 것
   나. 지능정보기술을 활용한 서비스
   다. 그 밖에 지능정보화를 가능하게 하는 서비스
8. "정보통신망"이란 「전기통신기본법」 제2조제2호에 따른 전기통신설비를 이용하거나 전기통신설비와 컴퓨터 및 컴퓨터의 이용기술을 활용하여 정보를 수집·가공·저장·검색·송신 또는 수신하는 정보통신체제를 말한다.
9. "초연결지능정보통신망"이란 정보통신 및 지능정보기술 관련 기기·서비스 등 모든 것이 언제 어디서나 연결〔이하 "초연결"(超連結)이라 한다〕되어 지능정보서비스를 이용할 수 있는 정보통신망을 말한다.
10. "초연결지능정보통신기반"이란 초연결지능정보통신망과 이에 접속되어 이용되는 정보통신 또는 지능정보기술 관련 기기·설비, 소프트웨어 및 데이터 등을 말한다.
11. "정보문화"란 지능정보화를 통하여 사회구성원에 의하여 형성되는 행동방식·가치관·규범 등의 생활양식을 말한다.
12. "지능정보사회윤리"란 지능정보기술의 개발, 지능정보서비스의 제공·이용 및 지능정보화의 추진 과정에서 인간 중심의 지능정보사회의 구현을 위하여 개인 또는 사회 구성원이 지켜야 하는 가치판단 기준을 말한다.
13. "정보격차"란 사회적·경제적·지역적 또는 신체적 여건 등으로 인하여 지능정보서비스, 그와 관련된 기기·소프트웨어에 접근하거나 이용할 수 있는 기회에 차이가 생기는 것을 말한다.
14. "지능정보서비스 과의존"이란 지능정보서비스의 지나친 이용이 지속되어 이용자가 일상생활에 심각한 지장을 받는 상태를 말한다.
15. "정보보호"란 정보의 수집·가공·저장·검색·송신 또는 수신 중 발생할 수 있는 정보의 훼손·변조·유출 등을 방지하기 위한 관리적·기술적 수단(이하 "정보보호시스템"이라 한다)을 마련하는 것을 말한다.
16. "공공기관"이란 다음 각 목의 어느 하나에 해당하는 기관을 말한다.
   가. 「공공기관의 운영에 관한 법률」에 따른 공공기관
   나. 「지방공기업법」에 따른 지방공사 및 지방공단
   다. 특별법에 따라 설립된 특수법인
   라. 「초·중등교육법」, 「고등교육법」 및 그 밖의 다른 법률에 따라 설치된 각급 학교
   마. 그 밖에 대통령령으로 정하는 법인·기관 및 단체

제3조【지능정보사회 기본원칙】 ① 국가 및 지방자치단체와 국민 등 사회의 모든 구성원은 인간의 존엄·가치를 바탕으로 자유롭고 개방적인 지능정보사회를 실현하고 이를 지속적으로 발전시킨다.
② 국가와 지방자치단체는 지능정보사회 구현을 통하여 국가경제의 발전을 도모하고, 국민생활의 질적 향상과 복리 증진을 추구함으로써 경제 성장의 혜택과 기회가 폭넓게 공유되도록 노력한다.
③ 국가 및 지방자치단체와 국민 등 사회의 모든 구성원은 지능정보기술을 개발·활용하거나 지능정보서비스를 이용할 때 역기능을 방지하고 국민의 안전과 개인정보의 보호, 사생활의 자유·비밀을 보장한다.
④ 국가와 지방자치단체는 지능정보기술을 활용하거나 지능정보서비스를 이용할 때 사회의 모든 구성원에게 공정한 기회가 주어지도록 노력한다.
⑤ 국가와 지방자치단체는 지능정보사회 구현시책의 추진 과정에서 민간과의 협력을 강화하고, 민간의 자유와 창의를 존중하고 지원한다.
⑥ 국가와 지방자치단체는 지능정보기술의 개발·활용이 인류의 공동발전에 이바지할 수 있도록 국제협력을 적극적으로 추진한다.

제4조【국가·지방자치단체 등의 책무】 ① 국가와 지방자치단체는 이 법의 목적과 기본원칙을 고려하여 지능정보사회를 구현하기 위한 시책을 강구하여야 한다.
② 국가와 지방자치단체는 지능정보기술의 개발·고도화 및 활용을 제약하는 불필요한 규제를 적극적으로 개선하여야 한다.
③ 국가기관·지방자치단체 및 공공기관(이하 "국가기관등"이라 한다)은 지능정보기술을 개발·활용하거나 지능정보서비스를 제공·이용할 때 안전성·신뢰성 및 공정성 확보를 위하여 노력하여야 한다.
④ 국가와 지방자치단체는 지능정보화로 발생·심화될 수 있는 불평등을 해소하고 노동환경 변화에 대하여 적극적으로 대응하기 위하여 노력하여야 한다.

제5조【다른 법률과의 관계】 ① 지능정보사회의 구현에 관한 다른 법률을 제정하거나 개정할 때에는 이 법의 목적과 기본원칙에 맞도록 노력하여야 한다.
② 지능정보사회의 구현에 관하여 다른 법률에 특별한 규정이 있는 경우를 제외하고는 이 법에서 정하는 바에 따른다.
③ 전자정부에 관한 사항은 이 법에 특별한 규정이 있는 경우를 제외하고는 「전자정부법」에서 정하는 바에 따른다.

제2장 지능정보사회 정책의 수립 및 추진체계

제6조【지능정보사회 종합계획의 수립】 ① 정부는 지능정보사회 정책의 효율적·체계적 추진을 위하여 지능정보사회 종합계획(이하 "종합계획"이라 한다)을 3년 단위로 수립하여야 한다.
② 종합계획은 과학기술정보통신부장관이 관계 중앙행정기관(대통령 소속 기관 및 국무총리 소속 기관을 포함한다. 이하 같다)의 장 및 지방자치단체의 장의 의견을 들어 수립하며, 「정보통신 진흥 및 융합 활성화 등에 관한 특별법」 제7조에 따른 정보통신 전략위원회(이하 "전략위원회"라 한다)의 심의를 거쳐 수립·확정한다. 종합계획을 변경하는 경우에도 또한 같다.
③ 과학기술정보통신부장관이 중앙행정기관의 장 및 지방자치단체의 장에게 종합계획의 수립에 필요한 자료를 요청하는 경우 해당 기관의 장은 특별한 사정이 없으면 이에 응하여야 한다.
④ 종합계획에는 다음 각 호의 사항이 포함되어야 한다.
1. 지능정보사회 정책의 기본방향 및 중장기 발전방향
2. 공공·민간·지역 등 분야별 지능정보화
3. 지능정보기술의 고도화 및 지능정보서비스의 이용촉진과 관련 과학기술 발전 지원
4. 전 산업의 지능정보화 추진, 지능정보기술 관련 산업의 육성, 규제개선 및 공정한 경쟁환경 조성 등을 통한 신산업·신서비스 창업생태계 조성
5. 정보의 공동활용·표준화 및 초연결지능정보통신망의 구축
6. 지능정보사회 관련 법·제도 개선
7. 지능정보화 및 지능정보사회 관련 교육·홍보·인력 양성 및 국제협력
8. 건전한 정보문화 창달 및 지능정보사회윤리의 확립
9. 정보보호, 정보격차 해소, 제51조에 따른 기본계획의 수립에 관한 사항 등 역기능 해소, 이용자의 권익보호 및 지식재산권의 보호
10. 지능정보사회 구현을 위한 시책 추진에 필요한 재원의 조달·운용 및 인력확보 방안
11. 그 밖에 지능정보사회 구현을 위하여 필요한 사항

⑤ 중앙행정기관의 장과 지방자치단체의 장은 소관 주요 정책을 수립하고 집행을 할 때 제4항 각 호의 사항을 우선적으로 고려하여야 한다.
⑥ 과학기술정보통신부장관은 매년 종합계획의 주요 시책에 대한 추진 실적을 점검·분석하여 그 결과를 전략위원회에 보고하여야 한다.

제7조【지능정보사회 실행계획의 수립】 ① 중앙행정기관의 장과 지방자치단체의 장은 종합계획에 따라 매년 지능정보사회 실행계획(이하 "실행계획"이라 한다)을 수립·시행하여야 한다.
② 중앙행정기관의 장과 지방자치단체의 장은 전년도 실행계획의 추진 실적과 다음 해의 실행계획을 과학기술정보통신부장관과 행정안전부장관에게 제출하여야 한다. 이 경우 행정안전부장관은 지방자치단체의 전년도 실행계획의 추진 실적과 다음 해의 실행계획을 종합하여 과학기술정보통신부장관에게 제출하여야 한다.
③ 중앙행정기관의 장과 지방자치단체의 장은 제2항에 따라 제출된 다음 해의 실행계획 중 대통령령으로 정하는 중요한 사항을 변경하는 경우에는 그 내용을 과학기술정보통신부장관과 행정안전부장관에게 제출하여야 한다.
④ 과학기술정보통신부장관과 행정안전부장관은 공동으로 제2항에 따라 제출된 추진 실적 및 실행계획과 제3항에 따라 제출된 실행계획을 점검·분석하고, 과학기술정보통신부장관은 행정안전부장관의 점검·분석 결과를 종합하여 그 의견을 기획재정부장관에게 제시하여야 한다.
⑤ 기획재정부장관은 실행계획에 필요한 예산을 편성할 때에는 제4항에 따른 의견을 참작하여야 한다.
⑥ 과학기술정보통신부장관은 관계 중앙행정기관의 장과 협의하여 국가기관등이 추진하는 지능정보화 사업의 중복투자 방지 등을 위한 방안을 마련할 수 있다. 다만, 「전자정부법」 제67조에 따른 사전협의 대상은 제외한다.
⑦ 실행계획의 수립 및 시행 등에 필요한 사항은 대통령령으로 정한다.

제8조【지능정보화책임관】 ① 중앙행정기관의 장과 지방자치단체의 장은 해당 기관의 지능정보사회 시책의 효율적인 수립·시행과 지능정보화 사업의 조정 등 대통령령으로 정하는 업무를 총괄하는 책임관(이하 "지능정보화책임관"이라 한다)을 임명하여야 한다.
② 중앙행정기관의 장과 지방자치단체의 장은 제1항에 따라 지능정보화책임관을 임명한 때에는 제9조제2항에 따른 지능정보화책임관 협의회의 의장에게 이를 통보하여야 한다. 지능정보화책임관을 변경한 때에도 또한 같다.

제9조【지능정보화책임관 협의회】 ① 중앙행정기관의 장과 지방자치단체의 장(특별시장·광역시장·특별자치시장·도지사·특별자치도지사를 말한다)은 지능정보사회 시책 및 지능정보화 사업의 효율적 추진과 필요한 정보의 교류 및 관련 정책의 협의 등을 하기 위하여 과학기술정보통신부장관, 행정안전부장관과 지능정보화책임관으로 구성된 지능정보화책임관 협의회(이하 이 조에서 "협의회"라 한다)를 구성·운영한다.
② 협의회의 의장은 과학기술정보통신부장관 및 행정안전부장관이 된다.
③ 협의회의 협의와 운영 등에 필요한 사항은 대통령령으로 정한다.

제10조【지능정보화 정책 등의 조정】 ① 중앙행정기관의 장이나 지방자치단체의 장은 다른 중앙행정기관의 장이나 지방자치단체의 장이 수행하는 지능정보화 정책이나 사업 추진이 해당 기관의 지능정보화 정책이나 사업추진에 지장을 줄 우려가 있다고 인정될 때에는 과학기술정보통신부장관에게 조정을 요청할 수 있다.
② 과학기술정보통신부장관은 제1항에 따라 조정을 한 때에는 그 결과를 해당 중앙행정기관의 장이나 지방자치단체의 장에게 통보하여야 한다.
③ 해당 중앙행정기관의 장이나 지방자치단체의 장은 특별한 사유가 없으면 제2항에 따라 통보받은 조정 결과를 해당 지능정보화 정책이나 사업 추진에 반영하여야 한다.
④ 조정의 절차와 방법 등에 관하여 필요한 사항은 대통령령으로 정한다.

제11조【지능정보화계획의 반영】 ① 지능정보화 사업을 수반하는 사업으로서 「사회기반시설에 대한 민간투자법」 제2조에 따른 사회기반시설사업 또는 「지역 개발 및 지원에 관한 법률」 제2조에 따른 지역개발사업을 시행하려는 중앙행정기관의 장과 지방자치단체의 장은 해당 사업계획을 수립·시행할 때에는 지능정보기술의 활용, 초연결지능정보통신기반 및 지능정보서비스의 연계이용 등을 위한 지능정보화계획을 수립하여 반영하여야 한다. 다만, 지능정보기술의 활용이 경미한 사업으로서 지능정보화 사업의 투자 규모 및 사업 규모 등이 대통령령으로 정하는 기준에 해당하는 경우에는 그러하지 아니하다.
② 중앙행정기관의 장과 지방자치단체의 장은 제1항에 따른 지능정보화계획을 수립하는 경우에는 다음 각 호의 사항을 검토하고 그 내용을 과학기술정보통신부장관에게 제출하여야 한다. 이 경우 과학기술정보통신부장관은 이를 검토하여 의견을 제시할 수 있으며, 의견을 제시받은 중앙행정기관의 장과 지방자치단체의 장은 정당한 사유가 없으면 이에 따라야 한다.
1. 해당 중앙행정기관 또는 지방자치단체나 다른 행정기관에 이미 구축되어 있는 「전자정부법」 제2조제13호에 따른 정보시스템(이하 "정보시스템"이라 한다)과 중복되는지 여부
2. 해당 중앙행정기관 또는 지방자치단체나 다른 행정기관에 이미 구축되어 있는 정보시스템과 연계이용 또는 공동활용이 가능한지 여부
③ 중앙행정기관의 장이나 지방자치단체의 장은 제2항에 따른 검토 결과 다른 행정기관에 이미 구축되어 있는 정보시스템과 연계이용 또는 공동활용이 필요하다고 판단하는 경우에는 중복투자 방지를 위하여 과학기술정보통신부장관과 협의할 수 있다.
④ 과학기술정보통신부장관은 중앙행정기관의 장과 지방자치단체의 장이 제1항에 따른 지능정보화계획을 효과적으로 수립할 수 있도록 기술 및 인력 등 필요한 사항을 지원하거나 지능정보화계획 수립 및 시행에 관한 지침을 정하여 고시할 수 있다.
⑤ 중앙행정기관의 장과 지방자치단체의 장은 지능정보화계획이 적정하게 반영·시행될 수 있도록 관련 전문가로 구성된 사업관리 전문지원체계를 운영할 수 있다.

제12조【한국지능정보사회진흥원의 설립】 ① 과학기술정보통신부장관과 행정안전부장관은 지능정보사회 관련 정책의 개발과 국가기관등의 지능정보사회 시책 및 지능정보화 사업의 추진 등을 지원하기 위하여 한국지능정보사회진흥원(이하 "지능정보사회원"이라 한다)을 설립한다.
② 지능정보사회원은 법인으로 한다.
③ 지능정보사회원은 다음 각 호의 사업을 한다.
1. 종합계획, 실행계획 및 제13조에 따른 부문별 추진계획의 수립·시행에 필요한 전문기술의 지원
2. 지능정보기술의 보급을 위한 시책 수립의 지원 및 국가기관등의 지능정보기술 활용 촉진과 관련한 전문기술의 지원
3. 초연결지능정보통신기반 구축·운영을 위한 전문기술의 지원
4. 국가기관등의 초연결지능정보통신망의 관리·운영 및 지능정보화의 지원
5. 데이터 관련 시책의 수립 지원, 시범사업 추진 및 전문기술의 지원 등 데이터의 생산·관리·유통·활용의 활성화를 위하여 필요한 지원
6. 정보격차의 해소, 지능정보서비스 과의존 예방·해소 등 지능정보사회 역기능 해소를 위한 지원 및 연구
7. 지능정보사회윤리 확립과 정보문화의 창달을 위하여 필요한 지원 및 연구
8. 국가기관등의 지능정보화 사업 추진 및 평가 지원
9. 지능정보사회 구현과 관련된 정책 개발을 지원하기 위한 동향분석, 미래예측 및 법·제도의 조사·연구
10. 지능정보화 및 지능정보사회 관련 교육·홍보·컨설팅 등 대국민 인식 제고, 인력양성 및 국제협력
11. 다른 법령에서 지능정보사회원의 업무로 정하거나 지능정보사회원에 위탁한 사업
12. 그 밖에 국가기관등의 장이 위탁하는 사업
④ 국가기관등은 지능정보사회원의 설립·시설·운영 및 사업 추진 등에 필요한 경비에 충당하도록 하기 위하여 지능정보사회원에 출연할 수 있으며, 정부는 지능정보사회원의 설립 및 운영 등을 위하여 필요한 국유재산을 무상으로 대여할 수 있다.
⑤ 지능정보사회원은 지원을 받으려는 국가기관등에 그 지원에 드는 비용의 전부 또는 일부를 부담하게 할 수 있다.
⑥ 지능정보사회원에 관하여는 이 법 및 「공공기관의 운영에 관한 법률」에서 정한 것을 제외하고는 「민법」 중 재단법인에 관한 규정을 준용한다.
⑦ 지능정보사회원이 아닌 자는 한국지능정보사회진흥원 또는 이와 유사한 명칭을 사용하지 못한다.
⑧ 제1항부터 제7항까지에서 규정한 사항 외에 지능정보사회원의 설립과 운영에 필요한 사항은 대통령령으로 정한다.

제3장 분야별 지능정보화의 추진

제13조【부문별 추진계획의 수립】 ① 정부는 지능정보사회 기반 조성, 산업의 지능정보화 등 주요 부문별 지능정보사회 시책을 통일성·효율성 있게 추진하기 위하여 종합계획에 기초하여 부문별 추진계획을 수립할 수 있다.
② 과학기술정보통신부장관은 기획재정부장관에게 제7조제4항에 따라 의견을 제시하는 때에는 제1항에 따른 추진계획을 함께 제시할 수 있다.
③ 제1항에 따른 추진계획의 수립 등에 필요한 사항은 대통령령으로 정한다.

제14조【공공지능정보화의 추진】 ① 국가기관등은 공공서비스의 지능정보화를 도모하고 국민 편익 증진 등을 위하여 행정, 보건, 사회복지, 교육, 문화, 환경, 교통, 물류, 과학기술, 재난안전, 치안, 국방, 에너지 등 소관 업무에 대한 지능정보화(이하 "공공지능정보화"라 한다)를 추진하여야 한다.
② 국가기관등은 공공지능정보화를 효율적으로 추진하기 위하여 필요한 방안을 마련하여야 한다.

제15조【지역지능정보화의 추진】 ① 국가기관과 지방자치단체는 지역 주민의 삶의 질 향상, 주민의 역량강화와 지역 간 균형발전, 정보격차 해소 등을 위하여 하나 또는 여러 개의 지역·도시에 대하여 행정·생활·산업 등의 분야를 대상으로 하는 지능정보화(이하 "지역지능정보화"라 한다)를 추진할 수 있다.
② 국가기관과 지방자치단체는 지역지능정보화를 추진하는 경우 지역의 수요와 특성을 고려하여야 하며, 관계기관의 의견을 수렴하고 그 결과를 최대한 반영하여야 한다.
③ 국가기관은 지방자치단체가 추진하는 지역지능정보화를 위하여 행정, 재정, 기술 등에 관하여 필요한 사항을 지원할 수 있다.

제16조【민간 분야 지능정보화의 지원】 정부는 산업·금융·의료 등 민간 분야의 생산성 향상, 부가가치 창출, 국민생활의 균등한 향상, 국가경쟁력 확보 등을 위하여 기업의 지능정보화 및 초연결지능정보통신기반의 구축·이용 등 민간 분야의 지능정보화에 필요한 사항을 지원할 수 있다.

제17조【민간기관 등과의 협력】 ① 국가기관등은 공공지능정보화 및 지역지능정보화를 추진할 때 민간투자를 적극 유치하고, 관련 민간사업자와 민간사업자단체에 필요한 지원을 할 수 있다.
② 국가기관등은 공공지능정보화 및 지역지능정보화를 추진하기 위하여 대통령령으로 정하는 바에 따라 민간기관 등과 협의체를 구성·운영할 수 있다.

제18조【지능정보화의 민간 확산】 ① 정부는 공공분야의 지능정보화를 통하여 정보통신 및 지능정보기술 관련 산업의 조기 구축을 도모하고, 사회 각 분야에서 이용을 활성화할 수 있도록 필요한 시책을 마련하여야 한다.
② 국가기관등은 지능정보화의 추진을 통하여 생성되는 각종 지식과 정보가 사회 각 분야에 유용하게 유통·활용 될 수 있도록 필요한 기반을 마련하여야 한다. 이 경우 국가기관등은 개인정보 및 「부정경쟁방지 및 영업비밀보호에 관한 법률」 제2조제2호에 따른 영업비밀을 보호하여야 한다.

제19조【지식재산 및 지식재산권의 보호】 ① 국가기관등은 지능정보화를 추진할 때 「지식재산 기본법」 제3조제3호에 따른 지식재산권이 합리적으로 보호될 수 있도록 필요한 시책을 마련하여야 한다.
② 국가기관등은 공공지능정보화를 추진할 때 지능정보서비스를 제공하는 자 등의 「지식재산 기본법」 제3조제1호에 따른 지식재산에 관한 권리 또는 이익을 침해하여서는 아니 된다.
③ 제2항의 위반으로 그 권리 또는 이익을 침해받거나 침해받을 우려가 있는 자는 「정보통신 진흥 및 융합 활성화 등에 관한 특별법」 제7조제5항에 따른 실무위원회에 진정을 제기할 수 있다. 다만, 저작권과 관련된 분쟁은 「저작권법」에 따른 한국저작권위원회가 조정한다.
④ 제3항에 따른 진정 및 조정의 접수, 처리 등에 필요한 사항은 대통령령으로 정한다.

제4장 지능정보기술의 고도화 및 지능정보서비스의 이용촉진

제20조【지능정보기술의 개발】 ① 정부는 지능정보기술의 개발과 보급을 촉진하기 위한 정책을 추진하여야 한다.
② 정부는 지능정보기술의 지속적 발전을 위하여 대통령령으로 정하는 바에 따라 다음 각 호의 어느 하나에 해당하는 기관이나 단체 또는 사업자(이하 이 조에서 "연구기관등"이라 한다)로 하여금 지능정보기술의 개발(이하 "기술개발"이라 한다)을 하게 할 수 있다.
1. 국·공립 연구기관
2. 「특정연구기관 육성법」의 적용을 받는 연구기관
3. 「정부출연연구기관 등의 설립·운영 및 육성에 관한 법률」에 따라 설립된 정부출연연구기관 또는 「과학기술분야 정부출연연구기관 등의 설립·운영 및 육성에 관한 법률」에 따라 설립된 과학기술분야 정부출연연구기관
4. 「고등교육법」 제2조 각 호에 따른 학교
5. 대통령령으로 정하는 기준에 따른 기업부설연구소
6. 「산업기술연구조합 육성법」에 따른 산업기술연구조합
7. 지능정보화에 관한 사업을 영위하는 사업자
8. 그 밖에 대통령령으로 정하는 기관이나 단체 또는 사업자
③ 기술개발에 필요한 비용은 정부의 출연금이나 정부외의 자의 출연금, 그 밖에 기업의 연구개발비로 충당한다.
④ 제2항에 따른 연구기관등의 지정, 비용 지원 등에 필요한 사항은 대통령령으로 정한다.

제21조【기술기준】 ① 과학기술정보통신부장관은 지능정보기술의 안정성·신뢰성·상호운용성 등을 확보하기 위하여 필요한 기술기준을 정하여 고시할 수 있다.
② 대통령령으로 정하는 국민의 생명 또는 신체안전 등에 밀접한 지능정보기술에 관련된 사업자는 과학기술정보통신부장관이 정하여 고시하는 기준에 적합하도록 지능정보기술을 개발·관리·활용하여야 한다.

제22조【지능정보기술의 표준화】 ① 과학기술정보통신부장관은 지능정보기술의 발전 및 지능정보서비스의 이용 활성화를 위하여 지능정보기술의 표준화에 관한 다음 각 호의 사업을 추진할 수 있다.
1. 지능정보기술과 관련된 표준의 제정·개정 및 폐지와 그 보급. 다만, 「산업표준화법」에 따른 한국산업표준이 제정되어 있는 사항에 대하여는 그 표준에 따른다.
2. 지능정보기술 관련 국내외 표준의 조사·연구개발
3. 그 밖에 지능정보기술 관련 표준화 사업

② 과학기술정보통신부장관은 민간 부문에서 추진하는 지능정보기술 관련 표준화 사업에 대한 지원을 할 수 있다.
③ 과학기술정보통신부장관은 지능정보기술 표준과 관련된 국제표준기구 또는 국제표준기관과 협력체계를 유지·강화하여야 한다.
④ 제1항부터 제3항까지에 따른 사업 등의 추진과 관련하여 필요한 사항은 대통령령으로 정한다.

제23조【전문인력의 양성】 ① 과학기술정보통신부장관은 지능정보기술 및 지능정보서비스의 발전을 위하여 전문인력의 양성에 필요한 다음 각 호의 시책을 수립·추진하여야 한다.
1. 전문인력의 수요 실태 파악 및 중·장기 수급 전망 수립
2. 전문인력 양성기관의 설립 또는 지원
3. 전문인력 양성 교육프로그램의 개발 및 보급 지원
4. 각급 학교 및 그 밖의 교육기관에서 시행하는 지능정보기술 및 지능정보서비스 관련 교육의 지원
5. 그 밖에 전문인력 양성에 필요한 사항

② 과학기술정보통신부장관은 제1항에 따라 전문인력을 양성하기 위하여 「고등교육법」 제2조 각 호에 따른 학교 등을 전문인력 양성기관으로 지정하여 교육 및 훈련을 실시하게 할 수 있으며, 예산의 범위에서 필요한 비용을 지원할 수 있다.
③ 과학기술정보통신부장관은 제2항에 따라 지정한 전문인력 양성기관이 다음 각 호의 어느 하나에 해당하는 경우 그 지정을 취소할 수 있다. 다만, 제1호에 해당하는 경우에는 그 지정을 취소하여야 한다.
1. 거짓이나 그 밖의 부정한 방법으로 전문인력 양성기관으로 지정받은 경우
2. 제4항에 따른 지정 요건에 적합하지 아니하게 된 경우
3. 전문인력 양성기관 지정일부터 1년 이상 교육 실적이 없는 경우

④ 제1항에 따른 시책의 수립 및 지원 내용, 제2항에 따른 전문인력 양성기관의 지정 요건 및 절차, 제3항에 따른 지정 취소의 절차 등에 필요한 사항은 대통령령으로 정한다.

제24조【교육공무원 등의 휴직 허용】 ① 다음 각 호의 어느 하나에 해당하는 사람(이하 "교육공무원등"이라 한다)은 「교육공무원법」 제44조제1항, 「국가공무원법」 제71조제2항, 「지방공무원법」 제63조제2항 및 「사립학교법」 제59조제1항에도 불구하고 지능정보서비스를 제공하거나 활용하는 기업(이하 "지능정보기업"이라 한다)에 근무하기 위하여 휴직할 수 있다.
1. 「고등교육법」에 따른 대학(산업대학과 전문대학을 포함한다. 이하 같다)의 교원(대학부설연구소의 연구원을 포함한다. 이하 같다)
2. 국·공립 연구기관의 연구원
3. 「정부출연연구기관 등의 설립·운영 및 육성에 관한 법률」 제8조제1항에 따른 연구기관의 연구원
4. 「과학기술분야 정부출연연구기관 등의 설립·운영 및 육성에 관한 법률」 제8조제1항에 따른 연구기관의 연구원
5. 「특정연구기관 육성법」 제2조에 따른 연구기관의 연구원

② 제1항에 따른 휴직 기간은 3년 이내로 하되, 소속기관의 장이 필요하다고 인정하면 3년 이내에서 휴직 기간을 연장할 수 있다. 이 경우 대학교원의 휴직 기간은 「교육공무원법」 제45조제2항에도 불구하고 임용 기간 중의 남은 기간을 초과할 수 있다.
③ 제1항에 따라 교육공무원등이 6개월 이상 휴직하는 경우에는 휴직일부터 해당 소속기관에 그 휴직자의 수에 해당하는 교원이나 연구원의 정원이 따로 있는 것으로 본다.
④ 제1항에 따라 교육공무원등이 휴직한 후 복직하는 경우 해당 소속기관의 장은 그 휴직으로 인하여 신분상 및 급여상의 불이익을 주어서는 아니 된다.

제25조【교육공무원등의 겸임 또는 겸직에 관한 특례】
① 교육공무원등은 그 소속기관의 장의 허가를 받아 지능정보기업의 대표자 또는 임직원을 겸임하거나 겸직할 수 있다. 다만, 공무원인 교육공무원등의 겸임 또는 겸직은 직무상의 능률을 저해할 우려가 없는 경우에만 할 수 있다.
② 제1항에 따라 교원 및 연구원이 소속기관의 장의 허가를 받은 때에는 「교육공무원법」 제18조제1항 및 「협동연구개발촉진법」 제6조제4항에 따른 겸임 및 겸직허가를 받은 것으로 본다.

제26조【기술개발의 실용화·사업화 지원】 정부는 지능정보기술의 개발성과를 실용화(기술을 활용하여 제품 및 서비스를 실제로 사용되게 하는 것) 또는 사업화(「기술의 이전 및 사업화 촉진에 관한 법률」 제2조제3호에 따른 사업화를 말한다. 이하 같다)하려는 자에 대하여 다음 각 호의 지원을 할 수 있다.
1. 실용화 또는 사업화를 위한 설비투자에 소요되는 자금의 융자
2. 기술개발로 생긴 「지식재산 기본법」 제3조제3호에 따른 지식재산권의 무상양여 또는 전용실시권·통상실시권 허락의 알선
3. 그 밖에 기술개발 성과의 실용화 또는 사업화를 지원하기 위하여 필요한 것으로서 대통령령으로 정하는 사항

제27조【지능정보기술 관련 지식재산권 등의 관리·유통】 과학기술정보통신부장관은 지능정보기술 개발·고도화 및 실용화·사업화를 효율적으로 지원하기 위하여 다음 각 호의 시책을 수립하고 이를 추진하여야 한다.
1. 지능정보기술 관련 지식재산권·표준 등의 수집·분석·가공
2. 지능정보기술 관련 지식재산권·표준 등의 관리·유통 및 활용을 위한 체계의 구축·운영
3. 지능정보기술 관련 전문가 자문, 기관 간 협업 및 시스템 연계 등을 위한 협력체계의 구축 및 운영
4. 그 밖에 대통령령으로 정하는 지능정보기술 관련 지식재산권·표준 등의 생산·관리·유통 및 활용에 관한 사항

제28조【중소기업에 대한 지원】 정부는 지능정보기술의 활용을 촉진하기 위하여 지능정보기술 또는 지능정보서비스를 개발하는 중소기업에 행정적·재정적·기술적 지원을 할 수 있다.

제29조【유통구조의 개선과 보급 촉진】 ① 정부는 지능정보기술 제품과 지능정보서비스의 유통구조를 개선하기 위하여 유통시설의 확충과 효율적인 유통시스템 구축, 유통업체 전문화 등의 사업을 지원할 수 있다.
② 정부는 국가기관등에 지능정보기술 제품 및 지능정보서비스를 보급하기 위한 방안을 마련하고 이를 지원할 수 있다.
③ 제1항 및 제2항에 따른 지원 대상과 방법 등에 관하여 필요한 사항은 대통령령으로 정한다.

제30조【지능정보서비스의 이용촉진】 ① 정부는 지능정보서비스의 이용을 촉진하고 사회 각 분야에 지능정보기술이 다양하게 도입·확산될 수 있는 환경을 조성하기 위한 시책을 마련하여야 한다.
② 제1항에 따른 시책에는 지능정보서비스의 이용촉진과 지능정보기술의 도입·확산에 필요한 우수한 콘텐츠의 개발 및 보급을 촉진하기 위한 방안이 포함되어야 한다.

제31조【규제 개선 등】 ① 누구든지 지능정보기술, 지능정보서비스 및 지능정보기술 제품을 개발·제공·활용할 수 있으며, 정부는 지능정보기술, 지능정보서비스 및 지능정보기술 제품을 개발·제공·활용하는 과정에서 사람의 생명과 안전을 저해하는 경우 등에 한정하여 이를 제한할 수 있다.
② 정부는 지능정보기술, 지능정보서비스 및 지능정보기술 제품 관련 소관 법령 및 제도를 제1항의 원칙에 부합하도록 개선·정비하여야 한다.

제32조【선도사업의 추진과 지원】 ① 정부는 사회 각 분야에 지능정보기술 및 지능정보서비스의 이용을 활성화하거나 지능정보기술과 다른 기술을 접목하기 위하여 선도적으로 시범 적용하는 사업(이하 "선도사업"이라 한다)을 적극적으로 추진하여야 한다.
② 정부는 선도사업이 효율적으로 추진될 수 있도록 행정적·재정적·기술적 지원 등 필요한 지원을 할 수 있다.

제33조【선도사업 거점지구의 지정 등】 ① 과학기술정보통신부장관은 선도사업의 추진 및 확산을 위하여 필요한 경우에는 대통령령으로 정하는 바에 따라 선도사업 거점지구(이하 "거점지구"라 한다)를 지정할 수 있다.
② 과학기술정보통신부장관은 제1항에 따라 거점지구를 지정하려는 경우에는 다음 각 호의 사항이 포함된 거점지구 조성계획을 수립하여야 한다.
1. 거점지구 조성의 목표·전략 및 추진체계에 관한 사항
2. 거점지구에서 추진할 선도사업의 내용 및 지능정보기술의 종류에 관한 사항
3. 재원의 조달 및 운용에 관한 사항
4. 그 밖에 거점지구의 조성 및 지원을 위하여 필요한 사항

③ 국가나 지방자치단체는 거점지구의 조성 및 운영을 위하여 필요한 경우에는 그 조성비 및 운영비의 전부 또는 일부를 지원할 수 있다.
④ 과학기술정보통신부장관은 다음 각 호의 어느 하나에 해당하는 경우 거점지구의 지정을 취소할 수 있다. 다만, 제1호에 해당하는 경우에는 그 지정을 취소하여야 한다.
1. 거짓이나 그 밖의 부정한 방법으로 지정을 받은 경우
2. 거점지구 지정의 목적을 달성하기 어렵다고 판단할 만한 상당한 이유가 있는 경우

제5장 지능정보화의 기반 구축

제34조【초연결지능정보통신기반 시책의 마련 등】 ① 정부는 지능정보서비스가 안전하고 안정적으로 제공·이용될 수 있도록 초연결지능정보통신기반 구축·운용에 관한 시책을 마련하여 시행하여야 한다.
② 정부는 초연결지능정보통신망의 확충·고도화 및 품질관리를 위하여 필요한 시책을 마련하여야 한다.

제35조【국가지능망의 관리】 ① 과학기술정보통신부장관은 국가재정으로 공공기관과 대통령령으로 정하는 비영리기관(이하 "비영리기관등"이라 한다)이 이용하는 초연결지능정보통신망(이하 "국가지능망"이라 한다)을 구축·관리하거나 제39조에 따라 지정된 전담기관으로 하여금 구축·관리하게 할 수 있다.
② 과학기술정보통신부장관은 비영리기관등이 국가지능망을 최소의 비용으로 이용할 수 있도록 필요한 시책을 강구하여야 한다.
③ 국가지능망의 구축·관리에 관하여 필요한 사항은 대통령령으로 정한다.

제36조【초연결지능연구개발망의 구축·관리】 과학기술정보통신부장관은 초연결지능정보통신망의 구축을 촉진하기 위하여 국가재정으로 초연결지능연구개발망(초연결지능정보통신망과 관련한 기술 및 서비스를 시험·검증하고 연구개발을 지원하기 위한 정보통신망을 말한다)을 구축·관리·운영하거나 제39조에 따라 지정된 전담기관으로 하여금 구축·관리·운영하게 할 수 있다.

제37조【초연결지능정보통신망 확충을 위한 협조】 ① 정부는 초연결지능정보통신망의 원활한 확충을 위하여 관로·공동구·전주 등(이하 "관로등"이라 한다)의 시설의 효율적 확충·관리에 필요한 시책을 강구하여야 한다.
② 「전기통신사업법」 제6조에 따른 기간통신사업자, 「방송법」 제2조에 따른 종합유선방송사업자 및 중계유선방송사업자(이하 이 조에서 "기간통신사업자등"이라 한다)는 도로, 철도, 지하철도, 상·하수도, 전기설비, 전기통신회선설비 등을 건설·운용·관리하는 기관의 장에 대하여 필요한 비용부담을 조건으로 전기통신 선로설비(「방송법」 제80조에 따른 전송·선로설비를 포함한다)의 설치를 위한 관로등의 건설 또는 대여를 요청할 수 있다.
③ 기간통신사업자등은 제2항의 기관과 관로등의 건설 또는 대여에 관한 합의가 이루어지지 아니할 경우 과학기술정보통신부장관에게 조정을 요청할 수 있다.
④ 과학기술정보통신부장관은 제3항에 따른 조정요청을 받아 조정을 할 경우 관계 중앙행정기관의 장과 사전에 협의하여야 한다.
⑤ 제2항부터 제4항까지에 따른 건설 또는 대여의 요청 및 합의와 조정에 관하여 필요한 사항은 대통령령으로 정한다.

제38조【초연결지능정보통신망의 상호연동 등】 ① 정부는 국가기관과 지방자치단체가 구축한 초연결지능정보통신망의 효율적인 운영과 정보의 공동활용을 촉진하기 위하여 초연결지능정보통신망 간 상호연동에 필요한 시책을 마련하여야 한다.
② 국가기관과 지방자치단체가 초연결지능정보통신망을 구축·운영하려는 경우에는 다른 기관의 초연결지능정보통신망을 공동활용하는 방안을 우선적으로 마련하여야 한다.

제39조【전담기관의 지정·운영】 ① 과학기술정보통신부장관은 초연결지능정보통신기반의 원활한 구축과 이용촉진을 위하여 필요한 때에는 그 업무를 전담할 기관(이하 이 조에서 "전담기관"이라 한다)을 지정할 수 있다.
② 정부는 초연결지능정보통신기반의 구축 및 이용촉진과 관련된 업무를 수행하는 데 소요되는 자금을 전담기관에 출연하거나 융자 등을 할 수 있다.
③ 전담기관은 제2항에 따른 자금을 별도로 관리하여야 한다.
④ 전담기관의 지정 및 운영 등에 관하여 필요한 사항은 대통령령으로 정한다.

제40조【데이터센터의 구축 및 운영 활성화】 ① 정부는 지능정보서비스의 제공을 위하여 다수의 초연결지능정보통신기반을 일정한 공간에 집적시켜 통합 운영·관리하는 시설(이하 "데이터센터"라 한다)의 안정적인 운영과 효율적인 제공 등을 위하여 데이터센터의 구축 및 운영 활성화 시책을 수립·시행할 수 있다.
② 과학기술정보통신부장관은 민간 데이터센터의 구축 및 운영 활성화 시책을 수립·시행하고 이에 필요한 지원을 할 수 있다.
③ 행정안전부장관은 정부 및 공공 부문의 데이터센터의 구축 및 운영 활성화 시책을 수립·시행하고, 민간 데이터센터를 이용하는 공공기관의 지능정보서비스의 안정성과 신뢰성 등을 높이기 위하여 필요한 지원을 할 수 있다.
④ 제1항부터 제3항까지의 규정에 따른 시책의 수립·시행과 지원 대상·방법 등에 관하여 필요한 사항은 대통령령으로 정한다.

제41조【인터넷주소자원의 이용】 국가기관등이 「인터넷주소자원에 관한 법률」 제2조제1호에 따른 인터넷주소를 사용하여 초연결지능정보통신기반 및 웹사이트를 신규로 구축하거나 이미 구축·운영하고 있는 초연결지능정보통신기반 및 웹사이트를 재구축할 때에는 128비트로 확장된 인터넷주소를 이용하도록 노력하여야 한다.

제42조【데이터 관련 시책의 마련】 ① 정부는 지능정보화의 효율적 추진과 지능정보서비스의 제공·이용 활성화에 필요한 데이터의 생산·수집 및 유통·활용 등을 촉진하기 위하여 필요한 정책을 추진하여야 한다.
② 과학기술정보통신부장관은 다음 각 호의 사항이 포함된 시책을 수립·시행하여야 한다. 다만, 공공데이터에 관한 사항은 「공공데이터의 제공 및 이용 활성화에 관한 법률」에 따른다.
1. 데이터 관련 시책의 기본방향
2. 데이터의 생산·수집 및 유통·활용
3. 데이터 유통 활성화 및 유통체계 구축
4. 데이터의 생산·수집 및 유통·활용에 관한 기술개발의 추진
5. 데이터의 표준화 및 품질제고
6. 데이터 전문인력 양성 및 데이터 전문기업 육성

7. 제2호부터 제6호까지와 관련한 재원의 확보
8. 그 밖에 데이터의 생산·수집 및 유통·활용을 위하여 필요한 사항
③ 과학기술정보통신부장관은 데이터의 효율적인 생산·수집 및 유통·활용을 위하여 표준화를 추진하여야 한다. 다만, 「공공데이터의 제공 및 이용 활성화에 관한 법률」, 「산업표준화법」 등 다른 법률에 관련 표준이 있는 경우에는 그 표준을 따라야 한다.
제43조【데이터의 유통·활용】 ① 정부는 데이터의 효율적인 생산·수집·관리와 원활한 유통·활용을 위하여 국가기관등, 법인, 기관 및 단체와의 협력체계를 구축하고, 이를 위한 지원을 할 수 있다.
② 정부는 지능정보사회 구현을 위하여 원활한 유통과 활용이 필요한 다음 각 호의 데이터를 생산·수집 또는 보유하고 있는 국가기관등, 법인, 기관 및 단체를 지원할 수 있다. 다만, 공공데이터에 관한 사항은 「공공데이터의 제공 및 이용 활성화에 관한 법률」에 따른다.
1. 국가적으로 보존 및 이용 가치가 있는 자료로서 학술, 문화, 과학기술, 행정 등에 관한 디지털화된 자료나 디지털화의 필요성이 인정되는 데이터
2. 국민 생활의 질적 향상과 복리 증진 및 안전을 위하여 필요한 데이터
3. 국가 경제·산업의 발전을 도모하고 국가경쟁력 확보 등을 위하여 필요한 데이터
4. 그 밖에 지능정보화 및 지능정보서비스의 발전을 위하여 필요한 데이터
③ 제2항 각 호의 데이터의 생산·수집·유통·활용 등을 지원하기 위하여 지능정보사회원에 데이터통합지원센터를 설치할 수 있다. 다만, 공공데이터에 관한 사항은 「공공데이터의 제공 및 이용 활성화에 관한 법률」에 따른다.
④ 제2항에 따른 지원의 내용 및 방법 등에 관하여 필요한 사항과 제3항에 따른 데이터통합지원센터의 기능·운영 등에 관한 구체적인 사항은 대통령령으로 정한다.

제6장 지능정보사회의 기반 조성

제1절 정보문화의 창달·확산 및 사회변화 대응

제44조【정보문화의 창달과 확산】 ① 국가기관등은 인간의 존엄·가치가 존중되는 자유롭고 개방적인 정보문화 창달 및 확산을 위하여 다음 각 호의 사항이 이루어지도록 노력하여야 한다.
1. 지능정보사회 구현에 따른 편익의 보편적 향유
2. 지능정보사회윤리의 확립
3. 사생활의 비밀·자유와 개인정보의 보호
4. 지능정보화에 따른 정보격차의 해소
5. 지능정보서비스 과의존의 예방과 해소
6. 지능정보기술 및 지능정보서비스 이용자의 권익 보호
② 중앙행정기관과 지방자치단체는 건전한 정보문화의 창달 및 확산과 지능정보사회에 대한 국민의 이해증진 등을 위하여 다음 각 호에 관한 계획을 수립하고 시행하여야 한다.
1. 정보문화 교육과 관련 인력의 양성
2. 정보문화 창달을 위한 홍보
3. 정보문화 교육 콘텐츠의 개발·보급
4. 정보문화 창달을 위한 사업이나 활동을 하는 단체에 대한 지원
5. 정보문화의 향유 및 교류 활성화를 위한 기반 조성과 제도 개선에 관한 사항
6. 그 밖에 정보문화 창달을 위하여 필요한 사항
③ 과학기술정보통신부장관은 국가교육위원회와 협의하여 「유아교육법」 제13조 및 「초·중등교육법」 제23조에 따른 교육과정의 기준과 내용에 정보문화에 관한 교육내용이 포함될 수 있도록 노력하여야 한다.(2021.7.20 본항개정)
④ 정부는 건전한 정보문화의 창달 및 확산과 지능정보사회에 대한 국민의 이해증진 등을 위하여 대통령령으로 정하는 바에 따라 정보문화의 달을 지정·운영한다.
제45조【정보격차 해소 시책의 마련】 국가기관과 지방자치단체는 모든 국민이 지능정보서비스에 원활하게 접근하고 이를 유익하게 활용할 기본적 권리를 누구나 격차 없이 실질적으로 누릴 수 있도록 필요한 시책을 마련하여야 한다.
제46조【장애인·고령자 등의 지능정보서비스 접근 및 이용 보장】 ① 국가기관등은 정보통신망을 통하여 정보나 서비스를 제공할 때 장애인·고령자 등이 웹사이트와 이동통신단말장치(「전파법」에 따라 할당받은 주파수를 사용하는 기간통신역무를 이용하기 위하여 필요한 단말장치를 말한다. 이하 같다)에 설치되는 응용 소프트웨어 등 대통령령으로 정하는 유·무선 정보통신을 쉽게 이용할 수 있도록 접근성을 보장하여야 한다.
② 지능정보서비스 제공자는 그 서비스를 제공할 때 장애인·고령자 등의 접근과 이용의 편익을 증진하기 위하여 노력하여야 한다.
③ 정보통신 또는 지능정보기술 관련 제조업자는 정보통신 또는 지능정보기술 관련 기기 및 소프트웨어(이하 "지능정보제품"이라 한다)를 설계, 제작, 가공할 때 장애인·고령자 등이 쉽게 접근하고 이용할 수 있도록 노력하여야 한다. 이 경우 장애인·고령자 등이 별도의 보조기구 없이 지능정보제품을 이용할 수 없는 경우에는 지능정보제품이 보조기구와 호환될 수 있게 노력하여야 한다.
④ 국가기관등은 지능정보제품을 구매할 때 장애인·고령자 등의 정보 접근과 이용 편의를 보장한 지능정보제품의 우선 구매를 촉진하기 위하여 필요한 시책을 마련하여야 한다.
⑤ 「전기통신사업법」 제2조제8호에 따른 전기통신사업자는 장애인·고령자 등의 지능정보서비스 접근 및 이용 편의 증진을 위하여 노력하여야 한다.
⑥ 과학기술정보통신부장관은 장애인·고령자 등의 지능정보서비스 접근 및 이용 편의 증진을 위한 지능정보제품 및 지능정보서비스의 종류·지침 등을 정하여 고시하여야 한다.
⑦ 제4항에 따른 우선 구매 대상 지능정보제품의 검증기준, 검증절차, 구매촉진 및 그 밖에 필요한 사항은 대통령령으로 정한다.
제47조【장애인·고령자 등의 정보통신접근성 품질인증 등】 ① 과학기술정보통신부장관은 장애인·고령자 등의 정보 접근 및 이용 편의를 증진하기 위하여 제46조제1항에 따라 대통령령으로 정하는 유·무선 정보통신에 대한 접근성 품질인증(이하 "정보통신접근성 품질인증"이라 한다)을 할 수 있다.
② 과학기술정보통신부장관은 정보통신접근성 품질인증을 위하여 인증기관을 지정할 수 있다.
③ 제2항에 따라 인증기관으로 지정을 받으려는 자는 과학기술정보통신부장관에게 인증기관 지정을 신청하여야 한다.
④ 과학기술정보통신부장관은 제2항에 따라 인증기관으로 지정받은 기관이 다음 각 호의 어느 하나에 해당하면 그 지정을 취소하거나 1년 이내의 기간을 정하여 해당 업무의 전부 또는 일부의 정지를 명할 수 있다. 다만, 제1호 및 제2호에 해당하는 경우에는 그 지정을 취소하여야 한다.
1. 거짓이나 그 밖의 부정한 방법으로 인증기관으로 지정을 받은 경우
2. 업무정지기간 중에 인증 업무를 한 경우
3. 정당한 사유 없이 인증 업무를 수행하지 아니한 경우
4. 제5항에 따른 인증기관 지정 기준에 적합하지 아니하게 된 경우
5. 제5항에 따른 인증 기준 또는 절차를 위반하여 인증을 한 경우
⑤ 제1항에 따른 인증기관 지정의 기준, 지정 취소 및 업무 정지, 그 밖에 정보통신접근성 품질인증 제도 운영에 필요한 사항은 대통령령으로 정한다.
제48조【정보통신접근성 품질인증의 신청 등】 ① 정보통신접근성 품질인증을 받으려는 자는 제47조제2항에 따라 지정된 인증기관에 인증을 신청하여야 한다.
② 정보통신접근성 품질인증을 받은 자는 해당 정보통신서비스를 제공할 때 대통령령으로 정하는 바에 따라 정보통신접근성 품질인증 내용을 표시하거나 정보통신접근성 품질인증을 받은 사실을 홍보할 수 있다.
③ 정보통신접근성 품질인증을 받지 아니한 자는 제2항에 따른 정보통신접근성 품질인증의 표시 또는 이와 유사한 표시를 하거나 정보통신접근성 품질인증을 받은 것으로 홍보를 하여서는 아니 된다.
④ 인증기관의 장은 정보통신접근성 품질인증을 받은 자가 다음 각 호의 어느 하나에 해당하는 경우에는 정보통신접근성 품질인증을 취소할 수 있다. 다만, 제1호에 해당하는 때에는 인증을 취소하여야 한다.
1. 거짓이나 그 밖의 부정한 방법으로 정보통신접근성 품질인증을 받은 경우
2. 제5항에 따른 정보통신접근성 품질인증 기준을 지키지 아니한 경우
⑤ 제2항부터 제4항까지에 따른 인증의 기준·절차·방법·유효기간, 수수료 부과 등에 필요한 사항은 대통령령으로 정한다.
제49조【정보격차 해소 관련 기술개발 및 지능정보제품 보급지원】 ① 국가기관과 지방자치단체는 장애인·고령자 등의 지능정보서비스 접근 및 이용환경 개선을 위한 관련 기술을 개발하기 위하여 필요한 시책을 마련하여야 하며, 과학기술정보통신부장관은 관련 기술의 개발 및 지능정보제품 보급을 지원할 수 있다.
② 국가기관과 지방자치단체는 다음 각 호의 사업자에게 재정 지원 및 기술적 지원을 할 수 있다.
1. 장애인·고령자 등의 지능정보서비스 접근 및 이용환경 개선을 위하여 지능정보제품을 개발·생산하는 사업자
2. 장애인·고령자·농어민 또는 저소득자 등을 위한 콘텐츠를 제공하는 사업자
3. 제1항에 따른 관련 기술을 개발·보급하는 사업자
③ 국가기관과 지방자치단체는 다음 각 호의 어느 하나에 해당하는 사람에게 대통령령으로 정하는 바에 따라 유상 또는 무상으로 지능정보제품을 제공할 수 있다.
1. 「장애인복지법」 제2조에 따른 장애인
2. 「국민기초생활 보장법」 제2조제1호에 따른 수급권자
3. 그 밖에 경제적, 지역적, 신체적 또는 사회적 제약으로 인하여 정보를 이용하기 어려운 사람으로서 대통령령으로 정하는 사람
④ 제2항에 따른 지원대상자의 선정·지원 방법 및 절차 등에 관한 사항은 대통령령으로 정한다.
제50조【정보격차해소교육의 시행】 ① 국가기관과 지방자치단체는 정보격차의 해소를 위하여 필요한 교육(이하 이 조에서 "정보격차해소교육"이라 한다)을 시행하여야 한다.
② 국가기관과 지방자치단체는 다음 각 호의 어느 하나에 해당하는 사람에 대한 정보격차해소교육 비용의 전부 또는 일부를 부담할 수 있다.
1. 「장애인복지법」 제2조에 따른 장애인 중 대통령령으로 정하는 사람
2. 「국민기초생활 보장법」 제2조제2호에 따른 수급자
3. 「북한이탈주민의 보호 및 정착지원에 관한 법률」 제2조제1호에 따른 북한이탈주민
4. 그 밖에 국가의 부담으로 정보격차해소교육을 할 필요가 있다고 대통령령으로 정하는 사람
③ 정부는 정보격차해소교육이나 정보격차해소교육에 필요한 시설의 관리를 위하여 「병역법」 제2조제1항제10호에 따른 사회복무요원 등 필요한 인력을 지원할 수 있다.
④ 정보격차해소교육의 대상 및 종류는 대통령령으로 정한다.
제51조【지능정보서비스 과의존의 예방 및 해소 계획 수립】 ① 과학기술정보통신부장관은 3년마다 관계 중앙행정기관의 장과 협의하여 지능정보서비스 과의존의 예방 및 해소를 위한 기본계획(이하 "기본계획"이라 한다)을 수립하여야 한다.
② 과학기술정보통신부장관 및 관계 중앙행정기관의 장은 매년 기본계획에 따라 지능정보서비스 과의존의 예방 및 해소를 위한 추진계획(이하 이 조에서 "추진계획"이라 한다)을 수립·시행하여야 한다.
③ 과학기술정보통신부장관 및 관계 중앙행정기관의 장은 기본계획 또는 추진계획 수립을 위하여 필요한 경우에는 관계 행정기관, 공공기관 및 단체의 장에게 필요한 자료의 제출 등 협조를 요청할 수 있으며, 협조 요청을 받은 자는 특별한 사유가 없으면 그 요청에 따라야 한다.
④ 기본계획과 추진계획의 수립·시행에 필요한 사항은 대통령령으로 정한다.
제52조【지능정보서비스 과의존 대응센터】 ① 국가기관 및 지방자치단체는 지능정보서비스 과의존의 예방 및 해소를 위하여 지능정보서비스 과의존 대응업무를 전문적으로 수행하는 센터(이하 "대응센터"라 한다)를 설치·운영할 수 있다.
② 대응센터는 다음 각 호의 업무를 수행한다.
1. 지능정보서비스 과의존에 대한 상담 및 치유
2. 지능정보서비스 과의존 예방 및 해소에 관한 교육·홍보
3. 그 밖에 지능정보서비스 과의존의 예방 및 해소를 위하여 필요한 사업
③ 그 밖에 대응센터의 설치·운영에 필요한 사항은 대통령령으로 정한다.
제53조【지능정보서비스 과의존 관련 전문인력 양성】 과학기술정보통신부장관은 관계 중앙행정기관의 장과 협의하여 지능정보서비스 과의존의 예방 및 해소와 관련된 전문인력 양성에 필요한 정책을 마련하여야 한다.
제54조【지능정보서비스 과의존 관련 교육】 ① 국가기관 및 지방자치단체는 지능정보서비스 과의존의 예방 및 해소를 위하여 필요한 교육을 실시할 수 있다.
② 다음 각 호의 어느 하나에 해당하는 기관의 장은 지능정보서비스 과의존의 예방 및 해소를 위한 교육을 다음 각 호의 구분에 따라 실시하고, 그 결과를 과학기술정보통신부장관에게 제출하여야 한다. 다만, 제2호 및 제3호에 해당하는 기관의 장은 「교육관련기관의 정보공개에 관한 특례법」에 따른 공시로써 제출을 갈음할 수 있다.
1. 「영유아보육법」 제2조제3호에 따른 어린이집 : 연 1회 이상
2. 「유아교육법」 제2조제2호에 따른 유치원 : 연 1회 이상
3. 「초·중등교육법」 제2조 각 호에 따른 학교 : 반기별 1회 이상
4. 「고등교육법」 제2조 각 호에 따른 학교 : 연 1회 이상
5. 그 밖에 대통령령으로 정하는 공공기관 : 연 1회 이상
③ 과학기술정보통신부장관은 제2항에 따른 교육 실시 결과를 매년 점검하여야 한다.
④ 과학기술정보통신부장관은 제3항에 따라 교육 실시 결과를 점검하여 교육이 부실하다고 인정되는 기관에 대해서는 대통령령으로 정하는 바에 따라 관리자 특별교육 등 필요한 조치를 하여야 한다.
⑤ 국가기관 및 지방자치단체는 제2항에 따른 교육에 필요한 재정적·행정적 지원을 할 수 있다.
⑥ 제1항 및 제2항에 따른 교육의 내용과 방법, 교육 실시 결과의 제출, 제3항에 따른 점검 등에 필요한 사항은 대통령령으로 정한다.
제55조【일자리·노동환경 변화 대응】 정부는 지능정보화의 심화 등에 따른 일자리·노동환경의 변화에 대비하여 다음 각 호의 내용을 포함하는 일자리, 교육, 복지 등의 대책을 수립하고 시행하여야 한다.
1. 지능정보사회의 경제적 성장의 혜택과 기회가 공유될 수 있도록 양극화 완화 및 불평등 해소에 관한 사항
2. 일자리 양극화 등 고용 구조 변화에 따른 고용안전망 체계 마련 및 일자리 창출 등에 관한 사항
제56조【지능정보서비스 등의 사회적 영향평가】 ① 국가 및 지방자치단체는 국민의 생활에 파급력이 큰 지능

정보서비스 등의 활용과 확산이 사회·경제·문화 및 국민의 일상생활 등에 미치는 영향에 대하여 다음 각 호의 사항을 조사·평가(이하 "사회적 영향평가"라 한다) 할 수 있다. 다만, 지능정보기술의 경우에는 「과학기술기본법」 제14조제1항의 기술영향평가로 대신한다.
1. 지능정보서비스 등의 안전성 및 신뢰성
2. 정보격차 해소, 사생활 보호, 지능정보사회윤리 등 정보문화에 미치는 영향
3. 고용·노동, 공정거래, 산업 구조, 이용자 권익 등 사회·경제에 미치는 영향
4. 정보보호에 미치는 영향
5. 그 밖에 지능정보서비스 등이 사회·경제·문화 및 국민의 일상생활에 미치는 영향
② 과학기술정보통신부장관은 사회적 영향평가의 결과를 공개하고, 해당 지능정보서비스 등의 안전성·신뢰성 향상 등 필요한 조치를 국가기관등 및 사업자 등에게 권고할 수 있다.

제2절 지능정보기술 및 지능정보서비스 이용의 안전성 및 신뢰성 보장

제57조【정보보호 시책의 마련 등】 ① 국가기관과 지방자치단체는 정보를 처리하거나 지능정보서비스를 제공 또는 이용하는 모든 과정에서 정보보호를 위한 시책을 마련하여야 한다.
② 정부는 암호기술의 개발과 이용을 촉진하고 암호기술을 이용하여 지능정보서비스의 안전을 도모할 수 있는 조치를 마련하여야 한다.
제58조【정보보호시스템에 관한 기준 고시 등】 ① 과학기술정보통신부장관은 관계 기관의 장과 협의하여 정보보호시스템의 성능과 신뢰도에 관한 기준을 정하여 고시하고, 정보보호시스템을 제조하거나 수입하는 자에게 그 기준을 지킬 것을 권고할 수 있다.
② 과학기술정보통신부장관은 유통·사용 중인 정보보호시스템이 제1항에 따른 기준에 미치지 못할 경우에 정보보호시스템의 보완 및 그 밖에 필요한 사항을 권고할 수 있다.
③ 제1항에 따른 기준을 정하기 위한 절차와 제2항에 따른 권고에 관한 사항 및 그 밖에 필요한 사항은 대통령령으로 정한다.
제59조【초연결지능정보통신기반의 안전성 등】 ① 초연결지능정보통신기반을 구축·운용하는 자는 초연결지능정보통신기반의 안전성 및 신뢰성 향상을 위하여 노력하여야 한다.
② 과학기술정보통신부장관은 초연결지능정보통신기반의 안전성·신뢰성에 관한 기준 및 정보보호에 관한 기준(관리적·물리적·기술적 보호조치를 포함한다)을 행정안전부장관 등 관계 기관의 장과 협의하여 고시하고, 초연결지능정보통신기반을 제조·구축·운용하는 자에게 그 기준을 지킬 것을 권고할 수 있다.
제60조【안전성 보호조치】 ① 과학기술정보통신부장관은 행정안전부장관 등 관계 기관의 장과 협의하여 지능정보기술 및 지능정보서비스의 안전성을 확보하기 위하여 다음 각 호와 같은 필요한 최소한도의 보호조치의 내용과 방법을 정하여 고시할 수 있다.
1. 지능정보기술과 지능정보서비스의 오작동 방지에 관한 사항
2. 지능정보기술 및 지능정보서비스에 대한 권한 없는 자의 접근, 조작 등 전자적 침해행위의 방지에 관한 사항
3. 지능정보기술 및 지능정보서비스의 접속기록, 운용·활용기록의 저장·관리 및 제공 등에 관한 사항
4. 지능정보기술의 동작 및 지능정보서비스 제공을 외부에서 긴급하게 정지하는 것(이하 "비상정지"라 한다)과 비상정지에 필요한 알고리즘의 제공에 관한 사항
5. 기타 지능정보기술 및 지능정보서비스의 안전성 확보를 위해 필요한 사항
② 과학기술정보통신부장관은 지능정보기술을 개발 또는 활용하는 자와 지능정보서비스를 제공하는 자에게 제1항에 따른 고시가 정하는 바에 따라 안전성 보호조치를 하도록 권고할 수 있다.
③ 중앙행정기관의 장은 사람의 생명 또는 신체에 대한 긴급한 위해를 방지하기 위하여 필요한 때에는 지능정보기술을 개발 또는 활용하는 자와 지능정보서비스를 제공하는 자에게 비상정지를 요청할 수 있다. 이 경우 요청받은 자는 정당한 사유가 없으면 이에 응하여야 한다.
제61조【사생활 보호 설계 등】 ① 지능정보기술을 개발 또는 활용하는 자와 지능정보서비스를 제공하는 자, 지능정보기술이나 지능정보서비스를 이용하는 자는 다른 이용자 또는 제3자의 사생활 및 개인정보(이하 "사생활등"이라 한다)를 침해하여서는 아니 된다.
② 지능정보기술을 개발 또는 활용하는 자와 지능정보서비스를 제공하는 자는 해당 기술과 서비스를 사생활등의 보호에 적합하게 설계하여야 한다.
③ 국가기관과 지방자치단체는 지능정보화를 추진할 때 인간의 존엄과 가치가 보장될 수 있도록 사생활등의 보호를 위한 시책을 마련하여야 한다.
제62조【지능정보사회윤리】 ① 국가기관과 지방자치단체는 지능정보기술을 개발·활용하거나 지능정보서비스를 제공·이용할 때 인간의 존엄과 가치를 존중하고 공공성·책무성·통제성·투명성 등의 윤리원칙을 담은 지능정보사회윤리를 확립하기 위하여 다음 각 호의 사항을 포함한 시책을 마련하여야 한다.
1. 지능정보사회윤리 확립을 위한 교육, 전문인력 양성 및 홍보
2. 지능정보사회윤리 교육 콘텐츠 개발·보급
3. 지능정보사회윤리 관련 연구 및 개발
4. 지능정보사회윤리 관련 단체에 대한 지원
② 정부는 지능정보기술을 개발 또는 활용하는 자, 지능정보서비스를 제공 또는 이용하는 자가 인간의 존엄과 가치를 훼손하거나 기본적인 지능정보사회윤리를 침해하지 않도록 윤리교육·홍보 및 제도개선을 적극적으로 추진하여야 한다.
③ 정부는 제2항에 따른 윤리교육·홍보를 위하여 학교교육, 평생교육과 언론·인터넷 등을 통한 홍보 등에 사용하는 프로그램 및 콘텐츠를 개발하여 보급하여야 한다.
④ 정부는 지능정보기술 또는 지능정보서비스 개발자·공급자·이용자가 준수하여야 하는 사항을 정한 지능정보사회윤리준칙을 제정하여 보급할 수 있다.
제63조【이용자의 권익보호】 ① 국가기관과 지방자치단체는 지능정보사회 시책을 추진할 때 지능정보기술 및 지능정보서비스 등을 이용하는 이용자의 권익보호를 위하여 다음 각 호의 시책을 마련하여야 한다.
1. 이용자의 생명·신체·명예 및 재산상의 위해 방지
2. 이용자의 불만 및 피해에 대한 신속·공정한 구제
3. 이용자의 권익보호를 위한 조직의 육성 및 활동 지원
4. 이용자의 권익보호를 위한 교육·홍보 및 연구
5. 이용자의 안전보장 및 피해구제 등 이용자의 권익구제를 위한 손해배상·보험 등 관련 법령 및 제도의 개선
6. 그 밖에 이용자의 권익보호와 관련된 사항
② 정보통신서비스 제공자는 사업을 할 때 이용자를 보호하기 위하여 필요한 조치를 마련하여야 한다.

제7장 보 칙

제64조【재원의 조달】 ① 국가기관과 지방자치단체는 이 법에서 정한 시책의 추진을 위하여 필요한 재원을 확보하도록 노력하여야 한다.
② 국가기관과 지방자치단체는 이 법에 따른 시책을 시행하기 위하여 국가 예산 또는 지방자치단체의 예산으로 관련 사업을 지원할 수 있다.
제65조【국제협력】 ① 정부는 지능정보기술·지능정보서비스 개발, 지능정보화 및 지능정보사회 추진에 관한 국제적 동향을 파악하고 국제협력을 추진하여야 한다.
② 정부는 지능정보기술·지능정보서비스 및 지능정보화의 국제기준의 수립에 우리나라가 선도적 역할을 수행할 수 있도록 행정적 및 재정적 지원을 할 수 있다.
③ 정부는 지능정보사회와 지능정보화에 관한 국제협력을 추진하기 위하여 다음 각 호의 업무를 할 수 있다.
1. 지능정보사회 및 지능정보화 관련 기술과 인력의 국제교류 지원
2. 국제표준화와 국제공동연구개발사업 등의 지원
3. 국제기구 및 외국정부와의 협력
4. 지능정보화와 관련된 국제평가
5. 지능정보화와 관련된 민간부문의 국제협력 지원
6. 정보문화 및 지능정보사회윤리의 확립, 정보격차 해소 및 지능정보서비스 과의존 예방·해소와 관련된 국제협력
7. 그 밖에 국제협력과 관련하여 대통령령으로 정하는 사항
제66조【지표조사】 과학기술정보통신부장관은 지능정보기술·지능정보서비스의 발전 및 사회 각 분야에서의 지능정보기술 활용 등 지능정보사회에 대한 지표를 조사하고 개발하여 보급하여야 한다.
제67조【연차보고 등】 ① 정부는 매년 지능정보사회 추진 시책과 동향에 관한 보고서를 정기국회 개회 전까지 국회에 제출하여야 한다.
② 과학기술정보통신부장관은 다음 각 호의 사항에 관한 실태조사를 하고 그 결과를 종합하여 제1항에 따른 보고서에 포함하여야 한다.
1. 선도사업의 추진 실태
2. 데이터의 활용 실태
3. 정보격차의 실태 및 해소 현황
4. 지능정보서비스 과의존 실태, 관련 교육 및 조치 현황
5. 그 밖에 대통령령으로 정하는 사항
③ 제2항에 따른 실태조사에 필요한 사항은 대통령령으로 정한다.
제68조【자료 제출의 요청】 ① 과학기술정보통신부장관은 다음 각 호의 사항을 위하여 국가기관등에 자료 제출 및 협조를 요청할 수 있다.
1. 제6조에 따른 종합계획의 수립 및 변경의 지원
2. 제7조에 따른 실행계획의 점검·분석 및 제10조에 따른 지능정보화 정책 등의 조정의 지원
3. 제51조에 따른 기본계획 수립
4. 제60조에 따른 안전성 보호조치의 내용과 기준 수립
5. 제65조에 따른 국제협력
6. 제67조에 따른 연차보고
② 행정안전부장관은 제7조에 따른 실행계획의 점검·분석을 위하여 국가기관등에 자료 제출을 요청할 수 있다.
제69조【권한의 위임 및 위탁】 ① 이 법에 따른 과학기술정보통신부장관 및 행정안전부장관의 권한은 그 일부를 대통령령으로 정하는 바에 따라 과학기술정보통신부 및 행정안전부 소속기관의 장이나 지방자치단체의 장에게 위임하거나 다른 행정기관의 장에게 위탁할 수 있다.
② 과학기술정보통신부장관은 다음 각 호의 권한을 대통령령으로 정하는 바에 따라 지능정보사회원에 위탁할 수 있다.
1. 제11조제5항에 따른 과학기술정보통신부 소관 사업관리 전문지원체계의 운영
2. 제27조에 따른 지능정보기술 관련 지식재산권·표준 등의 관리·유통 및 활용을 위한 체계의 운영
3. 제32조에 따른 선도사업의 추진 및 지원
4. 제47조에 따른 정보통신접근성 품질인증 운영 지원
③ 행정안전부장관은 다음 각 호의 권한을 대통령령으로 정하는 바에 따라 지능정보사회원 및 「전자정부법」 제72조에 따른 한국지역정보개발원에 위탁할 수 있다.
1. 제11조제5항에 따른 행정안전부 소관 사업관리 전문지원체계의 운영
2. 제15조에 따른 지역지능정보화의 추진
3. 제32조에 따른 선도사업의 추진 및 지원
제70조【과태료】 ① 제12조제7항을 위반하여 한국지능정보사회진흥원 또는 이와 유사한 명칭을 사용한 자에게는 1천만원 이하의 과태료를 부과한다.
② 다음 각 호의 어느 하나를 위반한 자에게는 500만원 이하의 과태료를 부과한다.
1. 제21조제2항을 위반하여 지능정보기술을 개발·관리·활용한 자
2. 제48조제3항을 위반하여 정보통신접근성 품질인증의 표시 또는 이와 유사한 표시를 하거나 정보통신접근성 품질인증을 받은 것으로 홍보한 자
③ 제1항 및 제2항에 따른 과태료는 과학기술정보통신부장관이 부과·징수한다.

부 칙

제1조【시행일】 이 법은 공포 후 6개월이 경과한 날부터 시행한다. 다만, 제46조제4항 및 제7항의 개정규정은 이 법 공포 후 1년이 경과한 날부터 시행한다.
제2조【한국정보화진흥원의 명칭 변경에 따른 경과조치】 ① 이 법 시행 당시 종전의 제14조에 따른 한국정보화진흥원(이하 "정보화진흥원"이라 한다)은 이 법 제12조의 개정규정에 따라 설립된 지능정보사회원으로 본다.
② 이 법 시행 당시 종전의 제14조에 따른 정보화진흥원에 속하였던 모든 재산과 권리·의무는 이 법에 따른 지능정보사회원이 승계한다.
③ 이 법 시행 당시 등기부, 그 밖의 공부(公簿)에 표시된 종전의 제14조에 따른 정보화진흥원의 명의는 지능정보사회원의 명의로 본다.
④ 이 법 시행 당시 종전의 제14조에 따른 정보화진흥원이 행한 행위 또는 정보화진흥원에 대한 행위는 지능정보사회원이 행한 행위 또는 지능정보사회원에 대한 행위로 본다.
⑤ 이 법 시행 당시 종전의 제14조에 따른 정보화진흥원의 임직원은 지능정보사회원의 임직원으로 본다.
제3조【기본계획에 관한 경과조치】 이 법 시행 당시 종전의 제6조에 따른 기본계획은 제6조의 개정규정에 따른 종합계획이 수립될 때까지 효력을 갖는다.
제4조【시행계획에 관한 경과조치】 이 법 시행 당시 종전의 제7조에 따른 시행계획은 제7조의 개정규정에 따른 실행계획이 수립될 때까지 효력을 갖는다.
제5조【초고속국가망 등에 대한 경과조치】 ① 이 법 시행 당시 종전의 제44조에 따른 초고속국가망의 구축·관리 등과 관련된 사업은 제35조의 개정규정에 따라 시행한 것으로 본다.
② 이 법 시행 당시 종전의 제45조에 따른 광대역통합연구개발망의 구축·관리·운영 등과 관련된 사업은 제36조의 개정규정에 따라 시행한 것으로 본다.
③ 이 법 시행 당시 종전의 제30조의6에 따른 인터넷중독대응센터는 제52조의 개정규정에 따른 대응센터로 본다.
제6조【과태료에 관한 경과조치】 이 법 시행 전의 행위에 대하여 과태료 규정을 적용할 때에는 종전의 규정에 따른다.
제7조【다른 법률의 개정】 ①~⑳ ※(해당 법령에 가제정리 하였음)
제8조【다른 법령과의 관계】 이 법 시행 당시 다른 법령에서 종전의 「국가정보화 기본법」 또는 그 규정을 인용한 경우 이 법 중 그에 해당하는 규정이 있을 때에는 종전의 「국가정보화 기본법」 또는 그 규정을 갈음하여 이 법 또는 이 법의 해당 규정을 인용한 것으로 본다.

부 칙 (2021.7.20)

제1조【시행일】 이 법은 공포 후 1년이 경과한 날부터 시행한다.(이하 생략)

정보통신기반 보호법

(2001년 1월 26일)
(법 률 제6383호)

개정
2002.12.18법 6796호
2005. 3.31법 7428호(채무자회생파산)
2007.12.21법 8777호
2008. 2.29법 8852호(정부조직)
2009. 5.22법 9708호(정보통신산업진흥법)
2013. 3.23법11690호(정부조직)
2014.11.19법12844호(정부조직)
2015. 1.20법13013호
2015. 6.22법13343호(정보보호산업의진흥에관한법)
2015.12.22법13590호 2017. 3.14법14579호
2017. 7.26법14839호(정부조직)
2018. 2.21법15376호 2019.12.10법16758호
2020. 6. 9법17347호(법률용어정비)
2020. 6. 9법17357호 2022. 6.10법18870호
2024. 1.23법20068호→2025년 1월 24일 시행이므로 「法典 別冊」 보유편 수록

제1장 총 칙

제1조【목적】 이 법은 전자적 침해행위에 대비하여 주요정보통신기반시설의 보호에 관한 대책을 수립·시행함으로써 동 시설을 안정적으로 운용하도록 하여 국가의 안전과 국민생활의 안정을 보장하는 것을 목적으로 한다.

제2조【정의】 이 법에서 사용하는 용어의 정의는 다음과 같다.
1. "정보통신기반시설"이라 함은 국가안전보장·행정·국방·치안·금융·통신·운송·에너지 등의 업무와 관련된 전자적 제어·관리시스템 및 「정보통신망 이용촉진 및 정보보호 등에 관한 법률」 제2조제1항제1호에 따른 정보통신망을 말한다.(2020.6.9 본호개정)
2. "전자적 침해행위"란 다음 각 목의 방법으로 정보통신기반시설을 공격하는 행위를 말한다.
   가. 해킹, 컴퓨터바이러스, 논리·메일폭탄, 서비스거부 또는 고출력 전자기파 등의 방법
   나. 정상적인 보호·인증 절차를 우회하여 정보통신기반시설에 접근할 수 있도록 하는 프로그램이나 기술적 장치 등을 정보통신기반시설에 설치하는 방법
   (2020.6.9 본호개정)
3. "침해사고"란 전자적 침해행위로 인하여 발생한 사태를 말한다.

제2장 주요정보통신기반시설의 보호체계

제3조【정보통신기반보호위원회】 ① 제8조에 따라 지정된 주요정보통신기반시설(이하 "주요정보통신기반시설"이라 한다)의 보호에 관한 사항을 심의하기 위하여 국무총리 소속하에 정보통신기반보호위원회(이하 "위원회"라 한다)를 둔다.(2020.6.9 본항개정)
② 위원회의 위원은 위원장 1인을 포함한 25인 이내의 위원으로 구성한다.
③ 위원회의 위원장은 국무조정실장이 되고, 위원회의 위원은 대통령령으로 정하는 중앙행정기관의 차관급 공무원과 위원장이 위촉하는 사람으로 한다.(2020.6.9 본항개정)
④ 위원회의 효율적인 운영을 위하여 위원회에 공공분야와 민간분야를 각각 담당하는 실무위원회를 둔다.
(2007.12.21 본항개정)
⑤ 위원회 및 실무위원회의 구성·운영 등에 관하여 필요한 사항은 대통령령으로 정한다.

제4조【위원회의 기능】 위원회는 다음 각호의 사항을 심의한다.
1. 주요정보통신기반시설 보호정책의 조정에 관한 사항
2. 제6조제1항에 따른 주요정보통신기반시설에 관한 보호계획의 종합·조정에 관한 사항(2007.12.21 본호개정)
3. 제6조제1항에 따른 주요정보통신기반시설에 관한 보호계획의 추진 실적에 관한 사항(2007.12.21 본호신설)
4. 주요정보통신기반시설 보호와 관련된 제도의 개선에 관한 사항
4의2. 제8조제5항에 따른 주요정보통신기반시설의 지정 및 지정 취소에 관한 사항(2018.2.21 본호신설)
4의3. 제8조의2제1항 후단에 따른 주요정보통신기반시설의 지정 여부에 관한 사항(2018.2.21 본호신설)
5. 그 밖에 주요정보통신기반시설 보호와 관련된 주요 정책사항으로서 위원장이 회의에 부치는 사항(2020.6.9 본호개정)

제5조【주요정보통신기반시설보호대책의 수립 등】 ① 주요정보통신기반시설을 관리하는 기관(이하 "관리기관"이라 한다)의 장은 제9조제1항 또는 제2항에 따른 취약점 분석·평가의 결과에 따라 소관 주요정보통신기반시설 및 관리 정보를 안전하게 보호하기 위한 예방, 백업, 복구 등 물리적·기술적 대책을 포함한 관리대책(이하 "주요정보통신기반시설보호대책"이라 한다)을 수립·시행하여야 한다.(2019.12.10 본항개정)
② 관리기관의 장은 제1항에 따라 주요정보통신기반시설보호대책을 수립한 때에는 이를 주요정보통신기반시설을 관할하는 중앙행정기관(이하 "관계중앙행정기관"이라 한다)의 장에게 제출하여야 한다. 다만, 관리기관의 장이 관계중앙행정기관의 장인 경우에는 그러하지 아니하다.(2020.6.9 본문개정)
③ 지방자치단체의 장이 관리·감독하는 관리기관의 주요정보통신기반시설보호대책은 지방자치단체의 장이 행정안전부장관에게 제출하여야 한다.(2017.7.26 본항개정)
④ 관리기관의 장은 소관 주요정보통신기반시설의 보호에 관한 업무를 총괄하는 자(이하 "정보보호책임자"라 한다)를 지정하여야 한다. 다만, 관리기관의 장이 관계중앙행정기관의 장인 경우에는 그러하지 아니하다.
⑤ 정보보호책임자의 지정 및 업무 등에 관하여 필요한 사항은 대통령령으로 정한다.

제5조의2【주요정보통신기반시설보호대책 이행 여부의 확인】 ① 과학기술정보통신부장관과 국가정보원장등 대통령령으로 정하는 국가기관의 장(이하 "국가정보원장등" 이라 한다)은 관리기관에 대하여 주요정보통신기반시설보호대책의 이행 여부를 확인할 수 있다.
(2017.7.26 본항개정)
② 과학기술정보통신부장관과 국가정보원장등은 제1항에 따른 확인을 위하여 필요한 경우 관계중앙행정기관의 장에게 제5조제2항에 따라 제출받은 주요정보통신기반시설보호대책 등의 자료 제출을 요청할 수 있다.
(2017.7.26 본항개정)
③ 과학기술정보통신부장관과 국가정보원장등은 제1항에 따라 확인한 주요정보통신기반시설보호대책의 이행 여부를 관계중앙행정기관의 장에게 통보할 수 있다.
(2017.7.26 본항개정)
④ 제1항에 따른 주요정보통신기반시설보호대책 이행 여부의 확인절차 등에 관하여 필요한 사항은 대통령령으로 정한다.
(2007.12.21 본조신설)

제6조【주요정보통신기반시설보호계획의 수립 등】 ① 관계중앙행정기관의 장은 제5조제2항에 따라 제출받은 주요정보통신기반시설보호대책을 종합·조정하여 소관분야에 대한 주요정보통신기반시설에 관한 보호계획(이하 "주요정보통신기반시설보호계획"이라 한다)을 수립·시행하여야 한다.(2020.6.9 본항개정)
② 관계중앙행정기관의 장은 전년도 주요정보통신기반시설보호계획의 추진실적과 다음 연도의 주요정보통신기반시설보호계획을 위원회에 제출하여 그 심의를 받아야 한다. 다만, 위원회의 위원장이 보안이 요구된다고 인정하는 사항에 대하여는 그러하지 아니하다.
③ 주요정보통신기반시설보호계획에는 다음 각호의 사항이 포함되어야 한다.
1. 주요정보통신기반시설의 취약점 분석·평가에 관한 사항
2. 주요정보통신기반시설 및 관리 정보의 침해사고에 대한 예방, 백업, 복구대책에 관한 사항(2015.1.20 본호개정)
3. 그 밖에 주요정보통신기반시설의 보호에 관하여 필요한 사항
④ 과학기술정보통신부장관과 국가정보원장은 협의하여 주요정보통신기반시설보호대책 및 주요정보통신기반시설보호계획의 수립지침을 정하여 이를 관계중앙행정기관의 장에게 통보할 수 있다.(2017.7.26 본항개정)
⑤ 관계중앙행정기관의 장은 소관분야의 주요정보통신기반시설의 보호에 관한 업무를 총괄하는 자(이하 "정보보호책임관"이라 한다)를 지정하여야 한다.
⑥ 주요정보통신기반시설보호계획의 수립·시행에 관한 사항과 정보보호책임관의 지정 및 업무 등에 관하여 필요한 사항은 대통령령으로 정한다.

제7조【주요정보통신기반시설의 보호지원】 ① 관리기관의 장이 필요하다고 인정하거나 위원회의 위원장이 특정 관리기관의 주요정보통신기반시설보호대책의 미흡으로 국가안전보장이나 경제사회전반에 피해가 우려된다고 판단하여 그 보완을 명하는 경우 해당 관리기관의 장은 과학기술정보통신부장관과 국가정보원장등 또는 필요한 경우 대통령령으로 정하는 전문기관의 장에게 다음 각 호의 업무에 대한 기술적 지원을 요청할 수 있다.
(2020.6.9 본문개정)
1. 주요정보통신기반시설보호대책의 수립
2. 주요정보통신기반시설의 침해사고 예방 및 복구
3. 제11조에 따른 보호조치 명령·권고의 이행
(2007.12.21 본호신설)
② 국가안전보장에 중대한 영향을 미치는 다음 각 호의 주요정보통신기반시설에 대한 관리기관의 장이 제1항에 따라 기술적 지원을 요청하는 경우 국가정보원장에게 우선적으로 그 지원을 요청하여야 한다. 다만, 국가안전보장에 현저하고 급박한 위험이 있고, 관리기관의 장이 요청할 때까지 기다릴 경우 그 피해를 회복할 수 없을 때에는 국가정보원장은 관계중앙행정기관의 장과 협의하여 그 지원을 할 수 있다.(2007.12.21 본문개정)
1. 도로·철도·지하철·공항·항만 등 주요 교통시설
(2007.12.21 본호개정)
2. 전력, 가스, 석유 등 에너지·수자원 시설
3. 방송중계·국가지도통신망 시설
4. 원자력·국방과학·첨단방위산업관련 정부출연연구기관의 연구시설
③ 국가정보원장은 제1항 및 제2항에도 불구하고 금융 정보통신기반시설 등 개인정보가 저장된 모든 정보통신기반시설에 대하여 기술적 지원을 수행하여서는 아니된다.(2020.6.9 본항개정)

제3장 주요정보통신기반시설의 지정 및 취약점 분석

제8조【주요정보통신기반시설의 지정 등】 ① 중앙행정기관의 장은 소관분야의 정보통신기반시설중 다음 각호의 사항을 고려하여 전자적 침해행위로부터의 보호가 필요하다고 인정되는 정보통신기반시설을 주요정보통신기반시설로 지정할 수 있다.
1. 해당 정보통신기반시설을 관리하는 기관이 수행하는 업무의 국가 사회적 중요성(2019.12.10 본호개정)
2. 제1호에 따른 기관이 수행하는 업무의 정보통신기반시설에 대한 의존도(2020.6.9 본호개정)
3. 다른 정보통신기반시설과의 상호연계성
4. 침해사고가 발생할 경우 국가안전보장과 경제사회에 미치는 피해규모 및 범위
5. 침해사고의 발생가능성 또는 그 복구의 용이성
② 중앙행정기관의 장은 제1항에 따른 지정 여부를 결정하기 위하여 필요한 자료의 제출을 해당 관리기관에 요구할 수 있다.(2020.6.9 본항개정)
③ 관계중앙행정기관의 장은 관리기관이 해당 업무를 폐지·정지 또는 변경하는 경우에는 직권 또는 해당 관리기관의 신청에 의하여 주요정보통신기반시설의 지정을 취소할 수 있다.
④ 지방자치단체의 장이 관리·감독하는 기관의 정보통신기반시설에 대하여는 행정안전부장관이 지방자치단체의 장과 협의하여 주요정보통신기반시설로 지정하거나 그 지정을 취소할 수 있다.(2017.7.26 본항개정)
⑤ 중앙행정기관의 장이 제1항 및 제3항에 따라 지정 또는 지정 취소를 하고자 하는 경우에는 위원회의 심의를 받아야 한다. 이 경우 위원회는 제1항 및 제3항에 따라 지정 또는 지정 취소의 대상이 되는 관리기관의 장을 위원회에 출석하게 하여 그 의견을 들을 수 있다.(2020.6.9 본항개정)
⑥ 중앙행정기관의 장은 제1항 및 제3항에 따라 주요정보통신기반시설을 지정 또는 지정취소한 때에는 이를 고시하여야 한다. 다만, 국가안전보장을 위하여 필요한 경우에는 위원회의 심의를 받아 이를 고시하지 아니할 수 있다.(2020.6.9 본문개정)
⑦ 주요정보통신기반시설의 지정 및 지정취소 등에 관하여 필요한 사항은 이를 대통령령으로 정한다.

제8조의2【주요정보통신기반시설의 지정 권고】 ① 과학기술정보통신부장관과 국가정보원장등은 특정한 정보통신기반시설을 주요정보통신기반시설로 지정할 필요가 있다고 판단되는 경우에는 중앙행정기관의 장에게 해당 정보통신기반시설을 주요정보통신기반시설로 지정하도록 권고할 수 있다. 이 경우 지정 권고를 받은 중앙행정기관의 장은 위원회의 심의를 거쳐 지정 여부를 결정하여야 한다.(2018.2.21 후단신설)
② 과학기술정보통신부장관과 국가정보원장등은 제1항에 따른 권고를 위하여 필요한 경우에는 중앙행정기관의 장에게 해당 정보통신기반시설에 관한 자료를 요청할 수 있다.(2017.7.26 본항개정)
③ 제1항에 따른 주요정보통신기반시설의 지정 권고 절차, 그 밖에 필요한 사항은 대통령령으로 정한다.
(2007.12.21 본조신설)

제9조【취약점의 분석·평가】 ① 관리기관의 장은 대통령령으로 정하는 바에 따라 정기적으로 소관 주요정보통신기반시설의 취약점을 분석·평가하여야 한다.
(2020.6.9 본항개정)
② 중앙행정기관의 장은 다음 각 호의 어느 하나에 해당하는 경우 해당 관리기관의 장에게 주요정보통신기반시설의 취약점을 분석·평가하도록 명령할 수 있다.
1. 새로운 형태의 전자적 침해행위로부터 주요정보통신기반시설을 보호하기 위하여 필요한 경우
2. 주요정보통신기반시설에 중대한 변화가 발생하여 별도의 취약점 분석·평가가 필요한 경우
(2019.12.10 본항신설)
③ 관리기관의 장은 제1항 또는 제2항에 따라 취약점을 분석·평가하고자 하는 경우에는 대통령령이 정하는 바에 따라 취약점을 분석·평가하는 전담반을 구성하여야 한다.(2019.12.10 본항개정)
④ 관리기관의 장은 제1항 또는 제2항에 따라 취약점을 분석·평가하고자 하는 경우에는 다음 각호의 1에 해당하는 기관으로 하여금 소관 주요정보통신기반시설의 취약점을 분석·평가하게 할 수 있다. 다만, 이 경우 제3항에 따른 전담반을 구성하지 아니할 수 있다.(2019.12.10 본문개정)
1. 「정보통신망 이용촉진 및 정보보호 등에 관한 법률」 제52조의 규정에 의한 한국인터넷진흥원(이하 "인터넷진흥원"이라 한다)(2013.3.23 본호개정)
2. 제16조의 규정에 의한 정보공유·분석센터(대통령령이 정하는 기준을 충족하는 정보공유·분석센터에 한한다)
3. 「정보보호산업의 진흥에 관한 법률」 제23조에 따라 지정된 정보보호 전문서비스 기업(2015.6.22 본호개정)
4. 「정부출연연구기관 등의 설립·운영 및 육성에 관한 법률」 제8조의 규정에 의한 한국전자통신연구원
(2007.12.21 본호개정)

⑤ 과학기술정보통신부장관은 관계중앙행정기관의 장 및 국가정보원장과 협의하여 제1항 및 제2항에 따른 취약점 분석·평가에 관한 기준을 정하고 이를 관계중앙행정기관의 장에게 통보하여야 한다.(2019.12.10 본항개정)
⑥ 주요정보통신기반시설의 취약점 분석·평가의 방법 및 절차 등에 관하여 필요한 사항은 대통령령으로 정한다.

제4장 주요정보통신기반시설의 보호 및 침해사고의 대응

제10조【보호지침】 ① 관계중앙행정기관의 장은 소관분야의 주요정보통신기반시설에 대하여 보호지침을 제정하고 해당 분야의 관리기관의 장에게 이를 지키도록 권고할 수 있다.
② 관계중앙행정기관의 장은 기술의 발전 등을 고려하여 제1항에 따른 보호지침을 주기적으로 수정·보완하여야 한다.(2020.6.9 본항개정)
제11조【보호조치 명령 등】 관계중앙행정기관의 장은 다음 각 호의 어느 하나에 해당하는 경우 해당 관리기관의 장에게 주요정보통신기반시설의 보호에 필요한 조치를 명령 또는 권고할 수 있다.
1. 제5조제2항에 따라 제출받은 주요정보통신기반시설보호대책을 분석하여 별도의 보호조치가 필요하다고 인정하는 경우
2. 제5조의2제3항에 따라 통보된 주요정보통신기반시설 보호대책의 이행 여부를 분석하여 별도의 보호조치가 필요하다고 인정하는 경우
(2007.12.21 본조개정)
제12조【주요정보통신기반시설 침해행위 등의 금지】 누구든지 다음 각 호의 어느 하나에 해당하는 행위를 하여서는 아니된다.(2020.6.9 본문개정)
1. 접근권한을 가지지 아니하는 자가 주요정보통신기반시설에 접근하거나 접근권한을 가진 자가 그 권한을 초과하여 저장된 데이터를 조작·파괴·은닉 또는 유출하는 행위
2. 주요정보통신기반시설에 대하여 데이터를 파괴하거나 주요정보통신기반시설의 운영을 방해할 목적으로 컴퓨터바이러스·논리폭탄 등의 프로그램을 투입하는 행위
3. 주요정보통신기반시설의 운영을 방해할 목적으로 일시에 대량의 신호를 보내거나 부정한 명령을 처리하도록 하는 등의 방법으로 정보처리에 오류를 발생하게 하는 행위
제13조【침해사고의 통지】 ① 관리기관의 장은 침해사고가 발생하여 소관 주요정보통신기반시설이 교란·마비 또는 파괴된 사실을 인지한 때에는 관계 행정기관, 수사기관 또는 인터넷진흥원(이하 "관계기관등"이라 한다)에 그 사실을 통지하여야 한다. 이 경우 관계기관등은 침해사고의 피해확산 방지와 신속한 대응을 위하여 필요한 조치를 취하여야 한다.(2013.3.23 전단개정)
② 정부는 제1항에 따라 침해사고를 통지함으로써 피해확산의 방지에 기여한 관리기관에 예산의 범위안에서 복구비 등 재정적 지원을 할 수 있다.(2020.6.9 본항개정)
제14조【복구조치】 ① 관리기관의 장은 소관 주요정보통신기반시설에 대한 침해사고가 발생한 때에는 해당 정보통신기반시설의 복구 및 보호에 필요한 조치를 신속히 취하여야 한다.
② 관리기관의 장은 제1항에 따른 복구 및 보호조치를 위하여 필요한 경우 관계중앙행정기관의 장 또는 인터넷진흥원의 장에게 지원을 요청할 수 있다. 다만, 제7조제2항의 규정에 해당하는 경우에는 그러하지 아니하다.(2020.6.9 본문개정)
③ 관계중앙행정기관의 장 또는 인터넷진흥원의 장은 제2항에 따른 지원요청을 받은 때에는 피해복구가 신속히 이루어 질 수 있도록 기술지원 등 필요한 지원을 하여야 하고, 피해확산을 방지할 수 있도록 관리기관의 장과 함께 적절한 조치를 취하여야 한다.(2020.6.9 본항개정)
제15조【대책본부의 구성등】 ① 위원회의 위원장은 주요정보통신기반시설에 대하여 침해사고가 광범위하게 발생한 경우 그에 필요한 응급대책, 기술지원 및 피해복구 등을 수행하기 위한 기간을 정하여 위원회에 정보통신기반침해사고대책본부(이하 "대책본부"라 한다)를 둘 수 있다.
② 위원회의 위원장은 대책본부의 업무와 관련 있는 공무원의 파견을 관계 행정기관의 장에게 요청할 수 있다.
③ 위원회의 위원장은 침해사고가 발생한 정보통신기반시설을 관할하는 중앙행정기관의 장과 협의하여 대책본부장을 임명한다.
④ 대책본부장은 관계행정기관의 장, 관리기관의 장 및 인터넷진흥원의 장에게 주요정보통신기반시설 침해사고의 대응을 위한 협력과 지원을 요청할 수 있다.(2013.3.23 본항개정)
⑤ 제4항에 따라 협력과 지원을 요청받은 관계 행정기관의 장 등은 특별한 사유가 없으면 그 요청에 따라야 한다.(2020.6.9 본항개정)
⑥ 대책본부의 구성·운영 등에 관하여 필요한 사항은 대통령령으로 정한다.
제16조【정보공유·분석센터】 ① 금융·통신 등 분야별 정보통신기반시설을 보호하기 위하여 다음 각호의 업무를 수행하고자 하는 자는 정보공유·분석센터를 구축·운영할 수 있다.
1. 취약점 및 침해요인과 그 대응방안에 관한 정보 제공
2. 침해사고가 발생하는 경우 실시간 경보·분석체계 운영
②~③ (2015.12.22 삭제)
④ 정부는 제1항 각호의 업무를 수행하는 정보공유·분석센터의 구축을 장려하고 그에 대한 재정적·기술적 지원을 할 수 있다.(2015.12.22 본항개정)
⑤ (2015.12.22 삭제)

제5장 정보보호컨설팅전문업체의 지정 등

제17조~제23조 (2009.5.22 삭제)

제6장 기술지원 및 민간협력 등

제24조【기술개발 등】 ① 정부는 정보통신기반시설을 보호하기 위하여 필요한 기술의 개발 및 전문인력 양성에 관한 시책을 강구할 수 있다.
② 정부는 정보통신기반시설의 보호에 필요한 기술개발을 효율적으로 추진하기 위하여 필요한 때에는 정보보호기술개발과 관련된 연구기관 및 민간단체로 하여금 이를 대행하게 할 수 있다. 이 경우 이에 소요되는 비용의 전부 또는 일부를 지원할 수 있다.
제25조【관리기관에 대한 지원】 정부는 관리기관에 대하여 주요정보통신기반시설을 보호하기 위하여 필요한 기술의 이전, 장비의 제공 그 밖의 필요한 지원을 할 수 있다.
제26조【국제협력】 ① 정부는 정보통신기반시설의 보호에 관한 국제적 동향을 파악하고 국제협력을 추진하여야 한다.
② 정부는 정보통신기반시설의 보호에 관한 국제협력을 촉진하기 위하여 관련기술 및 인력의 국제교류와 국제표준화 및 국제공동연구개발 등에 관한 사업을 지원할 수 있다.
제27조【비밀유지의무】 다음 각 호의 어느 하나에 해당하는 기관에 종사하는 사람 또는 종사하였던 사람은 그 직무상 알게된 비밀을 누설하여서는 아니된다. 다만, 다른 법률에 특별한 규정이 있는 경우에는 그러하지 아니하다.(2020.6.9 본문개정)
1. 제3조에 따른 위원회 및 실무위원회(2007.12.21 본호신설)
2. 제9조제4항에 따라 주요정보통신기반시설에 대한 취약점 분석·평가업무를 하는 기관(2019.12.10 본호개정)
3. 제13조에 따라 침해사고의 통지 접수 및 복구조치와 관련한 업무를 하는 관계기관 등(2020.6.9 본호개정)
4. 제16조제1항 각호의 업무를 수행하는 정보공유·분석센터

제7장 벌 칙

제28조【벌칙】 ① 제12조의 규정을 위반하여 주요정보통신기반시설을 교란·마비 또는 파괴한 자는 10년 이하의 징역 또는 1억원 이하의 벌금에 처한다.
② 제1항의 미수범은 처벌한다.
제29조【벌칙】 제27조의 규정을 위반하여 비밀을 누설한 자는 5년 이하의 징역, 10년 이하의 자격정지 또는 5천만원 이하의 벌금에 처한다.
제30조【과태료】 ① 다음 각 호의 어느 하나에 해당하는 자에게는 2천만원 이하의 과태료를 부과한다. 다만, 관리기관의 장이 관계중앙행정기관의 장(그 소속기관의 장인 경우를 포함한다)인 경우에는 그러하지 아니하다.(2022.6.10 본문개정)
1. 제11조에 따른 보호조치 명령을 위반한 자(2007.12.21 본호개정)
2. (2015.12.22 삭제)
3.~5. (2009.5.22 삭제)
② 다음 각 호의 어느 하나에 해당하는 자에게는 500만원 이하의 과태료를 부과한다. 다만, 관리기관의 장이 관계중앙행정기관의 장(그 소속기관의 장인 경우를 포함한다)인 경우에는 그러하지 아니하다.
1. 제9조제1항을 위반하여 정기적으로 취약점을 분석·평가하지 아니한 자
2. 제9조제2항을 위반하여 취약점 분석·평가 명령에 따르지 아니한 자
(2022.6.10 본항신설)
③ 제1항 및 제2항에 따른 과태료는 대통령령으로 정하는 바에 따라 관계중앙행정기관의 장 또는 과학기술정보통신부장관(이하 "부과권자"라 한다)이 부과·징수한다.(2022.6.10 본항개정)
④~⑥ (2017.3.14 삭제)

부 칙 (2020.6.9 법17347호)

이 법은 공포한 날부터 시행한다.

부 칙 (2020.6.9 법17357호)

이 법은 공포 후 6개월이 경과한 날부터 시행한다.

부 칙 (2022.6.10)

이 법은 공포 후 3개월이 경과한 날부터 시행한다.

(舊 : 전자거래기본법)

전자문서 및 전자거래 기본법

(약칭 : 전자문서법)

(2002년 1월 19일
전개법률 제6614호)

개정
2005. 3.31법 7440호
2005.12.29법 7796호(국가공무원)
2006. 9.27법 7988호(소비자기본법)
2007. 4.11법 8362호(중소기업창업)
2007. 4.11법 8371호(폐기물관리법)
2007. 4.27법 8387호(통계법)
2007. 5.17법 8461호
2007. 5.17법 8466호(수질수생태계보전)
2007.12.27법 8802호(염업조합법)
2008. 2.29법 8852호(정부조직)
2008. 3.21법 8932호
2008. 3.21법 8979호(화물자동차운수사업법)
2008.12.26법 9246호 2009. 2. 6법 9429호
2009. 3.18법 9504호
2009. 5.22법 9705호(국가정보화기본법)
2009. 5.22법 9708호(정보통신산업진흥법)
2010. 3.31법10220호(지방세특례제한법)
2010. 4.12법10250호(엔지니어링산업진흥법)
2011. 5.19법10629호(지식재산기본법)
2011. 7.14법10854호(금융실명)
2012. 6. 1법11461호
2013. 3.23법11688호(국가정보화기본법)
2013. 3.23법11690호(정부조직)
2014.10.15법12781호 2014.12.30법12875호
2015. 6.22법13347호 2015.12.22법13587호
2016. 1.19법13768호
2017. 7.26법14839호(정부조직)
2017.10.24법14907호 2020. 6. 9법17353호
2021.10.19법18478호

제1장 총 칙

(2012.6.1 본장개정)

제1조【목적】 이 법은 전자문서 및 전자거래의 법률관계를 명확히 하고 전자문서 및 전자거래의 안전성과 신뢰성을 확보하며 그 이용을 촉진할 수 있는 기반을 조성함으로써 국민경제의 발전에 이바지함을 목적으로 한다.
제2조【정의】 이 법에서 사용하는 용어의 뜻은 다음과 같다.
1. "전자문서"란 정보처리시스템에 의하여 전자적 형태로 작성·변환되거나 송신·수신 또는 저장된 정보를 말한다.(2020.6.9 본호개정)
2. "정보처리시스템"이란 전자문서의 작성·변환, 송신·수신 또는 저장을 위하여 이용되는 정보처리능력을 가진 전자적 장치 또는 체계를 말한다.
3. "작성자"란 전자문서를 작성하여 송신하는 자를 말한다.
4. "수신자"란 작성자가 전자문서를 송신하는 상대방을 말한다.
5. "전자거래"란 재화나 용역을 거래할 때 그 전부 또는 일부가 전자문서 등 전자적 방식으로 처리되는 거래를 말한다.(2020.6.9 본호개정)
6. "전자거래사업자"란 전자거래를 업(業)으로 하는 자를 말한다.
7. "전자거래이용자"란 전자거래를 이용하는 자로서 전자거래사업자 외의 자를 말한다.
8. "공인전자주소"란 전자문서를 송신하거나 수신하는 자를 식별하기 위하여 문자·숫자 등으로 구성되는 정보로서 제18조의4에 따라 등록된 주소를 말한다.
9. "공인전자문서센터"란 타인을 위하여 다음 각 목의 업무(이하 "전자문서보관등"이라 한다)를 하는 자로서 제31조의2제1항에 따라 지정받은 자를 말한다.
가. 전자문서의 보관 또는 증명
나. 그 밖에 전자문서 관련 업무
10. "공인전자문서중계자"란 타인을 위하여 전자문서의 송신·수신 또는 중계(이하 "전자문서유통"이라 한다)를 하는 자로서 제31조의18에 따라 인증을 받은 자를 말한다.(2020.6.9 본호개정)
제3조【적용범위】 이 법은 다른 법률에 특별한 규정이 있는 경우를 제외하고 모든 전자문서 및 전자거래에 적용한다.

제2장 전자문서

제4조【전자문서의 효력】 ① 전자문서는 전자적 형태로 되어 있다는 이유만으로 법적 효력이 부인되지 아니한다.(2020.6.9 본항개정)
② 보증인이 자기의 영업 또는 사업으로 작성한 보증의 의사가 표시된 전자문서는 「민법」 제428조의2제1항 단서에도 불구하고 같은 항 본문에 따른 서면으로 본다.(2016.1.19 본항신설)
③ (2020.6.9 삭제)
제4조의2【전자문서의 서면요건】 전자문서가 다음 각 호의 요건을 모두 갖춘 경우에는 그 전자문서를 서면으로 본다. 다만, 다른 법령에 특별한 규정이 있거나 성질상 전자적 형태가 허용되지 아니하는 경우에는 서면으로 보지 아니한다.

1. 전자문서의 내용을 열람할 수 있을 것
2. 전자문서가 작성·변환되거나 송신·수신 또는 저장된 때의 형태 또는 그와 같이 재현될 수 있는 형태로 보존되어 있을 것
(2020.6.9 본조신설)

제5조【전자문서의 보관】 ① 전자문서가 다음 각 호의 요건을 모두 갖춘 경우에는 그 전자문서를 보관함으로써 관계 법령에서 정하는 문서의 보관을 갈음할 수 있다. 다만, 다른 법령에 특별한 규정이 있는 경우에는 갈음할 수 없다.(2020.6.9 단서신설)
1. 제4조의2에 따라 서면으로 보는 전자문서일 것 (2020.6.9 본호개정)
2. 전자문서의 작성자, 수신자 및 송신·수신 일시에 관한 사항이 포함되어 있는 경우에는 그 부분이 보존되어 있을 것

② 제1항에도 불구하고 종이문서나 그 밖에 전자적 형태로 작성되지 아니한 문서(이하 "전자화대상문서"라 한다)를 정보처리시스템이 처리할 수 있는 형태로 변환한 전자문서(이하 "전자화문서"라 한다)가 다음 각 호의 요건을 모두 갖춘 경우에 그 전자화문서를 보관함으로써 관계 법령에서 정하는 문서의 보관을 갈음할 수 있다. 다만, 다른 법령에 특별한 규정이 있는 경우에는 갈음할 수 없다.
1. 전자화문서가 제1항 각 호의 요건을 모두 갖출 것
2. 전자화문서가 전자화대상문서와 그 내용 및 형태가 동일할 것
(2020.6.9 본항개정)

③ 전자화대상문서와 전자화문서의 내용 및 형태의 동일성에 관한 요건, 전자화문서의 작성 방법 및 절차, 그 밖에 필요한 사항은 과학기술정보통신부장관이 정하여 고시한다.(2017.7.26 본항개정)

④ 제1항과 제2항을 적용할 때 송신 또는 수신만을 위하여 필요한 부분은 전자문서로 보지 아니할 수 있다.
(2020.6.9 본항개정)
(2012.6.1 본조개정)

제6조【송신·수신의 시기 및 장소】 ① 전자문서는 작성자 또는 그 대리인이 해당 전자문서를 송신할 수 있는 정보처리시스템에 입력한 후 해당 전자문서를 수신할 수 있는 정보처리시스템으로 전송한 때 송신된 것으로 본다.
(2020.6.9 본항개정)

② 전자문서는 다음 각 호의 어느 하나에 해당하는 때에 수신된 것으로 추정한다.(2020.6.9 본문개정)
1. 수신자가 전자문서를 수신할 정보처리시스템을 지정한 경우 : 지정된 정보처리시스템에 입력된 때. 다만, 전자문서가 지정된 정보처리시스템이 아닌 정보처리시스템에 입력된 경우에는 수신자가 이를 검색 또는 출력한 때를 말한다.(2020.6.9 단서개정)
2. 수신자가 전자문서를 수신할 정보처리시스템을 지정하지 아니한 경우 : 수신자가 관리하는 정보처리시스템에 입력된 때

③ 전자문서는 작성자 또는 수신자의 영업소 소재지에서 각각 송신 또는 수신된 것으로 보며, 영업소가 둘 이상일 때에는 해당 전자문서를 주로 관리하는 영업소 소재지에서 송신·수신된 것으로 본다. 다만, 작성자 또는 수신자가 영업소를 가지고 있지 아니한 경우에는 그의 상거소(常居所)에서 송신·수신된 것으로 본다.
(2012.6.1 본조개정)

제7조【작성자가 송신한 것으로 보는 경우】 ① 다음 각 호의 어느 하나에 해당하는 전자문서에 포함된 의사표시는 작성자가 송신한 것으로 본다.
1. 작성자의 대리인에 의하여 송신된 전자문서
2. 자동으로 전자문서를 송신·수신하도록 구성된 컴퓨터프로그램이나 그 밖의 전자적 수단에 의하여 송신된 전자문서

② 전자문서의 수신자는 다음 각 호의 어느 하나에 해당하는 경우에는 전자문서에 포함된 의사표시를 작성자의 것으로 보아 행위할 수 있다.
1. 전자문서가 작성자의 것이었는지를 확인하기 위하여 수신자가 미리 작성자와 합의한 절차를 따른 경우
2. 수신된 전자문서가 작성자 또는 그 대리인과의 관계에 의하여 수신자가 그것이 작성자 또는 그 대리인의 의사에 기한 것이라고 믿을 만한 정당한 이유가 있는 자에 의하여 송신된 경우

③ 다음 각 호의 어느 하나에 해당하는 경우에는 제2항을 적용하지 아니한다.
1. 수신자가 작성자로부터 전자문서가 작성자의 것이 아님을 통지받고 그에 따라 필요한 조치를 할 상당한 시간이 있었던 경우
2. 제2항제2호의 경우에 전자문서가 작성자의 것이 아님을 수신자가 알았던 경우 또는 상당한 주의를 하였거나 작성자와 합의된 절차를 따랐으면 알 수 있었을 경우
(2012.6.1 본조개정)

제8조【수신한 전자문서의 독립성】 수신한 전자문서는 문서마다 독립된 것으로 본다. 다만, 수신자가 작성자와 합의된 확인절차를 따르거나 상당한 주의를 하였더라면 동일한 전자문서가 반복되어 송신된 것임을 알 수 있었을 경우에는 그러하지 아니하다.

제9조【송신 철회】 작성자가 전자문서를 송신하면서 명시적으로 수신 확인을 요구하였으나 상당한 기간(작성자가 지정한 기간 또는 작성자와 수신자 간에 약정한 기간이 있는 경우에는 그 기간을 말한다) 내에 수신 확인 통지를 받지 못하였을 때에는 작성자는 그 전자문서의 송신을 철회할 수 있다.(2020.6.9 본조개정)

제10조【작성자와 수신자 간의 약정에 의한 변경】 작성자와 수신자는 다른 법령에 특별한 규정이 있는 경우를 제외하고는 제6조부터 제9조까지의 규정과 다른 약정을 할 수 있다.(2012.6.1 본조개정)

제11조【전자서명에 관한 사항】 전자거래 중에서 전자서명에 관한 사항은 「전자서명법」에서 정하는 바에 따른다.(2012.6.1 본조개정)

제3장 전자거래의 안전성 확보 및 소비자 보호 (2012.6.1 본장개정)

제12조【개인정보 보호】 ① 정부는 전자거래의 안전성과 신뢰성을 확보하기 위하여 전자거래이용자의 개인정보를 보호하기 위한 시책을 수립·시행하여야 한다.

② 전자거래사업자는 전자거래이용자의 개인정보를 수집·이용 또는 제공하거나 관리할 때 「정보통신망 이용촉진 및 정보보호 등에 관한 법률」 등 관계 규정을 준수하여야 한다.

제13조【영업비밀 보호】 ① 정부는 전자거래의 안전성과 신뢰성을 확보하기 위하여 전자거래이용자의 영업비밀을 보호하기 위한 시책을 수립·시행하여야 한다.

② 전자거래사업자(정보처리시스템의 운영을 위탁받은 자를 포함한다. 이하 이 조에서 같다)는 전자거래이용자의 영업비밀을 보호하기 위한 조치를 마련하여야 한다.

③ 전자거래사업자는 전자거래이용자의 동의를 받지 아니하고는 해당 이용자의 영업비밀을 타인에게 제공하거나 누설하여서는 아니 된다.

④ 제1항부터 제3항까지의 규정에 따른 영업비밀의 범위, 보호조치 등에 관하여 필요한 사항은 대통령령으로 정한다.

제14조【암호제품의 사용】 ① 전자거래사업자는 전자거래의 안전성과 신뢰성을 확보하기 위하여 암호제품을 사용할 수 있다.

② 정부는 국가안전보장을 위하여 필요하다고 인정하면 암호제품의 사용을 제한하고, 암호화된 정보의 원문 또는 암호기술에의 접근에 필요한 조치를 할 수 있다.

제15조【소비자보호시책의 수립·시행 등】 ① 정부는 「소비자기본법」·「전자상거래 등에서의 소비자보호에 관한 법률」 등 관계 법령에 따라 전자거래와 관련되는 소비자의 기본권익을 보호하고 전자거래에 관한 소비자의 신뢰성을 확보하기 위한 시책을 수립·시행하여야 한다.

② 정부는 전자거래와 관련된 부당행위가 발생하지 아니하도록 전자거래사업자 및 사업자단체가 자율적으로 행동규범을 제정할 것을 권장할 수 있다.

제16조【소비자 피해의 예방과 구제】 ① 정부는 전자거래와 관련되는 소비자 피해의 발생을 예방하기 위하여 소비자에 대한 정보의 제공, 교육의 확대 등에 관한 시책을 수립·시행하여야 한다.

② 정부는 전자거래와 관련되는 소비자의 불만과 피해를 신속하고 공정하게 처리할 수 있도록 필요한 조치를 수립·시행하여야 한다.

제17조【전자거래사업자의 일반적 준수사항】 전자거래사업자는 전자거래와 관련되는 소비자를 보호하고 전자거래의 안전성과 신뢰성을 확보하기 위하여 다음 각 호의 사항을 준수하여야 한다.
1. 상호(법인인 경우에는 대표자의 성명을 포함한다)와 그 밖에 자신에 관한 정보와 재화, 용역, 계약 조건 등에 관한 정확한 정보의 제공
2. 소비자가 쉽게 접근·인지할 수 있도록 약관의 제공 및 보존
3. 소비자가 자신의 주문을 취소 또는 변경할 수 있는 절차의 마련
4. 청약의 철회, 계약의 해제 또는 해지, 교환, 반품 및 대금환급 등을 쉽게 할 수 있는 절차의 마련
5. 소비자의 불만과 요구사항을 신속하고 공정하게 처리하기 위한 절차의 마련
6. 거래의 증명 등에 필요한 거래기록의 일정기간 보존

제18조~제18조의3 (2017.10.24 삭제)

제18조의4【공인전자주소의 등록】 ① 공인전자주소를 이용하여 전자문서를 송신하거나 수신하려는 자는 제22조제1항에 따른 전담기관에 공인전자주소를 등록하여야 한다.

② 제22조제1항에 따른 전담기관은 제1항에 따라 등록의 신청을 받은 경우에는 신청된 공인전자주소가 국제표준 방식 등에 맞는지를 확인하고, 그 내용을 정보처리시스템에 입력하고 보관하여야 한다.

③ 제22조제1항에 따른 전담기관은 제1항에 따라 등록을 신청한 자로부터 수수료를 받을 수 있다.

④ 제1항부터 제3항까지의 규정에 따른 공인전자주소의 등록, 보관 및 수수료에 관하여 필요한 사항은 과학기술정보통신부령으로 정한다.(2017.7.26 본항개정)
(2012.6.1 본조신설)

제18조의5【유통증명서의 생성 및 발급 등】 ① 제22조제1항에 따른 전담기관과 공인전자문서중계자는 공인전자주소를 통하여 전자문서가 송신 또는 수신되거나 열람된 경우 다음 각 호의 사항이 포함된 정보(이하 "유통정보"라 한다)를 생성·보관한다.(2020.6.9 본문개정)
1. 전자문서의 송신 및 수신 일시
2. 전자문서의 송신자 및 수신자
3. 그 밖에 전자문서의 송신 및 수신에 관한 사항으로서 대통령령으로 정하는 사항

② 작성자 및 송신자는 유통정보를 보관하고 있는 제22조제1항에 따른 전담기관 또는 공인전자문서중계자로부터 유통증명서를 발급받을 수 있다.(2020.6.9 본항개정)

③ 제22조제1항에 따른 전담기관 또는 공인전자문서중계자가 유통증명서를 대통령령으로 정하는 방법과 절차에 따라 발급한 경우에 그 유통증명서는 진정한 것으로 추정한다.(2020.6.9 본항개정)

④ 제1항과 제2항에 따른 유통증명서의 생성·보관 및 발급에 필요한 사항은 대통령령으로 정한다.
(2012.6.1 본조신설)

제18조의6【자동프로그램 등을 이용한 공인전자주소의 수집 등 금지】 ① 누구든지 자동으로 공인전자주소를 수집하는 프로그램이나 기술적 장치를 이용하여 공인전자주소를 수집하여서는 아니 된다.

② 누구든지 제1항을 위반하여 수집된 공인전자주소를 판매하거나 제공하여서는 아니 된다.
(2012.6.1 본조신설)

제18조의7【광고 송신의 금지】 누구든지 수신자의 공인전자주소에 영리 또는 홍보를 목적으로 광고를 송신할 수 없다.(2012.6.1 본조신설)

제4장 전자문서·전자거래기본정책의 수립 및 추진체계 (2012.6.1 본장개정)

제19조【전자문서·전자거래기본정책의 원칙과 정부의 책무】 정부는 전자문서 이용 및 전자거래를 촉진하기 위하여 다음 각 호의 원칙에 따라 전자문서 및 전자거래에 관한 기본정책을 수립·시행하여야 한다.
1. 민간 주도에 의한 추진
2. 규제의 최소화
3. 전자문서 및 전자거래의 안전성과 신뢰성 확보
4. 국제협력의 강화

제20조【전자문서·전자거래촉진계획의 수립·시행】 ① 정부는 제19조에 따른 전자문서·전자거래기본정책의 원칙에 따라 다음 각 호의 사항이 포함된 계획(이하 "전자문서·전자거래촉진계획"이라 한다)을 수립·시행하여야 한다.
1. 전자문서·전자거래촉진계획의 기본 방향
2. 전자문서 및 전자거래와 관련된 국제규범에 관한 사항
3. 전자결제제도에 관한 사항
4. 지식재산권의 보호에 관한 사항
5. 전자문서 및 전자거래 당사자의 권익 보호에 관한 사항
6. 전자문서 및 전자거래의 안전성과 신뢰성 확보에 관한 사항
7. 전자문서 및 전자거래에 관한 기술의 개발 및 표준화에 관한 사항
8. 전자문서 이용 및 전자거래의 촉진에 필요한 환경조성 및 수요창출에 관한 사항
9. 전자문서 및 전자거래와 관련된 국제협력에 관한 사항
10. 전자문서 이용 및 전자거래의 촉진에 필요한 기반조성의 지원에 관한 사항
11. 초고속정보통신망의 구축 및 이용활성화에 관한 사항
12. 그 밖에 전자문서 이용 및 전자거래를 촉진하기 위하여 필요한 사항

② 전자문서·전자거래촉진계획과 관련된 중앙행정기관(이하 "관계중앙행정기관"이라 한다)의 장은 제1항 각 호의 사항에 관한 소관별 부문계획을 수립하고 주요 정책을 수립·집행할 때 이를 고려하여야 한다.

③ 전자문서·전자거래촉진계획은 과학기술정보통신부장관이 관계중앙행정기관별 부문계획을 종합하여 수립한다.(2017.7.26 본항개정)

제21조 (2009.3.18 삭제)

제22조【전자문서·전자거래 진흥 전담기관】 ① 과학기술정보통신부장관은 전자문서 이용 및 전자거래의 촉진을 위한 다음 각 호의 사업을 효율적·체계적으로 추진하기 위하여 전담기관을 지정할 수 있다.(2017.7.26 본문개정)
1. (2017.10.24 삭제)
2. 제24조에 따른 전자문서 및 전자거래와 관련된 표준의 연구개발·보급사업 및 국제표준화 활동
3. 제25조에 따른 기술개발의 지원
4. 제28조에 따른 전자문서 및 전자거래 통계의 실태조사의 지원
5. 제31조의2에 따른 공인전자문서센터의 지정업무의 지원
6. 제31조의8에 따른 전자문서보관등 업무준칙의 신고업무에 대한 지원

7. 제31조의9제3항에 따른 공인전자문서센터의 전자문서 보호를 위한 조치에 대한 기술 등의 지원
8. 제31조의15제3항에 따른 보관문서등의 인수
9. 제31조의18에 따른 공인전자문서중계자 인증업무의 지원(2020.6.9 본호개정)
10. 제32조에 따른 전자문서·전자거래분쟁조정위원회의 운영
② (2017.10.24 삭제)
③ 정부는 예산 또는 「정보통신산업 진흥법」 제41조에 따른 정보통신진흥기금의 범위에서 전담기관이 전자거래의 촉진과 전자문서의 이용활성화를 위한 사업에 필요한 경비의 전부 또는 일부를 출연할 수 있다.

제5장 전자문서 이용 및 전자거래의 촉진과 그 기반 조성

(2012.6.1 본장개정)

제23조【전자문서 이용의 촉진 등】 ① 정부는 전자문서의 이용을 촉진하기 위하여 각종 법령의 정비 등 필요한 시책을 수립·시행하여야 한다.
② 과학기술정보통신부장관은 전자문서의 이용을 촉진하기 위하여 전자문서의 작성·송신·수신·보관에 필요한 요건·방법·절차에 관한 표준지침을 정하여 고시할 수 있다.(2017.7.26 본항개정)
③~⑥ (2017.10.24 삭제)
제24조【전자문서 및 전자거래의 표준화】 ① 정부는 전자문서 및 전자거래의 효율적 운용과 관련 기술의 호환성(互換性) 확보를 위하여 다음 각 호의 사업을 추진하여야 한다.
1. 전자문서 및 전자거래와 관련된 표준의 제정·개정 및 폐지와 그 보급
2. 전자문서 및 전자거래와 관련된 국내외 표준의 조사·연구·개발
3. 그 밖에 전자문서 및 전자거래와 관련된 표준화에 관하여 필요한 사업
② 정부는 제1항 각 호의 사업을 효율적으로 추진하기 위하여 필요한 경우에는 관련 기관 및 민간단체로 하여금 이를 대행하게 할 수 있다. 이 경우 대통령령으로 정하는 바에 따라 대행에 드는 비용을 지원할 수 있다.
제25조【전자문서 및 전자거래 기술개발의 추진】 정부는 전자문서 이용 및 전자거래의 촉진에 필요한 기술의 개발과 기술수준의 향상을 위하여 다음 각 호의 사항을 추진하여야 한다.
1. 전자문서 및 전자거래에 관한 기술수준의 조사, 기술의 연구개발, 개발된 기술의 활용에 관한 사항
2. 전자문서 및 전자거래에 관한 기술협력·기술지도 및 기술이전에 관한 사항
3. 전자문서 및 전자거래에 관한 기술정보의 원활한 유통 및 산학연(産學硏) 협력에 관한 사항
4. 그 밖에 전자문서 및 전자거래에 관한 기술개발과 관련하여 필요한 사항
제26조【전자문서 및 전자거래 전문인력의 양성】 ① 정부는 전자문서 이용 및 전자거래를 촉진하기 위하여 필요한 전문인력을 양성하는 데 노력하여야 한다.
② 정부는 제1항에 따라 전문인력을 양성하기 위하여 「정부출연연구기관 등의 설립·운영 및 육성에 관한 법률」에 따른 정부출연연구기관 등 연구소, 「고등교육법」에 따른 학교, 민간교육기관, 그 밖의 관련 기관에 대하여 그 사업 수행에 필요한 경비의 전부 또는 일부를 지원할 수 있다.
③ 제2항에 따른 전문인력 양성기관에 대한 경비 지원 등에 필요한 사항은 대통령령으로 정한다.
제27조【공공부문의 전자거래 추진】 국가기관, 지방자치단체, 「공공기관의 운영에 관한 법률」 제4조에 따른 공공기관 및 공공단체 등(이하 "국가기관등"이라 한다)은 그 기관의 운영에 필요한 재화 또는 용역의 조달이나 기관의 사업을 전자거래로 수행하기 위한 계획을 수립하여 추진하여야 한다.
제28조【전자문서 및 전자거래 통계의 실태조사】 ① 과학기술정보통신부장관은 전자문서·전자거래촉진정책의 효과적인 수립·시행을 위하여 전자문서 및 전자거래 통계의 실태조사를 실시할 수 있다. 이 경우 전자문서 및 전자거래 통계의 작성에 관하여는 「통계법」을 준용한다.(2017.7.26 전단개정)
② 과학기술정보통신부장관은 제1항에 따른 전자문서 및 전자거래 통계의 실태조사를 위하여 필요한 경우에는 다음 각 호의 어느 하나에 해당하는 자에 대하여 자료의 제출이나 의견의 진술 등을 요구할 수 있다.(2017.7.26 본문개정)
1. 국가기관등
2. 전자거래사업자
3. 전자문서 또는 전자거래 관련 법인·단체
③ 제2항에 따라 자료의 제출 등을 요구받은 자는 이에 협조하여야 한다.
④ 전자문서 및 전자거래 통계의 실태조사에 필요한 사항은 대통령령으로 정한다.
제29조【전자문서 및 전자거래의 국제화】 ① 정부는 전자문서 및 전자거래에 관한 국제협력을 촉진하기 위하여 전자문서 및 전자거래에 관한 정보·기술·인력의 교류, 공동조사·연구 및 기술협력, 국제표준화 등의 사업을 지원할 수 있다.
② 정부는 국제기구에서의 전자문서 및 전자거래에 관련된 논의에 적극적으로 참여하여 대응하고, 전자거래사업자 및 전자문서 관련 사업자의 국외시장 진출을 활성화하기 위하여 노력하여야 한다.
제30조【전자상거래지원센터】 ① 정부는 중소기업의 전자거래를 촉진하기 위하여 필요한 시책을 마련하여 추진하여야 한다.
② 과학기술정보통신부장관은 중소기업의 전자거래를 촉진하기 위하여 전자거래와 관련한 교육훈련, 기술지도, 경영자문, 정보제공 등을 지원하는 기관을 전자상거래지원센터(이하 "지원센터"라 한다)로 지정할 수 있다.(2017.7.26 본항개정)
③ 지원센터의 지정기준, 사업추진실적 보고 및 경비지원 등에 필요한 사항은 대통령령으로 정한다.
제30조의2【지원센터의 지정취소】 과학기술정보통신부장관은 지원센터가 다음 각 호의 어느 하나에 해당하면 그 지정을 취소할 수 있다. 다만, 제1호에 해당하면 지정을 취소하여야 한다.(2017.7.26 본문개정)
1. 거짓이나 그 밖의 부정한 방법으로 지원센터 지정을 받은 경우
2. 정당한 사유 없이 계속하여 2년 이상 사업추진실적이 없는 경우
3. 제30조제3항에 따른 지정기준에 적합하지 아니하게 된 경우
제31조【전자문서 이용 및 전자거래의 촉진을 위한 지원】 ① 국가 또는 지방자치단체는 전자문서 이용 및 전자거래를 촉진하기 위하여 「조세특례제한법」·「지방세특례제한법」 등 조세 관계 법률에서 정하는 바에 따라 조세 감면 등 세제상의 지원과 금융상의 지원, 그 밖에 필요한 행정상의 지원을 할 수 있다.
② 정부는 전자문서 및 전자거래와 관련된 법인 또는 단체가 전자문서·전자거래촉진계획에서 정하는 사업을 실시하는 경우 예산의 범위에서 해당 사업비의 전부 또는 일부를 지원할 수 있다.

제5장의2 공인전자문서센터와 공인전자문서중계자

(2012.6.1 본장제목개정)

제1절 공인전자문서센터

(2012.6.1 본절제목삽입)

제31조의2【공인전자문서센터의 지정】 ① 과학기술정보통신부장관은 전자문서보관등의 안전성과 정확성을 확보하기 위하여 전자문서보관등에 관하여 전문성이 있는 자를 공인전자문서센터로 지정하여 전자문서보관등을 하게 할 수 있다.(2017.7.26 본항개정)
② 공인전자문서센터로 지정받을 수 있는 자는 법인 또는 대통령령으로 정하는 국가기관등으로 한정한다.
③ 공인전자문서센터로 지정을 받으려는 자는 전자문서보관등에 필요한 인력·기술능력·재정능력과 제31조의9제6항에 따른 인적·물적 측면에서 독립성 및 그 밖의 시설·장비 등을 갖추어 과학기술정보통신부장관에게 지정을 신청하여야 한다.(2017.7.26 본항개정)
④ 제1항과 제3항에 따른 공인전자문서센터의 인력·기술능력·재정능력과 그 밖의 시설·장비 등의 지정기준, 지정방법 및 지정절차에 관하여 필요한 사항은 대통령령으로 정한다.
(2012.6.1 본조개정)
제31조의3【공인전자문서센터의 결격사유】 다음 각 호의 어느 하나에 해당하는 자는 공인전자문서센터로 지정을 받을 수 없다.
1. 임원 및 전자문서보관등을 직접 수행하는 직원으로서 대통령령으로 정하는 직원(이하 "임원등"이라 한다) 중 다음 각 목의 어느 하나에 해당하는 사람이 있는 자
  가. 피성년후견인 또는 피한정후견인(2014.12.30 본목개정)
  나. 파산선고를 받고 복권되지 아니한 사람
  다. 금고 이상의 실형을 선고받고 그 집행이 끝나거나(집행이 끝난 것으로 보는 경우를 포함한다) 집행이 면제된 날부터 3년이 지나지 아니한 사람(2021.10.19 본목개정)
  라. 금고 이상의 형의 집행유예를 선고받고 그 유예기간 중에 있는 사람
  마. 법원의 판결 또는 다른 법률에 따라 자격이 상실되거나 정지된 사람
  바. 제31조의5제1항에 따라 지정이 취소된 자 또는 제31조의19에 따라 인증이 취소된 자의 임원등이었던 사람(그 취소사유의 발생에 관하여 직접 또는 이에 상응하는 책임이 있는 사람으로서 대통령령으로 정하는 사람으로 한정한다)으로서 해당 공인전자문서센터 지정 또는 공인전자문서중계자 인증이 취소된 날부터 2년이 지나지 아니한 사람(2020.6.9 본목개정)
2. 제31조의5제1항에 따라 지정이 취소되거나 제31조의19에 따라 인증이 취소된 날부터 2년이 지나지 아니한 자(2020.6.9 본호개정)
(2012.6.1 본조개정)
제31조의4【시정명령】 과학기술정보통신부장관은 공인전자문서센터가 다음 각 호의 어느 하나에 해당하면 6개월 이내의 기간을 정하여 그 시정을 명할 수 있다.(2017.7.26 본문개정)
1. 제31조의2제4항에 따른 공인전자문서센터의 지정기준에 적합하지 아니하게 된 경우
2. 임원등이 제31조의3제1호 각 목의 어느 하나에 해당하게 된 경우
3. 제31조의8제1항을 위반하여 전자문서보관등 업무준칙의 신고를 하지 아니한 경우
4. 제31조의8제2항을 위반하여 전자문서보관등 업무준칙의 변경신고를 하지 아니한 경우
5. 제31조의9제1항을 위반하여 전자문서보관등의 서비스의 제공을 거부한 경우
6. 제31조의9제2항을 위반하여 이용자를 부당하게 차별한 경우
7. 제31조의9제3항을 위반하여 보관된 전자문서의 내용이 훼손되거나 변경되지 아니하도록 필요한 조치를 하지 아니한 경우
8. 공인전자문서센터의 업무수행의 방법 또는 절차가 부적절하여 전자문서의 보관·송신 또는 수신의 안전성이나 전자문서에 관한 증명의 정확성을 저해할 우려가 있는 경우
9. 제31조의16제2항을 위반하여 보험에 가입하지 아니한 경우
(2012.6.1 본조개정)
제31조의5【지정취소 및 과징금】 ① 과학기술정보통신부장관은 제31조의2에 따라 공인전자문서센터로 지정을 받은 자가 다음 각 호의 어느 하나에 해당하면 과학기술정보통신부령으로 정하는 바에 따라 그 지정을 취소하거나 1년 이내의 기간을 정하여 그 업무의 전부 또는 일부의 정지를 명할 수 있다. 다만, 제1호나 제2호에 해당하는 경우에는 그 지정을 취소하여야 한다.(2017.7.26 본문개정)
1. 거짓이나 그 밖의 부정한 방법으로 제31조의2제1항에 따른 지정을 받은 경우
2. 업무정지기간에 업무를 계속하여 수행한 경우
3. 제31조의2제1항에 따른 지정을 받은 날부터 1년 이상 업무를 시작하지 아니하거나 업무 시작 후 1년 이상 계속하여 전자문서보관등의 업무를 하지 아니한 경우
4. 제31조의4에 따른 시정명령을 그 정하여진 기간 이내에 이행하지 아니한 경우
② 과학기술정보통신부장관은 제1항제3호 또는 제4호에 해당하여 업무정지처분을 하여야 하는 경우로서 그 업무정지가 공인전자문서센터를 이용하는 자에게 심한 불편을 주거나 공익을 해칠 우려가 있다고 인정하는 경우에는 업무정지를 갈음하여 1억원 이하의 과징금을 부과할 수 있다.(2017.7.26 본항개정)
③ 제2항에 따라 과징금을 부과하는 위반행위의 종류와 위반 정도 등에 따른 과징금의 금액 및 과징금의 산정방법과 그 밖에 필요한 사항은 대통령령으로 정한다.
④ 과학기술정보통신부장관은 제2항에 따른 과징금을 내야 할 자가 납부기한까지 이를 내지 아니하면 국세 체납처분의 예에 따라 징수한다.(2017.7.26 본항개정)
(2012.6.1 본조개정)
제31조의6【공인전자문서센터를 통한 보관의 효력】 ① 공인전자문서센터가 전자문서를 보관하는 경우에는 제5조제1항 또는 제2항에 따른 전자문서의 보관이 행하여진 것으로 본다.
② 공인전자문서센터가 전자화문서를 보관하는 경우 전자화대상문서는 폐기할 수 있다. 다만, 다음 각 호의 어느 하나에 해당하는 경우에는 그러하지 아니하다.
1. 전자화대상문서가 구겨지거나 노후화되어 전자화문서의 가독성을 확보할 수 없는 경우
2. 제5조제2항 단서에 해당하는 경우
(2020.6.9 본항신설)
(2012.6.1 본조개정)
제31조의7【전자문서 내용의 추정 등】 ① 공인전자문서센터에 보관된 전자문서는 보관기간에는 그 내용이 변경되지 아니한 것으로 추정한다.
② 공인전자문서센터가 해당 공인전자문서센터에 보관된 전자문서의 보관 사실, 작성자, 수신자 및 송신·수신 일시 등에 관한 사항에 대한 증명서를 대통령령으로 정하는 방법 및 절차에 따라 발급한 경우에 그 증명서에 적힌 사항은 진정한 것으로 추정한다.
(2012.6.1 본조개정)
제31조의8【전자문서보관등 업무준칙의 신고 등】 ① 공인전자문서센터는 업무를 시작하기 전에 전자문서보관등에 관한 업무준칙(이하 "전자문서보관등 업무준칙"이라 한다)을 과학기술정보통신부령으로 정하는 바에 따라 작성하여 과학기술정보통신부장관에게 신고하여야 한다. 이 경우 전자문서보관등 업무준칙에는 다음 각 호의 사항이 포함되어야 한다.(2017.7.26 전단개정)
1. 업무의 종류
2. 업무의 수행방법 및 수행절차
3. 전자문서보관등의 서비스의 이용조건 및 이용요금
4. 그 밖에 업무수행에 필요한 것으로서 과학기술정보통신부령으로 정하는 사항(2017.7.26 본호개정)

② 공인전자문서센터는 제1항에 따라 신고한 사항을 변경하려는 경우에는 과학기술정보통신부령으로 정하는 바에 따라 과학기술정보통신부장관에게 신고하여야 한다.
(2017.7.26 본항개정)
③ 과학기술정보통신부장관은 제1항에 따라 신고된 전자문서보관등 업무준칙의 내용이 전자문서보관등의 업무의 안전성과 정확성을 확보하는 데 지장을 주거나 전자문서보관등의 서비스를 이용하는 자(이하 "이용자"라 한다)의 이익을 저해할 우려가 있다고 인정하는 경우에는 상당한 기간을 정하여 해당 공인전자문서센터에 전자문서보관등 업무준칙의 변경을 명할 수 있다.(2017.7.26 본항개정)
④ 공인전자문서센터는 전자문서보관등에 사용되는 시설 또는 장비를 변경하였을 때에는 과학기술정보통신부령으로 정하는 바에 따라 과학기술정보통신부장관에게 신고하여야 한다.(2017.7.26 본항개정)
(2012.6.1 본조개정)

제31조의9【준수사항】 ① 공인전자문서센터는 정당한 사유 없이 전자문서보관등의 서비스의 제공을 거부하여서는 아니 된다.
② 공인전자문서센터는 이용자를 부당하게 차별하여서는 아니 된다.
③ 공인전자문서센터는 보관된 전자문서의 내용이 훼손되거나 변경되지 아니하도록 대통령령으로 정하는 바에 따라 필요한 조치를 하여야 한다.
④ 공인전자문서센터는 해당 정보처리시스템에 보관된 전자문서나 그 밖의 관련 정보를 적법한 절차에 의하지 아니하거나 전자문서의 작성자, 수신자 및 해당 이용자의 동의 없이 타인에게 제공·공개 등을 하여서는 아니 된다.
⑤ 공인전자문서센터는 전자문서보관등을 신뢰성있게 수행하기 위하여 이용자와의 관계에서 인적·물적 측면에서 독립성을 유지하여야 하며, 그 구체적인 기준은 대통령령으로 정한다.
(2012.6.1 본조개정)

제31조의10【정기점검 등】 ① 공인전자문서센터는 보유한 시설 및 장비의 안전성에 대하여 과학기술정보통신부장관으로부터 정기적으로 점검을 받아야 한다.
② 공인전자문서센터는 제31조의8제4항에 따른 변경신고를 하거나 제31조의14제3항에 따른 승계신고를 한 경우에는 과학기술정보통신부장관으로부터 해당 시설 또는 장비의 안전성에 대하여 점검을 받아야 한다.
③ 제1항과 제2항에 따른 점검의 기준·시기·대상·절차와 그 밖에 필요한 사항은 과학기술정보통신부령으로 정한다.
(2017.7.26 본조개정)

제31조의11【보고 및 검사 등】 ① 과학기술정보통신부장관은 필요하다고 인정하면 공인전자문서센터로 하여금 대통령령으로 정하는 바에 따라 관계 자료를 제출하게 하거나 서면 또는 전자문서로 보고하게 할 수 있으며, 관계 공무원으로 하여금 공인전자문서센터의 사무실·사업장과 그 밖의 관련 장소에 출입하여 전자문서보관등에 관한 시설·장비·서류 또는 그 밖의 관련 물건을 검사하게 할 수 있다.(2017.7.26 본항개정)
② 제1항에 따라 검사를 하는 공무원은 그 권한을 나타내는 증표를 지니고 이를 관계인에게 보여주어야 한다.
(2012.6.1 본조개정)

제31조의12【전자문서 등 관련 정보의 보안】 ① 누구든지 공인전자문서센터에 보관된 전자문서나 그 밖의 관련 정보를 위조 또는 변조하거나 위조 또는 변조된 정보를 행사하여서는 아니 된다.
② 누구든지 공인전자문서센터의 정보처리시스템에 거짓 정보나 부정한 명령을 입력하는 등의 방법으로 제31조의7제2항에 따른 증명서가 거짓으로 발급되게 하여서는 아니 된다.
③ 누구든지 공인전자문서센터에 보관된 전자문서나 그 밖의 관련 정보를 멸실 또는 훼손하거나 그 비밀을 침해하여서는 아니 된다.
④ 공인전자문서센터의 임원 또는 직원이거나 임원 또는 직원이었던 사람은 직무상 알게 된 전자문서의 내용이나 그 밖의 관련 정보의 내용을 누설하거나 자신이 이용하거나 제3자로 하여금 이용하게 하여서는 아니 된다.
(2012.6.1 본조개정)

제31조의13【이용자의 정보 보호】 공인전자문서센터 및 공인전자문서중계자는 전자문서보관등 및 전자문서유통과 관련하여 관계 법령에서 정하는 바에 따라 이용자의 개인정보를 보호하여야 한다.(2012.6.1 본조개정)

제31조의14【공인전자문서센터 영업의 양도·양수 등】
① 공인전자문서센터는 다른 공인전자문서센터에 영업의 전부 또는 일부를 양도하거나 다른 공인전자문서센터와 합병할 수 있다. 이 경우 양도 또는 합병하려는 날의 60일 전까지 과학기술정보통신부령으로 정하는 바에 따라 이용자에게 통지하여야 한다.(2017.7.26 후단개정)
② 제1항에 따라 영업을 양수한 공인전자문서센터 또는 합병 후에 존속하거나 설립되는 공인전자문서센터는 종전의 공인전자문서센터의 지위를 승계한다.
③ 제2항에 따라 종전의 공인전자문서센터의 지위를 승계한 자는 1개월 이내에 과학기술정보통신부령으로 정하는 바에 따라 과학기술정보통신부장관에게 신고하여야 한다.(2017.7.26 본항개정)
(2012.6.1 본조개정)

제31조의15【전자문서보관등 영업의 폐지】 ① 공인전자문서센터가 전자문서보관등의 영업을 폐지하려는 경우에는 폐지하려는 날의 60일 전까지 과학기술정보통신부령으로 정하는 바에 따라 이용자에게 통지하고 그 사실을 과학기술정보통신부장관에게 신고하여야 한다.
(2017.7.26 본항개정)
② 제1항에 따라 신고한 공인전자문서센터는 보관하고 있는 전자문서와 그 밖에 전자문서보관등에 관한 기록(이하 "보관문서등"이라 한다)을 다른 공인전자문서센터에 인계하여야 한다. 다만, 다른 공인전자문서센터가 인수를 거부하는 등 부득이한 사유로 인계할 수 없는 경우에는 그 사실을 과학기술정보통신부장관에게 지체 없이 신고하여야 한다.(2017.7.26 단서개정)
③ 과학기술정보통신부장관은 다음 각 호의 어느 하나에 해당하는 경우로서 전자문서보관등 업무의 계속성과 안전성을 보장하기 위하여 긴급한 조치가 필요하다고 인정할 때에는 전담기관으로 하여금 해당 보관문서등을 인수하게 하거나 그 밖에 필요한 조치를 명할 수 있다.
(2017.7.26 본문개정)
1. 제2항 단서에 따른 신고를 받은 경우
2. 제31조의5에 따라 공인전자문서센터의 지정을 취소한 경우
3. 그 밖에 공인전자문서센터가 전자문서보관등의 업무를 수행하지 못할 부득이한 사유가 발생한 경우

④ 제1항부터 제3항까지의 규정에 따른 영업의 폐지신고 및 보관문서등의 인계·인수 등에 필요한 사항은 과학기술정보통신부령으로 정한다.(2017.7.26 본항개정)
(2012.6.1 본조개정)

제31조의16【배상책임 및 보험 가입】 ① 공인전자문서센터는 전자문서보관등과 관련하여 이용자에게 손해를 입혔을 때에는 그 손해를 배상하여야 한다. 다만, 공인전자문서센터가 고의 또는 과실이 없음을 증명한 경우에는 그러하지 아니하다.
② 공인전자문서센터는 제1항에 따른 손해를 배상하기 위하여 대통령령으로 정하는 바에 따라 보험에 가입하여야 한다.
(2012.6.1 본조개정)

제31조의17【수수료 등】 공인전자문서센터는 증명서의 발급을 신청하는 자 또는 이용자에게 수수료 등 필요한 요금을 부과할 수 있다.(2012.6.1 본조개정)

제2절 공인전자문서중계자
(2012.6.1 본절신설)

제31조의18【공인전자문서중계자의 인증 등】 ① 과학기술정보통신부장관은 전자문서유통에 관하여 안정성과 신뢰성을 확보하고 있는 자를 공인전자문서중계자로 인증할 수 있다.(2020.6.9 본항개정)
② 제1항에 따른 인증을 받으려는 자는 전자문서유통에 필요한 설비 및 기술능력을 갖추어 과학기술정보통신부장관에게 인증을 신청하여야 한다.(2020.6.9 본항개정)
③ 제1항에 따른 인증의 유효기간은 3년으로 한다.
(2020.6.9 본항개정)
④ 과학기술정보통신부장관은 전자문서유통의 안정성과 신뢰성 확보를 위하여 공인전자문서중계자 업무준칙을 고시할 수 있다.(2017.7.26 본항개정)
⑤ 과학기술정보통신부장관은 제1항에 따른 인증을 받은 공인전자문서중계자가 보유한 설비의 안전성을 정기적으로 점검하는 등 사후관리를 하여야 한다.(2020.6.9 본항개정)
⑥ 제1항부터 제5항까지에서 규정한 사항 외에 공인전자문서중계자의 인증요건, 인증절차 및 사후관리에 관하여 필요한 사항은 대통령령으로 정한다.(2020.6.9 본항개정)
(2020.6.9 본조제목개정)

제31조의19【공인전자문서중계자의 인증취소】 과학기술정보통신부장관은 공인전자문서중계자가 다음 각 호의 어느 하나에 해당하면 과학기술정보통신부령으로 정하는 바에 따라 그 인증을 취소할 수 있다. 다만, 제1호에 해당하는 경우에는 인증을 취소하여야 한다.
1. 거짓이나 그 밖의 부정한 방법으로 제31조의18제1항에 따른 인증을 받은 경우
2. 제31조의18제2항에 따른 공인전자문서중계자의 인증요건을 갖추지 못하게 된 경우

(2020.6.9 본조개정)

제31조의20~제31조의22 (2020.6.9 삭제)

제31조의23【시정명령】 과학기술정보통신부장관은 공인전자문서중계자가 다음 각 호의 어느 하나에 해당하면 6개월 이내의 기간을 정하여 그 시정을 명할 수 있다.
(2017.7.26 본문개정)
1. 제31조의18제4항에 따른 업무준칙을 위반한 경우
2. 공인전자문서중계자의 업무수행의 방법 또는 절차가 부적절하여 전자문서유통의 안정성과 신뢰성을 현저하게 해칠 우려가 있는 경우

제6장 전자문서·전자거래분쟁조정위원회
(2012.6.1 본장개정)

제32조【전자문서·전자거래분쟁조정위원회의 설치 및 구성 등】 ① 전자문서 및 전자거래에 관한 분쟁을 조정하기 위하여 전자문서·전자거래분쟁조정위원회(이하 이 장에서 "위원회"라 한다)를 둔다.
② 위원회는 위원장 1명을 포함하여 15명 이상 50명 이하의 위원으로 구성한다.
③ 위원은 다음 각 호의 어느 하나에 해당하는 사람 중에서 과학기술정보통신부장관이 임명하거나 위촉하며, 위원장은 위원 중에서 호선(互選)한다.(2017.7.26 본문개정)
1. 대학이나 공인된 연구기관에서 부교수급 이상 또는 이에 상당하는 직(職)에 있거나 있었던 사람으로서 전자문서 또는 전자거래 관련 분야를 전공한 사람
2. 4급 이상 공무원(고위공무원단에 속하는 일반직공무원을 포함한다) 또는 이에 상당하는 공공기관의 직에 있거나 있었던 사람으로서 전자문서 또는 전자거래 업무에 관한 경험이 있는 사람
3. 판사·검사 또는 변호사의 자격이 있는 사람
4. 「비영리민간단체 지원법」 제2조에 따른 비영리민간단체에서 추천한 사람
5. 그 밖에 전자문서 또는 전자거래와 분쟁조정에 관한 학식과 경험이 있는 사람

④ 위원은 비상임으로 하고, 위원의 임기는 3년으로 하며, 한차례만 연임할 수 있다.
⑤ 위원은 다음 각 호의 어느 하나에 해당하는 경우를 제외하고는 그의 의사에 반하여 면직되거나 해촉되지 아니한다.
1. 자격정지 이상의 형을 선고받은 경우
2. 심신장애로 인하여 직무를 수행할 수 없게 된 경우
3. 직무와 관련된 비위사실이 있는 경우
4. 직무태만이나 품위손상으로 인하여 위원으로 적합하지 아니하다고 인정되는 경우
5. 제32조의2제1항 각 호의 어느 하나 또는 같은 조 제2항 전단에 해당하는 데에도 불구하고 회피하지 아니한 경우
(2017.10.24 본호개정)

⑥ 위원회의 업무를 지원하기 위하여 전담기관에 사무국을 둔다.
⑦ 제1항부터 제6항까지에서 규정한 사항 외에 위원회의 운영 등에 필요한 사항은 대통령령으로 정한다.

제32조의2【위원의 제척·기피·회피】 ① 위원회의 위원은 다음 각 호의 어느 하나에 해당하는 경우에는 해당 조정사건의 조정에서 제척(除斥)된다.
1. 위원이나 그 배우자 또는 배우자였던 사람이 사건의 당사자가 되거나 사건의 당사자와 공동권리자·공동의무자의 관계에 있는 경우
2. 위원이 사건의 당사자와 친족이거나 친족이었던 경우
3. 위원이 해당 사건에 관하여 증언이나 감정(鑑定)을 한 경우
4. 위원이 해당 사건에 관하여 당사자의 대리인으로서 관여하거나 관여하였던 경우

② 당사자는 위원에게 공정한 조정을 기대하기 어려운 사정이 있는 경우에는 위원회에 기피신청을 할 수 있고, 위원회는 의결로 이를 결정한다. 이 경우 기피 신청의 대상인 위원은 그 의결에 참여하지 못한다.(2017.10.24 본항개정)
③ 위원이 제1항이나 제2항의 사유에 해당하는 경우에는 스스로 해당 사건의 조정을 회피하여야 한다.(2017.10.24 본항개정)
(2012.6.1 본조신설)

제33조【분쟁의 조정】 ① 전자문서 및 전자거래와 관련한 피해의 구제와 분쟁의 조정을 받으려는 자는 위원회에 분쟁의 조정을 신청할 수 있다. 다만, 다른 법률에 따라 분쟁조정이 완료된 경우는 제외한다.
② 조정은 3명 이내의 위원으로 구성된 조정부(이하 "조정부"라 한다)에서 행한다. 다만, 위원회에서 조정하기로 의결한 사건의 경우에는 위원회에서 행한다.
③ 조정부의 위원은 사건마다 각각 위원회의 위원 중에서 위원장이 지명하되, 제32조제3항제3호에 해당하는 사람이 1명 이상 포함되어야 한다.
④ 위원회 또는 조정부는 제1항에 따른 분쟁조정 신청을 받은 날부터 45일 이내에 조정안을 작성하여 분쟁당사자(이하 "당사자"라 한다)에게 권고하여야 한다. 다만, 부득이한 사정으로 그 기한을 연장하려는 경우에는 그 사유와 기한을 명시하여 당사자에게 통지하여야 한다.
⑤ 제4항에 따른 조정안에는 신청취지에 반하지 아니하는 범위에서 원상회복, 손해배상 및 그 밖에 피해의 구제를 위하여 필요한 조치사항을 포함할 수 있다.
(2015.6.22 본항신설)
⑥ 제4항 본문에 따른 권고를 받은 당사자는 권고를 받은 날부터 15일 이내에 조정안에 대한 동의 여부를 위원회 또는 조정부에 알려야 한다. 이 경우 15일 이내에 의사표시가 없는 때에는 수락한 것으로 본다.

⑦ 제1항부터 제6항까지에서 규정한 사항 외에 조정절차에 관하여 필요한 사항은 대통령령으로 정한다.
(2015.6.22 본항개정)

제33조의2【위법사실의 통보 등】 위원회는 분쟁조정을 함에 있어서 당사자 또는 관계인이 법령을 위반한 것으로 판단되는 때에는 관계 기관에 위반 사실을 통보하고 적절한 조치를 의뢰하여야 한다. 다만, 다음 각 호의 경우에는 그러하지 아니하다.
1. 분쟁의 당사자가 피해보상에 관한 합의를 하고 법령위반행위를 시정한 경우
2. 관계 기관에서 위법사실을 이미 인지하여 조사하고 있는 경우
(2015.6.22 본조신설)

제34조【자료 요청 등】 ① 위원회는 분쟁조정을 위하여 필요한 자료의 제공을 당사자 또는 참고인에게 요청할 수 있다. 이 경우 해당 당사자는 정당한 사유가 없으면 요청에 따라야 한다.
② 위원회는 필요하다고 인정하는 경우에는 당사자 또는 참고인으로 하여금 위원회에 출석하게 하여 그 의견을 들을 수 있다.

제34조의2【조정의 거부와 중지】 ① 위원회는 다음 각 호의 어느 하나에 해당하는 경우에는 조정을 거부할 수 있다.
1. 다른 법률에 따라 분쟁조정이 완료된 경우
2. 사건의 성질상 위원회에서 조정하는 것이 적합하지 아니하다고 인정되는 경우
3. 부정한 목적으로 분쟁의 조정을 신청한 것으로 인정되는 경우
② 위원회는 분쟁의 조정이 끝나기 전에 당사자가 소(訴)를 제기한 경우에는 조정을 중지할 수 있다.
③ 위원회는 제1항과 제2항에 따라 조정을 거부하거나 중지하는 경우에는 그 사실과 사유를 당사자에게 통지하여야 한다.
(2012.6.1 본조신설)

제35조【조정의 성립】 ① 조정은 다음 각 호의 어느 하나의 경우에 성립한다.
1. 제33조제4항에 따른 조정안에 대하여 당사자가 동의한 경우
2. 당사자가 위원회에 조정합의서를 제출한 경우
② 위원회는 제1항에 따라 조정이 성립한 경우에는 위원회의 위원장과 각 당사자가 기명·날인한 조정조서를 당사자에게 보내야 한다.
③ 제2항에 따른 조정조서는 「민사소송법」에 따른 재판상 화해와 동일한 효력을 갖는다.

제36조【조정의 불성립】 위원회는 다음 각 호의 어느 하나에 해당하는 경우에는 조정이 성립하지 아니하였음을 당사자에게 통지하여야 한다.
1. 분쟁조정의 신청이 취하되거나 당사자 어느 한 쪽이 분쟁의 조정에 응하지 아니하는 경우
2. 당사자가 위원회의 조정안을 거부한 경우

제36조의2【소멸시효의 중단】 제33조제1항에 따른 분쟁조정의 신청은 소멸시효 중단의 효력이 있다. 다만, 분쟁조정의 신청을 취하하는 경우에는 그러하지 아니하다.
(2014.10.15 본조신설)

제37조【조정비용 등】 ① 위원회는 분쟁의 조정을 신청한 자에게 대통령령으로 정하는 바에 따라 조정비용을 부담하게 할 수 있다.
② 정부는 예산의 범위에서 위원회의 운영에 필요한 경비를 출연할 수 있다.

제37조의2【비밀 유지】 위원회의 분쟁조정 업무에 종사하는 자 또는 종사하였던 자는 그 직무상 알게 된 비밀을 타인에게 누설하거나 직무상 목적 외의 용도로 사용하여서는 아니 된다. 다만, 다른 법률에 특별한 규정이 있는 경우에는 그러하지 아니하다.(2012.6.1 본조신설)

제7장 보 칙
(2012.6.1 본장제목삽입)

제38조【유사명칭의 사용금지】 ① 공인전자문서센터로 지정을 받지 아니한 자는 공인전자문서센터 또는 이와 유사한 명칭을 사용하여서는 아니 된다.
② 공인전자문서중계자로 인증을 받지 아니한 자는 공인전자문서중계자 또는 이와 유사한 명칭을 사용하여서는 아니 된다.(2020.6.9 본항개정)
③ 누구든지 공인전자주소가 아닌 것에 공인전자주소 또는 이와 유사한 명칭을 사용하여서는 아니 된다.
(2012.6.1 본조개정)

제39조【권한의 위임·위탁】 이 법에 따른 과학기술정보통신부장관의 권한은 대통령령으로 정하는 바에 따라 그 일부를 소속 기관의 장 또는 지방자치단체의 장에게 위임하거나 관계 중앙행정기관의 장 또는 전문기관에 위탁할 수 있다.(2017.7.26 본조개정)

제40조【상호주의】 외국인 및 외국 법인에 대하여도 이 법을 적용한다. 다만, 대한민국 국민 또는 대한민국 법인에 대하여 이 법에 준하는 보호를 하지 아니하는 국가의 외국인 또는 외국 법인에 대하여는 그에 상응하게 이 법 또는 대한민국이 가입 또는 체결한 조약에 따른 보호를 제한할 수 있다.(2012.6.1 본조개정)

제41조【청문】 과학기술정보통신부장관은 다음 각 호의 어느 하나에 해당하는 경우에는 청문을 하여야 한다.
(2017.7.26 본문개정)
1. 제30조의2에 따라 지원센터의 지정을 취소하려는 경우
2. 제31조의5제1항에 따라 공인전자문서센터의 지정을 취소하려는 경우
3. 제31조의19에 따라 공인전자문서중계자의 인증을 취소하려는 경우(2020.6.9 본호개정)
(2012.6.1 본조개정)

제42조【벌칙 적용 시의 공무원 의제】 다음 각 호의 어느 하나에 해당하는 사람은 그 업무에 관하여 「형법」 제129조부터 제132조까지의 규정을 적용할 때에는 공무원으로 본다.
1. 공인전자문서센터의 임원 또는 직원
2. 위원회의 위원 중 공무원이 아닌 위원
(2012.6.1 본조개정)

제8장 벌 칙

제43조【벌칙】 ① 다음 각 호의 어느 하나에 해당하는 자는 10년 이하의 징역 또는 1억원 이하의 벌금에 처한다.
1. 제31조의12제1항을 위반하여 공인전자문서센터에 보관된 전자문서나 그 밖의 관련 정보를 위조 또는 변조하거나 위조 또는 변조된 정보를 행사한 자
2. 제31조의12제2항을 위반하여 공인전자문서센터의 정보처리시스템에 거짓 정보나 부정한 명령을 입력하는 등의 방법으로 제31조의7제2항에 따른 증명서가 거짓으로 발급되게 한 자
② 제1항의 미수범은 처벌한다.
(2012.6.1 본조개정)

제44조【벌칙】 다음 각 호의 어느 하나에 해당하는 자는 5년 이하의 징역 또는 5천만원 이하의 벌금에 처한다.
1. 제31조의12제3항을 위반하여 공인전자문서센터에 보관된 전자문서나 그 밖의 관련 정보를 멸실 또는 훼손하거나 그 비밀을 침해한 자
2. 제31조의12제4항을 위반하여 직무상 알게 된 전자문서의 내용이나 그 밖의 관련 정보의 내용을 누설하거나 자신이 이용하거나 제3자로 하여금 이용하게 한 공인전자문서센터의 임원 또는 직원이거나 임원 또는 직원이었던 자
3. 제37조의2를 위반하여 직무상 알게 된 비밀을 타인에게 누설하거나 직무상 목적 외의 용도로 사용한 자
(2012.6.1 본조개정)

제45조【양벌규정】 법인의 대표자나 법인 또는 개인의 대리인, 사용인, 그 밖의 종업원이 그 법인 또는 개인의 업무에 관하여 제43조 또는 제44조의 위반행위를 하면 그 행위자를 벌하는 외에 그 법인 또는 개인에게도 해당 조문의 벌금형을 과(科)한다. 다만, 법인 또는 개인이 그 위반행위를 방지하기 위하여 해당 업무에 관하여 상당한 주의와 감독을 게을리하지 아니한 경우에는 그러하지 아니하다.(2008.12.26 본조개정)

제46조【과태료】 ① 다음 각 호의 어느 하나에 해당하는 자에게는 3천만원 이하의 과태료를 부과한다.
1. 제18조의6을 위반하여 공인전자주소를 수집·판매하거나 제공한 자
2. 제18조의7을 위반하여 수신자의 공인전자주소에 영리 또는 홍보를 목적으로 광고를 송신한 자
3. 제31조의9제4항을 위반하여 전자문서나 그 밖의 관련 정보를 제공·공개 등을 한 공인전자문서센터
② 다음 각 호의 어느 하나에 해당하는 자에게는 1천만원 이하의 과태료를 부과한다.
1. (2017.10.24 삭제)
2. 제31조의8제1항을 위반하여 전자문서보관등 업무준칙의 신고를 하지 아니한 자
3. 제31조의8제2항을 위반하여 전자문서보관등 업무준칙의 변경신고를 하지 아니한 자
4. 제31조의8제3항에 따른 전자문서보관등 업무준칙의 변경에 관한 명령을 이행하지 아니한 자
5. 제31조의8제4항을 위반하여 시설 또는 장비의 변경신고를 하지 아니한 자
6. 제31조의9제1항을 위반하여 정당한 사유 없이 전자문서보관등의 서비스의 제공을 거부한 자
7. 제31조의9제2항을 위반하여 이용자를 부당하게 차별한 자
8. 제31조의9제3항을 위반하여 공인전자문서센터에 보관된 전자문서의 내용이 훼손되거나 변경되지 아니하도록 필요한 조치를 하지 아니한 자
9. 제31조의10제1항 또는 제2항을 위반하여 점검을 받지 아니한 자
10. 제31조의11제1항에 따른 자료제출이나 보고를 하지 아니한 자, 거짓 자료를 제출하거나 거짓 보고를 한 자 또는 관계 공무원의 출입이나 검사를 거부·방해 또는 기피한 자
11. 제31조의14제1항 후단을 위반하여 전자문서보관등 영업의 양도 또는 합병을 이용자에게 통지하지 아니한 자
12. 제31조의14제3항을 위반하여 공인전자문서센터의 지위승계 사실을 신고하지 아니한 자
13. 제31조의15제1항을 위반하여 전자문서보관등 영업의 폐지를 이용자에게 통지하지 아니하거나 그 사실을 과학기술정보통신부장관에게 신고하지 아니한 자
(2017.7.26 본호개정)
14. 제31조의15제2항을 위반하여 보관문서등을 인계하지 아니하거나 신고하지 아니한 자
15. 제31조의16제2항을 위반하여 보험에 가입하지 아니한 자
16.～17. (2020.6.9 삭제)
18. 제38조제1항을 위반하여 공인전자문서센터 또는 이와 유사한 명칭을 사용한 자
19. 제38조제2항을 위반하여 공인전자문서중계자 또는 이와 유사한 명칭을 사용한 자
20. 제38조제3항을 위반하여 공인전자주소 또는 이와 유사한 명칭을 사용한 자
③ 제1항과 제2항에 따른 과태료는 대통령령으로 정하는 바에 따라 과학기술정보통신부장관이 부과·징수한다.
(2017.7.26 본항개정)
(2012.6.1 본조개정)

부 칙 (2012.6.1)

제1조【시행일】 이 법은 공포 후 3개월이 경과한 날부터 시행한다.

제2조【전자문서·전자거래분쟁조정위원회 위원의 임기에 관한 적용례】 제32조제4항의 개정규정은 이 법 시행 후 최초로 임명되거나 위촉되는 위원부터 적용한다.

제3조【전자문서·전자거래 분쟁조정에 관한 적용례】 제33조, 제34조의2, 제35조 및 제36조의 개정규정은 이 법 시행 후 최초로 신청되는 것부터 적용한다.

제4조【우수한 전자거래사업자의 인증에 관한 경과조치】 이 법 시행 당시 종전의 규정에 따라 받은 우수한 전자거래사업자의 인증은 제18조의 개정규정에 따라 받은 우수한 전자거래사업자의 인증으로 본다.

제5조【전자거래기본정책에 관한 경과조치】 이 법 시행 당시 종전의 규정에 따라 수립된 전자거래기본정책은 제19조의 개정규정에 따라 수립된 전자문서·전자거래기본정책으로 본다.

제6조【전자거래촉진계획에 관한 경과조치】 이 법 시행 당시 종전의 규정에 따라 수립된 전자거래촉진계획은 제20조의 개정규정에 따라 수립된 전자문서·전자거래촉진계획으로 본다.

제7조【공인전자문서보관소에 관한 경과조치】 이 법 시행 전에 종전의 규정에 따라 공인전자문서보관소로 지정받은 법인은 제31조의2의 개정규정에 따라 지정받은 공인전자문서센터로 본다.

제8조【결격사유에 관한 경과조치】 이 법 시행 당시 공인전자문서센터의 임원인 자가 이 법 시행 전에 발생한 사유로 제31조의3제1호마목의 개정규정에 따라 새로이 결격사유에 해당하게 된 경우에는 같은 개정규정에도 불구하고 종전의 규정에 따른다.

제9조【전자거래분쟁조정위원회에 관한 경과조치】 이 법 시행 당시 종전의 규정에 따른 전자거래분쟁조정위원회는 제32조의 개정규정에 따른 전자문서·전자거래분쟁조정위원회로 본다.

제10조【다른 법률의 개정】 ①～㉕ ※(해당 법령에 가제정리 하였음)

부 칙 (2014.12.30)

제1조【시행일】 이 법은 공포한 날부터 시행한다.

제2조【금치산자 등의 결격사유에 관한 경과조치】 제31조의3제1호가목의 개정규정에도 불구하고 같은 개정규정 시행 당시 이미 금치산 또는 한정치산의 선고를 받고 법률 제10429호 민법 일부개정법률 부칙 제2조에 따라 금치산 또는 한정치산 선고의 효력이 유지되는 사람에 대하여는 종전의 규정에 따른다.

부 칙 (2015.6.22)

제1조【시행일】 이 법은 공포 후 6개월이 경과한 날부터 시행한다.

제2조【위법사실의 통보 등에 관한 적용례】 제33조의2의 개정규정은 이 법 시행 후 최초로 제33조에 따라 신청된 분쟁조정부터 적용한다.

제3조【업무 이관에 관한 경과조치】 이 법 시행 전에 정보통신산업진흥원이 행한 행위와 정보통신산업진흥원에 대한 행위 중 그 업무가 제22조제1항의 개정규정에 따라 미래창조과학부장관이 지정한 전담기관으로 이관되는 경우에는 해당 전담기관의 행위 또는 해당 전담기관에 대한 행위로 본다.

부　칙 (2016.1.19)

이 법은 2016년 2월 4일부터 시행한다.

부　칙 (2017.7.26)

제1조【시행일】 ① 이 법은 공포한 날부터 시행한다.(이하 생략)

부　칙 (2017.10.24)

이 법은 공포 후 6개월이 경과한 날부터 시행한다.

부　칙 (2020.6.9)

제1조【시행일】 이 법은 공포 후 6개월이 경과한 날부터 시행한다. 다만, 제31조의6제2항의 개정규정은 공포한 날부터 시행한다.
제2조【전자문서의 수신 확인에 관한 경과조치】 이 법 시행 전에 작성자가 전자문서를 송신한 경우에는 제9조의 개정규정에도 불구하고 종전의 규정에 따른다.
제3조【공인전자문서센터의 결격사유에 관한 경과조치】 이 법 시행 전에 종전의 제31조의22에 따라 공인전자문서중계자의 지정이 취소된 경우로서 종전의 제31조의3제1호바목 또는 같은 조 제2호에 해당하는 자(제31조의5제1항에 따라 공인전자문서센터의 지정이 취소된 경우는 제외한다)는 종전의 제31조의22에 따라 공인전자문서중계자의 지정이 취소된 날을 제31조의3제1호바목 또는 같은 조 제2호의 개정규정의 공인전자문서중계자의 인증이 취소된 날로 본다.
제4조【공인전자문서중계자에 관한 경과조치 등】 ① 이 법 시행 전에 종전의 제31조의18제1항에 따라 공인전자문서중계자로 지정받은 경우에는 제31조의18제1항의 개정규정에 따라 공인전자문서중계자로 인증을 받은 것으로 본다. 이 경우 제31조의18제3항의 개정규정에 따른 인증의 유효기간은 이 법 시행일부터 기산한다.
② 이 법 시행 전에 종전의 제31조의18제3항에 따라 공인전자문서중계자의 지정을 신청한 경우로서 이 법 시행 당시 지정 절차가 진행 중인 경우에는 제31조의18제2항의 개정규정에 따라 인증을 신청한 것으로 본다.
제5조【과태료에 관한 경과조치】 이 법 시행 전의 행위에 대하여 과태료 규정을 적용할 때에는 종전의 규정에 따른다.

부　칙 (2021.10.19)

제1조【시행일】 이 법은 공포 후 1년이 경과한 날부터 시행한다.
제2조【결격사유에 관한 경과조치】 이 법 시행 전에 종전의 규정에 따라 공인전자문서센터로 지정받은 자는 제31조의3제1호다목의 개정규정에도 불구하고 종전의 규정에 따른다.

[별표] (2020.6.9 삭제)

전자서명법

(2020년　6월　9일)
(전부개정법률 제17354호)

개정
2021.10.19법18479호

제1조【목적】 이 법은 전자문서의 안전성과 신뢰성을 확보하고 그 이용을 활성화하기 위하여 전자서명에 관한 기본적인 사항을 정함으로써 국가와 사회의 정보화를 촉진하고 국민생활의 편익을 증진함을 목적으로 한다.
제2조【정의】 이 법에서 사용하는 용어의 뜻은 다음과 같다.
1. "전자문서"란 정보처리시스템에 의하여 전자적 형태로 작성되어 송신 또는 수신되거나 저장된 정보를 말한다.
2. "전자서명"이란 다음 각 목의 사항을 나타내는 데 이용하기 위하여 전자문서에 첨부되거나 논리적으로 결합된 전자적 형태의 정보를 말한다.
가. 서명자의 신원
나. 서명자가 해당 전자문서에 서명하였다는 사실
3. "전자서명생성정보"란 전자서명을 생성하기 위하여 이용하는 전자적 정보를 말한다.
4. "전자서명수단"이란 전자서명을 하기 위하여 이용하는 전자적 수단을 말한다.
5. "전자서명인증"이란 전자서명생성정보가 가입자에게 유일하게 속한다는 사실을 확인하고 이를 증명하는 행위를 말한다.
6. "인증서"란 전자서명생성정보가 가입자에게 유일하게 속한다는 사실 등을 확인하고 이를 증명하는 전자적 정보를 말한다.
7. "전자서명인증업무"란 전자서명인증, 전자서명인증 관련 기록의 관리 등 전자서명인증서비스를 제공하는 업무를 말한다.
8. "전자서명인증사업자"란 전자서명인증업무를 하는 자를 말한다.
9. "가입자"란 전자서명생성정보에 대하여 전자서명인증사업자로부터 전자서명인증을 받은 자를 말한다.
10. "이용자"란 전자서명인증사업자가 제공하는 전자서명인증서비스를 이용하는 자를 말한다.
제3조【전자서명의 효력】 ① 전자서명은 전자적 형태라는 이유만으로 서명, 서명날인 또는 기명날인으로서의 효력이 부인되지 아니한다.
② 법령의 규정 또는 당사자 간의 약정에 따라 서명, 서명날인 또는 기명날인의 방식으로 전자서명을 선택한 경우 그 전자서명은 서명, 서명날인 또는 기명날인으로서의 효력을 가진다.
제4조【전자서명의 발전을 위한 시책 수립】 정부는 전자서명의 안전성, 신뢰성 및 전자서명수단의 다양성을 확보하고 그 이용을 활성화하는 등 전자서명의 발전을 위하여 다음 각 호의 사항에 대한 시책을 수립·시행한다.
1. 전자서명의 신뢰성 제고, 전자서명수단의 다양성 확보 및 전자서명의 이용 활성화
2. 전자서명 제도의 개선 및 관계 법령의 정비
3. 가입자 및 이용자의 권익 보호
4. 전자서명의 상호연동 촉진
5. 전자서명 관련 기술개발, 표준화 및 인력 양성
6. 전자서명의 신뢰성 확보를 위한 안전한 암호 사용
7. 외국의 전자서명에 대한 상호인정 등 국제협력
8. 공공서비스에서 사용하는 전자서명의 안전한 관리
9. 그 밖에 전자서명의 발전을 위하여 필요한 사항
제5조【전자서명의 이용 촉진을 위한 지원】 과학기술정보통신부장관은 전자서명의 이용을 촉진하기 위하여 다음 각 호의 사항에 대한 행정적·재정적·기술적 지원을 할 수 있다.
1. 전자서명 관련 기술의 연구·개발·활용 및 표준화
2. 전자서명 관련 전문인력의 양성
3. 다양한 전자서명수단의 이용 확산을 위한 시범사업 추진
4. 전자서명의 상호연동 촉진을 위한 기술지원 및 연동설비 등의 운영
5. 제9조에 따른 인정기관 및 제10조에 따른 평가기관의 업무 수행 및 운영
6. 그 밖에 전자서명의 이용 촉진을 위하여 필요한 사항
제6조【다양한 전자서명수단의 이용 활성화】 ① 국가는 생체인증, 블록체인 등 다양한 전자서명수단의 이용 활성화를 위하여 노력하여야 한다.
② 국가는 법률, 국회규칙, 대법원규칙, 헌법재판소규칙, 중앙선거관리위원회규칙, 대통령령 또는 감사원규칙에서 전자서명수단을 특정한 경우를 제외하고는 특정한 전자서명수단만을 이용하도록 제한하여서는 아니 된다.
제7조【전자서명인증업무 운영기준 등】 ① 과학기술정보통신부장관은 전자서명의 신뢰성을 높이고 가입자 및 이용자가 합리적으로 전자서명인증서비스를 선택할 수 있도록 정보를 제공하기 위하여 필요한 조치를 마련하여야 한다.
② 과학기술정보통신부장관은 다음 각 호의 사항이 포함된 전자서명인증업무 운영기준(이하 "운영기준"이라 한다)을 정하여 고시한다. 이 경우 운영기준은 국제적으로 인정되는 기준 등을 고려하여 정하여야 한다.
1. 전자서명 및 전자문서의 위조·변조 방지대책
2. 전자서명인증서비스의 가입·이용 절차 및 가입자 확인방법
3. 전자서명인증업무의 휴지·폐지 절차
4. 전자서명인증업무 관련 시설기준 및 자료의 보호방법
5. 가입자 및 이용자의 권익 보호대책
6. 장애인·고령자 등의 전자서명 이용 보장(2021.10.19 본호신설)
7. 그 밖에 전자서명인증업무의 운영·관리에 관한 사항
제8조【운영기준 준수사실의 인정】 ① 전자서명인증사업자(전자서명인증업무를 하려는 자를 포함한다. 이하 제8조부터 제11조까지에서 같다)는 제9조에 따른 인정기관으로부터 운영기준의 준수사실에 대한 인정을 받을 수 있다. 이 경우 제10조에 따른 평가기관으로부터 운영기준의 준수 여부에 대한 평가를 먼저 받아야 한다.
② 제1항 전단에 따른 인정(이하 "운영기준 준수사실의 인정"이라 한다)을 받으려는 전자서명인증사업자는 국가기관, 지방자치단체 또는 법인이어야 한다.
③ 임원 중에 다음 각 호의 어느 하나에 해당하는 사람이 있는 법인은 운영기준 준수사실의 인정을 받을 수 없다.
1. 피성년후견인
2. 파산선고를 받고 복권되지 아니한 사람
3. 금고 이상의 실형을 선고받고 그 집행이 끝나거나(끝난 것으로 보는 경우를 포함한다) 면제된 날부터 3년이 지나지 아니한 사람(2021.10.19 본호개정)
4. 금고 이상의 형의 집행유예를 선고받고 그 유예기간 중에 있는 사람
5. 법원의 판결 또는 다른 법률에 따라 자격이 상실되거나 정지된 사람
제9조【인정기관】 ① 과학기술정보통신부장관은 「정보통신망 이용촉진 및 정보보호 등에 관한 법률」 제52조에 따른 한국인터넷진흥원(이하 "한국인터넷진흥원"이라 한다)을 운영기준 준수사실의 인정에 관한 업무를 수행하는 기관(이하 "인정기관"이라 한다)으로 지정할 수 있다.
② 인정기관은 제10조제3항에 따라 평가 결과를 제출받은 경우 그 평가 결과와 운영기준 준수사실의 인정을 받으려는 전자서명인증사업자가 제8조에 따른 자격을 갖추었는지 여부를 확인하여 운영기준 준수사실의 인정 여부를 결정하여야 한다.
③ 인정기관은 제2항에 따라 운영기준 준수사실을 인정하는 경우 그 인정내용 및 유효기간이 기재된 증명서를 해당 전자서명인증사업자에게 발급하여야 한다. 이 경우 대통령령으로 정하는 바에 따라 증명서 발급사실을 공고하여야 한다.
④ 인정기관은 해당 전자서명인증사업자에게 제2항 및 제3항의 업무를 수행하는 데 필요한 비용을 징수할 수 있다.
⑤ 운영기준 준수사실의 인정 여부 결정 및 인정 취소 등 업무수행방법, 운영기준 준수사실의 인정의 유효기간, 그 밖에 필요한 사항은 대통령령으로 정한다.
제10조【평가기관】 ① 과학기술정보통신부장관은 제8조제1항 후단에 따른 평가 업무를 수행하는 기관(이하 "평가기관"이라 한다)을 선정하여 고시할 수 있다.
② 운영기준 준수사실의 인정을 받으려는 전자서명인증사업자는 평가기관에 평가를 신청하여야 한다.
③ 평가기관은 평가를 신청한 전자서명인증사업자의 운영기준 준수 여부에 대한 평가를 하고, 그 결과를 인정기관에 제출하여야 한다.
④ 평가기관은 전자서명인증사업자에게 제3항의 업무를 수행하는 데 필요한 비용을 징수할 수 있다.
⑤ 평가기관의 선정기준·절차, 평가방법 등 업무수행방법, 운영기준 준수 여부에 대한 평가기준·절차, 그 밖에 필요한 사항은 대통령령으로 정한다.
제11조【국제통용평가】 ① 과학기술정보통신부장관은 운영기준에 부합한다고 인정하는 국제적으로 통용되는 평가(이하 "국제통용평가"라 한다)를 정하여 고시할 수 있다.
② 전자서명인증사업자가 국제통용평가를 받은 경우에는 평가기관의 평가를 받은 것으로 본다. 이 경우 인정기관에 운영기준 준수사실의 인정을 신청할 수 있으며, 인정기관의 인정 여부 결정 및 증명서 발급 절차에 관하여는 제9조제2항부터 제5항까지를 준용한다.
③ 국제통용평가의 선정기준은 대통령령으로 정한다.
제12조【평가기관 선정의 취소 등】 ① 과학기술정보통신부장관은 평가기관이 다음 각 호의 어느 하나에 해당하는 경우에는 평가기관의 선정을 취소하거나 1년 이내의 기간을 정하여 해당 업무의 전부 또는 일부의 정지를 명할 수 있다. 다만, 제1호 또는 제2호에 해당하는 경우에는 그 선정을 취소하여야 한다.
1. 거짓이나 그 밖의 부정한 방법으로 평가기관으로 선정된 경우
2. 업무정지 기간 중에 평가 업무를 한 경우

3. 정당한 사유 없이 평가 업무를 하지 아니한 경우
4. 제10조제5항에 따른 선정기준에 맞지 아니하게 된 경우
5. 제10조제5항에 따른 업무수행방법, 평가기준 · 절차 등을 위반하여 평가 업무를 수행한 경우
② 과학기술정보통신부장관은 제1항에 따라 선정을 취소하려면 청문을 하여야 한다.
③ 제1항에 따른 선정 취소 및 업무정지 등에 필요한 사항은 대통령령으로 정한다.
제13조【운영기준 준수사실의 표시】 ① 운영기준 준수사실의 인정을 받은 전자서명인증사업자는 과학기술정보통신부령으로 정하는 바에 따라 운영기준을 준수한다는 사실을 표시할 수 있다.
② 운영기준 준수사실의 인정을 받지 아니한 자(유효기간 도과 등의 사유로 운영기준 준수사실의 인정의 효력이 상실된 자를 포함한다)는 제1항에 따른 표시 또는 이와 유사한 표시를 하여서는 아니 된다.
제14조【신원확인】 운영기준 준수사실의 인정을 받은 전자서명인증사업자는 전자서명인증서비스에 가입하려는 자의 신원을 대통령령으로 정하는 바에 따라 확인하여야 한다.
제15조【전자서명인증업무준칙의 준수 등】 ① 운영기준 준수사실의 인정을 받은 전자서명인증사업자는 다음 각 호의 사항이 포함된 전자서명인증업무준칙(이하 "인증업무준칙"이라 한다)을 작성하여 인터넷 홈페이지 등에 게시하고 성실히 준수하여야 한다. 인증업무준칙을 변경한 경우에도 또한 같다.
1. 전자서명인증서비스의 종류
2. 전자서명인증서비스의 요금, 이용범위 및 유효기간 등 이용조건
3. 전자서명인증업무의 수행방법 및 절차
4. 그 밖에 전자서명인증업무의 수행에 필요한 사항
② 운영기준 준수사실의 인정을 받은 전자서명인증사업자는 전자서명인증업무의 전부 또는 일부를 휴지하려는 경우 휴지기간을 정하여 휴지하려는 날의 30일 전까지 그 사실을 가입자에게 통보하고 인터넷 홈페이지 등에 게시하여야 한다.
③ 운영기준 준수사실의 인정을 받은 전자서명인증사업자는 전자서명인증업무를 폐지하려는 경우 폐지하려는 날의 60일 전까지 그 사실을 가입자에게 통보하고 인터넷 홈페이지 등에 게시하여야 한다.
④ 제2항 및 제3항에 따라 통보하거나 게시하는 내용에는 요금의 반환, 가입자의 개인정보 폐기 등 가입자 보호조치가 포함되어야 한다.
⑤ 제1항에 따른 인증업무준칙의 작성방법, 제2항 · 제3항에 따른 게시 · 통보 방법, 그 밖에 필요한 사항은 과학기술정보통신부령으로 정한다.
제16조【검사 등】 ① 과학기술정보통신부장관은 전자서명인증업무의 안전성과 신뢰성 확보 및 가입자의 보호 등을 위하여 필요하다고 인정하면 운영기준 준수사실의 인정을 받은 전자서명인증사업자에게 필요한 자료를 제출하게 할 수 있으며, 관계 공무원으로 하여금 운영기준 준수사실의 인정을 받은 전자서명인증사업자의 사무실 · 사업장이나 그 밖에 필요한 장소에 출입하여 장비 · 장부 · 서류나 그 밖의 물건을 검사하게 할 수 있다.
② 과학기술정보통신부장관은 제1항에 따라 검사를 하려면 검사를 하기 7일 전까지 검사일시, 검사목적, 검사내용 등의 검사계획을 해당 전자서명인증사업자에게 알려야 한다.
③ 제1항에 따라 출입 · 검사를 하는 공무원은 그 권한을 나타내는 증표를 관계인에게 보여주어야 하며, 출입 시 성명 · 출입시간 · 출입목적 등이 표시된 문서를 관계인에게 내주어야 한다.
제17조【시정명령】 과학기술정보통신부장관은 운영기준 준수사실의 인정을 받은 전자서명인증사업자가 다음 각 호의 어느 하나에 해당하는 경우에는 대통령령으로 정하는 바에 따라 기간을 정하여 시정을 명할 수 있다.
1. 운영기준을 준수하지 못하게 된 경우
1의2. 법인의 임원이 제8조제3항 각 호의 어느 하나에 해당하게 된 경우(2021.10.19 본호신설)
2. 제13조제1항에 따른 운영기준 준수사실의 표시에 관한 사항을 위반한 경우
3. 제14조에 따른 신원확인에 관한 사항을 위반한 경우
4. 제15조제1항 · 제5항에 따른 인증업무준칙 작성 · 게시에 관한 사항을 위반하거나 인증업무준칙을 준수하지 아니한 경우
5. 제15조제2항부터 제5항까지에 따른 전자서명인증업무의 휴지 · 폐지에 관한 사항을 위반한 경우
6. 제16조제1항에 따른 자료를 제출하지 아니하거나 거짓 자료를 제출한 경우 또는 관계 공무원의 출입 · 검사를 거부 · 방해하거나 기피한 경우
7. 제20조제2항을 위반하여 보험에 가입하지 아니한 경우
제18조【전자문서의 시점확인】 전자서명인증사업자는 가입자 또는 이용자의 요청이 있는 경우 전자문서가 해당 전자서명인증사업자에게 제시된 시점을 전자서명하여 확인할 수 있다.
제19조【전자서명생성정보의 보호 등】 ① 누구든지 타인의 전자서명생성정보를 도용하거나 누설해서는 아니 된다.
② 누구든지 운영기준 준수사실의 인정을 받은 전자서명인증사업자가 발급하는 인증서와 관련하여 다음 각 호에 해당하는 행위를 하여서는 아니 된다.
1. 거짓이나 그 밖의 부정한 방법으로 타인의 명의로 인증서를 발급받거나 발급받을 수 있도록 하는 행위
2. 부정하게 행사하게 할 목적으로 인증서를 타인에게 양도 또는 대여하거나, 부정하게 행사할 목적으로 인증서를 타인으로부터 양도 또는 대여받는 행위
제20조【손해배상책임】 ① 운영기준 준수사실의 인정을 받은 전자서명인증사업자가 전자서명인증업무의 수행과 관련하여 가입자 또는 이용자에게 손해를 입힌 경우에는 그 손해를 배상하여야 한다. 다만, 전자서명인증사업자가 고의 또는 과실이 없음을 입증하면 그 배상책임이 면제된다.
② 운영기준 준수사실의 인정을 받은 전자서명인증사업자는 제1항에 따른 손해를 배상하기 위하여 대통령령으로 정하는 바에 따라 보험에 가입하여야 한다.
제21조【전자서명인증 정책의 지원 등】 한국인터넷진흥원은 전자서명을 안전하고 신뢰성 있게 이용할 수 있는 환경을 조성하고 전자서명인증 정책을 지원하기 위하여 다음 각 호의 업무를 수행한다.
1. 전자서명인증 관련 기술개발 · 보급 및 표준화 연구
2. 전자서명인증 관련 제도 연구 및 상호인정 등 국제협력 지원
3. 제16조제1항에 따른 전자서명인증사업자에 대한 검사 지원
4. 그 밖에 전자서명인증 정책의 지원에 필요한 사항
제22조【분쟁의 조정】 전자서명에 관한 분쟁의 조정을 받으려는 자는 「전자문서 및 전자거래 기본법」 제32조에 따른 전자문서 · 전자거래분쟁조정위원회에 조정을 신청할 수 있다.
제23조【업무의 위탁】 과학기술정보통신부장관은 제5조 및 제7조제2항에 따른 업무의 전부 또는 일부를 대통령령으로 정하는 바에 따라 인터넷진흥원 또는 관계 전문기관에 위탁할 수 있다.
제24조【벌칙】 ① 다음 각 호의 어느 하나에 해당하는 자는 3년 이하의 징역 또는 3천만원 이하의 벌금에 처한다.
1. 제19조제1항을 위반하여 타인의 전자서명생성정보를 도용하거나 누설한 자
2. 제19조제2항제1호를 위반하여 거짓이나 그 밖의 부정한 방법으로 타인의 명의로 인증서를 발급받거나 발급받을 수 있도록 한 자
② 제19조제2항제2호를 위반하여 부정하게 행사하게 할 목적으로 인증서를 타인에게 양도 또는 대여하거나, 부정하게 행사할 목적으로 인증서를 타인으로부터 양도 또는 대여받은 자는 1년 이하의 징역 또는 1천만원 이하의 벌금에 처한다.
제25조【양벌규정】 법인의 대표자나 법인 또는 개인의 대리인, 사용인, 그 밖의 종업원이 그 법인 또는 개인의 업무에 관하여 제24조의 위반행위를 한 경우에는 행위자를 벌하는 외에 그 법인 또는 개인에게도 해당 조문의 벌금형을 과(科)한다. 다만, 법인 또는 개인이 그 위반행위를 방지하기 위하여 해당 업무에 관하여 상당한 주의와 감독을 게을리하지 아니한 경우에는 그러하지 아니하다.
제26조【과태료】 ① 제17조에 따른 시정명령을 정당한 사유 없이 이행하지 아니한 자에게는 2천만원 이하의 과태료를 부과한다.
② 다음 각 호의 어느 하나에 해당하는 자에게는 500만원 이하의 과태료를 부과한다.
1. 제13조제1항을 위반하여 과학기술정보통신부령으로 정하는 바와 다르게 운영기준 준수사실을 표시한 자
2. 제13조제2항을 위반하여 운영기준 준수사실을 표시하거나 이와 유사한 표시를 한 자
3. 제15조제1항을 위반하여 인증업무준칙을 작성하지 아니하거나 게시하지 아니한 자
4. 제15조제2항, 제3항 또는 제4항을 위반하여 전자서명인증업무의 휴지 · 폐지 사실 또는 가입자 보호조치를 가입자에게 통보하지 아니하거나 게시하지 아니한 자
5. 제16조제1항을 위반하여 자료를 제출하지 아니하거나 거짓 자료를 제출한 자 또는 관계 공무원의 출입 · 검사를 거부 · 방해하거나 기피한 자
6. 제20조제2항을 위반하여 보험에 가입하지 아니한 자
③ 제1항 및 제2항에 따른 과태료는 대통령령으로 정하는 바에 따라 과학기술정보통신부장관이 부과 · 징수한다.

부 칙

제1조【시행일】 이 법은 공포 후 6개월이 경과한 날부터 시행한다. 다만, 제6조제2항의 개정규정은 공포 후 1년이 경과한 날부터 시행한다.
제2조【공인인증서에 관한 경과조치】 이 법 시행 당시 종전의 제15조에 따라 발급된 유효한 공인인증서에 대해서는 종전의 공인인증서 관련 규정에 따른다.
제3조【전자서명의 효력에 관한 경과조치】 이 법 시행 당시 종전의 제15조에 따라 발급된 유효한 공인인증서에 기초하여 한 전자서명의 효력은 제3조의 개정규정에도 불구하고 종전의 규정에 따른 공인전자서명의 효력을 가진다.
제4조【공인인증기관에 관한 경과조치】 이 법 시행 당시 종전의 제4조에 따라 지정된 공인인증기관은 제8조제1항의 개정규정에 따른 평가 및 인정 절차를 거치지 아니하여도 이 법 시행일부터 1년간 같은 항 전단의 개정규정에 따른 운영기준 준수사실의 인정을 받은 전자서명인증사업자로 본다.
제5조【공인인증업무 등에 관한 경과조치】 ① 이 법 시행 당시 종전의 제15조에 따라 발급된 유효한 공인인증서 관련 공인인증업무에 대해서는 종전의 제7조, 제10조, 제16조부터 제18조까지, 제19조제1항, 제21조, 제22조의2, 제24조, 제25조 및 제26조에 따른다.
② 종전의 제15조에 따라 발급된 공인인증서와 공인인증업무에 관한 기록의 관리에 대해서는 종전의 제22조에 따른다.
③ 제1항 및 제2항을 위반하는 경우에 대해서는 종전의 제11조부터 제14조까지, 제29조 및 제31조부터 제34조까지의 규정에 따른다.
제6조【벌칙과 과태료에 관한 경과조치】 이 법 시행 전의 행위에 대하여 벌칙이나 과태료에 관한 규정을 적용할 때에는 종전의 규정에 따른다.
제7조【다른 법률의 개정】 ①~㉒ ※(해당 법령에 가제정리 하였음)
제8조【다른 법령과의 관계】 이 법 시행 당시 다른 법령에서 종전의 「전자서명법」의 규정을 인용하고 있는 경우에는 이 법 중 그에 해당하는 규정이 있을 때에는 종전의 규정을 갈음하여 이 법의 해당 규정을 인용한 것으로 본다.

부 칙 (2021.10.19)

이 법은 공포 후 1년이 경과한 날부터 시행한다. 다만, 제7조제2항제6호의 개정규정은 공포 후 6개월이 경과한 날부터 시행한다.

정보통신망 이용촉진 및 정보보호 등에 관한 법률

(약칭 : 정보통신망법)

(2001년 1월 16일 전개법률 제6360호)

개정
2001.12.31법 6585호(전자서명법)
2002.12.18법 6797호 2004. 1.29법 7139호
2004. 1.29법 7142호(인터넷주소자원에관한법)
2004.12.30법 7262호
2005.12.29법 7796호(국가공무원)
2005.12.30법 7812호 2006. 3.24법 7917호
2006.10. 4법 8030호
2006.10. 4법 8031호(정보화촉진기본법)
2007. 1.26법 8289호
2007. 5.25법 8486호(산업표준화법)
2007.12.21법 8778호
2008. 2.29법 8852호(정부조직)
2008. 2.29법 8867호(방송통신위원회의설치및운영에관한법)
2008. 6.13법 9119호 2009. 4.22법 9637호
2010. 3.17법10138호
2010. 3.22법10165호(방송통신발전기본법)
2010. 3.22법10166호(전기통신사업법)
2011. 3.29법10465호(개인정보보호법)
2011. 4. 5법10560호
2011. 9.15법11048호(청소년보호법)
2012. 2.17법11322호
2013. 3.23법11690호(정부조직)
2014. 5.28법12681호
2014.11.19법12844호(정부조직)
2015. 1.20법13014호 2015. 3.27법13280호
2015. 6.22법13343호(정보보호산업의진흥에관한법)
2015. 6.22법13344호 2015.12. 1법13520호
2016. 3.22법14080호 2017. 3.14법14580호
2017. 7.26법14839호(정부조직)
2018. 6.12법15628호 2018. 9.18법15751호
2018.12.24법16019호(전기통신사업법)
2018.12.24법16021호 2019.12.10법16825호
2020. 2. 4법16955호
2020. 6. 9법17344호(지능정보화기본법)
2020. 6. 9법17347호(법률용어정비)
2020. 6. 9법17348호(소프트웨어진흥법)
2020. 6. 9법17354호(전자서명법)
2020. 6. 9법17358호 2021. 6. 8법18201호
2022. 6.10법18871호 2023. 1. 3법19154호
2024. 1.23법20069호→시행일 부칙 참조
2024년 1월 25일 제412회 국회 본회의 통과→「法典 別冊」 보유편 수록

제1장 총 칙

제1조【목적】 이 법은 정보통신망의 이용을 촉진하고 정보통신서비스를 이용하는 자를 보호함과 아울러 정보통신망을 건전하고 안전하게 이용할 수 있는 환경을 조성하여 국민생활의 향상과 공공복리의 증진에 이바지함을 목적으로 한다.(2020.2.4 본조개정)

제2조【정의】 ① 이 법에서 사용하는 용어의 뜻은 다음과 같다.(2008.6.13 본문개정)

1. "정보통신망"이란 「전기통신사업법」 제2조제2호에 따른 전기통신설비를 이용하거나 전기통신설비와 컴퓨터 및 컴퓨터의 이용기술을 활용하여 정보를 수집·가공·저장·검색·송신 또는 수신하는 정보통신체제를 말한다.
2. "정보통신서비스"란 「전기통신사업법」 제2조제6호에 따른 전기통신역무와 이를 이용하여 정보를 제공하거나 정보의 제공을 매개하는 것을 말한다.
3. "정보통신서비스 제공자"란 「전기통신사업법」 제2조제8호에 따른 전기통신사업자와 영리를 목적으로 전기통신사업자의 전기통신역무를 이용하여 정보를 제공하거나 정보의 제공을 매개하는 자를 말한다.

(2010.3.22 1호~3호개정)

4. "이용자"란 정보통신서비스 제공자가 제공하는 정보통신서비스를 이용하는 자를 말한다.
5. "전자문서"란 컴퓨터 등 정보처리능력을 가진 장치에 의하여 전자적인 형태로 작성되어 송수신되거나 저장된 문서형식의 자료로서 표준화된 것을 말한다.

(2008.6.13 4호~5호개정)

6. (2020.2.4 삭제)
7. "침해사고"란 다음 각 목의 방법으로 정보통신망 또는 이와 관련된 정보시스템을 공격하는 행위로 인하여 발생한 사태를 말한다.
   가. 해킹, 컴퓨터바이러스, 논리폭탄, 메일폭탄, 서비스 거부 또는 고출력 전자기파 등의 방법
   나. 정보통신망의 정상적인 보호·인증 절차를 우회하여 정보통신망에 접근할 수 있도록 하는 프로그램이나 기술적 장치 등을 정보통신망 또는 이와 관련된 정보시스템에 설치하는 방법

(2020.6.9 본호개정)

8. (2015.6.22 삭제)
9. "게시판"이란 그 명칭과 관계없이 정보통신망을 이용하여 일반에게 공개할 목적으로 부호·문자·음성·음향·화상·동영상 등의 정보를 이용자가 게재할 수 있는 컴퓨터 프로그램이나 기술적 장치를 말한다.

(2008.6.13 본호개정)

10. "통신과금서비스"란 정보통신서비스로서 다음 각 목의 업무를 말한다.
    가. 타인이 판매·제공하는 재화 또는 용역(이하 "재화등"이라 한다)의 대가를 자신이 제공하는 전기통신역무의 요금과 함께 청구·징수하는 업무
    나. 타인이 판매·제공하는 재화등의 대가가 가목의 업무를 제공하는 자의 전기통신역무의 요금과 함께 청구·징수되도록 거래정보를 전자적으로 송수신하는 것 또는 그 대가의 정산을 대행하거나 매개하는 업무
11. "통신과금서비스제공자"란 제53조에 따라 등록을 하고 통신과금서비스를 제공하는 자를 말한다.
12. "통신과금서비스이용자"란 통신과금서비스제공자로부터 통신과금서비스를 이용하여 재화등을 구입·이용하는 자를 말한다.

(2007.12.21 10호~12호신설)

13. "전자적 전송매체"란 정보통신망을 통하여 부호·문자·음성·화상 또는 영상 등을 수신자에게 전자문서 등의 전자적 형태로 전송하는 매체를 말한다.(2014.5.28 본호신설)

② 이 법에서 사용하는 용어의 뜻은 제1항에서 정하는 것 외에는 「지능정보화 기본법」에서 정하는 바에 따른다.(2020.6.9 본항개정)

판례 온라인 게임 서비스 제공자가 이용자의 실명정보 확인의무를 위반하였는지 여부의 판단 방법 : 온라인 게임 서비스 제공자가 자신이 제공하는 게임 서비스에 명의도용자가 회원으로 가입하는 것을 허용하고 이를 방치하였을 때 피모용자들에 대해 불법행위로 인한 손해배상책임을 지게 하기 위해서, 실명정보의 확인의무를 부담하는 온라인 서비스 제공자가 이러한 확인의무를 위반함으로써 부당하게 가입한 온라인 회원이 게임서비스를 이용하는 것을 방치한 경우여야 한다. 온라인 서비스 제공자가 실명정보의 확인의무를 위반하였는지는 온라인 게임 서비스의 제공이 인터넷을 통해 수시로 또한 대규모로 이루어지는 비대면 거래로서 서비스 제공자의 입장에서는 이용자 각각의 서비스 이용실태를 개별적으로 파악하여 그 중 명의도용에 의한 회원가입 내지 이용행위인지 여부를 식별해 내는 것이 용이하지 않다는 점을 고려하여 볼 때, 관련 인터넷 기술의 발전 수준, 해당 게임의 특성, 운영 주체로서의 서비스 제공자의 영리적 성격·규모, 기술적 수단의 도입에 따른 일반 이용자에 대한 이익과 불이익 및 이에 따른 경제적 비용, 명의도용행위로 인한 피해의 정도, 가해자와 피해자의 관계 등을 종합하여 판단하여야 한다.
(대판 2009.5.14, 2008다75676,75683)

제3조【정보통신서비스 제공자 및 이용자의 책무】 ① 정보통신서비스 제공자는 이용자를 보호하고 건전하고 안전한 정보통신서비스를 제공하여 이용자의 권익보호와 정보이용능력의 향상에 이바지하여야 한다.
(2020.2.4 본항개정)
② 이용자는 건전한 정보사회가 정착되도록 노력하여야 한다.
③ 정부는 정보통신서비스 제공자단체 또는 이용자단체의 정보보호 및 정보통신망에서의 청소년 보호 등을 위한 활동을 지원할 수 있다.(2020.2.4 본항개정)
(2008.6.13 본조개정)

제4조【정보통신망 이용촉진 및 정보보호등에 관한 시책의 마련】 ① 과학기술정보통신부장관 또는 방송통신위원회는 정보통신망의 이용촉진 및 안정적 관리·운영과 이용자 보호 등(이하 "정보통신망 이용촉진 및 정보보호등"이라 한다)을 통하여 정보사회의 기반을 조성하기 위한 시책을 마련하여야 한다.(2020.2.4 본항개정)
② 제1항에 따른 시책에는 다음 각 호의 사항이 포함되어야 한다.

1. 정보통신망에 관련된 기술의 개발·보급
2. 정보통신망의 표준화
3. 정보내용물 및 제11조에 따른 정보통신망 응용서비스의 개발 등 정보통신망의 이용 활성화
4. 정보통신망을 이용한 정보의 공동활용 촉진
5. 인터넷 이용의 활성화
6.~6의2. (2020.2.4 삭제)
7. 정보통신망에서의 청소년 보호
7의2. 정보통신망을 통하여 유통되는 정보 중 인공지능기술을 이용하여 만든 거짓의 음향·화상 또는 영상 등의 정보를 식별하는 기술의 개발·보급(2020.6.9 본호신설)
8. 정보통신망의 안전성 및 신뢰성 제고
9. 그 밖에 정보통신망 이용촉진 및 정보보호등을 위하여 필요한 사항

③ 과학기술정보통신부장관 또는 방송통신위원회는 제1항에 따른 시책을 마련할 때에는 「지능정보화 기본법」 제6조에 따른 지능정보사회 종합계획과 연계되도록 하여야 한다.(2020.6.9 본항개정)
(2008.6.13 본조개정)

제5조【다른 법률과의 관계】 정보통신망 이용촉진 및 정보보호등에 관하여는 다른 법률에서 특별히 규정된 경우 외에는 이 법으로 정하는 바에 따른다. 다만, 제7장의 통신과금서비스에 관하여 이 법과 「전자금융거래법」의 적용이 경합하는 때에는 이 법을 우선 적용한다.
(2020.2.4 단서개정)

제5조의2【국외행위에 대한 적용】 이 법은 국외에서 이루어진 행위라도 국내 시장 또는 이용자에게 영향을 미치는 경우에는 적용한다.(2020.6.9 본조신설)

제2장 정보통신망의 이용촉진
(2008.6.13 본장개정)

제6조【기술개발의 추진 등】 ① 과학기술정보통신부장관은 정보통신망과 관련된 기술 및 기기의 개발을 효율적으로 추진하기 위하여 대통령령으로 정하는 바에 따라 관련 연구기관으로 하여금 연구개발·기술협력·기술이전 또는 기술지도 등의 사업을 하게 할 수 있다.
(2017.7.26 본항개정)
② 정부는 제1항에 따라 연구개발 등의 사업을 하는 연구기관에는 그 사업에 드는 비용의 전부 또는 일부를 지원할 수 있다.
③ 제2항에 따른 비용의 지급 및 관리 등에 필요한 사항은 대통령령으로 정한다.

제7조【기술관련 정보의 관리 및 보급】 ① 과학기술정보통신부장관은 정보통신망과 관련된 기술 및 기기에 관한 정보(이하 이 조에서 "기술관련 정보"라 한다)를 체계적이고 종합적으로 관리하여야 한다.(2017.7.26 본항개정)
② 과학기술정보통신부장관은 기술관련 정보를 체계적이고 종합적으로 관리하기 위하여 필요하면 관계 행정기관 및 국공립 연구기관 등에 대하여 기술관련 정보와 관련된 자료를 요구할 수 있다. 이 경우 요구를 받은 기관의 장은 특별한 사유가 없으면 그 요구에 따라야 한다.
(2017.7.26 전단개정)
③ 과학기술정보통신부장관은 기술관련 정보를 신속하고 편리하게 이용할 수 있도록 그 보급을 위한 사업을 하여야 한다.(2017.7.26 본항개정)
④ 제3항에 따라 보급하려는 정보통신망과 관련된 기술 및 기기의 범위에 관하여 필요한 사항은 대통령령으로 정한다.

제8조【정보통신망의 표준화 및 인증】 ① 과학기술정보통신부장관은 정보통신망의 이용을 촉진하기 위하여 정보통신망에 관한 표준을 정하여 고시하고, 정보통신서비스 제공자 또는 정보통신망과 관련된 제품을 제조하거나 공급하는 자에게 그 표준을 사용하도록 권고할 수 있다. 다만, 「산업표준화법」 제12조에 따른 한국산업표준이 제정되어 있는 사항에 대하여는 그 표준에 따른다.(2017.7.26 본문개정)
② 제1항에 따라 고시된 표준에 적합한 정보통신과 관련된 제품을 제조하거나 공급하는 자는 제9조제1항에 따른 인증기관의 인증을 받아 그 제품이 표준에 적합한 것임을 나타내는 표시를 할 수 있다.
③ 제1항 단서에 해당하는 경우로서 「산업표준화법」 제15조에 따라 인증을 받은 경우에는 제2항에 따른 인증을 받은 것으로 본다.
④ 제2항에 따른 인증을 받은 자가 아니면 그 제품이 표준에 적합한 것임을 나타내는 표시를 하거나 이와 비슷한 표시를 하여서는 아니 되며, 이와 비슷한 표시를 한 제품을 판매하거나 판매할 목적으로 진열하여서는 아니 된다.
⑤ 과학기술정보통신부장관은 제4항을 위반하여 제품을 판매하거나 판매할 목적으로 진열한 자에게 그 제품을 수거·반품하도록 하거나 인증을 받아 그 표시를 하도록 하는 등 필요한 시정조치를 명할 수 있다.(2017.7.26 본항개정)
⑥ 제1항부터 제3항까지의 규정에 따른 표준화의 대상·방법·절차 및 인증표시, 제5항에 따른 수거·반품·시정 등에 필요한 사항은 과학기술정보통신부령으로 정한다.(2017.7.26 본항개정)

제9조【인증기관의 지정 등】 ① 과학기술정보통신부장관은 정보통신망과 관련된 제품을 제조하거나 공급하는 자의 제품이 제8조제1항 본문에 따라 고시된 표준에 적합한 제품임을 인증하는 기관(이하 "인증기관"이라 한다)을 지정할 수 있다.(2017.7.26 본항개정)
② 과학기술정보통신부장관은 인증기관이 다음 각 호의 어느 하나에 해당하면 그 지정을 취소하거나 6개월 이내의 기간을 정하여 업무의 정지를 명할 수 있다. 다만, 제1호에 해당하는 경우에는 그 지정을 취소하여야 한다.
(2017.7.26 본문개정)

1. 속임수나 그 밖의 부정한 방법으로 지정을 받은 경우
2. 정당한 사유 없이 1년 이상 계속하여 인증업무를 하지 아니한 경우
3. 제3항에 따른 지정기준에 미달한 경우

③ 제1항 및 제2항에 따른 인증기관의 지정기준·지정절차, 지정취소·업무정지의 기준 등에 필요한 사항은 과학기술정보통신부령으로 정한다.(2017.7.26 본항개정)

제10조【정보내용물의 개발 지원】 정부는 국가경쟁력을 확보하거나 공익을 증진하기 위하여 정보통신망을 통하여 유통되는 정보내용물을 개발하는 자에게 재정 및 기술 등 필요한 지원을 할 수 있다.

제11조【정보통신망 응용서비스의 개발 촉진 등】 ① 정부는 국가기관·지방자치단체 및 공공기관이 정보통신

망을 활용하여 업무를 효율화·자동화·고도화하는 응용서비스(이하 "정보통신망 응용서비스"라 한다)를 개발·운영하는 경우 그 기관에 재정 및 기술 등 필요한 지원을 할 수 있다.
② 정부는 민간부문에 의한 정보통신망 응용서비스의 개발을 촉진하기 위하여 재정 및 기술 등 필요한 지원을 할 수 있으며, 정보통신망 응용서비스의 개발에 필요한 기술인력을 양성하기 위하여 다음 각 호의 시책을 마련하여야 한다.
1. 각급 학교나 그 밖의 교육기관에서 시행하는 인터넷 교육에 대한 지원
2. 국민에 대한 인터넷 교육의 확대
3. 정보통신망 기술인력 양성사업에 대한 지원
4. 정보통신망 전문기술인력 양성기관의 설립·지원
5. 정보통신망 이용 교육프로그램의 개발 및 보급 지원
6. 정보통신망 관련 기술자격제도의 정착 및 전문기술인력 수급 지원
7. 그 밖에 정보통신망 관련 기술인력의 양성에 필요한 사항

제12조【정보의 공동활용체제 구축】 ① 정부는 정보통신망을 효율적으로 활용하기 위하여 정보통신망 상호 간의 연계 운영 및 표준화 등 정보의 공동활용체제 구축을 권장할 수 있다.
② 정부는 제1항에 따른 정보의 공동활용체제를 구축하는 자에게 재정 및 기술 등 필요한 지원을 할 수 있다.
③ 제1항과 제2항에 따른 권장 및 지원에 필요한 사항은 대통령령으로 정한다.

제13조【정보통신망의 이용촉진 등에 관한 사업】 ① 과학기술정보통신부장관은 공공, 지역, 산업, 생활 및 사회적 복지 등 각 분야의 정보통신망의 이용촉진과 정보격차의 해소를 위하여 관련 기술·기기 및 응용서비스의 효율적인 활용·보급을 촉진하기 위한 사업을 대통령령으로 정하는 바에 따라 실시할 수 있다.(2017.7.26 본항개정)
② 정부는 제1항에 따른 사업에 참여하는 자에게 재정 및 기술 등 필요한 지원을 할 수 있다.

제14조【인터넷 이용의 확산】 정부는 인터넷 이용이 확산될 수 있도록 공공 및 민간의 인터넷 이용시설의 효율적 활용을 유도하고 인터넷 관련 교육 및 홍보 등의 인터넷 이용기반을 확충하며, 지역별·성별·연령별 인터넷 이용격차를 해소하기 위한 시책을 마련하고 추진하여야 한다.

제15조【인터넷 서비스의 품질 개선】 ① 과학기술정보통신부장관은 인터넷 서비스 이용자의 권익을 보호하고 인터넷 서비스의 품질 향상 및 안정적 제공을 보장하기 위한 시책을 마련하여야 한다.(2017.7.26 본항개정)
② 과학기술정보통신부장관은 제1항에 따른 시책을 추진하기 위하여 필요하면 정보통신서비스 제공자단체 및 이용자단체 등의 의견을 들어 인터넷 서비스 품질의 측정·평가에 관한 기준을 정하여 고시할 수 있다.(2017.7.26 본항개정)
③ 정보통신서비스 제공자는 제2항에 따른 기준에 따라 자율적으로 인터넷 서비스의 품질 현황을 평가하여 그 결과를 이용자에게 알려줄 수 있다.

제16조~제17조 (2004.1.29 삭제)

제3장 전자문서중계자를 통한 전자문서의 활용

제18조~제21조 (2015.6.22 삭제)

제4장 정보통신서비스의 안전한 이용환경 조성
(2020.2.4 본장제목개정)

제22조 (2020.2.4 삭제)

제22조의2【접근권한에 대한 동의】 ① 정보통신서비스 제공자는 해당 서비스를 제공하기 위하여 이용자의 이동통신단말장치 내에 저장되어 있는 정보 및 이동통신단말장치에 설치된 기능에 대하여 접근할 수 있는 권한(이하 "접근권한"이라 한다)이 필요한 경우 다음 각 호의 사항을 이용자가 명확하게 인지할 수 있도록 알리고 이용자의 동의를 받아야 한다.
1. 해당 서비스를 제공하기 위하여 반드시 필요한 접근권한인 경우
  가. 접근권한이 필요한 정보 및 기능의 항목
  나. 접근권한이 필요한 이유
2. 해당 서비스를 제공하기 위하여 반드시 필요한 접근권한이 아닌 경우
  가. 접근권한이 필요한 정보 및 기능의 항목
  나. 접근권한이 필요한 이유
  다. 접근권한 허용에 대하여 동의하지 아니할 수 있다는 사실

② 정보통신서비스 제공자는 해당 서비스를 제공하기 위하여 반드시 필요하지 아니한 접근권한을 설정하는 데 이용자가 동의하지 아니한다는 이유로 이용자에게 해당 서비스의 제공을 거부하여서는 아니 된다.
③ 이동통신단말장치의 기본 운영체제(이동통신단말장치에서 소프트웨어를 실행할 수 있는 기반 환경을 말한다)를 제작하여 공급하는 자와 이동통신단말장치 제조업자 및 이동통신단말장치의 소프트웨어를 제작하여 공급하는 자는 정보통신서비스 제공자가 이동통신단말장치 내에 저장되어 있는 정보 및 이동통신단말장치에 설치된 기능에 접근하려는 경우 접근권한에 대한 이용자의 동의 및 철회방법을 마련하는 등 이용자 정보 보호에 필요한 조치를 하여야 한다.
④ 방송통신위원회는 해당 서비스의 접근권한의 설정이 제1항부터 제3항까지의 규정에 따라 이루어졌는지 여부에 대하여 실태조사를 실시할 수 있다.(2018.6.12 본항신설)
⑤ 제1항에 따른 접근권한의 범위 및 동의의 방법, 제3항에 따른 이용자 정보 보호를 위하여 필요한 조치 및 그 밖에 필요한 사항은 대통령령으로 정한다.
(2016.3.22 본조신설)

제23조 (2020.2.4 삭제)

제23조의2【주민등록번호의 사용 제한】 ① 정보통신서비스 제공자는 다음 각 호의 어느 하나에 해당하는 경우를 제외하고는 이용자의 주민등록번호를 수집·이용할 수 없다.
1. 제23조의3에 따라 본인확인기관으로 지정받은 경우
2. (2020.2.4 삭제)
3. 「전기통신사업법」 제38조제1항에 따라 기간통신사업자로부터 이동통신서비스 등을 제공받아 재판매하는 전기통신사업자가 제23조의3에 따라 본인확인기관으로 지정받은 이동통신사업자의 본인확인업무 수행과 관련하여 이용자의 주민등록번호를 수집·이용하는 경우(2020.2.4 본호개정)

② 제1항제3호에 따라 주민등록번호를 수집·이용할 수 있는 경우에도 이용자의 주민등록번호를 사용하지 아니하고 본인을 확인하는 방법(이하 "대체수단"이라 한다)을 제공하여야 한다.(2020.2.4 본항개정)
(2012.2.17 본조개정)

제23조의3【본인확인기관의 지정 등】 ① 방송통신위원회는 다음 각 호의 사항을 심사하여 대체수단의 개발·제공·관리 업무(이하 "본인확인업무"라 한다)를 안전하고 신뢰성 있게 수행할 능력이 있다고 인정되는 자를 본인확인기관으로 지정할 수 있다.
1. 본인확인업무의 안전성 확보를 위한 물리적·기술적·관리적 조치계획
2. 본인확인업무의 수행을 위한 기술적·재정적 능력
3. 본인확인업무 관련 설비규모의 적정성

② 본인확인기관이 본인확인업무의 전부 또는 일부를 휴지하고자 하는 때에는 휴지기간을 정하여 휴지하고자 하는 날의 30일 전까지 이를 이용자에게 통보하고 방송통신위원회에 신고하여야 한다. 이 경우 휴지기간은 6개월을 초과할 수 없다.
③ 본인확인기관이 본인확인업무를 폐지하고자 하는 때에는 폐지하고자 하는 날의 60일 전까지 이를 이용자에게 통보하고 방송통신위원회에 신고하여야 한다.
④ 제1항부터 제3항까지의 규정에 따른 심사사항별 세부 심사기준·지정절차 및 휴지·폐지 등에 관하여 필요한 사항은 대통령령으로 정한다.
(2011.4.5 본조신설)

제23조의4【본인확인업무의 정지 및 지정취소】 ① 방송통신위원회는 본인확인기관이 다음 각 호의 어느 하나에 해당하는 때에는 6개월 이내의 기간을 정하여 본인확인업무의 전부 또는 일부의 정지를 명하거나 지정을 취소할 수 있다. 다만, 제1호 또는 제2호에 해당하는 때에는 그 지정을 취소하여야 한다.
1. 거짓이나 그 밖의 부정한 방법으로 본인확인기관의 지정을 받은 경우
2. 본인확인업무의 정지명령을 받은 자가 그 명령을 위반하여 업무를 정지하지 아니한 경우
3. 지정받은 날부터 6개월 이내에 본인확인업무를 개시하지 아니하거나 6개월 이상 계속하여 본인확인업무를 휴지한 경우
4. 제23조의3제4항에 따른 지정기준에 적합하지 아니하게 된 경우

② 제1항에 따른 처분의 기준, 절차 및 그 밖에 필요한 사항은 대통령령으로 정한다.
(2011.4.5 본조신설)

제23조의5【연계정보의 생성·처리 등】 ① 본인확인기관은 다음 각 호의 어느 하나에 해당하는 경우를 제외하고는 정보통신서비스 제공자의 서비스 연계를 위하여 이용자의 주민등록번호를 비가역적으로 암호화한 정보(이하 "연계정보"라 한다)를 생성 또는 제공·이용·대조·연계 등 그 밖에 이와 유사한 행위(이하 "처리"라 한다)를 할 수 없다.
1. 이용자가 입력한 정보를 이용하여 이용자를 안전하게 식별·인증하기 위한 서비스를 제공하는 경우
2. 「개인정보 보호법」 제24조에 따른 고유식별정보(이하 이 조에서 "고유식별정보"라 한다)를 보유한 행정기관 및 공공기관(이하 "행정기관등"이라 한다)이 연계정보를 활용하여 「전자정부법」 제2조제5호에 따른 전자정부서비스를 제공하기 위한 경우로서 다음 각 목의 어느 하나에 해당하는 경우
  가. 「전자정부법」 제2조제4호에 따른 중앙사무관장기관의 장이 행정기관등의 이용자 식별을 통합적으로 지원하기 위하여 연계정보 생성·처리를 요청한 경우
  나. 행정기관등이 고유식별정보 처리 목적 범위 내에서 불가피하게 이용자의 동의를 받지 아니하고 연계정보 생성·처리를 요청한 경우
3. 고유식별정보를 보유한 자가 「개인정보 보호법」 제35조의2에 따른 개인정보 전송의무를 수행하기 위하여 개인정보 전송을 요구한 정보주체의 연계정보 생성·처리를 요청한 경우
(법률 제19234호 개인정보 보호법 공포 후 1년이 경과한 날부터 공포 후 2년이 넘지 아니하는 범위에서 대통령령으로 정하는 날 시행)
4. 「개인정보 보호법」 제24조의2제1항 각 호에 따라 주민등록번호 처리가 허용된 경우로서 이용자의 동의를 받지 아니하고 연계정보 생성·처리가 불가피한 대통령령으로 정하는 정보통신서비스를 제공하기 위하여 본인확인기관과 해당 정보통신서비스 제공자가 함께 방송통신위원회의 승인을 받은 경우

② 방송통신위원회는 제1항제4호에 따라 연계정보의 생성·처리를 승인하려는 경우 다음 각 호의 사항을 종합적으로 심사하여야 한다.
1. 제공 서비스 구현의 적절성 및 혁신성
2. 연계정보 생성·처리 절차의 적절성
3. 연계정보 생성·처리의 안전성 확보를 위한 물리적·기술적·관리적 조치 계획
4. 이용자 권리 보호 방안의 적정성
5. 관련 시장과 이용자 편익에 미치는 영향 및 효과

③ 방송통신위원회는 다음 각 호의 어느 하나에 해당하는 경우에 제1항제4호에 따른 연계정보 생성·처리 승인을 취소할 수 있다. 다만, 제1호에 해당하는 경우에는 그 승인을 취소하여야 한다.
1. 거짓이나 그 밖의 부정한 방법으로 제1항제4호에 따른 연계정보 생성·처리 승인을 받은 경우
2. 제2항 각 호에 따른 심사사항에 부적합하게 된 경우
3. 제23조의6제1항에 따른 물리적·기술적·관리적 조치 의무를 위반한 경우
4. 개인정보 보호 관련 법령을 위반하고 그 위반사유가 중대한 경우

④ 제1항 각 호에 따른 서비스를 위하여 본인확인기관으로부터 연계정보를 제공받은 자(이하 "연계정보 이용기관"이라 한다)는 제공받은 목적 범위 내에서 연계정보를 처리할 수 있다. 다만, 정보주체에게 별도로 동의받은 경우에는 동의받은 목적 범위에서 연계정보를 처리할 수 있다.
⑤ 제1항부터 제4항까지에 따른 연계정보 생성·처리 승인 절차, 승인 심사사항별 세부심사기준, 승인취소 처분의 기준 등에 관하여 필요한 사항은 대통령령으로 정한다.
(2024.1.23 본조신설)

제23조의6【연계정보의 안전조치 의무 등】 ① 본인확인기관이 연계정보를 생성·처리하는 경우 「개인정보 보호법」 제29조에 따른 조치 외에 연계정보 생성·처리의 안전성 확보를 위한 물리적·기술적·관리적 조치를 하여야 한다.
② 연계정보 이용기관은 제23조의5제1항 각 호에 따른 서비스를 제공하는 경우 「개인정보 보호법」 제29조에 따른 조치 외에 연계정보를 주민등록번호와 분리하여 보관·관리하고 연계정보가 분실·도난·유출·위조·변조 또는 훼손되지 아니하도록 조치(이하 "안전조치"라 한다)하여야 한다.
③ 방송통신위원회는 생성·처리하는 연계정보의 규모, 매출액 등이 대통령령으로 정하는 기준에 해당하는 본인확인기관의 물리적·기술적·관리적 조치 및 연계정보 이용기관의 안전조치에 대한 운영·관리 실태를 점검할 수 있다.
④ 방송통신위원회는 제3항에 따른 점검에 관한 업무를 대통령령으로 정하는 전문기관에 위탁할 수 있다.
⑤ 제1항에 따른 물리적·기술적·관리적 조치와 제2항에 따른 안전조치에 관하여 필요한 사항은 대통령령으로 정한다.
(2024.1.23 본조신설)

제24조~제32조의4 (2020.2.4 삭제)

제32조의5【국내대리인의 지정】 ① 국내에 주소 또는 영업소가 없는 정보통신서비스 제공자등으로서 이용자 수, 매출액 등을 고려하여 대통령령으로 정하는 기준에 해당하는 자는 다음 각 호의 사항을 대리하는 자(이하 "국내대리인"이라 한다)를 서면으로 지정하여야 한다.
1.~2. (2020.2.4 삭제)
3. 제64조제1항에 따른 관계 물품·서류 등의 제출

② 국내대리인은 국내에 주소 또는 영업소가 있는 자로 한다.
③ 제1항에 따라 국내대리인을 지정한 때에는 다음 각 호의 사항 모두를 인터넷 사이트 등에 공개하여야 한다.
(2020.2.4 본문개정)
1. 국내대리인의 성명(법인의 경우에는 그 명칭 및 대표자의 성명을 말한다)
2. 국내대리인의 주소(법인의 경우에는 영업소 소재지를 말한다), 전화번호 및 전자우편 주소

④ 국내대리인이 제1항 각 호와 관련하여 이 법을 위반한 경우에는 정보통신서비스 제공자등이 그 행위를 한 것으로 본다.
(2018.9.18 본조신설)

제33조~제40조 (2011.3.29 삭제)

제5장 정보통신망에서의 이용자 보호 등

(2008.6.13 본장개정)

제41조【청소년 보호를 위한 시책의 마련 등】 ① 방송통신위원회는 정보통신망을 통하여 유통되는 음란·폭력정보 등 청소년에게 해로운 정보(이하 "청소년유해정보"라 한다)로부터 청소년을 보호하기 위하여 다음 각 호의 시책을 마련하여야 한다.
1. 내용 선별 소프트웨어의 개발 및 보급
2. 청소년 보호를 위한 기술의 개발 및 보급
3. 청소년 보호를 위한 교육 및 홍보
4. 그 밖에 청소년 보호를 위하여 대통령령으로 정하는 사항

② 방송통신위원회는 제1항에 따른 시책을 추진할 때에는 「방송통신위원회의 설치 및 운영에 관한 법률」 제18조에 따른 방송통신심의위원회(이하 "심의위원회"라 한다), 정보통신서비스 제공자단체·이용자단체, 그 밖의 관련 전문기관이 실시하는 청소년 보호를 위한 활동을 지원할 수 있다.

제42조【청소년유해매체물의 표시】 전기통신사업자의 전기통신역무를 이용하여 일반에게 공개를 목적으로 정보를 제공하는 자(이하 "정보제공자"라 한다) 중 「청소년 보호법」 제2조제2호마목에 따른 매체물로서 같은 법 제2조제3호에 따른 청소년유해매체물을 제공하려는 자는 대통령령으로 정하는 표시방법에 따라 그 정보가 청소년유해매체물임을 표시하여야 한다.(2011.9.15 본조개정)

제42조의2【청소년유해매체물의 광고금지】 누구든지 「청소년 보호법」 제2조제2호마목에 따른 매체물로서 같은 법 제2조제3호에 따른 청소년유해매체물을 광고하는 내용의 정보를 정보통신망을 이용하여 부호·문자·음성·음향·화상 또는 영상 등의 형태로 같은 법 제2조제1호에 따른 청소년에게 전송하거나 청소년 접근을 제한하는 조치 없이 공개적으로 전시하여서는 아니 된다.
(2011.9.15 본조개정)

제42조의3【청소년 보호 책임자의 지정 등】 ① 정보통신서비스 제공자 중 일일 평균 이용자의 수, 매출액 등이 대통령령으로 정하는 기준에 해당하는 자는 정보통신망의 청소년유해정보로부터 청소년을 보호하기 위하여 청소년 보호 책임자를 지정하여야 한다.
② 청소년 보호 책임자는 해당 사업자의 임원 또는 청소년 보호와 관련된 업무를 담당하는 부서의 장에 해당하는 지위에 있는 자 중에서 지정한다.
③ 청소년 보호 책임자는 정보통신망의 청소년유해정보를 차단·관리하고, 청소년유해정보로부터의 청소년 보호계획을 수립하는 등 청소년 보호업무를 하여야 한다.
④ 제1항에 따른 청소년 보호 책임자의 지정에 필요한 사항은 대통령령으로 정한다.

제43조【영상 또는 음향정보 제공사업자의 보관의무】
① 「청소년 보호법」 제2조제2호마목에 따른 매체물로서 같은 법 제2조제3호에 따른 청소년유해매체물을 이용자의 컴퓨터에 저장 또는 기록되지 아니하는 방식으로 제공하는 것을 영업으로 하는 정보제공자 중 대통령령으로 정하는 자는 해당 정보를 보관하여야 한다.(2011.9.15 본항개정)
② 제1항에 따른 정보제공자가 해당 정보를 보관하여야 할 기간은 대통령령으로 정한다.

제44조【정보통신망에서의 권리보호】 ① 이용자는 사생활 침해 또는 명예훼손 등 타인의 권리를 침해하는 정보를 정보통신망에 유통시켜서는 아니 된다.
② 정보통신서비스 제공자는 자신이 운영·관리하는 정보통신망에 제1항에 따른 정보가 유통되지 아니하도록 노력하여야 한다.
③ 방송통신위원회는 정보통신망에 유통되는 정보로 인한 사생활 침해 또는 명예훼손 등 타인에 대한 권리침해를 방지하기 위하여 기술개발·교육·홍보 등에 대한 시책을 마련하고 이를 정보통신서비스 제공자에게 권고할 수 있다.(2014.5.28 본항개정)

제44조의2【정보의 삭제요청 등】 ① 정보통신망을 통하여 일반에게 공개를 목적으로 제공된 정보로 사생활 침해나 명예훼손 등 타인의 권리가 침해된 경우 그 침해를 받은 자는 해당 정보를 처리한 정보통신서비스 제공자에게 침해사실을 소명하여 그 정보의 삭제 또는 반박내용의 게재(이하 "삭제등"이라 한다)를 요청할 수 있다. 이 경우 삭제등을 요청하는 자(이하 이 조에서 "신청인"이라 한다)는 문자메시지, 전자우편 등 그 처리 경과 및 결과를 통지받을 수단을 지정할 수 있으며, 해당 정보를 게재한 자(이하 이 조에서 "정보게재자"라 한다)는 문자메시지, 전자우편 등 제2항에 따른 조치 사실을 통지받을 수단을 미리 지정할 수 있다.(2023.1.3 후단신설)
② 정보통신서비스 제공자는 제1항에 따른 해당 정보의 삭제등을 요청받으면 지체 없이 삭제·임시조치 등의 필요한 조치를 하고 즉시 신청인 및 정보게재자에게 알려야 한다. 이 경우 정보통신서비스 제공자는 필요한 조치를 한 사실을 해당 게시판에 공시하는 등의 방법으로 이용자가 알 수 있도록 하여야 한다.
③ 정보통신서비스 제공자는 자신이 운영·관리하는 정보통신망에 제42조에 따른 표시방법을 지키지 아니하는 청소년유해매체물이 게재되어 있거나 제42조의2에 따른 청소년 접근을 제한하는 조치 없이 청소년유해매체물을 광고하는 내용이 전시되어 있는 경우에는 지체 없이 그 내용을 삭제하여야 한다.
④ 정보통신서비스 제공자는 제1항에 따른 정보의 삭제요청에도 불구하고 권리의 침해 여부를 판단하기 어렵거나 이해당사자 간에 다툼이 예상되는 경우에는 해당 정보에 대한 접근을 임시적으로 차단하는 조치(이하 "임시조치"라 한다)를 할 수 있다. 이 경우 임시조치의 기간은 30일 이내로 한다.
⑤ 정보통신서비스 제공자는 필요한 조치에 관한 내용·절차 등을 미리 약관에 구체적으로 밝혀야 한다.
⑥ 정보통신서비스 제공자는 자신이 운영·관리하는 정보통신망에 유통되는 정보에 대하여 제2항에 따른 필요한 조치를 하면 이로 인한 배상책임을 줄이거나 면제받을 수 있다.

제44조의3【임의의 임시조치】 ① 정보통신서비스 제공자는 자신이 운영·관리하는 정보통신망에 유통되는 정보가 사생활 침해 또는 명예훼손 등 타인의 권리를 침해한다고 인정되면 임의로 임시조치를 할 수 있다.
② 제1항에 따른 임시조치에 관하여는 제44조의2제2항 후단, 제4항 후단 및 제5항을 준용한다.

제44조의4【자율규제】 ① 정보통신서비스 제공자단체는 이용자를 보호하고 안전하며 신뢰할 수 있는 정보통신서비스를 제공하기 위하여 정보통신서비스 제공자 행동강령을 정하여 시행할 수 있다.
② 정보통신서비스 제공자단체는 다음 각 호의 어느 하나에 해당하는 정보가 정보통신망에 유통되지 아니하도록 모니터링 등 자율규제 가이드라인을 정하여 시행할 수 있다.
1. 청소년유해정보
2. 제44조의7에 따른 불법정보
(2018.12.24 본항신설)
③ 정부는 제1항 및 제2항에 따른 정보통신서비스 제공자단체의 자율규제를 위한 활동을 지원할 수 있다.
(2018.12.24 본항신설)

제44조의5【게시판 이용자의 본인 확인】 ① 다음 각 호의 어느 하나에 해당하는 자가 게시판을 설치·운영하려면 그 게시판 이용자의 본인 확인을 위한 방법 및 절차의 마련 등 대통령령으로 정하는 필요한 조치(이하 "본인확인조치"라 한다)를 하여야 한다.
1. 국가기관, 지방자치단체, 「공공기관의 운영에 관한 법률」 제5조제3항에 따른 공기업·준정부기관 및 「지방공기업법」에 따른 지방공사·지방공단(이하 "공공기관등"이라 한다)
2. (2014.5.28 삭제)
② (2014.5.28 삭제)
③ 정부는 제1항에 따른 본인 확인을 위하여 안전하고 신뢰할 수 있는 시스템을 개발하기 위한 시책을 마련하여야 한다.
④ 공공기관등이 선량한 관리자의 주의로써 제1항에 따른 본인확인조치를 한 경우에는 이용자의 명의가 제3자에 의하여 부정사용됨에 따라 발생한 손해에 대한 배상책임을 줄이거나 면제받을 수 있다.(2014.5.28 본항개정)

제44조의6【이용자 정보의 제공청구】 ① 특정한 이용자에 의한 정보의 게재나 유통으로 사생활 침해 또는 명예훼손 등 권리를 침해당하였다고 주장하는 자는 민·형사상의 소를 제기하기 위하여 침해사실을 소명하여 제44조의10에 따른 명예훼손 분쟁조정부에 해당 정보통신서비스 제공자가 보유하고 있는 해당 이용자의 정보(민·형사상의 소를 제기하기 위한 성명·주소 등 대통령령으로 정하는 최소한의 정보를 말한다)를 제공하도록 청구할 수 있다.
② 명예훼손 분쟁조정부는 제1항에 따른 청구를 받으면 해당 이용자와 연락할 수 없는 등의 특별한 사정이 있는 경우 외에는 그 이용자의 의견을 들어 정보제공 여부를 결정하여야 한다.
③ 제1항에 따라 해당 이용자의 정보를 제공받은 자는 해당 이용자의 정보를 민·형사상의 소를 제기하기 위한 목적 외의 목적으로 사용하여서는 아니 된다.
④ 그 밖의 이용자 정보 제공청구의 내용과 절차에 필요한 사항은 대통령령으로 정한다.

제44조의7【불법정보의 유통금지 등】 ① 누구든지 정보통신망을 통하여 다음 각 호의 어느 하나에 해당하는 정보를 유통하여서는 아니 된다.
1. 음란한 부호·문언·음향·화상 또는 영상을 배포·판매·임대하거나 공공연하게 전시하는 내용의 정보
2. 사람을 비방할 목적으로 공공연하게 사실이나 거짓의 사실을 드러내어 타인의 명예를 훼손하는 내용의 정보
3. 공포심이나 불안감을 유발하는 부호·문언·음향·화상 또는 영상을 반복적으로 상대방에게 도달하도록 하는 내용의 정보
4. 정당한 사유 없이 정보통신시스템, 데이터 또는 프로그램 등을 훼손·멸실·변경·위조하거나 그 운용을 방해하는 내용의 정보
5. 「청소년 보호법」에 따른 청소년유해매체물로서 상대방의 연령 확인, 표시의무 등 법령에 따른 의무를 이행하지 아니하고 영리를 목적으로 제공하는 내용의 정보
(2011.9.15 본호개정)
6. 법령에 따라 금지되는 사행행위에 해당하는 내용의 정보
6의2. 이 법 또는 개인정보 보호에 관한 법령을 위반하여 개인정보를 거래하는 내용의 정보(2016.3.22 본호신설)
6의3. 총포·화약류(생명·신체에 위해를 끼칠 수 있는 폭발력을 가진 물건을 포함한다)를 제조할 수 있는 방법이나 설계도 등의 정보(2018.6.12 본호신설)
7. 법령에 따라 분류된 비밀 등 국가기밀을 누설하는 내용의 정보
8. 「국가보안법」에서 금지하는 행위를 수행하는 내용의 정보
9. 그 밖에 범죄를 목적으로 하거나 교사(敎唆) 또는 방조하는 내용의 정보

② 방송통신위원회는 제1항제1호부터 제6호까지, 제6호의2 및 제6호의3의 정보에 대하여는 심의위원회의 심의를 거쳐 정보통신서비스 제공자 또는 게시판 관리·운영자로 하여금 그 처리를 거부·정지 또는 제한하도록 명할 수 있다. 다만, 제1항제2호 및 제3호에 따른 정보의 경우에는 해당 정보로 인하여 피해를 받은 자가 구체적으로 밝힌 의사에 반하여 그 처리의 거부·정지 또는 제한을 명할 수 없다.(2018.6.12 본문개정)
③ 방송통신위원회는 제1항제7호부터 제9호까지의 정보가 다음 각 호의 모두에 해당하는 경우에는 정보통신서비스 제공자 또는 게시판 관리·운영자에게 해당 정보의 처리를 거부·정지 또는 제한하도록 명하여야 한다.
(2016.3.22 본문개정)
1. 관계 중앙행정기관의 장의 요청〔제1항제9호의 정보 중 「성폭력범죄의 처벌 등에 관한 특례법」 제14조에 따른 촬영물 또는 복제물(복제물의 복제물을 포함한다)에 대하여는 수사기관의 장의 요청을 포함한다〕이 있었을 것
(2018.12.24 본호개정)
2. 제1호의 요청을 받은 날부터 7일 이내에 심의위원회의 심의를 거친 후 「방송통신위원회의 설치 및 운영에 관한 법률」 제21조제4호에 따른 시정 요구를 하였을 것
3. 정보통신서비스 제공자나 게시판 관리·운영자가 시정 요구에 따르지 아니하였을 것
④ 방송통신위원회는 제2항 및 제3항에 따른 명령의 대상이 되는 정보통신서비스 제공자, 게시판 관리·운영자 또는 해당 이용자에게 미리 의견제출의 기회를 주어야 한다. 다만, 다음 각 호의 어느 하나에 해당하는 경우에는 의견제출의 기회를 주지 아니할 수 있다.
1. 공공의 안전 또는 복리를 위하여 긴급히 처분을 할 필요가 있는 경우
2. 의견청취가 뚜렷이 곤란하거나 명백히 불필요한 경우로서 대통령령으로 정하는 경우
3. 의견제출의 기회를 포기한다는 뜻을 명백히 표시한 경우
⑤ 국내에 데이터를 임시적으로 저장하는 서버를 설치·운영하는 정보통신서비스 제공자 중 사업의 종류 및 규모 등이 대통령령으로 정하는 기준에 해당하는 자는 제1항 각 호에 해당하는 정보의 유통을 방지하기 위하여 다음 각 호의 기술적·관리적 조치를 하여야 한다.
1. 제2항 및 제3항에 따른 심의위원회의 심의를 거친 제1항 각 호의 정보가 서버에 저장되어 있는지 식별하여 신속하게 접근을 제한하는 조치
2. 제1호에 따라 식별한 정보의 게재자에게 해당 정보의 유통금지를 요청하는 조치
3. 제1호에 따른 조치의 운영·관리 실태를 시스템에 자동으로 기록되도록 하고, 이를 대통령령으로 정하는 기간 동안 보관하는 조치
4. 그 밖에 제1항 각 호에 해당하는 정보의 유통을 방지하기 위하여 필요한 대통령령으로 정하는 조치
(2024.1.23 본항신설)

제44조의8【대화형정보통신서비스에서의 아동 보호】 정보통신서비스 제공자는 만 14세 미만의 아동에게 문자·음성을 이용하여 사람과 대화하는 방식으로 정보를 처리하는 시스템을 기반으로 하는 정보통신서비스를 제공하는 경우에는 그 아동에게 부적절한 내용의 정보가 제공되지 아니하도록 노력하여야 한다.(2018.12.24 본조신설)

제44조의9【불법촬영물등 유통방지 책임자】 ① 정보통신서비스 제공자 중 일일 평균 이용자의 수, 매출액, 사업의 종류 등이 대통령령으로 정하는 기준에 해당하는 자는 자신이 운영·관리하는 정보통신망을 통하여 일반에게 공개되어 유통되는 정보 중 다음 각 호의 정보(이하 "불법촬영물등"이라 한다)의 유통을 방지하기 위한 책임자(이하 "불법촬영물등 유통방지 책임자"라 한다)를 지정하여야 한다.
1. 「성폭력범죄의 처벌 등에 관한 특례법」 제14조에 따른 촬영물 또는 복제물(복제물의 복제물을 포함한다)
2. 「성폭력범죄의 처벌 등에 관한 특례법」 제14조의2에 따른 편집물·합성물·가공물 또는 복제물(복제물의 복제물을 포함한다)
3. 「아동·청소년의 성보호에 관한 법률」 제2조제5호에 따른 아동·청소년성착취물
② 불법촬영물등 유통방지 책임자는 「전기통신사업법」 제22조의5제1항에 따른 불법촬영물등의 삭제·접속차단 등 유통방지에 필요한 조치 업무를 수행한다.
③ 불법촬영물등 유통방지 책임자의 수 및 자격요건, 불법촬영물등 유통방지 책임자에 대한 교육 등에 관하여 필요한 사항은 대통령령으로 정한다.
(2020.6.9 본조신설)

제44조의10 【명예훼손 분쟁조정부】 ① 심의위원회는 정보통신망을 통하여 유통되는 정보 중 사생활의 침해 또는 명예훼손 등 타인의 권리를 침해하는 정보와 관련된 분쟁의 조정업무를 효율적으로 수행하기 위하여 5명 이하의 위원으로 구성된 명예훼손 분쟁조정부를 두되, 그 중 1명 이상은 변호사의 자격이 있는 사람으로 한다. (2020.6.9 본항개정)

② 명예훼손 분쟁조정부의 위원은 심의위원회의 위원장이 심의위원회의 동의를 받아 위촉한다.

③ 명예훼손 분쟁조정부의 분쟁조정절차 등에 관하여는 제33조의2제2항, 제35조부터 제39조까지의 규정을 준용한다. 이 경우 "분쟁조정위원회"는 "심의위원회"로, "개인정보와 관련한 분쟁"은 "정보통신망을 통하여 유통되는 정보 중 사생활의 침해 또는 명예훼손 등 타인의 권리를 침해하는 정보와 관련된 분쟁"으로 본다.

④ 명예훼손 분쟁조정부의 설치·운영 및 분쟁조정 등에 관하여 그 밖의 필요한 사항은 대통령령으로 정한다.

제6장 정보통신망의 안정성 확보 등
(2008.6.13 본장개정)

제45조 【정보통신망의 안정성 확보 등】 ① 다음 각 호의 어느 하나에 해당하는 자는 정보통신서비스의 제공에 사용되는 정보통신망의 안정성 및 정보의 신뢰성을 확보하기 위한 보호조치를 하여야 한다.(2020.6.9 본문개정)
1. 정보통신서비스 제공자(2020.6.9 본호신설)
2. 정보통신망에 연결되어 정보를 송·수신할 수 있는 기기·설비·장비 중 대통령령으로 정하는 기기·설비·장비(이하 "정보통신망연결기기등"이라 한다)를 제조하거나 수입하는 자(2020.6.9 본호신설)

② 과학기술정보통신부장관은 제1항에 따른 보호조치의 구체적 내용을 정한 정보보호조치에 관한 지침(이하 "정보보호지침"이라 한다)을 정하여 고시하고 제1항 각 호의 어느 하나에 해당하는 자에게 이를 지키도록 권고할 수 있다.(2020.6.9 본항개정)

③ 정보보호지침에는 다음 각 호의 사항이 포함되어야 한다.
1. 정당한 권한이 없는 자가 정보통신망에 접근·침입하는 것을 방지하거나 대응하기 위한 정보보호시스템의 설치·운영 등 기술적·물리적 보호조치
2. 정보의 불법 유출·위조·변조·삭제 등을 방지하기 위한 기술적 보호조치(2016.3.22 본호개정)
3. 정보통신망의 지속적인 이용이 가능한 상태를 확보하기 위한 기술적·물리적 보호조치
4. 정보통신망의 안정 및 정보보호를 위한 인력·조직·경비의 확보 및 관련 계획수립 등 관리적 보호조치
5. 정보통신망연결기기등의 정보보호를 위한 기술적 보호조치(2020.6.9 본호신설)

④ 과학기술정보통신부장관은 관계 중앙행정기관의 장에게 소관 분야의 정보통신망연결기기등과 관련된 시험·검사·인증 등의 기준에 정보보호지침의 내용을 반영할 것을 요청할 수 있다.(2020.6.9 본항신설)

제45조의2 【정보보호 사전점검】 ① 정보통신서비스 제공자는 새로이 정보통신망을 구축하거나 정보통신서비스를 제공하고자 하는 때에는 그 계획 또는 설계에 정보보호에 관한 사항을 고려하여야 한다.

② 과학기술정보통신부장관은 다음 각 호의 어느 하나에 해당하는 정보통신서비스 또는 전기통신사업을 시행하고자 하는 자에게 대통령령으로 정하는 정보보호 사전점검기준에 따라 보호조치를 하도록 권고할 수 있다.
1. 이 법 또는 다른 법령에 따라 과학기술정보통신부장관의 인가·허가를 받거나 등록·신고를 하도록 되어 있는 사업으로서 대통령령으로 정하는 정보통신서비스 또는 전기통신사업
2. 과학기술정보통신부장관이 사업비의 전부 또는 일부를 지원하는 사업으로서 대통령령으로 정하는 정보통신서비스 또는 전기통신사업

(2017.7.26 본항개정)

③ 제2항에 따른 정보보호 사전점검의 기준·방법·절차·수수료 등 필요한 사항은 대통령령으로 정한다.

(2012.2.17 본조신설)

제45조의3 【정보보호 최고책임자의 지정 등】 ① 정보통신서비스 제공자는 정보통신시스템 등에 대한 보안 및 정보의 안전한 관리를 위하여 대통령령으로 정하는 기준에 해당하는 임직원을 정보보호 최고책임자로 지정하고 과학기술정보통신부장관에게 신고하여야 한다. 다만, 자산총액, 매출액 등이 대통령령으로 정하는 기준에 해당하는 정보통신서비스 제공자의 경우에는 정보보호 최고책임자를 신고하지 아니할 수 있다.(2021.6.8 본항개정)

② 제1항에 따른 신고의 방법 및 절차 등에 대해서는 대통령령으로 정한다.(2014.5.28 본항신설)

③ 제1항 본문에 따라 지정 및 신고된 정보보호 최고책임자(자산총액, 매출액 등 대통령령으로 정하는 기준에 해당하는 정보통신서비스 제공자의 경우로 한정한다)는 제4항의 업무 외의 다른 업무를 겸직할 수 없다.(2018.6.12 본항신설)

④ 정보보호 최고책임자의 업무는 다음 각 호와 같다.
1. 정보보호 최고책임자는 다음 각 목의 업무를 총괄한다.
   가. 정보보호 계획의 수립·시행 및 개선
   나. 정보보호 실태와 관행의 정기적인 감사 및 개선
   다. 정보보호 위험의 식별 평가 및 정보보호 대책 마련
   라. 정보보호 교육과 모의 훈련 계획의 수립 및 시행
2. 정보보호 최고책임자는 다음 각 목의 업무를 겸할 수 있다.
   가. 「정보보호산업의 진흥에 관한 법률」 제13조에 따른 정보보호 공시에 관한 업무
   나. 「정보통신기반 보호법」 제5조제5항에 따른 정보보호책임자의 업무
   다. 「전자금융거래법」 제21조의2제4항에 따른 정보보호최고책임자의 업무
   라. 「개인정보 보호법」 제31조제2항에 따른 개인정보 보호책임자의 업무
   마. 그 밖에 이 법 또는 관계 법령에 따라 정보보호를 위하여 필요한 조치의 이행

(2021.6.8 본항개정)

⑤ 정보통신서비스 제공자는 침해사고에 대한 공동 예방 및 대응, 필요한 정보의 교류, 그 밖에 대통령령으로 정하는 공동의 사업을 수행하기 위하여 제1항에 따른 정보보호 최고책임자를 구성원으로 하는 정보보호 최고책임자 협의회를 구성·운영할 수 있다.

⑥ 정부는 제5항에 따른 정보보호 최고책임자 협의회의 활동에 필요한 경비의 전부 또는 일부를 지원할 수 있다. (2018.6.12 본항개정)

⑦ 정보보호 최고책임자의 자격요건 등에 필요한 사항은 대통령령으로 정한다.(2018.6.12 본항신설)

(2012.2.17 본조신설)

제46조 【집적된 정보통신시설의 보호】 ① 다음 각 호의 어느 하나에 해당하는 정보통신서비스 제공자 중 정보통신시설의 규모 등이 대통령령으로 정하는 기준에 해당하는 자(이하 "집적정보통신시설 사업자등"이라 한다)는 정보통신시설을 안정적으로 운영하기 위하여 대통령령으로 정하는 바에 따른 보호조치를 하여야 한다. (2023.1.3 본문개정)
1. 타인의 정보통신서비스 제공을 위하여 집적된 정보통신시설을 운영·관리하는 자(이하 "집적정보통신시설 사업자"라 한다)
2. 자신의 정보통신서비스 제공을 위하여 직접 집적된 정보통신시설을 운영·관리하는 자

(2023.1.3 1호~2호신설)

② 집적정보통신시설 사업자는 집적된 정보통신시설의 멸실, 훼손, 그 밖의 운영장애로 발생한 피해를 보상하기 위하여 대통령령으로 정하는 바에 따라 보험에 가입하여야 한다.

③ 과학기술정보통신부장관은 정기적으로 제1항에 따른 보호조치의 이행 여부를 점검하고, 보완이 필요한 사항에 대하여 집적정보통신시설 사업자등에게 시정을 명할 수 있다. 다만, 집적정보통신시설 사업자등에 대하여 「방송통신발전 기본법」 제36조의2제2항에 따른 점검을 실시한 사항의 경우에는 제1항에 따른 보호조치의 이행 여부 점검 사항에서 제외한다.(2023.1.3 본항신설)

④ 과학기술정보통신부장관은 집적정보통신시설 사업자등에 해당하는지 여부의 확인 및 제3항에 따른 점검을 위하여 제1항 각 호의 어느 하나에 해당하는 정보통신서비스 제공자, 관계 중앙행정기관의 장, 지방자치단체의 장 및 「공공기관의 운영에 관한 법률」 제4조에 따라 공공기관으로 지정된 기관의 장에게 자료의 제출을 요구할 수 있다. 이 경우 자료제출 요구를 받은 자는 정당한 사유가 없으면 그 요구에 따라야 하며, 자료제출 요구의 절차·방법 등에 관하여는 제64조제6항 및 제9항부터 제11항까지를 준용한다.(2023.1.3 본항신설)

⑤ 제4항에 따라 제출받은 자료의 보호 및 폐기에 관하여는 제64조의2를 준용한다.(2023.1.3 본항신설)

⑥ 집적정보통신시설 사업자등은 재난이나 재해 및 그 밖의 물리적·기능적 결함 등으로 인하여 대통령령으로 정하는 기간 동안 정보통신서비스 제공의 중단이 발생한 때에는 그 중단 현황, 발생원인, 응급조치 및 복구대책을 지체 없이 과학기술정보통신부장관에게 보고하여야 한다. 이 경우 과학기술정보통신부장관은 집적된 정보통신시설의 복구 및 보호에 필요한 기술적 지원을 할 수 있다. (2023.1.3 본항신설)

⑦ 집적정보통신시설 사업자가 제공하는 집적된 정보통신시설을 임차한 정보통신서비스 제공자는 집적정보통신시설 사업자의 제1항에 따른 보호조치의 이행 등에 적극 협조하여야 하며, 제1항에 따른 보호조치에 필요한 설비를 직접 설치·운영하거나 출입 통제를 하는 등 임차 시설을 배타적으로 운영·관리하는 경우에는 대통령령으로 정하는 바에 따라 보호조치의 이행, 재난 등으로 인한 서비스 중단 시 보고 등의 조치를 하여야 한다. (2023.1.3 본항신설)

⑧ 과학기술정보통신부장관은 제3항에 따른 점검과 제6항에 따른 기술적 지원에 관한 업무를 대통령령으로 정하는 전문기관에 위탁할 수 있다.(2023.1.3 본항신설)

⑨ 제3항에 따른 점검의 주기 및 방법, 제6항에 따른 보고의 방법, 그 밖에 필요한 사항은 대통령령으로 정한다. (2023.1.3 본항신설)

제46조의2 【집적정보통신시설 사업자의 긴급대응】 ① 집적정보통신시설 사업자는 다음 각 호의 어느 하나에 해당하는 경우에는 이용약관으로 정하는 바에 따라 해당 서비스의 전부 또는 일부의 제공을 중단할 수 있다.
1. 집적정보통신시설을 이용하는 자(이하 "시설이용자"라 한다)의 정보시스템에서 발생한 이상현상으로 다른 시설이용자의 정보통신망 또는 집적된 정보통신시설의 정보통신망에 심각한 장애를 발생시킬 우려가 있다고 판단되는 경우
2. 외부에서 발생한 침해사고로 집적된 정보통신시설에 심각한 장애가 발생할 우려가 있다고 판단되는 경우
3. 중대한 침해사고가 발생하여 과학기술정보통신부장관이나 한국인터넷진흥원이 요청하는 경우(2017.7.26 본호개정)

② 집적정보통신시설 사업자는 제1항에 따라 해당 서비스의 제공을 중단하는 경우에는 중단사유, 발생일시, 기간 및 내용 등을 구체적으로 밝혀 시설이용자에게 즉시 알려야 한다.

③ 집적정보통신시설 사업자는 중단사유가 없어지면 즉시 해당 서비스의 제공을 재개하여야 한다.

제46조의3 (2012.2.17 삭제)

제47조 【정보보호 관리체계의 인증】 ① 과학기술정보통신부장관은 정보통신망의 안정성·신뢰성 확보를 위하여 관리적·기술적·물리적 보호조치를 포함한 종합적 관리체계(이하 "정보보호 관리체계"라 한다)를 수립·운영하고 있는 자에 대하여 제4항에 따른 기준에 적합한지에 관하여 인증을 할 수 있다.(2017.7.26 본항개정)

② 「전기통신사업법」 제2조제8호에 따른 전기통신사업자와 전기통신사업자의 전기통신역무를 이용하여 정보를 제공하거나 정보의 제공을 매개하는 자로서 다음 각 호의 어느 하나에 해당하는 자는 제1항에 따른 인증을 받아야 한다.(2015.12.1 본문개정)
1. 「전기통신사업법」 제6조제1항에 따른 등록을 한 자로서 대통령령으로 정하는 바에 따라 정보통신망서비스를 제공하는 자(이하 "주요정보통신서비스 제공자"라 한다)(2020.6.9 본호개정)
2. 집적정보통신시설 사업자
3. 전년도 매출액 또는 세입 등이 1,500억원 이상이거나 정보통신서비스 부문 전년도 매출액이 100억원 이상 또는 전년도 일일평균 이용자수 100만명 이상으로서, 대통령령으로 정하는 기준에 해당하는 자(2024.1.23 본호개정)

(2012.2.17 본항신설)

③ 과학기술정보통신부장관은 제2항에 따라 인증을 받아야 하는 자가 과학기술정보통신부령으로 정하는 바에 따라 국제표준 정보보호 인증을 받거나 정보보호 조치를 취한 경우에는 제1항에 따른 인증 심사의 일부를 생략할 수 있다. 이 경우 인증 심사의 세부 생략 범위에 대해서는 과학기술정보통신부장관이 정하여 고시한다.(2017.7.26 본항개정)

④ 과학기술정보통신부장관은 제1항에 따른 정보보호 관리체계 인증을 위하여 관리적·기술적·물리적 보호대책을 포함한 인증기준 등 그 밖에 필요한 사항을 정하여 고시할 수 있다.(2017.7.26 본항개정)

⑤ 제1항에 따른 정보보호 관리체계 인증의 유효기간은 3년으로 한다. 다만, 제47조의5제1항에 따라 정보보호 관리등급을 받은 경우 그 유효기간 동안 제1항의 인증을 받은 것으로 본다.(2012.2.17 본항신설)

⑥ 과학기술정보통신부장관은 한국인터넷진흥원 또는 과학기술정보통신부장관이 지정한 기관(이하 "정보보호 관리체계 인증기관"이라 한다)으로 하여금 제1항 및 제2항에 따른 인증에 관한 업무로서 다음 각 호의 업무를 수행하게 할 수 있다.(2017.7.26 본문개정)
1. 인증 신청인이 수립한 정보보호 관리체계가 제4항에 따른 인증기준에 적합한지 여부를 확인하기 위한 심사(이하 "인증심사"라 한다)
2. 인증심사 결과의 심의
3. 인증서 발급·관리
4. 인증의 사후관리
5. 정보보호 관리체계 인증심사원의 양성 및 자격관리
6. 그 밖에 정보보호 관리체계 인증에 관한 업무

(2015.12.1 1호~6호신설)

⑦ 과학기술정보통신부장관은 인증에 관한 업무를 효율적으로 수행하기 위하여 필요한 경우 인증심사 업무를 수행하는 기관(이하 "정보보호 관리체계 심사기관"이라 한다)을 지정할 수 있다.(2017.7.26 본항개정)

⑧ 한국인터넷진흥원, 정보보호 관리체계 인증기관 및 정보보호 관리체계 심사기관은 정보보호 관리체계의 실효성 제고를 위하여 연 1회 이상 사후관리를 실시하고 그 결과를 과학기술정보통신부장관에게 통보하여야 한다. (2017.7.26 본항개정)

⑨ 제1항 및 제2항에 따라 정보보호 관리체계의 인증을 받은 자는 대통령령으로 정하는 바에 따라 인증의 내용을 표시하거나 홍보할 수 있다.(2012.2.17 본항개정)

⑩ 과학기술정보통신부장관은 다음 각 호의 어느 하나에 해당하는 사유를 발견한 경우에는 인증을 취소할 수 있다. 다만, 제1호에 해당하는 경우에는 인증을 취소하여야 한다.(2017.7.26 본문개정)

1. 거짓이나 그 밖의 부정한 방법으로 정보보호 관리체계 인증을 받은 경우
2. 제4항에 따른 인증기준에 미달하게 된 경우
3. 제8항에 따른 사후관리를 거부 또는 방해한 경우
(2015.12.1 2호~3호개정)
(2012.2.17 본항신설)
⑪ 제1항 및 제2항에 따른 인증의 방법·절차·범위·수수료, 제8항에 따른 사후관리의 방법·절차, 제10항에 따른 인증취소의 방법·절차, 그 밖에 필요한 사항은 대통령령으로 정한다.(2015.12.1 본항개정)
⑫ 정보보호 관리체계 인증기관 및 정보보호 관리체계 심사기관 지정의 기준·절차·유효기간 등에 필요한 사항은 대통령령으로 정한다.(2015.12.1 본항신설)

제47조의2【정보보호 관리체계 인증기관 및 정보보호 관리체계 심사기관의 지정취소 등】 ① 과학기술정보통신부장관은 제47조에 따라 정보보호 관리체계 인증기관 또는 정보보호 관리체계 심사기관으로 지정받은 법인 또는 단체가 다음 각 호의 어느 하나에 해당하면 그 지정을 취소하거나 1년 이내의 기간을 정하여 해당 업무의 전부 또는 일부의 정지를 명할 수 있다. 다만, 제1호나 제2호에 해당하는 경우에는 그 지정을 취소하여야 한다.
(2017.7.26 본문개정)
1. 거짓이나 그 밖의 부정한 방법으로 정보보호 관리체계 인증기관 또는 정보보호 관리체계 심사기관의 지정을 받은 경우
2. 업무정지기간 중에 인증 또는 인증심사를 한 경우
3. 정당한 사유 없이 인증 또는 인증심사를 하지 아니한 경우
4. 제47조제11항을 위반하여 인증 또는 인증심사를 한 경우
5. 제47조제12항에 따른 지정기준에 적합하지 아니하게 된 경우
(2015.12.1 본항개정)
② 제1항에 따른 지정취소 및 업무정지 등에 필요한 사항은 대통령령으로 정한다.
(2015.12.1 본조제목개정)

제47조의3 (2020.2.4 삭제)

제47조의4【이용자의 정보보호】 ① 정부는 이용자의 정보보호에 필요한 기준을 정하여 이용자에게 권고하고, 침해사고의 예방 및 확산 방지를 위하여 취약점 점검, 기술 지원 등 필요한 조치를 할 수 있다.
② 정부는 제1항에 따른 조치에 관한 업무를 한국인터넷진흥원 또는 대통령령으로 정하는 전문기관에 위탁할 수 있다.(2020.6.9 본항신설)
③ 주요정보통신서비스 제공자는 정보통신망에 중대한 침해사고가 발생하여 자신의 서비스를 이용하는 이용자의 정보시스템 또는 정보통신망 등에 심각한 장애가 발생할 가능성이 있으면 이용약관으로 정하는 바에 따라 그 이용자에게 보호조치를 취하도록 요청하고, 이를 이행하지 아니하는 경우에는 해당 정보통신망으로의 접속을 일시적으로 제한할 수 있다.
④ 「소프트웨어 진흥법」 제2조에 따른 소프트웨어사업자는 보안에 관한 취약점을 보완하는 프로그램을 제작하였을 때에는 한국인터넷진흥원에 알려야 하고, 그 소프트웨어 사용자에게는 제작한 날부터 1개월 이내에 2회 이상 알려야 한다.(2020.6.9 본항개정)
⑤ 제3항에 따른 보호조치의 요청 등에 관하여 이용약관으로 정하여야 하는 구체적인 사항은 대통령령으로 정한다.
(2020.6.9 본항개정)

제47조의5【정보보호 관리등급 부여】 ① 제47조에 따라 정보보호 관리체계 인증을 받은 자는 기업의 통합적 정보보호 관리수준을 제고하고 이용자로부터 정보보호 서비스에 대한 신뢰를 확보하기 위하여 과학기술정보통신부장관으로부터 정보보호 관리등급을 받을 수 있다.
(2017.7.26 본항개정)
② 과학기술정보통신부장관은 한국인터넷진흥원으로 하여금 제1항에 따른 등급 부여에 관한 업무를 수행하게 할 수 있다.(2017.7.26 본항개정)
③ 제1항에 따라 정보보호 관리등급을 받은 자는 대통령령으로 정하는 바에 따라 해당 등급의 내용을 표시하거나 홍보에 활용할 수 있다.
④ 과학기술정보통신부장관은 다음 각 호의 어느 하나에 해당하는 사유를 발견한 경우에는 부여한 등급을 취소할 수 있다. 다만, 제1호에 해당하는 경우에는 부여한 등급을 취소하여야 한다.(2017.7.26 본문개정)
1. 거짓이나 그 밖의 부정한 방법으로 정보보호 관리등급을 받은 경우
2. 제5항에 따른 등급기준에 미달하게 된 경우
⑤ 제1항에 따른 등급 부여의 심사기준 및 등급 부여의 방법·절차·수수료, 등급의 유효기간, 제4항에 따른 등급취소의 방법, 절차, 그 밖에 필요한 사항은 대통령령으로 정한다.
(2012.2.17 본조신설)

제47조의6【정보보호 취약점 신고자에 대한 포상】 ① 정부는 침해사고의 예방 및 피해 확산 방지를 위하여 정보통신서비스, 정보통신망연결기기등 또는 소프트웨어의 보안에 관한 취약점(이하 "정보보호 취약점"이라 한다)을 신고한 자에게 예산의 범위에서 포상금을 지급할 수 있다.
② 제1항에 따른 포상금의 지급 대상·기준 및 절차 등은 대통령령으로 정한다.
③ 정부는 제1항에 따른 포상금 지급에 관한 업무를 한국인터넷진흥원에 위탁할 수 있다.
(2022.6.10 본조신설)

제47조의7【정보보호 관리체계 인증의 특례】 ① 과학기술정보통신부장관은 제47조제1항 및 제2항에 따른 인증을 받으려는 자 중 다음 각 호의 어느 하나에 해당하는 자에 대하여 제47조에 따른 인증기준 및 절차 등을 완화하여 적용할 수 있다.
1. 「중소기업기본법」 제2조제2항에 따른 소기업
2. 그 밖에 정보통신서비스의 규모 및 특성 등에 따라 대통령령으로 정하는 기준에 해당하는 자
② 과학기술정보통신부장관은 정보통신망의 안정성·신뢰성 확보를 위하여 제1항에 관련된 비용 및 기술 등 필요한 지원을 할 수 있다.
③ 과학기술정보통신부장관은 제1항에 따른 인증기준 및 절차 등 그 밖에 필요한 사항을 정하여 고시할 수 있다.
(2024.1.23 본조신설)

제48조【정보통신망 침해행위 등의 금지】 ① 누구든지 정당한 접근권한 없이 또는 허용된 접근권한을 넘어 정보통신망에 침입하여서는 아니 된다.
② 누구든지 정당한 사유 없이 정보통신시스템, 데이터 또는 프로그램 등을 훼손·멸실·변경·위조하거나 그 운용을 방해할 수 있는 프로그램(이하 "악성프로그램"이라 한다)을 전달 또는 유포하여서는 아니 된다.
③ 누구든지 정보통신망의 안정적 운영을 방해할 목적으로 대량의 신호 또는 데이터를 보내거나 부정한 명령을 처리하도록 하는 등의 방법으로 정보통신망에 장애가 발생하게 하여서는 아니 된다.
④ 누구든지 정당한 사유 없이 정보통신망의 정상적인 보호·인증 절차를 우회하여 정보통신망에 접근할 수 있도록 하는 프로그램이나 기술적 장치 등을 정보통신망 또는 이와 관련된 정보시스템에 설치하거나 이를 전달·유포하여서는 아니 된다.(2024.1.23 본항신설)

판례 A는 회사 다면평가 열람용 인터넷 주소 일부 숫자를 바꿔 넣는 방법으로 다른 임직원의 평가 결과를 일일이 열어 보고 그 화면을 캡처하여 타인에게 전송하였다. 이 사건에서 정보통신망에 접근권한을 부여하거나 허용되는 범위를 설정하는 주체는 서비스제공자이다. 서비스제공자가 해당 임직원들에게 본인의 다면평가 결과가 게시된 인터넷 페이지의 주소만을 개별적으로 전달했다 하더라도 아무런 보호조치 없이 다면평가 결과가 게시된 인터넷 주소를 입력하는 방법만으로도 결과를 열람할 수 있도록 한 이상, 인터넷 페이지 접근권한을 임직원 본인으로 제한했다고 보기 어렵다. A는 인터넷 주소 일부를 변경해 입력한 것 외에 별도로 부정한 수단 또는 방법으로 볼 만한 행위를 하지 않았으므로 다면평가 결과를 부정한 수단 또는 방법으로 취득하거나 누설했다고 할 수 없다.
(대판 2023.10.26, 2023도1086)

판례 악성 프로그램의 판단 기준 : 다른 사람에게 쪽지를 대량 발송하거나, 반복적으로 같은 내용의 글을 포털사이트 등에 올리는 기능을 담은 프로그램 등을 개발하여 판매한 사건에 대하여, 이와 같은 프로그램은 인터넷 커뮤니티 등에 업체나 상품 등을 광고하는데 사용하기 위한 것으로, 기본적으로 일반 사용자가 직접 작업하는 것과 동일한 경로와 방법으로 작업을 수행한다. 또한 이와 같은 프로그램을 이용하여 포털 사이트 서버가 다운되는 등의 장애가 발생한다고 볼만한 증거도 없다. 어떤 프로그램이 악성 프로그램인지 판단할 때는 그 용도 및 기술적 구성, 작동 방식, 정보통신시스템 등에 미치는 영향, 프로그램 설치에 대한 운용자의 동의 여부 등을 종합적으로 고려해야 한다. 따라서 이와 같은 프로그램은 악성 프로그램으로 볼 수 없다.(대판 2019.12.12, 2017도16520)

제48조의2【침해사고의 대응 등】 ① 과학기술정보통신부장관은 침해사고에 적절히 대응하기 위하여 다음 각 호의 업무를 수행하고, 필요하면 업무의 전부 또는 일부를 한국인터넷진흥원이 수행하도록 할 수 있다.
(2017.7.26 본문개정)
1. 침해사고에 관한 정보의 수집·전파
2. 침해사고의 예보·경보
3. 침해사고에 대한 긴급조치
4. 그 밖에 대통령령으로 정하는 침해사고 대응조치
② 다음 각 호의 어느 하나에 해당하는 자는 대통령령으로 정하는 바에 따라 침해사고의 유형별 통계, 해당 정보통신망의 소통량 통계 및 접속경로별 이용 통계 등 침해사고 관련 정보를 과학기술정보통신부장관이나 한국인터넷진흥원에 제공하여야 한다.(2017.7.26 본문개정)
1. 주요정보통신서비스 제공자
2. 집적정보통신시설 사업자
3. 그 밖에 정보통신망을 운영하는 자로서 대통령령으로 정하는 자
③ 한국인터넷진흥원은 제2항에 따른 정보를 분석하여 과학기술정보통신부장관에게 보고하여야 한다.
(2017.7.26 본항개정)
④ 과학기술정보통신부장관은 제2항에 따라 정보를 제공하여야 하는 사업자가 정당한 사유 없이 정보의 제공을 거부하거나 거짓 정보를 제공하면 상당한 기간을 정하여 그 사업자에게 시정을 명할 수 있다.(2017.7.26 본항개정)
⑤ 과학기술정보통신부장관이나 한국인터넷진흥원은 제2항에 따라 제공받은 정보를 침해사고의 대응을 위하여 필요한 범위에서만 정당하게 사용하여야 한다.(2017.7.26 본항개정)
⑥ 과학기술정보통신부장관이나 한국인터넷진흥원은 침해사고의 대응을 위하여 필요하면 제2항 각 호의 어느 하나에 해당하는 자에게 인력지원을 요청할 수 있다.
(2017.7.26 본항개정)

제48조의3【침해사고의 신고 등】 ① 정보통신서비스 제공자는 침해사고가 발생하면 즉시 그 사실을 과학기술정보통신부장관이나 한국인터넷진흥원에 신고하여야 한다. 이 경우 정보통신서비스 제공자가 이미 다른 법률에 따른 침해사고 통지 또는 신고를 했으면 전단에 따른 신고를 한 것으로 본다.(2022.6.10 본문개정)
1.~2. (2022.6.10 삭제)
② 과학기술정보통신부장관이나 한국인터넷진흥원은 제1항에 따라 침해사고의 신고를 받거나 침해사고를 알게 되면 제48조의2제1항 각 호에 따른 필요한 조치를 하여야 한다.(2017.7.26 본항개정)
③ 제1항 후단에 따라 침해사고의 통지 또는 신고를 받은 관계 기관의 장은 이와 관련된 정보를 과학기술정보통신부장관 또는 한국인터넷진흥원에 지체 없이 공유하여야 한다.(2022.6.10 본항신설)

제48조의4【침해사고의 원인 분석 등】 ① 정보통신서비스 제공자 등 정보통신망을 운영하는 자는 침해사고가 발생하면 침해사고의 원인을 분석하고 그 결과에 따라 피해의 확산 방지를 위하여 사고대응, 복구 및 재발 방지에 필요한 조치를 하여야 한다.(2022.6.10 본항개정)
② 과학기술정보통신부장관은 정보통신서비스 제공자의 정보통신망에 침해사고가 발생하면 그 침해사고의 원인을 분석하고 피해 확산 방지, 사고대응, 복구 및 재발 방지를 위한 대책을 마련하여 해당 정보통신서비스 제공자에게 필요한 조치를 하도록 권고할 수 있다.(2022.6.10 본항신설)
③ 과학기술정보통신부장관은 정보통신서비스 제공자의 정보통신망에 중대한 침해사고가 발생한 경우 제2항에 따른 원인 분석 및 대책 마련을 위하여 필요하면 정보보호에 전문성을 갖춘 민·관합동조사단을 구성하여 그 침해사고의 원인 분석을 할 수 있다.(2022.6.10 본항개정)
④ 과학기술정보통신부장관은 제2항에 따른 침해사고의 원인 분석 및 대책 마련을 위하여 필요하면 정보통신서비스 제공자에게 정보통신망의 접속기록 등 관련 자료의 보전을 명할 수 있다.(2022.6.10 본항개정)
⑤ 과학기술정보통신부장관은 제2항에 따른 침해사고의 원인 분석 및 대책 마련을 하기 위하여 필요하면 정보통신서비스 제공자에게 침해사고 관련 자료의 제출을 요구할 수 있으며, 중대한 침해사고의 경우 소속 공무원 또는 제3항에 따른 민·관합동조사단에게 관계인의 사업장에 출입하여 침해사고 원인을 조사하도록 할 수 있다. 다만, 「통신비밀보호법」 제2조제11호에 따른 통신사실확인자료에 해당하는 자료의 제출은 같은 법으로 정하는 바에 따른다.(2022.6.10 본문개정)
⑥ 과학기술정보통신부장관이나 민·관합동조사단은 제5항에 따라 제출받은 자료와 조사를 통하여 알게 된 정보를 침해사고의 원인 분석 및 대책 마련 외의 목적으로는 사용하지 못하며, 원인 분석이 끝난 후에는 즉시 파기하여야 한다.(2022.6.10 본항개정)
⑦ 제3항에 따른 민·관합동조사단의 구성·운영, 제5항에 따라 제출된 자료의 보호 및 조사의 방법·절차 등에 필요한 사항은 대통령령으로 정한다.(2022.6.10 본항개정)

제48조의5【정보통신망연결기기등 관련 침해사고의 대응 등】 ① 과학기술정보통신부장관은 정보통신망연결기기등과 관련된 침해사고가 발생하면 관계 중앙행정기관의 장과 협력하여 해당 침해사고의 원인을 분석할 수 있다.
② 과학기술정보통신부장관은 정보통신망연결기기등과 관련된 침해사고가 발생하여 국민의 생명·신체 또는 재산에 위험을 초래할 가능성이 있는 경우 관계 중앙행정기관의 장에게 다음 각 호의 조치를 하도록 요청할 수 있다.
1. 제47조의4제1항에 따른 취약점 점검, 기술 지원 등의 조치
2. 피해 확산을 방지하기 위하여 필요한 조치
3. 그 밖에 정보통신망연결기기등의 정보보호를 위한 제도의 개선
③ 과학기술정보통신부장관은 정보통신망연결기기등과 관련된 침해사고가 발생한 경우 해당 정보통신망연결기기등을 제조하거나 수입한 자에게 제품 취약점 개선 등 침해사고의 확대 또는 재발을 방지하기 위한 조치를 할 것을 권고할 수 있다.
④ 과학기술정보통신부장관은 대통령령으로 정하는 전문기관이 다음 각 호의 사업을 수행하는 데 필요한 비용을 지원할 수 있다.
1. 정보통신망연결기기등과 관련된 정보보호지침 마련을 위한 연구
2. 정보통신망연결기기등과 관련된 시험·검사·인증 등의 기준 개선 연구
(2020.6.9 본조신설)

제48조의6【정보통신망연결기기등에 관한 인증】 ① 과학기술정보통신부장관은 제4항에 따른 인증시험대행기관의 시험 결과 정보통신망연결기기등이 제2항에 따른 인증기준에 적합한 경우 정보보호인증을 할 수 있다.
② 과학기술정보통신부장관은 제1항에 따른 정보보호인증(이하 "정보보호인증"이라 한다)을 위하여 정보통신망

의 안정성 및 정보의 신뢰성 확보 등에 관한 인증기준을 정하여 고시할 수 있다.
③ 과학기술정보통신부장관은 정보보호인증을 받은 자가 다음 각 호의 어느 하나에 해당하는 경우에는 그 정보보호인증을 취소할 수 있다. 다만, 제1호에 해당하는 경우에는 그 정보보호인증을 취소하여야 한다.
1. 거짓이나 그 밖의 부정한 방법으로 정보보호인증을 받은 경우
2. 제2항에 따른 인증기준에 미달하게 된 경우
④ 과학기술정보통신부장관은 정보통신망연결기기등이 제2항에 따른 인증기준에 적합한지 여부를 확인하는 시험을 효율적으로 수행하기 위하여 필요한 경우에는 대통령령으로 정하는 지정기준을 충족하는 기관을 인증시험대행기관으로 지정할 수 있다.
⑤ 과학기술정보통신부장관은 제4항에 따라 지정된 인증시험대행기관(이하 "인증시험대행기관"이라 한다)이 다음 각 호의 어느 하나에 해당하면 인증시험대행기관의 지정을 취소할 수 있다. 다만, 제1호에 해당하는 경우에는 그 지정을 취소하여야 한다.
1. 거짓이나 그 밖의 부정한 방법으로 지정을 받은 경우
2. 제4항에 따른 지정기준에 미달하게 된 경우
⑥ 과학기술정보통신부장관은 정보보호인증 및 정보보호인증 취소에 관한 업무를 한국인터넷진흥원에 위탁할 수 있다.
⑦ 정보보호인증·정보보호인증 취소의 절차 및 인증시험대행기관의 지정·지정취소의 절차 등에 관하여 필요한 사항은 대통령령으로 정한다.
(2020.6.9 본조신설)

제49조【비밀 등의 보호】 누구든지 정보통신망에 의하여 처리·보관 또는 전송되는 타인의 정보를 훼손하거나 타인의 비밀을 침해·도용 또는 누설하여서는 아니 된다.

제49조의2【속이는 행위에 의한 정보의 수집금지 등】 ① 누구든지 정보통신망을 통하여 속이는 행위로 다른 사람의 정보를 수집하거나 다른 사람이 정보를 제공하도록 유인하여서는 아니 된다.
② 정보통신서비스 제공자는 제1항을 위반한 사실을 발견하면 즉시 과학기술정보통신부장관 또는 한국인터넷진흥원에 신고하여야 한다.(2020.2.4 본항개정)
③ 과학기술정보통신부장관 또는 한국인터넷진흥원은 제2항에 따른 신고를 받거나 제1항을 위반한 사실을 알게 되면 다음 각 호의 필요한 조치를 하여야 한다.
(2020.2.4 본문개정)
1. 위반 사실에 관한 정보의 수집·전파
2. 유사 피해에 대한 예보·경보
3. 정보통신서비스 제공자에게 다음 각 목의 사항 중 전부 또는 일부를 요청하는 등 피해 예방 및 피해 확산을 방지하기 위한 긴급조치(2022.6.10 본문개정)
가. 접속경로의 차단
나. 제1항의 위반행위에 이용된 전화번호에 대한 정보통신서비스의 제공 중지
다. 이용자에게 제1항의 위반행위에 노출되었다는 사실의 통지
(2022.6.10 가목~다목신설)
④ 과학기술정보통신부장관은 제3항제3호의 조치를 취하기 위하여 정보통신서비스 제공자에게 정보통신서비스 제공자 간 정보통신망을 통하여 속이는 행위에 대한 정보 공유 등 필요한 조치를 취하도록 명할 수 있다.
(2020.2.4 본항개정)
⑤ 제3항제3호에 따른 요청을 받은 정보통신서비스 제공자는 이용약관으로 정하는 바에 따라 해당 조치를 할 수 있다.(2022.6.10 본항신설)
⑥ 제5항에 따른 이용약관으로 정하여야 하는 구체적인 사항은 대통령령으로 정한다.(2022.6.10 본항신설)
(2020.2.4 본조제목개정)

제49조의3【속이는 행위에 사용된 전화번호의 전기통신역무 제공의 중지 등】 ① 경찰청장·검찰총장·금융감독원장 등 대통령령으로 정하는 자는 제49조의2제1항에 따른 속이는 행위에 이용된 전화번호를 확인한 때에는 과학기술정보통신부장관에게 해당 전화번호에 대한 전기통신역무 제공의 중지를 요청할 수 있다.
② 제1항에 따른 요청으로 전기통신역무 제공이 중지된 이용자는 전기통신역무 제공의 중지를 요청한 기관에 이의신청을 할 수 있다.
③ 제2항에 따른 이의신청의 절차 등에 필요한 사항은 대통령령으로 정한다.
(2022.6.10 본조신설)

제50조【영리목적의 광고성 정보 전송 제한】 ① 누구든지 전자적 전송매체를 이용하여 영리목적의 광고성 정보를 전송하려면 그 수신자의 명시적인 사전 동의를 받아야 한다. 다만, 다음 각 호의 어느 하나에 해당하는 경우에는 사전 동의를 받지 아니한다.
1. 재화등의 거래관계를 통하여 수신자로부터 직접 연락처를 수집한 자가 대통령령으로 정한 기간 이내에 자신이 처리하고 수신자와 거래한 것과 같은 종류의 재화등에 대한 영리목적의 광고성 정보를 전송하려는 경우
(2020.6.9 본호개정)
2. 「방문판매 등에 관한 법률」에 따른 전화권유판매자가 육성으로 수신자에게 개인정보의 수집출처를 고지하고 전화권유를 하는 경우(2016.3.22 본호개정)
② 전자적 전송매체를 이용하여 영리목적의 광고성 정보를 전송하려는 자는 제1항에도 불구하고 수신자가 수신거부의사를 표시하거나 사전 동의를 철회한 경우에는 영리목적의 광고성 정보를 전송하여서는 아니 된다.
③ 오후 9시부터 그 다음 날 오전 8시까지의 시간에 전자적 전송매체를 이용하여 영리목적의 광고성 정보를 전송하려는 자는 제1항에도 불구하고 그 수신자로부터 별도의 사전 동의를 받아야 한다. 다만, 대통령령으로 정하는 매체의 경우에는 그러하지 아니하다.
④ 전자적 전송매체를 이용하여 영리목적의 광고성 정보를 전송하는 자는 대통령령으로 정하는 바에 따라 다음 각 호의 사항 등을 광고성 정보에 구체적으로 밝혀야 한다.
1. 전송자의 명칭 및 연락처
2. 수신의 거부 또는 수신동의의 철회 의사표시를 쉽게 할 수 있는 조치 및 방법에 관한 사항
⑤ 전자적 전송매체를 이용하여 영리목적의 광고성 정보를 전송하는 자는 다음 각 호의 어느 하나에 해당하는 행위를 하여서는 아니 된다.
1. 광고성 정보 수신자의 수신거부 또는 수신동의의 철회를 회피·방해하는 행위
2. 숫자·부호 또는 문자를 조합하여 전화번호·전자우편주소 등 수신자의 연락처를 자동으로 만들어 내는 행위
3. 영리목적의 광고성 정보를 전송할 목적으로 전화번호 또는 전자우편주소를 자동으로 등록하는 행위
4. 광고성 정보 전송자의 신원이나 광고 전송 출처를 감추기 위한 각종 행위
5. 영리목적의 광고성 정보를 전송할 목적으로 수신자를 기망하여 회신을 유도하는 각종 행위
(2024.1.23 본항개정)
⑥ 전자적 전송매체를 이용하여 영리목적의 광고성 정보를 전송하는 자는 수신자가 수신거부나 수신동의의 철회를 할 때 발생하는 전화요금 등의 금전적 비용을 수신자가 부담하지 아니하도록 대통령령으로 정하는 바에 따라 필요한 조치를 하여야 한다.
⑦ 전자적 전송매체를 이용하여 영리목적의 광고성 정보를 전송하려는 자는 수신자가 제1항 및 제3항에 따른 수신동의, 제2항에 따른 수신거부 또는 수신동의 철회에 관한 의사를 표시할 때에는 해당 수신자에게 대통령령으로 정하는 바에 따라 수신동의, 수신거부 또는 수신동의 철회에 대한 처리 결과를 알려야 한다.(2024.1.23 본항개정)
⑧ 제1항 또는 제3항에 따라 수신동의를 받은 자는 대통령령으로 정하는 바에 따라 정기적으로 광고성 정보 수신자의 수신동의 여부를 확인하여야 한다.
(2014.5.28 본조개정)

제50조의2 (2014.5.28 삭제)

제50조의3【영리목적의 광고성 정보 전송의 위탁 등】 ① 영리목적의 광고성 정보의 전송을 타인에게 위탁한 자는 그 업무를 위탁받은 자가 제50조를 위반하지 아니하도록 관리·감독하여야 한다.(2014.5.28 본항개정)
② 제1항에 따라 영리목적의 광고성 정보의 전송을 위탁받은 자는 그 업무와 관련한 법을 위반하여 발생한 손해의 배상책임에서 정보 전송을 위탁한 자의 소속 직원으로 본다.(2020.6.9 본항개정)

제50조의4【정보 전송 역무 제공 등의 제한】 ① 정보통신서비스 제공자는 다음 각 호의 어느 하나에 해당하는 경우에 해당 역무의 제공을 거부하는 조치를 할 수 있다.
1. 광고성 정보의 전송 또는 수신으로 역무의 제공에 장애가 일어나거나 일어날 우려가 있는 경우
2. 이용자가 광고성 정보의 수신을 원하지 아니하는 경우
3. (2014.5.28 삭제)
② 정보통신서비스 제공자는 제1항 또는 제4항에 따른 거부조치를 하려면 해당 역무 제공의 거부에 관한 사항을 그 역무의 이용자와 체결하는 정보통신서비스 이용계약의 내용에 포함하여야 한다.(2014.5.28 본항개정)
③ 정보통신서비스 제공자는 제1항 또는 제4항에 따른 거부조치 사실을 그 역무를 제공받는 이용자 등 이해관계인에게 알려야 한다. 다만, 미리 알리는 것이 곤란한 경우에는 거부조치를 한 후 지체 없이 알려야 한다.
(2014.5.28 본문개정)
④ 정보통신서비스 제공자는 이용계약을 통하여 해당 정보통신서비스 제공자가 이용자에게 제공하는 서비스가 제50조 또는 제50조의8을 위반하여 영리목적의 광고성 정보전송에 이용되고 있는 경우 해당 역무의 제공을 거부하거나 정보통신망이나 서비스의 취약점을 개선하는 등 필요한 조치를 강구하여야 한다.(2014.5.28 본항신설)

제50조의5【영리목적의 광고성 프로그램 등의 설치】 정보통신서비스 제공자는 영리목적의 광고성 정보가 보이도록 하거나 개인정보를 수집하는 프로그램을 이용자의 컴퓨터나 그 밖에 대통령령으로 정하는 정보처리장치에 설치하려면 이용자의 동의를 받아야 한다. 이 경우 해당 프로그램의 용도와 삭제방법을 고지하여야 한다.

제50조의6【영리목적의 광고성 정보 전송차단 소프트웨어의 보급 등】 ① 방송통신위원회는 수신자가 제50조를 위반하여 전송되는 영리목적의 광고성 정보를 편리하게 차단하거나 신고할 수 있는 소프트웨어나 컴퓨터프로그램을 개발하여 보급할 수 있다.
② 방송통신위원회는 제1항에 따른 전송차단, 신고 소프트웨어 또는 컴퓨터프로그램의 개발과 보급을 촉진하기 위하여 관련 공공기관·법인·단체 등에 필요한 지원을 할 수 있다.
③ 방송통신위원회는 정보통신서비스 제공자의 전기통신역무가 제50조를 위반하여 발송되는 영리목적의 광고성 정보 전송에 이용되면 수신자 보호를 위하여 기술개발·교육·홍보 등 필요한 조치를 할 것을 정보통신서비스 제공자에게 권고할 수 있다.
④ 제1항에 따른 개발·보급의 방법과 제2항에 따른 지원에 필요한 사항은 대통령령으로 정한다.

제50조의7【영리목적의 광고성 정보 게시의 제한】 ① 누구든지 영리목적의 광고성 정보를 인터넷 홈페이지에 게시하려면 인터넷 홈페이지 운영자 또는 관리자의 사전 동의를 받아야 한다. 다만, 별도의 권한 없이 누구든지 쉽게 접근하여 글을 게시할 수 있는 게시판의 경우에는 사전 동의를 받지 아니한다.
② 영리목적의 광고성 정보를 게시하려는 자는 제1항에도 불구하고 인터넷 홈페이지 운영자 또는 관리자가 명시적으로 게시 거부의사를 표시하거나 사전 동의를 철회한 경우에는 영리목적의 광고성 정보를 게시하여서는 아니 된다.
③ 인터넷 홈페이지 운영자 또는 관리자는 제1항 또는 제2항을 위반하여 게시된 영리목적의 광고성 정보를 삭제하는 등의 조치를 할 수 있다.
(2014.5.28 본조개정)

제50조의8【불법행위를 위한 광고성 정보 전송금지】 누구든지 정보통신망을 이용하여 이 법 또는 다른 법률에서 이용, 판매, 제공, 유통, 그 밖에 이와 유사한 행위를 금지하는 재화 또는 서비스에 대한 광고성 정보를 전송하여서는 아니 된다.(2024.1.23 본조개정)

제51조【중요 정보의 국외유출 제한 등】 ① 정부는 국내의 산업·경제 및 과학기술 등에 관한 중요 정보가 정보통신망을 통하여 국외로 유출되는 것을 방지하기 위하여 정보통신서비스 제공자 또는 이용자에게 필요한 조치를 하도록 할 수 있다.
② 제1항에 따른 중요 정보의 범위는 다음 각 호와 같다.
1. 국가안전보장과 관련된 보안정보 및 주요 정책에 관한 정보
2. 국내에서 개발된 첨단과학 기술 또는 기기의 내용에 관한 정보
③ 정부는 제2항 각 호에 따른 정보를 처리하는 정보통신서비스 제공자에게 다음 각 호의 조치를 하도록 할 수 있다.(2016.3.22 본문개정)
1. 정보통신망의 부당한 이용을 방지할 수 있는 제도적·기술적 장치의 설정
2. 정보의 불법파괴 또는 불법조작을 방지할 수 있는 제도적·기술적 조치
3. 정보통신서비스 제공자가 처리 중 알게 된 중요 정보의 유출을 방지할 수 있는 조치(2016.3.22 본호개정)

제52조【한국인터넷진흥원】 ① 정부는 정보통신망의 고도화(정보통신망의 구축·개선 및 관리에 관한 사항은 제외한다)와 안전한 이용 촉진 및 방송통신과 관련한 국제협력·국외진출 지원을 효율적으로 추진하기 위하여 한국인터넷진흥원(이하 "인터넷진흥원"이라 한다)을 설립한다.(2020.6.9 본항개정)
② 인터넷진흥원은 법인으로 한다.
③ 인터넷진흥원은 다음 각 호의 사업을 한다.
1. 정보통신망의 이용 및 보호, 방송통신과 관련한 국제협력·국외진출 등을 위한 법·정책 및 제도의 조사·연구
2. 정보통신망의 이용 및 보호와 관련한 통계의 조사·분석
3. 정보통신망의 이용에 따른 역기능 분석 및 대책 연구
4. 정보통신망의 이용 및 보호를 위한 홍보 및 교육·훈련
5. 정보통신망의 정보보호 및 인터넷주소자원 관련 기술 개발 및 표준화
6. 정보보호산업 정책 지원 및 관련 기술 개발과 인력양성(2015.6.22 본호개정)
7. 정보보호 관리체계의 인증, 정보보호시스템 평가·인증, 정보통신망연결기기등의 정보보호인증, 소프트웨어 개발보안 진단 등 정보보호 인증·평가 등의 실시 및 지원(2022.6.10 본호개정)
8. 「개인정보 보호법」에 따른 개인정보보호를 위한 대책의 연구 및 보호기술의 개발·보급 지원(2020.2.4 본호개정)
9. 「개인정보 보호법」에 따른 개인정보침해 신고센터의 운영(2020.2.4 본호개정)
10. 광고성 정보 전송 및 인터넷광고와 관련한 고충의 상담·처리
11. 정보통신망 침해사고의 처리·원인분석·대응체계 운영 및 정보보호 최고책임자를 통한 예방·대응·협력 활동(2021.6.8 본호개정)
12. 「전자서명법」 제21조에 따른 전자서명인증 정책의 지원(2020.6.9 본호개정)
13. 인터넷의 효율적 운영과 이용활성화를 위한 지원
14. 인터넷 이용자의 저장 정보 보호 지원
15. 인터넷 관련 서비스정책 지원
16. 인터넷상에서의 이용자 보호 및 건전 정보 유통 확산 지원

17. 「인터넷주소자원에 관한 법률」에 따른 인터넷주소자원의 관리에 관한 업무
18. 「인터넷주소자원에 관한 법률」 제16조에 따른 인터넷주소분쟁조정위원회의 운영 지원
19. 「정보보호산업의 진흥에 관한 법률」 제25조제7항에 따른 조정위원회의 운영지원(2015.6.22 본호신설)
20. 방송통신과 관련한 국제협력·국외진출 및 국외홍보 지원
21. 본인확인업무 및 연계정보 생성·처리 관련 정책의 지원(2024.1.23 본호신설)
22. 제1호부터 제21호까지의 사업에 부수되는 사업(2024.1.23 본호개정)
23. 그 밖에 이 법 또는 다른 법령에 따라 인터넷진흥원의 업무로 정하거나 위탁한 사업이나 과학기술정보통신부장관·행정안전부장관·방송통신위원회 또는 다른 행정기관의 장으로부터 위탁받은 사업(2017.7.26 본호개정)

④ 인터넷진흥원이 사업을 수행하는 데 필요한 경비는 다음 각 호의 재원으로 충당한다.
1. 정부의 출연금
2. 제3항 각 호의 사업수행에 따른 수입금
3. 그 밖에 인터넷진흥원의 운영에 따른 수입금
(2016.3.22 본항개정)

⑤ 인터넷진흥원에 관하여 이 법에서 정하지 아니한 사항에 대하여는 「민법」의 재단법인에 관한 규정을 준용한다.
⑥ 인터넷진흥원이 아닌 자는 한국인터넷진흥원의 명칭을 사용하지 못한다.
⑦ 인터넷진흥원의 운영 및 업무수행에 필요한 사항은 대통령령으로 정한다.
(2009.4.22 본조개정)

제7장 통신과금서비스
(2007.12.21 본장신설)

제53조【통신과금서비스제공자의 등록 등】 ① 통신과금서비스를 제공하려는 자는 대통령령으로 정하는 바에 따라 다음 각 호의 사항을 갖추어 과학기술정보통신부장관에게 등록하여야 한다.(2017.7.26 본문개정)
1. 재무건전성
2. 통신과금서비스이용자보호계획
3. 업무를 수행할 수 있는 인력과 물적 설비
4. 사업계획서

② 제1항에 따라 등록할 수 있는 자는 「상법」 제170조에 따른 회사 또는 「민법」 제32조에 따른 법인으로서 자본금·출자총액 또는 기본재산이 5억원 이상의 범위에서 대통령령으로 정하는 금액 이상이어야 한다.
③ 통신과금서비스제공자는 「전기통신사업법」 제22조에도 불구하고 부가통신사업자의 신고를 하지 아니할 수 있다.(2010.3.22 본항개정)
④ 「전기통신사업법」 제23조부터 제26조까지의 규정은 통신과금서비스제공자의 등록사항의 변경, 사업의 양도·양수 또는 합병·상속, 사업의 승계, 사업의 휴업·폐업·해산 등에 준용한다. 이 경우 "별정통신사업자"는 "통신과금서비스제공자"로 보고, "별정통신사업"은 "통신과금서비스제공업"으로 본다.(2020.6.9 전단개정)
⑤ 제1항에 따른 등록의 세부요건, 절차, 그 밖에 필요한 사항은 대통령령으로 정한다.

제54조【등록의 결격사유】 다음 각 호의 어느 하나에 해당하는 자는 제53조에 따른 등록을 할 수 없다.
1. 제53조제4항에 따라 사업을 폐업한 날부터 1년이 지나지 아니한 법인 및 그 사업이 폐업될 당시 그 법인의 대주주(대통령령으로 정하는 출자자를 말한다. 이하 같다)이었던 자로서 그 폐업일부터 1년이 지나지 아니한 자(2020.6.9 본호개정)
2. 제55조제1항에 따라 등록이 취소된 날부터 3년이 지나지 아니한 법인 및 그 취소 당시 그 법인의 대주주이었던 자로서 그 취소가 된 날부터 3년이 지나지 아니한 자
3. 「채무자 회생 및 파산에 관한 법률」에 따른 회생절차 중에 있는 법인 및 그 법인의 대주주
4. 금융거래 등 상거래를 할 때 약정한 기일 내에 채무를 변제하지 아니한 자로서 과학기술정보통신부장관이 정하는 자(2020.6.9 본호개정)
5. 제1호부터 제4호까지의 규정에 해당하는 자가 대주주인 법인

제55조【등록의 취소명령】 ① 과학기술정보통신부장관은 통신과금서비스제공자가 거짓이나 그 밖의 부정한 방법으로 등록을 한 때에는 등록을 취소하여야 한다.
(2017.7.26 본항개정)
② 제1항에 따른 처분의 절차, 그 밖에 필요한 사항은 대통령령으로 정한다.
(2015.6.22 본조개정)

제56조【약관의 신고 등】 ① 통신과금서비스제공자는 통신과금서비스에 관한 약관을 정하여 과학기술정보통신부장관에게 신고(변경신고를 포함한다)하여야 한다.
② 과학기술정보통신부장관은 제1항에 따른 약관이 통신과금서비스이용자의 이익을 침해할 우려가 있다고 판단되는 경우에는 통신과금서비스제공자에게 약관의 변경을 권고할 수 있다.
(2017.7.26 본조개정)

제57조【통신과금서비스의 안전성 확보 등】 ① 통신과금서비스제공자는 통신과금서비스가 안전하게 제공될 수 있도록 선량한 관리자로서의 주의의무를 다하여야 한다.(2014.5.28 본항개정)
② 통신과금서비스제공자는 통신과금서비스를 통한 거래의 안전성과 신뢰성을 확보하기 위하여 대통령령으로 정하는 바에 따라 업무처리지침의 제정 및 회계처리 구분 등의 관리적 조치와 정보보호시스템 구축 등의 기술적 조치를 하여야 한다.

제58조【통신과금서비스이용자의 권리 등】 ① 통신과금서비스제공자는 재화등의 판매·제공의 대가가 발생한 때 및 대가를 청구할 때에 통신과금서비스이용자에게 다음 각 호의 사항을 고지하여야 한다.(2014.5.28 본문개정)
1. 통신과금서비스 이용일시
2. 통신과금서비스를 통한 구매·이용의 거래 상대방(통신과금서비스를 이용하여 그 대가를 받고 재화 또는 용역을 판매·제공하는 자를 말한다. 이하 "거래 상대방"이라 한다)의 상호와 연락처
3. 통신과금서비스를 통한 구매·이용 금액과 그 명세
4. 이의신청 방법 및 연락처
(2011.4.5 1호~4호신설)

② 통신과금서비스제공자는 통신과금서비스이용자가 구매·이용 내역을 확인할 수 있는 방법을 제공하여야 하며, 통신과금서비스이용자가 구매·이용 내역에 관한 서면(전자문서를 포함한다. 이하 같다)을 요청하는 경우에는 그 요청을 받은 날부터 2주 이내에 이를 제공하여야 한다.
③ 통신과금서비스이용자는 통신과금서비스가 자신의 의사에 반하여 제공되었음을 안 때에는 통신과금서비스제공자에게 이에 대한 정정을 요구할 수 있으며(통신과금서비스이용자의 고의 또는 중과실이 있는 경우는 제외한다), 통신과금서비스제공자는 이용자의 정정요구가 이유 있을 경우 판매자에 대한 이용 대금의 지급을 유보하고 그 정정 요구를 받은 날부터 2주 이내에 처리 결과를 알려 주어야 한다.(2014.5.28 본항개정)
④ 통신과금서비스제공자는 통신과금서비스에 관한 기록을 5년 이내의 범위에서 대통령령으로 정하는 기간 동안 보존하여야 한다.
⑤ 통신과금서비스제공자(제2조제1항제10호가목의 업무를 제공하는 자)는 통신과금서비스를 제공하거나 이용한도액을 증액할 경우에는 미리 해당 통신과금서비스이용자의 동의를 받아야 한다.(2014.5.28 본항개정)
⑥ 통신과금서비스제공자(제2조제1항제10호가목의 업무를 제공하는 자)는 약관을 변경하는 때에는 변경되는 약관의 시행일 1개월 전에 이용자에게 통지하여야 한다. 이 경우 변경되는 약관에 대하여 이의가 있는 이용자는 통신과금서비스에 관한 계약을 해지할 수 있다.
(2014.5.28 본항신설)
⑦ 제2항에 따라 통신과금서비스제공자가 제공하여야 하는 구매·이용내역의 대상기간, 종류 및 범위, 제4항에 따라 통신과금서비스제공자가 보존하여야 하는 기록의 종류 및 보존방법, 제6항에 따른 약관변경에 관한 통지의 방법 및 이의기간·절차 등 계약해지에 필요한 사항은 대통령령으로 정한다.(2014.5.28 본항개정)
⑧ 제5항에 따른 동의의 방법 등에 필요한 사항은 과학기술정보통신부장관이 정하여 고시한다.(2017.7.26 본항개정)
⑨ 과학기술정보통신부장관은 통신과금서비스가 통신과금서비스이용자의 의사에 반하여 제공되지 아니하도록 결제방식 등에 관한 세부적인 사항을 정하여 고시할 수 있다.(2017.7.26 본항개정)

제58조의2【구매자정보 제공 요청 등】 ① 통신과금서비스이용자는 자신의 의사에 따라 통신과금서비스가 제공되었는지 여부를 확인하기 위하여 필요한 경우에는 거래 상대방에게 재화등을 구매·이용한 자의 이름과 생년월일에 대한 정보(이하 "구매자정보"라 한다)의 제공을 요청할 수 있다. 이 경우 구매자정보 제공 요청을 받은 거래 상대방은 정당한 사유가 없으면 그 요청을 받은 날부터 3일 이내에 이를 제공하여야 한다.
② 제1항에 따라 구매자정보를 제공받은 통신과금서비스이용자는 해당 정보를 본인 여부를 확인하거나 고소·고발을 위하여 수사기관에 제출하기 위한 목적으로만 사용하여야 한다.
③ 그 밖에 구매자정보 제공 요청의 내용과 절차 등에 필요한 사항은 대통령령으로 정한다.
(2018.6.12 본조신설)

제59조【분쟁 조정 및 해결 등】 ① 통신과금서비스제공자는 통신과금서비스에 대한 이용자의 권익을 보호하기 위하여 자율적인 분쟁 조정 및 해결 등을 시행하는 기관 또는 단체를 설치·운영할 수 있다.(2020.6.9 본항개정)
② 제1항에 따른 분쟁 조정 및 해결 등을 시행하는 기관 또는 단체는 분쟁 조정 및 해결 등을 위하여 필요하다고 인정하는 경우 통신과금서비스이용자의 동의를 받아 구매자정보 제공 요청을 대행할 수 있다. 이 경우 구매자정보 제공 요청 등에 대하여는 제58조의2를 준용한다.
(2018.6.12 본항신설)
③ 통신과금서비스제공자는 대통령령으로 정하는 바에 따라 통신과금서비스와 관련한 통신과금서비스이용자의 이의신청 및 권리구제를 위한 절차를 마련하여야 하고, 통신과금서비스 계약을 체결하는 경우 이를 이용약관에 명시하여야 한다.(2014.5.28 본항개정)
(2018.6.12 본조제목개정)

제60조【손해배상 등】 ① 통신과금서비스제공자는 통신과금서비스의 제공과 관련하여 통신과금서비스이용자에게 손해가 발생한 경우에 그 손해를 배상하여야 한다. 다만, 그 손해의 발생이 통신과금서비스이용자의 고의 또는 중과실로 인한 경우에는 그러하지 아니하다.(2020.6.9 본문개정)
② 제1항에 따라 손해배상을 하는 경우에는 손해배상을 받을 자와 협의하여야 한다.(2020.6.9 본항개정)
③ 제2항에 따른 손해배상에 관한 협의가 성립되지 아니하거나 협의를 할 수 없는 경우에는 당사자는 방송통신위원회에 재정을 신청할 수 있다.(2008.2.29 본항개정)

제61조【통신과금서비스의 이용제한】 과학기술정보통신부장관은 통신과금서비스제공자에게 다음 각 호의 어느 하나에 해당하는 자에 대한 서비스의 제공을 거부, 정지 또는 제한하도록 명할 수 있다.(2017.7.26 본문개정)
1. 「청소년 보호법」 제16조를 위반하여 청소년유해매체물을 청소년에게 판매·대여·제공하는 자(2011.9.15 본호개정)
2. 다음 각 목의 어느 하나에 해당하는 수단을 이용하여 통신과금서비스이용자로 하여금 재화등을 구매·이용하게 함으로써 통신과금서비스이용자의 이익을 현저하게 저해하는 자
   가. 제50조를 위반한 영리목적의 광고성 정보 전송
   나. 통신과금서비스이용자에 대한 기망 또는 부당한 유인
3. 이 법 또는 다른 법률에서 금지하는 재화등을 판매·제공하는 자

제8장 국제협력
(2008.6.13 본장개정)

제62조【국제협력】 정부는 다음 각 호의 사항을 추진할 때 다른 국가 또는 국제기구와 상호 협력하여야 한다.
1. (2020.2.4 삭제)
2. 정보통신망에서의 청소년 보호를 위한 업무
3. 정보통신망의 안전성을 침해하는 행위를 방지하기 위한 업무
4. 그 밖에 정보통신서비스의 건전하고 안전한 이용에 관한 업무

제63조~제63조의2 (2020.2.4 삭제)

제9장 보 칙
(2008.6.13 본장개정)

제64조【자료의 제출 등】 ① 과학기술정보통신부장관 또는 방송통신위원회는 다음 각 호의 어느 하나에 해당하는 경우에는 정보통신서비스 제공자(국내대리인을 포함한다. 이하 이 조에서 같다)에게 관계 물품·서류 등을 제출하게 할 수 있다.(2020.2.4 본문개정)
1. 이 법에 위반되는 사항을 발견하거나 혐의가 있음을 알게 된 경우
2. 이 법의 위반에 대한 신고를 받거나 민원이 접수된 경우
2의2. 이용자 정보의 안전성과 신뢰성 확보를 현저히 해치는 사건·사고 등이 발생하였거나 발생할 가능성이 있는 경우(2012.2.17 본호신설)
3. 그 밖에 이용자 보호를 위하여 필요한 경우로서 대통령령으로 정하는 경우

② 방송통신위원회는 이 법을 위반하여 영리목적 광고성 정보를 전송한 자에게 다음 각 호의 조치를 하기 위하여 정보통신서비스 제공자에게 해당 광고성 정보 전송자의 성명·주소·주민등록번호·이용기간 등에 대한 자료의 열람이나 제출을 요청할 수 있다.(2020.2.4 본문개정)
1. 제4항에 따른 시정조치
2. 제76조에 따른 과태료 부과
3. 그 밖에 이에 준하는 조치

③ 과학기술정보통신부장관 또는 방송통신위원회는 정보통신서비스 제공자가 제1항 및 제2항에 따른 자료를 제출하지 아니하거나 이 법을 위반한 사실이 있다고 인정되면 소속 공무원에게 정보통신서비스 제공자, 해당 법 위반 사실과 관련한 관계인의 사업장에 출입하여 업무상황, 장부 또는 서류 등을 검사하도록 할 수 있다.
(2020.2.4 본항개정)
④ 과학기술정보통신부장관 또는 방송통신위원회는 이 법을 위반한 정보통신서비스 제공자에게 해당 위반행위의 중지나 시정을 위하여 필요한 시정조치를 명할 수 있고, 시정조치의 명령을 받은 정보통신서비스 제공자에게 시정조치의 명령을 받은 사실을 공표하도록 할 수 있다. 이 경우 공표의 방법·기준 및 절차 등에 필요한 사항은 대통령령으로 정한다.(2020.2.4 전단개정)
⑤ 과학기술정보통신부장관 또는 방송통신위원회는 제4항에 따라 필요한 시정조치를 명한 경우에는 시정조치를 명한 사실을 공개할 수 있다. 이 경우 공개의 방법·기준 및 절차 등에 필요한 사항은 대통령령으로 정한다.
(2017.7.26 전단개정)
⑥ 과학기술정보통신부장관 또는 방송통신위원회가 제1항 및 제2항에 따라 자료 등의 제출 또는 열람을 요구할

때에는 요구사유, 법적 근거, 제출시한 또는 열람일시, 제출·열람할 자료의 내용 등을 구체적으로 밝혀 서면(전자문서를 포함한다)으로 알려야 한다.(2017.7.26 본항개정)
⑦ 제3항에 따른 검사를 하는 경우에는 검사 시작 7일 전까지 검사일시, 검사이유 및 검사내용 등에 대한 검사계획을 해당 정보통신서비스 제공자에게 알려야 한다. 다만, 긴급한 경우나 사전통지를 하면 증거인멸 등으로 검사목적을 달성할 수 없다고 인정하는 경우에는 그 검사계획을 알리지 아니한다.(2020.2.4 본문개정)
⑧ 제3항에 따라 검사를 하는 공무원은 그 권한을 표시하는 증표를 지니고 이를 관계인에게 내보여야 하며, 출입할 때 성명·출입시간·출입목적 등이 표시된 문서를 관계인에게 내주어야 한다.
⑨ 과학기술정보통신부장관 또는 방송통신위원회는 제1항부터 제3항까지의 규정에 따라 자료 등을 제출받거나 열람 또는 검사한 경우에는 그 결과(조사 결과 시정조치명령 등의 처분을 하려는 경우에는 그 처분의 내용을 포함한다)를 해당 정보통신서비스 제공자에게 서면으로 알려야 한다.(2020.2.4 본항개정)
⑩ 과학기술정보통신부장관 또는 방송통신위원회는 제1항부터 제4항까지의 규정에 따른 자료의 제출 요구 및 검사 등을 위하여 인터넷진흥원의 장에게 기술적 자문을 하거나 그 밖에 필요한 지원을 요청할 수 있다.(2017.7.26 본항개정)
⑪ 제1항부터 제3항까지의 규정에 따른 자료 등의 제출 요구, 열람 및 검사 등은 이 법의 시행을 위하여 필요한 최소한의 범위에서 하여야 하며 다른 목적을 위하여 남용하여서는 아니 된다.

제64조의2【자료 등의 보호 및 폐기】 ① 과학기술정보통신부장관 또는 방송통신위원회는 정보통신서비스 제공자로부터 제64조에 따라 제출되거나 수집된 서류·자료 등에 대한 보호 요구를 받으면 이를 제3자에게 제공하거나 일반에게 공개하여서는 아니 된다.(2020.2.4 본항개정)
② 과학기술정보통신부장관 또는 방송통신위원회는 정보통신망을 통하여 자료의 제출 등을 받은 경우나 수집한 자료 등을 전자화한 경우에는 개인정보·영업비밀 등이 유출되지 아니하도록 제도적·기술적 보안조치를 하여야 한다.(2017.7.26 본항개정)
③ 과학기술정보통신부장관 또는 방송통신위원회는 다른 법률에 특별한 규정이 있는 경우 외에 다음 각 호의 어느 하나에 해당하는 사유가 발생하면 제64조에 따라 제출되거나 수집된 서류·자료 등을 즉시 폐기하여야 한다. 제65조에 따라 과학기술정보통신부장관 또는 방송통신위원회의 권한의 전부 또는 일부를 위임 또는 위탁받은 자도 또한 같다.(2017.7.26 본문개정)
1. 제64조에 따른 자료제출 요구, 출입검사, 시정명령 등의 목적이 달성된 경우
2. 제64조제4항에 따른 시정조치명령에 불복하여 행정심판이 청구되거나 행정소송이 제기된 경우에는 해당 행정쟁송절차가 끝난 경우
3. 제76조제4항에 따른 과태료 처분이 있고 이에 대한 이의제기가 없는 경우에는 같은 조 제5항에 따른 이의제기기간이 끝난 경우
4. 제76조제4항에 따른 과태료 처분에 대하여 이의제기가 있는 경우에는 해당 관할 법원에 의한 비송사건절차가 끝난 경우

제64조의3 (2020.2.4 삭제)

제64조의4【청문】 과학기술정보통신부장관 또는 방송통신위원회는 다음 각 호의 어느 하나에 해당하는 경우에는 청문을 하여야 한다.(2017.7.26 본문개정)
1. 제9조제2항에 따라 인증기관의 지정을 취소하려는 경우
2. 제23조의4제1항에 따라 본인확인기관의 지정을 취소하려는 경우
3. 제47조제10항에 따라 정보보호 관리체계 인증을 취소하려는 경우(2020.2.4 본호개정)
4. 제47조의2제1항에 따라 정보보호 관리체계 인증기관의 지정을 취소하려는 경우(2020.2.4 본호개정)
5. 제47조의5제4항에 따라 정보보호 관리등급을 취소하려는 경우
5의2. 제48조의6제3항에 따라 정보보호인증을 취소하려는 경우(2020.6.9 본호신설)
5의3. 제48조의6제5항에 따라 인증시험대행기관의 지정을 취소하려는 경우(2020.6.9 본호신설)
6. 제55조제1항에 따라 등록을 취소하려는 경우
(2015.12.1 본조신설)

제64조의5【투명성 보고서 제출의무 등】 ① 정보통신서비스 제공자 중 일일 평균 이용자의 수, 매출액, 사업의 종류 등이 대통령령으로 정하는 기준에 해당하는 자는 매년 자신이 제공하는 정보통신서비스를 통하여 유통되는 불법촬영물등의 처리에 관하여 다음 각 호의 사항을 포함한 보고서(이하 "투명성 보고서"라 한다)를 작성하여 다음해 1월 31일까지 방송통신위원회에 제출하여야 한다.
1. 정보통신서비스 제공자가 불법촬영물등의 유통 방지를 위하여 기울인 일반적인 노력에 관한 사항
2. 「전기통신사업법」 제22조의5제1항에 따른 불법촬영물등의 신고, 삭제요청 등의 횟수, 내용, 처리기준, 검토결과 및 처리결과에 관한 사항
3. 「전기통신사업법」 제22조의5제1항에 따른 불법촬영물등의 삭제·접속차단 등 유통방지에 필요한 절차의 마련 및 운영에 관한 사항
4. 불법촬영물등 유통방지 책임자의 배치에 관한 사항
5. 불법촬영물등 유통방지를 위한 내부 교육의 실시와 지원에 관한 사항
② 방송통신위원회는 투명성 보고서를 자신이 운영·관리하는 정보통신망을 통하여 공개하여야 한다.
③ 방송통신위원회는 투명성 보고서의 사실을 확인하거나 제출된 자료의 진위를 확인하기 위하여 정보통신서비스제공자에게 자료의 제출을 요구할 수 있다.
(2020.6.9 본조신설)

제65조【권한의 위임·위탁】 ① 이 법에 따른 과학기술정보통신부장관 또는 방송통신위원회의 권한은 대통령령으로 정하는 바에 따라 그 일부를 소속 기관의 장 또는 지방우정청장에게 위임·위탁할 수 있다.(2020.2.4 본항개정)
② 과학기술정보통신부장관은 제13조에 따른 정보통신망의 이용촉진 등에 관한 사업을 대통령령으로 정하는 바에 따라 「지능정보화 기본법」 제12조에 따른 한국지능정보사회진흥원에 위탁할 수 있다.(2020.6.9 본항개정)
③ 과학기술정보통신부장관 또는 방송통신위원회는 제64조제1항 및 제2항에 따른 자료의 제출 요구 및 검사에 관한 업무를 대통령령으로 정하는 바에 따라 인터넷진흥원에 위탁할 수 있다.(2017.7.26 본항개정)
④ 제3항에 따른 인터넷진흥원의 직원에게는 제64조제8항을 준용한다.(2009.4.22 본항개정)

제65조의2 (2005.12.30 삭제)

제66조【비밀유지 등】 다음 각 호의 어느 하나에 해당하는 업무에 종사하는 사람 또는 종사하였던 사람은 그 직무상 알게 된 비밀을 타인에게 누설하거나 직무 외의 목적으로 사용하여서는 아니 된다. 다만, 다른 법률에 특별한 규정이 있는 경우에는 그러하지 아니하다.(2020.6.9 본문개정)
1. (2011.3.29 삭제)
2. 제47조에 따른 정보보호 관리체계 인증 업무
2의2. (2020.2.4 삭제)
3. 제52조제3항제4호에 따른 정보보호시스템의 평가 업무
4. (2012.2.17 삭제)
5. 제44조의10에 따른 명예훼손 분쟁조정부의 분쟁조정 업무

제67조 (2020.2.4 삭제)

제68조 (2010.3.22 삭제)

제68조의2 (2015.6.22 삭제)

제69조【벌칙 적용 시의 공무원 의제】 과학기술정보통신부장관 또는 방송통신위원회가 제65조제2항 및 제3항에 따라 위탁한 업무에 종사하는 한국정보화진흥원과 인터넷진흥원의 임직원은 「형법」 제129조부터 제132조까지의 규정에 따른 벌칙을 적용할 때에는 공무원으로 본다.(2017.7.26 본조개정)

제69조의2 (2020.2.4 삭제)

제10장 벌 칙

(2008.6.13 본장개정)

제70조【벌칙】 ① 사람을 비방할 목적으로 정보통신망을 통하여 공공연하게 사실을 드러내어 다른 사람의 명예를 훼손한 자는 3년 이하의 징역 또는 3천만원 이하의 벌금에 처한다.(2014.5.28 본항개정)
② 사람을 비방할 목적으로 정보통신망을 통하여 공공연하게 거짓의 사실을 드러내어 다른 사람의 명예를 훼손한 자는 7년 이하의 징역, 10년 이하의 자격정지 또는 5천만원 이하의 벌금에 처한다.
③ 제1항과 제2항의 죄는 피해자가 구체적으로 밝힌 의사에 반하여 공소를 제기할 수 없다.

제70조의2【벌칙】 제48조제2항을 위반하여 악성프로그램을 전달 또는 유포하는 자는 7년 이하의 징역 또는 7천만원 이하의 벌금에 처한다.(2016.3.22 본조신설)

제71조【벌칙】 ① 다음 각 호의 어느 하나에 해당하는 자는 5년 이하의 징역 또는 5천만원 이하의 벌금에 처한다.
1.~8. (2020.2.4 삭제)
9. 제23조의5제1항을 위반하여 연계정보를 생성·처리한 자(2024.1.23 본호신설)
10. 제23조의5제4항에 따른 목적 범위를 넘어서 연계정보를 처리한 자(2024.1.23 본호신설)
11. 제48조제1항을 위반하여 정보통신망에 침입한 자(2016.3.22 본호개정)
12. 제48조제3항을 위반하여 정보통신망에 장애가 발생하게 한 자
13. 제48조제4항을 위반하여 프로그램이나 기술적 장치 등을 정보통신망 또는 이와 관련된 정보시스템에 설치하거나 이를 전달·유포한 자(2024.1.23 본호신설)
14. 제49조를 위반하여 타인의 정보를 훼손하거나 타인의 비밀을 침해·도용 또는 누설한 자
② 제1항제11호의 미수범은 처벌한다.(2024.1.23 본항개정)

제72조【벌칙】 ① 다음 각 호의 어느 하나에 해당하는 자는 3년 이하의 징역 또는 3천만원 이하의 벌금에 처한다.
1. (2016.3.22 삭제)
1의2. 제42조의2를 위반하여 청소년유해매체물을 광고하는 내용의 정보를 청소년에게 전송하거나 청소년 접근을 제한하는 조치 없이 공개적으로 전시한 자(2024.1.23 본호신설)
2. 제49조의2제1항을 위반하여 다른 사람의 정보를 수집한 자(2020.2.4 본호개정)
2의2. 제50조의8을 위반하여 광고성 정보를 전송한 자(2024.1.23 본호개정)
3. 제53조제1항에 따른 등록을 하지 아니하고 그 업무를 수행한 자
4. 다음 각 목의 어느 하나에 해당하는 행위를 통하여 자금을 융통하여 준 자 또는 이를 알선·중개·권유·광고한 자(2015.1.20 본문개정)
가. 재화등의 판매·제공을 가장하거나 실제 매출금액을 초과하여 통신과금서비스에 의한 거래를 하거나 이를 대행하게 하는 행위
나. 통신과금서비스이용자로 하여금 통신과금서비스에 의하여 재화등을 구매·이용하도록 한 후 통신과금서비스이용자가 구매·이용한 재화등을 할인하여 매입하는 행위
5. 제66조를 위반하여 직무상 알게 된 비밀을 타인에게 누설하거나 직무 외의 목적으로 사용한 자
② (2016.3.22 삭제)

제73조【벌칙】 다음 각 호의 어느 하나에 해당하는 자는 2년 이하의 징역 또는 2천만원 이하의 벌금에 처한다.(2014.5.28 본문개정)
1.~1의2. (2020.2.4 삭제)
2. 제42조를 위반하여 청소년유해매체물임을 표시하지 아니하고 영리를 목적으로 제공한 자
3. (2024.1.23 삭제)
4. 제44조의6제3항을 위반하여 이용자의 정보를 민·형사상의 소를 제기하는 것 외의 목적으로 사용한 자
5. 제44조의7제2항 및 제3항에 따른 방송통신위원회의 명령을 이행하지 아니한 자
6. 제48조의4제4항에 따른 명령을 위반하여 관련 자료를 보전하지 아니한 자(2022.6.10 본호개정)
7. 제49조의2제1항을 위반하여 정보의 제공을 유인한 자(2020.2.4 본호개정)
7의2. 제58조의2(제59조제2항에 따라 준용되는 경우를 포함한다)를 위반하여 제공받은 정보를 본인 여부를 확인하거나 고소·고발을 위하여 수사기관에 제출하기 위한 목적 외의 용도로 사용한 자(2018.6.12 본호신설)
8. 제61조에 따른 명령을 이행하지 아니한 자

제74조【벌칙】 ① 다음 각 호의 어느 하나에 해당하는 자는 1년 이하의 징역 또는 1천만원 이하의 벌금에 처한다.
1. 제8조제4항을 위반하여 비슷한 표시를 한 제품을 표시·판매 또는 판매할 목적으로 진열한 자
2. 제44조의7제1항제1호를 위반하여 음란한 부호·문언·음향·화상 또는 영상을 배포·판매·임대하거나 공공연하게 전시한 자
3. 제44조의7제1항제3호를 위반하여 공포심이나 불안감을 유발하는 부호·문언·음향·화상 또는 영상을 반복적으로 상대방에게 도달하게 한 자
4. 제50조제5항을 위반하여 조치를 한 자(2014.5.28 본호개정)
5. (2014.5.28 삭제)
6. (2024.1.23 삭제)
7. 제53조제4항을 위반하여 등록사항의 변경등록 또는 사업의 양도·양수 또는 합병·상속의 신고를 하지 아니한 자(2012.2.17 본호개정)
② 제1항제3호의 죄는 피해자가 구체적으로 밝힌 의사에 반하여 공소를 제기할 수 없다.

제75조【양벌규정】 법인의 대표자나 법인 또는 개인의 대리인, 사용인, 그 밖의 종업원이 그 법인 또는 개인의 업무에 관하여 제71조부터 제73조까지 또는 제74조제1항의 어느 하나에 해당하는 위반행위를 하면 그 행위자를 벌하는 외에 그 법인 또는 개인에게도 해당 조문의 벌금형을 과(科)한다. 다만, 법인 또는 개인이 그 위반행위를 방지하기 위하여 해당 업무에 관하여 상당한 주의와 감독을 게을리하지 아니한 경우에는 그러하지 아니하다.
(2010.3.17 본조개정)

제75조의2【몰수·추징】 제72조제1항제2호 및 제73조제7호의 어느 하나에 해당하는 죄를 지은 자가 해당 위반행위와 관련하여 취득한 금품이나 그 밖의 이익은 몰수할 수 있으며, 이를 몰수할 수 없을 때에는 그 가액을 추징할 수 있다. 이 경우 몰수 또는 추징은 다른 벌칙에 부가하여 과할 수 있다.(2020.2.4 전단개정)

제76조【과태료】 ① 다음 각 호의 어느 하나에 해당하는 자와 제7호부터 제11호까지의 경우에 해당하는 행위를 하도록 한 자에게는 3천만원 이하의 과태료를 부과한다.
1. 제22조의2제2항을 위반하여 서비스의 제공을 거부한 자(2020.2.4 본호개정)
1의2. 제22조의2제3항을 위반하여 접근권한에 대한 이용자의 동의 및 철회방법을 마련하는 등 이용자 정보 보호를 위하여 필요한 조치를 하지 아니한 자(2020.2.4 본호개정)
2. 제23조의2제1항을 위반하여 주민등록번호를 수집·이용하거나 같은 조 제2항에 따른 필요한 조치를 하지 아니한 자(2020.2.4 본호개정)

2의2.～2의4. (2020.2.4 삭제)
2의5. 제23조의6제1항에 따른 물리적·기술적·관리적 조치를 하지 아니한 자(2024.1.23 본호신설)
2의6. 제23조의6제2항에 따른 안전조치를 하지 아니한 자(2024.1.23 본호신설)
3.～5의2. (2020.2.4 삭제)
6. (2014.5.28 삭제)
6의2. 제45조의3제1항을 위반하여 대통령령으로 정하는 기준에 해당하는 임직원을 정보보호 최고책임자로 지정하지 아니하거나 정보보호 최고책임자의 지정을 신고하지 아니한 자(2021.6.8 본호개정)
6의3. 제45조의3제3항을 위반하여 정보보호 최고책임자로 하여금 같은 조 제4항의 업무 외의 다른 업무를 겸직하게 한 자(2021.6.8 본호신설)
6의4. 제46조제3항에 따른 시정명령을 이행하지 아니한 자(2023.1.3 본호신설)
6의5. 제47조제2항을 위반하여 정보보호 관리체계 인증을 받지 아니한 자(2015.12.1 본호신설)
7. 제50조제1항부터 제3항까지의 규정을 위반하여 영리목적의 광고성 정보를 전송한 자
8. 제50조제4항을 위반하여 광고성 정보를 전송할 때 밝혀야 하는 사항을 밝히지 아니하거나 거짓으로 밝힌 자(2014.5.28 본호개정)
9. 제50조제6항을 위반하여 비용을 수신자에게 부담하도록 한 자(2014.5.28 본호개정)
9의2. 제50조제8항을 위반하여 수신동의 여부를 확인하지 아니한 자(2014.5.28 본호신설)
9의3. 제50조의4제4항을 위반하여 필요한 조치를 하지 아니한 자(2024.1.23 본호신설)
10. 제50조의5를 위반하여 이용자의 동의를 받지 아니하고 프로그램을 설치한 자
11. 제50조의7제1항 또는 제2항을 위반하여 인터넷 홈페이지에 영리목적의 광고성 정보를 게시한 자(2014.5.28 본호개정)
11의2. (2020.2.4 삭제)
12. 이 법을 위반하여 제64조제4항에 따라 과학기술정보통신부장관 또는 방송통신위원회로부터 받은 시정조치 명령을 이행하지 아니한 자(2017.7.26 본호개정)
② 다음 각 호의 어느 하나에 해당하는 자에게는 2천만원 이하의 과태료를 부과한다.
1.～4. (2020.2.4 삭제)
4의2. 제46조제2항을 위반하여 보험에 가입하지 아니한 자(2020.2.4 본호개정)
4의3. 제32조의5제1항을 위반하여 국내대리인을 지정하지 아니한 자(2018.9.18 본호신설)
4의4. 제44조의9제1항을 위반하여 불법촬영물등 유통방지 책임자를 지정하지 아니한 자(2020.6.9 본호신설)
5. (2020.2.4 삭제)
③ 다음 각 호의 어느 하나에 해당하는 자에게는 1천만원 이하의 과태료를 부과한다.
1.～2. (2015.6.22 삭제)
2의2. 제23조의3제1항을 위반하여 본인확인기관의 지정을 받지 아니하고 본인확인업무를 한 자
2의3. 제23조의3제2항에 따른 본인확인업무의 휴지 또는 같은 조 제3항에 따른 본인확인업무의 폐지 사실을 이용자에게 통보하지 아니하거나 방송통신위원회에 신고하지 아니한 자
2의4. 제23조의4제1항에 따른 본인확인업무의 정지 및 지정취소 처분에도 불구하고 본인확인업무를 계속한 자(2011.4.5 2호의2～2호의4신설)
2의5. (2020.2.4 삭제)
3. 제42조의3제1항을 위반하여 청소년 보호 책임자를 지정하지 아니한 자
4. 제43조를 위반하여 정보를 보관하지 아니한 자
4의2. 제44조의7제5항을 위반하여 기술적·관리적 조치를 하지 아니한 자(2024.1.23 본호신설)
4의3. 제46조제4항에 따른 자료의 제출요구에 정당한 사유 없이 따르지 아니한 자. 다만, 관계 중앙행정기관(그 소속기관을 포함한다)의 장은 제외한다.(2023.1.3 본호신설)
4의4. 제46조제6항을 위반하여 보고를 하지 아니하거나 거짓으로 보고한 자(2023.1.3 본호신설)
5. (2018.6.12 삭제)
6. (2015.12.1 삭제)
7. 제47조제9항을 위반하여 인증받은 내용을 거짓으로 홍보한 자(2020.2.4 본호개정)
8.～9. (2012.2.17 삭제)
10. 제47조의4제4항을 위반하여 소프트웨어 사용자에게 알리지 아니한 자(2020.6.9 본호개정)
11. 제48조의2제4항에 따른 시정명령을 이행하지 아니한 자
11의2. 제48조의3제1항을 위반하여 침해사고의 신고를 하지 아니한 자(2012.2.17 본호신설)
11의3. 제48조의4제5항에 따른 자료를 제출하지 아니하거나 거짓으로 제출한 자(2022.6.10 본호신설)
12. 제48조의4제5항에 따른 사업장 출입 및 조사를 방해하거나 거부 또는 기피한 자(2022.6.10 본호개정)
12의2. 제49조의2제4항을 위반하여 과학기술정보통신부장관 또는 방송통신위원회의 명령을 이행하지 아니한 자(2017.7.26 본호개정)
12의3. 제50조제7항을 위반하여 수신동의, 수신거부 또는 수신동의 철회에 대한 처리 결과를 알리지 아니한 자(2014.5.28 본호신설)
12의4. (2024.1.23 삭제)
13. 제52조제6항을 위반하여 한국인터넷진흥원의 명칭을 사용한 자(2009.4.22 본호개정)
14. 제53조제4항을 위반하여 사업의 휴업·폐업·해산의 신고를 아니한 자(2020.6.9 본호개정)
15. 제56조제1항을 위반하여 약관을 신고하지 아니한 자
16. 제57조제2항을 위반하여 관리적 조치 또는 기술적 조치를 하지 아니한 자
17. 제58조제1항을 위반하여 통신과금서비스 이용일시 등을 통신과금서비스이용자에게 고지하지 아니한 자(2011.4.5 본호개정)
18. 제58조제2항을 위반하여 통신과금서비스이용자가 구매·이용 내역을 확인할 수 있는 방법을 제공하지 아니하거나 통신과금서비스이용자의 제공 요청에 따르지 아니한 자(2020.6.9 본호개정)
19. 제58조제3항을 위반하여 통신과금서비스이용자로부터 받은 통신과금에 대한 정정요구가 이유 있음에도 결제대금의 지급을 유보하지 아니하거나 통신과금서비스이용자의 요청에 대한 처리 결과를 통신과금서비스이용자에게 알려 주지 아니한 자(2014.5.28 본호개정)
20. 제58조제4항을 위반하여 통신과금서비스에 관한 기록을 보존하지 아니한 자
20의2. 제58조제5항을 위반하여 통신과금서비스이용자의 동의를 받지 아니하고 통신과금서비스를 제공하거나 이용한도액을 증액한 자(2014.5.28 본호신설)
20의3. 제58조제6항을 위반하여 통신과금서비스 약관의 변경에 관한 통지를 하지 아니한 자(2014.5.28 본호신설)
20의4. 제58조의2(제59조제2항에 따라 준용되는 경우를 포함한다)를 위반하여 통신과금서비스이용자의 정보제공 요청에 따르지 아니한 자(2018.6.12 본호신설)
21. 제59조제3항을 위반하여 통신과금서비스이용자의 이의신청 및 권리구제를 위한 절차를 마련하지 아니하거나 통신과금서비스 계약 시 이를 명시하지 아니한 자(2018.6.12 본호개정)
22. 제64조제1항에 따른 관계 물품·서류 등을 제출하지 아니하거나 거짓으로 제출한 자
23. 제64조제2항에 따른 자료의 열람·제출요청에 따르지 아니한 자
24. 제64조제3항에 따른 출입·검사를 거부·방해 또는 기피한 자
25. 제64조의5제1항을 위반하여 투명성 보고서를 제출하지 아니한 자(2020.6.9 본호신설)
④ 제1항부터 제3항까지의 과태료는 대통령령으로 정하는 바에 따라 과학기술정보통신부장관 또는 방송통신위원회가 부과·징수한다.(2017.7.26 본항개정)
⑤～⑦ (2017.3.14 삭제)

부　칙 (2015.12.1)

제1조【시행일】 이 법은 공포 후 6개월이 경과한 날부터 시행한다. 다만, 제29조제2항 및 제3항의 개정규정은 공포한 날부터 시행한다.
제2조【개인정보의 파기 등에 관한 적용례】 제29조제2항 및 제3항의 개정규정은 같은 개정규정 시행 전에 수집하거나 이용받은 개인정보에 대해서도 적용한다.
제3조【정보보호 관리체계 인증 심사 생략에 관한 적용례】 제47조제3항의 개정규정은 이 법 시행 전에 정보보호 관리체계에 대한 인증을 신청하여 그 절차가 진행 중인 자에 대해서도 적용한다.
제4조【정보보호 관리체계의 인증에 관한 경과조치】 정보보호 관리체계의 인증을 받지 아니한 자는 이 법 시행 후 6개월 이내에 제47조제2항의 개정규정에 따라 인증을 받아야 한다.
제5조【과태료에 관한 경과조치】 이 법 시행 전의 위반행위에 대하여 과태료를 적용할 때에는 종전의 규정에 따른다.

부　칙 (2016.3.22)

제1조【시행일】 이 법은 공포 후 6개월이 경과한 날부터 시행한다. 다만, 제22조의2, 제76조제1항제1호 및 제1호의2의 개정규정은 공포 후 1년이 경과한 날부터, 제32조제2항·제3항 및 제32조의2제3항의 개정규정은 2016년 7월 25일부터, 제52조제4항의 개정규정은 공포한 날부터 시행한다.
제2조【손해배상에 관한 적용례】 제32조제2항·제3항 및 제32조의2제3항의 개정규정은 같은 개정규정 시행 후에 분실·도난·유출·위조·변조 또는 훼손된 개인정보에 관한 손해배상 청구분부터 적용한다.
제3조【위반행위에 노출된 사실 안내에 관한 경과조치】 정보통신서비스 제공자는 이 법 공포 후 6개월 이내에 제49조의2제3항의 개정규정에 따라 이용자에게 안내메시지를 보낼 수 있는 설비를 구축하여야 한다.
제4조【벌칙에 관한 경과조치】 이 법 시행 전의 행위에 대하여 벌칙을 적용할 때에는 종전의 규정에 따른다.
제5조【다른 법률의 개정】 ※(해당 법령에 가제정리 하였음)

부　칙 (2019.12.10)

제1조【시행일】 이 법은 공포 후 6개월이 경과한 날부터 시행한다.
제2조【환급가산금에 관한 적용례】 제64조의3제7항 및 제8항의 개정규정은 이 법 시행 후 법원의 판결 등의 사유로 과징금을 환급하는 경우부터 적용한다.

부　칙 (2020.2.4)

이 법은 공포 후 6개월이 경과한 날부터 시행한다.

부　칙 (2020.6.9 법17344호)

제1조【시행일】 이 법은 공포 후 6개월이 경과한 날부터 시행한다.(이하 생략)

부　칙 (2020.6.9 법17347호)

이 법은 공포한 날부터 시행한다.

부　칙 (2020.6.9 법17348호)
(2020.6.9 법17354호)

제1조【시행일】 이 법은 공포 후 6개월이 경과한 날부터 시행한다.(이하 생략)

부　칙 (2020.6.9 법17358호)

이 법은 공포 후 6개월이 경과한 날부터 시행한다. 다만, 제4조제2항제7호의2의 개정규정은 공포 후 3개월이 경과한 날부터 시행한다.

부　칙 (2021.6.8)
(2022.6.10)
(2023.1.3)

이 법은 공포 후 6개월이 경과한 날부터 시행한다.

부　칙 (2024.1.23)

제1조【시행일】 이 법은 공포 후 6개월이 경과한 날부터 시행한다. 다만, 제48조제4항 및 제71조제1항제13호의 개정규정은 공포한 날부터 시행하고, 제23조의5제1항제3호의 개정규정은 법률 제19234호 개인정보 보호법 일부개정법률 부칙 제1조제2호에 따른 시행일부터 시행한다.
제2조【정보보호 관리체계 인증의 특례에 관한 적용례】 제47조의7제1항 및 제3항의 개정규정은 이 법 시행 이후 제47조제1항 및 제2항에 따른 인증을 받으려는 자부터 적용한다.
제3조【연계정보 생성·처리의 승인에 관한 경과조치】 이 법 시행 당시 종전의 「정보통신 진흥 및 융합 활성화 등에 관한 특별법」 제37조 등 다른 법령에 따라 연계정보 생성·처리 관련 임시허가 또는 그와 유사한 특례 지정 등을 받은 본인확인기관과 정보통신서비스 제공자는 제23조의5제1항4호의 개정규정에도 불구하고 이 법 시행일부터 1년까지는 같은 개정규정에 따른 방송통신위원회의 승인을 받지 아니하고 연계정보를 생성·처리할 수 있다.

정보통신망 이용촉진 및 정보보호 등에 관한 법률 시행령

(2008년 2월 29일
전부개정대통령령 제20668호)

개정
2008. 3.28영20756호
2008. 7. 3영20896호(직제)
2008. 7.29영20947호(자본시장금융투자업시)
2009. 1.28영21278호
2009. 8.18영21692호(정보통신산업진흥법시)
2009. 9. 9영21719호(항공법시)
2010. 1.27영22003호(신문등의진흥에관한법시)
2010. 5. 4영22151호(전자정부법시)
2010.10. 1영22423호
2010.10. 1영22424호(전기통신사업법시)
2010.11. 2영22467호(행정정보이용감축개정령)
2010.12.27영22550호(방송통신발전기본법시)
2011. 3.29영22773호 2011. 8.29영23104호
2011. 9.29영23169호(개인정보보호법시)
2012. 6.25영23876호(행정기관정비일부개정령)
2012. 8.17영24047호
2012. 8.31영24076호(전자문서및전자거래기본법시)
2012. 9.14영24102호(청소년보호법시)
2013. 3.23영24445호(직제)
2013.12.30영25050호(행정규제재검토에따른일부개정령)
2014. 8. 6영25532호(민감정보고유식별정보)
2014.11.19영25751호(직제)
2014.11.28영25789호 2015.12.22영26757호
2016. 5.31영27188호 2016. 9.22영27510호
2016.12.30영27751호(규제기한설정)
2017. 3.22영27951호
2017. 7.26영28210호(직제)
2017. 9. 5영28283호(금융회사의지배구조에관한법시)
2018. 5.28영28919호(신산업등의규제혁신을위한일부개정령)
2018. 7.17영29053호
2018. 9.28영29192호(직제)
2018.12.11영29339호 2019. 3.19영29633호
2019. 6.11영29852호
2019. 6.25영29886호(전기통신사업법시)
2020. 3. 3영30509호(규제기한해제)
2020. 5.19영30691호 2020. 8. 4영30894호
2020.12. 8영31221호(소프트웨어진흥법시)
2020.12. 8영31247호
2021. 1. 5영31380호(법령용어정비)
2021. 2. 2영31429호(소상공인기본법시)
2021.12. 7영32179호
2021.12.28영32274호(독점시)
2022. 8. 9영32868호(자격취득등에요구되는실무경력의인정범위확대등을위한일부개정령)
2022.12. 9영33039호 2023. 7. 3영33612호
2023.12.26영34024호

제1장 총 칙

제1조【목적】 이 영은 「정보통신망 이용촉진 및 정보보호 등에 관한 법률」에서 위임된 사항과 그 시행에 필요한 사항을 규정함을 목적으로 한다.

제2조【윤리강령】 ① 「정보통신망 이용촉진 및 정보보호 등에 관한 법률」(이하 "법"이라 한다) 제2조제1항제3호에 따른 정보통신서비스 제공자 및 그 단체는 이용자를 보호하고 건전하고 안전한 정보통신서비스 제공을 위하여 정보통신서비스 제공자 윤리강령을 정하여 시행할 수 있다.(2020.8.4 본항개정)

② 법 제2조제1항제4호에 따른 이용자의 단체는 건전한 정보사회가 정착되도록 이용자 윤리강령을 정하여 시행할 수 있다.

③ 정부는 제1항 및 제2항에 따른 윤리강령의 제정 및 시행을 위한 활동을 지원할 수 있다.

제3조 (2020.8.4 삭제)

제2장 정보통신망의 이용촉진

제4조～제5조 (2009.8.18 삭제)

제6조【정보의 공동 활용체제 구축 시책 등】 ① 중앙행정기관의 장은 법 제12조에 따라 소관 분야의 정보의 공동 활용을 위한 계획을 수립하여 고시할 수 있다.
(2010.5.4 후단삭제)

② 중앙행정기관의 장은 제1항에 따른 정보의 공동 활용을 위한 계획을 효율적으로 추진하기 위하여 필요한 경우에는 다음 각 호의 사업 등을 하는 자에 대하여 지원할 수 있다.

1. 보유·관리하는 정보 중 공동 활용 대상 정보의 선정
2. 정보통신망 상호간 연계 시스템의 구축 및 운영
3. 정보통신망의 연계에 따른 각 기관 간 비용부담의 조정
4. 그 밖에 정보의 공동 활용체제 구축을 위하여 필요한 사항

제7조【정보통신망의 이용촉진 등에 관한 사업의 실시】 과학기술정보통신부장관이 법 제13조제1항에 따라 실시할 수 있는 사업은 다음 각 호와 같다.(2017.7.26 본문개정)

1. 정보통신망의 구성·운영을 위한 시험적 사업
2. 새로운 매체의 실용화를 위한 시험적 사업
3. 정보화산업 육성을 위한 선도 응용사업 및 관련 연구 지원 사업
4. 전자거래에 관한 기술개발 등 전자거래의 활성화를 위한 기반 조성 사업
5. 정보통신망 이용촉진을 위한 법·제도 개선 등 지원 사업
6. 그 밖에 정보사회의 기반조성을 위한 관련 기술·기기 및 응용서비스의 효율적인 활용과 보급을 위한 시범사업

제3장 전자문서중계자를 통한 전자문서의 활용

제8조～제9조 (2015.12.22 삭제)

제4장 정보통신서비스의 안전한 이용환경 조성
(2020.8.4 본장제목개정)

제9조의2【접근권한의 범위 등】 ① 정보통신서비스 제공자가 법 제22조의2제1항에 따라 이용자의 동의를 받아야 하는 경우는 이동통신단말장치의 소프트웨어를 통하여 다음 각 호의 정보와 기능에 대하여 접근할 수 있는 권한(이하 이 조에서 "접근권한"이라 한다)이 필요한 경우로 한다. 다만, 이동통신단말장치의 제조·공급 과정에서 설치된 소프트웨어가 통신, 촬영, 영상·음악의 재생 등 이동통신단말장치의 본질적인 기능을 수행하기 위하여 접근하는 정보와 기능은 제외한다.

1. 연락처, 일정, 영상, 통신내용, 바이오정보(지문, 홍채, 음성, 필적 등 개인을 식별할 수 있는 신체적 또는 행동적 특징에 관한 정보를 말한다. 이하 같다) 등 이용자가 이동통신단말장치에 저장한 정보
2. 위치정보, 통신기록, 인증정보, 신체활동기록 등 이동통신단말장치의 이용과정에서 자동으로 저장된 정보
3. 「전기통신사업법」 제60조의2제1항에 따른 고유한 국제 식별번호 등 이동통신단말장치의 식별을 위하여 부여된 고유정보
4. 촬영, 음성인식, 바이오정보 및 건강정보 감지센서 등 입력 및 출력 기능

② 정보통신서비스 제공자는 이동통신단말장치의 소프트웨어를 설치 또는 실행하는 과정에서 소프트웨어 안내정보 화면 또는 별도 화면 등에 표시하는 방법으로 이용자에게 법 제22조의2제1항 각 호의 사항을 알리고, 다음 각 호의 구분에 따라 이용자의 동의를 받아야 한다.

1. 이동통신단말장치의 기본 운영체제(이동통신단말장치에서 소프트웨어를 실행할 수 있는 기반 환경을 말하며, 이하 "운영체제"라 한다)가 이용자가 접근권한에 대한 동의 여부를 개별적으로 선택할 수 있는 운영체제인 경우 : 법 제22조의2제1항제1호 및 제2호에 따른 접근권한을 구분하여 알린 후 접근권한이 설정된 정보와 기능에 최초로 접근할 때 이용자가 동의 여부를 선택하도록 하는 방법
2. 이동통신단말장치의 운영체제가 이용자가 접근권한에 대한 동의 여부를 개별적으로 선택할 수 없는 운영체제인 경우 : 법 제22조의2제1항제1호에 따른 접근권한만을 설정하여 알린 후 소프트웨어를 설치할 때 이용자가 동의 여부를 선택하도록 하는 방법
3. 제1호 또는 제2호의 운영체제에 해당함에도 불구하고 제1호 또는 제2호의 방법이 불가능한 경우 : 제1호 또는 제2호의 방법과 유사한 방법으로서 이용자에게 동의 내용을 명확하게 인지할 수 있도록 알리고 이용자가 동의 여부를 선택하도록 하는 방법

③ 법 제22조의2제1항에 따라 이용자의 동의를 받아야 하는 사항이 같은 항 제1호 또는 제2호에 따른 접근권한 중 어느 것에 해당하는지 여부를 판단할 때에는 이용약관, 「개인정보 보호법」 제30조제1항에 따른 개인정보처리방침 또는 별도 안내 등을 통하여 공개된 정보통신서비스의 범위와 실제 제공 여부, 해당 정보통신서비스에 대한 이용자의 합리적 예상 가능성 및 해당 정보통신서비스와 접근권한의 기술적 관련성 등을 고려하여야 한다.
(2020.8.4 본항개정)

④ 이동통신단말장치의 운영체제를 제작하여 공급하는 자, 이동통신단말장치 제조업자 및 이동통신단말장치의 소프트웨어를 제작하여 공급하는 자는 법 제22조의2제3항에 따른 이용자 정보 보호를 위하여 다음 각 호의 구분에 따라 필요한 조치를 하여야 한다.

1. 이동통신단말장치의 운영체제를 제작하여 공급하는 자 : 정보통신서비스 제공자가 제2항 각 호의 구분에 따른 방법으로 동의를 받을 수 있는 기능과 이용자가 동의를 철회할 수 있는 기능이 구현되어 있는 운영체제를 제작하여 공급하고, 운영체제에서 설정하고 있는 접근권한 운영 기준을 이동통신단말장치의 소프트웨어를 제작하여 공급하는 자가 이해하기 쉽도록 마련하여 공개할 것
2. 이동통신단말장치 제조업자 : 제1호에 따른 동의 및 철회 기능이 구현되어 있는 운영체제를 이동통신단말장치에 설치할 것
3. 이동통신단말장치의 소프트웨어를 제작하여 공급하는 자 : 제1호 및 제2호에 따른 조치를 한 운영체제와 이동통신단말장치에 맞는 동의 및 철회방법을 소프트웨어에 구현할 것

(2017.3.22 본조신설)

제9조의3【심사사항별 세부 심사기준】 ① 법 제23조의3 제1항에 따른 심사사항별 세부 심사기준은 다음 각 호와 같다.

1. 물리적·기술적·관리적 조치계획 : 다음 각 목의 사항에 대한 조치계획을 마련할 것
   가. 법 제23조의3제1항에 따른 본인확인업무(이하 "본인확인업무"라 한다) 관련 설비의 관리 및 운영에 관한 사항
   나. 정보통신망 침해행위의 방지에 관한 사항
   다. 시스템 및 네트워크의 운영·보안 및 관리에 관한 사항
   라. 이용자 보호 및 불만처리에 관한 사항
   마. 긴급상황 및 비상상태의 대응에 관한 사항
   바. 본인확인업무를 위한 내부 규정의 수립 및 시행에 관한 사항
   사. 법 제23조의2제2항에 따른 대체수단(이하 "대체수단"이라 한다)의 안전성 확보에 관한 사항(2012.8.17 본목개정)
   아. 접속정보의 위조·변조 방지에 관한 사항
   자. 그 밖에 본인확인업무를 위하여 방송통신위원회가 정하여 고시하는 사항
2. 기술적 능력 : 다음 각 목의 어느 하나에 해당하는 요건을 갖춘 자를 8명 이상 보유할 것
   가. 정보통신기사·정보처리기사 및 전자계산기조직응용기사 이상의 국가기술자격 또는 이와 동등 이상의 자격이 있다고 방송통신위원회가 인정하는 자격을 갖출 것
   나. 방송통신위원회가 정하여 고시하는 정보보호 또는 정보통신운영·관리 분야에서 2년 이상 근무한 경력이 있을 것
3. 재정적 능력 : 자본금이 80억원 이상일 것(국가기관 및 지방자치단체는 제외한다)
4. 설비규모의 적정성 : 다음 각 목의 설비를 본인확인업무의 적절한 수행에 필요한 규모 이상 보유할 것
   가. 이용자의 개인정보(「개인정보 보호법」 제2조제1호에 따른 개인정보를 말한다. 이하 제9조의6에서 같다)를 검증·관리 및 보호하기 위한 설비(2020.8.4 본목개정)
   나. 대체수단을 생성·발급 및 관리하기 위한 설비
   다. 출입통제 및 접근제한을 위한 보안설비
   라. 시스템 및 네트워크의 보호설비
   마. 화재·수해 및 정전 등 재난 방지를 위한 설비

② 제1항에 따른 심사사항별 세부 심사기준의 평가기준 및 평가방법 등에 관하여 필요한 사항은 방송통신위원회가 정하여 고시한다.
(2011.8.29 본조신설)

제9조의4【본인확인기관의 지정절차】 ① 법 제23조의3 제1항에 따라 본인확인기관으로 지정을 받으려는 자는 본인확인기관지정신청서(전자문서로 된 신청서를 포함한다)에 다음 각 호의 서류(전자문서를 포함한다)를 첨부하여 방송통신위원회에 제출하여야 한다.

1. 조직·인력 및 설비 등의 현황을 기재한 사업계획서
2. 제9조의3에 따른 심사사항별 세부 심사기준이 충족됨을 증명할 수 있는 서류
3. 법인의 정관 또는 단체의 규약(법인 또는 단체인 경우에만 해당한다)
4. 그 밖에 본인확인업무 수행의 전문성과 재무구조의 건전성 등을 확인하기 위하여 필요한 서류로서 방송통신위원회가 정하여 고시하는 서류

② 제1항에 따라 본인확인기관지정신청서를 제출받은 방송통신위원회는 「전자정부법」 제36조제1항에 따른 행정정보의 공동이용을 통하여 법인 등기사항증명서(법인인 경우에만 해당한다)를 확인하여야 한다.

③ 방송통신위원회는 제1항에 따른 신청을 심사하는 데 필요하다고 인정하는 경우에는 그 신청인에게 자료의 제출을 요청하거나 그 의견을 들을 수 있다.

④ 방송통신위원회는 제1항에 따른 신청을 받은 경우에는 신청을 받은 날부터 90일 이내에 제9조의3에 따른 심사사항별 세부 심사기준의 충족 여부를 심사하여 그 심사결과를 신청인에게 통지하여야 한다. 다만, 부득이한 사유가 있는 경우에는 그 사유를 알리고 30일의 범위에서 그 기간을 연장할 수 있다.

⑤ 방송통신위원회는 제4항의 심사결과에 따라 본인확인기관을 지정한 경우에는 그 신청인에게 본인확인기관지정서를 발급하고, 본인확인기관의 명칭·소재지 및 지정일 등 지정내용을 관보에 고시하여야 한다.

⑥ 제1항부터 제5항까지의 규정에 따른 지정신청, 지정심사 등의 절차 및 방법 등에 관하여 필요한 사항은 방송통신위원회가 정하여 고시한다.
(2011.8.29 본조신설)

제9조의5【본인확인기관의 주민등록전산정보자료 확인 요청】 법 제23조의3제1항에 따라 본인확인기관으로 지정받은 자(이하 "본인확인기관"이라 한다)는 14세 미만의 아동 및 그 법정대리인의 신원 확인을 위하여 필요한 경우 행정안전부장관에게 「주민등록법」 제30조제1항에 따른 주민등록전산정보자료의 확인을 요청할 수 있다.
(2018.7.17 본조신설)

제9조의6【본인확인업무의 휴지·폐지】 ① 본인확인기관이 법 제23조의3제2항 또는 제3항에 따라 업무를 휴지 또는 폐지하려면 다음 각 호의 사항을 이용자에게 통보하여야 한다.

1. 휴지 또는 폐지의 사유
2. 휴지 또는 폐지의 일시(휴지의 경우에는 사업의 개시 일시를 포함한다)

3. 대체수단 및 개인정보의 이용 제한에 관한 사항(휴지의 경우에만 해당한다)
4. 대체수단 및 개인정보의 파기에 관한 사항(폐지의 경우에만 해당한다)
② 본인확인기관은 법 제23조의3제2항 또는 제3항에 따라 본인확인업무의 휴지 또는 폐지를 신고할 때에는 본인확인업무 휴지·폐지 신고서에 다음 각 호의 서류를 첨부하여 방송통신위원회에 제출하여야 한다.
1. 제1항 각 호의 사항을 기재한 통보 서류
2. 대체수단 및 개인정보의 이용 제한 또는 파기 계획에 관한 서류
3. 이용자의 보호조치 계획에 관한 서류
4. 본인확인기관지정서(폐지의 경우에만 해당한다)
③ 제1항 또는 제2항에 따른 휴지 또는 폐지의 통보 및 신고의 절차, 기준 및 방법 등에 관하여 필요한 세부사항은 방송통신위원회가 정하여 고시한다.
(2011.8.29 본조신설)
제9조의7【본인확인업무의 정지 및 지정취소】 ① 법 제23조의4제1항에 따른 본인확인업무의 정지 또는 지정취소의 기준은 별표1과 같다.
② 방송통신위원회는 제1항에 따라 본인확인업무를 정지하거나 지정을 취소한 경우에는 그 사실을 관보에 고시하여야 한다.
(2011.8.29 본조신설)
제10조～제18조의2 (2020.8.4 삭제)
제19조【국내대리인 지정 대상자의 범위】 ① 법 제32조의5제1항에서 "대통령령으로 정하는 기준에 해당하는 자"란 다음 각 호의 어느 하나에 해당하는 자를 말한다.
1. 전년도〔법인인 경우에는 전(前) 사업연도를 말한다〕 매출액이 1조원 이상인 자
2. 정보통신서비스 부문 전년도(법인인 경우에는 전 사업연도를 말한다) 매출액이 100억원 이상인 자
3. (2020.8.4 삭제)
4. 이 법을 위반하여 정보통신서비스 이용의 안전성을 현저히 해치는 사건·사고가 발생하였거나 발생할 가능성이 있는 경우로서 법 제64조제1항에 따라 방송통신위원회로부터 관계 물품·서류 등을 제출하도록 요구받은 자(2020.8.4 본호개정)
② 제1항제1호 및 제2호에 따른 매출액은 전년도(법인인 경우에는 전 사업연도를 말한다) 평균환율을 적용하여 원화로 환산한 금액을 기준으로 한다.
(2019.3.19 본조신설)
제20조～제22조 (2011.9.29 삭제)

제5장 정보통신망에서의 이용자 보호 등

제23조【청소년보호시책】 법 제41조제1항제4호에서 "대통령령으로 정하는 사항"이란 다음 각 호와 같다.
(2011.8.29 본문개정)
1. 청소년에게 유익한 정보의 개발 및 보급 촉진
2. 정보통신망을 통하여 유통되는 음란·폭력정보 등의 유해한 정보로부터 청소년을 보호하기 위한 청소년의 자발적 참여활동의 촉진 및 지원
3. 청소년 보호를 위한 학부모·교사 또는 민간단체 등의 자율적인 감시·상담·피해구제활동의 촉진 및 지원
4. 청소년보호활동을 위한 정보통신서비스 제공자 간의 협력체계 구축 지원(2009.1.28 본호개정)
5. 그 밖에 법 제41조제1항 각 호에 따른 시책을 추진하는 데 부수되는 사항
제24조【청소년유해매체물의 표시방법】 ① 법 제42조에 따른 청소년유해매체물을 제공하는 자는 그 매체물에 19세 미만의 자는 이용할 수 없다는 취지의 내용을 누구나 쉽게 확인할 수 있도록 음성·문자 또는 영상으로 표시하여야 한다.
② 제1항에 따른 표시를 하여야 하는 자 중 인터넷을 이용하여 정보를 제공하는 자의 경우에는 기호·부호·문자 또는 숫자를 사용하여 청소년유해매체물임을 나타낼 수 있는 전자적 표시도 함께 하여야 한다.
③ 방송통신위원회는 정보의 유형 등을 고려하여 제1항 및 제2항에 따른 표시의 구체적 방법을 정하여 관보에 고시하여야 한다.
제25조【청소년보호책임자 지정의무자의 범위】 법 제42조의3제1항에서 "일일평균이용자의 수, 매출액 등이 대통령령으로 정하는 기준에 해당하는 자"란 다음 각 호의 요건에 모두 해당하는 자를 말한다.(2011.8.29 본문개정)
1. 다음 각 목의 어느 하나에 해당하는 자
가. 전년도말 기준 직전 3개월간의 일일평균이용자가 10만 명 이상인 자
나. 정보통신서비스부문 전년도(법인의 경우에는 전 사업연도) 매출액이 10억원 이상인 자
2. 「청소년 보호법」 제2조제3호에 따른 청소년유해매체물을 제공하거나 매개하는 자(2012.9.14 본호개정)
제26조【청소년보호책임자의 업무】 법 제42조의3제1항에 따른 청소년보호책임자는 정보통신망상의 청소년유해정보(이하 "유해정보"라 한다)로부터 청소년을 보호하기 위하여 다음의 업무를 수행한다.
1. 유해정보로부터의 청소년보호계획의 수립
2. 유해정보에 대한 청소년접근제한 및 관리조치
3. 정보통신업무 종사자에 대한 유해정보로부터의 청소년보호를 위한 교육
4. 유해정보로 인한 피해상담 및 고충처리
5. 그 밖에 유해정보로부터 청소년을 보호하기 위하여 필요한 사항
제27조【청소년보호책임자의 지정기한】 법 제42조의3제1항에 따른 청소년보호책임자의 지정은 매년 4월말까지 하여야 한다.
제28조【영상 또는 음향정보의 보관 등】 ① 법 제43조제1항에서 "대통령령으로 정하는 자"란 전기통신회선을 통하여 정보를 유통시키는 자를 말한다. 다만, "방송", "텔레비전" 또는 "라디오"의 명칭을 사용하면서 일정한 편성계획에 따라 정보를 유통시키는 자 중 「방송법」 제2조제3호·제6호 및 제12호에 따른 방송사업자·중계유선방송사업자 및 전광판방송사업자는 제외한다.
(2011.8.29 본문개정)
② 법 제43조에 따른 정보제공자는 해당 정보를 이용에 제공한 때부터 6개월간 이를 보관하여야 한다.
제29조～제30조 (2014.11.28 삭제)
제31조【청구할 수 있는 이용자 정보의 범위】 법 제44조의6제1항에서 "대통령령으로 정하는 최소한의 정보"란 다음 각 호의 정보를 말한다.(2011.8.29 본문개정)
1. 성명
2. 주소
3. 그 밖에 민·형사상의 소제기를 위하여 법 제44조의10에 따른 명예훼손분쟁조정부(이하 "명예훼손분쟁조정부"라 한다)가 필요하다고 인정하는 해당 이용자의 연락처 등의 정보
제32조【정보제공청구의 절차】 ① 법 제44조의6제1항에 따라 해당 이용자의 정보제공을 청구하려는 자(이하 "청구인"이라 한다)는 다음 각 호의 사항을 기재한 정보제공청구서를 소명자료와 함께 명예훼손분쟁조정부에 제출하여야 한다.
1. 청구인의 성명·주소·연락처(전화번호·전자우편주소 등을 말한다)
2. 제기하려는 소의 종류 및 소로써 구하는 취지
3. 침해된 권리의 유형 및 해당 이용자의 구체적인 권리침해사실
② 명예훼손분쟁조정부는 법 제44조의6제2항에 따라 정보제공 여부를 결정할 때 필요하다고 인정하는 경우 청구인에게 의견을 진술하게 할 수 있다.
제33조【정보제공의 절차】 ① 명예훼손분쟁조정부는 청구인으로부터 정보제공 요청을 받은 경우 해당 이용자의 정보제공 여부를 결정하여 그 결과를 청구인에게 통지하여야 한다.
② 명예훼손분쟁조정부는 정보제공을 결정한 경우 해당 정보통신서비스 제공자에게 제31조에 따른 정보를 제공해 주도록 요청하여야 한다. 이 경우 해당 정보통신서비스 제공자는 정당한 사유가 없으면 이에 따라야 한다.
(2009.1.28 본항개정)
③ 정보통신서비스 제공자는 제2항에 따른 정보를 제공한 사실을 해당 이용자에게 알려야 한다.(2009.1.28 본항개정)
④ 명예훼손분쟁조정부는 이용자정보제공사실 등 관련 자료를 5년간 보관하여야 한다.
제34조【불법정보의 처리제한명령 등의 요청】 ① 관계 중앙행정기관의 장〔법 제44조의7제1항제9호의 정보 중 「성폭력범죄의 처벌 등에 관한 특례법」 제14조에 따른 촬영물 또는 복제물(복제물의 복제물을 포함한다)에 대해서는 수사기관의 장을 포함한다. 이하 이 조에서 같다〕이 법 제44조의7제3항에 따라 방송통신위원회에 정보통신서비스 제공자 또는 게시판 관리·운영자에게 같은 조 제1항제7호부터 제9호까지의 정보의 처리를 거부·정지 또는 제한하도록 하는 명령을 하여 줄 것을 요청하려는 때에는 다음 각 호의 사항을 적은 요청서를 증빙자료와 함께 방송통신위원회에 제출하여야 한다.(2019.6.11 본문개정)
1. 요청의 취지와 그 이유
2. 관련 법령 및 위반내용
3. 해당 정보의 목록 및 제공처
4. 정보통신서비스 제공자 또는 게시판 관리·운영자 및 해당 이용자의 명칭 또는 성명과 주소·전화번호·전자우편주소 등의 연락처(2009.1.28 본호개정)
② 방송통신위원회는 제1항에 따라 제출된 서류 등에 흠이 있음을 발견한 때에는 즉시 관계 중앙행정기관의 장에게 보완을 요구할 수 있다. 이 경우 5일 이상의 보완기간을 부여하여야 한다.
③ 방송통신위원회는 제2항에 따른 보완요구에도 불구하고 보완기간이 끝나는 날까지 보완이 이루어지지 아니한 때에는 제1항에 따라 제출받은 요청서와 증빙자료를 관계 중앙행정기관의 장에게 반려할 수 있다.
(2016.9.22 본조제목개정)
제35조【의견제출의 예외사유】 법 제44조의7제4항제2호에서 "대통령령으로 정하는 경우"란 다음 각 호의 경우를 말한다.(2011.8.29 본문개정)
1. 해당 이용자를 알 수 없는 경우(이용자의 의견제출의 경우에만 해당한다)
2. 법원의 확정판결 등에 따라 명령의 전제가 되는 사실이 객관적으로 증명되어 명령에 따른 의견청취가 불필요하다고 판단되는 경우
제35조의2【불법촬영물등 유통방지 책임자】 ① 법 제44조의9제1항에 따라 불법촬영물등의 유통을 방지하기 위한 책임자를 지정해야 하는 정보통신서비스 제공자는 다음 각 호의 자로 한다.
1. 「전기통신사업법」 제22조의3제1항에 따른 특수유형부가통신사업자 중 같은 법 제2조제14호가목에 해당하는 부가통신역무를 제공하는 자
2. 「전기통신사업법」 제22조제1항에 따라 부가통신사업을 신고한 자(같은 법 제22조제4항 각 호의 어느 하나에 해당하는 자를 포함한다)로서 다음 각 목의 어느 하나에 해당하는 자
가. 정보통신서비스 부문 전년도(법인인 경우에는 전 사업연도를 말한다) 매출액이 10억원 이상이고 별표1의2에 따른 정보통신서비스를 제공하는 자
나. 전년도 말 기준 직전 3개월간의 하루 평균 이용자 수가 10만명 이상이고 별표1의2에 따른 정보통신서비스를 제공하는 자
② 제1항 각 호의 정보통신서비스 제공자(이하 "불법촬영물등 유통방지 책임자 지정의무자"라 한다)는 법 제44조의9제1항에 따른 불법촬영물등(이하 "불법촬영물등"이라 한다)의 유통을 방지하기 위한 책임자(이하 "불법촬영물등 유통방지 책임자"라 한다)를 1명 이상 지정해야 한다.
③ 불법촬영물등 유통방지 책임자는 다음 각 호의 어느 하나에 해당하는 지위에 있는 사람이어야 한다.
1. 불법촬영물등 유통방지 책임자 지정의무자 소속 임원
2. 불법촬영물등 유통방지 책임자 지정의무자 소속의 불법촬영물등 유통방지 업무를 담당하는 부서의 장
④ 불법촬영물등 유통방지 책임자는 방송통신위원회가 관련 기관·단체와 협력하여 실시하는 다음 각 호의 내용을 포함한 2시간 이상의 교육(정보통신망을 이용한 원격교육을 포함한다)을 매년 받아야 한다.
1. 불법촬영물등의 유통방지 관련 제도 및 법령에 관한 사항
2. 법 제44조의9제2항에 따른 유통방지에 필요한 조치에 관한 사항
3. 불법촬영물등에 대한 「방송통신위원회의 설치 및 운영에 관한 법률」 제18조에 따른 방송통신심의위원회(이하 "방송통신심의위원회"라 한다)의 심의 기준에 관한 사항
4. 그 밖에 불법촬영물등의 유통방지를 위하여 방송통신위원회가 필요하다고 인정하는 사항
(2020.12.8 본조신설)
제36조【명예훼손분쟁조정부의 설치·운영 및 분쟁조정 등】 ① 명예훼손분쟁조정부의 회의는 명예훼손분쟁조정부의 장이 소집한다.
② 명예훼손분쟁조정부의 장이 명예훼손분쟁조정부의 회의를 개최하려는 때에는 회의일시·장소 및 안건을 정하여 부득이한 사유가 있는 경우를 제외하고는 회의개시 7일 전까지 위원에게 통지하여야 한다.
③ 명예훼손분쟁조정부의 회의는 재적위원 과반수의 출석으로 개의하며 출석위원 과반수의 찬성으로 의결한다.
④ 명예훼손분쟁조정부의 장은 위원 중에서 방송통신심의위원회 위원장이 지명한다.(2020.12.8 본항개정)
⑤ 명예훼손분쟁조정부의 회의는 공개하지 아니한다. 다만, 필요하다고 인정될 때에는 명예훼손분쟁조정부의 의결로 당사자 또는 이해관계인에게 방청을 하게 할 수 있다.
⑥ (2011.9.29 삭제)
⑦ 이 영에서 규정한 것 외에 명예훼손분쟁조정부의 설치·구성 및 운영 그 밖에 분쟁조정에 필요한 사항은 방송통신심의위원회의 의결을 거쳐 정한다.

제6장 정보통신망의 안정성 확보 등

제36조의2【정보통신망연결기기 등의 범위】 법 제45조제1항제2호에서 "대통령령으로 정하는 기기·설비·장비"란 별표1의3에 따른 분야 중 어느 하나의 분야에 속하는 기기·설비·장비로서 다음 각 호의 기기·설비·장비(이하 "정보통신망연결기기등"이라 한다)를 말한다.
1. 침해사고가 발생했거나 발생할 가능성이 큰 기기·설비·장비
2. 침해사고가 발생할 경우 정보통신망의 안정성 및 정보의 신뢰성 확보에 중대한 위험성을 가져오는 기기·설비·장비
(2020.12.8 본조신설)
제36조의3【정보보호 사전점검기준】 법 제45조의2제2항에 따른 정보보호 사전점검기준은 다음 각 호의 사항을 고려하여 과학기술정보통신부장관이 정하여 고시한다.(2017.7.26 본문개정)
1. 정보통신망을 구축하거나 정보통신서비스를 제공하기 위한 시스템의 구조 및 운영환경
2. 제1호에 따른 시스템의 운영을 위한 하드웨어, 프로그램, 콘텐츠 등 자산 중 보호해야 할 대상의 식별 및 위험성
3. 보호대책의 도출 및 구현현황
(2012.8.17 본조신설)
제36조의4【정보보호 사전점검 권고 대상】 ① 법 제45조의2제2항제1호에서 "대통령령으로 정하는 정보통신서비스 또는 전기통신사업"이란 정보시스템 구축에 필요한

투자금액이 5억원 이상(하드웨어·소프트웨어의 단순한 구입비용은 제외한 금액을 말한다)인 정보통신서비스 또는 전기통신사업을 말한다.
② 법 제45조의2제2항제2호에서 "대통령령으로 정하는 정보통신서비스 또는 전기통신사업"이란 과학기술정보통신부장관이 신규 정보통신서비스 또는 전기통신사업의 발굴·육성을 위하여 사업비의 전부 또는 일부를 지원하는 정보통신서비스 또는 전기통신사업을 말한다.
(2017.7.26 본항개정)
(2012.8.17 본조신설)

제36조의5【정보보호 사전점검의 방법 및 절차 등】 ① 법 제45조의2제2항에 따른 정보보호 사전점검은 서면점검, 현장점검 또는 원격점검(외부에서 정보통신망을 통하여 제36조의3제1호에 따른 시스템에 접속하여 보안 관련 사항을 점검하는 것을 말한다)의 방법으로 실시한다.
(2020.12.8 본항개정)
② 법 제45조의2제2항에 따른 정보보호 사전점검은 다음 각 호의 순서로 진행한다.
1. 사전점검 준비
2. 설계 검토
3. 보호대책 적용
4. 보호대책 구현현황 점검
5. 사전점검 결과 정리
③ 법 제45조의2제2항에 따른 과학기술정보통신부장관의 권고를 받은 자는 정보보호 사전점검을 직접 실시하거나 법 제52조에 따른 한국인터넷진흥원(이하 "인터넷진흥원"이라 한다) 또는 외부 전문기관으로 하여금 실시하게 할 수 있다. 이 경우 정보보호 사전점검은 별표2에 따른 정보보호 기술인력의 자격기준을 갖춘 사람만 수행할 수 있다.(2017.7.26 전단개정)
④ 제1항부터 제3항까지에서 규정한 사항 외에 정보보호 사전점검의 방법 및 절차에 관하여 필요한 세부사항은 과학기술정보통신부장관이 정하여 고시한다.(2017.7.26 본항개정)
(2012.8.17 본조신설)

제36조의6【정보보호 사전점검 수수료】 ① 법 제45조의2제2항에 따른 과학기술정보통신부장관의 권고를 받은 자가 정보보호 사전점검을 인터넷진흥원이나 외부 전문기관으로 하여금 실시하게 한 경우에는 인터넷진흥원이나 외부 전문기관에 수수료를 납부하여야 한다.
(2017.7.26 본항개정)
② 과학기술정보통신부장관은 다음 각 호의 사항을 고려하여 정보보호 사전점검 수수료의 산정기준을 정하여 고시한다.(2017.7.26 본문개정)
1. 정보보호 사전점검을 받는 정보통신서비스 또는 전기통신사업의 규모
2. 정보보호 사전점검에 참가하는 자의 전문성
3. 정보보호 사전점검에 필요한 기간
(2012.8.17 본조신설)

제36조의7【정보보호 최고책임자의 지정 및 겸직금지 등】 ① 법 제45조의3제1항 본문에서 "대통령령으로 정하는 기준에 해당하는 임직원"이란 다음 각 호의 구분에 따른 사람을 말한다.
1. 다음 각 목의 어느 하나에 해당하는 정보통신서비스 제공자 : 사업주 또는 대표자
가. 자본금이 1억원 이하인 자
나. 「중소기업기본법」 제2조제2항에 따른 소기업
다. 「중소기업기본법」 제2조제2항에 따른 중기업으로서 다음의 어느 하나에 해당하지 않는 자
1) 「전기통신사업법」에 따른 전기통신사업자
2) 법 제47조제2항에 따라 정보보호 관리체계 인증을 받아야 하는 자
3) 「개인정보 보호법」 제30조제2항에 따라 개인정보 처리방침을 공개해야 하는 개인정보처리자
4) 「전자상거래 등에서의 소비자보호에 관한 법률」 제12조에 따라 신고를 해야 하는 통신판매업자
2. 다음 각 목의 어느 하나에 해당하는 정보통신서비스 제공자 : 이사(「상법」 제401조의2제1항제3호에 따른 자와 같은 법 제408조의2에 따른 집행임원을 포함한다)
가. 직전 사업연도 말 기준 자산총액이 5조원 이상인 자
나. 법 제47조제2항에 따라 정보보호 관리체계 인증을 받아야 하는 자 중 직전 사업연도 말 기준 자산총액이 5천억원 이상인 자
3. 제1호 및 제2호에 해당하지 않는 정보통신서비스 제공자 : 다음 각 목의 어느 하나에 해당하는 사람
가. 사업주 또는 대표자
나. 이사(「상법」 제401조의2제1항제3호에 따른 자와 같은 법 제408조의2에 따른 집행임원을 포함한다)
다. 정보보호 관련 업무를 총괄하는 부서의 장
(2021.12.7 본항신설)
② 법 제45조의3제1항 단서에서 "자산총액, 매출액 등이 대통령령으로 정하는 기준에 해당하는 정보통신서비스 제공자"란 정보통신서비스 제공자로서 제1항제1호 각 목의 어느 하나에 해당하는 자를 말한다.(2021.12.7 본항개정)
③ 법 제45조의3제1항 단서에 해당하는 자가 정보보호 최고책임자를 신고하지 않은 경우에는 사업주나 대표자를 정보보호 최고책임자로 지정한 것으로 본다.
(2021.12.7 본항신설)
④ 법 제45조의3제1항 및 제7항에 따라 정보통신서비스 제공자가 지정·신고해야 하는 정보보호 최고책임자는 다음 각 호의 어느 하나에 해당하는 자격을 갖추어야 한다. 이 경우 정보보호 또는 정보기술 분야의 학위는 「고등교육법」 제2조 각 호의 학교에서 「전자금융거래법 시행령」 별표1 비고 제1호 가 목에 따른 학과의 과정을 이수하고 졸업하거나 그 밖의 관계법령에 따라 이와 같은 수준 이상으로 인정되는 학위로 하고, 정보보호 또는 정보기술 분야의 업무는 같은 비고 제3호 및 제4호에 따른 업무로 한다.(2022.8.9 후단개정)
1. 정보보호 또는 정보기술 분야의 국내 또는 외국의 석사학위 이상 학위를 취득한 사람
2. 정보보호 또는 정보기술 분야의 국내 또는 외국의 학사학위를 취득한 사람으로서 정보보호 또는 정보기술 분야의 업무를 3년 이상 수행한 경력(학위 취득 전의 경력을 포함한다)이 있는 사람(2022.8.9 본호개정)
3. 정보보호 또는 정보기술 분야의 국내 또는 외국의 전문학사학위를 취득한 사람으로서 정보보호 또는 정보기술 분야의 업무를 5년 이상 수행한 경력(학위 취득 전의 경력을 포함한다)이 있는 사람(2022.8.9 본호개정)
4. 정보보호 또는 정보기술 분야의 업무를 10년 이상 수행한 경력이 있는 사람
5. 법 제47조제6항제5호에 따른 정보보호 관리체계 인증심사원의 자격을 취득한 사람
6. 해당 정보통신서비스 제공자의 소속인 정보보호 관련 업무를 담당하는 부서의 장으로 1년 이상 근무한 경력이 있는 사람
⑤ 법 제45조의3제3항에서 "자산총액, 매출액 등 대통령령으로 정하는 기준에 해당하는 정보통신서비스 제공자"란 정보통신서비스 제공자로서 제1항제2호 각 목의 어느 하나에 해당하는 자를 말한다. 다만, 제1항제2호가목에 해당하는 자 중 「독점규제 및 공정거래에 관한 법률」 제2조제7호에 따른 지주회사로서 자회사의 경영관리업무와 그에 부수하는 업무 외에 영리를 목적으로 하는 다른 업무를 영위하지 않는 자는 제외한다.(2023.12.26 단서신설)
⑥ 제5항에 따른 정보통신서비스 제공자가 지정·신고해야 하는 정보보호 최고책임자는 제4항에 따른 자격과 다음 각 호의 어느 하나에 해당하는 자격을 추가로 갖춰야 하며, 상근(常勤)해야 한다. 이 경우 정보보호 또는 정보기술 분야의 업무는 「전자금융거래법 시행령」 별표1 비고 제3호 및 제4호에 따른 업무로 한다.
1. 정보보호 분야의 업무를 4년 이상 수행한 경력(제4항제1호부터 제3호까지에서 정한 학위 또는 같은 항 제5호의 자격 취득 전의 경력을 포함한다)이 있는 사람
2. 정보보호 또는 정보기술 분야의 업무를 5년 이상 수행(그중 2년 이상은 정보보호 분야의 업무를 수행해야 한다)한 경력(제4항제1호부터 제3호까지에서 정한 학위 또는 같은 항 제5호의 자격 취득 전의 경력을 포함한다)이 있는 사람
(2022.8.9 본항개정)
(2019.6.11 본조개정)

제36조의8【정보보호 최고책임자의 신고 방법 및 절차】 법 제45조의3제1항에 따라 정보보호 최고책임자를 지정하고 신고해야 하는 정보통신서비스 제공자는 신고의무가 발생한 날부터 180일 이내에 과학기술정보통신부령으로 정하는 정보보호 최고책임자 지정신고서를 과학기술정보통신부장관에게 제출해야 한다.(2021.12.7 본조개정)

제36조의9【정보보호 최고책임자 협의회의 사업 범위】 법 제45조의3제5항에서 "대통령령으로 정하는 공동의 사업"이란 다음 각 호의 사업을 말한다.(2019.6.11 본문개정)
1. 정보통신서비스 제공자의 정보보호 강화를 위한 정책의 조사, 연구 및 수립 지원
2. 정보통신서비스 이용에 따른 침해사고 분석 및 대책 연구
3. 정보보호 최고책임자 교육 등 정보통신서비스 제공자의 정보보호 능력 및 전문성 향상
4. 정보통신서비스 보안 관련 국제교류 및 협력
5. 그 밖에 정보통신시스템 등에 대한 보안 및 정보의 안전한 관리를 위하여 필요한 사업
(2012.8.17 본조신설)

제37조【집적정보통신시설 사업자등의 보호조치】 ① 법 제46조제1항 각 호 외의 부분에서 "대통령령으로 정하는 기준에 해당하는 자"란 다음 각 호의 어느 하나에 해당하는 자를 말한다. 다만, 「공공기록물 관리에 관한 법률 시행령」 제3조에 따른 공공기관은 제외한다.
1. 법 제46조제1항제1호에 해당하는 자로서 운영·관리하는 집적된 정보통신시설의 전산실 바닥 면적이 500제곱미터 이상인 자
2. 법 제46조제1항제2호에 해당하는 자로서 다음 각 목의 요건을 모두 충족하는 자
가. 운영·관리하는 집적된 정보통신시설의 전산실 바닥 면적이 500제곱미터 이상일 것
나. 정보통신서비스 부문 전년도(법인인 경우에는 전 사업연도를 말한다) 매출액이 100억원 이상일 것
다. 전년도 말 기준 직전 3개월 간 하루 평균 국내 이용자 수가 100만 명 이상일 것
(2023.7.3 본항신설)
② 법 제46조제1항 각 호 외의 부분에 따른 집적정보통신시설 사업자등(이하 "집적정보통신시설 사업자등"이라 한다)이 정보통신시설을 안정적으로 운영하기 위하여 해야 하는 보호조치는 다음 각 호와 같다.(2023.7.3 본문개정)
1. 정보통신시설에 대한 접근 권한이 없는 자의 접근 통제 및 감시를 위한 기술적·관리적 조치
2. 정보통신시설의 지속적·안정적 운영을 확보하고 화재·지진·수해 등의 각종 재해와 테러 등의 각종 위협으로부터 정보통신시설을 보호하기 위한 물리적·기술적 조치
3. 정보통신시설의 안정적 관리를 위한 관리인원 선발·배치 등의 조치
4. 정보통신시설의 안정적 운영을 위한 내부관리계획(비상시 계획을 포함한다)의 수립 및 시행
5. 침해사고의 확산을 차단하기 위한 기술적·관리적 조치의 마련 및 시행
③ 과학기술정보통신부장관은 관련 사업자의 의견을 수렴하여 제2항에 따른 보호조치의 구체적인 기준을 정하여 고시한다.(2023.7.3 본항개정)
(2023.7.3 본조제목개정)

제38조【보험가입】 ① 법 제46조제1항제1호에 따른 집적정보통신시설 사업자(이하 "집적정보통신시설 사업자"라 한다)는 법 제46조제2항에 따라 사업 개시와 동시에 책임보험에 가입해야 한다.(2023.7.3 본항개정)
② 제1항에 따라 사업자가 가입해야 하는 책임보험의 최저보험금액은 별표3과 같다.(2020.12.8 본항개정)

제39조【보호조치의 이행점검 주기 및 방법】 ① 과학기술정보통신부장관은 법 제46조제3항에 따른 보호조치의 이행 여부 점검(이하 "이행점검"이라 한다)을 매년 실시해야 한다.
② 과학기술정보통신부장관은 이행점검이 다른 행정기관의 업무분야와 관계되는 경우에는 해당 기관의 장과 미리 협의해야 한다.
(2023.7.3 본조신설)

제40조【집적정보통신시설 사업자등의 서비스 중단 보고 방법】 ① 법 제46조제6항에서 "대통령령으로 정하는 기간"이란 다음 각 호의 어느 하나에 해당하는 기간을 말한다.
1. 연속해서 30분 이상
2. 24시간 이내에 2회 이상 중단된 경우에는 그 중단된 기간의 합이 45분 이상
② 법 제46조제6항에 따른 보고에는 다음 각 호의 사항이 포함되어야 한다.
1. 정보통신서비스 제공의 중단이 발생한 일시 및 장소
2. 정보통신서비스 제공의 중단이 발생한 원인 및 피해내용
3. 응급조치 사항
4. 대응 및 복구대책
5. 향후 조치계획
6. 그 밖에 정보통신서비스 제공의 중단에 대한 대응 및 복구에 필요한 사항
③ 집적정보통신시설 사업자등은 법 제46조제6항에 따라 정보통신서비스 제공의 중단이 발생하였을 때에는 과학기술정보통신부장관에게 문서로 보고해야 한다.
(2023.7.3 본조신설)

제41조【집적된 정보통신시설 임차사업자의 조치의무】 집적된 정보통신시설을 임차하여 배타적으로 운영·관리하는 정보통신서비스 제공자는 법 제46조제7항에 따라 다음 각 호의 조치를 해야 한다.
1. 제37조제2항에 따른 보호조치를 이행할 것
2. 재난 등으로 인하여 정보통신서비스가 제40조제1항 각 호의 기간 동안 중단된 경우에는 과학기술정보통신부장관에게 보고하고 시설을 임대한 집적정보통신시설 사업자에게 통지할 것. 이 경우 보고 방법에 관하여는 제40조제2항 및 제3항을 준용한다.
(2023.7.3 본조신설)

제42조【보호조치 및 기술지원 전문기관】 ① 법 제46조제8항에서 "대통령령으로 정하는 전문기관"이란 다음 각 호의 기관을 말한다.
1. 「공공기관의 운영에 관한 법률」 제4조에 따른 공공기관
2. 「민법」 제32조에 따라 과학기술정보통신부장관의 허가를 받아 설립된 비영리법인 중 집적된 정보통신시설의 안정성 확보와 관련된 업무를 수행하는 법인
3. 그 밖에 집적된 정보통신시설의 안정성에 관한 전문성이 있다고 과학기술정보통신부장관이 인정하는 기관 또는 단체
② 과학기술정보통신부장관은 법 제46조제8항에 따라 업무를 위탁하는 경우에는 위탁받는 전문기관 및 위탁할 업무의 내용을 고시해야 한다.
(2023.7.3 본조신설)

제43조～제46조 (2012.8.17 삭제)

제47조【정보보호 관리체계 인증의 방법·절차·범위 등】 ① 법 제47조제1항 또는 제2항에 따라 정보보호 관리체계의 인증을 받으려는 자는 정보보호 관리체계 인증신청서(전자문서로 된 신청서를 포함한다)에 다음 각 호의 사항에 대한 설명이 포함된 정보보호 관리체계 명세서(전자문서를 포함한다)를 첨부하여 인터넷진흥원, 법 제47조제6항에 따라 지정된 기관(이하 "정보보호 관리체계 인증기관"이라 한다) 또는 법 제47조제7항에 따라 지정된 기관(이하 "정보보호 관리체계 심사기관"이라 한다)에 제출하여야 한다.(2016.5.31 본문개정)

1. 정보보호 관리체계의 범위
2. 정보보호 관리체계의 범위에 포함되어 있는 주요 정보통신설비의 목록과 시스템 구성도
3. 정보보호 관리체계를 수립·운영하는 방법과 절차
4. 정보보호 관리체계와 관련된 주요 문서의 목록
5. 정보보호 관리체계와 관련된 국내외 품질경영체제의 인증을 취득한 경우에는 그 명세
② 제1항에 따른 신청을 받은 인터넷진흥원, 정보보호 관리체계 인증기관 또는 정보보호 관리체계 심사기관은 법 제47조제6항제1호에 따른 인증심사(이하 "인증심사"라 한다)를 하는 경우 같은 조 제4항에 따라 과학기술정보통신부장관이 정하여 고시하는 정보보호 관리체계 인증을 위한 관리적·기술적·물리적 보호대책을 포함한 인증기준 등(이하 "관리체계인증고시"라 한다)에 따라 신청인과 인증의 범위 및 일정 등에 관한 협의를 하여야 한다.(2017.7.26 본항개정)
③ 인터넷진흥원, 정보보호 관리체계 인증기관 또는 정보보호 관리체계 심사기관은 인증심사를 하는 경우 인증신청인이 수립한 정보보호 관리체계가 관리체계인증고시에 적합한지 여부를 심사하여야 한다. 이 경우 인증심사는 서면심사 또는 현장심사의 방법으로 실시한다.(2016.5.31 본항개정)
④ 인증심사는 제53조제1항제1호에 따른 인증심사원만 수행할 수 있다.(2016.5.31 본항개정)
⑤ 정보보호 관리체계 심사기관은 인증심사의 결과를 인터넷진흥원 또는 정보보호 관리체계 인증기관에 제출하여야 한다.(2016.5.31 본항신설)
⑥ 인터넷진흥원 또는 정보보호 관리체계 인증기관은 인증심사의 결과를 심의하기 위하여 정보보호에 관한 학식과 경험이 풍부한 자를 위원으로 하는 인증위원회를 설치·운영하여야 한다.(2016.5.31 본항개정)
⑦ 인터넷진흥원 또는 정보보호 관리체계 인증기관은 제6항에 따른 인증위원회의 심의 결과 관리체계인증고시에 적합한 때에는 그 인증신청을 한 자에게 정보보호 관리체계 인증서를 발급하여야 한다.(2016.5.31 본항개정)
⑧ 제1항부터 제7항까지에서 규정한 사항 외에 인증신청, 인증심사, 인증위원회의 설치·운영 및 인증서의 발급 등에 필요한 세부사항은 과학기술정보통신부장관이 정하여 고시한다.(2017.7.26 본항개정)
(2012.8.17 본조개정)

제48조【정보보호 관리체계 인증의 수수료】 ① 제47조제1항에 따라 인증을 신청하는 자는 인터넷진흥원, 정보보호 관리체계 인증기관 또는 정보보호 관리체계 심사기관에 수수료를 납부하여야 한다.(2016.5.31 본항개정)
② 과학기술정보통신부장관은 인증심사에 투입되는 인증심사원의 수, 인증심사에 필요한 일수 등을 고려하여 정보보호 관리체계 인증 수수료 산정을 위한 구체적인 기준을 정하여 고시한다.(2017.7.26 본항개정)

제49조【정보보호 관리체계 인증 대상자의 범위】 ① 법 제47조제2항제1호에서 "대통령령으로 정하는 바에 따라 정보통신망서비스를 제공하는 자"란 서울특별시 및 모든 광역시에서 정보통신망서비스를 제공하는 자를 말한다.
② 법 제47조제2항제3호에서 "대통령령으로 정하는 기준에 해당하는 자"란 다음 각 호의 어느 하나에 해당하는 자를 말한다.
1. 연간 매출액 또는 세입이 1,500억원 이상인 자로서 다음 각 목의 어느 하나에 해당하는 자
가. 「의료법」 제3조의4에 따른 상급종합병원
나. 직전연도 12월 31일 기준으로 재학생 수가 1만명 이상인 「고등교육법」 제2조에 따른 학교
(2016.5.31 본호신설)
2. 정보통신서비스 부문 전년도(법인인 경우에는 전 사업연도를 말한다) 매출액이 100억원 이상인 자. 다만, 「전자금융거래법」 제2조제3호에 따른 금융회사는 제외한다.(2016.5.31 단서신설)
3. 전년도 말 기준 직전 3개월간의 일일평균 이용자 수가 100만명 이상인 자. 다만, 「전자금융거래법」 제2조제3호에 따른 금융회사는 제외한다.(2016.5.31 단서신설)
(2012.8.17 본조개정)

제50조 → 제47조로 이동

제51조【인증의 사후관리】 ① 법 제47조제8항에 따른 사후관리는 서면심사 또는 현장심사의 방법으로 실시한다.
② 정보보호 관리체계 심사기관은 법 제47조제8항에 따라 사후관리를 실시한 결과 같은 조 제10항 각 호의 사유가 있는 경우에는 인터넷진흥원 또는 정보보호 관리체계 인증기관에 그 사후관리 실시결과를 즉시 제출하여야 한다.(2016.5.31 본항신설)
③ 인터넷진흥원 또는 정보보호 관리체계 인증기관은 다음 각 호의 어느 하나에 해당하는 경우에는 제47조제6항에 따른 인증위원회의 심의를 거쳐 그 결과를 과학기술정보통신부장관에게 통보하여야 한다.(2017.7.26 본문개정)
1. 법 제47조제8항에 따른 사후관리를 실시한 결과 같은 조 제10항 각 호의 사유가 있는 경우
2. 제2항에 따라 정보보호 관리체계 심사기관으로부터 그 사후관리 실시결과를 제출받은 경우
(2016.5.31 본조개정)

제52조【인증표시 및 홍보】 법 제47조제1항 및 제2항에 따라 정보보호 관리체계 인증을 받은 자는 같은 조 제9항에 따라 인증받은 내용을 문서·송장·광고 등에 표시·홍보하는 경우 과학기술정보통신부장관이 정하여 고시하는 정보보호 관리체계 인증표시를 사용할 수 있다. 이 경우 인증의 범위와 유효기간을 함께 표시하여야 한다.(2017.7.26 전단개정)

제53조【정보보호 관리체계 인증기관 및 정보보호 관리체계 심사기관의 지정기준】 ① 정보보호 관리체계 인증기관 및 정보보호 관리체계 심사기관의 지정기준은 다음 각 호와 같다.(2016.5.31 본문개정)
1. 과학기술정보통신부장관이 정하여 고시하는 자격 요건을 갖춘 자(이하 "인증심사원"이라 한다)를 5명 이상 보유할 것(2017.7.26 본호개정)
2. 과학기술정보통신부장관이 실시하는 업무수행 요건·능력 심사에서 적합하다고 인정받을 것(2017.7.26 본호개정)
② 과학기술정보통신부장관은 인증심사원의 교육·자격관리에 관한 사항 및 제1항제2호에 따른 업무수행 요건·능력 심사에 관한 세부기준을 정하여 고시한다.(2017.7.26 본항개정)
(2016.5.31 본조제목개정)

제53조의2【정보보호 관리체계 인증기관 및 정보보호 관리체계 심사기관의 지정절차 등】 ① 법 제47조제6항 또는 제7항에 따라 정보보호 관리체계 인증기관 또는 정보보호 관리체계 심사기관으로 지정을 받으려는 자는 정보보호 관리체계 인증기관 지정신청서 또는 정보보호 관리체계 심사기관 지정신청서(전자문서로 된 신청서를 포함한다)에 다음 각 호의 서류(전자문서를 포함한다)를 첨부하여 과학기술정보통신부장관에게 제출하여야 한다.(2017.7.26 본문개정)
1. 법인의 정관 또는 단체의 규약
2. 인증심사원의 보유현황과 이를 증명할 수 있는 서류
3. 정보보호 업무를 수행한 경력이나 전문화 정도 등 업무수행 요건·능력 심사를 위하여 필요한 서류로서 과학기술정보통신부장관이 정하여 고시하는 서류(2017.7.26 본호개정)
(2012.8.17 본항개정)
② 제1항에 따른 지정신청을 받은 과학기술정보통신부장관은 신청인이 법인인 경우에는 「전자정부법」 제36조제1항에 따른 행정정보의 공동이용을 통하여 법인 등기사항증명서를 확인하여야 한다.(2017.7.26 본항개정)
③ 과학기술정보통신부장관은 제1항에 따른 지정신청을 받은 경우에는 제53조제1항에 따른 지정기준 충족 여부를 심사하여 신청을 받은 날부터 3개월 이내에 그 결과를 신청인에게 통지하고, 정보보호 관리체계 인증기관 또는 정보보호 관리체계 심사기관으로 지정되는 신청인에게 정보보호 관리체계 인증기관 지정서 또는 정보보호 관리체계 심사기관 지정서를 발급하여야 한다.(2017.7.26 본항개정)
④ 과학기술정보통신부장관은 제3항에 따라 지정기준의 충족여부를 심사하는 때에는 필요한 범위에서 신청인에게 자료의 제출을 요구하거나 현장실사를 할 수 있다. 이 경우 현장실사를 수행하는 자는 자신의 자격을 증명하는 증표를 신청인에게 내보여야 한다.(2017.7.26 전단개정)
⑤ (2012.6.25 삭제)
(2016.5.31 본조제목개정)

제53조의3【정보보호 관리체계 인증기관 및 정보보호 관리체계 심사기관 지정의 유효기간】 ① 제53조의2에 따른 정보보호 관리체계 인증기관 및 정보보호 관리체계 심사기관 지정의 유효기간은 3년으로 한다.(2016.5.31 본항개정)
② 제1항에 따른 유효기간이 끝나기 전 6개월부터 끝나는 날까지 재지정의 신청을 할 수 있다. 이 경우 재지정의 신청에 대한 처리결과를 통지받을 때까지는 그 지정이 계속 유효한 것으로 본다.
③ 제2항에 따른 재지정에 관하여는 제53조, 제53조의2 및 제1항을 준용한다.(2012.8.17 본항개정)
(2016.5.31 본조제목개정)

제53조의4【정보보호 관리체계 인증기관 및 정보보호 관리체계 심사기관의 사후관리】 ① 정보보호 관리체계 인증기관 및 정보보호 관리체계 심사기관은 다음 각 호의 구분에 따른 보고서를 매년 1월 31일까지 과학기술정보통신부장관에게 제출하여야 한다.(2017.7.26 본문개정)
1. 정보보호 관리체계 인증기관 : 전년도 인증실적 보고서
2. 정보보호 관리체계 심사기관 : 전년도 인증심사실적 보고서
② 과학기술정보통신부장관은 법 제47조의2제1항 각 호에 해당하는지를 확인하기 위하여 필요한 경우 정보보호 관리체계 인증기관 및 정보보호 관리체계 심사기관에 대하여 자료의 제출을 요구하거나 현장실사를 할 수 있다.(2017.7.26 본항개정)
(2016.5.31 본조개정)

제54조【지정취소 등의 기준】 법 제47조의2에 따른 지정취소 및 업무정지에 관한 행정처분의 기준은 별표4와 같다.

제54조의2 (2022.12.9 삭제)

제54조의3【침해사고의 예방 및 확산 방지를 위한 조치업무의 위탁】 ① 중앙행정기관의 장은 법 제47조의4제1항에 따른 조치에 관한 업무를 인터넷진흥원 등 이용자의 정보보호와 관련된 전문기관으로서 해당 중앙행정기관의 장이 과학기술정보통신부장관과 협의하여 정하는 기관에 위탁할 수 있다.(2022.12.9 본항개정)
② 중앙행정기관의 장은 제1항에 따라 위탁기관을 지정하는 경우에는 위탁받는 기관 및 위탁 업무의 내용을 고시해야 한다.
(2020.12.8 본조신설)

제55조【이용자 보호조치의 요청에 관한 약관사항】 법 제47조의4제3항에 따라 이용자에 대한 보호조치의 요청에 관하여 이용약관으로 정해야 하는 사항은 다음 각 호와 같다.(2020.12.8 본문개정)
1. 이용자에게 보호조치를 요청할 수 있는 사유 및 요청하는 방법
2. 이용자가 하여야 할 보호조치의 내용
3. 이용자가 보호조치를 이행하지 아니할 경우 정보통신망으로의 접속 제한 기간
4. 이용자의 보호조치 불이행에 대하여 부당한 접속 제한을 한 경우 이용자의 이의제기 및 배상 절차

제55조의2【정보보호 관리등급 부여의 심사기준】 ① 법 제47조의5제1항에 따른 정보보호 관리등급 부여의 심사기준은 다음 각 호와 같다.
1. 정보보호 관리체계의 구축 범위 및 운영기간
2. 정보보호를 위한 전담조직 및 예산
3. 정보보호 관리 활동 및 보호조치 수준
② 제1항에 따른 심사기준별 세부 평가기준 및 평가방법 등에 관하여 필요한 사항은 과학기술정보통신부장관이 정하여 고시한다.(2017.7.26 본항개정)
(2012.8.17 본조신설)

제55조의3【정보보호 관리등급 부여의 방법 및 절차】 ① 법 제47조의5제1항에 따라 정보보호 관리등급을 부여받으려는 자는 정보보호 관리등급 신청서(전자문서로 된 신청서를 포함한다)에 정보보호 관리체계 인증서 사본을 첨부하여 인터넷진흥원에 제출하여야 한다.
② 정보보호 관리등급 부여를 위한 심사는 서면심사 또는 현장심사의 방법으로 실시한다.
③ 제2항에 따른 심사는 인증심사원만 수행할 수 있다.
④ 인터넷진흥원은 제2항에 따른 심사 결과가 제55조의2에 따른 심사기준에 적합한 때에는 그 관리등급 부여를 신청한 자에게 정보보호 관리등급 증명서를 발급하여야 한다.
⑤ 제1항부터 제4항까지에서 규정한 사항 외에 정보보호 관리등급 부여의 신청·심사 및 정보보호 관리등급 증명서의 발급 등에 필요한 세부사항은 과학기술정보통신부장관이 정하여 고시한다.(2017.7.26 본항개정)
(2012.8.17 본조신설)

제55조의4【정보보호 관리등급 부여의 수수료 등】 정보보호 관리등급 부여의 수수료, 등급표시 및 홍보에 관하여는 제48조 및 제52조를 준용한다.(2012.8.17 본조신설)

제55조의5【정보보호 관리등급의 유효기간】 제55조의3에 따른 정보보호 관리등급의 유효기간은 1년으로 한다.(2012.8.17 본조신설)

제55조의6【정보보호 취약점 신고자에 대한 포상】 ① 법 제47조의6제1항에 따른 포상금의 지급 대상·기준 및 절차는 별표4의2와 같다.
② 과학기술정보통신부장관은 법 제47조의6제3항에 따라 포상금 지급에 관한 업무를 인터넷진흥원에 위탁하는 경우에는 위탁업무의 내용을 고시해야 한다.
(2022.12.9 본조신설)

제56조【침해사고 대응조치】 법 제48조의2제1항제4호에서 "그 밖에 대통령령으로 정한 침해사고 대응조치"란 다음 각 호의 조치를 말한다.(2009.1.28 본문개정)
1. 주요정보통신서비스 제공자 및 법 제46조제1항에 따른 타인의 정보통신서비스 제공을 위하여 집적된 정보통신시설을 운영·관리하는 사업자에 대한 접속경로(침해사고 확산에 이용되고 있거나 이용될 가능성이 있는 접속경로만 해당한다)의 차단 요청(2009.1.28 본호개정)
2. 「소프트웨어 진흥법」 제2조제4호에 따른 소프트웨어사업자 중 침해사고와 관련이 있는 소프트웨어를 제작 또는 배포한 자에 대한 해당 소프트웨어의 보안상 취약점을 수정·보완한 프로그램(이하 "보안취약점보완프로그램"이라 한다)의 제작·배포 요청 및 정보통신서비스 제공자에 대한 보안취약점보완프로그램의 정보통신망 게재 요청(2020.12.8 본호개정)
3. 언론기관 및 정보통신서비스 제공자에 대한 법 제48조의2제1항제2호에 따른 침해사고 예보·경보의 전파(2009.1.28 본호개정)
4. 국가 정보통신망 안전에 필요한 경우 관계 기관의 장에 대한 침해사고 관련정보의 제공

제57조【침해사고 관련정보 제공자】 법 제48조의2제2항제3호에서 "정보통신망을 운영하는 자로서 대통령령으로 정하는 자"란 정보통신망을 운영하는 자 중 다음 각 호의 어느 하나에 해당하는 자를 말한다.(2011.8.29 본문개정)
1. 「정보통신기반 보호법」 제6조 및 제10조에 따라 과학기술정보통신부장관이 수립 및 제정하는 주요정보통신기반시설보호계획 및 보호지침의 적용을 받는 기관(2017.7.26 본호개정)
2. 정보통신서비스 제공자의 정보통신망운영현황을 주기적으로 관찰하고 침해사고 관련정보를 제공하는 서비스를 제공하는 자(2009.1.28 본호개정)
3. 인터넷진흥원으로부터 「인터넷주소자원에 관한 법률」 제2조제1호가목에 따른 인터넷 프로토콜 주소를 할당

받아 독자적으로 정보통신망을 운영하는 민간사업자 중 과학기술정보통신부장관이 정하여 고시하는 자 (2017.7.26 본호개정)
4. 정보보호산업에 종사하는 자 중 컴퓨터바이러스 백신 소프트웨어 제조자

제58조【침해사고 관련정보의 제공방법】 법 제48조의2 제2항에 따라 침해사고 관련정보를 제공하는 자는 다음 각 호의 방법에 따라 침해사고 관련정보를 제공하여야 한다.
1. 과학기술정보통신부장관이 정보통신망의 특성, 침해사고 동향 등을 고려하여 정하는 제공방식에 적합할 것 (2017.7.26 본호개정)
2. 침해사고 관련정보의 훼손·멸실 및 변경 등을 방지할 수 있는 조치를 취할 것
3. 필요할 때에는 과학기술정보통신부장관이 정하는 암호기술을 적용할 것(2017.7.26 본호개정)
4. 그 밖에 과학기술정보통신부장관이 정하여 고시하는 방법 및 절차에 적합할 것(2017.7.26 본호개정)

제59조【민·관합동조사단의 구성·운영】 ① 법 제48조의4제3항에 따른 민·관합동조사단(이하 "조사단"이라 한다)은 단장과 부단장을 포함하여 20명 내외의 조사단원으로 구성하되, 침해사고의 규모 및 유형을 고려하여 단원의 수를 조정할 수 있다.
② 조사단원은 다음 각 호의 어느 하나에 해당하는 사람 중에서 과학기술정보통신부장관이 임명 또는 위촉하고, 단장은 제1호의 사람 중 과학기술정보통신부장관이 지명하는 4급 이상의 공무원으로, 부단장은 제3호의 사람 중 과학기술정보통신부장관이 지명하는 사람으로 한다.
1. 침해사고를 담당하는 과학기술정보통신부 소속 공무원
2. 침해사고에 관한 전문지식과 경험이 있는 사람
3. 인터넷진흥원의 임직원
4. 그 밖에 침해사고의 원인 분석에 필요하다고 인정되는 사람

③ 조사단은 침해사고의 원인을 분석하는 원인조사반과 분석한 결과를 검증하는 검증분석반으로 구성한다. 다만, 조사단의 단장이 필요하다고 인정하는 때에는 원인조사반과 검증분석반을 통합하여 운영하거나 다른 반을 둘 수 있다.
④ 조사단의 단장은 침해사고의 원인 분석을 위해 필요한 경우 관련 전문가 또는 정보보호 전문업체에 자문을 구할 수 있다.
⑤ 공무원이 아닌 조사단원과 제4항에 따른 관련 전문가 등에게는 예산의 범위에서 수당, 여비 또는 그 밖에 필요한 경비를 지급할 수 있다.
⑥ 조사단의 단장은 침해사고의 원인 분석이 끝나면 지체 없이 결과보고서를 작성하여 과학기술정보통신부장관에게 보고해야 한다.
⑦ 과학기술정보통신부장관은 조사단의 구성 목적을 달성했다고 인정하는 경우에는 조사단을 해산할 수 있다.
⑧ 제1항부터 제7항까지에서 규정한 사항 외에 조사단의 구성·운영에 필요한 사항은 과학기술정보통신부장관이 정한다.
(2022.12.9 본조개정)

제60조【침해사고 관련 자료의 보호 및 조사의 방법·절차】 ① 과학기술정보통신부장관 및 조사단은 법 제48조의4제5항에 따라 제출받은 자료 또는 조사를 통하여 알게 된 정보가 도난, 유출, 훼손 또는 변조되지 않도록 해당 자료와 정보를 안전한 방법으로 보관해야 한다.
② 법 제48조의4제5항 본문에 따라 소속 공무원 또는 조사단이 관계인의 사업장에 출입하는 때에는 그 권한을 나타내는 별표5의 증표를 관계인에게 내보여야 한다.
(2022.12.9 본조개정)

제60조의2【정보통신망연결기기 등 관련 침해사고 대응 관련 전문기관】 법 제48조의5제4항 각 호 외의 부분에서 "대통령령으로 정하는 전문기관"이란 다음 각 호의 기관을 말한다.
1. 인터넷진흥원
2. 정보통신망연결기기등과 관련된 침해사고의 대응에 전문성이 있는 기관으로서 과학기술정보통신부장관과 관계 중앙행정기관의 장이 협의하여 정하는 기관
(2020.12.8 본조신설)

제60조의3【정보보호인증의 절차 등】 ① 법 제48조의6 제1항에 따른 정보보호인증(이하 "정보보호인증"이라 한다)을 받으려는 자는 과학기술정보통신부령으로 정하는 정보보호인증 신청서에 다음 각 호의 서류를 첨부하여 과학기술정보통신부장관에게 제출하고 정보보호인증 대상 정보통신망연결기기등을 제시해야 한다.
1. 법 제48조의6제2항에 따른 인증기준(이하 "정보보호인증기준"이라 한다)을 갖추었음을 증명하는 서류
2. 정보보호인증 대상 정보통신망연결기기등의 사용자 설명서
3. 그 밖에 정보보호인증에 필요한 서류로서 과학기술정보통신부령으로 정하는 서류

② 제1항에 따라 정보보호인증의 신청을 받은 과학기술정보통신부장관은 법 제48조의6제4항에 따라 지정된 인증시험대행기관(이하 "인증시험대행기관"이라 한다)에 같은 조 제2항에 따른 인증기준에 적합한지를 확인하는 시험(이하 "정보보호인증시험"이라 한다)을 의뢰해야 한다.
③ 인증시험대행기관은 정보보호인증시험을 실시하기 위하여 필요한 경우 해당 정보통신망연결기기등이 설치된 현장에서 시험을 실시할 수 있다.
④ 인증시험대행기관은 정보보호인증시험의 결과보고서를 과학기술정보통신부장관에게 제출해야 한다.
⑤ 과학기술정보통신부장관은 제4항에 따라 제출받은 정보보호인증시험의 결과보고서를 검토하여 정보보호인증을 신청한 정보통신망연결기기등이 정보보호인증기준에 적합한 경우에는 제1항에 따라 정보보호인증을 신청한 자에게 과학기술정보통신부령으로 정하는 정보보호인증서를 발급하고, 그 사실을 인터넷 홈페이지에 공고해야 한다.
⑥ 법 제48조의6제3항에 따라 정보보호인증을 취소한 과학기술정보통신부장관은 그 사실을 당사자에게 통보하고, 인터넷 홈페이지에 공고해야 한다.
(2020.12.8 본조신설)

제60조의4【정보보호인증의 유효기간 등】 ① 정보보호인증의 유효기간은 3년으로 하되, 2년의 범위에서 한 차례만 그 기간을 연장할 수 있다.
② 제1항에 따라 정보보호인증의 유효기간을 연장하려는 자는 과학기술정보통신부령으로 정하는 바에 따라 정보보호인증의 유효기간이 만료되기 6개월 전까지 과학기술정보통신부장관에게 정보보호인증의 유효기간 연장 신청을 해야 한다.
③ 제2항에 따른 유효기간 연장 신청을 받은 과학기술정보통신부장관은 정보보호인증을 받은 정보통신망연결기기등의 성질·형상의 동일성이 인정되는 경우에 한정하여 그 기간을 연장할 수 있다.
④ 제3항에 따라 유효기간을 연장한 과학기술정보통신부장관은 유효기간의 연장을 신청한 자에게 연장된 유효기간을 반영하여 과학기술정보통신부령으로 정하는 정보보호인증서를 발급하고, 그 사실을 인터넷 홈페이지에 공고해야 한다.
(2020.12.8 본조신설)

제60조의5【정보보호인증의 수수료】 ① 정보보호인증을 신청하려는 자는 수수료를 납부해야 한다.
② 제1항에 따른 수수료의 산정기준은 과학기술정보통신부장관이 정하여 고시한다.
(2020.12.8 본조신설)

제60조의6【정보보호인증의 사후관리】 ① 과학기술정보통신부장관은 정보보호인증을 받은 정보통신망연결기기등에서 취약점이 발견되어 정보보호인증기준에 미달하게 된 경우 해당 정보보호인증을 받은 자에게 기간을 정하여 그 취약점을 보완할 것을 요청할 수 있다.
② 제1항에 따른 취약점의 보완 요청에 관한 세부 사항은 과학기술정보통신부장관이 정하여 고시한다.
(2020.12.8 본조신설)

제60조의7【인증시험대행기관의 지정기준 등】 ① 법 제48조의6제4항에서 "대통령령으로 정하는 지정기준을 충족하는 기관"이란 다음 각 호의 기준을 모두 충족하는 기관을 말한다.
1. 정보보호인증시험에 관한 사항을 업무로 하는 법인일 것
2. 정보보호인증시험 업무를 담당하는 기술 능력이 있는 인력(상시근무 인력 2명을 포함한다)과 전담 조직을 갖출 것
3. 정보보호인증시험 업무를 수행할 설비와 시험공간 등 시험환경을 갖출 것
4. 정보보호인증시험 업무를 수행할 수 있는 운영 능력을 갖출 것

② 인증시험대행기관의 지정을 받으려는 자는 제1항에 따른 지정기준을 충족하였음을 증명하는 서류를 첨부하여 과학기술정보통신부장관에게 인증시험대행기관의 지정을 신청해야 한다.
③ 제2항에 따른 신청을 받은 과학기술정보통신부장관은 제1항에 따른 지정기준을 충족하였는지를 심사하여 인증시험대행기관으로 지정할 수 있다.
④ 제3항에 따라 인증시험대행기관을 지정한 과학기술정보통신부장관은 과학기술정보통신부령으로 정하는 지정서를 신청인에게 발급하고, 관보 및 인터넷 홈페이지에 공고해야 한다.
⑤ 제3항에 따른 지정의 유효기간은 3년 이내의 범위에서 과학기술정보통신부장관이 정하며, 유효기간이 만료된 후 계속 인증시험대행기관의 업무를 수행하려면 유효기간이 끝나기 6개월 전부터 유효기간 만료일 전까지 재지정을 신청해야 한다.
⑥ 제5항에 따른 재지정 신청에 대한 심사결과를 통지받을 때까지 그 지정은 유효한 것으로 본다.
⑦ 제1항부터 제6항까지의 규정에 따른 인증시험대행기관의 지정기준, 지정절차 및 재지정 등에 관한 세부 사항은 과학기술정보통신부장관이 정하여 고시한다.
(2020.12.8 본조신설)

제60조의8【인증시험대행기관의 사후관리 및 지정취소】
① 인증시험대행기관은 전년도 인증시험실적을 과학기술정보통신부령으로 정하는 보고서에 기재하여 매년 1월 31일까지 과학기술정보통신부장관에게 제출해야 한다.
② 과학기술정보통신부장관은 법 제48조의6제4항에 따른 지정기준을 충족하는지 또는 같은 조 제5항 각 호의 지정취소 사유에 해당하는지를 확인하기 위하여 인증시험대행기관에 자료 제출을 요청하거나 현장을 방문할 수 있다.
③ 법 제48조의6제5항에 따라 인증시험대행기관의 지정을 취소한 과학기술정보통신부장관은 그 사실을 해당 기관에 통보하고, 관보 및 인터넷 홈페이지에 공고해야 한다.
(2020.12.8 본조신설)

제60조의9【정보보호인증에 관한 업무 등의 위탁】 과학기술정보통신부장관은 법 제48조의6제6항에 따라 다음 각 호의 업무를 인터넷진흥원에 위탁한다.
1. 제60조의3제1항, 제2항 및 제4항부터 제6항까지의 규정에 따른 정보보호인증 신청서의 접수, 정보보호인증시험의 실시 의뢰, 정보보호인증시험 결과보고서의 접수, 정보보호인증서 발급, 정보보호인증 및 정보보호인증 취소의 공고
2. 제60조의4제2항 및 제4항에 따른 정보보호인증 유효기간 연장 신청의 접수, 정보보호인증서 발급 및 정보보호인증의 공고
3. 제60조의6에 따른 정보보호인증의 취약점 보완 검토 및 취약점 보완요청서 발송 지원
(2020.12.8 본조신설)

제60조의10【피해 예방 등의 조치에 관한 약관사항】 법 제49조의2제5항에 따라 피해 예방 및 피해 확산 방지를 위한 조치에 관하여 이용약관으로 정해야 하는 사항은 다음 각 호와 같다.
1. 법 제49조의2제3항제3호 각 목에 따른 조치의 사유 및 내용
2. 법 제49조의2제3항제3호나목에 따른 제공 중지 조치의 기간
3. 법 제49조의2제3항제3호 각 목에 따른 조치에 대한 이용자의 이의제기 절차
4. 법 제49조의2제3항제3호 각 목에 따른 조치를 한 경우 해당 조치의 사유, 내용 및 이의제기 절차 등을 이용자에게 통지하는 방법·절차
(2022.12.9 본조신설)

제60조의11【속이는 행위에 사용된 전화번호의 전기통신역무 제공의 중지 등】 ① 법 제49조의3제1항에서 "경찰청장·검찰총장·금융감독원장 등 대통령령으로 정하는 자"란 경찰청장, 검찰총장 및 금융감독원장을 말한다.
② 법 제49조의3제2항에 따라 이의신청을 하려는 이용자는 전기통신역무 제공이 중지된 날부터 30일 이내에 다음 각 호의 사항을 적은 서면을 같은 조 제1항에 따라 전기통신역무 제공의 중지를 요청한 기관(이하 이 조에서 "제공중지요청기관"이라 한다)에 제출해야 한다.
1. 이의신청인의 성명·명칭, 주소 및 연락처
2. 이의신청의 사유
3. 전기통신역무 제공이 중지된 날

③ 제공중지요청기관은 제2항에 따라 이의신청을 받은 날부터 15일 이내에 이의신청에 대한 결정을 하고 그 결과를 이의신청인에게 서면으로 통지해야 한다. 다만, 부득이한 사유로 그 기간 이내에 결정을 할 수 없을 때에는 15일의 범위에서 그 기간을 연장할 수 있으며, 연장사유와 연장기간을 이의신청인에게 통지해야 한다.
④ 제공중지요청기관은 제2항에 따라 제출된 서면에 흠결이 있거나 추가적인 사실 확인이 필요한 경우 보완을 요청할 수 있다. 이 경우 그 보완에 걸린 기간은 제3항의 기간에 산입(算入)하지 않는다.
⑤ 제공중지요청기관은 법 제49조의3제2항에 따른 이의신청이 이유가 있다고 인정할 때에는 지체 없이 과학기술정보통신부장관에게 해당 전기통신역무 제공의 중지를 해제하도록 요청해야 한다.
(2022.12.9 본조신설)

제61조【영리목적의 광고성 정보 전송기준】 ① 법 제50조제1항제1호에서 "대통령령으로 정한 기간"이란 해당 재화등의 거래가 종료된 날부터 6개월을 말한다.
② 법 제50조제3항 단서에서 "대통령령으로 정하는 매체"란 전자우편을 말한다.(2014.11.28 본항신설)
③ 법 제50조제4항에 따라 전자적 전송매체를 이용하여 영리목적의 광고성 정보를 전송하는 자가 해당 정보에 명시하여야 할 사항과 그 방법은 별표6과 같다.
(2014.11.28 본조개정)

제62조【수신거부 또는 수신동의 철회용 무료전화서비스 등의 제공】 법 제50조제6항에 따라 전자적 전송매체를 이용하여 영리목적의 광고성 정보를 전송하는 자는 별표6에서 정하는 바에 따라 수신거부 및 수신동의 철회용 무료전화서비스 등을 해당 정보에 명시하여 수신자에게 이를 제공하여야 한다.(2014.11.28 본조개정)

제62조의2【수신동의 등 처리 결과의 통지】 법 제50조제7항에 따라 전자적 전송매체를 이용하여 영리목적의 광고성 정보를 전송하려는 자는 수신자가 수신동의, 수신거부 또는 수신동의 철회 의사를 표시한 날부터 14일 이내에 다음 각 호의 사항을 해당 수신자에게 알려야 한다.
1. 전송자의 명칭
2. 수신자의 수신동의, 수신거부 또는 수신동의 철회 사실과 해당 의사를 표시한 날짜
3. 처리 결과
(2014.11.28 본조신설)

제62조의3【수신동의 여부의 확인】 ① 법 제50조제1항 또는 제3항에 따라 수신자의 사전 동의를 받은 자는 같은

조 제8항에 따라 그 수신동의를 받은 날부터 2년마다(매 2년이 되는 해의 수신동의를 받은 날과 같은 날 전까지를 말한다) 해당 수신자의 수신동의 여부를 확인하여야 한다.
② 제1항에 따라 수신동의 여부를 확인하려는 자는 수신자에게 다음 각 호의 사항을 밝혀야 한다.
1. 전송자의 명칭
2. 수신자의 수신동의 사실과 수신에 동의한 날짜
3. 수신동의에 대한 유지 또는 철회의 의사를 표시하는 방법
(2014.11.28 본조신설)
제63조【영리목적의 광고성 프로그램 등의 설치 제한 장치】 법 제50조의5 전단에서 "대통령령으로 정하는 정보처리장치"란 휴대인터넷·휴대전화 등과 같이 정보통신망에 연결되어 정보를 송수신 할 수 있는 정보처리장치를 말한다.(2011.8.29 본조개정)
제64조【영리목적의 광고성 정보전송차단 소프트웨어 등 개발 지원】 ① 방송통신위원회는 법 제50조의6에 따라 법 제50조를 위반하여 전송되는 영리목적의 광고성 정보를 편리하게 차단하거나 신고할 수 있는 소프트웨어나 컴퓨터프로그램(이하 "광고차단·신고 소프트웨어 등"이라 한다)을 개발·보급하는 공공기관·법인·단체 등에 대하여 예산의 범위에서 해당 사업비의 전부 또는 일부를 지원할 수 있다.
② 방송통신위원회는 정보통신서비스 제공자 및 이용자에게 제1항에 따라 개발된 광고차단·신고 소프트웨어등을 사용하도록 권고할 수 있다.(2020.8.4 본항개정)
제65조【인터넷진흥원의 운영 등】 ① 과학기술정보통신부장관, 행정안전부장관, 방송통신위원회 또는 개인정보보호위원회는 법 제52조제3항 각 호에 따른 인터넷진흥원의 업무와 관련 있는 공무원의 파견근무를 관계 기관의 장에게 요청할 수 있다.(2020.8.4 본항개정)
② 제1항에 따라 공무원을 파견한 관계 기관의 장이 파견된 자에 대하여 파견근무기간 중 복귀시켜야 할 경우에는 미리 파견을 요청한 기관의 장과 협의하여야 한다.
③ 인터넷진흥원의 장은 과학기술정보통신부장관, 행정안전부장관 또는 방송통신위원회의 승인을 받아 법 제52조제3항제4호에 따른 업무 중 일부를 정보통신 관련 연구기관이 수행하도록 할 수 있다.(2017.7.26 본항개정)
④ 인터넷진흥원의 장은 법 제52조제3항에 따른 업무를 수행할 때 해당 업무가 공공기관의 정보보호와 관련되는 경우에는 관계기관의 장의 승인을 받아야 한다.
(2010.10.1 본항개정)
⑤ 인터넷진흥원은 법 제52조제3항제10호 및 제21호의 광고성 정보 전송에 관한 사업을 추진하기 위하여 다음 각 호의 업무를 수행한다.
1. 광고성 정보 전송 관련 고충처리 및 상담
2. 광고성 정보 전송과 관련된 법 제64조제10항에 따른 기술적 자문 및 그 밖에 필요한 지원
3. 광고성 정보의 불법적 전송 방지 관련 대책 연구
4. 광고성 정보의 불법적 전송 방지를 위한 교육 및 홍보
5. 제1호부터 제4호까지의 규정에 따른 업무와 관련되는 업무
(2020.8.4 본항신설)
⑥ 방송통신위원회는 광고성 정보 전송과 관련하여 법 제64조제1항 및 제3항에 따른 정보통신서비스 제공자에 대한 관계 물품·서류 등의 제출 요구 및 검사업무를 효율적으로 수행하기 위하여 필요한 경우에는 「국가공무원법」 제32조의4에 따라 소속 공무원을 인터넷진흥원에 파견할 수 있다.(2020.8.4 본항신설)
(2010.10.1 본조제목개정)
제66조 (2020.8.4 삭제)

제6장의2 통신과금서비스
(2008.3.28 본장신설)

제66조의2【등록요건】 ① 법 제53조에 따라 통신과금서비스제공자로 등록하려는 자는 다음 각 호의 요건을 모두 갖추어야 한다.
1. 자기자본, 출자총액 또는 기본재산에 대한 부채총액의 비율이 100분의 200 이내의 범위에서 과학기술정보통신부장관이 정하여 고시하는 비율 이하일 것. 이 경우 대주주가 「독점규제 및 공정거래에 관한 법률」 제2조제11호에 따른 기업집단(같은 법 시행령 제38조제1항제1호 및 제2호에 해당하는 기업집단은 제외한다)에 속하는 회사이면 그 기업집단을 기준으로 계산하되, 그 기업집단에 속하는 회사 중 금융업 또는 보험업을 영위하는 회사는 제외하고 계산한다.(2021.12.28 후단개정)
2. 업무를 수행할 수 있는 다음 각 목의 인력과 물적 설비를 모두 갖출 것
가. 전산업무 종사경력이 2년 이상인 5명 이상의 임직원
나. 통신과금서비스를 원활하게 제공하는 데 필요한 전산설비와 각종 컴퓨터프로그램
다. 법 제57조제2항에 따른 정보보호시스템
3. 자본금, 출자총액 또는 기본재산이 제2항에 따른 금액 이상일 것
② 법 제53조제2항에서 "대통령령으로 정하는 금액"이란 10억원을 말한다.
제66조의3【등록절차】 ① 법 제53조에 따라 통신과금서비스제공자로 등록하려는 자는 다음 각 호의 사항이 포함된 등록신청서를 과학기술정보통신부장관에게 제출하여야 한다.(2017.7.26 본문개정)
1. 상호 및 주된 사무소의 소재지
2. 대표자의 성명
3. 자본금, 출자총액 또는 기본재산
4. 출자자(과학기술정보통신부장관이 정하여 고시하는 소액출자자는 제외한다)의 성명 또는 명칭과 그 지분율
(2017.7.26 본호개정)
② 제1항의 등록신청서에는 다음 각 호의 서류를 첨부하여야 한다.
1. 정관
2. 제66조의2에 따른 등록요건을 갖추었음을 증명할 수 있는 서류
3. 사업개시 후 3년간의 사업계획서(추정 재무제표와 예상수지계산서를 포함한다)
4. 통신과금서비스이용자보호계획서(제66조의7부터 제66조의9까지의 사항을 포함하여야 한다)
③ 제1항에 따라 등록신청서를 제출받은 과학기술정보통신부장관은 「전자정부법」 제36조제1항에 따른 행정정보의 공동이용을 통하여 법인 등기사항증명서를 확인하여야 한다.(2017.7.26 본항개정)
④ 과학기술정보통신부장관은 제1항 및 제2항에 따라 제출받은 서류에 흠결이 있으면 신청인에게 서류를 제출받은 날부터 10일 이내에 보완하여 제출할 것을 요청할 수 있다.(2017.7.26 본항개정)
⑤ 과학기술정보통신부장관은 통신과금서비스제공자의 등록을 한 때에는 그 내용을 관보에 공고하고 인터넷 등을 통하여 일반인에게 알려야 한다.(2017.7.26 본항개정)
제66조의4【등록의 결격사유】 법 제54조제1호에서 "대통령령으로 정하는 출자자"란 다음 각 호의 어느 하나에 해당하는 자를 말한다.
1. 해당 법인의 의결권 있는 발행주식 또는 출자지분(이하 이 조에서 "주식등"이라 한다)을 기준으로 본인과 「금융회사의 지배구조에 관한 법률 시행령」 제3조제1항 각 호의 어느 하나에 해당하는 특수관계인이 누구의 명의로 하든지 자기의 계산으로 소유하는 주식등을 합하여 그 수가 가장 많은 경우의 그 본인(2017.9.5 본호개정)
2. 누구의 명의로 하든지 자기의 계산으로 해당 법인의 주식등의 100분의 10 이상을 소유하는 자 또는 임원의 임면 등의 방법으로 그 법인의 주요 경영사항에 대하여 사실상의 영향력을 행사하는 주주로서 「금융회사의 지배구조에 관한 법률 시행령」 제3조제1항 각 호의 어느 하나에 해당하는 특수관계인(2017.9.5 본호개정)
제66조의5【행정처분】 ① (2015.12.22 삭제)
② 과학기술정보통신부장관은 법 제55조에 따라 통신과금서비스제공자의 등록을 취소하려는 경우에는 청문을 실시하여야 한다.(2017.7.26 본항개정)
③ 과학기술정보통신부장관은 법 제55조에 따라 통신과금서비스제공자의 등록을 취소한 경우에는 그 내용을 관보에 공고하고 인터넷 등을 통하여 일반인에게 알려야 한다.(2017.7.26 본항개정)
제66조의6【통신과금서비스의 안정성·신뢰성 확보를 위한 필요 조치】 통신과금서비스를 통한 거래의 안정성과 신뢰성을 확보하기 위하여 통신과금서비스제공자가 법 제57조제2항에 따라 하여야 하는 관리적 조치와 기술적 조치는 별표7과 같다.
제66조의7【거래기록의 보존기간 및 약관 변경 방법】 ① 통신과금서비스제공자는 법 제58조제4항 및 제7항에 따라 다음 각 호의 사항에 관한 기록을 해당 거래를 한 날부터 1년간 보존하여야 한다. 다만, 건당 거래 금액이 1만원을 초과하는 거래인 경우에는 5년간 보존하여야 한다.(2014.11.28 본문개정)
1. 통신과금서비스를 이용한 거래의 종류
2. 거래금액
3. 통신과금서비스를 통한 구매·이용의 거래 상대방(통신과금서비스를 이용하여 그 대가를 받고 재화 또는 용역을 판매·제공하는 자를 말한다. 이하 "거래 상대방"이라 한다)(2018.12.11 본호개정)
4. 거래일시
5. 대금을 청구·징수하는 전기통신역무의 가입자번호
6. 해당 거래와 관련한 전기통신역무의 접속에 관한 사항
7. 거래의 신청 및 조건의 변경에 관한 사항
8. 거래의 승인에 관한 사항
9. 그 밖에 과학기술정보통신부장관이 정하여 고시하는 사항(2017.7.26 본호개정)
② 제1항에 따른 거래기록은 서면, 마이크로필름, 디스크, 자기테이프, 그 밖의 전산정보처리조직에 의하여 보존하여야 한다. 다만, 디스크, 자기테이프, 그 밖의 전산정보처리조직에 의하여 보존하는 경우에는 「전자문서 및 전자거래 기본법」 제5조제1항 각 호의 요건을 모두 갖추어야 한다.(2012.8.31 단서개정)
③ 통신과금서비스제공자(법 제2조제1항제10호가목의 업무를 제공하는 자로 한정한다)는 법 제58조제6항에 따라 약관을 변경하는 때에는 전자우편·서면·팩스·전화 또는 이와 유사한 방법 중 어느 하나의 방법으로 통신과금서비스이용자에게 통지해야 한다.(2021.1.5 본항개정)
④ 통신과금서비스이용자는 변경되는 약관에 대하여 제3항에 따른 통지를 받은 날부터 변경되는 약관의 시행일 전의 영업일까지 이의를 제기할 수 있다.(2014.11.28 본항신설)
(2014.11.28 본조제목개정)
제66조의8【구매자정보 제공 요청의 내용 및 절차 등】 ① 통신과금서비스이용자는 법 제58조의2제1항 전단에 따라 거래 상대방에게 재화 또는 용역을 구매·이용한 자의 이름과 생년월일에 대한 정보(이하 "구매자정보"라 한다)의 제공을 요청하는 경우 다음 각 호의 사항을 기재한 구매자정보 제공 요청서(전자문서를 포함한다)를 제출하여야 한다.
1. 통신과금서비스이용자의 인적사항 : 이름, 생년월일 및 연락처(전화번호·전자우편주소 등을 말한다)
2. 요청대상 결제내역 : 결제에 사용된 전화번호, 결제일시 및 금액
3. 개별 재화 또는 용역별로 구분 기재된 구매자정보를 요청한다는 내용
② 법 제59조제2항에 따라 분쟁 조정 및 해결 등을 시행하는 기관 또는 단체가 구매자정보 제공 요청을 대행하는 경우에는 제1항의 요청서에 해당 통신과금서비스이용자가 제공 요청 대행에 동의하였음을 확인할 수 있는 서류(전자문서를 포함한다)를 첨부하여야 한다.
(2018.12.11 본조신설)
제66조의9【이의신청 및 권리구제를 위한 절차】 ① 통신과금서비스제공자는 법 제59조제3항에 따른 이의신청 및 권리구제를 위하여 통신과금서비스이용자 보호책임자 및 담당자를 지정하고, 그 연락처(전화번호, 팩스번호, 전자우편주소 등을 말한다)를 인터넷 등을 통하여 통신과금서비스이용자에게 알려야 한다.(2021.1.5 본항개정)
② 통신과금서비스이용자는 서면(전자문서를 포함한다), 전화, 팩스 등을 통하여 통신과금서비스제공자에게 통신과금서비스와 관련된 이의신청을 할 수 있다.(2021.1.5 본항개정)
③ 통신과금서비스제공자는 제2항에 따른 이의신청을 받은 날부터 2주일 이내에 그 조사 또는 처리 결과를 통신과금서비스이용자에게 알려야 한다.

제6장의3 국제협력

제67조 (2020.8.4 삭제)

제7장 보 칙

제68조【자료제출 등】 법 제64조제1항제3호에서 "이용자 보호를 위하여 필요한 경우로서 대통령령으로 정하는 경우"란 다음 각 호의 어느 하나에 해당하는 경우를 말한다.(2011.8.29 본문개정)
1. 법 제41조제1항 각 호의 청소년보호를 위한 시책의 마련을 위하여 필요한 경우
2. 법 제42조의3제3항의 청소년보호책임자의 청소년보호 업무 수행 여부를 확인하기 위하여 필요한 경우
3. (2012.8.17 삭제)
제68조의2【시정조치의 명령의 공표방법 등】 ① 과학기술정보통신부장관 또는 방송통신위원회는 법 제64조제4항에 따라 정보통신서비스 제공자에게 시정조치의 명령을 받은 사실의 공표를 명하는 때에는 다음 각 호의 사항을 고려하여 공표의 내용·횟수·매체 및 지면의 크기 등을 정하여 이를 명하여야 한다.(2020.8.4 본문개정)
1. 위반행위의 내용 및 정도
2. 위반행위의 기간 및 횟수
② 과학기술정보통신부장관 또는 방송통신위원회는 제1항에 따라 시정조치의 명령을 받은 사실의 공표를 명할 때에는 해당 정보통신서비스 제공자와 공표 문안 등에 관하여 협의할 수 있다.(2020.8.4 본항개정)
(2009.1.28 본조신설)
제69조【시정명령의 공개】 ① 법 제64조에 따른 시정조치를 명한 사실의 공개는 다음 각 호의 어느 하나에 해당하는 경우에 할 수 있다. 이 경우 과학기술정보통신부장관 또는 방송통신위원회는 해당 정보통신서비스 제공자에게 그 사실을 미리 알려야 한다.(2020.8.4 후단개정)
1. 법 제71조부터 제74조까지의 규정에 해당하는 행위로 시정명령을 받은 경우(2008.3.28 본호개정)
2. 연 2회 이상 시정명령을 받은 경우
② 제1항에 따른 시정명령의 공개는 인터넷 홈페이지 또는 「신문 등의 진흥에 관한 법률」에 따라 전국을 보급지역으로 하는 일반일간신문 등에 게재하는 방법으로 한다.
(2010.1.27 본항개정)
제69조의2【투명성 보고서 제출의무자의 범위】 법 제64조의5제1항 本 외의 부분에서 "대통령령으로 정하는 기준에 해당하는 자"란 불법촬영물등 유통방지 책임자 지정의무자를 말한다.(2020.12.8 본조신설)
제69조의3~제69조의4 (2020.8.4 삭제)
제70조【권한의 위임 및 업무의 위탁】 ① 과학기술정보통신부장관은 법 제65조제1항에 따라 다음 각 호에 해당하는 자에 대한 법 제76조에 따른 과태료 부과·징수의 권한을 중앙전파관리소장에게 위임한다.(2018.9.28 본문개정)
1. 「전기통신사업법 시행령」 제22조제2항제2호에 따른 회선설비 미보유사업자(2019.6.25 본호개정)
2. 법 제45조의3제1항에 따라 정보보호 최고책임자를 지정하고 신고해야 하는 자(2021.12.7 본호개정)

2의2. 법 제45조의3제3항에 따라 정보보호 최고책임자가 같은 조 제4항의 업무 외의 다른 업무를 겸직할 수 없도록 해야 하는 자(2021.12.7 본호신설)
2의3. 법 제46조제3항에 따른 시정명령을 이행하지 않은 자(2023.7.3 본호신설)
2의4. 법 제46조제4항에 따른 자료의 제출요구에 정당한 사유 없이 따르지 않은 자. 다만, 관계 중앙행정기관(그 소속기관을 포함한다)의 장은 제외한다.(2023.7.3 본호신설)
3. 법 제53조제1항에 따라 통신과금서비스제공자로 등록을 한 자(2014.11.28 본호신설)
② 과학기술정보통신부장관은 법 제65조제1항에 따라 다음 각 호의 권한을 중앙전파관리소장에게 위임한다.
1. 법 제45조의3제1항에 따른 정보보호 최고책임자 지정의 신고(2021.12.7 본호개정)
1의2. 법 제46조제3항에 따른 점검 및 시정명령(2023.7.3 본호신설)
1의3. 법 제46조제4항에 따른 자료 제출 요구(법 제46조제3항에 따른 점검을 위하여 자료의 제출을 요구하는 경우로 한정한다)(2023.7.3 본호신설)
2. 법 제53조제1항에 따른 통신과금서비스제공자 등록
3. 법 제53조제4항에 따른 통신과금서비스제공자의 변경등록, 사업의 양도·양수 또는 합병·상속, 사업의 승계 및 사업의 휴지·폐지·해산의 신고
4. 법 제55조제1항에 따른 통신과금서비스제공자에 대한 등록취소
5. 법 제56조제1항에 따른 통신과금서비스에 관한 약관의 신고(변경신고를 포함한다)
6. 법 제56조제2항에 따른 통신과금서비스제공자에 대한 약관변경의 권고
7. 법 제61조에 따른 통신과금서비스 제공 거부, 정지 또는 제한의 명령
8. 법 제45조의3 및 법 제53조부터 제61조까지의 규정을 위반한 사실을 확인하기 위한 법 제64조제1항 및 제3항에 따른 자료제출 요구와 검사(2021.12.7 본호개정)
9. 법 제53조제1항에 따라 통신과금서비스제공자로 등록을 한 자에 대한 법 제64조제4항에 따른 시정조치의 명령(2020.8.4 본항신설)
③ 방송통신위원회는 법 제65조제1항에 따라 다음 각 호의 권한을 방송통신사무소 소장에게 위임한다.
1. 법 제50조, 제50조의3제1항, 제50조의4, 제50조의5, 제50조의7 및 제50조의8의 규정을 위반한 자에 대한 법 제64조제4항에 따른 시정조치의 명령 및 공표명령
2. 법 제50조, 제50조의4제4항, 제50조의5 및 제50조의7제1항·제2항의 규정을 위반한 자에 대한 법 제76조에 따른 과태료 부과·징수
(2020.8.4 본항신설)
④ 방송통신위원회는 법 제65조제3항에 따라 다음 각 호의 업무를 인터넷진흥원의 장에게 위탁한다.(2011.9.29 본문개정)
1. 법 제22조의2, 제23조의2 및 제23조의3의 규정을 위반하거나 법 제23조의4제1항 각 호의 어느 하나에 해당한 사실을 확인하기 위한 법 제64조제1항 및 제3항에 따른 자료제출 요구 및 검사에 관한 업무(이용자 보호와 관련하여 인터넷진흥원에 접수된 고충처리 및 상담사항으로 한정한다)(2020.8.4 본호개정)
2. 법 제50조, 제50조의3부터 제50조의5까지, 제50조의7 및 제50조의8을 위반한 사실을 확인하기 위한 법 제64조제1항부터 제3항까지의 규정에 따른 자료제출 요구 및 검사에 관한 업무(광고성 정보 전송행위와 관련하여 인터넷진흥원에 접수된 고충처리 및 상담사항만 해당한다)(2014.11.28 본호개정)
⑤ (2020.8.4 삭제)
(2021.12.7 본조제목개정)
제70조의2【고유식별정보의 처리】 과학기술정보통신부장관 또는 방송통신위원회(제70조에 따라 방송통신위원회의 권한을 위탁받은 자를 포함한다)는 법 제64조제1항부터 제3항까지의 규정에 따른 자료 등의 제출 요구, 열람, 검사 등에 관한 사무를 수행하기 위하여 불가피한 경우 「개인정보 보호법 시행령」 제19조제1호 또는 제4호에 따른 주민등록번호 또는 외국인등록번호가 포함된 자료를 처리할 수 있다.(2020.8.4 본문개정)
1.~2. (2020.8.4 삭제)
(2014.8.6 본조신설)
제71조【규제의 재검토】 ① (2020.3.3 삭제)
② 과학기술정보통신부장관은 다음 각 호의 사항에 대하여 다음 각 호의 기준일을 기준으로 3년마다(매 3년이 되는 해의 기준일과 같은 날 전까지를 말한다) 그 타당성을 검토하여 개선 등의 조치를 해야 한다.(2021.12.7 본문개정)
1. 제36조의7제4항 및 제6항에 따른 정보보호 최고책임자의 자격요건과 같은 조 제5항에 따른 정보통신서비스 제공자의 범위 : 2020년 1월 1일(2021.12.7 본호개정)
2. 제37조에 따른 집적정보통신시설 사업자등의 보호조치 : 2017년 1월 1일(2023.7.3 본호개정)
3. 제38조에 따른 보험가입 의무와 최저보험금액 : 2017년 1월 1일(2016.12.30 본호신설)
3의2. 제39조에 따른 이행점검 : 2024년 1월 1일(2023.7.3 본호신설)
3의3. 제40조에 따른 집적정보통신시설 사업자등의 서비스 중단 보고 : 2024년 1월 1일(2023.7.3 본호신설)
3의4. 제41조에 따른 집적된 정보통신시설 임차사업자의 조치의무 : 2024년 1월 1일(2023.7.3 본호신설)
4. 제49조에 따른 정보보호 관리체계 인증 대상자의 범위 : 2014년 1월 1일
5. 제51조에 따른 인증의 사후관리 : 2017년 1월 1일
6. 제53조에 따른 정보보호 관리체계 인증기관 및 정보보호 관리체계 심사기관의 지정기준 : 2017년 1월 1일
7. 제53조의2에 따른 정보보호 관리체계 인증기관 및 정보보호 관리체계 심사기관의 지정절차 : 2017년 1월 1일
(2016.12.30 5호~7호신설)
8. 제66조의2에 따른 통신과금서비스제공자 등록요건 : 2014년 1월 1일
9. 제66조의7에 따른 거래기록의 보존기간 및 방법 : 2014년 1월 1일(2018.12.11 본호개정)
③ (2016.12.30 삭제)
④ 방송통신위원회는 다음 각 호의 사항에 대하여 다음 각 호의 기준일을 기준으로 3년마다(매 3년이 되는 해의 기준일과 같은 날 전까지를 말한다) 그 타당성을 검토하여 개선 등의 조치를 하여야 한다.
1.~3. (2020.8.4 삭제)
4. 제25조에 따른 청소년보호책임자 지정의무자의 범위 : 2015년 1월 1일
5. 제27조에 따른 청소년보호책임자의 지정기한 : 2015년 1월 1일
(2014.11.28 본항개정)
(2013.12.30 본조신설)
제72조 (2010.12.27 삭제)
제73조 (2009.8.18 삭제)
제74조【과태료의 부과기준】 법 제76조제1항부터 제3항까지의 규정에 따른 과태료의 부과기준은 별표9와 같다.(2010.10.1 본조개정)

부 칙 (2015.12.22)

제1조【시행일】 이 영은 2015년 12월 23일부터 시행한다.
제2조【과태료에 관한 경과조치】 이 영 시행 전의 위반행위로 종전의 별표9 제2호아목에 따라 받은 과태료 부과처분은 별표9 제2호바목의 개정규정에 따른 위반행위의 횟수 산정에 포함하지 아니한다.

부 칙 (2016.9.22)

제1조【시행일】 이 영은 2016년 9월 23일부터 시행한다. 다만, 제16조제2항 단서의 개정규정은 공포 후 1년이 경과한 날부터 시행한다.
제2조【개인정보의 별도 저장·관리에 관한 적용례】 제16조제2항 단서의 개정규정은 부칙 제1조 단서에 따른 시행일 전에 수집하거나 제공받은 개인정보에 대해서도 적용한다.

부 칙 (2017.3.22)

제1조【시행일】 이 영은 2017년 3월 23일부터 시행한다.
제2조【접근권한에 대한 동의에 관한 적용례】 제9조의2 제1항부터 제3항까지의 개정규정은 정보통신서비스 제공자가 이 영 시행 이후 공급하는 이동통신단말장치의 소프트웨어(이 영 시행 전에 제작하여 이 영 시행 이후 공급하는 소프트웨어 및 이 영 시행 전에 공급하고 이 영 시행 이후 갱신하는 소프트웨어를 포함한다)를 통하여 해당 서비스를 제공하기 위하여 접근권한이 필요한 경우부터 적용한다.
제3조【이용자 정보 보호를 위하여 필요한 조치에 관한 적용례】 제9조의2제4항의 개정규정은 이 영 시행 이후 이동통신단말장치의 운영체제 또는 소프트웨어를 공급하는 경우(이 영 시행 전에 운영체제 또는 소프트웨어를 제작하여 이 영 시행 이후 공급하는 경우 및 이 영 시행 전에 운영체제 또는 소프트웨어를 공급하고 이 영 시행 이후 갱신하는 경우를 포함한다) 및 이동통신단말장치를 제조하는 경우(이 영 시행 당시 제조 중인 경우로서 이 영 시행 전에 이동통신단말장치에 운영체제를 설치한 경우는 제외한다)부터 적용한다.

부 칙 (2019.6.11)

제1조【시행일】 이 영은 2019년 6월 13일부터 시행한다. 다만, 제34조제1항의 개정규정은 공포한 날부터 시행하고, 제16조의2 및 제17조의2의 개정규정은 2019년 6월 25일부터 시행한다.
제2조【정보보호 최고책임자의 자격 요건에 관한 적용례】 제36조의6제2항 및 제4항의 개정규정은 이 영 시행 이후에 지정하여 신고하는 정보보호 최고책임자부터 적용한다.
제3조【정보보호 최고책임자의 신고 방법 및 절차에 관한 특례】 이 영 시행 당시 법 제45조의3제1항에 따라 정보보호 최고책임자의 신고의무가 발생한 정보통신서비스 제공자의 경우에는 제36조의7의 개정규정에 따른 정보보호 최고책임자의 신고기한을 이 영 시행일부터 기산한다.

부 칙 (2020.3.3)

이 영은 공포한 날부터 시행한다.

부 칙 (2020.5.19)

이 영은 2020년 6월 11일부터 시행한다.

부 칙 (2020.8.4)

이 영은 2020년 8월 5일부터 시행한다.

부 칙 (2020.12.8 영31221호)

제1조【시행일】 이 영은 2020년 12월 10일부터 시행한다.(이하 생략)

부 칙 (2020.12.8 영31247호)

이 영은 2020년 12월 10일부터 시행한다. 다만, 제35조의2 제4항의 개정규정은 2021년 1월 1일부터 시행한다.

부 칙 (2021.1.5)

이 영은 공포한 날부터 시행한다.(이하 생략)

부 칙 (2021.2.2)

제1조【시행일】 이 영은 2021년 2월 5일부터 시행한다.(이하 생략)

부 칙 (2021.12.7)

이 영은 2021년 12월 9일부터 시행한다.

부 칙 (2021.12.28)

제1조【시행일】 이 영은 2021년 12월 30일부터 시행한다.(이하 생략)

부 칙 (2022.8.9)

이 영은 공포한 날부터 시행한다.

부 칙 (2022.12.9)

이 영은 2022년 12월 11일부터 시행한다.

부 칙 (2023.7.3)

이 영은 2023년 7월 4일부터 시행한다.

부 칙 (2023.12.26)

이 영은 공포한 날부터 시행한다.

〔별표〕 ➡ 「法典 別冊」 참조

콘텐츠산업 진흥법

(약칭 : 콘텐츠산업법)

(2010년 6월 10일
전부개정법률 제10369호)

개정
2011. 5.19법10629호(지식재산기본법)
2012. 2.17법11318호
2013. 3.23법11690호(정부조직)
2014. 5.20법12591호(상법)
2014.11.19법12844호(정부조직)
2016. 1.27법13821호(방송법)
2017. 3.21법14637호
2017. 7.26법14839호(정부조직)
2018. 2.21법15380호
2018. 6.12법15641호
2018.10.16법15826호
2018.12.24법16066호
2019.12. 3법16694호
2022. 1.18법18782호
2023. 8. 8법19592호(법률용어정비)

제1장 총 칙

제1조【목적】 이 법은 콘텐츠산업의 진흥에 필요한 사항을 정함으로써 콘텐츠산업의 기반을 조성하고 그 경쟁력을 강화하여 국민생활의 향상과 국민경제의 건전한 발전에 이바지함을 목적으로 한다.

제2조【정의】 ① 이 법에서 사용하는 용어의 뜻은 다음과 같다.
1. "콘텐츠"란 부호·문자·도형·색채·음성·음향·이미지 및 영상 등(이들의 복합체를 포함한다)의 자료 또는 정보를 말한다.
2. "콘텐츠산업"이란 경제적 부가가치를 창출하는 콘텐츠 또는 이를 제공하는 서비스(이들의 복합체를 포함한다)의 제작·유통·이용 등과 관련한 산업을 말한다.
3. "콘텐츠제작"이란 창작·기획·개발·생산 등을 통하여 콘텐츠를 만드는 것을 말하며, 이를 전자적인 형태로 변환하거나 처리하는 것을 포함한다.
4. "콘텐츠제작자"란 콘텐츠의 제작에 있어 그 과정의 전체를 기획하고 책임을 지는 자(이 자로부터 적법하게 그 지위를 양수한 자를 포함한다)를 말한다.
5. "콘텐츠사업자"란 콘텐츠의 제작·유통 등과 관련된 경제활동을 영위하는 자를 말한다.
6. "이용자"란 콘텐츠사업자가 제공하는 콘텐츠를 이용하는 자를 말한다.
7. "기술적보호조치"란 콘텐츠제작자의 이익의 침해를 효과적으로 방지하기 위하여 콘텐츠에 적용하는 기술 또는 장치를 말한다.

② 이 법에서 사용하는 용어의 뜻은 제1항에서 정하는 것을 제외하고는 「저작권법」에서 정하는 바에 따른다. 이 경우 "저작물"은 "콘텐츠"로 본다.

제3조【기본이념】 정부는 다음 각 호에서 정하는 기본이념에 따라 콘텐츠 관련 정책을 추진한다.
1. 콘텐츠제작자의 창의성이 충분히 발휘되고, 콘텐츠에 관한 지식재산권이 국내외에서 보호될 수 있도록 할 것(2011.5.19 본호개정)
2. 콘텐츠의 원활한 유통을 통하여 이용자로 하여금 폭넓은 문화를 향유할 수 있도록 함으로써 국민의 삶의 질을 향상시키고 복지를 증진시킬 수 있도록 할 것
3. 다양한 콘텐츠 관련 사업을 창출하고, 이를 효율화·고도화함으로써 국제경쟁력을 강화하여 콘텐츠산업의 지속적인 발전이 이루어질 수 있도록 할 것

제3조의2【국가와 지방자치단체의 책임】 ① 국가와 지방자치단체는 콘텐츠산업의 진흥을 위하여 필요한 정책을 수립·시행하여야 한다.

② 국가와 지방자치단체는 콘텐츠산업 진흥을 위하여 콘텐츠제작 및 창업 활성화 지원, 중소 콘텐츠사업자 특별지원, 콘텐츠산업의 해외진출 지원 등 필요한 노력을 하여야 한다.

③ 국가와 지방자치단체는 콘텐츠산업의 진흥을 위한 각종 시책을 수립·시행할 때 장애인이 관련 활동에 참여할 수 있도록 「장애인차별금지 및 권리구제 등에 관한 법률」 제4조제2항에 따른 정당한 편의 제공을 위하여 노력하여야 한다.

(2022.1.18 본조신설)

제4조【다른 법률과의 관계】 ① 이 법은 콘텐츠산업 진흥에 관하여 「문화산업진흥 기본법」에 우선하여 적용한다.

② 콘텐츠제작자가 「저작권법」의 보호를 받는 경우에는 같은 법을 이 법에 우선하여 적용한다.

제5조【기본계획】 ① 정부는 콘텐츠산업의 기반을 조성하고 그 경쟁력을 강화하기 위하여 3년마다 콘텐츠산업의 진흥에 관한 중·장기 기본계획(이하 "기본계획"이라 한다)을 수립하여야 한다.

② 기본계획은 제7조에 따른 콘텐츠산업진흥위원회의 심의를 거쳐 확정된다.

③ 기본계획에는 다음 각 호의 사항이 포함되어야 한다.
1. 콘텐츠산업 진흥을 위한 정책의 기본방향
2. 콘텐츠산업의 기반 조성에 관한 사항
3. 콘텐츠산업의 부문별 진흥 정책에 관한 사항
4. 콘텐츠의 표준화에 관한 사항
5. 콘텐츠산업의 공정경쟁 환경의 조성에 관한 사항
6. 이용자의 권익 보호에 관한 사항
6의2. 장애인의 콘텐츠접근권(장애인이 장애인이 아닌 사람과 동등하게 콘텐츠에 접근하거나 콘텐츠를 이용할 수 있는 권리를 말한다. 이하 같다) 보장에 관한 사항(2022.1.18 본호신설)
7. 콘텐츠 관련 산업 간 융합의 진전에 따른 콘텐츠 정책에 관한 사항
8. 콘텐츠산업 진흥을 위한 재원 확보 및 배분에 관한 사항
9. 콘텐츠산업 진흥을 위한 제도 개선에 관한 사항
10. 콘텐츠산업과 관련된 중앙행정기관의 역할 분담에 관한 사항
11. 그 밖에 콘텐츠산업의 진흥을 위하여 필요한 사항

④ 기본계획의 수립·추진 등에 필요한 사항은 대통령령으로 정한다.

제6조【시행계획】 ① 콘텐츠산업과 관련된 중앙행정기관의 장은 기본계획에 따라 매년 소관별 콘텐츠산업의 진흥을 위한 시행계획(이하 "시행계획"이라 한다)을 수립하여야 한다.

② 시행계획은 제7조에 따른 콘텐츠산업진흥위원회의 심의를 거쳐 확정된다.

③ 문화체육관광부장관은 콘텐츠산업과 관련하여 중앙행정기관의 장이 수립한 시행계획을 종합하여 콘텐츠산업진흥위원회에 제출하여야 한다.

④ 시행계획의 수립·추진 등에 필요한 사항은 대통령령으로 정한다.

제7조【콘텐츠산업진흥위원회】 ① 정부는 콘텐츠산업의 진흥에 관한 다음 각 호의 사항을 심의하기 위하여 국무총리 소속으로 콘텐츠산업진흥위원회(이하 "위원회"라 한다)를 둔다.
1. 기본계획 및 시행계획의 수립·추진에 관한 사항
2. 콘텐츠산업 진흥 정책의 총괄·조정
3. 콘텐츠산업 진흥 정책의 개발과 자문
4. 콘텐츠산업의 지역별 특성화에 관한 사항
5. 콘텐츠산업에 대한 중복규제 조정에 관한 사항
6. 그 밖에 위원장이 콘텐츠산업의 진흥을 위하여 필요하다고 인정하는 사항

② 위원회는 위원장 1명을 포함한 20명 이내의 위원으로 구성한다.

③ 위원장은 국무총리가 되고, 위원은 다음 각 호의 사람으로 한다.
1. 기획재정부장관·교육부장관·과학기술정보통신부장관·국방부장관·행정안전부장관·문화체육관광부장관·산업통상자원부장관·보건복지부장관·고용노동부장관·국토교통부장관·중소벤처기업부장관·방송통신위원회 위원장·공정거래위원회 위원장(2019.12.3 본호개정)
2. 콘텐츠산업에 관한 전문지식과 경험이 풍부한 사람 중에서 위원장이 위촉한 사람

④ 제3항제2호에 따른 위원의 임기는 3년으로 하고 1차에 한하여 연임할 수 있다.

⑤ 위원회에 간사위원 1명을 두되, 간사위원은 문화체육관광부장관이 된다.

⑥ 제1항부터 제5항까지에서 규정한 사항 외에 위원회의 구성 및 운영에 필요한 사항은 대통령령으로 정한다.

제8조【재원의 확보】 ① 정부는 콘텐츠산업의 발전에 필요한 재원을 마련하기 위하여 노력하여야 한다.

② 정부는 「정보통신산업 진흥법」 제41조에 따른 정보통신진흥기금 등으로 이 법에 규정된 사업의 추진을 지원할 수 있다.

제2장 콘텐츠제작의 활성화

제9조【콘텐츠제작의 활성화】 ① 정부는 다양한 분야와 다양한 형태의 콘텐츠가 창작·유통·이용될 수 있는 환경을 조성하여야 하며, 콘텐츠제작자의 창의성을 높이고 경쟁력을 강화하기 위한 시책을 마련하여야 한다.

② 정부는 콘텐츠제작자가 콘텐츠제작에 필요한 자금을 원활하고 안정적으로 조달할 수 있도록 필요한 시책을 마련하여야 한다.

③ 관계 중앙행정기관의 장은 대통령령으로 정하는 바에 따라 제1항 및 제2항에 따라 마련된 분야별·형태별 콘텐츠제작의 활성화 시책을 시행계획에 반영하여야 한다.

제10조【지식재산권의 보호】 ① 정부는 사회적·경제적 환경의 변화에 따른 콘텐츠 이용방법의 다양화에 적절하게 대응하여 콘텐츠의 지식재산권 보호 시책을 강구하여야 한다.(2011.5.19 본항개정)

② 정부는 콘텐츠제작자가 이 법에 따라 보호되는 콘텐츠에 대한 기술적보호조치를 개발할 수 있도록 지원하기 위한 시책을 마련하여야 한다.

③ 콘텐츠사업자는 타인의 지식재산권을 침해하지 아니하도록 필요한 조치를 하여야 한다.(2011.5.19 본항개정)

④ 문화체육관광부장관은 콘텐츠의 지식재산권을 보호하기 위하여 필요한 경우 관련 제도의 개선 및 운영합리화 등에 관하여 관계 중앙행정기관의 장에게 협조를 요청할 수 있다.(2018.2.21 본항신설)

(2011.5.19 본조제목개정)

제11조【공공정보의 이용 활성화】 ① 국가, 지방자치단체, 그 밖에 대통령령으로 정하는 공공기관의 장(이하 "공공기관의 장"이라 한다)은 그 공공기관이 보유·관리하는 정보 중 「공공기관의 정보공개에 관한 법률」 제9조에 따른 비공개대상정보를 제외한 정보(이하 "공공정보"라 한다)를 공개하는 경우에는 콘텐츠사업자로 하여금 해당 정보를 콘텐츠제작 등에 이용하도록 할 수 있다.

② 공공기관의 장은 공공정보의 이용을 활성화하기 위하여 대통령령으로 정하는 바에 따라 공공정보에 대한 이용 조건·방법 등을 정하고 이를 공개하여야 한다.

제12조【융합콘텐츠의 활성화】 정부는 콘텐츠산업과 그 밖의 산업 간 융합의 진전에 따른 콘텐츠 기술의 연구개발과 다양한 콘텐츠의 개발을 촉진하기 위하여 필요한 시책을 수립·시행하여야 한다.

제3장 콘텐츠산업의 기반 조성

제13조【창업의 활성화】 ① 정부는 콘텐츠산업 분야의 창업 촉진과 창업자의 성장·발전을 위하여 창업지원계획을 수립·시행하여야 한다.

② 정부는 제1항의 창업지원계획에 따라 투자 등 필요한 지원을 할 수 있다.

제14조【전문인력의 양성】 ① 정부는 콘텐츠산업의 진흥에 필요한 전문인력을 양성하기 위하여 노력하여야 한다.

② 정부는 콘텐츠 전문인력을 양성하기 위하여 「고등교육법」 제2조에 따른 학교, 「평생교육법」 제33조제3항에 따라 설치된 원격대학형태의 평생교육시설, 「문화산업진흥 기본법」 제31조에 따른 한국콘텐츠진흥원 등을 전문인력 양성기관으로 지정하여 교육 및 훈련을 실시하게 할 수 있으며, 이에 필요한 예산을 지원할 수 있다.

③ 제2항에 따른 전문인력 양성기관의 지정에 필요한 사항은 대통령령으로 정한다.

제15조【기술개발의 촉진】 ① 정부는 콘텐츠산업에 관한 기술의 개발을 촉진하기 위하여 다음 각 호의 사업을 추진하여야 한다.
1. 기술수준의 조사 및 기술의 연구 개발
2. 개발된 기술의 평가
3. 기술협력·기술이전 등 개발된 기술의 실용화
4. 기술정보의 원활한 유통
5. 그 밖에 기술개발을 위하여 필요한 사업

② 정부는 제1항에 따른 기술개발을 효율적으로 추진하기 위하여 필요한 때에는 관련 연구기관이나 민간단체에 제1항 각 호의 사업을 위탁할 수 있다.

③ 제2항에 따라 위탁하는 업무의 범위, 위탁기관의 선정방법 및 절차 등에 필요한 사항은 대통령령으로 정한다.

제16조【표준화의 추진】 ① 문화체육관광부장관은 효율적인 콘텐츠제작과 콘텐츠의 품질 향상, 콘텐츠 간 호환성 확보 등을 위하여 관계 중앙행정기관의 장과의 협의를 거쳐 다음 각 호의 사업을 추진하고, 관련 사업자에게는 제정된 표준을 고시하여 권고할 수 있다. 이 경우 콘텐츠의 디지털화와 관련된 사항은 과학기술정보통신부장관과 협의하여야 한다.(2017.7.26 후단개정)
1. 콘텐츠에 관한 표준의 제정·개정·폐지 및 보급
2. 콘텐츠와 관련된 국내외 표준의 조사·연구·개발
3. 그 밖에 콘텐츠의 표준화에 필요한 사업

② 문화체육관광부장관은 제1항 각 호의 사업을 대통령령으로 정하는 바에 따라 「문화산업진흥 기본법」 제31조에 따른 한국콘텐츠진흥원이나 콘텐츠 관련 기관 또는 단체에 위탁할 수 있다.

제17조【국제협력 및 해외진출 지원】 ① 정부는 콘텐츠산업의 국제협력 및 해외시장 진출을 촉진하기 위하여 다음 각 호의 사업을 추진할 수 있다.
1. 콘텐츠의 해외 마케팅 및 홍보활동 지원
2. 외국인의 투자 유치
3. 국제시상식·견본시장·전시회·시연회 등 참여 및 국내 유치
4. 콘텐츠 수출 관련 협력체계의 구축
5. 콘텐츠의 해외 현지화 지원
6. 콘텐츠의 해외 공동제작 지원
7. 국내외 기술협력 및 인적 교류
8. 콘텐츠 관련 국제표준화
9. 그 밖에 국제협력 및 해외진출을 위하여 필요한 사업

② 정부는 제1항 각 호의 사업을 대통령령으로 정하는 바에 따라 「문화산업진흥 기본법」 제31조에 따른 한국콘텐츠진흥원이나 콘텐츠 관련 기관 또는 단체에 위탁할 수 있다.(2013.3.23 본항개정)

제18조【세제 지원 등】 ① 정부는 콘텐츠산업의 진흥을 위하여 「조세특례제한법」, 「지방세법」 및 그 밖의 관련 세법에서 정하는 바에 따라 조세 감면 등 필요한 조치를 할 수 있다.

② 정부는 콘텐츠산업의 발전을 위하여 대통령령으로 정하는 바에 따라 금융 지원이나 그 밖에 필요한 지원을 할 수 있다.

제19조【중소 콘텐츠사업자에 대한 특별지원】 정부는 콘텐츠산업의 진흥에 필요한 시책을 마련할 때에는 중소 콘텐츠사업자의 사업이 원활하게 수행될 수 있도록 행정적·재정적으로 특별한 지원을 하여야 한다.

제20조【협회의 설립】 ① 콘텐츠사업자는 콘텐츠에 관한 영업의 건전한 발전과 콘텐츠사업자의 공동이익을 도모하기 위하여 문화체육관광부장관의 인가를 받아 협회를 설립할 수 있다.

② 제1항에 따른 협회는 법인으로 한다.

③ 제1항에 따라 설립된 협회는 콘텐츠제작 및 유통질서가 건전하게 유지될 수 있도록 노력하여야 한다.

제3장의2 콘텐츠공제조합
(2012.2.17 본장신설)

제20조의2【콘텐츠공제조합의 설립】 ① 콘텐츠사업자는 상호협동과 자율적인 경제활동을 도모하고 콘텐츠산업의 건전한 발전을 위하여 문화체육관광부장관의 인가를 받아 각종 자금 대여와 보증 등을 행하는 콘텐츠공제조합(이하 "공제조합"이라 한다)을 설립할 수 있다.
② 공제조합은 법인으로 한다.
③ 공제조합의 설립인가 절차, 정관 기재사항, 운영 및 감독 등에 필요한 사항은 대통령령으로 정한다.
(2018.6.12 본항개정)
④ 출자금 총액의 변경등기는 「민법」 제52조에도 불구하고 매 회계연도 말 현재를 기준으로 하여 회계연도 종료 후 3개월 이내에 등기할 수 있다.
⑤ 공제조합에 관하여 이 법에서 규정한 것을 제외하고는 「민법」 중 사단법인에 관한 규정을 준용한다.

제20조의3【공제조합의 사업】 ① 공제조합은 다음 각 호의 사업을 행한다.
1. 콘텐츠의 개발 및 부가가치 향상과 경영안정에 필요한 자금의 대여 및 투자
2. 콘텐츠의 개발 및 부가가치 향상과 경영안정에 필요한 자금을 금융기관으로부터 차입하고자 할 경우 그 채무에 대한 보증
3. 콘텐츠사업에 따른 의무이행에 필요한 이행보증
4. 콘텐츠사업의 경영개선을 위한 연구 및 교육에 관한 사업
5. 조합원이 공동 이용하는 시설의 설치, 운영, 서비스 제공, 그 밖에 경영지원을 위한 사업
6. 국가, 지방자치단체 또는 정관으로 정하는 공공단체가 위탁하는 사업
7. 제1호부터 제6호까지의 사업의 부대사업으로서 정관으로 정하는 사업
8. 그 밖에 대통령령으로 정하는 사업
② 공제조합은 그 목적을 달성하기 위하여 필요한 범위에서 정관으로 정하는 수익사업을 할 수 있다.

제20조의4【기본재산의 조성】 ① 공제조합의 기본재산은 공제사업을 효율적으로 운영하기 위하여 다음 각 호의 재원으로 조성하되, 정부는 예산의 범위에서 출연 또는 보조할 수 있다.
1. 조합원의 출자금·공제부과금·예탁금 또는 출연금
(2023.8.8 본호개정)
2. 그 밖에 대통령령으로 정하는 재원
② 제1항의 기본재산 중 출연금은 자본금으로 회계처리한다.(2018.6.12 본항개정)

제20조의5【공제규정】 ① 공제조합은 제20조의3에 따른 공제사업을 하고자 하는 때에는 공제규정을 정하여야 한다.
② 제1항의 공제규정에는 공제사업의 종류·대상·부과금·준비금 및 적립금 등과 기본재산의 조성 및 운영 등에 필요한 사항을 정하여야 한다.(2023.8.8 본항개정)
③ 공제조합은 제2항에 따라 공제규정에서 정하는 사항 중 공제사업의 종류·대상, 그 밖에 대통령령으로 정하는 중요한 사항에 관하여는 문화체육관광부장관의 승인을 받아야 한다. 승인을 받은 사항을 변경하고자 하는 때에도 또한 같다.

제20조의6【손실보전준비금의 적립 등】 ① 공제조합은 공제사업에 따른 손실을 보전하기 위하여 공제이용자로 하여금 손실보전준비금(이하 "준비금"이라 한다)을 부담하게 하여 이를 별도의 준비금계정으로 적립하여 운용할 수 있다.
② 준비금의 적립·운용에 필요한 사항은 대통령령으로 정한다.(2018.6.12 본항개정)

제20조의7【공제조합의 책임】 ① 공제조합은 보증한 사항에 관하여 법령, 계약서 등이 정하는 바에 따라 보증금을 지급할 사유가 발생한 때에는 그 보증금을 보증채권자에게 지급하여야 한다.
② 제1항에 따라 보증채권자가 공제조합에 대하여 가지는 보증금에 관한 권리는 보증기간 만료일부터 2년간 행사하지 아니하면 시효의 완성으로 소멸한다.

제20조의8【지분의 양도 등】 ① 조합원 또는 조합원이었던 자는 대통령령으로 정하는 바에 따라 그 지분을 다른 조합원이나 조합원이 되고자 하는 자에게 양도할 수 있다.
② 제1항에 따라 지분을 양수한 자는 그 지분에 관한 양도인의 권리·의무를 승계한다.
③ 지분의 양도 및 질권 설정은 「상법」에서 정하는 주식의 양도 및 질권 설정의 방법에 의한다.(2014.5.20 본항개정)
④ 지분은 공제조합에 대한 채무의 담보로 제공하는 경우 외에는 담보의 목적으로 사용할 수 없다.
⑤ 민사집행절차나 국세 등의 체납처분절차에 의하여 행하는 지분의 가압류 또는 압류는 「민사집행법」에서 정하는 지시채권의 가압류 또는 압류의 방법에 의한다.

제20조의9【공제조합의 지분취득 등】 ① 공제조합은 다음 각 호의 어느 하나에 해당하는 사유가 있을 때에 한하여 조합원 또는 조합원이었던 자의 지분을 취득할 수 있다. 다만, 제1호 또는 제3호에 해당하는 때에는 그 지분을 취득하여야 한다.
1. 자본금을 감소하고자 할 때
2. 조합원에 대하여 공제조합이 권리자로서 담보권을 실행하기 위하여 필요한 때
3. 조합원 또는 공제조합에서 제명되거나 탈퇴한 자가 출자금의 회수를 위하여 공제조합에 그 지분의 취득을 요구한 때
② 제1항에 따라 공제조합이 지분을 취득한 때에는 지체 없이 다음 각 호의 조치를 이행하여야 한다.
1. 제1항제1호의 사유로 취득한 때에는 자본금의 감소절차
2. 제1항제2호 및 제3호의 사유로 취득한 때에는 다른 조합원 또는 조합원이 되고자 하는 자에게의 처분
③ 제1항에 따라 공제조합이 지분을 취득하는 때의 취득가액은 그 출자증권의 액면가액을 초과할 수 없다.

제20조의10【대리인의 선임】 공제조합은 임원 또는 직원 중에서 해당 공제조합의 업무에 관한 재판상 또는 재판 외의 모든 행위를 할 수 있는 대리인을 선임할 수 있다.

제20조의11【배상책임 등】 ① 공제조합의 임원이 법령 또는 정관을 위반하거나 그 임무를 게을리하여 공제조합에 손해를 발생시킨 때에는 그 임원은 공제조합에 대하여 연대하여 손해를 배상할 책임을 진다.
② 공제조합의 업무에 종사하는 사람이 그 업무처리에 있어서 공제조합에 손해를 발생시킨 때에는 고의 또는 중대한 과실이 있는 경우에 한하여 이를 배상할 책임을 진다. 다만, 고의로 인하여 손해를 발생시킨 경우를 제외하고는 그 책임을 경감할 수 있다.

제20조의12【이익금의 처리】 공제조합은 매 사업연도의 이익금을 다음 각 호의 순위에 따라 처리하여야 한다.
1. 이월손실금의 보전
2. 준비금의 적립

제4장 콘텐츠의 유통 합리화

제21조【콘텐츠 거래사실 인증사업의 추진】 ① 정부는 온라인으로 유통되는 콘텐츠 거래의 투명성·공정성·효율성을 확보하고 우수 콘텐츠의 유통을 촉진하기 위하여 콘텐츠 거래사실에 관한 자료를 보관하고 거래사실을 확인·증명하는 콘텐츠 거래사실의 인증사업을 실시할 수 있다.(2013.3.23 본항개정)
② 과학기술정보통신부장관은 문화체육관광부장관과 협의하여 법인으로서 대통령령으로 정하는 기술인력·재정능력·시설·장비 및 그 밖에 필요한 요건을 갖춘 자 중에서 콘텐츠 거래사실 인증사업의 수행기관(이하 "인증기관"이라 한다)을 지정할 수 있으며, 인증기관을 지정하였을 때에는 이를 고시하여야 한다.(2017.7.26 본항개정)
③ 인증기관은 인증업무를 개시하기 전에 다음 각 호의 내용을 포함하는 인증업무규정을 작성하여 과학기술정보통신부장관에게 신고하여야 한다. 이 경우 과학기술정보통신부장관은 문화체육관광부장관에게 신고 내용을 통보하여야 한다.(2017.7.26 본문개정)
1. 인증업무의 종류
2. 인증업무의 수행방법 및 절차
3. 인증업무의 이용조건 및 이용요금
4. 그 밖에 인증업무의 수행에 필요한 사항으로서 과학기술정보통신부령으로 정하는 사항(2018.6.12 본호개정)
④ 과학기술정보통신부장관은 문화체육관광부장관과 협의하여 인증기관이 다음 각 호의 어느 하나에 해당하는 때에는 그 지정을 취소하거나 6개월 이내의 기간을 정하여 업무의 정지를 명할 수 있다. 다만, 제1호에 해당하는 때에는 지정을 취소하여야 한다.(2017.7.26 본문개정)
1. 거짓이나 그 밖의 부정한 방법으로 인증기관의 지정을 받은 때
2. 정당한 사유 없이 1년 이상 계속하여 인증업무를 하지 아니한 때
3. 제2항에 따른 지정요건에 적합하지 아니하게 된 때
4. 제3항의 인증업무규정을 위반하여 인증업무를 처리한 때
⑤ 정부는 콘텐츠 거래사실 인증사업을 추진하기 위하여 필요한 경우 콘텐츠사업자나 인증기관 등에 예산의 범위에서 행정적·재정적 지원을 할 수 있다.(2013.3.23 본항개정)
⑥ 인증기관은 콘텐츠 거래사실 인증사업을 수행할 때에는 콘텐츠사업자의 거래정보와 이용자의 개인정보를 다른 사람에게 제공 또는 누설하거나 해당 목적 외의 용도로 이용하여서는 아니 된다.
⑦ 제1항부터 제6항까지에서 규정한 사항 외에 콘텐츠 거래사실 인증사업의 추진에 필요한 사항은 대통령령으로 정한다.

제22조【콘텐츠제공서비스의 품질인증】 ① 정부는 콘텐츠의 유통을 촉진하기 위하여 대통령령으로 정하는 운영기준에 따라 콘텐츠사업자 등이 이용자가 콘텐츠를 용이하게 구매·사용할 수 있도록 제공하는 서비스(이하 "콘텐츠제공서비스"라 한다)의 품질을 인증하는 사업을 할 수 있다.(2013.3.23 본항개정)
② 과학기술정보통신부장관은 문화체육관광부장관과 협의하여 제1항의 사업을 보다 효율적으로 수행하기 위하여 콘텐츠제공서비스의 품질을 인증하여 주는 기관(이하 "콘텐츠제공서비스 품질인증기관"이라 한다)을 지정할 수 있다. 콘텐츠제공서비스 품질인증기관의 지정 기준 및 절차 등에 필요한 사항은 대통령령으로 정한다.
(2018.6.12 후단개정)
③ 과학기술정보통신부장관은 문화체육관광부장관과 협의하여 콘텐츠제공서비스 품질인증기관이 다음 각 호의 어느 하나에 해당하는 때에는 그 지정을 취소하거나 6개월 이내의 기간을 정하여 업무의 정지를 명할 수 있다. 다만, 제1호에 해당하는 때에는 지정을 취소하여야 한다.
(2017.7.26 본문개정)
1. 거짓이나 그 밖의 부정한 방법으로 콘텐츠제공서비스 품질인증기관의 지정을 받은 때
2. 정당한 사유 없이 1년 이상 계속하여 콘텐츠제공서비스 품질인증업무를 하지 아니한 때
3. 제1항의 콘텐츠제공서비스 품질인증사업의 운영기준을 위반하여 콘텐츠제공서비스 품질인증업무를 처리한 때
4. 제2항에 따른 지정기준에 적합하지 아니하게 된 때
④ 정부는 콘텐츠제공서비스 품질인증기관에 예산의 범위에서 사업 추진에 필요한 행정적·재정적 지원을 할 수 있다.(2013.3.23 본항개정)
⑤ 제1항부터 제4항까지에서 규정한 사항 외에 품질인증의 대상, 기준 및 품질인증사업의 운영기준 등 콘텐츠제공서비스 품질인증사업의 추진에 필요한 사항은 대통령령으로 정한다.

제23조【콘텐츠 식별체계】 ① 정부는 콘텐츠의 권리관계와 유통·이용의 선진화 등을 위하여 콘텐츠 식별체계(이하 "식별체계"라 한다)에 관한 시책을 수립·시행하여야 한다.
② 문화체육관광부장관은 식별체계를 확립·보급하기 위하여 다음 각 호의 사업을 추진하여야 한다.
1. 식별체계 연구 개발
2. 식별체계 표준화
3. 식별체계 이용, 보급 및 확산
4. 식별체계 등록, 인증, 평가 및 관리
5. 식별체계의 국제표준화를 위한 협력
6. 그 밖에 식별체계를 활용하기 위하여 필요한 사업
③ 문화체육관광부장관은 식별체계의 확립·보급에 관한 사업을 대통령령으로 정하는 바에 따라 「문화산업진흥 기본법」 제31조에 따른 한국콘텐츠진흥원이나 콘텐츠 관련 기관 또는 단체에 위탁할 수 있다.

제24조【공정한 유통 환경 조성 등】 ① 「전기통신사업법」 제5조제2항에 따른 기간통신사업을 하는 사업자 중 대통령령으로 정하는 자(이하 "정보통신망사업자"라 한다)는 합리적인 이유 없이 콘텐츠사업자에게 정보통신망 등 중개시설의 제공을 거부하여서는 아니 된다.
(2012.2.17 본항개정)
② 정보통신망사업자, 「전기통신사업법」 제5조제4항에 따른 부가통신사업을 하는 사업자 중 대통령령으로 정하는 자 및 그 밖에 콘텐츠 상품의 제작·판매·유통 등에 종사하는 자는 합리적인 이유 없이 콘텐츠에 관한 지식재산권의 일방적인 양도 요구 등 그 지위를 이용하여 불공정한 계약을 강요하거나 부당한 이득을 취득하여서는 아니 된다.(2012.2.17 본항개정)
③ 과학기술정보통신부장관 또는 문화체육관광부장관은 콘텐츠 상품의 제작·판매·유통 등에 종사하는 자가 제1항 또는 제2항을 위반하는 행위를 한다고 인정할 때에는 관계 기관의 장에게 필요한 조치를 할 것을 요청할 수 있다.(2017.7.26 본항개정)
④ 정부는 콘텐츠산업의 공정한 유통 환경을 조성하기 위하여 다음 각 호의 사업을 할 수 있다.(2013.3.23 본문개정)
1. 콘텐츠산업 유통 환경의 현황 분석 및 평가
2. 콘텐츠산업 관련 사업자 등이 참여하는 협의체의 구성 및 운영
3. 제25조에 따른 표준계약서 사용에 관한 실태조사
(2012.2.17 본호신설)
4. 그 밖에 공정한 유통 환경을 조성하기 위하여 필요한 사업

제25조【표준계약서】 ① 과학기술정보통신부장관은 콘텐츠의 합리적 유통 및 공정한 거래를 위하여 공정거래위원회와 방송통신위원회 및 미래창조과학부의 협의를 거쳐 표준계약서를 마련하고, 콘텐츠사업자에게 이를 사용하도록 권고할 수 있다.(2017.7.26 본항개정)
② 문화체육관광부장관은 제1항에 따른 표준계약서에 관한 업무를 대통령령으로 정하는 바에 따라 「문화산업진흥 기본법」 제31조에 따른 한국콘텐츠진흥원, 콘텐츠 관련 기관 또는 단체 및 제20조에 따른 협회에 위탁할 수 있다.

제5장 이용자의 권익 보호

제26조【이용자 보호시책 등】 ① 정부는 콘텐츠의 유통 및 거래에 관한 이용자의 기본권익을 보호하기 위하여 다음 각 호의 사업을 추진하여야 한다.(2013.3.23 본문개정)
1. 이용자에 대한 콘텐츠 정보 제공 및 교육
2. 제28조에 따른 이용자보호지침의 준수에 관한 실태조사
3. 콘텐츠사업자를 대상으로 하는 이용자 보호에 관한 교육
4. 이용자 보호를 목적으로 하는 기관 또는 단체에 대한 지원
5. 이용자 피해 예방 및 구제를 위한 조치의 마련 및 시행
6. 그 밖에 이용자의 권익 보호에 필요한 시책의 수립·시행

② 정부는 경제적·지역적·신체적 또는 사회적 여건으로 인하여 콘텐츠에 자유롭게 접근하거나 콘텐츠를 이용하기 어려운 자들이 편리하게 콘텐츠를 이용할 수 있도록 필요한 시책을 수립·시행하여야 한다.(2013.3.23 본항개정)

③ 정부는 제1항과 제2항의 업무를 대통령령으로 정하는 바에 따라 「문화산업진흥 기본법」 제31조에 따른 한국콘텐츠진흥원이나 콘텐츠 관련 기관 또는 단체에 위탁할 수 있다.(2013.3.23 본항개정)

제26조의2【장애인의 콘텐츠접근권 보장을 위한 특별지원】 정부는 콘텐츠산업의 진흥에 필요한 시책을 마련할 때에는 장애인의 콘텐츠접근권을 보장하기 위한 사업이 원활하게 수행될 수 있도록 행정적·재정적으로 특별한 지원을 하여야 한다.(2022.1.18 본조신설)

제27조【청약철회 등】 ① 콘텐츠제작자는 「전자상거래 등에서의 소비자보호에 관한 법률」 제17조제2항(같은 항 각 호 외의 부분 단서를 제외한다)에 따라 청약철회 및 계약의 해제가 불가능한 콘텐츠의 경우에는 그 사실을 콘텐츠 또는 그 포장에 표시하거나 시험용 상품을 제공하거나 콘텐츠의 한시적 또는 일부 이용이 가능하도록 하는 등의 방법으로 청약철회 및 계약의 해제의 권리 행사가 방해받지 아니하도록 조치하여야 한다. 다만, 그 조치를 하지 아니한 경우에는 이용자의 청약철회 및 계약의 해제는 제한되지 아니한다.(2023.8.8 본문개정)

② 제1항에 따른 청약철회 및 계약의 해제에 관하여는 「전자상거래 등에서의 소비자보호에 관한 법률」 제17조, 제18조, 제31조, 제32조, 제40조 및 제44조를 준용한다. 이 경우 "통신판매업자"는 "콘텐츠사업자"로 "재화등"은 "콘텐츠"로, "소비자"는 "이용자"로, "공정거래위원회"는 "문화체육관광부장관"으로 본다.(2018.12.24 전단개정)

제28조【이용자보호지침의 제정 등】 ① 정부는 콘텐츠의 건전한 거래 및 유통질서 확립과 이용자 보호를 위하여 콘텐츠사업자가 자율적으로 준수할 수 있는 지침(이하 "이용자보호지침"이라 한다)을 관련 분야의 사업자, 기관 및 단체의 의견을 들어 정할 수 있다.(2013.3.23 본항개정)

② 콘텐츠사업자는 콘텐츠를 거래할 때 이용자를 보호하기 위하여 대통령령으로 정하는 바에 따라 과오금의 환불, 콘텐츠 이용계약의 해제·해지의 권리, 콘텐츠 결함 등으로 발생하는 이용자의 피해에 대한 보상 등의 내용이 포함된 약관을 마련하여 이용자에게 알려야 한다.

③ 콘텐츠사업자는 그가 사용하는 약관이 이용자보호지침의 내용보다 이용자에게 불리한 경우 이용자보호지침과 다르게 정한 약관의 내용을 이용자가 알기 쉽게 표시하거나 고지하여야 한다.

④ 정부는 콘텐츠 거래에 관한 약관의 견본을 마련하여 콘텐츠사업자에게 그 사용을 권고할 수 있다.(2013.3.23 본항개정)

⑤ 콘텐츠사업자가 제2항 또는 제3항을 위반한 경우에 대한 시정권고, 시정조치 및 벌칙에 관하여는 「전자상거래 등에서의 소비자보호에 관한 법률」 제31조, 제32조, 제40조 및 제44조를 준용한다. 이 경우 "공정거래위원회"는 "문화체육관광부장관"으로 본다.(2018.12.24 전단개정)

제6장 분쟁조정

제29조【분쟁조정위원회의 설치】 ① 콘텐츠사업자 간, 콘텐츠사업자와 이용자 간, 이용자와 이용자 간의 콘텐츠 거래 또는 이용에 관한 분쟁을 조정(調停)하기 위하여 콘텐츠분쟁조정위원회(이하 "조정위원회"라 한다)를 둔다. 다만, 저작권과 관련한 분쟁은 「저작권법」에 따르며, 방송통신과 관련된 분쟁 중 「방송법」 제35조의3에 따른 분쟁조정의 대상(같은 법 제2조제27호에 따른 외주제작사가 분쟁의 당사자인 경우는 제외한다)이 되거나 「전기통신사업법」 제45조에 따른 재정의 대상이 되는 분쟁은 각각 해당 법률의 규정에 따른다.(2016.1.27 단서개정)

② 조정위원회는 위원장 1명을 포함한 10명 이상 30명 이하의 위원으로 구성한다.

③ 조정위원회의 위원은 다음 각 호의 어느 하나에 해당하는 사람 중 문화체육관광부장관이 위촉하는 사람이 된다.

1. 「고등교육법」 제2조에 따른 학교의 법학 또는 콘텐츠 관련 분야의 학과에서 조교수 이상의 직에 있거나 있었던 사람
2. 판사·검사 또는 변호사의 자격이 있는 사람
3. 콘텐츠 및 콘텐츠사업에 대한 학식과 경험이 풍부한 사람
4. 이용자 보호기관 또는 단체에 소속된 사람
5. 4급 이상 공무원(고위공무원단에 속하는 일반직공무원을 포함한다) 또는 이에 상당하는 공공기관의 직에 있거나 있었던 사람으로서 콘텐츠 육성 업무 또는 소비자 보호 업무에 관한 경험이 있는 사람

④ 조정위원회의 위원장은 조정위원회 위원 중에서 호선(互選)한다.

⑤ 위원은 비상임으로 하고, 공무원이 아닌 위원의 임기는 3년으로 하되, 1회에 한하여 연임할 수 있다.

⑥ 조정위원회의 업무를 지원하기 위하여 「문화산업진흥 기본법」 제31조에 따른 한국콘텐츠진흥원에 사무국을 둔다.

⑦ 조정위원회는 콘텐츠의 종류에 따른 분과위원회를 설치할 수 있다.

⑧ 조정위원회의 조직 및 운영 등에 필요한 사항은 문화체육관광부령으로 정한다.

제30조【분쟁의 조정】 ① 콘텐츠사업 또는 콘텐츠 이용과 관련한 피해의 구제와 분쟁의 조정을 받으려는 자는 조정위원회에 분쟁의 조정을 신청할 수 있다. 다만, 다른 법률에 따라 분쟁조정을 신청하였거나 분쟁조정이 완료된 경우는 제외한다.

② 조정위원회는 제1항에 따른 분쟁조정 신청을 받은 날부터 60일 이내에 조정안을 작성하여 분쟁당사자에게 권고하여야 한다. 다만, 부득이한 사정으로 그 기한을 연장하려는 경우에는 그 사유와 기한을 명시하고 분쟁당사자에게 통보하여야 한다.

③ 제1항에 따른 분쟁조정의 신청은 시효 중단의 효력이 있다. 다만, 그 신청이 취하되거나 제34조에 따라 조정이 거부 또는 중지된 때에는 그러하지 아니하다.(2018.10.16 본항신설)

④ 제3항 본문에 따라 중단된 시효는 다음 각 호의 어느 하나에 해당하는 때부터 새로이 진행한다.

1. 분쟁조정이 이루어져 조정서를 작성한 때
2. 분쟁조정이 이루어지지 아니하고 조정절차가 종료된 때

(2018.10.16 본항신설)

⑤ 제3항 단서의 경우에 6개월 내에 재판상의 청구, 파산절차참가, 압류 또는 가압류, 가처분을 한 때에는 시효는 최초의 분쟁조정의 신청으로 중단된 것으로 본다.(2018.10.16 본항신설)

⑥ 그 밖에 콘텐츠 관련 분쟁의 조정방법, 조정절차, 조정업무의 처리 등에 필요한 사항은 조정위원회가 정한다.(2018.10.16 본항개정)

제31조【위원의 제척·기피 및 회피】 ① 조정위원회의 위원은 다음 각 호의 어느 하나에 해당하는 사항에 대한 조정에서 제척된다.

1. 위원, 위원의 배우자 또는 위원의 배우자이었던 사람이 신청한 사항
2. 위원, 위원의 배우자 또는 위원의 배우자이었던 사람과 공동권리자 또는 공동의무자의 관계에 있는 사람이 신청한 사항
3. 위원과 친족이거나 친족이었던 사람이 신청한 사항

② 당사자는 위원이 불공정한 조정을 할 우려가 있다고 인정할 만한 상당한 이유가 있으면 그 사실을 서면으로 소명하고 기피신청을 할 수 있다.

③ 제2항의 기피신청이 있는 경우에는 조정위원회의 의결로 기피 여부를 결정하여야 한다. 이 경우 기피신청의 대상이 된 위원은 그 의결에 참여하지 못한다.

④ 위원은 제1항 각 호의 어느 하나에 해당하는 사유 또는 제2항에 따라 기피신청을 할 수 있는 사유에 해당하는 경우에는 스스로 그 사항의 조정에서 회피할 수 있다.

제32조【자료 요청 등】 ① 조정위원회는 분쟁조정에 필요한 자료를 제공할 것을 분쟁당사자, 콘텐츠사업자 또는 참고인(이하 "분쟁당사자등"이라 한다)에게 요청할 수 있다. 이 경우 해당 분쟁당사자등은 정당한 사유가 없으면 이에 응하여야 한다.

② 조정위원회는 필요하다고 인정하는 경우에는 분쟁당사자등으로 하여금 조정위원회에 출석하게 하여 그 의견을 들을 수 있다.

제33조【조정의 효력】 ① 조정위원회는 조정안을 작성한 때에는 지체 없이 각 당사자에게 제시하여야 한다.

② 제1항에 따라 조정안을 제시받은 당사자는 그 제시를 받은 날부터 5일 이내에 그 수락 여부를 조정위원회에 통보하여야 한다.

③ 당사자가 제2항에 따라 조정안을 수락하였을 때에는 조정위원회는 당사자 사이에 합의된 사항을 기재한 조정서를 작성하여야 한다.

④ 제3항에 따라 당사자가 조정안을 수락하고 조정위원회가 조정서를 작성하여 당사자에게 통보한 때에는 그 분쟁조정의 내용은 재판상 화해와 동일한 효력을 갖는다.

제34조【조정의 거부 및 중지】 ① 조정위원회는 분쟁의 성질상 조정위원회에서 조정하는 것이 적합하지 아니하다고 인정하거나 부정한 목적으로 신청되었다고 인정되는 대통령령으로 정하는 사유가 있는 경우에는 해당 조정을 거부할 수 있다. 이 경우 조정 거부의 사유 등을 신청인에게 통보하여야 한다.

② 조정위원회는 신청된 조정 사건에 대한 처리절차의 진행 중에 한쪽 당사자가 소를 제기한 경우에는 그 조정을 중지하고 그 사실을 양쪽 당사자에게 통보하여야 한다.

제35조【조정 비용 등】 ① 조정위원회는 분쟁의 조정을 신청한 자에게 대통령령으로 정하는 바에 따라 조정 비용을 부담하게 할 수 있다. 다만, 조정이 성립된 경우에는 그 결과에 따라 분쟁당사자에게 조정 비용을 분담하게 할 수 있다.

② 문화체육관광부장관은 예산의 범위에서 조정위원회의 운영에 필요한 경비를 보조할 수 있다.

제36조【비밀 유지】 조정위원회의 분쟁조정 업무에 종사하는 자 또는 종사하였던 자는 그 직무상 알게 된 비밀을 타인에게 누설하거나 직무상 목적 외의 목적으로 사용하여서는 아니 된다. 다만, 다른 법률에 특별한 규정이 있는 경우에는 그러하지 아니하다.

제7장 보칙

제37조【금지행위 등】 ① 누구든지 정당한 권한 없이 콘텐츠제작자가 상당한 노력으로 제작하여 대통령령으로 정하는 방법에 따라 콘텐츠 또는 그 포장에 제작연월일, 제작자명 및 이 법에 따라 보호받는다는 사실을 표시한 콘텐츠의 전부 또는 상당한 부분을 복제·배포·방송 또는 전송함으로써 콘텐츠제작자의 영업에 관한 이익을 침해하여서는 아니 된다. 다만, 콘텐츠를 최초로 제작한 날부터 5년이 지났을 때에는 그러하지 아니하다.

② 누구든지 정당한 권한 없이 콘텐츠제작자나 그로부터 허락을 받은 자가 제1항 본문의 침해행위를 효과적으로 방지하기 위하여 콘텐츠에 적용한 기술적보호조치를 회피·제거 또는 변경(이하 "무력화"라 한다)하는 것을 주된 목적으로 하는 기술·서비스·장치 또는 그 주요 부품을 제공·수입·제조·양도·대여 또는 전송하거나 이를 양도·대여하기 위하여 전시하는 행위를 하여서는 아니 된다. 다만, 기술적보호조치의 연구·개발을 위하여 기술적보호조치를 무력화하는 장치 또는 부품을 제조하는 경우에는 그러하지 아니하다.

③ 콘텐츠제작자가 제1항의 표시사항을 거짓으로 표시하거나 변경하여 복제·배포·방송 또는 전송한 경우에는 처음부터 표시가 없었던 것으로 본다.

제38조【손해배상 청구 등】 ① 제37조제1항 본문 및 같은 조 제2항 본문을 위반하는 행위로 인하여 자신의 영업에 관한 이익이 침해되거나 침해될 우려가 있는 자는 그 위반행위의 중지 또는 예방 및 그 위반행위로 인한 손해의 배상을 청구할 수 있다. 다만, 제37조제1항 본문을 위반하는 행위에 대하여 콘텐츠제작자가 같은 항의 표시사항을 콘텐츠에 표시하지 아니한 경우에는 그러하지 아니하다.

② 법원은 손해의 발생은 인정되나 손해액을 산정하기 곤란한 경우에는 변론의 취지 및 증거조사 결과를 고려하여 상당한 손해액을 인정할 수 있다.

제39조【벌칙 적용 시의 공무원 의제】 조정위원회의 위원과 제29조제6항에 따른 사무국의 임직원 및 이 법에 따라 위탁받은 사무에 종사하는 기관의 임직원은 「형법」 제129조부터 제132조까지의 규정에 따른 벌칙을 적용할 때에는 공무원으로 본다.

제8장 벌칙

제40조【벌칙】 ① 다음 각 호의 어느 하나에 해당하는 자는 2년 이하의 징역 또는 2천만원 이하의 벌금에 처한다.(2017.3.21 본문개정)

1. 제37조제1항 본문을 위반하여 콘텐츠제작자의 영업에 관한 이익을 침해한 자
2. 제37조제2항 본문을 위반하여 정당한 권한 없이 기술적보호조치의 무력화를 목적으로 하는 기술·서비스·장치 또는 그 주요 부품을 제공·수입·제조·양도·대여 또는 전송하거나 이를 양도·대여하기 위하여 전시하는 행위를 한 자

② 제1항의 죄는 고소가 있어야 공소를 제기할 수 있다.

제41조【벌칙】 제36조를 위반하여 직무상 알게 된 비밀을 타인에게 누설하거나 직무상 목적 외의 목적으로 그 비밀을 사용한 자는 1년 이하의 징역 또는 1천만원 이하의 벌금에 처한다.

제42조【양벌규정】 법인의 대표자나 법인 또는 개인의 대리인, 사용인, 그 밖의 종업원이 그 법인 또는 개인의 업무에 관하여 제40조의 위반행위를 하면 그 행위자를 벌하는 외에 그 법인 또는 개인에게도 해당 조문의 벌금형을 과(科)한다. 다만, 법인 또는 개인이 그 위반행위를 방지하기 위하여 해당 업무에 관하여 상당한 주의와 감독을 게을리하지 아니한 경우에는 그러하지 아니하다.

부 칙 (2018.10.16)

제1조【시행일】 이 법은 공포 후 3개월이 경과한 날부터 시행한다.

제2조【시효 중단의 효력에 관한 적용례】 제30조제3항부터 제5항까지의 개정규정은 이 법 시행 후 최초로 신청된 분쟁조정부터 적용한다.

부 칙 (2019.12.3)

이 법은 공포 후 3개월이 경과한 날부터 시행한다.

부 칙 (2022.1.18)

제1조【시행일】 이 법은 공포 후 3개월이 경과한 날부터 시행한다.

제2조【기본계획에 관한 적용례】 제5조제3항제6호의2의 개정규정은 이 법 시행 이후 정부가 기본계획을 수립하는 경우부터 적용한다.

부 칙 (2023.8.8)

이 법은 공포한 날부터 시행한다.

데이터 산업진흥 및 이용촉진에 관한 기본법(약칭 : 데이터산업법)

(2021년 10월 19일
법 률 제18475호)

제1장 총 칙

제1조【목적】 이 법은 데이터의 생산, 거래 및 활용 촉진에 관하여 필요한 사항을 정함으로써 데이터로부터 경제적 가치를 창출하고 데이터산업 발전의 기반을 조성하여 국민생활의 향상과 국민경제의 발전에 이바지함을 목적으로 한다.

제2조【정의】 이 법에서 사용하는 용어의 뜻은 다음과 같다.

1. "데이터"란 다양한 부가가치 창출을 위하여 관찰, 실험, 조사, 수집 등으로 취득하거나 정보시스템 및 「소프트웨어 진흥법」 제2조제1호에 따른 소프트웨어 등을 통하여 생성된 것으로서 광(光) 또는 전자적 방식으로 처리될 수 있는 자료 또는 정보를 말한다.
2. "공공데이터"란 「공공데이터의 제공 및 이용 활성화에 관한 법률」 제2조제2호에 따른 공공데이터를 말한다.
3. "민간데이터"란 국가기관, 지방자치단체 또는 공공기관(「지능정보화 기본법」 제2조제16호에 따른 공공기관을 말한다. 이하 같다)이 아닌 자가 생성 또는 취득하여 관리하고 있는 데이터를 말한다.
4. "데이터생산자"란 데이터의 생성·가공·제작 등과 관련된 경제활동을 하는 자를 말한다.
5. "데이터산업"이란 경제적 부가가치를 창출하기 위하여 데이터의 생산·유통·거래·활용 등 일련의 과정과 관련된 행위와 이와 관련되는 서비스를 제공하는 산업을 말한다.
6. "데이터사업자"란 데이터산업을 영위하는 자를 말한다.
7. "데이터거래사업자"란 데이터사업자 중 데이터를 직접 판매하거나 데이터를 판매하고자 하는 자와 구매하고자 하는 자 사이의 거래를 알선하는 것을 업으로 하는 자를 말한다.
8. "데이터분석제공사업자"란 데이터사업자 중 데이터를 수집·결합·가공하여 통합·분석한 정보를 제공하는 행위를 업으로 하는 자를 말한다.

제3조【국가 등의 책무】 ① 국가와 지방자치단체는 데이터 생산, 거래 및 활용 촉진을 위한 기반을 조성하기 위하여 노력하여야 한다.
② 국가와 지방자치단체는 데이터 생산, 거래 및 활용 촉진에 필요한 범위에서 데이터의 국내외 이동이 이루어질 수 있도록 할 수 있다.
③ 국가와 지방자치단체는 민간부문의 창의정신을 존중하고 시장중심의 의사형성이 가능하도록 노력하여야 한다.
④ 국가와 지방자치단체는 「지식재산 기본법」 제3조제3호에 따른 지식재산권 및 「개인정보 보호법」 제2조제1호에 따른 개인정보의 활용과 보호를 위하여 노력하여야 한다.
⑤ 국가와 지방자치단체는 데이터산업 관련 대기업과 중소기업 및 벤처기업 간의 상생협력과 조화로운 발전을 위하여 노력하여야 한다.
⑥ 국가와 지방자치단체는 데이터 생산, 거래 및 활용 촉진에 걸림돌이 되는 규제를 최소화하도록 노력하여야 한다.

제4조【기본계획】 ① 정부는 데이터 생산, 거래 및 활용을 촉진하고 데이터산업의 기반을 조성하기 위하여 3년마다 관계 중앙행정기관의 장과 협의를 거쳐 데이터산업 진흥 기본계획(이하 "기본계획"이라 한다)을 수립하여야 한다.
② 기본계획은 제6조에 따른 국가데이터정책위원회의 심의를 거쳐 확정된다.
③ 기본계획에는 다음 각 호의 사항이 포함되어야 한다. 이 경우 공공데이터의 생성, 수집, 관리, 활용 촉진에 관한 사항에 대해서는 「공공데이터의 제공 및 이용 활성화에 관한 법률」 및 「데이터기반행정 활성화에 관한 법률」에 따라 수립된 기본계획을 반영한다.

1. 데이터의 생산, 거래 및 활용 촉진을 위한 시책의 기본 방향
2. 데이터의 생산 및 보호에 관한 사항
3. 데이터 거래 촉진에 관한 사항
4. 데이터의 활용 활성화에 관한 사항
5. 데이터 전문인력의 양성에 관한 사항
6. 데이터산업의 기반 조성에 관한 사항
7. 데이터산업 관련 창업 및 성장 지원 등 데이터사업자 및 데이터 전문기업의 육성과 제31조에 따른 중소기업자에 대한 특별지원에 관한 사항
8. 데이터산업 관련 국제협력지원에 관한 사항
9. 다른 법률에 따라 수립·운영되는 데이터 관련 계획에 관한 사항
10. 그 밖에 데이터산업의 진흥을 위하여 대통령령으로 정하는 사항

④ 제1항부터 제3항까지에서 규정한 사항 외에 기본계획의 수립·추진 등에 필요한 사항은 대통령령으로 정한다.

제5조【시행계획】 ① 과학기술정보통신부장관은 기본계획에 따라 연차별 데이터산업 진흥 시행계획(이하 "시행계획"이라 한다)을 수립하여야 한다. 이 경우 공공데이터에 관한 사항에 대해서는 행정안전부장관과 협의하여야 한다.
② 시행계획은 제6조에 따른 국가데이터정책위원회의 심의를 거쳐 확정된다.
③ 과학기술정보통신부장관은 관계 중앙행정기관의 장 또는 지방자치단체의 장에게 제1항에 따른 시행계획의 수립에 필요한 자료를 요청할 수 있다.
④ 제1항부터 제3항까지에서 규정한 사항 외에 시행계획의 수립·추진 등에 필요한 사항은 대통령령으로 정한다.

제6조【국가데이터정책위원회】 ① 데이터 생산, 거래 및 활용 촉진에 관한 다음 각 호의 사항을 심의하기 위하여 국무총리 소속으로 국가데이터정책위원회(이하 이 장에서 "위원회"라 한다)를 둔다.

1. 기본계획 및 시행계획의 수립·추진에 관한 사항
2. 데이터 생산, 거래 및 활용과 관련된 정책 및 제도 개선에 관한 사항
3. 데이터산업 진흥 정책 및 다른 법률에 따라 수립·운영되는 데이터산업 진흥 관련 계획의 총괄 및 조정에 관한 사항
4. 기본계획 및 시행계획의 주요 시책에 대한 집행실적의 평가 및 점검에 관한 사항
5. 그 밖에 위원장이 필요하다고 인정하는 사항

② 위원회는 위원장 1명을 포함한 30명 이내의 위원으로 구성한다.
③ 위원장은 국무총리가 되고, 위원은 다음 각 호의 사람으로 한다.

1. 기획재정부장관·교육부장관·과학기술정보통신부장관·행정안전부장관·문화체육관광부장관·산업통상자원부장관·보건복지부장관·고용노동부장관·국토교통부장관·중소벤처기업부장관·방송통신위원회 위원장·공정거래위원회 위원장·금융위원회 위원장·개인정보보호위원회 위원장
2. 데이터산업에 관한 전문지식과 경험이 풍부한 사람 중에서 위원장이 위촉하는 사람

④ 제3항제2호에 따른 위원의 임기는 2년으로 하고, 한 차례만 연임할 수 있다.
⑤ 위원회에 간사위원 2명을 두되, 간사위원은 과학기술정보통신부장관과 행정안전부장관이 된다.
⑥ 위원회의 활동을 지원하고 행정사무를 처리하기 위하여 과학기술정보통신부에 사무국을 둘 수 있다.
⑦ 제1항부터 제6항까지에서 규정한 사항 외에 위원회와 사무국의 구성 및 운영에 필요한 사항은 대통령령으로 정한다.

제7조【다른 법률과의 관계】 ① 데이터 생산, 거래 및 활용 촉진에 관하여 다른 법률에 특별한 규정이 있는 경우를 제외하고는 이 법으로 정하는 바에 따른다.
② 개인정보, 저작권 및 공공데이터에 관하여는 각각 「개인정보 보호법」, 「저작권법」, 「공공데이터의 제공 및 이용 활성화에 관한 법률」 등 다른 법률에서 정하는 바에 따른다.

제8조【재원의 확보】 정부는 데이터 생산, 거래 및 활용 촉진과 데이터산업의 진흥에 필요한 재원 마련을 위하여 노력하여야 한다.

제2장 데이터 생산·활용 및 보호

제9조【데이터의 생산 활성화】 ① 정부는 다양한 분야와 형태의 데이터와 데이터상품이 생산될 수 있는 환경을 조성하여야 하며, 데이터생산자의 전문성을 높이고 경쟁력을 강화하기 위한 시책을 마련하여야 한다.
② 정부는 데이터생산자에게 데이터 생산에 필요한 재정적·기술적 지원을 할 수 있다.
③ 정부는 인력·시설·자재·자금 및 정보 등의 공동활용을 통한 데이터 또는 데이터상품의 개발·연구를 촉진할 수 있는 제도적 기반을 구축하기 위하여 노력하여야 한다.
④ 관계 중앙행정기관의 장은 대통령령으로 정하는 바에 따라 제1항에 따라 마련된 분야별·형태별 데이터 생산 활성화 시책을 시행계획에 반영하여야 한다.

제10조【데이터 결합 촉진】 ① 과학기술정보통신부장관과 행정안전부장관은 데이터 간의 결합을 통해 새로운 데이터의 생산을 촉진하기 위하여 산업 간의 교류 및 다른 분야와의 융합기반 구축 등에 필요한 시책을 마련하여 추진하여야 한다.
② 과학기술정보통신부장관과 행정안전부장관은 공공데이터와 민간데이터의 결합 촉진을 위한 교류 및 협력 방안 등을 마련하여야 한다.
③ 과학기술정보통신부장관은 제1항 및 제2항에 따른 데이터 결합을 촉진하기 위하여 다음 각 호의 사항을 지원할 수 있다.

1. 국내외 연구기관·대학 및 기업 간의 연계 교육 프로그램의 개발과 시행
2. 산업 간 데이터 전문인력의 교류 활성화
3. 결합 데이터의 거래·활용을 위한 사업
4. 관련 사업을 실시하는 자에 대한 자금
5. 그 밖에 데이터 결합 및 융합 활성화에 필요한 사항

④ 제1항에 따른 시책 마련 및 추진의 내용, 제2항에 따른 교류 및 협력 방안, 제3항에 따른 지원 등에 필요한 사항은 대통령령으로 정한다.

제11조【데이터안심구역 지정】 ① 과학기술정보통신부장관과 관계 중앙행정기관의 장은 누구든지 데이터를 안전하게 분석·활용할 수 있는 구역(이하 "데이터안심구역"이라 한다)을 지정하여 운영할 수 있다.
② 과학기술정보통신부장관과 중앙행정기관의 장은 데이터안심구역 이용을 지원하기 위하여 미개방데이터, 분석 시스템 및 도구 등을 지원할 수 있다.
③ 과학기술정보통신부장관과 관계 중앙행정기관의 장은 제2항에 따른 미개방데이터 지원을 위하여 필요한 경우에는 정부 및 지방자치단체, 공공기관, 민간법인 등에 데이터 제공을 요청할 수 있다.
④ 과학기술정보통신부장관과 중앙행정기관의 장은 제3항에 따른 데이터 제공에 필요한 기술적·재정적 지원을 할 수 있다.
⑤ 과학기술정보통신부장관과 관계 중앙행정기관의 장은 데이터안심구역에 대한 제3자의 불법적인 접근, 데이터의 변경·훼손·유출 및 파괴, 그 밖의 위험에 대하여 대통령령으로 정하는 바에 따라 기술적·물리적·관리적 보안대책을 수립·시행하여야 한다.
⑥ 제1항부터 제5항까지에서 규정한 사항 외에 데이터안심구역의 지정 및 운영 등에 필요한 사항은 대통령령으로 정한다.

제12조【데이터자산의 보호】 ① 데이터생산자가 인적 또는 물적으로 상당한 투자와 노력으로 생성한 경제적 가치를 가지는 데이터(이하 "데이터자산"이라 한다)는 보호되어야 한다.
② 누구든지 제1항에 따른 데이터자산을 공정한 상거래 관행이나 경쟁질서에 반하는 방법으로 무단 취득·사용·공개하거나 이를 타인에게 제공하는 행위, 정당한 권한 없이 데이터자산에 적용한 기술적 보호조치를 회피·제거 또는 변경하는 행위 등 데이터자산을 부정하게 사용하여 데이터생산자의 경제적 이익을 침해하여서는 아니 된다.
③ 제2항에 따른 데이터자산의 부정사용 등 행위에 관한 사항은 「부정경쟁방지 및 영업비밀보호에 관한 법률」에서 정한 바에 따른다.

제13조【데이터를 활용한 정보분석 지원】 ① 정부는 데이터 기반의 정보분석을 활성화하기 위하여 데이터의 수집, 가공 등 정보분석에 필요한 사업을 지원할 수 있다.
② 정보분석을 위하여 데이터를 이용하는 경우에 그 데이터에 포함된 「저작권법」 제2조제7호에 따른 저작물등의 보호와 이용에 관하여는 같은 법에서 정하는 바에 따른다.

제3장 데이터 이용 활성화

제14조【가치평가 지원 등】 ① 과학기술정보통신부장관은 데이터에 대한 객관적인 가치평가를 촉진하기 위하여 데이터(공공데이터는 제외한다. 이하 이 조에서 같다) 가치의 평가 기법 및 평가 체계를 수립하여 이를 공표할 수 있다.
② 과학기술정보통신부장관은 제1항에 따른 평가 기법 및 평가 체계가 데이터 관련 거래·금융 등에 활용될 수 있도록 지원하여야 한다.
③ 과학기술정보통신부장관은 유통되는 데이터에 대한 가치평가를 전문적·효율적으로 하기 위하여 가치평가 기관(이하 "평가기관"이라 한다)을 지정할 수 있다.
④ 데이터에 관한 가치평가를 받으려는 자는 제3항에 따라 지정된 평가기관에 신청할 수 있다.
⑤ 제4항에 따라 가치평가 신청을 받은 평가기관은 데이터에 대하여 가치평가를 하고 그 결과를 신청한 자에게 지체 없이 통보하여야 한다.
⑥ 평가기관은 경영·영업상 비밀의 유지 등 대통령령으로 정하는 특별한 사유가 있는 경우 외에는 해당 연도의 가치평가 정보를 다음 연도 1월 말까지 과학기술정보통신부장관에게 통보하여야 한다.
⑦ 평가기관의 장은 다음 각 호의 사항에 관하여 과학기술정보통신부장관과 협의하여야 한다.

1. 평가 대상
2. 평가 범위
3. 평가 수수료

⑧ 평가기관의 지정기준·지정절차, 가치평가의 신청절차 등에 관하여 필요한 사항은 대통령령으로 정한다.

제15조【데이터 이동의 촉진】 정부는 데이터의 생산, 거래 및 활용 촉진을 위하여 데이터를 컴퓨터 등 정보처리장치가 처리할 수 있는 형태로 본인 또는 제3자에게 원활하게 이동시킬 수 있는 제도적 기반을 구축하도록 노력하여야 한다.

제16조【데이터사업자의 신고】 ① 다음 각 호의 사업자는 과학기술정보통신부장관에게 신고하여야 한다. 신고한 사항을 변경하는 경우에도 또한 같다.

1. 데이터거래사업자
2. 데이터분석제공사업자

② 과학기술정보통신부장관 및 관계 중앙행정기관의 장은 제1항에 따라 신고한 사업자에 대하여 필요한 재정적·기술적 지원 등을 할 수 있다.

③ 제1항에 따른 신고 기준 및 절차 등에 관하여 필요한 사항은 과학기술정보통신부령으로 정한다.

제17조【공정한 유통환경 조성 등】 ① 과학기술정보통신부장관은 데이터를 거래함에 있어서 대기업과 중소기업 간의 공정한 경쟁 환경을 조성하고 상호 협력을 촉진하여야 한다.

② 데이터사업자 중 대통령령으로 정하는 자는 합리적인 이유 없이 데이터에 관한 지식재산권의 일방적인 양도 요구 등 그 지위를 이용하여 불공정한 계약을 강요하거나 부당한 이득을 취득하여서는 아니 된다.

③ 과학기술정보통신부장관은 데이터사업자가 제2항을 위반하는 행위를 한다고 인정할 때에는 관계 기관의 장에게 필요한 조치를 할 것을 요청할 수 있다.

④ 과학기술정보통신부장관은 데이터 거래 시장의 공정한 경쟁 환경을 조성하기 위하여 다음 각 호의 사업을 할 수 있다.

1. 데이터 거래 시장에 관한 현황 분석 및 평가
2. 데이터 거래 관련 사업자 등이 참여하는 협의체의 구성 및 운영
3. 표준계약서 사용에 관한 실태조사
4. 그 밖에 공정한 경쟁 환경을 조성하기 위하여 필요한 사업

제4장 데이터 유통·거래 촉진

제18조【데이터 유통 및 거래 체계 구축】 ① 과학기술정보통신부장관은 데이터 유통 및 거래를 활성화하기 위하여 데이터 유통 및 거래 체계를 구축하고, 데이터 유통 및 거래 기반 조성을 위하여 필요한 지원을 할 수 있다.

② 과학기술정보통신부장관은 데이터 유통과 거래를 촉진하기 위하여 데이터유통시스템을 구축·운영할 수 있다.

③ 제1항에 따른 데이터 유통 및 거래 기반 조성 지원을 위하여 필요한 방법 및 기준과 제2항에 따른 데이터유통시스템의 운영 등에 필요한 사항은 대통령령으로 정한다.

제19조【데이터 플랫폼에 대한 지원】 ① 정부는 데이터의 수집·가공·분석·유통 및 데이터에 기반한 서비스를 제공하는 플랫폼을 지원하는 사업을 할 수 있다.

② 제1항에 따른 지원사업의 방법, 내용, 범위 등 필요한 내용은 대통령령으로 정한다.

제20조【데이터 품질관리 등】 ① 과학기술정보통신부장관은 데이터의 품질향상을 위하여 행정안전부장관과 협의하여 품질인증 등 품질관리에 필요한 사업을 추진할 수 있다.

② 과학기술정보통신부장관은 제1항에 따라 품질관리에 필요한 사업을 실시하는 자에게 소요되는 자금의 전부 또는 일부를 지원할 수 있다.

③ 과학기술정보통신부장관은 제1항에 따른 데이터 품질인증을 실시하기 위하여 인증기관을 지정할 수 있다.

④ 제3항에 따라 지정받은 인증기관은 데이터 품질인증 신청을 받은 경우 대통령령으로 정하는 품질기준 등에 따라 품질인증을 하여야 한다.

⑤ 제1항부터 제4항까지에서 규정한 사항 외에 품질인증의 대상, 인증기관의 지정 요건, 품질기준 및 품질관리 등에 필요한 사항은 대통령령으로 정한다.

제21조【표준계약서】 ① 과학기술정보통신부장관은 데이터의 합리적 유통 및 공정한 거래를 위하여 공정거래위원회와 협의를 거쳐 표준계약서를 마련하고, 데이터사업자에게 그 사용을 권고할 수 있다.

② 과학기술정보통신부장관은 제1항에 따른 표준계약서를 제정 또는 개정하는 경우에는 관련 사업자단체 등 이해관계자와 전문가의 의견을 들어야 한다.

제22조【자료 제출 요청】 과학기술정보통신부장관 및 관계 중앙행정기관의 장은 데이터산업의 진흥을 위하여 데이터거래사업자, 데이터분석제공사업자에게 기술인력, 사업 수행실적 등의 자료 제출을 요청할 수 있다.

제23조【데이터거래사 양성 지원】 ① 데이터 거래에 관한 전문지식이 있는 사람은 과학기술정보통신부장관에게 데이터거래사로 등록할 수 있다.

② 제1항에 따라 데이터거래사로 등록하려는 사람은 대통령령으로 정하는 데이터 거래의 경력 및 자격 등의 기준을 갖추어 대통령령으로 정하는 교육을 받아야 한다.

③ 제1항에 따라 등록한 사람은 데이터 거래에 관한 전문적인 상담·자문·지도 업무 및 데이터 거래의 중개·알선 등 데이터 거래 등을 지원하는 업무를 수행한다.

④ 과학기술정보통신부장관은 데이터거래사가 다음 각 호의 어느 하나에 해당하면 그 등록을 취소할 수 있다. 다만, 제1호에 해당하면 그 등록을 취소하여야 한다.

1. 거짓이나 그 밖의 부정한 방법으로 등록을 한 경우
2. 거짓이나 그 밖의 부정한 방법으로 제3항에 따른 업무를 수행한 경우
3. 다른 사람으로 하여금 자기의 등록 명의를 사용하게 한 경우

⑤ 과학기술정보통신부장관은 제25조에 따른 데이터 전문인력 양성 시책에 수반하여 데이터거래사에게 데이터 거래 업무의 수행에 필요한 정보 제공 및 교육 등 필요한 지원을 할 수 있다.

제5장 데이터산업의 기반 조성

제24조【창업 등의 지원】 ① 정부는 데이터 기반 산업을 활성화하고 기업의 데이터 생산, 거래 및 활용에 관한 역량을 강화하기 위하여 다음 각 호의 지원을 할 수 있다.

1. 데이터 기반 상품·서비스의 개발을 위한 추진과제의 발굴·실행 및 테스트베드의 운영
2. 데이터 기반 기업의 기술역량 강화를 위한 교육 프로그램의 실행
3. 데이터산업 투자생태계 활성화를 위한 지원
4. 데이터 관련 분야 예비창업자, 창업자 또는 기업을 위한 상담과 관련된 사무의 지원
5. 데이터 기반의 우수한 아이디어의 발굴 및 사업화 지원
6. 그 밖에 대통령령으로 정하는 사항

② 정부는 데이터의 생산, 거래 및 활용 등과 관련한 기술을 보유한 데이터 전문기업의 육성을 위하여 노력하여야 한다.

제25조【전문인력의 양성】 ① 과학기술정보통신부장관과 행정안전부장관은 데이터 전문인력을 양성하기 위하여 다음 각 호의 사항의 시책을 마련하여야 한다.

1. 데이터 전문인력 양성을 위한 정책의 기본방향 및 전문인력의 활용 방안
2. 데이터 전문인력 교육·훈련 프로그램의 개발 및 활용에 관한 방안
3. 데이터 전문인력의 양성을 위한 학계, 산업계 및 공공기관과의 협력 방안
4. 데이터 전문인력의 고용창출 및 고용연계 지원 방안
5. 데이터 관련 직무표준의 마련 및 자격·신직종의 정착 지원 방안

② 과학기술정보통신부장관과 행정안전부장관은 제1항의 시책에 따라 실시하는 교육 및 훈련이 「자격기본법」 제6조의 자격체제에 부합하도록 노력하여야 한다.

③ 과학기술정보통신부장관은 대통령령으로 정하는 바에 따라 대학·연구기관 그 밖의 전문기관을 데이터 전문인력 양성기관으로 지정하고, 교육 및 훈련에 필요한 사항을 지원할 수 있다.

④ 제3항에 따라 지정된 양성기관이 실시하는 데이터 전문인력 양성 교육 및 훈련이 「국민 평생 직업능력 개발법」에 따른 직업능력개발훈련에 해당하는 경우 국가는 관련 법에 따라 훈련비용을 지원한다.

⑤ 제3항에 따른 양성기관의 지정, 운영 및 지정 취소 등에 필요한 사항은 대통령령으로 정한다.

제26조【기술개발의 촉진 및 시범사업 지원】 ① 과학기술정보통신부장관은 데이터의 생산·거래 및 활용에 관한 기술개발의 추진과 관련하여 민간 부문의 데이터 관련 기술 연구개발을 활성화하고 연구개발투자의 확대를 유도하기 위한 지원시책을 세우고 추진하여야 한다.

② 제1항에 따른 시책에는 다음 각 호에 관한 사항이 포함되어야 한다.

1. 기술의 발전목표 및 산업에의 적용 방안
2. 기술개발 촉진을 위한 투자 재원의 확보
3. 기술개발을 위한 연구개발사업의 추진과 산업계·학계·공공기관 간의 협동연구 및 학제 간 연구의 촉진 방안
4. 기술 연구인력·시설 및 정보 등 연구기반의 확충
5. 국제협력의 촉진
6. 연구성과의 확산 및 기술이전

제27조【실태조사】 ① 과학기술정보통신부장관은 데이터 거래 및 활용 기반 산업을 촉진하고, 이 법에 따른 시책 및 계획을 효율적으로 수립·추진하기 위하여 매년 데이터 산업 기반 및 데이터 대상 거래 현황 및 실태에 대한 조사를 실시하고 그 결과를 공표할 수 있다.

② 과학기술정보통신부장관은 제1항의 실태조사를 위하여 필요한 때에는 관계 중앙행정기관의 장, 지방자치단체의 장 또는 공공기관의 장에게 관련 자료(공공데이터에 관한 사항은 제외한다)를 요청할 수 있다. 이 경우 자료를 요청받은 관계 중앙행정기관의 장 등은 특별한 사정이 없으면 요청에 따라야 한다.

③ 과학기술정보통신부장관은 데이터사업자나 그 밖의 관련 기관 또는 단체에 대하여 제1항의 실태조사를 위하여 필요한 사항에 대한 협조를 요청할 수 있다.

④ 과학기술정보통신부장관은 대통령령으로 정하는 전문기관에 제1항에 따른 실태조사를 의뢰할 수 있다.

⑤ 제1항에 따른 실태조사의 범위와 방법 및 그 밖에 필요한 사항은 대통령령으로 정한다.

제28조【표준화의 추진】 ① 과학기술정보통신부장관은 행정안전부장관과 협의하여 데이터의 호환성을 확보함으로써 각종 상품과 서비스에서의 데이터의 결합, 거래 및 활용을 촉진하기 위하여 다음 각 호의 사항에 대한 표준화 기준을 마련하여 고시할 수 있다. 다만, 「산업표준화법」에 따른 한국산업표준이 제정되어 있는 사항에 대하여는 그 표준에 따르며, 한국산업표준의 제정·개정 등을 추진할 경우에는 같은 법에서 정하는 바에 따른다.

1. 데이터의 저장 형태 및 이전 방식
2. 데이터의 분류 체계
3. 그 밖에 데이터의 결합, 거래 및 활용을 위하여 필요한 사항

② 과학기술정보통신부장관은 데이터의 표준화를 위한 조사·연구·개발, 국제표준화기구와의 협력체계 구축 등 데이터 표준화에 필요한 사업을 추진할 수 있다.

제29조【국제협력 촉진】 과학기술정보통신부장관은 데이터산업의 국제적인 동향을 파악하고 외국정부, 국제기구 또는 외국의 기업·단체와의 국제협력을 촉진하여야 한다.

제30조【세제지원 등】 ① 국가 또는 지방자치단체는 데이터산업의 촉진을 위하여 관련 사업의 수행과 관련한 국세 또는 지방세를 「조세특례제한법」, 「지방세특례제한법」 및 그 밖에 조세 관계 법률 및 조례로 정하는 바에 따라 감면할 수 있다.

② 국가 또는 지방자치단체는 이 법의 목적을 달성하기 위하여 필요하면 대통령령으로 정하는 경우에 한정하여 데이터사업자에게 보조금을 지급하거나 장기대부를 할 수 있다.

③ 과학기술정보통신부장관은 제1항 및 제2항의 조치와 관련하여 행정상 필요한 지원을 할 수 있다.

제31조【중소기업자에 대한 특별지원】 ① 이 법에 따라 데이터산업과 관련한 각종 지원시책을 시행할 때에는 「중소기업기본법」 제2조의 중소기업자(이하 이 조에서 "중소기업자"라 한다)를 우선 고려하여야 한다.

② 정부는 데이터산업에 대한 중소기업자의 참여 활성화를 위하여 노력하여야 하며, 이와 관련한 사항을 시행계획에 반영하여야 한다.

③ 과학기술정보통신부장관은 데이터산업의 진흥을 위하여 중소기업자에게 데이터의 거래 및 가공 등에 필요한 비용의 일부를 지원하는 사업을 할 수 있다.

④ 정부는 중소기업자인 데이터사업자에 대하여 경영·기술·재무·회계·인사 등의 개선을 위한 컨설팅 지원을 할 수 있다.

제32조【전문기관의 지정·운영】 ① 정부는 데이터산업 전반의 기반 조성 및 관련 산업의 육성을 효율적으로 지원하기 위하여 필요한 때에는 그 업무를 전문적으로 수행할 기관(이하 이 조에서 "전문기관"이라 한다)을 지정할 수 있다.

② 전문기관은 이 법 또는 다른 법령에서 전문기관의 업무로 정하거나 전문기관에 위탁한 사업과 데이터 유통·활용 촉진 및 산업 기반 조성에 필요한 사업을 할 수 있다.

③ 정부는 데이터산업 전반의 기반 조성 및 관련 산업의 육성과 관련된 업무를 수행하는 데 필요한 자금의 전부 또는 일부를 전문기관에 출연하거나 융자 등을 할 수 있다.

④ 전문기관의 지정 및 운영 등에 관하여 필요한 사항은 대통령령으로 정한다.

제33조【협회의 설립】 ① 데이터사업자는 데이터산업 관련 업무 개선, 기술개발 협력 및 데이터 거래 및 활용 문화의 발전 등을 위하여 대통령령으로 정하는 바에 따라 과학기술정보통신부장관의 인가를 받아 협회를 설립할 수 있다.

② 협회는 법인으로 하며, 협회에 관하여 이 법에서 규정한 것을 제외하고는 「민법」 중 사단법인에 관한 규정을 준용한다.

③ 협회 회원의 자격과 임원에 관한 사항, 협회의 업무 등은 정관으로 정하며, 그 밖에 정관에 포함하여야 할 사항은 대통령령으로 정한다.

④ 과학기술정보통신부장관은 제1항에 따른 인가를 하였을 때에는 그 사실을 공고하여야 하며, 대통령령으로 정하는 바에 따라 이 법이 정하는 업무의 일부를 협회에 위탁할 수 있다.

제6장 분쟁조정

제34조【데이터분쟁조정위원회 설치 및 구성】 ① 데이터 생산, 거래 및 활용에 관한 분쟁을 조정하기 위하여 데이터분쟁조정위원회(이하 이 장에서 "위원회"라 한다)를 둔다. 다만, 공공데이터의 제공거부 및 제공중단과 관련한 분쟁은 「공공데이터의 제공 및 이용 활성화에 관한 법률」 및 「데이터기반행정 활성화에 관한 법률」에 따르고, 개인정보와 관련한 분쟁은 「개인정보 보호법」에 따르며, 저작권에 관련한 분쟁은 「저작권법」에 따른다.

② 위원회는 위원장 1명을 포함하여 15명 이상 50명 이하의 위원으로 구성한다.

③ 위원은 다음 각 호의 어느 하나에 해당하는 사람 중에서 과학기술정보통신부장관이 임명하거나 위촉하며, 위원장은 위원 중에서 호선(互選)한다.

1. 대학이나 공인된 연구기관에서 부교수급 이상 또는 이에 상당하는 직(職)에 있거나 있었던 사람으로서 데이터 생산, 거래 및 활용 관련 분야를 전공한 사람
2. 4급 이상 공무원(고위공무원단에 속하는 일반직공무원을 포함한다) 또는 이에 상당하는 공공기관의 직에 있거나 있었던 사람으로서 데이터 생산, 거래 및 활용 관련 업무에 관한 경험이 있는 사람
3. 판사·검사 또는 변호사의 자격이 있는 사람
4. 「비영리민간단체 지원법」 제2조에 따른 비영리민간단체 중 데이터 분야와 관련된 단체로부터 추천을 받은 사람

5. 그 밖에 데이터 생산, 거래 및 활용과 분쟁조정에 관한 학식과 경험이 있는 사람
④ 위원은 비상임으로 하고, 위원의 임기는 3년으로 하며, 한 차례만 연임할 수 있다.
⑤ 위원은 다음 각 호의 어느 하나에 해당하는 경우를 제외하고는 그의 의사에 반하여 면직되거나 해촉되지 아니한다.
1. 자격정지 이상의 형을 선고받은 경우
2. 심신장애로 인하여 직무를 수행할 수 없게 된 경우
3. 직무와 관련된 비위사실이 있는 경우
4. 직무태만이나 품위손상으로 인하여 위원으로 적합하지 아니하다고 인정되는 경우
5. 제36조제1항 각 호의 어느 하나 또는 같은 조 제2항 전단에 해당하는 데에도 불구하고 회피하지 아니한 경우
⑥ 위원회의 업무를 지원하기 위하여 필요한 경우 사무국을 둘 수 있다.
⑦ 제1항부터 제6항까지에서 규정한 사항 외에 위원회의 구성 및 운영 등에 필요한 사항은 대통령령으로 정한다.
제35조【분쟁의 조정】 ① 데이터 생산, 거래 및 활용과 관련한 피해의 구제와 분쟁의 조정을 받으려는 자는 위원회에 분쟁의 조정을 신청할 수 있다. 다만, 다른 법률에 따라 분쟁조정이 완료된 경우는 제외한다.
② 조정은 3명 이내의 위원으로 구성된 조정부(이하 "조정부"라 한다)에서 행한다. 다만, 위원회에서 조정하기로 의결한 사건의 경우에는 위원회에서 행한다.
③ 조정부의 위원은 사건마다 각각 위원회의 위원 중에서 위원장이 지명하되, 제34조제3항제3호에 해당하는 사람이 1명 이상 포함되어야 한다.
④ 위원회 또는 조정부는 제1항에 따른 분쟁조정 신청을 받은 날부터 45일 이내에 조정안을 작성하여 분쟁당사자(이하 "당사자"라 한다)에게 권고하여야 한다. 다만, 부득이한 사정으로 그 기한을 연장하려는 경우에는 그 사유와 기한을 명시하여 당사자에게 통지하여야 한다.
⑤ 제4항에 따른 조정안에는 신청취지에 반하지 아니하는 범위에서 원상회복, 손해배상 및 그 밖에 피해의 구제를 위하여 필요한 조치사항을 포함할 수 있다.
⑥ 제4항 본문에 따른 권고를 받은 당사자는 권고를 받은 날부터 15일 이내에 조정안에 대한 동의 여부를 위원회 또는 조정부에 알려야 한다. 이 경우 15일 이내에 의사표시가 없는 때에는 거부한 것으로 본다.
⑦ 제1항부터 제6항까지에서 규정한 사항 외에 조정절차에 관하여 필요한 사항은 대통령령으로 정한다.
제36조【위원의 제척·기피 및 회피】 ① 위원회의 위원은 다음 각 호의 어느 하나에 해당하는 경우에는 해당 조정사건의 조정에서 제척(除斥)된다.
1. 위원이나 그 배우자 또는 배우자였던 사람이 사건의 당사자가 되거나 사건의 당사자와 공동권리자·공동의무자의 관계에 있는 경우
2. 위원이 사건의 당사자와 친족이거나 친족이었던 경우
3. 위원이 해당 사건에 관하여 증언이나 감정(鑑定)을 한 경우
4. 위원이 해당 사건에 관하여 당사자의 대리인으로서 관여하거나 관여하였던 경우
② 당사자는 위원에게 공정한 조정을 기대하기 어려운 사정이 있는 경우에는 위원회에 기피신청을 할 수 있고, 위원회는 의결로 이를 결정한다. 이 경우 기피신청의 대상인 위원은 그 의결에 참여하지 못한다.
③ 위원이 제1항이나 제2항의 사유에 해당하는 경우에는 스스로 해당 사건의 조정을 회피하여야 한다.
제37조【자료의 요청 등】 ① 위원회는 분쟁조정을 위하여 필요한 자료의 제공을 당사자 또는 참고인에게 요청할 수 있다. 이 경우 해당 당사자는 정당한 사유가 없으면 요청에 따라야 한다.
② 위원회는 필요하다고 인정하는 경우에는 당사자 또는 참고인으로 하여금 위원회에 출석하게 하여 그 의견을 들을 수 있다.
제38조【조정의 효력】 ① 조정은 다음 각 호의 어느 하나의 경우에 성립한다.
1. 제35조제4항에 따른 조정안에 대하여 당사자가 동의한 경우
2. 당사자가 위원회에 조정합의서를 제출한 경우
② 위원회는 제1항에 따라 조정이 성립한 경우에는 위원회의 위원장과 각 당사자가 기명·날인한 조정조서를 당사자에게 보내야 한다.
③ 제2항에 따른 조정조서는 「민사소송법」에 따른 재판상 화해와 동일한 효력을 갖는다.
④ 위원회는 다음 각 호의 어느 하나에 해당하는 경우에는 조정이 성립하지 아니하였음을 당사자에게 통지하여야 한다.
1. 분쟁조정의 신청이 취하되거나 당사자 어느 한 쪽이 분쟁의 조정에 응하지 아니하는 경우
2. 당사자가 위원회의 조정안을 거부한 경우
제39조【조정의 거부 및 중지】 ① 위원회는 다음 각 호의 어느 하나에 해당하는 경우에는 조정을 거부할 수 있다.
1. 다른 법률에 따라 분쟁조정이 완료된 경우
2. 사건의 성질상 위원회에서 조정하는 것이 적합하지 아니하다고 인정되는 경우
3. 부정한 목적으로 분쟁의 조정을 신청한 것으로 인정되는 경우
② 위원회는 분쟁의 조정이 끝나기 전에 당사자가 소(訴)를 제기한 경우에는 조정을 중지할 수 있다.
③ 위원회는 제1항 및 제2항에 따라 조정을 거부하거나 중지하는 경우에는 그 사실과 사유를 당사자에게 통지하여야 한다.
제40조【조정의 비용 등】 ① 위원회는 분쟁의 조정을 신청한 자에게 대통령령으로 정하는 바에 따라 조정비용을 부담하게 할 수 있다. 다만, 조정이 성립된 경우에는 그 결과에 따라 당사자에게 조정비용을 분담하게 할 수 있다.
② 정부는 예산의 범위에서 위원회의 운영에 필요한 경비를 출연할 수 있다.
제41조【비밀 유지】 위원회의 분쟁조정 업무에 종사하는 자 또는 종사하였던 자는 그 직무상 알게 된 비밀을 타인에게 누설하거나 직무상 목적 외의 용도로 사용하여서는 아니 된다. 다만, 다른 법률에 특별한 규정이 있는 경우에는 그러하지 아니하다.

제7장 보 칙

제42조【손해배상청구 등】 ① 이 법을 위반하는 행위로 인하여 자신의 영업에 관한 이익이 침해되어 손해를 입은 자는 그 위반행위를 한 자에 대하여 위반행위로 인한 손해의 배상을 청구할 수 있다. 이 경우 그 위반행위를 한 자는 고의 또는 과실이 없음을 입증하지 아니하면 책임을 면할 수 없다.
② 법원은 이 법을 위반한 행위에 관한 소송에서 손해의 발생은 인정되나 손해액을 산정하기 곤란한 경우에는 변론의 취지 및 증거조사 결과를 고려하여 상당한 손해액을 인정할 수 있다.
제43조【손해배상의 보장】 데이터사업자는 제42조에 따른 손해배상책임의 이행을 위하여 보험 또는 공제에 가입하거나 준비금을 적립하는 등 필요한 조치를 할 수 있다.
제44조【시정권고】 과학기술정보통신부장관은 이 법을 위반한 데이터사업자에게 해당 위반행위의 중지나 시정을 위하여 필요한 시정을 권고할 수 있다.
제45조【벌칙 적용에서 공무원 의제】 다음 각 호의 어느 하나에 해당하는 사람은 「형법」 제129조부터 제132조까지의 규정에 따른 벌칙을 적용할 때에는 공무원으로 본다.
1. 제32조에 따른 전문기관의 임직원
2. 데이터분쟁조정위원회의 위원과 제34조제6항에 따른 사무국의 임직원
3. 이 법에 따라 위탁받은 사무에 종사하는 기관 또는 단체의 임직원
제46조【권한의 위임·위탁】 ① 이 법에 따른 과학기술정보통신부장관의 권한은 그 일부를 대통령령으로 정하는 바에 따라 그 소속 기관의 장에게 위임할 수 있다.
② 이 법에 따른 과학기술정보통신부장관의 권한은 그 일부를 대통령령으로 정하는 바에 따라 데이터 생산, 거래 및 활용에 전문성이 있다고 인정되어 과학기술정보통신부장관이 고시하는 기관 또는 단체에 위탁할 수 있다.

제8장 벌 칙

제47조【벌칙】 제41조를 위반하여 직무상 알게 된 비밀을 타인에게 누설하거나 직무상 목적 외의 목적으로 그 비밀을 사용한 자는 1년 이하의 징역 또는 1천만원 이하의 벌금에 처한다.
제48조【과태료】 ① 제20조제4항에 따른 품질인증을 받지 아니하고 품질인증의 표시 또는 이와 유사한 표시를 한 자에게는 3천만원 이하의 과태료를 부과한다.
② 제1항에 따른 과태료는 대통령령으로 정하는 바에 따라 과학기술정보통신부장관이 부과·징수한다.

부 칙

이 법은 공포 후 6개월이 경과한 날부터 시행한다.

전파법

(2000년 1월 21일
전개법률 제6197호)

개정
2000.12.29법 6315호(품질경영및공산품안전관리법)
2003. 5.29법 6893호(소방기본법)
2003. 5.29법 6909호(의료기기법)
2004.12.30법 7264호
2004.12.30법 7265호(정보화촉진기본법)
2005. 3.31법 7441호(전기용품안전관리법)
2005. 5.31법 7559호
2005.12.29법 7796호(국가공무원)
2005.12.30법 7815호　2006.12.26법 8091호
2007. 1. 3법 8199호
2007. 1. 3법 8221호(선박안전법)
2007. 5.25법 8486호(산업표준화법)
2007.12.21법 8770호(전기용품안전관리법)
2007.12.21법 8776호
2008. 2.29법 8867호(방송통신위원회의설치및운영에관한법)
2008. 6.13법 9128호　2009. 2. 6법 9455호
2009. 3.13법 9482호
2009. 3.25법 9535호(전기용품안전관리법)
2009. 6. 9법 9773호(항만법)
2009. 6. 9법 9780호(항공법)
2010. 3.22법10166호(전기통신사업법)
2010. 7.23법10393호
2011. 4. 7법10564호(의료기기법)
2011. 8. 4법11037호(소방시설설치·유지및안전관리에관한법)
2012. 5.23법11451호　2013. 3.23법11712호
2014. 6. 3법12726호　2015. 1.20법13012호
2015. 3.27법13233호　2015.12. 1법13519호
2015.12.22법13588호
2016. 1.27법13859호(전기용품및생활용품안전관리법)
2016. 3.29법14116호(항공안전법)
2017. 3.14법14578호
2017. 7.26법14839호(정부조직)
2018. 2.21법15373호
2018.12.24법16019호(전기통신사업법)
2019.12.10법16756호
2020. 6. 9법17347호(법률용어정비)
2020. 6. 9법17355호　2021. 6. 8법18199호
2021.10.19법18480호
2021.11.30법18522호(소방시설설치및관리에관한법)
2022. 6.10법18957호(수상레저기구의등록및검사에관한법)
2024. 1.23법20067호→2024년 7월 24일 시행
2024. 1.26법20144호(우주항공청의설치및운영에관한특별법)

제1장 총 칙

제1조【목적】 이 법은 전파의 효율적이고 안전한 이용 및 관리에 관한 사항을 정하여 전파이용과 전파에 관한 기술의 개발을 촉진함으로써 전파 관련 분야의 진흥과 공공복리의 증진에 이바지함을 목적으로 한다.
(2015.1.20 본조개정)
제2조【정의】 ① 이 법에서 사용하는 용어의 뜻은 다음과 같다.(2008.6.13 본문개정)
1. "전파"란 인공적인 유도(誘導) 없이 공간에 퍼져 나가는 전자파로서 국제전기통신연합이 정한 범위의 주파수를 가진 것을 말한다.
2. "주파수분배"란 특정한 주파수의 용도를 정하는 것을 말한다.
3. "주파수할당"이란 특정한 주파수를 이용할 수 있는 권리를 특정인에게 주는 것을 말한다.
4. "주파수지정"이란 허가나 신고로 개설하는 무선국에서 이용할 특정한 주파수를 지정하는 것을 말한다.
(2008.6.13 1호～4호개정)
4의2. "주파수 사용승인"이란 안보·외교적 목적 또는 국제적·국가적 행사 등을 위하여 특정한 주파수의 사용을 허용하는 것을 말한다.(2014.6.3 본호신설)
4의3. "주파수회수"란 주파수할당, 주파수지정 또는 주파수 사용승인의 전부나 일부를 철회하는 것을 말한다.
4의4. "주파수재배치"란 주파수회수를 하고 이를 대체하여 주파수할당, 주파수지정 또는 주파수 사용승인을 하는 것을 말한다.
(2008.6.13 4호의3～4호의4개정)
4의5. "주파수 공동사용"이란 둘 이상의 주파수 이용자가 동일한 범위의 주파수를 상호 배제하지 아니하고 사용하는 것을 말한다.(2015.1.20 본호신설)
5. "무선설비"란 전파를 보내거나 받는 전기적 시설을 말한다.(2008.6.13 본호개정)
5의2. "무선통신"이란 전파를 이용하여 모든 종류의 기호·신호·문언·영상·음향 등의 정보를 보내거나 받는 것을 말한다.(2007.12.21 본호신설)
6. "무선국(無線局)"이란 무선설비와 무선설비를 조작하는 자의 총체를 말한다. 다만, 방송수신만을 목적으로 하는 것은 제외한다.(2008.6.13 본호개정)
7. "무선종사자"란 무선설비를 조작하거나 설치공사를 하는 사람으로서 제70조제2항에 따라 기술자격증을 발급받은 사람을 말한다.(2020.6.9 본호개정)
8. "시설자"란 과학기술정보통신부장관으로부터 무선국의 개설허가를 받거나 과학기술정보통신부장관에게 개설신고를 하고 무선국을 개설한 자를 말한다.(2017.7.26 본호개정)
9. "방송국"이란 공중(公衆)이 방송신호를 직접 수신할 수 있도록 할 목적으로 개설한 무선국을 말한다.
10. "우주국(宇宙局)"이란 인공위성에 개설한 무선국을 말한다.

11. "지구국(地球局)"이란 우주국과 통신을 하기 위하여 지구에 개설한 무선국을 말한다.
(2008.6.13 9호~11호개정)
12. "위성망"이란 우주국과 지구국으로 구성된 통신망(위성주파수와 위성궤도를 포함한다. 이하 같다)의 총체를 말한다.(2015.12.22 본호개정)
13. "위성궤도"란 우주국의 위치나 궤적(軌跡)을 말한다.
(2008.6.13 본호개정)
14. "전자파장해"란 전자파를 발생시키는 기자재로부터 전자파가 방사(放射 : 전자파에너지가 공간으로 퍼져 나가는 것을 말한다) 또는 전도〔傳導 : 전자파에너지가 전원선(電源線)을 통하여 흐르는 것을 말한다〕되어 다른 기자재의 성능에 장해를 주는 것을 말한다.
15. "전자파적합"이란 전자파장해를 일으키는 기자재나 전자파로부터 영향을 받는 기자재가 제47조의3제1항에 따른 전자파장해 방지기준 및 보호기준에 적합한 것을 말한다.
(2010.7.23 14호~15호개정)
16. "방송통신기자재"란 방송통신설비에 사용하는 장치·기기·부품 또는 선조(線條) 등을 말한다.
17. "전파환경"이란 인체, 기자재, 무선설비 등을 둘러싸고 있는 전파의 세기, 잡음 등 전자파의 총체적인 분포 상황을 말한다.
(2010.7.23 16호~17호신설)
② 이 법에서 사용하는 용어의 뜻은 제1항에서 정하는 것 외에는 「방송통신발전 기본법」에서 정하는 바에 따른다.(2010.7.23 본항신설)
제3조【전파자원의 이용촉진】 정부는 한정된 전파자원(電波資源)을 공공복리의 증진에 최대한 활용하기 위하여 전파자원의 이용촉진에 필요한 시책을 마련하고 시행하여야 한다.(2008.6.13 본조개정)
제4조 (2005.12.30 삭제)

제2장 전파자원의 확보
(2008.6.13 본장개정)

제5조【전파자원의 확보】 ① 과학기술정보통신부장관은 전파자원을 확보하기 위하여 다음 각 호의 시책을 마련하고 시행하여야 하며, 그 시행에 필요한 지원방안을 마련하여야 한다.(2017.7.26 본문개정)
1. 새로운 주파수의 이용기술 개발
2. 이용 중인 주파수의 이용효율 향상
2의2. 주파수 공동사용기술 개발(2015.1.20 본호신설)
3. 주파수의 국제등록
4. 국가간 전파의 혼신(混信)을 없애고 방지하기 위한 협의·조정
② 제1항제3호에 따른 등록대상 주파수, 등록비용 및 등록절차 등에 필요한 사항은 대통령령으로 정한다.
제6조【전파자원 이용효율의 개선】 ① 과학기술정보통신부장관은 전파자원의 공평하고 효율적인 이용을 촉진하기 위하여 필요하면 다음 각 호의 사항을 시행하여야 한다.(2017.7.26 본문개정)
1. 주파수분배의 변경
2. 주파수회수 또는 주파수재배치
3. 새로운 기술방식으로의 전환
4. 주파수의 공동사용
② 과학기술정보통신부장관은 제1항 각 호의 사항을 시행하기 위하여 필요하면 대통령령으로 정하는 바에 따라 주파수의 이용 현황을 조사하거나 확인할 수 있다.
(2017.7.26 본항개정)
제6조의2【주파수회수 또는 주파수재배치】 ① 과학기술정보통신부장관은 다음 각 호의 어느 하나에 해당하는 경우에는 제6조제1항제2호에 따라 주파수회수 또는 주파수재배치를 할 수 있다.(2017.7.26 본문개정)
1. 주파수분배가 변경된 경우
2. 주파수 이용실적이 낮은 경우 또는 주파수 대역(帶域)을 정비하여 주파수의 이용효율을 높일 필요가 있는 경우
② 제1항에 따른 주파수회수 또는 주파수재배치의 절차, 주파수 이용실적의 판단기준, 주파수 대역 정비의 요건 등에 필요한 사항은 대통령령으로 정한다.
③ 주파수를 새롭게 분배하거나 회수 또는 재배치하고자 할 경우 국무조정실장을 위원장으로 하는 주파수심의위원회의 심의를 거쳐야 한다.(2013.3.23 본항신설)
④ 제3항에 따른 주파수심의위원회의 구성과 운영 등에 필요한 사항은 대통령령으로 정한다.(2013.3.23 본항신설)
제6조의3【주파수 공동사용】 ① 과학기술정보통신부장관은 주파수할당, 주파수지정, 주파수 사용승인을 받은 자에게 주파수의 전부 또는 일부를 주파수 공동사용에 제공하도록 할 수 있다. 다만, 제6조의4에 따라 방송사업을 위하여 이용하는 주파수에 대해서는 방송통신위원회와 합의하여야 한다.
② 과학기술정보통신부장관은 주파수 공동사용의 범위와 조건, 절차, 방법 등에 관한 기준을 정하여 고시한다. 다만, 제6조의4에 따라 방송사업을 위하여 이용하는 주파수에 대해서는 방송통신위원회와 합의하여야 한다.
(2017.7.26 본조개정)
제6조의4【방송용 주파수의 관리】「방송법」 제2조제2호의 방송사업을 위하여 이용하는 주파수는 방송통신위원회가 관리한다.(2013.3.23 본조신설)
제7조【주파수회수 또는 주파수재배치에 따른 손실보상 등】 ① 과학기술정보통신부장관은 제6조의2에 따라 주파수회수 또는 주파수재배치를 할 때에 해당 시설자와 제18조의2제3항에 따라 주파수의 사용승인을 받은 자(이하 "시설자등"이라 한다)에게 통상적으로 발생하는 손실을 보상하여야 한다. 다만, 다음 각 호의 경우에는 그러하지 아니하다.(2017.7.26 본문개정)
1. 시설자등의 요청에 따른 경우
2. 국제전기통신연합이 모든 국가가 공통적으로 수용하여야 할 주파수 국제분배를 변경함에 따라 주파수분배를 변경한 경우
3. 주파수의 용도가 제2순위 업무(해당 주파수를 운용할 때에 제1순위 업무를 보호하여야 하고, 제1순위 업무로부터 보호받을 수 없는 업무를 말한다. 이하 같다)인 주파수를 사용하는 경우
② 과학기술정보통신부장관은 제1항 각 호 외의 부분 본문에 따라 손실을 보상한 경우 해당 주파수에 대하여 새로 주파수할당, 주파수지정, 주파수 사용승인을 받은 자(이하 "신규이용자"라 한다)에게 제1항에 따라 보상한 금액을 징수할 수 있다.(2017.7.26 본항개정)
③ 과학기술정보통신부장관은 제1항에 따른 손실보상 금액을 결정할 때에는 미리 해당 시설자등의 의견을 들어야 한다.(2017.7.26 본항개정)
④ 과학기술정보통신부장관은 제1항 각 호 외의 부분 본문에도 불구하고 신규이용자가 시설자등에게 그 손실을 직접 보상하게 할 수 있다.(2017.7.26 본항개정)
⑤ 과학기술정보통신부장관은 제11조제1항에 따라 할당한 주파수가 제6조의2제1항 각 호의 어느 하나에 해당하여 할당한 주파수를 회수한 경우에는 대통령령으로 정하는 바에 따라 제15조제1항에 따른 이용기간 중 남은 기간에 해당하는 주파수할당 대가를 반환하여야 한다. 다만, 주파수할당을 받은 자의 요청에 따라 주파수분배를 변경한 경우에는 그러하지 아니하다.(2017.7.26 본문개정)
⑥ 제1항 각 호 외의 부분 본문에 따른 손실보상 및 제2항에 따른 징수금은 「방송통신발전 기본법」 제24조에 따른 방송통신발전기금(이하 "방송통신발전기금"이라 한다)의 지출 및 수입으로 하고, 제5항 본문에 따른 주파수할당 대가의 반환은 방송통신발전기금과 「정보통신산업 진흥법」 제41조에 따른 정보통신진흥기금(이하 "정보통신진흥기금"이라 한다)을 재원으로 한다.(2010.7.23 본항개정)
⑦ 제1항 각 호 외의 부분 본문 및 제4항에 따른 손실보상금의 산정기준과 지급절차, 제2항에 따른 징수금의 징수, 제5항에 따른 주파수할당 대가의 반환 및 배분 등에 필요한 사항은 대통령령으로 정한다.(2010.7.23 본항개정)
(2014.6.3 본조제목개정)
제7조의2【이의신청 등】 ① 시설자등은 제7조제1항에 따른 손실보상금액에 이의가 있으면 손실보상금에 대한 통지를 받은 날부터 30일 이내에 과학기술정보통신부장관에게 이의신청을 할 수 있다.
② 과학기술정보통신부장관은 제1항에 따른 이의신청을 받으면 그 신청을 받은 날부터 30일 이내에 손실보상금의 증감 여부를 결정하고 지체 없이 그 결과를 이의신청한 시설자등에게 알려야 한다. 다만, 부득이한 사유가 있는 경우에는 30일의 범위에서 그 기간을 연장할 수 있다.
(2017.7.26 본항개정)
제8조【전파진흥기본계획】 ① 과학기술정보통신부장관은 전파이용의 촉진과 전파와 관련된 새로운 기술의 개발과 전파방송기기 산업의 발전 등을 위하여 전파진흥기본계획(이하 "기본계획"이라 한다)을 5년마다 세워야 한다.
(2017.7.26 본항개정)
② 과학기술정보통신부장관은 기본계획을 세우거나 기본계획 중 주파수 분배계획 등 대통령령으로 정하는 중요한 사항을 변경하는 경우에는 공청회 등을 통한 의견수렴을 거쳐야 한다.(2017.7.26 본항개정)
③ 기본계획에는 다음 각 호의 사항이 포함되어야 한다.
1. 전파방송산업육성의 기본방향
2. 중·장기 주파수 이용계획
3. 새로운 전파자원의 개발
4. 전파이용 기술 및 시설의 고도화 지원
5. 전파매체의 개발 및 보급
6. 우주통신의 개발
7. 전파이용질서의 확립
8. 전파 관련 표준화에 관한 사항
9. 전파환경의 개선
10. 그 밖에 전파방송진흥에 필요한 사항
④ 과학기술정보통신부장관은 기본계획에 따른 세부시행계획(이하 "시행계획"이라 한다)을 세우고 시행하여야 한다.(2017.7.26 본항개정)
⑤ 과학기술정보통신부장관은 기본계획 및 시행계획을 효율적으로 수립하기 위하여 필요한 경우 관계 중앙행정기관의 장, 지방자치단체의 장, 관련 기관 및 단체의 장, 전파 이용자 등에게 필요한 자료의 제출을 요청할 수 있다. 이 경우 자료의 제출을 요청받은 자는 특별한 사유가 없으면 이에 따라야 한다.(2017.7.26 전단개정)
⑥ 기본계획과 시행계획을 세우거나 시행하는 데에 필요한 사항은 대통령령으로 정한다.

제3장 전파자원의 분배 및 할당
(2008.6.13 본장제목개정)

제9조【주파수분배】 ① 과학기술정보통신부장관은 다음 각 호의 사항을 고려하여 주파수분배를 하여야 한다.
(2017.7.26 본문개정)
1. 국방·치안 및 조난구조 등 국가안보·질서유지 또는 인명안전의 필요성
2. 주파수의 이용현황 등 국내의 주파수 이용여건
3. 국제적인 주파수 사용동향
4. 전파이용 기술의 발전추세
5. 전파를 이용하는 서비스에 대한 수요
② 과학기술정보통신부장관은 제1항에 따라 주파수분배를 하는 경우에는 주파수 용도가 제1순위인 업무와 주파수 용도가 제2순위인 업무를 구분하여 주파수분배를 할 수 있다.(2017.7.26 본항개정)
③ 과학기술정보통신부장관은 제1항에 따라 주파수분배를 한 경우에는 이를 고시하여야 한다. 주파수분배를 변경한 경우에도 또한 같다.(2017.7.26 전단개정)
④ 과학기술정보통신부장관은 제1항의 주파수분배에 따라 주파수를 사용할 수 있는 기간이 특정되는 경우에는 해당 주파수를 사용하는 방송통신기자재의 적합성 평가 유효기간과 해당 방송통신기자재를 수입·판매할 수 있는 기간을 함께 고시할 수 있다.(2017.7.26 본항개정)
(2008.6.13 본조개정)
제9조의2【주파수분배의 변경에 따른 이용자 지원 등】 ① 과학기술정보통신부장관은 제19조의2제2항에 따라 신고하지 아니하고 개설할 수 있는 무선국용 무선설비의 이용자가 주파수분배의 변경으로 인하여 해당 무선설비를 사용할 수 없게 되는 경우에 해당 무선설비의 이용자(제조·수입·판매자는 제외한다)를 지원하기 위한 방안을 마련할 수 있다.(2017.7.26 본항개정)
② 제1항에 따른 지원은 주파수분배의 변경으로 사용할 수 없게 되는 방송통신기자재의 잔존가치 전부 또는 일부를 예산의 범위에서 금전으로 지원하거나 해당 방송통신기자재를 다시 사용할 수 있도록 변경·개조하는 방법으로 할 수 있다.
③ 제2항에 따른 지원의 대상·방법·절차 등은 대통령령으로 정한다. 다만, 금전 지원의 경우에는 예고기간 및 내용연수 등을 참작하여야 한다.
④ 과학기술정보통신부장관은 제2항에 따라 지원을 한 경우 새로 주파수할당, 주파수지정 또는 주파수 사용승인을 받은 자에게 지원에 소요된 비용을 징수할 수 있다.
(2017.7.26 본항개정)
⑤ 제2항에 따른 지원비용 및 제4항에 따른 징수금은 방송통신발전기금의 지출 및 수입으로 한다.
(2014.6.3 본조신설)
제9조의3【비면허무선기기지원센터의 지정 등】 ① 과학기술정보통신부장관은 제9조의2제2항에 따라 주파수분배의 변경으로 사용할 수 없는 방송통신기자재에 대한 금전 지원 또는 변경·개조 등의 사업을 수행하기 위하여 전문인력과 시설 등 대통령령으로 정하는 요건을 갖춘 기관 또는 단체를 비면허무선기기지원센터(이하 이 조에서 "센터"라 한다)로 지정할 수 있다.(2017.7.26 본항개정)
② 과학기술정보통신부장관은 센터의 사업 등에 필요한 경비의 전부 또는 일부를 지원할 수 있다.(2017.7.26 본항개정)
③ 과학기술정보통신부장관은 센터가 다음 각 호의 어느 하나에 해당하는 경우에는 그 지정을 취소할 수 있다. 다만, 제1호에 해당하면 지정을 취소하여야 한다.(2017.7.26 본문개정)
1. 거짓이나 그 밖의 부정한 방법으로 지정을 받은 경우
2. 지정받은 사항을 위반하여 업무를 수행한 경우
3. 제1항에 따른 지정요건에 맞지 아니하게 된 경우
4. 거짓이나 그 밖의 부정한 방법으로 이 법에 따른 지원을 받았거나 지원받은 자금을 다른 용도로 사용한 경우
④ 제1항부터 제3항까지에서 규정한 사항 외에 센터의 지정과 운영 등에 필요한 사항은 대통령령으로 정한다.
(2014.6.3 본조신설)
제10조【주파수할당】 ① 과학기술정보통신부장관은 제9조에 따라 다음 각 호의 어느 하나에 해당하는 사업의 용도로 정한 주파수를 특정인에게 할당하려는 경우에는 해당 주파수할당이 기간통신사업 등에 미치는 영향을 고려하여 할당을 신청할 수 있는 자의 범위와 할당하는 주파수의 용도 및 기술방식 등 대통령령으로 정하는 사항을 공고하여야 한다.(2017.7.26 본문개정)
1. 「전기통신사업법」 제5조제2항에 따른 기간통신사업
(2010.3.22 본호개정)
2. 「방송법」 제2조제2호나목에 따른 종합유선방송사업이나 같은 조 제13호에 따른 전송망사업
② 제1항에도 불구하고 위성주파수(위성망에서 사용되는 주파수를 말한다. 이하 같다) 중 제18조의6제1항에 따른 공익 목적의 위성주파수를 제외한 위성주파수와 위성

궤도(이하 "위성주파수등"이라 한다)를 특정인에게 할당하려는 경우에는 제1항 각 호의 어느 하나에 해당하는 사업의 용도로 한정하지 아니한다. 이 경우 과학기술정보통신부장관은 위성망의 보호 등을 고려하여 할당을 신청할 수 있는 자의 범위와 할당하는 주파수의 용도 및 기술방식 등 대통령령으로 정하는 사항을 공고하여야 한다.(2017.7.26 후단개정)
③ 제1항 또는 제2항에 따라 공고된 주파수를 할당받으려는 자는 대통령령으로 정하는 바에 따라 과학기술정보통신부장관에게 주파수할당을 신청하여야 한다.(2017.7.26 본항개정)
④ 과학기술정보통신부장관은 주파수할당을 하려면 주파수할당을 받을 자 및 그와 대통령령으로 정하는 특수관계에 있는 자에 의한 전파자원의 독과점을 방지하고 적정한 수준의 경쟁을 촉진하기 위하여 대통령령으로 정하는 바에 따라 조건을 붙일 수 있다.(2017.7.26 본항개정)
⑤ 과학기술정보통신부장관은 제3항에 따른 신청이 제1항 또는 제2항에 따라 공고된 사항에 적합하지 아니하거나 신청인이 제13조의 결격사유에 해당하는 경우에는 그 신청서를 되돌려 보낼 수 있다.(2017.7.26 본항개정)
(2008.6.13 본조개정)

제11조【대가에 의한 주파수할당】 ① 과학기술정보통신부장관은 제10조제1항 또는 제2항에 따라 공고된 주파수를 가격경쟁에 의한 대가를 받고 할당할 수 있다. 다만, 해당 주파수에 대한 경쟁적 수요가 존재하지 아니하는 등 특별한 사정이 있다고 인정되는 경우에는 제3항 후단에 따라 산정한 대가를 받고 주파수할당을 할 수 있다.(2017.7.26 본문개정)
1.~3. (2010.7.23 삭제)
② 과학기술정보통신부장관은 제1항 본문에 따라 주파수를 할당하는 경우에는 그 가격 미만으로는 주파수를 할당받을 수 없는 경쟁가격(이하 이 조에서 "최저경쟁가격"이라 한다)을 정할 수 있다.(2017.7.26 본항개정)
③ 과학기술정보통신부장관은 제1항 단서에 따라 주파수를 할당하는 경우에는 제12조 각 호의 사항과 해당 주파수할당이 기간통신사업 또는 위성망 보호 등(위성주파수할당의 경우에 한정한다)에 미치는 영향을 심사하여 할당할 수 있다. 이 경우 주파수할당 대가는 주파수를 할당받아 경영하는 사업에서 예상되는 매출액, 할당대상 주파수 및 대역폭 등 주파수의 경제적 가치를 고려하여 산정한다.(2017.7.26 전단개정)
④ 과학기술정보통신부장관은 제10조제3항에 따라 주파수할당을 신청하는 자에게 다음 각 호의 구분에 따른 보증금을 주파수할당을 신청할 때에 내도록 할 수 있다.(2017.7.26 본문개정)
1. 제1항 본문에 따라 주파수할당을 하는 경우(최저경쟁가격을 정한 경우에 한정한다) : 최저경쟁가격의 100분의 10의 범위에서 대통령령으로 정하는 보증금
2. 제1항 단서에 따라 주파수할당을 하는 경우 : 제3항 후단에 따른 주파수할당 대가의 100분의 10의 범위에서 대통령령으로 정하는 보증금
(2014.6.3 본항개정)
⑤ 과학기술정보통신부장관은 주파수할당을 신청한 자가 주파수할당의 신청기간이 지난 후에 신청을 철회하거나 할당받은 주파수를 사용하지 아니하고 반납하는 경우 또는 담합, 그 밖의 부정한 방법으로 가격경쟁을 한 경우에는 제4항에 따른 보증금을 방송통신발전기금 및 정보통신진흥기금의 수입금으로 편입한다.(2017.7.26 본항개정)
⑥ 제1항에 따라 주파수할당을 받은 자가 내는 주파수할당 대가는 방송통신발전기금 및 정보통신진흥기금의 수입금으로 한다.(2010.7.23 본항개정)
⑦ 주파수할당 대가의 산정방법과 징수절차, 최저경쟁가격의 결정방법과 제5항 및 제6항에 따른 수입금의 배분 등에 필요한 사항은 대통령령으로 정한다.(2010.7.23 본항개정)

제12조【심사에 의한 주파수할당】 과학기술정보통신부장관은 제10조제1항 또는 제2항에 따라 공고된 주파수에 대하여 제11조에 따른 주파수할당을 하지 아니하는 경우에는 다음 각 호의 사항을 심사하여 주파수할당을 한다.(2017.7.26 본문개정)
1. 전파자원 이용의 효율성
2. 신청자의 재정적 능력
3. 신청자의 기술적 능력
4. 할당하려는 주파수의 특성이나 그 밖에 주파수 이용에 필요한 사항
(2008.6.13 본조개정)

제13조【주파수할당의 결격사유】 다음 각 호의 어느 하나에 해당하는 자는 주파수할당을 받을 수 없다.
1. 제20조제1항에 따른 무선국 개설의 결격사유에 해당하는 자
2. 기간통신사업을 하려는 자로서 「전기통신사업법」 제7조에 따른 기간통신사업 등록의 결격사유에 해당하는 자(2018.12.24 본호개정)
3. 종합유선방송사업이나 전송망사업을 하려는 자로서 「방송법」 제13조에 따른 종합유선방송사업 허가나 전송망사업 등록의 결격사유에 해당하는 자
(2008.6.13 본조개정)

제14조【주파수이용권】 ① 제11조에 따라 주파수할당을 받은 자는 해당 주파수를 배타적으로 이용할 수 있는 권리(제41조에 따른 위성주파수이용권은 제외하며, 이하 "주파수이용권"이라 한다)를 가진다.(2015.12.22 본항개정)
② 제11조에 따라 주파수할당을 받은 자는 대통령령으로 정하는 기간 이후에는 주파수이용권을 양도하거나 임대할 수 있다. 다만, 주파수할당을 받은 자가 파산하거나 경제적 여건의 급변 등 대통령령으로 정하는 사유에 해당하는 경우에는 그 기간 전에도 주파수이용권을 양도하거나 임대할 수 있다.(2008.6.13 본항개정)
③ 제2항에 따라 주파수이용권을 양수하거나 임차하려는 자는 대통령령으로 정하는 바에 따라 미리 과학기술정보통신부장관의 승인을 받아야 한다.(2017.7.26 본항개정)
④ 과학기술정보통신부장관은 제3항에 따른 승인을 하는 경우에는 제12조 각 호의 사항을 고려하여야 하며 전파자원의 효율적이고 공평한 이용을 위하여 필요한 조건을 붙일 수 있다.(2017.7.26 본항개정)
⑤ 제3항에 따라 주파수이용권 양수의 승인을 얻은 자는 제11조에 따라 주파수할당을 받은 자 및 시설자(주파수할당을 받은 자가 무선국 개설허가를 받거나 개설신고를 한 경우에 한정한다)의 지위를 승계한다.(2020.6.9 본항개정)
⑥ 주파수이용권을 양수하거나 임차하려는 자의 결격사유에 관하여는 제13조를 준용한다.(2008.6.13 본항개정)
⑦ 제3항에도 불구하고 「전기통신사업법」 제18조에 따라 과학기술정보통신부장관의 인가를 받거나 신고하여 주파수이용권을 가진 기간통신사업자의 사업의 전부 또는 일부를 양수하거나 기간통신사업자인 법인을 합병한 자는 해당 주파수를 할당받은 자의 지위를 승계한다.(2018.12.24 본항개정)
⑧ 과학기술정보통신부장관은 제3항에 따라 승인을 받은 자가 다음 각 호의 어느 하나에 해당하는 경우에는 시정을 명하거나 승인을 취소할 수 있다. 다만, 제1호 또는 제4호에 해당하는 경우에는 승인을 취소하여야 한다.(2017.7.26 본문개정)
1. 거짓이나 그 밖의 부정한 방법으로 승인을 받은 경우
2. 제4항에 따른 승인 조건을 이행하지 아니하거나 위반한 경우
3. 제10조제1항에 따라 공고한 주파수 용도나 기술방식을 위반한 경우
4. 본문에 따른 시정명령을 이행하지 아니한 경우
(2015.12.22 본항신설)
⑨ 제8항에 따른 시정명령 또는 승인 취소에 관한 세부적인 기준과 그 밖에 필요한 사항은 대통령령으로 정한다.(2015.12.22 본항신설)

제15조【할당받은 주파수의 이용기간】 ① 과학기술정보통신부장관은 주파수의 이용여건 등을 고려하여 제11조에 따라 할당하는 주파수는 20년의 범위에서, 제12조에 따라 할당하는 주파수는 10년의 범위에서 그 이용기간을 정하여야 한다.(2017.7.26 본항개정)
② 제1항에 따른 이용기간이 지나면 할당받은 주파수를 이용할 수 있는 권리가 소멸된다.(2015.12.22 본항신설)
③ 제14조제2항에 따라 양수한 주파수의 이용기간은 제1항에 따른 이용기간 중 남은 기간으로 한다.
(2008.6.13 본조개정)

제15조의2【주파수할당의 취소】 ① 과학기술정보통신부장관은 제11조 및 제12조에 따라 주파수할당을 받은 자가 다음 각 호의 어느 하나에 해당하는 경우에는 주파수할당을 취소할 수 있다. 다만, 제1호에 해당하는 경우에는 주파수할당을 취소하여야 한다.(2017.7.26 본문개정)
1. 거짓이나 그 밖의 부정한 방법으로 주파수할당을 받은 경우
2. 제11조 및 제12조에 따라 주파수할당을 받은 자가 「전기통신사업법」 제20조에 따라 기간통신사업의 등록이 취소되거나 「방송법」 제18조에 따라 종합유선방송사업의 허가나 전송망사업의 등록이 취소된 경우
(2018.12.24 본호개정)
3. 제10조제1항 또는 제2항에 따라 공고한 주파수 용도나 기술방식을 위반한 경우(2015.12.22 본호개정)
4. 제10조제4항에 따른 조건을 이행하지 아니한 경우
(2015.12.22 본호개정)
5. 제11조제1항에 따라 주파수할당을 받은 자가 그 대가를 내지 아니한 경우(2010.7.23 본호개정)
② 과학기술정보통신부장관은 제1항(제1호는 제외한다)에 따라 주파수할당을 취소하기 전에 한 차례에 한정하여 시정을 명할 수 있다.(2020.6.9 본항개정)
③ (2009.3.13 삭제)
(2008.6.13 본조신설)

제16조【재할당】 ① 과학기술정보통신부장관은 이용기간이 끝난 주파수를 이용기간이 끝날 당시의 주파수 이용자에게 재할당할 수 있다. 다만, 다음 각 호의 어느 하나에 해당하는 경우에는 그러하지 아니하다.(2017.7.26 본문개정)
1. 주파수 이용자가 재할당을 원하지 아니하는 경우
2. 해당 주파수를 국방·치안 및 조난구조용으로 사용할 필요가 있는 경우
3. 국제전기통신연합이 해당 주파수를 다른 업무 또는 용도로 분배한 경우
4. 제10조제4항에 따른 조건을 위반한 경우(2015.12.22 본호개정)
② 과학기술정보통신부장관은 제1항에 따라 재할당을 하려는 경우에는 이해관계자에게 의견을 제출하도록 할 수 있다.(2017.7.26 본항개정)
③ 과학기술정보통신부장관은 제1항제2호나 제3호에 해당하여 재할당을 하지 아니하는 경우 또는 제12조에 따라 할당한 주파수를 제11조제1항 단서에 따라 주파수할당 대가를 받고 재할당하는 등 새로운 조건을 붙이려는 경우에는 이용기간이 끝나기 1년 전에 미리 주파수 이용자에게 알려야 한다.(2017.7.26 본항개정)
④ 제11조제1항 단서에 따라 주파수할당 대가를 받고 재할당하는 경우에는 같은 조 제2항부터 제5항까지(가격경쟁에 의한 대가를 받고 주파수할당을 하는 경우에 해당하는 규정은 제외한다)를 준용하되, 그러하지 아니하는 경우에는 제12조를 준용한다.(2010.7.23 본항개정)
⑤ 주파수를 재할당하는 경우에는 제10조제4항에 따른 조건을 붙일 수 있다.(2015.12.22 본항개정)
⑥ 제1항부터 제5항까지의 규정에 따른 재할당 절차 및 방법 등에 필요한 사항은 대통령령으로 정한다.
(2015.12.22 본항신설)
(2008.6.13 본조개정)

제16조의2【추가할당】 과학기술정보통신부장관은 할당하는 주파수와 용도 및 기술방식이 동일한 주파수를 이미 할당받은 자가 주파수할당을 신청하는 경우에는 제11조 또는 제12조에 따라 주파수를 할당할 수 있다.
(2017.7.26 본조개정)

제17조【전환】 ① 과학기술정보통신부장관은 제12조에 따라 심사하여 할당된 주파수의 경제적 가치와 기술적 파급효과가 크다고 인정되는 등 전파 관련 분야의 진흥을 위하여 필요하다고 인정되는 경우에는 해당 주파수를 할당받은 자를 제11조에 따라 대가에 의한 주파수할당을 받은 자로 전환하게 할 수 있다.(2017.7.26 본항개정)
② 과학기술정보통신부장관은 제1항에 따라 주파수할당을 전환받으려는 자에게 대통령령으로 정하는 기준에 따라 산정된 금액을 내도록 할 수 있다.(2017.7.26 본항개정)
③ (2007.12.21 삭제)
④ 제1항에 따른 전환에 대하여는 제10조제4항 및 제11조제6항을 준용한다.(2015.12.22 본항개정)
⑤ 제1항에 따른 전환의 절차 등에 필요한 사항은 대통령령으로 정한다.
(2008.6.13 본조개정)

제18조【주파수이용권 관리대장】 ① 과학기술정보통신부장관은 주파수이용권을 효율적으로 관리하기 위하여 대통령령으로 정하는 바에 따라 주파수이용권에 관한 사항을 적은 대장(이하 "주파수이용권 관리대장"이라 한다)을 유지하고 관리하여야 한다.(2017.7.26 본항개정)
② 주파수이용권 관리대장을 열람하거나 그 사본을 발급받으려는 자는 대통령령으로 정하는 바에 따라 과학기술정보통신부장관에게 신청하여야 한다.(2017.7.26 본항개정)
③ 제1항의 주파수이용권 관리대장은 전자적 처리가 불가능한 특별한 사유가 있는 경우 외에는 전자적 방법에 따라 유지하고 관리하여야 한다.
(2008.6.13 본조개정)

제18조의2【주파수 사용승인의 신청 등】 ① 과학기술정보통신부장관은 안보·외교적 목적 또는 국제적·국가적 행사 등을 위하여 특정한 주파수의 사용이 필요하다고 인정되는 경우에는 주파수 사용승인(위성주파수 사용승인의 경우 위성궤도의 사용승인을 포함한다)을 할 수 있다.(2017.7.26 본항개정)
② 제1항에 따른 주파수 사용승인을 받으려는 자는 대통령령으로 정하는 바에 따라 과학기술정보통신부장관에게 신청하여야 한다. 주파수 사용승인을 받은 사항을 변경하려는 경우에도 또한 같다.(2017.7.26 본항개정)
③ 과학기술정보통신부장관은 제2항에 따른 신청을 받은 때에는 전파자원 이용의 효율성, 주파수 사용의 가능성 및 전파혼신 등을 심사하여 그 결과가 적합하면 주파수 사용승인을 하고, 다음 각 호의 사항을 포함한 사용승인서를 발급하여야 한다.(2017.7.26 본문개정)
1. 전파의 형식, 점유주파수대역폭 및 주파수
2. 안테나공급전력[안테나의 급전선(給電線)에 공급되는 전력을 말한다. 이하 같다](2015.12.1 본호개정)
3. 안테나의 형식·구성 및 이득(2015.12.1 본호개정)
④ 제3항에 따라 주파수 사용승인을 받은 자가 무선국 폐지 등으로 해당 주파수를 사용하지 아니하는 경우에는 제22조에 따른 유효기간에도 불구하고 지체 없이 과학기술정보통신부장관에게 해당 주파수를 반납하여야 한다.
(2017.7.26 본항개정)
(2014.6.3 본조신설)

제18조의3【주파수 사용승인의 취소 등】 ① 과학기술정보통신부장관은 제18조의2에 따라 주파수 사용승인을 받은 자가 다음 각 호의 어느 하나에 해당하는 경우에는 위반행위의 시정을 명하거나 주파수 사용승인을 취소할 수 있다.(2017.7.26 본문개정)
1. 제18조의2제3항에 따라 사용승인을 받은 주파수의 범위를 벗어나 무선국을 운용하는 경우
2. 제18조의2제3항에 따라 사용승인을 받은 주파수를 사용하지 아니하는 경우로서 같은 조 제4항에 따라 해당 주파수를 반납하지 아니하는 경우

3. 제24조제8항에 따른 검사를 거부하거나 방해하는 경우
4. 제25조제4항에 따른 시험성적서를 제출하지 아니하는 경우

② 제1항에 따른 시정명령 또는 주파수 사용승인 취소에 관한 세부적인 기준과 그 밖에 필요한 사항은 대통령령으로 정한다.
(2014.6.3 본조신설)

제18조의4【주파수 지정】 과학기술정보통신부장관은 제10조에 따른 주파수할당 및 제18조의2에 따른 주파수 사용승인 외에 주파수를 이용하게 하려는 경우에는 제19조 및 제19조의2에 따른 무선국 개설을 통하여 무선국이 이용할 주파수를 지정(위성주파수 지정의 경우 위성궤도의 지정을 포함한다)할 수 있다.(2017.7.26 본조개정)

제18조의5【중장기 공공용 주파수 이용 계획의 제출】 중앙행정기관(「정부조직법」 또는 다른 법률에 따라 설치된 중앙행정기관을 말한다. 이하 이 조 및 제18조의9에서 같다)의 장은 매년 1월 31일까지 다음 각 호의 내용을 과학기술정보통신부장관에게 제출하여야 한다.(2017.7.26 본문개정)

1. 「국가재정법」 제28조에 따라 기획재정부장관에게 제출하는 중기사업계획서 중 제18조의6제1항에 따른 공공용 주파수와 관련된 중기사업계획
2. 제1호에 따른 중기사업계획 중 해당 중앙행정기관의 주파수 수요 우선순위에 대한 의견

(2015.12.22 본조신설)

제18조의6【공공용 주파수 수급계획의 수립】 ① 과학기술정보통신부장관은 관계 중앙행정기관, 지방자치단체 및 그 밖에 대통령령으로 정하는 기관·단체(이하 "관계중앙행정기관등"이라 한다)가 해당 기관의 업무 및 연구 등 공익 목적으로 업무에 이용하려는 주파수(이하 "공공용 주파수"라 한다)를 효율적으로 수급하기 위하여 매년 공공용 주파수 수급계획을 수립하여야 한다.
(2017.7.26 본항개정)

② 관계중앙행정기관등의 장은 다음 연도의 공공용 주파수 이용계획서를 작성하여 매년 3월 31일까지 과학기술정보통신부장관에게 제출하여야 한다.(2017.7.26 본항개정)

③ 과학기술정보통신부장관은 제2항에 따라 제출된 이용계획서의 적정성에 대하여 평가를 실시하여야 한다.
(2020.6.9 본항개정)

④ 과학기술정보통신부장관은 제2항에 따른 이용계획서가 다음 각 호의 어느 하나에 해당한다고 판단하는 경우에는 제3항에 따른 적정성 평가 시 제18조의9제1항에 따른 공공용 주파수 정책협의회의 협의·조정을 거쳐야 한다.(2017.7.26 본문개정)

1. 공공용 주파수의 대역폭이 1㎒ 이상인 범위에서 대통령령으로 정하는 경우
2. 공공용 주파수 이용에 이해관계자가 있는 경우
3. 그 밖에 과학기술정보통신부장관이 제18조의9제1항에 따른 공공용 주파수 정책협의회의 협의·조정이 필요하다고 인정하는 경우(2017.7.26 본호개정)

⑤ 과학기술정보통신부장관은 제1항에 따라 수립한 다음 연도의 공공용 주파수 수급계획을 관계중앙행정기관등의 장에게 매년 12월 31일까지 알려야 한다.(2017.7.26 본항개정)

⑥ 제2항부터 제5항까지에서 규정한 사항 외에 공공용 주파수 수급계획의 수립에 필요한 세부사항은 대통령령으로 정한다.
(2015.12.22 본조신설)

제18조의7【공공용 주파수 수급계획의 변경】 ① 관계중앙행정기관등의 장은 긴급히 공공용 주파수를 이용하여야 하는 특별한 사유가 발생한 경우에는 과학기술정보통신부령으로 정하는 공공용 주파수 수급계획 변경요청서(이하 이 조에서 "변경요청서"라 한다)를 과학기술정보통신부장관에게 제출하여야 한다. 이 경우 해당 변경요청서의 적정성 평가에 대해서는 제18조의6제3항 및 제4항에 따른 절차를 준용한다.(2017.7.26 전단개정)

② 과학기술정보통신부장관은 제1항 후단에 따른 적정성 평가 결과 변경요청에 특별한 사유 등 타당성이 인정되는 경우에는 공공용 주파수 수급계획을 변경하여야 한다.
(2017.7.26 본항개정)

③ 제1항 및 제2항에서 정한 사항 외에 공공용 주파수 수급계획의 변경에 필요한 세부사항은 대통령령으로 정한다.
(2015.12.22 본조신설)

제18조의8【공공용 주파수 적정성 조사·분석기관의 지정 등】 ① 과학기술정보통신부장관은 제18조의6제3항 및 제18조의7제1항 후단에 따른 평가를 효율적으로 수행하기 위하여 필요한 경우 주파수 소요량과 이용현황 조사·분석에 필요한 전문 인력과 시설 등 대통령령으로 정하는 요건을 갖춘 기관 또는 단체를 공공용 주파수 적정성 조사·분석기관으로 지정할 수 있다.(2017.7.26 본항개정)

② 과학기술정보통신부장관은 제1항에 따른 공공용 주파수 적정성 조사·분석기관의 사업 등에 필요한 경비의 전부 또는 일부를 지원할 수 있다.(2017.7.26 본항개정)

③ 과학기술정보통신부장관은 공공용 주파수 적정성 조사·분석기관이 다음 각 호의 어느 하나에 해당하는 경우에는 그 지정을 취소할 수 있다. 다만, 제1호에 해당하면 지정을 취소하여야 한다.(2017.7.26 본문개정)

1. 거짓이나 그 밖의 부정한 방법으로 지정을 받은 경우
2. 지정받은 사항을 위반하여 업무를 수행한 경우
3. 제1항에 따른 지정요건에 맞지 아니하게 된 경우
4. 거짓이나 그 밖의 부정한 방법으로 이 법에 따른 지원을 받았거나 지원받은 경비를 다른 용도로 사용한 경우

④ 제1항부터 제3항까지에서 규정한 사항 외에 공공용 주파수 적정성 조사·분석기관의 지정과 운영 등에 필요한 사항은 대통령령으로 정한다.
(2015.12.22 본조신설)

제18조의9【공공용 주파수 정책협의회】 ① 공공용 주파수의 합리적인 공급 방안에 관한 다음 각 호의 사항을 협의·조정하기 위하여 과학기술정보통신부에 공공용 주파수 정책협의회(이하 "정책협의회"라 한다)를 둔다.
(2017.7.26 본문개정)

1. 제18조의6제3항 및 제4항에 따른 이용계획서의 적정성 평가에 관한 사항
2. 공공용 주파수 공급 우선순위에 관한 사항
3. 그 밖에 공공용 주파수의 공급에 관하여 과학기술정보통신부장관이 정책협의회의 논의가 필요하다고 인정하는 사항(2017.7.26 본호개정)

② 정책협의회의 위원장은 과학기술정보통신부차관이 되고, 위원은 중앙행정기관의 고위공무원단에 속하는 관련 공무원이나 지방자치단체의 3급 이상 공무원 중에서 소속 기관의 장이 지명하는 사람이 된다.(2017.7.26 본항개정)

③ 정책협의회는 논의에 필요한 경우 이해관계자 또는 전문가 등을 정책협의회의 회의에 출석시켜 의견을 들을 수 있다.

④ 제1항부터 제3항까지에서 규정한 사항 외에 정책협의회의 구성 및 운영에 필요한 사항은 대통령령으로 정한다.
(2015.12.22 본조신설)

제4장 전파자원의 이용
(2008.6.13 본장제목개정)

제1절 무선국의 허가 및 운용
(2008.6.13 본절제목개정)

제19조【허가를 통한 무선국 개설 등】 ① 무선국을 개설하려는 자는 대통령령으로 정하는 바에 따라 과학기술정보통신부장관의 허가를 받아야 한다. 허가받은 사항 중 대통령령으로 정하는 사항을 변경하려는 경우에도 또한 같다.(2017.7.26 전단개정)

1.~3. (2010.7.23 삭제)

② 제1항 전단에도 불구하고 「전기통신사업법」 제2조제6호에 따른 전기통신역무를 제공받기 위한 무선국으로서 대통령령으로 정하는 무선국을 개설하려는 자가 해당 전기통신역무를 제공하는 자와 이용계약을 체결하였을 때에는 그 무선국은 과학기술정보통신부장관의 허가를 받은 것으로 본다. 이 경우 제1항 후단, 제22조, 제24조, 제25조의2 및 제69조제1항제2호는 적용하지 아니한다.
(2017.7.26 전단개정)

③ 전기통신사업자는 제2항에 따른 무선국을 개설하려는 자와 이용계약을 체결하였을 때에는 대통령령으로 정하는 바에 따라 신규로 이용계약을 체결한 가입자의 수와 전체 가입자의 수를 과학기술정보통신부장관에게 통보하여야 한다.(2017.7.26 본항개정)

④ (2010.7.23 삭제)

⑤ 제1항에도 불구하고 대통령령으로 정하는 바에 따라 과학기술정보통신부장관으로부터 주파수 사용승인을 받은 자는 무선국을 개설할 수 있다.(2017.7.26 본항개정)

⑥ (2010.7.23 삭제)
(2010.7.23 본조제목개정)

제19조의2【신고를 통한 무선국 개설 등】 ① 제19조제1항에도 불구하고 다음 각 호의 어느 하나에 해당하는 무선국으로서 국가 간, 지역 간 전파혼신 방지 등을 위하여 주파수 또는 안테나공급전력을 제한할 필요가 없다고 인정되거나 인명안전 등을 목적으로 개설하는 것이 아닌 무선국 등 대통령령으로 정하는 무선국을 개설하려는 자는 과학기술정보통신부장관에게 신고하여야 한다. 신고한 사항 중 대통령령으로 정하는 사항을 변경하려는 경우에도 또한 같다.(2017.7.26 전단개정)

1. 발사하는 전파가 미약한 무선국이나 무선설비의 설치공사를 할 필요가 없는 무선국
2. 수신전용의 무선국
3. 제11조 또는 제12조에 따라 주파수할당을 받은 자가 전기통신역무 등을 제공하기 위하여 개설하는 무선국
4. 「방송법」 제2조제1호라목에 따른 이동멀티미디어방송을 위하여 개설하는 무선국

② 제1항에도 불구하고 발사하는 전파가 미약한 무선국 등으로서 대통령령으로 정하는 무선국은 과학기술정보통신부장관에게 신고하지 아니하고 개설할 수 있다.
(2017.7.26 본항개정)
(2010.7.23 본조신설)

제20조【무선국 개설의 결격사유】 ① 다음 각 호의 어느 하나에 해당하는 자는 무선국을 개설할 수 없다. 다만, 제19조제2항, 제19조의2제1항제1호·제2호 및 같은 조 제2항에 따라 개설하는 것은 그러하지 아니하다.
(2010.7.23 단서개정)

1. 대한민국의 국적을 가지지 아니한 자
2. 외국정부 또는 그 대표자
3. 외국의 법인 또는 단체
(2008.6.13 1호~3호개정)
4. 이 법을 위반하여 금고 이상의 실형을 선고받고 그 집행이 끝나거나 집행을 받지 아니하기로 확정된 날부터 3년이 지나지 아니한 자(2021.6.8 본호개정)
5. 이 법을 위반하여 금고 이상의 형의 집행유예를 선고받고 그 유예기간 중에 있는 자(2008.6.13 본호개정)
6. 「형법」 중 내란의 죄와 외환의 죄, 「군형법」 중 이적의 죄 또는 「국가보안법」을 위반한 죄를 저질러 실형을 선고받고 그 형의 집행이 끝나거나 집행을 받지 아니하기로 확정된 날부터 3년이 지나지 아니한 자(2021.6.8 본호개정)
7. 제72조제2항에 따라 무선국 개설허가의 취소나 개설신고된 무선국의 폐지 명령을 받고 그 사유가 없어지지 아니한 자(2008.6.13 본호신설)
8. 대표자가 제4호부터 제7호까지의 규정 중 어느 하나에 해당하는 법인 또는 단체(2015.12.22 본호신설)

② 제1항제1호부터 제3호까지의 규정은 다음 각 호의 어느 하나에 해당하는 무선국에 대하여는 적용하지 아니한다.

1. 실험국(과학이나 기술발전을 위한 실험에만 사용하는 무선국을 말한다. 이하 같다)
2. 「선박안전법」, 「어선법」 또는 「수상레저기구의 등록 및 검사에 관한 법률」에 따른 선박의 무선국(2022.6.10 본호개정)
3. 「항공안전법」 제101조 단서 및 「항공사업법」 제55조에 따른 허가를 받아 국내항공에 사용되는 항공기의 무선국(2016.3.29 본호개정)
4. 다음 각 목의 어느 하나에 해당하는 무선국으로서 대한민국의 정부·대표자 또는 국민에게 자국(自國)에서 무선국 개설을 허용하는 국가의 정부·대표자 또는 국민에게 그 국가가 허용하는 무선국과 같은 종류의 무선국
   가. 대한민국에서 해당 국가의 외교와 영사 업무를 하는 대사관 등의 공관에서 특정 지점 간의 통신을 위하여 공관 안에 개설하는 무선국
   나. 아마추어국(개인적으로 무선기술에 흥미를 가지고 자기훈련과 기술연구에만 사용하는 무선국을 말한다. 이하 같다)
   다. 육상이동 업무를 하는 무선국으로서 대통령령으로 정하는 것
5. 국내에서 열리는 국제적 또는 국가적인 행사를 위하여 필요한 경우 그 기간에만 과학기술정보통신부장관이 허용하는 무선국(2017.7.26 본호개정)
6. 아마추어국으로서 다음 각 목의 어느 하나에 해당하는 자가 개설하는 무선국
   가. 제70조에 따라 대한민국의 아마추어무선기사 자격을 취득한 자
   나. 대한민국에 잠시 머무르는 동안 무선국을 운용하려는 자(자국에서 아마추어무선기사 자격을 취득한 자에 한정한다)로서 과학기술정보통신부장관이 지정하는 단체의 추천을 받은 자(2020.6.9 본목개정)
7. 대한민국에 들어오거나 대한민국에서 나가는 항공기나 선박에서 전기통신역무를 제공하기 위하여 해당 항공기 또는 선박 안에 개설하는 무선국
(2008.6.13 본항개정)
(2005.12.30 본조제목개정)

제20조의2【무선국의 개설조건】 ① 무선국은 다음 각 호의 개설조건을 갖추어야 한다.

1. 통신사항이 개설목적에 적합할 것
2. 시설자가 아닌 타인에게 그 무선설비(다음 각 목의 어느 하나에 해당하는 경우는 제외한다)를 제공하는 것이 아닐 것
   가. 제25조제2항제4호에 따른 비상통신을 하는 무선국 무선설비
   나. 제42조의2제1항에 따라 타인에게 양도하거나 임대하는 우주국 무선설비
   다. 제48조제1항에 따라 타인에게 임대하는 무선국 무선설비
   라. 업무상 긴밀한 관계가 있는 자 간의 원활한 통신을 위하여 개설하는 무선국으로서 과학기술정보통신부장관이 인정하는 무선국 무선설비(2017.7.26 본목개정)
   (2015.12.22 본호개정)
3. 개설목적·통신사항 및 통신상대방의 선정이 법령에 위반되지 아니할 것
4. 개설목적의 달성에 필요한 최소한의 주파수 및 안테나공급전력을 사용할 것(2015.12.1 본호개정)
5. 무선설비는 인명·재산 및 항공의 안전에 지장을 주지 아니하는 장소에 설치할 것
6. 이미 개설되어 있는 다른 무선국의 운용에 지장을 주지 아니할 것

② 제1항에 따른 개설조건 외에 제3항의 무선국의 분류에 따른 개설조건에 관하여 필요한 사항은 대통령령으로 정한다.(2010.7.23 본항개정)

③ 무선국이 하는 업무와 무선국의 분류에 관한 것은 대통령령으로 정한다.(2010.7.23 본항신설)
(2007.12.21 본조신설)

제21조【무선국 개설허가 등의 절차】 ① 제19조제1항에 따라 무선국의 개설허가 또는 허가받은 사항을 변경하기 위한 허가(이하 "변경허가"라 한다)를 받으려는 자

는 대통령령으로 정하는 바에 따라 과학기술정보통신부장관에게 신청하여야 한다.(2017.7.26 본항개정)
② 과학기술정보통신부장관은 제1항에 따른 신청을 받은 때에는 다음 각 호의 사항을 심사하여야 한다.(2017.7.26 본문개정)
1. 주파수지정이 가능한지의 여부
2. 설치하거나 운용할 무선설비가 제45조에 따른 기술기준에 적합한지의 여부
3. 무선종사자의 배치계획이 제71조에 따른 자격·정원배치기준에 적합한지의 여부
(2008.6.13 1호~3호개정)
4. 제20조의2에 따른 무선국의 개설조건에 적합한지의 여부(2007.12.21 본호개정)
③ 과학기술정보통신부장관은 제2항에 따른 심사를 할 때에 필요하다고 인정하면 신청인에게 자료 제출을 요구하거나 신청인의 의견을 들을 수 있다.(2017.7.26 본항개정)
④ 과학기술정보통신부장관은 제2항에 따라 심사한 결과 그 신청이 적합하면 무선국 개설허가 또는 변경허가를 하고 신청인에게 무선국의 준공기한과 그 밖에 대통령령으로 정하는 사항이 적힌 허가증을 발급하여야 한다.
(2017.7.26 본항개정)
⑤ 과학기술정보통신부장관은 대통령령으로 정하는 무선국의 개설허가 또는 변경허가를 한 경우에는 대통령령으로 정하는 바에 따라 이를 고시하여야 한다.(2017.7.26 본항개정)
(2010.7.23 본조제목개정)

제22조【주파수 사용승인 및 무선국 개설허가의 유효기간】 ① 제18조의2제3항에 따른 주파수 사용승인의 유효기간은 10년 이내의 범위에서, 제19조제1항에 따른 무선국 개설허가의 유효기간은 7년 이내의 범위에서 대통령령으로 각각 정하며, 그 기간이 끝나면 재승인이나 재허가를 할 수 있다.(2014.6.3 본항개정)
② 제1항에도 불구하고 「선박안전법」, 「어선법」 또는 「수상레저기구의 등록 및 검사에 관한 법률」에 따라 선박에 의무적으로 개설하여야 하는 무선국(이하 "의무선박국"이라 한다)이나 「항공안전법」에 따라 항공기 또는 경량항공기에 의무적으로 개설하여야 하는 무선국(이하 "의무항공기국"이라 한다)의 개설허가 유효기간은 무기한으로 한다.(2022.6.10 본항개정)
③ 제1항에 따른 승인이나 허가의 유효기간은 다음 각 호에서 정한 날부터 기산한다.
1. 주파수 사용승인은 제18조의2제3항에 따라 주파수 사용승인을 받은 날
2. 무선국 개설허가는 제24조제3항 본문에 따른 검사증명서를 발급받은 날. 다만, 제24조의2제1항 각 호에 따른 무선국의 개설허가는 그 허가를 받은 날로 한다.
(2014.6.3 본항개정)
④ 제1항에 따른 재승인이나 재허가의 절차와 그 밖에 필요한 사항은 대통령령으로 정한다.(2014.6.3 본항개정)
(2014.6.3 본조제목개정)

제22조의2【무선국 개설신고 등의 절차】 ① 제19조의2제1항 전단에 따라 무선국 개설신고를 하려는 자는 무선국을 개설하기 전까지 과학기술정보통신부장관에게 신고하여야 한다. 제19조의2제1항 후단에 따라 신고한 사항을 변경하기 위한 신고(이하 "변경신고"라 한다)를 하려는 경우에도 또한 같다.
② 과학기술정보통신부장관은 제1항에 따라 개설신고를 받거나 변경신고를 받은 경우에는 무선국 신고증명서를 발급하여야 한다.
(2017.7.26 본조개정)

제23조【시설자의 지위승계】 ① 다음 각 호의 어느 하나에 해당하는 자는 시설자(제14조제5항에 따라 시설자의 지위를 승계하는 자는 제외한다. 이하 이 조에서 같다)의 지위를 승계한다.(2020.6.9 본문개정)
1. 시설자가 사업을 양도하면서 그 사업과 관련된 무선국을 양도한 경우의 양수인
2. 시설자인 법인이 합병한 경우에 합병 후 존속하거나 합병에 따라 설립된 법인
3. 시설자가 사망한 경우의 상속인
4. 무선국이 있는 선박이나 항공기의 소유권 이전 또는 임대차계약 등에 의하여 선박이나 항공기를 운항하는 자가 변경된 경우에 해당 선박이나 항공기를 운항하는 자
(2008.6.13 1호~4호개정)
② 제1항제1호 또는 제2호에 해당하는 자는 대통령령으로 정하는 바에 따라 과학기술정보통신부장관의 인가를 받아야 한다. 다만, 지상파방송사업을 위한 방송국 시설자의 경우 대통령령으로 정하는 바에 따라 방송통신위원회의 인가를 받아야 한다.(2017.7.26 본문개정)
③ 제1항제3호 또는 제4호에 해당하는 자와 대통령령으로 정하는 무선국을 승계받으려는 자는 대통령령으로 정하는 바에 따라 과학기술정보통신부장관에게 신고하여야 한다. 다만, 지상파방송사업을 위한 방송국 시설자의 경우 대통령령으로 정하는 바에 따라 방송통신위원회에 신고하여야 한다.(2017.7.26 본문개정)
④ 과학기술정보통신부장관은 제2항 본문에 따른 인가의 신청을 받은 날부터 7일 이내에 인가 여부를 신청인에게 통지하여야 한다.(2018.2.21 본항신설)
⑤ 과학기술정보통신부장관이 제4항에서 정한 기간 내에 인가 여부 또는 민원 처리 관련 법령에 따른 처리기간의 연장을 신청인에게 통지하지 아니하면 그 기간(민원 처리 관련 법령에 따라 처리기간이 연장 또는 재연장된 경우에는 해당 처리기간을 말한다)이 끝난 날의 다음 날에 인가를 한 것으로 본다.(2018.2.21 본항신설)
⑥ 제2항에 따른 인가 및 제3항에 따른 신고의 결격사유에 관하여는 제20조를 준용한다.(2008.6.13 본항개정)
⑦ 법인의 합병이나 상속에 따라 시설자의 지위를 승계한 자가 2명 이상인 경우에는 그중 1명을 대표자로 선정하여야 한다.(2008.6.13 본항개정)
(2010.7.23 본조제목개정)

제24조【검사】 ① 다음 각 호의 어느 하나에 해당하는 자는 무선설비가 준공된 경우 과학기술정보통신부장관에게 준공신고를 하고 그 무선설비가 기술기준 및 무선종사자의 자격·정원배치기준에 적합한지의 여부에 대하여 검사(이하 "준공검사"라 한다)를 받아야 한다. 다만, 제19조의2제1항제3호에 따라 신고하고 개설할 수 있는 무선국 중 대통령령으로 정하는 경우에는 표본추출 방법으로 검사(이하 "표본검사"라 한다)할 수 있다.(2017.7.26 본문개정)
1. 제21조제4항에 따라 무선국 개설허가 또는 변경허가를 받은 자(2010.7.23 본호신설)
2. 제22조의2제1항에 따라 제19조의2제1항제3호 또는 제4호에 해당하는 무선국의 개설신고 또는 변경신고를 한 자(2010.7.23 본호신설)
② 과학기술정보통신부장관은 제1항 각 호의 어느 하나에 해당하는 자로부터 허가증 또는 무선국 신고증명서에 적힌 준공기한의 연장신청을 받은 경우 그 사유가 합당하다고 인정하면 준공기한을 연장할 수 있다. 이 경우 총 연장기간은 1년을 초과할 수 없다.(2017.7.26 전단개정)
③ 과학기술정보통신부장관은 제1항, 제5항 또는 제8항에 따라 검사한 결과 그 무선설비가 제45조에 따른 기술기준에 적합하고 무선종사자의 자격과 정원이 제71조에 따른 자격·정원배치기준에 적합하면 지체 없이 검사를 받은 자에게 검사증명서를 발급하여야 한다. 다만, 검사한 결과가 적합하지 아니한 무선국의 경우에는 대통령령으로 정하는 기한까지 재검사를 받아야 한다.(2020.6.9 단서개정)
④ 과학기술정보통신부장관은 다음 각 호의 어느 하나에 해당하는 무선국에 대하여 5년의 범위에서 무선국별로 대통령령으로 정하는 기간마다 정기검사를 실시하여야 한다.(2017.7.26 본문개정)
1. 제21조제4항에 따라 개설허가를 받은 무선국
(2010.7.23 본호신설)
2. 제22조의2제1항에 따라 개설신고를 한 무선국(제19조의2제1항제3호 또는 제4호에 해당하는 무선국에 한정한다)(2020.6.9 본호개정)
⑤ 과학기술정보통신부장관은 무선국이 있는 선박이나 항공기가 외국에 출항하려는 경우나 그 밖에 전파의 효율적 이용이나 관리를 위하여 특히 필요한 경우에는 무선설비의 기술기준, 무선종사자의 자격과 정원, 그 밖에 필요한 사항 등을 검사할 수 있다.(2017.7.26 본항개정)
⑥ (2010.7.23 삭제)
⑦ 제1항 각 호 외의 부분 단서에 따른 무선국 표본검사의 결과, 불합격률이 일정 기준을 초과하는 등 대통령령으로 정하는 경우에는 표본검사를 받지 아니한 무선국에 대하여도 같은 항 본문에 따른 검사를 받아야 한다.
(2010.7.23 본항신설)
⑧ 과학기술정보통신부장관은 전파의 효율적인 이용이나 관리를 위하여 필요한 경우에는 제19조제5항에 따라 주파수 사용승인을 받아 개설된 무선국이 사용승인서에 적힌 대로 개설되어 운용되고 있는지를 검사할 수 있다.
(2017.7.26 본항개정)
⑨ 제1항·제4항·제5항 및 제8항에 따른 검사의 대상·시기·방법 및 절차에 관하여 필요한 사항은 대통령령으로 정한다.(2015.12.22 본항개정)

제24조의2【검사의 면제 등】 ① 과학기술정보통신부장관은 제24조제1항에도 불구하고 다음 각 호의 어느 하나에 해당하는 무선국의 경우에는 준공검사를 면제 또는 생략할 수 있다.(2017.7.26 본문개정)
1. 어선에 설치하는 무선국, 소규모의 무선국 및 아마추어국으로서 대통령령으로 정하는 무선국
2. 제22조제1항에 따라 재허가를 받은 무선국
3. 무선설비의 설치공사가 필요 없거나 간단한 무선국으로서 대통령령으로 정하는 무선국
4. 외국에서 취득한 후 국내의 목적지에 도착하지 못한 선박 또는 항공기의 무선국
5. 제20조제2항제7호의 무선국 중 시설자가 외국인인 무선국
② 과학기술정보통신부장관은 제24조제4항에도 불구하고 정기검사 시기에 외국을 항행 중인 선박 또는 항공기의 무선국, 그 밖에 정기검사를 실시할 필요가 없다고 인정되는 무선국의 경우에는 정기검사 시기를 연기하거나 정기검사를 면제 또는 생략할 수 있다.(2017.7.26 본항개정)
(2010.7.23 본조신설)

제25조【무선국의 운용】 ① 제24조제1항에 따라 준공검사를 받아야 하는 무선국은 준공검사를 받은 후 운용하여야 한다. 다만, 제24조의2제1항에 따라 준공검사를 면제 또는 생략한 경우에는 그러하지 아니하다.
(2010.7.23 본문개정)
1.~5. (2010.7.23 삭제)
② 무선국은 제18조의2제3항에 따른 사용승인서, 제21조제4항에 따른 허가증 또는 제22조의2제2항에 따른 무선국 신고증명서에 적힌 사항의 범위에서 운용하여야 한다. 다만, 다음 각 호의 어느 하나에 해당하는 통신을 하는 경우에는 그러하지 아니하다.(2014.6.3 본문개정)
1. 조난통신(선박이나 항공기가 중대하고 급박한 위기에 처한 경우에 조난신호를 먼저 보낸 후에 하는 무선통신을 말한다. 이하 같다)
2. 긴급통신(선박이나 항공기가 중대하고 급박한 위험에 처할 우려가 있는 경우나 그 밖에 긴박한 사태가 발생한 경우에 긴급신호를 먼저 보낸 후에 하는 무선통신을 말한다. 이하 같다)
3. 안전통신(선박이나 항공기의 항행 중에 발생하는 중대한 위험을 예방하기 위하여 안전신호를 먼저 보낸 후에 하는 무선통신을 말한다. 이하 같다)
4. 비상통신(지진·태풍·홍수·해일·화재, 그 밖의 비상사태가 발생하였거나 발생할 우려가 있는 경우로서 유선통신을 이용할 수 없거나 이용하기 곤란할 때에 인명의 구조, 재해의 구호, 교통통신의 확보 또는 질서유지를 위하여 하는 무선통신을 말한다. 이하 같다)
5. 그 밖에 대통령령으로 정하는 통신
(2008.6.13 본항개정)
③ 제1항에도 불구하고 제19조의2제1항제3호의 무선국은 준공신고를 한 후에 운용할 수 있다. 다만, 제24조제1항에 따른 검사에 불합격한 경우에는 무선국의 운용을 정지하고 대통령령으로 정하는 기한까지 재검사를 받아야 한다.(2020.6.9 단서개정)
④ 과학기술정보통신부장관은 제19조제5항에 따라 주파수 사용승인을 받아 무선국을 개설한 자가 해당 무선국을 운용하기 전에 무선설비의 점유주파수대역폭 및 대역외발사(帶域外發射) 등이 적힌 시험성적서를 제출하도록 할 수 있다.(2017.7.26 본항개정)

제25조의2【무선국의 폐지 및 운용 휴지】 ① 시설자가 무선국을 폐지하려고 하거나 무선국의 운용을 1개월 이상 휴지하려는 경우 또는 1개월 이상 운용을 휴지한 무선국을 재운용하려는 경우에는 대통령령으로 정하는 바에 따라 과학기술정보통신부장관에게 신고하여야 한다. 다만, 지상파방송사업을 위한 방송국 시설자의 경우 대통령령으로 정하는 바에 따라 방송통신위원회에 신고하여야 한다.(2017.7.26 본문개정)
② 시설자가 무선국의 폐지를 신고한 때에는 그 허가 또는 개설신고에 따른 효력은 소멸된다.
(2010.7.23 본조신설)

제26조 (2010.7.23 삭제)

제27조【통신방법 등】 무선국은 과학기술정보통신부장관이 정하여 고시하는 바에 따라 무선국의 호출방법·응답방법·운용시간·청취의무, 그 밖에 통신방법 등에 관한 사항을 지키며 운용하여야 한다.(2017.7.26 본조개정)

제28조【조난통신 등】 ① 의무선박국 또는 의무항공기국이 갖추어야 할 사용주파수와 전파형식 등의 조건은 과학기술정보통신부장관이 정하여 고시한다.(2017.7.26 본항개정)
② 다음 각 호의 무선국은 조난통신을 수신한 경우에는 다른 모든 무선통신에 우선하여 즉시 응답하고 조난을 당한 선박이나 항공기를 구조하기 위하여 가장 편리한 위치에 있는 무선국에 통보하는 등 최선의 조치를 하여야 하고, 긴급통신이나 안전통신을 수신한 경우에는 과학기술정보통신부장관이 정하여 고시하는 바에 따라 필요한 조치를 하여야 한다.(2017.7.26 본문개정)
1. 해안국(海岸局)〔선박국(船舶局)과 통신을 하기 위하여 육상에 개설하고 이동하지 아니하는 무선국을 말한다. 이하 같다〕
2. 선박국(선박에 개설하여 해상이동 업무를 하는 무선국을 말한다. 이하 같다)
3. 항공국(航空局)〔항공기국(航空機局)과 통신을 하기 위하여 육상에 개설하고 이동하지 아니하는 무선국을 말한다. 이하 같다〕
4. 항공기국(항공기에 개설하여 항공이동 업무를 하는 무선국을 말한다. 이하 같다)
③ 선박국은 해안국의 통신권에 들어왔을 때와 통신권을 벗어날 때에는 대통령령으로 정하는 바에 따라 그 사실을 해안국에 알려야 한다.
④ 항공기국은 그 항공기의 항행 중에는 과학기술정보통신부장관이 정하여 고시하는 바에 따라 항공국과 연락하여야 한다.(2017.7.26 본항개정)
(2008.6.13 본조개정)

제29조【혼신 등의 방지】 ① 전파자원은 혼신·간섭 등을 일으켜 타인의 전파이용을 방해 또는 차단하지 않도록 이용되어야 한다.
② 무선국은 다른 무선국의 운용을 저해할 혼신이나 그 밖의 방해를 하지 아니하도록 운용하여야 한다. 다만, 제25조제2항제1호부터 제4호까지의 통신에 관하여는 그러하지 아니하다.
③ 제1항 및 제2항에도 불구하고 공공안전을 위하여 불가피한 경우로서 다음 각 호의 어느 하나에 해당하는 경우에는 그 활동 또는 조치 등의 범위에서 「드론 활용의 촉진 및 기반조성에 관한 법률」 제2조제1항제1호에 따른 드론 및 폭발물 등 공공안전 위협 수단을 대상으로 전파

이용을 방해 또는 차단하는 장치(이하 "전파차단장치"라 한다)를 사용할 수 있다.
1. 「대통령 등의 경호에 관한 법률」 제5조제3항에 따른 안전활동
2. 「통합방위법」, 「군사기지 및 군사시설 보호법」 등에 따른 국가안전보장 목적의 군사활동
3. 「국민보호와 공공안전을 위한 테러방지법」 제2조제6호에 따른 대테러활동
4. 「공항시설법」 제56조제7항에 따른 위반행위의 제지
5. 「원자력시설 등의 방호 및 방사능 방재 대책법」 제2조제1항제3호에 따른 물리적방호
6. 제1호부터 제5호까지와 관련하여 행하여지는 「경찰관 직무집행법」 제5조제1항제3호에 따른 위험 발생의 방지 또는 같은 법 제6조에 따른 범죄의 예방과 제지를 위한 활동
④ 중앙행정기관(그 소속기관을 포함한다) 또는 그 감독을 받는 기관이 전파차단장치를 도입하거나 폐기하는 경우 해당 중앙행정기관의 장은 그 제원 및 수량 등 대통령령으로 정하는 사항을 과학기술정보통신부장관에게 신고하여야 한다.
⑤ 전파차단장치를 제조·수입 또는 판매하고자 하는 자는 과학기술정보통신부장관의 인가를 받아야 한다.
⑥ 제4항에 따라 전파차단장치를 도입한 기관은 의도하지 않은 전파 혼신의 최소화 등 전파차단장치의 안전한 운용을 위한 자체 운용계획을 수립하여야 한다.
⑦ 제4항 및 제5항에 따른 신고와 인가에 필요한 사항은 대통령령으로 정한다.
(2020.6.9 본조개정)

제29조의2【면책】 ① 제29조제3항에 따른 전파차단장치 사용으로 타인을 사상(死傷)에 이르게 한 경우 그 전파차단장치 사용이 불가피하고 전파차단장치를 운용한 자에게 고의 또는 중과실이 없는 때에는 그 정상을 참작하여 사상에 대한 형사책임을 감경하거나 면제할 수 있다.
② 전파차단장치를 사용한 중앙행정기관(그 소속기관을 포함한다) 또는 그 감독을 받는 기관은 그 전파차단장치 사용이 불가피하고 전파차단장치를 운용한 자에게 고의 또는 과실이 없을 때에는 전파차단장치 사용으로 인하여 손실을 입은 자에게 대통령령으로 정하는 바에 따라 그 손실을 보상하여야 한다.(2024.1.23 본항신설)
③ 제2항에 따라 손실을 보상한 중앙행정기관(그 소속기관을 포함한다) 또는 그 감독을 받는 기관은 전파차단장치 사용의 원인이 된 드론 및 폭발물 등을 사용한 자에 대하여 구상권을 행사할 수 있다.(2024.1.23 본항신설)
(2020.6.9 본조신설)

제30조【통신보안의 준수】 ① 시설자, 무선통신 업무에 종사하는 자 및 무선설비를 이용하는 자는 통신보안 책임자의 지정, 통신보안 교육의 이수 등 과학기술정보통신부장관이 정하여 고시하는 통신보안에 관한 사항을 지켜야 한다.
② 제1항에 따른 통신보안의 교육 등에 필요한 사항은 과학기술정보통신부장관이 정하여 고시한다.
(2017.7.26 본조개정)

제31조【실험국 등의 통신】 ① 실험국은 외국의 실험국과 통신을 하여서는 아니 된다.
② 실험국과 아마추어국이 통신할 때에는 암어(暗語)를 사용하여서는 아니 된다.
③ 아마추어국은 제3자를 위한 통신을 하여서는 아니 된다. 다만, 다른 아마추어국을 개설한 자를 위한 통신이나 비상·재난구조를 위한 통신의 경우에는 그러하지 아니하다.
④ 아마추어국은 무선설비에 유·무선 접속장치를 접속하여 비상·재난구조를 위한 중계통신을 할 수 있다.
(2008.6.13 본조개정)

제32조~제33조 (2010.7.23 삭제)

제2절 방송국의 개설허가 및 운용
(2008.6.13 본절개정)

제34조【방송국의 개설허가】 ① 제19조제1항에도 불구하고 「방송법」 제9조제1항 및 제17조제1항에 따른 지상파방송사업을 위한 방송국의 개설허가 또는 재허가를 받으려는 자는 대통령령으로 정하는 바에 따라 방송통신위원회에 신청하여야 한다.(2013.3.23 본항신설)
② 방송통신위원회는 제1항에 따라 방송국의 개설허가 또는 재허가 신청을 받으면 다음 각 호의 사항에 대한 심사를 과학기술정보통신부장관에게 의뢰하여야 한다.
(2017.7.26 본문개정)
1. 방송용으로 분배된 주파수의 범위에서 주파수 지정이 가능한지 여부
2. 설치하거나 운용할 무선설비가 제45조에 따른 기술기준에 적합한지 여부
3. 무선종사자의 배치계획이 제71조에 따른 자격·정원 배치기준에 적합한지 여부
(2013.3.23 1호~3호신설)
4. 제35조에 따른 방송국의 개설조건을 충족하는지의 여부
5. 그 밖에 방송 업무를 적절히 수행하기 위하여 필요한 것으로서 대통령령으로 정하는 사항
③ 과학기술정보통신부장관은 제2항 각 호에 대한 심사를 하여 그 결과를 방송통신위원회에 송부하여야 한다.
(2017.7.26 본항개정)
④ 방송통신위원회는 제3항에 따른 심사 결과를 반영하여 허가·재허가 여부를 결정한다. 허가받은 사항 중 대통령령으로 정하는 사항을 변경하려는 경우에도 또한 같다.(2013.3.23 본항신설)

제34조의2【위성방송사업을 위한 무선국 등의 개설 등】 과학기술정보통신부장관은 제21조제1항에 따라 위성방송을 위한 무선국 등의 개설허가 신청을 받으면 같은 조 제2항제1호부터 제3호까지의 사항 이외에 다음 각 호의 사항을 심사하여야 한다.(2017.7.26 본문개정)
1. 제35조에 따른 방송국의 개설조건을 충족하는지 여부
2. 그 밖에 방송 업무를 적절히 수행하기 위하여 필요한 것으로서 대통령령으로 정하는 사항
(2013.3.23 본조신설)

제35조【방송국의 개설조건 등】 ① 방송국을 개설하려는 자는 다른 방송의 수신에 혼신을 일으키지 아니하도록 설치하여야 한다.
② 혼신을 방지하기 위한 방송국의 설치장소, 송신안테나의 높이·출력 및 지향특성 등 방송국의 개설조건에 필요한 사항은 대통령령으로 정한다.(2015.12.1 본항개정)
③ 방송통신위원회는 방송국을 개설하려는 자의 허가신청 내용이 제2항에 따른 개설조건에 적합하지 아니하면 설치장소의 이전 등 보완을 명할 수 있다.

제36조【방송수신의 보호】 ① 일반적으로 수신이 가능한 방송의 수신에 장애를 일으키는 건축물의 소유자는 해당 수신장애를 제거하기 위하여 필요한 조치를 하여야 한다.
② 제1항에 따른 일반적으로 수신이 가능한 방송의 기준은 방송통신위원회 고시로 정하고, 방송의 수신장애 제거에 필요한 사항은 대통령령으로 정한다.
(2020.6.9 본조개정)

제37조【방송표준방식】 ① 과학기술정보통신부장관은 방송사업용 주파수의 효율적 이용과 이용자의 편의를 위하여 방송표준방식을 과학기술정보통신부령으로 정한다.
② 과학기술정보통신부장관은 제1항에 따른 방송표준방식을 정하거나 변경하는 경우에는 미리 이해관계자의 의견을 들어야 한다.
(2017.7.26 본조개정)

제3절 우주통신의 운용
(2008.6.13 본절개정)

제38조【위성주파수등의 확보·관리】 과학기술정보통신부장관은 우주통신을 위한 위성주파수등의 확보 및 관리에 필요한 시책을 마련하여야 한다.(2017.7.26 본조개정)

제39조【위성망의 국제등록】 ① 우주국을 개설하기 위하여 위성주파수등을 확보하려는 자는 대통령령으로 정하는 바에 따라 과학기술정보통신부장관에게 위성망 국제등록 신청을 요청하여야 한다.(2017.7.26 본항개정)
② 과학기술정보통신부장관은 제1항에 따른 위성망 국제등록 신청 요청의 내용이 다음 각 호에 적합한 경우에는 「국제전기통신연합 전파규칙」에 따라 국제전기통신연합에 위성망 국제등록을 신청하고, 적합하지 아니한 경우에는 그 요청서를 되돌려 보내거나 기간을 구체적으로 밝혀 보완하도록 할 수 있다.(2017.7.26 본문개정)
1. 요청자가 개설하려는 우주국에 주파수의 지정이 가능할 것
2. 위성사업계획이 적정할 것
3. 요청자가 위성망 혼신조정능력이 있을 것
③ 제2항에 따라 위성망 국제등록 신청이 된 경우에 제1항에 따라 과학기술정보통신부장관에게 위성망 국제등록 신청을 요청한 자는 국제전기통신연합에서 정하는 바에 따라 위성망 국제등록 비용을 부담하여야 한다.
(2017.7.26 본항개정)
④ 과학기술정보통신부장관은 제2항에 따라 국제등록 신청을 한 위성주파수등이 확보되면 해당 요청자에게 우선하여 위성주파수등을 제10조제2항에 따라 할당하거나 제18조의2에 따라 사용승인 또는 제18조의4에 따라 지정하여야 한다.(2017.7.26 본항개정)
(2015.12.22 본조제목개정)

제40조【위성망의 혼신조정】 ① 과학기술정보통신부장관은 외국이 관할하는 위성망과의 혼신을 조정하기 위하여 필요한 시책을 마련하여야 한다.
② 과학기술정보통신부장관은 제39조제1항에 따라 위성망 국제등록 신청을 요청한 자에게 혼신 조정에 필요한 자료를 제출하도록 요구할 수 있다.
(2017.7.26 본조개정)

제41조【위성주파수이용권의 양도·임대 등】 ① 위성주파수등을 제10조제2항에 따라 할당받거나 제18조의4에 따라 지정받은 자는 해당 위성주파수등을 이용할 수 있는 권리(이하 "위성주파수이용권"이라 한다)를 가진다.
② 위성주파수등을 제10조제2항에 따라 할당받거나 제18조의4에 따라 지정받은 자는 3년 이상의 범위에서 대통령령으로 정하는 기간이 지난 후에는 위성주파수이용권을 양도·임대하거나 위성주파수등의 이용을 중단할 수 있다. 다만, 위성주파수등을 제10조제2항에 따라 할당받거나 제18조의4에 따라 지정받은 자가 파산하거나 경제적 여건이 급변하는 등 대통령령으로 정하는 사유에 해당하는 경우에는 그 기간 전에도 위성주파수이용권을 양도·임대하거나 위성주파수등의 이용을 중단할 수 있다.
③ 제2항에 따라 위성주파수이용권을 양수하거나 임차하려는 자와 위성주파수등의 이용을 중단하려는 자는 대통령령으로 정하는 바에 따라 미리 과학기술정보통신부장관의 승인을 받아야 한다. 이 경우 위성주파수이용권을 양도하거나 임대하려는 자도 위성주파수이용권을 양수·임차하려는 자와 함께 승인을 받아야 한다.
(2017.7.26 전단개정)
④ 과학기술정보통신부장관은 제3항에 따른 승인을 하는 경우 위성망등의 국제등록 유지 및 관리 등을 위하여 필요할 때에는 조건을 붙일 수 있다.(2017.7.26 본항개정)
⑤ 위성주파수이용권 양수인의 결격사유에 관하여는 제13조를 준용한다.
⑥ 제3항에 따라 승인을 받은 양수인은 양도인의 지위를 승계한다.
⑦ 과학기술정보통신부장관은 제3항에 따라 승인을 받은 자가 다음 각 호의 어느 하나에 해당하는 경우에는 시정을 명하거나 승인을 취소할 수 있다. 다만, 제1호 또는 제5호에 해당하는 경우에는 승인을 취소하여야 한다.
(2017.7.26 본문개정)
1. 거짓이나 그 밖의 부정한 방법으로 승인을 받은 경우
2. 제4항에 따른 승인 조건을 이행하지 아니하거나 위반한 경우
3. 제10조제2항에 따라 공고한 주파수 용도나 기술방식을 위반한 경우
4. 제25조제2항을 위반하여 허가 또는 신고사항의 범위를 벗어나 무선국을 운용한 경우
5. 본문에 따른 시정명령을 이행하지 아니한 경우
⑧ 제7항에 따른 시정명령 및 승인 취소에 관한 세부적인 기준과 그 밖에 필요한 사항은 대통령령으로 정한다.
(2015.12.22 본조개정)

제42조【우주국의 개설조건】 우주국은 관제설비(管制設備)에서 원격조작에 의하여 전파의 발사를 즉시 정지할 수 있고 그 궤도를 변경할 수 있는 기능을 갖추어야 한다.

제42조의2【우주국 무선설비의 양도·임대】 ① 우주국의 시설자등은 대통령령으로 정하는 바에 따라 미리 과학기술정보통신부장관의 승인을 받아 우주국 무선설비의 전부나 일부를 다른 자에게 양도하거나 임대(무선설비를 위탁운용하거나 다른 자와 공동으로 사용하는 경우를 포함한다. 이하 이 조에서 같다)할 수 있다. 이 경우 우주국 무선설비를 양수하거나 임차하려는 자도 양도하거나 임대하려는 자와 함께 승인을 받아야 한다.
(2017.7.26 전단개정)
② 우주국 무선설비 양수인의 결격사유와 제1항에 따른 승인의 조건에 관하여는 제13조 및 제41조제4항을 준용한다.
③ 제1항에 따른 승인을 받은 양수인은 양도인의 지위를 승계한다.
④ 과학기술정보통신부장관은 제1항에 따라 승인을 받은 자가 다음 각 호의 어느 하나에 해당하는 경우에는 시정을 명하거나 승인을 취소할 수 있다. 다만, 제1호 또는 제4호에 해당하는 경우에는 승인을 취소하여야 한다.
(2017.7.26 본문개정)
1. 거짓이나 그 밖의 부정한 방법으로 승인을 받은 경우
2. 제2항에 따른 승인 조건을 이행하지 아니하거나 위반한 경우
3. 제25조제2항을 위반하여 허가 또는 신고사항의 범위를 벗어나 무선국을 운용한 경우
4. 본문에 따른 시정명령을 이행하지 아니한 경우
⑤ 제4항에 따른 시정명령 및 승인 취소에 관한 세부적인 기준과 그 밖에 필요한 사항은 대통령령으로 정한다.
(2015.12.22 본조신설)

제43조【위성궤도의 변경】 과학기술정보통신부장관은 혼신을 조정하거나 전파자원을 효율적으로 이용하기 위하여 필요하다고 인정하면 목적수행에 중대한 지장을 주지 아니하는 범위에서 우주국의 시설자에게 위성궤도를 변경하게 할 수 있다.(2017.7.26 본조개정)

제44조【인공위성의 국제연합 등록】 ① 우주항공청장은 「외기권에 발사된 물체의 등록에 관한 협약」에 따라 대한민국 국민이 발사한 인공위성을 국제연합에 등록하여야 한다.
② 우주항공청장은 인공위성을 발사한 자에게 해당 인공위성의 등록에 필요한 자료를 제출하도록 요구할 수 있다.
③ 우주항공청장은 제1항에 따라 국제연합에 등록한 내용에 변경이 발생한 경우에는 이를 국제연합에 통보하여야 한다.
(2024.1.26 본조개정)

제44조의2【위성운용계획의 제출 등】 ① 과학기술정보통신부장관은 대한민국이 국제등록한 위성망등에서 인공위성을 운용 중인 자에게 후속 인공위성의 확보 및 운용계획(이하 "위성운용계획"이라 한다)의 제출을 요청할 수 있다.(2017.7.26 본항개정)
② 제1항에 따른 요청을 받은 자는 요청받은 날부터 6개월 이내에 위성운용계획을 과학기술정보통신부장관에게 제출하여야 한다.(2017.7.26 본항개정)
③ 제2항에 따라 위성운용계획을 제출한 자는 위성운용계획이 변경되는 경우에는 변경사항을 즉시 과학기술정보통신부장관에게 통보하여야 한다.(2017.7.26 본항개정)

④ 제1항부터 제3항까지의 규정에 따른 위성운용계획의 제출 및 변경에 필요한 세부사항은 대통령령으로 정한다.(2015.12.22 본조신설)

제44조의3【안전한 전파환경 기반 조성】 과학기술정보통신부장관은 전자파가 인체, 기자재, 무선설비 등에 미치는 영향을 최소화하고 안전한 전파환경을 조성하기 위하여 다음 각 호의 시책을 마련하여야 한다.(2017.7.26 본문개정)

1. 전파 이용과 관련된 역기능 방지 및 안전한 전파환경 조성대책의 수립·추진
2. 전자파가 인체에 미치는 영향 등에 관한 종합적인 보호대책의 수립·추진
3. 기자재의 전자파장해를 방지하고 전자파로부터 기자재를 보호하기 위한 전자파적합성에 관한 정책의 수립·추진
4. 전자파 인체흡수율, 전자파강도 및 전파환경 등에 대한 관련 기준 마련 및 측정·조사
5. 전자파 차폐·차단 및 저감(低減) 기술 등 전자파 역기능 해소를 위한 기반기술 연구
6. 안전한 전파환경 기반 조성을 위한 교육 및 홍보계획의 수립·시행

(2010.7.23 본조신설)

제44조의4【전자파의 인체영향에 관한 연구·조사 및 교육·홍보】 ① 과학기술정보통신부장관은 전자파가 인체에 미치는 영향에 관한 연구·조사 등을 실시하여야 한다.
② 과학기술정보통신부장관은 전자파가 인체에 미치는 영향에 관한 정보 전달과 방송통신기자재 등의 안전한 사용 등에 관한 교육 및 홍보를 위하여 적극 노력하여야 한다.
(2017.7.26 본조개정)

제44조의5【협력체계의 구축】 과학기술정보통신부장관은 제44조의3에 따른 안전한 전파환경 기반 조성의 시책을 마련하기 위하여 필요한 경우에는 관계 행정기관, 「공공기관의 운영에 관한 법률」에 따른 공공기관, 「고등교육법」에 따른 대학, 기업체 등과 협력체계를 구축할 수 있다.(2019.12.10 본조개정)

제5장 전파자원의 보호
(2008.6.13 본장제목개정)

제45조【기술기준】 무선설비(방송수신만을 목적으로 하는 것은 제외한다)는 주파수 허용편차와 안테나공급전력 등 과학기술정보통신부령으로 정하는 기술기준에 적합하여야 한다.(2017.7.26 본조개정)

제46조 (2010.7.23 삭제)

제47조【안전시설의 설치】 무선설비는 인체에 위해를 주거나 물건에 손상을 주지 아니하도록 과학기술정보통신부령으로 정하는 안전시설기준에 따라 설치하여야 한다.(2017.7.26 본조개정)

제47조의2【전자파 인체보호기준 등】 ① 과학기술정보통신부장관은 무선설비, 전기·전자기기 등(이하 "무선설비등"이라 한다)에서 발생하는 전자파가 인체에 미치는 영향을 고려하여 다음 각 호의 사항을 정하여 고시하여야 한다.(2017.7.26 본문개정)

1. 전자파 인체보호기준
2. 전자파 등급기준
3. 전자파 강도 측정기준
4. 전자파 흡수율 측정기준
5. 전자파 측정대상 기자재와 측정방법
6. 전자파 등급 표시대상과 표시방법
7. 그 밖에 전자파로부터 인체를 보호하기 위하여 필요한 사항

(2012.5.23 1호~7호신설)
② 무선국의 시설자나 무선설비등을 제작하거나 수입하려는 자는 무선설비등으로부터 방출되는 전자파 강도가 전자파 인체보호기준을 초과하지 아니하도록 하여야 하며, 그 기준을 초과하는 장소에는 취급자 외의 자가 출입할 수 없도록 안전시설을 설치하여야 한다.(2015.1.20 본항개정)
③ 안테나공급전력 및 설치장소 등이 대통령령으로 정하는 기준에 해당하는 무선국의 시설자는 제1항에 따라 고시한 전자파 인체보호기준 및 전자파 강도 측정기준에 따라 전자파 강도를 측정하여 그 결과를 과학기술정보통신부장관에게 보고하여야 한다.(2017.7.26 본항개정)
④ 제3항에 따라 전자파 강도를 보고하여야 하는 무선국의 시설자는 제24조에 따라 무선국을 검사할 때에 과학기술정보통신부장관에게 전자파 강도를 측정하도록 요청할 수 있다. 이 경우 무선국의 시설자는 제3항에 따른 전자파 강도의 보고의무를 이행한 것으로 본다.(2017.7.26 전단개정)
⑤ 과학기술정보통신부장관은 무선국에서 방출되는 전자파 강도가 제1항에 따라 고시한 전자파 인체보호기준을 초과할 가능성이 있다고 판단하거나 제3항에 따라 무선국의 시설자가 보고한 측정 결과의 거짓 여부를 확인할 필요성이 있다고 판단하면 무선국의 전자파 강도를 측정하거나 조사할 수 있다.(2017.7.26 본항개정)
⑥ 과학기술정보통신부장관은 제3항부터 제5항까지의 규정에 따라 보고·측정·조사된 전자파 강도가 전자파 인체보호기준을 초과하면 안전시설의 설치, 운용제한 및 운용정지 등 필요한 조치를 명할 수 있다.(2017.7.26 본항개정)
⑦ 제3항에 따른 전자파 강도의 보고 시기 및 방법, 제4항에 따른 전자파 강도의 측정 요청 시기 및 방법 등에 필요한 사항은 대통령령으로 정한다.
⑧ 무선국의 시설자나 무선설비를 제작하거나 수입한 자는 제1항제2호 및 제6호에 따라 전자파 등급을 표시하여야 한다.(2012.5.23 본항신설)
(2008.6.13 본조개정)

제47조의3【전자파적합성 등】 ① 전자파장해를 주거나 전자파로부터 영향을 받는 기자재에 대한 전자파장해 방지기준 및 보호기준(이하 "전자파적합성기준"이라 한다)은 대통령령으로 정한다.
② 전자파장해를 주거나 전자파로부터 영향을 받는 기자재를 제작하거나 수입하려는 자는 전자파적합성기준을 초과하지 아니하도록 하여야 한다.
③ 과학기술정보통신부장관은 전자파장해를 주거나 전자파로부터 영향을 받는 기자재에서 발생하는 전자파가 전자파적합성기준을 초과할 가능성이 있다고 판단할 경우에는 해당 기자재에 대하여 전자파적합성 여부를 측정하거나 조사할 수 있다.(2017.7.26 본항개정)
④ 제3항에 따른 측정이나 조사의 절차와 방법에 관하여는 제71조의2제2항부터 제4항까지를 준용한다.
⑤ 과학기술정보통신부장관은 제3항에 따라 측정·조사된 전자파가 전자파적합성기준을 초과하는 경우에는 해당 기자재의 전자파 저감 및 차폐를 위하여 필요한 조치를 권고할 수 있다.(2017.7.26 본항개정)
⑥ 과학기술정보통신부장관은 전자파장해 방지 및 보호를 위하여 전자파 저감 및 차폐 등 관련 기술개발에 관한 사항을 지원할 수 있다.(2017.7.26 본항개정)
⑦ 과학기술정보통신부장관은 전자파적합성 등에 관한 국제 협력을 추진하여야 하며, 이를 위하여 관련 기술 및 인력의 국제교류와 국제표준화 및 국제공동연구개발 등의 사업을 지원할 수 있다.(2017.7.26 본항개정)
(2010.7.23 본조신설)

제48조【무선설비의 효율적 이용】 ① 시설자는 무선국 무선설비(우주국 무선설비는 제외한다)를 효율적으로 이용하기 위하여 필요한 경우 대통령령으로 정하는 바에 따라 과학기술정보통신부장관의 승인을 받아 무선국 무선설비의 전부나 일부를 다른 사람에게 임대·위탁운용하거나 다른 사람과 공동으로 사용할 수 있다.(2017.7.26 본항개정)
②~③ (2010.7.23 삭제)

제48조의2【자연환경 보호 등】 ① 과학기술정보통신부장관은 자연환경 및 도시미관의 보호를 위하여 필요하다고 인정하는 경우에는 시설자에게 무선국의 무선설비의 전부 또는 일부를 공동으로 사용할 것을 명하거나 자연환경에 대한 영향을 최소화하고 주변경관과 조화를 이루는 등 환경친화적으로 무선설비를 설치할 것을 명할 수 있다.(2017.7.26 본항개정)
② 제1항에 따른 무선설비의 공동사용 명령과 환경친화적 설치명령의 대상 및 요건 등에 관하여 필요한 사항은 대통령령으로 정한다.
(2010.7.23 본조신설)

제49조【전파감시】 ① 과학기술정보통신부장관은 전파의 효율적 이용을 촉진하고 혼신의 신속한 제거 등 전파이용 질서를 유지하고 보호하기 위하여 전파감시 업무를 수행하여야 한다.(2017.7.26 본항개정)
② 제1항에 따른 전파감시 업무는 다음 각 호와 같다.

1. 무선국에서 사용하고 있는 주파수의 편차·대역폭(帶域幅) 등 전파의 품질 측정
2. 혼신을 일으키는 전파의 탐지
3. 허가받지 아니한 무선국에서 발사한 전파의 탐지
4. 제28조제2항에 따른 통신, 허가받지 아니한 무선국에서 발사한 전파, 혼신에 관하여 조사를 의뢰받은 전파 등의 방향 탐지
5. 제25조 및 제27조부터 제30조까지의 규정에 따른 사항의 준수 여부
6. 그 밖에 전파이용 질서를 유지하고 보호하기 위하여 대통령령으로 정하는 사항

(2008.6.13 본조개정)

제50조【국제전파 감시】 ① 과학기술정보통신부장관은 외국의 무선국이 발사한 전파의 감시, 혼신 분석 및 제거 등 국제전파감시 업무를 수행하여야 한다.
② 과학기술정보통신부장관은 제1항에 따른 업무를 수행하기 위하여 필요한 시설을 설치하거나 운용하여야 한다.
(2017.7.26 본조개정)

제51조【우주전파재난관리 기본계획의 수립·시행】 과학기술정보통신부장관과 우주항공청장은 지구 대기권 밖에 존재하는 전자파에너지의 변화로 발생하는 전파와 관련한 재난(이하 "우주전파재난"이라 한다)에 대비하고, 우주전파재난을 신속하게 수습·복구하기 위하여 다음 각 호의 사항이 포함된 우주전파재난관리 기본계획을 5년마다 수립·시행하여야 한다.(2024.1.26 본문개정)

1. 지구 대기권 밖의 전자파에너지 변화의 관측 및 감시에 관한 사항
2. 지구 대기권 밖의 전자파에너지 변화 및 이에 따른 우주전파재난 예보·경보에 관한 사항
3. 우주전파재난의 예방 및 관리를 위한 연구개발 및 국제협력에 관한 사항
4. 그 밖에 우주전파재난의 관리에 필요하다고 인정되는 사항

(2015.12.22 본조신설)

제52조【무선방위측정장치의 보호】 ① 무선방위측정장치보호구역(과학기술정보통신부장관이 설치한 무선방위측정장치의 설치장소로부터 1킬로미터 이내의 지역을 말한다)에 전파를 방해할 우려가 있는 건축물 또는 인공구조물로서 대통령령으로 정하는 것을 건설하고자 하는 자는 과학기술정보통신부장관의 승인을 얻어야 한다.
② 제1항에 따른 무선방위측정장치의 설치장소는 과학기술정보통신부장관이 공고한다. 다만, 통신보안을 위하여 필요한 경우에는 관계 행정기관의 장에게 그 설치장소를 알리고 이를 공고하지 아니할 수 있다.
(2020.6.9 본조개정)

제53조 (2010.7.23 삭제)

제54조【자료의 제공】 ① 시설자는 전파이용과 관련하여 다른 시설자와의 분쟁이 있으면 과학기술정보통신부장관에게 분쟁 지역에서의 전파이용 현황 등 필요한 자료를 제공하도록 요청할 수 있다. 이 경우 과학기술정보통신부장관은 특별한 사유가 없으면 그 요청에 따라야 한다.
② 과학기술정보통신부장관은 제1항에 따라 요청받은 자료를 제공하기 위하여 필요하면 소속 공무원을 파견하여 필요한 사항을 조사하거나 확인한 후 그 결과를 분쟁 당사자에게 알려야 한다.
(2017.7.26 본조개정)

제55조【전파환경의 측정 등】 ① 과학기술정보통신부장관은 전파환경의 측정 등 전파환경을 보호하기 위하여 필요한 조치를 하여야 한다.
② 제1항에 따른 전파환경의 측정 등에 필요한 사항은 과학기술정보통신부장관이 정하여 고시한다.
(2017.7.26 본조개정)

제56조【고출력·누설 전자파 안전성 평가 등】 ① 고출력 전자파로 인한 피해와 누설 전자파에 의한 정보유출을 방지하기 위하여 방호차폐시설 또는 장비보호시설 등을 구축한 자는 과학기술정보통신부장관에게 그 시설 등의 안전성 평가를 의뢰할 수 있다.
② 과학기술정보통신부장관은 제1항에 따라 안전성 평가를 의뢰받은 경우에는 안전성을 평가하고 그 결과를 통지하여야 한다. 다만, 평가결과가 안전성 평가기준에 맞지 아니하는 경우에는 이에 대한 대책을 마련하도록 권고할 수 있다.
③ 제1항 및 제2항에 따른 안전성 평가기준 및 방법 등에 관하여 필요한 세부사항은 과학기술정보통신부장관이 정하여 고시한다.
(2017.7.26 본조개정)

제57조 (2010.7.23 삭제)

제58조【산업·과학·의료용 전파응용설비 등】 ① 다음 각 호의 어느 하나에 해당하는 설비를 운용하려는 자는 과학기술정보통신부장관의 허가를 받아야 한다. 허가받은 사항 중 대통령령으로 정하는 사항을 변경하려는 경우에도 또한 같다.(2017.7.26 전단개정)

1. 전파에너지를 발생시켜 한정된 장소에서 산업·과학·의료·가사, 그 밖에 이와 비슷한 목적에 사용하도록 설계된 설비로서 대통령령으로 정하는 기준에 해당하는 설비
2. 전선로에 주파수가 9킬로헤르츠 이상인 전류가 흐르는 통신설비 중 전계강도(電界强度) 등이 대통령령으로 정하는 기준에 해당하는 설비

② 과학기술정보통신부장관은 제1항에 따른 허가 신청을 받은 경우 제45조에 따른 기술기준에 적합하고 다른 통신에 방해를 주지 아니한다고 인정되면 허가하여야 한다.(2017.7.26 본항개정)
③ 제1항에 따라 허가받은 설비에 관하여는 제21조제1항·제3항·제4항, 제23조, 제24조, 제25조, 제25조의2, 제45조 및 제72조를 준용한다. 다만, 본문에 따라 준용하는 제25조제1항에도 불구하고 「국토의 계획 및 이용에 관한 법률」 제36조제1항제1호가목에 따른 주거지역 또는 같은 호 나목에 따른 상업지역 외의 지역에서 대통령령으로 정하는 다중차폐시설(전자파 차폐시설을 갖춘 건물 내에 전자파 차폐설비를 추가로 설치한 시설을 말한다)을 갖춘 제1항제1호의 설비에 관하여는 제25조제3항을 준용한다.(2021.10.19 단서신설)
④ 과학기술정보통신부장관은 전선로에 주파수가 9킬로헤르츠 이상인 전류가 흐르는 통신설비의 경우 다른 통신에 방해를 주지 아니하도록 그 운용을 제한하는 주파수 대역을 정하여 고시할 수 있다.(2017.7.26 본항개정)
(2008.6.13 본조개정)

제5장의2 방송통신기자재등의 관리
(2010.7.23 본장신설)

제1절 방송통신기자재등의 적합성평가

제58조의2【방송통신기자재등의 적합성평가】 ① 방송통신기자재와 전자파장해를 주거나 전자파로부터 영향

을 받는 기자재(이하 "방송통신기자재등"이라 한다)를 제조 또는 판매하거나 수입하려는 자는 해당 기자재에 대하여 다음 각 호의 기준(이하 "적합성평가기준"이라 한다)에 따라 제2항에 따른 적합인증, 제3항에 따른 적합등록, 제4항에 따른 자기적합확인 또는 제9항에 따른 잠정인증(이하 "적합성평가"라 한다)을 받아야 한다.
(2024.1.23 본문개정)
1. 제37조 및 제45조에 따른 기술기준
2. 제47조의2에 따른 전자파 인체보호기준
3. 제47조의3제1항에 따른 전자파적합성기준
4. 「방송통신발전 기본법」 제28조에 따른 기술기준
5. 「전기통신사업법」 제61조·제68조·제69조에 따른 기술기준
6. 「방송법」 제79조에 따른 기술기준
7. 다른 법률에서 방송통신기자재등과 관련하여 과학기술정보통신부장관이 정하도록 한 기술기준이나 표준(2017.7.26 본호개정)

② 전파환경 및 방송통신망 등에 위해를 줄 우려가 있는 기자재와 중대한 전자파장해를 주거나 전자파로부터 정상적인 동작을 방해받을 정도의 영향을 받는 기자재를 제조 또는 판매하거나 수입하려는 자는 해당 기자재에 대하여 제58조의5에 따른 지정시험기관의 적합성평가기준에 관한 시험을 거쳐 과학기술정보통신부장관의 적합인증을 받아야 한다.(2017.7.26 본항개정)

③ 제2항에 따른 적합인증의 대상이 아닌 방송통신기자재등을 제조 또는 판매하거나 수입하려는 자는 제58조의5에 따른 지정시험기관의 적합성평가기준에 관한 시험을 거쳐 해당 기자재가 적합성평가기준에 적합함을 확인한 후 그 사실을 과학기술정보통신부장관에게 등록(이하 "적합등록"이라 한다)하여야 한다.(2024.1.23 본항개정)

④ 제3항에도 불구하고 전파환경 및 방송통신망 등에 위해를 줄 우려가 낮은 기자재 등 대통령령으로 정하는 기자재(이하 "자기적합확인 대상 기자재"라 한다)를 제조 또는 판매하거나 수입하려는 자는 해당 기자재를 스스로 시험하거나 제58조의5에 따른 지정시험기관 또는 대통령령으로 정하는 시험 가능한 기관의 시험을 거쳐 해당 기자재가 적합성평가기준에 적합함을 확인한 후 그 사실을 서면으로 관리하고 공개(이하 "자기적합확인"이라 한다)하거나 적합등록을 하여야 한다.(2024.1.23 본항신설)

⑤ 적합등록 또는 자기적합확인을 한 자는 해당 기자재가 적합성평가기준을 충족함을 증명하는 서류를 보관하여야 한다. 제7항에 따라 자기적합확인한 사실을 변경하는 경우에도 또한 같다.(2024.1.23 본항개정)

⑥ 제2항 및 제3항에 따라 적합성평가를 받은 자가 적합성평가를 받은 사항을 변경하려는 때에는 과학기술정보통신부장관에게 신고하여야 한다. 이 경우 변경하려는 사항 중 적합성평가기준과 관련된 사항의 변경이 포함된 경우에는 해당 사항에 대하여 제2항 및 제3항에 따른 적합성평가를 받아야 한다.(2017.7.26 전단개정)

⑦ 제4항에 따라 자기적합확인을 한 자가 자기적합확인한 사실을 변경하려는 때에는 변경하려는 사항을 서면으로 관리하고 공개하여야 한다. 이 경우 변경하려는 사항 중 적합성평가기준과 관련된 사항의 변경이 포함된 경우에는 해당 사항에 대하여 자기적합확인을 하여야 한다.
(2024.1.23 본항신설)

⑧ 적합성평가를 받은 자가 해당 기자재를 판매·대여하거나 판매·대여할 목적으로 진열(인터넷에 게시하는 경우를 포함한다. 이하 같다)·보관·운송하거나 무선국·방송통신망에 설치하려는 경우에는 해당 기자재 또는 포장에 적합성평가를 받은 사실을 표시(이하 "적합성평가표시"라 한다)하여야 한다. 이 경우 적합성평가표시와는 별도로 자기적합확인을 한 자는 제4항에 따라 서면으로 관리한 사실을 기자재에 대한 설명서 등에 표시(이하 "자기적합확인표시"라 한다)하여야 한다.(2024.1.23 본항개정)

⑨ 과학기술정보통신부장관은 방송통신기자재등에 대한 적합성평가기준이 마련되어 있지 아니하거나 그 밖의 사유로 제2항부터 제4항까지의 적합성평가가 곤란한 경우로서 다음 각 호에 해당하는 경우에는 관련 국내외 표준, 규격 및 기술기준 등에 따른 적합성평가를 한 후 지역, 유효기간 등의 조건을 붙여 해당 기자재의 제조·수입·판매를 허용(이하 "잠정인증"이라고 한다)할 수 있다.
(2024.1.23 본문개정)
1. 방송통신망의 침해를 초래하지 아니하는 등 망 이용에 피해를 주지 않는 경우
2. 전파에 혼신을 초래하지 아니하는 등 전파이용 환경에 피해를 끼치지 않는 경우
3. 이용자의 인명, 재산 등에 피해를 주지 아니하는 등 기자재 이용상 위해가 없는 경우

⑩ 제9항에 따라 잠정인증을 받은 자는 해당 기자재에 대한 적합성평가기준이 제정되거나 적합성평가가 곤란한 사유가 없어진 경우에는 일정한 기한 내에 제2항부터 제4항까지의 적합성평가를 받아야 한다.(2024.1.23 본항개정)

⑪ 잠정인증을 받은 자가 제10항에 따른 기한 내에 적합성평가를 받지 아니한 경우에는 잠정인증의 효력은 소멸한다.(2024.1.23 본항개정)

⑫ 제1항부터 제11항까지에서 규정한 사항 외에 적합성평가기준과 적합성평가 및 변경신고의 대상, 방법, 절차, 자기적합확인 사실의 서면 관리 및 공개 등에 관하여 필요한 사항은 대통령령으로 정한다.(2024.1.23 본항개정)

제58조의3【적합성평가의 면제】 ① 다음 각 호의 어느 하나에 해당하는 경우로서 대통령령으로 정하는 기자재에 대하여는 적합성평가의 전부 또는 일부를 면제할 수 있다.
1. 시험·연구, 기술개발, 전시 등 사용목적이 한정되는 기자재를 제조하거나 수입하는 경우(2015.12.22 본호개정)
2. 국내에서 판매하지 아니하고 수출 전용으로 제조하는 경우
3. 과학기술정보통신부장관이 제58조의2제9항에 따라 잠정인증을 하는 때 잠정인증을 요청하는 자가 해당 기자재에 대하여 제58조의5에 따른 지정시험기관의 시험 결과를 제출한 경우(2024.1.23 본호개정)
4. 다음 각 목에 해당하는 기자재로서 관계 법령에 따라 이 법에 준하는 전자파장해 및 전자파로부터의 보호에 관한 적합성평가를 받은 경우
가. 「산업표준화법」 제15조에 따라 인증을 받은 품목
나. (2015.12.22 삭제)
다. (2016.1.27 삭제)
라. 「자동차관리법」에 따라 자기인증을 한 자동차
마. 「소방시설 설치 및 관리에 관한 법률」에 따라 형식승인 또는 성능인증을 받은 소방기기
바. 「의료기기법」에 따라 품목류별 또는 품목별 인증 및 허가를 받거나 신고한 의료기기
(2024.1.23 마목~바목개정)
사. 「철도안전법」에 따라 형식승인을 받은 철도차량 및 철도용품
아. 「계량에 관한 법률」에 따라 형식승인을 받은 계량기
(2024.1.23 사목~아목신설)

② 적합성평가의 면제의 방법 및 절차 등에 관하여 필요한 사항은 대통령령으로 정한다.

제58조의4【적합성평가의 취소 등】 ① 과학기술정보통신부장관은 적합성평가를 받은 자가 다음 각 호의 어느 하나에 해당하는 경우에는 대통령령으로 정하는 바에 따라 해당 기자재에 대한 적합성평가를 취소하거나 개선, 시정, 수거, 철거, 파기 또는 생산중지, 수입중지, 판매중지, 사용중지 등 필요한 조치를 명할 수 있다.(2017.7.26 본문개정)
1. 해당 방송통신기자재등이 적합성평가기준에 적합하지 아니하게 된 경우
2. 적합성평가표시 및 자기적합확인표시를 하지 아니하거나 거짓으로 표시한 경우(2024.1.23 본호개정)
3. 제58조의2제2항에 따른 적합인증 및 적합등록의 변경신고를 하지 아니한 경우(2024.1.23 본호개정)
4. 제58조의2제5항을 위반하여 관련 서류를 보관하지 아니한 경우(2024.1.23 본호개정)
5. 제58조의2제7항을 위반하여 자기적합확인의 변경 사항을 서면으로 관리하지 아니하거나 공개하지 아니한 경우(2024.1.23 본호신설)
6. 제58조의13제1항을 위반하여 국내대리인을 허위로 지정한 경우(2024.1.23 본호신설)

② 과학기술정보통신부장관은 적합성평가를 받은 자가 다음 각 호의 어느 하나에 해당하는 경우에는 대통령령으로 정하는 바에 따라 해당 기자재에 대한 적합성평가를 취소하여야 한다.(2017.7.26 본문개정)
1. 거짓이나 그 밖의 부정한 방법으로 적합성평가를 받은 경우
2. 제1항에 따른 개선명령 등 조치명령을 이행하지 아니한 경우

③ 적합성평가의 취소처분을 받은 자는 그 취소된 날부터 1년의 범위에서 대통령령으로 정하는 기간 내에는 해당 기자재에 대하여 적합성평가를 받을 수 없다.

제58조의5【시험기관의 지정 등】 ① 과학기술정보통신부장관은 다음 각 호의 요건을 갖춘 법인을 적합성평가 시험 업무를 하는 기관으로 지정할 수 있다.(2017.7.26 본문개정)
1. 적합성평가 시험에 필요한 설비 및 인력을 확보할 것
2. 국제기준에 적합한 품질관리규정을 확보할 것
3. 그 밖에 과학기술정보통신부장관이 시험 업무의 객관성 및 공정성을 위하여 필요하다고 인정하는 사항을 갖출 것(2017.7.26 본호개정)

② 제1항에 따라 지정받은 시험기관(이하 "지정시험기관"이라 한다)은 지정시험 업무를 일정 기간 중지하거나 지정시험 업무의 일부를 폐지하는 등 지정받은 사항을 변경하거나 지정시험 업무의 전부를 폐지하려는 경우에는 과학기술정보통신부장관에게 지정받은 사항의 변경 또는 지정시험 업무의 폐지를 신청하여야 한다.
(2017.7.26 본항개정)

③ 지정시험기관이 아닌 자가 지정시험기관을 양수하거나 합병을 통하여 지정시험기관의 지위를 승계하려는 경우에는 미리 과학기술정보통신부장관의 승인을 받아야 한다.(2017.7.26 본항개정)

④ 과학기술정보통신부장관은 대통령령으로 정하는 전문심사기구로 하여금 지정시험기관의 지정을 위하여 필요한 요건의 심사를 하도록 할 수 있다.(2017.7.26 본항개정)

⑤ 다음 각 호의 어느 하나에 해당하는 경우에는 지정시험기관으로 지정을 받을 수 없다.
1. 제58조의7제3항을 위반하여 지정이 취소된 법인으로서 그 지정이 취소된 날부터 1년이 지나지 아니한 경우
2. 제58조의7제3항을 위반하여 지정이 취소된 법인의 대표자와 등기임원이 대표자나 등기임원으로 있는 다른 법인으로서 그 지정이 취소된 날부터 1년이 지나지 아니한 경우
(2024.1.23 본항신설)

⑥ 제1항부터 제4항까지의 규정에 따른 지정시험기관의 심사, 지정(변경, 폐지 및 승인을 포함한다)의 절차와 방법 등에 관하여 필요한 사항은 대통령령으로 정한다.

제58조의6【지정시험기관의 검사 등】 ① 과학기술정보통신부장관은 다음 각 호의 사항을 확인하기 위하여 대통령령으로 정하는 바에 따라 지정시험기관의 장에게 관련 자료의 제출을 요구하거나 소속 공무원에게 해당 기관의 사무실, 사업장, 그 밖에 필요한 장소에 출입하여 검사하게 할 수 있다.(2024.1.23 본문개정)
1. 제58조의5제1항 각 호에 따른 지정요건의 준수 여부
2. 제58조의7에 따른 시정명령, 업무정지 명령 등의 준수 여부
(2024.1.23 1호~2호신설)

② 제1항에 따라 지정시험기관을 검사할 경우 검사계획의 사전통지 및 증표의 제시 등에 관하여는 제71조의2제3항 및 제4항을 준용한다.

③ 지정시험기관의 검사절차, 방법 등에 관하여 필요한 사항은 대통령령으로 정한다.

제58조의7【지정시험기관의 지정 취소 등】 ① 과학기술정보통신부장관은 지정시험기관이 시험에 관한 절차, 측정설비의 관리 등 대통령령으로 정하는 사항을 준수하지 아니한 경우에는 시정을 명할 수 있다.(2017.7.26 본항개정)

② 과학기술정보통신부장관은 지정시험기관이 다음 각 호의 어느 하나에 해당하는 경우에는 대통령령으로 정하는 바에 따라 1년 이내의 기간을 정하여 업무의 전부 또는 일부의 정지를 명할 수 있다.(2017.7.26 본문개정)
1. 고의 또는 중대한 과실로 시험 업무를 부정확하게 수행한 경우
2. 정당한 이유 없이 제58조의6제1항에 따른 자료제출 요구나 검사 등을 거부·방해·기피한 경우
3. 제58조의5제1항에 따른 지정요건에 부적합하게 된 경우
4. 정당한 이유 없이 시험 업무를 수행하지 아니한 경우
5. 제1항에 따른 시정명령을 이행하지 아니한 경우

③ 과학기술정보통신부장관은 지정시험기관이 다음 각 호의 어느 하나에 해당하는 경우에는 그 업무의 전부 또는 일부에 대하여 지정을 취소하여야 한다.(2024.1.23 본문개정)
1. 거짓이나 그 밖의 부정한 방법으로 지정을 받은 경우
2. 업무정지 명령을 받은 후 그 업무정지 기간에 시험 업무를 수행한 경우
3. 제2항을 위반하여 2회 이상 업무정지 명령을 받은 지정시험기관이 다시 같은 항을 위반하여 업무정지 사유에 해당하게 된 경우

④ 제1항부터 제3항까지의 규정에 따른 시정명령 및 행정처분 등에 관하여 필요한 사항은 대통령령으로 정한다.

제2절 방송통신기자재등의 국제협력 및 사후관리 등

제58조의8【적합성평가의 국가 간 상호 인정】 ① 과학기술정보통신부장관은 방송통신기자재등에 대한 적합성평가 결과를 상호 인정하기 위하여 외국정부와 협정(이하 "상호인정협정"이라 한다)을 체결할 수 있다.
(2017.7.26 본항개정)

② 상호인정협정의 절차와 내용 등에 관하여 필요한 사항은 대통령령으로 정한다.

③ 과학기술정보통신부장관은 상호인정협정을 체결하였을 때에는 그 내용을 고시하여야 한다.(2017.7.26 본항개정)

④ 상호인정협정에 따라 해당 국가의 적합성평가를 받으려는 자는 인증기관에 적합성평가를 신청할 수 있다.
(2024.1.23 본항신설)

⑤ 상호인정협정에 따른 시험기관과 인증기관의 지정 및 관리 등을 위하여 필요한 세부사항은 과학기술정보통신부장관이 정하여 고시할 수 있다.(2024.1.23 본항신설)

제58조의9【국제적 적합성평가 체계의 구축】 ① 과학기술정보통신부장관은 이 법에 따른 적합성평가 체계가 국제기준에 적합하도록 노력하여야 한다.

② 과학기술정보통신부장관은 제1항에 따른 적합성평가 체계 구축을 위한 세부사항을 정하여 고시할 수 있다.
(2017.7.26 본조개정)

제58조의10【복제·개조·변조 등의 금지】 ① 누구든지 적합성평가를 받은 기자재를 복제하여서는 아니 되며, 타인의 정상적인 기자재 사용을 방해하거나 전파이용 질서를 저해할 정도로 개조·변조하여서는 아니 된다.

② 누구든지 제1항을 위반하여 복제·개조·변조한 기자재를 판매·대여하거나 판매·대여할 목적으로 진열·보관 또는 운송하거나 무선국·방송통신망에 설치하여서는 아니 된다.

제58조의11【부적합 보고 등】 ① 제58조의2에 따른 적합성평가를 받은 자는 해당 기자재가 다음 각 호의 어느

하나에 해당하는 경우에는 지체 없이 과학기술정보통신부장관에게 보고하고 스스로 시정하거나 수거하는 등 필요한 조치를 하여야 한다.(2024.1.23 본문개정)
1. 해당 기자재의 결함으로 인하여 이용자의 생명·신체 또는 재산에 위해를 끼치거나 끼칠 우려가 있다는 사실을 알게 되었을 때
2. 해당 기자재의 결함으로 인하여 방송통신망에 위해 또는 간섭영향을 끼치거나 끼칠 우려가 있다는 사실을 알게 되었을 때
3. 해당 기자재가 적합성평가기준에 적합하지 아니함을 알게 되었을 때
4. 적합성평가를 받은 기자재와 동일한 기자재에 대하여 외국에서 결함이 발견되어 외국의 제조·수입·판매자가 다음 각 목의 어느 하나에 해당하는 조치를 한 경우
가. 외국 정부로부터 시정·수거 등의 권고 또는 명령을 받고 한 시정·수거 등
나. 자발적으로 한 시정·수거 등
5. 적합성평가를 받은 기자재와 동일한 기자재에 대하여 외국의 다른 사업자가 제4호 각 목의 어느 하나에 해당하는 조치를 한 사실을 알게 된 경우
(2024.1.23 1호~5호신설)
② 과학기술정보통신부장관은 적합성평가를 받은 자가 제1항에 따라 스스로 시정하거나 필요한 조치를 하지 아니하는 경우에는 부적합 기자재의 정보를 공개할 수 있다.(2024.1.23 본항신설)
③ 제1항에 따른 보고의 절차에 관하여 필요한 사항은 대통령령으로 정한다.(2024.1.23 본항신설)
④ 제1항에 따른 조치를 이행한 자에 대하여는 제58조의4에 따른 행정처분을 대통령령으로 정하는 바에 따라 감경 또는 면제할 수 있다.(2024.1.23 본항신설)

제58조의12【주파수분배 변경에 따른 조치 등】 ① 제58조의2에 따른 방송통신기자재등의 적합성평가를 받은 자는 주파수분배의 변경으로 인하여 해당 방송통신기자재등을 사용할 수 없게 되는 경우에는 대통령령으로 정하는 방법에 따라 관련 사실을 표시하여야 한다.
② 방송통신기자재등을 판매·대여하는 자, 판매·대여할 목적으로 진열·보관하는 자는 주파수분배의 변경으로 인하여 방송통신기자재등을 사용할 수 없게 되는 경우 이를 구매하거나 대여받으려는 자에게 고지하여야 한다.
③ 과학기술정보통신부장관은 주파수분배의 변경으로 사용할 수 없게 되는 방송통신기자재등의 수입·판매 중지 등 필요한 조치를 명할 수 있다.(2017.7.26 본항개정)
(2014.6.3 본조신설)

제58조의13【국내대리인의 지정】 ① 국내에 주소 또는 영업소가 없는 자가 적합성평가를 받고자 하는 경우에는 서면으로 국내에 주소 또는 영업소가 있는 자를 대리인으로 지정하여야 한다.
② 제1항에 따라 대리인으로 지정받은 자(이하 "국내대리인"이라 한다)는 다음 각 호의 사항을 대리하여야 한다.
1. 적합성평가의 신청 및 변경신청과 자기적합확인 공개에 관한 사항
2. 제71조의2제2항에 따른 관련 자료 또는 해당 기자재의 제출
③ 국내대리인이 제2항 각 호와 관련하여 이 법을 위반한 경우에는 적합성평가를 받은 자가 그 행위를 한 것으로 본다.
(2024.1.23 본조신설)

제6장 전파의 진흥
(2008.6.13 본장개정)

제59조 (2008.6.13 삭제)
제59조의2 (2009.3.13 삭제)

제60조【주파수이용 현황의 공개】 ① 과학기술정보통신부장관은 전파이용을 촉진하기 위하여 필요한 경우 주파수이용 현황을 공개하여야 한다.(2017.7.26 본항개정)
② 제1항에 따른 공개의 범위·절차 및 시기 등에 필요한 사항은 대통령령으로 정한다.

제61조【전파 연구】 ① 과학기술정보통신부장관은 전파이용을 촉진하고 보호하기 위하여 필요한 다음 각 호의 연구(제2항에 따른 우주전파와 관련한 연구를 제외한다)를 수행하여야 한다.
1. 기술기준의 연구
2. 전파의 전파(傳播) 분석 및 주파수할당 기법의 연구
3. 위성망의 혼신조정 기준에 관한 연구
4. 전자파장해 및 전파가 인체에 미치는 위해에 관한 연구
5. 전자파 흡수율의 측정에 관한 연구
6. 전파기기의 측정방법 및 측정기술에 관한 연구
(2024.1.26 1호~6호신설)
② 우주항공청장은 우주전파와 관련하여 다음 각 호의 연구를 수행하여야 한다.
1. 우주전파 수신기술 연구 및 수신자료 분석
2. 지자기(地磁氣) 및 전리층(電離層)의 관측
3. 태양 흑점의 관측
4. 제2호와 제3호에 따른 관측 결과의 분석 및 예보·경보
(2024.1.26 본조개정)

제62조【기술개발의 촉진】 과학기술정보통신부장관은 전파산업과 방송기기산업의 기반 조성에 필요한 기술의 연구·개발 및 활용을 촉진하기 위하여 다음 각 호의 사항을 추진하여야 한다.(2017.7.26 본문개정)
1. 기술수준의 조사·연구개발 및 개발기술의 평가·활용
2. 기술의 협력·지도 및 이전
3. 기술정보의 원활한 유통
4. 산업계·학계 및 연구계의 공동 연구·개발
5. 그 밖에 기술개발을 위하여 필요한 사항

제63조【표준화】 ① 과학기술정보통신부장관은 전파의 효율적인 이용 촉진, 전파이용 질서의 유지 및 이용자 보호 등을 위하여 전파이용 기술의 표준화에 관한 다음 각 호의 사항을 추진하여야 한다. 다만, 「산업표준화법」 제12조에 따른 한국산업표준이 제정되어 있는 사항에 대하여는 그 표준에 따른다.(2017.7.26 본문개정)
1. 전파 관련 표준의 제정 및 보급
2. 전파 관련 표준의 적합인증
3. 그 밖의 표준화에 필요한 사항
② 제1항에 따른 전파이용 기술 표준화의 추진에 필요한 사항은 대통령령으로 정한다.

제64조【인력의 양성】 과학기술정보통신부장관은 전파관련 전문인력을 양성하기 위하여 다음 각 호의 시책을 마련하고 시행하여야 한다.(2017.7.26 본문개정)
1. 각급 학교와 그 밖의 교육기관에서 시행하는 전파 교육의 지원
2. 전파 및 방송기술 전문인력 양성사업의 지원
3. 전파 관련 교육프로그램의 개발·보급 및 지원
4. 그 밖에 전파 관련 전문인력의 양성에 필요한 사항

제65조【국제협력의 촉진】 과학기술정보통신부장관은 전파이용 기술을 향상시키기 위하여 관련 기술이나 인력의 국제교류, 국제표준화, 국제공동연구개발 등의 국제협력사업을 지원할 수 있다.(2017.7.26 본조개정)

제66조【한국방송통신전파진흥원】 ① 전파의 효율적 관리 및 방송·통신·전파의 진흥을 위한 사업과 정부로부터 위탁받은 업무를 수행하기 위하여 한국방송통신전파진흥원(이하 "진흥원"이라 한다)을 설립한다.
(2010.7.23 본항개정)
② 진흥원은 법인으로 한다.
③ 진흥원은 그 주된 사무소의 소재지에서 설립등기를 함으로써 성립한다.
④ 진흥원은 다음 각 호의 사업을 한다.
1. 전파이용 촉진에 관한 연구
2. 방송·통신·전파 관련 국내외 기술에 관한 정보의 수집·조사 및 분석
3. 방송·통신·전파에 관한 연구지원 및 교육
(2010.7.23 2호~3호개정)
4. 제1호부터 제3호까지의 사업에 부수되는 사업
5. 그 밖에 이 법 또는 다른 법령에서 진흥원의 업무로 정하거나 위탁한 사업 또는 과학기술정보통신부장관이 위탁한 사업(2017.7.26 본호개정)
⑤ 진흥원의 사업과 운영 등에 필요한 사항은 대통령령으로 정한다.
⑥ 진흥원에 관하여 이 법에서 규정한 것 외에는 「민법」 중 재단법인에 관한 규정을 준용한다.
(2010.7.23 본조제목개정)

제66조의2【한국전파진흥협회】 ① 다음 각 호의 사업 등을 효율적으로 수행하기 위하여 한국전파진흥협회(이하 "협회"라 한다)를 설립할 수 있다.
1. 새로운 전파이용 기술의 실용화 및 보급 촉진
2. 전파자원의 효율적인 이용과 전파방송산업 발전의 기반 조성에 관한 사업(2015.12.22 본호개정)
3. 전파이용 기술의 표준화에 관한 사업
4. 전파이용 및 방송 기술 전문인력 양성사업
5. 제1호부터 제4호까지의 사업과 관련하여 국가 또는 유관기관·단체가 위탁한 사업
(2015.12.22 4호~5호신설)
② 협회는 법인으로 한다.
③ 방송통신사업자, 전기통신사업자, 시설자, 전파 관련 기자재·시스템 및 부품의 제조업자, 그 밖에 협회의 정관으로 정하는 자는 협회의 회원이 될 수 있다.
(2015.12.22 본항개정)
④ 협회의 사업과 운영 등에 필요한 사항은 대통령령으로 정한다.
⑤ 협회에 관하여 이 법에서 정한 것 외에는 「민법」 중 사단법인에 관한 규정을 준용한다.

제66조의3【진흥원의 운영경비 등】 ① 진흥원의 운영에 필요한 경비는 다음 각 호의 재원으로 충당한다.
1. (2015.12.1 삭제)
2. 제69조제1항제3호에 따른 검사 수수료(과학기술정보통신부장관이 진흥원에 위탁한 검사 업무에만 적용한다)(2017.7.26 본호개정)
3. 제69조제1항제5호에 따른 전자파 강도의 측정 수수료
4. 제69조제1항제6호에 따른 기술자격검정시험 응시 수수료 및 기술자격증 발급 수수료(「국가기술자격법」에 따라 한국산업인력공단에 위탁한 사항은 제외한다)
5. 제66조제4항제1호부터 제4호까지의 사업수행에 따른 수입금
② 정부는 진흥원의 사업수행에 필요한 경비를 충당하기 위하여 예산의 범위에서 보조할 수 있다. 다만, 국가연구개발사업의 수행을 위하여 방송통신발전기금의 범위에서 진흥원에 출연할 수 있다.(2014.6.3 단서신설)
(2008.6.13 본조신설)

제67조【전파사용료】 ① 과학기술정보통신부장관 또는 방송통신위원회는 시설자(수신전용의 무선국을 개설한 자는 제외한다)에게 해당 무선국이 사용하는 전파에 대한 사용료(이하 "전파사용료"라 한다)를 부과·징수할 수 있다. 다만, 제1호부터 제3호까지의 무선국 시설자에게는 전부를 면제하고, 제4호부터 제7호까지의 무선국 시설자에게는 대통령령으로 정하는 바에 따라 전부나 일부를 감면할 수 있다.(2017.7.26 본문개정)
1. 국가나 지방자치단체가 개설한 무선국
2. 방송국 중 영리를 목적으로 하지 아니하는 방송국과 「방송통신발전 기본법」 제25조제2항에 따라 분담금을 내는 지상파방송사업자의 방송국(2010.7.23 본호개정)
3. 제19조제2항에 따른 무선국
4. 「방송통신발전 기본법」 제25조제3항에 따라 분담금을 내는 위성방송사업자 및 종합유선방송사업자의 방송국
(2010.7.23 본호개정)
5. 제11조에 따라 할당받은 주파수를 이용하여 전기통신역무를 제공하는 무선국
6. 영리를 목적으로 하지 아니하거나 공공복리를 증진시키기 위하여 개설한 무선국 중 대통령령으로 정하는 무선국
7. 「재난 및 안전관리 기본법」 제60조제1항에 따라 특별재난지역으로 선포된 지역에 개설된 무선국 중 과학기술정보통신부장관이 고시로 정하는 기준에 부합되는 무선국(2017.7.26 본호개정)
② 전파사용료는 전파 관리에 필요한 경비의 충당과 전파 관련 분야 진흥을 위하여 사용한다.

제68조【전파사용료의 부과기준 등】 ① 제67조제1항에 따른 전파사용료는 무선국별로 대통령령으로 정하는 바에 따라 해당 무선국이 사용하는 주파수 대역, 전파의 폭 및 안테나공급전력 등을 기준으로 하여 산정한다. 다만, 해당 시설자가 제11조 및 제12조에 따라 할당된 주파수를 이용하여 가입자에게 전기통신역무를 제공하는 기간통신사업자인 경우에는 해당 전기통신역무를 제공받는 가입자의 수를 기준으로 산정할 수 있다.(2015.12.1 본문개정)
② 과학기술정보통신부장관 또는 방송통신위원회는 전파사용료를 내야 할 자가 그 납부기한까지 내지 아니하면 체납된 전파사용료에 대하여 100분의 5의 범위에서 대통령령으로 정하는 비율에 상당하는 금액을 가산금으로 받는다.(2017.7.26 본항개정)
③ 전파사용료 및 제2항에 따른 가산금을 내지 아니하면 국세 체납처분의 예에 따라 징수한다.

제69조【수수료】 ① 다음 각 호의 어느 하나에 해당하는 자는 대통령령으로 정하는 바에 따라 수수료를 내야 한다.
1. 제10조제3항, 제16조, 제16조의2에 따라 주파수할당·재할당·추가할당을 신청하는 자(2015.12.22 본호개정)
1의2. (2015.12.1 삭제)
1의3. 제18조의2제2항 또는 제22조제1항에 따라 승인·변경승인 또는 재승인을 신청하는 자(2014.6.3 본호신설)
2. 제19조(제58조제3항에 따라 준용되는 경우를 포함한다) 또는 제22조제1항에 따른 허가·재허가 또는 변경허가를 신청하는 자
3. 제24조(제58조제3항에 따라 준용되는 경우를 포함한다) 및 제58조의6제1항에 따른 검사를 받는 자
(2010.7.23 2호~3호개정)
4. (2010.7.23 삭제)
5. 제47조의2제4항에 따라 전자파 강도의 측정을 요청하는 자
5의2. 제56조제1항에 따른 안전성 평가를 의뢰하는 자
(2014.6.3 본호신설)
5의3. 제58조의2에 따른 적합인증 및 적합등록을 신청(변경신고를 포함한다)하거나 잠정인증을 신청하는 자와 제58조의8제4항에 따라 적합성평가를 신청하는 자
(2024.1.23 본호개정)
5의4. 제58조의5제1항에 따른 지정시험기관의 지정을 받기 위하여 신청하거나 같은 조 제2항에 따른 변경신청(지정분야 또는 시험항목 추가에 따른 변경신청에 한정한다)을 하는 자(2020.6.9 본호개정)
5의5. 제58조의8제1항에 따라 적합성평가 결과를 상호 인정하기 위하여 필요한 비용을 지급하여야 하는 인증기관
5의6. 제58조의8제1항의 상호인정협정에 따라 적합성평가 시험 업무를 하는 기관으로 지정, 지정갱신, 변경을 신청하는 자
(2024.1.23 5호의5~5호의6신설)
6. 제70조에 따른 기술자격검정 시험에 응시하려는 사람 및 기술자격증을 발급받으려는 사람(2020.6.9 본호개정)
② 제1항의 수수료는 공공복리를 증진하기 위하여 필요하면 대통령령으로 정하는 바에 따라 감면할 수 있다.

제7장 무선종사자
(2008.6.13 본장개정)

제70조【무선종사자의 자격】 ① 무선종사자가 되려는 사람은 국가기술자격에 관한 법령 또는 대통령령으로 정하는 바에 따라 시행하는 기술자격검정에 합격하여야 한다.(2020.6.9 본항개정)
② 과학기술정보통신부장관은 제1항에 따른 기술자격검정에 합격한 사람에게 대통령령으로 정하는 바에 따라 기술자격증을 발급한다.(2020.6.9 본항개정)
③ 무선종사자의 자격종목 및 자격종목별 종사범위는 대통령령으로 정한다.
④ 무선국의 무선설비는 무선종사자가 아니면 이를 운용하거나 그 공사를 하여서는 아니 된다. 다만, 선박이나 항공기가 항행 중이어서 무선종사자를 보충할 수 없거나 그 밖에 대통령령으로 정하는 경우에는 그러하지 아니하다.
⑤ 제2항에 따라 기술자격증을 발급받은 사람은 다른 사람에게 그 기술자격증을 빌려주어서는 아니 되고, 누구든지 그 기술자격증을 빌려서는 아니 된다.(2019.12.10 본항신설)
⑥ 누구든지 제5항에 따라 금지된 행위를 알선해서는 아니 된다.(2019.12.10 본항신설)

제70조의2【부정행위자에 대한 조치】 과학기술정보통신부장관은 제70조제1항에 따른 무선종사자 기술자격검정에서 부정행위를 한 응시자에 대하여는 그 검정을 정지시키거나 무효로 하고, 해당 검정 시행일부터 3년간 응시자격을 정지한다.(2017.7.26 본조개정)

제71조【무선종사자의 배치】 시설자는 대통령령으로 정하는 자격 및 정원배치기준에 따라 무선종사자를 무선국에 배치하여야 한다. 다만, 다음 각 호의 어느 하나에 해당하는 사람은 무선국에 배치하여서는 아니 된다.
(2020.6.9 단서개정)
1. 피성년후견인(2014.6.3 본호개정)
2. 「형법」 중 내란의 죄와 외환의 죄, 「군형법」 중 이적의 죄 또는 「국가보안법」을 위반하여 금고 이상의 형을 선고받고 그 집행이 끝나거나 집행을 받지 아니하기로 확정된 후 5년이 지나지 아니한 자

제71조의2【조사 및 조치】 ① 과학기술정보통신부장관은 다음 각 호의 어느 하나에 해당하는 경우 소속 공무원으로 하여금 이를 조사 또는 시험하게 할 수 있다.
(2017.7.26 본문개정)
1. 무선설비 및 고압송전선, 그 밖에 전기적 설비에 의한 혼신 또는 전자파장해가 있거나 무선설비등에서 발생하는 전자파가 제47조의2제1항에 따른 전자파 인체보호기준을 초과한 사실을 알게 된 경우(2015.1.20 본호개정)
2. 적합성평가를 받은 기자재가 적합성평가 기준대로 제조·수입·판매되고 있는지 확인이 필요한 경우
3. 제19조·제19조의2·제24조·제25조·제29조·제45조·제52조·제58조·제58조의2 또는 제58조의10을 위반한 자가 있다고 인정되는 경우
② 과학기술정보통신부장관은 제1항에 따른 조사 또는 시험을 위하여 필요한 경우 관련 자료 또는 해당 기자재의 제출을 요구할 수 있으며, 필요한 경우 소속 공무원으로 하여금 해당 무선설비 또는 기자재의 설치 장소, 해당 기관의 사무실, 사업장 등 그 밖에 필요한 장소에 출입하여 설비를 조사 또는 시험하게 할 수 있다.(2017.7.26 본항개정)
③ 과학기술정보통신부장관은 제2항에 따라 무선설비 또는 기자재의 설치 장소, 해당 기관의 사무실, 사업장 등 그 밖에 필요한 장소에 출입하는 경우에는 조사 7일 전까지 조사 목적, 방법, 기간 등이 포함된 조사계획을 해당 무선국 시설자 또는 출입 기관의 장에게 알려야 한다. 다만, 긴급하거나 사전에 알렸을 때 증거 인멸 등 조사의 목적을 달성할 수 없다고 인정하는 때에는 그러하지 아니하다.(2017.7.26 본문개정)
④ 제1항에 따른 조사 또는 시험을 하는 공무원은 그 권한을 표시하는 증표를 지니고 이를 관계인에게 보여주어야 한다.
⑤ 과학기술정보통신부장관은 제1항에 따른 조사 또는 시험 결과 위반 사실이 확인되었을 때에는 그 시설자, 제조·수입·판매·대여하는 자, 판매·대여할 목적으로 진열·보관·운송하거나 무선국·방송통신망에 설치하는 자에게 개선·시정·수거·철거·파기 또는 생산중지·수입중지·판매중지·사용중지 등 필요한 조치를 명하거나 관계 중앙행정기관의 장에게 필요한 조치를 명하도록 요청할 수 있다.(2017.7.26 본항개정)
⑥ 제1항부터 제5항까지의 규정에 따른 조사·시험 및 조치의 절차와 방법 등에 관하여 필요한 사항은 대통령령으로 정한다.(2015.12.22 본항개정)
(2010.7.23 본조신설)

제8장 보 칙
(2008.6.13 본장제목개정)

제72조【무선국의 개설허가 취소 등】 ① 시설자등이 다음 각 호의 어느 하나에 해당하는 경우에는 무선국의 개설허가나 개설신고 또는 주파수 사용승인은 그 효력을 상실한다.
1. 제11조 및 제12조에 따라 주파수할당을 받은 시설자가 제15조의2에 따라 주파수할당이 취소되거나 제16조제1항에 따른 재할당을 받지 못하는 경우
2. 제20조제1항제1호부터 제3호까지의 규정에 따른 결격사유에 해당하게 된 경우
3. 제22조제1항에 따른 재승인이나 재허가를 받지 못하는 경우
(2014.6.3 본항개정)
② 과학기술정보통신부장관 또는 방송통신위원회는 시설자가 다음 각 호의 어느 하나에 해당하는 때에는 무선국 개설허가의 취소 또는 개설신고한 무선국의 폐지를 명하거나 6개월 이내의 기간을 정하여 무선국의 운용정지, 무선국의 운용허용시간, 주파수 또는 안테나공급전력의 제한을 명할 수 있다. 다만, 제1호 및 제2호에 해당하는 경우에는 무선국의 취소 또는 폐지를 명하여야 한다.
(2017.7.26 본문개정)
1. 시설자가 제20조제1항 각 호의 어느 하나에 해당하게 된 경우(2008.6.13 본호개정)
2. 거짓이나 그 밖의 부정한 방법으로 제21조에 따른 무선국의 개설허가 또는 변경허가를 받은 경우
3. 제21조제4항에 따른 무선국의 허가증 또는 제22조의2제2항에 따른 무선국 신고증명서에 적혀있는 준공기한(제24조제2항에 따라 기한을 연장한 경우에는 그 기한)이 지난 후 30일이 지날 때까지 준공신고를 마치지 아니한 경우
(2010.7.23 2호~3호개정)
4. 제23조제2항에 따른 인가를 받지 아니하거나 제3항에 따른 신고를 하지 아니하고 무선국을 운용한 경우
(2008.6.13 본호개정)
4의2. 제19조의2제1항제3호의 무선국을 제24조제1항에 따른 준공신고를 하지 아니하고 운용하거나 제25조제3항(제58조제3항 단서에 따라 준용되는 경우를 포함한다)을 위반하여 재검사를 받지 아니하고 운용한 때
4의3. 제24조제3항 단서 및 제25조제3항 단서(제58조제3항 단서에 따라 준용되는 경우를 포함한다)에 따른 기한(검사기관의 사정으로 발생한 지연 일수는 검사기간 산정에서 제외한다)까지 재검사를 신청하지 아니하거나 재검사 신청 후 재검사에 합격하지 못한 경우
5. 제24조제4항 및 제5항(제58조제3항 본문에 따라 준용되는 경우를 포함한다)에 따른 검사를 거부하거나 방해한 경우
(2021.10.19 4호의2~5호개정)
6. 제25조제1항을 위반하여 준공검사를 받지 아니하고 무선국을 운용한 경우(2010.7.23 본호개정)
6의2. (2010.7.23 삭제)
7. 정당한 사유 없이 계속하여 6개월 이상 무선국의 운용을 휴지한 경우
8. 전파사용료를 내지 아니한 경우
9. 제25조제2항을 위반하여 허가 또는 신고 사항의 범위를 벗어나 무선국을 운용한 경우
(2008.6.13 7호~9호개정)
10. 제28조제1항을 위반하여 의무선박국 및 의무항공기국이 갖추어야 할 사용주파수 및 전파형식 등의 무선국의 조건을 갖추지 아니한 경우
11. 제30조제1항을 위반하여 통신보안에 관한 사항을 지키지 아니한 경우
12. 제31조제1항을 위반하여 외국의 실험국과 통신을 한 경우
13. 제31조제2항을 위반하여 실험국과 아마추어국이 암어를 사용하여 통신을 한 경우
14. 제45조를 위반하여 무선설비의 기술기준이 적합하지 아니한 경우
15. 제47조를 위반하여 무선설비를 안전시설기준에 따라 설치하지 아니한 경우
16. 제48조제1항을 위반하여 승인을 받지 아니하고 무선설비를 다른 사람에게 임대·위탁운용하거나 다른 사람과 공동으로 사용한 경우
17. 제69조제1항을 위반하여 수수료를 내지 아니한 경우
18. 제70조제3항을 위반하여 무선종사자가 종사범위를 벗어나 무선설비를 운용하거나 공사를 한 경우
19. 제70조제4항을 위반하여 무선종사자가 아닌 자가 무선설비를 운용하거나 공사를 한 경우
(2008.6.13 10호~19호신설)
20. 제71조를 위반하여 무선종사자를 무선국에 배치하지 아니하거나 제71조 각 호의 어느 하나에 해당하는 사람을 무선국에 배치한 경우(2020.6.9 본호개정)
③ 과학기술정보통신부장관 또는 방송통신위원회는 다음 각 호의 어느 하나에 해당하는 경우에는 무선국 개설허가의 취소 또는 개설신고한 무선국의 폐지를 명하거나 무선국의 변경·운용제한 또는 운용정지를 명할 수 있다.
(2017.7.26 본문개정)
1. 비상사태가 발생한 경우
2. 혼신을 방지하기 위하여 필요한 경우
3. 제6조의2에 따라 주파수회수 또는 주파수재배치를 한 경우
(2008.6.13 본항개정)
④ 과학기술정보통신부장관 또는 방송통신위원회는 제1항의 경우에는 효력상실의 뜻을, 제2항이나 제3항에 따른 처분을 한 경우에는 처분내용과 그 사유를 시설자에게 서면으로 알려주어야 한다.(2017.7.26 본항개정)
⑤ 제2항과 제3항에 따른 무선국 개설허가의 취소 또는 개설신고한 무선국의 폐지 명령 등에 대한 세부적인 기준, 그 밖에 필요한 사항은 대통령령으로 정한다.
(2008.6.13 본항신설)

제73조【과징금의 부과·징수】 ① 과학기술정보통신부장관 또는 방송통신위원회는 제72조제2항에 따라 무선국의 운용정지 또는 주파수 등의 제한을 명하여야 하는 경우에 그 정지나 제한이 해당 무선국의 이용자에게 심한 불편을 주거나 공익을 해칠 우려가 있으면 그 정지 또는 제한을 갈음하여 3천만원 이하의 과징금을 부과·징수할 수 있다.(2017.7.26 본항개정)
② 과학기술정보통신부장관은 제58조의7제2항에 따라 지정시험기관 업무의 전부 또는 일부의 정지를 명하여야 하는 경우로서 그 업무정지가 해당 시험기관의 이용자에게 심한 불편을 주거나 그 밖에 공익을 저해할 우려가 있는 경우에는 그 업무정지를 갈음하여 5억원 이하의 과징금을 부과·징수할 수 있다.(2024.1.23 본항신설)
③ 제1항 및 제2항에 따른 과징금을 부과하는 위반행위의 종류와 그 정도에 따른 과징금의 금액, 그 밖에 필요한 사항은 대통령령으로 정한다.(2024.1.23 본항개정)
④ 과학기술정보통신부장관 또는 방송통신위원회는 제1항 및 제2항에 따른 과징금을 내야 할 자가 내지 아니하면 기간을 정하여 독촉하고, 그 지정된 기간에 과징금을 내지 아니하면 국세 체납처분의 예에 따라 징수한다.(2024.1.23 본항개정)
⑤ 제1항 및 제2항에 따른 과징금의 부과·징수에 관하여는 제72조제4항을 준용한다.(2024.1.23 본항개정)

제74조~제75조 (2010.7.23 삭제)

제76조【무선종사자의 기술자격의 취소 등】 ① 과학기술정보통신부장관은 무선종사자가 다음 각 호의 어느 하나에 해당하면 대통령령으로 정하는 바에 따라 기술자격을 취소하거나 3년의 범위에서 업무종사의 정지를 명할 수 있다. 다만, 제1호에 해당하는 경우에는 기술자격을 취소하여야 한다.(2017.7.26 본문개정)
1. 거짓이나 그 밖의 부정한 방법으로 무선종사자의 기술자격을 취득한 경우
1의2. 다른 사람에게 무선종사자의 명의를 사용하게 하거나 기술자격증을 빌려준 사람(2015.12.22 본호신설)
2. 제25조제1항을 위반하여 준공검사를 받지 아니하고 무선국을 운용한 경우(2010.7.23 본호개정)
3. 제25조제2항을 위반하여 허가 또는 신고 사항의 범위를 벗어나 무선국을 운용한 경우
4. 제27조를 위반하여 과학기술정보통신부장관이 정하여 고시하는 호출방법, 응답방법, 운용시간, 청취의무, 그 밖의 통신방법 등을 지키지 아니하고 운용한 경우
(2017.7.26 본호개정)
5. 제28조제2항을 위반하여 조난통신·긴급통신·안전통신을 수신하고도 필요한 조치를 하지 아니한 경우
6. 제28조제3항을 위반하여 선박국이 해안국의 통신권에 들어왔을 때와 통신권을 벗어날 때에 해안국에 그 사실을 알리지 아니한 경우
7. 제28조제4항을 위반하여 항공기국이 항공국과 연락을 하지 아니한 경우
8. 제30조제1항을 위반하여 통신보안사항을 지키지 아니하거나 같은 조 제2항에 따른 통신보안교육을 받지 아니한 경우
9. 제31조제2항을 위반하여 실험국과 아마추어국이 암어를 사용하여 통신을 한 경우
10. 제70조제3항을 위반하여 무선종사자가 그 종사범위를 벗어나 무선설비를 운용하거나 공사를 한 경우
② 제1항에 따라 기술자격이 취소된 사람은 취소된 날부터 3년간 무선종사자 기술자격을 받을 수 없다.
(2015.12.22 본항신설)
③ 제1항에 따른 무선종사자의 기술자격의 취소 등에 대한 세부적인 기준, 그 밖에 필요한 사항은 대통령령으로 정한다.
(2008.6.13 본조개정)

제77조【청문】 과학기술정보통신부장관 또는 방송통신위원회는 다음 각 호의 어느 하나에 해당하는 처분을 하려면 청문을 하여야 한다.(2017.7.26 본문개정)
1. 제6조의2에 따른 주파수회수 또는 주파수재배치
2. 제14조제8항에 따른 주파수이용권의 양수 또는 임차에 대한 승인 취소(2015.12.22 본호신설)
3. 제15조의2에 따른 주파수할당의 취소
4. 제41조제7항에 따른 위성주파수이용권의 양도 또는 임대 등에 대한 승인 취소(2015.12.22 본호신설)
5. 제42조의2제4항에 따른 우주국 무선설비의 양도 또는 임대에 대한 승인 취소(2015.12.22 본호신설)
6. 제58조의4에 따른 적합성평가의 취소(2010.7.23 본호신설)
7. 제58조의7제2항 및 제3항에 따른 지정시험기관의 업무정지 명령 또는 지정 취소(2014.6.3 본호개정)
8. 제72조제2항에 따른 무선국 개설허가의 취소 또는 개설신고한 무선국의 폐지, 무선국 운용정지 또는 무선국의 운용허용시간·주파수·안테나공급전력의 제한 명령(2015.12.1 본호개정)

9. 제76조에 따른 기술자격의 취소 또는 업무종사의 정지명령(2014.6.3 본호개정)
(2008.6.13 본조개정)
제78조【권한의 위임·위탁】 ① 이 법에 따른 과학기술정보통신부장관의 권한은 대통령령으로 정하는 바에 따라 그 일부를 소속 기관의 장에게 위임할 수 있다.
② 과학기술정보통신부장관은 대통령령으로 정하는 바에 따라 제7조, 제7조의2, 제18조, 제24조제1항·제4항 및 제5항(제58조에 따라 준용되는 경우를 포함한다), 제25조의2제1항(제58조에 따라 준용되는 경우를 포함한다), 제47조의2제4항·제5항 및 제58조의2, 제63조부터 제65조까지, 제69조 및 제70조제1항·제2항에 따른 업무의 일부를 진흥원·협회 또는 「전기통신사업법」에 따른 기간통신사업자에게 위탁할 수 있다.
③ 이 법에 따른 방송통신위원회의 권한은 그 일부를 대통령령으로 정하는 바에 따라 소속 기관의 장에게 위임할 수 있다.(2021.6.8 본항개정)
④ 이 법에 따른 방송통신위원회의 업무는 그 일부를 대통령령으로 정하는 바에 따라 진흥원 또는 협회에 위탁할 수 있다.(2021.6.8 본항신설)
(2017.7.26 본조개정)
제79조【다른 법률의 준용】 ① (2010.7.23 삭제)
② 전파 관리 업무에 사용되는 안테나와 그 부속설비의 건설이나 보수에 관하여는 「전기통신사업법」 제45조, 제72조부터 제74조까지, 제76조부터 제78조까지, 제80조, 제95조제6호 및 제104조제1항제1호·제2호를 준용한다. 다만, 「도로법」에 따른 도로, 「하천법」에 따른 하천 또는 「항만법」에 따른 항만에 이를 건설하거나 보수하려면 미리 소관 관리청과 협의하여야 한다.(2015.12.1 본문개정)

제9장 벌 칙
(2008.6.13 본장제목개정)

제80조【벌칙】 ① 무선설비나 전선로에 주파수가 9킬로헤르츠 이상인 전류가 흐르는 통신설비(케이블전송설비 및 평형2선식 나선전송설비를 제외한 통신설비를 말한다)를 이용하여 「대한민국헌법」 또는 「대한민국헌법」에 따라 설치된 국가기관을 폭력으로 파괴할 것을 주장하는 통신을 한 자는 1년 이상 15년 이하의 징역에 처한다.(2015.12.1 본항개정)
② 제1항의 미수범은 처벌한다.
③ 제1항의 죄를 저지를 목적으로 예비하거나 음모한 자는 10년 이하의 징역에 처한다.(2020.6.9 본항개정)
(2008.6.13 본조개정)
제81조【벌칙】 ① 다음 각 호의 어느 하나에 해당하는 자는 10년 이하의 징역 또는 1억원 이하의 벌금에 처한다.(2014.6.3 본문개정)
1. 조난통신·긴급통신 또는 안전통신을 발신하여야 할 사태에 이르렀는데도 그 선장이나 기장이 필요한 명령을 하지 아니하거나 무선통신 업무에 종사하는 자로서 그 명령을 받고 지체 없이 이를 발신하지 아니한 자
2. 무선통신 업무에 종사하는 자로서 제28조제2항에 따른 조난통신의 조치를 하지 아니하거나 지연시킨 자
3. 조난통신의 조치를 방해한 자
② 제1항제2호 및 제3호의 미수범은 처벌한다.
(2008.6.13 본조개정)
제82조【벌칙】 ① 다음 각 호 어느 하나의 업무에 제공되는 무선국의 무선설비를 손괴(損壞)하거나 물품의 접촉, 그 밖의 방법으로 무선설비의 기능에 장해를 주어 무선통신을 방해한 자는 10년 이하의 징역 또는 1억원 이하의 벌금에 처한다.(2014.6.3 본문개정)
1. 전기통신 업무
2. 방송 업무
3. 치안유지 업무
4. 기상 업무
5. 전기공급 업무
6. 철도·선박·항공기의 운행 업무
② 제1항에 따른 무선설비 외의 무선설비에 대하여 제1항에 해당하는 행위를 한 자는 5년 이하의 징역 또는 5천만원 이하의 벌금에 처한다.(2014.6.3 본항개정)
③ 제1항과 제2항의 미수범은 처벌한다.
(2008.6.13 본조개정)
제83조【벌칙】 ① (2015.12.22 삭제)
② 선박이나 항공기의 조난이 없음에도 불구하고 무선설비로 조난통신을 한 자는 5년 이하의 징역에 처한다.
③ 무선통신 업무에 종사하는 자가 제2항에 따른 행위를 하면 10년 이하의 징역 또는 1억원 이하의 벌금에 처한다.(2015.12.22 본항개정)
(2008.6.13 본조개정)
제84조【벌칙】 다음 각 호의 어느 하나에 해당하는 자는 3년 이하의 징역 또는 3천만원 이하의 벌금에 처한다.(2014.6.3 본문개정)
1. 제19조제1항에 따른 허가를 받지 아니하거나 제19조의2제1항에 따른 신고를 하지 아니하고 같은 항 제3호 및 제4호의 무선국을 개설하거나 운용한 자(2010.7.23 본호개정)
1의2. 제29조제5항에 따른 인가를 받지 아니하고 전파차단장치를 제조·수입 또는 판매한 자(2020.6.9 본호신설)
2. 제41조제3항에 따른 승인을 받지 아니하고 위성주파수이용권의 전부 또는 일부를 양도·양수 또는 임대·임차하거나 위성주파수등의 이용을 중단한 자
3. 제42조의2제1항에 따른 승인을 받지 아니하고 우주국 무선설비의 전부나 일부를 양도·양수하거나 임대·임차(무선설비를 위탁운용하거나 다른 자와 공동으로 사용하는 경우를 포함한다)한 자
(2015.12.22 2호~3호신설)
4. 제58조제1항에 따른 허가를 받지 아니하고 같은 항 제2호에 따른 통신설비를 설치하거나 운용한 자
5. 제58조의2제2항, 제3항 및 제9항에 따른 적합성평가를 받지 아니한 기자재를 판매하거나 판매할 목적으로 제조·수입한 자(2024.1.23 본호개정)
6. 제58조의10제1항을 위반하여 적합성평가를 받은 기자재를 복제·개조 또는 변조한 자(2010.7.23 본호신설)
(2008.6.13 본조개정)
제85조 (2015.12.22 삭제)
제86조【벌칙】 다음 각 호의 어느 하나에 해당하는 자는 1년 이하의 징역 또는 1천만원 이하의 벌금에 처한다.(2014.6.3 본문개정)
1. 제24조제4항 및 제5항(제58조제3항 본문에 따라 준용되는 경우를 포함한다), 제47조의2제5항 및 제71조의2제1항 및 제2항(제47조의3제4항에 따라 준용되는 경우를 포함한다)에 따른 검사·측정·조사·시험 또는 현장 출입을 거부하거나 방해한 자(2021.10.19 본호개정)
1의2.~2. (2010.7.23 삭제)
3. 제47조의2제6항에 따른 명령을 이행하지 아니한 자(2008.6.13 본호개정)
4. 제52조제1항에 따른 승인을 얻지 아니하고 건축물 또는 인공구조물을 건설한 자(2020.6.9 본호개정)
4의2. 제58조의2제2항, 제3항 및 제9항을 위반하여 적합성평가를 받지 아니한 기자재를 판매·대여할 목적으로 진열·보관 또는 운송하거나 무선국·방송통신망에 설치한 자(2024.1.23 본호개정)
5. 제58조의4제1항 및 제71조의2제5항에 따른 명령을 이행하지 아니한 자(2010.7.23 본호개정)
5의2. 제58조의10제2항을 위반하여 복제 또는 개조·변조한 기자재를 판매·대여하거나 판매·대여할 목적으로 진열·보관 또는 운송하거나 무선국·방송통신망에 설치한 자(2010.7.23 본호신설)
5의3. 제70조제5항을 위반하여 무선종사자의 기술자격증을 다른 사람에게 빌려주거나 빌린 사람
5의4. 제70조제6항을 위반하여 무선종사자의 기술자격증을 빌려주거나 빌리는 것을 알선한 사람
(2019.12.10 5호의3~5호의4신설)
6. 제72조제2항 또는 제3항(제58조제3항에 따라 준용되는 경우를 포함한다)에 따라 운용정지 명령을 받은 무선국·무선설비 또는 제58조제1항제2호에 따른 통신설비를 운용한 자(2008.6.13 본호개정)
제87조【벌칙】 다음 각 호의 어느 하나에 해당하는 자는 100만원 이하의 벌금에 처한다.
1. 제24조의2제1항제1호부터 제3호까지의 무선국을 제19조제1항에 따른 허가를 받지 아니하고 개설하거나 운용한 자(2010.7.23 본호개정)
2. 제72조제3항(제58조제3항에 따라 준용되는 경우를 포함한다)에 따라 운용이 정지된 제58조제1항제1호에 따른 설비를 운용한 자
(2008.6.13 본조개정)
제88조【양벌규정】 법인의 대표자나 법인 또는 개인의 대리인, 사용인, 그 밖의 종업원이 그 법인 또는 개인의 업무에 관하여 제84조 또는 제86조의 위반행위를 하면 그 행위자를 벌하는 외에 그 법인 또는 개인에게도 해당 조문의 벌금형을 과(科)한다. 다만, 법인 또는 개인이 그 위반행위를 방지하기 위하여 해당 업무에 관하여 상당한 주의와 감독을 게을리하지 아니한 경우에는 그러하지 아니하다.(2010.7.23 본조개정)
제89조【벌칙 적용에서 공무원 의제】 다음 각 호의 어느 하나에 해당하는 사람은 「형법」 제129조부터 제132조까지의 규정에 따른 벌칙을 적용할 때에는 공무원으로 본다.
1. 제6조의2제3항에 따른 주파수심의위원회의 위원 중 공무원이 아닌 사람
2. 제58조의5제1항에 따라 적합성평가 시험 업무를 취급하는 사람
3. 제78조제2항·제3항에 따라 과학기술정보통신부장관 또는 방송통신위원회로부터 위탁받은 업무에 종사하는 사람(2017.7.26 본호개정)
(2015.12.22 본조개정)
제89조의2【과태료】 제19조제3항에 따라 신규로 이용계약을 체결한 가입자의 수와 전체 가입자의 수를 통보하지 아니하거나 거짓으로 통보한 자에게는 1천만원 이하의 과태료를 부과한다.(2008.6.13 본조신설)
제89조의3【과태료】 다음 각 호의 어느 하나에 해당하는 자에게는 500만원 이하의 과태료를 부과한다.
1. 제24조제7항을 위반하여 무선국을 검사받지 아니하고 운용하는 자
2. 제48조의2제1항의 명령을 위반하여 무선국을 공동으로 사용하지 아니하거나 환경친화적으로 설치하지 아니하고 사용한 자
3. 제58조의2제4항을 위반하여 자기적합확인을 하지 아니하고 자기적합확인 대상 기자재를 판매하거나 판매할 목적으로 제조·수입한 자(2024.1.23 본호신설)
(2010.7.23 본조신설)
제90조【과태료】 다음 각 호의 어느 하나에 해당하는 자에게는 300만원 이하의 과태료를 부과한다.(2008.6.13 본문개정)
1. 제18조의2제3항에 따른 사용승인서에 포함된 전파의 형식, 점유주파수대역폭 및 주파수, 안테나공급전력, 안테나의 형식·구성 및 이득에 관한 사항을 위반하여 운용한 경우(2015.12.1 본호개정)
1의2. 제19조의2제1항제1호 및 제2호에 따른 무선국을 신고하지 아니하고 운용한 자(2010.7.23 본호개정)
2. 제19조의2제1항제3호의 무선국을 제24조제1항을 위반하여 준공신고를 하지 아니하고 운용하거나 제25조제3항(제58조제3항 단서에 따라 준용되는 경우를 포함한다)을 위반하여 재검사를 받지 아니하고 운용하는 자(2021.10.19 본호개정)
2의2. 제25조제1항을 위반하여 무선설비를 운용한 자(2010.7.23 본호개정)
3. 제25조제2항 각 호 외의 부분 본문을 위반하여 무선국의 허가 또는 신고 사항을 벗어나 무선국을 운용한 경우
3의2. (2010.7.23 삭제)
4. 제47조의2제8항을 위반하여 전자파 등급을 표시하지 아니한 자(2012.5.23 본호신설)
5. 제58조제1항제1호에 따른 설비를 허가받지 아니하고 운용한 자
5의2. 제58조의2제4항을 위반하여 자기적합확인을 하지 아니하고 자기적합확인 대상 기자재를 판매·대여할 목적으로 진열·보관 또는 운송하거나 무선국·방송통신망에 설치한 자(2024.1.23 본호신설)
5의3. 제58조의2제5항을 위반하여 적합등록, 자기적합확인, 자기적합확인 변경 후 관련 서류를 보관하지 아니한 자(2024.1.23 본호개정)
5의4. 제58조의2제8항을 위반하여 제58조의2제2항, 제3항 및 제9항에 따른 적합성평가를 받은 후 적합성평가 표시를 하지 아니하고 판매·대여한 자나 판매·대여할 목적으로 진열·보관 또는 운송하거나 무선국·방송통신망에 설치한 자(2024.1.23 본호개정)
5의5. 제58조의6제1항에 따른 검사 및 현장 출입을 거부하거나 방해한 자(2010.7.23 본호신설)
5의6. 제58조의6제1항 및 제71조의2제2항(제47조의3제4항에 따라 준용되는 경우를 포함한다)에 따른 자료 또는 기자재 제출 요구를 거부하거나 방해한 자(2010.7.23 본호신설)
5의7. 제58조의11제1항에 따른 보고를 하지 아니하거나 거짓으로 보고한 자(2024.1.23 본호신설)
5의8. 제58조의12제1항에 따른 표시를 하지 아니한 자(2014.6.3 본호신설)
5의9. 제58조의12제3항에 따른 명령을 이행하지 아니한 자(2014.6.3 본호신설)
5의10. 제71조의2제5항에 따른 명령을 위반하여 무선국을 운용한 자(2010.7.23 본호신설)
6. 제72조제2항 또는 제3항(제58조제3항에 따라 준용되는 경우를 포함한다)에 따른 운용의 제한을 위반한 자
(2008.6.13 본조개정)
제91조【과태료】 다음 각 호의 어느 하나에 해당하는 자에게는 200만원 이하의 과태료를 부과한다.
1. 제28조제2항을 위반하여 긴급통신·안전통신 또는 비상통신에 관한 의무를 이행하지 아니한 자
2. 제29조제2항 본문을 위반하여 무선국을 운용한 자(2020.6.9 본호개정)
3. 제30조제1항에 따른 통신보안사항을 지키지 아니하거나 같은 조 제2항에 따른 통신보안교육을 받지 아니한 자
4. 제45조와 제47조를 위반하여 무선설비의 기술기준 또는 안전시설기준에 적합하지 아니한 무선설비를 운용한 자
5. 제47조의2제3항을 위반하여 전자파 강도의 측정 결과를 보고하지 아니하거나 거짓으로 보고한 자
6. 제70조제4항 본문을 위반하여 무선설비를 운용하거나 공사를 한 자
7. 제76조에 따라 업무종사의 정지를 당한 후 그 기간에 무선설비를 운용하거나 그 공사를 한 자
(2008.6.13 본조개정)
제92조【과태료】 다음 각 호의 어느 하나에 해당하는 자에게는 100만원 이하의 과태료를 부과한다.
1. 제14조제3항을 위반하여 승인을 받지 아니한 자
2. 제23조제2항을 위반하여 인가를 받지 아니하거나 같은 조 제3항을 위반하여 신고를 하지 아니한 자
3. 제25조의2제1항을 위반하여 신고를 하지 아니한 자(2010.7.23 본호개정)
4. 제58조의2제6항을 위반하여 변경신고를 하지 아니한 자(2024.1.23 본호개정)
5. 제58조의2제7항을 위반하여 변경하려는 사항을 서면으로 관리하지 아니하거나 공개하지 아니한 자(2024.1.23 본호신설)
6. 제58조의2제8항을 위반하여 제58조의2제4항에 따라 자기적합확인을 한 후 적합성평가표시 및 자기적합확인을 표시하지 아니하고 판매·대여한 자나 판매·대

여할 목적으로 진열·보관 또는 운송하거나 무선국·방송통신망에 설치한 자(2024.1.23 본호신설)
7. 제58조의2제9항에 따른 잠정인증의 조건을 이행하지 아니한 자(2024.1.23 본호개정)
(2008.6.13 본조개정)

제93조【과태료의 부과·징수】 제89조의2, 제89조의3 및 제90조부터 제92조까지의 규정에 따른 과태료는 대통령령으로 정하는 바에 따라 과학기술정보통신부장관 또는 방송통신위원회가 부과·징수한다.(2017.7.26 본조개정)

부 칙 (2010.7.23)

제1조【시행일】 이 법은 공포 후 6개월이 경과한 날부터 시행한다. 다만, 제7조제6항·제7항, 제11조제5항·제6항·제7항 및 제67조제1항 중 정보통신진흥기금 및 방송통신발전기금에 관한 개정규정은 2011년 1월 1일부터 시행한다.

제2조【무선국의 개설에 관한 경과조치】 이 법 시행 전에 개설허가를 받은 무선국 중 제19조의2제1항제4호의 개정규정에 따라 같은 항 각 호 외의 부분 전단에 따른 개설신고의 대상이 되는 무선국은 이 법에 따른 개설신고를 한 것으로 본다.

제3조【형식검정·형식등록·전자파적합등록·형식승인 등에 관한 경과조치】 ① 이 법 시행 당시 종전의 규정에 따라 형식검정·형식등록·전자파적합등록을 신청 중인 무선설비의 기기나 종전의 「전기통신기본법」 제33조에 따른 형식승인을 신청 중인 전기통신기자재에 대하여는 종전의 규정에 따라 형식검정·형식등록·전자파적합등록을 하거나 형식승인을 한다.
② 제1항 및 이 법 시행 당시 종전의 규정에 따라 형식검정·형식등록·전자파적합등록을 받은 무선설비의 기기나 제1항 및 종전의 「전기통신기본법」 제33조에 따른 형식승인을 받은 전기통신기자재는 제58조의2의 개정규정에 따른 적합성평가를 받은 방송통신기자재등으로 본다.

제4조【벌칙 등에 관한 경과조치】 이 법 시행 전의 종전의 「전파법」 위반행위에 대하여 벌칙 또는 과태료를 적용할 때에는 종전의 「전파법」에 따른다.

제5조【명칭 변경에 따른 경과조치】 ① 이 법 시행 당시의 한국전파진흥원은 이 법에 따른 한국방송통신전파진흥원으로 본다.
② 이 법 시행 당시 한국전파진흥원의 명의로 행한 행위, 그 밖의 법률관계에 있어서는 한국방송통신전파진흥원의 명의로 행한 것으로 본다.
③ 이 법 시행 당시 등기부, 그 밖의 공부상에 표시된 한국전파진흥원의 명의는 한국방송통신전파진흥원의 명의로 본다.

제6조【다른 법률의 개정】 ①~② ※(해당 법령에 가제정리 하였음)

제7조【다른 법률의 개정에 따른 경과조치】 이 법 시행 전의 종전의 「전기통신기본법」 위반행위에 대하여 벌칙 또는 과태료를 적용할 때에는 종전의 「전기통신기본법」에 따른다.

제8조【다른 법령과의 관계】 이 법 시행 당시 다른 법령에서 종전의 「전파법」·「전기통신기본법」 또는 그 규정을 인용한 경우에 이 법 가운데 그에 해당하는 규정이 있으면 종전의 규정을 갈음하여 이 법 또는 이 법의 해당 규정을 인용한 것으로 본다.

부 칙 (2014.6.3)

제1조【시행일】 이 법은 공포 후 6개월이 경과한 날부터 시행한다. 다만, 제71조제1호, 제80조제1항·제3항, 제81조제1항, 제82조제1항·제2항, 제83조제1항·제3항, 제84조 각 호 외의 부분, 제85조 및 제86조의 개정규정은 공포한 날부터 시행한다.

제2조【주파수분배의 변경에 따른 이용자 지원 등에 관한 적용례】 제9조의2의 개정규정은 주파수분배 변경에 따른 주파수를 사용할 수 있는 기간이 2011년 6월 1일 이후로 특정된 경우부터 적용한다.

제3조【주파수 사용승인을 받아 개설된 무선국의 시험성적서 제출에 관한 적용례】 제25조제4항의 개정규정은 이 법 시행 후 무선국을 개설하는 경우부터 적용한다.

제4조【주파수 사용승인에 관한 경과조치】 이 법 시행 당시 종전의 규정에 따라 주파수 사용승인을 받은 자는 제18조의2제3항의 개정규정에 따라 주파수 사용승인을 받은 것으로 본다.

제5조【금치산자 등의 무선국 배치에 관한 경과조치】 제71조제1호의 개정규정에도 불구하고 같은 개정규정 시행 당시 이미 금치산 또는 한정치산의 선고를 받고 법률 제10429호 민법 일부개정법률 부칙 제2조에 따라 금치산 또는 한정치산 선고의 효력이 유지되는 사람에 대하여는 종전의 규정에 따른다.

부 칙 (2015.12.22)

제1조【시행일】 이 법은 공포 후 6개월이 경과한 날부터 시행한다.

제2조【무선국 개설의 결격사유에 관한 경과조치】 이 법 시행 당시 제19조 또는 제19조의2에 따라 허가를 받거나 신고하여 무선국을 개설한 법인의 대표자는 이 법 시행일부터 1년 이내에 제20조제1항제8호의 개정규정에 따른 결격사유를 해소하여야 한다.

제3조【위성주파수에 대한 주파수이용권의 양수·임차 승인에 관한 경과조치】 이 법 시행 당시 제14조제3항에 따라 위성주파수에 대한 주파수이용권의 양수·임차 승인을 받은 자는 제41조의 개정규정에 따라 위성주파수이용권에 대한 양수·임차의 승인을 받은 것으로 본다.

제4조【우주국 무선설비의 임대 승인 등에 관한 경과조치】 이 법 시행 당시 종전의 제48조제1항에 따라 우주국 무선설비의 임대, 위탁운용 또는 다른 자와의 공동사용에 대하여 미래창조과학부장관의 승인을 받은 자는 제42조의2의 개정규정에 따라 우주국 무선설비의 임대에 대하여 승인을 받은 것으로 본다.

부 칙 (2018.2.21)

제1조【시행일】 이 법은 공포 후 1개월이 경과한 날부터 시행한다.

제2조【시설자의 지위승계 인가에 관한 적용례】 제23조제4항 및 제5항의 개정규정(제58조제3항에서 준용하는 경우를 포함한다)은 이 법 시행 후 지위승계 인가를 신청하는 경우부터 적용한다.

부 칙 (2020.6.9 법17347호)

이 법은 공포한 날부터 시행한다.

부 칙 (2020.6.9 법17355호)

이 법은 공포 후 6개월이 경과한 날부터 시행한다.

부 칙 (2021.6.8)

이 법은 공포 후 6개월이 경과한 날부터 시행한다. 다만, 제20조의 개정규정은 공포 후 1년이 경과한 날부터 시행한다.

부 칙 (2021.10.19)

이 법은 공포 후 6개월이 경과한 날부터 시행한다.

부 칙 (2021.11.30)
(2022.6.10)

제1조【시행일】 이 법은 공포 후 1년이 경과한 날부터 시행한다.(이하 생략)

부 칙 (2024.1.23)

제1조【시행일】 이 법은 공포 후 6개월이 경과한 날부터 시행한다.

제2조【다른 법령과의 관계】 이 법 시행 당시 다른 법령에서 종전의 「전파법」의 규정을 인용한 경우 이 법 중 그에 해당하는 규정이 있는 때에는 종전의 규정을 갈음하여 이 법의 해당 규정을 인용한 것으로 본다.

부 칙 (2024.1.26)

제1조【시행일】 이 법은 공포 후 4개월이 경과한 날부터 시행한다.(이하 생략)

통신비밀보호법

(1993年 12月 27日
法 律 第4650號)

改正
1997.12.13法 5454號(정부부처명)
1999. 1.21法 5681號(국가정보원법)
2000. 1.12法 6146號(마약)
2000.12.29法 6305號(관세)
2001. 1. 8法 6346號(전기통신사업법)
2001.12.29法 6546號
2002. 1.26法 6626號(민사소송법)
2004. 1.29法 7138號 2005. 1.27法 7371號
2005. 3.31法 7428號(채무자회생파산)
2005. 5.26法 7503號
2007.12.21法 8728號(형의집행수용자)
2007.12.21法 8733號(군사기지및군사시설보호법)
2008. 2.29法 8867號(방송통신위원회의설치및운영에관한법)
2009. 5.28法 9752號
2009.11. 2法 9819號(군에서의형의집행및군수용자의처우에관한법)
2013. 3.23法11690號(정부조직)
2013. 4. 5法11731號(형법)
2014. 1.14法12229號 2014.10.15法12764號
2015. 1. 6法12960號(총포·도검·화약류등의안전관리에관한법)
2015.12.22法13591號
2016. 1. 6法13717號(특정범죄가중)
2016. 1. 6法13719號(형법)
2016. 1. 6法13722號(군사법원)
2016. 3. 3法14071號(국민보호와공공안전을위한테러방지법)
2017. 7.26法14839號(정부조직)
2018. 3.20法15493號 2019.12.31法16849號
2020. 3.24法17090號
2020. 3.24法17125號(법원조직)
2020. 6. 9法17347號(법률용어정비)
2021. 1. 5法17831號 2021. 3.16法17935號
2021. 9.24法18465號(군사법원)
2021.10.19法18483號 2022.12.27法19103號
2024. 1.23法20072號→2024년 7월 24일 시행

第1條【目的】 이 法은 通信 및 對話의 秘密과 자유에 대한 제한은 그 대상을 한정하고 엄격한 法的 節次를 거치도록 함으로써 通信秘密을 보호하고 通信의 자유를 신장함을 目的으로 한다.

第2條【定義】 이 法에서 사용하는 用語의 定義는 다음과 같다.
1. "通信"이라 함은 郵便物 및 電氣通信을 말한다.
2. "郵便物"이라 함은 郵便法에 의한 通常郵便物과 小包郵便物을 말한다.
3. "電氣通信"이라 함은 전화·전자우편·회원제정보서비스·모사전송·무선호출 등과 같이 유선·無線·光線 및 기타의 電磁的 방식에 의하여 모든 종류의 音響·文言·符號 또는 影像을 送信하거나 受信하는 것을 말한다.(2001.12.29 본호개정)
4. "當事者"라 함은 郵便物의 發送人과 受取人, 電氣通信의 送信人과 受信人을 말한다.
5. "內國人"이라 함은 大韓民國의 統治權이 사실상 행사되고 있는 地域에 住所 또는 居所를 두고 있는 大韓民國國民을 말한다.
6. "檢閱"이라 함은 郵便物에 대하여 當事者의 同意없이 이를 開封하거나 기타의 방법으로 그 내용을 知得 또는 採錄하거나 留置하는 것을 말한다.
7. "監聽"이라 함은 電氣通信에 대하여 當事者의 同意없이 電子裝置·機械裝置등을 사용하여 通信의 音響·文言·符號·影像을 聽取·共讀하여 그 내용을 知得 또는 採錄하거나 電氣通信의 送·受信을 방해하는 것을 말한다.
8. "監聽設備"라 함은 對話 또는 電氣通信의 監聽에 사용될 수 있는 電子裝置·機械裝置 기타 設備를 말한다. 다만, 電氣通信 器機·機具 또는 그 部品으로서 일반적으로 사용되는 것 및 聽覺矯正을 위한 補聽器 또는 이와 유사한 용도로 일반적으로 사용되는 것 중에서, 大統領令이 정하는 것은 제외한다.
8의2. "불법감청설비탐지"라 함은 이 법의 규정에 의하지 아니하고 행하는 감청 또는 대화의 청취에 사용되는 설비를 탐지하는 것을 말한다.(2004.1.29 본호신설)
9. "전자우편"이라 함은 컴퓨터 통신망을 통해서 메시지를 전송하는 것 또는 전송된 메시지를 말한다.
(2001.12.29 본호신설)
10. "회원제정보서비스"라 함은 특정의 회원이나 계약자에게 제공하는 정보서비스 또는 그와 같은 네트워크의 방식을 말한다.(2001.12.29 본호신설)
11. "통신사실확인자료"라 함은 다음 각목의 어느 하나에 해당하는 전기통신사실에 관한 자료를 말한다.
가. 가입자의 전기통신일시
나. 전기통신개시·종료시간
다. 발·착신 통신번호 등 상대방의 가입자번호
라. 사용도수
마. 컴퓨터통신 또는 인터넷의 사용자가 전기통신역무를 이용한 사실에 관한 컴퓨터통신 또는 인터넷의 로그기록자료
바. 정보통신망에 접속된 정보통신기기의 위치를 확인할 수 있는 발신기지국의 위치추적자료
사. 컴퓨터통신 또는 인터넷의 사용자가 정보통신망에 접속하기 위하여 사용하는 정보통신기기의 위치를 확인할 수 있는 접속지의 추적자료(2005.1.27 본목개정)

12. "단말기기 고유번호"라 함은 이동통신사업자와 이용계약이 체결된 개인의 이동전화 단말기기에 부여된 전자적 고유번호를 말한다.(2004.1.29 본호신설)

第3條【通信 및 對話秘密의 보호】 ① 누구든지 이 法과 刑事訴訟法 또는 軍事法院法의 規定에 의하지 아니하고는 우편물의 검열·전기통신의 감청 또는 통신사실확인자료의 제공을 하거나 公開되지 아니한 他人간의 對話를 녹음 또는 聽取하지 못한다. 다만, 다음 各號의 경우에는 당해 法律이 정하는 바에 의한다.(2001.12.29 본문개정)

1. 還付郵便物 등의 處理 : 郵便法 第28條·第32條·第35條·第36條 등의 規定에 의하여 爆發物 등 郵便禁制品이 들어 있다고 의심되는 小包郵便物(이와 유사한 郵便物을 포함한다)을 개피하는 경우, 受取人에게 配達할 수 없거나 受取人이 受領을 거부한 郵便物을 發送人에게 환부하는 경우, 發送人의 住所·姓名이 漏落된 郵便物로서 受取人이 受取를 거부하여 환부하는 때에 그 住所·姓名을 알기 위하여 개피하는 경우 또는 유가물이 든 還付不能郵便物을 처리하는 경우
2. 輸出入郵便物에 대한 檢査 : 관세법 제256조·제257조 등의 規定에 의한 信書외의 郵便物에 대한 通關檢査節次(2000.12.29 본호개정)
3. 拘束 또는 服役 중인 사람에 대한 通信 : 刑事訴訟法 第91條, 軍事法院法 第131條, 「형의 집행 및 수용자의 처우에 관한 법률」 제41조·제43조·제44조 및 「군에서의 형의 집행 및 군수용자의 처우에 관한 법률」 제42조·제44조 및 제45조에 따른 拘束 또는 服役 중인 사람에 대한 通信의 관리(2009.11.2 본호개정)
4. 파산선고를 받은 자에 대한 通信 : 「채무자 회생 및 파산에 관한 법률」 제484조의 規定에 의하여 파산선고를 받은 자에게 보내온 通信을 破産管財人이 受領하는 경우(2005.3.31 본호개정)
5. 混信除去 등을 위한 電波監視 : 電波法 第49조 내지 제51조의 規定에 의한 混信除去 등 電波秩序維持를 위한 電波監視의 경우(2004.1.29 본호개정)

② 우편물의 검열 또는 전기통신의 감청(이하 "통신제한조치"라 한다)은 범죄수사 또는 국가안전보장을 위하여 보충적인 수단으로 이용되어야 하며, 국민의 통신비밀에 대한 침해가 최소한에 그치도록 노력하여야 한다.
(2001.12.29 본항신설)

③ 누구든지 단말기기 고유번호를 제공하거나 제공받아서는 아니된다. 다만, 이동전화단말기 제조업체 또는 이동통신사업자가 단말기의 개통처리 및 수리 등 정당한 업무의 이행을 위하여 제공하거나 제공받는 경우에는 그러하지 아니하다.(2004.1.29 본항신설)

판례 귀로 들을 수 있는 '가청거리' 내에서 타인 간 대화를 녹음한 경우 : 공개되지 않은 타인 간의 대화를 녹음 또는 청취하지 못하도록 한 것은 대화에 원래부터 참여하지 않는 제3자가 대화를 하는 타인 간의 발언을 녹음하거나 청취해서는 안 된다는 취지이다. 따라서 대화에 원래부터 참여하지 않는 제3자가 일반 공중이 알 수 있도록 공개되지 않은 타인 간의 발언을 녹음하거나 전자장치나 기계적 수단을 이용해 청취하는 것은 특별한 사정이 없는 한 통신비밀보호법 제3조제1항에 위반된다.(대판 2022.8.31, 2020도1007)

판례 통신비밀보호법에서 보호하는 타인 간의 '대화'는 원칙적으로 현장에 있는 당사자들이 육성으로 말을 주고받는 의사소통행위를 가리킨다. 따라서 사람의 육성이 아닌 사물에서 발생하는 음향은 타인 간의 '대화'에 해당하지 않는다. 또한 사람의 목소리라고 하더라도 상대방에게 의사를 전달하는 말이 아닌 단순한 비명이나 탄식 등은 타인과 의사소통을 하기 위한 것이 아니라면 특별한 사정이 없는 한 타인 간의 '대화'에 해당한다고 볼 수 없다.(대판 2017.3.15, 2016도19843)

판례 통신비밀보호법에서는 그 규율의 대상을 통신과 대화로 분류하고 그 중 통신을 다시 우편물과 전기통신으로 나눈 다음, 제2조 제3호에서 '전기통신'을 '유선·무선·광선 및 기타의 전자적 방식에 의하여 모든 종류의 음향·문언·부호 또는 영상을 송신하거나 수신하는 것'으로 규정하고 있는바, 무전기와 같은 무선전화기를 이용한 통화가 동법에서 규정하고 있는 전기통신에 해당함은 전화통화의 성질 및 위 규정 내용에 비추어 명백하므로 이를 동조 제1항 '타인간의 대화'에 포함된다고 할 수 없다.
(대판 2003.11.13, 2001도6213)

第4條【不法檢閱에 의한 郵便物의 내용과 不法監聽에 의한 電氣通信內容의 증거사용 금지】 第3條의 規定에 위반하여, 不法檢閱에 의하여 취득한 郵便物이나 그 내용 및 不法監聽에 의하여 知得 또는 採錄된 電氣通信의 내용은 裁判 또는 懲戒節次에서 증거로 사용할 수 없다.

第5條【犯罪搜査를 위한 通信制限措置의 許可要件】 ① 통신제한조치는 다음 各號의 犯罪를 計劃 또는 實行하고 있거나 實行하였다고 의심할 만한 충분한 이유가 있고 다른 방법으로는 그 犯罪의 實行을 저지하거나 犯人의 逮捕 또는 증거의 蒐集이 어려운 경우에 한하여 許可할 수 있다.(2001.12.29 본문개정)

1. 刑法 제2편중 제1장 내란의 죄, 제2장 외환의 죄중 제92조 내지 제101조의 죄, 제4장 국교에 관한 죄중 제107조, 제108조, 제111조 내지 제113조의 죄, 제5장 공안을 해하는 죄중 제114조, 제115조의 죄, 제6장 폭발물에 관한 죄, 제7장 공무원의 직무에 관한 죄중 제127조, 제129조 내지 제133조의 죄, 제9장 도주와 범인은닉의 죄, 제13장 방화와 실화의 죄중 제164조 내지 제167조·제172조 내지 제173조·제174조 및 제175조의 죄, 제17장 아편에 관한 죄, 제18장 통화에 관한 죄, 제19장 유가증권, 우표와 인지에 관한 죄중 제214조 내지 제217조, 제223조(제214조 내지 제217조의 미수범에 한한다) 및 제224조(제214조 및 제215조의 예비·음모에 한한다), 제24장 살인의 죄, 제29장 체포와 감금의 죄, 제30장 협박의 죄중 제283조제1항, 제284조, 제285조(제283조제1항, 제284조의 상습범에 한한다), 제286조〔제283조제1항, 제284조, 제285조(제283조제1항, 제284조의 상습범에 한한다)의 미수범에 한한다〕의 죄, 제31장 약취(略取), 유인(誘引) 및 인신매매의 죄, 제32장 강간과 추행의 죄중 제297조 내지 제301조의2, 제305조의 죄, 제34장 신용, 업무와 경매에 관한 죄중 제315조의 죄, 제37장 권리행사를 방해하는 죄중 제324조의2 내지 제324조의4·제324조의5(제324조의2 내지 제324조의4의 미수범에 한한다)의 죄, 제38장 절도와 강도의 죄중 제329조 내지 제331조, 제332조(제329조 내지 제331조의 상습범에 한한다), 제333조 내지 제341조, 제342조〔제329조 내지 제331조, 제332조(제329조 내지 제331조의 상습범에 한한다), 제333조 내지 제341조의 미수범에 한한다〕의 죄, 제39장 사기와 공갈의 죄 중 제350조, 제350조의2, 제351조(제350조, 제350조의2의 상습범에 한정한다), 제352조(제350조, 제350조의2의 미수범에 한정한다)의 죄, 제41장 장물에 관한 죄 중 제363조의 죄(2016.1.6 본호개정)
2. 軍刑法 第2編중 第1章 叛亂의 罪, 第2章 利敵의 罪, 第3章 指揮權 濫用의 罪, 第4章 指揮官의 降服과 逃避의 罪, 第5章 守所離脫의 罪, 第7章 軍務怠慢의 罪중 第42條의 罪, 第8章 抗命의 罪, 第9章 暴行·脅迫·傷害와 殺人의 罪, 第11章 軍用物에 關한 罪, 第12章 違令의 罪중 第78條·第80條·第81條의 罪
3. 國家保安法에 規定된 犯罪
4. 軍事機密保護法에 規定된 犯罪
5. 「군사기지 및 군사시설 보호법」에 規定된 犯罪
(2007.12.21 본호개정)
6. 痲藥類管理에關한法律에 규정된 범죄중 제58조 내지 제62조의 죄(2001.12.29 본호개정)
7. 暴力行爲等處罰에關한法律에 규정된 범죄중 제4조 및 제5조의 죄(2001.12.29 본호신설)
8. 「총포·도검·화약류 등의 안전관리에 관한 법률」에 규정된 범죄중 제70조 및 제71조제1호 내지 제3호의 죄
(2015.1.6 본호개정)
9. 「특정범죄 가중처벌 등에 관한 법률」에 규정된 범죄중 제2조 내지 제8조, 제11조, 제12조의 죄(2016.1.6 본호개정)
10. 特定經濟犯罪加重處罰등에관한法律에 규정된 범죄중 제3조 내지 제9조의 죄(2001.12.29 본호개정)
11. 第1號와 第2號의 罪에 대한 加重處罰을 規定하는 法律에 위반하는 犯罪
12. 「국제상거래에 있어서 외국공무원에 대한 뇌물방지법」에 규정된 범죄 중 제3조 및 제4조의 죄
(2019.12.31 본호신설)

② 通信制限措置는 第1項의 요건에 해당하는 者가 發送·受取하거나 送·受信하는 특정한 郵便物이나 電氣通信 또는 그 該當者가 일정한 기간에 걸쳐 發送·受取하거나 送·受信하는 郵便物이나 電氣通信을 對象으로 許可될 수 있다.

판례 수사기관의 인터넷회선 감청은 해당 인터넷회선을 통하여 흐르는 불특정 다수인의 모든 정보가 패킷 형태로 수집되어 일단 수사기관에 그대로 전송되는 형식을 취하고 있다. 그 결과 피의자 내지 피내사자의 통신자료뿐만 아니라 동일한 인터넷회선을 이용하는 불특정 다수인의 통신자료까지 수사기관에 모두 수집·저장되므로 다른 통신제한조치에 비하여 감청 집행을 통해 수사기관이 취득하는 자료가 비교할 수 없을 정도로 매우 방대하며, 이를 통해 개인의 사생활의 비밀과 자유가 제한된다. 따라서 '인터넷회선을 통하여 송·수신하는 전기통신'에 관한 부분은 헌법에 합치되지 아니한다.
(헌재결 2018.8.30, 2016헌마263)

第6條【범죄수사를 위한 통신제한조치의 허가절차】 ① 檢事(군검사를 포함한다. 이하 같다)는 第5條第1項의 요건이 구비된 경우에는 法院(軍事法院을 포함한다. 이하 같다)에 대하여 각 被疑者별 또는 각 被內査者별로 통신제한조치를 許可하여 줄 것을 請求할 수 있다.
(2016.1.6 본항개정)

② 司法警察官(軍司法警察官을 포함한다. 이하 같다)은 第5條第1項의 요건이 구비된 경우에는 檢事에 대하여 각 被疑者별 또는 각 被內査者별로 통신제한조치에 대한 許可를 申請하고, 檢事는 法院에 대하여 그 許可를 請求할 수 있다.(2001.12.29 본항개정)

③ 제1항 및 제2항의 통신제한조치 청구사건의 관할법원은 그 통신제한조치를 받을 통신당사자의 쌍방 또는 일방의 주소지·소재지, 범죄지 또는 통신당사자와 공범관계에 있는 자의 주소지·소재지를 관할하는 지방법원 또는 지원(군사법원을 포함한다)으로 한다.(2021.9.24 본항개정)

④ 第1項 및 第2項의 通信制限措置請求는 필요한 通信制限措置의 종류·그 目的·대상·범위·기간·집행장소·방법 및 당해 通信制限措置가 第5條第1項의 許可要件을 충족하는 사유등의 請求理由를 기재한 書面(이하 "請求書"라 한다)으로 하여야 하며, 請求理由에 대한 疏明資料를 첨부하여야 한다. 이 경우 동일한 범죄사실에 대하여 그 被疑者 또는 被內査者에 대하여 통신제한조치의 허가를 청구하였거나 허가받은 사실이 있는 때에는 다시 통신제한조치를 청구하는 취지 및 이유를 기재하여야 한다.(2001.12.29 본항개정)

⑤ 법원은 청구가 이유 있다고 인정하는 경우에는 각 피의자별 또는 각 피내사자별로 통신제한조치를 허가하고, 이를 증명하는 서류(이하 "허가서"라 한다)를 청구인에게 발부한다.(2001.12.29 본항개정)

⑥ 제5항의 허가서에는 통신제한조치의 종류·그 목적·대상·범위·기간 및 집행장소와 방법을 특정하여 기재하여야 한다.(2001.12.29 본항개정)

⑦ 통신제한조치의 기간은 2개월을 초과하지 못하고, 그 기간 중 통신제한조치의 목적이 달성되었을 경우에는 즉시 종료하여야 한다. 다만, 제5조제1항의 허가요건이 존속하는 경우에는 소명자료를 첨부하여 제1항 또는 제2항에 따라 2개월의 범위에서 통신제한조치기간의 연장을 청구할 수 있다.(2019.12.31 본항개정)

⑧ 검사 또는 사법경찰관이 제7항 단서에 따라 통신제한조치의 연장을 청구하는 경우에 통신제한조치의 총 연장기간은 1년을 초과할 수 없다. 다만, 다음 각 호의 어느 하나에 해당하는 범죄의 경우에는 통신제한조치의 총 연장기간이 3년을 초과할 수 없다.

1. 「형법」 제2편 중 제1장 내란의 죄, 제2장 외환의 죄 중 제92조부터 제101조까지의 죄, 제4장 국교에 관한 죄 중 제107조, 제108조, 제111조부터 제113조까지의 죄, 제5장 공안을 해하는 죄 중 제114조, 제115조의 죄 및 제6장 폭발물에 관한 죄
2. 「군형법」 제2편 중 제1장 반란의 죄, 제2장 이적의 죄, 제11장 군용물에 관한 죄 및 제12장 위령의 죄 중 제78조·제80조·제81조의 죄
3. 「국가보안법」에 규정된 죄
4. 「군사기밀보호법」에 규정된 죄
5. 「군사기지 및 군사시설보호법」에 규정된 죄
(2019.12.31 본항신설)

⑨ 법원은 제1항·제2항 및 제7항 단서에 따른 청구가 이유없다고 인정하는 경우에는 청구를 기각하고 이를 청구인에게 통지한다.(2019.12.31 본항개정)
(2019.12.31 본조제목개정)

第7條【국가안보를 위한 통신제한조치】 ① 大統領令이 정하는 情報搜査機關의 長(이하 "情報搜査機關의 長"이라 한다)은 국가안전보장에 상당한 위험이 예상되는 경우 또는 「국민보호와 공공안전을 위한 테러방지법」 제2조제6호의 대테러활동에 필요한 경우에 한하여 그 위해를 방지하기 위하여 이에 관한 情報蒐集이 특히 필요한 때에는 다음 各號의 구분에 따라 通信制限措置를 할 수 있다.(2016.3.3 본문개정)

1. 通信의 一方 또는 雙方當事者가 內國人인 때에는 高等法院 수석판사의 許可를 받아야 한다. 다만, 軍用電氣通信法 제2조의 규정에 의한 군용전기통신(작전수행을 위한 전기통신에 한한다)에 대하여는 그러하지 아니하다.(2020.3.24 본문개정)
2. 大韓民國에 敵對하는 國家, 反國家活動의 혐의가 있는 外國의 機關·團體와 外國人, 大韓民國의 統治權이 사실상 미치지 아니하는 韓半島내의 集團이나 外國에 소재하는 그 傘下團體의 構成員의 통신인 때 및 제1항제1호 단서의 경우에는 서면으로 大統領의 승인을 얻어야 한다.
(2001.12.29 본항개정)

② 제1항의 규정에 의한 통신제한조치의 기간은 4월을 초과하지 못하고, 그 기간중 통신제한조치의 목적이 달성되었을 경우에는 즉시 종료하여야 하되, 제1항의 요건이 존속하는 경우에는 소명자료를 첨부하여 고등법원 수석판사의 허가 또는 대통령의 승인을 얻어 4월의 범위 이내에서 통신제한조치의 기간을 연장할 수 있다. 다만, 제1항제1호 단서의 규정에 의한 통신제한조치는 전시·사변 또는 이에 준하는 국가비상사태에 있어서 적과 교전상태에 있는 때에는 작전이 종료될 때까지 대통령의 승인을 얻지 아니하고 기간을 연장할 수 있다.(2020.3.24 본문개정)

③ 제1항제1호에 따른 허가에 관하여는 제6조제2항, 제4항부터 제6항까지 및 제9항을 준용한다. 이 경우 "사법경찰관(군사법경찰관을 포함한다. 이하 같다)"은 "정보수사기관의 장"으로, "법원"은 "고등법원 수석판사"로, "제5조제1항"은 "제7조제1항제1호 본문"으로, 제6조제2항 및 제5항 중 "각 피의자별 또는 각 피내사자별로 통신제한조치"는 각각 "통신제한조치"로 본다.(2020.3.24 후단개정)

④ 第1項第2號의 規定에 의한 大統領의 승인에 관한 節次등 필요한 사항은 大統領令으로 정한다.
(2019.12.31 본조제목개정)

第8條【긴급통신제한조치】 ① 검사, 사법경찰관 또는 정보수사기관의 장은 국가안보를 위협하는 음모행위, 직접적인 사망이나 심각한 상해의 위험을 야기할 수 있는 범죄 또는 조직범죄등 중대한 범죄의 계획이나 실행 등 긴박한 상황에 있고 제5조제1항 또는 제7조제1항제1호의 규정에 의한 요건을 구비한 자에 대하여 제6조 또는 제7조제1항 및 제3항의 규정에 의한 절차를 거칠 수 없는 긴급한 사유가 있는 때에는 법원의 허가없이 통신제한조치를 할 수 있다.

② 검사, 사법경찰관 또는 정보수사기관의 장은 제1항에 따른 통신제한조치(이하 "긴급통신제한조치"라 한다)의

집행에 착수한 후 지체 없이 제6조(제7조제3항에서 준용하는 경우를 포함한다)에 따라 법원에 허가청구를 하여야 한다.(2022.12.27 본항개정)
③ 사법경찰관이 긴급통신제한조치를 할 경우에는 미리 검사의 지휘를 받아야 한다. 다만, 특히 급속을 요하여 미리 지휘를 받을 수 없는 사유가 있는 경우에는 긴급통신제한조치의 집행착수후 지체없이 검사의 승인을 얻어야 한다.
④ 검사, 사법경찰관 또는 정보수사기관의 장이 긴급통신제한조치를 하고자 하는 경우에는 반드시 긴급검열서 또는 긴급감청서(이하 "긴급감청서등"이라 한다)에 의하여야 하며 소속기관에 긴급통신제한조치대장을 비치하여야 한다.
⑤ 검사, 사법경찰관 또는 정보수사기관의 장은 긴급통신제한조치의 집행에 착수한 때부터 36시간 이내에 법원의 허가를 받지 못한 경우에는 해당 조치를 즉시 중지하고 해당 조치로 취득한 자료를 폐기하여야 한다.(2022.12.27 본항개정)
⑥ 검사, 사법경찰관 또는 정보수사기관의 장은 제5항에 따라 긴급통신제한조치로 취득한 자료를 폐기한 경우 폐기이유·폐기범위·폐기일시 등을 기재한 자료폐기결과보고서를 작성하여 폐기일부터 7일 이내에 제2항에 따라 허가청구를 한 법원에 송부하고, 그 부본(副本)을 피의자의 수사기록 또는 피내사자의 내사사건기록에 첨부하여야 한다.(2022.12.27 본항개정)
⑦ (2022.12.27 삭제)
⑧ 정보수사기관의 장은 국가안보를 위협하는 음모행위, 직접적인 사망이나 심각한 상해의 위험을 야기할 수 있는 범죄 또는 조직범죄등 중대한 범죄의 계획이나 실행 등 긴박한 상황에 있고 제7조제1항제2호에 해당하는 자에 대하여 대통령의 승인을 얻을 시간적 여유가 없거나 통신제한조치를 긴급히 실시하지 아니하면 국가안전보장에 대한 위해를 초래할 수 있다고 판단되는 때에는 소속 장관(국가정보원장을 포함한다)의 승인을 얻어 통신제한조치를 할 수 있다.
⑨ 정보수사기관의 장은 제8항에 따른 통신제한조치의 집행에 착수한 후 지체 없이 제7조에 따라 대통령의 승인을 얻어야 한다.(2022.12.27 본항개정)
⑩ 정보수사기관의 장은 제8항에 따른 통신제한조치의 집행에 착수한 때부터 36시간 이내에 대통령의 승인을 얻지 못한 경우에는 해당 조치를 즉시 중지하고 해당 조치로 취득한 자료를 폐기하여야 한다.(2022.12.27 본항신설)
(2001.12.29 본조개정)

第9條【通信制限措置의 執行】 ① 第6條 내지 第8條의 通信制限措置는 이를 請求 또는 申請한 檢事·司法警察官 또는 情報搜査機關의 長이 執行한다. 이 경우 遞信官署 기타 관련기관등(이하 "통신기관등"이라 한다)에 그 執行을 위탁하거나 집행에 관한 협조를 요청할 수 있다.(2001.12.29 후단개정)
② 통신제한조치의 집행을 위탁하거나 집행에 관한 협조를 요청하는 자는 통신기관등에 통신제한조치허가서(제7조제1항제2호의 경우에는 대통령의 승인서를 말한다. 이하 이 조, 제16조제2항제1호 및 제17조제1항제1호·제3호에서 같다) 또는 긴급감청서등의 표지의 사본을 교부하여야 하며, 이를 위탁받거나 이에 관한 협조요청을 받은 자는 통신제한조치허가서 또는 긴급감청서등의 표지 사본을 대통령령이 정하는 기간동안 보존하여야 한다.(2001.12.29 본항개정)
③ 통신제한조치를 집행하는 자와 이를 위탁받거나 이에 관한 협조요청을 받은 자는 당해 통신제한조치를 청구한 목적과 그 집행 또는 협조일시 및 대상을 기재한 대장을 대통령령이 정하는 기간동안 비치하여야 한다.(2001.12.29 본항신설)
④ 통신기관등은 통신제한조치허가서 또는 긴급감청서등에 기재된 통신제한조치 대상자의 전화번호등이 사실과 일치하지 않을 경우에는 그 집행을 거부할 수 있으며, 어떠한 경우에도 전기통신에 사용되는 비밀번호를 누설할 수 없다.(2001.12.29 본항신설)

第9條의2【통신제한조치의 집행에 관한 통지】 ① 검사는 제6조제1항 및 제8조제1항에 따라 통신제한조치를 집행한 사건에 관하여 공소를 제기하거나, 공소의 제기 또는 입건을 하지 아니하는 처분(기소중지결정, 참고인중지결정을 제외한다)을 한 때에는 그 처분을 한 날부터 30일 이내에 우편물 검열의 경우에는 그 대상자에게, 감청의 경우에는 그 대상이 된 전기통신의 가입자에게 통신제한조치를 집행한 사실과 집행기관 및 그 기간 등을 서면으로 통지하여야 한다. 다만, 고위공직자범죄수사처(이하 "수사처"라 한다)검사는 「고위공직자범죄수사처 설치 및 운영에 관한 법률」 제26조제1항에 따라 서울중앙지방검찰청 소속 검사에게 관계 서류와 증거물을 송부한 사건에 관하여 이를 처리하는 검사로부터 공소를 제기하거나 제기하지 아니하는 처분(기소중지결정, 참고인중지결정은 제외한다)의 통보를 받은 경우에도 그 통보를 받은 날부터 30일 이내에 서면으로 통지하여야 한다.(2021.1.5 본항개정)
② 사법경찰관은 제6조제1항 및 제8조제1항에 따라 통신제한조치를 집행한 사건에 관하여 검사로부터 공소를 제기하거나 제기하지 아니하는 처분(기소중지 또는 참고인중지 결정은 제외한다)의 통보를 받거나 검찰송치를 하지 아니하는 처분(수사중지 결정은 제외한다) 또는 내사사건에 관하여 입건하지 아니하는 처분을 한 때에는 그 날부터 30일 이내에 우편물 검열의 경우에는 그 대상자에게, 감청의 경우에는 그 대상이 된 전기통신의 가입자에게 통신제한조치를 집행한 사실과 집행기관 및 그 기간 등을 서면으로 통지하여야 한다.(2021.3.16 본항개정)
③ 정보수사기관의 장은 제7조제1항제1호 본문 및 제8조제1항의 규정에 의한 통신제한조치를 종료한 날부터 30일 이내에 우편물 검열의 경우에는 그 대상자에게, 감청의 경우에는 그 대상이 된 전기통신의 가입자에게 통신제한조치를 집행한 사실과 집행기관 및 그 기간 등을 서면으로 통지하여야 한다.
④ 제1항 내지 제3항의 규정에 불구하고 다음 각호의 1에 해당하는 사유가 있는 때에는 그 사유가 해소될 때까지 통지를 유예할 수 있다.
1. 통신제한조치를 통지할 경우 국가의 안전보장·공공의 안녕질서를 위태롭게 할 현저한 우려가 있는 때
2. 통신제한조치를 통지할 경우 사람의 생명·신체에 중대한 위험을 초래할 염려가 현저한 때
⑤ 검사 또는 사법경찰관은 제4항에 따라 통지를 유예하려는 경우에는 소명자료를 첨부하여 미리 관할지방검찰청검사장의 승인을 받아야 한다. 다만, 수사처검사가 제4항에 따라 통지를 유예하려는 경우에는 소명자료를 첨부하여 미리 수사처장의 승인을 받아야 하고, 군검사 및 군사법경찰관이 제4항에 따라 통지를 유예하려는 경우에는 소명자료를 첨부하여 미리 관할 보통검찰부장의 승인을 받아야 한다.(2021.1.5 본항개정)
⑥ 검사, 사법경찰관 또는 정보수사기관의 장은 제4항 각호의 사유가 해소된 때에는 그 사유가 해소된 날부터 30일 이내에 제1항 내지 제3항의 규정에 의한 통지를 하여야 한다.
(2001.12.29 본조신설)

第9條의3【압수·수색·검증의 집행에 관한 통지】 ① 검사는 송·수신이 완료된 전기통신에 대하여 압수·수색·검증을 집행한 경우 그 사건에 관하여 공소를 제기하거나 공소의 제기 또는 입건을 하지 아니하는 처분(기소중지결정, 참고인중지결정을 제외한다)을 한 때에는 그 처분을 한 날부터 30일 이내에 수사대상이 된 가입자에게 압수·수색·검증을 집행한 사실을 서면으로 통지하여야 한다. 다만, 수사처검사는 「고위공직자범죄수사처 설치 및 운영에 관한 법률」 제26조제1항에 따라 서울중앙지방검찰청 소속 검사에게 관계 서류와 증거물을 송부한 사건에 관하여 이를 처리하는 검사로부터 공소를 제기하거나 제기하지 아니하는 처분(기소중지결정, 참고인중지결정은 제외한다)의 통보를 받은 경우에도 그 통보를 받은 날부터 30일 이내에 서면으로 통지하여야 한다.
② 사법경찰관은 송·수신이 완료된 전기통신에 대하여 압수·수색·검증을 집행한 경우 그 사건에 관하여 검사로부터 공소를 제기하거나 제기하지 아니하는 처분(기소중지 또는 참고인중지 결정은 제외한다)의 통보를 받거나 검찰송치를 하지 아니하는 처분(수사중지 결정은 제외한다) 또는 내사사건에 관하여 입건하지 아니하는 처분을 한 때에는 그 날부터 30일 이내에 수사대상이 된 가입자에게 압수·수색·검증을 집행한 사실을 서면으로 통지하여야 한다.(2021.3.16 본항개정)
(2021.1.5 본조개정)

第10條【監聽設備에 대한 認可機關과 認可節次】 ① 監聽設備를 製造·輸入·販賣·配布·소지·사용하거나 이를 위한 廣告를 하고자 하는 者는 과학기술정보통신부장관의 認可를 받아야 한다. 다만, 國家機關의 경우에는 그러하지 아니하다.(2017.7.26 본문개정)
② (2004.1.29 삭제)
③ 과학기술정보통신부장관은 第1項의 認可를 하는 경우에는 認可申請者, 認可年月日, 認可된 監聽設備의 종류와 數量 등 필요한 사항을 臺帳에 기재하여 비치하여야 한다.(2017.7.26 본항개정)
④ 第1項의 認可를 받아 監聽設備를 製造·輸入·販賣·配布·소지 또는 사용하는 者는 認可年月日, 認可된 監聽設備의 종류와 數量, 備置場所 등 필요한 사항을 臺帳에 기재하여 비치하여야 한다. 다만, 地方自治團體의 備品으로서 그 職務遂行에 제공되는 監聽設備는 該當 機關의 備品臺帳에 기재한다.
⑤ 第1項의 認可에 관하여 기타 필요한 사항은 大統領令으로 정한다.

第10條의2【국가기관 감청설비의 신고】 ① 국가기관(정보수사기관은 제외한다)이 감청설비를 도입하는 때에는 매 반기별로 그 제원 및 성능 등 대통령령으로 정하는 사항을 과학기술정보통신부장관에게 신고하여야 한다.
② 정보수사기관이 감청설비를 도입하는 때에는 매 반기별로 그 제원 및 성능 등 대통령령으로 정하는 사항을 국회정보위원회에 통보하여야 한다.
(2020.6.9 본조개정)

第10條의3【불법감청설비탐지업의 등록 등】 ① 영리를 목적으로 불법감청설비탐지업을 하고자 하는 자는 대통령령으로 정하는 바에 의하여 과학기술정보통신부장관에게 등록을 하여야 한다.
② 제1항에 따른 등록은 법인만이 할 수 있다.
③ 제1항에 따른 등록을 하고자 하는 자는 대통령령으로 정하는 이용자보호계획·사업계획·기술·재정능력·탐지장비 그 밖에 필요한 사항을 갖추어야 한다.
④ 제1항에 따른 등록의 변경요건 및 절차, 등록한 사업의 양도·양수·승계·휴업·폐업 및 그 신고, 등록업무의 위임 등에 관하여 필요한 사항은 대통령령으로 정한다.
(2020.6.9 본조개정)

第10條의4【불법감청설비탐지업자의 결격사유】 법인의 대표자가 다음 각 호의 어느 하나에 해당하는 경우에는 제10조의3에 따른 등록을 할 수 없다.(2015.12.22 본문개정)
1. 피성년후견인 또는 피한정후견인(2014.10.15 본호개정)
2. 파산선고를 받은 자로서 복권되지 아니한 자
(2005.3.31 본호개정)
3. 금고 이상의 실형을 선고받고 그 집행이 종료(집행이 종료된 것으로 보는 경우를 포함한다)되거나 집행이 면제된 날부터 3년이 지나지 아니한 자(2021.10.19 본호개정)
4. 금고 이상의 형의 집행유예를 선고받고 그 유예기간 중에 있는 자(2020.6.9 본호개정)
5. 법원의 판결 또는 다른 법률에 의하여 자격이 상실 또는 정지된 자
6. 제10조의5에 따라 등록이 취소(제10조의4제1호 또는 제2호에 해당하여 등록이 취소된 경우는 제외한다)된 법인의 취소 당시 대표자로서 그 등록이 취소된 날부터 2년이 지나지 아니한 자(2020.6.9 본호개정)
(2004.1.29 본조신설)

第10條의5【등록의 취소】 과학기술정보통신부장관은 불법감청설비탐지업을 등록한 자가 다음 각 호의 어느 하나에 해당하는 경우에는 그 등록을 취소하거나 6개월 이내의 기간을 정하여 그 영업의 정지를 명할 수 있다. 다만, 제1호 또는 제2호에 해당하는 경우에는 그 등록을 취소하여야 한다.(2020.6.9 본문개정)
1. 거짓이나 그 밖의 부정한 방법으로 등록 또는 변경등록을 한 경우(2020.6.9 본호개정)
2. 제10조의4에 따른 결격사유에 해당하게 된 경우
(2020.6.9 본호개정)
3. 영업행위와 관련하여 알게된 비밀을 다른 사람에게 누설한 경우
4. 불법감청설비탐지업 등록증을 다른 사람에게 대여한 경우
5. 영업행위와 관련하여 고의 또는 중대한 과실로 다른 사람에게 중대한 손해를 입힌 경우
6. 다른 법률의 규정에 의하여 국가 또는 지방자치단체로부터 등록취소의 요구가 있는 경우
(2004.1.29 본조신설)

第11條【비밀준수의 의무】 ① 통신제한조치의 허가·집행·통보 및 각종 서류작성 등에 관여한 공무원 또는 그 직에 있었던 자는 직무상 알게 된 통신제한조치에 관한 사항을 외부에 공개하거나 누설하여서는 아니된다.
② 통신제한조치에 관여한 통신기관의 직원 또는 그 직에 있었던 자는 통신제한조치에 관한 사항을 외부에 공개하거나 누설하여서는 아니된다.
③ 제1항 및 제2항에 규정된 자 외에 누구든지 이 법에 따른 통신제한조치로 알게 된 내용을 이 법에 따라 사용하는 경우 외에는 이를 외부에 공개하거나 누설하여서는 아니 된다.(2018.3.20 본항개정)
④ 법원에서의 통신제한조치의 허가절차·허가여부·허가내용 등의 비밀유지에 관하여 필요한 사항은 대법원규칙으로 정한다.
(2001.12.29 본조개정)

第12條【通信制限措置로 취득한 資料의 사용제한】 第9條의 規定에 의한 通信制限措置의 執行으로 인하여 취득된 郵便物 또는 그 내용과 電氣通信의 내용은 다음 各號의 경우외에는 사용할 수 없다.
1. 通信制限措置의 目的이 된 第5條第1項에 規定된 犯罪나 이와 관련되는 犯罪를 搜査·訴追하거나 그 犯罪를 豫防하기 위하여 사용하는 경우
2. 第1號의 犯罪로 인한 懲戒節次에 사용하는 경우
3. 通信의 當事者가 제기하는 損害賠償訴訟에서 사용하는 경우
4. 기타 다른 法律의 規定에 의하여 사용하는 경우

第12條의2【범죄수사를 위하여 인터넷 회선에 대한 통신제한조치로 취득한 자료의 관리】 ① 검사는 인터넷 회선을 통하여 송신·수신하는 전기통신을 대상으로 제6조 또는 제8조(제5조제1항의 요건에 해당하는 사람에 대한 긴급통신제한조치에 한정한다)에 따른 통신제한조치를 집행한 경우 그 전기통신을 제12조제1호에 따라 사용하거나 사용을 위하여 보관(이하 이 조에서 "보관등"이라 한다)하고자 하는 때에는 집행종료일부터 14일 이내에 보관등이 필요한 전기통신을 선별하여 통신제한조치를 허가한 법원에 보관등의 승인을 청구하여야 한다.
② 사법경찰관은 인터넷 회선을 통하여 송신·수신하는 전기통신을 대상으로 제6조 또는 제8조(제5조제1항의 요건에 해당하는 사람에 대한 긴급통신제한조치에 한정한다)에 따른 통신제한조치를 집행한 경우 그 전기통신의

보관등을 하고자 하는 때에는 집행종료일부터 14일 이내에 보관등이 필요한 전기통신을 선별하여 검사에게 보관등의 승인을 신청하고, 검사는 신청일부터 7일 이내에 통신제한조치를 허가한 법원에 그 승인을 청구할 수 있다.
③ 제1항 및 제2항에 따른 승인청구는 통신제한조치의 집행 경위, 취득한 결과의 요지, 보관등이 필요한 이유를 기재한 서면으로 하여야 하며, 다음 각 호의 서류를 첨부하여야 한다.
1. 청구이유에 대한 소명자료
2. 보관등이 필요한 전기통신의 목록
3. 보관등이 필요한 전기통신. 다만, 일정 용량의 파일 단위로 분할하는 등 적절한 방법으로 정보저장매체에 저장·봉인하여 제출하여야 한다.
④ 법원은 청구가 이유 있다고 인정하는 경우에는 보관등을 승인하고 이를 증명하는 서류(이하 이 조에서 "승인서"라 한다)를 발부하며, 청구가 이유 없다고 인정하는 경우에는 청구를 기각하고 이를 청구인에게 통지한다.
⑤ 검사 또는 사법경찰관은 제1항에 따른 청구나 제2항에 따른 신청을 하지 아니하는 경우에는 집행종료일부터 14일(검사가 사법경찰관의 신청을 기각한 경우에는 그 날부터 7일) 이내에 통신제한조치로 취득한 전기통신을 폐기하여야 하고, 법원에 승인청구를 한 경우(취득한 전기통신의 일부에 대해서만 청구한 경우를 포함한다)에는 제4항에 따라 법원으로부터 승인서를 발부받거나 청구기각의 통지를 받은 날부터 7일 이내에 승인을 받지 못한 전기통신을 폐기하여야 한다.
⑥ 검사 또는 사법경찰관은 제5항에 따라 통신제한조치로 취득한 전기통신을 폐기한 때에는 폐기의 이유와 범위 및 일시 등을 기재한 폐기결과보고서를 작성하여 피의자의 수사기록 또는 피내사자의 내사사건기록에 첨부하고, 폐기일부터 7일 이내에 통신제한조치를 허가한 법원에 송부하여야 한다.
(2020.3.24 본조신설)

第13條【범죄수사를 위한 통신사실 확인자료제공의 절차】 ① 검사 또는 사법경찰관은 수사 또는 형의 집행을 위하여 필요한 경우 전기통신사업법에 의한 전기통신사업자(이하 "전기통신사업자"라 한다)에게 통신사실 확인자료의 열람이나 제출(이하 "통신사실 확인자료제공"이라 한다)을 요청할 수 있다.
② 검사 또는 사법경찰관은 제1항에도 불구하고 수사를 위하여 통신사실확인자료 중 다음 각 호의 어느 하나에 해당하는 자료가 필요한 경우에는 다른 방법으로는 범죄의 실행을 저지하기 어렵거나 범인의 발견·확보 또는 증거의 수집·보전이 어려운 경우에만 전기통신사업자에게 해당 자료의 열람이나 제출을 요청할 수 있다. 다만, 제5조제1항 각 호의 어느 하나에 해당하는 범죄 또는 전기통신을 수단으로 하는 범죄에 대한 통신사실확인자료가 필요한 경우에는 제1항에 따라 열람이나 제출을 요청할 수 있다.
1. 제2조제11호바목·사목 중 실시간 추적자료
2. 특정한 기지국에 대한 통신사실확인자료
(2019.12.31 본항신설)
③ 제1항 및 제2항에 따라 통신사실 확인자료제공을 요청하는 경우에는 요청사유, 해당 가입자와의 연관성 및 필요한 자료의 범위를 기록한 서면으로 관할 지방법원(군사법원을 포함한다. 이하 같다) 또는 지원의 허가를 받아야 한다. 다만, 관할 지방법원 또는 지원의 허가를 받을 수 없는 긴급한 사유가 있는 때에는 통신사실 확인자료제공을 요청한 후 지체 없이 그 허가를 받아 전기통신사업자에게 송부하여야 한다.(2021.9.24 본문개정)
④ 제3항 단서에 따라 긴급한 사유로 통신사실확인자료를 제공받았으나 지방법원 또는 지원의 허가를 받지 못한 경우에는 지체 없이 제공받은 통신사실확인자료를 폐기하여야 한다.(2019.12.31 본항개정)
⑤ 검사 또는 사법경찰관은 제3항에 따라 통신사실 확인자료제공을 받은 때에는 해당 통신사실 확인자료제공요청사실 등 필요한 사항을 기재한 대장과 통신사실 확인자료제공요청서 등 관련자료를 소속기관에 비치하여야 한다.(2019.12.31 본항개정)
⑥ 지방법원 또는 지원은 제3항에 따라 통신사실 확인자료제공 요청허가청구를 받은 현황, 이를 허가한 현황 및 관련된 자료를 보존하여야 한다.(2019.12.31 본항개정)
⑦ 전기통신사업자는 검사, 사법경찰관 또는 정보수사기관의 장에게 통신사실 확인자료를 제공한 때에는 자료제공현황 등을 연 2회 과학기술정보통신부장관에게 보고하고, 해당 통신사실 확인자료제공사실등 필요한 사항을 기재한 대장과 통신사실 확인자료제공요청서 등 관련자료를 통신사실 확인자료를 제공한 날부터 7년간 비치하여야 한다.(2019.12.31 본항개정)
⑧ 과학기술정보통신부장관은 전기통신사업자가 제7항에 따라 보고한 내용의 사실여부 및 비치하여야 하는 대장 등 관련자료의 관리실태를 점검할 수 있다.
(2019.12.31 본항개정)
⑨ 이 조에서 규정된 사항 외에 범죄수사를 위한 통신사실 확인자료제공과 관련된 사항에 관하여는 제6조(제7항 및 제8항은 제외한다)를 준용한다.(2019.12.31 본항개정)
(2005.5.26 본조제목개정)
(2001.12.29 본조신설)

第13條의2【법원에의 통신사실 확인자료제공】 법원은 재판상 필요한 경우에는 민사소송법 제294조 또는 형사소송법 제272조의 규정에 의하여 전기통신사업자에게 통신사실 확인자료제공을 요청할 수 있다.(2002.1.26 본조개정)

第13條의3【범죄수사를 위한 통신사실 확인자료제공의 통지】 ① 검사 또는 사법경찰관은 제13조에 따라 통신사실 확인자료제공을 받은 사건에 관하여 다음 각 호의 구분에 따라 정한 기간 내에 통신사실 확인자료제공을 받은 사실과 제공요청기관 및 그 기간 등을 통신사실 확인자료제공의 대상이 된 당사자에게 서면으로 통지하여야 한다.
1. 공소를 제기하거나, 공소제기·검찰송치를 하지 아니하는 처분(기소중지·참고인중지 또는 수사중지 결정은 제외한다) 또는 입건을 하지 아니하는 처분을 한 경우 : 그 처분을 한 날부터 30일 이내. 다만, 다음 각 목의 어느 하나에 해당하는 경우 그 통보를 받은 날부터 30일 이내
가. 수사처검사가 「고위공직자범죄수사처 설치 및 운영에 관한 법률」 제26조제1항에 따라 서울중앙지방검찰청 소속 검사에게 관계 서류와 증거물을 송부한 사건에 관하여 이를 처리하는 검사로부터 공소를 제기하거나 제기하지 아니하는 처분(기소중지 또는 참고인중지 결정은 제외한다)의 통보를 받은 경우
나. 사법경찰관이 「형사소송법」 제245조의5제1호에 따라 검사에게 송치한 사건으로서 검사로부터 공소를 제기하거나 제기하지 아니하는 처분(기소중지 또는 참고인중지 결정은 제외한다)의 통보를 받은 경우
2. 기소중지·참고인중지 또는 수사중지 결정을 한 경우 : 그 결정을 한 날부터 1년(제6조제8항 각 호의 어느 하나에 해당하는 범죄인 경우에는 3년)이 경과한 때부터 30일 이내. 다만, 다음 각 목의 어느 하나에 해당하는 경우 그 통보를 받은 날로부터 1년(제6조제8항 각 호의 어느 하나에 해당하는 범죄인 경우에는 3년)이 경과한 때부터 30일 이내
가. 수사처검사가 「고위공직자범죄수사처 설치 및 운영에 관한 법률」 제26조제1항에 따라 서울중앙지방검찰청 소속 검사에게 관계 서류와 증거물을 송부한 사건에 관하여 이를 처리하는 검사로부터 기소중지 또는 참고인중지 결정의 통보를 받은 경우
나. 사법경찰관이 「형사소송법」 제245조의5제1호에 따라 검사에게 송치한 사건으로서 검사로부터 기소중지 또는 참고인중지 결정의 통보를 받은 경우
(2021.3.16 1호~2호개정)
3. 수사가 진행 중인 경우 : 통신사실 확인자료제공을 받은 날부터 1년(제6조제8항 각 호의 어느 하나에 해당하는 범죄인 경우에는 3년)이 경과한 때부터 30일 이내
② 제1항제2호 및 제3호에도 불구하고 다음 각 호의 어느 하나에 해당하는 사유가 있는 경우에는 그 사유가 해소될 때까지 같은 항에 따른 통지를 유예할 수 있다.
1. 국가의 안전보장, 공공의 안녕질서를 위태롭게 할 우려가 있는 경우
2. 피해자 또는 그 밖의 사건관계인의 생명이나 신체의 안전을 위협할 우려가 있는 경우
3. 증거인멸, 도주, 증인 위협 등 공정한 사법절차의 진행을 방해할 우려가 있는 경우
4. 피의자, 피해자 또는 그 밖의 사건관계인의 명예나 사생활을 침해할 우려가 있는 경우
(2019.12.31 본항신설)
③ 검사 또는 사법경찰관은 제2항에 따라 통지를 유예하려는 경우에는 소명자료를 첨부하여 미리 관할 지방검찰청 검사장의 승인을 받아야 한다. 다만, 수사처검사가 제2항에 따라 통지를 유예하려는 경우에는 소명자료를 첨부하여 미리 수사처장의 승인을 받아야 한다.(2021.1.5 단서신설)
④ 검사 또는 사법경찰관은 제2항 각 호의 사유가 해소된 때에는 그 날부터 30일 이내에 제1항에 따른 통지를 하여야 한다.(2019.12.31 본항신설)
⑤ 제1항 또는 제4항에 따라 검사 또는 사법경찰관으로부터 통신사실 확인자료제공을 받은 사실 등을 통지받은 당사자는 해당 통신사실 확인자료제공을 요청한 사유를 알려주도록 서면으로 신청할 수 있다.(2019.12.31 본항신설)
⑥ 제5항에 따른 신청을 받은 검사 또는 사법경찰관은 제2항 각 호의 어느 하나에 해당하는 경우를 제외하고는 그 신청을 받은 날부터 30일 이내에 해당 통신사실 확인자료제공 요청의 사유를 서면으로 통지하여야 한다.
(2019.12.31 본항신설)
⑦ 제1항부터 제5항까지에서 규정한 사항 외에 통신사실 확인자료제공을 받은 사실 등에 관하여는 제9조의2(제3항은 제외한다)의 규정을 준용한다.
(2019.12.31 본조개정)

第13條의4【국가안보를 위한 통신사실 확인자료제공의 절차 등】 ① 정보수사기관의 장은 국가안전보장에 대한 위해를 방지하기 위하여 정보수집이 필요한 경우 전기통신사업자에게 통신사실 확인자료제공을 요청할 수 있다.
② 제7조 내지 제9조 및 제9조의2제3항·제4항·제6항의 규정은 제1항의 규정에 의한 통신사실 확인자료제공의 절차 등에 관하여 이를 준용한다. 이 경우 "통신제한조치"는 "통신사실 확인자료제공 요청"으로 본다.
③ 통신사실확인자료의 폐기 및 관련 자료의 비치에 관하여는 제13조제4항 및 제5항을 준용한다.(2019.12.31 본항개정)
(2005.5.26 본조신설)

第13條의5【비밀준수의무 및 자료의 사용 제한】 제11조 및 제12조의 규정은 제13조의 규정에 의한 통신사실 확인자료제공 및 제13조의4의 규정에 의한 통신사실 확인자료제공에 따른 비밀준수의무 및 통신사실확인자료의 사용제한에 관하여 이를 각각 준용한다.(2005.5.26 본조신설)

第14條【他人의 對話秘密 침해금지】 ① 누구든지 公開되지 아니한 他人간의 대화를 녹음하거나 電子裝置 또는 機械的 수단을 이용하여 聽取할 수 없다.
② 제4조 내지 제8조, 제9조제1항 전단 및 제3항, 제9조의2, 제11조제1항·제3항·제4항 및 제12조의 規定은 第1項의 規定에 의한 錄音 또는 聽取에 관하여 이를 적용한다.
(2001.12.29 본항개정)

第15條【국회의 통제】 ① 국회의 상임위원회와 국정감사 및 조사를 위한 위원회는 필요한 경우 특정한 통신제한조치 등에 대하여는 법원행정처장, 통신제한조치를 청구하거나 신청한 기관의 장 또는 이를 집행한 기관의 장에 대하여, 감청설비에 대한 인가 또는 신고내역에 관하여는 과학기술정보통신부장관에게 보고를 요구할 수 있다.(2017.7.26 본항개정)
② 국회의 상임위원회와 국정감사 및 조사를 위한 위원회는 그 의결로 수사관서의 감청장비보유현황, 감청집행기관 또는 감청협조기관의 교환실 등 필요한 장소에 대하여 현장검증이나 조사를 실시할 수 있다. 이 경우 현장검증이나 조사에 참여한 자는 그로 인하여 알게 된 비밀을 정당한 사유없이 누설하여서는 아니된다.
③ 제2항의 규정에 의한 현장검증이나 조사는 개인의 사생활을 침해하거나 계속중인 재판 또는 수사 중인 사건의 소추에 관여할 목적으로 행사되어서는 아니된다.
④ 통신제한조치를 집행하거나 위탁받은 기관 또는 이에 협조한 기관의 중앙행정기관의 장은 국회의 상임위원회와 국정감사 및 조사를 위한 위원회의 요구가 있는 경우 대통령령이 정하는 바에 따라 제5조 내지 제10조와 관련한 통신제한조치보고서를 국회에 제출하여야 한다. 다만, 정보수사기관의 장은 국회정보위원회에 제출하여야 한다.
(2001.12.29 본조개정)

第15條의2【전기통신사업자의 협조의무】 ① 전기통신사업자는 검사·사법경찰관 또는 정보수사기관의 장이 이 법에 따라 집행하는 통신제한조치 및 통신사실 확인자료제공의 요청에 협조하여야 한다.
② 제1항의 규정에 따라 통신제한조치의 집행을 위하여 전기통신사업자가 협조할 사항, 통신사실확인자료의 보관기간 그 밖에 전기통신사업자의 협조에 관하여 필요한 사항은 대통령령으로 정한다.
(2005.5.26 본조신설)

第15條의3【시정명령】 과학기술정보통신부장관은 제13조제7항을 위반하여 통신사실확인자료제공 현황등을 과학기술정보통신부장관에게 보고하지 아니하였거나 관련자료를 비치하지 아니한 자에게는 기간을 정하여 그 시정을 명할 수 있다.(2024.1.23 본조신설)

第15條의4【이행강제금】 ① 과학기술정보통신부장관은 제15조의3에 따라 시정명령을 받은 후 그 정한 기간 이내에 명령을 이행하지 아니하는 자에게는 1천만원 이하의 이행강제금을 부과할 수 있다.
② 제1항에 따른 이행강제금의 납부기한은 특별한 사유가 있는 경우를 제외하고는 시정명령에서 정한 이행기간 종료일 다음 날부터 30일 이내로 한다.
③ 과학기술정보통신부장관은 제1항에 따른 이행강제금을 부과하기 전에 이행강제금을 부과·징수한다는 것을 미리 문서로 알려 주어야 한다.
④ 과학기술정보통신부장관은 제1항에 따른 이행강제금을 부과하는 경우 이행강제금의 금액, 부과사유, 납부기한, 수납기관, 이의제기 방법 등을 밝힌 문서로 하여야 한다.
⑤ 과학기술정보통신부장관은 제1항에 따른 이행강제금을 최초의 시정명령이 있었던 날을 기준으로 하여 1년에 2회 이내의 범위에서 그 시정명령이 이행될 때까지 반복하여 부과·징수할 수 있다.
⑥ 과학기술정보통신부장관은 제15조의3에 따라 시정명령을 받은 자가 이를 이행하면 새로운 이행강제금의 부과를 즉시 중지하되, 이미 부과된 이행강제금은 징수하여야 한다.
⑦ 과학기술정보통신부장관은 제1항에 따라 이행강제금 부과처분을 받은 자가 이행강제금을 기한까지 납부하지 아니하면 국세강제징수의 예에 따라 징수한다.
⑧ 제1항에 따른 이행강제금의 부과 및 징수절차 등 필요한 사항은 대통령령으로 정한다.
(2024.1.23 본조신설)

第16條【벌칙】 ① 다음 각 호의 어느 하나에 해당하는 자는 1년 이상 10년 이하의 징역과 5년 이하의 자격정지에 처한다.(2018.3.20 본문개정)
1. 제3조의 규정에 위반하여 우편물의 검열 또는 전기통신의 감청을 하거나 공개되지 아니한 타인간의 대화를 녹음 또는 청취한 자

2. 제1호에 따라 알게 된 통신 또는 대화의 내용을 공개하거나 누설한 자(2018.3.20 본호개정)
② 다음 각호의 1에 해당하는 자는 10년 이하의 징역에 처한다.
1. 제9조제2항의 규정에 위반하여 통신제한조치허가서 또는 긴급감청서 등의 표지의 사본을 교부하지 아니하고 통신제한조치의 집행을 위탁하거나 집행에 관한 협조를 요청한 자 또는 통신제한조치허가서 또는 긴급감청서 등의 표지의 사본을 교부받지 아니하고 위탁받은 통신제한조치를 집행하거나 통신제한조치의 집행에 관하여 협조한 자
2. 제11조제1항(제14조제2항의 규정에 의하여 적용하는 경우 및 제13조의5의 규정에 의하여 준용되는 경우를 포함한다)의 규정에 위반한 자(2005.5.26 본호개정)
③ 제11조제2항(제13조의5의 규정에 의하여 준용되는 경우를 포함한다)의 규정에 위반한 자는 7년 이하의 징역에 처한다.(2005.5.26 본항개정)
④ 제11조제3항(제14조제2항의 규정에 의하여 적용하는 경우 및 제13조의5의 규정에 의하여 준용되는 경우를 포함한다)의 규정에 위반한 자는 5년 이하의 징역에 처한다.(2005.5.26 본항개정)
(2001.12.29 본조개정)
第17條【벌칙】 ① 다음 각 호의 어느 하나에 해당하는 자는 5년 이하의 징역 또는 3천만원 이하의 벌금에 처한다.(2018.3.20 본문개정)
1. 제9조제2항의 규정에 위반하여 통신제한조치허가서 또는 긴급감청서 등의 표지의 사본을 보존하지 아니한 자
2. 제9조제3항(제14조제2항의 규정에 의하여 적용하는 경우를 포함한다)의 규정에 위반하여 대장을 비치하지 아니한 자
3. 제9조제4항의 규정에 위반하여 통신제한조치허가서 또는 긴급감청서 등에 기재된 통신제한조치 대상자의 전화번호 등을 확인하지 아니하거나 전기통신에 사용되는 비밀번호를 누설한 자
4. 제10조제1항의 규정에 위반하여 인가를 받지 아니하고 감청설비를 제조·수입·판매·배포·소지·사용하거나 이를 위한 광고를 한 자
5. (2024.1.23 삭제)
5의2. 제10조의3제1항의 규정에 의한 등록을 하지 아니하거나 거짓으로 등록하여 불법감청설비탐지업을 한 자(2004.1.29 본호신설)
6. (2018.3.20 삭제)
② 다음 각 호의 어느 하나에 해당하는 자는 3년 이하의 징역 또는 1천만원 이하의 벌금에 처한다.(2019.12.31 본문개정)
1. 제3조제3항의 규정을 위반하여 단말기기 고유번호를 제공하거나 제공받은 자(2004.1.29 본호신설)
2. 제8조제5항을 위반하여 긴급통신제한조치를 즉시 중지하지 아니한 자(2022.12.27 본호개정)
2의2. 제8조제10항을 위반하여 같은 조 제8항에 따른 통신제한조치를 즉시 중지하지 아니한 자(2022.12.27 본호신설)
3. 제9조의2(제14조제2항의 규정에 의하여 적용하는 경우를 포함한다)의 규정에 위반하여 통신제한조치의 집행에 관한 통지를 하지 아니한 자
4. 제15조의3을 위반하여 정해진 기간 내 시정명령을 이행하지 아니한 자(2024.1.23 본호개정)
5. 제10조제3항 또는 제4항을 위반하여 감청설비의 인가대장을 작성 또는 비치하지 아니한 자(2024.1.23 본호신설)
(2001.12.29 본조개정)
第18條【未遂犯】 第16條 및 第17條에 規定된 罪의 未遂犯은 處罰한다.

附 則 (2009.5.28)

① 【시행일】 이 법은 공포한 날부터 시행한다.
② 【적용례】 제9조의3의 개정규정은 이 법 시행 후 최초로 집행하는 압수·수색·검증부터 적용한다.

附 則 (2014.10.15)

第1條【시행일】 이 법은 공포한 날부터 시행한다.
第2條【금치산자 등의 결격사유에 관한 경과조치】 제10조의4제1호의 개정규정에도 불구하고 같은 개정규정 시행 당시 이미 금치산 또는 한정치산의 선고를 받고 법률 제10429호 민법 일부개정법률 부칙 제2조에 따라 금치산 또는 한정치산 선고의 효력이 유지되는 사람에 대하여는 종전의 규정에 따른다.

附 則 (2019.12.31)

第1條【시행일】 이 법은 공포한 날부터 시행한다.
第2條【통신제한조치 연장에 관한 적용례】 제6조제7항 단서 및 같은 조 제8항의 개정규정은 이 법 시행 이후 통신제한조치 연장의 허가를 청구하는 경우부터 적용한다.

第3條【통신사실 확인자료제공 및 제공 사실의 통지 등에 관한 적용례】 제13조제2항 및 제13조의3제1항부터 제6항까지의 개정규정은 이 법 시행 이후 통신사실 확인자료제공을 요청하는 경우부터 적용한다.

附 則 (2020.3.24 법17090호)

第1條【시행일】 이 법은 공포한 날부터 시행한다.
第2條【범죄수사를 위하여 인터넷 회선에 대한 통신제한조치로 취득한 자료의 관리에 관한 적용례】 제12조의2의 개정규정은 이 법 시행 이후 인터넷 회선을 통하여 송신·수신하는 전기통신에 대하여 통신제한조치를 청구하는 경우부터 적용한다.

附 則 (2020.3.24 법17125호)

第1條【시행일】 이 법은 2021년 2월 9일부터 시행한다.(이하 생략)

附 則 (2020.6.9)
(2021.1.5)

이 법은 공포한 날부터 시행한다.

附 則 (2021.3.16)

第1條【시행일】 이 법은 공포한 날부터 시행한다.
第2條【적용례】 제9조의2제2항, 제9조의3제2항 및 제13조의3제1항의 개정규정은 이 법 시행 전 사법경찰관이 검찰송치를 하지 아니하는 처분을 하였거나 수사중지 결정을 한 경우에도 적용한다.

附 則 (2021.9.24)

第1條【시행일】 이 법은 2022년 7월 1일부터 시행한다.(이하 생략)

附 則 (2021.10.19)

第1條【시행일】 이 법은 공포 후 1년이 경과한 날부터 시행한다.
第2條【불법감청설비탐지업자의 결격사유에 관한 경과조치】 이 법 시행 전에 종전의 규정에 따라 불법감청설비탐지업을 등록한 자는 제10조의4제3호의 개정규정에도 불구하고 종전의 규정에 따른다.

附 則 (2022.12.27)

第1條【시행일】 이 법은 공포한 날부터 시행한다.
第2條【법원의 허가를 받지 못한 긴급통신제한조치로 취득한 자료의 폐기 등에 관한 적용례】 제8조제5항, 제6항 및 제10항의 개정규정 중 긴급통신제한조치(같은 조 제8항에 따른 통신제한조치를 포함한다. 이하 이 조에서 같다)로 취득한 자료의 폐기에 관한 부분은 이 법 시행 이후 긴급통신제한조치의 집행에 착수하는 경우부터 적용한다.
第3條【긴급통신제한조치통보서의 작성·송부 등에 관한 경과조치】 이 법 시행 전에 집행에 착수하여 36시간 이내에 종료된 긴급통신제한조치에 대한 긴급통신제한조치통보서의 작성·송부 등에 관하여는 제8조제5항부터 제7항까지의 개정규정에도 불구하고 종전의 규정에 따른다.

附 則 (2024.1.23)

第1條【시행일】 이 법은 공포 후 6개월이 경과한 날부터 시행한다.
第2條【벌칙에 관한 경과조치】 이 법 시행 전에 제13조제7항을 위반하여 통신사실확인자료제공 현황등을 과학기술정보통신부장관에게 보고하지 아니하였거나 관련자료를 비치하지 아니한 자에 대하여 벌칙을 적용할 때에는 종전의 규정에 따른다.

통신비밀보호법 시행령

(2008년 2월 29일
전부개정대통령령 제20660호)

개정
2010. 5. 4영22151호(전자정부법시)
2010.11. 2영22467호(행정정보이용감축개정령)
2010.12.31영22605호(전파법시)
2013. 3.23영24445호(직제)
2013.12.30영25050호(행정규제재검토에따른일부개정령)
2014. 8. 6영25532호(민감정보고유식별정보)
2017. 1.26영27806호(전기용품및생활용품안전관리법시)
2017. 7.26영28210호(직제)
2017. 7.26영28211호(직제)
2022. 6.30영32737호(군검찰사무운영규정)
2023. 3. 7영33321호(규제기한정비)
2023.12.19영33987호(정보및보안업무기획·조정규정)

제1조【목적】 이 영은 「통신비밀보호법」에서 위임된 사항과 그 시행에 관하여 필요한 사항을 규정함을 목적으로 한다.
제2조【법 적용의 기본원칙】 검사(군검사를 포함한다. 이하 같다), 사법경찰관(군사법경찰관을 포함한다. 이하 같다) 또는 정보수사기관의 장은 범죄수사나 국가안보를 위하여 우편물의 검열이나 전기통신의 감청(이하 "통신제한조치"라 한다)을 하는 경우 또는 공개되지 아니한 타인간의 대화를 녹음·청취함에 있어서 통신제한조치 또는 대화의 녹음·청취가 특히 필요하더라도 「통신비밀보호법」(이하 "법"이라 한다)에서 정한 요건을 모두 갖춘 경우에만 통신제한조치나 대화의 녹음·청취를 하여야 하며, 법에 따른 허가를 받거나 승인을 얻어 통신제한조치를 하거나 대화를 녹음·청취한 경우에도 이를 계속할 필요성이 없다고 판단되는 경우에는 즉시 이를 중단함으로써 국민의 통신비밀에 대한 침해가 최소한에 그치도록 하여야 한다.(2022.6.30 본조개정)
제3조【감청설비 제외대상】 법 제2조제8호 단서에 따라 감청설비에서 제외되는 것은 감청목적으로 제조된 기기·기구가 아닌 것으로서 다음 각 호의 어느 하나에 해당하는 것을 말한다.
1. 「전기통신사업법」 제2조제4호에 따른 사업용전기통신설비(2010.12.31 본호개정)
2. 「전기통신사업법」 제64조에 따라 설치한 자가전기통신설비(2010.12.31 본호개정)
3. (2010.12.31 삭제)
4. 「전파법」 제19조에 따라 개설한 무선국의 무선설비
5. 「전파법」 제58조의2에 따라 적합성평가를 받은 방송통신기자재등(2010.12.31 본호개정)
6. 「전파법」 제49조 및 같은 법 제50조에 따른 전파감시업무에 사용되는 무선설비
7. 「전파법」 제58조에 따라 허가받은 통신용 전파응용설비
8. 「전기용품 및 생활용품 안전관리법」 제2조제1호에 따른 전기용품 중 오디오·비디오 응용기기(직류전류를 사용하는 것을 포함한다)(2017.1.26 본호개정)
9. 보청기 또는 이와 유사한 기기·기구
10. 그 밖에 전기통신 및 전파관리에 일반적으로 사용되는 기기·기구
제4조【범죄수사를 위한 통신제한조치의 허가청구서】 ① 법 제6조제4항에 따른 범죄수사를 위한 통신제한조치의 허가청구서에는 법 제6조제4항에 따른 사항 외에 다음 각 호의 사항을 적어야 한다.
1. 협의사실의 요지
2. 여러 통의 허가서를 동시에 청구하는 경우에는 그 취지 및 사유
② 제1항에 따른 허가청구서에는 그 허가를 청구하는 검사가 서명날인하여야 한다.
제5조【통신제한조치기간 연장의 절차】 ① 법 제6조제7항 및 법 제7조제2항에 따라 통신제한조치기간 연장의 허가를 청구하거나 승인을 신청하는 경우에는 이를 서면으로 하여야 한다.
② 제1항의 서면에는 기간연장이 필요한 이유와 연장할 기간을 적고 소명자료를 첨부하여야 한다.
제6조【정보수사기관의 범위 등】 ① 법 제7조제1항에서 "대통령령이 정하는 정보수사기관"이란 「정보 및 보안업무 기획·조정 규정」 제2조제6호에 따른 기관을 말한다.
② 국가정보원장(이하 "국정원장"이라 한다)은 정보수사기관의 장이 법 제7조에 따른 통신제한조치를 하는 경우 및 사법경찰관이 법 제5조제1항 각 호의 범죄 중 「정보 및 보안 업무 기획·조정 규정」 제2조제5호의 정보사범 등의 수사를 위한 통신제한조치를 하는 경우에는 정보수사기관간의 통신제한조치 대상의 중복 등 그 남용을 방지하기 위하여 필요한 경우에 한하여 통신제한조치 대상의 선정 등에 관하여 해당 정보수사기관의 장과 협의·조정할 수 있다.
(2023.12.19 본조개정)
제7조【국가안보를 위한 통신제한조치에 관한 법원의 허가】 ① 법 제7조제1항제1호의 고등법원은 통신제한조치를 받을 내국인의 쌍방 또는 일방의 주소지 또는 소재지를 관할하는 고등법원으로 한다.

② 제1항에 따른 고등법원의 수석부장판사가 질병 · 해외여행 · 장기출장 등의 사유로 직무를 수행하기 어려운 경우에는 해당 고등법원장이 허가업무를 대리할 부장판사를 지명할 수 있다.
③ 정보수사기관의 장은 법 제7조제1항제1호에 따라 통신제한조치를 하려는 경우에는 제1항에 따른 고등법원에 대응하는 고등검찰청의 검사에게 허가의 청구를 서면으로 신청하여야 한다.
④ 제3항에 따른 신청을 받은 고등검찰청 검사가 통신제한조치의 허가를 청구하는 경우에는 제4조를 준용한다.
제8조【국가안보를 위한 통신제한조치에 관한 대통령의 승인】 ① 정보수사기관의 장이 법 제7조제1항제2호에 따라 통신제한조치를 하려는 경우에는 그에 관한 계획서를 국정원장에게 제출하여야 한다.
② 국정원장은 제1항에 따른 정보수사기관의 장이 제출한 계획서에 대하여 그 타당성 여부에 관한 심사를 하고, 심사 결과 타당성이 없다고 판단되는 경우에는 계획의 철회를 해당 정보수사기관의 장에게 요구할 수 있다.
③ 정보수사기관의 장이 제1항에 따른 계획서를 작성하는 경우에는 법 제6조제4항 및 이 영 제4조를 준용한다.
④ 국정원장은 제1항에 따라 정보수사기관의 장이 제출한 계획서를 종합하여 대통령에게 승인을 신청하며 그 결과를 해당 정보수사기관의 장에게 서면으로 통보한다.
제9조【국가안보를 위한 통신제한조치에 있어서의 통신당사자】 ① 법 제7조를 적용함에 있어서 통신의 당사자의 명의가 가명 · 차명 등으로 표시되는 등 실제당사자의 명의와 다르게 표시된 경우에는 그에 불구하고 실제의 당사자를 기준으로 한다.
② 통신의 일방의 당사자가 법 제7조제1항제2호에 규정된 자이고, 그 상대방이 특정되지 아니하거나 불분명한 경우에는 이를 법 제7조제1항제2호의 통신으로 본다.
제10조【긴급통신제한조치의 절차】 정보수사기관의 장이 국가안보를 위한 법 제8조에 따른 통신제한조치(이하 "긴급통신제한조치"라 한다)를 하는 경우 및 사법경찰관이 「정보 및 보안 업무 기획 · 조정 규정」 제2조제5호에 따른 정보사범 등의 수사를 위하여 긴급통신제한조치를 하려는 경우에는 미리 국정원장의 조정을 받아야 한다. 다만, 미리 조정을 받을 수 없는 특별한 사유가 있는 경우에는 사후에 즉시 승인을 얻어야 한다.(2023.12.19 본문개정)
제11조【통신제한조치 집행 시의 주의사항】 ① 법 제9조에 따라 통신제한조치를 집행하는 자(법 제9조제1항 후단에 따라 집행의 위탁을 받은 자를 포함한다. 이하 이 조에서 같다)는 그 집행으로 인하여 우편 및 전기통신의 정상적인 소통 및 그 유지 · 보수 등에 지장을 초래하지 아니하도록 하여야 한다.
② 통신제한조치를 집행하는 자는 그 집행으로 인하여 알게 된 타인의 비밀을 누설하거나 통신제한조치를 받는 자의 명예를 해하지 아니하도록 하여야 한다.
제12조【통신제한조치 집행의 협조】 검사, 사법경찰관 또는 정보수사기관의 장(그 위임을 받은 소속 공무원을 포함한다)이 체신관서 그 밖의 관련기관 등에 통신제한조치의 집행에 관한 협조를 요청하는 경우에는 법 제9조제2항에 따른 통신제한조치허가서(법 제7조제1항제2호의 경우에는 대통령의 승인서를 말한다. 이하 제13조제2항, 제16조제1항 · 제2항 및 제17조제1항부터 제3항까지의 규정에서 같다) 또는 긴급감청서등의 표지의 사본을 발급하고 자신의 신분을 표시할 수 있는 증표를 체신관서, 그 밖의 관련기관의 장에게 제시하여야 한다.
제13조【통신제한조치의 집행위탁】 ① 검사, 사법경찰관 또는 정보수사기관의 장은 법 제9조제1항에 따라 통신제한조치를 받을 당사자의 쌍방 또는 일방의 주소지 · 소재지, 범죄지 또는 통신당사자와 공범관계에 있는 자의 주소지 · 소재지를 관할하는 다음 각 호의 기관에 대하여 통신제한조치의 집행을 위탁할 수 있다.
1. 5급 이상인 공무원을 장으로 하는 우체국
2. 「전기통신사업법」에 따른 전기통신사업자
② 검사, 사법경찰관 또는 정보수사기관의 장(그 위임을 받은 공무원을 포함한다)이 제1항 각 호에 따른 기관(이하 "체신관서등"이라 한다)에 통신제한조치의 집행을 위탁하려는 경우에는 체신관서등에 대하여 소속기관의 장이 발행한 위탁의뢰서와 함께 통신제한조치허가서 또는 긴급감청서등(긴급검열서 또는 긴급감청서를 말한다. 이하 같다)의 표지의 사본을 교부하고 자신의 신분을 표시할 수 있는 증표를 제시하여야 한다.
③ 제1항 및 제2항 외에 수탁업무의 범위 등 위탁에 필요한 사항에 대하여는 과학기술정보통신부장관 또는 전기통신사업자의 장과 집행을 위탁한 기관의 장이 협의하여 정한다.(2017.7.26 본항개정)
제14조【우편 및 전기통신의 원활한 소통을 위한 조치】 ① 체신관서등의 장은 제12조에 따라 통신제한조치의 집행에 협조하거나 제13조제1항에 따라 위탁받은 통신제한조치를 집행함에 있어서 우편 및 전기통신의 정상적인 소통에 지장을 초래하는 경우에는 그 협조를 요청하거나 위탁을 한 검사, 사법경찰관 또는 정보수사기관의 장에게 이의 시정을 요구할 수 있다. 이 경우 그 시정을 요구받은 자는 즉시 이를 시정하여야 한다.
② 「전기통신사업법」에 따른 전기통신사업자(이하 "전기통신사업자"라 한다)는 법 제13조에 따라 통신사실확인자료를 제공함에 있어서 업무에 상당한 지장을 초래한다고 판단되는 경우에는 그 지장이 최소화될 수 있도록 이를 요청한 검사, 사법경찰관 또는 정보수사기관의 장과 협의 · 조정하여 통신사실 확인자료를 제공할 수 있다.
제15조【우편물 인수 · 인계 사실의 기록 및 서명】 검사, 사법경찰관 또는 정보수사기관의 장이 우편물을 검열함에 있어서 우체국으로부터 우편물을 인계받은 경우 및 인계받은 우편물을 반환하는 경우에는 해당 우편물의 인수자와 인계자는 통신제한조치집행협조대장에 그 사실을 기록하고 서명하여야 한다.
제16조【수탁업무의 집행중지 등】 ① 검사, 사법경찰관 또는 정보수사기관의 장은 긴급통신제한조치에 관한 집행을 위탁한 경우에는 이를 위탁하여 통신제한조치를 집행한 때부터 36시간 이내에 통신제한조치허가서 표지의 사본을 체신관서등에 제출하여야 한다.
② 체신관서등은 검사, 사법경찰관 또는 정보수사기관의 장이 제1항에 따른 시간 내에 통신제한조치허가서 표지의 사본을 제출하지 아니한 경우에는 수탁업무의 집행을 즉시 중지하여야 한다.
③ 제2항에 따라 체신관서등이 수탁업무의 집행을 중지한 경우 검사, 사법경찰관 또는 정보수사기관의 장은 체신관서등으로부터 인계받은 우편물이 있는 경우에는 이를 즉시 반환하여야 한다.
제17조【통신제한조치허가서 등의 표지 사본의 보존기간 등】 ① 제12조 · 제13조 및 제16조에 따라 체신관서등에 제출하는 통신제한조치허가서 또는 긴급감청서등의 표지 사본에는 통신제한조치의 종류 · 대상 · 범위 · 기간 · 집행장소 및 방법 등을 표시하여야 한다.
② 통신제한조치허가서 또는 긴급감청서등의 표지 사본의 보존기간 및 법 제9조제3항에 따른 대장의 비치기간은 3년으로 한다. 다만, 「보안업무규정」에 따라 비밀로 분류된 경우에는 그 보존 또는 비치기간은 그 비밀의 보호기간으로 한다.
③ 제12조부터 제16조까지의 규정에 따라 통신제한조치의 집행을 위탁받거나 집행에 협조한 자는 통신제한조치허가서 또는 긴급감청서등의 표지 사본과 대장에 대한 비밀의 보호 및 훼손 · 조작의 방지를 위하여 열람제한 등의 적절한 보존조치를 하여야 한다.
제18조【통신제한조치 집행 후의 조치】 ① 통신제한조치를 집행한 검사, 사법경찰관 또는 정보수사기관의 장은 그 집행의 경위 및 이로 인하여 취득한 결과의 요지를 조서로 작성하고, 그 통신제한조치의 집행으로 취득한 결과와 함께 이에 대한 비밀보호 및 훼손 · 조작의 방지를 위하여 봉인 · 열람제한 등의 적절한 보존조치를 하여야 한다.
② 사법경찰관은 통신제한조치를 집행하여 수사 또는 내사한 사건을 종결할 경우 그 결과를 검사에게 보고하여야 한다. 다만, 그 사건을 송치하는 경우에는 그러하지 아니하다.
③ 정보수사기관의 장이 법 제7조에 따른 통신제한조치를 집행하여 정보를 수집한 경우 및 사법경찰관이 「정보 및 보안 업무 기획 · 조정 규정」 제2조제5호에 따른 정보사범 등에 대하여 통신제한조치를 집행하여 수사 또는 내사한 사건을 종결한 경우에는 그 집행의 경위 및 이로 인하여 취득한 결과의 요지를 서면으로 작성하여 국정원장에게 제출하여야 한다.(2023.12.19 본항개정)
④ 제1항에 따른 보존조치를 함에 있어서의 보존기간은 범죄수사를 위한 통신제한조치로 취득한 결과의 경우에는 그와 관련된 범죄의 사건기록 보존기간과 같은 기간으로 하고, 국가안보를 위한 통신제한조치로 취득한 결과의 경우에는 「보안업무규정」에 따라 분류된 비밀의 보호기간으로 한다.
제19조【통신제한조치 집행에 관한 통지의 유예】 ① 검사 또는 사법경찰관이 법 제9조의2제5항에 따라 통신제한조치의 집행에 관한 통지를 유예하기 위하여 관할 지방검찰청검사장(관할 보통검찰부장을 포함한다)의 승인을 얻으려는 경우에는 집행한 통신제한조치의 종류 · 대상 · 범위 · 기간, 통신제한조치를 집행한 사건의 처리일자 · 처리결과, 통지를 유예하려는 사유 등을 적은 서면으로 신청하여야 한다. 이 경우 사법경찰관은 관할 지방검찰청검사장의 승인을 신청하는 서면을 관할 지방검찰청 또는 지청(관할 보통검찰부를 포함한다)에 제출하여야 한다.
② 제1항에 따른 신청을 받은 관할 지방검찰청검사장은 통지를 유예하려는 사유 등을 심사한 후 그 결과를 검사 또는 사법경찰관에게 통지하여야 한다.
제20조【수탁업무 취급담당자의 지정】 ① 체신관서등의 장은 통신제한조치의 집행을 위탁받은 경우에는 그 수탁업무의 취급담당자를 지정하여야 한다.
② 제1항에 따른 수탁업무 취급담당자 중 법 제7조에 따른 국가안보를 위한 통신제한조치의 수탁업무 취급담당자는 II급 비밀취급인가자에 한하며, 필요한 최소한의 인원으로 지정하여야 한다.
제21조【업무위탁 등에 따른 비용의 부담 및 설비의 제공】 ① 통신제한조치의 집행을 위탁받거나 집행협조를 요청받은 체신관서등의 장과 통신사실 확인자료제공 요청의 집행협조를 요청받은 체신관서등의 장은 집행을 위탁하거나 그 자료제공을 요청한 검사 · 사법경찰관이 소속된 기관의 장 또는 정보수사기관의 장(이하 이 조에서 "위탁기관의 장"이라 한다)에게 그 업무의 수행에 드는 비용의 지급을 요청할 수 있다.
② 제1항에 따른 비용의 산정 및 그 지급방법 등은 위탁기관의 장과 수탁기관의 장이 협의하여 정한다.
③ 통신제한조치의 집행을 위탁한 검사, 사법경찰관 또는 정보수사기관의 장은 체신관서등의 장에게 그 집행에 필요한 설비를 제공하여야 한다.
제22조【감청설비 제조 등의 인가】 ① 법 제10조에 따라 감청설비의 제조 · 수입 · 판매 · 배포 · 소지 · 사용 · 광고에 관한 인가(이하 "감청설비인가"라 한다)를 받으려는 자는 인가신청목적, 그 설비의 제원 및 성능에 관한 자료를 첨부하여 감청설비 인가신청서와 해당 감청설비 계통도를 과학기술정보통신부장관에게 제출하여야 한다.
② 제1항에 따른 인가신청서를 받은 과학기술정보통신부장관은 이를 심사하여 그 목적이 타당하고, 감청설비가 다른 전기통신설비에 위해를 미치지 아니한다고 인정되는 경우에 한하여 이를 인가한다. 이 경우 과학기술정보통신부장관은 그 인가의 종류 및 목적 등을 참작하여 인가의 유효기간을 정할 수 있다.
③ 과학기술정보통신부장관은 제2항에 따른 감청설비인가를 한 경우에는 신청인에게 감청설비 인가서를 발급하여야 한다.
④ 과학기술정보통신부장관은 제1항에 따른 인가신청에 대하여 인가를 하지 아니한 경우에는 그 사유를 구체적으로 밝힌 문서를 신청인에게 내주어야 한다.
(2017.7.26 본조개정)
제23조【감청설비 관리대장】 제22조제2항에 따라 감청설비인가를 받은 자는 법 제10조제4항에 따라 감청설비 관리대장을 비치하고 그 관리상황을 적어야 한다.
제24조【인가의 취소 등】 ① 과학기술정보통신부장관은 제22조에 따른 인가를 받은 자가 다음 각 호의 어느 하나에 해당하게 된 경우에는 그 인가를 취소하고, 그 뜻을 서면으로 알려야 한다.(2017.7.26 본문개정)
1. 허위 그 밖에 부정한 방법으로 인가받은 것이 판명된 경우
2. 법 제10조제4항을 위반한 경우
② 제1항에 따라 인가가 취소된 자는 인가서를 지체 없이 과학기술정보통신부장관에게 반납하여야 한다.
(2017.7.26 본항개정)
제25조【불법감청설비의 폐기】 감청설비인가를 받은 자는 제24조에 따라 감청설비인가가 취소되거나 제22조제2항 후단에 따른 인가유효기간이 지난 경우에는 지체없이 그 감청설비의 제조 · 판매 · 사용 등의 중지, 폐기, 그 밖의 적절한 조치를 하고, 그 결과를 과학기술정보통신부장관에게 보고하여야 한다.(2017.7.26 본조개정)
제26조【청문】 과학기술정보통신부장관은 제24조제1항에 따라 인가를 취소하거나 법 제10조의5에 따라 불법감청설비탐지업의 등록을 취소하려는 경우에는 청문을 실시하여야 한다.(2017.7.26 본조개정)
제27조【국가기관 감청설비의 신고 등】 ① 법 제10조의2 제1항 및 제2항에서 "대통령령이 정하는 사항"이란 다음 각 호의 사항을 말한다.
1. 감청설비의 종류 및 명칭
2. 수량
3. 사용전원
4. 사용방법
5. 감청수용능력
6. 도입시기
② 국가기관(정보수사기관은 제외한다)은 감청설비를 도입하는 경우 제1항 각 호의 사항을 매 반기 종료 후 15일 이내에 과학기술정보통신부장관에게 신고하여야 한다.
(2017.7.26 본항개정)
③ 제2항에 따른 신고를 하는 경우에는 감청설비의 명칭별로 제1항 각 호의 사항을 적은 서류를 첨부하여야 한다.
④ 정보수사기관은 감청설비를 도입하는 경우에는 제1항 각 호의 사항을 매 반기 종료 후 15일 이내에 국회정보위원회에 통보하여야 한다.
제28조【불법감청설비탐지업등록의 신청】 ① 법 제10조의3제1항에 따른 불법감청설비탐지업(이하 "불법감청설비탐지업"이라 한다)의 등록을 하려는 자는 불법감청설비탐지업등록신청서(전자문서를 포함한다)에 다음 각 호의 서류(전자문서를 포함한다)를 첨부하여 과학기술정보통신부장관에게 제출하여야 한다.(2017.7.26 본문개정)
1. 이용자보호계획서 및 사업계획서
2. 기술인력 현황 및 해당 기술인력의 경력증명서(「국가기술자격법」에 따른 국가기술자격이 없는 기술인력인 경우에만 첨부한다)
3. 탐지장비 보유현황
② 제1항에 따라 등록신청을 받은 과학기술정보통신부장관은 「전자정부법」 제36조제1항에 따른 행정정보의 공동이용을 통하여 법인 등기사항증명서와 해당 기술인력의 국가기술자격증을 확인하여야 한다. 다만, 해당 기술인력이 국가기술자격증의 확인에 동의하지 아니하는 경우에

는 해당 국가기술자격증 사본을 첨부하도록 하여야 한다.(2017.7.26 본문개정)

제29조【등록증의 발급 등】 ① 제28조에 따라 등록신청을 받은 과학기술정보통신부장관은 제30조의 등록요건에 적합하다고 인정되는 경우에는 다음 각 호의 사항을 불법감청설비탐지업등록대장에 적고, 신청을 받은 날부터 20일 이내에 불법감청설비탐지업등록증(이하 "등록증"이라 한다)을 신청인에게 발급하여야 한다.(2017.7.26 본문개정)

1. 등록번호 및 등록연월일
2. 법인의 명칭
3. 대표자
4. 주된 사무소의 소재지
5. 자본금

② 과학기술정보통신부장관은 제28조에 따른 등록신청에 대하여 보정이 필요하다고 인정되는 경우에는 7일 이내의 기간을 정하여 그 보정을 요구할 수 있다. 이 경우 보정에 드는 기간은 제1항의 처리기간에 산입하지 아니한다.(2017.7.26 전단개정)

③ 불법감청설비탐지업의 등록을 한 자(이하 "불법감청설비탐지업자"라 한다)는 제1항에 따라 발급받은 등록증을 잃어버렸거나 등록증이 헐어 못쓰게 된 경우에는 과학기술정보통신부장관에게 등록증의 재발급을 신청할 수 있다.(2017.7.26 본항개정)

제30조【불법감청설비탐지업의 등록요건】 법 제10조의3 제3항에 따른 불법감청설비탐지업의 등록요건은 별표1과 같다.

제31조【불법감청설비탐지업의 변경등록】 ① 불법감청설비탐지업자가 다음 각 호의 사항을 변경하려는 경우에는 과학기술정보통신부장관에게 변경등록을 하여야 한다.(2017.7.26 본문개정)

1. 명칭
2. 대표자
3. 주된 사무소의 소재지
4. 이용자보호계획
5. 사업계획
6. 자본금
7. 기술인력

② 제1항에 따라 불법감청설비탐지업의 변경등록을 하려는 자는 불법감청설비탐지업 변경등록신청서(전자문서로 된 신청서를 포함한다)에 다음 각 호의 구분에 따른 서류(전자문서를 포함한다)를 첨부하여 과학기술정보통신부장관에게 제출하여야 한다.(2017.7.26 본문개정)

1. 법인의 명칭, 대표자 또는 주된 사무소 소재지를 변경하려는 경우 : 등록증
2. 이용자보호계획 또는 사업계획을 변경하려는 경우 : 변경되는 이용약관 또는 관계 서류
3. 기술인력을 변경하려는 경우 : 변경되는 기술인력의 경력증명서(「국가기술자격법」에 따른 국가기술자격이 없는 기술인력인 경우에만 첨부한다)

③ 제2항에 따라 법인의 명칭, 대표자, 주된 사무소 소재지 또는 자본금에 대한 변경등록신청을 받은 과학기술정보통신부장관은 「전자정부법」 제36조제1항에 따른 행정정보의 공동이용을 통하여 법인 등기사항증명서와 해당 기술인력의 국가기술자격증을 확인하여야 한다. 다만, 해당 기술인력이 국가기술자격증의 확인에 동의하지 아니하는 경우에는 해당 국가기술자격증 사본을 첨부하도록 하여야 한다.(2017.7.26 본문개정)

④ 과학기술정보통신부장관은 변경등록을 한 경우(제1항제1호부터 제3호까지의 변경등록만 해당한다)에는 변경사항을 등록증에 적어 신청인에게 내주어야 한다.(2017.7.26 본항개정)

제32조【불법감청설비탐지업의 양도 등】 불법감청설비탐지업자가 불법감청설비탐지업을 양도하거나 법인을 합병(불법감청설비탐지업자인 법인이 불법감청설비탐지업자가 아닌 법인을 흡수합병하는 경우를 제외한다)하려는 경우에는 불법감청설비탐지업 양도·합병신고서(전자문서로 된 신고서를 포함한다)에 다음 각 호의 서류(전자문서를 포함한다)를 첨부하여 과학기술정보통신부장관에게 제출하여야 한다.(2017.7.26 본문개정)

1. 양도계약서 또는 합병계약서의 사본
2. 등록증

제33조【불법감청설비탐지업의 승계】 제32조에 따른 양도 또는 합병신고를 한 경우 불법감청설비탐지업을 양수한 자는 불법감청설비탐지업을 양도한 자의 불법감청설비탐지업자로서의 지위를 승계하며, 법인의 합병에 의하여 설립되거나 존속하는 법인은 합병에 의하여 소멸되는 법인의 불법감청설비탐지업자로서의 지위를 승계한다.

제34조【불법감청설비탐지업의 휴지·폐지】 ① 불법감청설비탐지업자가 불법감청설비탐지업을 1개월 이상 휴지하거나 폐지하려는 경우에는 불법감청설비탐비업 휴지·폐지신고서에 등록증을 첨부(불법감청설비탐지업을 폐지하는 경우에만 첨부한다)하여 과학기술정보통신부장관에게 신고하여야 한다.(2017.7.26 본항개정)

② 불법감청설비탐지업의 휴지기간은 1년을 초과할 수 없다.

제35조【권한의 위임】 과학기술정보통신부장관은 법 제10조의3제4항에 따라 다음 각 호의 사항에 관한 권한을 중앙전파관리소장에게 위임한다.(2017.7.26 본문개정)

1. 법 제10조의3 및 이 영 제31조에 따른 불법감청설비탐지업의 등록 및 변경등록
2. 법 제10조의5에 따른 불법감청설비탐지업의 등록취소 및 영업정지
3. 제26조에 따른 불법감청설비탐지업의 등록취소에 대한 청문
4. 제32조에 따른 불법감청설비탐지업의 양도·합병신고
5. 제34조에 따른 불법감청설비탐지업의 휴지·폐지신고

제36조【행정처분기준】 법 제10조의5에 따른 불법감청설비탐지업의 등록취소 및 영업정지의 처분기준은 별표2와 같다.

제37조【통신사실 확인자료제공의 요청 등】 ① 법 제13조제2항 본문 및 단서에서 "관할 지방법원 또는 지원"이란 피의자 또는 피내사자의 주소지·소재지, 범죄지 또는 해당 가입자의 주소지·소재지를 관할하는 지방법원 또는 지원을 말한다.

② 동일한 범죄의 수사 또는 동일인에 대한 형의 집행을 위하여 피의자 또는 피내사자가 아닌 다수의 가입자에 대하여 통신사실 확인자료제공의 요청이 필요한 경우에는 1건의 허가청구서에 의할 수 있다.

③ 범죄수사 또는 내사를 위한 통신사실 확인자료제공 요청 및 그 통지 등에 관하여는 제11조부터 제13조까지, 제17조부터 제21조까지의 규정을 준용한다. 다만, 제17조제2항 본문의 규정은 그러하지 아니하다.

④ 국가안보를 위한 통신사실 확인자료제공 요청 및 그 통지 등에 관하여는 제5조부터 제13조까지, 제16조부터 제18조까지, 제20조 및 제21조를 준용한다. 다만, 제17조제2항 본문의 규정은 그러하지 아니하다.

⑤ 검사, 사법경찰관 또는 정보수사기관의 장(그 위임을 받은 소속 공무원을 포함한다)은 제3항 및 제4항에서 준용하는 제12조에 따라 전기통신사업자에게 통신사실 확인자료제공 요청허가서 또는 긴급 통신사실 확인자료제공 요청서 표지의 사본을 발급하거나 신분을 표시하는 증표를 제시하는 경우에는 모사전송의 방법에 의할 수 있다.

제38조【통신사실확인자료의 제공에 관한 대장】 전기통신사업자는 법 제13조제1항, 법 제13조의2 및 법 제13조의4제1항에 따라 통신사실확인자료를 제공한 경우에는 통신사실확인자료 제공대장에 그 제공사실을 기록하여야 한다.

제39조【통신사실확인자료제공의 현황보고】 전기통신사업자는 법 제13조제7항에 따라 자료제공현황 등을 매 반기 종료 후 30일 이내에 과학기술정보통신부장관에게 보고하여야 한다.(2017.7.26 본조개정)

제40조【통신제한조치보고서 기재사항 등】 ① 법 제15조제4항에 따라 통신제한조치를 집행한 기관의 중앙행정기관의 장이 국회에 제출하는 통신제한조치보고서에는 통신제한조치 허가 및 승인 받은 건수, 통신제한조치 집행건수, 통신제한조치의 집행에 관한 통지건수 등 통계현황이 포함되어야 한다.

② 법 제15조제4항에 따라 통신제한조치의 집행을 위탁받거나 집행에 협조한 기관의 중앙행정기관의 장이 국회에 제출하는 통신제한조치보고서에는 통신제한 조치의 집행을 위탁받은 건수 또는 집행에 협조한 건수 등 통계현황이 포함되어야 한다.

③ 과학기술정보통신부장관은 법 제15조제4항에 따른 통신제한조치보고서를 작성하기 위하여 필요하다고 인정되는 경우에는 통신제한조치의 집행을 위탁받거나 집행에 협조한 기관의 장에게 반기마다 제2항에 따른 통계현황의 제출을 요청할 수 있다. 이 경우 제출을 요청받은 기관의 장은 특별한 사유가 없는 한 이에 응하여야 한다.(2017.7.26 전단개정)

제41조【전기통신사업자의 협조의무 등】 ① 법 제15조의2에 따라 전기통신사업자는 살인·인질강도 등 개인의 생명·신체에 급박한 위험이 현존하는 경우에는 통신제한조치 또는 통신사실 확인자료제공 요청이 지체없이 이루어질 수 있도록 협조하여야 한다.

② 법 제15조의2제2항에 따른 전기통신사업자의 통신사실확인자료 보관기간은 다음 각 호의 구분에 따른 기간 이상으로 한다.

1. 법 제2조제11호가목부터 라목까지 및 바목에 따른 통신사실확인자료 : 12개월. 다만, 시외·시내전화역무와 관련된 자료인 경우에는 6개월로 한다.
2. 법 제2조제11호마목 및 사목에 따른 통신사실확인자료 : 3개월

제41조의2【고유식별정보의 처리】 과학기술정보통신부장관(제35조에 따라 과학기술정보통신부장관의 권한을 위임받은 자를 포함한다)은 법 제10조의4에 따른 불법감청설비탐지업자의 결격사유 확인에 관한 사무를 수행하기 위하여 불가피한 경우 「개인정보 보호법 시행령」 제19조제1호에 따른 주민등록번호가 포함된 자료를 처리할 수 있다.(2017.7.26 본조개정)

제41조의3【규제의 재검토】 과학기술정보통신부장관은 제36조 및 별표2에 따른 불법감청설비탐지업의 등록취소 및 영업정지의 처분기준에 대하여 2023년 1월 1일을 기준으로 3년마다(매 3년이 되는 해의 기준일과 같은 날 전까지를 말한다) 그 타당성을 검토하여 개선 등의 조치를 해야 한다.(2023.3.7 본조개정)

제42조【「형사소송법」 등의 준용】 법 및 이 영에 특별한 규정이 있는 경우를 제외하고는 범죄수사를 위한 통신제한조치 및 통신사실 확인자료제공의 요청에 대하여는 그 성질에 반하지 아니하는 범위에서 「형사소송법」 또는 「형사소송규칙」의 압수·수색에 관한 규정을 준용한다.

부 칙

제1조【시행일】 이 영은 공포한 날부터 시행한다.

제2조【다른 법령과의 관계】 이 영 시행 당시 다른 법령에서 종전의 「통신비밀보호법 시행령」, 「통신비밀보호법 시행규칙」 또는 그 규정을 인용하고 있는 경우 이 영 중 그에 해당하는 규정이 있는 때에는 종전의 규정을 갈음하여 이 영 또는 이 영의 해당 규정을 인용한 것으로 본다.

부 칙 (2014.8.6)

이 영은 2014년 8월 7일부터 시행한다.

부 칙 (2017.1.26)

제1조【시행일】 이 영은 2017년 1월 28일부터 시행한다.(이하 생략)

부 칙 (2017.7.26 영28210호)
(2017.7.26 영28211호)

제1조【시행일】 이 영은 공포한 날부터 시행한다.(이하 생략)

부 칙 (2022.6.30)

제1조【시행일】 이 영은 2022년 7월 1일부터 시행한다.(이하 생략)

부 칙 (2023.3.7)

이 영은 공포한 날부터 시행한다.

부 칙 (2023.12.19)

제1조【시행일】 이 영은 공포한 날부터 시행한다.(이하 생략)

〔별표〕 ➡ 「法典 別册」 참조

통신제한조치허가 등 규칙

(1994년 6월 28일
대법원규칙 제1307호)

개정
2002. 6.28대법원규칙1784호　　2005.12.29대법원규칙1974호
2007.10.29대법원규칙2113호　　2020. 6. 1대법원규칙2899호
2021. 1.29대법원규칙2949호(고위공직자범죄수사처설치에따른입부개정규칙)

제1장 총　칙
(2005.12.29 본장개정)

제1조【목적】 이 규칙은 「통신비밀보호법」(이하 "법"이라고 한다)이 규정하고 있는 우편물의 검열과 전기통신의 감청(이하 "통신제한조치"라고 한다), 통신사실 확인자료제공요청 및 공개되지 아니한 타인간의 대화의 녹음·청취의 허가, 범죄수사를 위하여 인터넷 회선에 대한 통신제한조치로 취득한 전기통신에 대한 보관등의 승인(이하 "전기통신보관등승인"이라고 한다)에 관련된 절차를 정함과 동시에 법 제11조제4항에 의하여 그 허가과정·허가여부·허가내용 등에 대한 비밀유지에 필요한 사항을 정함을 목적으로 한다.(2020.6.1 본조개정)

제2조【법관 및 법원공무원의 비밀유지의무】 법관 및 법원공무원은 통신제한조치 및 통신사실 확인자료제공요청 허가과정 또는 그 기간연장과정, 전기통신보관등 승인과정에서 알게 된 사실을 외부에 공개하거나 누설하여서는 아니된다.(2020.6.1 본조개정)

제2장 범죄수사를 위한 통신제한조치허가 등
(2020.6.1 본장제목개정)

제3조【허가 등 업무 담당판사】 범죄수사를 위한 통신제한조치 및 통신사실 확인자료제공요청의 허가업무, 전기통신보관등의 승인업무는 지방법원 및 지원의 영장청구사건을 담당하는 판사가 담당한다.(2020.6.1 본조개정)

제3조의2【긴급통신제한조치허가청구서의 기재사항】 긴급통신제한조치허가청구서에는 법 제6조제4항의 기재사항 외에 미리 허가를 받을 수 없었던 긴급한 사유, 긴급통신제한조치를 한 일시와 장소, 긴급통신제한조치 집행자의 관직·성명 등을 기재하여야 한다.(2005.12.29 본조신설)

제3조의3【전기통신보관등승인청구서의 기재사항 등】 ① 전기통신보관등승인청구서(이하 "승인청구서"라고 한다)에는 법 제12조의2제3항의 기재사항 외에 보관등이 필요한 전기통신을 선별한 방법과 선별자의 관직·성명 등을 기재하여야 한다. 전기통신의 보관등이 필요한 이유는 전기통신별로 구체적으로 명시하여야 한다.

② 검사는 심리를 위하여 승인청구서 제출 시 보관등이 필요한 전기통신 외에 해당 전기통신의 내용을 열람(청취·시청을 포함한다)할 수 있는 형태로 전환한 자료(이하 "통신내용자료"라고 한다)를 제출하여야 하고, 열람할 수 있는 형태로 전환하는 것이 불가능하거나 현저히 곤란한 전기통신의 경우에는 해당 전기통신의 내용을 분석·설명한 자료(이하 "통신내용분석자료"라고 한다) 제출로 갈음할 수 있다. 다만, 전기통신 및 통신내용자료는 일정 용량의 파일 단위로 분할하는 등 적절한 방법으로 정보저장매체에 저장·봉인하여 제출하여야 한다.
(2020.6.1 본조신설)

제4조【통신제한조치허가청구서의 접수 등】 ① 통신제한조치허가청구서(이하 "허가청구서"라고 한다)는 지방법원 또는 지원의 영장접수담당 법원사무관·법원주사·법원주사보(이하 "지방법원 접수담당자"라고 한다)가 직접 접수한다.(2002.6.28 본항개정)

② 지방법원 접수담당자는 통신제한조치허가 처리상황카드(이하 "허가처리상황카드"라고 한다) 및 통신제한조치허가서 용지(이하 "허가서 용지"라고 한다)에 각 해당사항을 기재하고, 허가서 용지에 혐의사실의 요지 또는 통신제한조치청구이유가 기재되어 있는 서면을 첨부하여, 이를 허가청구서 및 소명자료와 함께 담당판사에게 회부한다.(2020.6.1 본문개정)

③ 통신제한조치 허가청구서에는 통신제한조치를 필요로 하는 사유 및 통신제한조치의 목적, 통신제한조치의 대상 및 범위 등이 기재되어 있는 부본 1통을 첨부하여야 한다.(2007.10.29 본항신설)
(2005.12.29 본조제목개정)

제4조의2【승인청구서의 접수 등】 ① 승인청구서는 지방법원 접수담당자가 직접 접수한다.

② 지방법원 접수담당자는 전기통신보관등승인 처리상황카드(이하 "승인처리상황카드"라고 한다) 및 전기통신보관등승인서 용지(이하 "승인서 용지"라고 한다)에 각 해당사항을 기재하고, 승인서 용지에 혐의사실의 요지 또는 전기통신보관등승인청구이유가 기재되어 있는 서면을 첨부하여, 이를 승인청구서 및 소명자료, 보관등이 필요한 전기통신 및 그 목록, 통신내용자료 또는 통신내용분석자료와 함께 담당판사에게 회부한다.

③ 승인청구서에는 보관등이 필요한 이유, 보관등이 필요한 전기통신의 대상 및 범위 등이 기재되어 있는 부본 1통, 전기통신 및 그 목록 부본 1통, 통신내용자료 또는 통신내용분석자료 부본 1통을 첨부하여야 한다. 전기통신 및 통신내용자료 부본은 정보저장매체에 저장·봉인하여 제출하여야 한다.
(2020.6.1 본조신설)

제5조【통신제한조치허가청구의 기각 등】 ① 담당판사는 통신제한조치허가서(이하 "허가서"라고 한다)를 발부하지 아니할 때에는 허가청구서에 그 취지 및 이유를 기재하고 서명날인한다.

② 담당판사는 허가청구를 일부 기각할 때에는 허가서의 일부기각 표시란 등을 이용하여 그 취지를 기재하고, 허가청구서의 일부기각란에 날인하는 방법 등으로 그 취지를 표시한다.(2005.12.29 본항신설)
(2005.12.29 본조제목개정)

제5조의2【전기통신보관등승인청구의 기각 등】 ① 담당판사는 전기통신보관등승인서(이하 "승인서"라고 한다)를 발부하지 아니할 때에는 승인청구서에 그 취지 및 이유를 기재하고 서명날인한다.

② 담당판사는 승인청구를 일부 기각할 때에는 승인서의 일부기각 표시란 등을 이용하여 그 취지를 기재하고, 승인청구서의 일부기각란에 날인하는 방법 등으로 그 취지를 표시한다.
(2020.6.1 본조신설)

제6조【허가서가 발부된 경우의 업무처리】 ① 허가서가 발부된 경우에는 지방법원 접수담당자는 허가처리상황카드에 해당사항을 기재하고, 허가서와 소명자료를 검찰청 또는 고위공직자범죄수사처(이하 "수사처"라고 한다) 담당직원에게 즉시 인계한다. 인계시에는 허가서와 소명자료를 봉투에 넣어 봉인하거나 기타 보안유지에 필요한 적절한 조치(이하 "보안유지조치"라고 한다)를 취하여야 한다.(2021.1.29 본항개정)

② 지방법원 접수담당자는 허가처리상황카드를 "대외비"로 하고 그 보호기간은 그 날로부터 6월이 경과하는 날이 속하는 달의 말일로 기입한다.

③ 지방법원 접수담당자는 허가처리상황카드를 통신제한조치허가 처리상황카드철(이하 "허가처리상황카드철"이라고 한다)에, 허가청구서를 통신제한조치허가청구서철(이하 "허가청구서철"이라고 한다)에 각 편철하여, 비밀에 준하여 보관한다.
(2020.6.1 본조개정)

제6조의2【승인서가 발부된 경우의 업무처리】 ① 승인서가 발부된 경우에는 지방법원 접수담당자는 승인처리상황카드에 해당사항을 기재하고, 승인서와 소명자료, 전기통신 및 그 목록, 통신내용자료(통신내용분석자료를 포함한다. 이하 같다)를 검찰청 또는 수사처 담당직원에게 즉시 인계한다. 인계시에는 승인서와 소명자료, 전기통신 및 그 목록, 통신내용자료에 대하여 보안유지조치를 취하여야 한다.(2021.1.29 본항개정)

② 지방법원 접수담당자는 승인처리상황카드, 전기통신 및 그 목록 부본, 통신내용자료 부본을 "대외비"로 하고 그 보호기간은 제6조제2항과 같이 기입한다. 전기통신 및 통신내용자료 부본에 대하여는 보안유지조치를 취하여야 한다.

③ 지방법원 접수담당자는 승인처리상황카드를 전기통신보관등승인 처리상황카드철(이하 "승인처리상황카드철"이라고 한다)에, 승인청구서를 전기통신 및 그 목록 부본, 통신내용자료 부본과 함께 전기통신보관등승인청구서철(이하 "승인청구서철"이라고 한다)에 각 편철하여, 비밀에 준하여 보관한다.
(2020.6.1 본조신설)

제7조【허가청구가 기각된 경우의 업무처리】 ① 허가청구가 기각된 경우에는 지방법원 접수담당자는 허가처리상황카드에 해당사항을 기재하고, 허가청구서와 소명자료를 검찰청 또는 수사처 담당직원에게 즉시 인계한다. 인계시에는 허가청구서와 소명자료에 대하여 보안유지조치를 취하여야 한다. 다만, 인계 전에 기각의 취지가 기재된 허가청구서를 사본하여 허가서 용지와 함께 편철하여 둔다.(2021.1.29 본항개정)

② 지방법원 접수담당자는 허가처리상황카드와 허가청구서 사본, 허가서 용지 및 그 부속서류를 "대외비"로 하고, 그 보호기간은 제6조제2항과 같이 기입한다.

③ 지방법원 접수담당자는 허가처리상황카드를 허가처리상황카드철에, 제2항의 허가청구서 사본, 허가서 용지 및 그 부속서류를 허가청구서철에 각 편철하여, 비밀에 준하여 보관한다.
(2020.6.1 본조개정)

제7조의2【허가청구가 일부 기각된 경우의 업무처리】 ① 허가청구가 일부 기각된 경우에는 지방법원 접수담당자는 허가처리상황카드에 해당사항을 기재하고, 허가서와 소명자료를 검찰청 또는 수사처 담당직원에게 즉시 인계한다. 인계시에는 허가서와 소명자료에 대하여 보안유지조치를 취하여야 한다. 다만, 인계 전에 일부 기각의 취지가 기재된 허가서를 사본하여 허가청구서와 함께 편철하여 둔다.(2021.1.29 본항개정)

② 지방법원 접수담당자는 허가처리상황카드와 허가청구서 및 허가서 사본을 "대외비"로 하고 그 보호기간은 그 날로부터 6월이 경과하는 날이 속하는 달의 말일로 기입한다.

③ 지방법원 접수담당자는 허가처리상황카드를 허가처리상황카드철에, 허가청구서 및 허가서 사본을 허가청구서철에 각 편철하여, 비밀에 준하여 보관한다.
(2020.6.1 본조개정)

제7조의3【승인청구가 기각된 경우의 업무처리】 ① 승인청구가 기각된 경우에는 지방법원 접수담당자는 승인처리상황카드에 해당사항을 기재하고, 승인청구서와 소명자료, 전기통신 및 그 목록, 통신내용자료, 전기통신 및 통신내용자료 부본을 검찰청 또는 수사처 담당직원에게 즉시 인계한다. 인계시에는 승인청구서와 소명자료, 전기통신 및 그 목록, 통신내용자료, 전기통신 및 통신내용자료 부본에 대하여 보안유지조치를 취하여야 한다. 다만, 인계 전에 기각의 취지가 기재된 승인청구서를 사본하여 승인서 용지, 전기통신 목록 부본과 함께 편철하여 둔다.(2021.1.29 본항개정)

② 지방법원 접수담당자는 승인처리상황카드와 승인청구서 사본, 전기통신 목록 부본, 승인서 용지 및 그 부속서류를 "대외비"로 하고 그 보호기간은 제6조제2항과 같이 기입한다.

③ 지방법원 접수담당자는 승인처리상황카드를 승인처리상황카드철에, 제2항의 승인청구서 사본, 전기통신 목록 부본, 승인서 용지 및 그 부속서류를 승인청구서철에 각 편철하여, 비밀에 준하여 보관한다.
(2020.6.1 본조신설)

제7조의4【승인청구가 일부 기각된 경우의 업무처리】 ① 승인청구가 일부 기각된 경우에는 지방법원 접수담당자는 승인처리상황카드에 해당사항을 기재하고, 승인서와 소명자료, 전기통신 및 그 목록, 통신내용자료를 검찰청 또는 수사처 담당직원에게 즉시 인계한다. 인계시에는 승인서와 소명자료, 전기통신 및 그 목록, 통신내용자료에 대하여 보안유지조치를 취하여야 한다. 다만, 인계 전에 일부 기각의 취지가 기재된 승인서를 사본하여 승인청구서, 전기통신 및 그 목록 부본, 통신내용자료 부본과 함께 편철하여 둔다.(2021.1.29 본항개정)

② 지방법원 접수담당자는 승인처리상황카드와 승인청구서, 승인서 사본, 전기통신 및 그 목록 부본, 통신내용자료 부본을 "대외비"로 하고 그 보호기간은 제6조제2항과 같이 기입한다. 전기통신 및 통신내용자료 부본에 대하여는 보안유지조치를 취하여야 한다.

③ 지방법원 접수담당자는 승인처리상황카드를 승인처리상황카드철에, 승인청구서, 승인서 사본, 전기통신 및 그 목록 부본, 통신내용자료 부본을 승인청구서철에 각 편철하여, 비밀에 준하여 보관한다.
(2020.6.1 본조신설)

제7조의5【전기통신폐기결과보고서 편철】 ① 검사 또는 사법경찰관은 법 제12조의2제6항에 따라 폐기의 이유와 범위 및 일시, 전기통신의 취득부터 폐기까지의 진행경과 및 요지, 그 주체 및 방법 등을 기재한 전기통신폐기결과보고서를 법원에 송부하여야 한다.

② 제1항의 전기통신폐기결과보고서가 법원에 접수된 때에는 지방법원 접수담당자가 이를 전기통신폐기결과보고서철에 편철한다.
(2020.6.1 본조신설)

제8조【정상근무시간 종료 후의 업무처리】 정상근무시간 종료 후 통신제한조치허가청구 또는 전기통신보관등승인청구가 있는 경우에는 당직책임자가 지방법원 접수담당자를 대신하여 제4조 및 제4조의2, 제6조 내지 제7조의5의 업무를 처리한다.(2020.6.1 본조개정)

제9조【통신제한조치기간연장】 ① 통신제한조치기간연장청구가 있는 경우에는 그 청구서의 접수사실을 문서건명부에도 등재하는 것 이외에는 제3조 내지 제8조의 절차를 준용한다.

② 통신제한조치기간연장청구서(이하 "기간연장청구서"라고 한다) 또는 담당판사의 기각이유가 기재되어 있는 통신제한조치기간연장결정 용지 및 그 부속서류는 허가청구서철에 편철한다.

제10조【보존기간】 ① 승인처리상황카드철 및 승인청구서철, 전기통신폐기결과보고서철은 준영구적으로, 허가처리상황카드철은 3년간, 허가청구서철은 1년간 보존한다.(2020.6.1 본항개정)

② 제1항의 보존기간의 기산일은 제1항의 각 부철이 조제된 해의 다음해 1월 1일로 한다.

제10조의2【통신사실 확인자료제공요청 허가청구사건의 처리】 제4조 내지 제10조(통신제한조치에 관한 것에 한한다)는 통신사실 확인자료제공요청 허가청구사건 처리절차에 준용한다.(2020.6.1 본조개정)

제10조의3【통신사실 확인자료제공요청 허가청구의 방식】 ① 통신사실 확인자료제공요청 허가청구서에는 법 제13조제3항의 기재사항 외에 해당 가입자의 인적사항, 통신사실 확인자료제공을 요청할 전기통신사업자를 기재하여야 한다.(2020.6.1 본항개정)

② 법 제13조제3항의 '필요한 자료의 범위'에는 법 제2조제11호에 규정된 통신사실 확인자료 중 필요로 하는 자료의 종류, 필요로 하는 기간 등을 기재하여야 한다.
(2020.6.1 본항개정)
③ 법 제13조제3항 단서의 긴급 통신사실 확인자료제공요청 허가청구서에는 제1항, 제2항의 기재사항 외에 미리 허가를 받을 수 없었던 긴급한 사유, 긴급 통신사실 확인자료제공요청을 한 일시, 긴급 통신사실 확인자료제공요청 집행자의 관직·성명 등을 기재하여야 한다.(2020.6.1 본항개정)
④ 통신사실 확인자료제공요청 허가청구서에는 부본 1통을 첨부하여야 한다. 사용하지 않은 부본이 있을 경우 지방법원 접수담당자는 허가서 또는 허가청구서를 검찰청 또는 수사처 담당직원에게 인계할 때 함께 반환한다.
(2021.1.29 본항개정)
제10조의4【긴급 통신사실 확인자료제공 요청사실의 통보】 ① 전기통신사업자는 법 제13조제3항 단서의 긴급 통신사실 확인자료제공요청에 따라 검사 또는 사법경찰관에게 자료를 제공한 경우 지체 없이 그 사실을 관할 지방법원이나 지원 또는 법원행정처에 통보하여야 한다.
(2020.6.1 본항개정)
② 지방법원 접수담당자 또는 법원행정처 접수담당자는 제1항에 따른 통보서를 긴급 통신사실 확인자료제공현황 통보서철에 편철하여 비밀에 준하여 3년간 보관한다.
(2005.12.29 본조신설)

제3장 국가안보를 위한 통신제한조치 등의 허가
(2005.12.29 본장제목개정)

제11조【비밀취급인가】 ① 고등법원장은 고등법원 수석부장판사 및 형사과의 선임 접수담당자에게 Ⅱ급비밀 취급을 인가한다.
② 고등법원장은 고등법원 수석부장판사 또는 제1항의 접수담당자가 직무를 수행하기 어려운 때에는 통신제한조치 및 통신사실 확인자료제공요청 허가업무를 대리할 부장판사 및 제1항의 접수담당자의 직무대행자를 지명하고 그 부장판사 및 직무대행자에게 Ⅱ급비밀취급을 인가한다.(2005.12.29 본항개정)
제12조【비밀의 분류】 국가안보를 위한 통신제한조치 허가에 관한 처리상황카드, 허가서, 담당판사의 기각이유가 기재되어 있는 허가서 용지 및 그 부속서류는 허가청구서의 비밀구분에 따라 같은 등급의 비밀로 각 분류한다.
제13조【허가청구서의 접수 등】 ① 허가청구서는 고등법원 형사과의 선임 접수담당자 또는 그 직무대행자로 지명된 자(이하 "고등법원 접수담당자"라고 한다)가 직접 접수한다.
② 고등법원 접수담당자는 처리상황카드 및 허가서 용지에 해당사항을 기재하고, 허가서 용지에 혐의사실의 요지 또는 통신제한조치청구이유가 기재되어 있는 서면을 첨부하여, 이를 허가청구서 및 소명자료와 함께 담당판사에게 회부한다.
(2005.12.29 본조제목개정)
제14조【통신제한조치허가청구 기각 등】 허가청구를 기각 또는 일부기각하는 방법에 대하여는 제5조를 준용한다.(2005.12.29 본조개정)
제15조【허가서가 발부된 경우의 업무처리】 ① 허가서가 발부된 경우에는 고등법원 접수담당자는 처리상황카드에 해당사항을 기재하고, 처리상황카드 및 허가서에 관하여 비밀의 분류 등 「비밀보호규칙」에 따른 절차를 밟은 다음, 허가서와 소명자료를 같은 규칙 별지 제15호서식의 봉투에 넣고 봉인하여 고등검찰청 담당직원에게 인계한다. 허가서가 Ⅱ급비밀로 분류된 때에는 위 담당직원으로부터 같은 규칙 별지 제16호서식의 영수증을 받는다.
② 고등법원 접수담당자는 허가청구서에 대하여 「비밀보호규칙」에 따른 절차를 밟은 다음, 처리상황카드 뒤에 허가청구서를 첨부하여 비밀보관용기에 보관한다.
(2005.12.29 본조개정)
제16조【허가청구가 기각된 경우의 업무처리】 ① 허가청구가 기각된 경우에는 고등법원 접수담당자는 처리상황카드에 해당사항을 기재하고, 제15조제1항과 같은 방법으로 허가청구서와 소명자료를 고등검찰청 담당직원에게 인계한다. 다만, 봉인 전에 기각의 취지가 기재된 허가청구서를 사본하여 「비밀보호규칙」에 따른 절차를 밟은 다음 허가서 용지와 함께 편철하여 둔다.
② 고등법원 접수담당자는 처리상황카드와 허가청구서 사본, 허가서 용지 및 부속서류에 대하여 비밀의 분류 등 「비밀보호규칙」에 따른 절차를 밟은 다음, 처리상황카드 뒤에 위 허가서 용지 및 부속서류를 첨부하여 비밀보관용기에 보관한다.
(2005.12.29 본조개정)
제16조의2【통신제한조치허가청구가 일부 기각된 경우의 업무처리】 ① 허가청구가 일부 기각된 경우에는 고등법원 접수담당자는 처리상황카드에 해당사항을 기재하고, 처리상황카드 및 허가서에 관하여 비밀의 분류 등 「비밀보호규칙」에 따른 절차를 밟은 다음, 허가서와 소명자료를 같은 규칙 별지 제15호서식의 봉투에 넣고 봉인하여 고등검찰청 담당직원에게 인계한다. 허가서가 Ⅱ급비밀로 분류된 때에는 위 담당직원으로부터 같은 규칙 별지 제16호서식의 영수증을 받는다. 다만, 봉인 전에 일부 기각의 취지가 표시된 허가서를 사본하여 「비밀보호규칙」에 따른 절차를 밟은 다음 허가청구서와 함께 편철하여 둔다.
② 고등법원 접수담당자는 허가청구서에 대하여 「비밀보호규칙」에 따른 절차를 밟은 다음, 처리상황카드 뒤에 허가청구서, 허가서 사본 및 부속서류를 첨부하여 비밀보관용기에 보관한다.
(2005.12.29 본조신설)
제17조【정상근무시간 종료 후의 업무처리】 정상근무시간 종료 후 통신제한조치허가청구가 있는 경우에는 당직책임자는 고등법원 수석부장판사 및 고등법원 접수담당자에게 연락을 하고, 허가청구서 및 소명자료가 들어있는 봉투를 개봉하지 아니한 채 고등법원 접수담당자에게 교부한다.
제18조【통신제한조치기간연장】 통신제한조치기간연장청구가 있는 경우에는 그 청구서의 접수사실을 문서건명부에도 등재하는 것 이외에는 제12조 내지 제17조의 절차를 준용한다.
제19조【보호기간 및 보존기간】 ① 고등법원 접수담당자는 비밀로 분류한 문서에 대하여 보호기간을 해당 허가청구서 또는 기간연장청구서의 보호기간과 동일하게 기입한다.
② 고등법원장은 필요하다고 인정하는 경우에는 제1항의 보호기간을 연장할 수 있다.
③ 통신제한조치허가 등에 관한 문서의 보존기간은 제1항 또는 제2항의 보호기간으로 한다.
제19조의2【통신사실 확인자료제공요청 허가청구사건의 처리】 제12조 내지 제19조는 통신사실 확인자료제공요청 허가청구사건 처리절차에 준용한다.(2005.12.29 본조신설)
제19조의3【준용규정】 제3조의2, 제10조의3의 규정은 국가안보를 위한 통신제한조치 허가청구절차 및 통신사실 확인자료제공요청 허가청구절차에 관하여 각 준용한다.(2005.12.29 본조신설)

제4장 보 칙

제20조【준용규정】 제2장 및 제3장의 각 규정은 공개되지 아니한 타인간의 대화의 녹음 또는 청취의 허가에 관하여 준용한다.

부 칙 (2007.10.29)

이 규칙은 공포한 날부터 시행한다.

부 칙 (2020.6.1)

제1조【시행일】 이 규칙은 공포한 날부터 시행하되, 2020년 3월 24일부터 적용한다.
제2조【적용례】 이 규칙은 이 규칙 시행 당시 법원에 계속 중인 사건에 대하여도 적용된다.

부 칙 (2021.1.29)

이 규칙은 공포한 날부터 시행한다.

우편법

(1960년 2월 1일 법 률 제542호)

개정
1963. 1.10법 1254호　1963.12. 5법 1473호
1970. 1. 1법 2196호　1972.12.16법 2372호
1977.12.31법 3090호　1982.12.31법 3602호
1995. 1. 5법 4861호(물가안정)
1996.12.30법 5216호(우정사업운영에관한특례법)
1997. 8.28법 5384호
2000. 1.21법 6196호(우정사업운영에관한특례법)
2005. 3.31법 7446호　2007. 1.26법 8288호
2008. 2.29법 8852호(정부조직)
2008.12.26법 9240호
2009. 4.22법 9636호(궤도운송법)
2011.12. 2법11116호
2013. 3.23법11690호(정부조직)
2014. 6. 3법12724호　2015. 1.20법13010호
2015.12.22법13584호
2017. 7.26법14839호(정부조직)
2018. 2.21법15372호　2019.12.10법16753호
2020. 6. 9법17347호(법률용어정비)
2021.10.19법18476호　2022. 6.10법18868호
2024. 1.23법20063호→2024년 7월 24일 시행

제1장 총 칙
(2011.12.2 본장개정)

제1조【목적】 이 법은 우편 이용에 관한 기본적인 사항을 정하여 공평하고 적정한 우편 역무를 제공함으로써 공공의 복지증진에 이바지함을 목적으로 한다.
제1조의2【정의】 이 법에서 사용하는 용어의 뜻은 다음과 같다.
1. "우편물"이란 통상우편물과 소포우편물을 말한다.
2. "통상우편물"이란 서신(書信) 등 의사전달물, 통화(송금통지서를 포함한다) 및 소형포장우편물을 말한다.
3. "소포우편물"이란 통상우편물 외의 물건을 포장한 우편물을 말한다.
4. "우편요금"이란 우편물의 발송인이나 수취인이 그 송달의 대가로 우편관서에 내야 하는 금액을 말한다.
5. "우표"란 우편요금의 선납과 우표수집 취미의 문화를 확산시키기 위하여 발행하는 증표를 말한다.
6. "우편요금을 표시하는 증표"란 우편엽서, 항공서신, 우편요금 표시 인영(印影)이 인쇄된 봉투(연하장이나 인사장이 딸린 것을 포함한다)를 말한다.
7. "서신"이란 의사전달을 위하여 특정인이나 특정 주소로 송부하는 것으로서 문자·기호·부호 또는 그림 등으로 표시한 유형의 문서 또는 전단을 말한다. 다만, 신문, 정기간행물, 서적, 상품안내서 등 대통령령으로 정하는 것은 제외한다.
제2조【경영주체와 사업의 독점 등】 ① 우편사업은 국가가 경영하며, 과학기술정보통신부장관이 관장한다. 다만, 과학기술정보통신부장관은 우편사업의 일부를 개인, 법인 또는 단체 등으로 하여금 경영하게 할 수 있으며, 그에 관한 사항은 따로 법률로 정한다.(2017.7.26 본항개정)
② 누구든지 제1항과 제5항의 경우 외에는 타인을 위한 서신의 송달 행위를 업(業)으로 하지 못하며, 자기의 조직이나 계통을 이용하여 타인의 서신을 전달하는 행위를 하여서는 아니 된다.
③ 제2항에도 불구하고 서신(국가기관이나 지방자치단체에서 발송하는 등기취급 서신은 제외한다)의 중량이 350그램을 넘거나 제45조의2에 따라 서신송달업을 하는 자가 서신송달의 대가로 받는 요금이 대통령령으로 정하는 통상우편요금의 10배를 넘는 경우에는 타인을 위하여 서신을 송달하는 행위를 업으로 할 수 있다.(2014.6.3 본항개정)
④ 누구든지 제2항 및 제3항을 위반하는 자에게 서신의 송달을 위탁하여서는 아니 된다.(2014.6.3 본항개정)
⑤ 우편사업이나 우편창구업무의 위탁에 관한 사항은 따로 법률로 정한다. 다만, 과학기술정보통신부장관은 우편창구업무 외의 우편업무의 일부를 대통령령으로 정하는 바에 따라 다른 자에게 위탁할 수 있다.(2017.7.26 단서개정)
⑥ 다음 각 호의 어느 하나에 해당하는 사람은 제5항 단서에 따라 과학기술정보통신부장관이 위탁하는 업무 중 우편물을 집배하는 업무에는 종사할 수 없다.
1. 다음 각 목의 어느 하나에 해당하는 죄를 범하여 금고 이상의 실형을 선고받고 그 집행이 끝나거나(집행이 끝난 것으로 보는 경우를 포함한다) 면제된 날부터 최대 20년의 범위에서 범죄의 종류, 죄질, 형기의 장단 및 재범위험성 등을 고려하여 대통령령으로 정하는 기간이 지나지 아니한 사람
가. 「특정강력범죄의 처벌에 관한 특례법」 제2조제1항 각 호에 따른 죄
나. 「특정범죄 가중처벌 등에 관한 법률」 제5조의2, 제5조의4, 제5조의5, 제5조의9 및 제11조에 따른 죄
다. 「마약류 관리에 관한 법률」에 따른 죄
라. 「성폭력범죄의 처벌 등에 관한 특례법」 제2조제1항 제2호부터 제4호까지, 제3조부터 제9조까지 및 제15조(제14조의 미수범은 제외한다)에 따른 죄
마. 「아동·청소년의 성보호에 관한 법률」 제2조제2호에 따른 죄

2. 제1호에 따른 죄를 범하여 금고 이상의 형의 집행유예를 선고받고 그 유예기간 중에 있는 사람
(2022.6.10 본항신설)
⑦ 과학기술정보통신부장관은 제6항에 따른 범죄경력을 확인하기 위하여 필요한 정보에 한정하여 경찰청장에게 범죄경력자료의 조회를 요청할 수 있다.(2022.6.10 본항신설)
제2조의2 (2014.6.3 삭제)
제3조【우편물 등의 비밀 보장】 우편업무 또는 제45조의2에 따른 서신송달업에 종사하는 자나 종사하였던 자는 재직 중에 우편 또는 서신에 관하여 알게 된 타인의 비밀을 누설하여서는 아니 된다.(2014.6.3 본조개정)
제3조의2【우편물의 운송 명령】 ① 과학기술정보통신부장관은 다음 각 호의 어느 하나에 해당하는 자에게 대통령령으로 정하는 바에 따라 우편물의 운송을 명할 수 있다.(2017.7.26 본문개정)
1. 철도·궤도 사업을 경영하는 자
2. 일반 교통에 이용하기 위하여 노선을 정하여 정기적으로 또는 임시로 자동차·선박·항공기의 운송사업을 경영하는 자
② 과학기술정보통신부장관은 제1항에 따라 우편물을 운송한 자에게 정당한 보상을 하여야 한다.(2017.7.26 본항개정)
제3조의3【우편물의 우선 취급】 ① 우편물을 운송하는 자는 해당 차량·선박·항공기에 실은 우편물을 그 목적지에서 내릴 때 또는 사고나 재해로 운송 도중에 바꿔 실을 때에는 다른 화물에 우선하여 내리거나 바꿔 실어야 한다.
② 우편물을 운송하는 자는 위험한 재난으로 인하여 부득이하게 화물을 처분하여야 하는 경우에는 우편물을 가장 나중에 처분하여야 한다.
제4조【운송원 등의 조력 청구권】 ① 우편업무를 집행 중인 우편운송원, 우편집배원과 우편물을 운송 중인 항공기·차량·선박 등이 사고를 당하였을 때에는 우편운송원, 우편집배원 또는 우편관서의 공무원으로부터 도와줄 것을 요구 받은 자는 정당한 사유 없이 그 요구를 거부할 수 없다. 이 경우 우편관서는 도움을 준 자의 청구에 따라 적절한 보수를 지급하여야 한다.(2014.6.3 전단개정)
② 전시·사변이나 이에 준하는 국가 비상사태 시에 국가기관과 지방자치단체 상호간에 주고 받는 행정우편을 취급하는 운송원 등은 우편관서 외의 다른 기관과 소속 직원에게 행정우편을 운송하기 위하여 필요한 교통수단의 제공이나 그 밖의 도움을 요구할 수 있다.
제5조【우편운송원 등의 통행권】 ① 우편업무를 집행 중인 우편운송원, 우편집배원과 우편 전용 항공기·차량·선박 등은 도로의 장애로 통행이 곤란한 경우에는 담장이나 울타리가 없는 택지, 전답, 그 밖의 장소를 통행할 수 있다. 이 경우 우편관서는 피해자의 청구에 따라 손실을 보상하여야 한다.
② 우편업무를 집행 중인 우편운송원, 우편집배원과 우편 전용 항공기·차량·선박 등은 도선장(渡船場), 운하, 도로, 교량이나 그 밖의 장소를 통행할 때에 통행요금을 지급하지 아니하고 통행할 수 있다. 다만, 청구권자의 청구가 있을 때에는 우편관서는 정당한 보상을 하여야 한다.
③ 우편물을 운송 중인 우편운송원, 우편집배원은 언제든지 도선장에서 도선(渡船)을 요구할 수 있다.
④ 제3항의 요구를 받은 자는 정당한 사유 없이 이를 거부할 수 없다.
제6조【이용 제한 및 업무 정지 등】 ① 과학기술정보통신부장관은 전시·사변이나 이에 준하는 국가 비상사태와 천재지변이나 그 밖의 부득이한 사유가 있을 경우에 우편운송원 및 우편집배원의 생명·신체를 보호하거나 중요한 우편물의 취급을 확보하기 위하여 필요하다고 인정될 때에는 우편물의 이용을 제한하거나 우편업무의 일부를 정지할 수 있다.
② 과학기술정보통신부장관은 제1항에 따라 우편업무의 일부가 정지된 우편운송원 및 우편집배원에 대하여 승진·전보·교육·포상 및 후생복지 등에서 불리한 처우를 하여서는 아니 된다.(2020.6.9 본항개정)
③ 제1항에 따른 우편물의 이용 제한 및 우편업무의 일부 정지에 관한 기준은 대통령령으로 정한다.(2018.2.21 본항신설)
(2018.2.21 본조개정)
제7조【우편 전용 물건 등의 압류 금지와 부과 면제】 ① 우편을 위한 용도로만 사용되는 물건과 우편을 위한 용도로 사용 중인 물건은 압류할 수 없다.
② 우편을 위한 용도로만 사용되는 물건(우편에 관한 서류를 포함한다)은 각종 세금 및 공과금의 부과 대상이 되지 아니한다.(2020.6.9 본항개정)
③ 우편물과 그 취급에 필요한 물건은 해손(海損)을 부담하지 아니한다.
제8조【우편물의 압류거부권】 우편관서는 우편물을 운송 중이거나 우편물의 발송 준비를 마친 후에만 그 압류를 거부할 수 있다.
제9조【우편물의 검역】 우편물의 검역을 받아야 하는 경우에는 다른 물건에 우선하여 검역을 받는다.
제10조【제한능력자의 행위에 관한 의제】 우편물의 발송·수취나 그 밖에 우편 이용에 관하여 제한능력자가 우편관서에 대하여 행한 행위는 능력자가 행한 것으로 본다.(2019.12.10 본조개정)
제11조 (2011.12.2 삭제)
제12조【「우편환법」의 적용】 우편에 의한 추심금(推尋金)의 지급이나 그 밖의 처분에 관하여는 이를 우편환금(郵便換金)으로 보고 「우편환법」을 적용한다.(2021.10.19 본조개정)
제12조의2【우편작업의 효율화를 위한 지원 등】 ① 과학기술정보통신부장관은 우편물의 수집·구분·운송·배달 등 우편 작업의 효율을 높이고 우편 이용자의 편의를 도모하기 위하여 해당 작업이나 이용에 관련되는 자 등에 대하여 대통령령으로 정하는 바에 따라 필요한 지원을 할 수 있다.
② 과학기술정보통신부장관은 우편 이용자의 편의를 도모하고 우편사업의 건전한 발전을 위하여 우편 관련 용품·장비의 개선 등에 관한 기술개발을 지원할 수 있다.
(2017.7.26 본조개정)
제12조의3【권한의 위임】 이 법에 따른 과학기술정보통신부장관의 권한은 그 일부를 대통령령으로 정하는 바에 따라 그 소속 기관의 장에게 위임할 수 있다.(2017.7.26 본조개정)

제2장 우편역무
(2011.12.2 본장개정)

제13조 (1997.8.28 삭제)
제14조【보편적 우편역무의 제공】 ① 과학기술정보통신부장관은 전국에 걸쳐 효율적인 우편송달에 관한 체계적인 조직을 갖추어 모든 국민이 공평하게 적정한 요금으로 우편물을 보내고 받을 수 있는 기본적인 우편역무(이하 "보편적 우편역무"라 한다)를 제공하여야 한다.
(2017.7.26 본항개정)
② 제1항에 따른 보편적 우편역무의 대상은 다음 각 호와 같다.
1. 2킬로그램 이하의 통상우편물
2. 20킬로그램 이하의 소포우편물
3. 제1호 또는 제2호의 우편물의 기록취급 등 특수취급우편물
4. 그 밖에 대통령령으로 정하는 우편물
③ 과학기술정보통신부장관은 과학기술정보통신부령으로 정하는 바에 따라 보편적 우편역무 제공에 필요한 우편물의 수집·배달 횟수, 우편물 송달에 걸리는 기간, 이용조건 등에 필요한 사항을 정하여 고시하여야 한다.
(2017.7.26 본항개정)
제15조【선택적 우편역무의 제공】 ① 과학기술정보통신부장관은 고객의 필요에 따라 제14조에 따른 보편적 우편역무 외의 우편역무(이하 "선택적 우편역무"라 한다)를 제공할 수 있다.(2017.7.26 본항개정)
② 제1항에 따른 선택적 우편역무의 대상은 다음 각 호와 같다.
1. 2킬로그램을 초과하는 통상우편물
2. 20킬로그램을 초과하는 소포우편물
3. 제1호 또는 제2호의 우편물의 기록취급 등 특수취급우편물
4. 우편과 다른 기술 또는 역무가 결합된 역무
5. 우편시설, 우표, 우편엽서, 우편요금 표시 인영이 인쇄된 봉투 또는 우편차량장비 등을 이용하는 역무
6. 우편 이용과 관련된 용품의 제조 및 판매
7. 그 밖에 우편역무에 부가하거나 부수하여 제공하는 역무
③ 선택적 우편역무의 종류와 그 이용조건은 과학기술정보통신부령으로 정한다.(2017.7.26 본항개정)
제15조의2【우편업무의 전자화】 ① 과학기술정보통신부장관은 우편업무를 효율적으로 처리하기 위하여 필요한 경우에는 종이문서나 그 밖에 전자적 형태로 작성되지 아니한 문서(이하 "전자화대상문서"라 한다)를 정보처리시스템이 처리할 수 있는 형태로 변환하여 처리할 수 있다.
② 제1항에 따라 정보처리시스템이 처리할 수 있는 형태로 변환한 문서(이하 "전자화문서"라 한다)가 다음 각 호의 요건을 모두 갖춘 경우에는 그 전자화문서를 보관함으로써 전자화대상문서의 보관을 갈음할 수 있다.
1. 전자화문서가 전자화대상문서와 그 내용 및 형태가 동일할 것
2. 전자화문서의 내용을 열람할 수 있을 것
3. 전자화문서가 작성 및 송신·수신된 때의 형태 또는 그와 같이 재현될 수 있는 형태로 보존되어 있을 것
4. 전자화문서의 작성자, 수신자 및 송신·수신 일시에 관한 사항이 포함되어 있는 경우에는 그 부분이 보존되어 있을 것
③ 과학기술정보통신부장관은 전자화문서를 출력한 문서가 제4항에 따른 전자우편서류관리시스템에 보관하고 있는 전자화문서와 일치하는지 여부를 확인할 수 있다.
④ 과학기술정보통신부장관은 전자화문서의 작성 및 보관, 제3항에 따른 동일성 확인, 그 밖에 우편업무의 전자적 처리를 효율적으로 수행하기 위하여 전자우편서류관리시스템(이하 "전자우편서류관리시스템"이라 한다)을 구축하여 운영할 수 있다.
⑤ 전자화문서의 작성 방법 및 절차와 보관, 제3항에 따른 동일성 확인, 전자우편서류관리시스템의 구축·운영, 그 밖에 필요한 사항은 대통령령으로 정한다.
(2018.2.21 본조신설)
제16조【군사우편】 ① 과학기술정보통신부장관은 국방부장관의 요청에 따라 국군이 주둔하는 지역으로서 우체국의 기능이 미치지 아니하는 지역에 있는 부대(기관을 포함한다. 이하 같다)와 그 부대에 속하는 군인·군무원에 대한 우편역무(이하 "군사우편"이라 한다)를 제공할 수 있다.(2017.7.26 본항개정)
② 군사우편물의 요금은 일반우편요금의 2분의 1로 한다.
③ 국방부장관은 군사우편을 취급하는 우체국(이하 "군사우체국"이라 한다)에 필요한 시설·장비를 제공하는 것 외에 용역의 일부를 지원할 수 있다. 부대의 이동에 따라 군사우체국을 이동하는 경우에도 또한 같다.
④ 국방부장관은 특별한 사유가 있는 경우 외에는 군사우체국 직원에게 영내(營內) 출입, 군(軍)주둔지역의 통행, 그 밖의 업무 수행에 필요한 편의를 제공하여야 한다.
⑤ 제2항부터 제4항까지에 규정된 것 외에 군사우편에 필요한 사항은 대통령령으로 정한다.
제17조【우편금지물품, 우편물의 용적·중량 및 포장 등】 ① 과학기술정보통신부장관은 건전한 사회질서를 해치거나 우편물의 안전한 송달을 해치는 물건(음란물, 폭발물, 총기·도검, 마약류 및 독극물 등으로서 우편으로 취급하는 것이 부적절하다고 인정되는 물건을 말하며, 이하 "우편금지물품"이라 한다)을 정하여 고시하여야 한다.
② 과학기술정보통신부장관은 우편물의 취급 용적·중량 및 포장에 관한 사항을 정하여 고시하여야 한다.
③ 과학기술정보통신부장관은 우편금지물품과 제2항에 따라 고시한 기준에 맞지 아니한 물건에 대하여는 우편역무의 제공을 거절하거나 제한할 수 있다.
(2017.7.26 본조개정)
제18조 (1997.8.28 삭제)

제3장 우편에 관한 요금
(2011.12.2 본장개정)

제19조【우편요금 등의 결정】 우편에 관한 요금과 우편 이용에 관한 수수료(이하 "요금등"이라 한다)는 과학기술정보통신부장관이 정한다.(2017.7.26 본조개정)
제20조【요금등의 납부방법】 요금등은 다음 각 호의 방법으로 내게 할 수 있다.(2019.12.10 본문개정)
1. 현금
2. 우표
3. 우편요금을 표시하는 증표
4. 「여신전문금융업법」에 따른 신용카드 또는 직불카드
(2019.12.10 본호개정)
4의2. 「전자금융거래법」에 따른 직불전자지급수단
(2019.12.10 본호신설)
5. 정보통신망을 이용한 전자화폐 또는 전자결제
6. 우편요금이 인쇄된 라벨 등 과학기술정보통신부령으로 정하는 납부방법(2019.12.10 본호신설)
제21조【우표의 발행권】 ① 우표와 우편요금을 표시하는 증표는 과학기술정보통신부장관이 발행한다.
② 우표와 우편요금을 표시하는 증표의 판매, 관리와 그 밖의 필요한 처분 등에 관한 사항은 과학기술정보통신부령으로 정한다.
③ 우편엽서는 과학기술정보통신부령으로 정하는 바에 따라 제조하여 사용할 수 있다.
(2017.7.26 본조개정)
제21조의2 (1997.8.28 삭제)
제22조【우표의 효력】 오염이나 훼손된 우표와 우편요금을 표시하는 증표는 무효로 한다.
제23조【요금등의 제척기간】 요금등의 납부의무는 요금등을 내야 하는 날부터 6개월 내에 납부의 고지를 받지 아니한 경우에는 소멸한다. 다만, 불법으로 면탈한 요금에 대하여는 그러하지 아니하다.
제24조【체납 요금등의 징수방법】 ① 요금등의 체납 금액은 「국세징수법」에 따른 체납처분의 예에 따라 징수한다.
② 제1항의 경우 체납 요금등에 대하여는 대통령령으로 정하는 바에 따라 연체료를 가산하여 징수한다.
③ 제1항과 제2항의 체납 요금등과 연체료는 조세를 제외한 다른 채권에 우선한다.
제25조【기납·과납 요금의 반환 등】 우편에 관하여 이미 냈거나 초과하여 낸 요금은 대통령령으로 정하는 경우 외에는 되돌려 주지 아니한다.
제26조【무료 우편물】 다음 각 호의 우편물은 우편요금을 무료로 할 수 있다.
1. 과학기술정보통신부와 그 소속 기관이 발송하는 우편물 중 우편업무와 관련된 것(2017.7.26 본호개정)
2. 과학기술정보통신부와 그 소속 기관으로 발송하는 우편물 중 우편물에 관한 손해배상, 우편요금 등의 반환청구, 우편물에 관한 사고조회 및 과학기술정보통신부와 그 소속 기관의 우편업무상 의뢰에 의한 것
(2017.7.26 본호개정)

3. 재해복구를 위하여 설치된 구호기관이 이재민의 구호를 위하여 발송하는 것
4. 시각장애인용 점자 또는 시각장애인을 위한 법인·단체 또는 시설(법률에 따라 설치되거나 허가·등록·신고 등을 한 법인·단체 또는 시설만 해당한다)에서 시각장애인용 녹음물을 발송하는 것(2014.6.3 본호신설)
5. 전쟁포로가 발송하는 것(2014.6.3 본호신설)
(2014.6.3 본조개정)

제26조의2【요금등의 감액】 ① 과학기술정보통신부장관은 우편 이용의 편의와 우편물의 원활한 송달을 확보할 수 있는 방법으로 발송하는 다량의 우편물에 대하여는 그 요금등의 일부를 감액할 수 있다.
② 제1항에 따라 요금등을 감액할 수 있는 우편물의 종류, 수량, 취급 요건 및 감액 범위 등에 관한 사항은 과학기술정보통신부령으로 정한다.
(2017.7.26 본조개정)

제4장 우편물의 취급
(2011.12.2 본장개정)

제27조【우편물 내용의 신고와 개봉 요구】 ① 우편관서는 우편물을 접수할 때에 우편물 내용물의 종류와 성질에 대하여 발송인에게 신고를 받을 수 있다.
② 제1항의 경우 우편물의 내용이 발송인의 신고와 달라서 이 법 또는 대통령령으로 정한 규정을 위반한다고 인정되면 우편관서는 발송인에게 그 개봉을 요구할 수 있다.
③ 발송인이 제1항의 신고나 제2항의 개봉을 거부할 때에는 우편물은 접수하지 아니할 수 있다.

제28조【법규 위반 우편물의 개봉】 ① 우편관서는 취급 중인 우편물의 내용이 이 법 또는 대통령령으로 정한 규정을 위반한 혐의가 있으면 발송인이나 수취인에게 그 우편물의 개봉을 요구할 수 있다.
② 발송인이나 수취인이 제1항의 개봉을 거부하였을 때 또는 발송인이나 수취인에게 그 개봉을 요구할 수 없을 때에는 과학기술정보통신부장관이 지정하는 우편관서의 장이 그 우편물을 개봉할 수 있다. 다만, 대통령령으로 정하는 봉함한 우편물은 개봉하지 아니한 채로 발송인에게 되돌려 보내야 한다.(2017.7.26 본문개정)

제29조【법규 위반 우편물의 반환】 우편관서는 취급 중인 우편물이 이 법 또는 대통령령으로 정한 규정을 위반하였을 때에는 발송인에게 되돌려 보내야 한다. 다만, 다른 법률에 따라 되돌려 보내지 아니할 수 있는 경우에는 그러하지 아니하다.
(2015.12.22 본조제목개정)

제30조 (1997.8.28 삭제)

제31조【우편물의 배달】 우편물은 그 표면에 기재된 곳에 배달한다. 다만, 대통령령으로 정하는 경우는 그러하지 아니하다.

제31조의2【우편물의 전송】 ① 과학기술정보통신부장관은 우편물의 수취인이 주거를 이전하고 그 이전한 곳을 과학기술정보통신부령으로 정하는 바에 따라 신고한 경우에는 수취인이 이전한 곳으로 우편물을 무료로 전송하여야 한다. 다만, 주거이전을 신고한 날부터 3개월이 지난 후에 도착하는 우편물은 발송인에게 되돌려 보낼 수 있다.(2017.7.26 본문개정)
② 제1항에도 불구하고 다음 각 호의 어느 하나에 해당하는 경우에는 대통령령으로 정하는 바에 따라 수취인에게 수수료를 내게 하고 우편물을 전송할 수 있다.
1. 주거이전을 신고한 날부터 3개월이 지난 후에 도착하는 우편물을 수취인이 받기를 신고한 경우
2. 수취인이 주거를 이전한 곳에 우편물을 전송하는 데 상당한 비용이 소요되는 경우
(2015.1.20 본조신설)

제32조【반환우편물의 처리】 ① 수취인에게 배달할 수 없거나 수취인이 수취를 거부한 우편물은 발송인에게 되돌려 보낸다. 다만, 다음 각 호의 어느 하나에 해당하는 경우에는 그러하지 아니하다.(2024.1.23 단서개정)
1. 발송인이 발송할 때에 과학기술정보통신부령으로 정하는 바에 따라 반환 거절의 의사를 우편물에 기재한 경우(2024.1.23 본호신설)
2. 동시에 또는 일정 기간에 대량으로 발송되는 우편물로서 과학기술정보통신부령으로 정하는 우편물에 해당하는 경우. 다만, 발송인이 발송할 때에 과학기술정보통신부령으로 정하는 바에 따라 반환의사를 우편물에 기재한 경우는 제외한다.(2024.1.23 본호신설)
② 제1항 본문의 경우에 발송인은 되돌아온 우편물의 수취를 정당한 사유 없이 거부할 수 없다.
③ 과학기술정보통신부장관은 제1항 본문에 따라 우편물을 발송인에게 되돌려 보낼 때에는 과학기술정보통신부령으로 정하는 바에 따라 되돌려 보내는 사유를 발송인에게 알려주어야 한다.(2017.7.26 본항개정)
(2015.12.22 본조제목개정)

제33조【우편관서의 증명 요구】 우편관서는 우편물 수취인의 진위를 확인하기 위하여 수취인에 대하여 필요한 증명을 요구할 수 있다.

제34조【정당 교부의 인정】 이 법 또는 이 법에 따른 명령으로 정한 절차를 밟아 우편물을 내주었을 때에는 정당하게 내준 것으로 본다.

제35조【반환 불능 우편물의 개봉】 발송인의 주소나 성명이 불분명하여 되돌려 보낼 수 없는 우편물은 그 주소·성명을 알기 위하여 필요한 경우에는 우편관서에서 이를 개봉할 수 있다.(2015.12.22 본조제목개정)

제36조【우편물의 처분】 ① 제35조에 따라 개봉하여도 배달하거나 되돌려 보낼 수 없는 우편물과 제32조제1항 단서에 따라 되돌려 보내지 아니하는 우편물은 해당 우편관서에서 보관한다. 이 경우 그 우편물이 유가물(有價物)이면 보관한 날부터 1개월간 해당 우편관서의 게시판 등에 그 사실을 게시하여야 한다.
② 제1항에 따라 보관한 우편물은 다음 각 호의 구분에 따라 처리하여야 한다.
1. 유가물이 아닌 경우 : 보관하기 시작한 날부터 3개월 내에 내줄 것을 청구하는 자가 없을 때에는 폐기. 다만, 제32조제1항 단서에 따라 발송인에게 되돌려 보내지 아니하는 우편물은 1개월 내에 내줄 것을 청구하는 자가 없을 때에는 폐기한다.(2014.6.3 본호개정)
2. 유가물로서 멸실 또는 훼손의 우려가 있는 것이나 보관비용이 지나치게 많이 드는 경우 : 매각하여 그 대금을 보관하되 매각하는 데에 드는 비용은 매각한 대금으로 충당
③ 유가물과 매각대금은 그 우편물을 보관한 날부터 1년 내에 내줄 것을 청구하는 자가 없을 때에는 국고에 귀속한다.

제37조【우편사서함】 우편관서에 대통령령으로 정하는 바에 따라 우편사서함을 설치할 수 있다.

제37조의2【고층건물의 우편수취함 설치】 3층 이상의 고층건물로서 그 전부 또는 일부를 주택·사무소 또는 사업소로 사용하는 건축물에는 대통령령으로 정하는 바에 따라 우편수취함을 설치하여야 한다.

제5장 손해배상
(2011.12.2 본장개정)

제38조【손해배상의 범위】 ① 과학기술정보통신부장관은 다음 각 호의 어느 하나에 해당하는 사유가 발생한 경우에는 그 손해를 배상하여야 한다.(2017.7.26 본문개정)
1. 우편역무 중 취급과정을 기록취급하는 우편물을 잃어버리거나 못 쓰게 하거나 지연 배달한 경우
2. 우편역무 중 보험취급 우편물을 잃어버리거나 못 쓰게 하거나 지연 배달한 경우
3. 우편역무 중 현금추심 취급 우편물을 배달하면서 추심금액을 받지 아니하고 수취인에게 내준 경우
4. 제1호부터 제3호까지 외의 우편역무로서 대통령령으로 정하는 경우
② 제1항의 배상금액과 지연배달의 기준은 과학기술정보통신부령으로 정한다.(2017.7.26 본항개정)
③ 국제우편물에 관한 손해배상액은 조약에서 정하는 손해배상액을 넘지 아니하는 범위에서 과학기술정보통신부장관이 정하여 고시한다.(2017.7.26 본항개정)
④ 제2항과 제3항의 손해배상액은 대통령령으로 정하는 바에 따라 우편관서에서 즉시 지급할 수 있다.

제39조【책임 원인의 제한】 정부는 우편물의 손해가 발송인 또는 수취인의 잘못으로 인한 것이거나 해당 우편물의 성질, 결함 또는 불가항력으로 인하여 발생한 경우에는 제38조에도 불구하고 그 손해를 배상하지 아니한다.

제40조【손해배상의 한계】 우편물을 내줄 때에 외부에 파손 흔적이 없고 중량에 차이가 없는 경우에는 손해가 없는 것으로 본다.

제41조【우편물 수취거부권】 우편물의 발송인 또는 수취인은 그 우편물에 대하여 우편관서에서 배상하여야 할 손해가 있다고 인정될 때에는 우편물을 받는 것을 거부할 수 있다. 다만, 우편물을 받은 후에는 이의를 제기할 수 없다.

제42조【손해배상 청구권자】 제38조에 따른 손해배상을 청구할 수 있는 자는 그 우편물의 발송인이나 그 승인을 받은 수취인으로 한다.

제43조【배상 및 보수 등의 단기소멸시효】 이 법에 따른 보수 또는 손실보상, 손해배상의 청구권은 과학기술정보통신부장관이 지정한 우편관서에 대하여 다음 각 호의 구분에 따른 기간 내에 행사하지 아니하면 소멸시효가 완성된다.(2017.7.26 본문개정)
1. 제4조제1항 후단에 따른 보수와 제5조제1항·제2항에 따른 보상은 그 사실이 있었던 날부터 1년
2. 제38조에 따른 배상은 우편물을 발송한 날부터 1년

제44조【보수 등의 결정에 대한 불복의 구제】 제4조제1항 후단에 따른 보수, 제5조제1항·제2항에 따른 보상 및 제38조에 따른 손해배상에 관한 과학기술정보통신부장관의 결정에 불복하는 자는 그 통지를 받은 날부터 3개월 내에 소송을 제기할 수 있다.(2017.7.26 본조개정)

제45조【손해배상에 따른 대위】 우편관서는 손해배상을 한 후 그 우편물의 전부 또는 일부를 발견하였을 때에는 그 손해배상을 받은 자에게 통지하여야 한다. 이 경우 손해배상을 받은 자는 그 통지를 받은 날부터 3개월 내에 대통령령으로 정하는 바에 따라 배상금의 전부 또는 일부를 반환하고 그 우편물의 교부를 청구할 수 있다.

제6장 서신송달업자 등의 관리
(2014.6.3 본장신설)

제45조의2【서신송달업의 신고 등】 ① 제2조제3항에 따라 서신을 송달하는 업(이하 "서신송달업"이라 한다)을 하려는 자는 과학기술정보통신부장관에게 신고하여야 한다. 다만, 대통령령으로 정하는 기준에 해당하는 소규모 서신송달업을 하려는 자는 신고하지 아니하고 서신송달업을 할 수 있다.
② 제1항에 따른 신고를 하려는 자는 해당 신고서에 과학기술정보통신부령으로 정하는 사업계획서를 첨부하여 과학기술정보통신부장관에게 제출하여야 한다.
③ 제1항 본문에 따라 서신송달업의 신고를 한 자는 신고한 사항 중 과학기술정보통신부령으로 정하는 사항을 변경하려는 경우에는 변경신고를 하여야 한다.
④ 제1항 및 제3항에 따른 신고 및 변경신고에 필요한 사항은 과학기술정보통신부령으로 정한다.
(2017.7.26 본조개정)

제45조의3【유사명칭의 사용금지 등】 ① 제45조의2제1항 본문에 따라 서신송달업의 신고를 한 자와 같은 항 단서에 따라 신고하지 아니하고 서신송달업을 하는 자(이하 "서신송달업자"라 한다)는 서신송달업무의 운영과정에서 우편관서가 우편사업 운영과 관련하여 사용하는 우편, 우편물, 우체국 및 그와 유사한 명칭을 사용해서는 아니 된다.
② 서신송달업자는 타인에게 자기의 성명 또는 상호를 사용하여 서신송달업을 경영하게 해서는 아니 된다.

제45조의4【휴업·폐업 등의 신고】 서신송달업자(제45조의2제1항 본문에 따라 신고한 서신송달업자만 해당한다. 이하 제45조의5, 제45조의6 및 제45조의8에서 같다)가 그 영업을 30일 이상 휴업 또는 폐업하거나 휴업 후 재개하려는 경우에는 과학기술정보통신부령으로 정하는 바에 따라 과학기술정보통신부장관에게 신고하여야 한다.(2017.7.26 본조개정)

제45조의5【사업개선명령】 과학기술정보통신부장관은 서신송달서비스의 개선과 서신송달업자에 대한 지도·감독을 위하여 과학기술정보통신부령으로 정하는 바에 따라 필요하다고 인정되는 경우 서신송달업자에게 다음 각 호의 사항을 명할 수 있다.(2017.7.26 본문개정)
1. 사업계획의 변경
2. 영업소, 대리점 및 작업장 등 시설의 개선
3. 그 밖에 서신송달업자의 지도·감독을 위하여 필요한 사항

제45조의6【영업소의 폐쇄 등】 ① 과학기술정보통신부장관은 서신송달업자가 다음 각 호의 어느 하나에 해당하면 영업소의 폐쇄를 명하거나 6개월 이내의 기간을 정하여 그 사업의 전부 또는 일부의 정지를 명할 수 있다. 다만, 제1호 또는 제5호에 해당하면 영업소의 폐쇄를 명하여야 한다.(2017.7.26 본문개정)
1. 거짓으로 작성된 사업신고서를 제출한 경우
2. 제2조제3항의 중량 및 요금 기준을 위반하여 서신을 취급한 경우
3. 제45조의3제2항을 위반하여 타인에게 자기의 성명 또는 상호를 사용하여 서신송달업을 경영하게 한 경우
4. 제45조의5의 사업개선명령에 따르지 아니한 경우
5. 사업정지명령을 위반하여 사업정지기간에 사업을 경영한 경우
② 제1항에 따른 처분의 기준 및 절차와 그 밖에 필요한 사항은 과학기술정보통신부령으로 정한다.(2017.7.26 본항개정)

제45조의7【보고 및 조사 등】 ① 과학기술정보통신부장관은 서신송달업의 감독을 위하여 필요하다고 인정할 때에는 다음 각 호의 어느 하나에 해당하는 자에게 서신송달이나 서신송달 위탁 관련 업무 및 경영상황, 장부·서류, 전산자료, 그 밖에 과학기술정보통신부령으로 정하는 자료를 제출하게 하거나 보고하게 할 수 있다.
(2017.7.26 본문개정)
1. 서신송달업자
2. 서신송달을 위탁한 자
② 과학기술정보통신부장관은 제1항에 따른 제출 자료 또는 보고 내용을 검토한 결과 현장조사를 할 필요가 있다고 인정하는 경우에는 관계 공무원으로 하여금 영업소, 대리점 및 작업장 등 시설이나 그 밖에 필요한 장소에 출입하여 해당 시설이나 서류·장부, 그 밖의 물건을 조사하게 하거나 관계인에게 질문하게 할 수 있다.
(2017.7.26 본항개정)
③ 과학기술정보통신부장관은 제2항에 따른 출입·조사 또는 질문을 하려는 경우에는 출입·조사 또는 질문을 하기 7일 전까지 출입·조사 또는 질문의 일시·이유 및 내용 등을 포함한 계획을 조사대상자에게 통지하여야 한다. 다만, 긴급하거나 사전에 통지하면 증거인멸 등으로 출입·조사 또는 질문의 목적을 달성할 수 없다고 인정되는 경우에는 그러하지 아니하다.(2017.7.26 본문개정)
④ 제2항에 따라 출입·조사 또는 질문을 하는 공무원은 그 권한을 표시하는 증표를 지니고 이를 관계인에게 보여주어야 하며, 출입 시 해당 공무원의 성명, 출입 시간 및 출입 목적 등이 적힌 문서를 관계인에게 교부하여야 한다.

제45조의8【청문】 과학기술정보통신부장관은 제45조의6제1항에 따라 서신송달업자의 영업소 폐쇄를 명하려면 청문을 하여야 한다.(2017.7.26 본조개정)

제7장 벌 칙

(2011.12.2 본장개정)

제46조【사업독점권 침해의 죄】 ① 제2조제2항 및 제3항을 위반하여 타인을 위한 서신의 송달 행위를 업으로 하거나 자기의 조직이나 계통을 이용하여 타인의 서신을 전달하는 행위를 한 자는 3년 이하의 징역 또는 3천만원 이하의 벌금에 처한다.(2014.6.3 본항개정)
② (1997.8.28 삭제)
③ 제1항의 경우에 금품을 취득하였으면 그 금품을 몰수한다. 이를 몰수할 수 없을 때에는 그 가액을 추징한다.
④ 법인의 대표자, 대리인, 사용인, 그 밖의 종업원이 법인의 업무에 관하여 제1항의 위반행위를 하면 그 행위자를 벌하는 외에 그 법인에도 해당 조문의 벌금형을 과(科)한다. 다만, 법인이 그 위반행위를 방지하기 위하여 해당 업무에 관하여 상당한 주의와 감독을 게을리하지 아니한 때에는 그러하지 아니하다.
⑤ 개인의 대리인, 사용인, 그 밖의 종업원이 그 개인의 업무에 관하여 제1항의 위반 행위를 하면 그 행위자를 벌할 뿐만 아니라 그 개인에게도 해당 조문의 벌금형을 과한다. 다만, 개인이 그 위반행위를 방지하기 위하여 해당 업무에 관하여 상당한 주의와 감독을 게을리하지 아니한 때에는 그러하지 아니하다.
제47조【우편특권 침해의 죄】 다음 각 호의 어느 하나에 해당하는 자는 100만원 이하의 벌금에 처한다.
1. 제3조의2제1항에 따른 우편물의 운송명령을 따르지 아니한 자
2. 제4조제1항 전단을 위반하여 정당한 사유 없이 우편운송원, 우편집배원 또는 우편관서 공무원의 조력요구를 거부한 자
3. 제5조제1항·제2항에 따른 통행을 방해한 자
4. 제5조제4항을 위반하여 정당한 사유 없이 도선 요구를 거부한 자
5. 제9조를 위반하여 우선 검역을 하지 아니한 자
제47조의2【전시 우편특권 침해의 죄】 제4조제2항을 위반하여 우편운송원 등의 조력 요구를 거부한 자는 100만원 이하의 벌금에 처한다.
제48조【우편물 등 개봉 훼손의 죄】 ① 우편관서 및 서신송달업자가 취급 중인 우편물 또는 서신을 정당한 사유 없이 개봉, 훼손, 은닉 또는 방기(放棄)하거나 고의로 수취인이 아닌 자에게 내준 자는 3년 이하의 징역 또는 3천만원 이하의 벌금에 처한다.
② 우편업무 또는 서신송달업무에 종사하는 자가 제1항의 행위를 하였을 때에는 5년 이하의 징역 또는 5천만원 이하의 벌금에 처한다.
(2014.6.3 본조개정)
제49조【우편전용 물건 손상의 죄】 ① 우편을 위한 용도로만 사용되는 물건이나 우편을 위한 용도로 사용 중인 물건에 손상을 주거나 그 밖에 우편에 장해가 될 행위를 한 자는 3년 이하의 징역 또는 3천만원 이하의 벌금에 처한다.
② 우편업무에 종사하는 자가 제1항의 행위를 하였을 경우에는 5년 이하의 징역 또는 5천만원 이하의 벌금에 처한다.
(2014.6.3 본조개정)
제50조【우편취급 거부의 죄】 우편업무에 종사하는 자가 정당한 사유 없이 우편물의 취급을 거부하거나 이를 고의로 지연시키게 한 경우에는 1년 이하의 징역 또는 1천만원 이하의 벌금에 처한다.(2014.6.3 본조개정)
제51조【서신의 비밀침해의 죄】 ① 우편관서 및 서신송달업자가 취급 중인 서신의 비밀을 침해한 자는 3년 이하의 징역 또는 3천만원 이하의 벌금에 처한다.
② 우편업무 및 서신송달업무에 종사하는 자가 제1항의 행위를 하였을 경우에는 5년 이하의 징역 또는 5천만원 이하의 벌금에 처한다.
(2014.6.3 본조개정)
제51조의2【비밀 누설의 죄】 제3조를 위반하여 비밀을 누설한 자는 5년 이하의 징역 또는 5천만원 이하의 벌금에 처한다.(2014.6.3 본조개정)
제52조【우편금지물품 발송의 죄】 우편금지물품을 우편물로서 발송한 자는 2년 이하의 징역 또는 2천만원 이하의 벌금에 처하고 그 물건을 몰수한다.(2014.6.3 본조개정)
제53조 (1997.8.28 삭제)
제54조【우표를 떼어낸 죄】 ① 우편관서에서 취급 중인 우편물에 붙어 있는 우표를 떼어낸 자는 50만원 이하의 벌금에 처한다.
② 제1항의 경우에 소인(消印)이 되지 아니한 우표를 떼어낸 자는 1년 이하의 징역 또는 1천만원 이하의 벌금에 처한다.(2014.6.3 본항개정)
제54조의2【과태료】 ① 제2조제4항을 위반하여 서신의 송달을 위탁한 자에게는 5천만원 이하의 과태료를 부과한다.(2014.6.3 본항신설)
② 다음 각 호의 어느 하나에 해당하는 자에게는 1천만원 이하의 과태료를 부과한다.
1. 제45조의2제1항을 위반하여 신고를 하지 아니한 자
2. 제45조의3제1항을 위반하여 유사명칭을 사용한 자
(2014.6.3 1호~2호개정)
3. 제45조의3제2항을 위반하여 타인에게 자기의 성명 또는 상호를 사용하여 서신송달업을 경영하게 한 자
4. 제45조의4를 위반하여 신고하지 아니하고 휴업·폐업 또는 휴업 후 재개업을 한 자
5. 제45조의7에 따른 자료제출·보고 또는 조사를 정당한 사유 없이 거부·방해 또는 기피한 자
(2014.6.3 3호~5호신설)
③ 다음 각 호의 어느 하나에 해당하는 자에게는 50만원 이하의 과태료를 부과한다.(2020.6.9 본문개정)
1. 제32조제2항을 위반하여 우편물의 수취를 거부한 자
2. 우편업무에 종사하는 자로서 중대한 과실로 인하여 우편물을 잃어버린 자
④ 제1항부터 제3항까지에 따른 과태료는 대통령령으로 정하는 바에 따라 과학기술정보통신부장관이 부과·징수한다.(2017.7.26 본항개정)
제55조【미수죄의 처벌】 제46조, 제48조, 제49조, 제51조, 제52조 및 제54조의 미수범은 처벌한다.

부 칙 (2011.12.2)

제1조【시행일】 이 법은 「대한민국과 미합중국 간의 자유무역협정 및 대한민국과 미합중국 간의 자유무역협정에 관한 서한교환」이 발효되는 날부터 시행한다.
<2012.3.15 발효>
제2조【배상 및 보수 등의 단기소멸시효에 관한 경과조치】 이 법 시행 당시 이미 발생한 제4조의 조력에 대한 보수와 제5조의 통행에 따른 손실보상청구권으로서 종전의 규정에 따라 소멸시효가 완성되지 아니한 청구권에 대하여는 제43조제1호의 개정규정을 적용한다.
제3조【다른 법률의 개정】 ①~② ※(해당 법령에 가제정리 하였음)

부 칙 (2014.6.3)

제1조【시행일】 이 법은 공포 후 6개월이 경과한 날부터 시행한다.
제2조【환부거절 의사표시 우편물의 보관기간에 관한 적용례】 제36조제2항제1호의 개정규정은 이 법 시행 후 환부거절의 의사가 기재되어 우편관서에 접수된 우편물부터 적용한다.
제3조【휴업·폐업의 신고에 관한 적용례】 제45조의4의 개정규정은 이 법 시행 후 휴업하거나 폐업하는 서신송달업자부터 적용한다.
제4조【과태료에 관한 경과조치】 이 법 시행 전의 위반행위에 대하여 과태료를 적용할 때에는 종전의 규정에 따른다.

부 칙 (2018.2.21)

이 법은 공포 후 6개월이 경과한 날부터 시행한다.

부 칙 (2019.12.10)

이 법은 공포 후 6개월이 경과한 날부터 시행한다. 다만, 제10조의 개정규정은 공포한 날부터 시행한다.

부 칙 (2020.6.9)
(2021.10.19)

이 법은 공포한 날부터 시행한다.

부 칙 (2022.6.10)

이 법은 공포 후 6개월이 경과한 날부터 시행한다.

부 칙 (2024.1.23)

제1조【시행일】 이 법은 공포 후 6개월이 경과한 날부터 시행한다.
제2조【대량 발송 우편물 반환 방식 전환에 대한 적용례】 제32조제1항제2호의 개정규정은 이 법 시행 이후 접수되는 우편물부터 적용한다.

전기통신기본법

(1991年 8月 10日
全改法律 第4393號)

改正
1992.12. 8法 4528號(산업표준화법) <중략>
2004. 3.11法 7188號(재난및안전관리기본법)
2004. 3.22法 7210號(자유무역지역의지정및운영에관한법)
2004.12.31法 7303號(철도사업법)
2005.12.29法 7796號(국가공무원)
2005.12.30法 7810號
2007. 5.11法 8425號(전기통신사업법)
2007. 5.25法 8486號(산업표준화법)
2008. 2.29法 8852號(정부조직)
2008. 2.29法 8867號(방송통신위원회의설치및운영에관한법)
2008. 3.21法 8974號(건축)
2009. 1.30法 9401號(국유재산)
2009. 3.13法 9481號 2009. 5.21法 9701號
2009. 5.22法 9708號(정보통신산업진흥법)
2009. 6. 9法 9780號(항공법)
2010. 3.17法10139號
2010. 3.22法10165號(방송통신발전기본법)
2010. 3.22法10166號(전기통신사업법)
2010. 7.23法10393號(전파법)
2013. 3.23法11690號(정부조직)
2015.12.22法13586號
2017. 7.26法14839號(정부조직)
2018.12.24法16019號(전기통신사업법)

第1章 總 則

第1條【目的】 이 法은 電氣通信에 관한 기본적인 사항을 정하여 電氣通信을 효율적으로 관리하고 그 발전을 촉진함으로써 公共福利의 增進에 이바지함을 目的으로 한다.
第2條【定義】 이 法에서 사용하는 用語의 定義는 다음과 같다.
1. "電氣通信"이라 함은 有線·無線·光線 및 기타의 電磁的 方式에 의하여 符號·文言·音響 또는 影像을 送信하거나 受信하는 것을 말한다.
2. "電氣通信設備"라 함은 電氣通信을 하기 위한 機械·器具·線路 기타 電氣通信에 필요한 設備를 말한다.
3. "電氣通信回線設備"라 함은 電氣通信設備중 電氣通信을 행하기 위한 送·受信 場所간의 通信路 構成設備로서 傳送·線路設備 및 이것과 一體로 設置되는 交換設備 및 이들의 附屬設備를 말한다.
4. "事業用電氣通信設備"라 함은 電氣通信事業에 제공하기 위한 電氣通信設備를 말한다.
5. "自家電氣通信設備"라 함은 事業用電氣通信設備외의 것으로서 特定人이 자신의 電氣通信에 이용하기 위하여 設置한 電氣通信設備를 말한다.
6. "電氣通信機資材"라 함은 電氣通信設備에 사용하는 裝置·機器·部品 또는 線條 등을 말한다.
7. "電氣通信役務"라 함은 電氣通信設備를 이용하여 他人의 通信을 媒介하거나 電氣通信設備를 他人의 通信用으로 제공하는 것을 말한다.
8. "電氣通信事業"이라 함은 電氣通信役務를 제공하는 사업을 말한다.

판례 동조 제5호 '자가전기통신설비'의 의미 : 여기서 말하는 '자가전기통신설비'는 사업용전기통신설비와는 별도로 그 자체의 전기통신방식이 문제되는 것으로서, 그 설치에 신고가 필요하고, 예외적으로 설치 신고가 면제되는 경우에도 주된 장치와 단말장치를 갖추고 있을 것이 당연히 전제되어 있으며 통상의 경우 전기통신사업자에게 제공할 수 있는 수준의 관로(管路)나 선조(線條)를 갖추고 있을 뿐 아니라 원칙적으로 다른 전기통신설비에 접속되어 있지 않을 것이 예정되어 있는 것이므로, 전기통신사업자가 제공하는 전기통신역무에 의존하지 아니하고도 자체적으로 자족적·자체완결적인 내부의 전기통신이 가능하게 되어 있는 설비만을 자가전기통신설비로 보아야 할 것이고, 전기통신사업자 이외의 특정인이 스스로 전기통신에 이용하기 위하여 설치한 일체의 전기통신설비, 특히 유선전화 단말기와 같은 단순한 이용자전기통신설비를 자가전기통신설비로 볼 수는 없다.
(대판 2004.1.29, 2003도4736)

第3條【電氣通信의 管掌】 電氣通信에 관한 사항은 이 法 또는 다른 法律에 특별히 規定한 것을 제외하고는 과학기술정보통신부장관이 이를 管掌한다.(2017.7.26 본조개정)
第4條【政府의 施策】 과학기술정보통신부장관은 이 法의 目的을 달성하기 위하여 電氣通信에 관한 기본적이고 綜合的인 政府의 施策을 강구하여야 한다.(2017.7.26 본조개정)
第5條【電氣通信基本計劃의 수립】 ① 과학기술정보통신부장관은 電氣通信의 원활한 발전과 情報社會의 촉진을 위하여 電氣通信基本計劃(이하 "基本計劃"이라 한다)을 수립하여 이를 公告하여야 한다.(2017.7.26 본항개정)
② 第1項의 基本計劃에는 다음 各號의 사항이 포함되어야 한다.
1. 電氣通信의 이용효율화에 관한 사항
2. 電氣通信의 秩序維持에 관한 사항
3. 電氣通信事業에 관한 사항
4. 電氣通信設備에 관한 사항
5. 電氣通信技術(電氣通信工事에 관한 技術을 포함한다. 이하 같다)의 振興에 관한 사항
6. 기타 電氣通信에 관한 기본적인 사항

③ 과학기술정보통신부장관은 第2項第4號 및 第5號의 사항에 관한 基本計劃을 수립하고자 하는 경우에는 미리 관계 行政機關의 長과 協議하여야 한다.(2017.7.26 본항개정)

第6條 (2009.5.21 삭제)

第7條【電氣通信事業者의 구분】 電氣通信事業者는 電氣通信事業法이 정하는 바에 의하여 기간통신사업자 및 附加通信事業者로 구분한다.(2018.12.24 본조개정)

第2章 電氣通信技術의 振興

第8條～第13條 (2009.5.22 삭제)
第14條～第15條 (1996.12.30 삭제)
第15條의2 (1999.1.29 삭제)

第3章 電氣通信設備

第1節 事業用電氣通信設備

第16條～第18條 (2010.3.22 삭제)
第19條 (1996.12.30 삭제)

第2節 自家電氣通信設備

第20條～第24條 (2010.3.22 삭제)

第3節 電氣通信設備의 技術基準등

第25條～第30條 (2010.3.22 삭제)

第4節 電氣通信設備의 統合運營 등

第30條의2～第30條의3 (2010.3.22 삭제)
第30條의4 (2002.12.26 삭제)
第31條～第32條 (2010.3.22 삭제)

第4章 電氣通信機資材의 관리

第33條～第33條의3 (2010.7.23 삭제)
第34條 (2000.1.28 삭제)
第34條의2～第36條 (2010.7.23 삭제)

第5章 분쟁의 재정(裁定) 등

第37條～第40條 (2008.2.29 삭제)
第40條의2～第40條의3 (2010.3.22 삭제)
第41條～第42條 (2008.2.29 삭제)
第43條 (2010.3.22 삭제)
第44條 (2008.2.29 삭제)
第44條의2 (2009.3.13 삭제)

第5章의2 통신재난관리

第44條의3～第44條의4 (2010.3.22 삭제)
第44條의5～第44條의6 (2009.3.13 삭제)
第44條의7～第44條의8 (2010.3.22 삭제)

第6章 補 則

第45條 (2010.3.22 삭제)
第45條의2 (2010.7.23 삭제)
第46條【權限의 위임·委託】 ① 이 법에 따른 과학기술정보통신부장관의 권한은 그 일부를 대통령령으로 정하는 바에 따라 소속기관의 장 또는 지방우정청장에게 위임·위탁할 수 있다.(2017.7.26 본항개정)
② (2010.3.22 삭제)

第7章 罰 則

第47條【罰則】 ① (2015.12.22 삭제)
② 자기 또는 他人에게 이익을 주거나 他人에게 損害를 가할 目的으로 電氣通信設備에 의하여 公然히 허위의 통신을 한 者는 3年 이하의 懲役 또는 3千萬원 이하의 罰金에 處한다.
③ 第2項의 경우에 그 허위의 通信이 電信換에 관한 것인 때에는 5年 이하의 懲役 또는 5千萬원 이하의 罰金에 處한다.
④ 전기통신업무에 종사하는 사람이 제3항의 행위를 한 때에는 10년 이하의 징역 또는 1억원 이하의 벌금에 처하고, 제2항의 행위를 한 때에는 5년 이하의 징역 또는 5천만원 이하의 벌금에 처한다.(2015.12.22 본항개정)
(1996.12.30 본조개정)
第48條 (2010.7.23 삭제)
第48條의2 (2001.1.16 삭제)
第49條 (2010.7.23 삭제)
第50條 (2000.1.28 삭제)
第51條～第53條 (2010.7.23 삭제)

附 則 (2015.12.22)

이 법은 공포한 날부터 시행한다.

附 則 (2017.7.26)

第1條【시행일】 ① 이 법은 공포한 날부터 시행한다.(이하 생략)

附 則 (2018.12.24)

第1條【시행일】 이 법은 공포 후 6개월이 경과한 날부터 시행한다.(이하 생략)

전기통신사업법

(2010년 3월 22일
전부개정법률 제10166호)

개정
2011. 5.19법10656호　2012. 1.17법11201호
2013. 3.23법11690호(정부조직)
2013. 8.13법12035호
2014. 1. 7법12216호(도시철도법)
2014. 1.14법12248호(도로법)
2014.10.15법12761호　2015. 1.20법13011호
2015.12. 1법13518호
2015.12. 1법13519호(전파법)
2016. 1.27법13823호
2016. 3.29법14113호(공항시설법)
2017. 3.14법14576호
2017. 7.26법14839호(정부조직)
2018.12.11법15858호　2018.12.24법16019호
2019.12.10법16824호
2020. 6. 9법17347호(법률용어정비)
2020. 6. 9법17352호
2020. 6. 9법17359호(피후견인결격조항정비를위한일부개정법률)
2020. 6. 9법17460호(국가철도공단법)
2021. 9.14법18451호　2021.10.19법18477호
2022. 6.10법18869호　2023. 1. 3법19153호
2023. 7.18법19545호→2024년 1월 19일 및 2024년 7월 19일 시행
2023.12.26법19841호(주민등록)→2024년 12월 27일 시행이므로 「法典別册」 보유편 수록
2023.12.29법19856호→시행일 부칙 참조
2024. 1.30법20151호→2024년 7월 31일 시행

제1장 총 칙

제1조【목적】 이 법은 전기통신사업의 적절한 운영과 전기통신의 효율적 관리를 통하여 전기통신사업의 건전한 발전과 이용자의 편의를 도모함으로써 공공복리의 증진에 이바지함을 목적으로 한다.

제2조【정의】 이 법에서 사용하는 용어의 뜻은 다음과 같다.
1. "전기통신"이란 유선·무선·광선 또는 그 밖의 전자적 방식으로 부호·문언·음향 또는 영상을 송신하거나 수신하는 것을 말한다.
2. "전기통신설비"란 전기통신을 하기 위한 기계·기구·선로 또는 그 밖에 전기통신에 필요한 설비를 말한다.
3. "전기통신회선설비"란 전기통신설비 중 전기통신을 행하기 위한 송신·수신 장소 간의 통신로 구성설비로서 전송설비·선로설비 및 이것과 일체로 설치되는 교환설비와 이들의 부속설비를 말한다.
4. "사업용전기통신설비"란 전기통신사업에 제공하기 위한 전기통신설비를 말한다.
5. "자가전기통신설비"란 사업용전기통신설비 외의 것으로서 특정인이 자신의 전기통신에 이용하기 위하여 설치한 전기통신설비를 말한다.
6. "전기통신역무"란 전기통신설비를 이용하여 타인의 통신을 매개하거나 전기통신설비를 타인의 통신용으로 제공하는 것을 말한다.
7. "전기통신사업"이란 전기통신역무를 제공하는 사업을 말한다.
8. "전기통신사업자"란 이 법에 따라 등록 또는 신고(신고가 면제된 경우를 포함한다)를 하고 전기통신역무를 제공하는 자를 말한다.(2018.12.24 본호개정)
9. "이용자"란 전기통신역무를 제공받기 위하여 전기통신사업자와 전기통신역무의 이용에 관한 계약을 체결한 자를 말한다.
10. "보편적 역무"란 모든 이용자가 언제 어디서나 적절한 요금으로 제공받을 수 있는 기본적인 전기통신역무를 말한다.
11. "기간통신역무"란 전화·인터넷접속 등과 같이 음성·데이터·영상 등을 그 내용이나 형태의 변경 없이 송신 또는 수신하게 하는 전기통신역무 및 음성·데이터·영상 등의 송신 또는 수신이 가능하도록 전기통신회선설비를 임대하는 전기통신역무를 말한다. 다만, 과학기술정보통신부장관이 정하여 고시하는 전기통신서비스(제6호의 전기통신역무의 세부적인 개별 서비스를 말한다. 이하 같다)는 제외한다.(2017.7.26 단서개정)
12. "부가통신역무"란 기간통신역무 외의 전기통신역무를 말한다.
12의2. "온라인 동영상 서비스"란 정보통신망을 통하여 「영화 및 비디오물의 진흥에 관한 법률」 제2조제12호에 따른 비디오물 등 동영상 콘텐츠를 제공하는 부가통신역무를 말한다.(2022.6.10 본호신설)
13. "앱 마켓사업자"란 부가통신역무를 제공하는 사업 중 모바일콘텐츠 등을 등록·판매하고 이용자가 모바일콘텐츠 등을 구매할 수 있도록 거래를 중개하는 사업을 하는 자를 말한다.(2020.6.9 본호신설)
14. "특수한 유형의 부가통신역무"란 다음 각 목의 어느 하나에 해당하는 업무를 말한다.(2014.10.15 본문개정)
가. 「저작권법」 제104조에 따른 특수한 유형의 온라인 서비스제공자의 부가통신역무(2014.10.15 본목신설)
나. 문자메시지 발송시스템을 전기통신사업자의 전기통신설비에 직접 또는 간접적으로 연결하여 문자메시지를 발송하는 부가통신역무(2014.10.15 본목신설)
15. "전기통신번호"란 전기통신역무를 제공하거나 이용할 수 있도록 통신망, 전기통신서비스, 지역 또는 이용자 등을 구분하여 식별할 수 있는 번호를 말한다.(2014.10.15 본호신설)
16. "와이파이"란 무선 접속 장치가 설치된 곳에서 전파 등을 이용하여 일정 거리 안에서 인터넷을 사용할 수 있는 근거리 통신망을 말한다.(2023.7.18 본호신설)
17. "사물인터넷"이란 「지능정보화 기본법」 제2조제8호에 따른 정보통신망을 통하여 사물에 관한 정보를 전자적 방식으로 수집·가공·저장·검색·송신·수신 및 활용하거나 사물을 관리 또는 제어하는 등의 방식으로 사물과 사람을 상호 연결하는 것을 말한다.(2023.7.18 본호신설)

제2조의2【국외행위에 대한 적용】 이 법은 국외에서 이루어진 행위라도 국내 시장 또는 이용자에게 영향을 미치는 경우에는 적용한다.(2018.12.24 본조신설)

제3조【역무의 제공 의무 등】 ① 전기통신사업자는 정당한 사유 없이 전기통신역무의 제공을 거부하여서는 아니 된다.
② 전기통신사업자는 그 업무를 처리할 때 공평하고 신속하며 정확하게 하여야 한다.
③ 전기통신역무의 요금은 전기통신사업이 원활하게 발전할 수 있고 이용자가 편리하고 다양한 전기통신역무를 공평하고 저렴하게 제공받을 수 있도록 합리적으로 결정되어야 한다.

제4조【보편적 역무의 제공 등】 ① 모든 전기통신사업자는 보편적 역무를 제공하거나 그 제공에 따른 손실을 보전(補塡)할 의무가 있다.
② 과학기술정보통신부장관은 제1항에도 불구하고 다음 각 호의 어느 하나에 해당하는 전기통신사업자에 대하여는 그 의무를 면제할 수 있다.(2017.7.26 본문개정)
1. 전기통신역무의 특성상 제1항에 따른 의무 부여가 적절하지 아니하다고 인정되는 전기통신사업자로서 대통령령으로 정하는 전기통신사업자
2. 전기통신역무의 매출액이 전체 전기통신사업자의 전기통신역무 총매출액의 100분의 1의 범위에서 대통령령으로 정하는 금액 이하인 전기통신사업자
③ 보편적 역무의 구체적 내용은 다음 각 호의 사항을 고려하여 대통령령으로 정한다.
1. 정보통신기술의 발전 정도
2. 전기통신역무의 보급 정도
3. 공공의 이익과 안전
4. 사회복지 증진
5. 정보화 촉진
④ 과학기술정보통신부장관은 보편적 역무를 효율적이고 안정적으로 제공하기 위하여 보편적 역무의 사업규모·품질 및 요금수준과 전기통신사업자의 기술적 능력 등을 고려하여 대통령령으로 정하는 기준과 절차에 따라 보편적 역무를 제공하는 전기통신사업자를 지정할 수 있다.(2017.7.26 본항개정)
⑤ 과학기술정보통신부장관은 보편적 역무의 제공에 따른 손실에 대하여 대통령령으로 정하는 방법과 절차에 따라 전기통신사업자에게 그 매출액을 기준으로 분담시킬 수 있다.(2017.7.26 본항개정)
⑥ 과학기술정보통신부장관은 보편적 역무와 관련된 정보를 효율적으로 관리하고 활용할 수 있는 전자정보시스템(이하 "전자정보시스템"이라 한다)을 구축·운영할 수 있다.(2021.10.19 본항신설)

⑦ 과학기술정보통신부장관은 전자정보시스템의 구축·운영 업무를 대통령령으로 정하는 기관에 위탁할 수 있다.(2021.10.19 본항신설)
⑧ 전자정보시스템의 구축·운영 및 정보처리 등에 관하여 필요한 사항은 대통령령으로 정한다.(2021.10.19 본항신설)

제4조의2 【장애인 통신중계서비스】 ①「장애인차별금지 및 권리구제 등에 관한 법률」 제21조제4항에 따라 통신설비를 이용한 중계서비스(이하 "통신중계서비스"라 한다)를 제공하여야 하는 자는 통신중계서비스를 직접 제공하거나 과학기술정보통신부장관이 지정하는 운영기관 등에 위탁하여 제공할 수 있다.(2017.7.26 본항개정)
② 통신중계서비스를 제공하여야 하는 자는 통신중계서비스 제공계획을 회계연도마다 회계연도 개시 후 1개월 이내에 과학기술정보통신부장관에게 제출하여야 한다.(2017.7.26 본항개정)
③ 통신중계서비스에 종사하는 사람 또는 종사하였던 사람은 직무상 알게 된 타인의 비밀을 누설하여서는 아니 된다.
④ 과학기술정보통신부장관은 다음 각 호의 어느 하나에 해당하는 자에게 재정 및 기술 등 필요한 지원을 제공할 수 있다.(2017.7.26 본문개정)
1. 통신중계서비스를 직접 제공하거나 위탁하여 제공하는 기간통신사업자
2. 통신중계서비스를 위탁받아 제공하는 자
⑤ 제1항에 따른 운영기관의 지정에 관한 기준, 절차 및 방법 등에 관한 구체적인 사항은 과학기술정보통신부장관이 정하여 고시한다.(2017.7.26 본항개정)
(2013.8.13 본조신설)

제2장 전기통신사업

제1절 총 칙

제5조 【전기통신사업의 구분 등】 ① 전기통신사업은 기간통신사업 및 부가통신사업으로 구분한다.(2018.12.24 본항개정)
② 기간통신사업은 전기통신회선설비를 설치하거나 이용하여 기간통신역무를 제공하는 사업으로 한다.(2018.12.24 본항개정)
③ 부가통신사업은 부가통신역무를 제공하는 사업으로 한다.

제2절 기간통신사업

제6조 【기간통신사업의 등록 등】 ① 기간통신사업을 경영하려는 자는 대통령령으로 정하는 바에 따라 다음 각 호의 사항을 갖추어 과학기술정보통신부장관에게 등록(정보통신망에 의한 등록을 포함한다)하여야 한다. 다만, 자신의 상품 또는 용역을 제공하면서 대통령령으로 정하는 바에 따라 부수적으로 기간통신역무를 이용하고 그 요금을 청구하는 자(이용요금을 상품 또는 용역의 대가에 포함시키는 경우도 같다)는 기간통신사업을 신고하여야 하며, 신고한 자가 다른 기간통신역무를 제공하고자 하는 경우에는 본문에 따라 등록하여야 한다.
1. 재정 및 기술적 능력
2. 이용자 보호계획
3. 그 밖에 사업계획서 등 대통령령으로 정하는 사항
(2018.12.24 본항개정)
② 과학기술정보통신부장관은 제1항에 따라 기간통신사업의 등록을 받는 경우에는 공정경쟁 촉진, 이용자 보호, 서비스 품질 개선, 정보통신자원의 효율적 활용 등에 필요한 조건을 붙일 수 있다. 이 경우 그 조건을 관보와 인터넷 홈페이지에 공고하여야 한다.(2018.12.24 전단개정)
③ 제1항에 따른 등록은 법인만 할 수 있다.(2018.12.24 본항개정)
④ 제1항 또는 제2항에 따른 등록의 요건, 절차, 그 밖에 필요한 사항은 대통령령으로 정한다.(2018.12.24 본항개정)
⑤ 과학기술정보통신부장관은 제2항에 따른 심사 사항별 세부 심사기준과 허가의 시기 및 허가신청 요령을 정하여 고시한다.(2017.7.26 본항개정)
(2018.12.24 본조제목개정)

제7조 【등록의 결격사유 등】 ① 전기통신회선설비의 종류와 설치 영역 등이 대통령령으로 정하는 기준에 해당하는 기간통신사업을 경영하려는 자가 다음 각 호의 어느 하나에 해당하는 경우에는 제6조제1항에 따른 기간통신사업의 등록을 할 수 없다.(2018.12.24 본문개정)
1. 국가 또는 지방자치단체
2. 외국정부 또는 외국법인
3. 외국정부 또는 외국인이 제8조제1항에 따른 주식소유 제한을 초과하여 주식을 소유하고 있는 법인
② 제1항제1호에도 불구하고 지방자치단체가 공익 목적의 비영리사업으로서 다음 각 호의 어느 하나에 해당하는 사업을 하려는 경우에는 과학기술정보통신부장관에게 기간통신사업의 등록을 할 수 있다. 이 경우 등록 기준 및 절차는 제6조제1항을 준용하되, 같은 항 제1호에 따른 재정 능력은 해당 사업의 수행에 필요한 경비의 조달 계획으로 갈음할 수 있다.
1. 공공와이파이(국가와 지방자치단체가 공공장소 또는 그 밖에 대통령령으로 정하는 장소에서 공개적으로 제공하는 와이파이를 말한다) 사업
2.「지방자치법」 제13조에 따른 지방자치단체의 사무를 처리하기 위한 사물인터넷 사업
(2023.7.18 본항신설)
③ 과학기술정보통신부장관은 제2항에 따른 기간통신사업 등록을 하려는 경우에는 해당 지방자치단체에 대통령령으로 정하는 바에 따라 사업의 적합성 등에 관한 외부 전문기관의 평가를 거치도록 요청할 수 있다. 이 경우 해당 지방자치단체는 특별한 사유가 없으면 그 요청에 따라야 한다.(2023.7.18 본항신설)
(2023.7.18 본조제목개정)

제8조 【외국정부 또는 외국인의 주식소유 제한】 ① 전기통신회선설비의 종류와 설치 영역 등이 대통령령으로 정하는 기준에 해당하는 기간통신사업자(제6조제1항에 따라 등록을 하거나 같은 항 단서에 따라 신고한 자를 말한다. 이하 같다)의 주식(「상법」 제344조의3제1항에 따른 의결권 없는 종류주식은 제외하고, 주식예탁증서 등 의결권을 가진 주식의 등가물 및 출자지분은 포함한다. 이하 같다)은 외국정부 또는 외국인 모두가 합하여 그 발행주식 총수의 100분의 49를 초과하여 소유하지 못한다.(2018.12.24 본항개정)
② 제1항에도 불구하고 대한민국이 외국과 양자 간 또는 다자 간으로 체결하여 발효된 자유무역협정 중 과학기술정보통신부장관이 정하여 고시하는 자유무역협정의 상대국 외국정부 또는 외국인(「금융회사의 지배구조에 관한 법률」 제2조제6호가목에 따른 특수관계인을 포함한다. 이하 같다)이 최대주주(「금융회사의 지배구조에 관한 법률」 제2조제6호가목에 따른 최대주주를 말한다. 이 경우 "금융회사"는 "법인"으로 본다. 이하 같다)이고, 그 최대주주가 발행주식 총수의 100분의 15 이상을 소유하고 있는 법인은 제10조제1항제4호의 경우에 따른 공익성심사를 받을 때까지 제1항에 따른 기간통신사업자가 발행한 주식의 100분의 49를 초과하여 소유할 수 있으나 초과 소유한 주식에 대하여 의결권을 행사할 수 없다.(2021.10.19 본항신설)
③ 외국정부 또는 외국인이 최대주주이고, 그 최대주주가 발행주식 총수의 100분의 15 이상을 소유하고 있는 법인(이하 "외국인의제법인"이라 한다)은 외국인으로 본다.(2021.10.19 본항개정)
④ 다음 각 호의 어느 하나에 해당하는 법인은 제3항의 요건을 갖춘 경우에도 외국인으로 보지 아니한다. 다만, 제10조제1항제3호 및 제86조제3항의 외국인은 예외로 한다.(2022.6.10 단서개정)
1. 제1항에 따른 기간통신사업자의 발행주식 총수의 100분의 1 미만을 소유한 법인(2018.12.24 본호개정)
2. 제10조제1항제4호의 경우에 따른 공익성심사 결과 과학기술정보통신부장관이 공공의 이익을 해칠 위험이 없다고 판단한 법인(2021.10.19 본호개정)
⑤ 제4항에도 불구하고 같은 항 제2호에 해당하는 법인(「경제협력개발기구에 관한 협약」의 회원국의 외국정부 또는 외국인이 최대주주인 경우로 한정한다)이 다음 각 호의 어느 하나에 해당하는 기간통신사업자의 발행주식을 소유하게 된 경우에는 외국인으로 본다.
1. 2021년 1월 1일 현재 제10조제6항제1호부터 제3호까지의 규정 중 어느 하나에 해당하는 기간통신사업자
2.「상법」 제342조의2에 따른 자회사로서 제1호의 기간통신사업자의 권리·의무를 승계한 기간통신사업자
3. 그 밖에 기간통신사업의 양수 및 법인의 합병 등을 통하여 제1호 또는 제2호의 기간통신사업자의 권리·의무를 승계한 자로서 과학기술정보통신부장관이 정하여 고시하는 기간통신사업자
(2022.6.10 본항신설)

제9조 【임원의 결격사유】 ① 다음 각 호의 어느 하나에 해당하는 사람은 제8조제1항에 따른 기간통신사업자의 임원이 될 수 없다.(2018.12.24 본문개정)
1. 미성년자 또는 피성년후견인(2020.6.9 본호개정)
2. 파산선고를 받고 복권되지 아니한 사람
3. 이 법,「전기통신기본법」,「전파법」 또는「정보통신망 이용촉진 및 정보보호 등에 관한 법률」(직접 전기통신사업과 관련되지 아니한 사항은 제외한다. 이하 "이 법등"이라 한다)을 위반하여 금고 이상의 실형을 선고받고 그 집행이 끝나거나(집행이 끝난 것으로 보는 경우를 포함한다) 집행이 면제된 날부터 3년이 지나지 아니한 사람
4. 이 법등을 위반하여 금고 이상의 형의 집행유예를 선고받고 그 유예기간 중에 있는 사람
5. 이 법등을 위반하여 벌금형을 선고받고 1년이 지나지 아니한 사람
6. 제20조제1항에 따른 등록의 전부 또는 일부의 취소처분, 제27조제1항에 따른 사업의 전부 또는 일부의 폐업명령을 받은 후 3년이 지나지 아니한 자. 이 경우 취소처분이나 폐업명령을 받은 자가 법인이면 등록취소 또는 사업폐업명령의 원인이 된 행위를 한 사람과 그 대표자를 말한다.(2020.6.9 본호개정)
② 임원이 제1항 각 호의 어느 하나에 해당하게 되거나 선임 당시 그에 해당하는 사람임이 밝혀진 경우에는 당연히 퇴직한다.(2020.6.9 본항개정)
③ 제2항에 따라 퇴직한 임원이 퇴직 전에 관여한 행위는 그 효력을 잃지 아니한다.

제10조 【기간통신사업자의 주식 취득 등에 관한 공익성심사】 ① 다음 각 호의 어느 하나에 해당하는 경우가 국가안전보장, 공공의 안녕, 질서의 유지 등 대통령령으로 정하는 공공의 이익을 해치는지의 여부를 심사(이하 "공익성심사"라 한다)하기 위하여 과학기술정보통신부에 공익성심사위원회(이하 "위원회"라 한다)를 둔다.(2017.7.26 본문개정)
1. 본인이「금융회사의 지배구조에 관한 법률」 제2조제6호가목에 따른 특수관계인(이하 "특수관계인"이라 한다)과 합하여 기간통신사업자의 발행주식 총수의 100분의 15 이상을 소유하게 되는 경우(2018.12.24 본호개정)
2. 기간통신사업자의 최대주주가 변경되는 경우
3. 기간통신사업자 또는 기간통신사업자의 주주가 외국정부 또는 외국인과 해당 기간통신사업자의 임원의 임면, 영업의 양도·양수 등 대통령령으로 정하는 중요 경영 사항에 대한 협정을 체결하는 경우
4. 대한민국이 외국과 양자 간 또는 다자 간으로 체결하여 발효된 자유무역협정 중 과학기술정보통신부장관이 정하여 고시하는 자유무역협정의 상대국 또는「경제협력개발기구에 관한 협약」의 회원국의 외국인의제법인이 제8조제1항에 따른 기간통신사업자의 발행주식 총수의 100분의 49를 초과하여 소유하게 되는 경우
(2022.6.10 본호개정)
5. 그 밖에 기간통신사업자의 경영권을 사실상 가지고 있는 자가 변경되는 경우로서 대통령령으로 정하는 경우
(2013.8.13 본호개정)
② 기간통신사업자 또는 기간통신사업자의 주주는 제1항 각 호의 어느 하나에 해당하게 되면 그 사실이 발생한 날부터 30일 이내에 과학기술정보통신부장관에게 신고하여야 한다.(2017.7.26 본항개정)
③ 기간통신사업자(기간통신사업의 등록을 하려는 자를 포함한다. 이하 이 조에서 같다) 또는 기간통신사업자의 주주는 제1항 각 호의 어느 하나에 해당하게 될 경우에는 해당 사실이 발생하기 전에 과학기술정보통신부장관에게 공익성심사를 요청할 수 있다.(2021.10.19 본항개정)
④ 과학기술정보통신부장관은 제2항에 따른 신고 및 제3항에 따른 심사 요청을 받으면 이를 위원회에 회부하여야 한다.(2017.7.26 본항개정)
⑤ 과학기술정보통신부장관은 공익성심사의 결과에 따라 제1항 각 호의 경우가 공공의 이익을 해칠 위험이 있다고 판단되면 협정 내용의 변경 및 그 실행의 중지, 의결권 행사의 정지 또는 해당 주식의 매각을 명할 수 있다.(2017.7.26 본항개정)
⑥ 제2항 또는 제3항에 따라 신고를 하여야 하거나 공익성심사를 요청할 수 있는 기간통신사업자의 범위는 다음 각 호와 같다.(2013.8.13 본문개정)
1. 제92조제2항제3호에 따른 중요 통신을 운영·관리하고 있는 기간통신사업자(2013.8.13 본호신설)
2.「전파법」 제20조의2제3항에 따른 무선국 중 위성방송업무 외의 우주무선통신업무를 하는 무선국이 개설된 인공위성을 소유하고 있는 기간통신사업자(2022.6.10 본호개정)
3. 과학기술정보통신부장관이 제35조제2항제1호·제3호, 제39조제3항, 제41조제3항 및 제42조제3항에 해당하는 기간통신사업자로 지정·고시한 기간통신사업자
(2017.7.26 본호개정)
4.「전파법」에 따라 할당받은 주파수를 사용하여 전기통신역무를 제공하는 제8조제1항에 따른 기간통신사업자. 다만, 전년도 전기통신역무 매출액이 시장상황, 시장점유율 등을 고려하여 대통령령으로 정하는 금액 미만인 기간통신사업자는 제외한다.(2018.12.24 본문개정)
5. 전년도 전기통신역무 매출액이 300억원 이상인 기간통신사업자 중 그 매출액이 과학기술정보통신부장관이 시장상황, 시장점유율 등을 고려하여 고시하는 금액을 초과하는 제8조제1항에 따른 기간통신사업자
(2018.12.24 본호개정)
6. 대한민국이 외국과 양자 간 또는 다자 간으로 체결하여 발효된 자유무역협정 중 과학기술정보통신부장관이 정하여 고시하는 자유무역협정의 상대국 또는「경제협력개발기구에 관한 협약」의 회원국의 외국인의제법인이 제8조제1항에 따른 기간통신사업자의 발행주식 총수의 100분의 49를 초과하여 소유하게 되는 경우 해당 기간통신사업자(2022.6.10 본호개정)
⑦ 제2항 또는 제3항에 따른 신고 및 공익성심사의 절차, 그 밖에 필요한 사항은 대통령령으로 정한다.
(2013.8.13 본항신설)

제11조 【위원회의 구성 및 운영 등】 ① 위원회는 위원장 1명을 포함한 5명 이상 15명 이하의 위원으로 구성한다.
(2013.8.13 본항개정)
② 위원회의 위원장은 과학기술정보통신부차관 중 과학기술정보통신부장관이 지명하는 자가 되고, 위원은 대통령령으로 정하는 관계 중앙행정기관의 3급 공무원 또는 고위공무원단에 속하는 일반직공무원과 다음 각 호의 사람 중에서 위원장이 위촉하는 사람이 된다.(2017.7.26 본문개정)
1. 정보통신에 관한 학식과 경험이 풍부한 사람

2. 국가의 안전보장이나 공공의 안녕, 질서 유지와 관련하여 정부가 출연한 연구기관에서 추천한 사람
3. 「비영리민간단체 지원법」 제2조에 따른 비영리민간단체에서 추천한 사람
4. 그 밖에 위원장이 필요하다고 인정하는 사람

③ 위원회는 공익성심사를 위하여 필요한 조사를 하거나 자료의 제공을 당사자 또는 참고인에게 요청할 수 있다. 이 경우 해당 당사자 또는 참고인은 정당한 사유가 없으면 이에 따라야 한다.

④ 위원회는 필요하다고 인정하면 당사자나 참고인을 위원회에 출석하게 하여 그 의견을 들을 수 있다. 이 경우 해당 당사자 또는 참고인은 정당한 사유가 없으면 위원회에 출석하여야 한다.

⑤ 위원회의 조직·운영 등에 필요한 사항은 대통령령으로 정한다.

제12조【초과소유 주주에 대한 제한 등】 ① 외국정부 또는 외국인이 제8조제1항을 위반한 주식을 취득한 경우에는 그 초과 소유한 주식에 대하여 의결권을 행사할 수 없다.

② 과학기술정보통신부장관은 제8조제1항을 위반하여 주식을 취득한 주주, 그 주주가 있는 기간통신사업자 또는 외국인의제법인의 주주에 대하여 6개월 이내의 범위에서 기간을 정하여 해당 사항을 시정할 것을 명할 수 있다.(2017.7.26 본항개정)

③ 제2항에 따라 시정명령을 받은 자는 그 정하여진 기간에 해당 사항을 시정하여야 한다.

④ 기간통신사업자는 제8조제1항을 위반한 주주에 대하여는 그 초과분에 대하여 주주명부나 사원명부의 개서(改書)를 거부할 수 있다.

제13조【이행강제금】 ① 과학기술정보통신부장관은 제10조제5항, 제12조제2항 또는 제18조제8항에 따른 명령(이하 이 조에서 "시정명령"이라 한다)을 받은 후 시정명령에서 정한 기간에 이를 이행하지 아니하는 자에 대하여 이행강제금을 부과할 수 있다. 이 경우 하루당 부과할 수 있는 이행강제금은 그 소유한 주식 매입가액의 1천분의 3 이내로 하되, 주식 소유와 관련되지 아니한 경우에는 1억원 이내의 금액으로 한다.(2017.7.26 전단개정)

② 제1항에 따른 이행강제금의 부과대상 기간은 시정명령에서 정한 이행기간의 종료일 다음 날부터 시정명령을 이행하는 날까지로 한다. 이 경우 이행강제금의 부과는 특별한 사유가 있는 경우를 제외하고는 시정명령에서 정한 이행기간의 종료일 다음 날부터 30일 이내에 하여야 한다.

③ 이행강제금의 가산금에 관하여는 제53조제5항 및 제7항을 준용한다.(2014.10.15 본항개정)

④ 이행강제금의 부과·납부·환급 등에 필요한 사항은 대통령령으로 정한다.

제14조【주식의 발행】 기간통신사업자가 주식을 발행하는 경우에는 기명식(記名式)으로 하여야 한다.

제15조【사업의 시작 의무】 ① 기간통신사업자는 등록한 날(「전파법」 제10조에 따른 주파수할당을 받아 새로 기간통신사업을 경영하려는 경우는 주파수할당을 받은 날을 말한다)부터 1년 이내에 사업을 시작하여야 한다.(2018.12.24 본항개정)

② 과학기술정보통신부장관은 기간통신사업자가 천재지변이나 그 밖의 부득이한 사유로 제1항에 따른 기간에 사업을 시작할 수 없다고 인정하는 경우에는 기간통신사업자의 신청에 따라 그 기간을 연장할 수 있다.
(2022.6.10 본항개정)
(2017.7.26 본조개정)

제16조【등록 사항의 변경】 ① 기간통신사업자는 제6조에 따라 등록한 사항 중 대통령령으로 정하는 중요 사항을 변경하려면 대통령령으로 정하는 바에 따라 과학기술정보통신부장관에게 변경등록(정보통신망에 의한 변경등록을 포함한다)을 하여야 한다.

② 제1항에 따른 변경등록에 관하여는 제6조제2항과 제15조를 준용한다.
(2018.12.24 본조개정)

제17조【사업의 겸업】 ① 기간통신사업자는 다음 각 호의 어느 하나에 해당하는 사업을 영위하려는 경우에는 과학기술정보통신부장관의 승인을 받아야 한다. 다만, 전년도 전기통신역무 매출액이 300억원 이하인 기간통신사업자의 경우는 제외한다.(2022.6.10 본문개정)
1. 통신기기제조업
2. 「정보통신공사업법」 제2조제3호에 따른 정보통신공사업(전기통신망의 개선·통합사업은 제외한다)
3. 「정보통신공사업법」 제2조제6호에 따른 용역업(전기통신망의 개선·통합사업은 제외한다)

② 과학기술정보통신부장관은 기간통신사업자가 제1항에 따른 사업을 경영함으로써 전기통신사업의 운영에 지장을 줄 우려가 없고 전기통신의 발전을 위하여 필요하다고 인정되는 경우에는 제1항에 따른 승인을 하여야 한다.
(2017.7.26 본항개정)

제18조【사업의 양수 및 법인의 합병 등】 ① 다음 각 호의 어느 하나에 해당하는 자는 대통령령으로 정하는 바에 따라 과학기술정보통신부장관의 인가를 받아야 한다. 다만, 제1호의 기간통신사업자의 전년도 매출액이 대통령령으로 정하는 금액 미만인 경우, 제2호부터 제6호까지의 기간통신사업자의 전년도 전기통신역무 매출액이 대통령령으로 정하는 금액 미만인 경우 또는 제3호에도 불구하고 대통령령으로 정하는 주요한 전기통신회선설비를 제외한 전기통신회선설비를 매각하는 경우에는 대통령령으로 정하는 바에 따라 과학기술정보통신부장관에게 신고하여야 한다.(2022.6.10 단서개정)
1. 기간통신사업의 전부 또는 일부를 양수하려는 자
2. 기간통신사업자인 법인을 합병, 분할(분할로 기간통신사업이 이전되는 경우로 한정한다. 이하 이 조 및 제96조제3호에서 같다) 또는 분할합병(분할된 기간통신사업자인 법인을 합병하는 경우로 한정한다. 이하 이 조 및 제96조제3호에서 같다)하려는 자(2022.6.10 본호개정)
3. 등록한 기간통신역무의 제공에 필요한 전기통신회선설비를 매각하려는 기간통신사업자(2018.12.24 본호개정)
4. 특수관계인과 합하여 기간통신사업자의 발행주식 총수의 100분의 15 이상을 소유하려는 자 또는 기간통신사업자의 최대주주가 되려는 자
5. 기간통신사업자의 경영권을 실질적으로 지배하려는 목적으로 주식을 취득하려는 경우 또는 협정을 체결하려는 경우로서 대통령령으로 정하는 경우에 해당하는 자
6. 등록하여 제공하던 기간통신역무의 일부를 제공하기 위하여 법인을 설립하려는 기간통신사업자(2018.12.24 본호개정)

② 과학기술정보통신부장관은 제1항에 따른 인가를 하려면 다음 각 호의 사항을 종합적으로 심사하여야 한다. 다만, 기간통신사업의 양수 및 기간통신사업자인 법인의 합병 등이 기간통신사업의 경쟁에 미치는 영향이 경미한 경우에는 심사의 일부를 생략할 수 있다.(2017.7.26 본문개정)
1. 재정 및 기술적 능력과 사업 운용 능력의 적정성
2. 주파수 및 전기통신번호 등 정보통신자원 관리의 적정성
3. 기간통신사업의 경쟁에 미치는 영향
4. 이용자 보호
5. 전기통신설비 및 통신망의 활용, 연구 개발의 효율성, 통신산업의 국제 경쟁력 등 공익에 미치는 영향

③ 제2항에 따른 심사 사항별 세부 심사기준 및 심사절차 등에 관하여 필요한 사항은 과학기술정보통신부장관이 정하여 고시한다.(2017.7.26 본항개정)

④ 다음 각 호의 어느 하나에 해당하는 자는 해당 기간통신사업의 등록과 관련된 지위를 승계한다.
1. 제1항제1호에 따라 인가를 받거나 신고하여 기간통신사업을 양수한 법인
2. 제1항제2호에 따라 인가를 받거나 신고하여 합병, 분할 또는 분할합병한 경우 다음 각 목의 법인(2022.6.10 본문개정)
   가. 합병 후 존속하는 법인이나 합병으로 설립된 법인
   나. 분할로 설립된 법인
   다. 분할합병 후 존속하는 법인이나 분할합병으로 설립된 법인
   (2022.6.10 가목~다목신설)
3. 제1항제6호에 따라 인가를 받거나 신고하여 기간통신역무의 일부를 제공하기 위하여 설립된 법인
(2018.12.24 본항개정)

⑤ 과학기술정보통신부장관은 제1항에 따라 인가를 하는 경우에는 제6조제2항에 따른 조건을 붙일 수 있다.
(2018.12.24 본항개정)

⑥ 과학기술정보통신부장관은 제1항에 따른 인가를 하려면 공정거래위원회와의 협의를 거쳐야 한다.(2017.7.26 본항개정)

⑦ 제1항에 따른 인가의 결격사유에 관하여는 제7조를 준용한다.

⑧ 과학기술정보통신부장관은 제1항제4호 또는 제5호에 해당하는 자가 제1항의 인가를 받지 아니한 때에는 의결권 행사의 정지나 해당 주식의 매각을 명할 수 있고, 제5항에 따라 부여된 조건을 이행하지 아니한 때에는 기간을 정하여 조건의 이행을 명할 수 있다.(2017.7.26 본항개정)

⑨ 제1항에 따라 인가를 받으려는 자는 인가를 받기 전에 다음 각 호의 행위를 하여서는 아니 된다.
1. 통신망 통합
2. 임원의 임명행위
3. 영업의 양수, 법인의 합병·분할·분할합병이나 설비 매각 협정의 이행행위(2022.6.10 본호개정)
4. 회사 설립에 관한 후속조치

⑩ 제1항 각 호의 어느 하나에 해당하는 자가 공익성심사의 대상인 경우에는 제1항에 따른 인가를 신청할 때 공익성심사 요청 서류를 함께 제출할 수 있다.

⑪ 제2항 단서에 따른 기간통신사업의 경쟁에 미치는 영향이 경미한 경우 및 심사 생략의 절차에 필요한 사항은 대통령령으로 정한다.(2014.10.15 본항신설)

제19조【사업의 휴업·폐업】 ① 기간통신사업자는 그가 경영하고 있는 기간통신사업의 전부 또는 일부를 휴업하거나 폐업하려면 대통령령으로 정하는 바에 따라 그 휴업 또는 폐업 예정일 60일 전까지 이용자에게 알리고, 그 휴업 또는 폐업에 대한 과학기술정보통신부장관의 승인을 받아야 한다. 다만, 전년도 전기통신역무 매출액이 대통령령으로 정하는 금액 미만인 기간통신사업자의 경우 대통령령으로 정하는 바에 따라 과학기술정보통신부장관에게 신고(정보통신망에 의한 신고를 포함한다)하여야 한다.(2020.6.9 본문개정)

② 과학기술정보통신부장관은 기간통신사업의 휴업·폐업으로 인하여 별도의 이용자 보호가 필요하다고 판단하면 해당 기간통신사업자에게 가입 전환의 대행 및 비용부담, 가입 해지 등 이용자 보호에 필요한 조치를 명할 수 있다.(2020.6.9 본항개정)

③ 과학기술정보통신부장관은 제1항에 따른 승인 신청을 받은 경우 다음 각 호의 어느 하나에 해당하는 경우를 제외하고는 그 승인을 하여야 한다.(2017.7.26 본문개정)
1. 휴업·폐업하려는 사업의 내용 및 사업구역의 도면 등 대통령령으로 정하는 구비서류에 흠이 있는 경우
2. 이용자에 대한 휴업·폐업 계획의 통보가 적정하지 못하다고 인정되는 경우
3. 이용자 보호조치계획 및 그 시행이 미흡하여 휴업·폐업에 따라 현저한 이용자 피해 발생이 예상되는 경우
(2020.6.9 1호~3호개정)
4. 전시·교전 또는 이에 준하는 국가비상상황에 대응하거나 중대한 재난을 방지 또는 수습하기 위하여 해당 기간통신사업의 유지가 긴급하게 필요하다고 인정되는 경우
(2014.10.15 본항개정)
(2020.6.9 본조제목개정)

제20조【등록의 취소 등】 ① 과학기술정보통신부장관은 기간통신사업자가 다음 각 호의 어느 하나에 해당하면 그 등록의 전부 또는 일부를 취소하거나 1년 이내의 기간을 정하여 사업의 전부 또는 일부의 정지를 명할 수 있다. 다만, 제1호에 해당하는 경우에는 그 등록의 전부 또는 일부를 취소하여야 한다.(2018.12.24 본문개정)
1. 속임수나 그 밖의 부정한 방법으로 등록을 한 경우
(2018.12.24 본호개정)
2. 제6조제2항과 제18조제5항에 따른 조건을 이행하지 아니한 경우(2018.12.24 본호개정)
3. 제12조제2항에 따른 명령을 이행하지 아니한 경우
4. 제15조제1항에 따른 기간(같은 조 제2항에 따른 기간의 연장을 받은 경우에는 연장된 기간을 말한다)에 사업을 시작하지 아니한 경우

4의2. 제19조제1항에 따른 승인을 받지 아니하고 대통령령으로 정하는 기간 이상 계속하여 기간통신역무를 제공하지 아니한 경우(2014.10.15 본호신설)

5. 제28조제1항에 따라 신고한 이용약관을 지키지 아니한 경우(2020.6.9 본호개정)
6. 제92조제1항에 따른 시정명령을 정당한 사유 없이 이행하지 아니한 경우(2016.1.27 본호개정)

② 제1항에 따른 처분의 기준, 절차, 그 밖에 필요한 사항은 대통령령으로 정한다.

③ 제1항에 따라 등록의 전부 또는 일부를 취소하거나 사업의 전부 또는 일부의 정지를 명하는 경우 제19조제2항에 따른 이용자 보호에 필요한 조치를 명할 수 있다.
(2018.12.24 본항개정)
(2018.12.24 본조제목개정)

제3절 부가통신사업
(2018.12.24 본절제목개정)

제21조 (2018.12.24 삭제)

제22조【부가통신사업의 신고 등】 ① 부가통신사업을 경영하려는 자는 대통령령으로 정하는 요건 및 절차에 따라 과학기술정보통신부장관에게 신고(정보통신망에 의한 신고를 포함한다)하여야 한다.(2017.7.26 본항개정)

② 제1항에도 불구하고 특수한 유형의 부가통신역무를 제공하는 사업을 경영하려는 자는 다음 각 호의 사항을 갖추어 과학기술정보통신부장관에게 등록(정보통신망에 의한 등록을 포함한다)하여야 한다.(2022.6.10 본문개정)
1. 제22조의3제1항 및 「저작권법」 제104조의 이행을 위한 기술적 조치 실시 계획(제2조제14호가목에 해당하는 자에 한정한다)(2020.6.9 본호개정)

1의2. 송신인의 전화번호가 변작 등 거짓으로 표시되는 것을 방지하기 위한 기술적 조치 실시 계획(제2조제14호나목에 해당하는 자에 한정한다)(2020.6.9 본호개정)

2. 업무수행에 필요한 인력 및 물적 시설
3. 재무건전성
4. 그 밖에 사업계획서 등 대통령령으로 정하는 사항
(2011.5.19 본항신설)

③ 과학기술정보통신부장관은 제2항에 따라 부가통신사업의 등록을 받는 경우에는 같은 항 제1호 또는 제1호의2에 따른 계획을 이행하기 위하여 필요한 조건을 붙일 수 있다.(2017.7.26 본항개정)

④ 제1항에도 불구하고 다음 각 호의 어느 하나에 해당하는 자는 부가통신사업을 신고한 것으로 본다.
1. 자본금 등이 대통령령으로 정하는 기준에 해당하는 소규모 부가통신사업을 경영하려는 자
2. 부가통신사업을 경영하려는 기간통신사업자
(2014.10.15 본항개정)

⑤ 제1항에 따라 부가통신사업을 신고한 자 및 제2항에 따라 부가통신사업을 등록한 자는 신고 또는 등록한 날부터 1년 이내에 사업을 시작하여야 한다.(2014.10.15 본항개정)

⑥ 과학기술정보통신부장관은 온라인 동영상 서비스를 제공하는 사업을 경영하려는 자로부터 제1항에 따른 부

가통신사업 신고를 접수한 경우 3개월 이내에 그 사실을 문화체육관광부장관과 방송통신위원회에 통보하여야 한다. 제23조에 따른 신고 사항의 변경신고 또는 제24조에 따른 사업의 양도·양수 등의 신고를 접수한 경우에도 또한 같다.(2022.6.10 본항신설)
⑦ 제1항에 따른 신고 및 제2항에 따른 등록의 요건, 절차, 그 밖에 필요한 사항은 대통령령으로 정한다.(2014.10.15 본항개정)

제22조의2【등록 결격사유】 제27조제1항에 따라 등록이 취소된 날부터 3년이 지나지 아니한 개인 또는 법인이나 그 취소 당시 그 법인의 대주주(대통령령으로 정하는 출자자를 말한다)이었던 자는 제22조제2항에 따른 등록을 할 수 없다.(2018.12.24 본조개정)

제22조의3【특수유형부가통신사업자의 기술적 조치 등】 ① 제22조제2항에 따라 특수한 유형의 부가통신사업을 등록한 자(이하 "특수유형부가통신사업자"라 한다) 중 제2조제14호가목에 해당하는 자는 다음 각 호의 기술적 조치를 하여야 한다.(2020.6.9 본문개정)
1. 「정보통신망 이용촉진 및 정보보호 등에 관한 법률」 제42조, 제42조의2 및 제45조의 이행을 위한 기술적 조치
2. 「정보통신망 이용촉진 및 정보보호 등에 관한 법률」 제44조의7제1항제1호에 따른 불법정보의 유통 방지를 위하여 대통령령으로 정하는 기술적 조치

(2015.12.1 1호~2호신설)
② 누구든지 정당한 권한 없이 고의 또는 과실로 제1항에 따른 기술적 조치를 제거·변경하거나 우회하는 등의 방법으로 무력화하여서는 아니 된다. 다만, 다음 각 호의 어느 하나에 해당하는 경우에는 그러하지 아니하다.
1. 중앙행정기관 또는 지방자치단체가 법령에 따른 정당한 업무집행을 위하여 필요한 경우
2. 수사기관, 「정보통신망 이용촉진 및 정보보호 등에 관한 법률」에 따른 정보보호 최고책임자 및 한국인터넷진흥원 등이 해킹 등 정보통신망 침해사고 발생에 대응하기 위하여 필요한 경우

③ 특수유형부가통신사업자(제2조제14호가목에 해당하는 자에 한정한다)는 제1항에 따른 기술적 조치의 운영·관리 실태를 시스템에 자동으로 기록되도록 하고, 이를 대통령령으로 정하는 기간 동안 보관하여야 한다.
(2020.6.9 본항개정)
④ 과학기술정보통신부장관 또는 방송통신위원회는 각각 소관 업무에 따라 소속 공무원으로 하여금 제1항에 따른 기술적 조치의 운영·관리 실태를 점검하게 하거나, 특수유형부가통신사업자에게 제3항에 따른 기록 등 필요한 자료의 제출을 명할 수 있다. 이 경우 점검 절차와 방법은 제51조를 준용한다.(2017.7.26 전단개정)
⑤ 누구든지 정당한 권한 없이 제3항의 기록을 훼손하거나 위조 또는 변조하여서는 아니 된다.(2015.12.1 본항신설)
⑥ 특수유형부가통신사업자(제2조제14호가목에 해당하는 자에 한정한다)는 제1항에 따른 기술적 조치 또는 제22조의5제2항에 따른 기술적·관리적 조치를 제3자에게 위탁하는 경우에는 그 수탁자의 주식 또는 지분을 소유할 수 없다.(2020.6.9 본항신설)
(2014.10.15 본조신설)

제22조의4【요금신고가 필요한 부가통신서비스】 ① 전기통신사업자가 제2조제14호나목의 부가통신서비스를 제공하는 경우에는 과학기술정보통신부장관에게 해당 서비스의 요금을 신고(변경신고를 포함한다. 이하 이 조에서 같다)하여야 한다. 다만, 해당 부가통신서비스 매출액이 시장상황, 시장점유율 등을 고려하여 과학기술정보통신부장관이 정하여 고시하는 금액 미만인 전기통신사업자는 제외한다.(2020.6.9 본문개정)
② 전기통신사업자는 제1항에 따라 신고한 내용을 공개하여야 한다.
③ 제1항에 따른 신고 및 제2항에 따른 공개의 절차와 방법은 대통령령으로 정한다.
(2016.1.27 본조신설)

제22조의5【부가통신사업자의 불법촬영물 등 유통방지】 ① 제22조제1항에 따라 부가통신사업을 신고한 자(제22조제4항 각 호의 어느 하나에 해당하는 자를 포함한다) 및 특수유형부가통신사업자 중 제2조제14호가목에 해당하는 자(이하 "조치의무사업자"라 한다)는 자신이 운영·관리하는 정보통신망을 통하여 일반에게 공개되어 유통되는 정보 중 다음 각 호의 정보(이하 "불법촬영물등"이라 한다)가 유통되는 사정을 신고, 삭제요청 또는 대통령령으로 정하는 기관·단체의 요청 등을 통하여 인식한 경우에는 지체 없이 해당 정보의 삭제·접속차단 등 유통방지에 필요한 조치를 취하여야 한다.(2020.6.9 본문개정)
1. 「성폭력범죄의 처벌 등에 관한 특례법」 제14조에 따른 촬영물 또는 복제물(복제물의 복제물을 포함한다)
2. 「성폭력범죄의 처벌 등에 관한 특례법」 제14조의2에 따른 편집물·합성물·가공물 또는 복제물(복제물의 복제물을 포함한다)
3. 「아동·청소년의 성보호에 관한 법률」 제2조제5호에 따른 아동·청소년성착취물

(2020.6.9 1호~3호신설)
② 전기통신역무의 종류, 사업규모 등을 고려하여 대통령령으로 정하는 조치의무사업자는 불법촬영물등의 유통을 방지하기 위하여 대통령령으로 정하는 기술적·관리적 조치를 하여야 한다.(2020.6.9 본항신설)
③ 누구든지 정당한 권한 없이 고의 또는 과실로 제2항에 따른 기술적 조치를 제거·변경하거나 우회하는 등의 방법으로 무력화하여서는 아니 된다. 다만, 다음 각 호의 어느 하나에 해당하는 경우에는 그러하지 아니하다.
1. 중앙행정기관 또는 지방자치단체가 법령에 따른 정당한 업무집행을 위하여 필요한 경우
2. 수사기관, 「정보통신망 이용촉진 및 정보보호 등에 관한 법률」 제45조의3에 따른 정보보호 최고책임자 및 같은 법 제52조에 따른 한국인터넷진흥원 등이 해킹 등 정보통신망 침해사고 발생에 대응하기 위하여 필요한 경우

(2020.6.9 본항신설)
④ 제2항에 따라 기술적·관리적 조치를 하여야 하는 조치의무사업자는 제2항에 따른 기술적 조치의 운영·관리 실태를 시스템에 자동으로 기록되도록 하고, 이를 대통령령으로 정하는 기간 동안 보관하여야 한다.(2020.6.9 본항신설)
⑤ 방송통신위원회는 소속 공무원으로 하여금 제1항 또는 제2항에 따른 조치의 운영·관리 실태를 점검하게 하거나, 조치의무사업자에게 필요한 자료의 제출을 명할 수 있다. 이 경우 점검 절차와 방법은 제51조를 준용한다.
(2020.6.9 본항신설)
⑥ 누구든지 정당한 권한 없이 제4항의 기록을 훼손하거나 위조 또는 변조하여서는 아니 된다.(2020.6.9 본항신설)

제22조의6【유통방지 조치 등 미이행에 대한 과징금의 부과】 ① 방송통신위원회는 제22조의5제1항에 따른 불법촬영물등의 삭제·접속차단 등 유통방지에 필요한 조치를 의도적으로 취하지 아니한 자에게 대통령령으로 정하는 매출액의 100분의 3 이하에 해당하는 금액을 과징금으로 부과할 수 있다.
② 방송통신위원회는 조치의무사업자가 매출액 산정 자료의 제출을 거부하거나 거짓자료를 제출하면 해당 조치의무사업자 및 동종 유사 역무제공사업자의 재무제표 등 회계 자료와 가입자 수 및 이용요금 등 영업 현황 자료에 근거하여 매출액을 추정할 수 있다. 다만, 매출액이 없거나 매출액을 산정하기 곤란한 경우로서 대통령령으로 정하는 경우에는 10억원 이하의 과징금을 부과할 수 있다.
③ 제1항 및 제2항에 따른 과징금의 구체적인 부과기준은 대통령령으로 정한다.
④ 제1항 및 제2항에 따른 과징금의 가산금, 독촉·징수 및 환급가산금에 관하여는 제53조제5항부터 제9항까지의 규정을 준용한다.
⑤ 방송통신위원회가 제1항 및 제2항에 따라 과징금을 부과한 경우에는 「방송통신위원회의 설치 및 운영에 관한 법률」 제18조에 따른 방송통신심의위원회에 그 사실을 통보한다.
(2020.6.9 본조신설)

제22조의7【부가통신사업자의 서비스 안정성 확보 등】 ① 이용자 수, 트래픽 양 등이 대통령령으로 정하는 기준에 해당하는 부가통신사업자(제22조제1항에 따라 부가통신사업을 신고한 자, 같은 조 제2항에 따라 부가통신사업을 등록한 자 또는 같은 조 제4항에 따라 부가통신사업을 신고한 것으로 보는 자를 말한다. 이하 같다)는 이용자에게 편리하고 안정적인 전기통신서비스를 제공하기 위하여 서비스 안정수단의 확보, 이용자 요구사항 처리 등 대통령령으로 정하는 필요한 조치를 취하여야 한다.
(2023.1.3 본항개정)
② 과학기술정보통신부장관은 부가통신사업자가 제1항에 따른 기준에 해당하는지 여부를 확인하기 위하여 부가통신사업자 또는 관련 전기통신사업자에게 이용자 수, 트래픽 양 등의 현황을 요청할 수 있다.(2023.1.3 본항신설)
③ 제1항에 따른 부가통신사업자는 제1항에 따른 조치의 이행 현황 및 계획에 관한 자료를 작성하여 과학기술정보통신부장관에게 매년 1월 말까지 제출하여야 한다.
(2023.1.3 본항신설)
④ 과학기술정보통신부장관은 전기통신서비스 전송 속도가 저하되는 등 전기통신서비스 제공에 장애가 발생하거나 전기통신서비스 제공이 중단되어 제1항에 따른 부가통신사업자가 제공하는 전기통신서비스의 안정성 확보에 저해가 되었다고 판단되는 경우 제1항에 따른 조치의 이행 현황을 확인하기 위하여 제1항에 따른 부가통신사업자에게 관련 자료의 제출을 요청할 수 있다. 이 경우 요청을 받은 부가통신사업자는 정당한 사유가 없으면 그 요청에 따라야 한다.(2023.1.3 본항신설)
⑤ 제3항 및 제4항에 따라 제출받은 자료의 보호 및 폐기에 관하여는 「정보통신망 이용촉진 및 정보보호 등에 관한 법률」 제64조의2를 준용한다.(2023.1.3 본항신설)

제22조의8【국내대리인의 지정】 ① 국내에 주소 또는 영업소가 없는 부가통신사업자로서 제22조의7제1항에서 정한 기준에 해당하는 자는 다음 각 호의 사항을 대리하는 자(이하 "국내대리인"이라 한다)를 서면으로 지정하여야 한다.(2023.1.3 본문개정)
1. 제22조의7제1항에 따른 이용자 요구사항 처리를 위한 국내 연락 수단의 확보
2. 제22조의7제3항 및 제4항에 따른 자료 제출

(2023.1.3 1호~2호신설)
3. 제32조제1항에 따른 이용자 보호 업무
4. 제32조제2항 후단에 따른 자료제출명령의 이행

② 국내대리인은 국내에 주소 또는 영업소가 있는 자로 한다. 이 경우 제1항에 따라 국내대리인을 지정하여야 하는 부가통신사업자는 다음 각 호의 어느 하나에 해당하는 법인이 존재하는 경우에는 해당 법인 중에서 선택한 자를 국내대리인으로 지정하여야 한다.(2022.6.10 후단신설)
1. 제1항에 따라 국내대리인을 지정하여야 하는 부가통신사업자가 설립한 국내 법인(2022.6.10 본호신설)
2. 제1항에 따라 국내대리인을 지정하여야 하는 부가통신사업자가 임원 구성, 사업 운영 등에 대하여 지배적인 영향력을 행사하는 국내 법인(2022.6.10 본호신설)

③ 국내대리인이 제1항 각 호와 관련하여 이 법을 위반한 경우에는 해당 국내대리인을 지정한 부가통신사업자가 그 행위를 한 것으로 본다.
④ 국내대리인은 제1항에 따른 부가통신사업자와 유효한 연락수단을 확보하여야 한다.(2023.1.3 본항신설)
(2020.6.9 본조신설)

제22조의9【앱 마켓사업자의 의무 및 실태조사】 ① 앱 마켓사업자는 모바일콘텐츠 등의 결제 및 환불에 관한 사항을 이용약관에 명시하는 등 대통령령으로 정하는 바에 따라 이용자의 피해를 예방하고 이용자의 권익을 보호하여야 한다.
② 과학기술정보통신부장관 또는 방송통신위원회는 모바일콘텐츠 등의 거래를 중개하는 공간(이하 "앱 마켓"이라 한다)에 모바일콘텐츠 등을 등록·판매하기 위하여 제공하는 자(이하 "모바일콘텐츠 등 제공사업자"라 한다)의 보호 등을 위하여 필요한 경우 대통령령으로 정하는 바에 따라 앱 마켓사업자의 앱 마켓 운영에 관한 실태조사를 실시할 수 있다.
(2021.9.14 본조신설)

제22조의10【한국수어·폐쇄자막·화면해설 등의 제공】 ① 온라인 동영상 서비스를 제공하는 부가통신사업자가 해당 서비스의 제공을 위하여 영상 콘텐츠를 자체 제작하는 경우 장애인의 원활한 이용을 돕기 위하여 한국수어·폐쇄자막·화면해설 등을 제공할 수 있도록 노력하여야 한다.
② 정부는 예산의 범위에서 온라인 동영상 서비스를 제공하는 부가통신사업자가 제1항의 한국수어·폐쇄자막·화면해설 등을 제공하는 데 필요한 경비를 지원할 수 있다.
(2023.7.18 본조신설)

제23조【등록 또는 신고 사항의 변경】 제22조제1항에 따라 부가통신사업을 신고한 자 또는 같은 조 제2항에 따라 부가통신사업을 등록한 자는 그 등록 또는 신고한 사항 중 대통령령으로 정하는 사항을 변경하려면 대통령령으로 정하는 바에 따라 과학기술정보통신부장관에게 변경등록 또는 변경신고(정보통신망에 의한 변경등록 또는 변경신고를 포함한다)를 하여야 한다.(2018.12.24 본조개정)

제24조【사업의 양도·양수 등】 부가통신사업의 전부 또는 일부의 양도·양수가 있거나 부가통신사업자인 법인의 합병·상속이 있으면 다음 각 호의 자는 대통령령으로 정하는 요건과 절차에 따라 과학기술정보통신부장관에게 신고(정보통신망에 의한 신고를 포함한다)하여야 한다. 다만, 부가통신사업의 전부 또는 일부의 양도·양수 또는 부가통신사업자인 법인의 합병·상속으로 제22조제4항에 따라 부가통신사업을 신고한 것으로 보는 자에 해당하게 된 경우는 제외한다.(2023.1.3 본문개정)
1. 해당 사업을 양수한 자
2. 합병 후 존속하는 법인이나 합병으로 설립된 법인
3. 해당 사업의 상속인

제25조【사업의 승계】 제24조에 따라 부가통신사업의 양도·양수가 있거나 부가통신사업자인 법인의 합병 또는 부가통신사업자의 상속이 있으면 다음 각 호의 자는 종전의 부가통신사업자의 지위를 승계한다.(2018.12.24 본문개정)
1. 사업을 양수한 자
2. 합병 후 존속하는 법인이나 합병으로 설립된 법인
3. 해당 사업의 상속인

제26조【사업의 휴업·폐업 등】 ① 부가통신사업자가 그 사업의 전부 또는 일부를 휴업하거나 폐업하려면 대통령령으로 정하는 바에 따라 그 휴업 또는 폐업 예정일 30일 전까지 그 내용을 해당 전기통신서비스의 이용자에게 알리고 과학기술정보통신부장관에게 신고(정보통신망에 의한 신고를 포함한다)하여야 한다. 이 경우 1년 이상 계속하여 사업을 휴업하여서는 아니 된다.(2020.6.9 본항개정)
② 부가통신사업자인 법인이 합병 외의 사유로 해산한 경우에는 그 청산인(해산이 파산에 의한 경우에는 파산관재인을 말한다)은 지체 없이 과학기술정보통신부장관에게 신고(정보통신망에 의한 신고를 포함한다)하여야 한다.
(2020.6.9 본조제목개정)
(2018.12.24 본조개정)

제27조【사업의 등록취소 및 폐업명령 등】 ① 과학기술정보통신부장관은 부가통신사업자가 다음 각 호의 어느 하나에 해당하면 사업의 전부 또는 일부의 폐업(특수유형부가통신사업자의 경우에는 등록의 전부 또는 일부의 취소를 말한다)을 명하거나 1년 이내의 기간을 정하여 사업의 전부 또는 일부의 정지를 명할 수 있다. 다만, 제1호에 해당하는 경우에는 사업의 전부 또는 일부의 폐업을 명하여야 한다.(2022.6.10 본문개정)
1. 속임수나 그 밖의 부정한 방법으로 신고 또는 등록을 한 경우(2011.5.19 본호개정)

2. 제22조제3항에 따른 조건을 이행하지 아니한 경우
(2011.5.19 본호신설)
3. 제22조제5항을 위반하여 신고 또는 등록한 날부터 1년 이내에 사업을 시작하지 아니하거나 제26조제1항 후단을 위반하여 1년 이상 계속하여 사업을 휴업한 경우
(2020.6.9 본호개정)
3의2. 제22조의3제1항에 따른 기술적 조치를 하지 아니하여 방송통신위원회가 요청한 경우(2014.10.15 본호신설)
3의3. 제22조의3제6항을 위반하여 주식 또는 지분을 소유하여 방송통신위원회가 요청한 경우
3의4. 제22조의5제1항에 따라 불법촬영물등의 삭제·접속차단 등 유통방지에 필요한 조치를 하지 아니하여 방송통신위원회가 요청한 경우
3의5. 제22조의5제2항에 따른 기술적·관리적 조치를 하지 아니하여 방송통신위원회가 요청한 경우
(2020.6.9 3호의3~3호의5신설)
4. 제92조제1항에 따른 시정명령을 정당한 사유 없이 이행하지 아니한 경우(2016.1.27 본호개정)
5. 「정보통신망 이용촉진 및 정보보호 등에 관한 법률」 제64조제4항에 따른 시정조치의 명령을 정당한 사유 없이 이행하지 아니한 경우(2011.5.19 본호신설)
6. 「저작권법」 제142조제1항 및 제2항제3호에 따라 3회 이상 과태료 처분을 받은 자가 다시 과태료 처분대상이 된 경우로서 같은 법 제112조에 따른 한국저작권위원회의 심의를 거쳐 문화체육관광부장관이 요청한 경우
(2011.5.19 본호신설)
② 제1항에 따른 처분의 기준, 절차 및 그 밖에 필요한 사항은 대통령령으로 정한다.(2018.12.24 본항개정)
(2020.6.9 본조제목개정)

제3장 전기통신업무

제28조【이용약관의 신고 등】 ① 전년도 전기통신역무 매출액이 대통령령으로 정하는 금액 이상인 기간통신사업자는 그가 제공하려는 전기통신서비스에 관하여 그 서비스별로 요금 및 이용조건(이하 "이용약관"이라 한다)을 정하여 과학기술정보통신부장관에게 신고(변경신고를 포함한다. 이하 이 조에서 같다)하여야 한다.
(2018.12.24 본항개정)
② 과학기술정보통신부장관은 제1항에 따른 신고를 접수한 날의 다음 날까지 신고확인증을 발급하여야 한다. 다만, 다음 각 호의 어느 하나에 해당하는 경우에는 각 호에서 정한 날의 다음 날까지 신고확인증을 발급하여야 한다.
1. 제3항에 따라 보완을 요구한 경우 : 보완이 완료된 날
2. 신고가 접수된 이용약관이 제34조제4항에 따라 지정·고시된 기간통신사업자의 해당 전기통신서비스에 관한 이용약관인 경우 : 신고를 반려하지 아니하기로 결정한 날
(2020.6.9 본항개정)
③ 과학기술정보통신부장관은 대통령령으로 정하는 이용약관의 포함사항 및 제5항에 따라 제출한 자료의 누락 등으로 제1항에 따른 신고에 보완이 필요하다고 인정하는 경우에는 신고를 접수한 날부터 7일 이내의 기간을 정하여 보완을 요구하여야 한다.(2020.6.9 본항개정)
④ 제1항에도 불구하고 과학기술정보통신부장관은 신고가 접수된 이용약관이 제34조제4항에 따라 지정·고시된 기간통신사업자의 해당 전기통신서비스에 관한 이용약관인 경우로서 다음 각 호의 어느 하나에 해당한다고 판단하는 경우에는 신고를 접수한 날(제3항에 따라 보완요구를 한 경우에는 보완이 완료된 날을 말한다)부터 15일 이내에 해당 신고를 반려할 수 있다. 다만, 이미 신고된 이용약관에 포함된 서비스별 요금을 인하하거나 대통령령으로 정하는 경미한 사항을 변경하는 내용인 경우에는 그러하지 아니하다.
1. 전기통신서비스의 요금 및 이용조건 등에 따라 특정 이용자를 부당하게 차별하여 취급하는 등 이용자의 이익을 해칠 우려가 크다고 인정되는 경우
2. 제38조제1항에 따라 다른 전기통신사업자에게 도매제공하는 대가에 비하여 불공정한 요금으로 전기통신서비스를 제공하는 등 공정한 경쟁을 해칠 우려가 크다고 인정되는 경우
3. 정당한 사유 없이 손해배상책임을 제한하는 경우. 이 경우 과학기술정보통신부장관은 방송통신위원회의 의견을 들어야 한다.(2024.1.30 본호신설)
(2020.6.9 본항신설)
⑤ 제1항에 따라 전기통신서비스에 관한 이용약관을 신고하려는 자는 가입비, 기본료, 사용료, 부가서비스료, 실비 등을 포함한 전기통신서비스의 요금 산정 근거 자료(변경할 경우에는 신·구내용 대비표를 포함한다)를 과학기술정보통신부장관에게 제출하여야 한다.(2020.6.9 본항개정)
⑥ 제1항부터 제5항까지에서 규정한 사항 외에 신고의 절차 및 반려의 세부기준 등에 관하여 필요한 사항은 대통령령으로 정한다.(2020.6.9 본항개정)
제29조【요금의 감면】 기간통신사업자는 국가안전보장, 재난구조, 사회복지 등 공익을 위하여 필요하면 대통령령으로 정하는 바에 따라 전기통신서비스의 요금을 감면할 수 있다. 다만, 전년도 전기통신역무 매출액이 대통령령으로 정하는 금액 미만인 기간통신사업자는 그러하지 아니하다.(2020.6.9 본문개정)

제30조【타인 사용의 제한】 누구든지 전기통신사업자가 제공하는 전기통신역무를 이용하여 타인의 통신을 매개하거나 이를 타인의 통신용으로 제공하여서는 아니 된다. 다만, 다음 각 호의 경우에는 그러하지 아니하다.
1. 국가비상사태에서 재해의 예방·구조, 교통·통신 및 전력공급의 확보, 질서 유지를 위하여 필요한 경우
2. 전기통신사업 외의 사업을 경영할 때 고객에게 부수적으로 전기통신서비스를 이용하도록 제공하는 경우
3. 전기통신역무를 이용할 수 있는 단말장치 등 전기통신설비를 개발·판매하기 위하여 시험적으로 사용하도록 하는 경우
4. 이용자가 제3자에게 반복적이지 아니한 정도로 사용하도록 하는 경우
5. 그 밖에 공공의 이익을 위하여 필요하거나 전기통신사업자의 사업 경영에 지장을 주지 아니하는 경우로서 대통령령으로 정하는 경우
제31조【전송·선로설비 등의 사용】 ① 「방송법」에 따른 종합유선방송사업자·전송망사업자 또는 중계유선방송사업자는 대통령령으로 정하는 방법에 따라 보유하고 있는 전송·선로설비 또는 유선방송설비를 기간통신사업자에게 제공할 수 있다.
② 「방송법」에 따른 종합유선방송사업자·전송망사업자 또는 중계유선방송사업자가 보유하고 있는 전송·선로설비 또는 유선방송설비를 이용하여 부가통신역무를 제공하려면 제22조제1항에 따라 과학기술정보통신부장관에게 신고하여야 한다.(2017.7.26 본항개정)
③ 제1항에 따른 전송·선로설비 또는 유선방송설비의 제공에 관하여는 제35조부터 제37조까지, 제39조부터 제55조까지의 규정을 준용한다.
④ 제2항에 따른 역무의 제공에 관하여는 「방송통신발전 기본법」 제28조제2항부터 제7항까지의 규정을 준용한다.
제32조【이용자 보호】 ① 전기통신사업자는 전기통신역무에 관하여 이용자 피해를 예방하기 위하여 노력하여야 하며, 이용자로부터 제기되는 정당한 의견이나 불만을 즉시 처리하여야 한다. 이 경우 즉시 처리하기 곤란한 경우에는 이용자에게 그 사유와 처리일정을 알려야 한다.
(2014.10.15 전단개정)
② 방송통신위원회는 제1항에 따른 이용자 보호 업무에 대하여 평가한 후그 결과를 공개할 수 있다. 이 경우 방송통신위원회는 전기통신사업자에게 평가에 필요한 자료를 제출하도록 명할 수 있다.(2014.10.15 본항개정)
③ 전기통신역무의 종류, 사업규모, 이용자 보호 등을 고려하여 대통령령으로 정하는 전기통신사업자는 이용자와 전기통신역무의 이용에 관한 계약을 체결(체결된 계약 내용을 변경하는 것을 포함한다)하는 경우 대통령령으로 정하는 바에 따라 해당 계약서 사본을 이용자에게 서면 또는 정보통신망을 통하여 송부하여야 한다.
(2014.10.15 본항신설)
④ 기간통신역무를 제공하는 전기통신사업자가 이용요금을 이용자 등으로부터 미리 받고 그 이후에 전기통신서비스를 제공하는 사업(이하 "선불통화서비스"라 한다)을 하려는 경우에는 그 서비스를 제공할 수 없게 됨으로써 이용자 등이 입게 되는 손해를 배상할 수 있도록 서비스를 제공하기 전에 미리 받으려는 이용요금 총액의 범위에서 대통령령으로 정하는 기준에 따라 산정된 금액에 대하여 과학기술정보통신부장관이 지정하는 자를 피보험자로 하는 보증보험에 가입하여야 한다. 다만, 해당 전기통신사업자의 재정적 능력과 이용요금 등을 고려하여 대통령령으로 정하는 경우에는 보증보험에 가입하지 아니할 수 있다.(2020.6.9 본문개정)
⑤ 선불통화서비스를 하려는 전기통신사업자(제4항 단서에 해당하는 전기통신사업자는 제외한다)는 다음 각 호의 기준을 따라야 한다.
1. 보증보험으로 보장되는 선불통화 이용요금 총액을 넘어 선불통화서비스 이용권을 발행하지 아니할 것
2. 보증보험의 보험기간 내에서 선불통화서비스를 제공할 것
(2020.6.9 본항신설)
⑥ 제4항에 따라 피보험자로 지정받은 자는 이용요금을 미리 낸 후 서비스를 제공받지 못한 이용자 등에게 제4항에 따른 보증보험에 따라 지급받은 보험금을 지급하여야 한다.(2014.10.15 본항개정)
⑦ 제2항부터 제6항까지에 따른 이용자 보호 업무의 평가 대상·기준·절차, 평가 결과 활용, 계약서 사본 송부절차, 보증보험의 가입·갱신 및 보험금의 지급절차 등에 관하여 필요한 사항은 대통령령으로 정한다.(2020.6.9 본항개정)
제32조의2【요금한도 초과 등의 고지】 ① 「전파법」에 따라 할당받은 주파수를 사용하는 전기통신사업자는 다음 각 호의 어느 하나에 해당하는 경우에 그 사실을 이용자에게 알려야 한다.
1. 이용자가 처음 약정한 전기통신서비스별 요금한도를 초과한 경우
2. 국제전화 등 국제전기통신서비스의 이용에 따른 요금이 부과될 경우
② 제1항에 따른 고지의 대상·방법 등에 필요한 사항은 과학기술정보통신부장관이 정하여 고시한다.(2017.7.26 본항개정)
(2012.1.17 본조신설)

제32조의3【전기통신역무 제공의 제한】 ① 과학기술정보통신부장관은 관계 행정기관의 장으로부터 다음 각 호의 어느 하나에 해당하는 요청이 있는 경우 1년 이상 3년 이내의 기간을 정하여 전기통신사업자에게 해당 전기통신번호(연결되어 있는 착신회선의 전기통신번호를 포함한다)에 대한 전기통신역무 제공의 중지를 명할 수 있다.
(2018.12.11 본문개정)
1. 「대부업 등의 등록 및 금융이용자 보호에 관한 법률」 제9조의6에 따른 전기통신역무 제공의 중지 요청
2. 「전기통신금융사기 피해 방지 및 피해금 환급에 관한 특별법」 제13조의3에 따른 전기통신역무 제공의 중지 요청
3. 「전자금융거래법」 제6조의2에 따른 전기통신역무 제공의 중지 요청
(2016.1.27 1호~3호신설)
4. 「정보통신망 이용촉진 및 정보보호 등에 관한 법률」 제49조의3에 따른 전기통신역무 제공의 중지 요청
5. 제32조의4제1항의 위반에 따른 전기통신역무 제공의 중지 요청(수사기관의 장이 제32조의4제1항의 위반사실을 확인하여 과학기술정보통신부장관에게 해당 전기통신번호에 대한 전기통신역무의 중지를 요청한 경우로 한정한다)
(2022.6.10 4호~5호신설)
② 제1항에 따른 과학기술정보통신부장관의 명령을 받은 전기통신사업자는 전기통신역무를 중지하기 전에 해당 전기통신역무 이용자에게 전기통신역무 제공의 중지를 요청한 행정기관, 사유 및 이의신청 절차를 통지하여야 한다.(2018.12.11 본항개정)
③ 제2항에 따른 이의신청 절차의 통지 방법 등에 필요한 사항은 대통령령으로 정한다.
(2014.10.15 본조신설)
제32조의4【이동통신단말장치 부정이용 방지 등】 ① 누구든지 다음 각 호의 어느 하나에 해당하는 행위를 하여서는 아니 된다.
1. 자금을 제공 또는 융통하여 주는 조건으로 다른 사람 명의로 전기통신역무의 제공에 관한 계약을 체결하는 이동통신단말장치(「전파법」에 따라 할당받은 주파수를 사용하는 기간통신역무를 이용하기 위하여 필요한 단말장치를 말한다. 이하 같다)를 개통하여 그 이동통신단말장치에 제공되는 전기통신역무를 이용하거나 해당 자금의 회수에 이용하는 행위
2. 자금을 제공 또는 융통하여 주는 조건으로 이동통신단말장치 이용에 필요한 전기통신역무 제공에 관한 계약을 권유·알선·중개하거나 광고하는 행위
3. 「형법」 제247조(도박장소 등 개설), 제347조(사기) 및 제347조의2(컴퓨터등 사용사기)의 죄에 해당하는 행위, 「성매매알선 등 행위의 처벌에 관한 법률」 제2조제1항 제2호 및 제3호에 따른 성매매알선 등 행위 및 성매매목적의 인신매매에 이용할 목적으로 다른 사람 명의의 이동통신단말장치를 개통하여 그 이동통신단말장치에 제공되는 전기통신역무를 이용하는 행위(2022.6.10 본호신설)
② 전기통신역무의 종류, 사업규모, 이용자 보호 등을 고려하여 대통령령으로 정하는 전기통신사업자는 전기통신역무 제공에 관한 계약을 체결하는 경우(전기통신사업자를 대리하거나 위탁받아 전기통신역무의 제공을 계약하는 대리점과 위탁점을 통한 계약 체결을 포함한다) 계약 상대방의 동의를 받아 제32조의5제1항에 따른 부정가입방지시스템 등을 이용하여 본인 여부를 확인하여야 하고, 본인이 아니거나 본인 여부 확인을 거부하는 경우 계약의 체결을 거부할 수 있다. 전기통신역무 제공의 양도, 그 밖에 이용자의 지위승계 등으로 인하여 이용자 본인의 변경이 있는 경우 해당 변경에 따라 전기통신역무를 제공받으려는 자에 대하여도 또한 같다.
③ 제2항에 따라 본인 확인을 하는 경우 전기통신사업자는 계약 상대방에게 주민등록증, 운전면허증 등 본인임을 확인할 수 있는 증서 및 서류의 제시를 요구할 수 있다.
④ 제2항에 따른 본인 확인방법, 제3항에 따른 본인임을 확인할 수 있는 증서 및 서류의 종류 등에 필요한 사항은 대통령령으로 정한다.
(2014.10.15 본조신설)
제32조의5【부정가입방지시스템 구축】 ① 과학기술정보통신부장관은 부정한 방법을 통한 전기통신역무 제공계약 체결을 방지하기 위하여 가입자 본인 확인에 필요한 시스템(이하 "부정가입방지시스템"이라 한다)을 구축하여야 하고, 제32조의4제2항에 따른 전기통신사업자가 해당 시스템을 이용할 수 있도록 하여야 한다.(2017.7.26 본항개정)
② 과학기술정보통신부장관은 부정가입방지시스템의 구축·운영을 위하여 본인(법정대리인을 포함한다)확인에 필요한 다음 각 호의 정보를 보유한 국가기관·공공기관의 장에게 「전자정부법」 제36조제1항에 따른 행정정보의 공동이용을 통하여 제32조의4제3항에 따라 제시한 증서 등의 진위 여부에 대한 확인을 요청할 수 있다. 이 경우 요청을 받은 국가기관·공공기관의 장은 정당한 사유가 없으면 이에 따라야 한다.(2017.7.26 전단개정)
1. 개인의 주민등록 및 가족관계에 관한 정보
2. 법인의 등기 및 사업자등록에 관한 정보
3. 외국인과 재외국민의 등록·거소신고 및 출입국에 관한 정보

4. 그 밖에 제32조의4제3항에 따라 제시한 증서 및 서류에 관한 정보

③ 과학기술정보통신부장관은 부정가입방지시스템의 구축·운영 등의 업무를 대통령령으로 정하는 바에 따라 「방송통신발전 기본법」 제15조에 따른 한국정보통신진흥협회(이하 "한국정보통신진흥협회"라 한다)에 위탁할 수 있다.(2017.7.26 본항개정)

(2014.10.15 본조신설)

제32조의6 【명의도용방지서비스의 제공 등】 ① 전기통신역무의 종류, 사업규모, 이용자 보호 등을 고려하여 대통령령으로 정하는 전기통신사업자는 명의도용으로 인한 피해를 방지하기 위하여 다음 각 호에 따른 서비스의 전부 또는 일부를 이용자에게 제공하여야 한다.

1. 이용자의 동의를 받아 이용자의 명의로 전기통신역무의 이용계약이 체결된 사실을 문자메시지 또는 등기우편물로 해당 이용자에게 알려주는 서비스(이하 이 조에서 "명의도용방지서비스"라 한다). 이 경우 본인 명의로 개통된 이동통신단말장치가 없거나 이동통신단말장치 분실신고를 한 이용자 등 문자메시지를 수신할 수 없는 이용자에 대하여는 「주민등록법」 제7조에 따른 주민등록표상의 주소지로 등기우편물을 발송하는 방법으로 명의도용방지서비스를 제공하여야 한다.
2. 이용자가 본인의 명의로 가입된 전기통신역무가 있는지 여부를 조회할 수 있는 서비스(이하 이 조에서 "가입사실현황조회서비스"라 한다)
3. 다른 사람이 이용자 본인의 명의로 전기통신역무 이용계약을 체결하는 것을 사전에 제한할 수 있는 서비스(이하 이 조에서 "가입제한서비스"라 한다)

② 제1항에 따른 서비스를 제공하는 전기통신사업자는 이용자와 전기통신역무의 이용계약을 체결하는 경우 이용자에게 명의도용방지서비스, 가입사실현황조회서비스 및 가입제한서비스에 관하여 명확하게 알리고, 인터넷 홈페이지에 게시하여야 한다.

③ 과학기술정보통신부장관은 명의도용방지서비스, 가입사실현황조회서비스 및 가입제한서비스의 제공을 지원하기 위하여 한국정보통신진흥협회를 전담기관으로 지정할 수 있다.

④ 제3항의 전담기관은 명의도용방지서비스의 제공을 지원하기 위하여 행정안전부장관에게 「주민등록법」 제30조제1항에 따른 주민등록전산정보자료의 제공을 요청할 수 있다. 이 경우 요청을 받은 행정안전부장관은 특별한 사유가 없으면 그 요청에 따라야 한다.(2018.12.11 본항신설)

⑤ 제4항에 따라 주민등록전산정보자료를 요청하는 경우에는 과학기술정보통신부장관의 심사를 받아야 한다.

(2018.12.11 본항신설)

⑥ 제5항에 따라 과학기술정보통신부장관의 심사를 받은 경우에는 「주민등록법」 제30조제1항에 따른 관계 중앙행정기관의 장의 심사를 거친 것으로 본다. 이 경우 주민등록전산정보자료 처리 절차 등에 관한 사항은 「주민등록법」에 따르고, 사용료 또는 수수료는 면제한다.

(2018.12.11 본항신설)

⑦ 명의도용방지서비스, 가입사실현황조회서비스 및 가입제한서비스의 제공 방법, 절차, 그 밖에 필요한 사항은 과학기술정보통신부장관이 정하여 고시한다.(2018.12.11 본항신설)

(2018.12.11 본조개정)

제32조의7 【청소년유해매체물 등의 차단】 ① 「전파법」에 따라 할당받은 주파수를 사용하는 전기통신사업자는 「청소년 보호법」에 따른 청소년과 전기통신서비스 제공에 관한 계약을 체결하는 경우 「청소년 보호법」 제2조제3호에 따른 청소년유해매체물 및 「정보통신망 이용촉진 및 정보보호 등에 관한 법률」 제44조의7제1항제1호에 따른 음란정보에 대한 차단수단을 제공하여야 한다.

② 방송통신위원회는 제1항에 따른 차단수단의 제공 실태를 점검할 수 있다.

③ 제1항에 따른 차단수단 제공 방법 및 절차 등에 필요한 사항은 대통령령으로 정한다.

(2014.10.15 본조신설)

제32조의8 【착신전환서비스】 ① 전기통신사업자는 이용자의 전기통신번호로 수신된 전화 등을 이용자가 미리 설정한 전기통신번호로 연결하여 주는 전기통신역무(이하 "착신전환서비스"라 한다)를 제공할 수 있다.

② 제1항에 따른 착신전환서비스를 제공하는 전기통신사업자는 착신전환서비스의 내용 및 가입·설정 절차 등을 과학기술정보통신부장관에게 신고하여야 한다.

(2017.7.26 본항개정)

③ 제1항에 따른 착신전환서비스를 제공하는 전기통신사업자는 제2항에서 신고한 바와 다르게 착신전환서비스를 제공하여서는 아니 된다.

④ 제1항에 따른 착신전환서비스를 제공하는 전기통신사업자는 이용자의 신청 없이 임의로 착신전환서비스를 설정하여서는 아니 된다.

(2016.1.27 본조신설)

제32조의9 【경제상의 이익 제공】 ① 기간통신사업자는 이용자에게 전기통신사업자 이용에 따라 적립되는 경제상의 이익을 제공하는 때에는 경제상의 이익의 사용범위, 유효기간, 이용방법 등을 과학기술정보통신부장관에게 신고하여야 한다.

② 기간통신사업자는 이용자가 제1항에 따른 경제상의 이익을 사용할 수 있도록 이용자에게 경제상의 이익의 적립 현황 등을 알려야 한다.

③ 제2항에 따른 고지의 내용·방법 등에 관한 사항은 대통령령으로 정한다.

(2018.12.11 본조신설)

제32조의10 【기간통신사업자의 서비스 안정성 확보 등】 ① 기간통신사업자는 이용자에게 전기통신설비 관리를 포함하여 전기통신역무(이하 "전기통신역무등"이라 한다)를 편리하고 안정적으로 제공하기 위하여 노력하여야 한다.

② 전년도 전기통신역무 매출액, 가입자 수, 회선 수 등이 대통령령으로 정하는 기준에 해당하는 기간통신사업자는 전기통신역무등을 제공하기 위하여 취약점 분석·평가, 핵심설비 관리 및 모니터링, 트래픽 분산 대책 등 기술적·관리적 조치를 제61조에 따른 기술기준에 적합하게 취하여야 한다.

③ 과학기술정보통신부장관은 제2항에 따른 기간통신사업자에게 기술적·관리적 조치 이행실적을 제출하게 할 수 있다.

④ 제2항에 따른 기간통신사업자는 매년 자신이 제공하는 전기통신역무등의 안정성에 관하여 다음 각 호의 사항을 포함한 보고서를 작성하고, 이를 공개하여야 한다.

1. 기간통신사업자가 전기통신역무등의 안정성 확보를 위하여 기울인 일반적인 노력에 관한 사항
2. 전기통신역무등의 안정성 확보를 위하여 실시한 투자에 관한 사항
3. 전기통신역무등의 안정성 확보를 위한 내부 교육의 실시와 지원에 관한 사항
4. 그 밖에 대통령령으로 정하는 전기통신역무등의 안정성 확보에 관한 사항

⑤ 제3항에 따른 이행실적 제출 및 제4항에 따른 전기통신역무등의 안정성에 관한 보고서 작성 및 공개 등에 필요한 사항은 대통령령으로 정한다.

(2023.12.29 본조신설)

제33조 【손해배상】 ① 전기통신사업자는 다음 각 호의 경우에는 이용자에게 배상을 하여야 한다. 다만, 그 손해가 불가항력으로 인하여 발생한 경우 또는 그 손해의 발생이 이용자의 고의나 과실로 인한 경우에는 그 배상책임이 경감되거나 면제된다.

1. 전기통신역무의 제공이 중단되는 등 전기통신역무의 제공과 관련하여 이용자에게 손해를 입힌 경우
2. 제32조제1항에 따른 의견이나 불만의 원인이 되는 사유의 발생 및 이의 처리 지연과 관련하여 이용자에게 손해를 입힌 경우

② 전기통신사업자는 전기통신역무의 제공이 중단된 경우 대통령령으로 정하는 바에 따라 이용자에게 전기통신역무의 제공이 중단된 사실과 손해배상의 기준·절차 등을 알려야 한다.

(2018.12.24 본조개정)

제4장 전기통신사업의 경쟁 촉진 등

제34조 【경쟁의 촉진】 ① 과학기술정보통신부장관은 전기통신사업의 효율적인 경쟁체제를 구축하고 공정한 경쟁환경을 조성하기 위하여 노력하여야 한다.(2017.7.26 본항개정)

② 과학기술정보통신부장관은 제1항에 따라 전기통신사업의 효율적인 경쟁체제의 구축과 공정한 경쟁환경의 조성을 위한 경쟁정책을 수립하기 위하여 매년 기간통신사업에 대한 경쟁상황 평가를 실시하여야 한다.(2017.7.26 본항개정)

③ 제2항에 따른 경쟁상황 평가를 위한 구체적인 평가기준, 절차, 방법 등에 관하여 필요한 사항은 대통령령으로 정한다.

④ 과학기술정보통신부장관은 제2항에 따른 경쟁상황 평가의 결과에 따라 전기통신서비스의 요금, 이용조건 및 전기통신설비의 이용 대가 등을 이용자와 다른 전기통신사업자에 대하여 독립적으로 결정·유지할 수 있다고 인정되는 기간통신사업자를 전기통신서비스별로 지정하여 고시할 수 있다.(2020.6.9 본항신설)

제34조의2 【부가통신사업 실태조사】 ① 과학기술정보통신부장관은 부가통신사업의 현황 파악을 위하여 실태조사를 실시할 수 있다.

② 과학기술정보통신부장관은 제1항에 따른 실태조사를 위하여 부가통신사업자에게 필요한 자료의 제출을 요청할 수 있다. 이 경우 요청을 받은 자는 정당한 사유가 없으면 그 요청에 따라야 한다.

③ 제1항에 따른 실태조사를 위한 조사 대상, 조사 내용 등에 관하여 필요한 사항은 대통령령으로 정한다.

(2018.12.24 본조신설)

제35조 【설비등의 제공】 ① 기간통신사업자 또는 도로, 철도, 지하철도, 상·하수도, 전기설비, 전기통신회선설비 등을 건설·운용·관리하는 기관(이하 "시설관리기관"이라 한다)은 다른 전기통신사업자가 관로(管路)·공동구(共同溝)·전주(電柱)·케이블이나 국사(局舍) 등의 설비(전기통신설비를 포함한다. 이하 같다) 또는 시설(이하 "설비등"이라 한다)의 제공을 요청하면 협정을 체결하여 설비등을 제공할 수 있다.

② 다음 각 호의 어느 하나에 해당하는 기간통신사업자 또는 시설관리기관은 제1항에도 불구하고 협정을 체결하여 설비등을 제공하여야 한다. 다만, 시설관리기관의 사용계획 등이 있는 경우에는 그러하지 아니하다.

1. 다른 전기통신사업자가 전기통신역무를 제공하는 데에 필수적인 설비를 보유한 기간통신사업자
2. 관로·공동구·전주 등의 설비등을 보유한 다음 각 목의 시설관리기관
   가. 「한국도로공사법」에 따라 설립된 한국도로공사
   나. 「한국수자원공사법」에 따라 설립된 한국수자원공사
   다. 「한국전력공사법」에 따라 설립된 한국전력공사
   라. 「국가철도공단법」에 따라 설립된 국가철도공단
   (2020.6.9 본목개정)
   마. 「지방공기업법」에 따른 지방공기업
   바. 「지방자치법」에 따른 지방자치단체
   사. 「도로법」에 따른 지방국토관리청
3. 기간통신역무의 사업규모 및 시장점유율 등이 대통령령으로 정하는 기준에 해당하는 기간통신사업자 및 시설관리기관

③ 과학기술정보통신부장관은 제1항 및 제2항에 따른 설비등의 범위와 설비등의 제공의 조건·절차·방법 및 대가의 산정 등에 관한 기준을 정하여 고시한다. 이 경우 제2항에 따라 제공하여야 하는 설비등의 범위는 같은 항 각 호의 어느 하나에 해당하는 기간통신사업자 및 시설관리기관의 설비등의 수요를 고려하여 정하여야 한다.

(2017.7.26 전단개정)

④ 설비등을 제공받고자 하는 전기통신사업자는 사전에 제1항에 따른 협정을 체결하여야 하고, 전기통신역무를 제공하기 위하여 필요한 범위에서 그 설비의 효용성을 높이는 장치를 붙일 수 있다. 이 경우 대통령령으로 정하는 바에 따라 사전에 해당 설비등을 제공하는 기간통신사업자 또는 시설관리기관에 그 사실을 통보하여야 하고, 협정이 해지되거나 이용기간이 종료된 경우에는 그 장치를 제거하여야 한다.(2020.6.9 전단개정)

⑤ 과학기술정보통신부장관은 설비등의 효율적 활용과 관리를 위하여 설비등의 제공 및 이용 실태에 관하여 현장조사를 할 수 있다. 이 경우 현장조사의 절차와 방법은 제51조제3항부터 제6항까지를 준용한다.(2017.7.26 전단개정)

⑥ (2015.12.1 삭제)

⑦ 과학기술정보통신부장관은 제1항 및 제2항에 따른 설비등의 제공을 위하여 전문기관을 지정할 수 있다.

(2017.7.26 본항개정)

⑧ 제7항에 따른 전문기관의 지정 및 그 업무 처리방법 등에 필요한 사항은 과학기술정보통신부장관이 정하여 고시한다.(2017.7.26 본항개정)

제35조의2 【공중케이블 정비의무】 ① 전기통신사업자와 시설관리기관은 생활안전 및 도시미관의 보호를 위하여 전주에 설치되는 케이블(이하 이 조에서 "공중케이블"이라 한다)을 정비하여야 한다.(2018.12.11 본항개정)

② 과학기술정보통신부장관은 제1항에 따른 정비가 체계적으로 추진될 수 있도록 다음 각 호의 사항이 포함된 공중케이블 정비계획(이하 이 조에서 "정비계획"이라 한다)을 매년 수립하여야 한다. 이 경우 관계 부처 및 관련 전기통신사업자 등으로 구성된 공중케이블정비협의회의 심의를 거쳐야 한다.(2018.12.11 전단개정)

1. 정비계획의 기본방향 및 목표
2. 공중케이블의 설치·철거 및 재활용 기준
3. 공중케이블 정비 추진상황 점검 및 평가
4. 그 밖에 공중케이블 정비에 필요한 사항

(2018.12.11 1호~4호신설)

③ 전기통신사업자와 시설관리기관은 정비계획에 따라야 하며, 정비계획의 시행에 소요되는 비용은 대통령령으로 정하는 바에 따라 해당 설비등을 제공·이용하는 자가 공동으로 분담한다.

④ 제2항에 따른 공중케이블정비협의회의 구성·운영 등에 필요한 사항은 대통령령으로 정한다.

(2015.1.20 본조신설)

제36조 【가입자선로의 공동활용】 ① 기간통신사업자는 이용자와 직접 연결되어 있는 교환설비에서부터 이용자까지의 구간에 설치한 선로(이하 이 조에서 "가입자선로"라 한다)에 대하여 과학기술정보통신부장관이 정하여 고시하는 다른 전기통신사업자가 공동활용에 관한 요청을 하면 이를 허용하여야 한다.

② 과학기술정보통신부장관은 제1항에 따른 가입자선로 공동활용의 범위와 조건·절차·방법 및 대가의 산정 등에 관한 기준을 정하여 고시한다.

(2017.7.26 본조개정)

제37조 【무선통신시설의 공동이용】 ① 기간통신사업자는 다른 기간통신사업자가 무선통신시설의 공동이용(이하 "공동이용"이라 한다)을 요청하면 협정을 체결하여 이를 허용할 수 있다. 이 경우 과학기술정보통신부장관이 정하여 고시하는 기간통신사업자 간의 공동이용의 대가는 공정하고 타당한 방법으로 산정하여 정산하여야 한다.

② 전기통신사업의 효율성을 높이고 이용자를 보호하기 위하여 과학기술정보통신부장관이 정하여 고시하는 기간통신사업자는 과학기술정보통신부장관이 정하여 고시하는 기간통신사업자가 공동이용을 요청하면 제1항에도 불구하고 협정을 체결하여 이를 허용하여야 한다.

③ 제1항 후단에 따른 공동이용 대가의 산정기준·절차 및 지급방법 등과 제2항에 따른 공동이용의 범위와 조건·절차·방법 및 대가의 산정 등에 관한 기준은 과학기술정보통신부장관이 정하여 고시한다.
(2017.7.26 본조개정)

제38조【전기통신서비스의 도매제공】 ① 기간통신사업자는 다른 전기통신사업자가 요청하면 협정을 체결하여 자신이 제공하는 전기통신서비스를 다른 전기통신사업자가 이용자에게 제공(이하 "재판매"라 한다)할 수 있도록 다른 전기통신사업자에게 자신의 전기통신서비스를 제공하거나 전기통신서비스의 제공에 필요한 전기통신설비의 전부 또는 일부를 이용하도록 허용(이하 "도매제공"이라 한다)할 수 있다.
②~④ (2023.12.29 삭제)
⑤ 기간통신사업자는 다른 전기통신사업자가 도매제공을 요청한 날부터 60일 이내에 협정을 체결하고, 기간통신사업자와 도매제공에 관한 협정을 체결한 다른 전기통신사업자는 협정 체결 후 30일 이내에 대통령령으로 정하는 바에 따라 과학기술정보통신부장관에게 신고하여야 한다. 협정을 변경하거나 폐지한 때에도 또한 같다.
(2023.12.29 본항개정)
⑥ 제5항에 따른 협정은 제38조의2제3항에 따라 과학기술정보통신부장관이 고시한 기준에 적합하여야 한다.
(2023.12.29 본항개정)

제38조의2【도매제공의무서비스의 지정 등】 ① 과학기술정보통신부장관은 전기통신사업의 경쟁 촉진을 위하여 전기통신서비스를 재판매하려는 다른 전기통신사업자의 요청이 있는 경우 협정을 체결하여 도매제공을 하여야 하는 기간통신사업자(이하 "도매제공의무사업자"라 한다)의 전기통신서비스(이하 "도매제공의무서비스"라 한다)를 지정하여 고시할 수 있다. 이 경우 도매제공의무사업자의 도매제공의무서비스는 사업규모 및 시장점유율 등이 대통령령으로 정하는 기준에 해당하는 기간통신사업자의 전기통신서비스 중에서 지정한다.
② 과학기술정보통신부장관은 매년 통신시장의 경쟁상황을 평가한 후 전기통신사업의 경쟁이 활성화되어 전기통신서비스의 도매제공 목적이 달성되었다고 판단되는 경우 또는 지정기준에 미달되는 경우에는 도매제공의무사업자의 도매제공의무서비스 지정을 해제할 수 있다.
③ 과학기술정보통신부장관은 도매제공의무사업자가 도매제공의무서비스의 도매제공에 관한 협정을 체결할 때에 따라야 할 도매제공의 조건·절차·방법 및 대가 산정에 관한 기준을 정하여 고시한다. 이 경우 도매제공 대가는 제34조에 따른 경쟁상황 평가에 기반하여 통신시장의 공정경쟁 촉진과 이용자 편익 증진을 위하여 도매제공의무서비스의 제공비용, 소매요금, 도매제공량 등을 고려하여 산정하는 것을 원칙으로 한다.
<이 항 중 대가의 산정에 관한 기준 부분은 2025.3.29까지 유효>

④ 제38조제5항 및 제6항에도 불구하고 과학기술정보통신부장관은 같은 조 제5항에 따라 신고가 접수된 협정이 도매제공의무서비스의 도매제공에 관한 협정인 경우로서 다음 각 호의 어느 하나에 해당한다고 판단하는 경우에는 신고를 접수한 날부터 15일 이내에 해당 신고를 반려할 수 있으며, 도매제공의무사업자에게 그 해당하는 내용에 대한 시정을 명할 수 있다.
1. 신고가 접수된 협정에 따른 도매제공 대가가 소매요금, 회피가능비용(기간통신사업자가 이용자에게 직접 서비스를 제공하지 아니할 때 회피할 수 있는 관련비용을 말한다) 및 도매제공량 등에 비추어 동일한 협정 상대방과 체결하여 이미 신고된 협정에 따른 도매제공 대가에 비하여 부당하게 높아지는 경우
2. 그 밖에 도매제공의 범위와 조건·절차 및 방법 등에 관하여 불합리하거나 차별적인 조건 또는 제한을 부당하게 부과하는 행위로서 대통령령으로 정하는 경우
(2025.3.30 시행)
(2023.12.29 본조신설)

제39조【상호접속】 ① 전기통신사업자는 다른 전기통신사업자가 전기통신설비의 상호접속을 요청하면 협정을 체결하여 상호접속을 허용할 수 있다.
② 과학기술정보통신부장관은 제1항에 따른 전기통신설비 상호접속의 범위와 조건·절차·방법 및 대가의 산정 등에 관한 기준을 정하여 고시한다.(2017.7.26 본항개정)
③ 제1항과 제2항에도 불구하고 다음 각 호의 어느 하나에 해당하는 기간통신사업자는 제1항에 따른 요청을 받으면 협정을 체결하여 상호접속을 허용하여야 한다.
1. 다른 전기통신사업자가 전기통신역무를 제공하는 데에 필수적인 설비를 보유한 기간통신사업자
2. 기간통신역무의 사업규모 및 시장점유율 등이 대통령령으로 정하는 기준에 해당하는 기간통신사업자

제40조【상호접속의 대가】 ① 상호접속의 이용대가는 공정하고 타당한 방법으로 산정하여 상호정산하여야 하며 구체적인 산정기준 및 절차와 지급방법은 제39조제2항의 기준에 따른다.
② 전기통신사업자는 상호접속의 방법, 접속통화의 품질 또는 상호접속에 필요한 정보의 제공 등에서 자신의 책임이 아닌 사유로 불이익을 받은 경우에는 제39조제2항의 기준에 따라 상호접속의 이용 대가를 줄여 상호정산할 수 있다.

제41조【전기통신설비의 공동사용 등】 ① 기간통신사업자는 다른 전기통신사업자가 전기통신설비의 상호접속에 필요한 설비를 설치하거나 운영하기 위하여 그 기간통신사업자의 관로·케이블·전주 또는 국사 등의 전기통신설비나 시설에 대한 출입 또는 공동사용을 요청하면 협정을 체결하여 전기통신설비나 시설에 대한 출입 또는 공동사용을 허용할 수 있다.
② 과학기술정보통신부장관은 제1항에 따른 전기통신설비 또는 시설에 대한 출입 또는 공동사용의 범위와 조건·절차·방법 및 대가의 산정 등에 관한 기준을 정하여 고시한다.(2017.7.26 본항개정)
③ 제1항에도 불구하고 다음 각 호의 어느 하나에 해당하는 기간통신사업자는 제1항에 따른 요청을 받으면 협정을 체결하여 제1항에 따른 전기통신설비나 시설에 대한 출입 또는 공동사용을 허용하여야 한다.
1. 다른 전기통신사업자가 전기통신역무를 제공하는 데에 필수적인 설비를 보유한 기간통신사업자
2. 기간통신역무의 사업규모 및 시장점유율 등이 대통령령으로 정하는 기준에 해당하는 기간통신사업자

제42조【정보의 제공】 ① 기간통신사업자는 다른 전기통신사업자로부터 설비등의 제공·도매제공·상호접속 또는 공동사용 등이나 요금의 부과·징수 및 전기통신번호 안내를 위하여 필요한 기술적 정보 또는 이용자의 인적사항에 관한 정보의 제공을 요청받으면 협정을 체결하여 요청받은 정보를 제공할 수 있다.
② 과학기술정보통신부장관은 제1항에 따른 정보 제공의 범위와 조건·절차·방법 및 대가의 산정 등에 관한 기준을 정하여 고시한다.(2017.7.26 본항개정)
③ 제1항에도 불구하고 다음 각 호의 어느 하나에 해당하는 기간통신사업자는 제1항에 따른 요청을 받으면 협정을 체결하여 요청받은 정보를 제공하여야 한다.
1. 다른 전기통신사업자가 전기통신역무를 제공하는 데에 필수적인 설비를 보유한 기간통신사업자
2. 기간통신역무의 사업규모 및 시장점유율 등이 대통령령으로 정하는 기준에 해당하는 기간통신사업자
④ 제3항에 따른 기간통신사업자는 그 전기통신설비에 다른 전기통신사업자나 이용자가 단말기기나 그 밖의 전기통신설비를 접속하여 사용하는 데에 필요한 기술적 기준, 이용 및 공급 기준, 그 밖에 공정한 경쟁환경을 조성하기 위하여 필요한 기준을 정하여 과학기술정보통신부장관의 승인을 받아 공시하여야 한다.(2017.7.26 본항개정)
⑤ 「전파법」에 따라 할당받은 주파수를 사용하여 전기통신역무를 제공하는 기간통신사업자는 이용자가 해당 기간통신사업자를 거치지 아니하고 구입하는 통신단말장치(「전파법」에 따라 할당받은 주파수를 사용하여 전기통신역무를 이용할 수 있는 단말장치를 말한다. 이하 같다)의 제조, 수입, 유통 또는 판매를 위하여 필요한 범위에서 제조업자, 수입업자 또는 유통업자의 요청이 있을 경우 전기통신서비스 규격에 관한 정보를 제공하여야 한다.
(2013.8.13 본항신설)
⑥ 제5항에 따른 정보 제공의 범위 및 방법 등에 필요한 사항은 대통령령으로 정한다.(2013.8.13 본항신설)

제43조【정보의 목적 외 사용 금지】 전기통신사업자는 제42조제1항 및 제3항에 따라 제공받은 기술적 정보를 제공받은 목적으로만 사용하여야 하며, 다른 용도에 부당하게 사용하거나 제3자에게 제공하여서는 아니 된다.
(2015.12.1 본조개정)

제44조【상호접속 등 협정의 신고 등】 ① 기간통신사업자 및 시설관리기관은 다른 전기통신사업자가 설비등의 제공·공동이용·상호접속 또는 공동사용이나 정보의 제공 등을 요청한 경우에는 특별한 사유가 없으면 90일 이내에 제35조제1항·제2항, 제37조제1항 전단, 제39조제1항, 제41조제1항 또는 제42조제1항에 따른 협정을 체결하고, 협정 체결 후 30일 이내에 대통령령으로 정하는 바에 따라 과학기술정보통신부장관에게 신고하여야 한다. 협정을 변경하거나 폐지한 때에도 또한 같다.
(2017.7.26 전단개정)
② 제1항에도 불구하고 제37조제1항 후단 및 제2항, 제39조제3항, 제41조제3항 및 제42조제3항에 따른 기간통신사업자를 당사자로 하는 협정은 그 협정의 체결을 요청받은 경우 특별한 사유가 없으면 90일 이내에 협정을 체결하고, 협정 체결을 요청받은 기간통신사업자가 협정 체결 후 30일 이내에 대통령령으로 정하는 바에 따라 과학기술정보통신부장관에게 인가신청을 하여 인가를 받아야 하며, 인가받은 날부터 30일 이내에 해당 협정의 내용을 공개하여야 한다. 협정을 변경하거나 폐지한 때에도 또한 같다.(2017.7.26 전단개정)
③ 제2항에도 불구하고 이미 인가를 받은 협정에 근거하여 새로운 서비스를 추가하기 위하여 협정을 체결하는 등 부속협정을 체결하는 경우에는 협정 체결 후 30일 이내에 대통령령으로 정하는 바에 따라 과학기술정보통신부장관에게 신고하여야 하며, 신고한 날부터 30일 이내에 해당 협정의 내용을 공개하여야 한다. 부속협정을 변경하거나 폐지한 경우에도 또한 같다.(2017.7.26 전단개정)
④ 제1항부터 제3항까지에 따른 협정은 제35조제3항, 제37조제3항, 제39조제2항, 제41조제2항 또는 제42조제2항에 따라 과학기술정보통신부장관이 고시한 기준에 적합하여야 한다.(2017.7.26 본항개정)
⑤ 과학기술정보통신부장관은 제2항 또는 제3항에 따른 인가신청 또는 신고에 대하여 보완할 필요가 있으면 기간을 정하여 그 보완을 명할 수 있다.(2017.7.26 본항개정)
⑥ 제41조제1항 및 제42조제1항에 따른 협정은 제39조제1항에 따른 협정에 포함하여 체결할 수 있다.
⑦ 제1항부터 제3항까지에도 불구하고 변경되는 협정의 내용이 이용대가의 변동을 수반하지 아니하는 경우 등 과학기술정보통신부장관이 정하여 고시하는 경미한 사항에 관하여 협정을 변경하는 경우에는 인가 또는 신고 대상에서 제외한다. 이 경우 변경한 날부터 30일 이내에 해당 협정 변경의 내용을 공개하여야 한다.(2017.7.26 전단개정)

제45조【방송통신위원회의 재정】 ① 전기통신사업자 상호 간에 발생한 전기통신사업과 관련한 분쟁 중 당사자 간 협의가 이루어지지 아니하거나 협의를 할 수 없는 경우 전기통신사업자는 방송통신위원회에 재정(裁定)을 신청할 수 있다.(2018.12.11 본문개정)
1.~4. (2018.12.11 삭제)
② 방송통신위원회는 제1항에 따른 재정신청을 받은 때에는 그 사실을 다른 당사자에게 통지하고 기간을 정하여 의견을 진술할 기회를 주어야 한다. 다만, 당사자가 정당한 사유 없이 이에 따르지 아니하는 때에는 그러하지 아니하다.(2018.12.11 단서개정)
③ 방송통신위원회는 재정신청을 접수한 날부터 90일 이내에 재정을 하여야 한다. 다만, 부득이한 사정으로 그 기간 내에 재정을 할 수 없는 경우에는 한 번만 90일의 범위에서 방송통신위원회의 의결로 그 기간을 연장할 수 있다.(2018.12.11 단서개정)
④ 방송통신위원회는 제3항 단서에 따라 처리기간을 연장한 경우에는 기간연장의 사유와 기한을 명시하여 당사자에게 통지하여야 한다.(2018.12.11 본항신설)
⑤ 방송통신위원회는 재정절차의 진행 중에 한쪽 당사자가 소를 제기한 경우에는 재정절차를 중지하고 그 사실을 다른 당사자에게 통보하여야 한다. 재정신청 전에 이미 소가 제기된 사실이 확인된 경우에도 같다.
⑥ 방송통신위원회는 제1항에 따른 재정신청에 대하여 재정을 한 경우에는 지체 없이 재정문서를 당사자에게 송달하여야 한다.
⑦ 방송통신위원회의 재정문서의 정본(正本)이 당사자에게 송달된 날부터 60일 이내에 해당 재정의 대상인 사업자 간 분쟁을 원인으로 하는 소송이 제기되지 아니하거나 소송이 취하된 경우 또는 양쪽 당사자가 방송통신위원회에 재정의 내용에 대하여 분명한 동의의 의사를 표시한 경우에는 당사자 간에 그 재정의 내용과 동일한 합의가 성립된 것으로 본다.(2018.12.11 본항개정)

제45조의2【통신분쟁조정위원회 설치 및 구성】 ① 방송통신위원회는 전기통신사업자와 이용자 사이에 발생한 다음 각 호의 어느 하나에 해당하는 분쟁을 효율적으로 조정하기 위하여 통신분쟁조정위원회(이하 "분쟁조정위원회"라 한다)를 둘 수 있다.
1. 제33조에 따른 손해배상과 관련된 분쟁
2. 이용약관(제28조제1항 및 제2항에 따라 신고하거나 인가받은 이용약관에 한정되지 아니한다)과 다르게 전기통신서비스를 제공하여 발생한 분쟁
3. 전기통신서비스 이용계약의 체결, 이용, 해지 과정에서 발생한 분쟁
4. 전기통신서비스 품질과 관련된 분쟁
5. 전기통신사업자가 이용자에게 이용요금, 약정 조건, 요금할인 등의 중요한 사항을 설명 또는 고지하지 아니하거나 거짓으로 설명 또는 고지하는 행위와 관련된 분쟁
6. 앱 마켓에서의 이용요금 결제, 결제 취소 또는 환급에 관한 분쟁(2021.9.14 본호신설)
7. 그 밖에 대통령령으로 정하는 전기통신역무에 관한 분쟁
② 분쟁조정위원회는 방송통신위원회 위원장이 지명하는 위원장 1명을 포함하여 30명 이하의 위원으로 구성하되, 이 중 5명은 상임위원으로 한다.(2023.1.3 본항개정)
③ 분쟁조정위원회 위원은 다음 각 호의 어느 하나에 해당하는 사람 중에서 방송통신위원회 위원장이 방송통신위원회의 동의를 받아 성별을 고려하여 위촉한다.
1. 대학이나 공인된 연구기관에서 부교수 이상 또는 이에 상당하는 직에 재직하고 있거나 재직하였던 사람
2. 판사·검사 또는 변호사로 5년 이상 재직한 사람
3. 공인회계사로 5년 이상 재직한 사람
4. 4급 이상의 공무원 또는 이에 상당하는 공공기관의 직에 있거나 있었던 사람으로서 전기통신과 관련된 업무에 실무경험이 있는 사람(2020.6.9 본호개정)
5. 그 밖에 전기통신에 관한 지식과 경험이 풍부한 사람
④ 분쟁조정위원회 위원의 임기는 2년으로 하되, 한 차례만 연임할 수 있다.
⑤ 방송통신위원회는 분쟁조정위원회의 업무를 지원하기 위하여 필요한 경우에는 방송통신위원회 소속으로 사무국을 둘 수 있다.(2023.1.3 본항신설)
⑥ 그 밖에 분쟁조정위원회 및 제5항에 따른 사무국의 구성과 운영 등에 필요한 사항은 대통령령으로 정한다.
(2023.1.3 본항개정)
(2018.12.11 본조신설)

제45조의3【위원의 신분보장】 분쟁조정위원회의 위원은 자격정지 이상의 형을 선고받거나 심신상의 장애로 직무를 수행할 수 없는 경우 또는 제45조의4제1항의 사유

에 해당함에도 회피하지 아니하는 경우를 제외하고는 그의 의사에 반하여 면직되거나 해촉되지 아니한다.
(2018.12.11 본조신설)

제45조의4【위원의 제척·기피·회피】 ① 분쟁조정위원회의 위원은 다음 각 호의 어느 하나에 해당하는 경우에는 분쟁조정위원회에 신청된 분쟁조정사건(이하 이 조에서 "사건"이라 한다)의 심의·의결에서 제척(除斥)된다.
1. 위원 또는 그 배우자나 배우자였던 사람이 그 사건의 당사자가 되거나 그 사건에 관하여 공동의 권리자 또는 의무자의 관계에 있는 경우
2. 위원이 그 사건의 당사자와 친족관계에 있거나 있었던 경우
3. 위원이 그 사건에 관하여 증언, 감정, 법률자문을 한 경우
4. 위원이 그 사건에 관하여 당사자의 대리인으로서 관여하거나 관여하였던 경우
② 당사자는 위원에게 공정한 심의·의결을 기대하기 어려운 사정이 있으면 분쟁조정위원회에 기피신청을 할 수 있고, 분쟁조정위원회는 의결로 이를 결정한다. 이 경우 기피 신청의 대상인 위원은 그 의결에 참여하지 못한다.
③ 위원이 제1항의 사유에 해당하는 경우에는 스스로 그 사건의 심의·의결에서 회피하여야 하고, 제2항에 해당하는 경우에는 스스로 심의·의결에서 회피할 수 있다.
(2018.12.11 본조신설)

제45조의5【분쟁조정 절차】 ① 전기통신에 관한 분쟁의 조정을 원하는 자는 대통령령으로 정하는 사항을 기재하여 분쟁조정위원회에 조정을 신청할 수 있다.
② 분쟁조정위원회는 제1항에 따른 분쟁조정 신청을 받은 때에는 그 사실을 다른 당사자에게 통지하여야 한다.
③ 분쟁조정위원회는 당사자 또는 이해관계인이 의견을 진술하려는 경우에는 특별한 사유가 없으면 의견진술의 기회를 주어야 한다. 다만, 당사자가 정당한 사유 없이 이에 따르지 아니하는 때에는 그러하지 아니하다.
④ 분쟁조정위원회는 분쟁의 조정을 위하여 필요하다고 인정하는 경우에는 당사자, 이해관계인 등에 필요한 자료의 제출을 요구할 수 있다.
⑤ 분쟁조정위원회는 제1항에 따라 분쟁조정 신청을 받았을 때에는 당사자에게 그 내용을 제시하고 조정 전 합의를 권고할 수 있다.
⑥ 분쟁조정위원회는 분쟁조정 신청을 접수한 날부터 60일 이내에 이를 심사하여 조정안을 작성하여야 한다. 다만, 부득이한 사정이 있는 경우에는 한 차례만 30일의 범위에서 분쟁조정위원회의 의결로 처리기간을 연장할 수 있다.
⑦ 분쟁조정위원회는 제6항 단서에 따라 처리기간을 연장한 경우에는 기간연장의 사유와 기한을 명시하여 당사자에게 통지하여야 한다.
⑧ 그 밖에 분쟁조정의 절차와 방법 등에 관하여 필요한 사항은 대통령령으로 정한다.
(2018.12.11 본조신설)

제45조의6【직권조정결정】 ① 분쟁조정위원회는 당사자 간에 합의가 이루어지지 아니한 경우 또는 신청인의 주장이 이유 있다고 판단되는 경우에는 당사자들의 이익과 그 밖의 모든 사정을 고려하여 신청 취지에 반하지 아니하는 한도에서 분쟁조정위원회의 의결을 거쳐 직권으로 조정을 갈음하는 결정(이하 "직권조정결정"이라 한다)을 할 수 있다.
② 직권조정결정에는 다음 각 호의 사항을 포함할 수 있다.
1. 분쟁 원인행위의 중지
2. 손해배상이나 그 밖에 필요한 구제조치
3. 같거나 유사한 분쟁 원인행위의 재발을 방지하기 위하여 필요한 조치
③ 분쟁조정위원회는 직권조정결정을 한 때에는 지체 없이 직권조정결정서를 작성하여야 한다. 이 경우 직권조정결정서에는 주문(主文)과 결정 이유를 적고 이에 관여한 분쟁조정위원회의 위원 모두가 서명 또는 기명·날인하여야 하며, 그 정본을 지체 없이 당사자에게 송달하여야 한다.
④ 당사자가 제3항에 따라 직권조정결정서를 송달받은 날부터 14일 이내에 서면으로 이의를 신청하거나 수락의 의사를 표시하지 아니한 경우에는 직권조정결정을 불수락한 것으로 본다.
⑤ 제4항의 기간 내에 이의신청 또는 거부 의사가 있는 경우에는 분쟁조정위원회는 그 상대방에게 그 사실을 지체 없이 통지하여야 한다.
⑥ 분쟁조정위원회는 제1항에 따른 직권조정결정의 효율적인 업무처리를 위하여 소위원회를 둘 수 있다.
⑦ 제6항에 따른 소위원회의 구성·운영 및 그 밖에 직권조정결정에 필요한 사항은 대통령령으로 정한다.
(2023.1.3 본조신설)

제45조의7【분쟁조정의 거부 및 중지】 ① 분쟁조정위원회는 이중으로 조정을 신청한 경우(조정결정 또는 조정종결 사건에 관하여 다시 조정을 신청한 경우도 포함한다) 또는 신청의 내용이 부적법하거나 부당한 목적으로 신청하였다고 인정되는 경우에는 조정 신청을 거부할 수 있다. 이 경우 조정거부 사유 등을 당사자에게 알려야 한다.
② 분쟁조정위원회는 조정절차 진행 중에 당사자 중 일방이 조정의 대상인 분쟁을 원인으로 하는 소를 제기하거나 조정 개시 전에 이미 소가 제기된 사실이 확인된 경우에는 그 조정절차를 중지하고 이를 당사자에게 통지하여야 한다. 다만, 소가 취하된 경우 분쟁조정위원회는 조정절차를 속개할 수 있다.
(2018.12.11 본조신설)

제45조의8【분쟁조정의 효력 등】 ① 분쟁조정위원회는 분쟁조정을 마친 때에는 조정안을 작성하여 지체 없이 당사자에게 통지하여야 한다.
② 제1항에 따른 통지를 받은 당사자는 그 통지를 받은 날부터 15일 이내에 조정안에 대한 수락 여부를 분쟁조정위원회에 알려야 한다. 이 경우 15일 이내에 당사자가 수락의 의사를 표시하지 아니한 경우에는 조정을 거부한 것으로 본다.
③ 제2항에 따라 당사자 전원이 조정안을 수락하는 경우 조정이 성립되며 분쟁조정위원회 위원장은 지체 없이 조정서를 작성하여 당사자 전원에게 송달하여야 한다.
④ 분쟁조정위원회의 위원장 및 각 당사자는 조정서에 서명 또는 기명·날인하여야 한다.
⑤ 제4항에 따라 당사자가 강제집행을 승낙하는 취지의 내용이 기재된 조정서에 서명 또는 기명·날인한 경우 조정서의 정본은 「민사집행법」 제56조에도 불구하고 집행력 있는 집행권원과 같은 효력을 가진다. 다만, 청구에 관한 이의의 주장에 대하여는 「민사집행법」 제44조제2항을 적용하지 아니한다.
(2018.12.11 본조신설)

제45조의9【조정의 종결】 ① 조정은 다음 각 호의 어느 하나에 해당하는 경우에는 종결된다.
1. 제45조의5제5항에 따른 합의 권고를 통하여 합의가 이루어진 경우
2. 분쟁조정위원회가 해당 조정사건에 대하여 당사자 간 합의가 이루어질 가능성이 없다고 인정하는 경우
2의2. 제45조의6에 따라 직권조정결정이 이루어진 경우(2023.1.3 본호신설)
3. 제45조의7에 따라 분쟁조정위원회가 조정을 거부한 경우(2023.1.3 본호개정)
4. 당사자가 제45조의8제2항에 따라 지정 기간 내에 조정안에 대한 수락의 의사를 표시하지 아니하거나 수락 거부의 의사를 표시한 경우(2023.1.3 본호개정)
5. 제45조의8제3항에 따라 조정이 성립된 경우(2023.1.3 본호개정)
6. 조정의 대상인 분쟁을 원인으로 하는 소송의 판결이 확정된 경우
② 분쟁조정위원회는 제1항에 따라 조정이 종결되었을 때에는 종결 사실과 그 이유를 적시하여 당사자에게 통지하여야 한다.
(2018.12.11 본조신설)

제46조【분쟁의 알선】 방송통신위원회는 제45조제1항에 따른 재정신청을 받은 경우에 재정을 하기에 부적합하거나 그 밖에 필요하다고 인정하는 경우에는 분쟁사건별로 분과위원회를 구성하여 이에 관한 알선을 할 수 있다.

제47조【출석 요구 및 의견 청취 등】 ① 방송통신위원회는 재정사건의 처리를 위하여 필요하다고 인정하는 경우에는 당사자의 신청 또는 직권으로 다음 각 호의 행위를 할 수 있다.
1. 당사자 또는 참고인에 대한 출석의 요구 및 의견 청취
2. 감정인에 대한 감정의 요구
3. 분쟁사건과 관계있는 문서 또는 물건의 제출 요구 및 제출된 문서나 물건의 영치(領置)
② 제1항, 제45조 및 제46조에서 규정한 사항 외에 방송통신위원회의 재정 및 알선의 절차 등에 관하여 필요한 세부사항은 방송통신위원회가 정하여 고시한다.(2013.8.13 본항신설)

제48조【전기통신번호자원 관리계획】 ① 과학기술정보통신부장관은 전기통신역무의 효율적인 제공 및 이용자의 편익과 전기통신사업자 간의 공정한 경쟁환경 조성, 유한한 국가자원인 전기통신번호의 효율적 활용 등을 위하여 전기통신번호체계 및 전기통신번호의 부여·회수·통합 등에 관한 사항을 포함한 전기통신번호자원 관리계획을 수립·시행하여야 한다.(2017.7.26 본항개정)
② 과학기술정보통신부장관은 제1항에 따른 계획을 수립하면 이를 고시하여야 한다. 수립된 계획을 변경하였을 때에도 또한 같다.(2017.7.26 전단개정)
③ 전기통신사업자는 제2항에 따라 고시된 사항을 지켜야 한다.
(2014.10.15 본조제목개정)

제48조의2【전기통신번호 매매 금지】 ① 누구든지 유한한 국가자원인 전기통신번호를 매매하여서는 아니 된다.
② 과학기술정보통신부장관은 제1항을 위반하여 전기통신번호를 매매하는 내용의 정보가 정보통신망에 게재된 경우 「정보통신망 이용촉진 및 정보보호 등에 관한 법률」 제2조제1항제3호에서 정한 정보통신서비스 제공자에게 해당 서비스의 폐쇄 또는 게시제한을 명할 수 있다.
(2017.7.26 본항개정)
(2016.1.27 본조신설)

제49조【회계 정리】 ① 기간통신사업자는 대통령령으로 정하는 바에 따라 회계를 정리하고, 매 회계연도 종료 후 3개월 이내에 전년도 영업보고서를 작성하여 과학기술정보통신부장관에게 제출하고 관련되는 장부와 근거자료를 갖추어 두어야 한다. 다만, 전년도 전기통신역무 매출액이 대통령령으로 정하는 금액 미만인 기간통신사업자는 그러하지 아니하다.(2018.12.24 단서신설)
② 과학기술정보통신부장관은 제1항에 따른 회계 정리에 관한 사항을 정하는 경우에는 미리 기획재정부장관과의 협의를 거쳐야 한다.(2017.7.26 본항개정)
③ 과학기술정보통신부장관은 제1항에 따라 제출된 기간통신사업자의 영업보고서 내용을 검증할 수 있다.
(2017.7.26 본항개정)
④ 과학기술정보통신부장관은 제3항에 따른 검증을 위하여 필요한 경우에 기간통신사업자에게 관련 자료의 제출을 명하거나 사실 확인에 필요한 검사를 할 수 있다.
(2017.7.26 본항개정)
⑤ 과학기술정보통신부장관은 제4항에 따라 검사를 하려는 경우에는 검사 7일 전까지 검사기간·이유·내용 등에 대한 검사계획을 해당 기간통신사업자에게 알려주어야 한다.(2017.7.26 본항개정)
⑥ 제4항에 따라 검사를 하는 자는 그 권한을 표시하는 증표를 관계인에게 보여주어야 하며, 최초 출입 시 성명·출입기간·출입목적 등이 표시된 문서를 관계인에게 주어야 한다.

제50조【금지행위】 ① 전기통신사업자(제9호부터 제11호까지의 경우에는 앱 마켓사업자로 한정한다. 이하 이 조에서 같다)는 공정한 경쟁 또는 이용자의 이익을 해치거나 해칠 우려가 있는 다음 각 호의 어느 하나에 해당하는 행위(이하 "금지행위"라 한다)를 하거나 다른 전기통신사업자 또는 제3자로 하여금 금지행위를 하도록 하여서는 아니 된다.(2021.9.14 본문개정)
1. 설비등의 제공·공동활용·공동이용·상호접속·공동사용·도매제공 또는 정보의 제공 등에 관하여 불합리하거나 차별적인 조건 또는 제한을 부당하게 부과하는 행위
2. 설비등의 제공·공동활용·공동이용·상호접속·공동사용·도매제공 또는 정보의 제공 등에 관하여 협정 체결을 부당하게 거부하거나 체결된 협정을 정당한 사유 없이 이행하지 아니하는 행위
3. 설비등의 제공·공동활용·공동이용·상호접속·공동사용·도매제공 또는 정보의 제공 등으로 알게 된 다른 전기통신사업자의 정보 등을 자신의 영업활동에 부당하게 유용하는 행위
4. 비용이나 수익을 부당하게 분류하여 전기통신서비스(전기통신서비스를 다른 전기통신서비스, 「방송법」 제2조제1호에 따른 방송 또는 「인터넷 멀티미디어 방송사업법」 제2조제1호에 따른 인터넷 멀티미디어 방송의 전부 또는 일부와 묶어서 판매하는 결합판매서비스를 포함한다. 이하 이 조에서 같다)의 이용요금이나 설비등의 제공·공동활용·공동이용·상호접속·공동사용·도매제공 또는 정보의 제공 등의 대가 등을 산정하는 행위(2021.10.19 본호개정)
5. 이용약관(제28조제1항에 따라 신고한 이용약관만을 말한다)과 다르게 전기통신서비스를 제공하거나 전기통신이용자의 이익을 현저히 해치는 방식으로 전기통신서비스를 제공하는 행위(2020.6.9 본호개정)
5의2. 전기통신사업자가 이용자에게 전기통신서비스의 이용요금, 약정 조건, 요금할인 등의 중요한 사항을 설명 또는 고지하지 아니하거나 거짓으로 설명 또는 고지하는 행위(2021.10.19 본호개정)
5의3. 「집합건물의 소유 및 관리에 관한 법률」을 적용받는 건물 등 다수가 공동으로 사용하는 건물의 소유자등 건물관리주체와 전기통신서비스 이용계약[같은 법 제2조제3호에 따른 전유부분 등을 점유하는 자(이하 이 조에서 "점유자"라 한다)에게 전기통신서비스를 제공하려는 목적으로 체결하는 계약을 말한다]을 체결하면서 점유자에게 특정 전기통신서비스만 이용하도록 강제하는 행위. 이 경우 건물의 세부유형과 건물관리주체의 범위 등에 대한 기준은 방송통신위원회가 정하여 고시한다.(2024.1.30 본호신설)
6. 설비등의 제공·공동활용·공동이용·상호접속·공동사용·도매제공 또는 정보 제공의 대가를 공급비용에 비하여 부당하게 높게 결정·유지하는 행위
7. 「전파법」에 따라 할당받은 주파수를 사용하는 전기통신역무를 이용하여 디지털콘텐츠를 제공하기 위한 거래에서 적정한 수익배분을 거부하거나 제한하는 행위
8. 통신단말장치의 기능을 구현하는 데 필수적이지 아니한 소프트웨어의 삭제 또는 삭제에 준하는 조치를 부당하게 제한하는 행위 및 다른 소프트웨어의 설치를 부당하게 제한하는 소프트웨어를 설치·운용하거나 이를 제안하는 행위(2018.12.11 본호신설)
9. 앱 마켓사업자가 모바일콘텐츠 등의 거래를 중개할 때 자기의 거래상의 지위를 부당하게 이용하여 모바일콘텐츠 등 제공사업자에게 특정한 결제방식을 강제하는 행위(2021.9.14 본호신설)
10. 앱 마켓사업자가 모바일콘텐츠 등의 심사를 부당하게 지연하는 행위(2021.9.14 본호신설)
11. 앱 마켓사업자가 앱 마켓에서 모바일콘텐츠 등을 부당하게 삭제하는 행위(2021.9.14 본호신설)
② 전기통신사업자와의 협정에 따라 전기통신사업자와 이용자 간의 계약 체결(체결된 계약 내용을 변경하는 것을 포함한다) 등을 대리하는 자가 제1항제5호 및 제5호의2의 행위를 한 경우에 대하여 제52조제1항과 제53조를 적용할 때에는 전기통신사업자가 그 행위를 한 것으로 본다. 다만, 전기통신사업자가 그 행위를 방지하기

위하여 상당한 주의를 한 경우에는 그러하지 아니하다.(2016.1.27 본문개정)
③ 제1항에 따른 금지행위의 유형 및 기준에 관하여 필요한 사항은 대통령령으로 정한다.

제51조【사실조사 등】 ① 방송통신위원회는 신고나 인지에 의하여 제50조제1항을 위반한 행위가 있다고 인정하면 소속 공무원에게 이를 확인하기 위하여 필요한 조사를 하게 할 수 있다.
② 방송통신위원회는 제1항에 따른 조사를 위하여 필요하면 소속 공무원에게 전기통신사업자의 사무소·사업장 또는 전기통신사업자의 업무를 위탁받아 취급하는 자(전기통신사업자로부터 위탁받은 업무가 제50조와 관련된 경우 그 업무를 취급하는 자로 한정한다. 이하 이 조에서 같다)의 사업장에 출입하여 장부, 서류, 그 밖의 자료나 물건을 조사하게 할 수 있다.
③ 방송통신위원회는 제1항에 따라 조사를 하려면 조사 7일 전까지 조사기간·이유·내용 등에 대한 조사계획을 해당 전기통신사업자에게 알려야 한다. 다만, 긴급한 경우나 사전에 통지하면 증거인멸 등으로 조사 목적을 달성할 수 없다고 인정하는 경우에는 그러하지 아니하다.
④ 제2항에 따라 전기통신사업자의 사무소·사업장 또는 전기통신사업자의 업무를 위탁받아 취급하는 자의 사업장에 출입하여 조사하는 사람은 그 권한을 표시하는 증표를 관계인에게 보여주어야 하며, 조사를 할 때에는 해당 사무소나 사업장의 관계인을 참여시켜야 한다.
⑤ 제2항에 따라 조사를 하는 소속 공무원은 전기통신사업자 또는 전기통신사업자의 업무를 위탁받아 취급하는 자에 대하여 필요한 자료나 물건의 제출을 명할 수 있고, 제출된 자료나 물건을 폐기·은닉·교체하는 등 증거인멸을 할 우려가 있는 경우에는 그 자료나 물건을 일시 보관할 수 있다.
⑥ 방송통신위원회는 보관한 자료나 물건이 다음 각 호의 어느 하나에 해당하면 즉시 반환하여야 한다.
1. 보관한 자료나 물건을 검토한 결과 해당 조사와 관련이 없다고 인정되는 경우
2. 해당 조사 목적의 달성 등으로 자료나 물건을 보관할 필요가 없어진 경우

제51조의2【사실조사 자료제출명령 위반에 대한 재제출명령 및 이행강제금】 ① 방송통신위원회는 전기통신사업자 또는 전기통신사업자의 업무를 위탁받아 취급하는 자(전기통신사업자로부터 위탁받은 업무가 제50조와 관련된 경우 그 업무를 취급하는 자로 한정한다. 이하 이 조에서 같다)가 제51조제5항에 따른 자료나 물건의 제출 명령을 이행하지 아니한 경우 그 자료나 물건이 제50조제1항의 위반 여부를 확인하는 데 필요하다고 인정하는 때에는 상당한 기한을 정하여 그 자료나 물건의 제출을 다시 명령(이하 이 조에서 "재제출명령"이라 한다)할 수 있다.
② 방송통신위원회는 제1항에 따른 재제출명령을 이행하지 아니하는 자에게 대통령령으로 정하는 매출액의 1천분의 3 이내의 범위에서 하루당 금액을 정하여 이행강제금을 부과할 수 있다. 다만, 매출액이 없거나 매출액의 산정이 곤란한 경우에는 하루당 200만원 이내의 범위에서 이행강제금을 부과할 수 있다.
③ 제2항에 따른 이행강제금의 부과대상 기간은 재제출명령에서 정한 이행기간의 종료일 다음 날부터 재제출명령을 이행하는 날까지로 한다. 이 경우 이행강제금의 부과는 특별한 사유가 있는 경우를 제외하고는 재제출명령에서 정한 이행기간의 종료일 다음 날부터 30일 이내에 하여야 한다.
④ 방송통신위원회는 제2항에 따른 이행강제금을 부과하기 전에 이행강제금을 부과·징수한다는 사실을 미리 문서로 알려 주어야 한다.
⑤ 방송통신위원회는 재제출명령을 받은 자가 그 명령을 이행한 경우에는 새로운 이행강제금의 부과를 즉시 중지하되, 명령을 이행하기 전에 이미 부과된 이행강제금은 징수하여야 한다.
⑥ 이행강제금의 가산금에 관하여는 제53조제5항 및 제7항을 준용한다.
⑦ 제1항부터 제6항까지에서 규정한 사항 외에 이행강제금의 부과·납부 및 환급 등에 관한 사항은 대통령령으로 정한다.
(2021.10.19 본조신설)

제52조【금지행위에 대한 조치】 ① 방송통신위원회는 제50조제1항을 위반한 행위가 있다고 인정하면 전기통신사업자에게 다음 각 호의 조치를 명할 수 있다. 다만, 제1호부터 제5호까지, 제8호 및 제9호의 조치를 명하는 경우에는 과학기술정보통신부장관의 의견을 들어야 한다.
(2017.7.26 단서개정)
1. 전기통신역무 제공조직의 분리
2. 전기통신역무에 대한 내부 회계규정 등의 변경
3. 전기통신역무에 관한 정보의 공개
4. 전기통신사업자 간 협정의 체결·이행 또는 내용의 변경
5. 전기통신사업자의 이용약관 및 정관의 변경
6. 금지행위의 중지
7. 금지행위로 인하여 시정조치를 명령받은 사실의 공표
8. 금지행위의 원인이 된 전기통신설비의 수거 등 금지행위로 인한 위법 사항의 원상회복에 필요한 조치
9. 전기통신역무에 관한 업무 처리절차의 개선
10. 이용자의 신규 모집 금지(금지기간을 3개월 이내로 하되, 제1호부터 제9호까지의 조치에도 불구하고 같은 위반행위가 3회 이상 반복되거나 그 조치만으로는 이용자의 피해를 방지하기가 현저히 곤란하다고 판단되는 경우로 한정한다)
11. 제1호부터 제10호까지의 조치를 위하여 필요한 사항으로서 대통령령으로 정하는 사항
② 전기통신사업자는 제1항에 따른 방송통신위원회의 명령을 대통령령으로 정한 기간에 이행하여야 한다. 다만, 방송통신위원회는 천재지변이나 그 밖의 부득이한 사유로 전기통신사업자가 그 기간에 명령을 이행할 수 없다고 인정하는 경우에는 한 번만 그 기간을 연장할 수 있다.(2018.12.11 단서개정)
③ 방송통신위원회는 제1항에 따른 조치를 명하기 전에 그 조치의 내용을 당사자에게 알리고 기간을 정하여 의견을 진술할 기회를 주어야 하며, 필요하다고 인정하면 이해관계인 또는 참고인에 대한 출석 요구 및 의견 청취와 감정인에 대한 감정 요구를 할 수 있다. 다만, 당사자가 정당한 사유 없이 이에 따르지 아니하는 경우에는 그러하지 아니하다.(2018.12.11 단서개정)
④ 방송통신위원회는 제1항부터 제3항까지의 규정에 따른 조치를 명한 때에는 그 사실을 과학기술정보통신부장관에게 통보하여야 한다.(2017.7.26 본항개정)
⑤ 과학기술정보통신부장관은 제1항에 따른 명령을 정당한 사유 없이 제2항에 따라 정해진 기간 내에 이행하지 아니한 전기통신사업자에 대하여 사업의 일부 정지를 명할 수 있다.(2017.7.26 본항개정)
⑥ 제5항에 따른 처분의 기준, 절차, 그 밖에 필요한 사항은 대통령령으로 정한다.(2016.1.27 본항신설)
⑦ 과학기술정보통신부장관은 제5항에 따라 기간통신사업자에게 사업의 일부 정지를 명하는 경우 제19조제2항에 따른 이용자 보호에 필요한 조치를 명할 수 있다.
(2017.7.26 본항개정)
⑧ 방송통신위원회는 제50조제1항을 위반한 행위가 끝난 날부터 5년이 지나면 해당 행위에 대하여 제1항에 따른 조치나 제53조에 따른 과징금 부과처분을 하지 아니한다. 다만, 이미 끝난 조치 또는 과징금의 부과가 법원의 판결에 따라 취소된 경우로서 그 판결이유에 따라 새로운 처분을 하는 경우에는 그러하지 아니하다.

제52조의2【금지행위 관련 조치에 대한 이행강제금】
① 과학기술정보통신부장관은 제52조제1항에 따른 명령(이하 이 조에서 "시정조치명령"이라 한다)을 받은 후 시정조치명령에서 정한 기간에 이를 이행하지 아니하는 자에 대하여 매출액의 1천분의 3 이내의 범위에서 하루당 금액을 정하여 이행강제금을 부과할 수 있다. 이 경우 매출액의 산정기준은 위반행위와의 관련성, 위반행위의 기간·횟수 등을 고려하여 대통령령으로 정한다.(2017.7.26 전단개정)
② 과학기술정보통신부장관은 제1항에 따른 이행강제금을 부과하기 전에 이행강제금을 부과·징수한다는 사실을 미리 문서로 알려 주어야 한다.(2017.7.26 본항개정)
③ 과학기술정보통신부장관은 제1항에 따라 이행강제금을 부과할 때에는 이행강제금의 금액, 이행강제금의 부과사유, 납부기한, 수납기관, 이의 제기 방법 및 이의 제기 기관 등을 적은 문서로 하여야 한다.(2017.7.26 본항개정)
④ 과학기술정보통신부장관은 최초의 시정조치명령을 한 날을 기준으로 90일마다 그 시정조치명령이 이행될 때까지 반복하여 제1항에 따른 이행강제금을 부과·징수할 수 있다.(2017.7.26 본항개정)
⑤ 과학기술정보통신부장관은 시정조치명령을 받은 자가 명령을 이행하면 새로운 이행강제금의 부과를 즉시 중지하되, 이미 부과된 이행강제금은 징수하여야 한다.
(2017.7.26 본항개정)
⑥ 과학기술정보통신부장관은 제1항에 따라 이행강제금 부과처분을 받은 자가 이행강제금을 기한까지 납부하지 아니하면 국세 체납처분의 예에 따라 징수한다.
(2017.7.26 본항개정)
⑦ 이행강제금의 부과·납부·징수 및 이의 제기 절차 등에 관하여 필요한 사항은 대통령령으로 정한다.
(2016.1.27 본조개정)

제53조【금지행위 등에 대한 과징금의 부과】 ① 방송통신위원회는 제50조제1항을 위반한 행위가 있는 경우에는 해당 전기통신사업자에게 대통령령으로 정하는 매출액의 100분의 3 이하에 해당하는 금액을 과징금으로 부과할 수 있다. 이 경우 전기통신사업자가 매출액 산정 자료의 제출을 거부하거나 거짓 자료를 제출하면 해당 전기통신사업자 및 같거나 비슷한 종류의 역무제공사업자의 재무제표 등 회계 자료와 가입자 수 및 이용요금 등 영업 현황 자료에 근거하여 매출액을 추정할 수 있다. 다만, 매출액이 없거나 매출액을 산정하기 곤란한 경우로서 대통령령으로 정하는 경우에는 10억원 이하의 과징금을 부과할 수 있다.(2020.6.9 후단개정)
② 과학기술정보통신부장관은 제49조에 따라 영업보고서를 제출하는 기간통신사업자가 다음 각 호의 어느 하나에 해당하는 경우에는 해당 기간통신사업자에게 대통령령으로 정하는 매출액의 100분의 3 이하에 해당하는 금액을 과징금으로 부과할 수 있다.(2017.7.26 본문개정)
1. 제49조에 따른 영업보고서를 제출하지 아니하거나 관련 자료의 제출에 관한 명령을 이행하지 아니한 때
2. 제49조에 따른 영업보고서의 중요 사항을 기재하지 아니하거나 거짓으로 기재한 때
3. 제49조제1항을 위반하여 회계를 정리하거나 장부 또는 근거 자료를 갖추어 두지 아니한 때
③ 과학기술정보통신부장관 또는 방송통신위원회는 제1항 또는 제2항에 따른 과징금을 부과하는 경우에는 다음 각 호의 사항을 고려하여야 한다.(2017.7.26 본문개정)
1. 위반행위의 내용 및 정도
2. 위반행위의 기간 및 횟수
3. 위반행위로 인하여 취득한 이익의 규모
4. 위반행위를 한 전기통신사업자의 금지행위 또는 회계정리 위반과 관련된 매출액
5. 자율준수 프로그램 운영 등 위반행위 방지를 위한 노력(2021.10.19 본호신설)
6. 제32조제2항에 따른 이용자 보호 업무에 대한 평가 결과(2021.10.19 본호신설)
④ 제1항 또는 제2항에 따른 과징금은 제3항을 고려하여 산정하되, 구체적인 산정기준과 절차는 대통령령으로 정한다.
⑤ 과학기술정보통신부장관 또는 방송통신위원회는 제1항 또는 제2항에 따른 과징금을 내야 할 자가 납부기한까지 내지 아니하면 납부기한의 다음 날부터 체납된 과징금에 대하여 연 100분의 6에 해당하는 가산금을 징수한다.(2017.7.26 본항개정)
⑥ 과학기술정보통신부장관 또는 방송통신위원회는 제1항 또는 제2항에 따른 과징금을 내야 할 자가 납부기한까지 내지 아니하면 기간을 정하여 독촉하고, 그 지정된 기간에 과징금 및 제5항에 따른 가산금을 내지 아니하면 국세 체납처분의 예에 따라 징수한다.(2017.7.26 본항개정)
⑦ 제5항에 따른 가산금을 내야 하는 기간은 60개월을 초과하지 못한다.(2014.10.15 본항신설)
⑧ 법원 판결 등의 사유로 제1항 또는 제2항에 따라 부과된 과징금을 환급하는 경우에는 과징금을 낸 날부터 환급하는 날까지의 기간에 대하여 금융회사 등의 예금이자율 등을 고려하여 대통령령으로 정하는 이자율에 따라 계산한 환급가산금을 지급하여야 한다.(2019.12.10 본항개정)
⑨ 제8항에도 불구하고 법원의 판결에 의하여 과징금 부과처분이 취소되어 그 판결이유에 따라 새로운 과징금을 부과하는 경우에는 당초 납부한 과징금에서 새로 부과하기로 결정한 과징금을 공제한 나머지 금액에 대해서만 환급가산금을 계산하여 지급한다.(2019.12.10 본항신설)

제54조【다른 법률과의 관계】 제50조제1항을 위반한 전기통신사업자의 행위에 대하여 제52조제1항에 따른 조치를 명하거나 제53조에 따른 과징금을 부과한 경우에는 그 사업자의 동일한 행위에 대하여 동일한 사유로 「독점규제 및 공정거래에 관한 법률」에 따른 시정조치 또는 과징금의 부과를 할 수 없다.(2016.1.27 본조개정)

제55조【손해배상】 제52조제1항에 따른 조치가 있는 경우에 금지행위로 피해를 입은 자는 금지행위를 한 전기통신사업자에게 손해배상을 청구할 수 있으며, 그 전기통신사업자는 고의 또는 과실이 없었음을 증명하지 못하면 책임을 면할 수 없다.

제56조【전기통신역무의 품질 개선 등】 ① 전기통신사업자는 그가 제공하는 전기통신역무의 품질을 개선하기 위하여 노력하여야 한다.
② 과학기술정보통신부장관은 전기통신역무의 품질을 개선하고 이용자의 편익을 증진하기 위하여 전기통신역무의 품질 평가 등 필요한 시책을 마련하여야 한다.
(2017.7.26 본항개정)
③ 과학기술정보통신부장관은 전기통신사업자에게 제2항에 따른 전기통신역무의 품질 평가 등에 필요한 자료를 제출하도록 명할 수 있다.(2017.7.26 본항개정)

제56조의2【전기통신역무의 정보 제공】 ① 전기통신사업자는 이용자들에게 그가 제공하는 전기통신역무의 이용 가능 지역 및 제공 방식 등 전기통신역무를 선택하는 데 필요한 정보를 제공하여야 한다.
② 제1항에 따라 제공하여야 하는 정보의 종류와 정보제공 방법 및 절차는 과학기술정보통신부장관이 정하여 고시한다.(2017.7.26 본항개정)
③ 과학기술정보통신부장관은 제1항에 따른 정보 제공 현황을 정기적으로 점검하고 매년 그 결과를 공표하여야 한다.(2017.7.26 본항개정)
(2016.1.27 본조신설)

제57조【사전선택제】 ① 과학기술정보통신부장관은 이용자가 전기통신서비스를 제공받으려는 전기통신사업자를 사전에 선택하는 제도(이하 "사전선택제"라 한다)를 시행하여야 한다. 이 경우 전기통신서비스는 복수(複數)의 전기통신사업자가 제공하는 같은 전기통신서비스 중 대통령령으로 정하는 전기통신서비스를 말한다.
(2017.7.26 전단개정)
② 전기통신사업자는 이용자에게 특정한 전기통신사업자를 사전선택하도록 강요하거나 부당한 방법으로 권유·유도하는 행위를 하여서는 아니 된다.
③ 과학기술정보통신부장관은 사전선택제를 효율적이고 중립적으로 시행하기 위하여 사전선택 등록·변경 업무 등을 수행하는 전문기관(이하 "사전선택등록센터"라 한다)을 지정할 수 있으며, 사전선택등록센터의 지정에 필요한 사항은 과학기술정보통신부장관이 정하여 고시한다.(2017.7.26 본항개정)
④ (2015.12.1 삭제)

제58조【전기통신번호이동성】 ① 과학기술정보통신부장관은 이용자가 전기통신사업자 등의 변경에도 불구하고 종전의 전기통신번호를 유지할 수 있도록 전기통신번호이동성에 관한 계획(이하 이 조에서 "번호이동성계획"이라 한다)을 수립·시행할 수 있다.(2017.7.26 본항개정)
② 번호이동성계획에는 다음 각 호의 내용이 포함되어야 한다.
1. 전기통신번호이동성 대상 서비스의 종류
2. 전기통신번호이동성 대상 서비스별 도입시기
3. 전기통신번호이동성 시행에 필요한 비용의 전기통신사업자별 분담에 관한 사항
③ 과학기술정보통신부장관은 번호이동성계획을 시행하기 위하여 관계 전기통신사업자에게 필요한 조치를 하도록 명할 수 있다.(2017.7.26 본항개정)
④ 과학기술정보통신부장관은 전기통신번호이동성을 효율적이고 중립적으로 시행하기 위하여 번호이동의 등록·변경업무 등을 수행하는 전문기관(이하 "번호이동성관리기관"이라 한다)을 지정할 수 있다.(2017.7.26 본항개정)
⑤ 전기통신번호이동성의 시행에 관한 사항과 번호이동성관리기관의 지정 및 그 업무 처리 등에 필요한 사항은 과학기술정보통신부장관이 정하여 고시한다.(2017.7.26 본항개정)

제59조【주식의 상호소유의 제한 등】 ① 제39조제3항제1호 또는 제2호에 해당하는 기간통신사업자(특수관계인을 포함한다)는 서로 다른 기간통신사업자의 의결권 있는 발행주식 총수의 100분의 5를 초과하여 소유하는 경우 그 한도를 초과하는 주식에 대하여는 의결권을 행사할 수 없다.
② 제1항은 제39조제3항제1호 또는 제2호에 해당하는 기간통신사업자와 그 기간통신사업자가 최대주주가 되어 설립한 기간통신사업자 간의 소유관계에 대하여는 적용하지 아니한다.

제60조【번호안내서비스의 제공】 ① 전기통신사업자는 이용자의 전기통신번호(「전파법」에 따라 할당받은 주파수를 사용하는 기간통신역무를 이용하기 위하여 필요한 전기통신번호는 제외한다)를 이용자의 동의를 받아 일반에게 음성·책자·인터넷 등으로 안내하는 서비스(이하 "번호안내서비스"라 한다)를 제공하여야 한다. 다만, 이용자의 수와 매출액 등을 고려하여 과학기술정보통신부장관이 정하여 고시하는 경미한 사업의 경우에는 그러하지 아니하다.(2023.7.18 본문개정)
② 과학기술정보통신부장관은 개인정보를 보호하기 위하여 필요하면 번호안내서비스의 제공을 제한할 수 있다.(2017.7.26 본항개정)
③ 번호안내서비스의 제공에 필요한 사항은 대통령령으로 정할 수 있다.

제60조의2【분실 등으로 신고된 통신단말장치의 사용차단】 ① 「전파법」에 따라 할당받은 주파수를 사용하여 전기통신역무를 제공하는 전기통신사업자는 다음 각 호의 어느 하나에 해당하는 통신단말장치의 사용 차단을 위하여 해당 통신단말장치의 고유한 국제 식별번호(이하 "고유식별번호"라 한다)를 전기통신사업자 간에 공유하여야 한다.(2022.6.10 본문개정)
1. 이용자가 분실 또는 도난 등의 사유로 전기통신사업자에게 신고한 통신단말장치(2022.6.10 본호신설)
2. 검사 또는 수사관서의 장(군 수사기관의 장을 포함한다)이 수사과정에서 「전기통신금융사기 피해 방지 및 피해금 환급에 관한 특별법」 제2조제2호에 따른 전기통신금융사기에 이용된 것을 확인하여 제4항에 따른 전문기관에 통보한 통신단말장치(2024.1.30 본호개정)
② 과학기술정보통신부장관은 중고 통신단말장치를 거래한 자(매도인과 매수인을 모두 포함한다)에 대하여 거래사실 확인서를 발급할 수 있다.(2024.1.30 본항개정)
③ 과학기술정보통신부장관은 제1항 각 호의 어느 하나에 해당하는 통신단말장치의 사용 차단을 위하여 필요한 경우 관계 행정기관 및 공공기관의 장에게 협조를 요청할 수 있다.(2022.6.10 본항개정)
④ 과학기술정보통신부장관은 제1항에 따른 고유식별번호의 효율적인 공유 및 제2항에 따른 거래사실 확인서의 효과적인 발급을 위하여 전문기관을 지정할 수 있다.(2024.1.30 본항신설)
⑤ 제2항에 따른 거래사실 확인서의 발급 방법, 제4항에 따른 전문기관의 지정 및 그 업무 처리 등에 필요한 사항은 대통령령으로 정한다.(2024.1.30 본항개정)

제60조의3【고유식별번호 훼손 등의 금지】 누구든지 제60조의2제1항 각 호의 어느 하나에 해당하는 통신단말장치의 사용 차단을 방해할 목적으로 통신단말장치의 고유식별번호를 훼손하거나 위조 또는 변조하여서는 아니 된다.(2022.6.10 본조개정)

제5장 전기통신설비

제1절 사업용 전기통신설비

제61조【전기통신설비의 유지·보수】 전기통신사업자는 그가 제공하는 전기통신역무의 안정적인 공급을 위하여 해당 전기통신설비를 대통령령으로 정하는 기술기준에 적합하도록 유지·보수하여야 한다.

제62조【전기통신설비 설치의 신고 및 승인】 ① 기간통신사업자는 중요한 전기통신설비를 설치하거나 변경하려는 경우에는 대통령령으로 정하는 바에 따라 미리 과학기술정보통신부장관에게 신고하여야 한다. 다만, 새로운 전기통신기술방식에 의하여 최초로 설치되는 전기통신설비에 대하여는 대통령령으로 정하는 바에 따라 과학기술정보통신부장관의 승인을 받아야 한다.
② 제1항에 따른 중요한 전기통신설비의 범위는 과학기술정보통신부장관이 정하여 고시한다.
(2017.7.26 본조개정)

제63조【전기통신설비의 공동구축】 ① 기간통신사업자는 다른 기간통신사업자와 협의하여 전기통신설비를 공동으로 구축하여 사용할 수 있다.
② 사업규모 등이 대통령령으로 정하는 기준에 해당하는 기간통신사업자는 제1항에 따른 전기통신설비의 공동구축 협의를 위하여 협의회를 구성·운영하여야 한다.(2014.10.15 본항개정)
③ 과학기술정보통신부장관은 제2항에 따른 협의회의 구성, 운영 절차 및 협의 대상설비·대상지역의 범위 등에 관한 기준을 정하여 고시한다.(2017.7.26 본항개정)
④ 과학기술정보통신부장관은 제1항에 따른 전기통신설비의 공동구축을 효율적으로 추진하기 위하여 필요한 경우에는 해당 업무를 전담할 기관을 지정할 수 있다.(2017.7.26 본항개정)
⑤ 제4항에 따른 전담기관의 지정 및 그 업무 처리방법 등에 필요한 사항은 과학기술정보통신부장관이 정하여 고시한다.(2017.7.26 본항개정)
⑥ 과학기술정보통신부장관은 다음 각 호의 어느 하나에 해당하는 경우에는 대통령령으로 정하는 바에 따라 제1항 및 제2항에 따른 기간통신사업자에게 전기통신설비의 공동구축을 권고할 수 있다.(2017.7.26 본문개정)
1. 제1항에 따른 협의가 성립되지 아니한 경우로서 해당 기간통신사업자가 요청한 경우
2. 공공의 이익을 증진하기 위하여 필요하다고 인정하는 경우
⑦ 기간통신사업자는 전기통신설비의 공동구축을 위하여 국가, 지방자치단체, 「공공기관의 운영에 관한 법률」에 따른 공공기관(이하 이 조에서 "공공기관"이라 한다) 또는 다른 기간통신사업자 소유의 토지 또는 건축물 등의 사용이 필요한 경우로서 이에 관한 협의가 성립되지 아니하는 경우에는 과학기술정보통신부장관에게 해당 토지 또는 건축물 등의 사용에 관한 협조를 요청할 수 있다.(2017.7.26 본항개정)
⑧ 과학기술정보통신부장관은 제7항에 따른 협조 요청을 받은 경우에는 국가기관·지방자치단체 또는 공공기관의 장이나 다른 기간통신사업자에게 제7항에 따라 협조를 요청한 기간통신사업자와 해당 토지 또는 건축물 등의 사용에 관한 협의에 응할 것을 요청할 수 있다. 이 경우 국가기관·지방자치단체 또는 공공기관의 장이나 다른 기간통신사업자는 정당한 사유가 없으면 기간통신사업자와의 협의에 응하여야 한다.(2017.7.26 전단개정)

제2절 자가전기통신설비

제64조【자가전기통신설비의 설치】 ① 자가전기통신설비를 설치하려는 자는 대통령령으로 정하는 바에 따라 주된 설비가 설치되어 있는 사무소 소재지를 관할하는 특별시장·광역시장·특별자치시장·도지사·특별자치도지사(이하 "시·도지사"라 한다)에게 신고하여야 하며, 신고 사항 중 대통령령으로 정하는 중요한 사항을 변경하려는 경우에는 변경신고를 하여야 한다. 다만, 시·도지사가 자가전기통신설비를 설치하려는 경우에는 과학기술정보통신부장관에게 신고하여야 하며, 신고 사항 중 대통령령으로 정하는 중요한 사항을 변경하려는 경우에는 변경신고를 하여야 한다.(2023.7.18 본항개정)
② 제1항에도 불구하고 무선방식의 자가전기통신설비 및 군용전기통신설비 등에 관하여 다른 법률에 특별한 규정이 있는 경우에는 그 법률에 따른다.
③ 제1항에 따라 자가전기통신설비의 설치에 관한 신고 또는 변경신고를 한 자는 그 설치공사 또는 변경공사를 완료한 때에는 그 사용 전에 대통령령으로 정하는 바에 따라 다음 각 호의 구분에 따른 사람의 확인을 받아야 한다.(2023.7.18 본문개정)
1. 제1항 본문에 따라 신고(변경신고를 포함한다)를 시·도지사에게 한 경우 : 시·도지사
2. 제1항 단서에 따라 신고(변경신고를 포함한다)를 과학기술정보통신부장관에게 한 경우 : 과학기술정보통신부장관
(2023.7.18 1호~2호신설)
④ 제1항에도 불구하고 대통령령으로 정하는 자가전기통신설비는 신고 없이 설치할 수 있다.

제65조【목적 외 사용의 제한 등】 ① 자가전기통신설비를 설치한 자는 그 설비를 이용하여 타인의 통신을 매개하거나 설치한 목적에 어긋나게 운용하거나 제64조제1항에 따라 신고 또는 변경신고한 사항과 다르게 운용하여서는 아니 된다. 다만, 다른 법률에 특별한 규정이 있거나 그 설치 목적에 어긋나지 아니하는 범위에서 다음 각 호의 어느 하나에 해당하는 용도에 사용하는 경우에는 그러하지 아니하다.(2023.7.18 본문개정)
1. 경찰 또는 재해구조 업무에 종사하는 자로 하여금 치안 유지 또는 긴급한 재해구조를 위하여 사용하게 하는 경우
2. 자가전기통신설비의 설치자와 업무상 특수한 관계에 있는 자 간에 사용하는 경우로서 과학기술정보통신부장관이 고시하는 경우(2017.7.26 본호개정)
② 자가전기통신설비를 설치한 자는 대통령령으로 정하는 바에 따라 관로·선조 등의 전기통신설비를 기간통신사업자에게 제공할 수 있다.
③ 제2항에 따른 설비의 제공에 관하여는 제35조·제44조(같은 조 제6항은 제외한다)·제45조부터 제47조까지의 규정을 준용한다.(2014.10.15 본항개정)
④ 과학기술정보통신부장관은 자가전기통신설비를 설치한 자가 제1항을 위반한 경우에는 1년 이내의 기간을 정하여 그 사용의 정지를 명할 수 있다. 이 경우 과학기술정보통신부장관은 사용정지를 명한 사실을 해당 소재지를 관할하는 시·도지사에게 통지하여야 한다.(2017.7.26 본항개정)
⑤ 과학기술정보통신부장관은 대통령령으로 정하는 바에 따라 자가전기통신설비에 관한 점검을 실시할 수 있다.
(2023.7.18 본항신설)
(2023.7.18 본조제목개정)

제66조【비상 시의 통신의 확보】 ① 과학기술정보통신부장관은 전시·사변·천재지변이나 그 밖에 이에 준하는 국가비상사태가 발생하거나 발생할 우려가 있는 경우에는 자가전기통신설비를 설치한 자에게 전기통신업무나 그 밖에 중요한 통신업무를 취급하게 하거나 해당 설비를 다른 전기통신설비에 접속할 것을 명할 수 있다. 이 경우 제28조부터 제32조까지 및 제33조부터 제55조까지의 규정을 준용한다.(2017.7.26 전단개정)
② 과학기술정보통신부장관은 제1항의 경우에 필요하다고 인정하는 경우에는 기간통신사업자로 하여금 그 업무를 취급하게 할 수 있다.(2017.7.26 본항개정)
③ 제1항의 경우에 그 업무의 취급 또는 설비의 접속에 소요되는 비용은 정부가 부담한다. 다만, 자가전기통신설비가 전기통신설비에 제공되는 경우에는 해당 설비를 제공받는 기간통신사업자가 그 비용을 부담한다.

제67조【자가전기통신설비 설치자에 대한 시정명령 등】 ① 과학기술정보통신부장관 또는 시·도지사는 자가전기통신설비를 설치한 자가 자가전기통신설비의 설치, 변경 및 운용(제65조제1항을 위반하여 운용한 경우는 제외한다)과 관련하여 이 법 또는 이 법에 따른 명령을 위반하였을 때에는 일정한 기간을 정하여 그 시정을 명할 수 있다.(2023.7.18 본항개정)
② 과학기술정보통신부장관 또는 시·도지사는 자가전기통신설비를 설치한 자가 다음 각 호의 어느 하나에 해당하는 경우에는 1년 이내의 기간을 정하여 그 사용의 정지를 명할 수 있다.(2023.7.18 본문개정)
1. 제1항에 따른 시정명령을 이행하지 아니한 경우
2. 제64조제3항을 위반하여 확인을 받지 아니하고 자가전기통신설비를 사용한 경우
3. (2015.12.1 삭제)
③ 과학기술정보통신부장관 또는 시·도지사는 자가전기통신설비가 타인의 전기통신에 장해가 되거나 타인의 전기통신설비에 위해를 줄 우려가 있다고 인정되는 경우에는 그 설비를 설치한 자에게 해당 설비의 사용정지 또는 개조·수리나 그 밖에 필요한 조치를 명할 수 있다.
(2023.7.18 본항개정)

제3절 전기통신설비의 공동구축 등
(2015.12.1 본절제목개정)

제68조【공동구 또는 관로 등의 설치 등】 ① 다음 각 호의 어느 하나에 해당하는 시설 등을 설치하거나 조성하는 자(이하 "시설설치자"라 한다)는 전기통신설비를 수용할 수 있는 공동구 또는 관로 등의 설치에 관한 기간통신사업자의 의견을 들어 그 내용을 반영하여야 한다. 다만, 기간통신사업자의 의견을 반영하기 어려운 특별한 사정이 있는 경우에는 그러하지 아니하다.
1. 「도로법」 제2조제1호에 따른 도로(2014.1.14 본호개정)
2. 「철도사업법」 제2조제1호에 따른 철도
3. 「도시철도법」 제2조제2호에 따른 도시철도(2014.1.7 본호개정)
4. 「산업입지 및 개발에 관한 법률」 제2조제5호에 따른 산업단지
5. 「자유무역지역의 지정 및 운영에 관한 법률」 제2조제1호에 따른 자유무역지역
6. 「공항시설법」 제2조제4호에 따른 공항구역(2016.3.29 본호개정)
7. 「항만법」 제2조제4호에 따른 항만구역
8. 그 밖에 대통령령으로 정하는 시설 또는 부지
② 기간통신사업자가 제1항에 따라 공동구 또는 관로 등의 설치에 관하여 제시하는 의견은 대통령령으로 정하는 관로 설치기준에 적합하여야 한다.
③ 제1항에 따라 설치된 공동구 또는 관로 등의 제공에 관하여는 제35조, 제44조(같은 조 제6항은 제외한다) 및 제45조부터 제47조까지의 규정을 준용한다.(2014.10.15 본항개정)

④ 시설설치자가 제1항에 따른 기간통신사업자의 의견을 반영할 수 없는 경우에는 기간통신사업자의 의견을 받은 날부터 30일 이내에 그 사유를 해당 기간통신사업자에게 통보하여야 한다.
⑤ 시설설치자가 제1항에 따른 기간통신사업자의 의견을 반영하지 아니한 경우 해당 기간통신사업자는 과학기술정보통신부장관에게 조정을 요청할 수 있다.(2017.7.26 본항개정)
⑥ 과학기술정보통신부장관은 제5항에 따른 조정 요청을 받아 조정을 할 경우 관계 중앙행정기관의 장과 미리 협의하여야 한다.(2017.7.26 본항개정)
⑦ 제5항 및 제6항에 따른 조정에 필요한 사항은 대통령령으로 정한다.

제69조【구내용 전기통신선로설비 등의 설치】 ①「건축법」제2조제1항제2호에 따른 건축물에는 구내용(構內用) 전기통신선로설비 등을 갖추어야 하며, 전기통신회선설비와의 접속을 위한 일정 면적을 확보하여야 한다.
② 제1항에 따른 건축물의 범위, 전기통신선로설비 등의 설치기준 및 전기통신회선설비와의 접속을 위한 면적 확보 등에 관한 사항은 대통령령으로 정한다.

제69조의2【구내용 이동통신설비의 설치】 ① 다음 각 호의 시설에는 구내용 이동통신설비(「전파법」에 따라 할당받은 주파수를 사용하는 기간통신역무를 이용하기 위하여 필요한 전기통신설비를 의미한다)를 설치하여야 한다.
1. 「건축법」제2조제1항제2호에 따른 건축물 중 연면적의 합계가 1,000제곱미터 이상의 범위에서 대통령령으로 정하는 건축물
2. 「주택법」제2조제12호에 따른 주택단지 중 500세대 이상의 범위에서 대통령령으로 정하는 주택단지에 건설된 주택 및 시설
3. 「도시철도법」제2조제3호에 따른 도시철도시설
② 제1항제1호에 따른 시설 중 대통령령으로 정하는 시설에 대하여 기간통신사업자는 화재, 재난 등이 발생한 경우에도 구내용 이동통신설비가 안정적으로 운용될 수 있도록 건축주의 비상전원단자에 연결하여야 하며, 건축주는 정당한 사유가 없는 한 협조하여야 한다.(2023.7.18 본항신설)
③ 제1항 및 제2항에 따라 설치하여야 하는 구내용 이동통신설비의 종류, 설치기준 및 절차에 관한 사항은 대통령령으로 정한다.(2023.7.18 본항개정)
(2016.1.27 본조신설)

제70조~제71조 (2015.12.1 삭제)

제4절 전기통신설비의 설치 및 보전

제72조【토지등의 사용】 ① 기간통신사업자는 전기통신업무에 제공되는 선로 및 안테나와 그 부속설비(이하 "선로등"이라 한다)를 설치하기 위하여 필요하면 타인의 토지 또는 이에 정착한 건물·인공구조물과 수면·수저(水底)(이하 "토지등"이라 한다)를 사용할 수 있다. 이 경우 기간통신사업자는 미리 그 토지등의 소유자나 점유자와 협의하여야 한다.(2020.6.9 전단개정)
② 기간통신사업자는 제1항에 따른 협의가 성립되지 아니하거나 협의를 할 수 없으면「공익사업을 위한 토지등의 취득 및 보상에 관한 법률」에서 정하는 바에 따라 타인의 토지등을 사용할 수 있다.

제73조【토지등의 일시 사용】 ① 기간통신사업자는 선로등에 관한 측량, 전기통신설비의 설치공사 또는 보전공사를 하기 위하여 필요한 경우에는 현재의 사용을 뚜렷하게 방해하지 아니하는 범위에서 사유 또는 국유·공유의 전기통신설비 및 토지등을 일시 사용할 수 있다.
② 누구든지 제1항에 따른 선로등의 측량, 전기통신설비의 설치공사 또는 보전공사와 이를 위한 전기통신설비 및 토지등의 일시 사용을 정당한 사유 없이 방해하여서는 아니 된다.
③ 기간통신사업자는 제1항에 따라 사유 또는 국유·공유 재산을 일시 사용하려면 미리 점유자에게 사용목적과 사용기간을 알려야 한다. 다만, 미리 알리는 것이 곤란한 경우에는 사용을 할 때 또는 사용 후 지체 없이 알리고, 점유자의 주소나 거소를 알 수 없어 사용목적과 사용기간을 알릴 수 없는 경우에는 이를 공고하여야 한다.
④ 제1항에 따른 토지등의 일시 사용기간은 6개월을 초과할 수 없다.
⑤ 제1항에 따라 사유 또는 국유·공유의 전기통신설비나 토지등을 일시 사용하는 사람은 그 권한을 표시하는 증표를 지니고 이를 관계인에게 보여주어야 한다.

제74조【토지등에의 출입】 ① 기간통신사업자의 전기통신설비를 설치·보전하기 위한 측량·조사 등을 위하여 필요하면 타인의 토지등에 출입할 수 있다. 다만, 출입하려는 곳이 주거용 건물인 경우에는 거주자의 승낙을 받아야 한다.
② 누구든지 제1항에 따른 전기통신설비의 설치와 보전을 위한 측량·조사 등과 이를 위하여 토지등에 출입하는 것을 정당한 사유 없이 방해하여서는 아니 된다.
③ 제1항에 따라 측량이나 조사 등에 종사하는 사람이 사유 또는 국유·공유의 토지등에 출입하는 경우 그 통지 및 증표 제시에 관하여는 제73조제3항 및 제5항을 준용한다.

제75조【장해물등의 제거 요구】 ① 기간통신사업자는 선로등의 설치 또는 전기통신설비에 장해를 주거나 줄 우려가 있는 가스관·수도관·하수도관·전등선·전력선 또는 자가전기통신설비(이하 "장해물등"이라 한다)의 소유자나 점유자에게 그 장해물등의 이전·개조·수리 또는 그 밖의 조치를 요구할 수 있다.
② 기간통신사업자는 식물이 선로등의 설치·유지 또는 전기통신에 장해를 주거나 줄 우려가 있으면 그 소유자나 점유자에게 식물의 제거를 요구할 수 있다.
③ 기간통신사업자는 식물의 소유자나 점유자가 제2항에 따른 요구에 따르지 아니하거나 그 밖의 부득이한 사유가 있는 경우에는 과학기술정보통신부장관의 허가를 받아 그 식물을 벌채하거나 이식할 수 있다. 이 경우 해당 식물의 소유자나 점유자에게 지체 없이 그 사실을 알려야 한다.(2017.7.26 전단개정)
④ 기간통신사업자의 전기통신설비에 장해를 주거나 줄 우려가 있는 장해물등의 소유자나 점유자는 그 장해물등을 신설·증설·개선·철거 또는 변경할 필요가 있으면 미리 기간통신사업자와 협의하여야 한다.(2020.6.9 본항개정)

제76조【원상회복의 의무】 기간통신사업자는 제72조 및 제73조에 따른 토지등의 사용이 끝나거나 사용하고 있는 토지등을 전기통신업무에 제공할 필요가 없게 되면 그 토지등을 원상으로 회복하여야 하며, 원상으로 회복하지 못하는 경우에는 그 소유자나 점유자가 입은 손실에 대하여 정당한 보상을 하여야 한다.

제77조【손실보상】 기간통신사업자는 제73조제1항·제74조제1항 또는 제75조의 경우에 타인에게 손실을 끼친 경우에는 손실을 입은 자에게 정당한 보상을 하여야 한다.

제78조【토지등의 손실보상의 절차】 ① 기간통신사업자는 다음 각 호의 어느 하나에 해당하는 사유로 제76조 또는 제77조에 따른 손실보상을 할 때에는 그 손실을 입은 자와 협의하여야 한다.
1. 제73조제1항에 따른 토지등의 일시 사용
2. 제74조제1항에 따른 토지등에의 출입
3. 제75조에 따른 장해물등의 이전·개조·수리 또는 식물의 제거 등
4. 제76조에 따른 원상회복의 불가능
② 제1항에 따른 협의가 성립되지 아니하거나 협의를 할 수 없는 경우에는「공익사업을 위한 토지 등의 취득 및 보상에 관한 법률」에 따른 관할 토지수용위원회에 재결(裁決)을 신청하여야 한다.
③ 이 법에서 규정한 것 외에 제1항의 토지등의 손실보상등에 관한 기준·방법 및 절차와 제2항의 재결신청 등에 관하여는「공익사업을 위한 토지 등의 취득 및 보상에 관한 법률」을 준용한다.

제79조【전기통신설비의 보호】 ① 누구든지 전기통신설비를 파손하여서는 아니 되며, 전기통신설비에 물건을 접촉하거나 그 밖의 방법으로 그 기능에 장해를 주어 전기통신의 소통을 방해하는 행위를 하여서는 아니 된다.
② 누구든지 전기통신설비에 물건을 던지거나 이에 동물·배 또는 뗏목 따위를 매는 등의 방법으로 전기통신설비를 망가뜨리거나 전기통신설비의 측량표를 훼손하여서는 아니 된다.(2020.6.9 본항개정)
③ 기간통신사업자는 해저(海底)에 설치한 통신용 케이블과 그 부속설비(이하 "해저케이블"이라 한다)를 보호하기 위하여 필요하면 해저케이블 경계구역의 지정을 과학기술정보통신부장관에게 신청할 수 있다.(2017.7.26 본항개정)
④ 과학기술정보통신부장관은 제3항에 따른 신청을 받으면 지정 필요성 등을 검토하고, 관계 중앙행정기관의 장과의 협의를 거쳐 해저케이블 경계구역을 지정·고시할 수 있다.(2017.7.26 본항개정)
⑤ 해저케이블 경계구역의 지정 신청, 지정·고시의 방법과 절차, 경계구역 표시의 방법 등에 관한 사항은 대통령령으로 정한다.

제80조【설비의 이전 등】 ① 기간통신사업자의 전기통신설비가 설치되어 있는 토지등이나 이에 인접한 토지등의 이용목적이나 이용방법이 변경되어 그 설비가 토지등의 이용에 방해가 되는 경우에는 그 토지등의 소유자나 점유자는 기간통신사업자에게 전기통신설비의 이전이나 그 밖에 방해 제거에 필요한 조치를 요구할 수 있다.
② 기간통신사업자는 제1항에 따른 요구를 받은 경우 해당 조치를 하는 것이 업무의 수행상 또는 기술상 곤란한 경우가 아니면 필요한 조치를 하여야 한다.
③ 제2항의 조치에 필요한 비용은 해당 설비의 설치 이후에 그 설비의 이전이나 그 밖에 방해 제거에 필요한 조치의 원인을 제공한 자가 부담한다. 다만, 기간통신사업자는 그 비용을 부담하는 자가 해당 토지등의 소유자나 점유자인 경우로서 다음 각 호의 어느 하나에 해당하는 경우에는 해당 설비를 설치할 때 보상금액, 설비기간 등을 고려하여 그 토지등의 소유자나 점유자가 부담하는 비용을 감면할 수 있다.
1. 기간통신사업자가 해당 전기통신설비의 이전이나 그 밖에 방해요소를 없애기 위한 계획을 수립하여 시행하는 경우
2. 해당 전기통신설비의 이전이나 그 밖에 방해요소 제거가 다른 전기통신설비에 유익하게 되는 경우
3. 국가나 지방자치단체가 전기통신설비의 이전이나 그 밖에 방해요소 제거를 요구하는 경우
4. 사유지 내의 전기통신설비가 해당 토지등을 이용하는 데에 크게 지장을 주어 이전하는 경우

제81조【다른 기관의 협조 등】 기간통신사업자는 전기통신설비를 설치·보전하기 위하여 차량, 선박, 항공기, 그 밖의 운반구(運搬具)를 운행할 필요가 있으면 관계 공공기관에 협조를 요청할 수 있다. 이 경우 협조를 요청받은 공공기관은 정당한 사유가 없으면 그 요청에 따라야 한다.

제82조【검사·보고 등】 ① 과학기술정보통신부장관은 전기통신에 관한 정책의 수립을 위하여 필요한 경우 등 대통령령으로 정하는 경우에는 전기통신설비를 설치한 자의 설비상황·장부 또는 서류 등을 검사하거나 전기통신설비를 설치한 자에 대하여 설비에 관한 보고를 하게 할 수 있다.
② 과학기술정보통신부장관은 이 법을 위반하여 전기통신설비를 설치한 자가 있는 경우에는 해당 설비의 제거 또는 그 밖에 필요한 조치를 명할 수 있다.
(2017.7.26 본조개정)

제6장 보 칙

제83조【통신비밀의 보호】 ① 누구든지 전기통신사업자가 취급 중에 있는 통신의 비밀을 침해하거나 누설하여서는 아니 된다.
② 전기통신업무에 종사하는 사람 또는 종사하였던 사람은 그 재직 중에 통신에 관하여 알게 된 타인의 비밀을 누설하여서는 아니 된다.(2020.6.9 본항개정)
③ 전기통신사업자는 법원, 검사 또는 수사관서의 장(군수사기관의 장, 국세청장 및 지방국세청장을 포함한다. 이하 같다), 정보수사기관의 장이 재판, 수사(「조세범 처벌법」제10조제1항·제3항·제4항의 범죄 중 전화, 인터넷 등을 이용한 범칙사건의 조사를 포함한다), 형의 집행 또는 국가안전보장에 대한 위해를 방지하기 위한 정보수집을 위하여 다음 각 호의 자료(이하 "통신이용자정보"라 한다)의 열람 또는 제출(이하 "통신이용자정보 제공"이라 한다)을 요청하면 그 요청에 따를 수 있다.
(2023.12.29 본문개정)
1. 이용자의 성명
2. 이용자의 주민등록번호
3. 이용자의 주소
4. 이용자의 전화번호
5. 이용자의 아이디(컴퓨터시스템이나 통신망의 정당한 이용자임을 알아보기 위한 이용자 식별부호를 말한다)
6. 이용자의 가입일 또는 해지일
④ 제3항에 따른 통신이용자정보 제공 요청은 요청사유, 해당 이용자와의 연관성, 필요한 통신이용자정보의 범위를 기재한 서면(이하 "정보제공요청서"라 한다)으로 하여야 한다. 다만, 서면으로 요청할 수 없는 긴급한 사유가 있을 때에는 서면에 의하지 아니하는 방법으로 요청할 수 있으며, 그 사유가 없어지면 지체 없이 전기통신사업자에게 정보제공요청서를 제출하여야 한다.(2023.12.29 본항개정)
⑤ 전기통신사업자는 제3항과 제4항의 절차에 따라 통신이용자정보 제공을 한 경우에는 해당 통신이용자정보 제공 사실 등 필요한 사항을 기재한 대통령령으로 정하는 대장과 정보제공요청서 등 관련 자료를 갖추어 두어야 한다.(2023.12.29 본항개정)
⑥ 전기통신사업자는 대통령령으로 정하는 방법에 따라 통신이용자정보 제공을 한 현황 등을 연 2회 과학기술정보통신부장관에게 보고하여야 하며, 과학기술정보통신부장관은 전기통신사업자가 보고한 내용의 사실 여부 및 제5항에 따른 관련 자료의 관리 상태를 점검할 수 있다.
(2023.12.29 본항개정)
⑦ 전기통신사업자는 제3항에 따라 통신이용자정보 제공을 요청한 자가 소속된 중앙행정기관의 장에게 제5항에 따른 대장에 기재된 내용을 대통령령으로 정하는 방법에 따라 알려야 한다. 다만, 통신이용자정보 제공을 요청한 자가 법원인 경우에는 법원행정처장에게 알려야 한다.
(2023.12.29 본항개정)
⑧ 전기통신사업자는 이용자의 통신비밀에 관한 업무를 담당하는 전담기구를 설치·운영하여야 하며, 그 전담기구의 기능 및 구성 등에 관한 사항은 대통령령으로 정한다.
⑨ 정보제공요청서에 대한 결재권자의 범위 등에 관하여 필요한 사항은 대통령령으로 정한다.(2023.12.29 본항개정)

제83조의2【통신이용자정보 제공을 받은 사실의 통지】
① 제83조제3항에 따라 통신이용자정보 제공을 받은 검사, 수사관서의 장, 정보수사기관의 장(이하 "수사기관등"이라 한다)은 그 통신이용자정보 제공을 받은 날(제2항에 따라 통지를 유예한 경우에는 제3항에 따른 통지유예기간이 끝난 날을 말한다)부터 30일 이내에 다음 각 호의 사항을 통신이용자정보 제공의 대상이 된 당사자에게 서면 또는 문자메시지, 메신저 등 전자적 방법으로 통지하여야 한다.
1. 통신이용자정보 조회의 주요 내용 및 사용 목적
2. 통신이용자정보 제공을 받은 자
3. 통신이용자정보 제공을 받은 날짜
② 수사기관등은 제1항에도 불구하고 다음 각 호의 어느 하나에 해당하는 사유가 있는 경우에는 통지를 유예할 수 있다.

1. 국가 및 공공의 안전보장을 위태롭게 할 우려가 있는 경우
2. 피해자 또는 그 밖의 사건관계인의 생명이나 신체의 안전을 위협할 우려가 있는 경우
3. 증거인멸, 도주, 증인 위협 등 공정한 사법절차의 진행을 방해할 우려가 있는 경우
4. 피의자, 피해자 또는 그 밖의 사건관계인의 명예나 사생활을 침해할 우려가 있는 경우
5. 질문·조사 등의 행정절차의 진행을 방해하거나 과도하게 지연시킬 우려가 있는 경우

③ 제2항에 따른 통지유예의 기간은 다음 각 호의 구분에 따른다.
1. 제2항제1호 및 제2호의 사유가 있는 경우 : 해당 사유가 해소될 때까지의 기간
2. 제2항제3호부터 제5호까지의 사유가 있는 경우 : 두 차례에 한정하여 매 1회 3개월의 범위에서 정한 기간

④ 정보수사기관의 장은 국가안전보장에 대한 위해를 방지하기 위한 정보수집을 위하여 통신이용자정보 제공을 받은 경우로서 통신이용자정보 제공의 대상이 된 당사자가 다음 각 호의 어느 하나에 해당하는 경우에는 제1항에도 불구하고 통지를 하지 아니할 수 있다.
1. 대한민국에 적대하는 국가, 반국가활동의 혐의가 있는 외국의 기관·단체와 외국인 또는 이와 연계된 내국인
2. 대한민국의 통치권이 사실상 미치지 아니하는 한반도 내의 집단이나 외국에 소재하는 그 산하 단체의 구성원 또는 이와 연계된 내국인

⑤ 수사기관등은 제1항에 따른 통신이용자정보 제공을 받은 사실의 통지를 위하여 필요한 경우에는 다음 각 호의 구분에 따라 해당 사항에 대한 확인을 요청할 수 있다. 이 경우 요청을 받은 전기통신사업자는 특별한 사유가 없으면 그 요청에 따라야 한다.
1. 제83조제3항에 따라 통신이용자정보 제공을 한 전기통신사업자에 대한 요청의 경우 : 해당 당사자의 통신이용자정보에 변경이 있는지 여부
2. 그 외의 전기통신사업자에 대한 요청의 경우 : 그 당사자가 해당 전기통신사업의 이용자인지 여부

⑥ 수사기관등은 제1항에 따른 통신이용자정보 제공을 받은 사실의 통지를 위하여 필요한 경우에는 행정안전부장관에게 「주민등록법」 제30조제1항에 따라 주민등록전산정보자료의 제공을 요청할 수 있다. 이 경우 요청을 받은 행정안전부장관은 특별한 사유가 없으면 그 요청에 따라야 한다.

⑦ 제6항에 따른 주민등록전산정보자료 제공에 관한 사용료는 「주민등록법」 제30조제6항에도 불구하고 면제한다.

⑧ 제1항에 따른 통신이용자정보 제공을 받은 사실의 통지 절차, 제2항 및 제3항에 따른 통지유예 절차 등에 관하여 필요한 사항은 대통령령으로 정한다.
(2023.12.29 본조신설)

제83조의3【통신이용자정보 제공을 받은 사실 통지업무의 대행】 ① 수사기관등은 다음 각 호의 업무를 한국정보통신진흥협회에 대행하게 할 수 있다.
1. 제83조의2제1항에 따른 통신이용자정보 제공을 받은 사실의 통지업무
2. 제83조의2제5항에 따른 확인 요청 및 이에 대한 회신자료 접수 업무
3. 제83조의2제6항에 따른 주민등록전산정보자료의 제공 요청 및 이에 대한 회신자료 접수 업무

② 제1항에 따라 업무를 대행하는 한국정보통신진흥협회(이하 "대행기관"이라 한다)는 해당 업무에 필요한 범위에서 통신이용자정보를 처리할 수 있다.

③ 수사기관등은 제83조의2제2항 및 제3항에 따라 통신이용자정보 제공을 받은 사실 통지의 유예 결정을 한 경우에는 그 사실을 대행기관에 통보하여야 한다.

④ 대행기관은 제1항제1호에 따른 통신이용자정보 제공을 받은 사실의 통지업무를 대행하는 경우에는 통지사실 등 대통령령으로 정하는 사항을 기재한 통지관리대장과 제3항에 따른 통지유예 통보 관련 자료를 갖추어 두어야 한다. 이 경우 대행기관은 이를 전자적으로 관리할 수 있다.

⑤ 대행기관이 제1항제3호에 따른 주민등록전산정보자료의 제공 요청 업무를 대행하는 경우에는 제83조의2제6항 및 「주민등록법」 제30조제1항에도 불구하고 과학기술정보통신부장관의 심사를 받아야 한다. 이 경우 과학기술정보통신부장관의 심사를 받으면 「주민등록법」 제30조제1항에 따른 관계 중앙행정기관의 장의 심사를 거친 것으로 본다.

⑥ 대행기관은 이용자의 통신비밀에 관한 업무를 담당하는 전담기구를 설치·운영하여야 한다. 이 경우 그 전담기구의 기능 및 구성 등에 관한 사항은 대통령령으로 정한다.

⑦ 수사기관등은 대행기관에 대하여 업무의 대행에 드는 비용을 대통령령으로 정하는 바에 따라 지급하여야 한다.

⑧ 대행기관의 임직원이거나 임직원이었던 자는 제83조의3제1항 각 호의 업무를 수행하면서 알게 된 타인의 정보를 누설하거나 업무 목적 외의 용도로 이용하여서는 아니 된다.
(2023.12.29 본조신설)

제83조의4【대행기관에 대한 관리·감독】 ① 수사기관등은 대통령령으로 정하는 바에 따라 대행기관에 대하여 다음 각 호의 사항을 관리·감독하고, 이에 필요한 자료의 제출을 요구하거나 대행업무의 수행 실태 등을 조사할 수 있다.
1. 통신이용자정보 제공을 받은 사실의 통지 누락 여부와 그 통지 방법 및 절차의 적절성에 관한 사항
2. 정보통신망 등을 통하여 제공받은 통신이용자정보의 유출 방지를 위한 제도적·기술적 보안조치에 관한 사항
3. 대행기관의 업무 수행능력 및 기술유지 여부에 관한 사항
4. 제83조의3제4항에 따른 통지관리대장과 통지유예 통보 관련 자료의 관리 등에 관한 사항

② 수사기관등은 대행기관이 다음 각 호의 어느 하나에 해당하는 경우에는 대통령령으로 정하는 바에 따라 시정을 요구할 수 있다.
1. 제83조의3제4항을 위반하여 통지관리대장 또는 통지유예 통보 관련 자료를 갖추어 두지 아니한 경우
2. 정보통신망 등을 통하여 제공받은 통신이용자정보의 유출 방지를 위한 제도적·기술적 보안조치를 하지 아니한 경우 등 대통령령으로 정하는 경우
(2023.12.29 본조신설)

제84조【송신인의 전화번호의 고지 등】 ① 전기통신사업자는 수신인의 요구가 있으면 송신인의 전화번호를 알려줄 수 있다. 다만, 송신인이 전화번호의 송출을 거부하는 의사표시를 하는 경우에는 그러하지 아니하다.

② 전기통신사업자는 제1항 단서에도 불구하고 다음 각 호의 어느 하나에 해당하는 경우에는 송신인의 전화번호 등을 수신인에게 알려줄 수 있다.
1. 전기통신에 의한 폭언·협박·희롱 등으로부터 수신인을 보호하기 위하여 대통령령으로 정하는 요건과 절차에 따라 수신인이 요구를 하는 경우
2. 특수번호 전화서비스 중 국가안보·범죄방지·재난구조 등을 위하여 대통령령으로 정하는 경우

③~④ (2014.10.15 삭제)

제84조의2【전화번호의 거짓표시 금지 및 이용자 보호】 ① 누구든지 다른 사람을 속여 재산상 이익을 취하거나 폭언·협박·희롱 등의 위해를 입힐 목적으로 전화(문자메시지를 포함한다. 이하 이 조에서 같다)를 하면서 송신인의 전화번호를 변작하는 등 거짓으로 표시하여서는 아니 된다.

② 누구든지 영리를 목적으로 송신인의 전화번호를 변작하는 등 거짓으로 표시할 수 있는 서비스를 제공하여서는 아니 된다. 다만, 공익을 목적으로 하거나 수신인에게 편의를 제공하는 등 정당한 사유가 있는 경우에는 그러하지 아니하다.

③ 전기통신사업자는 거짓으로 표시된 전화번호로 인한 이용자의 피해를 예방하기 위하여 다음 각 호의 조치를 하여야 한다. 다만, 제2항 단서에 따른 정당한 사유가 있는 경우는 제외한다.
1. 변작 등 거짓으로 표시된 전화번호의 전화 발신을 차단하거나 송신인의 정상적인 전화번호로 정정하여 수신인에게 송출하기 위한 조치
2. 국외에서 국내로 발신된 전화에 대한 국외발신 안내를 위한 조치
3. 변작 등 거짓으로 표시한 전화번호를 송신한 자의 해당 회선에 대한 전기통신역무 제공의 중지를 위한 조치
4. 그 밖에 이용자 보호를 위하여 과학기술정보통신부장관이 정하는 사항(2017.7.26 본호개정)

④ 과학기술정보통신부장관은 제3항에 따른 조치의 이행 여부를 확인하거나 이용자의 피해가 확산되는 것을 방지하기 위하여 전기통신사업자에게 다음 각 호에 해당하는 자료의 열람·제출을 요청하거나 필요한 검사를 할 수 있다.(2017.7.26 본문개정)
1. 변작 등 거짓으로 표시된 전화번호의 전화 발신을 차단한 경우 해당 전화번호, 차단시각, 발신 사업자명
2. 수신자가 변작 등 거짓으로 표시된 전화번호에 대하여 신고한 경우 발신 사업자명
3. 그 밖에 제3항 각 호의 조치 이행 여부를 확인할 수 있는 관계 자료

⑤ 과학기술정보통신부장관은 제3항에 따른 조치의 이행 여부를 확인하고 제4항에 따른 조치를 시행하기 위하여 대통령령으로 정하는 바에 따라 「정보통신망 이용촉진 및 정보보호 등에 관한 법률」 제52조에 따른 한국인터넷진흥원에 업무를 위탁하고 이에 소요되는 비용을 지원할 수 있다.(2017.7.26 본항개정)

⑥ 과학기술정보통신부장관은 제2항 단서에 따른 정당한 사유, 제3항 각 호에 따른 조치 및 제4항의 이행을 위한 구체적인 절차·방법을 정하여 고시할 수 있다.
(2017.7.26 본항개정)

⑦ 제4항에 따른 자료의 열람·제출 및 검사에 대하여는 「정보통신망 이용촉진 및 정보보호 등에 관한 법률」 제64조, 제64조의2 및 제69조를 준용한다.
(2014.10.15 본조신설)

제85조【업무의 제한 및 정지】 과학기술정보통신부장관은 전시·사변·천재지변 또는 이에 준하는 국가비상사태가 발생하거나 발생할 우려가 있는 경우와 그 밖의 부득이한 사유가 있는 경우에 중요 통신을 확보하기 위하여 필요하면 대통령령으로 정하는 바에 따라 전기통신사업자에게 전기통신업무의 전부 또는 일부를 제한하거나 정지할 것을 명할 수 있다.(2017.7.26 본조개정)

제86조【국제전기통신업무에 관한 승인】 ① 국제전기통신업무에 관하여 정부가 가입한 조약이나 협정에 따로 규정이 있으면 그 규정에 따른다.

② 전기통신사업자는 제87조제1항에 따른 기간통신역무의 국경 간 공급에 관한 협정과 대통령령으로 정하는 국제전기통신업무에 관한 협정을 체결하려는 경우에는 대통령령으로 정하는 요건을 갖추어 과학기술정보통신부장관의 승인을 받아야 하고, 이를 변경하거나 폐지하려는 때에도 또한 같다. 다만, 다음 각 호의 요건을 모두 갖추거나 제6조제1항 단서에 해당하는 경우에는 과학기술정보통신부장관의 승인 없이 협정을 체결할 수 있다.
(2018.12.24 단서개정)
1. 기간통신역무를 제공하려는 자가 대한민국이 외국과 양자 간 또는 다자 간으로 체결하여 발효된 자유무역협정 중 과학기술정보통신부장관이 정하여 고시하는 자유무역협정 상대국의 외국인일 것(2017.7.26 본호개정)
2. 방송사업자 간 텔레비전방송 또는 라디오방송 관련 음성·데이터·영상 등을 전송하는 기간통신역무를 위성을 이용하여 제공할 것(2013.8.13 본호신설)
3. 국내에 있는 방송사업자 간 기간통신역무를 제공하는 것이 아닐 것(2013.8.13 본호신설)

③ 기간통신역무를 제공하는 전기통신사업자는 외국정부 또는 외국인과 국제전기통신서비스의 취급에 따른 요금 정산에 관한 협정을 체결한 때에는 과학기술정보통신부장관에게 신고하여야 한다. 다만, 전기통신설비의 규모, 자본금, 번호 부여 여부 등이 대통령령으로 정하는 기준에 해당하는 때에는 그러하지 아니하다.(2017.7.26 본문개정)

④ (2013.8.13 삭제)

⑤ 제3항에 따른 신고와 관련된 사항은 과학기술정보통신부장관이 정하여 고시한다.(2017.7.26 본항개정)

제87조【기간통신역무의 국경 간 공급】 ① 국내에 사업장을 두지 아니하고 국외에서 국내로 기간통신역무를 제공(이하 "기간통신역무의 국경 간 공급"이라 한다) 하려는 자는 같은 기간통신역무를 제공하는 국내의 기간통신사업자와 기간통신역무의 국경 간 공급에 관한 협정을 체결하여야 한다.(2018.12.24 본항개정)

② 제1항에 따라 협정을 체결한 기간통신사업자의 협정에서 정하는 역무의 제공에 관하여는 제28조, 제32조, 제33조, 제45조부터 제47조까지, 제50조부터 제55조까지, 제83조, 제84조, 제84조의2, 제85조, 제88조, 제92조 및 「정보통신망 이용촉진 및 정보보호 등에 관한 법률」 제44조의7을 준용한다.(2018.12.24 본항개정)

③ 과학기술정보통신부장관은 제1항에 따라 기간통신역무의 국경 간 공급을 하려는 자 또는 그와 협정을 체결한 기간통신사업자가 제2항에 따라 준용되는 해당 규정을 위반하는 경우에는 제86조제2항에 따른 승인을 취소하거나 1년 이내의 기간을 정하여 해당 협정에서 정하는 기간통신역무의 국경 간 공급의 전부 또는 일부를 정지하도록 명할 수 있다.(2018.12.24 본항개정)

④ 제3항에 따른 처분의 기준 및 절차, 그 밖에 필요한 사항은 대통령령으로 정한다.

제87조의2【경고문구의 표기 등】 ① 이동통신단말장치를 제조하거나 수입·판매하는 자는 이동 중 이동통신단말장치의 사용은 사고의 위험성이 있다는 내용의 경고문구를 이동통신단말장치에 표기할 수 있다.

② 정부는 제1항에 따라 소요되는 경비 등 필요한 지원을 할 수 있다.

③ 제1항에 따른 경고문구의 표기 내용·방법 등에 필요한 사항은 과학기술정보통신부장관이 정하여 고시한다.
(2017.7.26 본항개정)
(2014.10.15 본조신설)

제88조【통계의 보고 등】 ① 전기통신사업자는 전기통신역무별 시설현황·이용실적 및 이용자 현황과 요금의 부과·징수를 위하여 필요한 통화량 관련 자료 등 대통령령으로 정하는 전기통신역무의 제공에 관한 통계를 대통령령으로 정하는 바에 따라 과학기술정보통신부장관에게 보고하고 관련 자료를 갖추어 두어야 한다.
(2017.7.26 본항개정)

② 기간통신사업자 및 그 주주는 대통령령으로 정하는 바에 따라 제8조의 사실을 확인하는 데에 필요한 관계 자료를 제출하여야 한다.(2018.12.24 본항개정)

③ 과학기술정보통신부장관은 제2항에 따른 사실을 확인하거나 제출된 자료의 진위(眞僞)를 확인하기 위하여 행정기관이나 그 밖의 관계 기관에 대하여 제출된 자료의 심사를 요청하거나 관련 자료의 제출을 요청할 수 있다. 이 경우 요청을 받은 기관은 정당한 사유가 없으면 그 요청에 따라야 한다.(2017.7.26 전단개정)

④ 시·도지사는 다음 각 호의 사항을 대통령령으로 정하는 바에 따라 과학기술정보통신부장관에게 보고하고 관련 자료를 갖추어 두어야 한다.(2017.7.26 본문개정)
1. 제64조제1항에 따른 자가전기통신설비의 설치 신고 및 변경신고 현황
2. 제67조에 따른 자가전기통신설비의 시정·사용정지·개조·수리나 그 밖의 조치 현황
3. 제90조제2항에 따른 과징금 부과 현황
4. 제104조제5항제10호에 따른 과태료 부과 현황
(2015.12.1 본항신설)

제89조【청문】 과학기술정보통신부장관은 다음 각 호의 어느 하나에 해당하는 처분을 하려면 청문을 하여야 한다.(2017.7.26 본문개정)
1. 제20조제1항에 따른 기간통신사업자에 대한 등록의 전부 또는 일부의 취소(2018.12.24 본호개정)
2. 제27조제1항에 따른 부가통신사업의 전부 또는 일부의 폐업(2020.6.9 본호개정)
3. 제87조제3항에 따른 승인의 취소

제90조【과징금의 부과 등】 ① 과학기술정보통신부장관은 전기통신사업자가 제20조제1항 각 호, 제27조제1항 각 호의 어느 하나(제27조제1항제3호의4에 해당하는 경우는 제외한다) 또는 제52조제5항에 해당하여 사업의 정지를 명하여야 하는 경우로서 그 사업의 정지가 해당 사업의 이용자 등에게 심한 불편을 주거나 그 밖에 공익을 해칠 우려가 있는 경우에는 그 사업정지처분을 갈음하여 대통령령으로 정하는 바에 따라 산출한 매출액의 100분의 3 이하에 해당하는 금액의 과징금을 부과할 수 있다. 이 경우 전기통신사업자가 매출액 산정 자료의 제출을 거부하거나 거짓 자료를 제출하였을 때에는 해당 전기통신사업자 및 같거나 비슷한 종류의 역무제공사업자의 재무제표 등 회계자료와 가입자 수 및 이용요금 등 영업현황 자료를 근거로 매출액을 추정할 수 있다. 다만, 매출액이 없거나 매출액을 산정하기 곤란한 경우로서 대통령령으로 정하는 경우에는 10억원 이하의 과징금을 부과할 수 있다.(2020.6.9 본항개정)
② 과학기술정보통신부장관 및 시·도지사는 제65조제4항 및 제67조제2항에 따라 자가전기통신설비에 대한 사용정지를 명하려는 경우 그 사용정지가 해당 자가전기통신설비를 이용하여 제공되는 전기통신역무의 이용자에게 심한 불편을 주거나 그 밖에 공익을 해칠 우려가 있으면 그 사용정지명령을 갈음하여 10억원 이하의 과징금을 부과할 수 있다.(2017.7.26 본항개정)
③ 제1항 및 제2항에 따른 과징금의 구체적인 부과기준은 대통령령으로 정한다.
④ 제1항 및 제2항에 따른 과징금의 가산금, 독촉·징수 및 환급가산금에 관하여는 제53조제5항부터 제9항까지의 규정을 준용한다.(2019.12.10 본항개정)

제91조【과징금의 납부기한 연장 및 분할납부】 ① 과학기술정보통신부장관 또는 방송통신위원회는 제53조와 제90조에 따라 전기통신사업자가 내야 할 과징금이 대통령령으로 정하는 금액을 초과하는 경우로서 다음 각 호의 어느 하나에 해당하는 사유로 과징금을 내야 할 자가 과징금의 전액을 일시에 내기 어렵다고 인정될 때에는 그 납부기한을 연장하거나 분할납부하게 할 수 있다. 이 경우 필요하다고 인정하면 담보를 제공하게 할 수 있다.(2017.7.26 전단개정)
1. 자연재해 또는 화재 등으로 재산에 현저한 손실을 입은 경우
2. 사업 여건이 악화되어 사업이 중대한 위기에 있는 경우
3. 과징금을 일시 납부하면 자금 사정에 현저한 어려움이 예상되는 경우
② 과징금의 납부기한 연장, 분할납부 및 담보 제공 등에 필요한 사항은 대통령령으로 정한다.

제92조【시정명령 등】 ① 과학기술정보통신부장관 또는 방송통신위원회는 각각 소관 업무에 따라 전기통신사업자 또는 시설관리기관이 다음 각 호의 어느 하나에 해당할 때에는 그 시정을 명할 수 있다. 이 경우 제22조의5를 위반한 행위에 대하여 방송통신위원회가 시정을 명한 경우에는 「방송통신위원회의 설치 및 운영에 관한 법률」 제18조에 따른 방송통신심의위원회에 그 사실을 통보한다.(2018.12.24 후단신설)
1. 제3조, 제4조, 제4조의2, 제6조, 제9조부터 제11조까지, 제14조부터 제22조까지, 제22조의3부터 제22조의5까지, 제22조의7부터 제22조의9까지, 제23조, 제24조, 제26조부터 제28조까지, 제30조부터 제32조까지, 제32조의3, 제32조의4, 제32조의6, 제32조의7, 제32조의8, 제32조의10, 제33조부터 제35조까지, 제35조의2, 제36조부터 제44조까지, 제47조부터 제49조까지, 제51조, 제56조부터 제60조까지, 제60조의2, 제60조의3, 제61조, 제62조, 제64조부터 제66조까지, 제69조, 제73조부터 제75조까지, 제79조 또는 제82조부터 제84조까지, 제84조의2, 제85조부터 제87조까지 및 제88조를 위반하거나 이들 규정에 따른 명령을 위반한 경우(2023.12.29 본호개정)
2. 전기통신사업자의 업무 처리절차가 이용자의 이익을 현저히 해친다고 인정되는 경우
3. 사고 등에 의하여 전기통신역무의 제공에 지장이 발생하였음에도 수리 등 지장을 제거하기 위하여 필요한 조치를 신속하게 실시하지 아니한 경우
② 과학기술정보통신부장관은 전기통신의 발전을 위하여 필요하면 전기통신사업자에게 다음 각 호의 사항을 명할 수 있다.(2017.7.26 본문개정)
1. 전기통신설비 등의 통합운영·관리
2. 사회복지를 증진하기 위한 통신시설의 확충
3. 국가 기능의 효율적 수행에 필요한 대통령령으로 정하는 중요 통신을 위한 통신망의 구축·관리(2013.8.13 본호개정)
4. 그 밖에 대통령령으로 정하는 사항
③ 과학기술정보통신부장관은 다음 각 호의 어느 하나에 해당하는 자에게 전기통신역무의 제공행위의 중지 또는 전기통신설비의 철거 등의 조치를 명할 수 있다.(2017.7.26 본문개정)
1. 제6조제1항에 따른 등록을 하지 아니하고 기간통신사업을 경영한 자(2018.12.24 본호개정)
2. 제22조제1항에 따른 신고를 하지 아니하고 부가통신사업을 경영한 자
3. 제22조제2항에 따른 등록을 하지 아니하고 특수한 유형의 부가통신사업을 경영한 자(2014.10.15 본호신설)
④ 과학기술정보통신부장관 또는 방송통신위원회는 천재지변이나 그 밖의 부득이한 사유로 제1항부터 제3항까지의 규정에 따른 명령에서 정한 기간에 전기통신사업자가 명령을 이행할 수 없다고 인정하는 경우에는 한 번만 그 기간을 연장할 수 있다.(2018.12.11 본항개정)
⑤ 정부는 제2항제3호의 중요 통신을 확보하기 위하여 중요 통신의 구축·관리에 드는 경비를 보조할 수 있다.(2013.8.13 본항신설)

제93조【권한 등의 위임 및 위탁】 ① 과학기술정보통신부장관의 권한 중 다음 각 호의 권한은 방송통신위원회에 위탁한다.(2017.7.26 본문개정)
1. 제52조제5항에 따른 전기통신사업자에 대한 사업의 일부 정지 명령
2. 제52조의2에 따른 이행강제금의 부과·징수
3. 제90조제1항에 따른 과징금의 부과(제52조제5항에 따른 사업의 일부 정지를 갈음하여 과징금을 부과하는 경우로 한정한다)
② 이 법에 따른 과학기술정보통신부장관의 권한(제1항에 따라 방송통신위원회에 위탁하는 권한은 제외한다) 또는 방송통신위원회의 권한은 그 일부를 대통령령으로 정하는 바에 따라 각각 소속 기관의 장에게 위임할 수 있다.(2017.7.26 본항개정)
③ 제83조의4에 따른 수사기관등의 업무는 그 일부를 대통령령으로 정하는 바에 따라 과학기술정보통신부장관에게 위탁할 수 있다.(2023.12.29 본항신설)
(2023.12.29 본조제목개정)
(2016.1.27 본조개정)

제93조의2【벌칙 적용에서 공무원 의제】 ① 위원회의 위원 중 공무원이 아닌 사람은 「형법」 제129조부터 제132조까지의 규정을 적용할 때에는 공무원으로 본다.
② 분쟁조정위원회의 위원 중 공무원이 아닌 사람은 「형법」 제127조 및 제129조부터 제132조까지의 규정을 적용할 때에는 공무원으로 본다.(2018.12.11 본항신설)
(2016.1.27 본조신설)

제7장 벌 칙

제94조【벌칙】 다음 각 호의 어느 하나에 해당하는 자는 5년 이하의 징역 또는 2억원 이하의 벌금에 처한다.
1. 제79조제1항을 위반하여 전기통신설비를 파손하거나 전기통신설비에 물건을 접촉하거나 그 밖의 방법으로 그 기능에 장해를 주어 전기통신의 소통을 방해한 자
2. 제83조제2항을 위반하여 재직 중에 통신에 관하여 알게 된 타인의 비밀을 누설한 자
3. 제83조제3항을 위반하여 통신이용자정보 제공을 한 자 및 그 제공을 받은 자(2023.12.29 본호개정)

제95조【벌칙】 다음 각 호의 어느 하나에 해당하는 자는 3년 이하의 징역 또는 1억5천만원 이하의 벌금에 처한다.
1. 제3조제1항을 위반하여 정당한 사유 없이 전기통신역무의 제공을 거부한 자
2. (2018.12.24 삭제)
3. 제6조제1항에 따른 등록을 하지 아니하고 기간통신사업을 경영한 자(2018.12.24 본호개정)
3의2. 제22조제2항에 따른 등록을 하지 아니하고 부가통신사업을 경영한 자(2011.5.19 본호신설)
4. 제20조제1항에 따른 등록의 일부 취소를 위반하여 기간통신사업을 경영한 자(2018.12.24 본호개정)
5. 제52조제1항에 따른 명령을 이행하지 아니한 자
5의2. 제52조제5항에 따른 사업의 일부 정지 명령을 위반한 자(2016.1.27 본호신설)
6. 제73조제2항을 위반하여 선로등의 측량, 전기통신설비의 설치공사 또는 보전공사를 방해한 자
7. 제83조제1항을 위반하여 전기통신사업자가 취급 중에 있는 통신의 비밀을 침해하거나 누설한 자
8. 제83조의3제8항을 위반하여 업무상 알게 된 타인의 정보를 누설하거나 업무 목적 외의 용도로 이용한 자(2023.12.29 본호신설)

제95조의2【벌칙】 다음 각 호의 어느 하나에 해당하는 자는 3년 이하의 징역 또는 1억원 이하의 벌금에 처한다.(2014.10.15 본문개정)
1. 제4조의2제3항을 위반하여 재직 중에 알게 된 타인의 비밀을 누설한 사람(2014.10.15 본호신설)
1의2. 제22조의5제1항에 따른 불법촬영물등의 삭제·접속차단 등 유통방지에 필요한 조치를 취하지 아니한 자. 다만, 불법촬영물등을 인식한 경우 지체 없이 해당 정보의 삭제·접속차단 등 유통방지에 필요한 조치를 취하기 위하여 상당한 주의를 게을리하지 아니하였거나 해당 정보의 삭제·접속차단 등 유통방지에 필요한 조치가 기술적으로 현저히 곤란한 경우에는 그러하지 아니하다.(2020.6.9 본호신설)
1의3. 제22조의5제2항에 따른 기술적·관리적 조치를 하지 아니한 자. 다만, 제22조의5제2항에 따른 기술적·관리적 조치를 하기 위하여 상당한 주의를 게을리하지 아니하였거나 제22조의5제2항에 따른 기술적·관리적 조치가 기술적으로 현저히 곤란한 경우에는 그러하지 아니하다.(2020.6.9 본호신설)
2. 제32조의4제1항제1호를 위반하여 자금을 제공 또는 융통하여 주는 조건으로 다른 사람 명의의 이동통신단말장치를 개통하여 그 이동통신단말장치에 제공되는 전기통신역무를 이용하거나 해당 자금의 회수에 이용하는 행위를 한 자
3. 제32조의4제1항제2호를 위반하여 자금을 제공 또는 융통하여 주는 조건으로 이동통신단말장치 이용에 필요한 전기통신역무 제공에 관한 계약을 권유·알선·중개하거나 광고하는 행위를 한 자
(2014.10.15 2호~3호신설)
3의2. 제32조의4제1항제3호를 위반하여 「형법」 제247조(도박장소 등 개설), 제347조(사기) 및 제347조의2(컴퓨터등 사용사기)의 죄에 해당하는 행위, 「성매매알선 등 행위의 처벌에 관한 법률」 제2조제1항제2호 및 제3호에 따른 성매매알선 등 행위 및 성매매 목적의 인신매매에 이용할 목적으로 다른 사람 명의의 이동통신단말장치를 개통하여 그 이동통신단말장치에 제공되는 전기통신역무를 이용하는 행위를 한 자(2022.6.10 본호신설)
4. 제84조의2제1항을 위반하여 다른 사람을 속여 재산상 이익을 취하거나 폭언·협박·희롱 등의 위해를 입힐 목적으로 전화(문자메시지를 포함한다)를 하면서 송신인의 전화번호를 변작하는 등 거짓으로 표시한 자
5. 제84조의2제2항을 위반하여 영리를 목적으로 송신인의 전화번호를 변작하는 등 거짓으로 표시하는 서비스를 제공한 자
(2014.10.15 4호~5호신설)

제96조【벌칙】 다음 각 호의 어느 하나에 해당하는 자는 2년 이하의 징역 또는 1억원 이하의 벌금에 처한다.
1. 제17조제1항 및 제42조제4항에 따른 승인을 받지 아니한 자
2. 제18조제1항 각 호 외의 부분 본문에 따른 인가를 받지 아니하거나 제19조제1항에 따른 승인을 받지 아니한 자
3. 제18조제9항을 위반하여 인가를 받기 전에 통신망 통합, 임원의 임명행위, 영업의 양수, 법인의 합병·분할·분할합병이나 설비 매각 협정의 이행행위 또는 회사 설립에 관한 후속조치를 한 자(2022.6.10 본호개정)
4. 제19조제2항 또는 제20조제3항에 따른 이용자 보호조치명령을 위반한 자(2014.10.15 본호개정)
5. 제22조제1항에 따른 신고를 하지 아니하고 부가통신사업을 경영한 자
6. 제22조의3제2항을 위반하여 정당한 권한 없이 같은 조 제1항에 따른 기술적 조치를 제거·변경하거나 우회하는 등의 방법으로 무력화한 자(2014.10.15 본호신설)
6의2. 제22조의5제3항을 위반하여 정당한 권한 없이 같은 조 제2항에 따른 기술적 조치를 제거·변경하거나 우회하는 등의 방법으로 무력화한 자(2020.6.9 본호신설)
7. 제20조제1항에 따른 사업정지처분을 위반한 자(2018.12.24 본호개정)
8. 제27조제1항에 따른 사업폐업명령을 위반한 자(2020.6.9 본호개정)
9. 제32조제4항 본문을 위반하여 보증보험에 가입하지 아니한 자(2020.6.9 본호개정)
9의2. 제32조제5항제1호를 위반하여 보증보험으로 보장되는 선불통화 이용요금 총액을 넘어 선불통화서비스 이용권을 발행한 자(2020.6.9 본호신설)
9의3. 제32조제5항제2호를 위반하여 보증보험의 보험기간을 넘어 선불통화서비스를 제공한 자(2020.6.9 본호신설)
10. 제43조를 위반하여 정보를 사용하거나 제공한 자(2015.12.1 본호개정)
10의2. 제60조의3을 위반하여 제60조의2제1항 각 호의 어느 하나에 해당하는 통신단말장치의 사용 차단을 방해할 목적으로 통신단말장치의 고유식별번호를 훼손하거나 위조 또는 변조하는 자(2022.6.10 본호개정)
11. 제85조에 따른 업무의 제한 또는 정지 명령을 이행하지 아니한 자
12. 제86조제2항에 따른 승인·변경승인 또는 폐지승인을 받지 아니한 자(2013.8.13 본호개정)

제97조【벌칙】 다음 각 호의 어느 하나에 해당하는 자는 1년 이하의 징역 또는 5천만원 이하의 벌금에 처한다.
1. 제10조제5항에 따른 명령을 이행하지 아니한 자, 제12조제2항(법률 제5385호 전기통신사업법중개정법률 부칙 제4조제4항에 따라 준용되는 경우를 포함한다) 또는 제18조제8항에 따른 명령을 이행하지 아니한 자
2. 제18조제1항 각 호 외의 부분 단서에 따른 신고를 하지 아니한 자
3. 제16조에 따른 변경등록을 하지 아니한 자(2018.12.24 본호개정)
4. 제24조에 따른 신고를 하지 아니한 자
5. 제27조제1항에 따른 사업정지처분을 위반한 자(2018.12.24 본호개정)
6. 제28조제1항에 따른 신고 또는 변경신고를 하지 아니하고 전기통신서비스를 제공한 자(2020.6.9 본호개정)

7. 제30조 각 호 외의 부분 본문을 위반하여 전기통신사업자가 제공하는 전기통신역무를 이용하여 타인의 통신을 매개하거나 이를 타인의 통신용으로 제공한 자

제98조【벌칙】 다음 각 호의 어느 하나에 해당하는 자는 1년 이하의 징역 또는 1천만원 이하의 벌금에 처한다.

1. 제22조의4제1항을 위반하여 요금 신고를 하지 아니하거나 신고한 내용과 다르게 전기통신서비스를 제공한 자(2016.1.27 본호신설)
2. 제62조제1항 본문에 따른 신고를 하지 아니하고 중요한 전기통신설비를 설치하거나 변경한 자 또는 같은 항 단서에 따른 승인을 받지 아니하고 전기통신설비를 설치한 자
3. 제64조제1항에 따른 신고 또는 변경신고를 하지 아니하고 자가전기통신설비를 설치한 자
4. 제65조제1항을 위반하여 자가전기통신설비를 이용하여 타인의 통신을 매개하거나 설치한 목적에 어긋나게 이를 운용하거나 신고 또는 변경신고한 사항과 다르게 운용한 자(2023.7.18 본호개정)
5. 제66조제1항에 따른 전기통신업무나 그 밖에 중요한 통신업무를 취급하게 하거나 해당 설비를 다른 전기통신설비에 접속하도록 하는 명령을 위반한 자
6. 제67조제2항에 따른 사용정지명령 또는 같은 조 제3항에 따른 명령을 위반한 자
7. 제82조제2항에 따른 전기통신설비의 제거명령 또는 그 밖에 필요한 조치의 명령을 위반한 자

제99조【벌칙】 제50조제1항 각 호의 금지행위(제50조제1항제5호의 행위 중 이용약관과 다르게 전기통신서비스를 제공하는 행위 및 같은 항 제5호의2의 행위는 제외한다)를 한 자는 3억원 이하의 벌금에 처한다.
(2016.1.27 본조개정)

제100조 (2014.10.15 삭제)

제101조【벌칙】 제79조제2항을 위반하여 전기통신설비를 망가뜨리거나 전기통신설비의 측량표를 훼손한 자는 100만원 이하의 벌금 또는 과료(科料)에 처한다.
(2020.6.9 본조개정)

제102조【미수범】 제94조제1호·제2호 및 제95조제7호의 미수범은 처벌한다.(2018.12.24 본조개정)

제103조【양벌규정】 법인의 대표자나 법인 또는 개인의 대리인, 사용인, 그 밖의 종업원이 그 법인 또는 개인의 업무에 관하여 제94조, 제95조, 제95조의2, 제96조부터 제99조까지의 어느 하나에 해당하는 위반행위를 하면 그 행위자를 벌하는 외에 그 법인 또는 개인에게도 해당 조문의 벌금형을 과(科)한다. 다만, 법인 또는 개인이 그 위반행위를 방지하기 위하여 해당 업무에 관하여 상당한 주의와 감독을 게을리하지 아니한 경우에는 그러하지 아니하다.(2014.10.15 본문개정)

제104조【과태료】 ① 다음 각 호의 어느 하나에 해당하는 자에게는 5천만원 이하의 과태료를 부과한다.

1. 제22조의3제1항을 위반하여 기술적 조치를 하지 아니한 자
2. 제22조의3제6항을 위반하여 주식 또는 지분을 소유한 자
3. 제22조의5제2항을 위반하여 기술적·관리적 조치를 하지 아니한 자
4. 제51조제2항에 따른 조사를 거부·방해 또는 기피한 자
5. 「대·중소기업 상생협력 촉진에 관한 법률」 제2조제2호에 따른 대기업 또는 대기업 계열사(「독점규제 및 공정거래에 관한 법률」 제2조제3호에 따른 계열회사를 말한다. 이하 같다)인 전기통신사업자이거나 그 전기통신사업자에 속하여 업무를 위탁받아 취급하는 자(전기통신사업자로부터 위탁받은 업무가 제50조와 관련된 경우 그 업무를 취급하는 자로 한정한다. 이하 같다)로서 제51조제5항에 따른 자료나 물건의 제출명령 또는 제출된 자료나 물건의 일시 보관을 거부 또는 기피하거나 이에 지장을 주는 행위를 한 자(2021.10.19 본호신설)
6. 제84조의2제3항 각 호에 따른 조치를 하지 아니한 자(2022.6.10 본호신설)
7. 「대·중소기업 상생협력 촉진에 관한 법률」 제2조제2호에 따른 대기업 또는 대기업 계열사인 전기통신사업자이거나 그 전기통신사업자에 속하여 업무를 위탁받아 취급하는 자로서 제92조제1항제1호(제51조를 위반하거나 같은 조에 따른 명령을 위반한 경우만 해당한다)에 따른 시정명령을 이행하지 아니한 자(2021.10.19 본호신설)

(2020.6.9 본항개정)

② 다음 각 호의 어느 하나에 해당하는 자에게는 3천만원 이하의 과태료를 부과한다.

1. 제48조의2제1항을 위반하여 전기통신번호를 매매한 자(2016.1.27 본호신설)
2. 제73조제2항을 위반하여 사유(私有)의 전기통신설비 또는 토지등의 일시 사용을 정당한 사유 없이 방해한 자
3. 제74조제2항을 위반하여 토지등에의 출입을 정당한 사유 없이 방해한 자
4. 제75조제1항에 따른 장해물등의 이전·개조·수리나 그 밖의 조치 및 같은 조 제2항에 따른 식물의 제거 요구를 정당한 사유 없이 거부한 자
5. (2022.6.10 삭제)
6. 제92조제1항제1호(제32조의4제2항을 위반한 경우만 해당한다)에 따른 시정명령을 이행하지 아니한 자(2023.7.18 본호신설)

③ 다음 각 호의 어느 하나에 해당하는 자에게는 2천만원 이하의 과태료를 부과한다.(2014.10.15 본문개정)

1. 제22조의3제3항을 위반하여 기술적 조치의 운영·관리 실태를 기록·관리하지 아니한 자(2020.6.9 본호개정)

1의2. 제22조의5제4항을 위반하여 기술적 조치의 운영·관리 실태를 기록·관리하지 아니한 자(2020.6.9 본호개정)

1의3. 제22조의8제1항을 위반하여 국내대리인을 지정하지 아니하거나 같은 조 제2항을 위반하여 국내대리인을 지정한 자(2022.6.10 본호개정)

2. 제32조의3제1항에 따른 명령을 위반하거나 같은 조 제2항을 위반하여 이의신청 절차를 통지하지 아니한 자(2018.12.11 본호개정)
3. 제44조제2항을 위반하여 협정 체결에 대한 인가신청을 하지 아니한 자(2014.10.15 본호신설)

④ 다음 각 호의 어느 하나에 해당하는 자에게는 1천500만원 이하의 과태료를 부과한다.

1. 제44조제1항 또는 제3항에 따른 협정 체결에 대한 신고를 하지 아니한 자(2014.10.15 본호개정)
2. 제86조제3항 본문에 따른 신고를 하지 아니한 자

⑤ 다음 각 호의 어느 하나에 해당하는 자에게는 1천만원 이하의 과태료를 부과한다. 다만, 제8호 또는 제17호에 해당하는 자가 제1항제5호·제6호 또는 제2항제6호에 해당하는 자인 경우는 제외한다.(2023.7.18 단서개정)

1. 제10조제2항에 따른 신고를 하지 아니하거나 제11조제3항 또는 제4항에 따른 자료의 제공 요청이나 출석명령에 따르지 아니한 자
2. 제19조제1항을 위반하여 기간통신사업의 휴업 또는 폐업 예정일 60일 전까지 이용자에게 알리지 아니한 자(2020.6.9 본호개정)

2의2. 제22조의3제4항 또는 제22조의5제5항에 따른 방송통신위원회의 자료 제출 명령을 따르지 아니하거나 거짓으로 자료를 제출한 자(2020.6.9 본호개정)

2의3. 제22조의7제3항에 따른 자료 제출을 하지 아니하거나 거짓으로 자료 제출을 한 자(2023.1.3 본호신설)

2의4. 제22조의7제4항에 따른 자료의 제출 요청에 정당한 사유 없이 따르지 아니하거나 거짓으로 자료 제출을 한 자(2023.1.3 본호신설)

3. 제26조에 따른 신고를 하지 아니한 자
4. 제32조제1항에 따른 이용자의 보호에 관한 의무(이용자 피해 예방 노력은 제외한다)를 위반한 자(2014.10.15 본호개정)

4의2. 제32조제2항 후단에 따른 자료 제출 명령을 이행하지 아니한 자(2014.10.15 본호신설)

4의3. 제32조제3항을 위반하여 계약서 사본을 송부하지 아니한 자(2014.10.15 본호신설)

4의4. 제32조의2제1항에 따른 요금한도 초과 등의 고지를 하지 아니한 자(2015.1.20 본호신설)

4의5. 제32조의8을 위반하여 신고하지 아니하거나 신고한 내용과 다르게 전기통신역무를 제공한 자(2016.1.27 본호신설)

4의6. 제32조의9제2항을 위반하여 이용자에게 경제상의 이익의 적립 현황 등을 알리지 아니한 자(2018.12.11 본호신설)

4의7. 제32조의10제4항을 위반하여 보고서를 공개하지 아니한 자(2023.12.29 본호신설)

5. 제33조제2항을 위반하여 이용자에게 전기통신역무의 제공이 중단된 사실과 손해배상의 기준·절차 등을 알리지 아니한 자(2018.12.24 본호신설)
6. 제42조제4항을 위반하여 기술적 기준, 이용 및 공급기준, 그 밖에 공정한 경쟁환경을 조성하기 위하여 필요한 기준을 공시하지 아니한 자

6의2. 제42조제5항을 위반하여 전기통신서비스 규격에 관한 정보를 제공하지 아니한 자(2013.8.13 본호신설)

7. 제48조제3항을 위반하여 같은 조 제2항에 따라 고시한 사항을 지키지 아니한 자

7의2. 제48조의2제2항에 따른 과학기술정보통신부장관의 폐쇄 또는 게시제한 명령을 이행하지 아니한 자(2017.7.26 본호개정)

8. 제51조제5항에 따른 자료나 물건의 제출명령 또는 제출된 자료나 물건의 일시 보관을 거부 또는 기피하거나 이에 지장을 주는 행위를 한 자
9. 제56조제3항에 따른 자료 제출 명령을 이행하지 아니한 자
10. 제64조제3항을 위반하여 확인을 받지 아니하고 자가전기통신설비를 사용한 자
11. 제82조제1항에 따른 검사를 거부·방해 또는 기피한 자
12. 제82조제1항에 따른 보고를 하지 아니하거나 거짓으로 보고한 자
13. 제83조제5항을 위반하여 관련 자료를 갖추어 두지 아니하거나 거짓으로 기재하여 갖추어 둔 자
14. 제83조제7항을 위반하여 중앙행정기관의 장에게 통신이용자정보 제공 사실 등이 기재된 대장의 내용을 알리지 아니한 자(2023.12.29 본호개정)
15. 제84조의2제4항에 따른 자료의 열람·제출 및 검사 요구에 따르지 아니하거나 거짓으로 자료제출을 한 자(2014.10.15 본호신설)
16. 제88조에 따른 보고 또는 자료 제출을 하지 아니하거나 거짓으로 보고 또는 자료 제출을 한 자
17. 제92조제1항부터 제3항까지에 따른 시정명령 등을 이행하지 아니한 자(2013.8.13 본호개정)

⑥ 제1항제6호 및 제2항부터 제5항까지의 규정에 따른 과태료는 대통령령으로 정하는 바에 따라 과학기술정보통신부장관이 부과·징수한다. 다만, 제1항제1호부터 제5호까지 및 제7호, 제3항제1호, 제1호의2, 제5항제2호의2·제4호의2·제8호에 따른 과태료는 방송통신위원회가 부과·징수하고, 제5항제10호에 따른 과태료는 시·도지사가 부과·징수하며, 같은 항 제17호에 따른 과태료는 과학기술정보통신부장관 또는 방송통신위원회가 각각 소관 업무에 따라 부과·징수한다.(2023.12.29 본항개정)

⑦ (2020.6.9 삭제)

부 칙

제1조【시행일】 이 법은 공포 후 6개월이 경과한 날부터 시행한다.

제2조【유효기간】 제38조제2항부터 제4항까지의 개정규정은 2016년 9월 22일까지 효력을 가진다.(2013.8.13 본조개정)

제3조【적용 범위에 관한 경과조치】 종전의 부칙 규정은 이 법의 시행 후에도 계속하여 적용한다.

제4조【기간통신사업자의 허가에 관한 경과조치】 이 법 시행 당시 종전의 규정에 따라 기간통신사업을 영위하도록 허가를 받은 기간통신사업자는 제5조제2항의 개정규정에 따른 기간통신사업을 영위하도록 제6조의 개정규정에 따라 허가를 받은 기간통신사업자로 본다.

제5조【보증보험에 관한 경과조치】 이 법 시행 당시 종전의 규정에 따라 등록한 별정통신사업자로서 이용자로부터 이용요금을 미리 받고 그 이후에 역무를 제공하기 위하여 보증보험에 가입한 자는 제32조제3항의 개정규정에 따라 보증보험에 가입한 것으로 본다.

제6조【벌칙 등에 관한 경과조치】 이 법 시행 전의 위반행위에 대하여 벌칙 또는 과태료를 적용할 때에는 종전의 규정에 따른다. 다만, 이 법의 규정이 행위자에게 유리한 경우에는 이 법에 따른다.

제7조【다른 법률의 개정】 ①~⑨ ※(해당 법령에 가제정리 하였음)

제8조【다른 법률의 개정에 따른 경과조치】 이 법 시행 전의 종전의 「전기통신기본법」(부칙 제7조제5항에 따라 개정되기 전의 것을 말한다)의 위반행위에 대하여 벌칙 또는 과태료를 적용할 때에는 종전의 「전기통신기본법」에 따른다.

제9조【다른 법령과의 관계】 이 법 시행 당시 다른 법령에서 종전의 「전기통신기본법」 및 종전의 「전기통신사업법」 또는 그 규정을 인용한 경우에 이 법 가운데 그에 해당하는 규정이 있을 때에는 종전의 규정을 갈음하여 이 법 또는 이 법의 해당 규정을 인용한 것으로 본다.

부 칙 (2013.8.13)

제1조【시행일】 이 법은 공포 후 6개월이 경과한 날부터 시행한다. 다만, 제8조제3항제2호 및 제86조제2항의 개정규정은 공포한 날부터 시행한다.

제2조【외국인의제법인에 대한 특례】 제8조제3항제2호의 개정규정에 따른 법인이 다음 각 호의 어느 하나에 해당하는 기간통신사업자의 발행주식을 소유하거나 소유하게 되는 경우에는 제8조제3항의 개정규정에도 불구하고 외국인으로 본다.

1. 2012년 1월 1일 현재 제10조제2항 및 제3항에 따라 신고를 하여야 하거나 공익성심사를 요청할 수 있는 기간통신사업자
2. 「상법」 제342조의2에 따른 자회사로서 제1호의 기간통신사업자의 권리·의무를 승계한 기간통신사업자
3. 그 밖에 기간통신사업의 양수 및 법인의 합병 등을 통하여 제1호 또는 제2호의 기간통신사업자의 권리·의무를 승계한 자로서 과학기술정보통신부장관이 정하여 고시하는 기간통신사업자

제3조【장애인 통신중계서비스 제공계획 제출에 관한 경과조치】 제4조의2제2항의 개정규정에 따라 최초로 제출하여야 하는 회계연도 통신중계서비스 제공계획은 이 법 시행 후 1개월 이내에 제출하여야 한다.

제4조【무선통신시설의 공동이용을 통한 국제서비스의 요금 정산에 관한 협정을 체결한 전기통신사업자에 대한 경과조치】 이 법 시행 당시 종전의 제86조제4항에 따라 과학기술정보통신부장관의 승인을 받은 기간통신역무를 제공하는 전기통신사업자는 제86조제3항 본문에 따라 과학기술정보통신부장관에게 신고를 한 것으로 본다.

제5조【다른 법률의 개정】 ※(해당 법령에 가제정리 하였음)

부 칙 (2014.10.15)

제1조【시행일】 이 법은 공포 후 6개월이 경과한 날부터 시행한다. 다만, 제9조 및 제32조의3의 개정규정은 공포한 날부터 시행한다.

제2조【부속협정의 신고 및 공개에 관한 적용례】 제44조제3항의 개정규정은 이 법 시행 당시 부속협정을 체

결·변경·폐지한 지 30일이 지나지 아니한 경우에도 적용한다.

제3조【금치산자 등의 결격사유에 관한 경과조치】 제9조제1항제1호의 개정규정에도 불구하고 같은 개정규정 시행 당시 이미 금치산 또는 한정치산의 선고를 받고 법률 제10429호 민법 일부개정법률 부칙 제2조에 따라 금치산 또는 한정치산 선고의 효력이 유지되는 사람에 대하여는 종전의 규정에 따른다.

제4조【부가통신사업의 등록에 관한 경과조치】 이 법 시행 당시 종전의 규정에 따라 부가통신사업을 경영하는 자 중 제2조제13호나목의 개정규정에 해당하는 자는 이 법 시행 후 6개월 이내에 제22조제2항의 개정규정에 따라 등록하여야 한다.

제5조【기술적 조치 등에 관한 경과조치】 이 법 시행 당시 제22조제2항에 따라 등록한 특수한 유형의 부가통신사업자는 이 법 시행일부터 6개월 이내에 제22조의3제1항 및 제3항의 개정규정에 따른 조치 등을 하여야 한다.

제6조【벌칙과 과태료에 관한 경과조치】 이 법 시행 전의 행위에 대하여 벌칙이나 과태료를 적용할 때에는 종전의 규정에 따른다.

부 칙 (2015.12.1 법13518호)

제1조【시행일】 이 법은 공포 후 6개월이 경과한 날부터 시행한다.

제2조【지방이양에 관한 경과조치】 이 법 시행 당시 종전의 제64조, 제67조, 제90조 및 제104조에 따라 과학기술정보통신부장관에 대하여 행한 자가전기통신설비 설치신고·변경신고 및 그 밖의 행위와 과학기술정보통신부장관이 행한 자가전기통신설비 설치자에 대한 시정명령, 과징금·과태료 부과 및 그 밖의 행위는 이 법의 개정규정에 따라 해당 소재지를 관할하는 시·도지사에 대한 행위 또는 해당 소재지를 관할하는 시·도지사의 행위로 본다.

부 칙 (2016.1.27)

제1조【시행일】 이 법은 공포 후 6개월이 경과한 날부터 시행한다. 다만, 제93조의2는 공포한 날부터 시행한다.

제2조【사업의 정지 명령 및 이를 갈음하는 과징금에 관한 적용례】 제20조제1항제6호, 제27조제1항제4호·제2항제4호, 제52조제5항부터 제7항까지 제90조제1항의 개정규정은 이 법 시행 전의 제52조제1항에 따른 명령의 위반에 대하여 행정처분을 하는 경우에도 적용한다.

제3조【이행강제금에 관한 적용례】 제52조제5항의 개정규정 및 부칙 제2조에도 불구하고 제52조의2의 개정규정은 이 법 시행 이후 방송통신위원회가 제52조제1항에 따른 명령을 한 경우부터 적용한다.

제4조【권한의 위탁에 따른 사업의 일부 정지 명령 및 과징금의 부과에 관한 적용례】 제93조제1항제1호 및 제3호의 개정규정은 이 법 시행 전에 제52조제1항에 따른 방송통신위원회의 명령을 이행하지 아니하고 있는 경우에도 적용한다.

제5조【법률 제13805호 주택법 전부개정법률 시행에 따른 경과조치】 제69조의2제1항제2호의 개정규정 중 "제2조제12호"는 2016년 8월 11일까지는 "제2조제6호"로 본다.

부 칙 (2017.3.14)

제1조【시행일】 이 법은 공포 후 1년이 경과한 날부터 시행한다. 다만, 제38조제2항부터 제4항까지의 개정규정은 공포한 날부터 시행한다.

제2조【유효기간】 제38조제2항부터 제4항까지의 개정규정은 2019년 9월 22일까지 효력을 가진다.

부 칙 (2018.12.11)

제1조【시행일】 이 법은 공포 후 6개월이 경과한 날부터 시행한다.

제2조【전기통신역무 제공 중지에 관한 적용례】 제32조의3제1항·제2항 및 제104조제3항제2호의 개정규정은 이 법 시행 후 최초로 과학기술정보통신부장관이 전기통신사업자에게 전기통신역무의 제공을 중지하도록 명하는 경우부터 적용한다.

제3조【분쟁조정에 관한 경과조치】 이 법 시행 전의 전기통신사업자와 이용자 간 전기통신에 관한 분쟁에 대하여 분쟁조정 규정을 적용할 때에는 개정규정을 적용한다.

부 칙 (2018.12.24)

제1조【시행일】 이 법은 공포 후 6개월이 경과한 날부터 시행한다. 다만, 제34조의2의 개정규정은 2021년 1월 1일부터 시행한다.

제2조【기간통신사업자의 허가 및 별정통신사업자의 등록에 관한 경과조치】 이 법 시행 당시 종전의 규정에 따라 기간통신사업을 영위하도록 허가를 받은 기간통신사업자 및 제21조에 따라 등록한 별정통신사업자는 제6조의 개정규정에 따라 등록한 기간통신사업자로 본다.

제3조【다른 법률의 개정】 ①~⑦ ※(해당 법령에 가제정리 하였음)

부 칙 (2019.12.10)

제1조【시행일】 이 법은 공포 후 6개월이 경과한 날부터 시행한다.

제2조【환급가산금에 관한 적용례】 제53조제8항·제9항 및 제90조제4항의 개정규정은 이 법 시행 후 법원의 판결 등의 사유로 과징금을 환급하는 경우부터 적용한다.

부 칙 (2020.6.9 법17347호)

이 법은 공포한 날부터 시행한다.

부 칙 (2020.6.9 법17352호)

제1조【시행일】 이 법은 공포 후 6개월이 경과한 날부터 시행한다. 다만, 제38조제2항부터 제4항까지의 개정규정은 공포한 날부터 시행하고, 부칙 제5조제2항은 2021년 1월 1일부터 시행한다.

제2조【유효기간】 제38조제2항부터 제4항까지의 개정규정은 2022년 9월 22일까지 효력을 가진다.

제3조【기술적·관리적 조치에 관한 경과조치】 이 법 시행 당시 제22조제1항에 따라 부가통신사업을 신고한 자(제22조제4항 각 호의 어느 하나에 해당하는 자를 포함한다) 및 제22조제2항에 따라 특수한 유형의 부가통신사업을 등록한 자 중 제2조제14호가목에 해당하는 업무를 하는 자는 이 법 시행일부터 1년 이내에 제22조의5제2항에 따른 기술적·관리적 조치를 하여야 한다.

제4조【이용약관의 신고제 전환에 관한 경과조치】 ① 이 법 시행 당시 종전의 제28조제2항 본문에 따라 기간통신사업자가 인가받은 이용약관은 제28조의 개정규정에 따라 신고된 이용약관으로 본다.

② 이 법 시행 당시 종전의 제28조제2항에 따른 기간통신사업자의 기간통신서비스는 이 법 시행 이후 과학기술정보통신부장관이 제34조제4항의 개정규정에 따라 전기통신서비스별로 기간통신사업자를 지정·고시할 때까지 제34조제4항의 개정규정에 따라 지정·고시된 기간통신사업자의 해당 전기통신서비스로 본다.

제5조【다른 법률의 개정】 ①~② ※(해당 법령에 가제정리 하였음)

제6조【「아동·청소년의 성보호에 관한 법률」 제17조 삭제에 따른 경과조치】 이 법 시행 전의 종전의 「아동·청소년의 성보호에 관한 법률」에 따른 온라인서비스제공자가 같은 법 제17조제1항 또는 제2항을 위반한 행위에 대하여 벌칙이나 과태료를 적용할 때에는 종전의 「아동·청소년의 성보호에 관한 법률」의 규정에 따른다.

부 칙 (2020.6.9 법17359호)

이 법은 공포한 날부터 시행한다.

부 칙 (2020.6.9 법17460호)

제1조【시행일】 이 법은 공포 후 3개월이 경과한 날부터 시행한다.(이하 생략)

부 칙 (2021.9.14)

이 법은 공포한 날부터 시행한다. 다만, 제22조의9 및 제92조의 개정규정은 공포 후 6개월이 경과한 날부터 시행한다.

부 칙 (2021.10.19)

제1조【시행일】 이 법은 공포 후 6개월이 경과한 날부터 시행한다. 다만, 제50조제1항제4호 및 제5호의2의 개정규정은 공포한 날부터 시행한다.

제2조【재제출명령 및 이행강제금에 관한 적용례】 제51조의2의 개정규정은 이 법 시행 이후 방송통신위원회가 제51조제5항에 따라 자료나 물건의 제출을 명하는 경우부터 적용한다.

제3조【과징금의 부과에 관한 적용례】 제53조제3항제5호 및 제6호의 개정규정은 이 법 시행 전에 제50조제1항을 위반한 행위에 대하여 과징금을 부과하는 경우에도 적용한다.

부 칙 (2022.6.10)

제1조【시행일】 이 법은 공포 후 6개월이 경과한 날부터 시행한다. 다만, 제2조제12호의2 및 제22조제6항의 개정규정은 공포한 날부터 시행한다.

제2조【겸업승인 기준 변경에 따른 적용례】 제17조제1항 각 호 외의 부분 단서의 개정규정은 매출액이 300억원을 초과하는 기간통신사업자 중 전년도 전기통신역무 매출액이 300억원 이하인 기간통신사업자로서 이 법 시행 전에 종전의 제17조제1항에 따라 과학기술정보통신부장관에게 겸업승인 신청을 하여 이 법 시행 당시 승인심사를 진행 중인 기간통신사업자에 대해서도 적용한다.

제3조【국내대리인에 관한 적용례】 제22조의8제2항의 개정규정은 이 법 시행 이후 국내대리인을 지정하는 경우부터 적용한다.

제4조【온라인 동영상 서비스를 제공하는 부가통신사업자에 관한 경과조치】 ① 제2조제12호의2의 개정규정 시행 당시 제22조제1항에 따른 신고를 하고 부가통신사업을 경영하는 자 중 같은 개정규정에 해당하는 온라인 동영상 서비스를 제공하는 부가통신사업자는 같은 개정규정 시행일에 같은 개정규정에 따른 온라인 동영상 서비스를 제공하는 부가통신사업자로 신고한 것으로 본다.

② 과학기술정보통신부장관은 제1항에 따라 신고한 것으로 보는 부가통신사업자가 있는 경우에는 그 사실을 제22조제6항의 개정규정에 따라 같은 개정규정 시행일부터 3개월 이내에 문화체육관광부장관과 방송통신위원회에 통보하여야 한다.

제5조【국내대리인 지정에 관한 경과조치】 이 법 시행 당시 종전의 규정에 따라 국내대리인을 지정한 부가통신사업자 중 제22조의8제2항 각 호의 개정규정의 어느 하나에 해당하는 국내 법인이 있는 자는 이 법 시행 이후 6개월 이내에 해당 국내 법인을 국내대리인으로 지정하여야 한다.

부 칙 (2023.1.3)

제1조【시행일】 이 법은 공포 후 6개월이 경과한 날부터 시행한다.

제2조【분쟁조정위원회 위원 구성에 관한 적용례】 제45조의2제2항의 개정규정은 이 법 시행 이후 분쟁조정위원회를 구성하는 경우부터 적용한다.

부 칙 (2023.7.18)

제1조【시행일】 이 법은 공포 후 6개월이 경과한 날부터 시행한다. 다만, 제69조의2의 개정규정은 공포 후 1년이 경과한 날부터 시행한다.

제2조【자가전기통신설비 신고에 관한 경과조치】 이 법 시행 당시 종전의 규정에 따라 시·도지사가 설치한 자가전기통신설비는 제64조제1항 단서의 개정규정에도 불구하고 이 법 시행일부터 6개월이 되는 날까지 같은 개정규정에 따라 과학기술정보통신부장관에게 신고하여야 한다.

부 칙 (2023.12.29)

제1조【시행일】 이 법은 2024년 1월 1일부터 시행한다. 다만, 다음 각 호의 개정규정은 각 호의 구분에 따른 날부터 시행한다.

1. 제38조, 제38조의2제1항부터 제3항까지의 개정규정 : 공포 후 3개월이 경과한 날
2. 제32조의10, 제92조제1항제1호, 제104조제5항제4호의7 및 같은 조 제6항의 개정규정 : 공포 후 6개월이 경과한 날
3. 제38조의2제4항의 개정규정 : 공포 후 15개월이 경과한 날

제2조【유효기간】 제38조의2제3항의 개정규정 중 대가의 산정에 관한 기준 부분은 같은 개정규정 시행 이후 1년간 효력을 가진다.

제3조【통신이용자정보 제공을 받은 사실의 통지에 관한 적용례】 제83조의2의 개정규정은 이 법 시행 이후 제83조제3항에 따라 통신이용자정보 제공을 받는 경우부터 적용한다.

부 칙 (2024.1.30)

제1조【시행일】 이 법은 공포 후 6개월이 경과한 날부터 시행한다.

제2조【신설되는 금지행위에 관한 경과조치】 이 법 시행 당시 이미 체결된 전기통신서비스 이용계약에 대해서는 이용계약의 약정기간 동안 제50조제1항제5호의3의 개정규정을 적용하지 아니한다.

위치정보의 보호 및 이용 등에 관한 법률(약칭 : 위치정보법)

(2005년 1월 27일 법 률 제7372호)

개정
2006. 9.27법 8002호
2007. 4.11법 8367호(장애인)
2007. 5.25법 8486호(산업표준화법)
2007.12.21법 8775호
2008. 2.29법 8867호(방송통신위원회의설치및운영에관한법)
2009. 3.13법 9481호(전기통신기본법)
2009. 3.13법 9483호
2010. 3.17법10137호
2010. 3.22법10166호(전기통신사업법)
2011. 3.30법10517호(장애인)
2012. 5.14법11423호
2013. 3.23법11690호(정부조직)
2013. 3.23법11717호(국회)
2014.10.15법12840호
2014.11.19법12844호(정부조직)
2015. 2. 3법13203호
2015.12. 1법13540호
2016. 5.29법14224호(정신건강증진및정신질환자복지서비스지원에관한법)
2017. 7.26법14839호(정부조직)
2017. 7.26법14840호(국회)
2018. 4.17법15608호
2018.12.24법16087호
2020. 2. 4법16954호(소상공인기본법)
2020. 6. 9법17347호(법률용어정비)
2020.12. 8법17633호
2020.12.22법17689호(국가자치경찰)
2021.10.19법18517호

제1장 총 칙

제1조【목적】 이 법은 위치정보의 유출·오용 및 남용으로부터 사생활의 비밀 등을 보호하고 위치정보의 안전한 이용환경을 조성하여 위치정보의 이용을 활성화함으로써 국민생활의 향상과 공공복리의 증진에 이바지함을 목적으로 한다.

제2조【정의】 이 법에서 사용하는 용어의 정의는 다음과 같다.
1. "위치정보"라 함은 이동성이 있는 물건 또는 개인이 특정한 시간에 존재하거나 존재하였던 장소에 관한 정보로서 「전기통신사업법」 제2조제2호 및 제3호에 따른 전기통신설비 및 전기통신회선설비를 이용하여 측위(測位)된 것을 말한다.(2021.10.19 본호개정)
2. "개인위치정보"라 함은 특정 개인의 위치정보(위치정보만으로는 특정 개인의 위치를 알 수 없는 경우에도 다른 정보와 용이하게 결합하여 특정 개인의 위치를 알 수 있는 것을 포함한다)를 말한다.
3. "개인위치정보주체"라 함은 개인위치정보에 의하여 식별되는 자를 말한다.
4. "위치정보 수집사실 확인자료"라 함은 위치정보의 수집요청인, 수집일시 및 수집방법에 관한 자료(위치정보는 제외한다)를 말한다.(2020.6.9 본호개정)
5. "위치정보 이용·제공사실 확인자료"라 함은 위치정보를 제공받는 자, 취득경로, 이용·제공일시 및 이용·제공방법에 관한 자료(위치정보는 제외한다)를 말한다.(2020.6.9 본호개정)
6. "위치정보사업"이라 함은 위치정보를 수집하여 위치기반서비스사업을 하는 자에게 제공하는 것을 사업으로 영위하는 것을 말한다.(2015.2.3 본호개정)
7. "위치기반서비스사업"이라 함은 위치정보를 이용한 서비스(이하 "위치기반서비스"라 한다)를 제공하는 것을 사업으로 영위하는 것을 말한다.
8. "위치정보시스템"이라 함은 위치정보사업 및 위치기반서비스사업을 위하여 「정보통신망 이용촉진 및 정보보호 등에 관한 법률」 제2조제1항제1호에 따른 정보통신망을 통하여 위치정보를 수집·저장·분석·이용 및 제공할 수 있도록 서로 유기적으로 연계된 컴퓨터의 하드웨어, 소프트웨어, 데이터베이스 및 인적자원의 결합체를 말한다.(2015.2.3 본호개정)

제3조【위치정보의 보호 및 이용 등을 위한 시책의 강구】 방송통신위원회는 관계중앙행정기관의 장과 협의를 거쳐 위치정보의 안전한 보호와 건전한 이용 등을 위하여 다음 각호의 사항이 포함되는 시책을 마련하여야 한다.(2008.2.29 본문개정)
1. 위치정보의 보호 및 이용 등을 위한 시책의 기본방향
2. 위치정보의 보호에 관한 사항(위치정보 처리에 따른 위험성 및 결과, 개인위치정보주체의 권리 등을 명확하게 인지하지 못할 수 있는 14세 미만의 아동의 위치정보 보호에 관한 사항을 포함한다)(2018.12.24 본호개정)
3. 공공목적을 위한 위치정보의 이용에 관한 사항
4. 위치정보사업 및 위치기반서비스사업과 관련된 기술개발 및 표준화에 관한 사항
5. 위치정보사업 및 위치기반서비스사업의 안전성 및 신뢰성 향상에 관한 사항
6. 위치정보사업 및 위치기반서비스사업의 품질개선 및 품질평가 등에 관한 사항
7. 그 밖에 위치정보의 보호 및 이용 등을 위하여 필요한 사항

제4조【다른 법률과의 관계】 위치정보의 수집, 저장, 보호 및 이용 등에 관하여 다른 법률에 특별한 규정이 있는 경우를 제외하고는 이 법에서 정하는 바에 의한다.
(2020.6.9 본항개정)

제2장 위치정보사업의 등록 등
(2021.10.19 본장제목개정)

제5조【개인위치정보를 대상으로 하는 위치정보사업의 등록 등】 ① 개인위치정보를 대상으로 하는 위치정보사업을 하려는 자는 상호, 주된 사무소의 소재지, 위치정보사업의 종류 및 내용, 위치정보시스템을 포함한 사업용 주요 설비 등에 대하여 다음 각 호의 사항을 갖추어 방송통신위원회에 등록하여야 한다.
1. 법인일 것
2. 사업목적을 달성하기에 필요한 물적 시설을 갖출 것
3. 개인위치정보의 보호와 개인위치정보주체 및 제26조제1항 각 호의 어느 하나에 해당하는 자의 권리 보호를 위한 기술적·관리적 조치를 할 것
4. 다음 각 목의 어느 하나에 해당하지 아니할 것
 가. 등록을 신청한 법인의 임원이 제6조제1항 각 호의 어느 하나에 해당하는 경우
 나. 등록을 신청한 법인이 제13조제1항에 따른 등록 취소처분을 받은 후 3년이 지나지 아니한 경우

② 제1항에 따라 위치정보사업의 등록을 한 자(이하 "개인위치정보사업자"라 한다)가 등록한 사항 중 위치정보시스템에 관한 사항을 변경하려는 경우에는 방송통신위원회에 변경등록을 하여야 하고, 상호 또는 주된 사무소의 소재지를 변경하려는 경우에는 방송통신위원회에 변경신고를 하여야 한다.
③ 방송통신위원회는 제1항에 따른 등록 또는 제2항에 따른 변경등록의 신청을 받은 경우에는 등록요건을 충족하는지를 심사하여 신청내용이 적합하다고 인정되면 등록증을 교부하여야 한다.
④ 방송통신위원회는 제3항에 따른 심사를 위하여 필요한 자료의 제출을 요청할 수 있다.
⑤ 방송통신위원회는 제1항에 따라 등록을 받는 경우에는 대통령령으로 정하는 바에 따라 위치정보의 정확성·신뢰성 제고, 공정경쟁 또는 개인위치정보의 보호를 위한 연구·개발을 위하여 필요한 조건을 붙일 수 있다.
⑥ 제1항부터 제5항까지의 규정에 따른 등록·변경등록·변경신고의 방법·절차, 등록·변경등록의 심사 및 그 밖에 필요한 사항은 대통령령으로 정한다.
(2021.10.19 본조개정)

제5조의2【개인위치정보를 대상으로 하지 아니하는 위치정보사업의 신고】 ① 개인위치정보를 대상으로 하지 아니하는 위치정보사업만을 하려는 자는 다음 각 호의 사항을 대통령령으로 정하는 바에 따라 방송통신위원회에 신고하여야 한다.
1. 상호
2. 주된 사무소의 소재지
3. 위치정보사업의 종류 및 내용
4. 위치정보시스템을 포함한 사업용 주요 설비

② 제13조제1항에 따른 사업의 폐지명령을 받은 후 1년이 지나지 아니한 자(법인인 경우에는 그 대표자를 포함한다)는 제1항에 따른 위치정보사업의 신고를 할 수 없다.
(2020.6.9 본항개정)
③ 제1항에 따라 위치정보사업의 신고를 한 자(이하 "사물위치정보사업자"라 한다)는 신고한 사항 중 다음 각 호의 어느 하나에 해당하는 사항을 변경하려는 경우 대통령령으로 정하는 바에 따라 방송통신위원회에 변경신고를 하여야 한다.
1. 상호
2. 주된 사무소의 소재지
3. 위치정보시스템(2021.10.19 본호개정)

④ 방송통신위원회는 제1항에 따른 신고 또는 제3항제3호에 해당하는 사항에 대한 변경신고를 받은 경우 그 내용을 검토하여 이 법에 적합하면 신고를 수리하여야 한다.
⑤ 개인위치정보사업자가 제5조제1항에 따른 등록을 신청한 때 개인위치정보를 대상으로 하지 아니하는 위치정보사업의 신고에 필요한 서류를 첨부한 경우에는 제1항에 따른 신고를 한 것으로 본다.(2021.10.19 본항개정)
(2018.4.17 본조신설)

제6조【임원 또는 종업원의 결격사유】 ① 다음 각 호의 어느 하나에 해당하는 사람은 개인위치정보사업자 또는 사물위치정보사업자(이하 "위치정보사업자"라 한다)의 임원이 될 수 없고, 다음 각 호의 어느 하나에 해당하는 종업원은 제16조제1항에 따른 위치정보 접근권한자(이하 이 조에서 "접근권한자"라 한다)로 지정될 수 없다.
(2020.6.9 본문개정)
1. 미성년자 또는 피성년후견인(2020.12.8 본호개정)
2. 파산자로서 복권되지 아니한 사람(2020.6.9 본호개정)
3. 이 법, 「정보통신망 이용촉진 및 정보보호 등에 관한 법률」, 「전기통신기본법」, 「전기통신사업법」 또는 「전파법」을 위반하여 금고 이상의 실형을 선고받고 그 집행이 종료(집행이 종료된 것으로 보는 경우를 포함한다)되거나 집행이 면제된 날부터 3년이 지나지 아니한 사람(2020.6.9 본호개정)
4. 이 법, 「정보통신망 이용촉진 및 정보보호 등에 관한 법률」, 「전기통신기본법」, 「전기통신사업법」 또는 「전파법」을 위반하여 금고 이상의 형의 집행유예를 선고받고 그 유예기간 중에 있는 사람(2020.6.9 본호개정)
5. 이 법, 「정보통신망 이용촉진 및 정보보호 등에 관한 법률」, 「전기통신기본법」, 「전기통신사업법」 또는 「전파법」을 위반하여 벌금형을 선고받고 3년이 지나지 아니한 사람(2020.6.9 본호개정)
6. 제13조제1항에 따른 등록의 취소처분 또는 사업의 폐지명령을 받은 후 3년이 지나지 아니한 자. 이 경우 법인인 때에는 등록취소 또는 사업폐지명령의 원인이 된 행위를 한 사람과 그 대표자를 말한다.(2021.10.19 본호개정)

② 임원이 제1항 각 호의 어느 하나에 해당하게 되거나 선임 당시 그에 해당하는 사람임이 밝혀진 때에는 당연히 퇴직하고, 접근권한자가 제1항 각 호의 어느 하나에 해당하게 되거나 선임 당시 그에 해당하는 사람임이 밝혀진 때에는 접근권한자의 지정은 효력을 잃는다.
(2020.6.9 본항개정)
③ 제2항에 따라 퇴직한 임원이 퇴직 전에 관여한 행위 또는 접근권한자 지정의 효력이 상실된 종업원이 상실 전에 관여한 행위는 그 효력을 잃지 아니한다.(2020.6.9 본항개정)
(2015.12.1 본조제목개정)

제7조【위치정보사업의 양수 및 법인의 합병 등】 ① 개인위치정보사업자의 사업의 전부 또는 일부를 양수하거나 개인위치정보사업자인 법인의 합병·분할(분할합병을 포함한다. 이하 같다)을 하려는 자는 대통령령으로 정하는 바에 따라 방송통신위원회의 인가를 받아야 한다.
(2018.4.17 본항개정)
② 방송통신위원회는 제1항에 따른 인가를 하는 경우에는 다음 각 호의 사항을 종합적으로 심사하여야 한다.
1. 재정 및 기술적 능력과 사업운용 능력의 적정성
2. 개인위치정보주체 또는 위치기반서비스사업자의 보호에 미치는 영향
3. 긴급구조를 위한 개인위치정보의 이용, 개인위치정보 보호를 위한 연구·개발의 효율성 등 공익에 미치는 영향

(2015.2.3 본항신설)
③ 방송통신위원회는 제1항에 따른 인가의 신청이 다음 각 호의 어느 하나에 해당하는 경우를 제외하고는 인가를 하여야 한다.
1. 제2항에 따른 심사사항에 부적합한 경우
2. 신청한 자가 법인이 아닌 경우
3. 신청한 법인의 임원이 제6조제1항 각 호의 어느 하나에 해당하는 경우
4. 신청한 법인이 제13조제1항에 따른 등록의 취소처분이나 사업의 폐지명령을 받은 후 3년이 지나지 아니한 경우(2021.10.19 본호개정)
5. 그 밖에 이 법 또는 다른 법률에 따른 제한에 위반되는 경우

(2015.2.3 본항신설)
④ 사물위치정보사업자의 사업의 전부 또는 일부의 양수, 상속 또는 사물위치정보사업자인 법인의 합병·분할이 있는 경우에는 그 사업의 양수인, 상속인 또는 합병·분할에 의하여 설립되거나 합병·분할 후 존속하는 법인은 대통령령으로 정하는 바에 따라 방송통신위원회에 신고하여야 한다.(2018.4.17 본항신설)
⑤ 방송통신위원회는 제4항에 따른 신고를 받은 경우 그 내용을 검토하여 이 법에 적합하면 신고를 수리하여야 한다.(2018.4.17 본항신설)
⑥ 제1항에 따라 인가를 받거나 제4항에 따라 신고를 한 양수인, 상속인 또는 합병·분할에 의하여 설립되거나 합병·분할 후 존속하는 법인은 양도인, 피상속인 또는 합병·분할 전의 법인의 위치정보사업자로서의 지위를 각각 승계한다.(2018.4.17 본항개정)
⑦ 제1항에 따른 인가 신청의 방법 및 절차 등에 관한 사항, 제2항에 따른 심사사항별 세부심사기준 및 제4항에 따른 신고의 방법·절차 등에 관한 사항은 대통령령으로 정한다.(2018.4.17 본항개정)

제8조【위치정보사업의 휴업·폐업 등】 ① 위치정보사업자가 위치정보사업의 전부 또는 일부를 휴업하려는 경우에는 개인위치정보주체에 대한 휴업기간 및 휴업 사실의 통보계획을 정하여(개인위치정보사업자만 해당한다) 다음 각 호의 구분에 따라 방송통신위원회의 승인을 받거나 방송통신위원회에 신고하여야 한다. 이 경우 휴업기간은 1년을 초과할 수 없다.
1. 개인위치정보사업자 : 승인
2. 사물위치정보사업자 : 신고

② 위치정보사업자가 위치정보사업의 전부 또는 일부를 폐업하려는 경우에는 개인위치정보주체에 대한 폐업 사실의 통보계획을 정하여(개인위치정보사업자만 해당한다) 다음 각 호의 구분에 따라 방송통신위원회의 승인을 받거나 방송통신위원회에 신고하여야 한다.
1. 개인위치정보사업자 : 승인
2. 사물위치정보사업자 : 신고

③ 제1항제1호 또는 제2항제1호에 따른 승인을 받은 개인위치정보사업자는 휴업하려는 날 또는 폐업하려는 날의 30일 전까지 다음 각 호의 구분에 따른 사항을 개인위치정보주체에게 통보하여야 한다.
1. 제1항제1호에 따른 휴업승인 : 휴업하는 위치정보사업의 범위 및 휴업기간

2. 제2항제1호에 따른 폐업승인 : 폐업하는 위치정보사업의 범위 및 폐업일자
④ 제1항제1호에 따른 승인을 받아 위치정보사업의 전부 또는 일부를 휴업하는 개인위치정보사업자와 제2항에 따라 위치정보사업의 전부 또는 일부를 폐업하는 위치정보사업자는 휴업 또는 폐업과 동시에 다음 각 호의 구분에 따라 개인위치정보 및 위치정보 수집사실 확인자료를 파기하여야 한다.
1. 제1항제1호에 따른 휴업승인 : 개인위치정보(사업의 일부를 휴업하는 경우에는 휴업하는 사업의 개인위치정보로 한정한다)
2. 제2항제1호에 따른 폐업승인 : 개인위치정보 및 위치정보 수집사실 확인자료(사업의 일부를 폐업하는 경우에는 폐업하는 사업의 개인위치정보 및 위치정보 수집사실 확인자료로 한정한다)
3. 제2항제2호에 따른 폐업신고 : 위치정보 수집사실 확인자료(사업의 일부를 폐업하는 경우에는 폐업하는 사업의 위치정보 수집사실 확인자료로 한정한다)
⑤ 방송통신위원회는 제1항제1호 또는 제2항제1호에 따른 승인 신청을 받은 경우 개인위치정보주체에 대한 휴업·폐업 사실의 통보계획이 적정하지 못한 경우를 제외하고는 승인하여야 한다.
⑥ 방송통신위원회는 제1항제2호 또는 제2항제2호에 따른 신고를 받은 경우 그 내용을 검토하여 이 법에 적합하면 신고를 수리하여야 한다.
⑦ 제1항부터 제6항까지에서 규정한 사항 외에 위치정보사업의 휴업 및 폐업에 필요한 사항은 대통령령으로 정한다.
(2018.4.17 본조개정)

제9조【위치기반서비스사업의 신고】 ① 위치기반서비스사업(개인위치정보를 대상으로 하지 아니하는 위치기반서비스사업은 제외한다. 이하 이 조, 제9조의2, 제10조 및 제11조에서 같다)을 하려는 자는 상호, 주된 사무소의 소재지, 사업의 종류, 위치정보시스템을 포함한 사업용 주요 설비 등에 대하여 대통령령으로 정하는 바에 따라 방송통신위원회에 신고하여야 한다.
② 제13조제1항에 따른 사업의 폐지명령을 받은 후 1년이 지나지 아니한 자(법인인 경우에는 그 대표자를 포함한다)는 제1항에 따른 위치기반서비스사업의 신고를 할 수 없다.(2020.6.9 본항개정)
③ 제1항에 따라 위치기반서비스사업의 신고를 한 자는 다음 각 호의 어느 하나에 해당하는 사항을 변경하려는 경우 대통령령으로 정하는 바에 따라 방송통신위원회에 변경신고를 하여야 한다.
1. 상호
2. 주된 사무소의 소재지
3. 위치정보시스템(2021.10.19 본호개정)
④ 개인위치정보사업자가 제5조제1항에 따른 등록을 신청한 때 제1항에 따른 위치기반서비스사업의 신고(제9조의2 제1항 본문에 따른 소상공인등인 경우에는 같은 항 단서에 따른 신고를 말한다)에 필요한 서류를 첨부한 경우에는 제1항에 따른 위치기반서비스사업의 신고(제9조의2제1항 본문에 따른 소상공인등인 경우에는 같은 항 단서에 따른 신고를 말한다)를 한 것으로 본다.(2021.10.19 본항개정)
⑤ 방송통신위원회는 제1항에 따른 신고 또는 제3항제3호에 해당하는 사항에 대한 변경신고를 받은 경우 그 내용을 검토하여 이 법에 적합하면 신고를 수리하여야 한다.(2018.4.17 본항신설)
(2018.4.17 본조개정)

제9조의2【소상공인 등의 위치기반서비스사업의 신고】
① 제9조제1항에도 불구하고 「소상공인기본법」 제2조에 따른 소상공인이나 「1인 창조기업 육성에 관한 법률」 제2조에 따른 1인 창조기업(이하 "소상공인등"이라 한다)으로서 위치기반서비스사업을 하려는 자는 제9조제1항에 따른 신고를 하지 아니하고 위치기반서비스사업을 할 수 있다. 다만, 사업을 개시한 지 1개월이 지난 후에도 계속해서 위치기반서비스사업을 하려는 자는 사업을 개시한 날부터 1개월 이내에 다음 각 호의 사항을 대통령령으로 정하는 바에 따라 방송통신위원회에 신고하여야 한다.
(2020.2.4 본문개정)
1. 상호
2. 주된 사무소의 소재지
3. 사업의 종류 및 내용
② 제13조제1항에 따른 사업의 폐지명령을 받은 후 1년이 지나지 아니한 자(법인인 경우에는 그 대표자를 포함한다)는 제1항에 따른 위치기반서비스사업을 할 수 없다.
(2020.6.9 본항개정)
③ 제1항 단서에 따른 신고를 한 자는 신고한 사항 중 다음 각 호의 어느 하나에 해당하는 사항을 변경한 경우 변경한 날부터 1개월 이내에 대통령령으로 정하는 바에 따라 방송통신위원회에 변경신고를 하여야 한다.
1. 상호
2. 주된 사무소의 소재지
④ 제1항 본문에 따라 위치기반서비스사업을 개시한 자 또는 같은 항 단서에 따라 신고한 자가 소상공인등에 해당하지 아니하게 된 경우 그 사유가 발생한 날부터 1개월 이내에 대통령령으로 정하는 바에 따라 제9조제1항에 따른 신고에 필요한 사항을 보완하여 방송통신위원회에 신고하여야 한다.
(2018.4.17 본조신설)

제10조【위치기반서비스사업의 양수 및 법인의 합병 등】 ① 제9조제1항 또는 제9조의2제1항 단서에 따라 위치기반서비스사업의 신고를 한 자의 사업의 전부 또는 일부의 양수, 상속 또는 제9조제1항 또는 제9조의2제1항 단서에 따라 위치기반서비스사업의 신고를 한 자인 법인의 합병·분할이 있는 경우에는 그 사업의 양수인, 상속인 또는 합병·분할에 의하여 설립되거나 합병·분할 후 존속하는 법인은 대통령령으로 정하는 바에 따라 방송통신위원회에 신고하여야 한다.
② 방송통신위원회는 제1항에 따른 신고를 받은 경우 그 내용을 검토하여 이 법에 적합하면 신고를 수리하여야 한다.(2018.4.17 본항신설)
③ 제1항에 따라 신고한 양수인, 상속인 또는 합병·분할에 의하여 설립되거나 합병·분할 후 존속하는 법인은 양도인, 피상속인 또는 합병·분할 전의 법인의 지위를 각각 승계한다.
(2018.4.17 본조개정)

제11조【위치기반서비스사업의 휴업·폐업 등】 ① 위치기반서비스사업자가 사업의 전부 또는 일부를 휴업하고자 하는 때에는 휴업기간을 정하여 휴업하고자 하는 날의 30일 전까지 이를 개인위치정보주체에게 통보하고 방송통신위원회에 신고하여야 한다. 이 경우 휴업기간은 1년을 초과할 수 없으며, 휴업과 동시에 개인위치정보(사업의 일부를 휴업하는 경우에는 휴업하는 사업의 개인위치정보로 한정한다)를 파기하여야 한다.
② 위치기반서비스사업자가 사업의 전부 또는 일부를 폐업하고자 하는 때에는 폐업하고자 하는 날의 30일 전까지 이를 개인위치정보주체에게 통보하고 방송통신위원회에 신고하여야 한다. 이 경우 폐업과 동시에 개인위치정보 및 위치정보 이용·제공사실 확인자료(사업의 일부를 폐업하는 경우에는 폐업하는 사업의 개인위치정보 및 위치정보 이용·제공사실 확인자료로 한정한다)를 파기하여야 한다.
③ 제1항 및 제2항에 따른 위치기반서비스사업의 휴업 또는 폐업의 신고 및 개인위치정보 등의 파기 등에 관하여 필요한 사항은 대통령령으로 정한다.(2020.6.9 본항개정)
(2018.4.17 본조개정)

제12조【이용약관의 공개 등】 ① 다음 각 호의 어느 하나에 해당하는 자는 그가 제공하려는 서비스의 내용, 위치정보의 수집·이용 및 제공에 관한 요금 및 조건 등(이하 "이용약관"이라 한다)을 해당 사업자의 인터넷 홈페이지에 게시하는 등 대통령령으로 정하는 방법에 따라 개인위치정보주체 및 위치기반서비스사업을 이용하는 자가 언제든지 쉽게 알아볼 수 있도록 공개하여야 하며, 이를 변경하려는 경우에는 그 이유 및 변경내용을 대통령령으로 정하는 방법에 따라 지체 없이 공개하고, 변경된 사항을 쉽게 알아볼 수 있도록 조치하여야 한다.
1. 위치정보사업자
2. 제9조제1항에 따라 위치기반서비스사업의 신고를 한 자 및 제9조의2제1항에 따라 위치기반서비스사업을 하는 자(이하 "위치기반서비스사업자"라 한다)
② 방송통신위원회는 제1항 각 호의 어느 하나에 해당하는 자의 이용약관이 개인위치정보의 보호, 공정경쟁 또는 공공의 이익을 침해할 우려가 있다고 판단되는 경우에는 이용약관의 변경을 명할 수 있다.
(2018.4.17 본조개정)

제13조【등록의 취소 및 사업의 폐지·정지 등】 ① 방송통신위원회는 위치정보사업자 및 위치기반서비스사업자(이하 "위치정보사업자등"이라 한다)가 다음 각 호의 어느 하나에 해당하는 때에는 등록 또는 인가의 취소, 사업의 폐지 또는 6개월 이내의 범위에서 기간을 정하여 사업의 전부 또는 일부의 정지(이하 "사업의 정지"라 한다)를 명할 수 있다. 다만, 제1호에 해당하는 때에는 등록 또는 인가를 취소하거나 사업의 폐지를 명하여야 한다.
(2021.10.19 본문개정)
1. 거짓이나 그 밖의 부정한 방법으로 제5조제1항·제2항 또는 제7조제1항에 따른 등록·변경등록 또는 인가를 받거나 제5조의2제1항, 제9조제1항 또는 제9조의2제1항 단서에 따른 신고를 한 때(2021.10.19 본호개정)
1의2. 제5조제5항에 따라 부가된 등록조건을 이행하지 아니한 때(2021.10.19 본호신설)
2. 제8조제1항 또는 제11조제1항에 따른 휴업기간이 지난 후 정당한 사유없이 사업을 개시하지 아니한 때
(2018.4.17 본호개정)
3. 다음 각 목의 어느 하나에 해당하는 승인을 받지 아니하거나 신고를 하지 아니하고 6개월 이상 계속하여 사업을 하지 아니한 때
가. 제8조제1항제1호 또는 같은 조 제2항제1호에 따른 승인
나. 제8조제1항제2호 또는 같은 조 제2항제2호에 따른 신고
다. 제11조제1항 전단 또는 같은 조 제2항 전단에 따른 신고
(2018.4.17 본호신설)
4. 위치정보의 수집 관련 설비 또는 위치정보 보호 관련 기술적·관리적 조치에 중대한 변경이 발생하여 서비스를 지속적으로 제공할 수 없게 된 때
4의2. 다른 법률에 따라 관계 행정기관의 장이 등록취소 또는 사업의 정지를 요청한 때(2021.10.19 본호신설)
5.~8. (2021.10.19 삭제)
② 제1항에 따른 행정처분의 세부적인 기준은 그 위반행위의 유형과 위반의 정도 등을 참작하여 대통령령으로 정한다.(2020.6.9 본항개정)
(2021.10.19 본조제목개정)

제14조【과징금의 부과 등】 ① 방송통신위원회는 위치정보사업자등이 다음 각 호의 어느 하나에 해당하는 행위를 하는 경우에는 해당 위치정보사업자등에게 위반행위와 관련한 매출액의 100분의 3 이하에 해당하는 금액을 과징금으로 부과할 수 있다.
1. 제16조제1항에 따른 관리적 조치와 기술적 조치 또는 같은 조 제2항에 따른 위치정보 수집·이용·제공사실 확인자료(이하 "위치정보 수집·이용·제공사실 확인자료"라 한다)의 기록·보존조치를 하지 아니한 경우
2. 제18조제1항·제2항을 위반하여 개인위치정보주체의 동의를 받지 아니하거나 동의의 범위를 넘어 개인위치정보를 수집한 경우
3. 제19조제1항·제2항·제5항을 위반하여 개인위치정보주체의 동의를 받지 아니하거나 동의의 범위를 넘어 개인위치정보를 이용 또는 제공한 경우
4. 제21조를 위반하여 이용약관에 명시하거나 고지한 범위를 넘어 개인위치정보를 이용하거나 제3자에게 제공한 경우
② 방송통신위원회는 제13조제1항에 따른 사업의 정지가 개인위치정보주체의 이익을 현저히 저해할 우려가 있는 경우에는 사업의 정지명령 대신 위치정보사업 또는 위치기반서비스사업 매출액의 100분의 3 이하의 과징금을 부과할 수 있다.
③ 제1항 또는 제2항에 따른 과징금을 부과하는 경우 위치정보사업자등이 매출액 산정을 위한 자료의 제출을 거부하거나 거짓의 자료를 제출한 경우에는 해당 위치정보사업자등과 비슷한 규모의 개인위치정보사업자등의 재무제표 등 회계자료와 가입자 수 및 이용요금 등 영업현황 자료에 근거하여 매출액을 추정할 수 있다. 다만, 매출액이 없거나 매출액의 산정이 곤란한 경우로서 대통령령으로 정하는 경우에는 4억원 이하의 과징금을 부과할 수 있다.
④ 방송통신위원회는 제1항에 따른 과징금을 부과하려는 경우에는 다음 각 호의 사항을 고려하여야 한다.
1. 위반행위의 내용 및 정도
2. 위반행위의 기간 및 횟수
3. 위반행위로 인하여 취득한 이익의 규모
⑤ 제1항 및 제2항에 따른 과징금의 부과기준은 대통령령으로 정한다.
⑥ 방송통신위원회는 제1항 및 제2항에 따른 과징금을 내야 할 자가 납부기한까지 이를 내지 아니하면 납부기한의 다음 날부터 내지 아니한 과징금의 연 100분의 6에 해당하는 가산금을 징수한다. 이 경우 가산금을 징수하는 기간은 60개월을 초과하지 못한다.
⑦ 방송통신위원회는 제1항 및 제2항에 따른 과징금을 내야 할 자가 납부기한까지 이를 내지 아니한 경우에는 기간을 정하여 독촉을 하고, 그 지정된 기간에 과징금과 제6항에 따른 가산금을 내지 아니하면 국세강제징수의 예에 따라 징수한다.
⑧ 이 법에 따른 과징금의 환급가산금에 관하여는 「독점규제 및 공정거래에 관한 법률」 제106조를 준용한다. 이 경우 "공정거래위원회"는 "방송통신위원회"로 본다.
(2021.10.19 본조개정)

제3장 위치정보의 보호

제1절 통 칙

제15조【위치정보의 수집 등의 금지】 ① 누구든지 개인위치정보주체의 동의를 받지 아니하고 해당 개인위치정보를 수집·이용 또는 제공하여서는 아니 된다. 다만, 다음 각 호의 어느 하나에 해당하는 경우에는 그러하지 아니하다.(2018.4.17 본문개정)
1. 제29조제1항에 따른 긴급구조기관의 긴급구조요청 또는 같은 조 제7항에 따른 경보발송요청이 있는 경우
2. 제29조제2항에 따른 경찰관서의 요청이 있는 경우
3. 다른 법률에 특별한 규정이 있는 경우
(2012.5.14 1호~3호신설)
② 누구든지 타인의 정보통신기기를 복제하거나 정보를 도용하는 등의 방법으로 개인위치정보사업자 및 위치기반서비스사업자(이하 "개인위치정보사업자등"이라 한다)를 속여 타인의 개인위치정보를 제공받아서는 아니된다.(2018.4.17 본항개정)
③ 위치정보를 수집할 수 있는 장치가 붙여진 물건을 판매하거나 대여·양도하는 자는 위치정보 수집장치가 붙여진 사실을 구매하거나 대여·양도받는 자에게 알려야 한다.(2020.6.9 본항개정)
판례 제3자가 정보주체의 동의를 얻지 아니하고 개인의 위치정보를 수집·이용 또는 제공한 경우, 그로 인하여 정보주체에게 위자료로 배상할 만한 정신적 손해가 발생하였는지는 위치정보 수집으로 정보주체를 식별할 가능성이 발생하였는지, 제3자가 수집된 위치정보를 열람 등 이용하였는지, 위치정보가 수집·이용된 기간이 장기간인지, 위치정보를 수집하게 된 경위와 수집한 정보를 관리해 온 실태

는 어떠한지, 위치정보 수집·이용으로 인한 피해 발생 및 확산을 방지하기 위하여 어떠한 조치가 취하여졌는지 등 여러 사정을 종합적으로 고려하여 구체적 사건에 따라 개별적으로 판단하여야 한다.(대판 2016.9.28, 2014다56652)

제16조【위치정보의 보호조치 등】 ① 위치정보사업자등은 위치정보의 유출, 변조, 훼손 등을 방지하기 위하여 위치정보의 취급·관리 지침을 제정하거나 접근권한자를 지정하는 등의 관리적 조치와 방화벽의 설치나 암호화 소프트웨어의 활용 등의 기술적 조치를 하여야 한다. 이 경우 관리적 조치와 기술적 조치의 구체적 내용은 대통령령으로 정한다.(2021.10.19 본문개정)

② 위치정보사업자등은 위치정보 수집·이용·제공사실 확인자료를 위치정보시스템에 자동으로 기록되고 보존되도록 하여야 한다.

③ 방송통신위원회는 위치정보를 보호하고 오용·남용을 방지하기 위하여 소속 공무원으로 하여금 제1항에 따른 기술적·관리적 조치의 내용과 제2항에 따른 기록의 보존실태를 대통령령으로 정하는 바에 의하여 점검하게 할 수 있다.(2020.6.9 본항개정)

④ 제3항에 따라 기술적·관리적 조치의 내용과 기록의 보존실태를 점검하는 공무원은 그 권한을 표시하는 증표를 지니고 이를 관계인에게 내보여야 한다.(2015.2.3 본항개정)

제17조【위치정보의 누설 등의 금지】 위치정보사업자등과 그 종업원이거나 종업원이었던 사람은 직무상 알게 된 위치정보를 누설·변조·훼손 또는 공개하여서는 아니된다.(2020.6.9 본조개정)

제17조의2【개인위치정보주체에 대한 위치정보 처리 고지 등】 위치정보사업자등이 개인위치정보주체에게 위치정보 처리와 관련한 사항의 고지 등을 하는 때에는 이해하기 쉬운 양식과 명확하고 알기 쉬운 언어를 사용하여야 한다.(2018.12.24 본조신설)

제2절 개인위치정보의 보호

제18조【개인위치정보의 수집】 ① 위치정보사업자가 개인위치정보를 수집하고자 하는 경우에는 미리 다음 각호의 내용을 이용약관에 명시한 후 개인위치정보주체의 동의를 얻어야 한다.

1. 위치정보사업자의 상호, 주소, 전화번호 그 밖의 연락처
2. 개인위치정보주체 및 법정대리인(제25조제1항에 따라 법정대리인의 동의를 얻어야 하는 경우로 한정한다)의 권리와 그 행사방법(2020.6.9 본호개정)
3. 위치정보사업자가 위치기반서비스사업자에게 제공하고자 하는 서비스의 내용
4. 위치정보 수집사실 확인자료의 보유근거 및 보유기간

4의2. 개인위치정보의 보유목적 및 보유기간(2021.10.19 본호신설)

5. 그 밖에 개인위치정보의 보호를 위하여 필요한 사항으로서 대통령령으로 정하는 사항(2020.6.9 본호개정)

② 개인위치정보주체는 제1항에 따른 동의를 하는 경우 개인위치정보의 수집의 범위 및 이용약관의 내용 중 일부에 대하여 동의를 유보할 수 있다.(2020.6.9 본항개정)

③ 위치정보사업자가 개인위치정보를 수집하는 경우에는 수집목적을 달성하기 위하여 필요한 최소한의 정보를 수집하여야 한다.

제19조【개인위치정보의 이용 또는 제공】 ① 위치기반서비스사업자가 개인위치정보를 이용하여 서비스를 제공하고자 하는 경우에는 미리 다음 각호의 내용을 이용약관에 명시한 후 개인위치정보주체의 동의를 얻어야 한다.

1. 위치기반서비스사업자의 상호, 주소, 전화번호 그 밖의 연락처
2. 개인위치정보주체 및 법정대리인(제25조제1항에 따라 법정대리인의 동의를 얻어야 하는 경우로 한정한다)의 권리와 그 행사방법(2020.6.9 본호개정)
3. 위치기반서비스사업자가 제공하고자 하는 위치기반서비스의 내용
4. 위치정보 이용·제공사실 확인자료의 보유근거 및 보유기간

4의2. 개인위치정보의 보유목적 및 보유기간(2021.10.19 본호신설)

5. 그 밖에 개인위치정보의 보호를 위하여 필요한 사항으로서 대통령령으로 정하는 사항(2020.6.9 본호개정)

② 위치기반서비스사업자가 개인위치정보를 개인위치정보주체가 지정하는 제3자에게 제공하는 서비스를 하고자 하는 경우에는 제1항 각호의 내용을 이용약관에 명시한 후 제공받는 자 및 제공목적을 개인위치정보주체에게 고지하고 동의를 얻어야 한다.

③ 제2항에 따라 위치기반서비스사업자가 개인위치정보를 개인위치정보주체가 지정하는 제3자에게 제공하는 경우에는 매회 개인위치정보주체에게 제공받는 자, 제공일시 및 제공목적을 즉시 통보하여야 한다.(2020.6.9 본항개정)

④ 위치기반서비스사업자는 제3항에도 불구하고 대통령령으로 정하는 바에 따라 개인위치정보주체의 동의를 받은 경우에는 최대 30일의 범위에서 대통령령으로 정하는 횟수 또는 기간 등의 기준에 따라 모아서 통보할 수 있다.(2015.2.3 본항신설)

⑤ 개인위치정보주체는 제1항·제2항 및 제4항에 따른 동의를 하는 경우 개인위치정보의 이용·제공목적, 제공받는 자의 범위 및 위치기반서비스의 일부와 개인위치정보주체에 대한 통보방법에 대하여 동의를 유보할 수 있다.(2015.2.3 본항개정)

제20조【위치정보사업자의 개인위치정보 제공 등】 ① 제19조제1항 또는 제2항에 따라 개인위치정보주체의 동의를 얻은 위치기반서비스사업자는 제19조제1항 또는 제2항의 이용 또는 제공목적을 달성하기 위하여 해당 개인위치정보를 수집한 위치정보사업자에게 해당 개인위치정보의 제공을 요청할 수 있다. 이 경우 위치정보사업자는 정당한 사유없이 제공을 거절하여서는 아니된다.

② 제1항에 따라 위치정보사업자가 위치기반서비스사업자에게 개인위치정보를 제공하는 절차 및 방법에 대하여는 대통령령으로 정한다.

(2020.6.9 본조개정)

제21조【개인위치정보 등의 이용·제공의 제한 등】 위치정보사업자등은 개인위치정보주체의 동의가 있거나 다음 각 호의 어느 하나에 해당하는 경우를 제외하고는 개인위치정보 또는 위치정보 수집·이용·제공사실 확인자료를 제18조제1항 및 제19조제1항·제2항에 의하여 이용약관에 명시 또는 고지한 범위를 넘어 이용하거나 제3자에게 제공하여서는 아니된다.(2015.2.3 본문개정)

1. 위치정보 및 위치기반서비스 등의 제공에 따른 요금정산을 위하여 위치정보 수집·이용·제공사실 확인자료가 필요한 경우
2. 통계작성, 학술연구 또는 시장조사를 위하여 특정 개인을 알아볼 수 없는 형태로 가공하여 제공하는 경우

제21조의2【개인위치정보 처리방침의 공개】 개인위치정보사업자등은 「개인정보 보호법」 제30조에 따라 개인정보 처리방침을 수립하여 공개하는 경우 해당 개인정보 처리방침에 다음 각 호의 사항을 포함하여야 한다.

1. 개인위치정보의 처리목적 및 보유기간
2. 개인위치정보 수집·이용·제공사실 확인자료의 보유근거 및 보유기간
3. 개인위치정보의 파기 절차 및 방법
4. 개인위치정보의 제3자 제공에 관한 사항
5. 그 밖에 개인위치정보의 처리에 관하여 대통령령으로 정하는 사항

(2021.10.19 본조신설)

제22조【사업의 양도 등의 통지】 위치정보사업자등으로부터 사업의 전부 또는 일부의 양도·합병 또는 상속 등(이하 "양도등"이라 한다)으로 그 권리와 의무를 이전받은 자는 30일 이내에 다음 각호의 사항을 대통령령으로 정하는 바에 의하여 개인위치정보주체에게 통지하여야 한다.(2020.6.9 본문개정)

1. 사업의 전부 또는 일부의 양도등의 사실
2. 위치정보사업자등의 권리와 의무를 승계한 자의 성명, 주소, 전화번호 그 밖의 연락처
3. 그 밖에 개인위치정보 보호를 위하여 필요한 사항으로서 대통령령으로 정하는 사항(2020.6.9 본호개정)

제23조【개인위치정보의 파기 등】 ① 위치정보사업자등은 개인위치정보의 수집, 이용 또는 제공목적을 달성한 때에는 제16조제2항에 따라 기록·보존하여야 하는 위치정보 수집·이용·제공사실 확인자료 외의 개인위치정보는 즉시 파기하여야 한다. 다만, 다른 법률에 따라 보유하여야 하거나 대통령령으로 정하는 정당한 사유가 있는 경우 개인위치정보를 보유할 수 있다.(2021.10.19 단서신설)

② 위치정보사업자등은 제1항에 따라 개인위치정보를 파기하는 때에는 복구 또는 재생을 방지하기 위한 조치 등 필요한 조치를 하여야 한다.(2021.10.19 본항신설)

③ 방송통신위원회는 소속 공무원으로 하여금 제1항에 따른 개인위치정보의 파기실태를 대통령령으로 정하는 바에 따라 점검하게 할 수 있다.(2021.10.19 본항신설)

④ 제3항에 따라 개인위치정보등의 파기실태를 점검하는 공무원은 그 권한을 표시하는 증표를 지니고 이를 관계인에게 내보여야 한다.(2021.10.19 본항신설)

⑤ 개인위치정보의 파기 방법 및 절차 등에 관하여 필요한 사항은 대통령령으로 정한다.(2021.10.19 본항신설)

제3절 개인위치정보주체 등의 권리

제24조【개인위치정보주체의 권리 등】 ① 개인위치정보주체는 위치정보사업자등에 대하여 언제든지 제18조제1항 및 제19조제1항·제2항·제4항에 따른 동의의 전부 또는 일부를 철회할 수 있다.(2015.2.3 본항개정)

② 개인위치정보주체는 위치정보사업자등에 대하여 언제든지 개인위치정보의 수집, 이용 또는 제공의 일시적인 중지를 요구할 수 있다. 이 경우 위치정보사업자등은 요구를 거절하여서는 아니되며, 이를 위한 기술적 수단을 갖추어야 한다.

③ 개인위치정보주체는 위치정보사업자등에 대하여 다음 각 호의 어느 하나에 해당하는 자료 등의 열람 또는 고지를 요구할 수 있고, 해당 자료 등에 오류가 있는 경우에는 그 정정을 요구할 수 있다. 이 경우 위치정보사업자등은 정당한 사유없이 요구를 거절하여서는 아니된다.(2015.2.3 전단개정)

1. 본인에 대한 위치정보 수집·이용·제공사실 확인자료
2. 본인의 개인위치정보가 이 법 또는 다른 법률의 규정에 의하여 제3자에게 제공된 이유 및 내용

④ 위치정보사업자등은 개인위치정보주체가 제1항에 따라 동의의 전부 또는 일부를 철회한 경우에는 지체없이 수집된 개인위치정보 및 위치정보 수집·이용·제공사실 확인자료(동의의 일부를 철회하는 경우에는 철회하는 부분의 개인위치정보 및 위치정보 이용·제공사실 확인자료로 한정한다)를 파기하여야 한다.(2020.6.9 본항개정)

제25조【법정대리인의 권리】 ① 위치정보사업자등이 14세 미만의 아동으로부터 제18조제1항, 제19조제1항·제2항 또는 제21조에 따라 개인위치정보를 수집·이용 또는 제공하고자 하는 경우에는 그 법정대리인의 동의를 얻어야 하고, 대통령령으로 정하는 바에 따라 법정대리인이 동의하였는지를 확인하여야 한다.

② 제18조제2항·제19조제5항 및 제24조의 규정은 제1항에 따라 법정대리인이 동의를 하는 경우에 이를 준용한다. 이 경우 "개인위치정보주체"는 "법정대리인"으로 본다.

(2020.6.9 본조개정)

제26조【8세 이하의 아동등의 보호를 위한 위치정보 이용】 ① 다음 각 호의 어느 하나에 해당하는 사람(이하 "8세 이하의 아동등"이라 한다)의 보호의무자가 8세 이하의 아동등의 생명 또는 신체의 보호를 위하여 8세 이하의 아동등의 개인위치정보의 수집·이용 또는 제공에 동의하는 경우에는 본인의 동의가 있는 것으로 본다.

(2015.2.3 본문개정)

1. 8세 이하의 아동
2. 피성년후견인(2014.10.15 본호개정)
3. 「장애인복지법」 제2조제2항제2호에 따른 정신적 장애를 가진 사람으로서 「장애인고용촉진 및 직업재활법」 제2조제2호에 따른 중증장애인에 해당하는 사람(「장애인복지법」 제32조에 따라 장애인 등록을 한 사람만 해당한다)(2015.2.3 본호개정)

② 제1항에 따른 8세 이하의 아동등의 보호의무자는 8세 이하의 아동등을 사실상 보호하는 자로서 다음 각 호의 어느 하나에 해당하는 자를 말한다.(2020.6.9 본문개정)

1. 8세 이하의 아동의 법정대리인 또는 「보호시설에 있는 미성년자의 후견 직무에 관한 법률」 제3조에 따른 후견인(2015.2.3 본호개정)
2. 피성년후견인의 법정대리인(2014.10.15 본호개정)
3. 제1항제3호의 자의 법정대리인 또는 「장애인복지법」 제58조제1항제1호에 따른 장애인 거주시설(국가 또는 지방자치단체가 설치·운영하는 시설로 한정한다)의 장, 「정신건강증진 및 정신질환자 복지서비스 지원에 관한 법률」 제22조에 따른 정신요양시설의 장 및 같은 법 제26조에 따른 정신재활시설(국가 또는 지방자치단체가 설치·운영하는 시설로 한정한다)의 장(2018.4.17 본호개정)

③ 제1항에 따른 동의의 요건은 대통령령으로 정한다.(2020.6.9 본항개정)

④ 제18조부터 제22조까지 및 제24조의 규정은 제2항에 따라 보호의무자가 동의를 하는 경우에 이를 준용한다. 이 경우 "개인위치정보주체"는 "보호의무자"로 본다.(2020.6.9 본항개정)

제27조【손해배상】 개인위치정보주체는 위치정보사업자등의 제15조부터 제26조까지의 규정을 위반한 행위로 손해를 입은 경우에 그 위치정보사업자등에 대하여 손해배상을 청구할 수 있다. 이 경우 그 위치정보사업자등은 고의 또는 과실이 없음을 입증하지 아니하면 책임을 면할 수 없다.(2020.6.9 본조개정)

제28조【분쟁의 조정 등】 ① 위치정보사업자등은 위치정보와 관련된 분쟁에 대하여 당사자간 협의가 이루어지지 아니하거나 협의를 할 수 없는 경우에는 방송통신위원회에 재정을 신청할 수 있다.(2015.2.3 본항개정)

② 위치정보사업자등과 이용자는 위치정보와 관련된 분쟁에 대하여 당사자간 협의가 이루어지지 아니하거나 협의를 할 수 없는 경우에는 「개인정보 보호법」 제40조에 따른 개인정보분쟁조정위원회에 조정을 신청할 수 있다.(2013.3.23 본항개정)

제4장 긴급구조를 위한 개인위치정보 이용

제29조【긴급구조를 위한 개인위치정보의 이용】 ① 「재난 및 안전관리 기본법」 제3조제7호에 따른 긴급구조기관(이하 "긴급구조기관"이라 한다)은 급박한 위험으로부터 생명·신체를 보호하기 위하여 개인위치정보주체, 개인위치정보주체의 배우자, 개인위치정보주체의 2촌 이내의 친족 또는 「민법」 제928조에 따른 미성년후견인(이하 "배우자등"이라 한다)의 긴급구조요청이 있는 경우 긴급구조 상황 여부를 판단하여 위치정보사업자에게 개인위치정보의 제공을 요청할 수 있다. 이 경우 배우자등은 긴급구조 외의 목적으로 긴급구조요청을 하여서는 아니 된다.

② 「국가경찰과 자치경찰의 조직 및 운영에 관한 법률」에 따른 경찰청·시·도경찰청·경찰서(이하 "경찰관서"라 한다)는 위치정보사업자에게 다음 각 호의 어느 하나에 해당하는 개인위치정보의 제공을 요청할 수 있다. 다만, 제1호에 따라 경찰관서가 다른 사람의 생명·신체를 보호하기 위하여 구조를 요청한 자(이하 "목격자"라 한다)

의 개인위치정보를 제공받으려면 목격자의 동의를 받아야 한다.(2020.12.22 본문개정)
1. 생명·신체를 위협하는 급박한 위험으로부터 자신 또는 다른 사람 등 구조가 필요한 사람(이하 "구조받을 사람"이라 한다)을 보호하기 위하여 구조를 요청한 경우 구조를 요청한 자의 개인위치정보
2. 구조받을 사람이 다른 사람에게 구조를 요청한 경우 구조받을 사람의 개인위치정보
3. 「실종아동등의 보호 및 지원에 관한 법률」 제2조제2호에 따른 실종아동등(이하 "실종아동등"이라 한다)의 생명·신체를 보호하기 위하여 같은 법 제2조제3호에 따른 보호자(이하 "보호자"라 한다)가 실종아동등에 대한 긴급구조를 요청한 경우 실종아동등의 개인위치정보
③ 제2항제2호에 따라 다른 사람이 경찰관서에 구조를 요청한 경우 경찰관서는 구조받을 사람의 의사를 확인하여야 한다.
④ 제1항 및 제2항에 따른 긴급구조요청은 공공질서의 유지와 공익증진을 위하여 부여된 대통령령으로 정하는 특수번호 전화서비스를 통한 호출로 한정한다.
(2018.4.17 본항개정)
⑤ 긴급구조기관 및 경찰관서는 제1항 및 제2항에 따른 요청을 할 때 요청을 받은 위치정보사업자가 활용하는 각각의 측위 방식에 의하여 수집되는 개인위치정보를 전부 또는 일부 요청할 수 있고, 이 경우 요청을 받은 위치정보사업자는 해당 개인위치정보주체의 동의 없이 개인위치정보를 수집할 수 있으며, 개인위치정보주체의 동의가 없음을 이유로 긴급구조기관 또는 경찰관서의 요청을 거부하여서는 아니 된다.(2021.10.19 본항개정)
⑥ 긴급구조기관, 경찰관서 및 위치정보사업자는 제1항 및 제2항에 따라 개인위치정보를 요청하거나 제공하는 경우 그 사실을 해당 개인위치정보주체에게 즉시 통보하여야 한다. 다만, 즉시 통보가 개인위치정보주체의 생명·신체에 대한 뚜렷한 위험을 초래할 우려가 있는 경우에는 그 사유가 소멸한 후 지체 없이 통보하여야 한다.
⑦ 긴급구조기관은 태풍, 호우, 화재, 화생방사고 등 재난 또는 재해의 위험지역에 위치한 개인위치정보주체에게 생명 또는 신체의 위험을 경보하기 위하여 대통령령으로 정하는 바에 따라 위치정보사업자에게 경보발송을 요청할 수 있으며, 요청을 받은 위치정보사업자는 위험지역에 위치한 개인위치정보주체의 동의가 없음을 이유로 경보발송을 거부하여서는 아니 된다.
⑧ 긴급구조기관 및 경찰관서와 긴급구조업무에 종사하거나 종사하였던 사람은 긴급구조 목적으로 제공받은 개인위치정보를 긴급구조 외의 목적에 사용하여서는 아니 된다.
⑨ 경찰관서는 제2항에 따라 개인위치정보의 제공을 요청한 때에는 다음 각 호의 사항을 대통령령으로 정하는 바에 따라 보관하여야 하며, 해당 개인위치정보주체가 수집된 개인위치정보에 대한 확인, 열람, 복사 등을 요청하는 경우에는 지체 없이 그 요청에 따라야 한다.
1. 요청자
2. 요청 일시 및 목적
3. 위치정보사업자로부터 제공받은 내용
4. 개인위치정보 수집에 대한 동의(제2항 단서로 한정한다)(2018.4.17 본호개정)
⑩ 제1항 및 제2항에 따른 긴급구조요청, 제3항에 따른 의사확인, 제7항에 따른 경보발송의 방법 및 절차에 필요한 사항은 대통령령으로 정한다.
⑪ 긴급구조기관 및 경찰관서는 제1항 및 제2항에 따라 제공받은 개인위치정보를 제3자에게 알려서는 아니 된다. 다만, 다음 각 호의 경우에는 그러하지 아니하다.
1. 개인위치정보주체의 동의가 있는 경우
2. 긴급구조 활동을 위하여 불가피한 상황에서 긴급구조기관 및 경찰관서에게 제공하는 경우
(2015.2.3 본항신설)
(2012.5.14 본조개정)

제30조【개인위치정보의 요청 및 방식 등】 ① 긴급구조기관 및 경찰관서는 제29조제1항 및 제2항에 따라 위치정보사업자에게 개인위치정보를 요청할 경우 위치정보시스템을 통한 방식으로 요청하여야 하며, 위치정보사업자는 긴급구조기관 및 경찰관서로부터 요청을 받아 개인위치정보를 제공하는 경우 위치정보시스템을 통한 방식으로 제공하여야 한다.
② 긴급구조기관 및 경찰관서는 국회 행정안전위원회에, 위치정보사업자는 국회 과학기술정보방송통신위원회에 제1항 및 제29조제11항에 따른 개인위치정보의 요청 및 제공에 관한 자료를 매 반기별로 보고하여야 한다. 다만, 제1항에 따른 요청 및 제공에 관한 자료와 제29조제11항에 따른 요청 및 제공에 관한 자료는 구분하여 보고하여야 한다.(2017.7.26 본문개정)
③ 제1항에 따른 긴급구조기관 및 경찰관서의 요청과 제2항에 따른 보고에 필요한 사항은 대통령령으로 정한다.
(2012.5.14 본조개정)

제30조의2【가족관계 등록전산정보의 이용】 긴급구조기관은 제29조제1항에 따른 긴급구조요청을 받은 경우 긴급구조 요청자와 개인위치정보주체 간의 관계를 확인하기 위하여 「가족관계의 등록 등에 관한 법률」 제11조제6항에 따른 등록전산정보자료의 제공을 법원행정처장에게 요청할 수 있다.(2015.2.3 본조신설)

제31조【비용의 감면】 위치정보사업자는 제29조제7항에 따라 경보발송을 하거나 제30조제1항에 따라 긴급구조기관 또는 경찰관서에 개인위치정보를 제공할 경우 비용을 감면할 수 있다.(2012.5.14 본조개정)

제32조【통계자료의 제출 등】 ① 위치정보사업자는 제29조제7항에 따른 경보발송 및 제30조제1항에 따른 개인위치정보의 제공에 관한 통계자료를 매 반기별로 국회 과학기술정보방송통신위원회와 방송통신위원회에 각각 제출하여야 한다.(2020.6.9 본항개정)
② 제1항에 따른 통계자료의 제출 방법 등에 필요한 사항은 대통령령으로 정한다.(2018.4.17 본항신설)

제5장 위치정보의 이용기반 조성 등

제33조【기술개발의 추진 등】 ① 과학기술정보통신부장관 또는 방송통신위원회는 위치정보의 수집, 이용 또는 제공과 관련된 기술 및 기기의 개발을 효율적으로 추진하기 위하여 대통령령으로 정하는 관련 연구기관으로 하여금 연구개발, 기술협력, 기술이전 또는 기술지도 등(이하 이 조에서 "연구개발등"이라 한다)의 사업을 하게 할 수 있다. 이 경우 과학기술정보통신부장관 또는 방송통신위원회는 관계중앙행정기관의 장과 협의를 거쳐야 한다.
② 과학기술정보통신부장관 또는 방송통신위원회는 제1항에 따라 연구개발등의 사업을 실시하는 연구기관에 대하여 소요 비용의 전부 또는 일부를 지원할 수 있다.
(2020.6.9 본조개정)

제34조【표준화의 추진】 ① 과학기술정보통신부장관과 방송통신위원회는 관계중앙행정기관의 장과 협의를 거쳐 위치정보의 보호 및 이용을 위한 위치정보의 수집·이용 또는 제공에 관한 표준을 정하여 고시할 수 있다. 다만, 「산업표준화법」 제12조에 따른 한국산업표준이 제정되어 있는 사항에 대하여는 그 표준에 따른다.
(2017.7.26 본문개정)
② 과학기술정보통신부장관과 방송통신위원회는 위치정보사업자등 또는 위치정보와 관련된 제품을 제조하거나 공급하는 자에게 제1항에 따른 표준의 준수를 권고할 수 있다.(2020.6.9 본항개정)
③ 제1항에 따른 표준화의 대상은 다음 각 호와 같다.
1. 위치정보의 보호 및 인증 관련 기술
2. 위치정보의 수집, 저장, 관리 및 제공 관련 기술
3. 긴급구조와 그 밖의 공공서비스 관련 기술
4. 그 밖에 위치정보의 보호 및 이용 관련 기반 기술
(2009.3.13 본항개정)
④ 제1항에 따른 표준화의 방법 및 절차 등에 관하여 필요한 사항은 대통령령으로 정한다.(2009.3.13 본항신설)
⑤ 과학기술정보통신부장관과 방송통신위원회는 위치정보의 수집·이용 또는 제공에 관한 표준화 활동을 지원할 수 있다.(2017.7.26 본항개정)

제35조【위치정보의 이용촉진】 ① 방송통신위원회는 관계중앙행정기관의 장과 협의를 거쳐 위치정보의 보호 및 이용을 위하여 공공, 산업, 생활 및 복지 등 각 분야에서 관련 기술 및 응용서비스의 효율적인 활용과 보급을 촉진하기 위한 사업을 대통령령으로 정하는 바에 의하여 실시할 수 있다.
② 방송통신위원회는 제1항에 따른 사업에 참여하는 자에게 기술 및 재정 등에 관하여 필요한 지원을 할 수 있다.
(2020.6.9 본조개정)

제35조의2【한국위치정보산업협회】 ① 위치정보사업 및 위치정보기반서비스사업과 관련된 사업을 경영하는 자는 위치정보산업의 발전을 위하여 방송통신위원회의 인가를 받아 한국위치정보산업협회(이하 이 조에서 "협회"라 한다)를 설립할 수 있다.
② 협회는 법인으로 한다.
③ 협회에 관하여 이 법에서 정한 것을 제외하고는 「민법」 중 사단법인에 관한 규정을 준용한다.
④ 정부는 협회의 사업수행을 위하여 예산의 범위에서 필요한 지원을 할 수 있다.
⑤ 협회의 인가 절차, 사업 및 감독 등에 관하여 필요한 사항은 대통령령으로 정한다.
(2021.10.19 본조신설)

제5장의2 보 칙

(2015.2.3 본장제목삽입)

제36조【자료제출 요구 및 검사】 ① 방송통신위원회는 다음 각 호의 어느 하나에 해당하는 경우에는 위치정보사업자등에게 관계 물품·서류 등 필요한 자료의 제출을 요구할 수 있다.
1. 이 법에 위반되는 사항을 발견하거나 혐의가 있음을 알게 된 경우
2. 이 법 위반에 대한 신고를 받거나 민원이 접수된 경우
3. 그 밖에 위치정보의 보호를 위하여 필요한 경우로서 대통령령으로 정하는 경우
② 방송통신위원회는 위치정보사업자등이 제1항에 따른 자료를 제출하지 아니하거나 이 법을 위반한 사실이 있다고 인정되면 소속 공무원으로 하여금 위치정보사업자등의 사업장 등에 출입하여 업무상황, 관계 물품·서류 및 시설·장비 등을 검사하게 할 수 있다. 이 경우 제16조제4항을 준용한다.
③ 방송통신위원회는 제5조에 따른 개인위치정보를 대상으로 하는 위치정보사업의 등록 등의 사항에 대하여 대통령령으로 정하는 바에 따라 연 1회 이상 정기적으로 실태를 점검하여야 한다. 이 경우 개인위치정보사업자에게 관계 물품·서류 등 필요한 자료의 제출을 요구할 수 있다.(2021.10.19 본항신설)
④ 방송통신위원회는 제3항에 따른 실태 정기점검을 위하여 필요하다고 인정하면 소속 공무원으로 하여금 개인위치정보사업자의 사업장 등에 출입하여 업무상황, 관계 물품·서류 및 시설·장비 등을 검사하게 할 수 있다. 이 경우 제16조제4항을 준용한다.(2021.10.19 본항신설)
(2015.2.3 본조개정)

제36조의2【시정조치 등】 ① 방송통신위원회는 이 법을 위반한 자에게 해당 위반행위의 중지 등 위반행위의 시정에 필요한 조치를 명할 수 있으며, 시정조치의 명령을 받은 자에게 시정조치의 명령을 받은 사실을 공표할 것을 명할 수 있다. 이 경우 공표의 방법·기준 및 절차 등에 관하여 필요한 사항은 대통령령으로 정한다.
② 방송통신위원회는 제1항 전단에 따라 시정조치를 명한 경우에는 시정조치를 명한 사실을 공개할 수 있다. 이 경우 공개의 방법·기준 및 절차 등에 관하여 필요한 사항은 대통령령으로 정한다.
(2021.10.19 본조신설)

제37조【청문】 방송통신위원회는 제13조에 따른 등록 또는 인가의 취소, 사업의 폐지 처분을 하고자 하는 경우에는 청문을 실시하여야 한다.(2021.10.19 본조개정)

제38조【권한의 위임 및 위탁】 ① 이 법에 따른 방송통신위원회의 권한은 그 일부를 대통령령으로 정하는 바에 따라 그 소속 기관의 장에게 위임할 수 있다.
② 이 법에 따른 방송통신위원회의 다음 각 호의 업무는 그 일부를 대통령령으로 정하는 바에 따라 「정보통신망 이용촉진 및 정보보호 등에 관한 법률」 제52조에 따른 한국인터넷진흥원 또는 「방송통신발전 기본법」 제34조에 따른 한국정보통신기술협회에 위탁할 수 있다.
1. 제16조제3항에 따른 기술적·관리적 조치의 내용 및 기록의 보존실태 점검에 관한 업무(기술적 지원업무로 한정한다)
2. 제23조제3항에 따른 개인위치정보 파기실태 점검에 관한 업무(2021.10.19 본호신설)
3. 제34조에 따른 표준화의 추진에 관한 업무
4. 제36조제1항부터 제4항까지에 따른 자료제출 요구 및 검사에 관한 업무(기술적 지원업무로 한정한다)
(2021.10.19 본호개정)
(2015.2.3 본조개정)

제38조의2【벌칙 적용에서 공무원 의제】 방송통신위원회가 제38조제2항에 따라 위탁한 업무에 종사하는 한국인터넷진흥원 또는 한국정보통신기술협회의 임직원은 「형법」 제129조부터 제132조까지의 규정에 따른 벌칙을 적용할 때에는 공무원으로 본다.(2015.2.3 본조신설)

제38조의3【준용 규정】 개인위치정보를 대상으로 하지 아니하는 위치기반서비스사업을 하는 자에 관하여는 제16조제1항·제3항, 제17조, 제28조제1항, 제34조, 제35조 및 제36조제1항·제2항을 준용한다.(2021.10.19 본조개정)

제6장 벌 칙

제39조【벌칙】 다음 각 호의 어느 하나에 해당하는 자는 5년 이하의 징역 또는 5천만원 이하의 벌금에 처한다.
(2015.2.3 본문개정)
1. 제5조제1항의 규정을 위반하여 등록을 하지 아니하고 위치정보사업을 하는 자 또는 거짓이나 그 밖의 부정한 방법으로 등록을 한 자(2021.10.19 본호개정)
2. 제17조의 규정을 위반하여 개인위치정보를 누설·변조·훼손 또는 공개한 자
3. 제18조제1항·제2항 또는 제19조제1항·제2항·제5항을 위반하여 개인위치정보주체의 동의를 얻지 아니하거나 동의의 범위를 넘어 개인위치정보를 수집·이용 또는 제공한 자 및 그 정을 알고 영리 또는 부정한 목적으로 개인위치정보를 제공받은 자(2015.2.3 본호개정)
4. 제21조의 규정을 위반하여 이용약관에 명시하거나 고지한 범위를 넘어 개인위치정보를 이용하거나 제3자에게 제공한 자
5. 제29조제8항을 위반하여 개인위치정보를 긴급구조 외의 목적에 사용한 자(2012.5.14 본호개정)
6. 제29조제11항을 위반하여 개인위치정보주체의 동의를 받지 아니하거나 긴급구조 외의 목적으로 개인위치정보를 제공하거나 제공받은 자(2015.2.3 본호신설)

제40조【벌칙】 다음 각 호의 어느 하나에 해당하는 자는 3년 이하의 징역 또는 3천만원 이하의 벌금에 처한다.
(2015.2.3 본문개정)
1. 제5조제2항을 위반하여 변경등록을 하지 아니하고 위치정보사업을 하는 자 또는 거짓이나 그 밖의 부정한 방법으로 변경등록을 한 자(2021.10.19 본호개정)
1의2. 제5조의2제1항을 위반하여 신고를 하지 아니하고 개인위치정보를 대상으로 하지 아니하는 위치정보사업을 하는 자 또는 거짓이나 그 밖의 부정한 방법으로 신고한 자(2018.4.17 본호신설)

2. 제9조제1항, 제9조의2제1항 단서 또는 같은 조 제4항을 위반하여 신고를 하지 아니하고 위치기반서비스사업을 하는 자 또는 거짓이나 그 밖의 부정한 방법으로 신고한 자
3. 제13조제1항에 따른 사업의 폐지명령을 위반한 자
4. 제15조제1항을 위반하여 개인위치정보주체의 동의를 받지 아니하고 해당 개인위치정보를 수집·이용 또는 제공한 자
5. 제15조제2항을 위반하여 타인의 정보통신기기를 복제하거나 정보를 도용하는 등의 방법으로 개인위치정보사업자등을 속여 타인의 개인위치정보를 제공받은 자(2018.4.17 2호~5호개정)

제40조의2【벌칙】 제23조제1항을 위반하여 개인위치정보를 파기하지 아니한 자는 2년 이하의 징역 또는 2천만원 이하의 벌금에 처한다.(2021.10.19 본조신설)

제41조【벌칙】 다음 각 호의 어느 하나에 해당하는 자는 1년 이하의 징역 또는 2천만원 이하의 벌금에 처한다.(2015.2.3 본문개정)
1. 제5조의2제3항제3호 또는 제9조제3항제3호를 위반하여 변경신고를 하지 아니하고 위치정보시스템을 변경한 자 또는 거짓이나 그 밖의 부정한 방법으로 위치정보시스템의 변경신고를 한 자(2018.4.17 본호개정)
2. 제8조제4항 또는 제11조제1항·제2항을 위반하여 위치정보를 파기하지 아니한 자(2018.4.17 본호개정)
3. 제13조제1항에 따른 사업의 정지명령을 위반한 자(2020.6.9 본호개정)
4. 제16조제1항을 위반하여 기술적·관리적 조치를 하지 아니한 자(제38조의3에 따라 준용되는 자를 포함한다)(2015.2.3 본호개정)
4의2. 제16조제2항을 위반하여 위치정보 수집·이용·제공사실 확인자료가 위치정보시스템에 자동으로 기록·보존되도록 하지 아니한 자(2015.2.3 본호신설)
5. 제29조제5항을 위반하여 긴급구조기관 또는 경찰관서의 요청을 거부하거나 제29조제7항을 위반하여 경보발송을 거부한 자(2012.5.14 본호개정)

제42조【양벌규정】 법인의 대표자나 법인 또는 개인의 대리인, 사용인, 그 밖의 종업원이 그 법인 또는 개인의 업무에 관하여 제39조부터 제41조까지의 어느 하나에 해당하는 위반행위를 하면 그 행위자를 벌하는 외에 그 법인 또는 개인에게도 해당 조문의 벌금형을 과(科)한다. 다만, 법인 또는 개인이 그 위반행위를 방지하기 위하여 해당 업무에 관하여 상당한 주의와 감독을 게을리하지 아니한 경우에는 그러하지 아니하다.(2010.3.17 본조개정)

제43조【과태료】 ① 다음 각 호의 어느 하나에 해당하는 자에게는 2천만원 이하의 과태료를 부과한다.(2015.2.3 본문개정)
1. (2021.10.19 삭제)
2. 제7조제1항을 위반하여 인가를 받지 아니하고 사업을 양수하거나 합병·분할한 자(2018.4.17 본호개정)
3. 제8조제1항 또는 제2항을 위반하여 승인을 받지 아니하고 사업의 전부 또는 일부를 휴업하거나 폐업한 자(2018.4.17 본호개정)
4. 제20조제1항의 규정을 위반하여 개인위치정보의 제공을 거절한 자
5. 제24조제2항의 규정을 위반하여 일시적인 중지 요구를 거절 또는 기술적 수단을 갖추지 아니한 자

② 다음 각 호의 어느 하나에 해당하는 자에게는 1천만원 이하의 과태료를 부과한다.(2015.2.3 본문개정)
1. 제7조제4항 또는 제10조제1항을 위반하여 사업의 양수, 상속 또는 합병·분할의 신고를 하지 아니한 자 또는 거짓이나 그 밖의 부정한 방법으로 사업의 양수, 상속 또는 합병·분할의 신고를 한 자(2018.4.17 본호개정)
2. 제8조제1항·제2항 또는 제11조제1항·제2항을 위반하여 사업의 전부 또는 일부의 휴업·폐업을 신고하지 아니한 자(2018.4.17 본호개정)
3. 제12조제1항을 위반하여 이용약관을 공개하지 아니하거나 이용약관의 변경이유 및 변경내용을 공개하지 아니한 자(2018.4.17 본호개정)
3의2. 제12조제2항에 따른 이용약관 변경명령을 위반한 자(2018.4.17 본호신설)
4. 제15조제3항을 위반하여 위치정보 수집장치가 붙여진 사실을 알리지 아니한 자(2020.6.9 본호개정)
5. 제18조제1항 또는 제19조제1항의 규정을 위반하여 이용약관명시의무를 다하지 아니한 자
6. 제18조제3항의 규정을 위반하여 개인위치정보를 수집한 자
7. 제19조제2항부터 제4항까지의 규정을 위반하여 고지 또는 통보를 하지 아니한 자(2015.2.3 본호개정)
7의2. 제21조의2에 따른 개인위치정보 처리방침을 정하지 아니하거나 이를 공개하지 아니한 자(2021.10.19 본호신설)
8. 제22조의 규정을 위반하여 사업의 양도등의 통지를 하지 아니한 자
8의2. 제23조제2항을 위반하여 개인위치정보의 파기에 필요한 조치를 하지 아니한 자(2021.10.19 본호신설)
8의3. 제24조제4항을 위반하여 개인위치정보 및 위치정보 수집·이용·제공사실 확인자료를 파기하지 아니한 자(2021.10.19 본호신설)
9. 제24조제3항의 규정을 위반하여 열람, 고지 또는 정정요구를 거절한 자
10. 제25조제1항의 규정을 위반하여 법정대리인의 동의를 얻지 아니하거나 법정대리인이 동의하였는지를 확인하지 아니하고 개인위치정보를 수집·이용 또는 제공한 자(2018.12.24 본호개정)
11. 제29조제1항 또는 제2항에 따른 긴급구조요청을 허위로 한 자(2012.5.14 본호개정)
12. 제29조제6항을 위반하여 개인위치정보의 제공사실을 통보하지 아니한 자(2012.5.14 본호개정)
13. 제36조제1항 및 제36조제3항 후단에 따른 관계 물품·서류 등을 제출하지 아니하거나 거짓으로 제출한 자(제38조의3에 따라 준용되는 자를 포함한다)(2021.10.19 본호개정)
14. 제36조제2항 및 제36조제4항에 따른 검사를 정당한 사유 없이 거부·방해 또는 기피한 자(제38조의3에 따라 준용되는 자를 포함한다)(2021.10.19 본호개정)
15. 제36조의2제1항에 따른 방송통신위원회로부터 받은 시정조치의 명령 또는 공표명령을 이행하지 아니한 자(2021.10.19 본호신설)

③ 다음 각 호의 어느 하나에 해당하는 자에게는 500만원 이하의 과태료를 부과한다.
1. 제5조제2항, 제5조의2제3항, 제9조제3항제1호·제2호 및 제9조의2제3항을 위반하여 변경신고를 하지 아니하고 상호나 주된 사무소의 소재지를 변경한 자 또는 거짓이나 그 밖의 부정한 방법으로 상호나 주된 사무소의 소재지의 변경신고를 한 자(2021.10.19 본호개정)
2. 제32조를 위반하여 통계자료를 제출하지 아니한 자(2015.2.3 본호개정)

④ 제1항, 제2항(제11호는 제외한다) 및 제3항에 따른 과태료는 대통령령으로 정하는 바에 따라 방송통신위원회가 부과·징수한다.(2020.6.9 본항개정)

⑤~⑦ (2015.2.3 삭제)

⑧ 제2항제11호에 따른 과태료는 대통령령으로 정하는 바에 따라 긴급구조기관의 장 또는 경찰관서의 장이 부과·징수한다.(2012.5.14 본항개정)

⑨ (2015.2.3 삭제)

부　칙 (2014.10.15)

제1조【시행일】 이 법은 공포한 날부터 시행한다.

제2조【금치산자 등의 결격사유에 관한 경과조치】 제6조제1항제1호, 제26조제1항제2호 및 제2항제2호의 개정규정에도 불구하고 같은 개정규정 시행 당시 이미 금치산 또는 한정치산의 선고를 받고 법률 제10429호 민법 일부개정법률 부칙 제2조에 따라 금치산 또는 한정치산 선고의 효력이 유지되는 사람에 대하여는 종전의 규정에 따른다.

부　칙 (2015.2.3)

제1조【시행일】 이 법은 공포 후 6개월이 경과한 날부터 시행한다.

제2조【위치정보사업의 허가 등에 관한 적용례】 제5조제8항제4호 및 제7조제3항제4호의 개정규정은 이 법 시행 후 위치정보사업의 허가 또는 위치정보사업 양수 등의 인가를 신청하는 경우부터 적용한다.

부　칙 (2015.12.1)

제1조【시행일】 이 법은 공포 후 6개월이 경과한 날부터 시행한다.

제2조【결격사유에 관한 경과조치】 이 법 시행 당시 위치정보사업자의 종업원인 자에 대하여는 제6조의 개정규정에도 불구하고 종전의 규정에 따른다.

부　칙 (2018.4.17)

제1조【시행일】 이 법은 공포 후 6개월이 경과한 날부터 시행한다.

제2조【소상공인 등의 위치기반서비스사업의 신고에 관한 적용례】 제9조제4항 및 제9조의2의 개정규정은 소상공인등으로서 이 법 시행 후 위치기반서비스사업을 개시하는 자부터 적용한다.

제3조【이용약관의 공개에 관한 적용례】 제12조제1항의 개정규정은 이 법 시행 전에 신고한 이용약관을 변경하려는 경우에도 적용한다.

제4조【위치정보사업의 허가에 관한 경과조치】 ① 이 법 시행 당시 종전의 제5조제1항에 따른 허가를 받은 자로서 개인위치정보를 대상으로 위치정보사업을 하는 자는 제5조제1항의 개정규정에 따라 방송통신위원회의 허가를 받은 것으로 본다.

② 이 법 시행 당시 종전의 제5조제1항에 따른 허가를 받은 자로서 개인위치정보를 대상으로 하지 아니하는 위치정보사업만을 하는 자는 제5조의2제1항의 개정규정에 따라 신고하여 방송통신위원회가 같은 조 제4항의 개정규정에 따라 신고를 수리한 것으로 본다.

③ 이 법 시행 당시 종전의 제5조제1항에 따른 허가를 신청한 자가 개인위치정보를 대상으로 하지 아니하는 위치정보사업만을 하는 자인 경우에는 제5조의2제1항의 개정규정에 따른 신고를 한 것으로 본다.

제5조【위치정보사업의 양수 및 법인의 합병 등에 관한 경과조치】 ① 이 법 시행 당시 종전의 제7조제1항에 따른 인가를 받은 자로서 개인위치정보를 대상으로 하지 아니하는 위치정보사업만을 하는 자의 사업의 전부 또는 일부의 양수인 또는 합병·분할에 의하여 설립되거나 합병·분할 후 존속하는 법인이 제7조제4항의 개정규정에 따라 신고한 경우에는 방송통신위원회가 같은 조 제5항의 개정규정에 따라 신고를 수리한 것으로 본다.

② 이 법 시행 전에 종전의 제7조제1항에 따른 인가를 신청한 자가 개인위치정보를 대상으로 하지 아니하는 위치정보사업만을 하는 자의 사업의 전부 또는 일부의 양수인 또는 합병·분할에 의하여 설립되거나 합병·분할 후 존속하는 법인인 경우에는 제7조제4항의 개정규정에 따른 신고를 한 것으로 본다.

제6조【위치정보사업의 휴업·폐업 등에 관한 경과조치】 ① 이 법 시행 당시 종전의 제8조제1항 또는 제2항에 따른 승인을 받은 자로서 개인위치정보를 대상으로 하지 아니하는 위치정보사업만을 하는 자가 제8조제1항제2호 또는 제2항제2호의 개정규정에 따라 신고한 경우에는 방송통신위원회가 같은 조 제6항의 개정규정에 따라 신고를 수리한 것으로 본다.

② 이 법 시행 전에 종전의 제8조제1항 또는 제2항에 따른 승인을 신청한 자가 개인위치정보를 대상으로 하지 아니하는 위치정보사업만을 하는 자인 경우에는 제8조제1항제2호 또는 제2항제2호의 개정규정에 따른 신고를 한 것으로 본다.

제7조【다른 법률의 개정】 ①~③ ※(해당 법령에 가제정리 하였음)

부　칙 (2020.2.4)

제1조【시행일】 이 법은 공포 후 1년이 경과한 날부터 시행한다.(이하 생략)

부　칙 (2020.6.9)
(2020.12.8)

이 법은 공포한 날부터 시행한다.

부　칙 (2020.12.22)

제1조【시행일】 이 법은 2021년 1월 1일부터 시행한다.(이하 생략)

부　칙 (2021.10.19)

제1조【시행일】 이 법은 공포 후 6개월이 경과한 날부터 시행한다.

제2조【과징금의 환급가산금에 관한 적용례】 제14조제8항의 개정규정은 이 법 시행 이후 환급되는 과징금부터 적용한다.

제3조【행정처분 및 벌칙에 관한 경과조치】 이 법 시행 전의 위반행위에 대하여 행정처분 및 벌칙을 적용할 때에는 종전의 규정에 따른다.

제4조【위치정보사업의 등록에 관한 경과조치】 ① 이 법 시행 당시 종전의 제5조제1항에 따른 허가를 받은 위치정보사업자는 제5조제1항의 개정규정에 따라 방송통신위원회에 등록한 것으로 본다.

② 이 법 시행 당시 종전의 제5조제1항에 따른 허가신청은 이 법 시행일 전날 제5조제1항의 개정규정에 따라 등록신청된 것으로 본다.

제5조【허가 취소처분에 관한 경과조치】 이 법 시행 당시 종전의 제13조제1항에 따른 허가 취소처분은 제5조의 개정규정에 따른 등록요건 심사에 있어서 제13조제1항의 개정규정에 따른 등록 취소처분으로 본다.

國土編

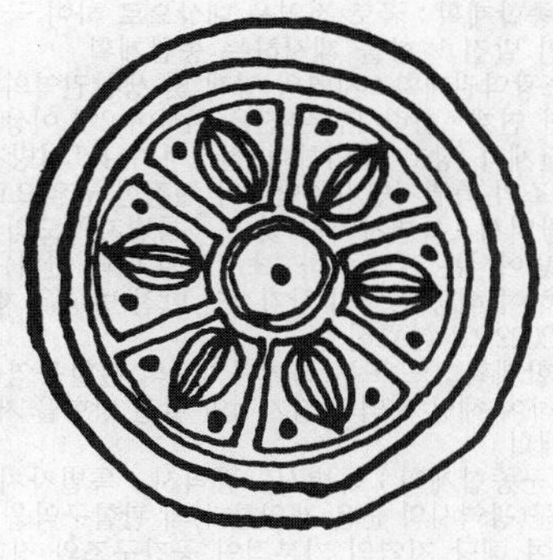

高句麗 通溝地方出土 숫막새(紋樣)

국토기본법

(2002년 2월 4일 법 률 제6654호)

개정
2006.12.28법 8122호 2008. 2.29법 8870호
2009. 2. 6법 9440호(국가공간정보에관한법)
2009. 6. 9법 9774호(측량·수로지적)
2011. 4.14법10599호(국토이용)
2011. 5.30법10758호
2013. 3.23법11690호(정부조직)
2014. 6. 3법12736호(국가공간정보기본법)
2014. 6. 3법12737호(지역개발및지원에관한법)
2014. 6. 3법12738호(공간정보구축관리)
2016.12. 2법14335호
2017. 4.18법14804호(해양수산발전기본법)
2018. 3.20법15489호(국가균형발전특별법)
2018. 4.17법15598호 2019. 8.20법16491호
2020. 2.18법17063호(해양조사와해양정보활용에관한법)
2020. 4. 7법17228호
2021. 1. 5법17857호(환경정책기본법)
2021. 8.10법18387호 2022. 2. 3법18829호
2023. 6. 9법19430호(지방자치분권및지역균형발전에관한특별법)

제1장 총 칙
(2011.5.30 본장제목개정)

제1조【목적】 이 법은 국토에 관한 계획 및 정책의 수립·시행에 관한 기본적인 사항을 정함으로써 국토의 건전한 발전과 국민의 복리향상에 이바지함을 목적으로 한다.

제2조【국토관리의 기본 이념】 국토는 모든 국민의 삶의 터전이며 후세에 물려줄 민족의 자산이므로, 국토에 관한 계획 및 정책은 개발과 환경의 조화를 바탕으로 국토를 균형 있게 발전시키고 국가의 경쟁력을 높이며 국민의 삶의 질을 개선함으로써 국토의 지속가능한 발전을 도모할 수 있도록 수립·집행하여야 한다.
(2011.5.30 본조개정)

제3조【국토의 균형 있는 발전】 ① 국가와 지방자치단체는 각 지역이 특성에 따라 개성 있게 발전하고, 자립적인 경쟁력을 갖추도록 함으로써 국민 모두가 안정되고 편리한 삶을 누릴 수 있는 국토 여건을 조성하여야 한다.
② 국가와 지방자치단체는 수도권과 비수도권(非首都圈), 도시와 농촌·산촌·어촌, 대도시와 중소도시 간의 균형 있는 발전을 이룩하고, 생활 여건이 현저히 뒤떨어진 지역이 발전할 수 있는 기반을 구축하여야 한다.
③ 국가와 지방자치단체는 지역 간의 교류협력을 촉진시키고 체계적으로 지원함으로써 지역 간의 화합과 공동 번영을 도모하여야 한다.
(2011.5.30 본조개정)

제4조【경쟁력 있는 국토 여건의 조성】 ① 국가와 지방자치단체는 도로, 철도, 항만, 공항, 용수(用水) 시설, 물류시설, 정보통신 시설 등 국토의 기간시설(基幹施設)을 체계적으로 확충하여 국가경쟁력을 강화하고 국민생활의 질적 향상을 도모하여야 한다.
② 국가와 지방자치단체는 농지, 수자원, 산림자원, 식량자원, 광물자원, 생태자원, 해양수산자원 등 국토자원의 효율적인 이용과 체계적인 보전·관리를 위하여 노력하여야 한다.(2017.4.18 본항개정)
③ 국가와 지방자치단체는 국제교류가 활발히 이루어질 수 있는 국토 여건을 조성함으로써 대륙과 해양을 잇는 국토의 지리적 특성을 최대한 살리도록 하여야 한다.
(2011.5.30 본조개정)

제4조의2【국민의 삶의 질 향상을 위한 국토 여건 조성】 국가와 지방자치단체는 국민의 삶의 질을 향상하기 위하여 국민 모두가 생활에 필요한 적정한 수준의 서비스를 제공받을 수 있는 국토 여건을 조성하여야 한다.
(2020.4.7 본조신설)

제5조【환경친화적 국토관리】 ① 국가와 지방자치단체는 국토에 관한 계획 또는 사업을 수립·집행할 때에는 「환경정책기본법」에 따른 환경계획의 내용을 고려하여 자연환경과 생활환경에 미치는 영향을 사전에 검토함으로써 환경에 미치는 부정적인 영향을 최소화하고 환경정의가 실현될 수 있도록 하여야 한다.(2021.1.5 본항개정)
② 국가와 지방자치단체는 국토의 무질서한 개발을 방지하고 국민생활에 필요한 토지를 원활하게 공급하기 위하여 토지이용에 관한 종합적인 계획을 수립하고 이에 따라 국토 공간을 체계적으로 관리하여야 한다.
③ 국가와 지방자치단체는 산, 하천, 호수, 늪, 연안, 해양으로 이어지는 자연생태계를 통합적으로 관리·보전하고 훼손된 자연생태계를 복원하기 위한 종합적인 시책을 추진함으로써 인간이 자연과 더불어 살 수 있는 쾌적한 국토 환경을 조성하여야 한다.
④ 국토교통부장관은 제1항에 따른 국토에 관한 계획과 「환경정책기본법」에 따른 환경계획의 연계를 위하여 필요한 경우에는 적용범위, 연계 방법 및 절차 등을 환경부장관과 공동으로 정할 수 있다.(2021.1.5 본항개정)
(2011.5.30 본조개정)

제5조의2【지속가능한 국토관리의 평가지표 및 기준】 ① 국토교통부장관은 국토의 지속가능하고 균형 있는 발전을 위하여 국토관리의 현황 및 지속가능성을 측정·평가하기 위한 지표 및 기준을 설정(변경하는 경우를 포함한다. 이하 이 조에서 같다)하여 공고하여야 한다. 이 경우 국토교통부장관은 미리 관계 중앙행정기관의 장과 협의하여야 한다.(2020.4.7 전단개정)
② 지방자치단체의 장은 지역의 특수성을 고려하여 필요하다고 인정할 때에는 제1항에 따른 지표 및 기준을 충분히 고려하여 별도의 지표 및 기준을 설정하여 공고할 수 있다. 이 경우 지방자치단체의 장은 미리 관계 행정기관의 장과 협의한 후 「국토의 계획 및 이용에 관한 법률」 제113조에 따라 그 지방자치단체에 설치된 지방도시계획위원회의 심의를 거쳐야 한다.
③ 지방자치단체의 장은 제2항에 따라 지표 및 기준을 설정·공고하였을 때에는 지체 없이 국토교통부장관에게 보고하여야 한다.(2013.3.23 본항개정)
④ 관계 행정기관의 장은 국토에 관한 계획 및 정책을 수립할 때에는 제1항과 제2항에 따라 설정·공고한 지표 및 기준을 고려하여야 한다.
⑤ 국토교통부장관과 지방자치단체의 장은 제1항과 제2항에 따른 지표 및 기준을 활용하여 대통령령으로 정하는 바에 따라 국토관리의 지속가능성을 측정·평가할 수 있다.(2013.3.23 본항개정)
(2011.5.30 본조개정)

제2장 국토계획의 수립 등
(2011.5.30 본장개정)

제6조【국토계획의 정의 및 구분】 ① 이 법에서 "국토계획"이란 국토를 이용·개발 및 보전할 때 미래의 경제적·사회적 변동에 대응하여 국토가 지향하여야 할 발전 방향을 설정하고 이를 달성하기 위한 계획을 말한다.
② 국토계획은 다음 각 호의 구분에 따라 국토종합계획, 초광역권계획, 도종합계획, 시·군 종합계획, 지역계획 및 부문별계획으로 구분한다.(2022.2.3 본문개정)
1. 국토종합계획 : 국토 전역을 대상으로 하여 국토의 장기적인 발전 방향을 제시하는 종합계획
1의2. 초광역권계획 : 지역의 경제 및 생활권역의 발전에 필요한 연계·협력사업 추진을 위하여 2개 이상의 지방자치단체가 상호 협의하여 설정하거나 「지방자치법」 제199조의 특별지방자치단체가 설정한 권역으로, 특별시·광역시·특별자치시 및 도·특별자치도의 행정구역을 넘어서는 권역(이하 "초광역권"이라 한다)을 대상으로 하여 해당 지역의 장기적인 발전 방향을 제시하는 계획(2022.2.3 본호신설)
2. 도종합계획 : 도 또는 특별자치도의 관할구역을 대상으로 하여 해당 지역의 장기적인 발전 방향을 제시하는 종합계획
3. 시·군종합계획 : 특별시·광역시·특별자치시·시 또는 군(광역시의 군은 제외한다)의 관할구역을 대상으로 하여 해당 지역의 기본적인 공간구조와 장기 발전 방향을 제시하고, 토지이용, 교통, 환경, 안전, 산업, 정보통신, 보건, 후생, 문화 등에 관하여 수립하는 계획으로서 「국토의 계획 및 이용에 관한 법률」에 따라 수립되는 도시·군계획(2021.8.10 본호개정)
4. 지역계획 : 특정 지역을 대상으로 특별한 정책목적을 달성하기 위하여 수립하는 계획
5. 부문별계획 : 국토 전역을 대상으로 하여 특정 부문에 대한 장기적인 발전 방향을 제시하는 계획

제7조【국토계획의 상호 관계 등】 ① 국토종합계획은 초광역권계획, 도종합계획 및 시·군종합계획의 기본이 되며, 부문별계획과 지역계획은 국토종합계획과 조화를 이루어야 한다.(2022.2.3 본항개정)
② 도종합계획은 해당 도의 관할구역에서 수립되는 시·군종합계획의 기본이 된다.
③ 국토종합계획은 20년을 단위로 하여 수립하며, 초광역권계획, 도종합계획, 시·군종합계획, 지역계획 및 부문별계획의 수립권자는 국토종합계획의 수립 주기를 고려하여 그 수립 주기를 정하여야 한다.(2022.2.3 본항개정)
④ 국토계획의 계획기간이 만료되었음에도 불구하고 차기 계획이 수립되지 아니한 경우에는 해당 계획의 기본이 되는 계획과 저촉되지 아니하는 범위에서 종전의 계획을 따를 수 있다.(2021.8.10 본항신설)
(2021.8.10 본조제목개정)

제8조【다른 법령에 따른 계획과의 관계】 이 법에 따른 국토종합계획은 다른 법령에 따라 수립되는 국토에 관한 계획에 우선하며 그 기본이 된다. 다만, 군사에 관한 계획에 대하여는 그러하지 아니하다.

제9조【국토종합계획의 수립】 ① 국토교통부장관은 국토종합계획을 수립하여야 한다.(2013.3.23 본항개정)
② 국토교통부장관은 국토종합계획을 수립하려는 경우에는 중앙행정기관의 장 및 특별시장·광역시장·특별자치시장·도지사 또는 특별자치도지사(이하 "시·도지사"라 한다)에게 대통령령으로 정하는 바에 따라 국토종합계획에 반영되어야 할 정책 및 사업에 관한 소관별 계획안의 제출을 요청할 수 있다. 이 경우 중앙행정기관의 장 및 시·도지사는 특별한 사유가 없으면 요청에 따라야 한다.(2021.8.10 전단개정)
③ 국토교통부장관은 제2항에 따라 받은 소관별 계획안을 기초로 대통령령으로 정하는 바에 따라 이를 조정·총괄하여 국토종합계획안을 작성하며, 제출된 소관별 계획안의 내용 외에 국토종합계획에 포함되는 것이 타당하다고 인정하는 사항은 관계 행정기관의 장과 협의하여 국토종합계획안에 반영할 수 있다.(2013.3.23 본항개정)
④ 이미 수립된 국토종합계획을 변경하는 경우에는 제2항과 제3항을 준용한다.

제10조【국토종합계획의 내용】 국토종합계획에는 다음 각 호의 사항에 대한 기본적이고 장기적인 정책방향이 포함되어야 한다.
1. 국토의 현황 및 여건 변화 전망에 관한 사항
2. 국토발전의 기본 이념 및 바람직한 국토 미래상의 정립에 관한 사항
2의2. 교통, 물류, 공간정보 등에 관한 신기술의 개발과 활용을 통한 국토의 효율적인 발전 방향과 혁신 기반 조성에 관한 사항(2018.4.17 본호신설)
3. 국토의 공간구조의 정비 및 지역별 기능 분담 방향에 관한 사항
4. 국토의 균형발전을 위한 시책 및 지역산업 육성에 관한 사항
5. 국가경쟁력 향상 및 국민생활의 기반이 되는 국토 기간 시설의 확충에 관한 사항
6. 토지, 수자원, 산림자원, 해양수산자원 등 국토자원의 효율적 이용 및 관리에 관한 사항(2017.4.18 본호개정)
7. 주택, 상하수도 등 생활 여건의 조성 및 삶의 질 개선에 관한 사항
8. 수해, 풍해(風害), 그 밖의 재해의 방제(防除)에 관한 사항
9. 지하 공간의 합리적 이용 및 관리에 관한 사항
10. 지속가능한 국토 발전을 위한 국토 환경의 보전 및 개선에 관한 사항
11. 그 밖에 제1호부터 제10호까지에 부수(附隨)되는 사항

제11조【공청회의 개최】 ① 국토교통부장관은 국토종합계획안을 작성하였을 때에는 공청회를 열어 일반 국민과 관계 전문가 등으로부터 의견을 들어야 하며, 공청회에서 제시된 의견이 타당하다고 인정하면 국토종합계획에 반영하여야 한다. 다만, 국방상 기밀을 유지하여야 하는 사항으로서 국방부장관이 요청한 사항은 그러하지 아니하다.(2013.3.23 본문개정)
② 제1항에 따른 공청회의 개최에 필요한 사항은 대통령령으로 정한다.

제12조【국토종합계획의 승인】 ① 국토교통부장관은 국토종합계획을 수립하거나 확정된 계획을 변경하려면 미리 제26조에 따른 국토정책위원회(이하 "국토정책위원회"라 한다)와 국무회의의 심의를 거친 후 대통령의 승인을 받아야 한다.
② 국토교통부장관은 제1항에 따라 국토정책위원회의 심의를 받으려는 경우에는 미리 심의안에 대하여 관계 중앙행정기관의 장과 협의하여야 하며 시·도지사의 의견을 들어야 한다.
③ 제2항에 따른 심의안을 받은 관계 중앙행정기관의 장 및 시·도지사는 특별한 사유가 없으면 심의안을 받은 날부터 30일 이내에 국토교통부장관에게 의견을 제시하여야 한다.
④ 국토교통부장관은 제1항에 따라 국토종합계획을 승인받았을 때에는 지체 없이 그 주요 내용을 관보에 공고하고, 관계 중앙행정기관의 장, 시·도지사, 시장 및 군수(광역시의 군수는 제외한다. 이하 이 장에서 같다)에게 국토종합계획을 보내야 한다.
(2013.3.23 본조개정)

제12조의2【초광역권계획의 수립】 ① 초광역권을 구성하고자 하는 시·도지사 또는 「지방자치법」 제199조의 특별지방자치단체의 장(이하 "초광역권계획 수립주체"라 한다)은 초광역권의 발전을 위하여 필요한 경우에는 구성 지방자치단체의 장과 협의하여 다음 각 호의 사항에 관한 초광역권계획을 수립(확정된 계획을 변경하는 경우를 포함한다. 이하 이 조에서 같다)할 수 있다.
1. 초광역권의 범위 및 발전목표
2. 초광역권의 현황 및 여건변화 전망
3. 초광역권 발전전략에 관한 사항
4. 초광역권의 공간구조 정비 및 기능분담에 관한 사항
5. 초광역권의 교통, 물류, 정보통신망 등 기반시설의 구축에 관한 사항
6. 초광역권의 산업 발전 및 육성에 관한 사항
7. 초광역권 문화·관광 기반의 조성에 관한 사항
8. 재원조달방안 등 계획의 집행 및 관리에 관한 사항
9. 그 밖에 초광역권의 상호 기능연계 및 발전을 위하여 필요한 사항으로서 대통령령으로 정하는 사항
② 초광역권계획 수립주체가 제1항에 따라 초광역권계획을 수립하려는 때에는 초광역권계획의 수립에 관한 협의 및 조정 등을 위하여 초광역권계획위원회를 구성·운영하여야 한다.
③ 초광역권계획에 대한 공청회의 개최 및 국토교통부장관의 승인에 관하여는 제11조 및 제15조를 준용한다. 이 경우 제11조 중 "국토교통부장관"은 "초광역권계획 수립주체"로, "국토종합계획"은 "초광역권계획"으로 보고, 제15조 중 "도지사"는 "초광역권계획 수립주체"로, "도종합계획"은 "초광역권계획"으로, "시장 및 군수"는 "시장·군수(광역시의 군수를 포함한다)·구청장(자치구의 구청장을 말한다)"으로 본다.
④ 그 밖에 초광역권계획의 수립 기준 및 작성 방법 등과 제2항에 따른 초광역권계획위원회의 구성·운영에 필요한 사항은 대통령령으로 정한다.
(2022.2.3 본조신설)

제13조【도종합계획의 수립】① 도지사(특별자치도의 경우에는 특별자치도지사를 말한다. 이하 같다)는 다음 각 호의 사항에 대한 도종합계획을 수립하여야 한다. 다만, 다른 법률에 따라 따로 계획이 수립된 도로서 대통령령으로 정하는 도는 도종합계획을 수립하지 아니할 수 있다.
1. 지역 현황·특성의 분석 및 대내외적 여건 변화의 전망에 관한 사항
2. 지역발전의 목표와 전략에 관한 사항
3. 지역 공간구조의 정비 및 지역 내 기능 분담 방향에 관한 사항
4. 교통, 물류, 정보통신망 등 기반시설의 구축에 관한 사항
5. 지역의 자원 및 환경 개발과 보전·관리에 관한 사항
6. 토지의 용도별 이용 및 계획적 관리에 관한 사항
7. 그 밖에 도의 지속가능한 발전에 필요한 사항으로서 대통령령으로 정하는 사항
② 도지사는 제1항에 따라 도종합계획을 수립할 때에는 「국토의 계획 및 이용에 관한 법률」에 따라 도에 설치된 도시계획위원회의 심의를 거쳐야 한다.
③ 도종합계획의 수립 기준 및 작성 방법은 대통령령으로 정하는 바에 따라 국토교통부장관이 정한다.
(2013.3.23 본항개정)
제14조【도종합계획의 수립을 위한 공청회】도종합계획의 수립에 관하여는 제11조를 준용한다.
제15조【도종합계획의 승인】① 도지사는 도종합계획을 수립하였을 때에는 국토교통부장관의 승인을 받아야 한다. 승인받은 도종합계획을 변경할 때에도 또한 같다.
(2013.3.23 전단개정)
② 국토교통부장관은 제1항에 따라 도종합계획을 승인하려면 미리 관계 중앙행정기관의 장과 협의한 후 국토정책위원회의 심의를 거쳐야 한다.(2013.3.23 본항개정)
③ 제2항에 따라 협의 요청을 받은 관계 중앙행정기관의 장은 특별한 사유가 없으면 그 요청을 받은 날부터 30일 이내에 국토교통부장관에게 의견을 제시하여야 한다.
(2013.3.23 본항개정)
④ 도지사는 제1항에 따른 승인을 받으면 지체 없이 그 주요 내용을 공보에 공고하고, 관할구역에 있는 시장 및 군수에게 도종합계획을 보내야 한다.
제16조【지역계획의 수립】① 중앙행정기관의 장 또는 지방자치단체의 장은 지역 특성에 맞는 정비나 개발을 위하여 필요하다고 인정하면 관계 중앙행정기관의 장과 협의하여 관계 법률에서 정하는 바에 따라 다음 각 호의 구분에 따른 지역계획을 수립할 수 있다.
1. 수도권 발전계획 : 수도권에 과도하게 집중된 인구와 산업의 분산 및 적정배치를 유도하기 위하여 수립하는 계획
2. 지역개발계획 : 성장 잠재력을 보유한 낙후지역 또는 거점지역 등과 그 인근지역을 종합적·체계적으로 발전시키기 위하여 수립하는 계획(2014.6.3 본호개정)
3.~4. (2014.6.3 삭제)
5. 그 밖에 다른 법률에 따라 수립하는 지역계획
② 중앙행정기관의 장 또는 지방자치단체의 장은 제1항에 따라 지역계획을 수립하거나 변경한 때에는 이를 지체 없이 국토교통부장관에게 알려야 한다.(2013.3.23 본항개정)
제17조【부문별계획의 수립】① 중앙행정기관의 장은 국토 전역을 대상으로 하여 소관 업무에 관한 부문별계획을 수립할 수 있다.
② 중앙행정기관의 장은 제1항에 따른 부문별계획을 수립할 때에는 국토종합계획의 내용을 반영하여야 하며, 이와 상충(相衝)되지 아니하도록 하여야 한다.
③ 중앙행정기관의 장은 제1항에 따라 부문별계획을 수립하거나 변경한 때에는 지체 없이 국토교통부장관에게 알려야 한다.(2013.3.23 본항개정)
제17조의2【국민의 의견 청취 등】① 국토교통부장관은 국토에 관한 계획 및 정책을 수립하는 과정에서 국민의 의견이 반영될 수 있도록 노력하여야 한다.
② 국토교통부장관은 국토계획 등에 관한 국민들의 이해를 돕기 위하여 필요한 경우 관련 교육과 홍보를 할 수 있다.
(2020.4.7 본조신설)

제3장 국토계획의 효율적 추진
(2011.5.30 본장개정)

제18조【실천계획의 수립 및 평가】① 중앙행정기관의 장 및 시·도지사는 국토종합계획의 내용을 소관 업무와 관련된 정책 및 계획에 반영하여야 하며, 대통령령으로 정하는 바에 따라 국토종합계획을 실행하기 위한 소관별 실천계획을 수립하여 국토교통부장관에게 제출하여야 한다.
② 중앙행정기관의 장 및 시·도지사는 소관별 실천계획의 추진 실적서를 작성하여 대통령령으로 정하는 바에 따라 국토교통부장관에게 제출하여야 한다.
③ 국토교통부장관은 제2항에 따라 받은 추진 실적을 종합하여 대통령령으로 정하는 바에 따라 국토종합계획의 성과를 정기적으로 평가하고 그 결과를 국토정책의 수립·집행에 반영하여야 한다.
④ 국토교통부장관은 제3항에 따른 평가를 효율적으로 하기 위하여 이에 필요한 조사·분석 등을 전문기관에 의뢰할 수 있다.
(2013.3.23 본조개정)
제19조【국토종합계획의 정비】국토교통부장관은 제18조제3항에 따른 평가 결과와 사회적·경제적 여건 변화를 고려하여 5년마다 국토종합계획을 전반적으로 재검토하고 필요하면 정비하여야 한다.(2013.3.23 본조개정)
제19조의2【국토계획평가의 대상 및 기준】① 국토교통부장관은 대통령령으로 정하는 중장기적·지침적 성격의 국토계획이 국토관리의 기본 이념에 따라 수립되었는지를 평가(이하 "국토계획평가"라 한다)하여야 한다.
② 국토계획평가의 기준은 제2조부터 제4조까지, 제4조의2 및 제5조의 규정에 따른 국토관리의 기본 이념을 고려하여 대통령령으로 정한다.
③ 국토교통부장관이 국토계획평가를 실시할 때에는 제25조의2제1항에 따른 국토모니터링 결과를 우선적으로 활용하여야 한다.(2020.4.7 본항신설)
(2020.4.7 본조개정)
제19조의3【국토계획평가의 절차】① 제19조의2제1항에 따른 국토계획평가 대상이 되는 국토계획의 수립권자는 해당 국토계획을 수립하거나 변경하기 전에 대통령령으로 정하는 바에 따라 국토계획평가 요청서를 작성하여 국토교통부장관에게 제출하여야 한다.(2013.3.23 본항개정)
② 제1항에 따라 국토계획평가 요청서를 제출받은 국토교통부장관은 국토계획평가를 실시한 후 그 결과에 대하여 국토정책위원회의 심의를 거쳐야 한다.(2013.3.23 본항개정)
③ 국토교통부장관은 제2항에 따라 국토계획평가를 실시할 때 필요한 경우에는 「정부출연연구기관 등의 설립·운영 및 육성에 관한 법률」에 따라 설립된 정부출연연구기관이나 관계 전문가에게 현지조사를 의뢰하거나 의견을 들을 수 있으며, 제1항에 따른 국토계획평가 요청서 중 환경친화적인 국토관리에 관한 사항은 대통령령으로 정하는 바에 따라 환경부장관의 의견을 들어야 한다.
(2013.3.23 본항개정)
④ 제1항에 따른 국토계획평가 요청서 제출 시기, 제2항에 따른 국토계획평가 결과의 통보 절차 및 그 밖에 국토계획평가 절차에 필요한 사항은 대통령령으로 정한다.
(2011.5.30 본조신설)
제20조【계획 간의 조정】① 국토교통부장관은 초광역권계획, 도종합계획, 시·군종합계획, 지역계획 및 부문별계획이 다음 각 호의 어느 하나에 해당하는 경우에는 중앙행정기관의 장 또는 지방자치단체의 장에게 해당 계획을 조정할 것을 요청할 수 있다.(2022.2.3 본문개정)
1. 서로 상충되거나 국토종합계획에 부합하지 아니한다고 판단되는 경우
2. 제19조의3제2항에 따른 국토계획평가 실시 결과 해당 국토계획을 보완·조정할 필요가 있다고 인정되는 경우
3. 「환경정책기본법」에 따른 환경계획과의 연계성이 부족하여 상호 보완·조정할 필요가 있다고 인정되는 경우
(2021.1.5 본호개정)
② 제1항에 따라 계획을 조정할 것을 요청받은 중앙행정기관의 장 또는 지방자치단체의 장이 특별한 사유 없이 이를 반영하지 아니하는 경우에는 국토교통부장관이 국토정책위원회의 심의를 거쳐 이를 조정할 수 있다.
(2013.3.23 본항개정)
③ 국토교통부장관은 제2항에 따른 조정을 하려면 미리 관계 중앙행정기관의 장 또는 해당 지방자치단체의 장의 의견을 들어야 한다.(2013.3.23 본항개정)
제21조【국토계획에 관한 처분 등의 조정】① 국토교통부장관은 중앙행정기관의 장 또는 지방자치단체의 장이 국토계획의 시행을 위하여 하는 처분이나 사업이 상충되어 국토계획의 원활한 실시에 지장을 줄 우려가 있다고 인정하는 경우에는 국토정책위원회의 심의를 거쳐 그 처분이나 사업을 조정할 수 있다.
② 관계 중앙행정기관의 장 또는 지방자치단체의 장은 국토교통부장관에게 제1항에 따른 처분이나 사업의 조정을 요청할 수 있다.
③ 국토교통부장관은 제1항에 따른 조정을 하려면 미리 관계 중앙행정기관의 장 또는 해당 지방자치단체의 장의 의견을 들어야 한다.
(2013.3.23 본조개정)
제22조【재정상의 조치】중앙행정기관의 장과 지방자치단체의 장은 국토계획이 실효성 있게 추진될 수 있도록 필요한 재정상의 조치를 마련하여야 한다.

제4장 국토의 계획 및 이용에 관한 연차보고 등
(2020.4.7 본장제목개정)

제23조 (2009.2.6 삭제)
제24조【국토의 계획 및 이용에 관한 연차보고】① 정부는 국토의 계획 및 이용의 주요 시책에 관한 보고서(이하 "연차보고서"라 한다)를 작성하여 매년 정기국회 개회 전까지 국회에 제출하여야 한다.
② 제1항의 보고서에는 다음 각 호의 내용이 포함되어야 한다.
1. 국토계획의 수립 및 관리
2. 국토의 계획 및 이용에 관하여 추진된 시책과 추진하려는 시책
3. 지역개발 현황 및 주요 시책
4. 사회간접자본의 현황
5. 국토자원의 이용 현황
6. 국토 환경 현황 및 주요 시책
7. 용도지역별 토지이용 현황 및 토지거래 동향
8. 그 밖에 국토계획 및 국토 이용에 관한 중요 사항
(2011.5.30 본조개정)
제25조【국토 조사】① 국토교통부장관은 국토에 관한 계획 또는 정책의 수립, 「국가공간정보 기본법」 제32조제2항에 따른 공간정보의 제작, 연차보고서의 작성 등을 위하여 필요할 때에는 미리 인구, 경제, 사회, 문화, 교통, 환경, 토지이용, 그 밖에 대통령령으로 정하는 사항에 대하여 조사할 수 있다.(2014.6.3 본항개정)
② 국토교통부장관은 중앙행정기관의 장 또는 지방자치단체의 장에게 국토 조사에 필요한 자료의 제출을 요청하거나 제1항의 국토 조사 사항 중 일부를 직접 조사하도록 요청할 수 있다. 이 경우 요청을 받은 중앙행정기관의 장 또는 지방자치단체의 장은 특별한 사유가 없으면 요청에 따라야 한다.(2020.4.7 전단개정)
③ 국토교통부장관은 효율적인 국토 조사를 위하여 필요하면 제1항에 따른 조사를 전문기관에 의뢰할 수 있다.
(2013.3.23 본항개정)
④ 중앙행정기관의 장 및 지방자치단체의 장은 국토계획을 수립하기 위한 기초조사 등을 실시할 때 국토 조사 결과를 활용할 수 있다.(2020.4.7 본항신설)
⑤ 제1항에 따른 국토 조사의 종류와 방법 등에 필요한 사항은 대통령령으로 정한다.
(2011.5.30 본조개정)
제25조의2【국토모니터링의 추진 등】① 국토교통부장관은 국토의 변화상과 국토계획 및 국토정책에 대한 추진상황을 주기적 또는 수시로 점검(이하 "국토모니터링"이라 한다)할 수 있다.
② 중앙행정기관의 장 및 지방자치단체의 장은 국토계획 및 국토정책을 수립할 때, 국토모니터링 결과를 반영하도록 노력하여야 한다.
③ 국토교통부장관은 체계적이고 효율적인 국토계획의 수립과 국토정책의 추진을 위하여 국토모니터링체계를 구축·운영할 수 있다.
④ 국토교통부장관은 국토모니터링체계를 구축·운영하기 위하여 필요한 경우 관계 기관에 자료제공을 요청할 수 있다. 이 경우 이를 요청받은 관계 기관은 정당한 사유가 없으면 이에 따라야 한다.
⑤ 제1항부터 제4항까지에서 규정한 사항 외에 국토모니터링의 추진 및 국토모니터링체계의 구축·운영에 필요한 사항은 대통령령으로 정한다.
(2020.4.7 본조신설)

제5장 국토정책위원회
(2011.5.30 본장신설)

제26조【국토정책위원회】① 국토계획 및 정책에 관한 중요 사항을 심의하기 위하여 국무총리 소속으로 국토정책위원회를 둔다.
② 국토정책위원회는 다음 각 호의 사항을 심의한다. 다만, 제3호와 제4호의 경우 다른 법률에서 다른 위원회의 심의를 거치도록 한 경우에는 국토정책위원회의 심의를 거치지 아니한다.
1. 국토종합계획에 관한 사항
1의2. 초광역권계획에 관한 사항(2022.2.3 본호신설)
2. 도종합계획에 관한 사항
3. 지역계획에 관한 사항
4. 부문별계획에 관한 사항
5. 국토계획평가에 관한 사항
6. 제20조제2항 및 제21조에 따른 국토계획 및 국토계획에 관한 처분 등의 조정에 관한 사항
7. 이 법 또는 다른 법률에서 국토정책위원회의 심의를 거치도록 한 사항
8. 그 밖에 국토정책위원회 위원장 또는 제28조에 따른 분과위원회 위원장이 회의에 부치는 사항
제27조【구성 등】① 국토정책위원회는 위원장 1명, 부위원장 2명을 포함한 42명 이내의 위원으로 구성하고, 위원은 당연직위원과 위촉위원으로 구성한다. 다만, 지역계획에 관한 사항을 심의하는 경우에는 해당 시·도지사는 위원 정수에도 불구하고 해당 사항에 한정하여 위원이 된다.(2013.3.23 단서개정)
② 위원장은 국무총리가 되고, 부위원장은 국토교통부장관과 위촉위원 중에서 호선으로 선정된 위원으로 한다.
(2013.3.23 본항개정)
③ 위원은 다음 각 호의 사람으로 한다.
1. 당연직위원 : 대통령령으로 정하는 중앙행정기관의 장과 국무조정실장, 「지방자치분권 및 지역균형발전에 관한 특별법」에 따른 지방시대위원회 위원장
(2023.6.9 본호개정)

國土

2. 위촉위원 : 국토계획 및 정책에 관하여 학식과 경험이 풍부한 사람으로서 국무총리가 위촉한 사람

④ 위촉위원의 임기는 2년으로 하되, 사임 등으로 인하여 새로 위촉된 위원의 임기는 전임위원 임기의 남은 기간으로 한다.

⑤ 제1항부터 제4항까지에서 규정한 사항 외에 국토정책위원회의 구성 및 운영 등에 필요한 사항은 대통령령으로 정한다.

제28조【분과위원회 및 전문위원 등】 ① 국토정책위원회의 업무를 효율적으로 수행하기 위하여 대통령령으로 정하는 바에 따라 분야별로 분과위원회를 둔다.

② 분과위원회의 심의는 국토정책위원회의 심의로 본다.

③ 국토정책위원회와 분과위원회의 주요 심의사항에 관하여 자문하기 위하여 국토정책위원회의 위원장은 국토계획 및 정책에 관한 전문지식 및 경험이 있는 사람 중에서 전문위원을 위촉할 수 있다.

④ 전문위원은 국토정책위원회와 분과위원회에 출석하여 발언할 수 있으며, 필요한 경우 위원회에 서면으로 의견을 제출할 수 있다.

⑤ 분과위원회의 구성·운영 및 전문위원의 임기 등에 필요한 사항은 대통령령으로 정한다.

제29조~제30조 (2008.2.29 삭제)

제6장 보 칙

(2011.5.30 본장개정)

제31조【비용 부담의 원칙】 국토계획의 수립, 국토 조사 등에 관한 비용은 이 법 또는 다른 법률에 특별한 규정이 있는 경우를 제외하고는 이를 수행하는 자가 부담하는 것을 원칙으로 한다. 다만, 제25조제2항에 따라 지방자치단체가 국토 조사를 하는 경우에는 국고에서 그 비용의 일부를 보조할 수 있다.

제32조【「공간정보의 구축 및 관리 등에 관한 법률」의 준용】 ① 국토계획의 수립 등을 위한 국토 조사에 필요한 자료의 제출, 국토 조사의 통지·공고, 토지 등의 출입, 장애물 등의 변경·제거, 토지 등의 일시 사용, 국토 조사로 인한 손실 보상, 표지의 설치·관리·보호에 관하여는 「공간정보의 구축 및 관리 등에 관한 법률」 제8조제2항·제6항·제7항, 제9조, 제11조, 제12조, 제101조 및 제102조를 각각 준용한다.(2020.2.18 본항개정)

② 제1항에 규정한 사항 중 표지의 보호, 토지 등의 출입 및 그 일시 사용에 관한 사항의 위반에 대한 벌칙에 관하여는 「공간정보의 구축 및 관리 등에 관한 법률」 제108조제1호 및 제111조제1항제18호를 각각 준용한다.

(2014.6.3 본조개정)

제33조【권한의 위임 및 업무의 위탁】 ① 이 법에 따른 국토교통부장관의 권한은 그 일부를 대통령령으로 정하는 바에 따라 소속 기관의 장 또는 시·도지사에게 위임할 수 있다.(2013.3.23 본항개정)

② 이 법에 따른 국토교통부장관, 시·도지사, 시장 또는 군수의 업무는 그 일부를 대통령령 또는 해당 지방자치단체의 조례로 정하는 바에 따라 다른 행정청이나 행정청이 아닌 자에게 위탁할 수 있다.(2013.3.23 본항개정)

③ 제2항에 따라 위탁을 받은 자로서 행정청이 아닌 자나 그에 소속된 직원은 「형법」 제129조부터 제132조까지의 규정을 적용할 때에는 각각 공무원으로 본다.

부 칙

제1조【시행일】 이 법은 2003년 1월 1일부터 시행한다.

제2조【다른 법률의 폐지】 국토건설종합계획법은 이를 폐지한다.

제3조【일반적 경과조치】 이 법 시행 당시 종전의 국토건설종합계획법의 규정에 의한 처분·절차 그 밖의 행위는 이 법의 규정에 의하여 행하여진 것으로 본다.

제4조【국토종합계획 및 도종합계획에 관한 경과조치】 이 법 시행 당시 종전의 국토건설종합계획법에 의하여 수립된 국토건설종합계획 및 도건설종합계획은 이 법에 의하여 수립된 국토종합계획 및 도종합계획으로 본다.

제5조【국토정책위원회에 관한 경과조치】 이 법에 의한 국토정책위원회를 구성하기 전까지는 이 법 시행 당시 종전의 국토건설종합계획법에 의한 국토건설종합계획심의회를 이 법에 의하여 구성된 국토정책위원회로 본다.

제6조【다른 법률의 개정】 ①~⑯ ※(해당 법령에 가제정리 하였음)

제7조【다른 법률과의 관계】 이 법 시행 당시 다른 법률에서 종전의 국토건설종합계획법 또는 그 규정을 인용하고 있는 경우 이 법중 그에 해당하는 규정이 있는 때에는 종전의 규정에 갈음하여 이 법 또는 이 법의 해당 규정을 인용한 것으로 본다.

부 칙 (2011.5.30)

제1조【시행일】 이 법은 공포한 날부터 시행한다. 다만, 제12조, 제15조, 제19조의2, 제19조의3, 제20조, 제21조, 제26조부터 제28조까지의 개정규정 및 부칙 제3조는 공포 후 1년이 경과한 날부터 시행한다.

제2조【국토계획평가에 관한 적용례】 제19조의2 및 제19조의3의 개정규정은 이 법 시행 후에 최초로 수립 또는 변경하여 관계 행정기관과 협의 중인 국토계획분부터 적용한다.

제3조【다른 법률의 개정】 ①~② ※(해당 법령에 가제정리 하였음)

제4조【폐지된 위원회에 관한 경과조치】 이 법 시행 당시 종전의 「동·서·남해안 및 내륙권 발전 특별법」에 따른 동·서·남해안 및 내륙권 발전위원회 또는 「신발전지역 육성을 위한 투자촉진 특별법」에 따른 신발전지역위원회의 심의를 거친 경우 이 법에 따른 국토정책위원회의 심의를 거친 것으로 본다.

부 칙 (2016.12.2)

제1조【시행일】 이 법은 공포한 날부터 시행한다.

제2조【계획 간의 조정에 관한 적용례】 제20조제1항제3호의 개정규정은 이 법 시행 이후 제26조제2항에 따라 국토정책위원회 또는 다른 위원회가 심의하는 국토계획부터 적용한다.

부 칙 (2018.4.17)

제1조【시행일】 이 법은 공포한 날부터 시행한다.

제2조【국토종합계획에 관한 적용례】 제10조제2호의2의 개정규정은 이 법 시행 후 최초로 국토종합계획을 수립하거나 변경하는 경우부터 적용한다.

부 칙 (2019.8.20)

이 법은 공포한 날부터 시행한다.

부 칙 (2020.2.18)

제1조【시행일】 이 법은 공포 후 1년이 경과한 날부터 시행한다.(이하 생략)

부 칙 (2020.4.7)

이 법은 공포 후 6개월이 경과한 날부터 시행한다.

부 칙 (2021.1.5)

제1조【시행일】 이 법은 공포 후 6개월이 경과한 날부터 시행한다.(이하 생략)

부 칙 (2021.8.10)

제1조【시행일】 이 법은 공포한 날부터 시행한다.

제2조【특별자치시에서 수립한 도시·군계획에 대한 경과조치】 이 법 시행 이전에 특별자치시에서 수립한 「국토의 계획 및 이용에 관한 법률」 제2조제2호의 도시·군계획은 이 법에 따라 수립된 시·군종합계획으로 본다.

부 칙 (2022.2.3)

이 법은 공포 후 6개월이 경과한 날부터 시행한다.

부 칙 (2023.6.9)

제1조【시행일】 이 법은 공포 후 1개월이 경과한 날부터 시행한다.(이하 생략)

수도권정비계획법

(2008년 3월 21일
전부개정법률 제8977호)

개정
2009. 4.22법 9629호(국가균형발전특별법)
2010. 1.25법 9968호(행정심판)
2010. 3.31법10219호(지방세기본법)
2011. 4.14법10599호(국토이용)
2011. 5.19법10670호
2013. 3.23법11690호(정부조직)
2013. 8. 6법11998호(지방세외수입금의징수등에관한법)
2014. 1. 7법12215호(국가균형발전특별법)
2017. 1.17법14543호
2017. 2. 8법14567호(도시및주거환경정비법)
2018. 3.20법15489호(국가균형발전특별법)
2018. 6.12법15680호 2018.12.18법16002호
2019.12.10법16810호
2020. 3.24법17091호(지방행정제재·부과금의징수등에관한법)
2020. 6. 9법17453호(법률용어정비)
2023. 6. 9법19430호(지방자치분권및지역균형발전에관한특별법)

제1조【목적】 이 법은 수도권(首都圈) 정비에 관한 종합적인 계획의 수립과 시행에 필요한 사항을 정함으로써 수도권에 과도하게 집중된 인구와 산업을 적정하게 배치하도록 유도하여 수도권을 질서 있게 정비하고 균형 있게 발전시키는 것을 목적으로 한다.

제2조【정의】 이 법에서 사용하는 용어의 뜻은 다음과 같다.

1. "수도권"이란 서울특별시와 대통령령으로 정하는 그 주변 지역을 말한다.
2. "수도권정비계획"이란 「국토기본법」 제6조제2항제1호에 따른 국토종합계획을 기본으로 하여 제4조에 따라 수립되는 계획을 말한다.
3. "인구집중유발시설"이란 학교, 공장, 공공 청사, 업무용 건축물, 판매용 건축물, 연수 시설, 그 밖에 인구 집중을 유발하는 시설로서 대통령령으로 정하는 종류 및 규모 이상의 시설을 말한다.
4. "대규모개발사업"이란 택지, 공업 용지 및 관광지 등을 조성할 목적으로 하는 사업으로서 대통령령으로 정하는 종류 및 규모 이상의 사업을 말한다.
5. "공업지역"이란 다음 각 목의 지역을 말한다.
   가. 「국토의 계획 및 이용에 관한 법률」에 따라 지정된 공업지역
   나. 「국토의 계획 및 이용에 관한 법률」과 그 밖의 관계 법률에 따라 공업 용지와 이에 딸린 용도로 이용되고 있거나 이용될 일단(一團)의 지역으로서 대통령령으로 정하는 종류 및 규모 이상의 지역

제3조【다른 계획 등과의 관계】 ① 수도권정비계획은 수도권의 「국토의 계획 및 이용에 관한 법률」에 따른 도시·군계획, 그 밖의 다른 법령에 따른 토지 이용 계획 또는 개발 계획 등에 우선하며, 그 계획의 기본이 된다. 다만, 수도권의 군사에 관한 사항에 대하여는 그러하지 아니하다.(2011.4.14 본문개정)

② 중앙행정기관의 장이나 서울특별시장·광역시장·도지사 또는 시장·군수·자치구의 구청장 등 관계 행정기관의 장은 수도권정비계획에 맞지 아니하는 토지 이용 계획이나 개발 계획 등을 수립·시행하여서는 아니 된다.

제4조【수도권정비계획의 수립】 ① 국토교통부장관은 수도권의 인구 및 산업의 집중을 억제하고 적정하게 배치하기 위하여 중앙행정기관의 장과 서울특별시장·광역시장 또는 도지사(이하 "시·도지사"라 한다)의 의견을 들어 다음 각 호의 사항이 포함된 수도권정비계획안을 입안한다.(2013.3.23 본문개정)

1. 수도권 정비의 목표와 기본 방향에 관한 사항
2. 인구와 산업 등의 배치에 관한 사항
3. 권역(圈域)의 구분과 권역별 정비에 관한 사항
4. 인구집중유발시설 및 개발사업의 관리에 관한 사항
5. 광역적 교통 시설과 상하수도 시설 등의 정비에 관한 사항
6. 환경 보전에 관한 사항
7. 수도권 정비를 위한 지원 등에 관한 사항
8. 제1호부터 제7호까지의 사항에 대한 계획의 집행 및 관리에 관한 사항
9. 그 밖에 대통령령으로 정하는 수도권 정비에 관한 사항

② 국토교통부장관은 제1항에 따른 수도권정비계획안을 제21조에 따른 수도권정비위원회의 심의를 거친 후 국무회의의 심의와 대통령의 승인을 받아 결정한다. 결정된 수도권정비계획을 변경할 때에도 또한 같다. 다만, 대통령령으로 정하는 경미한 사항은 수도권정비위원회의 심의를 거쳐 변경할 수 있다.(2013.3.23 본문개정)

③ 국토교통부장관은 제2항에 따라 결정·변경된 수도권정비계획을 대통령령으로 정하는 바에 따라 고시하고, 중앙행정기관의 장 및 시·도지사에게 통보하여야 한다.

(2019.12.10 본항개정)

④ 국토교통부장관은 수도권정비계획을 결정하여 고시한 해부터 5년마다 이를 재검토하고 필요한 경우 제2항에 따라 변경하여야 한다.(2019.12.10 본항신설)

제5조【추진 계획】 ① 중앙행정기관의 장 및 시·도지사는 수도권정비계획을 실행하기 위한 소관별 추진 계획을 수립하여 국토교통부장관에게 제출하여야 한다.

(2013.3.23 본항개정)

國土

② 제1항에 따른 추진 계획은 수도권정비위원회의 심의를 거쳐 확정되며, 국토교통부장관은 추진 계획이 확정되면 중앙행정기관의 장 및 시·도지사에게 통보하여야 한다. (2013.3.23 본항개정)
③ 시·도지사는 확정된 추진 계획을 통보받으면 지체 없이 고시하여야 한다.
④ 중앙행정기관의 장 및 시·도지사는 추진 계획을 집행한 실적을 대통령령으로 정하는 바에 따라 국토교통부장관에게 제출하여야 한다.(2013.3.23 본항개정)

제6조【권역의 구분과 지정】 ① 수도권의 인구와 산업을 적정하게 배치하기 위하여 수도권을 다음과 같이 구분한다.
1. 과밀억제권역 : 인구와 산업이 지나치게 집중되었거나 집중될 우려가 있어 이전하거나 정비할 필요가 있는 지역
2. 성장관리권역 : 과밀억제권역으로부터 이전하는 인구와 산업을 계획적으로 유치하고 산업의 입지와 도시의 개발을 적정하게 관리할 필요가 있는 지역
3. 자연보전권역 : 한강 수계의 수질과 녹지 등 자연환경을 보전할 필요가 있는 지역
② 과밀억제권역, 성장관리권역 및 자연보전권역의 범위는 대통령령으로 정한다.

제7조【과밀억제권역의 행위 제한】 ① 관계 행정기관의 장은 과밀억제권역에서 다음 각 호의 행위나 그 허가·인가·승인 또는 협의 등(이하 "허가등"이라 한다)을 하여서는 아니 된다.
1. 대통령령으로 정하는 학교, 공공 청사, 연수 시설, 그 밖의 인구집중유발시설의 신설 또는 증설(용도변경을 포함하며, 학교의 증설은 입학 정원의 증원을 말한다. 이하 같다)
2. 공업지역의 지정
② 관계 행정기관의 장은 국민경제의 발전과 공공복리의 증진을 위하여 필요하다고 인정하면 제1항에도 불구하고 다음 각 호의 행위나 그 허가등을 할 수 있다.
1. 대통령령으로 정하는 학교 또는 공공 청사의 신설 또는 증설
2. 서울특별시·광역시·도(이하 "시·도"라 한다)별 기존 공업지역의 총면적을 증가시키지 아니하는 범위에서의 공업지역 지정. 다만, 국토교통부장관이 수도권정비위원회의 심의를 거쳐 지정하거나 허가등을 하는 경우에만 해당한다.(2013.3.23 단서개정)

제8조【성장관리권역의 행위 제한】 ① 관계 행정기관의 장은 성장관리권역이 적정하게 성장하도록 하되, 지나친 인구집중을 초래하지 않도록 대통령령으로 정하는 학교, 공공 청사, 연수 시설, 그 밖의 인구집중유발시설의 신설·증설이나 그 허가등을 하여서는 아니 된다.
② 관계 행정기관의 장은 성장관리권역에서 공업지역을 지정하려면 대통령령으로 정하는 범위에서 수도권정비계획으로 정하는 바에 따라야 한다.

제9조【자연보전권역의 행위 제한】 관계 행정기관의 장은 자연보전권역에서는 다음 각 호의 행위나 그 허가등을 하여서는 아니 된다. 다만, 국민경제의 발전과 공공복리의 증진을 위하여 필요하다고 인정되는 경우로서 대통령령으로 정하는 경우에는 그러하지 아니하다.
1. 택지, 공업 용지, 관광지 등의 조성을 목적으로 하는 사업으로서 대통령령으로 정하는 종류 및 규모 이상의 개발사업
2. 대통령령으로 정하는 학교, 공공 청사, 업무용 건축물, 판매용 건축물, 연수 시설, 그 밖의 인구집중유발시설의 신설 또는 증설

제10조【이전하는 자에 대한 지원】 국가, 지방자치단체 또는 「공공기관의 운영에 관한 법률」에 따른 공공기관은 과밀억제권역의 인구집중유발시설을 성장관리권역에 조성한 대지(垈地)로 이전하려는 자에게는 그 대지를 우선하여 분양할 수 있다.

제11조【종전 대지에 관한 조치】 ① 국토교통부장관 또는 시·도지사는 과밀억제권역의 인구집중유발시설이 이전된 종전의 대지(이하 "종전대지"라 한다)를 인구집중유발시설의 신설 또는 증설이 아닌 다른 용도로 이용할 수 있도록 하기 위하여 「국토의 계획 및 이용에 관한 법률」 등 관계 법률에 따른 지역의 변경 등 필요한 조치를 할 수 있다.
② 관계 행정기관의 장은 대통령령으로 정하는 규모 이상의 종전대지에 인구집중유발시설의 신설 또는 증설이나 이의 허가등을 하려면 미리 이용 계획을 입안하여 수도권정비위원회의 심의를 거쳐 국토교통부장관과 협의하거나 승인을 받아야 한다.
(2013.3.23 본조개정)

제12조【과밀부담금의 부과·징수】 ① 과밀억제권역에 속하는 지역으로서 대통령령으로 정하는 지역에서 인구집중유발시설 중 업무용 건축물, 판매용 건축물, 공공 청사, 그 밖에 대통령령으로 정하는 건축물을 건축(신축·증축 및 공공 청사가 아닌 시설을 공공 청사로 하는 용도변경, 그 밖에 대통령령으로 정하는 용도변경을 말한다. 이하 같다)하려는 자는 과밀부담금(이하 "부담금"이라 한다)을 내야 한다.
② 부담금을 내야 할 자가 대통령령으로 정하는 조합인 경우 그 조합이 해산하면 그 조합원이 부담금을 내야 한다.
③ 부담금 납부 의무의 승계, 연대(連帶) 납부 의무와 제2차 납부 의무에 관하여는 「국세기본법」 제23조부터 제25조까지 및 같은 법 제38조부터 제41조까지의 규정을 준용한다.

판례 서울대병원은 「수도권정비계획법 시행령」 제3조제3호나목에서 정한 공공법인에 해당하며 서울대병원이 증축한 암센터는 서울대병원의 사무가 행해지는 장소이므로 해당 암센터는 공공법인의 사무소이다. 따라서 암센터는 공공법인의 사무소로서 수도권정비계획법 제2조제3호의 공공청사에 해당되어 같은 법 제12조에서 정한 과밀부담금 부과대상이다.(대판 2022.6.16, 2019두32207)

제13조【부담금의 감면】 다음 각 호의 건축물에 대하여는 대통령령으로 정하는 바에 따라 부담금을 감면할 수 있다.
1. 국가나 지방자치단체가 건축하는 건축물
2. 「도시 및 주거환경정비법」에 따른 재개발사업에 따른 건축물(2017.2.8 본호개정)
3. 건축물 중 주차장이나 그 밖에 대통령령으로 정하는 용도로 사용되는 건축물
4. 건축물 중 대통령령으로 정하는 면적 이하의 부분

제14조【부담금의 산정 기준】 ① 부담금은 건축비의 100분의 10으로 하되, 지역별 여건 등을 고려하여 대통령령으로 정하는 바에 따라 건축비의 100분의 5까지 조정(調整)할 수 있다.
② 제1항에 따른 건축비는 국토교통부장관이 고시하는 표준건축비를 기준으로 산정한다.(2013.3.23 본항개정)
③ 부담금의 산정에 관한 구체적인 사항은 대통령령으로 정한다.

제15조【부담금의 부과·징수 및 납부 기한 등】 ① 부담금은 부과 대상 건축물이 속한 지역을 관할하는 시·도지사가 부과·징수하되, 건축물의 건축 허가일, 건축 신고일 또는 용도변경일을 기준으로 산정하여 부과한다.
② 부담금의 납부 기한은 건축물의 사용승인일(임시 사용승인을 받은 경우에는 임시 사용승인일을 말한다)로 하되, 사용승인이 필요 없는 경우에는 부과일부터 6개월로 한다.
③ 시·도지사는 납부 의무자가 부담금을 납부 기한까지 내지 아니하면 납부 기한이 지난 후 10일 이내에 독촉장을 발부하여야 하며, 이 경우의 납부 기한은 독촉장 발부일부터 10일로 한다.
④ 시·도지사는 납부 의무자가 납부 기한까지 부담금을 내지 아니하면 「국세징수법」 제21조를 준용하여 가산금을 징수한다.(2017.1.17 본항개정)
⑤ 시·도지사는 납부 의무자가 독촉장을 받고도 지정된 기한까지 부담금과 가산금을 내지 아니하면 「지방행정제재·부과금의 징수 등에 관한 법률」에 따라 징수할 수 있다.(2020.3.24 본항개정)
⑥ 과오납(過誤納)된 부담금·가산금 및 체납처분비의 처리에 관하여는 「지방세기본법」을 준용하며, 그 밖에 부담금의 부과·징수·납부의 방법·절차 등에 관하여 필요한 사항은 대통령령으로 정한다.(2017.1.17 본항개정)

제16조【부담금의 배분】 징수된 부담금의 100분의 50은 「지방자치분권 및 지역균형발전에 관한 특별법」에 따른 지역균형발전특별회계에 귀속하고, 100분의 50은 부담금을 징수한 건축물이 있는 시·도에 귀속한다.
(2023.6.9 본조개정)

제17조【이의신청】 ① 부담금의 부과·징수에 이의가 있는 자는 「공익사업을 위한 토지 등의 취득 및 보상에 관한 법률」에 따른 중앙토지수용위원회에 행정심판을 청구할 수 있다.
② 제1항의 행정심판청구에 대하여는 「행정심판법」 제6조에도 불구하고 중앙토지수용위원회가 심리·의결하여 재결(裁決)한다.(2010.1.25 본항개정)

제18조【총량규제】 ① 국토교통부장관은 공장, 학교, 그 밖에 대통령령으로 정하는 인구집중유발시설이 수도권에 지나치게 집중되지 아니하도록 하기 위하여 그 신설 또는 증설의 총허용량(總許容量)을 정하여 이를 초과하는 신설 또는 증설을 제한할 수 있다. 이 경우 국토교통부장관은 총허용량과 그 산출 근거를 고시하여야 한다.
(2018.6.12 후단신설)
② 공장에 대한 제1항의 총량규제의 내용과 방법은 대통령령으로 정하는 바에 따라 수도권정비위원회의 심의를 거쳐 결정하며, 국토교통부장관은 이를 고시하여야 한다.
(2013.3.23 본항개정)
③ 학교나 그 밖에 대통령령으로 정하는 인구집중유발시설에 대한 제1항의 총량규제의 내용은 대통령령으로 정한다.
④ 관계 행정기관의 장은 인구집중유발시설의 신설 또는 증설에 대하여 제2항과 제3항에 따른 총량규제의 내용과 다르게 허가등을 하여서는 아니 된다.

제19조【대규모개발사업에 대한 규제】 ① 관계 행정기관의 장은 수도권에서 대규모개발사업을 시행하거나 그 허가등을 하려면 그 개발 계획을 수도권정비위원회의 심의를 거쳐 국토교통부장관과 협의하거나 승인을 받아야 한다. 국토교통부장관이 대규모개발사업을 시행하거나 그 허가등을 하려는 경우에도 또한 같다.(2013.3.23 본항개정)
② 관계 행정기관의 장이 제1항에 따른 수도권정비위원회의 심의를 요청하는 경우에 교통 문제, 환경오염 문제 및 인구집중 문제 등을 방지하기 위한 방안과 대통령령으로 정하는 광역적 기반 시설의 설치 계획을 각각 수립하여 함께 제출하여야 한다.(2011.5.19 본항개정)
③ 제2항에 따른 교통 문제 및 환경오염 문제를 방지하기 위한 방안은 각각 「도시교통정비 촉진법」과 「환경영향평가법」에서 정하는 바에 따르고, 인구집중 문제를 방지하기 위한 인구유발효과 분석, 저감방안 수립 등에 필요한 사항은 대통령령으로 정하는 바에 따른다.(2011.5.19 본항개정)

제20조【광역적 기반 시설의 설치비용 부담】 제19조제2항에 따른 광역적 기반 시설의 설치비용은 수도권정비위원회의 심의를 거쳐 대규모개발사업을 시행하는 자에게 부담시킬 수 있다.

제21조【수도권정비위원회의 설치 등】 ① 수도권의 정비 및 건전한 발전과 관련되는 중요 정책을 심의하기 위하여 국토교통부장관 소속으로 수도권정비위원회(이하 "위원회"라 한다)를 둔다.(2013.3.23 본항개정)
② 위원회는 다음 각 호의 사항을 심의한다.
1. 수도권정비계획의 수립과 변경에 관한 사항
2. 수도권정비계획의 소관별 추진 계획에 관한 사항
3. 수도권의 정비와 관련된 정책과 계획의 조정에 관한 사항
4. 과밀억제권역에서 추진될 공업지역의 지정에 관한 사항
5. 종전대지의 이용 계획에 관한 사항
6. 제18조에 따른 총량규제에 관한 사항
7. 대규모개발사업의 개발 계획에 관한 사항
8. 그 밖에 수도권의 정비에 필요한 사항으로서 대통령령으로 정하는 사항

제22조【구성】 ① 위원회는 위원장을 포함한 20명 이내의 위원으로 구성한다.
② 위원장은 국토교통부장관이 된다.(2013.3.23 본항개정)
③ 위원회의 위원은 다음 각 호의 사람으로 하되, 제3호에 해당하는 사람이 5명 이상이어야 한다.
1. 대통령령으로 정하는 관계 중앙행정기관의 차관
2. 대통령령으로 정하는 시·도의 부시장 또는 부지사
3. 수도권 정책에 관한 학식과 경험이 풍부한 사람 중에서 국토교통부장관이 위촉하는 사람(2013.3.23 본호개정)
④ 제3항제3호에 해당하는 위원(이하 "위촉위원"이라 한다)의 임기는 2년으로 하며, 연임할 수 있다.
(2011.5.19 본조개정)

제22조의2【위촉위원의 결격사유】 ① 다음 각 호의 어느 하나에 해당하는 사람은 위촉위원이 될 수 없다.
1. 피성년후견인 또는 피한정후견인(2017.1.17 본호개정)
2. 파산선고를 받고 복권되지 아니한 사람
3. 금고 이상의 실형을 선고받고 그 집행이 끝나거나(집행이 끝난 것으로 보는 경우를 포함한다) 집행이 면제된 날부터 2년이 지나지 아니한 사람
4. 금고 이상의 형의 집행유예를 선고받고 그 유예기간 중에 있는 사람(2020.6.9 본호개정)
② 위촉위원이 제1항 각 호의 어느 하나에 해당하게 되는 경우 위원자격을 잃는다.
(2011.5.19 본조신설)

제22조의3【벌칙 적용 시의 공무원 의제】 위원회의 위촉위원은 「형법」 제127조, 제129조부터 제132조까지의 규정을 적용할 때에는 공무원으로 본다.
(2011.5.19 본조신설)

제23조【수도권정비실무위원회의 설치 등】 ① 위원회에 관계 행정기관의 공무원과 수도권 정비 정책에 관계되는 분야에 학식과 경험이 풍부한 자로 구성되는 수도권정비실무위원회를 둔다.
② 수도권정비실무위원회는 다음의 사항을 심의한다.
(2011.5.19 본문개정)
1. 위원회에서 심의할 안건에 대한 검토·조정
2. 대통령령으로 정하는 바에 따라 위원회로부터 위임받은 사항

제23조의2【회의록의 작성·보존 및 공개】 ① 위원회와 수도권정비실무위원회는 다음 각 호의 사항을 적은 회의록을 작성·보존하여야 한다. 다만, 서면심의의 경우에는 회의록을 서면의결서로 갈음한다.
1. 회의 일시 및 장소
2. 출석위원
3. 심의내용 및 의결사항
② 제1항에 따른 회의록은 공개하여야 한다. 다만, 「공공기관의 정보공개에 관한 법률」 제9조제1항에 따른 비공개 대상 정보는 공개하지 아니할 수 있다.
(2017.1.17 본조신설)

제23조의3【심의결과의 집계·공표】 위원회와 수도권정비실무위원회는 제21조제2항 및 제23조제2항에 따른 심의결과를 각각 집계하여 제23조의2제2항에 따라 회의록을 공개할 때 이를 공표하여야 한다.(2018.12.18 본조신설)

제24조【위원회 등의 조직 등】 이 법으로 규정한 사항 외에 위원회와 수도권정비실무위원회의 조직과 운영 등에 필요한 사항은 대통령령으로 정한다.

제25조【기초조사 등】 국토교통부장관은 수도권정비계획을 수립 또는 변경하거나 효율적으로 추진하는 데에 필요한 인구, 산업, 토지 이용, 주요 시설 및 기반 시설 등에 관한 기초조사를 실시하거나 관계 행정기관의 장에게 필요한 자료를 제출하거나 지원하도록 요청할 수 있다.
(2013.3.23 본조개정)

제26조【보고와 감독】 ① 국토교통부장관은 수도권정비계획을 효율적으로 추진하는 데에 필요하다고 인정하면 시·도지사에게 보고나 자료 제출을 명할 수 있으며, 소속 공무원에게 업무 집행 상황이나 지역 현황을 검사하거나 조사하게 할 수 있다.(2013.3.23 본항개정)
② 제1항에 따라 업무 집행 상황이나 지역 현황을 검사하거나 조사하는 공무원은 그 권한을 표시하는 증표를 지니고 이를 관계인에게 내보여야 한다.
제27조【권한의 위임】 국토교통부장관은 이 법에 따른 권한의 일부를 대통령령으로 정하는 바에 따라 시·도지사에게 위임할 수 있다.(2013.3.23 본조개정)

부　칙

①【시행일】 이 법은 공포한 날부터 시행한다.
②【과밀부담금 부과에 관한 경과조치】 법률 제4721호 首都圈整備計劃法改正法律의 시행일인 1994년 4월 8일 당시 종전의 규정에 따라 수도권정비심의위원회의 심의를 거쳐 건설부장관이 협의 또는 승인한 건축물과 건축물의 건축에 관한 허가등을 신청한 건축물에 대하여는 제12조의 개정규정에 따른 과밀부담금을 부과하지 아니한다.
③【처분 등에 관한 일반적 경과조치】 이 법 시행 당시 종전의 규정에 따른 행정기관의 행위나 행정기관에 대한 행위는 그에 해당하는 이 법에 따른 행정기관의 행위나 행정기관에 대한 행위로 본다.
④【다른 법령과의 관계】 이 법 시행 당시 다른 법령에서 종전의 「수도권정비계획법」 또는 그 규정을 인용한 경우에 이 법 가운데 그에 해당하는 규정이 있으면 종전의 규정을 갈음하여 이 법 또는 이 법의 해당 규정을 인용한 것으로 본다.

부　칙 (2017.1.17)

제1조【시행일】 이 법은 공포 후 6개월이 경과한 날부터 시행한다. 다만, 제22조의2제1항제1호의 개정규정은 공포한 날부터 시행한다.
제2조【가산금에 관한 적용례】 제15조제4항의 개정규정은 이 법 시행 후 부과하는 부담금부터 적용한다.
제3조【금치산자 등에 대한 경과조치】 제22조의2제1항제1호의 개정규정에도 불구하고 같은 개정규정 시행 당시 법률 제10429호 민법 일부개정법률 부칙 제2조에 따라 금치산 또는 한정치산 선고의 효력이 유지되는 사람에 대하여는 종전의 규정을 적용한다.

부　칙 (2018.6.12)

제1조【시행일】 이 법은 공포한 날부터 시행한다.
제2조【총량규제에 관한 적용례】 제18조제1항 후단의 개정규정은 이 법 시행 후 최초로 총허용량을 정하거나 변경하는 경우부터 적용한다.

부　칙 (2019.12.10)

제1조【시행일】 이 법은 공포 후 6개월이 경과한 날부터 시행한다.
제2조【수도권정비계획의 재검토 및 변경에 관한 적용례】 제4조제3항·제4항의 개정규정은 이 법 시행 후 제4조제2항에 따라 결정되는 수도권정비계획부터 적용한다.

부　칙 (2020.3.24)

제1조【시행일】 이 법은 공포한 날부터 시행한다.(이하 생략)

부　칙 (2020.6.9)

이 법은 공포한 날부터 시행한다.(이하 생략)

부　칙 (2023.6.9)

제1조【시행일】 이 법은 공포 후 1개월이 경과한 날부터 시행한다.(이하 생략)

지역 개발 및 지원에 관한 법률(약칭 : 지역개발지원법)

(2014년 6월 3일
법 률 제12737호)

개정
2014. 6. 3법12738호(공간정보구축관리)
2015. 6.22법13380호
2016. 1.19법13797호(부동산거래신고등에관한법)
2016. 1.19법13805호(주택법)
2016.12. 2법14345호
2018. 3.20법15489호(국가균형발전특별법)
2018. 4.17법15607호(해양공간계획및관리에관한법)
2020. 1.29법16902호(항만법)
2020. 4. 7법17238호　　2021. 8.10법18393호
2021. 8.17법18425호(국민평생직업능력개발법)
2023. 6. 9법19430호(지방자치분권및지역균형발전에관한특별법)
2023. 8. 8법19590호(문화유산)

제1장 총　칙

제1조【목적】 이 법은 지역의 성장 잠재력을 개발하고 공공과 민간의 투자를 촉진하여 지역개발사업이 효율적으로 시행될 수 있도록 종합적·체계적으로 지원함으로써 지역경제를 활성화하고 국토의 균형 있는 발전에 이바지함을 목적으로 한다.
제2조【정의】 이 법에서 사용하는 용어의 뜻은 다음과 같다.
1. "지역개발계획"이란 성장 잠재력을 보유한 낙후지역 또는 거점지역 등과 그 인근지역을 종합적·체계적으로 발전시키기 위하여 제7조에 따라 수립하는 계획을 말한다.
2. "지역개발사업구역"이란 지역개발사업을 추진하기 위하여 제11조 및 제16조에 따라 지정·고시된 구역을 말한다.
3. "지역개발사업"이란 지역의 성장 동력을 창출하고 자립적 발전을 도모하기 위하여 제23조에 따라 실시계획을 승인받아 지역개발사업구역에서 시행하는 사업을 말한다.
4. "투자선도지구"란 지역의 성장거점으로 육성하고 특별히 민간투자를 활성화하기 위하여 제45조에 따라 지정·고시된 지구를 말한다.(2016.12.2 본호개정)
5. "낙후지역"이란 「지방자치분권 및 지역균형발전에 관한 특별법」 제2조제9호에 따른 성장촉진지역 및 같은 조 제10호에 따른 특수상황지역을 말한다.(2023.6.9 본호개정)
6. "거점지역"이란 산업·문화·관광·교통·물류 등의 기능 수행에 필요한 인적·물적 기반을 갖추고 있어 인근지역과의 관계에서 중심이 되는 지역을 말한다.
7. "지역활성화지역"이란 낙후지역 중 개발수준이 다른 지역에 비하여 현저하게 열악하고 낙후도가 심하여 지역의 발전을 위하여 국가 및 지방자치단체의 특별한 배려가 필요한 지역으로서 국토교통부장관이 제67조에 따라 지정한 지역을 말한다.
제3조【국가 및 지방자치단체의 책무】 ① 국가는 지역의 발전을 위한 종합적인 시책을 수립·추진하고 지원 방안을 마련할 수 있다.
② 지방자치단체는 지역주민의 참여와 국가 및 다른 지방자치단체와의 상호협력을 통하여 지역을 발전시킬 수 있는 계획과 시책을 수립·시행하여야 한다.
제4조【적용 범위】 이 법은 수도권(「수도권정비계획법」 제2조제1호에 따른 수도권을 말한다. 이하 같다) 및 제주특별자치도 외의 지역에 적용한다. 다만, 수도권 중 낙후지역은 이 법의 적용범위에 포함한다.
제5조【다른 법률과의 관계】 이 법은 지역개발계획, 지역개발사업구역, 지역개발사업에 적용되는 규제에 관하여 특례를 적용하는 경우에 다른 법률보다 우선한다. 다만, 다른 법률에서 이 법의 규제에 관한 특례보다 완화되는 규정이 있으면 그 법률에서 정하는 바에 따른다.
제6조【다른 계획과의 관계】 이 법에 따른 지역개발계획을 수립하거나 지역개발사업구역 또는 투자선도지구를 지정하는 경우에는 「국토기본법」 제9조에 따른 국토종합계획, 「지방자치분권 및 지역균형발전에 관한 특별법」 제6조에 따른 지방시대 종합계획 및 「수도권정비계획법」 제4조에 따른 수도권정비계획을 충분히 고려하여 이에 부합하도록 하여야 한다.(2023.6.9 본조개정)

제2장 지역개발사업의 촉진

제1절 지역개발계획의 수립 및 내용

제7조【지역개발계획의 수립】 ① 광역시장, 특별자치시장 및 도지사(이하 "시·도지사"라 한다)는 다음 각 호의 어느 하나에 해당하는 지역개발사업을 추진하려는 경우에는 지역개발계획을 수립하여야 한다. 이 경우 지역개발계획을 수립하려는 대상지역이 둘 이상의 광역시, 특별자치시 또는 도(이하 "시·도"라 한다)의 관할구역에 걸쳐 있는 경우에는 관할 시·도지사가 공동으로 수립하여야 한다.
1. 낙후지역 또는 낙후지역과 그 인근지역을 연계하여 종합적·체계적으로 개발하기 위한 지역개발사업
2. 거점지역과 그 인근지역을 연계하여 지역발전의 전략적 거점으로 육성하거나 특화산업을 발전시키기 위하여 종합적·체계적으로 개발하기 위한 지역개발사업
3. 그 밖에 국가의 특별한 사회적·경제적 목적을 위하여 집중적으로 연계·개발하기 위한 지역개발사업으로서 대통령령으로 정하는 지역개발사업
② 국토교통부장관은 국가 경제에 중대한 영향을 미치는 국책사업 등과 연계하여 제1항 각 호의 지역개발사업을 추진할 필요가 있거나 관계 중앙행정기관의 장의 요청에 따라 제1항 각 호의 지역개발사업을 추진할 필요가 있다고 인정하는 경우에는 지역개발계획을 수립할 수 있다.
③ 국토교통부장관이나 시·도지사는 제1항 또는 제2항에 따라 지역개발계획을 수립하는 경우에는 대통령령으로 정하는 바에 따라 미리 관계 시장·군수·구청장(자치구의 구청장을 말한다. 이하 같다), 지역주민 및 전문가의 의견을 들어야 한다.
④ 제1항부터 제3항까지에서 규정한 사항 외에 지역개발계획의 수립 기준 및 집행 등에 필요한 사항은 국토교통부령으로 정한다.
제8조【지역개발계획의 승인】 ① 시·도지사는 지역개발계획을 수립하거나 변경(대통령령으로 정하는 경미한 사항의 변경은 제외한다)하려면 국토교통부장관의 승인을 받아야 한다. 다만, 대통령령으로 정하는 경미한 사항의 변경이라 하더라도 다음 각 호의 어느 하나에 해당하는 경우에는 국토교통부장관과 미리 협의하여야 한다.(2016.12.2 본문개정)
1. 지역개발계획에 관하여 국가로부터 재정지원을 받는 경우
2. 지역개발계획의 승인에 따라 개발하려는 면적이 대통령령으로 정하는 규모 이상인 경우
(2016.12.2 1호~2호신설)
② 국토교통부장관은 제1항에 따라 승인을 신청한 시·도지사에게 국토교통부령으로 정하는 바에 따라 지역개발계획의 필요성 및 적정성 등에 관한 검증보고서를 제출하게 할 수 있다.
③ 국토교통부장관은 제7조제2항에 따라 지역개발계획을 수립·변경하거나 제1항에 따라 지역개발계획의 수립·변경을 승인하려면 관계 중앙행정기관의 장과 협의한 후 「국토기본법」 제26조에 따른 국토정책위원회(이하 "국토정책위원회"라 한다)의 심의를 거쳐야 한다.
④ 국토정책위원회는 제3항에 따라 지역개발계획의 수립·변경 및 승인에 대하여 심의하는 경우에는 다음 각 호의 사항을 고려하여야 한다.
1. 다른 법률에 따른 계획 또는 사업과 유사하거나 중복되지 아니할 것. 다만, 규모의 경제 또는 집적의 효과를 볼 수 있다고 판단되는 경우는 제외한다.
2. 지역경제 활성화 및 성장 동력 창출에 이바지할 것
3. 계획 기간 내에 실현 가능할 것
4. 계획에 따른 지역발전이 지속가능할 것
5. 필요한 재원 및 그 조달계획에 타당성이 있을 것
⑤ 제3항에 따라 협의 요청을 받은 관계 중앙행정기관의 장은 특별한 사유가 없으면 그 요청을 받은 날부터 20일 이내에 의견을 제출하여야 한다. 이 경우 그 기간 내에 의견을 제출하지 아니하면 협의가 이루어진 것으로 본다.
제9조【지역개발계획의 내용】 지역개발계획에는 다음 각 호의 사항이 포함되어야 한다.
1. 계획의 명칭·대상지역 및 범위
2. 계획의 목적 및 기본시책
3. 주요 개발방향에 관한 사항
4. 관련 지방자치단체 간 연계 발전전략에 관한 사항
5. 다른 법령에 따라 수립된 기존 계획과의 차별화 전략에 관한 사항
6. 기업유치 및 투자촉진에 관한 사항
7. 필요한 재원 및 그 조달에 관한 사항
8. 다음 각 목의 사항 중 해당 지역의 특성을 고려하여 필요한 사항
가. 사회간접자본시설의 정비·확충에 관한 사항
나. 생산기반시설의 확충과 지역특화산업의 육성 등에 관한 사항
다. 역사·문화·관광자원의 개발에 관한 사항
라. 환경보전·고용·교육 및 정주(定住)환경 개선에 관한 사항
9. 그 밖에 지역발전을 위하여 필요한 사항으로서 대통령령으로 정하는 사항
제10조【지역개발계획 수립의 제한】 국토교통부장관은 지역 간의 균형 있는 개발을 위하여 필요하다고 인정하는 경우에는 대통령령으로 정하는 바에 따라 시·도별로 지역개발계획의 대상이 되는 지역의 총면적과 수립 가능한 지역개발계획의 총수를 제한할 수 있다.

제2절 지역개발사업구역

제11조【지역개발사업구역의 지정】 ① 시·도지사는 다음 각 호의 어느 하나에 해당하는 지역에 대하여 지역개발사업을 추진하려는 경우에는 직접 또는 제12조에 따른 제안을 받아 지역개발사업구역을 지정할 수 있다. 이 경우 지정하려는 지역개발사업구역이 둘 이상의 시·도에

걸쳐 있는 경우에는 관계 시·도지사가 공동으로 지정하여야 한다.
1. 지역개발계획에 따라 지역개발사업의 추진이 필요하다고 인정되는 지역
2. 지역개발계획에 개발하려는 지역으로 반영되지 아니하였으나 도로·상하수도 등의 기반시설이 갖추어져 있거나 기반시설 계획이 수립되어 있는 등 난개발(亂開發)의 우려가 없는 소규모 지역으로서 대통령령으로 정하는 기준에 해당하는 지역
② 국토교통부장관은 국가 경제에 중대한 영향을 미치는 국책사업 등과 연계하여 지역개발사업을 추진할 필요가 있거나 관계 중앙행정기관의 장의 요청에 따라 지역개발사업을 추진할 필요가 있다고 인정하는 경우에는 직접 지역개발사업구역을 지정할 수 있다.
③ 제1항 또는 제2항에 따라 지역개발사업구역을 지정하는 국토교통부장관 또는 시·도지사(이하 "지정권자"라 한다)는 지역개발사업구역을 지정하는 경우에는 다음 각 호의 사항을 고려하여야 한다.
1. 「국토의 계획 및 이용에 관한 법률」 제2조에 따른 광역도시계획 및 도시·군기본계획에 부합할 것
2. 지역개발사업이 고용 증대, 지역경제 활성화 등 지역발전에 이바지하는 공익성을 갖출 것
3. 지역개발사업이 환경적으로 지속가능한 사업일 것
4. 지역개발사업이 해당 지역의 특성 및 여건에 부합할 것
5. 지역개발사업의 재원 조달 및 투자계획 등이 실현 가능할 것
6. 그 밖에 대통령령으로 정하는 요건에 부합할 것
④ 지정권자는 지역개발사업구역을 지정하려는 경우에는 미리 해당 지역을 관할하는 시·도지사 및 시장·군수·구청장의 의견을 충분히 들어야 한다.
⑤ 제1항과 제2항에 따라 지역개발사업구역으로 지정하려는 지역이 「자연공원법」 제2조제5호에 따른 공원구역 중 대통령령으로 정하는 자연공원에 해당하는 경우에는 해당 지역에 유선장(遊船場), 탐방로 등 대통령령으로 정하는 종류 및 규모에 해당하는 공원시설을 설치하는 경우에만 지역개발사업구역으로 지정할 수 있다.
⑥ 지정권자는 제1항 또는 제2항에 따라 지역개발사업구역을 지정하거나 지정된 지역개발사업구역을 변경하려면 다음 각 호의 사항이 포함된 지역개발사업계획 또는 지역개발사업변경계획을 마련하여야 한다. 다만, 제10호 및 제11호에 해당하는 사항은 지역개발사업구역의 지정 후에 포함시킬 수 있다.
1. 지역개발사업구역의 명칭·위치 및 면적
2. 지역개발사업구역의 지정 목적 및 지역개발사업의 시행기간
3. 지역개발사업의 시행자 및 시행 방식에 관한 사항
4. 환경보전계획 및 오염방지계획
5. 인구수용·교통처리 및 토지이용계획
6. 제13조에 따른 지역개발사업구역의 분할 또는 결합이 필요한 경우에는 그 분할 또는 결합에 관한 계획
7. 도로, 상하수도 등 주요 기반시설의 설치계획
8. 재원조달계획 및 연도별 투자계획
9. 보건의료·교육 및 복지시설을 설치하여야 하는 경우에는 그 시설의 설치계획
10. 보상계획 및 조성토지 공급에 관한 사항(제33조제1항에 따른 원형지로 공급될 대상토지 및 개발방향을 포함한다)
11. 제27조에 따라 토지등을 수용 또는 사용하려는 경우에는 그 세부 목록
12. 지역개발사업구역 밖의 지역에 기반시설을 설치하여야 하는 경우에는 그 시설 설치에 필요한 비용의 부담계획
13. 사업성에 관한 사항
14. 그 밖에 지역개발사업구역 지정에 필요한 사항
⑦ 지정권자는 지역개발사업구역을 지정하려는 경우에는 국토정책위원회 또는 제42조에 따른 지역개발조정위원회의 심의를 거쳐야 한다. 지정된 지역개발사업구역을 변경하려는 경우에도 또한 같다. 다만, 대통령령으로 정하는 경미한 사항의 변경은 그러하지 아니하다.
⑧ 시·도지사는 지역개발사업구역을 지정하려는 경우로서 다음 각 호의 어느 하나에 해당하는 경우에는 국토교통부장관과 미리 협의하여야 한다. 지정된 지역개발사업구역을 변경하려는 경우에도 또한 같다.
1. 지역개발사업구역에 관하여 국가로부터 재정지원을 받으려는 경우
2. 지역개발사업구역의 지정에 따라 개발하려는 면적이 대통령령으로 정하는 규모 이상인 경우
⑨ 제1항부터 제8항까지에서 규정한 사항 외에 지역개발사업구역의 지정 또는 변경에 관한 세부 기준 및 절차 등에 필요한 사항은 대통령령으로 정한다.

제11조의2【지역개발사업계획 수립 등의 지원】 국토교통부장관은 제11조제6항에 따른 지역개발사업계획 또는 지역개발사업변경계획의 원활한 수립을 위하여 대통령령으로 정하는 바에 따라 전문가 자문 등 필요한 행정적·재정적 지원을 할 수 있다.(2020.4.7 본조신설)

제12조【지역개발사업구역의 지정·변경 제안】 ① 시장·군수·구청장 및 제19조제1항제2호부터 제6호까지의 규정에 해당하는 자는 시·도지사에게 지역개발사업구역의 지정 또는 변경을 제안할 수 있다.
② 제1항에 따라 지역개발사업구역의 지정 또는 변경을 제안하는 자는 제11조제6항 각 호의 사항을 포함한 지역개발사업계획 또는 지역개발사업변경계획을 제출하여야 한다.

제13조【지역개발사업구역의 분할 또는 결합】 ① 지정권자는 지역개발사업의 효율적 추진 및 사업성 제고 또는 「국토의 계획 및 이용에 관한 법률」 제2조제13호에 따른 공공시설의 정비 등을 위하여 필요하다고 인정하는 경우에는 하나의 지역개발사업구역을 둘 이상의 지역개발사업구역으로 분할하거나 서로 떨어진 둘 이상의 지역개발사업구역을 하나의 지역개발사업구역으로 결합하여 지정할 수 있다.
② 제1항에 따라 지역개발사업구역을 분할하거나 결합하여 지정하는 경우 그 절차 및 방법 등에 관하여 필요한 사항은 대통령령으로 정한다.

제14조【주민 등의 의견청취】 ① 지정권자는 지역개발사업구역을 지정하려면 공람 또는 공청회를 통하여 주민이나 관계 전문가 등으로부터 직접 의견을 듣거나 해당 지역을 관할하는 시장(지정권자가 국토교통부장관인 경우에는 특별자치시장을 포함한다)·군수·구청장으로 하여금 의견을 듣도록 하여야 한다. 지역개발사업구역을 변경(대통령령으로 정하는 경미한 변경은 제외한다)하려는 경우에도 또한 같다.
② 제1항에 따른 공람의 절차 및 방법 또는 공청회의 시기, 개최 절차 및 공고 등에 필요한 사항은 대통령령으로 정한다.

제15조【사전협의 등】 ① 지정권자는 지역개발사업구역을 지정하거나 변경하려면 제11조제6항 각 호의 사항이 포함된 지역개발사업계획 또는 지역개발사업변경계획에 대하여 관계 행정기관의 장과 미리 협의하여야 한다. 다만, 대통령령으로 정하는 경미한 사항을 변경하려는 경우는 제외한다.
② 제1항에 따라 협의를 할 때 「자연공원법」 제2조제5호에 따른 공원구역 중 대통령령으로 정하는 자연공원이 포함되어 있는 경우에는 같은 법 제9조제1항에 따른 공원위원회의 심의를 거쳐야 한다.
③ 제1항에 따른 협의기간은 「환경영향평가법」 등 관련 법령에 특별한 규정이 있는 경우를 제외하고는 20일 이내로 하되, 관계 행정기관의 장의 요청 등에 따라 지정권자가 필요하다고 인정하면 10일의 범위에서 한 차례만 그 기간을 연장할 수 있다. 이 경우 협의기간 내에 의견을 제출하지 아니하면 협의가 이루어진 것으로 본다.

제16조【지역개발사업구역 지정의 고시】 ① 지정권자는 지역개발사업구역을 지정하거나 변경한 경우에는 대통령령으로 정하는 바에 따라 그 내용을 관보나 공보에 고시하고, 해당 지역개발사업구역을 관할하는 시장(지정권자가 국토교통부장관인 경우에는 특별자치시장을 포함한다. 이하 이 조에서 같다)·군수·구청장에게 관계 서류의 사본을 보내야 한다.
② 지정권자 또는 시장·군수·구청장은 제1항에 따라 고시한 내용을 14일 이상 일반인이 열람할 수 있도록 하여야 한다.
③ 지역개발사업구역이 지정·고시된 때에는 다음 각 호의 승인·결정·지정·수립 등에 관하여 미리 관계 행정기관의 장과 협의한 사항에 대해서는 제1항에 따라 고시된 내용에 따라 그 고시일에 해당 승인·결정·지정·수립 등이 된 것으로 본다.
1. 「국토의 계획 및 이용에 관한 법률」 제6조제1호에 따른 도시지역으로 변경하는 같은 법 제30조에 따른 도시·군관리계획의 결정
2. 「국토의 계획 및 이용에 관한 법률」 제40조에 따라 수산자원보호구역을 변경하여 해제하는 같은 법 제30조에 따른 도시·군관리계획의 결정
3. 「국토의 계획 및 이용에 관한 법률」 제51조에 따른 지구단위계획구역으로 지정하는 같은 법 제30조에 따른 도시·군관리계획의 결정
4. 「관광진흥법」 제52조에 따른 관광지 및 관광단지의 지정
5. 「해양공간계획 및 관리에 관한 법률」 제5조에 따른 해양공간기본계획의 수립·변경, 같은 법 제7조에 따른 해양공간관리계획의 수립·변경(2018.4.17 본호개정)
6. 「공유수면 관리 및 매립에 관한 법률」 제22조 및 제27조에 따른 공유수면매립 기본계획의 수립 및 변경
7. 「도서개발 촉진법」 제6조에 따른 사업계획의 수립, 같은 법 제7조에 따른 사업계획의 확정
8. 「도시개발법」 제3조에 따른 도시개발구역의 지정 및 같은 법 제4조에 따른 도시개발사업계획의 수립
9. 「물류시설의 개발 및 운영에 관한 법률」 제22조에 따른 물류단지의 지정
10. 「산업입지 및 개발에 관한 법률」 제6조, 제7조, 제7조의2 및 제8조에 따른 국가산업단지, 일반산업단지, 도시첨단산업단지 및 농공단지의 지정
11. 「소하천정비법」 제6조에 따른 소하천정비종합계획의 수립·변경 및 승인
12. 「하천법」 제25조에 따른 하천기본계획의 수립 및 변경
13. 「하수도법」 제5조 및 제6조에 따른 하수도정비기본계획의 수립 및 변경
14. 「택지개발촉진법」 제3조에 따른 택지개발지구의 지정 및 같은 법 제8조에 따른 택지개발계획의 수립

제17조【행위 등의 제한】 ① 지역개발사업구역에서 건축물의 건축, 공작물의 설치, 토지의 형질 변경, 토석(土石)의 채취, 토지 분할, 물건을 쌓아놓는 행위, 죽목(竹木)을 베어내거나 심는 행위 등 대통령령으로 정하는 행위를 하려는 자는 특별자치시장·시장·군수·구청장의 허가를 받아야 한다. 허가받은 사항을 변경하려는 경우에도 또한 같다.
② 다음 각 호의 어느 하나에 해당하는 행위는 제1항에도 불구하고 허가를 받지 아니하고 할 수 있다.
1. 재해 복구 또는 재난 수습에 필요한 응급조치를 위하여 하는 행위
2. 지역개발사업구역의 지정 목적을 달성하는 데 지장이 없는 행위로서 대통령령으로 정하는 행위
③ 제1항에 따라 허가를 받아야 하는 행위로서 지역개발사업구역의 지정 및 고시 당시 이미 관계 법령에 따라 허가를 받았거나 허가를 받을 필요가 없는 행위에 관하여 그 공사 또는 사업에 착수한 자는 대통령령으로 정하는 바에 따라 특별자치시장·시장·군수·구청장에게 신고한 후 계속 시행할 수 있다.
④ 특별자치시장·시장·군수·구청장은 제1항을 위반한 자에게 원상회복을 명할 수 있으며, 명령을 받은 자가 그 의무를 이행하지 아니하면 「행정대집행법」에 따라 대집행(代執行)을 할 수 있다.
⑤ 제1항에 따른 허가에 대하여 이 법에서 정하지 아니한 사항에 관하여는 「국토의 계획 및 이용에 관한 법률」 제57조부터 제60조까지 및 제62조를 준용한다.
⑥ 제1항에 따라 허가를 받으면 「국토의 계획 및 이용에 관한 법률」 제56조에 따른 개발행위의 허가를 받은 것으로 본다.

제18조【지역개발사업구역 지정의 해제】 ① 지역개발사업구역이 고시된 날부터 3년이 되는 날까지 제22조에 따라 실시계획의 승인을 신청하지 아니하는 경우에는 그 3년이 되는 날의 다음 날에 지역개발사업구역의 지정이 해제된 것으로 본다.
② 지정권자는 다음 각 호의 어느 하나에 해당하는 경우에는 국토정책위원회 또는 제42조에 따른 지역개발조정위원회의 심의를 거쳐 지역개발사업구역 지정을 해제할 수 있다. 다만, 제3호의 경우에는 심의를 생략할 수 있다.
1. 제23조에 따른 실시계획의 승인이 고시된 날부터 2년 이내에 공사 또는 사업에 착수하지 아니한 경우
2. 지역개발사업구역의 지정 목적을 달성할 수 없다고 인정하는 경우
3. 제39조에 따라 공사 완료〔환지(換地)방식에 따른 사업인 경우에는 그 환지처분〕를 공고한 경우
③ 제1항 및 제2항에 따라 지역개발사업구역의 지정이 해제된 경우로서 제16조제3항 각 호에 따른 승인·결정·지정·수립 등 또는 제24조에 따른 인·허가등이 있는 경우에는 해당 지역개발사업구역 지정 전의 상태로 각각 환원되거나 폐지된 것으로 본다. 다만, 제2항제3호에 따라 지역개발사업구역의 지정이 해제된 경우에는 환원되거나 폐지된 것으로 보지 아니한다.
④ 제1항 및 제2항에 따라 지역개발사업구역의 지정이 해제된 경우에는 제16조제1항 및 제2항을 준용한다.

제3절 지역개발사업 시행자 지정 및 실시계획 승인 등

제19조【시행자의 지정】 ① 지역개발사업을 시행할 사업시행자(이하 "시행자"라 한다)는 다음 각 호의 자 중에서 지정권자가 공모(公募) 등 대통령령으로 정하는 기준 및 절차에 따라 지정한다. 다만, 제4호에 해당하는 자는 지역개발사업의 전부를 환지방식으로 시행하는 경우에만 지정할 수 있다.
1. 국가 또는 지방자치단체
2. 「공공기관의 운영에 관한 법률」 제4조에 따른 공공기관(이하 "공공기관"이라 한다) 중 대통령령으로 정하는 공공기관
3. 「지방공기업법」에 따라 설립된 지방공사(이하 "지방공사"라 한다)
4. 지역개발사업구역 내의 토지소유자(「공유수면 관리 및 매립에 관한 법률」 제28조에 따라 매립면허를 받은 자는 해당 공유수면을 소유한 자로 보고 그 공유수면을 토지로 본다)가 설립한 조합(이하 이 조에서 "조합"이라 한다)
5. 자본금 등 대통령령으로 정하는 자격 요건을 갖춘 민간투자자
6. 제1호부터 제3호까지 또는 제5호에 해당하는 자 중 둘 이상이 지역개발사업을 시행할 목적으로 출자하여 설립한 법인
② 지정권자가 제1항에 따라 시행자를 지정하는 경우에는 다음 각 호의 사항을 고려하여야 한다.
1. 재무 건전성과 자금 조달능력
2. 유사 개발사업의 시행 경험
3. 그 밖에 개발사업의 원활한 시행을 위하여 국토교통부장관이 필요하다고 인정하여 고시하는 사항
③ 지정권자가 제1항에 따라 시행자를 지정하는 경우에는 제12조에 따라 지역개발사업구역의 지정을 제안한 자를 우선적으로 시행자로 지정할 수 있다.

國土

④ 지정권자가 제1항에 따라 시행자를 지정한 경우에는 그 내용을 관보나 공보에 고시하여야 한다.
⑤ 제1항제4호에 따른 조합의 설립인가 등에 관하여는 「도시개발법」 제13조부터 제16조까지의 규정을 준용한다.
⑥ 제1항제1호부터 제3호까지 또는 제6호(같은 항 제1호부터 제3호까지에 해당하는 자가 100분의 50을 초과하여 출자하는 경우만 해당한다) 중 어느 하나에 해당하는 시행자는 지역개발사업을 효율적으로 시행하기 위하여 필요하다고 인정하는 경우에는 지역개발사업의 일부를 대행하게 할 수 있다.(2016.12.2 본항신설)
⑦ 시행자는 제6항에 따라 대행사업자에게 지역개발사업의 일부를 대행하게 하려는 경우 대행사업자의 선정, 대행개발사업의 범위, 대행할 수 있는 면적 등 대통령령으로 정하는 사항에 대하여 지정권자의 승인을 받아야 한다.(2016.12.2 본항신설)
⑧ 시행자는 대행사업자를 선정할 경우 경쟁입찰 방식으로 선정하여야 한다.(2016.12.2 본항신설)
⑨ 그 밖에 지역개발사업의 일부를 대행하는 데 필요한 사항은 대통령령으로 정한다.(2016.12.2 본항신설)

제19조의2【총괄사업관리자 지정 등】 ① 지정권자는 지역개발사업을 효율적으로 추진하기 위하여 제19조제1항제2호 및 제3호에 해당하는 자를 지역개발사업 총괄사업관리자로 지정할 수 있다.
② 제1항에 따라 지정된 총괄사업관리자는 다음 각 호의 사항을 지원할 수 있다.
1. 지역특화전략 수립 및 장기 지역발전계획 등의 검토와 관련된 업무
2. 지역개발계획 및 실시계획의 수립 또는 변경 등의 검토와 관련된 업무
3. 지역개발계획 및 실시계획에 포함된 재원조달계획 및 세부투자계획의 검토
4. 시행자 지정 시 적합성 분석
5. 개별 지역개발사업 간의 공정관리 및 조정방안
6. 용지조성이 필요한 사업의 사업성 분석
7. 토지의 공급에 관한 적합성 분석
8. 그 밖에 대통령령으로 정하는 업무
③ 제1항 및 제2항에서 규정한 사항 외에 총괄사업관리자의 지정 및 운영 등에 필요한 사항은 대통령령으로 정한다.(2016.12.2 본조신설)

제20조【시행자의 지정취소 및 대체지정 등】 ① 지정권자는 다음 각 호의 어느 하나에 해당하는 경우에는 시행자 지정을 취소할 수 있다.
1. 시행자가 제23조에 따른 실시계획의 승인을 받고 2년 이내에 공사 또는 사업을 착수하지 아니하거나 지역개발사업의 진행 정도가 지역개발사업의 추진계획에 비추어 현저히 부진한 경우
2. 시행자의 부도·파산, 그 밖에 이와 유사한 사유로 지역개발사업의 목적을 달성하기 어렵다고 인정되는 경우
② 지정권자는 제1항에 따라 시행자 지정을 취소한 경우에는 새로운 시행자를 대체지정할 수 있다. 이 경우 시행자의 대체지정에 대해서는 제19조를 준용한다.
③ 제2항에 따라 대체지정된 시행자는 지역개발사업구역의 지정 및 실시계획의 승인에 관한 종전의 시행자의 지위를 승계한다.
④ 지정권자는 제1항 및 제2항에 따라 시행자 지정을 취소하거나 새로운 시행자를 대체지정한 경우에는 그 내용을 관보나 공보에 고시하여야 한다.
⑤ 제2항에 따라 대체지정된 시행자는 종전의 시행자가 매수한 토지에 대하여 지체 없이 매수 협의를 시작하여야 한다.
⑥ 지정권자는 제5항에 따른 협의가 성립하지 아니하거나 협의할 수 없을 경우에는 해당 지역개발사업을 위하여 종전의 시행자가 매수한 토지를 제2항에 따라 대체지정된 시행자에게 매도하라는 명령을 할 수 있다. 이 경우 지정권자는 대체지정된 시행자에게 그 사실을 통보하여야 한다.
⑦ 제2항에 따라 대체지정된 시행자는 제6항에 따른 매도명령 사실을 통보받았을 때에는 지체 없이 종전의 시행자와 해당 토지의 매수 협의를 하여야 한다.
⑧ 제7항에 따른 매수 협의의 기준 금액은 토지매입비와 토지매입비에 「민법」 제379조에 따른 법정이율을 곱한 금액을 합한 금액으로 한다. 다만, 본문에 따라 계산한 금액이 시가(時價)보다 큰 경우에는 시가로 한다.
⑨ 제7항에 따른 매수 협의 등에 관하여는 「국토의 계획 및 이용에 관한 법률」 제131조제2항부터 제4항까지의 규정을 준용한다.
⑩ 지정권자는 제6항에 따라 매도명령을 한 경우 종전의 시행자가 해당 토지를 이미 타인에게 매각하여 이익(매도금액에서 토지취득비 및 토지조성비와 그 밖에 대통령령으로 정하는 부대비용을 뺀 금액을 말한다)을 얻었을 때에는 그 이익을 환수한다.
⑪ 지정권자는 종전의 시행자가 제10항에 따라 부과된 환수금액을 납부하지 아니하는 경우에는 국세 체납처분 또는 지방세 체납처분의 예에 따라 징수할 수 있다.

제21조【지역개발사업 시행의 위탁】 ① 시행자는 항만, 철도, 그 밖에 대통령령으로 정하는 공공시설 건설과 공유수면 매립에 관한 업무를 대통령령으로 정하는 바에 따라 국가, 지방자치단체, 대통령령으로 정하는 공공기관 또는 지방공사에 위탁하여 시행할 수 있다.
② 시행자는 지역개발사업을 위한 기초조사, 토지매수 업무, 손실보상 업무, 주민 이주대책 사업 등을 대통령령으로 정하는 바에 따라 관할 지방자치단체, 대통령령으로 정하는 공공기관 또는 지방공사에 위탁할 수 있다.
③ 시행자는 제1항과 제2항에 따라 업무를 위탁하여 시행하는 경우 국토교통부령으로 정하는 요율(料率)의 위탁 수수료를 그 업무를 위탁받아 시행하는 자에게 지급하여야 한다.

제22조【실시계획의 승인 신청】 시행자는 시행할 지역개발사업에 대하여 다음 각 호의 사항이 포함된 실시계획을 작성하여 지정권자에게 승인을 신청(국가 또는 지방자치단체가 시행자인 경우는 제외한다)하여야 한다.(2015.6.22 본문개정)
1. 시행자의 성명(법인인 경우에는 법인의 명칭 및 대표자의 성명) 및 주소
2. 사업의 명칭·목적, 사업시행지의 위치·면적 및 사업시행기간
3. 사업시행지의 위치도
4. 계획평면도 및 개략 설계도서
5. 조성토지 등의 사용 및 처분 계획서
6. 연차별 자금 투입계획 및 재원 조달계획
7. 그 밖에 대통령령으로 정하는 사항

제23조【실시계획의 승인】 ① 지정권자는 관계 행정기관의 장과 협의한 후 국토정책위원회 또는 제42조에 따른 지역개발조정위원회의 심의를 거쳐 실시계획을 승인하여야 한다. 다만, 국가 또는 지방자치단체가 시행자인 경우로서 소관 중앙행정기관의 장 또는 지방자치단체의 장이 직접 실시계획을 작성한 경우에는 관계 행정기관의 장과 협의한 후 지정권자와 협의하여야 하며, 이를 실시계획에 대한 승인으로 본다.(2015.6.22 단서신설)
② 승인받은 실시계획을 변경하거나 폐지하려는 경우에는 제1항을 준용한다. 다만, 대통령령으로 정하는 경미한 사항을 변경하려는 경우는 제외한다.
③ 지정권자가 실시계획을 승인한 경우(제1항 단서에 따라 중앙행정기관의 장 또는 지방자치단체의 장이 직접 실시계획을 작성한 경우를 포함한다)에는 대통령령으로 정하는 바에 따라 관보나 공보에 고시하고, 시행자 및 시장(지정권자가 국토교통부장관인 경우에는 특별자치시장을 포함한다. 이하 이 항에서 같다)·군수·구청장에게 관계 서류의 사본을 송부하여야 한다. 이 경우 지정권자 또는 시장·군수·구청장은 고시내용을 14일 이상 일반인이 열람할 수 있도록 하여야 한다.(2015.6.22 전단개정)

제24조【인가·허가 등의 의제】 ① 제23조에 따라 지정권자가 실시계획에 대한 승인 또는 변경승인을 하거나 중앙행정기관의 장 또는 지방자치단체의 장이 실시계획을 작성할 때 해당 실시계획에 대하여 별표에 따른 허가·승인·심사·인가·신고·면허·등록·협의·지정·해제 또는 처분 등(이하 "인·허가등"이라 한다)에 관하여 제3항에 따라 관계 행정기관의 장과 협의한 사항에 대해서는 해당 인·허가등을 받은 것으로 보며, 제23조제3항에 따라 실시계획을 고시하였을 때에는 관계 법률에 따른 인·허가등의 고시나 공고를 한 것으로 본다.(2015.6.22 본항개정)
② 인·허가등의 의제를 받으려는 자는 실시계획의 승인을 신청할 때에 해당 법률에서 정하는 관계 서류를 함께 제출하여야 한다.
③ 지정권자가 실시계획을 승인하거나 중앙행정기관의 장 또는 지방자치단체의 장이 실시계획을 작성하는 경우에 그 내용에 별표 각 호의 어느 하나에 해당하는 사항이 있으면 미리 관계 행정기관의 장과 협의하여야 한다. 이 경우 관계 행정기관의 장은 협의 요청을 받은 날부터 20일 이내에 의견을 제출하여야 하며, 그 기간에 의견을 제출하지 아니하면 협의가 이루어진 것으로 본다.(2015.6.22 본항개정)
④ 지정권자가 실시계획을 승인하거나 중앙행정기관의 장 또는 지방자치단체의 장이 실시계획을 작성하는 경우 인·허가등을 처리하기 위하여 관계 행정기관이 참여하는 인·허가 의제 협의회를 개최할 수 있다.(2015.6.22 본항개정)
⑤ 제4항에 따른 인·허가 의제 협의회의 구성, 기능, 운영, 그 밖에 필요한 사항은 대통령령으로 정한다.
⑥ 제1항에 따라 다른 법률에 따른 인·허가등을 받은 것으로 보는 경우에는 관계 법령에 따라 부과되는 면허세 또는 수수료를 면제한다.

제25조【지역개발사업구역 등의 일괄 지정·승인】 ① 제19조제1항제1호부터 제6호까지의 규정에 해당하는 자는 신속한 지역개발사업 추진을 위하여 제11조에 따른 지역개발사업구역의 지정, 제19조에 따른 시행자 지정 및 제23조에 따른 실시계획의 승인에 필요한 각각의 서류를 지정권자에게 함께 제출(지정권자가 시행자인 경우에는 제외한다)하여 관련 지정 및 승인을 일괄하여 받을 수 있다.(2016.12.2 본항개정)
② 지정권자는 제1항에 따라 일괄하여 지정·승인을 하려면 이 법에 따른 주민 등의 의견 청취, 지정·승인 관련 요건 또는 고려사항의 검토, 관계 행정기관의 장과의 협의 등 필요한 절차를 거친 후 국토정책위원회 또는 제42조에 따른 지역개발조정위원회의 심의를 거쳐 지정·승인을 하여야 한다.(2016.12.2 본항개정)
③ 제2항에도 불구하고 지정권자가 시행자인 경우에는 제2항에 따른 지정·승인에 필요한 절차를 거친 때 제1항에 따라 일괄하여 지정·승인된 것으로 본다.(2016.12.2 본항신설)
④ 제2항에 따른 일괄 지정·승인의 고시에 관하여는 제16조제1항 및 제2항을 준용한다.

제4절 지역개발사업의 시행 등

제26조【지역개발사업의 시행 방식】 ① 지역개발사업은 시행자가 지역개발사업구역의 토지 등을 협의에 의하여 취득·사용, 수용 또는 사용하는 방식이나 환지방식 또는 이를 혼용하는 방식으로 시행할 수 있다.
② 지역개발사업의 전부 또는 일부를 환지방식으로 시행하는 경우에 관하여는 이 법에 특별한 규정이 있는 경우를 제외하고는 「도시개발법」을 준용한다.

제27조【토지 등의 수용 등】 ① 시행자는 지역개발사업의 시행을 위하여 필요할 때에는 「공익사업을 위한 토지 등의 취득 및 보상에 관한 법률」 제3조에 따른 토지·물건 또는 권리(이하 "토지등"이라 한다)를 수용하거나 사용할 수 있다. 다만, 제19조제1항제5호 및 제6호에 따른 시행자(같은 항 제1호부터 제3호까지에 따른 자가 100분의 50을 초과하여 출자한 경우는 제외한다)는 국토교통부장관이 정하는 바에 따라 공공필요성이 인정되는 지역개발사업을 시행하는 경우에만 토지등을 수용하거나 사용할 수 있다.(2015.6.22 단서개정)
② 제1항 단서에 따른 시행자는 해당 지역개발사업 대상 토지면적의 3분의 2 이상에 해당하는 토지를 매입하고 토지소유자 및 건물소유자 총수의 각 2분의 1 이상에 해당하는 자의 동의를 받아야 한다. 이 경우 동의 요건의 산정기준일은 지역개발사업구역의 지정·고시일을 기준으로 하고, 그 기준일 이후 시행자가 취득한 토지 또는 건물의 경우에는 동의 요건에 필요한 토지소유자 및 건물소유자의 총수에 포함하고 이를 동의한 자의 수로 산정하며, 그 밖에 동의자 수의 산정방법 및 동의절차 등 동의 요건에 관하여 필요한 사항은 대통령령으로 정한다.(2015.6.22 본항개정)
③ 제1항에 따른 토지등의 수용 또는 사용에 관하여 이 법에 특별한 규정이 있는 경우를 제외하고는 「공익사업을 위한 토지 등의 취득 및 보상에 관한 법률」을 준용한다.
④ 제3항에 따라 「공익사업을 위한 토지 등의 취득 및 보상에 관한 법률」을 준용할 때 제11조제6항제11호에 따른 수용 또는 사용의 대상이 되는 토지등의 세부 목록을 고시한 경우에는 같은 법 제20조제1항에 따른 사업인정과 같은 법 제22조에 따른 사업인정의 고시가 있는 것으로 본다. 이 경우 「공익사업을 위한 토지 등의 취득 및 보상에 관한 법률」에 따른 재결(裁決)신청은 같은 법 제23조제1항 및 제28조제1항에도 불구하고 실시계획에서 정한 지역개발사업의 시행기간 이내에 하여야 한다.

제28조【공공시설에 대한 구분지상권의 설정 등】 ① 시행자는 지역개발사업을 위하여 도로·철도·도시공원 등 공공시설의 지하 또는 지상 등 그 일부를 사용할 필요가 있는 경우에는 공공시설의 관리청 또는 소유자와 그 지하 또는 지상 등의 부분에 관한 구분지상권(區分地上權)의 설정 또는 이전을 전제로 협의할 수 있다.
② 시행자와 공공시설의 관리청 또는 소유자 간에 제1항에 따라 공공시설의 지하 또는 지상 등의 부분에 대한 사용협의가 성립된 경우에는 시행자는 구분지상권을 설정받거나 이전받아야 한다.
③ 시행자는 「공익사업을 위한 토지 등의 취득 및 보상에 관한 법률」에 따라 구분지상권을 설정받거나 이전받는 내용으로 수용 또는 사용의 재결을 받은 경우에는 「부동산등기법」 제99조를 준용하여 단독으로 그 구분지상권의 설정등기 또는 이전등기를 신청할 수 있다.
④ 제2항 및 제3항에 따라 설정된 구분지상권의 등기 절차에 관하여 필요한 사항은 대법원규칙으로 정한다.
⑤ 제2항 및 제3항에 따른 구분지상권의 존속기간은 「민법」 제281조에도 불구하고 해당 공공시설이 존속하는 날까지로 할 수 있다.

제29조【이주대책 등】 시행자는 「공익사업을 위한 토지 등의 취득 및 보상에 관한 법률」에서 정하는 바에 따라 지역개발사업의 시행에 필요한 토지등의 제공으로 인하여 생활의 근거를 상실하게 되는 자에 대한 이주대책 등을 수립·시행하여야 한다.

제30조【토지상환채권의 발행】 ① 시행자는 토지소유자가 동의하는 경우 토지등의 매수 대금 일부를 대통령령으로 정하는 바에 따라 지역개발사업의 시행으로 조성된 토지·건축물로 상환하는 채권(이하 "토지상환채권"이라 한다)을 발행할 수 있다. 다만, 제19조제1항제4호부터 제6호까지의 규정에 해당하는 시행자는 대통령령으로 정하는 금융회사 등으로부터 지급보증을 받은 경우에만 토지상환채권을 발행할 수 있다.
② 시행자(지정권자가 시행자인 경우는 제외한다)가 제1항에 따라 토지상환채권을 발행하려면 대통령령으로 정하는 바에 따라 토지상환채권 발행계획서를 작성하여 미리 지정권자의 승인을 받아야 한다.
③ 토지상환채권 발행의 방법·절차·조건, 그 밖에 필요한 사항은 대통령령으로 정한다.

國土

제31조【선수금】 ① 시행자는 지역개발사업으로 조성된 토지·건축물 또는 공작물 등(이하 "조성토지등"이라 한다)과 제33조제1항에 따른 원형지를 공급받거나 이용하려는 자로부터 대통령령으로 정하는 바에 따라 조성토지등의 대금의 전부 또는 일부를 미리 받을 수 있다.
② 시행자(지정권자가 시행자인 경우는 제외한다)는 제1항에 따라 조성토지등의 대금의 전부 또는 일부를 미리 받으려면 지정권자의 승인을 받아야 한다.

제32조【조성토지등의 사용 및 처분】 ① 시행자는 조성토지등을 사용 또는 임대·매각하려면 실시계획에서 정한 조성토지등의 사용 및 처분 계획서에 따라 사용 또는 임대·매각하여야 한다.
② 제1항에 따라 사용 또는 임대·매각하는 조성토지등의 용도, 임대·매각의 절차·방법 및 대상자, 그 밖에 필요한 사항은 대통령령으로 정한다.

제33조【원형지의 공급 등】 ① 제19조제1항제1호부터 제3호까지 또는 제6호(제19조제1항제1호부터 제3호까지에 해당하는 자가 100분의 50을 초과하여 출자하는 경우만 해당한다)의 규정 중 어느 하나에 해당하는 시행자는 지역개발사업구역의 일부를 자연친화적으로 개발하거나 복합적·입체적으로 개발하기 위하여 필요한 경우에는 지정권자(지정권자가 시행자인 경우는 제외한다. 이하 이 조에서 같다)의 승인을 받아 다음 각 호의 어느 하나에 해당하는 자에게 지역개발사업 부지 중 일부를 조성되지 아니한 상태의 토지(이하 "원형지"라 한다)로 공급하여 개발하게 할 수 있다. 이 경우 원형지로 공급될 수 있는 지역개발사업 구역의 비율은 대통령령으로 정한다.
1. 국가 또는 지방자치단체
2. 「공공기관의 운영에 관한 법률」 제4조에 따른 공공기관
3. 「지방공기업법」에 따라 설립된 지방공사
4. 국가 또는 지방자치단체가 복합개발 등을 위하여 실시한 공모에서 선정된 자
5. 원형지를 학교나 공장 등의 부지로 직접 사용하는 자
② 시행자는 제1항에 따라 원형지를 공급하기 위하여 지정권자에게 승인신청을 할 때에는 원형지의 공급계획을 작성하여 함께 제출하여야 한다. 작성된 공급계획을 변경하는 경우에도 같다.
③ 제2항에 따른 원형지 공급계획에는 원형지를 공급받아 개발하는 자(이하 이 조에서 "원형지개발자"라 한다)에 관한 사항과 원형지의 공급내용 등이 포함되어야 한다.
④ 시행자는 제11조제6항제10호에 따른 개발방향과 제1항 및 제2항에 따른 승인 내용 및 공급계획에 따라 원형지개발자와 공급계약을 체결한 후 원형지개발자로부터 세부계획을 제출받아 이를 제22조에 따른 실시계획의 내용에 반영하여야 한다.
⑤ 지정권자는 제1항에 따라 승인하는 경우에는 건폐율 및 용적률 등 개발밀도, 토지용도별 면적 및 배치, 기반시설의 설치, 교통처리계획 등의 이행조건을 붙일 수 있다.
⑥ 원형지개발자(국가 및 지방자치단체는 제외한다)는 10년의 범위에서 대통령령으로 정하는 기간 안에는 원형지를 매각할 수 없다. 다만, 이주용 주택이나 공공·문화시설 등 대통령령으로 정하는 경우로서 미리 지정권자의 승인을 받은 경우에는 예외로 한다.
⑦ 지정권자는 다음 각 호의 어느 하나에 해당하는 경우에는 원형지 공급 승인을 취소하거나 시행자로 하여금 그 이행의 촉구, 원상회복 또는 손해배상의 청구, 원형지 공급계약의 해제 등 필요한 조치를 취할 것을 요구할 수 있다.
1. 시행자가 제2항에 따른 원형지의 공급계획대로 토지를 이용하지 아니하는 경우
2. 원형지개발자가 제4항에 따른 세부계획의 내용대로 사업을 시행하지 아니하는 경우
3. 시행자 또는 원형지개발자가 제5항에 따른 이행조건을 이행하지 아니하는 경우
⑧ 시행자는 다음 각 호의 어느 하나에 해당하는 경우 대통령령으로 정하는 바에 따라 원형지 공급계약을 해제할 수 있다.
1. 원형지개발자가 세부계획에서 정한 착수 기한 안에 공사에 착수하지 아니하는 경우
2. 원형지개발자가 공사 착수 후 세부계획에서 정한 사업기간을 넘겨 사업 시행을 지연하는 경우
3. 공급받은 토지의 전부나 일부를 시행자의 동의 없이 제3자에게 매각하는 경우
4. 그 밖에 공급받은 토지를 세부계획에서 정한 목적대로 사용하지 아니하는 등 제4항에 따른 공급계약의 내용을 위반한 경우
⑨ 원형지개발자의 선정기준, 원형지 공급의 절차와 기준 및 공급가격, 시행자와 원형지개발자의 업무범위 및 계약방법 등에 필요한 사항은 대통령령으로 정한다.

제34조【기초조사 등】 ① 국토교통부장관, 시·도지사 또는 시행자는 제7조에 따른 지역개발계획의 수립, 제11조에 따른 지역개발사업구역의 지정, 제22조에 따른 실시계획의 수립을 위하여 인구, 경제, 사회, 문화, 토지이용, 환경, 교통, 주택, 자연생태 및 경관에 미치는 영향 등에 관하여 각각 대통령령으로 정하는 바에 따라 조사하거나 측량할 수 있다.
② 제1항에 따라 조사나 측량을 하려는 자는 관계 행정기관, 공공기관 또는 그 밖의 관계 기관의 장에게 필요한 자료의 제출을 요청할 수 있다. 이 경우 자료 제출을 요청받은 기관의 장은 특별한 사유가 없으면 요청에 따라야 한다.
③ 국토교통부장관, 시·도지사 또는 시행자는 제1항에 따른 조사 또는 측량을 위하여 필요하다고 인정하는 경우에는 타인의 토지에 출입하거나 타인의 토지를 재료적치장 또는 임시통로로 일시 사용할 수 있으며, 죽목·토석, 그 밖의 장애물을 변경하거나 제거할 수 있다.
④ 제3항에 따른 타인 토지에의 출입 및 일시 사용 등에 관하여는 「국토의 계획 및 이용에 관한 법률」 제130조제2항부터 제9항까지의 규정을 준용한다.
⑤ 시행자는 지역개발사업구역의 지정 제안 및 실시계획 수립을 위하여 필요한 지역개발에 관한 정보를 지정권자에게 요청할 수 있다. 이 경우 지정권자는 특별한 사유가 없으면 시행자가 요청하는 정보를 제공하여야 한다.
⑥ 시행자는 제5항에 따라 제공받은 정보를 지역개발사업구역의 지정 제안 및 실시계획 수립의 목적으로만 사용하여야 한다.
⑦ 지정권자는 시행자가 제6항을 위반하여 제공받은 정보를 제3자에게 제공하거나 목적 외의 용도로 사용한 경우에는 시행자에 대하여 제공된 정보의 반환·폐기를 명하는 등 필요한 조치를 하여야 한다.

제35조【토지에의 출입 등에 따른 손실보상】 ① 제34조에 따른 타인 토지에의 출입, 토지의 일시 사용 및 장애물의 변경·제거에 따른 손실보상에 관하여는 「국토의 계획 및 이용에 관한 법률」 제131조를 준용한다.
② 제1항에 따른 보상의 기준에 관하여는 「공익사업을 위한 토지 등의 취득 및 보상에 관한 법률」 제14조, 제15조, 제61조, 제63조부터 제65조까지, 제67조, 제68조, 제71조부터 제73조까지, 제75조, 제75조의2, 제76조, 제77조, 제78조제5항·제6항 및 제9항을 준용한다.

제36조【공공시설의 귀속 등】 ① 시행자가 지역개발사업의 시행으로 공공시설을 새로 설치하거나 기존의 공공시설에 대체되는 공공시설을 설치한 경우 그 귀속에 관하여는 「국토의 계획 및 이용에 관한 법률」 제65조 및 제99조를 준용한다. 이 경우 제19조제1항제1호부터 제3호까지의 규정에 해당하는 시행자는 행정청인 시행자로 본다.
② 시행자는 제1항에 따라 공공시설의 관리청이 될 자에 대하여 제23조에 따라 승인받은 실시계획에 따른 사업 시행기간이 만료되기 60일 전에 그 공공시설에 대한 합동검사를 요청할 수 있다. 이 경우 그 요청을 받은 자는 특별한 사유가 없으면 요청에 따라야 한다.
③ 시행자와 제1항에 따라 공공시설의 관리청이 될 자는 제2항에 따른 합동검사를 제23조에 따라 승인받은 사업의 시행기간이 만료되기 전에 완료하여야 한다. 다만, 그 기간 내에 합동검사를 완료하기 어려운 불가피한 사정이 있는 경우에는 그러하지 아니하다.

제37조【국유지·공유지의 처분 제한】 ① 지역개발사업구역에 있는 국가 또는 지방자치단체 소유의 토지로서 지역개발사업에 필요한 토지는 그 지역개발사업 목적 외의 용도로 처분할 수 없다.
② 지역개발사업구역에 있는 국가 또는 지방자치단체 소유의 재산으로서 지역개발사업에 필요한 재산은 「국유재산법」 및 「공유재산 및 물품 관리법」에도 불구하고 시행자에게 수의계약(隨意契約)의 방법으로 처분할 수 있다. 이 경우 그 재산의 용도폐지나 처분에 관하여는 지정권자가 미리 관계 행정기관의 장과 협의하여야 한다.
③ 제2항 후단에 따른 협의요청을 받은 관계 행정기관의 장은 그 요청을 받은 날부터 60일 이내에 용도폐지 및 처분, 그 밖에 필요한 조치를 하여야 한다.

제5절 준공검사 등

제38조【준공검사】 ① 시행자(지정권자인 시행자는 제외한다. 이하 이 조에서 같다)가 지역개발사업의 공사를 끝낸 때에는 국토교통부령으로 정하는 바에 따라 공사완료 보고서를 작성하여 지정권자의 준공검사를 받아야 한다.
② 지정권자는 제1항에 따른 공사완료 보고서를 받으면 지체 없이 준공검사를 하여야 한다. 이 경우 지정권자는 효율적인 준공검사를 위하여 필요하면 관계 행정기관·공공기관·연구기관, 그 밖의 전문기관 등에 의뢰하여 준공검사를 할 수 있다.
③ 지정권자는 공사완료 보고서의 내용에 포함된 공공시설을 인수하거나 관리하게 될 국가기관·지방자치단체 또는 공공기관의 장 등에게 준공검사에 참여할 것을 요청할 수 있으며, 요청을 받은 자는 특별한 사유가 없으면 요청에 따라야 한다.
④ 시행자는 지역개발사업을 효율적으로 시행하기 위하여 필요하면 그 지역개발사업에 관한 공사가 전부 끝나기 전이라도 공사가 끝난 부분에 관하여 제1항에 따른 준공검사를 받을 수 있다.

제39조【공사 완료의 공고】 ① 지정권자는 제38조에 따른 준공검사를 한 결과 지역개발사업이 실시계획대로 완료되었다고 인정하는 경우에는 시행자에게 준공검사 증명서를 발급하고 공사 완료 공고를 하여야 하며, 실시계획대로 완료되지 아니한 경우에는 지체 없이 보완시공 등 필요한 조치를 하도록 하여야 한다.
② 지정권자가 시행자인 경우 그 시행자는 지역개발사업의 공사를 완료하였을 때에는 공사 완료 공고를 하여야 한다. 이 경우 지정권자는 지역개발사업을 효율적으로 시행하기 위하여 필요하면 그 지역개발사업에 관한 공사가 전부 끝나기 전이라도 공사가 끝난 부분에 관하여 공사 완료 공고를 할 수 있다.

제40조【공사 완료에 따른 관련 인·허가등의 의제】 ① 제38조제2항에 따라 준공검사를 하거나 제39조에 따라 공사 완료 공고를 할 때 지정권자가 제24조에 따라 의제되는 인·허가등에 따른 준공검사·준공인가 등에 대하여 제3항에 따라 관계 행정기관의 장과 협의한 사항에 대해서는 그 준공검사·준공인가 등을 받은 것으로 본다.
② 시행자(지정권자인 시행자는 제외한다)가 제1항에 따른 준공검사·준공인가 등의 의제를 받으려면 제38조제1항에 따른 준공검사를 신청할 때 해당 법률에서 정하는 관계 서류를 함께 제출하여야 한다.
③ 지정권자는 제38조제2항에 따른 준공검사를 하거나 제39조에 따라 공사 완료 공고를 할 때 그 내용에 제24조에 따라 의제되는 인·허가등에 따른 준공검사·준공인가 등에 해당하는 사항이 있으면 미리 관계 행정기관의 장과 협의하여야 한다.

제41조【조성토지등의 준공 전 사용】 제38조나 제39조에 따른 준공검사 전 또는 공사 완료 공고 전에는 조성토지등을 사용할 수 없다. 다만, 사업에 지장이 없는 경우 등 대통령령으로 정하는 바에 따라 지정권자로부터 사용허가를 받은 경우에는 그러하지 아니하다.

제6절 지역개발조정위원회 등

제42조【지역개발조정위원회】 ① 지역개발사업구역의 지정 등 지역개발사업에 관한 사항을 심의하기 위하여 시·도에 지역개발조정위원회를 둔다.
② 지역개발조정위원회는 다음 각 호의 사항을 심의한다.
1. 시·도지사가 지정하는 지역개발사업구역의 지정 및 그 구역의 실시계획 승인에 관한 사항
2. 지역개발계획이 수립된 지역 내 다른 계획 및 사업 간 유사·중복 검토·조정에 관한 사항
3. 지역개발사업에 필요한 기반시설 설치 등 국가의 재정 지원 요청 대상·금액 및 시기에 관한 사항
4. 그 밖에 대통령령으로 정하는 사항

제43조【지역개발조정위원회의 구성 등】 ① 지역개발조정위원회는 위원장 1명과 부위원장 1명을 포함한 20명 이내의 위원으로 구성한다.
② 지역개발조정위원회의 위원장은 시·도지사가 되고, 부위원장은 위원 중에서 위원장이 지명하는 사람이 된다.
③ 지역개발조정위원회의 위원은 관계 공무원과 지역개발에 관한 학식과 경험이 풍부한 사람 중에서 위원장이 임명하거나 위촉한다.
④ 제1항부터 제3항까지에서 규정한 사항 외에 지역개발조정위원회의 구성 및 운영, 그 밖에 필요한 사항은 대통령령으로 정한다.

제44조【지역개발종합지원센터】 ① 시·도지사는 지역개발사업구역과 투자선도지구에 관한 지역개발 업무를 지원하고, 지역개발조정위원회의 운영을 지원하기 위하여 해당 시·도에 지역개발종합지원센터를 둘 수 있다.
② 지역개발종합지원센터는 다음 각 호의 업무를 지원한다.
1. 제7조에 따른 지역개발계획의 수립에 관한 사항
2. 제11조에 따른 지역개발사업구역의 지정에 관한 사항
3. 제22조부터 제24조까지의 규정에 따른 실시계획의 수립·승인 및 인·허가등 의제 협의 등에 관한 사항
4. 제42조에 따른 지역개발조정위원회의 심의에 관한 사항
5. 제45조에 따른 투자선도지구의 지정신청에 관한 사항
6. 제57조에 따른 지역개발 관련 정보의 제공과 해당 지역의 지역개발통합정보망 관리에 관한 사항
7. 제66조에 따른 지역개발계획의 집행결과 평가에 관한 사항
8. 지역개발사업구역 및 투자선도지구의 투자유치와 입주기업의 건축·세무·민원 등 인가·허가 업무
9. 지역개발사업의 시행과 관련된 사항
③ 제1항과 제2항에서 규정한 사항 외에 지역개발종합지원센터의 구성·운영 등에 필요한 사항은 대통령령으로 정한다.

제7절 투자선도지구의 지정 등

제45조【투자선도지구의 지정 등】 ① 국토교통부장관은 중앙행정기관의 장 또는 시·도지사의 신청을 받아 지역의 성장거점으로 육성하거나 특별히 민간투자를 활성화할 필요가 있는 지역을 다음 각 호의 사항을 고려하여 투자선도지구로 지정·변경 또는 해제할 수 있다. 이 경우 제11조제1항제1호에도 불구하고 지역개발사업구역이 지정·변경 또는 해제된 것으로 본다.(2015.6.22 본문개정)

國土

1. 광역교통망 등 기반시설이 충분히 확보되어 있거나 확보될 수 있을 것
2. 지역특화산업, 문화·관광 등의 분야에서 성장잠재력이 양호할 것
3. 투자 또는 고용창출 예상규모가 대통령령으로 정하는 기준을 충족할 것
4. 그 밖에 성장거점으로의 육성 또는 민간투자의 활성화가 쉬운 지역으로서 대통령령으로 정하는 기준을 충족할 것

② 중앙행정기관의 장 또는 시·도지사는 제1항에 따라 투자선도지구의 지정을 신청할 때에는 제65조제2항에 따라 지정된 전문평가기관의 검토의견을 제출하여야 한다.
③ 국토교통부장관은 제1항에 따라 투자선도지구를 지정·변경 또는 해제하려면 관계 중앙행정기관의 장과 협의한 후 국토정책위원회의 심의를 거쳐야 한다. 다만, 대통령령으로 정하는 경미한 사항의 변경은 그러하지 아니하다.(2016.12.2 단서신설)
④ 제1항부터 제3항까지에서 규정한 사항 외에 투자선도지구의 지정·변경 또는 해제에 필요한 사항은 대통령령으로 정한다.
⑤ 국토교통부장관은 제1항에 따라 투자선도지구를 지정·변경 또는 해제한 경우에는 대통령령으로 정하는 바에 따라 그 사실을 관보에 고시하고, 해당 투자선도지구를 관할하는 시·도지사 또는 시장·군수·구청장에게 관계 서류의 사본을 보내야 한다.
⑥ 제5항에 따라 관계 서류의 사본을 받은 시·도지사 또는 시장·군수·구청장은 그 내용을 14일 이상 일반인이 열람할 수 있도록 하여야 한다.
⑦ 제1항에 따른 투자선도지구의 지정을 받는 때에 제19조에 따른 시행자의 지정, 제23조에 따른 실시계획의 승인을 일괄하여 받고자 하는 경우에는 제25조를 준용한다.
(2016.12.2 본항신설)
⑧ 제1항에 따라 투자선도지구로 지정된 다음 각 호의 개발사업에 대하여 해당 법령으로 정하는 바에 따라 시행자의 지정 또는 실시계획의 승인을 받은 경우(국토교통부장관과 협의를 완료한 경우로 한정한다)에는 제19조에 따른 시행자의 지정 또는 제23조에 따른 실시계획의 승인을 각각 받은 것으로 본다.
1. 「관광진흥법」 제2조제6호 및 제7호에 따른 관광지 또는 관광단지
2. 「물류시설의 개발 및 운영에 관한 법률」 제2조제6호, 제6호의2 및 제6호의3에 따른 물류단지
3. 「산업입지 및 개발에 관한 법률」 제2조제8호에 따른 산업단지

(2016.12.2 본항신설)

제46조【투자선도지구의 지정 등에 따른 의제】 ① 제45조에 따라 투자선도지구가 지정·고시된 경우 다음 각 호에 관하여 국토교통부장관이 미리 관계 행정기관의 장과 협의하였으면 그 지정 등이 된 것으로 본다.
1. 「산업입지 및 개발에 관한 법률」 제46조의6에 따른 임대전용산업단지의 지정
2. 「관광진흥법」 제70조에 따른 관광특구의 지정 및 고시
3. 「문화산업진흥 기본법」 제28조의2에 따른 문화산업진흥지구의 지정 및 공고
4. 제16조제3항제1호부터 제14호까지에 해당하는 승인·결정·지정·수립 등(2016.12.2 본호신설)

② 제1항에 따른 지정 등의 의제를 받으려는 자는 투자선도지구의 지정을 신청할 때에 해당 법률에서 정하는 관계 서류를 함께 제출하여야 한다.
③ 국토교통부장관은 투자선도지구의 지정을 하려는 경우에 제1항 각 호의 어느 하나에 해당하는 사항이 있으면 미리 관계 행정기관의 장과 협의하여야 한다. 이 경우 관계 행정기관의 장은 협의 요청을 받은 날부터 20일 이내에 의견을 제출하여야 하며, 그 기간 내에 의견을 제출하지 아니하면 협의가 이루어진 것으로 본다.
제47조【「국토의 계획 및 이용에 관한 법률」에 관한 특례】 국토교통부장관은 투자선도지구의 복합적·입체적 개발을 촉진하기 위하여 필요하다고 인정하면 「국토의 계획 및 이용에 관한 법률」 제36조, 제77조 및 제78조에도 불구하고 대통령령으로 정하는 바에 따라 투자선도지구를 고밀도의 개발이 가능한 용도지역으로 변경하거나 건폐율 및 용적률 제한을 완화할 수 있다.
제48조【「건축법」에 관한 특례】 ① 국토교통부장관은 지역개발사업을 위하여 필요하다고 인정하면 투자선도지구의 일부를 「건축법」 제69조에 따른 특별건축구역으로 지정할 수 있다.
② 제1항에 따른 특별건축구역의 지정 및 그 절차 등에 관하여는 「건축법」 제69조부터 제77조까지의 규정을 준용한다.
③ 국토교통부장관은 「건축법」 제70조에도 불구하고 제19조제1항제5호 또는 제6호에 해당하는 시행자가 건축하는 건축물을 특별건축구역에서 건축할 수 있는 건축물에 포함시킬 수 있다.
제49조【주택공급에 관한 특례】 ① 투자선도지구 내의 시행자는 다음 각 호의 어느 하나에 해당하는 경우에는 주택건설용으로 조성된 토지를 해당 입주기업, 교육기관 또는 의료기관에 우선적으로 공급할 수 있다.
1. 입주기업이 입주기업 종사자를 위한 주택을 건설하려는 경우
2. 새로 설립된 교육기관이 교원과 그 밖의 종사자를 위한 주택을 건설하려는 경우
3. 새로 설립된 의료기관이 의사·간호사와 그 밖의 종사자를 위한 주택을 건설하려는 경우

② 시행자는 투자선도지구에서 입주기업의 종사자, 새로 설립된 교육기관·의료기관의 교원·의사·간호사와 그 밖의 종사자에게 주택을 공급할 필요가 있는 경우에는 「주택법」 제54조에도 불구하고 주택을 우선 공급할 수 있다. 이 경우 국토교통부령으로 주택공급에 관한 기준을 별도로 정할 수 있다.(2016.1.19 전단개정)
제50조【투자선도지구 개발을 위한 지원 등】 ① 국가와 지방자치단체는 투자선도지구에 입주하는 기업에 「국민 평생 직업능력 개발법」 및 「고용보험법」에 따른 직업능력개발훈련 비용을 우선 지원할 수 있다.(2021.8.17 본항개정)
② 문화체육관광부장관은 투자선도지구에서 관광산업의 발전을 위한 기반시설을 건설하거나 관광홍보사업 등을 추진하기 위하여 지방자치단체 또는 시행자에게 「관광진흥개발기금법」에 따른 관광진흥개발기금을 대여하거나 보조할 수 있다.

제8절 시행자 및 입주기업에 대한 지원

제51조【조세·부담금 등의 감면】 ① 국가 및 지방자치단체는 지역개발사업구역 또는 투자선도지구 내의 지역개발사업의 원활한 시행을 위하여 해당 시행자 및 해당 지역개발사업구역 또는 투자선도지구에 입주하는 국내외 입주기업(이하 "입주기업"이라 한다)에 대하여 「조세특례제한법」, 「지방세특례제한법」, 「관세법」 및 「농어촌특별세법」에서 정하는 바에 따라 법인세·소득세·관세·종합부동산세·부가가치세·취득세·재산세 등의 조세를 감면할 수 있다.
② 국가 및 지방자치단체는 지역개발사업구역 또는 투자선도지구 내의 지역개발사업의 원활한 시행을 위하여 필요하면 시행자에 대하여 다음 각 호의 부담금 등을 해당 근거법률에서 정하는 바에 따라 감면하거나 부과하지 아니할 수 있다.
1. 「개발이익 환수에 관한 법률」에 따른 개발부담금
2. 「농지법」에 따른 농지보전부담금
3. 「대도시권 광역교통 관리에 관한 특별법」에 따른 광역교통시설 부담금
4. 「산지관리법」에 따른 대체산림자원조성비
5. 「초지법」에 따른 대체초지조성비
6. 「공유수면 관리 및 매립에 관한 법률」에 따른 공유수면 점용료·사용료
7. 「하천법」에 따른 하천 점용료 및 하천수 사용료

제52조【국유·공유재산의 임대·매각】 ① 국가 또는 지방자치단체는 「국유재산법」 및 「공유재산 및 물품 관리법」에도 불구하고 입주기업에게 국유·공유재산을 수의계약의 방법에 의하여 사용·수익 또는 대부(이하 "임대"라 한다)하거나 매각할 수 있다.
② 국가 또는 지방자치단체는 제1항에 따른 임대 또는 매각계약을 체결할 때에는 입주기업이 해당 국유·공유재산을 대통령령으로 정하는 기간 내에 사용하지 아니하는 경우 계약을 해지할 수 있다.
③ 제1항에 따라 국유·공유재산을 임대하는 경우 그 기간은 「국유재산법」 제35조제1항·제46조제1항 및 「공유재산 및 물품 관리법」 제21조제1항·제31조제1항에도 불구하고 50년의 범위 이내로 할 수 있다. 이 경우 그 기간은 갱신할 수 있으며, 갱신기간은 갱신할 때마다 50년을 초과할 수 없다.
④ 제1항에 따라 국가 또는 지방자치단체가 소유하는 토지를 임대하는 경우에는 「국유재산법」 제18조제1항 및 「공유재산 및 물품 관리법」 제13조에도 불구하고 그 토지 위에 공장이나 그 밖의 영구시설물을 축조하게 할 수 있다. 이 경우 그 시설물의 종류 등을 고려하여 그 기간이 끝나는 때에 이를 국가 또는 지방자치단체에 기부하거나 원상으로 회복하여 반환하는 조건을 붙여야 한다.
⑤ 제1항에 따라 임대하는 국유·공유재산의 임대료는 「국유재산법」 제32조제1항·제33조(같은 법 제47조에 따라 준용하는 경우를 포함한다) 및 「공유재산 및 물품 관리법」 제22조제1항·제23조·제32조·제33조에도 불구하고 국유재산은 대통령령으로 정하는 바에 따라, 공유재산은 조례로 정하는 바에 따라 감면할 수 있다.
제53조【입주기업을 위한 인가·허가 지원】 ① 국가나 지방자치단체는 입주기업에 건축, 세무, 민원사무, 투자유치 등을 일괄하여 처리할 수 있도록 지원할 수 있다.
② 입주기업이 제44조에 따라 지역개발종합지원센터를 둔 지방자치단체에 대하여 제1항에 따른 지원을 요청하려는 경우에는 대통령령으로 정하는 절차에 따라 지역개발종합지원센터에 신청하여야 한다.
제54조【입주기업에 대한 자금 지원】 ① 국가와 지방자치단체는 관계 법령에서 정하는 바에 따라 지역개발사업구역에 입주하는 기업에 용지매입비 융자, 토지 등의 임대료 감면, 그 밖의 지역개발사업에 사용되는 자금을 지원할 수 있다.
② 국가와 지방자치단체는 입주기업에 의료시설, 교육시설, 주택 등의 편의시설 설치에 필요한 자금을 지원할 수 있다.
제55조【기반시설 설치 등에 대한 지원】 ① 국가와 지방자치단체는 지역개발사업의 원활한 시행과 투자유치를 위하여 교통시설 및 공공·문화체육시설 등 대통령령으로 정하는 시설을 직접 설치하거나 설치비용을 지원할 수 있다.
② 국가와 지방자치단체는 지역개발사업과 관련하여 제1항에 따른 시설의 설치 외에 지역주민의 생활 편의 증진 등을 위한 사업을 추진하거나 이에 필요한 비용을 지원할 수 있다.(2021.8.10 본항신설)
③ 제1항 및 제2항에 따른 국가의 지원 대상 및 범위 등에 관하여 필요한 사항은 대통령령으로 정한다.
④ 국가는 낙후지역의 지방자치단체가 시행하는 개발사업 또는 생활 편의 증진 등을 위한 사업에 대하여 제1항 또는 제2항에 따라 보조금을 지원하는 경우 「보조금 관리에 관한 법률」 제10조에 따른 차등보조율과 다른 법률에 따른 보조율에도 불구하고 지방자치단체의 낙후도·재정부담능력 등을 고려하여 대통령령으로 정하는 보조율에 따라 보조금을 인상하여 지원할 수 있다.
(2021.8.10 본조개정)
제56조【지방자치단체의 채무보증】 ① 지방자치단체는 시행자가 금융회사와 금융협약을 체결한 경우 해당 지역개발사업과 관련하여 시행자가 해당 금융회사에 부담하는 채무의 일부를 지방의회의 의결을 받아 보증할 수 있다.
② 제1항에 따른 채무보증의 절차와 방법에 관하여는 「지방재정법」 제13조를 준용한다.
제57조【지역개발통합정보망의 구성·운영】 ① 국토교통부장관은 지역개발사업의 원활한 시행 및 민간 투자를 촉진하기 위하여 관계 중앙행정기관의 장 또는 시·도지사와 공동으로 산업입지, 도시계획, 환경, 기반시설, 택지, 관광, 문화유산 또는 자연유산 등에 대한 지역개발 관련 정보를 제공할 수 있는 지역개발통합정보망(이하 "통합정보망"이라 한다)을 대통령령으로 정하는 바에 따라 구축·관리할 수 있다.(2023.8.8 본항개정)
② 시·도지사 및 시장·군수·구청장은 관할구역에서 추진 중이거나 계획이 확정된 지역개발사업에 관한 현황정보를 국토교통부장관이 정하는 바에 따라 통합정보망에 입력·관리하여야 한다.
③ 국토교통부장관은 통합정보망의 구축·관리를 대통령령으로 정하는 관계 전문기관에 위탁할 수 있다.
(2020.4.7 본항개정)
④ 제3항에 따라 위탁을 받은 전문기관은 통합정보망을 구축·관리하기 위하여 관계 중앙행정기관의 장, 지방자치단체 등 관련 기관의 장에게 필요한 자료 또는 정보의 제공을 요청할 수 있다. 이 경우 자료 또는 정보의 제공을 요청받은 기관의 장은 특별한 사유가 없으면 그 요청에 따라야 한다.
제58조【개발이익의 재투자】 ① 둘 이상의 지역개발사업을 시행하는 시행자는 지역개발사업으로 인하여 발생한 개발이익(「개발이익 환수에 관한 법률」 제3조에 따라 부과하는 개발부담금을 제외한 개발이익을 말한다)의 전부 또는 일부를 다른 지역개발사업에 재투자할 수 있다.
② 제1항에 따라 재투자하려는 시행자는 그 재투자가 차질 없이 이루어질 수 있도록 발생한 개발이익을 구분하여 회계처리하는 등 필요한 조치를 하여야 한다.
③ 제1항에 따른 개발이익의 재투자 대상 및 범위, 그 밖에 필요한 사항은 대통령령으로 정한다.
제59조【「대도시권 광역교통 관리에 관한 특별법」 적용 특례】 ① 제11조제2항에 따라 국토교통부장관이 지정하거나 변경한 지역개발사업구역이 「대도시권 광역교통 관리에 관한 특별법」 제7조의2제1항에 따른 대규모 개발사업에 해당하는 경우에는 같은 항에도 불구하고 국토교통부장관이 광역교통개선대책을 수립할 수 있다. 이 경우 시행자로부터 광역교통개선대책 수립에 관한 의견을 제출받을 수 있다.
② 국토교통부장관이 제1항에 따른 광역교통개선대책을 수립할 때에는 「대도시권 광역교통 관리에 관한 특별법」 제7조의2제3항에도 불구하고 시·도지사의 의견을 들은 후 제23조에 따른 실시계획의 승인 이전까지 그 대책을 확정하여 시·도지사에게 통보하여야 한다.
③ 시·도지사는 제2항에 따른 의견을 요청받은 날부터 30일 이내에 의견을 제출하여야 하며, 그 기간 내에 의견을 제출하지 아니하면 의견이 없는 것으로 본다.
제60조【「체육시설의 설치·이용에 관한 법률」 적용 특례】 시행자는 지역개발사업을 위하여 필요한 경우에는 「체육시설의 설치·이용에 관한 법률」 제11조에도 불구하고 실시계획에서 정한 시설물의 설치 및 부지면적에 따라 지역개발사업을 시행할 수 있다.

國土

제61조【사립학교의 설립에 관한 특례】① 시행자가 지역개발사업구역의 특성에 맞는 인력 양성과 교육 여건의 개선을 위하여 학교를 설립하려는 경우에는 지역개발사업계획과 실시계획에 학교설립계획을 포함하여 작성하여야 한다.
② 지정권자는 제1항에 따른 학교설립계획이 포함되어 있는 지역개발사업계획 또는 실시계획을 승인하려는 경우에는 미리 교육부장관 또는 교육감과 협의하여야 한다.
③ 교육감은 시행자가 제2항에 따른 협의를 거쳐 승인된 지역개발사업계획과 실시계획에 포함된 학교시설사업을 시행하기 위하여 「학교시설사업 촉진법」 제4조에 따라 학교시설사업 시행계획의 승인신청을 한 경우에 이를 검토하여 승인하여야 한다.
④ 「초·중등교육법」 제4조제2항 및 「고등교육법」 제4조에 따라 제1항부터 제3항까지의 학교에 대한 설립인가를 신청할 때에는 「사립학교법」 제2조제2항에 따른 학교법인을 설립한 후 학교법인이 설립인가를 신청하여야 한다.
제62조【학교 및 교육과정 운영의 특례】① 지역개발사업구역에서 해당 지역의 특성에 맞는 인력 양성과 교육 여건 개선을 위하여 「초·중등교육법」 제61조에 따른 특례를 적용받는 학교 또는 교육과정을 운영하려는 학교의 장은 시장·군수의 추천으로 관할 교육감의 지정을 받아야 한다.
② 제1항에 따른 특례를 적용받는 학교의 추천기준은 대통령령으로 정한다.
③ 제1항에 따라 운영되는 학교 또는 교육과정에 참여하는 교원 및 학생 등은 이로 인하여 불이익을 받지 아니한다.
제63조【의료기관의 설치·운영】① 시행자가 지역개발사업구역의 의료기반시설 확보를 위하여 의료기관을 설치·운영하려는 경우에는 지역개발사업계획과 실시계획에 의료기관의 설치계획을 포함하여 작성하여야 한다.
② 지정권자는 제1항에 따른 의료기관의 설치계획이 포함되어 있는 지역개발사업계획 또는 실시계획을 승인하려는 경우에는 미리 보건복지부장관 또는 시·도지사와 협의하여야 한다.
③ 시행자가 제2항에 따른 협의를 거쳐 승인된 지역개발사업계획과 실시계획에 포함된 의료기관을 설치하기 위한 인가·허가를 신청한 경우 시장·군수 등은 이를 검토하여 인가·허가를 하여야 한다.
④ 「의료법」 제33조제4항에 따라 제1항부터 제3항까지의 의료기관 개설허가를 신청하는 자는 같은 법 제33조제2항에 적합한 자격을 갖추어 신청하여야 한다.
⑤ 지역개발사업구역 내의 의료법인은 「의료법」 제49조에도 불구하고 대통령령으로 정하는 부대사업을 할 수 있다.
제64조【지역경제 발전에 대한 기여 등】지역개발사업구역의 시행자 또는 입주기업은 지역주민의 취업, 해당 지역에서 판매되는 물품의 구매, 해당 지역의 산업 및 대학 등과의 연계 등 해당 지역의 경제 발전을 위하여 노력하여야 한다.
제65조【지역개발사업의 사업성 평가】① 국토교통부장관은 지역개발사업이 원활히 추진될 수 있도록 개발사업의 수요, 비용 및 편익 등 사업성 평가에 관한 기준을 마련하여 시행할 수 있다.
② 국토교통부장관은 지역개발사업의 사업성 등을 평가하기 위하여 전문평가기관을 지정할 수 있다.
③ 제2항에 따른 전문평가기관의 지정기준, 지정절차 및 지정취소 등에 관하여 필요한 사항은 대통령령으로 정한다.
제66조【지역개발계획의 집행결과 평가】① 국토교통부장관은 지역개발계획별로 또는 시·군별로 지역개발계획의 집행결과를 정기적으로 또는 수시로 평가하여야 한다. 이 경우 평가업무를 효율적으로 수행하기 위하여 필요한 경우에는 대통령령으로 정하는 전문기관으로 하여금 대행하게 할 수 있다.
② 국토교통부장관은 제1항에 따른 평가를 위하여 필요한 경우에는 관계 행정기관의 장에게 관련 자료 제출을 요청할 수 있다. 이 경우 관계 행정기관의 장은 특별한 사유가 없으면 그 요청에 따라야 한다.
③ 국토교통부장관은 제1항에 따른 평가 결과를 관계 중앙행정기관의 장에게 통보하여야 하며, 관계 중앙행정기관의 장은 해당 계획에 따라 행정적·재정적 지원을 하는 경우에 그 평가 결과를 반영할 수 있다.
④ 지역개발계획의 평가 기준·방법·절차 등 그 밖에 필요한 사항은 국토교통부장관이 국토정책위원회의 심의를 거쳐 정한다.
⑤ 국토교통부장관은 지역개발사업에 대한 조사·분석·평가를 위한 전문평가기관이 육성될 수 있도록 필요한 시책을 수립·시행하여야 한다.

제3장 지역활성화지역의 지정 및 지원

제67조【지역활성화지역의 지정】① 국토교통부장관은 낙후지역 중 개발수준이 다른 지역에 비하여 현저하게 열악하고 낙후도가 심한 지역에 대하여 도지사의 요청을 받아 지역활성화지역으로 지정할 수 있다. 이 경우 그 지정 목적의 달성에 필요한 최소한의 범위에서 지정하여야 한다.
② 도지사는 제1항에 따라 지역활성화지역의 지정을 요청할 때에는 미리 관계 시장·군수와 협의하여야 한다.
③ 도지사는 제1항에 따라 지역활성화지역의 지정을 요청할 때에는 지역총생산, 재정상황, 지역산업, 인구변화율 등 국토교통부장관이 고시하는 기준에 따라 종합평가한 결과를 함께 제출하여야 한다.
④ 제1항에 따른 지역활성화지역 지정의 구체적인 요건은 대통령령으로 정한다.
제68조【지역활성화지역의 지정 절차 등】① 국토교통부장관은 지역활성화지역을 지정할 경우 미리 관계 중앙행정기관의 장과 협의하여야 한다. 지정된 지역활성화지역을 변경하려는 경우에도 같다.
② 국토교통부장관은 지역활성화지역을 지정하거나 변경할 때에는 이를 관보에 고시하여야 한다.
제69조【지역활성화지역 지정의 해제】국토교통부장관은 지역활성화지역에 대하여 지원 또는 개발사업의 완료 등으로 지정 목적을 달성하거나 개발의 전망이 없게 되었을 때에는 도지사의 요청을 받아 관계 중앙행정기관의 장 및 해당 지방자치단체의 장과 협의하여 지역활성화지역의 지정을 해제할 수 있다.
제70조【지역활성화지역에 대한 지원】국가와 지방자치단체는 지역활성화지역의 발전을 위하여 다음 각 호에 대하여 대통령령으로 정하는 바에 따라 우선적으로 지원할 수 있다.
1. 「사회기반시설에 대한 민간투자법」 제2조제1호에 따른 사회기반시설의 설치·유지 및 보수에 관한 사항
2. 교육·문화·관광시설 설치 및 유치, 교통서비스의 개선에 관한 사항(2015.6.22 본호개정)
3. 농림업·해양업·수산업의 생산기반 육성에 관한 사항
4. 그 밖에 대통령령으로 정하는 사항
제71조【낙후지역발전 특별회계의 설치】① 도지사 또는 시장·군수는 지역개발사업의 시행 또는 지역활성화지역 등 낙후지역의 투자 촉진을 위한 사업·활동을 지원하기 위하여 낙후지역발전 특별회계(이하 "특별회계"라 한다)를 설치할 수 있다.
② 특별회계는 다음 각 호의 재원으로 조성된다.
1. 일반회계로부터의 전입금
2. 정부의 보조금
3. 개인 또는 법인으로부터의 기부금품
4. 그 밖의 수입금
③ 특별회계는 다음 각 호의 용도로 사용한다.
1. 지역개발사업을 위한 계획수립, 조사·연구 및 지역개발사업에 필요한 비용
2. 특별회계의 조성·운용 및 관리를 위한 경비
3. 낙후지역에 대한 보조 또는 융자 비용
4. 그 밖에 필요한 사항으로서 해당 지방자치단체의 조례로 정하는 사항
④ 특별회계의 설치 및 운용·관리에 관하여 필요한 사항은 대통령령으로 정하는 기준에 따라 해당 지방자치단체의 조례로 정한다.

제4장 보 칙

제72조【다른 법률에 따른 지구 등의 전환】① 다른 법률에 따라 대통령령으로 정하는 개발사업을 위한 지역·지구·구역 등을 지정한 자는 해당 법률에 따라 지정된 지역·지구·구역 등(이하 "기존지구등"이라 한다)이 다음 각 호의 어느 하나에 해당하는 경우에는 국토교통부장관에게 지역개발사업구역 및 시행자로의 전환을 신청할 수 있다.
1. 기존지구등에 대한 개발계획 또는 사업계획이 수립되었으나 해당 법률에 따라 사업시행자가 지정되지 아니하고 기존지구등 지정일부터 2년이 지난 경우
2. 기존지구등에 대한 사업시행자가 지정되었으나 해당 법률에 따라 실시계획의 승인을 받지 아니하고 사업시행자 지정일부터 2년이 지난 경우
② 국토교통부장관은 제1항에 따라 전환신청을 한 기존지구등이 다음 각 호 모두에 해당하는 경우에는 국토정책위원회의 심의를 거쳐 기존지구등을 지역개발사업구역으로, 기존지구등의 사업시행자를 이 법에 따른 시행자로 전환할 수 있다.
1. 수립 중이거나 수립된 지역개발계획에 부합하는 경우
2. 제11조제3항 각 호의 요건을 충족하는 경우
③ 국토교통부장관은 제2항에 따라 지역개발사업구역 또는 시행자로 전환한 경우에는 대통령령으로 정하는 바에 따라 그 사실을 관보에 고시하고, 관계 서류의 사본을 제1항에 따라 전환신청을 한 자, 관계 중앙행정기관의 장, 시·도지사 및 시장·군수·구청장에게 보내야 한다.
④ 제1항에 따라 전환신청을 한 자가 제3항에 따라 관계 서류의 사본을 받은 경우에는 특별한 사유가 없으면 기존지구등의 지정을 해당 법률에 따라 지체 없이 해제하고 그 사실을 관보 또는 공보에 고시한 후 국토교통부장관에게 통보하여야 한다.
⑤ 제3항에 따라 관계 서류의 사본을 받은 관계 중앙행정기관의 장, 시·도지사 및 시장·군수·구청장은 그 내용을 14일 이상 일반인이 열람할 수 있도록 하여야 한다.
⑥ 제2항에 따라 기존지구등 또는 그 사업시행자가 지역개발사업구역 또는 시행자로 전환된 경우에는 이 법에 따라 지역개발사업구역 또는 시행자로 지정된 것으로 본다.
⑦ 제2항에 따라 기존지구등 또는 그 사업시행자가 지역개발사업구역 또는 시행자로 전환된 경우에는 기존지구등에 따른 사업의 시행을 위하여 협의취득되거나 수용된 토지등의 소유자가 환매권을 행사할 수 있는 기간은 「공익사업을 위한 토지 등의 취득 및 보상에 관한 법률」 제91조에도 불구하고 제3항에 따라 지역개발사업구역 또는 시행자로의 전환을 고시한 날부터 기산(起算)한다.
⑧ 지정권자는 제2항에 따라 기존지구등 또는 그 사업시행자가 지역개발사업구역 또는 시행자로 전환된 경우 그 내용을 지역개발계획에 반영하여야 한다.
⑨ 제1항에 따른 지역개발사업구역 또는 시행자로의 전환신청 시 제출하여야 하는 첨부서류 등 필요한 사항은 대통령령으로 정한다.
제73조【지역개발사업구역 밖의 사업에 대한 준용】지역개발사업구역 밖의 지역에서 시행되는 지역개발사업과 직접 관련된 사업으로서 대통령령으로 정하는 사업에 관하여는 제17조, 제19조부터 제24조까지, 제26조부터 제29조까지, 제31조, 제32조, 제34조부터 제41조까지 및 제55조를 준용한다.(2015.6.22 본조개정)
제74조【부동산가격 안정 및 난개발 방지에 관한 조치】① 국토교통부장관, 시·도지사 및 시장·군수·구청장은 지역개발사업구역 및 인근지역의 부동산가격 안정을 위하여 필요한 조치를 하여야 한다.
② 국토교통부장관 및 시·도지사는 지역개발사업구역 지정으로 인하여 부동산투기 또는 부동산가격의 급등이 우려되는 지역에 대하여 관계 중앙행정기관의 장에게 다음 각 호의 조치를 요청하여야 한다.
1. 「소득세법」 제104조의2제1항에 따른 지정지역의 지정
2. 「주택법」 제63조에 따른 투기과열지구의 지정 (2016.1.19 본호개정)
3. 「부동산 거래신고 등에 관한 법률」 제10조에 따른 토지거래계약에 관한 허가구역의 지정(2016.1.19 본호개정)
4. 그 밖에 부동산가격 안정을 위하여 필요한 조치
③ 시·도지사는 지역개발사업구역 주변지역의 무분별한 개발을 방지하기 위하여 「국토의 계획 및 이용에 관한 법률」 제30조에 따른 도시·군관리계획의 변경 등 필요한 조치를 하여야 한다.
제75조【지정취소 등】① 국토교통부장관, 시·도지사 및 시장·군수·구청장은 시행자가 다음 각 호의 어느 하나에 해당하는 경우에는 이 법에 따른 인가·승인·허가 또는 지정을 취소하거나 그 효력의 정지, 공사의 중지·변경, 건축물 등의 개축 또는 이전, 그 밖에 필요한 처분을 하거나 조치를 명할 수 있다.
1. 거짓이나 그 밖의 부정한 방법으로 이 법에 따른 인가·승인·허가 또는 지정을 받은 경우
2. 실시계획의 승인을 받지 아니하거나 승인 내용과 다르게 지역개발사업을 시행한 경우
3. 제17조제4항에 따른 원상회복 명령을 이행하지 아니한 경우
4. 제34조제6항을 위반하여 지역개발 관련 정보를 목적 외의 용도로 사용한 경우
5. 사정의 변경으로 인하여 지역개발사업을 계속 시행할 수 없거나 공익을 크게 해칠 우려가 있다고 인정되는 경우
6. 위법한 지역개발사업의 공사를 시공하는 경우
② 국토교통부장관, 시·도지사 및 시장·군수·구청장은 제1항에 따른 처분 또는 명령을 하였을 때에는 대통령령으로 정하는 바에 따라 그 사실을 고시하여야 한다.
제76조【보고·검사 등】① 국토교통부장관 또는 시·도지사는 이 법을 시행하기 위하여 필요한 경우에는 시행자에게 필요한 보고를 하게 하거나 자료 제출을 명할 수 있으며, 소속 공무원으로 하여금 시행자의 사무실·사업장, 그 밖에 필요한 장소에 출입하여 지역개발사업에 관한 업무를 검사하게 할 수 있다.
② 제1항에 따른 지역개발사업에 관한 업무를 검사하는 공무원은 그 권한을 표시하는 증표를 지니고 이를 관계인에게 보여주어야 한다.
③ 제2항에 따른 증표에 관하여 필요한 사항은 국토교통부령으로 정한다.
제77조【청문】국토교통부장관, 시·도지사 및 시장·군수·구청장은 이 법에 따른 인가·승인·허가 또는 지정을 취소하려는 경우에는 청문을 하여야 한다.
제78조【행정심판】이 법에 따라 시행자가 한 처분에 불복하는 자는 「행정심판법」에 따라 행정심판을 제기할 수 있다. 다만, 행정기관이 아닌 시행자가 한 처분에 관하여는 다른 법률에 특별한 규정이 있는 경우 외에는 지정권자가 국토교통부장관인 경우에는 중앙행정심판위원회에서 심리·재결하고, 지정권자가 시·도지사인 경우에는 해당 시·도지사 소속으로 두는 행정심판위원회에서 심리·재결한다.
제79조【권한의 위임 또는 위탁】국토교통부장관 또는 시·도지사는 이 법에 따른 권한의 일부를 대통령령으로 정하는 바에 따라 지방자치단체의 장, 소속 기관의 장 또는 시행자에게 위임하거나 위탁할 수 있다.(2016.12.2 본조개정)

제80조【벌칙 적용 시의 공무원 의제】 지역개발조정위원회 위원 중 공무원이 아닌 위원은 그 직무상 행위와 관련하여 「형법」 제129조부터 제132조까지의 규정을 적용할 때에는 공무원으로 본다.

제5장 벌 칙

제81조【벌칙】 다음 각 호의 어느 하나에 해당하는 자는 3년 이하의 징역 또는 3천만원 이하의 벌금에 처한다.
1. 제17조제1항에 따른 허가 또는 변경허가를 받지 아니하고 같은 항에 규정된 행위를 한 자
2. 제19조제1항에 따른 시행자 지정을 받지 아니하고 지역개발사업을 시행한 자
3. 제20조제6항에 따른 토지 매도명령을 정당한 사유 없이 이행하지 아니한 자
4. 거짓이나 그 밖의 부정한 방법으로 제23조에 따른 실시계획의 승인 또는 변경승인을 받거나 같은 조에 따른 실시계획의 승인을 받지 아니하고 지역개발사업을 시행한 자
5. 제31조제2항에 따른 승인을 받지 아니하고 선수금을 받은 자
6. 제32조제1항에 따른 조성토지등의 사용 및 처분 계획서에 위반하여 조성토지등을 사용 또는 임대·매각한 자
7. 제33조제1항 및 제2항에 따라 원형지 공급 계약을 승인받지 아니하고 원형지를 공급하거나 부정한 방법으로 공급 계약을 한 자
8. 제33조제6항을 위반하여 원형지를 매각한 자

제82조【양벌규정】 법인의 대표자나 법인 또는 개인의 대리인, 사용인, 그 밖의 종업원이 그 법인 또는 개인의 업무에 관하여 제81조에 따른 위반행위를 한 경우에는 행위자를 벌하는 외에 그 법인 또는 개인에게도 해당 조문의 벌금형을 과(科)한다. 다만, 법인 또는 개인이 그 위반행위를 방지하기 위하여 해당 업무에 관하여 상당한 주의와 감독을 게을리하지 아니한 경우에는 그러하지 아니하다.

제83조【과태료】 ① 다음 각 호의 어느 하나에 해당하는 자에게는 1천만원 이하의 과태료를 부과한다.
1. 제34조에 따른 조사 또는 측량을 위한 행위를 거부·방해 또는 기피한 자
2. 제38조에 따른 준공검사를 거부·방해 또는 기피한 자
3. 제41조에 따른 준공검사 전 또는 공사 완료 공고 전에 조성토지등을 사용하거나 사용허가 없이 조성토지등을 사용한 자
4. 제76조에 따른 보고 및 검사를 거부·방해 또는 기피한 자

② 제1항에 따른 과태료는 대통령령으로 정하는 바에 따라 국토교통부장관, 시·도지사 또는 시장·군수·구청장이 부과·징수한다.

부 칙 (2014.6.3 법12737호)

제1조【시행일】 이 법은 2015년 1월 1일부터 시행한다.

제2조【다른 법률의 폐지】 신발전지역 육성을 위한 투자촉진 특별법은 폐지한다.

제3조【「신발전지역 육성을 위한 투자촉진 특별법」의 폐지에 관한 경과조치】 ① 이 법 시행 당시 종전의 「신발전지역 육성을 위한 투자촉진 특별법」에 따라 수립되거나 지정·고시된 신발전지역종합발전계획, 신발전지역발전촉진지구·신발전지역투자촉진지구 및 그 사업시행자는 각각 이 법에 따른 지역개발계획, 지역개발사업구역 및 시행자로 본다.

② 이 법 시행 당시 종전의 「신발전지역 육성을 위한 투자촉진 특별법」에 따라 지정·고시된 신발전지역투자촉진지구를 변경하려는 경우와 신발전지역종합발전계획에 따라 신발전지역투자촉진지구로 지정될 예정인 지역을 지역개발사업구역으로 지정하거나 지정된 지역개발사업구역을 변경하려는 경우에는 제11조제6항 각 호에도 불구하고 종전의 「신발전지역 육성을 위한 투자촉진 특별법」 제21조제3항 각 호의 사항을 지역개발사업계획 또는 지역개발변경사업계획으로 본다.

③ 제1항에 따라 지역개발계획, 지역개발사업구역 또는 시행자로 보는 경우 이 법 시행 후 5년 이내에 이 법에 따라 그 공사 또는 사업에 착수하지 아니하면 그 지역개발계획(이 법에 따라 그 공사 또는 사업에 착수하지 아니한 부분에 한정한다), 지역개발사업구역 및 시행자는 이 법 시행 후 5년이 되는 날의 다음 날에 각각 실효 또는 지정 해제·취소된 것으로 본다.

제4조【「지역균형개발 및 지방중소기업 육성에 관한 법률」의 개정에 관한 경과조치】 ① 이 법 시행 당시 종전의 「지역균형개발 및 지방중소기업 육성에 관한 법률」에 따라 수립된 광역개발사업계획은 이 법에 따른 지역개발계획으로 본다.

② 제1항에 따라 지역개발계획으로 보는 광역개발사업계획에 따른 사업은 이 법에도 불구하고 해당 사업과 관련된 각각의 법률에서 정하는 절차에 따라 시행한다.

③ 이 법 시행 당시 종전의 「지역균형개발 및 지방중소기업 육성에 관한 법률」에 따라 수립된 개발촉진지구 개발계획, 특정지역개발계획, 지역종합개발지구 개발계획은 이 법에 따른 지역개발계획으로 보며, 종전의 「지역균형개발 및 지방중소기업 육성에 관한 법률」에 따라 지정·고시된 개발촉진지구, 특정지역, 지역종합개발지구(종전의 법률에 따라 고시된 개발계획에 포함된 개발사업 대상 지역에 한정한다) 및 그 사업시행자는 각각 이 법에 따른 지역개발사업구역 및 시행자로 본다.

④ 제3항에 따라 지역개발계획, 지역개발사업구역 또는 시행자로 보는 경우 이 법 시행 후 5년 이내에 이 법에 따라 그 공사 또는 사업에 착수하지 아니하면 그 지역개발계획(이 법에 따라 그 공사 또는 사업에 착수하지 아니한 부분에 한정한다), 지역개발사업구역 및 시행자는 이 법 시행 후 5년이 되는 날의 다음 날에 각각 실효 또는 지정 해제·취소된 것으로 본다.

제5조【실시계획을 승인받은 사업에 관한 경과조치】 부칙 제3조제1항 및 제4조제3항에도 불구하고 종전의 「신발전지역 육성을 위한 투자촉진 특별법」 또는 「지역균형개발 및 지방중소기업 육성에 관한 법률」에 따라 지정·고시된 신발전지역발전촉진지구, 개발촉진지구·특정지역 및 지역종합개발지구에서 시행하는 사업으로서 이 법 시행 당시 그 실시계획을 승인받은 사업은 종전의 「신발전지역 육성을 위한 투자촉진 특별법」 또는 「지역균형개발 및 지방중소기업 육성에 관한 법률」에 따라 시행할 수 있다. 다만, 그 실시계획의 승인을 받은 날부터 3년 이내에 공사 또는 사업에 착수하지 아니한 경우에는 그러하지 아니하다.

제6조【국가 또는 지방자치단체의 지원에 관한 경과조치】 국가 및 지방자치단체는 부칙 제3조제1항 및 제4조제3항에 따라 지역개발사업구역으로 보는 신발전지역발전촉진지구, 개발촉진지구·특정지역 또는 지역종합개발지구에서 시행하는 사업에 대하여 이 법 시행 당시 종전의 「신발전지역 육성을 위한 투자촉진 특별법」 제30조제1항 또는 「지역균형개발 및 지방중소기업 육성에 관한 법률」 제23조제1항에 따라 지원하고 있는 사항은 그 사업이 종료할 때까지 지원하여야 한다.

제7조【행정처분에 관한 경과조치】 이 법 시행 전의 위반행위에 대한 행정처분 기준에 관하여는 종전의 「신발전지역 육성을 위한 투자촉진 특별법」 및 「지역균형개발 및 지방중소기업 육성에 관한 법률」에 따른다. 다만, 종전의 규정보다 완화된 경우에는 이 법에 따른다.

제8조【벌칙 등에 관한 경과조치】 이 법 시행 전의 행위에 대하여 벌칙이나 과태료를 적용할 때에는 종전의 「신발전지역 육성을 위한 투자촉진 특별법」 및 「지역균형개발 및 지방중소기업 육성에 관한 법률」에 따른다. 다만, 종전의 규정보다 완화된 경우에는 이 법에 따른다.

제9조【다른 법률의 개정】 ①~⑬ ※(해당 법령에 가제정리 하였음)

제10조【다른 법령과의 관계】 이 법 시행 당시 다른 법령에서 「신발전지역 육성을 위한 투자촉진 특별법」 및 「지역균형개발 및 지방중소기업 육성에 관한 법률」 또는 그 규정을 인용한 경우로서 이 법 가운데 그에 해당하는 규정이 있으면 종전의 규정을 갈음하여 이 법 또는 이 법의 해당 규정을 인용한 것으로 본다.

부 칙 (2020.1.29)

제1조【시행일】 이 법은 공포 후 6개월이 경과한 날부터 시행한다.(이하 생략)

부 칙 (2020.4.7)
(2021.8.10)

이 법은 공포 후 6개월이 경과한 날부터 시행한다.

부 칙 (2021.8.17)

제1조【시행일】 이 법은 공포 후 6개월이 경과한 날부터 시행한다.(이하 생략)

부 칙 (2023.6.9)

제1조【시행일】 이 법은 공포 후 1개월이 경과한 날부터 시행한다.(이하 생략)

부 칙 (2023.8.8)

제1조【시행일】 이 법은 2024년 5월 17일부터 시행한다.(이하 생략)

[별표] ➡ 「法典 別冊」 참조

국토의 계획 및 이용에 관한 법률(약칭 : 국토계획법)

(2002년 2월 4일
법 률 제6655호)

개정
2002.12.30법 6841호(산지관리법) <중략>
2010. 1.27법 9982호(광업)
2010. 2. 4법10000호(문화재)
2010. 4.15법10272호(공유수면관리및매립에관한법)
2010. 5.17법10303호(은행법)
2010. 5.31법10331호(산지관리법)
2011. 4.12법10580호(부등)
2011. 4.14법10599호
2011. 5.30법10757호(공공기관지방이전에따른혁신도시건설및지원에관한특별법)
2011. 5.30법10759호(기업도시개발특별법)
2011. 5.30법10760호(댐건설및주변지역지원등에관한법)
2011. 5.30법10761호(도시재정비촉진을위한특별법)
2011. 5.30법10764호(택지개발촉진법)
2011. 7.28법10977호(야생생물보호및관리에관한법)
2011. 8. 4법11020호(산업입지및개발에관한법)
2011. 9.16법11054호(개발제한구역의지정및관리에관한특별조치법)
2011. 9.16법11058호
2011. 9.16법11060호(도시공원및녹지등에관한법)
2012. 2. 1법11292호 2012.12.18법11579호
2012.12.18법11599호(한국토지주택공사법)
2013. 3.23법11690호(정부조직)
2013. 3.23법11694호(농어업·농어촌및식품산업기본법)
2013. 5.22법11798호 2013. 7.16법11922호
2013. 8. 6법11998호(지방세외수입금의징수등에관한법)
2013.12.30법12143호
2014. 1.14법12248호(도로법)
2014. 6. 3법12738호(공간정보구축관리)
2014.11.19법12844호(정부조직)
2015. 1. 6법12974호
2015. 6.22법13383호(수산업·어촌발전기본법)
2015. 7.24법13426호(제주자치법)
2015. 7.24법13433호(도시교통정비촉진법)
2015. 8.11법13459호(민원처리에관한법)
2015. 8.11법13475호 2015.12.29법13681호
2016. 1.19법13782호(감정평가감정평가사)
2016. 1.19법13797호(부동산거래신고등에관한법)
2016. 1.19법13805호(주택법)
2016.12.27법14480호(농어촌정비)
2017. 2. 8법14567호(도시및주거환경정비법)
2017. 4.18법14795호
2017. 7.26법14839호(정부조직)
2017.12.26법15314호 2018. 2.21법15401호
2018. 6.12법15671호 2018. 8.14법15727호
2019. 8.20법16492호
2020. 1.29법16902호(항만법)
2020. 3.24법17091호(지방행정제재·부과금의징수등에관한법)
2020. 4. 7법17219호(감정평가감정평가사)
2020. 6. 9법17453호(법률용어정비)
2020.12.31법17814호(정부조직)
2021. 1.12법17893호(지방자치)
2021. 1.12법17898호
2021. 7.20법18310호(공간정보구축관리)
2021.10. 8법18473호
2022.12.27법19117호(산림자원조성관리)
2023. 3.21법19251호(자연유산의보존및활용에관한법)
2023. 5.16법19409호(국가유산기본법)
2023. 8. 8법19590호(문화유산)
2024. 2. 6법20234호→2024년 8월 7일 시행

제1장 총 칙
(2009.2.6 본장개정)

제1조【목적】 이 법은 국토의 이용·개발과 보전을 위한 계획의 수립 및 집행 등에 필요한 사항을 정하여 공공복리를 증진시키고 국민의 삶의 질을 향상시키는 것을 목적으로 한다.

제2조【정의】 이 법에서 사용하는 용어의 뜻은 다음과 같다.
1. "광역도시계획"이란 제10조에 따라 지정된 광역계획권의 장기발전방향을 제시하는 계획을 말한다.
2. "도시·군계획"이란 특별시·광역시·특별자치시·특별자치도·시 또는 군(광역시의 관할 구역에 있는 군은 제외한다. 이하 같다)의 관할 구역에 대하여 수립하는 공간구조와 발전방향에 대한 계획으로서 도시·군

기본계획과 도시·군관리계획으로 구분한다.(2011.4.14 본호개정)
3. "도시·군기본계획"이란 특별시·광역시·특별자치시·특별자치도·시 또는 군의 관할 구역 및 생활권에 대하여 기본적인 공간구조와 장기발전방향을 제시하는 종합계획으로서 도시·군관리계획 수립의 지침이 되는 계획을 말한다.(2024.2.6 본호개정)
4. "도시·군관리계획"이란 특별시·광역시·특별자치시·특별자치도·시 또는 군의 개발·정비 및 보전을 위하여 수립하는 토지 이용, 교통, 환경, 경관, 안전, 산업, 정보통신, 보건, 복지, 안보, 문화 등에 관한 다음 각 목의 계획을 말한다.(2011.4.14 본문개정)
가. 용도지역·용도지구의 지정 또는 변경에 관한 계획
나. 개발제한구역, 도시자연공원구역, 시가화조정구역(市街化調整區域), 수산자원보호구역의 지정 또는 변경에 관한 계획
다. 기반시설의 설치·정비 또는 개량에 관한 계획
라. 도시개발사업이나 정비사업에 관한 계획
마. 지구단위계획구역의 지정 또는 변경에 관한 계획과 지구단위계획
바. (2024.2.6 삭제)
사. 도시혁신구역의 지정 또는 변경에 관한 계획과 도시혁신계획(2024.2.6 본목신설)
아. 복합용도구역의 지정 또는 변경에 관한 계획과 복합용도계획(2024.2.6 본목신설)
자. 도시·군계획시설입체복합구역의 지정 또는 변경에 관한 계획(2024.2.6 본목신설)
5. "지구단위계획"이란 도시·군계획 수립 대상지역의 일부에 대하여 토지 이용을 합리화하고 그 기능을 증진시키며 미관을 개선하고 양호한 환경을 확보하며, 그 지역을 체계적·계획적으로 관리하기 위하여 수립하는 도시·군관리계획을 말한다.(2011.4.14 본호개정)
5의2. (2024.2.6 삭제)
5의3. "성장관리계획"이란 성장관리계획구역에서의 난개발을 방지하고 계획적인 개발을 유도하기 위하여 수립하는 계획을 말한다.(2021.1.12 본호신설)
5의4. "공간재구조화계획"이란 토지의 이용 및 건축물이나 그 밖의 시설의 용도·건폐율·용적률·높이 등을 완화하는 용도구역의 효율적이고 계획적 관리를 위하여 수립하는 계획을 말한다.(2024.2.6 본호신설)
5의5. "도시혁신계획"이란 창의적이고 혁신적인 도시공간의 개발을 목적으로 도시혁신구역에서의 토지의 이용 및 건축물의 용도·건폐율·용적률·높이 등의 제한에 관한 사항을 따로 정하기 위하여 공간재구조화계획으로 결정하는 도시·군관리계획을 말한다.
(2024.2.6 본호신설)
5의6. "복합용도계획"이란 주거·상업·산업·교육·문화·의료 등 다양한 도시기능이 융·복합된 공간의 조성을 목적으로 복합용도구역에서의 건축물의 용도별 구성비율 및 건폐율·용적률·높이 등의 제한에 관한 사항을 따로 정하기 위하여 공간재구조화계획으로 결정하는 도시·군관리계획을 말한다.(2024.2.6 본호신설)
6. "기반시설"이란 다음 각 목의 시설로서 대통령령으로 정하는 시설을 말한다.
가. 도로·철도·항만·공항·주차장 등 교통시설
나. 광장·공원·녹지 등 공간시설
다. 유통업무설비, 수도·전기·가스공급설비, 방송·통신시설, 공동구 등 유통·공급시설
라. 학교·공공청사·문화시설 및 공공필요성이 인정되는 체육시설 등 공공·문화체육시설(2017.12.26 본목개정)
마. 하천·유수지(遊水池)·방화설비 등 방재시설
바. 장사시설 등 보건위생시설(2017.12.26 본목개정)
사. 하수도, 폐기물처리 및 재활용시설, 빗물저장 및 이용시설 등 환경기초시설(2017.12.26 본목개정)
7. "도시·군계획시설"이란 기반시설 중 도시·군관리계획으로 결정된 시설을 말한다.(2011.4.14 본호개정)
8. "광역시설"이란 기반시설 중 광역적인 정비체계가 필요한 다음 각 목의 시설로서 대통령령으로 정하는 시설을 말한다.
가. 둘 이상의 특별시·광역시·특별자치시·특별자치도·시 또는 군의 관할 구역에 걸쳐 있는 시설
나. 둘 이상의 특별시·광역시·특별자치시·특별자치도·시 또는 군이 공동으로 이용하는 시설
(2011.4.14 가목~나목개정)
9. "공동구"란 전기·가스·수도 등의 공급설비, 통신시설, 하수도시설 등 지하매설물을 공동 수용함으로써 미관의 개선, 도로구조의 보전 및 교통의 원활한 소통을 위하여 지하에 설치하는 시설물을 말한다.
10. "도시·군계획시설사업"이란 도시·군계획시설을 설치·정비 또는 개량하는 사업을 말한다.(2011.4.14 본호개정)
11. "도시·군계획사업"이란 도시·군관리계획을 시행하기 위한 다음 각 목의 사업을 말한다.(2011.4.14 본문개정)
가. 도시·군계획시설사업(2011.4.14 본목개정)
나. 「도시개발법」에 따른 도시개발사업
다. 「도시 및 주거환경정비법」에 따른 정비사업
12. "도시·군계획사업시행자"란 이 법 또는 다른 법률에 따라 도시·군계획사업을 하는 자를 말한다.(2011.4.14 본호개정)
13. "공공시설"이란 도로·공원·철도·수도, 그 밖에 대통령령으로 정하는 공공용 시설을 말한다.
14. "국가계획"이란 중앙행정기관이 법률에 따라 수립하거나 국가의 정책적인 목적을 이루기 위하여 수립하는 계획 중 제19조제1항제1호부터 제9호까지에 규정된 사항이나 도시·군관리계획으로 결정하여야 할 사항이 포함된 계획을 말한다.(2011.4.14 본호개정)
15. "용도지역"이란 토지의 이용 및 건축물의 용도, 건폐율(「건축법」 제55조의 건폐율을 말한다. 이하 같다), 용적률(「건축법」 제56조의 용적률을 말한다. 이하 같다), 높이 등을 제한함으로써 토지를 경제적·효율적으로 이용하고 공공복리의 증진을 도모하기 위하여 서로 중복되지 아니하게 도시·군관리계획으로 결정하는 지역을 말한다.(2011.4.14 본호개정)
16. "용도지구"란 토지의 이용 및 건축물의 용도·건폐율·용적률·높이 등에 대한 용도지역의 제한을 강화하거나 완화하여 적용함으로써 용도지역의 기능을 증진시키고 경관·안전 등을 도모하기 위하여 도시·군관리계획으로 결정하는 지역을 말한다.(2017.4.18 본호개정)
17. "용도구역"이란 토지의 이용 및 건축물의 용도·건폐율·용적률·높이 등에 대한 용도지역 및 용도지구의 제한을 강화하거나 완화하여 따로 정함으로써 시가지의 무질서한 확산방지, 계획적이고 단계적인 토지이용의 도모, 혁신적이고 복합적인 토지활용의 촉진, 토지이용의 종합적 조정·관리 등을 위하여 도시·군관리계획으로 결정하는 지역을 말한다.(2024.2.6 본호개정)
18. "개발밀도관리구역"이란 개발로 인하여 기반시설이 부족할 것으로 예상되나 기반시설을 설치하기 곤란한 지역을 대상으로 건폐율이나 용적률을 강화하여 적용하기 위하여 제66조에 따라 지정하는 구역을 말한다.
19. "기반시설부담구역"이란 개발밀도관리구역 외의 지역으로서 개발로 인하여 도로, 공원, 녹지 등 대통령령으로 정하는 기반시설의 설치가 필요한 지역을 대상으로 기반시설을 설치하거나 그에 필요한 용지를 확보하게 하기 위하여 제67조에 따라 지정·고시하는 구역을 말한다.
20. "기반시설설치비용"이란 단독주택 및 숙박시설 등 대통령령으로 정하는 시설의 신·증축 행위로 인하여 유발되는 기반시설을 설치하거나 그에 필요한 용지를 확보하기 위하여 제69조에 따라 부과·징수하는 금액을 말한다.

제3조【국토 이용 및 관리의 기본원칙】 국토는 자연환경의 보전과 자원의 효율적 활용을 통하여 환경적으로 건전하고 지속가능한 발전을 이루기 위하여 다음 각 호의 목적을 이룰 수 있도록 이용되고 관리되어야 한다.
1. 국민생활과 경제활동에 필요한 토지 및 각종 시설물의 효율적 이용과 원활한 공급
2. 자연환경 및 경관의 보전과 훼손된 자연환경 및 경관의 개선 및 복원
3. 교통·수자원·에너지 등 국민생활에 필요한 각종 기초 서비스 제공
4. 주거 등 생활환경 개선을 통한 국민의 삶의 질 향상
5. 지역의 정체성과 문화유산의 보전
6. 지역 간 협력 및 균형발전을 통한 공동번영의 추구
7. 지역경제의 발전과 지역 및 지역 내 적절한 기능 배분을 통한 사회적 비용의 최소화
8. 기후변화에 대한 대응 및 풍수해 저감을 통한 국민의 생명과 재산의 보호(2012.2.1 본호신설)
9. 저출산·인구의 고령화에 따른 대응과 새로운 기술변화를 적용한 최적의 생활환경 제공(2019.8.20 본호신설)

제3조의2【도시의 지속가능성 및 생활인프라 수준 평가】 ① 국토교통부장관은 도시의 지속가능하고 균형 있는 발전과 주민의 편리하고 쾌적한 삶을 위하여 도시의 지속가능성 및 생활인프라(교육시설, 문화·체육시설, 교통시설 등의 시설로서 국토교통부장관이 정하는 것을 말한다) 수준을 평가할 수 있다.(2015.12.29 본항개정)
② 제1항에 따른 평가를 위한 절차 및 기준 등에 관하여 필요한 사항은 대통령령으로 정한다.(2015.12.29 본항개정)
③ 국가와 지방자치단체는 제1항에 따른 평가 결과를 도시·군계획의 수립 및 집행에 반영하여야 한다.
(2011.4.14 본항개정)
(2015.12.29 본조제목개정)

제4조【국가계획, 광역도시계획 및 도시·군계획의 관계 등】 ① 도시·군계획은 특별시·광역시·특별자치시·특별자치도·시 또는 군의 관할 구역에서 수립되는 다른 법률에 따른 토지의 이용·개발 및 보전에 관한 계획의 기본이 된다.
② 광역도시계획 및 도시·군계획은 국가계획에 부합되어야 하며, 광역도시계획 또는 도시·군계획의 내용이 국가계획의 내용과 다를 때에는 국가계획의 내용이 우선한다. 이 경우 국가계획을 수립하려는 중앙행정기관의 장은 미리 지방자치단체의 장의 의견을 듣고 충분히 협의하여야 한다.
③ 광역도시계획이 수립되어 있는 지역에 대하여 수립하는 도시·군기본계획은 그 광역도시계획에 부합되어야 하며, 도시·군기본계획의 내용이 광역도시계획의 내용과 다를 때에는 광역도시계획의 내용이 우선한다.
④ 특별시장·광역시장·특별자치시장·특별자치도지사·시장 또는 군수(광역시의 관할 구역에 있는 군의 군수는 제외한다. 이하 같다. 다만, 제8조제2항 및 제3항, 제113조, 제133조, 제136조, 제138조제1항, 제139조제1항·제2항에서는 광역시의 관할 구역에 있는 군의 군수를 포함한다)가 관할 구역에 대하여 다른 법률에 따른 환경·교통·수도·하수도·주택 등에 관한 부문별 계획을 수립할 때에는 도시·군기본계획의 내용에 부합되게 하여야 한다.(2021.1.12 단서개정)
(2011.4.14 본조개정)

제5조【도시·군계획 등의 명칭】 ① 행정구역의 명칭이 특별시·광역시·특별자치시·특별자치도·시인 경우 도시·군계획, 도시·군기본계획, 도시·군관리계획, 도시·군계획시설, 도시·군계획시설사업, 도시·군계획사업 및 도시·군계획상임기획단의 명칭은 각각 "도시계획", "도시기본계획", "도시관리계획", "도시계획시설", "도시계획시설사업", "도시계획사업" 및 "도시계획상임기획단"으로 한다.(2011.4.14 본항개정)
② 행정구역의 명칭이 군인 경우 도시·군계획, 도시·군기본계획, 도시·군관리계획, 도시·군계획시설, 도시·군계획시설사업, 도시·군계획사업 및 도시·군계획상임기획단의 명칭은 각각 "군계획", "군기본계획", "군관리계획", "군계획시설", "군계획시설사업", "군계획사업" 및 "군계획상임기획단"으로 한다.(2011.4.14 본항개정)
③ 제113조제2항에 따라 군에 설치하는 도시계획위원회의 명칭은 "군계획위원회"로 한다.
(2011.4.14 본조제목개정)

제6조【국토의 용도 구분】 국토는 토지의 이용실태 및 특성, 장래의 토지 이용 방향, 지역 간 균형발전 등을 고려하여 다음과 같은 용도지역으로 구분한다.(2013.5.22 본문개정)
1. 도시지역 : 인구와 산업이 밀집되어 있거나 밀집이 예상되어 그 지역에 대하여 체계적인 개발·정비·관리·보전 등이 필요한 지역
2. 관리지역 : 도시지역의 인구와 산업을 수용하기 위하여 도시지역에 준하여 체계적으로 관리하거나 농림업의 진흥, 자연환경 또는 산림의 보전을 위하여 농림지역 또는 자연환경보전지역에 준하여 관리할 필요가 있는 지역
3. 농림지역 : 도시지역에 속하지 아니하는 「농지법」에 따른 농업진흥지역 또는 「산지관리법」에 따른 보전산지 등으로서 농림업을 진흥시키고 산림을 보전하기 위하여 필요한 지역
4. 자연환경보전지역 : 자연환경·수자원·해안·생태계·상수원 및 「국가유산기본법」 제3조에 따른 국가유산의 보전과 수산자원의 보호·육성 등을 위하여 필요한 지역(2023.5.16 본호개정)

제7조【용도지역별 관리 의무】 국가나 지방자치단체는 제6조에 따라 정하여진 용도지역의 효율적인 이용 및 관리를 위하여 다음 각 호에서 정하는 바에 따라 그 용도지역에 관한 개발·정비 및 보전에 필요한 조치를 마련하여야 한다.
1. 도시지역 : 이 법 또는 관계 법률에서 정하는 바에 따라 그 지역이 체계적이고 효율적으로 개발·정비·보전될 수 있도록 미리 계획을 수립하고 그 계획을 시행하여야 한다.
2. 관리지역 : 이 법 또는 관계 법률에서 정하는 바에 따라 필요한 보전조치를 취하고 개발이 필요한 지역에 대하여는 계획적인 이용과 개발을 도모하여야 한다.
3. 농림지역 : 이 법 또는 관계 법률에서 정하는 바에 따라 농림업의 진흥과 산림의 보전·육성에 필요한 조사와 대책을 마련하여야 한다.
4. 자연환경보전지역 : 이 법 또는 관계 법률에서 정하는 바에 따라 환경오염 방지, 자연환경·수질·수자원·해안·생태계 및 「국가유산기본법」 제3조에 따른 국가유산의 보전과 수산자원의 보호·육성을 위하여 필요한 조사와 대책을 마련하여야 한다.(2023.5.16 본호개정)

제8조【다른 법률에 따른 토지 이용에 관한 구역 등의 지정 제한 등】 ① 중앙행정기관의 장이나 지방자치단체의 장은 다른 법률에 따라 토지 이용에 관한 지역·지구·구역 또는 구획 등(이하 이 조에서 "구역등"이라 한다)을 지정하려면 그 구역등의 지정목적이 이 법에 따른 용도지역·용도지구 및 용도구역의 지정목적에 부합되도록 하여야 한다.
② 중앙행정기관의 장이나 지방자치단체의 장은 다른 법률에 따라 지정되는 구역등 중 대통령령으로 정하는 면적 이상의 구역등을 지정하거나 변경하려면 중앙행정기관의 장은 국토교통부장관과 협의하여야 하며 지방자치단체의 장은 국토교통부장관의 승인을 받아야 한다.
(2013.7.16 단서삭제)
1.~4. (2013.7.16 삭제)
③ 지방자치단체의 장이 제2항에 따라 승인을 받아야 하는 구역등 중 대통령령으로 정하는 면적 미만의 구역등을 지정하거나 변경하려는 경우 특별시장·광역시장·특별자치시장·도지사·특별자치도지사(이하 "시·도지사"라 한다)는 제2항에도 불구하고 국토교통부장관의 승인을 받지 아니하되, 시장·군수 또는 구청장(자치구의 구청장을 말한다. 이하 같다)은 시·도지사의 승인을 받아야 한다.(2013.7.16 본항신설)

國土

④ 제2항 및 제3항에도 불구하고 다음 각 호의 어느 하나에 해당하는 경우에는 국토교통부장관과의 협의를 거치지 아니하거나 국토교통부장관 또는 시ㆍ도지사의 승인을 받지 아니한다.
1. 다른 법률에 따라 지정하거나 변경하려는 구역등이 도시ㆍ군기본계획에 반영된 경우
2. 제36조에 따른 보전관리지역ㆍ생산관리지역ㆍ농림지역 또는 자연환경보전지역에서 다음 각 목의 지역을 지정하려는 경우
가. 「농지법」 제28조에 따른 농업진흥지역
나. 「한강수계 상수원수질개선 및 주민지원 등에 관한 법률」 등에 따른 수변구역
다. 「수도법」 제7조에 따른 상수원보호구역
라. 「자연환경보전법」 제12조에 따른 생태ㆍ경관보전지역
마. 「야생생물 보호 및 관리에 관한 법률」 제27조에 따른 야생생물 특별보호구역
바. 「해양생태계의 보전 및 관리에 관한 법률」 제25조에 따른 해양보호구역
3. 군사상 기밀을 지켜야 할 필요가 있는 구역등을 지정하려는 경우
4. 협의 또는 승인을 받은 구역등을 대통령령으로 정하는 범위에서 변경하려는 경우
(2013.7.16 본항신설)
⑤ 국토교통부장관 또는 시ㆍ도지사는 제2항 및 제3항에 따라 협의 또는 승인을 하려면 제106조에 따른 중앙도시계획위원회(이하 "중앙도시계획위원회"라 한다) 또는 제113조제1항에 따른 시ㆍ도도시계획위원회(이하 "시ㆍ도도시계획위원회"라 한다)의 심의를 거쳐야 한다. 다만, 다음 각 호의 경우에는 그러하지 아니하다.(2013.7.16 본문개정)
1. 보전관리지역이나 생산관리지역에서 다음 각 목의 구역등을 지정하는 경우
가. 「산지관리법」 제4조제1항제1호에 따른 보전산지
나. 「야생생물 보호 및 관리에 관한 법률」 제33조에 따른 야생생물 보호구역(2011.7.28 본목개정)
다. 「습지보전법」 제8조에 따른 습지보호지역
라. 「토양환경보전법」 제17조에 따른 토양보전대책지역
2. 농림지역이나 자연환경보전지역에서 다음 각 목의 구역등을 지정하는 경우
가. 제1호 각 목의 어느 하나에 해당하는 구역등
나. 「자연공원법」 제4조에 따른 자연공원
다. 「자연환경보전법」 제34조제1항제1호에 따른 생태ㆍ자연도 1등급 권역
라. 「독도 등 도서지역의 생태계보전에 관한 특별법」 제4조에 따른 특정도서
마. 「자연유산의 보존 및 활용에 관한 법률」 제11조부터 제13조까지에 따른 명승 및 천연기념물과 그 보호구역(2023.3.21 본목개정)
바. 「해양생태계의 보전 및 관리에 관한 법률」 제12조제1항제1호에 따른 해양생태도 1등급 권역
⑥ 중앙행정기관의 장이나 지방자치단체의 장은 다른 법률에 따라 지정된 토지 이용에 관한 구역등을 변경하거나 해제하려면 제24조에 따른 도시ㆍ군관리계획의 입안권자의 의견을 들어야 한다. 이 경우 의견 요청을 받은 도시ㆍ군관리계획의 입안권자는 이 법에 따른 용도지역ㆍ용도지구ㆍ용도구역의 변경이 필요하면 도시ㆍ군관리계획에 반영하여야 한다.(2011.4.14 본항신설)
⑦ 시ㆍ도지사가 다음 각 호의 어느 하나에 해당하는 행위를 할 때 제6항 후단에 따라 도시ㆍ군관리계획의 변경이 필요하여 시ㆍ도도시계획위원회의 심의를 거친 경우에는 해당 각 호에 따른 심의를 거친 것으로 본다.
(2013.7.16 본문개정)
1. 「농지법」 제31조제1항에 따른 농업진흥지역의 해제 : 「농업ㆍ농촌 및 식품산업 기본법」 제15조에 따른 시ㆍ도 농업ㆍ농촌및식품산업정책심의회의 심의(2015.6.22 본호개정)
2. 「산지관리법」 제6조제3항에 따른 보전산지의 지정해제 : 「산지관리법」 제22조제2항에 따른 지방산지관리위원회의 심의
(2011.4.14 본항신설)

제9조【다른 법률에 따른 도시ㆍ군관리계획의 변경 제한】 중앙행정기관의 장이나 지방자치단체의 장은 다른 법률에서 이 법에 따른 도시ㆍ군관리계획의 결정을 의제(擬制)하는 내용이 포함되어 있는 계획을 허가ㆍ인가ㆍ승인 또는 결정하려면 대통령령으로 정하는 바에 따라 중앙도시계획위원회 또는 제113조에 따른 지방도시계획위원회(이하 "지방도시계획위원회"라 한다)의 심의를 받아야 한다. 다만, 다음 각 호의 어느 하나에 해당하는 경우에는 그러하지 아니하다.(2011.4.14 본문개정)
1. 제8조제2항 또는 제3항에 따라 국토교통부장관과 협의하거나 국토교통부장관 또는 시ㆍ도지사의 승인을 받은 경우(2013.7.16 본호개정)
2. 다른 법률에 따라 중앙도시계획위원회나 지방도시계획위원회의 심의를 받은 경우(2011.4.14 본호신설)
3. 그 밖에 대통령령으로 정하는 경우(2011.4.14 본호신설)
(2011.4.14 본조제목개정)

제2장 광역도시계획
(2009.2.6 본장개정)

제10조【광역계획권의 지정】 ① 국토교통부장관 또는 도지사는 둘 이상의 특별시ㆍ광역시ㆍ특별자치시ㆍ특별자치도ㆍ시 또는 군의 공간구조 및 기능을 상호 연계시키고 환경을 보전하며 광역시설을 체계적으로 정비하기 위하여 필요한 경우에는 다음 각 호의 구분에 따라 인접한 둘 이상의 특별시ㆍ광역시ㆍ특별자치시ㆍ특별자치도ㆍ시 또는 군의 관할 구역 전부 또는 일부를 대통령령으로 정하는 바에 따라 광역계획권으로 지정할 수 있다.
(2013.3.23 본문개정)
1. 광역계획권이 둘 이상의 특별시ㆍ광역시ㆍ특별자치시ㆍ도 또는 특별자치도(이하 "시ㆍ도"라 한다)의 관할 구역에 걸쳐 있는 경우 : 국토교통부장관이 지정
(2013.3.23 본호개정)
2. 광역계획권이 도의 관할 구역에 속하여 있는 경우 : 도지사가 지정
② 중앙행정기관의 장, 시ㆍ도지사, 시장 또는 군수는 국토교통부장관이나 도지사에게 광역계획권의 지정 또는 변경을 요청할 수 있다.(2013.3.23 본항개정)
③ 국토교통부장관은 광역계획권을 지정하거나 변경하려면 관계 시ㆍ도지사, 시장 또는 군수의 의견을 들은 후 중앙도시계획위원회의 심의를 거쳐야 한다.(2013.3.23 본항개정)
④ 도지사가 광역계획권을 지정하거나 변경하려면 관계 중앙행정기관의 장, 관계 시ㆍ도지사, 시장 또는 군수의 의견을 들은 후 지방도시계획위원회의 심의를 거쳐야 한다.(2013.7.16 본항개정)
⑤ 국토교통부장관 또는 도지사는 광역계획권을 지정하거나 변경하면 지체 없이 관계 시ㆍ도지사, 시장 또는 군수에게 그 사실을 통보하여야 한다.(2013.3.23 본항개정)

제11조【광역도시계획의 수립권자】 ① 국토교통부장관, 시ㆍ도지사, 시장 또는 군수는 다음 각 호의 구분에 따라 광역도시계획을 수립하여야 한다.(2013.3.23 본문개정)
1. 광역계획권이 같은 도의 관할 구역에 속하여 있는 경우 : 관할 시장 또는 군수가 공동으로 수립
2. 광역계획권이 둘 이상의 시ㆍ도의 관할 구역에 걸쳐 있는 경우 : 관할 시ㆍ도지사가 공동으로 수립
3. 광역계획권을 지정한 날부터 3년이 지날 때까지 관할 시장 또는 군수로부터 제16조제1항에 따른 광역도시계획의 승인 신청이 없는 경우 : 관할 도지사가 수립
4. 국가계획과 관련된 광역도시계획의 수립이 필요한 경우나 광역계획권을 지정한 날부터 3년이 지날 때까지 관할 시ㆍ도지사로부터 제16조제1항에 따른 광역도시계획의 승인 신청이 없는 경우 : 국토교통부장관이 수립
(2013.3.23 본호개정)
② 국토교통부장관은 시ㆍ도지사가 요청하는 경우와 그 밖에 필요하다고 인정되는 경우에는 제1항에도 불구하고 관할 시ㆍ도지사와 공동으로 광역도시계획을 수립할 수 있다.(2013.3.23 본항개정)
③ 도지사는 시장 또는 군수가 요청하는 경우와 그 밖에 필요하다고 인정하는 경우에는 제1항에도 불구하고 관할 시장 또는 군수와 공동으로 광역도시계획을 수립할 수 있으며, 시장 또는 군수가 협의를 거쳐 요청하는 경우에는 단독으로 광역도시계획을 수립할 수 있다.

제12조【광역도시계획의 내용】 ① 광역도시계획에는 다음 각 호의 사항 중 그 광역계획권의 지정목적을 이루는 데 필요한 사항에 대한 정책 방향이 포함되어야 한다.
1. 광역계획권의 공간 구조와 기능 분담에 관한 사항
2. 광역계획권의 녹지관리체계와 환경 보전에 관한 사항
3. 광역시설의 배치ㆍ규모ㆍ설치에 관한 사항
4. 경관계획에 관한 사항
5. 그 밖에 광역계획권에 속하는 특별시ㆍ광역시ㆍ특별자치시ㆍ특별자치도ㆍ시 또는 군 상호 간의 기능 연계에 관한 사항으로서 대통령령으로 정하는 사항
(2011.4.14 본호개정)
② 광역도시계획의 수립기준 등은 대통령령으로 정하는 바에 따라 국토교통부장관이 정한다.(2013.3.23 본항개정)

제13조【광역도시계획의 수립을 위한 기초조사】 ① 국토교통부장관, 시ㆍ도지사, 시장 또는 군수는 광역도시계획을 수립하거나 변경하려면 미리 인구, 경제, 사회, 문화, 토지 이용, 환경, 교통, 주택, 그 밖에 대통령령으로 정하는 사항 중 그 광역도시계획의 수립 또는 변경에 필요한 사항을 대통령령으로 정하는 바에 따라 조사하거나 측량(이하 "기초조사"라 한다)하여야 한다.
② 국토교통부장관, 시ㆍ도지사, 시장 또는 군수는 관계 행정기관의 장에게 제1항에 따른 기초조사에 필요한 자료를 제출하도록 요청할 수 있다. 이 경우 요청을 받은 관계 행정기관의 장은 특별한 사유가 없으면 그 요청에 따라야 한다.
③ 국토교통부장관, 시ㆍ도지사, 시장 또는 군수는 효율적인 기초조사를 위하여 필요하면 기초조사를 전문기관에 의뢰할 수 있다.
④ 국토교통부장관, 시ㆍ도지사, 시장 또는 군수가 기초조사를 실시한 경우에는 해당 정보를 체계적으로 관리하고 효율적으로 활용하기 위하여 기초조사정보체계를 구축ㆍ운영하여야 한다.(2018.2.21 본항신설)
⑤ 국토교통부장관, 시ㆍ도지사, 시장 또는 군수가 제4항에 따라 기초조사정보체계를 구축한 경우에는 등록된 정보의 현황을 5년마다 확인하고 변동사항을 반영하여야 한다.(2018.2.21 본항신설)
⑥ 제4항 및 제5항에 따른 기초조사정보체계의 구축ㆍ운영에 필요한 사항은 대통령령으로 정한다.(2018.2.21 본항신설)
(2018.2.21 본조개정)

제14조【공청회의 개최】 ① 국토교통부장관, 시ㆍ도지사, 시장 또는 군수는 광역도시계획을 수립하거나 변경하려면 미리 공청회를 열어 주민과 관계 전문가 등으로부터 의견을 들어야 하며, 공청회에서 제시된 의견이 타당하다고 인정하면 광역도시계획에 반영하여야 한다.
(2013.3.23 본항개정)
② 제1항에 따른 공청회의 개최에 필요한 사항은 대통령령으로 정한다.

제15조【지방자치단체의 의견 청취】 ① 시ㆍ도지사, 시장 또는 군수는 광역도시계획을 수립하거나 변경하려면 미리 관계 시ㆍ도, 시 또는 군의 의회와 관계 시장 또는 군수의 의견을 들어야 한다.
② 국토교통부장관은 광역도시계획을 수립하거나 변경하려면 관계 시ㆍ도지사에게 광역도시계획안을 송부하여야 하며, 관계 시ㆍ도지사는 그 광역도시계획안에 대하여 그 시ㆍ도의 의회와 관계 시장 또는 군수의 의견을 들은 후 그 결과를 국토교통부장관에게 제출하여야 한다.
(2013.3.23 본항개정)
③ 제1항과 제2항에 따른 시ㆍ도, 시 또는 군의 의회와 관계 시장 또는 군수는 특별한 사유가 없으면 30일 이내에 시ㆍ도지사, 시장 또는 군수에게 의견을 제시하여야 한다.

제16조【광역도시계획의 승인】 ① 시ㆍ도지사는 광역도시계획을 수립하거나 변경하려면 국토교통부장관의 승인을 받아야 한다. 다만, 제11조제3항에 따라 도지사가 수립하는 광역도시계획은 그러하지 아니하다.(2013.3.23 본문개정)
② 국토교통부장관은 제1항에 따라 광역도시계획을 승인하거나 직접 광역도시계획을 수립 또는 변경(시ㆍ도지사와 공동으로 수립하거나 변경하는 경우를 포함한다)하려면 관계 중앙행정기관과 협의한 후 중앙도시계획위원회의 심의를 거쳐야 한다.(2013.3.23 본항개정)
③ 제2항에 따라 협의 요청을 받은 관계 중앙행정기관의 장은 특별한 사유가 없으면 그 요청을 받은 날부터 30일 이내에 국토교통부장관에게 의견을 제시하여야 한다.
(2020.6.9 본항개정)
④ 국토교통부장관은 직접 광역도시계획을 수립 또는 변경하거나 승인하였을 때에는 관계 중앙행정기관의 장과 시ㆍ도지사에게 관계 서류를 송부하여야 하며, 관계 서류를 받은 시ㆍ도지사는 대통령령으로 정하는 바에 따라 그 내용을 공고하고 일반이 열람할 수 있도록 하여야 한다.
(2013.3.23 본항개정)
⑤ 시장 또는 군수는 광역도시계획을 수립하거나 변경하려면 도지사의 승인을 받아야 한다.
⑥ 도지사가 제5항에 따라 광역도시계획을 승인하거나 제11조제3항에 따라 직접 광역도시계획을 수립 또는 변경(시장ㆍ군수와 공동으로 수립하거나 변경하는 경우를 포함한다)하려면 제2항부터 제4항까지의 규정을 준용한다. 이 경우 "국토교통부장관"은 "도지사"로, "중앙행정기관의 장"은 "행정기관의 장(국토교통부장관을 포함한다)"으로, "중앙도시계획위원회"는 "지방도시계획위원회"로 "시ㆍ도지사"는 "시장 또는 군수"로 본다.
(2013.3.23 후단개정)
⑦ 제1항부터 제6항까지에 규정된 사항 외에 광역도시계획의 수립 및 집행에 필요한 사항은 대통령령으로 정한다.

제17조【광역도시계획의 조정】 ① 제11조제1항제2호에 따라 광역도시계획을 공동으로 수립하는 시ㆍ도지사는 그 내용에 관하여 서로 협의가 되지 아니하면 공동이나 단독으로 국토교통부장관에게 조정(調停)을 신청할 수 있다.(2013.3.23 본항개정)
② 국토교통부장관은 제1항에 따라 단독으로 조정신청을 받은 경우에는 기한을 정하여 당사자 간에 다시 협의를 하도록 권고할 수 있으며, 기한까지 협의가 이루어지지 아니하는 경우에는 직접 조정할 수 있다.(2020.6.9 본항개정)
③ 국토교통부장관은 제1항에 따른 조정의 신청을 받거나 제2항에 따라 직접 조정하려는 경우에는 중앙도시계획위원회의 심의를 거쳐 광역도시계획의 내용을 조정하여야 한다. 이 경우 이해관계를 가진 지방자치단체의 장은 중앙도시계획위원회의 회의에 출석하여 의견을 진술할 수 있다.(2013.3.23 전단개정)
④ 광역도시계획을 수립하는 자는 제3항에 따른 조정 결과를 광역도시계획에 반영하여야 한다.
⑤ 제11조제1항제1호에 따라 광역도시계획을 공동으로 수립하는 시장 또는 군수는 그 내용에 관하여 서로 협의가 되지 아니하면 공동이나 단독으로 도지사에게 조정을 신청할 수 있다.
⑥ 제5항에 따라 도지사가 광역도시계획을 조정하는 경우에는 제2항부터 제4항까지의 규정을 준용한다. 이 경우 "국토교통부장관"은 "도지사"로, "중앙도시계획위원회"는 "도의 지방도시계획위원회"로 본다.(2013.3.23 후단개정)

제17조의2【광역도시계획협의회의 구성 및 운영】 ① 국토교통부장관, 시ㆍ도지사, 시장 또는 군수는 제11조제1항

國土

제1호·제2호, 같은 조 제2항 및 제3항에 따라 광역도시계획을 공동으로 수립할 때에는 광역도시계획의 수립에 관한 협의 및 조정이나 자문 등을 위하여 광역도시계획협의회를 구성하여 운영할 수 있다.(2013.3.23 본항개정)
② 제1항에 따라 광역도시계획협의회에서 광역도시계획의 수립에 관하여 협의·조정을 한 경우에는 그 조정 내용을 광역도시계획에 반영하여야 하며, 해당 시·도지사, 시장 또는 군수는 이에 따라야 한다.
③ 제1항 및 제2항에서 규정한 사항 외에 광역도시계획협의회의 구성 및 운영에 필요한 사항은 대통령령으로 정한다.
(2009.2.6 본조신설)

제3장 도시·군기본계획
(2011.4.14 본장제목개정)

제18조【도시·군기본계획의 수립권자와 대상지역】 ① 특별시장·광역시장·특별자치시장·특별자치도지사·시장 또는 군수는 관할 구역에 대하여 도시·군기본계획을 수립하여야 한다. 다만, 시 또는 군의 위치, 인구의 규모, 인구감소율 등을 고려하여 대통령령으로 정하는 시 또는 군은 도시·군기본계획을 수립하지 아니할 수 있다.
② 특별시장·광역시장·특별자치시장·특별자치도지사·시장 또는 군수는 지역여건상 필요하다고 인정되면 인접한 특별시·광역시·특별자치시·특별자치도·시 또는 군의 관할 구역 전부 또는 일부를 포함하여 도시·군기본계획을 수립할 수 있다.
③ 특별시장·광역시장·특별자치시장·특별자치도지사·시장 또는 군수는 제2항에 따라 인접한 특별시·광역시·특별자치시·특별자치도·시 또는 군의 관할 구역을 포함하여 도시·군기본계획을 수립하려면 미리 그 특별시장·광역시장·특별자치시장·특별자치도지사·시장 또는 군수와 협의하여야 한다.
(2011.4.14 본조개정)

제19조【도시·군기본계획의 내용】 ① 도시·군기본계획에는 다음 각 호의 사항에 대한 정책 방향이 포함되어야 한다.(2011.4.14 본문개정)
1. 지역적 특성 및 계획의 방향·목표에 관한 사항
2. 공간구조 및 인구의 배분에 관한 사항(2024.2.6 본호개정)
2의2. 생활권의 설정과 생활권역별 개발·정비 및 보전 등에 관한 사항(2024.2.6 본호신설)
3. 토지의 이용 및 개발에 관한 사항
4. 토지의 용도별 수요 및 공급에 관한 사항
5. 환경의 보전 및 관리에 관한 사항
6. 기반시설에 관한 사항
7. 공원·녹지에 관한 사항
8. 경관에 관한 사항
8의2. 기후변화 대응 및 에너지절약에 관한 사항 (2011.4.14 본호신설)
8의3. 방재·방범 등 안전에 관한 사항(2018.6.12 본호개정)
9. 제2호부터 제8호까지, 제8호의2 및 제8호의3에 규정된 사항의 단계별 추진에 관한 사항(2011.4.14 본호개정)
10. 그 밖에 대통령령으로 정하는 사항
② (2011.4.14 삭제)
③ 도시·군기본계획의 수립기준 등은 대통령령으로 정하는 바에 따라 국토교통부장관이 정한다.(2013.3.23 본항개정)
(2011.4.14 본조제목개정)
(2009.2.6 본조개정)

제19조의2【생활권계획 수립의 특례】 ① 특별시장·광역시장·특별자치시장·특별자치도지사·시장 또는 군수는 제19조제1항제2호의2에 따른 생활권역별 개발·정비 및 보전 등에 관하여 필요한 경우 대통령령으로 정하는 바에 따라 생활권계획을 따로 수립할 수 있다.
② 제1항에 따른 생활권계획을 수립할 때에는 제20조부터 제22조까지와 제22조의2를 준용한다.
③ 제1항에 따른 생활권계획이 수립 또는 승인된 때에는 해당 계획이 수립된 생활권에 대해서는 도시·군기본계획이 수립 또는 변경된 것으로 본다. 이 경우 제19조제1항 각 호의 사항 중에서 생활권의 설정 및 인구의 배분에 관한 사항 등은 대통령령으로 정하는 범위에서 수립·변경하는 경우로 한정한다.
(2024.2.6 본조신설)

제20조【도시·군기본계획 수립을 위한 기초조사 및 공청회】 ① 도시·군기본계획을 수립하거나 변경하는 경우에는 제13조와 제14조를 준용한다. 이 경우 "국토교통부장관, 시·도지사, 시장 또는 군수"는 "특별시장·광역시장·특별자치시장·특별자치도지사·시장 또는 군수"로, "광역도시계획"은 "도시·군기본계획"으로 본다.
(2013.3.23 후단개정)
② 시·도지사, 시장 또는 군수는 제1항에 따른 기초조사의 내용에 국토교통부장관이 정하는 바에 따라 실시하는 토지의 토양, 입지, 활용가능성 등 토지의 적성에 대한 평가(이하 "토지적성평가"라 한다)와 재해 취약성에 관한 분석(이하 "재해취약성분석"이라 한다)을 포함하여야 한다.(2015.1.6 본항신설)
③ 도시·군기본계획 입안일부터 5년 이내에 토지적성평가를 실시한 경우 등 대통령령으로 정하는 경우에는 제2항에 따른 토지적성평가 또는 재해취약성분석을 하지 아니할 수 있다.(2015.1.6 본항신설)

제21조【지방의회의 의견 청취】 ① 특별시장·광역시장·특별자치시장·특별자치도지사·시장 또는 군수는 도시·군기본계획을 수립하거나 변경하려면 미리 그 특별시·광역시·특별자치시·특별자치도·시 또는 군 의회의 의견을 들어야 한다.
② 제1항에 따른 특별시·광역시·특별자치시·특별자치도·시 또는 군의 의회는 특별한 사유가 없으면 30일 이내에 특별시장·광역시장·특별자치시장·특별자치도지사·시장 또는 군수에게 의견을 제시하여야 한다.
(2011.4.14 본조개정)

제22조【특별시·광역시·특별자치시·특별자치도의 도시·군기본계획의 확정】 ① 특별시장·광역시장·특별자치시장 또는 특별자치도지사는 도시·군기본계획을 수립하거나 변경하려면 관계 행정기관의 장(국토교통부장관을 포함한다. 이하 이 조 및 제22조의2에서 같다)과 협의한 후 지방도시계획위원회의 심의를 거쳐야 한다.
(2013.3.23 본항개정)
② 제1항에 따라 협의 요청을 받은 관계 행정기관의 장은 특별한 사유가 없으면 그 요청을 받은 날부터 30일 이내에 특별시장·광역시장·특별자치시장 또는 특별자치도지사에게 의견을 제시하여야 한다.
③ 특별시장·광역시장·특별자치시장 또는 특별자치도지사는 도시·군기본계획을 수립하거나 변경한 경우에는 관계 행정기관의 장에게 관계 서류를 송부하여야 하며, 대통령령으로 정하는 바에 따라 그 계획을 공고하고 일반인이 열람할 수 있도록 하여야 한다.
(2011.4.14 본조개정)

제22조의2【시·군 도시·군기본계획의 승인】 ① 시장 또는 군수는 도시·군기본계획을 수립하거나 변경하려면 대통령령으로 정하는 바에 따라 도지사의 승인을 받아야 한다.
② 도지사는 제1항에 따라 도시·군기본계획을 승인하려면 관계 행정기관의 장과 협의한 후 지방도시계획위원회의 심의를 거쳐야 한다.
③ 제2항에 따른 협의에 관하여는 제22조제2항을 준용한다. 이 경우 "특별시장·광역시장·특별자치시장 또는 특별자치도지사"는 "도지사"로 본다.(2013.7.16 후단개정)
④ 도지사는 도시·군기본계획을 승인하면 관계 행정기관의 장과 시장 또는 군수에게 관계 서류를 송부하여야 하며, 관계 서류를 받은 시장 또는 군수는 대통령령으로 정하는 바에 따라 그 계획을 공고하고 일반인이 열람할 수 있도록 하여야 한다.
(2011.4.14 본조개정)

제22조의3 (2011.4.14 삭제)

제23조【도시·군기본계획의 정비】 ① 특별시장·광역시장·특별자치시장·특별자치도지사·시장 또는 군수는 5년마다 관할 구역의 도시·군기본계획에 대하여 타당성을 전반적으로 재검토하여 정비하여야 한다.(2020.6.9 본항개정)
② 특별시장·광역시장·특별자치시장·특별자치도지사·시장 또는 군수는 제4조제2항 및 제3항에 따라 도시·군기본계획의 내용에 우선하는 광역도시계획의 내용 및 도시·군기본계획에 우선하는 국가계획의 내용을 도시·군기본계획에 반영하여야 한다.
(2011.4.14 본조개정)

제4장 도시·군관리계획
(2011.4.14 본장제목개정)

제1절 도시·군관리계획의 수립 절차
(2011.4.14 본절제목개정)

제24조【도시·군관리계획의 입안권자】 ① 특별시장·광역시장·특별자치시장·특별자치도지사·시장 또는 군수는 관할 구역에 대하여 도시·군관리계획을 입안하여야 한다.(2011.4.14 본항개정)
② 특별시장·광역시장·특별자치시장·특별자치도지사·시장 또는 군수는 다음 각 호의 어느 하나에 해당하면 인접한 특별시·광역시·특별자치시·특별자치도·시 또는 군의 관할 구역 전부 또는 일부를 포함하여 도시·군관리계획을 입안할 수 있다.
1. 지역여건상 필요하다고 인정하여 미리 인접한 특별시장·광역시장·특별자치시장·특별자치도지사·시장 또는 군수와 협의한 경우
2. 제18조제2항에 따라 인접한 특별시·광역시·특별자치시·특별자치도·시 또는 군의 관할 구역을 포함하여 도시·군기본계획을 수립한 경우
(2011.4.14 본항개정)
③ 제2항에 따른 인접한 특별시·광역시·특별자치시·특별자치도·시 또는 군의 관할 구역에 대한 도시·군관리계획은 관계 특별시장·광역시장·특별자치시장·특별자치도지사·시장 또는 군수가 협의하여 공동으로 입안하거나 입안할 자를 정한다.(2011.4.14 본항개정)
④ 제3항에 따른 협의가 성립되지 아니하는 경우 도시·군관리계획을 입안하려는 구역이 같은 도의 관할 구역에 속할 때에는 관할 도지사가, 둘 이상의 시·도의 관할 구역에 걸쳐 있을 때에는 국토교통부장관(제40조에 따른 수산자원보호구역의 경우 해양수산부장관을 말한다. 이하 이 조에서 같다)이 입안할 자를 지정하고 그 사실을 고시하여야 한다.(2013.3.23 본항개정)
⑤ 국토교통부장관은 제1항이나 제2항에도 불구하고 다음 각 호의 어느 하나에 해당하는 경우에는 직접 또는 관계 중앙행정기관의 장의 요청에 의하여 도시·군관리계획을 입안할 수 있다. 이 경우 국토교통부장관은 관할 시·도지사 및 시장·군수의 의견을 들어야 한다.
(2013.3.23 본문개정)
1. 국가계획과 관련된 경우
2. 둘 이상의 시·도에 걸쳐 지정되는 용도지역·용도지구 또는 용도구역과 둘 이상의 시·도에 걸쳐 이루어지는 사업의 계획 중 도시·군관리계획으로 결정하여야 할 사항이 있는 경우(2011.4.14 본호개정)
3. 특별시장·광역시장·특별자치시장·특별자치도지사·시장 또는 군수가 제138조에 따른 기한까지 국토교통부장관의 도시·군관리계획 조정 요구에 따라 도시·군관리계획을 정비하지 아니하는 경우(2013.3.23 본호개정)
⑥ 도지사는 제1항이나 제2항에도 불구하고 다음 각 호의 어느 하나의 경우에는 직접 또는 시장이나 군수의 요청에 의하여 도시·군관리계획을 입안할 수 있다. 이 경우 도지사는 관계 시장 또는 군수의 의견을 들어야 한다.
1. 둘 이상의 시·군에 걸쳐 지정되는 용도지역·용도지구 또는 용도구역과 둘 이상의 시·군에 걸쳐 이루어지는 사업의 계획 중 도시·군관리계획으로 결정하여야 할 사항이 포함되어 있는 경우
2. 도지사가 직접 수립하는 사업의 계획으로서 도시·군관리계획으로 결정하여야 할 사항이 포함되어 있는 경우
(2011.4.14 본항개정)
(2011.4.14 본조제목개정)
(2009.2.6 본조개정)

제25조【도시·군관리계획의 입안】 ① 도시·군관리계획은 광역도시계획과 도시·군기본계획(제19조의2에 따른 생활권계획을 포함한다)에 부합되어야 한다.
(2024.2.6 본항개정)
② 국토교통부장관(제40조에 따른 수산자원보호구역의 경우 해양수산부장관을 말한다. 이하 이 조에서 같다), 시·도지사, 시장 또는 군수는 도시·군관리계획을 입안할 때에는 대통령령으로 정하는 바에 따라 도시·군관리계획도서(계획도와 계획조서를 말한다. 이하 같다)와 이를 보조하는 계획설명서(기초조사결과·재원조달방안 및 경관계획 등을 포함한다. 이하 같다)를 작성하여야 한다.
(2013.3.23 본항개정)
③ 도시·군관리계획은 계획의 상세 정도, 도시·군관리계획으로 결정하여야 하는 기반시설의 종류 등에 대하여 도시 및 농·산·어촌 지역의 인구밀도, 토지 이용의 특성 및 주변 환경 등을 종합적으로 고려하여 차등을 두어 입안하여야 한다.
④ 도시·군관리계획의 수립기준, 도시·군관리계획도서 및 계획설명서의 작성기준·작성방법 등은 대통령령으로 정하는 바에 따라 국토교통부장관이 정한다.
(2013.3.23 본항개정)
(2011.4.14 본조개정)

제26조【도시·군관리계획 입안의 제안】 ① 주민(이해관계자를 포함한다. 이하 같다)은 다음 각 호의 사항에 대하여 제24조에 따라 도시·군관리계획을 입안할 수 있는 자에게 도시·군관리계획의 입안을 제안할 수 있다. 이 경우 제안서에는 도시·군관리계획도서와 계획설명서를 첨부하여야 한다.(2011.4.14 본문개정)
1. 기반시설의 설치·정비 또는 개량에 관한 사항
2. 지구단위계획구역의 지정 및 변경과 지구단위계획의 수립 및 변경에 관한 사항
3. 다음 각 목의 어느 하나에 해당하는 용도지구의 지정 및 변경에 관한 사항
가. 개발진흥지구 중 공업기능 또는 유통물류기능 등을 집중적으로 개발·정비하기 위한 개발진흥지구로서 대통령령으로 정하는 개발진흥지구
나. 제37조에 따라 지정된 용도지구 중 해당 용도지구에 따른 건축물이나 그 밖의 시설의 용도·종류 및 규모 등의 제한을 지구단위계획으로 대체하기 위한 용도지구
(2017.4.18 본호개정)
4. (2024.2.6 삭제)
5. 도시·군계획시설입체복합구역의 지정 및 변경과 도시·군계획시설입체복합구역의 건축제한·건폐율·용적률·높이 등에 관한 사항(2024.2.6 본호신설)
② 제1항에 따라 도시·군관리계획의 입안을 제안받은 자는 그 처리 결과를 제안자에게 알려야 한다.(2011.4.14 본항개정)
③ 제1항에 따라 도시·군관리계획의 입안을 제안받은 자는 제안자와 협의하여 제안된 도시·군관리계획의 입안 및 결정에 필요한 비용의 전부 또는 일부를 제안자에게 부담시킬 수 있다.(2011.4.14 본항개정)
④ 제1항제3호에 따른 개발진흥지구의 지정 제안을 위하여 충족하여야 할 지구의 규모, 용도지역 등의 요건은 대통령령으로 정한다.(2015.8.11 본항신설)

⑤ 제1항부터 제4항까지에 규정된 사항 외에 도시·군관리계획의 제안, 제안을 위한 토지소유자의 동의 비율, 제안서의 처리 절차 등에 필요한 사항은 대통령령으로 정한다.(2015.8.11 본항개정)
(2011.4.14 본조제목개정)
(2009.2.6 본조개정)

제27조【도시·군관리계획의 입안을 위한 기초조사 등】 ① 도시·군관리계획을 입안하는 경우에는 제13조를 준용한다. 다만, 대통령령으로 정하는 경미한 사항을 입안하는 경우에는 그러하지 아니하다.(2011.4.14 본문개정)
② 국토교통부장관(제40조에 따른 수산자원보호구역의 경우 해양수산부장관을 말한다. 이하 이 조에서 같다), 시·도지사, 시장 또는 군수는 제1항에 따른 기초조사의 내용에 도시·군관리계획이 환경에 미치는 영향 등에 대한 환경성 검토를 포함하여야 한다.(2013.3.23 본항개정)
③ 국토교통부장관, 시·도지사, 시장 또는 군수는 제1항에 따른 기초조사의 내용에 토지적성평가와 재해취약성분석을 포함하여야 한다.(2015.1.6 본항개정)
④ 도시·군관리계획으로 입안하려는 지역이 도심지에 위치하거나 개발이 끝나 나대지가 없는 등 대통령령으로 정하는 요건에 해당하면 제1항부터 제3항까지의 규정에 따른 기초조사, 환경성 검토, 토지적성평가 또는 재해취약성분석을 하지 아니할 수 있다.(2015.1.6 본항개정)
(2011.4.14 본조제목개정)

제28조【주민과 지방의회의 의견 청취】 ① 국토교통부장관(제40조에 따른 수산자원보호구역의 경우 해양수산부장관을 말한다. 이하 이 조에서 같다), 시·도지사, 시장 또는 군수는 제25조에 따라 도시·군관리계획을 입안할 때에는 주민의 의견을 들어야 하며, 그 의견이 타당하다고 인정되면 도시·군관리계획안에 반영하여야 한다. 다만, 국방상 또는 국가안전보장상 기밀을 지켜야 할 필요가 있는 사항(관계 중앙행정기관의 장이 요청하는 것만 해당한다)이거나 대통령령으로 정하는 경미한 사항인 경우에는 그러하지 아니하다.(2013.3.23 본문개정)
② 국토교통부장관이나 도지사는 제24조제5항 및 제6항에 따라 도시·군관리계획을 입안하려면 주민의 의견 청취 기한을 밝혀 도시·군관리계획안을 관계 특별시장·광역시장·특별자치시장·특별자치도지사·시장 또는 군수에게 송부하여야 한다.(2013.3.23 본항개정)
③ 제2항에 따라 도시·군관리계획안을 받은 특별시장·광역시장·특별자치시장·특별자치도지사·시장 또는 군수는 명시된 기한까지 그 도시·군관리계획안에 대한 주민의 의견을 들어 그 결과를 국토교통부장관이나 도지사에게 제출하여야 한다.(2013.3.23 본항개정)
④ 국토교통부장관, 시·도지사, 시장 또는 군수는 다음 각 호의 어느 하나에 해당하는 경우로서 그 내용이 해당 지방자치단체의 조례로 정하는 중요한 사항인 경우에는 그 내용을 다시 공고·열람하게 하여 주민의 의견을 들어야 한다.
1. 제1항에 따라 청취한 주민 의견을 도시·군관리계획안에 반영하고자 하는 경우
2. 제30조제1항·제2항에 따른 관계 행정기관의 장과의 협의 및 같은 조 제3항에 따른 중앙도시계획위원회의 심의, 시·도도시계획위원회의 심의 또는 시·도에 두는 건축위원회와 도시계획위원회의 공동 심의에서 제시된 의견을 반영하여 도시·군관리계획을 결정하고자 하는 경우
(2021.1.12 본항신설)
⑤ 제1항 및 제4항에 따른 주민의 의견 청취에 필요한 사항은 대통령령으로 정하는 기준에 따라 해당 지방자치단체의 조례로 정한다.(2021.1.12 본항개정)
⑥ 국토교통부장관, 시·도지사, 시장 또는 군수는 도시·군관리계획을 입안하려면 대통령령으로 정하는 사항에 대하여 해당 지방의회의 의견을 들어야 한다.
(2013.3.23 본항개정)
⑦ 국토교통부장관이나 도지사가 제6항에 따라 지방의회의 의견을 듣는 경우에는 제2항과 제3항을 준용한다. 이 경우 "주민"은 "지방의회"로 본다.(2021.1.12 본항개정)
⑧ 특별시장·광역시장·특별자치시장·특별자치도지사·시장 또는 군수가 제6항에 따라 지방의회의 의견을 들으려면 의견 제시 기한을 밝혀 도시·군관리계획안을 송부하여야 한다. 이 경우 해당 지방의회는 명시된 기한까지 특별시장·광역시장·특별자치시장·특별자치도지사·시장 또는 군수에게 의견을 제시하여야 한다.
(2021.1.12 전단개정)

제29조【도시·군관리계획의 결정권자】 ① 도시·군관리계획은 시·도지사가 직접 또는 시장·군수의 신청에 따라 결정한다. 다만, 「지방자치법」 제198조에 따른 서울특별시와 광역시 및 특별자치시를 제외한 인구 50만 이상의 대도시(이하 "대도시"라 한다)의 경우에는 해당 시장(이하 "대도시 시장"이라 한다)이 직접 결정하고, 다음 각 호의 도시·군관리계획은 시장 또는 군수가 직접 결정한다.
(2021.1.12 단서개정)
1. 시장 또는 군수가 입안한 지구단위계획구역의 지정·변경과 지구단위계획의 수립·변경에 관한 도시·군관리계획(2017.4.18 본호신설)
2. 제52조제1항제1호의2에 따라 지구단위계획으로 대체하는 용도지구 폐지에 관한 도시·군관리계획[해당 시장(대도시 시장은 제외한다) 또는 군수가 도지사와 미리 협의한 경우에 한정한다](2017.4.18 본호신설)
② 제1항에도 불구하고 다음 각 호의 도시·군관리계획은 국토교통부장관이 결정한다. 다만, 제4호의 도시·군관리계획은 해양수산부장관이 결정한다.(2013.3.23 본문개정)
1. 제24조제5항에 따라 국토교통부장관이 입안한 도시·군관리계획(2013.3.23 본호개정)
2. 제38조에 따른 개발제한구역의 지정 및 변경에 관한 도시·군관리계획
3. 제39조제1항 단서에 따른 시가화조정구역의 지정 및 변경에 관한 도시·군관리계획(2013.7.16 본호개정)
4. 제40조에 따른 수산자원보호구역의 지정 및 변경에 관한 도시·군관리계획
5. (2019.8.20 삭제)
(2011.4.14 본조개정)

제30조【도시·군관리계획의 결정】 ① 시·도지사는 도시·군관리계획을 결정하려면 관계 행정기관의 장과 미리 협의하여야 하며, 국토교통부장관(제40조에 따른 수산자원보호구역의 경우 해양수산부장관을 말한다. 이하 이 조에서 같다)이 도시·군관리계획을 결정하려면 관계 중앙행정기관의 장과 미리 협의하여야 한다. 이 경우 협의 요청을 받은 기관의 장은 특별한 사유가 없으면 그 요청을 받은 날부터 30일 이내에 의견을 제시하여야 한다.
(2013.3.23 전단개정)
② 시·도지사는 제24조제5항에 따라 국토교통부장관이 입안하여 결정한 도시·군관리계획을 변경하거나 그 밖에 대통령령으로 정하는 중요한 사항에 관한 도시·군관리계획을 결정하려면 미리 국토교통부장관과 협의하여야 한다.(2013.3.23 본항개정)
③ 국토교통부장관은 도시·군관리계획을 결정하려면 중앙도시계획위원회의 심의를 거쳐야 하며, 시·도지사가 도시·군관리계획을 결정하려면 시·도도시계획위원회의 심의를 거쳐야 한다. 다만, 시·도지사가 지구단위계획(지구단위계획과 지구단위계획구역을 동시에 결정할 때에는 지구단위계획구역의 지정 또는 변경에 관한 사항을 포함할 수 있다)이나 제52조제1항제1호의2에 따라 지구단위계획으로 대체하는 용도지구 폐지에 관한 사항을 결정하려면 대통령령으로 정하는 바에 따라 「건축법」 제4조에 따라 시·도에 두는 건축위원회와 도시계획위원회가 공동으로 하는 심의를 거쳐야 한다.(2017.4.18 단서개정)
④ 국토교통부장관이나 시·도지사는 국방상 또는 국가안전보장상 기밀을 지켜야 할 필요가 있다고 인정되면(관계 중앙행정기관의 장이 요청할 때만 해당된다) 그 도시·군관리계획의 전부 또는 일부에 대하여 제1항부터 제3항까지의 규정에 따른 절차를 생략할 수 있다.
(2013.3.23 본항개정)
⑤ 결정된 도시·군관리계획을 변경하려는 경우에는 제1항부터 제4항까지의 규정을 준용한다. 다만, 대통령령으로 정하는 경미한 사항을 변경하는 경우에는 그러하지 아니하다.(2011.4.14 본문개정)
⑥ 국토교통부장관이나 시·도지사는 도시·군관리계획을 결정하면 대통령령으로 정하는 바에 따라 그 결정을 고시하고, 국토교통부장관이나 도지사는 관계 서류를 관계 특별시장·광역시장·특별자치시장·특별자치도지사·시장 또는 군수에게 송부하여 일반이 열람할 수 있도록 하여야 하며, 특별시장·광역시장·특별자치시장·특별자치도지사는 관계 서류를 일반이 열람할 수 있도록 하여야 한다.(2013.3.23 본항개정)
⑦ 시장 또는 군수가 도시·군관리계획을 결정하는 경우에는 제1항부터 제6항까지의 규정을 준용한다. 이 경우 "시·도지사"는 "시장 또는 군수"로, "시·도도시계획위원회"는 "제113조제2항에 따른 시·군·구도시계획위원회"로, "「건축법」 제4조에 따라 시·도에 두는 건축위원회"는 "「건축법」 제4조에 따라 시 또는 군에 두는 건축위원회"로, "특별시장·광역시장·특별자치시장·특별자치도지사"는 "시장 또는 군수"로 본다.(2013.7.16 본항개정)
(2011.4.14 본조제목개정)

제31조【도시·군관리계획 결정의 효력】 ① 도시·군관리계획 결정의 효력은 제32조제4항에 따라 지형도면을 고시한 날부터 발생한다.(2013.7.16 본항개정)
② 도시·군관리계획 결정 당시 이미 사업이나 공사에 착수한 자(이 법 또는 다른 법률에 따라 허가·인가·승인 등을 받아야 하는 경우에는 그 허가·인가·승인 등을 받아 사업이나 공사에 착수한 자를 말한다)는 그 도시·군관리계획 결정과 관계없이 그 사업이나 공사를 계속할 수 있다. 다만, 시가화조정구역이나 수산자원보호구역의 지정에 관한 도시·군관리계획 결정이 있는 경우에는 대통령령으로 정하는 바에 따라 특별시장·광역시장·특별자치시장·특별자치도지사·시장 또는 군수에게 신고하고 그 사업이나 공사를 계속할 수 있다.
(2020.6.9 본문개정)
③ 제1항에서 규정한 사항 외에 도시·군관리계획 결정의 효력 발생 및 실효 등에 관하여는 「토지이용규제 기본법」 제8조제3항부터 제5항까지의 규정에 따른다.
(2013.7.16 본항신설)

제32조【도시·군관리계획에 관한 지형도면의 고시 등】 ① 특별시장·광역시장·특별자치시장·특별자치도지사·시장 또는 군수는 제30조에 따른 도시·군관리계획 결정(이하 "도시·군관리계획결정"이라 한다)이 고시되면 지적(地籍)이 표시된 지형도에 도시·군관리계획에 관한 사항을 자세히 밝힌 도면을 작성하여야 한다.
(2013.7.16 본항개정)
② 시장(대도시 시장은 제외한다)이나 군수는 제1항에 따른 지형도에 도시·군관리계획(지구단위계획구역의 지정·변경과 지구단위계획의 수립·변경에 관한 도시·군관리계획은 제외한다)에 관한 사항을 자세히 밝힌 도면(이하 "지형도면"이라 한다)을 작성하면 도지사의 승인을 받아야 한다. 이 경우 지형도면의 승인 신청을 받은 도지사는 그 지형도면과 결정·고시된 도시·군관리계획을 대조하여 착오가 없다고 인정되면 대통령령으로 정하는 기간에 그 지형도면을 승인하여야 한다.(2013.7.16 전단개정)
③ 국토교통부장관(제40조에 따른 수산자원보호구역의 경우 해양수산부장관을 말한다. 이하 이 조에서 같다)이나 도지사는 도시·군관리계획을 직접 입안한 경우에는 제1항과 제2항에도 불구하고 관계 특별시장·광역시장·특별자치시장·특별자치도지사·시장 또는 군수의 의견을 들어 직접 지형도면을 작성할 수 있다.(2013.3.23 본항개정)
④ 국토교통부장관, 시·도지사, 시장 또는 군수는 직접 지형도면을 작성하거나 지형도면을 승인한 경우에는 이를 고시하여야 한다.(2013.7.16 본항개정)
⑤ 제1항 및 제3항에 따른 지형도면의 작성기준 및 방법과 제4항에 따른 지형도면의 고시방법 및 절차 등에 관하여는 「토지이용규제 기본법」 제8조제2항 및 제6항부터 제9항까지의 규정에 따른다.(2013.7.16 본항개정)

제33조 (2013.7.16 삭제)

제34조【도시·군관리계획의 정비】 ① 특별시장·광역시장·특별자치시장·특별자치도지사·시장 또는 군수는 5년마다 관할 구역의 도시·군관리계획에 대하여 대통령령으로 정하는 바에 따라 그 타당성을 전반적으로 재검토하여 정비하여야 한다.(2020.6.9 본항개정)
② (2021.1.12 삭제)

제35조【도시·군관리계획 입안의 특례】 ① 국토교통부장관, 시·도지사, 시장 또는 군수는 도시·군관리계획을 조속히 입안하여야 할 필요가 있다고 인정되면 광역도시계획이나 도시·군기본계획을 수립할 때에 도시·군관리계획을 함께 입안할 수 있다.(2013.3.23 본항개정)
② 국토교통부장관(제40조에 따른 수산자원보호구역의 경우 해양수산부장관을 말한다), 시·도지사, 시장 또는 군수는 필요하다고 인정되면 도시·군관리계획을 입안할 때에 제30조제1항에 따라 협의하여야 할 사항에 관하여 관계 중앙행정기관의 장이나 관계 행정기관의 장과 협의할 수 있다. 이 경우 시장이나 군수는 도지사에게 그 도시·군관리계획(지구단위계획구역의 지정·변경과 지구단위계획의 수립·변경에 관한 도시·군관리계획은 제외한다)의 결정을 신청할 때에 관계 행정기관의 장과의 협의 결과를 첨부하여야 한다.(2013.7.16 후단개정)
③ 제2항에 따라 미리 협의한 사항에 대하여는 제30조제1항에 따른 협의를 생략할 수 있다.
(2011.4.14 본조제목개정)
(2009.2.6 본조개정)

제1절의2 공간재구조화계획
(2024.2.6 본절신설)

제35조의2【공간재구조화계획의 입안】 ① 특별시장·광역시장·특별자치시장·특별자치도지사·시장 또는 군수는 다음 각 호의 용도구역을 지정하고 해당 용도구역에 대한 계획을 수립하기 위하여 공간재구조화계획을 입안하여야 한다.
1. 제40조의3에 따른 도시혁신구역 및 도시혁신계획
2. 제40조의4에 따른 복합용도구역 및 복합용도계획
3. 제40조의5에 따른 도시·군계획시설입체복합구역(제1호 또는 제2호와 함께 구역을 지정하거나 계획을 입안하는 경우로 한정한다)
② 공간재구조화계획의 입안과 관련하여 제24조제2항부터 제6항까지를 준용한다. 이 경우 "도시·군관리계획"은 "공간재구조화계획"으로 본다.
③ 국토교통부장관은 제1항 및 제2항에도 불구하고, 도시의 경쟁력 향상, 특화발전 및 지역 균형발전 등을 위하여 필요한 때에는 관할 특별시장·광역시장·특별자치시장·특별자치도지사·시장 또는 군수의 요청에 따라 공간재구조화계획을 입안할 수 있다.
④ 제1항부터 제3항까지에 따라 공간재구조화계획을 입안하려는 국토교통부장관(제40조에 따른 수산자원보호구역의 경우 해양수산부장관을 말한다. 이하 이 조부터 제35조의7까지 규정에서 같다), 시·도지사, 시장 또는 군수(이하 "공간재구조화계획 입안권자"라 한다)는 공간재구조화계획도서(계획도와 계획조서를 말한다. 이하 같다) 및 이를 보조하는 계획설명서(기초조사결과·재원조달방안 및 경관계획을 포함한다. 이하 같다)를 작성하여야 한다.
⑤ 공간재구조화계획의 입안범위와 기준, 공간재구조화계획도서 및 계획설명서의 작성기준·작성방법 등은 국토교통부장관이 정한다.

제35조의3【공간재구조화계획 입안의 제안】 ① 주민(이해관계자를 포함한다. 이하 이 조에서 같다)은 제35조의2

제1항 각 호의 용도구역 지정을 위하여 공간재구조화계획 입안권자에게 공간재구조화계획의 입안을 제안할 수 있다. 이 경우 제안서에는 공간재구조화계획도서와 계획설명서를 첨부하여야 한다.
② 제1항에 따라 공간재구조화계획의 입안을 제안받은 공간재구조화계획 입안권자는 「국유재산법」·「공유재산 및 물품 관리법」에 따른 국유재산·공유재산이 공간재구조화계획으로 지정된 용도구역 내에 포함된 경우 등 대통령령으로 정하는 경우에는 제안자 외의 제3자에 의한 제안이 가능하도록 제안 내용의 개요를 공고하여야 한다. 다만, 제안받은 공간재구조화계획을 입안하지 아니하기로 결정한 때에는 그러하지 아니하다.
③ 공간재구조화계획 입안권자는 제1항에 따른 최초 제안자의 제안서 및 제2항에 따른 제3자 제안서에 대하여 토지이용계획의 적절성 등 대통령령으로 정하는 바에 따라 검토·평가한 후 제출한 제안서 내용의 전부 또는 일부를 공간재구조화계획의 입안에 반영할 수 있다.
④ 공간재구조화계획 입안권자가 제안서 내용의 채택 여부 등을 결정한 경우에는 그 결과를 제안자와 제3자에게 알려야 한다.
⑤ 공간재구조화계획 입안권자는 제안자 또는 제3자와 협의하여 제안된 공간재구조화계획의 입안 및 결정에 필요한 비용의 전부 또는 일부를 제안자 또는 제3자에게 부담시킬 수 있다.
⑥ 제1항부터 제5항까지 규정된 사항 외에 공간재구조화계획 제안의 기준, 절차 등에 관하여 필요한 사항은 대통령령으로 정한다.

제35조의4【공간재구조화계획의 내용 등】 공간재구조화계획에는 다음 각 호의 사항을 포함하여야 한다.
1. 제35조의2제1항 각 호의 용도구역 지정 위치 및 용도구역에 대한 계획 등에 관한 사항
2. 그 밖에 제35조의2제1항 각 호의 용도구역을 지정함에 따라 인근 지역의 주거·교통·기반시설 등에 미치는 영향 등 대통령령으로 정하는 사항

제35조의5【공간재구조화계획 수립을 위한 기초조사, 의견청취 등】 ① 공간재구조화계획의 입안을 위한 기초조사, 주민과 지방의회 의견 청취 등에 관하여는 제27조와 제28조(제28조제4항제2호의 경우 관계 행정기관의 장과 협의, 중앙도시계획위원회의 심의만 해당한다)를 준용한다. 이 경우 "도시·군관리계획"은 "공간재구조화계획"으로, "국토교통부장관, 시·도지사, 시장 또는 군수"는 "공간재구조화계획 입안권자"로 본다.
② 제1항에 따른 기초조사, 환경성 검토, 토지적성평가 또는 재해취약성 분석은 공간재구조화계획 입안일부터 5년 이내 기초조사를 실시한 경우 등 대통령령으로 정하는 바에 따라 생략할 수 있다.

제35조의6【공간재구조화계획의 결정】 ① 공간재구조화계획은 시·도지사가 직접 또는 시장·군수의 신청에 따라 결정한다. 다만, 제35조의2에 따라 국토교통부장관이 입안한 공간재구조화계획은 국토교통부장관이 결정한다.
② 국토교통부장관 또는 시·도지사가 공간재구조화계획을 결정하려면 미리 관계행정기관의 장(국토교통부장관을 포함한다)과 협의하고 다음 각 호에 따라 중앙도시계획위원회 또는 지방도시계획위원회의 심의를 거쳐야 한다. 이 경우 협의요청을 받은 기관의 장은 특별한 사유가 없으면 그 요청을 받은 날부터 30일(도시혁신구역 지정을 위한 공간재구조화계획 결정의 경우에는 근무일 기준으로 10일) 이내에 의견을 제시하여야 한다.
1. 다음 각 목의 어느 하나에 해당하는 사항은 중앙도시계획위원회의 심의를 거친다.
 가. 국토교통부장관이 결정하는 공간재구조화계획
 나. 시·도지사가 결정하는 공간재구조화계획 중 제35조의2제1항 각 호의 구역 지정 및 입지 타당성 등에 관한 사항
2. 제1호 각 목의 사항을 제외한 공간재구조화계획에 대하여는 지방도시계획위원회의 심의를 거친다.
③ 국토교통부장관 또는 시·도지사는 공간재구조화계획을 결정하면 대통령령으로 정하는 바에 따라 그 결정을 고시하고, 국토교통부장관이나 도지사는 관계 서류를 관계 특별시장·광역시장·특별자치시장·특별자치도지사·시장 또는 군수에게 송부하여 일반이 열람할 수 있도록 하여야 하며, 특별시장·광역시장·특별자치시장·특별자치도지사는 관계 서류를 일반이 열람할 수 있도록 하여야 한다.

제35조의7【공간재구조화계획 결정의 효력 등】 ① 공간재구조화계획 결정의 효력은 지형도면을 고시한 날부터 발생한다. 다만, 지형도면이 필요없는 경우에는 제35조의6제3항에 따라 고시한 날부터 효력이 발생한다.
② 제1항에 따라 고시를 한 경우에 해당 구역 지정 및 계획 수립에 필요한 내용에 대해서는 고시한 내용에 따라 도시·군기본계획의 수립·변경(제19조제1항 각 호 중에서 인구의 배분 등은 대통령령으로 정하는 범위에서 변경하는 경우로 한정한다)과 도시·군관리계획의 결정(변경결정을 포함한다) 고시를 한 것으로 본다.
③ 제1항에 따른 지형도면 고시 등에 관하여는 제32조를 준용한다. 이 경우 "도시·군관리계획"은 "공간재구조화계획"으로 본다.
④ 제1항에 따라 고시를 할 당시에 이미 사업이나 공사에 착수한 자(이 법 또는 다른 법률에 따라 허가·인가·승인 등을 받아야 하는 경우에는 그 허가·인가·승인 등을 받아 사업이나 공사에 착수한 자를 말한다)는 그 공간재구조화계획 결정과 관계없이 그 사업이나 공사를 계속할 수 있다.
⑤ 제1항에 따라 고시된 공간재구조화계획의 내용은 도시·군계획으로 관리하여야 한다.

제2절 용도지역·용도지구·용도구역
(2009.2.6 본절개정)

제36조【용도지역의 지정】 ① 국토교통부장관, 시·도지사 또는 대도시 시장은 다음 각 호의 어느 하나에 해당하는 용도지역의 지정 또는 변경을 도시·군관리계획으로 결정한다.(2013.3.23 본문개정)
1. 도시지역 : 다음 각 목의 어느 하나로 구분하여 지정한다.
 가. 주거지역 : 거주의 안녕과 건전한 생활환경의 보호를 위하여 필요한 지역
 나. 상업지역 : 상업이나 그 밖의 업무의 편익을 증진하기 위하여 필요한 지역
 다. 공업지역 : 공업의 편익을 증진하기 위하여 필요한 지역
 라. 녹지지역 : 자연환경·농지 및 산림의 보호, 보건위생, 보안과 도시의 무질서한 확산을 방지하기 위하여 녹지의 보전이 필요한 지역
2. 관리지역 : 다음 각 목의 어느 하나로 구분하여 지정한다.
 가. 보전관리지역 : 자연환경 보호, 산림 보호, 수질오염 방지, 녹지공간 확보 및 생태계 보전 등을 위하여 보전이 필요하나, 주변 용도지역과의 관계 등을 고려할 때 자연환경보전지역으로 지정하여 관리하기가 곤란한 지역
 나. 생산관리지역 : 농업·임업·어업 생산 등을 위하여 관리가 필요하나, 주변 용도지역과의 관계 등을 고려할 때 농림지역으로 지정하여 관리하기가 곤란한 지역
 다. 계획관리지역 : 도시지역으로의 편입이 예상되는 지역이나 자연환경을 고려하여 제한적인 이용·개발을 하려는 지역으로서 계획적·체계적인 관리가 필요한 지역
3. 농림지역
4. 자연환경보전지역
② 국토교통부장관, 시·도지사 또는 대도시 시장은 대통령령으로 정하는 바에 따라 제1항 각 호 및 같은 항 각 호 각 목의 용도지역을 도시·군관리계획결정으로 다시 세분하여 지정하거나 변경할 수 있다.(2013.3.23 본항개정)

제37조【용도지구의 지정】 ① 국토교통부장관, 시·도지사 또는 대도시 시장은 다음 각 호의 어느 하나에 해당하는 용도지구의 지정 또는 변경을 도시·군관리계획으로 결정한다.(2013.3.23 본문개정)
1. 경관지구 : 경관의 보전·관리 및 형성을 위하여 필요한 지구(2017.4.18 본호개정)
2. 고도지구 : 쾌적한 환경 조성 및 토지의 효율적 이용을 위하여 건축물 높이의 최고한도를 규제할 필요가 있는 지구(2017.4.18 본호개정)
3. 방화지구 : 화재의 위험을 예방하기 위하여 필요한 지구
4. 방재지구 : 풍수해, 산사태, 지반의 붕괴, 그 밖의 재해를 예방하기 위하여 필요한 지구
5. 보호지구 : 「국가유산기본법」 제3조에 따른 국가유산, 중요 시설물(항만, 공항 등 대통령령으로 정하는 시설물을 말한다) 및 문화적·생태적으로 보존가치가 큰 지역의 보호와 보존을 위하여 필요한 지구(2023.5.16 본호개정)
6. 취락지구 : 녹지지역·관리지역·농림지역·자연환경보전지역·개발제한구역 또는 도시자연공원구역의 취락을 정비하기 위한 지구
7. 개발진흥지구 : 주거기능·상업기능·공업기능·유통물류기능·관광기능·휴양기능 등을 집중적으로 개발·정비할 필요가 있는 지구
8. 특정용도제한지구 : 주거 및 교육 환경 보호나 청소년 보호 등의 목적으로 오염물질 배출시설, 청소년 유해시설 등 특정시설의 입지를 제한할 필요가 있는 지구(2017.4.18 본호개정)
9. 복합용도지구 : 지역의 토지이용 상황, 개발 수요 및 주변 여건 등을 고려하여 효율적이고 복합적인 토지이용을 도모하기 위하여 특정시설의 입지를 완화할 필요가 있는 지구(2017.4.18 본호신설)
10. 그 밖에 대통령령으로 정하는 지구
② 국토교통부장관, 시·도지사 또는 대도시 시장은 필요하다고 인정되면 대통령령으로 정하는 바에 따라 제1항 각 호의 용도지구를 도시·군관리계획결정으로 다시 세분하여 지정하거나 변경할 수 있다.(2013.3.23 본항개정)
③ 시·도지사 또는 대도시 시장은 지역여건상 필요하면 대통령령으로 정하는 기준에 따라 그 시·도 또는 대도시의 조례로 용도지구의 명칭 및 지정목적, 건축이나 그 밖의 행위의 금지 및 제한에 관한 사항 등을 정하여 제1항 각 호의 용도지구 외의 용도지구의 지정 또는 변경을 도시·군관리계획으로 결정할 수 있다.(2011.4.14 본항개정)
④ 시·도지사 또는 대도시 시장은 연안침식이 진행 중이거나 우려되는 지역 등 대통령령으로 정하는 지역에 대해서는 제1항제5호의 방재지구의 지정 또는 변경을 도시·군관리계획으로 결정하여야 한다. 이 경우 도시·군관리계획의 내용에는 해당 방재지구의 재해저감대책을 포함하여야 한다.(2013.7.16 본항신설)
⑤ 시·도지사 또는 대도시 시장은 대통령령으로 정하는 주거지역·공업지역·관리지역에 복합용도지구를 지정할 수 있으며, 그 지정기준 및 방법 등에 필요한 사항은 대통령령으로 정한다.(2017.4.18 본항신설)

제38조【개발제한구역의 지정】 ① 국토교통부장관은 도시의 무질서한 확산을 방지하고 도시주변의 자연환경을 보전하여 도시민의 건전한 생활환경을 확보하기 위하여 도시의 개발을 제한할 필요가 있거나 국방부장관의 요청이 있어 보안상 도시의 개발을 제한할 필요가 있다고 인정되면 개발제한구역의 지정 또는 변경을 도시·군관리계획으로 결정할 수 있다.(2013.3.23 본항개정)
② 개발제한구역의 지정 또는 변경에 필요한 사항은 따로 법률로 정한다.

제38조의2【도시자연공원구역의 지정】 ① 시·도지사 또는 대도시 시장은 도시의 자연환경 및 경관을 보호하고 도시민에게 건전한 여가·휴식공간을 제공하기 위하여 도시지역 안에서 식생(植生)이 양호한 산지(山地)의 개발을 제한할 필요가 있다고 인정하면 도시자연공원구역의 지정 또는 변경을 도시·군관리계획으로 결정할 수 있다.(2011.4.14 본항개정)
② 도시자연공원구역의 지정 또는 변경에 필요한 사항은 따로 법률로 정한다.

제39조【시가화조정구역의 지정】 ① 시·도지사는 직접 또는 관계 행정기관의 장의 요청을 받아 도시지역과 그 주변지역의 무질서한 시가화를 방지하고 계획적·단계적인 개발을 도모하기 위하여 대통령령으로 정하는 기간 동안 시가화를 유보할 필요가 있다고 인정되면 시가화조정구역의 지정 또는 변경을 도시·군관리계획으로 결정할 수 있다. 다만, 국가계획과 연계하여 시가화조정구역의 지정 또는 변경이 필요한 경우에는 국토교통부장관이 직접 시가화조정구역의 지정 또는 변경을 도시·군관리계획으로 결정할 수 있다.
② 시가화조정구역의 지정에 관한 도시·군관리계획의 결정은 제1항에 따른 시가화 유보기간이 끝난 날의 다음날부터 그 효력을 잃는다. 이 경우 국토교통부장관 또는 시·도지사는 대통령령으로 정하는 바에 따라 그 사실을 고시하여야 한다.
(2013.7.16 본조개정)

제40조【수산자원보호구역의 지정】 해양수산부장관은 직접 또는 관계 행정기관의 장의 요청을 받아 수산자원을 보호·육성하기 위하여 필요한 공유수면이나 그에 인접한 토지에 대한 수산자원보호구역의 지정 또는 변경을 도시·군관리계획으로 결정할 수 있다.(2013.3.23 본조개정)

제40조의2 (2024.2.6 삭제)

제40조의3【도시혁신구역의 지정 등】 ① 제35조의6제1항에 따른 공간재구조화계획 결정권자(이하 이 조 및 제40조의4에서 "공간재구조화계획 결정권자"라 한다)는 다음 각 호 중 어느 하나에 해당하는 지역을 도시혁신구역으로 지정할 수 있다.
1. 도시·군기본계획에 따른 도심·부도심 또는 생활권의 중심지역
2. 주요 기반시설과 연계하여 지역의 거점 역할을 수행할 수 있는 지역
3. 그 밖에 도시공간의 창의적이고 혁신적인 개발이 필요하다고 인정되는 경우로서 대통령령으로 정하는 지역
② 도시혁신계획에는 도시혁신구역의 지정 목적을 이루기 위하여 다음 각 호에 관한 사항이 포함되어야 한다.
1. 용도지역·용도지구, 도시·군계획시설 및 지구단위계획의 결정에 관한 사항
2. 주요 기반시설의 확보에 관한 사항
3. 건축물의 건폐율·용적률·높이에 관한 사항
4. 건축물의 용도·종류 및 규모 등에 관한 사항
5. 제83조의3에 따른 다른 법률 규정 적용의 완화 또는 배제에 관한 사항
6. 도시혁신구역 내 개발사업 및 개발사업의 시행자 등에 관한 사항
7. 그 밖에 도시혁신구역의 체계적 개발과 관리에 필요한 사항
③ 제1항에 따른 도시혁신구역의 지정 및 변경과 제2항에 따른 도시혁신계획은 다음 각 호의 사항을 종합적으로

國土

고려하여 공간재구조화계획으로 결정한다.
1. 도시혁신구역의 지정 목적
2. 해당 지역의 용도지역·기반시설 등 토지이용 현황
3. 도시·군기본계획 등 상위계획과의 부합성
4. 주변 지역의 기반시설, 경관, 환경 등에 미치는 영향 및 도시환경 개선·정비 효과
5. 도시의 개발 수요 및 지역에 미치는 사회적·경제적 파급효과
④ 다른 법률에서 제35조의6에 따른 공간재구조화계획의 결정을 의제하고 있는 경우에도 이 법에 따르지 아니하고 도시혁신구역의 지정과 도시혁신계획을 결정할 수 없다.
⑤ 공간재구조화계획 결정권자가 제3항에 따른 공간재구조화계획을 결정하기 위하여 제35조의6제2항에 따라 관계 행정기관의 장과 협의하는 경우 협의 요청을 받은 기관의 장은 그 요청을 받은 날부터 10일(근무일 기준) 이내에 의견을 회신하여야 한다.
⑥ 도시혁신구역 및 도시혁신계획에 관한 도시·군관리계획 결정의 실효, 도시혁신구역에서의 건축 등에 관하여 다른 특별한 규정이 없는 한 제53조와 제54조를 준용한다. 이 경우 "지구단위계획구역"은 "도시혁신구역"으로, "지구단위계획"은 "도시혁신계획"으로 본다.
⑦ 도시혁신구역의 지정 및 변경과 도시혁신계획의 수립 및 변경에 관한 세부적인 사항은 국토교통부장관이 정하여 고시한다.
(2024.2.6 본조신설)

제40조의4【복합용도구역의 지정 등】 ① 공간재구조화계획 결정권자는 다음 각 호의 어느 하나에 해당하는 지역을 복합용도구역으로 지정할 수 있다.
1. 산업구조 또는 경제활동의 변화로 복합적 토지이용이 필요한 지역
2. 노후 건축물 등이 밀집하여 단계적 정비가 필요한 지역
3. 그 밖에 복합된 공간이용을 촉진하고 다양한 도시공간을 조성하기 위해 계획적 관리가 필요하다고 인정되는 경우로서 대통령령으로 정하는 지역
② 복합용도계획에는 복합용도구역의 지정 목적을 이루기 위하여 다음 각 호에 관한 사항이 포함되어야 한다.
1. 용도지역·용도지구, 도시·군계획시설 및 지구단위계획의 결정에 관한 사항
2. 주요 기반시설의 확보에 관한 사항
3. 건축물의 용도별 복합적인 배치비율 및 규모 등에 관한 사항
4. 건축물의 건폐율·용적률·높이에 관한 사항
5. 제83조의4에 따른 특별건축구역계획에 관한 사항
6. 그 밖에 복합용도구역의 체계적 개발과 관리에 필요한 사항
③ 제1항에 따른 복합용도구역의 지정 및 변경과 제2항에 따른 복합용도계획은 다음 각 호의 사항을 종합적으로 고려하여 공간재구조화계획으로 결정한다.
1. 복합용도구역의 지정 목적
2. 해당 지역의 용도지역·기반시설 등 토지이용 현황
3. 도시·군기본계획 등 상위계획과의 부합성
4. 주변 지역의 기반시설, 경관, 환경 등에 미치는 영향 및 도시환경 개선·정비 효과
④ 복합용도구역 및 복합용도계획에 관한 도시·군관리계획 결정의 실효, 복합용도구역에서의 건축 등에 관하여 다른 특별한 규정이 없는 한 제53조와 제54조를 준용한다. 이 경우 "지구단위계획구역"은 "복합용도구역"으로, "지구단위계획"은 "복합용도계획"으로 본다.
⑤ 복합용도구역의 지정 및 변경과 복합용도계획의 수립 및 변경에 관한 세부적인 사항은 국토교통부장관이 정하여 고시한다.
(2024.2.6 본조신설)

제40조의5【도시·군계획시설입체복합구역의 지정】
① 제29조에 따른 도시·군관리계획의 결정권자(이하 "도시·군관리계획 결정권자"라 한다)는 도시·군계획시설의 입체복합적 활용을 위하여 다음 각 호의 어느 하나에 해당하는 경우에 도시·군계획시설이 결정된 토지의 전부 또는 일부를 도시·군계획시설입체복합구역(이하 "입체복합구역"이라 한다)으로 지정할 수 있다.
1. 도시·군계획시설 준공 후 10년이 경과한 경우로서 해당 시설의 개량 또는 정비가 필요한 경우
2. 주변지역 정비 또는 지역경제 활성화를 위하여 기반시설의 복합적 이용이 필요한 경우
3. 첨단기술을 적용한 새로운 형태의 기반시설 구축 등이 필요한 경우
4. 그 밖에 효율적이고 복합적인 도시·군계획시설의 조성을 위해 필요한 경우로서 대통령령으로 정하는 경우
② 이 법 또는 다른 법률의 규정에도 불구하고 입체복합구역에서의 도시·군계획시설과 도시·군계획시설이 아닌 시설에 대한 건축물이나 그 밖의 시설의 용도·종류 및 규모 등의 제한(이하 이 조에서 "건축제한"이라 한다), 건폐율, 용적률, 높이 등은 대통령령으로 정하는 범위에서 따로 정할 수 있다. 다만, 다른 법률에 따라 정해진 건축제한, 건폐율, 용적률, 높이 등을 완화하는 경우에는 미리 관계기관의 장과 협의하여야 한다.
③ 제2항에 따라 정하는 건폐율과 용적률은 제77조 및 제78조에 따라 대통령령으로 정하고 있는 해당 용도지역별 최대한도의 200퍼센트 이하로 한다.
④ 그 밖에 입체복합구역 지정·변경 등에 관하여 필요한 사항은 국토교통부장관이 정한다.
(2024.2.6 본조신설)

제40조의6【도시혁신구역, 복합용도구역, 입체복합구역에 대한 공공시설등의 설치비용 등】 ① 다음 각 호의 어느 하나에 해당하는 구역 안에서 개발사업이나 개발행위를 하려는 자(제26조제1항제5호에 따라 도시·군관리계획을 입안하거나 제35조의3에 따라 공간재구조화계획을 입안하는 경우 입안 제안자를 포함한다)가 건축물이나 그 밖의 시설의 용도, 건폐율, 용적률 등의 건축제한 완화 또는 행위제한 완화로 인한 토지가치 상승분(「감정평가 및 감정평가사에 관한 법률」에 따른 감정평가법인등이 해당 구역에 따른 계획등의 변경 전·후에 대하여 각각 감정평가한 토지가액의 차이를 말한다)의 범위에서 해당 구역에 따른 계획으로 정하는 바에 따라 해당 구역 안에 제52조의2제1항 각 호의 시설(이하 이 조 및 제52조의2에서 "공공시설등"이라 한다)의 부지를 제공하거나 공공시설등을 설치하여 제공하도록 하여야 한다.
1. 제40조의3에 따른 도시혁신구역
2. 제40조의4에 따른 복합용도구역
3. 제40조의5에 따른 입체복합구역
② 제1항에 따른 공공시설등의 부지제공과 설치, 비용납부 등에 관하여는 제52조의2제2항부터 제6항의 규정을 준용한다. 이 경우 "지구단위계획구역"은 각각 "도시혁신구역", "복합용도구역", "입체복합구역"으로, "지구단위계획"은 각각 "도시혁신계획", "복합용도계획", "도시·군관리계획"으로 본다.
③ 제1항과 제2항의 규정은 제1항 각 호의 구역이 의제되는 경우에도 적용한다. 다만, 다음 각 호의 부담금이 부과(해당 법률에 따라 부담금을 면제하는 경우를 포함한다)되는 경우에는 그러하지 아니하다.
1. 「개발이익 환수에 관한 법률」에 따른 개발부담금
2. 「재건축초과이익 환수에 관한 법률」에 따른 재건축부담금
(2024.2.6 본조신설)

제41조【공유수면매립지에 관한 용도지역의 지정】 ① 공유수면(바다만 해당한다)의 매립 목적이 그 매립구역과 이웃하고 있는 용도지역의 내용과 같으면 제25조와 제30조에도 불구하고 도시·군관리계획의 입안 및 결정 절차 없이 그 매립준공구역은 그 매립의 준공인가일부터 이와 이웃하고 있는 용도지역으로 지정된 것으로 본다. 이 경우 관계 특별시장·광역시장·특별자치시장·특별자치도지사·시장 또는 군수는 그 사실을 지체 없이 고시하여야 한다.
② 공유수면의 매립 목적이 그 매립구역과 이웃하고 있는 용도지역의 내용과 다른 경우 및 그 매립구역이 둘 이상의 용도지역에 걸쳐 있거나 이웃하고 있는 경우 그 매립구역이 속할 용도지역은 도시·군관리계획결정으로 지정하여야 한다.
③ 관계 행정기관의 장은 「공유수면 관리 및 매립에 관한 법률」에 따른 공유수면 매립의 준공검사를 하면 국토교통부령으로 정하는 바에 따라 지체 없이 관계 특별시장·광역시장·특별자치시장·특별자치도지사·시장 또는 군수에게 통보하여야 한다.(2013.3.23 본항개정)
(2011.4.14 본조개정)

제42조【다른 법률에 따라 지정된 지역의 용도지역 지정 등의 의제】 ① 다음 각 호의 어느 하나의 구역 등으로 지정·고시된 지역은 이 법에 따른 도시지역으로 결정·고시된 것으로 본다.
1. 「항만법」 제2조제4호에 따른 항만구역으로서 도시지역에 연접한 공유수면
2. 「어촌·어항법」 제17조제1항에 따른 어항구역으로서 도시지역에 연접한 공유수면
3. 「산업입지 및 개발에 관한 법률」 제2조제8호가목부터 다목까지의 규정에 따른 국가산업단지, 일반산업단지 및 도시첨단산업단지(2011.8.4 본호개정)
4. 「택지개발촉진법」 제3조에 따른 택지개발지구 (2011.5.30 본호개정)
5. 「전원개발촉진법」 제5조 및 같은 법 제11조에 따른 전원개발사업구역 및 예정구역(수력발전소 또는 송·변전설비만을 설치하기 위한 전원개발사업구역 및 예정구역은 제외한다. 이하 이 조에서 같다)
② 관리지역에서 「농지법」에 따른 농업진흥지역으로 지정·고시된 지역은 이 법에 따른 농림지역으로, 관리지역의 산림 중 「산지관리법」에 따라 보전산지로 지정·고시된 지역은 그 고시에서 구분하는 바에 따라 이 법에 따른 농림지역 또는 자연환경보전지역으로 결정·고시된 것으로 본다.
③ 관계 행정기관의 장은 제1항과 제2항에 해당하는 항만구역, 어항구역, 산업단지, 택지개발지구, 전원개발사업구역 및 예정구역, 농업진흥지역 또는 보전산지를 지정한 경우에는 국토교통부령으로 정하는 바에 따라 제32조에 따라 고시된 지형도면 또는 지형도에 그 지정 사실을 표시하여 그 지역을 관할하는 특별시장·광역시장·특별자치시장·특별자치도지사·시장 또는 군수에게 통보하여야 한다.(2013.3.23 본항개정)
④ 제1항에 해당하는 구역·단지·지구 등(이하 이 항에서 "구역등"이라 한다)이 해제되는 경우(개발사업의 완료로 해제되는 경우는 제외한다) 이 법 또는 다른 법률에서 그 구역등이 어떤 용도지역에 해당되는지를 따로 정하고 있지 아니한 경우에는 이를 지정하기 이전의 용도지역으로 환원된 것으로 본다. 이 경우 지정권자는 용도지역이 환원된 사실을 대통령령으로 정하는 바에 따라 고시하고, 그 지역을 관할하는 특별시장·광역시장·특별자치시장·특별자치도지사·시장 또는 군수에게 통보하여야 한다.(2011.4.14 본항개정)
⑤ 제4항에 따라 용도지역이 환원되는 당시 이미 사업이나 공사에 착수한 자(이 법 또는 다른 법률에 따라 허가·인가·승인 등을 받아야 하는 경우에는 그 허가·인가·승인 등을 받아 사업이나 공사에 착수한 자를 말한다)는 그 용도지역의 환원과 관계없이 그 사업이나 공사를 계속할 수 있다.(2020.6.9 본항개정)

제3절 도시·군계획시설
(2011.4.14 본절제목개정)

제43조【도시·군계획시설의 설치·관리】 ① 지상·수상·공중·수중 또는 지하에 기반시설을 설치하려면 그 시설의 종류·명칭·위치·규모 등을 미리 도시·군관리계획으로 결정하여야 한다. 다만, 용도지역·기반시설의 특성 등을 고려하여 대통령령으로 정하는 경우에는 그러하지 아니하다.
② 효율적인 토지이용을 위하여 둘 이상의 도시·군계획시설을 같은 토지에 함께 결정하거나 도시·군계획시설이 위치하는 공간의 일부를 구획하여 도시·군계획시설을 결정할 수 있다.(2024.2.6 본항신설)
③ 도시·군계획시설의 결정·구조 및 설치의 기준 등에 필요한 사항은 국토교통부령으로 정하고, 그 세부사항은 국토교통부령으로 정하는 범위에서 시·도의 조례로 정할 수 있다. 다만, 이 법 또는 다른 법률에 특별한 규정이 있는 경우에는 그에 따른다.(2024.2.6 단서개정)
④ 제1항에 따라 설치한 도시·군계획시설의 관리에 관하여 이 법 또는 다른 법률에 특별한 규정이 있는 경우 외에는 국가가 관리하는 경우에는 대통령령으로, 지방자치단체가 관리하는 경우에는 그 지방자치단체의 조례로 도시·군계획시설의 관리에 관한 사항을 정한다.
(2011.4.14 본조개정)

제44조【공동구의 설치】 ① 다음 각 호에 해당하는 지역·지구·구역 등(이하 이 항에서 "지역등"이라 한다)이 대통령령으로 정하는 규모를 초과하는 경우에는 해당 지역등에서 개발사업을 시행하는 자(이하 이 조에서 "사업시행자"라 한다)는 공동구를 설치하여야 한다.
1. 「도시개발법」 제2조제1항에 따른 도시개발구역
2. 「택지개발촉진법」 제2조제3항에 따른 택지개발지구 (2011.5.30 본호개정)
3. 「경제자유구역의 지정 및 운영에 관한 특별법」 제2조 제1호에 따른 경제자유구역
4. 「도시 및 주거환경정비법」 제2조제1호에 따른 정비구역
5. 그 밖에 대통령령으로 정하는 지역
② 「도로법」 제23조에 따른 도로 관리청은 지하매설물의 빈번한 설치 및 유지관리 등의 행위로 인하여 도로구조의 보전과 안전하고 원활한 도로교통의 확보에 지장을 초래하는 경우에는 공동구 설치의 타당성을 검토하여야 한다. 이 경우 재정여건 및 설치 우선순위 등을 고려하여 단계적으로 공동구가 설치될 수 있도록 하여야 한다.
(2020.6.9 후단개정)
③ 공동구가 설치된 경우에는 대통령령으로 정하는 바에 따라 공동구에 수용하여야 할 시설이 모두 수용되도록 하여야 한다.
④ 제1항에 따른 개발사업의 계획을 수립할 경우에는 공동구 설치에 관한 계획을 포함하여야 한다. 이 경우 제3항에 따라 공동구에 수용되어야 할 시설을 설치하고자 공동구를 점용하려는 자(이하 이 조에서 "공동구 점용예정자"라 한다)와 설치 노선 및 규모 등에 관하여 미리 협의한 후 제44조의2제4항에 따른 공동구협의회의 심의를 거쳐야 한다.
⑤ 공동구의 설치(개량하는 경우를 포함한다)에 필요한 비용은 이 법 또는 다른 법률에 특별한 규정이 있는 경우를 제외하고는 공동구 점용예정자와 사업시행자가 부담한다. 이 경우 공동구 점용예정자는 해당 시설을 개별적으로 매설할 때 필요한 비용의 범위에서 대통령령으로 정하는 바에 따라 부담한다.
⑥ 제5항에 따라 공동구 점용예정자와 사업시행자가 공동구 설치비용을 부담하는 경우 국가, 특별시장·광역시장·특별자치시장·특별자치도지사·시장 또는 군수는 공동구의 원활한 설치를 위하여 그 비용의 일부를 보조 또는 융자할 수 있다.(2011.4.14 본항개정)

⑦ 제3항에 따라 공동구에 수용되어야 하는 시설물의 설치기준 등은 다른 법률에 특별한 규정이 있는 경우를 제외하고는 국토교통부장관이 정한다.(2013.3.23 본항개정)
(2009.12.29 본조개정)

제44조의2【공동구의 관리·운영 등】 ① 공동구는 특별시장·광역시장·특별자치시장·특별자치도지사·시장 또는 군수(이하 이 조 및 제44조의3에서 "공동구관리자"라 한다)가 관리한다. 다만, 공동구의 효율적인 관리·운영을 위하여 필요하다고 인정하는 경우에는 대통령령으로 정하는 기관에 그 관리·운영을 위탁할 수 있다.
(2011.4.14 본문개정)
② 공동구관리자는 5년마다 해당 공동구의 안전 및 유지관리계획을 대통령령으로 정하는 바에 따라 수립·시행하여야 한다.
③ 공동구관리자는 대통령령으로 정하는 바에 따라 1년에 1회 이상 공동구의 안전점검을 실시하여야 하며, 안전점검결과 이상이 있다고 인정되는 때에는 지체 없이 정밀안전진단·보수·보강 등 필요한 조치를 하여야 한다.
④ 공동구관리자는 공동구의 설치·관리에 관한 주요 사항의 심의 또는 자문을 하게 하기 위하여 공동구협의회를 둘 수 있다. 이 경우 공동구협의회의 구성·운영 등에 필요한 사항은 대통령령으로 정한다.
⑤ 국토교통부장관은 공동구의 관리에 필요한 사항을 정할 수 있다.(2013.3.23 본항개정)
(2009.12.29 본조신설)

제44조의3【공동구의 관리비용 등】 ① 공동구의 관리에 소요되는 비용은 그 공동구를 점용하는 자가 함께 부담하되, 부담비율은 점용면적을 고려하여 공동구관리자가 정한다.
② 공동구 설치비용을 부담하지 아니한 자(부담액을 완납하지 아니한 자를 포함한다)가 공동구를 점용하거나 사용하려면 그 공동구를 관리하는 공동구관리자의 허가를 받아야 한다.
③ 공동구를 점용하거나 사용하는 자는 그 공동구를 관리하는 특별시·광역시·특별자치시·특별자치도·시 또는 군의 조례로 정하는 바에 따라 점용료 또는 사용료를 납부하여야 한다.(2011.4.14 본항개정)
(2009.12.29 본조신설)

제45조【광역시설의 설치·관리 등】 ① 광역시설의 설치 및 관리는 제43조에 따른다.
② 관계 특별시장·광역시장·특별자치시장·특별자치도지사·시장 또는 군수는 협약을 체결하거나 협의회 등을 구성하여 광역시설을 설치·관리할 수 있다. 다만, 협약의 체결이나 협의회 등의 구성이 이루어지지 아니하는 경우 그 시 또는 군이 같은 도에 속할 때에는 관할 도지사가 광역시설을 설치·관리할 수 있다.(2011.4.14 본문개정)
③ 국가계획으로 설치하는 광역시설은 그 광역시설의 설치·관리를 사업목적 또는 사업종목으로 하여 다른 법률에 따라 설립된 법인이 설치·관리할 수 있다.
④ 지방자치단체는 환경오염이 심하게 발생하거나 해당 지역의 개발이 현저하게 위축될 우려가 있는 광역시설을 다른 지방자치단체의 관할 구역에 설치할 때에는 대통령령으로 정하는 바에 따라 환경오염 방지를 위한 사업이나 해당 지역 주민의 편익을 증진시키기 위한 사업을 해당 지방자치단체와 함께 시행하거나 이에 필요한 자금을 해당 지방자치단체에 지원하여야 한다. 다만, 다른 법률에 특별한 규정이 있는 경우에는 그 법률에 따른다.

제46조【도시·군계획시설의 공중 및 지하 설치기준과 보상 등】 도시·군계획시설을 공중·수중·수상 또는 지하에 설치하는 경우 그 높이나 깊이의 기준과 그 설치로 인하여 토지나 건물의 소유권 행사에 제한을 받는 자에 대한 보상 등에 관하여는 따로 법률로 정한다.
(2011.4.14 본조개정)

제47조【도시·군계획시설 부지의 매수 청구】 ① 도시·군계획시설에 대한 도시·군관리계획의 결정(이하 "도시·군계획시설결정"이라 한다)의 고시일부터 10년 이내에 그 도시·군계획시설의 설치에 관한 도시·군계획시설사업이 시행되지 아니하는 경우(제88조에 따른 실시계획의 인가나 그에 상당하는 절차가 진행된 경우는 제외한다. 이하 같다) 그 도시·군계획시설의 부지로 되어 있는 토지 중 지목(地目)이 대(垈)인 토지(그 토지에 있는 건축물 및 정착물을 포함한다. 이하 이 조에서 같다)의 소유자는 대통령령으로 정하는 바에 따라 특별시장·광역시장·특별자치시장·특별자치도지사·시장 또는 군수에게 그 토지의 매수를 청구할 수 있다. 다만, 다음 각 호의 어느 하나에 해당하는 경우에는 그에 해당하는 자(특별시장·광역시장·특별자치시장·특별자치도지사·시장 또는 군수를 포함한다. 이하 이 조에서 "매수의무자"라 한다)에게 그 토지의 매수를 청구할 수 있다.
1. 이 법에 따라 해당 도시·군계획시설사업의 시행자가 정하여진 경우에는 그 시행자
2. 이 법 또는 다른 법률에 따라 도시·군계획시설을 설치하거나 관리하여야 할 의무가 있는 자가 있으면 그 의무가 있는 자. 이 경우 도시·군계획시설을 설치하거나 관리하여야 할 의무가 있는 자가 서로 다른 경우에는 설치하여야 할 의무가 있는 자에게 매수 청구하여야 한다.
(2011.4.14 본항개정)
② 매수의무자는 제1항에 따라 매수 청구를 받은 토지를 매수할 때에는 현금으로 그 대금을 지급한다. 다만, 다음 각 호의 어느 하나에 해당하는 경우로서 매수의무자가 지방자치단체인 경우에는 채권(이하 "도시·군계획시설채권"이라 한다)을 발행하여 지급할 수 있다.(2011.4.14 단서개정)
1. 토지 소유자가 원하는 경우
2. 대통령령으로 정하는 부재부동산 소유자의 토지 또는 비업무용 토지로서 매수대금이 대통령령으로 정하는 금액을 초과하여 그 초과하는 금액을 지급하는 경우
③ 도시·군계획시설채권의 상환기간은 10년 이내로 하며, 그 이율은 채권 발행 당시 「은행법」에 따른 인가를 받은 은행 중 전국을 영업으로 하는 은행이 적용하는 1년 만기 정기예금금리의 평균 이상이어야 하며, 구체적인 상환기간과 이율은 특별시·광역시·특별자치시·특별자치도·시 또는 군의 조례로 정한다.(2011.4.14 본항개정)
④ 매수 청구된 토지의 매수가격·매수절차 등에 관하여 이 법에 특별한 규정이 있는 경우 외에는 「공익사업을 위한 토지 등의 취득 및 보상에 관한 법률」을 준용한다.
⑤ 도시·군계획시설채권의 발행절차나 그 밖에 필요한 사항에 관하여 이 법에 특별한 규정이 있는 경우 외에는 「지방재정법」에서 정하는 바에 따른다.(2011.4.14 본항개정)
⑥ 매수의무자는 제1항에 따른 매수 청구를 받은 날부터 6개월 이내에 매수 여부를 결정하여 토지 소유자와 특별시장·광역시장·특별자치시장·특별자치도지사·시장 또는 군수(매수의무자가 특별시장·광역시장·특별자치시장·특별자치도지사·시장 또는 군수인 경우는 제외한다)에게 알려야 하며, 매수하기로 결정한 토지는 매수 결정을 알린 날부터 2년 이내에 매수하여야 한다.
(2011.4.14 본항개정)
⑦ 제1항에 따라 매수 청구를 한 토지의 소유자는 다음 각 호의 어느 하나에 해당하는 경우 제56조에 따른 허가를 받아 대통령령으로 정하는 건축물 또는 공작물을 설치할 수 있다. 이 경우 제54조, 제58조와 제64조는 적용하지 아니한다.(2015.12.29 후단개정)
1. 제6항에 따라 매수하지 아니하기로 결정한 경우
2. 제6항에 따라 매수 결정을 알린 날부터 2년이 지날 때까지 해당 토지를 매수하지 아니하는 경우
(2011.4.14 본조제목개정)

제48조【도시·군계획시설결정의 실효 등】 ① 도시·군계획시설결정이 고시된 도시·군계획시설에 대하여 그 고시일부터 20년이 지날 때까지 그 시설의 설치에 관한 도시·군계획시설사업이 시행되지 아니하는 경우 그 도시·군계획시설결정은 그 고시일부터 20년이 되는 날의 다음날에 그 효력을 잃는다.
② 시·도지사 또는 대도시 시장은 제1항에 따라 도시·군계획시설결정이 효력을 잃으면 대통령령으로 정하는 바에 따라 지체 없이 그 사실을 고시하여야 한다.
③ 특별시장·광역시장·특별자치시장·특별자치도지사·시장 또는 군수는 도시·군계획시설결정이 고시된 도시·군계획시설(국토교통부장관이 결정·고시한 도시·군계획시설 중 관계 중앙행정기관의 장이 직접 설치하기로 한 시설은 제외한다. 이하 이 조에서 같다)을 설치할 필요성이 없어진 경우 또는 그 고시일부터 10년이 지날 때까지 해당 시설의 설치에 관한 도시·군계획시설사업이 시행되지 아니하는 경우에는 대통령령으로 정하는 바에 따라 그 현황과 제85조에 따른 단계별 집행계획을 해당 지방의회에 보고하여야 한다.(2013.7.16 본항개정)
④ 제3항에 따라 보고를 받은 지방의회는 대통령령으로 정하는 바에 따라 해당 특별시장·광역시장·특별자치시장·특별자치도지사·시장 또는 군수에게 도시·군계획시설결정의 해제를 권고할 수 있다.(2011.4.14 본항신설)
⑤ 제4항에 따라 도시·군계획시설결정의 해제를 권고받은 특별시장·광역시장·특별자치시장·특별자치도지사·시장 또는 군수는 특별한 사유가 없으면 대통령령으로 정하는 바에 따라 그 도시·군계획시설결정의 해제를 위한 도시·군관리계획을 결정하거나 도지사에게 그 결정을 신청하여야 한다. 이 경우 신청을 받은 도지사는 특별한 사유가 없으면 그 도시·군계획시설결정의 해제를 위한 도시·군관리계획을 결정하여야 한다.(2011.4.14 본항신설)
(2011.4.14 본조개정)

제48조의2【도시·군계획시설결정의 해제 신청 등】 ① 도시·군계획시설결정의 고시일부터 10년 이내에 그 도시·군계획시설의 설치에 관한 도시·군계획시설사업이 시행되지 아니한 경우로서 제85조제1항에 따른 단계별 집행계획상 해당 도시·군계획시설의 실효 시까지 집행계획이 없는 경우에는 그 도시·군계획시설 부지로 되어 있는 토지의 소유자는 대통령령으로 정하는 바에 따라 해당 도시·군계획시설에 대한 도시·군관리계획 입안권자에게 그 토지의 도시·군계획시설결정 해제를 위한 도시·군관리계획 입안을 신청할 수 있다.
② 도시·군관리계획 입안권자는 제1항에 따른 신청을 받은 날부터 3개월 이내에 입안 여부를 결정하여 토지 소유자에게 알려야 하며, 해당 도시·군계획시설결정의 실효 시까지 설치하기로 집행계획을 수립하는 등 대통령령으로 정하는 특별한 사유가 없으면 그 도시·군계획시설결정의 해제를 위한 도시·군관리계획을 입안하여야 한다.
③ 제1항에 따라 신청을 한 토지 소유자는 해당 도시·군계획시설결정의 해제를 위한 도시·군관리계획이 입안되지 아니하는 등 대통령령으로 정하는 사항에 해당하는 경우에는 해당 도시·군계획시설에 대한 도시·군관리계획 결정권자에게 그 도시·군계획시설결정의 해제를 신청할 수 있다.
④ 도시·군관리계획 결정권자는 제3항에 따른 신청을 받은 날부터 2개월 이내에 결정 여부를 정하여 토지 소유자에게 알려야 하며, 특별한 사유가 없으면 그 도시·군계획시설결정을 해제하여야 한다.
⑤ 제3항에 따라 해제 신청을 한 토지 소유자는 해당 도시·군계획시설결정이 해제되지 아니하는 등 대통령령으로 정하는 사항에 해당하는 경우에는 국토교통부장관에게 그 도시·군계획시설결정의 해제 심사를 신청할 수 있다.
⑥ 제5항에 따라 신청을 받은 국토교통부장관은 대통령령으로 정하는 바에 따라 해당 도시·군계획시설에 대한 도시·군관리계획 결정권자에게 도시·군계획시설결정의 해제를 권고할 수 있다.
⑦ 제6항에 따라 해제를 권고받은 도시·군관리계획 결정권자는 특별한 사유가 없으면 그 도시·군계획시설결정을 해제하여야 한다.
⑧ 제2항에 따른 도시·군계획시설결정 해제를 위한 도시·군관리계획의 입안 절차와 제4항 및 제7항에 따른 도시·군계획시설결정의 해제 절차는 대통령령으로 정한다.
(2015.8.11 본조신설)

제4절 지구단위계획

제49조【지구단위계획의 수립】 ① 지구단위계획은 다음 각 호의 사항을 고려하여 수립한다.
1. 도시의 정비·관리·보전·개발 등지구단위계획구역의 지정 목적
2. 주거·산업·유통·관광휴양·복합 등 지구단위계획구역의 중심기능
3. 해당 용도지역의 특성
4. 그 밖에 대통령령으로 정하는 사항
② 지구단위계획의 수립기준 등은 대통령령으로 정하는 바에 따라 국토교통부장관이 정한다.(2013.3.23 본항개정)
(2011.4.14 본조개정)

제50조【지구단위계획구역 및 지구단위계획의 결정】 지구단위계획구역 및 지구단위계획은 도시·군관리계획으로 결정한다.(2011.4.14 본조개정)

제51조【지구단위계획구역의 지정 등】 ① 국토교통부장관, 시·도지사, 시장 또는 군수는 다음 각 호의 어느 하나에 해당하는 지역의 전부 또는 일부에 대하여 지구단위계획구역을 지정할 수 있다.(2013.7.16 본문개정)
1. 제37조에 따라 지정된 용도지구
2. 「도시개발법」 제3조에 따라 지정된 도시개발구역
3. 「도시 및 주거환경정비법」 제8조에 따라 지정된 정비구역(2017.2.8 본호개정)
4. 「택지개발촉진법」 제3조에 따라 지정된 택지개발지구
(2011.5.30 본호개정)
5. 「주택법」 제15조에 따른 대지조성사업지구(2016.1.19 본호개정)
6. 「산업입지 및 개발에 관한 법률」 제2조제8호의 산업단지와 같은 조 제12호의 준산업단지(2011.8.4 본호개정)
7. 「관광진흥법」 제52조에 따라 지정된 관광단지와 같은 법 제70조에 따라 지정된 관광특구(2011.4.14 본호개정)
8. 개발제한구역·도시자연공원구역·시가화조정구역 또는 공원에서 해제되는 구역, 녹지지역에서 주거·상업·공업지역으로 변경되는 구역과 새로 도시지역으로 편입되는 구역 중 계획적인 개발 또는 관리가 필요한 지역
8의2. 도시지역 내 주거·상업·업무 등의 기능을 결합하는 등 복합적인 토지 이용을 증진시킬 필요가 있는 지역으로서 대통령령으로 정하는 요건에 해당하는 지역
(2011.4.14 본호신설)
8의3. 도시지역 내 유휴토지를 효율적으로 개발하거나 교정시설, 군사시설, 그 밖에 대통령령으로 정하는 시설을 이전 또는 재배치하여 토지 이용을 합리화하고, 그 기능을 증진시키기 위하여 집중적으로 정비가 필요한 지역으로서 대통령령으로 정하는 요건에 해당하는 지역
(2011.4.14 본호신설)
9. 도시지역의 체계적·계획적인 관리 또는 개발이 필요한 지역
10. 그 밖에 양호한 환경의 확보나 기능 및 미관의 증진 등을 위하여 필요한 지역으로서 대통령령으로 정하는 지역
② 국토교통부장관, 시·도지사, 시장 또는 군수는 다음

각 호의 어느 하나에 해당하는 지역은 지구단위계획구역으로 지정하여야 한다. 다만, 관계 법률에 따라 그 지역에 토지 이용과 건축에 관한 계획이 수립되어 있는 경우에는 그러하지 아니하다.(2013.7.16 본문개정)
1. 제1항제3호와 제4호의 지역에서 시행되는 사업이 끝난 후 10년이 지난 지역
2. 제1항 각 호 중 체계적·계획적인 개발 또는 관리가 필요한 지역으로서 대통령령으로 정하는 지역
③ 도시지역 외의 지역을 지구단위계획구역으로 지정하려는 경우 다음 각 호의 어느 하나에 해당하여야 한다.(2011.4.14 본문개정)
1. 지정하려는 구역 면적의 100분의 50 이상이 제36조에 따라 지정된 계획관리지역으로서 대통령령으로 정하는 요건에 해당하는 지역(2011.4.14 본호개정)
2. 제37조에 따라 지정된 개발진흥지구로서 대통령령으로 정하는 요건에 해당하는 지역
3. 제37조에 따라 지정된 용도지구를 폐지하고 그 용도지구에서의 행위 제한 등을 지구단위계획으로 대체하려는 지역(2011.4.14 본호신설)
④ (2011.4.14 삭제)
(2009.2.6 본조개정)

제52조【지구단위계획의 내용】 ① 지구단위계획구역의 지정목적을 이루기 위하여 지구단위계획에는 다음 각 호의 사항 중 제2호와 제4호의 사항을 포함한 둘 이상의 사항이 포함되어야 한다. 다만, 제1호의2를 내용으로 하는 지구단위계획의 경우에는 그러하지 아니하다.(2011.4.14 본문개정)
1. 용도지역이나 용도지구를 대통령령으로 정하는 범위에서 세분하거나 변경하는 사항
1의2. 기존의 용도지구를 폐지하고 그 용도지구에서의 건축물이나 그 밖의 시설의 용도·종류 및 규모 등의 제한을 대체하는 사항(2011.4.14 본호신설)
2. 대통령령으로 정하는 기반시설의 배치와 규모
3. 도로로 둘러싸인 일단의 지역 또는 계획적인 개발·정비를 위하여 구획된 일단의 토지의 규모와 조성계획
4. 건축물의 용도제한, 건축물의 건폐율 또는 용적률, 건축물 높이의 최고한도 또는 최저한도
5. 건축물의 배치·형태·색채 또는 건축선에 관한 계획
6. 환경관리계획 또는 경관계획
7. 보행안전 등을 고려한 교통처리계획(2021.1.12 본호개정)
8. 그 밖에 토지 이용의 합리화, 도시나 농·산·어촌의 기능 증진 등에 필요한 사항으로서 대통령령으로 정하는 사항
② 지구단위계획은 도로, 상하수도 등 대통령령으로 정하는 도시·군계획시설의 처리·공급 및 수용능력이 지구단위계획구역에 있는 건축물의 연면적, 수용인구 등 개발밀도와 적절한 조화를 이룰 수 있도록 하여야 한다.(2011.4.14 본항개정)
③ 지구단위계획구역에서는 제76조부터 제78조까지의 규정과 「건축법」 제42조·제43조·제44조·제60조 및 제61조, 「주차장법」 제19조 및 제19조의2를 대통령령으로 정하는 범위에서 지구단위계획에서 정하는 바에 따라 완화하여 적용할 수 있다.
④ (2011.4.14 삭제)
(2009.2.6 본조개정)

제52조의2【공공시설등의 설치비용 등】 ① 제51조제1항제8호의2 또는 제8호의3에 해당하는 지역의 전부 또는 일부를 지구단위계획구역으로 지정함에 따라 지구단위계획으로 제36조제1항제1호 각 목 간의 용도지역이 변경되어 용적률이 높아지거나 건축제한이 완화되는 경우 또는 제52조제1항에 따른 지구단위계획으로 제43조에 따른 도시·군계획시설 결정이 변경되어 행위제한이 완화되는 경우에는 해당 지구단위계획구역에서 건축물을 건축하려는 자(제26조제1항제2호에 따라 도시·군관리계획이 입안되는 경우 입안 제안자를 포함한다)가 용도지역의 변경 또는 도시·군계획시설 결정의 변경 등으로 인한 토지가치 상승분(「감정평가 및 감정평가사에 관한 법률」에 따른 감정평가법인등이 용도지역의 변경 또는 도시·군계획시설 결정의 변경 전·후에 대하여 각각 감정평가한 토지가액의 차이를 말한다)의 범위에서 지구단위계획으로 정하는 바에 따라 해당 지구단위계획구역 안에 다음 각 호의 시설의 부지를 제공하거나 공공시설등을 설치하여 제공하도록 하여야 한다.(2024.2.6 본문개정)
1. 공공시설
2. 기반시설
3. 「공공주택 특별법」 제2조제1호가목에 따른 공공임대주택 또는 「건축법」 및 같은 법 시행령 별표1 제2호라목에 따른 기숙사 등 공공필요성이 인정되어 해당 시·도 또는 대도시의 조례로 정하는 시설
② 제1항에도 불구하고 대통령령으로 정하는 바에 따라 해당 지구단위계획구역 안의 공공시설등이 충분한 것으로 인정될 때에는 해당 지구단위계획구역 밖의 관할 특별시·광역시·특별자치시·특별자치도·시 또는 군에 지구단위계획으로 정하는 바에 따라 다음 각 호의 사업에 필요한 비용을 납부하는 것으로 갈음할 수 있다.
1. 도시·군계획시설결정의 고시일부터 10년 이내에 도시·군계획시설사업이 시행되지 아니한 도시·군계획시설의 설치
2. 제1항제3호에 따른 시설의 설치
3. 공공시설 또는 제1호에 해당하지 아니하는 기반시설의 설치
③ 제1항에 따른 지구단위계획구역이 특별시 또는 광역시 관할인 경우에는 제2항에 따른 공공시설등의 설치 비용 납부액 중 대통령령으로 정하는 비율에 해당하는 금액은 해당 지구단위계획구역의 관할 구(자치구를 말한다. 이하 같다) 또는 군(광역시의 관할 구역에 있는 군을 말한다. 이하 이 조에서 같다)에 귀속된다.
④ 특별시장·광역시장·특별자치시장·특별자치도지사·시장·군수 또는 구청장은 제2항에 따라 납부받거나 제3항에 따라 귀속되는 공공시설등의 설치 비용의 관리 및 운용을 위하여 기금을 설치할 수 있다.
⑤ 특별시·광역시·특별자치시·특별자치도·시 또는 군은 제2항에 따라 납부받은 공공시설등의 설치 비용의 100분의 10 이상을 제2항제1호의 사업에 우선 사용하여야 하고, 해당 지구단위계획구역의 관할 구 또는 군은 제3항에 따라 귀속되는 공공시설등의 설치 비용의 전부를 제2항제1호의 사업에 우선 사용하여야 한다. 이 경우 공공시설등의 설치 비용의 사용기준 등 필요한 사항은 해당 시·도 또는 대도시의 조례로 정한다.
⑥ 제2항에 따른 공공시설등의 설치 비용 납부액의 산정 기준 및 납부방법 등에 관하여 필요한 사항은 대통령령으로 정한다.
(2021.1.12 본조신설)

제53조【지구단위계획구역의 지정 및 지구단위계획에 관한 도시·군관리계획결정의 실효 등】 ① 지구단위계획구역의 지정에 관한 도시·군관리계획결정의 고시일부터 3년 이내에 그 지구단위계획구역에 관한 지구단위계획이 결정·고시되지 아니하면 그 3년이 되는 날의 다음날에 그 지구단위계획구역의 지정에 관한 도시·군관리계획결정은 효력을 잃는다. 다만, 다른 법률에서 지구단위계획의 결정(결정된 것으로 보는 경우를 포함한다)에 관하여 따로 정한 경우에는 그 법률에 따라 지구단위계획을 결정할 때까지 지구단위계획구역의 지정은 그 효력을 유지한다.(2011.4.14 본문개정)
② 지구단위계획(제26조제1항에 따라 주민이 입안을 제안한 것에 한정한다)에 관한 도시·군관리계획결정의 고시일부터 5년 이내에 이 법 또는 다른 법률에 따라 허가·인가·승인 등을 받아 사업이나 공사에 착수하지 아니하면 그 5년이 된 날의 다음날에 그 지구단위계획에 관한 도시·군관리계획결정은 효력을 잃는다. 이 경우 지구단위계획과 관련한 도시·군관리계획결정에 관한 사항은 해당 지구단위계획구역 지정 당시의 도시·군관리계획으로 환원된 것으로 본다.(2015.8.11 본항신설)
③ 국토교통부장관, 시·도지사, 시장 또는 군수는 제1항 및 제2항에 따른 지구단위계획구역 지정 및 지구단위계획 결정이 효력을 잃으면 대통령령으로 정하는 바에 따라 지체 없이 그 사실을 고시하여야 한다.(2015.8.11 본항개정)
(2015.8.11 본조제목개정)

제54조【지구단위계획구역에서의 건축 등】 지구단위계획구역에서 건축물(일정 기간 내 철거가 예상되는 경우 등 대통령령으로 정하는 가설건축물은 제외한다)을 건축 또는 용도변경하거나 공작물을 설치하려면 그 지구단위계획에 맞게 하여야 한다. 다만, 지구단위계획이 수립되어 있지 아니한 경우에는 그러하지 아니하다.
(2021.1.12 본문개정)

제55조 (2007.1.19 삭제)

제5장 개발행위의 허가 등
(2009.2.6 본장개정)

제1절 개발행위의 허가

제56조【개발행위의 허가】 ① 다음 각 호의 어느 하나에 해당하는 행위로서 대통령령으로 정하는 행위(이하 "개발행위"라 한다)를 하려는 자는 특별시장·광역시장·특별자치시장·특별자치도지사·시장 또는 군수의 허가(이하 "개발행위허가"라 한다)를 받아야 한다. 다만, 도시·군계획사업(다른 법률에 따라 도시·군계획사업을 의제한 사업을 포함한다)에 의한 행위는 그러하지 아니하다.(2018.8.14 단서개정)
1. 건축물의 건축 또는 공작물의 설치
2. 토지의 형질 변경(경작을 위한 경우로서 대통령령으로 정하는 토지의 형질 변경은 제외한다)(2011.4.14 본호개정)
3. 토석의 채취
4. 토지 분할(건축물이 있는 대지의 분할은 제외한다)(2011.4.14 본호개정)
5. 녹지지역·관리지역 또는 자연환경보전지역에 물건을 1개월 이상 쌓아놓는 행위
② 개발행위허가를 받은 사항을 변경하는 경우에는 제1항을 준용한다. 다만, 대통령령으로 정하는 경미한 사항을 변경하는 경우에는 그러하지 아니하다.
③ 제1항에도 불구하고 제1항제2호 및 제3호의 개발행위 중 도시지역과 계획관리지역의 산림에서의 임도(林道) 설치와 사방사업에 관하여는 「산림자원의 조성 및 관리에 관한 법률」과 「사방사업법」에 따르고, 보전관리지역·생산관리지역·농림지역 및 자연환경보전지역의 산림에서의 제1항제2호(농업·임업·어업을 목적으로 하는 토지의 형질 변경만 해당한다) 및 제3호의 개발행위에 관하여는 「산지관리법」에 따른다.(2011.4.14 본항개정)
④ 다음 각 호의 어느 하나에 해당하는 행위는 제1항에도 불구하고 개발행위허가를 받지 아니하고 할 수 있다. 다만, 제1호의 응급조치를 한 경우에는 1개월 이내에 특별시장·광역시장·특별자치시장·특별자치도지사·시장 또는 군수에게 신고하여야 한다.(2011.4.14 단서개정)
1. 재해복구나 재난수습을 위한 응급조치
2. 「건축법」에 따라 신고하고 설치할 수 있는 건축물의 개축·증축 또는 재축과 이에 필요한 범위에서의 토지의 형질 변경(도시·군계획시설사업이 시행되지 아니하고 있는 도시·군계획시설의 부지인 경우만 가능하다)(2011.4.14 본호개정)
3. 그 밖에 대통령령으로 정하는 경미한 행위

제57조【개발행위허가의 절차】 ① 개발행위를 하려는 자는 그 개발행위에 따른 기반시설의 설치나 그에 필요한 용지의 확보, 위해(危害) 방지, 환경오염 방지, 경관, 조경 등에 관한 계획서를 첨부한 신청서를 개발행위허가권자에게 제출하여야 한다. 이 경우 개발밀도관리구역 안에서는 기반시설의 설치나 그에 필요한 용지의 확보에 관한 계획서를 제출하지 아니한다. 다만, 제56조제1항제1호의 행위 중 「건축법」의 적용을 받는 건축물의 건축 또는 공작물의 설치를 하려는 자는 「건축법」에서 정하는 절차에 따라 신청서류를 제출하여야 한다.
② 특별시장·광역시장·특별자치시장·특별자치도지사·시장 또는 군수는 제1항에 따른 개발행위허가의 신청에 대하여 특별한 사유가 없으면 대통령령으로 정하는 기간 이내에 허가 또는 불허가의 처분을 하여야 한다.
③ 특별시장·광역시장·특별자치시장·특별자치도지사·시장 또는 군수는 제2항에 따라 허가 또는 불허가의 처분을 할 때에는 지체 없이 그 신청인에게 허가내용이나 불허가처분의 사유를 서면 또는 제128조에 따른 국토이용정보체계를 통하여 알려야 한다.(2015.8.11 본항개정)
④ 특별시장·광역시장·특별자치시장·특별자치도지사·시장 또는 군수는 개발행위허가를 하는 경우에는 대통령령으로 정하는 바에 따라 그 개발행위에 따른 기반시설의 설치 또는 그에 필요한 용지의 확보, 위해 방지, 환경오염 방지, 경관, 조경 등에 관한 조치를 할 것을 조건으로 개발행위허가를 할 수 있다.
(2011.4.14 본조개정)

제58조【개발행위허가의 기준】 ① 특별시장·광역시장·특별자치시장·특별자치도지사·시장 또는 군수는 개발행위허가의 신청 내용이 다음 각 호의 기준에 맞는 경우에만 개발행위허가 또는 변경허가를 하여야 한다.(2013.7.16 본문개정)
1. 용도지역별 특성을 고려하여 대통령령으로 정하는 개발행위의 규모에 적합할 것. 다만, 개발행위가 「농어촌정비법」 제2조제4호에 따른 농어촌정비사업으로 이루어지는 경우 등 대통령령으로 정하는 경우에는 개발행위 규모의 제한을 받지 아니한다.(2013.7.16 단서신설)
2. 도시·군관리계획 및 성장관리계획의 내용에 어긋나지 아니할 것(2021.1.12 본호개정)
3. 도시·군계획사업의 시행에 지장이 없을 것(2011.4.14 본호개정)
4. 주변지역의 토지이용실태 또는 토지이용계획, 건축물의 높이, 토지의 경사도, 수목의 상태, 물의 배수, 하천·호소·습지의 배수 등 주변환경이나 경관과 조화를 이룰 것
5. 해당 개발행위에 따른 기반시설의 설치나 그에 필요한 용지의 확보계획이 적절할 것
② 특별시장·광역시장·특별자치시장·특별자치도지사·시장 또는 군수는 개발행위허가 또는 변경허가를 하려면 그 개발행위가 도시·군계획사업의 시행에 지장을 주는지에 관하여 해당 지역에서 시행되는 도시·군계획사업의 시행자의 의견을 들어야 한다.(2013.7.16 본항개정)
③ 제1항에 따라 허가할 수 있는 경우 그 허가의 기준은 지역의 특성, 지역의 개발상황, 기반시설의 현황 등을 고려하여 다음 각 호의 구분에 따라 대통령령으로 정한다.
1. 시가화 용도 : 토지의 이용 및 건축물의 용도·건폐율·용적률·높이 등에 대한 용도지역의 제한에 따라 개발행위허가의 기준을 적용하는 주거지역·상업지역 및 공업지역
2. 유보 용도 : 제59조에 따른 도시계획위원회의 심의를 통하여 개발행위허가의 기준을 강화 또는 완화하여 적용할 수 있는 계획관리지역·생산관리지역 및 녹지지역 중 대통령령으로 정하는 지역

3. 보전 용도 : 제59조에 따른 도시계획위원회의 심의를 통하여 개발행위허가의 기준을 강화하여 적용할 수 있는 보전관리지역·농림지역·자연환경보전지역 및 녹지지역 중 대통령령으로 정하는 지역
④~⑥ (2021.1.12 삭제)
(2021.1.12 본조제목개정)

제59조【개발행위에 대한 도시계획위원회의 심의】 ① 관계 행정기관의 장은 제56조제1항제1호부터 제3호까지의 행위 중 어느 하나에 해당하는 행위로서 대통령령으로 정하는 행위를 이 법에 따라 허가 또는 변경허가를 하거나 다른 법률에 따라 인가·허가·승인 또는 협의를 하려면 대통령령으로 정하는 바에 따라 중앙도시계획위원회나 지방도시계획위원회의 심의를 거쳐야 한다. (2013.7.16 본항개정)
② 제1항에도 불구하고 다음 각 호의 어느 하나에 해당하는 개발행위는 중앙도시계획위원회와 지방도시계획위원회의 심의를 거치지 아니한다.
1. 제8조, 제9조 또는 다른 법률에 따라 도시계획위원회의 심의를 받는 구역에서 하는 개발행위
2. 지구단위계획 또는 성장관리계획을 수립한 지역에서 하는 개발행위(2021.1.12 본호개정)
3. 주거지역·상업지역·공업지역에서 시행하는 개발행위 중 특별시·광역시·특별자치시·특별자치도·시 또는 군의 조례로 정하는 규모·위치 등에 해당하지 아니하는 개발행위(2011.4.14 본호개정)
4. 「환경영향평가법」에 따라 환경영향평가를 받은 개발행위
5. 「도시교통정비 촉진법」에 따라 교통영향평가에 대한 검토를 받은 개발행위(2015.7.24 본호개정)
6. 「농어촌정비법」 제2조제4호에 따른 농어촌정비사업 중 대통령령으로 정하는 사업을 위한 개발행위
7. 「산림자원의 조성 및 관리에 관한 법률」에 따른 산림사업 및 「사방사업법」에 따른 사방사업을 위한 개발행위
③ 국토교통부장관이나 지방자치단체의 장은 제2항에도 불구하고 같은 항 제2호, 제4호 및 제5호에 해당하는 개발행위가 도시·군계획에 포함되지 아니한 경우에는 관계 행정기관의 장에게 대통령령으로 정하는 바에 따라 중앙도시계획위원회나 지방도시계획위원회의 심의를 받도록 요청할 수 있다. 이 경우 관계 행정기관의 장은 특별한 사유가 없으면 요청에 따라야 한다.(2021.1.12 전단개정)

제60조【개발행위허가의 이행 보증 등】 ① 특별시장·광역시장·특별자치시장·특별자치도지사·시장 또는 군수는 기반시설의 설치나 그에 필요한 용지의 확보, 위해 방지, 환경오염 방지, 경관, 조경 등을 위하여 필요하다고 인정되는 경우로서 대통령령으로 정하는 경우에는 이의 이행을 보증하기 위하여 개발행위허가(다른 법률에 따라 개발행위허가가 의제되는 협의를 거친 인가·허가·승인 등을 포함한다. 이하 이 조에서 같다)를 받는 자로 하여금 이행보증금을 예치하게 할 수 있다. 다만, 다음 각 호의 어느 하나에 해당하는 경우에는 그러하지 아니하다.(2013.7.16 본문개정)
1. 국가나 지방자치단체가 시행하는 개발행위
2. 「공공기관의 운영에 관한 법률」에 따른 공공기관(이하 "공공기관"이라 한다) 중 대통령령으로 정하는 기관이 시행하는 개발행위
3. 그 밖에 해당 지방자치단체의 조례로 정하는 공공단체가 시행하는 개발행위
② 제1항에 따른 이행보증금의 산정 및 예치방법 등에 관하여 필요한 사항은 대통령령으로 정한다.
③ 특별시장·광역시장·특별자치시장·특별자치도지사·시장 또는 군수는 개발행위허가를 받지 아니하고 개발행위를 하거나 허가내용과 다르게 개발행위를 하는 자에게는 그 토지의 원상회복을 명할 수 있다.(2011.4.14 본항개정)
④ 특별시장·광역시장·특별자치시장·특별자치도지사·시장 또는 군수는 제3항에 따른 원상회복의 명령을 받은 자가 원상회복을 하지 아니하면 「행정대집행법」에 따른 행정대집행에 따라 원상회복을 할 수 있다. 이 경우 행정대집행에 필요한 비용은 제1항에 따라 개발행위허가를 받은 자가 예치한 이행보증금을 사용할 수 있다. (2011.4.14 전단개정)

제61조【관련 인·허가등의 의제】 ① 개발행위허가 또는 변경허가를 할 때에 특별시장·광역시장·특별자치시장·특별자치도지사·시장 또는 군수가 그 개발행위에 대한 다음 각 호의 인가·허가·승인·면허·협의·해제·신고 또는 심사 등(이하 "인·허가등"이라 한다)에 관하여 제3항에 따라 미리 관계 행정기관의 장과 협의한 사항에 대하여는 그 인·허가등을 받은 것으로 본다. (2013.7.16 본문개정)
1. 「공유수면 관리 및 매립에 관한 법률」 제8조에 따른 공유수면의 점용·사용허가, 같은 법 제17조에 따른 점용·사용 실시계획의 승인 또는 신고, 같은 법 제28조에 따른 공유수면의 매립면허 및 같은 법 제38조에 따른 공유수면매립실시계획의 승인(2010.4.15 본호개정)
2. (2010.4.15 삭제)
3. 「광업법」 제42조에 따른 채굴계획의 인가(2010.1.27 본호개정)
4. 「농어촌정비법」 제23조에 따른 농업생산기반시설의 사용허가(2016.12.27 본호개정)
5. 「농지법」 제34조에 따른 농지전용의 허가 또는 협의, 같은 법 제35조에 따른 농지전용의 신고 및 같은 법 제36조에 따른 농지의 타용도 일시사용의 허가 또는 협의
6. 「도로법」 제36조에 따른 도로관리청이 아닌 자에 대한 도로공사 시행의 허가, 같은 법 제52조에 따른 도로와 다른 시설의 연결허가 및 같은 법 제61조에 따른 도로의 점용 허가(2015.8.11 본호개정)
7. 「장사 등에 관한 법률」 제27조제1항에 따른 무연분묘(無緣墳墓)의 개장(改葬) 허가
8. 「사도법」 제4조에 따른 사도(私道) 개설(開設)의 허가
9. 「사방사업법」 제14조에 따른 토지의 형질 변경 등의 허가 및 같은 법 제20조에 따른 사방지 지정의 해제
9의2. 「산업집적활성화 및 공장설립에 관한 법률」 제13조에 따른 공장설립등의 승인(2011.4.14 본호신설)
10. 「산지관리법」 제14조·제15조에 따른 산지전용허가 및 산지전용신고, 같은 법 제15조의2에 따른 산지일시사용허가·신고, 같은 법 제25조제1항에 따른 토석채취허가, 같은 법 제25조제2항에 따른 토사채취신고 및 「산림자원의 조성 및 관리에 관한 법률」 제36조제1항·제5항에 따른 입목벌채(立木伐採) 등의 허가·신고 (2022.12.21 본호개정)
11. 「소하천정비법」 제10조에 따른 소하천공사 시행의 허가 및 같은 법 제14조에 따른 소하천의 점용 허가
12. 「수도법」 제52조에 따른 전용상수도 설치 및 같은 법 제54조에 따른 전용공업용수도설치의 인가
13. 「연안관리법」 제25조에 따른 연안정비사업실시계획의 승인(2009.3.25 본호개정)
14. 「체육시설의 설치·이용에 관한 법률」 제12조에 따른 사업계획의 승인
15. 「초지법」 제23조에 따른 초지전용의 허가, 신고 또는 협의
16. 「공간정보의 구축 및 관리 등에 관한 법률」 제15조제4항에 따른 지도등의 간행 심사(2021.7.20 본호개정)
17. 「하수도법」 제16조에 따른 공공하수도에 관한 공사시행의 허가 및 같은 법 제24조에 따른 공공하수도의 점용허가(2011.4.14 본호개정)
18. 「하천법」 제30조에 따른 하천공사 시행의 허가 및 같은 법 제33조에 따른 하천 점용의 허가
19. 「도시공원 및 녹지 등에 관한 법률」 제24조에 따른 도시공원의 점용허가 및 같은 법 제38조에 따른 녹지의 점용허가(2015.8.11 본호신설)
② 제1항에 따른 인·허가등의 의제를 받으려는 자는 개발행위허가 또는 변경허가를 신청할 때에 해당 법률에서 정하는 관련 서류를 함께 제출하여야 한다.(2013.7.16 본항개정)
③ 특별시장·광역시장·특별자치시장·특별자치도지사·시장 또는 군수는 개발행위허가 또는 변경허가를 할 때에 그 내용에 제1항 각 호의 어느 하나에 해당하는 사항이 있으면 미리 관계 행정기관의 장과 협의하여야 한다.(2013.7.16 본항개정)
④ 제3항에 따라 협의 요청을 받은 관계 행정기관의 장은 요청을 받은 날부터 20일 이내에 의견을 제출하여야 하며, 그 기간 내에 의견을 제출하지 아니하면 협의가 이루어진 것으로 본다.(2012.2.1 본항신설)
⑤ 국토교통부장관은 제1항에 따라 의제되는 인·허가등의 처리기준을 관계 중앙행정기관으로부터 제출받아 통합하여 고시하여야 한다.(2013.3.23 본항개정)

제61조의2【개발행위복합민원 일괄협의회】 ① 특별시장·광역시장·특별자치시장·특별자치도지사·시장 또는 군수는 제61조제3항에 따라 관계 행정기관의 장과 협의하기 위하여 대통령령으로 정하는 바에 따라 개발행위복합민원 일괄협의회를 개최하여야 한다.
② 제61조제3항에 따라 협의 요청을 받은 관계 행정기관의 장은 소속 공무원을 제1항에 따른 개발행위복합민원 일괄협의회에 참석하게 하여야 한다.
(2012.2.1 본조신설)

제62조【준공검사】 ① 제56조제1항제1호부터 제3호까지의 행위에 대한 개발행위허가를 받은 자는 그 개발행위를 마치면 국토교통부령으로 정하는 바에 따라 특별시장·광역시장·특별자치시장·특별자치도지사·시장 또는 군수의 준공검사를 받아야 한다. 다만, 같은 항 제1호의 행위에 대하여 「건축법」 제22조에 따른 건축물의 사용승인을 받은 경우에는 그러하지 아니하다.(2013.3.23 본문개정)
② 제1항에 따른 준공검사를 받은 경우에는 특별시장·광역시장·특별자치시장·특별자치도지사·시장 또는 군수가 제61조에 따라 의제되는 인·허가등에 따른 준공검사·준공인가 등에 관하여 제4항에 따라 관계 행정기관의 장과 협의한 사항에 대하여는 그 준공검사·준공인가 등을 받은 것으로 본다.(2011.4.14 본항개정)
③ 제2항에 따른 준공검사·준공인가 등의 의제를 받으려는 자는 제1항에 따른 준공검사를 신청할 때에 해당 법률에서 정하는 관련 서류를 함께 제출하여야 한다.
④ 특별시장·광역시장·특별자치시장·특별자치도지사·시장 또는 군수는 제1항에 따른 준공검사를 할 때에 그 내용에 제61조에 따라 의제되는 인·허가등에 따른 준공검사·준공인가 등에 해당하는 사항이 있으면 미리 관계 행정기관의 장과 협의하여야 한다.(2011.4.14 본항개정)
⑤ 국토교통부장관은 제2항에 따라 의제되는 준공검사·준공인가 등의 처리기준을 관계 중앙행정기관으로부터 제출받아 통합하여 고시하여야 한다.(2013.3.23 본항개정)

제63조【개발행위허가의 제한】 ① 국토교통부장관, 시·도지사, 시장 또는 군수는 다음 각 호의 어느 하나에 해당되는 지역으로서 도시·군관리계획상 특히 필요하다고 인정되는 지역에 대해서는 대통령령으로 정하는 바에 따라 중앙도시계획위원회나 지방도시계획위원회의 심의를 거쳐 한 차례만 3년 이내의 기간 동안 개발행위허가를 제한할 수 있다. 다만, 제3호부터 제5호까지에 해당하는 지역에 대해서는 중앙도시계획위원회나 지방도시계획위원회의 심의를 거치지 아니하고 한 차례만 2년 이내의 기간 동안 개발행위허가의 제한을 연장할 수 있다. (2013.7.16 본문개정)
1. 녹지지역이나 계획관리지역으로서 수목이 집단적으로 자라고 있거나 조수류 등이 집단적으로 서식하고 있는 지역 또는 우량 농지 등으로 보전할 필요가 있는 지역
2. 개발행위로 인하여 주변의 환경·경관·미관 및 「국가유산기본법」 제3조에 따른 국가유산 등이 크게 오염되거나 손상될 우려가 있는 지역(2023.5.16 본호개정)
3. 도시·군기본계획이나 도시·군관리계획을 수립하고 있는 지역으로서 그 도시·군기본계획이나 도시·군관리계획이 결정될 경우 용도지역·용도지구 또는 용도구역의 변경이 예상되고 그에 따라 개발행위허가의 기준이 크게 달라질 것으로 예상되는 지역(2011.4.14 본호개정)
4. 지구단위계획구역으로 지정된 지역
5. 기반시설부담구역으로 지정된 지역
② 국토교통부장관, 시·도지사, 시장 또는 군수는 제1항에 따라 개발행위허가를 제한하려면 대통령령으로 정하는 바에 따라 제한지역·제한사유·제한대상행위 및 제한기간을 미리 고시하여야 한다.(2013.3.23 본항개정)
③ 개발행위허가를 제한하기 위하여 제2항에 따라 개발행위허가 제한지역 등을 고시한 국토교통부장관, 시·도지사, 시장 또는 군수는 해당 지역에서 개발행위를 제한할 사유가 없어진 경우에는 그 제한기간이 끝나기 전이라도 지체 없이 개발행위허가의 제한을 해제하여야 한다. 이 경우 국토교통부장관, 시·도지사, 시장 또는 군수는 대통령령으로 정하는 바에 따라 해제지역 및 해제시기를 고시하여야 한다.(2013.7.16 본항신설)
④ 국토교통부장관, 시·도지사, 시장 또는 군수가 개발행위허가를 제한하거나 개발행위허가 제한을 연장 또는 해제하는 경우 그 지역의 지형도면 고시, 지정의 효력, 주민 의견 청취 등에 관하여는 「토지이용규제 기본법」 제8조에 따른다.(2019.8.20 본항신설)

판례 서울시의 뉴타운식 광역개발 사업 추진 요건을 충족하기 위하여 구청에서 건축허가를 제한한 경우, 정비구역에서 시행되는 주택재개발사업, 주택재건축사업에 관한 계획 및 「도시재정비 촉진을 위한 특별법」에 의하여 재정비촉진구역에서 시행되는 주택재개발사업, 주택재건축사업에 관한 재정비촉진계획은 「국토의 계획 및 이용에 관한 법률」에 의하여 규제를 받는 도시관리계획에 해당하며, 서울특별시의 구청장은 위 계획들이 수립되고 있는 지역에서 해당 법 규정에 따라 개발행위허가를 제한할 수 있다. (대판 2012.7.12, 2010두4957)

제64조【도시·군계획시설 부지에서의 개발행위】 ① 특별시장·광역시장·특별자치시장·특별자치도지사·시장 또는 군수는 도시·군계획시설의 설치 장소로 결정된 지상·수상·공중·수중 또는 지하는 그 도시·군계획시설이 아닌 건축물의 건축이나 공작물의 설치를 허가하여서는 아니 된다. 다만, 대통령령으로 정하는 경우에는 그러하지 아니하다.(2011.4.14 본문개정)
② 특별시장·광역시장·특별자치시장·특별자치도지사·시장 또는 군수는 도시·군계획시설결정의 고시일부터 2년이 지날 때까지 그 시설의 설치에 관한 사업이 시행되지 아니한 도시·군계획시설 중 제85조에 따라 단계별 집행계획이 수립되지 아니하거나 단계별 집행계획에서 제1단계 집행계획(단계별 집행계획을 변경한 경우에는 최초의 단계별 집행계획을 말한다)에 포함되지 아니한 도시·군계획시설의 부지에 대하여는 제1항에도 불구하고 다음 각 호의 개발행위를 허가할 수 있다. (2011.4.14 본문개정)
1. 가설건축물의 건축과 이에 필요한 범위에서의 토지의 형질 변경
2. 도시·군계획시설의 설치에 지장이 없는 공작물의 설치와 이에 필요한 범위에서의 토지의 형질 변경 (2011.4.14 본호개정)
3. 건축물의 개축 또는 재축과 이에 필요한 범위에서의 토지의 형질 변경(제56조제4항제2호에 해당하는 경우는 제외한다)

③ 특별시장·광역시장·특별자치시장·특별자치도지사·시장 또는 군수는 제2항제1호 또는 제2호에 따라 가설건축물의 건축이나 공작물의 설치를 허가한 토지에서 도시·군계획시설사업이 시행되는 경우에는 그 시행예정일 3개월 전까지 가설건축물이나 공작물 소유자의 부담으로 그 가설건축물이나 공작물의 철거 등 원상회복에 필요한 조치를 명하여야 한다. 다만, 원상회복이 필요하지 아니하다고 인정되는 경우에는 그러하지 아니하다.(2011.4.14 본문개정)
④ 특별시장·광역시장·특별자치시장·특별자치도지사·시장 또는 군수는 제3항에 따른 원상회복의 명령을 받은 자가 원상회복을 하지 아니하면 「행정대집행법」에 따른 행정대집행에 따라 원상회복을 할 수 있다.(2011.4.14 본항개정)
(2011.4.14 본조제목개정)

제65조【개발행위에 따른 공공시설 등의 귀속】 ① 개발행위허가(다른 법률에 따라 개발행위허가가 의제되는 협의를 거친 인가·허가·승인 등을 포함한다. 이하 이 조에서 같다)를 받은 자가 행정청인 경우 개발행위허가를 받은 자가 새로 공공시설을 설치하거나 기존의 공공시설에 대체되는 공공시설을 설치한 경우에는 「국유재산법」과 「공유재산 및 물품 관리법」에도 불구하고 새로 설치된 공공시설은 그 시설을 관리할 관리청에 무상으로 귀속되고, 종래의 공공시설은 개발행위허가를 받은 자에게 무상으로 귀속된다.(2013.7.16 본항개정)
② 개발행위허가를 받은 자가 행정청이 아닌 경우 개발행위허가를 받은 자가 새로 설치한 공공시설은 그 시설을 관리할 관리청에 무상으로 귀속되고, 개발행위로 용도가 폐지되는 공공시설은 「국유재산법」과 「공유재산 및 물품 관리법」에도 불구하고 새로 설치한 공공시설의 설치비용에 상당하는 범위에서 개발행위허가를 받은 자에게 무상으로 양도할 수 있다.
③ 특별시장·광역시장·특별자치시장·특별자치도지사·시장 또는 군수는 제1항과 제2항에 따른 공공시설의 귀속에 관한 사항이 포함된 개발행위허가를 하려면 미리 해당 공공시설이 속한 관리청의 의견을 들어야 한다. 다만, 관리청이 지정되지 아니한 경우에는 관리청이 지정된 후 준공되기 전에 관리청의 의견을 들어야 하며, 관리청이 불분명한 경우에는 도로 등에 대하여는 국토교통부장관을, 하천에 대하여는 환경부장관을 관리청으로 보고, 그 외의 재산에 대하여는 기획재정부장관을 관리청으로 본다.(2020.12.31 본항개정)
④ 특별시장·광역시장·특별자치시장·특별자치도지사·시장 또는 군수가 제3항에 따라 관리청의 의견을 듣고 개발행위허가를 한 경우 개발행위허가를 받은 자는 그 허가에 포함된 공공시설의 점용 및 사용에 관하여 관계 법률에 따른 승인·허가 등을 받은 것으로 보아 개발행위를 할 수 있다. 이 경우 해당 공공시설의 점용 또는 사용에 따른 점용료 또는 사용료는 면제된 것으로 본다.(2011.4.14 전단개정)
⑤ 개발행위허가를 받은 자가 행정청인 경우 개발행위허가를 받은 자는 개발행위가 끝나 준공검사를 마친 때에는 해당 시설의 관리청에 공공시설의 종류와 토지의 세목(細目)을 통지하여야 한다. 이 경우 공공시설은 그 통지한 날에 해당 시설을 관리할 관리청과 개발행위허가를 받은 자에게 각각 귀속된 것으로 본다.
⑥ 개발행위허가를 받은 자가 행정청이 아닌 경우 개발행위허가를 받은 자는 제2항에 따라 관리청에 귀속되거나 그에게 양도될 공공시설에 관하여 개발행위가 끝나기 전에 그 시설의 관리청에 그 종류와 토지의 세목을 통지하여야 하고, 준공검사를 한 특별시장·광역시장·특별자치시장·특별자치도지사·시장 또는 군수는 그 내용을 해당 시설의 관리청에 통보하여야 한다. 이 경우 공공시설은 준공검사를 받음으로써 그 시설을 관리할 관리청과 개발행위허가를 받은 자에게 각각 귀속되거나 양도된 것으로 본다.(2011.4.14 전단개정)
⑦ 제1항부터 제3항까지, 제5항 또는 제6항에 따른 공공시설을 등기할 때에 「부동산등기법」에 따른 등기원인을 증명하는 서면은 제62조제1항에 따른 준공검사를 받았음을 증명하는 서면으로 갈음한다.(2011.4.12 본항개정)
⑧ 개발행위허가를 받은 자가 행정청인 경우 개발행위허가를 받은 자는 제1항에 따라 그에게 귀속된 공공시설의 처분으로 인한 수익금을 도시·군계획사업 외의 목적에 사용하여서는 아니 된다.(2011.4.14 본항개정)
⑨ 공공시설의 귀속에 관하여 다른 법률에 특별한 규정이 있는 경우에는 이 법률의 규정에도 불구하고 그 법률에 따른다.(2013.7.16 본항신설)

제2절 개발행위에 따른 기반시설의 설치

제66조【개발밀도관리구역】 ① 특별시장·광역시장·특별자치시장·특별자치도지사·시장 또는 군수는 주거·상업 또는 공업지역에서의 개발행위로 기반시설(도시·군계획시설을 포함한다)의 처리·공급 또는 수용능력이 부족할 것으로 예상되는 지역 중 기반시설의 설치가 곤란한 지역을 개발밀도관리구역으로 지정할 수 있다.(2011.4.14 본항개정)
② 특별시장·광역시장·특별자치시장·특별자치도지사·시장 또는 군수는 개발밀도관리구역에서는 대통령령으로 정하는 범위에서 제77조나 제78조에 따른 건폐율 또는 용적률을 강화하여 적용한다.(2011.4.14 본항개정)
③ 특별시장·광역시장·특별자치시장·특별자치도지사·시장 또는 군수는 제1항에 따라 개발밀도관리구역을 지정하거나 변경하려면 다음 각 호의 사항을 포함하여 해당 지방자치단체에 설치된 지방도시계획위원회의 심의를 거쳐야 한다.(2011.4.14 본문개정)
1. 개발밀도관리구역의 명칭
2. 개발밀도관리구역의 범위
3. 제77조나 제78조에 따른 건폐율 또는 용적률의 강화 범위
④ 특별시장·광역시장·특별자치시장·특별자치도지사·시장 또는 군수는 제1항에 따라 개발밀도관리구역을 지정하거나 변경한 경우에는 그 사실을 대통령령으로 정하는 바에 따라 고시하여야 한다.(2011.4.14 본항개정)
⑤ 개발밀도관리구역의 지정기준, 개발밀도관리구역의 관리 등에 관하여 필요한 사항은 대통령령으로 정하는 바에 따라 국토교통부장관이 정한다.(2013.3.23 본항개정)

제67조【기반시설부담구역의 지정】 ① 특별시장·광역시장·특별자치시장·특별자치도지사·시장 또는 군수는 다음 각 호의 어느 하나에 해당하는 지역에 대하여는 기반시설부담구역으로 지정하여야 한다. 다만, 개발행위가 집중되어 특별시장·광역시장·특별자치시장·특별자치도지사·시장 또는 군수가 해당 지역의 계획적 관리를 위하여 필요하다고 인정하면 다음 각 호에 해당하지 아니하는 경우라도 기반시설부담구역으로 지정할 수 있다.(2011.4.14 본문개정)
1. 이 법 또는 다른 법령의 제정·개정으로 인하여 행위 제한이 완화되거나 해제되는 지역
2. 이 법 또는 다른 법령에 따라 지정된 용도지역 등이 변경되거나 해제되어 행위 제한이 완화되는 지역
3. 개발행위허가 현황 및 인구증가율 등을 고려하여 대통령령으로 정하는 지역
② 특별시장·광역시장·특별자치시장·특별자치도지사·시장 또는 군수는 기반시설부담구역을 지정 또는 변경하려면 주민의 의견을 들어야 하며, 해당 지방자치단체에 설치된 지방도시계획위원회의 심의를 거쳐 대통령령으로 정하는 바에 따라 이를 고시하여야 한다.(2011.4.14 본항개정)
③ (2011.4.14 삭제)
④ 특별시장·광역시장·특별자치시장·특별자치도지사·시장 또는 군수는 제2항에 따라 기반시설부담구역이 지정되면 대통령령으로 정하는 바에 따라 기반시설설치계획을 수립하여야 하며, 이를 도시·군관리계획에 반영하여야 한다.(2011.4.14 본항개정)
⑤ 기반시설부담구역의 지정기준 등에 관하여 필요한 사항은 대통령령으로 정하는 바에 따라 국토교통부장관이 정한다.(2013.3.23 본항개정)

제68조【기반시설설치비용의 부과대상 및 산정기준】
① 기반시설부담구역에서 기반시설설치비용의 부과대상인 건축행위는 제2조제20호에 따른 시설로서 200제곱미터(기존 건축물의 연면적을 포함한다)를 초과하는 건축물의 신축·증축 행위로 한다. 다만, 기존 건축물을 철거하고 신축하는 경우에는 기존 건축물의 건축연면적을 초과하는 건축행위만 부과대상으로 한다.
② 기반시설설치비용은 기반시설을 설치하는 데 필요한 기반시설 표준시설비용과 용지비용을 합산한 금액에 제1항에 따른 부과대상 건축연면적과 기반시설 설치를 위하여 사용되는 총 비용 중 국가·지방자치단체의 부담분을 제외하고 민간 개발사업자가 부담하는 부담률을 곱한 금액으로 한다. 다만, 특별시장·광역시장·특별자치시장·특별자치도지사·시장 또는 군수가 해당 지역의 기반시설 소요량 등을 고려하여 대통령령으로 정하는 바에 따라 기반시설부담계획을 수립한 경우에는 그 부담계획에 따른다.(2011.4.14 단서개정)
③ 제2항에 따른 기반시설 표준시설비용은 기반시설 조성을 위하여 사용되는 단위당 시설비로서 해당 연도의 생산자물가상승률 등을 고려하여 대통령령으로 정하는 바에 따라 국토교통부장관이 고시한다.(2013.3.23 본항개정)
④ 제2항에 따른 용지비용은 부과대상이 되는 건축행위가 이루어지는 토지를 대상으로 다음 각 호의 기준을 곱하여 산정한 가액(價額)으로 한다.
1. 지역별 기반시설의 설치 정도를 고려하여 0.4 범위에서 지방자치단체의 조례로 정하는 용지환산계수
2. 기반시설부담구역의 개별공시지가 평균 및 대통령령으로 정하는 건축물별 기반시설유발계수
⑤ 제2항에 따른 민간 개발사업자가 부담하는 부담률은 100분의 20으로 하며, 특별시장·광역시장·특별자치시장·특별자치도지사·시장 또는 군수가 건물의 규모, 지역 특성 등을 고려하여 100분의 25의 범위에서 부담률을 가감할 수 있다.(2011.4.14 본항개정)
⑥ 제69조제1항에 따른 납부의무자가 다음 각 호의 어느 하나에 해당하는 경우에는 이 법에 따른 기반시설설치비용에서 감면한다.
1. 제2조제19호에 따른 기반시설을 설치하거나 그에 필요한 용지를 확보한 경우
2. 「도로법」 제91조에 따른 원인자 부담금 등 대통령령으로 정하는 비용을 납부한 경우(2014.1.14 본호개정)
⑦ 제6항에 따른 감면기준 및 감면절차와 그 밖에 필요한 사항은 대통령령으로 정한다.

제69조【기반시설설치비용의 납부 및 체납처분】 ① 제68조제1항에 따른 건축행위를 하는 자(건축행위의 위탁자 또는 지위의 승계자 등 대통령령으로 정하는 자를 포함한다. 이하 "납부의무자"라 한다)는 기반시설설치비용을 내야 한다.
② 특별시장·광역시장·특별자치시장·특별자치도지사·시장 또는 군수는 납부의무자가 국가 또는 지방자치단체로부터 건축허가(다른 법률에 따른 사업승인 등 건축허가가 의제되는 경우에는 그 사업승인)를 받은 날부터 2개월 이내에 기반시설설치비용을 부과하여야 하고, 납부의무자는 사용승인(다른 법률에 따라 준공검사 등 사용승인이 의제되는 경우에는 그 준공검사) 신청 시까지 이를 내야 한다.(2011.4.14 본항개정)
③ 특별시장·광역시장·특별자치시장·특별자치도지사·시장 또는 군수는 납부의무자가 제2항에서 정한 때까지 기반시설설치비용을 내지 아니하는 경우에는 「지방행정제재·부과금의 징수 등에 관한 법률」에 따라 징수할 수 있다.(2020.3.24 본항개정)
④ 특별시장·광역시장·특별자치시장·특별자치도지사·시장 또는 군수는 기반시설설치비용을 납부한 자가 사용승인 신청 후 해당 건축행위와 관련된 기반시설의 추가 설치 등 기반시설설치비용을 환급하여야 하는 사유가 발생하는 경우에는 그 사유에 상당하는 기반시설설치비용을 환급하여야 한다.(2011.4.14 본항개정)
⑤ 그 밖에 기반시설설치비용의 부과절차, 납부 및 징수방법, 환급사유 등에 관하여 필요한 사항은 대통령령으로 정할 수 있다.

제70조【기반시설설치비용의 관리 및 사용 등】 ① 특별시장·광역시장·특별자치시장·특별자치도지사·시장 또는 군수는 기반시설설치비용의 관리 및 운용을 위하여 기반시설부담구역별로 특별회계를 설치하여야 하며, 그에 필요한 사항은 지방자치단체의 조례로 정한다.(2011.4.14 본항개정)
② 제69조제2항에 따라 납부한 기반시설설치비용은 해당 기반시설부담구역에서 제2조제19호에 따른 기반시설의 설치 또는 그에 필요한 용지의 확보 등을 위하여 사용하여야 한다. 다만, 해당 기반시설부담구역에 사용하기가 곤란한 경우로서 대통령령으로 정하는 경우에는 해당 기반시설부담구역의 기반시설과 연계된 기반시설의 설치 또는 그에 필요한 용지의 확보 등에 사용할 수 있다.
③ 기반시설설치비용의 관리, 사용 등에 필요한 사항은 대통령령으로 정하는 바에 따라 국토교통부장관이 정한다.(2013.3.23 본항개정)

제71조~제75조 (2006.1.11 삭제)

제3절 성장관리계획
(2021.1.12 본절신설)

제75조의2【성장관리계획구역의 지정 등】 ① 특별시장·광역시장·특별자치시장·특별자치도지사·시장 또는 군수는 녹지지역, 관리지역, 농림지역 및 자연환경보전지역 중 다음 각 호의 어느 하나에 해당하는 지역의 전부 또는 일부에 대하여 성장관리계획구역을 지정할 수 있다.
1. 개발수요가 많아 무질서한 개발이 진행되고 있거나 진행될 것으로 예상되는 지역
2. 주변의 토지이용이나 교통여건 변화 등으로 향후 시가화가 예상되는 지역
3. 주변지역과 연계하여 체계적인 관리가 필요한 지역
4. 「토지이용규제 기본법」 제2조제1호에 따른 지역·지구등의 변경으로 토지이용에 대한 행위제한이 완화되는 지역
5. 그 밖에 난개발의 방지와 체계적인 관리가 필요한 지역으로서 대통령령으로 정하는 지역
② 특별시장·광역시장·특별자치시장·특별자치도지사·시장 또는 군수는 성장관리계획구역을 지정하거나 이를 변경하려면 대통령령으로 정하는 바에 따라 미리 주민과 해당 지방의회의 의견을 들어야 하며, 관계 행정기관과의 협의 및 지방도시계획위원회의 심의를 거쳐야 한다. 다만, 대통령령으로 정하는 경미한 사항을 변경하는 경우에는 그러하지 아니하다.
③ 특별시·광역시·특별자치시·특별자치도·시 또는 군의 의회는 특별한 사유가 없으면 60일 이내에 특별시장·광역시장·특별자치시장·특별자치도지사·시장 또는 군수에게 의견을 제시하여야 하며, 그 기한까지 의견을 제시하지 아니하면 의견이 없는 것으로 본다.
④ 제2항에 따라 협의 요청을 받은 관계 행정기관의 장은

특별한 사유가 없으면 요청을 받은 날부터 30일 이내에 특별시장·광역시장·특별자치시장·특별자치도지사·시장 또는 군수에게 의견을 제시하여야 한다.
⑤ 특별시장·광역시장·특별자치시장·특별자치도지사·시장 또는 군수는 성장관리계획구역을 지정하거나 이를 변경한 경우에는 관계 행정기관의 장에게 관계 서류를 송부하여야 하며, 대통령령으로 정하는 바에 따라 이를 고시하고 일반인이 열람할 수 있도록 하여야 한다. 이 경우 지형도면의 고시 등에 관하여는 「토지이용규제 기본법」 제8조에 따른다.
⑥ 그 밖에 성장관리계획구역의 지정 기준 및 절차 등에 관하여 필요한 사항은 대통령령으로 정한다.

제75조의3【성장관리계획의 수립 등】 ① 특별시장·광역시장·특별자치시장·특별자치도지사·시장 또는 군수는 성장관리계획구역을 지정할 때에는 다음 각 호의 사항 중 그 성장관리계획구역의 지정목적을 이루는 데 필요한 사항을 포함하여 성장관리계획을 수립하여야 한다.
1. 도로, 공원 등 기반시설의 배치와 규모에 관한 사항
2. 건축물의 용도제한, 건축물의 건폐율 또는 용적률
3. 건축물의 배치, 형태, 색채 및 높이
4. 환경관리 및 경관계획
5. 그 밖에 난개발의 방지와 체계적인 관리에 필요한 사항으로서 대통령령으로 정하는 사항

② 성장관리계획구역에서는 제77조제1항에도 불구하고 다음 각 호의 구분에 따른 범위에서 성장관리계획으로 정하는 바에 따라 특별시·광역시·특별자치시·특별자치도·시 또는 군의 조례로 정하는 비율까지 건폐율을 완화하여 적용할 수 있다.
1. 계획관리지역 : 50퍼센트 이하
2. 생산관리지역·농림지역 및 대통령령으로 정하는 녹지지역 : 30퍼센트 이하

③ 성장관리계획구역 내 계획관리지역에서는 제78조제1항에도 불구하고 125퍼센트 이하의 범위에서 성장관리계획으로 정하는 바에 따라 특별시·광역시·특별자치시·특별자치도·시 또는 군의 조례로 정하는 비율까지 용적률을 완화하여 적용할 수 있다.
④ 성장관리계획의 수립 및 변경에 관한 절차는 제75조의2 제2항부터 제5항까지의 규정을 준용한다. 이 경우 “성장관리계획구역”은 “성장관리계획”으로 본다.
⑤ 특별시장·광역시장·특별자치시장·특별자치도지사·시장 또는 군수는 5년마다 관할 구역 내 수립된 성장관리계획에 대하여 대통령령으로 정하는 바에 따라 그 타당성 여부를 전반적으로 재검토하여 정비하여야 한다.
⑥ 그 밖에 성장관리계획의 수립기준 및 절차 등에 관하여 필요한 사항은 대통령령으로 정한다.

제75조의4【성장관리계획구역에서의 개발행위 등】 성장관리계획구역에서 개발행위 또는 건축물의 용도변경을 하려면 그 성장관리계획에 맞게 하여야 한다.

제6장 용도지역·용도지구 및 용도구역에서의 행위 제한

(2009.2.6 본장개정)

제76조【용도지역 및 용도지구에서의 건축물의 건축 제한 등】 ① 제36조에 따라 지정된 용도지역에서의 건축물이나 그 밖의 시설의 용도·종류 및 규모 등의 제한에 관한 사항은 대통령령으로 정한다.
② 제37조에 따라 지정된 용도지구에서의 건축물이나 그 밖의 시설의 용도·종류 및 규모 등의 제한에 관한 사항은 이 법 또는 다른 법률에 특별한 규정이 있는 경우 외에는 대통령령으로 정하는 기준에 따라 특별시·광역시·특별자치시·특별자치도·시 또는 군의 조례로 정할 수 있다.(2011.4.14 본항개정)
③ 제1항과 제2항에 따른 건축물이나 그 밖의 시설의 용도·종류 및 규모 등의 제한은 해당 용도지역과 용도지구의 지정목적에 적합하여야 한다.
④ 건축물이나 그 밖의 시설의 용도·종류 및 규모 등을 변경하는 경우 변경 후의 건축물이나 그 밖의 시설의 용도·종류 및 규모 등은 제1항과 제2항에 맞아야 한다.
⑤ 다음 각 호의 어느 하나에 해당하는 경우의 건축물이나 그 밖의 시설의 용도·종류 및 규모 등의 제한에 관하여는 제1항부터 제4항까지의 규정에도 불구하고 각 호에서 정하는 바에 따른다.
1. 제37조제1항제6호에 따른 취락지구에서는 취락지구의 지정목적 범위에서 대통령령으로 따로 정한다.
(2017.4.18 본호개정)
1의2. 제37조제1항제7호에 따른 개발진흥지구에서는 개발진흥지구의 지정목적 범위에서 대통령령으로 따로 정한다.(2017.4.18 본호개정)
1의3. 제37조제1항제9호에 따른 복합용도지구에서는 복합용도지구의 지정목적 범위에서 대통령령으로 따로 정한다.(2017.4.18 본호신설)
2. 「산업입지 및 개발에 관한 법률」 제2조제8호라목에 따른 농공단지에서는 같은 법에서 정하는 바에 따른다.
(2011.8.4 본호개정)
3. 농림지역 중 농업진흥지역, 보전산지 또는 초지인 경우에는 각각 「농지법」, 「산지관리법」 또는 「초지법」에서 정하는 바에 따른다.
4. 자연환경보전지역 중 「자연공원법」에 따른 공원구역, 「수도법」에 따른 상수원보호구역, 「문화유산의 보존 및 활용에 관한 법률」에 따라 지정된 지정문화유산과 그 보호구역, 「자연유산의 보존 및 활용에 관한 법률」에 따라 지정된 천연기념물등과 그 보호구역, 「해양생태계의 보전 및 관리에 관한 법률」에 따른 해양보호구역인 경우에는 각각 「자연공원법」, 「수도법」, 「문화유산의 보존 및 활용에 관한 법률」, 「자연유산의 보존 및 활용에 관한 법률」 또는 「해양생태계의 보전 및 관리에 관한 법률」에서 정하는 바에 따른다.(2023.8.8 본호개정)
5. 자연환경보전지역 중 수산자원보호구역인 경우에는 「수산자원관리법」에서 정하는 바에 따른다.(2009.4.22 본호개정)

⑥ 보전관리지역이나 생산관리지역에 대하여 농림축산식품부장관·해양수산부장관·환경부장관 또는 산림청장이 농지 보전, 자연환경 보전, 해양환경 보전 또는 산림보전에 필요하다고 인정하는 경우에는 「농지법」, 「자연환경보전법」, 「야생생물 보호 및 관리에 관한 법률」, 「해양생태계의 보전 및 관리에 관한 법률」 또는 「산림자원의 조성 및 관리에 관한 법률」에 따라 건축물이나 그 밖의 시설의 용도·종류 및 규모 등을 제한할 수 있다. 이 경우 이 법에 따른 제한의 취지와 형평을 이루도록 하여야 한다.
(2013.3.23 전단개정)

제77조【용도지역의 건폐율】 ① 제36조에 따라 지정된 용도지역에서 건폐율의 최대한도는 관할 구역의 면적과 인구 규모, 용도지역의 특성 등을 고려하여 다음 각 호의 범위에서 대통령령으로 정하는 기준에 따라 특별시·광역시·특별자치시·특별자치도·시 또는 군의 조례로 정한다.(2011.4.14 본문개정)
1. 도시지역
  가. 주거지역 : 70퍼센트 이하
  나. 상업지역 : 90퍼센트 이하
  다. 공업지역 : 70퍼센트 이하
  라. 녹지지역 : 20퍼센트 이하
2. 관리지역
  가. 보전관리지역 : 20퍼센트 이하
  나. 생산관리지역 : 20퍼센트 이하
  다. 계획관리지역 : 40퍼센트 이하(2015.8.11 단서삭제)
3. 농림지역 : 20퍼센트 이하
4. 자연환경보전지역 : 20퍼센트 이하

② 제36조제2항에 따라 세분된 용도지역에서의 건폐율에 관한 기준은 제1항 각 호의 범위에서 대통령령으로 따로 정한다.
③ 다음 각 호의 어느 하나에 해당하는 지역에서의 건폐율에 관한 기준은 제1항과 제2항에도 불구하고 80퍼센트 이하의 범위에서 대통령령으로 정하는 기준에 따라 특별시·광역시·특별자치시·특별자치도·시 또는 군의 조례로 따로 정한다.(2011.4.14 본문개정)
1. 제37조제1항제6호에 따른 취락지구(2017.4.18 본호개정)
2. 제37조제1항제7호에 따른 개발진흥지구(도시지역 외의 지역 또는 대통령령으로 정하는 용도지역만 해당한다)
(2017.4.18 본호개정)
3. 제40조에 따른 수산자원보호구역
4. 「자연공원법」에 따른 자연공원
5. 「산업입지 및 개발에 관한 법률」 제2조제8호라목에 따른 농공단지(2011.8.4 본호개정)
6. 공업지역에 있는 「산업입지 및 개발에 관한 법률」 제2조제8호가목부터 다목까지의 규정에 따른 국가산업단지, 일반산업단지 및 도시첨단산업단지와 같은 조 제12호에 따른 준산업단지(2011.8.4 본호개정)

④ 다음 각 호의 어느 하나에 해당하는 경우로서 대통령령으로 정하는 경우에는 제1항에도 불구하고 대통령령으로 정하는 기준에 따라 특별시·광역시·특별자치시·특별자치도·시 또는 군의 조례로 건폐율을 따로 정할 수 있다.(2011.4.14 본문개정)
1. 토지이용의 과밀화를 방지하기 위하여 건폐율을 강화할 필요가 있는 경우
2. 주변 여건을 고려하여 토지의 이용도를 높이기 위하여 건폐율을 완화할 필요가 있는 경우
3. 녹지지역, 보전관리지역, 생산관리지역, 농림지역 또는 자연환경보전지역에서 농업용·임업용·어업용 건축물을 건축하려는 경우(2011.9.16 본호개정)
4. 보전관리지역, 생산관리지역, 농림지역 또는 자연환경보전지역에서 주민생활의 편익을 증진시키기 위한 건축물을 건축하려는 경우(2011.9.16 본호신설)

⑤ (2021.1.12 삭제)

제78조【용도지역에서의 용적률】 ① 제36조에 따라 지정된 용도지역에서 용적률의 최대한도는 관할 구역의 면적과 인구 규모, 용도지역의 특성 등을 고려하여 다음 각 호의 범위에서 대통령령으로 정하는 기준에 따라 특별시·광역시·특별자치시·특별자치도·시 또는 군의 조례로 정한다.(2011.4.14 본문개정)
1. 도시지역
  가. 주거지역 : 500퍼센트 이하
  나. 상업지역 : 1천500퍼센트 이하
  다. 공업지역 : 400퍼센트 이하
  라. 녹지지역 : 100퍼센트 이하
2. 관리지역
  가. 보전관리지역 : 80퍼센트 이하
  나. 생산관리지역 : 80퍼센트 이하
  다. 계획관리지역 : 100퍼센트 이하(2021.1.12 본목개정)
3. 농림지역 : 80퍼센트 이하
4. 자연환경보전지역 : 80퍼센트 이하

② 제36조제2항에 따라 세분된 용도지역에서의 용적률에 관한 기준은 제1항 각 호의 범위에서 대통령령으로 따로 정한다.
③ 제77조제3항제2호부터 제5호까지의 규정에 해당하는 지역에서의 용적률에 대한 기준은 제1항과 제2항에도 불구하고 200퍼센트 이하의 범위에서 대통령령으로 정하는 기준에 따라 특별시·광역시·특별자치시·특별자치도·시 또는 군의 조례로 따로 정한다.(2011.4.14 본항개정)
④ 건축물의 주위에 공원·광장·도로·하천 등의 공지가 있거나 이를 설치하는 경우에는 제1항에도 불구하고 대통령령으로 정하는 바에 따라 특별시·광역시·특별자치시·특별자치도·시 또는 군의 조례로 용적률을 따로 정할 수 있다.(2011.4.14 본항개정)
⑤ 제1항과 제4항에도 불구하고 제36조에 따른 도시지역(녹지지역만 해당한다), 관리지역에서는 창고 등 대통령령으로 정하는 용도의 건축물 또는 시설물은 특별시·광역시·특별자치시·특별자치도·시 또는 군의 조례로 정하는 높이로 규모 등을 제한할 수 있다.(2011.4.14 본항개정)
⑥ 제1항에도 불구하고 건축물을 건축하려는 자가 그 대지의 일부에 「사회복지사업법」 제2조제4호에 따른 사회복지시설 중 대통령령으로 정하는 시설을 설치하여 국가 또는 지방자치단체에 기부채납하는 경우에는 특별시·광역시·특별자치시·특별자치도·시 또는 군의 조례로 해당 용도지역에 적용되는 용적률을 완화할 수 있다. 이 경우 용적률 완화의 허용범위, 기부채납의 기준 및 절차 등에 필요한 사항은 대통령령으로 정한다.(2013.12.30 본항신설)
⑦ 이 법 및 「건축법」 등 다른 법률에 따른 용적률의 완화에 관한 규정은 이 법 및 다른 법률에도 불구하고 다음 각 호의 구분에 따른 범위에서 중첩하여 적용할 수 있다. 다만, 용적률 완화 규정을 중첩 적용하여 완화되는 용적률이 제1항 및 제2항에 따라 대통령령으로 정하고 있는 해당 용도지역별 용적률 최대한도를 초과하는 경우에는 관할 시·도지사, 시장·군수 또는 구청장이 제30조제3항 단서 또는 같은 조 제7항에 따른 건축위원회와 도시계획위원회의 공동 심의를 거쳐 기반시설의 설치 및 그에 필요한 용지의 확보가 충분하다고 인정하는 경우에 한정한다.
1. 지구단위계획구역 : 제52조제3항에 따라 지구단위계획으로 정하는 범위
2. 지구단위계획구역 외의 지역 : 제1항 및 제2항에 따라 대통령령으로 정하고 있는 해당 용도지역별 용적률 최대한도의 120퍼센트 이하

(2021.10.8 본항신설)

제79조【용도지역 미지정 또는 미세분 지역에서의 행위 제한 등】 ① 도시지역, 관리지역, 농림지역 또는 자연환경보전지역으로 용도가 지정되지 아니한 지역에 대하여는 제76조부터 제78조까지의 규정을 적용할 때에 자연환경보전지역에 관한 규정을 적용한다.
② 제36조에 따른 도시지역 또는 관리지역이 같은 조 제1항 각 호 각 목의 세부 용도지역으로 지정되지 아니한 경우에는 제76조부터 제78조까지의 규정을 적용할 때에 해당 용도지역이 도시지역인 경우에는 녹지지역 중 대통령령으로 정하는 지역에 관한 규정을 적용하고, 관리지역인 경우에는 보전관리지역에 관한 규정을 적용한다.

제80조【개발제한구역에서의 행위 제한 등】 개발제한구역에서의 행위 제한이나 그 밖에 개발제한구역의 관리에 필요한 사항은 따로 법률로 정한다.

제80조의2【도시자연공원구역에서의 행위 제한 등】 도시자연공원구역에서의 행위 제한 등 도시자연공원구역의 관리에 필요한 사항은 따로 법률로 정한다.

제80조의3 (2024.2.6 삭제)

제80조의4【도시혁신구역에서의 행위 제한】 용도지역 및 용도지구에 따른 제한에도 불구하고 도시혁신구역에서의 토지의 이용, 건축물이나 그 밖의 시설의 용도·건폐율·용적률·높이 등에 관한 제한 및 그 밖에 대통령령으로 정하는 사항에 관하여는 도시혁신계획으로 따로 정한다.(2024.2.6 본조신설)

제80조의5【복합용도구역에서의 행위 제한】 ① 용도지역 및 용도지구에 따른 제한에도 불구하고 복합용도구역에서의 건축물이나 그 밖의 시설의 용도·종류 및 규모 등의 제한에 관한 사항은 대통령령으로 정하는 범위에서 복합용도계획으로 따로 정한다.
② 복합용도구역에서의 건폐율과 용적률은 제77조제1항 및 제78조제1항 각 목에 따른 용도지역별 건폐율과 용적

률의 최대한도의 범위에서 복합용도계획으로 정한다.
(2024.2.6 본조신설)

제81조【시가화조정구역에서의 행위 제한 등】 ① 제39조에 따라 지정된 시가화조정구역에서의 도시·군계획사업은 대통령령으로 정하는 사업만 시행할 수 있다.
(2011.4.14 본항개정)

② 시가화조정구역에서는 제56조와 제76조에도 불구하고 제1항에 따른 도시·군계획사업의 경우 외에는 다음 각 호의 어느 하나에 해당하는 행위에 한정하여 특별시장·광역시장·특별자치시장·특별자치도지사·시장 또는 군수의 허가를 받아 그 행위를 할 수 있다.(2011.4.14 본문개정)

1. 농업·임업 또는 어업용의 건축물 중 대통령령으로 정하는 종류와 규모의 건축물이나 그 밖의 시설을 건축하는 행위
2. 마을공동시설, 공익시설·공공시설, 광공업 등 주민의 생활을 영위하는 데에 필요한 행위로서 대통령령으로 정하는 행위
3. 입목의 벌채, 조림, 육림, 토석의 채취, 그 밖에 대통령령으로 정하는 경미한 행위

③ 특별시장·광역시장·특별자치시장·특별자치도지사·시장 또는 군수는 제2항에 따른 허가를 하려면 미리 다음 각 호의 어느 하나에 해당하는 자와 협의하여야 한다.
(2011.4.14 본문개정)

1. 제5항 각 호의 허가에 관한 권한이 있는 자
2. 허가대상행위와 관련이 있는 공공시설의 관리자
3. 허가대상행위에 따라 설치되는 공공시설을 관리하게 될 자

④ 시가화조정구역에서 제2항에 따른 허가를 받지 아니하고 건축물의 건축, 토지의 형질 변경 등의 행위를 하는 자에 관하여는 제60조제3항 및 제4항을 준용한다.

⑤ 제2항에 따른 허가가 있는 경우에는 다음 각 호의 허가 또는 신고가 있는 것으로 본다.

1. 「산지관리법」 제14조·제15조에 따른 산지전용허가 및 산지전용신고, 같은 법 제15조의2에 따른 산지일시사용허가·신고(2010.5.31 본호개정)
2. 「산림자원의 조성 및 관리에 관한 법률」 제36조제1항·제5항에 따른 입목벌채 등의 허가·신고
(2022.12.27 본호개정)

⑥ 제2항에 따른 허가의 기준 및 신청 절차 등에 관하여 필요한 사항은 대통령령으로 정한다.

제82조【기존 건축물에 대한 특례】 법령의 제정·개정이나 그 밖에 대통령령으로 정하는 사유로 기존 건축물이 이 법에 맞지 아니하게 된 경우에는 대통령령으로 정하는 범위에서 증축, 개축, 재축 또는 용도변경을 할 수 있다.(2011.4.14 본조신설)

제83조【도시지역에서의 다른 법률의 적용 배제】 도시지역에 대하여는 다음 각 호의 법률 규정을 적용하지 아니한다.

1. 「도로법」 제40조에 따른 접도구역(2014.1.14 본호개정)
2. (2014.1.14 삭제)
3. 「농지법」 제8조에 따른 농지취득자격증명. 다만, 녹지지역의 농지로서 도시·군계획시설사업에 필요하지 아니한 농지에 대하여는 그러하지 아니하다.(2011.4.14 단서개정)

제83조의2 (2024.2.6 삭제)

제83조의3【도시혁신구역에서의 다른 법률의 적용 특례】 ① 도시혁신구역에 대하여는 다음 각 호의 법률 규정에도 불구하고 도시혁신계획으로 따로 정할 수 있다.

1. 「주택법」 제35조에 따른 주택의 배치, 부대시설·복리시설의 설치기준 및 대지조성기준
2. 「주차장법」 제19조에 따른 부설주차장의 설치
3. 「문화예술진흥법」 제9조에 따른 건축물에 대한 미술작품의 설치
4. 「건축법」 제43조에 따른 공개 공지 등의 확보
5. 「도시공원 및 녹지 등에 관한 법률」 제14조에 따른 도시공원 또는 녹지 확보 기준
6. 「학교용지 확보 등에 관한 특례법」 제3조에 따른 학교용지의 조성·개발기준

② 도시혁신구역으로 지정된 지역은 「건축법」 제69조에 따른 특별건축구역으로 지정된 것으로 본다.

③ 시·도지사 또는 시장·군수·구청장은 「건축법」 제70조에도 불구하고 도시혁신구역에서 건축하는 건축물을 같은 법 제73조에 따라 건축기준 등의 특례사항을 적용하여 건축할 수 있는 건축물에 포함시킬 수 있다.

④ 도시혁신구역의 지정·변경 및 도시혁신계획 결정의 고시는 「도시개발법」 제5조에 따른 개발계획의 내용에 부합하는 경우 같은 법 제9조제1항에 따른 도시개발구역의 지정 및 도시개발계획 수립의 고시로 본다. 이 경우 도시혁신계획에서 정한 시행자는 같은 법 제11조에 따른 사업시행자 지정요건 및 도시개발구역 지정 제안 요건 등을 갖춘 경우에 한정하여 같은 법에 따른 도시개발사업의 시행자로 지정된 것으로 본다.

⑤ 도시혁신구역계획에 대한 도시계획위원회 심의 시 「교육환경 보호에 관한 법률」 제5조제8항에 따른 지역교육환경보호위원회 또는 「문화유산의 보존 및 활용에 관한 법률」 제8조에 따른 문화유산위원회(같은 법 제70조에 따른 시·도지정문화유산에 관한 사항의 경우 같은 법 제71조에 따른 시·도문화유산위원회를 말한다)와 공동으로 심의를 개최하고, 그 결과에 따라 다음 각 호의 법률 규정을 완화하여 적용할 수 있다. 이 경우 다음 각 호의 완화 여부는 각각 지역교육환경보호위원회와 문화유산위원회의 의결에 따른다.

1. 「교육환경 보호에 관한 법률」 제9조에 따른 교육환경보호구역에서의 행위제한
2. 「문화유산의 보존 및 활용에 관한 법률」 제13조 또는 「자연유산의 보존 및 활용에 관한 법률」 제10조에 따른 역사문화환경 보존지역에서의 행위제한

(2024.2.6 본조신설)

제83조의4【복합용도구역에서의 건축법 적용 특례】 제83조의3제2항 및 제3항의 규정은 복합용도구역에도 적용한다. 이 경우 "도시혁신구역"은 "복합용도구역"으로 본다.
(2024.2.6 본조신설)

제84조【둘 이상의 용도지역·용도지구·용도구역에 걸치는 대지에 대한 적용 기준】 ① 하나의 대지가 둘 이상의 용도지역·용도지구 또는 용도구역(이하 이 항에서 "용도지역등"이라 한다)에 걸치는 경우로서 각 용도지역등에 걸치는 부분 중 가장 작은 부분의 규모가 대통령령으로 정하는 규모 이하인 경우에는 전체 대지의 건폐율 및 용적률은 각 부분이 전체 대지 면적에서 차지하는 비율을 고려하여 다음 각 호의 구분에 따라 각 용도지역등별 건폐율 및 용적률을 가중평균한 값을 적용하고, 그 밖의 건축 제한 등에 관한 사항은 그 대지 중 가장 넓은 면적이 속하는 용도지역등에 관한 규정을 적용한다. 다만, 건축물이 고도지구에 걸쳐 있는 경우에는 그 건축물 및 대지의 전부에 대하여 고도지구의 건축물 및 대지에 관한 규정을 적용한다.(2017.4.18 단서개정)

1. 가중평균한 건폐율 = (f1x1 + f2x2 + … + fnxn) / 전체 대지 면적. 이 경우 f1부터 fn까지는 각 용도지역등에 속하는 토지 부분의 면적을 말하고, x1부터 xn까지는 해당 토지 부분이 속하는 각 용도지역등의 건폐율을 말하며, n은 용도지역등에 걸치는 각 토지 부분의 총 개수를 말한다.
2. 가중평균한 용적률 = (f1x1 + f2x2 + … + fnxn) / 전체 대지 면적. 이 경우 f1부터 fn까지는 각 용도지역등에 속하는 토지 부분의 면적을 말하고, x1부터 xn까지는 해당 토지 부분이 속하는 각 용도지역등의 용적률을 말하며, n은 용도지역등에 걸치는 각 토지 부분의 총 개수를 말한다.

(2012.2.1 본항개정)

② 하나의 건축물이 방화지구와 그 밖의 용도지역·용도지구 또는 용도구역에 걸쳐 있는 경우에는 제1항에도 불구하고 그 전부에 대하여 방화지구의 건축물에 관한 규정을 적용한다. 다만, 그 건축물이 있는 방화지구와 그 밖의 용도지역·용도지구 또는 용도구역의 경계가 「건축법」 제50조제2항에 따른 방화벽으로 구획되는 경우 그 밖의 용도지역·용도지구 또는 용도구역에 있는 부분에 대하여는 그러하지 아니하다.

③ 하나의 대지가 녹지지역과 그 밖의 용도지역·용도지구 또는 용도구역에 걸쳐 있는 경우(규모가 가장 작은 부분이 녹지지역으로서 해당 녹지지역이 제1항에 따라 대통령령으로 정하는 규모 이하인 경우는 제외한다)에는 제1항에도 불구하고 각각의 용도지역·용도지구 또는 용도구역의 건축물 및 토지에 관한 규정을 적용한다. 다만, 녹지지역의 건축물이 고도지구 또는 방화지구에 걸쳐 있는 경우에는 제1항 단서나 제2항에 따른다.(2017.4.18 본항개정)

제7장 도시·군계획시설사업의 시행
(2011.4.14 본장제목개정)

제85조【단계별 집행계획의 수립】 ① 특별시장·광역시장·특별자치시장·특별자치도지사·시장 또는 군수는 도시·군계획시설에 대하여 도시·군계획시설결정의 고시일부터 3개월 이내에 대통령령으로 정하는 바에 따라 재원조달계획, 보상계획 등을 포함하는 단계별 집행계획을 수립하여야 한다. 다만, 대통령령으로 정하는 법률에 따라 도시·군관리계획의 결정이 의제되는 경우에는 해당 도시·군계획시설결정의 고시일부터 2년 이내에 단계별 집행계획을 수립할 수 있다.(2017.12.26 본항개정)

② 국토교통부장관이나 도지사가 직접 입안한 도시·군관리계획인 경우 국토교통부장관이나 도지사는 단계별 집행계획을 수립하여 해당 특별시장·광역시장·특별자치시장·특별자치도지사·시장 또는 군수에게 송부할 수 있다.(2013.3.23 본항개정)

③ 단계별 집행계획은 제1단계 집행계획과 제2단계 집행계획으로 구분하여 수립하되, 3년 이내에 시행하는 도시·군계획시설사업은 제1단계 집행계획에, 3년 후에 시행하는 도시·군계획시설사업은 제2단계 집행계획에 포함되도록 하여야 한다.(2011.4.14 본항개정)

④ 특별시장·광역시장·특별자치시장·특별자치도지사·시장 또는 군수는 제1항이나 제2항에 따라 단계별 집행계획을 수립하거나 받은 때에는 대통령령으로 정하는 바에 따라 지체 없이 그 사실을 공고하여야 한다.
(2011.4.14 본항개정)

⑤ 공고된 단계별 집행계획을 변경하는 경우에는 제1항부터 제4항까지의 규정을 준용한다. 다만, 대통령령으로 정하는 경미한 사항을 변경하는 경우에는 그러하지 아니하다.
(2009.2.6 본조개정)

제86조【도시·군계획시설사업의 시행자】 ① 특별시장·광역시장·특별자치시장·특별자치도지사·시장 또는 군수는 이 법 또는 다른 법률에 특별한 규정이 있는 경우 외에는 관할 구역의 도시·군계획시설사업을 시행한다.(2011.4.14 본항개정)

② 도시·군계획시설사업이 둘 이상의 특별시·광역시·특별자치시·특별자치도·시 또는 군의 관할 구역에 걸쳐 시행되게 되는 경우에는 관계 특별시장·광역시장·특별자치시장·특별자치도지사·시장 또는 군수가 서로 협의하여 시행자를 정한다.(2011.4.14 본항개정)

③ 제2항에 따른 협의가 성립되지 아니하는 경우 도시·군계획시설사업을 시행하려는 구역이 같은 도의 관할 구역에 속하는 경우에는 관할 도지사가 시행자를 지정하고, 둘 이상의 시·도의 관할 구역에 걸치는 경우에는 국토교통부장관이 시행자를 지정한다.(2013.3.23 본항개정)

④ 제1항부터 제3항까지의 규정에도 불구하고 국토교통부장관은 국가계획과 관련되거나 그 밖에 특히 필요하다고 인정되는 경우에는 관계 특별시장·광역시장·특별자치시장·특별자치도지사·시장 또는 군수의 의견을 들어 직접 도시·군계획시설사업을 시행할 수 있으며, 도지사는 광역도시계획과 관련되거나 특히 필요하다고 인정되는 경우에는 관계 시장 또는 군수의 의견을 들어 직접 도시·군계획시설사업을 시행할 수 있다.(2013.3.23 본항개정)

⑤ 제1항부터 제4항까지의 규정에 따라 시행자가 될 수 있는 자 외의 자는 대통령령으로 정하는 바에 따라 국토교통부장관, 시·도지사, 시장 또는 군수로부터 시행자로 지정을 받아 도시·군계획시설사업을 시행할 수 있다.
(2013.3.23 본항개정)

⑥ 국토교통부장관, 시·도지사, 시장 또는 군수는 제2항·제3항 또는 제5항에 따라 도시·군계획시설사업의 시행자를 지정한 경우에는 국토교통부령으로 정하는 바에 따라 그 지정 내용을 고시하여야 한다.(2013.3.23 본항개정)

⑦ 다음 각 호에 해당하지 아니하는 자가 제5항에 따라 도시·군계획시설사업의 시행자로 지정을 받으려면 도시·군계획시설사업의 대상인 토지(국공유지는 제외한다)의 소유 면적 및 토지 소유자의 동의 비율에 관하여 대통령령으로 정하는 요건을 갖추어야 한다.(2011.4.14 본문개정)

1. 국가 또는 지방자치단체
2. 대통령령으로 정하는 공공기관
3. 그 밖에 대통령령으로 정하는 자

(2011.4.14 본조제목개정)
(2009.2.6 본조개정)

제87조【도시·군계획시설사업의 분할 시행】 도시·군계획시설사업의 시행자는 도시·군계획시설사업을 효율적으로 추진하기 위하여 필요하다고 인정되면 사업시행대상지역 또는 대상시설을 둘 이상으로 분할하여 도시·군계획시설사업을 시행할 수 있다.(2013.7.16 본조개정)

제88조【실시계획의 작성 및 인가 등】 ① 도시·군계획시설사업의 시행자는 대통령령으로 정하는 바에 따라 그 도시·군계획시설사업에 관한 실시계획(이하 "실시계획"이라 한다)을 작성하여야 한다.(2011.4.14 본항개정)

② 도시·군계획시설사업의 시행자(국토교통부장관, 시·도지사와 대도시 시장은 제외한다. 이하 제3항에서 같다)는 제1항에 따라 실시계획을 작성하면 대통령령으로 정하는 바에 따라 국토교통부장관, 시·도지사 또는 대도시 시장의 인가를 받아야 한다. 다만, 제98조에 따른 준공검사를 받은 후에 해당 도시·군계획시설사업에 대하여 국토교통부령으로 정하는 경미한 사항을 변경하기 위하여 실시계획을 작성하는 경우에는 국토교통부장관, 시·도지사 또는 대도시 시장의 인가를 받지 아니한다.
(2013.7.16 단서신설)

③ 국토교통부장관, 시·도지사 또는 대도시 시장은 도시·군계획시설사업의 시행자가 작성한 실시계획이 제43조제2항 및 제3항에 따른 도시·군계획시설의 결정·구조 및 설치의 기준 등에 맞다고 인정하는 경우에는 실시계획을 인가하여야 한다. 이 경우 국토교통부장관, 시·도지사 또는 대도시 시장은 기반시설의 설치나 그에 필요한 용지의 확보, 위해 방지, 환경오염 방지, 경관 조성, 조경 등의 조치를 할 것을 조건으로 실시계획을 인가할 수 있다.
(2024.2.6 전단개정)

④ 인가받은 실시계획을 변경하거나 폐지하는 경우에는 제2항 본문을 준용한다. 다만, 국토교통부령으로 정하는 경미한 사항을 변경하는 경우에는 그러하지 아니하다.
(2013.7.16 본문개정)

⑤ 실시계획에는 사업시행에 필요한 설계도서, 자금계획, 시행기간, 그 밖에 대통령령으로 정하는 사항(제4항에 따라 실시계획을 변경하는 경우에는 변경되는 사항에 한정한다)을 자세히 밝히거나 첨부하여야 한다.(2015.12.29 본항개정)
⑥ 제1항·제2항 및 제4항에 따라 실시계획이 작성(도시·군계획시설사업의 시행자가 국토교통부장관, 시·도지사 또는 대도시 시장인 경우를 말한다) 또는 인가된 때에는 그 실시계획에 반영된 제30조제5항 단서에 따른 경미한 사항의 범위에서 도시·군관리계획이 변경된 것으로 본다. 이 경우 제30조제6항 및 제32조에 따라 도시·군관리계획의 변경사항 및 이를 반영한 지형도면을 고시하여야 한다.(2013.3.23 전단개정)
⑦ 도시·군계획시설결정의 고시일부터 10년 이후에 제1항 또는 제2항에 따라 실시계획을 작성하거나 인가(다른 법률에 따라 의제된 경우는 제외한다) 받은 도시·군계획시설사업의 시행자(이하 이 조에서 "장기미집행 도시·군계획시설사업의 시행자"라 한다)가 제91조에 따른 실시계획 고시일부터 5년 이내에 「공익사업을 위한 토지 등의 취득 및 보상에 관한 법률」 제28조제1항에 따른 재결신청(이하 이 조에서 "재결신청"이라 한다)을 하지 아니한 경우에는 실시계획 고시일부터 5년이 지난 다음 날에 그 실시계획은 효력을 잃는다. 다만, 장기미집행 도시·군계획시설사업의 시행자가 재결신청을 하지 아니하고 실시계획 고시일부터 5년이 지나기 전에 해당 도시·군계획시설사업에 필요한 토지 면적의 3분의 2 이상을 소유하거나 사용할 수 있는 권원을 확보하고 실시계획 고시일부터 7년 이내에 재결신청을 하지 아니한 경우 실시계획 고시일부터 7년이 지난 다음 날에 그 실시계획은 효력을 잃는다.(2019.8.20 본항신설)
⑧ 제7항에도 불구하고 장기미집행 도시·군계획시설사업의 시행자가 재결신청 없이 도시·군계획시설사업에 필요한 모든 토지·건축물 또는 그 토지에 정착된 물건을 소유하거나 사용할 수 있는 권원을 확보한 경우 그 실시계획은 효력을 유지한다.(2019.8.20 본항신설)
⑨ 실시계획이 폐지되거나 효력을 잃은 경우 해당 도시·군계획시설결정은 제48조제1항에도 불구하고 다음 각 호에서 정한 날 효력을 잃는다. 이 경우 시·도지사 또는 대도시 시장은 대통령령으로 정하는 바에 따라 지체 없이 그 사실을 고시하여야 한다.
1. 제48조제1항에 따른 도시·군계획시설결정의 고시일부터 20년이 되기 전에 실시계획이 폐지되거나 효력을 잃고 다른 도시·군계획시설사업이 시행되지 아니하는 경우 : 도시·군계획시설결정의 고시일부터 20년이 되는 날의 다음 날
2. 제48조제1항에 따른 도시·군계획시설결정의 고시일부터 20년이 되는 날의 다음 날 이후 실시계획이 폐지되거나 효력을 잃은 경우 : 실시계획이 폐지되거나 효력을 잃은 날
(2019.8.20 본항신설)

제89조【도시·군계획시설사업의 이행 담보】 ① 특별시장·광역시장·특별자치시장·특별자치도지사·시장 또는 군수는 기반시설의 설치나 그에 필요한 용지의 확보, 위해 방지, 환경오염 방지, 경관 조성, 조경 등을 위하여 필요하다고 인정되는 경우로서 대통령령으로 정하는 경우에는 그 이행을 담보하기 위하여 도시·군계획시설사업의 시행자에게 이행보증금을 예치하게 할 수 있다. 다만, 다음 각 호의 어느 하나에 해당하는 자에 대하여는 그러하지 아니하다.(2011.4.14 본문개정)
1. 국가 또는 지방자치단체
2. 대통령령으로 정하는 공공기관
3. 그 밖에 대통령령으로 정하는 자
② 제1항에 따른 이행보증금의 산정과 예치방법 등에 관하여 필요한 사항은 대통령령으로 정한다.
③ 특별시장·광역시장·특별자치시장·특별자치도지사·시장 또는 군수는 제88조제2항 본문 또는 제4항 본문에 따른 실시계획의 인가 또는 변경인가를 받지 아니하고 도시·군계획시설사업을 하거나 그 인가 내용과 다르게 도시·군계획시설사업을 하는 자에게 그 토지의 원상회복을 명할 수 있다.(2013.7.16 본항개정)
④ 특별시장·광역시장·특별자치시장·특별자치도지사·시장 또는 군수는 제3항에 따른 원상회복의 명령을 받은 자가 원상회복을 하지 아니하는 경우에는 「행정대집행법」에 따른 행정대집행에 따라 원상회복을 할 수 있다. 이 경우 행정대집행에 필요한 비용은 제1항에 따라 도시·군계획시설사업의 시행자가 예치한 이행보증금으로 충당할 수 있다.(2011.4.14 본항개정)
(2011.4.14 본조제목개정)
(2009.2.6 본조개정)

제90조【서류의 열람 등】 ① 국토교통부장관, 시·도지사 또는 대도시 시장은 제88조제3항에 따라 실시계획을 인가하려면 미리 대통령령으로 정하는 바에 따라 그 사실을 공고하고, 관계 서류의 사본을 14일 이상 일반이 열람할 수 있도록 하여야 한다.
② 도시·군계획시설사업의 시행지구의 토지·건축물 등의 소유자 및 이해관계인은 제1항에 따른 열람기간 이내에 국토교통부장관, 시·도지사, 대도시 시장 또는 도시·군계획시설사업의 시행자에게 의견서를 제출할 수 있으며, 국토교통부장관, 시·도지사, 대도시 시장 또는 도시·군계획시설사업의 시행자는 제출된 의견이 타당하다고 인정되면 그 의견을 실시계획에 반영하여야 한다.
③ 국토교통부장관, 시·도지사 또는 대도시 시장이 실시계획을 작성하는 경우에 관하여는 제1항과 제2항을 준용한다.
(2013.3.23 본조개정)

제91조【실시계획의 고시】 국토교통부장관, 시·도지사 또는 대도시 시장은 제88조에 따라 실시계획을 작성(변경작성을 포함한다), 인가(변경인가를 포함한다), 폐지하거나 실시계획이 효력을 잃은 경우에는 대통령령으로 정하는 바에 따라 그 내용을 고시하여야 한다.(2019.8.20 본조개정)

제92조【관련 인·허가등의 의제】 ① 국토교통부장관, 시·도지사 또는 대도시 시장이 제88조에 따라 실시계획을 작성 또는 변경작성하거나 인가 또는 변경인가를 할 때에 그 실시계획에 대한 다음 각 호의 인·허가등에 관하여 제3항에 따라 관계 행정기관의 장과 협의한 사항에 대하여는 해당 인·허가등을 받은 것으로 보며, 제91조에 따른 실시계획을 고시한 경우에는 관계 법률에 따른 인·허가등의 고시·공고 등이 있은 것으로 본다.
(2013.7.16 본문개정)
1. 「건축법」 제11조에 따른 건축허가, 같은 법 제14조에 따른 건축신고 및 같은 법 제20조에 따른 가설건축물 건축의 허가 또는 신고
2. 「산업집적활성화 및 공장설립에 관한 법률」 제13조에 따른 공장설립등의 승인
3. 「공유수면 관리 및 매립에 관한 법률」 제8조에 따른 공유수면의 점용·사용허가, 같은 법 제17조에 따른 점용·사용 실시계획의 승인 또는 신고, 같은 법 제28조에 따른 공유수면의 매립면허, 같은 법 제35조에 따른 국가등이 시행하는 매립의 협의 또는 승인 및 같은 법 제38조에 따른 공유수면매립실시계획의 승인(2010.4.15 본호개정)
4. (2010.4.15 삭제)
5. 「광업법」 제42조에 따른 채굴계획의 인가(2010.1.27 본호개정)
6. 「국유재산법」 제30조에 따른 사용허가
7. 「농어촌정비법」 제23조에 따른 농업생산기반시설의 사용허가(2016.12.27 본호개정)
8. 「농지법」 제34조에 따른 농지전용의 허가 또는 협의, 같은 법 제35조에 따른 농지전용의 신고 및 같은 법 제36조에 따른 농지의 타용도 일시사용의 허가 또는 협의
9. 「도로법」 제36조에 따른 도로관리청이 아닌 자에 대한 도로공사 시행의 허가 및 같은 법 제61조에 따른 도로의 점용 허가(2014.1.14 본호개정)
10. 「장사 등에 관한 법률」 제27조제1항에 따른 무연분묘의 개장허가
11. 「사도법」 제4조에 따른 사도 개설의 허가
12. 「사방사업법」 제14조에 따른 토지의 형질 변경 등의 허가 및 같은 법 제20조에 따른 사방지 지정의 해제
13. 「산지관리법」 제14조·제15조에 따른 산지전용허가 및 산지전용신고, 같은 법 제15조의2에 따른 산지일시사용허가·신고, 같은 법 제25조제1항에 따른 토석채취허가, 같은 법 제25조제2항에 따른 토사채취신고 및 「산림자원의 조성 및 관리에 관한 법률」 제36조제1항·제5항에 따른 입목벌채 등의 허가·신고(2022.12.27 본호개정)
14. 「소하천정비법」 제10조에 따른 소하천공사 시행의 허가 및 같은 법 제14조에 따른 소하천의 점용허가
15. 「수도법」 제17조에 따른 일반수도사업 및 같은 법 제49조에 따른 공업용수도사업의 인가, 같은 법 제52조에 따른 전용상수도 설치 및 같은 법 제54조에 따른 전용공업용수도 설치의 인가
16. 「연안관리법」 제25조에 따른 연안정비사업실시계획의 승인(2009.3.25 본호개정)
17. 「에너지이용 합리화법」 제8조에 따른 에너지사용계획의 협의
18. 「유통산업발전법」 제8조에 따른 대규모점포의 개설등록
19. 「공유재산 및 물품 관리법」 제20조제1항에 따른 사용·수익의 허가
20. 「공간정보의 구축 및 관리 등에 관한 법률」 제86조제1항에 따른 사업의 착수·변경 또는 완료의 신고
(2014.6.3 본호개정)
21. 「집단에너지사업법」 제4조에 따른 집단에너지의 공급 타당성에 관한 협의
22. 「체육시설의 설치·이용에 관한 법률」 제12조에 따른 사업계획의 승인
23. 「초지법」 제23조에 따른 초지전용의 허가, 신고 또는 협의
24. 「공간정보의 구축 및 관리 등에 관한 법률」 제15조제4항에 따른 지도등의 간행 심사(2021.7.20 본호개정)
25. 「하수도법」 제16조에 따른 공공하수도에 관한 공사시행의 허가 및 같은 법 제24조에 따른 공공하수도의 점용허가(2011.4.14 본호개정)
26. 「하천법」 제30조에 따른 하천공사 시행의 허가, 같은 법 제33조에 따른 하천 점용의 허가
27. 「항만법」 제9조제2항에 따른 항만개발사업 시행의 허가 및 같은 법 제10조제2항에 따른 항만개발사업실시계획의 승인(2020.1.29 본호개정)
② 제1항에 따른 인·허가등의 의제를 받으려는 자는 실시계획 인가 또는 변경인가를 신청할 때에 해당 법률에서 정하는 관련 서류를 함께 제출하여야 한다.
(2013.7.16 본항개정)
③ 국토교통부장관, 시·도지사 또는 대도시 시장은 실시계획을 작성 또는 변경작성하거나 인가 또는 변경인가할 때에 그 내용에 제1항 각 호의 어느 하나에 해당하는 사항이 있으면 미리 관계 행정기관의 장과 협의하여야 한다.
(2013.7.16 본항개정)
④ 국토교통부장관은 제1항에 따라 의제되는 인·허가등의 처리기준을 관계 중앙행정기관으로부터 받아 통합하여 고시하여야 한다.(2013.3.23 본항개정)
(2009.2.6 본조개정)

제93조【관계 서류의 열람 등】 도시·군계획시설사업의 시행자는 도시·군계획시설사업을 시행하기 위하여 필요하면 등기소나 그 밖의 관계 행정기관의 장에게 필요한 서류의 열람 또는 복사나 그 등본 또는 초본의 발급을 무료로 청구할 수 있다.(2011.4.14 본조개정)

제94조【서류의 송달】 ① 도시·군계획시설사업의 시행자는 이해관계인에게 서류를 송달할 필요가 있으나 이해관계인의 주소 또는 거소(居所)가 불분명하거나 그 밖의 사유로 서류를 송달할 수 없는 경우에는 대통령령으로 정하는 바에 따라 그 서류의 송달을 갈음하여 그 내용을 공시할 수 있다.(2011.4.14 본항개정)
② 제1항에 따른 서류의 공시송달에 관하여는 「민사소송법」의 공시송달의 예에 따른다.
(2009.2.6 본조개정)

제95조【토지 등의 수용 및 사용】 ① 도시·군계획시설사업의 시행자는 도시·군계획시설사업에 필요한 다음 각 호의 물건 또는 권리를 수용하거나 사용할 수 있다.
(2011.4.14 본문개정)
1. 토지·건축물 또는 그 토지에 정착된 물건
2. 토지·건축물 또는 그 토지에 정착된 물건에 관한 소유권 외의 권리
② 도시·군계획시설사업의 시행자는 사업시행을 위하여 특히 필요하다고 인정되면 도시·군계획시설에 인접한 다음 각 호의 물건 또는 권리를 일시 사용할 수 있다.
(2011.4.14 본문개정)
1. 토지·건축물 또는 그 토지에 정착된 물건
2. 토지·건축물 또는 그 토지에 정착된 물건에 관한 소유권 외의 권리
(2009.2.6 본조개정)

제96조【「공익사업을 위한 토지 등의 취득 및 보상에 관한 법률」의 준용】 ① 제95조에 따른 수용 및 사용에 관하여는 이 법에 특별한 규정이 있는 경우 외에는 「공익사업을 위한 토지 등의 취득 및 보상에 관한 법률」을 준용한다.
② 제1항에 따라 「공익사업을 위한 토지 등의 취득 및 보상에 관한 법률」을 준용할 때에 제91조에 따른 실시계획을 고시한 경우에는 같은 법 제20조제1항과 제22조에 따른 사업인정 및 그 고시가 있었던 것으로 본다. 다만, 재결 신청은 같은 법 제23조제1항과 제28조제1항에도 불구하고 실시계획에서 정한 도시·군계획시설사업의 시행기간에 하여야 한다.(2011.4.14 단서개정)
(2009.2.6 본조개정)

제97조【국공유지의 처분 제한】 ① 제30조제6항에 따라 도시·군관리계획결정을 고시하는 경우에는 국공유지로서 도시·군계획시설사업에 필요한 토지는 그 도시·군관리계획으로 정하여진 목적 외의 목적으로 매각하거나 양도할 수 없다.(2011.4.14 본항개정)
② 제1항을 위반한 행위는 무효로 한다.
(2009.2.6 본조개정)

제98조【공사완료의 공고 등】 ① 도시·군계획시설사업의 시행자(국토교통부장관, 시·도지사와 대도시 시장은 제외한다)는 도시·군계획시설사업의 공사를 마친 때에는 국토교통부령으로 정하는 바에 따라 공사완료보고서를 작성하여 시·도지사나 대도시 시장의 준공검사를 받아야 한다.(2013.3.23 본항개정)
② 시·도지사나 대도시 시장은 제1항에 따른 공사완료보고서를 받으면 지체 없이 준공검사를 하여야 한다.
③ 시·도지사나 대도시 시장은 제2항에 따른 준공검사를 한 결과 실시계획대로 완료되었다고 인정되는 경우에는 도시·군계획시설사업의 시행자에게 준공검사증명서를 발급하고 공사완료 공고를 하여야 한다.(2011.4.14 본항개정)
④ 국토교통부장관, 시·도지사 또는 대도시 시장인 도시·군계획시설사업의 시행자는 도시·군계획시설사업

의 공사를 마친 때에는 공사완료 공고를 하여야 한다. (2013.3.23 본항개정)

⑤ 제2항에 따라 준공검사를 하거나 제4항에 따라 공사완료 공고를 할 때에 국토교통부장관, 시·도지사 또는 대도시 시장이 제92조에 따라 의제되는 인·허가등에 따른 준공검사·준공인가 등에 관하여 제7항에 따라 관계 행정기관의 장과 협의한 사항에 대하여는 그 준공검사·준공인가 등을 받은 것으로 본다.(2013.3.23 본항개정)

⑥ 도시·군계획시설사업의 시행자(국토교통부장관, 시·도지사와 대도시 시장은 제외한다)는 제5항에 따른 준공검사·준공인가 등의 의제를 받으려면 제1항에 따른 준공검사를 신청할 때에 해당 법률에서 정하는 관련 서류를 함께 제출하여야 한다.(2013.3.23 본항개정)

⑦ 국토교통부장관, 시·도지사 또는 대도시 시장은 제2항에 따른 준공검사를 하거나 제4항에 따라 공사완료 공고를 할 때에 그 내용에 제92조에 따라 의제되는 인·허가등에 따른 준공검사·준공인가 등에 해당하는 사항이 있으면 미리 관계 행정기관의 장과 협의하여야 한다. (2013.3.23 본항개정)

⑧ 국토교통부장관은 제5항에 따라 의제되는 준공검사·준공인가 등의 처리기준을 관계 중앙행정기관으로부터 받아 통합하여 고시하여야 한다.(2013.3.23 본항개정)

(2009.2.6 본조개정)

제99조【공공시설 등의 귀속】 도시·군계획시설사업에 의하여 새로 공공시설을 설치하거나 기존의 공공시설에 대체되는 공공시설을 설치한 경우에는 제65조를 준용한다. 이 경우 제65조제5항 중 "준공검사를 마친 때"는 "준공검사를 마친 때(시행자가 국토교통부장관, 시·도지사 또는 대도시 시장인 경우에는 제98조제4항에 따른 공사완료 공고를 한 때를 말한다)"로 보고, 같은 조 제7항 중 "제62조제1항에 따른 준공검사를 받았음을 증명하는 서면"은 "제98조제3항에 따른 준공검사증명서(시행자가 국토교통부장관, 시·도지사 또는 대도시 시장인 경우에는 같은 조 제4항에 따른 공사완료 공고를 하였음을 증명하는 서면을 말한다)"로 본다.(2013.3.23 후단개정)

제100조【다른 법률과의 관계】 도시·군계획시설사업으로 조성된 대지와 건축물 중 국가나 지방자치단체의 소유에 속하는 재산을 처분하려면 「국유재산법」과 「공유재산 및 물품 관리법」에도 불구하고 대통령령으로 정하는 바에 따라 다음 각 호의 순위에 따라 처분할 수 있다.

1. 해당 도시·군계획시설사업의 시행으로 수용된 토지 또는 건축물 소유자에의 양도
2. 다른 도시·군계획시설사업에 필요한 토지와의 교환

(2011.4.14 본조개정)

제8장 비 용
(2009.2.6 본장개정)

제101조【비용 부담의 원칙】 광역도시계획 및 도시·군계획의 수립과 도시·군계획시설사업에 관한 비용은 이 법 또는 다른 법률에 특별한 규정이 있는 경우 외에는 국가가 하는 경우에는 국가예산에서, 지방자치단체가 하는 경우에는 해당 지방자치단체가, 행정청이 아닌 자가 하는 경우에는 그 자가 부담함을 원칙으로 한다. (2011.4.14 본조개정)

제102조【지방자치단체의 비용 부담】 ① 국토교통부장관이나 시·도지사는 그가 시행한 도시·군계획시설사업으로 현저히 이익을 받는 시·도, 시 또는 군이 있으면 대통령령으로 정하는 바에 따라 그 도시·군계획시설사업에 든 비용의 일부를 그 이익을 받는 시·도, 시 또는 군에 부담시킬 수 있다. 이 경우 국토교통부장관은 시·도, 시 또는 군에 비용을 부담시키기 전에 행정안전부장관과 협의하여야 한다.(2017.7.26 후단개정)

② 시·도지사는 제1항에 따라 그 시·도에 속하지 아니하는 특별시·광역시·특별자치시·특별자치도·시 또는 군에 비용을 부담시키려면 해당 지방자치단체의 장과 협의하되, 협의가 성립되지 아니하는 경우에는 행정안전부장관이 결정하는 바에 따른다.(2017.7.26 본항개정)

③ 시장이나 군수는 그가 시행한 도시·군계획시설사업으로 현저히 이익을 받는 다른 지방자치단체가 있으면 대통령령으로 정하는 바에 따라 그 도시·군계획시설사업에 든 비용의 일부를 그 이익을 받는 다른 지방자치단체와 협의하여 그 지방자치단체에 부담시킬 수 있다. (2011.4.14 본항개정)

④ 제3항에 따른 협의가 성립되지 아니하는 경우 다른 지방자치단체가 같은 도에 속할 때에는 관할 도지사가 결정하는 바에 따르며, 다른 시·도에 속할 때에는 행정안전부장관이 결정하는 바에 따른다.(2017.7.26 본항개정)

제103조 (2017.4.18 삭제)

제104조【보조 또는 융자】 ① 시·도지사, 시장 또는 군수가 수립하는 광역도시계획 또는 도시·군계획에 관한 기초조사나 제32조에 따른 지형도면의 작성에 드는 비용은 대통령령으로 정하는 바에 따라 그 비용의 전부 또는 일부를 국가예산에서 보조할 수 있다.(2011.4.14 본항개정)

② 행정청이 시행하는 도시·군계획시설사업에 드는 비용은 대통령령으로 정하는 바에 따라 그 비용의 전부 또는 일부를 국가예산에서 보조하거나 융자할 수 있으며, 행정청이 아닌 자가 시행하는 도시·군계획시설사업에 드는 비용의 일부는 대통령령으로 정하는 바에 따라 국가 또는 지방자치단체가 보조하거나 융자할 수 있다. 이 경우 국가 또는 지방자치단체는 다음 각 호의 어느 하나에 해당하는 지역을 우선 지원할 수 있다.(2018.6.12 후단개정)

1. 도로, 상하수도 등 기반시설이 인근지역에 비하여 부족한 지역
2. 광역도시계획에 반영된 광역시설이 설치되는 지역
3. 개발제한구역(집단취락만 해당한다)에서 해제된 지역 (2018.6.12 1호~3호신설)
4. 도시·군계획시설결정의 고시일부터 10년이 지날 때까지 그 도시·군계획시설의 설치에 관한 도시·군계획시설사업이 시행되지 아니한 경우로서 해당 도시·군계획시설의 설치 필요성이 높은 지역(2020.6.9 본호개정)

제105조【취락지구에 대한 지원】 국가나 지방자치단체는 대통령령으로 정하는 바에 따라 취락지구 주민의 생활 편익과 복지 증진 등을 위한 사업을 시행하거나 그 사업을 지원할 수 있다.

제105조의2【방재지구에 대한 지원】 국가나 지방자치단체는 이 법률 또는 다른 법률에 따라 방재사업을 시행하거나 그 사업을 지원하는 경우 방재지구에 우선적으로 지원할 수 있다.(2013.7.16 본조신설)

제9장 도시계획위원회
(2009.2.6 본장개정)

제106조【중앙도시계획위원회】 다음 각 호의 업무를 수행하기 위하여 국토교통부에 중앙도시계획위원회를 둔다.(2013.3.23 본문개정)

1. 광역도시계획·도시·군계획·토지거래계약허가구역 등 국토교통부장관의 권한에 속하는 사항의 심의 (2013.3.23 본호개정)
2. 이 법 또는 다른 법률에서 중앙도시계획위원회의 심의를 거치도록 한 사항의 심의(2011.4.14 본호개정)
3. 도시·군계획에 관한 조사·연구(2011.4.14 본호개정)

제107조【조직】 ① 중앙도시계획위원회는 위원장·부위원장 각 1명을 포함한 25명 이상 30명 이하의 위원으로 구성한다.(2015.12.29 본항개정)

② 중앙도시계획위원회의 위원장과 부위원장은 위원 중에서 국토교통부장관이 임명하거나 위촉한다.(2013.3.23 본항개정)

③ 위원은 관계 중앙행정기관의 공무원과 토지 이용, 건축, 주택, 교통, 공간정보, 환경, 법률, 복지, 방재, 문화, 농림 등 도시·군계획과 관련된 분야에 관한 학식과 경험이 풍부한 자 중에서 국토교통부장관이 임명하거나 위촉한다.(2013.3.23 본항개정)

④ 공무원이 아닌 위원의 수는 10명 이상으로 하고, 그 임기는 2년으로 한다.

⑤ 보궐위원의 임기는 전임자 임기의 남은 기간으로 한다.

제108조【위원장 등의 직무】 ① 위원장은 중앙도시계획위원회의 업무를 총괄하며, 중앙도시계획위원회의 의장이 된다.

② 부위원장은 위원장을 보좌하며, 위원장이 부득이한 사유로 그 직무를 수행하지 못할 때에는 그 직무를 대행한다.

③ 위원장과 부위원장이 모두 부득이한 사유로 그 직무를 수행하지 못할 때에는 위원장이 미리 지명한 위원이 그 직무를 대행한다.

제109조【회의의 소집 및 의결 정족수】 ① 중앙도시계획위원회의 회의는 국토교통부장관이나 위원장이 필요하다고 인정하는 경우에 국토교통부장관이나 위원장이 소집한다.(2013.3.23 본항개정)

② 중앙도시계획위원회의 회의는 재적위원 과반수의 출석으로 개의(開議)하고, 출석위원 과반수의 찬성으로 의결한다.

제110조【분과위원회】 ① 다음 각 호의 사항을 효율적으로 심의하기 위하여 중앙도시계획위원회에 분과위원회를 둘 수 있다.

1. 제8조제2항에 따른 토지 이용에 관한 구역등의 지정·변경 및 제9조에 따른 용도지역 등의 변경계획에 관한 사항
2. 제59조에 따른 심의에 관한 사항
3. (2021.1.12 삭제)
4. 중앙도시계획위원회에서 위임하는 사항

② 분과위원회의 심의는 중앙도시계획위원회의 심의로 본다. 다만, 제1항제4호의 경우에는 중앙도시계획위원회가 분과위원회의 심의를 중앙도시계획위원회의 심의로 보도록 하는 경우만 해당한다.

제111조【전문위원】 ① 도시·군계획 등에 관한 중요 사항을 조사·연구하기 위하여 중앙도시계획위원회에 전문위원을 둘 수 있다.(2011.4.14 본항개정)

② 전문위원은 위원장 및 중앙도시계획위원회나 분과위원회의 요구가 있을 때에는 회의에 출석하여 발언할 수 있다.

③ 전문위원은 토지 이용, 건축, 주택, 교통, 공간정보, 환경, 법률, 복지, 방재, 문화, 농림 등 도시·군계획과 관련된 분야에 관한 학식과 경험이 풍부한 자 중에서 국토교통부장관이 임명한다.(2013.3.23 본항개정)

제112조【간사 및 서기】 ① 중앙도시계획위원회에 간사와 서기를 둔다.

② 간사와 서기는 국토교통부 소속 공무원 중에서 국토교통부장관이 임명한다.(2013.3.23 본항개정)

③ 간사는 위원장의 명을 받아 중앙도시계획위원회의 서무를 담당하고, 서기는 간사를 보좌한다.

제113조【지방도시계획위원회】 ① 다음 각 호의 심의를 하게 하거나 자문에 응하게 하기 위하여 시·도에 시·도도시계획위원회를 둔다.

1. 시·도지사가 결정하는 도시·군관리계획의 심의 등 시·도지사의 권한에 속하는 사항과 다른 법률에서 시·도도시계획위원회의 심의를 거치도록 한 사항의 심의(2011.4.14 본호개정)
2. 국토교통부장관의 권한에 속하는 사항 중 중앙도시계획위원회의 심의 대상에 해당하는 사항이 시·도지사에게 위임된 경우 그 위임된 사항의 심의(2013.3.23 본호개정)
3. 도시·군관리계획과 관련하여 시·도지사가 자문하는 사항에 대한 조언(2011.4.14 본호개정)
4. 그 밖에 대통령령으로 정하는 사항에 관한 심의 또는 조언

② 도시·군관리계획과 관련된 다음 각 호의 심의를 하게 하거나 자문에 응하게 하기 위하여 시·군(광역시의 관할 구역에 있는 군을 포함한다. 이하 이 조에서 같다) 또는 구에 각각 시·군·구도시계획위원회를 둔다. (2021.1.12 본문개정)

1. 시장 또는 군수가 결정하는 도시·군관리계획의 심의와 국토교통부장관이나 시·도지사의 권한에 속하는 사항 중 시·도도시계획위원회의 심의대상에 해당하는 사항이 시장·군수 또는 구청장에게 위임되거나 재위임된 경우 그 위임되거나 재위임된 사항의 심의 (2013.7.16 본호개정)
2. 도시·군관리계획과 관련하여 시장·군수 또는 구청장이 자문하는 사항에 대한 조언(2011.4.14 본호개정)
3. 제59조에 따른 개발행위의 허가 등에 관한 심의
4. 그 밖에 대통령령으로 정하는 사항에 관한 심의 또는 조언

③ 시·도도시계획위원회나 시·군·구도시계획위원회의 심의 사항 중 대통령령으로 정하는 사항을 효율적으로 심의하기 위하여 시·도도시계획위원회나 시·군·구도시계획위원회에 분과위원회를 둘 수 있다.

④ 분과위원회에서 심의하는 사항 중 시·도도시계획위원회나 시·군·구도시계획위원회가 지정하는 사항은 분과위원회의 심의를 시·도도시계획위원회나 시·군·구도시계획위원회의 심의로 본다.

⑤ 도시·군계획 등에 관한 중요 사항을 조사·연구하기 위하여 지방도시계획위원회에 전문위원을 둘 수 있다. (2011.4.14 본항개정)

⑥ 제5항에 따라 지방도시계획위원회에 전문위원을 두는 경우에는 제111조제2항 및 제3항을 준용한다. 이 경우 "중앙도시계획위원회"는 "지방도시계획위원회"로, "국토교통부장관"은 "해당 지방도시계획위원회가 속한 지방자치단체의 장"으로 본다.(2013.3.23 후단개정)

제113조의2【회의록의 공개】 중앙도시계획위원회 및 지방도시계획위원회의 심의 일시·장소·안건·내용·결과 등이 기록된 회의록은 1년의 범위에서 대통령령으로 정하는 기간이 지난 후에는 공개 요청이 있는 경우 대통령령으로 정하는 바에 따라 공개하여야 한다. 다만, 공개에 의하여 부동산 투기 유발 등 공익을 현저히 해칠 우려가 있다고 인정하는 경우나 심의·의결의 공정성을 침해할 우려가 있다고 인정되는 이름·주민등록번호 등 대통령령으로 정하는 개인 식별 정보에 관한 부분의 경우에는 그러하지 아니하다.(2009.2.6 본조신설)

제113조의3【위원의 제척·회피】 ① 중앙도시계획위원회의 위원 및 지방도시계획위원회의 위원은 다음 각 호의 어느 하나에 해당하는 경우에 심의·자문에서 제척(除斥)된다.

1. 자기나 배우자 또는 배우자이었던 자가 당사자이거나 공동권리자 또는 공동의무자인 경우
2. 자기가 당사자와 친족관계이거나 자기 또는 자기가 속한 법인이 당사자의 법률·경영 등에 대한 자문·고문 등으로 있는 경우
3. 자기 또는 자기가 속한 법인이 당사자 등의 대리인으로 관여하거나 관여하였던 경우
4. 그 밖에 해당 안건에 자기가 이해관계인으로 관여한 경우로서 대통령령으로 정하는 경우

② 위원이 제1항 각 호의 사유에 해당하는 경우에는 스스로 그 안건의 심의·자문에서 회피할 수 있다. (2011.4.14 본조신설)

제113조의4【벌칙 적용 시의 공무원 의제】 중앙도시계획위원회의 위원·전문위원 및 지방도시계획위원회의

위원·전문위원 중 공무원이 아닌 위원이나 전문위원은 그 직무상 행위와 관련하여 「형법」 제129조부터 제132조까지의 규정을 적용할 때에는 공무원으로 본다.
(2011.4.14 본조신설)

제114조【운영 세칙】 ① 중앙도시계획위원회와 분과위원회의 설치 및 운영에 필요한 사항은 대통령령으로 정한다.
② 지방도시계획위원회와 분과위원회의 설치 및 운영에 필요한 사항은 대통령령으로 정하는 범위에서 해당 지방자치단체의 조례로 정한다.

제115조【위원 등의 수당 및 여비】 중앙도시계획위원회의 위원이나 전문위원, 지방도시계획위원회의 위원에게는 대통령령이나 조례로 정하는 바에 따라 수당과 여비를 지급할 수 있다.

제116조【도시·군계획상임기획단】 지방자치단체의 장이 입안한 광역도시계획·도시·군기본계획 또는 도시·군관리계획을 검토하거나 지방자치단체의 장이 의뢰하는 광역도시계획·도시·군기본계획 또는 도시·군관리계획에 관한 기획·지도 및 조사·연구를 위하여 해당 지방자치단체의 조례로 정하는 바에 따라 지방도시계획위원회에 제113조제5항에 따른 전문위원 등으로 구성되는 도시·군계획상임기획단을 둔다.(2011.4.14 본조개정)

제10장 토지거래의 허가 등

제117조~제126조 (2016.1.19 삭제)

제11장 보 칙
(2009.2.6 본장개정)

제127조【시범도시의 지정·지원】 ① 국토교통부장관은 도시의 경제·사회·문화적인 특성을 살려 개성 있고 지속가능한 발전을 촉진하기 위하여 필요하면 직접 또는 관계 중앙행정기관의 장이나 시·도지사의 요청에 의하여 경관, 생태, 정보통신, 과학, 문화, 관광, 그 밖에 대통령령으로 정하는 분야별로 시범도시(시범지구나 시범단지를 포함한다)를 지정할 수 있다.(2013.3.23 본항개정)
② 국토교통부장관, 관계 중앙행정기관의 장 또는 시·도지사는 제1항에 따라 지정된 시범도시에 대하여 예산·인력 등 필요한 지원을 할 수 있다.(2013.3.23 본항개정)
③ 국토교통부장관은 관계 중앙행정기관의 장이나 시·도지사에게 시범도시의 지정과 지원에 필요한 자료를 제출하도록 요청할 수 있다.(2013.3.23 본항개정)
④ 시범도시의 지정 및 지원의 기준·절차 등에 관하여 필요한 사항은 대통령령으로 정한다.

제128조【국토이용정보체계의 활용】 ① 국토교통부장관, 시·도지사, 시장 또는 군수가 「토지이용규제 기본법」 제12조에 따라 국토이용정보체계를 구축하여 도시·군계획에 관한 정보를 관리하는 경우에는 해당 정보를 도시·군계획을 수립하는 데에 활용하여야 한다.
② 특별시장·광역시장·특별자치시장·특별자치도지사·시장 또는 군수는 개발행위허가 민원 간소화 및 업무의 효율적인 처리를 위하여 국토이용정보체계를 활용하여야 한다.(2015.8.11 본항신설)
(2013.3.23 본조개정)

제129조【전문기관에 자문 등】 ① 국토교통부장관은 필요하다고 인정하는 경우에는 광역도시계획이나 도시·군기본계획의 승인, 그 밖에 도시·군계획에 관한 중요 사항에 대하여 도시·군계획에 관한 전문기관에 자문을 하거나 조사·연구를 의뢰할 수 있다.
② 국토교통부장관은 제1항에 따라 자문을 하거나 조사·연구를 의뢰하는 경우에는 그에 필요한 비용을 예산의 범위에서 해당 전문기관에 지급할 수 있다.
(2013.3.23 본조개정)

제130조【토지에의 출입 등】 ① 국토교통부장관, 시·도지사, 시장 또는 군수나 도시·군계획시설사업의 시행자는 다음 각 호의 행위를 하기 위하여 필요하면 타인의 토지에 출입하거나 타인의 토지를 재료 적치장 또는 임시통로로 일시 사용할 수 있으며, 특히 필요한 경우에는 나무, 흙, 돌, 그 밖의 장애물을 변경하거나 제거할 수 있다.
(2013.3.23 본문개정)
1. 도시·군계획·광역도시계획에 관한 기초조사
(2011.4.14 본호개정)
2. 개발밀도관리구역, 기반시설부담구역 및 제67조제4항에 따른 기반시설설치계획에 관한 기초조사
3. 지가의 동향 및 토지거래의 상황에 관한 조사
4. 도시·군계획시설사업에 관한 조사·측량 또는 시행
(2011.4.14 본호개정)
② 제1항에 따라 타인의 토지에 출입하려는 자는 특별시장·광역시장·특별자치시장·특별자치도지사·시장 또는 군수의 허가를 받아야 하며, 출입하려는 날의 7일 전까지 그 토지의 소유자·점유자 또는 관리인에게 그 일시와 장소를 알려야 한다. 다만, 행정청인 도시·군계획시설사업의 시행자는 허가를 받지 아니하고 타인의 토지에 출입할 수 있다.(2012.2.1 본문개정)
③ 제1항에 따라 타인의 토지를 재료 적치장 또는 임시통로로 일시사용하거나 나무, 흙, 돌, 그 밖의 장애물을 변경 또는 제거하려는 자는 토지의 소유자·점유자 또는 관리인의 동의를 받아야 한다.
④ 제3항의 경우 토지나 장애물의 소유자·점유자 또는 관리인이 현장에 없거나 주소 또는 거소가 불분명하여 그 동의를 받을 수 없는 경우에는 행정청인 도시·군계획시설사업의 시행자는 관할 특별시장·광역시장·특별자치시장·특별자치도지사·시장 또는 군수에게 그 사실을 통지하여야 하며, 행정청이 아닌 도시·군계획시설사업의 시행자는 미리 관할 특별시장·광역시장·특별자치시장·특별자치도지사·시장 또는 군수의 허가를 받아야 한다.(2011.4.14 본항개정)
⑤ 제3항과 제4항에 따라 토지를 일시 사용하거나 장애물을 변경 또는 제거하려는 자는 토지를 사용하려는 날이나 장애물을 변경 또는 제거하려는 날의 3일 전까지 그 토지나 장애물의 소유자·점유자 또는 관리인에게 알려야 한다.
⑥ 일출 전이나 일몰 후에는 그 토지 점유자의 승낙 없이 택지나 담장 또는 울타리로 둘러싸인 타인의 토지에 출입할 수 없다.
⑦ 토지의 점유자는 정당한 사유 없이 제1항에 따른 행위를 방해하거나 거부하지 못한다.
⑧ 제1항에 따른 행위를 하려는 자는 그 권한을 표시하는 증표와 허가증을 지니고 이를 관계인에게 내보여야 한다.
⑨ 제8항에 따른 증표와 허가증에 관하여 필요한 사항은 국토교통부령으로 정한다.(2013.3.23 본항개정)

제131조【토지에의 출입 등에 따른 손실 보상】 ① 제130조제1항에 따른 행위로 인하여 손실을 입은 자가 있으면 그 행위자가 속한 행정청이나 도시·군계획시설사업의 시행자가 그 손실을 보상하여야 한다.(2011.4.14 본항개정)
② 제1항에 따른 손실 보상에 관하여는 그 손실을 보상할 자와 손실을 입은 자가 협의하여야 한다.
③ 손실을 보상할 자나 손실을 입은 자는 제2항에 따른 협의가 성립되지 아니하거나 협의를 할 수 없는 경우에는 관할 토지수용위원회에 재결을 신청할 수 있다.
④ 관할 토지수용위원회의 재결에 관하여는 「공익사업을 위한 토지 등의 취득 및 보상에 관한 법률」 제83조부터 제87조까지의 규정을 준용한다.

제132조 (2005.12.7 삭제)

제133조【법률 등의 위반자에 대한 처분】 ① 국토교통부장관, 시·도지사, 시장·군수 또는 구청장은 다음 각 호의 어느 하나에 해당하는 자에게 이 법에 따른 허가·인가 등의 취소, 공사의 중지, 공작물 등의 개축 또는 이전, 그 밖에 필요한 처분을 하거나 조치를 명할 수 있다.
(2013.3.23 본문개정)
1. 제31조제2항 단서에 따른 신고를 하지 아니하고 사업 또는 공사를 한 자
1의2. 제40조의3에 따른 도시혁신구역에서 해당 도시혁신계획에 맞지 아니하게 건축물을 건축 또는 용도변경을 하거나 공작물을 설치한 자(2024.2.6 본호신설)
1의3. 제40조의4에 따른 복합용도구역에서 해당 복합용도구역계획에 맞지 아니하게 건축물을 건축 또는 용도변경을 하거나 공작물을 설치한 자(2024.2.6 본호신설)
1의4. 제40조의5에 따른 입체복합구역에서 해당 도시·군관리계획에 맞지 아니하게 건축물을 건축 또는 용도변경을 하거나 공작물을 설치한 자(2024.2.6 본호신설)
2. 도시·군계획시설을 제43조제1항에 따른 도시·군관리계획의 결정 없이 설치한 자(2011.4.14 본호개정)
3. 제44조의3제2항에 따른 공동구의 점용 또는 사용에 관한 허가를 받지 아니하고 공동구를 점용 또는 사용하거나 같은 조 제3항에 따른 점용료 또는 사용료를 내지 아니한 자(2009.12.29 본호개정)
4. 제54조에 따른 지구단위계획구역에서 해당 지구단위계획에 맞지 아니하게 건축물을 건축 또는 용도변경을 하거나 공작물을 설치한 자(2013.7.16 본호개정)
5. 제56조에 따른 개발행위허가 또는 변경허가를 받지 아니하고 개발행위를 한 자
5의2. 제56조에 따라 개발행위허가 또는 변경허가를 받고 그 허가받은 사업기간 동안 개발행위를 완료하지 아니한 자(2011.4.14 본호신설)
5의3. 제57조제4항에 따라 개발행위허가를 받고 그 개발행위허가의 조건을 이행하지 아니한 자(2021.1.12 본호신설)
6. 제60조제1항에 따른 이행보증금을 예치하지 아니하거나 같은 조 제3항에 따른 토지의 원상회복명령에 따르지 아니한 자
7. 개발행위를 끝낸 후 제62조에 따른 준공검사를 받지 아니한 자
7의2. 제64조제3항 본문에 따른 원상회복명령에 따르지 아니한 자(2013.7.16 본호신설)
7의3. 제75조의4에 따른 성장관리계획구역에서 그 성장관리계획에 맞지 아니하게 개발행위를 하거나 건축물의 용도를 변경한 자(2021.1.12 본호신설)
8. 제76조(같은 조 제5항제2호부터 제4호까지의 규정은 제외한다)에 따른 용도지역 또는 용도지구에서의 건축 제한 등을 위반한 자
9. 제77조에 따른 건폐율을 위반하여 건축한 자
10. 제78조에 따른 용적률을 위반하여 건축한 자
11. 제79조에 따른 용도지역 미지정 또는 미세분 지역에서의 행위 제한 등을 위반한 자
12. 제81조에 따른 시가화조정구역에서의 행위 제한을 위반한 자
13. 제84조에 따른 둘 이상의 용도지역 등에 걸치는 대지의 적용 기준을 위반한 자
14. 제86조제5항에 따른 도시·군계획시설사업시행자 지정을 받지 아니하고 도시·군계획시설사업을 시행한 자
(2011.4.14 본호개정)
15. 제88조에 따른 도시·군계획시설사업의 실시계획인가 또는 변경인가를 받지 아니하고 사업을 시행한 자
(2011.4.14 본호개정)
15의2. 제88조에 따라 도시·군계획시설사업의 실시계획인가 또는 변경인가를 받고 그 실시계획에서 정한 사업기간 동안 사업을 완료하지 아니한 자(2011.4.14 본호신설)
15의3. 제88조에 따른 실시계획의 인가 또는 변경인가를 받은 내용에 맞지 아니하게 도시·군계획시설을 설치하거나 용도를 변경한 자(2013.7.16 본호신설)
16. 제89조제1항에 따른 이행보증금을 예치하지 아니하거나 같은 조 제3항에 따른 토지의 원상회복명령에 따르지 아니한 자
17. 도시·군계획시설사업의 공사를 끝낸 후 제98조에 따른 준공검사를 받지 아니한 자(2011.4.14 본호개정)
18.~19. (2016.1.19 삭제)
20. 제130조를 위반하여 타인의 토지에 출입하거나 그 토지를 일시사용한 자
21. 부정한 방법으로 다음 각 목의 어느 하나에 해당하는 허가·인가·지정 등을 받은 자
가. 제56조에 따른 개발행위허가 또는 변경허가
나. 제62조에 따른 개발행위의 준공검사
다. 제81조에 따른 시가화조정구역에서의 행위허가
라. 제86조에 따른 도시·군계획시설사업의 시행자 지정
(2011.4.14 본목개정)
마. 제88조에 따른 실시계획의 인가 또는 변경인가
바. 제98조에 따른 도시·군계획시설사업의 준공검사
(2011.4.14 본목개정)
사. (2016.1.19 삭제)
22. 사정이 변경되어 개발행위 또는 도시·군계획시설사업을 계속적으로 시행하면 현저히 공익을 해칠 우려가 있다고 인정되는 경우의 그 개발행위허가를 받은 자 또는 도시·군계획시설사업의 시행자(2011.4.14 본호개정)
② 국토교통부장관, 시·도지사, 시장·군수 또는 구청장은 제1항제22호에 따라 필요한 처분을 하거나 조치를 명한 경우에는 이로 인하여 발생한 손실을 보상하여야 한다.
(2013.3.23 본항개정)
③ 제2항에 따른 손실 보상에 관하여는 제131조제2항부터 제4항까지의 규정을 준용한다.

제134조【행정심판】 이 법에 따른 도시·군계획시설사업 시행자의 처분에 대하여는 「행정심판법」에 따라 행정심판을 제기할 수 있다. 이 경우 행정청이 아닌 시행자의 처분에 대하여는 제86조제5항에 따라 그 시행자를 지정한 자에게 행정심판을 제기하여야 한다.(2011.4.14 전단개정)

제135조【권리·의무의 승계 등】 ① 다음 각 호에 해당하는 권리·의무는 그 토지 또는 건축물에 관한 소유권이나 그 밖의 권리의 변동과 동시에 그 승계인에게 이전한다.
1. 토지 또는 건축물에 관하여 소유권이나 그 밖의 권리를 가진 자의 도시·군관리계획에 관한 권리·의무
(2011.4.14 본호개정)
2. (2016.1.19 삭제)
② 이 법 또는 이 법에 따른 명령에 의한 처분, 그 절차 및 그 밖의 행위는 그 행위와 관련된 토지 또는 건축물에 대하여 소유권이나 그 밖의 권리를 가진 자의 승계인에 대하여 효력을 가진다.

제136조【청문】 국토교통부장관, 시·도지사, 시장·군수 또는 구청장은 제133조제1항에 따라 다음 각 호의 어느 하나에 해당하는 처분을 하려면 청문을 하여야 한다.
(2013.3.23 본문개정)
1. 개발행위허가의 취소
2. 제86조제5항에 따른 도시·군계획시설사업의 시행자 지정의 취소(2011.4.14 본호개정)
3. 실시계획인가의 취소
4. (2016.1.19 삭제)

제137조【보고 및 검사 등】 ① 국토교통부장관(제40조에 따른 수산자원보호구역의 경우 해양수산부장관을 말한다), 시·도지사, 시장 또는 군수는 다음 각 호의 어느 하나에 해당하는 경우에는 개발행위허가를 받은 자나 도시·군계획시설사업의 시행자에게 감독을 위하여 필요한 보고를 하게 하거나 자료를 제출하도록 명할 수 있으며, 소속 공무원으로 하여금 개발행위에 관한 업무 상황을 검사하게 할 수 있다.(2020.6.9 본문개정)

1. 다음 각 목의 내용에 대한 이행 여부의 확인이 필요한 경우
가. 제56조에 따른 개발행위허가의 내용
나. 제88조에 따른 실시계획인가의 내용
2. 제133조제1항제5호, 제5호의2, 제6호, 제7호, 제7호의2, 제15호, 제15호의2, 제15호의3 및 제16호부터 제22호까지 중 어느 하나에 해당한다고 판단하는 경우
3. 그 밖에 해당 개발행위의 체계적 관리를 위하여 관련 자료 및 현장 확인이 필요한 경우
(2019.8.20 1호~3호신설)
② 제1항에 따라 업무를 검사하는 공무원은 그 권한을 표시하는 증표를 지니고 이를 관계인에게 내보여야 한다.
③ 제2항에 따른 증표에 관하여 필요한 사항은 국토교통부령으로 정한다.(2013.3.23 본항개정)

제138조【도시·군계획의 수립 및 운영에 대한 감독 및 조정】 ① 국토교통부장관(제40조에 따른 수산자원보호구역의 경우 해양수산부장관을 말한다. 이하 이 조에서 같다)은 필요한 경우에는 시·도지사 또는 시장·군수에게, 시·도지사는 시장·군수에게 도시·군기본계획과 도시·군관리계획의 수립 및 운영실태를 감독하기 위하여 필요한 보고를 하게 하거나 자료를 제출하도록 명할 수 있으며, 소속 공무원으로 하여금 도시·군기본계획과 도시·군관리계획에 관한 업무 상황을 검사하게 할 수 있다.(2020.6.9 본항개정)
② 국토교통부장관은 도시·군기본계획과 도시·군관리계획이 국가계획 및 광역도시계획의 취지에 부합하지 아니하거나 도시·군관리계획이 도시·군기본계획의 취지에 부합하지 아니하다고 판단하는 경우에는 특별시장·광역시장·특별자치시장·특별자치도지사·시장 또는 군수에게 기한을 정하여 도시·군기본계획과 도시·군관리계획의 조정을 요구할 수 있다. 이 경우 특별시장·광역시장·특별자치시장·특별자치도지사·시장 또는 군수는 도시·군기본계획과 도시·군관리계획을 재검토하여 정비하여야 한다.(2013.3.23 전단개정)
③ 도지사는 시·군 도시·군관리계획이 광역도시계획이나 도시·군기본계획의 취지에 부합하지 아니하다고 판단되는 경우에는 시장 또는 군수에게 기한을 정하여 그 도시·군관리계획의 조정을 요구할 수 있다. 이 경우 시장 또는 군수는 그 도시·군관리계획을 재검토하여 정비하여야 한다.
(2011.4.14 본조개정)

제139조【권한의 위임 및 위탁】 ① 이 법에 따른 국토교통부장관(제40조에 따른 수산자원보호구역의 경우 해양수산부장관을 말한다. 이하 이 조에서 같다)의 권한은 그 일부를 대통령령으로 정하는 바에 따라 시·도지사에게 위임할 수 있으며, 시·도지사는 국토교통부장관의 승인을 받아 그 위임받은 권한을 시장·군수 또는 구청장에게 재위임할 수 있다.(2013.3.23 본항개정)
② 이 법에 따른 시·도지사의 권한은 시·도의 조례로 정하는 바에 따라 시장·군수 또는 구청장에게 위임할 수 있다. 이 경우 시·도지사는 권한의 위임사실을 국토교통부장관에게 보고하여야 한다.(2013.3.23 후단개정)
③ 제1항이나 제2항에 따라 권한이 위임되거나 재위임된 경우 그 위임되거나 재위임된 사항 중 다음 각 호의 사항에 대하여는 그 위임 또는 재위임받은 기관이 속하는 지방자치단체에 설치된 지방도시계획위원회의 심의 또는 시·도의 조례로 정하는 바에 따라 「건축법」 제4조에 의하여 시·군·구에 두는 건축위원회와 도시계획위원회가 공동으로 하는 심의를 거쳐야 하며, 해당 지방의회의 의견을 들어야 하는 사항에 대하여는 그 위임 또는 재위임받은 기관이 속하는 지방자치단체의 의회의 의견을 들어야 한다.
1. 중앙도시계획위원회·지방도시계획위원회의 심의를 거쳐야 하는 사항
2. 「건축법」 제4조에 따라 시·도에 두는 건축위원회와 지방도시계획위원회가 공동으로 하는 심의를 거쳐야 하는 사항
④ 이 법에 따른 국토교통부장관, 시·도지사, 시장 또는 군수의 사무는 그 일부를 대통령령이나 해당 지방자치단체의 조례로 정하는 바에 따라 다른 행정청이나 행정청이 아닌 자에게 위탁할 수 있다.(2013.3.23 본항개정)
⑤ (2005.12.7 삭제)
⑥ 제4항에 따라 위탁받은 사무를 수행하는 자(행정청이 아닌 자로 한정한다)나 그에 소속된 직원은 「형법」이나 그 밖의 법률에 따른 벌칙을 적용할 때에는 공무원으로 본다.

제12장 벌 칙
(2009.2.6 본장제목개정)

제140조【벌칙】 다음 각 호의 어느 하나에 해당하는 자는 3년 이하의 징역 또는 3천만원 이하의 벌금에 처한다.
1. 제56조제1항 또는 제2항을 위반하여 허가 또는 변경허가를 받지 아니하거나, 속임수나 그 밖의 부정한 방법으로 허가 또는 변경허가를 받아 개발행위를 한 자
2. 시가화조정구역에서 허가를 받지 아니하고 제81조제2항 각 호의 어느 하나에 해당하는 행위를 한 자
(2009.2.6 본조개정)

제140조의2【벌칙】 기반시설설치비용을 면탈·경감할 목적 또는 면탈·경감하게 할 목적으로 거짓 계약을 체결하거나 거짓 자료를 제출한 자는 3년 이하의 징역 또는 면탈·경감하였거나 면탈·경감하고자 한 기반시설설치비용의 3배 이하에 상당하는 벌금에 처한다.(2008.3.28 본조신설)

제141조【벌칙】 다음 각 호의 어느 하나에 해당하는 자는 2년 이하의 징역 또는 2천만원(제5호에 해당하는 자는 계약 체결 당시의 개별공시지가에 의한 해당 토지가격의 100분의 30에 해당하는 금액) 이하의 벌금에 처한다.
1. 제43조제1항을 위반하여 도시·군관리계획의 결정이 없이 기반시설을 설치한 자(2011.4.14 본호개정)
2. 제44조제3항을 위반하여 공동구에 수용하여야 하는 시설을 공동구에 수용하지 아니한 자(2009.12.29 본호개정)
3. 제54조를 위반하여 지구단위계획에 맞지 아니하게 건축물을 건축하거나 용도를 변경한 자
4. 제76조(같은 조 제5항제2호부터 제4호까지의 규정은 제외한다)에 따른 용도지역 또는 용도지구에서의 건축물이나 그 밖의 시설의 용도·종류 및 규모 등의 제한을 위반하여 건축물이나 그 밖의 시설을 건축 또는 설치하거나 그 용도를 변경한 자(2012.2.1 본호개정)
5. (2016.1.19 삭제)
(2009.2.6 본조개정)

제142조【벌칙】 제133조제1항에 따른 허가·인가 등의 취소, 공사의 중지, 공작물 등의 개축 또는 이전 등의 처분 또는 조치명령을 위반한 자는 1년 이하의 징역 또는 1천만원 이하의 벌금에 처한다.(2009.2.6 본조개정)

제143조【양벌규정】 법인의 대표자나 법인 또는 개인의 대리인, 사용인, 그 밖의 종업원이 그 법인 또는 개인의 업무에 관하여 제140조부터 제142조까지의 어느 하나에 해당하는 위반행위를 하면 그 행위자를 벌할 뿐만 아니라 그 법인 또는 개인에게도 해당 조문의 벌금형을 과(科)한다. 다만, 법인 또는 개인이 그 위반행위를 방지하기 위하여 해당 업무에 관하여 상당한 주의와 감독을 게을리하지 아니한 경우는 그러하지 아니하다.(2009.2.6 본조개정)

제144조【과태료】 ① 다음 각 호의 어느 하나에 해당하는 자에게는 1천만원 이하의 과태료를 부과한다.
1. 제44조의3제2항에 따른 허가를 받지 아니하고 공동구를 점용하거나 사용한 자(2009.12.29 본호개정)
2. 정당한 사유 없이 제130조제1항에 따른 행위를 방해하거나 거부한 자
3. 제130조제2항부터 제4항까지의 규정에 따른 허가 또는 동의를 받지 아니하고 같은 조 제1항에 따른 행위를 한 자
4. 제137조제1항에 따른 검사를 거부·방해하거나 기피한 자
② 다음 각 호의 어느 하나에 해당하는 자에게는 500만원 이하의 과태료를 부과한다.
1. 제56조제4항 단서에 따른 신고를 하지 아니한 자
2. 제137조제1항에 따른 보고 또는 자료 제출을 하지 아니하거나, 거짓된 보고 또는 자료 제출을 한 자
③ 제1항과 제2항에 따른 과태료는 대통령령으로 정하는 바에 따라 다음 각 호의 자가 각각 부과·징수한다.
1. 제1항제2호·제4호 및 제2항제2호의 경우 : 국토교통부장관(제40조에 따른 수산자원보호구역의 경우 해양수산부장관을 말한다), 시·도지사, 시장 또는 군수
(2013.3.23 본호개정)
2. 제1항제1호·제3호 및 제2항제1호의 경우 : 특별시장·광역시장·특별자치시장·특별자치도지사·시장 또는 군수(2011.4.14 본호개정)
(2009.2.6 본조개정)

부 칙

제1조【시행일】 이 법은 2003년 1월 1일부터 시행한다.
제2조【다른 법률의 폐지】 국토이용관리법 및 도시계획법은 이를 각각 폐지한다.
제3조~제25조 (생략)

부 칙 (2011.4.14)

제1조【시행일】 이 법은 공포 후 1년이 경과한 날부터 시행한다. 다만, 특별자치시와 특별자치시장에 관한 개정규정은 2012년 7월 1일부터 시행한다.
제2조【다른 법률에 따라 지정된 토지 이용에 관한 구역등의 변경 등에 관한 적용례】 제8조제4항 및 제5항의 개정규정은 이 법 시행 후 다른 법률에 따라 지정된 토지 이용에 관한 구역등을 변경하거나 해제하는 경우부터 적용한다.
제3조【다른 법률에 따른 도시·군관리계획의 변경 제한에 관한 적용례】 제9조의 개정규정은 이 법 시행 후 다른 법률에 따라 도시·군관리계획의 결정을 의제하는 내용이 포함되어 있는 계획의 허가·인가·승인 또는 결정을 신청하는 경우부터 적용한다.
제4조【도시·군기본계획의 내용에 관한 적용례】 제19조의 개정규정은 이 법 시행 후 최초로 도시·군기본계획을 수립하거나 변경하는 경우부터 적용한다.
제5조【지구단위계획구역의 지정 등에 관한 적용례】 제49조, 제51조 및 제52조제1항의 개정규정은 이 법 시행 후 최초로 지구단위계획구역을 지정하거나 지구단위계획을 결정하는 경우부터 적용한다.
제6조【개발행위허가 등에 관한 적용례】 제56조제3항, 제57조제1항 단서 및 제58조제3항의 개정규정은 이 법 시행 후 최초로 개발행위허가를 신청하는 경우부터 적용한다.
제7조【지구단위계획구역의 지정 등에 관한 경과조치】 ① 이 법 시행 전에 종전의 규정에 따라 제1종 지구단위계획구역 또는 제2종 지구단위계획구역으로 지정된 지역은 제51조의 개정규정에 따라 지정된 지구단위계획구역으로 본다.
② 이 법 시행 전에 종전의 규정에 따라 제1종 지구단위계획 또는 제2종 지구단위계획으로 수립된 내용은 제52조의 개정규정에 따른 지구단위계획의 내용으로 본다.
제8조【다른 법률의 개정】 ①~⑬ ※(해당 법령에 가제정리 하였음)
제9조【다른 법령과의 관계】 이 법 시행 당시 다른 법령에서 종전의 「국토의 계획 및 이용에 관한 법률」의 규정을 인용하고 있는 경우 이 법 중 그에 해당하는 규정이 있는 경우에는 종전의 규정을 갈음하여 이 법의 해당 규정을 인용한 것으로 본다.

부 칙 (2011.9.16 법11058호)

제1조【시행일】 이 법은 공포한 날부터 시행한다.
제2조【건폐율에 관한 적용례】 제77조제4항의 개정규정은 이 법 시행 후 최초로 농업용·임업용·어업용 건축물을 건축하는 경우부터 적용한다.

부 칙 (2012.2.1)

제1조【시행일】 이 법은 공포 후 6개월이 경과한 날부터 시행한다.
제2조【관련 인·허가등의 의제에 관한 적용례】 제61조제4항의 개정규정은 이 법 시행 후 최초로 제57조제1항에 따라 개발행위허가를 신청하는 경우부터 적용한다.
제3조【개발행위복합민원 일괄협의회에 관한 적용례】 제61조의2의 개정규정은 이 법 시행 후 최초로 제57조제1항에 따라 개발행위허가를 신청하는 경우부터 적용한다.
제4조【서류의 열람 등에 관한 적용례】 제90조제1항의 개정규정은 이 법 시행 후 최초로 신청하는 실시계획 인가부터 적용한다.
제5조【토지에의 출입 등에 관한 적용례】 제130조제2항의 개정규정은 이 법 시행 후 제130조제1항에 따라 최초로 타인의 토지에 출입하는 경우부터 적용한다.
제6조【둘 이상의 용도지역등에 걸치는 대지에 대한 적용 기준에 관한 경과조치】 이 법 시행 당시 「건축법」에 따라 건축허가를 받은 경우와 건축허가를 신청하거나 건축신고를 한 경우에 있어서 둘 이상의 용도지역·용도지구 또는 용도구역에 걸치는 토지에 대한 적용기준은 제84조제1항의 개정규정에도 불구하고 종전의 규정에 따른다. 다만, 종전의 규정이 제84조제1항의 개정규정에 비하여 건축허가를 받은 자 또는 건축허가를 신청하거나 건축신고를 한 자에게 불리한 경우에는 제84조제1항의 개정규정에 따른다.

부 칙 (2013.7.16)

제1조【시행일】 이 법은 공포 후 6개월이 경과한 날부터 시행한다. 다만, 제48조제3항의 개정규정은 공포한 날부터 시행한다.
제2조【지구단위계획구역의 지정·변경과 지구단위계획의 수립·변경에 관한 도시·군관리계획 결정권자의 변경에 따른 적용례】 제29조제1항 단서, 제30조제7항, 제32조제2항, 제35조제2항, 제51조제1항·제2항, 제53조제2항 및 제113조제2항의 개정규정은 이 법 시행 전에 시장·군수가 입안하여 시·도지사에게 신청한 지구단위계획구역의 지정·변경 또는 지구단위계획의 수립·변경에 관한 도시·군관리계획의 결정에 대해서도 적용한다.
제3조【지구단위계획 등에 관한 도시·군관리계획 결정절차의 변경에 관한 적용례】 제30조제3항(같은 조 제7항에서 준용하는 경우를 포함한다)의 개정규정은 이 법 시행 후 제30조제1항에 따라 시·도지사가 관계 행정기관의 장과 협의하는 도시·군관리계획부터 적용한다.
제4조【지구단위계획구역에서의 공작물 설치에 관한 적용례】 제54조의 개정규정은 이 법 시행 후 설치하는 공작물부터 적용한다.
제5조【개발행위허가기준에 관한 적용례】 제58조제1항제2호의 개정규정은 이 법 시행 후 개발행위허가를 신청하는 분부터 적용한다.

제6조【개발행위에 대한 도시계획위원회의 심의에 관한 적용례】 제59조제2항제2호의 개정규정은 이 법 시행 후 개발행위허가를 신청하는 경우부터 적용한다.
제7조【이행보증금 예치 대상 개발행위허가의 범위 조정에 관한 적용례】 제60조제1항 각 호 외의 부분 본문의 개정규정은 이 법 시행 후다른 법률에 따라 개발행위허가의 의제가 포함되는 인가·허가·승인 등을 신청하는 것부터 적용한다.
제8조【개발행위허가 인·허가 의제 시 공공시설 무상귀속에 관한 적용례】 제65조제1항의 개정규정은 이 법 시행 후 다른 법률에 따라 개발행위허가의 의제가 포함되는 인가·허가·승인 등을 신청하는 것부터 적용한다.
제9조【도시·군계획시설사업의 분할 시행에 관한 적용례】 제87조의 개정규정은 이 법 시행 당시 종전의 규정에 따라 시행 중인 도시·군계획시설사업에 대해서도 적용한다.
제10조【준공검사 후 실시계획 작성·인가에 관한 적용례】 제88조제2항 단서의 개정규정은 이 법 시행 당시 종전의 규정에 따라 준공검사가 진행 중이거나 준공검사가 완료된 도시·군계획시설사업에 대해서도 적용한다.
제11조【토지거래계약 허가구역 지정권한의 조정에 관한 적용례】 제117조의 개정규정은 이 법 시행 후 토지거래계약에 관한 허가구역을 지정하는 경우부터 적용한다.
제12조【법률 등의 위반자에 대한 처분에 관한 적용례】 제133조제1항제4호·제7호의2 및 제15호의3의 개정규정은 이 법 시행 후 위반행위를 한 자부터 적용한다.
제13조【토지 이용에 관한 구역등의 지정 승인권한의 이양에 관한 경과조치】 이 법 시행 당시 종전의 규정에 따라 구역등의 지정 또는 변경절차가 진행 중인 경우에 대해서는 제8조제3항 및 제5항의 개정규정에도 불구하고 종전의 규정에 따른다.

부 칙 (2015.1.6)

제1조【시행일】 이 법은 공포한 날부터 시행한다. 다만, 제20조제2항 및 제3항과 제27조제3항 및 제4항의 개정규정은 공포 후 6개월이 경과한 날부터 시행한다.
제2조【도시·군기본계획 및 도시·군관리계획의 기초조사 내용의 변경에 관한 적용례】 제20조제2항 및 제3항과 제27조제3항 및 제4항의 개정규정은 부칙 제1조 단서에 따른 시행일 이후 수립 또는 입안하는 도시·군기본계획 및 도시·군관리계획부터 적용한다.
제3조【입지규제최소구역 및 입지규제최소구역계획에 관한 규정의 유효기간】 제40조의2·제80조의3 및 제83조의2는 2024년 12월 31일까지 효력을 가진다.(2019.8.20 본조개정)
제4조【입지규제최소구역 및 입지규제최소구역계획에 관한 규정의 유효기간 이후의 경과조치】 제40조의2, 제80조의3 및 제83조의2에 따라 결정된 도시·군관리계획은 2024년 12월 31일이 지난 후에도 효력을 갖는다.(2019.8.20 본조개정)
제5조【다른 법률의 개정】 ※(해당 법령에 가제정리 하였음)

부 칙 (2015.8.11 법13475호)

제1조【시행일】 이 법은 공포 후 6개월이 경과한 날부터 시행한다. 다만, 제34조제2항 및 제61조제1항의 개정규정은 공포한 날부터 시행하고, 제48조의2, 제57조제3항 및 제128조제2항의 개정규정은 2017년 1월 1일부터 시행한다.
제2조【적용례】 제53조제2항의 개정규정은 이 법 시행 후 지구단위계획에 관한 도시·군관리계획을 결정하는 경우부터 적용한다.

부 칙 (2015.12.29)

제1조【시행일】 이 법은 공포한 날부터 시행한다. 다만, 제3조의2제1항·제2항의 개정규정은 공포 후 6개월이 경과한 날부터 시행한다.
제2조【도시·군계획시설 부지매수의 거부·지연에 따른 개발행위 허가의 기준에 관한 적용례】 제47조제7항의 개정규정은 이 법 시행 후 최초로 같은 개정규정에 따라 제56조에 따른 허가를 하는 경우부터 적용한다.

부 칙 (2017.4.18)

제1조【시행일】 이 법은 공포 후 1년이 경과한 날부터 시행한다. 다만, 제26조제1항제3호, 제29조제1항, 제30조제3항, 제84조제3항 본문 및 제103조의 개정규정은 공포한 날부터 시행한다.
제2조【미관지구에 관한 경과조치】 ① 이 법 시행 당시 종전의 규정에 따라 지정된 미관지구가 이 법 시행일부터 1년 이내에 제52조제1항제1호의2에 따라 지구단위계획으로 대체되거나 다른 용도지구로 변경지정 되지 아니하는 경우 이 법 시행일부터 1년이 되는 날의 다음 날부터 해당 미관지구는 제37조제1항제1호에 따른 경관지구로 지정된 것으로 본다.
② 이 법 시행 당시 종전의 규정에 따라 지정된 미관지구가 제1항에 따라 지구단위계획을 통하여 대체되거나 다른 용도지구로 변경지정될 때까지 해당 미관지구 안에서의 행위제한에 관하여는 종전의 규정에 따른다.
제3조【보존지구에 관한 경과조치】 이 법 시행 당시 종전의 규정에 따라 지정된 보존지구는 제37조제1항제5호에 따른 보호지구로 지정된 것으로 본다.
제4조【시설보호지구에 관한 경과조치】 ①~⑧ ※(해당 법령에 가제정리 하였음)

부 칙 (2017.12.26)

제1조【시행일】 이 법은 공포 후 1년이 경과한 날부터 시행한다.
제2조【단계별 집행계획의 수립에 관한 적용례】 제85조제1항의 개정규정은 이 법 시행 이후에 도시·군계획시설결정이 고시된 경우부터 적용한다.
제3조【기반시설에 관한 경과조치】 ① 이 법 시행 당시 종전의 규정에 따라 도시·군관리계획으로 결정된 운동장은 제2조제6호라목의 개정규정에 따른 체육시설로 결정된 것으로 본다.
② 이 법 시행 당시 종전의 규정에 따라 도시·군관리계획으로 결정된 화장시설, 공동묘지 및 봉안시설은 제2조제6호바목의 개정규정에 따른 장사시설로 결정된 것으로 본다.
③ 이 법 시행 당시 종전의 규정에 따라 도시·군관리계획으로 결정된 폐기물처리시설은 제2조제6호사목에 따른 폐기물처리 및 재활용시설로 결정된 것으로 본다.

부 칙 (2019.8.20)

제1조【시행일】 이 법은 공포한 날부터 시행한다. 다만, 제88조제7항부터 제9항까지 및 제91조의 개정규정은 2020년 1월 1일부터 시행한다.
제2조【실시계획 효력 상실에 관한 경과조치】 제88조제7항의 개정규정을 적용할 때 이 법 시행 당시 종전의 규정에 따라 작성 또는 인가를 받은 실시계획에 대하여는 "실시계획 고시일"을 "이 법 시행일"로 본다.

부 칙 (2020.1.29)

제1조【시행일】 이 법은 공포 후 6개월이 경과한 날부터 시행한다.(이하 생략)

부 칙 (2020.3.24)

제1조【시행일】 이 법은 공포한 날부터 시행한다.(이하 생략)

부 칙 (2020.4.7)

제1조【시행일】 이 법은 공포 후 3개월이 경과한 날부터 시행한다.(이하 생략)

부 칙 (2020.6.9)

이 법은 공포한 날부터 시행한다.(이하 생략)

부 칙 (2020.12.31)
(2021.1.12 법17893호)

제1조【시행일】 이 법은 공포 후 1년이 경과한 날부터 시행한다.(이하 생략)

부 칙 (2021.1.12 법17898호)

제1조【시행일】 이 법은 공포 후 6개월이 경과한 날부터 시행한다.
제2조【적용례】 ① 제52조제1항의 개정규정 및 제52조의2의 개정규정은 이 법 시행 후 최초로 지구단위계획을 결정하는 경우부터 적용한다.
② 제133조제1항제5호의3의 개정규정은 이 법 시행 후 개발행위의 준공검사를 받은 자부터 적용한다.
③ 제133조제1항제7호의3의 개정규정은 이 법 시행 후 개발행위를 하거나 건축물의 용도를 변경한 자부터 적용한다.
제3조【성장관리방안에 관한 경과조치】 ① 이 법 시행 당시 종전의 규정에 따라 성장관리방안이 수립된 지역은 제75조의2의 개정규정에 따라 지정·고시된 성장관리계획구역으로 본다.
② 이 법 시행 당시 종전의 규정에 따라 수립된 성장관리방안은 제75조의3의 개정규정에 따라 수립된 성장관리계획으로 본다.
제4조【다른 법률의 개정】 ※(해당 법령에 가제정리 하였음)

부 칙 (2021.7.20)

제1조【시행일】 이 법은 공포 후 1년이 경과한 날부터 시행한다.(이하 생략)

부 칙 (2021.10.8)

제1조【시행일】 이 법은 공포한 날부터 시행한다.
제2조【용적률의 완화에 관한 특례 규정의 중첩 적용에 관한 적용례】 제78조제7항의 개정규정은 이 법 시행 당시 「건축법」 제11조에 따라 건축허가를 신청하거나 같은 법 제14조에 따라 건축신고를 한 경우(다른 법률에 따라 「건축법」 제11조에 따른 건축허가 또는 같은 법 제14조에 따른 건축신고가 의제되는 허가·결정·인가·협의·승인 등을 신청한 경우를 포함한다)에도 적용한다.

부 칙 (2022.12.27)

제1조【시행일】 이 법은 공포 후 6개월이 경과한 날부터 시행한다.(이하 생략)

부 칙 (2023.3.21)
(2023.5.16)

제1조【시행일】 이 법은 공포 후 1년이 경과한 날부터 시행한다.(이하 생략)

부 칙 (2023.8.8)

제1조【시행일】 이 법은 2024년 5월 17일부터 시행한다.(이하 생략)

부 칙 (2024.2.6)

제1조【시행일】 이 법은 공포 후 6개월이 경과한 날부터 시행한다.
제2조【입지규제최소구역 지정에 관한 경과조치】 ① 이 법 시행 전에 종전 규정에 따라 지정·결정된 입지규제최소구역 및 입지규제최소구역계획은 제40조의3의 개정규정에 따라 도시혁신구역 및 도시혁신계획으로 지정되거나 결정된 것으로 본다.
② 제1항에 따라 지정·결정된 것으로 보는 도시혁신구역 및 도시혁신계획을 변경하려는 경우에는 제35조의2의 개정규정에 따라 공간재구조화계획을 먼저 결정하여야 한다.
제3조【다른 법률의 개정】 ①~⑧ ※(해당 법령에 가제정리 하였음)

국토의 계획 및 이용에 관한 법률 시행령

(2002년 12월 26일 대통령령 제17816호)

개정
2003. 6.30영18044호(도시및주거환경정비법시) <중략>
2013. 6.11영24593호
2013.12.30영25050호(행정규제재검토에따른일부개정령)
2014. 1.14영25090호
2014. 3.24영25273호(건축시)
2014. 3.24영25279호(금융부실시)
2014. 4.29영25339호(공공주택건설등에관한특별법시)
2014. 6.30영25432호
2014. 7.14영25456호(도로법시)
2014. 7.16영25483호(임대주택법시)
2014.10.14영25652호(건축시)
2014.10.15영25661호 2014.11.11영25718호
2014.11.19영25751호(직제)
2014.11.24영25773호(수질수생태계보전시)
2014.12. 9영25840호(규제기한정비)
2015. 1. 6영26027호 2015. 2.10영26096호
2015. 3.11영26142호
2015. 6. 1영26302호(공간정보구축관리시)
2015. 6.15영26316호(신에너지및재생에너지개발·이용·보급촉진법시)
2015. 7. 6영26381호
2015.12.10영26705호(대기환경보전법시)
2015.12.15영26721호
2015.12.22영26754호(수산업·어촌발전기본법시)
2015.12.28영26762호(공공주택특별법시)
2015.12.28영26763호(민간임대주택에관한특별법시)
2016. 1.22영26928호(도시교통정비촉진법시)
2016. 2.11영26970호 2016. 3.22영27052호
2016. 5.17영27172호
2016. 6.30영27299호(행정규제정비일부개정령)
2016. 8.11영27444호(주택법시)
2016. 8.31영27471호(부동산가격공시에관한법시)
2016. 8.31영27472호(감정평가감정평가사시)
2016. 8.31영27473호(한국감정원법시)
2016.11. 1영27570호 2016.12.30영27744호
2016.12.30영27751호(규제기한설정)
2017. 1.17영27792호(수질수생태계보전시)
2017. 1.17영27793호(부동산거래신고등에관한법시)
2017. 2. 3영27832호(건축시)
2017. 3.29영27972호(공항시설법시)
2017. 9.19영28324호
2017. 9.19영28326호(스마트도시조성및산업진흥등에관한법시)
2017.12.29영28521호(지방분권강화)
2017.12.29영28553호
2018. 1.16영28583호(물환경보전법시)
2018. 1.16영28586호(시설물의안전및유지관리에관한특별법시)
2018. 2. 9영28628호(도시및주거환경정비법시)
2018. 2.27영28686호(혁신도시조성및발전에관한특별법시)
2018. 7.17영29051호
2018.10.23영29249호(자연재해대책법시)
2018.11.13영29284호
2018.12.18영29395호(지방분권강화)
2019. 3.19영29629호 2019. 8. 6영30031호
2019.12.31영30285호(문화재시)
2019.12.31영30299호
2020. 5.12영30672호(산업활성공장설립시)
2020. 5.26영30704호(문화재시)
2020. 8.26영30975호(친환경농어업육성및유기식품등의관리·지원에관한법시)
2020.11.24영31169호(공공기관의운영에관한법시)
2020.11.24영31176호(법정공고방식확대)
2020.12. 1영31211호(국토안전관리원법시)
2021. 1. 5영31380호(법령용어정비)
2021. 1.26영31417호
2021. 6.22영31803호(섬발전촉진법시)
2021. 7. 6영31877호
2021. 8.31영31961호(한국광해광업공단법시)
2021.12.16영32223호(지방자치시)
2022. 1.18영32344호 2022. 1.28영32379호
2022. 2.17영32447호(국민평생직업능력개발법시)
2022.11. 1영32977호(자치입법권보장을위한일부개정령)
2023. 3. 7영33321호(규제기한정비)
2023. 3.21영33339호
2023. 5.15영33466호(건축시)
2023. 7. 7영33621호(지방자치분권및지역균형발전에관한특별법시)
2023. 7.18영33637호
2024. 1.26영34165호→2024년 1월 27일 및 2024년 7월 27일 시행

제1장 총 칙

제1조【목적】 이 영은 「국토의 계획 및 이용에 관한 법률」에서 위임된 사항과 그 시행에 관하여 필요한 사항을 규정함을 목적으로 한다.(2005.9.8 본조개정)

제2조【기반시설】 ① 「국토의 계획 및 이용에 관한 법률」(이하 "법"이라 한다) 제2조제6호 각 목 외의 부분에서 "대통령령으로 정하는 시설"이란 다음 각 호의 시설(당해 시설 그 자체의 기능발휘와 이용을 위하여 필요한 부대시설 및 편익시설을 포함한다)을 말한다.(2013.6.11 본문개정)
1. 교통시설 : 도로·철도·항만·공항·주차장·자동차정류장·궤도·차량 검사 및 면허시설(2019.12.31 본호개정)
2. 공간시설 : 광장·공원·녹지·유원지·공공공지
3. 유통·공급시설 : 유통업무설비, 수도·전기·가스·열공급설비, 방송·통신시설, 공동구·시장, 유류저장 및 송유설비
4. 공공·문화체육시설 : 학교·공공청사·문화시설·공공필요성이 인정되는 체육시설·연구시설·사회복지시설·공공직업훈련시설·청소년수련시설(2018.11.13 본호개정)
5. 방재시설 : 하천·유수지·저수지·방화설비·방풍설비·방수설비·사방설비·방조설비
6. 보건위생시설 : 장사시설·도축장·종합의료시설
7. 환경기초시설 : 하수도·폐기물처리 및 재활용시설·빗물저장 및 이용시설·수질오염방지시설·폐차장(2018.11.13 6호~7호개정)

② 제1항에 따른 기반시설중 도로·자동차정류장 및 광장은 다음 각 호와 같이 세분할 수 있다.(2010.4.29 본문개정)
1. 도로
   가. 일반도로
   나. 자동차전용도로
   다. 보행자전용도로
   라. 보행자우선도로(2016.5.17 본목신설)
   마. 자전거전용도로
   바. 고가도로
   사. 지하도로
2. 자동차정류장
   가. 여객자동차터미널
   나. 물류터미널(2021.7.6 본목개정)
   다. 공영차고지
   라. 공동차고지(2016.5.17 본목개정)
   마. 화물자동차 휴게소(2016.5.17 본목신설)
   바. 복합환승센터(2016.5.17 본목신설)
   사. 환승센터(2023.7.18 본목신설)
3. 광장
   가. 교통광장
   나. 일반광장
   다. 경관광장
   라. 지하광장
   마. 건축물부설광장

③ 제1항 및 제2항의 규정에 의한 기반시설의 추가적인 세분 및 구체적인 범위는 국토교통부령으로 정한다.(2013.3.23 본항개정)

제3조【광역시설】 법 제2조제8호 각 목 외의 부분에서 "대통령령으로 정하는 시설"이란 다음 각 호의 시설을 말한다.(2009.8.5 본문개정)
1. 2 이상의 특별시·광역시·특별자치시·특별자치도·시 또는 군(광역시의 관할구역 안에 있는 군을 제외한다. 이하 같다. 다만, 제110조·제112조 및 제128조에서는 광역시의 관할구역 안에 있는 군을 포함한다)의 관할구역에 걸치는 시설 : 도로·철도·광장·녹지, 수도·전기·가스·열공급설비, 방송·통신시설, 공동구, 유류저장 및 송유설비, 하천·하수도(하수종말처리시설을 제외한다)
2. 2 이상의 특별시·광역시·특별자치시·특별자치도·시 또는 군이 공동으로 이용하는 시설 : 항만·공항·자동차정류장·공원·유원지·유통업무설비·문화시설·공공필요성이 인정되는 체육시설·사회복지시설·공공직업훈련시설·청소년수련시설·유수지·장사시설·도축장·하수도(하수종말처리시설에 한한다)·폐기물처리 및 재활용시설·수질오염방지시설·폐차장(2018.11.13 1호~2호개정)

제4조【공공시설】 법 제2조제13호에서 "대통령령으로 정하는 공공용시설"이란 다음 각 호의 시설을 말한다.(2009.8.5 본문개정)
1. 항만·공항·광장·녹지·공공공지·공동구·하천·유수지·방화설비·방풍설비·방수설비·사방설비·방조설비·하수도·구거(溝渠 : 도랑)(2021.1.5 본호개정)
2. 행정청이 설치하는 시설로서 주차장, 저수지 및 그 밖에 국토교통부령으로 정하는 시설(2018.11.13 본호개정)
3. 「스마트도시 조성 및 산업진흥 등에 관한 법률」 제2조제3호다목에 따른 시설(2017.9.19 본호개정)

제4조의2【기반시설부담구역에 설치가 필요한 기반시설】 법 제2조제19호에서 "도로, 공원, 녹지 등 대통령령으로 정하는 기반시설"이란 다음 각 호의 기반시설(해당 시설의 이용을 위하여 필요한 부대시설 및 편의시설을 포함한다)을 말한다.
1. 도로(인근의 간선도로로부터 기반시설부담구역까지의 진입도로를 포함한다)
2. 공원
3. 녹지
4. 학교(「고등교육법」 제2조에 따른 학교는 제외한다)
5. 수도(인근의 수도로부터 기반시설부담구역까지 연결하는 수도를 포함한다)
6. 하수도(인근의 하수도로부터 기반시설부담구역까지 연결하는 하수도를 포함한다)
7. 폐기물처리 및 재활용시설(2018.11.13 본호개정)
8. 그 밖에 특별시장·광역시장·특별자치시장·특별자치도지사·시장 또는 군수가 법 제68조제2항 단서에 따른 기반시설부담계획에서 정하는 시설(2012.4.10 본호개정)

(2008.9.25 본조신설)

제4조의3【기반시설을 유발하는 시설의 종류】 법 제2조제20호에서 "단독주택 및 숙박시설 등 대통령령으로 정하는 시설"이란 「건축법 시행령」 별표1에 따른 용도별 건축물을 말한다. 다만, 별표1의 건축물은 제외한다.(2008.9.25 본조신설)

제4조의4【도시의 지속가능성 및 생활인프라 수준 평가의 기준·절차】 ① 국토교통부장관은 법 제3조의2제2항에 따른 도시의 지속가능성 및 생활인프라 수준의 평가기준을 정할 때에는 다음 각 호의 구분에 따른 사항을 종합적으로 고려하여야 한다.
1. 지속가능성 평가기준 : 토지이용의 효율성, 환경친화성, 생활공간의 안전성·쾌적성·편의성 등에 관한 사항
2. 생활인프라 평가기준 : 보급률 등을 고려한 생활인프라 설치의 적정성, 이용의 용이성·접근성·편리성 등에 관한 사항

(2016.5.17 본항개정)

② 국토교통부장관은 법 제3조의2제1항에 따른 평가를 실시하려는 경우 특별시장·광역시장·특별자치시장·특별자치도지사·시장 또는 군수에게 해당 지방자치단체의 자체평가를 실시하여 그 결과를 제출하도록 하여야 하며, 제출받은 자체평가 결과를 바탕으로 최종평가를 실시한다.(2016.5.17 본항개정)

③ 국토교통부장관은 제2항에 따른 평가결과의 일부 또는 전부를 공개할 수 있으며, 「도시재생 활성화 및 지원에 관한 특별법」 제27조에 따른 도시재생 활성화를 위한 비용의 보조 또는 융자, 「지방자치분권 및 지역균형발전에 관한 특별법」 제86조에 따른 포괄보조금의 지원 등에 평가결과를 활용하도록 할 수 있다.(2023.7.7 본항개정)

④ 국토교통부장관은 제2항에 따른 평가를 전문기관에 의뢰할 수 있다.(2016.5.17 본항개정)

⑤ 제1항부터 제4항까지에서 규정한 평가기준 및 절차 등에 관하여 필요한 세부사항은 국토교통부장관이 정하여 고시한다.

(2016.5.17 본조제목개정)

제5조【다른 법률에 의한 토지이용에 관한 구역 등의 지정제한 등】 ① 법 제8조제2항에서 "대통령령으로 정하는 면적"이란 1제곱킬로미터(「도시개발법」에 의한 도시개발구역의 경우에는 5제곱킬로미터)를 말한다.(2014.1.14 본항개정)

② 중앙행정기관의 장 또는 지방자치단체의 장이 법 제8조제2항의 규정에 의하여 국토교통부장관에게 협의 또는 승인을 요청하는 때에는 다음 각호의 서류를 국토교통부장관에게 제출하여야 한다.(2013.3.23 본문개정)
1. 구역등의 지정 또는 변경의 목적·필요성·배경·추진절차 등에 관한 설명서(관계 법령의 규정에 의하여 당해 구역등을 지정 또는 변경할 때 포함되어야 하는 내용을 포함한다)
2. 대상지역과 주변지역의 용도지역, 문화재 및 역사문화환경·기반시설 등을 표시한 축척 2만5천분의 1의 토지이용현황도(2015.7.6 본호개정)
3. 대상지역안에 지정하고자 하는 구역등을 표시한 축척 5천분의 1 내지 2만5천분의 1의 도면
4. 그 밖에 국토교통부령이 정하는 서류(2013.3.23 본호개정)

③ 법 제8조제3항에서 "대통령령으로 정하는 면적"이란 5제곱킬로미터〔특별시장·광역시장·특별자치시장·도지사·특별자치도지사(이하 "시·도지사"라 한다)가 법 제113조제1항에 따른 시·도도시계획위원회(이하 "시·도도시계획위원회"라 한다)의 심의를 거쳐 구역등을 지정 또는 변경하는 경우에 한정한다〕를 말한다.(2014.1.14 본항신설)

④ 시장·군수 또는 구청장(자치구의 구청장을 말한다. 이하 같다)이 법 제8조제3항에 따라 시·도지사의 승인을 요청하는 경우에는 제2항 각 호의 서류를 시·도지사에게 제출하여야 한다.(2014.1.14 본항신설)

⑤ 법 제8조제4항제4호에서 "대통령령으로 정하는 범위에서 변경하려는 경우"란 다음 각 호의 어느 하나에 해당하는 경우를 말한다.(2014.1.14 본문개정)
1. 협의 또는 승인을 얻은 지역·지구·구역 또는 구획등(이하 "구역등"이라 한다)의 면적의 10퍼센트의 범위안에서 면적을 증감시키는 경우
2. 협의 또는 승인을 얻은 구역등의 면적산정의 착오를 정정하기 위한 경우

제6조【다른 법률에 의한 용도지역 등의 변경제한】 ① 법 제9조 각 호 외의 부분 본문에 따라 중앙행정기관의 장 또는 지방자치단체의 장은 용도지역·용도지구·용도구역의 지정 또는 변경에 대한 도시·군관리계획의 결정을 의제하는 계획을 허가·인가·승인 또는 결정하고자 하는 경우에는 미리 다음 각 호의 구분에 따라 법 제106조에 따른 중앙도시계획위원회(이하 "중앙도시계획위원회"라 한다) 또는 법 제113조에 따른 지방도시계획위원회(이하 "지방도시계획위원회"라 한다)의 심의를 받아야 한다. 다만, 법 제8조제4항제1호에 해당하거나 도시·군관리계획의 결정을 의제하는 계획에서 그 계획면적의 5퍼센트 미만을 변경하는 경우에는 그러하지 아니하다.(2014.1.14 본문개정)
1. 중앙도시계획위원회의 심의를 받아야 하는 경우
   가. 중앙행정기관의 장이 30만제곱미터 이상의 용도지역·용도지구 또는 용도구역의 지정 또는 변경에 대한 도시·군관리계획의 결정을 의제하는 계획을 허가·인가·승인 또는 결정하고자 하는 경우
   나. 지방자치단체의 장이 5제곱킬로미터 이상의 용도지역·용도지구 또는 용도구역의 지정 또는 변경에 대한 도시·군관리계획의 결정을 의제하는 계획을 허가·인가·승인 또는 결정하고자 하는 경우

   (2012.3.15 가목~나목개정)
2. 지방도시계획위원회의 심의를 받아야 하는 경우 : 지방자치단체의 장이 30만제곱미터 이상 5제곱킬로미터 미만의 용도지역·용도지구 또는 용도구역의 지정 또는

는 변경에 대한 도시·군관리계획의 결정을 의제하는 계획을 허가·인가·승인 또는 결정하고자 하는 경우(2012.4.10 본호개정)

② 중앙행정기관의 장 또는 지방자치단체의 장이 제1항의 규정에 의하여 중앙도시계획위원회 또는 지방도시계획위원회의 심의를 받는 때에는 다음 각호의 서류를 국토교통부장관 또는 당해 지방도시계획위원회가 설치된 지방자치단체의 장에게 제출하여야 한다.(2013.3.23 본문개정)

1. 계획의 목적·필요성·배경·내용·추진절차 등을 포함한 계획서(관계 법령의 규정에 의하여 당해 계획에 포함되어야 하는 내용을 포함한다)
2. 대상지역과 주변지역의 용도지역·기반시설 등을 표시한 축척 2만5천분의 1의 토지이용현황도
3. 용도지역·용도지구 또는 용도구역의 지정 또는 변경에 대한 내용을 표시한 축척 1천분의 1(도시지역외의 지역은 5천분의 1 이상으로 할 수 있다)의 도면
4. 그 밖에 국토교통부령이 정하는 서류(2013.3.23 본호개정)

제2장 광역도시계획

제7조【광역계획권의 지정】 ① 법 제10조제1항의 규정에 의한 광역계획권은 인접한 2 이상의 특별시·광역시·특별자치시·특별자치도·시 또는 군의 관할구역 단위로 지정한다.

② 국토교통부장관 또는 도지사는 제1항에도 불구하고 인접한 둘 이상의 특별시·광역시·특별자치시·특별자치도·시 또는 군의 관할구역의 일부를 광역계획권에 포함시키고자 하는 때에는 구·군(광역시의 관할구역안에 있는 군을 말한다)·읍 또는 면의 관할구역 단위로 하여야 한다.(2013.3.23 본항개정)

(2012.4.10 본조개정)

제8조 (2009.8.5 삭제)

제9조【광역도시계획의 내용】 법 제12조제1항제5호에서 "대통령령으로 정하는 사항"이란 다음 각 호의 사항을 말한다.(2018.11.13 본문개정)

1. 광역계획권의 교통 및 물류유통체계에 관한 사항
2. 광역계획권의 문화·여가공간 및 방재에 관한 사항

제10조【광역도시계획의 수립기준】 국토교통부장관은 법 제12조제2항에 따라 광역도시계획의 수립기준을 정할 때에는 다음 각 호의 사항을 종합적으로 고려하여야 한다.(2013.3.23 본문개정)

1. 광역계획권의 미래상과 이를 실현할 수 있는 체계화된 전략을 제시하고 국토종합계획 등과 서로 연계되도록 할 것
2. 특별시·광역시·특별자치시·특별자치도·시 또는 군간의 기능분담, 도시의 무질서한 확산방지, 환경보전, 광역시설의 합리적 배치 그 밖에 광역계획권안에서 현안사항이 되고 있는 특정부문 위주로 수립할 수 있도록 할 것(2012.4.10 본호개정)
3. 여건변화에 탄력적으로 대응할 수 있도록 포괄적이고 개략적으로 수립하도록 하되, 특정부문 위주로 수립하는 경우에는 도시·군기본계획이나 도시·군관리계획에 명확한 지침을 제시할 수 있도록 구체적으로 수립하도록 할 것(2012.4.10 본호개정)
4. 녹지축·생태계·산림·경관 등 양호한 자연환경과 우량농지, 보전목적의 용도지역, 문화재 및 역사문화환경 등을 충분히 고려하여 수립하도록 할 것(2015.7.6 본호개정)
5. 부문별 계획은 서로 연계되도록 할 것
6. 「재난 및 안전관리 기본법」 제24조제1항에 따른 시·도안전관리계획 및 같은 법 제25조제1항에 따른 시·군·구안전관리계획과 「자연재해대책법」 제16조제1항에 따른 시·군 자연재해저감 종합계획을 충분히 고려하여 수립하도록 할 것(2018.10.23 본호개정)

제11조【광역도시계획의 수립을 위한 기초조사】 ① 법 제13조제1항에서 "대통령령으로 정하는 사항"이란 다음 각 호의 사항을 말한다.(2018.11.13 본문개정)

1. 기후·지형·자원·생태 등 자연적 여건
2. 기반시설 및 주거수준의 현황과 전망
3. 풍수해·지진 그 밖의 재해의 발생현황 및 추이
4. 광역도시계획과 관련된 다른 계획 및 사업의 내용
5. 그 밖에 광역도시계획의 수립에 필요한 사항

② 법 제13조제1항의 규정에 의한 기초조사를 함에 있어서 조사할 사항에 관하여 다른 법령의 규정에 의하여 조사·측량한 자료가 있는 경우에는 이를 활용할 수 있다.

③ 국토교통부장관, 시·도지사, 시장 또는 군수는 수립된 광역도시계획을 변경하려면 법 제13조제1항에 따른 기초조사사항 중 해당 광역도시계획의 변경에 관하여 필요한 사항을 조사·측량하여야 한다.(2014.1.14 본항개정)

④ 법 제13조제4항에 따라 구축·운영하는 기초조사정보체계(이하 "기초조사정보체계"라 한다)에서 관리하는 정보는 다음 각 호와 같다.

1. 법 제13조제1항에 따라 광역도시계획의 수립 또는 변경을 위하여 실시하는 기초조사에 관한 정보
2. 법 제20조제1항에 따라 준용하는 법 제13조제1항에 따라 도시·군기본계획의 수립 또는 변경을 위하여 실시하는 기초조사에 관한 정보(법 제20조제2항에 따라 토지적성평가 또는 재해취약성분석을 실시하는 경우에는 토지적성평가 또는 재해취약성분석에 관한 정보를 포함한다)
3. 법 제27조제1항에 따라 준용하는 법 제13조제1항에 따라 도시·군관리계획의 수립 또는 변경을 위하여 실시하는 기초조사에 관한 정보(법 제27조제2항 및 제3항에 따라 환경성 검토, 토지적성평가 또는 재해취약성분석을 실시하는 경우에는 환경성 검토, 토지적성평가 또는 재해취약성분석에 관한 정보를 포함한다)

(2018.11.13 본항신설)

⑤ 기초조사정보체계의 구축·운영을 위한 자료의 수집, 입력, 유지 및 관리 등에 관한 세부적인 기준은 국토교통부장관이 정한다.(2018.11.13 본항신설)

제12조【광역도시계획의 수립을 위한 공청회】 ① 국토교통부장관, 시·도지사, 시장 또는 군수는 법 제14조제1항에 따라 공청회를 개최하려면 다음 각 호의 사항을 일간신문, 관보, 공보, 인터넷 홈페이지 또는 방송 등의 방법으로 공청회 개최예정일 14일 전까지 1회 이상 공고해야 한다.(2020.11.24 본문개정)

1. 공청회의 개최목적
2. 공청회의 개최예정일시 및 장소
3. 수립 또는 변경하고자 하는 광역도시계획의 개요
4. 그 밖에 필요한 사항

② 법 제14조제1항에 따른 공청회는 광역계획권 단위로 개최하되, 필요한 경우에는 광역계획권을 여러 개의 지역으로 구분하여 개최할 수 있다.(2021.1.5 본항개정)

③ 법 제14조제1항에 따른 공청회는 국토교통부장관, 시·도지사, 시장 또는 군수가 지명하는 사람이 주재한다.(2013.3.23 본항개정)

④ 제1항부터 제3항까지에서 규정한 사항 외에 공청회의 개최에 관하여 필요한 사항은 그 공청회를 개최하는 주체에 따라 국토교통부장관이 정하거나 특별시·광역시·특별자치시·도·특별자치도(이하 "시·도"라 한다), 시 또는 군의 도시·군계획에 관한 조례(이하 "도시·군계획조례"라 한다)로 정할 수 있다.(2013.3.23 본항개정)

제13조【광역도시계획의 승인】 ① 시·도지사는 법 제16조제1항에 따라 광역도시계획의 승인을 받으려는 때에는 광역도시계획안에 다음 각 호의 서류를 첨부하여 국토교통부장관에게 제출해야 한다.(2021.7.6 본문개정)

1. 기초조사 결과
2. 공청회개최 결과
3. 법 제15조제1항에 따른 관계 시·도의 의회와 관계 시장 또는 군수(광역시의 관할구역 안에 있는 군의 군수를 제외하며, 이하 같다. 다만, 제110조·제112조·제127조·제128조 및 제130조에서는 광역시의 관할구역 안에 있는 군의 군수를 포함한다)의 의견청취 결과(2021.7.6 본호개정)
4. 시·도도시계획위원회의 자문을 거친 경우에는 그 결과(2014.1.14 본호개정)
5. 법 제16조제2항의 규정에 의한 관계 중앙행정기관의 장과의 협의 및 중앙도시계획위원회의 심의에 필요한 서류

② 국토교통부장관은 제1항의 규정에 의하여 제출된 광역도시계획안이 법 제12조제2항의 규정에 의한 수립기준등에 적합하지 아니한 때에는 시·도지사에게 광역도시계획안의 보완을 요청할 수 있다.(2013.3.23 본항개정)

③ 법 제16조제4항에 따른 광역도시계획의 공고는 해당 시·도의 공보와 인터넷 홈페이지에, 법 제16조제6항에 따른 광역도시계획의 공고는 해당 시·군의 공보와 인터넷 홈페이지에 게재하는 방법으로 하며, 관계 서류의 열람기간은 30일 이상으로 해야 한다.(2020.11.24 본항개정)

제13조의2【광역도시계획협의회의 구성 및 운영】 ① 법 제17조의2에 따른 광역도시계획협의회의 위원은 관계 공무원, 광역도시계획에 관하여 학식과 경험이 있는 사람으로 구성한다.

② 제1항에 따른 광역도시계획협의회의 구성 및 운영에 관한 구체적인 사항은 법 제11조에 따른 광역도시계획 수립권자가 협의하여 정한다.

(2009.8.5 본조신설)

제3장 도시·군기본계획

(2012.4.10 본장제목개정)

제14조【도시·군기본계획을 수립하지 아니할 수 있는 지역】 법 제18조제1항 단서에서 "대통령령으로 정하는 시 또는 군"이란 다음 각 호의 어느 하나에 해당하는 시 또는 군을 말한다.(2018.11.13 본문개정)

1. 「수도권정비계획법」 제2조제1호의 규정에 의한 수도권(이하 "수도권"이라 한다)에 속하지 아니하고 광역시와 경계를 같이하지 아니한 시 또는 군으로서 인구 10만명 이하인 시 또는 군(2005.9.8 본호개정)
2. 관할구역 전부에 대하여 광역도시계획이 수립되어 있는 시 또는 군으로서 당해 광역도시계획에 법 제19조제1항 각호의 사항이 모두 포함되어 있는 시 또는 군

(2012.4.10 본조제목개정)

제15조【도시·군기본계획의 내용】 법 제19조제1항제10호에서 "그 밖에 대통령령으로 정하는 사항"이란 다음 각 호의 사항으로서 도시·군기본계획의 방향 및 목표 달성과 관련된 사항을 말한다.(2013.6.11 본문개정)

1. 도심 및 주거환경의 정비·보전에 관한 사항
2. 다른 법률에 따라 도시·군기본계획에 반영되어야 하는 사항(2015.7.6 본호개정)
3. 도시·군기본계획의 시행을 위하여 필요한 재원조달에 관한 사항(2015.7.6 본호개정)
4. 그 밖에 법 제22조의2제1항에 따른 도시·군기본계획 승인권자가 필요하다고 인정하는 사항(2015.7.6 본호개정)

5.~7. (2015.7.6 삭제)

(2012.4.10 본조제목개정)

제16조【도시·군기본계획의 수립기준】 국토교통부장관은 법 제19조제3항에 따라 도시·군기본계획의 수립기준을 정할 때에는 다음 각 호의 사항을 종합적으로 고려하여야 한다.(2013.3.23 본문개정)

1. 특별시·광역시·특별자치시·특별자치도·시 또는 군의 기본적인 공간구조와 장기발전방향을 제시하는 토지이용·교통·환경 등에 관한 종합계획이 되도록 할 것(2012.4.10 본호개정)
2. 여건변화에 탄력적으로 대응할 수 있도록 포괄적이고 개략적으로 수립하도록 할 것
3. 법 제23조의 규정에 의하여 도시·군기본계획을 정비할 때에는 종전의 도시·군기본계획의 내용중 수정이 필요한 부분만을 발췌하여 보완함으로써 계획의 연속성이 유지되도록 할 것(2012.4.10 본호개정)
4. 도시와 농어촌 및 산촌지역의 인구밀도, 토지이용의 특성 및 주변환경 등을 종합적으로 고려하여 지역별로 계획의 상세정도를 다르게 하되, 기반시설의 배치계획, 토지용도 등은 도시와 농어촌 및 산촌지역이 서로 연계되도록 할 것
5. 부문별 계획은 법 제19조제1항제1호의 규정에 의한 도시·군기본계획의 방향에 부합하고 도시·군기본계획의 목표를 달성할 수 있는 방안을 제시함으로써 도시·군기본계획의 통일성과 일관성을 유지하도록 할 것(2012.4.10 본호개정)
6. 도시지역 등에 위치한 개발가능토지는 단계별로 시차를 두어 개발되도록 할 것
7. 녹지축·생태계·산림·경관 등 양호한 자연환경과 우량농지, 보전목적의 용도지역, 문화재 및 역사문화환경 등을 충분히 고려하여 수립하도록 할 것(2015.7.6 본호개정)
8. 법 제19조제1항제8호의 경관에 관한 사항에 대하여는 필요한 경우에는 도시·군기본계획도서의 별책으로 작성할 수 있도록 할 것(2012.4.10 본호개정)
9. 「재난 및 안전관리 기본법」 제24조제1항에 따른 시·도안전관리계획 및 같은 법 제25조제1항에 따른 시·군·구안전관리계획과 「자연재해대책법」 제16조제1항에 따른 시·군 자연재해저감 종합계획을 충분히 고려하여 수립하도록 할 것(2018.10.23 본호개정)

(2012.4.10 본조제목개정)

제16조의2【도시·군기본계획 수립을 위한 기초조사 중 토지적성평가 및 재해취약성분석 면제사유】 법 제20조제3항에서 "도시·군기본계획 입안일부터 5년 이내에 토지적성평가를 실시한 경우 등 대통령령으로 정하는 경우"란 다음 각 호의 구분에 따른 경우를 말한다.

1. 법 제20조제2항에 따른 토지의 적성에 대한 평가(이하 "토지적성평가"라 한다) : 다음 각 목의 어느 하나에 해당하는 경우
   가. 도시·군기본계획 입안일부터 5년 이내에 토지적성평가를 실시한 경우
   나. 다른 법률에 따른 지역·지구 등의 지정이나 개발계획 수립 등으로 인하여 도시·군기본계획의 변경이 필요한 경우
2. 법 제20조제2항에 따른 재해 취약성에 관한 분석(이하 "재해취약성분석"이라 한다) : 다음 각 목의 어느 하나에 해당하는 경우
   가. 도시·군기본계획 입안일부터 5년 이내에 재해취약성분석을 실시한 경우
   나. 다른 법률에 따른 지역·지구 등의 지정이나 개발계획 수립 등으로 인하여 도시·군기본계획의 변경이 필요한 경우

(2015.7.6 본조신설)

제16조의3【특별시·광역시·특별자치시·특별자치도 도시·군기본계획의 공고 및 열람】 법 제22조제3항에 따른 특별시·광역시·특별자치시·특별자치도 도시·군기본계획의 공고는 해당 특별시·광역시·특별자치시·특별자치도의 공보와 인터넷 홈페이지에 게재하는 방법으로 하며, 관계 서류의 열람기간은 30일 이상으로 해야 한다.(2020.11.24 본조개정)

제17조【시·군 도시·군기본계획의 승인】 ① 시장 또는 군수는 법 제22조의2제1항에 따라 도시·군기본계획의 승인을 받으려면 도시·군기본계획안에 다음 각 호의 서류를 첨부하여 도지사에게 제출하여야 한다.(2012.4.10 본문개정)

1. 기초조사 결과
2. 공청회개최 결과
3. 법 제21조에 따른 해당 시·군의 의회의 의견청취 결과
4. 해당 시·군에 설치된 지방도시계획위원회의 자문을 거친 경우에는 그 결과

5. 법 제22조의2제2항에 따른 관계 행정기관의 장과의 협의 및 도의 지방도시계획위원회의 심의에 필요한 서류(2009.8.5 3호~5호개정)

② 도지사는 제1항에 따라 제출된 도시·군기본계획안이 법 제19조제3항에 따른 수립기준 등에 적합하지 아니한 때에는 시장 또는 군수에게 도시·군기본계획안의 보완을 요청할 수 있다.(2012.4.10 본항개정)

③ 법 제22조의2제4항에 따른 도시·군기본계획의 공고는 해당 시·군의 공보와 인터넷 홈페이지에 게재하는 방법으로 하며, 관계 서류의 열람기간은 30일 이상으로 해야 한다.(2020.11.24 본항개정)

(2012.4.10 본조제목개정)

제17조의2 (2012.4.10 삭제)

제4장 도시·군관리계획
(2012.4.10 본장제목개정)

제1절 도시·군관리계획의 수립절차
(2012.4.10 본절제목개정)

제18조【도시·군관리계획도서 및 계획설명서의 작성기준 등】 ① 법 제25조제2항의 규정에 의한 도시·군관리계획도서 중 계획도는 축척 1천분의 1 또는 축척 5천분의 1(축척 1천분의 1 또는 축척 5천분의 1의 지형도가 간행되어 있지 아니한 경우에는 축척 2만5천분의 1)의 지형도(수치지형도를 포함한다. 이하 같다)에 도시·군관리계획사항을 명시한 도면으로 작성하여야 한다. 다만, 지형도가 간행되어 있지 아니한 경우에는 해도·해저지형도 등의 도면으로 지형도에 갈음할 수 있다.

② 제1항의 규정에 의한 계획도가 2매 이상인 경우에는 법 제25조제2항의 규정에 의한 계획설명서에 도시·군관리계획총괄도(축척 5만분의 1 이상의 지형도에 주요 도시·군관리계획사항을 명시한 도면을 말한다)를 포함시킬 수 있다.

(2012.4.10 본조개정)

제19조【도시·군관리계획의 수립기준】 국토교통부장관(법 제40조에 따른 수산자원보호구역의 경우 해양수산부장관을 말한다)은 법 제25조제4항에 따라 도시·군관리계획의 수립기준을 정할 때에는 다음 각 호의 사항을 종합적으로 고려하여야 한다.(2013.3.23 본문개정)

1. 광역도시계획 및 도시·군기본계획 등에서 제시한 내용을 수용하고 개별 사업계획과의 관계 및 도시의 성장추세를 고려하여 수립하도록 할 것(2012.4.10 본호개정)
2. 도시·군기본계획을 수립하지 아니하는 시·군의 경우 당해 시·군의 장기발전구상 및 법 제19조제1항의 규정에 의한 도시·군기본계획에 포함될 사항중 도시·군관리계획의 원활한 수립을 위하여 필요한 사항이 포함되도록 할 것(2012.4.10 본호개정)
3. 도시·군관리계획의 효율적인 운영 등을 위하여 필요한 경우에는 특정지역 또는 특정부문에 한정하여 정비할 수 있도록 할 것(2012.4.10 본호개정)
4. 공간구조는 생활권단위로 적정하게 구분하고 생활권별로 생활·편익시설이 고루 갖추어지도록 할 것
5. 도시와 농어촌 및 산촌지역의 인구밀도, 토지이용의 특성 및 주변환경 등을 종합적으로 고려하여 지역별로 계획의 상세정도를 다르게 하되, 기반시설의 배치계획, 토지용도 등은 도시와 농어촌 및 산촌지역이 서로 연계되도록 할 것
6. 토지이용계획을 수립할 때에는 주간 및 야간활동인구 등의 인구규모, 도시의 성장추이를 고려하여 그에 적합한 개발밀도가 되도록 할 것
7. 녹지축·생태계·산림·경관 등 양호한 자연환경과 우량농지, 문화재 및 역사문화환경 등을 고려하여 토지이용계획을 수립하도록 할 것(2015.7.6 본호개정)
8. 수도권안의 인구집중유발시설이 수도권외의 지역으로 이전하는 경우 종전의 대지에 대하여는 그 시설의 지방이전이 촉진될 수 있도록 토지이용계획을 수립하도록 할 것
9. 도시·군계획시설은 집행능력을 고려하여 적정한 수준으로 결정하고, 기존 도시·군계획시설은 시설의 설치현황과 관리·운영상태를 점검하여 규모 등이 불합리하게 결정되었거나 실현가능성이 없는 시설 또는 존치 필요성이 없는 시설은 재검토하여 해제하거나 조정함으로써 토지이용의 활성화를 도모할 것(2014.1.14 본호개정)
10. 도시의 개발 또는 기반시설의 설치 등이 환경에 미치는 영향을 미리 검토하는 등 계획과 환경의 유기적 연관성을 높여 건전하고 지속가능한 도시발전을 도모하도록 할 것
11. 「재난 및 안전관리 기본법」 제24조제1항에 따른 시·도안전관리계획 및 같은 법 제25조제1항에 따른 시·군·구안전관리계획과 「자연재해대책법」 제16조제1항에 따른 시·군 자연재해저감 종합계획을 고려하여 재해로 인한 피해가 최소화되도록 할 것(2018.10.23 본호개정)

(2012.4.10 본조제목개정)

제19조의2【도시·군관리계획 입안의 제안】 ① 법 제26조제1항제3호가목에서 "대통령령으로 정하는 개발진흥지구"란 제31조제2항제8호나목에 따른 산업·유통개발진흥지구를 말한다.(2017.12.29 본항개정)

② 법 제26조제1항에 따라 도시·군관리계획의 입안을 제안하려는 자는 다음 각 호의 구분에 따라 토지소유자의 동의를 받아야 한다. 이 경우 동의 대상 토지 면적에서 국·공유지는 제외한다.

1. 법 제26조제1항제1호의 사항에 대한 제안의 경우 : 대상 토지 면적의 5분의 4 이상
2. 법 제26조제1항제2호부터 제4호까지의 사항에 대한 제안의 경우 : 대상 토지 면적의 3분의 2 이상(2022.1.18 본호개정)

③ 법 제26조제4항에 따라 제1항에 따른 산업·유통개발진흥지구의 지정을 제안할 수 있는 대상지역은 다음 각 호의 요건을 모두 갖춘 지역으로 한다.(2017.12.29 본문개정)

1. 지정 대상 지역의 면적은 1만제곱미터 이상 3만제곱미터 미만일 것
2. 지정 대상 지역이 자연녹지지역·계획관리지역 또는 생산관리지역일 것. 다만, 계획관리지역에 있는 기존 공장의 증축이 필요한 경우로서 해당 공장이 도로·철도·하천·건축물·바다 등으로 둘러싸여 있어 증축을 위해서는 불가피하게 보전관리지역 또는 농림지역을 포함해야 하는 경우에는 전체 면적의 20퍼센트 이하의 범위에서 보전관리지역 또는 농림지역을 포함하되, 다음 각 목의 어느 하나에 해당하는 경우에는 20퍼센트 이상으로 할 수 있다.
   가. 보전관리지역 또는 농림지역의 해당 토지가 개발행위허가를 받는 등 이미 개발된 토지인 경우
   나. 보전관리지역 또는 농림지역의 해당 토지를 개발하여도 주변지역의 환경오염·환경훼손 우려가 없는 경우로서 해당 도시계획위원회의 심의를 거친 경우
   (2019.8.6 본호개정)
3. 지정 대상 지역의 전체 면적에서 계획관리지역의 면적이 차지하는 비율이 100분의 50 이상일 것. 이 경우 자연녹지지역 또는 생산관리지역 중 도시·군기본계획에 반영된 지역은 계획관리지역으로 보아 산정한다.
4. 지정 대상 지역의 토지특성이 과도한 개발행위의 방지를 위하여 국토교통부장관이 정하여 고시하는 기준에 적합할 것

④ 법 제26조제4항에 따라 이 조 제1항제3호나목에 따른 도시·군관리계획의 입안을 제안하려는 경우에는 다음 각 호의 요건을 모두 갖추어야 한다.

1. 둘 이상의 용도지구가 중첩하여 지정되어 해당 행위제한의 내용을 정비하거나 통합적으로 관리할 필요가 있는 지역을 대상지역으로 제안할 것
2. 해당 용도지구에 따른 건축물이나 그 밖의 시설의 용도·종류 및 규모 등의 제한을 대체하는 지구단위계획구역의 지정 및 변경과 지구단위계획의 수립 및 변경에 관한 사항을 동시에 제안할 것

(2017.12.29 본항신설)

⑤ 제1항부터 제4항까지에서 규정한 사항 외에 도시·군관리계획 입안 제안의 세부적인 절차는 국토교통부장관이 정하여 고시한다.(2017.12.29 본항개정)

(2016.2.11 본조신설)

제20조【제안서의 처리절차】 ① 법 제26조제1항에 따라 도시·군관리계획입안의 제안을 받은 국토교통부장관, 시·도지사, 시장 또는 군수는 제안일부터 45일 이내에 도시·군관리계획입안에의 반영여부를 제안자에게 통보하여야 한다. 다만, 부득이한 사정이 있는 경우에는 1회에 한하여 30일을 연장할 수 있다.

② 국토교통부장관, 시·도지사, 시장 또는 군수는 법 제26조제1항의 규정에 의한 제안을 도시·군관리계획입안에 반영할 것인지 여부를 결정함에 있어서 필요한 경우에는 중앙도시계획위원회 또는 당해 지방자치단체에 설치된 지방도시계획위원회의 자문을 거칠 수 있다.

③ 국토교통부장관, 시·도지사, 시장 또는 군수는 법 제26조제1항의 규정에 의한 제안을 도시·군관리계획입안에 반영하는 경우에는 제안서에 첨부된 도시·군관리계획도서와 계획설명서를 도시·군관리계획의 입안에 활용할 수 있다.

(2013.3.23 본조개정)

제21조【도시·군관리계획의 입안을 위한 기초조사 면제사유 등】 ① 법 제27조제1항 단서에서 "대통령령으로 정하는 경미한 사항"이란 제25조제3항 각 호 및 같은 조 제4항 각 호의 사항을 말한다.

② 법 제27조제4항에서 "대통령령으로 정하는 요건"이란 다음 각 호의 구분에 따른 요건을 말한다.

1. 기초조사를 실시하지 아니할 수 있는 요건 : 다음 각 목의 어느 하나에 해당하는 경우
   가. 해당 지구단위계획구역이 도심지(상업지역과 상업지역에 연접한 지역을 말한다)에 위치하는 경우
   나. 해당 지구단위계획구역 안의 나대지면적이 구역면적의 2퍼센트에 미달하는 경우
   다. 해당 지구단위계획구역 또는 도시·군계획시설부지가 다른 법률에 따라 지역·지구 등으로 지정되거나 개발계획이 수립된 경우
   라. 해당 지구단위계획구역의 지정목적이 해당 구역을 정비 또는 관리하고자 하는 경우로서 지구단위계획의 내용에 너비 12미터 이상 도로의 설치계획이 없는 경우
   마. 기존의 용도지구를 폐지하고 지구단위계획을 수립 또는 변경하여 그 용도지구에 따른 건축물이나 그 밖의 시설의 용도·종류 및 규모 등의 제한을 그대로 대체하려는 경우(2017.12.29 본목신설)
   바. 해당 도시·군계획시설의 결정을 해제하려는 경우(2017.9.19 본목신설)
   사. 그 밖에 국토교통부령으로 정하는 요건에 해당하는 경우
2. 환경성 검토를 실시하지 아니할 수 있는 요건 : 다음 각 목의 어느 하나에 해당하는 경우
   가. 제1호가목부터 사목까지의 어느 하나에 해당하는 경우(2017.12.29 본목개정)
   나. 「환경영향평가법」 제9조에 따른 전략환경영향평가 대상인 도시·군관리계획을 입안하는 경우
3. 토지적성평가를 실시하지 아니할 수 있는 요건 : 다음 각 목의 어느 하나에 해당하는 경우
   가. 제1호가목부터 사목까지의 어느 하나에 해당하는 경우(2017.12.29 본목개정)
   나. 도시·군관리계획 입안일부터 5년 이내에 토지적성평가를 실시한 경우
   다. 주거지역·상업지역 또는 공업지역에 도시·군관리계획을 입안하는 경우
   라. 법 또는 다른 법령에 따라 조성된 지역에 도시·군관리계획을 입안하는 경우
   마. 「개발제한구역의 지정 및 관리에 관한 특별조치법 시행령」 제2조제3항제1호·제2호 또는 제6호(같은 항 제1호 또는 제2호에 따른 지역과 연접한 대지로 한정한다)의 지역에 해당하여 개발제한구역에서 조정 또는 해제된 지역에 대하여 도시·군관리계획을 입안하는 경우
   바. 「도시개발법」에 따른 도시개발사업의 경우
   사. 지구단위계획구역 또는 도시·군계획시설부지에서 도시·군관리계획을 입안하는 경우
   아. 다음의 어느 하나에 해당하는 용도지역·용도지구·용도구역의 지정 또는 변경의 경우
      1) 주거지역·상업지역·공업지역 또는 계획관리지역의 그 밖의 용도지역으로의 변경(계획관리지역을 자연녹지지역으로 변경하는 경우는 제외한다)
      2) 주거지역·상업지역·공업지역 또는 계획관리지역 외의 용도지역 상호간의 변경(자연녹지지역으로 변경하는 경우는 제외한다)
      3) 용도지구·용도구역의 지정 또는 변경(개발진흥지구의 지정 또는 확대지정은 제외한다)
   자. 다음의 어느 하나에 해당하는 기반시설을 설치하는 경우
      1) 제55조제1항 각 호에 따른 용도지역별 개발행위규모에 해당하는 기반시설
      2) 도로·철도·궤도·수도·가스 등 선형(線型)으로 된 교통시설 및 공급시설
      3) 공간시설(체육공원·묘지공원 및 유원지는 제외한다)
      4) 방재시설 및 환경기초시설(폐차장은 제외한다)
      5) 개발제한구역 안에 설치하는 기반시설
4. 재해취약성분석을 실시하지 않을 수 있는 요건 : 다음 각 목의 어느 하나에 해당하는 경우(2019.8.6 본문개정)
   가. 제1호가목부터 사목까지의 어느 하나에 해당하는 경우(2017.12.29 본목개정)
   나. 도시·군관리계획 입안일부터 5년 이내에 재해취약성분석을 실시한 경우
   다. 제3호아목에 해당하는 경우(방재지구의 지정·변경은 제외한다)(2017.12.29 본목개정)
   라. 다음의 어느 하나에 해당하는 기반시설을 설치하는 경우
      1) 제3호자목1)의 기반시설
      2) (2019.8.6 삭제)
      3) 공간시설 중 녹지·공공공지

(2015.7.6 본조개정)

제22조【주민 및 지방의회의 의견청취】 ① 법 제28조제1항 단서에서 "대통령령으로 정하는 경미한 사항"이란 제25조제3항 각 호의 사항 및 같은 조 제4항 각 호의 사항을 말한다.(2018.11.13 본항개정)

② 법 제28조제5항에 따라 조례로 주민의 의견 청취에 필요한 사항을 정할 때 적용되는 기준은 다음 각 호와 같다.

1. 도시·군관리계획안의 주요 내용을 다음 각 목의 매체에 각각 공고할 것
   가. 해당 지방자치단체의 공보나 둘 이상의 일반일간신문(「신문 등의 진흥에 관한 법률」 제9조제1항에 따라 전국 또는 해당 지방자치단체를 주된 보급지역으로 등록한 일반일간신문을 말한다)
   나. 해당 지방자치단체의 인터넷 홈페이지 등의 매체
   다. 법 제128조제1항에 따라 국토교통부장관이 구축·운영하는 국토이용정보체계(2024.1.26 본목신설)
2. 도시·군관리계획안을 14일 이상의 기간 동안 일반인이 열람할 수 있도록 할 것

(2022.11.1 본항개정)

③ (2022.11.1 삭제)

④ 제2항의 규정에 의하여 공고된 도시·군관리계획안의 내용에 대하여 의견이 있는 자는 열람기간내에 특별시장·광역시장·특별자치시장·특별자치도지사·시장 또는 군수에게 의견서를 제출할 수 있다.(2012.4.10 본항개정)

⑤ 국토교통부장관, 시·도지사, 시장 또는 군수는 제4항에 따라 제출된 의견을 도시·군관리계획안에 반영할 것

인지 여부를 검토하여 그 결과를 열람기간이 종료된 날부터 60일 이내에 해당 의견을 제출한 자에게 통보해야 한다.(2022.1.18 본항개정)
⑥ (2021.7.6 삭제)
⑦ 법 제28조제6항에서 "대통령령으로 정하는 사항"이란 다음 각 호의 사항을 말한다. 다만, 제25조제3항 각 호의 사항 및 지구단위계획으로 결정 또는 변경결정하는 사항은 제외한다.(2021.7.6 본문개정)
1. 법 제36조부터 제38조까지, 제38조의2, 제39조, 제40조 및 제40조의2에 따른 용도지역·용도지구 또는 용도구역의 지정 또는 변경지정. 다만, 용도지구에 따른 건축물이나 그 밖의 시설의 용도·종류 및 규모 등의 제한을 그대로 지구단위계획으로 대체하기 위한 경우로서 해당 용도지구를 폐지하기 위하여 도시·군관리계획을 결정하는 경우에는 제외한다.(2017.12.29 본호개정)
2. 광역도시계획에 포함된 광역시설의 설치·정비 또는 개량에 관한 도시·군관리계획의 결정 또는 변경결정(2012.4.10 본호개정)
3. 다음 각 목의 어느 하나에 해당하는 기반시설의 설치·정비 또는 개량에 관한 도시·군관리계획의 결정 또는 변경결정. 다만, 법 제48조제4항에 따른 지방의회의 권고대로 도시·군계획시설결정(도시·군계획시설에 대한 도시·군관리계획결정을 말한다. 이하 같다)을 해제하기 위한 도시·군관리계획을 결정하는 경우는 제외한다.(2016.12.30 단서개정)
가. 도로중 주간선도로(시·군내 주요지역을 연결하거나 시·군 상호간이나 주요지방 상호간을 연결하여 대량통과교통을 처리하는 도로로서 시·군의 골격을 형성하는 도로를 말한다. 이하 같다)
나. 철도중 도시철도
다. 자동차정류장중 여객자동차터미널(시외버스운송사업용에 한한다)
라. 공원(「도시공원 및 녹지 등에 관한 법률」에 따른 소공원 및 어린이공원은 제외한다)(2009.7.7 본목개정)
마. 유통업무설비
바. 학교중 대학
사. (2018.11.13 삭제)
아. (2005.9.8 삭제)
자. 공공청사중 지방자치단체의 청사
차.~타. (2018.11.13 삭제)
파. 하수도(하수종말처리시설에 한한다)
하. 폐기물처리 및 재활용시설(2018.11.13 본목개정)
거. 수질오염방지시설
너. 그 밖에 국토교통부령으로 정하는 시설(2018.11.13 본목신설)

제23조【도시·군관리계획결정의 신청】 시장 또는 군수(법 제29조제2항제2호부터 제4호까지의 어느 하나에 해당하는 도시·군관리계획의 결정을 신청하는 경우에는 시·도지사를 포함한다)는 법 제29조제1항에 따라 도시·군관리계획결정을 신청하려면 법 제25조제2항에 따른 도시·군관리계획도서 및 계획설명서에 다음 각 호의 서류를 첨부하여 도지사(법 제29조제2항제2호 또는 제3호에 해당하는 도시·군관리계획의 결정을 신청하는 경우에는 국토교통부장관을 말하며, 법 제29조제2항제4호에 해당하는 도시·군관리계획의 결정을 신청하는 경우에는 해양수산부장관을 말한다)에게 제출해야 한다. 다만, 시장 또는 군수가 국토교통부장관 또는 해양수산부장관에게 도시·군관리계획의 결정을 신청하는 경우에는 도지사를 거쳐야 한다.(2021.7.6 본문개정)
1. 법 제28조제1항 또는 제4항에 따른 주민의 의견청취 결과(2021.7.6 본호개정)
2. 법 제28조제6항에 따른 지방의회의 의견청취 결과(2021.7.6 본호개정)
3. 당해 지방자치단체에 설치된 지방도시계획위원회의 자문을 거친 경우에는 그 결과
4. 법 제30조제1항의 규정에 의한 관계 행정기관의 장과의 협의에 필요한 서류(법 제35조제2항의 규정에 의하여 미리 관계 행정기관의 장과 협의한 경우에는 그 결과
5. 중앙도시계획위원회 또는 시·도도시계획위원회의 심의에 필요한 서류

제24조 (2009.7.7 삭제)

제25조【도시·군관리계획의 결정】 ① 법 제30조제2항에서 "대통령령으로 정하는 중요한 사항에 관한 도시·군관리계획"이란 다음 각 호의 어느 하나에 해당하는 도시·군관리계획을 말한다. 다만, 제3항 각 호 및 제4항 각 호의 사항과 관계 법령에 따라 국토교통부장관(법 제40조에 따른 수산자원보호구역의 경우 해양수산부장관을 말한다. 이하 이 조에서 같다)과 미리 협의한 사항을 제외한다.(2013.3.23 본문개정)
1. 광역도시계획과 관련하여 시·도지사가 입안한 도시·군관리계획
2. 개발제한구역이 해제되는 지역에 대하여 해제 이후 최초로 결정되는 도시·군관리계획
3. 2 이상의 시·도에 걸치는 기반시설의 설치·정비 또는 개량에 관한 도시·군관리계획 중 국토교통부령이 정하는 도시·군관리계획(2013.3.23 본호개정)
(2012.4.10 본항개정)
② 법 제30조제3항 단서 또는 제7항에 따라 건축위원회와 도시계획위원회가 공동으로 지구단위계획을 심의하려는 경우에는 다음 각 호의 기준에 따라 공동위원회를 구성한다.(2021.1.26 본문개정)
1. 공동위원회의 위원은 건축위원회 및 도시계획위원회의 위원 중에서 시·도지사 또는 시장·군수가 임명 또는 위촉할 것. 이 경우 법 제113조제3항에 따라 지방도시계획위원회에 지구단위계획을 심의하기 위한 분과위원회가 설치되어 있는 경우에는 당해 분과위원회의 위원 전원을 공동위원회의 위원으로 임명 또는 위촉하여야 한다.(2014.1.14 본호개정)
2. 공동위원회의 위원 수는 30명 이내로 할 것(2022.1.18 본호개정)
3. 공동위원회의 위원중 건축위원회의 위원이 3분의 1 이상이 되도록 할 것
4. 공동위원회 위원장은 제1호에 따라 임명 또는 위촉한 위원 중에서 시·도지사 또는 시장·군수가 임명 또는 위촉할 것(2021.1.26 본호개정)
③ 다음 각 호의 어느 하나에 해당하는 경우(다른 호에 저촉되지 않는 경우로 한정한다)에는 법 제30조제5항 단서에 따라 관계 행정기관의 장과의 협의, 국토교통부장관과의 협의 및 중앙도시계획위원회 또는 지방도시계획위원회의 심의를 거치지 않고 도시·군관리계획(지구단위계획 및 입지규제최소구역계획은 제외한다)을 변경할 수 있다.(2021.1.26 본문개정)
1. 다음 각 목의 어느 하나에 해당하는 경우
가. 단위 도시·군계획시설부지 면적의 5퍼센트 미만의 변경인 경우. 다만, 다음의 어느 하나에 해당하는 시설은 해당 요건을 충족하는 경우만 해당한다.
1) 도로 : 시작지점 또는 끝지점이 변경(해당 도로와 접한 도시·군계획시설의 변경으로 시작지점 또는 끝지점이 변경되는 경우는 제외한다)되지 않는 경우로서 중심선이 종전에 결정된 도로의 범위를 벗어나지 않는 경우
2) 공원 및 녹지 : 다음의 어느 하나에 해당하는 경우
가) 면적이 증가되는 경우
나) 최초 도시·군계획시설 결정 후 변경되는 면적의 합계가 1만제곱미터 미만이고, 최초 도시·군계획시설 결정 당시 부지 면적의 5퍼센트 미만의 범위에서 면적이 감소되는 경우. 다만, 「도시공원 및 녹지 등에 관한 법률」 제35조제1호의 완충녹지(도시지역 외의 지역에서 같은 법을 준용하여 설치하는 경우를 포함한다)인 경우는 제외한다.
나. 지형사정으로 인한 도시·군계획시설의 근소한 위치변경 또는 비탈면 등으로 인한 시설부지의 불가피한 변경인 경우
다. 그 밖에 국토교통부령으로 정하는 경미한 사항의 변경인 경우
(2019.8.6 본호개정)
2. (2019.8.6 삭제)
3. 이미 결정된 도시·군계획시설의 세부시설을 변경하는 경우로서 세부시설 면적, 건축물 연면적 또는 건축물 높이의 변경[50퍼센트 미만으로서 시·도 또는 대도시(「지방자치법」 제198조제1항에 따른 서울특별시·광역시 및 특별자치시를 제외한 인구 50만 이상 대도시를 말한다. 이하 같다)의 도시·군계획조례로 정하는 범위 이내의 변경은 제외하며, 건축물 높이의 변경은 층수변경이 수반되는 경우를 포함한다]이 포함되지 않는 경우(2021.12.16 본호개정)
4. 도시지역의 축소에 따른 용도지역·용도지구·용도구역 또는 지구단위계획구역의 변경인 경우
5. 도시지역외의 지역에서 「농지법」에 의한 농업진흥지역 또는 「산지관리법」에 의한 보전산지를 농림지역으로 결정하는 경우(2005.9.8 본호개정)
6. 「자연공원법」에 따른 공원구역, 「수도법」에 의한 상수원보호구역, 「문화재보호법」에 의하여 지정된 지정문화재 또는 천연기념물과 그 보호구역을 자연환경보전지역으로 결정하는 경우(2010.10.1 본호개정)
6의2. 체육시설(제2조제3항에 따라 세분된 체육시설을 말한다. 이하 이 호에서 같다) 및 그 부지의 전부 또는 일부를 다른 체육시설 및 그 부지로 변경(둘 이상의 체육시설을 같은 부지에 함께 결정하기 위하여 변경하는 경우를 포함한다)하는 경우(2018.11.13 본호개정)
6의3. 문화시설(제2조제3항에 따라 세분된 문화시설을 말하되, 국토교통부령으로 정하는 시설은 제외한다. 이하 이 호에서 같다) 및 그 부지의 전부 또는 일부를 다른 문화시설 및 그 부지로 변경(둘 이상의 문화시설을 같은 부지에 함께 결정하기 위하여 변경하는 경우를 포함한다)하는 경우(2016.2.11 본호신설)
6의4. 장사시설(제2조제3항에 따라 세분된 장사시설을 말한다. 이하 이 호에서 같다) 및 그 부지의 전부 또는 일부를 다른 장사시설 및 그 부지로 변경(둘 이상의 장사시설을 같은 부지에 함께 결정하기 위하여 변경하는 경우를 포함한다)하는 경우(2018.11.13 본호신설)
7. 그 밖에 국토교통부령(법 제40조에 따른 수산자원보호구역의 경우 해양수산부령을 말한다)이 정하는 경미한 사항의 변경인 경우(2013.3.23 본호개정)
④ 지구단위계획 중 다음 각 호의 어느 하나에 해당하는 경우(다른 호에 저촉되지 않는 경우로 한정한다)에는 법 제30조제5항 단서에 따라 관계 행정기관의 장과의 협의, 국토교통부장관과의 협의 및 중앙도시계획위원회·지방도시계획위원회 또는 제2항에 따른 공동위원회의 심의를 거치지 않고 지구단위계획을 변경할 수 있다. 다만, 제14호에 해당하는 경우에는 공동위원회의 심의를 거쳐야 한다.(2019.8.6 본문개정)
1. 지구단위계획으로 결정한 용도지역·용도지구 또는 도시·군계획시설에 대한 변경결정으로서 제3항 각 호의 어느 하나에 해당하는 변경인 경우(다른 호에 저촉되지 않는 경우로 한정한다)(2021.1.26 본호개정)
2. 가구(제42조의3제2항제4호에 따른 별도의 구역을 포함한다. 이하 이 항에서 같다)면적의 10퍼센트 이내의 변경인 경우(2016.12.30 본호개정)
3. 획지(劃地 : 구획된 한 단위의 토지를 말한다. 이하 같다) 면적의 30퍼센트 이내의 변경인 경우(2021.1.5 본호개정)
4. 건축물높이의 20퍼센트 이내의 변경인 경우(층수변경이 수반되는 경우를 포함한다)(2008.1.8 본호개정)
5. 제46조제7항제2호 각목의 1에 해당하는 획지의 규모 및 조성계획의 변경인 경우(2004.1.20 본호개정)
6. (2019.8.6 삭제)
7. 건축선 또는 차량출입구의 변경으로서 다음 각 목의 어느 하나에 해당하는 경우(2019.8.6 본문개정)
가. 건축선의 1미터 이내의 변경인 경우
나. 「도시교통정비 촉진법」 제17조 또는 제18조에 따른 교통영향평가서의 심의를 거쳐 결정된 경우
(2019.8.6 가목~나목신설)
8. 건축물의 배치·형태 또는 색채의 변경인 경우
9. 지구단위계획에서 경미한 사항으로 결정된 사항의 변경인 경우. 다만, 용도지역·용도지구·도시·군계획시설·가구면적·획지면적·건축물높이 또는 건축선의 변경에 해당하는 사항을 제외한다.(2012.4.10 단서개정)
10. 법률 제6655호 국토의계획및이용에관한법률 부칙 제17조제2항의 규정에 의하여 제2종지구단위계획으로 보는 개발계획에서 정한 건폐율 또는 용적률을 감소시키거나 10퍼센트 이내에서 증가시키는 경우(증가시키는 경우에는 제47조제1항의 규정에 의한 건폐율·용적률의 한도를 초과하는 경우를 제외한다)(2005.1.15 본호개정)
11. 지구단위계획구역 면적의 10퍼센트(용도지역 변경을 포함하는 경우에는 5퍼센트를 말한다) 이내의 변경 및 동 변경지역안에서의 지구단위계획의 변경(2014.1.14 본호개정)
12. 국토교통부령으로 정하는 경미한 사항의 변경인 경우(2015.7.6 본호개정)
13. 그 밖에 제1호부터 제12호까지와 유사한 사항으로서 도시·군계획조례로 정하는 사항의 변경인 경우(2015.7.6 본호신설)
14. 「건축법」 등 다른 법령의 규정에 따른 건폐율 또는 용적률 완화 내용을 반영하기 위하여 지구단위계획을 변경하는 경우(2016.5.17 본호신설)
⑤ 입지규제최소구역계획 중 다음 각 호의 어느 하나에 해당하는 경우(다른 호에 저촉되지 않는 경우로 한정한다)에는 법 제30조제5항 단서에 따라 관계 행정기관의 장과의 협의, 국토교통부장관과의 협의 및 중앙도시계획위원회·지방도시계획위원회의 심의를 거치지 않고 입지규제최소구역계획을 변경할 수 있다.
1. 입지규제최소구역계획으로 결정한 용도지역·용도지구, 지구단위계획 또는 도시·군계획시설에 대한 변경결정으로서 제3항 각 호, 같은 조 제4항제2호부터 제5호까지, 제7호 및 제8호의 어느 하나에 해당하는 변경인 경우(다른 호에 저촉되지 않는 경우로 한정한다)
2. 입지규제최소구역계획에서 경미한 사항으로 결정된 사항의 변경인 경우. 다만, 용도지역·용도지구, 도시·군계획시설, 가구면적, 획지면적, 건축물 높이 또는 건축선의 변경에 해당하는 사항은 제외한다.
3. 입지규제최소구역 면적의 10퍼센트 이내의 변경 및 해당 변경지역 안에서의 입지규제최소구역계획의 변경
(2021.1.26 본항신설)
⑥ 법 제30조제6항 및 제7항에 따른 도시·군관리계획결정의 고시는 국토교통부장관이 하는 경우에는 관보와 국토교통부의 인터넷 홈페이지에, 시·도지사 또는 시장·군수가 하는 경우에는 해당 시·도 또는 시·군의 공보와 인터넷 홈페이지에 다음 각 호의 사항을 게재하는 방법으로 한다.(2020.11.24 본문개정)
1. 법 제2조제4호 각 목의 어느 하나에 해당하는 계획이라는 취지(2010.4.29 본호개정)
2. 위치
3. 면적 또는 규모
4. 그 밖에 국토교통부령이 정하는 사항(2013.3.23 본호개정)
⑦ 특별시장 또는 광역시장·특별자치시장·특별자치도지사는 다른 특별시·광역시·특별자치시·특별자치도·시 또는 군의 관할구역이 포함된 도시·군관리계획 결정을 고시하는 때에는 당해 특별시장·광역시장·특별자치시장·특별자치도지사·시장 또는 군수에게 관계 서류를 송부하여야 한다.(2012.4.10 본항개정)
(2012.4.10 본조제목개정)

제26조【시행 중인 공사에 대한 특례】 ① 시가화조정구역 또는 수산자원보호구역의 지정에 관한 도시·군관리계획의 결정 당시 이미 사업 또는 공사에 착수한 자는 당해 사업 또는 공사를 계속하고자 하는 때에는 법 제31조제

2항 단서의 규정에 의하여 시가화조정구역 또는 수산자원보호구역의 지정에 관한 도시·군관리계획결정의 고시일부터 3월 이내에 그 사업 또는 공사의 내용을 관할 특별시장·광역시장·특별자치시장·특별자치도지사·시장 또는 군수에게 신고하여야 한다.(2012.4.10 본항개정)
② 제1항의 규정에 의하여 신고한 행위가 건축물의 건축을 목적으로 하는 토지의 형질변경인 경우 당해 건축물을 건축하고자 하는 자는 토지의 형질변경에 관한 공사를 완료한 후 3월 이내에 건축허가를 신청하는 때에는 당해 건축물을 건축할 수 있다.
③ 건축물의 건축을 목적으로 하는 토지의 형질변경에 관한 공사를 완료한 후 1년 이내에 제1항의 규정에 의한 도시·군관리계획결정의 고시가 있는 경우 당해 건축물을 건축하고자 하는 자는 당해 도시·군관리계획결정의 고시일부터 6월 이내에 건축허가를 신청하는 때에는 당해 건축물을 건축할 수 있다.(2012.4.10 본항개정)
제27조【지형도면의 승인 기간】 법 제32조제2항 후단에서 "대통령령으로 정하는 기간"이란 30일 이내를 말한다.
(2014.1.14 본조개정)
제28조 (2014.1.14 삭제)
제29조【도시·군관리계획의 정비】 ① 특별시장·광역시장·특별자치시장·특별자치도지사·시장 또는 군수는 법 제34조제1항에 따라 도시·군관리계획을 정비하는 경우에는 다음 각 호의 사항을 검토하여 그 결과를 도시·군관리계획입안에 반영하여야 한다.(2015.12.15 본문개정)
1. 도시·군계획시설 설치에 관한 도시·군관리계획 : 다음 각 목의 사항
  가. 도시·군계획시설결정의 고시일부터 3년 이내에 해당 도시·군계획시설의 설치에 관한 도시·군계획시설사업의 전부 또는 일부가 시행되지 아니한 경우 해당 도시·군계획시설결정의 타당성(2017.9.19 본목개정)
  나. 도시·군계획시설결정에 따라 설치된 시설 중 여건 변화 등으로 존치 필요성이 없는 도시·군계획시설에 대한 해제 여부(2017.12.29 본목개정)
2. 용도지구 지정에 관한 도시·군관리계획 : 다음 각 목의 사항
  가. 지정목적을 달성하거나 여건 변화 등으로 존치 필요성이 없는 용도지구에 대한 변경 또는 해제 여부
  나. 해당 용도지구와 중첩하여 지구단위계획구역이 지정되어 지구단위계획이 수립되거나 다른 법률에 따른 지역·지구 등이 지정된 경우 해당 용도지구의 변경 및 해제 여부 등을 포함한 용도지구 존치의 타당성
  다. 둘 이상의 용도지구가 중첩하여 지정되어 있는 경우 용도지구의 지정 목적, 여건 변화 등을 고려할 때 해당 용도지구를 법 제52조제1항제1호의2에 규정된 사항을 내용으로 하는 지구단위계획으로 대체할 필요성이 있는지 여부
(2016.12.30 1호~2호개정)
② (2021.7.6 삭제)
③ 법 제18조제1항 단서의 규정에 의하여 도시·군기본계획을 수립하지 아니하는 시·군의 시장·군수는 법 제34조의 규정에 의하여 도시·군관리계획을 정비하는 때에는 법 제25조제2항의 규정에 의한 계획설명서에 당해 시·군의 장기발전구상을 포함시켜야 하며, 공청회를 개최하여 이에 관한 주민의 의견을 들어야 한다.
(2012.4.10 본항개정)
④ 제3항에 따른 공청회의 개최 등에 관하여는 제12조를 준용한다.(2021.7.6 본항개정)
(2012.4.10 본조제목개정)

제2절 용도지역·용도지구·용도구역

제30조【용도지역의 세분】 ① 국토교통부장관, 시·도지사 또는 대도시의 시장(이하 "대도시 시장"이라 한다)은 법 제36조제2항에 따라 도시·군관리계획결정으로 주거지역·상업지역·공업지역 및 녹지지역을 다음 각 호와 같이 세분하여 지정할 수 있다.(2019.8.6 본문개정)
1. 주거지역
  가. 전용주거지역 : 양호한 주거환경을 보호하기 위하여 필요한 지역
    (1) 제1종전용주거지역 : 단독주택 중심의 양호한 주거환경을 보호하기 위하여 필요한 지역
    (2) 제2종전용주거지역 : 공동주택 중심의 양호한 주거환경을 보호하기 위하여 필요한 지역
  나. 일반주거지역 : 편리한 주거환경을 조성하기 위하여 필요한 지역
    (1) 제1종일반주거지역 : 저층주택을 중심으로 편리한 주거환경을 조성하기 위하여 필요한 지역
    (2) 제2종일반주거지역 : 중층주택을 중심으로 편리한 주거환경을 조성하기 위하여 필요한 지역
    (3) 제3종일반주거지역 : 중고층주택을 중심으로 편리한 주거환경을 조성하기 위하여 필요한 지역
  다. 준주거지역 : 주거기능을 위주로 이를 지원하는 일부 상업기능 및 업무기능을 보완하기 위하여 필요한 지역
2. 상업지역
  가. 중심상업지역 : 도심·부도심의 상업기능 및 업무기능의 확충을 위하여 필요한 지역
  나. 일반상업지역 : 일반적인 상업기능 및 업무기능을 담당하게 하기 위하여 필요한 지역
  다. 근린상업지역 : 근린지역에서의 일용품 및 서비스의 공급을 위하여 필요한 지역
  라. 유통상업지역 : 도시내 및 지역간 유통기능의 증진을 위하여 필요한 지역
3. 공업지역
  가. 전용공업지역 : 주로 중화학공업, 공해성 공업 등을 수용하기 위하여 필요한 지역
  나. 일반공업지역 : 환경을 저해하지 아니하는 공업의 배치를 위하여 필요한 지역
  다. 준공업지역 : 경공업 그 밖의 공업을 수용하되, 주거기능·상업기능 및 업무기능의 보완이 필요한 지역
4. 녹지지역
  가. 보전녹지지역 : 도시의 자연환경·경관·산림 및 녹지공간을 보전할 필요가 있는 지역
  나. 생산녹지지역 : 주로 농업적 생산을 위하여 개발을 유보할 필요가 있는 지역
  다. 자연녹지지역 : 도시의 녹지공간의 확보, 도시확산의 방지, 장래 도시용지의 공급 등을 위하여 보전할 필요가 있는 지역으로서 불가피한 경우에 한하여 제한적인 개발이 허용되는 지역
② 시·도지사 또는 대도시 시장은 해당 시·도 또는 대도시의 도시·군계획조례로 정하는 바에 따라 도시·군관리계획결정으로 제1항에 따라 세분된 주거지역·상업지역·공업지역·녹지지역을 추가적으로 세분하여 지정할 수 있다.(2019.8.6 본항신설)
제31조【용도지구의 지정】 ① 법 제37조제1항제5호에서 "항만, 공항 등 대통령령으로 정하는 시설물"이란 항만, 공항, 공용시설(공공업무시설, 공공필요성이 인정되는 문화시설·집회시설·운동시설 및 그 밖에 이와 유사한 시설로서 도시·군계획조례로 정하는 시설을 말한다), 교정시설·군사시설을 말한다.(2017.12.29 본항신설)
② 국토교통부장관, 시·도지사 또는 대도시 시장은 법 제37조제2항에 따라 도시·군관리계획결정으로 경관지구·방재지구·보호지구·취락지구 및 개발진흥지구를 다음 각 호와 같이 세분하여 지정할 수 있다.(2017.12.29 본문개정)
1. 경관지구
  가. 자연경관지구 : 산지·구릉지 등 자연경관을 보호하거나 유지하기 위하여 필요한 지구
  나. 시가지경관지구 : 지역 내 주거지, 중심지 등 시가지의 경관을 보호 또는 유지하거나 형성하기 위하여 필요한 지구
  다. 특화경관지구 : 지역 내 주요 수계의 수변 또는 문화적 보존가치가 큰 건축물 주변의 경관 등 특별한 경관을 보호 또는 유지하거나 형성하기 위하여 필요한 지구
(2017.12.29 가목~다목개정)
2.~3. (2017.12.29 삭제)
4. 방재지구
  가. 시가지방재지구 : 건축물·인구가 밀집되어 있는 지역으로서 시설 개선 등을 통하여 재해 예방이 필요한 지구
  나. 자연방재지구 : 토지의 이용도가 낮은 해안변, 하천변, 급경사지 주변 등의 지역으로서 건축 제한 등을 통하여 재해 예방이 필요한 지구
(2014.1.14 본호신설)
5. 보호지구
  가. 역사문화환경보호지구 : 문화재·전통사찰 등 역사·문화적으로 보존가치가 큰 시설 및 지역의 보호와 보존을 위하여 필요한 지구
  나. 중요시설물보호지구 : 중요시설물(제1항에 따른 시설물을 말한다. 이하 같다)의 보호와 기능의 유지 및 증진 등을 위하여 필요한 지구
  다. 생태계보호지구 : 야생동식물서식처 등 생태적으로 보존가치가 큰 지역의 보호와 보존을 위하여 필요한 지구
(2017.12.29 본호개정)
6. (2017.12.29 삭제)
7. 취락지구
  가. 자연취락지구 : 녹지지역·관리지역·농림지역 또는 자연환경보전지역안의 취락을 정비하기 위하여 필요한 지구
  나. 집단취락지구 : 개발제한구역안의 취락을 정비하기 위하여 필요한 지구
8. 개발진흥지구
  가. 주거개발진흥지구 : 주거기능을 중심으로 개발·정비할 필요가 있는 지구
  나. 산업·유통개발진흥지구 : 공업기능 및 유통·물류기능을 중심으로 개발·정비할 필요가 있는 지구
  (2012.4.10 본목개정)
  다. (2012.4.10 삭제)
  라. 관광·휴양개발진흥지구 : 관광·휴양기능을 중심으로 개발·정비할 필요가 있는 지구
  마. 복합개발진흥지구 : 주거기능, 공업기능, 유통·물류기능 및 관광·휴양기능중 2 이상의 기능을 중심으로 개발·정비할 필요가 있는 지구
  바. 특정개발진흥지구 : 주거기능, 공업기능, 유통·물류기능 및 관광·휴양기능 외의 기능을 중심으로 특정한 목적을 위하여 개발·정비할 필요가 있는 지구
  (2005.9.8 본목신설)
③ 시·도지사 또는 대도시 시장은 지역여건상 필요한 때에는 해당 시·도 또는 대도시의 도시·군계획조례로 정하는 바에 따라 제2항제1호에 따른 경관지구를 추가적으로 세분(특화경관지구의 세분을 포함한다)하거나 제2항제5호나목에 따른 중요시설물보호지구 및 법 제37조제1항제8호에 따른 특정용도제한지구를 세분하여 지정할 수 있다.(2017.12.29 본항개정)
④ 법 제37조제3항에 따라 시·도 또는 대도시의 도시·군계획조례로 같은 조 제1항 각 호에 따른 용도지구외의 용도지구를 정할 때에는 다음 각호의 기준을 따라야 한다.
(2012.4.10 본문개정)
1. 용도지구의 신설은 법에서 정하고 있는 용도지역·용도지구·용도구역·지구단위계획구역 또는 다른 법률에 따른 지역·지구만으로는 효율적인 토지이용을 달성할 수 없는 부득이한 사유가 있는 경우에 한할 것
(2016.12.30 본호개정)
2. 용도지구안에서의 행위제한은 그 용도지구의 지정목적 달성에 필요한 최소한도에 그치도록 할 것
3. 당해 용도지역 또는 용도구역의 행위제한을 완화하는 용도지구를 신설하지 아니할 것
⑤ 법 제37조제4항에서 "연안침식이 진행 중이거나 우려되는 지역 등 대통령령으로 정하는 지역"이란 다음 각 호의 어느 하나에 해당하는 지역을 말한다.
1. 연안침식으로 인하여 심각한 피해가 발생하거나 발생할 우려가 있어 이를 특별히 관리할 필요가 있는 지역으로서 「연안관리법」 제20조의2에 따른 연안침식관리구역으로 지정된 지역(같은 법 제2조제3호의 연안육역에 한정한다)
2. 풍수해, 산사태 등의 동일한 재해가 최근 10년 이내 2회 이상 발생하여 인명 피해를 입은 지역으로서 향후 동일한 재해 발생 시 상당한 피해가 우려되는 지역
(2014.1.14 본항신설)
⑥ 법 제37조제5항에서 "대통령령으로 정하는 주거지역·공업지역·관리지역"이란 다음 각 호의 어느 하나에 해당하는 용도지역을 말한다.
1. 일반주거지역
2. 일반공업지역
3. 계획관리지역
(2017.12.29 본항개정)
⑦ 시·도지사 또는 대도시 시장은 법 제37조제5항에 따라 복합용도지구를 지정하는 경우에는 다음 각 호의 기준을 따라야 한다.
1. 용도지역의 변경 시 기반시설이 부족해지는 등의 문제가 우려되어 해당 용도지역의 건축제한만을 완화하는 것이 적합한 경우에 지정할 것
2. 간선도로의 교차지(交叉地), 대중교통의 결절지(結節地) 등 토지이용 및 교통 여건의 변화가 큰 지역 또는 용도지역 간의 경계지역, 가로변 등 토지를 효율적으로 활용할 필요가 있는 지역에 지정할 것
3. 용도지역의 지정목적이 크게 저해되지 아니하도록 해당 용도지역 전체 면적의 3분의 1 이하의 범위에서 지정할 것
4. 그 밖에 해당 지역의 체계적·계획적인 개발 및 관리를 위하여 지정 대상지가 국토교통부장관이 정하여 고시하는 기준에 적합할 것
(2017.12.29 본항신설)
제32조【시가화조정구역의 지정】 ① 법 제39조제1항 본문에서 "대통령령으로 정하는 기간"이란 5년 이상 20년 이내의 기간을 말한다.
② 국토교통부장관 또는 시·도지사는 법 제39조제1항에 따라 시가화조정구역을 지정 또는 변경하고자 하는 때에는 당해 도시지역과 그 주변지역의 인구의 동태, 토지의 이용상황, 산업발전상황 등을 고려하여 도시·군관리계획으로 시가화유보기간을 정하여야 한다.
③ 법 제39조제2항 후단에 따른 시가화조정구역지정의 실효고시는 국토교통부장관이 하는 경우에는 관보와 국토교통부의 인터넷 홈페이지에, 시·도지사가 하는 경우에는 해당 시·도의 공보와 인터넷 홈페이지에 다음 각 호의 사항을 게재하는 방법으로 한다.(2020.11.24 본문개정)
1. 실효일자
2. 실효사유
3. 실효된 도시·군관리계획의 내용
(2020.11.24 1호~3호신설)
(2014.1.14 본조개정)
제32조의2【입지규제최소구역의 지정 대상】 법 제40조의2제1항제6호에서 "대통령령으로 정하는 지역"이란 다음 각 호의 지역을 말한다.
1. 「산업입지 및 개발에 관한 법률」 제2조제8호다목에 따른 도시첨단산업단지
2. 「빈집 및 소규모주택 정비에 관한 특례법」 제2조제3호에 따른 소규모주택정비사업의 시행구역
3. 「도시재생 활성화 및 지원에 관한 특별법」 제2조제1항제6호나목에 따른 근린재생형 활성화계획을 수립하는 지역
(2021.7.6 본조신설)
제33조【공유수면매립지에 관한 용도지역의 지정】 ① 법 제41조제1항 전단 및 같은 조 제2항에서 "용도지역"이

란 법 제36조제1항에 따라 지정된 용도지역을 말한다. 다만, 제6호부터 도시지역에 해당하는 경우에는 제30조에 따라 세분하여 지정된 용도지역을 말한다.(2019.8.6 본항개정)
② 법 제41조제1항 후단에 따른 고시는 해당 시·도의 공보와 인터넷 홈페이지에 게재하는 방법으로 한다.
(2020.11.24 본항개정)
제34조【용도지역 환원의 고시】 법 제42조제4항 후단에 따른 용도지역 환원의 고시는 환원일자 및 환원사유와 용도지역이 환원된 도시·군관리계획의 내용을 해당 시·도의 공보와 인터넷 홈페이지에 게재하는 방법으로 한다.(2020.11.24 본조개정)

제3절 도시·군계획시설
(2012.4.10 본절제목개정)

제35조【도시·군계획시설의 설치·관리】 ① 법 제43조제1항 단서에서 "대통령령으로 정하는 경우"란 다음 각 호의 경우를 말한다.(2013.6.11 본문개정)
1. 도시지역 또는 지구단위계획구역에서 다음 각 목의 기반시설을 설치하고자 하는 경우(2005.11.11 본문개정)
  가. 주차장, 차량 검사 및 면허시설, 공공공지, 열공급설비, 방송·통신시설, 시장·공공청사·문화시설·공공필요성이 인정되는 체육시설·연구시설·사회복지시설·공공직업훈련시설·청소년수련시설·저수지·방화설비·방풍설비·방수설비·사방설비·방조설비·장사시설·종합의료시설·빗물저장 및 이용시설·폐차장(2019.12.31 본목개정)
  나. 「도시공원 및 녹지 등에 관한 법률」의 규정에 의하여 점용허가대상이 되는 공원안의 기반시설
  (2005.11.11 본목개정)
  다. 그 밖에 국토교통부령으로 정하는 시설(2015.7.6 본목개정)
2. 도시지역 및 지구단위계획구역외의 지역에서 다음 각 목의 기반시설을 설치하고자 하는 경우
  가. 제1호가목 및 나목의 기반시설
  나. 궤도 및 전기공급설비(2009.11.2 본목개정)
  다. 그 밖에 국토교통부령이 정하는 시설(2013.3.23 본목개정)
② 법 제43조제3항의 규정에 의하여 국가가 관리하는 도시·군계획시설은 「국유재산법」 제2조제11호에 따른 중앙관서의 장이 관리한다.(2012.4.10 본항개정)
(2012.4.10 본조제목개정)
제35조의2【공동구의 설치】 ① 법 제44조제1항 각 호 외의 부분에서 "대통령령으로 정하는 규모"란 200만제곱미터를 말한다.
② 법 제44조제1항제5호에서 "대통령령으로 정하는 지역"이란 다음 각 호의 지역을 말한다.
1. 「공공주택 특별법」 제2조제2호에 따른 공공주택지구
(2015.12.28 본호개정)
2. 「도청이전을 위한 도시건설 및 지원에 관한 특별법」 제2조제3호에 따른 도청이전신도시
(2010.7.9 본조신설)
제35조의3【공동구에 수용하여야 하는 시설】 공동구가 설치된 경우에는 법 제44조제3항에 따라 제1호부터 제6호까지의 시설을 공동구에 수용하여야 하며, 제7호 및 제8호의 시설은 법 제44조의2제4항에 따른 공동구협의회(이하 "공동구협의회"라 한다)의 심의를 거쳐 수용할 수 있다.
1. 전선로
2. 통신선로
3. 수도관
4. 열수송관
5. 중수도관
6. 쓰레기수송관
7. 가스관
8. 하수도관, 그 밖의 시설
(2010.7.9 본조신설)
제36조【공동구의 설치에 대한 의견 청취】 ① 법 제44조제1항에 따른 개발사업의 시행자(이하 이 조, 제37조, 제38조 및 제39조의2에서 "사업시행자"라 한다)는 공동구를 설치하기 전에 다음 각 호의 사항을 정하여 공동구에 수용되어야 할 시설을 설치하기 위하여 공동구를 점용하려는 자(이하 "공동구 점용예정자"라 한다)에게 미리 통지하여야 한다.
1. 공동구의 위치
2. 공동구의 구조
3. 공동구 점용예정자의 명세
4. 공동구 점용예정자별 점용예정부문의 개요
5. 공동구의 설치에 필요한 비용과 그 비용의 분담에 관한 사항
6. 공사 착수 예정일 및 공사 준공 예정일
② 제1항에 따라 공동구의 설치에 관한 통지를 받은 공동구 점용예정자는 사업시행자가 정한 기한까지 해당 시설을 개별적으로 매설할 때 필요한 비용 등을 포함한 의견서를 제출하여야 한다.
③ 사업시행자가 제2항에 따른 의견서를 받은 때에는 공동구의 설치계획 등에 대하여 공동구협의회의 심의를 거쳐 그 결과를 법 제44조제1항에 따른 개발사업의 실시계획인가(실시계획승인, 사업시행인가 및 지구계획승인을 포함한다. 이하 제38조제3항에서 "개발사업의 실시계획인가등"이라 한다) 신청서에 반영하여야 한다.
(2010.7.9 본조개정)
제37조【공동구에의 수용】 ① 사업시행자는 공동구의 설치공사를 완료한 때에는 지체 없이 다음 각 호의 사항을 공동구 점용예정자에게 개별적으로 통지하여야 한다.
1. 공동구에 수용될 시설의 점용공사 기간
2. 공동구 설치위치 및 설계도면
3. 공동구에 수용할 수 있는 시설의 종류
4. 공동구 점용공사 시 고려할 사항
② 공동구 점용예정자는 제1항제1호에 따른 점용공사 기간 내에 공동구에 수용될 시설을 공동구에 수용하여야 한다. 다만, 그 기간 내에 점용공사를 완료하지 못하는 특별한 사정이 있어서 미리 사업시행자와 협의한 경우에는 그러하지 아니하다.
③ 공동구 점용예정자는 공동구에 수용될 시설을 공동구에 수용함으로써 용도가 폐지된 종래의 시설은 사업시행자가 지정하는 기간 내에 철거하여야 하고, 도로는 원상으로 회복하여야 한다.
(2010.7.9 본조개정)
제38조【공동구의 설치비용 등】 ① 법 제44조제5항 전단에 따른 공동구의 설치에 필요한 비용은 다음 각 호와 같다. 다만, 법 제44조제6항에 따른 보조금이 있는 때에는 그 보조금의 금액을 공제하여야 한다.(2010.7.9 본문개정)
1. 설치공사의 비용
2. 내부공사의 비용
3. 설치를 위한 측량·설계비용
4. 공동구의 설치로 인하여 보상의 필요가 있는 때에는 보상비용
5. 공동구부대시설의 설치비용
6. 법 제44조제6항에 따른 융자금이 있는 경우에는 그 이자에 해당하는 금액(2010.7.9 본호개정)
② 법 제44조제5항 후단에 따라 공동구 점용예정자가 부담하여야 하는 공동구 설치비용은 해당 시설을 개별적으로 매설할 때 필요한 비용으로 하되, 특별시장·광역시장·특별자치시장·특별자치도지사·시장 또는 군수(이하 제39조 및 제39조의3에서 "공동구관리자"라 한다)가 공동구협의회의 심의를 거쳐 해당 공동구의 위치, 규모 및 주변 여건 등을 고려하여 정한다.(2012.4.10 본항개정)
③ 사업시행자는 공동구의 설치가 포함되는 개발사업의 실시계획인가등이 있은 후 지체 없이 공동구 점용예정자에게 제1항 및 제2항에 따라 산정된 부담금의 납부를 통지하여야 한다.(2010.7.9 본항개정)
④ 제3항에 따른 부담금의 납부통지를 받은 공동구 점용예정자는 공동구설치공사가 착수되기 전에 부담액의 3분의 1 이상을 납부하여야 하며, 그 나머지 금액은 제37조제1항제1호에 따른 점용공사기간 만료일(만료일전에 공사가 완료된 경우에는 그 공사의 완료일을 말한다)전까지 납부하여야 한다.(2010.7.9 본항개정)
제39조【공동구의 관리·운영 등】 ① 법 제44조의2제1항 단서에서 "대통령령으로 정하는 기관"이란 다음 각 호의 어느 하나에 해당하는 기관을 말한다.
1. 「지방공기업법」 제49조 또는 제76조에 따른 지방공사 또는 지방공단
2. 「국토안전관리원법」에 따른 국토안전관리원
(2020.12.1 본호개정)
3. 공동구의 관리·운영에 전문성을 갖춘 기관으로서 특별시·광역시·특별자치시·특별자치도·시 또는 군의 도시·군계획조례로 정하는 기관(2012.4.10 본호개정)
② 법 제44조의2제2항에 따른 공동구의 안전 및 유지관리계획에는 다음 각 호의 사항이 모두 포함되어야 한다.
1. 공동구의 안전 및 유지관리를 위한 조직·인원 및 장비의 확보에 관한 사항
2. 긴급상황 발생 시 조치체계에 관한 사항
3. 법 제44조의2제3항에 따른 안전점검 또는 정밀안전진단의 실시계획에 관한 사항
4. 해당 공동구의 설계, 시공, 감리 및 유지관리 등에 관련된 설계도서의 수집·보관에 관한 사항
5. 그 밖에 공동구의 안전 및 유지관리에 필요한 사항
③ 공동구관리자가 법 제44조의2제2항에 따른 공동구의 안전 및 유지관리계획을 수립하거나 변경하려면 미리 관계 행정기관의 장과 협의한 후 공동구협의회의 심의를 거쳐야 한다.
④ 공동구관리자가 제3항에 따라 공동구의 안전 및 유지관리계획을 수립하거나 변경한 경우에는 관계 행정기관의 장에게 관계 서류를 송부하여야 한다.
⑤ 공동구관리자는 법 제44조의2제3항에 따라 「시설물의 안전 및 유지관리에 관한 특별법」 제11조 및 제12조에 따른 안전점검 및 정밀안전진단을 실시하여야 한다.
(2018.1.16 본항개정)
(2010.7.9 본조개정)
제39조의2【공동구협의회의 구성 및 운영 등】 ① 법 제44조의2제4항에 따라 공동구협의회가 심의하거나 자문에 응하는 사항은 다음 각 호와 같다.
1. 법 제44조제4항에 따른 공동구 설치 계획 등에 관한 사항의 심의
2. 법 제44조제5항에 따른 공동구 설치비용 및 법 제44조의3제1항에 따른 관리비용의 분담 등에 관한 사항의 심의
3. 법 제44조의2제2항에 따른 공동구의 안전 및 유지관리계획 등에 관한 사항의 심의
4. 법 제44조의3제2항 및 제3항에 따른 공동구 점용·사용의 허가 및 비용부담 등에 관한 사항의 심의
5. 그 밖에 공동구 설치·관리에 관한 사항의 심의 또는 자문
② 공동구협의회는 위원장 및 부위원장 각 1명을 포함한 10명 이상 20명 이하의 위원으로 구성한다.
③ 공동구협의회의 위원장은 특별시·광역시·특별자치시·특별자치도·시 또는 군의 부시장·부지사 또는 부군수가 되며, 부위원장은 위원 중에서 호선한다. 다만, 둘 이상의 특별시·광역시·특별자치시·특별자치도·시 또는 군에 공동으로 설치하는 공동구협의회의 위원장은 해당 특별시장·광역시장·특별자치시장·특별자치도지사·시장 또는 군수가 협의하여 정한다.(2012.4.10 본항개정)
④ 공동구협의회의 위원은 다음 각 호의 어느 하나에 해당하는 사람 중에서 특별시장·광역시장·특별자치시장·특별자치도지사·시장 또는 군수가 임명하거나 위촉하되, 둘 이상의 특별시·광역시·특별자치시·특별자치도·시 또는 군에 공동으로 설치하는 공동구협의회의 위원은 해당 특별시장·광역시장·특별자치시장·특별자치도지사·시장 또는 군수가 협의하여 임명하거나 위촉한다. 이 경우 제5호에 해당하는 위원의 수는 전체 위원의 2분의 1 이상이어야 한다.(2012.4.10 본문개정)
1. 해당 지방자치단체의 공무원
2. 관할 소방관서의 공무원
3. 사업시행자의 소속 직원
4. 공동구 점용예정자의 소속 직원
5. 공동구의 구조안전 또는 방재업무에 관한 학식과 경험이 있는 사람
⑤ 제4항제5호에 해당하는 위원의 임기는 2년으로 한다. 다만, 위원의 사임 등으로 인하여 새로 위촉된 위원의 임기는 전임 위원 임기의 남은 기간으로 한다.
⑥ 제2항부터 제5항까지에서 규정한 사항 외에 공동구협의회의 구성·운영에 필요한 사항은 특별시·광역시·특별자치시·특별자치도·시 또는 군의 도시·군계획조례로 정한다.(2012.4.10 본항개정)
(2010.7.9 본조신설)
제39조의3【공동구의 관리비용】 공동구관리자는 법 제44조의3제1항에 따른 공동구의 관리에 드는 비용을 연 2회로 분할하여 납부하게 하여야 한다.(2010.7.9 본조신설)
제40조【광역시설의 설치에 따른 지원 등】 지방자치단체는 법 제45조제4항의 규정에 의하여 광역시설을 다른 지방자치단체의 관할구역에 설치하고자 하는 경우에는 다음 각 호의 어느 하나에 해당하는 사업을 당해 지방자치단체와 함께 시행하거나 이에 필요한 자금 등을 지원하여야 한다.(2018.11.13 본문개정)
1. 환경오염의 방지를 위한 사업 : 녹지·하수도 또는 폐기물처리 및 재활용시설의 설치사업과 대기오염·수질오염·악취·소음 및 진동방지사업 등(2018.11.13 본호개정)
2. 지역주민의 편익을 위한 사업 : 도로·공원·수도공급설비·문화시설·사회복지시설·노인정·하수도·종합의료시설 등의 설치사업 등(2016.2.11 본호개정)
제41조【도시·군계획시설부지의 매수청구】 ① 법 제47조제1항의 규정에 의하여 토지의 매수를 청구하고자 하는 자는 국토교통부령이 정하는 도시·군계획시설부지매수청구서(전자문서로 된 청구서를 포함한다)에 대상토지 및 건물에 대한 등기사항증명서를 첨부하여 법 제47조제1항 각호외의 부분 단서의 규정에 의한 매수의무자에게 제출하여야 한다. 다만, 매수의무자는 「전자정부법」 제36조제1항에 따른 행정정보의 공동이용을 통하여 대상토지 및 건물에 대한 등기부 등본을 확인할 수 있는 경우에는 그 확인으로 첨부서류를 갈음하여야 한다.
(2013.3.23 본문개정)
② 법 제47조제2항제2호의 규정에 의한 부재부동산소유자의 토지의 범위에 관하여는 「공익사업을 위한 토지 등의 취득 및 손실보상에 관한 법률 시행령」 제26조의 규정을 준용한다. 이 경우 "사업인정고시일"은 각각 "매수청구일"로 본다.(2005.9.8 본항개정)
③ 법 제47조제2항제2호의 규정에 의한 비업무용토지의 범위에 관하여는 「법인세법 시행령」 제49조제1항제1호의 규정을 준용한다.(2005.9.8 본항개정)
④ 법 제47조제2항제2호에서 "대통령령으로 정하는 금액"이란 3천만원을 말한다.(2018.11.13 본항개정)
⑤ 법 제47조제7항 각 호 외의 부분 전단에서 "대통령령으로 정하는 건축물 또는 공작물"이란 다음 각 호의 것을 말한다. 다만, 다음 각 호에 규정된 범위에서 특별시·광역시·특별자치시·특별자치도·시 또는 군의 도시·군계획조례로 따로 허용범위를 정하는 경우에는 그에 따른다.
(2012.4.10 단서개정)
1. 「건축법 시행령」 별표1 제1호가목의 단독주택으로서 3층 이하인 것(2005.9.8 본호개정)
2. 「건축법 시행령」 별표1 제3호의 제1종근린생활시설로서 3층 이하인 것(2005.9.8 본호개정)
2의2. 「건축법 시행령」 별표1 제4호의 제2종 근린생활시설(같은 호 거목, 더목 및 러목은 제외한다)로서 3층 이하인 것(2014.3.24 본호개정)

3. 공작물
(2012.4.10 본조제목개정)

제42조【도시·군계획시설결정의 실효고시 및 해제권고】 ① 법 제48조제2항에 따른 도시·군계획시설결정의 실효고시는 국토교통부장관이 하는 경우에는 관보와 국토교통부의 인터넷 홈페이지에, 시·도지사 또는 대도시 시장이 하는 경우에는 해당 시·도 또는 대도시의 공보와 인터넷 홈페이지에 다음 각 호의 사항을 게재하는 방법으로 한다.(2020.11.24 본문개정)
1. 실효일자
2. 실효사유
3. 실효된 도시·군계획의 내용
(2020.11.24 1호~3호신설)
② 특별시장·광역시장·특별자치시장·특별자치도지사·시장 또는 군수(이하 이 조에서 "지방자치단체의 장"이라 한다)는 법 제48조제3항에 따라 도시·군계획시설결정이 고시된 도시·군계획시설 중 설치할 필요성이 없어진 도시·군계획시설 또는 그 고시일부터 10년이 지날 때까지 해당 시설의 설치에 관한 도시·군계획시설사업이 시행되지 아니한 도시·군계획시설(이하 이 조에서 "장기미집행 도시·군계획시설등"이라 한다)에 대하여 다음 각 호의 사항을 매년 해당 지방의회의 「지방자치법」 제53조 및 제54조에 따른 정례회 또는 임시회의 기간 중에 보고하여야 한다. 이 경우 지방자치단체의 장이 필요하다고 인정하는 경우에는 해당 지방자치단체에 소속된 지방도시계획위원회의 자문을 거치거나 관계 행정기관의 장과 미리 협의를 거칠 수 있다.(2021.12.16 전단개정)
1. 장기미집행 도시·군계획시설등의 전체 현황(시설의 종류, 면적 및 설치비용 등을 말한다)
2. 장기미집행 도시·군계획시설등의 명칭, 고시일 또는 변경고시일, 위치, 규모, 미집행 사유, 단계별 집행계획, 개략 도면, 현황 사진 또는 항공사진 및 해당 시설의 해제에 관한 의견
3. 그 밖에 지방의회의 심의·의결에 필요한 사항
(2012.4.10 본항신설)
③ 지방자치단체의 장은 제2항에 따라 지방의회에 보고한 장기미집행 도시·군계획시설등 중 도시·군계획시설결정이 해제되지 아니한 장기미집행 도시·군계획시설등에 대하여 최초로 지방의회에 보고한 때부터 2년마다 지방의회에 보고하여야 한다. 이 경우 지방의회의 보고에 관하여는 제2항을 준용한다.(2014.11.11 후단개정)
④ 지방의회는 법 제48조제4항에 따라 장기미집행 도시·군계획시설등에 대하여 해제를 권고하는 경우에는 제2항 또는 제3항에 따른 보고가 지방의회에 접수된 날부터 90일 이내에 해제를 권고하는 서면(도시·군계획시설의 명칭, 위치, 규모 및 해제사유 등이 포함되어야 한다)을 지방자치단체의 장에게 보내야 한다.(2012.4.10 본항신설)
⑤ 제4항에 따라 장기미집행 도시·군계획시설등의 해제를 권고받은 지방자치단체의 장은 상위계획과의 연관성, 단계별 집행계획, 교통, 환경 및 주민 의사 등을 고려하여 해제할 수 없다고 인정하는 특별한 사유가 있는 경우를 제외하고는 법 제48조제5항에 따라 해당 장기미집행 도시·군계획시설등의 해제권고를 받은 날부터 1년 이내에 해제를 위한 도시·군관리계획을 결정하여야 한다. 이 경우 지방자치단체의 장은 지방의회에 해제할 수 없다고 인정하는 특별한 사유를 해제권고를 받은 날부터 6개월 이내에 소명하여야 한다.(2012.4.10 본항신설)
⑥ 제5항에도 불구하고 시장 또는 군수는 법 제24조제6항에 따라 도지사가 결정한 도시·군관리계획의 해제가 필요한 경우에는 도지사에게 그 결정을 신청하여야 한다.(2012.4.10 본항신설)
⑦ 제6항에 따라 도시·군계획시설결정의 해제를 신청받은 도지사는 특별한 사유가 없으면 신청을 받은 날부터 1년 이내에 해당 도시·군계획시설의 해제를 위한 도시·군관리계획결정을 하여야 한다.(2012.4.10 본항신설)
(2012.4.10 본조제목개정)

제42조의2【도시·군계획시설결정의 해제 신청 등】 ① 토지의 소유자는 법 제48조의2제1항에 따라 도시·군계획시설결정의 해제를 위한 도시·군관리계획 입안을 신청하려는 경우에는 다음 각 호의 사항이 포함된 신청서를 해당 도시·군계획시설에 대한 도시·군관리계획 입안권자(이하 이 조에서 "입안권자"라 한다)에게 제출하여야 한다.
1. 해당 도시·군계획시설부지 내 신청인 소유의 토지(이하 이 조에서 "신청토지"라 한다) 현황
2. 해당 도시·군계획시설의 개요
3. 해당 도시·군계획시설결정의 해제를 위한 도시·군관리계획 입안(이하 이 조에서 "해제입안"이라 한다) 신청 사유
② 법 제48조의2제2항에서 "해당 도시·군계획시설결정의 실효 시까지 설치하기로 집행계획을 수립하는 등 대통령령으로 정하는 특별한 사유"란 다음 각 호의 어느 하나에 해당하는 경우를 말한다.
1. 해당 도시·군계획시설결정의 실효 시까지 해당 도시·군계획시설을 설치하기로 집행계획을 수립하거나 변경하는 경우
2. 해당 도시·군계획시설에 대하여 법 제88조에 따른 실시계획이 인가된 경우
3. 해당 도시·군계획시설에 대하여 「공익사업을 위한 토지 등의 취득 및 보상에 관한 법률」 제15조에 따른 보상계획이 공고된 경우(토지 소유자 및 관계인에게 각각 통지하였으나 같은 조 제1항 단서에 따라 공고를 생략한 경우를 포함한다)
4. 신청토지 전부가 포함된 일단의 토지에 대하여 「공익사업을 위한 토지 등의 취득 및 보상에 관한 법률」 제4조제8호의 공익사업을 시행하기 위한 지역·지구 등의 지정 또는 사업계획 승인 등의 절차가 진행 중이거나 완료된 경우
5. 해당 도시·군계획시설결정의 해제를 위한 도시·군관리계획 변경절차가 진행 중인 경우
③ 법 제48조의2제3항에서 "해당 도시·군계획시설결정의 해제를 위한 도시·군관리계획이 입안되지 아니하는 등 대통령령으로 정하는 사항에 해당하는 경우"란 다음 각 호의 어느 하나에 해당하는 경우를 말한다.
1. 입안권자가 제2항 각 호의 어느 하나에 해당하지 아니하는 사유로 법 제48조의2제2항에 따라 해제입안을 하지 아니하기로 정하여 신청인에게 통지한 경우
2. 입안권자가 법 제48조의2제2항에 따라 해제입안을 하기로 정하여 신청인에게 통지하고 해제입안을 하였으나 해당 도시·군계획시설에 대한 도시·군관리계획 결정권자(이하 이 조에서 "결정권자"라 한다)가 법 제30조에 따른 도시·군관리계획 결정절차를 거쳐 신청토지의 전부 또는 일부를 해제하지 아니하기로 결정한 경우(제2항제5호를 사유로 해제입안을 하지 아니하는 것으로 통지되었으나 도시·군관리계획 변경절차를 진행한 결과 신청토지의 전부 또는 일부를 해제하지 아니하기로 결정한 경우를 포함한다)
④ 법 제48조의2제5항에서 "해당 도시·군계획시설결정이 해제되지 아니하는 등 대통령령으로 정하는 사항에 해당하는 경우"란 다음 각 호의 어느 하나에 해당하는 경우를 말한다.
1. 결정권자가 법 제48조의2제4항에 따라 해당 도시·군계획시설결정의 해제를 하지 아니하기로 정하여 신청인에게 통지한 경우
2. 결정권자가 법 제48조의2제4항에 따라 해당 도시·군계획시설결정의 해제를 하기로 정하여 신청인에게 통지하였으나 법 제30조에 따른 도시·군관리계획 결정절차를 거쳐 신청토지의 전부 또는 일부를 해제하지 아니하기로 결정한 경우
⑤ 국토교통부장관은 법 제48조의2제5항에 따라 해제 심사 신청을 받은 경우에는 입안권자 및 결정권자에게 해제 심사를 위한 관련 서류 등을 제출할 것을 요구할 수 있다.
⑥ 국토교통부장관은 법 제48조의2제6항에 따라 해제를 권고하려는 경우에는 중앙도시계획위원회의 심의를 거쳐야 한다.
⑦ 입안권자가 법 제48조의2제2항·제4항 또는 제7항에 따라 해제입안을 하기 위하여 법 제28조제6항에 따라 해당 지방의회에 의견을 요청한 경우 지방의회는 요청받은 날부터 60일 이내에 의견을 제출해야 한다. 이 경우 60일 이내에 의견이 제출되지 않은 경우에는 의견이 없는 것으로 본다.(2021.7.6 본항개정)
⑧ 법 제48조의2제2항·제4항 또는 제7항에 따른 도시·군계획시설결정의 해제결정(해제를 하지 아니하기로 결정하는 것을 포함한다. 이하 이 조에서 같다)은 다음 각 호의 구분에 따른 날부터 6개월(제9항 본문에 따라 결정하는 경우에는 2개월) 이내에 이행되어야 한다. 다만, 관계 법률에 따른 별도의 협의가 필요한 경우 그 협의에 필요한 기간은 기간계산에서 제외한다.
1. 법 제48조의2제2항에 따라 해당 도시·군계획시설결정의 해제입안을 하기로 통지한 경우 : 같은 항에 따라 입안권자가 신청인에게 입안하기로 통지한 날
2. 법 제48조의2제4항에 따라 해당 도시·군계획시설결정을 해제하기로 통지한 경우 : 같은 항에 따라 결정권자가 신청인에게 해제하기로 통지한 날
3. 법 제48조의2제7항에 따라 해당 도시·군계획시설결정을 해제할 것을 권고받은 경우 : 같은 조 제6항에 따라 결정권자가 해제권고를 받은 날
⑨ 결정권자는 법 제48조의2제4항 또는 제7항에 따라 해당 도시·군계획시설결정을 하는 경우로서 이전 단계에서 법 제30조에 따른 도시·군관리계획 결정절차를 거친 경우에는 법 제30조에도 불구하고 해당 지방도시계획위원회의 심의만을 거쳐 도시·군계획시설결정의 해제결정을 할 수 있다. 다만, 결정권자가 입안 내용의 변경이 필요하다고 판단하는 경우에는 그러하지 아니하다.
⑩ 제1항부터 제9항까지에서 규정한 사항 외에 도시·군계획시설결정의 해제를 위한 도시·군관리계획의 입안·해제절차 및 기한 등에 필요한 세부적인 사항은 국토교통부장관이 정한다.
(2016.12.30 본조신설)

제4절 지구단위계획
(2021.7.6 본절제목신설)

제42조의3【지구단위계획의 수립】 ① 법 제49조제1항제4호에서 "대통령령으로 정하는 사항"이란 다음 각 호의 사항을 말한다.
1. 지역 공동체의 활성화
2. 안전하고 지속가능한 생활권의 조성
3. 해당 지역 및 인근 지역의 토지 이용을 고려한 토지이용계획과 건축계획의 조화
② 국토교통부장관은 법 제49조제2항에 따라 지구단위계획의 수립기준을 정할 때에는 다음 각 호의 사항을 고려해야 한다.(2021.1.26 본문개정)
1. 개발제한구역에 지구단위계획을 수립할 때에는 개발제한구역의 지정 목적이나 주변환경이 훼손되지 아니하도록 하고, 「개발제한구역의 지정 및 관리에 관한 특별조치법」을 우선하여 적용할 것
1의2. 보전관리지역에 지구단위계획을 수립할 때에는 제44조제1항제1호의2 가 목 외의 부분 후단에 따른 경우를 제외하고는 녹지 또는 공원으로 계획하는 등 환경훼손을 최소화할 것(2016.5.17 본호개정)
1의3. 「문화재보호법」 제13조에 따른 역사문화환경 보존지역에서 지구단위계획을 수립하는 경우에는 문화재 및 역사문화환경과 조화되도록 할 것(2015.7.6 본호신설)
2. 지구단위계획구역에서 원활한 교통소통을 위하여 필요한 경우에는 지구단위계획으로 건축물부설주차장을 해당 건축물의 대지가 속하여 있는 가구에서 해당 건축물의 대지 바깥에 단독 또는 공동으로 설치하게 할 수 있도록 할 것. 이 경우 대지 바깥에 공동으로 설치하는 건축물부설주차장의 위치 및 규모 등은 지구단위계획으로 정한다.
3. 제2호에 따라 대지 바깥에 설치하는 건축물부설주차장의 출입구는 간선도로변에 두지 아니하도록 할 것. 다만, 특별시장·광역시장·특별자치시장·특별자치도지사·시장 또는 군수가 해당 지구단위계획구역의 교통소통에 관한 계획 등을 고려하여 교통소통에 지장이 없다고 인정하는 경우에는 그러하지 아니하다.
4. 지구단위계획구역에서 공공사업의 시행, 대형건축물의 건축 또는 2필지 이상의 토지소유자의 공동개발 등을 위하여 필요한 경우에는 특정 부분을 별도의 구역으로 지정하여 계획의 상세 정도 등을 따로 정할 수 있도록 할 것
5. 지구단위계획구역의 지정 목적, 향후 예상되는 여건변화, 지구단위계획구역의 관리 방안 등을 고려하여 제25조제4항제9호에 따른 경미한 사항을 정하는 것이 필요한지를 검토하여 지구단위계획에 반영하도록 할 것
(2018.7.17 본호개정)
6. 지구단위계획의 내용 중 기존의 용도지역 또는 용도지구를 용적률이 높은 용도지역 또는 용도지구로 변경하는 사항이 포함되어 있는 경우 변경되는 구역의 용적률은 기존의 용도지역 또는 용도지구의 용적률을 적용하되, 공공시설부지의 제공현황 등을 고려하여 용적률을 완화할 수 있도록 계획할 것
7. 제46조 및 제47조에 따른 건폐율·용적률 등의 완화범위를 포함하여 지구단위계획을 수립하도록 할 것
8. 법 제51조제1항제8호의2에 해당하는 도시지역 내 주거·상업·업무 등의 기능을 결합하는 복합적 토지 이용의 증진이 필요한 지역은 지정 목적을 복합용도개발형으로 구분하되, 3개 이상의 중심기능을 포함하여야 하고 중심기능 중 어느 하나에 집중되지 아니하도록 계획할 것
9. 법 제51조제2항제1호의 지역에 수립하는 지구단위계획의 내용 중 법 제52조제1항제1호 및 같은 항 제4호(건축물의 용도제한은 제외한다)의 사항은 해당 지역에 시행된 사업이 끝난 때의 내용을 유지함을 원칙으로 할 것
10. 도시지역 외의 지역에 지정하는 지구단위계획구역은 해당 구역의 중심기능에 따라 주거형, 산업·유통형, 관광·휴양형 또는 복합형 등으로 지정 목적을 구분할 것
11. 도시지역 외의 지구단위계획구역에서 건축할 수 있는 건축물의 용도·종류 및 규모 등은 해당 구역의 중심기능과 유사한 도시지역의 용도지역별 건축제한 등을 고려하여 지구단위계획으로 정할 것
12.~15. (2021.7.6 삭제)
(2012.4.10 본조신설)

제43조【도시지역 내 지구단위계획구역 지정대상지역】 ① 법 제51조제1항제8호의2에서 "대통령령으로 정하는 요건에 해당하는 지역"이란 일반주거지역, 준주거지역, 준공업지역 및 상업지역에서 낙후된 도심 기능을 회복하거나 도시균형발전을 위한 중심지 육성이 필요한 경우로서 다음 각 호의 어느 하나에 해당하는 지역을 말한다.
(2021.1.26 본문개정)
1. 주요 역세권, 고속버스 및 시외버스 터미널, 간선도로의 교차지 등 양호한 기반시설을 갖추고 있어 대중교통 이용이 용이한 지역
2. 역세권의 체계적·계획적 개발이 필요한 지역
3. 세 개 이상의 노선이 교차하는 대중교통 결절지(結節地)로부터 1킬로미터 이내에 위치한 지역
4. 「역세권의 개발 및 이용에 관한 법률」에 따른 역세권개발구역, 「도시재정비 촉진을 위한 특별법」에 따른 고밀복합형 재정비촉진지구로 지정된 지역
(2012.4.10 본항신설)
② 법 제51조제1항제8호의3에서 "대통령령으로 정하는 시설"이란 다음 각 호의 시설을 말한다.
1. 철도, 항만, 공항, 공장, 병원, 학교, 공공청사, 공공기관, 시장, 운동장 및 터미널

2. 그 밖에 제1호와 유사한 시설로서 특별시·광역시·특별자치시·특별자치도·시 또는 군의 도시·군계획조례로 정하는 시설
(2012.4.10 본항신설)
③ 법 제51조제1항제8호의3에서 "대통령령으로 정하는 요건에 해당하는 지역"이란 5천제곱미터 이상으로서 도시·군계획조례로 정하는 면적 이상의 유휴토지 또는 대규모 시설의 이전부지로서 다음 각 호의 어느 하나에 해당하는 지역을 말한다.(2018.7.17 본문개정)
1. 대규모 시설의 이전에 따라 도시기능의 재배치 및 정비가 필요한 지역
2. 토지의 활용 잠재력이 높고 지역거점 육성이 필요한 지역
3. 지역경제 활성화와 고용창출의 효과가 클 것으로 예상되는 지역
(2012.4.10 본항신설)
④ 법 제51조제1항제10호에서 "대통령령으로 정하는 지역"이란 다음 각 호의 지역을 말한다.(2018.11.13 본문개정)
1. 법 제127조제1항의 규정에 의하여 지정된 시범도시
2. 법 제63조제2항의 규정에 의하여 고시된 개발행위허가제한지역
3. 지하 및 공중공간을 효율적으로 개발하고자 하는 지역
4. 용도지역의 지정·변경에 관한 도시·군관리계획을 입안하기 위하여 열람공고된 지역(2012.4.10 본호개정)
5. (2012.4.10 삭제)
6. 주택재건축사업에 의하여 공동주택을 건축하는 지역(2003.6.30 본호개정)
7. 지구단위계획구역으로 지정하고자 하는 토지와 접하여 공공시설을 설치하고자 하는 자연녹지지역(2012.4.10 본호개정)
8. 그 밖에 양호한 환경의 확보 또는 기능 및 미관의 증진 등을 위하여 필요한 지역으로서 특별시·광역시·특별자치시·특별자치도·시 또는 군의 도시·군계획조례가 정하는 지역(2012.4.10 본호개정)
⑤ 법 제51조제2항제2호에서 "대통령령으로 정하는 지역"이란 다음 각호의 지역으로서 그 면적이 30만제곱미터 이상인 지역을 말한다.(2018.7.17 본문개정)
1. 시가화조정구역 또는 공원에서 해제되는 지역. 다만, 녹지지역으로 지정 또는 존치되거나 법 또는 다른 법령에 의하여 도시·군계획사업 등 개발계획이 수립되지 아니하는 경우를 제외한다.(2012.4.10 단서개정)
2. 녹지지역에서 주거지역·상업지역 또는 공업지역으로 변경되는 지역
3. 그 밖에 특별시·광역시·특별자치시·특별자치도·시 또는 군의 도시·군계획조례로 정하는 지역(2018.7.17 본호신설)
(2012.4.10 본조제목개정)

제44조【도시지역 외 지역에서의 지구단위계획구역 지정대상지역】 ① 법 제51조제3항제1호에서 "대통령령으로 정하는 요건"이란 다음 각 호의 요건을 말한다.
(2014.1.14 본문개정)
1. 계획관리지역 외에 지구단위계획구역에 포함하는 지역은 생산관리지역 또는 보전관리지역일 것(2016.5.17 본호개정)
1의2. 지구단위계획구역에 보전관리지역을 포함하는 경우 해당 보전관리지역의 면적은 다음 각 목의 구분에 따른 요건을 충족할 것. 이 경우 개발행위허가를 받는 등 이미 개발된 토지, 「산지관리법」 제25조에 따른 토석채취허가를 받고 토석의 채취가 완료된 토지로서 같은 법 제4조제1항제2호의 준보전산지에 해당하는 토지 및 해당 토지를 개발하여도 주변지역의 환경오염·환경훼손 우려가 없는 경우로서 해당 도시계획위원회 또는 제25조제2항에 따른 공동위원회의 심의를 거쳐 지구단위계획구역에 포함되는 토지의 면적은 다음 각 목에 따른 보전관리지역의 면적 산정에서 제외한다.(2018.11.13 후단개정)
가. 전체 지구단위계획구역 면적이 10만제곱미터 이하인 경우 : 전체 지구단위계획구역 면적의 20퍼센트 이내
나. 전체 지구단위계획구역 면적이 10만제곱미터 초과 20만제곱미터 이하인 경우 : 2만제곱미터(2021.1.26 본목신설)
다. 전체 지구단위계획구역 면적이 20만제곱미터를 초과하는 경우 : 전체 지구단위계획구역 면적의 10퍼센트 이내(2021.1.26 본목개정)
(2016.5.17 본호신설)
2. 지구단위계획구역으로 지정하고자 하는 토지의 면적이 다음 각목의 어느 하나에 규정된 면적 요건에 해당할 것(2012.4.10 본문개정)
가. 지정하고자 하는 지역에 「건축법 시행령」 별표1 제2호의 공동주택중 아파트 또는 연립주택의 건설계획이 포함되는 경우에는 30만제곱미터 이상일 것. 이 경우 다음 요건에 해당하는 때에는 일단의 토지를 통합하여 하나의 지구단위계획구역으로 지정할 수 있다.
(2012.4.10 후단개정)
(1) 아파트 또는 연립주택의 건설계획이 포함되는 각각의 토지의 면적이 10만제곱미터 이상이고, 그 총면적이 30만제곱미터 이상일 것
(2) (1)의 각 토지는 국토교통부장관이 정하는 범위안에 위치하고, 국토교통부장관이 정하는 규모 이상의 도로로 서로 연결되어 있거나 연결도로의 설치가 가능할 것(2013.3.23 개정)
나. 지정하고자 하는 지역에 「건축법 시행령」 별표1 제2호의 공동주택중 아파트 또는 연립주택의 건설계획이 포함되는 경우로서 다음의 어느 하나에 해당하는 경우에는 10만제곱미터 이상일 것
(1) 지구단위계획구역이 「수도권정비계획법」 제6조제1항제3호의 규정에 의한 자연보전권역인 경우
(2) 지구단위계획구역 안에 초등학교 용지를 확보하여 관할 교육청의 동의를 얻거나 지구단위계획구역 안 또는 지구단위계획구역으로부터 통학이 가능한 거리에 초등학교가 위치하고 학생수용이 가능한 경우로서 관할 교육청의 동의를 얻은 경우
(2005.1.15 본목신설)
다. 가목 및 나목의 경우를 제외하고는 3만제곱미터 이상일 것(2005.1.15 본목개정)
3. 당해 지역에 도로·수도공급설비·하수도 등 기반시설을 공급할 수 있을 것
4. 자연환경·경관·미관 등을 해치지 아니하고 문화재의 훼손우려가 없을 것
② 법 제51조제3항제2호에서 "대통령령으로 정하는 요건"이란 다음 각 호의 요건을 말한다.(2018.11.13 본문개정)
1. 제1항제2호부터 제4호까지의 요건에 해당할 것
(2012.4.10 본호개정)
2. 당해 개발진흥지구가 다음 각 목의 지역에 위치할 것
(2005.9.8 본문개정)
가. 주거개발진흥지구, 복합개발진흥지구(주거기능이 포함된 경우에 한한다) 및 특정개발진흥지구 : 계획관리지역(2005.9.8 본목개정)
나. 산업·유통개발진흥지구 및 복합개발진흥지구(주거기능이 포함되지 아니한 경우에 한한다) : 계획관리지역·생산관리지역 또는 농림지역(2012.4.10 본목개정)
다. 관광·휴양개발진흥지구 : 도시지역외의 지역
③ 국토교통부장관은 지구단위계획구역이 합리적으로 지정될 수 있도록 하기 위하여 필요한 경우에는 제1항 각호 및 제2항 각호의 지정요건을 세부적으로 정할 수 있다.(2013.3.23 본항개정)
(2012.4.10 본조제목개정)

제45조【지구단위계획의 내용】 ① (2012.4.10 삭제)
② 법 제52조제1항제1호의 규정에 의한 용도지역 또는 용도지구의 세분 또는 변경은 제30조 각호의 용도지역 또는 제31조제2항 각호의 용도지구를 그 각호의 범위(제31조제3항의 규정에 의하여 도시·군계획조례로 세분되는 용도지구를 포함한다)안에서 세분 또는 변경하는 것으로 한다. 이 경우 법 제51조제1항제8호의2 및 제8호의3에 따라 지정된 지구단위계획구역에서는 제30조 각 호에 따른 용도지역 간의 변경을 포함한다.(2017.12.29 전단개정)
③ 법 제52조제1항제2호에서 "대통령령으로 정하는 기반시설"이란 다음 각 호의 시설로서 해당 지구단위계획구역의 지정목적 달성을 위하여 필요한 시설을 말한다.
1. 법 제51조제1항제2호부터 제7호까지의 규정에 따른 지역인 경우에는 해당 법률에 따른 개발사업으로 설치하는 기반시설
2. 제2조제1항에 따른 기반시설. 다만, 다음 각 목의 시설 중 시·도 또는 대도시의 도시·군계획조례로 정하는 기반시설은 제외한다.
가. 철도
나. 항만
다. 공항
라. 궤도
마. 공원(「도시공원 및 녹지 등에 관한 법률」 제15조제1항제3호라목에 따른 묘지공원으로 한정한다)
바. 유원지
사. 방송·통신시설
아. 유류저장 및 송유설비
자. 학교(「고등교육법」 제2조에 따른 학교로 한정한다)
차. 저수지
카. 도축장
3. (2006.8.17 삭제)
(2019.8.6 본항개정)
④ 법 제52조제1항제8호에서 "대통령령으로 정하는 사항"이란 다음 각 호의 사항을 말한다.(2015.7.6 본문개정)
1. 지하 또는 공중공간에 설치할 시설물의 높이·깊이·배치 또는 규모
2. 대문·담 또는 울타리의 형태 또는 색채
3. 간판의 크기·형태·색채 또는 재질
4. 장애인·노약자 등을 위한 편의시설계획
5. 에너지 및 자원의 절약과 재활용에 관한 계획
6. 생물서식공간의 보호·조성·연결 및 물과 공기의 순환 등에 관한 계획
7. 문화재 및 역사문화환경 보호에 관한 계획(2015.7.6 본호신설)
⑤ 법 제52조제2항에서 "대통령령으로 정하는 도시·군계획시설"이란 도로·주차장·공원·녹지·공공공지, 수도·전기·가스·열공급설비, 학교(초등학교 및 중학교에 한한다)·하수도·폐기물처리 및 재활용시설을 말한다.
(2018.11.13 본항개정)

제46조【도시지역 내 지구단위계획구역에서의 건폐율 등의 완화적용】 ① 지구단위계획구역(도시지역 내에 지정하는 경우로 한정한다. 이하 이 조에서 같다)에서 건축물을 건축하려는 자가 그 대지의 일부를 법 제52조의2제1항 각 호의 시설(이하 이 조 및 제46조의2에서 "공공시설등"이라 한다)의 부지로 제공하거나 공공시설등을 설치하여 제공하는 경우[지구단위계획구역 밖의 「하수도법」 제2조제14호에 따른 배수구역에 공공하수처리시설을 설치하여 제공하는 경우(지구단위계획구역에 다른 공공시설 및 기반시설이 충분히 설치되어 있는 경우로 한정한다)를 포함한다]에는 법 제52조제3항에 따라 그 건축물에 대하여 지구단위계획으로 다음 각 호의 구분에 따라 건폐율·용적률 및 높이제한을 완화하여 적용할 수 있다. 이 경우 제공받은 공공시설등은 국유재산 또는 공유재산으로 관리한다.(2021.7.6 전단개정)
1. 공공시설등의 부지를 제공하는 경우에는 다음 각 목의 비율까지 건폐율·용적률 및 높이제한을 완화하여 적용할 수 있다. 다만, 지구단위계획구역 안의 일부 토지를 공공시설등의 부지로 제공하는 자가 해당 지구단위계획구역 안의 다른 대지에서 건축물을 건축하는 경우에는 나목의 비율까지 그 용적률만 완화하여 적용할 수 있다.(2021.7.6 단서개정)
가. 완화할 수 있는 건폐율 = 해당 용도지역에 적용되는 건폐율 × [1 + 공공시설등의 부지로 제공하는 면적(공공시설등의 부지를 제공하는 자가 법 제65조제2항에 따라 용도가 폐지되는 공공시설을 무상으로 양수받은 경우에는 그 양수받은 부지면적을 빼고 산정한다. 이하 이 조에서 같다) ÷ 원래의 대지면적] 이내
나. 완화할 수 있는 용적률 = 해당 용도지역에 적용되는 용적률 + [1.5 × (공공시설등의 부지로 제공하는 면적 × 공공시설등 제공 부지의 용적률) ÷ 공공시설등의 부지 제공 후의 대지면적] 이내
다. 완화할 수 있는 높이 = 「건축법」 제60조에 따라 제한된 높이 × (1 + 공공시설등의 부지로 제공하는 면적 ÷ 원래의 대지면적) 이내
2. 공공시설등을 설치하여 제공(그 부지의 제공은 제외한다)하는 경우에는 공공시설등을 설치하는 데에 드는 비용에 상응하는 가액(價額)의 부지를 제공한 것으로 보아 제1호에 따른 비율까지 건폐율·용적률 및 높이제한을 완화하여 적용할 수 있다. 이 경우 공공시설등 설치비용 및 이에 상응하는 부지 가액의 산정 방법 등은 시·도 또는 대도시의 도시·군계획조례로 정한다.
(2012.4.10 후단개정)
3. 공공시설등을 설치하여 그 부지와 함께 제공하는 경우에는 제1호 및 제2호에 따라 완화할 수 있는 건폐율·용적률 및 높이를 합산한 비율까지 완화하여 적용할 수 있다.
(2011.3.9 본항개정)
② 특별시장·광역시장·특별자치시장·특별자치도지사·시장 또는 군수는 지구단위계획구역에 있는 토지를 공공시설부지로 제공하고 보상을 받은 자 또는 그 포괄승계인이 그 보상금액에 국토교통부령이 정하는 이자를 더한 금액(이하 이 항에서 "반환금"이라 한다)을 반환하는 경우에는 당해 지방자치단체의 도시·군계획조례가 정하는 바에 따라 제1항제1호 각 목을 적용하여 당해 건축물에 대한 건폐율·용적률 및 높이제한을 완화할 수 있다. 이 경우 그 반환금은 기반시설의 확보에 사용하여야 한다.(2013.3.23 전단개정)
③ 지구단위계획구역에서 건축물을 건축하고자 하는 자가 「건축법」 제43조제1항에 따른 공개공지 또는 공개공간을 같은 항에 따른 의무면적을 초과하여 설치한 경우에는 법 제52조제3항에 따라 당해 건축물에 대하여 지구단위계획으로 다음 각 호의 비율까지 용적률 및 높이제한을 완화하여 적용할 수 있다.(2012.4.10 본문개정)
1. 완화할 수 있는 용적률 = 「건축법」 제43조제2항에 따라 완화된 용적률 + (당해 용도지역에 적용되는 용적률 × 의무면적을 초과하는 공개공지 또는 공개공간의 면적의 절반 ÷ 대지면적) 이내
2. 완화할 수 있는 높이 = 「건축법」 제43조제2항에 따라 완화된 높이 + (「건축법」 제60조에 따른 높이 × 의무면적을 초과하는 공개공지 또는 공개공간의 면적의 절반 ÷ 대지면적) 이내
(2008.9.25 본항개정)
④ 지구단위계획구역에서는 법 제52조제3항의 규정에 의하여 도시·군계획조례의 규정에 불구하고 지구단위계획으로 제84조에 규정된 범위안에서 건폐율을 완화하여 적용할 수 있다.(2012.4.10 본항개정)
⑤ 지구단위계획구역에서는 법 제52조제3항의 규정에 의하여 지구단위계획으로 법 제76조의 규정에 의하여 제30조 각호의 용도지역안에서 건축할 수 있는 건축물(도시·군계획조례가 정하는 바에 의하여 건축할 수 있는 건축물의 경우 도시·군계획조례에서 허용되는 건축물에 한한다)의 용도·종류 및 규모 등의 범위안에서 이를 완화하여 적용할 수 있다.(2012.4.10 본항개정)
⑥ 지구단위계획구역의 지정목적이 다음 각호의 1에 해당하는 경우에는 법 제52조제3항의 규정에 의하여 지구단위계획으로 「주차장법」 제19조제3항의 규정에 의한 주차장 설치기준을 100퍼센트까지 완화하여 적용할 수 있다.
(2012.4.10 본문개정)
1. 한옥마을을 보존하고자 하는 경우
2. 차 없는 거리를 조성하고자 하는 경우(지구단위계획으로 보행자전용도로를 지정하거나 차량의 출입을 금지한 경우를 포함한다)(2012.4.10 본호개정)

3. 그 밖에 국토교통부령이 정하는 경우(2013.3.23 본호개정)
⑦ 다음 각호의 1에 해당하는 경우에는 법 제52조제3항의 규정에 의하여 지구단위계획으로 당해 용도지역에 적용되는 용적률의 120퍼센트 이내에서 용적률을 완화하여 적용할 수 있다.
1. 도시지역에 개발진흥지구를 지정하고 당해 지구를 지구단위계획구역으로 지정한 경우
2. 다음 각목의 1에 해당하는 경우로서 특별시장·광역시장·특별자치시장·특별자치도지사·시장 또는 군수의 권고에 따라 공동개발을 하는 경우
가. 지구단위계획에 2필지 이상의 토지에 하나의 건축물을 건축하도록 되어 있는 경우
나. 지구단위계획에 합벽건축을 하도록 되어 있는 경우
다. 지구단위계획에 주차장·보행자통로 등을 공동으로 사용하도록 되어 있어 2필지 이상의 토지에 건축물을 동시에 건축할 필요가 있는 경우
(2012.4.10 본항개정)
⑧ 도시지역에 개발진흥지구를 지정하고 당해 지구를 지구단위계획구역으로 지정한 경우에는 법 제52조제3항에 따라 지구단위계획으로 「건축법」 제60조에 따라 제한된 건축물높이의 120퍼센트 이내에서 높이제한을 완화하여 적용할 수 있다.(2012.4.10 본항개정)
⑨ 제1항제1호나목(제1항제2호 및 제2항에 따라 적용되는 경우를 포함한다), 제3항제1호 및 제7항은 다음 각 호의 어느 하나에 해당하는 경우에는 적용하지 아니한다.
(2012.4.10 본문개정)
1. 개발제한구역·시가화조정구역·녹지지역 또는 공원에서 해제되는 구역과 새로이 도시지역으로 편입되는 구역중 계획적인 개발 또는 관리가 필요한 지역인 경우
2. 기존의 용도지역 또는 용도지구가 용적률이 높은 용도지역 또는 용도지구로 변경되는 경우로서 기존의 용도지역 또는 용도지구의 용적률을 적용하지 아니하는 경우
⑩ 제1항 내지 제4항 및 제7항의 규정에 의하여 완화하여 적용되는 건폐율 및 용적률은 당해 용도지역 또는 용도지구에 적용되는 건폐율의 150퍼센트 및 용적률의 200퍼센트를 각각 초과할 수 없다.(2004.1.20 본항개정)
⑪ 제1항에도 불구하고 법 제51조제1항제8호의2에 따라 지정된 지구단위계획구역 내 준주거지역(제45조제2항 전단에 따라 준주거지역으로 변경하는 경우를 포함한다. 이하 이 조에서 같다)에서 건축물을 건축하려는 자가 그 대지의 일부를 공공시설등의 부지로 제공하거나 공공시설등을 설치하여 제공하는 경우에는 법 제52조제3항에 따라 지구단위계획으로 법 제78조제1항제1호가목에 따른 용적률의 140퍼센트 이내의 범위에서 용적률을 완화하여 적용할 수 있다. 이 경우 공공시설등의 부지를 제공하거나 공공시설등을 설치하여 제공하는 비용은 용적률 완화에 따른 토지가치 상승분[「감정평가 및 감정평가사에 관한 법률」에 따른 감정평가법인등(이하 "감정평가법인등"이라 한다)이 용적률 완화 전후에 각각 감정평가한 토지가액의 차이를 말한다]의 범위로 하며, 그 비용 중 시·도 또는 대도시의 도시·군계획조례로 정하는 비율 이상은 「공공주택 특별법」 제2조제1호가목에 따른 공공임대주택을 제공하는 데에 사용해야 한다.(2021.7.6 후단개정)
⑫ 법 제51조제1항제8호의2에 따라 지정된 지구단위계획구역 내 준주거지역에서 「공공주택 특별법」에 따른 도심 공공주택 복합사업(같은 법 시행령 별표4의2 제1호가목의 주거상업고밀지구에서 시행하는 사업으로 한정한다) 또는 「빈집 및 소규모주택 정비에 관한 특례법」에 따른 소규모재개발사업을 시행하는 경우에는 법 제52조제3항에 따라 지구단위계획으로 법 제78조제1항제1호가목에 따른 용적률의 140퍼센트 이내의 범위에서 용적률을 완화하여 적용할 수 있다.(2022.1.18 본항신설)
⑬ 법 제51조제1항제8호의2에 따라 지정된 지구단위계획구역 내 준주거지역에서는 법 제52조제3항에 따라 지구단위계획으로 「건축법」 제61조제2항에 따른 채광(採光) 등의 확보를 위한 건축물의 높이 제한을 200퍼센트 이내의 범위에서 완화하여 적용할 수 있다.(2021.1.26 본항신설)
⑭ 법 제29조에 따른 도시·군관리계획의 결정권자는 지구단위계획구역 내 「국가첨단전략산업 경쟁력 강화 및 보호에 관한 특별조치법」 제2조제1호에 따른 국가첨단전략기술을 보유하고 있는 자가 입주하는(이미 입주한 경우를 포함한다) 「산업입지 및 개발에 관한 법률」 제2조제8호에 따른 산업단지에 대하여 용적률 완화에 관한 산업통상자원부장관의 요청이 있는 경우 같은 법 제3조제1항에 따른 산업입지정책심의회의 심의를 거쳐 법 제52조제3항에 따라 지구단위계획으로 제85조제1항 각 호에 따른 용도지역별 최대한도의 140퍼센트 이내의 범위에서 용적률을 완화하여 적용할 수 있다.(2023.3.21 본항신설)
(2012.4.10 본조제목개정)

제46조의2【공공시설등의 설치비용 납부 등】 ① 법 제52조의2제2항에 따라 지구단위계획구역에 공공시설등의 부지를 제공하거나 공공시설등을 설치하여 제공하는 것을 갈음하여 공공시설등의 설치비용을 납부하게 하려는 경우 지구단위계획구역 안의 공공시설등이 충분한지는 특별시장·광역시장·특별자치시장·특별자치도지사·시장 또는 군수가 「건축법」 제4조에 따라 해당 지방자치단체에 두는 건축위원회와 도시계획위원회의 공동심의를 거쳐 인정한다. 이 경우 심의 및 인정여부의 결정을 할 때에는 다음 각 호의 사항을 고려해야 한다.
1. 현재 지구단위계획구역 안의 공공시설등의 확보 현황
2. 개발사업에 따른 인구·교통량 등의 변화와 공공시설등의 수요 변화 등
② 법 제52조의2제2항에 따라 납부해야 하는 비용은 감정평가법인등이 지구단위계획에 관한 도시·군관리계획 결정의 고시일을 기준으로 용도지역의 변경 또는 도시·군계획시설 결정의 변경 전·후에 대하여 각각 감정평가한 토지가액 차이의 범위에서 시·도 또는 대도시의 도시·군계획조례로 정하는 금액에서 법 제52조의2제1항에 따라 지구단위계획구역 안에 공공시설등의 부지를 제공하거나 공공시설등을 설치하여 제공하는 데 소요된 비용을 공제한 금액으로 한다.
③ 제2항에 따른 비용은 착공일부터 사용승인 또는 준공검사 신청 전까지 납부하되, 시·도 또는 대도시의 도시·군계획조례로 정하는 바에 따라 분할납부할 수 있다.
④ 법 제52조의2제3항에서 "대통령령으로 정하는 비율"이란 100분의 20 이상 100분의 30 이하의 범위에서 해당 지구단위계획으로 정하는 비율을 말한다.
(2021.7.6 본조신설)

제47조【도시지역 외 지구단위계획구역에서의 건폐율 등의 완화적용】 ① 지구단위계획구역(도시지역 외에 지정하는 경우로 한정한다. 이하 이 조에서 같다)에서는 법 제52조제3항에 따라 지구단위계획으로 당해 용도지역 또는 개발진흥지구에 적용되는 건폐율의 150퍼센트 및 용적률의 200퍼센트 이내에서 건폐율 및 용적률을 완화하여 적용할 수 있다.
② 지구단위계획구역에서는 법 제52조제3항의 규정에 의하여 지구단위계획으로 법 제76조의 규정에 의한 건축물의 용도·종류 및 규모 등을 완화하여 적용할 수 있다. 다만, 개발진흥지구(계획관리지역에 지정된 개발진흥지구를 제외한다)에 지정된 지구단위계획구역에 대하여는 「건축법 시행령」 별표1 제2호의 공동주택중 아파트 및 연립주택은 허용되지 아니한다.
③~④ (2007.4.19 삭제)
(2012.4.10 본조개정)

제48조 (2012.4.10 삭제)

제49조【지구단위계획안에 대한 주민 등의 의견】 다음 각 호의 어느 하나에 해당하는 자는 지구단위계획안에 포함시키고자 하는 사항을 특별시장·광역시장·특별자치시장·특별자치도지사·시장 또는 군수에게 제출할 수 있으며, 특별시장·광역시장·특별자치시장·특별자치도지사·시장 또는 군수는 제출된 사항이 타당하다고 인정되는 때에는 이를 지구단위계획안에 반영하여야 한다.
(2012.4.10 본문개정)
1. 지구단위계획구역이 법 제26조의 규정에 의한 주민의 제안에 의하여 지정된 경우에는 그 제안자
2. 지구단위계획구역이 법 제51조제1항제2호부터 제7호까지의 지역에 대하여 지정된 경우에는 그 지정근거가 되는 개별법률에 의한 개발사업의 시행자(2009.8.5 본호개정)

제50조【지구단위계획구역지정의 실효고시】 법 제53조제3항에 따른 지구단위계획구역지정의 실효고시는 국토교통부장관이 하는 경우에는 관보와 국토교통부의 인터넷 홈페이지에, 시·도지사 또는 시장·군수가 하는 경우에는 해당 시·도 또는 시·군의 공보와 인터넷 홈페이지에 다음 각 호의 사항을 게재하는 방법으로 한다.
(2020.11.24 본문개정)
1. 실효일자
2. 실효사유
3. 실효된 지구단위계획구역의 내용
(2020.11.24 1호~3호신설)

제50조의2【지구단위계획이 적용되지 않는 가설건축물】 법 제54조 본문에서 "대통령령으로 정하는 가설건축물"이란 다음 각 호의 어느 하나에 해당하는 가설건축물을 말한다.
1. 존치기간(연장된 존치기간을 포함한 총 존치기간을 말한다)이 3년의 범위에서 해당 특별시·광역시·특별자치시·특별자치도·시 또는 군의 도시·군계획조례로 정한 존치기간 이내인 가설건축물. 다만, 다음 각 목의 어느 하나에 해당하는 가설건축물의 경우에는 각각 다음 각 목의 기준에 따라 존치기간을 연장할 수 있다.
(2023.7.18 단서신설)
가. 국가 또는 지방자치단체가 공익 목적으로 건축하는 가설건축물 또는 「건축법 시행령」 제15조제5항제4호에 따른 전시를 위한 견본주택이나 그 밖에 이와 비슷한 가설건축물 : 횟수별 3년의 범위에서 해당 특별시·광역시·특별자치시·특별자치도·시 또는 군의 도시·군계획조례로 정하는 횟수만큼
나. 「건축법」 제20조제1항에 따라 특별자치시장·특별자치도지사 또는 시장·군수·구청장의 허가를 받아 도시·군계획시설 및 도시·군계획시설예정지에서 건축하는 가설건축물 : 도시·군계획사업이 시행될 때까지
(2023.7.18 가목~나목신설)
2. 재해복구기간 중 이용하는 재해복구용 가설건축물
3. 공사기간 중 이용하는 공사용 가설건축물
(2021.7.6 본조신설)

제5장 개발행위의 허가 등

제1절 개발행위의 허가

제51조【개발행위허가의 대상】 ① 법 제56조제1항에 따라 개발행위허가를 받아야 하는 행위는 다음 각 호와 같다.
(2006.3.23 본문개정)
1. 건축물의 건축 : 「건축법」 제2조제1항제2호에 따른 건축물의 건축(2006.3.23 본호개정)
2. 공작물의 설치 : 인공을 가하여 제작한 시설물(「건축법」 제2조제1항제2호에 따른 건축물을 제외한다)의 설치(2006.3.23 본호개정)
3. 토지의 형질변경 : 절토(땅깎기)·성토(흙쌓기)·정지(땅고르기)·포장 등의 방법으로 토지의 형상을 변경하는 행위와 공유수면의 매립(경작을 위한 토지의 형질변경을 제외한다)(2021.1.5 본호개정)
4. 토석채취 : 흙·모래·자갈·바위 등의 토석을 채취하는 행위. 다만, 토지의 형질변경을 목적으로 하는 것을 제외한다.
5. 토지분할 : 다음 각 목의 어느 하나에 해당하는 토지의 분할(「건축법」 제57조에 따른 건축물이 있는 대지는 제외한다)(2008.9.25 본문개정)
가. 녹지지역·관리지역·농림지역 및 자연환경보전지역 안에서 관계 법령에 따른 허가·인가 등을 받지 아니하고 행하는 토지의 분할(2006.3.23 본목개정)
나. 「건축법」 제57조제1항에 따른 분할제한면적 미만으로의 토지의 분할(2008.9.25 본목개정)
다. 관계 법령에 의한 허가·인가 등을 받지 아니하고 행하는 너비 5미터 이하로의 토지의 분할
6. 물건을 쌓아놓는 행위 : 녹지지역·관리지역 또는 자연환경보전지역안에서 「건축법」 제22조에 따라 사용승인을 받은 건축물의 울타리안(적법한 절차에 의하여 조성된 대지에 한한다)에 위치하지 아니한 토지에 물건을 1개월 이상 쌓아놓는 행위(2023.3.21 본호개정)
② 법 제56조제1항제2호에서 "대통령령으로 정하는 토지의 형질변경"이란 조성이 끝난 농지에서 농작물 재배, 농지의 지력 증진 및 생산성 향상을 위한 객토(새 흙 넣기)·환토(흙 바꾸기)·정지(땅고르기) 또는 양수·배수시설의 설치·정비를 위한 토지의 형질변경으로서 다음 각 호의 어느 하나에 해당하지 않는 형질변경을 말한다.
(2023.3.21 본문개정)
1. 인접토지의 관개·배수 및 농작업에 영향을 미치는 경우
2. 재활용 골재, 사업장 폐토양, 무기성 오니(오염된 침전물) 등 수질오염 또는 토질오염의 우려가 있는 토사 등을 사용하여 성토하는 경우. 다만, 「농지법 시행령」 제3조의2제2호에 따른 성토는 제외한다.(2021.1.5 본문개정)
3. 지목의 변경을 수반하는 경우(전·답 사이의 변경은 제외한다)
4. 옹벽 설치(제53조에 따라 허가를 받지 않아도 되는 옹벽 설치는 제외한다) 또는 2미터 이상의 절토·성토가 수반되는 경우. 다만, 절토·성토에 대해서는 2미터 이내의 범위에서 특별시·광역시·특별자치시·특별자치도·시 또는 군의 도시·군계획조례로 따로 정할 수 있다.(2019.8.6 본호신설)
(2012.4.10 본항개정)

제52조【개발행위허가의 경미한 변경】 ① 법 제56조제2항 단서에서 "대통령령으로 정하는 경미한 사항을 변경하는 경우"란 다음 각 호의 어느 하나에 해당하는 경우(다른 호에 저촉되지 않는 경우로 한정한다)를 말한다.
(2019.8.6 본문개정)
1. 사업기간을 단축하는 경우
2. 다음 각 목의 어느 하나에 해당하는 경우
가. 부지면적 또는 건축물 연면적을 5퍼센트 범위에서 축소[공작물의 무게, 부피, 수평투영면적(하늘에서 내려다보이는 수평 면적을 말한다) 또는 토석채취량을 5퍼센트 범위에서 축소하는 경우를 포함한다]하는 경우(2022.1.18 본목개정)
나. 관계 법령의 개정 또는 도시·군관리계획의 변경에 따라 허가받은 사항을 불가피하게 변경하는 경우
다. 「공간정보의 구축 및 관리 등에 관한 법률」 제26조제2항 및 「건축법」 제26조에 따라 허용되는 오차를 반영하기 위한 변경인 경우
라. 「건축법 시행령」 제12조제3항 각 호의 어느 하나에 해당하는 변경(공작물의 위치를 1미터 범위에서 변경하는 경우를 포함한다)인 경우(2019.12.31 본목개정)
(2019.8.6 본호개정)
3.~5. (2019.8.6 삭제)
② 개발행위허가를 받은 자는 제1항 각호의 1에 해당하는 경미한 사항을 변경한 때에는 지체없이 그 사실을 특별시장·광역시장·특별자치시장·특별자치도지사·시장 또는 군수에게 통지하여야 한다.(2012.4.10 본항개정)

제53조【허가를 받지 아니하여도 되는 경미한 행위】 법 제56조제4항제3호에서 "대통령령으로 정하는 경미한 행위"란 다음 각 호의 행위를 말한다. 다만, 다음 각 호에 규정된 범위에서 특별시·광역시·특별자치시·특별자치도·시 또는 군의 도시·군계획조례로 따로 정하는 경우에는 그에 따른다.(2012.4.10 본문개정)

1. 건축물의 건축 : 「건축법」 제11조제1항에 따른 건축허가 또는 같은 법 제14조제1항에 따른 건축신고 및 같은 법 제20조제1항에 따른 가설건축물 건축의 허가 또는 같은 조 제3항에 따른 가설건축물의 축조신고 대상에 해당하지 아니하는 건축물의 건축(2014.10.14 본호개정)
2. 공작물의 설치
가. 도시지역 또는 지구단위계획구역에서 무게가 50톤 이하, 부피가 50세제곱미터 이하, 수평투영면적이 50제곱미터 이하인 공작물의 설치. 다만, 「건축법 시행령」 제118조제1항 각 호의 어느 하나에 해당하는 공작물의 설치는 제외한다.(2014.11.11 본문개정)
나. 도시지역·자연환경보전지역 및 지구단위계획구역외의 지역에서 무게가 150톤 이하, 부피가 150세제곱미터 이하, 수평투영면적이 150제곱미터 이하인 공작물의 설치. 다만, 「건축법 시행령」 제118조제1항 각 호의 어느 하나에 해당하는 공작물의 설치는 제외한다.(2014.11.11 본문개정)
다. 녹지지역·관리지역 또는 농림지역안에서의 농림어업용 비닐하우스(「양식산업발전법」 제43조제1항 각 호에 따른 양식업을 하기 위하여 비닐하우스 안에 설치하는 양식장은 제외한다)의 설치(2023.3.21 본목개정)
3. 토지의 형질변경
가. 높이 50센티미터 이내 또는 깊이 50센티미터 이내의 절토·성토·정지 등(포장을 제외하며, 주거지역·상업지역 및 공업지역외의 지역에서는 지목변경을 수반하지 아니하는 경우에 한한다)
나. 도시지역·자연환경보전지역 및 지구단위계획구역외의 지역에서 면적이 660제곱미터 이하인 토지에 대한 지목변경을 수반하지 아니하는 절토·성토·정지·포장 등(토지의 형질변경 면적은 형질변경이 이루어지는 당해 필지의 총면적을 말한다. 이하 같다)(2006.8.17 본목개정)
다. 조성이 완료된 기존 대지에 건축물이나 그 밖의 공작물을 설치하기 위한 토지의 형질변경(절토 및 성토는 제외한다)(2009.7.7 본목개정)
라. 국가 또는 지방자치단체가 공익상의 필요에 의하여 직접 시행하는 사업을 위한 토지의 형질변경
4. 토석채취
가. 도시지역 또는 지구단위계획구역에서 채취면적이 25제곱미터 이하인 토지에서의 부피 50세제곱미터 이하의 토석채취
나. 도시지역·자연환경보전지역 및 지구단위계획구역외의 지역에서 채취면적이 250제곱미터 이하인 토지에서의 부피 500세제곱미터 이하의 토석채취
5. 토지분할
가. 「사도법」에 의한 사도개설허가를 받은 토지의 분할(2005.9.8 본목개정)
나. 토지의 일부를 국유지 또는 공유지로 하거나 공공시설로 사용하기 위한 토지의 분할(2023.3.21 본목개정)
다. 행정재산중 용도폐지되는 부분의 분할 또는 일반재산을 매각·교환 또는 양여하기 위한 분할(2009.7.27 본목개정)
라. 토지의 일부가 도시·군계획시설로 지형도면고시가 된 당해 토지의 분할(2012.4.10 본목개정)
마. 너비 5미터 이하로 이미 분할된 토지의 「건축법」 제57조제1항에 따른 분할제한면적 이상으로의 분할(2008.9.25 본목개정)
6. 물건을 쌓아놓는 행위
가. 녹지지역 또는 지구단위계획구역에서 물건을 쌓아놓는 면적이 25제곱미터 이하인 토지에 전체무게 50톤 이하, 전체부피 50세제곱미터 이하로 물건을 쌓아놓는 행위
나. 관리지역(지구단위계획구역으로 지정된 지역을 제외한다)에서 물건을 쌓아놓는 면적이 250제곱미터 이하인 토지에 전체무게 500톤 이하, 전체부피 500세제곱미터 이하로 물건을 쌓아놓는 행위

제54조【개발행위허가의 절차 등】 ① 법 제57조제2항에서 "대통령령으로 정하는 기간"이란 15일(도시계획위원회의 심의를 거쳐야 하거나 관계 행정기관의 장과 협의를 하여야 하는 경우에는 심의 또는 협의기간을 제외한다)을 말한다.(2018.11.13 본항개정)
② 특별시장·광역시장·특별자치시장·특별자치도지사·시장 또는 군수는 법 제57조제4항에 따라 개발행위허가에 조건을 붙이려는 때에는 미리 개발행위허가를 신청한 자의 의견을 들어야 한다.(2012.4.10 본항개정)

제55조【개발행위허가의 규모】 ① 법 제58조제1항제1호 본문에서 "대통령령으로 정하는 개발행위의 규모"란 다음 각호에 해당하는 토지의 형질변경면적을 말한다. 다만, 관리지역 및 농림지역에 대하여는 제2호 및 제3호의 규정에 의한 면적의 범위안에서 당해 특별시·광역시·특별자치시·특별자치도·시 또는 군의 도시·군계획조례로 따로 정할 수 있다.(2014.1.14 본문개정)
1. 도시지역
가. 주거지역·상업지역·자연녹지지역·생산녹지지역 : 1만제곱미터 미만
나. 공업지역 : 3만제곱미터 미만
다. 보전녹지지역 : 5천제곱미터 미만
2. 관리지역 : 3만제곱미터 미만
3. 농림지역 : 3만제곱미터 미만
4. 자연환경보전지역 : 5천제곱미터 미만
② 제1항의 규정을 적용함에 있어서 개발행위허가의 대상인 토지가 2 이상의 용도지역에 걸치는 경우에는 각각의 용도지역에 위치하는 토지부분에 대하여 각각의 용도지역의 개발행위의 규모에 관한 규정을 적용한다. 다만, 개발행위허가의 대상인 토지의 총면적이 당해 토지가 걸쳐 있는 용도지역중 개발행위의 규모가 가장 큰 용도지역의 개발행위의 규모를 초과하여서는 아니된다.
③ 법 제58조제1항제1호 단서에서 "개발행위가 「농어촌정비법」 제2조제4호에 따른 농어촌정비사업으로 이루어지는 경우 등 대통령령으로 정하는 경우"란 다음 각 호의 어느 하나에 해당하는 경우를 말한다.(2014.1.14 본문개정)
1. 지구단위계획으로 정한 가구 및 획지의 범위안에서 이루어지는 토지의 형질변경으로서 당해 형질변경과 관련된 기반시설이 이미 설치되었거나 형질변경과 기반시설의 설치가 동시에 이루어지는 경우
2. 해당 개발행위가 「농어촌정비법」 제2조제4호에 따른 농어촌정비사업으로 이루어지는 경우(2009.7.7 본호개정)
2의2. 해당 개발행위가 「국방·군사시설 사업에 관한 법률」 제2조제2호에 따른 국방·군사시설사업으로 이루어지는 경우(2012.1.25 본호개정)
3. 초지조성, 농지조성, 영림 또는 토석채취를 위한 경우(2005.1.15 본호개정)
3의2. 해당 개발행위가 다음 각 목의 어느 하나에 해당하는 경우. 이 경우 특별시장·광역시장·특별자치시장·특별자치도지사·시장 또는 군수는 그 개발행위에 대한 허가를 하려면 시·도도시계획위원회 또는 법 제113조제2항에 따른 시·군·구도시계획위원회(이하 "시·군·구도시계획위원회"라 한다) 중 대도시에 두는 도시계획위원회의 심의를 거쳐야 하고, 시장(대도시 시장은 제외한다) 또는 군수(특별시장·광역시장의 개발행위허가 권한이 법 제139조제2항에 따라 조례로 군수 또는 자치구의 구청장에게 위임된 경우에는 그 군수 또는 자치구의 구청장을 포함한다)는 시·도도시계획위원회에 심의를 요청하기 전에 해당 지방자치단체에 설치된 지방도시계획위원회에 자문할 수 있다.(2012.4.10 후단개정)
가. 하나의 필지(법 제62조에 따른 준공검사를 신청할 때 둘 이상의 필지를 하나의 필지로 합칠 것을 조건으로 하여 허가하는 경우를 포함하되, 개발행위허가를 받은 후에 매각을 목적으로 하나의 필지를 둘 이상의 필지로 분할하는 경우는 제외한다)에 건축물을 건축하거나 공작물을 설치하기 위한 토지의 형질변경
나. 하나 이상의 필지에 하나의 용도에 사용되는 건축물을 건축하거나 공작물을 설치하기 위한 토지의 형질변경
(2010.4.29 본호신설)
4. 건축물의 건축, 공작물의 설치 또는 지목의 변경을 수반하지 아니하고 시행하는 토지복원사업(2006.3.23 본호신설)
5. 그 밖에 국토교통부령이 정하는 경우(2013.3.23 본호개정)
④~⑦ (2011.3.9 삭제)

제56조【개발행위허가의 기준】 ① 법 제58조제3항에 따른 개발행위허가의 기준은 별표1의2와 같다.(2009.8.5 본항개정)
② 법 제58조제3항제2호에서 "대통령령으로 정하는 지역"이란 자연녹지지역을 말한다.(2012.4.10 본항신설)
③ 법 제58조제3항제3호에서 "대통령령으로 정하는 지역"이란 생산녹지지역 및 보전녹지지역을 말한다.(2012.4.10 본항신설)
④ 국토교통부장관은 제1항의 개발행위허가기준에 대한 세부적인 검토기준을 정할 수 있다.(2013.3.23 본항개정)

제56조의2～제56조의4 (2021.7.6 삭제)

제57조【개발행위에 대한 도시계획위원회의 심의 등】 ① 법 제59조제1항에서 "대통령령으로 정하는 행위"란 다음 각 호의 행위를 말한다. 다만, 도시·군계획사업(「택지개발촉진법」 등 다른 법률에서 도시·군계획사업을 의제하는 사업을 제외한다)에 따른 경우는 제외한다.(2019.8.6 본문개정)
1. 건축물의 건축 또는 공작물의 설치를 목적으로 하는 토지의 형질변경으로서 그 면적이 제55조제1항 각 호의 어느 하나에 해당하는 규모(같은 항 각 호 외의 부분 단서에 따라 도시·군계획조례로 규모를 따로 정하는 경우에는 그 규모를 말한다. 이하 이 조에서 같다) 이상인 경우. 다만, 제55조제3항제3호의2에 따라 시·도도시계획위원회 또는 시·군·구도시계획위원회 중 대도시에 두는 도시계획위원회의 심의를 거치는 토지의 형질변경의 경우는 제외한다.(2012.4.10 본문개정)
1의2. 녹지지역, 관리지역, 농림지역 또는 자연환경보전지역에서 건축물의 건축 또는 공작물의 설치를 목적으로 하는 토지의 형질변경으로서 그 면적이 제55조제1항 각 호의 어느 하나에 해당하는 규모 미만인 경우. 다만, 다음 각 목의 어느 하나에 해당하는 경우(법 제37조제1항제4호에 따른 방재지구 및 도시·군계획조례로 정하는 지역에서 건축물의 건축 또는 공작물의 설치를 목적으로 하는 토지의 형질변경에 해당하지 않는 경우로 한정한다)는 제외한다.(2019.8.6 단서개정)
가. 해당 토지가 자연취락지구, 개발진흥지구, 기반시설부담구역, 「산업입지 및 개발에 관한 법률」 제8조의3에 따른 준산업단지 또는 같은 법 제40조의2에 따른 공장입지유도지구에 위치한 경우
나. 해당 토지가 특별시장·광역시장·특별자치시장·특별자치도지사·시장 또는 군수가 도로 등 기반시설이 이미 설치되어 있거나 설치에 관한 도시·군관리계획이 수립된 지역으로 인정하여 지방도시계획위원회의 심의를 거쳐 해당 지방자치단체의 공보에 고시한 지역에 위치한 경우(2012.4.10 본목개정)
다. 해당 토지에 건축하려는 건축물 또는 설치하려는 공작물이 다음의 어느 하나에 해당하는 경우로서 특별시·광역시·특별자치시·특별자치도·시 또는 군의 도시·군계획조례로 정하는 용도·규모(대지의 규모를 포함한다)·층수 또는 주택호수 등의 범위에 해당하는 경우(2019.8.6 본문개정)
1) 「건축법 시행령」 별표1 제1호의 단독주택(「주택법」 제15조에 따른 사업계획승인을 받아야 하는 주택은 제외한다)(2016.8.11 개정)
2) 「건축법 시행령」 별표1 제2호의 공동주택(「주택법」 제15조에 따른 사업계획승인을 받아야 하는 주택은 제외한다)(2016.8.11 개정)
3) 「건축법 시행령」 별표1 제3호의 제1종 근린생활시설
4) 「건축법 시행령」 별표1 제4호의 제2종 근린생활시설(같은 호 거목, 더목 및 러목의 시설은 제외한다)(2014.3.24 개정)
5) 「건축법 시행령」 별표1 제10호가목의 학교 중 유치원(1,500제곱미터 이내의 토지의 형질변경으로 한정하며, 보전녹지지역 및 보전관리지역에 설치하는 경우는 제외한다)(2022.1.18 개정)
6) 「건축법 시행령」 별표1 제11호가목의 아동 관련 시설(1,500제곱미터 이내의 토지의 형질변경으로 한정하며, 보전녹지지역 및 보전관리지역에 설치하는 경우는 제외한다)(2022.1.18 개정)
7) 「건축법 시행령」 별표1 제11호나목의 노인복지시설(「노인복지법」 제36조에 따른 노인여가복지시설로서 부지면적이 1,500제곱미터 미만인 시설로 한정하며, 보전녹지지역 및 보전관리지역에 설치하는 경우는 제외한다)(2016.6.30 신설)
8) 「건축법 시행령」 별표1 제18호가목의 창고(농업·임업·어업을 목적으로 하는 경우로서 660제곱미터 이내의 토지의 형질변경으로 한정하며, 자연환경보전지역에 설치하는 경우는 제외한다)(2019.8.6 개정)
9) 「건축법 시행령」 별표1 제21호의 동물 및 식물 관련 시설(같은 호 다목·라목의 시설이 포함되지 않은 경우로서 660제곱미터 이내의 토지의 형질변경으로 한정하며, 자연환경보전지역에 설치하는 경우는 제외한다)(2022.1.18 개정)
10) 기존 부지면적의 100분의 10(여러 차례에 걸쳐 증축하는 경우에는 누적하여 산정한다) 이하의 범위에서 증축하려는 건축물(2023.3.21 개정)
11) 1)부터 10)까지의 규정에 해당하는 건축물의 건축 또는 공작물의 설치를 목적으로 설치하는 진입도로(도로 연장이 50미터를 초과하는 경우는 제외한다)(2019.8.6 신설)
라. 해당 토지에 다음의 요건을 모두 갖춘 건축물을 건축하려는 경우
1) 건축물의 집단화를 유도하기 위하여 특별시·광역시·특별자치시·특별자치도·시 또는 군의 도시·군계획조례로 정하는 용도지역 안에 건축할 것
2) 특별시·광역시·특별자치시·특별자치도·시 또는 군의 도시·군계획조례로 정하는 용도의 건축물을 건축할 것
3) 2)의 용도로 개발행위가 완료되었거나 개발행위허가 등에 따라 개발행위가 진행 중이거나 예정된 토지로부터 특별시·광역시·특별자치시·특별자치도·시 또는 군의 도시·군계획조례로 정하는 거리(50미터 이내로 하되, 도로의 너비는 제외한다) 이내에 건축할 것
4) 1)의 용도지역에서 2) 및 3)의 요건을 모두 갖춘 건축물을 건축하기 위한 기존 개발행위의 전체 면적(개발행위허가 등에 의하여 개발행위가 진행 중이거나 예정된 토지면적을 포함한다)이 특별시·광역시·특별자치시·특별자치도·시 또는 군의 도시·군계획조례로 정하는 규모(제55조제1항에 따른 용도지역별 개발행위허가 규모 이상으로 정하되, 난개발이 되지 아니하도록 충분히 넓게 정하여야 한다) 이상일 것
5) 기반시설 또는 경관, 그 밖에 필요한 사항에 관하여 특별시·광역시·특별자치시·특별자치도·시 또는 군의 도시·군계획조례로 정하는 기준을 갖출 것
(2012.4.10 1)～5)개정)
마. 계획관리지역(관리지역이 세분되지 아니한 경우에는 관리지역을 말한다) 안에서 다음의 공장 중 부지가 1만제곱미터 미만인 공장의 부지를 종전 부지면적의 50퍼센트 범위 안에서 확장하려는 경우. 이 경우 확장하려는 부지가 종전 부지와 너비 8미터 미만의 도로를 사이에 두고 접한 경우를 포함한다.
1) 2002년 12월 31일 이전에 준공된 공장

2) 법률 제6655호 국토의계획및이용에관한법률 부칙 제19조에 따라 종전의 「국토이용관리법」, 「도시계획법」 또는 「건축법」의 규정을 적용받는 공장
3) 2002년 12월 31일 이전에 종전의 「공업배치 및 공장설립에 관한 법률」(법률 제6842호 공업배치및공장설립에관한법률중개정법률에 따라 개정되기 전의 것을 말한다) 제13조에 따라 공장설립 승인을 받은 경우 또는 같은 조에 따라 공장설립 승인을 신청한 경우(별표19 제2호자목, 별표20 제1호자목 및 제2호타목에 따른 요건에 적합하지 아니하여 2003년 1월 1일 이후 그 신청이 반려된 경우를 포함한다)로서 2005년 1월 20일까지 「건축법」 제21조에 따른 착공신고를 한 공장(2016.5.17 개정)
바. 건축물의 건축 또는 공작물의 설치를 목적으로 조성이 완료된 대지의 면적을 해당 대지 면적의 100분의 10 이하의 범위에서 확장하려는 경우(여러 차례에 걸쳐 확장하는 경우에는 누적하여 산정한다)(2023.3.21 본목신설)
(2011.3.9 본호신설)
2. 부피 3만세제곱미터 이상의 토석채취
3. (2008.1.8 삭제)
② 제1항제1호의2다목부터 마목까지의 규정에 따라 도시계획위원회의 심의를 거치지 않고 개발행위허가를 하는 경우로서 그 개발행위의 준공 후 해당 건축물의 용도를 변경(제1항제1호의2다목부터 마목까지의 규정에 따라 건축할 수 있는 건축물 간의 변경은 제외한다)하려는 경우에는 도시계획위원회의 심의를 거치도록 조건을 붙여야 한다.(2019.8.6 본항개정)
③ 특별시장·광역시장·특별자치시장·특별자치도지사·시장 또는 군수는 제1항제1호의2라목에 따라 건축물의 집단화를 유도하는 지역에 대해서는 도로 및 상수도·하수도 등 기반시설의 설치를 우선적으로 지원할 수 있다.(2012.4.10 본항개정)
④ 관계 행정기관의 장은 제1항 각 호의 행위를 법에 따라 허가하거나 다른 법률에 따라 허가·인가·승인 또는 협의를 하고자 하는 경우에는 법 제59조제1항에 따라 다음 각 호의 구분에 따라 중앙도시계획위원회 또는 지방도시계획위원회의 심의를 거쳐야 한다.(2011.3.9 본문개정)
1. 중앙도시계획위원회의 심의를 거쳐야 하는 사항
가. 면적이 1제곱킬로미터 이상인 토지의 형질변경
나. 부피 1백만세제곱미터 이상의 토석채취
2. 시·도도시계획위원회 또는 시·군·구도시계획위원회 중 대도시에 두는 도시계획위원회의 심의를 거쳐야 하는 사항(2010.4.29 본문개정)
가. 면적이 30만제곱미터 이상 1제곱킬로미터 미만인 토지의 형질변경
나. 부피 50만세제곱미터 이상 1백만세제곱미터 미만의 토석채취
3. 시·군·구도시계획위원회의 심의를 거쳐야 하는 사항(2011.3.9 본문개정)
가. 면적이 30만제곱미터 미만인 토지의 형질변경 (2011.3.9 본목개정)
나. 부피 3만세제곱미터 이상 50만세제곱미터 미만의 토석채취
다. (2008.1.8 삭제)
⑤ 제4항에도 불구하고 중앙행정기관의 장이 같은 항 제2호 각 목의 어느 하나 또는 제3호 각 목의 어느 하나에 해당하는 사항을 법에 따라 허가하거나 다른 법률에 따라 허가·인가·승인 또는 협의를 하려는 경우에는 중앙도시계획위원회의 심의를 거쳐야 하며, 시·도지사가 같은 항 제3호 각 목의 어느 하나에 해당하는 사항을 법에 따라 허가하거나 다른 법률에 따라 허가·인가·승인 또는 협의를 하려는 경우에는 시·도도시계획위원회의 심의를 거쳐야 한다.(2011.3.9 본항개정)
⑥ 관계 행정기관의 장이 제4항 및 제5항에 따라 중앙도시계획위원회 또는 지방도시계획위원회의 심의를 받는 때에는 다음 각호의 서류를 국토교통부장관 또는 해당 지방도시계획위원회가 설치된 지방자치단체의 장에게 제출하여야 한다.(2013.3.23 본문개정)
1. 개발행위의 목적·필요성·배경·내용·추진절차 등을 포함한 개발행위의 내용(관계 법령의 규정에 의하여 당해 개발행위를 허가·인가·승인 또는 협의할 때에 포함되어야 하는 내용을 포함한다)
2. 대상지역과 주변지역의 용도지역·기반시설 등을 표시한 축적 2만5천분의 1의 토지이용현황도
3. 배치도·입면도(건축물의 건축 및 공작물의 설치의 경우에 한한다) 및 공사계획서
4. 그 밖에 국토교통부령이 정하는 서류(2013.3.23 본호개정)
⑦ 법 제59조제2항제6호에서 "대통령령으로 정하는 사업"이란 「농어촌정비법」 제2조제4호에 규정된 사업 전부를 말한다.(2009.8.5 본항개정)

제58조【도시·군계획에 포함되지 아니한 개발행위의 심의】 ① 법 제59조제3항의 규정에 의하여 국토교통부장관 또는 지방자치단체의 장이 관계 행정기관의 장에게 중앙도시계획위원회 또는 지방도시계획위원회의 심의를 받도록 요청하는 때에는 심의가 필요한 사유를 명시하여야 한다.(2013.3.23 본항개정)
② 법 제59조제3항의 규정에 의하여 중앙도시계획위원회 또는 지방도시계획위원회의 심의를 받도록 요청받은 관계 행정기관의 장이 중앙행정기관의 장인 경우에는 중앙도시계획위원회의 심의를 받아야 하며, 지방자치단체의 장인 경우에는 당해 지방자치단체에 설치된 지방도시계획위원회의 심의를 받아야 한다.
(2012.4.10 본조제목개정)

제59조【개발행위허가의 이행담보 등】 ① 법 제60조제1항 각 호 외의 부분 본문에서 "대통령령으로 정하는 경우"란 다음 각 호의 어느 하나에 해당하는 경우를 말한다.(2018.11.13 본문개정)
1. 법 제56조제1항제1호 내지 제3호의 1에 해당하는 개발행위로서 당해 개발행위로 인하여 도로·수도공급설비·하수도 등 기반시설의 설치가 필요한 경우
2. 토지의 굴착으로 인하여 인근의 토지가 붕괴될 우려가 있거나 인근의 건축물 또는 공작물이 손괴될 우려가 있는 경우
3. 토석의 발파로 인한 낙석·먼지 등에 의하여 인근지역에 피해가 발생할 우려가 있는 경우
4. 토석을 운반하는 차량의 통행으로 인하여 통행로 주변의 환경이 오염될 우려가 있는 경우
5. 토지의 형질변경이나 토석의 채취가 완료된 후 비탈면에 조경을 할 필요가 있는 경우
② 법 제60조제1항에 따른 이행보증금(이하 "이행보증금"이라 한다)의 예치금액은 기반시설의 설치나 그에 필요한 용지의 확보, 위해의 방지, 환경오염의 방지, 경관 및 조경에 필요한 비용의 범위안에서 산정하되 총공사비의 20퍼센트 이내(산지에서의 개발행위의 경우 「산지관리법」 제38조에 따른 복구비를 합하여 총공사비의 20퍼센트 이내)가 되도록 하고, 그 산정에 관한 구체적인 사항 및 예치방법은 특별시·광역시·특별자치시·특별자치도·시 또는 군의 도시·군계획조례로 정한다. 이 경우 산지에서의 개발행위에 대한 이행보증금의 예치금액은 「산지관리법」 제38조에 따른 복구비를 포함하여 정하되, 복구비가 이행보증금에 중복하여 계상되지 아니하도록 하여야 한다.(2014.11.11 전단개정)
③ 이행보증금은 현금으로 납입하되, 「국가를 당사자로 하는 계약에 관한 법률 시행령」 제37조제2항 각 호 및 「지방자치단체를 당사자로 하는 계약에 관한 법률 시행령」 제37조제2항 각 호의 보증서 등 또는 「한국광해광업공단법」 제8조제1항제6호에 따라 한국광해광업공단이 발행하는 이행보증서 등으로 이를 갈음할 수 있다.
(2021.8.31 본항개정)
④ 이행보증금은 개발행위허가를 받은 자가 법 제62조제1항의 규정에 의한 준공검사를 받은 때에는 즉시 이를 반환하여야 한다.
⑤ 법 제60조제1항제2호에서 "대통령령으로 정하는 기관"이란 「공공기관의 운영에 관한 법률」 제5조제4항제1호 또는 제2호나목에 해당하는 기관을 말한다.
(2020.11.24 본항개정)
⑥ 특별시장·광역시장·특별자치시장·특별자치도지사·시장 또는 군수는 개발행위허가를 받은 자가 법 제60조제3항의 규정에 의한 원상회복명령을 이행하지 아니하는 때에는 이행보증금을 사용하여 동조제4항의 규정에 의한 대집행에 의하여 원상회복을 할 수 있다. 이 경우 잔액이 있는 때에는 즉시 이를 이행보증금의 예치자에게 반환하여야 한다.(2012.4.10 전단개정)
⑦ 특별시장·광역시장·특별자치시장·특별자치도지사·시장 또는 군수는 법 제60조제3항에 따라 원상회복을 명하는 경우에는 국토교통부령으로 정하는 바에 따라 구체적인 조치내용·기간 등을 정하여 서면으로 통지해야 한다.(2021.1.26 본항신설)

제59조의2【개발행위복합민원 일괄협의회】 ① 특별시장·광역시장·특별자치시장·특별자치도지사·시장 또는 군수는 법 제61조의2에 따라 법 제61조제3항에 따른 인가·허가·승인·면허·협의·해제·신고 또는 심사 등(이하 이 조에서 "인·허가등"이라 한다)의 의제의 협의를 위한 개발행위복합민원 일괄협의회(이하 "협의회"라 한다)를 법 제57조제1항에 따른 개발행위허가 신청일부터 10일 이내에 개최하여야 한다.
② 특별시장·광역시장·특별자치시장·특별자치도지사·시장 또는 군수는 협의회를 개최하기 3일 전까지 협의회 개최 사실을 법 제61조제3항에 따른 관계 행정기관의 장에게 알려야 한다.
③ 법 제61조제3항에 따른 관계 행정기관의 장은 협의회에서 인·허가등의 의제에 대한 의견을 제출하여야 한다. 다만, 법 제61조제3항에 따른 관계 행정기관의 장은 법령 검토 및 사실 확인 등을 위한 추가 검토가 필요하여 해당 인·허가등에 대한 의견을 협의회에서 제출하기 곤란한 경우에는 법 제61조제4항에서 정한 기간 내에 그 의견을 제출할 수 있다.
④ 제1항부터 제3항까지에서 규정한 사항 외에 협의회의 운영 등에 필요한 사항은 특별시·광역시·특별자치시·특별자치도·시 또는 군의 도시·군계획조례로 정한다.
(2012.7.31 본조신설)

제60조【개발행위허가의 제한】 ① 법 제63조제1항의 규정에 의하여 개발행위허가를 제한하고자 하는 자가 국토교통부장관인 경우에는 중앙도시계획위원회의 심의를 거쳐야 하며, 시·도지사 또는 시장·군수인 경우에는 당해 지방자치단체에 설치된 지방도시계획위원회의 심의를 거쳐야 한다.
② 법 제63조제1항의 규정에 의하여 개발행위허가를 제한하고자 하는 자가 국토교통부장관 또는 시·도지사인 경우에는 제1항의 규정에 의한 중앙도시계획위원회 또는 시·도도시계획위원회의 심의전에 미리 제한하고자 하는 지역을 관할하는 시장 또는 군수의 의견을 들어야 한다.
③ 법 제63조제2항에 따른 개발행위허가의 제한 및 같은 조 제3항 후단에 따른 개발행위허가의 제한 해제에 관한 고시는 국토교통부장관이 하는 경우에는 관보에, 시·도지사 또는 시장·군수가 하는 경우에는 당해 지방자치단체의 공보에 게재하는 방법에 의한다.(2014.1.14 본항개정)
④ 국토교통부장관, 시·도지사, 시장 또는 군수는 제3항에 따라 고시한 내용을 해당 기관의 인터넷 홈페이지에도 게재하여야 한다.(2016.11.1 본항신설)
(2013.3.23 본조개정)

제61조【도시·군계획시설부지에서의 개발행위】 법 64조제1항 단서에서 "대통령령으로 정하는 경우"란 다음 각 호의 어느 하나에 해당하는 경우를 말한다.(2009.7.7 본문개정)
1. 지상·수상·공중·수중 또는 지하에 일정한 공간적 범위를 정하여 도시·군계획시설이 결정되어 있고, 그 도시·군계획시설의 설치·이용 및 장래의 확장 가능성에 지장이 없는 범위에서 도시·군계획시설이 아닌 건축물 또는 공작물을 그 도시·군계획시설인 건축물 또는 공작물의 부지에 설치하는 경우
2. 도시·군계획시설과 도시·군계획시설이 아닌 시설을 같은 건축물안에 설치한 경우(법률 제6243호 도시계획법개정법률에 의하여 개정되기 전에 설치한 경우를 말한다)로서 법 제88조의 규정에 의한 실시계획인가를 받아 다음 각목의 어느 하나에 해당하는 경우
가. 건폐율이 증가하지 아니하는 범위 안에서 당해 건축물을 증축 또는 대수선하여 도시·군계획시설이 아닌 시설을 설치하는 경우
나. 도시·군계획시설의 설치·이용 및 장래의 확장 가능성에 지장이 없는 범위 안에서 도시·군계획시설을 도시·군계획시설이 아닌 시설로 변경하는 경우
3. 「도로법」 등 도시·군계획시설의 설치 및 관리에 관하여 규정하고 있는 다른 법률에 의하여 점용허가를 받아 건축물 또는 공작물을 설치하는 경우
(2012.4.10 1호~3호개정)
4. 도시·군계획시설의 설치·이용 및 장래의 확장 가능성에 지장이 없는 범위에서 「신에너지 및 재생에너지 개발·이용·보급 촉진법」 제2조제3호에 따른 신·재생에너지 설비 중 태양에너지 설비 또는 연료전지 설비를 설치하는 경우(2015.6.15 본호개정)
5. 도시·군계획시설의 설치·이용이나 장래의 확장 가능성에 지장이 없는 범위에서 재해복구 또는 재난수습을 위한 응급조치로서 가설건축물 또는 공작물을 설치하는 경우(2022.1.28 본호신설)
(2012.4.10 본조제목개정)

제2절 개발행위에 따른 기반시설의 설치

제62조【개발밀도의 강화범위 등】 ① 법 제66조제2항에서 "대통령령으로 정하는 범위"란 해당 용도지역에 적용되는 용적률의 최대한도의 50퍼센트를 말한다.
(2018.11.13 본항개정)
② 법 제66조제4항의 규정에 의한 개발밀도관리구역의 지정 또는 변경의 고시는 동조제3항 각호의 사항을 당해 지방자치단체의 공보에 게재하는 방법에 의한다.
③ 특별시장·광역시장·특별자치시장·특별자치도지사·시장 또는 군수는 제2항에 따라 고시한 내용을 해당 기관의 인터넷 홈페이지에 게재하여야 한다.(2016.12.30 본항신설)

제63조【개발밀도관리구역의 지정기준 및 관리방법】 국토교통부장관은 법 제66조제5항에 따라 개발밀도관리구역의 지정기준 및 관리방법을 정할 때에는 다음 각 호의 사항을 종합적으로 고려해야 한다.(2021.1.5 본문개정)
1. 개발밀도관리구역은 도로·수도공급설비·하수도·학교 등 기반시설의 용량이 부족할 것으로 예상되는 지역중 기반시설의 설치가 곤란한 지역으로서 다음 각목의 1에 해당하는 지역에 대하여 지정할 수 있도록 할 것
가. 당해 지역의 도로서비스 수준이 매우 낮아 차량통행이 현저하게 지체되는 지역. 이 경우 도로서비스 수준의 측정에 관하여는 「도시교통정비 촉진법」에 따른 교통영향평가의 예에 따른다.(2016.1.22 후단개정)
나. 당해 지역의 도로율이 국토교통부령이 정하는 용도지역별 도로율에 20퍼센트 이상 미달하는 지역
(2013.3.23 본목개정)
다. 향후 2년 이내에 당해 지역의 수도에 대한 수요량이 수도시설의 시설용량을 초과할 것으로 예상되는 지역
라. 향후 2년 이내에 당해 지역의 하수발생량이 하수시설의 시설용량을 초과할 것으로 예상되는 지역
마. 향후 2년 이내에 당해 지역의 학생수가 학교수용능력을 20퍼센트 이상 초과할 것으로 예상되는 지역
2. 개발밀도관리구역의 경계는 도로·하천 그 밖에 특색 있는 지형지물을 이용하거나 용도지역의 경계선을 따라 설정하는 등 경계선이 분명하게 구분되도록 할 것

3. 용적률의 강화범위는 제62조제1항의 범위에서 제1호 각 목에 따른 기반시설의 부족 정도를 고려하여 결정할 것(2021.1.5 본호개정)
4. 개발밀도관리구역안의 기반시설의 변화를 주기적으로 검토하여 용적률을 강화 또는 완화하거나 개발밀도관리구역을 해제하는 등 필요한 조치를 취하도록 할 것

제64조【기반시설부담구역의 지정】 ① 법 제67조제1항제3호에서 "대통령령으로 정하는 지역"이란 특별시장·광역시장·특별자치시장·특별자치도지사·시장 또는 군수가 제4조의2에 따른 기반시설의 설치가 필요하다고 인정하는 지역으로서 다음 각 호의 어느 하나에 해당하는 지역을 말한다.(2012.4.10 본문개정)
1. 해당 지역의 전년도 개발행위허가 건수가 전전년도 개발행위허가 건수보다 20퍼센트 이상 증가한 지역
2. 해당 지역의 전년도 인구증가율이 그 지역이 속하는 특별시·광역시·특별자치시·특별자치도·시 또는 군(광역시의 관할 구역에 있는 군은 제외한다)의 전년도 인구증가율보다 20퍼센트 이상 높은 지역(2012.4.10 본호개정)

② 특별시장·광역시장·특별자치시장·특별자치도지사·시장 또는 군수는 기반시설부담구역을 지정하거나 변경하였으면 법 제67조제2항에 따라 기반시설부담구역의 명칭·위치·면적 및 지정일자와 관계 도서의 열람방법을 해당 지방자치단체의 공보와 인터넷 홈페이지에 고시하여야 한다.(2012.4.10 본항개정)
(2008.9.25 본조신설)

제65조【기반시설설치계획의 수립】 ① 특별시장·광역시장·특별자치시장·특별자치도지사·시장 또는 군수는 법 제67조제4항에 따른 기반시설설치계획(이하 "기반시설설치계획"이라 한다)을 수립할 때에는 다음 각 호의 내용을 포함하여 수립하여야 한다.(2012.4.10 본문개정)
1. 설치가 필요한 기반시설(제4조의2 각 호의 기반시설을 말하며, 이하 이 절에서 같다)의 종류, 위치 및 규모
2. 기반시설의 설치 우선순위 및 단계별 설치계획
3. 그 밖에 기반시설의 설치에 필요한 사항

② 특별시장·광역시장·특별자치시장·특별자치도지사·시장 또는 군수는 기반시설설치계획을 수립할 때에는 다음 각 호의 사항을 종합적으로 고려해야 한다.
1. 기반시설의 배치는 해당 기반시설부담구역의 토지이용계획 또는 앞으로 예상되는 개발수요를 고려하여 적절하게 정할 것
2. 기반시설의 설치시기는 재원조달계획, 시설별 우선순위, 사용자의 편의와 예상되는 개발행위의 완료시기 등을 고려하여 합리적으로 정할 것
(2021.1.5 본항개정)

③ 제1항 및 제2항에도 불구하고 법 제52조제1항에 따라 지구단위계획을 수립한 경우에는 기반시설설치계획을 수립한 것으로 본다.(2012.4.10 본항개정)
④ 기반시설부담구역의 지정고시일부터 1년이 되는 날까지 기반시설설치계획을 수립하지 아니하면 그 1년이 되는 날의 다음날에 기반시설부담구역의 지정은 해제된 것으로 본다.
(2008.9.25 본조신설)

제66조【기반시설부담구역의 지정기준】 국토교통부장관은 법 제67조제5항에 따라 기반시설부담구역의 지정기준을 정할 때에는 다음 각 호의 사항을 종합적으로 고려하여야 한다.(2013.3.23 본문개정)
1. 기반시설부담구역은 기반시설이 적절하게 배치될 수 있는 규모로서 최소 10만 제곱미터 이상의 규모가 되도록 지정할 것
2. 소규모 개발행위가 연접하여 시행될 것으로 예상되는 지역의 경우에는 하나의 단위구역으로 묶어서 기반시설부담구역을 지정할 것
3. 기반시설부담구역의 경계는 도로, 하천, 그 밖의 특색 있는 지형지물을 이용하는 등 경계선이 분명하게 구분되도록 할 것
(2008.9.25 본조신설)

제67조【기반시설부담계획의 수립】 ① 특별시장·광역시장·특별자치시장·특별자치도지사·시장 또는 군수는 법 제68조제2항 단서에 따른 기반시설부담계획(이하 "기반시설부담계획"이라 한다)을 수립할 때에는 다음 각 호의 내용을 포함하여야 한다.(2012.4.10 본문개정)
1. 기반시설의 설치 또는 그에 필요한 용지의 확보에 소요되는 총부담비용
2. 제1호에 따른 총부담비용 중 법 제68조제1항에 따른 건축행위를 하는 자(제70조의2제1항 각 호에 해당하는 자를 포함한다. 이하 "납부의무자"라 한다)가 각각 부담하여야 할 부담분
3. 제2호에 따른 부담분의 부담시기
4. 재원의 조달 및 관리·운영방법

② 제1항제2호에 따른 부담분은 다음 각 호의 방법으로 산정한다.
1. 총부담비용을 건축물의 연면적에 따라 배분하되, 건축물의 용도에 따라 가중치를 부여하여 결정하는 방법
2. 제1호에도 불구하고 특별시장·광역시장·특별자치시장·특별자치도지사·시장 또는 군수와 납부의무자가 서로 협의하여 산정방법을 정하는 경우에는 그 방법
(2012.4.10 본호개정)

③ 특별시장·광역시장·특별자치시장·특별자치도지사·시장 또는 군수는 기반시설부담계획을 수립할 때에는 다음 각 호의 사항을 종합적으로 고려하여야 한다.(2012.4.10 본문개정)
1. 총부담비용은 각 시설별로 소요되는 용지보상비·공사비 등 합리적 근거를 기준으로 산출하고, 기반시설의 설치 또는 용지 확보에 필요한 비용을 초과하여 과다하게 산정되지 아니하도록 할 것
2. 각 납부의무자의 부담분은 건축물의 연면적·용도 등을 종합적으로 고려하여 합리적이고 형평에 맞게 정하도록 할 것
3. 기반시설부담계획의 수립시기와 기반시설의 설치 또는 용지의 확보에 필요한 비용의 납부시기가 일치하지 아니하는 경우에는 물가상승률 등을 고려하여 부담분을 조정할 수 있도록 할 것

④ 특별시장·광역시장·특별자치시장·특별자치도지사·시장 또는 군수는 기반시설부담계획을 수립하거나 변경할 때에는 주민의 의견을 듣고 해당 지방자치단체에 설치된 지방도시계획위원회의 심의를 거쳐야 한다. 이 경우 주민의 의견청취에 관하여는 법 제28조제1항부터 제5항까지의 규정을 준용한다.(2021.7.6 후단개정)
⑤ 특별시장·광역시장·특별자치시장·특별자치도지사·시장 또는 군수는 기반시설부담계획을 수립하거나 변경하였으면 그 내용을 고시하여야 한다. 이 경우 기반시설부담계획의 수립 또는 변경의 고시에 관하여는 제64조제2항을 준용한다.(2012.4.10 전단개정)
⑥ 기반시설부담계획 중 다음 각 호에 해당하는 경미한 사항을 변경하는 경우에는 제4항 및 제5항을 적용하지 아니한다.
1. 납부의무자의 전부 또는 일부의 부담분을 증가시키지 아니하고 부담시기를 앞당기지 아니하는 경우
2. 기반시설의 설치 및 그에 필요한 용지의 확보와 관련하여 특별시장·광역시장·특별자치시장·특별자치도지사·시장 또는 군수의 지원을 경감하지 아니하는 경우
(2012.4.10 본호개정)
(2008.9.25 본조신설)

제68조【기반시설 표준시설비용의 고시】 국토교통부장관은 법 제68조제3항에 따라 매년 1월 1일을 기준으로 한 기반시설 표준시설비용을 매년 6월 10일까지 고시하여야 한다.(2013.3.23 본조개정)

제69조【기반시설설치비용의 산정 기준】 ① 법 제68조제4항제1호에서 "용지환산계수"란 기반시설부담구역별로 기반시설이 설치된 정도를 고려하여 산정된 기반시설 필요 면적률(기반시설부담구역의 전체 토지면적 중 기반시설이 필요한 토지면적의 비율을 말한다)을 건축 연면적당 기반시설 필요 면적으로 환산하는데 사용되는 계수를 말한다.
② 법 제68조제4항제2호에서 "대통령령으로 정하는 건축물별 기반시설유발계수"란 별표1의3과 같다.
(2008.9.25 본조신설)

제70조【기반시설설치비용의 감면 등】 ① 법 제68조제6항에 따라 납부의무자가 직접 기반시설을 설치하거나 그에 필요한 용지를 확보한 경우에는 기반시설설치비용에서 직접 기반시설을 설치하거나 용지를 확보하는 데 든 비용을 공제한다.
② 제1항에 따른 공제금액 중 납부의무자가 직접 기반시설을 설치하는 데 든 비용은 다음 각 호의 금액을 합산하여 산정한다.
1. 법 제69조제2항에 따른 건축허가(다른 법률에 따른 사업승인 등 건축허가가 의제되는 경우에는 그 사업승인)를 받은 날(이하 "부과기준시점"이라 한다)을 기준으로 국토교통부장관이 정하는 요건을 갖춘 둘 이상의 감정평가법인등이 감정평가한 금액을 산술평균한 토지의 가액(2021.7.6 본호개정)
2. 부과기준시점을 기준으로 국토교통부장관이 매년 고시하는 기반시설별 단위당 표준조성비에 납부의무자가 설치하는 기반시설량을 곱하여 산정한 기반시설별 조성비용. 다만, 납부의무자가 실제 투입된 조성비용 명세서를 제출하면 국토교통부령으로 정하는 바에 따라 그 조성비용을 기반시설별 조성비용으로 인정할 수 있다.
(2013.3.23 본호개정)

③ 제2항에도 불구하고 부과기준시점에 다음 각 호의 어느 하나에 해당하는 금액에 따른 토지의 가액과 제2항제2호에 따른 기반시설별 조성비용을 적용하여 산정된 공제금액이 기반시설설치비용을 초과하는 경우에는 그 금액을 납부의무자가 직접 기반시설을 설치하는 데 든 비용으로 본다.
1. 부과기준시점으로부터 가장 최근에 결정·공시된 개별공시지가
2. 국가, 지방자치단체, 「공공기관의 운영에 관한 법률」에 따른 공공기관 또는 「지방공기업법」에 따른 지방공기업으로부터 매입한 토지의 가액(2010.7.9 본호개정)
3. 「공공기관의 운영에 관한 법률」에 따른 공공기관 또는 「지방공기업법」에 따른 지방공기업이 매입한 토지의 가액(2010.7.9 본호개정)
4. 「공익사업을 위한 토지 등의 취득 및 보상에 관한 법률」에 따른 협의 또는 수용에 따라 취득한 토지의 가액
5. 해당 토지의 무상 귀속을 목적으로 한 토지의 감정평가금액

④ 제1항에 따른 공제금액 중 기반시설에 필요한 용지를 확보하는 데 든 비용은 제2항제1호에 따라 산정한다.
⑤ 제1항의 경우 외에 법 제68조제6항에 따라 기반시설설치비용에서 감면하는 비용 및 감면액은 별표1의4와 같다.
(2008.9.25 본조신설)

제70조의2【납부의무자】 법 제69조제1항에서 "건축행위의 위탁자 또는 지위의 승계자 등 대통령령으로 정하는 자"란 다음 각 호의 어느 하나에 해당하는 자를 말한다.
1. 건축행위를 위탁 또는 도급한 경우에는 그 위탁이나 도급을 한 자
2. 타인 소유의 토지를 임차하여 건축행위를 하는 경우에는 그 행위자
3. 건축행위를 완료하기 전에 건축주의 지위나 제1호 또는 제2호에 해당하는 자의 지위를 승계하는 경우에는 그 지위를 승계한 자
(2008.9.25 본조신설)

제70조의3【기반시설설치비용의 예정 통지 등】 ① 특별시장·광역시장·특별자치시장·특별자치도지사·시장 또는 군수는 법 제69조제2항에 따라 기반시설설치비용을 부과하려면 부과기준시점부터 30일 이내에 납부의무자에게 적용되는 부과 기준 및 부과될 기반시설설치비용을 미리 알려야 한다.(2012.4.10 본항개정)
② 제1항에 따른 통지(이하 "예정 통지"라 한다)를 받은 납부의무자는 예정 통지된 기반시설설치비용에 대하여 이의가 있으면 예정 통지를 받은 날부터 15일 이내에 특별시장·광역시장·특별자치시장·특별자치도지사·시장 또는 군수에게 심사(이하 "고지 전 심사"라 한다)를 청구할 수 있다.(2012.4.10 본항개정)
③ 예정 통지를 받은 납부의무자가 고지 전 심사를 청구하려면 다음 각 호의 사항을 적은 고지 전 심사청구서를 특별시장·광역시장·특별자치시장·특별자치도지사·시장 또는 군수에게 제출하여야 한다.(2012.4.10 본문개정)
1. 청구인의 성명(청구인이 법인인 경우에는 법인의 명칭 및 대표자의 성명을 말한다)
2. 청구인의 주소 또는 거소(청구인이 법인인 경우에는 법인의 주소 및 대표자의 주소를 말한다)
3. 기반시설설치비용 부과 대상 건축물에 관한 자세한 내용
4. 예정 통지된 기반시설설치비용
5. 고지 전 심사 청구 이유

④ 제2항에 따라 고지 전 심사 청구를 받은 특별시장·광역시장·특별자치시장·특별자치도지사·시장 또는 군수는 그 청구를 받은 날부터 15일 이내에 청구 내용을 심사하여 그 결과를 청구인에게 알려야 한다.(2012.4.10 본항개정)
⑤ 고지 전 심사 결과의 통지는 다음 각 호의 사항을 적은 고지 전 심사 결정 통지서로 하여야 한다.
1. 청구인의 성명(청구인이 법인인 경우에는 법인의 명칭 및 대표자의 성명을 말한다)
2. 청구인의 주소 또는 거소(청구인이 법인인 경우에는 법인의 주소 및 대표자의 주소를 말한다)
3. 기반시설설치비용 부과 대상 건축물에 관한 자세한 내용
4. 납부할 기반시설설치비용
5. 고지 전 심사의 결과 및 그 이유
(2008.9.25 본조신설)

제70조의4【기반시설설치비용의 결정】 특별시장·광역시장·특별자치시장·특별자치도지사·시장 또는 군수는 예정 통지에 이의가 없는 경우 또는 고지 전 심사청구에 대한 심사결과를 통지한 경우에는 그 통지한 금액에 따라 기반시설설치비용을 결정한다.(2012.4.10 본조개정)

제70조의5【납부의 고지】 ① 특별시장·광역시장·특별자치시장·특별자치도지사·시장 또는 군수는 법 제69조제2항에 따라 기반시설설치비용을 부과하려면 납부의무자에게 납부고지서를 발급하여야 한다.
② 특별시장·광역시장·특별자치시장·특별자치도지사·시장 또는 군수는 제1항에 따라 납부고지서를 발급할 때에는 납부금액 및 그 산출 근거, 납부기한과 납부 장소를 명시하여야 한다.
(2012.4.10 본조개정)

제70조의6【기반시설설치비용의 정정 등】 ① 특별시장·광역시장·특별자치시장·특별자치도지사·시장 또는 군수는 제70조의5에 따라 기반시설설치비용을 부과한 후 그 내용에 누락이나 오류가 있는 것을 발견한 경우에는 즉시 부과한 기반시설설치비용을 조사하여 정정하고 그 정정 내용을 납부의무자에게 알려야 한다.
② 특별시장·광역시장·특별자치시장·특별자치도지사·시장 또는 군수는 건축허가사항 등의 변경으로 건축연면적이 증가되는 등 기반시설설치비용의 증가사유가 발생한 경우에는 변경허가 등을 받은 날을 기준으로 산정한 변경된 건축허가사항 등에 대한 기반시설설치비용에서 변경허가 등을 받은 날을 기준으로 산정한 당초 건축허가사항 등에 대한 기반시설설치비용을 뺀 금액을 추가로 부과하여야 한다.
(2012.4.10 본조개정)

제70조의7【기반시설설치비용의 물납】 ① 기반시설설치비용은 현금, 신용카드 또는 직불카드로 납부하도록 하되, 부과대상 토지 및 이와 비슷한 토지로 하는 납부(이하 "물납"이라 한다)를 인정할 수 있다.(2014.11.11 본항개정)

② 제1항에 따라 물납을 신청하려는 자는 법 제69조제2항에 따른 납부기한 20일 전까지 기반시설설치비용, 물납 대상 토지의 면적 및 위치, 물납신청 당시 물납 대상 토지의 개별공시지가 등을 적은 물납신청서를 특별시장·광역시장·특별자치시장·특별자치도지사·시장 또는 군수에게 제출하여야 한다.(2012.4.10 본항개정)
③ 특별시장·광역시장·특별자치시장·특별자치도지사·시장 또는 군수는 제1항에 따른 물납신청서를 받은 날부터 10일 이내에 신청인에게 수납 여부를 서면으로 알려야 한다.(2012.4.10 본항개정)
④ 물납을 신청할 수 있는 토지의 가액은 해당 기반시설설치비용의 부과액을 초과할 수 없으며, 납부의무자는 부과된 기반시설설치비용에서 물납하는 토지의 가액을 뺀 금액을 현금, 신용카드 또는 직불카드로 납부하여야 한다.(2014.11.11 본항개정)
⑤ 물납에 충당할 토지의 가액은 다음 각 호에 해당하는 금액을 합한 가액으로 한다.
1. 제3항에 따라 서면으로 알린 날의 가장 최근에 결정·공시된 개별공시지가
2. 제1호에 따른 개별공시지가의 기준일부터 제3항에 따라 서면으로 알린 날까지의 해당 시·군·구의 지가변동률을 일 단위로 적용하여 산정한 금액
⑥ 특별시장·광역시장·특별자치시장·특별자치도지사·시장 또는 군수는 물납을 받으면 법 제70조제1항에 따라 해당 기반시설부담구역에 설치한 기반시설특별회계에 귀속시켜야 한다.(2012.4.10 본항개정)
(2008.9.25 본조신설)

제70조의8【납부 기일의 연기 및 분할 납부】 ① 특별시장·광역시장·특별자치시장·특별자치도지사·시장 또는 군수는 납부의무자가 다음 각 호의 어느 하나에 해당하여 기반시설설치비용을 납부하기가 곤란하다고 인정되면 해당 개발사업 목적에 따른 이용 상황 등을 고려하여 1년의 범위에서 납부 기일을 연기하거나 2년의 범위에서 분할 납부를 인정할 수 있다.(2012.4.10 본문개정)
1. 재해나 도난으로 재산에 심한 손실을 입은 경우
2. 사업에 뚜렷한 손실을 입은 때
3. 사업이 중대한 위기에 처한 경우
4. 납부의무자나 그 동거 가족의 질병이나 중상해로 장기치료가 필요한 경우
② 제1항에 따라 기반시설설치비용의 납부 기일을 연기하거나 분할 납부를 신청하려는 자는 제70조의5제1항에 따라 납부고지서를 받은 날부터 15일 이내에 납부 기일 연기신청서 또는 분할 납부 신청서를 특별시장·광역시장·특별자치시장·특별자치도지사·시장 또는 군수에게 제출하여야 한다.(2012.4.10 본항개정)
③ 특별시장·광역시장·특별자치시장·특별자치도지사·시장 또는 군수는 제2항에 따른 납부 기일 연기신청서 또는 분할 납부 신청서를 받은 날부터 15일 이내에 납부 기일의 연기 또는 분할 납부 여부를 서면으로 알려야 한다.(2012.4.10 본항개정)
④ 제1항에 따라 납부를 연기한 기간 또는 분할 납부로 납부가 유예된 기간에 대하여는 기반시설설치비용에 「국세기본법 시행령」 제43조의3제2항에 따른 이자를 더하여 징수하여야 한다.(2012.4.10 본항개정)
(2008.9.25 본조신설)

제70조의9【납부의 독촉】 특별시장·광역시장·특별자치시장·특별자치도지사·시장 또는 군수는 납부의무자가 법 제69조제2항에 따른 사용승인(다른 법률에 따라 준공검사 등 사용승인이 의제되는 경우에는 그 준공검사) 신청 시까지 그 기반시설설치비용을 완납하지 아니하면 납부기한이 지난 후 10일 이내에 독촉장을 보내야 한다.(2012.4.10 본조개정)

제70조의10【기반시설설치비용의 환급】 ① 특별시장·광역시장·특별자치시장·특별자치도지사·시장 또는 군수는 다음 각 호의 어느 하나에 해당하는 경우에는 법 제69조제4항에 따라 기반시설설치비용을 환급하여야 한다.(2012.4.10 본문개정)
1. 건축허가사항 등의 변경으로 건축면적이 감소되는 등 납부한 기반시설설치비용의 감소 사유가 발생한 경우
2. 납부의무자가 별표1의4 각 호의 어느 하나에 해당하는 비용을 추가로 납부한 경우
3. 제70조제1항에 따라 공제받을 금액이 증가한 경우
② 특별시장·광역시장·특별자치시장·특별자치도지사·시장 또는 군수는 제1항에 따라 기반시설설치비용을 환급할 때에는 납부의무자가 납부한 기반시설설치비용에서 당초 부과기준시점을 기준으로 산정한 변경된 건축허가사항에 대한 기반시설설치비용을 뺀 금액(이하 "환급금"이라 한다)과 다음 각 호의 어느 하나에 해당하는 날의 다음 날부터 환급결정을 하는 날까지의 기간에 대하여 「국세기본법 시행령」 제43조의3제2항에 따른 이자율에 따라 계산한 금액(이하 "환급가산금"이라 한다)을 환급하여야 한다.(2012.4.10 본문개정)
1. 과오납부·이중납부 또는 납부 후 그 부과의 취소·정정으로 환급하는 경우에는 그 납부일
2. 납부자에게 책임이 있는 사유로 인하여 설치비용을 발생시킨 허가가 취소되어 환급하는 경우에는 그 취소일
3. 납부자의 건축계획 변경, 그 밖에 이에 준하는 사유로 환급하는 경우에는 그 변경허가일 또는 이에 준하는 행정처분의 결정일
③ 환급금과 환급가산금은 해당 기반시설부담구역에 설치된 기반시설특별회계에서 지급한다. 다만, 특별시장·광역시장·특별자치시장·특별자치도지사·시장 또는 군수는 허가의 취소, 사업면적의 축소 등으로 사업시행자에게 원상회복의 책임이 있는 경우에는 원상회복이 완료될 때까지 원상회복에 소요되는 비용에 상당하는 금액의 지급을 유보할 수 있다.(2012.4.10 단서개정)
④ 제1항에 따라 기반시설설치비용을 환급받으려는 납부의무자는 부담금 납부 또는 기반시설 설치에 관한 변동사항과 그 변동사항을 증명하는 자료를 해당 건축행위의 사용승인일 또는 준공일까지 특별시장·광역시장·특별자치시장·특별자치도지사·시장 또는 군수에게 제출하여야 한다.(2012.4.10 본항개정)
(2008.9.25 본조신설)

제70조의11【기반시설설치비용의 관리 및 사용 등】 ① 법 제70조제2항 단서에서 "대통령령으로 정하는 경우"란 해당 기반시설부담구역에 필요한 기반시설을 모두 설치하거나 그에 필요한 용지를 모두 확보한 후에도 잔액이 생기는 경우를 말한다.
② 법 제69조제2항에 따라 납부한 기반시설설치비용은 다음 각 호의 용도로 사용하여야 한다.
1. 기반시설부담구역별 기반시설설치계획 및 기반시설부담계획 수립
2. 기반시설부담구역에서 건축물의 신·증축행위로 유발되는 기반시설의 신규 설치, 그에 필요한 용지 확보 또는 기존 기반시설의 개량
3. 기반시설부담구역별로 설치하는 특별회계의 관리 및 운영
(2008.9.25 본조신설)

제3절 성장관리계획
(2021.7.6 본절신설)

제70조의12【성장관리계획구역의 지정 기준】 법 제75조의2제1항제5호에서 "대통령령으로 정하는 지역"이란 다음 각 호의 지역을 말한다.
1. 인구 감소 또는 경제성장 정체 등으로 압축적이고 효율적인 도시성장관리가 필요한 지역
2. 공장 등과 입지 분리 등을 통해 쾌적한 주거환경 조성이 필요한 지역
3. 그 밖에 난개발의 방지와 체계적인 관리가 필요한 지역으로서 특별시·광역시·특별자치시·특별자치도·시 또는 군의 도시·군계획조례로 정하는 지역

제70조의13【성장관리계획구역의 지정 또는 변경 절차】 ① 특별시장·광역시장·특별자치시장·특별자치도지사·시장 또는 군수는 법 제75조의2제2항 본문에 따라 성장관리계획구역의 지정 또는 변경에 관하여 주민의 의견을 들으려면 성장관리계획구역안의 주요 내용을 해당 지방자치단체의 공보나 전국 또는 해당 지방자치단체를 주된 보급지역으로 하는 둘 이상의 일간신문에 게재하고, 해당 지방자치단체의 인터넷 홈페이지 등에 공고해야 한다.(2022.1.18 본항개정)
② 특별시장·광역시장·특별자치시장·특별자치도지사·시장 또는 군수는 제1항에 따른 공고를 한 때에는 성장관리계획구역안을 14일 이상 일반이 열람할 수 있도록 해야 한다.(2022.1.18 본항신설)
③ 제1항에 따라 공고된 성장관리계획구역안에 대하여 의견이 있는 사람은 열람기간 내에 특별시장·광역시장·특별자치시장·특별자치도지사·시장 또는 군수에게 의견서를 제출할 수 있다.
④ 특별시장·광역시장·특별자치시장·특별자치도지사·시장 또는 군수는 제3항에 따라 제출된 의견을 성장관리계획구역안에 반영할 것인지 여부를 검토하여 그 결과를 열람기간이 종료된 날부터 30일 이내에 해당 의견을 제출한 사람에게 통보해야 한다.(2022.1.18 본항개정)
⑤ 법 제75조의2제2항 단서에서 "대통령령으로 정하는 경미한 사항을 변경하는 경우"란 성장관리계획구역의 면적을 10퍼센트 이내에서 변경하는 경우(성장관리계획구역을 변경하는 부분에 둘 이상의 읍·면 또는 동의 일부 또는 전부가 포함된 경우에는 해당 읍·면 또는 동 단위로 구분된 지역의 면적을 각각 10퍼센트 이내에서 변경하는 경우로 한정한다)를 말한다.
⑥ 법 제75조의2제5항에 따른 성장관리계획구역의 지정 또는 변경 고시는 해당 특별시·광역시·특별자치시·특별자치도·시 또는 군의 공보와 인터넷 홈페이지에 다음 각 호의 사항을 게재하는 방법으로 한다.
1. 성장관리계획구역의 지정 또는 변경 목적
2. 성장관리계획구역의 위치 및 경계
3. 성장관리계획구역의 면적 및 규모

제70조의14【성장관리계획의 수립 등】 ① 법 제75조의3제1항제5호에서 "대통령령으로 정하는 사항"이란 다음 각 호의 사항을 말한다.
1. 성장관리계획구역 내 토지개발·이용, 기반시설, 생활환경 등의 현황 및 문제점
2. 그 밖에 난개발의 방지와 체계적인 관리에 필요한 사항으로서 특별시·광역시·특별자치시·특별자치도·시 또는 군의 도시·군계획조례로 정하는 사항
② 법 제75조의3제2항제2호에서 "대통령령으로 정하는 녹지지역"이란 자연녹지지역과 생산녹지지역을 말한다.
③ 특별시장·광역시장·특별자치시장·특별자치도지사·시장 또는 군수는 다음 각 호의 어느 하나에 해당하는 경우(다른 호에 저촉되지 않는 경우로 한정한다)에는 법 제75조의3제4항에서 준용하는 법 제75조의2제2항 단서에 따라 주민과 해당 지방의회의 의견 청취, 관계 행정기관과의 협의 및 지방도시계획위원회의 심의를 거치지 않고 성장관리계획을 변경할 수 있다.
1. 제70조의13제5항에 해당하는 변경지역에서 성장관리계획을 변경하는 경우
2. 성장관리계획의 변경이 다음 각 목의 어느 하나에 해당하는 경우
  가. 단위 기반시설부지 면적의 10퍼센트 미만을 변경하는 경우. 다만, 도로의 경우 시작지점 또는 끝지점이 변경되지 않는 경우로서 중심선이 종전 도로의 범위를 벗어나지 않는 경우로 한정한다.
  나. 지형사정으로 인한 기반시설의 근소한 위치변경 또는 비탈면 등으로 인한 시설부지의 불가피한 변경인 경우
3. 건축물의 배치·형태·색채 또는 높이의 변경인 경우
4. 그 밖에 특별시·광역시·특별자치시·특별자치도·시 또는 군의 도시·군계획조례로 정하는 경미한 변경인 경우
④ 법 제75조의3제4항에서 준용하는 법 제75조의2제5항에 따른 성장관리계획의 수립 또는 변경 고시는 해당 특별시·광역시·특별자치시·특별자치도·시 또는 군의 공보와 인터넷 홈페이지에 다음 각 호의 사항을 게재하는 방법으로 한다.
1. 성장관리계획의 수립 또는 변경 목적
2. 법 제75조의3제1항에 따른 성장관리계획의 수립 또는 변경 내용
⑤ 특별시장·광역시장·특별자치시장·특별자치도지사·시장 또는 군수는 법 제75조의3제5항에 따라 성장관리계획을 재검토하여 정비하는 경우에는 다음 각 호의 사항을 포함하여 검토한 후 그 결과를 성장관리계획 입안에 반영해야 한다.
1. 개발수요의 주변지역으로의 확산 방지 등을 고려한 성장관리계획구역의 면적 또는 경계의 적정성
2. 성장관리계획이 난개발의 방지 및 체계적인 관리 등 성장관리계획구역의 지정목적을 충분히 달성하고 있는지 여부
3. 성장관리계획구역의 지정목적을 달성하는 수준을 초과하여 건축물의 용도를 제한하는 등 토지소유자의 토지이용을 과도하게 제한하고 있는지 여부
4. 향후 예상되는 여건변화

제70조의15【성장관리계획구역 지정 등의 세부기준】 제70조의12부터 제70조의14까지의 규정에 따른 성장관리계획구역 지정·변경의 기준 및 절차, 성장관리계획 수립·변경의 기준 및 절차 등에 관한 세부적인 사항은 국토교통부장관이 정하여 고시한다.

제6장 용도지역·용도지구 및 용도구역안에서의 행위제한

제71조【용도지역안에서의 건축제한】 ① 법 제76조제1항에 따른 용도지역안에서의 건축물의 용도·종류 및 규모 등의 제한(이하 "건축제한"이라 한다)은 다음 각호와 같다.(2014.1.14 본문개정)
1. 제1종전용주거지역안에서 건축할 수 있는 건축물 : 별표2에 규정된 건축물
2. 제2종전용주거지역안에서 건축할 수 있는 건축물 : 별표3에 규정된 건축물
3. 제1종일반주거지역안에서 건축할 수 있는 건축물 : 별표4에 규정된 건축물
4. 제2종일반주거지역안에서 건축할 수 있는 건축물 : 별표5에 규정된 건축물
5. 제3종일반주거지역안에서 건축할 수 있는 건축물 : 별표6에 규정된 건축물
6. 준주거지역안에서 건축할 수 없는 건축물 : 별표7에 규정된 건축물(2014.1.14 본호개정)
7. 중심상업지역안에서 건축할 수 없는 건축물 : 별표8에 규정된 건축물(2014.1.14 본호개정)
8. 일반상업지역안에서 건축할 수 없는 건축물 : 별표9에 규정된 건축물(2014.1.14 본호개정)
9. 근린상업지역안에서 건축할 수 없는 건축물 : 별표10에 규정된 건축물(2014.1.14 본호개정)
10. 유통상업지역안에서 건축할 수 없는 건축물 : 별표11에 규정된 건축물(2014.1.14 본호개정)
11. 전용공업지역안에서 건축할 수 있는 건축물 : 별표12에 규정된 건축물
12. 일반공업지역안에서 건축할 수 있는 건축물 : 별표13에 규정된 건축물
13. 준공업지역안에서 건축할 수 없는 건축물 : 별표14에 규정된 건축물(2014.1.14 본호개정)
14. 보전녹지지역안에서 건축할 수 있는 건축물 : 별표15에 규정된 건축물
15. 생산녹지지역안에서 건축할 수 있는 건축물 : 별표16에 규정된 건축물
16. 자연녹지지역안에서 건축할 수 있는 건축물 : 별표17에 규정된 건축물

17. 보전관리지역안에서 건축할 수 있는 건축물 : 별표18에 규정된 건축물
18. 생산관리지역안에서 건축할 수 있는 건축물 : 별표19에 규정된 건축물
19. 계획관리지역안에서 건축할 수 없는 건축물 : 별표20에 규정된 건축물(2014.1.14 본호개정)
20. 농림지역안에서 건축할 수 있는 건축물 : 별표21에 규정된 건축물
21. 자연환경보전지역안에서 건축할 수 있는 건축물 : 별표22에 규정된 건축물

② 제1항의 규정에 의한 건축제한을 적용함에 있어서 부속건축물에 대하여는 주된 건축물에 대한 건축제한에 의한다.

③ 제1항에도 불구하고 「건축법 시행령」 별표1에서 정하는 건축물 중 다음 각 호의 요건을 모두 충족하는 건축물의 종류 및 규모 등의 제한에 관하여는 해당 특별시·광역시·특별자치시·특별자치도·시 또는 군의 도시·군계획조례로 따로 정할 수 있다.(2012.4.10 본문개정)

1. 2012년 1월 20일 이후에 「건축법 시행령」 별표1에서 새로이 규정하는 건축물일 것
2. 별표2부터 별표22까지의 규정에서 정하지 아니한 건축물일 것

(2012.1.6 본항신설)

제72조【경관지구안에서의 건축제한】 ① 경관지구안에서는 그 지구의 경관의 보전·관리·형성에 장애가 된다고 인정하여 도시·군계획조례가 정하는 건축물을 건축할 수 없다. 다만, 특별시장·광역시장·특별자치시장·특별자치도지사·시장 또는 군수가 지구의 지정목적에 위배되지 아니하는 범위안에서 도시·군계획조례가 정하는 기준에 적합하다고 인정하여 해당 지방자치단체에 설치된 도시계획위원회의 심의를 거친 경우에는 그러하지 아니하다.

② 경관지구안에서의 건축물의 건폐율·용적률·높이·최대너비·색채 및 대지안의 조경 등에 관하여는 그 지구의 경관의 보전·관리·형성에 필요한 범위안에서 도시·군계획조례로 정한다.

③ 제1항 및 제2항에도 불구하고 다음 각 호의 어느 하나에 해당하는 경우에는 해당 경관지구의 지정에 관한 도시·군관리계획으로 건축제한의 내용을 따로 정할 수 있다.

1. 제1항 및 제2항에 따라 도시·군계획조례로 정해진 건축제한의 전부를 적용하는 것이 주변지역의 토지이용 상황이나 여건 등에 비추어 불합리한 경우. 이 경우 도시·군관리계획으로 정할 수 있는 건축제한은 도시·군계획조례로 정해진 건축제한의 일부에 한정하여야 한다.
2. 제1항 및 제2항에 따라 도시·군계획조례로 정해진 건축제한을 적용하여도 해당 지구의 위치, 환경, 그 밖의 특성에 따라 경관의 보전·관리·형성이 어려운 경우. 이 경우 도시·군관리계획으로 정할 수 있는 건축제한은 규모(건축물 등의 앞면 길이에 대한 옆면길이 또는 높이의 비율을 포함한다) 및 형태, 건축물 바깥쪽으로 돌출하는 건축설비 및 그 밖의 유사한 것의 형태나 그 설치의 제한 또는 금지에 관한 사항으로 한정한다.

(2017.12.29 본항신설)
(2017.12.29 본조개정)

제73조 (2017.12.29 삭제)

제74조【고도지구안에서의 건축제한】 고도지구안에서는 도시·군관리계획으로 정하는 높이를 초과하는 건축물을 건축할 수 없다.(2017.12.29 본조개정)

제75조【방재지구안에서의 건축제한】 방재지구안에서는 풍수해·산사태·지반붕괴·지진 그 밖에 재해예방에 장애가 된다고 인정하여 도시·군계획조례가 정하는 건축물을 건축할 수 없다. 다만, 특별시장·광역시장·특별자치시장·특별자치도지사·시장 또는 군수가 지구의 지정목적에 위배되지 아니하는 범위안에서 도시·군계획조례가 정하는 기준에 적합하다고 인정하여 당해 지방자치단체에 설치된 도시계획위원회의 심의를 거친 경우에는 그러하지 아니하다.(2012.4.10 본문개정)

제76조【보호지구 안에서의 건축제한】 보호지구 안에서는 다음 각호의 구분에 따른 건축물에 한하여 건축할 수 있다. 다만, 특별시장·광역시장·특별자치시장·특별자치도지사·시장 또는 군수가 지구의 지정목적에 위배되지 아니하는 범위에서 도시·군계획조례가 정하는 기준에 적합하다고 인정하여 관계 행정기관의 장과의 협의 및 당해 지방자치단체에 설치된 도시계획위원회의 심의를 거친 경우에는 그러하지 아니하다.

1. 역사문화환경보호지구 : 「문화재보호법」의 적용을 받는 문화재를 직접 관리·보호하기 위한 건축물과 문화적으로 보존가치가 큰 지역의 보호 및 보존을 저해하지 아니하는 건축물로서 도시·군계획조례가 정하는 것
2. 중요시설물보호지구 : 중요시설물의 보호와 기능 수행에 장애가 되지 아니하는 건축물로서 도시·군계획조례가 정하는 것. 이 경우 제31조제3항에 따라 공항시설에 관한 보호지구를 세분하여 지정하려는 경우에는 공항시설을 보호하고 항공기의 이·착륙에 장애가 되지 아니하는 범위에서 건축물의 용도 및 형태 등에 관한 건축제한을 포함하여 정할 수 있다.
3. 생태계보호지구 : 생태적으로 보존가치가 큰 지역의 보호 및 보존을 저해하지 아니하는 건축물로서 도시·군계획조례가 정하는 것

(2017.12.29 본조개정)

제77조 (2017.12.29 삭제)

제78조【취락지구안에서의 건축제한】 ① 법 제76조제5항제1호의 규정에 의하여 자연취락지구안에서 건축할 수 있는 건축물은 별표23과 같다.

② 집단취락지구안에서의 건축제한에 관하여는 개발제한구역의지정및관리에관한특별조치법령이 정하는 바에 의한다.

제79조【개발진흥지구에서의 건축제한】 ① 법 제76조제5항제1호의2에 따라 지구단위계획 또는 관계 법률에 따른 개발계획을 수립하는 개발진흥지구에서는 지구단위계획 또는 관계 법률에 따른 개발계획에 위반하여 건축물을 건축할 수 없으며, 지구단위계획 또는 개발계획이 수립되기 전에는 개발진흥지구의 계획적 개발에 위배되지 아니하는 범위에서 도시·군계획조례로 정하는 건축물을 건축할 수 있다.

② 법 제76조제5항제1호의2에 따라 지구단위계획 또는 관계 법률에 따른 개발계획을 수립하지 아니하는 개발진흥지구에서는 해당 용도지역에서 허용되는 건축물을 건축할 수 있다.

③ 제2항에도 불구하고 산업·유통개발진흥지구에서는 해당 용도지역에서 허용되는 건축물 외에 해당 지구계획(해당 지구의 토지이용, 기반시설 설치 및 환경오염 방지 등에 관한 계획을 말한다)에 따라 다음 각 호의 구분에 따른 요건을 갖춘 건축물 중 도시·군계획조례로 정하는 건축물을 건축할 수 있다.

1. 계획관리지역 : 계획관리지역에서 건축이 허용되지 아니하는 공장 중 다음 각 목의 요건을 모두 갖춘 것
  가. 「대기환경보전법」, 「물환경보전법」 또는 「소음·진동관리법」에 따른 배출시설의 설치 허가·신고 대상이 아닐 것(2018.1.16 본목개정)
  나. 「악취방지법」에 따른 배출시설이 없을 것
  다. 「산업집적활성화 및 공장설립에 관한 법률」 제9조제1항 또는 제13조제1항에 따른 공장설립 가능 여부의 확인 또는 공장설립등의 승인에 필요한 서류를 갖추어 법 제30조제1항에 따라 관계 행정기관의 장과 미리 협의하였을 것
2. 자연녹지지역·생산관리지역·보전관리지역 또는 농림지역 : 해당 용도지역에서 건축이 허용되지 않는 공장 중 다음 각 목의 요건을 모두 갖춘 것(2019.8.6 본문개정)
  가. 산업·유통개발진흥지구 지정 전에 계획관리지역에 설치된 기존 공장이 인접한 용도지역의 토지로 확장하여 설치하는 공장일 것
  나. 해당 용도지역에 확장하여 설치되는 공장부지의 규모가 3천제곱미터 이하일 것. 다만, 해당 용도지역 내에 기반시설이 설치되어 있거나 기반시설의 설치에 필요한 용지의 확보가 충분하고 주변지역의 환경오염·환경훼손 우려가 없는 경우로서 도시계획위원회의 심의를 거친 경우에는 5천제곱미터까지로 할 수 있다.

(2016.2.11 본조개정)

제80조【특정용도제한지구안에서의 건축제한】 특정용도제한지구안에서는 주거기능 및 교육환경을 훼손하거나 청소년 정서에 유해하다고 인정하여 도시·군계획조례가 정하는 건축물을 건축할 수 없다.(2017.12.29 본조개정)

제81조【복합용도지구안에서의 건축제한】 법 제76조제5항제1호의3에 따라 복합용도지구에서는 해당 용도지역에서 허용되는 건축물 외에 다음 각 호에 따른 건축물 중 도시·군계획조례가 정하는 건축물을 건축할 수 있다.

1. 일반주거지역 : 준주거지역에서 허용되는 건축물. 다만, 다음 각 목의 건축물은 제외한다.
  가. 「건축법 시행령」 별표1 제4호의 제2종 근린생활시설 중 안마시술소
  나. 「건축법 시행령」 별표1 제5호다목의 관람장
  다. 「건축법 시행령」 별표1 제17호의 공장
  라. 「건축법 시행령」 별표1 제19호의 위험물 저장 및 처리 시설
  마. 「건축법 시행령」 별표1 제21호의 동물 및 식물 관련 시설
  바. 「건축법 시행령」 별표1 제28호의 장례시설
2. 일반공업지역 : 준공업지역에서 허용되는 건축물. 다만 다음 각 목의 건축물은 제외한다.
  가. 「건축법 시행령」 별표1 제2호가목의 아파트
  나. 「건축법 시행령」 별표1 제4호의 제2종 근린생활시설 중 단란주점 및 안마시술소
  다. 「건축법 시행령」 별표1 제11호의 노유자시설
3. 계획관리지역 : 다음 각 목의 어느 하나에 해당하는 건축물
  가. 「건축법 시행령」 별표1 제4호의 제2종 근린생활시설 중 일반음식점·휴게음식점·제과점(별표20 제1호라목에 따라 건축할 수 없는 일반음식점·휴게음식점·제과점은 제외한다)
  나. 「건축법 시행령」 별표1 제7호의 판매시설
  다. 「건축법 시행령」 별표1 제15호의 숙박시설(별표20 제1호사목에 따라 건축할 수 없는 숙박시설은 제외한다)
  라. 「건축법 시행령」 별표1 제16호다목의 유원시설업의 시설, 그 밖에 이와 비슷한 시설

(2017.12.29 본조신설)

제82조【그 밖의 용도지구안에서의 건축제한】 제72조부터 제80조까지에 규정된 용도지구외의 용도지구안에서의 건축제한에 관하여는 그 용도지구지정의 목적달성에 필요한 범위안에서 특별시·광역시·특별자치시·특별자치도·시 또는 군의 도시·군계획조례로 정한다.(2016.12.30 본조개정)

제83조【용도지역·용도지구 및 용도구역안에서의 건축제한의 예외 등】 ① 용도지역·용도지구안에서의 도시·군계획시설에 대하여는 제71조 내지 제82조의 규정을 적용하지 아니한다.(2012.4.10 본항개정)

② 경관지구 또는 고도지구 안에서의 「건축법 시행령」 제6조제1항제6호에 따른 리모델링이 필요한 건축물에 대해서는 제72조부터 제74조까지의 규정에도 불구하고 「건축법 시행령」 제6조제1항제6호에 따라 건축물의 높이·규모 등의 제한을 완화하여 제한할 수 있다.(2021.7.6 본항개정)

③ 개발제한구역, 도시자연공원구역, 시가화조정구역 및 수산자원보호구역 안에서의 건축제한에 관하여는 다음 각 호의 법령 또는 규정에서 정하는 바에 따른다.

1. 개발제한구역 안에서의 건축제한 : 「개발제한구역의 지정 및 관리에 관한 특별조치법」
2. 도시자연공원구역 안에서의 건축제한 : 「도시공원 및 녹지 등에 관한 법률」
3. 시가화조정구역 안에서의 건축제한 : 제87조부터 제89조까지의 규정
4. 수산자원보호구역 안에서의 건축제한 : 「수산자원관리법」

(2015.7.6 본항개정)

④ 용도지역·용도지구 또는 용도구역안에서의 건축물이 아닌 시설의 용도·종류 및 규모 등의 제한에 관하여는 별표2부터 별표25까지, 제72조, 제74조부터 제76조까지, 제79조, 제80조 및 제82조에 따른 건축물에 관한 사항을 적용한다. 다만, 다음 각 호의 시설의 용도·종류 및 규모 등의 제한에 관하여는 적용하지 아니한다.(2017.12.29 본문개정)

1. 「관광진흥법」 제3조제1항제6호에 따른 유원시설업(이하 "유원시설업"이라 한다)을 위한 유기시설(遊技施設)·유기기구(遊技機具)로서 다음 각 목의 요건을 모두 갖춘 시설
  가. 철로를 활용하는 궤도주행형 유기시설·유기기구일 것
  나. 가목의 철로는 「철도사업법」 제4조에 따라 지정·고시된 사항의 변경으로 사업용철도노선에서 제외된 기존 선로일 것
2. 제1호의 유기시설·유기기구를 설치하는 유원시설업을 위하여 「관광진흥법」 제5조제2항에 따라 갖추어야 하는 시설

(2016.11.1 1호~2호신설)

⑤ 용도지역·용도지구 또는 용도구역안에서 허용되는 건축물 또는 시설을 설치하기 위하여 공사현장에 설치하는 자재야적장, 레미콘·아스콘생산시설 등 공사용 부대시설은 제4항 및 제55조·제56조의 규정에 불구하고 당해 공사에 필요한 최소한의 면적의 범위안에서 기간을 정하여 사용후에 그 시설 등을 설치한 자의 부담으로 원상복구할 것을 조건으로 설치를 허가할 수 있다.
(2004.1.20 본항신설)

⑥ 방재지구안에서는 제71조에 따른 용도지역안에서의 건축제한 중 층수 제한에 있어서는 1층 전부를 필로티 구조로 하는 경우 필로티 부분을 층수에서 제외한다.
(2014.1.14 본항신설)

⑦ (2017.12.29 삭제)

제84조【용도지역안에서의 건폐율】 ① 법 제77조제1항 및 제2항에 따른 건폐율은 다음 각 호의 범위에서 특별시·광역시·특별자치시·특별자치도·시 또는 군의 도시·군계획조례가 정하는 비율 이하로 한다.
(2019.12.31 본문개정)

1. 제1종전용주거지역 : 50퍼센트 이하
2. 제2종전용주거지역 : 50퍼센트 이하
3. 제1종일반주거지역 : 60퍼센트 이하
4. 제2종일반주거지역 : 60퍼센트 이하
5. 제3종일반주거지역 : 50퍼센트 이하
6. 준주거지역 : 70퍼센트 이하
7. 중심상업지역 : 90퍼센트 이하
8. 일반상업지역 : 80퍼센트 이하
9. 근린상업지역 : 70퍼센트 이하
10. 유통상업지역 : 80퍼센트 이하
11. 전용공업지역 : 70퍼센트 이하
12. 일반공업지역 : 70퍼센트 이하
13. 준공업지역 : 70퍼센트 이하
14. 보전녹지지역 : 20퍼센트 이하
15. 생산녹지지역 : 20퍼센트 이하
16. 자연녹지지역 : 20퍼센트 이하
17. 보전관리지역 : 20퍼센트 이하
18. 생산관리지역 : 20퍼센트 이하
19. 계획관리지역 : 40퍼센트 이하
20. 농림지역 : 20퍼센트 이하
21. 자연환경보전지역 : 20퍼센트 이하

② 제1항의 규정에 의하여 도시·군계획조례로 용도지역별 건폐율을 정함에 있어서 필요한 경우에는 당해 지방

자치단체의 관할구역을 세분하여 건폐율을 달리 정할 수 있다.(2012.4.10 본항개정)
③ 법 제77조제3항제2호에서 "대통령령으로 정하는 용도지역"이란 자연녹지지역을 말한다.(2016.2.11 본항신설)
④ 법 제77조제3항에 따라 다음 각 호의 지역에서의 건폐율은 각 호에서 정한 범위에서 특별시·광역시·특별자치시·특별자치도·시 또는 군의 도시·군계획조례로 정하는 비율 이하로 한다.(2019.12.31 본문개정)
1. 취락지구 : 60퍼센트 이하(집단취락지구에 대하여는 개발제한구역의지정및관리에관한특별조치법령이 정하는 바에 의한다)
2. 개발진흥지구 : 다음 각 목에서 정하는 비율 이하
가. 도시지역 외의 지역에 지정된 경우 : 40퍼센트
나. 자연녹지지역에 지정된 경우 : 30퍼센트
(2016.2.11 본호개정)
3. 수산자원보호구역 : 40퍼센트 이하
4. 「자연공원법」에 따른 자연공원 : 60퍼센트 이하
(2010.10.1 본호개정)
5. 「산업입지 및 개발에 관한 법률」 제2조제8호라목에 따른 농공단지 : 70퍼센트 이하(2011.11.16 본호개정)
6. 공업지역에 있는 「산업입지 및 개발에 관한 법률」 제2조제8호가목부터 다목까지의 규정에 따른 국가산업단지·일반산업단지·도시첨단산업단지 및 같은 조 제12호에 따른 준산업단지 : 80퍼센트 이하(2012.4.10 본호개정)
⑤ 특별시장·광역시장·특별자치시장·특별자치도지사·시장 또는 군수가 법 제77조제4항제1호에 따라 도시지역에서 토지이용의 과밀화를 방지하기 위하여 건폐율을 낮춰야 할 필요가 있다고 인정하여 당해 지방자치단체에 설치된 도시계획위원회의 심의를 거쳐 정한 구역안에서의 건축물의 경우에는 그 건폐율은 그 구역에 적용할 건폐율의 최대한도의 40퍼센트 이상의 범위에서 특별시·광역시·특별자치시·특별자치도·시 또는 군의 도시·군계획조례가 정하는 비율 이하로 한다.
(2019.12.31 본항개정)
⑥ 법 제77조제4항제2호에 따라 다음 각 호의 어느 하나에 해당하는 건축물의 경우에는 제1항에도 불구하고 그 건폐율은 다음 각 호에서 정하는 비율을 초과할 수 없다.
(2019.8.6 본문개정)
1. 준주거지역·일반상업지역·근린상업지역·전용공업지역·일반공업지역·준공업지역 중 방화지구의 건축물로서 주요 구조부와 외벽이 내화구조인 건축물 중 도시·군계획조례로 정하는 건축물 : 80퍼센트 이상 90퍼센트 이하의 범위에서 특별시·광역시·특별자치시·특별자치도·시 또는 군의 도시·군계획조례로 정하는 비율(2019.8.6 본호개정)
2. 녹지지역·관리지역·농림지역 및 자연환경보전지역의 건축물로서 법 제37조제4항 후단에 따른 방재지구의 재해저감대책에 부합하게 재해예방시설을 설치한 건축물 : 제1항 각 호에 따른 해당 용도지역별 건폐율의 150퍼센트 이하의 범위에서 도시·군계획조례로 정하는 비율(2014.1.14 본호신설)
3. 자연녹지지역의 창고시설 또는 연구소(자연녹지지역으로 지정될 당시 이미 준공된 것으로서 기존 부지에서 증축하는 경우만 해당한다) : 40퍼센트의 범위에서 최초 건축허가 시 그 건축물에 허용된 건폐율(2014.10.15 본호개정)
4. 계획관리지역의 기존 공장·창고시설 또는 연구소(2003년 1월 1일 전에 준공되고 기존 부지에 증축하는 경우로서 해당 지방도시계획위원회의 심의를 거쳐 도로·상수도·하수도 등의 기반시설이 충분히 확보되었다고 인정되거나, 도시·군계획조례로 정하는 기반시설 확보 요건을 충족하는 경우만 해당한다) : 50퍼센트의 범위에서 도시·군계획조례로 정하는 비율
(2014.1.14 본호개정)
5. 녹지지역·보전관리지역·생산관리지역·농림지역 또는 자연환경보전지역의 건축물로서 다음 각 목의 어느 하나에 해당하는 건축물 : 30퍼센트의 범위에서 도시·군계획조례로 정하는 비율(2014.1.14 본문개정)
가. 「전통사찰의 보존 및 지원에 관한 법률」 제2조제1호에 따른 전통사찰
나. 「문화재보호법」 제2조제3항에 따른 지정문화재 또는 같은 조 제4항제1호에 따른 국가등록문화재
(2020.5.26 본목개정)
다. 「건축법 시행령」 제2조제16호에 따른 한옥
(2011.7.1 본호신설)
6. 종전의 「도시계획법」(2000년 1월 28일 법률 제6243호로 개정되기 전의 것을 말한다) 제2조제1항제10호에 따른 일단의 공업용지조성사업 구역(이 조 제4항제6호에 따른 산업단지 또는 준산업단지와 연접한 것에 한정한다) 내의 공장으로서 관할 특별시장·광역시장·특별자치시장·특별자치도지사·시장 또는 군수가 해당 지방도시계획위원회의 심의를 거쳐 기반시설의 설치 및 그에 필요한 용지의 확보가 충분하고 주변지역의 환경오염 우려가 없다고 인정하는 공장 : 80퍼센트 이하의 범위에서 도시·군계획조례로 정하는 비율(2016.5.17 본호개정)
7. 자연녹지지역의 학교(「초·중등교육법」 제2조에 따른 학교 및 「고등교육법」 제2조제1호부터 제5호까지의 규정에 따른 학교를 말한다)로서 다음 각 목의 요건을 모두 충족하는 학교 : 30퍼센트의 범위에서 도시·군계획조례로 정하는 비율
가. 기존 부지에서 증축하는 경우일 것
나. 학교 설치 이후 개발행위 등으로 해당 학교의 기존 부지가 건축물, 그 밖의 시설로 둘러싸여 부지 확장을 통한 증축이 곤란한 경우로서 해당 도시계획위원회의 심의를 거쳐 기존 부지에서의 증축이 불가피하다고 인정될 것
다. 「고등교육법」 제2조제1호부터 제5호까지의 규정에 따른 학교의 경우 「대학설립·운영 규정」 별표2에 따른 교육기본시설, 지원시설 또는 연구시설의 증축일 것
(2016.5.17 본호신설)
8. 자연녹지지역의 주유소 또는 액화석유가스 충전소로서 다음 각 목의 요건을 모두 충족하는 건축물 : 30퍼센트의 범위에서 도시·군계획조례로 정하는 비율
가. 2021년 7월 13일 전에 준공되었을 것
나. 다음의 요건을 모두 충족하는 「환경친화적 자동차의 개발 및 보급 촉진에 관한 법률」 제2조제9호에 따른 수소연료공급시설의 증축이 예정되어 있을 것
1) 기존 주유소 또는 액화석유가스 충전소의 부지에 증축할 것
2) 2024년 12월 31일 이전에 증축 허가를 신청할 것
(2021.7.6 본호신설)
⑦ 제1항에도 불구하고 법 제77조제4항제3호 및 제4호에 따라 보전관리지역·생산관리지역·농림지역 또는 자연환경보전지역에 「농지법」 제32조제1항에 따라 건축할 수 있는 건축물의 건폐율은 60퍼센트 이하의 범위에서 특별시·광역시·특별자치시·특별자치도·시 또는 군의 도시·군계획조례로 정하는 비율 이하로 한다.(2023.3.21 본항개정)
⑧ 제1항에도 불구하고 법 제77조제4항제3호에 따라 생산녹지지역 또는 자연녹지지역(자연녹지지역은 도시·군계획조례로 정하는 지역으로 한정한다. 이하 이 항에서 같다)에 건축할 수 있는 다음 각 호의 건축물의 경우에 그 건폐율은 해당 생산녹지지역 또는 자연녹지지역이 위치한 특별시·광역시·특별자치시·특별자치도·시 또는 군의 농어업 인구 현황, 농수산물 가공·처리시설의 수급실태 등을 종합적으로 고려하여 60퍼센트 이하(자연녹지지역의 경우에는 40퍼센트 이하)의 범위에서 해당 특별시·광역시·특별자치시·특별자치도·시 또는 군의 도시·군계획조례로 정하는 비율 이하로 한다.
(2024.1.26 본문개정)
1. 「농지법」 제32조제1항제1호에 따른 농수산물의 가공·처리시설〔해당 특별시·광역시·특별자치시·특별자치도·시·군 또는 해당 도시·군계획조례가 정하는 연접한 시·군·구(자치구를 말한다. 이하 같다)에서 생산된 농수산물의 가공·처리시설만 해당한다〕 및 농수산업 관련 시험·연구시설(2019.12.31 본호개정)
2. 「농지법 시행령」 제29조제5항제1호에 따른 농산물 건조·보관시설
3. 「농지법 시행령」 제29조제7항제2호에 따른 산지유통시설(해당 특별시·광역시·특별자치시·특별자치도·시·군 또는 해당 도시·군계획조례가 정하는 연접한 시·군·구에서 생산된 농산물을 위한 산지유통시설만 해당한다)(2019.12.31 본호개정)
(2011.9.16 본항신설)
⑨ 제1항에도 불구하고 자연녹지지역에 설치되는 도시·군계획시설 중 유원지의 건폐율은 30퍼센트의 범위에서 도시·군계획조례로 정하는 비율 이하로 하며, 공원의 건폐율은 20퍼센트의 범위에서 도시·군계획조례로 정하는 비율 이하로 한다.(2019.12.31 본항개정)

제84조의2【생산녹지지역 등에서 기존 공장의 건폐율】
① (2022.1.18 삭제)
② 제84조제1항에도 불구하고 법 제77조제4항제2호에 따라 생산녹지지역, 자연녹지지역 또는 생산관리지역에 있는 기존 공장(해당 용도지역으로 지정될 당시 이미 준공된 공장으로 한정한다)의 소유자가 2025년 12월 31일까지 증축(준공 당시의 부지에서 증축하는 경우로 한정한다) 허가를 신청한 경우에는 건폐율을 40퍼센트 이내의 범위에서 최초 건축허가 시 해당 공장에 허용된 건폐율까지 완화하여 적용할 수 있다.(2022.1.18 본항신설)
③ 제84조제1항에도 불구하고 법 제77조제4항제2호에 따라 생산녹지지역, 자연녹지지역, 생산관리지역 또는 계획관리지역에 있는 기존 공장(해당 용도지역으로 지정될 당시 이미 준공된 것으로 한정한다)이 부지를 확장하여 건축물을 증축하는 경우(2020년 12월 31일까지 증축허가를 신청한 경우로 한정한다)로서 다음 각 호의 어느 하나에 해당하는 경우에는 그 건폐율은 40퍼센트의 범위에서 해당 특별시·광역시·특별자치시·특별자치도·시 또는 군의 도시·군계획조례로 정하는 비율을 초과해서는 아니 된다. 이 경우 제1호의 경우에는 부지를 확장하여 추가로 편입되는 부지(해당 용도지역으로 지정된 이후에 확장하여 추가로 편입된 부지를 포함하며, 이하 "추가편입부지"라 한다)에 대해서만 건폐율 기준을 적용하고, 제2호의 경우에는 준공 당시의 부지(해당 용도지역으로 지정될 당시의 부지를 말하며, 이하 이 항에서 "준공당시부지"라 한다)와 추가편입부지를 하나로 하여 건폐율 기준을 적용한다.(2018.11.13 전단개정)
1. 추가편입부지에 건축물을 증축하는 경우로서 다음 각 목의 요건을 모두 갖춘 경우
가. 추가편입부지의 면적이 3천제곱미터 이하로서 준공당시부지 면적의 50퍼센트 이내일 것
나. 관할 특별시장·광역시장·특별자치시장·특별자치도지사·시장 또는 군수가 해당 지방도시계획위원회의 심의를 거쳐 기반시설의 설치 및 그에 필요한 용지의 확보가 충분하고 주변지역의 환경오염 우려가 없다고 인정할 것
2. 준공당시부지와 추가편입부지를 하나로 하여 건축물을 증축하려는 경우로서 다음 각 목의 요건을 모두 갖춘 경우
가. 제1호 각 목의 요건을 모두 갖출 것
나. 관할 특별시장·광역시장·특별자치시장·특별자치도지사·시장 또는 군수가 해당 지방도시계획위원회의 심의를 거쳐 다음의 어느 하나에 해당하는 인증 등을 받기 위하여 준공당시부지와 추가편입부지를 하나로 하여 건축물을 증축하는 것이 불가피하다고 인정할 것
1) 「식품위생법」 제48조에 따른 식품안전관리인증
2) 「농수산물 품질관리법」 제70조에 따른 위해요소중점관리기준 이행 사실 증명
3) 「축산물 위생관리법」 제9조에 따른 안전관리인증
다. 준공당시부지와 추가편입부지를 합병할 것. 다만, 「건축법 시행령」 제3조제1항제2호가목에 해당하는 경우에는 합병하지 아니할 수 있다.
(2015.12.15 본항개정)

제84조의3 (2021.7.6 삭제)

제85조【용도지역 안에서의 용적률】 ① 법 제78조제1항 및 제2항에 따른 용적률은 다음 각 호의 범위에서 관할구역의 면적, 인구규모 및 용도지역의 특성 등을 고려하여 특별시·광역시·특별자치시·특별자치도·시 또는 군의 도시·군계획조례가 정하는 비율을 초과할 수 없다.
(2021.1.5 본문개정)
1. 제1종전용주거지역 : 50퍼센트 이상 100퍼센트 이하
2. 제2종전용주거지역 : 50퍼센트 이상 150퍼센트 이하
(2019.8.6 본호개정)
3. 제1종일반주거지역 : 100퍼센트 이상 200퍼센트 이하
4. 제2종일반주거지역 : 100퍼센트 이상 250퍼센트 이하
5. 제3종일반주거지역 : 100퍼센트 이상 300퍼센트 이하
(2019.8.6 4호~5호개정)
6. 준주거지역 : 200퍼센트 이상 500퍼센트 이하
7. 중심상업지역 : 200퍼센트 이상 1천500퍼센트 이하
8. 일반상업지역 : 200퍼센트 이상 1천300퍼센트 이하
(2019.8.6 7호~8호개정)
9. 근린상업지역 : 200퍼센트 이상 900퍼센트 이하
10. 유통상업지역 : 200퍼센트 이상 1천100퍼센트 이하
11. 전용공업지역 : 150퍼센트 이상 300퍼센트 이하
12. 일반공업지역 : 150퍼센트 이상 350퍼센트 이하
13. 준공업지역 : 150퍼센트 이상 400퍼센트 이하
(2019.8.6 12호~13호개정)
14. 보전녹지지역 : 50퍼센트 이상 80퍼센트 이하
15. 생산녹지지역 : 50퍼센트 이상 100퍼센트 이하
16. 자연녹지지역 : 50퍼센트 이상 100퍼센트 이하
17. 보전관리지역 : 50퍼센트 이상 80퍼센트 이하
18. 생산관리지역 : 50퍼센트 이상 80퍼센트 이하
19. 계획관리지역 : 50퍼센트 이상 100퍼센트 이하
20. 농림지역 : 50퍼센트 이상 80퍼센트 이하
21. 자연환경보전지역 : 50퍼센트 이상 80퍼센트 이하
② 제1항의 규정에 의하여 도시·군계획조례로 용도지역 용적률을 정함에 있어서 필요한 경우에는 당해 지방자치단체의 관할구역을 세분하여 용적률을 달리 정할 수 있다.
(2012.4.10 본항개정)
③ 제1항에도 불구하고 다음 각 호의 어느 하나에 해당하는 경우에는 해당 지역의 용적률을 다음 각 호의 구분에 따라 완화할 수 있다.
1. 제1항제1호부터 제6호까지의 지역에서 「공공주택 특별법 시행령」 제2조에 따른 공공임대주택 또는 임대의무기간이 8년 이상인 「민간임대주택에 관한 특별법」 제2조제1호에 따른 민간임대주택을 건설하는 경우 : 제1항 제1호부터 제6호까지에 따른 용적률의 120퍼센트 이내의 범위에서 도시·군계획조례로 정하는 비율
(2023.3.21 본호개정)
2. 다음 각 목의 어느 하나에 해당하는 자가 「고등교육법」 제2조에 따른 학교의 학생이 이용하도록 해당 학교 부지 외에 「건축법 시행령」 별표1 제2호라목에 따른 기숙사(이하 이 항에서 "기숙사"라 한다)를 건설하는 경우 : 제1항 각 호에 따른 용도지역별 최대한도의 범위에서 도시·군계획조례로 정하는 비율
가. 국가 또는 지방자치단체
나. 「사립학교법」에 따른 학교법인
다. 「한국사학진흥재단법」에 따른 한국사학진흥재단
라. 「한국장학재단 설립 등에 관한 법률」에 따른 한국장학재단
마. 가목부터 라목까지의 어느 하나에 해당하는 자가 단독 또는 공동으로 출자하여 설립한 법인
3. 「고등교육법」 제2조에 따른 학교의 학생이 이용하도록 해당 학교 부지에 기숙사를 건설하는 경우 : 제1항 각 호에 따른 용도지역별 최대한도의 범위에서 도시·군계획조례로 정하는 비율
4. 「영유아보육법」 제14조제1항에 따른 사업주가 같은 법 제10조제4호의 직장어린이집을 설치하기 위하여 기존 건축물 외에 별도의 건축물을 건설하는 경우 : 제1항 각

호에 따른 용도지역별 최대한도의 범위에서 도시·군계획조례로 정하는 비율
5. 제10항 각 호의 어느 하나에 해당하는 시설을 국가 또는 지방자치단체가 건설하는 경우 : 제1항 각 호에 따른 용도지역별 최대한도의 범위에서 도시·군계획조례로 정하는 비율
6. 「건축법 시행령」 별표1 제9호의 의료시설 부지에 「감염병의 예방 및 관리에 관한 법률」 제36조제3항 전단에 따른 감염병관리시설을 설치하는 경우로서 다음 각 목의 요건을 모두 갖춘 경우 : 제1항 각 호에 따른 용도지역별 최대한도의 120퍼센트 이하의 범위에서 도시·군계획조례로 정하는 비율
가. 질병관리청장이 효율적인 감염병 관리를 위하여 필요하다고 인정하는 시설(이하 "필요감염병관리시설"이라 한다)을 설치하는 경우일 것
나. 필요감염병관리시설 외 시설의 면적은 제1항에 따라 도시·군계획조례로 정하는 용적률에 해당하는 면적 이내일 것
(2022.1.28 본호신설)
(2018.7.17 본항개정)
④ 제3항의 규정은 제46조제9항 각 호의 어느 하나에 해당되는 경우에는 이를 적용하지 아니한다.(2005.9.8 본항신설)
⑤ 제1항에도 불구하고 법 제37조제4항 후단에 따른 방재지구의 재해저감대책에 부합하게 재해예방시설을 설치하는 건축물의 경우 제1항제1호부터 제13호까지의 용도지역에서는 해당 용적률의 140퍼센트 이하의 범위에서 도시·군계획조례로 정하는 비율로 할 수 있다.(2023.7.18 본항개정)
⑥ 법 제78조제3항의 규정에 의하여 다음 각 호의 지역안에서의 용적률은 각 호에서 정한 범위 안에서 특별시·광역시·특별자치시·특별자치도·시 또는 군의 도시·군계획조례가 정하는 비율을 초과하여서는 아니된다.
(2012.4.10 본문개정)
1. 도시지역외의 지역에 지정된 개발진흥지구 : 100퍼센트 이하
2. 수산자원보호구역 : 80퍼센트 이하
3. 「자연공원법」에 따른 자연공원 : 100퍼센트 이하
(2012.4.10 본호개정)
4. 「산업입지 및 개발에 관한 법률」 제2조제8호라목에 따른 농공단지(도시지역외의 지역에 지정된 농공단지에 한한다) : 150퍼센트 이하(2012.4.10 본호개정)
⑦ 법 제78조제4항의 규정에 의하여 준주거지역·중심상업지역·일반상업지역·근린상업지역·전용공업지역·일반공업지역 또는 준공업지역안의 건축물로서 다음 각 호의 1에 해당하는 건축물에 대한 용적률은 경관·교통·방화 및 위생상 지장이 없다고 인정되는 경우에는 제1항 각호의 규정에 의한 해당 용적률의 120퍼센트 이하의 범위안에서 특별시·광역시·특별자치시·특별자치도·시 또는 군의 도시·군계획조례가 정하는 비율로 할 수 있다.(2012.4.10 본문개정)
1. 공원·광장(교통광장을 제외한다. 이하 이 조에서 같다)·하천 그 밖에 건축이 금지된 공지에 접한 도로를 전면도로로 하는 대지안의 건축물이나 공원·광장·하천 그 밖에 건축이 금지된 공지에 20미터 이상 접한 대지안의 건축물
2. 너비 25미터 이상인 도로에 20미터 이상 접한 대지안의 건축면적이 1천제곱미터 이상인 건축물
⑧ 법 제78조제4항의 규정에 의하여 다음 각호의 지역·지구 또는 구역안에서 건축물을 건축하고자 하는 자가 그 대지의 일부를 공공시설부지로 제공하는 경우에는 당해 건축물에 대한 용적률은 제1항 각호의 규정에 의한 해당 용적률의 200퍼센트 이하의 범위안에서 대지면적의 제공비율에 따라 특별시·광역시·특별자치시·특별자치도·시 또는 군의 도시·군계획조례가 정하는 비율로 할 수 있다.(2012.4.10 본문개정)
1. 상업지역
2. (2005.1.15 삭제)
3. 「도시 및 주거환경정비법」에 따른 재개발사업 및 재건축사업을 시행하기 위한 정비구역(2018.2.9 본호개정)
⑨ 법 제78조제5항에서 "창고 등 대통령령으로 정하는 용도의 건축물 또는 시설물"이란 창고를 말한다.
(2014.1.14 본항개정)
⑩ 법 제78조제6항 전단에서 "대통령령으로 정하는 시설"이란 다음 각 호의 시설을 말한다.
1. 「영유아보육법」 제2조제3호에 따른 어린이집
2. 「노인복지법」 제36조제1항제1호에 따른 노인복지관
3. 그 밖에 특별시장·광역시장·특별자치시장·특별자치도지사·시장 또는 군수가 해당 지역의 사회복지시설 수요를 고려하여 도시·군계획조례로 정하는 사회복지시설
(2014.6.30 본항신설)
⑪ 제1항에도 불구하고 건축물을 건축하려는 자가 법 제78조제6항 전단에 따라 그 대지의 일부에 사회복지시설을 설치하여 기부하는 경우에는 기부하는 시설의 연면적의 2배 이하의 범위에서 도시·군계획조례로 정하는 바에 따라 추가 건축을 허용할 수 있다. 다만, 해당 용적률은 다음 각 호의 기준을 초과할 수 없다.
1. 제1항에 따라 도시·군계획조례로 정하는 용적률의 120퍼센트
2. 제1항 각 호의 구분에 따른 용도지역별 용적률의 최대한도
(2014.6.30 본항신설)
⑫ 국가나 지방자치단체는 법 제78조제6항 전단에 따라 기부 받은 사회복지시설을 제10항 각 호에 따른 시설 외의 시설로 용도변경하거나 그 주요 용도에 해당하는 부분을 분양 또는 임대할 수 없으며, 해당 시설의 면적이나 규모를 확장하여 설치장소를 변경(지방자치단체에 기부한 경우에는 그 관할 구역 내에서의 설치장소 변경을 말한다)하는 경우를 제외하고는 국가나 지방자치단체 외의 자에게 그 시설의 소유권을 이전할 수 없다.(2014.6.30 본항신설)
(2006.3.23 본조제목개정)

제86조 【용도지역 미세분지역에서의 행위제한 등】 법 제79조제2항에서 "대통령령으로 정하는 지역"이란 보전녹지지역을 말한다.(2018.11.13 본조개정)

제87조 【시가화조정구역안에서 시행할 수 있는 도시·군계획사업】 법 제81조제1항에서 "대통령령으로 정하는 사업"이란 국방상 또는 공익상 시가화조정구역안에서의 사업시행이 불가피한 것으로서 관계 중앙행정기관의 장의 요청에 의하여 국토교통부장관이 시가화조정구역의 지정목적달성에 지장이 없다고 인정하는 도시·군계획사업을 말한다.(2018.11.13 본조개정)

제88조 【시가화조정구역안에서의 행위제한】 법 제81조제2항의 규정에 의하여 시가화조정구역안에서 특별시장·광역시장·특별자치시장·특별자치도지사·시장 또는 군수의 허가를 받아 할 수 있는 행위는 별표24와 같다.(2012.4.10 본조개정)

제89조 【시가화조정구역안에서의 행위허가의 기준 등】
① 특별시장·광역시장·특별자치시장·특별자치도지사·시장 또는 군수는 시가화조정구역의 지정목적달성에 지장이 있거나 당해 토지 또는 주변토지의 합리적인 이용에 지장이 있다고 인정되는 경우에는 법 제81조제2항의 규정에 의한 허가를 하여서는 아니된다.(2012.4.10 본항개정)
② 시가화조정구역안에 있는 산림안에서의 입목의 벌채, 조림 및 육림의 허가기준에 관하여는 「산림자원의 조성 및 관리에 관한 법률」의 규정에 의한다.(2006.8.4 본항개정)
③ 특별시장·광역시장·특별자치시장·특별자치도지사·시장 또는 군수는 별표25에 규정된 행위에 대하여는 특별한 사유가 없는 한 법 제81조제2항의 규정에 의한 허가를 거부하여서는 아니된다.(2012.4.10 본항개정)
④ 특별시장·광역시장·특별자치시장·특별자치도지사·시장 또는 군수는 법 제81조제2항의 규정에 의한 허가를 함에 있어서 시가화조정구역의 지정목적상 필요하다고 인정되는 경우에는 조경 등 필요한 조치를 할 것을 조건으로 허가할 수 있다.(2012.4.10 본항개정)
⑤ 특별시장·광역시장·특별자치시장·특별자치도지사·시장 또는 군수는 법 제81조제2항의 규정에 의한 허가를 하고자 하는 때에는 당해 행위가 도시·군계획사업의 시행에 지장을 주는지의 여부에 관하여 당해 시가화조정구역안에서 시행되는 도시·군계획사업의 시행자의 의견을 들어야 한다.(2012.4.10 본항개정)
⑥ 제55조 및 제56조의 규정은 법 제81조제2항의 규정에 의한 허가에 관하여 이를 준용한다.
⑦ 법 제81조제6항의 규정에 의하여 허가를 신청하고자 하는 자는 국토교통부령이 정하는 서류를 특별시장·광역시장·특별자치시장·특별자치도지사·시장 또는 군수에게 제출하여야 한다.(2013.3.23 본항개정)

제90조~제92조 (2008.7.28 삭제)

제93조 【기존의 건축물에 대한 특례】 ① 다음 각 호의 어느 하나에 해당하는 사유로 인하여 기존의 건축물이 제71조부터 제80조까지, 제82조부터 제84조까지, 제84조의2, 제85조부터 제89조까지 및 「수산자원관리법 시행령」 제40조제1항에 따른 건축제한·건폐율 또는 용적률 규정에 부적합하게 된 경우에도 재축(「건축법」 제2조제1항제8호에 따른 재축을 말한다) 또는 대수선(「건축법」 제2조제1항제9호에 따른 대수선을 말하며, 건폐율·용적률이 증가되지 아니하는 범위로 한정한다)을 할 수 있다.
(2014.10.15 본문개정)
1. 법령 또는 도시·군계획조례의 제정·개정
2. 도시·군관리계획의 결정·변경 또는 행정구역의 변경
3. 도시·군계획시설의 설치, 도시·군계획사업의 시행 또는 「도로법」에 의한 도로의 설치
(2012.4.10 본항개정)
② 기존의 건축물이 제1항 각 호의 사유로 제71조부터 제80조까지, 제82조부터 제84조까지, 제84조의2, 제86조부터 제89조까지 및 「수산자원관리법 시행령」 제40조제1항에 따른 건축제한 또는 건폐율 규정에 부적합하게 된 경우에도 기존 부지 내에서 증축 또는 개축(「건축법」 제2조제1항제8호에 따른 증축 또는 개축을 말한다. 이하 이 조 및 제93조의3에서 같다)하려는 부분이 제71조부터 제80조까지, 제82조, 제83조, 제85조부터 제89조까지 및 「수산자원관리법 시행령」 제40조제1항에 따른 건축제한 및 용적률 규정에 적합한 경우로서 다음 각 호의 어느 하나에 해당하는 경우에는 다음 각 호의 구분에 따라 증축 또는 개축을 할 수 있다.(2022.1.18 본문개정)
1. 기존의 건축물이 제84조 및 제84조의2에 따른 건폐율 기준에 부적합하게 된 경우 : 건폐율이 증가하지 아니하는 범위에서의 증축 또는 개축
2. 기존의 건축물이 제84조 및 제84조의2에 따른 건폐율 기준에 적합한 경우 : 제84조 및 제84조의2에 따른 건폐율 기준을 초과하지 아니하는 범위에서의 증축 또는 개축
(2014.10.15 본항신설)
③ 기존의 건축물이 제1항 각 호의 사유로 제71조부터 제80조까지, 제82조부터 제84조까지, 제84조의2, 제85조부터 제89조까지 및 「수산자원관리법 시행령」 제40조제1항에 따른 건축제한·건폐율 또는 용적률 규정에 부적합하게 된 경우에도 부지를 확장하여 추가편입부지에 증축하려는 부분이 제71조부터 제80조까지, 제82조부터 제84조까지, 제84조의2, 제85조부터 제89조까지 및 「수산자원관리법 시행령」 제40조제1항에 따른 건축제한·건폐율 및 용적률 규정에 적합한 경우에는 증축을 할 수 있다. 이 경우 추가편입부지에서 증축하려는 건축물에 대한 건폐율과 용적률 기준은 추가편입부지에 대해서만 적용한다.
(2014.10.15 본항신설)
④ 기존의 공장이나 제조업소가 제1항 각 호의 사유로 제71조부터 제80조까지, 제82조부터 제84조까지, 제84조의2, 제85조부터 제89조까지 및 「수산자원관리법 시행령」 제40조제1항에 따른 건축제한·건폐율 또는 용적률 규정에 부적합하게 된 경우에도 기존 업종보다 오염배출 수준이 같거나 낮은 경우에는 특별시·광역시·특별자치시·특별자치도·시 또는 군의 도시·군계획조례로 정하는 바에 따라 건축물이 아닌 시설을 증설할 수 있다.
(2014.10.15 본항신설)
⑤ 기존의 건축물이 제1항 각 호의 사유로 제71조부터 제80조까지, 제82조부터 제84조까지, 제84조의2, 제85조부터 제89조까지 및 「수산자원관리법 시행령」 제40조제1항에 따른 건축제한, 건폐율 또는 용적률 규정에 부적합하게 된 경우에도 해당 건축물의 기존 용도가 국토교통부령(수산자원보호구역의 경우에는 해양수산부령을 말한다)으로 정하는 바에 따라 확인되는 경우(기존 용도에 따른 영업을 폐업한 후 기존 용도 외의 용도로 사용되지 아니한 것으로 확인되는 경우를 포함한다)에는 업종을 변경하지 아니하는 경우에 한하여 기존 용도로 계속 사용할 수 있다. 이 경우 기존의 건축물이 공장이나 제조업소인 경우로서 대기오염물질발생량 또는 폐수배출량이 「대기환경보전법 시행령」 별표1의3 및 「물환경보전법 시행령」 별표13에 따른 사업장 종류별 대기오염물질발생량 또는 배출규모의 범위에서 증가하는 경우는 기존 용도로 사용하는 것으로 본다.(2023.3.21 후단개정)
⑥ 제5항 전단에도 불구하고 기존의 건축물이 공장이나 제조업소인 경우에는 도시·군계획조례로 정하는 바에 따라 대기오염물질발생량 또는 폐수배출량이 증가하지 아니하는 경우에 한하여 기존 용도 범위에서의 업종변경을 할 수 있다.(2015.7.6 본항신설)
⑦ 기존의 건축물이 제1항 각 호의 사유로 제71조부터 제80조까지, 제82조부터 제84조까지, 제84조의2, 제85조부터 제89조까지 및 「수산자원관리법 시행령」 제40조제1항에 따른 건축제한·건폐율 또는 용적률 규정에 적합하지 아니하게 된 경우에도 해당 건축물이 있는 용도지역·용도지구·용도구역에서 허용되는 용도(건폐율·용적률·높이·면적의 제한을 제외한 용도를 말한다)로 변경할 수 있다.(2014.10.15 본항개정)

제93조의2 (2022.1.18 삭제)

제93조의3 【기존 공장에 대한 특례】 제93조제2항 및 제3항에도 불구하고 녹지지역 또는 관리지역에 있는 기존 공장(해당 용도지역으로 지정될 당시 이미 준공된 공장으로 한정한다)이 다음 각 호의 어느 하나에 해당하는 경우로서 해당 공장의 소유자가 2025년 12월 31일까지 증축 또는 개축 허가를 신청한 경우에는 해당 호에서 정한 비율까지 건폐율을 완화하여 적용할 수 있다.
1. 기존 부지 내에서 증축 또는 개축하는 경우 : 40퍼센트 이내의 범위에서 최초 건축허가 시 해당 공장에 허용된 건폐율
2. 부지를 확장하여 건축물을 증축하려는 경우로서 다음 각 목의 어느 하나에 해당하는 경우 : 40퍼센트. 이 경우 가목의 경우에는 추가편입부지에 대해서만 건폐율 기준을 적용하고, 나목의 경우에는 기존 부지와 추가편입부지를 하나로 하여 건폐율 기준을 적용한다.
가. 추가편입부지에 건축물을 증축하려는 경우로서 다음의 요건을 모두 갖춘 경우
1) 추가편입부지의 면적이 3천제곱미터 이하로서 기존 부지면적의 50퍼센트 이내일 것
2) 제71조부터 제80조까지, 제82조, 제83조, 제85조부터 제89조까지 및 「수산자원관리법 시행령」 제40조제1항에 따른 건축제한 및 용적률 규정에 적합할 것
3) 관할 특별시장·광역시장·특별자치시장·특별자치도지사·시장 또는 군수가 해당 지방도시계획위원회의 심의를 거쳐 기반시설의 설치 및 그에 필요한 용지의 확보가 충분하고 주변지역의 환경오염 우려가 없다고 인정할 것
나. 기존 부지와 추가편입부지를 하나로 하여 건축물을 증축하려는 경우로서 다음 각 목의 요건을 모두 갖춘 경우

1) 가목1)부터 3)까지의 요건을 모두 갖출 것
2) 관할 특별시장·광역시장·특별자치시장·특별자치도지사·시장 또는 군수가 해당 지방도시계획위원회의 심의를 거쳐 다음의 어느 하나에 해당하는 인증 등을 받기 위하여 기존 부지와 추가편입부지를 하나로 하여 건축물을 증축하는 것이 불가피하다고 인정할 것
가) 「식품위생법」 제48조에 따른 식품안전관리인증
나) 「농수산물 품질관리법」 제70조에 따른 위해요소중점관리기준 이행 사실 증명
다) 「축산물 위생관리법」 제9조에 따른 안전관리인증
3) 기존 부지와 추가편입부지를 합병할 것. 다만, 「건축법 시행령」 제3조제1항제2호가목에 해당하는 경우에는 합병하지 않을 수 있다.
(2022.1.18 본조신설)

제94조【2 이상의 용도지역·용도지구·용도구역에 걸치는 토지에 대한 적용기준】 법 제84조제1항 각 호 외의 부분 본문 및 같은 조 제3항 본문에서 "대통령령으로 정하는 규모"라 함은 330제곱미터를 말한다. 다만, 도로변에 띠 모양으로 지정된 상업지역에 걸쳐 있는 토지의 경우에는 660제곱미터를 말한다.(2017.12.29 본문개정)

제7장 도시·군계획시설사업
(2012.4.10 본장제목개정)

제95조【단계별집행계획의 수립】 ① 특별시장·광역시장·특별자치시장·특별자치도지사·시장 또는 군수는 법 제85조제1항의 규정에 의하여 단계별집행계획을 수립하고자 하는 때에는 미리 관계 행정기관의 장과 협의하여야 하며, 해당 지방의회의 의견을 들어야 한다.
(2017.9.19 본항개정)
② 법 제85조제1항 단서에서 "대통령령으로 정하는 법률"이란 다음 각 호의 법률을 말한다.
1. 「도시 및 주거환경정비법」
2. 「도시재정비 촉진을 위한 특별법」
3. 「도시재생 활성화 및 지원에 관한 특별법」
(2018.11.13 본항신설)
③ 특별시장·광역시장·특별자치시장·특별자치도지사·시장 또는 군수는 매년 법 제85조제3항의 규정에 의한 제2단계집행계획을 검토하여 3년 이내에 도시·군계획시설사업을 시행할 도시·군계획시설은 이를 제1단계집행계획에 포함시킬 수 있다.(2012.4.10 본항개정)
④ 법 제85조제4항에 따른 단계별 집행계획의 공고는 해당 지방자치단체의 공보와 인터넷 홈페이지에 게재하는 방법으로 하며, 필요한 경우 전국 또는 해당 지방자치단체를 주된 보급지역으로 하는 일간신문에 게재하는 방법이나 방송 등의 방법을 병행할 수 있다.(2020.11.24 본항개정)
⑤ 법 제85조제5항 단서에서 "대통령령으로 정하는 경미한 사항을 변경하는 경우"란 제25조제3항 각 호 및 제4항 각 호에 따른 도시·군관리계획의 변경에 따라 단계별집행계획을 변경하는 경우를 말한다.(2018.11.13 본항개정)

제96조【시행자의 지정】 ① 법 제86조제5항의 규정에 의하여 도시·군계획시설사업의 시행자로 지정받고자 하는 자는 다음 각호의 사항을 기재한 신청서를 국토교통부장관, 시·도지사 또는 시장·군수에게 제출하여야 한다.(2013.3.23 본문개정)
1. 사업의 종류 및 명칭
2. 사업시행자의 성명 및 주소(법인인 경우에는 법인의 명칭 및 소재지와 대표자의 성명 및 주소)
3. 토지 또는 건물의 소재지·지번·지목 및 면적, 소유권과 소유권외의 권리의 명세 및 그 소유자·권리자의 성명·주소
4. 사업의 착수예정일 및 준공예정일
5. 자금조달계획
② 법 제86조제7항 각 호외의 부분 중 "대통령령으로 정하는 요건"이란 도시계획시설사업의 대상인 토지(국·공유지를 제외한다. 이하 이 항에서 같다)면적의 3분의 2 이상에 해당하는 토지를 소유하고, 토지소유자 총수의 2분의 1 이상에 해당하는 자의 동의를 얻는 것을 말한다.
(2009.8.5 본항개정)
③ 법 제86조제7항제2호에서 "대통령령으로 정하는 공공기관"이란 다음 각 호의 어느 하나에 해당하는 기관을 말한다.
1. 「한국농수산식품유통공사법」에 따른 한국농수산식품유통공사(2012.1.25 본호개정)
2. 「대한석탄공사법」에 따른 대한석탄공사
3. 「한국토지주택공사법」에 따른 한국토지주택공사
(2009.9.21 본호개정)
4. 「한국관광공사법」에 따른 한국관광공사
5. 「한국농어촌공사 및 농지관리기금법」에 따른 한국농어촌공사
6. 「한국도로공사법」에 따른 한국도로공사
7. 「한국석유공사법」에 따른 한국석유공사
8. 「한국수자원공사법」에 따른 한국수자원공사
9. 「한국전력공사법」에 따른 한국전력공사
10. 「한국철도공사법」에 따른 한국철도공사
11. (2009.9.21 삭제)
(2009.8.5 본항신설)
④ 법 제86조제7항제3호에서 "대통령령으로 정하는 자"란 다음 각 호의 어느 하나에 해당하는 자를 말한다.
(2009.8.5 본문개정)
1. 「지방공기업법」에 의한 지방공사 및 지방공단
(2005.9.8 본호개정)
2. 다른 법률에 의하여 도시·군계획시설사업이 포함된 사업의 시행자로 지정된 자(2012.4.10 본호개정)
3. 법 제65조의 규정에 의하여 공공시설을 관리할 관리청에 무상으로 귀속되는 공공시설을 설치하고자 하는 자
4. 「국유재산법」 제13조 또는 「공유재산 및 물품관리법」 제7조에 따라 기부를 조건으로 시설물을 설치하려는 자
(2009.8.5 본항개정)
⑤ 당해 도시·군계획시설사업이 다른 법령에 의하여 면허·허가·인가 등을 받아야 하는 사업인 경우에는 그 사업시행에 관한 면허·허가·인가 등의 사실을 증명하는 서류의 사본을 제1항의 신청서에 첨부하여야 한다. 다만, 다른 법령에서 도시·군계획시설사업의 시행자지정을 면허·허가·인가 등의 조건으로 하는 경우에는 관계 행정기관의 장의 의견서로 갈음할 수 있다.(2012.4.10 본항개정)

제97조【실시계획의 인가】 ① 법 제88조제1항의 규정에 의한 실시계획(이하 "실시계획"이라 한다)에는 다음 각호의 사항이 포함되어야 한다.
1. 사업의 종류 및 명칭
2. 사업의 면적 또는 규모
3. 사업시행자의 성명 및 주소(법인인 경우에는 법인의 명칭 및 소재지와 대표자의 성명 및 주소)
4. 사업의 착수예정일 및 준공예정일
② 법 제88조제2항 본문에 따라 도시·군계획시설사업의 시행자가 실시계획의 인가를 받고자 하는 경우 국토교통부장관이 지정한 시행자는 국토교통부장관의 인가를 받아야 하며, 그 밖의 시행자는 시·도지사 또는 대도시 시장의 인가를 받아야 한다.(2014.1.14 본항개정)
③ 도시·군계획시설사업의 시행자로 지정된 자는 특별한 사유가 없는 한 시행자지정시에 정한 기일까지 국토교통부장관, 시·도지사 또는 대도시 시장에게 국토교통부령이 정하는 실시계획인가신청서를 제출하여야 한다.
(2013.3.23 본항개정)
④ 법 제86조제5항의 규정에 의하여 도시·군계획시설사업의 시행자로 지정을 받은 자는 실시계획을 작성하고자 하는 때에는 미리 당해 특별시장·광역시장·특별자치시장·특별자치도지사·시장 또는 군수의 의견을 들어야 한다.(2012.4.10 본항개정)
⑤ 법 제87조의 규정에 의하여 도시·군계획시설사업을 분할시행하는 때에는 분할된 지역별로 실시계획을 작성할 수 있다.(2012.4.10 본항개정)
⑥ 법 제88조제5항에서 "대통령령으로 정하는 사항"이란 다음 각 호의 사항을 말한다.(2018.11.13 본문개정)
1. 사업시행지의 위치도 및 계획평면도
2. 공사설계도서(「건축법」 제29조에 따른 건축협의를 하여야 하는 사업인 경우에는 개략설계도서)(2008.9.25 본호개정)
3. 수용 또는 사용할 토지 또는 건물의 소재지·지번·지목 및 면적, 소유권과 소유권외의 권리의 명세 및 그 소유자·권리자의 성명·주소
4. 도시·군계획시설사업의 시행으로 새로이 설치하는 공공시설 또는 기존의 공공시설의 조서 및 도면(행정청이 시행자인 경우에 한한다)(2012.4.10 본호개정)
5. 도시·군계획시설사업의 시행으로 용도폐지되는 공공시설에 대한 둘 이상의 감정평가법인등의 감정평가서(행정청이 아닌 자가 시행자인 경우에 한정한다). 다만, 제2항에 따른 해당 도시·군계획시설사업의 실시계획인가권자가 새로운 공공시설의 설치비용이 기존의 공공시설의 감정평가액보다 현저히 많은 것이 명백하여 이를 비교할 실익이 없다고 인정하거나 사업 시행기간 중에 제출하도록 조건을 붙이는 경우는 제외한다.
(2021.7.6 본문개정)
6. 도시·군계획시설사업으로 새로이 설치하는 공공시설의 조서 및 도면과 그 설치비용계산서(행정청이 아닌 자가 시행자인 경우에 한한다). 이 경우 새로운 공공시설의 설치에 필요한 토지와 종래의 공공시설이 설치되어 있는 토지가 같은 토지인 경우에는 그 토지가격을 뺀 설치비용만 계산한다.(2012.4.10 전단개정)
7. 법 제92조제3항의 규정에 의한 관계 행정기관의 장과의 협의에 필요한 서류
8. 제4항의 규정에 의한 특별시장·광역시장·특별자치시장·특별자치도지사·시장 또는 군수의 의견청취 결과(2012.4.10 본호개정)
⑦ 시·도지사 또는 대도시 시장은 법 제88조제9항 각 호 외의 부분 후단에 따라 해당 시·도 또는 대도시의 공보와 인터넷 홈페이지에 실효일자 및 실효사유와 실효된 도시·군계획의 내용을 게재하는 방법으로 도시·군계획시설결정의 실효고시를 해야 한다.(2020.11.24 본항개정)

제98조【도시·군계획시설사업의 이행담보】 ① 법 제89조제1항 각 호 외의 부분 본문에서 "대통령령으로 정하는 경우"란 다음 각 호의 어느 하나에 해당하는 경우를 말한다.(2018.11.13 본문개정)
1. 도시·군계획시설사업으로 인하여 도로·수도공급설비·하수도 등 기반시설의 설치가 필요한 경우
2. 도시·군계획시설사업으로 인하여 제59조제1항제2호 내지 제5호의 1에 해당하는 경우
(2012.4.10 1호~2호개정)
② 법 제89조제1항제2호에서 "대통령령으로 정하는 공공기관"이란 「공공기관의 운영에 관한 법률」 제5조제4항제1호 또는 제2호나목에 해당하는 기관을 말한다.
(2020.11.24 본항개정)
③ 법 제89조제1항제3호에서 "대통령령으로 정하는 자"란 「지방공기업법」에 의한 지방공사 및 지방공단을 말한다.
(2018.11.13 본항개정)
④ 제59조제2항 내지 제4항의 규정은 법 제89조제2항의 규정에 의한 예치금액의 산정 및 예치방법 등에 관하여 이를 준용한다.
(2012.4.10 본조제목개정)

제99조【서류의 열람 등】 ① 법 제90조제1항에 따른 공고는 국토교통부장관이 하는 경우에는 관보나 전국을 보급지역으로 하는 일간신문에, 시·도지사 또는 대도시 시장이 하는 경우에는 해당 시·도 또는 대도시의 공보나 해당 시·도 또는 대도시를 주된 보급지역으로 하는 일간신문에 다음 각 호의 사항을 게재하는 방법에 따른다. 이 경우 국토교통부장관, 시·도지사 또는 대도시 시장은 공고한 내용을 해당 기관의 인터넷 홈페이지에도 게재해야 한다.(2020.11.24 후단신설)
1. 인가신청의 요지
2. 열람의 일시 및 장소
② 다음 각 호의 어느 하나에 해당하는 경미한 사항의 변경인 경우에는 제1항에 따른 공고 및 열람을 하지 아니할 수 있다.(2011.7.1 본문개정)
1. 사업시행지의 변경이 수반되지 아니하는 범위안에서의 사업내용변경
2. 사업의 착수예정일 및 준공예정일의 변경. 다만, 사업시행에 필요한 토지 등(공공시설은 제외한다)의 취득이 완료되기 전에 준공예정일을 연장하는 경우는 제외한다.(2011.7.1 단서신설)
3. 사업시행자의 주소(사업시행자가 법인인 경우에는 법인의 소재지와 대표자의 성명 및 주소)의 변경(2011.7.1 본호신설)
③ 제1항의 규정에 의한 공고에 소요되는 비용은 도시·군계획시설사업의 시행자가 부담한다.(2012.4.10 본항개정)

제100조【실시계획의 고시】 ① 법 제91조에 따른 실시계획의 고시는 국토교통부장관이 하는 경우에는 관보와 국토교통부의 인터넷 홈페이지에, 시·도지사 또는 대도시 시장이 하는 경우에는 해당 시·도 또는 대도시의 공보와 인터넷 홈페이지에 다음 각 호의 사항을 게재하는 방법으로 한다.(2020.11.24 본문개정)
1. 사업시행지의 위치
2. 사업의 종류 및 명칭
3. 면적 또는 규모
4. 시행자의 성명 및 주소(법인인 경우에는 법인의 명칭 및 주소와 대표자의 성명 및 주소)
5. 사업의 착수예정일 및 준공예정일
6. 수용 또는 사용할 토지 또는 건물의 소재지·지번·지목 및 면적, 소유권과 소유권외의 권리의 명세 및 그 소유자·권리자의 성명·주소
7. 법 제99조의 규정에 의한 공공시설 등의 귀속 및 양도에 관한 사항
② 국토교통부장관, 시·도지사 또는 대도시 시장은 제1항에 따라 실시계획을 고시하였으면 그 내용을 관계 행정기관의 장에게 통보하여야 한다.(2013.3.23 본항개정)

제101조【공시송달】 행정청이 아닌 도시·군계획시설사업의 시행자는 법 제94조제1항에 따라 공시송달을 하려는 경우에는 국토교통부장관, 관할 시·도지사 또는 대도시 시장의 승인을 받아야 한다.(2013.3.23 본조개정)

제102조【공사완료공고 등】 ① 도시·군계획시설사업에 대하여 다른 법령에 따른 준공검사·준공인가 등을 받은 경우 그 부분에 대하여는 법 제98조제2항에 따른 준공검사를 하지 아니할 수 있다. 이 경우 시·도지사 또는 대도시 시장은 다른 법령에 따른 준공검사·준공인가 등을 한 기관의 장에 대하여 그 준공검사·준공인가 등의 내용을 통보하여 줄 것을 요청할 수 있다.(2012.4.10 전단개정)
② 법 제98조제3항 및 제4항에 따른 공사완료 공고는 국토교통부장관이 하는 경우에는 관보와 국토교통부의 인터넷 홈페이지에, 시·도지사 또는 대도시 시장이 하는 경우에는 해당 시·도 또는 대도시의 공보와 인터넷 홈페이지에 게재하는 방법으로 한다.(2020.11.24 본항개정)

제103조【조성대지 등의 처분】 국가 또는 지방자치단체는 법 제100조에 따른 도시·군계획시설사업으로 조성된 대지 및 건축물 중 그 소유에 속하는 재산을 처분하려는 때에는 다음 각 호의 사항을 공고하되, 국가가 하는 경우에는 관보와 해당 기관의 인터넷 홈페이지에, 지방자치단체가 하는 경우에는 해당 지방자치단체의 공보와 인터넷 홈페이지에 게재하는 방법으로 한다.(2020.11.24 본문개정)
1. 법 제100조 각호의 순위에 의하여 처분한다는 취지
2. 처분하고자 하는 대지 또는 건축물의 위치 및 면적

제8장 비 용

제104조【지방자치단체의 비용부담】 ① 법 제102조제1항의 규정에 의하여 부담하는 비용의 총액은 당해 도시·군계획시설사업에 소요된 비용의 50퍼센트를 넘지 못한다. 이 경우 도시·군계획시설사업에 소요된 비용에는 당해 도시·군계획시설사업의 조사·측량비, 설계비 및 관리비를 포함하지 아니한다.
② 국토교통부장관 또는 시·도지사는 도시·군계획시설사업으로 인하여 이익을 받는 시·도 또는 시·군에 법 제102조제1항의 규정에 의한 비용을 부담시키고자 하는 때에는 도시·군계획시설사업에 소요된 비용총액의 명세와 부담액을 명시하여 당해 시·도지사 또는 시장·군수에게 송부하여야 한다.(2013.3.23 본항개정)
③ 제1항 및 제2항의 규정은 법 제102조제3항의 규정에 의하여 시장 또는 군수가 다른 지방자치단체에 도시·군계획시설사업에 소요된 비용의 일부를 부담시키고자 하는 경우에 이를 준용한다.
(2012.4.10 본조개정)
제105조 (2017.12.29 삭제)
제106조【보조 또는 융자】 ① 법 제104조제1항의 규정에 의하여 기초조사 또는 지형도면의 작성에 소요되는 비용은 그 비용의 80퍼센트 이하의 범위안에서 국가예산으로 보조할 수 있다.
② 법 제104조제2항의 규정에 의하여 행정청이 시행하는 도시·군계획시설사업에 대하여는 당해 도시·군계획시설사업에 소요되는 비용(조사·측량비, 설계비 및 관리비를 제외한 공사비와 감정비를 포함한 보상비를 말한다. 이하 이 항에서 같다)의 50퍼센트 이하의 범위안에서 국가예산으로 보조 또는 융자할 수 있으며, 행정청이 아닌 자가 시행하는 도시·군계획시설사업에 대하여는 당해 도시·군계획시설사업에 소요되는 비용의 3분의 1 이하의 범위안에서 국가 또는 지방자치단체가 보조 또는 융자할 수 있다.(2012.4.10 본항개정)
제107조【취락지구에 대한 지원】 법 제105조의 규정에 의하여 국가 또는 지방자치단체가 취락지구안의 주민의 생활편익과 복지증진 등을 위하여 시행하거나 지원할 수 있는 사업은 다음 각호와 같다.
1. 집단취락지구 : 개발제한구역의지정및관리에관한특별조치법령에서 정하는 바에 의한다.
2. 자연취락지구
가. 자연취락지구안에 있거나 자연취락지구에 연결되는 도로·수도공급설비·하수도 등의 정비
나. 어린이놀이터·공원·녹지·주차장·학교·마을회관 등의 설치·정비
다. 쓰레기처리장·하수처리시설 등의 설치·개량
라. 하천정비 등 재해방지를 위한 시설의 설치·개량
마. 주택의 신축·개량

제9장 도시계획위원회

제108조【중앙도시계획위원회의 운영】 ① 중앙도시계획위원회는 필요하다고 인정하는 경우에는 관계 행정기관의 장에게 필요한 자료의 제출을 요구할 수 있으며, 도시·군계획에 관하여 학식이 풍부한 자의 설명을 들을 수 있다.
(2012.4.10 본항개정)
② 관계 중앙행정기관의 장, 시·도지사, 시장 또는 군수는 해당 중앙행정기관 또는 지방자치단체의 도시·군계획 관련 사항에 관하여 중앙도시계획위원회에 출석하여 발언할 수 있다.(2012.4.10 본항개정)
③ 중앙도시계획위원회의 간사는 회의시마다 회의록을 작성하여 다음 회의에 보고하고 이를 보관하여야 한다.
제109조【중앙도시계획위원회의 분과위원회】 ① 법 제110조의 규정에 의하여 중앙도시계획위원회에 두는 분과위원회 및 그 소관업무는 다음 각호와 같다.
1. 제1분과위원회
가. 법 제8조제2항의 규정에 의한 토지이용계획에 관한 구역등의 지정
나. 법 제9조의 규정에 의한 용도지역 등의 변경계획에 관한 사항의 심의
다. 법 제59조의 규정에 의한 개발행위에 관한 사항의 심의
(2004.1.20 본호개정)
2. 제2분과위원회 : 중앙도시계획위원회에서 위임하는 사항의 심의(2004.1.20 본호개정)
3. (2004.1.20 삭제)
② 각 분과위원회는 위원장 1인을 포함한 5인 이상 17인 이하의 위원으로 구성한다.(2005.9.8 본항개정)
③ 각 분과위원회의 위원은 중앙도시계획위원회가 그 위원 중에서 선출하며, 중앙도시계획위원회의 위원은 2 이상의 분과위원회의 위원이 될 수 있다.
④ 각 분과위원회의 위원장은 분과위원회의 위원 중에서 호선한다.
⑤ 중앙도시계획위원회의 위원장은 제1항에도 불구하고 효율적인 심사를 위하여 필요한 경우에는 각 분과위원회가 분장하는 업무의 일부를 조정할 수 있다.(2008.1.8 본항신설)

제110조【지방도시계획위원회의 업무】 ① 시·도도시계획위원회는 법 제113조제1항제4호에 따라 다음 각 호의 업무를 할 수 있다.
1. 해당 시·도의 도시·군계획조례의 제정·개정과 관련하여 시·도지사가 자문하는 사항에 대한 조언
(2012.4.10 본호개정)
2. 제55조제3항제3호의2에 따른 개발행위허가에 대한 심의
② 시·군·구도시계획위원회는 법 제113조제2항제4호에 따라 다음 각 호의 업무를 할 수 있다.
1. 해당 시·군·구와 관련한 도시·군계획조례의 제정·개정과 관련하여 시장·군수·구청장이 자문하는 사항에 대한 조언(2019.12.31 본호개정)
2. 제55조제3항제3호의2에 따른 개발행위허가에 대한 심의(대도시에 두는 도시계획위원회에 한정한다)
3. 개발행위허가와 관련하여 시장 또는 군수(특별시장·광역시장의 개발행위허가 권한이 법 제139조제2항에 따라 조례로 군수 또는 구청장에게 위임된 경우에는 그 군수 또는 구청장을 포함한다)가 자문하는 사항에 대한 조언
4. 제128조제1항에 따른 시범도시사업계획의 수립에 관하여 시장·군수·구청장이 자문하는 사항에 대한 조언
(2010.4.29 본조개정)
제111조【시·도도시계획위원회의 구성 및 운영】 ① 시·도도시계획위원회는 위원장 및 부위원장 각 1명을 포함한 25명 이상 30명 이하의 위원으로 구성한다.
(2009.7.7 본항개정)
② 시·도도시계획위원회의 위원장은 위원 중에서 해당 시·도지사가 임명 또는 위촉하며, 부위원장은 위원 중에서 호선한다.(2008.1.8 본항개정)
③ 시·도도시계획위원회의 위원은 다음 각 호의 어느 하나에 해당하는 자 중에서 시·도지사가 임명 또는 위촉한다. 이 경우 제3호에 해당하는 위원의 수는 전체 위원의 3분의 2 이상이어야 하고, 법 제8조제7항에 따라 농업진흥지역의 해제 또는 보전산지의 지정해제를 할 때에 도시·군관리계획의 변경이 필요하여 시·도도시계획위원회의 심의를 거쳐야 하는 시·도의 경우에는 농림 분야 공무원 및 농림 분야 전문가가 각각 2명 이상이어야 한다.(2014.1.14 본문개정)
1. 당해 시·도 지방의회의 의원
2. 당해 시·도 및 도시·군계획과 관련있는 행정기관의 공무원(2012.4.10 본호개정)
3. 토지이용·건축·주택·교통·환경·방재·문화·농림·정보통신 등 도시·군계획 관련 분야에 관하여 학식과 경험이 있는 자(2012.4.10 본호개정)
④ 제3항제3호에 해당하는 위원의 임기는 2년으로 하되, 연임할 수 있다. 다만, 보궐위원의 임기는 전임자의 임기 중 남은 기간으로 한다.
⑤ 시·도도시계획위원회의 위원장은 위원회의 업무를 총괄하며, 위원회를 소집하고 그 의장이 된다.
⑥ 시·도도시계획위원회의 회의는 재적위원 과반수의 출석(출석위원의 과반수는 제3항제3호에 해당하는 위원이어야 한다)으로 개의하고, 출석위원 과반수의 찬성으로 의결한다.(2009.7.7 본항개정)
⑦ 시·도도시계획위원회에 간사 1인과 서기 약간인을 둘 수 있으며, 간사와 서기는 위원장이 임명한다.
⑧ 시·도도시계획위원회의 간사는 위원장의 명을 받아 서무를 담당하고, 서기는 간사를 보좌한다.
제112조【시·군·구도시계획위원회의 구성 및 운영】
① 시·군·구도시계획위원회는 위원장 및 부위원장 각 1인을 포함한 15인 이상 25인 이하의 위원으로 구성한다. 다만, 2 이상의 시·군 또는 구에 공동으로 시·군·구도시계획위원회를 설치하는 경우에는 그 위원의 수를 30인까지로 할 수 있다.
② 시·군·구도시계획위원회의 위원장은 위원 중에서 해당 시장·군수 또는 구청장이 임명 또는 위촉하며, 부위원장은 위원 중에서 호선한다. 다만, 2 이상의 시·군 또는 구에 공동으로 설치하는 시·군·구도시계획위원회의 위원장은 당해 시장·군수 또는 구청장이 협의하여 정한다.(2008.1.8 본문개정)
③ 시·군·구도시계획위원회의 위원은 다음 각호의 자중에서 시장·군수 또는 구청장이 임명 또는 위촉한다. 이 경우 제3호에 해당하는 위원의 수는 위원 총수의 50퍼센트 이상이어야 한다.
1. 당해 시·군·구 지방의회의 의원
2. 당해 시·군·구 및 도시·군계획과 관련있는 행정기관의 공무원(2012.4.10 본호개정)
3. 토지이용·건축·주택·교통·환경·방재·문화·농림·정보통신 등 도시·군계획 관련 분야에 관하여 학식과 경험이 있는 자(2012.4.10 본호개정)
④ 제111조제4항 내지 제8항의 규정은 시·군·구도시계획위원회에 관하여 이를 준용한다.
⑤ 제1항 및 제3항에도 불구하고 시·군·구도시계획위원회 중 대도시에 두는 도시계획위원회는 위원장 및 부위원장 각 1명을 포함한 20명 이상 25명 이하의 위원으로 구성하며, 제3항제3호에 해당하는 위원의 수는 전체 위원의 3분의 2 이상이어야 한다.(2009.7.7 본항신설)
제113조【지방도시계획위원회의 분과위원회】 법 제113조제3항에서 "대통령령으로 정하는 사항"이란 다음 각 호의 사항을 말한다.(2018.11.13 본문개정)
1. 법 제9조의 규정에 의한 용도지역 등의 변경계획에 관한 사항
2. 법 제50조의 규정에 의한 지구단위계획구역 및 지구단위계획의 결정 또는 변경결정에 관한 사항
3. 법 제59조의 규정에 의한 개발행위에 대한 심의에 관한 사항
4. 법 제120조의 규정에 의한 이의신청에 관한 사항
5. 지방도시계획위원회에서 위임하는 사항
제113조의2【위원의 제척·회피】 법 제113조의3제1항제4호에서 "대통령령으로 정하는 경우"란 다음 각 호의 어느 하나에 해당하는 경우를 말한다.
1. 자기가 심의하거나 자문에 응한 안건에 관하여 용역을 받거나 그 밖의 방법으로 직접 관여한 경우
2. 자기가 심의하거나 자문에 응한 안건의 직접적인 이해관계인이 되는 경우
(2018.11.13 본조개정)
제113조의3【회의록의 공개】 ① 법 제113조의2 본문에서 "대통령령으로 정하는 기간"이란 중앙도시계획위원회의 경우에는 심의 종결 후 6개월, 지방도시계획위원회의 경우에는 6개월 이하의 범위에서 해당 지방자치단체의 도시·군계획조례로 정하는 기간을 말한다.(2012.4.10 본항개정)
② 법 제113조의2 본문에 따른 회의록의 공개는 열람 또는 사본을 제공하는 방법으로 한다.(2019.8.6 본항개정)
③ 법 제113조의2 단서에서 "이름·주민등록번호 등 대통령령으로 정하는 개인식별 정보"란 이름·주민등록번호·직위 및 주소 등 특정인임을 식별할 수 있는 정보를 말한다.
(2009.8.5 본조신설)
제114조【운영세칙】 중앙도시계획위원회 및 그 분과위원회의 운영에 관한 다음 각 호의 사항은 국토교통부장관이 정하고, 지방도시계획위원회 및 그 분과위원회의 운영에 관한 다음 각 호의 사항은 해당 지방자치단체의 도시·군계획조례로 정한다.(2013.6.11 본문개정)
1. 위원의 자격 및 임명·위촉·해촉(解囑) 기준
(2013.6.11 본호개정)
2. 회의 소집 방법, 의결정족수 등 회의의 운영에 관한 사항
(2011.3.9 본호신설)
3. 위원회 및 분과위원회의 심의·자문 대상 및 그 업무의 구분에 관한 사항(2011.3.9 본호신설)
4. 위원의 제척·기피·회피에 관한 사항(2013.6.11 본호개정)
5. 안건 처리기한 및 반복 심의 제한에 관한 사항
6. 이해관계자 및 전문가 등의 의견청취에 관한 사항
(2011.3.9 5호~6호신설)
7. 법 제116조에 따른 도시·군계획상임기획단의 구성 및 운영에 관한 사항(2012.4.10 본호개정)
제115조【수당 및 여비】 법 제115조의 규정에 의하여 중앙도시계획위원회의 위원 및 전문위원에게 예산의 범위안에서 국토교통부령이 정하는 바에 따라 수당 및 여비를 지급할 수 있다.(2013.3.23 본조개정)

제10장 토지거래의 허가 등

제116조~제125조 (2017.1.17 삭제)

제11장 보 칙

제126조【시범도시의 지정】 ① 법 제127조제1항에서 "대통령령으로 정하는 분야"란 교육·안전·교통·경제활력·도시재생 및 기후변화 분야를 말한다.(2009.7.7 본항개정)
② 시범도시는 다음 각 호의 기준에 적합하여야 한다.
(2009.7.7 본문개정)
1. 시범도시의 지정이 도시의 경쟁력 향상, 특화발전 및 지역균형발전에 기여할 수 있을 것(2009.7.7 본호개정)
2. 시범도시의 지정에 대한 주민의 호응도가 높을 것
3. 시범도시의 지정목적 달성에 필요한 사업(이하 "시범도시사업"이라 한다)에 주민이 참여할 수 있을 것
4. 시범도시사업의 재원조달계획이 적정하고 실현가능할 것
③ 국토교통부장관은 법 제127조제1항의 규정에 의한 분야별로 시범도시의 지정에 관한 세부기준을 정할 수 있다.
(2013.3.23 본항개정)
④ 관계 중앙행정기관의 장 또는 시·도지사는 법 제127조제1항의 규정에 의하여 국토교통부장관에게 시범도시의 지정을 요청하고자 하는 때에는 미리 설문조사·열람등을 통하여 주민의 의견을 들은 후 관계 지방자치단체의 장의 의견을 들어야 한다.(2013.3.23 본항개정)
⑤ 시·도지사는 법 제127조제1항의 규정에 의하여 국토교통부장관에게 시범도시의 지정을 요청하고자 하는 때에는 미리 당해 시·도도시계획위원회의 자문을 거쳐야 한다.(2013.3.23 본항개정)
⑥ 관계 중앙행정기관의 장 또는 시·도지사는 법 제127조제1항의 규정에 의하여 시범도시의 지정을 요청하고자 하는 때에는 다음 각호의 서류를 국토교통부장관에게 제출하여야 한다.(2013.3.23 본문개정)
1. 제2항 및 제3항의 규정에 의한 지정기준에 적합함을 설명하는 서류

2. 지정을 요청하는 관계 중앙행정기관의 장 또는 시·도지사가 직접 시범도시에 대하여 지원할 수 있는 예산·인력 등의 내역
3. 제4항의 규정에 의한 주민의견청취의 결과와 관계 지방자치단체의 장의 의견
4. 제5항의 규정에 의한 시·도도시계획위원회에의 자문 결과

⑦ 국토교통부장관은 시범도시를 지정하려면 중앙도시계획위원회의 심의를 거쳐야 한다.(2013.3.23 본항개정)

⑧ 국토교통부장관은 시범도시를 지정한 때에는 지정목적·지정분야·지정대상도시 등을 관보와 국토교통부의 인터넷 홈페이지에 공고하고 관계 행정기관의 장에게 통보해야 한다.(2020.11.24 본항개정)

제127조【시범도시의 공모】 ① 국토교통부장관은 법 제127조제1항의 규정에 의하여 직접 시범도시를 지정함에 있어서 필요한 경우에는 국토교통부령이 정하는 바에 따라 그 대상이 되는 도시를 공모할 수 있다.(2013.3.23 본항개정)

② 제1항의 규정에 의한 공모에 응모할 수 있는 자는 특별시장·광역시장·특별자치시장·특별자치도지사·시장·군수 또는 구청장으로 한다.(2012.4.10 본항개정)

③ 국토교통부장관은 시범도시의 공모 및 평가 등에 관한 업무를 원활하게 수행하기 위하여 필요한 때에는 전문기관에 자문하거나 조사·연구를 의뢰할 수 있다.(2013.3.23 본항개정)

제128조【시범도시사업계획의 수립·시행】 ① 시범도시를 관할하는 특별시장·광역시장·특별자치시장·특별자치도지사·시장·군수 또는 구청장은 다음 각 호의 구분에 따라 시범도시사업의 시행에 관한 계획(이하 "시범도시사업계획"이라 한다)을 수립·시행하여야 한다.(2012.4.10 본문개정)
1. 시범도시가 시·군 또는 구의 관할구역에 한정되어 있는 경우 : 관할 시장·군수 또는 구청장이 수립·시행
2. 그 밖의 경우 : 특별시장·광역시장·특별자치시장 또는 특별자치도지사가 수립·시행(2012.4.10 본호개정)

② 시범도시사업계획에는 다음 각 호의 사항이 포함되어야 한다.(2009.7.7 본문개정)
1. 시범도시사업의 목표·전략·특화발전계획 및 추진체제에 관한 사항(2009.7.7 본호개정)
2. 시범도시사업의 시행에 필요한 도시·군계획 등 관련 계획의 조정·정비에 관한 사항(2012.4.10 본호개정)
3. 시범도시사업의 시행에 필요한 도시·군계획사업에 관한 사항(2012.4.10 본호개정)
4. 시범도시사업의 시행에 필요한 재원조달에 관한 사항
4의2. 주민참여 등 지역사회와의 협력체계에 관한 사항(2009.7.7 본호신설)
5. 그 밖에 시범도시사업의 원활한 시행을 위하여 필요한 사항

③ 특별시장·광역시장·특별자치시장·특별자치도지사·시장·군수 또는 구청장은 제1항의 규정에 의하여 시범도시사업계획을 수립하고자 하는 때에는 미리 설문조사·열람 등을 통하여 주민의 의견을 들어야 한다.(2012.4.10 본항개정)

④ 특별시장·광역시장·특별자치시장·특별자치도지사·시장·군수 또는 구청장은 시범도시사업계획을 수립하고자 하는 때에는 미리 국토교통부장관(관계 중앙행정기관의 장 또는 시·도지사의 요청에 의하여 지정된 시범도시의 경우에는 지정을 요청한 기관을 말한다)과 협의하여야 한다.(2013.3.23 본항개정)

⑤ 특별시장·광역시장·특별자치시장·특별자치도지사·시장·군수 또는 구청장은 제1항에 따라 시범도시사업계획을 수립한 때에는 그 주요내용을 해당 지방자치단체의 공보와 인터넷 홈페이지에 고시한 후 그 사본 1부를 국토교통부장관에게 송부해야 한다.(2020.11.24 본항개정)

⑥ 제3항 내지 제5항의 규정은 시범도시사업계획의 변경에 관하여 이를 준용한다.

제129조【시범도시의 지원기준】 ① 국토교통부장관, 관계 중앙행정기관의 장은 법 제127조제2항에 따라 시범도시에 대하여 다음 각 호의 범위에서 보조 또는 융자를 할 수 있다.(2013.3.23 본문개정)
1. 시범도시사업계획의 수립에 소요되는 비용의 80퍼센트 이하
2. 시범도시사업의 시행에 소요되는 비용(보상비를 제외한다)의 50퍼센트 이하

② 시·도지사는 법 제127조제2항에 따라 시범도시에 대하여 제1항 각 호의 범위에서 보조나 융자를 할 수 있다.(2009.8.5 본항신설)

③ 관계 중앙행정기관의 장 또는 시·도지사는 법 제127조제2항의 규정에 의하여 시범도시에 대하여 예산·인력 등을 지원한 때에는 그 지원내역을 국토교통부장관에게 통보하여야 한다.(2013.3.23 본항개정)

④ 시장·군수 또는 구청장은 시범도시사업의 시행을 위하여 필요한 경우에는 다음 각 호의 사항을 도시·군계획조례로 정할 수 있다.(2012.4.10 본문개정)
1. 시범도시사업의 예산집행에 관한 사항
2. 주민의 참여에 관한 사항
(2009.8.5 본항신설)

제130조【시범도시사업의 평가·조정】 ① 시범도시를 관할하는 특별시장·광역시장·특별자치시장·특별자치도지사·시장·군수 또는 구청장은 매년말까지 당해연도 시범도시사업계획의 추진실적을 국토교통부장관과 당해 시범도시의 지정을 요청한 관계 중앙행정기관의 장 또는 시·도지사에게 제출하여야 한다.

② 국토교통부장관, 관계 중앙행정기관의 장 또는 시·도지사는 제1항의 규정에 의하여 제출된 추진실적을 분석한 결과 필요하다고 인정하는 때에는 시범도시사업계획의 조정요청, 지원내용의 축소 또는 확대 등의 조치를 할 수 있다.
(2013.3.23 본조개정)

제131조~제132조 (2006.6.7 삭제)

제133조【권한의 위임 및 위탁】 ① 국토교통부장관(법 제40조에 따른 수산자원보호구역의 경우 해양수산부장관을 말한다. 이하 이 조에서 같다)은 법 제139조제1항에 따라 다음 각 호의 사항에 관한 권한을 시·도지사에게 위임한다.(2013.3.23 본문개정)
1. (2014.1.14 삭제)
2. (2009.8.5 삭제)
3. 법 제29조제2항제4호에 해당하는 도시·군관리계획 중 1제곱킬로미터 미만의 구역의 지정 및 변경에 해당하는 도시·군관리계획의 결정(2014.1.14 본호개정)
4. (2014.1.14 삭제)

② (2006.6.7 삭제)

③ 시·도지사는 제1항의 규정에 의하여 위임받은 업무를 처리한 때에는 국토교통부령(법 제40조에 따른 수산자원보호구역의 경우 해양수산부령을 말한다)이 정하는 바에 따라 국토교통부장관에게 보고하여야 한다.
(2013.3.23 본항개정)

제133조의2【규제의 재검토】 국토교통부장관은 다음 각 호의 사항에 대하여 2017년 1월 1일을 기준으로 3년마다(매 3년이 되는 해의 1월 1일 전까지를 말한다) 그 타당성을 검토하여 개선 등의 조치를 해야 한다.(2019.12.31 본문개정)
1. 제38조에 따른 공동구의 설치비용
2. 제56조에 따른 개발행위허가의 기준
3.~4. (2019.12.31 삭제)
5. 제62조에 따른 개발밀도의 강화범위 등
6. (2023.3.7 삭제)
7.~8. (2019.12.31 삭제)
(2016.12.30 본조개정)

제12장 벌 칙

제134조【과태료의 부과기준】 ① 법 제144조제1항 및 제2항에 따른 과태료의 부과기준은 별표28과 같다.

② 국토교통부장관(법 제40조에 따른 수산자원보호구역의 경우에는 해양수산부장관을 말한다), 시·도지사, 시장 또는 군수는 위반행위의 동기·결과 및 횟수 등을 고려하여 별표28에 따른 과태료 금액의 2분의 1의 범위에서 가중하거나 경감할 수 있다.(2013.3.23 본항개정)

③ 제2항에 따라 과태료를 가중하여 부과하는 경우에도 과태료 부과금액은 다음 각 호의 구분에 따른 금액을 초과할 수 없다.
1. 법 제144조제1항의 경우 : 1천만원
2. 법 제144조제2항의 경우 : 5백만원
(2009.7.7 본조신설)

부 칙

제1조【시행일】 이 영은 2003년 1월 1일부터 시행한다.

제2조【다른 시행령의 폐지】 국토이용관리법시행령 및 도시계획법시행령은 이를 각각 폐지한다.

제3조~제10조 (생략)

제11조【종전의 시설용지지구안에 설치된 시설에 관한 경과조치】 ① 법 부칙 제14조제2항의 규정에 의하여 종전의 국토이용관리법시행령 제7조제1호마목의 규정에 의한 시설용지지구가 다음 표의 오른쪽 칸의 시설을 설치하기 위하여 지정된 것으로서 그 시설이 다음 각호의 1에 해당하는 경우에는 이 영 시행일부터 다음 표의 왼쪽 칸의 기반시설로서 도시계획시설로 결정·고시된 것으로 본다. 다만, 그 시설에 대한 경계가 불확실한 경우에는 지형도면의 고시에 의하여 이를 확정하여야 한다.
1. 당해 시설을 행정청이 관리하고 있는 경우
2. 당해 시설에 대응되는 왼쪽 칸의 기반시설이 제35조제1항 각호의 1에 해당하지 아니하는 경우

기반시설	시설용지지구안의 시설
1. 운동장	1. 체육시설(종합운동장에 한한다)
2. 체육시설	2. 체육시설(종합운동장을 제외한다)
3. 청소년수련시설	3. 청소년수련시설
4. 납골시설	4. 묘지(납골시설에 한한다)
5. 공동묘지	5. 묘지(납골시설을 제외한다)
6. 종합의료시설	6. 의료시설
7. 학교	7. 교육연구시설(교육시설에 한한다)
8. 연구시설	8. 교육연구시설(연구시설에 한한다)
9. 수질오염방지시설	9. 분뇨·쓰레기처리시설(오수·분뇨및축산폐수의처리에관한법률에 의한 시설에 한한다)
10. 폐기물처리시설	10. 분뇨·쓰레기처리시설(자원의절약및재활용촉진에관한법률에 의한 시설에 한한다)
11. 공항	11. 공항
12. 주차장	12. 주차장
13. 항만	13. 항만
14. 저수지	14. 댐
15. 광장	15. 광장
16. 도서관	16. 도서관
17. 공공직업훈련시설	17. 공공직업훈련시설
18. 방송·통신시설	18. 방송시설
19. 문화시설	19. 전시관(산업용을 제외한다)
20. 문화시설	20. 공연장
21. 문화시설	21. 박물관
22. 문화시설	22. 기념관
23. 문화시설	23. 과학관
24. 화장장	24. 화장장
25. 공공청사	25. 보건소
26. 공공청사	26. 진료소
27. 사회복지시설	27. 요양소
28. 사회복지시설	28. 산업재해근로자를 위한 공공재활시설
29. 사회복지시설	29. 산업재해근로자를 위한 공공복지시설
30. 폐기물처리시설	30. 자원재활용시설
31. 항만	31. 어항
32. 저수지	32. 저수지
33. 공공청사	33. 국가 및 지방자치단체의 청사 및 그 부대시설

② 제1항 각호의 1에 해당하지 아니하는 시설로서 제1항의 표의 오른쪽 칸의 시설용지지구안의 시설에 대하여 법 제32조제4항의 규정에 의하여 지형도면고시를 한 경우 당해 시설은 제1항의 표의 왼쪽 칸의 기반시설로서 도시계획시설로 결정·고시된 것으로 본다.(2004.1.20 본항신설)

③ 제1항 및 제2항의 규정에 불구하고 2 이상의 시설을 포함한 시설용지지구로서 제1항 각호의 1에 해당하는 경우에는 다음 각호의 기준에 따른다.(2004.1.20 본문개정)
1. 시설용지지구안에 제1항의 표의 오른쪽 칸의 시설이 2 이상 설치된 경우에는 그 표의 왼쪽 칸의 기반시설로서 도시계획시설로 각각 결정·고시된 것으로 볼 것. 다만, 각 시설의 구획이 명확하지 아니한 경우에는 주된 시설에 대응되는 기반시설로서 도시계획시설로 결정·고시된 것으로 본다.
2. 시설용지지구안에 제1항의 표의 오른쪽 칸의 시설과 동칸에 규정되어 있지 아니한 시설이 함께 설치되어 있는 경우에는 각각 도시계획시설 및 개발진흥지구로 결정·고시된 것으로 볼 것. 다만, 각 시설의 구획이 명확하지 아니한 경우에는 주된 시설에 따라 주된 시설에 대응하는 기반시설로서 도시계획시설 또는 개발진흥지구로 결정·고시된 것으로 본다.

제12조【종전의 도시계획시설 등에 관한 경과조치】 ① 종전의 도시계획법에 의한 도시계획시설중 미관광장은 시·도의 도시계획조례가 정하는 바에 의하여 일반광장 또는 경관광장으로 결정·고시된 것으로 본다.

② 종전의 도시계획법에 의한 도시계획시설중 관망탑은 이 영 시행일부터 도시계획시설결정 효력이 상실된 것으로 본다.

③ 종전의 도시계획법에 의한 도시계획시설중 운동장(종합운동장을 제외한다)은 이 영 시행일부터 체육시설로 결정·고시된 것으로 본다.

④ 법 부칙 제15조제2항의 규정에 의하여 종전의 국토이용관리법 제20조의 규정에 의하여 설치되거나 그 입지에 관한 고시가 된 다음 표의 오른쪽 칸의 공공시설 또는 공용건축물이 다음 각호의 1에 해당하는 경우에는 이 영 시행일부터 다음 표의 왼쪽 칸의 기반시설로서 도시계획시설로 결정·고시된 것으로 본다. 다만, 그 시설에 대한 경계가 불확실한 경우에는 지형도면의 고시에 의하여 이를 확정하여야 한다.
1. 당해 공공시설 또는 공용건축물을 행정청이 관리하고 있는 경우
2. 당해 공공시설 또는 공용건축물에 대응되는 왼쪽 칸의 기반시설이 제35조제1항 각호의 1에 해당하지 아니하는 경우

기반시설	공공시설 또는 공용건축물
1. 공항	1. 공항
2. 철도	2. 철도
3. 도로	3. 도로
4. 궤도	4. 궤도
5. 주차장	5. 주차장
6. 삭도	6. 삭도
7. 도로	7. 교량(도로에 이용되는 경우)
8. 철도	8. 교량(철도에 이용되는 경우)
9. 운하	9. 운하
—	10. 선거
11. 자동차 및 건설기계검사시설	11. 자동차검사소
12. 자동차 및 건설기계검사시설	12. 건설기계검사소
13. 항만	13. 항만
14. 공항	14. 항공의 표지
15. 항만	15. 항로의 표지
16. 하천	16. 제방
17. 저수지	17. 댐
18. 사방설비	18. 사방시설
19. 방풍설비	19. 방풍시설
20. 방화설비	20. 방화시설
21. 방조설비	21. 방조시설
22. 방수설비	22. 방수시설
23. 연구시설	23. 측후용 시설
24. 수도공급설비	24. 상수도
25. 전기공급설비	25. 전기공급설비
26. 방송·통신시설	26. 전기통신시설
27. 가스공급설비	27. 가스시설
28. 유류저장 및 송유설비	28. 송유시설
29. 유류저장 및 송유설비	29. 석유류저장시설
30. 열공급설비	30. 열공급시설
31. 시장	31. 시장

32. 연구시설	32. 연구소
33. 연구시설	33. 시험소
34. 광장	34. 광장
35. 운동장	35. 체육시설(종합운동장에 한한다)
36. 체육시설	36. 체육시설(종합운동장을 제외한다)
37. 학교	37. 학교
38. 도서관	38. 도서관
39. 공공직업훈련시설	39. 공공직업훈련시설
40. 방송·통신시설	40. 방송시설
41. 문화시설	41. 전시관
42. 문화시설	42. 공연장
43. 문화시설	43. 박물관
44. 문화시설	44. 기념관
45. 문화시설	45. 과학관
46. 청소년수련시설	46. 청소년수련시설
47. 하수도	47. 하수도
–	48. 공중변소
49. 화장장	49. 화장장
50. 공공청사	50. 보건소
51. 공공청사	51. 진료소
52. 사회복지시설	52. 요양소
53. 연구시설	53. 공공산업재해예방시설
54. 사회복지시설	54. 산업재해근로자를 위한 공공재활시설
55. 사회복지시설	55. 산업재해근로자를 위한 공공복지시설
56. 수질오염방지시설	56. 분뇨처리시설
57. 수질오염방지시설	57. 축산폐수공동처리시설
58. 폐기물처리시설	58. 폐기물처리시설
59. 폐기물처리시설	59. 자원재활용시설
60. 수질오염방지시설	60. 폐광의 폐수를 처리하기 위한 시설
61. 항만	61. 어항
62. 하천	62. 하천
63. 저수지	63. 관개수로
64. 전기공급설비	64. 발전용수로
65. 저수지	65. 저수지
66. 공공청사	66. 국가 및 지방자치단체의 청사 및 그 부대시설

⑤ 제4항 각호의 1에 해당하지 아니하는 제4항의 규정에 의한 표의 오른쪽 칸의 공공시설 또는 공용건축물에 대하여 법 제32조제4항의 규정에 의한 지형도면의 고시를 한 경우 당해 공공시설 또는 공용건축물은 그 표의 왼쪽 칸의 기반시설로서 도시계획시설로 결정·고시된 것으로 본다.
⑥ 제4항 또는 제5항의 규정에 의하여 도시계획시설로 결정·고시된 것으로 보는 공공시설 또는 공용건축물을 제외한 공공시설 또는 공용건축물에 대하여는 당해 공공시설 또는 공용건축물이 위치한 지역의 용도지역·용도지구 또는 용도구역안에서의 행위제한에 관한 규정을 적용한다.

제13조【관리지역안에서의 행위제한】 ① 법 부칙 제18조제3항의 규정에 의하여 관리지역이 세분될 때까지 관리지역안에서의 건축제한에 대하여는 별표18을 적용한다.
② 법 부칙 제18조제3항의 규정에 의하여 관리지역이 세분될 때까지 관리지역안에서의 건폐율 및 용적률은 각각 20퍼센트 및 80퍼센트 이하의 범위안에서 특별시·광역시·시 또는 군의 도시계획조례가 정하는 바에 의한다. (2008.1.8 본조개정)

제14조~제17조 (생략)

부 칙 (2012.1.6)

제1조【시행일】 이 영은 공포한 날부터 시행한다. 다만, 제125조제1항의 개정규정은 2012년 2월 1일부터 시행한다.
제2조【광역도시계획 수립기준에 관한 적용례】 제10조제6호의 개정규정은 이 영 시행 후 최초로 광역도시계획을 수립하는 경우부터 적용한다.
제3조【도시기본계획 수립기준에 관한 적용례】 제16조제9호의 개정규정은 이 영 시행 후 최초로 도시기본계획을 수립하는 경우부터 적용한다.
제4조【도시관리계획 수립기준에 관한 적용례】 제19조제11호의 개정규정은 이 영 시행 후 최초로 도시관리계획을 수립하는 경우부터 적용한다.
제5조【제1종지구단위계획구역안에서의 건폐율 등의 완화적용에 관한 적용례】 제46조제1항의 개정규정은 이 영 시행 후 최초로 공공하수처리시설을 설치하는 경우부터 적용한다.
제6조【개발행위에 대한 도시계획위원회 심의 등에 관한 적용례】 제57조제1항제1호의2의 개정규정은 이 영 시행 후 최초로 개발행위허가를 신청하는 경우부터 적용한다.

부 칙 (2012.4.10)

제1조【시행일】 이 영은 2012년 4월 15일부터 시행한다. 다만, 특별자치시와 특별자치시장에 관한 개정규정은 2012년 7월 1부터 시행한다.
제2조【다른 법률에 따른 도시·군관리계획의 변경제한 예외규정에 관한 적용례】 제6조제1항 단서의 개정규정은 이 영 시행 후 다른 법률에 따라 도시·군관리계획의 결정을 의제하는 내용이 포함되어 있는 계획의 허가·인가·승인 또는 결정 등을 신청하는 경우부터 적용한다.
제3조【지구단위계획구역의 지정 및 지정대상지역 등에 관한 적용례】 제42조의2 및 제43조제1항부터 제3항까지, 제44조제1호·제5호 및 제45조제2항 후단의 개정규정은 이 영 시행 후 최초로 지구단위계획구역을 지정하거나 지구단위계획을 결정하는 경우부터 적용한다.
제4조【개발행위허가에 관한 적용례】 제51조제2항, 제52조제1항제4호, 제53조제1호, 제56조제2항·제3항, 별표1의2 제2호라목(1)(라) 및 같은 표 제3호의 개정규정은 이 영 시행 후 최초로 개발행위 허가를 신청하는 경우부터 적용한다.
제5조【기존 건축물에 대한 특례에 관한 적용례】 제93조제1항의 개정규정은 이 영 시행 후 최초로 「건축법」에 따라 재축, 대수선, 증축 및 개축신청을 하는 경우부터 적용한다.
제6조【시·도도시계획위원회의 구성 및 운영에 관한 적용례】 제111조제3항 각 호 외의 부분 후단의 개정규정은 이 영 시행 후 제111조제3항에 따라 새로 위원을 임명 또는 위촉하는 경우부터 적용한다.
제7조【일반적 경과조치】 ① 이 영 시행 당시 종전의 규정에 따른 "도시계획", "도시기본계획", "도시관리계획", "도시계획시설", "도시계획시설사업", "도시계획사업" 및 "도시계획사업시행자"는 이 영에 따른 "도시·군계획", "도시·군기본계획", "도시·군관리계획", "도시계획시설", "도시·군계획시설사업", "도시·군계획사업" 및 "도시·군계획사업시행자"로 본다.
② 이 영 시행 당시 종전의 규정에 따른 "제1종 지구단위계획" 및 "제2종 지구단위계획"은 이 영에 따른 "지구단위계획"으로 본다.
제8조【산업개발진흥지구와 유통개발진흥지구에 관한 경과조치】 ① 이 영 시행 당시 종전의 규정에 따라 산업개발진흥지구 또는 유통개발진흥지구로 지정된 지역은 제31조의 개정규정에 따라 지정된 산업·유통개발진흥지구로 본다.
② 이 영 시행 당시 종전의 규정에 따라 산업개발진흥지구나 유통개발진흥지구로 결정 절차가 진행 중인 경우에는 산업·유통개발진흥지구결정 절차가 진행 중인 것으로 본다.
제9조【장기미집행 도시·군계획시설등의 지방의회 보고에 관한 경과조치】 특별시장·광역시장·특별자치시장·특별자치도지사·시장 또는 군수는 이 영 시행 당시 관할 구역의 장기미집행 도시·군계획시설등에 관하여 일괄적으로 제42조제2항에 따른 보고를 하기 어려운 경우에는 제42조제2항의 개정규정에도 불구하고 2015년 3월 31일까지 매년 장기미집행 도시·군계획시설등에 대한 보고를 안분(按分)하여 할 수 있다.
제10조【도시지역 외의 지역에 지정하는 지구단위계획구역에 관한 경과조치】 ① 이 영 시행 당시 종전의 규정에 따라 도시지역 외의 지역에 산업형 또는 유통형으로 지구단위계획구역의 중심기능이 지정된 구역은 제42조의2제2항제10호의 개정규정에 따라 지정된 산업·유통형으로 본다.
② 이 영 시행 당시 종전의 규정에 따라 산업형이나 유통형을 지정 하기 위하여 결정절차가 진행 중인 경우에는 산업·유통형지구단위계획으로 결정절차가 진행 중인 것으로 본다.
제11조【문화자원보존지구에 관한 경과조치】 이 영 시행 당시 종전의 규정에 따라 문화자원보존지구로 지정된 지역은 제76조제1호의 개정규정에 따라 지정된 역사문화환경보존지구로 본다.
제12조【용도지역 안에서의 용적률에 관한 경과조치】 이 영 시행 당시 「자연공원법」에 따라 공원계획으로 결정된 공원밀집마을지구 및 공원집단시설지구에서의 용적률은 제85조제5항제3호의 개정규정에도 불구하고 종전의 규정에 따른다.
제13조【도시계획조례에 위임된 사항에 관한 경과조치】 별표2 제2호다목, 별표16 제2호아목, 별표17 제2호차목, 별표19 제2호자목 및 별표22 제2호가목의 개정규정에 따라 조례에 위임된 사항은 해당 조례가 제정되거나 개정될 때까지는 종전의 규정에 따른다.
제14조【다른 법령의 개정】 ①~⑮ ※(해당 법령에 가제정리 하였음)
제15조【다른 법령과의 관계】 이 영 시행 당시 다른 법령에서 종전의 「국토의 계획 및 이용에 관한 법률 시행령」의 규정을 인용하고 있는 경우 이 영 중 그에 해당하는 규정이 있는 경우에는 종전의 규정을 갈음하여 이 영의 해당 규정을 인용한 것으로 본다.

부 칙 (2013.6.11)

제1조【시행일】 이 영은 공포한 날부터 시행한다.
제2조【도시·군계획조례에 위임된 사항에 관한 경과조치】 별표16 제2호바목 및 별표20 제2호차목의 개정규정에 따라 조례에 위임된 사항은 해당 조례가 제정되거나 개정될 때까지는 종전의 규정에 따른다.

부 칙 (2014.1.14)

제1조【시행일】 이 영은 2014년 1월 17일부터 시행한다. 다만, 제31조제5항제1호의 개정규정은 2014년 8월 14일부터 시행하고, 제71조제1항제6호부터 제10호까지, 같은 항 제13호 및 제19호, 별표7부터 별표11까지, 별표14, 별표20 및 별표23의 개정규정에 따라 도시·군계획조례에 위임된 사항은 공포 후 6개월이 경과한 날부터 시행한다.
제2조【도시·군관리계획의 수립기준 변경 및 도시·군관리계획 정비에 관한 적용례】 제19조제9호 및 제29조제1항의 개정규정은 이 영 시행 후에 입안하는 도시·군관리계획부터 적용한다.
제3조【도시·군계획조례에 위임된 사항에 관한 경과조치】 제71조제1항제6호부터 제10호까지, 같은 항 제13호 및 제19호, 별표7부터 별표11까지, 별표14, 별표20 및 별표23의 개정규정에 따라 도시·군계획조례에 위임된 사항은 해당 도시·군계획조례가 제정 또는 개정될 때까지 종전의 규정에 따른다.
제4조【방화지구 내 건폐율 완화대상 변경에 관한 경과조치】 이 영 시행 당시 이 영 또는 다른 법령에 따른 인·허가를 신청하거나 받은 경우에는 제84조제5항제1호의 개정규정에도 불구하고 종전의 규정에 따른다.
제5조【녹지지역 등에 있는 기존 공장의 기존 부지 내 증축 시 건폐율 완화에 관한 경과조치】 2013년 7월 6일 이전에 이 영 또는 다른 법령에 따른 인·허가를 신청하거나 받은 경우에는 제93조제4항의 개정규정에도 불구하고 종전의 규정에 따른다.
제6조【국가계획과 연계되는 시가화조정구역의 지정 또는 변경을 위한 도시·군관리계획의 결정권한에 관한 경과조치】 이 영 시행 당시 종전의 규정에 따라 시가화조정구역의 지정 또는 변경을 위한 도시·군관리리계획의 결정절차가 진행 중인 경우에 대해서는 제133조제1항제3호의 개정규정에도 불구하고 종전의 규정에 따른다.

부 칙 (2014.11.11)

제1조【시행일】 이 영은 공포한 날부터 시행한다. 다만, 제70조의7제1항 및 제4항의 개정규정은 공포 후 3개월이 경과한 날부터 시행한다.
제2조【기반시설설치비용의 납부에 관한 적용례】 제70조의7제1항 및 제4항의 개정규정은 부칙 제1조 단서에 따른 시행일 이후 기반시설설치비용을 부과하는 경우부터 적용한다.

부 칙 (2016.2.11)

제1조【시행일】 이 영은 2016년 2월 12일부터 시행한다.
제2조【도서관에 관한 경과조치】 이 영 시행 당시 종전의 규정에 따라 도서관으로의 도시·군관리계획 입안제안·입안·결정 절차가 진행 중이거나 결정된 경우에는 제2조제1항제4호, 제25조제3항, 제35조제1항제1호가목, 제40조제2호 및 제45조제3항제2호의 개정규정에 따라 문화시설로의 도시·군관리계획 입안제안·입안·결정 절차가 진행 중이거나 결정된 것으로 본다.

부 칙 (2016.5.17)

제1조【시행일】 이 영은 공포한 날부터 시행한다. 다만, 제4조의4의 개정규정은 2016년 6월 30일부터 시행하고, 별표1의2 제1호가목(3) 및 (4)의 개정규정은 2016년 10월 1일부터 시행한다.
제2조【조례로 위임된 개발행위허가기준에 관한 경과조치】 별표1의2 제1호가목(3)(가)의 개정규정에도 불구하고 부칙 제1조 단서에 따른 시행일 전에 개발행위허가를 신청한 경우의 경사도 산정방법에 대해서는 종전의 규정에 따른다.

부 칙 (2016.12.30 영27744호)

제1조【시행일】 이 영은 2017년 1월 1일부터 시행한다. 다만, 제29조제1항 및 제31조제6항의 개정규정은 공포 후 6개월이 경과한 날부터 시행한다.
제2조【도시·군관리계획의 정비에 관한 적용례】 제29조제1항의 개정규정은 부칙 제1조 단서에 따른 시행일 이후 법 제25조에 따라 도시·군관리계획을 입안하는 경우부터 적용한다.

부 칙 (2017.9.19 영28324호)

제1조【시행일】 이 영은 공포한 날부터 시행한다.
제2조【단계별집행계획에 대한 지방의회의 의견청취에 관한 적용례】 제95조제1항의 개정규정은 이 영 시행 이후 단계별집행계획을 수립하거나 변경하는 경우부터 적용한다.

부 칙 (2017.12.29 영28553호)

제1조【시행일】 이 영은 2018년 4월 19일부터 시행한다. 다만, 제19조의2, 제21조제2항, 제22조, 제29조, 제94조 및 제105조의 개정규정은 공포한 날부터 시행한다.
제2조【재해취약성 분석에 관한 적용례】 제21조제2항제4호다목의 개정규정은 이 영 시행 이후 도시·군관리계획을 입안하는 경우부터 적용한다.
제3조【경관지구 및 미관지구에 관한 경과조치】 ① 이 영 시행 전에 종전의 제31조제2항제1호나목에 따라 지정된 수변경관지구는 제31조제2항제1호다목의 개정규정에 따른 특화경관지구로 지정된 것으로 본다.
② 이 영 시행 전에 종전의 제31조제2항제2호에 따라 지정된 다음 표 왼쪽 칸의 미관지구가 법 부칙 제2조제1항에 따라 이 영 시행일부터 1년이 되는 날의 다음 날부터 경관지구로 지정된 것으로 보는 경우에는 제31조제2항제1호의 개정규정에 따른 다음 표 오른쪽 칸의 경관지구로 각각 세분하여 지정된 것으로 본다.

종전의 미관지구	경관지구
1. 중심지미관지구	1. 시가지경관지구
2. 일반미관지구	
3. 역사문화미관지구	2. 특화경관지구

제4조【최고고도지구에 관한 경과조치】 이 영 시행 전에 종전의 제31조제2항제3호에 따라 지정된 최고고도지구는 법 제37조제1항제2호에 따른 고도지구로 지정된 것으로 본다.

제5조【보존지구 및 시설보호지구에 관한 경과조치】 ① 이 영 시행 전에 종전의 제31조제2항제5호에 따라 지정된 다음 표 왼쪽 칸의 보존지구는 제31조제2항제5호의 개정규정에 따른 다음 표의 오른쪽 칸의 보호지구로 각각 세분하여 지정된 것으로 본다.

종전의 보존지구	보호지구
1. 역사문화환경보존지구	1. 역사문화환경보호지구
2. 중요시설물보존지구	2. 중요시설물보호지구
3. 생태계보존지구	3. 생태계보호지구

② 이 영 시행 전에 종전의 제31조제2항제6호에 따라 지정된 다음 표의 왼쪽 칸의 시설보호지구는 제31조제2항제5호나목의 개정규정 및 법 제37조제1항제8호에 따른 다음 표의 오른쪽 칸의 중요시설물보호지구 및 특정용도제한지구로 각각 세분하여 지정된 것으로 본다.

종전의 시설보호지구	중요시설물보호지구 및 특정용도제한지구
1. 공용시설보호지구	1. 중요시설물보호지구
2. 항만시설보호지구	
3. 공항시설보호지구	
4. 학교시설보호지구	2. 특정용도제한지구

제6조【다른 법령의 개정】 ①～⑤ ※(해당 법령에 가제정리 하였음)

부 칙 (2018.7.17)

제1조【시행일】 이 영은 공포 후 6개월이 경과한 날부터 시행한다.

제2조【도시지역 내 지구단위계획구역의 지정에 관한 경과조치】 이 영 시행 전에 도시지역 내 지구단위계획구역의 지정을 위하여 도시·군관리계획을 입안한 경우에는 제43조제3항의 개정규정에도 불구하고 종전의 규정에 따른다.

부 칙 (2018.11.13)

제1조【시행일】 이 영은 2018년 12월 27일부터 시행한다. 다만, 제9조, 제11조제1항, 제14조, 제22조제1항, 제41조제4항, 제43조제4항, 제44조, 제54조제1항, 제59조제1항, 제62조제1항, 제86조, 제87조, 제97조제6항, 제98조, 제113조 및 제113조의2의 개정규정은 공포한 날부터 시행하고, 제11조제4항 및 제5항의 개정규정은 2019년 2월 22일부터 시행한다.

제2조【도시지역 외 지역에서의 지구단위계획구역 지정 대상지역에 관한 적용례】 제44조제1항제1호의2의 개정규정은 이 영 시행 전에 「산지관리법」 제25조에 따른 토석채취허가를 받고 토석의 채취가 완료된 토지로서 같은 법 제4조제1항제2호의 준보전산지에 해당하는 토지를 포함하는 지구단위계획구역으로의 도시·군관리계획 입안제안, 입안·결정 절차가 진행 중이거나 결정된 경우에도 적용한다.

제3조【기반시설에 관한 경과조치】 ① 이 영 시행 당시 종전의 규정에 따라 자동차 및 건설기계운전학원으로의 도시·군관리계획 입안제안, 입안·결정 절차가 진행 중이거나 결정된 경우에는 제2조제1항제1호, 제35조제1항제1호 및 제45조제3항제2호의 개정규정에도 불구하고 종전의 규정에 따른다.

② 이 영 시행 당시 종전의 규정에 따라 도시·군관리계획으로 결정된 운하는 제2조제1항제5호에 따른 하천으로 결정된 것으로 본다.

③ 이 영 시행 당시 종전의 규정에 따라 도시·군관리계획으로 결정된 자연장지 및 장례식장은 제2조제1항제6호의 개정규정에 따른 장사시설로 결정된 것으로 본다.

부 칙 (2019.8.6)

제1조【시행일】 이 영은 공포한 날부터 시행한다. 다만, 제21조제2항제4호, 제25조제3항제3호, 제30조제2항, 제45조제3항, 제51조제2항제4호, 제84조제6항제1호, 제85조제1항 및 별표23 제1호·제2호의 개정규정은 공포 후 3개월이 경과한 날부터 시행한다.

제2조【재해취약성분석에 관한 적용례】 제21조제2항제4호라목의 개정규정은 부칙 제1조 단서에 따른 시행일 이후 도시·군관리계획을 입안하는 경우부터 적용한다.

제3조【도시·군관리계획 중 경미한 사항의 변경에 관한 경과조치】 부칙 제1조 단서에 따른 시행일 전에 제23조에 따라 시장 또는 군수가 도시·군관리계획의 결정을 신청한 경우에는 제25조제3항제3호의 개정규정에도 불구하고 종전의 규정에 따른다.

제4조【자연취락지구 안에서의 건축제한에 관한 경과조치】 부칙 제1조 단서에 따른 시행일 전에 이 영 또는 다른 법령에 따른 인·허가를 신청하거나 받은 경우에는 별표23의 개정규정에도 불구하고 종전의 규정에 따른다.

부 칙 (2019.12.31 영30299호)

제1조【시행일】 이 영은 공포한 날부터 시행한다. 다만, 제97조제7항의 개정규정은 2020년 1월 1일부터 시행한다.

제2조【자동차 및 건설기계검사시설에 관한 경과조치】 이 영 시행 당시 종전의 제2조제1항제1호에 따라 도시·군관리계획으로 결정된 자동차 및 건설기계검사시설은 제2조제1항제1호의 개정규정에 따른 차량 검사 및 면허시설로 결정된 것으로 본다.

부 칙 (2020.5.12)

제1조【시행일】 이 영은 공포 후 3개월이 경과한 날부터 시행한다.(이하 생략)

부 칙 (2020.5.26)

제1조【시행일】 이 영은 2020년 5월 27일부터 시행한다.(이하 생략)

부 칙 (2020.8.26)

제1조【시행일】 이 영은 2020년 8월 28일부터 시행한다.(이하 생략)

부 칙 (2020.11.24 영31169호)

제1조【시행일】 이 영은 2021년 1월 1일부터 시행한다.(이하 생략)

부 칙 (2020.11.24 영31176호)

제1조【시행일】 이 영은 공포한 날부터 시행한다.

제2조【공고 등의 방법에 관한 일반적 적용례】 이 영은 이 영 시행 이후 실시하는 공고, 공표, 공시 또는 고시부터 적용한다.

부 칙 (2020.12.1)

제1조【시행일】 이 영은 2020년 12월 10일부터 시행한다.(이하 생략)

부 칙 (2021.1.5)

이 영은 공포한 날부터 시행한다.(이하 생략)

부 칙 (2021.1.26)

제1조【시행일】 이 영은 공포한 날부터 시행한다. 다만, 다음 각 호의 개정규정은 각 호의 구분에 따른 날부터 시행한다.

1. 제43조제1항, 제46조제11항·제12항 및 별표7부터 별표11까지의 개정규정 : 공포 후 3개월이 경과한 날
2. 별표20 제1호라목, 같은 호 자목, 같은 호 차목(1)부터 (7)까지 외의 부분 및 같은 표 제2호타목(1)·(2)의 개정규정 : 공포 후 3년이 경과한 날

제2조【계획관리지역 안에 건축할 수 없는 건축물에 관한 적용례】 별표20 제1호라목, 같은 호 자목, 같은 호 차목(1)부터 (7)까지 외의 부분 및 같은 표 제2호타목(1)·(2)의 개정규정은 다음 각 호의 지역에 대하여 각 호의 구분에 따른 날부터 적용한다.

1. 서울특별시, 부산광역시, 대구광역시, 인천광역시, 광주광역시, 대전광역시, 울산광역시, 세종특별자치시, 경기도 가평군, 경기도 고양시, 경기도 과천시, 경기도 광명시, 경기도 광주시, 경기도 구리시, 경기도 군포시, 경기도 김포시, 경기도 남양주시, 경기도 동두천시, 경기도 부천시, 경기도 성남시, 경기도 수원시, 경기도 시흥시, 경기도 안산시, 경기도 안성시, 경기도 안양시, 경기도 양주시, 경기도 양평군, 경기도 여주시, 경기도 연천군, 경기도 오산시, 경기도 용인시, 경기도 의왕시, 경기도 의정부시, 경기도 이천시, 경기도 파주시, 경기도 평택시, 경기도 포천시, 경기도 하남시, 경기도 화성시, 강원특별자치도 원주시, 강원특별자치도 철원군, 강원특별자치도 춘천시, 강원특별자치도 홍천군, 강원특별자치도 화천군, 강원특별자치도 횡성군, 충청북도 괴산군, 충청북도 보은군, 충청북도 옥천군, 충청북도 음성군, 충청북도 증평군, 충청북도 진천군, 충청북도 청주시, 충청북도 충주시, 충청남도 계룡시, 충청남도 공주시, 충청남도 금산군, 충청남도 논산시, 충청남도 당진시, 충청남도 아산시, 충청남도 천안시, 전북특별자치도 김제시, 전북특별자치도 완주군, 전북특별자치도 익산시, 전북특별자치도 전주시, 전라남도 나주시, 전라남도 담양군, 전라남도 영광군, 전라남도 장성군, 전라남도 함평군, 전라남도 화순군, 경상북도 경산시, 경상북도 경주시, 경상북도 고령군, 경상북도 성주군, 경상북도 영덕군, 경상북도 영천시, 경상북도 청도군, 경상북도 청송군, 경상북도 칠곡군, 경상북도 포항시, 경상남도 거제시, 경상남도 고성군, 경상남도 김해시, 경상남도 밀양시, 경상남도 양산시, 경상남도 진주시, 경상남도 창녕군, 경상남도 창원시, 경상남도 함안군 : 공포 후 3년이 경과한 날(2024.1.26 본호개정)
2. 강원특별자치도 강릉시, 충청북도 영동군, 충청북도 제천시, 충청남도 보령시, 충청남도 부여군, 충청남도 서산시, 충청남도 예산군, 충청남도 청양군, 충청남도 홍성군, 전북특별자치도 군산시, 전북특별자치도 남원시, 전북특별자치도 부안군, 전북특별자치도 임실군, 전북특별자치도 진안군, 전라남도 곡성군, 전라남도 광양시, 전라남도 무안군, 전라남도 순천시, 전라남도 진도군, 경상북도 구미시, 경상북도 김천시, 경상남도 사천시, 경상남도 의령군, 경상남도 통영시 : 공포 후 5년이 경과한 날(2024.1.26 본호개정)
3. 강원특별자치도 고성군, 강원특별자치도 동해시, 강원특별자치도 삼척시, 강원특별자치도 속초시, 강원특별자치도 양구군, 강원특별자치도 양양군, 강원특별자치도 영월군, 강원특별자치도 인제군, 강원특별자치도 정선군, 강원특별자치도 태백시, 강원특별자치도 평창군, 충청북도 단양군, 충청남도 서천군, 충청남도 태안군, 전북특별자치도 고창군, 전북특별자치도 무주군, 전북특별자치도 순창군, 전북특별자치도 장수군, 전북특별자치도 정읍시, 전라남도 강진군, 전라남도 고흥군, 전라남도 구례군, 전라남도 목포시, 전라남도 보성군, 전라남도 신안군, 전라남도 여수시, 전라남도 영암군, 전라남도 완도군, 전라남도 장흥군, 전라남도 해남군, 경상북도 문경시, 경상북도 봉화군, 경상북도 상주시, 경상북도 안동시, 경상북도 영양군, 경상북도 영주시, 경상북도 예천군, 경상북도 울릉군, 경상북도 울진군, 경상북도 의성군, 경상남도 거창군, 경상남도 남해군, 경상남도 산청군, 경상남도 하동군, 경상남도 함양군, 경상남도 합천군 : 공포 후 7년이 경과한 날(2024.1.26 본호개정)

제3조【계획관리지역 안에 건축할 수 없는 건축물에 관한 경과조치】 부칙 제2조 각 호에 따른 날 전에 성장관리계획 또는 지구단위계획이 수립되지 않은 지역에 「건축법 시행령」 별표1 제4호너목의 시설 및 같은 표 제17호의 공장을 설치하기 위해 다음 각 호의 신청이나 신고를 한 경우에는 별표20 제1호라목, 같은 호 자목, 같은 호 차목(1)부터 (7)까지 외의 부분 본문 및 같은 표 제2호타목(1)·(2)의 개정규정에도 불구하고 종전의 규정에 따른다.

1. 「건축법」 제11조에 따른 건축허가의 신청(건축허가를 신청하기 위해 같은 법 제4조의2제1항에 따라 건축위원회의 심의를 신청한 경우를 포함한다)
2. 「건축법」 제14조에 따른 건축신고
3. 제1호에 따른 허가 또는 제2호에 따른 신고가 의제되는 다른 법률에 따른 허가·인가·승인 등의 신청 또는 신고

(2024.1.26 본조개정)

제4조【다른 법령의 개정】 ①～⑦ ※(해당 법령에 가제정리 하였음)

부 칙 (2021.6.22)

제1조【시행일】 이 영은 2021년 6월 23일부터 시행한다.(이하 생략)

부 칙 (2021.7.6)

제1조【시행일】 이 영은 2021년 7월 13일부터 시행한다.

제2조【지구단위계획이 적용되지 않는 가설건축물에 관한 적용특례】 이 영 시행 전에 「건축법」 제20조에 따라 허가를 받거나 신고를 한 가설건축물은 제50조의2제1호의 개정규정에 따른 존치기간의 상한을 초과하더라도 허가 또는 신고에 따라 부여받은 존치기간까지는 같은 개정규정에 따른 지구단위계획이 적용되지 않는 가설건축물로 본다.

부 칙 (2021.8.31)

제1조【시행일】 이 영은 2021년 9월 10일부터 시행한다.(이하 생략)

부 칙 (2021.12.16)

제1조【시행일】 이 영은 2022년 1월 13일부터 시행한다.(이하 생략)

부 칙 (2022.1.18)

제1조【시행일】 이 영은 공포한 날부터 시행한다.

제2조【다른 법령의 개정】 ※(해당 법령에 가제정리 하였음)

부 칙 (2022.1.28)

제1조【시행일】 이 영은 공포한 날부터 시행한다.

제2조【감염병관리시설 설치를 위한 용적률 특례에 관한 적용례 등】 ① 필요감염병관리시설 설치를 위한 용적률의 상한은 제85조제3항제6호의 개정규정에 따라 도시·군계획조례를 제정하거나 개정하기 전까지는 제85조제1항 각 호에 따른 용도지역별 최대한도의 120퍼센트로 한다.

② 2020년 1월 1일부터 이 영 시행 전까지의 기간에 「건축법 시행령」 별표1 제9호의 의료시설 부지에 감염병관리시설을 새로 설치하거나 추가로 설치한 자가 이 영 시행 이후 같은 부지에 다음 각 호의 요건을 모두 갖추어 필요감염병관리시설 외의 시설을 설치하기 위하여 「건축

법」 제11조에 따른 건축허가를 신청하거나 같은 법 제14조에 따른 건축신고를 하는 경우에도 제85조제3항제6호 각 목 외의 부분의 개정규정에 따른 용적률을 적용한다.
1. 질병관리청장이 새로 설치되거나 추가로 설치된 감염병관리시설을 필요감염병관리시설로 인정할 것
2. 필요감염병관리시설 외 시설의 면적은 제85조제1항에 따라 도시·군계획조례로 정하는 용적률에 해당하는 면적 이내일 것

부　칙 (2022.2.17)

제1조【시행일】 이 영은 2022년 2월 18일부터 시행한다. (이하 생략)

부　칙 (2022.11.1)

이 영은 공포 후 6개월이 경과한 날부터 시행한다.

부　칙 (2023.3.7)
(2023.3.21)

이 영은 공포한 날부터 시행한다.

부　칙 (2023.5.15)

제1조【시행일】 이 영은 2023년 5월 16일부터 시행한다. (이하 생략)

부　칙 (2023.7.7)

제1조【시행일】 이 영은 2023년 7월 10일부터 시행한다. (이하 생략)

부　칙 (2023.7.18)

제1조【시행일】 이 영은 공포한 날부터 시행한다.
제2조【가설건축물의 존치기간 연장에 관한 적용례】 제50조의2제1호 각 목 외의 부분 단서 및 각 목의 개정규정은 이 영 시행 전에 건축허가를 받거나 축조신고의 수리가 된 가설건축물에 대해서도 적용한다.
제3조【방재지구 내 건축물의 용적률 완화에 관한 적용례】 제85조제5항의 개정규정은 이 영 시행 전에 다음 각 호의 신청이나 신고를 한 경우에도 적용한다.
1. 「건축법」 제11조에 따른 건축허가의 신청(건축허가를 신청하기 위해 같은 법 제4조의2제1항에 따라 건축위원회의 심의를 신청하는 경우를 포함한다)
2. 「건축법」 제14조에 따른 건축신고
3. 제1호에 따른 허가 또는 제2호에 따른 신고가 의제되는 다른 법률에 따른 허가·인가·승인 등의 신청 또는 신고

부　칙 (2024.1.26)

제1조【시행일】 이 영은 2024년 1월 27일부터 시행한다. 다만, 제22조제2항제1호다목의 개정규정은 공포 후 6개월이 경과한 날부터 시행한다.
제2조【자연녹지지역 내 건축물의 건폐율 완화에 관한 적용례】 제84조제8항의 개정규정은 이 영 시행 전에 다음 각 호의 신청이나 신고를 한 경우에도 적용한다.
1. 「건축법」 제11조에 따른 건축허가의 신청(건축허가를 신청하기 위해 같은 법 제4조의2제1항에 따라 건축위원회의 심의를 신청한 경우를 포함한다)
2. 「건축법」 제14조에 따른 건축신고
3. 제1호에 따른 허가 또는 제2호에 따른 신고가 의제되는 다른 법률에 따른 허가·인가·승인 등의 신청 또는 신고
제3조【계획관리지역 안에 건축할 수 없는 건축물에 관한 적용례】 대통령령 제31417호 국토의 계획 및 이용에 관한 법률 시행령 일부개정령 별표20 제1호라목(2), 같은 호 자목 및 같은 호 차목(1)부터 (7)까지 외의 부분 본문의 개정규정은 다음 각 호의 지역에 대하여 각 호의 구분에 따른 날부터 적용한다.
1. 대통령령 제31417호 국토의 계획 및 이용에 관한 법률 시행령 일부개정령 부칙 제2조제1호의 지역 : 2024년 1월 27일
2. 대통령령 제31417호 국토의 계획 및 이용에 관한 법률 시행령 일부개정령 부칙 제2조제2호의 지역 : 2026년 1월 27일
3. 대통령령 제31417호 국토의 계획 및 이용에 관한 법률 시행령 일부개정령 부칙 제2조제3호의 지역 : 2028년 1월 27일

〔별표〕 ➡ 「法典 別册」 참조

토지이용규제 기본법

(약칭 : 토지이용규제법)

(2005년 12월 7일
법　률 제7715호)

개정
2007. 1.11법 8238호(공공기관지방이전에따른혁신도시건설및지원에관한특별법)
2007. 1.19법 8260호(해양환경관리법) <중략>
2009. 2. 6법 9451호
2009. 3. 5법 9473호(전통사찰보존법)
2009. 3.20법 9511호(보금자리주택건설)
2009. 5. 8법 9661호(수목원조성및진흥에관한법)
2009. 6. 9법 9758호(농어촌정비)
2009. 6. 9법 9762호(농업생산기반시설및주변지역활용에관한특별법)
2009. 6. 9법 9763호(산림보호법)
2009. 6. 9법 9772호(국가통합교통체계효율화법)
2009. 6. 9법 9773호(항만법)
2009. 6. 9법 9778호(마리나항만의조성및관리등에관한법)
2009. 6. 9법 9780호(항공법)
2010. 1.27법 9977호(2011대구세계육상선수권대회,2014인천아시아경기대회및2015광주하계유니버시아드대회지원법)
2010. 2. 4법10000호(문화재)
2010. 3.22법10161호(공항소음방지및소음대책지역지원에관한법)
2010. 4.15법10266호(역세권의개발및이용에관한법)
2010. 4.15법10267호(동·서·남해안및내륙권발전특별법)
2010. 5.31법10335호(한강수계상수원수질개선및주민지원등에관한법)
2010.12.29법10421호(친수구역활용에대한특별법)
2011. 4. 5법10548호(자연공원법)
2011. 4.14법10599호(국토이용)
2011. 7.21법10881호(고도보존및육성에관한특별법)
2011. 7.21법10893호(환경정책)
2011. 7.28법10977호(야생생물보호및관리에관한법)
2011. 9.16법11052호(2011대구세계육상선수권대회,2014인천아시아경기대회,2014인천장애인아시아경기대회및2015광주하계유니버시아드대회지원법)
2012. 1.17법11170호(간척지의농업적이용및관리에관한법)
2012. 1.26법11226호(2018평창동계올림픽대회및장애인동계올림픽대회지원등에관한특별법)
2012. 1.26법11232호(연구개발특구의육성에관한특별법)
2012. 1.26법11241호(여수세계박람회지원및사후활용에관한특별법)
2012. 1.26법11244호(항공법)
2012. 2. 1법11293호(도시및주거환경정비법)
2012. 2.17법11307호(2015경북문경세계군인체육대회지원법)
2012. 2.17법11308호(2011대구세계육상선수권대회,2013충주세계조정선수권대회,2014인천아시아경기대회,2014인천장애인아시아경기대회및2015광주하계유니버시아드대회지원법)
2012. 2.22법11352호(산지관리법)
2012. 5.23법11425호(국제경기대회지원법)
2012. 5.23법11433호(어촌특화발전지원특별법)
2013. 3.23법11690호(정부조직)
2013. 6. 4법11853호(농어촌마을주거환경개선및리모델링촉진을위한특별법)
2013. 8.13법12089호(연안관리법)
2014. 1.14법12251호(공공주택건설등에관한특별법)
2014. 3.24법12508호(간척지의농어업적이용및관리에관한법)
2014. 6. 3법12737호(지역개발및지원에관한법)
2014.11.19법12844호(정부조직)
2014.12.30법12929호(산업활성공장설립)
2015. 1. 6법12974호(국토이용)
2015. 1.20법13050호(공공주택건설등에관한특별법)
2015. 7.24법13426호(제주자치법)
2016. 1.27법13872호(금강수계물관리및주민지원등에관한법)
2016. 1.27법13873호(낙동강수계물관리및주민지원등에관한법)
2016. 1.27법13883호(영산강·섬진강수계물관리및주민지원등에관한법)
2016. 3.29법14113호(공항시설법)
2016. 5.29법14198호(2018평창동계올림픽대회및동계패럴림픽대회지원등에관한특별법)
2016. 5.29법14247호(해양산업클러스터의지정및육성등에관한특별법)
2017. 4.18법14795호(국토이용)
2017. 4.18법14802호
2017. 7.26법14839호(정부조직)
2017.12.26법15309호(혁신도시조성및발전에관한특별법)
2017.12.26법15324호
2018. 6.12법15674호(댐주변지역친환경보전및활용에관한특별법)
2019.11.26법16596호(문화재)
2020. 1.29법16902호(항만법)
2020. 1.29법16904호(항만재개발및주변지역발전에관한법)
2020. 2. 4법16932호(세계유산의보존·관리및활용에관한특별법)
2020. 6. 9법17412호(역사문화권정비등에관한특별법)
2021. 1.12법17898호(국토이용)
2021. 7.20법18311호(공공주택특별법)
2021. 7.20법18313호(도시재생활성화및지원에관한특별법)
2021. 7.20법18314호(빈집및소규모주택정비에관한특례법)
2022. 2. 3법18831호(빈집및소규모주택정비에관한특례법)
2023. 4.18법19385호(빈집및소규모주택정비에관한특례법)
2023. 6.13법19432호(평화경제특별구역의지정및운영에관한법)
2023. 8. 8법19590호(문화유산)
2023. 9.14법19702호(근현대문화유산의보존및활용에관한법)→2024년 9월 15일 시행이므로 추후 수록
2023.10.24법19767호(도심융합특구조성및육성에관한특별법)
2023.12.26법19847호(노후계획도시정비및지원에관한특별법)
2024. 2. 6법20234호(국토이용)→2024년 8월 7일 시행
2024. 2. 6법20235호(도심복합개발지원에관한법)→2025년 2월 7일 시행이므로 추후 수록

제1조【목적】 이 법은 토지이용과 관련된 지역·지구등의 지정과 관리에 관한 기본적인 사항을 규정함으로써 토지이용규제의 투명성을 확보하여 국민의 토지이용상의 불편을 줄이고 국민경제의 발전에 이바지함을 목적으로 한다.
제2조【정의】 이 법에서 사용하는 용어의 뜻은 다음과 같다.
1. "지역·지구등"이란 지역·지구·구역·권역·단지·도시·군계획시설 등 명칭에 관계없이 개발행위를 제한하거나 토지이용과 관련된 인가·허가 등을 받도록 하는 등 토지의 이용 및 보전에 관한 제한을 하는 일단(一團)의 토지(토지와 연접한 해수면으로서 토지와 같이 제한되는 경우에는 그 해수면을 포함한다. 이하 같다)로서 제5조 각 호에 규정된 것을 말한다.(2011.4.14 본호개정)
2. "규제안내서"란 국민이 주택·공장 등 대통령령으로 정하는 시설을 설치하기 위하여 관계 법령 또는 자치법규에 따라 받아야 하는 인가·허가 등의 기준, 절차, 구비서류 등을 적은 안내서를 말한다.
(2009.2.6 본조개정)
제3조【다른 법률과의 관계】 지역·지구등의 지정(따로 지정 절차 없이 법령 또는 자치법규에 따라 지역·지구등의 범위가 직접 지정되는 경우를 포함한다. 이하 같다)과 운영 등에 관하여 다른 법률에 제8조와 다른 규정이 있는 경우에는 이 법에 따른다.(2009.2.6 본조개정)
제4조【토지이용규제의 투명성 확보】 지역·지구등을 규정하는 법령 또는 자치법규는 그 지정목적, 지정기준, 행위제한내용 등을 구체적이고 명확하게 규정하여야 한다.
제5조【지역·지구등의 신설 제한 등】 지역·지구등은 다음 각 호에 규정된 것 외에는 신설(지역·지구등을 세분하거나 변경하는 것을 포함한다. 이하 같다)할 수 없다.
1. 별표에 규정된 지역·지구등
2. 다른 법률의 위임에 따라 대통령령에 규정된 지역·지구등으로서 이 법의 대통령령에 규정된 지역·지구등
3. 다른 법령의 위임에 따라 총리령, 부령 및 자치법규에 규정된 지역·지구등으로서 국토교통부장관이 관보에 고시하는 지역·지구등(2013.3.23 본호개정)
(2009.2.6 본조개정)
제6조【지역·지구등의 신설에 대한 심의】 ① 중앙행정기관의 장이나 지방자치단체의 장은 지역·지구등을 신설하는 내용으로 법령 또는 자치법규를 제정하거나 개정하려면 해당 법령안 또는 자치법규안을 입법예고하기 전에 신설될 지역·지구등이 다음 각 호의 기준에 부합하는지에 대하여 제15조에 따른 토지이용규제심의위원회(이하 "위원회"라 한다)의 심의를 국토교통부장관에게 요청하여야 한다.(2013.3.23 본문개정)
1. 기존의 지역·지구등의 지정 목적 또는 명칭과 유사하거나 중복되지 아니할 것
2. 지역·지구등의 신설에 명확한 목적이 있을 것
3. 지역·지구등의 지정 기준과 지정 요건 등이 구체적이고 명확할 것
4. 지역·지구등에서의 행위제한 내용이 그 지정 목적에 비추어 다른 지역·지구등과 균형을 유지할 것
5. 그 밖에 대통령령으로 정하는 사항
② 중앙행정기관의 장이나 지방자치단체의 장은 제1항에 따른 심의를 요청할 때에는 지역·지구등의 지정 및 운영계획서(이하 이 조에서 "운영계획서"라 한다)를 작성하여 제출하여야 한다.
③ 국토교통부장관은 제1항에 따른 심의 결과 지역·지구등의 신설이 제1항 각 호의 기준에 부합하지 아니한다고 인정하는 경우에는 운영계획서를 제출한 중앙행정기관의 장이나 지방자치단체의 장에게 운영계획서의 재검토 또는 수정을 요청할 수 있다.(2013.3.23 본항개정)
④ 운영계획서의 작성 및 제출에 필요한 사항은 대통령령으로 정한다.
(2009.2.6 본조개정)
제6조의2【행위제한 강화등에 대한 심의】 ① 중앙행정기관의 장이나 지방자치단체의 장은 제5조 각 호의 지역·지구등에서의 행위제한을 신설 또는 강화(이하 "강화등"이라 한다)하려는 경우에는 해당 법령안 또는 자치법규안을 입법예고하기 전에 다음 각 호의 기준에 부합하는지에 대하여 위원회의 심의를 국토교통부장관에게 요청하여야 한다.(2013.3.23 본문개정)
1. 지역·지구등에서의 행위제한 강화등이 다른 지역·지구등과 균형을 유지할 것
2. 지역·지구등에서의 행위제한 강화등이 해당 목적 달성을 위하여 반드시 필요한 사항일 것
3. 그 밖에 대통령령으로 정하는 사항
② 중앙행정기관의 장이나 지방자치단체의 장은 제1항에 따라 심의를 요청할 때에는 행위제한 강화등 계획서(이하 이 조에서 "계획서"라 한다)를 작성하여 제출하여야 한다.
③ 국토교통부장관은 제1항에 따른 심의결과 행위제한 강화등이 제1항 각 호의 기준에 부합하지 아니한다고 인정하는 경우에는 계획서를 제출한 중앙행정기관의 장이나 지방자치단체의 장에게 계획서의 재검토 또는 수정을 요청할 수 있다.(2013.3.23 본항개정)
④ 계획서의 작성 및 제출에 필요한 사항은 대통령령으로 정한다.
(2009.2.6 본조신설)
제6조의3【직권심의 및 권고】 ① 국토교통부장관은 다음 각 호의 어느 하나에 해당하는 경우에는 해당 지역·지구등 또는 행위제한 강화등이 각 호에 따른 기준에 부합하는지에 대하여 위원회가 심의하게 할 수 있다.
1. 중앙행정기관의 장이나 지방자치단체의 장이 제6조제1항에 따른 심의를 요청하지 아니하고 지역·지구등을 신설하였거나 신설된 날부터 5년이 경과할 때까지 지

역·지구등이 지정되지 아니한 경우 : 제6조제1항 각 호의 기준
2. 중앙행정기관의 장이나 지방자치단체의 장이 제6조의2제1항에 따른 심의를 요청하지 아니하고 행위제한 강화등을 한 경우 : 제6조의2제1항 각 호의 기준
② 국토교통부장관은 제1항에 따른 심의 결과 지역·지구등 또는 행위제한 강화등이 제1항 각 호에 따른 기준에 부합하지 아니한다고 인정하는 경우에는 중앙행정기관의 장이나 지방자치단체의 장에게 해당 지역·지구등 또는 행위제한 강화등의 폐지·조정, 존속기한·재검토기한 설정 등 필요한 조치를 권고할 수 있다.
③ 제2항에 따라 권고를 받은 중앙행정기관의 장이나 지방자치단체의 장은 대통령령으로 정하는 바에 따라 조치계획서를 작성하여 국토교통부장관에게 제출하여야 한다.
(2017.12.26 본조신설)

제7조【사업지구에서의 행위제한 등】 ① 개발사업을 시행하기 위한 지역·지구등으로서 대통령령으로 정하는 지역·지구등(이하 이 조에서 "사업지구"라 한다)을 규정하는 법령 또는 자치법규는 해당 사업지구에서 개발사업에 지장을 초래할 수 있는 다음 각 호의 행위로서 관계 행정기관의 장의 허가 또는 변경허가를 받아야 하는 사항을 구체적으로 정하여야 한다.(2017.12.26 본문개정)
1. 건축물의 건축
2. 공작물의 설치
3. 토지의 형질변경
4. 토석의 채취
5. 토지분할
6. 물건을 쌓아놓는 행위
7. 그 밖에 제1호부터 제6호까지의 행위와 유사한 행위로서 개발사업에 지장을 초래할 수 있는 행위
② 사업지구를 규정하는 법령 또는 자치법규는 다음 각 호의 사항을 구체적으로 정하여야 한다.
1. 사업지구 지정·변경·해제의 기준 및 절차에 관한 사항(2017.12.26 본호신설)
2. 제1항에 따른 허가 또는 변경허가를 받지 아니하고 할 수 있는 행위
3. 사업지구의 지정 및 고시 당시 공사 또는 사업을 시작한 경우 공사 또는 사업의 계속 추진 등에 관한 사항
(2009.2.6 본조개정)

제8조【지역·지구등의 지정 등】 ① 중앙행정기관의 장이나 지방자치단체의 장이 지역·지구등을 지정(변경 및 해제를 포함한다. 이하 같다)하려면 대통령령으로 정하는 바에 따라 미리 주민의 의견을 들어야 한다. 다만, 다음 각 호의 어느 하나에 해당하거나 대통령령으로 정하는 경미한 사항을 변경하는 경우에는 그러하지 아니하다.(2017.12.26 본문개정)
1. 따로 지정 절차 없이 법령이나 자치법규에 따라 지역·지구등의 범위가 직접 지정되는 경우
2. 다른 법령 또는 자치법규에 주민의 의견을 듣는 절차가 규정되어 있는 경우
3. 국방상 기밀유지가 필요한 경우
4. 그 밖에 대통령령으로 정하는 경우
② 중앙행정기관의 장이 지역·지구등을 지정하는 경우에는 지적(地籍)이 표시된 지형도에 지역·지구등을 명시한 도면(이하 "지형도면"이라 한다)을 작성하여 관보에 고시하고, 지방자치단체의 장이 지역·지구등을 지정하는 경우에는 지형도면을 작성하여 그 지방자치단체의 공보에 고시하여야 한다. 다만, 대통령령으로 정하는 경우에는 지형도면을 작성·고시하지 아니하거나 지적도 등에 지역·지구등을 명시한 도면을 작성하여 고시할 수 있다.
③ 제2항에 따라 지형도면 또는 지적도 등에 지역·지구등을 명시한 도면(이하 "지형도면등"이라 한다)을 고시하여야 하는 지역·지구등의 지정의 효력은 지형도면등의 고시를 함으로써 발생한다. 다만, 지역·지구등을 지정할 때에 지형도면등의 고시가 곤란한 경우로서 대통령령으로 정하는 경우에는 그러하지 아니하다.
④ 제3항 단서에 해당되는 경우에는 지역·지구등의 지정일부터 2년이 되는 날까지 지형도면등을 고시하여야 하며, 지형도면등의 고시가 없는 경우에는 그 2년이 되는 날의 다음 날부터 그 지정의 효력을 잃는다.
⑤ 제4항에 따라 지역·지구등의 지정이 효력을 잃은 때에는 그 지역·지구등의 지정권자는 대통령령으로 정하는 바에 따라 지체 없이 그 사실을 관보 또는 공보에 고시하고, 이를 관계 특별자치도지사·시장·군수(광역시의 관할 구역에 있는 군의 군수를 포함한다. 이하 같다) 또는 구청장(구청장은 자치구의 구청장을 말하며, 이하 "시장·군수 또는 구청장"이라 한다)에게 통보하여야 한다. 이 경우 시장·군수 또는 구청장은 그 내용을 제12조에 따른 국토이용정보체계(이하 "국토이용정보체계"라 한다)에 등재(登載)하여 일반 국민이 볼 수 있도록 하여야 한다.
⑥ 중앙행정기관의 장이나 지방자치단체의 장은 지역·지구등의 지정을 입안하거나 신청하는 자가 따로 있는 경우에는 그 자에게 제2항에 따른 고시에 필요한 지형도면등을 작성하여 제출하도록 요청할 수 있다.
⑦ 제2항에 따른 지형도면등의 작성에 필요한 구체적인 기준 및 방법 등은 대통령령으로 정한다.
⑧ 중앙행정기관의 장이나 지방자치단체의 장은 제2항에 따라 지형도면등의 고시를 하려면 관계 시장·군수 또는 구청장에게 관련 서류와 고시예정일 등 대통령령으로 정하는 사항을 미리 통보하여야 한다. 다만, 제2항 단서에 따라 지형도면을 작성·고시하지 아니하는 경우에는 지역·지구등을 지정할 때에 대통령령으로 정하는 사항을 미리 통보하여야 하고, 제3항 단서에 따라 지역·지구등의 지정 후에 지형도면등의 고시를 하는 경우에는 지역·지구등을 지정할 때와 제4항에 따른 지형도면등을 고시할 때에 대통령령으로 정하는 사항을 미리 통보하여야 한다.
⑨ 제8항에 따라 통보를 받은 시장·군수 또는 구청장은 그 내용을 국토이용정보체계에 등재하여 지역·지구등의 지정 효력이 발생한 날부터 일반 국민이 볼 수 있도록 하여야 한다. 다만, 제3항 단서에 따라 지역·지구등의 지정 후에 지형도면등의 고시를 하는 경우에는 제4항에 따라 지형도면등을 고시한 날부터 일반 국민이 볼 수 있도록 하여야 한다.
(2009.2.6 본조개정)

판례 울산광역시 지정문화재 근처에 위치하여 문화재 보존에 영향을 미치지 않는 경우에만 건축 등 행위가 허가되는 구역(문화재보존영향 검토대상구역)의 부동산에 대하여 군수가 이와 같은 규제 내용을 국토이용정보체계에 등재하지 않아서 규제 사실을 모르고 위 부동산을 매수한 경우, 군수는 이로 인하여 발생한 손해에 대하여 배상책임이 있다.(대판 2019.10.18, 2017다202968)

제8조의2【지역·지구등의 지정 및 행위제한 강화등의 재검토】 ① 중앙행정기관의 장이나 지방자치단체의 장이 지역·지구등을 지정하거나 지역·지구등에서 행위제한 강화등을 한 경우에는 해당 지역·지구등의 지정 및 행위제한 강화등의 타당성을 대통령령으로 정하는 바에 따라 주기적으로 검토하여야 한다.
② 중앙행정기관의 장이나 지방자치단체의 장이 제1항에 따라 지역·지구등의 지정 및 행위제한 강화등의 타당성을 검토한 결과 개선이 필요하다고 인정하는 경우에는 개선에 필요한 조치를 하여야 한다.
(2017.12.26 본조신설)

제9조【지역·지구등의 지정 및 행위제한 내용의 제공】 ① 국토교통부장관과 지방자치단체의 장은 국토이용정보체계를 이용하여 필지별로 지역·지구등의 지정 여부 및 행위제한 내용을 일반 국민에게 제공하여야 한다.
② 중앙행정기관의 장은 지역·지구등이 신설되거나 지역·지구등에서의 행위제한 내용이 변경되는 경우에는 그 내용을 대통령령으로 정하는 바에 따라 국토교통부장관에게 통보하여야 한다. 이 경우 국토교통부장관은 국토이용정보체계를 통하여 제공되는 내용을 변경하여야 한다.
③ 지방자치단체의 장은 지역·지구등이 신설되거나 지역·지구등에서의 행위제한 내용이 변경되는 경우에는 그 내용을 대통령령으로 정하는 바에 따라 국토교통부장관에게 통보하고 국토이용정보체계를 통하여 제공되는 내용을 직접 변경하여야 한다.
(2013.3.23 본조개정)

제10조【토지이용계획확인서의 발급 등】 ① 시장·군수 또는 구청장은 다음 각 호의 사항을 확인하는 서류(이하 "토지이용계획확인서"라 한다)의 발급 신청이 있는 경우에는 대통령령으로 정하는 바에 따라 토지이용계획확인서를 발급하여야 한다.
1. 지역·지구등의 지정 내용
2. 지역·지구등에서의 행위제한 내용
3. 그 밖에 대통령령으로 정하는 사항
② 제1항에 따라 토지이용계획확인서의 발급을 신청하는 자는 시장·군수 또는 구청장에게 그 지방자치단체의 조례로 정하는 수수료를 내야 한다.
(2009.2.6 본조개정)

제11조【규제안내서】 ① 국토교통부장관은 규제안내서를 작성할 수 있다.(2013.3.23 본항개정)
② 국토교통부장관이 규제안내서를 작성하려면 관계 행정기관의 장과 미리 협의하여야 한다. 이 경우 협의를 요청받은 관계 행정기관의 장은 특별한 사유가 없으면 그 요청을 받은 날부터 30일 이내에 의견을 제시하여야 한다.
(2013.3.23 전단개정)
③ 국토교통부장관이 규제안내서를 작성한 경우에는 이를 관보에 고시하여야 하며, 국토이용정보체계를 이용하여 일반 국민에게 제공하여야 한다.(2013.3.23 본항개정)
④ 규제안내서에는 다음 각 호의 사항이 포함되어야 한다.
1. 대상 사업을 위한 인가·허가 등의 명칭, 기준, 절차 및 구비서류
2. 토지이용과 개발을 위한 인가·허가 등의 명칭, 기준, 절차 및 구비서류
3. 건축물의 건축을 위한 인가·허가 등의 명칭, 기준, 절차 및 구비서류
4. 그 밖에 대통령령으로 정하는 사항
⑤ 중앙행정기관의 장이 제3항에 따라 고시된 규제안내서에 포함된 내용을 변경하는 경우에는 그 내용을 변경하는 법령의 공포일에 규제안내서의 내용이 변경된 사실과 그 효력 발생일을 함께 관보에 고시하여야 하며, 고시를 하기 전에 미리 고시예정일 등 대통령령으로 정하는 사항을 국토교통부장관에게 통보하여야 한다. 이 경우 국토교통부장관은 국토이용정보체계를 통하여 제공되는 규제안내서를 변경하여 그 효력이 발생한 날부터 일반 국민이 볼 수 있도록 하여야 한다.(2013.3.23 본항개정)
⑥ 지방자치단체의 장이 제3항에 따라 고시된 규제안내서에 포함된 내용을 변경하는 경우에는 그 내용을 변경하는 자치법규의 공포일에 규제안내서의 내용이 변경된 사실과 그 효력 발생일을 함께 공보에 고시하여야 하며, 고시를 하기 전에 미리 고시예정일 등 대통령령으로 정하는 사항을 국토교통부장관에게 통보하여야 한다. 이 경우 지방자치단체의 장은 국토이용정보체계를 통하여 제공되는 규제안내서를 변경하여 그 효력이 발생한 날부터 일반 국민이 볼 수 있도록 하여야 한다.(2013.3.23 전단개정)
(2009.2.6 본조개정)

제12조【국토이용정보체계의 구축·운영 및 활용】 ① 국토교통부장관, 특별시장, 광역시장, 도지사, 시장·군수 또는 구청장(이하 "정보체계운영자"라 한다)은 국토의 이용 및 관리 업무를 효율적으로 추진하기 위하여 국토이용정보체계를 구축하여 운영할 수 있다.(2013.3.23 본항개정)
② 정보체계운영자는 국토이용정보체계를 통하여 다음 각 호의 사항을 일반 국민에게 제공할 수 있다.
1. 지역·지구등의 지정 내용(행정구역별 지역·지구등의 중첩 지정 현황을 포함한다)(2017.12.26 본호개정)
2. 지역·지구등에서의 행위제한 내용
3. 규제안내서
4. 그 밖에 대통령령으로 정하는 사항
③ 정보체계운영자는 국토이용정보체계를 효율적으로 만들어 운영하거나 활용하기 위하여 필요하면 전담부서를 설치할 수 있다.
④ 행정안전부장관 등 관계 행정기관의 장은 제3항에 따라 정보체계운영자가 전담부서를 설치하려는 경우에는 이에 협조하여야 한다.(2017.7.26 본항개정)
⑤ 국토이용정보체계를 통하여 관리되는 정보의 내용과 국토이용정보체계의 구축·운영 또는 이를 활용한 정보의 제공 및 그 업무 처리에 필요한 사항은 대통령령으로 정한다.
(2009.2.6 본조개정)

제13조【지역·지구등의 지정과 운영 실적 등의 평가】 ① 지역·지구등을 관장하는 중앙행정기관의 장 및 지방자치단체의 장은 2년마다 지역·지구등의 지정과 운영 실적 등을 포함한 토지이용규제보고서를 작성하여 국토교통부장관에게 제출하여야 한다.(2013.3.23 본항개정)
② 국토교통부장관은 토지이용규제의 적정성을 확보하기 위하여 제22조에 따라 설치된 토지이용규제평가단(이하 "평가단"이라 한다)으로 하여금 제1항에 따라 제출된 토지이용규제보고서에 기초하여 지역·지구등의 지정 실태 등을 평가하게 하고, 위원회의 심의를 거쳐 국무회의에 보고한 후 중앙행정기관의 장 또는 지방자치단체의 장에게 그 지역·지구등의 통합이나 폐합 등 제도개선을 요청할 수 있다.(2013.3.23 본항개정)
③ (2017.12.26 삭제)
④ 토지이용규제보고서의 작성 및 제출에 필요한 사항은 대통령령으로 정한다.
(2009.2.6 본조개정)

제14조【행위제한 내용 및 절차에 대한 평가】 국토교통부장관은 서로 다른 지역·지구등에서 행위제한 내용 및 절차의 균형이 유지되도록 하기 위하여 매년 대통령령으로 정하는 바에 따라 평가단으로 하여금 지역·지구등에서의 행위제한 내용 및 절차를 조사하여 평가하게 하고, 평가 결과에 대하여 위원회의 심의를 거쳐 중앙행정기관의 장이나 지방자치단체의 장에게 제도개선을 요청할 수 있다.(2013.3.23 본조개정)

제14조의2【제도개선 협의 및 이행촉구 등】 ① 제13조제2항 또는 제14조에 따라 제도개선을 요청받은 중앙행정기관의 장이나 지방자치단체의 장은 특별한 사유가 없으면 대통령령으로 정하는 바에 따라 제도개선을 위한 대책을 마련하여 국토교통부장관과 협의하여야 한다.
② 국토교통부장관은 평가단으로 하여금 제1항에 따른 제도개선 대책의 이행실적을 주기적으로 점검·평가하게 하고, 그 결과에 대하여 위원회의 심의를 거친 후 필요하다고 인정하는 때에는 중앙행정기관의 장이나 지방자치단체의 장에게 제도개선 대책의 이행을 촉구할 수 있다. 이 경우 해당 중앙행정기관의 장이나 지방자치단체의 장은 제도개선 대책의 이행 시기 및 방법 등을 포함한 이행계획서를 작성하여 국토교통부장관에게 제출하여야 한다.
③ 제2항에 따른 이행실적 점검·평가의 주기·방법·절차, 이행 촉구의 절차 및 이행계획서의 제출 등에 필요한 사항은 대통령령으로 정한다.
(2017.12.26 본조신설)

제15조【토지이용규제심의위원회】 ① 지역·지구등의 신설 등에 관한 사항을 심의하기 위하여 국토교통부에 토지이용규제심의위원회를 둔다.(2013.3.23 본항개정)
② 위원회는 다음 각 호의 사항을 심의한다.

1. 지역·지구등의 신설에 관한 사항
2. 지역·지구등의 지정과 운영 실적 등에 대한 평가 결과에 관한 사항
3. 지역·지구등에서의 행위제한 내용 및 절차에 대한 평가 결과에 관한 사항
4. 지역·지구등에서의 행위제한 강화등에 관한 사항
5. 지역·지구등 및 행위제한 관련 제도개선 대책의 이행 실적 점검·평가 결과에 관한 사항(2017.12.26 본호신설)
6. 그 밖에 위원장이 필요하다고 인정하여 회의에 부치는 사항

(2009.2.6 본조개정)

제16조【위원회의 구성 등】 ① 위원회는 위원장과 부위원장 각 1명을 포함한 20명 이내의 위원으로 구성한다.

② 위원회의 위원장은 국토교통부장관이 되고, 부위원장은 환경부차관이 된다.(2013.3.23 본항개정)

③ 위원장과 부위원장을 제외한 위원은 다음 각 호의 사람이 된다.

1. 지역·지구등을 관장하는 중앙행정기관 소속 공무원 중에서 대통령령으로 정하는 공무원
2. 지역·지구등의 지정과 관련하여 학식과 경험이 풍부한 사람으로서 대통령령으로 정하는 바에 따라 지역·지구등을 관장하는 중앙행정기관의 장의 추천을 받아 국토교통부장관이 위촉하는 사람(2013.3.23 본호개정)

④ 위촉위원의 임기는 2년으로 한다.

(2009.2.6 본조개정)

제17조【위원의 결격사유】 ① 다음 각 호의 어느 하나에 해당하는 사람은 위원회의 위원이 될 수 없다.

1. 미성년자·피성년후견인 또는 피한정후견인 (2017.4.18 본호개정)
2. 파산선고를 받고 복권되지 아니한 사람
3. 금고 이상의 형을 선고받고 그 집행이 끝나거나(집행이 끝난 것으로 보는 경우를 포함한다) 집행이 면제된 날부터 2년이 지나지 아니한 사람
4. 금고 이상의 형의 집행유예를 선고받고 그 유예기간 중에 있는 사람

② 위원이 제1항 각 호의 어느 하나에 해당하게 된 때에는 그 날로 위원자격을 잃는다.

(2009.2.6 본조개정)

제18조【위원장 등의 직무】 ① 위원회의 위원장은 위원회를 대표하고, 위원회의 업무를 총괄한다.

② 위원회의 부위원장은 위원장을 보좌하며, 위원장이 부득이한 사유로 직무를 수행할 수 없을 때에는 그 직무를 대행한다.

③ 위원장과 부위원장이 모두 부득이한 사유로 직무를 수행할 수 없을 때에는 위원장이 미리 지명한 위원이 그 직무를 대행한다.

(2009.2.6 본조개정)

제19조【회의의 소집 및 의결정족수】 ① 위원회의 위원장은 위원회의 회의를 소집하고, 그 의장이 된다.

② 위원회의 회의는 재적위원 과반수의 출석으로 개의(開議)하고, 출석위원 과반수의 찬성으로 의결한다. 다만, 제15조제2항제2호에서 규정한 사항은 재적위원 과반수의 찬성으로 의결한다.

(2009.2.6 본조개정)

제20조【간사 및 서기】 ① 위원회에 간사와 서기를 둔다.

② 간사와 서기는 국토교통부 소속 공무원 중에서 위원장이 임명한다.(2013.3.23 본항개정)

③ 간사는 위원장의 명을 받아 위원회의 사무를 담당하고, 서기는 간사를 보좌한다.

(2009.2.6 본조개정)

제21조【운영세칙】 위원회의 설치 및 운영에 필요한 사항은 대통령령으로 정한다.(2009.2.6 본조개정)

제22조【토지이용규제평가단】 ① 다음 각 호의 업무를 처리하기 위하여 위원회에 토지이용규제평가단을 설치하여 운영할 수 있다.

1. 지역·지구등의 지정과 운영 실태의 점검 및 평가
2. 지역·지구등에서의 행위제한 내용 및 절차의 조사 및 평가
3. 지역·지구등 및 행위제한 관련 제도개선 대책의 이행 실적에 관한 점검·평가(2017.12.26 본호신설)
4. 토지이용규제에 관한 전문적이고 기술적인 연구 및 자문

② 평가단의 단장은 위촉위원들이 위촉위원 중에서 단장으로 뽑은 사람이 된다.

③ 평가단의 구성 및 운영에 필요한 사항은 대통령령으로 정한다.

(2009.2.6 본조개정)

제22조의2【기초조사의 실시】 ① 국토교통부장관은 토지이용과 관련된 지역·지구등의 효율적인 운영과 관리를 위하여 다음 각 호의 사항에 대한 조사(이하 이 조에서 "기초조사"라 한다)를 실시할 수 있다.

1. 지역·지구등의 지정 및 운영 현황
2. 지역·지구등에서의 행위제한의 내용 및 수준 등에 관한 사항
3. 그 밖에 지역·지구등의 효율적인 운영·관리에 관하여 대통령령으로 정하는 사항

② 기초조사의 방식·절차 등에 필요한 사항은 국토교통부령으로 정한다.

(2017.12.26 본조신설)

제23조【업무의 위탁】 정보체계운영자는 국토이용정보체계의 운영을 대통령령으로 정하는 기관 또는 단체에 위탁할 수 있다.(2009.2.6 본조개정)

제24조【벌칙 적용 시의 공무원 의제】 다음 각 호의 어느 하나에 해당하는 자는 「형법」 제127조 및 제129조부터 제132조까지의 규정을 적용할 때에는 공무원으로 본다.

1. 위원회의 위원으로서 공무원이 아닌 사람
2. 평가단의 구성원으로서 공무원이 아닌 사람
3. 제23조에 따라 위탁받은 업무를 수행하는 자(행정청이 아닌 자를 말한다) 또는 그에 소속된 직원

(2009.2.6 본조개정)

부 칙

제1조【시행일】 이 법은 공포 후 6월이 경과한 날부터 시행한다. 다만, 제8조제2항 내지 제9항의 규정은 공포 후 1년이 경과한 날부터 시행한다.

제2조【지역·지구등의 신설에 대한 심의에 관한 경과조치】 제6조의 규정은 이 법 시행 당시 지역·지구등을 신설하고자 하는 경우로서 「행정규제기본법」 제10조의 규정에 의한 심사요청을 한 때에는 이를 적용하지 아니한다.

제3조【주민의견청취에 관한 경과조치】 제8조제1항의 규정은 이 법 시행 당시 다른 법령의 규정에 따라 중앙행정기관의 장 또는 지방자치단체의 장이 관계 행정기관의 장에게 지역·지구등의 지정에 관한 협의를 요청한 경우에는 이를 적용하지 아니한다.

제4조【지형도면등의 고시에 관한 경과조치】 ① 제8조제2항 내지 제9항의 규정은 이 법 공포 후 1년이 경과한 날 전에 지정된 지역·지구등에 대하여는 이를 적용하지 아니한다.

② 이 법 공포 후 1년이 경과한 날 전에 지정된 지역·지구등 가운데 지형도면등을 고시하지 아니한 지역·지구등은 제8조제2항을 준용하여 2008년 12월 31일까지 지형도면등을 고시하여야 하며, 2008년 12월 31일까지 고시하지 아니한 경우에는 그 다음 날부터 그 지역·지구등의 지정의 효력을 잃는다.

③ 제8조제5항의 규정은 제2항의 규정에 따라 지역·지구등의 지정이 효력을 잃는 경우에 이를 준용한다.

④ 이 법 공포 후 1년이 경과한 날 전에 지역·지구등의 지정과 지형도면등의 고시가 완료되었으나 국토이용정보체계상에 등재되지 아니한 지역·지구등은 2007년 12월 31일까지 국토이용정보체계상에 등재하여야 한다.

제5조【지역·지구등의 지정 및 행위제한내용의 제공등에 관한 경과조치】 2008년 12월 31일까지 제9조 및 제10조의 규정에 따라 필지별로 제공되는 지역·지구등의 지정여부와 행위제한내용 등은 국토이용정보체계상에 등재되어 있는 지역·지구등(제10조의 규정에 따라 토지이용계획확인서를 발급하는 경우에는 종전의 「국토의 계획 및 이용에 관한 법률」 제132조의 규정에 따라 발급할 수 있는 토지이용계획확인서상의 지역·지구등 그 밖의 확인내용에 관한 사항을 포함한다)에 대하여만 제공할 수 있다. 이 경우에도 행위제한내용의 제공은 2006년 12월 31일 이전에는 이를 하지 아니할 수 있다.

제6조~제7조 (생략)

부 칙 (2009.2.6)

① **【시행일】** 이 법은 공포 후 6개월이 경과한 날부터 시행한다.

② **【보궐위원 임기에 관한 적용례】** 제16조제5항의 개정규정은 이 법 시행 전에 보궐된 위원에게도 적용한다.

③ **【지형도면등의 고시에 관한 경과조치】** 별표의 연번 1번, 4번, 69번, 70번, 71번, 72번, 88번, 96번, 112번, 118번, 123번, 124번, 125번, 126번, 132번, 171번, 180번, 186번, 196번, 199번, 216번, 224번, 225번, 226번, 227번, 228번, 229번, 230번, 231번 및 232번 가운데 이 법 시행 전에 지정되었으나 지형도면등을 고시하지 아니한 지역·지구등은 제8조제2항 및 제9항의 개정규정을 준용하여 이 법 시행 후 2년 이내에 지형도면등을 고시하고 국토이용정보체계에 등재하여야 하며, 이 법 시행 후 2년이 되는 날까지 지형도면등을 고시하지 아니한 경우에는 그 다음 날부터 그 지역·지구등의 지정의 효력을 잃는다.

부 칙 (2010.5.31)

제1조【시행일】 이 법은 다음 각 호의 구분에 따른 날부터 시행한다.

1. 서울특별시·인천광역시·경기도 : 공포 후 3년이 경과한 날
2. 강원도·충청북도 : 공포 후 10년을 넘지 아니하는 범위에서 제1호에 규정된 지역의 5년간 시행 성과를 평가하여 대통령령으로 정하는 날<2020.6.1 시행>

(이하 생략)

부 칙 (2017.4.18 법14802호)

제1조【시행일】 이 법은 공포한 날부터 시행한다.

제2조【금치산자 등의 결격사유에 관한 경과조치】 제17조제1항제1호의 개정규정에도 불구하고 같은 개정규정 시행 당시 법률 제10429호 민법 일부개정법률 부칙 제2조에 따라 금치산 또는 한정치산 선고의 효력이 유지되는 사람에 대하여는 종전의 규정에 따른다.

부 칙 (2020.1.29 법16902호)
(2020.1.29 법16904호)

제1조【시행일】 이 법은 공포 후 6개월이 경과한 날부터 시행한다.(이하 생략)

부 칙 (2020.2.4)
(2020.6.9)

제1조【시행일】 이 법은 공포 후 1년이 경과한 날부터 시행한다.(이하 생략)

부 칙 (2021.1.12)

제1조【시행일】 이 법은 공포 후 6개월이 경과한 날부터 시행한다.(이하 생략)

부 칙 (2021.7.20 법18311호)
(2021.7.20 법18313호)
(2021.7.20 법18314호)

제1조【시행일】 이 법은 공포 후 2개월이 경과한 날부터 시행한다.(이하 생략)

부 칙 (2022.2.3)
(2023.4.18)
(2023.6.13)

제1조【시행일】 이 법은 공포 후 6개월이 경과한 날부터 시행한다.(이하 생략)

부 칙 (2023.8.8)

제1조【시행일】 이 법은 2024년 5월 17일부터 시행한다.(이하 생략)

부 칙 (2023.10.24)

제1조【시행일】 이 법은 공포 후 6개월이 경과한 날부터 시행한다.(이하 생략)

부 칙 (2023.12.26)

제1조【시행일】 이 법은 공포 후 4개월이 경과한 날부터 시행한다.(이하 생략)

부 칙 (2024.2.6)

제1조【시행일】 이 법은 공포 후 6개월이 경과한 날부터 시행한다.(이하 생략)

[별표] ➡ 「法典 別冊」 참조

토지이용규제 기본법 시행령

(2006년 6월 7일
대통령령 제19503호)

개정
2008. 2.29영20722호(직제)
2009. 8. 5영21667호
2009. 8. 5영21671호(국가공간정보에관한법시)
2010.12.29영22560호(문화재시)
2011. 8.30영23111호　　2012. 1.26영23563호
2012. 4.10영23718호(국토이용시)
2013. 3.23영24443호(직제)
2014.11.19영25751호(직제)
2016. 8.31영27471호(부동산가격공시에관한법시)
2017. 2. 3영27830호(교육환경보호에관한법시)
2017. 7.26영28211호(직제)
2018. 6. 5영28941호
2020. 5.26영30704호(문화재시)
2020. 7.28영30876호(항만법시)
2020. 7.28영30877호(항만재개발및주변지역발전에관한법시)

제1조【목적】 이 영은 「토지이용규제 기본법」에서 위임한 사항과 그 시행에 필요한 사항을 규정함을 목적으로 한다.(2009.8.5 본조개정)

제2조【규제안내서 작성 대상인 시설】 「토지이용규제 기본법」(이하 "법"이라 한다) 제2조제2호에서 "주택·공장 등 대통령령으로 정하는 시설"이란 다음 각 호의 시설을 말한다.
1. 「건축법 시행령」 별표1 제2호가목의 아파트
2. 「건축법 시행령」 별표1 제15호나목의 관광숙박시설
3. 「건축법 시행령」 별표1 제17호의 공장
4. 「건축법 시행령」 별표1 제18호가목의 창고
5. 「체육시설의 설치·이용에 관한 법률 시행령」 별표1의 골프장
6. 「체육시설의 설치·이용에 관한 법률 시행령」 별표1의 스키장
7. 그 밖에 국민경제활동과 밀접한 관련을 갖는 시설로서 국토교통부령으로 정하는 시설(2013.3.23 본호개정)
(2009.8.5 본조개정)

제3조【지역·지구등의 종류】 법 제5조제2호에서 "이 법의 대통령령에 규정된 지역·지구등"이란 별표1에 따른 지역·지구등을 말한다.(2018.6.5 본조개정)

제4조【지역·지구등의 신설에 대한 심의기준】 법 제6조제1항제5호에서 "대통령령으로 정하는 사항"이란 다음 각 호의 사항을 말한다.
1. 지역·지구등의 지정(별도의 지정절차 없이 법령이나 자치법규에 따라 지역·지구등의 범위가 직접 지정되는 경우를 포함한다. 이하 같다) 절차가 투명하고 공개적일 것
2. 지역·지구등의 지정목적에 따라 존속기간 또는 해제에 관한 규정을 둘 필요가 있으면 그 규정을 둘 것
(2009.8.5 본조개정)

제5조【지역·지구등의 지정 및 운영계획서의 제출】 ① 중앙행정기관의 장이나 지방자치단체의 장이 법 제6조제2항에 따라 제출하는 지역·지구등의 지정 및 운영계획서(이하 이 조에서 "운영계획서"라 한다)에는 다음 각 호의 사항이 포함되어야 한다.
1. 지역·지구등의 명칭
2. 지역·지구등의 신설(지역·지구등을 세분하거나 변경하는 것을 포함한다. 이하 같다) 목적과 그 필요성
3. 지정권자
4. 지정기준 및 절차
5. 지역·지구등에서의 행위제한 내용 및 절차
6. 근거 법령 또는 자치법규의 조문 내용
7. 향후 지역·지구등의 지정 전망
8. 그 밖에 지역·지구등의 지정 및 운영에 관한 사항

② 중앙행정기관의 장이나 지방자치단체의 장은 운영계획서를 제출할 때에는 지역·지구등의 신설이 법 제6조제1항 각 호의 기준에 부합하는지를 자체적으로 심사하고 그 결과를 첨부하여야 한다.
(2009.8.5 본조개정)

제5조의2【행위제한 강화등에 대한 심의】 ① 법 제6조의2제1항제3호에서 "대통령령으로 정하는 사항"이란 다음 각 호와 같다.
1. 지역·지구등에서의 행위제한 신설 또는 강화(이하 "강화등"이라 한다)의 내용이 구체적이고 명확할 것
2. 지역·지구등에서의 행위제한 강화등의 절차가 투명할 것
3. 지역·지구등에서의 행위제한 강화등의 집행이 행정·기술적으로 용이할 것

② 중앙행정기관의 장이나 지방자치단체의 장이 법 제6조의2제2항에 따라 제출하는 지역·지구등에서의 행위제한 강화등 계획서(이하 이 조에서 "계획서"라 한다)에는 다음 각 호의 사항이 포함되어야 한다.
1. 지역·지구등의 명칭
2. 지역·지구등의 지정권자, 지정기준 및 지정절차
3. 지역·지구등에서의 기존 행위제한 내용 및 절차
4. 지역·지구등에서의 행위제한 강화등의 내용 및 절차
5. 지역·지구등에서의 행위제한 강화등의 필요성
6. 그 밖에 지역·지구등에서의 행위제한 강화등에 따른 효과

③ 중앙행정기관의 장이나 지방자치단체의 장은 법 제6조의2제2항에 따라 계획서를 제출할 때에는 지역·지구등에서의 행위제한 강화등이 같은 조 제1항 각 호의 기준에 부합하는지를 자체적으로 심사하고 그 결과를 첨부하여야 한다.
(2009.8.5 본조신설)

제5조의3【조치계획서의 작성 및 제출】 ① 중앙행정기관의 장이나 지방자치단체의 장은 법 제6조의3제2항에 따른 권고(이하 "권고"라 한다)를 받은 날부터 60일 이내에 같은 조 제3항에 따른 조치계획서(이하 "조치계획서"라 한다)를 작성하여 국토교통부장관에게 제출하여야 한다.
② 조치계획서에는 다음 각 호의 사항이 포함되어야 한다.
1. 권고 사항 및 그 이유
2. 권고 사항별 조치내용, 조치완료기한 등 조치계획
3. 그 밖에 조치계획의 이행을 위하여 필요한 사항
(2018.6.5 본조신설)

제5조의4【사업지구의 종류】 법 제7조제1항 각 호 외의 부분에서 "대통령령으로 정하는 지역·지구등"이란 별표2에 따른 지역·지구등을 말한다.(2018.6.5 본조신설)

제6조【주민의 의견청취】 ① 중앙행정기관의 장이나 도지사는 법 제8조제1항에 따라 지역·지구등을 지정(변경 및 해제를 포함한다. 이하 같다)하기 위하여 주민의 의견을 들으려면 주민의 의견청취 기한을 분명히 밝혀 지역·지구등의 지정안을 관계 특별시장, 광역시장, 특별자치도지사, 시장 또는 군수(광역시의 관할구역 안에 있는 군의 군수는 제외한다. 이하 이 조에서 같다)에게 보내야 한다. 다만, 중앙행정기관의 장은 지역·지구등의 지정안을 관계 특별시장, 광역시장, 특별자치도지사, 시장 또는 군수에게 보내어 열람하게 할 수 없는 불가피한 사유가 있는 경우에는 직접 주민의 의견을 들을 수 있다.
(2018.6.5 본문개정)

② 제1항에 따라 지역·지구등의 지정안을 송부 받은 특별시장, 광역시장, 특별자치도지사, 시장 또는 군수는 지역·지구등의 지정안의 주요 내용을 그 특별시, 광역시, 특별자치도, 시 또는 군(광역시의 관할구역 안에 있는 군은 제외한다. 이하 이 조에서 같다)의 지역을 보급지역으로 하는 둘 이상의 일간신문, 그 지방자치단체의 게시판 및 인터넷 홈페이지에 공고하고 지역·지구등의 지정안을 14일 이상 주민이 열람하게 하여야 한다.

③ 제2항에 따라 공고된 지역·지구등의 지정안에 대하여 의견이 있는 자는 열람기간 동안 특별시장, 광역시장, 특별자치도지사, 시장 또는 군수에게 의견서를 제출할 수 있다. 이 경우 특별시장, 광역시장, 특별자치도지사, 시장 또는 군수는 열람기간 종료 후 지체 없이 주민의견청취 결과를 중앙행정기관의 장이나 도지사에게 제출하여야 한다.

④ 특별시장, 광역시장, 특별자치도지사, 시장·군수 또는 구청장(자치구의 구청장을 말한다. 이하 같다)은 법 제8조제1항에 따라 지역·지구등을 지정하기 위하여 주민의 의견을 들으려면 지역·지구등의 지정안의 주요 내용을 그 특별시, 광역시, 특별자치도, 시 또는 군의 지역을 보급지역으로 하는 둘 이상의 일간신문, 그 지방자치단체의 게시판 및 인터넷 홈페이지에 공고하고 지역·지구등의 지정안을 14일 이상 주민이 열람하게 하여야 한다.

⑤ 제4항에 따라 공고된 지역·지구등의 지정안에 대하여 의견이 있는 자는 열람기간 동안 특별시장, 광역시장, 특별자치도지사, 시장·군수 또는 구청장에게 의견서를 제출할 수 있다.

⑥ 중앙행정기관의 장이나 지방자치단체의 장은 제3항과 제5항에 따라 제출된 의견을 지역·지구등의 지정안에 반영할 것인지를 검토하여 그 결과를 제3항에 따른 주민의견 청취 결과를 접수한 날 또는 제5항에 따른 열람기간이 끝난 날부터 60일 이내에 그 의견을 제출한 자에게 통보하여야 한다.

⑦ 제1항 단서에 따라 중앙행정기관의 장이 직접 주민의 의견을 듣는 경우에 관하여는 제4항부터 제6항까지의 규정을 준용한다. 이 경우 제4항과 제5항 중 "특별시장, 광역시장, 특별자치도지사, 시장·군수 또는 구청장"은 "중앙행정기관의 장"으로, "그 지방자치단체의 게시판 및 인터넷 홈페이지"는 "그 중앙행정기관의 게시판 및 인터넷 홈페이지"로 본다.

⑧ 법 제8조제1항 각 호 외의 부분 단서에서 "대통령령으로 정하는 경미한 사항을 변경하는 경우"란 다음 각 호의 어느 하나에 해당하는 경우를 말한다.
1. 지역·지구등의 면적을 축소하는 경우
2. 지역·지구등의 면적을 100분의 10 이내의 범위에서 확대하는 경우

⑨ 법 제8조제1항제4호에서 "대통령령으로 정하는 경우"란 「문화재보호법」 제32조에 따라 임시지정문화재로 지정하는 경우를 말한다.(2020.5.26 본항개정)
(2009.8.5 본조개정)

제7조【지형도면등의 작성·고시방법】 ① 법 제8조제2항 본문에 따라 지적이 표시된 지형도에 지역·지구등을 명시한 도면(이하 "지형도면"이라 한다)을 작성할 때에는 축척 500분의 1 이상 1천500분의 1 이하(녹지지역의 임야, 관리지역, 농림지역 및 자연환경보전지역은 축척 3천분의 1 이상 6천분의 1 이하로 할 수 있다)로 작성하여야 한다.

② 제1항에 따라 작성하는 지형도면은 법 제12조에 따른 국토이용정보체계(이하 "국토이용정보체계"라 한다)상에 구축되어 있는 지적이 표시된 지형도의 데이터베이스를 사용하여야 한다.

③ 법 제8조제2항 단서에 따라 지형도면을 작성·고시하지 아니하거나, 지형도면을 갈음하여 지적도(국토이용정보체계상에 구축되어 있는 연속지적도를 말한다. 이하 같다) 등에 지역·지구등을 명시한 도면을 작성하여 고시하는 경우는 다음 각 호와 같다.
1. 지형도면을 작성·고시하지 아니하는 경우
 가. 지역·지구등의 경계가 행정구역 경계와 일치하는 경우
 나. 별도의 지정절차 없이 법령 또는 자치법규에 따라 지역·지구등의 범위가 직접 지정되는 경우
 다. 관계 법령에 따라 지역·지구등의 지정이 의제되는 경우. 다만, 해당 법령에서 지역·지구등의 지정 시 지형도면 또는 지적도 등에 지역·지구등을 명시한 도면(이하 "지형도면등"이라 한다)을 고시하도록 규정하고 있으나, 의제하는 법령에서는 그 지형도면등의 고시까지 의제하고 있지 아니하는 경우는 제외한다.
2. 지형도면을 갈음하여 지적도에 지역·지구등을 명시한 도면을 작성하여 고시하는 경우
 가. 도시·군계획사업·택지개발사업 등 개발사업이 완료된 지역에서 지역·지구등을 지정하는 경우
 (2012.4.10 본목개정)
 나. 지역·지구등의 경계가 지적선을 기준으로 결정되는 경우
 다. 국토이용정보체계상에 지적이 표시된 지형도의 데이터베이스가 구축되어 있지 아니하거나 지형과 지적의 불일치로 지형도의 활용이 곤란한 경우
3. 해도나 해저지형도를 이용할 수 있는 경우
 해수면을 포함하는 지역·지구등을 지정하는 경우(해수면 부분만 해당한다)

④ 법 제8조제3항 단서에서 "대통령령으로 정하는 경우"란 제3항제2호에 따라 지적도에 지역·지구등을 명시할 수 있으나 지적과 지형의 불일치 등으로 지적도의 활용이 곤란한 경우를 말한다.(2011.8.30 본항개정)

⑤ 제1항부터 제3항까지의 규정에 따른 도면이 2매 이상인 경우에는 축척 5천분의 1 이상 5만분의 1 이하의 총괄도를 따로 첨부할 수 있다.

⑥ 법 제8조제2항에 따라 중앙행정기관의 장이나 지방자치단체의 장이 지역·지구등의 지정과 지형도면등을 관보나 공보에 고시할 때에는 같은 내용을 해당 중앙행정기관이나 지방자치단체의 인터넷 홈페이지에 동시에 게재하여야 한다.

⑦ 중앙행정기관의 장이나 지방자치단체의 장이 법 제8조제5항에 따라 지역·지구등의 지정이 효력을 잃은 사실을 고시하는 경우에는 다음 각 호의 사항이 포함되어야 한다.
1. 지역·지구등의 명칭·위치 및 면적
2. 지역·지구등의 지정 고시일
3. 지역·지구등 지정의 실효 사유와 실효일

⑧ 법 제8조제8항 본문에서 "대통령령으로 정하는 사항"이란 다음 각 호의 사항을 말한다.
1. 지역·지구등의 명칭·위치 및 면적
2. 지역·지구등의 지정 고시 예정일 및 효력 발생 예정일
3. 지형도면등 및 이와 관련된 전산자료

⑨ 법 제8조제8항 단서에서 "대통령령으로 정하는 사항"이란 다음 각 호의 사항을 말한다.
1. 지형도면을 작성·고시하지 아니하는 경우
 가. 제8항제1호 및 제2호에 해당하는 사항(제3항제1호 다목에 해당하는 지역·지구등에 관한 사항을 포함한다)
 나. 지형도면을 작성·고시하지 아니하는 사유
 다. 제8항제1호와 관련된 전산자료(「장사 등에 관한 법률」 제17조에 따른 묘지 등의 설치 제한지역에 관한 전산자료는 제외한다)(2012.1.26 본목신설)
2. 지역·지구등의 지정 후 지형도면등을 고시하는 경우
 가. 지역·지구등을 지정할 때 : 제8항제1호 및 제2호에 해당하는 사항과 지역·지구등을 지정할 때 지형도면등을 고시하기 곤란한 사유(2011.8.30 본목개정)
 나. 지형도면등을 고시할 때 : 제8항제1호 및 제3호에 해당하는 사항과 지역·지구등의 지정일 및 지형도면등의 고시 예정일

⑩ 제1항부터 제9항까지에서 규정한 사항 외에 지형도면등의 작성기준, 작성방법 및 도면관리 등에 관하여 필요한 사항은 국토교통부장관이 정하여 고시한다.(2013.3.23 본항개정)
(2009.8.5 본조개정)

제7조의2【지역·지구등의 지정 및 행위제한 강화등의 재검토】 중앙행정기관의 장이나 지방자치단체의 장은 지역·지구등의 지정 및 행위제한 강화등을 한 경우 2018년 1월 1일을 기준으로 10년마다(매 10년이 되는 해의 1월 1일 전까지를 말한다) 법 제8조의2제1항에 따른 타당성 검토를 하여야 한다. 다만, 지역·지구등을 규정하는 법령 또는 자치법규에서 타당성 검토 주기를 달리 정한 경우에는 그에 따른다.(2018.6.5 본조신설)

제8조【지역·지구등의 신설 및 행위제한 내용의 변경통보】 ① 중앙행정기관의 장은 지역·지구등이 신설되거나 지역·지구등에서의 행위제한내용이 변경되는 경우에는 법 제9조제2항 전단에 따라 관계 법령 공포 7일 전까지 다음 각 호의 사항을 국토교통부장관에게 통보하여야 한다.(2013.3.23 본문개정)

1. 지역·지구등의 명칭과 행위제한 내용
2. 근거 법령의 조문 내용
3. 지역·지구등의 명칭이 변경되거나 세분된 경우 개정 전후의 법령 조문의 대비표와 그 사유
4. 행위제한내용이 변경된 경우 개정 전후의 법령 조문의 대비표와 그 사유
5. 근거 법령의 공포 예정일 및 효력발생 예정일

② 지방자치단체의 장은 지역·지구등이 신설되거나 지역·지구등에서의 행위제한내용이 변경되는 경우에는 법 제9조제3항에 따라 관계 자치법규 공포 7일 전까지 다음 각 호의 사항을 국토교통부장관에게 통보하여야 한다.
(2013.3.23 본문개정)

1. 지역·지구등의 명칭과 행위제한 내용
2. 근거 자치법규의 조문 내용
3. 지역·지구등의 명칭이 변경되거나 세분된 경우 개정 전후의 자치법규 조문의 대비표와 그 사유
4. 행위제한 내용이 변경된 경우 개정 전후의 자치법규 조문의 대비표와 그 사유
5. 근거 자치법규의 공포 예정일 및 효력발생 예정일

(2009.8.5 본조개정)

제9조【토지이용계획확인서의 발급】 ① 법 제10조제1항에 따라 토지이용계획확인서의 발급을 신청하려는 자는 특별자치도지사, 시장·군수(광역시의 관할구역 안에 있는 군의 군수를 포함한다. 이하 같다) 또는 구청장에게 국토교통부령으로 정하는 토지이용계획확인신청서(전자문서로 된 신청서를 포함한다. 이하 같다)를 제출하여야 한다.(2013.3.23 본항개정)

② 제1항에 따라 토지이용계획확인서의 발급을 신청하려는 자는 법 제10조제1항제2호의 사항을 제외하고 확인하여 주도록 토지이용계획확인신청서를 작성하여 제출할 수 있다.

③ 특별자치도지사, 시장·군수 또는 구청장은 제1항 및 제2항에 따라 토지이용계획확인신청서를 제출받았으면 국토이용정보체계를 활용하여 그 신청인에게 국토교통부령으로 정하는 토지이용계획확인서(전자문서로 된 확인서를 포함한다)를 발급하여야 한다.(2013.3.23 본항개정)

④ 법 제10조제1항제3호에서 "대통령령으로 정하는 사항"이란 다음 각 호의 사항을 말한다.

1. 「부동산 거래신고 등에 관한 법률」 제10조에 따라 지정된 토지거래계약에 관한 허가구역(2016.1.19 본호개정)
2. 그 밖에 일반 국민에게 그 지정내용을 알릴 필요가 있는 사항으로서 국토교통부령으로 정하는 사항
(2013.3.23 본호개정)

(2009.8.5 본조개정)

제10조【규제안내서의 고시 등】 ① 법 제11조제4항제4호에서 "대통령령으로 정하는 사항"이란 법 제11조제4항제1호부터 제3호까지의 규정과 관련된 법령·자치법규의 제명 및 해당 조를 말한다.

② 법 제11조제5항 전단에서 "고시예정일 등 대통령령으로 정하는 사항"이란 다음 각 호의 사항을 말한다.

1. 관계 법령의 공포 예정일 및 규제안내서 변경고시 예정일
2. 규제안내서 변경 내용의 효력 발생 예정일
3. 규제안내서의 변경 전과 후의 내용
4. 규제안내서의 변경과 관련된 법령의 변경 전과 후의 조문 내용

③ 법 제11조제6항 전단에서 "고시예정일 등 대통령령으로 정하는 사항"이란 다음 각 호의 사항을 말한다.

1. 자치법규의 공포 예정일 및 규제안내서 변경고시 예정일
2. 규제안내서 변경 내용의 효력 발생 예정일
3. 규제안내서의 변경 전과 후의 내용
4. 규제안내서의 변경과 관련된 자치법규의 변경 전과 후의 조문 내용

(2009.8.5 본조개정)

제11조【국토이용정보체계구축계획의 수립】 ① 국토교통부장관은 국토이용정보체계의 구축·운영 및 활용을 촉진하기 위하여 5년 단위로 다음 각 호의 사항이 포함된 국토이용정보체계구축계획(이하 "구축계획"이라 한다)을 수립하여야 한다.(2013.3.23 본문개정)

1. 국토이용정보체계의 구축·운영 및 활용을 촉진하기 위한 기본 정책방향
2. 국토이용정보체계의 개발·유지 및 관리
3. 데이터베이스의 표준화와 호환시스템의 개발 및 운영
4. 국토이용정보체계를 통한 정보의 제공
5. 국토이용정보체계의 구축·운영 및 활용을 위한 투자계획 및 재원조달계획
6. 국토이용정보체계의 구축·운영 및 활용에 관한 전문인력의 육성
7. 그 밖에 국토이용정보체계의 구축·운영 및 활용을 촉진하기 위하여 필요한 사항

② 국토교통부장관은 구축계획을 수립하거나 변경할 때 관계 행정기관의 장과 협의하여야 할 사항이 포함된 경우에는 미리 해당 행정기관의 장과 협의하여야 한다.
(2013.3.23 본항개정)

③ 구축계획은 「국가공간정보에 관한 법률」 제6조 및 제7조에 따른 국가공간정보정책 기본계획 및 시행계획의 내용에 부합되어야 한다.

④ 법 제12조제1항에 따른 정보체계운영자(이하 "정보체계운영자"라 한다)가 국토이용정보체계를 구축·운영 및 활용하는 경우에는 구축계획에 부합되도록 하여야 한다.
(2009.8.5 본조개정)

제12조【국토이용정보체계에서의 정보관리】 ① 국토이용정보체계를 통하여 관리하는 정보의 내용은 다음 각 호와 같다.

1. 필지별 지역·지구등의 지정내용, 지역·지구등에서의 행위제한 내용 및 절차, 규제안내서 등 토지이용규제에 관한 정보
2. 「국토의 계획 및 이용에 관한 법률」 제2조제2호에 따른 도시·군계획에 관한 정보(2012.4.10 본호개정)
3. 지적·지형 등 토지의 공간 및 속성 정보
4. 그 밖에 국토의 이용·개발 및 보전과 관련된 정보

② 정보체계운영자는 국토이용정보체계를 통하여 관리하여야 할 정보의 내용 중 관계 행정기관의 장이 구축·관리하고 있는 정보가 있으면 그 정보를 연계 활용하여야 한다. 이 경우 관계 행정기관의 장은 특별한 사유가 없으면 정보의 연계 활용에 협조하여야 한다.
(2009.8.5 본조개정)

제13조【일반 국민에게 제공하는 정보의 내용】 법 제12조제2항제4호에서 "대통령령으로 정하는 사항"이란 다음 각 호의 사항을 말한다.

1. 「부동산 가격공시에 관한 법률」에 따른 개별공시지가(2016.8.31 본호개정)
2. 제9조제4항 각 호에서 정하는 사항
3. 그 밖에 국토교통부령으로 정하는 사항(2013.3.23 본호개정)

(2009.8.5 본조개정)

제14조【국토이용정보체계 구축·운영 및 활용기준 수립 등】 ① 국토교통부장관은 국토이용정보체계에 의하여 구축되는 데이터베이스 등이 서로 호환성을 가지고 정확히 유지·관리될 수 있도록 국토이용정보체계의 구축, 자료의 입력·유지·관리 및 활용 등에 관한 기준(이하 "국토이용정보체계 구축·운영기준"이라 한다)을 수립할 수 있다.(2013.3.23 본항개정)

② 국토교통부장관이 수립하는 국토이용정보체계 구축·운영기준의 내용 중 관계 행정기관의 장과 협의하여야 할 사항이 포함된 경우에는 미리 협의하여야 한다.
(2013.3.23 본항개정)

③ 정보체계운영자가 국토이용정보체계를 구축·운영 및 활용하는 경우에는 국토이용정보체계 구축·운영기준에 따라야 한다.

④ 국토교통부장관은 정보체계운영자에게 감독상 필요한 보고를 하게 하거나 자료를 제출하도록 명할 수 있으며, 소속 공무원으로 하여금 국토이용정보체계 운영상황을 검사하게 할 수 있다.(2013.3.23 본항개정)
(2009.8.5 본조개정)

제15조【토지이용규제보고서의 작성·제출】 ① 국토교통부장관은 지역·지구등의 지정과 운영실적 등의 적절한 평가를 위하여 필요한 경우에는 법 제13조제1항에 따른 토지이용규제보고서(이하 "보고서"라 한다)의 작성기준을 정할 수 있다.(2013.3.23 본항개정)

② 국토교통부장관은 제1항에 따라 보고서의 작성기준을 정한 경우에는 중앙행정기관의 장 및 지방자치단체의 장에게 통보하여야 한다.(2013.3.23 본항개정)

③ 중앙행정기관의 장이나 지방자치단체의 장은 제1항에 따라 국토교통부장관이 정한 작성기준에 따라 2년 단위의 보고서를 작성하여 다음 연도의 3월 31일까지 국토교통부장관에게 제출하여야 한다.(2013.3.23 본항개정)

④ 보고서에는 다음 각 호의 사항이 포함되어야 한다.

1. 지역·지구등의 신설 및 폐지 현황
2. 지역·지구등의 지정 목적·기준 및 절차
3. 지역·지구등의 지정 실적 및 세부 현황
4. 지역·지구등에서의 행위제한 내용 및 절차와 변경사항
5. 지역·지구등의 지정 실적이 없는 경우 그 원인 및 향후 조치계획
6. 그 밖에 지역·지구등의 지정 및 운영과 관련된 사항

(2009.8.5 본조개정)

제16조【행위제한 내용 및 절차에 대한 평가서의 작성·제출】 ① 국토교통부장관은 법 제14조에 따라 법 제22조에 따른 토지이용규제평가단(이하 "평가단"이라 한다)으로 하여금 매년 12월 31일을 기준으로 지역·지구등에서의 행위제한 내용 및 절차를 조사하여 이에 대한 평가서(이하 "평가서"라 한다)를 작성하여 다음 연도 3월 31일까지 제출하게 하여야 한다.(2018.6.5 본항개정)

② 평가서에는 다음 각 호의 사항이 포함되어야 한다.

1. 지역·지구등에서의 행위제한 내용 및 절차
2. 신설 또는 폐지된 지역·지구등과 행위제한 내용 및 절차
3. 지역·지구등에서의 행위제한 내용 및 절차 변경사항
4. 유사한 목적의 지역·지구등에서의 행위제한 내용 및 절차 간의 비교·평가 결과
5. 제4호에 따른 비교·평가 결과 제도개선이 필요한 사항
6. 그 밖에 행위제한 내용 및 절차의 평가와 관련된 사항

(2009.8.5 본조개정)

제16조의2【제도개선 협의】 ① 중앙행정기관의 장이나 지방자치단체의 장은 법 제13조제2항 또는 제14조에 따라 제도개선을 요청받은 날부터 60일 이내에 법 제14조의2제1항에 따라 제도개선 대책을 마련하여 국토교통부장관에게 제출하여야 한다.

② 제1항에 따른 제도개선 대책(이하 "제도개선대책"이라 한다)에는 다음 각 호의 사항이 포함되어야 한다.

1. 지역·지구등의 통합이나 폐합 등 제도개선을 위한 법령 또는 자치법규의 정비 방안
2. 지역·지구등의 지정을 대체할 수 있는 제도의 마련 방안
3. 그 밖에 지역·지구등에 관한 제도개선을 위하여 필요한 사항

③ 국토교통부장관은 제1항에 따라 제출받은 제도개선대책에 제2항 각 호의 사항이 포함되지 아니하는 등 보완이 필요하다고 인정하는 경우에는 15일 이내의 기간을 정하여 중앙행정기관의 장이나 지방자치단체의 장에게 보완을 요청할 수 있다.
(2018.6.5 본조신설)

제16조의3【제도개선 이행촉구 등】 ① 제16조의2제1항에 따라 제도개선대책을 제출한 중앙행정기관의 장이나 지방자치단체의 장은 법 제14조의2제2항 전단에 따른 평가단의 점검·평가를 위하여 그 이행실적을 매년 3월 31일과 9월 30일까지 국토교통부장관에게 제출하여야 한다.

② 평가단은 제1항에 따라 제출된 이행실적을 법 제14조의2제2항 전단에 따라 연 1회 점검·평가하여 그 결과를 국토교통부장관에게 보고하여야 한다.

③ 국토교통부장관은 제2항에 따라 보고받은 결과를 위원회에 보고하고, 위원회의 심의 결과를 지체 없이 중앙행정기관의 장이나 지방자치단체의 장에게 통보하여야 한다.

④ 국토교통부장관은 법 제14조의2제2항 전단에 따라 중앙행정기관의 장이나 지방자치단체의 장에게 제도개선대책의 이행을 촉구하는 경우 이행하여야 하는 사항을 적은 문서로 통보하여야 하며, 이행에 필요한 상당한 기간을 주어야 한다.

⑤ 중앙행정기관의 장이나 지방자치단체의 장은 제4항에 따른 통보를 받은 날부터 30일 이내에 법 제14조의2제2항 후단에 따른 이행계획서를 작성하여 국토교통부장관에게 제출하고, 그 이행을 완료한 때 그 사실을 국토교통부장관에게 통보하여야 한다.
(2018.6.5 본조신설)

제17조【토지이용규제심의위원회의 구성】 법 제16조제3항에 따라 구성되는 토지이용규제심의위원회(이하 "위원회"라 한다)의 위원은 다음 각 호의 사람이 된다.

1. 기획재정부장관·국방부장관·행정안전부장관·문화체육관광부장관·농림축산식품부장관·산업통상자원부장관·환경부장관·국토교통부장관 및 해양수산부장관이 해당기관에 근무하는 고위공무원단에 속하는 공무원 중에서 지명하는 사람 각 1명(2017.7.26 본호개정)
2. 지역·지구등의 지정과 관련하여 학식과 경험이 풍부한 사람으로서 기획재정부장관·국방부장관·문화체육관광부장관·농림축산식품부장관·산업통상자원부장관·환경부장관·국토교통부장관 및 해양수산부장관이 추천하여 국토교통부장관이 위촉하는 사람 각 1명
(2013.3.23 본호개정)

(2009.8.5 본조개정)

제18조【회의의 소집】 위원회의 위원장이 법 제19조제1항에 따라 위원회의 회의를 소집하려는 경우에는 회의 개최 3일 전까지 회의 일시·장소 및 심의안건을 각 위원에게 알려야 한다. 다만, 긴급을 요하는 경우에는 그러하지 아니하다.(2009.8.5 본조개정)

제19조【위원회의 운영】 ① 위원회는 필요하다고 인정하는 경우에는 관계 행정기관의 장에게 필요한 자료의 제출을 요구할 수 있으며, 관계 공무원 및 민간 전문가를 회의에 참석하게 하여 의견을 들을 수 있다.
② 회의의 심의안건과 관련된 중앙행정기관의 장이나 지방자치단체의 장은 위원회에 출석하여 발언할 수 있다.
③ 위원회의 간사는 회의마다 회의록을 작성하여 다음 회의에 보고하고 보관하여야 한다.
(2009.8.5 본조개정)

제20조【운영세칙】 제18조와 제19조에서 규정한 사항 외에 위원회 회의의 운영에 필요한 사항은 위원장이 위원회의 의결을 거쳐 정한다.(2009.8.5 본조개정)

제21조【수당 및 여비】 위원회의 위원, 회의에 참석한 민간전문가 등에 대해서는 예산의 범위에서 수당 및 여비를 지급할 수 있다. 다만, 공무원인 위원이 그 소관 업무와 직접 관련되어 위원회에 출석하는 경우에는 그러하지 아니하다.(2009.8.5 본조개정)

제22조【토지이용규제평가단의 구성 및 운영】 ① 평가단의 단원은 다음 각 호의 사람이 된다.(2018.6.5 본문개정)
1. 기획재정부장관 · 국방부장관 · 행정안전부장관 · 문화체육관광부장관 · 농림축산식품부장관 · 산업통상자원부장관 · 환경부장관 · 국토교통부장관 · 해양수산부장관 · 문화재청장 및 산림청장이 해당기관 소속 4급 공무원 중에서 지명하는 사람 각 1명(2017.7.26 본호개정)
2. 지역 · 지구등의 지정과 관련하여 학식과 실무경험이 풍부한 사람으로서 기획재정부장관 · 국방부장관 · 문화체육관광부장관 · 농림축산식품부장관 · 산업통상자원부장관 · 환경부장관 · 국토교통부장관 및 해양수산부장관이 추천하여 위원장이 위촉하는 사람 각 1명
(2013.3.23 본호개정)
② 평가단이 법 제22조제1항 각 호의 업무를 수행하는 데 소요되는 경비는 예산의 범위에서 지급할 수 있다.
③ 제1항과 제2항에서 규정한 사항 외에 평가단의 운영에 필요한 사항은 위원장이 위원회의 의결을 거쳐 정한다.
(2009.8.5 본조개정)

제22조의2【기초조사의 내용】 법 제22조의2제1항제3호에서 "대통령령으로 정하는 사항"이란 다음 각 호의 사항을 말한다.
1. 법 제13조에 따른 지역 · 지구등 지정과 운영 실적 등의 평가(이하 이 조에서 "평가"라 한다)에 관한 해외사례
2. 평가기준의 수립 및 중점 평가대상의 선정 등에 관한 사항
3. 제15조제1항에 따른 보고서의 작성기준에 관한 사항
4. 제16조제1항에 따른 평가서의 작성기준에 관한 사항
5. 그 밖에 지역 · 지구등에서의 행위제한의 효과 등에 관한 사항
(2018.6.5 본조신설)

제23조【권한의 위탁】 ① 법 제23조에서 "대통령령으로 정하는 기관 또는 단체"란 「공공기관의 운영에 관한 법률」 제5조에 따른 공공기관을 말한다.
② 정보체계운영자는 국토이용정보체계의 효율적인 운영을 위하여 제1항에 따른 기관이나 단체 중 국토이용정보체계의 운영을 위탁받을 기관이나 단체를 하나 또는 둘 이상 지정하여 위탁할 수 있다.
③ 정보체계운영자가 제2항에 따라 국토이용정보체계의 운영에 관한 업무를 위탁하는 경우 위탁 받을 기관이나 단체(이하 "수탁사업자"라 한다)와 다음 각 호의 업무가 포함된 위탁계약서를 작성하여야 한다.
1. 국토이용정보체계의 설계 및 구성
2. 국토이용정보체계의 구축 · 운영을 위한 컴퓨터 · 통신설비 등의 설치 및 관리
3. 데이터베이스 등에 대한 보안관리
4. 국토이용정보에 대한 수요조사 및 각종 자료조사
5. 국토이용정보체계 운영을 위한 교육
6. 지방자치단체에 대한 국토이용정보체계 운영지원
7. 그 밖에 정보체계운영자가 필요하다고 인정하는 업무
④ 정보체계운영자는 수탁사업자에게 그 연도 위탁업무 추진실적과 다음 연도 추진계획을 제출하게 할 수 있다.
⑤ 정보체계운영자는 수탁사업자가 국토이용정보체계를 원활히 운영할 수 있도록 필요한 자금 · 설비 · 기술 또는 행정지원을 할 수 있다.
(2009.8.5 본조개정)

부　칙

제1조【시행일】 이 영은 2006년 6월 8일부터 시행한다. 다만, 제7조는 2006년 12월 8일부터 시행한다.

제2조【토지이용규제심의위원회 위원 지명에 관한 특례】 제17조제1호에 불구하고 2006년 6월 30일까지는 동호의 해당 장관이 그 소속 1급 공무원을 토지이용규제심의위원회 위원으로 지명할 수 있다.

제3조【토지이용계획확인서 발급에 관한 경과조치】 시장 · 군수 또는 구청장이 제9조에 따라 국토이용정보체계를 통하여 토지이용계획확인서를 발급하는 경우에 2008년 12월 31일까지는 법 부칙 제5조에 따라 종전의 「국토의 계획 및 이용에 관한 법률」 제132조에 따라 발급할 수 있는 토지이용계획확인서상의 확인내용 중 누락사항은 추가로 기재하여 발급하여야 한다.

제4조【보고서 등의 작성에 관한 경과조치】 ① 제15조제3항에 따라 최초로 작성되는 보고서는 2006년 6월 8일부터 2009년 12월 31일까지의 기간을 기준으로 작성한다.(2009.8.5 본항개정)
② 제16조제1항에 따라 최초로 작성되는 평가서는 2006년 6월 8일부터 2007년 12월 31일까지의 기간을 기준으로 작성한다.

제5조~제8조 (생략)

부　칙 (2012.1.26)

제1조【시행일】 이 영은 공포 후 3개월이 경과한 날부터 시행한다. 다만, 별표의 개정규정은 공포한 날부터 시행한다.

제2조【지형도면을 작성 · 고시하지 아니한 지역 · 지구등에 관한 경과조치】 이 영 시행 전에 지정되었으나 지형도면을 작성 · 고시하지 아니한 지역 · 지구등을 지정한 중앙행정기관의 장이나 지방자치단체의 장은 이 영 시행 후 2년 이내에 제7조제9항제1호다목의 개정규정에 따른 사항을 관계 특별자치도지사 · 시장 · 군수 또는 구청장에게 통보하여야 한다.

부　칙 (2020.5.26)

제1조【시행일】 이 영은 2020년 5월 27일부터 시행한다. (이하 생략)

부　칙 (2020.7.28 영30876호)
(2020.7.28 영30877호)

제1조【시행일】 이 영은 2020년 7월 30일부터 시행한다. (이하 생략)

[별표] ➡ 「法典 別册」 참조

물류시설의 개발 및 운영에 관한 법률(약칭 : 물류시설법)

(2007년 8월 3일 전부개정법률 제8616호)

개정
2007.12.27법 8819호(공유수면관리법)
2007.12.27법 8820호(공유수면매립법)
2008. 2.29법 8852호(정부조직)
2008. 3.21법 8970호(도시개발법)
2008. 3.21법 8974호(건축)
2008. 3.21법 8976호(도로법)
2008. 3.21법 8979호(화물자동차운수사업법)
2008. 6. 5법 9106호(산업단지인 · 허가절차간소화를위한특례법)
2008.12.26법 9174호(공유재산및물품관리법)
2009. 1.30법 9401호(국유재산)
2009. 2. 6법 9432호(식품위생)
2009. 4.22법 9636호(궤도운송법)
2009. 6. 9법 9758호(농어촌정비)
2009. 6. 9법 9763호(산림보호법)
2009. 6. 9법 9770호(소음 · 진동관리법)
2009. 6. 9법 9773호(항만법)
2009. 6. 9법 9774호(측량 · 수로지적)
2009. 6. 9법 9780호(항만법)
2010. 2. 4법10040호
2010. 3.31법10220호(지방세특례제한법)
2010. 3.31법10221호(지방세)
2010. 4.15법10272호(공유수면관리및매립에관한법)
2010. 5.17법10303호(은행법)
2010. 5.25법10310호(축산물위생관리법)
2010. 5.31법10331호(산지관리법)
2011. 4.14법10599호(국토이용)
2011. 8. 4법11018호
2011. 8. 4법11037호(소방시설설치 · 유지및안전관리에관한법)
2012. 2.22법11371호(항만법)
2012. 6. 1법11472호
2012.12.18법11599호(한국토지주택공사법)
2013. 3.23법11690호(정부조직)
2013. 7.16법11925호
2014. 1.14법12246호(건축)
2014. 1.14법12248호(도로법)
2014. 1.28법12345호(자전거이용활성화에관한법)
2014. 1.28법12375호
2014. 6. 3법12738호(공간정보구축관리)
2015. 1.28법13089호(액화석유가스의안전관리및사업법)
2015. 6.22법13373호
2015. 6.22법13374호(물류정책기본법)
2015.12.29법13683호
2016. 1.19법13782호(감정평가감정평가사)
2016. 1.19법13795호
2016. 1.19법13797호(부동산거래신고등에관한법)
2016. 1.27법13879호(수질수생태계보전)
2016. 3.29법14113호(공항시설법)
2016.12.27법14480호(농어촌정비)
2017. 1.17법14532호(물환경보전법)
2017. 3.21법14713호　　2017. 8. 9법14860호
2017.10.24법14946호　　2018.12.18법15999호
2019. 8.27법16568호(양식산업발전법)
2020. 1.29법16902호(항만법)
2020. 2.18법17007호(권한지방이양)
2020. 3.31법17171호(전기안전관리법)
2020. 4. 7법17219호(감정평가감정평가사)
2020. 4. 7법17232호　　2020. 6. 9법17451호
2020. 6. 9법17453호(법률용어정비)
2020.10.20법17549호
2021. 7.20법18310호(공간정보구축관리)
2021.11.30법18522호(소방시설설치및관리에관한법)
2021.12. 7법18557호　　2022. 1.18법18785호
2022. 6.10법18944호
2022.12.27법19117호(산림자원조성관리)
2023. 8.16법19679호
2024. 1. 9법19986호(행정기관정비일부개정법령등)→2024년 7월 10일 시행
2024. 1. 9법19987호(행정법제혁신을위한일부개정법령등)
2024. 1.16법20042호→2025년 1월 17일 시행이므로 「法典 別册」 보유편 수록

제1장　총　칙

제1조【목적】 이 법은 물류시설을 합리적으로 배치 · 운영하고 물류시설 용지를 원활히 공급하여 물류산업의 발전을 촉진함으로써 국가경쟁력을 강화하고 국토의 균형 있는 발전과 국민경제의 발전에 이바지함을 목적으로 한다.

제2조【정의】 이 법에서 사용하는 용어의 정의는 다음과 같다.
1. "물류시설"이란 다음 각 목의 시설을 말한다.
  가. 화물의 운송 · 보관 · 하역을 위한 시설
  나. 화물의 운송 · 보관 · 하역과 관련된 가공 · 조립 · 분류 · 수리 · 포장 · 상표부착 · 판매 · 정보통신 등의 활동을 위한 시설
  다. 물류의 공동화 · 자동화 및 정보화를 위한 시설
  라. 가목부터 다목까지의 시설이 모여 있는 물류터미널 및 물류단지
2. "물류터미널"이란 화물의 집화(集貨) · 하역(荷役) 및 이와 관련된 분류 · 포장 · 보관 · 가공 · 조립 또는 통관 등에 필요한 기능을 갖춘 시설물을 말한다. 다만, 가공 · 조립 시설은 대통령령으로 정하는 규모 이하의 것이어야 한다.
3. "물류터미널사업"이란 물류터미널을 경영하는 사업으로서 복합물류터미널사업과 일반물류터미널사업을 말한다. 다만, 다음 각 목의 시설물을 경영하는 사업은 제외한다.(2020.6.9 단서개정)
  가. 「항만법」 제2조제5호의 항만시설 중 항만구역 안에 있는 화물하역시설 및 화물보관 · 처리 시설(2009.6.9 본목개정)

나. 「공항시설법」 제2조제7호의 공항시설 중 공항구역 안에 있는 화물운송을 위한 시설과 그 부대시설 및 지원시설(2016.3.29 본목개정)
다. 「철도사업법」 제2조제8호에 따른 철도사업자가 그 사업에 사용하는 화물운송·하역 및 보관 시설
라. 「유통산업발전법」 제2조제15호 및 제16호의 집배송시설 및 공동집배송센터(2015.12.29 본목개정)
4. "복합물류터미널사업"이란 두 종류 이상의 운송수단 간의 연계운송을 할 수 있는 규모 및 시설을 갖춘 물류터미널사업을 말한다.
5. "일반물류터미널사업"이란 물류터미널사업 중 복합물류터미널사업을 제외한 것을 말한다.
5의2. "물류창고"란 화물의 저장·관리, 집화·배송 및 수급조정 등을 위한 보관시설(주문 수요를 예측하여 소형·경량 위주의 화물을 미리 보관하고 소비자의 주문에 대응하여 즉시 배송하기 위한 주문배송시설을 포함한다)·보관장소 또는 이와 관련된 하역·분류·포장·상표부착 등에 필요한 기능을 갖춘 시설을 말한다.(2023.8.16 본호개정)
5의3. "물류창고업"이란 화주(貨主)의 수요에 따라 유상으로 물류창고에 화물을 보관하거나 이와 관련된 하역·분류·포장·상표부착 등을 하는 사업을 말한다. 다만, 다음 각 목의 어느 하나에 해당하는 것은 제외한다.
가. 「주차장법」에 따른 주차장에서 자동차의 보관, 「자전거 이용 활성화에 관한 법률」에 따른 자전거 주차장에서 자전거의 보관(2014.1.28 본목개정)
나. 「철도사업법」에 따른 철도사업자가 여객의 수하물 또는 소화물을 보관하는 것
다. 그 밖에 「위험물안전관리법」에 따른 위험물저장소에 보관하는 것 등 국토교통부와 해양수산부의 공동부령으로 정하는 것(2013.3.23 본목개정)
(2011.8.4 본호신설)
5의4. "스마트물류센터"란 첨단물류시설 및 설비, 운영시스템 등을 도입하여 저비용·고효율·안전성·친환경성 등에서 우수한 성능을 발휘할 수 있는 물류창고로서 제21조의4제1항에 따라 국토교통부장관의 인증을 받은 물류창고를 말한다.(2020.4.7 본호신설)
6. "물류단지"란 물류단지시설과 지원시설을 집단적으로 설치·육성하기 위하여 제22조 또는 제22조의2에 따라 지정·개발하는 일단의 토지 및 시설로서 도시첨단물류단지와 일반물류단지를 말한다.(2015.12.29 본호개정)
6의2. "도시첨단물류단지"란 도시 내 물류를 지원하고 물류·유통산업 및 물류·유통과 관련된 산업의 육성과 개발을 촉진하려는 목적으로 도시첨단물류단지시설과 지원시설을 집단적으로 설치하기 위하여 「국토의 계획 및 이용에 관한 법률」에 따른 도시지역에 제22조의2에 따라 지정·개발하는 일단(一團)의 토지 및 시설을 말한다.(2015.12.29 본호신설)
6의3. "일반물류단지"란 물류단지 중 도시첨단물류단지를 제외한 것을 말한다.(2015.12.29 본호신설)
6의4. "물류단지시설"이란 일반물류단지시설과 도시첨단물류단지시설을 말한다.(2015.12.29 본호신설)
7. "일반물류단지시설"이란 화물의 운송·집화·하역·분류·포장·가공·조립·통관·보관·판매·정보처리 등을 위하여 일반물류단지 안에 설치되는 다음 각 목의 시설을 말한다.(2015.12.29 본문개정)
가. 물류터미널 및 창고
나. 「유통산업발전법」 제2조제3호·제8호·제16호 및 제17조의2의 대규모점포·전문상가단지·공동집배송센터 및 중소유통공동도매물류센터(2017.10.24 본목개정)
다. 「농수산물유통 및 가격안정에 관한 법률」 제2조제2호·제5호 및 제12호의 농수산물도매시장·농수산물공판장 및 농수산물종합유통센터
라. 「궤도운송법」에 따른 궤도사업을 경영하는 자가 그 사업에 사용하는 화물의 운송·하역 및 보관 시설(2009.4.22 본목개정)
마. 「축산물위생관리법」 제2조제11호의 작업장(2010.5.25 본목개정)
바. 「농업협동조합법」·「수산업협동조합법」·「산림조합법」·「중소기업협동조합법」 또는 「협동조합 기본법」에 따른 조합 또는 그 중앙회(연합회를 포함한다)가 설치하는 구매사업 또는 판매사업 관련 시설(2013.7.16 본목개정)
사. 「화물자동차 운수사업법」 제2조제2호의 화물자동차운수사업에 이용되는 차고, 화물취급소, 그 밖에 화물의 처리를 위한 시설
아. 「약사법」 제44조제2항제2호의 의약품 도매상의 창고 및 영업소시설
자. 그 밖에 물류기능을 가진 시설로서 대통령령으로 정하는 시설
차. 가목부터 자목까지의 시설에 딸린 시설(제8호가목 또는 나목의 시설로서 가목부터 자목까지의 시설과 동일한 건축물에 설치되는 시설을 포함한다)
7의2. "도시첨단물류단지시설"이란 도시 내 물류를 지원하고 물류·유통산업 및 물류·유통과 관련된 산업의 육성과 개발하려는 목적으로 도시첨단물류단지 안에 설치되는 다음 각 목의 시설을 말한다.
가. 제7호가목부터 자목까지의 시설 중에서 도시 내 물류·유통기능 증진을 위한 시설
나. 「산업입지 및 개발에 관한 법률」 제2조제7호의2에 따른 공장, 지식산업 관련 시설, 정보통신산업 관련 시설, 교육·연구시설 중 첨단산업과 관련된 시설로서 국토교통부령으로 정하는 물류·유통 관련 시설
다. 그 밖에 도시 내 물류·유통기능 증진을 위한 시설로서 대통령령으로 정하는 시설
라. 가목부터 다목까지의 시설에 딸린 시설
(2015.12.29 본호신설)
7의3. "복합용지"란 제7호의2, 제8호, 제9호나목에서 마목까지의 시설을 하나의 용지에 전부 또는 일부 설치하기 위한 용지를 말한다.(2015.12.29 본호신설)
8. "지원시설"이란 물류단지시설의 운영을 효율적으로 지원하기 위하여 물류단지 안에 설치되는 다음 각 목의 시설을 말한다. 다만, 가목 또는 나목의 시설로서 제7호 가목부터 자목까지의 시설과 동일한 건축물에 설치되는 시설은 제외한다.(2020.6.9 단서개정)
가. 대통령령으로 정하는 가공·제조 시설
나. 정보처리시설
다. 금융·보험·의료·교육·연구·업무 시설
(2015.12.29 본목개정)
라. 물류단지의 종사자 및 이용자의 생활과 편의를 위한 시설
마. 그 밖에 물류단지의 기능 증진을 위한 시설로서 대통령령으로 정하는 시설
9. "물류단지개발사업"이란 물류단지를 조성하기 위하여 시행하는 다음 각 목의 사업으로서 도시첨단물류단지개발사업과 일반물류단지개발사업을 말한다.
(2015.12.29 본문개정)
가. 물류단지시설 및 지원시설의 용지조성사업과 건축사업(2015.12.29 본목개정)
나. 도로·철도·궤도·항만 또는 공항 시설 등의 건설사업
다. 전기·가스·용수 등의 공급시설과 전기통신설비의 건설사업
라. 하수도, 폐기물처리시설, 그 밖의 환경오염방지시설 등의 건설사업
마. 그 밖에 가목부터 라목까지의 사업에 딸린 사업
10. "도시첨단물류단지개발사업"이란 물류단지개발사업 중 도시첨단물류단지를 조성하기 위하여 시행하는 사업을 말한다.(2015.12.29 본호신설)
11. "일반물류단지개발사업"이란 물류단지개발사업 중 도시첨단물류단지사업을 제외한 것을 말한다.(2015.12.29 본호신설)

제3조【다른 법률과의 관계】 ① (2010.2.4 삭제)
② 다른 법률에서 물류터미널 및 물류단지 외의 물류시설의 개발·관리 및 운영 등에 관하여 규정하고 있는 경우에는 그 법률로 정하는 바에 따른다.
③ 물류 교통·환경 정비사업과 관련된 사항에 대하여는 다른 법률에 우선하여 이 법을 적용한다.(2020.6.9 본항신설)

제2장 물류시설개발종합계획의 수립

제4조【물류시설개발종합계획의 수립】 ① 국토교통부장관은 물류시설의 합리적 개발·배치 및 물류체계의 효율화 등을 위하여 물류시설의 개발에 관한 종합계획(이하 "물류시설개발종합계획"이라 한다)을 5년 단위로 수립하여야 한다.(2013.3.23 본항개정)
② 물류시설개발종합계획은 물류시설을 다음 각 호의 기능별 분류에 따라 체계적으로 수립한다. 이 경우 다음 각 호의 물류시설의 기능이 서로 관련되어 있는 때에는 이를 고려하여 수립하여야 한다.
1. 단위물류시설 : 창고 및 집배송센터 등 물류활동을 개별적으로 수행하는 최소 단위의 물류시설
2. 집적[클러스터(cluster)]물류시설 : 물류터미널 및 물류단지 등 둘 이상의 단위물류시설 등이 함께 설치된 물류시설
3. 연계물류시설 : 물류시설 상호 간의 화물운송이 원활히 이루어지도록 제공되는 도로 및 철도 등 교통시설
③ 물류시설개발종합계획에는 다음 각 호의 사항이 포함되어야 한다.
1. 물류시설의 장래수요에 관한 사항
2. 물류시설의 공급정책 등에 관한 사항(2015.6.22 본호개정)
3. 물류시설의 지정·개발에 관한 사항
4. 물류시설의 지역별·규모별·연도별 배치 및 우선순위에 관한 사항
5. 물류시설의 기능개선 및 효율화에 관한 사항
6. 물류시설의 공동화·집단화에 관한 사항
7. 물류시설의 국내 및 국제 연계수송망 구축에 관한 사항
8. 물류시설의 환경보전·관리에 관한 사항
9. 도심지에 위치한 물류시설의 정비와 교외이전(郊外移轉)에 관한 사항
10. 그 밖에 대통령령으로 정하는 사항

제5조【물류시설개발종합계획의 수립절차】 ① 국토교통부장관은 물류시설개발종합계획을 수립하는 때에는 관계 행정기관의 장으로부터 소관별 계획을 제출받아 이를 기초로 물류시설개발종합계획안을 작성하여 특별시장·광역시장·특별자치시장·도지사 또는 특별자치도지사(이하 "시·도지사"라 한다)의 의견을 듣고 관계 중앙행정기관의 장과 협의한 후 「물류정책기본법」 제19조제1항제2호의 물류시설분과위원회의 심의를 거쳐야 한다. 물류시설개발종합계획 중 대통령령으로 정하는 사항을 변경하려는 때에도 또한 같다.(2014.1.28 전단개정)
② 국토교통부장관은 제1항에 따라 물류시설개발종합계획을 수립하거나 변경한 때에는 이를 관보에 고시하여야 한다.(2013.3.23 본항개정)
③ 관계 중앙행정기관의 장은 필요한 경우 국토교통부장관에게 물류시설개발종합계획을 변경하도록 요청할 수 있다.(2013.3.23 본항개정)
④ 국토교통부장관은 대통령령으로 정하는 바에 따라 관계 기관에 물류시설개발종합계획을 수립하거나 변경하는 데에 필요한 자료의 제출을 요구하거나 협조를 요청할 수 있으며, 그 요구나 요청을 받은 관계 기관은 정당한 사유가 없으면 이에 따라야 한다.(2013.3.23 본항개정)
⑤ 국토교통부장관은 물류시설개발종합계획을 효율적으로 수립하기 위하여 필요하다고 인정하는 때에는 물류시설에 대하여 조사할 수 있다. 이 경우 물류시설의 조사에 관하여는 「물류정책기본법」 제7조를 준용한다.
(2013.3.23 전단개정)
⑥ 물류시설개발종합계획의 수립 등에 필요한 사항은 대통령령으로 정한다.

제6조【물류시설개발종합계획과 다른 계획과의 관계】 ① 물류시설개발종합계획은 「물류정책기본법」 제11조의 국가물류기본계획과 조화를 이루어야 한다.
② 국토교통부장관, 관계 중앙행정기관의 장 또는 시·도지사는 물류시설을 지정·개발하거나 인·허가를 할 때 이 법에 따라 수립된 물류시설개발종합계획과 상충되거나 중복되지 아니하도록 하여야 한다.(2013.3.23 본항개정)
③ 국토교통부장관, 관계 중앙행정기관의 장 또는 시·도지사는 다음 각 호의 어느 하나에 해당하는 경우에는 그 계획을 변경하도록 요청할 수 있다. 이 경우 조정이 필요하면 「물류정책기본법」 제19조제1항제2호의 물류시설분과위원회에 조정을 요청할 수 있다.(2013.3.23 전단개정)
1. 다른 행정기관이 직접 지정·개발하려는 물류시설 개발계획이 물류시설개발종합계획과 상충되거나 중복된다고 인정하는 경우
2. 다른 행정기관이 인·허가를 하려는 물류시설 개발계획이 물류시설개발종합계획과 상충되거나 중복된다고 인정하는 경우

제3장 물류터미널사업

제7조【복합물류터미널사업의 등록】 ① 복합물류터미널사업을 경영하려는 자는 국토교통부령으로 정하는 바에 따라 국토교통부장관에게 등록하여야 한다.(2013.3.23 본항개정)
② 제1항에 따른 등록을 할 수 있는 자는 다음 각 호의 어느 하나에 해당하는 자로 한다.
1. 국가 또는 지방자치단체
2. 「공공기관의 운영에 관한 법률」에 따른 공공기관(이하 "공공기관"이라 한다) 중 대통령령으로 정하는 공공기관
3. 「지방공기업법」에 따른 지방공사
4. 특별법에 따라 설립된 법인
5. 「민법」 또는 「상법」에 따라 설립된 법인
③ 제1항에 따라 복합물류터미널사업의 등록을 한 자(이하 "복합물류터미널사업자"라 한다)가 그 등록한 사항 중 대통령령으로 정하는 사항을 변경하려는 경우에는 대통령령으로 정하는 바에 따라 변경등록을 하여야 한다.
④ 제1항에 따른 등록을 하려는 자가 갖추어야 할 등록기준은 다음 각 호와 같다.(2014.1.28 본문개정)
1. 복합물류터미널이 해당 지역 운송망의 중심지에 위치하여 다른 교통수단과 쉽게 연계될 것
2. 부지 면적이 3만3천제곱미터 이상일 것
3. 다음 각 목의 시설을 갖출 것
가. 주차장
나. 화물취급장
다. 창고 또는 배송센터
4. 물류시설개발종합계획 및 「물류정책기본법」 제11조의 국가물류기본계획상의 물류터미널의 개발 및 정비계획 등에 배치되지 아니할 것
⑤ 국토교통부장관은 제2항 각 호의 어느 하나에 해당하는 자가 제1항에 따라 등록신청을 하는 경우에는 다음 각 호의 어느 하나에 해당하는 경우를 제외하고는 같은 항에 따른 등록을 해주어야 한다.
1. 등록 신청자가 제4항 각 목의 등록기준을 갖추지 못한 경우
2. 제8조 각 호의 결격사유에 해당하는 경우
(2014.1.28 본항신설)

제8조【등록의 결격사유】 다음 각 호의 어느 하나에 해당하는 자는 복합물류터미널사업의 등록을 할 수 없다.
1. 이 법을 위반하여 벌금형 이상을 선고받은 후 2년이 지나지 아니한 자
2. 복합물류터미널사업 등록이 취소(제3호가목에 해당하여 제17조제1항제4호에 따라 등록이 취소된 경우는 제외한다)된 후 2년이 지나지 아니한 자(2015.12.29 본호개정)

3. 법인으로서 그 임원 중에 제1호 또는 다음 각 목의 어느 하나에 해당하는 자가 있는 경우
가. 피성년후견인 또는 파산선고를 받고 복권되지 아니한 자(2014.1.28 본목개정)
나. 이 법을 위반하여 금고 이상의 실형을 선고받고 그 집행이 종료(집행이 종료된 것으로 보는 경우를 포함한다)되거나 집행이 면제된 날부터 2년이 지나지 아니한 자
다. 이 법을 위반하여 금고 이상의 형의 집행유예를 선고받고 그 유예기간 중에 있는 자

제9조【공사시행의 인가】 ① 복합물류터미널사업자는 건설하려는 물류터미널의 구조 및 설비 등에 관한 공사계획을 수립하여 국토교통부장관의 공사시행인가를 받아야 하며, 일반물류터미널사업을 경영하려는 자는 물류터미널 건설에 관하여 필요한 경우 시ㆍ도지사의 공사시행인가를 받을 수 있다. 인가받은 공사계획 중 대통령령으로 정하는 사항을 변경하는 경우와 복합물류터미널사업자가 「산업집적활성화 및 공장설립에 관한 법률」 제2조에 따른 제조시설 및 그 부대시설과 「유통산업발전법」 제2조에 따른 대규모점포 및 준대규모점포의 매장과 그 매장에 포함되는 용역의 제공장소(이하 "점포등"이라 한다)를 설치하는 경우에는 해당 인가권자의 변경인가를 받아야 한다.(2014.1.28 후단개정)
② 국토교통부장관 또는 시ㆍ도지사는 제1항에 따른 공사시행인가 또는 변경인가를 하려는 때에는 관할 특별자치시장ㆍ특별자치도지사ㆍ시장ㆍ군수 또는 구청장(자치구의 구청장을 말한다. 이하 "시장ㆍ군수ㆍ구청장"이라 한다)의 의견을 들어야 한다.(2024.1.9 본항개정)
③ (2024.1.9 삭제)
④ 국토교통부장관 또는 시ㆍ도지사는 제1항에 따른 공사계획이 국토교통부령으로 정하는 구조 및 설비기준에 적합한 경우에는 제1항에 따른 인가를 하여야 한다.
⑤ 국토교통부장관 또는 시ㆍ도지사는 제1항에 따른 공사시행인가 또는 변경인가를 한 때에는 국토교통부령으로 정하는 바에 따라 고시하여야 한다.
(2013.3.23 본조개정)

제10조【토지등의 수용ㆍ사용】 ① 제9조제1항에 따른 공사시행인가를 받은 자(이하 "물류터미널사업자"라 한다)가 물류터미널(「국토의 계획 및 이용에 관한 법률」에 따른 도시ㆍ군계획시설에 해당하는 물류터미널에 한정한다. 이하 제13조까지에서 같다)을 건설하는 경우에는 이에 필요한 토지ㆍ건축물 또는 토지에 정착한 물건과 이에 관한 소유권 외의 권리, 광업권ㆍ어업권ㆍ양식업권 및 물의 사용에 관한 권리(이하 "토지등"이라 한다)를 수용하거나 사용할 수 있다. 다만, 다음 각 호에 해당하지 아니하는 자가 토지등을 수용하거나 사용하려면 사업대상 토지(국유지ㆍ공유지는 제외한다. 이하 이 항에서 같다)면적의 3분의 2 이상에 해당하는 토지를 소유하고, 토지소유자 총수의 2분의 1 이상에 해당하는 자의 동의를 받아야 한다.(2020.10.20 본문개정)
1. 국가 또는 지방자치단체
2. 대통령령으로 정하는 공공기관
3. 그 밖에 공익 목적을 위하여 개발사업을 시행하는 자로서 대통령령으로 정하는 자
(2020.10.20 1호~3호신설)
② 제1항에 따라 토지등을 수용하거나 사용할 때 제9조제5항에 따른 공사시행인가의 고시가 있는 때에는 「공익사업을 위한 토지 등의 취득 및 보상에 관한 법률」 제20조제1항 및 같은 법 제22조에 따른 사업인정 및 사업인정의 고시를 한 것으로 보며, 재결(裁決)의 신청은 같은 법 제23조제1항 및 같은 법 제28조제1항에도 불구하고 공사시행인가에서 정한 사업의 시행기간 내에 할 수 있다.
(2017.3.21 본항개정)
③ 제1항에 따른 토지등의 수용ㆍ사용에 관하여는 이 법에 특별한 규정이 있는 경우 외에는 「공익사업을 위한 토지 등의 취득 및 보상에 관한 법률」을 준용한다.

제11조【토지매수업무 등의 위탁】 물류터미널사업자는 물류터미널의 건설을 위한 토지매수업무ㆍ손실보상업무 및 이주대책에 관한 업무를 「공익사업을 위한 토지 등의 취득 및 보상에 관한 법률」 제81조제1항 각 호의 기관에 위탁하여 시행할 수 있다. 이 경우 위탁수수료 등에 관하여는 같은 법 제81조제2항을 준용한다.

제12조【토지 출입 등】 ① 물류터미널사업자는 물류터미널의 건설을 위하여 필요한 때에는 다른 사람의 토지에 출입하거나 이를 일시 사용할 수 있으며, 나무, 토석, 그 밖의 장애물을 변경하거나 제거할 수 있다.
② 제1항에 따른 다른 사람의 토지 출입 등에 관하여는 「국토의 계획 및 이용에 관한 법률」 제130조 및 제131조를 준용한다.

제13조【국ㆍ공유지의 처분제한】 ① 물류터미널을 건설하기 위한 부지 안에 있는 국가 또는 지방자치단체 소유의 토지로서 물류터미널 건설사업에 필요한 토지는 해당 물류터미널 건설사업 목적이 아닌 다른 목적으로 매각하거나 양도할 수 없다.
② 물류터미널을 건설하기 위한 부지 안에 있는 국가 또는 지방자치단체 소유의 재산은 「국유재산법」, 「공유재산 및 물품 관리법」, 그 밖의 다른 법령에도 불구하고 물류터미널사업자에게 수의계약으로 매각할 수 있다. 이 경우 그 재산의 용도폐지(행정재산인 경우에 한정한다. 이하 같다) 및 매각에 관하여는 국토교통부장관 또는 시ㆍ도지사가 미리 관계 행정기관의 장과 협의하여야 한다.
(2020.6.9 후단개정)
③ 제2항 후단에 따른 협의요청이 있은 때에는 관계 행정기관의 장은 그 요청을 받은 날부터 30일 이내에 용도폐지 및 매각, 그 밖에 필요한 조치를 하여야 한다.
④ 제2항에 따라 물류터미널사업자에게 매각하려는 재산 중 관리청이 불분명한 재산은 다른 법령에도 불구하고 기획재정부장관이 이를 관리하거나 처분한다.(2008.2.29 본항개정)

제14조【사업의 승계】 ① 복합물류터미널사업자가 그 사업을 양도하거나 법인이 합병한 때에는 그 양수인 또는 합병 후 존속하는 법인이나 합병에 의하여 설립되는 법인은 복합물류터미널사업의 등록에 따른 권리ㆍ의무를 승계한다.
② 제1항에 따라 복합물류터미널사업의 등록에 따른 권리ㆍ의무를 승계한 자는 국토교통부령으로 정하는 바에 따라 국토교통부장관에게 신고하여야 한다.(2013.3.23 본항개정)
③ 국토교통부장관은 제2항에 따른 신고를 받은 날부터 10일 이내에 신고수리 여부를 신고인에게 통지하여야 한다.(2018.12.18 본항신설)
④ 국토교통부장관이 제3항에서 정한 기간 내에 신고수리 여부 또는 민원 처리 관련 법령에 따른 처리기간의 연장을 신고인에게 통지하지 아니하면 그 기간(민원 처리 관련 법령에 따라 처리기간이 연장 또는 재연장된 경우에는 해당 처리기간을 말한다)이 끝난 날의 다음 날에 신고를 수리한 것으로 본다.(2018.12.18 본항신설)
⑤ 제1항에 따라 승계한 자의 결격사유에 관하여는 제8조를 준용한다.

제15조【사업의 휴업ㆍ폐업】 ① 복합물류터미널사업자는 복합물류터미널사업의 전부 또는 일부를 휴업하거나 폐업하려는 때에는 미리 국토교통부장관에게 신고하여야 한다.(2013.3.23 본항개정)
② 복합물류터미널사업자인 법인이 합병 외의 사유로 해산한 경우에는 그 청산인(파산에 따라 해산한 경우에는 파산관재인을 말한다)은 지체 없이 그 사실을 국토교통부장관에게 신고하여야 한다.(2013.3.23 본항개정)
③ 제1항에 따른 휴업기간은 6개월을 초과할 수 없다.
④ 복합물류터미널사업자가 사업의 전부 또는 일부를 휴업하거나 폐업하려는 때에는 미리 그 취지를 영업소나 그 밖에 일반 공중(公衆)이 보기 쉬운 곳에 게시하여야 한다.

제16조【등록증대여 등의 금지】 복합물류터미널사업자는 다른 사람에게 자기의 성명 또는 상호를 사용하여 사업을 하게 하거나 그 등록증을 대여하여서는 아니 된다.

제17조【등록의 취소 등】 ① 국토교통부장관은 복합물류터미널사업자가 다음 각 호의 어느 하나에 해당하는 때에는 그 등록을 취소하거나 6개월 이내의 기간을 정하여 사업의 정지를 명할 수 있다. 다만, 제1호ㆍ제4호ㆍ제7호 또는 제8호에 해당하는 때에는 등록을 취소하여야 한다.
(2013.3.23 본문개정)
1. 거짓이나 그 밖의 부정한 방법으로 제7조제1항에 따른 등록을 한 때
2. 제7조제3항에 따른 변경등록을 하지 아니하고 등록사항을 변경한 때
3. 제7조제4항의 등록기준에 맞지 아니하게 된 때. 다만, 3개월 이내에 그 기준을 충족시킨 때에는 그러하지 아니하다.
4. 제8조 각 호의 어느 하나에 해당하게 된 때. 다만, 같은 조 제3호에 해당하는 경우로서 그 사유가 발생한 날부터 3개월 이내에 해당 임원을 개임(改任)한 경우에는 그러하지 아니하다.
5. 제9조제1항에 따른 인가 또는 변경인가를 받지 아니하고 공사를 시행하거나 변경한 때
6. 사업의 전부 또는 일부를 휴업한 후 정당한 사유 없이 제15조제1항에 따라 신고한 휴업기간이 지난 후에도 사업을 재개(再開)하지 아니한 때
7. 제16조를 위반하여 다른 사람에게 자기의 성명 또는 상호를 사용하여 사업을 하게 하거나 등록증을 대여한 때
8. 이 조에 따른 사업정지명령을 위반하여 그 사업정지기간 중에 영업을 한 때
② 제1항에 따른 처분의 기준 및 절차 등에 관한 사항은 국토교통부령으로 정한다.(2013.3.23 본항개정)

제18조【과징금】 ① 국토교통부장관은 복합물류터미널사업자가 제17조제1항 각 호(제1호ㆍ제4호ㆍ제7호 및 제8호는 제외한다)의 어느 하나에 해당하여 사업의 정지를 명하여야 하는 경우로서 그 사업의 정지가 그 사업의 이용자 등에게 심한 불편을 주는 경우에는 그 사업정지처분을 갈음하여 5천만원 이하의 과징금을 부과할 수 있다.
(2022.1.18 본항개정)
② 제1항에 따라 과징금을 부과하는 위반행위의 종류와 그 정도에 따른 과징금의 금액, 그 밖에 필요한 사항은 대통령령으로 정한다.
③ 국토교통부장관은 제1항에 따라 과징금을 내야 할 자가 납부기한까지 과징금을 내지 아니하면 대통령령으로 정하는 바에 따라 국세강제징수의 예에 따라 징수한다.
(2022.1.18 본항개정)

제19조【물류터미널사업협회】 ① 복합물류터미널사업자 및 일반물류터미널을 경영하는 자는 물류터미널사업의 건전한 발전과 사업자의 공동이익을 도모하기 위하여 대통령령으로 정하는 바에 따라 사업자협회(이하 "물류터미널사업협회"라 한다)를 설립할 수 있다.
② 물류터미널사업협회를 설립하려는 경우에는 해당 협회의 회원의 자격이 있는 자 중 5분의 1 이상의 발기인이 정관을 작성하여 해당 협회의 회원 자격이 있는 자의 3분의 1 이상이 출석한 창립총회의 의결을 거친 후 국토교통부장관의 설립인가를 받아야 한다.(2013.3.23 본항개정)
③ 물류터미널사업협회는 제2항에 따른 설립인가를 받아 설립등기를 함으로써 성립한다.
④ 물류터미널사업협회는 법인으로 한다.
⑤ 물류터미널사업협회에 관하여 이 법에서 규정한 것 외에는 「민법」 중 사단법인에 관한 규정을 준용한다.
(2020.6.9 본항개정)
⑥ 물류터미널사업협회의 업무 및 정관 등에 필요한 사항은 대통령령으로 정한다.

제20조【물류터미널 개발의 지원】 ① 국가 또는 지방자치단체는 물류터미널사업자가 다음 각 호의 어느 하나에 해당하는 사업을 수행하는 경우에는 소요자금의 일부를 융자하거나 부지의 확보를 위한 지원을 할 수 있다.
1. 물류터미널의 건설
2. 물류터미널 위치의 변경
3. 물류터미널의 규모ㆍ구조 및 설비의 확충 또는 개선
② 국가 또는 지방자치단체는 제1항에 따른 물류터미널사업자가 설치한 물류터미널의 원활한 운영에 필요한 도로ㆍ철도ㆍ용수시설 등 대통령령으로 정하는 기반시설의 설치 또는 개량에 필요한 예산을 지원할 수 있다.
(2012.6.1 본항신설)
③ 국토교통부장관은 제1항의 사업 또는 제2항의 운영을 위하여 필요하다고 인정하는 경우에는 시ㆍ도지사에게 부지의 확보 및 도시ㆍ군계획시설의 설치 등에 관한 협조를 요청할 수 있다.(2013.3.23 본항개정)

제20조의2【물류터미널의 활성화 지원】 ① 국토교통부장관 또는 시ㆍ도지사는 건설ㆍ운영 중인 물류터미널의 활성화를 위하여 필요한 경우 제2조제2호에도 불구하고 물류터미널에 「산업집적활성화 및 공장설립에 관한 법률」 제2조에 따른 제조시설 및 그 부대시설과 「유통산업발전법」 제2조에 따른 점포등의 설치를 포함하여 제9조에 따른 공사시행 변경인가를 할 수 있다. 다만, 일반물류터미널은 화물자동차 운행에 필요한 품목의 제조 또는 판매를 위한 시설의 설치에 한정한다.
1.~3. (2015.6.22 삭제)
② 제1항에 따라 국토교통부장관 또는 시ㆍ도지사가 공사시행 변경인가를 하는 경우 다음 각 호의 사항을 준수하여야 한다.
1. 제조시설 및 그 부대시설과 점포등의 설치 면적 전체의 합계가 물류터미널 전체 부지면적의 4분의 1 이하일 것
2. 주변의 상권 및 산업단지 수요와의 상호관계를 고려하기 위하여 제9조에 따른 공사시행인가 또는 변경인가를 하는 경우 복합물류터미널사업에 대하여 국토교통부장관은 관계 중앙행정기관의 장과 해당 물류터미널이 소재하는 시ㆍ도지사(특별자치시장을 포함한다)와 협의하고, 일반물류터미널사업에 대하여 시ㆍ도지사는 해당 물류터미널이 소재하는 시장ㆍ군수ㆍ구청장과 협의할 것
3. 복합물류터미널사업은 「국토의 계획 및 이용에 관한 법률」 제106조에 따른 중앙도시계획위원회, 일반물류터미널사업은 같은 법 제113조에 따른 지방도시계획위원회의 심의를 받을 것
(2015.6.22 본항신설)
(2015.6.22 본조개정)

제21조【인ㆍ허가등의 의제】 ① 국토교통부장관 또는 시ㆍ도지사가 제9조에 따른 공사시행인가 또는 변경인가를 하는 경우에 다음 각 호의 인가ㆍ허가ㆍ승인 또는 결정 등(이하 "인ㆍ허가등"이라 한다)에 관하여 인ㆍ허가등의 관계 행정기관의 장과 미리 협의한 사항에 대해서는 해당 인ㆍ허가등을 받은 것으로 보며, 같은 조 제5항에 따라 공사시행인가 또는 변경인가를 고시한 때에는 다음 각 호의 법률에 따른 해당 인ㆍ허가등의 고시 또는 공고를 한 것으로 본다.(2024.1.9 본문개정)
1. 「건축법」 제11조에 따른 건축허가, 같은 법 제14조에 따른 건축신고, 같은 법 제16조에 따른 건축허가ㆍ신고사항의 변경, 같은 법 제20조에 따른 가설건축물의 건축의 허가ㆍ신고 및 같은 법 제29조에 따른 건축협의
(2008.3.21 본호개정)
2. 「공유수면 관리 및 매립에 관한 법률」 제8조에 따른 공유수면의 점용ㆍ사용허가 및 같은 법 제17조에 따른 점용ㆍ사용 실시계획의 승인 또는 신고, 같은 법 제28조에 따른 공유수면의 매립면허 및 같은 법 제38조에 따른 공유수면매립실시계획의 승인(2010.4.15 본호개정)
3. (2010.4.15 삭제)
4. 「국토의 계획 및 이용에 관한 법률」 제30조에 따른 도시ㆍ군관리계획의 결정(같은 법 제2조제4호다목의 계획에 한정한다), 같은 법 제56조제1항제2호ㆍ제4호에 따른 토지형질변경의 허가 또는 토지분할의 허가, 같은 법 제86조에 따른 도시ㆍ군계획시설사업의 시행자의 지정 및 같은 법 제88조에 따른 실시계획의 인가
(2020.6.9 본호개정)
5. 「농어촌정비법」 제23조에 따른 농업생산기반시설의 사용허가(2016.12.27 본호개정)

6. 「농지법」 제34조에 따른 농지전용의 허가 및 협의
7. 「도로법」 제36조에 따른 도로공사의 시행허가 및 같은 법 제61조에 따른 도로의 점용허가(2014.1.14 본호개정)
8. 「도시개발법」 제11조에 따른 사업시행자의 지정 및 같은 법 제17조에 따른 실시계획의 인가
9. 「사도법」 제4조에 따른 사도개설의 허가
10. 「사방사업법」 제14조에 따른 벌채 등의 허가 및 같은 법 제20조에 따른 사방지 지정의 해제
11. 「산지관리법」 제14조 및 제15조에 따른 산지전용허가 및 산지전용신고, 같은 법 제15조의2에 따른 산지일시사용허가·신고, 「산림자원의 조성 및 관리에 관한 법률」 제36조제1항 및 제5항에 따른 입목벌채등의 허가·신고, 「산림보호법」 제9조제1항 및 제2항제1호·제2호에 따른 산림보호구역(산림유전자원보호구역은 제외한다)에서의 행위의 허가·신고(2022.12.27 본호개정)
12. 「수도법」 제17조 및 제49조에 따른 수도사업의 인가, 같은 법 제52조 및 제54조에 따른 전용수도 설치의 인가
13. 「장사 등에 관한 법률」 제23조에 따른 연고자가 없는 분묘의 개장허가
14. 「초지법」 제23조에 따른 초지전용허가
15. 「하수도법」 제16조에 따른 공공하수도공사의 시행허가
16. 「하천법」 제30조에 따른 하천공사 시행허가, 하천공사시계획의 인가 및 같은 법 제33조에 따른 하천의 점용허가
17. 「항만법」 제9조제2항에 따른 항만개발사업 시행의 허가 및 같은 법 제10조제2항에 따른 항만개발사업실시계획의 승인(2020.1.29 본호개정)

② 물류터미널사업자가 제9조에 따른 물류터미널의 공사를 완료하고 「건축법」 제22조에 따른 사용승인을 받은 경우 다음 각 호의 사항에 관하여 국토교통부장관 또는 시·도지사가 관계 행정기관의 장과 미리 협의한 사항에 대해서는 해당 허가를 받거나 등록 또는 신고한 것으로 본다. 다만, 제1호는 복합물류터미널의 경우에만 적용한다.
(2024.1.9 본문개정)
1. 「물류정책기본법」 제43조에 따른 국제물류주선업의 등록
2. 「석유 및 석유대체연료 사업법」 제10조에 따른 석유판매업 중 주유소의 등록 또는 신고
3. 「식품위생법」 제37조에 따른 식품접객업(단란주점영업 및 유흥주점영업은 제외한다)의 허가(2020.6.9 본호개정)
4. 「자동차관리법」 제53조에 따른 자동차관리사업 중 자동차매매업 및 자동차정비업의 등록
5. 「화물자동차 운수사업법」 제24조제1항에 따른 화물자동차운송주선사업의 허가(2008.3.21 본호개정)

③ 국토교통부장관 또는 시·도지사는 제9조제1항에 따른 공사시행인가 또는 변경인가를 하려는 경우 제1항 각 호 및 제2항 각 호의 관계 법령에 적합한지를 미리 소관 행정기관의 장과 협의하여야 한다.(2024.1.9 본항개정)

④ 제1항부터 제3항까지에서 규정한 사항 외에 이 조에 따른 의제의 기준·효과 및 처리기준의 통합 고시 등에 관하여는 「행정기본법」 제24조부터 제26조까지 및 「행정절차법」 제20조제2항을 준용한다. 이 경우 「행정절차법」 제20조제2항 중 "처분기준"은 "처리기준"으로, "공표"는 "고시"로 본다.(2024.1.9 본항개정)

제3장의2 물류창고업
(2011.8.4 본장신설)

제21조의2【물류창고업의 등록】 ① 다음 각 호의 어느 하나에 해당하는 물류창고를 소유 또는 임차하여 물류창고업을 경영하려는 자는 국토교통부와 해양수산부의 공동부령으로 정하는 바에 따라 국토교통부장관(「항만법」 제2조제4호에 따른 항만구역은 제외한다. 이하 같다) 또는 해양수산부장관(「항만법」 제2조제4호에 따른 항만구역만 해당한다. 이하 같다)에게 등록하여야 한다.
(2013.3.23 본문개정)
1. 전체 바닥면적의 합계가 1천제곱미터 이상인 보관시설(하나의 필지를 기준으로 해당 물류창고업을 등록하고자 하는 자가 직접 사용하는 바닥면적만을 산정하되, 필지가 서로 연접한 경우에는 연접한 필지를 합산하여 산정한다). 다만, 제2조제5호의2에 따른 주문배송시설로서 「건축법」 제2조제2항제4호에 따른 제2종 근린생활시설을 설치하는 경우에는 본문의 바닥면적 기준을 적용하지 아니한다.(2023.8.16 단서신설)
2. 전체면적의 합계가 4천500제곱미터 이상인 보관장소(보관시설이 차지하는 토지면적을 포함하고 하나의 필지를 기준으로 물류창고업을 등록하고자 하는 자가 직접 사용하는 면적만을 산정하되, 필지가 서로 연접한 경우에는 연접한 필지를 합산하여 산정한다)

② 제1항에 따라 물류창고업의 등록을 한 자(이하 "물류창고업자"라 한다)가 그 등록한 사항 중 대통령령으로 정하는 사항을 변경하려는 경우에는 국토교통부와 해양수산부의 공동부령으로 정하는 바에 따라 변경등록의 사유가 발생한 날부터 30일 이내에 변경등록을 하여야 한다.
(2021.12.7 본항개정)

③ 물류창고의 구조, 설비 또는 입지기준 등 물류창고업의 등록 기준에 필요한 사항은 국토교통부와 해양수산부의 공동부령으로 정한다.(2023.8.16 본항개정)

④ 제1항 각 호의 어느 하나에 해당하는 물류창고를 갖추고 그 전부를 다음 각 호의 어느 하나의 용도로만 사용하며 해당 법률에 따라 해당 영업의 허가·변경허가를 받거나 등록·변경등록 또는 신고·변경신고를 한 때에는 제1항에 따른 물류창고업의 등록 또는 제2항에 따른 변경등록을 한 것으로 본다.
1. 「관세법」에 따른 보세창고의 설치·운영
2. 「화학물질관리법」에 따른 유해화학물질 보관·저장업(2022.1.18 본호개정)
3. 「식품위생법」에 따른 식품보존업 중 식품냉동·냉장업, 「축산물 위생관리법」에 따른 축산물보관업 및 「수산식품산업의 육성 및 지원에 관한 법률」에 따른 수산물가공업 중 냉동·냉장업(2023.8.16 본호개정)

⑤ 제4항 각 호의 어느 하나에 해당하는 영업의 현황을 관리하는 행정기관은 그 보관업의 허가·변경허가, 등록·변경등록 등으로 그 현황이 변경될 경우에는 국토교통부장관 또는 해양수산부장관에게 통보하여야 한다.
(2013.3.23 본항개정)

제21조의3【물류창고 내 시설에 대한 내진설계 기준】 국토교통부장관은 화물을 쌓아놓기 위한 선반 등 물류창고 내 시설에 대하여 내진설계(耐震設計) 기준을 정하는 등 지진에 따른 피해를 최소화하기 위하여 필요한 시책을 강구하여야 한다.(2017.3.21 본조신설)

제21조의4【스마트물류센터의 인증 등】 ① 국토교통부장관은 스마트물류센터의 보급을 촉진하기 위하여 스마트물류센터를 인증할 수 있다. 이 경우 인증의 유효기간은 인증을 받은 날부터 3년으로 한다.
② 국토교통부장관은 제1항에 따른 스마트물류센터의 인증 및 제6항에 따른 점검업무를 수행하기 위하여 인증기관을 지정할 수 있다.
③ 스마트물류센터의 인증을 받으려는 자는 제2항에 따른 인증기관에 신청하여야 한다.
④ 국토교통부장관은 제3항에 따라 스마트물류센터의 인증을 신청한 자가 그 인증을 받은 경우 국토교통부령으로 정하는 바에 따라 인증서를 교부하고, 인증을 나타내는 표시(이하 "인증마크"라 한다)를 사용하게 할 수 있다.
⑤ 제1항에 따른 인증을 받지 않은 자는 거짓의 인증마크를 제작·사용하거나 스마트물류센터임을 사칭해서는 아니 된다.
⑥ 국토교통부장관은 제1항에 따라 인증을 받은 자가 제8항에 따른 기준을 유지하는지 여부를 국토교통부령으로 정하는 바에 따라 점검할 수 있다.
⑦ 국토교통부장관은 제2항에 따른 인증기관을 지도·감독하고, 인증 및 점검업무에 소요되는 비용의 일부를 지원할 수 있다.
⑧ 제1항부터 제3항까지의 규정에 따른 인증의 기준·절차 및 방법, 인증기관의 조직·운영 및 지정 기준·절차에 관한 사항은 국토교통부령으로 정한다.
(2020.4.7 본조신설)

제21조의5【인증의 취소】 ① 국토교통부장관은 제21조의4제1항에 따라 인증을 받은 자가 다음 각 호의 어느 하나에 해당하는 경우에는 대통령령으로 정하는 바에 따라 그 인증을 취소할 수 있다. 다만, 제1호에 해당하는 경우 그 인증을 취소하여야 한다.
1. 거짓이나 그 밖의 부정한 방법으로 인증을 받은 경우
2. 인증의 전제나 근거가 되는 중대한 사실이 변경된 경우
3. 제21조의4제6항에 따른 점검을 정당한 사유 없이 3회 이상 거부한 경우
4. 제21조의4제8항에 따른 인증 기준에 맞지 아니하게 된 경우
5. 인증받은 자가 인증서를 반납하는 경우

② 스마트물류센터의 소유자 또는 대표자는 제1항에 따라 인증이 취소된 경우 제21조의4제4항에 따른 인증서를 반납하고, 인증마크의 사용을 중지하여야 한다.
(2020.4.7 본조신설)

제21조의6【인증기관의 지정 취소】 국토교통부장관은 제21조의4제2항에 따라 지정된 인증기관이 다음 각 호의 어느 하나에 해당하면 인증기관의 지정을 취소하거나 1년 이내의 기간을 정하여 업무의 전부 또는 일부를 정지하도록 명할 수 있다. 다만, 제1호에 해당하는 경우에는 그 지정을 취소하여야 한다.
1. 거짓이나 부정한 방법으로 지정을 받은 경우
2. 제21조의4제8항에 따른 지정 기준에 적합하지 아니하게 된 경우
3. 고의 또는 중대한 과실로 인증 기준 및 절차를 위반한 경우
4. 정당한 사유 없이 인증 및 점검업무를 거부한 경우
5. 정당한 사유 없이 지정받은 날부터 2년 이상 계속하여 인증 및 점검업무를 수행하지 아니한 경우
6. 그 밖에 인증기관으로서 업무를 수행할 수 없게 된 경우
(2020.4.7 본조신설)

제21조의7【재정지원 등】 ① 국가 또는 지방자치단체는 물류창고업자 또는 그 사업자단체가 다음 각 호의 어느 하나에 해당하는 사업을 수행하는 경우로서 재정적 지원이 필요하다고 인정하면 자금의 일부를 보조 또는 융자할 수 있다.
1. 물류창고의 건설
2. 물류창고의 보수·개조 또는 개량
3. 물류장비의 투자
4. 물류창고 관련 기술의 개발
5. 그 밖에 물류창고업의 경영합리화를 위한 사항으로서 국토교통부령으로 정하는 사항(2013.3.23 본호개정)

② 국가·지방자치단체 또는 공공기관은 스마트물류센터에 대하여 공공기관 등이 운영하는 기금·자금의 우대 조치 등 대통령령으로 정하는 바에 따라 행정적·재정적으로 우선 지원할 수 있다.(2020.4.7 본항신설)
(2020.4.7 본조제목개정)

제21조의8【보조금 등의 사용 등】 ① 제21조의7에 따른 보조금 또는 융자금 등은 보조 또는 융자받은 목적 외의 용도로 사용하여서는 아니 된다.(2020.4.7 본항개정)
② 국토교통부장관·해양수산부장관 또는 지방자치단체의 장은 제21조의7에 따라 보조 또는 융자 등을 받은 자가 그 자금을 적정하게 사용하도록 지도·감독하여야 한다.
(2020.4.7 본항개정)
③ 국토교통부장관·해양수산부장관 또는 지방자치단체의 장은 다음 각 호의 어느 하나에 해당하는 경우 물류창고업자 또는 그 사업자단체에 보조금이나 융자금의 반환을 명하여야 하며 이에 따르지 아니하면 국세강제징수의 예 또는 「지방행정제재·부과금의 징수 등에 관한 법률」에 따라 회수할 수 있다.(2023.8.16 본문개정)
1. 거짓이나 부정한 방법으로 보조금 또는 융자금을 교부받은 경우
2. 제1항을 위반하여 보조금 또는 융자금을 목적 외의 용도로 사용한 경우

제21조의9【과징금】 ① 국토교통부장관 또는 해양수산부장관은 물류창고업자가 제21조의10에 따라 준용하는 제17조제1항 각 호(제1호·제4호·제7호 및 제8호는 제외한다)의 어느 하나에 해당하여 사업의 정지를 명하여야 하는 경우로서 그 사업의 정지가 그 사업의 이용자 등에게 심한 불편을 주는 경우에는 그 사업정지처분을 갈음하여 1천만원 이하의 과징금을 부과할 수 있다.
② 제1항에 따라 과징금을 부과하는 위반행위의 종류와 위반 정도에 따른 과징금의 금액 등에 필요한 사항은 대통령령으로 정한다.
③ 국토교통부장관 또는 해양수산부장관은 제1항에 따라 과징금을 내야 할 자가 납부기한까지 과징금을 내지 아니하면 대통령령으로 정하는 바에 따라 국세강제징수의 예에 따라 징수한다.
(2022.1.18 본조신설)

제21조의10【준용규정】 물류창고업(제21조의2제4항 각 호의 어느 하나에 해당하는 물류창고업은 제외한다)에 관하여는 다음 각 호에 에 제8조, 제14조부터 제17조까지(제17조제1항제5호는 제외한다) 및 제19조를 준용한다.
1. "복합물류터미널사업"은 "물류창고업"으로, "법인으로서 그 임원 중에"는 "물류창고업을 등록하려는 자(법인의 경우 그 임원을 포함한다)가"로, "해당하는 자가 있는 경우"는 "해당하는 경우"로, "국토교통부장관"은 "국토교통부장관 또는 해양수산부장관"으로, "국토교통부령"은 "국토교통부와 해양수산부의 공동부령"으로, "물류터미널사업"은 "물류창고업"으로, "제7조제1항"은 "제21조의2제1항"으로, "제7조제3항"은 "제21조의2제2항"으로, "제7조제4항"은 "제21조의2제3항"으로, "물류터미널사업협회"는 "물류창고협회"로 본다.
2. 제14조부터 제17조까지 중 "복합물류터미널사업자"는 "물류창고업자"로, 제19조제1항 중 "복합물류터미널사업자 및 일반물류터미널을 경영하는 자"는 "물류창고업자"로 본다.
(2022.1.18 본조개정)

제4장 물류단지의 개발 및 운영

제22조【일반물류단지의 지정】 ① 일반물류단지는 다음 각 호의 구분에 따른 자가 지정한다.
1. 국가정책사업으로 물류단지를 개발하거나 물류단지 개발사업의 대상지역이 2개 이상의 특별시·광역시·특별자치시·도 또는 특별자치도(이하 "시·도"라 한다)에 걸쳐 있는 경우 : 국토교통부장관
2. 제1호 외의 경우 : 시·도지사
(2020.4.7 본항개정)

② 국토교통부장관은 일반물류단지를 지정하려는 때에는 일반물류단지개발계획을 수립하여 관할 시·도지사 및 시장·군수·구청장의 의견을 듣고 관계 중앙행정기관의 장과 협의한 후 「물류정책기본법」 제19조제1항제2호의 물류시설분과위원회의 심의를 거쳐야 한다. 일반물류단지개발계획 중 대통령령으로 정하는 중요 사항을 변경하려는 때에도 또한 같다.(2020.4.7 전단개정)
③ 시·도지사는 일반물류단지를 지정하려는 때에는 일반물류단지개발계획을 수립하여 관계 행정기관의 장과 협의한 후 「물류정책기본법」 제20조의 지역물류정책위원회의 심의를 거쳐야 한다. 일반물류단지개발계획 중 대통령령으로 정하는 중요 사항을 변경하려는 때에도 또한 같다.(2015.12.29 본항개정)
④ 관계 행정기관의 장과 제27조제2항제2호부터 제6호까지의 어느 하나에 해당하는 자는 일반물류단지의 지정이 필요하다고 인정하는 때에는 대상지역을 정하여 국토교통부장관 또는 시·도지사에게 일반물류단지의 지정을

요청할 수 있다. 이 경우 중앙행정기관의 장 이외의 자는 일반물류단지개발계획안을 작성하여 제출하여야 한다.
(2022.6.10 전단개정)
⑤ 제2항 및 제3항에 따른 일반물류단지개발계획에는 다음 각 호의 사항이 포함되어야 한다. 다만, 일반물류단지개발계획을 수립할 때까지 제3호의 시행자가 확정되지 아니하였거나 제8호의 세부목록의 작성이 곤란한 경우에는 일반물류단지의 지정 후에 이를 일반물류단지개발계획에 포함시킬 수 있다.(2015.12.29 본문개정)
1. 일반물류단지의 명칭·위치 및 면적
2. 일반물류단지의 지정목적
3. 일반물류단지개발사업의 시행자
4. 일반물류단지개발사업의 시행기간 및 시행방법
(2015.12.29 1호~4호개정)
5. 토지이용계획 및 주요 기반시설계획
6. 주요 유치시설 및 그 설치기준에 관한 사항
7. 재원조달계획
8. 수용하거나 사용할 토지, 건축물, 그 밖의 물건이나 권리가 있는 경우에는 그 세부목록
9. 그 밖에 대통령령으로 정하는 사항
(2015.12.29 본조제목개정)
제22조의2【도시첨단물류단지의 지정 등】 ① 도시첨단물류단지는 국토교통부장관 또는 시·도지사가 다음 각 호의 어느 하나에 해당하는 지역에 지정하며, 시·도지사(특별자치도지사는 제외한다)가 지정하는 경우에는 시장·군수·구청장의 신청을 받아 지정할 수 있다.
1. 노후화된 일반물류터미널 부지 및 인근 지역
2. 노후화된 유통업무설비 부지 및 인근 지역
3. 기타 국토교통부장관이 필요하다고 인정하는 지역
② 시장·군수·구청장은 제1항에 따라 시·도지사에게 도시첨단물류단지의 지정을 신청하려는 경우에는 도시첨단물류단지개발계획안을 작성하여 제출하여야 한다.
③ 도시첨단물류단지의 지정 절차 및 개발계획에 관하여는 제22조제2항, 제3항, 제5항을 준용한다. 다만, 도시첨단물류단지개발계획에는 층별·시설별 용도, 바닥면적 등 건축계획 및 복합용지이용계획(복합용지를 계획하는 경우에 한한다)이 포함되어야 한다.
④ 도시첨단물류단지개발사업의 시행자는 대통령령으로 정하는 바에 따라 대상 부지 토지가액의 100분의 40의 범위에서 다음 각 호의 어느 하나에 해당하는 시설 또는 그 운영비용의 일부를 국가나 지방자치단체에 제공하여야 한다. 다만, 「개발이익 환수에 관한 법률」에 따라 개발부담금이 부과·징수되는 경우에는 대상 부지의 토지가액에서 개발부담금에 상당하는 금액은 제외한다.
(2020.6.9 단서개정)
1. 물류산업 창업보육센터 등 해당 도시첨단물류단지를 활용한 일자리 창출을 위한 시설
2. 해당 도시첨단물류단지에서 공동으로 사용하는 물류시설
3. 해당 도시첨단물류단지의 물류산업 활성화를 위한 연구시설
4. 그 밖에 제1호부터 제3호까지의 시설에 준하는 시설로서 대통령령으로 정하는 공익시설
(2015.12.29 본조신설)
제22조의3【토지소유자 등의 동의】 ① 국토교통부장관 또는 시·도지사는 도시첨단물류단지를 지정하려면 도시첨단물류단지 예정지역 토지면적의 2분의 1 이상에 해당하는 토지소유자의 동의와 토지소유자 총수(그 지상권자를 포함하며, 1필지의 토지를 여러 명이 공유하는 경우 그 여러 명은 1인으로 본다) 및 건축물 소유자 총수(집합건물의 경우 각 구분소유자 각자를 1인의 소유자로 본다) 각 2분의 1 이상의 동의를 받아야 한다.
② 제1항에 따른 동의자 수의 산정방법과 그 밖에 필요한 사항은 대통령령으로 정한다.
(2015.12.29 본조신설)
제22조의4【지원단지의 조성 등의 특례】 ① 도시첨단물류단지개발사업의 시행자는 도시첨단물류단지 내 또는 도시첨단물류단지 인근지역에 입주기업 종사자 등을 위하여 주거·문화·복지·교육 시설 등을 포함한 지원단지를 조성할 수 있다.
② 제1항에 따른 지원단지의 조성은 도시첨단물류단지개발사업으로 할 수 있다.
③ 입주기업 종사자 등의 주거마련을 위하여 필요한 경우 제1항에 따라 조성되는 지원단지에서 건설·공급되는 주택에 대하여 「주택법」 제38조제1항에도 불구하고 대통령령으로 정하는 바에 따라 입주자 모집요건 등 주택공급의 기준을 따로 정할 수 있다.
(2015.12.29 본조신설)
제22조의5【다른 지구와의 입체개발】 ① 국토교통부장관 또는 시·도지사는 「공공주택 특별법」 제2조제2호의 공공주택지구 등 대통령령으로 정하는 지구의 지정권자와 협의하여 도시첨단물류단지와 동일한 부지에 해당 지구를 함께 지정하여 도시첨단물류단지개발사업으로 할 수 있다.
② 시행자는 제1항의 지구 내 사업에 따른 시설과 도시첨단물류단지개발사업에 따른 시설을 일단의 건물로 조성할 수 있다.
(2015.12.29 본조신설)
제22조의6【물류단지개발지침】 ① 국토교통부장관은 물류단지의 개발에 관한 기본지침(이하 "물류단지개발지침"이라 한다)을 작성하여 관보에 고시하여야 한다.
(2013.3.23 본항개정)
② 국토교통부장관은 물류단지개발지침을 작성할 때에는 미리 시·도지사의 의견을 듣고 관계 중앙행정기관의 장과 협의한 후 「물류정책기본법」 제19조제1항제2호에 따른 물류시설분과위원회의 심의를 거쳐야 한다. 물류단지개발지침을 변경할 때(국토교통부령으로 정하는 경미한 사항을 변경할 때는 제외한다)에도 또한 같다.
(2013.3.23 본항개정)
③ 물류단지개발지침의 내용 및 작성 등에 관하여 필요한 사항은 대통령령으로 정한다.
(2010.2.4 본조신설)
제22조의7【물류단지 실수요 검증】 ① 제22조 또는 제22조의2에 따라 물류단지를 지정하는 국토교통부장관 또는 시·도지사(이하 "물류단지지정권자"라 한다)는 무분별한 물류단지 개발을 방지하고 국토의 효율적 이용을 위하여 물류단지 지정 전에 물류단지 실수요 검증을 실시하여야 한다. 이 경우 물류단지지정권자는 실수요 검증대상사업에 대하여 관계 행정기관과 협의하여야 한다.
(2020.4.7 본항개정)
② 물류단지지정권자는 제1항에 따른 실수요 검증을 실시하기 위하여 필요한 경우 실수요검증위원회를 구성·운영할 수 있다.(2024.1.9 본항개정)
③ 도시첨단물류단지개발사업의 경우에는 제1항에 따른 실수요 검증을 실수요검증위원회의 자문으로 갈음할 수 있다.(2015.12.29 본항신설)
④ 물류단지지정권자는 실수요검증위원회의 구성 목적을 달성하였다고 인정하는 경우에는 실수요검증위원회를 해산할 수 있다.(2024.1.9 본항신설)
⑤ 제1항에 따른 물류단지 실수요 검증의 평가기준 및 평가방법 등에 관하여 필요한 사항은 국토교통부령으로, 제2항에 따른 실수요검증위원회의 구성 및 운영 등에 필요한 사항은 국토교통부령 또는 해당 시·도의 조례로 각각 정한다.(2020.4.7 본항개정)
제23조【물류단지지정의 고시 등】 ① 물류단지지정권자가 물류단지를 지정하거나 지정내용을 변경한 때에는 대통령령으로 정하는 사항을 관보 또는 시·도의 공보에 고시하고, 관계 서류의 사본을 관할 시장·군수·구청장에게 보내야 한다.(2020.4.7 본항개정)
② 물류단지로 지정되는 지역에 수용하거나 사용할 토지, 건축물, 그 밖의 물건이나 권리가 있는 경우에는 제1항에 따른 고시내용에 그 토지 등의 세부목록을 포함시켜야 한다.
③ 제1항에 따라 관계 서류를 받은 시장·군수·구청장은 이를 14일 이상 일반인이 열람할 수 있도록 하여야 한다.
제24조【주민 등의 의견청취】 ① 물류단지지정권자는 물류단지를 지정하려는 때에는 주민 및 관계 전문가의 의견을 들어야 하고 타당하다고 인정하는 때에는 그 의견을 반영하여야 한다. 다만, 국방상 기밀(機密)사항이거나 대통령령으로 정하는 경미한 사항인 경우에는 의견청취를 생략할 수 있다.
② 제1항에 따른 주민 및 관계 전문가의 의견청취에 필요한 사항은 대통령령으로 정한다.
제25조【행위제한 등】 ① 물류단지 안에서 건축물의 건축, 공작물의 설치, 토지의 형질변경, 토석의 채취, 토지분할, 물건을 쌓아놓는 행위 등 대통령령으로 정하는 행위를 하려는 자는 시장·군수·구청장의 허가를 받아야 한다. 허가받은 사항을 변경하려는 때에도 또한 같다.
② 다음 각 호의 어느 하나에 해당하는 행위는 제1항에도 불구하고 허가를 받지 아니하고 할 수 있다.
1. 재해복구 또는 재난수습에 필요한 응급조치를 위하여 하는 행위
2. 그 밖에 대통령령으로 정하는 행위
③ 제1항에 따라 허가를 받아야 하는 행위로서 물류단지의 지정 및 고시 당시 이미 관계 법령에 따라 행위허가를 받았거나 허가를 받을 필요가 없는 행위에 관하여 그 공사 또는 사업에 착수한 자는 대통령령으로 정하는 바에 따라 시장·군수·구청장에게 신고한 후 이를 계속 시행할 수 있다.
④ 시장·군수·구청장은 제1항을 위반한 자에게 원상회복을 명할 수 있다. 이 경우 명령을 받은 자가 그 의무를 이행하지 아니하면 시장·군수·구청장은 「행정대집행법」에 따라 대집행할 수 있다.
⑤ 제1항에 따른 허가에 관하여 이 법에서 규정한 것 외에는 「국토의 계획 및 이용에 관한 법률」 제57조부터 제60조까지 및 제62조를 준용한다.(2020.6.9 본항개정)
⑥ 제1항에 따라 허가를 받은 경우에는 「국토의 계획 및 이용에 관한 법률」 제56조에 따라 허가를 받은 것으로 본다.
제26조【물류단지지정의 해제】 ① 물류단지로 지정·고시된 날부터 대통령령으로 정하는 기간 이내에 그 물류단지의 전부 또는 일부에 대하여 제28조에 따른 물류단지개발실시계획의 승인을 신청하지 아니하면 그 기간이 지난 다음 날 해당 지역에 대한 물류단지의 지정이 해제된 것으로 본다.
② 물류단지지정권자는 다음 각 호의 어느 하나에 해당하는 경우에는 대통령령으로 정하는 바에 따라 해당 지역에 대한 물류단지 지정의 전부 또는 일부를 해제할 수 있다.
1. 물류단지의 전부 또는 일부에 대한 개발 전망이 없게 된 경우
2. 개발이 완료된 물류단지가 준공(부분 준공을 포함한다)된 지 20년 이상 된 것으로서 주변상황과 물류산업 여건이 변화되어 제52조의2에 따른 물류단지재정비사업을 하더라도 물류단지 기능수행이 어려울 것으로 판단되는 경우
(2010.2.4 본항개정)
③ 제1항 또는 제2항에 따라 물류단지의 지정이 해제된 것으로 보거나 해제된 경우 해당 물류단지지정권자는 그 사실을 관계 중앙행정기관의 장 및 시·도지사에게 통보하고 고시하여야 하며, 통보를 받은 시·도지사는 지체 없이 시장·군수·구청장으로 하여금 이를 14일 이상 일반인이 열람할 수 있도록 하여야 한다.
④ 물류단지의 지정으로 「국토의 계획 및 이용에 관한 법률」에 따른 용도지역이 변경·결정된 후 제1항 또는 제2항에 따라 해당 물류단지의 지정이 해제된 경우에는 같은 법의 규정에도 불구하고 해당 물류단지에 대한 용도지역은 변경·결정되기 전의 용도지역으로 환원된 것으로 본다. 다만, 물류단지의 개발이 완료되어 물류단지의 지정이 해제된 경우에는 변경·결정되기 전의 용도지역으로 환원되지 아니한다.
⑤ 시장·군수·구청장은 제4항에 따라 용도지역이 환원된 경우에는 즉시 그 사실을 고시하여야 한다.
제27조【물류단지개발사업의 시행자】 ① 물류단지개발사업을 시행하려는 자는 대통령령으로 정하는 바에 따라 물류단지지정권자로부터 시행자 지정을 받아야 한다.
② 제1항에 따라 물류단지개발사업의 시행자로 지정받을 수 있는 자는 다음 각 호의 자로 한다.
1. 국가 또는 지방자치단체
2. 대통령령으로 정하는 공공기관
3. 「지방공기업법」에 따른 지방공사
4. 특별법에 따라 설립된 법인
5. 「민법」 또는 「상법」에 따라 설립된 법인
6. 물류단지 예정지역의 토지소유자 또는 그 토지소유자가 물류단지개발을 위하여 설립한 조합(2022.6.10 본호신설)
③ 제1항에 따라 물류단지개발사업의 시행자로 지정받으려는 자는 대통령령으로 정하는 바에 따라 물류단지지정권자에게 시행자 지정을 신청하여야 한다.
④ 물류단지지정권자는 제1항에 따라 물류단지개발사업을 시행하는 자로 지정받은 자(이하 "시행자"라 한다) 중 제2항제5호 또는 제6호에 해당하는 자가 제28조에 따라 승인을 받은 물류단지개발실시계획에서 정하여진 기간 내에 물류단지개발사업을 완료하지 아니하면 제2항의 각 호의 자 중에서 다른 시행자를 지정하여 그 시행자에게 해당 물류단지개발사업을 시행하게 할 수 있다.
(2022.6.10 본항개정)
⑤ 제2항제1호부터 제4호까지의 시행자는 물류단지개발사업을 효율적으로 시행하기 위하여 필요하다고 인정하는 경우에는 대통령령으로 정하는 바에 따라 해당 물류단지에 입주하거나 입주하려는 물류시설의 운영자(이하 "입주기업체"라 한다) 및 지원시설의 운영자(이하 "지원기관"이라 한다)에게 물류단지개발사업의 일부를 대행하게 할 수 있다.
제27조의2【조합설립의 인가 등】 제27조제2항제6호에 따른 조합의 설립, 조합원의 자격, 조합원의 경비 부담 등에 관하여는 「도시개발법」 제13조부터 제16조까지의 규정을 준용한다. 이 경우 "도시개발구역"은 "물류단지 예정지역"으로, "지정권자"는 "물류단지지정권자"로 본다.
(2022.6.10 본조신설)
제28조【물류단지개발실시계획의 승인】 ① 시행자는 대통령령으로 정하는 바에 따라 물류단지개발실시계획(이하 "실시계획"이라 한다)을 수립하여 물류단지지정권자의 승인을 받아야 한다. 승인을 받은 사항 중 대통령령으로 정하는 중요 사항을 변경하려는 경우에도 또한 같다.
② 실시계획에는 개발한 토지·시설 등의 처분에 관한 사항이 포함되어야 한다.
③ (2024.1.9 삭제)
제29조【실시계획승인의 고시】 ① 물류단지지정권자는 제28조에 따라 실시계획을 승인하거나 승인한 사항을 변경승인한 때에는 대통령령으로 정하는 사항을 관보 또는 시·도의 공보에 고시하고, 관계 서류의 사본을 관할 시장·군수·구청장에게 보내야 한다.
② 제1항에 따라 관계 서류의 사본을 받은 시장·군수·구청장은 이를 14일 이상 일반인이 열람할 수 있도록 하여야 한다.
③ 제1항에 따라 관계 서류의 사본을 받은 시장·군수·구청장은 실시계획에 도시·군관리계획 결정사항이 포함되어 있으면 「국토의 계획 및 이용에 관한 법률」 제32조에 따라 지형도면의 고시 등에 필요한 절차를 취하여야 한다. 이 경우 시행자는 도시·군관리계획에 관한 지형도면의 고시 등에 필요한 서류를 작성하여 시장·군수·구청장에게 제출하여야 한다.(2011.4.14 본항개정)
제30조【인·허가등의 의제】 ① 물류단지지정권자가 실시계획을 승인 또는 변경승인하는 경우에 다음 각 호의 인·허가등에 관하여 인·허가등의 관계 행정기관의 장과 미리 협의한 사항에 대해서는 해당 인·허가등을 받

은 것으로 보며, 실시계획승인 또는 변경승인을 고시한 때에는 다음 각 호의 법률에 따른 해당 인·허가등의 고시 또는 공고를 한 것으로 본다.(2024.1.9 본문개정)
1. 「가축분뇨의 관리 및 이용에 관한 법률」 제11조에 따른 배출시설에 대한 설치허가 또는 신고
2. 「건축법」 제11조에 따른 건축허가, 같은 법 제14조에 따른 건축신고, 같은 법 제16조에 따른 건축허가·신고 사항의 변경, 같은 법 제20조에 따른 가설건축물의 건축의 허가·신고 및 같은 법 제29조에 따른 건축협의 (2008.3.21 본호개정)
3. 「골재채취법」 제22조에 따른 골재채취의 허가
4. 「공유수면 관리 및 매립에 관한 법률」 제8조에 따른 공유수면의 점용·사용허가, 같은 법 제17조에 따른 점용·사용 실시계획의 승인 또는 신고, 같은 법 제28조에 따른 공유수면의 매립면허, 같은 법 제35조에 따른 매립의 협의 또는 승인 및 같은 법 제38조에 따른 공유수면 매립실시계획의 승인(2010.4.15 본호개정)
5. (2010.4.15 삭제)
6. 「공유재산 및 물품 관리법」 제11조에 따른 행정재산의 용도폐지 및 같은 법 제20조제1항에 따른 행정재산의 사용·수익의 허가(2008.12.26 본호개정)
7. 「광업법」 제24조에 따른 광업권설정불허가처분 및 같은 법 제34조에 따른 광업권의 취소 또는 광구감소처분
8. 「국유재산법」 제30조에 따른 행정재산의 사용허가 및 같은 법 제40조에 따른 행정재산의 용도폐지(2009.1.30 본호개정)
9. 「국토의 계획 및 이용에 관한 법률」 제30조에 따른 도시·군관리계획의 결정, 같은 법 제56조제1항제2호·제4호에 따른 토지형질변경의 허가 또는 토지분할의 허가, 같은 법 제86조에 따른 도시·군계획시설사업의 시행자의 지정 및 같은 법 제88조에 따른 실시계획의 인가 (2011.4.14 본호개정)
10. 「농어촌정비법」 제23조에 따른 농업생산기반시설의 사용허가(2016.12.27 본호개정)
11. 「농지법」 제31조에 따른 농업진흥지역 등의 변경 및 해제, 같은 법 제34조에 따른 농지전용의 허가 및 협의 (2010.2.4 본호개정)
12. 「도로법」 제36조에 따른 도로관리청이 아닌 자에 대한 도로공사 시행의 허가, 같은 법 제61조에 따른 도로의 점용 허가 및 같은 법 제107조에 따른 도로관리청과의 협의 또는 승인(2014.1.14 본호개정)
13. 「사도법」 제4조에 따른 사도개설의 허가
14. 「사방사업법」 제14조에 따른 벌채 등의 허가 및 같은 법 제20조에 따른 사방지 지정의 해제
15. 「산지관리법」 제14조 및 제15조에 따른 산지전용허가 및 산지전용신고, 같은 법 제15조의2에 따른 산지일시사용허가·신고, 같은 법 제25조에 따른 토석채취허가, 「산림자원의 조성 및 관리에 관한 법률」 제36조제1항 및 제5항에 따른 입목벌채등의 허가·신고, 「산림보호법」 제9조제1항 및 제2항제1호·제2호에 따른 산림보호구역(산림유전자원보호구역은 제외한다)에서의 행위의 허가·신고 및 같은 법 제11조제1항제1호에 따른 산림보호구역의 지정해제(2022.12.27 본호개정)
16. 「소하천정비법」 제10조에 따른 소하천 공사시행의 허가 및 같은 법 제14조에 따른 소하천 점용의 허가
17. 「수도법」 제17조 및 제49조에 따른 수도사업의 인가, 같은 법 제52조 및 제54조에 따른 전용수도 설치의 인가
18. 「물환경보전법」 제49조에 따른 공공폐수처리시설 기본계획의 승인(2017.1.17 본호개정)
19. 「에너지이용 합리화법」 제8조에 따른 에너지사용계획의 협의
19의2. 「임업 및 산촌 진흥촉진에 관한 법률」 제20조에 따른 임업진흥권역의 지정변경 및 해제(2010.2.4 본호신설)
20. 「장사 등에 관한 법률」 제23조에 따른 연고자가 없는 분묘의 개장허가
20의2. 「전기안전관리법」 제8조에 따른 자가용전기설비의 공사계획의 인가 또는 신고(2020.3.31 본호개정)
21. 「공간정보의 구축 및 관리 등에 관한 법률」 제86조제1항에 따른 사업의 착수·변경 또는 완료의 신고 (2014.6.3 본호개정)
22. 「집단에너지사업법」 제4조에 따른 집단에너지의 공급 타당성에 관한 협의
23. 「초지법」 제21조의2에 따른 토지의 형질변경 등의 허가 및 같은 법 제23조에 따른 초지전용허가(2010.2.4 본호개정)
24. 「공간정보의 구축 및 관리 등에 관한 법률」 제15조제4항에 따른 지도등의 간행 심사(2021.7.20 본호개정)
25. 「폐기물관리법」 제29조에 따른 폐기물처리시설의 설치승인 또는 신고
26. 「하수도법」 제16조에 따른 공공하수도공사의 시행허가 및 같은 법 제24조에 따른 공공하수도의 점용허가
27. 「하천법」 제6조에 따른 하천관리청과의 협의 또는 승인, 같은 법 제30조에 따른 하천공사 시행허가, 하천공사실시계획의 인가, 같은 법 제33조에 따른 하천의 점용허가 및 같은 법 제50조에 따른 하천수의 사용허가 (2010.2.4 본호개정)
28. 「항만법」 제9조제2항에 따른 항만개발사업 시행의 허가 및 같은 법 제10조제2항에 따른 항만개발사업실시계획의 승인(2020.1.29 본호개정)
29. 「산업집적활성화 및 공장설립에 관한 법률」 제13조에 따른 공장설립등의 승인(2015.12.29 본호신설)
30. 「유통산업발전법」 제8조에 따른 대규모점포의 개설등록(2015.12.29 본호신설)
31. 「체육시설의 설치·이용에 관한 법률」 제12조에 따른 사업계획의 승인(2015.12.29 본호신설)

② 물류단지지정권자가 제28조제1항에 따라 실시계획을 승인하거나 승인한 사항을 변경승인할 때에는 제1항 각 호의 관계 법령에 적합한지를 미리 소관 행정기관의 장과 협의하여야 한다.(2024.1.9 본항신설)

③ 제1항에 따라 다른 법률에 따른 인·허가등을 받은 것으로 보는 경우에는 관계 법률 또는 시·도의 조례에 따라 부과되는 그 인·허가등에 따른 수수료·사용료 등을 면제한다.

④ 제1항부터 제3항까지에서 규정한 사항 외에 인·허가등 의제의 기준·효과 및 처리기준의 통합 고시 등에 관하여는 「행정기본법」 제24조부터 제26조까지 및 「행정절차법」 제20조제2항을 준용한다. 이 경우 「행정절차법」 제20조제2항 중 "처분기준"은 "처리기준"으로, "공표"는 "고시"로 본다.(2024.1.9 본항신설)

제31조【물류단지개발사업의 위탁시행 등】 ① 시행자는 물류단지개발사업 중 항만, 용수시설, 그 밖에 대통령령으로 정하는 공공시설의 건설과 공유수면의 매립에 관한 사항을 대통령령으로 정하는 바에 따라 국가·지방자치단체 또는 대통령령으로 정하는 공공기관에 위탁하여 시행할 수 있다.

② 물류단지개발사업을 위한 토지매수업무 등의 위탁에 관하여는 제11조를 준용한다. 이 경우 "물류터미널사업자"는 "시행자"로, "물류터미널"은 "물류단지"로 본다.

③ 제27조제2항제4호부터 제6호까지의 시행자는 물류단지지정권자의 승인을 받아 「자본시장과 금융투자업에 관한 법률」에 따라 설립된 부동산신탁업자와 대통령령으로 정하는 바에 따라 물류단지 개발을 목적으로 하는 신탁계약을 체결하여 물류단지개발사업을 시행할 수 있다. (2022.6.10 본항신설)

④ 제3항에 따라 신탁계약을 체결한 부동산신탁업자는 종전의 시행자의 권리·의무를 포괄적으로 승계한다. (2022.6.10 본항신설)
(2022.6.10 본조제목개정)

제32조【토지등의 수용·사용】 ① 시행자(제27조제2항 제6호의 시행자는 제외한다. 이하 이 조에서 같다)는 물류단지개발사업에 필요한 토지등을 수용하거나 사용할 수 있다. 다만, 제27조제2항제5호의 시행자인 경우에는 사업대상 토지면적의 3분의 2 이상을 매입하여야 토지등을 수용하거나 사용할 수 있다.(2022.6.10 본문개정)

② 제1항에 따라 토지등을 수용하거나 사용하는 경우에 제23조제1항에 따른 물류단지 지정 고시를 한 때(제22조 제5항 단서 또는 제22조의2제3항에 따라 시행자 및 수용하거나 사용할 토지등의 세부목록을 물류단지의 지정 후에 물류단지개발계획에 포함시키는 경우에는 그 고시한 때를 말한다)에는 「공익사업을 위한 토지 등의 취득 및 보상에 관한 법률」 제20조제1항 및 같은 법 제22조에 따른 사업인정 및 그 고시를 한 것으로 본다.(2015.12.29 본항개정)

③ 국토교통부장관이 지정하는 물류단지 안의 토지등에 대한 재결은 중앙토지수용위원회가 관장하고, 시·도지사가 지정하는 물류단지 안의 토지등에 대한 재결은 관할 지방토지수용위원회가 관장한다. 이 경우 재결의 신청은 「공익사업을 위한 토지 등의 취득 및 보상에 관한 법률」 제23조제1항 및 같은 법 제28조제1항에도 불구하고 물류단지개발계획에서 정하는 사업시행기간 내에 할 수 있다.(2013.3.23 전단개정)

④ 제1항에 따른 수용 또는 사용에 관하여는 이 법에 특별한 규정이 있는 경우 외에는 「공익사업을 위한 토지등의 취득 및 보상에 관한 법률」을 준용한다.

제33조【「공유수면 관리 및 매립에 관한 법률」 등의 적용특례】 ① 제22조, 제22조의2 및 제23조에 따라 물류단지가 지정·고시된 경우에는 그 범위에서 「공유수면 관리 및 매립에 관한 법률」 제22조 및 제27조에 따른 매립기본계획, 「국토의 계획 및 이용에 관한 법률」 제30조에 따른 도시·군관리계획 및 「하천법」 제25조 및 제27조에 따른 하천기본계획 및 하천공사시행계획이 수립·변경된 것으로 본다.(2015.12.29 본항개정)

② 제28조에 따라 실시계획의 승인을 받은 시행자가 해당 물류단지 안의 토지에 관하여 체결하는 토지거래계약에 대하여는 「부동산 거래신고 등에 관한 법률」 제11조를 적용하지 아니한다.(2016.1.19 본항개정)

③ 지원시설에 대하여는 「국토의 계획 및 이용에 관한 법률」 제76조에 따른 지역·지구 안에서의 건축금지 및 제한에 관한 규정을 적용하지 아니한다.
(2010.4.15 본조제목개정)

제34조【토지소유자에 대한 환지】 ① 시행자는 물류단지 안의 토지를 소유하고 있는 자가 물류단지개발계획에서 정한 물류단지시설 또는 대통령령으로 정하는 지원시설을 운영하려는 경우에는 그 토지를 포함하여 물류단지개발사업을 시행할 수 있으며, 해당 사업이 완료된 후 대통령령으로 정하는 바에 따라 해당 토지소유자에게 환지(換地)하여 줄 수 있다.(2023.8.16 본항개정)

② 제1항에서 정한 사항 외에 토지소유자에 대한 환지에 관하여는 「도시개발법」 제28조부터 제32조까지, 제32조의2, 제32조의3, 제33조부터 제36조까지, 제36조의2 및 제37조부터 제49조까지의 규정을 준용한다. 다만, 시행자가 「도시개발법」 제28조제1항에 따른 환지 계획을 포함하여 다음 각 호의 어느 하나에 해당하는 승인을 받은 경우에는 같은 법 제29조에 따른 환지 계획의 인가를 받은 것으로 본다.
1. 실시계획의 승인
2. 제59조의2에 따라 준용되는 「산업단지 인·허가 절차 간소화를 위한 특례법」에 따른 물류단지계획의 승인
(2020.10.20 본항개정)

제35조【토지 출입 등】 물류단지개발사업 시행을 위한 토지 출입 등에 관하여는 제12조를 준용한다. 이 경우 "물류터미널사업자"는 "시행자"로, "물류터미널"은 "물류단지"로 본다.

제36조【공공시설 및 토지 등의 귀속】 ① 제27조제2항 제1호부터 제4호까지의 시행자가 물류단지개발사업의 시행으로 새로 공공시설을 설치하거나 기존의 공공시설에 대체되는 공공시설을 설치한 경우에는 「국유재산법」 및 「공유재산 및 물품 관리법」에도 불구하고 종래의 공공시설은 시행자에게 무상으로 귀속되고 새로 설치된 공공시설은 그 시설을 관리할 국가 또는 지방자치단체에 무상으로 귀속된다.

② 제27조제2항제5호 또는 제6호의 시행자가 물류단지개발사업의 시행으로 새로 설치한 공공시설은 그 시설을 관리할 국가 또는 지방자치단체에 무상으로 귀속되고, 물류단지개발사업의 시행으로 인하여 용도가 폐지되는 국가 또는 지방자치단체 소유의 재산은 「국유재산법」 및 「공유재산 및 물품 관리법」에도 불구하고 새로 설치한 공공시설의 설치비용에 상당하는 범위에서 그 시행자에게 무상으로 양도할 수 있다.(2022.6.10 본항개정)

③ 물류단지지정권자는 제1항 및 제2항에 따른 공공시설의 귀속 및 양도에 관한 사항이 포함된 실시계획을 승인하려는 때에는 미리 그 공공시설을 관리하는 기관(이하 "관리청"이라 한다)의 의견을 들어야 한다. 실시계획을 변경하려는 때에도 또한 같다.

④ 시행자는 제1항 및 제2항에 따라 국가 또는 지방자치단체에 귀속될 공공시설과 시행자에게 귀속되거나 양도될 재산의 종류와 토지의 세부목록을 그 물류단지개발사업의 준공 전에 관리청에 통지하여야 하며, 해당 공공시설과 재산은 그 사업이 준공되어 제46조제3항에 따라 시행자에게 준공인가통지를 한 때에 국가 또는 지방자치단체에 귀속되거나 시행자에게 귀속 또는 양도된 것으로 본다.

⑤ 제4항에 따른 공공시설과 재산의 등기에 관하여는 물류단지개발사업의 실시계획승인서와 준공인가서로써 「부동산등기법」에 따른 등기원인을 증명하는 서면을 갈음할 수 있다.

⑥ 제1항부터 제5항까지의 공공시설의 범위는 대통령령으로 정한다.

제37조【국·공유지의 처분제한】 물류단지개발사업에 필요한 국·공유지의 처분제한 등에 관하여는 제13조를 준용한다. 이 경우 "물류터미널을 건설하기 위한 부지"는 "물류단지"로, "물류터미널 건설사업"은 "물류단지개발사업"으로, "국토교통부장관 또는 시·도지사"는 "물류단지지정권자"로, "물류터미널사업자"는 "시행자·입주기업체 또는 지원기관"으로 본다.(2013.3.23 후단개정)

제38조【물류단지개발사업의 비용】 ① 물류단지개발사업에 필요한 비용은 시행자가 부담한다.

② 물류단지에 필요한 전기시설·전기통신설비·가스공급시설 또는 지역난방시설은 대통령령으로 정하는 범위에서 해당 지역에 전기·전기통신·가스 또는 난방을 공급하는 자가 비용을 부담하여 설치하여야 한다. 다만, 물류단지개발사업의 시행자·입주기업·지방자치단체 등의 요청에 따라 전기간선시설(電氣幹線施設)을 땅 속에 설치하는 경우에는 전기를 공급하는 자와 땅 속에 설치할 것을 요청하는 자가 각각 100분의 50의 비율로 그 설치비용을 부담한다.

③ 제2항에 따른 각 시설의 설치시기, 그 밖에 필요한 사항은 대통령령으로 정한다.

제39조【물류단지개발사업의 지원】 ① 국가 또는 지방자치단체는 대통령령으로 정하는 바에 따라 물류단지개발사업에 필요한 비용의 일부를 보조하거나 융자할 수 있다.

② 국가 또는 지방자치단체는 물류단지의 원활한 개발을 위하여 필요한 도로·철도·항만·용수시설 등 기반시설의 설치를 우선적으로 지원하여야 한다.

제40조【물류단지개발특별회계의 설치】 ① 시·도지사 또는 시장·군수는 물류단지개발사업을 촉진하기 위하여 지방자치단체에 물류단지개발특별회계(이하 "특별회계"라 한다)를 설치할 수 있다.

② 특별회계는 다음 각 호의 재원으로 조성된다.
1. 해당 지방자치단체의 일반회계로부터의 전입금
2. 정부의 보조금
3. 제67조에 따라 부과·징수된 과태료
4. 「개발이익환수에 관한 법률」 제4조제1항에 따라 지방자치단체에 귀속되는 개발부담금 중 해당 지방자치단체의 조례로 정하는 비율의 금액
5. 「국토의 계획 및 이용에 관한 법률」 제65조제8항에 따른 수익금

6. 「지방세법」 제112조제1항(같은 항 제1호는 제외한다) 및 같은 조 제2항에 따라 부과·징수되는 재산세의 징수액 중 대통령령으로 정하는 비율의 금액(2010.3.31 본호개정)
7. 차입금
8. 해당 특별회계자금의 융자회수금·이자수입금 및 그 밖의 수익금

제41조【특별회계의 운용】 ① 특별회계는 다음 각 호의 용도로 사용한다.
1. 물류단지개발사업의 시행자에 대한 공사비의 보조 또는 융자
2. 물류단지개발사업에 따른 도시·군계획시설사업에 관한 보조 또는 융자(2011.4.14 본호개정)
3. 지방자치단체가 시행하는 물류단지개발사업에 따른 도시·군계획시설의 설치사업비(2011.4.14 본호개정)
4. 물류단지지정, 물류시설의 개발계획수립 및 제도발전을 위한 조사·연구비
5. 차입금의 원리금 상환
6. 특별회계의 조성·운용 및 관리를 위한 경비
7. 그 밖에 대통령령으로 정하는 사항

② 국토교통부장관은 필요한 경우에는 지방자치단체의 장에게 특별회계의 운용상황을 보고하게 할 수 있다.(2013.3.23 본항개정)
③ 특별회계의 설치 및 운용·관리에 필요한 사항은 대통령령으로 정하는 기준에 따라 해당 지방자치단체의 조례로 정한다.

제42조【시설의 존치】 시행자는 물류단지 안에 있는 기존의 시설이나 그 밖의 공작물을 이전하거나 철거하지 아니하여도 물류단지개발사업에 지장이 없다고 인정하는 때에는 이를 남겨두게 할 수 있다.

제43조【선수금】 시행자는 그가 조성하는 용지를 분양·임대받거나 시설을 이용하려는 자로부터 대통령령으로 정하는 바에 따라 대금의 전부 또는 일부를 미리 받을 수 있다.

제44조【시설부담금】 ① 물류단지지정권자는 시행자에게 도로, 공원, 녹지, 그 밖에 대통령령으로 정하는 공공시설을 설치하게 하거나 기존의 공원 및 녹지를 보존하게 할 수 있다.
② 시행자는 제1항에 따른 공공시설의 설치나 기존의 공원 및 녹지의 보존에 필요한 비용에 충당하기 위하여 그 비용의 범위에서 제42조에 따른 존치시설의 소유자에게 시설부담금을 납부하게 할 수 있다.(2017.10.24 본항개정)
③ 제2항에 따른 시설부담금의 산정기준, 징수방법, 그 밖에 필요한 사항은 대통령령으로 정한다.

제45조【이주대책 등】 ① 시행자는 「공익사업을 위한 토지 등의 취득 및 보상에 관한 법률」로 정하는 바에 따라 물류단지개발사업으로 인하여 생활의 근거를 상실하게 되는 자(이하 "이주자"라 한다)에 대한 이주대책 등을 수립·시행하여야 한다.
② 입주기업체 및 지원기관은 특별한 사유가 없으면 이주자 또는 인근지역의 주민을 우선적으로 고용하여야 한다.

제46조【물류단지개발사업의 준공인가】 ① 시행자는 물류단지개발사업의 전부 또는 일부를 완료하면 대통령령으로 정하는 바에 따라 물류단지지정권자의 준공인가를 받아야 한다.
② 시행자가 제1항에 따른 준공인가를 신청한 경우에 물류단지지정권자는 관계 중앙행정기관, 지방자치단체 또는 대통령령으로 정하는 공공기관, 연구기관, 그 밖의 전문기관의 장에게 준공인가에 필요한 검사를 의뢰할 수 있다. 이 경우 공공시설에 대한 검사는 원칙적으로 그 시설을 관리할 국가 또는 지방자치단체에 의뢰하여야 한다.
③ 물류단지지정권자는 제2항에 따른 준공검사를 한 결과 실시계획대로 완료된 경우에는 준공인가를 하고 대통령령으로 정하는 바에 따라 이를 공고한 후 시행자 및 관리청에 통지하여야 하며, 실시계획대로 완료되지 아니한 경우에는 지체 없이 보완시공 등 필요한 조치를 명하여야 한다.
④ 시행자가 제1항에 따른 준공인가를 받은 때에는 제30조제1항에 따라 실시계획승인으로 의제되는 인·허가등에 따른 해당 사업의 준공에 관한 검사·인가·신고·확인 등을 받은 것으로 본다.
⑤ 제1항에 따른 준공인가 전에는 물류단지개발사업으로 개발된 토지나 설치된 시설을 사용할 수 없다. 다만, 대통령령으로 정하는 바에 따라 물류단지지정권자의 사용허가를 받은 경우에는 그러하지 아니하다.
⑥ 물류단지지정권자는 제5항 단서에 따른 사용허가의 신청을 받은 날부터 15일 이내에 허가 여부를 신청인에게 통지하여야 한다.(2018.12.18 본항신설)

제47조【관계 서류 등의 열람】 ① 시행자는 물류단지개발사업을 시행할 때 필요하면 국가 또는 지방자치단체에 서류의 열람 또는 등사를 하거나 그 등본 또는 초본의 교부를 청구할 수 있다.
② 국가 또는 지방자치단체는 제1항에 따라 발급하는 서류에 대하여는 수수료를 부과하지 아니한다.

제48조 (2010.2.4 삭제)

제49조【물류단지개발 관련 사업에 대한 준용】 물류단지의 인근지역에서 물류단지개발과 관련되는 사업으로서 다음 각 호의 어느 하나에 해당하는 사업을 시행하는 경우 해당 사업에 대하여는 제25조, 제28조부터 제37조까지, 제39조, 제45조부터 제47조까지, 제52조 및 제61조를 준용한다. 이 경우 "물류단지"는 "물류단지개발과 관련되는 사업에 대한 실시계획승인이 고시된 지역"으로, "물류단지개발실시계획"은 "물류단지개발과 관련되는 사업에 대한 실시계획"으로, "물류단지 지정의 고시"는 "물류단지개발과 관련되는 사업에 대한 실시계획 승인의 고시"로, "물류단지개발계획"은 "물류단지개발과 관련되는 사업에 대한 실시계획"으로 본다.
1. 항만·도로·하천·철도·용수공급시설·하수도·공공폐수처리시설·폐기물처리시설·전기시설 또는 통신시설사업(2016.1.27 본호개정)
2. 가스 또는 유류의 공급시설사업
3. 물류단지의 조성을 위하여 그 물류단지에 연접한 취토장(取土場) 또는 돌산을 개발하는 사업
4. 물류단지를 조성하기 위한 준설사업

제50조【개발한 토지·시설 등의 처분】 ① 시행자는 물류단지개발사업에 따라 개발한 토지·시설 등(도시첨단물류단지개발사업의 경우에는 시설의 설치가 완료되지 아니한 토지를 제외한다)을 분양 또는 임대할 수 있다.(2015.12.29 본항개정)
② 제1항에 따른 토지·시설 등의 처분방법·절차·가격기준 등에 관하여 필요한 사항은 대통령령으로 정한다.

제50조의2【물류단지시설 등의 건설공사 착수 등】 ① 입주기업체 또는 지원기관은 시행자와 분양계약을 체결한 날(물류단지개발사업의 준공 전에 분양계약을 체결한 경우에는 준공일을 말하고, 물류단지개발사업의 준공인가 전 사용허가를 받은 경우에는 사용허가일을 말한다)부터 국토교통부령으로 정하는 기간 안에 그 물류단지시설 또는 지원시설의 건설공사에 착수하거나 토지·시설 등을 처분하여야 한다. 다만, 국토교통부령으로 정하는 정당한 사유가 있는 경우에는 그러하지 아니하다.(2013.3.23 본항개정)
② 제1항에 따른 토지·시설 등의 처분에 관하여는 제51조를 준용한다.
(2010.2.4 본조신설)

제50조의3【이행강제금】 ① 물류단지지정권자는 제50조의2에 따른 의무를 이행하지 아니한 자에 대하여 국토교통부령으로 정하는 기한까지 그 의무를 이행할 것을 명하여야 하며, 그 기한까지 의무를 이행하지 아니하면 해당 토지·시설 등 재산가액(「감정평가 및 감정평가사에 관한 법률」에 따른 감정평가법인등의 감정평가액을 말한다)의 100분의 20에 해당하는 금액의 이행강제금을 부과할 수 있다.(2020.4.7 본항개정)
② 물류단지지정권자는 제1항에 따른 이행강제금을 부과하기 전에 제1항에 따른 이행강제금을 부과하고 징수한다는 뜻을 미리 문서로 알려야 한다.
③ 물류단지지정권자는 제1항에 따른 이행강제금을 부과하려는 경우에는 이행강제금의 금액, 부과 사유, 납부기한, 수납기관, 이의제기방법 및 이의제기기관 등을 명시한 문서로써 하여야 한다.
④ 물류단지지정권자는 제50조의2제1항에 정한 기간이 만료한 다음 날을 기준으로 하여 매년 1회 그 의무가 이행될 때까지 반복하여 제1항에 따른 이행강제금을 부과하고 징수할 수 있다.
⑤ 물류단지지정권자는 제50조의2에 따른 의무가 있는 자가 그 의무를 이행한 경우에는 새로운 이행강제금의 부과를 중지하되, 이미 부과된 이행강제금은 징수하여야 한다.
⑥ 제1항부터 제5항까지에서 규정한 사항 외에 이행강제금의 부과 및 징수 절차는 국토교통부령으로 정한다.(2013.3.23 본항개정)
(2010.2.4 본조신설)

제51조【개발한 토지·시설 등의 처분제한】 ① 입주기업체 또는 지원기관은 물류단지시설 또는 지원시설의 설치를 완료하기 전에 분양받은 토지·시설 등을 처분하려는 때에는 시행자 또는 제53조에 따른 관리기관에 양도하여야 한다. 다만, 시행자나 관리기관이 매수할 수 없는 때에는 대통령령으로 정하는 바에 따라 시행자나 관리기관이 매수신청을 받아 선정한 다른 입주기업체, 지원기관 또는 다음 각 호의 자에게 양도하여야 한다.
1. 한국토지주택공사(2012.12.18 본호개정)
2. 「은행법」 제8조에 따라 은행업의 인가를 받은 은행(2010.5.17 본호개정)
3. 그 밖에 대통령령으로 정하는 자

② 제1항에 따른 토지의 양도가격은 취득가격에 대통령령으로 정하는 이자 및 비용을 더한 금액으로 하고, 시설등의 양도가격은 「감정평가 및 감정평가사에 관한 법률」에 따른 감정평가법인등의 감정평가액을 고려하여 결정할 수 있다. 다만, 입주기업체 또는 지원기관의 요청이 있는 경우 토지의 양도가격은 취득가격에 대통령령으로 정하는 이자 및 비용을 더한 금액 이하로 할 수 있다.(2020.4.7 본문개정)
③ 제1항 각 호의 자가 매수한 토지·시설 등의 매각가격·매각절차 등에 필요한 사항은 대통령령으로 정한다.

제52조【물류단지시설 등의 건축허가 및 사용승인】 ① 물류단지 안에서 물류단지시설 또는 지원시설을 건축하려는 자가 「건축법」 제11조에 따른 건축허가를 받은 때(제28조제1항의 실시계획의 승인에 따라 건축허가가 의제된 시설의 경우에는 「건축법」 제22조에 따른 사용승인을 받은 때를 말한다)에는 다음 각 호의 인·허가등을 받은 것으로 본다.(2008.3.21 본문개정)
1. 「가축분뇨의 관리 및 이용에 관한 법률」 제11조에 따른 배출시설에 대한 설치허가 또는 신고 및 같은 법 제15조에 따른 준공검사
2. 「건축법」 제20조제1항·제3항에 따른 가설건축물의 건축허가 또는 신고 및 같은 법 제83조에 따른 공작물축조의 신고(2014.1.14 본호개정)
3. 「고압가스 안전관리법」 제4조제3항에 따른 고압가스 저장소 설치의 허가, 같은 법 제16조제3항에 따른 고압가스의 제조·저장·판매·수입시설이나 용기등의 제조시설의 설치공사의 완성검사 및 같은 법 제20조에 따른 특정고압가스시설의 완성검사
4. 「국토의 계획 및 이용에 관한 법률」 제56조제1항에 따른 개발행위(건축물의 건축 또는 공작물의 설치에 한정한다)의 허가, 같은 법 제62조제1항에 따른 준공검사, 같은 법 제86조에 따른 도시·군계획시설사업의 시행자의 지정, 같은 법 제88조에 따른 실시계획의 인가 및 같은 법 제98조제2항에 따른 준공검사(2020.6.9 본호개정)
5. 「대기환경보전법」 제23조, 「물환경보전법」 제33조 및 「소음·진동관리법」 제8조에 따른 배출시설 설치의 허가 또는 신고(2017.1.17 본호개정)
6. 「대기환경보전법」 제30조 및 「물환경보전법」 제37조에 따른 배출시설과 방지시설의 가동개시 신고(2017.1.17 본호개정)
7. 「도로법」 제61조에 따른 도로점용허가(2014.1.14 본호개정)
8. 「소방시설 설치 및 관리에 관한 법률」 제6조제1항에 따른 건축허가등의 동의, 「소방시설공사업법」 제13조제1항에 따른 소방시설공사의 신고, 같은 법 제14조에 따른 완공검사, 「위험물안전관리법」 제6조제1항에 따른 제조소등의 설치허가 및 같은 법 제9조에 따른 완공검사(2021.11.30 본호개정)
9. 「수도법」 제52조 및 제54조에 따른 전용수도 설치의 인가
10. 「액화석유가스의 안전관리 및 사업법」 제8조제1항에 따른 액화석유가스 저장소 설치의 허가 및 같은 법 제36조제2항에 따른 저장소 설치와 가스용품제조시설의 완성검사(2015.1.28 본호개정)
11. 「전기안전관리법」 제8조에 따른 자가용전기설비 공사계획의 인가 또는 신고 및 같은 법 제9조에 따른 자가용전기설비의 사용전검사(2020.3.31 본호개정)
12. 「정보통신공사업법」 제36조에 따른 사용전검사
13. 「공간정보의 구축 및 관리 등에 관한 법률」 제64조제2항에 따른 토지이동의 등록신청(2014.6.3 본호개정)
14. 「총포·도검·화약류 등 단속법」 제25조제1항에 따른 화약류(간이)저장소설치의 허가 및 같은 법 제43조에 따른 완성검사
15. 「토양환경보전법」 제12조에 따른 특정토양오염관리대상시설 설치의 신고
16. 「폐기물관리법」 제29조제2항에 따른 폐기물처리시설의 설치승인 또는 신고 및 같은 법 제29조제4항에 따른 폐기물처리시설의 사용개시신고
17. 「하수도법」 제24조에 따른 공공하수도 점용허가, 같은 법 제27조제3항에 따른 배수설비설치신고, 같은 법 제34조제2항에 따른 개인하수처리시설의 설치신고 및 같은 법 제37조에 따른 준공검사

② 제1항 각 호의 어느 하나에 해당하는 사항이 해당 특별시장·광역시장 또는 시장·군수·구청장 외의 다른 행정기관의 권한에 속하는 경우에는 해당 특별시장·광역시장 또는 시장·군수·구청장은 미리 그 다른 행정기관의 장과 협의를 하여야 한다.
③ 제1항에 따른 인·허가등의 의제와 관련된 처리기준에 관하여는 「행정절차법」 제20조제2항을 준용한다. 이 경우 "처분기준"은 "처리기준"으로, "공표"는 "고시"로 본다.(2024.1.9 본항개정)

제52조의2【물류단지의 재정비】 ① 물류단지지정권자는 준공(부분 준공을 포함한다)된 날부터 20년이 지나서 물류산업구조의 변화 및 물류시설의 노후화 등으로 물류단지를 재정비할 필요가 있는 경우에는 직접 또는 관계 중앙행정기관의 장이나 시장·군수·구청장의 요청에 따라 물류단지를 재정비하는 사업(이하 "물류단지재정비사업"이라 한다)을 할 수 있다. 다만, 준공된 날부터 20년이 지나지 아니한 물류단지에 대하여도 업종의 재배치 등이 필요한 경우에는 물류단지재정비사업을 할 수 있다.
② 물류단지재정비사업은 대통령령으로 정하는 바에 따라 물류단지의 전부 또는 부분 재정비사업으로 구분하여 할 수 있다.
③ 물류단지지정권자는 물류단지재정비사업을 하려는 경우에는 입주업체와 관계 지방자치단체의 장의 의견을 듣고 관계 행정기관의 장과 협의하여 물류단지재정비계획(이하 "재정비계획"이라 한다)을 수립·고시하되, 부분 재정비사업인 경우에는 재정비계획 고시를 생략할 수 있다. 재정비계획을 변경할 때(대통령령으로 정하는 경미한 사항을 변경할 때는 제외한다)에도 또한 같다.
(2017.10.24 전단개정)
④ 재정비계획에는 다음 각 호의 사항이 포함되어야 한다.
1. 물류단지의 명칭·위치 및 면적
2. 물류단지재정비사업의 목적

3. 물류단지재정비사업의 시행자
4. 물류단지재정비사업의 시행방법
5. 주요 유치시설 및 그 설치기준에 관한 사항
6. 당초 토지이용계획 및 주요 기반시설의 변경 계획
7. 재원조달방안
8. 그 밖에 대통령령으로 정하는 사항
⑤ 제4항제3호에 따른 물류단지재정비사업의 시행자로 지정받은 자는 물류단지재정비시행계획(이하 "재정비시행계획"이라 한다)을 수립하여 물류단지지정권자의 승인을 받아야 한다. 승인을 받은 사항을 변경할 때(대통령령으로 정하는 경미한 사항을 변경할 때는 제외한다)에도 또한 같다.
⑥ 물류단지지정권자는 제5항에 따라 재정비시행계획을 승인하려면 미리 입주업체 및 관계 지방자치단체의 장의 의견을 듣고 관계 행정기관의 장과 협의하여야 한다.
⑦ 관계 중앙행정기관의 장 또는 시장·군수·구청장이 물류단지지정권자에게 물류단지재정비사업의 실시를 요청할 때에는 국토교통부장관이 정하는 바에 따라 물류단지재정비사업의 기본방향 및 재원조달방안 등을 제출하여야 한다.(2013.3.23 본항개정)
⑧ 제22조제4항 전단 또는 제22조의2제2항에 따라 물류단지 지정을 요청할 수 있는 자는 물류단지지정권자에게 물류단지재정비사업의 실시를 요청할 수 있다. 이 경우 물류단지 전부에 대한 재정비사업의 실시를 요청하려면 재정비계획을 작성하여 제출하여야 한다.(2015.12.29 전단개정)
⑨ 물류단지재정비사업에 관하여는 제22조, 제22조의2, 제22조의6, 제25조부터 제27조까지, 제30조부터 제44조까지, 제46조, 제49조, 제50조, 제50조의2, 제50조의3, 제51조 및 제52조를 준용한다. 다만, 제2항에 따른 부분 재정비사업은 「물류정책기본법」 제19조제1항제2호에 따른 물류시설분과위원회 또는 같은 법 제20조에 따른 지역물류정책위원회의 심의를 거치지 아니할 수 있으며, 제25조는 물류단지지정권자가 개발행위에 대하여 제한이 필요하다고 인정하여 지정·고시한 지역에만 준용한다.
(2015.12.29 본문개정)
(2010.2.4 본조신설)

제52조의3【지정·승인·인가의 취소 등】 ① 국토교통부장관 또는 시·도지사는 시행자(제49조에서 준용하는 물류단지개발 관련 사업을 하는 자 및 제52조의2제9항에서 준용하는 물류단지재정비사업의 시행자를 포함한다)가 다음 각 호의 어느 하나에 해당하는 경우에는 이 법에 따른 지정·승인 또는 인가를 취소하거나 공사의 중지, 공작물의 개축, 이전, 그 밖에 필요한 조치를 할 수 있다. 다만, 제1호부터 제5호까지의 경우에는 그 지정·승인 또는 인가를 취소하여야 한다.(2013.3.23 본문개정)
1. 거짓이나 그 밖의 부정한 방법으로 제22조제1항 또는 제22조의2제1항(제52조의2제9항에서 준용하는 경우를 포함한다)에 따른 물류단지의 지정을 받은 경우
(2015.12.29 본호개정)
2. 거짓이나 그 밖의 부정한 방법으로 제27조제1항(제52조의2제9항에서 준용하는 경우를 포함한다)에 따른 시행자의 지정을 받은 경우
3. 거짓이나 그 밖의 부정한 방법으로 제28조제1항(제49조에서 준용하는 경우를 포함한다)에 따른 실시계획의 승인을 받은 경우
4. 거짓이나 그 밖의 부정한 방법으로 제46조제1항(제49조 및 제52조의2제9항에서 준용하는 경우를 포함한다)에 따른 준공인가를 받은 경우
5. 거짓이나 그 밖의 부정한 방법으로 제52조의2제5항에 따른 재정비시행계획의 승인을 받은 경우
6. 사정이 변경되어 물류단지개발사업을 계속 시행하는 것이 불가능하게 된 경우
② 국토교통부장관 또는 시·도지사는 제1항에 따른 처분을 한 때에는 대통령령으로 정하는 바에 따라 그 사실을 고시하여야 한다.(2013.3.23 본항개정)
(2010.2.4 본조신설)

제53조【물류단지의 관리기관】 ① 물류단지지정권자는 효율적인 관리를 위하여 대통령령으로 정하는 관리기구 또는 입주기업체가 자율적으로 구성한 협의회(이하 "입주기업체협의회"라 한다)에 물류단지를 관리하도록 하여야 한다.(2020.6.9 본항개정)
② 제1항에 따른 관리기구 및 입주기업체협의회의 구성과 운영에 필요한 사항은 대통령령으로 정한다.
(2015.12.29 본조개정)

제54조【물류단지의 관리지침】 ① 국토교통부장관은 물류단지의 관리에 관한 지침(이하 "물류단지관리지침"이라 한다)을 작성하여 관보에 고시하여야 한다.(2013.3.23 본항개정)
② 국토교통부장관은 물류단지관리지침을 작성하려는 때에는 시·도지사의 의견을 듣고 관계 중앙행정기관의 장과 협의한 후 「물류정책기본법」 제19조제1항제2호의 물류시설분과위원회의 심의를 거쳐야 한다. 물류단지관리지침 중 대통령령으로 정하는 사항을 변경하려는 때에도 또한 같다.(2013.3.23 전단개정)
③ 물류단지관리지침의 내용 및 작성 등에 필요한 사항은 대통령령으로 정한다.

제55조【물류단지관리계획】 ① 제53조에 따른 관리기관은 물류단지관리계획을 수립하여 물류단지지정권자에게 제출하여야 한다.
② 제1항에 따른 물류단지관리계획에는 다음 각 호의 사항이 포함되어야 한다.
1. 관리할 물류단지의 면적 및 범위에 관한 사항
2. 물류단지시설과 지원시설의 설치·운영에 관한 사항
3. 그 밖에 물류단지의 관리에 필요한 사항
③ 제1항에 따른 물류단지관리계획의 작성에 필요한 사항은 대통령령으로 정한다.

제56조【공동부담금】 ① (2010.2.4 삭제)
② 제53조에 따른 관리기관은 물류단지 안의 폐기물처리장, 가로등, 그 밖에 대통령령으로 정하는 공동시설의 설치·유지 및 보수를 위하여 필요하면 입주기업체 및 지원기관으로부터 공동부담금을 받을 수 있다.
③ 제2항에 따른 공동부담금에 관한 기준 및 방법 등에 필요한 사항은 대통령령으로 정한다.(2010.2.4 본항개정)
(2010.2.4 본조제목개정)

제57조【권고】 물류단지지정권자는 물류단지의 기능이 원활히 수행되도록 하기 위하여 관리기관·입주기업체 및 지원기관에 그 관리 및 운영방법, 그 밖에 대통령령으로 정하는 사항에 관하여 필요한 조치를 권고할 수 있다. 이 경우 필요하다고 인정할 때에는 그 권고를 받은 자에게 그 권고에 따라 강구한 조치에 대하여 보고를 하게 할 수 있다.

제58조【조세 등의 감면】 국가 또는 지방자치단체는 물류단지의 원활한 개발 및 입주기업체의 유치를 위하여 「지방세특례제한법」·지방세감면조례·「농업·농촌기본법」·「농지법」·「산지관리법」·「개발이익환수에 관한 법률」·「수도권정비계획법」 등으로 정하는 바에 따라 지방세·농지보전부담금·대체산림자원조성비·개발부담금 또는 과밀부담금 등을 감면할 수 있다.
(2010.3.31 본조개정)

제59조【자금지원】 국가 또는 지방자치단체는 물류단지의 원활한 개발 및 입주기업체의 유치를 위하여 자금지원에 대한 필요한 조치를 할 수 있다.

제59조의2【「산업단지 인·허가 절차 간소화를 위한 특례법」의 준용】 ① 물류단지 지정 및 개발절차에 관하여 「산업단지 인·허가 절차 간소화를 위한 특례법」을 준용한다. 다만, 같은 법 제17조 및 제18조는 준용하지 아니한다.
② 제1항에 따라 「산업단지 인·허가 절차 간소화를 위한 특례법」을 준용하는 경우 "산업단지"는 "제2조제6호에 따른 물류단지"로, "국가산업단지"는 "제22조제1항제1호 또는 제22조의2에 따라 국토교통부장관이 지정한 물류단지"로, "산업단지개발지원센터"는 "물류단지개발지원센터"로, "산업단지계획심의위원회"는 "물류단지계획심의위원회"로, "중앙산업단지계획심의위원회"는 "중앙물류단지계획심의위원회"로, "지방산업단지계획심의위원회"는 "지방물류단지계획심의위원회"로, "산업단지계획"은 "물류단지계획"으로, "민간기업등"은 "제22조 또는 제22조의2에 따라 물류단지를 지정하는 자 외의 자"로, "산업입지정책심의위원회"는 "「물류정책기본법」 제19조제1항제2호에 따른 물류시설분과위원회 또는 같은 법 제20조에 따른 지역물류정책위원회"로, "산업단지계획 통합기준"은 "물류단지계획 통합기준"으로 본다.(2020.4.7 본항개정)
③ 국토교통부장관은 물류단지 지정 및 개발을 원활히 수행하기 위하여 물류단지지정권자에게 사업추진현황 등에 관한 자료를 요청할 수 있으며, 관계 기관 협의 등을 위하여 필요한 경우 국무총리에게 조정을 요청할 수 있다.
(2013.3.23 본항개정)
(2008.6.5 본조신설)

제59조의3【물류단지 안의 조경의무 면제】 입주기업체에 대해서는 「건축법」 제42조에도 불구하고 해당 입주기업체 부지 안의 조경(造景) 의무를 면제한다.
(2015.12.29 본조신설)

제4장의2 물류 교통·환경 정비사업
(2020.6.9 본장신설)

제59조의4【물류 교통·환경 정비지구의 지정 신청】 ① 시장·군수·구청장은 물류시설의 밀집으로 도로 등 기반시설의 정비와 소음·진동·미세먼지 저감 등 생활환경의 개선이 필요한 경우로서 대통령령으로 정하는 요건에 해당하는 경우 시·도지사에게 물류 교통·환경 정비지구(이하 "정비지구"라 한다)의 지정을 신청할 수 있다. 정비지구를 변경하려는 경우에도 또한 같다.
② 제1항에 따라 정비지구의 지정 또는 변경을 신청하려는 시장·군수·구청장은 다음 각 호의 사항을 포함한 물류 교통·환경 정비계획(이하 "정비계획"이라 한다)을 수립하여 시·도지사에게 제출하여야 한다. 이 경우 정비지구가 둘 이상의 시·군·구의 관할지역에 걸쳐있는 경우에는 관할 시장·군수·구청장이 공동으로 이를 수립·제출한다.
1. 위치·면적·정비기간 등 정비계획의 개요
2. 정비지구의 현황(인구수, 물류시설의 수와 면적·교통량·물동량 등)
3. 도로의 신설·확장·개량 및 보수 등 교통정비계획
4. 소음·진동 방지, 대기오염 저감 등 환경정비계획
5. 물류 교통·환경 정비사업의 비용분담계획
6. 그 밖에 대통령령으로 정하는 사항
③ 시장·군수·구청장은 제1항에 따른 정비지구의 지정 또는 변경을 신청하려는 경우에는 주민설명회를 열고, 그 내용을 14일 이상 주민에게 공람하여 의견을 들어야 하며, 지방의회의 의견을 들은 후(이 경우 지방의회는 시장·군수·구청장이 정비지구의 지정 또는 변경 신청서를 통지한 날부터 60일 이내에 의견을 제시하여야 하며, 의견제시 없이 60일이 지난 때에는 이의가 없는 것으로 본다) 그 의견을 첨부하여 신청하여야 한다. 다만, 대통령령으로 정하는 경미한 사항의 변경을 신청하려는 경우에는 주민설명회, 주민 공람, 주민의 의견청취 및 지방의회의 의견청취 절차를 거치지 아니할 수 있다.
④ 제3항에 따른 주민설명회, 주민 공람 및 주민의 의견청취 방법 등에 관하여 필요한 사항은 대통령령으로 정한다.

제59조의5【물류 교통·환경 정비지구의 지정】 ① 시·도지사는 제59조의4에 따라 정비지구의 지정을 신청받은 경우에는 관계 행정기관의 장과 협의하고 대통령령으로 정하는 바에 따라 제59조의2에 따른 물류단지계획심의위원회와 「국토의 계획 및 이용에 관한 법률」 제113조에 따른 지방도시계획위원회가 공동으로 하는 심의를 거쳐 정비지구를 지정한다. 정비지구의 지정을 변경하려는 경우에도 또한 같다.
② 제1항에 따라 협의를 요청받은 관계 행정기관의 장은 특별한 사유가 없으면 그 요청을 받은 날부터 30일 이내에 의견을 제시하여야 한다.
③ 시·도지사는 제1항에 따라 정비지구를 지정하거나 변경할 때에는 대통령령으로 정하는 바에 따라 그 내용을 지체 없이 해당 지방자치단체의 공보에 고시하여야 한다.
④ 제1항에 따라 시·도지사가 정비지구를 지정하거나 변경하였을 때에는 국토교통부령으로 정하는 바에 따라 국토교통부장관에게 보고하여야 한다.

제59조의6【물류 교통·환경 정비지구 지정의 해제】 ① 시·도지사는 물류 교통·환경 정비사업의 추진 상황으로 보아 정비지구의 지정 목적을 달성하였거나 달성할 수 없다고 인정하는 경우에는 대통령령으로 정하는 바에 따라 제59조의2에 따른 물류단지계획심의위원회와 「국토의 계획 및 이용에 관한 법률」 제113조에 따른 지방도시계획위원회가 공동으로 하는 심의를 거쳐 정비지구의 지정을 해제할 수 있다.
② 제1항에 따라 정비지구의 지정을 해제하려는 시·도지사는 제59조의2에 따른 물류단지계획심의위원회와 「국토의 계획 및 이용에 관한 법률」 제113조에 따른 지방도시계획위원회가 공동으로 하는 심의 전에 주민설명회를 열고, 그 내용을 14일 이상 주민에게 공람하여 의견을 들어야 하며, 지방의회의 의견을 들어야 한다. 이 경우 지방의회는 의견을 요청받은 날부터 60일 이내에 의견을 제시하여야 하며, 의견제시 없이 60일이 지난 때에는 이의가 없는 것으로 본다.
③ 시·도지사는 제1항에 따라 정비지구의 지정을 해제할 때에는 대통령령으로 정하는 바에 따라 그 내용을 지체 없이 해당 지방자치단체의 공보에 고시하여야 한다.
④ 제1항에 따라 시·도지사가 정비지구의 지정을 해제하였을 때에는 국토교통부령으로 정하는 바에 따라 국토교통부장관에게 보고하여야 한다.
⑤ 제2항에 따른 주민설명회, 주민 공람 및 주민의 의견청취 방법 등에 관하여 필요한 사항은 대통령령으로 정한다.

제59조의7【물류 교통·환경 정비사업의 지원】 국가 또는 시·도지사는 제59조의5에 따라 지정된 정비지구에서 시장·군수·구청장에게 다음 각 호의 사업에 대한 행정적·재정적 지원을 할 수 있다.
1. 도로 등 기반시설의 신설·확장·개량 및 보수
2. 「화물자동차 운수사업법」에 따른 공영차고지 및 화물자동차 휴게소의 설치
3. 「소음·진동관리법」에 따른 방음·방진시설의 설치
4. 그 밖에 정비지구의 교통·환경 정비를 위하여 대통령령으로 정하는 사업

제5장 보 칙

제60조 (2011.8.4 삭제)

제61조【보고 등】 ① 국토교통부장관은 복합물류터미널사업자에게 복합물류터미널의 건설에 관하여 필요한 보고를 하게 하거나 자료의 제출을 명할 수 있으며 소속 공무원에게 복합물류터미널의 건설에 관한 업무를 검사하게 할 수 있다.(2013.3.23 본항개정)
② 국토교통부장관 또는 해양수산부장관은 물류창고업자에게 물류창고의 운영에 관하여 보고를 하게 하거나 자료의 제출을 명할 수 있으며 소속 공무원에게 물류창고의 운영에 관한 업무를 검사하게 할 수 있다. 다만, 제21조의2제4항 각 호의 어느 하나에 해당하는 물류창고업을 경영하는 자는 제외한다.(2013.3.23 본문개정)
③ 국토교통부장관 또는 시·도지사는 시행자에게 물류단지의 개발에 관하여 필요한 보고를 하게 하거나 자료의 제출을 명할 수 있으며 소속 공무원에게 물류단지의 개발에 관한 업무를 검사하게 할 수 있다.(2013.3.23 본항개정)
④ 국토교통부장관 또는 시·도지사는 제53조에 따른 관리기관·입주기업체 및 지원기관에 물류단지의 관리에

관하여 필요한 보고를 하게 하거나 자료의 제출을 명할 수 있으며, 소속 공무원에게 물류단지의 관리에 관한 업무를 검사하게 할 수 있다.(2017.10.24 본항개정)

⑤ 제1항부터 제4항까지의 규정에 따라 검사를 하는 공무원은 그 권한을 나타내는 증표를 지니고 이를 관계인에게 내보여야 한다.(2011.8.4 본항개정)

⑥ 제5항에 따른 증표에 필요한 사항은 국토교통부령으로 정한다.(2013.3.23 본항개정)

(2011.8.4 본조제목개정)

제62조【청문】 국토교통부장관·해양수산부장관 또는 시·도지사는 다음 각 호의 어느 하나에 해당하는 경우에는 청문을 실시하여야 한다.(2013.3.23 본문개정)

1. 제17조제1항(제21조의10에서 준용하는 경우를 포함한다)에 따른 복합물류터미널사업 등록의 취소 또는 물류창고업 등록의 취소(2022.1.18 본호개정)

1의2. 제21조의5제1항에 따른 인증의 취소 또는 제21조의6에 따른 지정의 취소(2020.4.7 본호신설)

2. 제52조의3제1항에 따른 지정·승인 또는 인가의 취소(2010.2.4 본호개정)

제63조【수수료】 다음 각 호의 어느 하나에 해당하는 신청을 하려는 자는 국토교통부령으로 정하는 바에 따라 수수료를 내야 한다.(2013.3.23 본문개정)

1. 제7조제1항 및 제3항에 따른 복합물류터미널사업의 등록신청 및 변경등록의 신청
2. 제9조에 따른 물류터미널의 구조 및 설비 등에 관한 공사시행인가와 변경인가의 신청
3. 제21조의2제1항 및 제2항에 따른 물류창고업의 등록 및 변경등록(2011.8.4 본호신설)
4. 제21조의4에 따른 스마트물류센터 인증의 신청(2020.4.7 본호신설)

제64조【권한의 위임】 ① 이 법에 따른 국토교통부장관 또는 해양수산부장관의 권한 중 다음 각 호의 권한을 대통령령으로 정하는 바에 따라 시·도지사에게 위임할 수 있다. 다만, 「항만법」 제3조제1항제1호 및 제2항제1호에 따른 무역항 중 국가관리무역항 구역에서 물류창고업을 경영하는 경우는 제외한다.(2013.3.23 본문개정)

1. 제21조의2제1항 및 제2항에 따른 물류창고업의 등록 및 변경등록(2022.1.18 본호개정)

1의2. (2022.1.18 삭제)

2. 제21조의9에 따른 물류창고업자에 대한 과징금의 부과 및 징수(2022.1.18 본호개정)
3. 제21조의10에서 준용하는 제14조제2항 및 제3항에 따른 물류창고업자에 대한 사업승계의 신고수리 및 신고수리 여부 통지(2022.1.18 본호개정)
4. 제21조의10에서 준용하는 제15조제1항 및 제2항에 따른 물류창고업의 휴업·폐업 신고의 접수 및 법인해산 신고의 접수(2022.1.18 본호개정)
5. 제21조의10에서 준용하는 제17조제1항에 따른 물류창고업자에 대한 등록취소 및 사업정지(2022.1.18 본호개정)
6. 제28조제1항(제49조에서 준용하는 경우를 포함한다)에 따른 실시계획의 승인·변경승인 및 같은 조 제3항(제49조에서 준용하는 경우를 포함한다)에 따른 소관 행정기관의 장과의 협의(2022.1.18 본호개정)
7. 제29조제1항(제49조에서 준용하는 경우를 포함한다)에 따른 실시계획승인·변경승인의 고시 및 관할 시장·군수·구청장에 대한 관계 서류 사본의 송부(2022.1.18 본호개정)
8. 제37조에서 준용하는 제13조제2항에 따른 물류단지개발사업을 위한 국·공유재산의 용도폐지 및 매각에 관한 관계 행정기관의 장과의 협의(2022.1.18 본호개정)
9. 제46조제1항(제49조 및 제52조의2제9항에서 준용하는 경우를 포함한다)에 따른 물류단지개발사업의 준공인가, 같은 조 제3항(제49조 및 제52조의2제9항에서 준용하는 경우를 포함한다)에 따른 공고와 시행자 및 관리청에의 통지 및 같은 조 제5항 단서(제49조 및 제52조의2제9항에서 준용하는 경우를 포함한다)에 따른 사용허가(2022.1.18 본호개정)
10. 제50조의3(제52조의2제9항에서 준용하는 경우를 포함한다)에 따른 이행강제금의 부과·징수(2022.1.18 본호개정)

10의2. (2022.1.18 삭제)

11. 제55조제1항에 따른 물류단지관리계획의 접수
12. 제57조에 따른 관리기관 등에 대한 권고
13. 제61조제2항에 따른 물류창고업자에 대한 보고·자료 제출의 명령 및 업무의 검사(2022.1.18 본호개정)
14. 제62조제1호에 따른 물류창고업의 등록 취소에 관한 청문(2022.1.18 본호개정)
15. 제67조에 따른 물류창고업자에 대한 과태료의 부과 및 징수(2022.1.18 본호개정)
16. 그 밖에 대통령령으로 정하는 업무

② 이 법에 따른 국토교통부장관의 권한 중 다음 각 호의 권한을 대통령령으로 정하는 바에 따라 소속기관의 장에게 위임할 수 있다.

1. 제7조제1항 및 제3항에 따른 복합물류터미널사업의 등록 및 변경등록
2. 제9조제1항에 따른 공사시행인가·변경인가, 같은 조 제2항에 따른 소관 행정기관의 장과의 협의 및 같은 조 제5항에 따른 공사시행인가의 고시
3. 제13조제2항에 따른 복합물류터미널 건설을 위한 국·공유재산의 용도폐지 및 매각에 관한 관계 행정기관의 장과의 협의
4. 제14조제2항 및 제3항에 따른 복합물류터미널사업자에 대한 사업승계의 신고수리 및 신고수리 여부 통지
5. 제15조제1항 및 제2항에 따른 복합물류터미널사업의 휴업·폐업 신고의 접수 및 법인해산 신고의 접수
6. 제17조제1항에 따른 복합물류터미널사업자에 대한 등록취소 및 사업정지
7. 제18조에 따른 복합물류터미널사업자에 대한 과징금의 부과 및 징수
8. 제20조제3항에 따른 부지의 확보 및 도시·군계획시설의 설치 등에 관한 협조 요청
9. 제20조의2에 따른 공사시행 변경인가
10. 제61조제1항에 따른 복합물류터미널사업자에 대한 보고 명령, 자료 제출의 명령 및 업무의 검사
11. 제62조제1호에 따른 복합물류터미널사업의 등록 취소에 관한 청문
12. 제67조에 따른 복합물류터미널사업자에 대한 과태료의 부과 및 징수
13. 그 밖에 대통령령으로 정하는 업무

(2022.1.18 본항신설)

③ 이 법에 따른 해양수산부장관의 권한 중 다음 각 호의 권한을 대통령령으로 정하는 바에 따라 지방해양수산청장에게 위임할 수 있다. 다만, 「항만법」 제3조제1항제1호 및 제2항제1호에 따른 무역항 중 국가관리무역항 구역 안의 물류창고를 경영하는 경우만 해당한다.(2023.8.16 본문개정)

1. 제21조의2제1항 및 제2항에 따른 물류창고업의 등록 및 변경등록
2. 제21조의9에 따른 물류창고업자에 대한 과징금의 부과 및 징수(2022.1.18 본호개정)
3. 제21조의10에서 준용하는 제14조제2항 및 제3항에 따른 물류창고업자에 대한 사업승계의 신고수리 및 신고수리 여부 통지(2023.8.16 본호개정)
4. 제21조의10에서 준용하는 제15조제1항에 따른 사업의 휴업·폐업의 신고수리 및 제21조의10에서 준용하는 제15조제2항에 따른 법인해산의 신고수리(2022.1.18 본호개정)
5. 제21조의10에서 준용하는 제17조제1항에 따른 물류창고업자에 대한 등록취소 및 사업정지(2022.1.18 본호개정)
6. 제61조제2항에 따른 물류창고업자에 대한 보고·자료 제출의 명령 및 업무의 검사
7. 제62조제1호에 따른 물류창고업의 등록 취소에 관한 청문(2015.6.22 본호개정)
8. 제67조에 따른 물류창고업자에 대한 과태료의 부과 및 징수
9. 그 밖에 대통령령으로 정하는 업무

(2011.8.4 본항신설)

④ 시·도지사는 제1항에 따라 국토교통부장관 또는 해양수산부장관으로부터 위임받은 권한의 일부를 국토교통부장관 또는 해양수산부장관의 승인을 받아 시장·군수·구청장(특별자치도지사는 제외한다)에게 재위임할 수 있다.(2020.6.9 본항개정)

⑤ 시·도지사는 이 법에 따른 권한의 일부를 시·도의 조례로 정하는 바에 따라 시장·군수·구청장(특별자치도지사는 제외한다)에게 위임할 수 있다.(2020.6.9 본항개정)

⑥ 제1항제2호에 따른 과징금의 부과·징수권한이 시·도지사에게 위임된 경우에 제21조의9제1항에 따른 과징금을 기한까지 내지 아니하는 자에 대하여는 시·도지사가 해당 지방자치단체의 조례로 정하는 바에 따라 「지방행정제재·부과금의 징수 등에 관한 법률」에 따라 징수한다.(2023.8.16 본항개정)

제6장 벌 칙

제65조【벌칙】 ① 다음 각 호의 어느 하나에 해당하는 자는 1년 이하의 징역 또는 1천만원 이하의 벌금에 처한다. 다만, 제7호에 해당하는 자로서 그 처분행위로 얻은 이익이 3천만원 이상인 경우에는 1년 이하의 징역 또는 그 이익에 상당하는 금액 이하의 벌금에 처한다.(2017.10.24 본문개정)

1. 제7조제1항을 위반하여 등록을 하지 아니하고 복합물류터미널사업을 경영한 자
2. (2014.1.28 삭제)
3. 제9조제1항을 위반하여 공사시행인가 또는 변경인가를 받지 아니하고 공사를 시행한 자
4. 제16조(제21조의10에서 준용하는 경우를 포함한다)를 위반하여 성명 또는 상호를 다른 사람에게 사용하게 하거나 등록증을 대여한 자(2022.1.18 본호개정)

4의2. 제21조의2제1항을 위반하여 등록을 하지 아니하고 물류창고업을 경영한 자. 다만, 제21조의2제4항 각 호의 어느 하나에 해당하는 물류창고업을 경영한 자는 제외한다.(2011.8.4 본호신설)

4의3. (2022.1.18 삭제)

5. 제25조제1항(제49조 및 제52조의2제9항에서 준용하는 경우를 포함한다)을 위반하여 건축물의 건축 등을 한 자(2010.2.4 본호개정)
6. 거짓이나 그 밖의 부정한 방법으로 제27조제1항(제52조의2제9항에서 준용하는 경우를 포함한다) 또는 제28조제1항(제49조에서 준용하는 경우를 포함한다)에 따른 지정 또는 승인을 받은 자(2010.2.4 본호개정)
7. 제51조제1항(제52조의2제9항에서 준용하는 경우를 포함한다)을 위반하여 토지 또는 시설을 처분한 자(2010.2.4 본호개정)

② 제21조의4제5항을 위반하여 거짓의 인증마크를 제작·사용하거나 스마트물류센터임을 사칭한 자는 3천만원 이하의 벌금에 처한다.(2020.4.7 본항신설)

제66조【양벌 규정】 법인의 대표자나 법인 또는 개인의 대리인, 사용인, 그 밖의 종업원이 그 법인 또는 개인의 업무에 관하여 제65조의 위반행위를 하면 그 행위자를 벌하는 외에 그 법인 또는 개인에게도 해당 조문의 벌금형을 과(科)한다. 다만, 법인 또는 개인이 그 위반행위를 방지하기 위하여 해당 업무에 관하여 상당한 주의와 감독을 게을리하지 아니한 경우에는 그러하지 아니하다.(2010.2.4 본조개정)

제67조【과태료】 ① 제61조제1항부터 제4항까지의 규정(제49조에서 준용하는 경우를 포함한다)에 따른 보고 또는 자료제출을 하지 아니하거나 거짓 보고 또는 거짓 자료를 제출한 자 또는 검사를 방해·거부한 자에게는 300만원 이하의 과태료를 부과한다.(2011.8.4 본항개정)

② 다음 각 호의 어느 하나에 해당하는 자에게는 200만원 이하의 과태료를 부과한다.

1. 제14조제2항(제21조의10에서 준용하는 경우를 포함한다)에 따른 승계의 신고를 하지 아니한 자(2022.1.18 본호개정)
2. 제21조의5제2항을 위반하여 인증마크를 계속 사용한 자(2020.4.7 본호신설)
3. (2011.8.4 삭제)

4.~5. (2015.6.22 삭제)

③ 제1항 및 제2항에 따른 과태료는 대통령령으로 정하는 바에 따라 국토교통부장관·해양수산부장관 또는 시·도지사가 부과·징수한다.(2013.3.23 본항개정)

제68조 (2010.2.4 삭제)

부 칙

제1조【시행일】 이 법은 공포 후 6개월이 경과한 날부터 시행한다.

제2조【물류단지개발사업의 비용에 관한 적용례】 제38조의 개정규정은 이 법 시행 후 최초로 물류단지개발실시계획의 승인을 받는 것부터 적용한다.

제3조【물류단지개발 관련 사업에 관한 적용례】 제49조의 개정규정은 이 법 시행 후 최초로 물류단지개발실시계획의 승인을 받는 물류단지와 관련된 사업부터 적용한다.

제4조【종전의 인·허가 등에 관한 경과조치】 이 법 시행 당시 종전의 「유통단지개발 촉진법」 또는 「화물유통촉진법」(화물터미널사업 및 창고업에 한한다. 이하 같다)에 따른 행정기관의 행위나 행정기관에 대한 행위는 그에 해당하는 이 법에 따른 행정기관의 행위나 행정기관에 대한 행위로 본다.

제5조【물류시설개발종합계획에 관한 경과조치】 이 법 시행 후 최초의 물류시설개발종합계획은 제4조에도 불구하고 2008년 6월 31일까지 수립하여야 한다.

제6조~제12조 (생략)

부 칙 (2010.2.4)

제1조【시행일】 이 법은 공포 후 6개월이 경과한 날부터 시행한다.

제2조【항만시설을 포함한 물류시설개발종합계획에 관한 적용례】 제4조의 개정규정은 이 법 시행 후 최초로 수립 또는 변경하는 물류시설개발종합계획부터 적용한다.

제3조【물류단지시설 등의 건설공사 착수기간 등에 관한 경과조치】 이 법 시행 당시 분양계약을 체결한 입주기업 및 지원기관이 물류단지시설 또는 지원시설의 건설공사에 착수하거나 제50조의2제2항의 개정규정에 따라 준용되는 제51조에 따라 토지·시설 등을 양도하여야 하는 기간을 계산할 때에는 제50조의2의 개정규정에도 불구하고 이 법 시행일부터 계산한다.

제4조【벌칙에 관한 경과조치】 이 법 시행 전의 행위에 대하여 벌칙을 적용할 때에는 종전의 규정에 따른다.

부 칙 (2011.8.4 법11018호)

제1조【시행일】 이 법은 공포 후 6개월이 경과한 날부터 시행한다. 다만, 부칙 제2조는 공포한 날부터 시행한다.

제2조【시설부담금 납부 의무의 한시적 면제에 관한 특례】 제44조제2항에도 불구하고 2012년 12월 31일까지는 시설부담금(제27조제2항제5호에 해당하는 시행자가 부과하는 시설부담금은 제외한다)의 납부를 면제한다.

제3조【물류창고업에 관한 경과조치】 이 법 시행 당시 물류창고업을 경영하는 자로서 제21조의2의 개정규정에도 불구하고 계속하여 물류창고업을 경영하려는 자는 이 법 시행일부터 6개월 이내에 국토해양부령으로 정하는 바에 따라 국토해양부장관에게 등록하여야 한다.

제4조【벌칙 및 과태료에 관한 경과조치】 이 법 시행 전의 행위에 대한 벌칙 및 과태료의 적용은 종전의 규정에 따른다.

부　칙 (2014.1.28 법12375호)

제1조【시행일】 이 법은 공포한 날부터 시행한다.
제2조【복합물류터미널사업의 등록에 관한 적용례】 제7조제5항의 개정규정은 이 법 시행 후 복합물류터미널사업의 등록을 신청하는 자부터 적용한다.
제3조【금치산자 등에 관한 경과조치】 제8조제3호가목의 개정규정(제14조제3항에 따라 준용되는 경우를 포함한다)에 따른 피성년후견인에는 법률 제10429호 민법 일부개정법률 부칙 제2조에 따라 금치산 또는 한정치산선고의 효력이 유지되는 사람을 포함하는 것으로 본다.
제4조【벌칙에 관한 경과조치】 이 법 시행 전의 행위에 대한 벌칙의 적용에 있어서는 종전의 규정에 따른다.

부　칙 (2017.3.21)

제1조【시행일】 이 법은 공포 후 1개월이 경과한 날부터 시행한다. 다만, 제21조의3의 개정규정은 공포 후 1년이 경과한 날부터 시행한다.
제2조【소관 행정기관의 장과의 협의에 관한 적용례】 제9조제3항의 개정규정은 이 법 시행 후 협의를 요청하는 경우부터 적용한다.

부　칙 (2017.10.24)

제1조【시행일】 이 법은 공포 후 6개월이 경과한 날부터 시행한다.
제2조【물류단지재정비사업에 대한 적용례】 제52조의2제3항의 개정규정은 이 법 시행 후 최초로 신청하는 물류단지재정비사업부터 적용한다.

부　칙 (2018.12.18)

제1조【시행일】 이 법은 공포 후 1개월이 경과한 날부터 시행한다. 다만, 제64조제1항제5호의 개정규정은 공포한 날부터 시행한다.
제2조【복합물류터미널사업의 승계 신고에 관한 적용례】 제14조제3항 및 제4항의 개정규정(제21조의7에서 준용하는 경우를 포함한다)은 이 법 시행 이후 복합물류터미널사업 또는 물류창고업의 승계 신고를 하는 경우부터 적용한다.
제3조【준공인가 전 사용허가에 관한 적용례】 제46조제6항의 개정규정(제49조 및 제52조의2제9항에서 준용하는 경우를 포함한다)은 이 법 시행 이후 사용허가를 신청하는 경우부터 적용한다.

부　칙 (2019.8.27)

제1조【시행일】 이 법은 공포 후 1년이 경과한 날부터 시행한다.(이하 생략)

부　칙 (2020.1.29)

제1조【시행일】 이 법은 공포 후 6개월이 경과한 날부터 시행한다.(이하 생략)

부　칙 (2020.2.18)

제1조【시행일】 이 법은 2021년 1월 1일부터 시행한다.(이하 생략)
제2조【행정처분 등에 관한 일반적 경과조치】 이 법 시행 당시 종전의 규정에 따라 행정기관이 행한 처분 또는 그 밖의 행위는 이 법의 규정에 따라 행정기관이 행한 처분 또는 그 밖의 행위로 보고, 종전의 규정에 따라 행정기관에 대하여 행한 신청·신고, 그 밖의 행위는 이 법의 규정에 따라 행정기관에 대하여 행한 신청·신고, 그 밖의 행위로 본다.
제3조【사무이양을 위한 사전조치】 ① 관계 중앙행정기관의 장은 이 법에 따른 중앙행정권한 및 사무의 지방일괄 이양에 필요한 인력 및 재정 소요 사항을 지원하기 위하여 필요한 조치를 마련하여 이 법에 따른 시행일 3개월 전까지 국회 소관 상임위원회에 보고하여야 한다.
②「지방자치분권 및 지방행정체제개편에 관한 특별법」 제44조에 따른 자치분권위원회는 제1항에 따른 인력 및 재정 소요 사항을 사전에 전문적으로 조사·평가할 수 있다.
제4조【다른 법률의 개정】(생략)

부　칙 (2020.3.31)

제1조【시행일】 이 법은 공포 후 1년이 경과한 날부터 시행한다.(이하 생략)

부　칙 (2020.4.7 법17219호)

제1조【시행일】 이 법은 공포 후 3개월이 경과한 날부터 시행한다.(이하 생략)

부　칙 (2020.4.7 법17232호)

제1조【시행일】 이 법은 공포 후 6개월이 경과한 날부터 시행한다. 다만, 부칙 제4조는 2021년 1월 1일부터 시행한다.
제2조【물류단지 실수요 검증에 관한 적용례】 제22조의7의 개정규정은 이 법 시행 이후 최초로 물류단지를 지정하는 경우부터 적용한다.
제3조【물류단지 실수요 검증권한의 이양에 관한 경과조치】 ① 이 법 시행 당시 종전의 규정에 따라 실수요 검증이 진행 중인 경우에 대해서는 제22조의7의 개정규정에도 불구하고 종전의 규정을 적용하되, 이에 따라 실수요 검증을 받은 경우에는 이 법의 개정규정에 따라 실수요 검증을 받은 것으로 본다.
② 이 법 시행 당시 종전의 규정에 따라 국토교통부장관이 실시하는 실수요 검증을 받은 경우에는 이 법의 개정규정에 따라 실수요 검증을 받은 것으로 본다.
제4조【다른 법률의 개정】 ※(해당 법령에 가제정리 하였음)

부　칙 (2020.6.9 법17451호)

이 법은 공포 후 6개월이 경과한 날부터 시행한다.

부　칙 (2020.6.9 법17453호)

이 법은 공포한 날부터 시행한다.(이하 생략)

부　칙 (2020.10.20)

이 법은 공포 후 6개월이 경과한 날부터 시행한다.

부　칙 (2021.7.20)
(2021.11.30)

제1조【시행일】 이 법은 공포 후 1년이 경과한 날부터 시행한다.(이하 생략)

부　칙 (2021.12.7)

이 법은 공포 후 3개월이 경과한 날부터 시행한다.

부　칙 (2022.1.18)

제1조【시행일】 이 법은 공포 후 6개월이 경과한 날부터 시행한다.
제2조【과징금 부과처분에 관한 경과조치】 이 법 시행 전의 위반행위에 대한 과징금 부과처분에 관하여는 종전의 규정에 따른다.

부　칙 (2022.6.10)

이 법은 공포 후 6개월이 경과한 날부터 시행한다.

부　칙 (2022.12.27)

제1조【시행일】 이 법은 공포 후 6개월이 경과한 날부터 시행한다.(이하 생략)

부　칙 (2023.8.16)

이 법은 공포 후 6개월이 경과한 날부터 시행한다. 다만, 제21조의2제4항제3호, 제21조의8제3항 및 제64조의 개정규정은 공포한 날부터 시행한다.

부　칙 (2024.1.9 법19986호)

제1조【시행일】 이 법은 공포 후 6개월이 경과한 날부터 시행한다.(이하 생략)

부　칙 (2024.1.9 법19987호)

제1조【시행일】 이 법은 공포한 날부터 시행한다.
제2조【이의신청에 관한 일반적 적용례】 이의신청에 관한 개정규정은 이 법 시행 이후 하는 처분부터 적용한다.
제3조～제4조 (생략)
제5조【「물류시설의 개발 및 운영에 관한 법률」의 개정에 관한 적용례】 인·허가등의 의제를 위한 협의기간 및 협의 간주에 관한 사항은 이 법 시행 이후 인·허가등의 의제에 관한 협의를 요청하는 경우부터 적용한다.(이하 생략)

개발이익 환수에 관한 법률

(약칭 : 개발이익환수법)

(2008년 3월 28일
전부개정법률 제9045호)

개정
2009. 3.25법 9538호
2009. 4.22법 9629호(국가균형발전특별법)
2010. 1.25법 9968호(행정심판)
2011. 5.19법10662호
2013. 3.23법11690호(정부조직)
2014. 1. 7법12215호(국가균형발전특별법)
2014. 1.14법12245호
2015. 8.11법13467호
2015.12.29법13669호
2016. 1.19법13783호
2016. 1.19법13796호(부동산가격공시에관한법)
2016. 1.19법13797호(부동산거래신고등에관한법)
2016. 1.19법13805호(주택법)
2017.12.26법15305호
2020. 2.18법17007호(권한지방이양)
2020. 3.24법17091호(지방행정제재·부과금의징수등에관한법)
2020. 4. 7법17219호(감정평가감정평가사)
2020. 6. 9법17453호(법률용어정비)
2021.12.28법18661호(중소기업창업)
2023. 6. 9법19430호(지방자치분권및지역균형발전에관한특별법)

제1장　총　칙

제1조【목적】 이 법은 토지에서 발생하는 개발이익을 환수하여 이를 적정하게 배분하여서 토지에 대한 투기를 방지하고 토지의 효율적인 이용을 촉진하여 국민경제의 건전한 발전에 이바지하는 것을 목적으로 한다.
제2조【정의】 이 법에서 사용하는 용어의 뜻은 다음과 같다.
1. "개발이익"이란 개발사업의 시행이나 토지이용계획의 변경, 그 밖에 사회적·경제적 요인에 따라 정상지가(正常地價)상승분을 초과하여 개발사업을 시행하는 자(이하 "사업시행자"라 한다)나 토지 소유자에게 귀속되는 토지 가액의 증가분을 말한다.
2. "개발사업"이란 국가나 지방자치단체로부터 인가·허가·면허 등(신고를 포함하며, 이하 "인가등"이라 한다)을 받아 시행하는 택지개발사업이나 산업단지개발사업 등 제5조에 따른 사업을 말한다.
3. "정상지가상승분"이란 금융기관의 정기예금 이자율 또는 「부동산 거래신고 등에 관한 법률」 제19조에 따라 국토교통부장관이 조사한 평균지가변동률(그 개발사업 대상 토지가 속하는 해당 시·군·자치구의 평균지가변동률을 말한다) 등을 고려하여 대통령령으로 정하는 기준에 따라 산정한 금액을 말한다.(2016.1.19 본호개정)
4. "개발부담금"이란 개발이익 중 이 법에 따라 특별자치시장·특별자치도지사·시장·군수 또는 구청장(구청장은 자치구의 구청장을 말하며, 이하 "시장·군수·구청장"이라 한다)이 부과·징수하는 금액을 말한다.(2020.2.18 본호개정)
제3조【개발이익의 환수】 시장·군수·구청장은 제5조에 따른 개발부담금 부과 대상 사업이 시행되는 지역에서 발생하는 개발이익을 이 법으로 정하는 바에 따라 개발부담금으로 징수하여야 한다.(2020.2.18 본조개정)
제4조【징수금의 배분】 ① 제3조에 따라 징수된 개발부담금의 100분의 50에 해당하는 금액은 개발이익이 발생한 토지가 속하는 지방자치단체에 귀속되고, 이를 제외한 나머지 개발부담금은 「지방자치분권 및 지역균형발전에 관한 특별법」에 따른 지역균형발전특별회계(이하 "특별회계"라 한다)에 귀속된다.(2023.6.9 본항개정)
② 제1항에도 불구하고 제7조제4항에 따라 개발부담금을 경감한 경우에는 제3조에 따라 징수된 개발부담금 중 경감하기 전의 개발부담금의 100분의 50에 해당하는 금액에서 경감한 금액을 뺀 금액은 개발이익이 발생한 토지가 속하는 지방자치단체에 귀속되고, 이를 제외한 나머지 개발부담금은 특별회계에 귀속된다.(2009.3.25 본항신설)
③ 제1항 및 제2항에 따른 귀속·양여(讓與) 또는 전입(轉入) 절차 등에 필요한 사항은 대통령령으로 정한다.(2009.3.25 본항개정)
④ 국토교통부장관은 개발부담금 징수액 중 특별회계에 귀속되는 금액을 징수하는 데 드는 실제 비용의 범위에서 대통령령으로 정하는 바에 따라 해당 지방자치단체에 징수 수수료를 지급할 수 있다.(2020.2.18 본항신설)

제2장　개발부담금

제1절　통　칙

제5조【대상 사업】 ① 개발부담금의 부과 대상인 개발사업은 다음 각 호의 어느 하나에 해당하는 사업으로 한다.
1. 택지개발사업(주택단지조성사업을 포함한다. 이하 같다)
2. 산업단지개발사업
3. 관광단지조성사업(온천 개발사업을 포함한다. 이하 같다)
4. 도시개발사업, 지역개발사업 및 도시환경정비사업
5. 교통시설 및 물류시설 용지조성사업
6. 체육시설 부지조성사업(골프장 건설사업 및 경륜장·경정장 설치사업을 포함한다)

7. 지목 변경이 수반되는 사업으로서 대통령령으로 정하는 사업
8. 그 밖에 제1호부터 제6호까지의 사업과 유사한 사업으로서 대통령령으로 정하는 사업
(2014.1.14 본항개정)
② 동일인이 연접(連接)한 토지를 대통령령으로 정하는 기간 이내에 사실상 분할하여 개발사업을 시행한 경우에는 전체의 토지에 하나의 개발사업이 시행되는 것으로 본다.
③ 제1항 및 제2항에 따른 개발사업의 범위·규모 및 동일인의 범위 등에 관하여 필요한 사항은 대통령령으로 정한다.
제6조【납부 의무자】 ① 제5조제1항 각 호의 사업시행자는 이 법으로 정하는 바에 따라 개발부담금을 납부할 의무가 있다. 다만, 다음 각 호의 어느 하나에 해당하면 그에 해당하는 자가 개발부담금을 납부하여야 한다.
1. 개발사업을 위탁하거나 도급한 경우에는 그 위탁이나 도급을 한 자
2. 타인이 소유하는 토지를 임차하여 개발사업을 시행한 경우에는 그 토지의 소유자
3. 개발사업을 완료하기 전에 사업시행자의 지위나 제1호 또는 제2호에 해당하는 자의 지위를 승계하는 경우에는 그 지위를 승계한 자
② 개발부담금을 납부하여야 할 자가 대통령령으로 정하는 조합인 경우로서 다음 각 호의 어느 하나에 해당하면 그 조합원(조합이 해산한 경우에는 해산 당시의 조합원을 말한다)이 분담 비율 등 대통령령으로 정하는 바에 따라 개발부담금을 납부하여야 한다.
1. 조합이 해산한 경우
2. 조합의 재산으로 그 조합에 부과되거나 그 조합이 납부할 개발부담금·가산금 등에 충당하여도 부족한 경우
③ 개발부담금 납부 의무의 승계 및 제2차 납부 의무에 관하여는 「지방세기본법」 제41조부터 제43조까지 및 제45조부터 제48조까지의 규정을 준용하고, 개발부담금 연대 납부 의무에 관하여는 「지방세기본법」 제44조를 준용한다.(2020.2.18 본항개정)
제7조【부과 제외 및 감면】 ① 국가가 시행하는 개발사업과 지방자치단체가 공공의 목적을 위하여 시행하는 사업으로서 대통령령으로 정하는 개발사업에는 개발부담금을 부과하지 아니한다.
② 다음 각 호의 어느 하나에 해당하는 개발사업에 대하여는 개발부담금의 100분의 50을 경감한다. 이 경우 각 호의 규정을 중복하여 적용하지 아니한다.
1. 지방자치단체가 시행하는 개발사업으로서 제1항에 해당하지 아니하는 사업
2. 「공공기관의 운영에 관한 법률」에 따른 공공기관, 「지방공기업법」에 따른 지방공기업 및 특별법에 따른 공기업 등 대통령령으로 정하는 공공기관이 시행하는 사업으로서 대통령령으로 정하는 사업
3. 「중소기업기본법」 제2조제1항에 따른 중소기업(이하 "중소기업"이라 한다)이 시행하는 공장용지조성사업, 대통령령으로 정하는 관광단지조성사업과 교통시설 및 물류시설 용지조성사업. 다만, 「수도권정비계획법」 제2조제1호에 따른 수도권(이하 "수도권"이라 한다)에서 시행하는 사업은 제외한다.(2014.1.14 본호개정)
4. 「주택법」 제2조제5호나목의 국민주택 중 「주택도시기금법」에 따른 주택도시기금으로부터 자금을 지원받아 국민주택을 건설하기 위하여 시행하는 택지개발사업(2016.1.19 본호개정)
5. 「주한미군 공여구역주변지역 등 지원 특별법」 제2조제2호부터 제4호까지에 따른 공여구역주변지역·반환공여구역 또는 반환공여구역주변지역에서 시행하는 개발사업. 다만, 공여구역 또는 반환공여구역이 소재한 읍·면·동(행정동을 말한다. 이하 같다)에 연접한 읍·면·동 지역의 경우에는 같은 법 제8조에 따라 법률 제13699호 개발이익 환수에 관한 법률 일부개정법률 시행 전에 확정된 공여구역주변지역등발전종합계획에 따라 시행하는 개발사업만 해당한다.(2015.12.29 본호개정)
6. 「접경지역 지원 특별법」 제2조제1호에 따른 접경지역 중 비무장지대, 해상의 북방한계선 또는 민간인통제선과 잇닿아 있는 읍·면·동 지역에서 시행하는 개발사업(2015.12.29 본호개정)
③ 제2항에도 불구하고 다음 각 호의 어느 하나에 해당하는 개발사업에 대하여는 개발부담금을 면제한다.
1. 「산업입지 및 개발에 관한 법률」에 따른 산업단지개발사업. 다만, 수도권에 있는 산업단지인 경우는 제외한다.(2020.6.9 단서개정)
2. 「중소기업창업 지원법」에 따라 공장 설립계획 승인을 받아 시행하는 공장용지 조성사업(2021.12.28 본호개정)
3. 「관광진흥법」에 따른 관광단지 조성사업. 다만, 수도권에 있는 관광단지인 경우는 제외한다.(2014.1.14 단서개정)
4. 「물류시설의 개발 및 운영에 관한 법률」에 따른 물류단지개발사업. 다만, 수도권에 있는 물류단지인 경우는 제외한다.(2014.1.14 단서개정)
④ 시장·군수·구청장은 지역에 대한 민간투자의 활성화 등을 위하여 지방의회의 승인을 받아 관할 구역에서 시행되는 제5조제1항 각 호의 개발사업에 대한 개발부담금을 제4조제1항에 따라 지방자치단체에 귀속되는 귀속분의 범위에서 경감할 수 있다. 다만, 해당 지방자치단체의 지가가 급격히 상승할 우려가 있는 등 대통령령으로 정하는 사유가 있는 경우에는 그러하지 아니하다.
(2020.2.18 본항개정)
⑤ 제4항에 따른 개발부담금의 경감 대상, 경감 기준 및 경감 절차 등에 관하여 필요한 사항은 대통령령으로 정한다.(2009.3.25 본항신설)
제7조의2【개발부담금 감면에 대한 임시특례】 제5조제1항제1호부터 제6호까지의 개발부담금 부과 대상 사업으로서 2015년 7월 15일부터 2018년 6월 30일까지 인가등을 받은 개발사업에 대해서는 제7조제2항 및 제3항(제3항제2호는 제외한다)에도 불구하고 다음 각 호의 구분에 따라 개발부담금을 경감하거나 면제한다.
1. 수도권에서 시행하는 개발사업 : 개발부담금의 100분의 50 경감
2. 수도권 외의 지역에서 시행하는 개발사업 : 개발부담금 면제
(2015.8.11 본조신설)

제2절 부과 기준 및 부담률

제8조【부과 기준】 개발부담금의 부과 기준은 부과 종료 시점의 부과 대상 토지의 가액(이하 "종료시점지가"라 한다)에서 다음 각 호의 금액을 뺀 금액으로 한다.
1. 부과 개시 시점의 부과 대상 토지의 가액(이하 "개시시점지가"라 한다)
2. 부과 기간의 정상지가상승분
3. 제11조에 따른 개발비용
제9조【기준 시점】 ① 부과 개시 시점은 사업시행자가 국가나 지방자치단체로부터 개발사업의 인가등을 받은 날로 한다. 다만, 다음 각 호의 경우에는 그에 해당하는 날을 부과 개시 시점으로 한다.
1. 인가등을 받기 전 5년 이내에 대통령령으로 정하는 토지 이용 계획 등이 변경된 경우로서 그 토지 이용 계획 등이 변경되기 전에 취득한 토지의 경우에는 취득일. 다만, 그 취득일부터 2년 이상이 지난 후 토지 이용 계획 등이 변경된 경우 등 대통령령으로 정하는 경우에는 대통령령으로 정하는 날로 한다.
2. 인가등의 변경으로 부과 대상 토지의 면적이 변경된 경우에는 대통령령으로 정하는 시점
② 제1항에 따른 개발사업의 인가등을 받은 날과 취득일은 대통령령으로 정한다.
③ 부과 종료 시점은 관계 법령에 따라 국가나 지방자치단체로부터 개발사업의 준공인가 등을 받은 날로 한다. 다만, 부과 대상 토지의 전부 또는 일부가 다음 각 호의 어느 하나에 해당하면 해당 토지에 대하여는 다음 각 호의 어느 하나에 해당하게 된 날을 부과 종료 시점으로 한다.
1. 관계 법령에 따라 부과 대상 토지의 일부가 준공된 경우
2. 납부 의무자가 개발사업의 목적 용도로 사용을 시작하거나 타인에게 분양하는 등 처분하는 경우로서 대통령령으로 정하는 경우
3. 그 밖에 대통령령으로 정하는 경우
④ 제3항 각 호 외의 부분 본문에 따른 개발사업의 준공인가 등을 받은 날은 대통령령으로 정한다.
제10조【지가의 산정】 ① 종료시점지가는 부과 종료 시점 당시의 부과 대상 토지와 이용 상황이 가장 비슷한 표준지의 공시지가를 기준으로 「부동산 가격공시에 관한 법률」 제3조제7항에 따른 표준지와 지가산정 대상토지의 지가형성 요인에 관한 표준적인 비교표에 따라 산정한 가액(價額)에 해당 연도 1월 1일부터 부과 종료 시점까지의 정상지가상승분을 합한 가액으로 한다. 이 경우 종료시점지가와 표준지의 공시지가가 균형을 유지하도록 하여야 하며, 개발이익이 발생하지 않을 것이 명백하다고 인정되는 경우 등 대통령령으로 정하는 경우 외에는 종료시점지가의 적정성에 대하여 감정평가법인등(「감정평가 및 감정평가사에 관한 법률」에 따른 감정평가사 또는 감정평가법인을 말한다)의 검증을 받아야 한다.
(2020.4.7 후단개정)
② 부과 대상 토지를 분양하는 등 처분할 때에 그 처분 가격에 대하여 국가나 지방자치단체의 인가등을 받는 경우 등 대통령령으로 정하는 경우에는 제1항에도 불구하고 대통령령으로 정하는 바에 따라 그 처분 가격을 종료시점지가로 할 수 있다.
③ 개시시점지가는 부과 개시 시점이 속한 연도의 부과 대상 토지의 개별공시지가(부과 개시 시점으로부터 가장 최근에 공시된 지가를 말한다)에 그 공시지가의 기준일부터 부과 개시 시점까지의 정상지가상승분을 합한 가액으로 한다. 다만, 다음 각 호의 어느 하나에 해당하면 그 실제의 매입 가액이나 취득 가액에 그 매입일이나 취득일부터 부과 개시 시점까지의 정상지가상승분을 더하거나 뺀 가액을 개시시점지가로 할 수 있다.
1. 국가·지방자치단체 또는 국토교통부령으로 정하는 기관으로부터 매입한 경우(2013.3.23 본호개정)
2. 경매나 입찰로 매입한 경우
3. 지방자치단체나 제7조제2항제2호에 따른 공공기관이 매입한 경우
4. 「공익사업을 위한 토지 등의 취득 및 보상에 관한 법률」에 따른 협의 또는 수용(收用)에 의하여 취득한 경우
5. 실제로 매입한 가액이 정상적인 거래 가격이라고 객관적으로 인정되는 경우로서 대통령령으로 정하는 경우
④ 제1항 및 제3항에 따라 종료시점지가와 개시시점지가를 산정할 때 부과 대상 토지에 국가나 지방자치단체에 기부하는 토지나 국공유지가 포함되어 있으면 그 부분은 종료시점지가와 개시시점지가의 산정 면적에서 제외한다.
⑤ 제1항 및 제3항에 따라 종료시점지가와 개시시점지가를 산정할 때 해당 토지의 개별공시지가가 없는 경우 등 대통령령으로 정하는 경우에는 국토교통부령으로 정하는 방법으로 산정한다.(2013.3.23 본항개정)
⑥ 개시시점지가에 대하여 제3항 각 호 외의 부분 단서를 적용받으려는 납부 의무자는 같은 항 각 호의 어느 하나에 해당한다는 사실을 증명하는 자료를 국토교통부령으로 정하는 기간에 시장·군수·구청장에게 제출하여야 한다.(2020.2.18 본항개정)
⑦ 제1항 후단에 따른 종료시점지가의 검증 절차·방법 등에 필요한 사항은 대통령령으로 정하고, 종료시점지가 검증 수수료 지급 기준은 국토교통부장관이 정하여 고시한다.(2017.12.26 본항신설)
제11조【개발비용의 산정】 ① 개발사업의 시행과 관련하여 지출된 비용(이하 "개발비용"이라 한다)은 다음 각 호의 금액을 합하여 산출한다.
1. 순(純) 공사비, 조사비, 설계비 및 일반관리비
2. 관계 법령이나 해당 개발사업 인가등의 조건에 따른 다음 각 목의 금액
  가. 납부 의무자가 국가나 지방자치단체에 공공시설이나 토지 등을 기부채납(寄附採納)하였을 경우에는 그 가액
  나. 납부 의무자가 부담금을 납부하였을 경우에는 그 금액
(2014.1.14 1호~2호개정)
3. 해당 토지의 개량비, 각종 세금과 공과금, 보상비 및 그 밖에 대통령령으로 정하는 금액(2020.6.9 본호개정)
② 제1항에도 불구하고 대통령령으로 정하는 일정 면적 이하의 개발사업(토지개발 비용의 지출 없이 용도변경 등으로 완료되는 개발사업은 제외한다)의 경우에는 제1항제1호에 따른 순 공사비, 조사비, 설계비 및 일반관리비의 합계액을 산정할 때 국토교통부장관이 고시하는 단위면적당 표준비용을 적용할 수 있다. 다만, 제6조에 따른 납부 의무자가 원하지 아니하는 경우에는 그러하지 아니하다.(2014.1.14 본문개정)
③ 제1항 각 호 및 제2항의 산정 방법 등에 필요한 사항은 대통령령으로 정한다.(2011.5.19 본항개정)
제12조【양도소득세액 등의 개발비용 인정】 ① 부과 개시 시점 후 개발부담금을 부과하기 전에 개발부담금 부과 대상 토지를 양도하여 발생한 소득에 대하여 양도소득세 또는 법인세가 부과된 경우에는 제11조에도 불구하고 해당 세액 중 부과 개시 시점부터 양도시점까지에 상당하는 세액을 같은 조에 따른 개발비용에 계상할 수 있다.
(2014.1.14 본항개정)
② 제1항에 따라 개발비용으로 계상되는 세액의 범위 등은 대통령령으로 정한다.
③ 시장·군수·구청장은 제1항에 따른 개발비용의 계상에 필요한 경우 다음 각 호의 사항을 적은 문서로 관할 세무관서의 장에게 같은 항에 따른 양도소득세 또는 법인세의 부과금액 등 「국세기본법」 제81조의13에 따른 과세정보의 제공을 요청할 수 있다.(2020.2.18 본문개정)
1. 납세자의 인적 사항
2. 사용 목적
3. 개발부담금 부과 대상 토지의 명세
(2016.1.19 본항신설)
④ 제3항에 따른 과세정보의 제공 요청 및 그에 따른 과세정보의 제공은 「개인정보 보호법」에 의하여야 한다.
(2016.1.19 본항신설)
제13조【부담률】 납부 의무자가 납부하여야 할 개발부담금은 제8조에 따라 산정된 개발이익에 다음 각 호의 구분에 따른 부담률을 곱하여 산정한다.
1. 제5조제1항제1호부터 제6호까지의 개발사업 : 100분의 20
2. 제5조제1항제7호 및 제8호의 개발사업 : 100분의 25. 다만, 「국토의 계획 및 이용에 관한 법률」 제38조에 따른 개발제한구역에서 제5조제1항제7호 및 제8호의 개발사업을 시행하는 경우로서 납부 의무자가 개발제한구역으로 지정될 당시부터 토지 소유자인 경우에는 100분의 20으로 한다.
(2014.1.14 본조개정)

제3절 부과·징수

제14조【부담금의 결정·부과】 ① 시장·군수·구청장은 부과 종료 시점부터 5개월 이내에 개발부담금을 결정·부과하여야 한다. 다만, 제9조제3항 각 호 외의 부분 단서에 해당되는 경우로서 해당 사업이 대규모 사업의 일부에 해당되어 제11조에 따른 개발비용의 명세(明細)를 제출할 수 없는 경우에는 대통령령으로 정하는 바에 따라 개발부담금을 결정·부과할 수 있다.(2020.2.18 본문개정)
② 시장·군수·구청장은 제1항에 따라 개발부담금을 결정·부과하려면 대통령령으로 정하는 바에 따라 미리 납부 의무자에게 그 부과 기준과 부과 금액을 알려야 한다.
(2020.2.18 본항개정)
③ 제2항에 따라 통지받은 개발부담금에 대하여 이의가

있는 자는 대통령령으로 정하는 바에 따라 심사를 청구할 수 있다.

제14조의2【부담금의 조정 등】 ① 시장·군수·구청장은 개발부담금 결정·부과 후 「학교용지 확보 등에 관한 특례법」에 따른 학교용지부담금을 납부하는 등 대통령령으로 정하는 사유가 발생한 경우에는 이를 다시 산정·조정하여 그 차액을 부과하거나 되돌려주어야 한다. (2020.6.9 본항개정)

② 제1항에 따른 산정·조정 방법 및 부과·환급 절차 등에 필요한 사항은 대통령령으로 정한다.

(2017.12.26 본조신설)

제15조【납부의 고지】 ① 시장·군수·구청장은 이 법에 따라 개발부담금을 부과하기로 결정하면 납부 의무자에게 대통령령으로 정하는 바에 따라 납부고지서를 발부하여야 한다.(2020.2.18 본항개정)

② 개발부담금은 부과 고지할 수 있는 날부터 5년이 지난 후에는 부과할 수 없다. 이 경우 행정심판이나 소송에 의한 재결이나 판결이 확정된 날부터 1년이 지나기 전까지는 개발부담금을 정정하여 부과하거나 그 밖에 필요한 처분을 할 수 있다.

③ 제2항에 따른 개발부담금을 부과 고지할 수 있는 날은 대통령령으로 정한다.

제16조【추징】 ① 시장·군수·구청장은 제7조제2항부터 제4항까지의 규정에 따른 개발부담금 감면 대상 사업(다른 법률에서 감면 대상으로 정한 사업을 포함한다)을 시행한 후 특별한 사유 없이 대통령령으로 정하는 기간에 토지를 해당 개발사업의 목적 용도로 이용하지 아니하는 등 대통령령으로 정하는 사유가 있으면 감면한 개발부담금을 징수한다.(2020.2.18 본항개정)

② 제1항에 따른 개발부담금의 징수에 필요한 사항은 대통령령으로 정한다.

제17조【시효】 ① 개발부담금을 징수할 수 있는 권리와 개발부담금의 과오납금을 환급받을 권리는 행사할 수 있는 시점부터 5년간 행사하지 아니하면 소멸시효가 완성된다.

② 제1항에 따른 개발부담금 징수권의 소멸시효는 다음 각 호의 어느 하나의 사유로 중단된다.

1. 납부 고지
2. 납부 독촉
3. 교부 청구
4. 압류

③ 제2항에 따라 중단된 소멸시효는 다음 각 호의 어느 하나에 해당하는 기간이 지난 시점부터 새로 진행한다.

1. 고지한 납부 기간
2. 독촉으로 재설정된 납부 기간
3. 교부 청구 중의 기간
4. 압류 해제까지의 기간

④ 제1항에 따른 개발부담금 징수권의 소멸시효는 납부의 연기 또는 분할 납부의 기간 중에는 진행하지 아니한다.

⑤ 제1항에 따른 환급청구권의 소멸시효는 환급청구권 행사로 중단된다.

⑥ 소멸시효에 관하여 이 법에 규정되어 있는 것 외에는 「민법」을 준용한다.

제18조【납부】 ① 개발부담금의 납부 의무자는 부과일부터 6개월 이내에 개발부담금을 납부하여야 한다.

② 개발부담금은 현금 또는 대통령령으로 정하는 납부대행기관을 통하여 신용카드·직불카드 등(이하 "신용카드등"이라 한다)으로 납부할 수 있다. 다만, 시장·군수·구청장은 토지(해당 부과 대상 토지 및 그와 유사한 토지를 말한다) 또는 건축물로 하는 납부[이하 "물납"(物納)이라 한다]를 인정할 수 있다.(2020.2.18 단서개정)

③ 제2항 본문에 따라 개발부담금을 신용카드등으로 납부하는 경우에는 납부대행기관의 승인일을 납부일로 본다. (2017.12.26 본항개정)

④ 납부대행기관은 개발부담금 납부를 대행하는 대가로 납부의무자로부터 수수료를 받을 수 있다.(2017.12.26 본항신설)

⑤ 물납의 기준·절차, 납부대행기관의 지정·지정취소, 납부대행 수수료 등에 필요한 사항은 대통령령으로 정한다.(2017.12.26 본항개정)

제18조의2【개발부담금의 일부 환급】 ① 시장·군수·구청장은 개발부담금의 납부 의무자가 제18조제1항에서 정한 납부 기한 만료일까지 개발부담금의 납부를 완료한 경우에는 부과일부터 납부일까지 기간 등을 고려하여 대통령령으로 정하는 바에 따라 산정된 금액을 납부 의무자에게 되돌려줄 수 있다.(2020.6.9 본항개정)

② 제20조제1항에 따른 납부의 연기 및 분할 납부의 경우에는 제1항을 적용하지 아니한다.

(2014.1.14 본조신설)

제19조【납부 기일 전 징수】 ① 시장·군수·구청장은 납부 의무자가 다음 각 호의 어느 하나에 해당하면 납부 기일 전이라도 이미 부과된 개발부담금을 징수할 수 있다. (2020.2.18 본문개정)

1. 국세, 지방세, 그 밖의 공과금에 대하여 체납처분을 받은 경우
2. 강제집행을 받은 경우
3. 파산선고를 받은 경우
4. 경매가 개시된 경우
5. 법인이 해산한 경우
6. 개발부담금을 포탈하려는 행위가 있다고 인정되는 경우
7. 개발부담금에 대한 납부 관리인을 두지 아니하고 국내에 주소나 거소(居所)를 두지 아니하게 된 경우

② 시장·군수·구청장은 제1항에 따라 납부 기일 전에 개발부담금을 징수하려면 대통령령으로 정하는 바에 따라 납부 기일을 정하여 납부 의무자에게 그 뜻과 납부 기일 변경 등을 고지하여야 한다.(2020.2.18 본항개정)

제20조【납부의 연기 및 분할 납부】 ① 시장·군수·구청장은 개발부담금의 납부 의무자가 다음 각 호의 어느 하나에 해당하여 개발부담금을 납부하기가 곤란하다고 인정되면 대통령령으로 정하는 바에 따라 해당 개발사업의 목적에 따른 이용 상황 등을 고려하여 3년의 범위에서 납부 기일을 연기하거나 5년의 범위에서 분할 납부를 인정할 수 있다.(2020.2.18 본문개정)

1. 재해나 도난으로 재산에 심한 손실을 받은 경우
2. 사업에 뚜렷한 손실을 입은 경우
3. 사업이 중대한 위기에 처한 경우
4. 납부 의무자 또는 그 동거 가족의 질병이나 중상해로 장기 치료가 필요한 경우
5. 그 밖에 대통령령으로 정하는 경우

② 납부 의무자가 제1항에 따라 개발부담금의 납부 기일의 연기 및 분할 납부를 인정받으려면 대통령령으로 정하는 바에 따라 시장·군수·구청장에게 신청하여야 한다. (2020.2.18 본항개정)

③ 시장·군수·구청장은 제1항과 제2항의 경우에 납부를 연기한 기간 또는 분할 납부로 납부가 유예된 기간이 1년 이상일 경우 그 1년을 초과하는 기간에 대하여는 개발부담금에 대통령령으로 정하는 금액을 가산하여 징수하여야 한다.(2020.2.18 본항개정)

제21조【납부 독촉 및 가산금】 ① 시장·군수·구청장은 개발부담금의 납부 의무자가 제18조제1항에 따라 지정된 기간에 그 개발부담금을 완납하지 아니하면 납부 기한이 지난 후 10일 이내에 독촉장을 발부하여야 한다.

② 개발부담금 또는 체납된 개발부담금을 납부 기한까지 완납하지 아니한 경우에는 「지방세징수법」 제30조 및 제31조를 준용한다.

(2020.2.18 본조개정)

제22조【체납처분 등】 ① 시장·군수·구청장은 개발부담금의 납부 의무자가 독촉장을 받고도 지정된 기한까지 개발부담금과 가산금 등을 완납하지 아니하면 「지방행정제재·부과금의 징수 등에 관한 법률」에 따라 징수할 수 있다.(2020.2.28 본항개정)

② 제1항에 따른 개발부담금 및 가산금 등은 국세와 지방세를 제외한 그 밖의 채권에 우선하여 징수한다. 다만, 제15조에 따른 개발부담금 납부 고지일 전에 전세권, 질권 또는 저당권의 설정을 등기하거나 등록한 사실이 증명되는 재산을 매각할 때 그 매각 대금 중에서 개발부담금과 가산금 등을 징수하는 경우 그 전세권, 질권 또는 저당권으로 담보된 채권에 대하여는 그러하지 아니하다.

③ 분할 납부가 인정된 개발부담금을 징수할 때에는 제20조제1항에도 불구하고 1회의 분할 납부가 체납된 경우에는 그 체납처분할 때에 그 납부 기간 이후 분할 납부하여야 할 개발부담금과 가산금 등의 전액을 일괄하여 징수한다.

제23조【결손처분】 ① 시장·군수·구청장은 체납자에게 다음 각 호의 어느 하나에 해당하는 사유가 있으면 결손처분을 할 수 있다.(2020.2.18 본문개정)

1. 체납처분이 끝나고 그 체납액에 충당된 배분 금액이 체납액보다 부족할 때
2. 제17조제1항에 따라 소멸시효가 완성될 때
3. 체납처분의 목적물인 총재산의 추산 가액이 체납 처분비에 충당하고 잔액이 생길 여지가 없는 때
4. 체납자의 행방을 알 수 없거나 재산이 없다는 것이 밝혀져 체납액을 징수할 가망이 없는 때(2020.6.9 본호개정)

② 시장·군수·구청장은 제1항에 따라 결손처분을 한 후 압류할 수 있는 다른 재산을 발견하면 지체 없이 그 처분을 취소하고 체납처분을 하여야 한다. 다만, 제1항제2호에 해당하는 경우에는 그러하지 아니하다.(2020.2.18 본문개정)

제24조【자료 제출 의무】 납부 의무자는 다음 각 호의 구분에 따라 대통령령으로 정하는 바에 따라 제11조에 따른 개발비용의 산정에 필요한 명세서를 시장·군수·구청장에게 제출하여야 한다.(2020.2.18 본문개정)

1. 국가나 지방자치단체로부터 개발사업의 준공인가 등을 받은 경우
2. 제9조제3항 단서의 경우

제25조【자료의 통보】 ① 개발부담금의 부과 대상인 개발사업에 관하여 인가등을 한 행정청은 인가등을 한 날부터 15일 이내에 그 사실을 시장·군수·구청장에게 알려야 한다.

② 시장·군수·구청장이 개발부담금을 부과한 경우에는 국토교통부령으로 정하는 바에 따라 대상 사업, 납부의무자, 부과 금액, 사업 기간 및 부과일 등에 관한 사항을 부과일부터 15일 이내에 국토교통부장관 및 국세청장에게 통보하여야 한다.

(2020.2.18 본조개정)

제3장 보 칙

제26조【행정심판의 특례】 ① 개발부담금 등의 부과·징수에 이의가 있는 자는 「공익사업을 위한 토지 등의 취득 및 보상에 관한 법률」에 따른 중앙토지수용위원회에 행정심판을 청구할 수 있다.

② 제1항에 따른 행정심판청구에 대하여는 「행정심판법」 제6조에도 불구하고 「공익사업을 위한 토지 등의 취득 및 보상에 관한 법률」에 따른 중앙토지수용위원회가 심리·의결하여 재결(裁決)한다.(2010.1.25 본항개정)

제27조 (2020.2.18 삭제)

제28조【벌칙】 ① 개발부담금을 면탈(免脫)·감경(減輕)할 목적 또는 면탈·감경하게 할 목적으로 거짓으로 계약을 체결한 자는 3년 이하의 징역에 처하거나, 면탈·감경을 하였거나 면탈·감경을 하려고 한 개발부담금의 3배 이하에 해당하는 벌금에 처한다.

② 법인의 대표자나 법인 또는 개인의 대리인, 사용인, 그 밖의 종업원이 그 법인 또는 개인의 업무에 관하여 제1항의 위반행위를 하면 그 행위자를 벌하는 외에 그 법인 또는 개인에게도 해당 조문의 벌금형을 과(科)한다. 다만, 법인 또는 개인이 그 위반행위를 방지하기 위하여 해당 업무에 관하여 상당한 주의와 감독을 게을리하지 아니한 경우에는 그러하지 아니하다.(2009.3.25 본항개정)

③ (2009.3.25 삭제)

제29조【과태료】 ① 제24조에 따른 명세서를 기한까지 제출하지 아니하거나 거짓으로 제출한 자에게는 200만원 이하의 과태료를 부과한다.(2009.3.25 본항개정)

② 제1항에 따른 과태료는 대통령령으로 정하는 바에 따라 시장·군수·구청장이 부과·징수한다.(2020.2.18 본항개정)

③~⑤ (2009.3.25 삭제)

부 칙

제1조【시행일】 이 법은 공포 후 3개월이 경과한 날부터 시행한다.

제2조【개발부담금 감면 및 부과시점에 관한 적용례】 ① 법률 제4563호 개발이익환수에관한법률중개정법률 제9조제1항의 개정규정을 적용함에 있어서 같은 법 시행일 전부터 소유한 토지는 같은 법 시행일을 그 토지의 취득일로 본다.

② 제7조제2항제3호 및 제9조제1항제1호의 개정규정은 이 법 시행 후 최초로 개발부담금을 결정·부과하는 사업부터 적용한다.

제3조【개발부담금의 면제에 관한 특례】 ① 제5조에 따른 개발부담금 부과 대상 사업으로서 1999년 12월 31일 이전에 인가등을 받은 개발사업에 대하여는 제3조제1항에도 불구하고 개발부담금을 면제한다.

② 제1항은 법률 제5572호 개발이익환수에관한법률중개정법률 시행 당시 부과종료시점부터 3개월이 경과하지 아니한 경우로서 개발부담금이 부과되지 아니한 사업분부터 적용한다.

제4조【개발부담금의 징수에 관한 특례】 국가는 제3조에도 불구하고 제5조에 따른 개발부담금 부과대상사업이 시행되는 서울특별시·인천광역시·경기도 지역 외의 지역에서 발생하는 개발이익에 대하여는 2002년 1월 1일부터 2005년 12월 31일까지, 서울특별시·인천광역시·경기도 지역에서 발생하는 개발이익에 대하여는 2004년 1월 1일부터 2005년 12월 31일까지 각각 인가등을 받은 사업은 개발부담금을 징수하지 아니한다.

제5조【처분 등에 관한 일반적 경과조치】 이 법 시행 당시 종전의 규정에 따른 행정기관의 행위나 행정기관에 대한 행위는 그에 해당하는 이 법에 따른 행정기관의 행위나 행정기관에 대한 행위로 본다.

제6조【벌칙이나 과태료에 관한 경과조치】 이 법 시행 전의 행위에 대하여 벌칙이나 과태료 규정을 적용할 때에는 종전의 규정에 따른다.

제7조【다른 법률의 개정】 ①~⑫ ※(해당 법령에 가제정리 하였음)

제8조【다른 법령과의 관계】 이 법 시행 당시 다른 법령에서 종전의 「개발이익환수에 관한 법률」 또는 그 규정을 인용한 경우에 이 법 가운데 그에 해당하는 규정이 있으면 종전의 규정을 갈음하여 이 법 또는 이 법의 해당 규정을 인용한 것으로 본다.

부 칙 (2014.1.14)

제1조【시행일】 이 법은 공포 후 6개월이 경과한 날부터 시행한다. 다만, 제18조의2의 개정규정은 2015년 1월 1일부터 시행한다.

제2조【개발부담금 부과 대상 사업 등에 관한 적용례】 제5조제1항, 제7조제2항제3호 본문 개정규정은 부칙 제1조 본문에 따른 시행일(이하 "이 법 시행일"이라 한다) 이후 인가등을 받은 개발사업부터 적용한다.

제3조【개발비용의 산정 및 개발비용의 인정에 관한 적용례】 제11조제2항 본문 및 제12조제1항의 개정규정은 이 법 시행일 이후 개발부담금을 결정·부과하는 경우부터 적용한다.

제4조【개발부담금 산정을 위한 부담률에 관한 적용례】 제13조의 개정규정은 이 법 시행일 이후 인가등을 받은 개발사업부터 적용한다.

제5조【개발부담금의 결정·부과 및 납부 기간에 관한 적용례】 제14조제1항 본문 개정규정은 이 법 시행일 이후 개발부담금을 결정·부과하는 경우부터 적용한다.
제6조【개발부담금의 일부 환급에 관한 적용례】 제18조의2의 개정규정은 2015년 1월 1일 전에 결정·부과된 개발부담금의 제18조에 따른 납부 기한이 2015년 1월 1일 이후 도래하는 경우로서 해당 개발부담금을 2015년 1월 1일 이전에 납부한 경우에 대해서도 적용한다.
제7조【개발부담금의 납부 연기 및 분할 납부에 따른 가산 징수제도 변경에 관한 적용례】 제20조제3항의 개정규정은 이 법 시행일 전에 납부 연기 또는 분할 납부를 신청하여 납부 연기 또는 분할 납부가 가능하다는 통지를 받은 경우로서 이 법 시행일 이후 개발부담금에 가산하여 징수하는 분에 대해서도 적용한다.
제8조【개발부담금의 감면에 관한 특례】 제5조제1항제1호부터 제6호까지의 개정규정에 따른 개발부담금 부과대상 사업으로서 이 법 시행일부터 1년까지의 기간 내에 인가등을 받은 개발사업에 대해서는 제7조제2항 및 제3항(제2호는 제외한다)에도 불구하고 다음 각 호의 구분에 따라 개발부담금을 경감하거나 면제한다.
1. 수도권에서 시행하는 개발사업 : 개발부담금의 100분의 50 경감
2. 수도권 외의 지역에서 시행하는 개발사업 : 개발부담금 면제

부 칙 (2017.12.26)

제1조【시행일】 이 법은 공포 후 6개월이 경과한 날부터 시행한다. 다만, 제22조제1항의 개정규정은 공포한 날부터 시행한다.
제2조【지가 산정에 관한 적용례】 제10조제1항의 개정규정은 이 법 시행 후 최초로 종료시점지가를 산정하는 경우부터 적용한다.
제3조【부담금의 조정에 관한 적용례】 제14조의2의 개정규정은 이 법 시행 당시 제14조에 따라 개발부담금이 결정·부과되어 5년이 경과하지 않은 경우에도 적용한다.
제4조【개발부담금 신용카드등의 납부에 관한 적용례】 제18조제2항부터 제5항까지의 개정규정은 이 법 시행 당시 개발부담금을 결정·부과받았으나 납부 기한이 지나지 아니한 경우에도 적용한다.

부 칙 (2020.2.18)

제1조【시행일】 이 법은 2021년 1월 1일부터 시행한다.(단서 생략)
제2조【사무이양을 위한 사전조치】 ① 관계 중앙행정기관의 장은 이 법에 따른 중앙행정권한 및 사무의 지방 일괄 이양에 필요한 인력 및 재정 소요 사항을 지원하기 위하여 필요한 조치를 마련하여 이 법에 따른 시행일 3개월 전까지 국회 소관 상임위원회에 보고하여야 한다.
②「지방자치분권 및 지방행정체제개편에 관한 특별법」 제44조에 따른 자치분권위원회는 제1항에 따른 인력 및 재정 소요 사항을 사전에 전문적으로 조사·평가할 수 있다.
제3조【행정처분 등에 관한 일반적 경과조치】 이 법 시행 당시 종전의 규정에 따라 행정기관이 행한 처분 또는 그 밖의 행위는 이 법의 규정에 따라 행정기관이 행한 처분 또는 그 밖의 행위로 보고, 종전의 규정에 따라 행정기관에 대하여 행한 신청·신고, 그 밖의 행위는 이 법의 규정에 따라 행정기관에 대하여 행한 신청·신고, 그 밖의 행위로 본다.
제4조【다른 법률의 개정】 (생략)

부 칙 (2020.3.24)

제1조【시행일】 이 법은 공포한 날부터 시행한다.(이하 생략)

부 칙 (2020.4.7)

제1조【시행일】 이 법은 공포 후 3개월이 경과한 날부터 시행한다.(이하 생략)

부 칙 (2020.6.9)

이 법은 공포한 날부터 시행한다.(이하 생략)

부 칙 (2021.12.28)

제1조【시행일】 이 법은 공포 후 6개월이 경과한 날부터 시행한다.(이하 생략)

부 칙 (2023.6.9)

제1조【시행일】 이 법은 공포 후 1개월이 경과한 날부터 시행한다.(이하 생략)

개발이익 환수에 관한 법률 시행령

(2008년 6월 25일 전부개정대통령령 제20878호)

개정
2009. 4.21영21445호(보금자리주택시)
2009. 5.29영21515호(국가균형발전특별법시)
2009. 6.25영21558호
2009. 6.26영21565호(한국농어촌공사및농지관리기금법시)
2009. 7.30영21656호(경제자유구역의지정및운영에관한법시)
2009. 9.21영21744호(한국토지주택공사법시)
2009.11.20영21835호(중소기업진흥시)
2009.12.14영21881호(측량·수로지적시)
2010. 9.20영22395호(지방세시)
2011. 1.17영22626호(엔지니어링산업진흥법시)
2011. 8.11영23073호(한국컨테이너부두공단법시폐지령)
2011.11.11영23291호
2013. 3.23영24443호(직제)
2013. 6.28영24638호(부가세시)
2013.12.30영25050호(행정규제재검토에따른일부개정령)
2014. 3.11영25249호(국가균형발전특별법시)
2014. 3.24영25279호(금융부실시)
2014. 4.29영25339호(공공주택건설등에관한특별법시)
2014. 5.22영25358호(건설기술진흥법시)
2014. 7.14영25452호
2014. 7.14영25456호(도로법시)
2015. 2.23영26108호(농협시)
2015. 6. 1영26302호(공간정보구축관리시)
2016. 7.19영27355호
2016. 8.11영27444호(주택법시)
2016. 8.31영27472호(감정평가감정평가사시)
2016.11.29영27621호(지방회계법시)
2016.12.30영27745호
2016.12.30영27751호(규제기한설정)
2017. 2. 3영27830호(교육환경보호에관한법시)
2018. 2. 9영28628호(도시및주거환경정비법시)
2018. 6.26영29005호
2018. 9.18영29172호(국가균형발전특별법시)
2018.12.31영29438호(지방세특례제한법시)
2019. 2. 8영29518호(한국교통안전공단법시)
2019. 4. 2영29677호(중소기업진흥에관한법시)
2019.11. 5영30190호
2020. 1. 7영30337호(건설기술진흥법시)
2020. 1.15영30355호(지방세특례제한법시)
2020. 2.18영30423호(건설산업시)
2020. 3. 3영30509호(규제기한해제)
2020. 3.24영30545호(지방행정제재·부과금의징수등에관한법시)
2020. 7.28영30877호(항만재개발및주변지역발전에관한법시)
2020. 9. 8영30993호(권한지방이양)
2020. 9.10영31012호(국가철도공단법시)
2020.10. 8영31101호(부동산가격공시에관한법시)
2021. 7.27영31918호
2021. 9.14영31986호(건설기술진흥법시)
2022. 2.17영32449호(한국자산관리공사설립등에관한법시)
2023. 6.27영33599호
2023. 8.29영33685호

제1조【목적】 이 영은「개발이익 환수에 관한 법률」에서 위임된 사항과 그 시행에 필요한 사항을 정함을 목적으로 한다.(2014.7.14 본조개정)
제2조【정상지가상승분】 ①「개발이익 환수에 관한 법률」(이하 "법"이라 한다) 제2조제3호에 따른 정상지가상승분은 부과기간 중 각 연도의 정상지가상승분을 합하여 산정하며, 각 연도의 정상지가상승분은 해당 연도 1월 1일 현재의 지가에 해당 연도의 정상지가변동률을 곱하여 산정한다.(2014.7.14 본항개정)
② 부과기간이 1년 이내인 경우(연도 중에 부과 개시 시점 또는 부과 종료 시점이 속한 경우를 포함한다)에는 월별 정상지가상승분(각 월의 정상지가상승분은 해당 월 1일 현재의 지가에 그 월의 정상지가변동률을 곱하여 산정한다)을 합하여 산정한 금액을 그 부과기간 중의 정상지가상승분으로 하되, 월 중 일부 기간의 정상지가상승분은 그 월의 정상지가상승분을 일 단위로 나누어 산정한 금액으로 한다.
③ 제1항에 따른 부과기간 중 제2차 연도 이후의 각 연도 1월 1일 현재의 지가는 부과 개시 시점 또는 전년도 1월 1일 현재의 지가에 전년도 부과기간 중의 정상지가상승분을 합한 금액으로 한다.
④ 제1항의 정상지가변동률은「부동산 거래신고 등에 관한 법률」제19조에 따라 국토교통부장관이 조사한 연도별 또는 월별 평균지가변동률(해당 개발사업 대상 토지가 속하는 시·군 또는 자치구의 평균지가변동률을 말한다. 이하 같다)로 한다. 다만, 제12조제1항제5호가목 또는 법 제8조제2호에 따른 정상지가상승분을 산정하는 경우에는 연도별 평균지가변동률(부과기간이 1년 미만인 경우와 연도 중에 부과 개시 시점 또는 부과 종료 시점이 속한 경우에는 해당 연도 내에 속하는 부과기간의 평균지가변동률을 말한다)과 같은 기간의 정기예금 이자율 중 높은 비율로 한다.(2020.9.8 본문개정)
⑤ 제4항 단서에 따른 정기예금 이자율은 시중은행의 1년 만기 정기예금 평균 수신금리를 고려하여 국토교통부장관이 매년 결정·고시하는 이자율로 한다.(2014.7.14 본항개정)
제3조【징수금의 배분 등】 ① 법 제3조에 따라 징수된 개발부담금(이하 "부담금"이라 한다)의 100분의 50이 귀속되는 지방자치단체는 특별자치시·특별자치도·시·군 또는 자치구(이하 "시·군·구"라 한다)로 한다.
②「학교용지 확보 등에 관한 특례법」제4조에 따라 특별시·광역시 또는 도가 학교용지의 확보에 필요한 경비를 부담하는 개발사업의 경우에는 제1항에도 불구하고 법 제4조제1항에 따라 지방자치단체에 귀속되는 부담금의 2분의 1(특별시·광역시 또는 도가 학교용지의 확보를 위하여 부담하는 경비가 지방자치단체에 귀속되는 부담금의 2분의 1에 미달하는 경우에는 특별시·광역시 또는 도가 부담하는 경비에 해당하는 금액을 말한다)은 특별시·광역시 또는 도에, 이를 제외한 나머지 부담금은 시·군 또는 자치구에 귀속된다.(2020.9.8 본항개정)
③ 특별자치시장·특별자치도지사·시장·군수 또는 구청장(구청장은 자치구의 구청장을 말하며, 이하 "시장·군수·구청장"이라 한다)은 법 제18조제2항 단서에 따라 부담금을 물납(物納)으로 받은 경우 그 물납으로 받은 토지 또는 건축물(이하 "물납부동산"이라 한다)을 법 제4조에 따라 특별회계에 귀속하는 부담금으로 배분한다. 다만, 시장·군수·구청장은 필요한 경우 시·군·구에 귀속되는 부담금으로 배분할 수 있다.(2020.9.8 본항개정)
④ 시장·군수·구청장은 부담금을 징수한 경우 다음 각 호에 따른 조치를 해야 한다.
1. 법 제4조제1항에 따른 특별회계(이하 "특별회계"라 한다)에의 귀속분인 경우 :「한국은행법」에 따른 한국은행(국고대리점을 포함한다. 이하 같다) 또는 체신관서에 지체 없이 납입할 것. 다만, 제3항 본문에 따른 물납부동산인 경우 특별회계 소속 국유재산으로 하기 위한 등기이전과 그 밖에 필요한 조치를 해야 한다.
2. 제2항에 따른 특별시·광역시 또는 도에의 귀속분인 경우 :「지방회계법」제38조에 따라 지정된 특별시·광역시 또는 도의 금고에 지체 없이 납입할 것
(2020.9.8 본항신설)
⑤ 시장·군수·구청장은 법 제3조에 따라 징수한 분기별 부담금의 부과·징수 실적 및 납입·물납 실적을 다음 분기 첫째 달 10일까지 국토교통부장관에게 통보해야 한다.(2020.9.8 본항신설)
⑥ 국토교통부장관은 제5항에 따라 통보받은 실적을 근거로 납입금액(시장·군수·구청장이 제4항제1호에 따라 한국은행 또는 체신관서에 납입한 금액 및 제3항 본문에 따라 특별회계에 귀속하는 물납부동산의 가액을 말하며, 징수금을 배분할 때 정산한 금액은 제외한다)의 100분의 7을 법 제4조제4항에 따라 시장·군수·구청장에게 징수 수수료로 지급해야 한다. 이 경우 징수 수수료는 법 제3조에 따라 개발부담금을 징수한 분기의 다음 분기 첫째 달의 말일까지 지급한다.(2020.9.8 본항신설)
⑦ 시·군·구는 제1항부터 제3항까지의 규정에 따라 귀속되는 개발부담금을 해당 시·군·구의 토지 관리와 지역균형개발사업을 효율적으로 추진하기 위하여 사용하여야 하며, 필요한 경우에는 조례로 정하는 바에 따라 귀속되는 개발부담금을 재원으로 하는 토지관리특별회계를 설치할 수 있다.
(2014.7.14 본조개정)
제4조【대상 사업】 ① 법 제5조에 따라 부담금의 부과대상이 되는 개발사업의 범위는 별표1과 같고, 그 규모는 관계 법률에 따라 국가 또는 지방자치단체로부터 인가·허가·면허 등(신고를 포함하며, 이하 "인가등"이라 한다)을 받은 사업 대상 토지의 면적(부과 종료 시점 전에「공간정보의 구축 및 관리 등에 관한 법률」제84조에 따라 등록 사항 중 면적을 정정한 경우에는 그 정정된 면적을 말한다)이 다음 각 호에 해당하는 경우로 한다. 이 경우 동일인[법인을 포함하며, 자연인인 경우에는 배우자 및 직계존비속(直系尊卑屬)을 포함한다. 이하 같다]이 연접(連接)한 토지[동일인이 소유한 연속된 일단(一團)의 토지인 경우를 포함한다]에 하나의 개발사업이 끝난 후 5년 이내에 개발사업의 인가등을 받아 사실상 분할하여 시행하는 경우에는 각 사업의 대상 토지 면적을 합한 토지에 하나의 개발사업이 시행되는 것으로 본다.
(2015.6.1 전단개정)
1. 특별시·광역시 또는 특별자치시의 지역 중 도시지역인 지역에서 시행하는 사업(제3호의 사업은 제외한다)의 경우 660제곱미터 이상(2014.7.14 본호개정)
2. 제1호 외의 도시지역인 지역에서 시행하는 사업(제3호의 사업은 제외한다)의 경우 990제곱미터 이상
3. 도시지역 중 개발제한구역에서 그 구역의 지정 당시부터 토지를 소유한 자가 그 토지에 대하여 시행하는 사업의 경우 1천650제곱미터 이상
4. 도시지역 외의 지역에서 시행하는 사업의 경우 1천650제곱미터 이상
② 개발사업이 제1항 각 호의 지역 중 둘 이상의 지역에 걸쳐 시행되는 경우에는 부과 대상이 되는 토지 면적을 다음 각 호의 기준에 따라 산정한다.
1. 제1항제1호에 해당하는 지역의 1제곱미터는 같은 항 제2호에 해당하는 지역의 1.5제곱미터, 같은 항 제3호 및 제4호에 해당하는 지역의 2.5제곱미터에 해당하는 것으로 본다.
2. 제1항제2호에 해당하는 지역의 1제곱미터는 같은 항 제3호 및 제4호에 해당하는 지역의 3분의 5제곱미터에 해당하는 것으로 본다.
③「중소기업진흥에 관한 법률」에 따라 시행하는 협동화사업단지조성사업의 규모를 산정하는 경우에는 제1항에도 불구하고 해당 협동화사업단지조성사업에 참여한 중소기업자별 면적(공동시설부지에 대하여 중소기업자별 지분에 따라 산정한 면적을 포함한다)의 토지에 각각의 개발사업이 시행되는 것으로 본다.(2009.11.20 본항개정)

④ 별표1 제7호에 따른 지목변경이 수반되는 개발사업의 경우 부담금 부과 대상이 되는 규모는 제1항에도 불구하고 국가 또는 지방자치단체로부터 인가등을 받은 토지의 면적 중 사실상 또는 공부상(公簿上) 지목이 변경되는 토지의 면적이 제1항 각 호에 해당하는 경우로 한다. 이 경우 하나의 필지가 사실상 둘 이상의 용도로 이용되고 있는 토지의 지목은 「공간정보의 구축 및 관리 등에 관한 법률 시행령」 제59조에 따른다.(2015.6.1 후단개정)

제4조의2【개발부담금 부과 대상 사업의 토지 면적에 관한 임시특례】 별표1에 따른 개발사업으로서 2017년 1월 1일부터 2019년 12월 31일까지 인가등을 받은 사업의 개발부담금 부과 대상 토지 면적에 대해서는 제4조제1항제1호부터 제4호까지의 규정에도 불구하고 다음 각 호의 구분에 따른다. 이 경우 토지 면적의 산정에 관하여는 제4조제2항부터 제4항까지의 규정에 따른다.
1. 제4조제1항제1호에 따른 사업 : 1천제곱미터 이상
2. 제4조제1항제2호에 따른 사업 : 1천500제곱미터 이상
3. 제4조제1항제3호 또는 제4호에 따른 사업 : 2천500제곱미터 이상

(2016.12.30 본조신설)

제4조의3【비수도권 지역에서 시행하는 개발부담금 부과 대상 사업의 토지 면적에 관한 임시특례】 「수도권정비계획법」에 따른 수도권이 아닌 지역에서 시행하는 별표1에 따른 개발사업으로서 2023년 9월 1일부터 2024년 12월 31일까지 인가등을 받은 사업의 개발부담금 부과 대상 토지 면적에 대해서는 제4조제1항제1호부터 제4호까지의 규정에도 불구하고 다음 각 호의 구분에 따른다. 이 경우 토지 면적의 산정에 관하여는 제4조제2항부터 제4항까지의 규정에 따른다.
1. 제4조제1항제1호에 따른 사업 : 1천제곱미터 이상
2. 제4조제1항제2호에 따른 사업 : 1천500제곱미터 이상
3. 제4조제1항제3호 또는 제4호에 따른 사업 : 2천500제곱미터 이상

(2023.8.29 본조신설)

제5조【조합의 범위 등】 ① 법 제6조제2항 각 호 외의 부분에서 "대통령령으로 정하는 조합"이란 다음 각 호의 조합을 말한다.
1. 「주택법」 제11조에 따른 주택조합(2016.8.11 본호개정)
2. 「도시개발법」 제11조제1항제6호에 따른 조합
3. 「도시 및 주거환경정비법」 제35조에 따른 재개발사업 조합(2018.2.9 본호개정)

② 법 제6조제2항에 따라 조합원이 내야 할 부담금은 조합이 내야 할 부담금·가산금을 조합의 규약에 따라 각 조합원에게 배분하는 금액으로 한다.
③ 제2항에 따라 조합원에게 부담금을 부과할 때에는 제19조에 따른 납부고지서를 발부하여야 하며, 납부 기한은 부과 고지를 한 날부터 30일로 한다.

제6조【부과 제외 및 감면】 ① 법 제7조제1항에서 "대통령령으로 정하는 개발사업"이란 다음 각 호의 사업을 말한다.
1. 별표1 제1호에 따른 택지개발사업(주택단지조성사업을 포함한다)
2. 별표1 제2호에 따른 산업단지개발사업
3. 별표1 제3호에 따른 관광단지조성사업(온천 개발사업을 포함한다) 중 같은 호 가목 및 나목에 따른 관광지조성사업 및 관광단지조성사업(2014.7.14 본호개정)
4. 별표1 제4호에 따른 도시개발사업, 지역개발사업 및 도시환경정비사업(같은 호 사목에 따른 지역개발사업의 경우에는 투자선도지구에서 시행하는 사업만 해당한다)(2023.6.27 본호개정)
5. 별표1 제5호에 따른 교통시설 및 물류시설 용지조성사업 중 같은 호 라목 및 마목에 따른 물류단지개발사업 및 물류터미널사업을 위한 용지조성사업(2014.7.14 본호개정)
6. (2014.7.14 삭제)

② 법 제7조제2항제2호에 따라 부담금의 100분의 50을 경감받는 공공기관(이하 "감면기관"이라 한다)은 다음 각 호의 기관으로 한다.
1. 「공공기관의 운영에 관한 법률」에 따른 공공기관 중 다음 각 목의 공공기관
   가. 「한국토지주택공사법」에 따른 한국토지주택공사(2009.9.21 본목개정)
   나. 「한국수자원공사법」에 따라 설립된 한국수자원공사
   다. (2009.9.21 삭제)
   라. 「한국농어촌공사 및 농지관리기금법」에 따라 설립된 한국농어촌공사(2009.6.26 본목개정)
   마. 「한국관광공사법」에 따라 설립된 한국관광공사
   바. 「한국철도공사법」에 따라 설립된 한국철도공사
2. 「지방공기업법」에 따라 설립된 지방공사 및 지방공단 중 제1항에 따른 개발사업을 목적으로 설립된 지방공사 및 지방공단
3. 특별법에 따른 공기업과 조합 중 다음 각 목의 공기업과 조합
   가. 「중소기업진흥에 관한 법률」에 따라 설립된 중소벤처기업진흥공단(2019.4.2 본목개정)
   나. 「산업집적활성화 및 공장설립에 관한 법률」에 따라 설립된 한국산업단지공단
   다. 「공무원연금법」에 따라 설립된 공무원연금공단(2014.7.14 본목개정)
   라. 「농업협동조합법」에 따라 설립된 조합, 조합공동사업법인 및 중앙회(농협경제지주회사 및 그 자회사를 포함한다)(2015.2.23 본목개정)
   마. 「수산업협동조합법」에 따라 설립된 조합 및 중앙회(2014.7.14 본목개정)
   바. 「산림조합법」에 따라 설립된 조합, 중앙회 및 조합공동사업법인(2014.7.14 본목개정)
   사. 「국가철도공단법」에 따라 설립된 국가철도공단(2020.9.10 본목개정)
   아. 「한국교통안전공단법」에 따라 설립된 한국교통안전공단(2019.2.8 본목개정)
   자. 「한국공항공사법」에 따라 설립된 한국공항공사
   차. 「한국도로공사법」에 따라 설립된 한국도로공사
   카. 「인천국제공항공사법」에 따라 설립된 인천국제공항공사
   타. (2011.8.11 삭제)
   파. 「중소기업협동조합법」에 따라 설립된 중소기업협동조합
   하. 「한국자산관리공사 설립 등에 관한 법률」에 따른 한국자산관리공사(2022.2.17 본목개정)
   거. 「항만공사법」에 따라 설립된 항만공사
   너. 「제주특별자치도 설치 및 국제자유도시 조성을 위한 특별법」에 따라 설립된 제주국제자유도시개발센터

③ 법 제7조제2항제2호에 따라 부담금의 100분의 50을 경감받는 개발사업은 다음 각 호의 사업으로 한다.
1. 제1항 각 호의 개발사업
2. 「국가철도공단법」 제23조에 따라 국가철도공단이 시행하는 철도의 역세권 및 철도 부근 지역 개발사업(2020.9.10 본호개정)
3. 자동차 관련시설 부지조성사업(「한국교통안전공단법」에 따라 한국교통안전공단이 시행하는 경우로 한정한다)(2019.2.8 본호개정)
4. 「양곡관리법」 제22조에 따라 농업협동조합 및 중앙회(농협경제지주회사 및 그 자회사를 포함한다)가 시행하는 미곡종합처리장 설치사업(2015.2.23 본호개정)
5. (2011.8.11 삭제)
6. 「항만공사법」 제8조제1항제1호에 따라 항만공사가 시행하는 항만시설의 신설·개축(改築)·유지·보수·준설(浚渫) 등의 사업
7. 「한국철도공사법」 제9조제1항제5호 및 제6호, 같은 법 제13조에 따라 한국철도공사가 시행하는 역시설 및 역세권 개발사업

④ 법 제7조제2항제3호 본문에서 "대통령령으로 정하는 관광단지조성사업과 교통시설 및 물류시설 용지조성사업"이란 다음 각 호의 어느 하나에 해당하는 사업을 말한다.
1. 별표1 제3호가목에 따른 관광지조성사업
2. 별표1 제5호마목에 따른 물류터미널사업을 위한 용지조성사업
3. 별표1 제8호가목 및 나목에 따른 창고시설의 설치 등을 위한 용지조성사업

(2014.7.14 본항개정)

제6조의2【경감제외사유】 법 제7조제4항 후단에서 "해당 지방자치단체의 지가가 급격히 상승할 우려가 있는 등 대통령령으로 정하는 사유"란 다음 각 호의 모두에 해당하는 경우를 말한다.
1. 경감요청 직전 월의 지방자치단체 지가상승률이 전국 소비자 물가상승률의 100분의 130보다 높은 경우
2. 직전 월부터 소급하여 지방자치단체의 2개월간의 월평균 지가상승률이 전국지가상승률의 100분의 130보다 높은 경우

(2009.6.25 본조신설)

제6조의3【경감 대상·기준 및 경감 절차】 ① 시장·군수·구청장은 법 제7조제4항 본문에 따라 부담금을 경감하려면 다음 각 호의 서류를 첨부하여 지방의회에 승인을 요청해야 한다.
1. 법 제5조제1항 각 호에 따른 개발사업으로서 경감할 사업 및 경감 기준
2. 제6조의2에 따른 경감 제외사유에 해당하지 않음을 증명하는 서류

② 시장·군수·구청장은 제1항제1호에 따른 경감 기준을 정할 때 법 제6조에 따른 개발부담금 납부 의무자, 개발사업의 종류 및 개발사업이 시행되는 토지의 용도지역·용도지구 등에 따라 경감률 및 경감기간을 달리 정할 수 있다.
③ 시장·군수·구청장은 지방의회의 승인을 받으면 개발부담금 경감 사업 및 경감 기준을 공고하고, 이를 국토교통부장관에게 통보해야 한다.
④ 시장·군수·구청장은 제3항에 따른 개발부담금 경감 사업 및 경감 기준을 일반인이 열람할 수 있도록 해야 한다.

(2020.9.8 본조개정)

제7조【토지 이용 계획 등의 변경】 ① 법 제9조제1항제1호 본문에서 "대통령령으로 정하는 토지 이용 계획 등이 변경된 경우"란 개발사업이 시행되는 토지가 별표2의 용도지역·용도지구 등으로 지정 또는 변경되거나 그 토지에 지정된 용도지역·용도지구 등이 해제되는 것을 말한다. 다만, 토지 취득 당시의 용도지역·용도지구 등과 같은 용도지역·지구 등으로 되돌리는 경우는 제외한다.
② 제1항을 적용할 때 토지 이용 계획 등의 변경이 두 번 이상 이루어진 경우에는 인가등을 받기 전 5년 이내에 최초로 이루어진 것을 제1항에 따른 토지 이용 계획 등의 변경으로 본다.

제8조【부과 개시 시점의 예외】 ① 법 제9조제1항제1호 단서에서 "대통령령으로 정하는 경우"와 "대통령령으로 정하는 날"이란 다음 각 호와 같다.
1. 토지 취득일부터 2년 이상이 지난 후에 토지 이용 계획 등이 변경된 경우에는 변경된 날의 2년 전에 해당하는 날
2. 「중소기업기본법」 제2조에 따른 중소기업자가 공장부지를 조성하기 위하여 토지를 취득한 후에 토지 이용계획 등이 변경된 경우에는 토지 이용 계획 등의 변경일

② 법 제9조제1항제2호에 따라 인가등의 변경으로 부과대상 토지에 새로 편입된 토지에 대한 부과 개시 시점은 다음 각 호에서 정하는 날로 한다.
1. 변경인가 등을 받기 전에 제7조에 따른 토지 이용 계획등이 변경된 경우로서 토지 이용 계획 등의 변경 전에 취득한 토지인 경우에는 취득일 또는 제1항제1호 및 제2호에 해당되는 날
2. 변경인가 등을 받기 전에 제7조에 따른 토지 이용 계획등이 변경된 경우로서 토지 이용 계획 등의 변경일부터 변경인가 등을 받기 전의 사이에 토지를 취득한 경우에는 토지를 취득한 날
3. 제1호 또는 제2호 외의 토지인 경우에는 인가등의 변경일

제9조【개발사업의 인가일 등】 ① 법 제9조제2항에 따른 개발사업의 인가등을 받은 날과 법 제9조제4항에 따른 준공인가 등을 받은 날은 별표3과 같다.
② 법 제9조제2항에 따른 취득일에 관하여는 「소득세법 시행령」 제162조를 준용한다.
③ 법 제9조제3항에 따라 부과 종료 시점이 되는 준공인가 등을 받은 날이 관계 법령에 따라 정해져 있지 않은 경우에는 다음 각 호의 날을 부과 종료 시점으로 한다.
1. 납부 의무자가 실제로 개발사업이 끝난 날을 증명할 수 있는 서류를 첨부하여 시장·군수·구청장에게 이를 신고한 경우에는 개발사업이 끝난 것으로 증명된 날
2. 납부 의무자가 실제로 개발사업이 끝난 날을 신고하지 않거나 이를 증명하지 못하는 경우에는 시장·군수·구청장이 현지를 확인하여 납부 의무자에게 개발사업이 끝난 날로 통지한 날

(2020.9.8 본항개정)

제10조【개발사업의 준공 전 부과 종료 시점】 ① 법 제9조제3항제2호에서 "대통령령으로 정하는 경우"란 다음 각 호의 어느 하나에 해당하는 경우를 말한다.
1. 토지만을 개발하는 개발사업의 경우에는 다음 각 목의 어느 하나에 해당하는 경우
   가. 사실상 개발이 끝난 토지를 타인에게 양도하는 경우
   나. 사실상 개발이 끝난 토지에 건축물을 건축하는 등 토지 사용을 시작하는 경우
2. 주택건설사업 등 토지 개발과 건축물의 건축을 함께 하는 개발사업의 경우에는 관계 행정청의 인가등을 받아 건축물 사용을 시작하는 경우

② 제1항의 경우 개발부담금의 부과 종료 시점은 다음 각 호와 같다.
1. 제1항제1호가목에 따라 토지를 타인에게 양도하는 경우에는 「소득세법 시행령」 제162조에 따른 시기에 해당하는 날(2014.7.14 본호개정)
2. 제1항제1호나목에 따라 토지 사용을 시작하는 경우에는 「건축법」 제21조에 따른 착공 신고일
3. 제1항제2호에 따라 건축물 사용을 시작하는 경우에는 「건축법」 제22조에 따른 임시 사용 승인일

③ 법 제9조제3항제3호에서 "그 밖에 대통령령으로 정하는 경우"란 개발사업을 시작한 후 다음 각 호의 어느 하나에 해당하는 사유가 발생한 경우를 말한다.
1. 개발사업에 대한 인가등이 해당 법률에서 정하는 바에 따라 취소된 경우
2. 사업시행자의 파산이나 그 밖의 사유로 개발사업의 시행이 중단되어 사업을 끝낼 수 없게 된 경우

④ 제1항의 경우 개발사업의 준공인가 등을 받기 전에 해당 사업이 끝난 것으로 보는 토지의 면적은 국토교통부령으로 정한다.(2013.3.23 본항개정)

제10조의2【종료시점지가의 검증】 ① 법 제10조제1항 후단에서 "개발이익이 발생하지 않을 것이 명백하다고 인정되는 경우 등 대통령령으로 정하는 경우"란 다음 각 호의 어느 하나에 해당하는 경우를 말한다.
1. 법 제8조에 따라 산정한 개발이익이 없는 경우. 이 경우 개발부담금 부과 종료 시점의 부과 대상 토지의 가액(이하 "종료시점지가"라 한다) 산정의 기준이 되는 표준지가 1개 이상 있으면 그 중 공시지가가 가장 높은 표준지를 기준으로 산정한다.(2020.9.8 후단개정)
2. 법 제9조제3항제1호에 해당하여 부과 대상 토지의 일부(이하 이 호에서 "분할토지"라 한다)에 대하여 개발부담금이 결정·부과된 경우로서 분할토지의 종료시점지가 산정 시 적용된 표준지를 기준으로 부과 대상 토지의 종료시점지가를 산정한 경우

② 시장·군수·구청장은 법 제10조제1항 후단에 따라 종료시점지가의 적정성에 대하여 감정평가법인등(「감정평가 및 감정평가사에 관한 법률」 제2조제4호에 따른 감정평가법인등을 말한다. 이하 같다)에게 검증을 의뢰하는 경우 같은 조 제1항 전단에 따라 산정한 종료시점지가에 관한 다음 각 호의 자료를 제공해야 한다.(2020.9.8 본문개정)
1. 지가현황도면(종료시점지가, 표준지 공시지가 및 용도지역 등을 표시한 도면을 말하며, 전자도면을 포함한다)
2. 종료시점지가의 산정조서
3. 토지특성조사표
4. 그 밖에 종료시점지가의 검증에 필요한 자료
③ 법 제10조제1항 후단에 따라 종료시점지가의 적정성에 대하여 검증을 의뢰받은 감정평가법인등은 다음 각 호의 사항을 검토·확인하여 국토교통부령으로 정하는 검증결과서를 시장·군수·구청장에게 제출해야 한다.(2020.9.8 본문개정)
1. 표준지 선정의 적정성에 관한 사항
2. 토지의 이용 상황 등 토지특성조사 내용의 적정성에 관한 사항
3. 토지가격비준표(「부동산 가격공시에 관한 법률」 제3조제8항에 따른 표준적인 비교표를 말한다) 적용의 타당성에 관한 사항(2020.10.8 본호개정)
4. 법 제10조제1항 후단에 따른 종료시점지가와 표준지공시지가의 균형 유지에 관한 사항
5. 그 밖에 시장·군수·구청장이 검토를 의뢰한 사항(2020.9.8 본호개정)
(2018.6.26 본조신설)

제11조 【지가의 산정】 ① 법 제10조제2항에서 "대통령령으로 정하는 경우"란 다음 각 호의 경우를 말한다.
1. 「주택법」 제54조제1항제1호에 따라 시장·군수·구청장의 승인을 받아 주택의 분양가가 결정된 경우(주택의 분양가를 제3항제1호에 따른 건축비를 적용하여 결정하는 경우로 한정한다)(2020.9.8 본호개정)
2. 「주택법」 제15조제1항 및 같은 법 시행령 제27조제6항에 따라 사업주체가 조성한 대지의 공급조건 등에 대하여 국토교통부장관 또는 지방자치단체의 장의 승인을 받은 경우(2016.8.11 본호개정)
3. 「택지개발촉진법」 제9조 및 같은 법 시행령 제8조에 따라 택지의 공급가격결정방법 등이 포함된 택지개발사업실시계획에 대하여 국토교통부장관 또는 지방자치단체의 장의 승인을 받은 경우(2013.3.23 본호개정)
4. 「산업입지 및 개발에 관한 법률」 제38조 및 같은 법 시행령 제40조에 따라 개발된 토지의 분양가가 결정된 경우
5. 「산업입지 및 개발에 관한 법률」 제39조에 따른 특수지역개발사업으로 개발된 토지의 분양가가 같은 법 시행령 제40조의 분양가격의 결정방법과 같은 방법으로 결정된 경우
6. 「한국토지주택공사법」 제16조에 따라 한국토지주택공사가 매입하여 개발한 토지의 분양가가 결정된 경우(2009.9.21 본호개정)
7. 제1호부터 제6호까지의 경우와 비슷한 경우로서 국가 또는 지방자치단체의 인가등을 받아 토지의 분양가격이 결정된 경우
② 법 제10조제2항에 따라 처분 가격을 종료시점지가로 산정하는 경우는 법 제10조제3항 단서에 따라 매입가격으로 개발부담금 부과 개시 시점의 부과 대상 토지의 가액(이하 "개시시점지가"라 한다)을 산정하는 경우로 한정한다.(2020.9.8 본항개정)
③ 법 제10조제2항에 따라 처분 가격을 종료시점지가로 할 때 제1항제1호의 경우에는 그 처분 가격을 분양가에서 다음 각 호의 금액을 뺀 가액(價額)으로 한다. 다만, 납부 의무자가 「건설산업기본법」에 따라 등록을 한 건설사업자와의 도급계약에 따라 지출한 건축비 명세서를 제출한 경우에는 분양가에서 그 건축비와 제2호의 경비를 뺀 가액으로 할 수 있다.(2020.2.18 단서개정)
1. 국토교통부장관이 정하여 고시하는 건축비(2013.3.23 본호개정)
2. 건축과 관련된 부대경비로서 국토교통부령으로 정하는 경비(2013.3.23 본호개정)
3. 지하주차장 설치에 들어간 비용
4. 「건축법」등 관계 법령에 따라 설치하도록 되어 있는 지하층을 초과하여 설치한 경우 그 초과 설치에 들어간 비용
④ 시장·군수·구청장은 법 제25조에 따라 관계 행정청으로부터 개발사업에 관한 인가등의 통보를 받았을 때에는 지체 없이 부과 대상 토지를 조사하고 개시시점지가를 산정해야 한다.(2020.9.8 본항개정)
⑤ 법 제10조제3항제5호에서 "대통령령으로 정하는 경우"란 다음 각 호의 어느 하나에 해당하는 경우를 말한다.
1. 부과 개시 시점 이전에 매입한 경우(부과 개시 시점 이전에 매매계약을 체결하여 부과 개시 시점 이후에 그 계약에서 약정한 금액대로 매매대금의 지급이 이루어진 경우로서 국토교통부령으로 정하는 증명서류를 제출한 경우를 포함한다)로서 그 매입가격이 취득세의 과세표준이 된 경우(2013.3.23 본호개정)
2. 사업시행자가 「지방세특례제한법」 제21조, 제23조, 제36조, 제37조, 제38조제1항, 제40조, 제42조제3항, 제45조, 제47조제1항, 제49조, 제52조제1항·제2항, 제53조, 제54조제5항제1호, 제69조 및 제88조제2항에 따른 법인등인 경우로서 그 매입가격이 법인 등의 장부에 기록된 매입가격인 경우(2020.1.15 본호개정)
⑥ 법 제10조제3항 각 호 외의 부분 단서에 따라 실제의 매입가액 또는 취득가액을 개시시점지가로 할 때 납부의무자가 토지와 그 토지에 정착된 건축물 등을 함께 매입한 경우로서 실제 매입가액 또는 취득가액 중 토지의 가액과 건축물 등의 가액의 구분이 불분명한 경우에는 「부가가치세법 시행령」 제64조에서 정하는 바에 따라 똑같이 나누어 계산한 가액을 그 토지의 매입가액 또는 취득가액으로 한다.(2016.7.19 본항개정)
⑦ 법 제10조제5항에서 "대통령령으로 정하는 경우"란 다음 각 호의 어느 하나에 해당하는 경우를 말한다.
1. 개시시점지가 및 종료시점지가를 산정할 때 부과 대상 토지의 개별공시지가가 없는 경우
2. 종료시점지가를 산정할 때 법 제10조제3항 단서에 따라 매입가격으로 개시시점지가를 산정한 경우

제12조 【개발비용의 산정】 ① 법 제11조제1항 각 호에 따른 개발비용의 산정기준은 각각 다음 각 호와 같다.
1. 순공사비 : 해당 개발사업을 위하여 지출한 재료비·노무비·경비의 합계액
2. 조사비 : 직접 해당 개발사업의 시행을 위한 다음 각 목의 비용(순공사비에 해당하지 아니하는 비용을 말한다)의 합계액
가. 해당 개발사업의 시행을 위한 측량비
나. 관계 법령이나 해당 개발사업의 인가등의 조건에 따라 의무적으로 실시하여야 하는 각종 영향평가에 드는 비용
다. 「매장문화재 보호 및 조사에 관한 법률」 제6조제1항 및 제11조제3항에 따른 매장문화재의 지표조사 및 발굴에 드는 비용
라. 개발사업 토지에 대한 지반조사에 드는 비용
3. 설계비 : 해당 개발사업의 설계를 위하여 지출한 비용의 합계액
4. 일반관리비 : 해당 개발사업과 관련하여 관리활동 부문에서 발생한 모든 비용의 합계액
5. 기부채납액 : 납부 의무자가 관계 법령이나 해당 개발사업의 인가등의 조건에 따라 국가 또는 지방자치단체에 기부하는 토지 또는 공공시설 등의 가액으로서 다음 각 목의 구분에 따라 산정한 가액. 다만, 개발사업 목적이 타인에게 분양하는 등 처분하는 것으로서 그 처분가격에 기부하는 토지 또는 공공시설 등의 가액이 포함된 경우에는 제11조제2항에 따라 그 처분가격을 종료시점지가로 산정하는 경우로 한정한다.
가. 토지의 가액 : 개시시점지가에 부과기간의 정상지가상승분을 합한 금액
나. 공공시설 등의 가액 : 토지의 가액에 그 시설의 조성원가를 합산한 금액
6. 부담금 납부액 : 관계 법령이나 해당 개발사업의 인가등의 조건에 따라 국가 또는 지방자치단체에 납부한 부담금의 합계액
7. 토지의 개량비 : 해당 개발사업의 인가등을 받은 날을 기준으로 그 이전 3년 이내에 부과 대상 토지를 개량하기 위하여 지출한 비용으로서 개시시점지가에 반영되지 아니한 비용
8. 제세공과금 : 해당 개발사업의 시행과 관련하여 국가 또는 지방자치단체에 납부한 제세공과금의 합계액. 다만, 다음 각 목의 어느 하나에 해당하는 금액은 제외한다.
가. 개발사업 대상 토지의 취득이나 보유로 인하여 납부한 금액. 다만, 지목변경으로 인한 취득세는 제외한다.
나. 벌금, 과태료, 과징금 또는 가산금 등 각종 법령이나 의무 위반으로 납부한 금액
(2014.7.14 1호~8호개정)
9. 보상비 : 토지의 가액에 포함되지 않은 개발사업구역의 건축물, 공작물, 입목 및 영업권 등에 대한 보상비. 이 경우 건축물에 대한 보상비를 산정할 때에는 다음 각 목에 따른다.(2020.9.8 전단개정)
가. 개발사업을 시행하기 위하여 매입한 건축물인 경우 : 취득세의 과세표준이 된 실제 매입가격
나. 기존에 소유한 건축물인 경우 : 「지방세법」 제4조에 따른 시가표준액(이하 "시가표준액"이라 한다). 다만, 시가표준액이 없거나 납부 의무자가 원하는 경우에는 시장·군수·구청장이 지정하는 감정평가법인등이 감정평가한 금액으로 한다.(2020.9.8 단서개정)
(2016.7.19 본호개정)
② 제1항에 따른 개발비용은 다음 각 호의 구분에 따라 산정한다.
1. 법 제11조제1항에 따른 개발비용은 납부 의무자가 해당 사업의 시행과 관련하여 지출한 제1항 각 호의 비용의 합계액으로서 산출명세서와 증명서를 갖춘 금액. 다만, 제1항제4호의 일반관리비는 「국가를 당사자로 하는 계약에 관한 법률 시행령」 제9조 및 「지방자치단체를 당사자로 하는 계약에 관한 법률 시행령」 제10조에 따른 예정가격 결정기준과 요율을 적용하여 산정한 금액으로 한다.
2. 법 제11조제2항에 따라 개발비용을 산정하는 경우에는 다음 각 목의 금액의 합계액
가. 제1항제1호부터 제4호까지의 비용은 부과 대상 토지 면적에 국토교통부장관이 고시하는 단위면적당 표준비용을 곱하여 산정한 금액으로서 산출명세서를 갖춘 금액
나. 제1항제5호부터 제9호까지의 비용의 합계액으로서 산출명세서와 증명서를 갖춘 금액
(2014.7.14 본항개정)
③ 제2항의 경우 납부 의무자가 제시한 금액 중 제1항제1호부터 제3호까지의 개발비용의 금액이 다음 각 호의 기준에 따라 산출한 금액을 초과하는 경우에는 그 초과하는 금액은 법 제11조제1항에 따른 개발비용으로 보지 아니한다.(2014.7.14 본문개정)
1. 재료비·노무비·경비는 「국가를 당사자로 하는 계약에 관한 법률 시행령」 제9조 및 「지방자치단체를 당사자로 하는 계약에 관한 법률 시행령」 제10조에 따른 예정가격 결정기준 중 공사원가계산을 위한 재료비·노무비·경비의 산출 방법을 적용하여 산출하되, 정부표준품셈과 단가(정부고시가격이 있는 경우에는 그 금액을 말한다)에 따른 금액
2. 조사비와 설계비는 「엔지니어링산업 진흥법」 제31조에 따른 엔지니어링사업대가의 기준에 따라 산정한 금액(2011.1.17 본호개정)
④ 납부 의무자가 제시한 개발비용의 금액이 제3항에 따른 금액을 초과하는 경우로서 다음 각 호의 어느 하나에 해당하는 경우에는 제3항에도 불구하고 그 금액을 법 제11조에 따른 개발비용으로 인정할 수 있다.
1. 지방자치단체 또는 감면기관이 「지방재정법」, 「지방회계법」 또는 「공공기관의 운영에 관한 법률」에 따라 지출한 개발비용(2016.11.29 본호개정)
2. 시장·군수·구청장이 납부 의무자가 제시한 금액에 대하여 국토교통부령으로 정하는 요건을 갖춘 다음 각 목의 어느 하나에 해당하는 회사나 기관(이하 "개발비용산정기관"이라 한다)에 의뢰하여 제3항 각 호의 기준에 적합한 것으로 확인한 경우 그 개발비용(2020.9.8 본문개정)
가. 「건설기술 진흥법」 제26조에 따라 등록된 건설엔지니어링사업자(2021.9.14 본목개정)
나. 「기술사법」 제6조에 따라 등록된 기술사사무소
다. 감정평가법인등(2020.9.8 본목개정)
라. 「엔지니어링산업 진흥법」 제21조에 따라 신고된 엔지니어링사업자
마. 국가를 당사자로 하는 계약에 관한 법령에 따른 원가계산용역기관
(2014.7.14 본호개정)
3. 「건설산업기본법」에 따라 등록을 한 건설사업자와의 도급계약, 「엔지니어링산업 진흥법」 제21조에 따라 신고한 엔지니어링사업자와의 엔지니어링사업계약 등 명백한 원인에 따라 지출한 비용을 근거로 산정한 개발비용(2020.2.18 본호개정)
4. 국토교통부장관이 정하는 제3항에 따른 개발비용의 세부 항목별 산출기준에 적합하다고 인정되는 경우(2013.3.23 본호개정)
⑤ 시장·군수·구청장은 제2항에 따라 납부 의무자가 제시한 금액의 사실 여부를 확인하고 제3항에 따른 금액을 산출할 때, 해당 개발사업의 내용·성질 등이 특수하여 그 확인 또는 금액 산출이 곤란한 경우에는 개발비용산정기관에 그 확인 또는 금액 산출을 의뢰할 수 있다.(2020.9.8 본항개정)
⑥ 법 제11조제2항에서 "대통령령으로 정하는 일정 면적"이란 2천700제곱미터를 말한다.(2011.11.11 본항신설)

제13조 【양도소득세액 등의 개발비용 인정】 법 제12조에 따라 개발비용으로 계상되는 양도소득세 또는 법인세의 세액 범위는 부과 종료 시점 이전에 토지가 양도된 때에는 해당 세액 중 부과 개시 시점부터 양도시까지, 부과 종료 시점 이후에 토지가 양도된 때에는 부과 개시 시점부터 부과 종료 시점까지에 상당하는 세액으로 한다. 이 경우 개발비용으로 계상되는 세액의 산정은 양도소득세 또는 법인세를 일(日) 단위로 똑같이 나누어 산정한다.(2014.7.14 본조개정)

제14조 【부과 금액의 산정】 ① 법 제8조부터 제13조까지의 규정에 따라 부담금을 산정할 때 부과 종료 시점이 월 중에 속하는 경우에는 부과 종료 시점이 속한 월의 전월 정상지가변동률을 적용하여 부담금을 산정한다. 이 경우 부과 종료 시점이 속한 월의 정상지가변동률이 공표된 때에는 지체 없이 그 차액을 산정하여 정산하여야 한다.
② 별표1 제7호에 따른 지목변경이 수반되는 개발사업의 경우 인가등을 받은 면적 중 그 사업이 종료된 후 사실상 또는 공부상 지목이 변경된 면적에 한하여 개발이익이 발생한 것으로 본다.(2014.7.14 본항개정)

③ 제2항에 따른 개발사업에 대한 부담금을 산정할 때 그 개발비용은 총지출비용 중 지목이 변경된 부분에 지출된 비용으로 하되, 지목이 변경된 부분에 지출된 비용을 명확하게 구분할 수 없는 경우에는 면적비율에 따른다.

제15조【부과기준과 부과 금액의 예정 통지】 ① 시장·군수·구청장은 법 제14조에 따라 부담금을 부과하려면 미리 납부 의무자에게 결정될 부과기준 및 부과 금액을 알려야 한다.(2020.9.8 본항개정)

② 제1항에 따른 통지는 비용명세서가 제출된 날부터 60일 이내에 하여야 한다.(2014.7.14 본항개정)

③ 시장·군수·구청장은 법 제14조제1항 단서에 해당하는 사업에 대하여 부담금을 부과하는 경우에는 전체 개발사업이 끝난 후에 법 제9조제3항 각 호의 어느 하나에 해당하는 토지별로 부담금을 산정하여 부과할 수 있다.(2020.9.8 본항개정)

(2014.7.14 본조제목개정)

제15조의2【부담금의 재산정·조정】 ① 법 제14조의2 제1항에서 "「학교용지 확보 등에 관한 특례법」에 따른 학교용지부담금을 납부하는 등 대통령령으로 정하는 사유"란 다음 각 호의 어느 하나에 해당하는 경우를 말한다.
1. 「학교용지 확보 등에 관한 특례법」에 따른 학교용지부담금의 납부
2. 제12조제1항제5호에 따른 기부채납액의 납부

② 시장·군수·구청장은 제1항 각 호의 어느 하나에 해당하는 사유가 발생한 경우 즉시 부담금을 다시 산정·조정하여 그 차액의 부과 또는 환급을 결정해야 한다.(2020.9.8 본항개정)

③ 제2항에 따라 그 차액을 환급하는 경우에는 해당 부담금의 납부일부터 그 차액의 환급을 결정하는 날까지의 기간에 대하여 「국세기본법 시행령」 제43조의3제2항 본문에 따른 기본이자율에 따라 계산한 금액을 더하여 지급한다.(2020.9.8 본항개정)

(2018.6.26 본조신설)

제16조【고지 전 심사】 ① 제15조에 따라 통지를 받은 부과기준 및 부과 금액에 대하여 이의가 있는 납부 의무자는 예정 통지를 받은 날부터 30일 이내에 시장·군수·구청장에게 심사(이하 "고지 전 심사"라 한다)를 청구할 수 있다.(2020.9.8 본항개정)

② 예정 통지를 받은 납부 의무자가 고지 전 심사를 청구하려면 다음 각 호의 사항을 적은 고지 전 심사청구서를 시장·군수·구청장에게 제출해야 한다. 이 경우 관계 증명서류 등이 있으면 이를 고지 전 심사청구서에 첨부해야 한다.(2020.9.8 본문개정)
1. 청구인의 성명(법인의 경우에는 명칭 및 대표자의 성명) 및 주소 또는 거소(居所)
2. 부담금 부과 대상 토지의 명세
3. 예정 통지된 부과기준 및 부과 금액(2014.7.14 본호개정)
4. 고지 전 심사청구의 이유

③ 제1항에 따라 고지 전 심사청구를 받은 시장·군수·구청장은 그 청구를 받은 날부터 15일 이내에 이를 심사하여 그 결과를 청구인에게 알려야 한다.(2020.9.8 본문개정)

④ 고지 전 심사결과의 통지는 다음 각 호의 사항을 적은 고지 전 심사결정 통지서로 하여야 한다.
1. 청구인의 성명(법인의 경우에는 명칭 및 대표자의 성명)·주소 또는 거소
2. 부담금 부과 대상 토지의 명세
3. 부과기준 및 부과 금액(2014.7.14 본호개정)
4. 심사결과

제17조【부담금의 부과 기한】 법 제15조제3항에 따른 부담금을 부과 고지할 수 있는 날은 다음 각 호의 날로 한다.
1. 제15조제3항에 따라 부담금을 부과하게 되는 경우에는 전체 개발사업이 끝난 날부터 5개월이 지난 날
2. 제21조에 따라 부담금을 추징하게 되는 경우에는 추징 사유가 발생한 날부터 5개월이 지난 날
3. 제1호와 제2호 외의 경우에는 부과 종료 시점부터 5개월이 지난 날

(2014.7.14 1호~3호개정)

제18조【부담금의 결정】 시장·군수·구청장은 제15조에 따른 예정 통지에 이의가 없는 경우 또는 제16조에 따른 고지 전 심사청구에 대한 심사결과를 알린 경우에는 그 알린 금액에 따라 부담금을 결정한다.(2020.9.8 본조개정)

제19조【납부의 고지】 시장·군수·구청장은 법 제15조에 따라 납부 의무자에게 납부고지서를 발부할 때에는 다음 각 호의 사항을 명시해야 한다.(2020.9.8 본문개정)
1. 부과 대상 개발사업의 명칭
2. 납부 의무자
3. 부과기준 및 산출 근거
4. 납부 금액 및 납부기한
5. 납부방법

(2014.7.14 1호~5호신설)

제20조【부담금의 정정 등】 ① 시장·군수·구청장은 제18조에 따라 부담금을 결정한 후에 그 결정 내용에 누락 또는 오류가 있는 것을 발견한 경우에는 즉시 그 부담금을 조사하여 정정해야 한다.(2020.9.8 본항개정)

② 납부 의무자가 제12조제1항제5호에 따라 국가 또는 지방자치단체에 기부하기로 한 토지 또는 공공시설 등을 특별한 사유 없이 법 제18조에 따른 납부 기일까지 기부하지 아니하는 경우에는 납부 기일이 지난 날부터 1개월 이내에 그 토지 또는 공공시설 등과 관련하여 개발비용으로 산입한 금액에 해당하는 부담금을 징수한다. 이 경우 부담금의 납부 기한은 부과 고지일부터 30일로 한다.(2014.7.14 전단개정)

③ 제1항에 따라 부담금을 정정하는 경우와 법 제26조에 따른 행정심판 등에 따라 이미 납부된 부담금 중에 과오납금이 발생한 경우에는 부담금의 납부일부터 지급결정을 하는 날까지의 기간에 대하여 「국세기본법 시행령」 제43조의3제2항 본문에 따른 기본이자율에 따라 계산한 금액을 더하여 지급한다.(2020.9.8 본항개정)

제21조【부담금의 추징】 ① 법 제16조제1항에서 "특별한 사유"란 다음 각 호의 어느 하나에 해당하는 경우를 말한다.
1. 천재지변이나 그 밖에 이와 유사한 사유로 해당 재산에 현저한 손실을 입은 경우
2. 기업의 도산 등으로 개발사업을 계속하는 것이 곤란한 경우

② 법 제16조제1항에서 "대통령령으로 정하는 기간"이란 부과 종료 시점 후 5년 이내를 말한다.

③ 법 제16조제1항에서 "대통령령으로 정하는 사유"란 다음 각 호의 어느 하나에 해당하는 경우를 말한다.
1. 당초 개발사업의 목적용도와 다른 용도로 토지를 이용하는 경우
2. 당초 개발사업의 목적용도 외의 용도로 토지를 이용하려는 자에게 그 토지를 양도하는 경우

④ 시장·군수·구청장은 법 제7조제2항에 따라 경감한 부담금을 법 제16조제1항에 따라 추징하려면 제3항의 사유가 발생한 날부터 15일 이내에 경감한 부담금에 대한 납부고지서를 납부 의무자에게 보내야 한다. 이 경우 추징하는 부담금에 대한 납부 기한은 고지일부터 30일로 한다.(2020.9.8 전단개정)

⑤ 시장·군수·구청장은 법 제7조제3항에 따라 면제한 부담금을 법 제16조제1항에 따라 추징하려면 제3항의 사유가 발생한 날부터 15일 이내에 납부 의무자에게 추징을 통보해야 하며, 납부 의무자는 통보를 받은 날부터 30일 이내에 법 제11조에 따른 개발비용 산정에 필요한 명세서를 시장·군수·구청장에게 제출해야 한다.(2020.9.8 본항개정)

⑥ 제5항에 따라 부담금을 추징하는 경우에는 법 제18조와 이 영 제15조·제16조·제18조 및 제19조를 준용한다.

제21조의2【신용카드 등에 의한 개발부담금의 납부】 ① 법 제18조제2항 본문에서 "대통령령으로 정하는 납부대행기관"이란 다음 각 호의 구분에 따른 기관을 말한다.
1. 법 제4조에 따라 지방자치단체에 귀속되는 개발부담금의 경우 : 「지방행정제재·부과금의 징수 등에 관한 법률 시행령」 제19조제1항에 따른 지방세외수입수납대행기관(2020.3.24 본호개정)
2. 법 제4조에 따라 특별회계에 귀속되는 개발부담금의 경우 : 다음 각 목의 기관
  가. 「민법」 제32조에 따라 금융위원회의 허가를 받아 설립된 금융결제원
  나. 정보통신망을 이용하여 신용카드·직불카드 등(이하 "신용카드등"이라 한다)에 의한 결제를 수행하는 기관 중 시설, 자본금 규모, 업무수행능력 등을 고려하여 국토교통부장관이 납부대행기관으로 지정하여 고시한 기관. 이 경우 국토교통부장관은 납부대행기관의 지정에 관하여 행정안전부장관과 협의하여야 한다.(2023.6.27 전단개정)

② 국토교통부장관은 제1항제2호나목에 따른 납부대행기관이 다음 각 호의 어느 하나에 해당하는 경우에는 행정안전부장관과 협의하여 납부대행기관의 지정을 취소할 수 있다. 이 경우 국토교통부장관은 그 지정 취소 사실을 관보에 고시하여야 한다.
1. 제1항제2호나목에 따른 시설 축소, 자본금 규모 감소 등으로 인하여 부담금 납부대행 업무를 정상적으로 수행하기 어렵다고 인정되는 경우
2. 신용카드등에 의한 부담금 납부대행 업무를 정상적으로 운영하지 못하는 등 업무수행능력에 문제가 있다고 판단되는 경우

③ 법 제18조제4항에 따른 납부대행 수수료는 납부 금액의 1천분의 10을 초과할 수 없다.

④ 제1항부터 제3항까지에서 규정한 사항 외에 신용카드등에 의한 개발부담금의 납부에 필요한 사항은 국토교통부장관이 정한다.

(2018.6.26 본조신설)

제22조【물납】 ① 법 제18조제2항 단서에 따라 물납을 신청하려는 자는 부담금의 금액, 물납부동산의 소재지, 면적, 위치 및 가격 등을 적은 물납신청서를 시장·군수·구청장에게 제출해야 한다.(2020.9.8 본항개정)

② 시장·군수·구청장은 제1항에 따른 물납신청서를 받은 날부터 30일 이내에 국토교통부령으로 정하는 바에 따라 수납 여부를 결정하여 신청인에게 서면으로 알려야 한다.(2020.9.8 본항개정)

③ 납부 의무자는 부과 금액과 물납부동산 가액과의 차액을 현금 또는 신용카드등으로 내야 한다.(2023.6.27 본항개정)

④ 물납부동산의 가액은 다음 각 호의 구분에 따라 산정한다.
1. 토지 : 부과 종료 시점 당시의 개별공시지가(물납 토지가 부과 대상 토지인 경우에는 종료시점지가)에 부과 종료 시점부터 제2항에 따라 서면으로 알린 날까지의 정상지가상승분을 합한 금액
2. 건축물(토지와 그 위의 주택을 함께 물납하는 경우에는 토지를 포함한다) : 부과 종료 시점 당시의 시가표준액

(2016.7.19 본항개정)

⑤ 제4항에도 불구하고 개별공시지가 또는 시가표준액이 없는 경우의 물납부동산 가액은 시장·군수·구청장이 지정하는 감정평가법인등이 감정평가한 금액으로 한다.(2020.9.8 본항개정)

제22조의2【부담금의 일부 환급】 ① 법 제18조의2제1항에 따른 부담금의 일부 환급 금액(이하 "환급액"이라 한다)의 산정방법은 별표4와 같다. 다만, 산정된 환급액이 10만원 미만인 경우에는 환급액이 없는 것으로 본다.

② 제1항에 따라 산정한 환급액(특별회계에의 귀속분에 해당하는 금액과 해당 지방자치단체에의 귀속분에 해당하는 금액을 합한 금액을 말한다)의 환급방법 등에 필요한 사항은 국토교통부령으로 정한다.(2020.9.8 본항개정)

(2014.7.14 본조신설)

제23조【납부 기일 전 징수】 시장·군수·구청장은 법 제19조제2항에 따라 납부 기일 전에 부담금을 징수하려는 경우에는 그 납부 기일을 부담금 고지일부터 5일 이상이 지난 날로 해야 하고, 그 고지서에는 납부 기일 전에 징수한다는 뜻과 납부 기일이 변경된 사실을 적어야 한다.(2020.9.8 본조개정)

제24조【납부의 연기 및 분할 납부】 ① 법 제20조에 따라 납부 기일을 연기하거나 분할 납부를 신청하려는 자는 납부 기일 연기 또는 분할 납부 사유 등을 적은 납부 기일 연기신청서 또는 분할 납부 신청서를 시장·군수·구청장에게 제출해야 한다.(2020.9.8 본항개정)

② 시장·군수·구청장은 제1항에 따른 납부 기일 연기신청서 또는 분할 납부 신청서를 받은 날부터 30일 이내에 신청인에게 납부 기일 연기 또는 분할 납부 여부를 서면으로 알려야 한다.(2020.9.8 본항개정)

③ 법 제20조제1항제5호에서 "대통령령으로 정하는 경우"란 부담금 부과 금액이 1천만원을 초과하고, 납부 의무자가 「지방세기본법」 제67조에 따른 담보를 제공하는 경우를 말한다.
1.~3. (2014.7.14 삭제)

(2020.9.8 본항개정)

④ 법 제20조제3항에서 "대통령령으로 정하는 금액"이란 다음의 계산식에 따라 산정한 금액을 말한다.

부담금 ×	시중은행의 1년 만기 정기예금 평균 수신금리를 고려하여 국토교통부장관이 매년 결정·고시하는 이자율	×	납부를 연기한 기간 또는 분할 납부로 납부가 유예된 기간

(2014.7.14 본항개정)

제25조【결손처분】 시장·군수·구청장은 법 제23조제1항제4호에 따라 결손처분을 하려면 관할 세무서 등 관계 행정기관 등에 조회하여 그 체납자의 행방 또는 재산의 유무를 조사·확인해야 한다. 다만, 체납된 부담금이 10만원 미만인 경우는 제외한다.(2020.9.8 본조개정)

제25조의2【개발비용 산출명세서】 ① 법 제24조에 따라 개발비용의 산정에 필요한 명세서를 제출하려는 자는 다음 각 호에서 정하는 바에 따라 개발비용 산출명세서를 시장·군수·구청장에게 제출해야 한다.(2020.9.8 본문개정)
1. 국가 또는 지방자치단체로부터 개발사업의 준공인가 등을 받은 경우에는 부과 종료 시점부터 40일 이내에 제출할 것
2. 부과 대상 토지가 법 제9조제3항 단서에 해당되는 경우로서 준공된 개발사업별로 개발비용을 산출하기 곤란한 경우에는 전체 개발사업이 완료된 날부터 40일 이내에 명세서를 제출할 것. 이 경우 부과 종료 시점이 서로 다른 대상 토지는 그 명세서를 별도로 구분하여 작성하여야 한다.

② 제1항에 따른 개발비용 산출명세서에는 설계서 등 개발비용 산출 증명서류를 첨부하여야 한다. 다만, 법 제11조제2항에 따라 국토교통부장관이 고시하는 단위면적당 표준비용을 적용하는 경우에는 제12조제1항제1호부터 제4호까지의 개발비용에 대한 개발비용 산출 증명서류는 첨부하지 아니한다.(2013.3.23 단서개정)

(2009.6.25 본조신설)

제26조【개발사업의 조사】 시장·군수·구청장은 부담금의 부과 대상인 개발사업의 누락을 방지하기 위하여 법 제25조제1항에 따른 관계 행정청의 통보가 없는 경우에는 진행 중인 개발사업에 대한 현지조사 또는 관계 행정청에 대한 사실조회 등 필요한 조치를 해야 한다.(2020.9.8 본조개정)

제27조【대상 사업의 고지】 시장·군수·구청장은 법 제25조제1항에 따라 관계 행정청의 통보를 받으면 법 제6조에 따른 납부 의무자에게 국토교통부령으로 정하는 사항을 미리 고지해야 한다.(2020.9.8 본조개정)

제28조 (2020.9.8 삭제)

제28조의2 (2020.3.3 삭제)

제29조【과태료의 부과기준】 법 제29조에 따른 과태료의 부과기준은 다음과 같다.

1. 납부의무자가 법 제24조에 따른 개발비용 산출명세서를 제25조의2에서 정한 기한 내에 제출하지 아니한 경우 : 100만원
2. 납부의무자가 법 제24조에 따른 개발비용 산출명세서를 부과 종료 시점부터 3개월 이내에 제출하지 아니하거나 거짓으로 제출한 경우 : 200만원

(2009.6.25 본조신설)

부 칙

제1조【시행일】 이 영은 2008년 6월 29일부터 시행한다. 다만, 별표2 제7호의 개정규정은 2008년 9월 22일부터 시행한다.

제2조【시행일에 관한 경과조치】 부칙 제1조 단서에 따라 별표2 제7호의 개정규정이 시행되기 전까지는 같은 호는 다음과 같이 규정된 것으로 본다.

7. 「군사시설보호법」, 「군용항공기지법」, 「해군기지법」, 「군용전기통신법」에 따른 구역

제3조【개발부담금 부과 및 감면 등에 관한 적용례】 ① 별표1의 개정규정은 이 영 시행 후 최초로 인가등을 받는 사업분부터 적용한다.

② 제4조제4항 및 제6조의 개정규정은 이 영 시행 후 최초로 개발부담금을 결정·부과하는 사업부터 적용한다.

제4조【징수 제외에 따른 대상 토지 면적 산정에 관한 적용례】 법 부칙 제4조에 따라 개발부담금을 징수하지 아니하는 기간에 인가등을 받은 개발사업의 사업 대상 토지의 면적은 같은 기간이 지난 후에 인가등의 변경으로 사업 대상 토지의 면적이 증가한 경우에도 개발부담금이 부과되는 대상 토지 면적에 합산하지 아니하며, 제4조제1항의 개정규정에 따라 하나의 개발사업이 시행되는 것으로 보는 연접한 토지의 면적에 합산하지 아니한다.

부 칙 (2014.7.14 영25452호)

제1조【시행일】 이 영은 2014년 7월 15일부터 시행한다. 다만, 제22조의2, 제28조제2항(특별회계 부분으로 한정한다) 및 별표4의 개정규정은 2015년 1월 1일부터 시행한다.

제2조【부담금 감면 대상 확대에 관한 적용례】 제6조제2항의 개정규정은 이 영 시행 후 개발사업의 인가등을 받는 경우부터 적용한다.

제3조【고지 전 심사 청구기간에 관한 적용례】 제16조제1항의 개정규정은 이 영 시행 당시 예정 통지를 받은 날부터 15일이 지나고 30일이 경과하지 아니한 자에 대해서도 적용한다.

제4조【부담금 추징 시 개발비용 산정 명세서 제출에 관한 적용례】 제21조제5항의 개정규정은 이 영 시행 당시 추징 통보를 받은 날부터 25일이 지나고 30일이 경과하지 아니한 자에 대해서도 적용한다.

제5조【부담금 부과 제외 대상 개발사업에 관한 경과조치】 이 영 시행 전에 인가등을 받은 개발사업에 대해서는 제6조제1항의 개정규정에도 불구하고 종전의 규정에 따른다.

제6조【부담금 부과 대상 개발사업의 범위에 관한 경과조치】 이 영 시행 전에 인가등을 받은 개발사업에 대해서는 별표1의 개정규정에도 불구하고 종전의 규정에 따른다.

제7조【부담금 부과 개시 시점 및 부과 종료 시점에 관한 경과조치】 이 영 시행 전에 인가등을 받은 개발사업에 대해서는 별표3의 개정규정에도 불구하고 종전의 규정에 따른다.

부 칙 (2016.12.30 영27745호)

제1조【시행일】 이 영은 공포한 날부터 시행한다.

제2조【민간건설임대주택의 개발부담금 부과 요건에 관한 경과조치】 이 영 시행 전에 종전의 「임대주택법」 또는 「민간임대주택에 관한 특별법」에 따라 분양전환하였거나 임대사업자가 아닌 자에게 양도한 민간임대주택의 건설사업에 대해서는 별표1 제1호의 개정규정에도 불구하고 종전의 규정에 따른다.

부 칙 (2019.2.8)
(2019.4.2)

제1조【시행일】 이 영은 공포한 날부터 시행한다.(이하 생략)

부 칙 (2019.11.5)

제1조【시행일】 이 영은 공포한 날부터 시행한다.

제2조【개발부담금에 관한 적용례】 별표1 제1호나목의 개정규정은 이 영 시행 이후 개발부담금을 결정·부과하는 개발사업부터 적용한다.

부 칙 (2020.1.7)
(2020.1.15)
(2020.2.18)

제1조【시행일】 이 영은 공포한 날부터 시행한다.(이하 생략)

부 칙 (2020.3.3)

이 영은 공포한 날부터 시행한다.

부 칙 (2020.3.24)

제1조【시행일】 이 영은 공포한 날부터 시행한다.(이하 생략)

부 칙 (2020.7.28)

제1조【시행일】 이 영은 2020년 7월 30일부터 시행한다.(이하 생략)

부 칙 (2020.9.8)

이 영은 2021년 1월 1일부터 시행한다.

부 칙 (2020.9.10)

제1조【시행일】 이 영은 2020년 9월 10일부터 시행한다.(이하 생략)

부 칙 (2020.10.8)

제1조【시행일】 이 영은 2020년 10월 8일부터 시행한다.(이하 생략)

부 칙 (2021.7.27)

제1조【시행일】 이 영은 공포한 날부터 시행한다.

제2조【정비사업에 대한 개발부담금 부과 기준 변경에 따른 적용례】 별표1 제4호다목의 개정규정은 이 영 시행 전에 「도시 및 주거환경정비법」에 따라 사업시행인가(법률 제14567호 도시 및 주거환경정비법 전부개정법률 시행일 전에 종전의 「도시 및 주거환경정비법」에 따른 도시환경정비사업의 사업시행인가를 받은 것을 포함한다)를 받은 정비사업으로서 이 영 시행 당시 개발부담금이 결정·부과되지 않은 정비사업에 대해서도 적용한다.

부 칙 (2021.9.14)

제1조【시행일】 이 영은 공포한 날부터 시행한다.(이하 생략)

부 칙 (2022.2.17)

제1조【시행일】 이 영은 2022년 2월 18일부터 시행한다.(이하 생략)

부 칙 (2023.6.27)

제1조【시행일】 이 영은 공포한 날부터 시행한다.

제2조【개발부담금 부과 제외에 관한 적용례】 제6조제1항제4호의 개정규정은 이 영 시행 이후 개발부담금을 결정·부과하는 개발사업부터 적용한다.

부 칙 (2023.8.29)

이 영은 공포한 날부터 시행한다.

[별표] ➡ 「法典 別册」 참조

(舊 : 측량·수로조사 및 지적에 관한 법률)

공간정보의 구축 및 관리 등에 관한 법률(약칭 : 공간정보관리법)

(2009년 6월 9일
법 률 제9774호)

개정
2011. 3.30법10485호(국유재산)
2011. 4.12법10580호(부등)
2011. 9.16법11062호(지적재조사에관한특별법)
2012.12.18법11592호
2013. 3.23법11690호(정부조직)
2013. 5.22법11794호(건설기술진흥법)
2013. 7.17법11943호 2014. 6. 3법12738호
2015. 7.24법13426호(제주자치법)
2015.12.29법13673호
2016. 1.19법13796호(부동산가격공시에관한법)
2017. 7.26법14839호(정부조직)
2017.10.24법14936호 2018. 4.17법15596호
2018. 8.14법15719호(건설기술진흥법)
2019.12.10법16807호
2019.12.10법16812호(지적재조사에관한특별법)
2020. 2. 4법16912호(부등)
2020. 2.18법17007호(권한지방이양)
2020. 2.18법17063호(해양조사와해양정보활용에관한법)
2020. 4. 7법17224호
2020. 6. 9법17453호(법률용어정비)
2021. 1.12법17893호(지방자치)
2021. 7.20법18310호 2021. 8.10법18384호
2022. 6.10법18936호 2022.11.15법19047호

제1장 총 칙

제1조【목적】 이 법은 측량의 기준 및 절차와 지적공부(地籍公簿)·부동산종합공부(不動産綜合公簿)의 작성 및 관리 등에 관한 사항을 규정함으로써 국토의 효율적 관리 및 국민의 소유권 보호에 기여함을 목적으로 한다.(2020.2.18 본조개정)

제2조【정의】 이 법에서 사용하는 용어의 뜻은 다음과 같다.

1. "공간정보"란 「국가공간정보 기본법」 제2조제1호에 따른 공간정보를 말한다.(2022.6.10 본호신설)

1의2. "측량"이란 공간상에 존재하는 일정한 점들의 위치를 측정하고 그 특성을 조사하여 도면 및 수치로 표현하거나 도면상의 위치를 현지(現地)에 재현하는 것을 말하며, 측량용 사진의 촬영, 지도의 제작 및 각종 건설사업에서 요구하는 도면작성 등을 포함한다.

2. "기본측량"이란 모든 측량의 기초가 되는 공간정보를 제공하기 위하여 국토교통부장관이 실시하는 측량을 말한다.(2013.3.23 본호개정)
3. "공공측량"이란 다음 각 목의 측량을 말한다.
   가. 국가, 지방자치단체, 그 밖에 대통령령으로 정하는 기관이 관계 법령에 따른 사업 등을 시행하기 위하여 기본측량을 기초로 실시하는 측량
   나. 가목 외의 자가 시행하는 측량 중 공공의 이해 또는 안전과 밀접한 관련이 있는 측량으로서 대통령령으로 정하는 측량
4. "지적측량"이란 토지를 지적공부에 등록하거나 지적공부에 등록된 경계점을 지상에 복원하기 위하여 제21호에 따른 필지의 경계 또는 좌표와 면적을 정하는 측량을 말하며, 지적확정측량 및 지적재조사측량을 포함한다.(2013.7.17 본호개정)

4의2. "지적확정측량"이란 제86조제1항에 따른 사업이 끝나 토지의 표시를 새로 정하기 위하여 실시하는 지적측량을 말한다.(2013.7.17 본호신설)

4의3. "지적재조사측량"이란 「지적재조사에 관한 특별법」에 따른 지적재조사사업에 따라 토지의 표시를 새로 정하기 위하여 실시하는 지적측량을 말한다.(2013.7.17 본호신설)

5. (2020.2.18 삭제)
6. "일반측량"이란 기본측량, 공공측량 및 지적측량 외의 측량을 말한다.(2020.2.18 본호개정)
7. "측량기준점"이란 측량의 정확도를 확보하고 효율성을 높이기 위하여 특정 지점을 제6조에 따른 측량기준에 따라 측정하고 좌표 등으로 표시하여 측량 시에 기준으로 사용되는 점을 말한다.

8. "측량성과"란 측량을 통하여 얻은 최종 결과를 말한다.
9. "측량기록"이란 측량성과를 얻을 때까지의 측량에 관한 작업의 기록을 말한다.
9의2. "지명(地名)"이란 산, 하천, 호수 등과 같이 자연적으로 형성된 지형(地形)이나 교량, 터널, 교차로 등 지물(地物)·지역(地域)에 부여된 이름을 말한다.(2022.6.10 본호신설)
10. "지도"란 측량 결과에 따라 공간상의 위치와 지형 및 지명 등 여러 공간정보를 일정한 축척에 따라 기호나 문자 등으로 표시한 것을 말하며, 정보처리시스템을 이용하여 분석, 편집 및 입력·출력할 수 있도록 제작된 수치지형도[항공기나 인공위성 등을 통하여 얻은 영상정보를 이용하여 제작하는 정사영상지도(正射映像地圖)를 포함한다]와 이를 이용하여 특정한 주제에 관하여 제작된 지하시설물도·토지이용현황도 등 대통령령으로 정하는 수치주제도(數值主題圖)를 포함한다.
11.~17. (2020.2.18 삭제)
18. "지적소관청"이란 지적공부를 관리하는 특별자치시장, 시장(「제주특별자치도 설치 및 국제자유도시 조성을 위한 특별법」 제10조제2항에 따른 행정시의 시장을 포함하며, 「지방자치법」 제3조제3항에 따라 자치구가 아닌 구를 두는 시의 시장은 제외한다)·군수 또는 구청장(자치구가 아닌 구의 구청장을 포함한다)을 말한다.(2015.7.24 본호개정)
19. "지적공부"란 토지대장, 임야대장, 공유지연명부, 대지권등록부, 지적도, 임야도 및 경계점좌표등록부 등 지적측량 등을 통하여 조사된 토지의 표시와 해당 토지의 소유자 등을 기록한 대장 및 도면(정보처리시스템을 통하여 기록·저장된 것을 포함한다)을 말한다.
19의2. "연속지적도"란 지적측량을 하지 아니하고 전산화된 지적도 및 임야도 파일을 이용하여, 도면상 경계점들을 연결하여 작성한 도면으로서 측량에 활용할 수 없는 도면을 말한다.(2013.7.17 본호신설)
19의3. "부동산종합공부"란 토지의 표시와 소유자에 관한 사항, 건축물의 표시와 소유자에 관한 사항, 토지의 이용 및 규제에 관한 사항, 부동산의 가격에 관한 사항 등 부동산에 관한 종합정보를 정보관리체계를 통하여 기록·저장한 것을 말한다.(2013.7.17 본호신설)
20. "토지의 표시"란 지적공부에 토지의 소재·지번(地番)·지목(地目)·면적·경계 또는 좌표를 등록한 것을 말한다.
21. "필지"란 대통령령으로 정하는 바에 따라 구획되는 토지의 등록단위를 말한다.
22. "지번"이란 필지에 부여하여 지적공부에 등록한 번호를 말한다.
23. "지번부여지역"이란 지번을 부여하는 단위지역으로서 동·리 또는 이에 준하는 지역을 말한다.
24. "지목"이란 토지의 주된 용도에 따라 토지의 종류를 구분하여 지적공부에 등록한 것을 말한다.
25. "경계점"이란 필지를 구획하는 선의 굴곡점으로서 지적도나 임야도에 도해(圖解) 형태로 등록하거나 경계점좌표등록부에 좌표 형태로 등록하는 점을 말한다.
26. "경계"란 필지별로 경계점들을 직선으로 연결하여 지적공부에 등록한 선을 말한다.
27. "면적"이란 지적공부에 등록한 필지의 수평면상 넓이를 말한다.
28. "토지의 이동(異動)"이란 토지의 표시를 새로 정하거나 변경 또는 말소하는 것을 말한다.
29. "신규등록"이란 새로 조성된 토지와 지적공부에 등록되어 있지 아니한 토지를 지적공부에 등록하는 것을 말한다.
30. "등록전환"이란 임야대장 및 임야도에 등록된 토지를 토지대장 및 지적도에 옮겨 등록하는 것을 말한다.
31. "분할"이란 지적공부에 등록된 1필지를 2필지 이상으로 나누어 등록하는 것을 말한다.
32. "합병"이란 지적공부에 등록된 2필지 이상을 1필지로 합하여 등록하는 것을 말한다.
33. "지목변경"이란 지적공부에 등록된 지목을 다른 지목으로 바꾸어 등록하는 것을 말한다.
34. "축척변경"이란 지적도에 등록된 경계점의 정밀도를 높이기 위하여 작은 축척을 큰 축척으로 변경하여 등록하는 것을 말한다.

제3조【다른 법률과의 관계】 측량과 지적공부·부동산종합공부의 작성 및 관리, 지명의 결정에 관하여 다른 법률에 특별한 규정이 있는 경우를 제외하고는 이 법에 따른다.(2022.6.10 본조개정)

제4조【적용 범위】 다음 각 호의 어느 하나에 해당하는 측량으로서 국토교통부장관이 고시하는 측량 및 「해양조사와 해양정보 활용에 관한 법률」 제2조제3호에 따른 수로측량에 대하여는 이 법을 적용하지 아니한다.
(2020.2.18 본문개정)
1. 국지적 측량(지적측량은 제외한다)
2. 고도의 정확도가 필요하지 아니한 측량
3. 순수 학술 연구나 군사 활동을 위한 측량(2020.2.18 본호개정)
4. (2020.2.18 삭제)

제2장 측 량
(2020.2.18 본장제목개정)

제1절 통 칙

제5조【측량기본계획 및 시행계획】 ① 국토교통부장관은 다음 각 호의 사항이 포함된 측량기본계획을 5년마다 수립하여야 한다.(2020.2.18 본문개정)
1. 측량에 관한 기본 구상 및 추진 전략
2. 측량의 국내외 환경 분석 및 기술연구
3. 측량산업 및 기술인력 육성 방안
4. 그 밖에 측량 발전을 위하여 필요한 사항
② 국토교통부장관은 제1항에 따른 측량기본계획에 따라 연도별 시행계획을 수립·시행하고, 그 추진실적을 평가하여야 한다.(2019.12.10 본항개정)
③ 국토교통부장관은 제1항에 따른 측량기본계획과 제2항에 따른 연도별 시행계획을 수립하려는 경우 제2항에 따른 평가 결과를 반영하여야 한다.(2019.12.10 본항신설)
④ 제2항에 따른 연도별 추진실적 평가의 기준·방법·절차에 관한 사항은 국토교통부령으로 정한다.
(2019.12.10 본항신설)

제6조【측량기준】 ① 측량의 기준은 다음 각 호와 같다.
1. 위치는 세계측지계(世界測地系)에 따라 측정한 지리학적 경위도와 높이(평균해수면으로부터의 높이를 말한다. 이하 이 항에서 같다)로 표시한다. 다만, 지도 제작 등을 위하여 필요한 경우에는 직각좌표와 높이, 극좌표와 높이, 지구중심 직교좌표 및 그 밖의 다른 좌표로 표시할 수 있다.
2. 측량의 원점은 대한민국 경위도원점(經緯度原點) 및 수준원점(水準原點)으로 한다. 다만, 섬 등 대통령령으로 정하는 지역에 대하여는 국토교통부장관이 따로 정하여 고시하는 원점을 사용할 수 있다.(2013.3.23 단서개정)
3.~4. (2020.2.18 삭제)
② (2020.2.18 삭제)
③ 제1항에 따른 세계측지계, 측량의 원점 값의 결정 및 직각좌표의 기준 등에 필요한 사항은 대통령령으로 정한다.

제7조【측량기준점】 ① 측량기준점은 다음 각 호의 구분에 따른다.
1. 국가기준점 : 측량의 정확도를 확보하고 효율성을 높이기 위하여 국토교통부장관이 전 국토를 대상으로 주요 지점마다 정한 측량의 기본이 되는 측량기준점
(2020.2.18 본호개정)
2. 공공기준점 : 제17조제2항에 따른 공공측량시행자가 공공측량을 정확하고 효율적으로 시행하기 위하여 국가기준점을 기준으로 하여 따로 정하는 측량기준점
3. 지적기준점 : 특별시장·광역시장·특별자치시장·도지사 또는 특별자치도지사(이하 "시·도지사"라 한다)나 지적소관청이 지적측량을 정확하고 효율적으로 시행하기 위하여 국가기준점을 기준으로 하여 따로 정하는 측량기준점(2012.12.18 본호개정)
② 제1항에 따른 측량기준점의 구분에 관한 세부 사항은 대통령령으로 정한다.

제8조【측량기준점표지의 설치 및 관리】 ① 측량기준점을 정한 자는 측량기준점표지를 설치하고 관리하여야 한다.
② 제1항에 따라 측량기준점표지를 설치한 자는 대통령령으로 정하는 바에 따라 그 종류와 설치 장소를 국토교통부장관, 관계 시·도지사, 시장·군수 또는 구청장(자치구의 구청장을 말한다. 이하 같다) 및 측량기준점표지를 설치한 부지의 소유자 또는 점유자에게 통지하여야 한다. 설치한 측량기준점표지를 이전·철거하거나 폐기한 경우에도 같다.(2020.2.18 전단개정)
③ (2020.2.18 삭제)
④ 시·도지사 또는 지적소관청은 지적기준점표지를 설치·이전·복구·철거하거나 폐기한 경우에는 그 사실을 고시하여야 한다.(2013.7.17 본항개정)
⑤ 특별자치시장, 특별자치도지사, 시장·군수 또는 구청장은 국토교통부령으로 정하는 바에 따라 매년 관할 구역에 있는 측량기준점표지의 현황을 조사하고 그 결과를 시·도지사를 거쳐(특별자치시장 및 특별자치도지사의 경우는 제외한다) 국토교통부장관에게 보고하여야 한다. 측량기준점표지가 멸실·파손되거나 그 밖에 이상이 있음을 발견한 경우에도 같다.(2013.3.23 전단개정)
⑥ 제5항에도 불구하고 국토교통부장관은 필요하다고 인정하는 경우에는 직접 측량기준점표지의 현황을 조사할 수 있다.(2020.2.18 본항개정)
⑦ 측량기준점표지의 형상, 규격, 관리방법 등에 필요한 사항은 국토교통부령으로 정한다.(2020.2.18 본항개정)

제9조【측량기준점표지의 보호】 ① 누구든지 측량기준점표지를 이전·파손하거나 그 효용을 해치는 행위를 하여서는 아니 된다.
② 측량기준점표지를 파손하거나 그 효용을 해칠 우려가 있는 행위를 하려는 자는 그 측량기준점표지를 설치한 자에게 이전을 신청하여야 한다.
③ 제2항에 따른 신청을 받은 측량기준점표지의 설치자는 측량기준점표지를 이전하지 아니하고 제2항에 따른 신청인의 목적을 달성할 수 있는 경우를 제외하고는 그 측량기준점표지를 이전하여야 하며, 그 측량기준점표지를 이전하지 아니하는 경우에는 그 사유를 제2항에 따른 신청인에게 알려야 한다.
④ 제3항에 따른 측량기준점표지의 이전에 드는 비용은 제2항에 따른 신청인이 부담한다. 다만, 측량기준점표지 중 국가기준점표지의 이전에 드는 비용은 설치자가 부담한다.(2020.2.18 단서개정)

제10조【협력체계의 구축】 ① 국토교통부장관은 지형에 관한 자료를 활용하여 제15조제1항에 따른 지도등을 유지·관리하기 위하여 필요한 경우에는 관계 행정기관, 지방자치단체, 「고등교육법」에 따른 대학, 「공공기관의 운영에 관한 법률」에 따른 공공기관(이하 "관계기관"이라 한다) 등과 협력체계를 구축할 수 있다.
② 국토교통부장관은 제1항에 따른 협력체계에 참여한 기관에 제15조제1항에 따른 지도등에 관한 자료를 제공할 수 있다.
(2013.3.23 본조개정)

제10조의2【측량업정보의 종합관리】 ① 국토교통부장관은 측량업자의 자본금, 경영실태, 측량용역 수행실적, 측량기술자 및 장비 보유현황 등 측량업정보를 종합적으로 관리하고, 국토교통부령으로 정하는 바에 따라 그 측량업정보가 필요한 측량용역의 발주자, 행정기관 및 관련 단체 등의 장에게 제공할 수 있다.(2020.6.9 본항개정)
② 국토교통부장관은 제1항에 따른 측량업정보를 체계적으로 관리하기 위하여 대통령령으로 정하는 바에 따라 측량업정보 종합관리체계를 구축·운영하여야 한다.
③ 국토교통부장관은 제1항의 업무를 수행하기 위하여 측량업자, 행정기관 등의 장에게 관련 자료의 제출을 요청할 수 있다. 이 경우 요청을 받은 자는 특별한 사유가 없으면 이에 따라야 한다.
④ 제3항에 따른 자료 제출의 요청 절차 등에 필요한 사항은 대통령령으로 정한다.
(2014.6.3 본조신설)

제10조의3【측량용역사업에 대한 사업수행능력의 평가 및 공시】 ① 국토교통부장관은 발주자가 적정한 측량업자를 선정할 수 있도록 하기 위하여 측량업자의 신청이 있는 경우 그 측량업자의 측량용역 수행실적, 자본금, 기술인력·장비 보유현황 수준 등에 따라 사업수행능력을 평가하여 공시하여야 한다.
② 제1항에 따른 사업수행능력의 평가 및 공시를 받으려는 측량업자는 전년도 측량용역 수행실적, 기술자 보유현황, 재무상태, 그 밖에 국토교통부령으로 정하는 사항을 국토교통부장관에게 제출하여야 한다.
③ 제1항 및 제2항에 따른 측량업자의 사업수행능력 공시, 사업수행능력 평가 기준 및 실적 등의 신고에 필요한 사항은 대통령령으로 정한다.
(2014.6.3 본조신설)

제11조【지형·지물의 변동사항 통보 등】 ① 특별자치시장, 특별자치도지사, 시장·군수 또는 구청장은 대통령령으로 정하는 바에 따라 관할 구역 내 지형·지물의 변동 여부를 정기적으로 조사하여야 한다.(2019.12.10 본항신설)
② 특별자치시장, 특별자치도지사, 시장·군수 또는 구청장은 그 관할 구역에서 지형·지물의 변동이 발생하거나 제1항에 따라 실시한 조사 결과 지형·지물의 변동사항이 있을 경우에는 대통령령으로 정하는 바에 따라 국토교통부장관에게 그 지형·지물의 변동사항을 통보하여야 한다.(2019.12.10 본항개정)
③ 제17조제2항에 따른 공공측량시행자는 지형·지물의 변동을 유발할 수 있는 건설공사 중 대통령령으로 정하는 종류 및 규모의 건설공사를 착공할 때에는 그 착공사실을, 완공하였을 때에는 그 지형·지물의 변동사항을 국토교통부장관에게 통보하여야 한다.
④ 국토교통부장관은 관계 행정기관에 기본측량에 관한 자료의 제출을 요구할 수 있다.(2020.2.18 본항개정)
⑤ 제3항에 따른 지형·지물의 변동을 유발하는 건설공사에 대한 통보에 필요한 사항은 국토교통부령으로 정한다.
(2019.12.10 본항개정)
(2013.3.23 본조개정)

제2절 기본측량

제12조【기본측량의 실시 등】 ① 국토교통부장관은 기본측량을 하려면 미리 측량지역, 측량기간, 그 밖에 필요한 사항을 시·도지사에게 통지하여야 한다. 그 기본측량을 끝낸 경우에도 같다.(2013.3.23 본항개정)
② 시·도지사는 제1항에 따른 통지를 받았으면 지체 없이 시장·군수 또는 구청장에게 그 사실을 통지(특별자치시장 및 특별자치도지사의 경우는 제외한다)하고 대통령령으로 정하는 바에 따라 공고하여야 한다.(2012.12.18 본항개정)
③ 기본측량의 방법 및 절차 등에 필요한 사항은 국토교통부령으로 정한다.(2013.3.23 본항개정)

제13조【기본측량성과의 고시】 ① 국토교통부장관은 기본측량을 끝냈으면 대통령령으로 정하는 바에 따라 기본측량성과를 고시하여야 한다.(2013.3.23 본항개정)
② 국토교통부장관은 대통령령으로 정하는 측량 관련 전문기관으로 하여금 기본측량성과의 정확도를 검증하도록 할 수 있다.(2013.3.23 본항개정)
③ 국토교통부장관은 기본측량성과를 고시한 후 지형·지물의 변동 등이 발생한 경우에는 그 변동 내용에 따라 기본측량성과를 수정하여야 한다.(2013.3.23 본항개정)
④ 제1항에 따라 고시된 측량성과에 어긋나는 측량성과를 사용하여서는 아니 된다.
제14조【기본측량성과의 보관 및 열람 등】 ① 국토교통부장관은 기본측량성과 및 기본측량기록을 보관하고 일반인이 열람할 수 있도록 하여야 한다.(2013.3.23 본항개정)
② 기본측량성과나 기본측량기록을 복제하거나 그 사본을 발급받으려는 자는 국토교통부령으로 정하는 바에 따라 국토교통부장관에게 그 복제 또는 발급을 신청하여야 한다.(2013.3.23 본항개정)
③ 국토교통부장관은 제2항에 따른 신청 내용이 다음 각 호의 어느 하나에 해당하는 경우에는 기본측량성과나 기본측량기록을 복제하게 하거나 그 사본을 발급할 수 없다.(2013.3.23 본문개정)
1. 국가안보나 그 밖에 국가의 중대한 이익을 해칠 우려가 있다고 인정되는 경우
2. 다른 법령에 따라 비밀로 유지되거나 열람이 제한되는 등 비공개사항으로 규정된 경우
제15조【기본측량성과 등을 사용한 지도등의 간행】 ① 국토교통부장관은 기본측량성과 및 기본측량기록을 사용하여 지도나 그 밖에 필요한 간행물(이하 "지도등"이라 한다)을 간행(정보처리시스템을 통한 전자적 기록 방식에 따른 정보 제공을 포함한다. 이하 같다)하여 판매하거나 배포할 수 있다. 이 경우 색맹, 색약 등 색각이상자가 보는 데 지장이 없는 지도등을 별도로 간행하여야 한다.(2021.7.20 본항개정)
② 제1항에도 불구하고 국가안보를 해칠 우려가 있는 사항으로서 대통령령으로 정하는 사항은 지도등에 표시할 수 없다.(2021.7.20 본항신설)
③ 국토교통부장관은 제1항에 따라 간행한 지도등 중에서 다음 각 호의 요건에 적합한 것을 공간정보의 구축 및 활용에 기준이 되는 국가기본도로 지정할 수 있다.(2022.6.10 본문개정)
1. 전국을 대상으로 하여 국토교통부령으로 정한 축척으로 제작된 것
2. 규격이 일정하고 정확도가 통일된 것
(2022.6.10 1호~2호신설)
④ 기본측량성과, 기본측량기록 또는 제1항에 따라 간행한 지도등을 활용한 지도등을 간행하여 판매하거나 배포하려는 자(제17조제2항에 따른 공공측량시행자는 제외한다. 이하 이 조 및 제15조의2에서 같다)는 그 지도등에 대하여 국토교통부령으로 정하는 바에 따라 국토교통부장관의 심사를 받아야 한다.(2022.6.10 본항개정)
⑤ 제4항에 따라 지도등을 간행하여 판매하거나 배포하는 자는 국토교통부령으로 정하는 바에 따라 사용한 기본측량성과 또는 그 측량기록을 지도등에 명시하여야 한다.(2021.7.20 본항개정)
⑥ 다음 각 호의 어느 하나에 해당하는 자는 제4항에 따른 지도등을 간행하여 판매하거나 배포할 수 없다.(2021.7.20 본문개정)
1. 피성년후견인 또는 피한정후견인(2013.7.17 본호개정)
2. 이 법이나 「국가보안법」 또는 「형법」 제87조부터 제104조까지의 규정을 위반하여 금고 이상의 실형을 선고받고 그 집행이 끝나거나(집행이 끝난 것으로 보는 경우를 포함한다) 집행이 면제된 날부터 2년이 지나지 아니한 자
3. 이 법이나 「국가보안법」 또는 「형법」 제87조부터 제104조까지의 규정을 위반하여 금고 이상의 형의 집행유예를 선고받고 그 집행유예기간 중에 있는 자
⑦ 제1항에 따라 간행하는 지도등의 판매나 배포에 필요한 사항은 국토교통부령으로 정한다.(2013.3.23 본항개정)
제15조의2【정밀도로지도에 대한 간행심사 등의 특례】 ① 국토교통부장관은 제15조제4항에도 불구하고 「자율주행자동차 상용화 촉진 및 지원에 관한 법률」 제2조제4호에 따른 정밀도로지도(이하 "정밀도로지도"라 한다)를 심사하는 경우에는 보안시설 식별에 관한 사항 및 정밀도로지도의 보안에 관한 사항으로서 국토교통부령으로 정하는 사항에 대해서만 심사할 수 있다.
② 국토교통부장관은 제1항에 따른 정밀도로지도의 심사 신청이 있는 경우 그 신청을 받은 날부터 14일 이내에 심사를 완료하여 신청인에게 알려야 한다.
③ 제1항에 따라 국토교통부장관의 심사를 받은 정밀도로지도를 간행한 자가 그 지도를 수정하여 간행한 경우에는 수정하여 간행한 지도의 사본을 국토교통부장관에게 제출하여야 한다. 다만, 수정 사항이 제1항에 따른 심사 대상에 포함되지 아니한 경우에는 국토교통부장관에게 그 수정사항을 보고하는 것으로써 사본제출을 갈음할 수 있다.
④ 국토교통부장관은 제3항에 따라 제출받은 정밀도로지도에 적정하지 아니한 사항이 있는 경우에는 그 간행자에게 보완을 요구할 수 있다.
⑤ 정밀도로지도의 심사 기준·절차 및 수정간행 등에 필요한 사항은 국토교통부령으로 정한다.
(2022.6.10 본조신설)
제16조【기본측량성과의 국외 반출 금지】 ① 누구든지 국토교통부장관의 허가 없이 기본측량성과 중 지도등 또는 측량용 사진을 국외로 반출하여서는 아니 된다. 다만, 외국 정부와 기본측량성과를 서로 교환하는 등 대통령령으로 정하는 경우에는 그러하지 아니하다.(2013.3.23 본문개정)
② 누구든지 제14조제3항 각 호의 어느 하나에 해당하는 경우에는 기본측량성과를 국외로 반출하여서는 아니 된다. 다만, 국토교통부장관이 국가안보와 관련된 사항에 대하여 과학기술정보통신부장관, 외교부장관, 통일부장관, 국방부장관, 행정안전부장관, 산업통상자원부장관 및 국가정보원장 등 관계 기관의 장과 협의체를 구성하여 국외로 반출하기로 결정한 경우에는 그러하지 아니하다.(2017.7.26 단서개정)
③ 제2항 단서에 따른 협의체에는 1인 이상의 민간전문가를 포함하여야 한다.(2017.10.24 본항신설)
④ 제2항 단서에 따른 협의체의 구성 및 운영과 제3항에 따른 민간전문가의 자격기준 등에 필요한 사항은 대통령령으로 정한다.(2017.10.24 본항개정)
⑤ 제3항에 따른 민간전문가는 「형법」 제127조 및 제129조부터 제132조까지의 규정을 적용할 때에는 공무원으로 본다.(2017.10.24 본항신설)

제3절 공공측량 및 일반측량

제17조【공공측량의 실시 등】 ① 공공측량은 기본측량성과나 다른 공공측량성과를 기초로 실시하여야 한다.
② 공공측량의 시행을 하는 자(이하 "공공측량시행자"라 한다)가 공공측량을 하려면 국토교통부령으로 정하는 바에 따라 미리 공공측량 작업계획서를 국토교통부장관에게 제출하여야 한다. 제출한 공공측량 작업계획서를 변경한 경우에는 변경한 작업계획서를 제출하여야 한다.(2013.3.23 전단개정)
③ 국토교통부장관은 공공측량의 정확도를 높이거나 측량의 중복을 피하기 위하여 필요하다고 인정하면 공공측량시행자에게 공공측량에 관한 장기 계획서 또는 연간 계획서의 제출을 요구할 수 있다.(2013.3.23 본항개정)
④ 국토교통부장관은 제2항 또는 제3항에 따라 제출된 계획서의 타당성을 검토하여 그 결과를 공공측량시행자에게 통지하여야 한다. 이 경우 공공측량시행자는 특별한 사유가 없으면 그 결과에 따라야 한다.(2013.3.23 전단개정)
⑤ 공공측량시행자는 공공측량을 하려면 미리 측량지역, 측량기간, 그 밖에 필요한 사항을 시·도지사에게 통지하여야 한다. 그 공공측량을 끝낸 경우에도 또한 같다.
⑥ 시·도지사는 공공측량을 하거나 제5항에 따른 통지를 받았으면 지체 없이 시장·군수 또는 구청장에게 그 사실을 통지하고(특별자치시장 및 특별자치도지사의 경우는 제외한다) 대통령령으로 정하는 바에 따라 공고하여야 한다.(2012.12.18 본항개정)
제18조【공공측량성과의 심사】 ① 공공측량시행자는 공공측량성과를 얻은 경우에는 지체 없이 그 사본을 국토교통부장관에게 제출하여야 한다.
② 국토교통부장관은 필요하다고 인정하면 공공측량시행자에게 공공측량기록의 사본을 제출하도록 할 수 있다.
③ 국토교통부장관은 제1항에 따라 공공측량성과의 사본을 받았으면 지체 없이 그 내용을 심사하여 그 결과를 해당 공공측량시행자에게 통지하여야 한다.
④ 국토교통부장관은 제3항에 따른 심사 결과 공공측량성과가 적합하다고 인정되면 대통령령으로 정하는 바에 따라 그 측량성과를 고시하여야 한다.
⑤ 공공측량성과의 제출 및 심사에 필요한 사항은 국토교통부령으로 정한다.
(2013.3.23 본조개정)
제19조【공공측량성과의 보관 및 열람 등】 ① 국토교통부장관 및 공공측량시행자는 공공측량성과 및 공공측량기록 또는 그 사본을 보관하고 일반인이 열람할 수 있도록 하여야 한다. 다만, 공공측량시행자가 공공측량성과 및 공공측량기록을 보관할 수 없는 경우에는 그 공공측량성과 및 공공측량기록을 국토교통부장관에게 송부하여 보관하게 함으로써 일반인이 열람할 수 있도록 하여야 한다.
② 공공측량성과 또는 공공측량기록을 복제하거나 그 사본을 발급받으려는 자는 국토교통부령으로 정하는 바에 따라 국토교통부장관이나 공공측량시행자에게 그 복제 또는 발급을 신청하여야 한다.
③ 국토교통부장관이나 공공측량시행자는 제2항에 따른 신청내용이 제14조제3항 각 호의 어느 하나에 해당하는 경우에는 공공측량성과나 공공측량기록을 복제하게 하거나 그 사본을 발급할 수 없다.
(2013.3.23 본조개정)
제20조【공공측량성과를 사용한 지도등의 간행】 ① 공공측량시행자는 대통령령으로 정하는 바에 따라 공공측량성과를 사용하여 지도등을 간행하여 판매하거나 배포할 수 있다. 이 경우 일반 공개 여부 등을 고려하여 대통령령으로 정하는 지도등의 경우에는 색맹, 색약 등 색각이상자가 보는 데 지장이 없는 지도등을 별도로 간행하여야 한다.(2021.7.20 본항개정)
② 제1항에도 불구하고 국가안보를 해칠 우려가 있는 사항으로서 대통령령으로 정하는 사항은 지도등에 표시할 수 없다.(2021.7.20 본항신설)
제21조【공공측량성과의 국외 반출 금지】 ① 누구든지 국토교통부장관의 허가 없이 공공측량성과 중 지도등 또는 측량용 사진을 국외로 반출하여서는 아니 된다. 다만, 외국 정부와 공공측량성과를 서로 교환하는 등 대통령령으로 정하는 경우에는 그러하지 아니하다.(2013.3.23 본문개정)
② 누구든지 제14조제3항 각 호의 어느 하나에 해당하는 경우에는 공공측량성과를 국외로 반출하여서는 아니 된다. 다만, 국가안보와 관련된 사항에 대하여 제16조제2항 단서에 따른 협의체에서 국외로 반출하기로 결정한 경우에는 그러하지 아니하다.(2014.6.3 단서신설)
제22조【일반측량의 실시 등】 ① 일반측량은 기본측량성과 및 그 측량기록, 공공측량성과 및 그 측량기록을 기초로 실시하여야 한다.
② 국토교통부장관은 다음 각 호의 어느 하나에 해당하는 목적을 위하여 필요하다고 인정되는 경우에는 일반측량을 한 자에게 그 측량성과 및 측량기록의 사본을 제출하게 할 수 있다.(2013.3.23 본문개정)
1. 측량의 정확도 확보
2. 측량의 중복 배제
3. 측량에 관한 자료의 수집·분석
③ 국토교통부장관은 측량의 정확도 확보 등을 위하여 일반측량에 관한 작업기준을 정할 수 있다.(2013.7.17 본항신설)

제4절 지적측량

제23조【지적측량의 실시 등】 ① 다음 각 호의 어느 하나에 해당하는 경우에는 지적측량을 하여야 한다.
1. 제7조제1항제3호에 따른 지적기준점을 정하는 경우
2. 제25조에 따라 지적측량성과를 검사하는 경우
3. 다음 각 목의 어느 하나에 해당하는 경우로서 측량을 할 필요가 있는 경우
가. 제74조에 따라 지적공부를 복구하는 경우
나. 제77조에 따라 토지를 신규등록하는 경우
다. 제78조에 따라 토지를 등록전환하는 경우
라. 제79조에 따라 토지를 분할하는 경우
마. 제82조에 따라 바다가 된 토지의 등록을 말소하는 경우
바. 제83조에 따라 축척을 변경하는 경우
사. 제84조에 따라 지적공부의 등록사항을 정정하는 경우
아. 제86조에 따른 도시개발사업 등의 시행지역에서 토지의 이동이 있는 경우
자. 「지적재조사에 관한 특별법」에 따른 지적재조사사업에 따라 토지의 이동이 있는 경우(2013.7.17 본목신설)
4. 경계점을 지상에 복원하는 경우
5. 그 밖에 대통령령으로 정하는 경우
② 지적측량의 방법 및 절차 등에 필요한 사항은 국토교통부령으로 정한다.(2013.3.23 본항개정)
제24조【지적측량 의뢰 등】 ① 토지소유자 등 이해관계인은 제23조제1항제1호 및 제3호(자목은 제외한다)부터 제5호까지의 사유로 지적측량을 할 필요가 있는 경우에는 다음 각 호의 어느 하나에 해당하는 자(이하 "지적측량수행자"라 한다)에게 지적측량을 의뢰하여야 한다.(2013.7.17 본문개정)
1. 제44조제1항제2호의 지적측량업의 등록을 한 자
2. 「국가공간정보 기본법」 제12조에 따라 설립된 한국국토정보공사(이하 "한국국토정보공사"라 한다)(2014.6.3 본호개정)
② 지적측량수행자는 제1항에 따른 지적측량 의뢰를 받으면 지적측량을 하여 그 측량성과를 결정하여야 한다.
③ 제1항 및 제2항에 따른 지적측량 의뢰 및 측량성과 결정 등에 필요한 사항은 국토교통부령으로 정한다.(2013.7.17 본항개정)
제25조【지적측량성과의 검사】 ① 지적측량수행자가 제23조에 따라 지적측량을 하였으면 시·도지사, 대도시 시장(「지방자치법」 제198조에 따라 서울특별시·광역시 및 특별자치시를 제외한 인구 50만 이상의 시의 시장을 말한다. 이하 같다) 또는 지적소관청으로부터 측량성과에 대한 검사를 받아야 한다. 다만, 지적공부를 정리하지 아니하는 측량으로서 국토교통부령으로 정하는 측량의 경우에는 그러하지 아니하다.(2021.1.12 본문개정)
② 제1항에 따른 지적측량성과의 검사방법 및 검사절차 등에 필요한 사항은 국토교통부령으로 정한다.
(2013.3.23 본조개정)
제26조【토지의 이동에 따른 면적 등의 결정방법】 ① 합병에 따른 경계·좌표 또는 면적은 따로 지적측량을 하지 아니하고 다음 각 호의 구분에 따라 결정한다.
1. 합병 후 필지의 경계 또는 좌표 : 합병 전 각 필지의 경계 또는 좌표 중 합병으로 필요 없게 된 부분을 말소하여 결정
2. 합병 후 필지의 면적 : 합병 전 각 필지의 면적을 합산하여 결정
② 등록전환이나 분할에 따른 면적을 정할 때 오차가 발

생하는 경우 그 오차의 허용 범위 및 처리방법 등에 필요한 사항은 대통령령으로 정한다.
(2013.7.17 본조제목개정)

제27조【지적기준점성과의 보관 및 열람 등】 ① 시·도지사나 지적소관청은 지적기준점성과(지적기준점에 의한 측량성과를 말한다. 이하 같다)와 그 측량기록을 보관하고 일반인이 열람할 수 있도록 하여야 한다.
② 지적기준점성과의 등본이나 그 측량기록의 사본을 발급받으려는 자는 국토교통부령으로 정하는 바에 따라 시·도지사나 지적소관청에 그 발급을 신청하여야 한다.
(2013.3.23 본항개정)

제28조【지적위원회】 ① 다음 각 호의 사항을 심의·의결하기 위하여 국토교통부에 중앙지적위원회를 둔다.
1. 지적 관련 정책 개발 및 업무 개선 등에 관한 사항
2. 지적측량기술의 연구·개발 및 보급에 관한 사항
3. 제29조제6항에 따른 지적측량 적부심사(適否審査)에 대한 재심사(再審査)
4. 제39조에 따른 측량기술자 중 지적분야 측량기술자(이하 "지적기술자"라 한다)의 양성에 관한 사항
5. 제42조에 따른 지적기술자의 업무정지 처분 및 징계요구에 관한 사항
(2013.7.17 본항개정)
② 제29조에 따른 지적측량에 대한 적부심사 청구사항을 심의·의결하기 위하여 특별시·광역시·특별자치시·도 또는 특별자치도(이하 "시·도"라 한다)에 지방지적위원회를 둔다.(2013.7.17 본항신설)
③ 중앙지적위원회와 지방지적위원회의 위원 구성 및 운영에 필요한 사항은 대통령령으로 정한다.(2017.10.24 본항개정)
④ 중앙지적위원회와 지방지적위원회의 위원 중 공무원이 아닌 사람은 「형법」 제127조 및 제129조부터 제132조까지의 규정을 적용할 때에는 공무원으로 본다.
(2017.10.24 본항신설)

제29조【지적측량의 적부심사 등】 ① 토지소유자, 이해관계인 또는 지적측량수행자는 지적측량성과에 대하여 다툼이 있는 경우에는 대통령령으로 정하는 바에 따라 관할 시·도지사를 거쳐 지방지적위원회에 지적측량 적부심사를 청구할 수 있다.(2013.7.17 본항개정)
② 제1항에 따른 지적측량 적부심사청구를 받은 시·도지사는 30일 이내에 다음 각 호의 사항을 조사하여 지방지적위원회에 회부하여야 한다.
1. 다툼이 되는 지적측량의 경위 및 그 성과
2. 해당 토지에 대한 토지이동 및 소유권 변동 연혁
3. 해당 토지 주변의 측량기준점, 경계, 주요 구조물 등 현황 실측도
③ 제2항에 따라 지적측량 적부심사청구를 회부받은 지방지적위원회는 그 심사청구를 회부받은 날부터 60일 이내에 심의·의결하여야 한다. 다만, 부득이한 경우에는 그 심의기간을 해당 지적위원회의 의결을 거쳐 30일 이내에서 한 번만 연장할 수 있다.
④ 지방지적위원회는 지적측량 적부심사를 의결하였으면 대통령령으로 정하는 바에 따라 의결서를 작성하여 시·도지사에게 송부하여야 한다.
⑤ 시·도지사는 제4항에 따라 의결서를 받은 날부터 7일 이내에 지적측량 적부심사 청구인 및 이해관계인에게 그 의결서를 통지하여야 한다.
⑥ 제5항에 따라 의결서를 받은 자가 지방지적위원회의 의결에 불복하는 경우에는 그 의결서를 받은 날부터 90일 이내에 국토교통부장관을 거쳐 중앙지적위원회에 재심사를 청구할 수 있다.(2013.7.17 본항개정)
⑦ 제6항에 따른 재심사청구에 관하여는 제2항부터 제5항까지의 규정을 준용한다. 이 경우 "시·도지사"는 "국토교통부장관"으로, "지방지적위원회"는 "중앙지적위원회"로 본다.(2013.3.23 후단개정)
⑧ 제7항에 따라 중앙지적위원회로부터 의결서를 받은 국토교통부장관은 그 의결서를 관할 시·도지사에게 송부하여야 한다.(2013.3.23 본항개정)
⑨ 시·도지사는 제4항에 따라 지방지적위원회의 의결서를 받은 후 해당 지적측량 적부심사 청구인 및 이해관계인이 제6항에 따른 기간에 재심사를 청구하지 아니하면 그 의결서 사본을 지적소관청에 보내야 하며, 제8항에 따라 중앙지적위원회의 의결서를 받은 경우에는 그 의결서 사본에 제4항에 따라 받은 지방지적위원회의 의결서 사본을 첨부하여 지적소관청에 보내야 한다.
⑩ 제9항에 따라 지방지적위원회 또는 중앙지적위원회의 의결서 사본을 받은 지적소관청은 그 내용에 따라 지적공부의 등록사항을 정정하거나 측량성과를 수정하여야 한다.
⑪ 제9항 및 제10항에도 불구하고 특별자치시장은 제4항에 따라 지방지적위원회의 의결서를 받은 후 해당 지적측량 적부심사 청구인 및 이해관계인이 제6항에 따른 기간에 재심사를 청구하지 아니하거나 제8항에 따라 중앙지적위원회의 의결서를 받은 경우에는 직접 그 내용에 따라 지적공부의 등록사항을 정정하거나 측량성과를 수정하여야 한다.(2012.12.18 본항신설)
⑫ 지방지적위원회의 의결이 있은 후 제6항에 따른 기간에 재심사를 청구하지 아니하거나 중앙지적위원회의 의결이 있는 경우에는 해당 지적측량성과에 대하여 다시 지적측량 적부심사청구를 할 수 없다.

제5절 수로조사

제30조～제38조 (2020.2.18 삭제)

제6절 측량기술자

(2020.2.18 본절제목개정)

제39조【측량기술자】 ① 이 법에서 정하는 측량은 측량기술자가 아니면 할 수 없다.(2020.2.18 본항개정)
② 측량기술자는 다음 각 호의 어느 하나에 해당하는 자로서 대통령령으로 정하는 자격기준에 해당하는 자이어야 하며, 대통령령으로 정하는 바에 따라 그 등급을 나눌 수 있다.
1. 「국가기술자격법」에 따른 측량 및 지형공간정보, 지적, 측량, 지도 제작, 도화(圖畵) 또는 항공사진 분야의 기술자격 취득자
2. 측량, 지형공간정보, 지적, 지도 제작, 도화 또는 항공사진 분야의 일정한 학력 또는 경력을 가진 자
③ 측량기술자는 전문분야를 측량분야와 지적분야로 구분한다.(2013.7.17 본항신설)

제40조【측량기술자의 신고 등】 ① 측량업무에 종사하는 측량기술자(「건설기술 진흥법」 제2조제8호에 따른 건설기술인인 측량기술자와 「기술사법」 제2조에 따른 기술사는 제외한다. 이하 이 조에서 같다)는 국토교통부령으로 정하는 바에 따라 근무처·경력·학력 및 자격 등(이하 "근무처 및 경력등"이라 한다)을 관리하는 데에 필요한 사항을 국토교통부장관에게 신고할 수 있다. 신고사항의 변경이 있는 경우에도 같다.(2020.2.18 전단개정)
② 국토교통부장관은 제1항에 따른 신고를 받았으면 측량기술자의 근무처 및 경력등에 관한 기록을 유지·관리하여야 한다.(2020.2.18 본항개정)
③ 국토교통부장관은 측량기술자가 신청하면 근무처 및 경력등에 관한 증명서(이하 "측량기술경력증"이라 한다)를 발급할 수 있다.(2020.2.18 본항개정)
④ 국토교통부장관은 제1항에 따라 신고를 받은 내용을 확인하기 위하여 필요한 경우에는 중앙행정기관, 지방자치단체, 「초·중등교육법」 제2조 및 「고등교육법」 제2조의 학교, 신고를 한 측량기술자가 소속된 측량 관련 업체 등 관련 기관의 장에게 관련 자료를 제출하도록 요청할 수 있다. 이 경우 그 요청을 받은 기관의 장은 특별한 사유가 없으면 요청에 따라야 한다.(2020.2.18 전단개정)
⑤ 이 법이나 그 밖의 관계 법률에 따른 인가·허가·등록·면허 등을 하려는 행정기관의 장은 측량기술자의 근무처 및 경력등을 확인할 필요가 있는 경우에는 국토교통부장관의 확인을 받아야 한다.(2020.2.18 본항개정)
⑥ 제1항에 따른 신고가 신고서의 기재사항 및 구비서류에 흠이 없고, 관계 법령 등에 규정된 형식상의 요건을 충족하는 경우에는 신고서가 접수기관에 도달된 때에 신고된 것으로 본다.(2017.10.24 본항신설)
⑦ 제1항부터 제6항까지에서 규정한 사항 외에 측량기술자의 신고, 기록의 유지·관리, 측량기술경력증의 발급 등에 필요한 사항은 국토교통부령으로 정한다.
(2020.2.18 본항개정)

제41조【측량기술자의 의무】 ① 측량기술자는 신의와 성실로써 공정하게 측량을 하여야 하며, 정당한 사유 없이 측량을 거부하여서는 아니 된다.
② 측량기술자는 정당한 사유 없이 그 업무상 알게 된 비밀을 누설하여서는 아니 된다.
③ 측량기술자는 둘 이상의 측량업자에게 소속될 수 없다.
④ 측량기술자는 다른 사람에게 측량기술경력증을 빌려주거나 자기의 성명을 사용하여 측량업무를 수행하게 하여서는 아니 된다.

제42조【측량기술자의 업무정지 등】 ① 국토교통부장관은 측량기술자(「건설기술 진흥법」 제2조제8호에 따른 건설기술인인 측량기술자는 제외한다)가 다음 각 호의 어느 하나에 해당하는 경우에는 1년(지적기술자의 경우에는 2년) 이내의 기간을 정하여 측량업무의 수행을 정지시킬 수 있다. 이 경우 지적기술자에 대하여는 대통령령으로 정하는 바에 따라 중앙지적위원회의 심의·의결을 거쳐야 한다.(2020.2.18 전단개정)
1. 제40조제1항에 따른 근무처 및 경력등의 신고 또는 변경신고를 거짓으로 한 경우
2. 제41조제4항을 위반하여 다른 사람에게 측량기술경력증을 빌려 주거나 자기의 성명을 사용하여 측량업무를 수행하게 한 경우
3. 지적기술자가 제50조제1항을 위반하여 신의와 성실로써 공정하게 지적측량을 하지 아니하거나 고의 또는 중대한 과실로 지적측량을 잘못하여 다른 사람에게 손해를 입힌 경우(2013.7.17 본호신설)
4. 지적기술자가 제50조제1항을 위반하여 정당한 사유 없이 지적측량 신청을 거부한 경우(2013.7.17 본호신설)
② 국토교통부장관은 지적기술자가 제1항 각 호의 어느 하나에 해당하는 경우 위반행위의 횟수, 정도, 동기 및 결과 등을 고려하여 지적기술자가 소속된 한국국토정보공사 또는 지적측량업자에게 해임 등 적절한 징계를 할 것을 요청할 수 있다.(2014.6.3 본항개정)
③ 제1항에 따른 업무정지의 기준과 그 밖에 필요한 사항은 국토교통부령으로 정한다.(2020.2.18 본항개정)
(2013.7.17 본조제목개정)

제43조 (2020.2.18 삭제)

제7절 측량업

(2020.2.18 본절제목개정)

제44조【측량업의 등록】 ① 측량업은 다음 각 호의 업종으로 구분한다.
1. 측지측량업
2. 지적측량업
3. 그 밖에 항공촬영, 지도제작 등 대통령령으로 정하는 업종
② 측량업을 하려는 자는 업종별로 대통령령으로 정하는 기술인력·장비 등의 등록기준을 갖추어 국토교통부장관, 시·도지사 또는 대도시 시장에게 등록하여야 한다. 다만, 한국국토정보공사는 측량업의 등록을 하지 아니하고 제1항제2호의 지적측량업을 할 수 있다.(2020.2.18 본문개정)
③ 국토교통부장관, 시·도지사 또는 대도시 시장은 제2항에 따른 측량업의 등록을 한 자(이하 "측량업자"라 한다)에게 측량업등록증 및 측량업등록수첩을 발급하여야 한다.(2020.2.18 본항개정)
④ 측량업자는 제3항에 따라 발급받은 측량업등록증 또는 측량업등록수첩을 잃어버리거나 못쓰게 된 때에는 국토교통부령으로 정하는 바에 따라 재발급 받을 수 있다.
(2022.6.10 본항신설)
⑤ 측량업자는 등록사항이 변경된 경우에는 국토교통부장관, 시·도지사 또는 대도시 시장에게 신고하여야 한다.
(2020.2.18 본항개정)
⑥ 국토교통부장관, 시·도지사 또는 대도시 시장은 제5항에 따른 신고를 받은 날부터 20일 이내에 신고수리 여부를 신고인에게 통지하여야 한다.(2022.6.10 본항개정)
⑦ 국토교통부장관, 시·도지사 또는 대도시 시장이 제6항에서 정한 기간 내에 신고수리 여부 또는 민원 처리 관련 법령에 따른 처리기간의 연장을 신고인에게 통지하지 아니하면 그 기간(민원 처리 관련 법령에 따라 처리기간이 연장 또는 재연장된 경우에는 해당 처리기간을 말한다)이 끝난 날의 다음 날에 신고를 수리한 것으로 본다.
(2022.6.10 본항개정)
⑧ 측량업의 등록, 등록사항의 변경신고, 측량업등록증 및 측량업등록수첩의 발급절차 등에 필요한 사항은 대통령령으로 정한다.

제45조【지적측량업자의 업무 범위】 제44조제1항제2호에 따른 지적측량업의 등록을 한 자(이하 "지적측량업자"라 한다)는 제23조제1항제1호 및 제3호부터 제5호까지의 규정에 해당하는 사유로 하는 지적측량 중 다음 각 호의 지적측량과 지적전산자료를 활용한 정보화사업을 할 수 있다.
1. 제73조에 따른 경계점좌표등록부가 있는 지역에서의 지적측량
2. 「지적재조사에 관한 특별법」에 따른 지적재조사지구에서 실시하는 지적재조사측량(2019.12.10 본호개정)
3. 제86조에 따른 도시개발사업 등이 끝남에 따라 하는 지적확정측량

제46조【측량업자의 지위 승계】 ① 측량업자가 그 사업을 양도하거나 사망한 경우 또는 법인인 측량업자의 합병이 있는 경우로서 그 사업의 양수인·상속인 또는 합병 후 존속하는 법인이나 합병으로 설립된 법인이 종전의 측량업자의 지위를 승계하려는 경우에는 양수·상속 또는 합병한 날부터 30일 이내에 대통령령으로 정하는 바에 따라 국토교통부장관, 시·도지사 또는 대도시 시장에게 신고하여야 한다.
② 국토교통부장관, 시·도지사 또는 대도시 시장은 제1항에 따른 신고를 받은 경우 측량업자의 지위를 승계하려는 자가 제47조 각 호의 어느 하나에 해당하면 신고를 수리하여서는 아니 된다.
③ 국토교통부장관, 시·도지사 또는 대도시 시장은 제1항에 따른 신고를 받은 날부터 20일 이내에 신고수리 여부를 신고인에게 통지하여야 한다.(2021.8.10 본항신설)
④ 국토교통부장관, 시·도지사 또는 대도시 시장이 제3항에서 정한 기간 내에 신고수리 여부 또는 민원 처리 관련 법령에 따른 처리기간의 연장을 신고인에게 통지하지 아니하면 제2항의 규정에도 불구하고 그 기간(민원 처리 관련 법령에 따라 처리기간이 연장 또는 재연장된 경우에는 해당 처리기간을 말한다)이 끝난 날의 다음 날에 신고를 수리한 것으로 본다.(2021.8.10 본항신설)
⑤ 제1항에 따른 양수인·상속인 또는 합병 후 존속하는 법인이나 합병으로 설립된 법인은 제3항에 따른 신고가 수리된 경우(제4항에 따라 신고가 수리된 것으로 보는 경우를 포함한다)에는 그 양수일, 상속일 또는 합병일부터 종전의 측량업자의 지위를 승계한다.(2021.8.10 본항신설)
(2021.8.10 본조개정)

제47조【측량업등록의 결격사유】 다음 각 호의 어느 하나에 해당하는 자는 측량업의 등록을 할 수 없다.
1. 피성년후견인 또는 피한정후견인(2013.7.17 본호개정)
2. 이 법이나 「국가보안법」 또는 「형법」 제87조부터 제104조까지의 규정을 위반하여 금고 이상의 실형을 선고

받고 그 집행이 끝나거나(집행이 끝난 것으로 보는 경우를 포함한다) 집행이 면제된 날부터 2년이 지나지 아니한 자
3. 이 법이나 「국가보안법」 또는 「형법」 제87조부터 제104조까지의 규정을 위반하여 금고 이상의 형의 집행유예를 선고받고 그 집행유예기간 중에 있는 자
4. 제52조에 따라 측량업의 등록이 취소(제47조제1호에 해당하여 등록이 취소된 경우는 제외한다)된 후 2년이 지나지 아니한 자(2015.12.29 본호개정)
5. 임원 중에 제1호부터 제4호까지의 어느 하나에 해당하는 자가 있는 법인

제48조【측량업의 휴업·폐업 등 신고】 다음 각 호의 어느 하나에 해당하는 자는 국토교통부령으로 정하는 바에 따라 국토교통부장관, 시·도지사 또는 대도시 시장에게 해당 각 호의 사실이 발생한 날부터 30일 이내에 그 사실을 신고하여야 한다.(2020.2.18 본문개정)
1. 측량업자인 법인이 파산 또는 합병 외의 사유로 해산한 경우 : 해당 법인의 청산인
2. 측량업자가 폐업한 경우 : 폐업한 측량업자
3. 측량업자가 30일을 넘는 기간 동안 휴업하거나, 휴업 후 업무를 재개한 경우 : 해당 측량업자

제49조【측량업등록증의 대여 금지 등】 ① 측량업자는 다른 사람에게 자기의 측량업등록증 또는 측량업등록수첩을 빌려 주거나 자기의 성명 또는 상호를 사용하여 측량업무를 하게 하여서는 아니 된다.
② 누구든지 다른 사람의 등록증 또는 등록수첩을 빌려서 사용하거나 다른 사람의 성명 또는 상호를 사용하여 측량업무를 하여서는 아니 된다.

제50조【지적측량수행자의 성실의무 등】 ① 지적측량수행자(소속 지적기술자를 포함한다. 이하 이 조에서 같다)는 신의와 성실로써 공정하게 지적측량을 하여야 하며, 정당한 사유 없이 지적측량 신청을 거부하여서는 아니 된다.(2013.7.17 본항개정)
② 지적측량수행자는 본인, 배우자 또는 직계 존속·비속이 소유한 토지에 대한 지적측량을 하여서는 아니 된다.
③ 지적측량수행자는 제106조제2항에 따른 지적측량수수료 외에는 어떠한 명목으로도 그 업무와 관련된 대가를 받으면 아니 된다.

제51조【손해배상책임의 보장】 ① 지적측량수행자가 타인의 의뢰에 의하여 지적측량을 하는 경우 고의 또는 과실로 지적측량을 부실하게 함으로써 지적측량의뢰인이나 제3자에게 재산상의 손해를 발생하게 한 때에는 지적측량수행자는 그 손해를 배상할 책임이 있다.(2020.6.9 본항개정)
② 지적측량수행자는 제1항에 따른 손해배상책임을 보장하기 위하여 대통령령으로 정하는 바에 따라 보험가입 등 필요한 조치를 하여야 한다.

제52조【측량업의 등록취소 등】 ① 국토교통부장관, 시·도지사 또는 대도시 시장은 측량업자가 다음 각 호의 어느 하나에 해당하는 경우에는 측량업의 등록을 취소하거나 1년 이내의 기간을 정하여 영업의 정지를 명할 수 있다. 다만, 제2호·제4호·제7호·제8호·제11호 또는 제15호에 해당하는 경우에는 측량업의 등록을 취소하여야 한다.(2020.2.18 본문개정)
1. 고의 또는 과실로 측량을 부정확하게 한 경우
2. 거짓이나 그 밖의 부정한 방법으로 측량업의 등록을 한 경우
3. 정당한 사유 없이 측량업의 등록을 한 날부터 1년 이내에 영업을 시작하지 아니하거나 계속하여 1년 이상 휴업한 경우
4. 제44조제2항에 따른 등록기준에 미달하게 된 경우. 다만, 일시적으로 등록기준에 미달되는 등 대통령령으로 정하는 경우는 제외한다.
5. (2022.11.15 삭제)
6. 지적측량업자가 제45조에 따른 업무 범위를 위반하여 지적측량을 한 경우
7. 제47조 각 호의 어느 하나에 해당하게 된 경우. 다만, 측량업자가 같은 조 제5호에 해당하게 된 경우로서 그 사유가 발생한 날부터 3개월 이내에 그 사유를 없앤 경우는 제외한다.(2020.6.9 단서개정)
8. 제49조제1항을 위반하여 다른 사람에게 자기의 측량업등록증 또는 측량업등록수첩을 빌려 주거나 자기의 성명 또는 상호를 사용하여 측량업무를 하게 한 경우
9. 지적측량업자가 제50조를 위반한 경우
10. 제51조를 위반하여 보험가입 등 필요한 조치를 하지 아니한 경우
11. 영업정지기간 중에 계속하여 영업을 한 경우
12. 제52조제3항에 따른 임원의 직무정지 명령을 이행하지 아니한 경우(2018.4.17 본호신설)
13. 지적측량업자가 제106조제2항에 따른 지적측량수수료를 같은 조 제3항에 따라 고시한 금액보다 과다 또는 과소하게 받은 경우
14. 다른 행정기관이 관계 법령에 따라 등록취소 또는 영업정지를 요구한 경우
15. 「국가기술자격법」 제15조제2항을 위반하여 측량업자가 측량기술자의 국가기술자격증을 대여 받은 사실이 확인된 경우(2014.6.3 본호신설)

② 측량업자의 지위를 승계한 상속인이 제47조에 따른 측량업등록의 결격사유에 해당하는 경우에는 그 결격사유에 해당하게 된 날부터 6개월이 지난 날까지는 제1항제7호를 적용하지 아니한다.
③ 국토교통부장관, 시·도지사 또는 대도시 시장은 측량업자가 제47조제5호에 해당하게 된 경우에는 같은 조 제1호부터 제4호까지의 어느 하나에 해당하는 임원의 직무를 정지하도록 해당 측량업자에게 명할 수 있다.(2020.2.18 본항개정)
④ 국토교통부장관, 시·도지사 또는 대도시 시장은 제1항에 따라 영업정지를 명하여야 하는 경우로서 그 영업정지가 해당 영업의 이용자에게 심한 불편을 주거나 공익을 해칠 우려가 있는 경우에는 영업정지 처분을 갈음하여 4천만원 이하의 과징금을 부과할 수 있다.(2022.11.15 본항개정)
⑤ 국토교통부장관, 시·도지사 또는 대도시 시장은 제1항 또는 제4항에 따라 측량업등록의 취소, 영업정지 또는 과징금 부과처분을 하였으면 그 사실을 공고하여야 한다.(2022.11.15 본항개정)
⑥ 국토교통부장관, 시·도지사 또는 대도시 시장은 제4항에 따라 과징금 부과처분을 받은 자가 납부기한까지 과징금을 내지 아니하면 국세강제징수의 예 또는 「지방행정제재·부과금의 징수 등에 관한 법률」에 따라 징수한다.(2022.11.15 본항신설)
⑦ 제1항에 따른 측량업등록의 취소 및 영업정지 처분에 관한 세부 기준과 제4항에 따른 과징금의 부과기준 및 과징금의 징수에 관하여 필요한 사항은 대통령령으로 정한다.(2022.11.15 본항신설)

제52조의2【측량업자의 행정처분 효과의 승계 등】 ① 제48조에 따라 폐업신고한 측량업자가 폐업신고 당시와 동일한 측량업을 다시 등록한 때에는 폐업신고 전의 측량업자의 지위를 승계한다.
② 제1항의 경우 폐업신고 전의 측량업자에 대하여 제52조제1항 및 제111조제1항부터 제3항까지의 규정의 위반행위로 인한 행정처분의 효과는 그 폐업일부터 6개월 이내에 다시 측량업의 등록을 한 자(이하 이 조에서 "재등록 측량업자"라 한다)에게 승계된다.(2022.11.15 본항개정)
③ 제1항의 경우 재등록 측량업자에 대하여 폐업신고 전의 제52조제1항 각 호의 위반행위에 대한 행정처분을 할 수 있다. 다만, 다음 각 호의 어느 하나에 해당하는 경우는 제외한다.
1. 폐업신고를 한 날부터 다시 측량업의 등록을 한 날까지의 기간(이하 이 조에서 "폐업기간"이라 한다)이 2년을 초과한 경우
2. 폐업신고 전의 위반행위에 대한 행정처분이 영업정지에 해당하는 경우로서 폐업기간이 1년을 초과한 경우
④ 제3항에 따라 행정처분을 할 때에는 폐업기간과 폐업의 사유를 고려하여야 한다.
(2014.6.3 본조신설)

제53조【등록취소 등의 처분 후 측량업자의 업무 수행 등】 ① 등록취소 또는 영업정지 처분을 받거나 제48조에 따라 폐업신고를 한 측량업자 및 그 포괄승계인은 그 처분 및 폐업신고 전에 체결한 계약에 따른 측량업무를 계속 수행할 수 있다. 다만, 등록취소 또는 영업정지 처분을 받은 지적측량업자나 그 포괄승계인의 경우에는 그러하지 아니하다.(2014.6.3 본문개정)
② 제1항에 따른 측량업자 또는 포괄승계인은 등록취소 또는 영업정지 처분을 받은 사실을 지체 없이 해당 측량의 발주자에게 알려야 한다.
③ 제1항에 따라 측량업무를 계속하는 자는 그 측량이 끝날 때까지 측량업자로 본다.
④ 측량의 발주자는 특별한 사유가 있는 경우를 제외하고는 그 측량업자로부터 제2항에 따른 통지를 받거나 등록취소 또는 영업정지의 처분이 있은 사실을 안 날부터 30일 이내에만 그 측량에 관한 계약을 해지할 수 있다.

제54조 (2020.2.18 삭제)

제55조【측량의 대가】 ① 기본측량 및 공공측량에 대한 대가의 기준과 산정방법에 필요한 사항은 대통령령으로 정한다.(2020.2.18 본항개정)
② 국토교통부장관은 제1항에 따른 기준을 정할 때에는 기획재정부장관과 협의하여야 한다.(2020.2.18 본항개정)
③ 일반측량의 대가는 제1항에 따른 기준을 준용하여 산정할 수 있다.
(2020.2.18 본조제목개정)

제8절 협 회

제56조 (2014.6.3 삭제)
제57조 (2020.2.18 삭제)

제9절 대한지적공사

제58조~제63조 (2014.6.3 삭제)

제3장 지적(地籍)

제1절 토지의 등록

제64조【토지의 조사·등록 등】 ① 국토교통부장관은 모든 토지에 대하여 필지별로 소재·지번·지목·면적·경계 또는 좌표 등을 조사·측량하여 지적공부에 등록하여야 한다.(2013.3.23 본항개정)
② 지적공부에 등록하는 지번·지목·면적·경계 또는 좌표는 토지의 이동이 있을 때 토지소유자(법인이 아닌 사단이나 재단의 경우에는 그 대표자나 관리인을 말한다. 이하 같다)의 신청을 받아 지적소관청이 결정한다. 다만, 신청이 없으면 지적소관청이 직권으로 조사·측량하여 결정할 수 있다.
③ 제2항 단서에 따른 조사·측량의 절차 등에 필요한 사항은 국토교통부령으로 정한다.(2013.3.23 본항개정)

제65조【지상경계의 구분 등】 ① 토지의 지상경계는 둑, 담장이나 그 밖에 구획의 목표가 될 만한 구조물 및 경계점표지 등으로 구분한다.
② 지적소관청은 토지의 이동에 따라 지상경계를 새로 정한 경우에는 다음 각 호의 사항을 등록한 지상경계점등록부를 작성·관리하여야 한다.
1. 토지의 소재
2. 지번
3. 경계점 좌표(경계점좌표등록부 시행지역에 한정한다)
4. 경계점 위치 설명도
5. 그 밖에 국토교통부령으로 정하는 사항
③ 제1항에 따른 지상경계의 결정 기준 등 지상경계의 결정에 필요한 사항은 대통령령으로 정하고, 경계점표지의 규격과 재질 등에 필요한 사항은 국토교통부령으로 정한다.
(2013.7.17 본조신설)

제66조【지번의 부여 등】 ① 지번은 지적소관청이 지번부여지역별로 차례대로 부여한다.
② 지적소관청은 지적공부에 등록된 지번을 변경할 필요가 있다고 인정하면 시·도지사나 대도시 시장의 승인을 받아 지번부여지역의 전부 또는 일부에 대하여 지번을 새로 부여할 수 있다.
③ 제1항과 제2항에 따른 지번의 부여방법 및 부여절차 등에 필요한 사항은 대통령령으로 정한다.

제67조【지목의 종류】 ① 지목은 전·답·과수원·목장용지·임야·광천지·염전·대(垈)·공장용지·학교용지·주차장·주유소용지·창고용지·도로·철도용지·제방(堤防)·하천·구거(溝渠)·유지(溜池)·양어장·수도용지·공원·체육용지·유원지·종교용지·사적지·묘지·잡종지로 구분하여 정한다.
② 제1항에 따른 지목의 구분 및 설정방법 등에 필요한 사항은 대통령령으로 정한다.

제68조【면적의 단위 등】 ① 면적의 단위는 제곱미터로 한다.
② 면적의 결정방법 등에 필요한 사항은 대통령령으로 정한다.

제2절 지적공부

제69조【지적공부의 보존 등】 ① 지적소관청은 해당 청사에 지적서고를 설치하고 그 곳에 지적공부(정보처리시스템을 통하여 기록·저장한 경우는 제외한다. 이하 이 항에서 같다)를 영구히 보존하여야 하며, 다음 각 호의 어느 하나에 해당하는 경우 외에는 해당 청사 밖으로 지적공부를 반출할 수 없다.
1. 천재지변이나 그 밖에 이에 준하는 재난을 피하기 위하여 필요한 경우
2. 관할 시·도지사 또는 대도시 시장의 승인을 받은 경우
② 지적공부를 정보처리시스템을 통하여 기록·저장한 경우 관할 시·도지사, 시장·군수 또는 구청장은 그 지적공부를 지적정보관리체계에 영구히 보존하여야 한다.(2013.7.17 본항개정)
③ 국토교통부장관은 제2항에 따라 보존하여야 하는 지적공부가 멸실되거나 훼손될 경우를 대비하여 지적공부를 복제하여 관리하는 정보관리체계를 구축하여야 한다.(2013.7.17 본항개정)
④ 지적서고의 설치기준, 지적공부의 보관방법 및 반출승인 절차 등에 필요한 사항은 국토교통부령으로 정한다.(2013.3.23 본항개정)

제70조【지적정보 전담 관리기구의 설치】 ① 국토교통부장관은 지적공부의 효율적인 관리 및 활용을 위하여 지적정보 전담 관리기구를 설치·운영한다.(2013.3.23 본항개정)
② 국토교통부장관은 지적공부를 과세나 부동산정책자료 등으로 활용하기 위하여 주민등록전산자료, 가족관계등록전산자료, 부동산등기전산자료 또는 공시지가전산자료 등을 관리하는 기관에 그 자료를 요청할 수 있으며 요청을 받은 관리기관의 장은 특별한 사정이 없으면 그 요청을 따라야 한다.(2020.6.9 본항개정)
③ 제1항에 따른 지적정보 전담 관리기구의 설치·운영에 관한 세부사항은 대통령령으로 정한다.

제71조【토지대장 등의 등록사항】 ① 토지대장과 임야대장에는 다음 각 호의 사항을 등록하여야 한다.
1. 토지의 소재
2. 지번
3. 지목
4. 면적
5. 소유자의 성명 또는 명칭, 주소 및 주민등록번호(국가, 지방자치단체, 법인, 법인 아닌 사단이나 재단 및 외국

인의 경우에는 「부동산등기법」 제49조에 따라 부여된 등록번호를 말한다. 이하 같다)(2011.4.12 본호개정)

6. 그 밖에 국토교통부령으로 정하는 사항(2013.3.23 본호개정)

② 제1항제5호의 소유자가 둘 이상이면 공유지연명부에 다음 각 호의 사항을 등록하여야 한다.

1. 토지의 소재
2. 지번
3. 소유권 지분
4. 소유자의 성명 또는 명칭, 주소 및 주민등록번호
5. 그 밖에 국토교통부령으로 정하는 사항(2013.3.23 본호개정)

③ 토지대장이나 임야대장에 등록하는 토지가 「부동산등기법」에 따라 대지권 등기가 되어 있는 경우에는 대지권등록부에 다음 각 호의 사항을 등록하여야 한다.

1. 토지의 소재
2. 지번
3. 대지권 비율
4. 소유자의 성명 또는 명칭, 주소 및 주민등록번호
5. 그 밖에 국토교통부령으로 정하는 사항(2013.3.23 본호개정)

제72조【지적도 등의 등록사항】 지적도 및 임야도에는 다음 각 호의 사항을 등록하여야 한다.

1. 토지의 소재
2. 지번
3. 지목
4. 경계
5. 그 밖에 국토교통부령으로 정하는 사항(2013.3.23 본호개정)

제73조【경계점좌표등록부의 등록사항】 지적소관청은 제86조에 따른 도시개발사업 등에 따라 새로이 지적공부에 등록하는 토지에 대하여는 다음 각 호의 사항을 등록한 경계점좌표등록부를 작성하고 갖춰 두어야 한다.

1. 토지의 소재
2. 지번
3. 좌표
4. 그 밖에 국토교통부령으로 정하는 사항(2013.3.23 본호개정)

제74조【지적공부의 복구】 지적소관청(제69조제2항에 따른 지적공부의 경우에는 시·도지사, 시장·군수 또는 구청장)은 지적공부의 전부 또는 일부가 멸실되거나 훼손된 경우에는 대통령령으로 정하는 바에 따라 지체 없이 이를 복구하여야 한다.

제75조【지적공부의 열람 및 등본 발급】 ① 지적공부를 열람하거나 그 등본을 발급받으려는 자는 해당 지적소관청에 그 열람 또는 발급을 신청하여야 한다. 다만, 정보처리시스템을 통하여 기록·저장된 지적공부(지적도 및 임야도는 제외한다)를 열람하거나 그 등본을 발급받으려는 경우에는 특별자치시장, 시장·군수 또는 구청장이나 읍·면·동의 장에게 신청할 수 있다.(2012.12.18 단서개정)

② 제1항에 따른 지적공부의 열람 및 등본 발급의 절차 등에 필요한 사항은 국토교통부령으로 정한다.(2013.3.23 본항개정)

제76조【지적전산자료의 이용 등】 ① 지적공부에 관한 전산자료(연속지적도를 포함하며, 이하 "지적전산자료"라 한다)를 이용하거나 활용하려는 자는 다음 각 호의 구분에 따라 국토교통부장관, 시·도지사 또는 지적소관청에 지적전산자료를 신청하여야 한다.(2017.10.24 본문개정)

1. 전국 단위의 지적전산자료 : 국토교통부장관, 시·도지사 또는 지적소관청(2013.3.23 본호개정)
2. 시·도 단위의 지적전산자료 : 시·도지사 또는 지적소관청
3. 시·군·구(자치구가 아닌 구를 포함한다) 단위의 지적전산자료 : 지적소관청

② 제1항에 따라 지적전산자료를 신청하려는 자는 대통령령으로 정하는 바에 따라 지적전산자료의 이용 또는 활용 목적 등에 관하여 미리 관계 중앙행정기관의 심사를 받아야 한다. 다만, 중앙행정기관의 장, 그 소속 기관의 장 또는 지방자치단체의 장이 신청하는 경우에는 그러하지 아니하다.(2017.10.24 본항개정)

③ 제2항에도 불구하고 다음 각 호의 어느 하나에 해당하는 경우에는 관계 중앙행정기관의 심사를 받지 아니할 수 있다.

1. 토지소유자가 자기 토지에 대한 지적전산자료를 신청하는 경우
2. 토지소유자가 사망하여 그 상속인이 피상속인의 토지에 대한 지적전산자료를 신청하는 경우
3. 「개인정보 보호법」 제2조제1호에 따른 개인정보를 제외한 지적전산자료를 신청하는 경우

(2017.10.24 본항개정)

④ 제1항 및 제3항에 따른 지적전산자료의 이용 또는 활용에 필요한 사항은 대통령령으로 정한다.(2013.7.17 본항개정)

제76조의2【부동산종합공부의 관리 및 운영】 ① 지적소관청은 부동산의 효율적 이용과 부동산과 관련된 정보의 종합적 관리·운영을 위하여 부동산종합공부를 관리·운영한다.

② 지적소관청은 부동산종합공부를 영구히 보존하여야 하며, 부동산종합공부의 멸실 또는 훼손에 대비하여 이를 별도로 복제하여 관리하는 정보관리체계를 구축하여야 한다.

③ 제76조의3 각 호의 등록사항을 관리하는 기관의 장은 지적소관청에 상시적으로 관련 정보를 제공하여야 한다.

④ 지적소관청은 부동산종합공부의 정확한 등록 및 관리를 위하여 필요한 경우에는 제76조의3 각 호의 등록사항을 관리하는 기관의 장에게 관련 자료의 제출을 요구할 수 있다. 이 경우 자료의 제출을 요구받은 기관의 장은 특별한 사유가 없으면 자료를 제공하여야 한다.

(2013.7.17 본조신설)

제76조의3【부동산종합공부의 등록사항 등】 지적소관청은 부동산종합공부에 다음 각 호의 사항을 등록하여야 한다.

1. 토지의 표시와 소유자에 관한 사항 : 이 법에 따른 지적공부의 내용
2. 건축물의 표시와 소유자에 관한 사항(토지에 건축물이 있는 경우만 해당한다) : 「건축법」 제38조에 따른 건축물대장의 내용
3. 토지의 이용 및 규제에 관한 사항 : 「토지이용규제 기본법」 제10조에 따른 토지이용계획확인서의 내용
4. 부동산의 가격에 관한 사항 : 「부동산 가격공시에 관한 법률」 제10조에 따른 개별공시지가, 같은 법 제16조, 제17조 및 제18조에 따른 개별주택가격 및 공동주택가격 공시내용(2016.1.19 본호개정)
5. 그 밖에 부동산의 효율적 이용과 부동산과 관련된 정보의 종합적 관리·운영을 위하여 필요한 사항으로서 대통령령으로 정하는 사항

(2013.7.17 본조신설)

제76조의4【부동산종합공부의 열람 및 증명서 발급】 ① 부동산종합공부를 열람하거나 부동산종합공부 기록사항의 전부 또는 일부에 관한 증명서(이하 "부동산종합증명서"라 한다)를 발급받으려는 자는 지적소관청이나 읍·면·동의 장에게 신청할 수 있다.

② 제1항에 따른 부동산종합공부의 열람 및 부동산종합증명서 발급의 절차 등에 관하여 필요한 사항은 국토교통부령으로 정한다.

(2013.7.17 본조신설)

제76조의5【준용】 부동산종합공부의 등록사항 정정에 관하여는 제84조를 준용한다.(2013.7.17 본조신설)

제3절 토지의 이동 신청 및 지적정리 등

제77조【신규등록 신청】 토지소유자는 신규등록할 토지가 있으면 대통령령으로 정하는 바에 따라 그 사유가 발생한 날부터 60일 이내에 지적소관청에 신규등록을 신청하여야 한다.

제78조【등록전환 신청】 토지소유자는 등록전환할 토지가 있으면 대통령령으로 정하는 바에 따라 그 사유가 발생한 날부터 60일 이내에 지적소관청에 등록전환을 신청하여야 한다.

제79조【분할 신청】 ① 토지소유자는 토지를 분할하려면 대통령령으로 정하는 바에 따라 지적소관청에 분할을 신청하여야 한다.

② 토지소유자는 지적공부에 등록된 1필지의 일부가 형질변경 등으로 용도가 변경된 경우에는 대통령령으로 정하는 바에 따라 용도가 변경된 날부터 60일 이내에 지적소관청에 토지의 분할을 신청하여야 한다.

제80조【합병 신청】 ① 토지소유자는 토지를 합병하려면 대통령령으로 정하는 바에 따라 지적소관청에 합병을 신청하여야 한다.

② 토지소유자는 「주택법」에 따른 공동주택의 부지, 도로, 제방, 하천, 구거, 유지, 그 밖에 대통령령으로 정하는 토지로서 합병하여야 할 토지가 있으면 그 사유가 발생한 날부터 60일 이내에 지적소관청에 합병을 신청하여야 한다.

③ 다음 각 호의 어느 하나에 해당하는 경우에는 합병 신청을 할 수 없다.

1. 합병하려는 토지의 지번부여지역, 지목 또는 소유자가 서로 다른 경우
2. 합병하려는 토지에 다음 각 목의 등기 외의 등기가 있는 경우
   가. 소유권·지상권·전세권 또는 임차권의 등기
   나. 승역지(承役地)에 대한 지역권의 등기
   다. 합병하려는 토지 전부에 대한 등기원인(登記原因) 및 그 연월일과 접수번호가 같은 저당권의 등기
   라. 합병하려는 토지 전부에 대한 「부동산등기법」 제81조제1항 각 호의 등기사항이 동일한 신탁등기 (2020.2.4 본목신설)
3. 그 밖에 합병하려는 토지의 지적도 및 임야도의 축척이 서로 다른 경우 등 대통령령으로 정하는 경우

제81조【지목변경 신청】 토지소유자는 지목변경을 할 토지가 있으면 대통령령으로 정하는 바에 따라 그 사유가 발생한 날부터 60일 이내에 지적소관청에 지목변경을 신청하여야 한다.

제82조【바다로 된 토지의 등록말소 신청】 ① 지적소관청은 지적공부에 등록된 토지가 지형의 변화 등으로 바다로 된 경우로서 원상(原狀)으로 회복될 수 없거나 다른 지목의 토지로 될 가능성이 없는 경우에는 지적공부에 등록된 토지소유자에게 지적공부의 등록말소 신청을 하도록 통지하여야 한다.

② 지적소관청은 제1항에 따른 토지소유자가 통지를 받은 날부터 90일 이내에 등록말소 신청을 하지 아니하면 대통령령으로 정하는 바에 따라 등록을 말소한다.

③ 지적소관청은 제2항에 따라 말소한 토지가 지형의 변화 등으로 다시 토지가 된 경우에는 대통령령으로 정하는 바에 따라 토지로 회복등록을 할 수 있다.

제83조【축척변경】 ① 축척변경에 관한 사항을 심의·의결하기 위하여 지적소관청에 축척변경위원회를 둔다.

② 지적소관청은 지적도가 다음 각 호의 어느 하나에 해당하는 경우에는 토지소유자의 신청 또는 지적소관청의 직권으로 일정한 지역을 정하여 그 지역의 축척을 변경할 수 있다.

1. 잦은 토지의 이동으로 1필지의 규모가 작아서 소축척으로는 지적측량성과의 결정이나 토지의 이동에 따른 정리를 하기가 곤란한 경우
2. 하나의 지번부여지역에 서로 다른 축척의 지적도가 있는 경우
3. 그 밖에 지적공부를 관리하기 위하여 필요하다고 인정되는 경우

③ 지적소관청은 제2항에 따라 축척변경을 하려면 축척변경 시행지역의 토지소유자 3분의 2 이상의 동의를 받아 제1항에 따른 축척변경위원회의 의결을 거친 후 시·도지사 또는 대도시 시장의 승인을 받아야 한다. 다만, 다음 각 호의 어느 하나에 해당하는 경우에는 축척변경위원회의 의결 및 시·도지사 또는 대도시 시장의 승인 없이 축척변경을 할 수 있다.

1. 합병하려는 토지가 축척이 다른 지적도에 각각 등록되어 있어 축척변경을 하는 경우
2. 제86조에 따른 도시개발사업 등의 시행지역에 있는 토지로서 그 사업 시행에서 제외된 토지의 축척변경을 하는 경우

④ 축척변경의 절차, 축척변경으로 인한 면적 증감의 처리, 축척변경 결과에 대한 이의신청 및 축척변경위원회의 구성·운영 등에 필요한 사항은 대통령령으로 정한다.

제84조【등록사항의 정정】 ① 토지소유자는 지적공부의 등록사항에 잘못이 있음을 발견하면 지적소관청에 그 정정을 신청할 수 있다.

② 지적소관청은 지적공부의 등록사항에 잘못이 있음을 발견하면 대통령령으로 정하는 바에 따라 직권으로 조사·측량하여 정정할 수 있다.

③ 제1항에 따른 정정으로 인접 토지의 경계가 변경되는 경우에는 다음 각 호의 어느 하나에 해당하는 서류를 지적소관청에 제출하여야 한다.

1. 인접 토지소유자의 승낙서
2. 인접 토지소유자가 승낙하지 아니하는 경우에는 이에 대항할 수 있는 확정판결서 정본(正本)

④ 지적소관청이 제1항 또는 제2항에 따라 등록사항을 정정할 때 그 정정사항이 토지소유자에 관한 사항인 경우에는 등기필증, 등기완료통지서, 등기사항증명서 또는 등기관서에서 제공한 등기전산정보자료에 따라 정정하여야 한다. 다만, 제1항에 따라 미등기 토지에 대하여 토지소유자의 성명 또는 명칭, 주민등록번호, 주소 등에 관한 사항의 정정을 신청한 경우로서 그 등록사항이 명백히 잘못된 경우에는 가족관계 기록사항에 관한 증명서에 따라 정정하여야 한다.(2011.4.12 본문개정)

판례 지적공부상 면적의 표시가 잘못된 등록사항 정정 대상토지의 일부에 관해 시효취득한 점유자가 토지소유자를 상대로 그 토지에 관하여 지적공부 등록사항 정정절차 이행을 구할 수 있는지 여부 : 지적공부의 등록사항 중 면적의 표시가 잘못된 경우에는 토지소유자의 신청이 있어야 정정할 수 있으며, 지적소관청이 직권으로 정정하거나 토지소유자의 채권자 등이 대신하여 신청할 수 없다. 그런데 1필지 토지 중 일부에 관해 점유취득시효가 완성된 경우, 그 소유권을 이전받기 위해서는 분할절차를 거치는 것이 일반적이다. 이때 그 토지가 지적공부상 면적의 표시가 잘못된 등록사항 정정 대상토지라면 지적공부의 등록사항 정정절차를 통하여 먼저 그 토지의 면적을 확정할 필요가 있다. 따라서 지적공부상 면적의 표시가 잘못된 등록사항 정정 대상토지의 일부를 점유함으로써 점유취득시효가 완성된 점유자가 자신의 점유 부분에 관한 소유권이전등기를 위해 선행절차로 토지분할을 해야 하는 경우, 점유자는 그 소유권이전등기청구권을 실행하기 위하여 토지소유자를 상대로 지적공부 등록사항 정정절차의 이행을 구할 수 있다고 보아야 한다. 만일 이와 같은 경우에도 지적공부 등록사항 정정절차 이행을 구할 수 없다고 본다면, 점유취득시효가 완성됨에 따라 소유권이전등기청구권을 갖는 점유자의 법적 지위가 보장받지 못하게 되는 결과가 발생한다.(대판 2023.6.15, 2022다303766)

제85조【행정구역의 명칭변경 등】 ① 행정구역의 명칭이 변경되었으면 지적공부에 등록된 토지의 소재는 새로운 행정구역의 명칭으로 변경된 것으로 본다.

② 지번부여지역의 일부가 행정구역의 개편으로 다른 지번부여지역에 속하게 되었으면 지적소관청은 새로 속하게 된 지번부여지역의 지번을 부여하여야 한다.

제86조【도시개발사업 등 시행지역의 토지이동 신청에 관한 특례】 ① 「도시개발법」에 따른 도시개발사업, 「농어촌정비법」에 따른 농어촌정비사업, 그 밖에 대통령령으로 정하는 토지개발사업의 시행자는 대통령령으로 정하는 바에 따라 그 사업의 착수·변경 및 완료 사실을 지적소관청에 신고하여야 한다.

② 제1항에 따른 사업과 관련하여 토지의 이동이 필요한 경우에는 해당 사업의 시행자가 지적소관청에 토지의 이동을 신청하여야 한다.

③ 제2항에 따른 토지의 이동은 토지의 형질변경 등의 공사가 준공된 때에 이루어진 것으로 본다.
④ 제1항에 따라 사업의 착수 또는 변경의 신고가 된 토지의 소유자가 해당 토지의 이동을 원하는 경우에는 해당 사업의 시행자에게 그 토지의 이동을 신청하도록 요청하여야 하며, 요청을 받은 시행자는 해당 사업에 지장이 없다고 판단되면 지적소관청에 그 이동을 신청하여야 한다.
제87조【신청의 대위】 다음 각 호의 어느 하나에 해당하는 자는 이 법에 따라 토지소유자가 하여야 하는 신청을 대신할 수 있다. 다만, 제84조에 따른 등록사항 정정 대상토지는 제외한다.(2014.6.3 단서신설)
1. 공공사업 등에 따라 학교용지·도로·철도용지·제방·하천·구거·유지·수도용지 등의 지목으로 되는 토지인 경우 : 해당 사업의 시행자
2. 국가나 지방자치단체가 취득하는 토지인 경우 : 해당 토지를 관리하는 행정기관의 장 또는 지방자치단체의 장
3. 「주택법」에 따른 공동주택의 부지인 경우 : 「집합건물의 소유 및 관리에 관한 법률」에 따른 관리인(관리인이 없는 경우에는 공유자가 선임한 대표자) 또는 해당 사업의 시행자
4. 「민법」 제404조에 따른 채권자
제88조【토지소유자의 정리】 ① 지적공부에 등록된 토지소유자의 변경사항은 등기관서에서 등기한 것을 증명하는 등기필증, 등기완료통지서, 등기사항증명서 또는 등기관서에서 제공한 등기전산정보자료에 따라 정리한다. 다만, 신규등록하는 토지의 소유자는 지적소관청이 직접 조사하여 등록한다.(2011.4.12 본문개정)
② 「국유재산법」 제2조제10호에 따른 총괄청이나 같은 조 제11호에 따른 중앙관서의 장이 같은 법 제12조제3항에 따라 소유자 없는 부동산에 대한 소유자 등록을 신청하는 경우 지적소관청은 지적공부에 해당 토지의 소유자가 등록되지 아니한 경우에만 등록할 수 있다.(2011.3.30 본항개정)
③ 등기부에 적혀 있는 토지의 표시가 지적공부와 일치하지 아니하면 제1항에 따라 토지소유자를 정리할 수 없다. 이 경우 토지의 표시와 지적공부가 일치하지 아니하다는 사실을 관할 등기관서에 통지하여야 한다.
④ 지적소관청은 필요하다고 인정하는 경우에는 관할 등기관서의 등기부를 열람하여 지적공부와 부동산등기부가 일치하는지 여부를 조사·확인하여야 하며, 일치하지 아니하는 사항을 발견하면 등기사항증명서 또는 등기관서에서 제공한 등기전산정보자료에 따라 지적공부를 직권으로 정리하거나, 토지소유자나 그 밖의 이해관계인에게 그 지적공부와 부동산등기부가 일치하게 하는 데에 필요한 신청 등을 하도록 요구할 수 있다.(2011.4.12 본항개정)
⑤ 지적소관청 소속 공무원이 지적공부와 부동산등기부의 부합 여부를 확인하기 위하여 등기부를 열람하거나, 등기사항증명서의 발급을 신청하거나, 등기전산정보자료의 제공을 요청하는 경우 그 수수료는 무료로 한다.(2011.4.12 본항개정)
제89조【등기촉탁】 ① 지적소관청은 제64조제2항(신규등록은 제외한다), 제66조제2항, 제82조, 제83조제2항, 제84조제2항 또는 제85조제2항에 따른 사유로 토지의 표시 변경에 관한 등기를 할 필요가 있는 경우에는 지체 없이 관할 등기관서에 그 등기를 촉탁하여야 한다. 이 경우 등기촉탁은 국가가 국가를 위하여 하는 등기로 본다.
② 제1항에 따른 등기촉탁에 필요한 사항은 국토교통부령으로 정한다.(2013.3.23 본항개정)
제90조【지적정리 등의 통지】 제64조제2항 단서, 제66조제2항, 제74조, 제82조제2항, 제84조제2항, 제85조제2항, 제86조제2항, 제87조 또는 제89조에 따라 지적소관청이 지적공부에 등록하거나 지적공부를 복구 또는 말소하거나 등기촉탁을 하였으면 대통령령으로 정하는 바에 따라 해당 토지소유자에게 통지하여야 한다. 다만, 통지받을 자의 주소나 거소를 알 수 없는 경우에는 국토교통부령으로 정하는 바에 따라 일간신문, 해당 시·군·구의 공보 또는 인터넷홈페이지에 공고하여야 한다.(2013.3.23 단서개정)

제4장 보 칙

제91조【국가지명위원회 등의 설치】 ① 지명에 관한 다음 각 호의 사항을 심의·의결하기 위하여 국토교통부에 국가지명위원회를 둔다.(2022.6.10 본문개정)
1. 지명의 제정·변경 및 폐지에 관한 사항
2. 지명 관련 법령, 제도 및 정책의 개선에 관한 사항
3. 그 밖에 지명에 관하여 필요한 사항으로서 대통령령으로 정하는 사항
(2022.6.10 1호~3호신설)
② 관할 지역의 지명의 제정·변경 및 폐지에 관한 사항과 그 밖에 지명에 관한 중요 사항을 심의·의결하기 위하여 시·도에 시·도 지명위원회를 두고, 시·군 또는 구(자치구를 말한다. 이하 같다)에 시·군·구 지명위원회를 둔다.(2022.6.10 본항개정)
③ 국가지명위원회, 시·도 지명위원회 및 시·군·구 지명위원회의 위원 중 공무원이 아닌 위원은 「형법」 제127조 및 제129조부터 제132조까지의 규정을 적용할 때에는 공무원으로 본다.(2019.12.10 본항신설)
④ 국가지명위원회의 구성 및 운영 등에 필요한 사항은 대통령령으로 정하고, 시·도 지명위원회와 시·군·구 지명위원회의 구성 및 운영 등에 필요한 사항은 대통령령으로 정하는 기준에 따라 해당 지방자치단체의 조례로 정한다.
⑤ (2020.2.18 삭제)
(2022.6.10 본조제목개정)
제91조의2【지명의 결정】 ① 시·군·구의 지명에 관한 사항은 해당 지역을 관할하는 시·도지사가 시장·군수·구청장이 관할 시·군·구 지명위원회의 심의·의결을 거쳐 보고한 사항에 대하여 시·도 지명위원회의 심의·의결을 거쳐 결정한다. 다만, 둘 이상의 시·군·구에 걸치는 지명에 관한 사항은 해당 지역을 관할하는 시·도지사가 시장·군수·구청장의 의견을 들은 후 시·도 지명위원회의 심의·의결을 거쳐 결정하고, 둘 이상의 시·도에 걸치는 지명에 관한 사항은 국토교통부장관이 시·도지사의 의견을 들은 후 국가지명위원회의 심의·의결을 거쳐 결정한다.
② 제1항에도 불구하고 시·도지사는 대한민국의 영토의 경계와 관련된 지명의 결정에 관한 사항 등 대통령령으로 정하는 경우에는 국토교통부장관에게 그 결정을 요청할 수 있다.
③ 국토교통부장관 및 시·도지사가 지명을 결정(제91조의3에 따라 재심의하는 경우를 포함한다)하는 경우 대통령령으로 정하는 지명결정 원칙을 준수하여야 한다.
④ 제1항 및 제2항에 따라 결정된 지명에 대하여 국토교통부장관은 시·도지사에게 통보하고, 시·도지사는 국토교통부장관 및 관할 시장·군수·구청장에게 각각 통보하여야 한다.
⑤ 국토교통부장관은 제1항 및 제2항에 따라 결정된 지명을 제91조의3에 따른 재심의 청구 기간이 도과된 후 지체 없이 고시하여야 한다. 다만, 같은 조에 따른 재심의 청구·요구가 있는 경우에는 그러하지 아니하다.
⑥ 제1항부터 제5항까지에서 규정한 사항 외에 지명의 결정·통보 및 고시 등에 필요한 사항은 대통령령으로 정한다.
(2022.6.10 본조신설)
제91조의3【결정된 지명에 대한 재심의 청구】 ① 제91조의2에 따라 결정된 지명에 대하여 이의가 있는 경우에는 제91조의2제4항에 따른 통보를 받은 날부터 30일 이내에 시·도지사는 국토교통부장관에게, 시장·군수·구청장은 시·도지사에게 각각 재심의를 청구할 수 있다.
② 시장·군수·구청장은 제1항에 따른 시·도지사의 재심의 결과에 대하여 이의가 있는 경우 제5항에 따른 통보를 받은 날부터 30일 이내에 국토교통부장관에게 재심의를 청구할 수 있다.
③ 제1항 및 제2항에 따라 국토교통부장관이 재심의한 안건에 대해서 시·도지사 및 시장·군수·구청장은 다시 재심의를 청구할 수 없다.
④ 국토교통부장관은 제91조의2제1항에 따라 시·도지사가 결정한 지명이 같은 조 제3항에 따른 지명결정 원칙에 부합하지 아니한다고 인정하는 경우에는 같은 조 제4항에 따른 통보를 받은 날부터 30일 이내에 시·도지사에게 재심의를 요구할 수 있다.
⑤ 제1항, 제2항 및 제4항에 따른 재심의 결과의 통보에 관한 사항은 제91조의2제4항을 준용한다. 이 경우 국토교통부장관은 제2항에 따른 재심의 결과를 재심의를 청구한 시장·군수·구청장에게도 통보하여야 한다.
⑥ 국토교통부장관은 제1항, 제2항 또는 제4항에 따른 재심의 절차를 거쳐 지명이 결정된 경우에는 그 지명을 지체 없이 고시하여야 한다.
⑦ 제1항부터 제6항까지에서 규정한 사항 외에 재심의 절차·방법 및 결과 통보 등에 필요한 사항은 대통령령으로 정한다.
(2022.6.10 본조신설)
제91조의4【자료제출 등의 요청】 국토교통부장관, 시·도지사 또는 시장·군수·구청장은 지명의 결정을 위하여 필요한 경우 관계 중앙행정기관 또는 지방자치단체의 장에게 관련 자료의 제출 또는 의견의 제시 등을 요청할 수 있다. 이 경우 요청을 받은 관계 중앙행정기관 또는 지방자치단체의 장은 특별한 사유가 없으면 이에 따라야 한다.(2022.6.10 본조신설)
제92조【측량기기의 검사】 ① 측량업자는 트랜싯, 레벨, 그 밖에 대통령령으로 정하는 측량기기에 대하여 5년의 범위에서 대통령령으로 정하는 기간마다 국토교통부장관이 실시하는 성능검사를 받아야 한다. 다만, 「국가표준기본법」 제14조에 따라 국가교정업무 전담기관의 교정검사를 받은 측량기기로서 국토교통부장관이 제6항에 따른 성능검사 기준에 적합하다고 인정한 경우에는 성능검사를 받은 것으로 본다.(2020.4.7 단서개정)
② 한국국토정보공사는 성능검사를 위한 적합한 시설과 장비를 갖추고 자체적으로 검사를 실시하여야 한다.(2014.6.3 본항개정)
③ 제93조제1항에 따라 측량기기의 성능검사업무를 대행하는 자로 등록한 자(이하 "성능검사대행자"라 한다)는 제1항에 따른 국토교통부장관의 성능검사업무를 대행할 수 있다.(2020.4.7 본항개정)
④ 한국국토정보공사와 성능검사대행자는 제6항에 따른 성능검사의 기준, 방법 및 절차와 다르게 성능검사를 하여서는 아니 된다.(2020.4.7 본항신설)
⑤ 국토교통부장관은 한국국토정보공사와 성능검사대행자가 제6항에 따른 기준, 방법 및 절차에 따라 성능검사를 정확하게 하는지 실태를 점검하고, 필요한 경우에는 시정을 명할 수 있다.(2020.4.7 본항신설)
⑥ 제1항 및 제2항에 따른 성능검사의 기준, 방법 및 절차와 제5항에 따른 실태점검 및 시정명령 등에 필요한 사항은 국토교통부령으로 정한다.(2020.4.7 본항개정)
제93조【성능검사대행자의 등록 등】 ① 제92조제1항에 따른 측량기기의 성능검사업무를 대행하려는 자는 측량기기별로 대통령령으로 정하는 기술능력과 시설 등의 등록기준을 갖추어 시·도지사에게 등록하여야 하며, 등록사항을 변경하려는 경우에는 시·도지사에게 신고하여야 한다.
② 시·도지사는 제1항에 따라 등록신청을 받은 경우 등록기준에 적합하다고 인정되면 신청인에게 측량기기 성능검사대행자 등록증을 발급한 후 그 발급사실을 공고하고 국토교통부장관에게 통지하여야 한다.(2013.3.23 본항개정)
③ 성능검사대행자는 제2항에 따라 발급받은 등록증을 잃어버리거나 못쓰게 된 때에는 국토교통부령으로 정하는 바에 따라 재발급 받을 수 있다.(2022.6.10 본항신설)
④ 시·도지사는 제1항에 따른 신고를 받은 날부터 20일 이내에 신고수리 여부를 신고인에게 통지하여야 한다.(2021.8.10 본항신설)
⑤ 시·도지사가 제4항에 따른 기간 내에 신고수리 여부 또는 민원 처리 관련 법령에 따른 처리기간의 연장을 신고인에게 통지하지 아니하면 그 기간(민원 처리 관련 법령에 따라 처리기간이 연장 또는 재연장된 경우에는 해당 처리기간을 말한다)이 끝난 날의 다음 날에 신고를 수리한 것으로 본다.(2022.6.10 본항개정)
⑥ 성능검사대행자가 폐업을 한 경우에는 30일 이내에 국토교통부령으로 정하는 바에 따라 시·도지사에게 폐업사실을 신고하여야 한다.(2020.4.7 본항개정)
⑦ 성능검사대행자와 그 검사업무를 담당하는 임직원은 「형법」 제129조부터 제132조까지의 규정을 적용할 때에는 공무원으로 본다.(2020.4.7 본항개정)
⑧ 성능검사대행자의 등록, 등록사항의 변경신고, 측량기기 성능검사대행자 등록증의 발급, 검사 수수료 등에 필요한 사항은 국토교통부령으로 정한다.(2013.3.23 본항개정)
(2020.4.7 본조제목개정)
제94조【성능검사대행자 등록의 결격사유】 다음 각 호의 어느 하나에 해당하는 자는 성능검사대행자의 등록을 할 수 없다.
1. 피성년후견인 또는 피한정후견인(2013.7.17 본호개정)
2. 이 법을 위반하여 징역의 실형을 선고받고 그 집행이 종료(집행이 종료된 것으로 보는 경우를 포함한다)되거나 집행이 면제된 날부터 2년이 지나지 아니한 자
(2020.6.9 본호개정)
3. 이 법을 위반하여 징역형의 집행유예를 선고받고 그 유예기간 중에 있는 자
4. 제96조제1항에 따라 등록이 취소된 후 2년이 지나지 아니한 자(2020.6.9 본호개정)
5. 임원 중에 제1호부터 제4호까지의 어느 하나에 해당하는 자가 있는 법인
제95조【성능검사대행자 등록증의 대여 금지 등】 ① 성능검사대행자는 다른 사람에게 자기의 성능검사대행자 등록증을 빌려 주거나 자기의 성명 또는 상호를 사용하여 성능검사대행업무를 수행하게 하여서는 아니 된다.
② 누구든지 다른 사람의 성능검사대행자 등록증을 빌려서 사용하거나 다른 사람의 성명 또는 상호를 사용하여 성능검사대행업무를 수행하여서는 아니 된다.
제96조【성능검사대행자의 등록취소 등】 ① 시·도지사는 성능검사대행자가 다음 각 호의 어느 하나에 해당하는 경우에는 성능검사대행자의 등록을 취소하거나 1년 이내의 기간을 정하여 업무정지 처분을 할 수 있다. 다만, 제1호·제4호·제6호 또는 제7호에 해당하는 경우에는 성능검사대행자의 등록을 취소하여야 한다.
1. 거짓이나 그 밖의 부정한 방법으로 등록을 한 경우
1의2. 제92조제5항에 따른 시정명령을 따르지 아니한 경우
(2020.4.7 본호신설)
2. 제93조제1항의 등록기준에 미달하게 된 경우. 다만, 일시적으로 등록기준에 미달하는 등 대통령령으로 정하는 경우는 제외한다.
3. (2022.11.15 삭제)
4. 제95조를 위반하여 다른 사람에게 자기의 성능검사대행자 등록증을 빌려 주거나 자기의 성명 또는 상호를 사용하여 성능검사대행업무를 수행하게 한 경우
5. 정당한 사유 없이 성능검사를 거부하거나 기피한 경우
6. 거짓이나 부정한 방법으로 성능검사를 한 경우
7. 업무정지기간 중에 계속하여 성능검사대행업무를 한 경우
8. 다른 행정기관이 관계 법령에 따라 등록취소 또는 업무정지를 요구한 경우
② 시·도지사는 제1항에 따라 성능검사대행자의 등록을 취소하였으면 취소 사실을 공고한 후 국토교통부장관에게 통지하여야 한다.(2013.3.23 본항개정)

③ 시·도지사는 제1항에 따라 업무정지를 명하여야 하는 경우로서 그 업무정지가 해당 영업의 이용자에게 심한 불편을 주거나 공익을 해칠 우려가 있는 경우에는 업무정지 처분을 갈음하여 4천만원 이하의 과징금을 부과할 수 있다.(2022.11.15 본항개정)
④ 시·도지사는 제3항에 따라 과징금 부과처분을 받은 자가 납부기한까지 과징금을 내지 아니하면 「지방행정제재·부과금의 징수 등에 관한 법률」에 따라 징수한다.(2022.11.15 본항신설)
⑤ 제1항에 따른 성능검사대행자의 등록취소 및 업무정지 처분에 관한 세부 기준과 제3항에 따른 과징금의 부과기준 및 과징금의 징수에 관하여 필요한 사항은 대통령령으로 정한다.(2022.11.15 본항신설)

제97조【연구·개발의 추진 등】 ① 국토교통부장관은 측량 및 지적제도의 발전을 위한 시책을 추진하여야 한다.
② 국토교통부장관은 제1항에 따른 시책에 관한 연구·기술개발 및 교육 등의 업무를 수행하는 연구기관을 설립하거나 대통령령으로 정하는 관련 전문기관에 해당 업무를 수행하게 할 수 있다.
③ 국토교통부장관은 제2항에 따른 연구기관 또는 관련 전문기관에 예산의 범위에서 제2항에 따른 업무를 수행하는 데에 필요한 비용의 전부 또는 일부를 지원할 수 있다.
④ 국토교통부장관은 측량 및 지적제도에 관한 정보 생산과 서비스 기술을 향상시키기 위하여 관련 국제기구 및 국가 간 협력 활동을 추진하여야 한다.
(2020.2.18 본조개정)

제98조【측량 분야 종사자 등의 교육훈련】 ① 국토교통부장관은 측량업무 수행능력의 향상을 위하여 측량기술자와 그 밖에 측량 분야와 관련된 업무에 종사하는 자에 대하여 교육훈련을 실시할 수 있다.
② 성능검사대행자 및 그 소속 직원은 측량기기 성능검사의 품질향상과 서비스제고를 위하여 국토교통부령으로 정하는 바에 따라 국토교통부장관이 실시하는 교육을 받아야 한다.(2020.4.7 본항신설)
(2020.4.7 본조제목개정)
(2020.2.18 본조개정)

제99조【보고 및 조사】 ① 국토교통부장관, 시·도지사, 대도시 시장 또는 지적소관청은 다음 각 호의 어느 하나에 해당하는 경우에는 그 사유를 명시하여 해당 각 호의 자에게 필요한 보고를 하게 하거나 소속 공무원으로 하여금 조사를 하게 할 수 있다.(2020.2.18 본문개정)
1. 측량업자 또는 지적측량수행자가 고의나 중대한 과실로 측량을 부실하게 하여 민원을 발생하게 한 경우(2020.2.18 본호개정)
2. (2020.2.18 삭제)
3. 측량업자가 제44조제2항에 따른 측량업의 등록기준에 미달된다고 인정되는 경우(2020.2.18 본호개정)
4. 성능검사대행자가 성능검사를 부실하게 하거나 등록기준에 미달된다고 인정되는 경우(2020.4.7 본호개정)
5. 제92조제5항에 따른 한국국토정보공사와 성능검사대행자에 대한 실태점검을 위하여 필요한 경우(2020.4.7 본호신설)
② 제1항에 따라 조사를 하는 경우에는 조사 3일 전까지 조사 일시·목적·내용 등에 관한 계획을 조사 대상자에게 알려야 한다. 다만, 긴급한 경우나 사전에 조사계획이 알려지면 조사 목적을 달성할 수 없다고 인정하는 경우에는 그러하지 아니하다.
③ 제1항에 따라 조사를 하는 공무원은 그 권한을 표시하는 증표를 지니고 관계인에게 이를 내보여야 한다.
④ 제3항의 증표에 관한 사항은 국토교통부령으로 정한다.(2020.2.18 본항개정)

제100조【청문】 국토교통부장관, 시·도지사 또는 대도시 시장은 다음 각 호의 어느 하나에 해당하는 처분을 하려는 경우에는 청문을 하여야 한다.(2020.2.18 본문개정)
1. (2020.2.18 삭제)
2. 제52조제1항에 따른 측량업의 등록취소
3. (2020.2.18 삭제)
4. 제96조제1항에 따른 성능검사대행자의 등록취소

제101조【토지등에의 출입 등】 ① 이 법에 따라 측량을 하거나, 측량기준점을 설치하거나, 토지의 이동을 조사하는 자는 그 측량 또는 조사 등에 필요한 경우에는 타인의 토지·건물·공유수면 등(이하 "토지등"이라 한다)에 출입하거나 일시 사용할 수 있으며, 특히 필요한 경우에는 나무, 흙, 돌, 그 밖의 장애물(이하 "장애물"이라 한다)을 변경하거나 제거할 수 있다.(2020.2.18 본항개정)
② 제1항에 따라 타인의 토지등에 출입하려는 자는 관할 특별자치시장, 특별자치도지사, 시장·군수 또는 구청장의 허가를 받아야 하며, 출입하려는 날의 3일 전까지 해당 토지등의 소유자·점유자 또는 관리인에게 그 일시와 장소를 통지하여야 한다. 다만, 행정청인 자는 허가를 받지 아니하고 타인의 토지등에 출입할 수 있다.(2012.12.18 본문개정)
③ 제1항에 따라 타인의 토지등을 일시 사용하거나 장애물을 변경 또는 제거하려는 자는 그 소유자·점유자 또는 관리인의 동의를 받아야 한다. 다만, 소유자·점유자 또는 관리인의 동의를 받을 수 없는 경우 행정청인 자는 관할 특별자치시장, 특별자치도지사, 시장·군수 또는 구청장에게 그 사실을 통지하여야 하며, 행정청이 아닌 자는 미리 관할 특별자치시장, 특별자치도지사, 시장·군수 또는 구청장의 허가를 받아야 한다.(2012.12.18 단서개정)
④ 특별자치시장, 특별자치도지사, 시장·군수 또는 구청장은 제3항 단서에 따라 허가를 하려면 미리 그 소유자·점유자 또는 관리인의 의견을 들어야 한다.(2012.12.18 본항개정)
⑤ 제3항에 따라 토지등을 일시 사용하거나 장애물을 변경 또는 제거하려는 자는 토지등을 사용하려는 날이나 장애물을 변경 또는 제거하려는 날의 3일 전까지 그 소유자·점유자 또는 관리인에게 통지하여야 한다. 다만, 토지등의 소유자·점유자 또는 관리인이 현장에 없거나 주소 또는 거소가 분명하지 아니할 때에는 관할 특별자치시장, 특별자치도지사, 시장·군수 또는 구청장에게 통지하여야 한다.(2012.12.18 단서개정)
⑥ 해 뜨기 전이나 해가 진 후에는 그 토지등의 점유자의 승낙 없이 택지나 담장 또는 울타리로 둘러싸인 타인의 토지에 출입할 수 없다.
⑦ 토지등의 점유자는 정당한 사유 없이 제1항에 따른 행위를 방해하거나 거부하지 못한다.
⑧ 제1항에 따른 행위를 하려는 자는 그 권한을 표시하는 허가증을 지니고 관계인에게 이를 내보여야 한다.(2012.12.18 본항개정)
⑨ 제8항에 따른 허가증에 관하여 필요한 사항은 국토교통부령으로 정한다.(2020.2.18 본항개정)

제102조【토지등의 출입 등에 따른 손실보상】 ① 제101조제1항에 따른 행위로 손실을 받은 자가 있으면 그 행위를 한 자는 그 손실을 보상하여야 한다.
② 제1항에 따른 손실보상에 관하여는 손실을 보상할 자와 손실을 받은 자가 협의하여야 한다.
③ 손실을 보상할 자 또는 손실을 받은 자는 제2항에 따른 협의가 성립되지 아니하거나 협의를 할 수 없는 경우에는 관할 토지수용위원회에 재결(裁決)을 신청할 수 있다.
④ 관할 토지수용위원회의 재결에 관하여는 「공익사업을 위한 토지 등의 취득 및 보상에 관한 법률」 제84조부터 제88조까지의 규정을 준용한다.

제103조【토지의 수용 또는 사용】 ① 국토교통부장관은 기본측량을 실시하기 위하여 필요하다고 인정하는 경우에는 토지, 건물, 나무, 그 밖의 공작물을 수용하거나 사용할 수 있다.(2020.2.18 본항개정)
② 제1항에 따른 수용 또는 사용 및 이에 따른 손실보상에 관하여는 「공익사업을 위한 토지 등의 취득 및 보상에 관한 법률」을 적용한다.

제104조【업무의 수탁】 국토교통부장관은 그 업무 수행에 지장이 없는 범위에서 공익을 위하여 필요하다고 인정되면 국토교통부령으로 정하는 바에 따라 측량 업무를 위탁받아 수행할 수 있다.(2020.2.18 본조개정)

제105조【권한의 위임·위탁 등】 ① 이 법에 따른 국토교통부장관의 권한은 그 일부를 대통령령으로 정하는 바에 따라 소속 기관의 장, 시·도지사, 대도시 시장 또는 지적소관청에 위임할 수 있다.(2022.6.10 본항개정)
② 이 법에 따른 국토교통부장관, 시·도지사, 대도시 시장 및 지적소관청의 권한 중 다음 각 호의 업무에 관한 권한은 대통령령으로 정하는 바에 따라 한국국토정보공사, 「공간정보산업 진흥법」 제24조에 따른 공간정보산업협회 또는 「민법」 제32조에 따라 국토교통부장관의 허가를 받아 설립된 비영리법인으로서 대통령령으로 정하는 측량 관련 인력과 장비를 갖춘 법인에 위탁할 수 있다.(2022.6.10 본문개정)
1. (2020.2.18 삭제)
1의2. 제10조의2에 따른 측량업정보 종합관리체계의 구축·운영(2014.6.3 본호신설)
1의3. 제10조의3에 따른 측량업자의 측량용역사업에 대한 사업수행능력 공시 및 실적 등의 접수 및 내용의 확인(2014.6.3 본호신설)
2. 제15조제4항에 따른 지도등의 간행에 관한 심사(2021.7.20 본호개정)
2의2. 제15조의2에 따른 정밀도로지도의 간행에 관한 심사(2022.6.10 본호신설)
3. 제18조제3항에 따른 공공측량성과의 심사
4.~8. (2020.2.18 삭제)
9. 제40조에 따른 측량기술자의 신고 접수, 기록의 유지·관리, 측량기술경력증의 발급, 신고받은 내용의 확인을 위한 관련 자료 제출 요청 및 제출 자료의 접수, 측량기술자의 근무처 및 경력등의 확인
10. 제44조제2항 및 제5항에 따른 측량업의 등록신청 및 변경신고의 접수(2022.6.10 본호신설)
10의2. 제44조제4항에 따른 측량업등록증 및 측량업등록수첩의 재발급 신청의 접수(2022.6.10 본호신설)
10의3. 제46조제1항에 따른 측량업자의 지위 승계신고의 접수(2022.6.10 본호신설)
10의4. 제48조에 따른 측량업의 휴업·폐업 등 신고의 접수(2022.6.10 본호신설)
11. 제98조에 따른 지적기술자의 교육훈련(2013.7.17 본호신설)
12. 제8조제1항에 따른 측량기준점(지적기준점에 한정한다)의 관리(2014.6.3 본호신설)
13. 제8조제5항에 따른 측량기준점(지적기준점에 한정한다)표지의 현황조사 보고의 접수(2014.6.3 본호신설)
③ 제2항에 따라 국토교통부장관, 시·도지사, 대도시 시장 및 지적소관청으로부터 위탁받은 업무에 종사하는 한국국토정보공사, 「공간정보산업 진흥법」 제24조에 따른 공간정보산업협회 또는 비영리법인의 임직원은 「형법」 제127조 및 제129조부터 제132조까지의 규정을 적용할 때에는 공무원으로 본다.(2022.6.10 본항개정)

제106조【수수료 등】 ① 다음 각 호의 어느 하나에 해당하는 신청 등을 하는 자는 국토교통부령으로 정하는 바에 따라 수수료를 내야 한다.(2020.2.18 본문개정)
1. 제14조제2항 및 제19조제2항에 따른 측량성과 등의 복제 또는 사본의 발급 신청
2. 제15조에 따른 기본측량성과·기본측량기록 또는 같은 조 제1항에 따라 간행한 지도등의 활용 신청
3. 제15조제4항 및 제15조의2제1항에 따른 지도등 간행의 심사 신청(2022.6.10 본호개정)
4. 제16조 또는 제21조에 따른 측량성과의 국외 반출 허가 신청
5. 제18조에 따른 공공측량성과의 심사 요청
6. 제27조에 따른 지적기준점성과의 열람 또는 그 등본의 발급 신청
7.~8. (2020.2.18 삭제)
9. 제44조제2항에 따른 측량업의 등록 신청
10. 제44조제4항에 따른 측량업등록증 및 측량업등록수첩의 재발급 신청(2022.6.10 본호개정)
11.~12. (2020.2.18 삭제)
13. 제75조에 따른 지적공부의 열람 및 등본 발급 신청
14. 제76조에 따른 지적전산자료의 이용 또는 활용 신청
14의2. 제76조의4에 따른 부동산종합공부의 열람 및 부동산종합증명서 발급 신청(2013.7.17 본호신설)
15. 제77조에 따른 신규등록 신청, 제78조에 따른 등록전환 신청, 제79조에 따른 분할 신청, 제80조에 따른 합병 신청, 제81조에 따른 지목변경 신청, 제82조에 따른 바다로 된 토지의 등록말소 신청, 제83조에 따른 축척변경 신청, 제84조에 따른 등록사항의 정정 신청 또는 제86조에 따른 도시개발사업 등 시행지역의 토지이동 신청
16. 제92조제1항에 따른 측량기기의 성능검사 신청
17. 제93조제1항에 따른 성능검사대행자의 등록 신청
18. 제93조제3항에 따른 성능검사대행자 등록증의 재발급 신청(2022.6.10 본호개정)
② 제24조제1항에 따라 지적측량을 의뢰하는 자는 국토교통부령으로 정하는 바에 따라 지적측량수행자에게 지적측량수수료를 내야 한다.(2013.3.23 본항개정)
③ 제2항에 따른 지적측량수수료는 국토교통부장관이 매년 12월 31일까지 고시하여야 한다.(2020.6.9 본항개정)
④ 지적소관청이 제64조제2항 단서에 따라 직권으로 조사·측량하여 지적공부를 정리한 경우에는 그 조사·측량에 들어간 비용을 제2항에 준하여 토지소유자로부터 징수한다. 다만, 제82조에 따라 지적공부를 등록말소한 경우에는 그러하지 아니하다.
⑤ 제1항에도 불구하고 다음 각 호의 경우에는 수수료를 면제할 수 있다.(2020.2.18 단서삭제)
1. 제1항제1호 또는 제2호의 신청자가 공공측량시행자인 경우
2.~3. (2020.2.18 삭제)
4. 제1항제13호의 신청자가 국가, 지방자치단체 또는 지적측량수행자인 경우
5. 제1항제14호의2 및 제15호의 신청자가 국가 또는 지방자치단체인 경우(2013.7.17 본호개정)
⑥ 제1항 및 제4항에 따른 수수료를 국토교통부령으로 정하는 기간 내에 내지 아니하면 국세 또는 지방세 체납처분의 예에 따라 징수한다.(2020.2.18 본항개정)

제5장 벌 칙

제107조【벌칙】 측량업자로서 속임수, 위력(威力), 그 밖의 방법으로 측량업과 관련된 입찰의 공정성을 해친 자는 3년 이하의 징역 또는 3천만원 이하의 벌금에 처한다.(2020.2.18 본조개정)

제108조【벌칙】 다음 각 호의 어느 하나에 해당하는 자는 2년 이하의 징역 또는 2천만원 이하의 벌금에 처한다.
1. 제9조제1항을 위반하여 측량기준점표지를 이전 또는 파손하거나 그 효용을 해치는 행위를 한 자
2. 고의로 측량성과를 사실과 다르게 한 자(2020.2.18 본호개정)
3. 제16조 또는 제21조를 위반하여 측량성과를 국외로 반출한 자
4. 제44조를 위반하여 측량업의 등록을 하지 아니하거나 거짓이나 그 밖의 부정한 방법으로 측량업의 등록을 하고 측량업을 한 자
5. (2020.2.18 삭제)
6. 제92조제1항에 따른 성능검사를 부정하게 한 성능검사대행자
7. 제93조제1항을 위반하여 성능검사대행자의 등록을 하지 아니하거나 거짓이나 그 밖의 부정한 방법으로 성능검사대행자의 등록을 하고 성능검사업무를 한 자

제109조【벌칙】 다음 각 호의 어느 하나에 해당하는 자는 1년 이하의 징역 또는 1천만원 이하의 벌금에 처한다.
1. 제14조제2항 또는 제19조제2항을 위반하여 무단으로 측량성과 또는 측량기록을 복제한 자

2. 제15조제4항 및 제15조의2제1항에 따른 심사를 받지 아니하고 지도등을 간행하여 판매하거나 배포한 자 (2022.6.10 본호개정)
3. (2020.2.18 삭제)
4. 제39조제1항을 위반하여 측량기술자가 아님에도 불구하고 측량을 한 자
5. 제41조제2항을 위반하여 업무상 알게 된 비밀을 누설한 측량기술자(2020.2.18 본호개정)
6. 제41조제3항을 위반하여 둘 이상의 측량업자에게 소속된 측량기술자(2020.2.18 본호개정)
7. 제49조제1항을 위반하여 다른 사람에게 측량업등록증 또는 측량업등록수첩을 빌려주거나 자기의 성명 또는 상호를 사용하여 측량업무를 하게 한 자
8. 제49조제2항을 위반하여 다른 사람의 측량업등록증 또는 측량업등록수첩을 빌려서 사용하거나 다른 사람의 성명 또는 상호를 사용하여 측량업무를 한 자
9. 제50조제3항을 위반하여 제106조제2항에 따른 지적측량수수료 외의 대가를 받은 지적측량기술자
10. 거짓으로 다음 각 목의 신청을 한 자
가. 제77조에 따른 신규등록 신청
나. 제78조에 따른 등록전환 신청
다. 제79조에 따른 분할 신청
라. 제80조에 따른 합병 신청
마. 제81조에 따른 지목변경 신청
바. 제82조에 따른 바다로 된 토지의 등록말소 신청
사. 제83조에 따른 축척변경 신청
아. 제84조에 따른 등록사항의 정정 신청
자. 제86조에 따른 도시개발사업 등 시행지역의 토지이동 신청
11. 제95조제1항을 위반하여 다른 사람에게 자기의 성능검사대행자 등록증을 빌려 주거나 자기의 성명 또는 상호를 사용하여 성능검사대행업무를 수행하게 한 자
12. 제95조제2항을 위반하여 다른 사람의 성능검사대행자 등록증을 빌려서 사용하거나 다른 사람의 성명 또는 상호를 사용하여 성능검사대행업무를 수행한 자

제110조【양벌규정】 법인의 대표자나 법인 또는 개인의 대리인, 사용인, 그 밖의 종업원이 그 법인 또는 개인의 업무에 관하여 제107조부터 제109조까지의 어느 하나에 해당하는 위반행위를 하면 그 행위자를 벌하는 외에 그 법인 또는 개인에게도 해당 조문의 벌금형을 과(科)한다. 다만, 법인 또는 개인이 그 위반행위를 방지하기 위하여 해당 업무에 관하여 상당한 주의와 감독을 게을리하지 아니한 경우에는 그러하지 아니하다.

제111조【과태료】 ① 제13조제4항을 위반하여 고시된 측량성과에 어긋나는 측량성과를 사용한 자에게는 300만원 이하의 과태료를 부과한다.
② 다음 각 호의 어느 하나에 해당하는 자에게는 200만원 이하의 과태료를 부과한다.
1. 정당한 사유 없이 측량을 방해한 자
2. 제92조제1항을 위반하여 측량기기에 대한 성능검사를 받지 아니하거나 부정한 방법으로 성능검사를 받은 자
3. 정당한 사유 없이 제99조제1항에 따른 보고를 하지 아니하거나 거짓으로 보고를 한 자
4. 정당한 사유 없이 제99조제1항에 따른 조사를 거부·방해 또는 기피한 자
5. 정당한 사유 없이 제101조제7항을 위반하여 토지등에의 출입 등을 방해하거나 거부한 자
③ 다음 각 호의 어느 하나에 해당하는 자에게는 100만원 이하의 과태료를 부과한다.
1. 제40조제1항을 위반하여 거짓으로 측량기술자의 신고를 한 자
2. 제44조제5항을 위반하여 측량업 등록사항의 변경신고를 하지 아니한 자
3. 제46조제1항을 위반하여 측량업자의 지위 승계 신고를 하지 아니한 자
4. 제48조를 위반하여 측량업의 휴업·폐업 등의 신고를 하지 아니하거나 거짓으로 신고한 자
5. 제93조제1항을 위반하여 성능검사대행자의 등록사항 변경을 신고하지 아니한 자
6. 제93조제6항을 위반하여 성능검사대행업무의 폐업신고를 하지 아니한 자
7. 정당한 사유 없이 제98조제2항에 따른 교육을 받지 아니한 자
④ 제1항부터 제3항까지의 규정에 따른 과태료는 대통령령으로 정하는 바에 따라 국토교통부장관, 시·도지사, 대도시 시장 또는 지적소관청이 부과·징수한다.
(2022.11.15 본조개정)

부　칙

제1조【시행일】 이 법은 공포 후 6개월이 경과한 날부터 시행한다.

제2조【다른 법률의 폐지】 다음 각 호의 법률은 폐지한다.
1. 「측량법」
2. 「지적법」
3. 「수로업무법」

제3조【측량업자 등의 휴업 등 신고에 관한 적용례】 제48조제3호(제54조제6항에 따라 준용되는 경우를 포함한다)는 이 법 시행 후 최초로 휴업하거나 업무를 재개하는 분부터 적용한다.

제4조【처분 등에 관한 일반적 경과조치】 이 법 시행 당시 종전의 「측량법」·「지적법」 또는 「수로업무법」에 따른 행정기관의 행위나 행정기관에 대한 행위는 이 법에 따른 행정기관의 행위나 행정기관에 대한 행위로 본다.

제5조【측량기준에 관한 경과조치】 ① 제6조제1항에도 불구하고 지도·측량용 사진 등을 이용하는 자의 편익을 위하여 종전의 「측량법」(2001년 12월 19일 법률 제6532호로 개정되기 전의 것을 말한다)에 따른 측량기준을 사용하는 것이 불가피하다고 인정하여 국토해양부장관이 지정하여 고시한 경우에는 2009년 12월 31일까지 다음 각 호에 따른 종전의 측량기준을 사용할 수 있다.
1. 지구의 형상과 크기는 베셀(Bessel)값에 따른다.
2. 위치는 지리학상의 경도 및 위도와 평균해면으로부터의 높이로 표시한다. 다만, 필요한 경우에는 직각좌표 또는 극좌표로 표시할 수 있다.
3. 거리와 면적은 수평면상의 값으로 표시한다.
4. 측량의 원점은 대한민국 경위도원점 및 수준원점으로 한다.
② 제6조제1항에도 불구하고 제86조제1항에 따른 사업의 시행지역이 아닌 지역에 대하여는 2020년 12월 31일까지 다음 각 호에 따른 종전의 지적측량기준을 사용할 수 있다.
1. 지구의 형상과 크기는 베셀값에 따른다.
2. 수평위치는 지리학적 경위도로 표시한다. 다만, 지적도를 제작할 때에는 그 필지의 경계점 및 도곽(圖廓)을 직각좌표로 표시한다.
3. 거리와 면적은 수평면상의 값으로 표시한다.
4. 측량의 원점은 대한민국 경위도원점으로 한다.

제6조【종전의 측량 및 수로조사에 관한 경과조치】 이 법 시행 전에 종전의 「측량법」에 따라 시행한 기본측량·공공측량·일반측량 및 그 성과와 종전의 「지적법」에 따라 시행한 지적측량 및 그 성과는 이 법에 따른 기본측량·공공측량·일반측량·지적측량 및 그 성과로 보며, 종전의 「수로업무법」에 따라 시행한 수로조사 및 그 성과는 이 법에 따른 수로조사 및 그 성과로 본다.

제7조【지적위원회에 관한 경과조치】 종전의 「지적법」에 따라 설치된 중앙지적위원회와 지방지적위원회는 각각 제28조에 따라 설치된 중앙지적위원회와 지방지적위원회로 본다.

제8조【판매대행업자에 관한 경과조치】 이 법 시행 전에 종전의 「수로업무법」에 따라 수로도서지의 판매를 대행할 자로 지정된 자는 제35조제2항에 따라 지정된 판매대행업자로 본다.

제9조【측량기술자의 신고에 관한 경과조치】 이 법 시행 전에 종전의 「측량법」에 따라 이루어진 측량기술자의 신고는 제40조제1항에 따른 신고로 본다.

제10조【측량업 및 수로사업의 등록 등에 관한 경과조치】 ① 이 법 시행 전에 종전의 「측량법」에 따라 이루어진 측량업의 등록과 종전의 「지적법」에 따라 이루어진 지적측량업의 등록은 그에 해당하는 제44조에 따른 측량업의 등록으로 보며, 종전의 「수로업무법」에 따라 이루어진 수로사업의 등록은 제54조에 따른 수로사업의 등록으로 본다.
② 이 법 시행 전에 종전의 「측량법」에 따라 이루어진 측량업의 변경등록과 종전의 「지적법」에 따라 이루어진 지적측량업의 등록사항 변경신고는 제44조제4항에 따른 측량업의 등록사항 변경신고로 보며, 종전의 「수로업무법」에 따라 이루어진 수로사업의 변경등록은 제54조제4항에 따른 수로사업의 등록사항 변경신고로 본다.
③ 이 법 시행 전에 종전의 「지적법」에 따라 등록한 지적편집도 간행·판매업자는 그에 해당하는 제44조제1항제3호에 따른 업종을 등록한 자로 본다.

제11조【대한측량협회 및 한국해양조사협회에 관한 경과조치】 종전의 「측량법」에 따라 설립된 대한측량협회와 종전의 「수로업무법」에 따라 설립된 한국해양조사협회는 각각 제56조에 따라 설립된 측량협회와 제57조에 따라 설립된 해양조사협회로 본다.

제12조【대한지적공사에 관한 경과조치】 종전의 「지적법」에 따라 설립된 대한지적공사는 제58조에 따라 설립된 대한지적공사로 본다.

제13조【지명위원회에 관한 경과조치】 이 법 시행 전에 종전의 「측량법」에 따라 설치된 시·도지명위원회와 시·군·구지명위원회는 제91조제1항에 따라 설치된 것으로 본다.

제14조【측량기기 성능검사에 관한 경과조치】 이 법 시행 전에 종전의 「측량법」에 따라 측량기기 성능검사를 받은 자는 제92조에 따른 측량기기 성능검사를 받은 것으로 본다.

제15조【성능검사대행자에 관한 경과조치】 이 법 시행 전에 종전의 「측량법」에 따라 등록된 성능검사대행자는 제93조제1항에 따라 등록된 성능검사대행자로 본다.

제16조【행정처분기준에 관한 경과조치】 이 법 시행 전의 위반행위에 대한 행정처분에 관하여는 그 기준이 종전보다 강화된 경우에는 종전의 「측량법」·「지적법」 또는 「수로업무법」에 따르고, 종전보다 완화된 경우에는 이 법에 따른다.

제17조【벌칙 및 과태료 규정에 관한 경과조치】 이 법 시행 전의 행위에 대한 벌칙 및 과태료를 적용할 때에는 종전의 「측량법」·「지적법」 또는 「수로업무법」에 따른다.

제18조【다른 법률의 개정】 ①~㊹ ※(해당 법령에 가제정리 하였음)

제19조【다른 법령과의 관계】 이 법 시행 당시 다른 법령에서 종전의 「측량법」·「지적법」·「수로업무법」 또는 그 규정을 인용한 경우에 이 법 가운데 그에 해당하는 규정이 있으면 종전의 규정을 갈음하여 이 법 또는 이 법의 해당 규정을 인용한 것으로 본다.

부　칙 (2013.7.17)

제1조【시행일】 이 법은 공포 후 6개월이 경과한 날부터 시행한다. 다만, 제76조의3제4호의 개정규정은 2014년 7월 1일부터, 같은 조 제5호의 개정규정은 2015년 7월 1일부터 각각 시행한다.

제2조【측량기준점표지의 이전비용에 관한 적용례】 제9조제4항의 개정규정은 이 법 시행 후 측량기준점표지를 이전하는 것부터 적용한다.

제3조【금치산자 등에 대한 경과조치】 제15조제5항제1호, 제35조제3항제1호, 제47조제1호 및 제94조제1호의 개정규정에 따른 피성년후견인 또는 피한정후견인에는 법률 제10429호 민법 일부개정법률 부칙 제2조에 따라 금치산 또는 한정치산 선고의 효력이 유지되는 사람을 포함하는 것으로 본다.

제4조【행정처분에 관한 경과조치】 이 법 시행 전의 위반행위에 대한 행정처분에 관하여는 종전의 규정에 따른다.

제5조【다른 법률의 개정】 ①~② ※(해당 법령에 가제정리 하였음)

부　칙 (2017.10.24)

제1조【시행일】 이 법은 공포한 날부터 시행한다. 다만, 제16조의 개정규정은 공포 후 6개월이 경과한 날부터 시행한다.

제2조【측량기술자의 신고에 관한 적용례】 제40조제6항의 개정규정은 이 법 시행 후 최초로 측량기술자의 신고서가 접수기관에 도달한 경우부터 적용한다.

제3조【지적전산자료의 신청에 관한 적용례】 제76조의 개정규정은 이 법 시행 후 최초로 지적전산자료를 신청하는 경우부터 적용한다.

부　칙 (2018.4.17)

제1조【시행일】 이 법은 공포 후 6개월이 경과한 날부터 시행한다.

제2조【측량업의 등록취소에 관한 적용례】 제52조제1항제7호 단서의 개정규정은 측량업자가 이 법 시행 전에 제47조제5호에 해당하게 된 경우에도 적용한다.

부　칙 (2019.12.10 법16807호)

이 법은 공포 후 6개월이 경과한 날부터 시행한다. 다만, 제91조의 개정규정은 공포 후 3개월이 경과한 날부터 시행한다.

부　칙 (2019.12.10 법16812호)
(2020.2.4)

제1조【시행일】 이 법은 공포 후 6개월이 경과한 날부터 시행한다.(이하 생략)

부　칙 (2020.2.18 법17007호)

제1조【시행일】 이 법은 2021년 1월 1일부터 시행한다. (단서 생략)

제2조【사무이양을 위한 사전조치】 ① 관계 중앙행정기관의 장은 이 법에 따른 중앙행정권한 및 사무의 지방일괄 이양에 필요한 인력 및 재정 소요 사항을 지원하기 위하여 필요한 조치를 마련하여 이 법에 따른 시행일 3개월 전까지 국회 소관 상임위원회에 보고하여야 한다.
② 「지방자치분권 및 지방행정체제개편에 관한 특별법」 제44조에 따른 자치분권위원회는 제1항에 따른 인력 및 재정 소요 사항을 사전에 전문적으로 조사·평가할 수 있다.

제3조【행정처분 등에 관한 일반적 경과조치】 이 법 시행 당시 종전의 규정에 따라 행정기관이 행한 처분 또는 그 밖의 행위는 이 법의 규정에 따라 행정기관이 행한 처분 또는 그 밖의 행위로 보고, 종전의 규정에 따라 행정기관에 대하여 행한 신청·신고, 그 밖의 행위는 이 법의 규정에 따라 행정기관에 대하여 행한 신청·신고, 그 밖의 행위로 본다.

제4조【다른 법률의 개정】 (생략)

부　칙 (2020.2.18 법17063호)

제1조【시행일】 이 법은 공포 후 1년이 경과한 날부터 시행한다.(이하 생략)

부　칙 (2020.4.7)

제1조【시행일】 이 법은 공포 후 1년이 경과한 날부터 시행한다.
제2조【행정처분에 관한 경과조치】 이 법 시행 전의 위반행위에 대한 행정처분에 관하여는 종전의 규정에 따른다.

부　칙 (2020.6.9)

이 법은 공포한 날부터 시행한다.(이하 생략)

부　칙 (2021.1.12)

제1조【시행일】 이 법은 공포 후 1년이 경과한 날부터 시행한다.(이하 생략)

부　칙 (2021.7.20)

제1조【시행일】 이 법은 공포 후 1년이 경과한 날부터 시행한다.
제2조【다른 법률의 개정】 ①~㉛ ※(해당 법령에 가제정리 하였음)

부　칙 (2021.8.10)

제1조【시행일】 이 법은 공포 후 1년이 경과한 날부터 시행한다.
제2조【측량업의 등록사항 변경신고에 관한 적용례】 제44조제5항 및 제6항의 개정규정은 이 법 시행 이후 측량업의 등록사항 변경신고를 하는 경우부터 적용한다.
제3조【측량업자의 지위 승계 신고에 관한 적용례】 제46조의 개정규정은 이 법 시행 이후 측량업자의 지위 승계 신고를 하는 경우부터 적용한다.
제4조【성능검사대행자의 등록사항 변경신고에 관한 적용례】 제93조의 개정규정은 이 법 시행 이후 성능검사대행자의 등록사항 변경신고를 하는 경우부터 적용한다.
제5조【다른 법률의 개정】 ※(해당 법령에 가제정리 하였음)

부　칙 (2022.6.10)

제1조【시행일】 이 법은 공포 후 1년이 경과한 날부터 시행한다. 다만, 법률 제18310호 공간정보의 구축 및 관리 등에 관한 법률 일부개정법률 제15조제4항, 제15조의2, 제105조제2항제2호의2, 법률 제18310호 공간정보의 구축 및 관리 등에 관한 법률 일부개정법률 제106조제1항제3호 및 법률 제18310호 공간정보의 구축 및 관리 등에 관한 법률 일부개정법률 제109조제2호의 개정규정은 공포 후 6개월이 경과한 날부터 시행한다.
제2조【지명 결정에 관한 경과조치】 이 법 시행 당시 국가지명위원회나 지방자치단체에 설치된 지명위원회에 계류 중인 안건은 종전의 규정에 따른다.
제3조【다른 법률의 개정】 ※(해당 법령에 가제정리 하였음)

부　칙 (2022.11.15)

제1조【시행일】 이 법은 공포 후 1년이 경과한 날부터 시행한다.
제2조【영업정지 및 업무정지 처분에 갈음하여 부과하는 과징금 처분에 관한 적용례】 ① 제52조제4항의 개정규정은 이 법 시행 전에 같은 조 제1항 각 호(제5호는 제외한다)에 해당하여 같은 항에 따라 영업정지를 명하여야 하는 경우에도 적용한다.
② 제96조제3항의 개정규정은 이 법 시행 전에 같은 조 제1항 각 호(제3호는 제외한다)에 해당하여 같은 항에 따라 업무정지를 명하여야 하는 경우에도 적용한다.

지적재조사에 관한 특별법

(약칭 : 지적재조사법)

(2011년 9월 16일 법률 제11062호)

개정
2013. 3.23법11690호(정부조직)
2014. 6. 3법12736호(국가공간정보기본법)
2014. 6. 3법12738호(공간정보구축관리)
2014.11.19법12844호(정부조직)
2016. 1.19법13782호(감정평가감정평가사)
2016. 1.19법13796호(부동산가격공시에관한법)
2017. 4.18법14800호
2017. 7.26법14839호(정부조직)
2019.12.10법16812호
2020. 3.24법17091호(지방행정제재・부과금의징수등에관한법)
2020. 4. 7법17219호(감정평가감정평가사)
2020. 6. 9법17453호(법률용어정비)
2020.12.22법17744호
2021. 1.12법17893호(지방자치)
2021. 7.27법18349호

제1장　총　칙

제1조【목적】 이 법은 토지의 실제 현황과 일치하지 아니하는 지적공부(地籍公簿)의 등록사항을 바로 잡고 종이에 구현된 지적(地籍)을 디지털 지적으로 전환함으로써 국토를 효율적으로 관리함과 아울러 국민의 재산권 보호에 기여함을 목적으로 한다.
제2조【정의】 이 법에서 사용하는 용어의 정의는 다음과 같다.
1. "지적공부"란 「공간정보의 구축 및 관리 등에 관한 법률」 제2조제19호에 따른 지적공부를 말한다.(2014.6.3 본호개정)
2. "지적재조사사업"이란 「공간정보의 구축 및 관리 등에 관한 법률」 제71조부터 제73조까지의 규정에 따른 지적공부의 등록사항을 조사・측량하여 기존의 지적공부를 디지털에 의한 새로운 지적공부로 대체함과 동시에 지적공부의 등록사항이 토지의 실제 현황과 일치하지 아니하는 경우 이를 바로 잡기 위하여 실시하는 국가사업을 말한다.(2014.6.3 본호개정)
3. "지적재조사지구"란 지적재조사사업을 시행하기 위하여 제7조 및 제8조에 따라 지정・고시된 지구를 말한다.(2019.12.10 본호개정)
4. "토지현황조사"란 지적재조사사업을 시행하기 위하여 필지별로 소유자, 지번, 지목, 면적, 경계 또는 좌표, 지상건축물 및 지하건축물의 위치, 개별공시지가 등을 조사하는 것을 말한다.(2017.4.18 본호개정)
5. "지적소관청"이란 「공간정보의 구축 및 관리 등에 관한 법률」 제2조제18호에 따른 지적소관청을 말한다.(2014.6.3 본호개정)

제3조【다른 법률과의 관계】 ① 이 법은 지적재조사사업에 관하여 다른 법률에 우선하여 적용한다.
② 지적재조사사업을 시행할 때 이 법에서 규정하지 아니한 사항에 대하여는 「공간정보의 구축 및 관리 등에 관한 법률」에 따른다.(2014.6.3 본항개정)

제2장　지적재조사사업의 시행

제1절　기본계획의 수립 등

제4조【기본계획의 수립】 ① 국토교통부장관은 지적재조사사업을 효율적으로 시행하기 위하여 다음 각 호의 사항이 포함된 지적재조사사업에 관한 기본계획(이하 "기본계획"이라 한다)을 수립하여야 한다.(2013.3.23 본문개정)
1. 지적재조사사업에 관한 기본방향
2. 지적재조사사업의 시행기간 및 규모
3. 지적재조사사업비의 연도별 집행계획
4. 지적재조사사업비의 특별시・광역시・도・특별자치도・특별자치시 및 「지방자치법」 제198조에 따른 대도시로서 구(區)를 둔 시(이하 "시・도"라 한다)별 배분 계획(2021.1.12 본호개정)
5. 지적재조사사업에 필요한 인력의 확보에 관한 계획
6. 그 밖에 지적재조사사업의 효율적 시행을 위하여 필요한 사항으로서 대통령령으로 정하는 사항

② 국토교통부장관은 기본계획을 수립할 때에는 미리 공청회를 개최하여 관계 전문가 등의 의견을 들어 기본계획안을 작성하고, 특별시장・광역시장・도지사・특별자치도지사・특별자치시장 및 「지방자치법」 제198조에 따른 대도시로서 구를 둔 시의 시장(이하 "시・도지사"라 한다)에게 그 안을 송부하여 의견을 들은 후 제28조에 따른 중앙지적재조사위원회의 심의를 거쳐야 한다.(2021.1.12 본항개정)
③ 시・도지사는 제2항에 따라 기본계획안을 송부받았을 때에는 이를 지체 없이 지적소관청에 송부하여 그 의견을 들어야 한다.
④ 지적소관청은 제3항에 따라 기본계획안을 송부받은 날부터 20일 이내에 시・도지사에게 의견을 제출하여야 하며, 시・도지사는 제2항에 따라 기본계획안을 송부받은 날부터 30일 이내에 지적소관청의 의견에 자신의 의견을 첨부하여 국토교통부장관에게 제출하여야 한다. 이 경우 기간 내에 의견을 제출하지 아니하면 의견이 없는 것으로 본다.(2013.3.23 전단개정)
⑤ 제2항부터 제4항까지의 규정은 기본계획을 변경할 때에도 적용한다. 다만, 대통령령으로 정하는 경미한 사항을 변경할 때에는 제외한다.
⑥ 국토교통부장관은 기본계획을 수립하거나 변경하였을 때에는 이를 관보에 고시하고 시・도지사에게 통지하여야 하며, 시・도지사는 이를 지체 없이 지적소관청에 통지하여야 한다.(2013.3.23 본항개정)
⑦ 국토교통부장관은 기본계획이 수립된 날부터 5년이 지나면 그 타당성을 다시 검토하고 필요하면 이를 변경하여야 한다.(2013.3.23 본항개정)

제4조의2【시・도종합계획의 수립】 ① 시・도지사는 기본계획을 토대로 다음 각 호의 사항이 포함된 지적재조사사업에 관한 종합계획(이하 "시・도종합계획"이라 한다)을 수립하여야 한다.
1. 지적재조사지구 지정의 세부기준(2019.12.10 본호개정)
2. 지적재조사사업의 연도별・지적소관청별 사업량
3. 지적재조사사업비의 연도별 추산액
4. 지적재조사사업비의 지적소관청별 배분 계획
5. 지적재조사사업에 필요한 인력의 확보에 관한 계획
6. 지적재조사사업의 교육과 홍보에 관한 사항
7. 그 밖에 시・도의 지적재조사사업을 위하여 필요한 사항

② 시・도지사는 시・도종합계획을 수립할 때에는 시・도종합계획안을 지적소관청에 송부하여 의견을 들은 후 제29조에 따른 시・도 지적재조사위원회의 심의를 거쳐야 한다.
③ 지적소관청은 제2항에 따라 시・도종합계획안을 송부받았을 때에는 송부받은 날부터 14일 이내에 의견을 제출하여야 한다. 이 경우 기간 내에 의견을 제출하지 아니하면 의견이 없는 것으로 본다.
④ 시・도지사는 시・도종합계획을 확정한 때에는 지체 없이 국토교통부장관에게 제출하여야 한다.
⑤ 국토교통부장관은 제4항에 따라 제출된 시・도종합계획이 기본계획과 부합되지 아니할 때에는 그 사유를 명시하여 시・도지사에게 시・도종합계획의 변경을 요구할 수 있다. 이 경우 시・도지사는 정당한 사유가 없으면 그 요구에 따라야 한다.
⑥ 시・도지사는 시・도종합계획이 수립된 날부터 5년이 지나면 그 타당성을 다시 검토하고 필요하면 변경하여야 한다.
⑦ 제2항부터 제5항까지의 규정은 제6항에 따라 시・도종합계획을 변경할 때에도 적용한다. 다만, 대통령령으로 정하는 경미한 사항을 변경할 때에는 그러하지 아니하다.
⑧ 시・도지사는 제1항에 따라 시・도종합계획을 수립하거나 제6항에 따라 변경하였을 때에는 시・도의 공보에 고시하고 지적소관청에 통지하여야 한다.
⑨ 시・도종합계획의 작성 기준, 작성 방법, 그 밖에 시・도종합계획의 수립에 관한 세부적인 사항은 국토교통부장관이 정한다.
(2017.4.18 본조신설)

제5조【지적재조사사업의 시행자】 ① 지적재조사사업은 지적소관청이 시행한다.
② 지적소관청은 지적재조사사업의 측량・조사 등을 제5조의2에 따른 책임수행기관에 위탁할 수 있다.(2020.12.22 본항개정)
③ 지적소관청이 지적재조사사업의 측량・조사 등을 책임수행기관에 위탁한 때에는 대통령령으로 정하는 바에 따라 이를 고시하여야 한다.(2020.12.22 본항개정)

제5조의2【책임수행기관의 지정 등】 ① 국토교통부장관은 지적재조사사업의 측량・조사 등의 업무를 전문적으로 수행하는 책임수행기관을 지정할 수 있다.
② 국토교통부장관은 제1항에 따라 지정된 책임수행기관이 거짓 또는 부정한 방법으로 지정을 받거나 업무를 게을리 하는 등 대통령령으로 정하는 사유가 있는 때에는 그 지정을 취소할 수 있다.
③ 국토교통부장관은 제1항에 따른 책임수행기관을 지정・지정취소할 때에는 대통령령으로 정하는 바에 따라 이를 고시하여야 한다.
④ 그 밖에 책임수행기관의 지정・지정취소 및 운영 등에 필요한 사항은 대통령령으로 정한다.
(2020.12.22 본조신설)

제6조【실시계획의 수립】 ① 지적소관청은 시・도종합계획을 통지받았을 때에는 다음 각 호의 사항이 포함된 지적재조사사업에 관한 실시계획(이하 "실시계획"이라 한다)을 수립하여야 한다.(2017.4.18 본문개정)
1. 지적재조사사업의 시행자
2. 지적재조사지구의 명칭(2019.12.10 본호개정)
3. 지적재조사지구의 위치 및 면적(2019.12.10 본호개정)
4. 지적재조사사업의 시행시기 및 기간
5. 지적재조사사업비의 추산액
6. 토지현황조사에 관한 사항(2017.4.18 본호개정)
7. 그 밖에 지적재조사사업의 시행을 위하여 필요한 사항으로서 대통령령으로 정하는 사항

② 지적소관청은 실시계획 수립내용을 30일 이상 주민에게 공람하여야 한다. 이 경우 지적소관청은 공람기간 내에 지적재조사지구 토지소유자와 이해관계인에게 실시계획 수립내용을 서면으로 통보한 후 주민설명회를 개최하여야 한다.(2020.12.22 본항신설)
③ 지적재조사지구에 있는 토지소유자와 이해관계인은 주민 공람기간에 지적소관청에 의견을 제출할 수 있으며, 지적소관청은 제출된 의견이 타당하다고 인정할 때에는 이를 반영하여야 한다.(2020.12.22 본항신설)
④ 지적소관청은 실시계획에 포함된 필지는 지적재조사예정지구임을 지적공부에 등록하여야 한다.(2020.12.22 본항신설)
⑤ 실시계획의 작성 기준 및 방법은 국토교통부장관이 정한다.(2013.3.23 본항개정)

제7조【지적재조사지구】 ① 지적소관청은 실시계획을 수립하여 시·도지사에게 지적재조사지구 지정 신청을 하여야 한다.(2019.12.10 본항개정)
② 지적소관청이 시·도지사에게 지적재조사지구 지정을 신청하고자 할 때에는 다음 각 호의 사항을 고려하여 지적재조사지구 토지소유자(국유지·공유지의 경우에는 그 재산관리청을 말한다. 이하 같다) 총수의 3분의 2 이상과 토지면적 3분의 2 이상에 해당하는 토지소유자의 동의를 받아야 한다.(2019.12.10 본문개정)
1. 지적공부의 등록사항과 토지의 실제 현황이 다른 정도가 심하여 주민의 불편이 많은 지역인지 여부
2. 사업시행이 용이한지 여부
3. 사업시행의 효과 여부
③ 제2항에도 불구하고 지적소관청은 지적재조사지구에 제13조에 따른 토지소유자협의회(이하 "토지소유자협의회"라 한다)가 구성되어 있고 토지소유자 총수의 4분의 3 이상의 동의가 있는 지구에 대하여는 우선하여 지적재조사지구로 지정을 신청할 수 있다.(2019.12.10 본항개정)
④~⑤ (2020.12.22 삭제)
⑥ 시·도지사는 지적재조사지구를 지정할 때에는 대통령령으로 정하는 바에 따라 제29조에 따른 시·도 지적재조사위원회의 심의를 거쳐야 한다.(2019.12.10 본항개정)
⑦ 제1항부터 제3항까지, 제6항 및 제6조제2항부터 제4항까지의 규정은 지적재조사지구를 변경할 때에도 적용한다. 다만, 대통령령으로 정하는 경미한 사항을 변경할 때에는 제외한다.(2020.12.22 본문개정)
⑧ 제2항에 따른 동의자 수의 산정방법, 동의절차, 그 밖에 필요한 사항은 대통령령으로 정한다.
(2019.12.10 본조제목개정)

제8조【지적재조사지구 지정고시】 ① 시·도지사는 지적재조사지구를 지정하거나 변경한 경우에 시·도 공보에 고시하고 그 지정내용 또는 변경내용을 국토교통부장관에게 보고하여야 하며, 관계 서류를 일반인이 열람할 수 있도록 하여야 한다.
② 지적재조사지구의 지정 또는 변경에 대한 고시가 있을 때에는 지적공부에 지적재조사지구로 지정된 사실을 기재하여야 한다.
(2019.12.10 본조개정)

제9조【지적재조사지구 지정의 효력상실 등】 ① 지적소관청은 지적재조사지구 지정고시를 한 날부터 2년 내에 토지현황조사 및 지적재조사를 위한 지적측량(이하 "지적재조사측량"이라 한다)을 시행하여야 한다.
② 제1항의 기간 내에 토지현황조사 및 지적재조사측량을 시행하지 아니할 때에는 그 기간의 만료로 지적재조사지구의 지정은 효력이 상실된다.
③ 시·도지사는 제2항에 따라 지적재조사지구 지정의 효력이 상실되었을 때에는 이를 시·도 공보에 고시하고 국토교통부장관에게 보고하여야 한다.
(2019.12.10 본조개정)

제2절 지적측량 등

제10조【토지현황조사】 ① 지적소관청은 제6조에 따른 실시계획을 수립할 때에는 지적재조사예정지구임이 지적공부에 등록된 토지를 대상으로 토지현황조사를 하여야 하며, 토지현황조사는 지적재조사측량과 병행하여 실시할 수 있다.(2020.12.22 본항개정)
② 토지현황조사를 할 때에는 소유자, 지번, 지목, 경계 또는 좌표, 지상건축물 및 지하건축물의 위치, 개별공시지가 등을 기재한 토지현황조사서를 작성하여야 한다.
③ 토지현황조사에 따른 조사 범위·대상·항목과 토지현황조사서 기재·작성 방법에 관련된 사항은 국토교통부령으로 정한다.
(2017.4.18 본조개정)

제11조【지적재조사측량】 ① 지적재조사측량은 「공간정보의 구축 및 관리 등에 관한 법률」 제2조제4호에 따른 지적측량(이하 "지적측량"이라 한다)으로 한다. 이 경우 성과의 검사에 관련된 사항은 「공간정보의 구축 및 관리 등에 관한 법률」 제25조를 준용한다.(2017.4.18 전단개정)
② 지적재조사측량은 「공간정보의 구축 및 관리 등에 관한 법률」 제6조제1항제1호의 측량기준으로 한다.
(2014.6.3 본항개정)
③ 제1항과 제2항 외에 지적재조사측량의 방법과 절차 등은 국토교통부령으로 정한다.(2013.3.23 본항개정)

제12조【경계복원측량 및 지적공부정리의 정지】 ① 제8조에 따른 지적재조사지구 지정고시가 있으면 해당 지적재조사지구 내의 토지에 대해서는 제23조에 따른 사업완료 공고 전까지 다음 각 호의 행위를 할 수 없다.
(2019.12.10 본문개정)
1. 「공간정보의 구축 및 관리 등에 관한 법률」 제23조제1항제4호에 따라 경계점을 지상에 복원하기 위하여 하는 지적측량(이하 "경계복원측량"이라 한다)
2. 「공간정보의 구축 및 관리 등에 관한 법률」 제77조부터 제84조까지에 따른 지적공부의 정리(이하 "지적공부정리"라 한다)
② 제1항에도 불구하고 다음 각 호의 어느 하나에 해당하는 경우에는 경계복원측량 또는 지적공부정리를 할 수 있다.
1. 지적재조사사업의 시행을 위하여 경계복원측량을 하는 경우
2. 법원의 판결 또는 결정에 따라 경계복원측량 또는 지적공부정리를 하는 경우
3. 토지소유자의 신청에 따라 제30조에 따른 시·군·구 지적재조사위원회가 경계복원측량 또는 지적공부정리가 필요하다고 결정하는 경우
(2017.4.18 본조개정)

제13조【토지소유자협의회】 ① 지적재조사지구의 토지소유자는 토지소유자 총수의 2분의 1 이상과 토지면적 2분의 1 이상에 해당하는 토지소유자의 동의를 받아 토지소유자협의회를 구성할 수 있다.(2019.12.10 본항개정)
② 토지소유자협의회는 위원장을 포함한 5명 이상 20명 이하의 위원으로 구성한다. 토지소유자협의회의 위원은 그 지적재조사지구에 있는 토지의 소유자이어야 하며, 위원장은 위원 중에서 호선한다.(2019.12.10 후단개정)
③ 토지소유자협의회의 기능은 다음 각 호와 같다.
1. 지적소관청에 대한 제7조제3항에 따른 지적재조사지구의 신청(2019.12.10 본호개정)
2. 토지현황조사에 대한 참관(2021.7.27 본호개정)
3. 임시경계점표지 및 경계점표지의 설치에 대한 참관(2021.7.27 본호개정)
4. (2017.4.18 삭제)
5. 제20조제3항에 따른 조정금 산정기준에 대한 의견 제출(2017.4.18 본호개정)
6. 제31조에 따른 경계결정위원회(이하 "경계결정위원회"라 한다) 위원의 추천
④ 제1항에 따른 동의자 수의 산정방법 및 동의절차, 토지소유자협의회의 구성 및 운영, 그 밖에 필요한 사항은 대통령령으로 정한다.

제3절 경계의 확정 등

제14조【경계설정의 기준】 ① 지적소관청은 다음 각 호의 순위로 지적재조사를 위한 경계를 설정하여야 한다.
1. 지상경계에 대하여 다툼이 없는 경우 토지소유자가 점유하는 토지의 현실경계
2. 지상경계에 대하여 다툼이 있는 경우 등록할 때의 측량기록을 조사한 경계
3. 지방관습에 의한 경계
② 지적소관청은 제1항 각 호의 방법에 따라 지적재조사를 위한 경계설정을 하는 것이 불합리하다고 인정하는 경우에는 토지소유자들이 합의한 경계를 기준으로 지적재조사를 위한 경계를 설정할 수 있다.(2017.4.18 본항개정)
③ 지적소관청은 제1항과 제2항에 따라 지적재조사를 위한 경계를 설정할 때에는 「도로법」, 「하천법」 등 관계 법령에 따라 고시되어 설치된 공공용지의 경계가 변경되지 아니하도록 하여야 한다. 다만, 해당 토지소유자들 간에 합의한 경우에는 그러하지 아니하다.(2017.4.18 본항개정)

제15조【경계점표지 설치 및 지적확정예정조서 작성 등】 ① 지적소관청은 제14조에 따라 경계를 설정하면 지체 없이 임시경계점표지를 설치하고 지적재조사측량을 실시하여야 한다.
② 지적소관청은 지적재조사측량을 완료하였을 때에는 대통령령으로 정하는 바에 따라 기존 지적공부상의 종전 토지면적과 지적재조사를 통하여 산정된 토지면적에 대한 지번별 내역 등을 표시한 지적확정예정조서를 작성하여야 한다. 다만, 제8조제1항에 따라 지적재조사지구로 지정되지 아니한 경우에는 그러하지 아니하다.
(2020.12.22 단서신설)
③ 지적소관청은 제2항에 따른 지적확정예정조서를 작성하였을 때에는 토지소유자나 이해관계인에게 그 내용을 통보하여야 하며, 통보를 받은 토지소유자나 이해관계인은 지적소관청에 의견을 제출할 수 있다. 이 경우 지적소관청은 제출된 의견이 타당하다고 인정할 때에는 경계를 다시 설정하고, 임시경계점표지를 다시 설치하는 등의 조치를 하여야 한다.(2017.4.18 전단개정)
④ 누구든지 제1항 및 제3항에 따른 임시경계점표지를 이전 또는 파손하거나 그 효용을 해치는 행위를 하여서는 아니 된다.
⑤ 그 밖에 지적확정예정조서의 작성에 필요한 사항은 국토교통부령으로 정한다.(2017.4.18 본항개정)
(2017.4.18 본조제목개정)

제16조【경계의 결정】 ① 지적재조사에 따른 경계결정은 경계결정위원회의 의결을 거쳐 결정한다.
② 지적소관청은 제1항에 따른 경계에 관한 결정을 신청하고자 할 때에는 제15조제2항에 따른 지적확정예정조서에 토지소유자나 이해관계인의 의견을 첨부하여 경계결정위원회에 제출하여야 한다.(2017.4.18 본항개정)
③ 제2항에 따른 신청을 받은 경계결정위원회는 지적확정예정조서를 제출받은 날부터 30일 이내에 경계에 관한 결정을 하고 이를 지적소관청에 통지하여야 한다. 이 기간 안에 경계에 관한 결정을 할 수 없는 부득이한 사유가 있을 때에는 경계결정위원회는 의결을 거쳐 30일의 범위에서 그 기간을 연장할 수 있다.(2017.4.18 전단개정)
④ 토지소유자나 이해관계인은 경계결정위원회에 참석하여 의견을 진술할 수 있다. 경계결정위원회는 토지소유자나 이해관계인이 의견진술을 신청하는 경우에는 특별한 사정이 없으면 이에 따라야 한다.(2020.6.9 후단개정)
⑤ 경계결정위원회는 제3항에 따라 경계에 관한 결정을 하기에 앞서 토지소유자들로 하여금 경계에 관한 합의를 하도록 권고할 수 있다.
⑥ 지적소관청은 제3항에 따라 경계결정위원회로부터 경계에 관한 결정을 통지받았을 때에는 지체 없이 이를 토지소유자나 이해관계인에게 통지하여야 한다. 이 경우 제17조제1항에 따른 기간 안에 이의신청이 없으면 경계결정위원회의 결정대로 경계가 확정된다는 취지를 명시하여야 한다.

제17조【경계결정에 대한 이의신청】 ① 제16조제6항에 따라 경계에 관한 결정을 통지받은 토지소유자나 이해관계인이 이에 대하여 불복하는 경우에는 통지를 받은 날부터 60일 이내에 지적소관청에 이의신청을 할 수 있다.
② 제1항에 따라 이의신청을 하고자 하는 토지소유자나 이해관계인은 지적소관청에 이의신청서를 제출하여야 한다. 이 경우 이의신청서에는 증빙서류를 첨부하여야 한다.
③ 지적소관청은 제2항에 따라 이의신청서가 접수된 날부터 14일 이내에 이의신청서에 의견서를 첨부하여 경계결정위원회에 송부하여야 한다.
④ 제3항에 따라 이의신청서를 송부받은 경계결정위원회는 이의신청서를 송부받은 날부터 30일 이내에 이의신청에 대한 결정을 하여야 한다. 다만, 부득이한 경우에는 30일의 범위에서 처리기간을 연장할 수 있다.
⑤ 경계결정위원회는 이의신청에 대한 결정을 하였을 때에는 그 내용을 지적소관청에 통지하여야 하며, 지적소관청은 결정내용을 통지받은 날부터 7일 이내에 결정서를 작성하여 이의신청인에게는 그 정본을, 그 밖의 토지소유자나 이해관계인에게는 그 부본을 송달하여야 한다. 이 경우 토지소유자는 결정서를 송부받은 날부터 60일 이내에 경계결정위원회의 결정에 대하여 행정심판이나 행정소송을 통하여 불복할 지 여부를 지적소관청에 알려야 한다.
⑥ (2017.4.18 삭제)

제18조【경계의 확정】 ① 지적재조사사업에 따른 경계는 다음 각 호의 시기에 확정된다.
1. 제17제1항에 따른 이의신청 기간에 이의를 신청하지 아니하였을 때
2. 제17조제4항에 따른 이의신청에 대한 결정에 대하여 60일 이내에 불복의사를 표명하지 아니하였을 때
3. 제16조제3항에 따른 경계에 관한 결정이나 제17조제4항에 따른 이의신청에 대한 결정에 불복하여 행정소송을 제기한 경우에는 그 판결이 확정되었을 때
② 제1항에 따라 경계가 확정되었을 때에는 지적소관청은 지체 없이 경계점표지를 설치하여야 하며, 국토교통부령으로 정하는 바에 따라 지상경계점등록부를 작성하고 관리하여야 한다. 이 경우 제1항에 따라 확정된 경계가 제15조제1항 및 제3항에 따라 설정된 경계와 동일할 때에는 같은 조 제1항 및 제3항에 따른 임시경계점표지를 경계점표지로 본다.(2017.4.18 전단개정)
③ 누구든지 제2항에 따른 경계점표지를 이전 또는 파손하거나 그 효용을 해치는 행위를 하여서는 아니 된다.

제19조【지목의 변경】 지적재조사측량 결과 기존의 지적공부상 지목이 실제의 이용현황과 다른 경우 지적소관청은 제30조에 따른 시·군·구 지적재조사위원회의 심의를 거쳐 기존의 지적공부상의 지목을 변경할 수 있다. 이 경우 지목을 변경하기 위하여 다른 법령에 따른 인허가 등을 받아야 할 때에는 그 인허가 등을 받거나 관계 기관과 협의한 경우에만 실제의 지목으로 변경할 수 있다.
(2020.6.9 후단개정)

제4절 조정금 산정 등

제20조【조정금의 산정】 ① 지적소관청은 제18조에 따른 경계 확정으로 지적공부상의 면적이 증감된 경우에는 필지별 면적 증감내역을 기준으로 조정금을 산정하여 징수하거나 지급한다.
② 제1항에도 불구하고 국가 또는 지방자치단체 소유의 국유지·공유지 행정재산의 조정금은 징수하거나 지급하지 아니한다.
③ 조정금은 제18조에 따라 경계가 확정된 시점을 기준으로 「감정평가 및 감정평가사에 관한 법률」에 따른 감정평가법인등이 평가한 감정평가액으로 산정한다. 다만, 토지소유자협의회가 요청하는 경우에는 제30조에 따른 시·

군·구 지적재조사위원회의 심의를 거쳐 「부동산 가격공시에 관한 법률」에 따른 개별공시지가로 산정할 수 있다.(2020.4.7 본문개정)
④ 지적소관청은 제3항에 따라 조정금을 산정하고자 할 때에는 제30조에 따른 시·군·구 지적재조사위원회의 심의를 거쳐야 한다.
⑤ 제2항부터 제4항까지에 규정된 것 외에 조정금의 산정에 필요한 사항은 대통령령으로 정한다.
제21조【조정금의 지급·징수 또는 공탁】 ① 조정금은 현금으로 지급하거나 납부하여야 한다.(2017.4.18 단서삭제)
② 지적소관청은 제20조제1항에 따라 조정금을 산정하였을 때에는 지체 없이 조정금조서를 작성하고, 토지소유자에게 개별적으로 조정금액을 통보하여야 한다.
③ 지적소관청은 제2항에 따라 조정금액을 통지한 날부터 10일 이내에 토지소유자에게 조정금의 수령통지 또는 납부고지를 하여야 한다.
④ 지적소관청은 제3항에 따라 수령통지를 한 날부터 6개월 이내에 조정금을 지급하여야 한다.
⑤ 제3항에 따라 납부고지를 받은 자는 그 부과일부터 6개월 이내에 조정금을 납부하여야 한다. 다만, 지적소관청은 1년의 범위에서 대통령령으로 정하는 바에 따라 조정금을 분할납부하게 할 수 있다.(2017.4.18 본항개정)
⑥ 지적소관청은 조정금을 납부하여야 할 자가 기한까지 납부하지 아니할 때에는 「지방행정제재·부과금의 징수 등에 관한 법률」에 따라 징수할 수 있다.(2020.6.9 본항개정)
⑦ 지적소관청은 조정금을 지급하여야 하는 경우로서 다음 각 호의 어느 하나에 해당하는 때에는 조정금을 지급받을 자의 토지 소재지 공탁소에 그 조정금을 공탁할 수 있다.(2017.4.18 본문개정)
1. 조정금을 받을 자가 그 수령을 거부하거나 주소 불분명 등의 이유로 조정금을 수령할 수 없을 때
2. 지적소관청이 과실 없이 조정금을 받을 자를 알 수 없을 때
3. 압류 또는 가압류에 따라 조정금의 지급이 금지되었을 때
⑧ 지적재조사지구 지정이 있은 후 권리의 변동이 있을 때에는 그 권리를 승계한 자가 제1항에 따른 조정금 또는 제7항에 따른 공탁금을 수령하거나 납부한다.(2019.12.10 본항개정)
제21조의2【조정금에 관한 이의신청】 ① 제21조제3항에 따라 수령통지 또는 납부고지된 조정금에 이의가 있는 토지소유자는 수령통지 또는 납부고지를 받은 날부터 60일 이내에 지적소관청에 이의신청을 할 수 있다.
② 지적소관청은 제1항에 따른 이의신청을 받은 날부터 30일 이내에 제30조에 따른 시·군·구 지적재조사위원회의 심의·의결을 거쳐 이의신청에 대한 결과를 신청인에게 서면으로 알려야 한다.
(2017.4.18 본조신설)
제22조【조정금의 소멸시효】 조정금을 받을 권리나 징수할 권리는 5년간 행사하지 아니하면 시효의 완성으로 소멸한다.

제5절 새로운 지적공부의 작성 등

제23조【사업완료 공고 및 공람 등】 ① 지적소관청은 지적재조사지구에 있는 모든 토지에 대하여 제18조에 따른 경계 확정이 있었을 때에는 지체 없이 대통령령으로 정하는 바에 따라 사업완료 공고를 하고 관계 서류를 일반인이 공람하게 하여야 한다.
② 제16조제3항 또는 제17조제4항에 따른 경계결정위원회의 결정에 불복하여 경계가 확정되지 아니한 토지가 있는 경우 그 면적이 지적재조사지구 전체 토지면적의 10분의 1 이하이거나, 토지소유자의 수가 지적재조사지구 전체 토지소유자 수의 10분의 1 이하인 경우에는 제1항에도 불구하고 사업완료 공고를 할 수 있다.
(2019.12.10 본조개정)
제24조【새로운 지적공부의 작성】 ① 지적소관청은 제23조에 따른 사업완료 공고가 있었을 때에는 기존의 지적공부를 폐쇄하고 새로운 지적공부를 작성하여야 한다. 이 경우 그 토지는 제23조제1항에 따른 사업완료 공고일에 토지의 이동이 있은 것으로 본다.
② 제1항에 따라 새로이 작성하는 지적공부에는 다음 각 호의 사항을 등록하여야 한다.
1. 토지의 소재
2. 지번
3. 지목
4. 면적
5. 경계점좌표
6. 소유자의 성명 또는 명칭, 주소 및 주민등록번호(국가, 지방자치단체, 법인, 법인 아닌 사단이나 재단 및 외국인의 경우에는 「부동산등기법」 제49조에 따라 부여된 등록번호를 말한다. 이하 같다)
7. 소유권지분
8. 대지권비율
9. 지상건축물 및 지하건축물의 위치
10. 그 밖에 국토교통부령으로 정하는 사항(2013.3.23 본호개정)
③ 제23조제2항에 따라 경계가 확정되지 아니하고 사업완료 공고가 된 토지에 대하여는 대통령령으로 정하는 바에 따라 "경계미확정 토지"라고 기재하고 지적공부를 정리할 수 있으며, 경계가 확정될 때까지 지적측량을 정지시킬 수 있다.(2017.4.18 본항개정)
제25조【등기촉탁】 ① 지적소관청은 제24조에 따라 새로이 지적공부를 작성하였을 때에는 지체 없이 관할등기소에 그 등기를 촉탁하여야 한다. 이 경우 그 등기촉탁은 국가가 자기를 위하여 하는 등기로 본다.
② 토지소유자나 이해관계인은 지적소관청이 제1항에 따른 등기촉탁을 지연하고 있는 경우에는 대통령령으로 정하는 바에 따라 직접 제1항에 따른 등기를 신청할 수 있다.
③ 제1항 및 제2항에 따른 등기에 관하여 필요한 사항은 대법원규칙으로 정한다.
제26조【폐쇄된 지적공부의 관리】 ① 제24조제1항에 따라 폐쇄된 지적공부는 영구히 보존하여야 한다.
② 제24조제1항에 따라 폐쇄된 지적공부의 열람이나 그 등본의 발급에 관하여는 「공간정보의 구축 및 관리 등에 관한 법률」 제75조를 준용한다.(2014.6.3 본항개정)
제27조【건축물현황에 관한 사항의 통보】 제23조제1항에 따른 사업완료 공고가 있었던 지역을 관할하는 특별자치도지사 또는 시장·군수·자치구청장은 「건축법」 제38조에 따라 건축물대장을 새로이 작성하거나, 건축물대장의 기재사항 중 지상건축물 또는 지하건축물의 위치에 관한 사항을 변경할 때에는 그 내용을 지적소관청에 통보하여야 한다.

제3장 지적재조사위원회 등

제28조【중앙지적재조사위원회】 ① 지적재조사사업에 관한 주요 정책을 심의·의결하기 위하여 국토교통부장관 소속으로 중앙지적재조사위원회(이하 "중앙위원회"라 한다)를 둔다.(2013.3.23 본항개정)
② 중앙위원회는 다음 각 호의 사항을 심의·의결한다.
1. 기본계획의 수립 및 변경
2. 관계 법령의 제정·개정 및 제도의 개선에 관한 사항
3. 그 밖에 지적재조사사업에 필요하여 중앙위원회의 위원장이 회의에 부치는 사항(2020.6.9 본호개정)
③ 중앙위원회는 위원장 및 부위원장 각 1명을 포함한 15명 이상 20명 이하의 위원으로 구성한다.
④ 중앙위원회의 위원장은 국토교통부장관이 되며, 부위원장은 위원 중에서 위원장이 지명한다.(2013.3.23 본항개정)
⑤ 중앙위원회의 위원은 다음 각 호의 어느 하나에 해당하는 사람 중에서 위원장이 임명 또는 위촉한다.
1. 기획재정부·법무부·행정안전부 또는 국토교통부의 1급부터 3급까지 상당의 공무원 또는 고위공무원단에 속하는 공무원(2017.7.26 본호개정)
2. 판사·검사 또는 변호사
3. 법학이나 지적 또는 측량 분야의 교수로 재직하고 있거나 있었던 사람
4. 그 밖에 지적재조사사업에 관하여 전문성을 갖춘 사람
⑥ 중앙위원회의 위원 중 공무원이 아닌 위원의 임기는 2년으로 한다.
⑦ 중앙위원회는 재적위원 과반수의 출석과 출석위원 과반수의 찬성으로 의결한다.
⑧ 그 밖에 중앙위원회의 조직 및 운영 등에 관하여 필요한 사항은 대통령령으로 정한다.
제29조【시·도 지적재조사위원회】 ① 시·도의 지적재조사사업에 관한 주요 정책을 심의·의결하기 위하여 시·도지사 소속으로 시·도 지적재조사위원회(이하 "시·도 위원회"라 한다)를 둘 수 있다.
② 시·도 위원회는 다음 각 호의 사항을 심의·의결한다.
1. 지적소관청이 수립한 실시계획
1의2. 시·도종합계획의 수립 및 변경(2017.4.18 본호신설)
2. 지적재조사지구의 지정 및 변경(2019.12.10 본호개정)
3. 시·군·구별 지적재조사사업의 우선순위 조정
4. 그 밖에 지적재조사사업에 필요하여 시·도 위원회의 위원장이 회의에 부치는 사항(2020.6.9 본호개정)
③ 시·도 위원회는 위원장 및 부위원장 각 1명을 포함한 10명 이내의 위원으로 구성한다.
④ 시·도 위원회의 위원장은 시·도지사가 되며, 부위원장은 위원 중에서 위원장이 지명한다.
⑤ 시·도 위원회의 위원은 다음 각 호의 어느 하나에 해당하는 사람 중에서 위원장이 임명 또는 위촉한다.
1. 해당 시·도의 3급 이상 공무원
2. 판사·검사 또는 변호사
3. 법학이나 지적 또는 측량 분야의 교수로 재직하고 있거나 있었던 사람
4. 그 밖에 지적재조사사업에 관하여 전문성을 갖춘 사람
⑥ 시·도 위원회의 위원 중 공무원이 아닌 위원의 임기는 2년으로 한다.
⑦ 시·도 위원회는 재적위원 과반수의 출석과 출석위원 과반수의 찬성으로 의결한다.
⑧ 그 밖에 시·도 위원회의 조직 및 운영 등에 관하여 필요한 사항은 해당 시·도의 조례로 정한다.
제30조【시·군·구 지적재조사위원회】 ① 시·군·구의 지적재조사사업에 관한 주요 정책을 심의·의결하기 위하여 지적소관청 소속으로 시·군·구 지적재조사위원회(이하 "시·군·구 위원회"라 한다)를 둘 수 있다.
② 시·군·구 위원회는 다음 각 호의 사항을 심의·의결한다.
1. 제12조제2항제3호에 따른 경계복원측량 또는 지적공부정리의 허용 여부(2017.4.18 본호개정)
2. 제19조에 따른 지목의 변경
3. 제20조에 따른 조정금의 산정
3의2. 제21조의2제2항에 따른 조정금 이의신청에 관한 결정(2017.4.18 본호신설)
4. 그 밖에 지적재조사사업에 필요하여 시·군·구 위원회의 위원장이 회의에 부치는 사항(2020.6.9 본호개정)
③ 시·군·구 위원회는 위원장 및 부위원장 각 1명을 포함한 10명 이내의 위원으로 구성한다.
④ 시·군·구 위원회의 위원장은 시장·군수 또는 구청장이 되며, 부위원장은 위원 중에서 위원장이 지명한다.
⑤ 시·군·구 위원회의 위원은 다음 각 호의 어느 하나에 해당하는 사람 중에서 위원장이 임명 또는 위촉한다.
1. 해당 시·군·구의 5급 이상 공무원
2. 해당 지적재조사지구의 읍장·면장·동장(2019.12.10 본호개정)
3. 판사·검사 또는 변호사
4. 법학이나 지적 또는 측량 분야의 교수로 재직하고 있거나 있었던 사람
5. 그 밖에 지적재조사사업에 관하여 전문성을 갖춘 사람
⑥ 시·군·구 위원회의 위원 중 공무원이 아닌 위원의 임기는 2년으로 한다.
⑦ 시·군·구 위원회는 재적위원 과반수의 출석과 출석위원 과반수의 찬성으로 의결한다.
⑧ 그 밖에 시·군·구 위원회의 조직 및 운영 등에 관하여 필요한 사항은 해당 시·군·구의 조례로 정한다.
제31조【경계결정위원회】 ① 다음 각 호의 사항을 의결하기 위하여 지적소관청 소속으로 경계결정위원회를 둔다.
1. 경계설정에 관한 결정
2. 경계설정에 따른 이의신청에 관한 결정
② 경계결정위원회는 위원장 및 부위원장 각 1명을 포함한 11명 이내의 위원으로 구성한다.
③ 경계결정위원회의 위원장은 위원인 판사가 되며, 부위원장은 위원 중에서 지적소관청이 지정한다.
④ 경계결정위원회의 위원은 다음 각 호에서 정하는 사람이 된다. 다만, 제3호 및 제4호의 위원은 해당 지적재조사지구에 관한 안건인 경우에 위원으로 참석할 수 있다.
(2019.12.10 단서개정)
1. 관할 지방법원장이 지명하는 판사
2. 다음 각 목의 어느 하나에 해당하는 사람으로서 지적소관청이 임명 또는 위촉하는 사람
가. 지적소관청 소속 5급 이상 공무원
나. 변호사, 법학교수, 그 밖에 법률지식이 풍부한 사람
다. 지적측량기술자, 감정평가사, 그 밖에 지적재조사사업에 관한 전문성을 갖춘 사람
3. 각 지적재조사지구의 토지소유자(토지소유자협의회가 구성된 경우에는 토지소유자협의회가 추천하는 사람을 말한다)(2019.12.10 본호개정)
4. 각 지적재조사지구의 읍장·면장·동장(2019.12.10 본호개정)
⑤ 경계결정위원회의 위원에는 제4항제3호에 해당하는 위원이 반드시 포함되어야 한다.
⑥ 경계결정위원회의 위원 중 공무원이 아닌 위원의 임기는 2년으로 한다.
⑦ 경계결정위원회는 직권 또는 토지소유자나 이해관계인의 신청에 따라 사실조사를 하거나 신청인 또는 토지소유자나 이해관계인에게 필요한 서류의 제출을 요청할 수 있으며, 지적소관청의 소속 공무원으로 하여금 사실조사를 하게 할 수 있다.
⑧ 토지소유자나 이해관계인은 경계결정위원회에 출석하여 의견을 진술하거나 필요한 증빙서류를 제출할 수 있다.
⑨ 경계결정위원회의 결정 또는 의결은 문서로써 재적위원 과반수의 찬성이 있어야 한다.
⑩ 제9항에 따른 결정서 또는 의결서에는 주문, 결정 또는 의결 이유, 결정 또는 의결 일자 및 결정 또는 의결에 참여한 위원의 성명을 기재하고, 결정 또는 의결에 참여한 위원 전원이 서명날인하여야 한다. 다만, 서명날인을 거부하거나 서명날인을 할 수 없는 부득이한 사유가 있는 위원의 경우 해당 위원의 서명날인을 생략하고 그 사유만을 기재할 수 있다.
⑪ 경계결정위원회의 조직 및 운영 등에 관하여 필요한 사항은 해당 시·군·구의 조례로 정한다.
제32조【지적재조사기획단 등】 ① 기본계획의 입안, 지적재조사사업의 지도·감독, 기술·인력 및 예산 등의 지원, 중앙위원회 심의·의결사항에 대한 보좌를 위하여 국토교통부에 지적재조사기획단을 둔다.(2013.3.23 본항개정)
② 지적재조사사업의 지도·감독, 기술·인력 및 예산 등의 지원을 위하여 시·도에 지적재조사지원단을, 실시계

획의 입안, 지적재조사사업의 시행, 책임수행기관에 대한 지도·감독 등을 위하여 지적소관청에 지적재조사추진단을 둘 수 있다.(2020.12.22 본항개정)
③ 제1항에 따른 지적재조사기획단의 조직과 운영에 관하여 필요한 사항은 대통령령으로, 제2항에 따른 지적재조사지원단과 지적재조사추진단의 조직과 운영에 관하여 필요한 사항은 해당 지방자치단체의 조례로 정한다.

제4장 보 칙

제33조【임대료 등의 증감청구】 ① 지적재조사사업으로 인하여 임차권 등의 목적인 토지나 지역권에 관한 승역지(承役地)의 이용이 증진 되거나 방해됨으로써 종전의 임대료·지료, 그 밖의 사용료 등이 불합리하게 되었을 때에는 당사자는 계약조건에도 불구하고 장래에 대하여 그 증감을 청구할 수 있다.
② 제1항의 경우 당사자는 그 권리를 포기하거나 계약을 해지하여 그 의무를 면할 수 있다.
제34조【권리의 포기 등】 ① 지적재조사사업의 시행으로 인하여 임차권 등 또는 지역권을 설정한 목적을 달성할 수 없게 되었을 때에는 당사자는 그 권리를 포기하거나 계약을 해지할 수 있다.
② 제1항에 따라 권리를 포기하거나 계약을 해지한 자는 그로 인한 손실의 보상을 지적소관청에 청구할 수 있다.
③ 제2항에 따라 손실을 보상한 지적소관청은 그 토지 또는 건축물의 소유자나 그로 인하여 이익을 받는 자에게 이를 구상할 수 있다.
제35조【청구 등의 제한】 사업완료 공고가 있었던 날부터 2개월이 지났을 때에는 제33조에 따른 임대료·지료, 그 밖의 사용료 등의 증감청구나 제34조에 따른 권리의 포기 또는 계약의 해지를 할 수 없다.(2020.6.9 본조개정)
제36조【물상대위】 지적재조사지구에 있는 토지 또는 건축물에 관하여 설정된 저당권은 저당권설정자가 지급받을 조정금에 대하여 행사할 수 있다. 이 경우에는 지급 전에 압류하여야 한다.(2019.12.10 본조개정)
제37조【토지등에의 출입 등】 ① 지적소관청은 지적재조사사업을 위하여 필요한 경우에는 소속 공무원 또는 책임수행기관으로 하여금 타인의 토지·건물·공유수면 등(이하 이 조에서 "토지등"이라 한다)에 출입하거나 이를 일시 사용하게 할 수 있으며, 특히 필요한 경우에는 나무·흙·돌, 그 밖의 장애물(이하 "장애물등"이라 한다)을 변경하거나 제거하게 할 수 있다.(2020.12.22 본항개정)
② 지적소관청은 제1항에 따라 소속 공무원 또는 책임수행기관으로 하여금 타인의 토지등에 출입하게 하거나 이를 일시 사용하게 하거나 장애물등을 변경 또는 제거하게 하려는 때에는 출입 등을 하려는 날의 3일 전까지 해당 토지등의 소유자·점유자 또는 관리인에게 그 일시와 장소를 통지하여야 한다.(2020.12.22 본항개정)
③ 해 뜨기 전이나 해가 진 후에는 그 토지등의 점유자의 승낙 없이 택지나 담장 또는 울타리로 둘러싸인 타인의 토지등에 출입할 수 없다.
④ 토지등의 점유자는 정당한 사유 없이 제1항에 따른 행위를 방해하거나 거부하지 못한다.
⑤ 제1항에 따른 행위를 하려는 자는 그 권한을 표시하는 증표와 허가증을 지니고 이를 관계인에게 내보여야 한다.
⑥ 지적소관청은 제1항의 행위로 인하여 손실을 입은 자가 있으면 이를 보상하여야 한다.
⑦ 제6항에 따른 손실보상에 관하여는 지적소관청과 손실을 입은 자가 협의하여야 한다.
⑧ 지적소관청 또는 손실을 입은 자는 제7항에 따른 협의가 성립되지 아니하거나 협의를 할 수 없는 경우에는 「공익사업을 위한 토지 등의 취득 및 보상에 관한 법률」에 따른 관할 토지수용위원회에 재결을 신청할 수 있다.
⑨ 제8항에 따른 관할 토지수용위원회의 재결에 관하여는 「공익사업을 위한 토지 등의 취득 및 보상에 관한 법률」 제84조부터 제88조까지의 규정을 준용한다.
제38조【서류의 열람 등】 ① 토지소유자나 이해관계인은 지적재조사사업에 관한 서류를 열람할 수 있으며, 지적소관청은 정당한 사유가 없으면 이를 거부하여서는 아니 된다.(2020.6.9 본항개정)
② 토지소유자나 이해관계인은 지적소관청에 자기의 비용으로 지적재조사사업에 관한 서류의 사본 교부를 청구할 수 있다.
③ 국토교통부장관은 토지소유자나 이해관계인이 지적재조사사업과 관련한 정보를 인터넷 등을 통하여 실시간 열람할 수 있도록 공개시스템을 구축·운영하여야 한다.(2013.3.23 본항개정)
④ 제3항에 따른 시스템의 구축 및 운영에 필요한 사항은 대통령령으로 정한다.
제39조【지적재조사사업에 관한 보고·감독】 국토교통부장관은 시·도지사에게, 시·도지사는 지적소관청에 대하여 지적재조사사업의 진행현황에 관하여 보고하게 하고 필요한 지원과 감독을 할 수 있다.(2013.3.23 본조개정)
제40조【권한의 위임】 국토교통부장관은 이 법에 따른 권한의 전부 또는 일부를 대통령령으로 정하는 바에 따라 소속 기관의 장, 시·도지사 또는 지적소관청에 위임할 수 있다.(2013.3.23 본조개정)
제41조【비밀누설금지】 지적재조사사업에 종사하는 자와 이에 종사하였던 자가 지적재조사사업의 시행 중에 알게 된 타인의 비밀에 속하는 사항을 정당한 사유 없이 타인에게 누설하거나 사용하여서는 아니 된다.
제42조【「도시개발법」의 준용】 지적재조사사업과 관련된 환지에 관하여는 「도시개발법」 제28조부터 제49조까지의 규정을 준용한다. 이 경우 「도시개발법」 제40조에 따른 "환지처분"은 제23조에 따른 "사업완료 공고"로 본다.
제42조의2【벌칙 적용에서 공무원 의제】 제5조제2항에 따라 위탁을 받은 책임수행기관의 임직원은 「형법」 제129조부터 제132조까지의 규정을 적용할 때에는 공무원으로 본다.(2020.12.22 본조신설)

제5장 벌 칙

제43조【벌칙】 ① 지적재조사사업을 위한 지적측량을 고의로 진실에 반하게 측량하거나 지적재조사사업 성과를 거짓으로 등록을 한 자는 2년 이하의 징역 또는 2천만원 이하의 벌금에 처한다.
② 제41조를 위반하여 지적재조사사업 중에 알게 된 타인의 비밀을 누설하거나 사용한 자는 1년 이하의 징역 또는 1천만원 이하의 벌금에 처한다.
제44조【양벌규정】 법인의 대표자나 법인 또는 개인의 대리인, 사용인, 그 밖의 종업원이 그 법인 또는 개인의 업무에 관하여 제43조의 위반행위를 하면 그 행위자를 벌하는 외에 그 법인 또는 개인에게도 해당 조문의 벌금형을 과(科)한다. 다만, 법인 또는 개인이 그 위반행위를 방지하기 위하여 해당 업무에 관하여 상당한 주의와 감독을 게을리하지 아니한 경우에는 그러하지 아니하다.
제45조【과태료】 ① 다음 각 호의 어느 하나에 해당하는 자에게는 300만원 이하의 과태료를 부과한다.
1. 제15조제4항 또는 제18조제3항을 위반하여 임시경계점표지 또는 경계점표지를 이전 또는 파손하거나 그 효용을 해치는 행위를 한 자
2. 지적재조사사업을 정당한 이유 없이 방해한 자
② 제1항에 따른 과태료는 대통령령으로 정하는 바에 따라 국토교통부장관, 시·도지사 또는 지적소관청이 부과·징수한다.(2013.3.23 본항개정)

부 칙

제1조【시행일】 이 법은 공포 후 6개월이 경과한 날부터 시행한다. 다만, 특별자치시와 특별자치시장에 관한 부분은 2012년 7월 1일부터 시행한다.
제2조【다른 법률과의 관계】 ① 이 법 시행으로 새로이 작성한 지적공부는 「측량·수로조사 및 지적에 관한 법률」에서 조사·등록한 지적공부로 본다.
② 「토지이용규제 기본법」 제8조제2항 본문에 따라 종전 지적공부를 기준으로 작성하여 관리하고 있는 지형도면(지적이 표시된 지형도에 지역·지구 등을 명시한 도면을 말한다)에 표시된 지적도와 토지이용규제의 내용을 지적에 명시한 지역·지구 등의 경계는 이 법 시행으로 새로이 조사·등록한 지적도를 기준으로 변경된 것으로 본다.
③ 기존의 건축물 등의 대지나 건축물이 지적재조사사업으로 새로이 작성된 지적공부로 인하여 「건축법」에 맞지 아니하게 된 경우에는 같은 법 제6조의 범위에서 건축을 허가할 수 있다.
제3조【국유지·공유지에 관한 경과조치】 ① 종전 지적공부를 기준으로 작성하여 관리하고 있는 국유·공유 재산관리대장 지적 관련 등록사항(도면을 포함한다)은 이 법 시행으로 새로이 조사·등록한 지적공부 내용으로 변경된 것으로 본다.
② 제18조에 따른 경계의 확정으로 인한 국유지·공유지의 면적 증감은 「국유재산법」 또는 「공유재산 및 물품 관리법」에 따른 취득·처분으로 보지 아니한다.
제4조【다른 법률의 개정】 ※(해당 법령에 가제정리 하였음)

부 칙 (2017.4.18)

제1조【시행일】 이 법은 공포 후 6개월이 경과한 날부터 시행한다. 다만, 부칙 제4조제2항은 공포한 날부터 시행한다.
제2조【경계복원측량 및 지적공부정리의 정지에 관한 적용례 등】 ① 제12조의 개정규정은 이 법 시행 전에 제8조에 따라 지정고시 된 사업지구에 대하여도 적용한다.
② 제1항에도 불구하고 이 법 시행 전에 「공간정보의 구축 및 관리 등에 관한 법률」 제24조에 따라 지적공부정리를 위한 지적측량, 경계복원측량이 의뢰된 토지 및 같은 법 제77조부터 제84조까지에 따라 지적공부정리가 신청된 토지에 대하여는 종전의 규정에 따른다.
제3조【기본계획의 수립에 관한 경과조치】 이 법 시행 당시 종전의 제4조에 따라 수립된 기본계획의 내용 중 「지방자치법」 제175조에 따른 대도시로서 구를 두지 아니한 시(이하 "구를 두지 아니한 대도시"라 한다)에 관한 사항은 해당 대도시를 둔 도에 관한 사항으로 본다.
제4조【시·도종합계획의 수립에 관한 경과조치】 ① 이 법 시행 당시 시·도지사가 수립한 종합계획(이하 "기존계획"이라 한다)은 제4조의2의 개정규정에 따라 수립된 시·도종합계획으로 본다.
② 구를 두지 아니한 대도시를 둔 도지사는 이 법 시행일 전일까지 제29조에 따른 시·도 지적재조사위원회의 심의를 거쳐 구를 두지 아니한 대도시에 관한 사항을 포함하는 내용으로 기존계획을 변경하여야 한다.
제5조【일필지조사에 관한 경과조치】 ① 이 법 시행 전에 제6조제1항에 따라 수립된 실시계획 중 일필지조사에 관한 사항은 토지현황조사에 관한 사항으로 본다.
② 이 법 시행 전에 종전의 제10조제1항 및 제2항에 따라 실시하거나 작성한 일필지조사 및 일필지조사서는 각각 제10조제1항 및 제2항의 개정규정에 따른 토지현황조사 및 토지현황조사서로 본다.
제6조【사업지구 지정에 관한 경과조치】 이 법 시행 전에 구를 두지 아니한 대도시의 시장이 제8조에 따라 지정고시한 사업지구는 해당 대도시를 둔 도지사가 지정고시한 사업지구로 본다.
제7조【지적확정조서에 관한 경과조치】 이 법 시행 전에 종전의 제15조제2항에 따라 작성된 지적확정조서는 제15조제2항의 개정규정에 따라 작성된 지적확정예정조서로 본다.
제8조【경계결정에 대한 이의신청결과의 불복에 관한 경과조치】 이 법 시행 전에 제17조제5항에 따라 이의신청에 대한 결정을 통지한 대상 토지에 대해서는 종전의 제17조제6항에 따른다.
제9조【경계점표지등록부에 관한 경과조치】 이 법 시행 전에 종전의 제18조제2항에 따라 작성된 경계점표지등록부는 제18조제2항의 개정규정에 따라 작성된 지상경계점등록부로 본다.
제10조【조정금의 산정에 관한 경과조치】 이 법 시행 전에 제23조에 따른 사업완료 공고를 한 사업지구의 조정금 산정에 관하여는 제20조제3항의 개정규정에도 불구하고 종전의 규정에 따른다.
제11조【시·도 지적재조사위원회에 관한 경과조치】 이 법 시행 전에 구를 두지 아니한 대도시에 설치된 시·도 지적재조사위원회가 제29조에 따라 심의·의결한 사항은 해당 대도시를 둔 도의 시·도 지적재조사위원회가 심의·의결한 것으로 본다.

부 칙 (2019.12.10)

제1조【시행일】 이 법은 공포 후 6개월이 경과한 날부터 시행한다.
제2조【사업지구 명칭 변경에 관한 경과조치】 이 법 시행 당시 종전의 규정에 따라 지정된 사업지구는 이 법에 따른 지적재조사지구로 본다.
제3조【다른 법률의 개정】 ※(해당 법령에 가제정리 하였음)

부 칙 (2020.3.24)

제1조【시행일】 이 법은 공포한 날부터 시행한다.(이하 생략)

부 칙 (2020.4.7)

제1조【시행일】 이 법은 공포 후 3개월이 경과한 날부터 시행한다.(이하 생략)

부 칙 (2020.6.9)

이 법은 공포한 날부터 시행한다.(이하 생략)

부 칙 (2020.12.22)

이 법은 공포 후 6개월이 경과한 날부터 시행한다.

부 칙 (2021.1.12)

제1조【시행일】 이 법은 공포 후 1년이 경과한 날부터 시행한다.(이하 생략)

부 칙 (2021.7.27)

이 법은 공포한 날부터 시행한다.

(舊 : 부동산 가격공시 및 감정평가에 관한 법률)

부동산 가격공시에 관한 법률

(약칭 : 부동산공시법)

(2016년 1월 19일 전부개정법률 제13796호)

개정
2017. 7.26법14839호(정부조직)
2020. 4. 7법17219호(감정평가감정평가사)
2020. 4. 7법17233호
2020. 6. 9법17453호(법률용어정비)
2020. 6. 9법17459호(한국부동산원법)

제1장 총 칙

제1조【목적】 이 법은 부동산의 적정가격(適正價格) 공시에 관한 기본적인 사항과 부동산 시장·동향의 조사·관리에 필요한 사항을 규정함으로써 부동산의 적정한 가격형성과 각종 조세·부담금 등의 형평성을 도모하고 국민경제의 발전에 이바지함을 목적으로 한다.

제2조【정의】 이 법에서 사용하는 용어의 뜻은 다음과 같다.
1. "주택"이란 「주택법」 제2조제1호에 따른 주택을 말한다.
2. "공동주택"이란 「주택법」 제2조제3호에 따른 공동주택을 말한다.
3. "단독주택"이란 공동주택을 제외한 주택을 말한다.
4. "비주거용 부동산"이란 주택을 제외한 건축물이나 건축물과 그 토지의 전부 또는 일부를 말하며 다음과 같이 구분한다.
  가. 비주거용 집합부동산 : 「집합건물의 소유 및 관리에 관한 법률」에 따라 구분소유되는 비주거용 부동산
  나. 비주거용 일반부동산 : 가목을 제외한 비주거용 부동산
5. "적정가격"이란 토지, 주택 및 비주거용 부동산에 대하여 통상적인 시장에서 정상적인 거래가 이루어지는 경우 성립될 가능성이 가장 높다고 인정되는 가격을 말한다.

제2장 지가의 공시

제3조【표준지공시지가의 조사·평가 및 공시 등】 ① 국토교통부장관은 토지이용상황이나 주변 환경, 그 밖의 자연적·사회적 조건이 일반적으로 유사하다고 인정되는 일단의 토지 중에서 선정한 표준지에 대하여 매년 공시기준일 현재의 단위면적당 적정가격(이하 "표준지공시지가"라 한다)을 조사·평가하고, 제24조에 따른 중앙부동산가격공시위원회의 심의를 거쳐 이를 공시하여야 한다.
② 국토교통부장관은 표준지공시지가를 공시하기 위하여 표준지의 가격을 조사·평가할 때에는 대통령령으로 정하는 바에 따라 해당 토지 소유자의 의견을 들어야 한다.
③ 제1항에 따른 표준지의 선정, 공시기준일, 공시의 시기, 조사·평가 기준 및 공시절차 등에 필요한 사항은 대통령령으로 정한다.
④ 국토교통부장관이 제1항에 따라 표준지공시지가를 조사·평가하는 경우에는 인근 유사토지의 거래가격·임대료 및 해당 토지와 유사한 이용가치를 지닌다고 인정되는 토지의 조성에 필요한 비용추정액, 인근지역 및 다른 지역과의 형평성·특수성, 표준지공시지가 변동의 예측 가능성 등 제반사항을 종합적으로 참작하여야 한다. (2020.4.7 본항개정)
⑤ 국토교통부장관이 제1항에 따라 표준지공시지가를 조사·평가할 때에는 업무실적, 신인도(信認度) 등을 고려하여 둘 이상의 「감정평가 및 감정평가사에 관한 법률」에 따른 감정평가법인등(이하 "감정평가법인등"이라 한다)에게 이를 의뢰하여야 한다. 다만, 지가 변동이 작은 경우 등 대통령령으로 정하는 기준에 해당하는 표준지에 대해서는 하나의 감정평가법인등에 의뢰할 수 있다.
(2020.4.7 본항개정)
⑥ 국토교통부장관은 제5항에 따라 표준지공시지가 조사·평가를 의뢰받은 감정평가업자가 공정하고 객관적으로 해당 업무를 수행할 수 있도록 하여야 한다.
(2020.4.7 본항신설)
⑦ 제5항에 따른 감정평가법인등의 선정기준 및 업무범위는 대통령령으로 정한다.(2020.4.7 본항개정)
⑧ 국토교통부장관은 제10조에 따른 개별공시지가의 산정을 위하여 필요하다고 인정하는 경우에는 표준지와 산정대상 개별 토지의 가격형성요인에 관한 표준적인 비교표(이하 "토지가격비준표"라 한다)를 작성하여 시장·군수 또는 구청장에게 제공하여야 한다.

제4조【표준지공시지가의 조사협조】 국토교통부장관은 표준지의 선정 또는 표준지공시지가의 조사·평가를 위하여 필요한 경우에는 관계 행정기관에 해당 토지의 인·허가 내용, 개별법에 따른 등록사항 등 대통령령으로 정하는 관련 자료의 열람 또는 제출을 요구할 수 있다. 이 경우 관계 행정기관은 정당한 사유가 없으면 그 요구를 따라야 한다.(2020.6.9 후단개정)

제5조【표준지공시지가의 공시사항】 제3조에 따른 공시에는 다음 각 호의 사항이 포함되어야 한다.
1. 표준지의 지번
2. 표준지의 단위면적당 가격
3. 표준지의 면적 및 형상
4. 표준지 및 주변토지의 이용상황
5. 그 밖에 대통령령으로 정하는 사항

제6조【표준지공시지가의 열람 등】 국토교통부장관은 제3조에 따라 표준지공시지가를 공시한 때에는 그 내용을 특별시장·광역시장 또는 도지사를 거쳐 시장·군수 또는 구청장(지방자치단체인 구의 구청장에 한정한다. 이하 같다)에게 송부하여 일반인이 열람할 수 있게 하고, 대통령령으로 정하는 바에 따라 이를 도서·도표 등으로 작성하여 관계 행정기관 등에 공급하여야 한다.

제7조【표준지공시지가에 대한 이의신청】 ① 표준지공시지가에 이의가 있는 자는 그 공시일부터 30일 이내에 서면(전자문서를 포함한다. 이하 같다)으로 국토교통부장관에게 이의를 신청할 수 있다.
② 국토교통부장관은 제1항에 따른 이의신청 기간이 만료된 날부터 30일 이내에 이의신청을 심사하여 그 결과를 신청인에게 서면으로 통지하여야 한다. 이 경우 국토교통부장관은 이의신청의 내용이 타당하다고 인정될 때에는 제3조에 따라 해당 표준지공시지가를 조정하여 다시 공시하여야 한다.
③ 제1항 및 제2항에서 규정한 것 외에 이의신청 및 처리절차 등에 필요한 사항은 대통령령으로 정한다.

제8조【표준지공시지가의 적용】 제1호 각 목의 자가 제2호 각 목의 목적을 위하여 지가를 산정할 때에는 그 토지와 이용가치가 비슷하다고 인정되는 하나 또는 둘 이상의 표준지의 공시지가를 기준으로 토지가격비준표를 사용하여 지가를 직접 산정하거나 감정평가법인등에 감정평가를 의뢰하여 산정할 수 있다. 다만, 필요하다고 인정할 때에는 산정된 지가를 제2호 각 목의 목적에 따라 가감(加減) 조정하여 적용할 수 있다.(2020.4.7 본문개정)
1. 지가 산정의 주체
  가. 국가 또는 지방자치단체
  나. 「공공기관의 운영에 관한 법률」에 따른 공공기관
  다. 그 밖에 대통령령으로 정하는 공공단체
2. 지가 산정의 목적
  가. 공공용지의 매수 및 토지의 수용·사용에 대한 보상
  나. 국유지·공유지의 취득 또는 처분
  다. 그 밖에 대통령령으로 정하는 지가의 산정

제9조【표준지공시지가의 효력】 표준지공시지가는 토지시장에 지가정보를 제공하고 일반적인 토지거래의 지표가 되며, 국가·지방자치단체 등이 그 업무와 관련하여 지가를 산정하거나 감정평가법인등이 개별적으로 토지를 감정평가하는 경우에 기준이 된다.(2020.6.9 본조개정)

제10조【개별공시지가의 결정·공시 등】 ① 시장·군수 또는 구청장은 국세·지방세 등 각종 세금의 부과, 그 밖의 다른 법령에서 정하는 목적을 위한 지가산정에 사용되도록 하기 위하여 제25조에 따른 시·군·구부동산가격공시위원회의 심의를 거쳐 매년 공시지가의 공시기준일 현재 관할 구역 안의 개별토지의 단위면적당 가격(이하 "개별공시지가"라 한다)을 결정·공시하고, 이를 관계 행정기관 등에 제공하여야 한다.
② 제1항에도 불구하고 표준지로 선정된 토지, 조세 또는 부담금 등의 부과대상이 아닌 토지, 그 밖에 대통령령으로 정하는 토지에 대하여는 개별공시지가를 결정·공시하지 아니할 수 있다. 이 경우 표준지로 선정된 토지에 대하여는 해당 토지의 표준지공시지가를 개별공시지가로 본다.
③ 시장·군수 또는 구청장은 공시기준일 이후에 분할·합병 등이 발생한 토지에 대하여는 대통령령으로 정하는 날을 기준으로 하여 개별공시지가를 결정·공시하여야 한다.
④ 시장·군수 또는 구청장이 개별공시지가를 결정·공시하는 경우에는 해당 토지와 유사한 이용가치를 지닌다고 인정되는 하나 또는 둘 이상의 표준지의 공시지가를 기준으로 토지가격비준표를 사용하여 지가를 산정하되, 해당 토지의 가격과 표준지공시지가가 균형을 유지하도록 하여야 한다.
⑤ 시장·군수 또는 구청장은 개별공시지가를 결정·공시하기 위하여 개별토지의 가격을 산정할 때에는 그 타당성에 대하여 감정평가법인등의 검증을 받고 토지소유자, 그 밖의 이해관계인의 의견을 들어야 한다. 다만, 시장·군수 또는 구청장은 감정평가법인등의 검증이 필요 없다고 인정되는 때에는 지가의 변동상황 등 대통령령으로 정하는 사항을 고려하여 감정평가법인등의 검증을 생략할 수 있다.(2020.4.7 본항개정)
⑥ 시장·군수 또는 구청장이 제5항에 따른 검증을 받으려는 때에는 해당 지역의 표준지의 공시지가를 조사·평가한 감정평가법인등 또는 대통령령으로 정하는 감정평가실적 등이 우수한 감정평가법인등에 의뢰하여야 한다. (2020.4.7 본항개정)
⑦ 국토교통부장관은 지가공시 행정의 합리적인 발전을 도모하고 표준지공시지가와 개별공시지가와의 균형유지 등 적정한 지가형성을 위하여 필요하다고 인정하는 경우에는 개별공시지가의 결정·공시 등에 관하여 시장·군수 또는 구청장을 지도·감독할 수 있다.
⑧ 제1항부터 제7항까지에서 규정한 것 외에 개별공시지가의 산정, 검증 및 결정, 공시기준일, 공시의 시기, 조사·산정의 기준, 이해관계인의 의견청취, 감정평가법인등의 지정 및 공시절차 등에 필요한 사항은 대통령령으로 정한다.(2020.4.7 본항개정)

제11조【개별공시지가에 대한 이의신청】 ① 개별공시지가에 이의가 있는 자는 그 결정·공시일부터 30일 이내에 서면으로 시장·군수 또는 구청장에게 이의를 신청할 수 있다.
② 시장·군수 또는 구청장은 제1항에 따라 이의신청 기간이 만료된 날부터 30일 이내에 이의신청을 심사하여 그 결과를 신청인에게 서면으로 통지하여야 한다. 이 경우 시장·군수 또는 구청장은 이의신청의 내용이 타당하다고 인정될 때에는 제10조에 따라 해당 개별공시지가를 조정하여 다시 결정·공시하여야 한다.
③ 제1항 및 제2항에서 규정한 것 외에 이의신청 및 처리절차 등에 필요한 사항은 대통령령으로 정한다.

제12조【개별공시지가의 정정】 시장·군수 또는 구청장은 개별공시지가에 틀린 계산, 오기, 표준지 선정의 착오 그 밖에 대통령령으로 정하는 명백한 오류가 있음을 발견한 때에는 지체 없이 이를 정정하여야 한다.

제13조【타인토지에의 출입 등】 ① 관계 공무원 또는 부동산가격공시업무를 의뢰받은 자(이하 "관계공무원등"이라 한다)는 제3조제4항에 따른 표준지가격의 조사·평가 또는 제10조제4항에 따른 토지가격의 산정을 위하여 필요한 때에는 타인의 토지에 출입할 수 있다.
② 관계공무원등이 제1항에 따라 택지 또는 담장이나 울타리로 둘러싸인 타인의 토지에 출입하고자 할 때에는 시장·군수 또는 구청장의 허가(부동산가격공시업무를 의뢰 받은 자에 한정한다)를 받아 출입할 날의 3일 전에 그 점유자에게 일시와 장소를 통지하여야 한다. 다만, 점유자를 알 수 없거나 부득이한 사유가 있는 경우에는 그러하지 아니하다.
③ 일출 전·일몰 후에는 그 토지의 점유자의 승인 없이 택지 또는 담장이나 울타리로 둘러싸인 타인의 토지에 출입할 수 없다.
④ 제2항에 따라 출입을 하고자 하는 자는 그 권한을 표시하는 증표와 허가증을 지니고 이를 관계인에게 내보여야 한다.
⑤ 제4항에 따른 증표와 허가증에 필요한 사항은 국토교통부령으로 정한다.

제14조【개별공시지가의 결정·공시비용의 보조】 제10조에 따른 개별공시지가의 결정·공시에 소요되는 비용은 대통령령으로 정하는 바에 따라 그 일부를 국고에서 보조할 수 있다.

제15조【부동산 가격정보 등의 조사】 ① 국토교통부장관은 부동산의 적정가격 조사 등 부동산 정책의 수립 및 집행을 위하여 부동산 시장동향, 수익률 등의 가격정보 및 관련 통계 등을 조사·관리하고, 이를 관계 행정기관 등에 제공할 수 있다.
② 제1항에 따른 부동산 가격정보 등의 조사의 대상, 절차 등에 필요한 사항은 대통령령으로 정한다.
③ 제1항에 따른 조사를 위하여 관계 행정기관에 국세, 지방세, 토지, 건물 등 관련 자료의 열람 또는 제출을 요구하거나 타인의 토지 등에 출입하는 경우에는 제4조 및 제13조를 각각 준용한다.

제3장 주택가격의 공시

제16조【표준주택가격의 조사·산정 및 공시 등】 ① 국토교통부장관은 용도지역, 건물구조 등이 일반적으로 유사하다고 인정되는 일단의 단독주택 중에서 선정한 표준주택에 대하여 매년 공시기준일 현재의 적정가격(이하 "표준주택가격"이라 한다)을 조사·산정하고, 제24조에 따른 중앙부동산가격공시위원회의 심의를 거쳐 이를 공시하여야 한다.
② 제1항에 따른 공시에는 다음 각 호의 사항이 포함되어야 한다.
1. 표준주택의 지번
2. 표준주택가격
3. 표준주택의 대지면적 및 형상
4. 표준주택의 용도, 연면적, 구조 및 사용승인일(임시사용승인일을 포함한다)
5. 그 밖에 대통령령으로 정하는 사항
③ 제1항에 따른 표준주택의 선정, 공시기준일, 공시의 시기, 조사·산정 기준 및 공시절차 등에 필요한 사항은 대통령령으로 정한다.
④ 국토교통부장관은 제1항에 따라 표준주택가격을 조사·산정하고자 할 때에는 「한국부동산원법」에 따른 한국부동산원(이하 "부동산원"이라 한다)에 의뢰한다. (2020.6.9 본항개정)
⑤ 국토교통부장관이 제1항에 따라 표준주택가격을 조사·산정하는 경우에는 인근 유사 단독주택의 거래가격·임대료 및 해당 단독주택과 유사한 이용가치를 지닌다고 인정되는 단독주택의 건설에 필요한 비용추정액, 인근지역 및 다른 지역과의 형평성·특수성, 표준주택가격 변동의 예측 가능성 등 제반사항을 종합적으로 참작하여야 한다.(2020.4.7 본항개정)
⑥ 국토교통부장관은 제17조에 따른 개별주택가격의 산정을 위하여 필요하다고 인정하는 경우에는 표준주택과 산정대상 개별주택의 가격형성요인에 관한 표준적인 비교표(이하 "주택가격비준표"라 한다)를 작성하여 시장·군수 또는 구청장에게 제공하여야 한다.
⑦ 제3조제2항·제4조·제6조·제7조 및 제13조는 제1항에 따른 표준주택가격의 공시에 준용한다. 이 경우 제7조제2항 후단 중 "제3조"는 "제16조"로 본다.

제17조【개별주택가격의 결정·공시 등】 ① 시장·군수 또는 구청장은 제25조에 따른 시·군·구부동산가격공시위원회의 심의를 거쳐 매년 표준주택가격의 공시기준일 현재 관할 구역 안의 개별주택의 가격(이하 "개별주택가격"이라 한다)을 결정·공시하고, 이를 관계 행정기관 등에 제공하여야 한다.
② 제1항에도 불구하고 표준주택으로 선정된 단독주택, 그 밖에 대통령령으로 정하는 단독주택에 대하여는 개별주택가격을 결정·공시하지 아니할 수 있다. 이 경우 표준주택으로 선정된 주택에 대하여는 해당 주택의 표준주택가격을 개별주택가격으로 본다.
③ 제1항에 따른 개별주택가격의 공시에는 다음 각 호의 사항이 포함되어야 한다.
1. 개별주택의 지번
2. 개별주택가격
3. 그 밖에 대통령령으로 정하는 사항
④ 시장·군수 또는 구청장은 공시기준일 이후에 토지의 분할·합병이나 건축물의 신축 등이 발생한 경우에는 대통령령으로 정하는 날을 기준으로 하여 개별주택가격을 결정·공시하여야 한다.
⑤ 시장·군수 또는 구청장이 개별주택가격을 결정·공시하는 경우에는 해당 주택과 유사한 이용가치를 지닌다고 인정되는 표준주택가격을 기준으로 주택가격비준표를 사용하여 가격을 산정하되, 해당 주택의 가격과 표준주택가격이 균형을 유지하도록 하여야 한다.
⑥ 시장·군수 또는 구청장은 개별주택가격을 결정·공시하기 위하여 개별주택의 가격을 산정할 때에는 표준주택가격과의 균형 등 그 타당성에 대하여 대통령령으로 정하는 바에 따라 의 검증을 받고 토지소유자, 그 밖의 이해관계인의 의견을 들어야 한다. 다만, 시장·군수 또는 구청장은 부동산원의 검증이 필요 없다고 인정되는 때에는 주택가격의 변동상황 등 대통령령으로 정하는 사항을 고려하여 부동산원의 검증을 생략할 수 있다. (2020.6.9 본항개정)
⑦ 국토교통부장관은 공시행정의 합리적인 발전을 도모하고 표준주택가격과 개별주택가격과의 균형유지 등 적정한 가격형성을 위하여 필요하다고 인정하는 경우에는 개별주택가격의 결정·공시 등에 관하여 시장·군수 또는 구청장을 지도·감독할 수 있다.
⑧ 개별주택가격에 대한 이의신청 및 개별주택가격의 정정에 대하여는 제11조 및 제12조를 각각 준용한다. 이 경우 제11조제2항 후단 중 "제10조"는 "제17조"로 본다.
⑨ 제1항부터 제8항까지에서 규정한 것 외에 개별주택가격의 산정, 검증 및 결정, 공시기준일, 공시의 시기, 조사·산정의 기준, 이해관계인의 의견청취 및 공시절차 등에 필요한 사항은 대통령령으로 정한다.

제18조【공동주택가격의 조사·산정 및 공시 등】 ① 국토교통부장관은 공동주택에 대하여 매년 공시기준일 현재의 적정가격(이하 "공동주택가격"이라 한다)을 조사·산정하여 제24조에 따른 중앙부동산가격공시위원회의 심의를 거쳐 공시하고, 이를 관계 행정기관 등에 제공하여야 한다. 다만, 대통령령으로 정하는 바에 따라 국세청장이 국토교통부장관과 협의하여 공동주택가격을 별도로 결정·고시하는 경우는 제외한다.(2020.6.9 단서개정)
② 국토교통부장관은 공동주택가격을 공시하기 위하여 그 가격을 산정할 때에는 대통령령으로 정하는 바에 따라 공동주택소유자와 그 밖의 이해관계인의 의견을 들어야 한다.
③ 제1항에 따른 공동주택의 조사대상의 선정, 공시기준일, 공시의 시기, 공시사항, 조사·산정 기준 및 공시절차 등에 필요한 사항은 대통령령으로 정한다.
④ 국토교통부장관은 공시기준일 이후에 토지의 분할·합병이나 건축물의 신축 등이 발생한 경우에는 대통령령으로 정하는 날을 기준으로 하여 공동주택가격을 결정·공시하여야 한다.
⑤ 국토교통부장관이 제1항에 따라 공동주택가격을 조사·산정하는 경우에는 인근 유사 공동주택의 거래가격·임대료 및 해당 공동주택과 유사한 이용가치를 지닌다고 인정되는 공동주택의 건설에 필요한 비용추정액, 인근지역 및 다른 지역과의 형평성·특수성, 공동주택가격 변동의 예측 가능성 등 제반사항을 종합적으로 참작하여야 한다.(2020.4.7 본항개정)
⑥ 국토교통부장관이 제1항에 따라 공동주택가격을 조사·산정하고자 할 때에는 부동산원에 의뢰한다. (2020.6.9 본항개정)
⑦ 국토교통부장관은 제1항 또는 제4항에 따라 공시한 가격에 틀린 계산, 오기, 그 밖에 대통령령으로 정하는 명백한 오류가 있음을 발견한 때에는 지체 없이 이를 정정하여야 한다.
⑧ 공동주택가격의 공시에 대하여는 제4조·제6조·제7조 및 제13조를 각각 준용한다. 이 경우 제7조제2항 후단 중 "제3조"는 "제18조"로 본다.

제19조【주택가격 공시의 효력】 ① 표준주택가격은 국가·지방자치단체 등이 그 업무와 관련하여 개별주택가격을 산정하는 경우에 그 기준이 된다.
② 개별주택가격 및 공동주택가격은 주택시장의 가격정보를 제공하고, 국가·지방자치단체 등이 과세 등의 업무와 관련하여 주택의 가격을 산정하는 경우에 그 기준으로 활용될 수 있다.

제4장 비주거용 부동산가격의 공시

제20조【비주거용 표준부동산가격의 조사·산정 및 공시 등】 ① 국토교통부장관은 용도지역, 이용상황, 건물구조 등이 일반적으로 유사하다고 인정되는 일단의 비주거용 일반부동산 중에서 선정한 비주거용 표준부동산에 대하여 매년 공시기준일 현재의 적정가격(이하 "비주거용 표준부동산가격"이라 한다)을 조사·산정하고, 제24조에 따른 중앙부동산가격공시위원회의 심의를 거쳐 이를 공시할 수 있다.
② 제1항에 따른 비주거용 표준부동산가격의 공시에는 다음 각 호의 사항이 포함되어야 한다.
1. 비주거용 표준부동산의 지번
2. 비주거용 표준부동산가격
3. 비주거용 표준부동산의 대지면적 및 형상
4. 비주거용 표준부동산의 용도, 연면적, 구조 및 사용승인일(임시사용승인일을 포함한다)
5. 그 밖에 대통령령으로 정하는 사항
③ 제1항에 따른 비주거용 표준부동산의 선정, 공시기준일, 공시의 시기, 조사·산정 기준 및 공시절차 등에 필요한 사항은 대통령령으로 정한다.
④ 국토교통부장관은 제1항에 따라 비주거용 표준부동산가격을 조사·산정하려는 경우 감정평가법인등 또는 대통령령으로 정하는 부동산 가격의 조사·산정에 관한 전문성이 있는 자에게 의뢰한다.(2020.4.7 본항개정)
⑤ 국토교통부장관이 비주거용 표준부동산가격을 조사·산정하는 경우에는 인근 유사 비주거용 일반부동산의 거래가격·임대료 및 해당 비주거용 일반부동산과 유사한 이용가치를 지닌다고 인정되는 비주거용 일반부동산의 건설에 필요한 비용추정액 등을 종합적으로 참작하여야 한다.
⑥ 국토교통부장관은 제21조에 따른 비주거용 개별부동산가격의 산정을 위하여 필요하다고 인정하는 경우에는 비주거용 표준부동산과 산정대상 비주거용 개별부동산의 가격형성요인에 관한 표준적인 비교표(이하 "비주거용 부동산가격비준표"라 한다)를 작성하여 시장·군수 또는 구청장에게 제공하여야 한다.
⑦ 비주거용 표준부동산가격의 공시에 대하여는 제3조제2항·제4조·제6조·제7조 및 제13조를 각각 준용한다. 이 경우 제7조제2항 후단 중 "제3조"는 "제20조"로 본다.

제21조【비주거용 개별부동산가격의 결정·공시 등】 ① 시장·군수 또는 구청장은 제25조에 따른 시·군·구부동산가격공시위원회의 심의를 거쳐 매년 비주거용 표준부동산가격의 공시기준일 현재 관할 구역 안의 비주거용 개별부동산의 가격(이하 "비주거용 개별부동산가격"이라 한다)을 결정·공시할 수 있다. 다만, 대통령령으로 정하는 바에 따라 행정안전부장관 또는 국세청장이 국토교통부장관과 협의하여 비주거용 개별부동산의 가격을 별도로 결정·고시하는 경우는 제외한다.(2017.7.26 단서개정)
② 제1항에도 불구하고 비주거용 표준부동산으로 선정된 비주거용 일반부동산 등 대통령령으로 정하는 비주거용 일반부동산에 대하여는 비주거용 개별부동산가격을 결정·공시하지 아니할 수 있다. 이 경우 비주거용 표준부동산으로 선정된 비주거용 일반부동산에 대하여는 해당 비주거용 표준부동산가격을 비주거용 개별부동산가격으로 본다.
③ 제1항에 따른 비주거용 개별부동산가격의 공시에는 다음 각 호의 사항이 포함되어야 한다.
1. 비주거용 부동산의 지번
2. 비주거용 부동산가격
3. 그 밖에 대통령령으로 정하는 사항
④ 시장·군수 또는 구청장은 공시기준일 이후에 토지의 분할·합병이나 건축물의 신축 등이 발생한 경우에는 대통령령으로 정하는 날을 기준으로 하여 비주거용 개별부동산가격을 결정·공시하여야 한다.
⑤ 시장·군수 또는 구청장이 비주거용 개별부동산가격을 결정·공시하는 경우에는 해당 비주거용 일반부동산과 유사한 이용가치를 지닌다고 인정되는 비주거용 표준부동산가격을 기준으로 비주거용 부동산가격비준표를 사용하여 가격을 산정하되, 해당 비주거용 일반부동산의 가격과 비주거용 표준부동산가격이 균형을 유지하도록 하여야 한다.
⑥ 시장·군수 또는 구청장은 비주거용 개별부동산가격을 결정·공시하기 위하여 비주거용 일반부동산의 가격을 산정할 때에는 비주거용 표준부동산가격과의 균형 등 그 타당성에 대하여 제20조에 따른 비주거용 표준부동산가격의 조사·산정을 의뢰 받은 자 등 대통령령으로 정하는 자의 검증을 받고 비주거용 일반부동산의 소유자와 그 밖의 이해관계인의 의견을 들어야 한다. 다만, 시장·군수 또는 구청장은 비주거용 개별부동산가격에 대한 검증이 필요 없다고 인정하는 때에는 비주거용 부동산가격의 변동상황 등 대통령령으로 정하는 사항을 고려하여 검증을 생략할 수 있다.
⑦ 국토교통부장관은 공시행정의 합리적인 발전을 도모하고 비주거용 표준부동산가격과 비주거용 개별부동산가격과의 균형유지 등 적정한 가격형성을 위하여 필요하다고 인정하는 경우에는 비주거용 개별부동산가격의 결정·공시 등에 관하여 시장·군수 또는 구청장을 지도·감독할 수 있다.
⑧ 비주거용 개별부동산가격에 대한 이의신청 및 정정에 대하여는 제11조 및 제12를 각각 준용한다. 이 경우 제11조제2항 후단 중 "제10조"는 "제21조"로 본다.
⑨ 제1항부터 제8항까지에서 규정한 것 외에 비주거용 개별부동산가격의 산정, 검증 및 결정, 공시기준일, 공시의 시기, 조사·산정의 기준, 이해관계인의 의견청취 및 공시절차 등에 필요한 사항은 대통령령으로 정한다.

제22조【비주거용 집합부동산가격의 조사·산정 및 공시 등】 ① 국토교통부장관은 비주거용 집합부동산에 대하여 매년 공시기준일 현재의 적정가격(이하 "비주거용 집합부동산가격"이라 한다)을 조사·산정하여 제24조에 따른 중앙부동산가격공시위원회의 심의를 거쳐 공시할 수 있다. 이 경우 시장·군수 또는 구청장은 비주거용 집합부동산가격을 결정·공시한 경우에는 이를 관계 행정기관 등에 제공하여야 한다.
② 제1항에도 불구하고 대통령령으로 정하는 바에 따라 행정안전부장관 또는 국세청장이 국토교통부장관과 협의하여 비주거용 집합부동산의 가격을 별도로 결정·고시하는 경우에는 해당 비주거용 집합부동산의 비주거용 개별부동산가격을 결정·공시하지 아니한다.(2017.7.26 본항개정)
③ 국토교통부장관은 비주거용 집합부동산가격을 공시하기 위하여 비주거용 집합부동산의 가격을 산정할 때에는 대통령령으로 정하는 바에 따라 비주거용 집합부동산의 소유자와 그 밖의 이해관계인의 의견을 들어야 한다.
④ 제1항에 따른 비주거용 집합부동산의 조사대상의 선정, 공시기준일, 공시의 시기, 공시사항, 조사·산정 기준 및 공시절차 등에 필요한 사항은 대통령령으로 정한다.
⑤ 국토교통부장관은 공시기준일 이후에 토지의 분할·합병이나 건축물의 신축 등이 발생한 경우에는 대통령령으로 정하는 날을 기준으로 하여 비주거용 집합부동산가격을 결정·공시하여야 한다.
⑥ 국토교통부장관이 제1항에 따라 비주거용 집합부동산가격을 조사·산정하는 경우에는 인근 유사 비주거용 집합부동산의 거래가격·임대료 및 해당 비주거용 집합부동산과 유사한 이용가치를 지닌다고 인정되는 비주거용 집합부동산의 건설에 필요한 비용추정액 등을 종합적으로 참작하여야 한다.
⑦ 국토교통부장관은 제1항에 따라 비주거용 집합부동산가격을 조사·산정할 때에는 부동산원 또는 대통령령으로 정하는 부동산 가격의 조사·산정에 관한 전문성이 있는 자에게 의뢰한다.(2020.6.9 본항개정)
⑧ 국토교통부장관은 제1항 또는 제4항에 따라 공시한 가격에 틀린 계산, 오기, 그 밖에 대통령령으로 정하는 명백한 오류가 있음을 발견한 때에는 지체 없이 이를 정정하여야 한다.
⑨ 비주거용 집합부동산가격의 공시에 대해서는 제4조·제6조·제7조 및 제13조를 각각 준용한다. 이 경우 제7조제2항 후단 중 "제3조"는 "제22조"로 본다.

제23조【비주거용 부동산가격공시의 효력】 ① 제20조에 따른 비주거용 표준부동산가격은 국가·지방자치단체 등이 그 업무와 관련하여 비주거용 개별부동산가격을 산정하는 경우에 그 기준이 된다.
② 제21조 및 제22조에 따른 비주거용 개별부동산가격 및 비주거용 집합부동산가격은 비주거용 부동산시장에 가격정보를 제공하고, 국가·지방자치단체 등이 과세 등의 업무와 관련하여 비주거용 부동산의 가격을 산정하는 경우에 그 기준으로 활용될 수 있다.

제5장 부동산가격공시위원회

제24조【중앙부동산가격공시위원회】 ① 다음 각 호의 사항을 심의하기 위하여 국토교통부장관 소속으로 중앙부동산가격공시위원회(이하 이 조에서 "위원회"라 한다)를 둔다.
1. 부동산 가격공시 관계 법령의 제정·개정에 관한 사항 중 국토교통부장관이 심의에 부치는 사항(2020.6.9 본호개정)
2. 제3조에 따른 표준지의 선정 및 관리지침
3. 제3조에 따라 조사·평가된 표준지공시지가
4. 제7조에 따른 표준지공시지가에 대한 이의신청에 관한 사항
5. 제16조에 따른 표준주택의 선정 및 관리지침
6. 제16조에 따라 조사·산정된 표준주택가격
7. 제16조에 따른 표준주택가격에 대한 이의신청에 관한 사항
8. 제18조에 따른 공동주택의 조사 및 산정지침
9. 제18조에 따라 조사·산정된 공동주택가격
10. 제18조에 따른 공동주택가격에 대한 이의신청에 관한 사항
11. 제20조에 따른 비주거용 표준부동산의 선정 및 관리지침
12. 제20조에 따라 조사·산정된 비주거용 표준부동산가격
13. 제20조에 따른 비주거용 표준부동산가격에 대한 이의신청에 관한 사항
14. 제22조에 따른 비주거용 집합부동산의 조사 및 산정지침
15. 제22조에 따라 조사·산정된 비주거용 집합부동산가격

16. 제22조에 따른 비주거용 집합부동산가격에 대한 이의신청에 관한 사항
17. 제26조의2에 따른 계획 수립에 관한 사항
(2020.4.7 본호신설)
18. 그 밖에 부동산정책에 관한 사항 등 국토교통부장관이 심의에 부치는 사항(2020.6.9 본호개정)
② 위원회는 위원장을 포함한 20명 이내의 위원으로 구성한다.
③ 위원회의 위원장은 국토교통부 제1차관이 된다.
④ 위원회의 위원은 대통령령으로 정하는 중앙행정기관의 장이 지명하는 6명 이내의 공무원과 다음 각 호의 어느 하나에 해당하는 사람 중 국토교통부장관이 위촉하는 사람이 된다.
1. 「고등교육법」에 따른 대학에서 토지·주택 등에 관한 이론을 가르치는 조교수 이상으로 재직하고 있거나 재직하였던 사람
2. 판사, 검사, 변호사 또는 감정평가사의 자격이 있는 사람
3. 부동산가격공시 또는 감정평가 관련 분야에서 10년 이상 연구 또는 실무경험이 있는 사람
⑤ 공무원이 아닌 위원의 임기는 2년으로 하되, 한차례 연임할 수 있다.
⑥ 국토교통부장관은 필요하다고 인정하면 위원회의 심의에 부치기 전에 미리 관계 전문가의 의견을 듣거나 조사·연구를 의뢰할 수 있다.
⑦ 제1항부터 제6항까지에서 규정한 사항 외에 위원회의 조직 및 운영에 필요한 사항은 대통령령으로 정한다.

제25조【시·군·구부동산가격공시위원회】 ① 다음 각 호의 사항을 심의하기 위하여 시장·군수 또는 구청장 소속으로 시·군·구부동산가격공시위원회를 둔다.
1. 제10조에 따른 개별공시지가의 결정에 관한 사항
2. 제11조에 따른 개별공시지가에 대한 이의신청에 관한 사항
3. 제17조에 따른 개별주택가격의 결정에 관한 사항
4. 제17조에 따른 개별주택가격에 대한 이의신청에 관한 사항
5. 제21조에 따른 비주거용 개별부동산가격의 결정에 관한 사항
6. 제21조에 따른 비주거용 개별부동산가격에 대한 이의신청에 관한 사항
7. 그 밖에 시장·군수 또는 구청장이 심의에 부치는 사항
(2020.6.9 본호개정)
② 제1항에 규정된 것 외에 시·군·구부동산가격공시위원회의 조직 및 운영에 필요한 사항은 대통령령으로 정한다.

제6장 보 칙

제26조【공시보고서의 제출 등】 ① 정부는 표준지공시지가, 표준주택가격 및 공동주택가격의 주요사항에 관한 보고서를 매년 정기국회의 개회 전까지 국회에 제출하여야 한다.
② 국토교통부장관은 제3조에 따른 표준지공시지가, 제16조에 따른 표준주택가격, 제18조에 따른 공동주택가격, 제20조에 따른 비주거용 표준부동산가격 및 제22조에 따른 비주거용 집합부동산가격을 공시하는 때에는 부동산의 시세 반영률, 조사·평가 및 산정 근거 등의 자료를 국토교통부령으로 정하는 바에 따라 인터넷 홈페이지 등에 공개하여야 한다.(2020.4.7 본항신설)
(2020.4.7 본조제목개정)

제26조의2【적정가격 반영을 위한 계획 수립 등】 ① 국토교통부장관은 부동산공시가격이 적정가격을 반영하고 부동산의 유형·지역 등에 따른 균형성을 확보하기 위하여 부동산의 시세 반영률의 목표치를 설정하고, 이를 달성하기 위하여 대통령령으로 정하는 바에 따라 계획을 수립하여야 한다.
② 제1항에 따른 계획을 수립하는 때에는 부동산 가격의 변동 상황, 지역 간의 형평성, 해당 부동산의 특수성 등 제반사항을 종합적으로 고려하여야 한다.
③ 국토교통부장관이 제1항에 따른 계획을 수립하는 때에는 관계 행정기관과의 협의를 거쳐 공청회를 실시하고, 제24조에 따른 중앙부동산가격공시위원회의 심의를 거쳐야 한다.
④ 국토교통부장관, 시장·군수 또는 구청장은 부동산공시가격을 결정·공시하는 경우 제1항에 따른 계획에 부합하도록 하여야 한다.
(2020.4.7 본조신설)

제27조【공시가격정보체계의 구축 및 관리】 ① 국토교통부장관은 토지, 주택 및 비주거용 부동산의 공시가격과 관련된 정보를 효율적이고 체계적으로 관리하기 위하여 공시가격정보체계를 구축·운영할 수 있다.
② 국토교통부장관은 제1항에 따른 공시가격정보체계를 구축하기 위하여 필요한 경우 관계 기관에 자료를 요청할 수 있다. 이 경우 관계 기관은 정당한 사유가 없으면 그 요청을 따라야 한다.(2020.6.9 후단개정)
③ 제1항 및 제2항에 따른 정보 및 자료의 종류, 공시가격정보체계의 구축·운영방법 등에 필요한 사항은 대통령령으로 정한다.

제27조의2【회의록의 공개】 제24조에 따른 중앙부동산가격공시위원회 및 제25조에 따른 시·군·구부동산가격공시위원회 심의의 일시·장소·안건·내용·결과 등이 기록된 회의록은 3개월의 범위에서 대통령령으로 정하는 기간이 지난 후에는 대통령령으로 정하는 바에 따라 인터넷 홈페이지 등에 공개하여야 한다. 다만, 공익을 현저히 해할 우려가 있거나 심의의 공정성을 침해할 우려가 있다고 인정되는 이름, 주민등록번호 등 대통령령으로 정하는 개인 식별 정보에 관한 부분의 경우에는 그러하지 아니하다.(2020.4.7 본조신설)

제28조【업무위탁】 ① 국토교통부장관은 다음 각 호의 업무를 부동산원 또는 국토교통부장관이 정하는 기관에 위탁할 수 있다.(2020.6.9 본문개정)
1. 다음 각 목의 업무 수행에 필요한 부대업무
가. 제3조에 따른 표준지공시지가의 조사·평가
나. 제16조에 따른 표준주택가격의 조사·산정
다. 제18조에 따른 공동주택가격의 조사·산정
라. 제20조에 따른 비주거용 표준부동산가격의 조사·산정
마. 제22조에 따른 비주거용 집합부동산가격의 조사·산정
2. 제6조에 따른 표준지공시지가, 제16조제7항에 따른 표준주택가격, 제18조제8항에 따른 공동주택가격, 제20조제7항에 따른 비주거용 표준부동산가격 및 제22조제9항에 따른 비주거용 집합부동산가격에 관한 도서·도표 등 작성·공급
3. 제3조제8항, 제16조제6항 및 제20조제6항에 따른 토지가격비준표, 주택가격비준표 및 비주거용 부동산가격비준표의 작성·제공(2020.4.7 본호개정)
4. 제15조에 따른 부동산 가격정보 등의 조사
5. 제27조에 따른 공시가격정보체계의 구축 및 관리
6. 제1호부터 제5호까지의 업무와 관련된 업무로서 대통령령으로 정하는 업무
② 국토교통부장관은 제1항에 따라 그 업무를 위탁할 때에는 예산의 범위에서 필요한 경비를 보조할 수 있다.

제29조【수수료 등】 ① 부동산원 및 감정평가법인등은 이 법에 따른 표준지공시지가의 조사·평가, 개별공시지가의 검증, 부동산 가격정보·통계 등의 조사, 표준주택가격의 조사·산정, 개별주택가격의 검증, 공동주택가격의 조사·산정, 비주거용 표준부동산가격의 조사·산정, 비주거용 개별부동산가격의 검증 및 비주거용 집합부동산가격의 조사·산정 등의 업무수행을 위한 수수료와 출장 또는 사실 확인 등에 소요된 실비를 받을 수 있다.(2020.6.9 본항개정)
② 제1항에 따른 수수료의 요율 및 실비의 범위는 국토교통부장관이 정하여 고시한다.

제30조【벌칙 적용에서 공무원 의제】 다음 각 호의 어느 하나에 해당하는 사람은 「형법」 제129조부터 제132조까지의 규정을 적용할 때에는 공무원으로 본다.
1. 제28조제1항에 따라 업무를 위탁받은 기관의 임직원
2. 중앙부동산가격공시위원회의 위원 중 공무원이 아닌 위원

부 칙

제1조【시행일】 이 법은 2016년 9월 1일부터 시행한다.
제2조【일반적 경과조치】 이 법 시행 당시 종전의 「부동산 가격공시 및 감정평가에 관한 법률」에 따른 처분·절차와 그 밖의 행위로서 이 법에 그에 해당하는 규정이 있는 경우에는 이 법에 따라 한 것으로 본다.
제3조【다른 법률의 개정】 ①~㉗ ※(해당 법령에 가제정리 하였음)
제4조【다른 법령과의 관계】 이 법 시행 당시 다른 법령에서 종전의 「부동산 가격공시 및 감정평가에 관한 법률」 또는 그 규정을 인용하고 있는 경우에 이 법 가운데 그에 해당하는 규정이 있으면 종전의 「부동산 가격공시 및 감정평가에 관한 법률」 또는 그 규정을 갈음하여 이 법 또는 이 법의 해당 규정을 인용한 것으로 본다.

부 칙 (2020.4.7 법17219호)

제1조【시행일】 이 법은 공포 후 3개월이 경과한 날부터 시행한다.(이하 생략)

부 칙 (2020.4.7 법17233호)

이 법은 공포 후 6개월이 경과한 날부터 시행한다. 다만, 제3조, 제16조, 제18조 및 제28조제1항제3호의 개정규정은 공포한 날부터 시행한다.

부 칙 (2020.6.9 법17453호)

이 법은 공포한 날부터 시행한다.(이하 생략)

부 칙 (2020.6.9 법17459호)

제1조【시행일】 이 법은 공포 후 6개월이 경과한 날부터 시행한다.(이하 생략)

부동산 거래신고 등에 관한 법률(약칭 : 부동산거래신고법)

(2016년 1월 19일 법 률 제13797호)

개정
2016.12. 2법14340호
2017. 2. 8법14569호(빈집및소규모주택정비에관한특례법)
2019. 8.20법16494호
2019.11.26법16596호(문화재)
2020. 3.24법17091호(지방행정제재·부과금의징수등에관한법)
2020. 4. 7법17219호(감정평가감정평가사)
2020. 8.18법17483호
2023. 3.21법19251호(자연유산의보존및활용에관한법)
2023. 4.18법19384호
2023. 8. 8법19590호(문화유산)
2024. 2. 6법20194호(자연유산의보존및활용에관한법)

제1장 총 칙

제1조【목적】 이 법은 부동산 거래 등의 신고 및 허가에 관한 사항을 정하여 건전하고 투명한 부동산 거래질서를 확립하고 국민경제에 이바지함을 목적으로 한다.
제2조【정의】 이 법에서 사용하는 용어의 뜻은 다음과 같다.
1. "부동산"이란 토지 또는 건축물을 말한다.
2. "부동산등"이란 부동산 또는 부동산을 취득할 수 있는 권리를 말한다.
3. "거래당사자"란 부동산등의 매수인과 매도인을 말하며, 제4호에 따른 외국인등을 포함한다.
3의2. "임대차계약당사자"란 부동산등의 임대인과 임차인을 말하며, 제4호에 따른 외국인등을 포함한다.
(2020.8.18 본호신설)
4. "외국인등"이란 다음 각 목의 어느 하나에 해당하는 개인·법인 또는 단체를 말한다.
가. 대한민국의 국적을 보유하고 있지 아니한 개인
나. 외국의 법령에 따라 설립된 법인 또는 단체
다. 사원 또는 구성원의 2분의 1 이상이 가목에 해당하는 자인 법인 또는 단체
라. 업무를 집행하는 사원이나 이사 등 임원의 2분의 1 이상이 가목에 해당하는 자인 법인 또는 단체
마. 가목에 해당하는 사람이나 나목에 해당하는 법인 또는 단체가 자본금의 2분의 1 이상이나 의결권의 2분의 1 이상을 가지고 있는 법인 또는 단체
바. 외국 정부
사. 대통령령으로 정하는 국제기구

제2장 부동산 거래의 신고

제3조【부동산 거래의 신고】 ① 거래당사자는 다음 각 호의 어느 하나에 해당하는 계약을 체결한 경우 그 실제 거래가격 등 대통령령으로 정하는 사항을 거래계약의 체결일부터 30일 이내에 그 권리의 대상인 부동산등(권리에 관한 계약의 경우에는 그 권리의 대상인 부동산을 말한다)의 소재지를 관할하는 시장(구가 설치되지 아니한 시의 시장 및 특별자치시장과 특별자치도 행정시의 시장을 말한다)·군수 또는 구청장(이하 "신고관청"이라 한다)에게 공동으로 신고하여야 한다. 다만, 거래당사자 중 일방이 국가, 지방자치단체, 대통령령으로 정하는 자의 경우(이하 "국가등"이라 한다)에는 국가등이 신고를 하여야 한다.(2019.8.20 본문개정)
1. 부동산의 매매계약
2. 「택지개발촉진법」, 「주택법」 등 대통령령으로 정하는 법률에 따른 부동산에 대한 공급계약
3. 다음 각 목의 어느 하나에 해당하는 지위의 매매계약
가. 제2호에 따른 계약을 통하여 부동산을 공급받는 자로 선정된 지위
나. 「도시 및 주거환경정비법」 제74조에 따른 관리처분계획의 인가 및 「빈집 및 소규모주택 정비에 관한 특례법」 제29조에 따른 사업시행계획인가로 취득한 입주자로 선정된 지위(2017.2.8 본목개정)
② 제1항에도 불구하고 거래당사자 중 일방이 신고를 거부하는 경우에는 국토교통부령으로 정하는 바에 따라 단독으로 신고할 수 있다.
③ 「공인중개사법」 제2조제4호에 따른 개업공인중개사(이하 "개업공인중개사"라 한다)가 같은 법 제26조제1항에 따라 거래계약서를 작성·교부한 경우에는 제1항에도 불구하고 해당 개업공인중개사가 같은 항에 따른 신고를 하여야 한다. 이 경우 공동으로 중개를 한 경우에는 해당 개업공인중개사가 공동으로 신고하여야 한다.
④ 제3항에도 불구하고 개업공인중개사 중 일방이 신고를 거부한 경우에는 제2항을 준용한다.(2019.8.20 본항신설)
⑤ 제1항부터 제4항까지에 따라 신고를 받은 신고관청은 그 신고 내용을 확인한 후 신고인에게 신고필증을 지체 없이 발급하여야 한다.(2019.8.20 본항개정)
⑥ 부동산등의 매수인은 신고인이 제5항에 따른 신고필증을 발급받은 때에 「부동산등기 특별조치법」 제3조제1항에 따른 검인을 받은 것으로 본다.(2019.8.20 본항개정)
⑦ 제1항부터 제6항까지에 따른 신고의 절차와 그 밖에 필요한 사항은 국토교통부령으로 정한다.(2019.8.20 본항개정)

제3조의2【부동산 거래의 해제등 신고】 ① 거래당사자는 제3조에 따라 신고한 후 해당 거래계약이 해제, 무효 또는 취소(이하 "해제등"이라 한다)된 경우 해제등이 확정된 날부터 30일 이내에 해당 신고관청에 공동으로 신고하여야 한다. 다만, 거래당사자 중 일방이 신고를 거부하는 경우에는 국토교통부령으로 정하는 바에 따라 단독으로 신고할 수 있다.
② 개업공인중개사가 제3조제3항에 따라 신고를 한 경우에는 제1항에도 불구하고 개업공인중개사가 같은 항에 따른 신고(공동으로 중개를 한 경우에는 해당 개업공인중개사가 공동으로 신고하는 것을 말한다)를 할 수 있다. 다만, 개업공인중개사 중 일방이 신고를 거부한 경우에는 제1항 단서를 준용한다.
③ 제1항 및 제2항에 따른 신고의 절차와 그 밖에 필요한 사항은 국토교통부령으로 정한다.
(2019.8.20 본조신설)
제4조【금지행위】 누구든지 제3조 또는 제3조의2에 따른 신고에 관하여 다음 각 호의 어느 하나에 해당하는 행위를 하여서는 아니 된다.(2019.8.20 본문개정)
1. 개업공인중개사에게 제3조에 따른 신고를 하지 아니하게 하거나 거짓으로 신고하도록 요구하는 행위
2. 제3조제1항 각 호의 어느 하나에 해당하는 계약을 체결한 후 같은 조에 따른 신고 의무자가 아닌 자가 거짓으로 같은 조에 따른 신고를 하는 행위(2019.8.20 본호개정)
3. 거짓으로 제3조 또는 제3조의2에 따른 신고를 하는 행위를 조장하거나 방조하는 행위(2019.8.20 본호개정)
4. 제3조제1항 각 호의 어느 하나에 해당하는 계약을 체결하지 아니하였음에도 불구하고 거짓으로 같은 조에 따른 신고를 하는 행위(2019.8.20 본호신설)
5. 제3조에 따른 신고 후 해당 계약이 해제등이 되지 아니하였음에도 불구하고 거짓으로 제3조의2에 따른 신고를 하는 행위(2019.8.20 본호신설)
제5조【신고 내용의 검증】 ① 국토교통부장관은 제3조에 따라 신고받은 내용, 「부동산 가격공시에 관한 법률」에 따라 공시된 토지 및 주택의 가액, 그 밖의 부동산 가격정보를 활용하여 부동산거래가격 검증체계를 구축·운영하여야 한다.(2019.8.20 본항개정)
② 신고관청은 제3조에 따른 신고를 받은 경우 제1항에 따른 부동산거래가격 검증체계를 활용하여 그 적정성을 검증하여야 한다.
③ 신고관청은 제2항에 따른 검증 결과를 해당 부동산의 소재지를 관할하는 세무관서의 장에게 통보하여야 하며, 통보받은 세무관서의 장은 해당 신고 내용을 국세 또는 지방세 부과를 위한 과세자료로 활용할 수 있다.
④ 제1항부터 제3항까지에 따른 검증의 절차, 검증체계의 구축·운영, 그 밖에 필요한 세부 사항은 국토교통부장관이 정한다.
제6조【신고 내용의 조사 등】 ① 신고관청은 제3조, 제3조의2 또는 제8조에 따라 신고 받은 내용이 누락되어 있거나 정확하지 아니하다고 판단하는 경우에는 국토교통부령으로 정하는 바에 따라 신고인에게 신고 내용을 보완하게 하거나 신고한 내용의 사실 여부를 확인하기 위하여 소속 공무원으로 하여금 거래당사자 또는 개업공인중개사에게 거래계약서, 거래대금 지급을 증명할 수 있는 자료 등 관련 자료의 제출을 요구하는 등 필요한 조치를 취할 수 있다.
② 제1항에 따라 신고 내용을 조사(이하 이 조에서 "신고내용조사"라 한다)한 경우 신고관청은 조사 결과를 특별시장, 광역시장, 특별자치시장, 도지사, 특별자치도지사(이하 "시·도지사"라 한다)에게 보고하여야 하며, 시·도지사는 이를 국토교통부령으로 정하는 바에 따라 국토교통부장관에게 보고하여야 한다.
③ 제1항에도 불구하고 국토교통부장관은 제3조, 제3조의2 또는 제8조에 따라 신고 받은 내용의 확인을 위하여 필요한 때에는 신고내용조사를 직접 또는 신고관청과 공동으로 실시할 수 있다.(2019.8.20 본항신설)
④ 국토교통부장관 및 신고관청은 제1항 및 제3항에 따른 신고내용조사를 위하여 국세·지방세에 관한 자료, 소득·재산에 관한 자료 등 대통령령으로 정하는 자료를 관계 행정기관의 장에게 요청할 수 있다. 이 경우 요청을 받은 관계 행정기관의 장은 정당한 사유가 없으면 그 요청에 따라야 한다.(2019.8.20 본항신설)
⑤ 국토교통부장관 및 신고관청은 신고내용조사 결과 그 내용이 이 법 또는 「주택법」, 「공인중개사법」, 「상속세 및 증여세법」 등 다른 법률을 위반하였다고 판단되는 때에는 이를 수사기관에 고발하거나 관계 행정기관에 통보하는 등 필요한 조치를 할 수 있다.(2019.8.20 본항신설)
(2019.8.20 본조개정)

제2장의2 주택 임대차 계약의 신고

(2020.8.18 본장신설)

제6조의2【주택 임대차 계약의 신고】 ① 임대차계약당사자는 주택(「주택임대차보호법」 제2조에 따른 주택을 말하며, 주택을 취득할 수 있는 권리를 포함한다. 이하 같다)에 대하여 대통령령으로 정하는 금액을 초과하는 임대차 계약을 체결한 경우 그 보증금 또는 차임 등 국토교통부령으로 정하는 사항을 임대차 계약의 체결일부터 30일 이내에 주택 소재지를 관할하는 신고관청에 공동으로 신고하여야 한다. 다만, 임대차계약당사자 중 일방이 국가등인 경우에는 국가등이 신고하여야 한다.
② 제1항에 따른 주택 임대차 계약의 신고는 임차가구 현황 등을 고려하여 대통령령으로 정하는 지역에 적용한다.
③ 제1항에도 불구하고 임대차계약당사자 중 일방이 신고를 거부하는 경우에는 국토교통부령으로 정하는 바에 따라 단독으로 신고할 수 있다.
④ 제1항에 따라 신고를 받은 신고관청은 그 신고 내용을 확인한 후 신고인에게 신고필증을 지체 없이 발급하여야 한다.
⑤ 신고관청은 제1항부터 제4항까지의 규정에 따른 사무에 대한 해당 권한의 일부를 그 지방자치단체의 조례로 정하는 바에 따라 읍·면·동장 또는 출장소장에게 위임할 수 있다.
⑥ 제1항, 제3항 또는 제4항에 따른 신고 및 신고필증 발급의 절차와 그 밖에 필요한 사항은 국토교통부령으로 정한다.
제6조의3【주택 임대차 계약의 변경 및 해제 신고】 ① 임대차계약당사자는 제6조의2에 따라 신고한 후 해당 주택 임대차 계약의 보증금, 차임 등 임대차 가격이 변경되거나 임대차 계약이 해제된 때에는 변경 또는 해제가 확정된 날부터 30일 이내에 해당 신고관청에 공동으로 신고하여야 한다. 다만, 임대차계약당사자 중 일방이 국가등인 경우에는 국가등이 신고하여야 한다.
② 제1항에도 불구하고 임대차계약당사자 중 일방이 신고를 거부하는 경우에는 국토교통부령으로 정하는 바에 따라 단독으로 신고할 수 있다.
③ 제1항에 따라 신고를 받은 신고관청은 그 신고 내용을 확인한 후 신고인에게 신고필증을 지체 없이 발급하여야 한다.
④ 신고관청은 제1항부터 제3항까지의 규정에 따른 사무에 대한 해당 권한의 일부를 그 지방자치단체의 조례로 정하는 바에 따라 읍·면·동장 또는 출장소장에게 위임할 수 있다.
⑤ 제1항부터 제3항까지의 규정에 따른 신고 및 신고필증 발급의 절차와 그 밖에 필요한 사항은 국토교통부령으로 정한다.
제6조의4【주택 임대차 계약 신고에 대한 준용규정】 ① 주택 임대차 계약 신고의 금지행위에 관하여는 제4조를 준용한다.
② 주택 임대차 계약 신고 내용의 검증에 관하여는 제5조를 준용한다.
③ 주택 임대차 계약 신고 내용의 조사 등에 관하여는 제6조를 준용한다.
제6조의5【다른 법률에 따른 신고 등의 의제】 ① 제6조의2에도 불구하고 임차인이 「주민등록법」에 따라 전입신고를 하는 경우 이 법에 따른 주택 임대차 계약의 신고를 한 것으로 본다.
② 제6조의2 또는 제6조의3에도 불구하고 「공공주택 특별법」에 따른 공공주택사업자 및 「민간임대주택에 관한 특별법」에 따른 임대사업자는 관련 법령에 따른 주택 임대차 계약의 신고 또는 변경신고를 하는 경우 이 법에 따른 주택 임대차 계약의 신고 또는 변경신고를 한 것으로 본다.
③ 제6조의2, 제6조의3에 따른 신고의 접수를 완료한 때에는 「주택임대차보호법」 제3조의6제1항에 따른 확정일자를 부여한 것으로 본다(임대차계약서가 제출된 경우로 한정한다). 이 경우 신고관청은 「주택임대차보호법」 제3조의6제2항에 따라 확정일자부를 작성하거나 「주택임대차보호법」 제3조의6의 확정일자부여기관에 신고 사실을 통보하여야 한다.

제3장 외국인등의 부동산 취득 등에 관한 특례

제7조【상호주의】 국토교통부장관은 대한민국국민, 대한민국의 법령에 따라 설립된 법인 또는 단체나 대한민국정부에 대하여 자국(自國) 안의 토지의 취득 또는 양도를 금지하거나 제한하는 국가의 개인·법인·단체 또는 정부에 대하여 대통령령으로 정하는 바에 따라 대한민국 안의 토지의 취득 또는 양도를 금지하거나 제한할 수 있다. 다만, 헌법과 법률에 따라 체결된 조약의 이행에 필요한 경우에는 그러하지 아니하다.
제8조【외국인등의 부동산 취득·보유 신고】 ① 외국인등이 대한민국 안의 부동산등을 취득하는 계약(제3조제1항 각 호에 따른 계약은 제외한다)을 체결하였을 때에는 계약체결일부터 60일 이내에 대통령령으로 정하는 바에 따라 신고관청에 신고하여야 한다.
② 외국인등이 상속·경매, 그 밖에 대통령령으로 정하는 계약 외의 원인으로 대한민국 안의 부동산등을 취득한 때에는 부동산등을 취득한 날부터 6개월 이내에 대통령령으로 정하는 바에 따라 신고관청에 신고하여야 한다.
③ 대한민국 안의 부동산등을 가지고 있는 대한민국국민이나 대한민국의 법령에 따라 설립된 법인 또는 단체가 외국인등으로 변경된 경우 그 외국인등이 해당 부동산등을 계속보유하려는 경우에는 외국인등으로 변경된 날부터 6개월 이내에 대통령령으로 정하는 바에 따라 신고관청에 신고하여야 한다.
제9조【외국인등의 토지거래 허가】 ① 제3조 및 제8조에도 불구하고 외국인등이 취득하려는 토지가 다음 각 호의 어느 하나에 해당하는 구역·지역 등에 있으면 토지를 취득하는 계약(이하 "토지취득계약"이라 한다)을 체결하기 전에 대통령령으로 정하는 바에 따라 신고관청으로부터 토지취득의 허가를 받아야 한다. 다만, 제11조에 따라 토지거래계약에 관한 허가를 받은 경우에는 그러하지 아니하다.
1. 「군사기지 및 군사시설 보호법」 제2조제6호에 따른 군사기지 및 군사시설 보호구역, 그 밖에 국방목적을 위하여 외국인등의 토지취득을 특별히 제한할 필요가 있는 지역으로서 대통령령으로 정하는 지역
2. 「문화유산의 보존 및 활용에 관한 법률」 제2조제3항에 따른 지정문화유산과 이를 위한 보호물 또는 보호구역(2023.8.8 본호개정)
2의2. 「자연유산의 보존 및 활용에 관한 법률」에 따라 지정된 천연기념물등과 이를 위한 보호물 또는 보호구역(2024.2.6 본호개정)
3. 「자연환경보전법」 제2조제12호에 따른 생태·경관보전지역
4. 「야생생물 보호 및 관리에 관한 법률」 제27조에 따른 야생생물 특별보호구역
② 신고관청은 관계 행정기관의 장과 협의를 거쳐 외국인등이 제1항 각 호의 어느 하나에 해당하는 구역·지역등의 토지를 취득하는 것이 해당 구역·지역 등의 지정목적 달성에 지장을 주지 아니한다고 인정하는 경우에는 제1항에 따른 허가를 하여야 한다.
③ 제1항을 위반하여 체결한 토지취득계약은 그 효력이 발생하지 아니한다.

제4장 토지거래허가구역 등

제10조【토지거래허가구역의 지정】 ① 국토교통부장관 또는 시·도지사는 국토의 이용 및 관리에 관한 계획의 원활한 수립과 집행, 합리적인 토지 이용 등을 위하여 토지의 투기적인 거래가 성행하거나 지가(地價)가 급격히 상승하는 지역과 그러한 우려가 있는 지역으로서 대통령령으로 정하는 지역에 대해서는 다음 각 호의 구분에 따라 5년 이내의 기간을 정하여 제11조제1항에 따른 토지거래계약에 관한 허가구역(이하 "허가구역"이라 한다)으로 지정할 수 있다. 이 경우 국토교통부장관 또는 시·도지사는 대통령령으로 정하는 바에 따라 허가대상자(외국인등을 포함한다. 이하 이 조에서 같다), 허가대상 용도와 지목 등을 특정하여 허가구역을 지정할 수 있다.(2023.4.18 후단신설)
1. 허가구역이 둘 이상의 시·도의 관할 구역에 걸쳐 있는 경우 : 국토교통부장관이 지정
2. 허가구역이 동일한 시·도 안의 일부지역인 경우 : 시·도지사가 지정. 다만, 국가가 시행하는 개발사업 등에 따라 투기적인 거래가 성행하거나 지가가 급격히 상승하는 지역과 그러한 우려가 있는 지역 등 대통령령으로 정하는 경우에는 국토교통부장관이 지정할 수 있다.
② 국토교통부장관 또는 시·도지사는 제1항에 따라 허가구역을 지정하려면 「국토의 계획 및 이용에 관한 법률」 제106조에 따른 중앙도시계획위원회(이하 "중앙도시계획위원회"라 한다) 또는 같은 법 제113조제1항에 따른 시·도도시계획위원회(이하 "시·도도시계획위원회"라 한다)의 심의를 거쳐야 한다. 다만, 지정기간이 끝나는 허가구역을 계속하여 다시 허가구역으로 지정하려면 중앙도시계획위원회 또는 시·도도시계획위원회의 심의 전에 미리 시·도지사(국토교통부장관이 허가구역을 지정하는 경우만 해당한다) 및 시장·군수 또는 구청장의 의견을 들어야 한다.
③ 국토교통부장관 또는 시·도지사는 제1항에 따라 허가구역으로 지정한 때에는 지체 없이 허가대상자, 허가대상 용도와 지목 등 대통령령으로 정하는 사항을 공고하고, 그 공고 내용을 국토교통부장관은 시·도지사를 거쳐 시장·군수 또는 구청장에게 통지하고, 시·도지사는 국토교통부장관, 시장·군수 또는 구청장에게 통지하여야 한다.(2023.4.18 본항개정)
④ 제3항에 따라 통지를 받은 시장·군수 또는 구청장은 지체 없이 그 공고 내용을 그 허가구역을 관할하는 등기소의 장에게 통지하여야 하며, 지체 없이 그 사실을 7일 이상 공고하고, 그 공고 내용을 15일간 일반이 열람할 수 있도록 하여야 한다.
⑤ 허가구역의 지정은 제3항에 따라 허가구역의 지정을 공고한 날부터 5일 후에 그 효력이 발생한다.
⑥ 국토교통부장관 또는 시·도지사는 허가구역의 지정 사유가 없어졌다고 인정되거나 관계 시·도지사, 시장·군수 또는 구청장으로부터 받은 허가구역의 지정 해제 또는 축소 요청이 이유 있다고 인정되면 지체 없이 허가구역의 지정을 해제하거나 지정된 허가구역의 일부를 축소하여야 한다.
⑦ 제6항에 따른 해제 또는 축소의 경우에는 제2항 본문, 제3항 및 제4항을 준용한다.
제11조【허가구역 내 토지거래에 대한 허가】 ① 허가구역에 있는 토지에 관한 소유권·지상권(소유권·지상권의 취득을 목적으로 하는 권리를 포함한다)을 이전하거나 설정(대가를 받고 이전하거나 설정하는 경우만 해당한다)

하는 계약(예약을 포함한다. 이하 "토지거래계약"이라 한다)을 체결하려는 당사자는 공동으로 대통령령으로 정하는 바에 따라 시장·군수 또는 구청장의 허가를 받아야 한다. 허가받은 사항을 변경하려는 경우에도 또한 같다.
② 제1항에도 불구하고 다음 각 호의 어느 하나에 해당하는 경우에는 제1항에 따른 허가가 필요하지 아니하다.
1. 경제 및 지가의 동향과 거래단위면적 등을 종합적으로 고려하여 대통령령으로 정하는 용도별 면적 이하의 토지에 대한 토지거래계약을 체결하려는 경우
2. 토지거래계약을 체결하려는 당사자 또는 그 계약의 대상이 되는 토지가 제10조제3항에 따라 공고된 사항에 해당하지 아니하는 경우
(2023.4.18 본항개정)
③ 제1항에 따른 허가를 받으려는 자는 그 허가신청서에 계약내용과 그 토지의 이용계획, 취득자금 조달계획 등을 적어 시장·군수 또는 구청장에게 제출하여야 한다. 이 경우 토지이용계획, 취득자금 조달계획 등에 포함되어야 할 사항은 국토교통부령으로 정한다. 다만, 시장·군수 또는 구청장에게 제출한 취득자금 조달계획이 변경된 경우에는 취득토지에 대한 등기일까지 시장·군수 또는 구청장에게 그 변경 사항을 제출할 수 있다.
④ 시장·군수 또는 구청장은 제3항에 따른 허가신청서를 받으면 「민원 처리에 관한 법률」에 따른 처리기간에 허가 또는 불허가의 처분을 하고, 그 신청인에게 허가증을 발급하거나 불허가처분 사유를 서면으로 알려야 한다. 다만, 제15조에 따라 선매협의(先買協議) 절차가 진행 중인 경우에는 위의 기간 내에 그 사실을 신청인에게 알려야 한다.
⑤ 제4항에 따른 기간에 허가증의 발급 또는 불허가처분 사유의 통지가 없거나 선매협의 사실의 통지가 없는 경우에는 그 기간이 끝난 날의 다음날에 제1항에 따른 허가가 있는 것으로 본다. 이 경우 시장·군수 또는 구청장은 지체 없이 신청인에게 허가증을 발급하여야 한다.
⑥ 제1항에 따른 허가를 받지 아니하고 체결한 토지거래계약은 그 효력이 발생하지 아니한다.
⑦ 제2항제1호에 따른 토지의 면적 산정방법에 관하여 필요한 사항은 대통령령으로 정한다.(2023.4.18 본항개정)

제12조【허가기준】 시장·군수 또는 구청장은 제11조에 따른 허가신청이 다음 각 호의 어느 하나에 해당하는 경우를 제외하고는 허가하여야 한다.
1. 토지거래계약을 체결하려는 자의 토지이용목적이 다음 각 목의 어느 하나에 해당되지 아니하는 경우
   가. 자기의 거주용 주택용지로 이용하려는 경우
   나. 허가구역을 포함한 지역의 주민을 위한 복지시설 또는 편익시설로서 관할 시장·군수 또는 구청장이 확인한 시설의 설치에 이용하려는 경우
   다. 허가구역에 거주하는 농업인·임업인·어업인 또는 대통령령으로 정하는 자가 그 허가구역에서 농업·축산업·임업 또는 어업을 경영하기 위하여 필요한 경우
   라. 「공익사업을 위한 토지 등의 취득 및 보상에 관한 법률」이나 그 밖의 법률에 따라 토지를 수용하거나 사용할 수 있는 사업을 시행하는 자가 그 사업을 시행하기 위하여 필요한 경우
   마. 허가구역을 포함한 지역의 건전한 발전을 위하여 필요하고 관계 법률에 따라 지정된 지역·지구·구역 등의 지정목적에 적합하다고 인정되는 사업을 시행하는 자나 시행하려는 자가 그 사업에 이용하려는 경우
   바. 허가구역의 지정 당시 그 구역이 속한 특별시·광역시·특별자치시·시(「제주특별자치도 설치 및 국제자유도시 조성을 위한 특별법」 제10조제2항에 따른 행정시를 포함한다. 이하 이 조에서 같다)·군 또는 인접한 특별시·광역시·특별자치시·시·군에서 사업을 시행하고 있는 자가 그 사업에 이용하려는 경우나 그 자의 사업과 밀접한 관련이 있는 사업을 하는 자가 그 사업에 이용하려는 경우
   사. 허가구역이 속한 특별시·광역시·특별자치시·시 또는 군에 거주하고 있는 자의 일상생활과 통상적인 경제활동에 필요한 것 등으로서 대통령령으로 정하는 용도에 이용하려는 경우
2. 토지거래계약을 체결하려는 자의 토지이용목적이 다음 각 목의 어느 하나에 해당되는 경우
   가. 「국토의 계획 및 이용에 관한 법률」 제2조제2호에 따른 도시·군계획이나 그 밖에 토지의 이용 및 관리에 관한 계획에 맞지 아니한 경우
   나. 생태계의 보전과 주민의 건전한 생활환경 보호에 중대한 위해(危害)를 끼칠 우려가 있는 경우
3. 그 면적이 그 토지의 이용목적에 적합하지 아니하다고 인정되는 경우

제13조【이의신청】 ① 제11조에 따른 처분에 이의가 있는 자는 그 처분을 받은 날부터 1개월 이내에 시장·군수 또는 구청장에게 이의를 신청할 수 있다.
② 제1항에 따른 이의신청을 받은 시장·군수 또는 구청장은 「국토의 계획 및 이용에 관한 법률」 제113조제2항에 따른 시·군·구도시계획위원회의 심의를 거쳐 그 결과를 이의신청인에게 알려야 한다.

제14조【국가 등의 토지거래계약에 관한 특례 등】 ① 제11조제1항을 적용할 때에 그 당사자의 한쪽 또는 양쪽이 국가, 지방자치단체, 「한국토지주택공사법」에 따른 한국토지주택공사(이하 "한국토지주택공사"라 한다), 그 밖에 대통령령으로 정하는 공공기관 또는 공공단체인 경우에는 그 기관의 장이 시장·군수 또는 구청장과 협의할 수 있고, 그 협의가 성립된 때에는 그 토지거래계약에 관한 허가를 받은 것으로 본다.
② 다음 각 호의 경우에는 제11조를 적용하지 아니한다.
1. 「공익사업을 위한 토지 등의 취득 및 보상에 관한 법률」에 따른 토지의 수용
2. 「민사집행법」에 따른 경매
3. 그 밖에 대통령령으로 정하는 경우

제15조【선매】 ① 시장·군수 또는 구청장은 제11조제1항에 따른 토지거래계약에 관한 허가신청이 있는 경우 다음 각 호의 어느 하나에 해당하는 토지에 대하여 국가, 지방자치단체, 한국토지주택공사, 그 밖에 대통령령으로 정하는 공공기관 또는 공공단체가 그 매수를 원하는 경우에는 이들 중에서 해당 토지를 매수할 자[이하 "선매자(先買者)"라 한다]를 지정하여 그 토지를 협의 매수하게 할 수 있다.
1. 공익사업용 토지
2. 제11조제1항에 따른 토지거래계약허가를 받아 취득한 토지를 그 이용목적대로 이용하고 있지 아니한 토지
② 시장·군수 또는 구청장은 제1항 각 호의 어느 하나에 해당하는 토지에 대하여 토지거래계약 허가신청이 있는 경우에는 그 신청이 있는 날부터 1개월 이내에 선매자를 지정하여 토지 소유자에게 알려야 하며, 선매자는 지정 통지를 받은 날부터 1개월 이내에 그 토지 소유자와 대통령령으로 정하는 바에 따라 선매협의를 끝내야 한다.
③ 선매자가 제1항과 제2항에 따라 토지를 매수할 때의 가격은 「감정평가 및 감정평가사에 관한 법률」에 따라 감정평가법인등이 감정평가한 감정가격을 기준으로 하되, 토지거래계약 허가신청서에 적힌 가격이 감정가격보다 낮은 경우에는 허가신청서에 적힌 가격으로 할 수 있다.
(2020.4.7 본항개정)
④ 시장·군수 또는 구청장은 제2항에 따른 선매협의가 이루어지지 아니한 경우에는 지체 없이 허가 또는 불허가의 여부를 결정하여 통보하여야 한다.

제16조【불허가처분 토지에 관한 매수 청구】 ① 제11조제1항에 따른 허가신청에 대하여 불허가처분을 받은 자는 그 통지를 받은 날부터 1개월 이내에 시장·군수 또는 구청장에게 해당 토지에 관한 권리의 매수를 청구할 수 있다.
② 제1항에 따른 매수 청구를 받은 시장·군수 또는 구청장은 국가, 지방자치단체, 한국토지주택공사, 그 밖에 대통령령으로 정하는 공공기관 또는 공공단체 중에서 매수할 자를 지정하여, 매수할 자로 하여금 예산의 범위에서 공시지가를 기준으로 하여 해당 토지를 매수하게 하여야 한다. 다만, 토지거래계약 허가신청서에 적힌 가격이 공시지가보다 낮은 경우에는 허가신청서에 적힌 가격으로 매수할 수 있다.

제17조【토지 이용에 관한 의무 등】 ① 제11조에 따라 토지거래계약을 허가받은 자는 대통령령으로 정하는 사유가 있는 경우 외에는 5년의 범위에서 대통령령으로 정하는 기간에 그 토지를 허가받은 목적대로 이용하여야 한다.
② 시장·군수 또는 구청장은 토지거래계약을 허가받은 자가 허가받은 목적대로 이용하고 있는지를 국토교통부령으로 정하는 바에 따라 조사하여야 한다.
③~④ (2016.12.2 삭제)

제18조【이행강제금】 ① 시장·군수 또는 구청장은 제17조제1항에 따른 토지의 이용 의무를 이행하지 아니한 자에 대하여는 상당한 기간을 정하여 토지의 이용 의무를 이행하도록 명할 수 있다. 다만, 대통령령으로 정하는 사유가 있는 경우에는 이용 의무의 이행을 명하지 아니할 수 있다.
② 시장·군수 또는 구청장은 제1항에 따른 이행명령이 정하여진 기간에 이행되지 아니한 경우에는 토지 취득가액의 100분의 10의 범위에서 대통령령으로 정하는 금액의 이행강제금을 부과한다.
③ 시장·군수 또는 구청장은 최초의 이행명령이 있었던 날을 기준으로 1년에 한 번씩 그 이행명령이 이행될 때까지 반복하여 제2항에 따른 이행강제금을 부과·징수할 수 있다.
④ 시장·군수 또는 구청장은 제17조제1항에 따른 이용 의무기간이 지난 후에는 이행강제금을 부과할 수 없다.
⑤ 시장·군수 또는 구청장은 제1항에 따른 이행명령을 받은 자가 그 명령을 이행하는 경우에는 새로운 이행강제금의 부과를 즉시 중지하되, 명령을 이행하기 전에 이미 부과된 이행강제금은 징수하여야 한다.
⑥ 제2항에 따른 이행강제금의 부과처분에 불복하는 자는 시장·군수 또는 구청장에게 이의를 제기할 수 있다.
⑦ 제2항 및 제3항에 따라 이행강제금 부과처분을 받은 자가 이행강제금을 납부기한까지 납부하지 아니한 경우에는 국세 체납처분의 예 또는 「지방행정제재·부과금의 징수 등에 관한 법률」에 따라 징수한다.(2020.3.24 본항개정)
⑧ 이행강제금의 부과, 납부, 징수 및 이의제기 방법 등에 필요한 사항은 대통령령으로 정한다.

제19조【지가 동향의 조사】 국토교통부장관이나 시·도지사는 토지거래허가 제도를 실시하거나 그 밖에 토지정책을 수행하기 위한 자료를 수집하기 위하여 대통령령으로 정하는 바에 따라 지가의 동향과 토지거래의 상황을 조사하여야 하며, 관계 행정기관이나 그 밖의 필요한 기관에 이에 필요한 자료를 제출하도록 요청할 수 있다. 이 경우 자료 제출을 요청받은 기관은 특별한 사유가 없으면 요청에 따라야 한다.

제20조【다른 법률에 따른 인가·허가 등의 의제】 ① 농지에 대하여 제11조에 따라 토지거래계약 허가를 받은 경우에는 「농지법」 제8조에 따른 농지취득자격증명을 받은 것으로 본다. 이 경우 시장·군수 또는 구청장은 「농업·농촌 및 식품산업 기본법」 제3조제5호에 따른 농촌(「국토의 계획 및 이용에 관한 법률」에 따른 도시지역의 경우에는 같은 법에 따른 녹지지역만 해당한다)의 농지에 대하여 토지거래계약을 허가하는 경우에는 농지취득자격증명의 발급 요건에 적합한지를 확인하여야 하며, 허가한 내용을 농림축산식품부장관에게 통보하여야 한다.
② 제11조제4항 및 제5항에 따라 허가증을 발급받은 경우에는 「부동산등기 특별조치법」 제3조에 따른 검인을 받은 것으로 본다.

제21조【제재처분 등】 국토교통부장관, 시·도지사, 시장·군수 또는 구청장은 다음 각 호의 어느 하나에 해당하는 자에게 제11조에 따른 허가 취소 또는 그 밖에 필요한 처분을 하거나 조치를 명할 수 있다.
1. 제11조에 따른 토지거래계약에 관한 허가 또는 변경허가를 받지 아니하고 토지거래계약 또는 그 변경계약을 체결한 자
2. 제11조에 따른 토지거래계약에 관한 허가를 받은 자가 그 토지를 허가받은 목적대로 이용하지 아니한 자
3. 부정한 방법으로 제11조에 따른 토지거래계약에 관한 허가를 받은 자

제22조【권리·의무의 승계 등】 ① 제10조부터 제20조까지에 따라 토지의 소유권자, 지상권자 등에게 발생되거나 부과된 권리·의무는 그 토지 또는 건축물에 관한 소유권이나 그 밖의 권리의 변동과 동시에 그 승계인에게 이전한다.
② 이 법 또는 이 법에 따른 명령에 의한 처분, 그 절차 및 그 밖의 행위는 그 행위와 관련된 토지 또는 건축물에 대하여 소유권이나 그 밖의 권리를 가진 자의 승계인에 대하여 효력을 가진다.

제23조【청문】 국토교통부장관, 시·도지사, 시장·군수 또는 구청장은 제21조에 따라 토지거래계약 허가의 취소 처분을 하려면 청문을 하여야 한다.

제5장 부동산 정보 관리

제24조【부동산정책 관련 자료 등 종합관리】 ① 국토교통부장관 또는 시장·군수·구청장은 적절한 부동산정책의 수립 및 시행을 위하여 부동산 거래상황, 주택 임대차 계약상황, 외국인 부동산 취득현황, 부동산 가격 동향 등 이 법에 규정된 사항에 관한 정보를 종합적으로 관리하고, 이를 관련 기관·단체 등에 제공할 수 있다.
(2020.8.18 본항개정)
② 국토교통부장관 또는 시장·군수·구청장은 제1항에 따른 정보의 관리를 위하여 관계 행정기관이나 그 밖에 필요한 기관에 필요한 자료를 요청할 수 있다. 이 경우 관계 행정기관 등은 특별한 사유가 없으면 요청에 따라야 한다.
③ 제1항 및 제2항에 따른 정보의 관리·제공 및 자료요청은 「개인정보 보호법」에 따라야 한다.

제25조【부동산정보체계의 구축·운영】 국토교통부장관은 효율적인 정보의 관리 및 국민편의 증진을 위하여 대통령령으로 정하는 바에 따라 부동산거래 및 주택 임대차의 계약·신고·허가·관리 등의 업무와 관련된 정보체계를 구축·운영할 수 있다.(2020.8.18 본조개정)

제5장의2 보 칙

(2016.12.2 본장신설)

제25조의2【신고포상금의 지급】 ① 시장·군수 또는 구청장은 다음 각 호의 어느 하나에 해당하는 자를 관계 행정기관이나 수사기관에 신고하거나 고발한 자에게 예산의 범위에서 포상금을 지급할 수 있다.
1. 제3조제1항부터 제4항까지 또는 제4조제2호를 위반하여 부동산등의 실제 거래가격을 거짓으로 신고한 자
(2019.8.20 본호개정)
1의2. 제4조제4호를 위반하여 거짓으로 제3조에 따른 신고를 한 자(2019.8.20 본호신설)
1의3. 제4조제5호를 위반하여 거짓으로 제3조의2에 따른 신고를 한 자(2019.8.20 본호신설)

1의4. 제6조의2 또는 제6조의3을 위반하여 주택 임대차 계약의 보증금·차임 등 계약금액을 거짓으로 신고한 자(2020.8.18 본호신설)
2. 제11조제1항에 따른 허가 또는 변경허가를 받지 아니하고 토지거래계약을 체결한 자 또는 거짓이나 그 밖의 부정한 방법으로 토지거래계약허가를 받은 자
3. 토지거래계약허가를 받아 취득한 토지에 대하여 제17조제1항을 위반하여 허가받은 목적대로 이용하지 아니한 자
② 제1항에 따른 포상금의 지급에 드는 비용은 시·군이나 구의 재원으로 충당한다.
③ 제1항에 따른 포상금 지급의 대상·기준·방법 및 절차 등에 관한 구체적인 사항은 대통령령으로 정한다.
제25조의3 【권한 등의 위임 및 위탁】 ① 이 법에 따른 국토교통부장관의 권한은 그 일부를 대통령령으로 정하는 바에 따라 시·도지사, 시장·군수 또는 구청장에게 위임할 수 있다.
② 국토교통부장관은 제5조의 부동산거래가격 검증체계 구축·운영, 제6조제3항에 따른 신고내용조사 및 제25조의 부동산정보체계의 구축·운영 업무를 대통령령으로 정하는 바에 따라 부동산시장 관련 전문성이 있는 공공기관에 위탁할 수 있다.(2019.8.20 본항개정)

제6장 벌 칙

제26조 【벌칙】 ① 부당하게 재물이나 재산상 이득을 취득하거나 제3자로 하여금 이를 취득하게 할 목적으로 제4조제4호 또는 제5호를 위반하여 거짓으로 제3조 또는 제3조의2에 따라 신고한 자는 3년 이하의 징역 또는 3천만원 이하의 벌금에 처한다.(2023.4.18 본항신설)
② 제9조제1항에 따른 허가를 받지 아니하고 토지취득계약을 체결하거나 부정한 방법으로 허가를 받아 토지취득계약을 체결한 외국인등은 2년 이하의 징역 또는 2천만원 이하의 벌금에 처한다.
③ 제11조제1항에 따른 허가 또는 변경허가를 받지 아니하고 토지거래계약을 체결하거나, 속임수나 그 밖의 부정한 방법으로 토지거래계약 허가를 받은 자는 2년 이하의 징역 또는 계약 체결 당시의 개별공시지가에 따른 해당 토지가격의 100분의 30에 해당하는 금액 이하의 벌금에 처한다.
④ 제21조에 따른 허가 취소, 처분 또는 조치명령을 위반한 자는 1년 이하의 징역 또는 1천만원 이하의 벌금에 처한다.
제27조 【양벌규정】 법인의 대표자나 법인 또는 개인의 대리인, 사용인, 그 밖의 종업원이 그 법인 또는 개인의 업무에 관하여 제26조의 위반행위를 하면 그 행위자를 벌하는 외에 그 법인 또는 개인에게도 해당 조문의 벌금형을 과(科)한다. 다만, 법인 또는 개인이 그 위반행위를 방지하기 위하여 해당 업무에 관하여 상당한 주의와 감독을 게을리하지 아니한 경우에는 그러하지 아니하다.
제28조 【과태료】 ① 다음 각 호의 어느 하나에 해당하는 자에게는 3천만원 이하의 과태료를 부과한다.
1. 제4조제4호를 위반하여 거짓으로 제3조에 따라 신고한 자(제26조제1항에 따라 벌칙을 부과받은 경우는 제외한다)(2023.4.18 본호개정)
2. 제4조제5호를 위반하여 거짓으로 제3조의2에 따라 신고한 자(제26조제1항에 따라 벌칙을 부과받은 경우는 제외한다)(2023.4.18 본호개정)
3. 제6조를 위반하여 거래대금 지급을 증명할 수 있는 자료를 제출하지 아니하거나 거짓으로 제출한 자 또는 그 밖의 필요한 조치를 이행하지 아니한 자
(2019.8.20 본항개정)
② 다음 각 호의 어느 하나에 해당하는 자에게는 500만원 이하의 과태료를 부과한다.
1. 제3조제1항부터 제4항까지의 규정을 위반하여 같은 항에 따른 신고를 하지 아니한 자(공동신고를 거부한 자를 포함한다)(2019.8.20 본호개정)
1의2. 제3조의2제1항을 위반하여 같은 항에 따른 신고를 하지 아니한 자(공동신고를 거부한 자를 포함한다)
(2019.8.20 본호신설)
2. 제4조제1호를 위반하여 개업공인중개사에게 제3조에 따른 신고를 하지 아니하게 하거나 거짓으로 신고하도록 요구한 자
3. 제4조제3호를 위반하여 거짓으로 제3조에 따른 신고를 하는 행위를 조장하거나 방조한 자
4. 제6조를 위반하여 거래대금 지급을 증명할 수 있는 자료 외의 자료를 제출하지 아니하거나 거짓으로 제출한 자
③ 제3조제1항부터 제4항까지 또는 제4조제2호를 위반하여 그 신고를 거짓으로 한 자에게는 해당 부동산등의 취득가액의 100분의 10 이하에 상당하는 금액의 과태료를 부과한다.(2023.4.18 본항개정)
④ 제8조제1항에 따른 신고를 하지 아니하거나 거짓으로 신고한 자에게는 300만원 이하의 과태료를 부과한다.
⑤ 다음 각 호의 어느 하나에 해당하는 자에게는 100만원 이하의 과태료를 부과한다.
1. 제8조제2항에 따른 취득의 신고를 하지 아니하거나 거짓으로 신고한 자
2. 제8조제3항에 따른 토지의 계속보유 신고를 하지 아니하거나 거짓으로 신고한 자
3. 제6조의2 또는 제6조의3에 따른 신고를 하지 아니하거나(공동신고를 거부한 자를 포함한다) 그 신고를 거짓으로 한 자(2020.8.18 본호신설)
⑥ 제1항부터 제5항까지에 따른 과태료는 대통령령으로 정하는 바에 따라 신고관청이 부과·징수한다. 이 경우 개업공인중개사에게 과태료를 부과한 신고관청은 부과일부터 10일 이내에 해당 개업공인중개사의 중개사무소(법인의 경우에는 주된 중개사무소를 말한다)를 관할하는 시장·군수 또는 구청장에 과태료 부과사실을 통보하여야 한다.
제29조 【자진 신고자에 대한 감면 등】 신고관청은 제28조제2항제1호부터 제3호까지 및 제3항부터 제5항까지의 어느 하나에 따른 위반사실을 자진 신고한 자에 대하여 대통령령으로 정하는 바에 따라 같은 규정에 따른 과태료를 감경 또는 면제할 수 있다.

부 칙

제1조 【시행일】 이 법은 공포 후 1년이 경과한 날부터 시행한다.
제2조 【다른 법률의 폐지】 다음 각 호의 법률은 각각 폐지한다.
1. 「부동산 거래신고에 관한 법률」
2. 「외국인토지법」
제3조 【부동산 거래신고 등에 관한 적용례】 제3조 및 제8조는 이 법 시행 후 최초로 같은 조에 따라 계약을 체결하거나 부동산등을 취득하거나 부동산등의 소유자가 외국인등으로 변경되는 경우부터 적용한다.
제4조 【외국인등의 토지거래 허가에 관한 적용례】 제9조제2항은 이 법 시행 후 최초로 같은 조에 따라 토지취득의 허가를 신청한 경우부터 적용한다.
제5조 【일반적 경과조치】 이 법 시행 당시 종전의 「부동산 거래신고에 관한 법률」, 종전의 「외국인토지법」, 종전의 「국토의 계획 및 이용에 관한 법률」에 따른 신고, 허가, 처분, 절차와 그 밖의 행위로서 이 법에 그에 해당하는 규정이 있는 경우에는 이 법에 따라 한 것으로 본다.
제6조 【부동산 거래신고에 관한 경과조치】 이 법 시행 당시 종전의 「부동산 거래신고에 관한 법률」 제3조에 따라 신고를 한 자는 이 법에 따라 신고를 한 자로 본다.
제7조 【외국인 토지취득 신고 등에 관한 경과조치】 이 법 시행 당시 종전의 「외국인토지법」 제4조, 제5조 및 제6조에 따라 신고를 한 자나 허가를 받은 자는 이 법에 따라 신고를 한 자 또는 허가를 받은 자로 본다.
제8조 【토지거래허가구역 지정 및 토지거래 허가에 관한 경과조치】 ① 이 법 시행 당시 종전의 「국토의 계획 및 이용에 관한 법률」 제117조에 따라 토지거래의 허가구역으로 지정된 구역은 이 법에 따라 지정된 구역으로 본다.
② 이 법 시행 당시 토지거래의 허가를 신청한 경우에는 종전의 「국토의 계획 및 이용에 관한 법률」을 따른다.
제9조 【과태료에 관한 경과조치】 이 법 시행 전에 종전의 「부동산 거래신고에 관한 법률」을 위반한 행위에 대하여 과태료를 적용할 때에는 종전의 규정을 따른다.
제10조 【다른 법률의 개정】 ①~㊹ ※(해당 법령에 가제정리 하였음)
제11조 【다른 법령과의 관계】 이 법 시행 당시 다른 법령에서 종전의 「공인중개사의 업무 및 부동산 거래신고에 관한 법률」, 「부동산 거래신고에 관한 법률」, 「외국인토지법」, 「국토의 계획 및 이용에 관한 법률」 또는 그 규정을 인용한 경우 이 법 중 그에 해당하는 규정이 있으면 종전의 규정을 갈음하여 이 법 또는 이 법의 해당 규정을 인용한 것으로 본다.

부 칙 (2016.12.2)

제1조 【시행일】 이 법은 공포 후 6개월이 경과한 날부터 시행한다.
제2조 【적용례】 ① 제25조의2제1항제1호의 개정규정은 이 법 공포 후 「부동산 거래신고에 관한 법률」 제3조제1항·제2항 또는 제4조제2호를 위반하여 거짓 신고한 행위에 대하여 이 법 시행 후 신고하거나 고발한 경우에도 적용한다.
② 제25조의2제1항제1호의 개정규정은 법률 제13797호 부동산 거래신고 등에 관한 법률 시행 후 제3조제1항부터 제3항까지 또는 제4조제2호를 위반하여 거짓 신고한 행위에 대하여 이 법 시행 후 신고하거나 고발한 경우에도 적용한다.

부 칙 (2019.8.20)

제1조 【시행일】 이 법은 공포 후 6개월이 경과한 날부터 시행한다.
제2조 【부동산 거래의 신고 등에 관한 적용례】 제3조 및 제3조의2의 개정규정은 이 법 시행 후 최초로 거래계약을 체결하는 경우부터 적용한다.
제3조 【금지행위에 관한 적용례】 ① 제4조제4호의 개정규정은 이 법 시행 후 최초로 제3조에 따라 신고한 경우부터 적용한다.
② 제4조제5호의 개정규정은 이 법 시행 후 최초로 제3조의2에 따라 신고한 경우부터 적용한다.

부 칙 (2019.11.26)

제1조 【시행일】 이 법은 공포 후 6개월이 경과한 날부터 시행한다.(이하 생략)

부 칙 (2020.3.24)

제1조 【시행일】 이 법은 공포한 날부터 시행한다.(이하 생략)

부 칙 (2020.4.7)

제1조 【시행일】 이 법은 공포 후 3개월이 경과한 날부터 시행한다.(이하 생략)

부 칙 (2020.8.18)

제1조 【시행일】 이 법은 2021년 6월 1일부터 시행한다.
제2조 【주택 임대차 계약의 신고 등에 관한 적용례】 제6조의2 및 제6조의3의 개정규정은 이 법 시행 후 최초로 주택 임대차 계약을 체결 또는 변경하는 경우부터 적용한다.

부 칙 (2023.3.21)

제1조 【시행일】 이 법은 공포 후 1년이 경과한 날부터 시행한다.(이하 생략)

부 칙 (2023.4.18)

제1조 【시행일】 이 법은 공포 후 6개월이 경과한 날부터 시행한다.
제2조 【허가구역 지정에 관한 적용례】 제10조제1항 및 제3항의 개정규정은 이 법 시행 이후 허가구역을 지정하는 경우부터 적용한다.

부 칙 (2023.8.8)

제1조 【시행일】 이 법은 2024년 5월 17일부터 시행한다.(이하 생략)

부 칙 (2024.2.6)

제1조 【시행일】 이 법은 2024년 5월 17일부터 시행한다.(이하 생략)

공익사업을 위한 토지 등의 취득 및 보상에 관한 법률

(약칭 : 토지보상법)

(2002년 2월 4일
법 률 제6656호)

개정
2003. 5.29법 6916호(주택법)
2004.12.31법 7304호(철도건설법)
2005. 1.14법 7335호(부동산가격공시감정평가)
2005. 3.31법 7475호 2005.12.23법 7758호
2005.12.29법 7773호(정부조직)
2005.12.29법 7796호(국가공무원)
2005.12.30법 7835호 2007.10.17법 8665호
2008. 2.29법 8852호(정부조직)
2008. 3.28법 9053호 2009. 4. 1법 9595호
2010. 4. 5법10239호
2010. 5.17법10303호(은행법)
2011. 8. 4법11017호 2012. 6. 1법11468호
2013. 3.23법11690호(정부조직)
2014. 3.18법12471호 2015. 1. 6법12972호
2015. 1. 6법12989호(주택도시기금법)
2015.12.29법13677호
2016. 1.19법13782호(감정평가감정평가사)
2016. 1.19법13796호(부동산가격공시에관한법)
2016.12.20법14452호(항만법)
2017. 3.21법14711호
2017.12.26법15309호(혁신도시조성및발전에관한특별법)
2018. 3.13법15460호(철도의건설및철도시설유지관리에관한법)
2018.12.31법16138호
2019. 8.27법16568호(양식산업발전법)
2020. 1.29법16902호(항만법)
2020. 1.29법16904호(항만재개발및주변지역발전에관한법)
2020. 4. 7법17219호(감정평가감정평가사)
2020. 4. 7법17225호
2020. 6. 9법17453호(법률용어정비)
2021. 1. 5법17868호 2021. 4.13법18044호
2021. 6.15법18284호(댐건설 · 관리및주변지역지원등에관한법)
2021. 7.20법18312호 2021. 8.10법18386호
2022. 2. 3법18828호 2023. 4.18법19370호
2023. 8. 8법19590호(문화유산)
2023.10.24법19765호 2024. 1. 9법19969호

제1장 총 칙
(2011.8.4 본장개정)

제1조【목적】 이 법은 공익사업에 필요한 토지 등을 협의 또는 수용에 의하여 취득하거나 사용함에 따른 손실의 보상에 관한 사항을 규정함으로써 공익사업의 효율적인 수행을 통하여 공공복리의 증진과 재산권의 적정한 보호를 도모하는 것을 목적으로 한다.

제2조【정의】 이 법에서 사용하는 용어의 뜻은 다음과 같다.
1. "토지등"이란 제3조 각 호에 해당하는 토지 · 물건 및 권리를 말한다.
2. "공익사업"이란 제4조 각 호의 어느 하나에 해당하는 사업을 말한다.
3. "사업시행자"란 공익사업을 수행하는 자를 말한다.
4. "토지소유자"란 공익사업에 필요한 토지의 소유자를 말한다.
5. "관계인"이란 사업시행자가 취득하거나 사용할 토지에 관하여 지상권 · 지역권 · 전세권 · 저당권 · 사용대차 또는 임대차에 따른 권리 또는 그 밖에 토지에 관한 소유권 외의 권리를 가진 자나 그 토지에 있는 물건에 관하여 소유권이나 그 밖의 권리를 가진 자를 말한다. 다만, 제22조에 따른 사업인정의 고시가 된 후에 권리를 취득한 자는 기존의 권리를 승계한 자를 제외하고는 관계인에 포함되지 아니한다.
6. "가격시점"이란 제67조제1항에 따른 보상액 산정(算定)의 기준이 되는 시점을 말한다.
7. "사업인정"이란 공익사업을 토지등을 수용하거나 사용할 사업으로 결정하는 것을 말한다.

제3조【적용 대상】 사업시행자가 다음 각 호에 해당하는 토지 · 물건 및 권리를 취득하거나 사용하는 경우에는 이 법을 적용한다.
1. 토지 및 이에 관한 소유권 외의 권리
2. 토지와 함께 공익사업을 위하여 필요한 입목(立木), 건물, 그 밖에 토지에 정착된 물건 및 이에 관한 소유권 외의 권리
3. 광업권 · 어업권 · 양식업권 또는 물의 사용에 관한 권리(2019.8.27 본호개정)
4. 토지에 속한 흙 · 돌 · 모래 또는 자갈에 관한 권리

판례 공익사업을 위한 토지 등의 취득 및 보상에 관한 법률의 보상 대상이 되는 '기타 토지에 정착한 물건에 대한 소유권 그 밖의 권리를 가진 관계인'에는 독립하여 거래의 객체가 되는 정착물에 대한 소유권 등을 가진 자뿐 아니라, 당해 토지와 일체를 이루는 토지의 구성부분이 되었다고 보기 어렵고 거래관념상 토지와 별도로 취득 또는 사용의 대상이 되는 정착물에 대한 소유권이나 수거 · 철거권 등 실질적 처분권을 가진 자도 포함된다.
(대판 2009.2.12, 2008다76112)

판례 공공수용 목적물의 범위 : 공용수용은 공익사업을 위하여 타인의 특정한 재산권을 법률의 힘에 의하여 강제적으로 취득하는 것이므로 수용할 목적물의 범위는 원칙적으로 사업을 위하여 필요한 최소한도에 그쳐야 한다.(대판 1994.1.11, 93누8108)

제4조【공익사업】 이 법에 따라 토지등을 취득하거나 사용할 수 있는 사업은 다음 각 호의 어느 하나에 해당하는 사업이어야 한다.
1. 국방 · 군사에 관한 사업
2. 관계 법률에 따라 허가 · 인가 · 승인 · 지정 등을 받아 공익을 목적으로 시행하는 철도 · 도로 · 공항 · 항만 · 주차장 · 공영차고지 · 화물터미널 · 궤도(軌道) · 하천 · 제방 · 댐 · 운하 · 수도 · 하수도 · 하수종말처리 · 폐수처리 · 사방(砂防) · 방풍(防風) · 방화(防火) · 방조(防潮) · 방수(防水) · 저수지 · 용수로 · 배수로 · 석유비축 · 송유 · 폐기물처리 · 전기 · 전기통신 · 방송 · 가스 및 기상 관측에 관한 사업
3. 국가나 지방자치단체가 설치하는 청사 · 공장 · 연구소 · 시험소 · 보건시설 · 문화시설 · 공원 · 수목원 · 광장 · 운동장 · 시장 · 묘지 · 화장장 · 도축장 또는 그 밖의 공공용 시설에 관한 사업
4. 관계 법률에 따라 허가 · 인가 · 승인 · 지정 등을 받아 공익을 목적으로 시행하는 학교 · 도서관 · 박물관 및 미술관 건립에 관한 사업
5. 국가, 지방자치단체, 「공공기관의 운영에 관한 법률」 제4조에 따른 공공기관, 「지방공기업법」에 따른 지방공기업 또는 국가나 지방자치단체가 지정한 자가 임대나 양도의 목적으로 시행하는 주택 건설 또는 택지 및 산업단지 조성에 관한 사업(2014.3.18 본호개정)
6. 제1호부터 제5호까지의 사업을 시행하기 위하여 필요한 통로, 교량, 전선로, 재료 적치장 또는 그 밖의 부속시설에 관한 사업
7. 제1호부터 제5호까지의 사업을 시행하기 위하여 필요한 주택, 공장 등의 이주단지 조성에 관한 사업
8. 그 밖에 별표에 규정된 법률에 따라 토지등을 수용하거나 사용할 수 있는 사업(2015.12.29 본호개정)

판례 공용수용은 공익사업을 위하여 특정의 재산권을 법률에 의하여 강제적으로 취득하는 것을 내용으로 하므로 그 공익사업을 위한 필요가 있어야 하고, 그 필요가 있는지에 대하여는 수용에 따른 상대방의 재산권침해를 정당화할 만한 공익의 존재가 쌍방의 이익의 비교형량의 결과로 입증되어야 하며, 그 입증책임은 사업시행자에게 있다.(대판 2005.11.10, 2003두7507)

제4조의2【토지등의 수용 · 사용에 관한 특례의 제한】 ① 이 법에 따라 토지등을 수용하거나 사용할 수 있는 사업은 제4조 또는 별표에 규정된 법률에 따르지 아니하고는 정할 수 없다.
② 별표는 이 법 외의 다른 법률로 개정할 수 없다.
③ 국토교통부장관은 제4조제8호에 따른 사업의 공공성, 수용의 필요성 등을 5년마다 재검토하여 폐지, 변경 또는 유지 등을 위한 조치를 하여야 한다.(2021.4.13 본항신설)
(2015.12.29 본조신설)

제4조의3【공익사업 신설 등에 대한 개선요구 등】 ① 제49조에 따른 중앙토지수용위원회는 제4조제8호에 따른 사업의 신설, 변경 및 폐지, 그 밖에 필요한 사항에 관하여 심의를 거쳐 관계 중앙행정기관의 장에게 개선을 요구하거나 의견을 제출할 수 있다.
② 제1항에 따라 개선요구나 의견제출을 받은 관계 중앙행정기관의 장은 정당한 사유가 없으면 이를 반영하여야 한다.
③ 제49조에 따른 중앙토지수용위원회는 제1항에 따른 개선요구 · 의견제출을 위하여 필요한 경우 관계 기관 소속 직원 또는 관계 전문기관이나 전문가로 하여금 위원회에 출석하여 그 의견을 진술하게 하거나 필요한 자료를 제출하게 할 수 있다.
(2018.12.31 본조신설)

제5조【권리 · 의무 등의 승계】 ① 이 법에 따른 사업시행자의 권리 · 의무는 그 사업을 승계한 자에게 이전한다.
② 이 법에 따라 이행한 절차와 그 밖의 행위는 사업시행자, 토지소유자 및 관계인의 승계인에게도 그 효력이 미친다.

제6조【기간의 계산방법 등】 이 법에서 기간의 계산방법은 「민법」에 따르며, 통지 및 서류의 송달에 필요한 사항은 대통령령으로 정한다.

제7조【대리인】 사업시행자, 토지소유자 또는 관계인은 사업인정의 신청, 재결(裁決)의 신청, 의견서 제출 등의 행위를 할 때 변호사나 그 밖의 자를 대리인으로 할 수 있다.

제8조【서류의 발급신청】 ① 사업시행자는 대통령령으로 정하는 바에 따라 해당 공익사업의 수행을 위하여 필요한 서류의 발급을 국가나 지방자치단체에 신청할 수 있으며, 국가나 지방자치단체는 해당 서류를 발급하여야 한다.
② 국가나 지방자치단체는 제1항에 따라 발급하는 서류에는 수수료를 부과하지 아니한다.

제2장 공익사업의 준비
(2011.8.4 본장개정)

제9조【사업 준비를 위한 출입의 허가 등】 ① 사업시행자는 공익사업을 준비하기 위하여 타인이 점유하는 토지에 출입하여 측량하거나 조사할 수 있다.
② 사업시행자(특별자치도, 시 · 군 또는 자치구가 사업시행자인 경우는 제외한다)는 제1항에 따라 측량이나 조사를 하려면 사업의 종류와 출입할 토지의 구역 및 기간을 정하여 특별자치도지사, 시장 · 군수 또는 구청장(자치구의 구청장을 말한다. 이하 같다)의 허가를 받아야 한다. 다만, 사업시행자가 국가일 때에는 그 사업을 시행할 관계 중앙행정기관의 장이 특별자치도지사, 시장 · 군수 또는 구청장에게 통지하고, 사업시행자가 특별시 · 광역시 또는 도일 때에는 특별시장 · 광역시장 또는 도지사가 시장 · 군수 또는 구청장에게 통지하여야 한다.
③ 특별자치도지사, 시장 · 군수 또는 구청장은 다음 각 호의 어느 하나에 해당할 때에는 사업시행자, 사업의 종류와 출입할 토지의 구역 및 기간을 공고하고 이를 토지점유자에게 통지하여야 한다.
1. 제2항 본문에 따라 허가를 한 경우
2. 제2항 단서에 따라 통지를 받은 경우
3. 특별자치도, 시 · 군 또는 구(자치구를 말한다. 이하 같다)가 사업시행자인 경우로서 제1항에 따라 타인이 점유하는 토지에 출입하여 측량이나 조사를 하려는 경우
④ 사업시행자는 제1항에 따라 타인이 점유하는 토지에 출입하여 측량 · 조사함으로써 발생하는 손실을 보상하여야 한다.
⑤ 제4항에 따른 손실의 보상은 손실이 있음을 안 날부터 1년이 지났거나 손실이 발생한 날부터 3년이 지난 후에는 청구할 수 없다.
⑥ 제4항에 따른 손실의 보상은 사업시행자와 손실을 입은 자가 협의하여 결정한다.
⑦ 제6항에 따른 협의가 성립되지 아니하면 사업시행자나 손실을 입은 자는 대통령령으로 정하는 바에 따라 제51조에 따른 관할 토지수용위원회(이하 "관할 토지수용위원회"라 한다)에 재결을 신청할 수 있다.

제10조【출입의 통지】 ① 제9조제2항에 따라 타인이 점유하는 토지에 출입하려는 자는 출입하려는 날의 5일 전까지 그 일시 및 장소를 특별자치도지사, 시장 · 군수 또는 구청장에게 통지하여야 한다.
② 특별자치도지사, 시장 · 군수 또는 구청장은 제1항에 따른 통지를 받은 경우 또는 특별자치도, 시 · 군 또는 구가 사업시행자인 경우에 특별자치도지사, 시장 · 군수 또는 구청장이 타인이 점유하는 토지에 출입하려는 경우에는 지체 없이 이를 공고하고 그 토지점유자에게 통지하여야 한다.
③ 해가 뜨기 전이나 해가 진 후에는 토지점유자의 승낙 없이 그 주거(住居)나 경계표 · 담 등으로 둘러싸인 토지에 출입할 수 없다.

제11조【토지점유자의 인용의무】 토지점유자는 정당한 사유 없이 사업시행자가 제10조에 따라 통지하고 출입 · 측량 또는 조사하는 행위를 방해하지 못한다.

제12조【장해물 제거등】 ① 사업시행자는 제9조에 따라 타인이 점유하는 토지에 출입하여 측량 또는 조사를 할 때 장해물을 제거하거나 토지를 파는 행위(이하 "장해물 제거등"이라 한다)를 하여야 할 부득이한 사유가 있는 경우에는 그 소유자 및 점유자의 동의를 받아야 한다. 다만, 그 소유자 및 점유자의 동의를 받지 못하였을 때에는 사업시행자(특별자치도, 시 · 군 또는 구가 사업시행자인 경우는 제외한다)는 특별자치도지사, 시장 · 군수 또는 구청장의 허가를 받아 장해물 제거등을 할 수 있으며, 특별자치도, 시 · 군 또는 구가 사업시행자인 경우에 특별자치도지사, 시장 · 군수 또는 구청장은 허가 없이 장해물 제거등을 할 수 있다.
② 특별자치도지사, 시장 · 군수 또는 구청장은 제1항 단서에 따라 허가를 하거나 장해물 제거등을 하려면 미리 그 소유자 및 점유자의 의견을 들어야 한다.
③ 제1항에 따라 장해물 제거등을 하려는 자는 장해물 제거등을 하려는 날의 3일 전까지 그 소유자 및 점유자에게 통지하여야 한다.
④ 사업시행자는 제1항에 따라 장해물 제거등을 함으로써 발생하는 손실을 보상하여야 한다.
⑤ 제4항에 따른 손실보상에 관하여는 제9조제5항부터 제7항까지의 규정을 준용한다.

제13조【증표 등의 휴대】 ① 제9조제2항 본문에 따라 특별자치도지사, 시장 · 군수 또는 구청장의 허가를 받고 타인이 점유하는 토지에 출입하려는 사람과 제12조에 따라 장해물 제거등을 하려는 사람(특별자치도, 시 · 군 또는 구가 사업시행자인 경우는 제외한다)은 그 신분을 표시하는 증표와 특별자치도지사, 시장 · 군수 또는 구청장의 허가증을 지녀야 한다.
② 제9조제2항 단서에 따라 특별자치도지사, 시장 · 군수 또는 구청장에게 통지하고 타인이 점유하는 토지에 출입하려는 사람과 사업시행자가 특별자치도, 시 · 군 또는 구인 경우로서 제9조제3항제3호 또는 제12조제1항 단서에 따라 타인이 점유하는 토지에 출입하거나 장해물 제거등을 하려는 사람은 그 신분을 표시하는 증표를 지녀야 한다.

③ 제1항과 제2항에 따른 증표 및 허가증은 토지 또는 장해물의 소유자, 점유자, 그 밖의 이해관계인에게 이를 보여주어야 한다.
④ 제1항과 제2항에 따른 증표 및 허가증의 서식에 관하여 필요한 사항은 국토교통부령으로 정한다.(2013.3.23 본항개정)

제3장 협의에 의한 취득 또는 사용

(2011.8.4 본장개정)

제14조【토지조서 및 물건조서의 작성】 ① 사업시행자는 공익사업의 수행을 위하여 제20조에 따른 사업인정 전에 협의에 의한 토지등의 취득 또는 사용이 필요할 때에는 토지조서와 물건조서를 작성하여 서명 또는 날인을 하고 토지소유자와 관계인의 서명 또는 날인을 받아야 한다. 다만, 다음 각 호의 어느 하나에 해당하는 경우에는 그러하지 아니하다. 이 경우 사업시행자는 해당 토지조서와 물건조서에 그 사유를 적어야 한다.
1. 토지소유자 및 관계인이 정당한 사유 없이 서명 또는 날인을 거부하는 경우
2. 토지소유자 및 관계인을 알 수 없거나 그 주소·거소를 알 수 없는 등의 사유로 서명 또는 날인을 받을 수 없는 경우

② 토지와 물건의 소재지, 토지소유자 및 관계인 등 토지조서 및 물건조서의 기재사항과 그 작성에 필요한 사항은 대통령령으로 정한다.

제15조【보상계획의 열람 등】 ① 사업시행자는 제14조에 따라 토지조서와 물건조서를 작성하였을 때에는 공익사업의 개요, 토지조서 및 물건조서의 내용과 보상의 시기·방법 및 절차 등이 포함된 보상계획을 전국을 보급지역으로 하는 일간신문에 공고하고, 토지소유자 및 관계인에게 각각 통지하여야 하며, 제2항 단서에 따라 열람을 의뢰하는 사업시행자를 제외하고는 특별자치도지사, 시장·군수 또는 구청장에게도 통지하여야 한다. 다만, 토지소유자와 관계인이 20인 이하인 경우에는 공고를 생략할 수 있다.
② 사업시행자는 제1항에 따른 공고나 통지를 하였을 때에는 그 내용을 14일 이상 일반인이 열람할 수 있도록 하여야 한다. 다만, 사업지역이 둘 이상의 시·군 또는 구에 걸쳐 있거나 사업시행자가 행정청이 아닌 경우에는 해당 특별자치도지사, 시장·군수 또는 구청장에게도 그 사본을 송부하여 열람을 의뢰하여야 한다.
③ 제1항에 따라 공고되거나 통지된 토지조서 및 물건조서의 내용에 대하여 이의(異議)가 있는 토지소유자 또는 관계인은 제2항에 따른 열람기간 이내에 사업시행자에게 서면으로 이의를 제기할 수 있다. 다만, 사업시행자가 고의 또는 과실로 토지소유자 또는 관계인에게 보상계획을 통지하지 아니한 경우 해당 토지소유자 또는 관계인은 제16조에 따른 협의가 완료되기 전까지 서면으로 이의를 제기할 수 있다.(2018.12.31 단서신설)
④ 사업시행자는 해당 토지조서 및 물건조서에 제3항에 따라 제기된 이의를 부기(附記)하고 그 이의가 이유 있다고 인정할 때에는 적절한 조치를 하여야 한다.

제16조【협의】 사업시행자는 토지등에 대한 보상에 관하여 토지소유자 및 관계인과 성실하게 협의하여야 하며, 협의의 절차 및 방법 등 협의에 필요한 사항은 대통령령으로 정한다.

제17조【계약의 체결】 사업시행자는 제16조에 따른 협의가 성립되었을 때에는 토지소유자 및 관계인과 계약을 체결하여야 한다.

제18조 (2007.10.17 삭제)

제4장 수용에 의한 취득 또는 사용

(2011.8.4 본장개정)

제1절 수용 또는 사용의 절차

제19조【토지등의 수용 또는 사용】 ① 사업시행자는 공익사업의 수행을 위하여 필요하면 이 법에서 정하는 바에 따라 토지등을 수용하거나 사용할 수 있다.
② 공익사업에 수용되거나 사용되고 있는 토지등은 특별히 필요한 경우가 아니면 다른 공익사업을 위하여 수용하거나 사용할 수 없다.

제20조【사업인정】 ① 사업시행자는 제19조에 따라 토지등을 수용하거나 사용하려면 대통령령으로 정하는 바에 따라 국토교통부장관의 사업인정을 받아야 한다.
② 제1항에 따른 사업인정을 신청하려는 자는 국토교통부령으로 정하는 수수료를 내야 한다.
(2013.3.23 본조개정)

판례 공용수용은 헌법상의 재산권 보장의 요청상 불가피한 최소한에 그쳐야 한다는 헌법 제23조의 근본취지에 비추어 볼 때, 사업시행자가 사업인정을 받은 후 그 사업이 공용수용을 할 만한 공익성을 상실하거나 사업인정에 관련된 자들의 이익이 현저히 비례의 원칙에 어긋나게 된 경우 또는 사업시행자가 해당 공익사업을 수행할 의사나 능력을 상실하였음에도 여전히 그 사업인정에 기하여 수용권을 행사하는 것은 수용권의 공익 목적에 반하는 수용권의 남용에 해당하여 허용되지 않는다.(대판 2011.1.27, 2009두1051)

판례 동조에 의한 사업인정처분이 이미 시행된 공익사업의 유지를 위한 것이라는 이유만으로 당연히 위법한 것인지 여부 : 동조는 공익사업의 수행을 위하여 필요할 때, 즉 공공의 필요가 있을 때 사업인정처분을 할 수 있다고 되어 있을 뿐 장래에 시행할 공익사업만을 대상으로 한정한다거나 이미 시행된 공익사업의 유지를 그 대상에서 제외하고 있지 않은 점, 당해 공익사업이 적법한 절차를 거치지 아니한 채 시행되었다 하여 그 시행된 공익사업의 결과를 원상회복한 후 다시 사업인정처분을 거쳐 같은 공익사업을 시행하도록 하는 것은 해당 토지 소유자에게 비슷한 영향을 미치면서도 사회적으로 불필요한 비용이 소요되고, 그 과정에서 당해 사업에 의하여 제공되었던 공익적 기능이 저해되는 사태를 초래하게 되어 사회·경제적인 측면에서 반드시 합리적이라고 할 수 없으며, 이미 시행된 공익사업의 유지를 위한 사업인정처분의 허용 여부는 사업인정처분의 요건인 공공의 필요, 즉 공익사업의 시행으로 인한 공익과 재산권 보장에 의한 사익 사이의 이익형량을 통한 재량권의 한계문제로서 통제될 수 있는 점 등에 비추어 보면, 사업인정처분이 이미 실행된 공익사업의 유지를 위한 것이라는 이유만으로 당연히 위법하다고 할 수 없다.(대판 2005.4.29, 2004두14670)

제21조【협의 및 의견청취 등】 ① 국토교통부장관은 사업인정을 하려면 관계 중앙행정기관의 장 및 특별시장·광역시장·도지사·특별자치도지사(이하 "시·도지사"라 한다) 및 제49조에 따른 중앙토지수용위원회와 협의하여야 하며, 대통령령으로 정하는 바에 따라 미리 사업인정에 이해관계가 있는 자의 의견을 들어야 한다.
② 별표에 규정된 법률에 따라 사업인정이 있는 것으로 의제되는 공익사업의 허가·인가·승인권자 등은 사업인정이 의제되는 지구지정·사업계획승인 등을 하려는 경우 제1항에 따라 제49조에 따른 중앙토지수용위원회와 협의하여야 하며, 대통령령으로 정하는 바에 따라 사업인정에 이해관계가 있는 자의 의견을 들어야 한다.
③ 제49조에 따른 중앙토지수용위원회는 제1항 또는 제2항에 따라 협의를 요청받은 경우 사업인정에 이해관계가 있는 자에 대한 의견 수렴 절차 이행 여부, 허가·인가·승인대상 사업의 공공성, 수용의 필요성, 그 밖에 대통령령으로 정하는 사항을 검토하여야 한다.
④ 제49조에 따른 중앙토지수용위원회는 제3항의 검토를 위하여 필요한 경우 관계 전문기관이나 전문가에게 현지조사를 의뢰하거나 그 의견을 들을 수 있고, 관계 행정기관의 장에게 관련 자료의 제출을 요청할 수 있다.
(2018.12.31 본항신설)
⑤ 제49조에 따른 중앙토지수용위원회는 제1항 또는 제2항에 따라 협의를 요청받은 날부터 30일 이내에 의견을 제시하여야 한다. 다만, 그 기간 내에 의견을 제시하기 어려운 경우에는 한 차례만 30일의 범위에서 그 기간을 연장할 수 있다.(2018.12.31 본항신설)
⑥ 제49조에 따른 중앙토지수용위원회는 제3항의 사항을 검토한 결과 자료 등을 보완할 필요가 있는 경우에는 해당 허가·인가·승인권자에게 14일 이내의 기간을 정하여 보완을 요청할 수 있다. 이 경우 그 기간은 제5항의 기간에서 제외한다.(2020.6.9 후단개정)
⑦ 제49조에 따른 중앙토지수용위원회가 제5항에서 정한 기간 내에 의견을 제시하지 아니하는 경우에는 협의가 완료된 것으로 본다.(2018.12.31 본항신설)
⑧ 그 밖에 제1항 또는 제2항의 협의에 관하여 필요한 사항은 국토교통부령으로 정한다.(2018.12.31 본항신설)
(2018.12.31 본조개정)

제22조【사업인정의 고시】 ① 국토교통부장관은 제20조에 따른 사업인정을 하였을 때에는 지체 없이 그 뜻을 사업시행자, 토지소유자 및 관계인, 관계 시·도지사에게 통지하고 사업시행자의 성명이나 명칭, 사업의 종류, 사업지역 및 수용하거나 사용할 토지의 세목을 관보에 고시하여야 한다.(2013.3.23 본항개정)
② 제1항에 따라 사업인정의 사실을 통지받은 시·도지사(특별자치도지사는 제외한다)는 관계 시장·군수 및 구청장에게 이를 통지하여야 한다.
③ 사업인정은 제1항에 따라 고시한 날부터 그 효력이 발생한다.

제23조【사업인정의 실효】 ① 사업시행자가 제22조제1항에 따른 사업인정의 고시(이하 "사업인정고시"라 한다)가 된 날부터 1년 이내에 제28조제1항에 따른 재결신청을 하지 아니한 경우에는 사업인정고시가 된 날부터 1년이 되는 날의 다음 날에 사업인정은 그 효력을 상실한다.
② 사업시행자는 제1항에 따라 사업인정이 실효됨으로 인하여 토지소유자나 관계인이 입은 손실을 보상하여야 한다.
③ 제2항에 따른 손실보상에 관하여는 제9조제5항부터 제7항까지의 규정을 준용한다.

제24조【사업의 폐지 및 변경】 ① 사업인정고시가 된 후 사업의 전부 또는 일부를 폐지하거나 변경함으로 인하여 토지등의 전부 또는 일부를 수용하거나 사용할 필요가 없게 되었을 때에는 사업시행자는 지체 없이 사업지역을 관할하는 시·도지사에게 신고하고, 토지소유자 및 관계인에게 이를 통지하여야 한다.
② 시·도지사는 제1항에 따른 신고를 받으면 사업의 전부 또는 일부가 폐지되거나 변경된 내용을 관보에 고시하여야 한다.
③ 시·도지사는 제1항에 따른 신고가 없는 경우에도 사업시행자가 사업의 전부 또는 일부를 폐지하거나 변경함으로 인하여 토지를 수용하거나 사용할 필요가 없게 된 것을 알았을 때에는 미리 사업시행자의 의견을 듣고 제2항에 따른 고시를 하여야 한다.
④ 시·도지사는 제2항 및 제3항에 따른 고시를 하였을 때에는지체 없이 그 사실을 국토교통부장관에게 보고하여야 한다.(2013.3.23 본항개정)
⑤ 별표에 규정된 법률에 따라 제20조에 따른 사업인정이 있는 것으로 의제되는 사업이 해당 법률에서 정하는 바에 따라 해당 사업의 전부 또는 일부가 폐지되거나 변경된 내용이 고시·공고된 경우에는 제2항에 따른 고시가 있는 것으로 본다.(2021.8.10 본항신설)
⑥ 제2항 및 제3항에 따른 고시가 된 날부터 그 고시된 내용에 따라 사업인정의 전부 또는 일부는 그 효력을 상실한다.
⑦ 사업시행자는 제1항에 따라 사업의 전부 또는 일부를 폐지·변경함으로 인하여 토지소유자 또는 관계인이 입은 손실을 보상하여야 한다.
⑧ 제7항에 따른 손실보상에 관하여는 제9조제5항부터 제7항까지의 규정을 준용한다.(2021.8.10 본항개정)

제24조의2【사업의 완료】 ① 사업이 완료된 경우 사업시행자는 지체 없이 사업시행자의 성명이나 명칭, 사업의 종류, 사업지역, 사업인정고시일 및 취득한 토지의 세목을 사업지역을 관할하는 시·도지사에게 신고하여야 한다.
② 시·도지사는 제1항에 따른 신고를 받으면 사업시행자의 성명이나 명칭, 사업의 종류, 사업지역 및 사업인정고시일을 관보에 고시하여야 한다.
③ 시·도지사는 제1항에 따른 신고가 없는 경우에도 사업이 완료된 것을 알았을 때에는 미리 사업시행자의 의견을 듣고 제2항에 따른 고시를 하여야 한다.
④ 별표에 규정된 법률에 따라 제20조에 따른 사업인정이 있는 것으로 의제되는 사업이 해당 법률에서 정하는 바에 따라 해당 사업의 준공·완료·사용개시 등이 고시·공고된 경우에는 제2항에 따른 고시가 있는 것으로 본다.
(2021.8.10 본조신설)

제25조【토지등의 보전】 ① 사업인정고시가 된 후에는 누구든지 고시된 토지에 대하여 사업에 지장을 줄 우려가 있는 형질의 변경이나 제3조제2호 또는 제4호에 규정된 물건을 손괴하거나 수거하는 행위를 하지 못한다.
② 사업인정고시가 된 후에 고시된 토지에 건축물의 건축·대수선, 공작물(工作物)의 설치 또는 물건의 부가(附加)·증치(增置)를 하려는 자는 특별자치도지사, 시장·군수 또는 구청장의 허가를 받아야 한다. 이 경우 특별자치도지사, 시장·군수 또는 구청장은 미리 사업시행자의 의견을 들어야 한다.
③ 제2항을 위반하여 건축물의 건축·대수선, 공작물의 설치 또는 물건의 부가·증치를 한 토지소유자 또는 관계인은 해당 건축물·공작물 또는 물건을 원상으로 회복하여야 하며 이에 관한 손실의 보상을 청구할 수 없다.

제26조【협의 등 절차의 준용】 ① 제20조에 따른 사업인정을 받은 사업시행자는 토지조서 및 물건조서의 작성, 보상계획의 공고·통지 및 열람, 보상액의 산정과 토지소유자 및 관계인과의 협의 절차를 거쳐야 한다. 이 경우 제14조부터 제16조까지 및 제68조를 준용한다.
② 사업인정 이전에 제14조부터 제16조까지 및 제68조에 따른 절차를 거쳤으나 협의가 성립되지 아니하고 제20조에 따른 사업인정을 받은 사업으로서 토지조서 및 물건조서의 내용에 변동이 없을 때에는 제1항에도 불구하고 제14조부터 제16조까지의 절차를 거치지 아니할 수 있다. 다만, 사업시행자나 토지소유자 및 관계인이 제16조에 따른 협의를 요구할 때에는 협의하여야 한다.

제27조【토지 및 물건에 관한 조사권 등】 ① 사업인정의 고시가 된 후에는 사업시행자 또는 제68조에 따라 감정평가를 의뢰받은 감정평가법인등(「감정평가 및 감정평가사에 관한 법률」에 따른 감정평가사 또는 감정평가법인을 말한다. 이하 "감정평가법인등"이라 한다)은 다음 각 호에 해당하는 경우에는 제9조에도 불구하고 해당 토지나 물건에 출입하여 측량하거나 조사할 수 있다. 이 경우 사업시행자는 해당 토지나 물건에 출입하려는 날의 5일 전까지 그 일시 및 장소를 토지점유자에게 통지하여야 한다.
(2020.4.7 전단개정)
1. 사업시행자가 사업의 준비나 토지조서 및 물건조서를 작성하기 위하여 필요한 경우
2. 감정평가법인등이 감정평가를 의뢰받은 토지등의 감정평가를 위하여 필요한 경우(2020.4.7 본호개정)

② 제1항에 따른 출입·측량·조사에 관하여는 제10조제3항, 제11조 및 제13조를 준용한다.(2018.12.31 본항개정)
③ 사업인정고시가 된 후에는 제26조제1항에서 준용되는 제15조제3항에 따라 토지소유자나 관계인이 토지조서 및 물건조서의 내용에 대하여 이의를 제기하는 경우를 제외하고는 제26조제1항에서 준용되는 제14조에 따라 작성된 토지조서 및 물건조서의 내용에 대하여 이의를 제기할 수 없다. 다만, 토지조서 및 물건조서의 내용이 진실과 다르다는 것을 입증할 때에는 그러하지 아니하다.
(2018.12.31 본항개정)
④ 사업시행자는 제1항에 따라 타인이 점유하는 토지에 출입하여 측량·조사함으로써 발생하는 손실(감정평가법인등이 제1항제2호에 따른 감정평가를 위하여 측량·조사함으로써 발생하는 손실을 포함한다)을 보상하여야 한다.(2020.4.7 본항개정)
⑤ 제4항에 따른 손실보상에 관하여는 제9조제5항부터 제7항까지의 규정을 준용한다.(2018.12.31 본항개정)

제28조【재결의 신청】 ① 제26조에 따른 협의가 성립되지 아니하거나 협의를 할 수 없을 때(제26조제2항 단서에 따른 협의 요구가 없을 때를 포함한다)에는 사업시행자는 사업인정고시가 된 날부터 1년 이내에 대통령령으로 정하는 바에 따라 관할 토지수용위원회에 재결을 신청할 수 있다.
② 제1항에 따라 재결을 신청하는 자는 국토교통부령으로 정하는 바에 따라 수수료를 내야 한다.(2013.3.23 본항개정)

제29조【협의 성립의 확인】 ① 사업시행자와 토지소유자 및 관계인 간에 제26조에 따른 절차를 거쳐 협의가 성립되었을 때에는 사업시행자는 제28조제1항에 따른 재결 신청기간 이내에 해당 토지소유자 및 관계인의 동의를 받아 대통령령으로 정하는 바에 따라 관할 토지수용위원회에 협의 성립의 확인을 신청할 수 있다.
② 제1항에 따른 협의 성립의 확인에 관하여는 제28조제2항, 제31조, 제32조, 제34조, 제35조, 제52조제7항, 제53조제5항, 제57조 및 제58조를 준용한다.(2023.4.18 본항개정)
③ 사업시행자가 협의가 성립된 토지의 소재지·지번·지목 및 면적 등 대통령령으로 정하는 사항에 대하여 「공증인법」에 따른 공증을 받아 제1항에 따른 협의 성립의 확인을 신청하였을 때에는 관할 토지수용위원회가 이를 수리함으로써 협의 성립이 확인된 것으로 본다.
④ 제1항 및 제3항에 따른 확인은 이 법에 따른 재결로 보며, 사업시행자, 토지소유자 및 관계인은 그 확인된 협의의 성립이나 내용을 다툴 수 없다.

제30조【재결 신청의 청구】 ① 사업인정고시가 된 후 협의가 성립되지 아니하였을 때에는 토지소유자와 관계인은 대통령령으로 정하는 바에 따라 서면으로 사업시행자에게 재결을 신청할 것을 청구할 수 있다.
② 사업시행자는 제1항에 따른 청구를 받았을 때에는 그 청구를 받은 날부터 60일 이내에 대통령령으로 정하는 바에 따라 관할 토지수용위원회에 재결을 신청하여야 한다. 이 경우 수수료에 관하여는 제28조제2항을 준용한다.
③ 사업시행자가 제2항에 따른 기간을 넘겨서 재결을 신청하였을 때에는 그 지연된 기간에 대하여 「소송촉진 등에 관한 특례법」 제3조에 따른 법정이율을 적용하여 산정한 금액을 관할 토지수용위원회에서 재결한 보상금에 가산(加算)하여 지급하여야 한다.

제31조【열람】 ① 제49조에 따른 중앙토지수용위원회 또는 지방토지수용위원회(이하 "토지수용위원회"라 한다)는 제28조제1항에 따라 재결신청서를 접수하였을 때에는 대통령령으로 정하는 바에 따라 지체 없이 이를 공고하고, 공고한 날부터 14일 이상 관계 서류의 사본을 일반인이 열람할 수 있도록 하여야 한다.
② 토지수용위원회가 제1항에 따른 공고를 하였을 때에는 관계 서류의 열람기간 중에 토지소유자 또는 관계인은 의견을 제시할 수 있다.

제32조【심리】 ① 토지수용위원회는 제31조제1항에 따른 열람기간이 지났을 때에는 지체 없이 해당 신청에 대한 조사 및 심리를 하여야 한다.
② 토지수용위원회는 심리를 할 때 필요하다고 인정하면 사업시행자, 토지소유자 및 관계인을 출석시켜 그 의견을 진술하게 할 수 있다.
③ 토지수용위원회는 제2항에 따라 사업시행자, 토지소유자 및 관계인을 출석하게 하는 경우에는 사업시행자, 토지소유자 및 관계인에게 미리 그 심리의 일시 및 장소를 통지하여야 한다.

제33조【화해의 권고】 ① 토지수용위원회는 그 재결이 있기 전에는 그 위원 3명으로 구성되는 소위원회로 하여금 사업시행자, 토지소유자 및 관계인에게 화해를 권고하게 할 수 있다. 이 경우 소위원회는 위원장이 지명하거나 위원회에서 선임한 위원으로 구성하며, 그 밖에 그 구성에 필요한 사항은 대통령령으로 정한다.
② 제1항에 따른 화해가 성립되었을 때에는 해당 토지수용위원회는 화해조서를 작성하여 화해에 참여한 위원, 사업시행자, 토지소유자 및 관계인이 서명 또는 날인을 하도록 하여야 한다.
③ 제2항에 따라 화해조서에 서명 또는 날인이 된 경우에는 당사자 간에 화해조서와 동일한 내용의 합의가 성립된 것으로 본다.

제34조【재결】 ① 토지수용위원회의 재결은 서면으로 한다.
② 제1항에 따른 재결서에는 주문 및 그 이유와 재결일을 적고, 위원장 및 회의에 참석한 위원이 기명날인한 후 그 정본(正本)을 사업시행자, 토지소유자 및 관계인에게 송달하여야 한다.

제35조【재결기간】 토지수용위원회는 제32조에 따른 심리를 시작한 날부터 14일 이내에 재결을 하여야 한다. 다만, 특별한 사유가 있을 때에는 14일의 범위에서 한 차례만 연장할 수 있다.

제36조【재결의 경정】 ① 재결에 계산상 또는 기재상의 잘못이나 그 밖에 이와 비슷한 잘못이 있는 것이 명백할 때에는 토지수용위원회는 직권으로 또는 당사자의 신청에 의하여 경정재결(更正裁決)을 할 수 있다.
② 경정재결은 원재결서(原裁決書)의 원본과 정본에 부기하여야 한다. 다만, 정본에 부기할 수 없을 때에는 경정재결의 정본을 작성하여 당사자에게 송달하여야 한다.

제37조【재결의 유탈】 토지수용위원회가 신청의 일부에 대한 재결을 빠뜨린 경우에 그 빠뜨린 부분의 신청은 계속하여 그 토지수용위원회에 계속(係屬)된다.

제38조【천재지변 시의 토지의 사용】 ① 천재지변이나 그 밖의 사변(事變)으로 인하여 공공의 안전을 유지하기 위한 공익사업을 긴급히 시행할 필요가 있을 때에는 사업시행자는 대통령령으로 정하는 바에 따라 특별자치도지사, 시장·군수 또는 구청장의 허가를 받아 즉시 타인의 토지를 사용할 수 있다. 다만, 사업시행자가 국가일 때에는 그 사업을 시행할 관계 중앙행정기관의 장이 특별자치도지사, 시장·군수 또는 구청장에게, 사업시행자가 특별시·광역시 또는 도일 때에는 특별시장·광역시장 또는 도지사가 시장·군수 또는 구청장에게 각각 통지하고 사용할 수 있으며, 사업시행자가 특별자치도, 시·군 또는 구일 때에는 특별자치도지사, 시장·군수 또는 구청장이 허가나 통지 없이 사용할 수 있다.
② 특별자치도지사, 시장·군수 또는 구청장은 제1항에 따라 허가를 하거나 통지를 받은 경우 또는 특별자치도지사, 시장·군수·구청장이 제1항 단서에 따라 타인의 토지를 사용하려는 경우에는 대통령령으로 정하는 사항을 즉시 토지소유자 및 토지점유자에게 통지하여야 한다.
③ 제1항에 따른 토지의 사용기간은 6개월을 넘지 못한다.
④ 사업시행자는 제1항에 따라 타인의 토지를 사용함으로써 발생하는 손실을 보상하여야 한다.
⑤ 제4항에 따른 손실보상에 관하여는 제9조제5항부터 제7항까지의 규정을 준용한다.

제39조【시급한 토지 사용에 대한 허가】 ① 제28조에 따른 재결신청을 받은 토지수용위원회는 그 재결을 기다려서는 재해를 방지하기 곤란하거나 그 밖에 공공의 이익에 현저한 지장을 줄 우려가 있다고 인정할 때에는 사업시행자의 신청을 받아 대통령령으로 정하는 바에 따라 담보를 제공하게 한 후 즉시 해당 토지의 사용을 허가할 수 있다. 다만, 국가나 지방자치단체가 사업시행자인 경우에는 담보를 제공하지 아니할 수 있다.
② 제1항에 따른 토지의 사용기간은 6개월을 넘지 못한다.
③ 토지수용위원회가 제1항에 따른 허가를 하였을 때에는 제38조제2항을 준용한다.

제2절 수용 또는 사용의 효과

제40조【보상금의 지급 또는 공탁】 ① 사업시행자는 제38조 또는 제39조에 따른 사용의 경우를 제외하고는 수용 또는 사용의 개시일(토지수용위원회가 재결로써 결정한 수용 또는 사용을 시작하는 날을 말한다. 이하 같다)까지 관할 토지수용위원회가 재결한 보상금을 지급하여야 한다.
② 사업시행자는 다음 각 호의 어느 하나에 해당할 때에는 수용 또는 사용의 개시일까지 수용하거나 사용하려는 토지등의 소재지의 공탁소에 보상금을 공탁(供託)할 수 있다.
1. 보상금을 받을 자가 그 수령을 거부하거나 보상금을 수령할 수 없을 때
2. 사업시행자의 과실 없이 보상금을 받을 자를 알 수 없을 때
3. 관할 토지수용위원회가 재결한 보상금에 대하여 사업시행자가 불복할 때
4. 압류나 가압류에 의하여 보상금의 지급이 금지되었을 때
③ 사업인정고시가 된 후 권리의 변동이 있을 때에는 그 권리를 승계한 자가 제1항에 따른 보상금 또는 제2항에 따른 공탁금을 받는다.
④ 사업시행자는 제2항제3호의 경우 보상금을 받을 자에게 자기가 산정한 보상금을 지급하고 그 금액과 토지수용위원회가 재결한 보상금과의 차액(差額)을 공탁하여야 한다. 이 경우 보상금을 받을 자는 그 불복의 절차가 종결될 때까지 공탁된 보상금을 수령할 수 없다.

제41조【시급한 토지 사용에 대한 보상】 ① 제39조에 따라 토지를 사용하는 경우 토지수용위원회의 재결이 있기 전에 토지소유자나 관계인이 청구할 때에는 사업시행자는 자기가 산정한 보상금을 토지소유자나 관계인에게 지급하여야 한다.
② 토지소유자나 관계인은 사업시행자가 토지수용위원회의 재결에 따른 보상금의 지급시기까지 보상금을 지급하지 아니하면 제39조에 따라 제공된 담보의 전부 또는 일부를 취득한다.

제42조【재결의 실효】 ① 사업시행자가 수용 또는 사용의 개시일까지 관할 토지수용위원회가 재결한 보상금을 지급하거나 공탁하지 아니하였을 때에는 해당 토지수용위원회의 재결은 효력을 상실한다.
② 사업시행자는 제1항에 따라 재결의 효력이 상실됨으로 인하여 토지소유자 또는 관계인이 입은 손실을 보상하여야 한다.
③ 제2항에 따른 손실보상에 관하여는 제9조제5항부터 제7항까지의 규정을 준용한다.

제43조【토지 또는 물건의 인도 등】 토지소유자 및 관계인과 그 밖에 토지소유자나 관계인에 포함되지 아니하는 자로서 수용하거나 사용할 토지나 그 토지에 있는 물건에 관한 권리를 가진 자는 수용 또는 사용의 개시일까지 그 토지나 물건을 사업시행자에게 인도하거나 이전하여야 한다.

제44조【인도 또는 이전의 대행】 ① 특별자치도지사, 시장·군수 또는 구청장은 다음 각 호의 어느 하나에 해당할 때에는 사업시행자의 청구에 의하여 토지나 물건의 인도 또는 이전을 대행하여야 한다.
1. 토지나 물건을 인도하거나 이전하여야 할 자가 고의나 과실 없이 그 의무를 이행할 수 없을 때
2. 사업시행자가 과실 없이 토지나 물건을 인도하거나 이전하여야 할 의무가 있는 자를 알 수 없을 때
② 제1항에 따라 특별자치도지사, 시장·군수 또는 구청장이 토지나 물건의 인도 또는 이전을 대행하는 경우 그로 인한 비용은 그 의무자가 부담한다.

제45조【권리의 취득·소멸 및 제한】 ① 사업시행자는 수용의 개시일에 토지나 물건의 소유권을 취득하며, 그 토지나 물건에 관한 다른 권리는 이와 동시에 소멸한다.
② 사업시행자는 사용의 개시일에 토지나 물건의 사용권을 취득하며, 그 토지나 물건에 관한 다른 권리는 사용 기간 중에는 행사하지 못한다.
③ 토지수용위원회의 재결로 인정된 권리는 제1항 및 제2항에도 불구하고 소멸되거나 그 행사가 정지되지 아니한다.

판례 수용되는 토지에 대하여 가압류가 집행되어 있는 경우, 토지수용에 따른 가압류의 효력 및 수용 전 토지에 대한 가압류채권자가 다시 수용보상금채권에 대하여 가압류를 하더라도 수용 전 토지에 관하여 주장할 수 있었던 사유를 수용보상금채권에 대한 배당절차에서까지 주장할 수 없다.(대판 2004.4.16, 2003다64206)

판례 기업자는 토지를 수용한 날에 소유권을 취득하고 토지에 관한 다른 권리는 소멸하는 것인바, 수용되는 토지에 체납처분에 의한 압류가 집행되어 있어도 토지의 수용으로 기업자가 그 소유권을 원시취득함으로써 그 압류의 효력은 소멸하는 것이고, 토지에 대한 압류가 그 수용보상금청구권에 당연히 전이하여 효력을 미친다고 볼 수 없으므로, 수용 전 토지에 체납처분으로 압류한 체납처분청이 다시 수용보상금에 대하여 체납처분에 의한 압류를 하였다고 하여 물상대위의 법리에 의하여 수용 전 토지에 대한 체납처분에 의한 우선권이 수용보상금채권에 대한 배당절차에서 종전 순위대로 유지된다고 볼 수도 없다.(대판 2003.7.11, 2001다83777)

제46조【위험부담】 토지수용위원회의 재결이 있은 후 수용하거나 사용할 토지나 물건이 토지소유자 또는 관계인의 고의나 과실 없이 멸실되거나 훼손된 경우 그로 인한 손실은 사업시행자가 부담한다.

제47조【담보물권과 보상금】 담보물권의 목적물이 수용되거나 사용된 경우 그 담보물권은 그 목적물의 수용 또는 사용으로 인하여 채무자가 받을 보상금에 대하여 행사할 수 있다. 다만, 그 보상금이 채무자에게 지급되기 전에 압류하여야 한다.

제48조【반환 및 원상회복의 의무】 ① 사업시행자는 토지나 물건의 사용기간이 끝났을 때나 사업의 폐지·변경 또는 그 밖의 사유로 사용할 필요가 없게 되었을 때에는 지체 없이 그 토지나 물건을 그 토지나 물건의 소유자 또는 그 승계인에게 반환하여야 한다.
② 제1항의 경우에 사업시행자는 토지소유자가 원상회복을 청구하면 미리 그 손실을 보상한 경우를 제외하고는 그 토지를 원상으로 회복하여 반환하여야 한다.

제5장 토지수용위원회

제49조【설치】 토지등의 수용과 사용에 관한 재결을 하기 위하여 국토교통부에 중앙토지수용위원회를 두고, 특별시·광역시·도·특별자치도(이하 "시·도"라 한다)에 지방토지수용위원회를 둔다.(2013.3.23 본조개정)

제50조【재결사항】 ① 토지수용위원회의 재결사항은 다음 각 호와 같다.
1. 수용하거나 사용할 토지의 구역 및 사용방법
2. 손실보상
3. 수용 또는 사용의 개시일과 기간
4. 그 밖에 이 법 및 다른 법률에서 규정한 사항
② 토지수용위원회는 사업시행자, 토지소유자 또는 관계인이 신청한 범위에서 재결하여야 한다. 다만, 제1항제2호의 손실보상의 경우에는 증액재결(增額裁決)을 할 수 있다.
(2011.8.4 본조개정)

제51조【관할】 ① 제49조에 따른 중앙토지수용위원회(이하 "중앙토지수용위원회"라 한다)는 다음 각 호의 사업의 재결에 관한 사항을 관장한다.
1. 국가 또는 시·도가 사업시행자인 사업
2. 수용하거나 사용할 토지가 둘 이상의 시·도에 걸쳐 있는 사업
② 제49조에 따른 지방토지수용위원회(이하 "지방토지수용위원회"라 한다)는 제1항 각 호 외의 사업의 재결에 관한 사항을 관장한다.
(2011.8.4 본조개정)

제52조【중앙토지수용위원회】 ① 중앙토지수용위원회는 위원장 1명을 포함한 20명 이내의 위원으로 구성하며, 위원 중 대통령령으로 정하는 수의 위원은 상임(常任)으로 한다.
② 중앙토지수용위원회의 위원장은 국토교통부장관이 되며, 위원장이 부득이한 사유로 직무를 수행할 수 없을 때에는 위원장이 지명하는 위원이 그 직무를 대행한다.(2013.3.23 본항개정)

③ 중앙토지수용위원회의 위원장은 위원회를 대표하며, 위원회의 업무를 총괄한다.
④ 중앙토지수용위원회의 상임위원은 다음 각 호의 어느 하나에 해당하는 사람 중에서 국토교통부장관의 제청으로 대통령이 임명한다.(2013.3.23 본문개정)
1. 판사·검사 또는 변호사로 15년 이상 재직하였던 사람
2. 대학에서 법률학 또는 행정학을 가르치는 부교수 이상으로 5년 이상 재직하였던 사람
3. 행정기관의 3급 공무원 또는 고위공무원단에 속하는 일반직공무원으로 2년 이상 재직하였던 사람
⑤ 중앙토지수용위원회의 비상임위원은 토지 수용에 관한 학식과 경험이 풍부한 사람 중에서 국토교통부장관이 위촉한다.(2013.3.23 본항개정)
⑥ 중앙토지수용위원회의 회의는 위원장이 소집하며, 위원장 및 상임위원 1명과 위원장이 회의마다 지정하는 위원 7명으로 구성한다. 다만, 위원장이 필요하다고 인정하는 경우에는 위원장 및 상임위원을 포함하여 10명 이상 20명 이내로 구성할 수 있다.(2018.12.31 단서신설)
⑦ 중앙토지수용위원회의 회의는 제6항에 따른 구성원 과반수의 출석과 출석위원 과반수의 찬성으로 의결한다.
⑧ 중앙토지수용위원회의 사무를 처리하기 위하여 사무기구를 둔다.
⑨ 중앙토지수용위원회의 상임위원의 계급 등과 사무기구의 조직에 관한 사항은 대통령령으로 정한다.
(2011.8.4 본조개정)

제53조【지방토지수용위원회】 ① 지방토지수용위원회는 위원장 1명을 포함한 20명 이내의 위원으로 구성한다.
(2012.6.1 본항개정)
② 지방토지수용위원회의 위원장은 시·도지사가 되며, 위원장이 부득이한 사유로 직무를 수행할 수 없을 때에는 위원장이 지명하는 위원이 그 직무를 대행한다.
③ 지방토지수용위원회의 위원은 시·도지사가 소속 공무원 중에서 임명하는 사람 1명을 포함하여 토지 수용에 관한 학식과 경험이 풍부한 사람 중에서 위촉한다.
(2012.6.1 본항개정)
④ 지방토지수용위원회의 회의는 위원장이 소집하며, 위원장과 위원장이 회의마다 지정하는 위원 8명으로 구성한다. 다만, 위원장이 필요하다고 인정하는 경우에는 위원장을 포함하여 10명 이상 20명 이내로 구성할 수 있다.
(2018.12.31 단서신설)
⑤ 지방토지수용위원회의 회의는 제4항에 따른 구성원 과반수의 출석과 출석위원 과반수의 찬성으로 의결한다.
(2012.6.1 본항신설)
⑥ 지방토지수용위원회에 관하여는 제52조제3항을 준용한다.
(2011.8.4 본조개정)

제54조【위원의 결격사유】 ① 다음 각 호의 어느 하나에 해당하는 사람은 토지수용위원회의 위원이 될 수 없다.
1. 피성년후견인, 피한정후견인 또는 파산선고를 받고 복권되지 아니한 사람(2015.12.29 본호개정)
2. 금고 이상의 실형을 선고받고 그 집행이 끝나거나(집행이 끝난 것으로 보는 경우를 포함한다) 집행이 면제된 날부터 2년이 지나지 아니한 사람
3. 금고 이상의 형의 집행유예를 선고받고 그 유예기간 중에 있는 사람
4. 벌금형을 선고받고 2년이 지나지 아니한 사람
② 위원이 제1항 각 호의 어느 하나에 해당하게 되면 당연히 퇴직한다.
(2011.8.4 본조개정)

제55조【임기】 토지수용위원회의 상임위원 및 위촉위원의 임기는 각각 3년으로 하며, 연임할 수 있다.

제56조【신분 보장】 위촉위원은 해당 토지수용위원회의 의결로 다음 각 호의 어느 하나에 해당하는 사유가 있다고 인정된 경우를 제외하고는 재임 중 그 의사에 반하여 해임되지 아니한다.
1. 신체상 또는 정신상의 장해로 그 직무를 수행할 수 없을 때
2. 직무상의 의무를 위반하였을 때
(2011.8.4 본조개정)

제57조【위원의 제척·기피·회피】 ① 토지수용위원회의 위원으로서 다음 각 호의 어느 하나에 해당하는 사람은 그 토지수용위원회의 회의에 참석할 수 없다.
1. 사업시행자, 토지소유자 또는 관계인
2. 사업시행자, 토지소유자 또는 관계인의 배우자·친족 또는 대리인
3. 사업시행자, 토지소유자 및 관계인이 법인인 경우에는 그 법인의 임원 또는 그 직무를 수행하는 사람
② 사업시행자, 토지소유자 및 관계인은 위원에게 공정한 심리·의결을 기대하기 어려운 사정이 있는 경우에는 그 사유를 적어 기피(忌避) 신청을 할 수 있다. 이 경우 토지수용위원회의 위원장은 기피 신청에 대하여 위원회의 의결을 거치지 아니하고 기피 여부를 결정한다.
③ 위원이 제1항 또는 제2항의 사유에 해당할 때에는 스스로 그 사건의 심리·의결에서 회피할 수 있다.
④ 사건의 심리·의결에 관한 사무에 관여하는 위원 아닌 직원에 대하여는 제1항부터 제3항까지의 규정을 준용한다.
(2011.8.4 본조개정)

제57조의2【벌칙 적용에서 공무원 의제】 토지수용위원회의 위원 중 공무원이 아닌 사람은 「형법」이나 그 밖의 법률에 따른 벌칙을 적용할 때에는 공무원으로 본다.
(2017.3.21 본조신설)

제58조【심리조사상의 권한】 ① 토지수용위원회는 심리에 필요하다고 인정할 때에는 다음 각 호의 행위를 할 수 있다.
1. 사업시행자, 토지소유자, 관계인 또는 참고인에게 토지수용위원회에 출석하여 진술하게 하거나 그 의견서 또는 자료의 제출을 요구하는 것
2. 감정평가법인등이나 그 밖의 감정인에게 감정평가를 의뢰하거나 토지수용위원회에 출석하여 진술하게 하는 것
(2020.4.7 본호개정)
3. 토지수용위원회의 위원 또는 제52조제8항에 따른 사무기구의 직원이나 지방토지수용위원회의 업무를 담당하는 직원으로 하여금 실지조사를 하게 하는 것
② 제1항제3호에 따라 위원 또는 직원이 실지조사를 하는 경우에는 제13조를 준용한다.
③ 토지수용위원회는 제1항에 따른 참고인 또는 감정평가법인등이나 그 밖의 감정인에게는 국토교통부령으로 정하는 바에 따라 사업시행자의 부담으로 일당, 여비 및 감정수수료를 지급할 수 있다.(2020.4.7 본항개정)
(2011.8.4 본조개정)

제59조【위원 등의 수당 및 여비】 토지수용위원회는 위원에게 국토교통부령으로 정하는 바에 따라 수당과 여비를 지급할 수 있다. 다만, 공무원인 위원이 그 직무와 직접 관련하여 출석한 경우에는 그러하지 아니하다.
(2013.3.23 본문개정)

제60조【운영세칙】 토지수용위원회의 운영 등에 필요한 사항은 대통령령으로 정한다.(2011.8.4 본조개정)

제60조의2【재결정보체계의 구축·운영 등】 ① 국토교통부장관은 시·도지사와 협의하여 토지등의 수용과 사용에 관한 재결업무의 효율적인 수행과 관련 정보의 체계적인 관리를 위하여 재결정보체계를 구축·운영할 수 있다.
② 국토교통부장관은 제1항에 따른 재결정보체계의 구축·운영에 관한 업무를 대통령령으로 정하는 법인, 단체 또는 기관에 위탁할 수 있다. 이 경우 위탁관리에 드는 경비의 전부 또는 일부를 지원할 수 있다.
③ 재결정보체계의 구축 및 운영에 필요한 사항은 국토교통부령으로 정한다.
(2017.3.21 본조신설)

제6장 손실보상 등
(2011.8.4 본장개정)

제1절 손실보상의 원칙

제61조【사업시행자 보상】 공익사업에 필요한 토지등의 취득 또는 사용으로 인하여 토지소유자나 관계인이 입은 손실은 사업시행자가 보상하여야 한다.

제62조【사전보상】 사업시행자는 해당 공익사업을 위한 공사에 착수하기 이전에 토지소유자와 관계인에게 보상액 전액(全額)을 지급하여야 한다. 다만, 제38조에 따른 천재지변 시의 토지 사용과 제39조에 따른 시급한 토지 사용의 경우 또는 토지소유자 및 관계인의 승낙이 있는 경우에는 그러하지 아니하다.

제63조【현금보상 등】 ① 손실보상은 다른 법률에 특별한 규정이 있는 경우를 제외하고는 현금으로 지급하여야 한다. 다만, 토지소유자가 원하는 경우로서 사업시행자가 해당 공익사업의 합리적인 토지이용계획과 사업계획 등을 고려하여 토지로 보상이 가능한 경우에는 토지소유자가 받을 보상금 중 본문에 따른 현금 또는 제7항 및 제8항에 따른 채권으로 보상받는 금액을 제외한 부분에 대하여 다음 각 호에서 정하는 기준과 절차에 따라 그 공익사업의 시행으로 조성한 토지로 보상할 수 있다.
1. 토지로 보상받을 수 있는 자 : 토지의 보유기간 등 대통령령으로 정하는 요건을 갖춘 자로서 「건축법」 제57조제1항에 따른 대지의 분할 제한 면적 이상의 토지를 사업시행자에게 양도한 자(공익사업을 위한 관계 법령에 따른 고시 등이 있은 날 당시 다음 각 목의 어느 하나에 해당하는 기관에 종사하는 자 및 종사하였던 날부터 10년이 경과하지 아니한 자는 제외한다)가 된다. 이 경우 대상자가 경합(競合)할 때에는 제7항제2호에 따른 부재부동산(不在不動産) 소유자가 아닌 자 중 해당 공익사업지구 내 거주하는 자로서 토지 보유기간이 오래된 자 순으로 토지로 보상하며, 그 밖의 우선순위 및 대상자 결정방법 등은 사업시행자가 정하여 공고한다.(2022.2.3 본문개정)
가. 국토교통부
나. 사업시행자
다. 제21조제2항에 따라 협의하거나 의견을 들어야 하는 공익사업의 허가·인가·승인 등을 하는 기관
라. 공익사업을 위한 관계 법령에 따른 고시 등이 있기 전에 관계 법령에 따라 실시한 협의, 의견청취 등의 대상인 중앙행정기관, 지방자치단체, 「공공기관의 운영에 관한 법률」 제4조에 따른 공공기관 및 「지방공기업법」에 따른 지방공기업
(2022.2.3 가목～라목신설)
2. 보상하는 토지가격의 산정 기준금액 : 다른 법률에 특별한 규정이 있는 경우를 제외하고는 일반 분양가격으로 한다.
3. 보상기준 등의 공고 : 제15조에 따라 보상계획을 공고할 때에 토지로 보상하는 기준을 포함하여 공고하거나 토지로 보상하는 기준을 따로 일간신문에 공고할 것이라는 내용을 포함하여 공고한다.
② 제1항 단서에 따라 토지소유자에게 토지로 보상하는 면적은 사업시행자가 그 공익사업의 토지이용계획과 사업계획 등을 고려하여 정한다. 이 경우 그 보상면적은 주택용지는 990제곱미터, 상업용지는 1천100제곱미터를 초과할 수 없다.
③ 제1항 단서에 따라 토지로 보상받기로 결정된 권리(제4항에 따라 현금으로 보상받을 권리를 포함한다)는 그 보상계약의 체결일부터 소유권이전등기를 마칠 때까지 전매(매매, 증여, 그 밖에 권리의 변동을 수반하는 모든 행위를 포함하되, 상속 및 「부동산투자회사법」에 따른 개발전문 부동산투자회사에 현물출자를 하는 경우는 제외한다)할 수 없으며, 이를 위반하거나 해당 공익사업과 관련하여 다음 각 호의 어느 하나에 해당하는 경우에 사업시행자는 토지로 보상하기로 한 보상금을 현금으로 보상하여야 한다. 이 경우 현금보상액에 대한 이자율은 제9항제1호가목에 따른 이자율의 2분의 1로 한다.(2022.2.3 전단개정)
1. 제93조, 제96조 및 제97조제2호의 어느 하나에 해당하는 위반행위를 한 경우
2. 「농지법」 제57조부터 제61조까지의 어느 하나에 해당하는 위반행위를 한 경우
3. 「산지관리법」 제53조, 제54조제1호·제2호·제3호의2·제4호부터 제8호까지 및 제55조제1호·제2호·제4호부터 제10호까지의 어느 하나에 해당하는 위반행위를 한 경우
4. 「공공주택 특별법」 제57조제1항 및 제58조제1항제1호의 어느 하나에 해당하는 위반행위를 한 경우
5. 「한국토지주택공사법」 제28조의 위반행위를 한 경우
(2022.2.3 1호～5호신설)
④ 제1항 단서에 따라 토지소유자가 토지로 보상받기로 한 경우 그 보상계약 체결일부터 1년이 지나면 이를 현금으로 전환하여 보상하여 줄 것을 요청할 수 있다. 이 경우 현금보상액에 대한 이자율은 제9항제2호가목에 따른 이자율로 한다.
⑤ 사업시행자는 해당 사업계획의 변경 등 국토교통부령으로 정하는 사유로 보상하기로 한 토지의 전부 또는 일부를 토지로 보상할 수 없는 경우에는 현금으로 보상할 수 있다. 이 경우 현금보상액에 대한 이자율은 제9항제2호가목에 따른 이자율로 한다.(2013.3.23 전단개정)
⑥ 사업시행자는 토지소유자가 다음 각 호의 어느 하나에 해당하여 토지로 보상받기로 한 보상금에 대하여 현금보상을 요청한 경우에는 현금으로 보상하여야 한다. 이 경우 현금보상액에 대한 이자율은 제9항제2호가목에 따른 이자율로 한다.
1. 국세 및 지방세의 체납처분 또는 강제집행을 받는 경우
2. 세대원 전원이 해외로 이주하거나 2년 이상 해외에 체류하려는 경우
3. 그 밖에 제1호·제2호와 유사한 경우로서 국토교통부령으로 정하는 경우(2013.3.23 본호개정)
⑦ 사업시행자가 국가, 지방자치단체, 그 밖에 대통령령으로 정하는 「공공기관의 운영에 관한 법률」에 따라 지정·고시된 공공기관 및 공공단체인 경우로서 다음 각 호의 어느 하나에 해당되는 경우에는 제1항 본문에도 불구하고 해당 사업시행자가 발행하는 채권으로 지급할 수 있다.
1. 토지소유자나 관계인이 원하는 경우
2. 사업인정을 받은 사업의 경우에는 대통령령으로 정하는 부재부동산 소유자의 토지에 대한 보상금이 대통령령으로 정하는 일정 금액을 초과하는 경우로서 그 초과하는 금액에 대하여 보상하는 경우
⑧ 토지투기가 우려되는 지역으로서 대통령령으로 정하는 지역에서 다음 각 호의 어느 하나에 해당하는 공익사업을 시행하는 자 중 대통령령으로 정하는 「공공기관의 운영에 관한 법률」에 따라 지정·고시된 공공기관 및 공공단체는 제7항에도 불구하고 제7항제2호에 따른 부재부동산 소유자의 토지에 대한 보상금 중 대통령령으로 정하는 1억원 이상의 일정 금액을 초과하는 부분에 대하여는 해당 사업시행자가 발행하는 채권으로 지급하여야 한다.
1. 「택지개발촉진법」에 따른 택지개발사업
2. 「산업입지 및 개발에 관한 법률」에 따른 산업단지개발사업
3. 그 밖에 대규모 개발사업으로서 대통령령으로 정하는 사업
⑨ 제7항 및 제8항에 따라 채권으로 지급하는 경우 채권의 상환 기한은 5년을 넘지 아니하는 범위에서 정하여야 하며, 그 이자율은 다음 각 호와 같다.
1. 제7항제2호 및 제8항에 따라 부재부동산 소유자에게 채권으로 지급하는 경우
가. 상환기한이 3년 이하인 채권 : 3년 만기 정기예금 이자율(채권발행일 전달의 이자율로서, 「은행법」에

따라 설립된 은행 중 전국을 영업구역으로 하는 은행이 적용하는 이자율을 평균한 이자율로 한다)

나. 상환기한이 3년 초과 5년 이하인 채권 : 5년 만기 국고채 금리(채권발행일 전달의 국고채 평균 유통금리로 한다)

2. 부재부동산 소유자가 아닌 자가 원하여 채권으로 지급하는 경우

가. 상환기한이 3년 이하인 채권 : 3년 만기 국고채 금리(채권발행일 전달의 국고채 평균 유통금리로 한다)로 하되, 제1호가목에 따른 3년 만기 정기예금 이자율이 3년 만기 국고채 금리보다 높은 경우에는 3년 만기 정기예금 이자율을 적용한다.

나. 상환기한이 3년 초과 5년 이하인 채권 : 5년 만기 국고채 금리(채권발행일 전달의 국고채 평균 유통금리로 한다)

제64조【개인별 보상】 손실보상은 토지소유자나 관계인에게 개인별로 하여야 한다. 다만, 개인별로 보상액을 산정할 수 없을 때에는 그러하지 아니하다.

제65조【일괄보상】 사업시행자는 동일한 사업지역에 보상시기를 달리하는 동일인 소유의 토지등이 여러 개 있는 경우 토지소유자나 관계인이 요구할 때에는 한꺼번에 보상금을 지급하도록 하여야 한다.

제66조【사업시행 이익과의 상계금지】 사업시행자는 동일한 소유자에게 속하는 일단(一團)의 토지의 일부를 취득하거나 사용하는 경우 해당 공익사업의 시행으로 인하여 잔여지(殘餘地)의 가격이 증가하거나 그 밖의 이익이 발생한 경우에도 그 이익을 그 취득 또는 사용으로 인한 손실과 상계(相計)할 수 없다.

제67조【보상액의 가격시점 등】 ① 보상액의 산정은 협의에 의한 경우에는 협의 성립 당시의 가격을, 재결에 의한 경우에는 수용 또는 사용의 재결 당시의 가격을 기준으로 한다.

② 보상액을 산정할 경우에 해당 공익사업으로 인하여 토지등의 가격이 변동되었을 때에는 이를 고려하지 아니한다.

제68조【보상액의 산정】 ① 사업시행자는 토지등에 대한 보상액을 산정하려는 경우에는 감정평가법인등 3인(제2항에 따라 시·도지사와 토지소유자가 모두 감정평가법인등을 추천하지 아니하거나 시·도지사 또는 토지소유자 어느 한쪽이 감정평가법인등을 추천하지 아니하는 경우에는 2인)을 선정하여 토지등의 평가를 의뢰하여야 한다. 다만, 사업시행자가 국토교통부령으로 정하는 기준에 따라 직접 보상액을 산정할 수 있을 때에는 그러하지 아니하다.(2020.4.7 본문개정)

② 제1항 본문에 따라 사업시행자가 감정평가법인등을 선정할 때 해당 토지를 관할하는 시·도지사와 토지소유자는 대통령령으로 정하는 바에 따라 감정평가법인등을 각 1인씩 추천할 수 있다. 이 경우 사업시행자는 추천된 감정평가법인등을 포함하여 선정하여야 한다.(2020.4.7 본항개정)

③ 제1항 및 제2항에 따른 평가 의뢰의 절차 및 방법, 보상액의 산정기준 등에 관하여 필요한 사항은 국토교통부령으로 정한다.(2013.3.23 본항개정)

제69조【보상채권의 발행】 ① 국가는 「도로법」에 따른 도로공사, 「산업입지 및 개발에 관한 법률」에 따른 산업단지개발사업, 「철도의 건설 및 철도시설 유지관리에 관한 법률」에 따른 철도의 건설사업, 「항만법」에 따른 항만개발사업, 그 밖에 대통령령으로 정하는 공익사업을 위한 토지등의 취득 또는 사용으로 인하여 토지소유자 및 관계인이 입은 손실을 보상하기 위하여 제63조제7항에 따라 채권으로 지급하는 경우에는 다음 각 호의 회계의 부담으로 보상채권을 발행할 수 있다.(2020.1.29 본문개정)

1. 일반회계
2. 교통시설특별회계

② 보상채권은 제1항 각 호의 회계를 관리하는 관계 중앙행정기관의 장의 요청으로 기획재정부장관이 발행한다.

③ 기획재정부장관은 보상채권을 발행하려는 경우에는 회계별로 국회의 의결을 받아야 한다.

④ 보상채권은 토지소유자 및 관계인에게 지급함으로써 발행한다.

⑤ 보상채권은 양도하거나 담보로 제공할 수 있다.

⑥ 보상채권의 발행방법, 이자율의 결정방법, 상환방법, 그 밖에 보상채권 발행에 필요한 사항은 대통령령으로 정한다.

⑦ 보상채권의 발행에 관하여 이 법에 특별한 규정이 있는 경우를 제외하고는 「국채법」에서 정하는 바에 따른다.

제2절 손실보상의 종류와 기준 등

제70조【취득하는 토지의 보상】 ① 협의나 재결에 의하여 취득하는 토지에 대하여는 「부동산 가격공시에 관한 법률」에 따른 공시지가를 기준으로 하여 보상하되, 그 공시기준일부터 가격시점까지의 관계 법령에 따른 그 토지의 이용계획, 해당 공익사업으로 인한 지가의 영향을 받지 아니하는 지역의 대통령령으로 정하는 지가변동률, 생산자물가상승률(「한국은행법」 제86조에 따라 한국은행이 조사·발표하는 생산자물가지수에 따라 산정된 비율을 말한다)과 그 밖에 그 토지의 위치·형상·환경·이용상황 등을 고려하여 평가한 적정가격으로 보상하여야 한다.(2016.1.19 본항개정)

② 토지에 대한 보상액은 가격시점에서의 현실적인 이용상황과 일반적인 이용방법에 의한 객관적 상황을 고려하여 산정하되, 일시적인 이용상황과 토지소유자나 관계인이 갖는 주관적 가치 및 특별한 용도에 사용할 것을 전제로 한 경우 등은 고려하지 아니한다.

③ 사업인정 전 협의에 의한 취득의 경우에 제1항에 따른 공시지가는 해당 토지의 가격시점 당시 공시된 공시지가 중 가격시점과 가장 가까운 시점에 공시된 공시지가로 한다.

④ 사업인정 후의 취득의 경우에 제1항에 따른 공시지가는 사업인정고시일 전의 시점을 공시기준일로 하는 공시지가로서, 해당 토지에 관한 협의의 성립 또는 재결 당시 공시된 공시지가 중 그 사업인정고시일과 가장 가까운 시점에 공시된 공시지가로 한다.

⑤ 제3항 및 제4항에도 불구하고 공익사업의 계획 또는 시행이 공고되거나 고시됨으로 인하여 취득하여야 할 토지의 가격이 변동되었다고 인정되는 경우에는 제1항에 따른 공시지가는 해당 공고일 또는 고시일 전의 시점을 공시기준일로 하는 공시지가로서 그 토지의 가격시점 당시 공시된 공시지가 중 그 공익사업의 공고일 또는 고시일과 가장 가까운 시점에 공시된 공시지가로 한다.

⑥ 취득하는 토지와 이에 관한 소유권 외의 권리에 대한 구체적인 보상액 산정 및 평가방법은 투자비용, 예상수익 및 거래가격 등을 고려하여 국토교통부령으로 정한다.(2013.3.23 본항개정)

제71조【사용하는 토지의 보상 등】 ① 협의 또는 재결에 의하여 사용하는 토지에 대하여는 그 토지와 인근 유사토지의 지료(地料), 임대료, 사용방법, 사용기간 및 그 토지의 가격 등을 고려하여 평가한 적정가격으로 보상하여야 한다.

② 사용하는 토지와 그 지하 및 지상의 공간 사용에 대한 구체적인 보상액 산정 및 평가방법은 투자비용, 예상수익 및 거래가격 등을 고려하여 국토교통부령으로 정한다.(2013.3.23 본항개정)

제72조【사용하는 토지의 매수청구 등】 사업인정고시가 된 후 다음 각 호의 어느 하나에 해당할 때에는 해당 토지소유자는 사업시행자에게 해당 토지의 매수를 청구하거나 관할 토지수용위원회에 그 토지의 수용을 청구할 수 있다. 이 경우 관계인은 사업시행자나 관할 토지수용위원회에 그 권리의 존속(存續)을 청구할 수 있다.

1. 토지를 사용하는 기간이 3년 이상인 경우
2. 토지의 사용으로 인하여 토지의 형질이 변경되는 경우
3. 사용하려는 토지에 그 토지소유자의 건축물이 있는 경우

판례 불법적 공용사용에 대한 수용청구권배제 사건 : '적법한 공용사용'의 경우에 한정하여 수용청구권을 인정한 것은 공용제한에 대한 손실보상을 정하는 법의 취지에 따른 결과로서 입법목적을 달성하기 위한 합리적 수단이며, 불법적 사용에 대해서는 법적인 구제수단이 따로 마련되어 있어 반드시 수용청구권을 부여할 필요는 없다.(헌재결 2005.7.21, 2004헌바57 전원재판부)

제73조【잔여지의 손실과 공사비 보상】 ① 사업시행자는 동일한 소유자에게 속하는 일단의 토지의 일부가 취득되거나 사용됨으로 인하여 잔여지의 가격이 감소하거나 그 밖의 손실이 있을 때 또는 잔여지에 통로·도랑·담장 등의 신설이나 그 밖의 공사가 필요할 때에는 국토교통부령으로 정하는 바에 따라 그 손실이나 공사의 비용을 보상하여야 한다. 다만, 잔여지의 가격 감소분과 잔여지에 대한 공사의 비용을 합한 금액이 잔여지의 가격보다 큰 경우에는 사업시행자는 그 잔여지를 매수할 수 있다.(2013.3.23 본문개정)

② 제1항 본문에 따른 손실 또는 비용의 보상은 관계 법률에 따라 사업이 완료된 날 또는 제24조의2에 따른 사업완료의 고시가 있는 날(이하 "사업완료일"이라 한다)부터 1년이 지난 후에는 청구할 수 없다.(2021.8.10 본항개정)

③ 사업인정고시가 된 후 제1항 단서에 따라 사업시행자가 잔여지를 매수하는 경우 그 잔여지에 대하여는 제20조에 따른 사업인정 및 제22조에 따른 사업인정고시가 된 것으로 본다.

④ 제1항에 따른 손실 또는 비용의 보상이나 토지의 취득에 관하여는 제9조제6항 및 제7항을 준용한다.

⑤ 제1항 단서에 따라 매수하는 잔여지 및 잔여지에 있는 물건에 대한 구체적인 보상액 산정 및 평가방법 등에 대하여는 제70조, 제75조, 제76조, 제77조, 제78조제4항, 같은 조 제6항 및 제7항을 준용한다.(2022.2.3 본항개정)

제74조【잔여지 등의 매수 및 수용 청구】 ① 동일한 소유자에게 속하는 일단의 토지의 일부가 협의에 의하여 매수되거나 수용됨으로 인하여 잔여지를 종래의 목적에 사용하는 것이 현저히 곤란할 때에는 해당 토지소유자는 사업시행자에게 잔여지를 매수하여 줄 것을 청구할 수 있으며, 사업인정 이후에는 관할 토지수용위원회에 수용을 청구할 수 있다. 이 경우 수용의 청구는 매수에 관한 협의가 성립되지 아니한 경우에만 할 수 있으며, 사업완료일까지 하여야 한다.(2021.8.10 후단개정)

② 제1항에 따라 매수 또는 수용의 청구가 있는 잔여지 및 잔여지에 있는 물건에 관하여 권리를 가진 자는 사업시행자나 관할 토지수용위원회에 그 권리의 존속을 청구할 수 있다.

③ 제1항에 따른 토지의 취득에 관하여는 제73조제3항을 준용한다.

④ 잔여지 및 잔여지에 있는 물건에 대한 구체적인 보상액 산정 및 평가방법 등에 대하여는 제70조, 제75조, 제76조, 제77조, 제78조제4항, 같은 조 제6항 및 제7항을 준용한다.(2022.2.3 본항개정)

제75조【건축물등 물건에 대한 보상】 ① 건축물·입목·공작물과 그 밖에 토지에 정착한 물건(이하 "건축물등"이라 한다)에 대하여는 이전에 필요한 비용(이하 "이전비"라 한다)으로 보상하여야 한다. 다만, 다음 각 호의 어느 하나에 해당하는 경우에는 해당 물건의 가격으로 보상하여야 한다.

1. 건축물등을 이전하기 어렵거나 그 이전으로 인하여 건축물등을 종래의 목적대로 사용할 수 없게 된 경우
2. 건축물등의 이전비가 그 물건의 가격을 넘는 경우
3. 사업시행자가 공익사업에 직접 사용할 목적으로 취득하는 경우

② 농작물에 대한 손실은 그 종류와 성장의 정도 등을 종합적으로 고려하여 보상하여야 한다.

③ 토지에 속한 흙·돌·모래 또는 자갈(흙·돌·모래 또는 자갈이 해당 토지와 별도로 취득 또는 사용의 대상이 되는 경우만 해당한다)에 대하여는 거래가격 등을 고려하여 평가한 적정가격으로 보상하여야 한다.

④ 분묘에 대하여는 이장(移葬)에 드는 비용 등을 산정하여 보상하여야 한다.

⑤ 사업시행자는 사업예정지에 있는 건축물등이 제1항제1호 또는 제2호에 해당하는 경우에는 관할 토지수용위원회에 그 물건의 수용 재결을 신청할 수 있다.

⑥ 제1항부터 제4항까지의 규정에 따른 물건 및 그 밖의 물건에 대한 보상액의 구체적인 산정 및 평가방법과 보상기준은 국토교통부령으로 정한다.(2013.3.23 본항개정)

제75조의2【잔여 건축물의 손실에 대한 보상 등】 ① 사업시행자는 동일한 소유자에게 속하는 일단의 건축물의 일부가 취득되거나 사용됨으로 인하여 잔여 건축물의 가격이 감소하거나 그 밖의 손실이 있을 때에는 국토교통부령으로 정하는 바에 따라 그 손실을 보상하여야 한다. 다만, 잔여 건축물의 가격 감소분과 보수비(건축물의 나머지 부분을 종래의 목적대로 사용할 수 있도록 그 유용성을 동일하게 유지하는 데에 일반적으로 필요하다고 볼 수 있는 공사에 사용되는 비용을 말한다. 다만, 「건축법」 등 관계 법령에 따라 요구되는 시설 개선에 필요한 비용은 포함하지 아니한다)를 합한 금액이 잔여 건축물의 가격보다 큰 경우에는 사업시행자는 그 잔여 건축물을 매수할 수 있다.(2013.3.23 본문개정)

② 동일한 소유자에게 속하는 일단의 건축물의 일부가 협의에 의하여 매수되거나 수용됨으로 인하여 잔여 건축물을 종래의 목적에 사용하는 것이 현저히 곤란할 때에는 그 건축물소유자는 사업시행자에게 잔여 건축물을 매수하여 줄 것을 청구할 수 있으며, 사업인정 이후에는 관할 토지수용위원회에 수용을 청구할 수 있다. 이 경우 수용 청구는 매수에 관한 협의가 성립되지 아니한 경우에만 하되, 사업완료일까지 하여야 한다.(2021.8.10 후단개정)

③ 제1항에 따른 보상 및 잔여 건축물의 취득에 관하여는 제9조제6항 및 제7항을 준용한다.

④ 제1항 본문에 따른 보상에 관하여는 제73조제2항을 준용하고, 제1항 단서 및 제2항에 따른 잔여 건축물의 취득에 관하여는 제73조제3항을 준용한다.

⑤ 제1항 단서 및 제2항에 따라 취득하는 잔여 건축물에 대한 구체적인 보상액 산정 및 평가방법 등에 대하여는 제70조, 제75조, 제76조, 제77조, 제78조제4항, 같은 조 제6항 및 제7항을 준용한다.(2022.2.3 본항개정)

제76조【권리의 보상】 ① 광업권·어업권·양식업권 및 물(용수시설을 포함한다) 등의 사용에 관한 권리에 대하여는 투자비용, 예상 수익 및 거래가격 등을 고려하여 평가한 적정가격으로 보상하여야 한다.(2019.8.27 본항개정)

② 제1항에 따른 보상액의 구체적인 산정 및 평가방법은 국토교통부령으로 정한다.(2013.3.23 본항개정)

제77조【영업의 손실 등에 대한 보상】 ① 영업을 폐업하거나 휴업함에 따른 영업손실에 대하여는 영업이익과 시설의 이전비용 등을 고려하여 보상하여야 한다.(2020.6.9 본항개정)

② 농업의 손실에 대하여는 농지의 단위면적당 소득 등을 고려하여 실제 경작자에게 보상하여야 한다. 다만, 농지소유자가 해당 지역에 거주하는 농민인 경우에는 농지소유자와 실제 경작자가 협의하는 바에 따라 보상할 수 있다.

③ 휴직하거나 실직하는 근로자의 임금손실에 대하여는 「근로기준법」에 따른 평균임금 등을 고려하여 보상하여야 한다.

④ 제1항부터 제3항까지의 규정에 따른 보상액의 구체적인 산정 및 평가 방법과 보상기준, 제2항에 따른 실제 경작자 인정기준에 관한 사항은 국토교통부령으로 정한다.(2013.3.23 본항개정)

제78조【이주대책의 수립 등】 ① 사업시행자는 공익사업의 시행으로 인하여 주거용 건축물을 제공함에 따라 생활의 근거를 상실하게 되는 자(이하 "이주대책대상자"라 한다)를 위하여 대통령령으로 정하는 바에 따라 이주대책을 수립·실시하거나 이주정착금을 지급하여야 한다.

② 사업시행자는 제1항에 따라 이주대책을 수립하려면 미리 관할 지방자치단체의 장과 협의하여야 한다.
③ 국가나 지방자치단체는 이주대책의 실시에 따른 주택지의 조성 및 주택의 건설에 대하여는 「주택도시기금법」에 따른 주택도시기금을 우선적으로 지원하여야 한다.(2015.1.6 본항개정)
④ 이주대책의 내용에는 이주정착지(이주대책의 실시로 건설하는 주택단지를 포함한다)에 대한 도로, 급수시설, 배수시설, 그 밖의 공공시설 등 통상적인 수준의 생활기본시설이 포함되어야 하며, 이에 필요한 비용은 사업시행자가 부담한다. 다만, 행정청이 아닌 사업시행자가 이주대책을 수립·실시하는 경우에 지방자치단체는 비용의 일부를 보조할 수 있다.
⑤ 제1항에 따라 이주대책의 실시에 따른 주택지 또는 주택을 공급받기로 결정된 권리는 소유권이전등기를 마칠 때까지 전매(매매, 증여, 그 밖에 권리의 변동을 수반하는 모든 행위를 포함하되, 상속은 제외한다)할 수 없으며, 이를 위반하거나 해당 공익사업과 관련하여 다음 각 호의 어느 하나에 해당하는 경우에 사업시행자는 이주대책의 실시가 아닌 이주정착금으로 지급하여야 한다.
1. 제93조, 제96조 및 제97조제2호의 어느 하나에 해당하는 위반행위를 한 경우
2. 「공공주택 특별법」 제57조제1항 및 제58조제1항제1호의 어느 하나에 해당하는 위반행위를 한 경우
3. 「한국토지주택공사법」 제28조의 위반행위를 한 경우
(2022.2.3 본항신설)
⑥ 주거용 건물의 거주자에 대하여는 주거 이전에 필요한 비용과 가재도구 등 동산의 운반에 필요한 비용을 산정하여 보상하여야 한다.
⑦ 공익사업의 시행으로 인하여 영위하던 농업·어업을 계속할 수 없게 되어 다른 지역으로 이주하는 농민·어민이 받을 보상금이 없거나 그 총액이 국토교통부령으로 정하는 금액에 미치지 못하는 경우에는 그 금액 또는 그 차액을 보상하여야 한다.(2013.3.23 본항개정)
⑧ 사업시행자는 해당 공익사업이 시행되는 지역에 거주하고 있는 「국민기초생활 보장법」 제2조제1호·제11호에 따른 수급권자 및 차상위계층이 취업을 희망하는 경우에는 그 공익사업과 관련된 업무에 우선적으로 고용할 수 있으며, 이들의 취업 알선을 위하여 노력하여야 한다.
⑨ 제4항에 따른 생활기본시설에 필요한 비용의 기준은 대통령령으로 정한다.
⑩ 제5항 및 제6항에 따른 보상에 대하여는 국토교통부령으로 정하는 기준에 따른다.(2013.3.23 본항개정)
제78조의2【공장의 이주대책 수립 등】 사업시행자는 대통령령으로 정하는 공익사업의 시행으로 인하여 공장부지가 협의 양도되거나 수용됨에 따라 더 이상 해당 지역에서 공장(「산업집적활성화 및 공장설립에 관한 법률」 제2조제1호에 따른 공장을 말한다)을 가동할 수 없게 된 자가 희망하는 경우 「산업입지 및 개발에 관한 법률」에 따라 지정·개발된 인근 산업단지에 입주하게 하는 등 대통령령으로 정하는 이주대책에 관한 계획을 수립하여야 한다.
제79조【그 밖의 토지에 관한 비용보상 등】 ① 사업시행자는 공익사업의 시행으로 인하여 취득하거나 사용하는 토지(잔여지를 포함한다) 외의 토지에 통로·도랑·담장 등의 신설이나 그 밖의 공사가 필요할 때에는 그 비용의 전부 또는 일부를 보상하여야 한다. 다만, 그 토지에 대한 공사의 비용이 그 토지의 가격보다 큰 경우에는 사업시행자는 그 토지를 매수할 수 있다.
② 공익사업이 시행되는 지역 밖에 있는 토지등이 공익사업의 시행으로 인하여 본래의 기능을 다할 수 없게 되는 경우에는 국토교통부령으로 정하는 바에 따라 그 손실을 보상하여야 한다.(2013.3.23 본항개정)
③ 사업시행자는 제2항에 따른 보상이 필요하다고 인정하는 경우에는 제15조에 따라 보상계획을 공고할 때에 보상을 청구할 수 있다는 내용을 포함하여 공고하거나 대통령령으로 정하는 바에 따라 제2항에 따른 보상에 관한 계획을 공고하여야 한다.
④ 제1항부터 제3항까지에서 규정한 사항 외에 공익사업의 시행으로 인하여 발생하는 손실의 보상 등에 대하여는 국토교통부령으로 정하는 기준에 따른다.(2013.3.23 본항개정)
⑤ 제1항 본문 및 제2항에 따른 비용 또는 손실의 보상에 관하여는 제73조제2항을 준용한다.
⑥ 제1항 단서에 따른 토지의 취득에 관하여는 제73조제3항을 준용한다.
⑦ 제1항 단서에 따라 취득하는 토지에 대한 구체적인 보상액 산정 및 평가 방법 등에 대하여는 제70조, 제75조, 제76조, 제77조, 제78조제4항, 같은 조 제6항 및 제7항을 준용한다.(2022.2.3 본항개정)
제80조【손실보상의 협의·재결】 ① 제79조제1항 및 제2항에 따른 비용 또는 손실이나 토지의 취득에 대한 보상은 사업시행자와 손실을 입은 자가 협의하여 결정한다.
② 제1항에 따른 협의가 성립되지 아니하였을 때에는 사업시행자나 손실을 입은 자는 대통령령으로 정하는 바에 따라 관할 토지수용위원회에 재결을 신청할 수 있다.

제81조【보상업무 등의 위탁】 ① 사업시행자는 보상 또는 이주대책에 관한 업무를 다음 각 호의 기관에 위탁할 수 있다.
1. 지방자치단체
2. 보상실적이 있거나 보상업무에 관한 전문성이 있는 「공공기관의 운영에 관한 법률」 제4조에 따른 공공기관 또는 「지방공기업법」에 따른 지방공사로서 대통령령으로 정하는 기관
② 제1항에 따른 위탁 시 업무범위, 수수료 등에 관하여 필요한 사항은 대통령령으로 정한다.
제82조【보상협의회】 ① 공익사업이 시행되는 해당 지방자치단체의 장은 필요한 경우에는 다음 각 호의 사항을 협의하기 위하여 보상협의회를 둘 수 있다. 다만, 대통령령으로 정하는 규모 이상의 공익사업을 시행하는 경우에는 대통령령으로 정하는 바에 따라 보상협의회를 두어야 한다.
1. 보상액 평가를 위한 사전 의견수렴에 관한 사항
2. 잔여지의 범위 및 이주대책 수립에 관한 사항
3. 해당 사업지역 내 공공시설의 이전 등에 관한 사항
4. 토지소유자나 관계인 등이 요구하는 사항 중 지방자치단체의 장이 필요하다고 인정하는 사항
5. 그 밖에 지방자치단체의 장이 회의에 부치는 사항
② 보상협의회 위원은 다음 각 호의 사람 중에서 해당 지방자치단체의 장이 임명하거나 위촉한다. 다만, 제1항 각 호 외의 부분 단서에 따라 보상협의회를 설치하는 경우에는 대통령령으로 정하는 사람이 임명하거나 위촉한다.
1. 토지소유자 및 관계인
2. 법관, 변호사, 공증인 또는 감정평가나 보상업무에 5년 이상 종사한 경험이 있는 사람
3. 해당 지방자치단체의 공무원
4. 사업시행자
③ 보상협의회의 설치·구성 및 운영 등에 필요한 사항은 대통령령으로 정한다.

제7장 이의신청 등
(2011.8.4 본장개정)

제83조【이의의 신청】 ① 중앙토지수용위원회의 제34조에 따른 재결에 이의가 있는 자는 중앙토지수용위원회에 이의를 신청할 수 있다.
② 지방토지수용위원회의 제34조에 따른 재결에 이의가 있는 자는 해당 지방토지수용위원회를 거쳐 중앙토지수용위원회에 이의를 신청할 수 있다.
③ 제1항 및 제2항에 따른 이의의 신청은 재결서의 정본을 받은 날부터 30일 이내에 하여야 한다.
제84조【이의신청에 대한 재결】 ① 중앙토지수용위원회는 제83조에 따른 이의신청을 받은 경우 제34조에 따른 재결이 위법하거나 부당하다고 인정할 때에는 그 재결의 전부 또는 일부를 취소하거나 보상액을 변경할 수 있다.
② 제1항에 따라 보상금이 늘어난 경우 사업시행자는 재결의 취소 또는 변경의 재결서 정본을 받은 날부터 30일 이내에 보상금을 받을 자에게 그 늘어난 보상금을 지급하여야 한다. 다만, 제40조제2항제1호·제2호 또는 제4호에 해당할 때에는 그 금액을 공탁할 수 있다.
제85조【행정소송의 제기】 ① 사업시행자, 토지소유자 또는 관계인은 제34조에 따른 재결에 불복할 때에는 재결서를 받은 날부터 90일 이내에, 이의신청을 거쳤을 때에는 이의신청에 대한 재결서를 받은 날부터 60일 이내에 각각 행정소송을 제기할 수 있다. 이 경우 사업시행자는 행정소송을 제기하기 전에 제84조에 따라 늘어난 보상금을 공탁하여야 하며, 보상금을 받을 자는 공탁된 보상금을 소송이 종결될 때까지 수령할 수 없다.(2018.12.31 전단개정)
② 제1항에 따라 제기하려는 행정소송이 보상금의 증감(增減)에 관한 소송인 경우 그 소송을 제기하는 자가 토지소유자 또는 관계인일 때에는 사업시행자를, 사업시행자일 때에는 토지소유자 또는 관계인을 각각 피고로 한다.
제86조【이의신청에 대한 재결의 효력】 ① 제85조제1항에 따른 기간 이내에 소송이 제기되지 아니하거나 그 밖의 사유로 이의신청에 대한 재결이 확정된 때에는 「민사소송법」상의 확정판결이 있은 것으로 보며, 재결서 정본은 집행력 있는 판결의 정본과 동일한 효력을 가진다.
② 사업시행자, 토지소유자 또는 관계인은 이의신청에 대한 재결이 확정되었을 때에는 관할 토지수용위원회에 대통령령으로 정하는 바에 따라 재결확정증명서의 발급을 청구할 수 있다.
제87조【법정이율에 따른 가산지급】 사업시행자는 제85조제1항에 따라 사업시행자가 제기한 행정소송이 각하·기각 또는 취하된 경우 다음 각 호의 어느 하나에 해당하는 날부터 판결일 또는 취하일까지의 기간에 대하여 「소송촉진 등에 관한 특례법」 제3조에 따른 법정이율을 적용하여 산정한 금액을 보상금에 가산하여 지급하여야 한다.
1. 재결이 있은 후 소송을 제기하였을 때에는 재결서 정본을 받은 날
2. 이의신청에 대한 재결이 있은 후 소송을 제기하였을 때에는 그 재결서 정본을 받은 날
제88조【처분효력의 부정지】 제83조에 따른 이의의 신청이나 제85조에 따른 행정소송의 제기는 사업의 진행 및 토지의 수용 또는 사용을 정지시키지 아니한다.

제89조【대집행】 ① 이 법 또는 이 법에 따른 처분으로 인한 의무를 이행하여야 할 자가 그 정하여진 기간 이내에 의무를 이행하지 아니하거나 완료하기 어려운 경우 또는 그로 하여금 그 의무를 이행하게 하는 것이 현저히 공익을 해친다고 인정되는 사유가 있는 경우에는 사업시행자는 시·도지사나 시장·군수 또는 구청장에게 「행정대집행법」에서 정하는 바에 따라 대집행을 신청할 수 있다. 이 경우 신청을 받은 시·도지사나 시장·군수 또는 구청장은 정당한 사유가 없으면 이에 따라야 한다.
② 사업시행자가 국가나 지방자치단체인 경우에는 제1항에도 불구하고 「행정대집행법」에서 정하는 바에 따라 직접 대집행을 할 수 있다.
③ 사업시행자가 제1항에 따라 대집행을 신청하거나 제2항에 따라 직접 대집행을 하려는 경우에는 국가나 지방자치단체는 의무를 이행하여야 할 자를 보호하기 위하여 노력하여야 한다.
제90조【강제징수】 특별자치도지사, 시장·군수 또는 구청장은 제44조제2항에 따른 의무자가 그 비용을 내지 아니할 때에는 지방세 체납처분의 예에 따라 징수할 수 있다.

제8장 환매권
(2011.8.4 본장개정)

제91조【환매권】 ① 공익사업의 폐지·변경 또는 그 밖의 사유로 취득한 토지의 전부 또는 일부가 필요 없게 된 경우 토지의 협의취득일 또는 수용의 개시일(이하 이 조에서 "취득일"이라 한다) 당시의 토지소유자 또는 그 포괄승계인(이하 "환매권자"라 한다)은 다음 각 호의 구분에 따른 날부터 10년 이내에 그 토지에 대하여 받은 보상금에 상당하는 금액을 사업시행자에게 지급하고 그 토지를 환매할 수 있다.(2021.8.10 본문개정)
1. 사업의 폐지·변경으로 취득한 토지의 전부 또는 일부가 필요 없게 된 경우 : 관계 법률에 따라 사업이 폐지·변경된 날 또는 제24조에 따른 사업의 폐지·변경 고시가 있는 날(2021.8.10 본호신설)
2. 그 밖의 사유로 취득한 토지의 전부 또는 일부가 필요 없게 된 경우 : 사업완료일(2021.8.10 본호신설)
② 취득일부터 5년 이내에 취득한 토지의 전부를 해당 사업에 이용하지 아니하였을 때에는 제1항을 준용한다. 이 경우 환매권은 취득일부터 6년 이내에 행사하여야 한다.
③ 제74조제1항에 따라 매수하거나 수용한 잔여지는 그 잔여지에 접한 일단의 토지가 필요 없게 된 경우가 아니면 환매할 수 없다.
④ 토지의 가격이 취득일 당시에 비하여 현저히 변동된 경우 사업시행자와 환매권자는 환매금액에 대하여 서로 협의하되, 협의가 성립되지 아니하면 그 금액의 증감을 법원에 청구할 수 있다.
⑤ 제1항부터 제3항까지의 규정에 따른 환매권은 「부동산등기법」에서 정하는 바에 따라 공익사업에 필요한 토지의 협의취득 또는 수용의 등기가 되었을 때에는 제3자에게 대항할 수 있다.
⑥ 국가, 지방자치단체 또는 「공공기관의 운영에 관한 법률」 제4조에 따른 공공기관 중 대통령령으로 정하는 공공기관이 사업인정을 받아 공익사업에 필요한 토지를 협의취득하거나 수용한 후 해당 공익사업이 제4조제1호부터 제5호까지에 규정된 다른 공익사업(별표에 따른 사업이 제4조제1호부터 제5호까지에 규정된 공익사업에 해당하는 경우를 포함한다)으로 변경된 경우 제1항 및 제2항에 따른 환매권 행사기간은 관보에 해당 공익사업의 변경을 고시한 날부터 기산(起算)한다. 이 경우 국가, 지방자치단체 또는 「공공기관의 운영에 관한 법률」 제4조에 따른 공공기관 중 대통령령으로 정하는 공공기관은 공익사업이 변경된 사실을 대통령령으로 정하는 바에 따라 환매권자에게 통지하여야 한다.(2015.12.29 전단개정)
판례 '공익사업을 위한 토지 등의 취득 및 보상에 관한 법률' 제91조에서 정하는 환매권은 '당해 사업의 폐지·변경 그 밖의 사유로 인하여 취득한 토지의 전부 또는 일부가 필요 없게 된 경우'에 행사할 수 있다. 여기서 '당해 사업'이란 토지의 협의취득 또는 수용의 목적이 된 구체적인 특정 공익사업을 가리키는 것이고, 취득된 토지가 '필요 없게 된 경우'라 함은 그 토지가 취득의 목적이 된 특정 공익사업의 폐지·변경 그 밖의 사유로 인하여 그 사업에 이용할 필요가 없어진 경우를 의미하며, 위와 같이 취득된 토지가 필요 없게 되었는지의 여부는 당해 공익사업의 목적과 내용, 토지 취득의 경위와 범위, 당해 토지와 공익사업의 관계, 용도 등 제반 사정에 비추어 객관적, 합리적으로 판단하여야 한다.
(대판 2010.5.13, 2010다12043,12050)
판례 입법취지 : 공익사업을 위한 토지 등의 취득 및 보상에 관한 법률(이하 '공익사업법'이라고 한다) 제91조는 토지의 협의취득일로부터 10년 이내에 당해 사업의 폐지·변경 그 밖의 사유로 취득한 토지의 전부 또는 일부가 필요 없게 된 경우(제1항) 뿐만 아니라, 취득일로부터 5년 이내에 취득한 토지의 전부를 당해 사업에 이용하지 아니한 때(제2항)에도 취득일 당시의 토지소유자 등이 그 토지를 매수할 수 있는 환매권을 행사할 수 있도록 규정하고 있는바, 사업시행자가 공익사업에 필요하여 취득한 토지가 그 공익사업의 폐지·변경 등의 사유로 공익사업에 이용할 필요가 없게 된 것은 아니라고 하더라도, 사실상 그 전부를 공익사업에 이용하지도 아니할 토지를 미리 취득하여 두도록 허용하는 것은 공익사업법에 의하여 토지를 취득할 것을 인정한 원래의 취지에 어긋날 뿐 아니라 토지가 이용되지 아니한 채 방치되는 결과가 되어 사회경제적으로도 바람직한 일이 아니기 때문에, 취득한 토지가 공익

사업에 이용할 필요가 없게 되었을 때와 마찬가지로 보아 환매권의 행사를 허용하려는 것이 공익사업법 제91조 제2항의 입법취지라고 할 수 있다.(대판 2010.1.14, 2009다76270)

판례 협의취득 내지 수용 후 사업의 폐지나 변경이 있은 경우 환매권을 인정하는 대상으로 토지만을 규정하는 규정의 위헌성 여부 : 토지의 경우에는 공익사업이 폐지·변경되더라도 기본적으로 형상의 변경이 없는 반면, 건물은 그 경우 통상 철거되거나 그렇지 않더라도 형상의 변경이 있게 된다. 또 토지에 대해서는 보상이 이루어지더라도 수용당한 소유자에게 감정상의 손실 등이 남아있게 되나, 건물의 경우 정당한 보상이 주어졌다면 그러한 손실이 남아있는 경우는 드물다. 따라서 토지에 대해서는 그 존속가치를 보장해 주기 위해 공익사업의 폐지·변경 등으로 토지가 불필요하게 된 경우 환매권이 인정되어야 할 것이나, 건물에 대해서는 그 존속가치를 보장하기 위하여 환매권을 인정하여야 할 필요성이 없거나 매우 적다. 따라서 건물에 대한 환매권을 인정하지 않는 입법이 자의적인 것이라거나 정당한 입법목적을 벗어난 것이라 할 수 없고, 이미 정당한 보상을 받은 건물소유자의 입장에서는 해당 건물을 반드시 환매 받아야 할만한 중요한 사익이 있다고 보기 어려우며, 건물에 대한 환매권이 부인된다고 해서 종전 건물소유자의 자유실현에 여하한 지장을 초래한다고 볼 수 없다. 이러한 이유로 건물에 대한 환매권을 인정할 실익이 없다.
(헌재결 2005.5.26, 2004헌가10 전원재판부)

제92조【환매권의 통지 등】 ① 사업시행자는 제91조제1항 및 제2항에 따라 환매할 토지가 생겼을 때에는 지체 없이 그 사실을 환매권자에게 통지하여야 한다. 다만, 사업시행자가 과실 없이 환매권자를 알 수 없을 때에는 대통령령으로 정하는 바에 따라 공고하여야 한다.
② 환매권자는 제1항에 따른 통지를 받은 날 또는 공고를 한 날부터 6개월이 지난 후에는 제91조제1항 및 제2항에도 불구하고 환매권을 행사하지 못한다.

제9장 벌 칙

(2011.8.4 본장개정)

제93조【벌칙】 ① 거짓이나 그 밖의 부정한 방법으로 보상금을 받은 자 또는 그 사실을 알면서 보상금을 지급한 자는 5년 이하의 징역 또는 3천만원 이하의 벌금에 처한다.
② 제1항에 규정된 죄의 미수범은 처벌한다.

제93조의2【벌칙】 제63조제3항을 위반하여 토지로 보상받기로 결정된 권리(제63조제4항에 따라 현금으로 보상받을 권리를 포함한다)를 전매한 자는 3년 이하의 징역 또는 1억원 이하의 벌금에 처한다.(2020.4.7 본조신설)

제94조 (2007.10.17 삭제)

제95조【벌칙】 제58조제1항제2호에 따라 감정평가를 의뢰받은 감정평가법인등이나 그 밖의 감정인으로서 거짓이나 그 밖의 부정한 방법으로 감정평가를 한 자는 2년 이하의 징역 또는 1천만원 이하의 벌금에 처한다.
(2020.4.7 본조개정)

제95조의2【벌칙】 다음 각 호의 어느 하나에 해당하는 자는 1년 이하의 징역 또는 1천만원 이하의 벌금에 처한다.
1. 제12조제1항을 위반하여 장해물 제거등을 한 자
2. 제43조를 위반하여 토지 또는 물건을 인도하거나 이전하지 아니한 자
(2015.1.6 본조신설)

제96조【벌칙】 제25조제1항 또는 제2항 전단을 위반한 자는 1년 이하의 징역 또는 500만원 이하의 벌금에 처한다.

제97조【벌칙】 다음 각 호의 어느 하나에 해당하는 자는 200만원 이하의 벌금에 처한다.
1. 제9조제2항 본문을 위반하여 특별자치도지사, 시장·군수 또는 구청장의 허가를 받지 아니하고 타인이 점유하는 토지에 출입하거나 출입하게 한 사업시행자
2. 제11조(제27조제2항에 따라 준용되는 경우를 포함한다)를 위반하여 사업시행자 또는 감정평가법인등의 행위를 방해한 토지점유자(2020.4.7 본호개정)
3.~4. (2015.1.6 삭제)

제98조【양벌규정】 법인의 대표자나 법인 또는 개인의 대리인, 사용인, 그 밖의 종업원이 그 법인 또는 개인의 업무에 관하여 제93조, 제93조의2, 제95조, 제95조의2, 제96조 또는 제97조의 어느 하나에 해당하는 위반행위를 하면 그 행위자를 벌하는 외에 그 법인 또는 개인에게도 해당 조문의 벌금형을 과(科)한다. 다만, 법인이나 개인이 그 위반행위를 방지하기 위하여 해당 업무에 관하여 상당한 주의와 감독을 게을리하지 아니한 경우에는 그러하지 아니하다.(2022.2.3 본문개정)

제99조【과태료】 ① 다음 각 호의 어느 하나에 해당하는 자에게는 200만원 이하의 과태료를 부과한다.
1. 제58조제1항제1호에 규정된 자료로서 정당한 사유 없이 출석이나 진술을 하지 아니하거나 거짓으로 진술한 자
2. 제58조제1항제1호에 따라 의견서 또는 자료 제출을 요구받고 정당한 사유 없이 이를 제출하지 아니하거나 거짓 의견서 또는 자료를 제출한 자
3. 제58조제1항제2호에 따라 감정평가를 의뢰받거나 출석 또는 진술을 요구받고 정당한 사유 없이 이에 따르지 아니한 감정평가법인등이나 그 밖의 감정인(2020.4.7 본호개정)
4. 제58조제1항제3호에 따른 실지조사를 거부, 방해 또는 기피한 자
② 제1항에 따른 과태료는 대통령령으로 정하는 바에 따라 국토교통부장관이나 시·도지사가 부과·징수한다.
(2013.3.23 본항개정)

부 칙 (2007.10.17)

① **【시행일】** 이 법은 공포 후 6개월이 경과한 날부터 시행한다. 다만, 제63조제1항 단서·제2항부터 제5항까지·제70조제5항 및 제78조제7항의 개정규정은 공포한 날부터 시행한다.
② **【잔여지 등의 매수 및 수용청구 등에 관한 적용례】** 제70조제5항·제73조제1항 단서·제2항·제3항·제5항·제74조제1항·제75조의2·제78조제4항·제8항·제78조의2·제79조제1항 단서·제3항·제5항부터 제7항까지 및 제82조제1항 단서·제2항 단서의 개정규정은 이 법 시행 후 제15조(제26조제1항에 따라 준용되는 경우를 포함한다)에 따라 보상계획을 공고하고 토지소유자 및 관계인에게 보상계획을 통지하는 분부터 적용한다. 다만, 제70조제5항의 개정규정 중 제70조제4항에 따라 사업인정 후 취득하는 토지에 대하여는 이 법 시행 후 공익사업의 계획 또는 시행이 공고 또는 고시되는 사업분부터 적용한다.
③ **【보존등기 등이 되어 있지 아니한 토지등에 대한 보상의 특례에 관한 경과조치】** 이 법 시행 전에 종전의 제18조에 따라 확인서를 발급받았거나 발급신청을 한 경우에는 제18조의 개정규정에도 불구하고 종전의 규정에 따른다.
④ **【벌칙에 관한 경과조치】** 이 법 시행 전의 행위(부칙 제3항에 따라 확인서를 발급받거나 이를 행사한 경우를 포함한다)에 대한 벌칙의 적용에 있어서는 종전의 규정에 따른다.

부 칙 (2015.12.29)

제1조【시행일】 이 법은 공포한 날부터 시행한다. 다만, 제21조의 개정규정은 공포 후 6개월이 경과한 날부터 시행한다.
제2조【의견청취에 관한 적용례】 제21조제2항의 개정규정은 같은 개정규정 시행 후 최초로 관계 법률에 따라 사업인정이 의제되는 지구지정·사업계획승인 등을 하는 경우부터 적용한다.
제3조【공익사업에 관한 경과조치】 이 법 시행 당시 다른 법률에 따라 토지등을 수용하거나 사용할 수 있는 사업은 제4조제8호의 개정규정에도 불구하고 같은 개정규정에 따라 별표에 규정된 사업으로 본다.
제4조【결격사유에 관한 경과조치】 제54조제1항제1호의 개정규정에도 불구하고 법률 제10429호 민법 일부개정법률 부칙 제2조에 따라 금치산 또는 한정치산 선고의 효력이 유지되는 사람에 대하여는 종전의 규정을 적용한다.

부 칙 (2018.12.31)

제1조【시행일】 이 법은 공포 후 6개월이 경과한 날부터 시행한다. 다만, 제27조(제3항의 개정규정은 제외한다), 제52조제6항 단서, 제53조제4항 단서 및 제97조제2호의 개정규정은 공포한 날부터 시행한다.
제2조【보상계획의 열람 등에 관한 적용례】 제15조제3항 단서 및 제27조제3항의 개정규정은 이 법 시행 후 최초로 보상계획을 공고 또는 통지하는 경우부터 적용한다.
제3조【협의 및 의견청취 등에 관한 적용례】 제21조의 개정규정은 이 법 시행 후 최초로 제20조에 따른 사업인정을 하거나 관계 법률에 따라 사업인정이 의제되는 지구지정·사업계획승인 등을 하는 경우부터 적용한다.
제4조【행정소송의 제기에 관한 적용례】 제85조제1항의 개정규정은 이 법 시행 후 최초로 제34조 또는 제84조에 따른 재결서 정본을 받은 자부터 적용한다.

부 칙 (2019.8.27)

제1조【시행일】 이 법은 공포 후 1년이 경과한 날부터 시행한다.(이하 생략)

부 칙 (2020.1.29 법16902호)
(2020.1.29 법16904호)

제1조【시행일】 이 법은 공포 후 6개월이 경과한 날부터 시행한다.(이하 생략)

부 칙 (2020.4.7 법17219호)

제1조【시행일】 이 법은 공포 후 3개월이 경과한 날부터 시행한다.(이하 생략)

부 칙 (2020.4.7 법17225호)

이 법은 공포 후 6개월이 경과한 날부터 시행한다.

부 칙 (2020.6.9)

이 법은 공포한 날부터 시행한다.(이하 생략)

부 칙 (2021.1.5)

제1조【시행일】 이 법은 공포한 날부터 시행한다. 다만, 별표 제111호의 개정규정은 공포 후 6개월이 경과한 날부터 시행한다.
제2조【공공주택건설사업에 관한 적용례】 별표 제11호의 개정규정은 이 법 시행 후 최초로 주택건설사업계획의 승인고시가 있는 경우부터 적용한다.

부 칙 (2021.4.13)

이 법은 공포 후 6개월이 경과한 날부터 시행한다.

부 칙 (2021.6.15)

제1조【시행일】 이 법은 공포 후 1년이 경과한 날부터 시행한다.(이하 생략)

부 칙 (2021.7.20)

이 법은 공포 후 2개월이 경과한 날부터 시행한다. 다만, 법률 제18044호 공익사업을 위한 토지 등의 취득 및 보상에 관한 법률 일부개정법률 별표 제2호의 개정규정은 2021년 10월 14일부터 시행한다.

부 칙 (2021.8.10)

제1조【시행일】 이 법은 공포한 날부터 시행한다.
제2조【사업의 완료 신고에 관한 적용례】 제24조의2의 개정규정은 이 법 시행 당시 시행 중인 공익사업에도 적용한다.
제3조【환매권의 발생 및 행사기간에 관한 적용례】 제91조제1항의 개정규정은 이 법 시행 당시 환매권을 행사할 수 있는 경우에도 적용한다.

부 칙 (2022.2.3)

제1조【시행일】 이 법은 공포 후 6개월이 경과한 날부터 시행한다.
제2조【토지로 보상받을 수 있는 자에 관한 적용례】 ① 제63조제1항의 개정규정은 이 법 시행 후 최초로 제15조(제26조제1항에 따라 준용되는 경우를 포함한다)에 따라 보상계획을 공고하거나 토지소유자 및 관계인에게 보상계획을 통지하는 경우부터 적용한다.
② 제63조제3항의 개정규정은 이 법 시행 당시 보상계약을 체결하였으나 보상대상 토지가 확정되지 아니한 경우부터 적용한다.
제3조【이주대책에 관한 적용례】 제78조제5항의 개정규정은 이 법 시행 당시 이주대책의 실시에 따른 주택지 또는 주택을 공급받기로 결정되었으나 공급대상 주택지 또는 주택이 확정되지 아니한 경우부터 적용한다.

부 칙 (2023.4.18)

이 법은 공포한 날부터 시행한다.

부 칙 (2023.8.8)

제1조【시행일】 이 법은 2024년 5월 17일부터 시행한다.(이하 생략)

부 칙 (2023.10.24)

이 법은 공포 후 6개월이 경과한 날부터 시행한다.

부 칙 (2024.1.9)

이 법은 공포한 날부터 시행한다.

[별표] ➡「法典 別冊」참조

공익사업을 위한 토지 등의 취득 및 보상에 관한 법률 시행령

(2002년 12월 30일 대통령령 제17854호)

개정
2003.11.29영18146호(주택법시)
2003.11.29영18147호(항만공사법시)
2003.12.30영18207호(한국철도시설공단법시)
2004.11. 3영18580호(한국철도공사법시)
2005.12.28영19206호(부산교통공단법시폐지령)
2006. 3.24영19409호
2006. 4.28영19463호(한국농촌관리기금시)
2007.12.31영20506호(전자업무활성화)
2008. 2.29영20722호(직제)
2008. 4.17영20771호
2009. 4.21영21445호(보금자리주택시)
2009. 6.26영21565호(한국농어촌공사및농지관리기금법시)
2009. 7.27영21641호(국유재산시)
2009. 9.21영21744호(한국토지주택공사시)
2009.11.10영21818호
2009.12.14영21881호(측량 · 수로지적시)
2009.12.24영21904호(한국환경공단법시)
2011. 8.11영23073호(한국컨테이너부두공단법시폐지령)
2011.12.28영23425호 2012.11.27영24209호
2013. 3.23영24443호(직제)
2013. 5.28영24544호 2013.12.24영25023호
2013.12.30영25050호(행정규제재검토에따른일부개정령)
2014. 1.17영25104호(측량 · 수로지적시)
2014. 4.29영25339호(공공주택건설등에관한특별법시)
2014. 8. 6영25532호(민감정보고유식별정보)
2014.12.23영25883호
2015. 6. 1영26302호(공간정보구축관리시)
2015.12.28영26762호(공공주택특별법시)
2016. 1. 6영26867호
2016. 1.22영26922호(제주자치법시)
2016. 8.31영27471호(부동산가격공시에관한법시)
2016. 8.31영27472호(감정평가감정평가사시)
2016. 8.31영27473호(한국감정원법시)
2016.12.30영27751호(규제기한설정)
2017. 3.29영27972호(공항시설법시)
2017. 6.20영28136호 2018. 4.17영28806호
2019. 6.25영29916호
2020. 8.26영30977호(양식산업발전법시)
2020. 9.10영31012호(국가철도공단법시)
2020.11.24영31169호(공공기관의운영에관한법시)
2020.12. 8영31243호(한국부동산원법시)
2021.11.23영32150호 2022. 5. 9영32638호
2022. 6.14영32697호(댐건설 · 관리및주변지역지원등에관한법시)

제1장 총 칙
(2013.5.28 본장개정)

제1조【목적】 이 영은 「공익사업을 위한 토지 등의 취득 및 보상에 관한 법률」에서 위임된 사항과 그 시행에 필요한 사항을 규정함을 목적으로 한다.

제2조【개선요구 등에 관한 처리 결과의 확인】 「공익사업을 위한 토지 등의 취득 및 보상에 관한 법률」(이하 "법"이라 한다) 제49조에 따른 중앙토지수용위원회(이하 "중앙토지수용위원회"라 한다)는 관계 중앙행정기관의 장에게 법 제4조의3제1항에 따라 개선을 요구하거나 의견을 제출한 사항의 처리결과를 확인하기 위해 관련 자료의 제출을 요청할 수 있다.(2019.6.25 본조신설)

제3조【통지】 법 제6조에 따른 통지는 서면으로 하여야 한다. 다만, 법 제12조제3항에 따른 통지는 말로 할 수 있다.(2019.6.25 본문개정)

제4조【송달】 ① 법 제6조에 따른 서류의 송달은 해당 서류를 송달받을 자에게 교부하거나 국토교통부령으로 정하는 방법으로 한다.
② 제1항에 따른 송달에 관하여는 「민사소송법」 제178조부터 제183조까지, 제186조, 제191조 및 제192조를 준용한다.
③ 제1항에 따라 서류를 송달할 때 다음 각 호의 어느 하나에 해당하는 경우에는 공시송달을 할 수 있다.
1. 송달받을 자를 알 수 없는 경우
2. 송달받을 자의 주소 · 거소 또는 그 밖에 송달할 장소를 알 수 없는 경우
3. 「민사소송법」 제191조에 따를 수 없는 경우
④ 제3항에 따라 공시송달을 하려는 자는 토지등의 소재지를 관할하는 시장(「제주특별자치도 설치 및 국제자유도시 조성을 위한 특별법」 제10조제2항에 따른 행정시(이하 "행정시"라 한다)의 시장을 포함한다. 이하 이 조에서 같다) · 군수 또는 구청장(자치구가 아닌 구의 구청장을 포함한다. 이하 이 조에서 같다)에게 해당 서류를 송부하여야 한다.(2016.1.22 본항개정)
⑤ 시장 · 군수 또는 구청장은 제4항에 따라 송부된 서류를 받았을 때에는 그 서류의 사본을 해당 시(행정시를 포함한다) · 군 또는 구(자치구가 아닌 구를 포함한다)의 게시판 및 홈페이지와 사업시행자의 홈페이지에 게시하여야 한다.(2016.1.6 본항개정)
⑥ 제5항에 따라 서류의 사본을 게시한 경우 그 게시일부터 14일이 지난 날에 해당 서류가 송달받을 자에게 송달된 것으로 본다.

제5조【대리인】 법 제7조에 따른 대리인은 서면으로 그 권한을 증명하여야 한다.

제6조【서류의 발급신청】 법 제8조제1항에 따라 사업시행자가 공익사업의 수행을 위하여 필요한 서류의 발급을 국가나 지방자치단체에 신청할 때에는 다음 각 호의 사항을 적은 신청서(전자문서로 된 신청서를 포함한다)를 제출하여야 한다.(2016.12.30 본문개정)
1. 사업시행자의 성명 또는 명칭 및 주소
2. 공익사업의 종류 및 명칭
3. 대상 토지등의 표시
4. 발급이 필요한 서류의 종류 및 수량
5. 서류의 사용용도

제6조의2【손실보상 재결의 신청】 법 제9조제7항에 따라 재결을 신청하려는 자는 국토교통부령으로 정하는 손실보상재결신청서에 다음 각 호의 사항을 적어 법 제51조에 따른 관할 토지수용위원회(이하 "관할 토지수용위원회"라 한다)에 제출하여야 한다.
1. 재결의 신청인과 상대방의 성명 또는 명칭 및 주소
2. 공익사업의 종류 및 명칭
3. 손실 발생사실
4. 손실보상액과 그 명세
5. 협의의 경위

제2장 협의에 의한 취득 또는 사용
(2013.5.28 본장개정)

제7조【토지조서 및 물건조서 등의 작성】 ① 사업시행자는 공익사업의 계획이 확정되었을 때에는 「공간정보의 구축 및 관리 등에 관한 법률」에 따른 지적도 또는 임야도에 대상 물건인 토지를 표시한 용지도(用地圖)와 토지등에 관한 공부(公簿)의 조사 결과 및 현장조사 결과를 적은 기본조사서를 작성해야 한다.(2021.11.23 본항개정)
② 사업시행자는 제1항에 따라 작성된 용지도와 기본조사서를 기본으로 하여 법 제14조제1항에 따른 토지조서(이하 "토지조서"라 한다) 및 물건조서(이하 "물건조서"라 한다)를 작성해야 한다.(2021.11.23 본항개정)
③ 토지조서에는 다음 각 호의 사항이 포함되어야 한다.
1. 토지의 소재지 · 지번 · 지목 · 전체면적 및 편입면적과 현실적인 이용상황
2. 토지소유자의 성명 또는 명칭 및 주소
3. 토지에 관하여 소유권 외의 권리를 가진 자의 성명 또는 명칭 및 주소와 그 권리의 종류 및 내용
4. 작성일
5. 그 밖에 토지에 관한 보상금 산정에 필요한 사항
④ 물건조서에는 다음 각 호의 사항이 포함되어야 한다.
1. 물건(광업권 · 어업권 · 양식업권 또는 물의 사용에 관한 권리를 포함한다. 이하 같다)이 있는 토지의 소재지 및 지번(2020.8.26 본호개정)
2. 물건의 종류 · 구조 · 규격 및 수량
3. 물건소유자의 성명 또는 명칭 및 주소
4. 물건에 관하여 소유권 외의 권리를 가진 자의 성명 또는 명칭 및 주소와 그 권리의 종류 및 내용
5. 작성일
6. 그 밖에 물건에 관한 보상금 산정에 필요한 사항
⑤ 물건조서를 작성할 때 그 물건이 건축물인 경우에는 제4항 각 호의 사항 외에 건축물의 연면적과 편입면적을 적고, 그 실측평면도를 첨부하여야 한다. 다만, 실측한 편입면적이 건축물대장에 첨부된 건축물현황도에 따른 편입면적과 일치하는 경우에는 건축물현황도로 실측평면도를 갈음할 수 있다.
⑥ 제1항에 따른 기본조사서의 작성에 관한 세부사항은 국토교통부장관이 정하여 고시한다.(2021.11.23 본항신설)
⑦ 토지조서와 물건조서의 서식은 국토교통부령으로 정한다.

제8조【협의의 절차 및 방법 등】 ① 사업시행자는 법 제16조에 따른 협의를 하려는 경우에는 국토교통부령으로 정하는 보상협의요청서에 다음 각 호의 사항을 적어 토지소유자 및 관계인에게 통지하여야 한다. 다만, 토지소유자 및 관계인을 알 수 없거나 그 주소 · 거소 또는 그 밖에 통지할 장소를 알 수 없을 때에는 제2항에 따른 공고로 통지를 갈음할 수 있다.
1. 협의기간 · 협의장소 및 협의방법
2. 보상의 시기 · 방법 · 절차 및 금액
3. 계약체결에 필요한 구비서류
② 제1항 각 호 외의 부분 단서에 따른 공고는 사업시행자가 공고할 서류를 토지등의 소재지를 관할하는 시장(행정시의 시장을 포함한다) · 군수 또는 구청장(자치구가 아닌 구의 구청장을 포함한다)에게 송부하여 해당 시(행정시를 포함한다) · 군 또는 구(자치구가 아닌 구를 포함한다)의 게시판 및 홈페이지와 사업시행자의 홈페이지에 14일 이상 게시하는 방법으로 한다.(2016.1.6 본항개정)
③ 제1항제1호에 따른 협의기간은 특별한 사유가 없으면 30일 이상으로 하여야 한다.
④ 법 제17조에 따라 체결되는 계약의 내용에는 계약의 해지 또는 변경에 관한 사항과 이에 따르는 보상액의 환수 및 원상복구 등에 관한 사항이 포함되어야 한다.
⑤ 사업시행자는 제1항제1호에 따른 협의기간에 협의가 성립되지 아니한 경우에는 국토교통부령으로 정하는 협의경위서에 다음 각 호의 사항을 적어 토지소유자 및 관계인의 서명 또는 날인을 받아야 한다. 다만, 사업시행자는 토지소유자 및 관계인이 정당한 사유 없이 서명 또는 날인을 거부하거나 토지소유자 및 관계인을 알 수 없거나 그 주소 · 거소, 그 밖에 통지할 장소를 알 수 없는 등의 사유로 서명 또는 날인을 받을 수 없는 경우에는 서명 또는 날인을 받지 아니하되, 해당 협의경위서에 그 사유를 기재하여야 한다.
1. 협의의 일시 · 장소 및 방법
2. 대상 토지의 소재지 · 지번 · 지목 및 면적과 토지에 있는 물건의 종류 · 구조 및 수량
3. 토지소유자 및 관계인의 성명 또는 명칭 및 주소
4. 토지소유자 및 관계인의 구체적인 주장내용과 이에 대한 사업시행자의 의견
5. 그 밖에 협의와 관련된 사항

제9조 (2008.4.17 삭제)

제3장 수용에 의한 취득 또는 사용
(2013.5.28 본장개정)

제1절 수용 또는 사용의 절차

제10조【사업인정의 신청】 ① 법 제20조제1항에 따른 사업인정(이하 "사업인정"이라 한다)을 받으려는 자는 국토교통부령으로 정하는 사업인정신청서(이하 "사업인정신청서"라 한다)에 다음 각 호의 사항을 적어 특별시장 · 광역시장 · 도지사 또는 특별자치도지사(이하 "시 · 도지사"라 한다)를 거쳐 국토교통부장관에게 제출하여야 한다. 다만, 사업시행자가 국가인 경우에는 해당 사업을 시행할 관계 중앙행정기관의 장이 직접 사업인정신청서를 국토교통부장관에게 제출할 수 있다.
1. 사업시행자의 성명 또는 명칭 및 주소
2. 사업의 종류 및 명칭
3. 사업예정지
4. 사업인정을 신청하는 사유
② 사업인정신청서에는 다음 각 호의 서류 및 도면을 첨부하여야 한다.
1. 사업계획서
2. 사업예정지 및 사업계획을 표시한 도면
3. 사업예정지 안에 법 제19조제2항에 따른 토지등이 있는 경우에는 그 토지등에 관한 조서 · 도면 및 해당 토지등의 관리자의 의견서
4. 사업예정지 안에 있는 토지의 이용이 다른 법령에 따라 제한된 경우에는 해당 법령의 시행에 관하여 권한 있는 행정기관의 장의 의견서
5. 사업의 시행에 관하여 행정기관의 면허 또는 인가, 그 밖의 처분이 필요한 경우에는 그 처분사실을 증명하는 서류 또는 해당 행정기관의 장의 의견서
6. 토지소유자 또는 관계인과의 협의내용을 적은 서류(협의를 한 경우로 한정한다)
7. 수용 또는 사용할 토지의 세목(토지 외의 물건 또는 권리를 수용하거나 사용할 경우에는 해당 물건 또는 권리가 소재하는 토지의 세목을 말한다)을 적은 서류
8. 해당 공익사업의 공공성, 수용의 필요성 등에 대해 중앙토지수용위원회가 정하는 바에 따라 작성한 사업시행자의 의견서(2019.6.25 본호신설)

제11조【의견청취 등】 ① 법 제21조제1항에 따라 국토교통부장관으로부터 사업인정에 관한 협의를 요청받은 관계 중앙행정기관의 장 또는 시 · 도지사는 특별한 사유가 없으면 협의를 요청받은 날부터 7일 이내에 국토교통부장관에게 의견을 제시하여야 한다.(2018.4.17 본항개정)
② 국토교통부장관 또는 법 별표에 규정된 법률에 따라 사업인정이 있는 것으로 의제되는 공익사업의 허가 · 인가 · 승인권자 등은 법 제21조제1항 및 제2항에 따라 사업인정에 관하여 이해관계가 있는 자의 의견을 들으려는 경우에는 사업인정신청서(법 별표에 규정된 법률에 따라 사업인정이 있는 것으로 의제되는 공익사업의 경우에는 허가 · 인가 · 승인 등 신청서를 말한다) 및 관계 서류의 사본을 토지등의 소재지를 관할하는 시장(행정시의 시장을 포함한다. 이하 이 조에서 같다) · 군수 또는 구청장(자치구가 아닌 구의 구청장을 포함한다. 이하 이 조에서 같다)에게 송부(전자문서에 의한 송부를 포함한다. 이하 이 조에서 같다)하여야 한다.(2018.4.17 본항개정)
③ 시장 · 군수 또는 구청장은 제2항에 따라 송부된 서류를 받았을 때에는 지체 없이 다음 각 호의 사항을 시(행정시를 포함한다) · 군 또는 구(자치구가 아닌 구를 포함한다)의 게시판에 공고하고, 공고한 날부터 14일 이상 그 서류를 일반인이 열람할 수 있도록 하여야 한다.
1. 사업시행자의 성명 또는 명칭 및 주소
2. 사업의 종류 및 명칭
3. 사업예정지
④ 시장 · 군수 또는 구청장은 제3항에 따른 공고를 한 경우에는 그 공고의 내용과 의견이 있으면 의견서를 제출할 수 있다는 뜻을 토지소유자 및 관계인에게 통지(토지소유자 및 관계인이 원하는 경우에는 전자문서에 의한 통지를 포함한다. 이하 이 항에서 같다)하여야 한다. 다만, 통지받을 자를 알 수 없거나 그 주소 · 거소 또는 그 밖에 통지할 장소를 알 수 없을 때에는 그러하지 아니하다.
⑤ 토지소유자 및 관계인, 그 밖에 사업인정에 관하여 이해관계가 있는 자는 제3항에 따른 열람기간에 해당 시장 · 군수 또는 구청장에게 의견서를 제출(전자문서에 의한 제출을 포함한다)할 수 있다.

⑥ 시장·군수 또는 구청장은 제3항에 따른 열람기간이 끝나면 제5항에 따라 제출된 의견서를 지체 없이 국토교통부장관 또는 법 별표에 규정된 법률에 따라 사업인정이 있는 것으로 의제되는 공익사업의 허가·인가·승인권자 등에게 송부하여야 하며, 제출된 의견서가 없는 경우에는 그 사실을 통지(전자문서에 의한 통지를 포함한다)하여야 한다.(2018.4.17 본항개정)

제11조의2【검토사항】 법 제21조제3항에서 "대통령령으로 정하는 사항"이란 다음 각 호의 사항을 말한다.
1. 해당 공익사업이 근거 법률의 목적, 상위 계획 및 시행 절차 등에 부합하는지 여부
2. 사업시행자의 재원 및 해당 공익사업의 근거 법률에 따른 법적 지위 확보 등 사업수행능력 여부

(2019.6.25 본조신설)

제11조의3【사업인정의 통지 등】 ① 국토교통부장관은 법 제22조제1항에 따라 사업시행자에게 사업인정을 통지하는 경우 법 제21조제1항에 따른 중앙토지수용위원회와의 협의 결과와 중앙토지수용위원회의 의견서를 함께 통지해야 한다.

② 법 별표에 규정된 법률에 따라 사업인정이 있는 것으로 의제되는 공익사업의 허가·인가·승인권자 등은 사업인정이 의제되는 지구지정·사업계획승인 등을 할 때 법 제21조제2항에 따른 중앙토지수용위원회와의 협의 결과와 중앙토지수용위원회의 의견서를 함께 통지해야 한다.

(2019.6.25 본조신설)

제12조【재결의 신청】 ① 사업시행자는 법 제28조제1항 및 제30조제2항에 따라 재결을 신청하는 경우에는 국토교통부령으로 정하는 재결신청서에 다음 각 호의 사항을 적어 관할 토지수용위원회에 제출하여야 한다.
1. 공익사업의 종류 및 명칭
2. 사업인정의 근거 및 고시일
3. 수용하거나 사용할 토지의 소재지·지번·지목 및 면적(물건의 경우에는 물건의 소재지·지번·종류·구조 및 수량)
4. 수용하거나 사용할 토지에 물건이 있는 경우에는 물건의 소재지·지번·종류·구조 및 수량
5. 토지를 사용하려는 경우에는 그 사용의 방법 및 기간
6. 토지소유자 및 관계인의 성명 또는 명칭 및 주소
7. 보상액 및 그 명세
8. 수용 또는 사용의 개시예정일
9. 청구인의 성명 또는 명칭 및 주소와 청구일(법 제30조제2항에 따라 재결을 신청하는 경우로 한정한다)
10. 법 제21조제1항 및 제2항에 따른 중앙토지수용위원회와의 협의 결과(2019.6.25 본호신설)
11. 토지소유자 및 관계인과 협의가 성립된 토지나 물건에 관한 다음 각 목의 사항
   가. 토지의 소재지·지번·지목·면적 및 보상금 내역
   나. 물건의 소재지·지번·종류·구조·수량 및 보상금 내역

(2019.6.25 본호신설)

② 제1항의 재결신청서에는 다음 각 호의 서류 및 도면을 첨부하여야 한다.
1. 토지조서 또는 물건조서
2. 협의경위서
3. 사업계획서
4. 사업예정지 및 사업계획을 표시한 도면
5. 법 제21조제5항에 따른 중앙토지수용위원회의 의견서(2019.6.25 본호신설)

③ 사업시행자는 법 제63조제7항에 따라 보상금을 채권으로 지급하려는 경우에는 제2항에 따른 서류 및 도면 외에 채권으로 보상금을 지급할 수 있는 경우에 해당함을 증명하는 서류와 다음 각 호의 사항을 적은 서류를 첨부하여야 한다.
1. 채권으로 보상하는 보상금의 금액
2. 채권원금의 상환방법 및 상환기일
3. 채권의 이자율과 이자의 지급방법 및 지급기일

제13조【협의 성립 확인의 신청】 ① 사업시행자는 법 제29조제1항에 따라 협의 성립의 확인을 신청하려는 경우에는 국토교통부령으로 정하는 협의성립확인신청서에 다음 각 호의 사항을 적어 관할 토지수용위원회에 제출하여야 한다.
1. 협의가 성립된 토지의 소재지·지번·지목 및 면적
2. 협의가 성립된 물건의 소재지·지번·종류·구조 및 수량
3. 토지 또는 물건을 사용하는 경우에는 그 방법 및 기간
4. 토지 또는 물건의 소유자 및 관계인의 성명 또는 명칭 및 주소
5. 협의에 의하여 취득하거나 소멸되는 권리의 내용과 그 권리의 취득 또는 소멸의 시기
6. 보상액 및 그 지급일

② 제1항의 협의성립확인신청서에는 다음 각 호의 서류를 첨부하여야 한다.
1. 토지소유자 및 관계인의 동의서
2. 계약서
3. 토지조서 및 물건조서
4. 사업계획서

③ 법 제29조제3항에서 "대통령령으로 정하는 사항"이란 제1항 각 호의 사항을 말한다.

제14조【재결 신청의 청구 등】 ① 토지소유자 및 관계인은 법 제30조제1항에 따라 재결 신청을 청구하려는 경우에는 제8조제1항제1호에 따른 협의기간이 지난 후 국토교통부령으로 정하는 바에 따라 다음 각 호의 사항을 적은 재결신청청구서를 사업시행자에게 제출하여야 한다.
1. 사업시행자의 성명 또는 명칭
2. 공익사업의 종류 및 명칭
3. 토지소유자 및 관계인의 성명 또는 명칭 및 주소
4. 대상 토지의 소재지·지번·지목 및 면적과 토지에 있는 물건의 종류·구조 및 수량
5. 협의가 성립되지 아니한 사유

② 법 제30조제3항에 따라 가산하여 지급하여야 하는 금액은 관할 토지수용위원회가 재결서에 적어야 하며, 사업시행자는 수용 또는 사용의 개시일까지 보상금과 함께 이를 지급하여야 한다.

제15조【재결신청서의 열람 등】 ① 관할 토지수용위원회는 법 제28조제1항에 따른 재결신청서를 접수하였을 때에는 법 제31조제1항에 따라 그 신청서 및 관계 서류의 사본을 토지등의 소재지를 관할하는 시장(행정시의 시장을 포함한다. 이하 이 조에서 같다)·군수 또는 구청장(자치구가 아닌 구의 구청장을 포함한다. 이하 이 조에서 같다)에게 송부하여 공고 및 열람을 의뢰하여야 한다.

② 시장·군수 또는 구청장은 제1항에 따라 송부된 서류를 받았을 때에는 지체 없이 재결신청 내용을 시(행정시를 포함한다)·군 또는 구(자치구가 아닌 구를 포함한다)의 게시판에 공고하고, 공고한 날부터 14일 이상 그 서류를 일반인이 열람할 수 있도록 하여야 한다. 다만, 시장·군수 또는 구청장이 천재지변이나 그 밖의 긴급한 사정으로 공고 및 열람 의뢰를 받은 날부터 14일 이내에 공고하지 못하거나 일반인이 열람할 수 있도록 하지 못하는 경우 관할 토지수용위원회는 직접 재결신청 내용을 공고(중앙토지수용위원회는 관보에, 지방토지수용위원회는 공보에 게재하는 방법으로 한다)하고, 재결신청서와 관계 서류의 사본을 일반인이 14일 이상 열람할 수 있도록 할 수 있다.(2019.6.25 단서개정)

③ 시장·군수·구청장 또는 관할 토지수용위원회는 제2항에 따른 공고를 한 경우에는 그 공고의 내용과 의견이 있으면 의견서를 제출할 수 있다는 뜻을 토지소유자 및 관계인에게 통지하여야 한다. 다만, 통지받을 자를 알 수 없거나 그 주소·거소 또는 그 밖에 통지할 장소를 알 수 없을 때에는 그러하지 아니하다.(2013.12.24 본문개정)

④ 토지소유자 또는 관계인은 제2항에 따른 열람기간에 해당 시장·군수·구청장 또는 관할 토지수용위원회(제2항 단서에 해당하는 경우로 한정한다)에 의견서를 제출할 수 있다.(2013.12.24 본항개정)

⑤ 시장·군수 또는 구청장은 제2항 본문에 따른 열람기간이 끝나면 제4항에 따라 제출된 의견서를 지체 없이 관할 토지수용위원회에 송부하여야 하며, 제출된 의견서가 없는 경우에는 그 사실을 통지하여야 한다.(2013.12.24 본항개정)

⑥ 관할 토지수용위원회는 상당한 이유가 있다고 인정하는 경우에는 제4항에도 불구하고 제2항에 따른 열람기간이 지난 후 제출된 의견서를 수리할 수 있다.

제16조【소위원회의 구성】 법 제33조제1항에 따른 소위원회의 위원 중에는 중앙토지수용위원회에는 국토교통부, 지방토지수용위원회에는 특별시·광역시·도 또는 특별자치도(이하 "시·도"라 한다) 소속 공무원인 위원이 1명씩 포함되어야 한다.

제17조【화해조서의 송달】 법 제49조에 따른 중앙토지수용위원회 또는 지방토지수용위원회(이하 "토지수용위원회"라 한다)는 법 제33조제1항에 따른 화해가 성립된 경우에는 법 제33조제2항에 따른 화해조서의 정본을 사업시행자·토지소유자 및 관계인에게 송달하여야 한다.

제18조【사용의 허가와 통지】 ① 사업시행자는 법 제38조제1항 본문에 따라 토지를 사용하려는 경우에는 공익사업의 종류 및 명칭, 사용하려는 토지의 구역과 사용의 방법 및 기간을 정하여 특별자치도지사, 시장·군수 또는 구청장(자치구의 구청장을 말한다)의 허가를 받아야 한다.

② 법 제38조제2항에서 "대통령령으로 정하는 사항"이란 제1항에 따른 사항을 말한다.

제19조【담보의 제공】 ① 법 제39조제1항에 따른 담보의 제공은 관할 토지수용위원회가 상당하다고 인정하는 금전 또는 유가증권을 공탁(供託)하는 방법으로 한다.

② 사업시행자는 제1항에 따라 금전 또는 유가증권을 공탁하였을 때에는 공탁서를 관할 토지수용위원회에 제출하여야 한다.

제2절 수용 또는 사용의 효과

제20조【보상금의 공탁】 ① 법 제40조제2항에 따른 공탁을 채권으로 하는 경우 그 금액은 법 제63조제7항에 따라 채권으로 지급할 수 있는 금액으로 한다.

② 사업시행자가 국가인 경우에는 법 제69조제1항에 따른 보상채권(이하 "보상채권"이라 한다)을 제34조제2항에 따른 보상채권취급기관으로부터 교부받아 공탁한다. 이 경우 보상채권의 발행일은 사업시행자가 제34조제2항에 따른 보상채권취급기관으로부터 보상채권을 교부받은 날이 속하는 달의 말일로 하며, 보상채권을 교부받은 날부터 보상채권 발행일의 전날까지의 이자는 현금으로 공탁하여야 한다.

제21조【권리를 승계한 자의 보상금 수령】 법 제40조제3항에 따라 보상금(공탁된 경우에는 공탁금을 말한다. 이하 이 조에서 같다)을 받는 자는 보상금을 받을 권리를 승계한 사실을 증명하는 서류를 사업시행자(공탁된 경우에는 공탁공무원을 말한다)에게 제출하여야 한다.

제22조【담보의 취득과 반환】 ① 법 제41조제2항에 따라 토지소유자 또는 관계인이 담보를 취득하려는 경우에는 미리 관할 토지수용위원회의 확인을 받아야 한다.

② 관할 토지수용위원회는 제1항에 따른 확인을 한 경우에는 확인서를 토지소유자 또는 관계인에게 발급하여야 한다.

③ 제2항에 따른 확인서에는 다음 각 호의 사항을 적고, 관할 토지수용위원회의 위원장이 기명날인하여야 한다.
1. 토지소유자 또는 관계인 및 사업시행자의 성명 또는 명칭 및 주소
2. 기일 내에 손실을 보상하지 아니한 사실
3. 취득할 담보의 금액
4. 제19조제2항에 따른 공탁서의 공탁번호 및 공탁일

④ 사업시행자가 토지소유자 또는 관계인에게 손실을 보상한 후 법 제39조제1항에 따라 제공한 담보를 반환받으려는 경우에 관하여는 제1항부터 제3항까지의 규정을 준용한다.

제4장 토지수용위원회

(2013.5.28 본장개정)

제23조【출석요구 등의 방법】 법 제58조제1항제1호 및 제2호에 따른 출석 또는 자료제출 등의 요구는 제4조제1항 및 제2항에 따른 송달의 방법으로 하여야 한다.

제24조【운영 및 심의방법 등】 ① 토지수용위원회에 토지수용위원회의 사무를 처리할 간사 1명 및 서기 몇 명을 둔다.

② 제1항에 따른 간사 및 서기는 중앙토지수용위원회의 경우에는 국토교통부 소속 공무원 중에서, 지방토지수용위원회의 경우에는 시·도 소속 공무원 중에서 해당 토지수용위원회의 위원장이 임명한다.

③ 위원장은 특히 필요하다고 인정하는 심의안건에 대해서는 위원 중에서 전담위원을 지정하여 예비심사를 하게 할 수 있다.

④ 이 영에서 규정한 사항 외에 토지수용위원회의 운영·문서처리·심의방법 및 기준 등에 관하여는 토지수용위원회가 따로 정할 수 있다.

제24조의2【재결정보체계 구축·운영 업무의 위탁】 ① 국토교통부장관은 법 제60조의2제2항 전단에 따라 재결정보체계의 구축·운영에 관한 업무를 다음 각 호의 어느 하나에 해당하는 기관에 위탁할 수 있다.
1. 「한국부동산원법」에 따른 한국부동산원(2020.12.8 본호개정)
2. 「감정평가 및 감정평가사에 관한 법률」 제33조에 따른 한국감정평가사협회

② 제1항에 따라 업무를 위탁받은 기관은 다음 각 호의 업무를 수행한다.
1. 재결정보체계의 개발·관리 및 보안
2. 재결정보체계와 관련된 컴퓨터·통신설비 등의 설치 및 관리
3. 재결정보체계와 관련된 정보의 수집 및 관리
4. 재결정보체계와 관련된 통계의 생산 및 관리
5. 재결정보체계의 운영을 위한 사용자교육
6. 그 밖에 재결정보체계의 구축 및 운영에 필요한 업무

③ 국토교통부장관은 제1항에 따라 업무를 위탁하는 경우 위탁받는 기관 및 위탁업무의 내용을 고시하여야 한다.

(2017.6.20 본조신설)

제5장 손실보상 등

(2013.5.28 본장개정)

제24조의3【토지로 보상받을 수 있는 자】 법 제63조제1항제1호 각 목 외의 부분 전단에서 "토지의 보유기간 등 대통령령으로 정하는 요건을 갖춘 자"란 공익사업을 위한 관계 법령에 따른 고시 등이 있은 날의 1년 전부터 계약체결일 또는 수용재결일까지 계속하여 토지를 소유한 자를 말한다.(2022.5.9 본조신설)

제25조【채권을 발행할 수 있는 사업시행자】 법 제63조제7항 각 호 외의 부분에서 "대통령령으로 정하는 「공공기관의 운영에 관한 법률」에 따라 지정·고시된 공공기관 및 공공단체"란 다음 각 호의 기관 및 단체를 말한다.
1. 「한국토지주택공사법」에 따른 한국토지주택공사
2. 「한국전력공사법」에 따른 한국전력공사
3. 「한국농어촌공사 및 농지관리기금법」에 따른 한국농어촌공사
4. 「한국수자원공사법」에 따른 한국수자원공사
5. 「한국도로공사법」에 따른 한국도로공사
6. 「한국관광공사법」에 따른 한국관광공사
7. 「공기업의 경영구조 개선 및 민영화에 관한 법률」에 따른 한국전기통신공사
8. 「한국가스공사법」에 따른 한국가스공사

9. 「국가철도공단법」에 따른 국가철도공단(2020.9.10 본호개정)
10. 「인천국제공항공사법」에 따른 인천국제공항공사
11. 「한국환경공단법」에 따른 한국환경공단
12. 「지방공기업법」에 따른 지방공사
13. 「항만공사법」에 따른 항만공사
14. 「한국철도공사법」에 따른 한국철도공사
15. 「산업집적활성화 및 공장설립에 관한 법률」에 따른 한국산업단지공단

제26조【부재부동산 소유자의 토지】 ① 법 제63조제7항제2호에 따른 부재부동산 소유자의 토지는 사업인정고시일 1년 전부터 다음 각 호의 어느 하나의 지역에 계속하여 주민등록을 하지 아니한 사람이 소유하는 토지로 한다.
1. 해당 토지의 소재지와 동일한 시(행정시를 포함한다. 이하 이 조에서 같다)·구(자치구를 말한다. 이하 이 조에서 같다)·읍·면(도농복합형태인 시의 읍·면을 포함한다. 이하 이 조에서 같다)
2. 제1호의 지역과 연접한 시·구·읍·면
3. 제1호 및 제2호 외의 지역으로서 해당 토지의 경계로부터 직선거리로 30킬로미터 이내의 지역(2013.12.24 본호신설)

② 제1항 각 호의 어느 하나의 지역에 주민등록을 하였으나 해당 지역에 사실상 거주하고 있지 아니한 사람이 소유하는 토지는 제1항에 따른 부재부동산 소유자의 토지로 본다. 다만, 다음 각 호의 어느 하나에 해당하는 사유로 거주하고 있지 아니한 경우에는 그러하지 아니하다.
1. 질병으로 인한 요양
2. 징집으로 인한 입영
3. 공무(公務)
4. 취학(就學)
5. 그 밖에 제1호부터 제4호까지에 준하는 부득이한 사유

③ 제1항에도 불구하고 다음 각 호의 어느 하나에 해당하는 토지는 부재부동산 소유자의 토지로 보지 아니한다.
1. 상속에 의하여 취득한 경우로서 상속받은 날부터 1년이 지나지 아니한 토지
2. 사업인정고시일 1년 전부터 계속하여 제1항 각 호의 어느 하나의 지역에 사실상 거주하고 있음을 국토교통부령으로 정하는 바에 따라 증명하는 사람이 소유하는 토지
3. 사업인정고시일 1년 전부터 계속하여 제1항 각 호의 어느 하나의 지역에서 사실상 영업하고 있음을 국토교통부령으로 정하는 바에 따라 증명하는 사람이 해당 영업을 하기 위하여 소유하는 토지

제27조【채권보상의 기준이 되는 보상금액 등】 ① 법 제63조제7항제2호에서 "대통령령으로 정하는 일정 금액" 및 법 제63조제8항 각 호 외의 부분에서 "대통령령으로 정하는 1억원 이상의 일정 금액"이란 1억원을 말한다.

② 사업시행자는 부재부동산 소유자가 사업시행자에게 토지를 양도함으로써 또는 토지가 수용됨으로써 발생하는 소득에 대하여 납부하여야 하는 양도소득세(양도소득세에 부가하여 납부하여야 하는 주민세와 양도소득세를 감면받는 경우 납부하여야 하는 농어촌특별세를 포함한다. 이하 이 항에서 같다) 상당 금액을 세무사의 확인을 받아 현금으로 지급하여 줄 것을 요청할 때에는 양도소득세 상당 금액을 제1항의 금액에 더하여 현금으로 지급하여야 한다.

제27조의2【토지투기가 우려되는 지역에서의 채권보상】 ① 법 제63조제8항 각 호 외의 부분에서 "대통령령으로 정하는 지역"이란 다음 각 호의 어느 하나에 해당하는 지역을 말한다.
1. 「부동산 거래신고 등에 관한 법률」 제10조에 따른 토지거래계약에 관한 허가구역이 속한 시(행정시를 포함한다. 이하 이 항에서 같다)·군 또는 구(자치구인 구를 말한다. 이하 이 항에서 같다)(2019.6.25 본호개정)
2. 제1호의 지역과 연접한 시·군 또는 구

② 법 제63조제8항 각 호 외의 부분에서 "대통령령으로 정하는 「공공기관의 운영에 관한 법률」에 따라 지정·고시된 공공기관 및 공공단체"란 다음 각 호의 기관 및 단체를 말한다.
1. 「한국토지주택공사법」에 따른 한국토지주택공사
2. 「한국관광공사법」에 따른 한국관광공사
3. 「산업집적활성화 및 공장설립에 관한 법률」에 따른 한국산업단지공단
4. 「지방공기업법」에 따른 지방공사

③ 법 제63조제8항제3호에서 "대통령령으로 정하는 사업"이란 다음 각 호의 사업을 말한다.
1. 「물류시설의 개발 및 운영에 관한 법률」에 따른 물류단지개발사업
2. 「관광진흥법」에 따른 관광단지조성사업
3. 「도시개발법」에 따른 도시개발사업
4. 「공공주택 특별법」에 따른 공공주택사업(2015.12.28 본호개정)
5. 「신행정수도 후속대책을 위한 연기·공주지역 행정중심복합도시 건설을 위한 특별법」에 따른 행정중심복합도시건설사업

제28조【시·도지사와 토지소유자의 감정평가법인등 추천】 ① 사업시행자는 법 제15조제1항에 따른 보상계획을 공고할 때에는 시·도지사와 토지소유자가 감정평가법인등(「감정평가 및 감정평가사에 관한 법률」 제2조제4호의 감정평가법인등을 말하며, 이하 "감정평가법인등"이라 한다)을 추천할 수 있다는 내용을 포함하여 공고하고, 보상 대상 토지가 소재하는 시·도의 시·도지사와 토지소유자에게 이를 통지해야 한다.(2021.11.23 본항개정)

② 법 제68조제2항에 따라 시·도지사와 토지소유자는 법 제15조제2항에 따른 보상계획의 열람기간 만료일부터 30일 이내에 사업시행자에게 감정평가법인등을 추천할 수 있다.(2021.11.23 본항개정)

③ 제2항에 따라 시·도지사가 감정평가법인등을 추천하는 경우에는 다음 각 호의 사항을 지켜야 한다.
(2021.11.23 본문개정)
1. 감정평가 수행능력, 소속 감정평가사의 수, 감정평가 실적, 징계 여부 등을 고려하여 추천대상 집단을 선정할 것
2. 추천대상 집단 중에서 추첨 등 객관적이고 투명한 절차에 따라 감정평가법인등을 선정할 것(2021.11.23 본호개정)
3. 제1호의 추천대상 집단 및 추천 과정을 이해당사자에게 공개할 것
4. 보상 대상 토지가 둘 이상의 시·도에 걸쳐 있는 경우에는 관계 시·도지사가 협의하여 감정평가법인등을 추천할 것(2021.11.23 본호개정)

④ 제2항에 따라 감정평가법인등을 추천하려는 토지소유자는 보상 대상 토지면적의 2분의 1 이상에 해당하는 토지소유자와 보상 대상 토지의 토지소유자 총수의 과반수의 동의를 받은 사실을 증명하는 서류를 첨부하여 사업시행자에게 감정평가법인등을 추천해야 한다. 이 경우 토지소유자는 감정평가법인등 1인에 대해서만 동의할 수 있다.
(2021.11.23 본항개정)

⑤ 제2항에 따라 감정평가법인등을 추천하려는 토지소유자는 해당 시·도지사와 「감정평가 및 감정평가사에 관한 법률」 제33조에 따른 한국감정평가사협회에 감정평가법인등을 추천하는 데 필요한 자료를 요청할 수 있다.
(2021.11.23 본항개정)

⑥ 제4항 전단에 따라 보상 대상 토지면적과 토지소유자 총수를 계산할 때 제2항에 따라 감정평가법인등 추천 의사표시를 하지 않은 국유지 또는 공유지는 보상 대상 토지면적과 토지소유자 총수에서 제외한다.(2021.11.23 본항개정)

⑦ 국토교통부장관은 제3항에 따른 시·도지사의 감정평가법인등 추천에 관한 사항에 관하여 표준지침을 작성하여 보급할 수 있다.(2021.11.23 본항개정)
(2021.11.23 본조제목개정)

제29조【보상채권의 발행대상사업】 법 제69조제1항 각 호 외의 부분에서 "대통령령으로 정하는 공익사업"이란 다음 각 호의 사업을 말한다.
1. 「댐건설·관리 및 주변지역지원 등에 관한 법률」에 따른 댐건설사업(2022.6.14 본호개정)
2. 「수도법」에 따른 수도사업
3. 「인천국제공항공사법」에 따른 공항건설사업
4. 「공항시설법」에 따른 공항개발사업(2017.3.29 본호개정)

제30조【보상채권의 발행절차】 ① 법 제69조제1항 각 호의 회계를 관리하는 관계 중앙행정기관의 장은 보상채권의 발행이 필요한 경우에는 보상채권에 관한 다음 각 호의 사항을 명시하여 그 발행을 기획재정부장관에게 요청하여야 한다.
1. 발행한도액
2. 발행요청액
3. 액면금액의 종류
4. 이자율
5. 원리금 상환의 방법 및 시기
6. 그 밖에 필요한 사항

② 기획재정부장관은 법 제69조제2항에 따라 보상채권을 발행하는 경우에는 이에 관한 사항을 관계 중앙행정기관의 장 및 한국은행 총재에게 각각 통보하여야 한다.

제31조【보상채권의 발행방법 등】 ① 보상채권은 무기명증권(無記名證券)으로 발행한다.

② 보상채권은 액면금액으로 발행하되, 최소액면금액은 10만원으로 하며, 보상금 중 10만원 미만인 끝수의 금액은 사업시행자가 보상금을 지급할 때 현금으로 지급한다.

③ 보상채권의 발행일은 제35조제1항에 따른 보상채권지급결정통지서를 발급한 날이 속하는 달의 말일로 한다.

④ 보상채권은 멸실 또는 도난 등의 사유로 분실한 경우에도 재발행하지 아니한다.

제32조【보상채권의 이자율 및 상환】 ① 보상채권의 이자율은 법 제63조제9항에 따른 이자율로 한다.

② 보상채권의 원리금은 상환일에 일시 상환한다.

③ 보상채권의 발행일부터 상환일 전날까지의 이자는 1년 단위의 복리로 계산한다.

④ 제35조제1항에 따른 보상채권지급결정통지서의 발급일부터 보상채권 발행일 전날까지의 보상채권으로 지급할 보상금에 대한 이자는 제1항에 따른 보상채권의 이자율과 같은 이자율로 산정한 금액을 사업시행자가 보상금을 지급할 때 지급한다.

제33조【보상채권의 기재사항】 보상채권에는 다음 각 호의 사항을 적어야 한다.
1. 명칭
2. 번호
3. 제30조제1항제3호부터 제5호까지의 사항

제34조【보상채권의 취급기관 등】 ① 보상채권의 교부 및 상환에 관한 업무는 한국은행의 주된 사무소·지사무소 및 대리점이 이를 취급한다.

② 사업시행자는 제1항에 따른 한국은행의 주된 사무소·지사무소 및 대리점 중 해당 보상채권의 교부 및 상환 업무를 취급할 기관(이하 "보상채권취급기관"이라 한다)을 미리 지정하고, 보상채권취급기관에 사업시행자의 인감조서를 송부하여야 한다.

③ 보상채권취급기관은 보상채권을 교부할 때에는 그 보상채권에 다음 각 호의 사항을 적고, 해당 업무의 책임자가 기명날인하여야 한다.
1. 발행일 및 상환일
2. 교부일
3. 보상채권취급기관의 명칭

④ 한국은행 총재는 매월 20일까지 국토교통부령으로 정하는 보상채권의 교부 및 상환 현황 통지서를 기획재정부장관 및 관계 중앙행정기관의 장에게 각각 송부하여야 한다.

제35조【보상채권으로 보상하려는 경우의 사무취급절차 등】 ① 사업시행자는 보상채권으로 보상하려는 경우에는 토지소유자 및 관계인에게 국토교통부령으로 정하는 보상채권지급결정통지서를 발급하고, 보상채권취급기관에 이에 관한 사항을 통지하여야 한다.

② 보상채권취급기관은 제1항에 따라 보상채권지급결정통지서를 발급받은 토지소유자 및 관계인이 해당 보상채권지급결정통지서를 제출하면 보상채권을 교부하여야 한다.

제36조【보상채권교부대장의 비치·송부】 보상채권취급기관은 보상채권을 교부하였을 때에는 국토교통부령으로 정하는 보상채권교부대장을 2부 작성하여 1부는 비치하고, 나머지 1부는 다음 달 7일까지 사업시행자에게 송부하여야 한다.

제37조【지가변동률】 ① 법 제70조제1항에서 "대통령령으로 정하는 지가변동률"이란 「부동산 거래신고 등에 관한 법률 시행령」 제17조에 따라 국토교통부장관이 조사·발표하는 지가변동률로서 평가대상 토지와 가치형성요인이 같거나 비슷하여 해당 평가대상 토지와 유사한 이용가치를 지닌다고 인정되는 표준지(이하 "비교표준지"라 한다)가 소재하는 시(행정시를 포함한다. 이하 이 조에서 같다)·군 또는 구(자치구가 아닌 구를 포함한다. 이하 이 조에서 같다)의 용도지역별 지가변동률을 말한다. 다만, 비교표준지와 같은 용도지역의 지가변동률이 조사·발표되지 아니한 경우에는 비교표준지와 유사한 용도지역의 지가변동률, 비교표준지와 이용상황이 같은 토지의 지가변동률 또는 해당 시·군 또는 구의 평균지가변동률 중 어느 하나의 지가변동률을 말한다.
(2019.6.25 본문개정)

② 제1항을 적용할 때 비교표준지가 소재하는 시·군 또는 구의 지가가 해당 공익사업으로 인하여 변동된 경우에는 해당 공익사업과 관계없는 인근 시·군 또는 구의 지가변동률을 적용한다. 다만, 비교표준지가 소재하는 시·군 또는 구의 지가변동률이 인근 시·군 또는 구의 지가변동률보다 작은 경우에는 그러하지 아니하다.

③ 제2항 본문에 따른 비교표준지가 소재하는 시·군 또는 구의 지가가 해당 공익사업으로 인하여 변동된 경우는 도로, 철도 또는 하천 관련 사업을 제외한 사업으로서 다음 각 호의 요건을 모두 충족하는 경우로 한다.
(2013.12.24 본문개정)
1. 해당 공익사업의 면적이 20만 제곱미터 이상일 것
2. 비교표준지가 소재하는 시·군 또는 구의 사업인정고시일부터 가격시점까지의 지가변동률이 3퍼센트 이상일 것. 다만, 해당 공익사업의 계획 또는 시행이 공고되거나 고시됨으로 인하여 비교표준지의 가격이 변동되었다고 인정되는 경우에는 그 계획 또는 시행이 공고되거나 고시된 날부터 가격시점까지의 지가변동률이 5퍼센트 이상인 경우로 한다.
3. 사업인정고시일부터 가격시점까지 비교표준지가 소재하는 시·군 또는 구의 지가변동률이 비교표준지가 소재하는 시·도의 지가변동률보다 30퍼센트 이상 높거나 낮을 것

제38조【일시적인 이용상황】 법 제70조제2항에 따른 일시적인 이용상황은 관계 법령에 따른 국가 또는 지방자치단체의 계획이나 명령 등에 따라 해당 토지를 본래의 용도로 이용하는 것이 일시적으로 금지되거나 제한되어 그 본래의 용도와 다른 용도로 이용되고 있거나 해당 토지의 주위환경의 사정으로 보아 현재의 이용방법이 임시적인 것으로 한다.

제38조의2【공시지가】 ① 법 제70조제5항에 따른 취득하여야 할 토지의 가격이 변동되었다고 인정되는 경우는 도로, 철도 또는 하천 관련 사업을 제외한 사업으로서 다음 각 호를 모두 충족하는 경우로 한다.
1. 해당 공익사업의 면적이 20만 제곱미터 이상일 것
2. 해당 공익사업지구 안에 있는 「부동산 가격공시에 관한 법률」 제3조에 따른 표준지공시지가(해당 공익사업지구 안에 표준지가 없는 경우에는 비교표준지의 공시지가를 말하며, 이하 이 조에서 "표준지공시지가"라 한다)의 평균변동률과 평가대상토지가 소재하는 시(행정시를 포함한다. 이하 이 조에서 같다)·군 또는 구(자치

구가 아닌 구를 포함한다. 이하 이 조에서 같다) 전체의 표준지공시지가 평균변동률과의 차이가 3퍼센트포인트 이상일 것(2016.8.31 본호개정)
3. 해당 공익사업지구 안에 있는 표준지공시지가의 평균변동률이 평가대상토지가 소재하는 시·군 또는 구 전체의 표준지공시지가 평균변동률보다 30퍼센트 이상 높거나 낮을 것
② 제1항제2호 및 제3호에 따른 평균변동률은 해당 표준지별 변동률의 합을 표준지의 수로 나누어 산정하며, 공익사업지구가 둘 이상의 시·군 또는 구에 걸쳐 있는 경우 평가대상토지가 소재하는 시·군 또는 구 전체의 표준지공시지가 평균변동률은 시·군 또는 구별로 평균변동률을 산정한 후 이를 해당 시·군 또는 구에 속한 공익사업지구 면적 비율로 가중평균(加重平均)하여 산정한다. 이 경우 평균변동률의 산정기간은 해당 공익사업의 계획 또는 시행이 공고되거나 고시된 당시 공시된 표준지공시지가 중 그 공고일 또는 고시일에 가장 가까운 시점에 공시된 표준지공시지가의 공시기준일부터 법 제70조제3항 또는 제4항에 따른 표준지공시지가의 공시기준일까지의 기간으로 한다.
(2013.5.28 본조신설)

제39조【잔여지의 판단】 ① 법 제74조제1항에 따라 잔여지가 다음 각 호의 어느 하나에 해당하는 경우에는 해당 토지소유자는 사업시행자 또는 관할 토지수용위원회에 잔여지를 매수하거나 수용하여 줄 것을 청구할 수 있다.
1. 대지로서 면적이 너무 작거나 부정형(不定形) 등의 사유로 건축물을 건축할 수 없거나 건축물의 건축이 현저히 곤란한 경우
2. 농지로서 농기계의 진입과 회전이 곤란할 정도로 폭이 좁고 길게 남거나 부정형 등의 사유로 영농이 현저히 곤란한 경우
3. 공익사업의 시행으로 교통이 두절되어 사용이나 경작이 불가능하게 된 경우
4. 제1호부터 제3호까지에서 규정한 사항과 유사한 정도로 잔여지를 종래의 목적대로 사용하는 것이 현저히 곤란하다고 인정되는 경우
② 잔여지가 제1항 각 호의 어느 하나에 해당하는지를 판단할 때에는 다음 각 호의 사항을 종합적으로 고려하여야 한다.
1. 잔여지의 위치·형상·이용상황 및 용도지역
2. 공익사업 편입토지의 면적 및 잔여지의 면적

제40조【이주대책의 수립·실시】 ① 사업시행자가 법 제78조제1항에 따른 이주대책(이하 "이주대책"이라 한다)을 수립하려는 경우에는 미리 그 내용을 같은 항에 따른 이주대책대상자(이하 "이주대책대상자"라 한다)에게 통지하여야 한다.
② 이주대책은 국토교통부령으로 정하는 부득이한 사유가 있는 경우를 제외하고는 이주대책대상자 중 이주정착지에 이주를 희망하는 자의 가구 수가 10호(戶) 이상인 경우에 수립·실시한다. 다만, 사업시행자가 「택지개발촉진법」 또는 「주택법」 등 관계 법령에 따라 이주대책대상자에게 택지 또는 주택을 공급한 경우(사업시행자의 알선에 의하여 공급한 경우를 포함한다)에는 이주대책을 수립·실시한 것으로 본다.
③ 법 제4조제6호 및 제7호에 따른 사업(이하 이 조에서 "부수사업"이라 한다)의 사업시행자는 다음 각 호의 요건을 모두 갖춘 경우 부수사업의 원인이 되는 법 제4조제1호부터 제5호까지의 규정에 따른 사업(이하 이 조에서 "주된사업"이라 한다)의 이주대책에 부수사업의 이주대책을 포함하여 수립·실시하여 줄 것을 주된사업의 사업시행자에게 요청할 수 있다. 이 경우 부수사업 이주대책대상자의 이주대책을 위한 비용은 부수사업의 사업시행자가 부담한다.
1. 부수사업의 사업시행자가 법 제78조제1항 및 이 조 제2항 본문에 따라 이주대책을 수립·실시하여야 하는 경우에 해당하지 아니할 것
2. 주된사업의 이주대책 수립이 완료되지 아니하였을 것
(2018.4.17 본항신설)
④ 제3항 각 호 외의 부분 전단에 따라 이주대책의 수립·실시 요청을 받은 주된사업의 사업시행자는 법 제78조제1항 및 이 조 제2항 본문에 따라 이주대책을 수립·실시하여야 하는 경우에 해당하지 아니하는 등 부득이한 사유가 없으면 이에 협조하여야 한다.(2018.4.17 본항신설)
⑤ 다음 각 호의 어느 하나에 해당하는 자는 이주대책대상자에서 제외한다.
1. 허가를 받거나 신고를 하고 건축 또는 용도변경을 하여야 하는 건축물을 허가를 받지 아니하거나 신고를 하지 아니하고 건축 또는 용도변경을 한 건축물의 소유자
2. 해당 건축물에 공익사업을 위한 관계 법령에 따른 고시 등이 있은 날부터 계약체결일 또는 수용재결일까지 계속하여 거주하고 있지 아니한 건축물의 소유자. 다만, 다음 각 목의 어느 하나에 해당하는 사유로 거주하고 있지 아니한 경우에는 그러하지 아니하다.
가. 질병으로 인한 요양
나. 징집으로 인한 입영
다. 공무
라. 취학
마. 해당 공익사업지구 내 타인이 소유하고 있는 건축물에의 거주(2016.1.6 본목신설)
바. 그 밖에 가목부터 라목까지에 준하는 부득이한 사유
3. 타인이 소유하고 있는 건축물에 거주하는 세입자. 다만, 해당 공익사업지구에 주거용 건축물을 소유한 자로서 타인이 소유하고 있는 건축물에 거주하는 세입자는 제외한다.(2016.1.6 단서신설)
⑥ 제2항 본문에 따른 이주정착지 안의 택지 또는 주택을 취득하거나 같은 항 단서에 따른 택지 또는 주택을 취득하는 데 드는 비용은 이주대책대상자의 희망에 따라 그가 지급받을 보상금과 상계(相計)할 수 있다.

제41조【이주정착금의 지급】 사업시행자는 법 제78조제1항에 따라 다음 각 호의 어느 하나에 해당하는 경우에는 이주대책대상자에게 국토교통부령으로 정하는 바에 따라 이주정착금을 지급해야 한다.(2021.11.23 본문개정)
1. 이주대책을 수립·실시하지 아니하는 경우
2. 이주대책대상자가 이주정착지가 아닌 다른 지역으로 이주하려는 경우
3. 이주대책대상자가 공익사업을 위한 관계 법령에 따른 고시 등이 있은 날의 1년 전부터 계약체결일 또는 수용재결일까지 계속하여 해당 건축물에 거주하지 않은 경우
4. 이주대책대상자가 공익사업을 위한 관계 법령에 따른 고시 등이 있은 날 당시 다음 각 목의 어느 하나에 해당하는 기관·업체에 소속(다른 기관·업체에 소속된 사람이 파견 등으로 각 목의 기관·업체에서 근무하는 경우를 포함한다)되어 있거나 퇴직한 날부터 3년이 경과하지 않은 경우
가. 국토교통부
나. 사업시행자
다. 법 제21조제2항에 따라 협의하거나 의견을 들어야 하는 공익사업의 허가·인가·승인 등 기관
라. 공익사업을 위한 관계 법령에 따른 고시 등이 있기 전에 관계 법령에 따라 실시한 협의, 의견청취 등의 대상자였던 중앙행정기관, 지방자치단체, 「공공기관의 운영에 관한 법률」 제4조에 따른 공공기관 및 「지방공기업법」에 따른 지방공기업
(2021.11.23 3호~4호신설)

제41조의2【생활기본시설의 범위 등】 ① 법 제78조제4항 본문에 따른 통상적인 수준의 생활기본시설은 다음 각 호의 시설로 한다.
1. 도로(가로등·교통신호기를 포함한다)
2. 상수도 및 하수처리시설
3. 전기시설
4. 통신시설
5. 가스시설
② 법 제78조제9항에 따라 사업시행자가 부담하는 생활기본시설에 필요한 비용(이하 이 조에서 "사업시행자가 부담하는 비용"이라 한다)은 다음 각 호의 구분에 따른 계산식에 따라 산정한다.(2022.5.9 본문개정)
1. 택지를 공급하는 경우
사업시행자가 부담하는 비용 = 해당 공익사업지구 안에 설치하는 제1항에 따른 생활기본시설의 설치비용 × (해당 이주대책대상자에게 유상으로 공급하는 택지면적 ÷ 해당 공익사업지구에서 유상으로 공급하는 용지의 총면적)
2. 주택을 공급하는 경우
사업시행자가 부담하는 비용 = 해당 공익사업지구 안에 설치하는 제1항에 따른 생활기본시설의 설치비용 × (해당 이주대책대상자에게 유상으로 공급하는 주택의 대지면적 ÷ 해당 공익사업지구에서 유상으로 공급하는 용지의 총면적)
③ 제2항제1호 및 제2호에 따른 해당 공익사업지구 안에 설치하는 제1항에 따른 생활기본시설의 설치비용은 해당 생활기본시설을 설치하는 데 드는 공사비, 용지비 및 해당 생활기본시설의 설치와 관련하여 법령에 따라 부담하는 각종 부담금으로 한다.

제41조의3【공장에 대한 이주대책에 관한 계획의 수립 등】 ① 법 제78조의2에서 "대통령령으로 정하는 공익사업"이란 다음 각 호의 사업을 말한다.
1. 「택지개발촉진법」에 따른 택지개발사업
2. 「산업입지 및 개발에 관한 법률」에 따른 산업단지개발사업
3. 「물류시설의 개발 및 운영에 관한 법률」에 따른 물류단지개발사업
4. 「관광진흥법」에 따른 관광단지조성사업
5. 「도시개발법」에 따른 도시개발사업
6. 「공공주택 특별법」에 따른 공공주택사업(2015.12.28 본호개정)
② 법 제78조의2에 따른 공장의 이주대책에 관한 계획에는 해당 공익사업 지역의 여건을 고려하여 다음 각 호의 내용이 포함되어야 한다.
1. 해당 공익사업 지역 인근 지역에 「산업입지 및 개발에 관한 법률」에 따라 지정·개발된 산업단지(이하 "산업단지"라 한다)가 있는 경우 해당 산업단지의 우선 분양 알선
2. 해당 공익사업 지역 인근 지역에 해당 사업시행자가 공장이주대책을 위한 별도의 산업단지를 조성하는 경우 그 산업단지의 조성 및 입주계획
3. 해당 공익사업 지역에 조성되는 공장용지의 우선 분양
4. 그 밖에 원활한 공장 이주대책을 위한 행정적 지원방안

제41조의4【그 밖의 토지에 관한 손실의 보상계획 공고】 법 제79조제3항에 따라 같은 조 제2항에 따른 보상에 관한 계획을 공고할 때에는 전국을 보급지역으로 하는 일간신문에 공고하는 방법으로 한다.

제42조【손실보상 또는 비용보상 재결의 신청 등】 ① 법 제80조제2항에 따라 재결을 신청하려는 자는 국토교통부령으로 정하는 손실보상재결신청서에 다음 각 호의 사항을 적어 관할 토지수용위원회에 제출하여야 한다.
1. 재결의 신청인과 상대방의 성명 또는 명칭 및 주소
2. 공익사업의 종류 및 명칭
3. 손실 발생사실
4. 손실보상액과 그 명세
5. 협의의 내용
② 제1항의 신청에 따른 손실보상의 재결을 위한 심리에 관하여는 법 제32조제2항 및 제3항을 준용한다.

제43조【보상전문기관 등】 ① 법 제81조제1항제2호에서 "대통령령으로 정하는 기관"이란 다음 각 호의 기관을 말한다.
1. 「한국토지주택공사법」에 따른 한국토지주택공사
2. 「한국수자원공사법」에 따른 한국수자원공사
3. 「한국도로공사법」에 따른 한국도로공사
4. 「한국농어촌공사 및 농지관리기금법」에 따른 한국농어촌공사
5. 「한국부동산원법」에 따른 한국부동산원(2020.12.8 본호개정)
6. 「지방공기업법」 제49조에 따라 특별시, 광역시, 도 및 특별자치도가 택지개발 및 주택건설 등의 사업을 하기 위하여 설립한 지방공사(2014.12.23 본호개정)
② 사업시행자는 법 제81조에 따라 다음 각 호의 업무를 법 제81조제1항 각 호의 기관(이하 "보상전문기관"이라 한다)에 위탁할 수 있다.
1. 보상계획의 수립·공고 및 열람에 관한 업무
2. 토지대장 및 건축물대장 등 공부의 조사. 이 경우 토지대장 및 건축물대장은 부동산종합공부의 조사로 대신할 수 있다.(2014.1.17 본호개정)
3. 토지등의 소유권 및 소유권 외의 권리 관련 사항의 조사
4. 분할측량 및 지적등록에 관한 업무
5. 토지조서 및 물건조서의 기재사항에 관한 조사
6. 잔여지 및 공익사업지구 밖의 토지등의 보상에 관한 조사
7. 영업·농업·어업 및 광업 손실에 관한 조사
8. 보상액의 산정(감정평가업무는 제외한다)
9. 보상협의, 계약체결 및 보상금의 지급
10. 보상 관련 민원처리 및 소송수행 관련 업무
11. 토지등의 등기 관련 업무
12. 이주대책의 수립·실시 또는 이주정착금의 지급
13. 그 밖에 보상과 관련된 부대업무
③ 사업시행자는 법 제81조에 따라 제2항 각 호의 업무를 보상전문기관에 위탁하려는 경우에는 미리 위탁내용과 위탁조건에 관하여 보상전문기관과 협의하여야 한다.
④ 사업시행자는 법 제81조에 따라 제2항 각 호의 업무를 보상전문기관에 위탁할 때에는 별표1에 따른 위탁수수료를 보상전문기관에 지급하여야 한다. 다만, 사업시행자가 제2항 각 호의 업무 중 일부를 보상전문기관에 위탁하는 경우의 위탁수수료는 사업시행자와 보상전문기관이 협의하여 정한다.
⑤ 사업시행자는 보상전문기관이 통상적인 업무수행에 드는 경비가 아닌 평가수수료·측량수수료·등기수수료 및 변호사의 보수 등 특별한 비용을 지출하였을 때에는 이를 제4항에 따른 위탁수수료와는 별도로 보상전문기관에 지급하여야 한다.

제44조【임의적 보상협의회의 설치·구성 및 운영 등】 ① 법 제82조제1항 각 호 외의 부분 본문에 따른 보상협의회(이하 이 조에서 "보상협의회"라 한다)는 해당 사업지역을 관할하는 특별자치도, 시·군 또는 구(자치구를 말한다. 이하 이 조에서 같다)에 설치한다.
② 제1항의 경우 공익사업을 시행하는 지역이 둘 이상의 시·군 또는 구에 걸쳐 있는 경우에는 해당 시장·군수 또는 구청장(자치구의 구청장을 말한다. 이하 이 조에서 같다)이 협의하여 보상협의회를 설치할 시·군 또는 구를 결정하여야 한다.
③ 특별자치도지사·시장·군수 또는 구청장은 제1항 및 제2항에 따른 보상협의회를 설치할 필요가 있다고 인정하는 경우에는 특별한 사유가 있는 경우를 제외하고는 법 제15조제2항에 따른 보상계획의 열람기간 만료 후 30일 이내에 보상협의회를 설치하고 사업시행자에게 이를 통지하여야 한다.
④ 보상협의회는 위원장 1명을 포함하여 8명 이상 16명 이내의 위원으로 구성하되, 사업시행자를 위원에 포함시키고, 위원 중 3분의 1 이상은 토지소유자 또는 관계인으로 구성하여야 한다.
⑤ 보상협의회의 위원장은 해당 특별자치도·시·군 또는 구의 부지사·부시장·부군수 또는 부구청장이 되며, 위원장이 부득이한 사유로 직무를 수행할 수 없을 때에는 위원장이 지명하는 위원이 그 직무를 대행한다.
⑥ 보상협의회의 위원장은 보상협의회를 대표하며, 보상협의회의 업무를 총괄한다.
⑦ 보상협의회의 회의는 재적위원 과반수의 출석으로 개의(開議)한다.

⑧ 보상협의회의 위원장은 회의에서 협의된 사항을 해당 사업시행자에게 통보하여야 하며, 사업시행자는 정당하다고 인정되는 사항에 대해서는 이를 반영하여 사업을 수행하여야 한다.
⑨ 보상협의회에 보상협의회의 사무를 처리할 간사와 서기를 두며, 간사와 서기는 보상협의회의 위원장이 해당 특별자치도·시·군 또는 구의 소속 공무원 중에서 임명한다.
⑩ 사업시행자가 국가 또는 지방자치단체인 경우 사업시행자는 보상협의회에 출석한 공무원이 아닌 위원에게 수당을 지급할 수 있다.
⑪ 위원장은 사업시행자의 사업추진에 지장이 없도록 보상협의회를 운영하여야 하며, 보상협의회의 운영에 필요한 사항은 보상협의회의 회의를 거쳐 위원장이 정한다.

제44조의2【의무적 보상협의회의 설치·구성 및 운영 등】 ① 법 제82조제1항 각 호 외의 부분 단서에 따른 보상협의회(이하 이 조에서 "보상협의회"라 한다)는 제2항에 해당하는 공익사업에 대하여 해당 사업지역을 관할하는 특별자치도, 시·군 또는 구(자치구를 말한다. 이하 이 조에서 같다)에 설치한다. 다만, 다음 각 호의 어느 하나에 해당하는 경우에는 사업시행자가 설치하여야 한다.
1. 해당 사업지역을 관할하는 특별자치도, 시·군 또는 구의 부득이한 사정으로 보상협의회 설치가 곤란한 경우
2. 공익사업을 시행하는 지역이 둘 이상의 시·군 또는 구에 걸쳐 있는 경우로서 보상협의회 설치를 위한 해당 시장·군수 또는 구청장(자치구의 구청장을 말한다. 이하 이 조에서 같다) 간의 협의가 법 제15조제2항에 따른 보상계획의 열람기간 만료 후 30일 이내에 이루어지지 아니하는 경우

② 법 제82조제1항 각 호 외의 부분 단서에서 "대통령령으로 정하는 규모 이상의 공익사업"이란 해당 공익사업지구 면적이 10만 제곱미터 이상이고, 토지등의 소유자가 50인 이상인 공익사업을 말한다.
③ 특별자치도지사, 시장·군수 또는 구청장이 제1항 각 호 외의 부분 본문에 따른 보상협의회를 설치하려는 경우에는 특별한 사유가 있는 경우를 제외하고는 법 제15조제2항에 따른 보상계획의 열람기간 만료 후 30일 이내에 보상협의회를 설치하고, 사업시행자에게 이를 통지하여야 하며, 사업시행자가 제1항 각 호 외의 부분 단서에 따른 보상협의회를 설치하려는 경우에는 특별한 사유가 있는 경우를 제외하고는 지체 없이 보상협의회를 설치하고, 특별자치도지사, 시장·군수 또는 구청장에게 이를 통지하여야 한다.
④ 보상협의회의 위원장은 해당 특별자치도, 시·군 또는 구의 부지사, 부시장·부군수 또는 부구청장이 되며, 위원장이 부득이한 사유로 직무를 수행할 수 없을 때에는 위원장이 지명하는 위원이 그 직무를 대행한다. 다만, 제1항 각 호 외의 부분 단서에 따른 보상협의회의 경우 위원은 해당 사업시행자가 임명하거나 위촉하고, 위원장은 위원 중에서 호선(互選)한다.
⑤ 보상협의회에 보상협의회의 사무를 처리할 간사와 서기를 두며, 간사와 서기는 보상협의회의 위원장이 해당 특별자치도, 시·군 또는 구의 소속 공무원(제1항 각 호 외의 부분 단서에 따른 보상협의회의 경우에는 사업시행자 소속 임직원을 말한다) 중에서 임명한다.
⑥ 제1항에 따른 보상협의회의 설치·구성 및 운영 등에 관하여는 제44조제2항, 제4항, 제6항부터 제8항까지, 제10항 및 제11항을 준용한다.

제6장 이의신청 등
(2013.5.28 본장개정)

제45조【이의의 신청】 ① 법 제83조에 따라 이의신청을 하려는 자는 국토교통부령으로 정하는 이의신청서(이하 "이의신청서"라 한다)에 다음 각 호의 사항을 적고, 재결서 정본의 사본을 첨부하여 해당 토지수용위원회에 제출하여야 한다.
1. 당사자의 성명 또는 명칭 및 주소
2. 신청의 요지 및 이유

② 법 제83조제2항에 따라 지방토지수용위원회가 이의신청서를 접수하였을 때에는 그 이의신청서에 다음 각 호의 서류를 첨부하여 지체 없이 중앙토지수용위원회에 송부하여야 한다.
1. 신청인이 재결서의 정본을 받은 날짜 등이 적힌 우편송달통지서 사본
2. 지방토지수용위원회가 의뢰하여 행한 감정평가서 및 심의안건 사본
3. 그 밖에 이의신청의 재결에 필요한 자료

③ 중앙토지수용위원회가 법 제83조에 따라 이의신청서를 접수하였을 때에는 신청인의 상대방에게 그 신청의 요지를 통지하여야 한다. 다만, 통지받을 자를 알 수 없거나 그 주소·거소 또는 그 밖에 통지할 장소를 알 수 없을 때에는 그러하지 아니하다.

제46조【이의신청에 대한 재결서의 송달】 중앙토지수용위원회는 법 제84조에 따라 이의신청에 대한 재결을 한 경우에는 재결서의 정본을 사업시행자·토지소유자 및 관계인에게 송달하여야 한다.

제47조【재결확정증명서】 ① 사업시행자·토지소유자 또는 관계인은 법 제86조제2항에 따른 재결확정증명서(이하 이 조에서 "재결확정증명서"라 한다)의 발급을 청구하려는 경우에는 국토교통부령으로 정하는 재결확정증명청구서에 이의신청에 대한 재결서의 정본을 첨부하여 중앙토지수용위원회에 제출하여야 한다.
② 재결확정증명서는 재결서 정본의 끝에 「민사집행법」 제29조제2항에 준하여 집행문을 적고, 중앙토지수용위원회의 간사 또는 서기가 기명날인한 후 중앙토지수용위원회 위원장의 직인을 날인하여 발급한다.
③ 중앙토지수용위원회는 재결확정증명서를 발급하려는 경우에는 법 제85조제1항에 따른 행정소송의 제기 여부를 관할 법원에 조회하여야 한다.

제7장 환매권
(2013.5.28 본장개정)

제48조【환매금액의 협의요건】 법 제91조제4항에 따른 토지의 가격이 취득일 당시에 비하여 현저히 변동된 경우는 환매권 행사 당시의 토지가격이 지급한 보상금에 환매 당시까지의 해당 사업과 관계없는 인근 유사토지의 지가변동률을 곱한 금액보다 높은 경우로 한다.

제49조【공익사업의 변경 통지】 ① 법 제91조제6항 전단 및 후단에서 "「공공기관의 운영에 관한 법률」 제4조에 따른 공공기관 중 대통령령으로 정하는 공공기관"이란 「공공기관의 운영에 관한 법률」 제5조제4항제1호의 공공기관을 말한다.(2020.11.24 본항개정)
② 사업시행자는 법 제91조제6항에 따라 변경된 공익사업의 내용을 관보에 고시할 때에는 그 고시 내용을 법 제91조제1항에 따른 환매권자(이하 이 조에서 "환매권자"라 한다)에게 통지하여야 한다. 다만, 환매권자를 알 수 없거나 그 주소·거소 또는 그 밖에 통지할 장소를 알 수 없을 때에는 제3항에 따른 공고로 통지를 갈음할 수 있다.
③ 제2항 단서에 따른 공고는 사업시행자가 공고할 서류를 해당 토지의 소재지를 관할하는 시장(행정시의 시장을 포함한다)·군수 또는 구청장(자치구가 아닌 구의 구청장을 포함한다)에게 송부하여 해당 시(행정시를 포함한다)·군 또는 구(자치구가 아닌 구를 포함한다)의 게시판에 14일 이상 게시하는 방법으로 한다.

제50조【환매권의 공고】 법 제92조제1항 단서에 따른 공고는 전국을 보급지역으로 하는 일간신문에 공고하거나 해당 토지가 소재하는 시(행정시를 포함한다)·군 또는 구(자치구가 아닌 구를 포함한다)의 게시판에 7일 이상 게시하는 방법으로 한다.

제50조의2【고유식별정보의 처리】 ① 사업시행자(법 제81조에 따라 보상 또는 이주대책에 관한 업무를 위탁받은 자를 포함한다)는 다음 각 호의 사무를 수행하기 위하여 불가피한 경우 「개인정보 보호법 시행령」 제19조제1호 또는 제4호에 따른 주민등록번호 또는 외국인등록번호가 포함된 자료를 처리할 수 있다.
1. 법 제8조제1항에 따른 공익사업의 수행을 위하여 필요한 서류의 발급 신청에 관한 사무
2. 법 제14조에 따른 토지조서 및 물건조서의 작성에 관한 사무
3. 법 제15조에 따른 보상계획의 공고 및 통지 등에 관한 사무
4. 법 제16조 및 제17조에 따른 토지등에 대한 보상에 관한 협의 및 계약의 체결에 관한 사무
5. 법 제28조제1항 및 제30조제2항에 따른 재결 신청에 관한 사무
6. 법 제29조에 따른 토지등에 대한 보상에 관한 협의 성립의 확인 신청에 관한 사무
7. 법 제38조에 따른 천재지변 시의 토지의 사용에 관한 사무
8. 법 제40조에 따른 보상금의 지급 또는 공탁에 관한 사무
9. 법 제63조제1항 단서에 따른 대토(代土)보상에 관한 사무 및 같은 조 제7항·제8항에 따른 채권보상에 관한 사무
10. 법 제70조에 따른 취득하는 토지의 보상에 관한 사무
11. 법 제71조에 따른 사용하는 토지의 보상에 관한 사무
12. 법 제76조에 따른 권리의 보상에 관한 사무
13. 법 제77조에 따른 영업손실, 농업손실, 휴직 또는 실직 근로자의 임금손실의 보상에 관한 사무
14. 법 제78조 및 제78조의2에 따른 이주대책의 수립 및 공장의 이주대책 수립 등에 관한 사무
15. 법 제79조제2항에 따른 공익사업이 시행되는 지역 밖의 토지등에 관한 손실보상에 관한 사무
16. 법 제91조 및 제92조에 따른 토지의 환매 및 환매권의 통지 등에 관한 사무

② 국토교통부장관 또는 시·도지사는 토지수용위원회 위원의 위촉과 관련하여 법 제54조에 따른 결격사유를 확인하기 위하여 불가피한 경우 「개인정보 보호법 시행령」 제19조제1호 또는 제4호에 따른 주민등록번호 또는 외국인등록번호가 포함된 자료를 처리할 수 있다.
(2014.8.6 본조신설)

제50조의3 (2016.12.30 삭제)

제8장 벌칙
(2013.5.28 본장개정)

제51조【과태료의 부과기준】 법 제99조제1항에 따른 과태료의 부과기준은 별표2와 같다.

부칙

제1조【시행일】 이 영은 2003년 1월 1일부터 시행한다.
제2조【다른 법령의 폐지】 토지수용법시행령 및 공공용지의취득및손실보상에관한특례법시행령은 이를 폐지한다.
제3조【토지소유자의 감정평가업자 선정요청방법에 관한 적용례】 제28조의 규정은 이 영 시행후 법 제15조제1항의 규정에 의하여 보상계획을 공고하거나 통지하는 공익사업부터 적용한다.
제4조【보상·이주대책업무의 위탁수수료에 관한 적용례 및 경과조치】 제43조제4항 및 제5항의 규정은 이 영 시행후 보상 또는 이주대책에 관한 업무를 위탁하는 분부터 적용하되, 이 영 시행 당시 이미 이주대책에 관한 업무를 위탁한 경우에는 종전의 공공용지의취득및손실보상에관한특례법시행령의 규정에 의한다.
제5조【일반적 경과조치】 이 영 시행 당시 종전의 토지수용법령 및 공공용지의취득및손실보상에관한특례법령에 의하여 행하여진 처분·절차 그 밖의 행위는 이 영의 규정에 의하여 행하여진 것으로 본다.
제6조【무허가건축물 등의 소유자에 대한 경과조치】 1989년 1월 24일 현재 허가를 받거나 신고를 하고 건축하여야 하는 건축물을 허가를 받지 아니하거나 신고를 하지 아니하고 건축한 건축물의 소유자에 대하여는 제40조제3항제1호의 규정에 불구하고 이주대책대상자에 포함한다.
제7조【다른 법령의 개정】 ①~⑱ ※(해당 법령에 가제정리 하였음)
제8조【다른 법령과의 관계】 이 영 시행 당시 다른 법령에서 종전의 토지수용법시행령·공공용지의취득및손실보상에관한특례법시행령 및 그 규정을 인용하고 있는 경우 이 영중 그에 해당하는 규정이 있는 때에는 이 영 또는 이 영의 해당규정을 인용하는 것으로 본다.

부칙 (2013.5.28)

제1조【시행일】 이 영은 공포한 날부터 시행한다.
제2조【지가변동률의 기준에 관한 적용례】 제37조의 개정규정은 이 영 시행 후 법 제15조제1항(법 제26조제1항에 따라 준용되는 경우를 포함한다)에 따라 보상계획을 공고하고, 토지소유자 및 관계인에게 보상계획을 통지하는 경우부터 적용한다.
제3조【공시지가의 기준에 관한 적용례】 제38조의2의 개정규정은 이 영 시행 후 공익사업의 계획 또는 시행이 공고되거나 고시되는 경우부터 적용한다.

부칙 (2013.12.24)

제1조【시행일】 이 영은 공포한 날부터 시행한다.
제2조【재결신청서 등의 공고 및 열람에 관한 적용례】 제15조제2항부터 제5항까지의 개정규정은 이 영 시행 후 관할 토지수용위원회에 재결을 신청하는 경우부터 적용한다.
제3조【부재부동산 소유자의 기준에 관한 적용례】 제26조제1항제3호의 개정규정은 이 영 시행 후 법 제15조제1항(법 제26조제1항에 따라 준용되는 경우를 포함한다)에 따라 보상계획을 공고하거나 토지소유자 및 관계인에게 보상계획을 통지하는 경우부터 적용한다.

부칙 (2016.1.6)

제1조【시행일】 이 영은 공포한 날부터 시행한다.
제2조【보상협의 통지방법 및 이주대책대상자에 관한 적용례】 제8조제2항 및 제40조제3항의 개정규정은 이 영 시행 이후 법 제15조제1항(법 제26조제1항에 따라 준용되는 경우를 포함한다)에 따라 보상계획을 공고하고, 토지소유자 및 관계인에게 보상계획을 통지하는 경우부터 적용한다.

부칙 (2018.4.17)

제1조【시행일】 이 영은 공포한 날부터 시행한다.
제2조【이주대책의 수립·실시에 관한 적용례】 제40조제3항 및 제4항의 개정규정은 이 영 시행 이후 법 제15조제1항(법 제26조제1항 후단에 따라 준용되는 경우를 포함한다)에 따라 보상계획을 공고하거나 토지소유자 및 관계인에게 각각 보상계획을 통지하는 경우부터 적용한다.
제3조【다른 법령의 개정】 ①~④ ※(해당 법령에 가제정리 하였음)

부칙 (2019.6.25)

제1조【시행일】 이 영은 2019년 7월 1일부터 시행한다.

제2조【감정평가업자 추천에 관한 적용례】 제28조제6항의 개정규정은 이 영 시행 이후 법 제15조제1항(법 제26조제1항에 따라 준용되는 경우를 포함한다)에 따라 보상계획을 공고하거나 토지소유자 및 관계인에게 각각 보상계획을 통지하는 경우부터 적용한다.

부 칙 (2020.8.26)

제1조【시행일】 이 영은 2020년 8월 28일부터 시행한다. (이하 생략)

부 칙 (2020.9.10)

제1조【시행일】 이 영은 2020년 9월 10일부터 시행한다. (이하 생략)

부 칙 (2020.11.24)

제1조【시행일】 이 영은 2021년 1월 1일부터 시행한다. (이하 생략)

부 칙 (2020.12.8)

제1조【시행일】 이 영은 2020년 12월 10일부터 시행한다. (이하 생략)

부 칙 (2021.11.23)

제1조【시행일】 이 영은 공포한 날부터 시행한다.
제2조【기본조사서 작성에 관한 적용례】 제7조제1항의 개정규정은 이 영 시행 이후 사업계획이 확정되는 공익사업부터 적용한다.
제3조【이주정착금 지급대상자에 관한 적용례】 제41조제3호 및 제4호의 개정규정은 다음 각 호의 구분에 따른 공익사업으로 인한 이주대책대상자부터 적용한다.
1. 법 제15조제1항에 따라 보상계획을 공고하거나 토지소유자 및 관계인에게 보상계획을 통지한 후 법 제22조제1항에 따라 사업인정의 고시를 하는 공익사업 : 이 영 시행 이후 법 제15조제1항에 따라 보상계획을 공고하거나 통지하는 공익사업
2. 법 제20조에 따른 사업인정을 받은 후 법 제26조제1항에서 준용하는 법 제15조제1항에 따라 보상계획을 공고하거나 토지소유자 및 관계인에게 보상계획을 통지하는 공익사업 : 이 영 시행 이후 법 제20조에 따른 사업인정을 받는 공익사업

부 칙 (2022.5.9)

제1조【시행일】 이 영은 2022년 8월 4일부터 시행한다.
제2조【다른 법령의 개정】 ①~⑦ ※(해당 법령에 가제정리 하였음)

부 칙 (2022.6.14)

제1조【시행일】 이 영은 2022년 6월 16일부터 시행한다. (이하 생략)

[별표] ➡「法典 別冊」참조

부동산투자회사법

(2001년 4월 7일 법 률 제6471호)

개정
2001. 5.24법 6483호
2003. 5.29법 6916호(주택법)
2003.12.31법 7030호(한국주택금융공사법)
2004.10.22법 7243호
2005. 1.14법 7335호(부동산가격공시감정평가)
2005. 3.31법 7428호(채무자회생파산)
2007. 7.13법 8510호
2007. 8. 3법 8635호(자본시장금융투자업)
2008. 2.29법 8852호(정부조직)
2008. 2.29법 8863호(금융위원회의설치등에관한법)
2009. 4. 1법 9599호 2010. 4.15법10269호
2010. 5.17법10303호(은행법)
2011. 5.19법10682호(금융부실)
2012.12.18법11583호
2013. 3.23법11690호(정부조직)
2013. 5.28법11845호(자본시장금융투자업)
2013. 6. 4법11869호 2013. 7.16법11927호
2013.12.30법12145호
2015. 1. 6법12989호(주택도시기금법)
2015. 6.22법13375호
2015. 7.24법13448호(자본시장금융투자업)
2015. 7.31법13453호(금융회사의지배구조에관한법)
2015. 8.28법13499호(민간임대주택에관한특별법)
2016. 1.19법13782호(감정평가감정평가사)
2016. 1.19법13798호 2017. 3.21법14715호
2017.10.24법14947호 2018. 8.14법15731호
2019. 8.20법16495호
2019.11.26법16652호(자산관리)
2020. 3.24법17112호(금융소비자보호에관한법)
2020. 4. 7법17219호(감정평가감정평가사)
2020. 6. 9법17453호(법률용어정비)
2020.12.22법17740호 2021. 4.13법18048호
2023. 8.16법19681호

제1장 총 칙
(2010.4.15 본장개정)

제1조【목적】 이 법은 부동산투자회사의 설립과 부동산투자회사의 자산운용 방법 및 투자자 보호 등에 관한 사항을 정함으로써 일반 국민이 부동산에 투자할 수 있는 기회를 확대하고 부동산에 대한 건전한 투자를 활성화하여 국민경제의 발전에 이바지함을 목적으로 한다.
제2조【정의】 이 법에서 사용하는 용어의 뜻은 다음과 같다.
1. "부동산투자회사"란 자산을 부동산에 투자하여 운용하는 것을 주된 목적으로 제3조부터 제8조까지, 제11조의2, 제45조 및 제49조의2제1항에 적합하게 설립된 회사로서 다음 각 목의 회사를 말한다.(2015.6.22 본문개정)
가. 자기관리 부동산투자회사 : 자산운용 전문인력을 포함한 임직원을 상근으로 두고 자산의 투자·운용을 직접 수행하는 회사
나. 위탁관리 부동산투자회사 : 자산의 투자·운용을 자산관리회사에 위탁하는 회사
다. 기업구조조정 부동산투자회사 : 제49조의2제1항 각 호의 부동산을 투자 대상으로 하며 자산의 투자·운용을 자산관리회사에 위탁하는 회사
2. "증권"이란 「자본시장과 금융투자업에 관한 법률」 제4조제1항의 증권 및 같은 법 제5조제2항의 장내파생상품을 말한다.
3. "부동산관련 증권"이란 다음 각 목의 것을 말한다.
가. 부동산투자회사의 주식 및 사채
나. 「자본시장과 금융투자업에 관한 법률」 제9조제21항의 집합투자증권 중 부동산과 관련되는 것으로서 대통령령으로 정하는 것
다. 「자산유동화에 관한 법률」에 따른 유동화증권 중 부동산과 관련되는 것으로서 대통령령으로 정하는 것
라. 「주택저당채권유동화회사법」 및 「한국주택금융공사법」에 따른 주택저당채권담보부채권 및 주택저당증권
마. 「주택도시기금법」에 따른 국민주택채권(2015.1.6 본목개정)
바. 「도시철도법」에 따른 도시철도채권
사. 그 밖에 부동산과 관련되는 증권으로서 대통령령으로 정하는 것
4. "부동산개발사업"이란 다음 각 목의 어느 하나에 해당하는 사업을 말한다.
가. 토지를 택지·공장용지 등으로 개발하는 사업
나. 공유수면을 매립하여 토지를 조성하는 사업
다. 건축물이나 그 밖의 인공구조물을 신축하거나 재축(再築)하는 사업
라. 그 밖에 가목부터 다목까지의 사업과 유사한 사업으로 대통령령으로 정하는 사업
(2012.12.18 본호개정)
5. "자산관리회사"란 위탁관리 부동산투자회사 또는 기업구조조정 부동산투자회사의 위탁을 받아 자산의 투자·운용업무를 수행하는 것을 목적으로 제22조의3에 따라 설립된 회사를 말한다.
제3조【법인격】 ① 부동산투자회사는 주식회사로 한다.
② 부동산투자회사는 이 법에서 특별히 정한 경우를 제외하고는 「상법」의 적용을 받는다.
③ 부동산투자회사는 그 상호에 부동산투자회사라는 명칭을 사용하여야 한다.
④ 이 법에 따른 부동산투자회사가 아닌 자는 부동산투자회사 또는 이와 유사한 명칭(대통령령으로 정하는 외국어문자를 포함한다)을 사용하여서는 아니 된다.(2023.8.16 본항개정)
제4조【업무 범위】 부동산투자회사는 자산을 제21조제1항 각 호에 대하여 같은 조 제2항 각 호의 방법으로 부동산 등에 투자·운용하는 것 외의 업무는 할 수 없다. (2019.8.20 본조개정)

제2장 설립·기관 등
(2010.4.5 본장개정)

제1절 설립 및 영업인가

제5조【부동산투자회사의 설립】 ① 부동산투자회사는 발기설립의 방법으로 하여야 한다.
② 부동산투자회사는 「상법」 제290조제2호에도 불구하고 현물출자에 의한 설립을 할 수 없다.
제5조의2【자기관리 부동산투자회사의 위탁관리 부동산투자회사로의 전환에 관한 특례】 자기관리 부동산투자회사는 「상법」 제434조에 따른 주주총회의 결의와 제9조에 따른 국토교통부장관의 영업인가를 받아 위탁관리 부동산투자회사로 전환할 수 있다.(2023.8.16 본조신설)
제6조【설립 자본금】 ① 자기관리 부동산투자회사의 설립 자본금은 5억원 이상으로 한다.
② 위탁관리 부동산투자회사 및 기업구조조정 부동산투자회사의 설립 자본금은 3억원 이상으로 한다.
(2016.1.19 본조개정)
제7조【발기인】 다음 각 호의 어느 하나에 해당하는 자는 부동산투자회사의 발기인이 될 수 없다. 이 경우 외국인 또는 외국의 법령에 따라 설립된 법인 중 해당 국가에서 다음 각 호의 어느 하나와 동일하거나 유사한 사유에 해당하는 자도 또한 같다.(2016.1.19 후단신설)
1. 미성년자·피성년후견인 또는 피한정후견인 (2015.6.22 본호개정)
2. 파산선고를 받고 복권되지 아니한 자
3. 이 법 또는 「공인중개사법」, 「부동산 거래신고에 관한 법률」, 「감정평가 및 감정평가사에 관한 법률」, 「자본시장과 금융투자업에 관한 법률」, 「형법」 제214조부터 제224조까지 및 제347조, 제347조의2, 제348조, 제348조의2, 제349조부터 제359조까지, 그 밖에 대통령령으로 정하는 금융 관련 법률(이하 이 조에서 "관련법률"이라 한다)에 따라 벌금형 이상의 형을 선고받고 그 집행이 끝나거나(집행이 끝난 것으로 보는 경우를 포함한다) 면제된 후 5년이 지나지 아니한 자(2016.1.19 본호개정)
4. 이 법 또는 관련법률에 따라 금고 이상의 형의 집행유예를 선고받고 그 유예기간 중에 있는 자(2016.1.19 본호개정)
5. 이 법 또는 관련법률에 따라 영업의 허가·인가 또는 등록 등이 취소된 법인의 임직원이었던 자(그 허가·인가 또는 등록 등의 취소 사유의 발생에 관하여 직접적인 책임이 있거나 이에 상응하는 책임이 있는 자로서 대통령령으로 정하는 자만 해당한다)로서 해당 법인에 대한 취소가 있은 날부터 5년이 지나지 아니한 자
6. 이 법 또는 관련법률을 위반하여 해임되거나 면직된 후 5년이 지나지 아니한 자
제8조【정관】 ① 부동산투자회사의 정관은 발기인이 다음 각 호의 사항을 포함하여 작성하고 발기인 모두가 기명날인하거나 서명하여야 한다.
1. 목적
2. 상호
3. 발행할 주식의 총수
4. 1주(株)의 금액
5. 설립할 때에 발행하는 주식의 총수
6. 자산의 투자·운용에 관한 사항
7. 자산평가에 관한 사항
8. 이익 등의 배당에 관한 사항
9. 본점의 소재지
10. 공고 방법
10의2. 제14조의3에 따라 법인이사 및 감독이사를 두는 경우에는 법인이사 및 감독이사를 둔다는 내용 (2012.12.18 본호신설)
11. 이사(제14조의3에 따라 법인이사 및 감독이사를 두는 경우에는 법인이사는 제외한다) 및 감사의 보수에 관한 기준(2012.12.18 본호개정)
12. 제35조제1항에 따른 자산보관기관과 체결할 자산보관계약의 개요
13. 자산의 투자·운용 업무에 관한 위탁계약을 체결하려는 경우에는 그 위탁계약의 개요
14. 발기인의 성명, 주민등록번호 및 주소
15. 그 밖에 대통령령으로 정하는 사항
② 제1항제5호에 따른 주식의 총수는 그 상한과 하한을 두는 방법으로 정할 수 있다.
제8조의2【자기관리 부동산투자회사의 설립보고 등】 ① 자기관리 부동산투자회사는 그 설립등기일부터 10일 이내에 대통령령으로 정하는 바에 따라 설립보고서를 작성하여 국토교통부장관에게 제출하여야 한다.

② 자기관리 부동산투자회사는 제1항에 따른 설립보고서를 제출한 날부터 3개월 후 대통령령으로 정하는 바에 따라 설립 이후의 회사 현황에 관한 보고서를 작성하여 국토교통부장관에게 제출하여야 한다.
③ 국토교통부장관은 제1항 및 제2항에 따른 보고서의 내용을 검토한 결과 자기관리 부동산투자회사의 운영 등이 법령에 위반되거나 투자자 보호에 지장을 초래할 우려가 있는 등 공익을 위하여 필요하다고 인정하면 해당 자기관리 부동산투자회사에 대하여 그 시정이나 보완을 명할 수 있다.(2020.6.9 본항개정)
④ 자기관리 부동산투자회사는 설립등기일부터 6개월 이내에 국토교통부장관에게 제9조제1항에 따른 인가를 신청하여야 한다.
(2013.3.23 본조개정)
제9조【영업인가】 ① 부동산투자회사가 제21조제1항제1호부터 제5호까지에 대하여 같은 조 제2항 각 호의 업무를 하려면 제2조제1호에 따른 부동산투자회사의 종류별로 대통령령으로 정하는 바에 따라 국토교통부장관의 인가를 받아야 한다. 다만, 부동산 취득을 위한 조사 등 대통령령으로 정하는 업무의 경우에는 그러하지 아니하다.
(2019.8.20 본항개정)
② 국토교통부장관은 제1항에 따른 영업인가(이하 "영업인가"라 한다) 여부를 결정할 때에는 다음 각 호의 사항을 확인하여야 한다.(2013.3.23 본문개정)
1. 부동산투자회사가 제3조부터 제8조까지, 제11조의2 및 제45조에 적합하게 설립되었는지 여부(2015.6.22 본호개정)
2. 사업계획의 타당성 및 적정성
2의2. 기업구조조정 부동산투자회사가 제49조의2제1항에 적합하게 자산을 구성하였는지 여부(2012.12.18 본호신설)
3. 신주발행계획의 적정성. 다만, 영업인가일부터 2년 이내에 발행하는 신주로 한정한다.(2023.8.16 단서개정)
4. 그 밖에 대통령령으로 정하는 사항
③ 국토교통부장관은 영업인가를 하는 경우 경영의 건전성 확보와 투자자 보호에 필요한 조건을 붙일 수 있다.
(2013.3.23 본항개정)
④ 부동산투자회사는 영업인가 전에는 주주가 아닌 자에게 배정하는 방식으로 신주를 발행할 수 없다.
⑤ 국토교통부장관은 영업인가를 하였을 때에는 그 내용을 관보 및 인터넷 홈페이지 등에 공고하여야 한다.
(2013.3.23 본항개정)
⑥ 부동산투자회사가 제1항에 따라 영업인가를 받으려는 경우에는 감정평가법인등(「감정평가 및 감정평가사에 관한 법률」에 따른 감정평가사 또는 감정평가법인을 말한다. 이하 "감정평가법인등"이라 한다)이 사업대상 부동산에 대하여 실시한 감정평가 결과를 국토교통부장관에게 제출하여야 한다. 다만, 국가·지방자치단체 또는 대통령령으로 정하는 기관으로부터 입찰·경매 또는 그 밖에 대통령령으로 정하는 방식으로 사업대상 부동산을 매입하는 경우에는 감정평가를 실시하지 아니할 수 있다.
(2020.4.7 본문개정)
⑦ 제6항에 따른 감정평가의 방법 및 절차 등에 필요한 사항은 대통령령으로 정한다.(2013.7.16 본항신설)
⑧ 국토교통부장관은 제2항제2호의 사항을 확인하기 위하여 필요한 경우 대통령령으로 정하는 기관에 검토를 의뢰할 수 있다.(2013.7.16 본항신설)
제9조의2【등록】 ① 제9조에도 불구하고 다음 각 호의 요건을 갖춘 위탁관리 부동산투자회사 및 기업구조조정 부동산투자회사가 제21조제1항제1호부터 제5호까지에 대하여 같은 조 제2항 각 호의 업무를 하려면 대통령령으로 정하는 바에 따라 국토교통부장관에게 등록하여야 한다. 다만, 부동산 취득을 위한 조사 등 대통령령으로 정하는 업무의 경우에는 그러하지 아니하다.(2019.8.20 본문개정)
1. 이 법에 따라 적법하게 설립되었을 것
2. 위탁관리 부동산투자회사의 경우 「국민연금법」 제24조에 따라 설립된 국민연금공단(이하 "국민연금공단"이라 한다)이나 제14조의8제3항제1호에 따른 주주가 단독이나 공동으로 발행주식의 100분의 30 이상을 취득할 것
3. 기업구조조정 부동산투자회사의 경우 제49조의2제1항의 기준에 적합하게 자산을 구성할 것
4. 총자산 중 부동산개발사업에 대한 투자비율이 100분의 30을 초과하지 아니할 것
5. 그 밖에 대통령령으로 정하는 요건을 갖출 것
② 제1항에 따른 등록을 하려는 자는 국토교통부장관에게 등록신청서를 제출하여야 한다.
③ 국토교통부장관은 제2항에 따른 등록신청서를 접수한 경우에는 그 내용을 검토하여 20일 이내에 등록 여부를 결정하고, 그 결과와 이유를 지체 없이 신청인에게 통지하여야 한다. 이 경우 검토기간에는 제4항에 따른 등록신청서 흠결의 보완기간 등 대통령령으로 정하는 기간은 제외한다.(2020.6.9 후단개정)
④ 국토교통부장관은 제2항에 따른 등록신청서에 흠결이 있는 경우 신청인에게 보완을 요구할 수 있다.
⑤ 국토교통부장관은 제3항에 따라 등록 여부를 결정하는 경우 다음 각 호의 어느 하나에 해당하는 사유가 없으면 등록을 거부하여서는 아니 된다.
1. 제1항에 따른 등록요건을 갖추지 아니한 경우
2. 제2항에 따른 등록신청서를 거짓으로 작성한 경우
3. 제4항에 따른 보완 요구를 이행하지 아니한 경우
⑥ 제9조제3항부터 제6항까지의 규정은 제1항에 따른 등록에 준용한다. 이 경우 "영업인가"는 "등록"으로 본다.
(2023.8.16 전단개정)
(2016.1.19 본조신설)
제10조【최저자본금】 영업인가를 받거나 등록을 한 날부터 6개월(부동산투자회사 및 이해관계자 등이 다른 법령에서 정한 방법 및 절차 등을 이행하기 위하여 소요되는 기간으로서 국토교통부장관이 인정하는 기간은 제외한다. 이하 "최저자본금준비기간"이라 한다)이 지난 부동산투자회사의 자본금은 다음 각 호에서 정한 금액 이상이 되어야 한다.(2017.3.21 본문개정)
1. 자기관리 부동산투자회사 : 70억원
2. 위탁관리 부동산투자회사 및 기업구조조정 부동산투자회사 : 50억원
(2016.1.19 본조제목개정)
제11조【자기관리 부동산투자회사 주요 출자자의 적격성 심사 등】 ① 국토교통부장관은 다음 각 호의 어느 하나에 해당하는 경우에는 지체 없이 주요 출자자(발행주식 총수의 100분의 5를 초과하여 주식을 소유하는 자를 말한다. 이하 같다)의 적격성을 심사하여야 한다.
(2023.8.16 본문개정)
1. 자기관리 부동산투자회사가 제10조에 따른 최저자본금을 준비하였음을 확인한 경우
2. 제1호에 해당하여 주요 출자자의 적격성 심사가 이루어진 이후 주요 출자자가 변경된 경우
(2023.8.16 1호~2호신설)
② 국토교통부장관은 제1항에 따라 주요 출자자의 적격성을 심사하는 경우에는 다음 각 호의 요건을 갖추었는지를 확인하여야 한다.
1. 제7조제2호부터 제6호까지의 어느 하나에 해당하지 아니할 것
2. 「독점규제 및 공정거래에 관한 법률」 또는 「조세범 처벌법」을 위반하여 벌금형 이상의 형을 선고받고 그 집행이 끝나거나 집행을 받지 아니하기로 확정된 후 5년이 지났을 것
3. 그 밖에 자금의 출처 및 재무상태 등에 관하여 대통령령으로 정하는 요건에 적합할 것
③ 국토교통부장관은 주요 출자자가 제2항에 따른 요건을 갖추지 못한 경우에는 6개월 이내의 기간을 정하여 해당 주요 출자자에게 발행주식 총수의 100분의 5를 초과하여 소유하는 주식을 처분할 것을 명할 수 있다.
④ 제3항에 따라 주식을 처분할 것을 명령받은 자는 발행주식 총수의 100분의 5를 초과하여 소유하는 주식에 대하여는 의결권을 행사할 수 없다.
⑤ 국토교통부장관은 제1항에 따라 적격성을 심사하기 위하여 주요 출자자에게 30일 이내의 기간을 정하여 관련 자료의 제출을 요구할 수 있다. 이 경우 자료의 제출을 요구받은 주요 출자자는 정당한 사유가 없으면 이에 따라야 한다.
⑥ 제1항에 따른 적격성 심사의 절차 및 방법에 관한 세부적인 사항은 대통령령으로 정한다.
(2013.7.16 본조신설)
제11조의2【위탁관리 부동산투자회사의 지점설치 금지 등】 위탁관리 부동산투자회사는 본점 외의 지점을 설치할 수 없으며, 직원을 고용하거나 상근 임원을 둘 수 없다.

제2절 기 관

제12조【주주총회의 결의사항】 ① 다음 각 호의 사항은 주주총회의 결의를 거쳐야 한다. 다만, 제4호, 제4호의2 및 제5호의 사항에 대한 결의에 관하여는 「상법」 제434조를 준용한다.(2015.6.22 단서개정)
1. 해당 연도의 사업계획의 확정
2. 해당 연도의 차입계획 및 사채발행계획
3. 자산의 투자·운용에 관하여 총자산의 100분의 30을 초과하는 자산의 취득·처분 등 대통령령으로 정하는 중요한 계약의 체결 또는 변경체결에 관한 사항
(2019.8.20 본호개정)
4. 부동산개발사업계획의 확정 또는 확정된 부동산개발사업계획의 목적·대상·범위 등 대통령령으로 정하는 중요한 부분의 변경에 관한 사항(2012.12.18 본호개정)
4의2. 총자산 중 부동산개발사업에 대한 투자비율
(2015.6.22 본호신설)
5. 제19조에 따른 부동산의 현물출자에 관한 사항
6. 제35조제1항에 따른 자산보관기관과의 자산보관계약의 체결 또는 변경체결에 관한 사항
② 부동산투자회사는 주주총회의 회의개시 예정시각에서 1시간이 지날 때까지 출석한 주주가 소유한 주식의 총수가 발행된 주식 총수의 과반수에 미달하는 경우 주주총회를 연기할 수 있다. 이 경우 부동산투자회사는 그 날부터 2주 이내에 연기된 주주총회(이하 이 조에서 "연기주주총회"라 한다)를 소집하여야 한다.(2020.6.9 전단개정)
③ 연기주주총회의 회의개시 예정시각에서 1시간이 지날 때까지 출석한 주주가 소유한 주식 총수가 발행된 주식 총수의 과반수에 미달하는 경우에는 출석한 주주의 주식 총수로써 주주총회가 성립된 것으로 본다. 이 경우 연기주주총회의 결의는 출석한 주주의 의결권의 과반수로 한다. 다만, 제1항제4호, 제4호의2 및 제5호의 사항에 대한 연기주주총회의 특별결의는 출석한 주주의 의결권의 3분의 2 이상의 수로써 한다.(2020.6.9 본문개정)
제13조【이사회의 결의사항】 ① 다음 각 호의 사항은 이사회의 결의를 거쳐야 한다.
1. 부동산의 취득이나 처분 등 운용에 관한 사항
2. 대통령령으로 정하는 일정 금액 이상의 증권의 취득이나 처분에 관한 사항
3. 차입 및 사채발행에 관한 사항
4. 제47조에 따른 내부통제기준의 제정·개정 및 준법감시인의 임면(任免)에 관한 사항
② 이사는 이사회 개최 7일 전에 이사회의 개최 일시, 장소 및 안건 등을 감사에게 송부하여야 한다.
제14조【이사의 자격 등】 ① 부동산투자회사의 이사에 관하여는 제7조를 준용한다.
② 다음 각 호의 어느 하나에 해당하는 사람은 위탁관리 부동산투자회사의 이사가 될 수 없다.
1. 자산의 투자·운용을 위탁받은 자산관리회사의 특별관계자(「자본시장과 금융투자업에 관한 법률」 제133조제3항에 따른 특별관계자를 말한다. 이하 같다)
2. 자산의 투자·운용을 위탁받은 자산관리회사로부터 계속적으로 보수를 지급받고 있는 사람
3. 이사로서의 중립성을 훼손할 우려가 있는 사람으로서 대통령령으로 정하는 사람
③ 부동산투자회사의 이사로 선임된 사람이 제1항 또는 제2항(위탁관리 부동산투자회사의 이사인 경우만 해당한다)에 해당하게 되거나 선임 당시 그에 해당하는 사람이었음이 밝혀진 경우에는 당연히 해임된다.(2020.6.9 본항개정)
④ 제3항에 따라 해임된 이사가 해임 전에 관여한 행위는 효력을 잃지 아니한다.
⑤ 이사의 직무에 관하여 필요한 사항은 대통령령으로 정한다.
제14조의2【감사의 자격 등】 ① 부동산투자회사의 감사는 「공인회계사법」에 따른 공인회계사이어야 한다.
② 다음 각 호의 어느 하나에 해당하는 사람은 부동산투자회사의 감사가 될 수 없다.
1. 제7조 각 호의 어느 하나에 해당하는 사람
2. 「공인회계사법」에 따라 업무정지 기간 중에 있는 회계법인에 소속된 사람
3. 「공인회계사법」에 따라 직무정지 기간 중에 있는 사람
4. 감사로서의 중립성을 훼손할 우려가 있는 사람으로서 대통령령으로 정하는 사람
③ 감사의 해임 및 직무에 관하여는 제14조제3항부터 제5항까지의 규정을 준용한다.
제14조의3【법인이사 및 감독이사의 선임】 ① 위탁관리 부동산투자회사는 제22조의2에 따라 해당 위탁관리 부동산투자회사의 자산 투자·운용 업무를 위탁하는 자산관리회사인 이사(이하 "법인이사"라 한다)와 감독이사를 정관으로 정하는 바에 따라 둘 수 있다. 이 경우 법인이사와 감독이사를 두는 부동산투자회사에는 제14조 및 제14조의2에 따른 이사와 감사를 두지 아니한다.
② 위탁관리 부동산투자회사가 제1항에 따라 법인이사와 감독이사를 두는 경우에는 법인이사 1인과 감독이사 2명 이상을 선임하여야 한다.
(2012.12.18 본조신설)
제14조의4【법인이사의 자격】 법인이사에 대하여는 제14조를 적용하지 아니한다.(2012.12.18 본조신설)
제14조의5【법인이사의 직무】 ① 제14조의3제1항에 따라 위탁관리 부동산투자회사에 법인이사를 두는 경우에 법인이사는 위탁관리 부동산투자회사를 대표하고 위탁관리 부동산투자회사의 업무를 집행한다.
② 법인이사는 다음 각 호의 어느 하나에 해당하는 업무를 집행하려면 이사회의 결의를 거쳐야 한다. 이 경우 제13조제1항은 적용하지 아니한다.
1. 다음 각 목의 어느 하나에 해당하는 기관과의 업무위탁 또는 자산보관계약(변경계약을 포함한다)의 체결
가. 자산관리회사
나. 제22조의2제1항에 따른 일반사무등 위탁기관
다. 제35조제1항에 따른 자산보관기관
2. 자산의 투자·운용 또는 보관 등에 따르는 보수의 지급
3. 금전의 분배 및 주식의 배당에 관한 사항
4. 그 밖에 위탁관리 부동산투자회사의 운영상 중요하다고 인정되는 사항으로서 정관으로 정하는 사항
③ 법인이사는 법인이사의 직무의 범위를 정하여 그 직무를 수행할 사람을 해당 법인이사 소속 임직원 중에서 선임할 수 있다. 이 경우 법인이사는 이를 위탁관리 부동산투자회사에 서면으로 알려야 한다.

④ 제3항에 따라 선임된 사람이 법인이사의 직무 범위에서 한 행위는 법인이사의 행위로 본다.
⑤ 법인이사는 3개월마다 1회 이상 그 업무의 집행상황 및 자산의 운용 내용을 이사회에 보고하여야 한다.
(2012.12.18 본조신설)

제14조의6【감독이사의 자격】 ① 감독이사에 대하여는 제14조제1항부터 제4항까지의 규정을 적용한다.
② 감독이사는 다음 각 호의 어느 하나에 해당하지 아니하는 사람이어야 한다.
1. 해당 부동산투자회사의 발기인
2. 해당 부동산투자회사의 이사가 다른 법인의 이사로 있는 경우 그 법인의 상근 임직원인 사람
3. 해당 부동산투자회사의 회계감사인
4. 그 밖에 감독이사로서의 중립성을 훼손할 우려가 있는 사람으로서 대통령령으로 정하는 사람
③ 감독이사 중 1명 이상은 「공인회계사법」에 따른 공인회계사로서 제14조의2제2항 각 호의 어느 하나에 해당하지 아니하는 사람이어야 한다.
(2012.12.18 본조신설)

제14조의7【감독이사의 직무】 ① 감독이사는 법인이사의 업무집행을 감독한다.
② 감독이사는 부동산투자회사의 업무 및 재산상황을 파악하기 위하여 필요한 경우에는 법인이사와 자산보관기관 등에 대하여 부동산투자회사와 관련되는 업무 및 재산상황에 관한 보고를 요구할 수 있다.
③ 감독이사는 그 직무를 수행하기 위하여 필요하다고 인정하는 경우에는 회계감사인에 대하여 회계감사에 관한 보고를 요구할 수 있다.(2020.6.9 본항개정)
④ 제2항 또는 제3항에 따라 감독이사의 요구를 받은 자는 특별한 사유가 없으면 이에 따라야 한다.(2020.6.9 본항개정)
⑤ 감독이사에 관하여서는 「상법」 제409조, 제410조, 제412조, 제412조의2, 제412조의3, 제412조의5, 제413조, 제413조의2 및 제414조를 준용한다. 이 경우 "감사"는 "감독이사"로 본다.
(2012.12.18 본조신설)

제3절 주식의 발행

제14조의8【주식의 공모】 ① 부동산투자회사는 영업인가를 받거나 등록을 하기 전(제12조제1항제4호의2에 따른 투자비율이 100분의 30을 초과하는 부동산투자회사의 경우에는 그가 투자하는 부동산개발사업에 관하여 관계 법령에 따른 시행에 대한 인가·허가 등이 있기 전)까지는 발행하는 주식을 일반의 청약에 제공할 수 없다.
(2016.1.19 본항개정)
② 부동산투자회사는 영업인가를 받거나 등록을 한 날(제12조제1항제4호의2에 따른 투자비율이 100분의 30을 초과하는 부동산투자회사의 경우에는 그가 투자한 부동산개발사업에 관하여 관계 법령에 따른 사용승인·준공검사 등을 받은 날을 말한다. 이하 이 조에서 같다)부터 2년 이내에 발행하는 주식 총수의 100분의 30 이상을 일반의 청약에 제공하여야 한다.(2023.8.16 본항개정)
③ 다음 각 호의 어느 하나에 해당하는 경우에는 제2항에도 불구하고 주식을 일반의 청약에 제공하지 아니할 수 있다.
1. 부동산투자회사가 영업인가를 받거나 등록을 한 날부터 2년 이내에 국민연금공단이나 그 밖에 대통령령으로 정하는 주주가 단독이나 공동으로 인수 또는 매수한 주식의 합계가 부동산투자회사가 발행하는 주식 총수의 100분의 50 이상인 경우(2023.8.16 본항개정)
2. 부동산투자회사의 총자산의 100분의 70 이상을 임대주택(「민간임대주택에 관한 특별법」에 따른 민간임대주택 및 「공공주택 특별법」에 따른 공공임대주택을 말한다)으로 구성하는 경우(2019.8.20 본호개정)
④ 부동산투자회사는 제2항에 따라 주식을 일반 청약에 제공할 경우 해당 청약에 관한 정보를 제49조의6에 따른 부동산투자회사 정보시스템에 공개하여야 한다.
(2016.1.19 본항신설)
⑤ 제2항 및 제4항에서 규정한 사항 외에 청약에 대한 정보공개 기간 및 방법 등 주식의 일반 청약 제공에 필요한 세부사항은 국토교통부령으로 정한다.(2023.8.16 본항신설)

제15조【주식의 분산】 ① 주주 1인과 그 특별관계자는 최저자본금준비기간이 끝난 후(제12조제1항제4호의2에 따른 투자비율이 100분의 30을 초과하는 부동산투자회사의 경우에는 부동산개발사업에 관하여 관계 법령에 따른 시행에 대한 인가·허가 등이 있은 날부터 6개월이 지난 후)에는 부동산투자회사가 발행한 주식 총수의 100분의 50(이하 "1인당 주식소유한도"라 한다)을 초과하여 주식을 소유하지 못한다.(2017.3.21 본문개정)
1.~2. (2017.3.21 삭제)
② 주주 1인과 그 특별관계자(이하 "동일인"이라 한다)가 제1항을 위반하여 부동산투자회사의 주식을 소유하게 된 경우 그 주식의 의결권 행사 범위는 1인당 주식소유한도로 제한된다.
③ 국토교통부장관은 제1항을 위반하여 동일인이 1인당 주식소유한도를 초과하여 주식을 소유하는 경우에는 6개월 이내의 기간을 정하여 1인당 주식소유한도를 초과하는 주식을 처분할 것을 명할 수 있다.(2013.3.23 본항개정)
④ 제3항에도 불구하고 국토교통부장관은 동일인이 현물출자로 인하여 1인당 주식소유한도를 초과하여 주식을 소유하는 경우에는 현물출자에 따른 주식의 발행일부터 1년 이상 1년 6개월 이하의 기간을 정하여 1인당 주식소유한도를 초과하는 주식을 처분할 것을 명할 수 있다.
(2013.3.23 본항개정)

제16조【1인당 주식소유한도의 예외】 ① 국민연금공단과 그 밖에 대통령령으로 정하는 주주에 대하여는 제15조제1항을 적용하지 아니한다.
② 제1항에 따라 1인당 주식소유한도를 초과하여 주식을 소유한 경우에는 제15조제2항을 준용한다. 다만, 국민연금공단과 그 밖에 대통령령으로 정하는 주주가 1인당 주식소유한도를 초과하여 주식을 소유한 경우에는 그러하지 아니하다.(2012.12.18 본항개정)
③ 부동산투자회사의 총자산의 100분의 70 이상을 임대주택(「민간임대주택에 관한 특별법」에 따른 민간임대주택 및 「공공주택 특별법」에 따른 공공임대주택을 말한다)으로 구성하는 경우에는 제15조를 적용하지 아니한다.
(2019.8.20 본항개정)

제17조【주식청약서 등】 ① 부동산투자회사의 영업인가 또는 등록 후에 주식을 발행하는 경우에는 다음 각 호의 사항을 기재한 주식청약서를 작성하여 해당 주식을 인수하려는 자에게 제공하여야 한다.(2016.1.19 본문개정)
1. 제8조제1항제1호부터 제10호까지, 제10호의2, 제11호부터 제13호까지의 사항(2012.12.18 본호개정)
2. 정관으로 존립기간 또는 해산사유를 정한 경우에는 그 내용
3. 주금(株金) 납입을 맡을 금융기관과 납입 장소
4. 최저자본금준비기간이 끝난 후에 자본금이 최저자본금보다 적은 경우 영업인가 또는 등록이 취소될 수 있다는 사실(2016.1.19 본호개정)
5. 그 밖에 대통령령으로 정하는 사항
② 부동산투자회사는 제1항에 따라 발행하는 주식의 인수청약을 권유할 때에는 부동산투자회사의 설립취지, 투자계획 및 투자위험에 관한 사항 등 대통령령으로 정하는 사항을 기재한 투자설명서를 상대방에게 제공하여야 한다.(2015.6.22 본항개정)

제18조【발행조건】 ① 부동산투자회사는 그 성립 후에 주식을 발행하는 경우 동일한 날짜에 발행되는 같은 종류의 주식에 대해서는 발행가액이나 그 밖의 발행조건을 균등하게 정하여야 한다.
② 제1항의 경우 주식의 발행가액은 해당 부동산투자회사의 시장가치, 자산가치 및 수익가치에 기초하여 대통령령으로 정하는 방법으로 산정하여야 한다.

제19조【현물출자】 ① 부동산투자회사는 영업인가를 받거나 등록을 하고 제10조에 따른 최저자본금 이상을 갖추기 전에는 현물출자를 받는 방식으로 신주를 발행할 수 없다.(2016.1.19 본항개정)
② 부동산투자회사의 영업인가 또는 등록 후에 「상법」 제416조제4호에 따라 부동산투자회사에 현물출자를 하는 재산은 다음 각 호의 어느 하나에 해당하여야 한다.
(2016.1.19 본문개정)
1. 부동산
2. 지상권·임차권 등 부동산 사용에 관한 권리
3. 신탁이 종료된 때에 신탁재산 전부가 수익자에게 귀속하는 부동산 신탁의 수익권
4. 부동산소유권의 이전등기청구권(2015.6.22 본호신설)
5. 「공익사업을 위한 토지 등의 취득 및 보상에 관한 법률」 제63조제1항 단서에 따라 공익사업의 시행으로 조성한 토지로 보상을 받기로 결정된 권리(이하 "대토보상권"이라 한다)(2015.6.22 본호신설)
③ (2012.12.18 삭제)
④ 제2항에 따라 현물출자하는 재산의 가액은 다음 각 호에 따른다.
1. 제2항제1호부터 제4호까지에 따른 재산 : 감정평가법인등 둘 이상이 평가한 금액(2020.4.7 본호개정)
2. 제2항제5호에 따른 재산 : 「공익사업을 위한 토지 등의 취득 및 보상에 관한 법률」 제68조에 따라 산정하여 토지소유자가 사업시행자로부터 토지로 보상받기로 한 금액
(2015.6.22 본항개정)
⑤ 제4항에 따른 재산의 평가 방법에 관하여 필요한 사항은 대통령령으로 정한다.(2012.12.18 본항신설)

제20조【주식의 상장 등】 ① 부동산투자회사는 「자본시장과 금융투자업에 관한 법률」 제390조제1항에 따른 상장규정의 상장 요건을 갖추게 된 때에는 지체 없이 같은 법 제8조의2제4항제1호에 따른 증권시장에 주식을 상장하여 그 주식이 증권시장에서 거래되도록 하여야 한다.
(2013.5.28 본항개정)
② 국토교통부장관은 부동산투자회사가 정당한 사유 없이 제1항에 따른 증권시장에의 상장을 이행하지 아니하는 경우에는 기간을 정하여 상장을 명할 수 있다.
(2013.3.23 본항개정)
③ 국토교통부장관은 제2항에 따라 상장을 명하려면 미리 금융위원회의 의견을 들어야 한다.(2017.10.24 본항신설)

제20조의2【부동산투자회사에 대한 주주의 주식매수청구권】 ① 다음 각 호의 어느 하나에 해당하는 사항에 관하여 부동산투자회사 이사회가 결의한 경우 그 결의에 대하여 반대하는 주주는 해당 사항에 관한 주주총회 전에 부동산투자회사에 서면으로 그 결의에 반대한다는 의사를 알리고, 주주총회의 결의일부터 20일 이내에 주식의 종류와 수를 적은 서면으로 자기가 소유한 주식의 매수를 청구할 수 있다.
1. 주식의 매수를 제한하거나 회사의 존립기간을 연장하는 정관의 변경. 다만, 보유 자산의 매각이 존립기간 내에 불가능하여 1년 이내의 범위에서 존립기간을 1회 연장하는 경우는 제외한다.
2. 다른 부동산투자회사와의 합병
3. 제19조에 따른 현물출자에 의한 신주의 발행
② 부동산투자회사는 제1항에 따른 매수청구를 받으면 매수청구 기간이 끝난 날부터 20일 이내에 해당 주식을 매수하여야 한다. 이 경우 해당 주식의 매수가격, 매수대금의 지급방법 등 필요한 사항은 대통령령으로 정한다.
③ 제2항에도 불구하고 부동산투자회사는 매수자금이 부족하여 매수에 응할 수 없는 경우에는 국토교통부장관의 승인을 받아 주식의 매수를 연기할 수 있다.(2013.3.23 본항개정)

제3장 업 무
(2010.4.15 본장개정)

제1절 자산의 투자·운용

제21조【자산의 투자·운용 방법】 ① 부동산투자회사는 그 자산을 다음 각 호의 어느 하나에 투자하여야 한다.
1. 부동산
2. 부동산개발사업
3. 지상권, 임차권 등 부동산 사용에 관한 권리
4. 신탁이 종료된 때에 신탁재산 전부가 수익자에게 귀속하는 부동산 신탁 수익권
5. 증권, 채권
6. 현금(금융기관의 예금을 포함한다)
② 부동산투자회사는 제1항 각 호에 대하여 다음 각 호의 어느 하나에 해당하는 방법으로 투자·운용하여야 한다.
1. 취득, 개발, 개량 및 처분
2. 관리(시설운영을 포함한다), 임대차 및 전대차
3. 제2조제4호에 따른 부동산개발사업을 목적으로 하는 법인 등 대통령령으로 정하는 자에 대하여 부동산에 대한 담보권 설정 등 대통령령으로 정한 방법에 따른 대출, 예치
(2019.8.20 본조개정)

제22조【자기관리 부동산투자회사의 자산운용 전문인력】 ① 자기관리 부동산투자회사는 그 자산을 투자·운용할 때에는 전문성을 높이고 주주를 보호하기 위하여 대통령령으로 정하는 바에 따라 다음 각 호에 따른 자산운용 전문인력을 상근으로 두어야 한다.(2012.12.18 본문개정)
1. 감정평가사 또는 공인중개사로서 해당 분야에 5년 이상 종사한 사람
2. 부동산 관련 분야의 석사학위 이상의 소지자로서 부동산의 투자·운용과 관련된 업무에 3년 이상 종사한 사람
3. 그 밖에 제1호 또는 제2호에 준하는 경력이 있는 사람으로서 대통령령으로 정하는 사람
② 제1항에 따른 자산운용 전문인력이 되고자 하는 사람은 자산운용에 관한 사전교육(이하 "사전교육"이라 한다)을 이수하여야 한다.(2023.8.16 본항개정)
③ 사전교육을 이수한 사람이 자산운용 전문인력으로 계속해서 종사하고자 하는 경우 사전교육을 이수한 날부터 3년마다 국토교통부장관이 실시하거나 인정하는 보수(補修)교육(이하 "보수교육"이라 한다)을 받아야 한다.
(2023.8.16 본항신설)
④ 자산운용 전문인력이 사전교육 또는 보수교육을 이수한 날부터 3년이 지난 후에 다시 자산운용 전문인력으로 종사하는 경우에는 3개월 이내에 보수교육을 받아야 한다.
(2023.8.16 본항신설)
⑤ 사전교육 및 보수교육의 교육기관, 교육과정, 교육시기, 교육의 면제대상 및 그 밖에 필요한 사항은 대통령령으로 정한다.(2023.8.16 본항신설)

제22조의2【위탁관리 부동산투자회사의 업무 위탁 등】
① 위탁관리 부동산투자회사는 자산의 투자·운용업무는 자산관리회사에 위탁하여야 하고, 주식발행업무 및 일반적인 사무는 대통령령으로 정하는 요건을 갖춘 기관(이하 "일반사무등 위탁기관"이라 한다)에 위탁하여야 한다.
② 자산관리회사 및 일반사무등 위탁기관의 업무 범위 등 위탁관리 부동산투자회사의 업무 위탁에 필요한 사항은 대통령령으로 정한다.(2019.8.20 본항개정)
③ 위탁관리 부동산투자회사와 그 자산의 투자운용업무를 위탁받은 자산관리회사 및 그 특별관계자는 서로 부동산이나 증권의 거래행위를 하여서는 아니 된다. 다만, 주주의 이익을 침해할 우려가 없는 경우로서 대통령령으로 정하는 거래는 그러하지 아니하다.

제22조의3【자산관리회사의 인가 등】 ① 자산관리회사를 설립하려는 자는 다음 각 호의 요건을 갖추어 국토교통부장관의 인가를 받아야 한다.(2020.12.22 후단삭제)
1. 자기자본(자산총액에서 부채총액을 뺀 가액을 말한다. 이하 같다)이 70억원 이상일 것(2020.12.22 본호개정)
2. 제22조에 따른 자산운용 전문인력을 대통령령으로 정하는 수 이상 상근으로 둘 것(2012.12.18 본호개정)
3. 자산관리회사와 투자자 간, 특정 투자자와 다른 투자자 간의 이해상충을 방지하기 위한 체계와 대통령령으로 정하는 전산설비, 그 밖의 물적설비를 갖출 것(2020.12.22 본호개정)

② 국토교통부장관은 제1항에 따라 인가 여부를 결정할 때에는 대통령령으로 정하는 바에 따라 다음 각 호의 사항을 확인하여야 한다.(2020.12.22 본문개정)
1. 사업계획의 타당성
2. 주주의 구성과 주식인수자금의 적정성
3. 자산관리회사의 고유자산과 위탁받은 자산 간의 구분관리계획의 적정성
4. 경영진의 전문성 및 경영능력

③ 자산관리회사는 위탁관리 부동산투자회사 및 기업구조조정 부동산투자회사로부터 위탁받은 업무 외의 다른 업무를 겸영(兼營)하여서는 아니 된다. 다만, 다음 각 호의 어느 하나에 해당하는 경우에는 그러하지 아니하다.
1. 이 법 또는 다른 법률에 따라 허용된 경우
2. 다른 법률에 따라 제21조제1항 각 호에 대하여 같은 조 제2항 각 호의 어느 하나에서 정하는 업무를 위탁받아 할 수 있는 자로서 투자자 보호에 지장이 없다고 인정되어 제1항에 따라 인가를 받은 경우(2019.8.20 본호개정)
3. 위탁받은 자산의 투자·운용과 투자자 보호에 지장이 없는 경우로서 대통령령으로 정하는 경우

④ 제1항에 따라 설립인가를 받으려는 자는 주식인수 전에 미리 국토교통부장관의 예비인가를 받아야 한다.(2013.3.23 본항개정)

⑤ 국토교통부장관은 제4항에 따라 예비인가 여부를 결정할 때 경영의 건전성 확보 및 투자자 보호에 필요한 조건을 붙일 수 있다.(2013.3.23 본항개정)

⑥ 국토교통부장관은 제1항에 따른 설립인가 신청을 받으면 제5항에 따라 예비인가 시 부여한 조건의 이행 여부를 확인한 후 설립인가를 하여야 한다. 이 경우 국토교통부장관은 경영의 건전성 확보 및 투자자 보호에 필요한 조건을 붙일 수 있다.(2013.3.23 본항개정)

⑦ 국토교통부장관은 제1항에 따라 설립인가를 하거나 제4항에 따라 예비인가를 하였을 때에는 그 내용을 관보 및 인터넷 홈페이지 등에 공고하여야 한다.(2020.12.22 본항개정)

⑧ 예비인가 및 설립인가의 절차 등에 관하여 필요한 사항은 대통령령으로 정한다.

⑨ 제1항에 따라 설립인가를 받은 자산관리회사는 그 영업을 영위할 때에는 제1항 각 호의 요건을 유지하여야 하고, 경영건전성을 유지하기 위하여 대통령령으로 정하는 사항을 준수하여야 한다.(2020.12.22 본항신설)

⑩ 국토교통부장관은 자산관리회사의 경영건전성 확보를 위하여 대통령령으로 정하는 바에 따라 경영실태 및 위험에 대한 평가를 할 수 있으며, 자산관리회사에 대하여 자본금의 증액 등 경영건전성 확보를 위하여 필요한 조치를 명할 수 있다.(2020.12.22 본항신설)

⑪ 자산관리회사의 임원에 관하여는 제7조, 제31조제2항 및 제33조를 준용한다. 이 경우 제7조, 제31조제2항 및 제33조 각 호 외의 부분의 "부동산투자회사"는 "자산관리회사"로 본다.(2020.12.22 본항개정)

제22조의4【자산관리회사의 주식 취득 제한】 ① 위탁관리 부동산투자회사 또는 기업구조조정 부동산투자회사로부터 자산의 투자·운용을 위탁받은 자산관리회사는 해당 부동산투자회사가 영업인가 또는 등록 후 제10조에 따른 최저자본금을 갖춘 이후에는 해당 부동산투자회사가 발행한 주식 총수의 100분의 30 이내에서 대통령령으로 정하는 비율을 초과하여 주식을 취득하거나, 해당 부동산투자회사의 최대주주가 되어서는 아니 된다.

② 자산관리회사가 제1항을 위반하여 같은 항에 따라 취득할 수 있는 주식의 한도(이하 이 조에서 "주식소유한도"라 한다)를 초과하여 주식을 소유하게 된 경우 그 주식의 의결권 행사 범위는 주식소유한도로 제한된다.

③ 자산관리회사가 제1항을 위반하여 주식소유한도를 초과하여 주식을 소유하는 경우에는 국토교통부장관은 6개월 이내의 기간을 정하여 대통령령으로 정하는 바에 따라 주식소유한도를 초과하는 주식의 처분을 명할 수 있다.

(2023.8.16 본조신설)

제22조의5【자기관리 부동산투자회사의 자산관리회사 설립 특례】 자기관리 부동산투자회사가 제22조의3에 따라 자산관리회사를 설립하는 경우 해당 자산관리회사는 제22조의3제1항에서 정한 요건 외에 다음 각 호의 요건을 갖추어 국토교통부장관의 인가를 받아야 한다.
1. 자기관리 부동산투자회사가 해당 자산관리회사의 자본금 전부를 출자할 것
2. 위탁관리 부동산투자회사 또는 기업구조조정 부동산투자회사로부터 자산의 투자·운용을 위탁받는 경우 제49조의3의 공모부동산투자회사가 아닌 위탁관리 부동산투자회사 또는 기업구조조정 부동산투자회사로부터만 자산의 투자·운용을 위탁받는 방식으로 업무를 수행하는 것을 목적으로 설립할 것
3. 그 밖에 자산의 건전한 투자·운용과 투자자 보호를 위해 대통령령으로 정하는 사항

(2023.8.16 본조신설)

제23조【부동산투자자문회사의 등록】 ① 부동산투자회사의 위탁으로 그 자산의 투자·운용에 관한 자문 및 평가 등의 업무를 하려는 자는 국토교통부장관에게 등록하여야 한다.(2013.3.23 본항개정)

② 제1항에 따라 등록을 하려는 자는 다음 각 호의 요건을 갖추어야 한다.
1. 자본금이 5억원 이상으로서 대통령령으로 정하는 금액 이상일 것(2012.12.18 본호개정)
2. 제22조에 따른 자산운용 전문인력을 대통령령으로 정하는 수 이상 상근으로 둘 것(2012.12.18 본호개정)

③ 국토교통부장관은 제1항에 따라 등록을 한 자(이하 "부동산투자자문회사"라 한다)가 다음 각 호의 어느 하나에 해당하면 등록을 취소할 수 있다. 다만, 제1호 또는 제2호에 해당하는 경우에는 그 등록을 취소하여야 한다.(2013.3.23 본문개정)
1. 속임수나 그 밖의 부정한 방법으로 부동산투자자문회사의 등록을 한 경우
2. 제2항에 따른 등록 요건을 갖추지 못하게 된 경우. 다만, 일시적으로 등록 요건에 미달하는 경우로서 대통령령으로 정하는 경우는 제외한다.
3. 제39조제2항에 따른 조치를 정당한 사유 없이 이행하지 아니한 경우
4. 이 법 또는 이 법에 따른 명령이나 처분을 위반하여 업무수행이 곤란하다고 인정되는 경우
5. 최근 2년간 부동산투자회사로부터 그 자산의 투자·운용에 관한 자문 및 평가 등의 업무를 위탁받은 사실이 없는 경우(2023.8.16 본호신설)

④ 제1항에 따른 등록을 하지 아니한 자는 그 상호에 부동산투자자문 또는 이와 유사한 명칭(대통령령으로 정하는 외국어문자를 포함한다)을 사용하여서는 아니 된다.(2023.8.16 본항개정)

⑤ 부동산투자자문회사의 등록 절차, 제출 서류, 업무 수탁의 범위 등에 관하여 필요한 사항은 대통령령으로 정한다.

제24조【부동산의 처분에 대한 제한 등】 ① 부동산투자회사는 부동산을 취득한 후 5년의 범위에서 대통령령으로 정하는 기간 이내에는 부동산을 처분하여서는 아니된다. 다만, 다음 각 호의 어느 하나의 경우에는 그러하지 아니하다.
1. 부동산개발사업으로 조성하거나 설치한 토지·건축물 등을 분양하는 경우
2. 그 밖에 투자자 보호를 위하여 대통령령으로 정하는 사유가 있는 경우

② 부동산투자회사는 건축물이나 그 밖의 공작물이 없는 토지(제2조제4호나목에 따라 조성된 토지는 제외한다. 이하 이 항에서 같다)는 해당 토지에 부동산개발사업을 시행한 후가 아니면 그 토지를 처분하여서는 아니 된다. 다만, 부동산투자회사의 합병, 해산 등 투자자 보호를 위하여 대통령령으로 정하는 경우에는 그러하지 아니하다.(2012.12.18 본문개정)

③ 부동산투자회사가 부동산을 취득하거나 처분하는 경우 자기관리 부동산투자회사 또는 자산관리회사는 대통령령으로 정하는 바에 따라 해당 부동산의 현황, 거래가격 등이 포함된 실사보고서(實査報告書)를 작성하여 국토교통부장관에게 미리 제출하고 이를 본점에 갖추어 두어야 한다.(2023.8.16 본항개정)

제25조【자산의 구성】 ① 부동산투자회사는 최저자본금준비기간이 끝난 후에는 매 분기 말 현재 총자산의 100분의 80 이상을 부동산, 부동산 관련 증권 및 현금으로 구성하여야 한다. 이 경우 총자산의 100분의 70 이상은 부동산(건축 중인 건축물을 포함한다)이어야 한다.

② 제1항에 따라 자산의 구성 비율을 계산할 때 다음 각 호의 어느 하나에 해당되는 자산은 최저자본금준비기간의 만료일, 신주발행일 또는 부동산 매각일부터 2년 이내에는 부동산으로 본다.
1. 설립할 때 납입된 주금(株金)
2. 신주발행으로 조성한 자금
3. 부동산투자회사 소유 부동산의 매각대금

③ 제1항에 따른 자산의 구체적인 내용 및 산정기준 등은 대통령령으로 정한다.

제25조의2【회계처리】 ① 부동산투자회사는 부동산 등 자산의 운용에 관하여 회계처리를 할 때에는 금융위원회가 정하는 회계처리기준에 따라야 한다.

② 금융위원회는 제1항에 따른 회계처리기준의 제정을 대통령령으로 정하는 바에 따라 민간 회계기준제정기구에 위탁할 수 있다.

제25조의3【신용평가】 ① 국토교통부장관은 부동산투자회사의 주식의 공모 여부, 총자산의 규모 등 투자자 보호를 위하여 필요한 경우로서 대통령령으로 정하는 부동산투자회사에 대하여 「자본시장과 금융투자업에 관한 법률」 제335조의3에 따라 인가를 받은 신용평가회사(외국 법령에 따라 외국에서 신용평가업무에 상당하는 업무를 수행하는 자를 포함한다)의 평가를 받도록 하고, 그 결과를 제49조의6제1항에 따른 부동산투자회사 정보시스템을 통하여 공시하도록 할 수 있다.

② 제1항에 따른 부동산투자회사의 평가 및 공시의 절차에 관한 사항은 대통령령으로 정한다.

(2019.8.20 본조신설)

제26조【부동산개발사업에 대한 투자】 ① 제12조제1항제4호의2에 따른 총자산은 부동산개발사업에 대한 투자비율을 결의한 주주총회 개최일 전날을 기준으로 하여 직전 분기 말 현재의 대차대조표상의 자산총액을 말한다.(2015.6.22 본항개정)

② 제12조제1항제4호의2에 따라 부동산개발사업에 대한 투자비율을 산정할 때 건축물을 신축하거나 재축하는 부동산개발사업의 경우에는 부동산투자회사가 소유한 토지의 가액은 총자산에는 포함하여 계산하되, 부동산개발사업의 투자액에서는 제외한다.(2020.6.9 본항개정)

③ 부동산투자회사가 부동산개발사업에 투자하려면 개발 대상 토지, 개발 방법, 그 밖에 대통령령으로 정하는 사항이 포함된 사업계획서를 작성하여 부동산투자자문회사의 평가를 거쳐야 하며, 부동산투자자문회사가 작성한 평가서를 부동산개발사업에 투자하기 1개월 전에 국토교통부장관에게 제출하여야 한다.(2013.3.23 본항개정)

④~⑤ (2015.6.22 삭제)

제26조의2 (2015.6.22 삭제)

제26조의3【보상을 목적으로 제공한 토지에 대한 개발사업 투자의 특례】 ① 제9조의2제1항에도 불구하고 다음 각 호의 요건을 모두 갖춘 부동산투자회사는 제9조에 따른 영업인가를 받기 전에 대토보상권의 현물출자 및 이와 관련된 업무를 하기 위하여 국토교통부장관에게 특례등록을 할 수 있다.
1. 제3조부터 제8조까지, 제11조의2 및 제45조에 적합하게 설립되었을 것
2. 대토보상권에 따라 보상받기로 한 토지를 개발하는 목적으로 설립할 것
3. 제10조에 따른 최저자본금의 100분의 80 이상을 현물출자받은 대토보상권으로 구성하는 사업계획을 갖출 것
4. 개발사업이 가능한 토지를 공급받을 수 있는 권리를 「공익사업을 위한 토지 등의 취득 및 보상에 관한 법률」 제2조제3호의 사업시행자(이하 "토지공급사업시행자"라 한다)로부터 확보할 것

② 제1항에 따라 특례등록을 한 부동산투자회사는 제14조의8, 제15조, 제20조, 「상법」 제422조 및 「부동산등기특별조치법」 제2조를 적용하지 아니한다.

③ 제1항에 따라 특례등록을 한 부동산투자회사는 제21조에 따른 자산의 투자·운용 및 제29조에 따른 차입 및 사채 발행을 할 수 없다. 다만, 토지공급사업시행자와 보상받기로 한 토지의 공급계약을 체결하고 제9조에 따른 영업인가를 받은 경우에는 제21조에 따른 자산의 투자·운용 및 제29조에 따른 차입 및 사채 발행을 할 수 있다.

④ 제1항에 따라 특례등록을 한 부동산투자회사의 주주는 다음 각 호의 요건 중 어느 하나를 갖춘 경우에 한정하여 해당 부동산투자회사의 주식을 처분(매매, 증여, 담보설정, 유상감자, 신탁, 그 밖에 권리의 변동을 발생시키는 모든 행위를 포함하되, 상속은 제외한다. 이하 이 조에서 같다)할 수 있다.
1. 토지공급사업시행자와 토지보상계약을 체결한 날부터 3년이 경과할 것
2. 부동산투자회사가 제3항에 따른 영업인가를 받을 것

⑤ 제4항에도 불구하고 제1항에 따라 특례등록을 한 부동산투자회사의 주주가 다음 각 호의 어느 하나에 해당하는 경우에는 해당 부동산투자회사의 주식을 처분할 수 있다.
1. 국세 및 지방세의 체납처분 또는 강제집행을 받는 경우
2. 세대원 전원이 해외로 이주하거나 2년 이상 해외에 체류하려는 경우

⑥ 제3항에도 불구하고 제1항에 따라 특례등록을 한 부동산투자회사는 현물출자를 받아 주식을 발행한 이후에는 다음 각 호의 어느 하나에 해당하는 경우 자기자본의 100분의 30을 초과하지 아니하는 범위에서 차입 및 사채발행을 할 수 있다.
1. 제5항에 따라 주주가 처분한 주식을 취득하는 경우
2. 제9조제1항 단서에 따른 부동산취득을 위한 조사 등 대통령령으로 정하는 업무를 수행하는 경우

⑦ 제1항에 따라 특례등록을 한 부동산투자회사는 제3항에 따라 제9조에 따른 영업인가를 받기 전에는 주주가 아닌 자에게 배정하는 방식으로 신주를 발행할 수 없다.

⑧ 제9조제3항, 제5항 및 제8항의 규정, 제9조의2제2항부터 제5항까지의 규정은 제1항에 따른 특례등록에 준용한다. 이 경우 제9조제3항, 제5항 및 제8항의 규정의 "영업인가"는 "특례등록"으로 보고, 제9조의2제2항부터 제5항까지의 규정의 "등록"은 "특례등록"으로 본다.

(2021.4.13 본조개정)

제27조【증권에 대한 투자】 ① 부동산투자회사는 다른 회사의 의결권 있는 발행주식의 100분의 10을 초과하여 취득하여서는 아니 된다. 다만, 다음 각 호의 어느 하나에 해당하는 경우에는 그러하지 아니하다.

1. 특정 부동산을 개발하기 위하여 존립기간을 정하여 설립된 회사의 주식을 취득하는 경우
2. 다른 회사와 합병하는 경우
3. 다른 회사의 영업 전부를 양수하는 경우
4. 부동산투자회사의 권리를 행사할 때 그 목적을 달성하기 위하여 필요한 경우
4의2. 부동산투자회사가 소유하는 부동산 또는 부동산 관련 권리(지상권, 지역권, 전세권, 사용대차 또는 임대차에 관한 권리, 그 밖에 대통령령으로 정하는 권리를 말한다)를 임차하여 해당 부동산 또는 그 시설을 관리하거나 「관광진흥법」에 따른 관광숙박업 등 대통령령으로 정하는 사업을 영위하는 회사의 주식을 취득하는 경우 (2016.1.19 본호신설)
4의3. 제22조의5에 따라 자기관리 부동산투자회사가 자산관리회사를 설립하고 해당 자산관리회사의 발행주식 전부를 취득하는 경우(2023.8.16 본호신설)
5. 투자자 보호나 자산의 안정적 운용을 해칠 우려가 없는 경우로서 대통령령으로 정하는 경우
② 부동산투자회사는 제1항제2호부터 제4호까지의 규정에 따라 다른 회사의 의결권 있는 발행주식의 100분의 10을 초과하여 취득하게 된 경우에는 초과취득하게 된 날부터 6개월 이내에 제1항에 따른 투자한도에 적합하도록 하여야 한다.
③ 부동산투자회사는 동일인이 발행한 증권(국채, 지방채, 그 밖에 대통령령으로 정하는 증권은 제외한다)을 총자산의 100분의 5를 초과하여 취득하여서는 아니 된다. 다만, 제1항제4호의2 및 제4호의3에 따른 주식의 경우에는 부동산투자회사 총자산의 100분의 25를 초과하여 취득하여서는 아니 된다.(2023.8.16 단서개정)
④ 부동산투자회사는 보유하고 있는 증권이 제3항에 따른 투자한도를 초과하게 된 경우에는 초과취득하게 된 날부터 6개월 이내에 같은 항에 따른 투자한도에 적합하도록 하여야 한다.

제28조【배당】 ① 부동산투자회사는 「상법」 제462조제1항에 따른 해당 연도 이익배당한도의 100분의 90 이상을 주주에게 배당하여야 한다. 이 경우 「상법」 제458조에 따른 이익준비금은 적립하지 아니한다.
② 제1항에도 불구하고 자기관리 부동산투자회사의 경우 「상법」 제462조제1항에 따른 해당 연도 이익배당한도의 100분의 50 이상을 주주에게 배당하여야 하며 「상법」 제458조에 따른 이익준비금을 적립할 수 있다. 이 경우 「상법」 제462조제2항 단서에도 불구하고 다음 각 호의 구분에 따른 방법으로 이익배당을 정한다.(2023.8.16 전단개정)
1. 「상법」 제462조제1항에 따른 해당 연도 이익배당한도의 100분의 50 이상 100분의 90 미만으로 이익배당을 정하는 경우 : 「상법」 제434조에 따른 주주총회의 특별결의
2. 「상법」 제462조제1항에 따른 해당 연도 이익배당한도의 100분의 90 이상으로 이익배당을 정하는 경우 : 「상법」 제462조제2항 본문에 따른 주주총회의 결의
(2017.3.21 1호~2호신설)
③ 위탁관리 부동산투자회사가 제1항에 따라 이익을 배당할 때에는 「상법」 제462조제1항에도 불구하고 이익을 초과하여 배당할 수 있다. 이 경우 초과배당금의 기준은 해당 연도 감가상각비의 범위에서 대통령령으로 정한다. (2015.6.22 전단개정)
④ 제20조에 따라 상장된 부동산투자회사가 총자산에서 대통령령으로 정하는 비율 이상을 차지하는 부동산을 매각하여 그 이익을 배당할 때에는 해당 사업연도 말 10일 전까지 이사회를 개최하여 이사회의 결의로 배당 여부 및 배당 예정금액을 결정하여야 한다.(2012.12.18 본항신설)
⑤ 제4항에 따라 결정된 배당은 주주총회의 결의를 거쳐 실시한다. 다만, 정관으로 이사회의 결의로 배당을 할 수 있다고 규정하는 경우에는 이사회의 결의로 배당을 실시할 수 있다.(2012.12.18 본항신설)

제29조【차입 및 사채 발행】 ① 부동산투자회사는 영업인가를 받거나 등록을 한 후에 자산을 투자·운용하기 위하여 또는 기존 차입금 및 발행사채를 상환하기 위하여 대통령령으로 정하는 바에 따라 자금을 차입하거나 사채를 발행할 수 있다.(2016.1.19 본항개정)
② 제1항에 따른 자금차입 및 사채발행은 자기자본의 2배를 초과할 수 없다. 다만, 「상법」 제434조의 결의 방법에 따른 주주총회의 특별결의를 한 경우에는 그 합계가 자기자본의 10배를 넘지 않는 범위에서 자금차입 및 사채발행을 할 수 있다.(2012.12.18 단서개정)
③~④ (2015.6.22 삭제)

제2절 금지행위 등

제30조【거래의 제한】 ① 부동산투자회사는 다음 각 호의 어느 하나에 해당하는 자와 제21조제1항 각 호에 대하여 같은 조 제2항 각 호의 어느 하나에 해당하는 거래를 하여서는 아니 된다.(2019.8.20 본문개정)
1. 해당 부동산투자회사의 임직원 및 그 특별관계자
2. 해당 부동산투자회사의 주식을 100분의 10 이상 소유하고 있는 주주(이하 "주요주주"라 한다) 및 그 특별관계자
3. 해당 부동산투자회사가 자산의 투자·운용 업무에 관한 위탁계약을 체결한 자산관리회사(이하 이 항에서 "해당 자산관리회사"라 한다)와 자산의 투자·운용 업무에 관한 위탁계약을 체결한 다른 부동산투자회사
4. 해당 자산관리회사가 제22조의3제3항에 따라 겸영하는 업무와 관련된 자로서 대통령령으로 정하는 자 (2023.8.16 3호~4호신설)
② 제1항에도 불구하고 부동산투자회사는 제1항 각 호의 어느 하나에 해당하는 자와 다음 각 호의 어느 하나에 해당하는 거래를 할 수 있다.
1. 일반분양, 경쟁입찰 또는 이와 유사한 방식으로 거래당사자를 선정하는 거래
2. 이사회의 승인 및 주주총회의 승인(제20조에 따라 상장된 부동산투자회사가 아닌 경우에는 「상법」 제434조에 따른 특별결의에 따른 주주총회의 승인을 말한다)을 받은 부동산 매매거래(2017.3.21 본호개정)
3. 그 밖에 주주의 이익을 침해할 우려가 없는 거래로서 대통령령으로 정하는 거래
(2016.1.19 본항신설)
③ 제20조에 따라 상장된 부동산투자회사가 제2항제2호에 해당하는 부동산 매매거래를 하는 경우 매매가격은 대통령령으로 정하는 기관 또는 단체가 추천하는 둘 이상의 감정평가법인등으로부터 받은 감정평가액을 기준으로 산정하여야 한다. 이 경우 부동산투자회사가 매도하는 가격은 둘 이상의 감정평가액 중 높은 금액 이상으로 하고, 매수하는 가격은 둘 이상의 감정평가액 중 낮은 금액 이하로 한다.(2020.4.7 전단개정)
④ 제3항에 따른 감정평가의 방법 및 절차 등에 필요한 사항은 대통령령으로 정한다.(2017.3.21 본항신설)

제31조【부동산투자회사의 겸업 제한 등】 ① 부동산투자회사는 이 법 또는 다른 법령에 따른 경우를 제외하고는 다른 업무를 하여서는 아니 된다.
② 부동산투자회사의 상근 임원은 다른 회사의 상근 임직원이 되거나 다른 사업을 하여서는 아니 된다.

제32조【미공개 자산운용정보의 이용 금지】 다음 각 호의 어느 하나에 해당하는 자(각 호의 어느 하나에 해당하지 아니하게 된 날부터 1년이 지나지 아니한 자를 포함한다)는 부동산투자회사의 미공개 자산운용정보(투자자의 판단에 중대한 영향을 미치는 것으로서 제17조제2항에 따른 투자설명서 및 제37조에 따른 투자보고서에 의하여 공개되지 아니한 정보로서 부동산투자회사가 그 자산으로 특정한 부동산이나 증권을 매도 또는 매수하고자 하는 정보를 말한다. 이하 같다)를 이용하여 부동산 또는 증권을 매매하거나 타인에게 이용하게 하여서는 아니 된다.
1. 해당 부동산투자회사의 임직원 또는 대리인
2. 주요주주
3. 해당 부동산투자회사와 자산의 투자·운용업무에 관한 위탁계약을 체결한 자
4. 제2호 또는 제3호에 해당하는 자의 대리인 또는 사용인, 그 밖의 종업원(제2호 또는 제3호에 해당하는 자가 법인인 경우에는 그 임직원 및 대리인)

제33조【임직원의 행위준칙】 부동산투자회사의 임직원은 자산의 투자·운용 업무와 관련하여 다음 각 호의 어느 하나에 해당하는 행위를 하여서는 아니 된다.
1. 투자를 하려는 자에게 일정한 이익을 보장하거나 제공하기로 약속하는 행위
2. 자산의 투자·운용과 관련하여 자기의 이익이나 제3자의 이익을 도모하는 행위
3. 부동산 거래질서를 해치거나 부동산투자회사 주주의 이익을 침해할 우려가 있는 행위로서 대통령령으로 정하는 행위

제34조【임직원 등의 손해배상책임】 ① 부동산투자회사의 임직원이 법령이나 정관을 위반한 행위를 하거나 그 임무를 게을리하여 부동산투자회사에 손해를 입힌 경우에는 손해를 배상할 책임이 있다.
② 부동산투자회사의 임직원이 부동산투자회사에 손해배상책임을 지는 경우 관련 이사, 감사, 자산의 투자·운용 업무를 위탁받은 자 또는 제35조제1항에 따른 자산보관기관에도 책임질 사유가 있을 때에는 이들이 연대하여 손해배상책임을 진다.

제34조의2【명의대여의 금지】 부동산투자회사는 이 법 또는 다른 법률에 따라 허용된 경우를 제외하고는 자기의 명의를 대여하여 타인에게 제4조에 따른 업무를 수행하게 하여서는 아니 된다.(2016.1.19 본조신설)

제3절 자산보관의 위탁

제35조【자산보관의 위탁 등】 ① 부동산투자회사는 대통령령으로 정하는 바에 따라 자산의 보관과 이와 관련된 업무를 다음 각 호의 기관(이하 "자산보관기관"이라 한다)에 위탁하여야 한다.
1. 「자본시장과 금융투자업에 관한 법률」에 따른 신탁업자
2. 「한국토지주택공사법」에 따른 한국토지주택공사(이하 이 조에서 "한국토지주택공사"라 한다)
3. 「한국자산관리공사 설립 등에 관한 법률」에 따른 한국자산관리공사(이하 이 조에서 "한국자산관리공사"라 한다)(2019.11.26 본호개정)
4. 「주택도시기금법」에 따른 주택도시보증공사 (2015.1.6 본호개정)
5. 그 밖에 제1호부터 제4호까지에 준하는 기관으로서 대통령령으로 정하는 기관(2012.12.18 본호신설)
② 한국토지주택공사 및 한국자산관리공사는 제1항에 따라 부동산의 보관업무를 수행하려면 「자본시장과 금융투자업에 관한 법률」에 따른 신탁업의 인가를 받아야 한다. 이 경우 「자본시장과 금융투자업에 관한 법률」 제24조는 적용하지 아니한다.
③ 제1항에 따라 증권의 보관을 위탁받은 자산보관기관은 대통령령으로 정하는 바에 따라 「자본시장과 금융투자업에 관한 법률」 제294조에 따른 한국예탁결제원(이하 "한국예탁결제원"이라 한다)에 증권을 예탁하여야 한다.
④ 제1항에 따른 자산보관업무의 위탁에 관한 계약 체결 방법 등에 관하여 필요한 사항은 대통령령으로 정한다.

제36조【자산보관기관의 의무 등】 ① 자산보관기관은 부동산투자회사를 위하여 법령 및 자산보관계약에 따라 선량한 관리자로서 그 업무를 성실히 수행하여야 한다.
② 자산보관기관은 법령을 준수하고 자산운용을 건전하게 하기 위하여 대통령령으로 정하는 바에 따라 임직원이 그 직무를 수행할 때 따라야 할 기본적인 절차와 기준을 정하여야 한다.
③ 자산보관기관은 위탁받은 부동산투자회사의 자산을 그 고유재산이나 제3자로부터 보관을 위탁받은 자산과 구분하여 관리하여야 한다.
④ 자산보관기관은 법령 또는 자산보관계약에 위반된 행위를 하거나 그 임무를 게을리하여 부동산투자회사에 손해를 입힌 경우에는 그 손해를 배상할 책임이 있다.

제4절 정보의 공시

제37조【투자보고서 및 공시 등】 ① 영업인가를 받은 자기관리 부동산투자회사 또는 영업인가를 받거나 등록을 한 위탁관리 부동산투자회사 및 기업구조조정 부동산투자회사의 자산관리회사는 대통령령으로 정하는 바에 따라 사업연도별로 분기마다 해당 부동산투자회사의 투자보고서를 작성하여야 하며, 국토교통부장관과 금융위원회에 대통령령으로 정하는 기한까지 그 투자보고서를 제출하고, 이를 공시하여야 한다.(2018.8.14 본항개정)
② 제1항에 따른 투자보고서에는 재무제표, 주주 구성 및 주요 주주 현황, 자산 구성 현황 등 자산운용과 관련된 중요한 사항으로서 대통령령으로 정하는 사항이 포함되어야 한다.(2018.8.14 본항개정)
③ 영업인가를 받은 자기관리 부동산투자회사 또는 영업인가를 받거나 등록을 한 위탁관리 부동산투자회사 및 기업구조조정 부동산투자회사의 자산관리회사는 다음 각 호의 어느 하나에 해당하는 사항이 발생한 경우 대통령령으로 정하는 바에 따라 이를 지체 없이 공시하여야 한다.(2018.8.14 본문개정)
1. 부동산투자회사 및 그 자산관리회사의 제22조에 따른 자산운용 전문인력에 변경이 있는 경우 그 사실과 변경된 자산운용 전문인력의 경력
2. 부동산투자회사에 대통령령으로 정하는 금융사고 또는 부실자산이 발생한 경우(2018.8.14 본호개정)
3. 부동산투자회사의 주주총회 결의내용(2018.8.14 본호개정)
3의2. 제39조제2항 각 호의 어느 하나에 해당하는 조치를 받은 경우(2023.8.16 본호신설)
4. 그 밖에 투자자 보호를 위하여 필요한 사항으로서 대통령령으로 정하는 사항
(2016.1.19 본항신설)
④ 제1항 및 제3항에 따른 공시는 다음 각 호의 방법으로 한다.
1. 해당 부동산투자회사(위탁관리 부동산투자회사 또는 기업구조조정 부동산투자회사인 경우 해당 자산관리회사를 말한다)의 인터넷 홈페이지를 이용하여 공시하는 방법
2. 해당 부동산투자회사에 투자한 주주에게 서면 또는 전자우편으로 통보. 다만, 주주가 수시로 변동되거나 투자자의 이익을 해할 우려가 없는 경우로서 대통령령으로 정하는 경우에는 그러하지 아니하다.
3. 제49조의6제1항에 따른 부동산투자회사 정보시스템을 통하여 공시하는 방법
4. (2018.8.14 삭제)
(2018.8.14 본항개정)
(2016.1.19 본조제목개정)

제38조 (2018.8.14 삭제)

제4장 감 독
(2010.4.15 본장개정)

제39조【감독·조사 등】 ① 국토교통부장관은 공익을 위하여 또는 부동산투자회사의 주주를 보호하기 위하여 필요하면 부동산투자회사, 자산관리회사, 부동산투자자문회사, 자산보관기관 또는 일반사무등 위탁기관(이하 "부동산투자회사등"이라 한다)에 이 법에 따른 업무 또는 재산 등에 관한 자료의 제출이나 보고를 명할 수 있으며, 대통령령으로 정하는 바에 따라 소속 공무원 및 전문가로 하여금 그 업무 또는 재산 등을 검사하게 할 수 있다. (2013.7.16 본항개정)

② 국토교통부장관은 부동산투자회사등이 이 법 또는 이 법에 따른 명령이나 처분을 위반하거나, 제49조의3제1항에 따른 공모부동산투자회사 또는 자산관리회사(공모부동산투자회사가 아닌 부동산투자회사로부터만 자산의 투자·운용을 위탁받은 자산관리회사는 제외한다)가 「자본시장과 금융투자업에 관한 법률」 또는 같은 법에 따른 명령이나 처분을 위반한 경우 또는 「금융소비자 보호에 관한 법률」 제17조부터 제22조(제6항은 제외한다)까지 및 제23조를 위반한 경우에는 다음 각 호의 어느 하나에 해당하는 조치를 할 수 있다.(2020.3.24 본문개정)

1. 업무의 전부 또는 일부를 6개월 이내의 범위에서 정지하는 조치(2013.12.30 본호개정)
2. 임직원의 해임 또는 징계의 요구
3. 그 밖에 위반사항의 시정에 필요한 조치로서 대통령령으로 정하는 사항

제39조의2【금융위원회의 감독】 ① 금융위원회는 공익을 위하여 또는 부동산투자회사의 주주를 보호하기 위하여 필요하면 부동산투자회사등에 금융감독 관련 업무에 관한 자료 제출이나 보고를 명할 수 있으며, 금융감독원의 원장으로 하여금 그 업무에 관하여 검사하게 할 수 있다.

② 금융위원회는 부동산투자회사등이 이 법 또는 이 법에 따른 명령이나 처분을 위반하거나, 제49조의3제1항에 따른 공모부동산투자회사 또는 자산관리회사(공모부동산투자회사가 아닌 부동산투자회사로부터만 자산의 투자·운용을 위탁받은 자산관리회사는 제외한다)가 「자본시장과 금융투자업에 관한 법률」 또는 같은 법에 따른 명령이나 처분을 위반한 경우 또는 「금융소비자 보호에 관한 법률」 제17조부터 제22조(제6항은 제외한다)까지 및 제23조를 위반한 경우에는 제39조제2항 각 호의 어느 하나에 해당하는 조치를 하도록 국토교통부장관에게 요구할 수 있고, 국토교통부장관은 특별한 사유가 없으면 요구에 따라야 한다. 이 경우 국토교통부장관은 그 조치 내용을 금융위원회에 통보하여야 한다.(2020.3.24 전단개정)

제40조【변경인가 등】 ① 부동산투자회사는 영업인가를 받거나 등록을 한 후에 다음 각 호의 어느 하나에 해당하는 행위를 하려면 대통령령으로 정하는 바에 따라 국토교통부장관의 인가를 받거나 등록을 해야 한다. 다만, 제1호에 해당되는 경우 중 대통령령으로 정하는 경미한 사항을 변경하는 경우에는 그러하지 아니하다.(2016.1.19 본문개정)

1. 정관의 변경
2. (2012.12.18 삭제)
3. 영업 전부의 양수 또는 양도
4. 부동산투자회사의 합병(2012.12.18 본호신설)
5. 제9조제1항에 따른 영업인가 사항 또는 제9조의2에 따른 등록 사항의 변경(인가를 받거나 등록한 사항의 변경이 경매·공매 등 대통령령으로 정하는 사유로 발생하는 경우는 제외한다)(2016.1.19 본호개정)

② 제1항에도 불구하고 다음 각 호의 요건을 모두 갖춘 자기관리 부동산투자회사가 투자대상(부동산개발사업은 제외한다)을 변경 또는 추가하려는 때에는 대통령령으로 정하는 바에 따라 국토교통부장관에게 신고하여야 한다. 이 경우 국토교통부장관은 투자자 보호를 위하여 필요하다고 인정되는 경우 신고를 수리하지 아니할 수 있다.

1. 최근 2년간 계속하여 해당 부동산투자회사의 재무제표상 자기자본이 대통령령으로 정하는 기준 이상일 것
2. 영업인가를 받은 후 2회 이상 변경인가를 받아 추가 사업을 진행한 사실이 있을 것
3. 최근 3년간 해당 부동산투자회사의 임직원이 제50조부터 제52조까지의 벌칙을 받은 사실이 없을 것

(2015.6.22 본항개정)

③ 국토교통부장관은 제2항 전단에 따른 신고를 받은 날부터 20일 이내에 신고수리 여부를 신고인에게 통지하여야 한다.(2020.12.22 본항신설)

④ 제22조의3제1항에 따른 설립인가를 받은 자산관리회사는 시설계획, 주주의 구성 등 대통령령으로 정한 인가받은 사항을 변경하려는 경우 대통령령으로 정하는 바에 따라 국토교통부장관의 변경인가를 받아야 한다.

(2020.12.22 본항신설)

⑤ 제1항제3호부터 제5호까지에 따른 인가 또는 등록 및 제2항에 따른 신고에 관하여는 제9조제5항 및 제6항을 준용하고, 제4항에 따른 변경인가에 관하여는 제22조의3 제7항을 준용한다.(2020.12.22 본항개정)

(2015.6.22 본조제목개정)

제41조【보고 사항】 ① 영업인가를 받은 자기관리 부동산투자회사 또는 영업인가를 받거나 등록을 한 위탁관리 부동산투자회사 및 기업구조조정 부동산투자회사의 자산관리회사는 해당 부동산투자회사에 다음 각 호의 어느 하나에 해당하는 사유가 발생하였을 때에는 그 발생일부터 10일 이내에 대통령령으로 정하는 바에 따라 국토교통부장관에게 보고하여야 한다.(2019.8.20 본문개정)

1. 제19조제2항에 따른 현물출자
2. 임원의 변경
3. 제30조제2항에 해당하는 거래의 체결(2019.8.20 본호개정)

3의2. 부동산투자회사의 해산(2012.12.18 본호신설)

4. 그 밖에 부동산투자회사의 경영상 중요한 사항으로서 대통령령으로 정하는 사항

② 자산관리회사 및 부동산투자자문회사는 다음 각 호의 어느 하나에 해당하는 사유가 발생하였을 때에는 그 사유가 발생한 날부터 10일 이내에 국토교통부장관에게 보고하여야 한다.(2023.8.16 본문개정)

1. 회사 소재지의 변경
2. 임원의 변경
3. 자산운용전문인력의 변경
4. 자산운용을 위탁받은 부동산투자회사의 발행주식 총수의 100분의 10 이상의 주식을 취득한 사실
5. 그 밖에 투자자 보호, 건전한 거래질서 또는 자산관리회사·부동산투자자문회사의 경영건전성을 위하여 대통령령으로 정하는 사항(2023.8.16 본호개정)

(2020.12.22 본항신설)

③ 국토교통부장관은 제1항 또는 제2항에 따라 보고받은 내용이 관계 법령에 위배되거나 부동산투자회사 주주의 권익을 침해한다고 인정되는 경우에는 해당 부동산투자회사, 자산관리회사 또는 부동산투자자문회사에 그 시정이나 보완을 명할 수 있다.(2023.8.16 본항개정)

제42조【영업인가 등의 취소】 ① 국토교통부장관은 부동산투자회사 및 자산관리회사가 다음 각 호의 어느 하나에 해당하면 제9조에 따른 영업인가, 제9조의2 및 제26조의3에 따른 등록 및 제22조의3에 따른 설립인가를 취소할 수 있다. 다만, 제1호에 해당하는 경우에는 그 영업인가·등록 또는 설립인가를 취소하여야 한다.(2023.8.16 단서개정)

1. 속임수나 그 밖의 부정한 방법으로 제9조에 따른 영업인가, 제9조의2 및 제26조의3에 따른 등록 및 제22조의3에 따른 설립인가를 받은 경우(2021.4.13 본호개정)
2. 제10조를 위반하여 자본금이 최저자본금보다 적은 경우

2의2. 자산관리회사가 최근 3년간 제22조의2제1항에 따라 자산의 투자·운용업무를 위탁받은 실적이 없는 경우(2015.6.22 본호신설)

3. 제25조를 위반하여 자산의 구성 비율을 준수하지 아니한 경우
4. 영업인가·등록 또는 설립인가의 요건에 적합하지 아니하게 되거나 영업인가·등록 또는 설립인가의 조건을 위반한 경우. 다만, 일시적으로 영업인가·등록 또는 설립인가의 요건에 미달하는 등 대통령령으로 정하는 경우는 제외한다.(2016.1.19 본호개정)
5. 제39조제2항에 따른 조치를 정당한 사유 없이 이행하지 아니한 경우
6. 자기자본의 전부가 잠식된 경우(2013.7.16 본호신설)
7. 최저자본금을 준비한 후 현금·은행예금 등 대통령령으로 정하는 운영자금이 2개월 이상 계속하여 5천만원 이하인 경우(2013.7.16 본호신설)
8. 「상법」 제628조에 따른 납입 또는 현물출자의 이행을 가장하는 행위가 발생한 경우(2013.7.16 본호신설)
9. 제26조의3제1항에 따른 부동산투자회사가 같은 조 제3항을 위반하는 경우(2021.4.13 본호신설)

② 제1항에 따른 영업인가·등록 및 설립인가의 취소에 관하여는 제9조제5항을 준용한다.(2016.1.19 본항개정)

제42조의2【토지등에의 출입】 ① 국토교통부장관은 제9조제2항제2호의 사항을 확인하기 위하여 필요하면 관계 공무원으로 하여금 타인의 토지 또는 건축물(이하 "토지등"이라 한다)에 출입하게 할 수 있다.

② 제1항에 따라 타인의 토지등에 출입하려는 공무원은 출입하려는 날의 3일 전까지 그 토지등의 소유자·점유자 또는 관리인에게 그 일시와 장소를 알려야 한다.(2020.6.9 본항개정)

③ 일출 전이나 일몰 후에는 그 토지등 점유자의 승낙 없이 타인의 토지등에 출입할 수 없다.

④ 토지등의 점유자는 정당한 사유 없이 제1항에 따른 출입을 방해하거나 거부하지 못한다.

⑤ 제1항에 따라 타인의 토지등에 출입을 하려는 자는 그 권한을 표시하는 증표를 지니고 이를 관계인에게 내보여야 한다.

⑥ 제5항에 따른 증표에 필요한 사항은 국토교통부령으로 정한다.

(2013.7.16 본조신설)

제5장 합병 및 해산

제43조【합병】 ① 부동산투자회사는 다음 각 호의 요건을 모두 갖춘 경우가 아니면 다른 회사와 합병할 수 없다.

1. 다른 부동산투자회사를 흡수합병의 방법으로 합병할 것
2. 합병으로 인하여 존속하는 부동산투자회사와 합병으로 인하여 소멸되는 부동산투자회사가 제2조제1호 각 목에서 정하는 같은 종류의 부동산투자회사일 것
3. 합병으로 인하여 존속하는 부동산투자회사와 합병으로 인하여 소멸되는 부동산투자회사 중 어느 하나의 부동산투자회사가 제14조의8에 따라 주식의 공모를 완료한 부동산투자회사인 경우에는 나머지 부동산투자회사도 제14조의8에 따라 주식의 공모를 완료하였을 것

② 제1항에서 규정한 사항 외에 부동산투자회사의 합병에 필요한 사항은 대통령령으로 정한다.

(2012.12.18 본조개정)

제44조【해산】 부동산투자회사는 다음 각 호의 어느 하나에 해당하는 사유로 해산한다.

1. 정관으로 정한 존립기간이 끝나거나 그 밖의 해산사유의 발생
2. 주주총회의 해산결의(2012.12.18 본호개정)
3. 합병
4. 파산
5. 법원의 해산명령 또는 해산판결
6. 제42조에 따른 영업인가 또는 등록의 취소(2016.1.19 본호개정)
7. 자기관리 부동산투자회사가 제8조의2제4항에서 정하는 기간 내에 영업인가를 신청하지 아니한 경우(2012.12.18 본호신설)
8. 제3조부터 제7조까지의 규정을 위반하여 영업인가 또는 등록이 거부된 경우(2016.1.19 본호개정)
9. 설립 후 1년 6개월 이내에 영업인가를 받지 못하거나 등록을 하지 못한 경우(2016.1.19 본호개정)

(2010.4.15 본조개정)

제44조의2【청산 시 채권자에 대한 최고】 청산인은 취임한 날부터 1개월 이내에 부동산투자회사의 채권자에 대하여 일정한 기간 이내에 그 채권을 신고할 것과 그 기간 이내에 신고하지 아니하면 청산에서 제외된다는 사실을 2회 이상 공고함으로써 최고(催告)하여야 한다. 이 경우 그 신고기간은 1개월 이상으로 하여야 한다.

(2010.4.15 본조개정)

제44조의3【위탁관리 부동산투자회사 해산의 특례】

① 법인이사 및 감독이사를 둔 위탁관리 부동산투자회사가 해산한 경우(제44조제3호 또는 제4호에 따른 해산의 경우는 제외한다)에는 청산인 및 청산감독인으로 구성되는 청산인회를 둔다.

② 청산인과 청산감독인은 정관으로 정하는 바에 따라 선임하되, 정관으로 정한 바가 없는 경우에는 주주총회의 결의로 선임한다. 다만, 제44조제1호 또는 제2호의 사유로 해산한 때에는 정관이나 주주총회에서 다르게 정하는 경우가 아니면 법인이사 및 감독이사가 각각 청산인 및 청산감독인이 된다.

③ 청산인은 청산에 관한 사무를 집행하고, 청산감독인은 청산인의 업무집행을 감독한다.

(2012.12.18 본조신설)

제6장 등 기

(2010.4.15 본장개정)

제45조【설립등기】 ① 부동산투자회사의 설립등기는 「상법」 제298조 및 제300조에 따른 절차를 마친 날부터 2주 이내에 하여야 한다.(2012.12.18 본항개정)

② 제1항에 따른 설립등기 사항은 다음 각 호와 같다. 다만, 제3호 및 제4호의 경우 위탁관리 부동산투자회사에 법인이사 및 감독이사를 두는 경우에는 그 법인이사 및 감독이사는 제외한다.(2012.12.18 단서신설)

1. 제8조제1항제1호부터 제5호까지, 제9호 및 제10호에 관한 사항
2. 정관으로 부동산투자회사의 존립기간 또는 해산사유를 정한 경우에는 그 기간 또는 사유
3. 이사와 감사의 성명 및 주민등록번호
4. 대표이사의 성명, 주민등록번호 및 주소

4의2. 위탁관리 부동산투자회사에 법인이사 및 감독이사를 두는 경우에는 법인이사의 법인명, 법인등록번호, 본점 주소, 감독이사의 성명 및 주민등록번호(2012.12.18 본호신설)

5. 2명 이상의 대표이사가 공동으로 부동산투자회사를 대표하기로 정한 경우에는 그 사실

③ 제1항에 따라 설립등기를 신청할 때에는 정관 등 대통령령으로 정하는 서류를 첨부하여야 한다.

제46조【해산등기의 촉탁】 ① 국토교통부장관은 제42조에 따른 영업인가 또는 등록의 취소로 부동산투자회사가 해산한 경우에는 부동산투자회사의 소재지를 관할하는 등기소에 해산등기를 촉탁하여야 한다.(2016.1.19 본항개정)

② 국토교통부장관은 제1항에 따라 등기를 촉탁하는 경우에는 등기원인을 증명하는 서면을 첨부하여야 한다.

(2013.3.23 본조개정)

제7장 보 칙

(2010.4.15 본장개정)

제47조【내부통제기준의 제정 등】 ① 자기관리 부동산투자회사 및 자산관리회사는 법령을 준수하고 자산운용을 건전하게 하며 주주를 보호하기 위하여 임직원이 따라야 할 기본적인 절차와 기준(이하 "내부통제기준"이라 한다)을 제정하여 시행하여야 한다.

② 자기관리 부동산투자회사 및 자산관리회사는 내부통제기준의 준수 여부를 점검하고 내부통제기준을 위반한 경우 이를 조사하여 감사에게 보고하는 준법감시인을 상근으로 두어야 한다.(2012.12.18 본항개정)

③ 내부통제기준의 내용, 준법감시인의 요건 및 직무, 그 밖에 필요한 사항은 대통령령으로 정한다.

제48조【청문】 국토교통부장관은 다음 각 호의 어느 하나에 해당하는 처분을 하려면 「행정절차법」에 따라 청문을 하여야 한다.(2013.3.23 본문개정)
1. 제23조제3항에 따른 등록의 취소
2. 제42조제1항에 따른 영업인가·등록 및 설립인가의 취소(2016.1.19 본호개정)

제49조【다른 법률과의 관계】 ① 부동산투자회사에 대하여는 「상법」 제415조의2 및 제542조의8부터 제542조의12까지의 규정을 적용하지 아니한다.(2012.12.18 본항개정)
② 최저자본금준비기간이 지나지 아니한 부동산투자회사에 대하여는 「상법」 제418조부터 제420조까지 및 제420조의2부터 제420조의4까지의 규정을 적용하지 아니한다.
③ 「상법」 제290조에도 불구하고 같은 조 제3호에 따른 약정은 부동산투자회사에 대하여는 효력이 없다.
④ 위탁관리 부동산투자회사가 법인이사 및 감독이사를 두는 경우에는 「상법」 제393조는 위탁관리 부동산투자회사에 적용하지 아니한다.(2012.12.18 본항신설)
⑤ 「독점규제 및 공정거래에 관한 법률」에 따른 지주회사(이하 "지주회사"라 한다)에 관한 규정은 부동산투자회사(위탁관리 부동산투자회사 또는 기업구조조정 부동산투자회사에 한정한다. 이하 이 항에서 같다)가 다음 각 호의 요건을 충족하는 경우 적용하지 아니한다.
1. 제20조에 따라 증권시장에 주식을 상장한 부동산투자회사일 것
2. 제4조의 업무 범위에서 부동산 등에 투자·운용하기 위하여 다른 부동산투자회사(다른 회사의 주식을 보유하지 아니한 부동산투자회사로 한정한다)의 주식을 취득함에 따라 지주회사에 해당할 것
3. 「독점규제 및 공정거래에 관한 법률」 제31조제1항 전단에 따라 지정된 공시대상기업집단에 속하는 회사가 아닐 것
4. 제2호에 따라 취득한 부동산투자회사의 주식 외에 다른 회사의 주식을 보유하고 있지 아니할 것
(2023.8.16 본항신설)
⑥ 부동산투자회사가 제5항에 해당하는 경우 해당 부동산투자회사로부터 자산의 투자·운용 업무를 위탁받은 자산관리회사는 그 요건을 충족한 날부터 2주일 이내에 그 사실을 대통령령으로 정하는 방법에 따라 국토교통부장관에게 보고하여야 하며, 국토교통부장관은 그 사항을 공정거래위원회에 통보하여야 한다.(2023.8.16 본항신설)

제49조의2【기업구조조정 부동산투자회사에 관한 특례】 ① 기업구조조정 부동산투자회사는 이 법에서 정한 부동산투자회사의 요건을 갖추고 총자산의 100분의 70 이상을 다음 각 호의 부동산으로 구성하여야 한다.
1. 기업이 채권금융기관에 대한 부채 등 채무를 상환하기 위하여 매각하는 부동산
2. 채권금융기관과 재무구조 개선을 위한 약정을 체결하고 해당 약정 이행 등을 하기 위하여 매각하는 부동산
3. 「채무자 회생 및 파산에 관한 법률」에 따른 회생 절차에 따라 매각하는 부동산
4. 그 밖에 기업의 구조조정을 지원하기 위하여 금융위원회가 필요하다고 인정하는 부동산
② 국토교통부장관은 제9조의2에 따라 기업구조조정 부동산투자회사(제49조의3제1항에 따른 공모부동산투자회사인 기업구조조정 부동산투자회사는 제외한다)의 등록을 하려는 경우에는 미리 금융위원회의 의견을 들어야 한다.(2016.1.19 본항개정)
③ 기업구조조정 부동산투자회사에 대하여는 제14조의8, 제15조, 제24조제1항·제2항 및 제25조제1항을 적용하지 아니한다.(2017.10.24 본항개정)
④ 기업구조조정 부동산투자회사에 관하여는 제11조의2, 제14조제2항, 제14조의3부터 제14조의7까지, 제22조의2, 제28조제3항, 제44조의3 및 제49조제4항을 준용한다. 이 경우 "위탁관리 부동산투자회사"는 "기업구조조정 부동산투자회사"로 본다.(2012.12.18 전단개정)
⑤ 기업구조조정 부동산투자회사에 출자하는 경우 그 출자에 대하여는 다음 각 호의 어느 하나에 해당하는 법률에 따른 출자한도 제한, 재산운용 제한 및 투자 제한 등을 적용하지 아니한다.
1. 「은행법」 제37조제1항 및 제2항
2. 「보험업법」 제106조, 제108조 및 제109조
3. 「자본시장과 금융투자업에 관한 법률」 제344조
4. 그 밖에 대통령령으로 정하는 법률
⑥ 기업구조조정 부동산투자회사가 「은행법」 제2조제1항제2호에 따른 은행(이하 이 항에서 "은행"이라 한다)의 자회사에 해당하는 경우 같은 법 제37조제3항에 따른 자회사에 대한 신용공여 한도를 산출할 때에는 해당 기업구조조정 부동산투자회사를 은행의 자회사로 보지 아니한다.(2010.5.17 본항개정)

제49조의3【공모부동산투자회사에 관한 특례】 ① 공모부동산투자회사(「자본시장과 금융투자업에 관한 법률」 제9조제19항의 사모집합투자기구에 해당하지 아니하는 부동산투자회사를 말한다. 이하 같다) 및 자산관리회사(공모부동산투자회사가 아닌 부동산투자회사로부터만 자산의 투자·운용을 위탁받은 자산관리회사는 제외한다)에 대하여는 「자본시장과 금융투자업에 관한 법률」 제11조부터 제16조까지, 제28조의2, 제30조부터 제43조까지, 제50조부터 제53조까지, 제56조, 제58조, 제61조부터 제65조까지, 제80조부터 제84조까지, 제85조제2호·제3호 및 제6호부터 제8호까지, 제86조부터 제95조까지, 제181조부터 제186조까지(제184조제4항은 제외한다), 제194조부터 제206조까지, 제229조부터 제234조까지, 제234조의2, 제235조부터 제249조까지, 제249조의2부터 제249조의22까지, 제250조부터 제253조까지, 제415조부터 제425조까지, 「금융소비자 보호에 관한 법률」 제11조, 제12조, 제14조, 제16조, 제22조제6항, 제24조부터 제28조까지, 제44조, 제45조, 제47조부터 제66조까지의 규정 및 「금융회사의 지배구조에 관한 법률」을 적용하지 아니한다.(2020.3.24 본항개정)
② 국토교통부장관은 자산관리회사(공모부동산투자회사가 아닌 부동산투자회사로부터만 자산의 투자·운용을 위탁받은 자산관리회사는 제외한다)의 제22조의3에 따른 인가를 할 때에는 미리 금융위원회와 협의하여야 한다.(2023.8.16 본항개정)
③ 「부동산개발업의 관리 및 육성에 관한 법률」 제4조제1항제1호 및 제2호에 따른 자는 공모부동산투자회사(제14조의8제1항 및 제2항에 따라 주식의 공모가 예정된 경우 및 공모부동산투자회사를 지원하기 위하여 설립한 부동산투자회사를 포함한다)에 대한 보유자산 공급 및 출자·융자 등 필요한 지원을 할 수 있다.(2020.12.22 본항신설)
(2016.1.19 본조개정)

제49조의4【협회의 설립 등】 ① 자기관리 부동산투자회사·자산관리회사 또는 부동산투자자문회사는 부동산투자회사 관련 업무의 전문화와 건전한 발전을 도모하기 위하여 자기관리 부동산투자회사·자산관리회사 또는 부동산투자자문회사의 단체(이하 "협회"라 한다)를 설립할 수 있다.
② 협회는 법인으로 한다.
③ 협회는 그 주된 사무소의 소재지에서 설립등기를 함으로써 성립한다.
④ 협회를 설립하려는 경우에는 자기관리 부동산투자회사·자산관리회사 또는 부동산투자자문회사 3인 이상을 발기인으로 하여 정관을 작성한 후 창립총회의 의결을 거쳐 국토교통부장관의 인가를 받아야 한다.(2013.3.23 본항개정)
⑤ 국토교통부장관은 다음 각 호의 어느 하나에 해당하는 사유가 있으면 협회의 설립인가를 취소할 수 있다.(2013.3.23 본문개정)
1. 거짓이나 부정한 방법으로 설립인가를 받은 경우
2. 설립인가 조건을 위반한 경우
3. 목적 달성이 불가능하게 된 경우
4. 목적사업 외의 사업을 한 경우
5. 제49조의5에 따른 보고 또는 자료 제출 등의 명령을 이행하지 아니하거나 조사·검사를 거부·방해 또는 기피한 경우 또는 거짓으로 보고하거나 자료를 제출한 경우
⑥ 협회의 정관에 기재할 내용, 그 밖에 필요한 사항은 대통령령으로 정한다.
⑦ 협회에 관하여 이 법에서 규정한 사항을 제외하고는 「민법」 중 사단법인에 관한 규정을 준용한다.
(2010.4.15 본조신설)

제49조의5【협회의 업무 및 감독】 ① 협회의 업무는 다음 각 호와 같다.
1. 부동산투자회사 관련 업무의 건전한 발전을 위한 조사·연구
2. 협회 회원의 상호 협력증진을 위한 업무
3. 부동산투자회사 관련 자산운용 전문인력과 부동산투자회사 관련 업무 종사자의 자질향상을 위한 교육 및 연수
3의2. 협회 회원 사이의 건전한 영업질서 유지 및 투자자 보호를 위한 자율규제 업무(2012.12.18 본호신설)
3의3. 국토교통부장관으로부터 위탁받은 업무(2013.3.23 본호개정)
4. 제1호부터 제3호까지, 제3호의2 및 제3호의3에 딸린 업무(2012.12.18 본호개정)
5. 그 밖에 대통령령으로 정하는 업무
② 국토교통부장관은 감독을 위하여 필요한 때에는 협회에 대하여 그 업무에 관한 사항을 보고하게 하거나 자료 제출 또는 그 밖에 필요한 명령을 할 수 있으며, 협회의 업무에 대한 조사·검사 또는 그 밖에 협회의 감독에 필요한 사항은 대통령령으로 정한다.(2020.6.9 본항개정)
(2010.4.15 본조신설)

제49조의6【부동산투자회사 정보시스템의 구축 및 운영】 ① 국토교통부장관은 부동산투자회사등의 관리 및 감독 업무를 효율적으로 수행하고, 부동산투자회사등에 관한 정보 및 자료를 종합적·체계적으로 관리 및 이용하도록 하기 위하여 부동산투자회사 정보시스템을 구축·운영할 수 있다.
② 국토교통부장관은 제1항에 따른 부동산투자회사 정보시스템의 구축 및 운영을 위하여 필요한 자료 및 정보의 제공을 관계 기관·단체 등에 요청할 수 있다. 이 경우 자료의 제공을 요청받은 관계 기관·단체의 장은 특별한 사유가 없으면 그 요청에 따라야 한다.
③ 제1항에 따른 부동산투자회사 정보시스템의 구축 및 운영과 제2항에 따른 자료 및 정보의 종류 등에 관하여 필요한 사항은 대통령령으로 정한다.
(2015.6.22 본조신설)

제49조의7【업무위탁】 ① 국토교통부장관은 다음 각 호의 업무를 대통령령으로 정하는 바에 따라 협회 또는 대통령령으로 정하는 기관에 위탁할 수 있다.(2013.3.23 본문개정)
1. 제9조제2항에 따른 영업인가 또는 제9조의2제1항에 따른 등록을 위하여 필요한 사실의 확인(2020.12.22 본호개정)
2. 제39조제1항에 따른 부동산투자회사등의 업무 또는 재산 등의 검사를 위하여 필요한 사실의 확인
3. 제49조의6에 따른 부동산투자회사 정보시스템의 구축 및 운영(2015.6.22 본호신설)
4. 그 밖에 대통령령으로 정하는 업무
② 국토교통부장관은 제1항에 따라 업무를 위탁한 협회 또는 기관에 위탁 업무의 수행에 드는 비용의 일부를 지원할 수 있다.(2013.3.23 본항개정)
(2012.12.18 본조신설)

제8장 벌 칙
(2010.4.15 본장개정)

제50조【벌칙】 다음 각 호의 어느 하나에 해당하는 자는 5년 이하의 징역 또는 1억원 이하의 벌금에 처한다.
1. 제9조에 따른 영업인가 또는 제9조의2에 따른 등록 없이 부동산투자회사의 명칭을 사용하여 제21조제1항제1호부터 제5호까지에 대하여 같은 조 제2항 각 호의 업무를 하거나 주식을 모집 또는 매출(「자본시장과 금융투자업에 관한 법률」 제9조제7항·제9항에 따른 모집 또는 매출을 말한다)한 자(2019.8.20 본호개정)
2. 속임수나 그 밖의 부정한 방법으로 제9조에 따른 영업인가, 제9조의2에 따른 등록, 제40조에 따른 변경인가 또는 변경등록을 받거나 한 자(2016.1.19 본호개정)
3. 제19조제1항을 위반하여 영업인가를 받거나 등록을 하고 제10조에 따른 최저자본금 이상을 갖추기 전에 현물출자를 받는 방식으로 신주를 발행한 자(2016.1.19 본호개정)
4. 제21조를 위반하여 자산을 투자·운용한 자
5. 제32조를 위반하여 부동산투자회사의 미공개 자산운용정보를 이용하여 부동산 또는 증권을 매매하거나 타인에게 이를 이용하게 한 자
6. 속임수나 그 밖의 부정한 방법으로 제22조의3에 따른 자산관리회사의 예비인가·설립인가 또는 제40조제4항에 따른 변경인가를 받은 자(2020.12.22 본호개정)
6의2. 제22조의3제1항에 따른 인가를 받지 아니하고 위탁관리 부동산투자회사로부터 자산의 투자·운용업무를 위탁받은 자(2020.12.22 본호신설)
7. 제26조의3제3항 또는 제29조제1항을 위반하여 제9조에 따른 영업인가를 받지 아니하거나 제9조의2 및 제26조의3에 따른 등록을 하지 아니하고 부동산투자회사의 명칭을 사용하여 차입하거나 사채를 발행한 자
(2021.4.13 본호개정)

제51조【벌칙】 다음 각 호의 어느 하나에 해당하는 자는 3년 이하의 징역 또는 5천만원 이하의 벌금에 처한다.
1. 제8조의2제1항에 따른 설립보고서 또는 같은 조 제2항에 따른 설립 이후의 회사 현황에 관한 보고서를 제출하지 아니하거나, 속임수나 그 밖의 부정한 방법으로 제출한 자(2012.12.18 본호신설)
1의2. 제11조제4항을 위반하여 의결권을 행사한 자
(2013.7.16 본호신설)
2. 제9조제4항, 제9조의2제6항 또는 제26조의3제7항을 위반하여 영업인가 또는 등록 전에 주주가 아닌 자에게 배정하는 방식으로 신주를 발행한 자. 다만, 「자본시장과 금융투자업에 관한 법률」 제9조제7항에 따른 모집에 해당하는 경우에는 제50조제1호를 적용한다.(2021.4.13 본문개정)
3. 제14조의8제1항을 위반하여 영업인가·등록 또는 부동산개발사업의 인가·허가 등을 받기 전에 부동산투자회사의 발행주식을 일반의 청약에 제공한 자
(2016.1.19 본호개정)
4. 제19조제4항에 따른 평가를 받지 아니하고 현물출자를 한 자 및 현물출자를 받은 자
5. 속임수나 그 밖의 부정한 방법으로 제23조제1항에 따른 부동산투자자문회사의 등록을 한 자
6. 제25조제1항을 위반하여 자산을 운용한 자
7. (2015.6.22 삭제)
8. 제22조의2제3항(제49조의2제4항에 따라 준용되는 경우를 포함한다)을 위반하여 거래행위를 한 자
8의2. 제26조의3제4항을 위반하여 주식을 처분한 자
(2021.4.13 본호신설)

9. 제27조제1항 또는 제3항을 위반하여 자산을 운용한 자
10. 제26조의3제6항 또는 제29조를 위반하여 자금을 차입하거나 사채를 발행한 자(2021.4.13 본호개정)
11. 제30조를 위반하여 같은 조 각 호의 어느 하나의 자와 거래를 한 자
11의2. 제34조의2를 위반하여 자기의 명의를 대여하여 타인에게 제4조에 따른 업무를 수행하게 한 자(2016.1.19 본호신설)
12. 제49조의2제1항을 위반하여 자산을 운용한 자

제52조【벌칙】 다음 각 호의 어느 하나에 해당하는 자는 1년 이하의 징역 또는 1천만원 이하의 벌금에 처한다.
1. 제17조를 위반하여 주식청약서 또는 투자설명서를 제공하지 아니하거나 거짓으로 작성하여 제공한 자
2. 제15조제3항 또는 제4항에 따른 처분명령을 위반한 자
2의2. 제22조의4제3항에 따른 처분명령을 위반한 자(2023.8.16 본호신설)
3. 제24조제1항 또는 제2항을 위반하여 부동산을 처분한 자
4. 제24조제3항에 따른 실사보고서를 작성하지 아니하거나 거짓으로 작성한 자
4의2. 제28조제1항을 위반하여 부동산투자회사의 해당 연도 이익배당한도의 100분의 90 이상을 주주에게 배당하지 아니한 자 또는 같은 조 제4항을 위반하여 배당결의를 한 자(2012.12.18 본호신설)
4의3. 제28조제2항을 위반하여 자기관리 부동산투자회사의 해당 연도 이익배당한도의 100분의 50 이상을 주주에게 배당하지 아니한 자(2015.6.22 본호신설)
5. 제33조에 따른 행위준칙을 위반한 자
6. 제35조제3항을 위반하여 증권을 한국예탁결제원에 예탁하지 아니한 자
7. 제36조제3항을 위반하여 자산을 구분관리하지 아니한 자
8. 제37조제1항을 위반하여 투자보고서를 공시하지 아니하거나 거짓으로 공시한 자(2018.8.14 본호개정)
8의2. 제37조제3항을 위반하여 해당 사항을 공시하지 아니하거나 거짓으로 공시한 자(2018.8.14 본호신설)
9. 제40조제1항에 따른 인가를 받지 아니하거나 등록을 하지 아니하고 같은 항 각 호의 어느 하나의 행위를 한 자(2016.1.19 본호개정)
9의2. 제40조제4항을 위반하여 변경인가를 받지 아니한 자(2020.12.22 본호신설)
10. 제41조제3항에 따른 시정명령 또는 보완명령을 이행하지 아니한 자(2020.12.22 본호개정)

제53조【양벌규정】 법인의 대표자나 법인 또는 개인의 대리인, 사용인, 그 밖의 종업원이 그 법인 또는 개인의 업무에 관하여 제50조부터 제52조까지의 어느 하나에 해당하는 위반행위를 하면 그 행위자를 벌하는 외에 그 법인 또는 개인에게도 해당 조문의 벌금형을 과(科)한다. 다만, 법인 또는 개인이 그 위반행위를 방지하기 위하여 해당 업무에 관하여 상당한 주의와 감독을 게을리하지 아니한 경우에는 그러하지 아니하다.

제54조【과태료】 ① 다음 각 호의 어느 하나에 해당하는 자에게는 1천만원 이하의 과태료를 부과한다.
1. 제3조제4항을 위반하여 부동산투자회사 또는 이와 유사한 명칭(대통령령으로 정하는 외국어문자를 포함한다)을 사용한 자(2023.8.16 본호개정)
2. (2015.6.22 삭제)
3. 제11조제3항에 따른 주식처분 명령을 이행하지 아니한 자(2013.7.16 본호신설)
4. 제14조의8제2항을 위반하여 영업인가를 받거나 등록을 한 날부터 2년 이내에 발행되는 주식 총수의 100분의 30 이상을 일반의 청약에 제공하지 아니한 자(2016.1.19 본호개정)
4의2. 제14조의8제4항을 위반하여 해당 청약에 관한 정보를 공개하지 아니한 자(2023.8.16 본호신설)
5. 제20조제1항을 위반하여 주식을 상장하지 아니한 자
6. 제22조제1항을 위반하여 자산운용 전문인력을 상근으로 두지 아니한 자
7. 제22조의3제3항을 위반하여 다른 업무를 겸영한 자
8. 제23조제4항을 위반하여 부동산투자자문 또는 이와 유사한 명칭(대통령령으로 정하는 외국어문자를 포함한다)을 사용한 자(2023.8.16 본호개정)
9. 제25조의2제1항에 따른 회계처리기준을 위반한 자
10. (2015.6.22 삭제)
11. 제35조제1항을 위반하여 자산의 보관과 이와 관련된 업무를 위탁하지 아니한 자
12. 제39조제1항 또는 제39조의2제1항에 따른 자료 제출, 보고 또는 검사를 거부·방해 또는 기피하거나 거짓으로 자료 제출 또는 보고를 한 자
12의2. (2020.12.22 삭제)
12의3. 제40조제2항에 따른 신고를 하지 아니한 자(2015.6.22 본호신설)
13. 제47조제1항을 위반하여 내부통제기준을 정하지 아니한 자
14. 제47조제2항을 위반하여 준법감시인을 상근으로 두지 아니한 자
(2012.12.18 본항개정)

② 다음 각 호의 어느 하나에 해당하는 자에게는 500만원 이하의 과태료를 부과한다.
1. 제8조의2제3항에 따른 조치를 이행하지 아니한 자
2. 제11조제5항을 위반하여 자료를 제출하지 아니하거나 거짓으로 자료를 제출한 자(2013.7.16 본호신설)
3. 제11조의2를 위반하여 지점을 설치한 자 또는 직원을 고용하거나 상근 임원을 둔 자
4. 제14조의5제3항 후단을 위반하여 법인이사의 직무를 수행할 자를 위탁관리 부동산투자회사에 서면으로 알리지 아니한 자
5. 제18조를 위반하여 주식의 발행조건을 균등하게 정하지 아니한 자
5의2. 정당한 사유 없이 제22조제2항에 따른 사전교육 또는 같은 조 제3항·제4항에 따른 보수교육을 받지 아니한 자(2023.8.16 본호신설)
6. 제26조제3항을 위반하여 부동산투자자문회사의 평가를 거치지 아니하고 부동산개발사업에 투자한 자 또는 부동산투자자문회사가 작성한 평가서를 부동산개발사업에 투자하기 1개월 전에 국토교통부장관에게 제출하지 아니한 자(2013.3.23 본호개정)
7. 제31조제2항을 위반하여 겸업 또는 겸직을 한 자
8. 제37조제1항을 위반하여 투자보고서를 기한까지 제출하지 아니한 자(2020.6.9 본호개정)
9. (2018.8.14 삭제)
10. 제39조제2항에 따른 조치를 이행하지 아니한 자
11. 제41조제1항 또는 제2항에 따른 보고의무를 이행하지 아니한 자(2020.12.22 본호개정)
(2012.12.18 본항개정)

③ 제1항 및 제2항에 따른 과태료는 대통령령으로 정하는 바에 따라 국토교통부장관이 부과·징수한다.(2013.3.23 본항개정)

부 칙 (2010.4.15)

제1조【시행일】 이 법은 공포한 날부터 시행한다. 다만, 제23조제3항, 제42조제1항, 제47조제2항, 제49조의4 및 제49조의5의 개정규정은 공포 후 3개월이 경과한 날부터 시행한다.

제2조【주주총회에 대한 적용례】 제12조제2항의 개정규정은 이 법 시행 후 최초로 소집된 주주총회부터 적용한다.

제3조【주식매수청구에 관한 적용례】 제20조의2의 개정규정은 이 법 시행 후 최초로 이루어진 이사회의 결의에 대한 주식매수청구부터 적용한다.

제4조【환매권에 관한 경과조치】 이 법 시행 전에 종전의 규정에 따라 설립된 부동산투자회사에 대하여는 제49조의2제3항의 개정규정에도 불구하고 종전의 규정에 따른다.

부 칙 (2012.12.18)

제1조【시행일】 이 법은 공포 후 6개월이 경과한 날부터 시행한다.

제2조【자기관리 부동산투자회사 설립 자본금에 관한 적용례】 제6조제1항의 개정규정은 이 법 시행 후 설립등기를 신청하는 자기관리 부동산투자회사부터 적용한다.

제3조【자기관리 부동산투자회사 설립보고 등에 관한 적용례 등】 ① 제8조의2의 개정규정은 이 법 시행 후 설립등기를 신청하는 자기관리 부동산투자회사부터 적용한다.
② 이 법 시행 전 종전의 규정에 따라 설립되었으나 이 법 시행일까지 영업인가를 신청하지 아니한 자기관리 부동산투자회사는 이 법 시행일부터 1개월 이내에 제8조의2제1항의 개정규정에 따라 설립보고서를 제출하여야 한다.
③ 제2항에 따라 설립보고서를 제출한 자기관리 부동산투자회사는 제8조의2제2항의 개정규정에 따라 설립보고서를 제출한 날부터 3개월 후 회사 현황에 관한 보고서를 작성하여 국토교통부장관에게 제출하여야 한다.
(2013.3.23 본항개정)
④ 제3항에 따라 회사 현황에 관한 보고서를 제출한 자기관리 부동산투자회사는 이 법 시행일부터 6개월 이내에 제8조의2제4항의 개정규정에 따라 영업인가를 신청하여야 한다.

제4조【영업인가에 관한 적용례】 제9조제2항의 개정규정은 이 법 시행 후 영업인가(변경인가를 포함한다)를 신청하는 경우부터 적용한다.

제5조【주식의 공모에 관한 적용례】 제14조의8의 개정규정은 이 법 시행 후 설립등기를 신청하는 부동산투자회사부터 적용한다.

제6조【현물출자에 관한 적용례】 제19조제1항 및 제4항의 개정규정은 이 법 시행 후 영업인가를 신청하는 경우부터 적용한다.

제7조【자산관리회사의 인가 등에 관한 적용례】 제22조의3제1항제2호 및 제3호의 개정규정은 이 법 시행 후 자산관리회사의 인가를 신청하는 경우부터 적용한다.

제8조【실사보고서 제출·비치에 관한 적용례】 제24조제3항의 개정규정은 이 법 시행 후 부동산을 취득하거나 처분하는 경우부터 적용한다.

제9조【평가서 제출에 관한 적용례】 제26조제3항의 개정규정은 이 법 시행 후 부동산개발사업에 투자하는 경우부터 적용한다.

제10조【배당에 관한 적용례】 제28조제4항 및 제5항의 개정규정은 이 법 시행 후 배당을 실시하는 경우부터 적용한다.

제11조【부동산투자회사의 합병에 관한 적용례】 제40조제1항제4호 및 제43조의 개정규정은 이 법 시행 후 부동산투자회사의 주주총회에서 합병결의를 하는 경우부터 적용한다.

제12조【해산에 관한 적용례】 제44조제7호의 개정규정은 이 법 시행 후 설립등기를 신청하는 자기관리 부동산투자회사부터 적용한다.

제13조【설립등기에 관한 적용례 등】 ① 제45조제2항의 개정규정은 이 법 시행 후 부동산투자회사의 설립등기를 신청하는 경우부터 적용한다.
② 이 법 시행 당시 설립된 부동산투자회사가 제14조의3제1항의 개정규정에 따라 법인이사 및 감독이사를 두려는 경우에는 정관을 변경하고 법인이사 및 감독이사의 선임에 따른 등기를 하여야 한다. 이 경우 등기 사항은 제45조제2항제4호의2의 개정규정에 따른다.

제14조【자기관리 부동산투자회사의 자산운용 전문인력 확보에 관한 경과조치】 이 법 시행 당시 설립된 자기관리 부동산투자회사는 이 법 시행일부터 6개월 이내에 제22조제1항의 개정규정에 따라 자산운용 전문인력을 상근으로 두어야 한다.

제15조【자산관리회사의 자산운용 전문인력 확보에 관한 경과조치】 이 법 시행 당시 국토교통부장관의 인가를 받은 자산관리회사는 이 법 시행일부터 6개월 이내에 제22조의3제1항제2호의 개정규정에 따라 자산운용 전문인력을 상근으로 두어야 한다.(2013.3.23 본조개정)

제16조【부동산투자자문회사 자산운용 전문인력 확보에 관한 경과조치】 이 법 시행 당시 국토교통부장관에게 등록을 한 부동산투자자문회사는 이 법 시행일부터 6개월 이내에 제23조제2항제2호의 개정규정에 따라 자산운용 전문인력을 상근으로 두어야 한다.(2013.3.23 본조개정)

제17조【준법감시인의 확보에 관한 경과조치】 이 법 시행 당시 설립된 자기관리 부동산투자회사 및 자산관리회사는 이 법 시행일부터 6개월 이내에 제47조제2항의 개정규정에 따라 준법감시인을 상근으로 두어야 한다.

제18조【벌칙 및 과태료에 관한 경과조치】 이 법 시행 전의 행위에 대하여 벌칙이나 과태료 규정을 적용할 때에는 종전의 규정에 따른다.

부 칙 (2013.6.4)

제1조【시행일】 이 법은 2013년 6월 19일부터 시행한다.

제2조【총자산의 전부를 주택임대사업에 투자하는 부동산투자회사의 주식의 공모 및 1인당 주식소유한도에 관한 적용례】 제14조의8제3항, 제16조제3항 및 제26조의2제6항·제7항의 개정규정은 이 법 시행 후 최초로 설립된 부동산투자회사부터 적용한다.

부 칙 (2013.7.16)

제1조【시행일】 이 법은 공포 후 6개월이 경과한 날부터 시행한다.

제2조【자기관리 부동산투자회사 주요 출자자의 적격성 심사에 관한 적용례】 제11조의 개정규정은 이 법 시행 후 최초로 영업인가를 신청하는 자기관리 부동산투자회사의 주요 출자자부터 적용한다.

제3조【운영자금 부족으로 인한 영업인가 취소에 관한 적용례】 이 법 시행 당시 최저자본금이 준비되었으나 운영자금이 5천만원 이하인 부동산투자회사의 경우에는 제42조제1항제7호의 개정규정에 따른 "최저자본금을 준비한 후"는 "이 법 시행 후"로 본다.

부 칙 (2013.12.30)

제1조【시행일】 이 법은 공포한 날부터 시행한다.

제2조【업무정지 기간에 관한 경과조치】 이 법 시행 전의 위반행위에 대한 행정처분은 제39조제2항제1호의 개정규정에도 불구하고 종전의 규정에 따른다.

부 칙 (2015.6.22)

제1조【시행일】 이 법은 공포 후 4개월이 경과한 날부터 시행한다. 다만, 제9조제6항(감정평가업자에 관한 부분만 해당한다), 제14조의8제3항, 제16조제3항, 제19조제2항·제4항, 제28조제2항, 제29조제3항·제4항 및 제37조제1항의 개정규정은 공포한 날부터 시행한다.

제2조【감정평가에 관한 적용례】 제9조제6항 및 제19조제4항의 개정규정은 같은 개정규정 시행 후 부동산투자회사가 신청하는 영업인가 또는 변경인가부터 적용한다.

제3조【연면적의 100분의 70 이상을 주택임대사업에 투자하는 부동산투자회사의 주식의 공모 및 1인당 주식 소유한도에 관한 적용례】 제14조의8제3항 및 제16조제3항의 개정규정은 같은 개정규정 시행 당시 설립되어 있는 부동산투자회사부터 적용한다.
제4조【금치산자 등에 대한 경과조치】 제7조제1호의 개정규정에 따른 피성년후견인 또는 피한정후견인에는 법률 제10429호 민법 일부개정 법률 부칙 제2조에 따른 금치산 또는 한정치산 선고의 효력이 유지되는 사람을 포함하는 것으로 본다.
제5조【차입 및 사채 발행에 관한 경과조치】 제29조제3항 및 제4항의 개정규정 시행 전에 이사회에서 결의한 차입 및 사채 발행에 대해서는 같은 개정규정에도 불구하고 종전의 규정에 따른다.
제6조【개발전문 부동산투자회사의 변경인가 등에 관한 경과조치】 ① 이 법 시행 전에 종전의 제26조의2제1항에 따른 개발전문 부동산투자회사로 영업인가를 받은 부동산투자회사는 이 법 시행 후 6개월 이내에 주주총회의 특별결의로 총자산 중 부동산개발사업의 투자비율을 확정하고, 상호·정관 등을 변경하여 제40조제1항에 따라 국토교통부장관의 변경인가를 받아야 한다.
② 제1항에 따라 변경인가를 받은 부동산투자회사에 대해서는 제14조의8제2항 및 제26조의2제6항 단서의 개정규정에도 불구하고 2015년 12월 31일까지는 종전의 규정에 따른다.
제7조【자산의 투자·운용 실적이 없는 자산관리회사의 인가취소에 관한 경과조치】 제42조제1항제2호의2의 개정규정은 이 법 시행 전에 설립인가를 받은 자산관리회사에 대해서는 이 법 시행 후 1년이 지날 때까지는 적용하지 아니한다.
제8조【벌칙이나 과태료에 관한 경과조치】 이 법 시행 전의 행위에 대하여 벌칙이나 과태료 규정을 적용할 때에는 종전의 규정에 따른다.

부 칙 (2016.1.19 법13798호)

제1조【시행일】 이 법은 공포 후 6개월이 경과한 날부터 시행한다.
제2조【주식의 공모 기간에 관한 적용례】 제14조의8제2항의 개정규정은 이 법 시행 당시 제9조에 따라 영업인가를 받은 경우에도 적용한다.

부 칙 (2017.3.21)

제1조【시행일】 이 법은 공포 후 6개월이 경과한 날부터 시행한다. 다만, 제28조제2항의 개정규정은 공포한 날부터 시행한다.
제2조【이익배당 등에 관한 적용례】 제28조제2항의 개정규정은 2016년도 이익배당부터 적용한다.

부 칙 (2018.8.14)

제1조【시행일】 이 법은 공포 후 3개월이 경과한 날부터 시행한다.
제2조【공시방법의 변경에 관한 적용례】 제37조제4항, 제38조의 개정규정은 이 법 시행 후 제37조제1항 또는 제3항에 따라 공시하는 경우부터 적용한다.
제3조【주식의 공모에 관한 경과조치】 이 법 시행 전에 영업인가를 받거나 등록을 한 부동산투자회사는 제14조의8제3항제1호의 개정규정에도 불구하고 주식의 공모에 관하여는 종전의 규정에 따른다.

부 칙 (2019.8.20)

제1조【시행일】 이 법은 공포 후 6개월이 경과한 날부터 시행한다. 다만, 제28조제2항의 개정규정은 공포한 날부터 시행한다.
제2조【영업인가에 관한 적용례】 제9조제1항의 개정규정은 이 법 시행 후 영업인가(변경인가를 포함한다)를 신청하는 경우부터 적용한다.
제3조【등록에 관한 적용례】 제9조의2제1항의 개정규정은 이 법 시행 후 등록(변경등록을 포함한다)을 신청하는 경우부터 적용한다.
제4조【주식의 공모 및 1인당 주식소유한도에 관한 경과조치】 이 법 시행 전에 영업인가를 받거나 등록을 한 부동산투자회사는 제14조의8제3항제2호 및 제16조제3항의 개정규정에도 불구하고 주식의 공모 및 1인당 주식소유한도에 관하여는 종전의 규정에 따른다.
제5조【보고 사항에 관한 경과조치】 제41조제1항의 개정규정에도 불구하고 이 법 시행 전에 발생한 보고사항에 대해서는 종전의 규정을 따른다.

부 칙 (2019.11.26)

제1조【시행일】 이 법은 공포한 날부터 시행한다.(이하 생략)

부 칙 (2020.3.24)

제1조【시행일】 이 법은 공포 후 1년이 경과한 날부터 시행한다.(이하 생략)

부 칙 (2020.4.7)

제1조【시행일】 이 법은 공포 후 3개월이 경과한 날부터 시행한다.(이하 생략)

부 칙 (2020.6.9)

이 법은 공포한 날부터 시행한다.(이하 생략)

부 칙 (2020.12.22)

제1조【시행일】 이 법은 공포 후 6개월이 경과한 날부터 시행한다. 다만, 제40조제3항, 제49조의3제3항 및 제49조의7제1항제1호의 개정규정은 공포한 날부터 시행한다.
제2조【자산관리회사의 인가 등에 관한 적용례】 제22조의3제9항 및 제10항의 개정규정은 이 법 시행 당시 제22조의3제1항에 따라 설립인가를 받아 영업 중인 자산관리회사에도 적용한다.
제3조【신고수리 여부 통지에 관한 적용례】 제40조제3항의 개정규정은 같은 개정규정 시행 후 신고를 하는 경우부터 적용한다.
제4조【변경인가에 관한 적용례】 제40조제4항 및 제5항의 개정규정은 이 법 시행 후 변경인가를 신청하는 경우부터 적용한다.

부 칙 (2021.4.13)

이 법은 공포한 날부터 시행한다.

부 칙 (2023.8.16)

제1조【시행일】 이 법은 공포 후 6개월이 경과한 날부터 시행한다. 다만, 제5조의2, 제14조의8제2항 및 제28조제2항의 개정규정은 공포한 날부터 시행한다.
제2조【영업인가에 관한 적용례】 제9조제2항제3호의 개정규정은 이 법 시행 이후 영업인가를 신청하는 경우부터 적용한다.
제3조【자기관리 부동산투자회사 주요 출자자의 적격성 심사에 관한 적용례】 제11조제1항제2호의 개정규정은 이 법 시행 이후 주요 출자자가 변경되는 경우부터 적용한다.
제4조【주식의 공모에 관한 적용례】 제14조의8제2항의 개정규정은 같은 개정규정 시행 전에 사용승인·준공검사 등을 받은 부동산투자회사에 대해서도 적용한다. 다만, 이 법 시행 당시 종전의 규정에 따라 발행하는 주식총수의 100분의 30 이상을 일반의 청약에 제공한 부동산투자회사에 대해서는 그러하지 아니하다.
제5조【보수교육에 관한 적용례】 제22조제3항 및 제4항의 개정규정은 이 법 시행 당시 사전교육을 이수한 자산운용 전문인력에 대하여도 적용한다.
제6조【부동산투자자문회사의 등록취소에 관한 적용례】 제23조제3항의 개정규정은 이 법 시행일부터 2년간 부동산투자회사로부터 그 자산의 투자·운용에 관한 자문 및 평가 등의 업무를 위탁받은 사실이 없는 부동산투자자문회사부터 적용한다.
제7조【배당에 관한 적용례】 제28조제2항의 개정규정은 같은 개정규정 시행 이후 자기관리 부동산투자회사가 이익배당을 정하는 경우부터 적용한다.
제8조【부동산투자자문회사의 보고 사항에 관한 적용례】 제41조제2항 및 제3항의 개정규정은 이 법 시행 이후 국토교통부장관에게 보고하여야 하는 사유가 발생하는 경우부터 적용한다.
제9조【보수교육에 관한 경과조치】 이 법 시행 당시 종전의 규정에 따라 사전교육을 이수한 날부터 3년이 경과한 사람이 자산운용 전문인력으로 계속해서 종사하고자 하는 경우 이 법 시행 후 3개월 이내에 제22조제3항의 개정규정에 따라 보수교육을 받아야 한다.

부동산개발업의 관리 및 육성에 관한 법률(약칭 : 부동산개발업법)

(2007년 5월 17일 법 률 제8480호)

개정
2008. 2.29법 8852호(정부조직)
2008. 3.21법 8974호(건축)
2009. 1. 7법 9340호
2011. 5.19법10668호
2011. 5.24법10719호(건설산업)
2012.12.18법11599호(한국토지주택공사법)
2013. 3.23법11690호(정부조직)
2013. 5.22법11794호(건설기술진흥법)
2015. 8.11법13480호
2016. 1.19법13805호(주택법)
2018. 8.14법15719호(건설기술진흥법)
2018.12.31법16140호
2019. 4.30법16415호(건설산업)
2020. 2.18법17007호(권한지방이양)
2020. 6. 9법17453호(법률용어정비)
2020.12.29법17799호(독점)
2021. 8.10법18389호
2023. 4.18법19383호

제1장 총 칙

제1조【목적】 이 법은 부동산개발에 관한 기본적인 사항과 부동산개발업의 등록, 부동산개발업자의 의무 등에 관하여 필요한 사항을 규정함으로써 부동산개발업을 관리·육성하고 국민의 재산권 보호에 이바지함을 목적으로 한다.
제2조【정의】 이 법에서 사용하는 용어의 정의는 다음과 같다.
1. "부동산개발"이란 다음 각 목의 어느 하나에 해당하는 행위를 말한다. 다만, 시공을 담당하는 행위는 제외한다.(2020.6.9 단서개정)
가. 토지를 건설공사의 수행 또는 형질변경의 방법으로 조성하는 행위
나. 건축물을 건축·대수선·리모델링 또는 용도변경 하거나 공작물을 설치하는 행위. 이 경우 "건축", "대수선", "리모델링"은 「건축법」 제2조제1항제8호부터 제10호까지의 규정에 따른 "건축", "대수선" 및 "리모델링"을 말하고, "용도변경"은 같은 법 제19조에 따른 "용도변경"을 말한다.
(2015.8.11 본호개정)
2. "부동산개발업"이란 타인에게 공급할 목적으로 부동산개발을 수행하는 업을 말한다.(2015.8.11 본호개정)
3. "부동산개발업자"란 부동산개발업을 수행하는 자를 말한다.(2015.8.11 본호개정)
4. "등록사업자"란 제4조에 따라 등록을 한 부동산개발업자를 말한다.
5. "공급"이란 부동산개발을 수행하여 그 행위로 조성·건축·대수선·리모델링·용도변경 또는 설치되거나 될 예정인 부동산, 그 부동산의 이용권으로서 대통령령으로 정하는 권리(이하 "부동산등"이라 한다)의 전부 또는 일부를 타인에게 판매 또는 임대하는 행위를 말한다.(2015.8.11 본호개정)
6. "소비자"란 부동산개발업자로부터 부동산등을 공급받거나 공급받으려는 자를 말한다.
7. "표시·광고"란 「표시·광고의 공정화에 관한 법률」 제2조제1호 및 제2호에 따른 표시 또는 광고를 말한다.
제3조【다른 법률과의 관계】 부동산개발 및 부동산개발업에 관하여 다른 법률에 특별한 규정이 있는 경우 외에는 이 법으로 정하는 바에 따른다.

제2장 부동산개발업의 등록

제4조【부동산개발업의 등록 등】 ① 타인에게 공급할 목적으로 건축물의 연면적(「건축법」 제84조에 따른 연면적을 말한다)이 2천제곱미터 또는 연간 5천제곱미터 이상이거나 토지의 면적이 3천제곱미터 또는 연간 1만제곱미터 이상으로서 대통령령으로 정하는 규모 이상의 부동산개발을 업으로 영위하려는 자는 특별시장·광역시장·특별자치시장·도지사 또는 특별자치도지사(이하 "시·도지사"라 한다)에게 등록을 하여야 한다. 다만, 다음 각 호의 어느 하나에 해당하는 자의 경우에는 그러하지 아니하다.(2020.2.18 본문개정)
1. 국가·지방자치단체
2. 한국토지주택공사, 그 밖의 「공공기관의 운영에 관한 법률」에 따른 공공기관 중 대통령령으로 정하는 자(2012.12.18 본호개정)
3. 「지방공기업법」에 따른 지방공사 및 지방공단(이하 "지방공기업"이라 한다)
4. 「주택법」 제4조에 따라 등록한 주택건설사업자 또는 대지조성사업자(주택건설사업 또는 대지조성사업을 하는 경우에 한정한다)(2020.6.9 본호개정)
5. 다른 법률에 따라 해당 부동산개발을 시행할 수 있는 자로서 대통령령으로 정하는 자
② 제1항에 따라 등록하는 자는 다음 각 호의 요건을 갖

추어야 한다. 이 경우 등록절차와 그 밖에 필요한 사항은 대통령령으로 정한다.
1. 자본금이 3억원(개인인 경우에는 영업용자산평가액이 6억원) 이상으로서 대통령령으로 정하는 금액 이상일 것(2011.5.19 본호개정)
2. 대통령령으로 정하는 시설 및 부동산개발 전문인력을 확보할 것
③ 부동산개발업을 영위하려는 자가 부동산개발을 위하여 대통령령으로 정하는 상근 임직원이 없는 특수목적법인을 설립한 경우에는 제2항에도 불구하고 등록요건이나 그 밖에 필요한 사항은 따로 대통령령으로 정하는 바에 따른다.
④ 토지소유자는 제1항에도 불구하고 대통령령으로 정하는 바에 따라 등록사업자와 공동으로 부동산개발을 할 수 있다. 이 경우 토지소유자와 등록사업자를 공동사업주체로 보며, 공동사업주체 간의 구체적인 업무·비용 및 책임의 분담 등에 관하여는 대통령령으로 정한다.
⑤ 부동산개발업을 등록하지 아니한 자가 제2조제1호 각 목의 어느 하나에 해당하는 행위를 하는 중에 다음 각 호의 어느 하나에 해당하는 사유가 발생한 경우에는 타인에게 부동산등을 공급할 수 있다.
1. 부동산개발 행위자가 사망하거나 파산한 경우
2. 부동산개발 중인 부동산에 대하여 법원 경매절차가 진행 중인 경우
3. 직계존비속에게 공급하는 경우
4. 「독점규제 및 공정거래에 관한 법률」 제2조제12호에 따른 계열회사에 공급하는 경우(2020.12.29 본호개정)
5. 부동산개발 행위자가 대표로 있는 법인에게 공급하는 경우
6. 과다한 채무로 파산 위기에 처한 기업 또는 개인으로서 인가·허가를 담당하는 행정기관에 그 사유를 구체적이고 객관적으로 소명한 경우
(2015.8.11 본항신설)
⑥ 부동산개발업을 등록하지 아니한 자가 제5항제6호에 해당하는 경우 제2조제1호 각 목의 어느 하나에 해당하는 행위의 인가·허가 등을 담당하는 행정기관은 필요한 범위에서 변호사·회계사 등에게 자문을 할 수 있고, 소명자에게 필요한 서류의 제출을 요구할 수 있다.
(2015.8.11 본항신설)

제5조【부동산개발 전문인력의 범위와 교육 등】 ① 제4조제2항제2호에 따른 부동산개발 전문인력이란 다음 각 호의 어느 하나에 해당하는 자로서 대통령령으로 정하는 자격을 갖춘 자를 말한다.
1. 변호사·법무사·공인회계사·세무사·감정평가사·공인중개사·건축사(2011.5.19 본호개정)
2. 부동산 관련 분야의 학사학위 이상의 소지자로서 부동산의 취득·처분·관리·개발 또는 자문 관련 업무에 종사한 자
3. 「건설기술 진흥법」 제2조제8호에 따른 건설기술인(2018.8.14 본호개정)
4. 그 밖에 부동산개발에 필요한 전문성이 있다고 인정되는 자로서 대통령령으로 정하는 자
② 제1항에 따른 부동산개발 전문인력이 되려는 자는 부동산개발에 필요한 사전교육(이하 이 조에서 "사전교육"이라 한다)을 받아야 하고, 부동산개발 전문인력으로 계속하여 종사하려는 경우에는 사전교육을 이수한 날부터 3년마다 연수교육(이하 이 조에서 "연수교육"이라 한다)을 받아야 한다.(2021.8.10 본항개정)
③ 부동산개발 전문인력이 사전교육 또는 연수교육을 이수한 날부터 3년이 지난 후에 다시 부동산개발 전문인력으로 종사하는 경우에는 3개월 이내에 연수교육을 받아야 한다.(2021.8.10 본항신설)
④ 사전교육 및 연수교육을 실시하기 위한 교육기관, 교육과정, 교육의 면제대상 및 그 밖에 필요한 사항은 대통령령으로 정한다.(2021.8.10 본항신설)

제6조【부동산개발업 등록의 결격사유】 다음 각 호의 어느 하나에 해당하는 자는 제4조제1항에 따른 부동산개발업의 등록을 할 수 없다. 외국인 또는 외국의 법령에 따라 설립된 법인이 해당 국가에서 다음 각 호의 어느 하나의 사유와 동일 또는 유사한 사유에 해당하는 경우에도 또한 같다.
1. 미성년자·피성년후견인 또는 피한정후견인
(2015.8.11 본호개정)
2. 파산선고를 받은 자로서 복권되지 아니한 자
3. 다음 각 목의 어느 하나에 해당하는 죄를 범하여 금고 이상의 실형의 선고를 받고 그 집행이 종료(집행이 종료된 것으로 보는 경우를 포함한다)되거나 집행이 면제된 날부터 3년이 지나지 아니한 자(2020.6.9 본문개정)
  가. 이 법, 「건설산업기본법」, 「건축물의 분양에 관한 법률」, 「건축법」, 「부동산투자회사법」, 「주택법」 또는 「표시·광고의 공정화에 관한 법률」에서 정한 죄
  나. 「형법」 제347조, 제347조의2, 제348조, 제349조, 제350조, 제350조의2, 제351조 및 제352조의 죄
  다. 「형법」 제355조부터 제357조까지 및 제359조의 죄
  라. 가목부터 다목까지의 죄로서 다른 법률에 따라 가중처벌되는 죄
(2018.12.31 가목~라목신설)
4. 제3호 각 목의 어느 하나에 해당하는 죄를 범하여 금고 이상의 형의 집행유예를 선고받고 그 유예기간 중에 있는 자(2020.6.9 본호개정)
5. 제25조제1항 또는 제2항제3호·제4호에 따라 부동산개발업의 등록이 취소(제1호 또는 제2호에 해당하여 제25조제1항제2호에 따라 등록이 취소된 경우는 제외한다)된 후 3년이 지나지 아니한 자. 이 경우 부동산개발업의 등록이 취소된 자가 법인인 경우에는 그 등록취소의 원인이 된 행위를 한 자와 대표자를 포함한다.
(2020.6.9 전단개정)
6. 제24조에 따른 영업정지처분을 받고 제15조제1항에 따른 폐업신고를 한 자로서 영업정지기간(폐업에도 불구하고 그 기간이 진행되는 것으로 본다)이 지나지 아니한 자. 이 경우 영업정지처분을 받은 자가 법인인 경우에는 그 영업정지처분의 원인이 된 행위를 한 자와 대표자를 포함한다.(2020.6.9 전단개정)
7. 법인의 임원(대표자를 포함한다. 이하 같다) 중 제1호부터 제6호까지의 어느 하나에 해당되는 자가 있는 법인

제7조【등록증의 교부 및 변경신청 등】 ① 시·도지사는 부동산개발업의 등록을 한 때에는 국토교통부령으로 정하는 바에 따라 부동산개발업등록증을 교부하여야 한다.
(2020.2.18 본항개정)
② 제1항에 따라 부동산개발업등록증을 교부받은 자는 그 부동산개발업등록증의 기재사항 중 대통령령으로 정하는 사항이 변경된 경우에는 국토교통부령으로 정하는 바에 따라 30일 이내에 시·도지사에게 기재사항의 변경을 신청하여야 한다.(2020.2.18 본항개정)
③ 제1항에 따라 교부받은 부동산개발업등록증을 잃어버리거나 못쓰게 된 때에는 국토교통부령으로 정하는 바에 따라 재교부받을 수 있다.
(2013.3.23 본조개정)

제8조【부당한 표시·광고의 제한 등】 ① 등록사업자가 아닌 자는 이 법에 따른 등록사업자임을 표시·광고하거나 등록사업자로 오인될 우려가 있는 표시·광고를 하여서는 아니 된다.
② 등록사업자가 부동산개발에 관하여 표시·광고를 하는 때에는 다른 법률에 특별한 규정이 있는 경우 외에는 대통령령으로 정하는 바에 따라 이 법에 따라 등록한 사실과 그 밖에 소비자 보호를 위하여 필요한 사항을 표시·광고하여야 한다.
③ 시·도지사는 제1항 및 제2항에 따른 표시·광고가 이 법에 위반되는지 여부를 판단하기 위하여 필요한 때에는 관계 행정기관이나 그 밖의 기관 또는 단체의 장에게 필요한 조사를 의뢰하거나 필요한 자료를 요청할 수 있다.(2020.2.18 본항개정)

제9조【이중등록의 금지 등】 ① 등록사업자는 이중으로 부동산개발업의 등록을 할 수 없다.
② 등록사업자의 임직원 중 제4조제2항에 따른 부동산개발 전문인력은 다른 등록사업자의 부동산개발 전문인력이 될 수 없다.

제10조【등록증 대여 등의 금지】 ① 등록사업자는 타인에게 자기의 성명 또는 상호를 사용하여 부동산개발을 하게 하거나 자기의 부동산개발업등록증을 양도 또는 대여하는 행위를 하여서는 아니 된다.
② 누구든지 타인의 성명 또는 상호를 사용하여 부동산개발업을 하거나 타인의 부동산개발업등록증을 양수 또는 대여받아 이를 사용하는 행위를 하여서는 아니 된다.

제11조【부동산개발업의 양도 등】 ① 등록사업자는 다음 각 호의 어느 하나에 해당하는 경우에는 국토교통부령으로 정하는 바에 따라 시·도지사에게 신고하여야 한다. 이 경우 양수인, 합병 후 존속하는 법인 또는 합병에 의하여 설립되는 법인은 제4조에 따른 부동산개발업 등록요건에 적합하여야 한다.(2020.2.18 전단개정)
1. 등록사업자가 부동산개발업을 양도하려는 경우
2. 등록사업자인 법인과 등록사업자가 아닌 법인이 합병하려는 경우(등록사업자인 법인이 등록사업자가 아닌 법인을 흡수합병하는 경우는 제외한다)(2020.6.9 본호개정)
② 시·도지사는 제1항 각 호 외의 부분 전단에 따른 신고를 받은 경우 그 내용을 검토하여 이 법에 적합하면 신고를 수리하여야 한다.(2020.2.18 본항개정)
③ 제1항에 따른 양도나 합병의 신고가 수리된 때에는 양수인은 양도인의 등록사업자로서의 지위를 승계하며 합병 후 존속하는 법인이나 합병에 의하여 설립되는 법인은 합병에 의하여 소멸되는 법인의 등록사업자로서의 지위를 승계한다.(2018.12.31 본항개정)
④ 제3항에 따라 등록사업자로서의 지위를 승계한 자에 대하여는 부동산개발업 양도나 합병 전의 등록사업자에 대한 행정처분의 효과가 승계된다.(2018.12.31 본항개정)
⑤ 시·도지사는 제3항에 따라 등록사업자로서의 지위를 승계한 자에 대하여 부동산개발업 양도나 합병 전의 등록사업자의 위반행위를 사유로 하여 제22조부터 제25조까지의 규정에 따른 시정조치, 소비자피해분쟁조정의 요청, 영업정지(임직원의 해임 또는 징계의 요구를 포함한다), 부동산개발업의 등록취소 등을 할 수 있다.(2020.2.18 본항개정)
⑥ 제1항부터 제5항까지의 규정은 등록사업자의 부동산개발업을 상속받는 경우에 준용한다. 이 경우 상속인이 제6조 각 호 어느 하나의 결격사유에 해당하는 때에는 3개월 이내에 그 부동산개발업을 타인에게 양도하여야 한다.
(2018.12.31 전단개정)

제12조【부동산개발업 양도의 공고】 제11조제1항제1호에 따라 부동산개발업을 양도하려는 자는 같은 조 제1항에 따른 신고 전에 국토교통부령으로 정하는 바에 따라 공고하여야 한다.(2013.3.23 본조개정)

제13조【부동산개발업 양도의 내용】 제11조제1항제1호에 따라 부동산개발업을 양도하려는 자는 부동산개발업에 관련된 부동산등, 인·허가, 건설업자와 체결한 건설공사계약, 소비자와 체결한 공급계약 등에 관한 권리·의무로서 대통령령으로 정하는 권리·의무를 모두 양도하여야 한다.

제14조【부동산개발업 양도의 제한】 등록사업자는 다음 각 호의 어느 하나에 해당하는 경우에는 부동산개발업을 양도할 수 없다. 다만, 제11조제6항 후단에 따라 부동산개발업을 양도하여야 하는 경우에는 그러하지 아니하다.
(2018.12.31 단서개정)
1. 제24조에 따른 영업정지기간 중에 있는 경우
2. 제25조에 따라 부동산개발업의 등록취소처분을 받고 「행정심판법」 또는 「행정소송법」에 따라 그 처분이 집행정지 중에 있는 경우

제15조【부동산개발업의 폐업 등】 ① 등록사업자가 해당 부동산개발업을 폐업하려는 경우에는 시·도지사에게 신고하여야 한다.(2020.2.18 본항개정)
② 제1항에 따른 폐업신고가 있는 경우에는 시·도지사는 부동산개발업의 등록을 말소하고 이를 공고하여야 한다.
(2020.2.18 본항개정)
③ 제1항 및 제2항에 따른 신고·공고에 관한 방법 및 절차는 국토교통부령으로 정한다.
(2013.3.23 본조개정)

제3장 부동산개발업의 관리

제16조【지속가능한 부동산개발과 신의성실의 의무 등】
① 부동산개발업자와 부동산개발업자의 임직원(이하 "부동산개발업자등"이라 한다)은 환경친화적이고 지속가능한 부동산개발과 소비자 보호를 위하여 노력하여야 한다.
② 부동산개발업자등은 신의성실의 원칙에 따라 부동산개발업을 수행하여야 한다.

제17조【등록사업자의 보고의무 등】 등록사업자는 국토교통부령으로 정하는 바에 따라 다음 각 호의 사항을 시·도지사에게 보고하여야 한다.(2020.2.18 본문개정)
1. 사업실적(개인인 등록사업자가 부동산개발업에 1년 이상 사용한 사업용 자산을 현물출자하여 법인을 설립한 경우에는 그 개인인 등록사업자의 사업실적을 포함한 실적을 말하며, 등록취소 후 다시 등록한 경우에는 다시 등록한 이후의 실적을 말한다)
2. 자본금(개인인 경우에는 영업용자산평가액을 말한다. 이하 같다)의 변경
3. 임원 및 부동산개발 전문인력의 변경

제18조【부동산개발업자의 실태조사 등】 ① 시·도지사는 제4조에 따른 등록요건에의 적합 여부 확인, 부동산개발의 적정성 등을 판단하기 위하여 필요한 때에는 등록사업자에게 그 업무나 재무관리상태 등에 관하여 보고할 것을 명할 수 있으며, 소속 공무원으로 하여금 등록사업자의 경영실태를 조사하게 하거나 그 시설을 검사하게 할 수 있다.(2020.2.18 본항개정)
② 시·도지사는 제1항에 따른 등록사업자의 경영실태 조사를 위하여 필요한 때에는 등록사업자가 시행한 부동산개발을 위하여 시공을 담당한 건설업자나 부동산개발에 참여한 자에게 부동산개발의 현황 등에 관한 자료의 제출을 요구할 수 있다.(2020.2.18 본항개정)
③ 제1항에 따른 조사 또는 검사를 하는 경우에는 국토교통부령으로 정하는 바에 따라 조사 또는 검사의 일시·이유 및 내용 등에 대한 계획을 피조사자에게 국토교통부령으로 정하는 기간 전까지 통지하여야 한다. 다만, 긴급을 요하거나 사전 통지의 경우 증거인멸 등으로 조사 또는 검사의 목적을 달성할 수 없다고 인정하는 경우에는 그러하지 아니하다.(2013.3.23 본문개정)
④ 제1항에 따라 조사 또는 검사를 하는 공무원은 그 권한을 표시하는 증표를 지니고 이를 관계인에게 내보여야 한다.
⑤ 제1항 및 제2항에 따른 조사·검사 및 자료 제출 요구의 요건·기간 및 방법, 그 밖에 필요한 사항은 국토교통부령으로 정한다.(2013.3.23 본항개정)

제19조【부동산개발업 정보의 종합관리】 ① 시·도지사는 등록사업자의 자본금·사업실적·경영실태 등 등록사업자에 관한 정보와 부동산개발에 필요한 정보를 종합적으로 관리하고, 국토교통부령으로 정하는 바에 따라 소비자 보호를 위하여 필요한 정보를 소비자, 관련 기관·단체 등에 제공하여야 한다. 이 경우 제공하여야 하는 정보는 등록사업자의 영업비밀을 침해하지 아니하는

범위에 한정한다.(2020.6.9 후단개정)
② 국토교통부장관은 제1항에 따른 부동산개발업에 관한 정보의 체계적 관리를 지원하기 위하여 대통령령으로 정하는 바에 따라 부동산개발업정보종합관리체계를 구축·운영하여야 한다.
(2020.2.18 본조개정)
제20조【금지행위】 ① 부동산개발업자등은 다음 각 호의 어느 하나에 해당하는 행위를 하여서는 아니 된다.
1. 거짓 또는 과장된 사실을 알리거나 속임수를 써서 타인으로 하여금 부동산등을 공급받도록 유인하는 행위
2. 타인으로 하여금 그릇된 판단을 하게 하여 부동산등을 공급받도록 유인할 목적으로 부동산개발에 대한 거짓 정보를 불특정다수인에게 퍼뜨리는 행위
3. 상대방이 부동산등을 공급받을 의사가 없음을 밝혔음에도 불구하고 전화·모사전송·컴퓨터통신 등을 통하여 부동산등을 공급받을 것을 강요하는 행위
② 제1항은 부동산개발업자로부터 업무를 위탁받아 처리하거나 대행하는 자(그 임직원을 포함한다. 이하 같다)에게 준용한다.

제4장 조사 및 시정조치 등

제21조【위반행위의 조사 등】 ① 시·도지사는 제22조·제24조·제25조 또는 제40조에 따른 시정조치, 영업정지, 임직원의 해임 또는 징계의 요구, 등록취소, 과태료 부과 등을 위하여 조사가 필요한 때에는 대통령령으로 정하는 바에 따라 다음 각 호의 처분이나 그 밖의 필요한 조사를 할 수 있으며, 소속 공무원으로 하여금 부동산개발업자(부동산개발업자로부터 업무를 위탁받아 처리하거나 대행하는 자를 포함한다. 이하 같다)의 사무소 또는 사업장에 출입하여 그 업무 및 경영상황을 조사하게 하거나 장부·서류, 그 밖에 대통령령으로 정하는 자료나 물건을 조사하거나 검사하게 할 수 있다.(2020.2.18 본문개정)
1. 당사자, 이해관계인 또는 참고인의 출석요구 및 의견의 청취
2. 부동산개발업자에 대하여 경영상황에 대한 보고, 그 밖에 필요한 자료나 물건의 제출 명령
② 제1항에 따라 조사 또는 검사를 하는 공무원은 대통령령으로 정하는 바에 따라 부동산개발업자 또는 그 임직원에 대하여 조사 또는 검사에 필요한 자료나 물건의 제출을 명할 수 있다.
③ 제18조제4항은 제1항 및 제2항에 따라 조사 또는 검사를 하는 공무원에 대하여 준용한다.
④ 시·도지사는 제1항 및 제2항에 따라 조사 또는 검사를 한 경우에는 그 결과(조사 또는 검사 결과 시정조치 명령 등의 처분을 하려는 경우에는 그 처분의 내용을 포함한다)를 조사 또는 검사를 받은 부동산개발업자에게 서면으로 통지하여야 한다.(2020.2.18 본항개정)
⑤ 시·도지사는 이 법을 위반하는 행위가 종료된 날부터 5년이 지난 경우에는 해당 위반행위에 대하여 제22조에 따른 시정조치 또는 제24조에 따른 영업정지(임직원의 해임 또는 징계의 요구를 포함한다)를 명하지 아니한다. 다만, 제23조제1항에 따른 소비자피해분쟁조정기구의 권고안 또는 조정안에 대하여 당사자가 수락하고도 이를 이행하지 아니한 경우에는 그러하지 아니하다.
(2020.6.9 본문개정)
제22조【시정조치】 ① 시·도지사는 등록사업자나 그 임직원이 다음 각 호의 어느 하나에 해당하는 행위를 한 경우에는 해당 등록사업자나 그 임직원에 대하여 그 시정을 위한 조치를 명할 수 있다.(2020.2.18 본문개정)
1. 제7조제2항, 제8조제2항, 제11조제1항(같은 조 제6항에서 준용하는 경우를 포함한다), 제12조, 제13조, 제14조, 제15조제1항, 제17조에 위반되는 행위(2018.12.31 본호개정)
2. 제20조제1항 각 호의 어느 하나에 해당하는 행위
② 제1항에 따른 시정조치는 다음 각 호의 어느 하나의 조치를 말한다.
1. 해당 위반행위의 중지
2. 이 법에 규정된 의무의 이행
3. 시정조치를 받은 사실의 공표
4. 광고물·간판 등의 철거 등
5. 그 밖에 위반행위의 시정을 위하여 필요한 조치
③ 제2항제3호에 따른 시정조치를 받은 사실의 공표에 관하여 필요한 사항은 대통령령으로 정한다.
제23조【소비자피해분쟁조정의 요청】 ① 시·도지사는 이 법 위반행위와 관련하여 소비자의 피해구제신청이 있는 경우에는 제22조에 따른 시정조치를 행하기 전에 소비자보호 관련 업무를 수행하는 기관 또는 단체 등 대통령령으로 정하는 소비자피해분쟁조정기구에 조정을 의뢰할 수 있다.(2020.2.18 본항개정)
② 제1항에 따른 소비자피해분쟁조정기구의 조정안 또는 권고안에 대하여 당사자가 수락하고 이행한 경우에는 대통령령으로 정하는 바에 따라 제22조에 따른 시정조치를 하지 아니한다. 이 경우 시정조치를 하지 아니한다는 뜻을 당사자에게 통지하여야 한다.
제24조【영업정지 등】 ① 시·도지사는 등록사업자가 다음 각 호의 어느 하나에 해당하는 때에는 1년 이내의 기간을 정하여 그 영업의 전부 또는 일부의 정지를 명할 수 있다.(2020.2.18 본문개정)
1. 제8조제2항을 위반하여 이 법에 따라 등록한 사실과 그 밖에 소비자보호를 위하여 필요한 사항을 표시·광고하지 아니한 때
2. 제17조를 위반하여 사업실적, 자본금의 변경, 임원 및 부동산개발 전문인력의 변경을 보고하지 아니하거나 거짓의 내용을 보고한 때. 다만, 제25조제2항제4호에 따라 등록을 취소하는 경우는 제외한다.(2020.6.9 단서개정)
3. 제18조제1항에 따른 보고명령을 이행하지 아니하거나 거짓으로 보고한 때 또는 조사·검사를 거부·기피·방해한 때
4. 제20조제1항 각 호의 어느 하나에 해당하는 행위를 한 때
5. 제21조제1항에 따른 조사·검사를 거부·기피·방해한 때
6. 제21조제1항제2호 또는 같은 조 제2항에 따른 보고 또는 필요한 자료나 물건의 제출을 하지 아니하거나 거짓의 보고 또는 자료·물건을 제출한 때
7. 제22조에 따른 시정조치에도 불구하고 위반행위가 반복되거나 시정조치에 따른 이행을 하지 아니한 때
② 시·도지사는 다음 각 호의 어느 하나에 해당하는 경우에는 등록사업자에게 위반행위를 한 임직원의 해임 또는 징계를 요구할 수 있다.(2020.2.18 본문개정)
1. 등록사업자의 임직원 중 제4조제2항제2호에 따른 부동산개발 전문인력이 제9조제2항을 위반하여 다른 등록사업자의 부동산개발 전문인력이 된 경우
2. 등록사업자의 임직원이 제20조제1항 각 호의 어느 하나를 위반한 경우
③ 제1항에 따른 영업정지처분의 세부적인 기준은 그 사유와 위반의 정도 등을 고려하여 국토교통부령으로 정한다.
(2013.3.23 본항개정)
제24조의2【과징금】 ① 시·도지사는 제24조제1항에 따라 등록사업자에게 영업정지를 명하여야 하는 경우로서 그 영업정지가 해당 사업의 이용자 등에게 심한 불편을 주는 경우에는 그 영업정지처분을 갈음하여 1억원 이하의 과징금을 부과할 수 있다. 다만, 제24조제1항제1호 또는 제4호에 해당하는 행위로 인하여 영업정지 처분을 받게 되는 경우에는 영업정지처분을 갈음하여 과징금을 부과할 수 없다.
② 제1항에 따른 과징금을 부과하는 위반행위의 종별 및 그 정도에 따른 과징금의 금액 및 그 밖에 필요한 사항은 대통령령으로 정한다.
③ 시·도지사는 제1항에 따른 과징금을 내야할 자가 납부기한까지 내지 아니한 때에는 「지방행정제재·부과금의 징수 등에 관한 법률」에 따라 징수한다.
(2021.8.10 본조신설)
제25조【부동산개발업의 등록취소】 ① 시·도지사는 등록사업자가 다음 각 호의 어느 하나에 해당하게 된 때에는 해당 부동산개발업의 등록을 취소하여야 한다.
(2020.2.18 본문개정)
1. 거짓이나 그 밖의 부정한 방법으로 제4조에 따른 부동산개발업의 등록을 한 때
2. 제6조 각 호의 어느 하나의 부동산개발업 등록의 결격사유에 해당하게 된 때. 다만, 부동산개발업자로 등록된 법인의 임원 중 부동산개발업 등록의 결격사유에 해당하는 자가 있는 경우 그 사유를 안 날부터 3개월 이내에 그 임원을 바꾸어 선임한 경우에는 그러하지 아니하다.
3. 제9조제1항을 위반하여 이중으로 부동산개발업의 등록을 한 때
4. 제10조제1항을 위반하여 타인에게 자기의 성명 또는 상호를 사용하여 부동산개발을 하게 하거나 자기의 부동산개발업등록증을 양도 또는 대여하는 행위를 한 때
5. 영업정지기간 중에 부동산개발업을 영위한 때
6. 제20조제1항제1호 또는 제2호를 위반하여 영업정지처분을 받고 그 받은 날부터 5년 이내에 다시 제20조제1항 각 호의 어느 하나를 위반한 때
7. 최근 3년 이내에 이 법에 따라 2회의 영업정지처분(6개월 이상의 영업정지처분의 경우는 1회)을 받고 다시 영업정지처분에 해당하는 행위를 한 때(2009.1.7 본호개정)
② 시·도지사는 등록사업자가 다음 각 호의 어느 하나에 해당하게 된 때에는 해당 부동산개발업의 등록을 취소할 수 있다.(2020.2.18 본문개정)
1. 제4조에 따른 부동산개발업의 등록요건에 미달하게 된 때. 다만, 일시적으로 등록요건에 미달하는 등 대통령령으로 정하는 경우에는 그러하지 아니하다.
2. 부동산개발업의 등록을 한 후 1년이 지날 때까지 영업을 개시하지 아니한 때(2020.6.9 본호개정)
3. 제24조제2항에 따른 임직원의 해임 또는 징계의 요구에 따르지 아니한 때
4. 제17조에 따라 사업실적을 보고하면서 고의 또는 중과실로 중대한 사실을 거짓으로 보고한 때(2020.6.9 본호개정)
③ 제1항 또는 제2항에 따라 부동산개발업의 등록이 취소된 자는 국토교통부령으로 정하는 바에 따라 부동산개발업등록증을 시·도지사에게 반납하여야 한다.(2020.2.18 본항개정)
④ 분실 등의 사유로 제3항에 따라 부동산개발업등록증을 반납할 수 없는 자는 제3항에도 불구하고 부동산개발업등록증 반납을 갈음하여 그 이유를 기재한 사유서를 시·도지사에게 제출하여야 한다.(2020.6.9 본항개정)
제26조【영업정지처분 등을 받은 자의 부동산개발】 ① 제24조에 따른 영업정지처분 또는 제25조에 따른 등록취소처분을 받은 등록사업자 및 그 포괄승계인은 그 처분을 받기 전에 「건설산업기본법」 제2조제7호의 건설사업자와 도급계약을 체결하였거나 관계 법령에 따라 인·허가 등을 받아 착수한 부동산개발을 계속 수행할 수 있다. 다만, 등록취소처분을 받은 등록사업자가 그 위반행위의 내용 및 정도에 비추어 해당 부동산개발을 계속 수행할 수 없는 중대한 사유가 있다고 시·도지사가 인정하는 경우에는 그러하지 아니하다.(2020.2.18 단서개정)
② 등록사업자가 부동산개발업의 등록이 취소된 후 제1항에 따라 부동산개발을 계속 수행하는 경우에는 해당 부동산개발을 완료할 때까지는 등록사업자로 본다.
제27조【등록사업자의 지위 승계 등】 ① 제15조에 따른 폐업신고에 따라 부동산개발업의 등록이 말소된 자가 1년 이내에 제4조에 따라 다시 등록사업자로 등록한 경우에는 해당 등록사업자는 폐업신고 전의 등록사업자의 지위를 승계한다.
② 제1항에 따라 등록사업자의 지위를 승계한 자에 대하여는 폐업신고 전의 등록사업자에 대한 행정처분의 효과가 승계된다.
③ 시·도지사는 제1항에 따라 등록사업자의 지위를 승계한 자에 대하여 폐업신고 전의 위반행위를 사유로 하여 제22조부터 제25조까지의 규정에 따른 시정조치, 소비자피해분쟁조정의 요청, 영업정지, 등록취소 등을 할 수 있다.(2020.2.18 본항개정)
제28조【등록취소 등의 공고】 시·도지사는 제22조·제24조·제25조에 따라 등록사업자에 대하여 시정조치·영업정지(임직원의 해임 또는 징계의 요구는 제외한다)·등록취소 등을 한 경우에는 국토교통부령으로 정하는 바에 따라 그 내용을 공고하여야 한다.(2020.6.9 본조개정)
제29조【협회의 설립 등】 ① 등록사업자는 부동산개발 관련 업무의 전문화와 부동산개발업의 건전한 발전을 도모하기 위하여 부동산개발업자단체(이하 "협회"라 한다)를 설립할 수 있다.
② 협회는 법인으로 한다.
③ 협회는 그 주된 사무소의 소재지에서 설립등기를 함으로써 성립한다.
④ 협회를 설립하고자 할 때에는 회원의 자격이 있는 50인 이상을 발기인으로 하여 정관을 작성한 후 창립총회의 의결을 거쳐 국토교통부장관의 인가를 받아야 한다. 이 경우 회원의 자격 등 인가에 필요한 기준 및 절차는 대통령령으로 정한다.(2023.4.18 후단신설)
⑤ 국토교통부장관은 다음 각 호의 어느 하나에 해당하는 사유가 있으면 협회의 설립인가를 취소할 수 있다.
1. 거짓이나 그 밖의 부정한 방법으로 설립인가를 받은 경우
2. 설립인가 기준에 미치지 못하는 경우
3. 설립목적의 달성이 불가능하다고 인정되는 경우
4. 설립목적 외의 사업을 한 경우
5. 제30조제2항에 따른 보고·자료제출 등의 명령을 이행하지 아니하거나 거짓으로 이행한 경우 또는 조사·검사를 거부·방해하거나 기피한 경우
6. 그 밖에 이 법 또는 정관을 위반한 경우
(2023.4.18 본항신설)
⑥ 협회의 정관에 기재할 내용, 그 밖에 필요한 사항은 대통령령으로 정한다.(2023.4.18 본항개정)
⑦ 협회에 관하여 이 법에 규정된 사항을 제외하고는 「민법」 중 사단법인에 관한 규정을 준용한다.
제30조【협회의 업무 및 감독】 ① 협회의 업무는 다음 각 호와 같다.
1. 부동산개발업의 건전한 발전을 위한 조사·연구
2. 협회 회원의 상호 협력증진을 위한 업무
3. 부동산개발 전문인력과 부동산개발업 종사자의 자질향상을 위한 교육 및 연수
4. 부동산개발업자의 표시·광고의 자율심의에 관한 업무
5. 제1호부터 제4호까지에 부수되는 업무
6. 제1호부터 제5호까지 외에 대통령령으로 정하는 업무
② 국토교통부장관은 감독을 위하여 필요한 때에는 협회에 대하여 그 업무에 관한 사항을 보고하게 하거나 자료제출, 그 밖에 필요한 명령을 할 수 있으며, 협회의 업무에 대한 조사·검사와 그 밖에 협회의 감독에 필요한 사항은 대통령령으로 정한다.(2020.6.9 본항개정)

제5장 보 칙

제31조【부동산개발업의 사무에 관한 자료 제출】 국토

교통부장관은 필요하다고 인정하는 경우 시·도지사에게 제22조부터 제25조까지의 규정에 따른 시정조치, 소비자피해분쟁조정의 요청, 영업정지와 임직원의 해임 또는 징계 요구, 등록취소 등의 사무에 관한 자료의 제출을 요청할 수 있다. 이 경우 자료 제출을 요청받은 시·도지사는 특별한 사유가 없으면 그 요청에 따라야 한다.
(2020.2.18 본조개정)

제32조【청문】 국토교통부장관 또는 시·도지사는 다음 각 호의 어느 하나에 해당하는 처분을 하려면 「행정절차법」에 따라 청문을 실시하여야 한다.(2023.4.18 본문개정)
1. 제25조에 따른 부동산개발업의 등록취소
2. 제29조제5항에 따른 협회의 설립인가취소
(2023.4.18 1호~2호신설)

제33조【수수료】 다음 각 호의 어느 하나에 해당하는 자는 국토교통부령으로 정하는 바에 따라 수수료를 납부하여야 한다.(2013.3.23 본문개정)
1. 제4조제1항에 따라 부동산개발업등록을 신청하는 자
2. 제7조제3항에 따라 부동산개발업등록증의 재교부를 신청하는 자

제34조【권한의 위임 및 위탁】 ① 국토교통부장관은 이 법에 따른 권한의 일부를 대통령령으로 정하는 바에 따라 소속기관의 장, 시·도지사 또는 시장·군수·구청장(자치구의 구청장을 말한다)에게 위임할 수 있다.
(2013.3.23 본항개정)
② 국토교통부장관 또는 시·도지사는 이 법의 효율적인 집행을 위하여 필요한 경우에는 대통령령으로 정하는 바에 따라 다음 각 호의 어느 하나에 해당하는 사무를 대통령령으로 정하는 기관 또는 단체에 위탁할 수 있다.
(2020.2.18 본문개정)
1. 제4조에 따른 부동산개발업 등록신청의 접수 및 신청내용의 확인(2011.5.19 본호개정)
2. 제7조에 따른 등록증의 교부·재교부 및 변경신청의 접수 및 신청내용의 확인(2011.5.19 본호개정)
3. 제11조에 따른 부동산개발업 양도·법인합병 및 상속에 대한 신고의 접수 및 신고내용의 확인(2011.5.19 본호개정)
4. 제15조에 따른 부동산개발업 폐업 신고의 접수 및 신고내용의 확인(2011.5.19 본호개정)
5. 제17조에 따른 등록사업자의 사업실적, 자본금의 변경, 임원 및 부동산개발 전문인력 변경 보고의 접수 및 보고내용의 확인(2011.5.19 본호개정)
6. 제19조에 따른 부동산개발업정보종합관리체계의 구축·운영

제35조【벌칙 적용에서의 공무원의제】 제34조제2항에 따른 위탁사무에 종사하는 자는 「형법」 제127조 및 제129조부터 제132조까지의 규정에 따른 벌칙을 적용할 때에는 공무원으로 본다.(2020.6.9 본조개정)

제6장 벌 칙

제36조【벌칙】 다음 각 호의 어느 하나에 해당하는 자는 3년 이하의 징역 또는 5천만원 이하의 벌금에 처한다.
1. 제4조제1항에 따른 등록을 하지 아니하거나 거짓이나 그 밖의 부정한 방법으로 등록을 하고 부동산개발업을 영위한 자
2. 제8조제1항을 위반하여 이 법에 따른 등록사업자임을 표시·광고하거나 등록사업자로 오인될 우려가 있는 사항을 표시·광고한 자
3. 제8조제2항 또는 제20조제1항 각 호의 어느 하나를 위반하여 제22조제1항에 따른 시정조치명령을 받고 그 명령을 따르지 아니한 자(2020.6.9 본호개정)
4. 제17조에 따라 사업실적을 보고하면서 고의 또는 중과실로 중대한 사실을 거짓으로 보고한 자(2020.6.9 본호개정)
5. 제20조제1항제1호(같은 조 제2항에서 준용하는 경우를 포함한다)를 위반하여 거짓 또는 과장된 사실을 알리거나 속임수를 써서 타인으로 하여금 부동산등을 공급받도록 유인한 자

제37조【벌칙】 제24조제1항에 따른 영업정지처분에 위반하여 영업을 한 자는 2년 이하의 징역 또는 3천만원 이하의 벌금에 처한다.

제38조【벌칙】 다음 각 호의 어느 하나에 해당하는 자는 1년 이하의 징역 또는 2천만원 이하의 벌금에 처한다.
1. 제9조제1항을 위반하여 이중으로 부동산개발업의 등록을 한 자
2. 제10조제1항을 위반하여 타인에게 자기의 성명 또는 상호를 사용하여 부동산개발을 하게 하거나 자기의 부동산개발업등록증을 양도·대여한 자
3. 제10조제2항을 위반하여 타인의 성명 또는 상호를 사용하여 부동산개발업을 하거나 타인의 부동산개발업등록증을 양수·대여받은 자
4. 제20조제1항제2호(같은 조 제2항에서 준용하는 경우를 포함한다)를 위반하여 타인으로 하여금 그릇된 판단을 하게 하여 부동산등을 공급받도록 유인할 목적으로 부동산개발에 대한 거짓 정보를 불특정다수인에게 퍼뜨린 자

제39조【양벌규정】 법인의 대표자나 법인 또는 개인의 대리인, 사용인, 그 밖의 종업원이 그 법인 또는 개인의 업무에 관하여 제36조부터 제38조까지의 어느 하나에 해당하는 위반행위를 하면 그 행위자를 벌하는 외에 그 법인 또는 개인에게도 해당 조문의 벌금형을 과(科)한다. 다만, 법인 또는 개인이 그 위반행위를 방지하기 위하여 해당 업무에 관하여 상당한 주의와 감독을 게을리하지 아니한 경우에는 그러하지 아니하다.(2009.1.7 본조개정)

제40조【과태료】 ① 다음 각 호의 어느 하나에 해당하는 자에게는 3천만원 이하의 과태료를 부과한다.
1. 제8조제2항을 위반하여 이 법에 따라 등록한 사실과 그 밖에 소비자보호를 위하여 필요한 사항을 그 표시나 광고에 명시하지 아니한 자
2. 제20조제1항제3호(같은 조 제2항에서 준용하는 경우를 포함한다)를 위반하여 전화·모사전송·컴퓨터통신 등을 통하여 부동산등을 공급받을 것을 강요한 자
② 다음 각 호의 어느 하나에 해당하는 자에게는 1천만원 이하의 과태료를 부과한다.
1. 제9조제2항을 위반하여 다른 등록사업자의 부동산개발 전문인력이 된 자
2. 제17조를 위반하여 사업실적, 자본금의 변경, 임원 및 부동산개발 전문인력의 변경을 보고하지 아니하거나 거짓으로 내용을 보고한 자. 다만, 제36조제4호에 해당하는 자로서 해당 조문의 처벌을 받은 자는 제외한다.
(2020.6.9 단서개정)
3. 제18조제1항에 따른 보고명령을 이행하지 아니하거나 거짓으로 보고한 자 또는 조사·검사를 거부·기피·방해한 자
4. 제21조제1항에 따른 조사·검사를 거부·방해·기피한 자
5. 제21조제1항제1호를 위반하여 정당한 사유 없이 출석을 하지 아니한 이 법 위반행위의 당사자
6. 제21조제1항제2호 또는 같은 조 제2항에 따른 보고 또는 필요한 자료나 물건의 제출을 하지 아니하거나 거짓의 보고 또는 자료·물건을 제출한 자
③ 다음 각 호의 어느 하나에 해당하는 자에게는 500만원 이하의 과태료를 부과한다.
1. 제5조제2항 및 제3항을 위반하여 정당한 사유 없이 연수교육을 받지 아니한 자(2021.8.10 본호신설)
1의2. 제7조제2항을 위반하여 부동산개발업등록증의 기재사항의 변경신청을 하지 아니한 자
2. 제11조제1항을 위반하여 부동산개발업의 양도·합병에 대한 신고를 하지 아니한 자
3. 제15조제1항을 위반하여 폐업신고를 하지 아니한 자
4. 제25조제3항 또는 제4항을 위반하여 부동산개발업등록증을 반납하지 아니하거나 부동산개발업등록증을 반납할 수 없는 이유를 기재한 사유서를 제출하지 아니한 자 또는 거짓의 사유서를 제출한 자
④ 제1항부터 제3항까지의 규정에 따른 과태료는 대통령령으로 정하는 바에 따라 시·도지사가 부과·징수한다.
(2020.2.18 본항개정)

제41조 (2009.1.7 삭제)

부 칙 (2009.1.7)

①【시행일】 이 법은 2010년 1월 1일부터 시행한다. 다만, 제39조의 개정규정은 공포한 날부터 시행한다.
②【등록취소 요건에 해당하는 영업정지처분에 관한 적용례】 제25조제1항제7호의 개정규정은 이 법 시행 후 최초로 영업정지처분을 받는 분부터 적용한다. 다만, 이 법 시행 후 받는 영업정지처분이 이 법 시행 전 받은 영업정지처분 횟수와 합산하여 종전의 규정에 따른 부동산개발업의 등록취소요건에 해당하는 경우에는 제25조제1항제7호의 개정규정에도 불구하고 종전의 규정을 적용한다.
③【벌칙 등에 관한 경과조치】 이 법 시행 전의 행위에 대한 벌칙 및 과태료의 적용에 있어서는 종전의 규정에 따른다.

부 칙 (2015.8.11)

제1조【시행일】 이 법은 공포 후 6개월이 경과한 날부터 시행한다.
제2조【금치산자 등에 대한 경과조치】 제6조제1호의 개정규정에 따른 피성년후견인 또는 피한정후견인에는 법률 제10429호 민법 일부개정법률 부칙 제2조에 따라 금치산 또는 한정치산 선고의 효력이 유지되는 사람을 포함하는 것으로 본다.

부 칙 (2019.4.30)

제1조【시행일】 ① 이 법은 공포 후 6개월이 경과한 날부터 시행한다.(이하 생략)

부 칙 (2020.2.18)

제1조【시행일】 이 법은 2021년 1월 1일부터 시행한다.(단서 생략)
제2조【사무이양을 위한 사전조치】 ① 관계 중앙행정기관의 장은 이 법에 따른 중앙행정권한 및 사무의 지방일괄 이양에 필요한 인력 및 재정 소요 사항을 지원하기 위하여 필요한 조치를 마련하여 이 법에 따른 시행일 3개월 전까지 국회 소관 상임위원회에 보고하여야 한다.
② 「지방자치분권 및 지방행정체제개편에 관한 특별법」 제44조에 따른 자치분권위원회는 제1항에 따른 인력 및 재정 소요 사항을 사전에 전문적으로 조사·평가할 수 있다.
제3조【행정처분 등에 관한 일반적 경과조치】 이 법 시행 당시 종전의 규정에 따라 행정기관이 행한 처분 또는 그 밖의 행위는 이 법의 규정에 따라 행정기관이 행한 처분 또는 그 밖의 행위로 보고, 종전의 규정에 따라 행정기관에 대하여 행한 신청·신고, 그 밖의 행위는 이 법의 규정에 따라 행정기관에 대하여 행한 신청·신고, 그 밖의 행위로 본다.
제4조【다른 법률의 개정】 (생략)

부 칙 (2020.6.9)

이 법은 공포한 날부터 시행한다.(이하 생략)

부 칙 (2020.12.29)

제1조【시행일】 이 법은 공포 후 1년이 경과한 날부터 시행한다.(이하 생략)

부 칙 (2021.8.10)

제1조【시행일】 이 법은 공포 후 1년이 경과한 날부터 시행한다.
제2조【연수교육에 관한 적용례】 제5조제2항 및 제3항의 개정규정은 이 법 시행 당시 사전교육을 받은 부동산개발 전문인력에 대해서도 적용한다.
제3조【과징금에 관한 적용례】 제24조의2의 개정규정은 이 법 시행 전 위반행위에 대하여 이 법 시행 이후 영업정지처분을 하는 경우부터 적용한다.

부 칙 (2023.4.18)

이 법은 공포 후 6개월이 경과한 날부터 시행한다.

건설산업기본법

(1996년 12월 30일 전개법률 제5230호)

개정
1997. 8.28법 5386호(전기통신공사업법)
1997.12.13법 5453호(행정절차)
1999. 4.15법 5965호　2000. 1.12법 6112호
2002. 1.26법 6627호(민사집행법)
2002. 1.26법 6640호　2002.12.18법 6802호
2003. 5.29법 6893호(소방기본법)
2003. 7.25법 6938호　2004.12.31법 7306호
2005. 3.31법 7428호(채무자회생파산)
2005. 3.31법 7473호　2005. 5.26법 7513호
2005.11. 8법 7697호
2005.12.29법 7796호(국가공무원)
2007. 5.17법 8477호
2008. 2.29법 8852호(정부조직)
2008. 2.29법 8863호(금융위원회의설치등에관한법)
2008. 3.21법 8971호　2009.12.29법 9875호
2010. 2. 4법 9999호(문화재수리등에관한법)
2010. 6. 4법10339호(정부조직)
2011. 5.24법10719호　2011. 8. 4법11015호
2012. 1.17법11181호　2012. 6. 1법11466호
2012.12.18법11576호
2013. 3.23법11690호(정부조직)
2013. 5.22법11794호(건설기술진흥법)
2013. 8. 6법12012호　2014. 5.14법12580호
2014. 5.20법12591호(상법)
2015. 8.11법13469호　2016. 2. 3법14015호
2017. 1.17법14545호(시설물의안전및유지관리에관한특별법)
2017. 3.21법14708호　2017. 8. 9법14849호
2017.12.26법15306호　2018. 8.14법15720호
2018.12.18법15991호
2018.12.31법16101호(부가세)
2018.12.31법16136호　2019. 4.30법16415호
2019.11.26법16625호　2020. 4. 7법17221호
2020. 6. 9법17453호(법률용어정비)
2020.10.20법17543호
2020.12.22법17653호(부가세)
2020.12.29법17799호(독점)
2021. 3.16법17939호(건설기술진흥법)
2021. 7.27법18338호　2021.12. 7법18551호
2022. 2. 3법18823호　2023. 4.18법19366호
2023. 8. 8법19591호(국가유산수리등에관한법)
2023.12.29법19865호　2024. 1. 9법19968호

제1장 총 칙
(2011.5.24 본장개정)

제1조【목적】 이 법은 건설공사의 조사, 설계, 시공, 감리, 유지관리, 기술관리 등에 관한 기본적인 사항과 건설업의 등록 및 건설공사의 도급 등에 필요한 사항을 정함으로써 건설공사의 적정한 시공과 건설산업의 건전한 발전을 도모함을 목적으로 한다.

제2조【정의】 이 법에서 사용하는 용어의 뜻은 다음과 같다.
1. "건설산업"이란 건설업과 건설용역업을 말한다.
2. "건설업"이란 건설공사를 하는 업(業)을 말한다.
3. "건설용역업"이란 건설공사에 관한 조사, 설계, 감리, 사업관리, 유지관리 등 건설공사와 관련된 용역(이하 "건설용역"이라 한다)을 하는 업(業)을 말한다.
4. "건설공사"란 토목공사, 건축공사, 산업설비공사, 조경공사, 환경시설공사, 그 밖에 명칭과 관계없이 시설물을 설치·유지·보수하는 공사(시설물을 설치하기 위한 부지조성공사를 포함한다) 및 기계설비나 그 밖의 구조물의 설치 및 해체공사 등을 말한다. 다만, 다음 각 목의 어느 하나에 해당하는 공사는 포함하지 아니한다.
(2020.6.9 본문개정)
가. 「전기공사업법」에 따른 전기공사
나. 「정보통신공사업법」에 따른 정보통신공사
다. 「소방시설공사업법」에 따른 소방시설공사
라. 「국가유산수리 등에 관한 법률」에 따른 국가유산수리공사(2023.8.8 본목개정)
5. "종합공사"란 종합적인 계획, 관리 및 조정을 하면서 시설물을 시공하는 건설공사를 말한다.
6. "전문공사"란 시설물의 일부 또는 전문 분야에 관한 건설공사를 말한다.
7. "건설사업자"란 이 법 또는 다른 법률에 따라 등록 등을 하고 건설업을 하는 자를 말한다.(2019.4.30 본호개정)
8. "건설사업관리"란 건설공사에 관한 기획, 타당성 조사, 분석, 설계, 조달, 계약, 시공관리, 감리, 평가 또는 사후관리 등에 관한 관리를 수행하는 것을 말한다.
9. "시공책임형 건설사업관리"란 종합공사를 시공하는 업종을 등록한 건설사업자가 건설공사에 대하여 시공 이전 단계에서 건설사업관리 업무를 수행하고 아울러 시공 단계에서 발주자와 시공 및 건설사업관리에 대한 별도의 계약을 통하여 종합적인 계획, 관리 및 조정을 하면서 미리 정한 공사 금액과 공사기간 내에 시설물을 시공하는 것을 말한다.(2019.4.30 본호개정)
10. "발주자"란 건설공사를 건설사업자에게 도급하는 자를 말한다. 다만, 수급인으로서 도급받은 건설공사를 하도급하는 자는 제외한다.(2019.4.30 본문개정)
11. "도급"이란 원도급, 하도급, 위탁 등 명칭과 관계없이 건설공사를 완성할 것을 약정하고, 상대방이 그 공사의 결과에 대하여 대가를 지급할 것을 약정하는 계약을 말한다.(2020.6.9 본호개정)
12. "하도급"이란 도급받은 건설공사의 전부 또는 일부를 다시 도급하기 위하여 수급인이 제3자와 체결하는 계약을 말한다.
13. "수급인"이란 발주자로부터 건설공사를 도급받은 건설사업자를 말하고, 하도급의 경우 하도급하는 건설사업자를 포함한다.(2019.4.30 본호개정)
14. "하수급인"이란 수급인으로부터 건설공사를 하도급받은 자를 말한다.
15. "건설기술인"이란 관계 법령에 따라 건설공사에 관한 기술이나 기능을 가졌다고 인정된 사람을 말한다.
(2018.8.14 본호개정)

제3조【기본이념】 이 법은 건설산업이 설계, 감리, 시공, 사업관리, 유지관리 등의 분야에 걸쳐 국제경쟁력을 갖출 수 있도록 이를 균형 있게 발전시킴으로써 국민경제와 국민의 생활안전에 이바지함을 기본이념으로 한다.

제4조【다른 법률과의 관계】 건설산업에 관하여 다른 법률에서 정하고 있는 경우를 제외하고는 이 법을 적용한다. 다만, 건설공사의 범위와 건설업 등록에 관한 사항에 대하여는 다른 법률의 규정에도 불구하고 이 법을 우선 적용하고, 건설용역업에 대하여는 제6조 및 제26조와 제8장(제69조부터 제79조까지, 제79조의2 및 제80조)을 적용한다.(2013.8.6 본조개정)

제5조【외국 건설사업자에 대한 기준의 설정】 국토교통부장관은 외국인 또는 외국법인의 건설업 등록을 위하여 필요한 경우에는 건설업에 관하여 외국에서 받은 자격, 학력, 경력 등의 인정에 관한 기준을 정할 수 있다.
(2019.4.30 본조제목개정)
(2013.3.23 본조개정)

제6조【건설산업진흥 기본계획의 수립】 ① 국토교통부장관은 건설산업의 육성, 건설기술의 개발, 건설공사의 안전 및 품질 확보 등을 위하여 5년마다 건설산업진흥 기본계획을 수립·시행하여야 한다.(2013.3.23 본항개정)
② 제1항에 따른 건설산업진흥 기본계획에는 다음 각 호의 사항이 포함되어야 한다.
1. 건설산업진흥시책의 기본 방향
2. 건설기술의 개발 및 건설기술인력의 육성에 관한 대책
3. 건설산업의 국제화와 해외 진출의 지원
4. 건설공사에 관한 안전·환경보전 및 품질의 확보대책
5. 중소건설업 및 중소건설용역업의 육성대책
6. 건설공사의 생산성 향상 대책 등 그 밖에 대통령령으로 정하는 사항
③ 국토교통부장관은 건설시장의 동향, 건설기술의 개발 등을 고려하여 제1항에 따른 건설산업진흥 기본계획의 범위에서 연차별 계획을 수립·시행할 수 있다.
(2013.3.23 본항개정)

제6조의2 (2009.12.29 삭제)

제7조【건설 관련 주체의 책무】 ① 정부는 건설공사의 품질과 안전을 확보하기 위하여 건설공사의 설계, 시공, 감리 및 유지관리에 관한 기준, 건설자재의 품질과 규격에 관한 기준 및 도급계약의 방법 등에 관한 사항을 정하여 보급하여야 하고, 건설사업자의 시공능력, 자본금, 경영실태 및 공사실적 등의 정보를 제공하기 위하여 노력하여야 한다.
② 건설공사의 발주자는 시설물이 공공의 안전과 복리에 적합하게 건설되도록 공정한 기준과 절차에 따라 능력있는 건설사업자를 선정하여야 하고, 건설공사가 적정하게 시공되도록 노력하여야 한다.
③ 건설사업자는 다음 각 호의 사항을 성실히 이행할 책무를 진다.
1. 시설물의 품질과 안전이 확보되도록 건설공사 및 건설용역에 관한 법령을 준수할 것
2. 「근로기준법」에 따라 건설근로자에게 임금을 직접 지급하는 등 근로관계 법령을 준수할 것
3. 설계도서(設計圖書), 시방서(示方書) 및 도급계약의 내용 등에 따라 성실하게 업무를 수행할 것
4. 건설공사 실적, 기술자 보유현황, 재무상태, 그 밖에 시공능력과 관련된 정보를 거짓으로 제공하거나 광고하지 아니할 것
(2021.7.27 본항개정)
(2019.4.30 본조개정)

제2장 건설업 등록
(2011.5.24 본장제목개정)

제8조【건설업의 종류】 ① 건설업의 종류는 종합공사를 시공하는 업종과 전문공사를 시공하는 업종으로 한다.
② 건설업의 구체적인 종류 및 업무범위 등에 관한 사항은 대통령령으로 정한다.
(2011.5.24 본조개정)

제9조【건설업 등록 등】 ① 건설업을 하려는 자는 대통령령으로 정하는 업종별로 국토교통부장관에게 등록을 하여야 한다. 다만, 대통령령으로 정하는 경미한 건설공사를 업으로 하려는 경우에는 등록을 하지 아니하고 건설업을 할 수 있다.(2013.3.23 본문개정)
② 제1항에 따라 건설업의 등록을 하려는 자는 국토교통부령으로 정하는 바에 따라 국토교통부장관에게 신청하여야 한다.(2013.3.23 본항개정)
③ 국가나 지방자치단체가 자본금의 100분의 50 이상을 출자한 법인이나 영리를 목적으로 하지 아니하는 법인은 다른 법률에 특별한 규정이 있는 경우를 제외하고는 제1항에 따른 건설업 등록을 신청할 수 없다.
④ (2016.2.3 삭제)
(2011.5.24 본조개정)

제9조의2【등록증의 발급 등】 ① 국토교통부장관은 건설업 등록을 하면 국토교통부령으로 정하는 바에 따라 건설업 등록증 및 건설업 등록수첩을 발급하여야 한다.
② 제1항에 따라 건설업 등록증이나 건설업 등록수첩을 발급받은 자는 그 건설업 등록증 또는 건설업 등록수첩의 기재 사항(記載 事項) 중 대통령령으로 정하는 사항이 변경되면 국토교통부령으로 정하는 바에 따라 30일 이내에 국토교통부장관에게 기재 사항의 변경을 신청하여야 한다.
③ 제1항에 따른 건설업 등록증이나 건설업 등록수첩을 잃어버리거나 못 쓰게 된 경우에는 국토교통부령으로 정하는 바에 따라 재발급받을 수 있다.
(2013.3.23 본조개정)

제9조의3【건설업의 교육】 ① 제9조제1항에 따라 건설업을 등록한 자(건설사업자가 추가로 다른 업종을 등록하는 경우는 제외한다)는 건설업을 등록한 날부터 6개월 이내에 국토교통부장관이 실시하는 건설업 윤리 및 실무 관련 교육을 받아야 한다. 이 경우 교육을 받아야 하는 자가 법인인 경우에는 등기부상 임원 1명 이상(대표이사를 포함한다)이 교육을 받아야 한다.(2019.4.30 전단개정)
② 국토교통부장관은 제1항에 따른 교육 대상자 외의 건설사업자를 대상으로 하는 건설업 윤리 및 실무 관련 교육을 실시할 수 있으며, 이 경우 교육 이수자에 대하여 제84조에 따라 영업정지의 기간 등을 감경할 수 있다.
(2019.4.30 본항개정)
③ 제1항 및 제2항에 따른 교육의 방법·기준·절차 및 교육기관과 그 밖에 필요한 사항은 대통령령으로 정한다.
(2015.8.11 본조신설)

제10조【건설업의 등록기준】 제9조제1항에 따른 건설업의 등록기준이 되는 다음 각 호의 사항은 대통령령으로 정한다.
1. 기술능력
2. 자본금(개인인 경우에는 자산평가액을 말한다. 이하 같다)
3. 시설 및 장비
4. 그 밖에 필요한 사항
(2011.5.24 본조개정)

제11조【표시·광고의 제한】 ① 제9조에 따라 업종별로 건설업 등록을 하지 아니한 자는 사업장, 광고물 등에 해당 업종의 건설사업자임을 표시·광고하거나 해당 업종의 건설사업자로 오인될 우려가 있는 표시·광고를 하여서는 아니 된다.(2019.4.30 본항개정)
② 국토교통부장관은 소속 공무원으로 하여금 제1항을 위반하여 표시·광고한 자에 대하여 광고물의 강제 철거 등 적절한 조치를 하게 할 수 있다.(2013.3.23 본항개정)

제12조 (2007.5.17 삭제)

제13조【건설업 등록의 결격사유】 ① 다음 각 호의 어느 하나에 해당하는 자(법인인 경우 다음 각 호의 어느 하나에 해당하는 사람이 임원으로 있는 경우를 포함한다)는 제9조제1항에 따른 건설업 등록을 할 수 없다. 외국인이나 외국법인이 해당 국가에서 다음 각 호의 어느 하나에 해당하는 사유와 같거나 유사한 사유에 해당하는 경우에도 같다.
1. 파산선고를 받고 복권되지 아니한 자
2. 피성년후견인 또는 피한정후견인(2014.5.14 본호개정)
3. 제82조의2 또는 제83조에 따라 건설업의 등록이 말소된 자로서 다음 각 목의 어느 하나에 해당하는 자. 이 경우 건설업 등록이 말소된 자가 법인인 경우에는 말소 당시의 원인이 된 행위를 한 사람과 대표자를 포함한다.
(2012.6.1 전단개정)
가. 제83조제5호에 해당하는 사유로 건설업의 등록이 말소된 후 10년이 지나지 아니한 자(2017.3.21 본목신설)
나. 제82조의2제3항, 제83조제1호·제3호의3·제8호·제10호 및 제13호에 해당하는 사유로 건설업의 등록이 말소된 후 5년이 지나지 아니한 자(2017.3.21 본목개정)
다. (2021.7.27 삭제)
라. 제82조의2제3항, 제83조제1호·제3호의3·제4호·제5호·제8호·제10호 및 제13호 외의 사유로 건설업의 등록이 말소된 후 1년 6개월이 지나지 아니한 자
(2014.5.14 본목신설)
4. 이 법 또는 「주택법」을 위반하여 금고 이상의 실형을 선고받고 그 집행이 종료(집행이 종료된 것으로 보는 경우를 포함한다)되거나 그 집행이 면제된 날부터 3년이 지나지 아니한 자
5. 「형법」 제129조부터 제133조까지의 죄 중 어느 하나에 해당하는 죄를 범하여 금고 이상의 실형을 선고받고 그 집행이 종료(집행이 종료된 것으로 보는 경우를 포함한다)되거나 집행이 면제된 날부터 5년이 지나지 아니한 자
6. 제4호 또는 제5호의 죄를 범하여 형의 집행유예를 선고받고 그 유예기간 중에 있는 자
② (2005.11.8 삭제)

③ 국토교통부장관은 제9조제2항에 따라 등록을 신청한 자 중에서 제1항에 따라 건설업 등록을 할 수 없는 자에게 그 사유를 알려야 한다.(2013.3.23 본항개정)

제14조 【영업정지처분 등을 받은 후의 계속 공사】 ① 제82조, 제82조의2 또는 제83조에 따른 영업정지처분 또는 등록말소처분을 받은 건설사업자와 그 포괄승계인은 그 처분을 받기 전에 도급계약을 체결하였거나 관계 법령에 따라 허가, 인가 등을 받아 착공한 건설공사는 계속 시공할 수 있다. 건설업 등록이 제20조의2에 따른 폐업신고에 따라 말소된 경우에도 같다.(2019.4.30 전단개정)

② 제82조, 제82조의2 또는 제83조에 따른 영업정지처분 또는 등록말소처분을 받은 건설사업자와 그 포괄승계인은 그 처분의 내용을 지체 없이 그 건설공사의 발주자에게 통지하여야 하고, 건설사업자가 하수급인인 경우에는 그 처분의 내용을 발주자 및 수급인에게 알려야 한다. 건설업 등록이 제20조의2에 따른 폐업신고에 따라 말소된 경우에도 같다.(2019.4.30 전단개정)

③ 건설사업자가 건설업 등록이 말소된 후 제1항에 따라 건설공사를 계속하는 경우에는 그 공사를 완성할 때까지는 건설사업자로 본다.(2019.4.30 본항개정)

④ 건설공사의 발주자는 특별한 사유가 있는 경우를 제외하고는 해당 건설사업자로부터 제2항에 따른 통지를 받은 날 또는 그 사실을 안 날부터 30일이 지나는 날까지 도급계약을 해지할 수 있다.(2019.4.30 본항개정)

⑤ 발주자는 건설사업자인 하수급인으로부터 제2항에 따른 통지를 받은 경우에는 해당 공사에 대하여 수급인에게 하도급계약의 해지를 요청할 수 있다.(2019.4.30 본항개정)

⑥ 수급인은 해당 하수급인으로부터 제2항에 따른 통지를 받은 경우에는 특별한 사유가 있는 경우를 제외하고는 그 통지를 받거나 처분사실을 안 날(제5항에 따른 하도급계약의 해지를 요청받은 경우에는 그 요청을 받은 날)부터 30일이 지나는 날까지 하도급계약을 해지할 수 있다.

(2011.5.24 본조개정)

제15조 (1999.4.15 삭제)

제16조 【건설공사의 시공자격】 ① 건설공사를 도급받으려는 자는 해당 건설공사를 시공하는 업종을 등록하여야 한다. 다만, 다음 각 호의 어느 하나에 해당하는 경우에는 해당 건설업종을 등록하지 아니하고도 도급받을 수 있다.

1. 2개 업종 이상의 전문공사를 시공하는 업종을 등록한 건설사업자가 그 업종에 해당하는 전문공사로 구성된 종합공사를 도급받는 경우(2019.4.30 본호개정)
2. 전문공사를 시공할 수 있는 자격을 보유한 건설사업자가 전문공사에 해당하는 부분을 시공하는 조건으로 하여 종합공사를 시공할 수 있는 자격을 보유한 건설사업자가 종합적인 계획, 관리 및 조정을 하는 공사를 공동으로 도급받는 경우(2019.4.30 본호개정)
3. 전문공사를 시공하는 업종을 등록한 2개 이상의 건설사업자가 그 업종에 해당하는 전문공사로 구성된 종합공사를 공정관리, 하자책임 구분 등을 고려하여 국토교통부령으로 정하는 바에 따라 공동으로 도급받는 경우(2019.4.30 본호개정)
4. 종합공사를 시공하는 업종을 등록한 건설사업자가 제8조제2항에 따라 시공 가능한 시설물을 대상으로 하는 전문공사를 국토교통부령으로 정하는 바에 따라 도급받는 경우. 다만, 공사예정금액(「부가가치세법」에 따른 부가가치세와 발주자가 제공한 재료비를 포함한다)이 4억 3천만원 미만인 전문공사를 원도급받는 경우는 제외한다.(2023.12.29 단서신설 : 2026.12.31까지 유효)
5. 제9조제1항에 따라 등록한 업종에 해당하는 건설공사(제1호, 제3호 및 제4호에 해당하는 건설공사를 포함한다)와 그 부대공사를 함께 도급받는 경우
6. 제9조제1항에 따라 등록한 업종에 해당하는 건설공사를 이미 도급받아 시공하였거나 시공 중인 건설공사의 부대공사로서 다른 건설공사를 도급받는 경우
7. 발주자가 공사품질이나 시공상 능률을 높이기 위하여 필요하다고 인정한 경우로서 기술적 난이도, 공사를 구성하는 전문공사 사이의 연계 정도 등을 고려하여 대통령령으로 정하는 경우

② 제1항제5호 및 제6호에 따른 부대공사는 주된 공사에 따르는 종된 공사로 그 범위와 기준은 대통령령으로 정한다.

③ 제1항제1호, 제3호 및 제4호의 규정에 따라 종합공사 또는 전문공사를 도급받아 시공하기 위해서는 도급계약을 체결하기 전(입찰계약의 경우에는 입찰참가 등록마감일까지를 말한다)에 해당 공사를 시공하는 업종의 등록기준을 갖추어야 하고, 이를 시공중에는 유지하여야 한다. 다만, 2개 업종 이상의 전문공사를 시공하는 업종을 등록한 건설사업자가 그 업종에 해당하는 전문공사로 구성된 종합공사를 하도급받는 경우에는 그러하지 아니하며, 제3호의 경우에는 공동수급체 구성원들이 공동으로 필요한 등록기준을 갖춘 경우 충족한 것으로 본다.(2019.4.30 단서개정)

④ 제3항의 등록기준 구비에 관한 세부절차 및 방법 등은 국토교통부령으로 정한다.

(2018.12.31 본조개정)

제17조 【건설업의 양도 등】 ① 건설사업자는 다음 각 호의 어느 하나에 해당하는 경우에는 국토교통부령으로 정하는 바에 따라 국토교통부장관에게 신고하여야 한다.

1. 건설사업자가 건설업을 양도하려는 경우
2. 건설사업자인 법인이 다른 법인과 합병하려는 경우. 다만, 건설사업자인 법인이 건설사업자가 아닌 법인을 흡수합병하려는 경우는 제외한다.

(2019.4.30 본항개정)

② 제1항제1호에 따라 건설업양도신고를 하려는 자가 「국가를 당사자로 하는 계약에 관한 법률」 또는 「지방자치단체를 당사자로 하는 계약에 관한 법률」에 따라 부정당업자로서 입찰참가자격 제한의 처분을 받고 제한기간 중에 있는 때에는 그 사실을 양수자가 확인하였음을 국토교통부령으로 정하는 바에 따라 증명하여야 한다.

(2013.3.23 본항개정)

③ 건설업을 양수한 자와 합병으로 설립되거나 존속하는 법인은 제1항에 따른 신고가 수리된 때부터 각각 건설업을 양도한 자와 합병으로 소멸되는 법인의 건설사업자로서의 지위를 승계한다.(2023.4.18 본항개정)

④ 상속인이 건설사업자로서의 지위를 상속받으려는 경우에는 제1항과 제3항을 준용한다. 이 경우 상속인이 제13조제1항 각 호의 어느 하나의 결격사유에 해당하면 3개월 이내에 그 건설업을 다른 사람에게 양도하여야 한다.

(2023.4.18 전단개정)

⑤ 제4항에 따라 신고가 수리된 경우 피상속인의 사망일부터 신고가 수리된 날까지의 기간 동안 피상속인의 건설업 등록은 상속인의 건설업 등록으로 본다.(2023.4.18 본항신설)

제18조 【건설업 양도의 공고】 제17조제1항제1호에 따라 건설업을 양도하려는 자는 국토교통부령으로 정하는 바에 따라 30일 이상 공고하여야 한다.(2013.3.23 본조개정)

제19조 【건설업 양도의 내용 등】 ① 제17조제1항제1호에 따라 건설업을 양도할 때에는 양도하려는 업종에 관한 다음 각 호의 권리와 의무를 모두 양도하여야 한다.

1. 시공 중인 공사의 도급계약에 관한 권리와 의무
2. 하자담보책임기간 중에 있는 완성된 공사가 있는 경우에는 그 하자보수에 관한 권리와 의무

② 제1항제1호의 시공 중인 건설공사가 있을 때에는 해당 건설공사 발주자의 동의를 받거나 해당 건설공사의 도급계약을 해지한 경우에만 건설업을 양도할 수 있다.

(2011.5.24 본조개정)

제20조 【건설업 양도의 제한】 건설사업자는 다음 각 호의 어느 하나에 해당하면 건설업을 양도할 수 없다. 다만, 제17조제4항 후단에 해당되어 건설업을 양도하여야 하는 경우에는 다음 각 호의 어느 하나에 해당하더라도 양도할 수 있다.(2019.4.30 본문개정)

1. 제82조, 제82조의2 또는 제83조에 따른 영업정지 기간 중인 경우
2. 제82조의2 또는 제83조에 따라 건설업의 등록이 말소되었으나 「행정심판법」 또는 「행정소송법」에 따라 그 효력발생이 정지된 경우

(2011.5.24 본조개정)

제20조의2 【건설업의 폐업 등】 ① 제9조에 따라 건설업 등록을 한 자가 폐업하려면 국토교통부령으로 정하는 바에 따라 국토교통부장관에게 신고하여야 한다.

② 제1항에 따른 폐업신고가 있으면 국토교통부장관은 건설업 등록을 말소하고 그 사실을 국토교통부령으로 정하는 바에 따라 공고하여야 한다.

(2013.3.23 본조개정)

제21조 【건설업 등록증 등의 대여 및 알선 등 금지】 ① 건설사업자는 다른 사람에게 자기의 성명이나 상호를 사용하여 건설공사를 수급 또는 시공하게 하거나 건설업 등록증 또는 건설업 등록수첩을 빌려주어서는 아니 된다.

(2019.4.30 본항개정)

② 누구든지 건설사업자로부터 그 성명이나 상호를 빌려 건설공사를 수급 또는 시공하거나 건설업 등록증 또는 건설업 등록수첩을 빌려서는 아니 된다.(2019.4.30 본항개정)

③ 누구든지 제1항 및 제2항에서 금지된 행위를 알선하여서는 아니 된다.(2017.3.21 본항개정)

④ 건축주는 제1항을 위반한 건설사업자 또는 제2항을 위반한 자와 공모(共謀)하여 건설공사를 도급 또는 시공하게 하여서는 아니 된다.(2019.4.30 본항개정)

(2017.3.21 본조제목개정)

판례 법 제21조가 금지하고 있는 "다른 사람에게 자기의 성명 또는 상호를 사용하여 건설공사를 수급 또는 시공하게 하는 행위"(이하 '명의 대여'라 한다)란, 타인이 자신의 상호나 이름을 사용하여 자격을 갖춘 건설업자로 행세하면서 건설공사를 수급·시공하리라는 것을 알면서도 그와 같은 목적에 자신의 상호나 이름을 사용하도록 승낙 내지 양해한 경우를 의미한다고 해석함이 상당하므로, 어떤 건설업자의 명의로 하도급된 건설공사 전부 또는 대부분을 다른 사람(이하 '시공자'라 한다)이 맡아서 시공하였다 하더라도, 그 건설업자 자신이 그 건설공사에 실질적으로 관여할 의사로 수급하였고, 또 그 시공 과정에 실질적으로 관여하여 왔다면, 이를 명의 대여로 볼 수는 없다. 나아가, 건설업자가 건설공사의 수급과 시공에 실질적으로 관여하였는지 여부는, 건설공사의 수급·시공의 경위와 대가의 약속 및 수수 여부, 대가의 내용 및 수수 방법, 시공과 관련된 건설업자와 시공자 간의 약정 내용, 시공 과정에서 건설업자가 관여하였는지 여부, 관여하였다면 그 정도와 범위, 공사 자금의 조달·관리 및 기성금의 수령 방법, 시공에 따른 책임과 손익의 귀속 여하 등 드러난 사실 관계에 비추어 객관적으로 판단하여야 할 것이고, 그 건설업자나 시공자, 기타 관련자가 수사기관이나 법정에서 진술하면서 명의 대여 기타 그와 유사한 표현을 사용한 적이 있다 하여 그것만으로 가벼이 명의 대여 사실을 인정하여서는 아니된다.(대판 2007.5.11, 2005도6668)

판례 건설업 명의 대여 여부의 판단기준 : 건설업자가 건설공사의 수급과 시공에 실질적으로 관여하였는지 여부는, 건설공사의 수급·시공의 경위와 대가의 내용 및 수수 방법, 시공과 관련된 건설업자와 시공자 간의 약정 내용, 시공 과정에서 건설업자가 관여하였는지 여부, 관여하였다면 그 정도와 범위, 공사 자금의 조달·관리 및 기성금의 수령 방법, 시공에 따른 책임과 손익의 귀속 여하 등 드러난 사실 관계에 비추어 객관적으로 판단하여야 할 것이고, 그 건설업자나 시공자, 기타 관련자가 수사기관이나 법정에서 진술하면서 명의 대여 기타 그와 유사한 표현을 사용한 적이 있다 하여 그것만으로 명의 대여 사실을 인정해서는 아니된다.

(대판 2003.5.13, 2002도7425)

제21조의2 【국가기술자격증 등의 대여 금지】 건설사업자는 국가기술자격증 또는 건설기술경력증을 다른 자에게 빌리거나 빌려 주어서는 아니 된다.(2019.4.30 본조개정)

제3장 도급계약 및 하도급계약

(2011.5.24 본장제목개정)

제22조 【건설공사에 관한 도급계약의 원칙】 ① 건설공사에 관한 도급계약(하도급계약을 포함한다. 이하 같다)의 당사자는 대등한 입장에서 합의에 따라 공정하게 계약을 체결하고 신의를 지켜 성실하게 계약을 이행하여야 한다.

② 건설공사에 관한 도급계약의 당사자는 계약을 체결할 때 도급금액, 공사기간, 그 밖에 대통령령으로 정하는 사항을 계약서에 분명하게 적어야 하고, 서명 또는 기명날인한 계약서를 서로 주고받아 보관하여야 한다.

③ 국토교통부장관은 계약당사자가 대등한 입장에서 공정하게 계약을 체결하도록 하기 위하여 건설공사의 도급 및 건설사업관리위탁에 관한 표준계약서(하도급의 경우는 「하도급거래 공정화에 관한 법률」에 따라 공정거래위원회가 권장하는 건설공사표준하도급계약서를 포함한다. 이하 "표준계약서"라 한다)의 작성 및 사용을 권장하여야 한다.(2013.8.6 본항신설)

④ 건설사업자는 국토교통부령으로 정하는 바에 따라 건설공사에 관한 사항을 건설공사대장에 적어야 한다.

(2019.4.30 본항개정)

⑤ 건설공사 도급계약의 내용이 당사자 일방에게 현저하게 불공정한 경우로서 다음 각 호의 어느 하나에 해당하는 경우에는 그 부분에 한정하여 무효로 한다.

1. 계약체결 이후 설계변경, 경제상황의 변동에 따라 발생하는 계약금액의 변경을 상당한 이유 없이 인정하지 아니하거나 그 부담을 상대방에게 떠넘기는 경우 (2020.6.9 본호개정)
2. 계약체결 이후 공사내용의 변경에 따른 계약기간의 변경을 상당한 이유 없이 인정하지 아니하거나 그 부담을 상대방에게 떠넘기는 경우(2020.6.9 본호개정)
3. 도급계약의 형태, 건설공사의 내용 등 관련된 모든 사정에 비추어 계약체결 당시 예상하기 어려운 내용에 대하여 상대방에게 책임을 떠넘기는 경우(2020.6.9 본호개정)
4. 계약내용에 대하여 구체적인 정함이 없거나 당사자 간 이견이 있을 경우 계약내용을 일방의 의사에 따라 정함으로써 상대방의 정당한 이익을 침해한 경우
5. 계약불이행에 따른 당사자의 손해배상책임을 과도하게 경감하거나 가중하여 정함으로써 상대방의 정당한 이익을 침해한 경우
6. 「민법」 등 관계 법령에서 인정하고 있는 상대방의 권리를 상당한 이유 없이 배제하거나 제한하는 경우

(2013.8.6 본항신설)

⑥ 건설사업자는 대통령령으로 정하는 바에 따라 제4항에 따른 건설공사대장의 기재 사항을 발주자에게 통보하여야 한다.(2019.4.30 본항개정)

⑦ 건설공사 도급계약의 당사자는 「고용보험 및 산업재해보상보험의 보험료징수 등에 관한 법률」에 따른 보험료, 「국민연금법」에 따른 국민연금보험료, 「국민건강보험법」에 따른 건강보험료, 「노인장기요양보험법」에 따른 노인장기요양보험료 등 그 건설공사와 관련하여 건설사업자가 의무적으로 부담하여야 하는 비용의 금액을 대통령령으로 정하는 바에 따라 그 건설공사의 도급금액 산출내역서(하도급금액 산출내역서를 포함한다. 이하 이 항에서 같다)에 분명하게 적어야 한다. 이 경우 그 건설공사의 도급금액 산출내역서에 적힌 금액이 실제로 지출된 보험료 등보다 많은 경우에 그 정산에 관한 사항은 대통령령으로 정한다.(2019.4.30 전단개정)

⑧ 둘 이상의 건설사업자가 공동으로 국가, 지방자치단체 또는 대통령령으로 정하는 공공기관 외의 자가 발주하는 공사를 도급받기로 발주자와 약정한 후 그 건설사업자 중에서 발주자에게 약정내용의 변경을 요청하는 경우에는 요청일 10일 전까지 그 사유를 다른 건설사업자에게 서면으로 통보하여야 한다.(2019.4.30 본항개정)

(2011.5.24 본조개정)

제22조의2 【공사대금지급의 보증 등】 ① 수급인이 국가, 지방자치단체 또는 대통령령으로 정하는 공공기관 외의 자가 발주하는 공사를 도급받은 경우로서 수급인이 발주자에게 계약의 이행을 보증하는 때에는 발주자도 수급인에게 공사대금의 지급을 보증하거나 담보를 제공하여야 한다. 다만, 발주자는 공사대금 지급보증 또는 담보 제공을 하기 곤란한 경우에는 수급인이 그에 상응하는 보험 또는 공제에 가입할 수 있도록 계약의 이행 보증을 받은 날부터 30일 이내에 보험료 또는 공제료(이하 "보험료등"이라 한다)를 지급하여야 한다.

② 발주자 및 수급인은 소규모공사 등 대통령령으로 정하는 건설공사의 경우 제1항에 따른 계약이행의 보증이나 공사대금의 지급보증 등을 아니할 수 있다.
③ 발주자가 제1항에 따른 공사대금의 지급보증, 담보의 제공 또는 보험료등의 지급을 하지 아니한 때에는 수급인은 상당한 기간을 정하여 발주자에게 그 이행을 최고하고 공사의 시공을 중지할 수 있다. 발주자가 최고한 기간 내에 그 이행을 하지 아니한 때에는 수급인은 도급계약을 해지할 수 있다.
④ 제3항에 따라 수급인이 공사를 중지하거나 도급계약을 해지한 경우에는 발주자는 수급인에게 공사 중지나 도급계약의 해지에 따라 발생하는 손해배상을 청구하지 못한다.
⑤ 제1항에 따른 공사대금의 지급보증 방법이나 절차 등에 관한 사항은 국토교통부령으로 정한다.(2019.11.26 본항신설)
(2019.11.26 본조개정)

제22조의3【계약의 추정】 ① 발주자가 도급계약을 하면서 제22조제2항의 사항을 적은 계약서를 발급하지 아니한 경우에는 수급인은 도급받은 건설공사의 내용, 계약금액 등 대통령령으로 정하는 사항을 발주자에게 서면으로 통지하여 도급받은 내용의 확인을 요청할 수 있다.
② 발주자는 제1항의 통지를 받은 날부터 15일 이내에 그 내용에 대한 인정 또는 부인(否認)의 의사를 수급인에게 서면으로 회신을 발송하여야 하며, 이 기간 내에 회신을 발송하지 아니한 경우에는 원래 수급인이 통지한 내용대로 도급이 있었던 것으로 추정한다. 다만, 천재나 그 밖의 사변으로 회신이 불가능한 경우에는 그러하지 아니하다.
③ 제1항의 통지에는 수급인이, 제2항의 회신에는 발주자가 서명 또는 기명날인하여야 한다.
④ 하도급계약의 추정에 대하여는 제1항부터 제3항까지를 준용한다. 이 경우 "발주자"는 "수급인"으로, "수급인"은 "하수급인"으로, "도급"은 "하도급"으로 각각 본다.
⑤ 제1항의 통지 및 제2항의 회신과 관련하여 필요한 사항은 대통령령으로 정한다.
⑥ 발주자, 수급인 및 하수급인은 대통령령으로 정하는 바에 따라 제1항 및 제2항에 따른 서면을 보관하여야 한다.
(2016.2.3 본조신설)

제23조【시공능력의 평가 및 공시】 ① 국토교통부장관은 발주자가 적정한 건설사업자를 선정할 수 있도록 하기 위하여 건설사업자의 신청이 있는 경우 그 건설사업자의 건설공사 실적, 자본금, 건설공사의 안전·환경 및 품질관리 수준 등에 따라 시공능력을 평가하여 공시하여야 한다.
(2019.4.30 본항개정)
② (1999.4.15 삭제)
③ 제1항에 따른 시공능력의 평가 및 공시를 받으려는 건설사업자는 국토교통부령으로 정하는 바에 따라 전년도 건설공사 실적, 기술자 보유현황, 재무상태, 그 밖에 국토교통부령으로 정하는 사항을 국토교통부장관에게 제출하여야 한다.(2019.4.30 본항개정)
④ 국토교통부장관은 제1항에 따른 시공능력 평가를 위하여 필요한 경우 그 시공능력 평가를 신청한 건설사업자, 건설공사의 발주자, 그 밖의 관계 기관·단체의 장에게 공사실적, 기술자 보유현황 등의 자료 제출을 요청할 수 있다. 이 경우 자료 제출을 요청받은 관계 기관·단체의 장 등은 특별한 사유가 없으면 이에 따라야 한다.
(2020.4.7 본항신설)
⑤ 제1항, 제3항 및 제4항에 따른 시공능력의 평가방법, 제출 자료의 구체적인 사항, 공시 절차 및 자료 제출 요청, 그 밖에 필요한 사항은 국토교통부령으로 정한다.
(2020.4.7 본항개정)

제23조의2【건설사업관리능력의 평가 및 공시】 ① 국토교통부장관은 발주자가 제26조제2항에 따른 건설사업관리자를 적정하게 선정할 수 있도록 하기 위하여 건설사업관리자의 신청이 있는 경우 그 건설사업관리자의 건설사업관리 실적 및 재무상태 등에 따라 건설사업관리능력을 평가하여 공시하여야 한다.
② 제1항에 따른 평가 및 공시를 받으려는 건설사업관리자는 전년도 건설사업관리 실적, 건설사업관리 관련 인력 보유현황, 재무상태, 그 밖에 국토교통부령으로 정하는 사항을 국토교통부장관에게 제출하여야 한다.
③ 제1항과 제2항에 따른 건설사업관리능력의 평가방법, 제출 자료의 구체적인 사항 및 공시 절차 등에 필요한 사항은 국토교통부령으로 정한다.
(2013.3.23 본조개정)

제24조【건설산업정보의 종합관리】 ① 국토교통부장관은 건설사업자의 자본금, 경영실태, 공사 수행 상황 등 건설사업자에 관한 정보와 건설공사에 필요한 자재와 인력의 수급상황, 제56조제1항제1호에 따른 보증 및 행정제재 처분, 그 밖의 건설 관련 정보를 종합적으로 관리하고, 그 정보가 필요한 관련 기관 또는 단체 등에 제공할 수 있다.(2020.6.9 본항개정)
② 국토교통부장관은 건설사업관리자의 자본금, 경영실태, 건설사업관리 수행 상황 등 건설사업관리자에 관한 정보와 건설사업관리에 필요한 인력의 수급 상황 등 건설사업관리 관련 정보를 종합적으로 관리하고, 그 정보가 필요한 관련 기관 또는 단체 등에 제공할 수 있다.
(2020.6.9 본항개정)
③ 국토교통부장관은 제1항과 제2항에 따른 건설산업정보를 체계적으로 관리하기 위하여 대통령령으로 정하는 바에 따라 건설산업정보 종합관리체계를 구축·운영할 수 있다.(2013.3.23 본항개정)
④ 국토교통부장관은 제1항과 제2항에 따른 정보의 종합관리를 위하여 건설사업자, 건설사업관리자, 건설자재의 생산업자·공급업자, 관계 행정기관, 건설 관련 사업자단체, 건설 관련 공제·보험·보증 업무 수행기관 및 연구기관으로 하여금 공사 수행 상황, 건설자재의 생산·판매 상황, 건설인력의 현황 및 건설사업관리 실적 등에 관한 자료를 제출할 것을 요청할 수 있다. 이 경우 요청을 받은 자는 특별한 사유가 없으면 이에 따라야 한다.(2019.4.30 전단개정)
⑤ 제4항에 따른 자료 제출의 요청 절차 등에 필요한 사항은 대통령령으로 정한다.
(2011.5.24 본조개정)

제25조【수급인 등의 자격 제한】 ① 발주자는 도급하려는 건설공사의 종합적인 계획·관리·조정의 필요성, 전문분야에 대한 시공역량, 시공기술상의 특성 및 현지여건 등을 고려하여 제16조의 시공자격을 갖춘 건설사업자에게 도급하여야 한다.(2019.4.30 본항개정)
② 수급인은 제16조의 시공자격을 갖춘 건설사업자에게 하도급하여야 한다.(2019.4.30 본항개정)
③ 발주자 또는 수급인은 공사특성에 따라 제23조제1항에 따라 공시된 시공능력과 공사실적, 기술능력 등을 기준으로 수급인 또는 하수급인의 자격을 제한할 수 있다.
④ 「시설물의 안전 및 유지관리에 관한 특별법」에 따른 1종시설물 및 2종시설물에 대한 인가, 허가, 승인 등의 처분을 하는 국가기관 또는 지방자치단체의 장은 해당 건설공사의 규모, 구조안전의 필요성 등을 고려하여 시공자의 시공능력이 현저하게 부적합하다고 인정하는 경우에는 발주자에게 시공자의 교체를 권고할 수 있다.
(2017.1.17 본항개정)
⑤ 국토교통부장관은 다음 각 호의 어느 하나에 해당하는 수급인에 대하여는 대통령령으로 정하는 바에 따라 벌점을 부과하고 이를 관리하여야 한다.
1. 제82조제2항제6호, 제98조의2제1호 및 제99조제6호에 따라 처분을 받은 자
2. 「근로기준법」 제44조의2제1항을 위반하여 같은 법 제109조제1항에 따른 처벌을 받은 자
3. 「산업안전보건법」 제29조제3항을 위반하여 같은 법 제9조의2에 따라 산업재해 발생건수등이 하수급인과 함께 공표된 자(이 법 제29조의3제1항제4호가목부터 다목까지의 사업장에 한정한다)
4. 하수급인에게 산업재해 발생 사실을 은폐하도록 교사 또는 공모하여 「산업안전보건법」 제68조제1호에 따라 처벌을 받은 자
(2018.12.18 본항신설)
⑥ 제5항 각 호에 해당하는 처분 또는 처벌 등에 관한 법령을 담당하는 행정기관의 장은 해당 처분 또는 처벌 등을 받은 건설사업자가 발생한 경우 그 사실을 국토교통부장관에게 통보하여야 한다.(2019.4.30 본항개정)
(2011.5.24 본조개정)

제26조【건설사업관리자의 업무 수행 등】 ① 발주자는 필요한 경우 건설사업관리업무의 전부 또는 일부를 건설사업관리에 관한 전문지식과 기술능력을 갖춘 자에게 위탁할 수 있다.
② 발주자로부터 건설사업관리업무를 위탁받아 수행하는 자(이하 "건설사업관리자"라 한다)가 하는 건설사업관리업무의 내용이 이 법이나 관계 법령에 따라 신고·등록 등을 하여야 하는 업무인 경우에는 해당 법령에 따른 신고·등록 등을 한 후가 아니면 건설사업관리업무를 할 수 없다. 다만, 대규모 복합공사로서 공항, 고속철도, 발전소, 댐 또는 플랜트 공사의 건설사업관리자가 건축사·기술사 등 관계 법령에 따른 설계 또는 감리 업무를 할 수 있는 기술인력을 갖춘 경우에는 「건축사법」 제23조제1항 또는 「건설기술 진흥법」 제26조제1항에도 불구하고 설계 또는 감리 업무를 함께 위탁받아 수행할 수 있다.
(2013.5.22 단서개정)
③ 건설사업관리자는 발주자를 위하여 선량한 관리자의 주의로 위탁받은 업무를 수행하여야 한다.
④ 건설사업관리자는 자기 또는 자기의 계열회사(「독점규제 및 공정거래에 관한 법률」 제2조제12호에 따른 계열회사를 말한다)가 해당 건설공사를 도급받도록 조언하여서는 아니 된다.(2020.12.29 본항개정)
⑤ 건설사업관리자는 건설사업관리업무를 할 때 고의나 과실로 발주자에게 재산상의 손해를 발생시킨 경우에는 그 손해를 배상하여야 한다.
⑥ 건설사업관리자의 손해배상에 관하여는 제44조를 준용한다. 이 경우 "건설사업자"는 "건설사업관리자"로 본다.
(2019.4.30 후단개정)
⑦ 제1항부터 제6항까지의 규정은 시공책임형 건설사업관리자가 수행하는 건설사업관리에도 적용한다.
⑧ 시공책임형 건설사업관리를 수행하는 건설사업자가 발주자와 시공 단계에서 건설사업관리에 관한 계약을 체결하는 경우 그 계약의 내용은 제2조제4호에 따른 건설공사에 한정하여야 한다.(2019.4.30 본항개정)
(2011.5.24 본조개정)

제27조【견적기간】 발주자는 수의계약으로 도급계약을 체결하는 경우에는 그 체결을 하기 전에, 경쟁계약으로 도급계약을 체결하는 경우에는 입찰에 부치기 전에 건설사업자가 해당 건설공사에 관한 견적을 낼 수 있도록 대통령령으로 정하는 일정 기간을 주어야 한다.
(2019.4.30 본조개정)

제28조【건설공사 수급인 등의 하자담보책임】 ① 수급인은 발주자에 대하여 건설공사의 완공일과 목적물의 관리·사용을 개시한 날 중에서 먼저 도래한 날부터 다음 각 호의 범위에서 공사의 종류별로 대통령령으로 정하는 기간에 발생한 하자에 대하여 담보책임이 있다.
1. 건설공사의 목적물이 벽돌쌓기식구조, 철근콘크리트구조, 철골구조, 철골철근콘크리트구조 및 그 밖에 이와 유사한 구조로서 구조내력(構造耐力)에 해당하는 경우 : 10년
2. 제1호 이외의 경우 : 5년
(2024.1.9 본항개정)
② 수급인은 다음 각 호의 어느 하나의 사유로 발생한 하자에 대하여는 제1항에도 불구하고 담보책임이 없다. 다만, 발주자가 제공한 재료 또는 지시가 부적당함을 알고도 그 사실을 발주자에게 알리지 아니한 경우에는 그러하지 아니하다.(2024.1.9 단서신설)
1. 발주자가 제공한 재료의 품질이나 규격 등이 기준미달로 인하거나 재료의 성질로 인한 경우(2024.1.9 본호개정)
2. 발주자의 지시에 따라 시공한 경우
3. 발주자가 건설공사의 목적물을 관계 법령에 따른 내구연한(耐久年限) 또는 설계상의 구조내력을 초과하여 사용한 경우(2024.1.9 본호개정)
③ 건설공사의 하자담보책임기간에 관하여 다른 법령(「민법」 제670조 및 제671조는 제외한다)에 특별하게 규정되어 있는 경우에는 그 법령에서 정한 바에 따른다. 다만, 공사 목적물의 성능, 특성 등을 고려하여 대통령령으로 정하는 바에 따라 도급계약에서 특별히 따로 정한 경우에는 도급계약에서 정한 바에 따른다.(2015.8.11 본항개정)
④ 하수급인의 하자담보책임에 대하여는 제1항부터 제3항까지를 준용한다. 이 경우 "수급인"은 "하수급인"으로, "발주자"는 "발주자 또는 수급인"으로, "건설공사의 완공일과 목적물의 관리·사용을 개시한 날 중에서 먼저 도래한 날"은 "하수급인이 시공한 건설공사의 완공일 또는 목적물의 관리·사용을 개시한 날과 제37조제2항에 따라 수급인이 목적물을 인수한 날 중에서 먼저 도래한 날"로 본다.(2024.1.9 후단개정)
(2014.5.14 본조제목개정)
(2011.5.24 본조개정)

제28조의2【건설공사의 직접 시공】 ① 건설사업자는 1건 공사의 금액이 100억원 이하로서 대통령령으로 정하는 금액 미만인 건설공사를 도급받은 경우에는 그 건설공사의 도급금액 산출내역서에 기재된 총 노무비 중 대통령령으로 정하는 비율에 따른 노무비 이상에 해당하는 공사를 직접 시공하여야 한다. 다만, 그 건설공사를 직접 시공하기 곤란한 경우로서 대통령령으로 정하는 경우에는 직접 시공하지 아니할 수 있다.(2019.4.30 본문개정)
② 제1항에 따라 건설공사를 직접 시공하는 자는 대통령령으로 정하는 바에 따라 직접시공계획을 발주자에게 통보하여야 한다. 다만, 전문공사를 시공하는 업종을 등록한 건설사업자가 전문공사를 도급받은 경우에는 그러하지 아니하다.(2019.4.30 단서개정)
③ 발주자는 건설사업자가 제2항에 따라 직접시공계획을 통보하지 아니한 경우나 직접시공계획에 따라 공사를 시공하지 아니한 경우에는 그 건설공사의 도급계약을 해지할 수 있다.(2019.4.30 본항개정)
④ 국가, 지방자치단체 또는 대통령령으로 정하는 공공기관이 발주하는 공사의 발주자는 제2항에 따라 직접시공계획을 통보받은 경우 제1항 본문에 따른 직접 시공의 준수 여부를 확인하고 이를 국토교통부장관에게 보고 또는 통보하여야 한다. 다만, 관계 법령에 따른 감리가 있는 건설공사의 경우에는 감리를 수행하는 자로 하여금 그 준수 여부를 확인하게 할 수 있다.(2017.3.21 본항신설)
⑤ 제4항에 따른 직접 시공 준수 여부 확인의 방법, 절차 및 그 밖에 필요한 사항은 국토교통부령으로 정한다.
(2017.3.21 본항신설)
(2011.5.24 본조개정)

제29조【건설공사의 하도급 제한】 ① 건설사업자는 도급받은 건설공사의 전부 또는 대통령령으로 정하는 주요부분의 대부분을 다른 건설사업자에게 하도급할 수 없다. 다만, 건설사업자가 도급받은 공사를 대통령령으로 정하는 바에 따라 계획, 관리 및 조정하는 경우로서 대통령령으로 정하는 바에 따라 2인 이상에게 분할하여 하도급하는 경우에는 예외로 한다.(2019.4.30 본항개정)
② 수급인은 그가 도급받은 전문공사를 하도급할 수 없다. 다만, 다음 각 호의 요건을 모두 충족한 경우에는 건설공사의 일부를 하도급할 수 있다.
1. 발주자의 서면 승낙을 받을 것
2. 공사의 품질이나 시공상의 능률을 높이기 위하여 필요한 경우로서 대통령령으로 정하는 요건에 해당할 것(종합공사를 시공하는 업종을 등록한 건설사업자가 전문공사를 도급받은 경우에 한정한다)(2019.4.30 본호개정)
(2018.12.31 본항개정)

③ 하수급인은 하도급받은 건설공사를 다른 사람에게 다시 하도급할 수 없다. 다만, 다음 각 호의 어느 하나에 해당하는 경우에는 하도급할 수 있다.
1. 종합공사를 시공하는 업종을 등록한 건설사업자가 하도급받은 경우로서 그가 하도급받은 건설공사 중 전문공사에 해당하는 건설공사를 그 전문공사를 시공하는 업종을 등록한 건설사업자에게 다시 하도급하는 경우(발주자가 공사품질이나 시공상 능률을 높이기 위하여 필요하다고 인정하여 서면으로 승낙한 경우에 한정한다) (2019.4.30 본호개정)
2. 전문공사를 시공하는 업종을 등록한 건설사업자가 하도급받은 경우로서 다음 각 목의 요건을 모두 충족하여 하도급받은 전문공사의 일부를 그 전문공사를 시공하는 업종을 등록한 건설사업자에게 다시 하도급하는 경우 (2019.4.30 본문개정)
가. 공사의 품질이나 시공상의 능률을 높이기 위하여 필요한 경우로서 국토교통부령으로 정하는 요건에 해당할 것(2013.3.23 본목개정)
나. 수급인의 서면 승낙을 받을 것
④ 건설사업자는 1건 공사의 금액이 10억원 미만인 건설공사를 도급받은 경우에는 그 건설공사의 일부를 종합공사를 시공하는 업종을 등록한 건설사업자에게 하도급할 수 없다.(2019.4.30 본항개정)
⑤ 제16조제1항제1호부터 제3호까지에 따라 전문공사를 시공하는 업종을 등록한 건설사업자가 종합공사를 도급받은 경우에는 그 건설공사를 하도급할 수 없다. 다만, 발주자가 공사의 품질이나 시공상의 능률을 높이기 위하여 필요하다고 인정하여 서면으로 승낙한 경우로서 대통령령으로 정하는 요건에 해당하는 경우에는 그 건설공사의 일부를 하도급할 수 있다.(2019.4.30 본문개정)
⑥ 도급받은 공사의 일부를 하도급(제3항 단서에 따라 다시 하도급하는 것을 포함한다)한 건설사업자와 제3항제2호에 따라 다시 하도급하는 것을 승낙한 자는 대통령령으로 정하는 바에 따라 발주자에게 통보를 하여야 한다. 다만, 다음 각 호의 어느 하나에 해당하는 경우에는 그러하지 아니하다.(2019.4.30 본문개정)
1. 제2항 단서, 제3항제1호, 제5항 단서에 따라 발주자가 하도급을 서면으로 승낙한 경우(2018.12.31 본호개정)
2. 하도급을 하려는 부분이 그 공사의 주요 부분에 해당하는 경우로서 발주자가 품질관리상 필요하여 도급계약의 조건으로 사전승인을 받도록 요구한 경우 (2012.6.1 본호신설)
(2011.5.24 본조개정)

제29조의2【건설공사의 하도급관리】 ① 수급인은 도급받은 건설공사를 하도급하는 경우에는 하수급인이 제29조제3항을 준수하도록 관리하여야 한다.
② 수급인은 하수급인이 제29조제3항을 위반하여 도급계약을 체결하는 경우에는 그 사유를 분명하게 밝혀 그 도급계약 내용의 변경이나 해지를 요구할 수 있다.
③ 수급인은 하수급인이 정당한 사유 없이 제2항에 따른 요구에 따르지 아니하는 경우에는 해당 건설공사에 관한 하수급인과의 계약을 해지할 수 있다.
(2011.5.24 본조개정)

제29조의3【건설공사의 하도급 참여제한】 ① 국토교통부장관은 다음 각 호의 어느 하나에 해당하는 건설사업자에 대하여는 국가, 지방자치단체 또는 대통령령으로 정하는 공공기관이 발주하는 건설공사(이하 이 조 및 제87조의3에서 "공공건설공사"라 한다)에 대한 하도급 참여를 제한하여야 한다. 이 경우 하도급 참여제한 기간은 2년 이내의 범위에서 대통령령으로 정하는 바에 따른다. (2021.7.27 전단개정)
1. 제29조제1항부터 제3항까지의 규정에 따른 하도급 제한을 위반하여 제82조제2항제3호에 따른 처분을 받은 자
2. 「건설근로자의 고용개선 등에 관한 법률」 제13조제1항에 따른 공제부금을 납부하지 않아 같은 법 제26조제3항제4호에 따른 과태료 처분을 받고 그 처분을 받은 날부터 2년 이내에 동일한 위반행위를 하여 2회 이상 과태료 처분을 받은 자
3. 「근로기준법」 제43조의2제1항에 따라 체불사업주로 명단이 공개된 자
4. 다음 각 목의 사업장에 해당되어 「산업안전보건법」 제9조의2제1항에 따라 산업재해 발생건수등이 공표된 자
가. 「산업안전보건법」 제2조제1호에 따른 산업재해로 인한 사망자(이하 "사망재해자"로 한다)가 연간 2명 이상 발생한 사업장
나. 「산업안전보건법」 제2조제7호에 따른 중대재해가 발생한 사업장으로서 해당 중대재해 발생연도의 연간 산업재해율이 규모별 같은 업종의 평균재해율 이상인 사업장
다. 사망만인율(사망재해자 수를 연간 상시근로자 1만명당 발생하는 사망재해자 수로 환산한 것을 말한다)이 규모별 같은 업종의 평균 사망만인율 이상인 사업장
라. 「산업안전보건법」 제10조제1항을 위반하여 산업재해 발생 사실을 은폐한 사업장
5. 「외국인근로자의 고용 등에 관한 법률」 제8조제4항에 따른 고용허가를 받지 아니하고 외국인근로자를 고용하여 같은 법 제20조제1항제1호에 따라 고용제한 처분을 받거나, 같은 법 제12조제3항에 따른 특례고용가능확인을 받지 아니하고 외국인근로자를 고용하여 고용제한 처분을 받은 자가 같은 법 제32조제1항제8호에 따라 처분을 받은 경우
6. 「출입국관리법」 제18조제3항을 위반하여 취업활동을 할 수 있는 체류자격을 가지지 아니한 자를 고용하거나, 같은 법 제21조제2항을 위반하여 근무처의 변경허가·추가허가를 받지 아니한 외국인을 고용하여 같은 법 제94조 또는 제95조에 따른 처벌을 받거나 같은 법 제102조제1항에 따른 처분을 받은 자
② 제1항 각 호의 어느 하나에 해당하는 처분 등을 한 행정기관의 장은 해당 처분 등을 받은 건설사업자가 발생한 경우 그 사실을 국토교통부장관에게 통보하여야 한다. (2019.4.30 본항개정)
③ 국토교통부장관은 제1항에 따라 하도급 참여를 제한하는 경우에는 즉시 제24조제3항에 따른 건설산업종합정보망을 통하여 해당 사실을 게재하여야 한다.
④ 국토교통부장관은 하도급 참여가 제한되는 건설사업자에게 하도급 참여제한이 개시되기 7일 전까지 그 제한내용을 통보(제24조제3항에 따른 건설산업종합정보망을 이용한 통보를 포함한다)하여야 한다.(2019.4.30 본항개정)
⑤ 수급인은 공공건설공사에 있어서 하도급 참여제한 중에 있는 건설사업자에게 하도급을 하여서는 아니 되며, 건설사업자는 하도급 참여제한 중에 하도급을 받아서는 아니 된다.(2019.4.30 본항개정)
⑥ 공공건설공사의 발주자는 해당 공사의 하수급인 중에 하도급 참여제한 중인 자가 있는 경우에는 즉시 수급인에게 하수급인의 변경을 요구하여야 하고, 변경요구를 받은 수급인은 정당한 사유가 있는 경우를 제외하고는 이를 이행하여야 한다.
⑦ 국토교통부장관은 제1항에도 불구하고 제2항에 따른 정보가 제공된 때부터 5년이 지난 경우에는 하도급 참여를 제한할 수 없다.(2020.6.9 본항개정)
(2018.12.18 본조신설)

제30조 (2004.12.31 삭제)

제31조【하도급계약의 적정성 심사 등】 ① 발주자는 하수급인이 건설공사를 시공하기에 현저하게 부적당하다고 인정되거나 하도급계약금액이 대통령령으로 정하는 비율에 따른 금액에 미달하는 경우에는 하수급인의 시공능력, 하도급계약내용의 적정성 등을 심사할 수 있다.
② 국가, 지방자치단체 또는 대통령령으로 정하는 공공기관이 발주자인 경우에는 하수급인이 건설공사를 시공하기에 현저하게 부적당하다고 인정되거나 하도급계약금액이 대통령령으로 정하는 비율에 따른 금액에 미달하는 경우에는 하수급인의 시공능력, 하도급계약내용의 적정성 등을 심사하여야 한다.
③ 발주자는 제1항 및 제2항에 따라 심사한 결과 하수급인의 시공능력 또는 하도급계약내용이 적정하지 아니한 경우에는 그 사유를 분명하게 밝혀 수급인에게 하수급인 또는 하도급계약내용의 변경을 요구할 수 있다. 이 경우 제2항에 따라 심사한 때에는 하수급인 또는 하도급계약내용의 변경을 요구하여야 하고, 변경 요구를 받은 수급인은 정당한 사유가 있는 경우를 제외하고는 이를 이행하여야 한다.(2017.12.26 후단개정)
④ 발주자는 수급인이 정당한 사유 없이 제3항에 따른 요구에 따르지 아니하여 공사 결과에 중대한 영향을 끼칠 우려가 있는 경우에는 해당 건설공사의 도급계약을 해지할 수 있다.
⑤ 제2항에 따른 발주자는 하수급인의 시공능력, 하도급계약내용의 적정성 등을 심사하기 위하여 하도급계약심사위원회를 두어야 한다.
⑥ 제1항부터 제3항까지에 따른 하도급계약의 적정성 심사기준, 하수급인 또는 하도급계약내용의 변경 요구 및 그 이행 절차, 그 밖에 필요한 사항 및 제5항에 따른 하도급계약심사위원회의 설치·구성, 심사방법 등에 필요한 사항은 대통령령으로 정한다.(2017.12.26 본항개정)
(2011.5.24 본조개정)

제31조의2【하도급계획의 제출】 ① 건설사업자는 국가, 지방자치단체 또는 대통령령으로 정하는 공공기관이 발주하는 공사로서 대통령령으로 정하는 건설공사를 도급받으려는 경우, 하도급 관계의 공정성 확보와 건설공사의 효율적인 수행을 위하여 대통령령으로 정하는 바에 따라 하도급할 공사의 주요 공종 및 물량, 하수급인 선정방식 등 하도급계획을 발주자에게 제출하여야 한다. 이 경우 발주자는 제출받은 하도급계획의 적정성을 검토하여야 하고, 그 이행 여부를 감독하여야 한다.
② 제1항을 적용받지 아니하는 건설공사의 경우에도 발주자가 하도급관계의 공정성과 건설공사의 효율성을 확보하기 위하여 필요하다고 인정하여 하도급계획서를 제출할 것을 요구하면 건설사업자는 이에 따라야 한다.
(2019.4.30 본조개정)

제31조의3【하도급공사 계약자료 등의 공개】 ① 국가, 지방자치단체 또는 대통령령으로 정하는 공공기관이 발주하는 건설공사를 하도급한 경우 해당 발주기관은 다음 각 호의 사항을 대통령령으로 정하는 바에 따라 누구나 볼 수 있는 방법으로 공개하여야 한다.
1. 공사명
2. 수급인의 도급금액 및 낙찰률
3. 수급인(상호 및 대표자, 영업소 소재지)
4. 하수급인(상호 및 대표자, 업종, 영업소 소재지)
5. 하도급공종
6. 하도급 부분 도급액, 하도급금액, 하도급률
② 수급인은 도급받은 건설공사 중 일부를 수의계약으로 하도급계약을 체결하는 경우에는 그 체결을 하기 전에, 경쟁계약으로 하도급계약을 체결하는 경우에는 입찰에 부치기 전에 하도급받으려는 건설사업자에게 국토교통부령으로 정하는 방법으로 하도급공사와 관련된 다음 각 호의 사항을 알려야 한다. 다만, 제2호의 설계도면은 발주자가 제공한 경우에 한정한다.(2019.4.30 본문개정)
1. 국가, 지방자치단체 또는 대통령령으로 정하는 공공기관이 발주한 경우 : 하도급부분에 대한 설계도면, 물량내역서, 발주자 예정가격(예정가격이 없는 경우에는 기초금액), 공사기간
2. 제1호 이외의 자가 발주한 경우 : 하도급부분에 대한 설계도면, 물량내역서, 공사기간
(2018.12.31 본항신설)
③ 제2항제1호에 해당하는 발주자는 수급인이 같은 항에 따른 하도급 부분의 자료제공 의무를 이행하도록 관리하여야 한다.(2018.12.31 본항신설)
(2018.12.31 본조제목개정)
(2014.5.14 본조신설)

제32조【하수급인 등의 지위】 ① 하수급인은 하도급받은 건설공사의 시공에 관하여는 발주자에 대하여 수급인과 같은 의무를 진다.
② 제1항은 수급인과 하수급인의 법률관계에 영향을 미치지 아니한다.
③ 하수급인은 수급인이 제29조제6항에 따른 통보를 게을리하거나 일부를 누락하여 통보한 경우에는 발주자 또는 수급인에게 자신이 시공한 공사의 종류와 공사기간 등을 직접 통보할 수 있다.(2018.12.31 본항개정)
④ 건설기계 대여업자 및 국토교통부령으로 정하는 바에 따라 건설공사용 부품을 제작하여 납품하는 자(이하 "제작납품업자"라 한다) 및 국토교통부령으로 정하는 바에 따라 건설공사를 하기 위하여 일시적으로 설치·사용하는 기자재를 대여하는 자(이하 "가설기자재 대여업자"라 한다)에 대한 대금 지급에 관하여는 제34조제1항·제8항 및 제35조(건설기계대여업자에 대하여는 제35조제2항제6호, 제작납품업자 및 가설기자재 대여업자에 대하여는 제35조제2항제5호 및 제6호는 제외한다)를 준용한다. 이 경우 "발주자"는 "발주자 또는 수급인"으로, "수급인"은 "수급인 또는 하수급인"으로, "하수급인"은 "건설기계 대여업자, 제작납품업자 또는 가설기자재 대여업자"로, "하도급대금"은 "건설기계 대여대금, 건설공사용 부품대금 또는 가설기자재 대여대금"으로 본다. 다만, 제35조제2항·제3항·제5항 및 제6항의 경우에는 "발주자"는 "건설기계 대여업자, 제작납품업자 또는 가설기자재 대여업자와 계약을 체결한 건설사업자에게 건설공사를 도급한 자"로, "수급인"은 "건설기계 대여업자, 제작납품업자 또는 가설기자재 대여업자와 계약을 체결한 건설사업자"로, "하수급인"은 "건설기계 대여업자, 제작납품업자 또는 가설기자재 대여업자"로, "하도급대금"은 "건설기계 대여대금, 건설공사용 부품대금 또는 가설기자재 대여대금"으로 본다.(2020.4.7 본항개정)
(2011.5.24 본조개정)

제33조【하수급인의 의견 청취】 수급인은 도급받은 건설공사를 시공할 때 하수급인이 있는 경우에는 그 건설공사의 시공에 관한 공법과 공정, 그 밖에 필요하다고 인정되는 사항에 관하여 미리 하수급인의 의견을 들어야 한다.(2011.5.24 본조개정)

제34조【하도급대금의 지급 등】 ① 수급인은 도급받은 건설공사에 대한 준공금 또는 기성금을 받으면 다음 각 호의 구분에 따라 해당 금액을 그 준공금 또는 기성금을 받은 날(수급인이 발주자로부터 공사대금을 어음으로 받은 경우에는 그 어음만기일을 말한다)부터 15일 이내에 하수급인에게 현금으로 지급하여야 한다.
1. 준공금을 받은 경우 : 하도급대금
2. 기성금을 받은 경우 : 하수급인이 시공한 부분에 해당하는 금액
② 수급인은 하도급계약을 할 때 하수급인에게 국토교통부령으로 정하는 바에 따라 적정한 하도급대금의 지급을 보증하는 보증서를 주어야 한다. 다만, 국토교통부령으로 정하는 경우에는 하도급대금 지급보증서를 주지 아니할 수 있다.(2013.3.23 본항개정)
③ 건설공사의 도급계약 당사자는 제2항에 따른 하도급대금 지급보증서 발급에 드는 금액을 대통령령으로 정하는 바에 따라 해당 건설공사의 도급금액 산출내역서에 분명하게 적어야 한다.
④ 수급인이 발주자로부터 선급금을 받은 때에는 하수급인이 자재 구입 또는 대여, 건설기계 대여 또는 건설근로자 고용 등 하도급공사를 시작할 수 있도록 수급인이 받은 선급금의 내용과 비율에 따라 선급금을 받은 날(하도급계약을 체결하기 전에 선급금을 지급받은 경우에는 하도급계약을 체결한 날)부터 15일 이내에 하수급인에게 선급금을 지급하여야 한다. 이 경우 수급인은 하수급인이

선급금을 반환하여야 할 경우에 대비하여 하수급인에게 보증을 요구할 수 있다.(2021.7.27 전단개정)
⑤ 제54조에 따라 설립된 공제조합 또는 다른 법령에 따라 보증업무를 담당할 수 있는 기관은 수급인에게 제2항에 따른 하도급대금의 지급을 보증하는 보증계약의 보증서를 발급(변경발급을 포함한다)하거나 보증계약을 해지한 경우에는 국토교통부령으로 정하는 바에 따라 즉시 발주자 및 하수급인에게 그 내용을 통보하여야 한다.
(2014.5.14 본항개정)
⑥ 발주자는 제5항에 따라 통보받은 하도급대금 지급보증내용을 확인하여야 하고, 확인 결과 보증내용이 적정하지 아니할 경우에는 수급인에게 시정을 요구할 수 있다.
⑦ 발주자가 국가, 지방자치단체 또는 대통령령으로 정하는 공공기관인 경우에는 하도급대금이 보호될 수 있도록 수급인이 하수급인에게 제2항에 따른 보증서를 교부하였는지 여부를 확인하여야 한다.(2016.2.3 본항신설)
⑧ 수급인은 발주자로부터 받은 준공금, 기성금 또는 선급금을 제1항 또는 제4항에 따른 지급일이 지난 후에 지급하는 경우에는 그 초과기간에 대하여 연 100분의 25 이내에서 「하도급거래 공정화에 관한 법률」 제13조제8항에 따라 공정거래위원회가 정하여 고시하는 이율에 따른 이자를 지급하여야 한다.(2018.12.18 본항신설)
⑨ 국가, 지방자치단체 또는 대통령령으로 정하는 공공기관이 발주하는 건설공사(소규모공사 등 국토교통부령으로 정하는 공사는 제외한다)를 도급받은 수급인과 그 하수급인은 「전자조달의 이용 및 촉진에 관한 법률」 제9조의2제1항에 따른 시스템을 이용하여 공사대금〔선급금, 기성금, 준공금 및 선지급금(발주자 또는 수급인이 기성금 또는 준공금을 수급인 또는 하수급인에게 지급하기 전에 수급인 또는 하수급인이 자재·장비대금, 하도급대금 등으로 먼저 지급하는 금액을 말한다)을 모두 포함한다. 이하 이 항에서 같다〕을 청구하여 수령하여야 하며, 수령한 공사대금 중 하수급인, 건설근로자, 건설기계대여업자, 가설기자재 대여업자, 건설공사용 부품을 제작하여 납품하는 자 등에게 지급하여야 할 대금을 사용해서는 아니 된다. 이 경우 공사대금 청구·지급의 방법, 기준 및 절차 등에 필요한 사항은 국토교통부령으로 정한다.
(2021.7.27 본항개정)
(2011.5.24 본조개정)

제34조의2【하도급계약 이행보증 등】 ① 수급인은 제34조제2항에 따른 하도급대금 지급보증서를 교부하는 경우 하수급인에게 국토교통부령으로 정하는 바에 따라 하도급금액의 100분의 10에 해당하는 금액의 하도급계약 이행보증서의 교부를 요구할 수 있다.
② 수급인이 다음 각 호의 어느 하나에 해당하는 사유로 하도급계약을 일방적으로 해제 또는 해지한 경우 수급인은 제1항에 따른 하도급계약 이행보증서를 발행한 기관에 대하여 하도급계약 이행보증금의 지급을 요청할 수 없다. 다만, 하수급인의 귀책사유가 있는 경우는 제외한다.
1. 수급인이 하도급대금을 도급계약이나 관계 법령에서 정한 기일 내에 지급하지 아니하여 공사기간이 지연된 경우
2. 제36조의2제1항에 따른 추가·변경공사 등의 정산에 관한 합의의 지연으로 인하여 하도급계약 불이행이 발생한 경우
(2015.8.11 본조신설)

제35조【하도급대금의 직접 지급】 ① 발주자는 다음 각 호의 어느 하나에 해당하는 경우에는 하수급인이 시공한 부분에 해당하는 하도급대금을 하수급인에게 직접 지급할 수 있다. 이 경우 발주자의 수급인에 대한 대금 지급채무는 하수급인에게 지급한 한도에서 소멸한 것으로 본다.
1. 국가, 지방자치단체 또는 대통령령으로 정하는 공공기관이 발주한 건설공사가 다음 각 목의 어느 하나에 해당하는 경우로서 발주자가 하수급인을 보호하기 위하여 필요하다고 인정하는 경우
가. 수급인이 제34조제1항에 따른 하도급대금 지급을 1회 이상 지체한 경우
나. 공사 예정가격에 대비하여 국토교통부령으로 정하는 비율에 미달하는 금액으로 도급계약을 체결한 경우
(2013.3.23 본목개정)
2. 수급인의 파산 등 수급인이 하도급대금을 지급할 수 없는 명백한 사유가 있다고 발주자가 인정하는 경우
3. (2012.12.18 삭제)
② 발주자는 다음 각 호의 어느 하나에 해당하는 경우에는 하수급인이 시공한 부분에 해당하는 하도급대금을 하수급인에게 직접 지급하여야 한다.
1. 발주자가 하도급대금을 직접 하수급인에게 지급하기로 발주자와 수급인 간 또는 발주자·수급인 및 하수급인이 그 뜻과 지급의 방법·절차를 명백하게 하여 합의한 경우
2 하수급인이 시공한 부분에 대한 하도급 대금지급을 명하는 확정판결을 받은 경우
3. 수급인이 제34조제1항에 따른 하도급대금 지급을 2회 이상 지체한 경우로서 하수급인이 발주자에게 하도급대금의 직접 지급을 요청한 경우
4. 수급인의 지급정지, 파산, 그 밖에 이와 유사한 사유가 있거나 건설업 등록 등이 취소되어 수급인이 하도급대금을 지급할 수 없게 된 경우로서 하수급인이 발주자에게 하도급대금의 직접 지급을 요청한 경우
5. 수급인이 하수급인에게 정당한 사유 없이 제34조제2항에 따른 하도급대금 지급보증서를 주지 아니한 경우로서 발주자가 그 사실을 확인하거나 하수급인이 발주자에게 하도급대금의 직접 지급을 요청한 경우
(2012.12.18 본호개정)
6. 국가, 지방자치단체 또는 대통령령으로 정하는 공공기관이 발주한 건설공사에 대하여 공사 예정가격에 대비하여 국토교통부령으로 정하는 비율에 미달하는 금액으로 도급계약을 체결한 경우로서 하수급인이 발주자에게 하도급대금의 직접 지급을 요청한 경우(2014.5.14 본호신설)
③ 제2항 각 호의 어느 하나에 해당하는 사유가 발생하여 발주자가 하수급인에게 하도급대금을 직접 지급한 경우에는 발주자의 수급인에 대한 대금 지급채무와 수급인의 하수급인에 대한 하도급대금 지급채무는 그 범위에서 소멸한 것으로 본다.
④ 수급인은 제1항제1호 각 목의 어느 하나에 해당하는 경우로서 하수급인에게 책임이 있는 사유로 자신이 피해를 입을 우려가 있다고 인정되는 경우에는 그 사유를 분명하게 밝혀 발주자에게 발주자가 하수급인에게 하도급대금을 직접 지급하는 것을 중지할 것을 요청할 수 있다.
⑤ 발주자는 제2항에도 불구하고 수급인으로부터 하도급계약과 관련하여 하수급인이 임금, 자재대금 등의 지급을 지체한 사실을 증명할 수 있는 서류를 첨부하여 그 하도급대금의 직접 지급을 중지하도록 요청받은 경우에는 하수급인에게 하도급대금을 직접 지급하지 아니할 수 있다.
⑥ 제1항이나 제2항에 따라 하수급인이 발주자로부터 하도급대금을 직접 지급받기 위하여 하수급인이 시공한 부분의 확인 등이 필요한 경우에는 수급인은 지체 없이 이에 필요한 조치를 하여야 한다.
⑦ 제1항 각 호의 어느 하나, 제2항제3호 또는 제4호에 따라 하도급대금을 직접 지급하는 경우에 그 지급 방법 및 절차는 국토교통부령으로 정한다.(2013.3.23 본항개정)
(2011.5.24 본조개정)

제36조【설계변경 등에 따른 하도급대금의 조정 등】 ① 수급인은 하도급을 한 후 설계변경 또는 경제 상황의 변동에 따라 발주자로부터 공사금액을 늘려 지급받은 경우에 같은 사유로 목적물의 준공에 비용이 추가될 때에는 그가 금액을 늘려 받은 공사금액의 내용과 비율에 따라 하수급인에게 비용을 늘려 지급하여야 하고, 공사금액을 줄여 지급받은 때에는 이에 준하여 금액을 줄여 지급한다.
② 발주자는 발주한 건설공사의 금액을 설계변경 또는 경제 상황의 변동에 따라 수급인에게 조정하여 지급한 경우에는 대통령령으로 정하는 바에 따라 공사금액의 조정사유와 내용을 하수급인(제29조제3항에 따라 하수급인으로부터 다시 하도급받은 자를 포함한다)에게 통보하여야 한다.
(2011.5.24 본조개정)

제36조의2【추가·변경공사에 대한 서면 확인 등】 ① 수급인은 하수급인에게 설계변경 또는 그 밖의 사유로 당초 하도급계약의 산출내역에 포함되어 있지 아니한 공사(이하 "추가·변경공사"라 한다)를 요구하는 경우 해당 공사의 하수급인에게 추가·변경공사의 내용, 금액 및 기간 등 추가·변경공사와 관련하여 필요한 사항을 서면으로 요구하여야 한다. 이 경우 수급인은 필요시 발주자에게 서면으로 확인을 받을 수 있다.
② 제1항에 따른 서면 요구 및 발주자 확인 등에 필요한 사항은 대통령령으로 정한다.
(2015.8.11 본조신설)

제37조【검사 및 인도】 ① 수급인은 하수급인으로부터 하도급공사의 준공 또는 기성부분의 통지를 받으면 그 사실을 확인하기 위한 검사를 하여야 한다. 이 경우 수급인은 하수급인의 통지를 받은 날부터 10일 이내에 검사 결과를 하수급인에게 서면으로 통지하여야 한다.
(2012.6.1 본항개정)
② 수급인은 제1항에 따른 검사 결과 하도급공사가 설계내용대로 준공되었을 때에는 지체 없이 이를 인수하여야 한다.
(2011.5.24 본조개정)

제38조【불공정행위의 금지】 ① 발주자 및 수급인은 수급인 또는 하수급인에게 도급계약을 체결한 공사(하도급공사를 포함한다)의 시공과 관련하여 자재구입처의 지정 등으로 수급인 또는 하수급인에게 불리하다고 인정되는 행위를 강요하여서는 아니 된다.(2020.10.20 본항개정)
② 수급인은 하수급인에게 제22조, 제28조, 제34조, 제36조제1항, 제36조의2제1항, 제44조 또는 관계 법령 등을 위반하여 하수급인의 계약상 이익을 부당하게 제한하는 특약을 요구하여서는 아니 된다. 이 경우 부당한 특약의 유형은 대통령령으로 정한다.(2015.8.11 전단개정)
③ 발주자가 국가, 지방자치단체 또는 대통령령으로 정하는 공공기관인 경우로서 제29조제6항에 따라 통보받은 하도급계약 등에 제2항에 따른 부당한 특약이 있는 경우 그 사유를 분명하게 밝혀 수급인에게 하도급계약 등의 내용변경을 요구하고, 해당 건설사업자의 등록관청에 그 사실을 통보하여야 한다.(2019.4.30 본항개정)
(2009.12.29 본조개정)

제38조의2【부정한 청탁에 의한 재물 등의 취득 및 제공 금지】 ① 발주자·수급인·하수급인(발주자, 수급인 또는 하수급인이 법인인 경우 해당 법인의 임원 또는 직원을 포함한다) 또는 이해관계인은 도급계약의 체결 또는 건설공사의 시공에 관하여 부정한 청탁을 받고 재물 또는 재산상의 이익을 취득하거나 부정한 청탁을 하면서 재물 또는 재산상의 이익을 제공하여서는 아니 된다.
(2016.2.3 본항개정)
② 국가, 지방자치단체 또는 대통령령으로 정하는 공공기관이 발주한 건설공사의 업체선정에 심사위원으로 참여한 자는 그 직무에 관하여 부정한 청탁을 받고 재물 또는 재산상의 이익을 취득하여서는 아니 된다.
③ 국가, 지방자치단체 또는 대통령령으로 정하는 공공기관이 발주한 건설공사의 업체 선정에 참여한 법인, 해당 법인의 대표자, 상업 사용인, 그 밖의 임원 또는 직원은 그 직무에 관하여 부정한 청탁을 받고 재물 또는 재산상의 이득을 취득하거나 부정한 청탁을 하면서 재물 또는 재산상의 이익을 제공하여서는 아니 된다.
(2011.5.24 본조개정)

판례 위반죄의 처벌대상이 되는 행위는 발주자, 수급인, 하수급인 또는 이해관계인이 도급계약의 체결 또는 건설공사의 시공과 관련하여 스스로 영득하기로 하는 명목으로 재물 또는 재산상의 이익을 취득하거나 그와 같은 명목으로 이를 공여하는 행위에 한정되고, 그와 달리 발주자 등의 사용인 기타 종업원 등이 개인적으로 영득하기 위하여 배임수증재적 명목으로 재물 또는 재산상의 이익을 취득하거나 그와 같은 명목으로 이를 공여하는 행위는 위 조항에 의하여 처벌되는 행위에 포함되지 아니한다.
(대판 2009.5.28, 2009도988)

제38조의3【보복조치의 금지】 ① 발주자는 수급인이 다음 각 호의 어느 하나에 해당하는 행위를 한 것을 이유로 그 수급인에 대하여 수주기회(受注機會)를 제한하거나 거래의 정지, 그 밖에 불이익을 주는 행위(이하 이 조에서 "불이익행위등"이라 한다)를 하여서는 아니 된다.
1. 발주자가 이 법을 위반하였음을 관계 기관 등에 신고한 행위
2. 제69조에 따른 건설분쟁 조정위원회에 대한 조정신청
② 수급인의 하수급인에 대한 불이익행위등 및 건설사업자의 건설기계 대여업자, 제작납품업자 또는 가설기자재 대여업자에 대한 불이익행위등에 대하여는 제1항을 준용한다. 이 경우 "발주자"는 "수급인 또는 건설사업자"로, "수급인"은 "하수급인, 건설기계 대여업자, 제작납품업자 또는 가설기자재 대여업자"로 본다.(2020.4.7 본항개정)
(2016.2.3 본조신설)

제38조의4【불공정행위의 신고 등】 ① 누구든지 국토교통부장관에게 다음 각 호의 사항에 대하여 신고할 수 있다. 다만, 「하도급거래 공정화에 관한 법률」에 따라 공정거래위원회에 신고된 사건은 제외한다.
1. 제22조제5항에 따른 건설공사 도급계약의 불공정한 체결 및 이행에 관한 사항
2. 제29조에 따른 건설공사 하도급 제한의 위반에 관한 사항
3. 제34조에 따른 하도급대금 지급 등에 관한 의무의 위반에 관한 사항
4. 제38조에 따른 불공정행위에 관한 사항
5. 그 밖에 건설산업의 불공정한 거래질서와 관련된 사항
② 국토교통부장관은 「건설기술 진흥법」 제22조의3제2항에 따라 설치된 공정건설지원센터로 하여금 제1항에 따른 신고의 접수, 처리 등에 관한 업무를 수행하게 할 수 있다.
③ 국토교통부장관은 제1항 각 호의 어느 하나에 해당하는 사항을 신고한 자에게 예산의 범위에서 포상금을 지급할 수 있다.
④ 제3항에 따른 포상금 지급의 대상, 기준 및 절차 등에 필요한 사항은 대통령령으로 정한다.
(2022.2.3 본조신설)

제4장 시공 및 기술관리
(2011.5.24 본장개정)

제39조 (1999.4.15 삭제)

제40조【건설기술인의 배치】 ① 건설사업자는 건설공사의 시공관리, 그 밖에 기술상의 관리를 위하여 대통령령으로 정하는 바에 따라 건설공사 현장에 건설기술인을 1명 이상 배치하여야 한다. 다만, 시공관리, 품질 및 안전에 지장이 없는 경우로서 일정 기간 해당 공종의 공사가 중단되는 등 국토교통부령으로 정하는 요건에 해당하여 발주자가 서면으로 승낙하는 경우에는 배치하지 아니할 수 있다.
(2019.4.30 본문개정)
② 제1항에 따라 건설공사 현장에 배치된 건설기술인은 발주자의 승낙을 받지 아니하고는 정당한 사유 없이 그 건설공사 현장을 이탈하여서는 아니 된다.
③ 발주자는 제1항에 따라 건설공사 현장에 배치된 건설기술인이 신체 허약 등의 이유로 업무를 수행할 능력이 없다고 인정하는 경우에는 수급인에게 건설기술인을 교체할 것을 요청할 수 있다. 이 경우 수급인은 정당한 사유가 없으면 이에 따라야 한다.
(2018.8.14 본조개정)

제41조【건설공사 시공자의 제한】 ① 다음 각 호의 어느 하나에 해당하는 건축물의 건축 또는 대수선(大修繕)에 관한 건설공사(제9조제1항 단서에 따른 경미한 건설

공사는 제외한다. 이하 이 조에서 같다)는 건설사업자가 하여야 한다. 다만, 다음 각 호 외의 건설공사와 농업용, 축산업용 건축물 등 대통령령으로 정하는 건축물의 건설공사는 건축주가 직접 시공하거나 건설사업자에게 도급하여야 한다.(2019.4.30 본문개정)
1. 연면적이 200제곱미터를 초과하는 건축물(2017.12.26 본호개정)
2. 연면적이 200제곱미터 이하인 건축물로서 다음 각 목의 어느 하나에 해당하는 경우(2017.12.26 본문개정)
가. 「건축법」에 따른 공동주택(2011.8.4 본목신설)
나. 「건축법」에 따른 단독주택 중 다중주택, 다가구주택, 공관, 그 밖에 대통령령으로 정하는 경우(2017.12.26 본목개정)
다. 주거용 외의 건축물로서 많은 사람이 이용하는 건축물 중 학교, 병원 등 대통령령으로 정하는 건축물(2017.12.26 본목신설)
3.~4. (2017.12.26 삭제)
② 많은 사람이 이용하는 시설물로서 다음 각 호의 어느 하나에 해당하는 새로운 시설물을 설치하는 건설공사는 건설사업자가 하여야 한다.(2019.4.30 본문개정)
1. 「체육시설의 설치·이용에 관한 법률」에 따른 체육시설 중 대통령령으로 정하는 체육시설
2. 「도시공원 및 녹지 등에 관한 법률」에 따른 도시공원 또는 도시공원에 설치되는 공원시설로서 대통령령으로 정하는 시설물
3. 「자연공원법」에 따른 자연공원에 설치되는 공원시설 중 대통령령으로 정하는 시설물
4. 「관광진흥법」에 따른 유기시설 중 대통령령으로 정하는 시설물

제42조【건설공사 표지의 게시】 ① 건설사업자는 국토교통부령으로 정하는 바에 따라 건설공사의 공사명, 발주자, 시공자, 공사기간 등을 적은 표지를 건설공사 현장 인근의 사람들이 보기 쉬운 곳에 게시하여야 한다.(2019.4.30 본항개정)
② 건설사업자는 국토교통부령으로 정하는 건설공사를 완공하면 그 공사의 발주자, 설계자, 감리자와 시공한 건설사업자의 상호 및 대표자의 성명 등을 적은 표지판을 국토교통부령으로 정하는 바에 따라 사람들이 보기 쉬운 곳에 영구적으로 설치하여야 한다. 다만, 건축공사의 경우 「건축법」 제48조의2에 따른 내진등급 및 같은 법 제48조의3에 따른 내진능력을 표지판에 포함하여야 한다.(2019.4.30 본문개정)
③ 발주자는 제1항과 제2항에 따른 표지의 게시 비용 및 표지판의 설치 비용을 해당 건설공사의 공사 비용에 계상(計上)하여야 한다.

제43조 (1999.4.15 삭제)

제44조【건설사업자의 손해배상책임】 ① 건설사업자가 고의 또는 과실로 건설공사를 부실하게 시공하여 타인에게 손해를 입힌 경우에는 그 손해를 배상할 책임이 있다.(2019.4.30 본항개정)
② 건설사업자는 제1항에 따른 손해가 발주자의 중대한 과실로 발생하였을 때에는 발주자에 대하여 구상권(求償權)을 행사할 수 있다.(2019.4.30 본항개정)
③ 수급인은 하수급인이 고의 또는 과실로 하도급받은 건설공사를 부실하게 시공하여 타인에게 손해를 입힌 경우에는 하수급인과 연대하여 그 손해를 배상할 책임이 있다.
④ 수급인은 제3항에 따라 손해를 배상하면 배상 책임이 있는 하수급인에 대하여 구상권을 행사할 수 있다.
(2019.4.30 본조제목개정)

제5장 경영합리화와 중소건설사업자 지원
(2019.4.30 본장제목개정)

제45조【경영합리화 등의 노력】 건설사업자는 도급질서의 확립, 건설공사의 적절한 시공, 건전한 재무관리 등 경영합리화와 건설기술의 개발을 위하여 노력하여야 한다.(2019.4.30 본조개정)

제46조【중소건설사업자에 대한 지원】 ① 국토교통부장관은 관계 중앙행정기관의 장과 협의하여 중소건설사업자에 대한 지원시책을 수립·시행할 수 있다.
② 관계 행정기관과 대통령령으로 정하는 공공기관의 장은 제1항에 따른 중소건설사업자 지원시책의 시행에 적극 협조하여야 한다.
(2019.4.30 본조개정)

제47조【중소건설사업자 지원을 위한 조치】 ① 국토교통부장관은 중소건설사업자를 지원하기 위하여 필요하면 건설공사를 발주하는 국가기관, 지방자치단체 또는 대통령령으로 정하는 공공기관에 중소건설사업자의 참여기회 확대와 그 밖에 필요한 조치를 할 것을 요청할 수 있다.
② 국토교통부장관은 중소건설사업자를 지원하기 위하여 필요하다고 인정하면 대통령령으로 정하는 바에 따라 대기업인 건설사업자가 도급받을 수 있는 건설공사의 공사금액의 하한을 정할 수 있다.
(2019.4.30 본조개정)

제48조【건설사업자 간의 상생협력 등】 ① 국토교통부장관은 건설업의 균형 있는 발전과 건설공사의 효율적인 수행을 위하여 종합공사를 시공하는 업종을 등록한 건설사업자와 전문공사를 시공하는 업종을 등록한 건설사업자 간의 상생협력 관계 및 대기업인 건설사업자와 중소기업인 건설사업자 간의 상생협력 관계를 유지·발전하도록 하도급, 공동도급 등에 관한 지도를 할 수 있다.(2019.4.30 본항개정)
② 국토교통부장관은 건설사업자 간의 상생협력 관계를 유지하도록 하기 위하여 종합공사를 시공하는 업종을 등록한 건설사업자로 하여금 시공할 공사와 관련이 있는 업종의 건설사업자를 협력업자로 등록받도록 지도할 수 있다.(2019.4.30 본항개정)
③ 제2항에 따라 등록을 받은 건설사업자와 등록한 협력업자는 다음 각 호의 사항에 관하여 상생협력하여야 한다.(2019.4.30 본문개정)
1. 건설공사를 도급받거나 하도급하는 경우 협력업자를 공동수급인이나 하수급인으로 우선 선정
2. 건설공사에 관한 기술 및 정보의 교환
3. 건설공사 수행에 필요한 인력 또는 자금 지원이나 기술 개발에 대한 지원
④ 국토교통부장관은 제1항과 제2항에 따른 지도를 이행한 실적이나 협력업자와의 협력 관계를 평가하여 그 실적이 우수한 종합공사를 시공하는 업종을 등록한 건설사업자를 시공능력 평가나 공사 발주 시 우대하도록 관계기관에 협조를 요청할 수 있다.(2019.4.30 본항개정)
⑤ 제1항에 따른 지도, 제2항에 따른 협력업자의 등록 및 건설업체 간의 협력에 필요한 사항은 대통령령으로 정한다.
(2019.4.30 본조제목개정)
(2011.5.24 본조개정)

제48조의2【건설근로자 고용평가】 ① 국토교통부장관은 건설근로자에 대한 처우개선을 위하여 건설사업자의 신청이 있는 경우 그 건설사업자의 건설근로자 고용 실태, 복지증진 노력 등에 대한 사항을 평가(이하 "건설근로자 고용평가"라 한다)하고, 그 평가 결과가 우수한 건설사업자에 대해서는 시공능력평가 등을 우대하도록 관계 기관에 협조를 요청할 수 있다.(2019.4.30 본항개정)
② 국토교통부장관은 건설근로자 고용평가를 실시하기 위하여 필요한 경우에는 건설근로자 고용평가를 신청한 건설사업자의 고용보험, 가족친화 인증, 사내근로복지기금 조성 및 사업시행 현황에 관한 자료 등 대통령령으로 정하는 자료의 제공을 관계 기관·단체의 장에게 요청할 수 있다. 이 경우 자료 제공을 요청받은 관계 기관·단체의 장은 특별한 사유가 없으면 이에 따라야 한다.
(2020.4.7 본항신설)
③ 건설근로자 고용평가의 평가방법, 평가절차, 그 밖에 필요한 사항은 국토교통부령으로 정한다.(2020.4.7 본항개정)

제49조【건설사업자의 실태조사 등】 ① 국토교통부장관 또는 지방자치단체의 장(제91조제1항에 따라 위임받은 사무를 처리하기 위하여 필요한 경우에만 해당한다. 이하 이 조에서 같다)은 등록기준에의 적합 여부, 하도급의 적정성, 성실시공 여부 등을 판단하기 위하여 필요하다고 인정하면 기간을 정하여 건설사업자로부터 그 업무, 재무관리 상태, 시공 상황 등에 관한 보고를 받을 수 있고, 소속 공무원으로 하여금 대통령령으로 정하는 바에 따라 건설사업자의 경영실태를 조사하게 하거나 공사 시공에 필요한 자재 또는 시설을 검사하게 할 수 있다.
(2020.6.9 본항개정)
② 국토교통부장관 또는 지방자치단체의 장은 다음 각 호의 어느 하나에 해당하는 경우로서 필요한 때에는 공인회계사, 세무사 또는 국토교통부령으로 정하는 요건을 갖춘 전문경영진단기관으로 하여금 건설사업자의 재무관리상태를 진단하게 할 수 있다.
1. 제1항에 따른 건설사업자의 경영실태를 조사하기 위한 경우
2. 건설사업자 또는 제9조에 따른 건설업 등록을 하려는 자가 건설업 등록기준에 적합한지 여부를 확인하기 위한 경우
(2019.4.30 본항개정)
③ 국토교통부장관 또는 지방자치단체의 장은 제1항에 따라 건설사업자의 경영실태를 조사하기 위하여 필요하다고 인정하면 건설공사의 발주자, 「건설기술 진흥법」 제2조제9호에 따른 건설엔지니어링사업자, 그 밖에 건설공사 관계 기관(이하 이 조에서 "건설공사 관계 기관등"이라 한다)에 대하여 건설공사의 시공 상황에 관한 자료를 제출할 것을 요구할 수 있다. 이 경우 건설공사 관계 기관등은 특별한 사유가 없으면 이에 협조하여야 한다.
(2021.3.16 전단개정)
④ 국토교통부장관 또는 지방자치단체의 장은 제1항에 따른 조사를 하려면 조사 시작 7일 전까지 조사 일시, 조사 이유 및 조사 내용 등 조사계획을 미리 조사대상자에게 알려야 한다. 다만, 긴급한 경우나 사전에 알리면 증거인멸 등으로 조사 목적을 달성할 수 없다고 인정하는 경우에는 미리 알리지 아니할 수 있다.(2013.3.23 본문개정)
⑤ 제1항에 따라 조사 또는 검사를 하는 공무원은 그 권한을 표시하는 증표를 지니고 이를 관계인에게 보여 주어야 하고, 조사 관련 장소에 출입할 때에는 성명, 출입시간, 출입 목적 등이 표시된 문서를 관계인에게 주어야 한다.
⑥ 국토교통부장관은 지방자치단체의 장에게 제1항부터 제3항까지의 규정에 따른 실태조사 등의 조치를 명할 수 있고, 그 조치 결과를 보고할 것을 요구할 수 있다.
(2013.3.23 본항개정)
⑦ 제1항 및 제6항에도 불구하고 국토교통부장관은 대통령령으로 정하는 바에 따라 연 1회 이상 건설사업자의 경영실태 조사를 실시하거나, 지방자치단체의 장에게 조사를 실시하여 그 결과를 보고하도록 요구하여야 한다.
(2019.4.30 본항개정)
(2019.4.30 본조제목개정)
(2011.5.24 본조개정)

제49조의2【자료요청】 국토교통부장관은 건설업 등록기준에의 적합 여부를 확인하기 위하여 필요한 자료로서 기술능력에 해당하는 자의 고용보험, 국민연금보험, 국민건강보험, 산업재해보상보험에 관한 자료를 관계 기관의 장에게 요청할 수 있다. 이 경우 자료의 제공을 요청받은 관계 기관의 장은 특별한 사유가 없으면 이에 따라야 한다.
(2018.12.31 본조신설)

제6장 건설사업자의 단체
(2019.4.30 본조제목개정)

제50조【협회의 설립】 ① 건설사업자의 품위 보전, 건설기술의 개발, 그 밖에 건설업의 건전한 발전을 위하여 건설사업자는 건설사업자단체(이하 "협회"라 한다)를 설립할 수 있다.(2019.4.30 본항개정)
② 협회는 법인으로 한다.
③ 협회는 주된 사무소의 소재지에서 설립등기를 함으로써 성립한다.
④ 협회 회원의 자격과 임원에 관한 사항 등은 정관으로 정한다.
⑤ 협회 정관의 기재 사항과 협회에 대한 감독에 필요한 사항은 대통령령으로 정한다.
(2011.5.24 본조개정)

제51조【협회 설립의 인가 절차 등】 ① 협회를 설립하려면 회원 자격이 있는 건설사업자 5인 이상이 발기하고 회원 자격이 있는 건설사업자 중 대통령령으로 정하는 수 이상의 동의를 받아 창립 총회에서 정관을 작성한 후 국토교통부장관에게 인가를 신청하여야 한다.
(2019.4.30 본항개정)
② 국토교통부장관은 제1항에 따른 신청을 인가하면 그 사실을 공고하여야 한다.(2013.3.23 본항개정)
③ 협회가 성립되고 임원이 선임될 때까지 필요한 사무는 발기인이 처리한다.
(2011.5.24 본조개정)

제52조【건의와 자문 등】 ① 협회는 건설업에 관한 사항에 대하여 정부에 건의할 수 있고, 건설업에 관한 정부의 자문에 응하여야 한다.
② 협회는 회원 또는 회원 자격을 가진 건설사업자가 이 법을 위반한 사실을 발견하면 그 내용을 확인하여 국토교통부장관에게 보고하여야 한다.(2019.4.30 본항개정)
(2011.5.24 본조개정)

제53조【「민법」의 준용】 협회에 관하여 이 법에 규정된 사항을 제외하고는 「민법」 중 사단법인에 관한 규정을 준용한다.(2011.5.24 본조개정)

제7장 건설 관련 공제조합 및 건설보증
(2011.5.24 본장개정)

제54조【공제조합의 설립】 ① 건설사업자 상호간의 협동조직을 통하여 자율적인 경제활동을 도모하고 건설업 운영에 필요한 각종 보증과 자금 융자 등을 위하여 건설사업자는 공제조합을 설립할 수 있다.(2019.4.30 본항개정)
② 제1항에 따른 공제조합은 법인으로 한다.
③ 공제조합은 주된 사무소의 소재지에서 설립등기를 함으로써 성립한다.
④ 공제조합 조합원의 자격, 임원에 관한 사항, 출자 및 융자에 관한 사항 및 공제조합의 운영에 관한 사항은 정관으로 정한다.
⑤ 공제조합 정관의 기재 사항, 보증대상 및 보증한도는 대통령령으로 정한다.

판례 전문건설공제조합의 선급금보증에 있어서 보증사고의 판단기준 : 전문건설공제조합이 건설산업기본법에 따라 하는 각종 보증에 있어서의 '보증사고'라 함은 보증인인 전문건설공제조합의 보증책임을 구체화하여 정하는 불확정한 사고를 의미하는 것이므로, 선급금보증에서 보증사고가 무엇인지는 당사자 사이의 약정으로 계약내용에 편입된 보증약관과 보증서 및 주계약의 구체적 내용 등을 종합하여 결정하여야 한다.(대판 2003.1.24, 2002다55199)

제54조의2【분리공제조합 설립에 따른 창업비용 및 출자금의 이체 등】 ① 기존 공제조합으로부터 분리하여 공제조합(이하 이 조에서 "분리공제조합"이라 한다)을 설립하는 경우 발기인은 국토교통부장관의 승인을 받아 분리공제조합의 설립에 소요되는 창업비용을 기존 공제조합으로부터 차입하여 집행할 수 있으며, 차입신청을 받은 기존 공제조합은 자금의 운용에 관한 정관의 규정에도 불구하고 이를 융자할 수 있다.
② 제55조제2항에 따라 국토교통부장관이 분리공제조합

설립을 인가하고 기존 공제조합이 출자금 이체를 동의한 경우 기존 공제조합에 납입되어 있는 해당 분리공제조합의 조합원 가입 신청서를 제출한 자의 출자금은 신설되는 분리공제조합의 출자금으로 본다. 이 경우 출자지분의 계산기준과 그 이체방법 등에 필요한 사항은 국토교통부장관이 정한다.
③ 기존 공제조합은 제2항에 따라 출자금을 이체함과 동시에 감자정리하여야 한다. 이 경우 기존 공제조합은 별도의 감자절차를 필요로 하지 아니한다.
④ 분리공제조합이 기존 공제조합으로부터 해당 분리공제조합의 조합원이 될 자의 출자금을 이체받은 때에는 지체 없이 국토교통부장관이 정하는 바에 따라 출자증권을 발행하여 교부하여야 한다.
⑤ 기존 공제조합이 분리공제조합의 조합원이 되는 자와의 관계에서 가지는 권리·의무는 분리공제조합의 업무개시일부터 해당 분리공제조합이 이를 승계한다.
(2016.2.3 본조신설)

제55조【공제조합 설립의 인가 절차 등】 ① 공제조합을 설립하려면 조합원 자격이 있는 건설사업자 200명 이상이 발기하고 조합원 자격이 있는 건설업자 중 대통령령으로 정하는 수 이상의 동의를 받아 창립 총회에서 정관을 작성한 후 국토교통부장관에게 인가를 신청하여야 한다.
(2019.4.30 본항개정)
② 국토교통부장관은 제1항에 따른 신청을 인가하면 그 사실을 공고하여야 한다.(2013.3.23 본항개정)
③ 공제조합이 성립되고 임원이 선임될 때까지 필요한 사무는 발기인이 처리한다.

제55조의2【운영위원회】 ① 공제조합은 제56조에 따른 사업에 관한 사항을 심의·의결하고, 그 업무 집행을 감독하기 위하여 운영위원회를 둔다.
② 운영위원회는 30명 이내의 위원으로 구성한다.
(2015.8.11 본항개정)
③ 다음 각 호의 어느 하나에 해당하는 사람은 운영위원회의 위원이 될 수 없다.
1. 파산선고를 받고 복권되지 아니한 사람
2. 피성년후견인 또는 피한정후견인
3. 금고 이상의 실형을 선고받고 그 집행이 종료(집행이 종료된 것으로 보는 경우를 포함한다)되거나 그 집행이 면제된 날부터 5년이 지나지 아니한 사람
4. 금고 이상의 형의 집행유예를 선고받고 그 유예기간 중에 있는 사람
5. 이 법, 「국가를 당사자로 하는 계약에 관한 법률」, 그 밖의 법령을 위반하여 건설업의 영업정지처분을 받거나 부정당업자로 입찰참가자격 제한의 처분을 받고 그 기간이 만료된 후 5년이 지나지 아니한 사람
(2014.5.14 본항신설)
④ 그 밖에 운영위원회의 구성, 기능 및 운영에 필요한 사항은 대통령령으로 정한다.

제56조【공제조합의 사업】 ① 공제조합은 다음 각 호의 사업을 한다.
1. 조합원이 건설업을 운영할 때 필요한 입찰보증, 계약보증(공사이행보증을 포함한다), 손해배상보증, 하자보수보증, 선급금보증, 하도급보증과 그 밖에 대통령령으로 정하는 보증
2. 조합원이 건설업을 운영할 때 필요한 자금의 융자
3. 조합원이 건설공사대금으로 받은 어음의 할인
4. 조합원에 대한 공사용 기자재의 구매 알선
5. 조합원에 고용된 사람의 복지 향상과 업무상 재해로 인한 손실을 보상하는 공제사업 및 조합원이 운영하는 사업에 필요한 건설공사 손해공제사업
6. 건설업 경영 및 건설기술의 개선·향상과 관련한 연구 및 교육에 관한 사업
7. 건설 관련 법인에의 출연
8. 조합원이 공동이용하는 시설의 설치, 운영, 그 밖에 조합원의 편익 증진을 위한 사업
9. 조합원의 정보 처리 및 컴퓨터 운용과 관련한 서비스의 제공
10. 조합의 목적 달성에 필요한 관련 사업에의 투자
11. 국가, 지방자치단체 또는 정관으로 정하는 공공단체가 위탁하는 사업
12. 제1호부터 제11호까지의 사업의 부대사업으로서 정관으로 정하는 사업
② 공제조합은 다음 각 호의 사업을 할 수 있다.
1. 조합원이 「사회기반시설에 대한 민간투자법」에 따른 민간투자사업 등을 수행하기 위하여 출연한 법인 등에 대한 보증 및 융자
2. 「부동산투자회사법」에 따른 부동산투자회사에의 출자 및 융자 또는 「체육시설의 설치·이용에 관한 법률」에 따른 체육시설의 설치·경영 등 대통령령으로 정하는 수익사업(2014.5.14 본호개정)
③ 공제조합은 공제조합 상호간 또는 다른 법률에 따른 공제조합과의 상호협력과 이해 증진을 위하여 정보 교환 등 공동사업을 시행할 수 있다.

판례 주계약의 이행기가 변경된 경우의 보증책임 : 보증채권자가 조합원에게 그 이행기를 보증기간 이후로 연기하여 준 경우에는 이로써 건설공제조합의 보증계약상의 보증기간도 당연히 변경된다고 할 수는 없으며 연기된 이행기일이 보증기간 이후로 된 이상 비록 조합원이 변경된 주계약상의 이행기일에 이행을 하지 않았다고 하더라도 이는 보증사고가 보증기간 이후에 발생한 것이어서 보증금 지급사유에 해당되지 아니한다.
(대판 2001.2.13, 2000다5961)

제57조【공제 규정】 ① 공제조합은 제56조제1항제5호에 따른 공제사업을 하려면 공제 규정을 정하여야 한다.
② 제1항의 공제 규정에는 공제사업의 범위, 공제계약의 내용, 공제료, 공제금, 공제금에 충당하기 위한 책임준비금 등 공제사업의 운영에 필요한 사항이 포함되어야 한다.

제57조의2【보증 규정】 ① 공제조합이 제56조제1항제1호에 따른 보증사업을 하려면 보증 규정을 정하여야 한다.
② 제1항의 보증 규정에는 보증사업 범위, 보증계약 내용, 보증수수료, 보증에 충당하기 위한 책임준비금 등 보증사업의 운영에 필요한 사항이 포함되어야 한다.
(2011.5.24 본조신설)

제58조【「보험업법」의 적용 배제】 공제조합의 사업 중 제56조제1항제5호에 따른 공제사업에 관하여는 「보험업법」을 적용하지 아니한다.

제59조【지분의 양도 등】 ① 조합원이거나 조합원이었던 자는 대통령령으로 정하는 바에 따라 그 지분을 다른 조합원이나 조합원이 되려는 자에게 양도할 수 있다.
② 제1항에 따라 지분을 양수한 자는 그 지분에 관한 양도인의 권리·의무를 승계한다.
③ 지분의 양도 및 질권 설정은 「상법」에 따른 주식의 양도 및 질권 설정의 방법으로 한다.(2014.5.20 본항개정)
④ 민사집행 절차나 국세 등의 체납처분 절차에 따라 하는 지분의 압류 또는 가압류는 「민사집행법」 제233조에 따른 지시채권의 압류 또는 가압류의 방법으로 한다.

제60조【공제조합의 지분 취득 등】 ① 공제조합은 다음 각 호의 어느 하나에 해당하는 사유가 있을 때에는 조합원이거나 조합원이었던 자의 지분을 취득할 수 있다. 다만, 제1호에 해당할 때에는 그 지분을 취득하여야 한다.
1. 출자금을 감소시키려는 경우
2. 조합원에 대하여 가지는 담보권을 실행하기 위하여 필요한 경우
3. 공제조합에 출자한 자가 자기 출자액을 회수하기 위하여 공제조합에 지분의 양수를 요구한 경우
4. 조합원이 탈퇴한 후 2년이 지난 경우
5. 준비금의 출자전입(出資轉入) 시 단좌(端坐)가 발생한 경우
② 공제조합은 제1항제1호에 따라 지분을 취득하였을 때에는 지체 없이 출자금의 감소 절차를 밟아야 하고, 같은 항 제2호부터 제5호까지의 규정에 해당할 때에는 지체 없이 그 지분을 처분하되, 처분되지 아니한 지분은 정관으로 정하는 바에 따라 출자금을 감소시킬 수 있다.
③ 조합원의 지분은 공제조합에 대한 채무를 담보하기 위하여 제공되는 경우를 제외하고는 질권의 대상이 될 수 없다.
④ 공제조합은 제1항에 따라 지분을 취득한 경우 조합원이거나 조합원이었던 자에게 지급하여야 할 금액을 지체 없이 지급하여야 한다.
⑤ 제1항에 따라 공제조합이 지분을 취득한 경우 조합원이거나 조합원이었던 자가 가지는 청산금 청구권은 그 지분을 취득한 날부터 5년간 행사하지 아니하면 시효로 인하여 소멸한다.

제61조【신용에 의한 보증 등】 공제조합은 정관으로 정하는 바에 따라 조합원에 대하여 재산상태 등을 평가하고 해당 공사의 이행능력을 실제 조사한 후 보증 또는 융자를 할 수 있다.

제62조【대리인의 선임】 공제조합은 임원 또는 직원 중에서 그 공제조합의 업무에 관한 재판상 또는 재판 외의 모든 행위를 할 수 있는 대리인을 선임할 수 있다.

제63조【책임준비금 등의 적립】 ① 공제조합은 결산기마다 보증 종류에 따라 책임준비금과 비상위험준비금을 계상할 수 있다.
② 제1항의 책임준비금과 비상위험준비금의 계상에 필요한 사항은 대통령령으로 정한다.

제64조【시공 상황의 조사 등】 ① 공제조합은 대통령령으로 정하는 바에 따라 그가 보증한 공사 현장에 출입하여 시공 상황을 조사할 수 있고, 그 공사를 시공하는 조합원에게 의견을 진술할 수 있다.
② 공제조합은 제1항에 따른 시공 상황의 조사에 관한 업무를 협회 또는 건설 관계 전문기관으로 하여금 대행하게 할 수 있다.

제65조【조사 및 검사】 ① 국토교통부장관은 공제조합의 재무건전성 유지 등을 위하여 필요하다고 인정하면 소속 공무원으로 하여금 공제조합의 업무 상황 또는 회계 상황을 조사하게 하거나 장부 또는 그 밖의 서류를 검사하게 할 수 있다.(2013.3.23 본항개정)
② 제56조제1항제5호의 공제사업에 대하여는 대통령령으로 정하는 바에 따라 금융위원회가 제1항에 따른 조사 또는 검사를 할 수 있다.
③ (2016.2.3 삭제)
④ 제1항과 제2항에 따라 조사 또는 검사를 하는 공무원 등은 그 권한을 표시하는 증표를 지니고 이를 관계인에게 보여주어야 한다.

제65조의2【공제조합 등 건설보증기관의 재무건전성 유지 등】 ① 국토교통부장관은 제56조에 따른 공제조합의 사업을 건전하게 육성하고 계약자를 보호하기 위하여 재무건전성 유지 등을 지도하여야 한다.
② 국토교통부장관은 제1항에 따른 재무건전성 유지 등을 지도하기 위하여 공제조합을 감독하는 데 필요한 기준을 정하여 고시하여야 한다. 다만, 공제사업의 감독에 필요한 기준을 정할 때에는 금융위원회 위원장과 협의한 후 이를 고시하여야 한다.(2016.2.3 단서신설)
③ 국토교통부장관은 공제조합의 자기자본비율, 유동성비율, 지급여력비율 등이 일정 수준에 미달하는 등 재무상태가 제4항에 따른 기준에 미달하거나 거액의 금융사고 또는 부실채권의 발생으로 공제조합의 재무상태가 제4항에 따른 기준에 미달하게 될 것이 명백하다고 판단되면 공제조합의 부실화를 예방하고 건전한 경영을 유도하기 위하여 해당 공제조합이나 그 임원에 대하여 다음 각 호의 사항을 권고·요구 또는 명령하거나 그 이행계획을 제출할 것을 명할 수 있다.
1. 자본증가 또는 자본감소, 보유자산의 처분이나 점포·조직의 축소
2. 임원의 직무정지나 임원의 직무를 대행하는 관리인의 선임
3. 영업의 전부 또는 일부 정지
4. 이익배당의 제한
5. 대손충당금, 대위변제준비금의 추가 설정
6. 보증수수료, 융자이자율의 조정
7. 영업의 양도나 보증사업 및 공제사업 등과 관련된 계약의 이전
8. 그 밖에 제1호부터 제7호까지의 규정에 준하는 조치로서 공제조합의 재무건전성을 높이기 위하여 필요하다고 인정되는 조치
(2016.2.3 본항신설)
④ 국토교통부장관은 제3항에 따른 조치를 하려면 미리 그 기준 및 내용을 정하여 고시하여야 한다.(2016.2.3 본항신설)
⑤ 국토교통부장관은 제4항에 따른 기준에 일시적으로 미달한 공제조합이 단기간에 그 기준을 충족시킬 수 있다고 판단되거나 이에 준하는 사유가 있다고 인정되는 경우에는 기간을 정하여 제3항에 따른 조치를 유예(猶豫)할 수 있다.(2016.2.3 본항신설)
(2016.2.3 본조개정)

제66조【보증금 징수의 제한】 보증채권자는 공제조합이 조합원의 의무 이행을 보증하면 관계 법령 및 계약서 등의 약정에도 불구하고 그 보증서로서 보증금 또는 공사 이행 보증서를 갈음하여야 하고, 그 조합원으로부터 따로 보증금이나 그 밖의 명목의 금액을 받아내서는 아니 된다.

제67조【공제조합의 책임】 ① 공제조합은 보증채권자 및 보증채무자의 권익을 보호하여야 하며, 제57조의2에 따른 보증 규정 및 보증약관을 제정하거나 변경하려는 경우에는 사전에 국토교통부장관에게 보고하여야 한다.
(2014.5.14 본항신설)
② 국토교통부장관은 제1항에 따라 보고받은 보증 규정 및 보증약관이 보증채권자 또는 보증채무자에게 불리한 내용을 포함하거나 건전한 보증거래질서를 유지하기 위하여 필요한 경우에는 해당 규정의 시정을 명할 수 있다.
(2014.5.14 본항신설)
③ 공제조합은 보증한 사항에 관하여 법령이나 그 밖의 계약서 등에서 정하는 바에 따라 보증금을 지급할 사유가 발생하였을 때에는 그 보증금을 보증채권자에게 지급하여야 한다.
④ 제3항에 따라 보증채권자가 공제조합에 대하여 가지는 보증금에 관한 권리는 보증기간 만료일부터 2년간 행사하지 아니하면 시효로 인하여 소멸한다.(2014.5.14 본항개정)

제68조【다른 법률의 준용】 공제조합에 관하여 이 법에서 규정한 것을 제외하고는 「민법」 중 사단법인에 관한 규정을 준용하고 「상법」 중 주식회사의 계산에 관한 규정을 준용한다.

제68조의2 (2016.2.3 삭제)

제68조의3【건설기계 대여대금 지급보증】 ① 수급인 또는 하수급인은 자신이 시공하는 1개의 공사현장에서 대여받은 건설기계의 대여대금을 보증하는 보증서(이하 "현장별 보증서"라 한다)를 그 공사의 착공일 이전까지 발주자에게 제출하여야 하며, 건설기계 대여업자는 건설기계 대여계약을 체결한 경우 현장별 보증서를 발급한 보증기관에 그 건설기계 대여계약서를 제출하여야 한다. 다만, 수급인 또는 하수급인은 국토교통부령으로 정하는 소규모공사 등 정당한 사유가 있는 경우에는 현장별 보증서를 발주자에게 제출하는 대신에 건설기계 대여계약별로 그 대금의 지급을 보증하는 보증서를 건설기계 대여업자에게 줄 수 있다.(2018.12.18 본항개정)
② 제1항에도 불구하고 발주자가 건설기계 대여대금을 직접 건설기계 대여업자에게 지급하기로 발주자, 건설사업자, 건설기계 대여업자 간에 합의한 경우 등 국토교통부령으로 정하는 경우에는 건설기계 대여대금 지급보증서를 주지 아니할 수 있다.(2021.7.27 본항개정)
③ 건설공사의 도급계약(하도급계약을 포함한다) 당사자는 제1항에 따른 건설기계 대여대금 지급보증서 발급에 드는 금액을 대통령령으로 정하는 바에 따라 해당 건설공사의 도급금액 산출내역서(하도급금액 산출내역서를 포함한다)에 분명하게 적어야 한다.

④ 제54조에 따라 설립된 공제조합 또는 다른 법령에 따라 보증업무를 담당할 수 있는 기관이 제1항에 따른 건설기계 대여대금 지급보증서를 발급(변경발급을 포함한다)하거나 보증계약을 해지한 경우에는 국토교통부령으로 정하는 바에 따라 즉시 발주자, 수급인(하수급인과 건설기계 대여업자 간 계약에 따른 보증에 한정한다), 건설기계 대여업자 등에게 그 내용을 통보하여야 한다.
(2020.6.9 본항개정)
⑤ 제1항에 따른 건설기계 대여대금 지급보증의 보증금액과 보증 관련 당사자 등의 이행사항 및 그 밖의 사항은 국토교통부령으로 정한다.(2013.3.23 본항개정)
⑥ 발주자가 국가, 지방자치단체 또는 대통령령으로 정하는 공공기관인 경우에는 건설기계 대여대금이 보호될 수 있도록 건설사업자가 제1항에 따른 보증서를 제출 또는 교부하였는지 여부를 확인하여야 한다.(2019.4.30 본항개정)
(2012.12.18 본조신설)

제68조의4【타워크레인 대여계약 적정성 심사 등】 ① 건설사업자가 「건설기계관리법」 제2조제1항제1호에 따른 건설기계 중 타워크레인에 대하여 건설기계 대여업자와 대여계약을 체결한 경우 국토교통부령으로 정하는 바에 따라 발주자에게 통보하여야 한다.(2019.4.30 본항개정)
② 발주자는 타워크레인 대여계약금액이 대통령령으로 정하는 비율에 따른 금액에 미달하는 경우에는 타워크레인 대여계약의 적정성 등을 심사하여야 한다.
③ 발주자는 제2항에 따라 심사한 결과 타워크레인 대여계약 내용이 적정하지 아니한 경우에는 그 사유를 분명히 밝혀 건설사업자에게 타워크레인 대여업자 또는 대여계약내용의 변경을 요구하여야 하고, 변경요구를 받은 건설사업자는 정당한 사유가 있는 경우를 제외하고는 이를 이행하여야 한다.(2019.4.30 본항개정)
④ 발주자는 건설사업자가 정당한 사유 없이 제3항에 따른 요구에 따르지 아니하여 안전관리에 중대한 영향을 끼칠 우려가 있는 경우에는 해당 건설공사의 도급계약을 해지할 수 있다.(2019.4.30 본항개정)
⑤ 제2항 및 제3항에 따른 타워크레인 대여계약의 적정성 심사기준, 타워크레인 대여업자 또는 대여계약내용의 변경요구 및 그 이행 절차, 그 밖에 필요한 사항은 대통령령으로 정한다.
(2018.12.18 본조신설)

제8장 건설분쟁 조정위원회
(2011.5.24 본장개정)

제69조【건설분쟁 조정위원회의 설치】 ① 건설업 및 건설용역업에 관한 분쟁을 조정하기 위하여 국토교통부장관 소속으로 건설분쟁 조정위원회(이하 "위원회"라 한다)를 둔다.(2013.8.6 본항개정)
② (2013.8.6 삭제)
③ 위원회는 당사자의 어느 한쪽 또는 양쪽의 신청을 받아 다음 각 호의 분쟁을 심사·조정한다.(2013.8.6 본문개정)
1. 설계, 시공, 감리 등 건설공사에 관계한 자 사이의 책임에 관한 분쟁
2. 발주자와 수급인 사이의 건설공사에 관한 분쟁. 다만, 「국가를 당사자로 하는 계약에 관한 법률」 및 「지방자치단체를 당사자로 하는 계약에 관한 법률」의 해석과 관련된 분쟁은 제외한다.
3. 수급인과 하수급인 사이의 건설공사 하도급에 관한 분쟁. 다만, 「하도급거래 공정화에 관한 법률」을 적용받는 사항은 제외한다.
4. 수급인과 제3자 사이의 시공상 책임 등에 관한 분쟁
5. 건설공사 도급계약의 당사자와 보증인 사이의 보증책임에 관한 분쟁
6. 그 밖에 대통령령으로 정하는 사항에 관한 분쟁
④ 위원회의 사무를 처리하기 위하여 위원회에 사무국을 두며, 위원회 위원의 조사업무를 보좌하기 위하여 사무국에 전문위원을 둘 수 있다.(2013.8.6 본항신설)

제69조의2 (2013.8.6 삭제)

제70조【위원회의 구성】 ① 위원회는 위원장 1명과 부위원장 1명을 포함한 15명 이내의 위원으로 구성한다.
② 위원회의 위원은 대통령령으로 정하는 중앙행정기관 소속 공무원으로서 해당 기관의 장이 지명하는 사람과 다음 각 호의 어느 하나에 해당하는 사람 중 국토교통부장관이 위촉하는 사람이 된다.(2013.8.6 본문개정)
1. 「고등교육법」에 따른 학교에서 공학이나 법률학을 가르치는 조교수 이상의 직(職)에 있거나 있었던 사람
2. 판사, 검사 또는 변호사의 자격이 있는 사람
3. 건설공사, 건설업 또는 건설용역업에 대한 학식과 경험이 풍부한 사람으로서 국토교통부령으로 정하는 요건에 해당하는 사람(2013.3.23 본호개정)
③ 위원회의 위원장은 국토교통부장관이 위원 중에서 임명하고, 부위원장은 위원회가 위원 중에서 선출한다.
(2013.8.6 본항개정)
④ 공무원이 아닌 위원의 임기는 3년으로 하되, 연임할 수 있다.
⑤ 보궐위원의 임기는 전임자 임기의 남은 기간으로 한다.

제70조의2【위원회 위원의 결격사유】 다음 각 호의 어느 하나에 해당하는 사람은 위원회의 위원이 될 수 없다.
1. 파산선고를 받고 복권되지 아니한 사람
2. 피성년후견인 또는 피한정후견인
3. 법원의 판결 또는 법률에 따라 자격이 정지된 사람
4. 금고 이상의 실형을 선고받고 그 집행이 종료(집행이 종료된 것으로 보는 경우를 포함한다)되거나 그 집행이 면제된 날부터 3년이 지나지 아니한 사람
5. 금고 이상의 형의 집행유예를 선고받고 그 유예기간 중에 있는 사람
(2014.5.14 본조신설)

제71조【위원회의 회의】 ① 위원회의 회의는 위원장이 소집한다.
② 위원회의 회의는 재적위원 과반수의 출석과 출석위원 과반수의 찬성으로 의결한다.

제72조【분쟁조정 신청의 통지 등】 위원회는 당사자 중 어느 한쪽으로부터 분쟁의 조정을 신청받으면 그 신청 내용을 상대방에게 알려야 하며, 상대방은 그 조정에 참여하여야 한다.(2013.8.6 본조개정)

제73조【조정의 거부 및 중지】 ① 위원회는 분쟁의 성질상 위원회에서 이를 조정하는 것이 부적합하다고 인정하거나 부정한 목적으로 조정이 신청되었다고 인정하면 그 조정을 거부할 수 있다. 이 경우 조정 거부의 사유 등을 신청인에게 통보하여야 한다.
② (2013.8.6 삭제)
③ 위원회는 분쟁 당사자 중 어느 한쪽이 소(訴)를 제기하면 조정을 중지하고 소 제기로 인하여 조정이 중지된 사실을 분쟁 당사자에게 통보하여야 한다.

제74조【처리기간】 ① 위원회는 분쟁의 조정 신청을 받은 날부터 60일 이내에 이를 심사하여 조정안을 작성하여야 한다. 다만, 정당한 사유가 있는 경우에는 위원회의 의결을 거쳐 60일의 범위에서 그 기간을 연장할 수 있다.
(2017.8.9 단서개정)
② 위원회는 제1항 단서에 따라 기간을 연장한 경우에는 기간 연장의 사유와 그 밖에 기간 연장에 관한 사항을 당사자에게 통보하여야 한다.

제75조【조사 및 의견 청취】 ① 위원회는 필요하다고 인정하면 위원회의 위원, 전문위원, 국토교통부 소속 공무원으로 하여금 관계 서류를 열람하게 하거나 관계 사업장에 출입하여 조사하게 할 수 있다.
② 위원회는 분쟁조정 당사자 또는 분쟁 관련 이해관계인으로 하여금 회의에 출석하여 발언할 수 있게 하여야 하며, 필요한 경우 관계 전문가의 의견을 들을 수 있다.
(2013.8.6 본조개정)

제76조【조정부】 ① 위원회는 조정업무를 효율적으로 처리하기 위하여 필요하다고 인정하면 조정사건의 분야별로 5명 이내의 위원으로 구성되는 조정부(調停部)를 둘 수 있다.
② 제1항에 따른 조정부의 위원은 위원장이 지명한다.
③ 조정부는 미리 조정사건을 심사한 후 조정안을 작성하여 위원회의 회의에 부쳐야 한다.

제77조【합의의 권고】 위원회는 조정신청을 받으면 당사자에게 분쟁해결에 관한 합의를 권고할 수 있다.
(2013.8.6 본조개정)

제78조【조정의 효력 등】 ① 위원회는 조정안을 작성하였을 때에는 지체 없이 이를 각 당사자에게 제시하여야 한다.
② 제1항에 따라 조정안을 받은 당사자는 그 제시를 받은 날부터 15일 이내에 그 수락 여부를 위원회에 통보하여야 한다.
③ 당사자가 제77조에 따라 분쟁해결에 관하여 합의하거나 제1항에 따른 조정안을 수락하면 위원회는 즉시 조정서를 작성하여야 하고, 위원장과 각 당사자는 이에 서명 또는 기명날인하여야 한다.(2013.8.6 본항개정)
④ 제3항에 따른 조정서의 내용은 재판상 화해와 동일한 효력이 있다.(2013.8.6 본항개정)
(2013.8.6 본조제목개정)

제78조의2【시효의 중단】 ① 제69조제3항에 따른 조정의 신청은 시효중단의 효력이 있다. 다만, 그 신청이 취하되거나 조정의 거부 또는 조정이 중지된 때에는 그러하지 아니하다.
② 제1항 본문에 따라 중단된 시효는 다음 각 호의 어느 하나에 해당하는 경우 새로 진행한다.
1. 제78조제3항에 따라 조정서를 작성하고, 위원장과 각 당사자가 이에 서명 또는 기명날인한 경우
2. 당사자의 일방 또는 쌍방이 조정결정에 동의하지 아니한다는 의사를 표시한 경우
(2013.8.6 본조신설)

제78조의3【조정절차의 비공개】 위원회가 수행하는 조정절차는 공개하지 아니한다. 다만, 위원회 위원 과반수의 찬성이 있는 경우 이를 공개할 수 있다.(2013.8.6 본조신설)

제79조【비용의 분담】 ① 분쟁 조정을 위한 감정, 진단, 시험 등에 사용된 비용은 신청인이 부담한다. 다만, 당사자 간에 이에 대한 약정이 있는 경우에는 그 약정에 따른다.
② 위원회는 필요하다고 인정하면 대통령령으로 정하는 바에 따라 당사자로 하여금 제1항에 따른 비용을 미리 내도록 할 수 있다.
③ 제1항에 따른 비용의 범위에 관하여는 대통령령으로 정한다.

제79조의2【서류의 송달】 분쟁 조정에 따른 서류 송달에 관하여는 「민사소송법」 제174조부터 제197조까지의 규정을 준용한다.

제80조【위원회의 운영 등】 제69조부터 제79조까지 및 제79조의2에서 정한 것 외에 위원회의 구성, 조직과 운영, 조정 절차 등에 관하여 필요한 사항은 대통령령으로 정한다.(2013.8.6 본조개정)

제9장 시정명령 등
(2011.5.24 본장개정)

제81조【시정명령 등】 국토교통부장관은 건설사업자가 다음 각 호의 어느 하나에 해당하면 기간을 정하여 시정을 명하거나 그 밖에 필요한 지시를 할 수 있다.(2019.4.30 본문개정)
1. 정당한 사유 없이 도급받은 건설공사를 시공하지 아니한 경우
2. (2016.2.3 삭제)
3. 제22조제6항을 위반하여 건설공사대장의 기재 사항을 발주자에게 통보하지 아니한 경우(2013.8.6 본호개정)
4. 제22조제7항, 제34조, 제34조의2제2항, 제36조제1항, 제36조의2제1항, 제37조, 제38조제1항 또는 제68조의3 제1항에 따른 건설사업자로서의 의무를 위반한 경우
(2019.4.30 본호개정)
5. 제28조에 따른 하자담보책임을 이행하지 아니한 경우
5의2. 제31조제3항 후단을 위반하여 하수급인 또는 하도급계약내용의 변경 요구를 이행하지 아니한 경우
(2017.12.26 본호신설)
6. 제38조제2항을 위반하여 부당한 특약을 강요한 경우
7. 제40조를 위반하여 건설공사의 현장에 건설기술인을 배치하지 아니하거나 배치된 건설기술인이 공사의 시공관리에 부적당하다고 인정되는 경우(2018.8.14 본호개정)
8. 제42조제1항 또는 제2항에 따른 표지의 게시 또는 표지판의 설치를 하지 아니한 경우
9. 정당한 사유 없이 제49조제1항에 따른 보고를 하지 아니한 경우
10. 설계도서, 시방서 및 도급계약의 내용 등에 따르지 아니하는 등 건설공사를 성실하게 수행하지 아니함으로써 부실시공의 우려가 있는 경우(2018.8.14 본호개정)
11. 제29조의3제6항을 위반하여 하수급인의 변경요구를 이행하지 아니한 경우(2018.12.18 본호신설)
12. 제68조의4제3항을 위반하여 타워크레인 대여업자 또는 대여계약내용의 변경요구를 이행하지 아니한 경우
(2018.12.18 본호신설)

제82조【영업정지 등】 ① 국토교통부장관은 건설사업자가 다음 각 호의 어느 하나에 해당하면 6개월 이내의 기간을 정하여 그 건설사업자의 영업정지를 명하거나 영업정지를 갈음하여 1억원 이하의 과징금을 부과할 수 있다.
(2019.4.30 본문개정)
1. 제28조에 따른 하자담보책임기간에 수급인이나 하수급인이 책임질 사유로 국토교통부령으로 정하는 규모 이상의 하자가 3회 이상 발생한 경우. 이 경우 하수급인이 책임질 사유에 대하여는 수급인에게도 같은 책임이 있는 것으로 본다.(2013.3.23 전단개정)
2. 제21조의2를 위반하여 국가기술자격증 또는 건설기술경력증을 다른 자에게 빌리거나 빌려 준 경우
3. 제23조제3항에 따른 건설공사 실적, 기술자 보유현황 등을 거짓으로 제출한 경우
4. 제29조제6항에 따른 통보를 거짓으로 한 경우
(2018.12.31 본호개정)
5. 정당한 사유 없이 제81조(제3호·제4호·제6호·제8호·제11호 및 제12호는 제외한다)에 따른 시정명령 또는 시정지시에 따르지 아니한 경우(2018.12.18 본호개정)
6. 다음 각 목의 어느 하나에 해당하는 경우
가. 「건설기술 진흥법」 제54조제1항에 따른 시정명령을 이행하지 아니한 경우(2013.5.22 본목개정)
나. 「건설기술 진흥법」 제48조제4항에 따른 시공상세도면의 작성의무를 위반하거나 건설사업관리를 수행하는 건설기술인 또는 공사감독자의 검토와 확인을 받지 아니하고 시공한 경우(2018.8.14 본목개정)
다. 「건설기술 진흥법」 제55조에 따른 품질시험 또는 검사를 성실하게 수행하지 아니한 경우(2013.5.22 본목개정)
라. 「건설기술 진흥법」 제62조제2항에 따른 안전점검을 성실하게 수행하지 아니한 경우(2013.5.22 본목개정)
마. 「건설기술 진흥법」 제80조에 따른 시정명령을 이행하지 아니한 경우(2013.5.22 본목개정)
7. 「산업안전보건법」에 따른 중대재해를 발생시킨 건설사업자에 대하여 고용노동부장관이 영업정지를 요청한 경우와 그 밖에 다른 법령에 따라 국가 또는 지방자치단체의 기관이 영업정지를 요구한 경우(2019.4.30 본호개정)
8. 제22조제7항, 제34조, 제36조제1항, 제37조, 제38조제1항 또는 제68조의3제1항에 따른 건설사업자로서의 의무를 위반한 경우(2019.4.30 본호개정)
9. 제38조제2항을 위반하여 부당한 특약을 강요한 경우
(2012.12.18 본호신설)
10. 제25조제5항에 따른 벌점이 대통령령으로 정하는 기준을 초과한 경우(2018.12.18 본호신설)
11. 제68조의4제1항에 따른 통보를 거짓으로 한 경우
(2018.12.18 본호신설)

② 국토교통부장관은 건설사업자가 다음 각 호의 어느 하나에 해당하면 1년 이내의 기간을 정하여 그 건설사업자(제5호의 경우 중 하도급인 경우에는 그 건설사업자와 수급인을, 다시 하도급한 경우에는 그 건설사업자와 다시 하도급한 자를 말한다)의 영업정지를 명하거나 영업정지를 갈음하여 그 위반한 공사의 도급금액(제3호·제6호 또는 제7호의 경우에는 하도급금액을 말한다)의 100분의 30에 상당하는 금액(제5호의 경우에는 5억원) 이하의 과징금을 부과할 수 있다.(2019.4.30 본문개정)

1. 제16조를 위반하여 건설공사를 도급 또는 하도급받은 경우
2. 제28조의2제1항을 위반하여 건설공사를 직접 시공하지 아니한 경우
3. 제25조제2항 및 제29조제1항부터 제5항까지의 규정에 따른 하도급 제한을 위반한 경우(2018.12.31 본호개정)
4. 제47조제2항에 따른 공사금액의 하한에 미달하는 공사를 도급받은 경우
5. 고의나 과실로 건설공사를 부실하게 시공한 경우
6. 제29조의2제1항에 따른 하수급인에 대한 관리의무를 이행하지 아니한 경우(하수급인이 제3호에 따른 영업정지 등의 처분을 받은 경우로서 그 위반행위를 지시·공모한 사실이 확인된 경우만 해당한다)(2018.12.18 본호신설)
7. 제29조의3제5항을 위반하여 수급인이 하도급 참여제한 중에 있는 건설사업자에게 하도급을 하거나, 건설사업자가 하도급 참여제한 기간 중에 하도급을 받은 경우(2019.4.30 본호개정)

③ 제1항 또는 제2항에 따라 과징금 부과처분을 받은 자가 과징금을 기한까지 내지 아니하면 국세 또는 지방세 체납처분의 예에 따라 징수한다.

제82조의2【부정한 청탁에 의한 재물 등의 취득 및 제공에 대한 영업정지 등】 ① 국토교통부장관은 건설사업자가 제38조의2를 위반하여 부정한 청탁을 받고 재물 또는 재산상의 이익을 취득하거나 부정한 청탁을 하면서 재물 또는 재산상의 이익을 제공한 경우에는 대통령령으로 정하는 바에 따라 1년의 범위에서 기간을 정하여 영업정지를 명하거나 영업정지에 갈음하여 10억원 이하의 과징금을 부과할 수 있다.(2019.4.30 본항개정)

② 건설사업자가 제1항에 따른 영업정지처분 또는 과징금 부과처분을 받고 그 처분을 받은 날부터 3년 이내에 다시 동일한 위반행위를 한 경우에는 대통령령으로 정하는 바에 따라 2년의 범위에서 기간을 정하여 영업정지를 명할 수 있다. 다만, 영업정지를 명할 경우 회복할 수 없는 손해가 발생할 우려가 있다고 인정되는 경우에는 영업정지에 갈음하여 대통령령으로 정하는 바에 따라 20억원 이하의 과징금을 부과할 수 있다.(2019.4.30 본문개정)

③ 건설사업자가 제1항에 따른 영업정지처분 또는 과징금 부과처분을 받고 그 처분을 받은 날부터 3년 이내에 2회 이상 동일한 위반행위를 한 경우에는 건설업 등록을 말소하여야 한다.(2019.4.30 본항개정)

④ 제1항부터 제3항까지의 처분은 법인 또는 개인이 그 위반행위를 방지하기 위하여 해당 업무에 관하여 상당한 주의와 감독을 게을리하지 아니한 경우에는 부과하지 아니한다.

⑤ 제1항 및 제2항에 따라 과징금 부과처분을 받은 자가 과징금을 기한까지 내지 아니하면 국세 또는 지방세 체납처분의 예에 따라 징수한다.

(2011.5.24 본조신설)

제83조【건설업의 등록말소 등】 국토교통부장관은 건설사업자가 다음 각 호의 어느 하나에 해당하면 그 건설사업자(제10호의 경우 중 하도급인 경우에는 그 건설사업자와 수급인을, 다시 하도급한 경우에는 그 건설사업자와 다시 하도급한 자를 말한다)의 건설업 등록을 말소하거나 1년 이내의 기간을 정하여 영업정지를 명할 수 있다. 다만, 제1호, 제2호의2, 제3호의2, 제3호의3, 제4호부터 제8호까지, 제8호의2, 제12호 또는 제13호에 해당하는 경우에는 건설업 등록을 말소하여야 한다.(2019.4.30 본문개정)

1. 부정한 방법으로 제9조에 따른 건설업 등록을 한 경우
2. (2016.2.3 삭제)

2의2. 제9조에 따른 건설업의 등록을 한 후 1년이 지날 때까지 영업을 개시하지 아니하거나 계속하여 1년 이상 「부가가치세법」 제8조제8항에 따라 관할 세무서장에게 휴업신고를 한 경우로서 제10조에 따른 건설업의 등록기준에 미달한 사실이 있는 경우(2020.12.22 본호개정)

3. 제10조에 따른 건설업의 등록기준에 미달한 사실이 있는 경우. 다만, 일시적으로 등록기준에 미달하는 등 대통령령으로 정하는 경우는 예외로 한다.

3의2. 제10조에 따른 건설업의 등록기준에 미달하여 영업정지처분을 받은 후 그 처분의 종료일까지 등록기준 미달사항을 보완하지 아니한 경우(2012.6.1 본호신설)

3의3. 제10조에 따른 건설업의 등록기준에 미달하여 영업정지처분을 받은 후 3년 이내에 동일한 등록기준에 미달하게 된 경우(2012.6.1 본호신설)

4. 제13조제1항 각 호의 어느 하나에 해당하는 건설업 등록의 결격사유에 해당하게 된 경우. 다만, 건설업으로 등록된 법인의 임원 중 건설업 등록의 결격사유에 해당되는 사람이 있는 경우로서 그 사실을 안 날부터 3개월 이내에 그 임원을 교체한 경우는 제외한다.
5. 제21조를 위반하여 다른 사람에게 자기의 성명이나 상호를 사용하여 건설공사를 수급 또는 시공하게 하거나 이를 알선한 경우 또는 건설업 등록증이나 건설업 등록수첩을 빌려주거나 이를 알선한 경우
6. 제21조의2를 위반하여 국가기술자격증 또는 건설기술경력증을 다른 자에게 빌려 건설업의 등록기준을 충족시키거나 국가기술자격증 또는 건설기술경력증을 다른 자에게 빌려주어 건설업의 등록기준에 미달한 사실이 있는 경우
7. 제29조제1항부터 제3항까지 중 어느 하나에 해당하는 위반행위를 하여 제82조제2항제3호에 따라 영업정지처분 또는 과징금 부과처분을 받고 그 처분을 받은 날부터 5년 이내에 이를 다시 2회 이상 위반한 경우(2018.12.18 본호신설)
8. 제82조, 제82조의2 또는 이 조에 따른 영업정지처분을 위반한 경우

8의2. 제81조제9호의 위반행위로 인하여 제82조제1항제5호에 따라 영업정지처분을 받고 그 처분의 종료일까지 제49조제1항에 따른 보고를 하지 아니한 경우(건설업 등록기준에의 적합 여부를 판단하기 위하여 보고하도록 한 경우에 한정한다)(2012.6.1 본호신설)

9. 건설업 등록을 한 후 1년이 지날 때까지 영업을 시작하지 아니하거나 계속하여 1년 이상 휴업한 경우
10. 고의나 과실로 건설공사를 부실하게 시공하여 시설물의 구조상 주요 부분에 중대한 손괴를 일으켜 공중(公衆)의 위험을 발생하게 한 경우(2020.6.9 본호개정)
11. 다른 법령에 따라 국가 또는 지방자치단체의 기관이 영업정지 또는 등록말소를 요구한 경우
12. 건설사업자가 「부가가치세법」 제8조제8항에 따라 폐업신고를 하였거나, 관할 세무서장이 같은 조 제9항에 따라 사업자등록을 말소한 경우(2021.7.27 본호개정)
13. 다음 각 목의 어느 하나에 해당하는 위반행위를 하여 「독점규제 및 공정거래에 관한 법률」 제43조에 따라 과징금 부과처분을 받고 그 처분을 받은 날부터 9년 이내에 다음 각 목의 어느 하나에 해당하는 위반행위를 다시 하여 같은 기간 내에 2회 이상 과징금 부과처분을 받은 경우
  가. 「독점규제 및 공정거래에 관한 법률」 제40조제1항제1호
  나. 「독점규제 및 공정거래에 관한 법률」 제40조제1항제3호
  다. 「독점규제 및 공정거래에 관한 법률」 제40조제1항제8호
  (2020.12.29 본호개정)

제83조의2【시정명령 등의 요구 및 보고】 ① 지방자치단체의 장은 건설사업자가 관할구역에서 이 법을 위반한 사실을 발견하면 그 건설사업자의 등록관청으로 하여금 제81조, 제82조, 제82조의2 및 제83조에 따라 그 건설사업자에 대한 시정명령, 영업정지 또는 등록말소 등을 하도록 요구할 수 있다.(2019.4.30 본항개정)

② 지방자치단체의 장은 제81조, 제82조, 제82조의2 및 제83조에 따라 시정명령, 영업정지 또는 등록말소 등을 한 경우(제91조제1항에 따라 위임받은 경우만 해당한다)에는 국토교통부령으로 정하는 바에 따라 처분 내용, 처분 사유 등을 국토교통부장관에게 보고하여야 한다.

(2013.3.23 본항개정)

③ 국가기관, 지방자치단체 또는 대통령령으로 정하는 공공기관은 제38조의2를 위반한 사실을 발견하면 해당 건설사업자의 등록관청이 제82조의2에 따른 영업정지나 과징금 부과 또는 등록말소를 할 수 있도록 그 사실을 등록관청에 통보하여야 한다.(2019.4.30 본항개정)

제83조의3【폐업 등의 확인】 국토교통부장관 또는 지방자치단체의 장(제91조제1항에 따라 위임받은 사무를 처리하기 위하여 필요한 경우에만 해당한다. 이하 이 조에서 같다)은 제83조제12호에 따른 폐업 또는 사업자등록 말소(이하 이 조에서 "폐업등"이라 한다) 사실을 확인하기 위하여 관할 세무관서의 장에게 해당 사업자의 사업자등록번호를 기재하여 폐업등에 관한 과세정보의 제공을 요청할 수 있다. 이 경우 국토교통부장관 또는 지방자치단체의 장은 폐업등 사실을 확인하기 위하여 필요하면 「전자정부법」 제36조제1항에 따라 행정정보를 공동이용할 수 있다.(2016.2.3 본조신설)

제84조【영업정지 등의 세부 처분기준】 제82조, 제82조의2 또는 제83조에 따라 영업정지처분을 하거나 과징금 부과처분을 하는 경우 또는 건설업 등록을 말소하거나 영업정지처분을 하는 경우에 그 위반행위의 종류와 위반 정도에 따른 건설업 등록말소 또는 영업정지의 기준, 영업정지의 기간, 과징금의 금액, 그 밖에 필요한 사항은 대통령령으로 정한다. 이 경우 제9조의3제2항에 따른 교육 이수자에 대하여는 대통령령으로 정하는 바에 따라 영업정지의 기간 등을 감경할 수 있다.(2015.8.11 후단신설)

제84조의2【제척기간】 국토교통부장관은 다음 각 호의 기간이 지난 경우에는 제82조, 제82조의2 또는 제83조에 따른 영업정지를 명하거나 과징금의 부과 또는 건설업 등록의 말소를 할 수 없다.(2020.6.9 본문개정)

1. 제82조제1항제1호, 같은 조 제2항제5호 또는 제83조제10호 위반의 경우 해당 공사의 하자담보책임기간 종료일부터 10년
2. 제82조(제1항제1호·제8호·제9호 및 제2항제5호는 제외한다), 제82조의2 또는 제83조(제10호는 제외한다) 위반의 경우 위반행위 종료일부터 5년
3. 제82조제1항제8호 또는 제9호 위반의 경우 위반행위 종료일부터 3년

(2012.12.18 본조신설)

제85조【이해관계인에 의한 제재의 요구】 이해관계인은 건설사업자가 제81조 각 호의 어느 하나에 해당하면 국토교통부장관에게 그 사유를 분명하게 밝혀 그 건설사업자에 대하여 적절한 조치를 할 것을 요구할 수 있다.

(2019.4.30 본조개정)

제85조의2【건설사업자의 지위 승계 등】 ① 제20조의2에 따른 폐업신고로 건설업 등록이 말소된 자가 제9조에 따라 6개월 이내에 다시 건설사업자로 등록한 경우로서 다음 각 호의 어느 하나에 해당하는 경우에는 그 건설사업자는 폐업신고 전의 건설사업자의 지위를 승계한다.

(2019.4.30 본문개정)

1. 말소 당시에 등록한 업종과 동일한 업종의 건설업을 다시 등록하는 경우(2016.2.3 본호개정)
2. 말소 당시의 업종과 업무내용이 전부 또는 일부 중복되는 다른 업종의 건설업을 등록하는 경우로서 대통령령으로 정하는 경우(2012.6.1 본호신설)

② 제1항에 따라 건설사업자의 지위를 승계한 자에 대하여는 폐업신고 전의 건설사업자에 대한 행정처분의 효과가 승계된다.(2019.4.30 본항개정)

③ 국토교통부장관은 제1항에 따라 폐업신고 전의 건설사업자의 지위를 승계한 자에 대하여 폐업신고 전의 위반행위를 사유로 제81조, 제82조, 제82조의2 및 제83조에 따른 시정명령, 영업정지 또는 등록말소 등을 할 수 있다.

(2019.4.30 본항개정)

(2019.4.30 본조제목개정)

제85조의3【등록말소 등의 공고】 ① 국토교통부장관은 제81조, 제82조, 제82조의2, 제83조 및 제101조에 따라 건설사업자에 대하여 시정명령, 영업정지, 등록말소 또는 과태료 부과처분 등을 하면 국토교통부령으로 정하는 바에 따라 그 내용을 공고하고, 공고 사실을 본인에게 알려야 한다.(2019.4.30 본항개정)

② 국토교통부장관은 제1항에 따라 공고한 내용을 대통령령으로 정하는 금융기관, 신용정보기관에 제공할 수 있다. 이 경우 국토교통부장관은 그 제공 사실을 본인에게 알려야 한다.

(2013.3.23 본조개정)

제86조【청문】 국토교통부장관은 제82조, 제82조의2 또는 제83조에 따라 영업정지, 과징금 부과 또는 등록말소를 하려면 청문을 하여야 한다. 다만, 건설사업자의 폐업으로 제83조제12호에 해당하여 등록말소를 하려는 경우에는 청문을 하지 아니한다.(2019.4.30 단서개정)

제86조의2【발주자에 대한 점검 등】 국토교통부장관은 국가, 지방자치단체 또는 대통령령으로 정하는 공공기관이 발주자인 경우에는 발주능력과 건설공사 관리능력을 높이기 위하여 제7조제2항에 따른 발주자의 책무를 점검·확인할 수 있다.(2013.3.23 본조개정)

제86조의3【건설행정의 지도·감독 등】 국토교통부장관은 건설업 등록 등 관련 사무의 집행, 건설공사 감독의 실태 등 건설행정의 건실한 운영을 지도·점검하기 위하여 국토교통부령으로 정하는 바에 따라 지도·점검계획을 수립·시행할 수 있다.(2013.3.23 본조개정)

제86조의4【상습체불건설사업자 명단 공표 등】 ① 국토교통부장관은 직전연도부터 과거 3년간 제34조제1항(제32조제4항에서 준용하는 경우를 포함한다)을 위반하여 제81조 또는 제82조에 따른 처분(불복절차가 진행 중인 처분은 제외하며, 동일한 위반행위로 인하여 2회 이상의 처분을 받은 경우에는 그 처분 횟수를 1회로 본다)을 2회 이상 받은 건설사업자 중 하도급대금, 건설기계 대여대금, 가설기자재 대여대금 및 건설공사용 부품대금의 체불 총액이 1천만원 이상인 자(이하 "상습체불건설사업자"라 한다)의 명단을 공표하여야 한다. 다만, 상습체불건설사업자의 사망, 실종선고로 명단공표의 실효성이 없는 경우 등 대통령령으로 정하는 사유가 있는 경우에는 그러하지 아니하다.(2021.7.27 본문개정)

② 제1항에 따른 상습체불건설사업자 명단의 공표 여부를 심의하기 위하여 국토교통부에 상습체불건설사업자 명단 공표심의위원회(이하 이 조에서 "심의위원회"라 한다)를 둔다.

③ 국토교통부장관은 심의위원회의 심의를 거친 공표 대상 건설사업자에게 명단 공표 대상자임을 통지하고 3개월 이상의 기간을 정하여 소명 기회를 주어야 한다.

④ 국토교통부장관은 제23조에 따른 시공능력 평가 시 상습체불건설사업자의 체불 이력을 국토교통부령으로 정하는 바에 따라 반영할 수 있다.

⑤ 제1항 및 제2항에 따른 상습체불건설사업자 명단 공표 방법, 심의위원회의 구성 및 운영 등에 필요한 사항은 대통령령으로 정한다.

(2019.4.30 본조개정)

제10장 보 칙

(2011.5.24 본장개정)

제87조【건설근로자 퇴직공제제도의 시행】 ① 대통령령으로 정하는 건설공사를 하는 건설사업자는 「건설근로자의 고용개선 등에 관한 법률」에 따른 건설근로자 퇴직공제제도에 가입하여야 한다.(2019.4.30 본항개정)

② 제1항에 따라 건설근로자 퇴직공제제도에 가입하여야 하는 건설공사 도급계약의 당사자는 대통령령으로 정하는 바에 따라 그 건설공사의 도급금액 산출명세서에 건설근로자 퇴직공제제도의 가입에 드는 금액을 분명하게 적어야 한다.
③ 국토교통부장관은 제23조에 따른 시공능력의 평가나 그 밖의 건설시책을 시행할 때 제2항에 따라 건설근로자 퇴직공제제도에 가입한 건설사업자를 우대할 수 있다.(2019.4.30 본항개정)

제87조의2【건설전문인력의 육성 및 관리】 ① 국토교통부장관은 건설 분야의 전문적인 기술 또는 기능을 보유한 인력(이하 "건설전문인력"이라 한다)의 육성 및 관리 등에 관한 시책을 수립·추진할 수 있다.(2013.3.23 본항개정)
② 국토교통부장관이 제1항에 따라 수립하는 시책에는 다음 각 호의 사항이 포함되어야 한다.(2013.3.23 본문개정)
1. 건설전문인력의 수급 및 활용에 관한 사항
2. 건설전문인력의 육성 및 교육훈련에 관한 사항
3. 건설전문인력의 경력관리와 경력인증에 관한 사항
4. 그 밖에 건설전문인력의 육성 및 관리에 필요한 사항으로서 대통령령으로 정하는 사항
③ 국토교통부장관은 건설전문인력의 육성 및 관리 등에 관한 시책을 추진할 때 필요하면 건설전문인력 관련 단체, 협회, 공제조합 및 건설사업자를 지원할 수 있다.(2019.4.30 본항개정)
④ 제1항부터 제3항까지의 규정에 따른 건설전문인력의 육성 및 관리와 지원 등에 필요한 사항은 대통령령으로 정한다.
⑤ 국토교통부장관은 대통령령으로 정하는 바에 따라 관련중앙행정기관의 장, 제87조에 따른 건설근로자 퇴직공제제도 운영기관 등 건설전문인력 관련 단체, 협회, 공제조합 및 건설사업자 등에 대하여 건설전문인력의 육성 및 관리 등에 필요한 자료를 제출할 것을 요청할 수 있다. 이 경우 요청을 받은 자는 특별한 사유가 없으면 이에 따라야 한다.(2019.4.30 전단개정)

제87조의3【공공건설공사의 외국인근로자에 대한 관리】 ① 공공건설공사의 발주자는 수급인 및 하수급인이 「외국인근로자의 고용 등에 관한 법률」 등 관계 법령에 따라 외국인근로자를 적법하게 고용하고 있는지를 확인하여야 한다.
② 공공건설공사의 발주자는 제1항에 따른 확인에 필요한 경우에는 수급인 및 하수급인에게 대통령령으로 정하는 자료의 제출을 요청할 수 있다. 이 경우 자료의 제출을 요청받은 자는 특별한 사유가 없으면 이에 따라야 한다.
③ 공공건설공사의 발주자는 제1항에 따라 확인한 결과 수급인 및 하수급인이 관계 법령을 위반하였다고 판단되는 때에는 이를 국토교통부장관 및 관계 기관의 장에게 알리는 등 필요한 조치를 하여야 한다.
(2021.7.27 본조신설)

제88조【임금에 대한 압류의 금지】 ① 건설사업자가 도급받은 건설공사의 도급금액 중 그 공사(하도급한 공사를 포함한다)의 근로자에게 지급하여야 할 임금에 상당하는 금액은 압류할 수 없다.(2019.4.30 본항개정)
② 제1항의 임금에 상당하는 금액의 범위와 산정방법은 대통령령으로 정한다.

제89조【직무상 알게 된 사실의 누설 금지】 다음 각 호의 사람은 특별한 사유가 없으면 직무상 알게 된 건설사업자의 재산 및 업무 상황을 누설하여서는 아니 된다.(2019.4.30 본문개정)
1. 이 법에 따른 등록, 신고 또는 감독 사무에 종사하는 공무원이거나 공무원이었던 사람
2. 위원회의 위원, 전문위원 등 분쟁조정 업무를 수행하거나 수행하였던 사람(2013.8.6 본호개정)
3. 제91조제3항에 따른 위탁사무에 종사하거나 종사하였던 사람

제90조【벌칙 적용 시의 공무원 의제】 위원회의 위원과 제86조의4제2항에 따른 상습체불건설사업자명단 공표심의위원회의 위원 중 공무원이 아닌 사람 또는 제91조제3항에 따른 위탁사무에 종사하는 자는 「형법」 제127조와 제129조부터 제132조까지의 규정을 적용할 때에는 공무원으로 본다.(2019.4.30 본조개정)

제91조【권한의 위임·위탁】 ① 이 법에 따른 국토교통부장관의 권한은 대통령령으로 정하는 바에 따라 그 일부를 소속 기관의 장, 시·도지사 또는 시장·군수·구청장(자치구의 구청장을 말한다)에게 위임할 수 있다.
(2013.3.23 본항개정)
② (1999.4.15 삭제)
③ 이 법에 따른 국토교통부장관의 권한 중 다음 각 호의 권한은 대통령령으로 정하는 바에 따라 국토교통부장관이 지정하는 기관에 위탁할 수 있다.(2013.3.23 본문개정)
1. 제9조에 따른 건설업 등록 신청의 접수 및 신청 내용의 확인(2016.2.3 본호개정)
2. 제9조의2에 따른 건설업 등록증 또는 건설업 등록수첩의 기재 사항 변경신청의 접수 및 신청 내용의 확인
2의2. 제9조의3에 따른 건설업 윤리 및 실무 관련 교육의 실시(2015.8.11 본호신설)
3. 제17조에 따른 건설업의 양도, 법인 합병 및 상속에 대한 신고의 접수 및 신고 내용의 확인
4. 제23조에 따른 건설사업자의 시공능력 평가 및 건설공사 실적 등의 접수, 내용의 확인 및 관계 자료 제출의 요청(2020.4.7 본호개정)
5. 제23조의2에 따른 건설사업관리자의 건설사업관리능력 평가 및 건설사업관리 실적 등의 접수 및 내용의 확인
6. 제24조에 따른 건설산업정보 종합관리체계의 구축·운영
7. 제47조제2항에 따른 공사금액 하한의 결정에 따른 업무
8. 제48조에 따른 건설사업자 간의 협력 지도(2019.4.30 본호개정)
8의2. 제48조의2에 따른 건설근로자 고용평가 업무(2020.4.7 본호신설)
9. 제49조에 따른 건설사업자에 대한 실태조사 중 등록기준에 적합한지를 판단하기 위한 자료의 제출 요청, 그 내용의 확인 및 그 밖에 국토교통부장관이 필요하다고 인정한 사항의 확인(2019.4.30 본호개정)
10. 제87조의2에 따른 건설전문인력의 육성 및 관리 업무
11. 제25조제5항에 따른 벌점의 종합관리(2018.12.18 본호신설)
12. 제29조의3에 따른 하도급 참여제한 처분사실의 게재 및 관리(2018.12.18 본호신설)

제92조【수수료】 다음 각 호의 어느 하나에 해당하는 자는 국토교통부령으로 정하는 바에 따라 수수료를 내야 한다.(2013.3.23 본문개정)
1. 제9조제1항 및 제2항에 따라 건설업 등록을 신청하는 자
2. 제9조의2제3항에 따라 건설업 등록증 또는 건설업 등록수첩의 재발급을 신청하는 자
3. 제23조제1항에 따른 시공능력의 평가 및 공시를 받기 위하여 신청하는 자
4. 제23조의2제1항에 따라 건설사업관리능력의 평가 및 공시를 받기 위하여 신청하는 자
5. 제24조제1항에 따라 건설산업정보를 제공받는 자
6. 제69조제3항에 따라 분쟁 조정을 신청하는 자

제11장 벌 칙
(2011.5.24 본장제목개정)

제93조【벌칙】 ① 건설사업자 또는 제40조제1항에 따라 건설 현장에 배치된 건설기술인으로서 건설공사의 안전에 관한 법령을 위반하여 건설공사를 시공함으로써 그 착공 후 제28조에 따른 하자담보책임기간에 교량, 터널, 철도, 그 밖에 대통령령으로 정하는 시설물의 구조상 주요 부분에 중대한 파손을 발생시켜 공중의 위험을 발생하게 한 자는 10년 이하의 징역에 처한다.(2019.4.30 본항개정)
② 제1항의 죄를 범하여 사람을 죽거나 다치게 한 자는 무기 또는 3년 이상의 징역에 처한다.
(2011.5.24 본조개정)

제94조【벌칙】 ① 업무상 과실로 제93조제1항의 죄를 범한 자는 5년 이하의 징역이나 금고 또는 5천만원 이하의 벌금에 처한다.
② 업무상 과실로 제93조제1항의 죄를 범하여 사람을 죽거나 다치게 한 자는 10년 이하의 징역이나 금고 또는 1억원 이하의 벌금에 처한다.
(2011.5.24 본조개정)

제95조【벌칙】 건설공사의 입찰에서 다음 각 호의 어느 하나에 해당하는 행위를 한 자는 5년 이하의 징역 또는 2억원 이하의 벌금에 처한다.(2016.2.3 본문개정)
1. 부당한 이익을 취득하거나 공정한 가격 결정을 방해할 목적으로 입찰자가 서로 공모하여 미리 조작한 가격으로 입찰한 자
2. 다른 건설사업자의 견적을 제출한 자(2019.4.30 본호개정)
3. 위계 또는 위력, 그 밖의 방법으로 다른 건설사업자의 입찰행위를 방해한 자(2019.4.30 본호개정)
(2011.5.24 본조개정)

판례 실제로는 수의계약을 체결하면서 입찰서류만을 작성하여 입찰이 있었던 것처럼 조작하는 것이 입찰방해행위에 해당하는지 여부 : 동조제3호에서 규정하고 있는 입찰방해행위가 있다고 인정하기 위하여는 그 방해의 대상인 입찰이 현실적으로 존재하여야 한다고 볼 것이므로, 실제로 실시된 입찰절차에서 실질적으로는 단독입찰을 하면서 마치 경쟁입찰을 한 것처럼 가장하는 경우와는 달리, 실제로는 수의계약을 체결하면서 입찰절차를 거쳤다는 증빙을 남기기 위하여 입찰을 전혀 시행하지 아니한 채 형식적인 입찰서류만을 작성하여 입찰이 있었던 것처럼 조작한 행위는 위 규정에서 말하는 입찰방해행위에 해당한다고 할 수 없다.
(대판 2001.2.9, 2000도4700 : 형법 제357조의 배임수재죄 성립에 관해서는 판례 전문을 참조)

제95조의2【벌칙】 다음 각 호의 어느 하나에 해당하는 자는 5년 이하의 징역 또는 5천만원 이하의 벌금에 처한다.(2017.3.21 본문개정)
1. 제9조제1항에 따른 등록을 하지 아니하거나 부정한 방법으로 등록을 하고 건설업을 한 자(2017.3.21 본호신설)
2. 제21조제1항 또는 제2항을 위반하여 다른 사람에게 자기의 성명이나 상호를 사용하여 건설공사를 수급 또는 시공하게 한 건설사업자와 그 상대방, 건설업 등록증이나 건설업 등록수첩을 빌려준 건설사업자와 그 상대방(2019.4.30 본호개정)
3. 제21조제3항을 위반하여 다른 사람의 성명이나 상호를 사용한 건설공사 수급 또는 시공을 알선하거나 건설업 등록증 또는 건설업 등록수첩 대여를 알선한 자(2017.3.21 본호신설)
4. 제21조제4항을 위반하여 건설공사를 도급 또는 시공하게 한 건축주(2017.3.21 본호신설)
5. 제38조의2를 위반하여 부정한 청탁을 받고 재물 또는 재산상의 이익을 취득하거나 부정한 청탁을 하면서 재물 또는 재산상의 이익을 제공한 자(2017.3.21 본호신설)

제96조【벌칙】 다음 각 호의 어느 하나에 해당하는 자는 3년 이하의 징역 또는 3천만원 이하의 벌금에 처한다.
1. (2017.3.21 삭제)
2. 제17조에 따른 신고를 하지 아니하거나 부정한 방법으로 신고하고 건설업을 한 자
3. (2017.3.21 삭제)
4. 제25조제2항 및 제29조제1항부터 제5항까지의 규정을 위반하여 하도급한 자(2018.12.31 본호개정)
4의2. 제38조의3을 위반하여 불이익을 주는 행위를 한 자(2016.2.3 본호신설)
5. 제41조를 위반하여 시공한 자
6. 정당한 사유 없이 제82조, 제82조의2 또는 제83조에 따른 영업정지처분을 위반한 자
7. 제29조의2제1항에 따른 하수급인에 대한 관리의무를 이행하지 아니한 자(하수급인이 제82조제2항제3호에 따른 영업정지 등의 처분을 받은 경우로서 그 위반행위를 지시·공모한 사실이 확인된 경우만 해당한다)(2018.12.18 본호신설)
(2011.5.24 본조개정)

제97조【벌칙】 다음 각 호의 어느 하나에 해당하는 자는 1년 이하의 징역 또는 1천만원 이하의 벌금에 처한다.(2014.5.14 본문개정)
1. 제11조에 따른 표시·광고의 제한을 위반한 자
2. 제23조제3항에 따른 건설공사 실적, 기술자 보유현황, 재무상태를 거짓으로 제출한 자
3. 제23조의2제2항에 따른 건설사업관리 실적, 인력 보유 현황, 재무상태를 거짓으로 제출한 자
4. 제40조제1항에 따른 건설기술인의 현장 배치를 하지 아니한 자(2018.8.14 본호개정)
(2011.5.24 본조개정)

제98조【양벌규정】 ① 법인의 대표자나 법인 또는 개인의 대리인, 사용인, 그 밖의 종업원이 그 법인 또는 개인의 업무에 관하여 제93조의 위반행위를 하면 그 행위자를 벌하는 외에 그 법인 또는 개인에게도 10억원 이하의 벌금형을 과(科)한다. 다만, 법인 또는 개인이 그 위반행위를 방지하기 위하여 해당 업무에 관하여 상당한 주의와 감독을 게을리하지 아니한 경우에는 그러하지 아니하다.
② 법인의 대표자나 법인 또는 개인의 대리인, 사용인, 그 밖의 종업원이 그 법인 또는 개인의 업무에 관하여 제94조, 제95조, 제95조의2, 제96조 또는 제97조제1호·제2호·제3호의 위반행위를 하면 그 행위자를 벌하는 외에 그 법인 또는 개인에게도 해당 조문의 벌금형을 과(科)한다. 다만, 법인 또는 개인이 그 위반행위를 방지하기 위하여 해당 업무에 관하여 상당한 주의와 감독을 게을리하지 아니한 경우에는 그러하지 아니하다.
(2011.5.24 본조개정)

제98조의2【과태료】 다음 각 호의 어느 하나에 해당하는 자에게는 2천만원 이하의 과태료를 부과한다.
1. 제29조의2제1항에 따른 하수급인에 대한 관리의무를 이행하지 아니한 자(하수급인이 제82조제2항제3호에 따른 영업정지 등의 처분을 받은 경우로서 그 위반행위를 묵인한 사실이 확인된 경우만 해당한다)
2. 제65조의2제3항에 따른 명령을 이행하지 아니한 자
(2018.12.18 본조개정)

제99조【과태료】 다음 각 호의 어느 하나에 해당하는 자에게는 500만원 이하의 과태료를 부과한다.
1. 제14조제2항을 위반하여 처분의 내용을 발주자 등에게 통지하지 아니한 건설사업자 및 그 포괄승계인(2019.4.30 본호개정)
2. 제22조제2항을 위반하여 도급계약을 계약서로 체결하지 아니하거나 계약서를 교부하지 아니한 건설사업자(하도급인 경우에는 하도급받은 건설사업자는 제외한다)(2019.4.30 본호개정)
3. 제22조제6항에 따른 건설공사대장의 기재사항을 해당 공사 완료일까지 발주자에게 통보하지 아니하거나 거짓으로 통보한 자(2013.8.6 본호개정)
3의2. 제22조제8항에 따른 통보를 하지 아니하거나 통보기한을 위반한 자(2018.12.31 본호신설)
3의3. 제22조의2제1항에 따른 공사대금의 지급보증, 담보의 제공 또는 보험료등의 지급을 정당한 사유 없이 이행하지 아니한 자(2019.11.26 본호신설)
4. 제28조의2제2항에 따른 통보를 하지 아니한 자
5. 제29조제6항에 따른 통보를 하지 아니한 자(2018.12.31 본호개정)
6. 제29조의2제1항에 따른 하수급인에 대한 관리의무를 이행하지 아니한 자(하수급인이 제82조제2항제3호에 따른 영업정지 등의 처분을 받은 경우로서 하수급인의 현장배치기술자의 소속을 확인하지 않는 등 국토교통부령으로 정하는 과실이 확인된 경우만 해당하며, 그 위반행위를 지시·공모·묵인한 경우는 제외한다)
(2018.12.18 본호개정)

7. 제31조의2에 따라 제출한 하도급계획(건설공사를 도급받은 경우 제출한 하도급계획만 해당한다)을 정당한 사유 없이 이행하지 아니한 자
7의2. 제31조의3제2항을 위반하여 하도급공사와 관련된 사항을 알리지 아니하거나, 정당한 사유 없이 알린 내용과 다르게 계약을 체결한 자(2018.12.31 본호신설)
8. 제34조제1항에 따른 하도급대금 등을 지급기일까지 지급하지 아니하여 제81조제4호에 따라 시정명령을 받고 이에 따르지 아니한 자
9. 제49조제1항에 따른 조사 또는 검사를 거부, 기피, 방해하거나 거짓으로 보고한 자
10. 제72조에 따라 위원회로부터 분쟁조정 신청 내용을 통보받고 그 조정에 참여하지 아니한 자(2013.8.6 본호신설)
11. 제81조제3호·제5호의2·제11호 또는 제12호의 사유로 인한 시정명령이나 지시에 따르지 아니한 자(2018.12.18 본호개정)
12. 제9조의3제1항에 따른 교육을 이수하지 아니한 자(2015.8.11 본호신설)
13. 제36조의2제1항에 따른 추가·변경공사 대하여 서면으로 요구하지 아니한 건설사업자(2019.4.30 본호개정)
14. 제25조제5항에 따른 벌점이 대통령령으로 정하는 기준을 초과한 자(2018.12.18 본호신설)
15. 제68조의4제1항에 따른 통보를 하지 아니한 자(2018.12.18 본호신설)

(2011.5.24 본조개정)

제100조【과태료】 다음 각 호의 어느 하나에 해당하는 자에게는 50만원 이하의 과태료를 부과한다.
1. 제9조의2제2항에 따른 기재 사항 변경신청을 정하여진 기간에 하지 아니한 자
2. 제40조제2항을 위반하여 건설공사의 현장을 이탈한 건설기술인(2018.8.14 본호개정)
3. 제49조제1항에 따른 보고를 게을리한 자
4. 제81조제8호의 사유로 인한 시정명령이나 지시에 따르지 아니한 자

(2011.5.24 본조개정)

제100조의2【과태료 규정 적용에 관한 특례】 제82조제1항제5호에 따라 영업정지를 명하거나 영업정지를 갈음하여 과징금을 부과한 행위에 대하여는 제99조제8호를 적용하지 아니한다.(2020.6.9 본조개정)

제101조【과태료의 부과·징수절차】 제98조의2, 제99조 및 제100조에 따른 과태료는 대통령령으로 정하는 바에 따라 국토교통부장관이 부과·징수한다.(2016.2.3 본조개정)

부 칙 (2011.5.24)

제1조【시행일】 이 법은 공포 후 6개월이 경과한 날부터 시행한다. 다만, 제25조제4항의 개정규정은 공포한 날부터 시행하고, 제11조·제13조제1항제3호(제82조의2제3항, 제83조제8호 및 제13호의 개정규정에 관한 부분에 한정한다)·제14조·제16조·제20조·제25조제1항부터 제3항까지·제29조·제29조의2·제32조제3항·제36조제2항·제38조의2·제54조제5항·제57조의2·제65조의2·제68조의2·제81조제4호·제82조제1항제4호·제82조제2항제3호·제82조의2·제83조제8호 및 제13호·제83조의2제3항·제84조·제86조(제82조의2의 개정규정에 관한 부분에 한정한다)·제96조제4호 및 제6호·제99조제4호 및 제5호의 개정규정은 공포 후 1년이 경과한 날부터 시행한다.(2011.8.4 단서개정)

제2조【포괄대금지급보증의 적용례】 제68조의2의 개정규정은 이 법 시행 후 최초로 건설공사에 대한 입찰공고를 하는 분(입찰공고를 하지 아니한 경우에는 최초로 도급계약을 체결하는 분)부터 적용한다.

제3조【보증금에 관한 권리에 대한 경과조치】 이 법 시행 전에 체결된 보증계약에 따라 공제조합에 대하여 가지는 보증금에 관한 권리의 소멸시효는 종전의 규정에 따른다.

제4조【행정제재 처분에 관한 경과조치】 이 법 시행 전의 위반행위에 대한 행정제재 처분(과징금 부과처분을 포함한다)에 관하여는 종전의 규정에 따른다.

제5조【벌칙에 관한 경과조치】 이 법 시행 전의 행위에 대한 벌칙(과태료를 포함한다)에 관하여는 종전의 규정에 따른다.

제6조【다른 법률의 개정】 ①~⑨ ※(해당 법령에 가제정리 하였음)

부 칙 (2011.8.4)

① **【시행일】** 이 법은 공포 후 6개월이 경과한 날부터 시행한다. 다만, 법률 제10719호 건설산업기본법 일부개정법률 부칙 제1조의 개정규정은 공포한 날부터 시행한다.
② **【건축물 시공자의 제한에 관한 적용례】** 제41조의 개정규정은 이 법 시행 후 최초로 「건축법」에 따른 건축허가 신청 또는 건축신고를 하거나, 「주택법」에 따른 주택건설사업계획 승인을 신청하는 분부터 적용한다.

부 칙 (2012.6.1)

제1조【시행일】 이 법은 공포 후 6개월이 경과한 날부터 시행한다. 다만, 제69조제2항 및 제69조의2제1항제2호의 개정규정은 2012년 7월 1일부터 시행한다.

제2조【하도급 사실 통보 등에 관한 적용례】 제29조, 제34조제4항 및 제37조제1항의 개정규정은 이 법 시행 후 최초로 수급인이 발주자로부터 도급받는 건설공사부터 적용한다.

제3조【거짓신고로 등록이 말소된 자의 등록 결격사유에 관한 경과조치】 이 법 시행 전에 제83조제2호에 따라 등록말소된 경우에는 종전의 규정에 따른다.

제4조【과태료에 관한 경과조치】 이 법 시행 전의 행위에 대하여 과태료를 적용할 때에는 종전의 규정에 따른다.

부 칙 (2012.12.18)

제1조【시행일】 이 법은 공포 후 6개월이 경과한 날부터 시행한다.

제2조【건설기계 대여대금 지급보증제도에 관한 적용례】 제68조의3의 개정 규정은 이 법 시행 후 최초로 건설업자와 건설기계 대여업자 간 계약을 체결한 건부터 적용한다.

제3조【행정제재처분에 관한 적용례】 제81조 및 제82조의 개정규정은 이 법 시행 후 최초로 발생하는 행정제재처분부터 적용한다.

제4조【행정제재처분 제척기간에 관한 적용례】 ① 제84조의2의 개정규정은 이 법 시행 후 최초로 발생하는 위반행위 또는 하자담보 책임기간이 종료되는 경우부터 적용한다.
② 이 법 시행 전에 위반행위 또는 하자담보 책임기간이 종료된 분에 대하여는 이 법 시행일부터 제84조의2의 개정규정에 따른 제척기간 말일이 경과한 경우 제재처분을 부과할 수 없다.

부 칙 (2013.8.6)

제1조【시행일】 이 법은 공포 후 6개월이 경과한 날부터 시행한다.

제2조【공사대금지급보증 등에 관한 적용례】 제22조의2의 개정규정은 이 법 시행 후 최초로 도급계약을 체결하는 분부터 적용한다.

제3조【분쟁조정 불참에 따른 과태료 부과 적용례】 제99조제10호의 개정규정에 따른 행정제재 처분은 이 법 시행 후 제72조의 개정규정에 따라 위원회로부터 분쟁조정 신청 내용을 통보받고 그 조정에 참여하지 아니한 경우부터 적용한다.

부 칙 (2014.5.14)

제1조【시행일】 이 법은 공포 후 6개월이 경과한 날부터 시행한다.

제2조【반복적인 등록기준 미달에 관한 적용례】 제13조의 개정규정은 이 법 시행 후 최초로 등록 신청을 하는 분부터 적용한다.

제3조【하수급인의 하자담보책임 등에 관한 적용례】 제28조의 개정규정은 이 법 시행 후 최초로 수급인과 하수급인이 하도급계약을 체결하는 분부터 적용한다.

제4조【하도급공사 계약자료 공개 등에 관한 적용례】 제31조의3의 개정규정은 이 법 시행 후 최초로 발주자와 수급인이 도급계약을 체결하는 분부터 적용한다.

제5조【건설기계 대여대금 및 하도급대금의 직접 지급 등에 관한 적용례】 제32조제4항 및 제35조의 개정규정은 이 법 시행 후 최초로 발주자와 수급인이 도급계약을 체결하는 분부터 적용한다.

제6조【건설업의 등록말소 등에 관한 적용례】 제83조제12호의 개정규정은 이 법 시행 후 관할 세무서장이 「부가가치세법」 제8조제7항에 따라 등록말소를 하는 경우부터 적용한다.

제7조【상습체불건설업자 명단 공표에 관한 적용례】 제86조의4제1항의 개정규정은 이 법 시행 후 최초로 제34조제1항(제32조제4항에서 준용하는 경우를 포함한다)을 위반한 경우부터 적용한다.

제8조【금치산자 등에 대한 경과조치】 제13조제1항제2호, 제55조의2제3항제2호 및 제70조의2제2호의 개정규정에 따른 피성년후견인 또는 피한정후견인은 법률 제10429호 민법 일부개정법률 부칙 제2조에 따라 금치산 또는 한정치산 선고의 효력이 유지되는 사람을 포함하는 것으로 본다.

부 칙 (2015.8.11)

제1조【시행일】 이 법은 공포 후 6개월이 경과한 날부터 시행한다. 다만, 제28조제3항의 개정규정은 공포 후 1년이 경과한 날부터 시행 한다.

제2조【건설업의 신규 등록 시 교육이수에 관한 적용례】 제9조의3제1항의 개정규정은 이 법 시행 후 최초로 건설업 등록증을 발급받은 경우부터 적용한다.

제3조【건설공사 수급인 등의 하자담보책임에 관한 적용례】 제28조제3항의 개정규정은 같은 개정규정 시행 후 최초로 도급계약을 체결하는 경우부터 적용한다.

제4조【하도급계약의 이행보증 등에 관한 적용례】 제34조의2의 개정규정은 이 법 시행 후 최초로 수급인과 하수급인이 하도급계약을 체결하는 경우부터 적용한다.

제5조【추가·변경공사에 대한 서면 확인 등에 관한 적용례】 제36조의2의 개정규정은 이 법 시행 후 최초로 수급인과 하수급인이 하도급계약을 체결하는 경우부터 적용한다.

제6조【건설업 교육 이수에 따른 영업정지 등의 감경에 관한 적용례】 제84조 후단의 개정규정에 따른 영업정지 등의 감경은 이 법 시행 후 최초로 영업정지 등의 처분을 받은 경우부터 적용한다.

부 칙 (2016.2.3)

제1조【시행일】 이 법은 공포 후 6개월이 경과한 날부터 시행한다. 다만, 제54조의2의 개정규정은 공포 후 3개월이 경과한 날부터 시행하고, 제68조의2·제68조의3제2항·제81조제4호 및 제82조제1항제8호의 개정규정은 공포 후 1년이 경과한 날부터 시행하며, 제9조제4항·제49조제7항·제81조제2호·제82조제1항제5호·제83조 및 제91조제3항의 개정규정은 공포 후 2년이 경과한 날부터 시행한다.

제2조【등록기준 신고에 관한 적용례】 제9조제4항의 개정규정은 같은 개정규정 시행 후 최초로 등록기준의 사항별로 신고하여야 하는 자부터 적용한다.

제3조【계약의 추정 등에 관한 적용례】 제22조의3·제28조의2·제34조제7항·제38조의3 및 제68조의3제6항의 개정규정은 이 법 시행 후 최초로 도급계약을 체결하는 분부터 적용한다.

제4조【하도급계획서 제출에 관한 적용례】 제31조의2제1항의 개정규정은 이 법 시행 후 최초로 건설공사를 도급받으려는 경우부터 적용한다.

제5조【건설공사 시공자의 제한에 관한 적용례】 제41조제1항 본문의 개정규정은 이 법 시행 후 최초로 「건축법」에 따른 건축허가 신청 또는 건축신고를 하거나 「주택법」에 따른 공동주택의 행위허가 신청 또는 행위신고를 하는 경우부터 적용한다.

제6조【포괄대금지급보증제도 폐지에 관한 적용례】 제68조의2·제68조의3제2항의 개정규정은 같은 개정규정 시행 후 최초로 도급계약을 체결하는 분부터 적용한다.

제7조【행정처분에 관한 경과조치】 이 법 시행 전의 행위에 대한 행정처분에 관하여는 종전의 규정에 따른다.

부 칙 (2017.3.21)

제1조【시행일】 이 법은 공포 후 6개월이 경과한 날부터 시행한다.

제2조【건설업 등록의 결격사유에 관한 적용례】 제13조제1항제3호가목의 개정규정은 이 법 시행 후 최초로 제83조제5호에 해당하는 사유로 건설업의 등록이 말소된 경우부터 적용한다.

제3조【건설공사의 직접 시공에 관한 적용례】 제28조의2제4항 및 제5항의 개정규정은 이 법 시행 후 최초로 건설공사 도급계약을 체결하는 경우부터 적용한다.

제4조【건설공사 표지의 게시에 관한 적용례】 제42조제2항의 개정규정은 이 법 시행 후 최초로 완공된 건설공사부터 적용한다.

제5조【행정제재 처분에 관한 경과조치】 이 법 시행 전의 위반행위에 대한 행정제재 처분에 관하여는 종전의 규정에 따른다.

제6조【벌칙에 관한 경과조치】 이 법 시행 전의 행위에 대한 벌칙에 관하여는 종전의 규정에 따른다.

부 칙 (2017.12.26)

제1조【시행일】 이 법은 공포 후 6개월이 경과한 날부터 시행한다.

제2조【하도급계약의 적정성 심사 등에 관한 적용례】 제31조제3항 후단 및 같은 조 제6항의 개정규정은 이 법 시행 후 최초로 제31조제3항 후단에 따라 하수급인 또는 하도급계약내용의 변경을 요구하는 경우부터 적용한다.

제3조【건설공사 시공자의 제한에 관한 적용례】 제41조제1항의 개정규정은 이 법 시행 후 최초로 「건축법」에 따른 건축허가를 신청(건축신고를 하는 경우를 포함한다)하거나 「주택법」에 따른 주택건설사업계획의 승인을 신청하는 경우부터 적용한다.

부 칙 (2018.12.18)

제1조【시행일】 이 법은 공포 후 6개월이 경과한 날부터 시행한다. 다만, 제29조의3제1항제5호 및 제6호의 개정규정은 공포 후 3년이 경과한 날부터 시행하며, 제48조의2의 개정규정은 공포 후 1년이 경과한 날부터 시행한다.

제2조【수급인에 대한 벌점부과에 관한 적용례】 제25조제5항 및 제6항의 개정규정은 이 법 시행 후 제25조제5항 각 호의 위반행위를 한 경우부터 적용한다.

제3조【건설공사의 하도급 참여제한에 관한 적용례】제29조의3의 개정규정은 같은 개정규정 시행 후 제29조의3 제1항 각 호의 위반행위를 한 경우부터 적용한다.
제4조【경과조치】이 법 시행 당시 이미 계약이 체결된 건설공사, 건설기계 대여, 건설공사용 부품의 제작·납품에 관하여는 제32조 및 제34조의 개정규정을 적용하지 아니한다.
제5조【행정제재 처분에 관한 경과조치】이 법 시행 전의 위반행위에 대한 행정제재 처분에 관하여는 종전의 규정에 따른다.
제6조【벌칙에 관한 경과조치】이 법 시행 전의 위반행위에 대한 벌칙에 관하여는 종전의 규정에 따른다.

부 칙 (2018.12.31 법16136호)

제1조【시행일】① 이 법은 2021년 1월 1일부터 시행한다. 다만, 제22조, 제28조의2, 제31조의3, 제49조의2, 제99조제3호의2 및 제7조의2의 개정규정은 공포 후 6개월이 경과한 날부터 시행한다.
② 제16조·제25조 및 제29조의 개정규정은 다음 각 호의 구분에 따른 날부터 시행한다.
1. 국가, 지방자치단체 또는 대통령령으로 정하는 공공기관이 발주하는 공사 : 2021년 1월 1일
2. 국가, 지방자치단체 또는 대통령령으로 정하는 공공기관 외의 자가 발주하는 공사 : 2022년 1월 1일
③ 제2항에도 불구하고 제16조제1항제3호의 개정규정은 2027년 1월 1일부터 시행한다.(2023.12.29 본항개정)
④ 제2항에도 불구하고 제16조제1항제4호의 개정규정은 2024년 1월 1일부터 시행한다(공사예정금액이 2억원 미만인 전문공사를 원도급 받는 경우에 한정한다).
제2조【시범사업】국토교통부장관은 이 법이 원활히 현장에 적용될 수 있도록 이 법 시행 전에 국가, 지방자치단체 또는 대통령령으로 정하는 공공기관이 발주하는 공사 중 지정한 공사에 한정하여 이 법을 적용하여 시범사업을 실시할 수 있다.
제3조【행정제재 처분에 관한 경과조치】이 법 시행 전의 위반행위에 대한 행정제재 처분에 관하여는 종전의 규정에 따른다.
제4조【벌칙에 관한 경과조치】이 법 시행 전의 행위에 대한 벌칙에 관하여는 종전의 규정에 따른다.

부 칙 (2019.4.30)

제1조【시행일】① 이 법은 공포 후 6개월이 경과한 날부터 시행한다. 다만, 법률 제15991호 건설산업기본법 일부개정법률 제48조의2의 개정규정은 2019년 12월 19일부터 시행한다.
② 법률 제16136호 건설산업기본법 일부개정법률 제16조·제25조 및 제29조의 개정규정은 다음 각 호의 구분에 따른 날부터 시행한다.
1. 국가, 지방자치단체 또는 대통령령으로 정하는 공공기관이 발주하는 공사 : 2021년 1월 1일
2. 국가, 지방자치단체 또는 대통령령으로 정하는 공공기관 외의 자가 발주하는 공사 : 2022년 1월 1일
제2조【다른 법률의 개정】①~⑪ ※(해당 법령에 가제정리 하였음)
제3조【다른 법령과의 관계】이 법 시행 당시 다른 법령에서「건설산업기본법」의 규정을 인용한 경우 이 법 가운데 그에 해당하는 규정이 있으면 종전의 규정을 갈음하여 이 법의 해당 조항을 인용한 것으로 본다.

부 칙 (2019.11.26)

제1조【시행일】이 법은 공포 후 1년이 경과한 날부터 시행한다.
제2조【공사대금지급의 보증 등에 관한 적용례】제22조의2의 개정규정은 이 법 시행 후 최초로 건설공사 도급계약을 체결하는 경우부터 적용한다.

부 칙 (2020.4.7)

제1조【시행일】이 법은 공포 후 6개월이 경과한 날부터 시행한다.
제2조【대금 지급 및 보복조치 금지에 관한 적용례】제32조제4항 및 제38조의3제2항의 개정규정은 이 법 시행 후 최초로 건설공사용 부품 제작납품계약 또는 가설기자재 대여계약을 체결한 경우부터 적용한다.

부 칙 (2020.6.9)

이 법은 공포한 날부터 시행한다.(이하 생략)

부 칙 (2020.10.20)

이 법은 공포 후 3개월이 경과한 날부터 시행한다.

부 칙 (2020.12.22)

제1조【시행일】이 법은 2021년 1월 1일부터 시행한다.(이하 생략)

부 칙 (2020.12.29)

제1조【시행일】이 법은 공포 후 1년이 경과한 날부터 시행한다.(이하 생략)

부 칙 (2021.3.16)

제1조【시행일】이 법은 공포 후 3개월이 경과한 날부터 시행한다.(이하 생략)

부 칙 (2021.7.27)

제1조【시행일】이 법은 공포 후 6개월이 경과한 날부터 시행한다. 다만, 제68조의3제2항의 개정규정은 공포한 날부터 시행한다.
제2조【하도급대금의 지급 등에 관한 적용례】제34조제4항 및 제9항의 개정규정은 이 법 시행 이후 건설공사에 관한 도급계약(하도급계약을 포함한다)을 체결하는 경우부터 적용한다.
제3조【상습체불건설사업자 명단 공표에 관한 적용례】제86조의4제1항의 개정규정은 이 법 시행 이후 건설사업자가 제34조제1항(제32조제4항에서 준용하는 경우를 포함한다)을 위반하여 제81조 또는 제82조에 따른 처분을 받은 경우부터 적용한다.
제4조【공공건설공사의 외국인근로자에 대한 관리에 관한 적용례】제87조의3의 개정규정은 이 법 시행 이후 공공건설공사에 대한 입찰공고를 하는 경우(입찰공고를 하지 아니하는 경우에는 도급계약을 체결하는 경우를 말한다)부터 적용한다.

부 칙 (2021.12.7)

이 법은 공포한 날부터 시행한다.

부 칙 (2022.2.3)

이 법은 공포 후 6개월이 경과한 날부터 시행한다.

부 칙 (2023.4.18)

제1조【시행일】이 법은 공포 후 6개월이 경과한 날부터 시행한다.
제2조【건설업의 양도 신고 등에 관한 적용례】제17조제3항부터 제5항까지의 개정규정은 이 법 시행 이후 건설업의 양도·합병 또는 상속인의 신고가 있는 경우부터 적용한다.

부 칙 (2023.8.8)

제1조【시행일】이 법은 2024년 5월 17일부터 시행한다.(이하 생략)

부 칙 (2023.12.29)

제1조【시행일】이 법은 2024년 1월 1일부터 시행한다.
제2조【유효기간】제16조제1항제4호 단서의 개정규정은 2026년 12월 31일까지 효력을 가진다.
제3조【건설공사 시공자격의 적용례】제16조제1항제4호의 개정규정은 이 법 시행 이후 도급계약을 체결하거나 입찰공고를 하는 경우부터 적용한다.

부 칙 (2024.1.9)

제1조【시행일】이 법은 공포한 날부터 시행한다.
제2조【하자담보책임에 관한 적용례】① 제28조제1항의 개정규정은 이 법 시행 이후 건설공사에 관한 도급계약을 체결하는 경우부터 적용한다.
② 제28조제2항의 개정규정은 이 법 시행 당시 이미 건설공사에 관한 도급계약이 체결된 경우에도 적용한다. 다만, 건설공사가 완공되거나 목적물의 관리·사용이 개시된 경우에는 그러하지 아니하다.

(舊 : 시설물의 안전관리에 관한 특별법)

시설물의 안전 및 유지관리에 관한 특별법(약칭 : 시설물안전법)

(2017년 1월 17일 전부개정법률 제14545호)

개정
2018. 8.14법15733호 2019. 8.20법16497호
2020. 6. 9법17447호(국토안전관리원법)
2020. 6. 9법17453호(법률용어정비)
2020.10.20법17551호 2021 3.16법17946호
2024. 1.16법20044호→2024년 7월 17일 시행

제1장 총 칙

제1조【목적】이 법은 시설물의 안전점검과 적정한 유지관리를 통하여 재해와 재난을 예방하고 시설물의 효용을 증진시킴으로써 공중(公衆)의 안전을 확보하고 나아가 국민의 복리증진에 기여함을 목적으로 한다.
제2조【정의】이 법에서 사용하는 용어의 뜻은 다음과 같다.
1. "시설물"이란 건설공사를 통하여 만들어진 교량·터널·항만·댐·건축물 등 구조물과 그 부대시설로서 제7조 각 호에 따른 제1종시설물, 제2종시설물 및 제3종시설물을 말한다.
2. "관리주체"란 관계 법령에 따라 해당 시설물의 관리자로 규정된 자나 해당 시설물의 소유자를 말한다. 이 경우 해당 시설물의 소유자와의 관리계약 등에 따라 시설물의 관리책임을 진 자는 관리주체로 보며, 관리주체는 공공관리주체(公共管理主體)와 민간관리주체(民間管理主體)로 구분한다.
3. "공공관리주체"란 다음 각 목의 어느 하나에 해당하는 관리주체를 말한다.
가. 국가·지방자치단체
나.「공공기관의 운영에 관한 법률」제4조에 따른 공공기관
다.「지방공기업법」에 따른 지방공기업
4. "민간관리주체"란 공공관리주체 외의 관리주체를 말한다.
5. "안전점검"이란 경험과 기술을 갖춘 자가 육안이나 점검기구 등으로 검사하여 시설물에 내재(內在)되어 있는 위험요인을 조사하는 행위를 말하며, 점검목적 및 점검수준을 고려하여 국토교통부령으로 정하는 바에 따라 정기안전점검 및 정밀안전점검으로 구분한다.
6. "정밀안전진단"이란 시설물의 물리적·기능적 결함을 발견하고 그에 대한 신속하고 적절한 조치를 하기 위하여 구조적 안전성과 결함의 원인 등을 조사·측정·평가하여 보수·보강 등의 방법을 제시하는 행위를 말한다.
7. "긴급안전점검"이란 시설물의 붕괴·전도 등으로 인한 재난 또는 재해가 발생할 우려가 있는 경우에 시설물의 물리적·기능적 결함을 신속하게 발견하기 위하여 실시하는 점검을 말한다.
8. "내진성능평가(耐震性能評價)"란 지진으로부터 시설물의 안전성을 확보하고 기능을 유지하기 위하여「지진·화산재해대책법」제14조제1항에 따라 시설물별로 정하는 내진설계기준(耐震設計基準)에 따라 시설물이 지진에 견딜 수 있는 능력을 평가하는 것을 말한다.
9. "도급(都給)"이란 원도급·하도급·위탁, 그 밖에 명칭 여하에도 불구하고 안전점검·정밀안전진단이나 긴급안전점검, 유지관리 또는 성능평가를 완료하기로 약정하고, 상대방이 그 일의 결과에 대하여 대가를 지급하기로 한 계약을 말한다.
10. "하도급"이란 도급받은 안전점검·정밀안전진단이나 긴급안전점검, 유지관리 또는 성능평가 용역의 전부 또는 일부를 도급하기 위하여 수급인(受給人)이 제3자와 체결하는 계약을 말한다.
11. "유지관리"란 완공된 시설물의 기능을 보전하고 시설물이용자의 편의와 안전을 높이기 위하여 시설물을 일상적으로 점검·정비하고 손상된 부분을 원상복구하며 경과시간에 따라 요구되는 시설물의 개량·보수·보강에 필요한 활동을 하는 것을 말한다.
12. "성능평가"란 시설물의 기능을 유지하기 위하여 요구되는 시설물의 구조적 안전성, 내구성, 사용성 등의 성능을 종합적으로 평가하는 것을 말한다.
13. "하자담보책임기간"이란「건설산업기본법」과「공동주택관리법」등 관계 법령에 따른 하자담보책임기간 또는 하자보수기간 등을 말한다.
제3조【국가 등의 책무】① 국가 및 지방자치단체는 국민의 생명·신체 및 재산을 보호하기 위하여 시설물의 안전 및 유지관리에 관한 종합적인 시책을 수립·시행하여야 한다.
② 관리주체는 시설물의 안전을 확보하고 지속적인 이용을 도모하기 위하여 필요한 조치를 하여야 한다.
③ 모든 국민은 국가 및 지방자치단체, 관리주체가 수행하는 시설물의 안전 및 유지관리 활동에 적극 협조하여야 한다.
제4조【다른 법률과의 관계】이 법은 시설물의 안전과 유지관리에 관하여 다른 법률에 우선하여 적용한다.

제2장 기본계획 등

제5조【시설물의 안전 및 유지관리 기본계획의 수립·시행】 ① 국토교통부장관은 시설물이 안전하게 유지관리될 수 있도록 하기 위하여 5년마다 시설물의 안전 및 유지관리에 관한 기본계획(이하 "기본계획"이라 한다)을 수립·시행하여야 한다.
② 기본계획에는 다음 각 호의 사항이 포함되어야 한다.
1. 시설물의 안전 및 유지관리에 관한 기본목표 및 추진방향에 관한 사항
2. 시설물의 안전 및 유지관리체계의 개발, 구축 및 운영에 관한 사항
3. 시설물의 안전 및 유지관리에 관한 정보체계의 구축·운영에 관한 사항
4. 시설물의 안전 및 유지관리에 필요한 기술의 연구·개발에 관한 사항
5. 시설물의 안전 및 유지관리에 필요한 인력의 양성에 관한 사항
6. 그 밖에 시설물의 안전 및 유지관리에 관하여 대통령령으로 정하는 사항
③ 국토교통부장관은 기본계획을 수립할 때에는 미리 관계 중앙행정기관의 장과 협의하여야 하며, 기본계획을 수립하기 위하여 필요하다고 인정되면 관계 중앙행정기관의 장 및 지방자치단체의 장에게 관련 자료를 제출하도록 요구할 수 있다. 기본계획을 변경할 때에도 또한 같다.
④ 국토교통부장관은 기본계획을 수립 또는 변경한 때에는 이를 관보에 고시하여야 한다.
제6조【시설물의 안전 및 유지관리계획의 수립·시행】 ① 관리주체는 기본계획에 따라 소관 시설물에 대한 안전 및 유지관리계획(이하 "시설물관리계획"이라 한다)을 수립·시행하여야 한다. 다만, 제7조에 따른 제3종시설물 중 「공동주택관리법」 제2조제2호에 따른 의무관리대상 공동주택이 아닌 공동주택 등 민간관리주체 소관 시설물 중 대통령령으로 정하는 시설물의 경우에는 특별자치시장·특별자치도지사·시장·군수 또는 구청장(구청장은 자치구의 구청장을 말하며, 이하 "시장·군수·구청장"이라 한다)이 수립하여야 한다.
② 시설물관리계획에는 다음 각 호의 사항이 포함되어야 한다. 다만, 제1항 단서에 해당하여 시장·군수·구청장이 시설물관리계획을 수립하는 경우에는 제5호의 사항을 생략할 수 있다.
1. 시설물의 적정한 안전과 유지관리를 위한 조직·인원 및 장비의 확보에 관한 사항
2. 긴급상황 발생 시 조치체계에 관한 사항
3. 시설물의 설계·시공·감리 및 유지관리 등에 관련된 설계도서의 수집 및 보존에 관한 사항
4. 안전점검 또는 정밀안전진단의 실시에 관한 사항
5. 보수·보강 등 유지관리 및 그에 필요한 비용에 관한 사항
③ 제1항 단서에 따라 시장·군수·구청장이 시설물관리계획을 수립하는 경우에는 이를 해당 관리주체에게 통보하여야 한다.
④ 공공관리주체는 시설물관리계획을 수립한 경우 다음 각 호에 해당하는 관계 행정기관의 장에게 보고하여야 한다.
1. 공공관리주체가 중앙행정기관의 소속 기관이거나 감독을 받는 기관인 경우에는 소속 중앙행정기관의 장
2. 제1호 외의 공공관리주체는 특별시장·광역시장·도지사·특별자치시장 또는 특별자치도지사(이하 "시·도지사"라 한다)
⑤ 민간관리주체는 시설물관리계획을 수립한 경우 관할 시장·군수·구청장에게 제출하여야 한다.
⑥ 제5항에 따라 시설물관리계획을 제출받은 시장·군수·구청장은 국토교통부령으로 정하는 바에 따라 그 제출 자료를 관할 시·도지사(특별자치시장·특별자치도지사는 제외한다)에게 보고하여야 한다.
⑦ 제4항부터 제6항까지에 따라 시설물관리계획을 보고받거나 제출 받은 중앙행정기관의 장과 시·도지사는 그 현황을 확인한 후 시설물관리계획에 관한 자료를 국토교통부장관에게 제출하여야 한다.
⑧ 국토교통부장관 또는 관계 행정기관의 장은 제4항부터 제7항까지에 따라 보고받거나 제출받은 시설물관리계획의 타당성을 검토하여 필요한 경우 관리주체 또는 시장·군수·구청장(제1항 단서의 경우에 한정한다)에게 수정 또는 보완을 요구할 수 있다. 이 경우 수정 또는 보완을 요구받은 자는 특별한 사유가 없으면 이에 따라야 한다.
⑨ 그 밖에 시설물관리계획의 관리주체별 수립시기·내용 등 시설물관리계획의 수립·시행에 필요한 사항은 대통령령으로 정한다.
제7조【시설물의 종류】 시설물의 종류는 다음 각 호와 같다.
1. 제1종시설물 : 공중의 이용편의와 안전을 도모하기 위하여 특별히 관리할 필요가 있거나 구조상 안전 및 유지관리에 고도의 기술이 필요한 대규모 시설물로서 다음 각 목의 어느 하나에 해당하는 시설물 등 대통령령으로 정하는 시설물
   가. 고속철도 교량, 연장 500미터 이상의 도로 및 철도 교량
   나. 고속철도 및 도시철도 터널, 연장 1000미터 이상의 도로 및 철도 터널
   다. 갑문시설 및 연장 1000미터 이상의 방파제
   라. 다목적댐, 발전용댐, 홍수전용댐 및 총저수용량 1천만톤 이상의 용수전용댐
   마. 21층 이상 또는 연면적 5만제곱미터 이상의 건축물
   바. 하구둑, 포용저수량 8천만톤 이상의 방조제
   사. 광역상수도, 공업용수도, 1일 공급능력 3만톤 이상의 지방상수도
2. 제2종시설물 : 제1종시설물 외에 사회기반시설 등 재난이 발생할 위험이 높거나 재난을 예방하기 위하여 계속적으로 관리할 필요가 있는 시설물로서 다음 각 목의 어느 하나에 해당하는 시설물 등 대통령령으로 정하는 시설물
   가. 연장 100미터 이상의 도로 및 철도 교량
   나. 고속국도, 일반국도, 특별시도 및 광역시도 도로터널 및 특별시 또는 광역시에 있는 철도터널
   다. 연장 500미터 이상의 방파제
   라. 지방상수도 전용댐 및 총저수용량 1백만톤 이상의 용수전용댐
   마. 16층 이상 또는 연면적 3만제곱미터 이상의 건축물
   바. 포용저수량 1천만톤 이상의 방조제
   사. 1일 공급능력 3만톤 미만의 지방상수도
3. 제3종시설물 : 제1종시설물 및 제2종시설물 외에 안전관리가 필요한 소규모 시설물로서 제8조에 따라 지정·고시된 시설물
제8조【제3종시설물의 지정 등】 ① 중앙행정기관의 장 또는 지방자치단체의 장은 다중이용시설 등 재난이 발생할 위험이 높거나 재난을 예방하기 위하여 계속적으로 관리할 필요가 있다고 인정되는 제1종시설물 및 제2종시설물 외의 시설물을 대통령령으로 정하는 바에 따라 제3종시설물로 지정·고시하여야 한다.
② 중앙행정기관의 장 또는 지방자치단체의 장은 제3종시설물이 보수·보강의 시행 등으로 재난 발생 위험이 없어지거나 재난을 예방하기 위하여 계속적으로 관리할 필요성이 없는 경우에는 대통령령으로 정하는 바에 따라 그 지정을 해제하여야 한다.(2020.6.9 본항개정)
③ 중앙행정기관의 장 또는 지방자치단체의 장은 제1항 및 제2항에 따라 제3종시설물을 지정·고시 또는 해제할 때에는 국토교통부령으로 정하는 바에 따라 그 사실을 해당 관리주체에게 통보하여야 한다.
제9조【설계도서 등의 제출 등】 ① 제1종시설물 및 제2종시설물을 건설·공급하는 사업주체는 설계도서, 시설물관리대장 등 대통령령으로 정하는 서류를 관리주체와 국토교통부장관에게 제출하여야 한다.
② 제3종시설물의 관리주체는 제8조제1항에 따라 제3종시설물로 지정·고시된 경우에는 제1항에 따른 서류를 1개월 이내에 국토교통부장관에게 제출하여야 한다.
③ 제1항에도 불구하고 제1종시설물 및 제2종시설물을 건설·공급하는 사업주체는 국방이나 그 밖의 보안상 비밀유지가 필요한 시설물에 대하여 관계 중앙행정기관의 장의 요구가 있을 경우에는 그 시설물과 관련된 제1항에 따른 서류를 제출하지 아니할 수 있다. 이 경우 관계 중앙행정기관의 장은 그 사유를 국토교통부장관에게 통보하여야 한다.
④ 관리주체는 대통령령으로 정하는 중요한 보수·보강을 실시한 경우 제1항에 따른 서류를 국토교통부장관에게 제출하여야 한다.
⑤ 국토교통부장관은 사업주체 또는 관리주체가 제1항·제2항 또는 제4항에 따른 서류를 제출하지 아니하는 경우에는 10일 이상 60일 이내의 범위에서 기간을 정하여 그 제출을 명할 수 있다.(2018.8.14 본항신설)
⑥ 관리주체는 제1항·제2항 및 제4항에 따른 서류를 해당 시설물의 존속시기까지 보존하여야 한다.
⑦ 제1종시설물 및 제2종시설물에 대한 준공 또는 사용승인을 하는 관계 행정기관의 장(「공공기관의 운영에 관한 법률」 제4조에 따른 공공기관이 관계법령에 따라 준공인가 또는 사용승인에 관한 권한을 위탁받은 경우에는 해당 공공기관의 장을 말한다)은 제1종시설물 및 제2종시설물을 건설·공급하는 사업주체가 제1항에 따른 서류를 제출한 것을 확인한 후 준공 또는 사용승인을 하여야 한다.
⑧ 제7항에 따라 시설물의 준공 또는 사용승인을 한 관계 행정기관의 장은 준공 또는 사용승인을 한 날부터 1개월 이내에 국토교통부령으로 정하는 바에 따라 준공 또는 사용승인 사실을 국토교통부장관에게 통보하여야 한다.
(2018.8.14 본항개정)
⑨ 제1항부터 제4항까지에 따른 서류의 제출방법 등에 필요한 사항은 국토교통부령으로 정한다.
제10조【설계도서 등의 열람】 ① 제28조에 따라 등록한 안전진단전문기관(이하 "안전진단전문기관"이라 한다), 제28조의2에 따라 등록한 안전점검전문기관(이하 "안전점검전문기관"이라 한다), 「건설산업기본법」 제9조에 따라 등록한 건설사업자(이하 "건설사업자"라 한다) 또는 「국토안전관리원법」에 따른 국토안전관리원(이하 "국토안전관리원"이라 한다)은 안전점검·정밀안전진단 또는 긴급안전점검(이하 "안전점검등"이라 한다)이나 유지관리 업무를 수행하기 위하여 필요한 경우 관리주체에게 해당 시설물의 설계·시공 및 감리와 관련된 서류의 열람이나 그 사본의 교부를 요청할 수 있다. 다만, 국방이나 그 밖의 보안상 비밀유지가 필요한 시설물은 관리주체나 관련 기관의 동의를 받아 이를 열람할 수 있다.(2024.1.16 본문개정)
② 다음 각 호에 해당하는 자는 시설물의 안전 및 유지관리를 위하여 필요한 경우 국토교통부장관에게 설계도서 및 시설물관리대장 등 관련 서류의 열람을 요청할 수 있다.
1. 관계 행정기관의 장
2. 안전진단전문기관·안전점검전문기관·국토안전관리원 또는 건설사업자(2024.1.16 본호개정)
3. 제58조제4항 및 제5항에 따른 중앙시설물사고조사위원회 또는 시설물사고조사위원회
③ 제1항 및 제2항에 따라 서류의 열람이나 그 사본의 교부를 요청받은 관리주체 및 국토교통부장관은 특별한 사유가 없으면 이에 따라야 한다.
④ 제1항과 제2항에 따른 관련 서류의 열람 범위·절차 및 방법 등에 필요한 사항은 국토교통부령으로 정한다.

제3장 시설물의 안전관리

제1절 안전점검 등

제11조【안전점검의 실시】 ① 관리주체는 소관 시설물의 안전과 기능을 유지하기 위하여 정기적으로 안전점검을 실시하여야 한다. 다만, 제6조제1항 단서에 해당하는 시설물의 경우에는 시장·군수·구청장이 안전점검을 실시하여야 한다.
② 관리주체는 시설물의 하자담보책임기간(동일한 시설물의 각 부분별 하자담보책임기간이 다른 경우에는 시설물의 부분 중 대통령령으로 정하는 주요 부분의 하자담보책임기간을 말한다)이 끝나기 전에 마지막으로 실시하는 정밀안전점검의 경우에는 안전진단전문기관이나 국토안전관리원에 의뢰하여 실시하여야 한다.(2020.6.9 본항개정)
③ 민간관리주체가 어음·수표의 지급불능으로 인한 부도(不渡) 등 부득이한 사유로 인하여 안전점검을 실시하지 못하게 될 때에는 관할 시장·군수·구청장이 민간관리주체를 대신하여 안전점검을 실시할 수 있다. 이 경우 안전점검에 드는 비용은 그 민간관리주체에게 부담하게 할 수 있다.
④ 제3항에 따라 시장·군수·구청장이 안전점검을 대신 실시한 후 민간관리주체에게 비용을 청구하는 경우에 해당 민간관리주체가 그에 따르지 아니하면 시장·군수·구청장은 지방세 체납처분의 예에 따라 징수할 수 있다.
⑤ 시설물의 종류에 따른 안전점검의 수준, 안전점검의 실시시기, 안전점검의 실시 절차 및 방법, 안전점검을 실시할 수 있는 자의 자격 등 안전점검 실시에 필요한 사항은 대통령령으로 정한다.
제12조【정밀안전진단의 실시】 ① 관리주체는 제1종시설물에 대하여 정기적으로 정밀안전진단을 실시하여야 한다.
② 관리주체는 제11조에 따른 안전점검 또는 제13조에 따른 긴급안전점검을 실시한 결과 재해 및 재난을 예방하기 위하여 필요하다고 인정되는 경우에는 정밀안전진단을 실시하여야 한다. 이 경우 제13조제7항 및 제17조제4항에 따른 결과보고서 제출일부터 1년 이내에 정밀안전진단을 착수하여야 한다.
③ 관리주체는 「지진·화산재해대책법」 제14조제1항에 따른 내진설계 대상 시설물 중 내진성능평가를 받지 않은 시설물에 대하여 정밀안전진단을 실시하는 경우에는 해당 시설물에 대한 내진성능평가를 포함하여 실시하여야 한다.
④ 국토교통부장관은 내진성능평가가 포함된 정밀안전진단의 실시결과를 제18조에 따라 평가한 결과 내진성능의 보강이 필요하다고 인정되면 내진성능을 보강하도록 권고할 수 있다.
⑤ 정밀안전진단의 실시시기, 정밀안전진단의 실시 절차 및 방법, 정밀안전진단을 실시할 수 있는 자의 자격 등 정밀안전진단 실시에 필요한 사항은 대통령령으로 정한다.
제13조【긴급안전점검의 실시】 ① 관리주체는 시설물의 붕괴·전도 등이 발생할 위험이 있다고 판단하는 경우 긴급안전점검을 실시하여야 한다.
② 국토교통부장관 및 관계 행정기관의 장은 시설물의 구조상 공중의 안전한 이용에 중대한 영향을 미칠 우려가 있다고 판단되는 경우에는 소속 공무원으로 하여금 긴급안전점검을 하게 하거나 해당 관리주체 또는 시장·군수·구청장(제6조제1항 단서에 해당하는 시설물의 경우에 한정한다)에게 긴급안전점검을 실시할 것을 요구할 수 있다. 이 경우 요구를 받은 자는 특별한 사유가 없으면 그 요구를 따라야 한다.(2020.6.9 후단개정)
③ 국토교통부장관 또는 관계 행정기관의 장이 제2항에 따른 긴급안전점검을 실시하는 경우 점검의 효율성을 높이기 위하여 관계 기관 또는 전문가와 합동으로 긴급안전점검을 실시할 수 있다.
④ 제2항에 따라 긴급안전점검을 실시하는 공무원은 관계인에게 필요한 질문을 하거나 관계 서류 등을 열람할 수 있다.
⑤ 제2항에 따라 긴급안전점검을 실시하는 공무원은 그 권한을 나타내는 증표를 지니고 이를 관계인에게 보여주어야 한다.

⑥ 국토교통부장관 또는 관계 행정기관의 장은 제2항에 따라 긴급안전점검을 실시한 경우 그 결과를 해당 관리주체에게 통보하여야 하며, 시설물의 안전 확보를 위하여 필요하다고 인정하는 경우에는 정밀안전진단의 실시, 보수·보강 등 필요한 조치를 취할 것을 명할 수 있다.
⑦ 제1항 및 제2항에 따라 관리주체 또는 관계 행정기관의 장이 긴급안전점검을 실시한 경우 그 결과보고서를 국토교통부장관에게 제출하여야 한다. 관리주체가 제출하는 경우에는 제6조제4항부터 제7항까지를 준용한다.
⑧ 긴급안전점검의 절차 및 방법, 긴급안전점검을 실시할 수 있는 자의 자격 등 긴급안전점검 실시에 필요한 사항은 대통령령으로 정한다.
제14조【사법경찰권】 제13조제2항에 따라 긴급안전점검을 하는 공무원은 정당한 사유 없이 긴급안전점검을 거부 또는 기피하거나 방해하는 경우 등 긴급안전점검과 관련된 범죄에 관하여는 「사법경찰관리의 직무를 수행할 자와 그 직무범위에 관한 법률」에서 정하는 바에 따라 사법경찰관리의 직무를 수행한다.
제15조【지방자치단체에 대한 지원】 국가는 제3종시설물의 지정과 안전점검등에 필요한 지원을 할 수 있다.
제16조【시설물의 안전등급 지정 등】 ① 안전점검등을 실시하는 자는 안전점검등의 실시결과에 따라 대통령령으로 정하는 기준에 적합하게 해당 시설물의 안전등급을 지정하여야 한다.
② 제1항에도 불구하고 국토교통부장관은 다음 각 호에 해당하는 경우에는 해당 시설물의 안전등급을 변경할 수 있다. 이 경우 해당 시설물의 관리주체에게 그 변경 사실을 통보하여야 한다.
1. 제18조에 따라 정밀안전점검 또는 정밀안전진단 실시결과를 평가한 결과 안전등급의 변경이 필요하다고 인정되는 경우
2. 제41조에 따라 제출된 유지관리 결과보고서의 확인 등 시설물의 보수·보강이 완료되어 등급조정이 필요하다고 인정되는 경우
3. 그 밖에 사고나 재해 등으로 인한 시설물의 상태변화 등 안전등급 조정이 필요한 것으로 국토교통부장관이 인정하는 경우
③ 제1항 및 제2항에 따른 안전등급의 지정 및 변경 방법·절차 등에 필요한 사항은 국토교통부령으로 정한다.
제17조【안전점검 및 정밀안전진단 결과보고 등】 ① 제11조에 따른 안전점검 및 제12조에 따른 정밀안전진단을 실시한 자는 대통령령으로 정하는 바에 따라 그 결과보고서를 작성하고, 이를 관리주체 및 시장·군수·구청장(제11조제1항 단서 및 같은 조 제3항의 경우에 한정한다. 이하 이 조 및 제18조에서 같다)에게 통보하여야 한다.
② 안전점검 및 정밀안전진단을 실시한 자가 제1항에 따른 결과보고서를 작성할 때에는 다음 각 호의 사항을 지켜야 한다.
1. 다른 안전점검 및 정밀안전진단 결과보고서의 내용을 복제하여 안전점검 및 정밀안전진단 결과보고서를 작성하지 아니할 것
2. 안전점검 및 정밀안전진단 결과보고서와 그 작성의 기초가 되는 자료를 거짓으로 또는 부실하게 작성하지 아니할 것
3. 안전점검 및 정밀안전진단 결과보고서와 그 작성의 기초가 되는 자료를 국토교통부령으로 정하는 기간 동안 보존할 것
③ 제2항제1호 및 제2호에 따른 복제, 거짓 또는 부실 작성의 구체적인 판단기준은 국토교통부령으로 정한다.
④ 관리주체 및 시장·군수·구청장은 제1항에 따른 안전점검 및 정밀안전진단 결과보고서를 국토교통부장관에게 제출하여야 한다. 이 경우 제출 절차에 관하여는 제6조제4항부터 제7항까지를 준용한다.
⑤ 국토교통부장관은 관리주체 및 시장·군수·구청장이 제4항에 따른 결과보고서를 제출하지 아니하는 경우에는 기한을 정하여 제출을 명할 수 있다.(2019.8.20 본항신설)
⑥ 제1항에 따른 통보방법 및 제4항에 따른 제출 시기·방법 등에 필요한 사항은 대통령령으로 정한다.
제18조【정밀안전점검 또는 정밀안전진단 실시결과에 대한 평가】 ① 국토교통부장관은 제17조제4항에 따라 정밀안전점검이나 정밀안전진단의 결과보고서를 받은 때에는 정밀안전점검 또는 정밀안전진단의 기술수준을 향상시키고 부실 점검 및 진단을 방지하기 위하여 정밀안전점검이나 정밀안전진단의 실시결과를 평가할 수 있다.
② 국토교통부장관은 관리주체, 시장·군수·구청장, 국토안전관리원, 안전진단전문기관 또는 안전점검전문기관에 제1항에 따른 평가에 필요한 자료를 제출하도록 요구할 수 있다. 이 경우 자료를 요구받은 자는 특별한 사유가 없으면 이에 따라야 한다.(2024.1.16 전단개정)
③ 국토교통부장관은 제1항에 따라 정밀안전점검이나 정밀안전진단의 실시결과를 평가한 결과 부실 등 부적정한 것으로 밝혀진 경우 관리주체 또는 시장·군수·구청장에게 이를 통보하고, 관리주체 또는 시장·군수·구청장은 대통령령으로 정하는 바에 따라 해당 결과보고서를 수정 또는 보완하여 국토교통부장관에게 제출하여야 한다. 다만, 제26조제1항 및 제2항에 따라 정밀안전점검이나 정밀안전진단을 대행한 경우에는 대행한 자가 수정 또는 보완하여 국토교통부장관에게 제출하여야 한다.
(2019.8.20 본항신설)
④ 국토교통부장관은 관리주체, 시장·군수·구청장 또는 정밀안전점검이나 정밀안전진단을 대행한 자가 제3항에 따라 결과보고서를 수정 또는 보완하여 제출하지 아니하는 경우에는 기한을 정하여 제출을 명할 수 있다.
(2019.8.20 본항신설)
⑤ 국토교통부장관은 제1항에 따라 정밀안전점검이나 정밀안전진단의 실시결과를 평가한 결과 필요하다고 인정(제3항에 따라 부실 등 부적정한 것으로 밝혀진 경우는 제외한다)하면 관리주체 또는 시장·군수·구청장에게 해당 결과보고서의 수정이나 보완을 요구할 수 있다.
(2019.8.20 본항개정)
⑥ 제1항에 따른 평가의 대상·방법·절차 등에 필요한 사항은 대통령령으로 정한다.
제19조【소규모 취약시설의 안전점검 등】 ① 국토교통부장관은 제7조 각 호의 시설물이 아닌 시설 중에서 안전에 취약하거나 재난의 위험이 있다고 판단되는 사회복지시설 등 대통령령으로 정하는 시설(이하 "소규모 취약시설"이라 한다)에 대하여 해당 시설의 관리자, 소유자 또는 관계 행정기관의 장이 요청하는 경우 안전점검 등을 실시할 수 있다.
② 국토교통부장관은 제1항의 요청을 받은 경우 해당 소규모 취약시설에 대한 안전점검 등을 실시하고, 그 결과와 안전조치에 필요한 사항을 소규모 취약시설의 관리자, 소유자 또는 관계 행정기관의 장에게 통보하여야 한다.
③ 소규모 취약시설의 관리자, 소유자 또는 관계 행정기관의 장은 제2항에 따라 통보를 받은 경우 보수·보강 등의 조치가 필요한 사항에 대하여 보수·보강 조치계획을 다음 각 호에 해당하는 관계 행정기관의 장에게 제출하고 이를 성실히 이행하도록 노력하여야 한다.
(2019.8.20 본문개정)
1. 관계 법령에 따라 소규모 취약시설의 관리자로 규정된 자나 해당 소규모 취약시설의 소유자 또는 소유자와의 관리계약 등에 따라 소규모 취약시설의 관리책임을 진 자(이하 "소규모취약시설관리자"라 한다)가 중앙행정기관의 소속 기관이거나 감독을 받는 기관인 경우에는 소속 중앙행정기관의 장
2. 소규모취약시설관리자가 시·도지사의 소속 기관이거나 감독을 받는 기관인 경우에는 소속 시·도지사
3. 그 외의 소규모취약시설관리자는 관할 시장·군수·구청장
(2019.8.20 1호~3호신설)
④ 제3항에 따라 보수·보강 조치계획을 제출받은 시장·군수·구청장은 국토교통부령으로 정하는 바에 따라 그 제출 자료를 관할 시·도지사(특별자치시장·특별자치도지사는 제외한다)에게 보고하여야 한다.(2019.8.20 본항신설)
⑤ 제3항과 제4항에 따라 보수·보강 조치계획을 제출받은 중앙행정기관의 장과 시·도지사는 그 계획을 확인한 후 보수·보강 조치계획에 관한 자료를 국토교통부장관에게 제출하여야 한다.(2019.8.20 본항신설)
⑥ 제3항 각 호에 해당하는 관계 행정기관의 장은 관할 소규모 취약시설에 대한 체계적인 안전관리를 위하여 매년 소규모 취약시설의 현황 등 대통령령으로 정하는 사항이 포함된 소규모 취약시설의 안전점검 및 관리계획을 수립하여야 한다.(2019.8.20 본항신설)
⑦ 제6항에 따라 안전점검 및 관리계획을 수립한 시장·군수·구청장은 국토교통부령으로 정하는 바에 따라 그 수립 자료를 관할 시·도지사(특별자치시장·특별자치도지사는 제외한다)에게 보고하여야 한다.(2019.8.20 본항신설)
⑧ 제6항과 제7항에 따라 안전점검 및 관리계획을 수립하거나 보고받은 중앙행정기관의 장과 시·도지사는 그 내용을 확인한 후 안전점검 및 관리계획에 관한 자료를 국토교통부장관에게 제출하여야 한다.(2019.8.20 본항신설)
⑨ 국토교통부장관 및 관계 행정기관의 장은 소규모 취약시설의 관리자, 소유자 등에 대하여 국토교통부령으로 정하는 바에 따라 소규모 취약시설의 안전 및 유지관리에 관한 교육을 실시할 수 있다.
⑩ 제1항 및 제2항에 따른 안전점검 등의 방법과 절차, 제3항부터 제8항까지에 따른 보수·보강 조치계획서 또는 안전점검 및 관리계획서의 작성과 제출 방법 등에 필요한 사항은 국토교통부령으로 정한다.(2019.8.20 본항개정)
제20조【안전점검등을 하는 자의 의무 등】 ① 안전점검등을 하는 자는 제21조에 따른 안전점검등에 관한 지침에서 정하는 안전점검등의 실시 방법 및 절차 등에 따라 성실하게 업무를 수행하여야 한다.
② 안전점검등을 하는 자는 보유 기술인력 또는 등록분야에 따라 대통령령으로 정하는 실시범위에서 안전점검등을 실시하여야 한다.
제21조【안전점검등에 관한 지침】 ① 국토교통부장관은 대통령령으로 정하는 바에 따라 안전점검·정밀안전진단 및 긴급안전점검의 실시 시기·방법·절차 등의 안전점검등에 관한 지침을 작성하여 관보에 고시하여야 한다.
② 국토교통부장관은 제1항에 따른 지침을 작성할 때에는 미리 관계 행정기관의 장과 협의하여야 하며, 필요한 경우 관계 행정기관의 장에게 관련 자료의 제출을 요구할 수 있다.
제21조의2【결과보고서 작성 준수사항 위반자에 대한 명단 공표】 ① 국토교통부장관은 직전연도부터 과거 2년간 제17조제2항제1호 또는 제2호를 위반한 자(부실하게 작성한 경우는 3회 이상 작성한 자를 말한다)의 명단을 공표할 수 있다. 다만, 이의신청 등 불복절차가 진행 중인 조치는 명단 공표 대상에서 제외한다.
② 제1항에 따른 명단 공표 여부를 심의하기 위하여 국토교통부에 결과보고서 작성 준수사항 위반자 명단 공표심의위원회(이하 이 조에서 "심의위원회"라 한다)를 둔다.
③ 국토교통부장관은 심의위원회의 심의를 거친 공표대상자에게 명단 공표대상자임을 통지하고 1개월 이상의 기간을 정하여 소명기회를 주어야 한다.
④ 제1항부터 제3항까지의 규정에 따른 명단 공표 방법, 심의위원회의 구성 및 운영 등에 필요한 사항은 대통령령으로 정한다.
(2019.8.20 본조신설)

제2절 재난예방을 위한 안전조치 등

제22조【시설물의 중대한결함등의 통보】 ① 안전점검등을 실시하는 자는 해당 시설물에서 시설물기초의 세굴(洗掘), 부등침하(不等沈下) 등 대통령령으로 정하는 중대한 결함을 발견하는 경우에는 지체 없이 대통령령으로 정하는 바에 따라 그 사실을 관리주체 및 관할 시장·군수·구청장에게 통보하여야 한다.
② 안전점검등을 실시하는 자는 제1항에 따른 중대한 결함 외에 해당 시설물에서 교량 난간의 파손 등 대통령령으로 정하는 공중이 이용하는 부위의 결함을 발견한 경우에는 지체 없이 대통령령으로 정하는 바에 따라 그 사실을 관리주체 및 관할 시장·군수·구청장에게 통보하여야 한다.(2020.6.9 본항개정)
③ 관리주체는 제1항에 따른 중대한 결함 또는 제2항에 따른 공중이 이용하는 부위의 결함(이하 "중대한결함등"이라 한다)에 대하여 통보받은 내용을 해당 시설물을 관리하거나 감독하는 관계 행정기관의 장 및 국토교통부장관에게 즉시 통보하여야 한다.(2020.6.9 본항개정)
(2019.8.20 본조제목개정)
제23조【긴급안전조치】 ① 관리주체는 시설물의 중대한결함등을 통보받는 등 시설물의 구조상 공중의 안전한 이용에 미치는 영향이 중대하여 긴급한 조치가 필요하다고 인정되는 경우에는 시설물의 사용제한·사용금지·철거, 주민대피 등의 안전조치를 하여야 한다.(2019.8.20 본항개정)
② 시장·군수·구청장은 시설물의 중대한결함등을 통보받는 등 시설물의 구조상 공중의 안전한 이용에 미치는 영향이 중대하여 긴급한 조치가 필요하다고 인정되는 경우에는 관리주체에게 시설물의 사용제한·사용금지·철거, 주민대피 등의 안전조치를 명할 수 있다. 이 경우 관리주체는 신속하게 안전조치명령을 이행하여야 한다.
(2019.8.20 전단개정)
③ 관리주체는 제1항 또는 제2항에 따른 사용제한 등을 하는 경우에는 즉시 그 사실을 관계 행정기관의 장 및 국토교통부장관에게 통보하여야 하며, 통보를 받은 관계 행정기관의 장은 이를 공고하여야 한다.
④ 시장·군수·구청장은 제2항에 따른 안전조치명령을 받은 자가 그 명령을 이행하지 아니하는 경우에는 그에 대신하여 필요한 안전조치를 할 수 있다. 이 경우 「행정대집행법」을 준용한다.
⑤ 시장·군수·구청장은 제4항에 따른 안전조치를 할 때에는 미리 해당 관리주체에게 서면으로 그 사실을 알려주어야 한다. 다만, 긴급한 경우이거나 알리는 것이 불가능한 경우에는 안전조치를 한 후 그 사실을 통보할 수 있다.
제24조【시설물의 보수·보강 등】 ① 관리주체는 제13조제6항에 따른 조치명령을 받거나 제23조제1항에 따라 시설물의 중대한결함등에 대한 통보를 받은 경우 대통령령으로 정하는 바에 따라 시설물의 보수·보강 등 필요한 조치를 하여야 한다.(2019.8.20 본항개정)
② 국토교통부장관 및 관계 행정기관의 장은 관리주체가 제1항에 따른 시설물의 보수·보강 등 필요한 조치를 하지 아니한 경우 이에 대하여 이행 및 시정을 명할 수 있다.
③ 제1항에 따라 시설물의 보수·보강 등 필요한 조치를 끝낸 관리주체는 그 결과를 국토교통부장관 및 관계 행정기관의 장에게 통보하여야 한다.
④ 제3항에 따른 통보의 시기·방법·절차 등에 필요한 사항은 국토교통부령으로 정한다.
제25조【위험표지의 설치 등】 ① 관리주체는 안전점검등을 실시한 결과 해당 시설물에 중대한결함등이 있거나 제16조에 따라 안전등급을 지정한 결과 해당 시설물이 긴급한 보수·보강이 필요하다고 판단되는 경우에는 해당 시설물에 위험을 알리는 표지를 설치하고, 방송·인터넷 등의 매체를 통하여 주민에게 알려야 한다.(2019.8.20 본항개정)
② 제1항에 따라 설치하는 위험표지의 크기·기재사항 등에 관한 세부사항은 국토교통부령으로 정한다.
③ 누구든지 관리주체의 허락 없이 위험표지를 이전하거나 훼손하여서는 아니 된다.

제4장 안전점검등의 대행

제26조【안전점검등의 대행】 ① 관리주체는 안전점검 및 긴급안전점검을 국토안전관리원, 안전진단전문기관 또는 안전점검전문기관에 대행하게 할 수 있다.(2024.1.16 본항개정)

② 관리주체는 정밀안전진단을 실시하려는 경우 이를 직접 수행할 수 없고 국토안전관리원 또는 안전진단전문기관에 대행하게 하여야 한다. 다만, 대통령령으로 정하는 시설물의 경우에는 국토안전관리원에만 대행하게 하여야 한다.

③ 관리주체는 제1항과 제2항에 따라 안전점검, 긴급안전점검 및 정밀안전진단을 국토안전관리원, 안전진단전문기관 또는 안전점검전문기관에 대행하게 하는 경우에는 안전상태를 사실과 다르게 진단하게 하거나, 결과보고서를 거짓으로 또는 부실하게 작성하도록 요구해서는 아니 된다.(2024.1.16 본항개정)

④ 제2항에 따라 국토안전관리원이나 안전진단전문기관이 정밀안전진단을 실시할 때에는 관리주체의 승인을 받아 다른 안전진단전문기관과 공동으로 정밀안전진단을 실시할 수 있다.

(2020.6.9 본조개정)

제27조【하도급 제한 등】 ① 안전진단전문기관, 안전점검전문기관 또는 국토안전관리원은 관리주체로부터 안전점검등의 실시에 관한 도급을 받은 경우에는 이를 하도급할 수 없다. 다만, 총 도급금액의 100분의 50 이하의 범위에서 전문기술이 필요한 경우 등 대통령령으로 정하는 경우에는 분야별로 한 차례만 하도급할 수 있다.(2024.1.16 본문개정)

② 제1항 단서에 따라 하도급을 한 자는 대통령령으로 정하는 바에 따라 관리주체에게 통보하여야 한다.

③ 관리주체는 안전진단전문기관, 안전점검전문기관 또는 국토안전관리원이 제1항을 위반하여 하도급을 하였다고 의심할 만한 상당한 사유가 있는 경우에는 다음 각 호의 구분에 따른 자에게 사실조사를 요청할 수 있다.(2024.1.16 본문개정)

1. 안전진단전문기관 및 안전점검전문기관의 경우 : 시·도지사(2024.1.16 본호개정)
2. (2024.1.16 삭제)
3. 국토안전관리원의 경우 : 국토교통부장관(2020.6.9 본호개정)

④ 국토교통부장관 또는 시·도지사는 제3항에 따른 요청을 받으면 필요한 사실조사를 하고 그 결과를 관리주체에게 통보하여야 한다.

⑤ 국토교통부장관 또는 시·도지사는 제4항에 따른 조사의 결과 도급을 받은 자가 제1항을 위반하여 하도급을 한 사실을 확인한 경우에는 제31조에 따른 처분 또는 처분의 요청 등 필요한 조치를 하여야 한다.

⑥ 국토교통부장관 또는 시·도지사는 제4항에 따른 사실조사를 위하여 필요한 경우에는 안전진단전문기관, 안전점검전문기관 또는 국토안전관리원과 그 밖의 관계인에게 필요한 자료의 제출을 요구할 수 있으며, 소속 공무원으로 하여금 그 사무실이나 사업장에 출입하여 장부·서류나 그 밖의 자료 또는 물건을 조사하게 할 수 있다.(2024.1.16 본항개정)

제28조【안전진단전문기관의 등록 등】 ① 시설물의 안전점검등 또는 성능평가를 대행하려는 자는 기술인력 및 장비 등 대통령령으로 정하는 분야별 등록기준을 갖추어 시·도지사에게 안전진단전문기관으로 등록을 하여야 한다.

② 시·도지사는 제1항에 따라 안전진단전문기관으로 등록을 한 때에는 등록증을 발급하여야 한다.

③ 안전진단전문기관은 대통령령으로 정하는 등록사항이 변경된 때에는 그 날부터 30일 이내에 시·도지사에게 신고하여야 한다.

④ 시·도지사는 제3항에 따른 신고를 받은 경우 그 내용을 검토하여 이 법에 적합하면 신고를 수리하여야 한다.(2020.10.20 본항신설)

⑤ 안전진단전문기관은 제2항에 따라 받은 등록증을 잃어버리거나 못쓰게 된 때에는 다시 등록증을 교부받을 수 있다.

⑥ 안전진단전문기관은 계속하여 1년 이상 휴업하거나 재개업 또는 폐업하려는 경우에는 시·도지사에게 신고하여야 한다.

⑦ 시·도지사는 제6항에 따라 폐업신고를 받은 때에는 그 등록을 말소하여야 한다.(2020.10.20 본항개정)

⑧ 시·도지사는 제1항·제3항·제4항 및 제6항에 따라 안전진단전문기관의 등록을 하거나 안전진단전문기관으로부터 등록사항의 변경신고를 받고 신고를 수리한 때 또는 안전진단전문기관으로부터 휴업, 재개업 또는 폐업 신고를 받은 때에는 그 사실을 국토교통부장관에게 통보하여야 한다.(2020.10.20 본항개정)

⑨ 제1항부터 제5항까지에 따른 안전진단전문기관의 등록 및 등록증의 발급, 등록사항의 변경신고, 등록증의 교부, 제6항에 따른 신고의 방법 및 절차 등에 필요한 사항은 국토교통부령으로 정한다.(2020.10.20 본항개정)

제28조의2【안전점검전문기관의 등록 등】 ① 시설물의 안전점검 또는 긴급안전점검을 대행하려는 자는 기술인력 및 장비 등 대통령령으로 정하는 분야별 등록기준을 갖추어 시·도지사에게 등록하여야 한다.

② 안전점검전문기관의 변경등록, 등록증의 발급·재발급, 휴업·재개업·폐업 신고, 결격사유, 명의대여의 금지 및 영업 양도 등에 관하여는 제28조(같은 조 제1항은 제외한다), 제29조, 제30조 및 제38조를 준용한다. 이 경우 "안전진단전문기관"은 "안전점검전문기관"으로, "안전점검등 또는 성능평가"는 "안전점검 또는 긴급안전점검"으로 본다.

(2024.1.16 본조신설)

제29조【결격사유】 다음 각 호의 어느 하나에 해당하는 자는 안전진단전문기관으로 등록할 수 없다.

1. 피성년후견인 또는 피한정후견인
2. 파산선고를 받고 복권되지 아니한 자
3. 제31조에 따라 등록이 취소된 날부터 2년이 지나지 아니한 자. 다만, 같은 조 제1항제10호에 해당하여 취소된 경우는 제외한다.
4. 이 법을 위반하여 징역 이상의 실형을 선고받고 그 형의 집행이 끝나거나(집행이 끝난 것으로 보는 경우를 포함한다) 집행을 받지 아니하기로 확정된 날부터 2년이 지나지 아니한 자
5. 이 법을 위반하여 징역형의 집행유예를 선고받고 그 유예기간 중에 있는 자
6. 임원 중에 제1호부터 제5호까지의 어느 하나에 해당하는 자가 있는 법인

제30조【명의대여의 금지 등】 안전진단전문기관은 타인에게 자기의 명칭이나 상호(商號)를 사용하여 안전점검등 또는 성능평가의 업무를 하게 하거나 안전진단전문기관 등록증을 대여(貸與)하여서는 아니 된다.

제31조【등록의 취소 등】 ① 시·도지사는 안전진단전문기관 또는 안전점검전문기관이 다음 각 호의 어느 하나에 해당하면 그 등록을 취소하거나 1년 이내의 기간을 정하여 영업정지를 명할 수 있다. 다만, 제1호부터 제3호까지, 제10호, 제11호 또는 제17호의 어느 하나에 해당하는 경우에는 그 등록을 취소하여야 한다.(2024.1.16 본문개정)

1. 거짓이나 그 밖의 부정한 방법으로 등록한 경우
2. 최근 2년 이내에 두 번의 영업정지처분을 받고 다시 영업정지처분에 해당하는 행위를 한 경우
3. 영업정지처분을 받고 그 영업정지기간 중 안전점검등 또는 성능평가의 대행계약을 새로 체결한 경우
4. 최근 3년〔기간 계산 시 제28조제6항(제28조의2제2항에서 준용하는 경우를 포함한다)에 따라 신고한 휴업기간은 제외한다〕 이상의 기간 동안 정당한 사유 없이 안전점검등 또는 성능평가의 대행실적이 없는 경우(2024.1.16 본호개정)
5. 국토교통부장관이 제18조에 따라 정밀안전점검 또는 정밀안전진단의 실시결과를 평가한 결과 고의 또는 과실로 안전상태를 사실과 다르게 진단하는 등 업무를 부실하게 수행한 것으로 평가한 경우(2024.1.16 본호개정)
6. 제20조제1항을 위반하여 안전점검등의 업무를 성실하게 수행하지 아니함으로써 시설물의 손괴(損壞)나 구조상의 중대한 결함을 발생시킨 경우
7. 제20조제2항에 따른 안전점검등의 실시범위를 위반한 경우
8. 제27조를 위반하여 안전점검등을 하도급한 경우
9. 제28조제1항 또는 제28조의2제1항에 따른 등록기준에 못 미치게 된 경우. 다만, 일시적으로 등록기준에 못 미치는 등 대통령령으로 정하는 경우에는 그러하지 아니하다.(2024.1.16 본문개정)
10. 제29조(제28조의2제2항에서 준용하는 경우를 포함한다. 이하 이 호에서 같다) 각 호의 어느 하나에 해당하는 경우. 다만, 제29조제6호에 해당하는 법인이 6개월 이내에 그 임원을 바꾸어 임명한 경우에는 그러하지 아니하다.(2024.1.16 본문개정)
11. 제30조(제28조의2제2항에서 준용하는 경우를 포함한다)를 위반하여 타인에게 자기의 명칭 또는 상호를 사용하게 하거나 그 등록증을 대여한 경우(2024.1.16 본호개정)
12. 최근 2년간 제35조에 따른 시정명령을 두 차례 받고 새로 시정명령에 해당하는 사유가 발생한 경우
13. 제42조제1항을 위반하여 성능평가 업무를 성실하게 수행하지 아니함으로써 시설물의 손괴(損壞)나 구조상의 중대한 결함을 발생시킨 경우
14. 제11조에 따른 안전점검, 제12조에 따른 정밀안전진단, 제13조에 따른 긴급안전점검 또는 제40조에 따른 성능평가를 수행할 자격이 있는 자(이하 이 조에서 "기술자"라 한다)가 아닌 자에게 안전점검등 또는 성능평가 업무를 수행하게 한 경우
15. 소속 임직원인 기술자가 수행하여야 할 안전점검등 또는 성능평가 업무를 소속 임직원이 아닌 기술자에게 수행하게 한 경우
16. 다른 행정기관으로부터 법령에 따라 영업정지 등의 요청이 있는 경우
17. 국토교통부장관, 주무부처의 장 또는 지방자치단체의 장이 폐업사실을 확인한 때

② (2024.1.16 삭제)

③ 국토교통부장관 또는 시·도지사는 건설사업자가 제42조제1항을 위반하여 유지관리 업무를 성실하게 수행하지 아니함으로써 시설물에 중대한 손괴를 발생시킨 경우 「건설산업기본법」 제83조제11호에 따라 영업정지 또는 등록말소를 요청할 수 있다.(2024.1.16 본항신설)

④ 제3항에 따른 영업정지 또는 등록말소의 요청을 받은 관계 행정기관의 장은 그 조치결과를 국토교통부장관 또는 해당 시·도지사에게 통보하여야 한다.(2024.1.16 본항개정)

⑤ 제1항에 따른 행정처분의 세부적인 기준은 그 처분의 사유와 위반의 정도 등을 고려하여 대통령령으로 정한다.

제32조【청문】 시·도지사는 제31조에 따라 안전진단전문기관 또는 안전점검전문기관의 등록을 취소하거나 영업정지를 하려는 경우에는 청문을 하여야 한다.(2024.1.16 본조개정)

제33조【행정처분 후의 업무수행】 ① 제31조에 따라 등록의 취소 또는 영업정지처분을 받은 안전진단전문기관 또는 안전점검전문기관은 그 처분 전에 체결한 안전점검등 또는 성능평가의 대행계약에 한정하여 해당 업무를 계속할 수 있다. 이 경우 안전진단전문기관이나 안전점검전문기관은 그 처분받은 내용을 지체 없이 안전점검등 또는 성능평가의 대행계약을 체결한 관리주체에게 문서로 알려야 한다.(2024.1.16 본항개정)

② 관리주체는 제1항에 따른 통지를 받거나 그 사실을 안 때에는 그 날부터 30일 이내에 해당 계약을 해지할 수 있다.

③ 제1항에 따라 업무를 계속하는 자는 그 업무를 끝낼 때까지 그 업무에 관하여는 안전진단전문기관 또는 안전점검전문기관으로 본다.(2024.1.16 본항개정)

제34조【보고·조사】 ① 국토교통부장관 또는 시·도지사는 안전진단전문기관이나 안전점검전문기관의 안전점검등의 실시현황 등 그 업무에 관한 사항을 파악하기 위하여 필요하면 안전진단전문기관이나 안전점검전문기관에 필요한 보고를 하도록 명하거나 관련 자료를 제출하게 할 수 있으며, 소속 공무원으로 하여금 관련 서류 등을 조사하게 할 수 있다.(2024.1.16 본항개정)

② 제1항에 따른 조사를 하는 경우에는 조사 7일 전까지 조사의 일시·이유 및 내용 등에 대한 조사계획을 조사대상자에게 알려야 한다. 다만, 긴급하게 처리할 필요가 있거나 사전에 알릴 경우 증거인멸 등으로 조사의 목적을 달성할 수 없다고 인정하는 경우에는 그러하지 아니하다.

③ 제1항에 따른 조사를 하는 공무원은 그 권한을 표시하는 증표를 지니고 이를 관계인에게 내보여야 한다.

제35조【시정명령】 국토교통부장관 또는 시·도지사는 안전진단전문기관이나 안전점검전문기관 및 건설사업자가 제20조제1항 및 제42조제1항을 위반하여 안전점검등, 유지관리 또는 성능평가 업무를 성실하게 수행하지 아니하여 공중에 대한 위험이 발생될 우려가 있는 경우에는 기간을 정하여 그 시정을 명할 수 있다.(2024.1.16 본조개정)

제36조【안전점검등 및 성능평가 실적의 관리 등】 ① 안전진단전문기관 및 안전점검전문기관은 안전점검등 또는 성능평가를 대행한 경우 관리주체 등에게 그 실시결과에 대한 확인을 받은 후 그 대행실적을 다음 각 호에 해당하는 관계 행정기관의 장을 거쳐 국토교통부장관에게 제출하여야 한다.(2024.1.16 본문개정)

1. 관리주체가 중앙행정기관의 소속 기관이거나 감독을 받는 공공관리주체인 경우에는 소속 중앙행정기관의 장
2. 제1호 외의 공공관리주체는 시·도지사
3. 민간관리주체는 관할 시장·군수·구청장 및 시·도지사

② 시·도지사는 매년 안전진단전문기관 및 안전점검전문기관에 대한 영업정지 등 행정처분 현황을 국토교통부장관에게 보고하여야 한다.(2024.1.16 본항개정)

③ 국토교통부장관은 제1항에 따라 제출받은 안전점검등 및 성능평가의 대행실적을 관리하여야 하며, 안전진단전문기관이나 안전점검전문기관이 신청을 하는 경우에는 안전점검등 및 성능평가 실적확인서를 발급할 수 있다.(2024.1.16 본항개정)

④ 국토교통부장관은 관리주체가 적절한 안전점검등 및 성능평가 대행자를 선정할 수 있도록 하기 위하여 안전진단전문기관 및 안전점검전문기관의 현황과 제1항에 따른 대행실적을 공개할 수 있다.(2024.1.16 본항개정)

⑤ 제1항부터 제4항까지에 따른 대행실적의 제출, 행정처분 현황의 보고, 실적확인서의 발급, 대행실적 등의 공개 범위·방법 및 절차 등에 필요한 사항은 국토교통부령으로 정한다.

제37조【안전점검등 비용의 산정기준】 국토교통부장관은 안전점검등의 대행에 필요한 비용의 산정기준을 정하여 고시하여야 한다.

제38조【안전진단전문기관의 영업 양도 등】 ① 안전진단전문기관이 영업의 양도나 합병을 하려는 경우에는 국토교통부령으로 정하는 바에 따라 시·도지사에게 신고하여야 한다.

② 시·도지사는 제1항에 따른 신고를 받은 경우 그 내용을 검토하여 이 법에 적합하면 신고를 수리하여야 한다.(2020.10.20 본항신설)

③ 영업의 양수인이나 합병으로 설립 또는 존속하는 법인은 제1항에 따른 신고가 수리됨으로써 안전진단전문기관으로서의 지위를 승계한다.(2020.10.20 본항개정)

④ 제3항에 따라 종전의 안전진단전문기관의 지위를 승계한 자는 국토교통부령으로 정하는 바에 따라 제36조제1항

에 따른 종전의 안전진단전문기관의 실적을 승계한다.(2020.10.20 본항개정)
⑤ 안전진단전문기관의 영업을 상속받는 경우에 대해서는 제1항부터 제4항까지의 규정을 준용한다. 이 경우 피상속인이 사망한 날부터 신고가 수리된 날까지의 기간 동안은 피상속인의 안전진단전문기관 등록을 상속인의 안전진단전문기관 등록으로 본다.(2020.10.20 본항개정)

제38조의2【협회의 설립 등】 ① 안전진단전문기관은 시설물 안전 산업의 건전한 발전과 시설물의 안전 및 유지관리에 관한 기술개발 등을 위하여 안전진단전문협회(이하 "협회"라 한다)를 설립할 수 있다.
② 협회는 법인으로 한다.
③ 협회는 주된 사무소의 소재지에서 설립등기를 함으로써 성립한다.
④ 협회 회원의 자격과 임원에 관한 사항 등은 정관으로 정한다.
⑤ 협회 정관의 기재 사항과 협회에 대한 감독에 필요한 사항은 대통령령으로 정한다.
(2021.3.16 본조신설)

제38조의3【협회 설립의 인가 절차 등】 ① 협회를 설립하려면 회원 자격이 있는 안전진단전문기관 50인 이상이 발기하고 회원 자격이 있는 안전진단전문기관 중 대통령령으로 정하는 수 이상의 동의를 받아 창립 총회에서 정관을 작성한 후 국토교통부장관에게 인가를 신청하여야 한다.
② 국토교통부장관은 제1항에 따른 신청을 인가하면 그 사실을 공고하여야 한다.
③ 협회가 성립되고 임원이 선임될 때까지 필요한 사무는 발기인이 처리한다.
(2021.3.16 본조신설)

제38조의4【「민법」의 준용】 협회에 관하여 이 법에 규정된 사항을 제외하고는 「민법」 중 사단법인에 관한 규정을 준용한다.(2021.3.16 본조신설)

제5장 시설물의 유지관리

제39조【시설물의 유지관리】 ① 관리주체는 시설물의 기능을 보전하고 편의와 안전을 높이기 위하여 소관 시설물을 유지관리하여야 한다. 다만, 대통령령으로 정하는 시설물로서 다른 법령에 따라 유지관리하는 경우에는 그러하지 아니하다.
② 관리주체는 건설사업자 또는 그 시설물을 시공한 자[하자담보책임기간(동일한 시설물의 각 부분별 하자담보책임기간이 다른 경우에는 가장 긴 하자담보책임기간을 말한다) 내인 경우에 한정한다]로 하여금 시설물의 유지관리를 대행하게 할 수 있다.(2024.1.16 본항개정)
③ 시설물의 유지관리에 드는 비용은 관리주체가 부담한다.

제40조【시설물의 성능평가】 ① 도로, 철도, 항만, 댐 등 대통령령으로 정하는 시설물의 관리주체는 시설물의 성능을 유지하기 위하여 시설물에 대한 성능평가를 실시하여야 한다.
② 제1항에 따른 관리주체는 성능평가를 국토안전관리원과 안전진단전문기관에게 대행하게 할 수 있다.(2020.6.9 본항개정)
③ 성능평가를 실시한 자는 대통령령으로 정하는 바에 따라 그 결과보고서를 작성하고, 이를 관리주체에게 통보하여야 한다.
④ 관리주체는 제3항에 따른 성능평가 결과보고서를 국토교통부장관에게 제출하여야 한다. 이 경우 제출 절차에 관하여는 제6조제4항부터 제7항까지를 준용한다.
⑤ 제3항에 따른 결과보고서의 작성에 관하여는 제17조제2항 및 제3항을 준용한다. 이 경우 "안전점검 및 정밀안전진단"은 "성능평가"로 본다.
⑥ 성능평가를 실시한 자는 실시결과에 따라 대통령령으로 정하는 기준에 적합하게 해당 시설물의 성능등급을 지정하여야 한다.
⑦ 제1항에 따른 성능평가의 실시시기, 실시자의 자격, 성능평가의 방법·절차 등에 필요한 사항은 대통령령으로 정한다.

제41조【유지관리의 결과보고 등】 ① 관리주체는 제39조에 따라 대통령령으로 정하는 유지관리를 시행한 경우에는 대통령령으로 정하는 바에 따라 그 결과보고서를 작성하고 이를 국토교통부장관에게 제출하여야 한다. 이 경우 제출 절차에 관하여는 제6조제4항부터 제7항까지를 준용한다.
② 제1항에 따른 결과보고서의 작성에 관하여는 제17조제2항 및 제3항을 준용한다. 이 경우 "안전점검 및 정밀안전진단"은 "유지관리"로 본다.

제42조【시설물을 유지관리 또는 성능평가를 하는 자의 의무 등】 ① 시설물의 유지관리 또는 성능평가를 하는 자는 제43조에 따른 유지관리·성능평가지침에서 정하는 유지관리 또는 성능평가의 실시 방법 및 절차 등에 따라 성실하게 그 업무를 수행하여야 한다.
② 관리주체는 소관 시설물을 과학적으로 유지관리하도록 노력하여야 한다.

제43조【유지관리·성능평가지침】 ① 국토교통부장관은 대통령령으로 정하는 바에 따라 유지관리 및 성능평가의 실시 방법·절차 등에 관한 유지관리·성능평가지침을 작성하여 관보에 고시하여야 한다.
② 국토교통부장관이 제1항에 따른 지침을 작성하는 경우에는 미리 관계 행정기관의 장과 협의하여야 하며, 이 경우 필요하다고 인정되면 관계 중앙행정기관의 장 및 지방자치단체의 장에게 관련 자료를 제출하도록 요구할 수 있다.

제44조【성능평가 비용의 산정기준】 국토교통부장관은 성능평가의 대행에 필요한 비용의 산정기준을 정하여 고시하여야 한다.

제6장 한국시설안전공단

제45조~제54조 (2020.6.9 삭제)

제7장 보 칙

제55조【시설물통합정보관리체계의 구축·운영 등】 ① 국토교통부장관은 시설물의 안전 및 유지관리에 관한 정보를 체계적으로 관리하기 위하여 다음 각 호의 사항이 포함된 시설물통합정보관리체계를 구축·운영하여야 한다.
1. 제5조 및 제6조에 따른 기본계획과 시설물관리계획
2. 제9조에 따른 설계도서 및 시설물관리대장 등 관련 서류
3. 제9조제8항에 따른 시설물의 준공 또는 사용승인 통보 내용(2018.8.14 본호개정)
4. 제17조에 따른 안전점검 및 정밀안전진단 결과보고서
5. 제18조에 따른 정밀안전점검 또는 정밀안전진단 실시 결과에 대한 평가
6. 제23조에 따른 사용제한 등 긴급안전조치에 관한 사항
7. 제24조에 따른 시설물의 보수·보강 등에 관한 사항
8. 제28조, 제31조제1항, 제35조 및 제67조에 따른 안전진단전문기관의 등록, 등록사항의 변경신고, 휴업·재개업 또는 폐업 신고, 등록취소, 영업정지, 시정명령 또는 과태료 등에 관한 사항(2024.1.16 본호개정)
9. 제28조의2, 제31조제1항, 제35조 및 제67조에 따른 안전점검전문기관의 등록, 등록사항의 변경신고, 휴업·재개업 또는 폐업 신고, 등록취소, 영업정지, 시정명령 또는 과태료 등에 관한 사항(2024.1.16 본호개정)
10. 제36조에 따른 안전점검등 및 성능평가의 실적
11. 제40조에 따른 성능평가 결과보고서
12. 제41조에 따른 유지관리 결과보고서
13. 그 밖에 시설물의 안전 및 유지관리에 관한 사항으로서 국토교통부령으로 정하는 사항
② 제1항에 따른 시설물통합정보관리체계의 구축·운영에 필요한 사항은 대통령령으로 정한다.
③ 관리주체는 소관 시설물의 안전 및 유지관리에 관한 정보를 체계적으로 관리하기 위하여 정보화시스템을 구축·운영할 수 있다. 이 경우 제1항에 따른 시설물통합정보관리체계와 연계하여 운영할 수 있다.
④ 국토교통부장관은 소규모 취약시설의 안전관리에 관한 정보를 체계적으로 관리하기 위하여 정보화시스템을 구축·운영할 수 있다. 이 경우 제1항에 따른 시설물통합정보관리체계와 연계하여 운영할 수 있다.(2019.8.20 본항신설)

제55조의2【시설물 안전확보를 위한 정보의 공개】 ① 국토교통부장관은 공중의 안전을 확보하기 위하여 시설물에 관한 다음 각 호의 사항을 공개할 수 있다.
1. 제6조에 따른 시설물관리계획
2. 제16조에 따른 안전등급의 이력
3. 제22조에 따른 중대한 결함의 이력
4. 제23조에 따른 긴급안전조치 현황
5. 안전점검등·성능평가·유지관리의 이력
6. 시설물의 제원(諸元)
7. 그 밖에 대통령령으로 정하는 사항
② 제1항에 따른 시설물에 관한 정보의 공개의 범위는 다음 각 호의 기준에 따른다.
1. 공공관리주체 소관 시설물의 경우 : 제1항제1호부터 제7호까지의 사항
2. 민간관리주체 소관 시설물 중 다중이 이용하는 시설물 등 대통령령으로 정하는 시설물의 경우 : 제1항제2호부터 제6호까지의 사항
3. 제2호 이외의 민간관리주체 소관 시설물의 경우 : 제1항제6호의 사항
③ 제1항에 따른 공개의 방법·절차 등에 관하여 필요한 사항은 대통령령으로 정한다.
(2020.10.20 본조신설)

제56조【비용의 부담】 안전점검등과 성능평가에 드는 비용은 관리주체가 부담한다. 다만, 하자담보책임기간 내에 시공자가 책임져야 할 사유로 정밀안전진단을 실시하여야 하는 경우 그에 드는 비용은 시공자가 부담한다.

제57조【시설물의 안전 및 유지관리 예산의 확보】 공공관리주체는 대통령령으로 정하는 바에 따라 매년 소관 시설물의 안전 및 유지관리에 필요한 예산을 확보하여야 한다.

제58조【사고조사 등】 ① 관리주체는 소관 시설물에 사고가 발생한 경우에는 지체 없이 응급 안전조치를 하여야 하며, 대통령령으로 정하는 규모 이상의 사고가 발생한 경우에는 공공관리주체는 주무부처의 장 또는 관할 시·도지사 및 시장·군수·구청장에게, 민간관리주체는 관할 시장·군수·구청장에게 사고 발생 사실을 알려야 한다.
② 제1항에 따라 사고 발생 사실을 통보받은 주무부처의 장, 관할 시·도지사 또는 시장·군수·구청장은 사고 발생 사실을 국토교통부장관에게 알려야 한다.
③ 국토교통부장관, 중앙행정기관의 장 또는 지방자치단체의 장은 제1항 및 제2항에 따라 사고 발생 사실을 통보받은 경우 그 사고 원인 등에 대한 조사를 할 수 있다.
④ 국토교통부장관은 대통령령으로 정하는 규모 이상의 피해가 발생한 시설물의 사고조사 등을 위하여 필요하다고 인정되는 때에는 중앙시설물사고조사위원회를 구성·운영할 수 있다.
⑤ 중앙행정기관의 장이나 지방자치단체의 장은 해당 기관이 지도·감독하는 관리주체의 시설물에 대한 붕괴·파손 등의 사고조사 등을 위하여 필요하다고 인정되는 때에는 시설물사고조사위원회를 구성·운영할 수 있다.
⑥ 관리주체는 제4항 및 제5항에 따른 중앙시설물사고조사위원회 및 시설물사고조사위원회의 사고조사에 필요한 현장보존, 자료제출, 관련 장비의 제공 및 관련자 의견청취 등에 적극 협조하여야 한다.(2019.8.20 본항개정)
⑦ 중앙행정기관의 장이나 지방자치단체의 장은 제5항에 따라 사고조사를 실시한 경우 그 결과를 지체 없이 국토교통부장관에게 통보하여야 한다.(2019.8.20 본항개정)
⑧ 국토교통부장관, 중앙행정기관의 장 또는 지방자치단체의 장은 제4항에 따른 중앙시설물사고조사위원회 또는 제5항에 따른 시설물 사고조사위원회의 사고조사 결과를 공표하여야 한다.(2019.8.20 본항개정)
⑨ 제4항 및 제5항에 따른 중앙시설물사고조사위원회 및 시설물사고조사위원회의 구성과 운영, 제7항에 따른 사고조사의 통보 내용 및 제8항에 따른 결과공표 등에 필요한 사항은 대통령령으로 정한다.

제59조【실태점검】 ① 국토교통부장관, 주무부처의 장 또는 지방자치단체의 장은 시설물 및 소규모 취약시설의 안전 및 유지관리 실태를 점검할 수 있다.(2019.8.20 본항개정)
② 시장·군수·구청장은 민간관리주체 소관 시설물에 대하여 시설물관리계획의 이행여부 확인 등 안전 및 유지관리 실태를 연 1회 이상 점검하여야 한다.
③ 국토교통부장관, 주무부처의 장 또는 지방자치단체의 장은 제1항에 따른 실태점검 결과 필요한 사항을 관계 행정기관의 장, 관리주체 또는 그 밖의 관계인에게 권고하거나 시정하도록 요청할 수 있다. 이 경우 요청을 받은 자는 특별한 사유가 없으면 이에 따라야 한다.
④ 국토교통부장관, 주무부처의 장 또는 지방자치단체의 장은 제1항에 따른 실태점검을 실시하기 위하여 필요한 경우 관계 행정기관의 장, 관리주체 또는 그 밖의 관계인에게 관련 자료를 제출할 것을 요구할 수 있다. 이 경우 요구를 받은 자는 특별한 사유가 없으면 이에 따라야 한다.
⑤ 국토교통부장관, 주무부처의 장 또는 지방자치단체의 장은 제1항에 따른 실태점검의 효율성을 높이기 위하여 필요한 경우 관계 기관 및 전문가와 합동하여 현장조사를 실시할 수 있다.
⑥ 국토교통부장관, 주무부처의 장 또는 지방자치단체의 장은 필요한 경우 실태점검 결과를 공표할 수 있다.
⑦ 제1항에 따라 국토교통부장관, 주무부처의 장 또는 지방자치단체의 장이 실태점검할 수 있는 구체적인 시설물의 범위 등 실태점검의 실시와 제6항에 따른 결과공표 등에 필요한 사항은 대통령령으로 정한다.

제60조【권한의 위임·위탁】 ① 이 법에 따른 국토교통부장관의 권한은 그 일부를 대통령령으로 정하는 바에 따라 시·도지사 또는 소속기관의 장에게 위임할 수 있다.
② 이 법에 따른 국토교통부장관의 권한 중 다음 각 호의 권한은 대통령령으로 정하는 바에 따라 국토안전관리원 또는 대통령령으로 정하는 위탁업무를 수행하는 데에 필요한 인력과 장비를 갖춘 기관 및 단체에 위탁할 수 있다.
(2021.3.16 본문개정)
1. 제12조제4항에 따른 시설물의 내진성능평가 결과검토 및 내진 보강의 권고
2. 제18조제1항 및 제2항에 따른 정밀안전점검 및 정밀안전진단 실시결과의 평가와 그 평가에 필요한 관련 자료의 제출요구
3. 제19조제1항·제2항·제9항에 따른 안전점검 등의 실시, 그 결과와 안전조치에 필요한 사항의 통보 및 안전 및 유지관리에 관한 교육(2019.8.20 본호개정)
4. 제36조제3항에 따른 실적관리 및 실적확인서의 발급
5. 제55조제1항 및 제4항에 따른 시설물통합정보관리체계 및 소규모 취약시설 정보화시스템의 구축·운영(2019.8.20 본호개정)
6. 제58조제4항에 따른 중앙시설물사고조사위원회 운영에 관한 사무(2019.8.20 본호신설)
③ 제2항제2호에 따른 정밀안전점검 또는 정밀안전진단 실시결과의 평가에 관한 권한을 위탁받은 기관은 평가의 공정성과 전문성을 확보하기 위하여 대통령령으로 정하는 바에 따라 정밀안전점검·정밀안전진단평가위원회를 설치하고 그 심의를 거쳐야 한다.
④ 제2항제4호에 따른 실적확인서의 발급에 관한 권한을 위탁받은 기관은 제36조제3항에 따른 실적확인서를 발급할 때에는 그 신청인으로부터 실비(實費)의 범위에서 수수료를 받을 수 있다.

제61조【비밀 유지의 의무】 안전점검·정밀안전진단·긴급안전점검·유지관리 및 성능평가 업무를 수행하는 자는 업무상 알게 된 비밀을 누설하거나 도용하여서는 아니 된다. 다만, 시설물의 안전과 유지관리를 위하여 국토교통부장관이 필요하다고 인정할 때에는 그러하지 아니하다.

제61조의2【이행강제금】 ① 국토교통부장관은 다음 각 호의 어느 하나에 해당하는 자에게는 해당 명령이 이행될 때까지 매달 100만원 이하의 범위에서 이행강제금을 부과할 수 있다.

1. 제9조제5항에 따른 명령을 받은 후 이행기간 이내에 그 명령을 이행하지 아니한 자
2. 제17조제5항에 따른 명령을 받은 후 이행기간 이내에 그 명령을 이행하지 아니한 자
3. 제18조제4항에 따른 명령을 받은 후 이행기간 이내에 그 명령을 이행하지 아니한 자

② 국토교통부장관은 제1항에 따른 이행강제금을 부과하기 전에 이행강제금을 부과·징수한다는 것을 미리 문서로 알려 주어야 한다.

③ 국토교통부장관은 제1항 각 호에 따라 이행강제금을 부과할 때에는 이행강제금의 금액, 부과 사유, 납부기한, 수납기관, 이의 제기 방법 및 이의 제기 기관 등을 구체적으로 밝힌 문서로 하여야 한다.

④ 국토교통부장관은 제9조제5항, 제17조제5항 또는 제18조제4항에 따라 이행명령을 받은 자가 명령을 이행하면 새로운 이행강제금의 부과를 즉시 중지하되, 이미 부과된 이행강제금은 징수하여야 한다.

⑤ 국토교통부장관은 제1항에 따라 이행강제금 부과처분을 받은 자가 이행강제금을 기한까지 납부하지 아니하면 국세 체납처분의 예에 따라 징수한다.

⑥ 이행강제금의 부과 및 징수, 이의제기 절차 등에 관한 사항은 대통령령으로 정한다.

(2019.8.20 본조신설)

제62조【벌칙 적용에서 공무원 의제】 다음 각 호의 어느 하나에 해당하는 사람은 「형법」 제129조부터 제132조까지의 규정에 따른 벌칙을 적용할 때에는 공무원으로 본다.

1. 국토안전관리원의 임직원, 안전점검·정밀안전진단·긴급안전점검·유지관리 및 성능평가 업무를 하는 사람(2020.6.9 본호개정)
2. 제58조제4항에 따른 중앙시설물사고조사위원회, 제58조제5항에 따른 시설물사고조사위원회 및 제60조제3항에 따른 정밀안전점검·정밀안전진단평가위원회 위원 중 공무원이 아닌 위원

제8장 벌 칙

제63조【벌칙】 ① 다음 각 호의 어느 하나에 해당하는 자는 1년 이상 10년 이하의 징역에 처한다.

1. 제11조제1항에 따른 안전점검, 제12조제1항 및 제2항에 따른 정밀안전진단 또는 제13조제1항에 따른 긴급안전점검을 실시하지 아니하거나 성실하게 실시하지 아니함으로써 시설물에 중대한 손괴를 야기하여 공공의 위험을 발생하게 한 자
2. 제13조제2항 또는 제6항을 위반하여 정당한 사유 없이 긴급안전점검을 실시하지 아니하거나 필요한 조치명령을 이행하지 아니함으로써 시설물에 중대한 손괴를 야기하여 공공의 위험을 발생하게 한 자
3. 제20조제1항을 위반하여 안전점검등의 업무를 성실하게 수행하지 아니함으로써 시설물에 중대한 손괴를 야기하여 공공의 위험을 발생하게 한 자
4. 제23조제1항 또는 제2항을 위반하여 안전조치를 하지 아니하거나 안전조치명령을 이행하지 아니함으로써 시설물에 중대한 손괴를 야기하여 공공의 위험을 발생하게 한 자
5. 제24조제1항 또는 제2항을 위반하여 보수·보강 등 필요한 조치를 하지 아니하거나 필요한 조치의 이행 및 시정 명령을 이행하지 아니함으로써 시설물에 중대한 손괴를 야기하여 공공의 위험을 발생하게 한 자
6. 제42조제1항을 위반하여 유지관리 또는 성능평가를 성실하게 수행하지 아니함으로써 시설물에 중대한 손괴를 야기하여 공공의 위험을 발생하게 한 자

② 제1항 각 호의 죄를 범하여 사람을 사상(死傷)에 이르게 한 자는 무기 또는 5년 이상의 징역에 처한다.

제64조【벌칙】 ① 업무상 과실로 제63조제1항 각 호의 죄를 범한 자는 5년 이하의 징역이나 금고 또는 5천만원 이하의 벌금에 처한다.

② 업무상 과실로 제63조제2항의 죄를 범한 자는 10년 이하의 징역이나 금고 또는 1억원 이하의 벌금에 처한다.

제65조【벌칙】 ① 다음 각 호의 어느 하나에 해당하는 자는 2년 이하의 징역 또는 2천만원 이하의 벌금에 처한다.

1. (2019.8.20 삭제)

1의2. 제9조제6항에 따른 서류를 보존하지 아니한 자(2018.8.14 본호개정)

2. 제17조제2항제1호(제40조제5항 및 제41조제2항에서 준용하는 경우를 포함한다)를 위반하여 다른 안전점검 및 정밀안전진단 결과보고서의 내용을 복제하여 안전점검 및 정밀안전진단 결과보고서를 작성한 자
3. 제17조제2항제2호(제40조제5항 및 제41조제2항에서 준용하는 경우를 포함한다)를 위반하여 안전점검 및 정밀안전진단 결과보고서와 그 작성의 기초가 되는 자료를 거짓으로 작성한 자
4. 제23조제1항 또는 제2항을 위반하여 안전조치를 하지 아니하거나 안전조치명령을 이행하지 아니한 자
5. 제24조제1항 또는 제2항을 위반하여 보수·보강 등 필요한 조치를 하지 아니하거나 필요한 조치의 이행 및 시정 명령을 이행하지 아니한 자(제6조제1항 단서에 해당하는 시설물의 관리주체는 제외한다)
6. 제27조제1항을 위반하여 하도급을 한 자
7. 제28조제1항에 따른 안전진단전문기관으로 등록하지 아니하고 안전점검등 또는 성능평가 업무를 수행한 자

7의2. 제28조의2제1항에 따라 등록하지 아니하거나 거짓이나 그 밖의 부정한 방법으로 등록하고 안전점검 또는 긴급안전점검을 수행한 자(2024.1.16 본호신설)

8. 속임수나 그 밖의 부정한 방법으로 제28조제1항에 따른 안전진단전문기관으로 등록한 자
9. 제30조(제28조의2제2항에서 준용하는 경우를 포함한다)를 위반하여 명의대여 등을 한 자와 명의대여 등을 받은 자(2024.1.16 본호개정)
10. 제31조에 따른 영업정지처분을 받고 그 영업정지기간 중에 새로 안전점검등 또는 성능평가를 실시한 자
11. 제61조를 위반하여 업무상 알게 된 비밀을 누설하거나 도용한 자

② 다음 각 호의 어느 하나에 해당하는 자는 1년 이하의 징역 또는 1천만원 이하의 벌금에 처한다.

1. 제9조제5항에 따른 서류의 제출명령을 이행하지 아니한 자(2019.8.20 본호신설)

1의2. 제13조제2항에 따른 긴급안전점검을 거부·방해 또는 기피한 자

1의3. 제26조제3항을 위반하여 안전상태를 사실과 다르게 진단하게 하거나 결과보고서를 거짓으로 또는 부실하게 작성하도록 요구한 자(2019.8.20 본호신설)

2. 제27조제6항을 위반하여 자료 제출을 하지 아니하거나 거짓으로 자료를 제출한 자 또는 정당한 사유 없이 조사를 거부·방해 또는 기피한 자
3. 제34조에 따른 자료 제출 또는 보고를 거부하거나 정당한 사유 없이 조사를 거부·방해 또는 기피한 자
4. 제35조에 따른 시정명령을 이행하지 아니한 자
5. 제58조에 따른 사고조사를 거부·방해 또는 기피한 자
6. 제59조제1항에 따른 실태점검을 거부·방해 또는 기피한 자
7. 제59조제4항을 위반하여 정당한 사유 없이 자료 제출을 하지 아니하거나 거짓으로 자료를 제출한 자

제66조【양벌규정】 ① 법인의 대표자나 법인 또는 개인의 대리인, 사용인, 그 밖의 종업원이 그 법인 또는 개인의 업무에 관하여 제63조의 위반행위를 하면 그 행위자를 벌하는 외에 그 법인 또는 개인에게도 10억원 이하의 벌금형을 과(科)한다. 다만, 법인 또는 개인이 그 위반행위를 방지하기 위하여 해당 업무에 관하여 상당한 주의와 감독을 게을리 하지 아니한 때에는 그러하지 아니하다.

② 법인의 대표자나 법인 또는 개인의 대리인, 사용인, 그 밖의 종업원이 그 법인 또는 개인의 업무에 관하여 제64조와 제65조의 위반행위를 하면 그 행위자를 벌하는 외에 그 법인 또는 개인에게도 해당 조문의 벌금형을 과(科)한다. 다만, 법인 또는 개인이 그 위반행위를 방지하기 위하여 해당 업무에 관하여 상당한 주의와 감독을 게을리 하지 아니한 때에는 그러하지 아니하다.

제67조【과태료】 ① 다음 각 호의 어느 하나에 해당하는 자에게는 2천만원 이하의 과태료를 부과한다.

1. 제12조제1항 및 제2항에 따른 정밀안전진단을 실시하지 아니한 자
2. 제13조제1항에 따른 긴급안전점검을 실시하지 아니한 자

② 다음 각 호의 어느 하나에 해당하는 자에게는 1천만원 이하의 과태료를 부과한다.

1. 제11조제1항에 따른 안전점검을 실시하지 아니한 자(제6조제1항 단서에 따라 시장·군수·구청장이 실시하여야 하는 경우는 제외한다)
2. 제12조제3항에 따라 내진성능평가를 실시하지 아니한 자

2의2. 제17조제1항 또는 제4항에 따라 안전점검 또는 정밀안전진단 결과보고서를 통보하지 아니하거나 제출하지 아니한 자(2019.8.20 본호신설)

3. 제17조제2항제2호(제40조제5항 및 제41조제2항에서 준용하는 경우를 포함한다)를 위반하여 안전점검 및 정밀안전진단 결과보고서와 그 작성의 기초가 되는 자료를 부실하게 작성한 자

3의2. 제18조제3항을 위반하여 결과보고서를 수정 또는 보완하여 제출하지 아니한 자(2019.8.20 본호신설)

4. 제22조제1항부터 제3항까지의 규정에 따른 통보를 하지 아니한 자(2019.8.20 본호개정)
5. 제25조제1항에 따라 위험표지를 설치하지 아니하거나 긴급한 보수·보강 등이 필요한 사실을 주민에게 알리지 아니한 자
6. 제25조제3항을 위반하여 위험표지를 이전하거나 훼손한 자
7. 제40조제1항에 따른 성능평가를 실시하지 아니한 자

③ 다음 각 호의 어느 하나에 해당하는 자에게는 500만원 이하의 과태료를 부과한다.

1. 제6조제1항·제4항·제5항에 따라 시설물관리계획을 수립하지 아니하거나 시설물관리계획을 보고 또는 제출하지 아니한 자
2. 제9조제1항·제2항 또는 제4항에 따른 서류를 제출하지 아니한 자
3. 제10조제3항을 위반하여 서류의 열람 또는 그 사본의 교부 요청에 정당한 사유 없이 따르지 아니한 자
4. 제13조제7항에 따라 긴급안전점검 결과보고서를 제출하지 아니한 자
5. (2019.8.20 삭제)
6. 제17조제2항제3호(제40조제5항 및 제41조제2항에서 준용하는 경우를 포함한다)를 위반하여 안전점검 및 정밀안전진단 결과보고서와 그 작성의 기초가 되는 자료를 보존하지 아니한 자
7. 제18조제2항에 따른 정밀안전점검 또는 정밀안전진단 실시결과에 대한 평가에 필요한 관련 자료를 정당한 사유 없이 제출하지 아니한 자
8. 제23조제3항을 위반하여 사용제한 등을 하는 사실을 통보하지 아니한 자
9. 제24조제3항을 위반하여 보수·보강 등의 조치결과를 통보하지 아니한 자
10. 제27조제2항을 위반하여 하도급한 사실을 통보하지 아니한 자
11. 제28조제3항(제28조의2제2항에서 준용하는 경우를 포함한다)에 따른 변경신고를 하지 아니한 자(2024.1.16 본호개정)
12. 제28조제6항(제28조의2제2항에서 준용하는 경우를 포함한다)에 따른 휴업·재개업 또는 폐업 신고를 하지 아니한 자(2024.1.16 본호개정)
13. 제33조제1항 후단을 위반하여 등록의 취소 또는 영업정지처분을 받은 사실을 안전점검등 또는 성능평가의 대행계약을 체결한 관리주체에게 알리지 아니한 자
14. 제36조제1항을 위반하여 안전점검등 또는 성능평가의 대행실적을 제출하지 아니하거나 거짓으로 제출한 자
15. 제38조(제28조의2제2항에서 준용하는 경우를 포함한다)에 따른 영업의 양도나 합병 또는 상속의 신고를 하지 아니한 자(2024.1.16 본호개정)
16. 제40조제4항에 따른 성능평가 결과보고서를 제출하지 아니한 자
17. 제41조제1항에 따라 유지관리 결과보고서를 제출하지 아니한 자
18. (2020.6.9 삭제)
19. 제59조제3항을 위반하여 정당한 사유 없이 시정 요청에 따르지 아니한 자

④ 제1항부터 제3항까지에 따른 과태료는 대통령령으로 정하는 바에 따라 국토교통부장관, 시·도지사 또는 시장·군수·구청장이 부과·징수한다.

부 칙

제1조【시행일】 이 법은 공포 후 1년이 경과한 날부터 시행한다.

제2조【시설물의 안전과 유지관리에 관한 기본계획에 관한 경과조치】 이 법 시행 당시 종전의 규정에 따라 수립된 시설물의 안전과 유지관리에 관한 기본계획은 제5조제1항의 개정규정에 따른 기본계획으로 본다.

제3조【시설물의 안전 및 유지관리계획에 관한 경과조치】 이 법 시행 당시 종전의 규정에 따라 수립된 시설물에 대한 안전 및 유지관리계획은 제6조제1항의 개정규정에 따른 시설물관리계획으로 본다.

제4조【안전점검등의 실시에 관한 경과조치】 이 법 시행 당시 종전의 규정에 따라 실시한 정기점검 및 정밀점검은 제11조의 개정규정에 따른 정기안전점검 및 정밀안전점검을, 정밀안전진단은 제12조의 개정규정에 따른 정밀안전진단을, 긴급점검은 제13조의 개정규정에 따른 긴급안전점검을 실시한 것으로 본다.

제5조【내진성능평가에 관한 경과조치】 이 법 시행 당시 종전의 규정에 따라 실시한 내진성능평가는 제12조제3항의 개정규정에 따른 내진성능평가를 실시한 것으로 본다.

제6조【시설물의 안전등급에 관한 경과조치】 이 법 시행 당시 종전의 규정에 따라 지정된 시설물의 안전등급은 제16조제1항의 개정규정에 따른 안전등급이 지정된 것으로 본다.

제7조【안전진단전문기관의 등록에 관한 경과조치】 이 법 시행 당시 종전의 제9조제1항에 따라 등록을 한 안전진단전문기관은 제28조제1항의 개정규정에 따른 안전진단전문기관의 등록을 한 것으로 본다.

제8조【금치산자 등의 결격사유에 관한 경과조치】 제29조제1호의 개정규정에도 불구하고 같은 개정규정에 따른 피성년후견인 또는 피한정후견인에는 법률 제10429호 민법 일부개정법률 부칙 제2조에 따라 금치산 또는 한정치산 선고의 효력이 유지되는 사람을 포함하는 것으로 본다.

제9조【처분 등에 관한 일반적 경과조치】 이 법 시행 전에 종전의 규정에 따라 행한 처분절차나 그 밖의 행정기관의 행위와 행정기관에 대한 행위는 그에 해당하는 이 법에 따른 처분절차나 행정기관의 행위 또는 행정기관에 대한 행위로 본다.

제10조【안전진단전문기관에 대한 등록취소 또는 영업정지처분에 관한 경과조치】 이 법 시행 전의 행위에 대

한 안전진단전문기관에 대한 등록취소 또는 업무정지처분은 종전의 규정에 따른다.

제11조【유지관리업자에 대한 등록말소 또는 영업정지처분 요청에 관한 경과조치】 이 법 시행 전의 행위에 대한 유지관리업자에 대한 등록말소 또는 업무정지처분 요청은 종전의 규정에 따른다.

제12조【한국시설안전공단에 대한 경과조치】 이 법 시행 전에 종전의 규정에 따라 설립된 한국시설안전공단은 제45조의 개정규정에 따라 설립된 것으로 본다.

제13조【벌칙 등에 관한 경과조치】 이 법 시행 전의 행위에 대한 벌칙 및 과태료의 적용에 있어서는 종전의 규정에 따른다.

제14조【다른 법률의 개정】 ①~⑮ ※(해당 법령에 가제정리 하였음)

제15조【다른 법령과의 관계】 이 법 시행 당시 다른 법령에서 종전의 규정을 인용하고 있는 경우에 이 법 가운데 그에 해당하는 규정이 있을 때에는 종전의 규정을 갈음하여 이 법의 해당 규정을 인용한 것으로 본다.

부 칙 (2019.8.20)

제1조【시행일】 이 법은 공포 후 6개월이 경과한 날부터 시행한다.

제2조【일반적 적용례】 이 법은 이 법 시행 후 안전점검 또는 정밀안전진단을 실시하는 경우부터 적용한다.

제3조【명단 공표 및 위반 횟수 산정에 관한 적용례】 제21조의2제1항의 개정규정은 이 법 시행 이후 최초로 제17조제2항제1호 또는 제2호를 위반한 자부터 적용한다. 이 경우 부실하게 작성한 위반행위의 횟수를 산정할 때에는 이 법 시행 이후 위반행위부터 산정한다.

제4조【시설물의 중대한결함등에 관한 적용례】 제22조부터 제25조까지의 개정규정은 이 법 시행 후 해당 시설물에서 중대한결함등이 발견된 경우부터 적용한다.

부 칙 (2020.6.9 법17447호)

제1조【시행일】 이 법은 공포 후 6개월이 경과한 날부터 시행한다.(이하 생략)

부 칙 (2020.6.9 법17453호)

이 법은 공포한 날부터 시행한다.(이하 생략)

부 칙 (2020.10.20)

제1조【시행일】 이 법은 공포 후 1개월이 경과한 날부터 시행한다. 다만, 제55조의2의 개정규정은 공포 후 6개월이 경과한 날부터 시행한다.

제2조【안전진단전문기관의 등록사항 변경신고에 관한 적용례】 제28조의 개정규정은 이 법 시행 이후 안전진단전문기관의 등록사항 변경신고를 하는 경우부터 적용한다.

제3조【안전진단전문기관의 영업양도·합병·상속신고에 관한 적용례】 제38조의 개정규정은 이 법 시행 이후 안전진단전문기관의 영업양도·합병·상속신고를 하는 경우부터 적용한다.

부 칙 (2021.3.16)

이 법은 공포 후 6개월이 경과한 날부터 시행한다.

부 칙 (2024.1.16)

제1조【시행일】 이 법은 공포 후 6개월이 경과한 날부터 시행한다.

제2조【시설물통합정보관리체계에 관한 적용례】 제55조제1항제8호의 개정규정은 이 법 시행 이후 안전진단전문기관이 제35조에 따라 시정명령을 받은 경우부터 적용한다.

제3조【유지관리업자에 관한 경과조치】 ① 이 법 시행 당시 종전의 규정에 따라 시설물의 안전점검 또는 긴급안전점검을 대행할 수 있는 유지관리업자는 제28조의2의 개정규정에 따른 안전점검전문기관으로 등록한 것으로 본다. 다만, 이 법 시행일부터 1년 이내에 제28조의2의 개정규정에 따른 등록기준을 갖추어 새로이 등록하여야 한다.

② 이 법 시행 당시 종전의 규정에 따른 유지관리업자는 이 법 시행 전에 체결한 시설물의 안전점검, 긴급안전점검 또는 유지관리의 대행계약에 한정하여 해당 업무를 계속할 수 있다.

③ 이 법 시행 전에 종전의 규정에 따라 시설물의 안전점검 또는 긴급안전점검을 대행할 수 있는 유지관리업자가 행한 행위 또는 해당 유지관리업자에 대하여 행하여진 행위는 이 법 시행 이후 제28조의2의 개정규정에 따라 등록한 안전점검전문기관이 행한 행위 또는 해당 안전점검전문기관에 대하여 행하여진 행위로 본다.

제4조【행정처분에 관한 경과조치】 이 법 시행 전의 위반행위에 대하여 행정처분을 적용할 때에는 종전의 규정에 따른다.

건설기술 진흥법

(2013년 5월 22일 전부개정법률 제11794호)

개정
2013. 7.16법11920호
2013. 8. 6법11998호(지방세외수입금의징수등에관한법)
2014. 5.14법12579호
2015. 1. 6법12967호
2015. 5.18법13324호
2015. 7.24법13430호
2015.12.29법13671호
2016. 1.19법13805호(주택법)
2017. 8. 9법14848호
2017.11.28법15112호
2018. 6.12법15667호
2018. 8.14법15719호
2018.12.31법16135호
2019. 1.15법16272호(산업안전보건법)
2019. 4.30법16414호
2019. 8.27법16560호
2019.11.26법16624호
2020. 2.18법17063호(해양조사와해양정보활용에관한법)
2020. 3.24법17091호(지방행정제재·부과금의징수등에관한법)
2020. 6. 9법17344호(지능정보화기본법)
2020. 6. 9법17441호
2020. 6. 9법17453호(법률용어정비)
2020.10.20법17542호
2021. 3.16법17939호
2022. 6.10법18933호
2024. 1. 9법19967호

제1장 총 칙

제1조【목적】 이 법은 건설기술의 연구·개발을 촉진하여 건설기술 수준을 향상시키고 이를 바탕으로 관련 산업을 진흥하여 건설공사가 적정하게 시행되도록 함과 아울러 건설공사의 품질을 높이고 안전을 확보함으로써 공공복리의 증진과 국민경제의 발전에 이바지함을 목적으로 한다.

제2조【정의】 이 법에서 사용하는 용어의 뜻은 다음과 같다.

1. "건설공사"란 「건설산업기본법」 제2조제4호에 따른 건설공사를 말한다.
2. "건설기술"이란 다음 각 목의 사항에 관한 기술을 말한다. 다만, 「산업안전보건법」에서 근로자의 안전에 관하여 따로 정하고 있는 사항은 제외한다.
   가. 건설공사에 관한 계획·조사(지반조사를 포함한다. 이하 같다)·설계(「건축사법」 제2조제3호에 따른 설계는 제외한다. 이하 같다)·시공·감리·시험·평가·측량(해양조사를 포함한다. 이하 같다)·자문·지도·품질관리·안전점검 및 안전성 검토(2020.2.18 본목개정)
   나. 시설물의 운영·검사·안전점검·정밀안전진단·유지·관리·보수·보강 및 철거
   다. 건설공사에 필요한 물자의 구매와 조달
   라. 건설장비의 시운전(試運轉)
   마. 건설사업관리
   바. 그 밖에 건설공사에 관한 사항으로서 대통령령으로 정하는 사항
3. "건설엔지니어링"이란 다른 사람의 위탁을 받아 건설기술에 관한 업무를 수행하는 것을 말한다. 다만, 건설공사의 시공 및 시설물의 보수·철거 업무는 제외한다.(2021.3.16 본문개정)
4. "건설사업관리"란 「건설산업기본법」 제2조제8호에 따른 건설사업관리를 말한다.
5. "감리"란 건설공사가 관계 법령이나 기준, 설계도서 또는 그 밖의 관계 서류 등에 따라 적정하게 시행될 수 있도록 관리하거나 시공관리·품질관리·안전관리 등에 대한 기술지도를 하는 건설사업관리 업무를 말한다.
6. "발주청"이란 건설공사 또는 건설엔지니어링을 발주(發注)하는 국가, 지방자치단체, 「공공기관의 운영에 관한 법률」 제5조에 따른 공기업·준정부기관, 「지방공기업법」에 따른 지방공사·지방공단, 그 밖에 대통령령으로 정하는 기관의 장을 말한다.(2021.3.16 본호개정)
7. "건설사업자"란 「건설산업기본법」 제2조제7호에 따른 건설사업자를 말한다.(2019.4.30 본호개정)
8. "건설기술인"이란 「국가기술자격법」 등 관계 법률에 따른 건설공사 또는 건설엔지니어링에 관한 자격, 학력 또는 경력을 가진 사람으로서 대통령령으로 정하는 사람을 말한다.(2021.3.16 본호개정)
9. "건설엔지니어링사업자"란 건설엔지니어링을 영업의 수단으로 하려는 자로서 제26조에 따라 등록한 자를 말한다.(2021.3.16 본호개정)
10. "건설사고"란 건설공사를 시행하면서 대통령령으로 정하는 규모 이상의 인명피해나 재산피해가 발생한 사고를 말한다.(2015.7.24 본호개정)
11. "지반조사"란 건설공사 대상 지역의 지질구조 및 지반상태, 토질 등에 관한 정보를 획득할 목적으로 수행하는 일련의 행위를 말한다.(2015.7.24 본호신설)
12. "무선안전장비"란 「전파법」 제2조제1항제5호에 따른 무선설비 및 같은 법 제2조제1항제5호의2에 따른 무선통신을 이용하여 건설사고의 위험을 낮추는 기능을 갖춘 장비를 말한다.(2021.3.16 본호신설)

제3조【건설기술진흥 기본계획】 ① 국토교통부장관은 건설기술의 연구·개발을 촉진하고 그 성과를 효율적으로 이용하며 관련 산업의 진흥을 도모하기 위하여 건설기술진흥 기본계획(이하 "기본계획"이라 한다)을 5년마다 수립하여야 한다.

② 기본계획에는 다음 각 호의 사항이 포함되어야 한다.

1. 건설기술 진흥의 기본목표 및 추진방향
2. 건설기술의 개발 촉진 및 활용을 위한 시책
3. 건설기술에 관한 정보 관리
4. 건설기술인력의 수급(需給)·활용 및 기술능력의 향상
5. 건설기술연구기관의 육성
6. 건설엔지니어링 산업구조의 고도화(2021.3.16 본호개정)
7. 건설엔지니어링의 해외진출 및 국제교류 등의 지원에 관한 사항(2021.3.16 본호개정)
8. 건설엔지니어링사업자의 지원에 관한 사항(2021.3.16 본호개정)
9. 건설공사의 환경관리에 관한 사항
10. 건설공사의 안전관리 및 품질관리에 관한 사항 (2015.5.18 본호신설)
11. 그 밖에 건설기술 진흥에 관한 중요 사항

③ 국토교통부장관은 기본계획을 수립할 때에는 관계 중앙행정기관의 장과 미리 협의한 후 제5조에 따라 국토교통부에 두는 중앙건설기술심의위원회의 심의를 받아야 한다. 기본계획 중 대통령령으로 정하는 내용을 변경하려는 경우에도 같다.

④ 관계 행정기관의 장은 기본계획의 연차별 시행계획(이하 "시행계획"이라 한다)을 수립하여 국토교통부장관에게 통보하고 시행하여야 한다.

⑤ 제1항부터 제4항까지에서 규정한 사항 외에 기본계획과 시행계획의 수립·시행에 필요한 사항은 대통령령으로 정한다.

⑥ 국토교통부장관은 건설기술의 진흥을 위하여 필요한 경우 건설기술에 관한 정보관리, 건설기술인력 관리, 건설공사의 환경관리·안전관리·품질관리 등 건설기술의 각 분야별 기본계획을 수립할 수 있다.(2015.5.18 본항신설)

제4조【건설기술과 관련된 중요 정책 등의 조정】 국토교통부장관은 관계 행정기관의 장이 수행하는 건설기술과 관련된 중요 정책사업 및 처분 등이 기본계획의 시행에 지장을 줄 우려가 있다고 인정하면 그 행정기관의 장에게 이를 조정할 것을 요청할 수 있다.

제5조【건설기술심의위원회】 ① 건설기술의 진흥·개발·활용 등 건설기술에 관한 사항을 심의하기 위하여 국토교통부에 중앙건설기술심의위원회(이하 "중앙심의위원회"라 한다)를 두고, 특별시·광역시·특별자치시·도 및 특별자치도(이하 "시·도"라 한다)에 지방건설기술심의위원회(이하 "지방심의위원회"라 한다)를 둔다.

② 제1항에도 불구하고 국방·군사시설 건설공사에 관한 설계 사항을 심의하기 위하여 국방부에 특별건설기술심의위원회(이하 "특별심의위원회"라 한다)를 둘 수 있다.

③ 중앙심의위원회의 구성·기능 및 운영 등에 필요한 사항은 대통령령으로 정하는 기준에 따라 국토교통부장관이 관계 중앙행정기관의 장과 협의하여 정하고, 지방심의위원회의 구성·기능 및 운영 등에 필요한 사항은 대통령령으로 정하는 기준에 따라 해당 시·도의 조례로 정하며, 특별심의위원회를 두는 경우 그 구성·기능 및 운영 등에 필요한 사항은 대통령령으로 정하는 기준에 따라 국방부장관이 정한다.

제6조【기술자문위원회】 ① 건설공사의 설계 및 시공 등의 적정성에 관한 발주청의 자문에 응하게 하기 위하여 발주청에 기술자문위원회를 둘 수 있다.

② 제1항에 따른 기술자문위원회의 구성·기능 및 운영 등에 필요한 사항은 대통령령으로 정하는 기준에 따라 발주청이 정한다.

제2장 건설기술의 연구·개발 지원 등

제7조【건설기술 연구·개발 사업】 ① 국토교통부장관은 건설기술을 향상시키고 기본계획을 효율적으로 추진하기 위하여 대통령령으로 정하는 기관 또는 단체와 협약을 체결하여 건설기술 발전에 필요한 건설기술 연구·개발 사업을 할 수 있다.

② 제1항에 따른 건설기술 연구·개발 사업에 필요한 경비는 정부 또는 정부 외의 자의 출연금이나 그 밖에 기업의 기술개발비로 충당한다.

③ 제1항에 따른 협약의 체결방법과 제2항에 따른 출연금의 지급·사용 및 관리에 필요한 사항은 대통령령으로 정한다.

제8조【건설기술의 연구·개발 등의 권고】 국토교통부장관은 새로운 건설기술의 도입·연구·개발을 위하여 다음 각 호의 어느 하나에 해당하는 자에게 대통령령으로 정하는 바에 따라 부설연구소의 설치·운영이나 공동연구 및 정보 교환 등과 기술개발을 위한 투자를 권고할 수 있다.

1. 「공공기관의 운영에 관한 법률」에 따른 공공기관 중 국토교통부장관이 주무기관의 장이 되는 기관
2. 건설사업자(2019.4.30 본호개정)
3. 건설엔지니어링사업자(2021.3.16 본호개정)

제9조【공동 연구·개발 등】 국토교통부장관은 건설기술의 연구·개발과 관련된 공공기관·법인·단체·대학(이들의 부설연구소 등을 포함한다. 이하 "건설기술연구기관"이라 한다)의 인력·자금·시험시설 및 기술정보의 효율적 활용과 선진 건설기술 획득을 위하여 관계 중앙행정기관의 장과 공동연구를 추진하거나 건설기술연구기관의 건설기술 연구·개발을 지원할 수 있다.

제10조【연구시설 및 장비의 지원 등】 국토교통부장관은 건설기술의 연구기반을 확충하기 위하여 건설기술연

구기관의 연구시설 및 장비의 확보·관리·공동사용 등을 지원하거나 필요한 시책을 수립·추진할 수 있다.

제10조의2【융·복합건설기술의 활성화】 ① 국토교통부장관은 건설기술과 정보통신, 전자, 기계 등 다른 분야 기술을 융·복합한 기술(이하 "융·복합건설기술"이라 한다)의 개발·보급 및 활용을 촉진하기 위한 시책을 마련하여야 한다.

② 국토교통부장관은 융·복합건설기술을 활성화하기 위하여 스마트건설지원센터를 설치·운영할 수 있다.

③ 스마트건설지원센터는 다음 각 호의 업무를 수행한다.

1. 융·복합건설기술의 정책개발
2. 융·복합건설기술의 연구·개발 및 보급
3. 융·복합건설기술의 검증 및 실증
4. 융·복합건설기술과 관련된 창업 지원과 그에 관한 정보의 수집·관리
5. 국내외 융·복합건설기술 동향 및 시장정보의 조사·분석
6. 그 밖에 융·복합건설기술의 활성화를 위하여 필요한 사항으로서 대통령령으로 정하는 사항

④ 국토교통부장관은 스마트건설지원센터의 운영을 대통령령으로 정하는 전문기관에 위탁할 수 있다.

⑤ 국토교통부장관은 스마트건설지원센터의 사업 및 운영에 필요한 비용을 예산의 범위에서 출연할 수 있다.

⑥ 스마트건설지원센터의 설치·운영과 제5항에 따른 출연금의 지급범위·사용 및 관리에 필요한 사항은 대통령령으로 정한다.

(2019.8.27 본조신설)

제11조【기술평가기관】 ① 정부는 건설기술 연구·개발 사업을 효율적으로 지원하기 위하여 기술평가기관을 설립할 수 있다.

② 기술평가기관은 법인으로 한다.

③ 기술평가기관은 주된 사무소의 소재지에서 설립등기를 함으로써 성립한다.

④ 기술평가기관은 다음 각 호의 사업을 한다.

1. 건설기술 연구·개발 사업에 대한 평가·관리
2. 건설기술 연구·개발 사업에 대한 수요조사, 기획 및 기술 예측
3. 건설 분야의 새로운 기술의 심사·관리
4. 다른 법령에 따라 기술평가기관의 업무로 지정된 사업
5. 그 밖에 건설기술의 개발·활용에 관한 사업으로서 대통령령으로 정하는 사업

⑤ 기술평가기관은 제1항에 따른 목적 달성에 필요한 경비를 조달하기 위하여 대통령령으로 정하는 바에 따라 수익사업을 할 수 있다.

⑥ 국토교통부장관은 예산의 범위에서 기술평가기관이 제4항에 따른 사업을 하는 데에 필요한 경비의 전부 또는 일부를 출연하거나 보조할 수 있다.

⑦ 이 법에서 규정한 사항 외에 기술평가기관에 관하여는 「민법」의 재단법인에 관한 규정을 준용한다.

제12조【시범사업의 실시】 ① 국토교통부장관은 제7조에 따른 건설기술 연구·개발 사업으로 개발된 건설기술의 이용·보급을 촉진하기 위하여 필요하다고 인정하는 경우에는 그 건설기술을 적용하는 시범사업을 할 수 있다.

② 국토교통부장관은 제1항에 따른 시범사업에 참여하는 발주청, 건설기술연구기관 등에 재정적·행정적·기술적 지원을 할 수 있다.

③ 제1항에 따른 시범사업을 위한 계획의 수립 및 추진 절차 등은 대통령령으로 정한다.

제13조【개발기술의 활용 권고】 국토교통부장관은 발주청이 시행하는 건설공사에 제12조에 따라 건설기술의 시범사업을 한 결과 성능이 우수하다고 인정되는 건설기술을 우선 활용하도록 권고할 수 있다.

제14조【신기술의 지정·활용 등】 ① 국토교통부장관은 국내에서 최초로 특정 건설기술을 개발하거나 기존 건설기술을 개량한 자의 신청을 받아 그 기술을 평가하여 신규성·진보성 및 현장 적용성이 있을 경우 그 기술을 새로운 건설기술(이하 "신기술"이라 한다)로 지정·고시할 수 있다.

② 국토교통부장관은 신기술을 개발한 자(이하 "기술개발자"라 한다)를 보호하기 위하여 필요한 경우에는 보호기간을 정하여 기술개발자가 기술사용료를 받을 수 있게 하거나 그 밖의 방법으로 보호할 수 있다.

③ 기술개발자는 신기술의 활용실적을 첨부하여 국토교통부장관에게 제2항에 따른 보호기간의 연장을 신청할 수 있고, 국토교통부장관은 그 신기술의 활용실적 등을 검증하여 보호기간을 연장할 수 있다. 이 경우 신기술 활용실적의 제출, 검증 및 보호기간의 연장 등에 필요한 사항은 대통령령으로 정한다.

④ 국토교통부장관은 발주청에 신기술 및 제1항에 따라 신기술을 신청하고자 하는 기술과 관련된 장비 등의 성능시험이나 시공방법 등의 시험시공을 권고할 수 있으며, 신기술의 경우 성능시험 및 시험시공의 결과가 우수하면 신기술의 활용·촉진을 위하여 발주청이 시행하는 건설공사에 신기술을 우선 적용하게 할 수 있다.(2019.8.27 본항개정)

⑤ 발주청은 신기술이 기존 건설기술에 비하여 시공성 및 경제성 등의 측면에서 우수하다고 인정되는 경우 해당 신기술을 그가 시행하는 건설공사에 우선 적용하여야 한다.(2015.12.29 본항신설)

⑥ 신기술 및 제1항에 따라 신기술을 신청하고자 하는 기술을 적용하는 건설공사의 발주청 소속 계약사무담당자 및 설계 등 공사업무 담당자는 고의 또는 중대한 과실이 증명되지 아니하면 해당 기술 적용으로 인하여 발생한 해당 기관의 손실에 대하여는 책임을 지지 아니한다.(2019.8.27 본항개정)

⑦ 국토교통부장관은 제2항에 따라 보호를 받는 기술개발자에게 신기술의 성능 또는 품질의 향상을 위하여 필요한 경우에는 신기술의 개선을 권고할 수 있다.

⑧ 제1항에 따른 신기술 평가방법 및 지정절차 등과 제2항에 따른 신기술의 보호내용, 기술사용료, 보호기간 및 활용방법 등과 제4항에 따른 시험시공의 권고 등에 관하여 필요한 사항은 대통령령으로 정한다.(2019.8.27 본항개정)

제14조의2【신기술사용협약】 ① 기술개발자는 건설사업자 중 대통령령으로 정하는 요건을 갖춘 자와 해당 신기술의 사용협약(이하 "신기술사용협약"이라 한다)을 체결할 수 있다. 이 경우 기술개발자 또는 신기술사용협약을 체결한 자는 대통령령으로 정하는 서류를 갖추어 국토교통부장관에게 신기술사용협약에 관한 증명서의 발급을 신청할 수 있다.(2019.4.30 전단개정)

② 국토교통부장관은 제1항 후단에 따른 신청을 받은 경우 신기술사용협약을 체결한 자가 같은 항 전단에 따른 요건을 갖추었는지 확인한 후에 신기술사용협약에 관한 증명서를 발급하여야 한다.

③ 신기술사용협약의 기간은 해당 신기술의 보호기간 이내로 한다.

④ 제1항부터 제3항까지에서 규정한 사항 외에 신기술사용협약에 관한 세부적인 사항은 대통령령으로 정하는 기준에 따라 국토교통부장관이 정하여 고시한다.

(2018.12.31 본조신설)

제15조【신기술 지정의 취소】 국토교통부장관은 신기술이 다음 각 호의 어느 하나에 해당하면 그 지정을 취소하여야 한다.

1. 거짓이나 그 밖의 부정한 방법으로 지정받은 경우
2. 해당 신기술의 내용에 중대한 결함이 있어 건설공사에 적용하는 것이 불가능한 경우

제16조【외국 도입 건설기술의 관리】 ① 국토교통부장관은 「외국인투자 촉진법」에 따라 외국에서 도입된 건설기술을 효율적으로 이용하게 하기 위하여 대통령령으로 정하는 바에 따라 관리하여야 한다.

② 발주청은 건설공사 또는 건설엔지니어링사업을 국제경쟁입찰방식으로 발주하는 경우에는 국내에서 필요한 새로운 건설기술을 보다 많이 제공할 수 있는 자를 우대하여 발주할 수 있다. 이 경우 국내에서 필요한 새로운 건설기술인지 여부는 중앙심의위원회의 심의를 거쳐 결정한다.(2021.3.16 전단개정)

③ 제2항에 따른 우대 발주에 관하여 필요한 사항은 대통령령으로 정한다.

제17조【국제 교류 및 협력】 국토교통부장관은 건설기술 개발의 국제협력 및 해외진출을 촉진하기 위하여 필요한 경우에는 다음 각 호의 사업을 추진할 수 있다.

1. 건설기술 개발의 국제협력을 위한 조사·연구
2. 건설기술 개발을 위한 인력·정보의 국제교류
3. 외국의 대학·연구기관 및 단체와 건설기술 공동개발
4. 개발된 건설기술을 이용한 해외시장 개척
5. 그 밖에 건설기술 개발을 위한 국제 교류·협력을 촉진하기 위하여 국토교통부령으로 정하는 사항

제18조【건설기술정보체계의 구축】 ① 국토교통부장관은 다음 각 호의 건설기술에 관한 자료 및 정보의 종합적인 유통체계를 갖추고 그 보급과 확산을 위하여 대통령령으로 정하는 바에 따라 건설기술정보체계를 구축·운영하여야 한다.

1. 발주청이 발행하거나 제작한 건설기술 관련 자료
2. 제14조에 따른 신기술의 지정·활용 등에 관한 자료
3. 제21조에 따른 건설기술인의 근무처 및 경력 등에 관한 자료(2018.8.14 본호개정)
4. 제26조에 따른 건설엔지니어링업의 등록 등에 관한 자료(2021.3.16 본호개정)
5. 제30조에 따른 건설엔지니어링의 실적 관리에 관한 자료(2021.3.16 본호개정)
6. 제50조에 따른 건설엔지니어링 및 시공 평가 등에 관한 자료(2021.3.16 본호개정)
7. 제52조에 따른 건설공사의 사후평가에 관한 자료
8. 제53조에 따른 건설공사 등의 부실 측정 등에 관한 자료

② 국토교통부장관은 제1항에 따른 건설기술정보체계의 구축을 위하여 중앙행정기관, 지방자치단체 및 공기업·준정부기관의 장이 대통령령으로 정하는 건설기술 관련 자료를 발행하거나 제작하였을 때에 그 자료의 제공을 요청할 수 있다. 이 경우 자료의 제공을 요청받은 기관의 장은 특별한 사유가 없으면 요청에 따라야 한다.

③ 제2항에 따른 건설기술 관련 자료의 송부 방법 및 절차 등에 관하여 필요한 사항은 국토교통부령으로 정한다.

제19조【건설공사 지원 통합정보체계의 구축】 ① 국토교통부장관은 건설공사 과정의 정보화를 촉진하고 그 성과를 효율적으로 이용하도록 하기 위하여 건설공사 지원 통합정보체계의 구축에 관한 기본계획(이하 "통합정보체계 구축계획"이라 한다)을 수립하여야 한다.

② 통합정보체계 구축계획에는 다음 각 호의 사항이 포함되어야 한다.

1. 건설공사 정보화의 기본목표 및 추진방향
2. 건설공사 과정의 정보화를 촉진하기 위한 시책
3. 건설공사 지원 통합정보체계 구축을 위한 공동사업의 시행 및 표준화
4. 건설공사 지원 통합정보체계 구축에 관한 각종 연구·개발 및 기술 지원
5. 건설공사 지원 통합정보체계를 이용한 정보의 공동활용 촉진
6. 그 밖에 건설공사의 정보화 촉진을 위하여 필요한 사항

③ 국토교통부장관은 통합정보체계 구축계획을 수립할 때에는 관계 중앙행정기관의 장과 협의한 후에 중앙심의위원회의 심의를 받아야 한다. 통합정보체계 구축계획 중 제2항제1호부터 제3호까지의 사항이나 그 밖에 대통령령으로 정하는 내용을 변경하려는 경우에도 같다.

④ 국토교통부장관은 통합정보체계 구축계획을 수립할 때에는 「지능정보화 기본법」 제6조에 따른 지능정보사회 종합계획 및 같은 법 제7조에 따른 지능정보사회 실행계획과 연계되도록 하여야 한다.(2020.6.9 본항개정)

⑤ 국토교통부장관은 관계 중앙행정기관, 지방자치단체 및 「공공기관의 운영에 관한 법률」에 따른 공공기관 등 관계 기관의 장에게 건설공사 지원 통합정보체계의 구축·운영에 필요한 자료 또는 정보의 제공을 요청할 수 있다. 이 경우 자료 또는 정보의 제공을 요청받은 기관의 장은 특별한 사유가 없으면 요청에 따라야 한다.

⑥ 국토교통부장관은 국토교통부장관이 정하여 고시하는 전담기관으로 하여금 건설공사 지원 통합정보체계를 구축·운영하게 할 수 있다. 이 경우 국토교통부장관은 전담기관의 장에게 필요한 사업비에 충당하도록 출연할 수 있다.

⑦ 제6항에 따른 전담기관의 관리, 그 밖에 건설공사 지원 통합정보체계의 구축·운영 등에 필요한 사항은 대통령령으로 정한다.

제3장 건설기술인의 육성 등

(2018.8.14 본장제목개정)

제20조【건설기술인의 육성】 ① 국토교통부장관은 건설기술인의 효율적 활용과 기술능력 향상을 위하여 필요한 경우에는 건설기술인의 육성과 교육·훈련 등에 관한 시책을 수립·추진할 수 있다.

② 대통령령으로 정하는 건설기술인은 업무 수행에 필요한 소양과 지식을 습득하기 위하여 대통령령으로 정하는 바에 따라 국토교통부장관이 실시하는 교육·훈련을 받아야 한다. 이 경우 국토교통부장관은 교육·훈련 이수실적을 제21조제2항에 따른 건설기술인 등급 산정에 활용할 수 있다.

③ 제2항 전단에 따라 교육·훈련을 받아야 할 사람을 고용하고 있는 사용자는 건설기술인이 제2항 전단에 따른 교육·훈련을 받는 데에 필요한 경비를 부담하여야 하며, 이를 이유로 그 건설기술인에게 불이익을 주어서는 아니 된다.

④ 제1항부터 제3항까지에서 규정한 사항 외에 건설기술인의 육성 및 교육·훈련에 필요한 세부사항은 대통령령으로 정한다.(2020.6.9 본항개정)

(2018.8.14 본조개정)

제20조의2【교육·훈련의 대행】 ① 국토교통부장관은 건설기술인을 육성하기 위하여 「공공기관의 운영에 관한 법률」에 따른 공공기관이나 대통령령으로 정하는 건설기술과 관련된 기관 또는 단체로 하여금 제20조제2항 전단에 따른 교육·훈련을 대행하도록 할 수 있다.

② 제1항에 따른 교육·훈련을 대행하려는 자는 교육시설, 교수요원 등 대통령령으로 정하는 요건을 갖추어 국토교통부장관에게 신청하여야 한다.

③ 국토교통부장관은 제1항에 따라 교육·훈련을 대행하는 자(이하 "교육·훈련기관"이라 한다)에게 교육·훈련에 필요한 비용의 일부를 지원할 수 있다.

④ 제1항부터 제3항까지에서 규정한 사항 외에 교육·훈련 대행에 필요한 세부사항은 국토교통부령으로 정한다.

(2020.6.9 본조신설)

제20조의3【교육·훈련 대행의 유효기간 및 갱신】 ① 제20조의2제1항에 따른 대행의 유효기간은 3년으로 한다.

② 교육·훈련기관이 대행의 유효기간이 끝난 후에도 대행을 계속하려는 경우에는 그 유효기간이 끝나기 전에 국토교통부장관의 심사를 받아 대행을 갱신하여야 한다.

③ 제2항에 따라 대행을 갱신하려는 교육·훈련기관은 국토교통부령으로 정하는 바에 따라 국토교통부장관에게 대행의 갱신을 신청하여야 한다.

④ 제1항부터 제3항까지에서 규정한 사항 외에 대행의 유효기간 및 갱신에 필요한 세부사항은 국토교통부령으로 정한다.

(2020.6.9 본조신설)

제20조의4【교육·훈련 대행의 취소】 ① 국토교통부장관은 교육·훈련기관이 다음 각 호의 어느 하나에 해당하는 경우 교육·훈련 대행을 취소하거나 1년 이내의 기간을 정하여 정지 또는 개선을 명할 수 있다. 다만, 제1호의 경우에는 대행을 취소하여야 한다.

1. 거짓이나 부정한 방법으로 교육·훈련기관이 된 경우

2. 교육시설, 교수요원 등 대통령령으로 정하는 요건에 미달한 경우
3. 교육·훈련 대행의 정지 기간 중에 교육·훈련을 실시한 경우
4. 교육·훈련 대행에 대한 개선 명령에 따르지 않은 경우
5. 그 밖에 교육·훈련을 대행하기가 부적합한 경우로서 국토교통부장관이 정하는 사유에 해당하는 경우
② 제1항에 따라 교육·훈련의 대행이 취소된 경우로서 다음 각 호의 어느 하나에 해당하면 그 취소된 날부터 3년이 지나기 전에는 교육·훈련의 대행을 신청할 수 없다.
1. 제1항에 따라 교육·훈련의 대행이 취소된 장소에서 교육·훈련의 대행을 신청하려는 경우
2. 제1항에 따라 교육·훈련의 대행이 취소된 교육·훈련 기관을 설립·운영한 자(법인인 경우 그 대표자를 포함한다)가 교육·훈련의 대행을 신청하려는 경우
(2020.6.9 본조신설)

제20조의5【교육·훈련의 관리】 국토교통부장관은 제20조제2항 전단에 따른 교육·훈련의 효과를 높이기 위하여 다음 각 호의 업무를 수행할 수 있다.
1. 교육·훈련 지원에 관한 사항
2. 교육·훈련 계획의 관리에 관한 사항
3. 교육·훈련 기관의 운영에 대한 평가
4. 그 밖에 교육·훈련의 효과를 높이기 위하여 필요한 사항
(2020.6.9 본조신설)

제20조의6【교육·훈련 업무의 위탁】 ① 국토교통부장관은 다음 각 호에 따른 업무의 전부 또는 일부를 대통령령으로 정하는 자에게 위탁할 수 있다.
1. 제20조의2에 따른 교육·훈련 대행에 관한 사항
2. 제20조의3에 따른 교육·훈련 대행의 갱신에 관한 사항
3. 제20조의4에 따른 교육·훈련 대행의 취소에 관한 사항
4. 제20조의5에 따른 교육·훈련 관리에 관한 사항
② 국토교통부장관은 제1항에 따른 업무의 위탁에 필요한 비용을 지원할 수 있다.
③ 제1항 및 제2항에 따른 업무 위탁의 범위, 비용 지원, 위탁 절차 등 교육·훈련 업무의 위탁에 필요한 사항은 국토교통부령으로 정한다.
(2020.6.9 본조신설)

제21조【건설기술인의 신고】 ① 건설공사 또는 건설엔지니어링 업무에 종사하는 사람으로서 건설기술인으로 인정받으려는 사람은 근무처·경력·학력 및 자격 등(이하 "근무처 및 경력등"이라 한다)의 관리에 필요한 사항을 국토교통부장관에게 신고하여야 한다. 신고사항이 변경된 경우에도 같다.(2021.3.16 전단개정)
② 국토교통부장관은 제1항에 따라 신고를 받은 경우에는 건설기술인의 근무처 및 경력등에 관한 기록을 유지·관리하여야 하고, 신고내용을 토대로 건설기술인 등급을 정할 수 있으며, 건설기술인이 신청하면 건설기술인의 등급, 근무처 및 경력등에 관한 증명서(이하 "건설기술경력증"이라 한다)를 발급할 수 있다.
③ 국토교통부장관은 제1항에 따라 신고받은 내용을 확인하기 위하여 필요한 경우에는 중앙행정기관, 지방자치단체, 「초·중등교육법」 제2조 및 「고등교육법」 제2조에 따른 학교, 발주청, 신고한 건설기술인이 소속된 건설 관련 업체 등 관계 기관의 장에게 관계 자료를 제출하여 줄 것을 요청할 수 있다. 이 경우 요청을 받은 기관의 장은 특별한 사유가 없으면 요청에 따라야 한다.
④ 「건설산업기본법」 등 관계 법률에 따라 인가, 허가, 등록, 면허 등을 하려는 행정기관의 장은 건설기술인의 근무처 및 경력등의 확인이 필요한 경우에는 국토교통부장관의 확인을 받아야 한다.
⑤ 제1항부터 제4항까지의 규정에 따른 건설기술인의 신고, 건설기술경력증의 발급·관리, 건설기술인의 현황 통보 등에 필요한 사항은 국토교통부령으로 정한다.
(2018.8.14 본조개정)

제22조【건설기술인의 국가 간 상호 인정】 국가는 외국건설기술인의 요건 또는 국제적으로 통용되는 건설기술인의 요건이 이 법에 따른 건설기술인의 요건과 동등한 수준으로 업무 교류 등이 가능하다고 판단되는 경우에는 외국과의 국가 간 협약 등에 따라 상호(相互) 건설기술인으로 인정할 수 있다.(2018.8.14 본조개정)

제22조의2【건설기술인의 업무수행 등】 ① 건설기술인은 발주자 또는 건설사업관리를 수행하는 건설기술인의 공사관리 등과 관련한 요구를 이행하여야 한다.
② 발주자 또는 건설기술인을 고용하고 있는 사용자(사용자의 소속 임원 또는 직원을 포함한다)는 관계 법령에 위반되거나 건설공사의 설계도서, 시방서(示方書), 그 밖의 관계 서류의 내용과 맞지 아니한 사항 등 대통령령으로 정하는 부당한 사항을 건설기술인에게 요구해서는 아니 되며, 건설기술인은 이러한 부당한 요구를 받은 때에는 이유를 밝히고 그 요구를 따르지 아니할 수 있다. 이 경우 발주자 또는 건설기술인을 고용하고 있는 사용자는 이를 이유로 그 건설기술인에게 불이익을 주어서는 아니 된다.(2021.3.16 전단개정)
③ 제69조제1항에 따른 건설기술인단체는 건설기술인의 업무수행과 관련된 권리·의무 등 기본적인 사항을 건설기술인권리헌장으로 제정하여 공표할 수 있다.
(2018.8.14 본조신설)

제22조의3【부당한 요구 등의 신고 등】 ① 제22조의2 제2항에 따른 부당한 요구 또는 불이익을 받은 건설기술인은 국토교통부장관에게 해당 사실을 신고할 수 있다.
② 국토교통부장관은 제1항에 따른 신고의 접수, 처리 등에 관한 업무를 효율적으로 수행하기 위하여 공정건설지원센터를 설치·운영할 수 있다.
③ 공정건설지원센터의 설치 및 운영에 필요한 사항은 대통령령으로 정한다.
(2021.3.16 본조신설)

제23조【건설기술인의 명의 대여 금지 등】 ① 건설기술인은 자기의 성명을 사용하여 다른 사람에게 건설공사 또는 건설엔지니어링 업무를 수행하게 하거나 건설기술경력증을 빌려 주어서는 아니 된다.(2021.3.16 본항개정)
② 누구든지 다른 사람의 성명을 사용하여 건설공사 또는 건설엔지니어링 업무를 수행하거나 다른 사람의 건설기술경력증을 빌려서는 아니 된다.(2021.3.16 본항개정)
③ 누구든지 제1항이나 제2항에서 금지된 행위를 알선하여서는 아니 된다.
(2018.8.14 본조제목개정)

제24조【건설기술인의 업무정지 등】 ① 국토교통부장관은 건설기술인이 다음 각 호의 어느 하나에 해당하면 2년 이내의 기간을 정하여 건설공사 또는 건설엔지니어링 업무의 수행을 정지하게 할 수 있다.(2021.3.16 본문개정)
1. 제21조제1항에 따라 신고 또는 변경신고를 하면서 근무처 및 경력등을 거짓으로 신고하거나 변경신고한 경우
2. 제23조제1항을 위반하여 자기의 성명을 사용하여 다른 사람에게 건설공사 또는 건설엔지니어링 업무를 수행하게 하거나 건설기술경력증을 빌려 준 경우(2021.3.16 본호개정)
3. 제2항에 따른 시정지시 등을 3회 이상 받은 경우
3의2. 제39조제4항 후단에 따라 같은 항 전단에 따른 보고서(이하 "건설사업관리보고서"라 한다)를 작성하여야 하는 건설기술인이 다음 각 목의 어느 하나에 해당하는 경우
가. 정당한 사유 없이 건설사업관리보고서를 작성하지 아니한 경우
나. 건설사업관리보고서를 거짓으로 작성한 경우
다. 건설사업관리보고서를 작성할 때 해당 건설공사의 주요 구조부에 대한 시공·검사·시험 등의 내용을 빠뜨린 경우
(2018.12.31 본호신설)
4. 공사 관리 등과 관련하여 발주자 또는 건설사업관리를 수행하는 건설기술인의 정당한 시정명령에 따르지 아니한 경우(2018.8.14 본호개정)
5. 정당한 사유 없이 공사현장을 무단 이탈하여 공사 시행에 차질이 생기게 한 경우
6. 고의 또는 중대한 과실로 발주청에 재산상의 손해를 발생하게 한 경우
7. 다른 행정기관이 법령에 따라 업무정지를 요청한 경우
② 발주청은 건설기술인이 업무를 성실하게 수행하지 아니함으로써 건설공사가 부실하게 될 우려가 있으면 국토교통부령으로 정하는 바에 따라 그 건설기술인에게 시정지시 등 필요한 조치를 하고, 그 결과를 국토교통부장관에게 제출하여야 한다.(2018.8.14 본항개정)
③ 발주청과 건설공사의 허가·인가·승인 등을 한 행정기관(이하 "인·허가기관"이라 한다)의 장은 건설기술인이 제1항 각 호의 어느 하나에 해당하는 경우에는 그 사실을 국토교통부장관에게 통보하여야 하며, 국토교통부장관은 건설기술인에 대하여 제1항에 따라 업무의 수행을 정지하게 한 경우 해당 발주청 및 인·허가기관의 장에게 그 내용을 통보하여야 한다.(2018.8.14 본항개정)
④ 제1항에 따라 업무정지처분을 받은 건설기술인은 지체 없이 건설기술경력증을 국토교통부장관에게 반납하여야 하며, 국토교통부장관은 근무처 및 경력등에 관한 기록의 수정 또는 말소 등 필요한 조치를 하여야 한다.
(2018.8.14 본항개정)
⑤ 제1항에 따른 업무정지의 기준과 그 밖에 필요한 사항은 국토교통부령으로 정한다.
(2018.8.14 본조제목개정)

제4장 건설엔지니어링 등
(2021.3.16 본장제목개정)

제1절 건설엔지니어링업
(2021.3.16 본절제목개정)

제25조【건설엔지니어링업의 육성】 ① 국토교통부장관은 건설엔지니어링에 관한 기술 수준의 향상과 건설엔지니어링업의 건전한 발전 및 고도화를 도모하기 위하여 필요한 경우에는 산업통상자원부장관 및 관계 중앙행정기관의 장과 협의하여 건설산업의 특성에 맞게 건설엔지니어링업의 육성 및 지원을 위한 시책을 수립하여 시행할 수 있다.(2021.3.16 본항개정)
② 국토교통부장관은 건설엔지니어링업의 육성을 위하여 건설엔지니어링사업자에게 다음 각 호의 사항을 지원할 수 있다.(2021.3.16 본문개정)
1. 제7조에 따른 건설기술 연구·개발 사업으로 개발된 건설기술의 활용
2. 제18조에 따른 건설기술정보체계를 통한 건설기술에 관한 자료 및 정보 제공
3. 국내외 건설기술인력의 정보 제공
4. 건설기술인에 대한 전문교육(2018.8.14 본호개정)
5. 그 밖에 건설엔지니어링업의 건전한 발전 및 고도화를 위하여 필요하다고 인정하는 사항(2021.3.16 본호개정)
(2021.3.16 본조제목개정)

제26조【건설엔지니어링업의 등록 등】 ① 발주청이 발주하는 건설엔지니어링사업을 수행하려는 자는 전문분야별 요건을 갖추어 특별시장·광역시장·특별자치시장·도지사 또는 특별자치도지사(이하 "시·도지사"라 한다)에게 등록하여야 한다. 다만, 발주청이 발주하는 건설엔지니어링 중 건설공사의 계획·조사·설계를 수행하기 위하여 시·도지사에게 등록하려는 자는 「엔지니어링산업 진흥법」 제2조제4호에 따른 엔지니어링사업자 또는 「기술사법」 제6조제1항에 따른 사무소를 등록한 기술사이어야 한다.
② 시·도지사는 건설엔지니어링사업자에게 국토교통부령으로 정하는 바에 따라 등록증을 발급하여야 한다.
③ 건설엔지니어링사업자는 제1항에 따라 등록한 사항 중 국토교통부령으로 정하는 사항이 변경된 경우에는 국토교통부령으로 정하는 기간 이내에 변경등록을 하여야 한다.
④ 건설엔지니어링사업자는 휴업하거나 폐업하는 경우에는 국토교통부령으로 정하는 바에 따라 시·도지사에게 신고하여야 한다. 이 경우 폐업신고를 받은 시·도지사는 그 등록을 말소하여야 한다.
⑤ 시·도지사는 제1항부터 제4항까지의 규정에 따라 건설엔지니어링사업자가 등록 또는 변경등록을 하거나 건설엔지니어링사업자로부터 휴업 또는 폐업 신고를 받은 경우에는 그 사실을 국토교통부장관에게 통보하여야 한다.
⑥ 제1항 본문에 따른 건설엔지니어링업의 전문분야 구분, 전문분야별 등록요건 및 업무범위 등은 대통령령으로 정한다.
⑦ 건설엔지니어링업의 등록 및 변경등록, 휴업·폐업의 절차 등에 관하여 필요한 사항은 국토교통부령으로 정한다.
(2021.3.16 본조개정)

제27조【결격사유】 다음 각 호의 어느 하나에 해당하는 자는 제26조제1항에 따른 등록을 할 수 없다.
1. 피성년후견인
2. 파산선고를 받고 복권되지 아니한 자
3. 제31조제1항에 따라 등록취소 처분을 받고, 그 처분을 받은 날부터 1년이 지나지 아니한 자. 다만, 이 조 제1호·제2호 또는 제4호에 해당하여 건설엔지니어링업의 등록이 취소된 경우는 제외한다.(2021.3.16 단서개정)
4. 대표자가 제1호 또는 제2호의 어느 하나에 해당하는 법인

제28조【건설엔지니어링사업자 등의 의무】 ① 건설엔지니어링사업자와 그 건설엔지니어링 업무를 수행하는 건설기술인은 관계 법령에 따라 성실하고 정당하게 업무를 수행하여야 한다.
② 건설엔지니어링사업자는 타인에게 자기의 성명 또는 상호를 사용하여 건설엔지니어링을 하게 하거나 등록증을 빌려 주어서는 아니 된다.
(2021.3.16 본조개정)

제29조【건설엔지니어링사업자의 영업 양도 등】 ① 건설엔지니어링사업자는 다음 각 호의 어느 하나에 해당하는 경우에는 국토교통부령으로 정하는 바에 따라 시·도지사에게 신고하여야 한다.
1. 건설엔지니어링사업자가 영업을 양도하려는 경우
2. 법인인 건설엔지니어링사업자 간 합병을 하려는 경우
(2021.3.16 본항개정)
② 시·도지사는 제1항에 따른 신고를 받은 날부터 30일 이내에 신고수리 여부를 신고인에게 통지하여야 한다.
(2018.12.31 본항신설)
③ 시·도지사가 제2항에서 정한 기간 내에 신고수리 여부 또는 민원 처리 관련 법령에 따른 처리기간의 연장을 신고인에게 통지하지 아니하면 그 기간(민원 처리 관련 법령에 따라 처리기간이 연장 또는 재연장된 경우에는 해당 처리기간을 말한다)이 끝난 날의 다음 날에 신고를 수리한 것으로 본다.(2018.12.31 본항신설)
④ 다음 각 호의 어느 하나에 해당하는 자는 제26조제1항에 따른 등록요건을 갖추고 제1항에 따른 신고가 수리된 때(제3항에 따라 신고가 수리된 것으로 보는 때를 포함한다)부터 건설엔지니어링업의 등록에 관한 권리·의무를 승계한다.
1. 건설엔지니어링사업자가 그 영업을 양도한 경우 그 양수인
2. 법인인 건설엔지니어링사업자가 합병한 경우 합병 후 존속하는 법인이나 합병으로 설립되는 법인
(2021.3.16 본항개정)
⑤ 제4항에 따라 종전의 건설엔지니어링업의 등록에 관한 권리·의무를 승계한 자는 국토교통부령으로 정하는 바에 따라 종전의 건설엔지니어링 실적을 승계한다.
(2021.3.16 본항개정)
(2021.3.16 본조제목개정)

제30조【건설엔지니어링의 실적 관리】 ① 국토교통부장관은 건설엔지니어링업을 체계적으로 육성하기 위하여 다음 각 호의 현황 및 실적을 관리하여야 한다.

1. 건설엔지니어링사업자의 현황
2. 발주청이 발주하는 건설엔지니어링 실적
3. 발주자가 발주하는 건설엔지니어링 실적 중 대통령령으로 정하는 용역의 실적

② 발주청은 그가 발주하는 건설엔지니어링의 계약을 체결하거나 변경한 경우와 건설엔지니어링을 준공한 경우에는 10일 이내에 그 사실을 국토교통부장관에게 통보하여야 한다.

③ 국토교통부장관은 발주자가 적절한 건설엔지니어링사업자를 선정할 수 있도록 하기 위하여 제1항에 따른 건설엔지니어링사업자의 현황과 건설엔지니어링 실적을 공개할 수 있다.

④ 제1항부터 제3항까지의 규정에 따른 건설엔지니어링의 현황 및 실적 관리·통보·공개 등에 필요한 사항은 대통령령으로 정한다.

(2021.3.16 본조개정)

제31조【건설엔지니어링사업자의 등록취소 등】 ① 시·도지사는 건설엔지니어링사업자가 다음 각 호의 어느 하나에 해당하면 그 등록을 취소하거나 1년 이내의 기간을 정하여 영업의 전부 또는 일부의 정지를 명할 수 있다. 다만, 제1호부터 제5호까지의 어느 하나에 해당하면 등록을 취소하여야 한다.(2021.3.16 본문개정)

1. 거짓이나 그 밖의 부정한 방법으로 제26조제1항에 따른 등록을 한 경우
2. 최근 5년간 3회 이상 영업정지 또는 제32조에 따른 과징금 부과처분을 받은 경우
3. 영업정지기간에 건설엔지니어링 업무를 수행한 경우. 다만, 제33조에 따라 건설엔지니어링을 수행한 경우는 제외한다.(2021.3.16 본호개정)
4. 건설엔지니어링사업자로 등록한 후 제27조에 따른 결격사유 중 어느 하나에 해당하게 된 경우. 다만, 법인이 제27조제4호에 해당하게 된 경우로서 그 사유가 발생한 날부터 3개월 이내에 그 사유를 없앤 경우는 제외한다.(2021.3.16 본문개정)
5. 제28조제2항을 위반하여 타인에게 자기의 성명 또는 상호를 사용하여 건설엔지니어링을 하게 하거나 등록증을 빌려 준 경우(2021.3.16 본호개정)
6. 제35조제2항에 따른 사업수행능력 평가에 관한 서류를 위조하거나 변조하는 등 거짓이나 그 밖의 부정한 방법으로 입찰에 참여한 경우
7. 건설엔지니어링사업자로 등록한 후 제26조제1항에 따른 등록기준을 충족하지 못하게 된 경우에 그 날부터 50일 이내에 미달된 사항을 보완하지 아니한 경우(2021.3.16 본호개정)
8. 고의 또는 과실로 「산업안전보건법」 제2조제2호에 따른 중대재해가 발생하거나 건설공사의 발주청에 재산상의 손해를 발생하게 하거나 사람에게 위해(危害)를 끼치거나 부실공사를 초래한 경우(2019.1.15 본호개정)
9. 다른 행정기관이 관계 법령에 따라 등록취소 또는 영업정지를 요구한 경우

② 시·도지사는 건설엔지니어링사업자가 다음 각 호의 어느 하나에 해당하면 6개월 이내의 기간을 정하여 영업정지를 명할 수 있다.(2021.3.16 본문개정)

1. 제34조제2항에 따른 보험 또는 공제에 가입하지 아니한 경우
2. 제35조제4항에 따른 발주청의 승인을 받지 아니하고 하도급을 한 경우
3. 제38조제2항에 따른 보고 또는 관계 자료의 제출 명령을 이행하지 아니한 경우
4. 제38조제3항에 따른 검사를 거부·방해·기피한 경우
5. 건설사업관리를 수행하는 건설엔지니어링사업자가 다음 각 목의 어느 하나에 해당하는 경우(2021.3.16 본문개정)
   가. 건설사업관리보고서를 제출하지 아니하거나 제39조제4항 후단에 따라 건설기술인이 작성한 건설사업관리보고서를 거짓으로 수정하여 제출하거나 건설사업관리보고서에 해당 건설공사의 주요 구조부에 대한 시공·검사·시험 등의 내용을 빠뜨린 것을 알고도 제출한 경우(2018.12.31 본목개정)
   나. 건설사업자에게 재시공·공사중지 명령 등 조치를 하고 제40조제3항에 따라 발주청에 보고하지 아니한 경우(2019.4.30 본목개정)
   다. 제48조제2항에 따른 설계도서 검토 결과 보고를 하지 아니한 경우
   라. 건설공사의 품질관리 지도·감독을 성실하게 수행하지 아니한 경우[건설사업자 또는 「주택법」 제4조에 따라 주택건설사업의 등록을 한 자(이하 "주택건설등록업자"라 한다)가 제55조제1항에 따른 건설공사의 품질관리계획 또는 품질시험계획(그 계획에 따른 품질시험 또는 검사를 포함한다)을 이행하지 아니하거나 품질시험의 성과를 조작한 경우로 한정한다]
   (2019.4.30 본목개정)
   마. 건설기술인으로서 자격이 없는 사람이나 소속 건설기술인이 아닌 사람에게 건설사업관리를 수행하게 한 경우(건설기술인이 아닌 사람으로서 발주청이 사전에 승인한 사람은 제외한다)(2018.8.14 본목개정)
   바. 다른 건설엔지니어링사업자에게 소속된 건설기술인으로 하여금 건설사업관리를 수행하게 한 경우
   (2021.3.16 본목개정)
   사. 건설사업관리를 수행하는 건설기술인을 부정한 방법으로 교체하거나 배치한 경우(2018.8.14 본목개정)
6. 제54조제1항에 따른 시정명령을 이행하지 아니한 경우
7. 품질시험 또는 검사 업무를 수행하는 건설엔지니어링사업자가 다음 각 목의 어느 하나에 해당하는 경우
   (2021.3.16 본문개정)
   가. 품질시험 또는 검사의 결함으로 인하여 건설공사 또는 건설공사에 사용되는 자재(資材)·부재(部材)(이하 "건설자재·부재"라 한다)의 품질을 현저하게 떨어뜨린 경우
   나. 품질시험 또는 검사의 성적서를 거짓으로 발급한 경우
   다. 정당한 사유 없이 3개월 이상 품질시험 또는 검사의 대행을 거부한 경우
   라. 건설기술인으로서 자격이 없는 사람이나 소속 건설기술인이 아닌 사람으로 하여금 품질검사를 실시하게 한 경우(2018.8.14 본목개정)
   마. 제60조제2항을 위반하여 발주자 또는 건설사업관리를 수행하는 건설엔지니어링사업자의 봉인 또는 확인을 거친 재료로 품질검사를 하지 아니한 경우
   (2021.3.16 본목개정)
   바. 제60조제3항을 위반하여 품질검사 성적서 및 품질검사 내용을 제62조제15항에 따른 건설공사 안전관리 종합정보망에 입력하지 아니하거나 거짓으로 입력한 경우(2024.1.9 본목개정)
   사. 제60조제4항에 따른 시정명령 등의 조치를 따르지 아니한 경우(2017.8.9 본목개정)

③ 건설엔지니어링사업자는 제1항과 제2항에 따른 영업정지기간에는 상호를 바꾸어 건설엔지니어링의 입찰에 참가하거나 건설엔지니어링을 수주(受注)할 수 없다.
(2021.3.16 본항개정)

④ 발주청과 인·허가기관의 장은 건설엔지니어링사업자가 제1항 각 호 또는 제2항 각 호의 어느 하나에 해당하는 경우에는 그 사실을 시·도지사에게 통보하여야 하며, 시·도지사는 건설엔지니어링사업자에 대하여 제1항·제2항 또는 제32조제1항에 따라 등록취소, 영업정지 또는 과징금 부과 등의 조치를 하는 경우 국토교통부장관, 해당 발주청 및 인·허가기관의 장에게 그 내용을 통보하여야 한다.(2021.3.16 본항개정)

⑤ 제1항과 제2항에 따른 처분의 세부 기준은 대통령령으로 정한다.

(2021.3.16 본조제목개정)

제32조【과징금】 ① 시·도지사는 제31조제1항에 따라 영업정지를 명하여야 하는 경우에는 영업정지를 갈음하여 2억원 이하의 과징금을, 같은 조 제2항에 따라 영업정지를 명하여야 하는 경우에는 영업정지를 갈음하여 6천만원 이하의 과징금을 부과할 수 있다.

② 제1항에 따라 과징금 부과처분을 받은 자가 과징금을 기한까지 내지 아니하면 「지방행정제재·부과금의 징수 등에 관한 법률」에 따라 징수한다.(2020.3.24 본항개정)

③ 제1항에 따라 과징금을 부과하는 위반행위의 종류 및 위반 정도 등에 따른 과징금의 금액과 그 밖에 필요한 사항은 대통령령으로 정한다.

제33조【등록취소처분 등을 받은 건설엔지니어링사업자의 업무 계속】 ① 제31조제1항 또는 제2항에 따라 등록취소 또는 영업정지의 처분을 받은 건설엔지니어링사업자는 그 처분을 받기 전에 체결한 건설엔지니어링계약에 따른 업무는 계속할 수 있다. 이 경우 건설엔지니어링사업자는 그 처분을 받은 내용을 대통령령으로 정하는 기간 이내에 해당 건설엔지니어링의 발주자에게 통지하여야 한다.

② 건설엔지니어링의 발주자는 건설엔지니어링사업자로부터 제1항에 따른 통지를 받거나 그 사실을 안 경우에는 그 날부터 30일 이내에만 해당 건설엔지니어링 계약을 해지할 수 있다.

(2021.3.16 본조개정)

제34조【건설엔지니어링사업자의 손해배상 및 하자보증】 ① 건설엔지니어링사업자는 건설엔지니어링 계약을 이행할 때 고의 또는 과실로 해당 건설엔지니어링 목적물 또는 제3자에게 손해를 발생하게 한 경우에는 그 손해를 배상하여야 한다.(2021.3.16 본항개정)

② 제1항에 따른 배상을 담보하기 위하여 대통령령으로 정하는 건설엔지니어링사업자는 보험 또는 공제에 가입하여야 한다. 이 경우 발주청은 보험 또는 공제 가입에 따른 비용을 건설엔지니어링 비용에 계상(計上)하여야 한다.(2021.3.16 본항개정)

③ 발주청은 건설사업관리 계약을 체결할 때 건설엔지니어링사업자로 하여금 하자책임을 보증하게 하기 위하여 하자보증금을 예치하게 하여야 한다.(2021.3.16 본항개정)

④ 제2항에 따른 보험 또는 공제의 기간, 종류, 대상 및 방법 등에 관하여 필요한 사항은 대통령령으로 정한다.

⑤ 제3항에 따른 하자책임의 범위, 하자보증금의 산정(算定) 및 예치방법 등에 관하여 필요한 사항은 대통령령으로 정한다.

(2021.3.16 본조제목개정)

제35조【발주청이 시행하는 건설엔지니어링사업】 ① 발주청은 건설엔지니어링사업 중 대통령령으로 정하는 규모 이상의 사업을 시행할 때에는 대통령령으로 정하는 바에 따라 집행계획을 작성하여 공고하여야 한다.
(2021.3.16 본항개정)

② 제1항에 따라 공고된 사업은 대통령령으로 정하는 사업수행능력 평가에 의한 선정기준 및 선정절차에 따라 선정된 건설엔지니어링사업자에게 맡겨 시행하여야 한다.
(2021.3.16 본항개정)

③ 발주청은 제39조제2항에 따라 건설사업관리를 시행할 건설엔지니어링사업자를 선정할 때에는 다음 각 호에 모두 해당하는 건설엔지니어링사업자(각 호에 해당하는 자와 공동수급체를 구성한 건설엔지니어링사업자를 포함한다)를 우대할 수 있다.(2021.3.16 본문개정)

1. 「소방시설공사업법」 제4조제1항에 따라 소방시설감리업 수행을 위하여 소방시설업의 등록을 한 자
2. 「전력기술관리법」 제14조제1항제2호에 따라 전력시설물의 공사감리업의 등록을 한 자
3. 「정보통신공사업법」 제2조제7호에 따른 용역업자로서 같은 법 제8조에 따른 감리원을 보유한 자

④ 건설엔지니어링사업자는 제2항에 따라 발주청이 발주하는 건설엔지니어링을 도급받은 경우 발주청의 승인을 받아 그 일부를 다른 건설엔지니어링사업자에게 하도급할 수 있다.(2021.3.16 본항개정)

⑤ 제4항에 따른 승인 절차 등에 관하여 필요한 사항은 국토교통부령으로 정한다.

(2021.3.16 본조제목개정)

제36조 (2018.12.31 삭제)

제37조【건설엔지니어링 대가】 ① 발주청은 건설엔지니어링을 건설엔지니어링사업자에게 수행하게 한 경우에는 다른 법령이나 국토교통부장관이 정하여 고시하는 건설엔지니어링비 산정기준에 따라 산정한 건설엔지니어링비를 지급하여야 한다. 이 경우 발주청은 천재지변 등 국토교통부령으로 정하는 불가피한 사유가 있는 경우를 제외하고는 건설엔지니어링비를 임의로 감액하여 지급할 수 없다.

② 제1항에 따라 국토교통부장관이 건설엔지니어링비 산정기준을 정할 때에는 미리 기획재정부장관 또는 산업통상자원부장관 등 관계 행정기관의 장과 협의하여야 한다.

(2021.3.16 본조개정)

제38조【건설엔지니어링사업자의 지도·감독 등】 ① 국토교통부장관 또는 시·도지사는 건설엔지니어링사업자의 업무 수행에 관한 사항을 지도·감독하여야 한다.
(2021.3.16 본항개정)

② 국토교통부장관 또는 시·도지사는 제1항에 따른 지도·감독을 위하여 필요하다고 인정하는 경우에는 건설엔지니어링사업자에게 그 업무에 관한 보고 또는 관계 자료의 제출을 명할 수 있다.(2021.3.16 본항개정)

③ 국토교통부장관 또는 시·도지사는 제1항에 따른 지도·감독을 위하여 필요하다고 인정하는 경우에는 소속 공무원으로 하여금 사무실 및 공사현장 등에 출입하여 검사하게 할 수 있다.

④ 제3항에 따른 검사를 하는 사람은 그 권한을 표시하는 증표를 지니고 이를 관계인에게 보여주어야 한다.

(2021.3.16 본조제목개정)

제2절 건설사업관리

제39조【건설사업관리 등의 시행】 ① 발주청은 건설공사를 효율적으로 수행하기 위하여 필요한 경우에는 다음 각 호의 어느 하나에 해당하는 건설공사에 대하여 건설엔지니어링사업자로 하여금 건설사업관리를 하게 할 수 있다.(2021.3.16 본문개정)

1. 설계·시공 관리의 난이도가 높아 특별한 관리가 필요한 건설공사
2. 발주청의 기술인력이 부족하여 원활한 공사 관리가 어려운 건설공사
3. 제1호 및 제2호 외의 건설공사로서 그 건설공사의 원활한 수행을 위하여 발주청이 필요하다고 인정하는 건설공사

② 발주청은 건설공사의 품질 확보 및 향상을 위하여 대통령령으로 정하는 건설공사에 대하여는 법인인 건설엔지니어링사업자로 하여금 건설사업관리(시공단계에서 품질 및 안전관리 실태의 확인, 설계변경에 관한 사항의 확인, 준공검사 등 발주청의 감독 권한대행 업무를 포함한다)를 하게 하여야 한다.(2021.3.16 본항개정)

③ 발주청은 대통령령으로 정하는 설계용역에 대하여 건설엔지니어링사업자로 하여금 건설사업관리를 하게 하여야 한다.(2021.3.16 본항개정)

④ 제1항부터 제3항까지의 규정에 따른 건설사업관리 업무를 수행한 건설엔지니어링사업자는 건설공사의 주요 구조부에 대한 시공, 검사 및 시험 등 세부적인 업무내용을 포함한 보고서를 국토교통부령으로 정하는 바에 따라 작성하여 발주청에 제출하여야 한다. 이 경우 건설사업관리보고서는 건설엔지니어링사업자의 소속 건설기술인 중 대통령령으로 정하는 건설기술인이 작성하여야 한다.
(2021.3.16 본항개정)

⑤ 건설엔지니어링사업자는 다음 각 호의 어느 하나에 해당하는 건설기술인으로 하여금 제1항부터 제3항까지의 규정에 따른 건설사업관리 업무를 수행하게 할 수 없다.
(2021.3.16 본문개정)

1. 피성년후견인
2. 파산선고를 받고 복권되지 아니한 사람

3. 이 법 또는 「건축법」, 「건축사법」 또는 「주택법」을 위반하거나 「국가기술자격법」 제26조제2항의 죄를 범하여 금고 이상의 실형을 선고받고 그 집행이 끝나거나(끝난 것으로 보는 경우를 포함한다) 면제된 날부터 3년이 지나지 아니한 사람
4. 「형법」 제129조부터 제132조까지의 죄를 범하여 금고 이상의 실형을 선고받고 그 집행이 끝나거나(끝난 것으로 보는 경우를 포함한다) 면제된 날부터 5년이 지나지 아니한 사람
5. 제3호 또는 제4호에 규정된 죄를 범하여 형의 집행유예를 선고받고 그 유예기간 중에 있는 사람

⑥ 제2항에 따라 건설사업관리를 수행하는 건설엔지니어링사업자는 다음 각 호의 업무를 수행하여야 한다. 이 경우 건설엔지니어링사업자는 소속 건설기술인 중 대통령령으로 정하는 건설기술인에게 해당 업무의 수행을 지시하여야 한다.(2021.3.16 본문개정)

1. 시공이 설계도면 및 시방서의 내용에 적합하게 이루어지고 있는지에 대한 확인
2. 제55조제2항에 따른 품질시험 및 검사를 하였는지 여부의 확인
3. 건설자재 · 부재의 적합성에 대한 확인

(2018.12.31 본항신설)

⑦ 건설사업관리의 세부 업무 내용 및 업무 범위 등 제1항부터 제3항까지의 규정에 따라 건설사업관리를 수행하는 데 필요한 사항은 대통령령으로 정한다.

제39조의2【시공단계의 건설사업관리계획 등】 ① 발주청은 건설공사의 부실시공 및 안전사고의 예방 등 건설공사의 시공을 관리하기 위하여 건설공사 착공 전까지 시공단계의 건설사업관리 계획(이하 "건설사업관리계획"이라 한다)을 국토교통부장관이 정하여 고시하는 기준에 따라 수립하여야 한다.

② 건설사업관리계획에는 다음 각 호의 사항을 포함하여야 한다.

1. 시공단계의 건설사업관리 방식
2. 건설사업관리 업무를 수행하는 건설기술인(이하 "건설사업관리기술인"이라 한다) 또는 공사감독자의 배치계획
3. 그 밖에 국토교통부령으로 정하는 사항

③ 발주청은 제62조에 따른 안전관리계획을 수립하여야 하는 건설공사 및 총공사비가 100억원 이상인 건설공사 중 대통령령으로 정하는 건설공사에 대하여 건설사업관리계획을 수립할 때에는 제6조에 따른 기술자문위원회의 심의를 받아야 한다. 건설사업관리계획을 변경하려는 경우에도 또한 같다.

④ 발주청은 건설사업관리계획을 수립하거나 변경한 때에는 이를 국토교통부장관에게 제출하여야 한다.

⑤ 발주청은 건설엔지니어링사업자로 하여금 시공단계의 건설사업관리를 하게 하려는 경우에는 건설사업관리계획을 준수하여 입찰공고하여야 한다.(2021.3.16 본항개정)

⑥ 발주청은 제2항제2호에 따른 건설사업관리기술인 또는 공사감독자의 배치 등 건설사업관리계획을 준수할 수 없는 경우에는 건설공사를 착공하게 하거나 건설공사를 진행하게 하여서는 아니 된다.

⑦ 제1항부터 제5항까지에서 규정한 사항 외에 건설사업관리계획의 수립, 변경 또는 시행 등에 필요한 사항은 대통령령으로 정한다.

(2018.12.31 본조신설)

제39조의3【건설사업관리 중 실정보고 등】 ① 제39조제2항에 따라 건설사업관리를 수행하는 건설엔지니어링사업자는 건설사업자가 현지여건의 변경이나 건설공사의 품질향상 등을 위한 개선사항의 검토를 요청하는 경우 이를 검토하고, 발주청에 관련 서류를 첨부하여 보고하는 등 필요한 조치(이하 "실정보고"라 한다)를 하여야 한다.(2021.3.16 본항개정)

② 건설엔지니어링사업자가 실정보고를 하는 경우에는 관련 기록을 유지 · 관리하여야 한다.(2021.3.16 본항개정)

③ 발주청은 건설엔지니어링사업자가 실정보고를 하는 경우 이를 접수하여 검토하고, 필요하면 설계변경 등 적절한 조치를 하여야 한다.(2021.3.16 본항개정)

④ 건설사업관리를 수행하는 건설엔지니어링사업자는 소속 건설기술인 중에서 해당 건설사업관리의 책임건설기술인을 지명하여 실정보고의 권한을 위임할 수 있다.(2021.3.16 본항개정)

⑤ 실정보고에 따른 조치 기한 등 필요한 사항은 대통령령으로 정한다.

(2018.12.31 본조신설)

제39조의4【건설사업관리 업무에 대한 부당간섭 배제 등】 ① 발주청 소속 직원은 제39조제2항에 따라 건설사업관리를 시행하는 건설공사에 대하여 대통령령으로 정하는 발주청의 업무 외에 정당한 사유 없이 건설사업관리 업무를 수행하는 건설엔지니어링사업자(이하 "건설사업관리용역사업자"라 한다) 및 건설사업관리기술인의 업무에 개입 또는 간섭하거나 권한을 침해해서는 아니 된다.(2021.3.16 본항개정)

② 발주청의 소속 직원이 건설사업관리용역사업자 및 건설사업관리기술인의 업무에 정당한 사유 없이 개입 또는 간섭하거나 권한을 침해한 경우 해당 건설사업관리용역사업자 및 건설사업관리기술인은 발주청에 이를 보고하고 사실조사를 의뢰할 수 있다.

③ 발주청은 제2항에 따른 사실조사를 의뢰받은 때에는 즉시 이를 조사하여야 하고, 소속 직원이 건설사업관리용역사업자 및 건설사업관리기술인의 업무에 대하여 정당한 사유 없이 개입 또는 간섭하거나 권한을 침해한 사실이 있다고 인정되는 경우에는 방해행위의 중지, 향후 재발방지 등 시정조치를 명할 수 있다.

④ 발주청은 제3항에 따른 사실조사 결과 및 시정조치 명령의 내용을 국토교통부장관, 해당 건설사업관리용역사업자 및 건설사업관리기술인에게 통보하여야 한다.

⑤ 발주청은 제2항에 따른 사실조사 의뢰 등을 이유로 건설사업관리용역사업자 및 건설사업관리기술인에게 용역대가 지급의 거부 · 지체 등 불이익을 주어서는 아니 된다.

(2020.6.9 본조신설)

제40조【건설사업관리 중 공사중지 명령 등】 ① 제39조제2항에 따라 건설사업관리를 수행하는 건설엔지니어링사업자와 제49조제1항에 따른 공사감독자는 건설사업자가 건설공사의 설계도서 · 시방서(示方書), 그 밖의 관계 서류의 내용과 맞지 아니하게 그 건설공사를 시공하는 경우 또는 제62조에 따른 안전관리 의무를 위반하거나, 제66조에 따른 환경관리 의무를 위반하여 인적 · 물적 피해가 우려되는 경우에는 재시공 · 공사중지(부분 공사중지를 포함한다) 명령이나 그 밖에 필요한 조치를 할 수 있다.

(2021.3.16 본항개정)

② 제1항에 따라 건설엔지니어링사업자 또는 공사감독자로부터 재시공 · 공사중지 명령이나 그 밖에 필요한 조치에 관한 지시를 받은 건설사업자는 특별한 사유가 없으면 이에 따라야 한다.(2021.3.16 본항개정)

③ 건설엔지니어링사업자 또는 공사감독자는 제1항에 따라 건설사업자에게 재시공 · 공사중지 명령이나 그 밖에 필요한 조치를 한 경우에는 지체 없이 이에 관한 사항을 해당 건설공사의 발주청에 보고하여야 한다.(2021.3.16 본항개정)

④ 제1항에 따라 재시공 · 공사중지 명령이나 그 밖에 필요한 조치를 한 건설엔지니어링사업자 또는 공사감독자는 시정 여부를 확인한 후 공사재개 지시 등 필요한 조치를 하여야 하며, 이 경우 지체 없이 이에 관한 사항을 해당 건설공사의 발주청에 보고하여야 한다.(2021.3.16 본항개정)

⑤ 건설사업관리를 수행하는 건설엔지니어링사업자는 소속 건설기술인 중에서 해당 건설사업관리의 책임건설기술인을 지명하여 제1항에 따른 재시공 · 공사중지 명령이나 그 밖에 필요한 조치의 권한을 위임할 수 있다.

(2021.3.16 본항개정)

⑥ 제1항에 따른 재시공 · 공사중지 명령이나 그 밖에 필요한 조치의 요건, 절차 및 방법 등에 관하여 필요한 사항은 대통령령으로 정한다.

제40조의2【불이익조치의 금지】 누구든지 제40조제1항에 따른 재시공 · 공사중지 명령 등의 조치를 이유로 건설엔지니어링사업자 · 공사감독자 또는 제40조제5항에 따른 책임건설기술인에게 건설기술인의 변경, 현장 상주의 거부, 용역대가 지급의 거부 · 지체 등 신분이나 처우와 관련하여 불이익을 주어서는 아니 된다.(2021.3.16 본조개정)

제40조의3【면책】 제40조제1항에 따른 재시공 · 공사중지 명령 등의 조치로 발주청이나 건설사업자에게 손해가 발생한 경우 건설엔지니어링사업자 · 공사감독자 또는 제40조제5항에 따른 책임건설기술인은 그 명령에 고의 또는 중대한 과실이 없는 때에는 그 손해에 대한 책임을 지지 아니한다.(2021.3.16 본조개정)

제41조【총괄관리자의 선정 등】 ① 발주청은 건설공사와 그 건설공사에 딸리는 전기 · 소방 등의 설비공사(이하 "설비공사"라 한다)에 대한 건설사업관리 및 감리를 다음 각 호의 어느 하나에 해당하는 자로 하여금 하게 하는 경우에는 해당 건설사업관리를 수행하는 자와 감리를 수행하는 자 중에서 그 건설공사와 설비공사에 대한 건설사업관리 및 감리 업무를 총괄하여 관리할 자(이하 "총괄관리자"라 한다)를 선정할 수 있다.

1. 건설엔지니어링사업자(2021.3.16 본호개정)
2. 「소방시설공사업법」 제4조제1항에 따른 소방시설업의 등록을 한 자
3. 「전력기술관리법」 제14조제1항제2호에 따라 전력시설물의 공사감리업의 등록을 한 자
4. 「정보통신공사업법」 제2조제7호에 따른 용역업자

② 총괄관리자는 건설공사 및 설비공사의 품질 · 안전 관리와 효율적인 건설사업관리 및 감리 업무의 수행을 위하여 필요하다고 인정하는 경우에는 다른 건설사업관리를 수행하는 자와 감리를 수행하는 자에게 시정지시 등 필요한 조치를 할 수 있으며, 정당한 사유 없이 조치에 따르지 아니하는 경우에는 그 사실을 발주청에 보고하여야 한다.

③ 총괄관리자의 권한, 업무 범위, 그 밖에 필요한 사항은 대통령령으로 정한다.

제42조【다른 법률과의 관계】 제39조제2항에 따른 건설사업관리를 시행하거나 건설사업관리 중 대통령령으로 정하는 업무를 수행한 경우에는 「건축법」 제25조에 따른 공사감리 또는 「주택법」 제43조 및 제44조에 따른 감리를 한 것으로 본다.(2016.1.19 본조개정)

제5장 건설공사의 관리

제1절 건설공사의 표준화 등

제43조【설계 등의 표준화】 ① 국토교통부장관은 건설공사에 드는 비용을 줄이고 시설물의 품질을 향상시키기 위하여 건설자재 · 부재의 치수 및 시공방법을 표준화하도록 노력하여야 한다.

② 국토교통부장관은 제1항에 따른 표준화를 촉진하기 위하여 다음 각 호의 자에게 대통령령으로 정하는 바에 따라 설계 · 생산 또는 시공 과정에서 시험생산 · 시험시공 등을 하도록 권고할 수 있다.

1. 시설물의 설계자
2. 건설자재 · 부재의 생산업자
3. 건설사업자 또는 주택건설등록업자(2019.4.30 본호개정)

③ 국토교통부장관은 관계 기관의 장에게 제1항에 따른 표준화와 관련된 「산업표준화법」 제12조에 따른 한국산업표준 등 기준의 정비 및 자금 지원 등 필요한 사항을 요청할 수 있다.

제44조【설계 및 시공 기준】 ① 국토교통부장관이나 그 밖에 대통령령으로 정하는 자는 건설공사의 기술성 · 환경성 향상 및 품질 확보와 적정한 공사 관리를 위하여 다음 각 호에 관한 기준(이하 "건설기준"이라 한다)을 정할 수 있다.(2014.5.14 본문개정)

1. 건설공사 설계기준
2. 건설공사 시공기준 및 표준시방서 등
3. 그 밖에 건설공사의 관리에 필요한 사항

② 제1항에 따라 대통령령으로 정하는 자가 건설기준을 정하려면 국토교통부장관의 승인을 받아야 한다.

(2014.5.14 본항개정)

③ 건설기준 설정의 절차 등에 관하여 필요한 사항은 국토교통부령으로 정한다.(2014.5.14 본항개정)

제44조의2【건설기준의 관리】 ① 국토교통부장관은 건설기준의 개발 촉진과 그 활용을 위한 시책을 마련하여야 한다.

② 국토교통부장관은 건설기준을 효율적으로 관리하기 위하여 국가건설기준센터를 설치 · 운영할 수 있다.

③ 국가건설기준센터는 다음 각 호의 업무를 수행한다.

1. 건설기준의 연구 · 개발 및 보급
2. 건설기준의 관리 · 운영
3. 건설기준의 검증 및 평가
4. 건설기준의 정보화체계 구축
5. 건설기준에 대한 교육 및 홍보
6. 주요 국가 건설기준의 제도 · 정책 동향 조사 · 분석
7. 건설기준 발전을 위한 국제협력의 추진
8. 그 밖에 건설기준 발전을 위하여 대통령령으로 정하는 사항

④ 국토교통부장관은 국가건설기준센터의 운영을 대통령령으로 정하는 전문기관에 위탁할 수 있다.

⑤ 국토교통부장관은 국가건설기준센터의 운영에 필요한 비용을 예산의 범위에서 출연할 수 있다.

⑥ 국가건설기준센터의 설치 · 운영과 제5항에 따른 출연금의 지급범위 · 사용 및 관리에 필요한 사항은 대통령령으로 정한다.

(2014.5.14 본조신설)

제45조【건설공사 공사비 산정기준】 ① 국토교통부장관은 건설공사의 적정한 공사비 산정을 위하여 건설공사의 실적을 토대로 산정한 공사비 및 표준품셈 등 공사비 산정기준을 정할 수 있다.

② 국토교통부장관은 제1항에 따른 공사비 산정기준의 관리를 위하여 국토교통부장관이 정하여 고시하는 관리기관으로 하여금 공사비 산정기준에 관한 조사 · 연구 등 업무를 수행하게 할 수 있다. 이 경우 국토교통부장관은 필요한 사업비에 충당하도록 출연할 수 있다.

③ 제2항 후단에 따른 출연금의 지급기준, 사용 및 관리에 필요한 사항은 대통령령으로 정한다.

제45조의2【공사기간 산정기준】 ① 발주자는 건설공사의 품질 및 안전성 · 경제성을 확보할 수 있도록 해당 건설공사의 규모 및 특성, 현장여건 등을 고려하여 적정 공사기간을 산정하여야 한다. 다만, 불가항력 등 정당한 사유가 발생한 경우에는 이를 고려하여 적정 공사기간 조정을 검토하여야 한다.

② 국토교통부장관은 발주청이 제1항에 따른 적정 공사기간 산정 및 조정 등과 관련된 업무를 원활히 수행할 수 있도록 대통령령으로 정하는 바에 따라 공사기간 산정기준을 정하여 고시할 수 있다.

③ 국토교통부장관은 제2항에 따른 공사기간 산정기준 마련 등을 위하여 필요한 경우 발주청에 공사기간 산정 기준 및 방법 등에 관한 자료를 요청할 수 있으며, 발주청은 특별한 사유가 없으면 이에 따라야 한다.

(2021.3.16 본조신설)

제46조【건설공사의 시행과정】 ① 발주청은 건설공사를 안전하고 경제적 · 능률적으로 시행하기 위하여 건설공사의 계획 · 조사 · 설계 · 시공 · 감리 · 유지 · 관리 등(이하 이 조에서 "건설공사의 시행과정"이라 한다)을 대통령령으로 정하는 절차 및 기준에 따라 수행하여야 한다.

(2018.12.31 본항개정)

② 국토교통부장관은 건설공사의 시행과정이 제1항에 따

라 수행되지 아니하는 경우에는 발주청에 시정을 요구할 수 있다.

제47조【건설공사의 타당성 조사】 ① 발주청은 시행하려는 건설공사에 대하여 계획 수립 이전에 경제, 기술, 사회 및 환경 등 종합적인 측면에서 적정성을 검토하기 위하여 타당성 조사를 하여야 한다.

② 발주청이 발주한 타당성 조사 용역을 수행한 건설엔지니어링사업자는 수요예측 자료 등 국토교통부령으로 정하는 자료를 용역 완료 후 지체 없이 발주청에 보고하여야 한다.(2021.3.16 본항개정)

③ 발주청은 제2항에 따라 보고받은 자료를 해당 건설공사의 완료 후 10년 동안 보관하여야 한다.(2013.7.16 본항신설)

④ 발주청은 타당성을 조사하는 과정에서 작성한 수요예측과 실제 이용실적의 차이가 100분의 30 이상인 경우에는 제3항에 따른 자료를 근거로 건설엔지니어링사업자의 고의 또는 중과실 여부를 조사하여야 한다.(2021.3.16 본항개정)

⑤ 발주청은 제4항의 조사 결과에 따라 고의 또는 중과실로 발주청에 손해를 끼친 건설엔지니어링사업자에 대하여 제31조제1항에 따른 영업정지처분 등 조치를 시·도지사에게 요청할 수 있다.(2021.3.16 본항개정)

⑥ 제1항에 따른 타당성 조사 대상 건설공사의 범위, 타당성 조사의 방법 및 절차, 제4항에 따른 수요예측과 이용실적 차이의 평가시점 및 방법 등에 관한 사항은 대통령령으로 정한다.(2013.7.16 본항개정)

제48조【설계도서의 작성 등】 ① 설계 업무를 수행하는 건설엔지니어링사업자는 설계도서를 작성하여 해당 건설공사에 대한 건설사업관리 업무를 수행하는 건설엔지니어링사업자, 건설사업자 또는 주택건설등록업자에게 제출하여야 한다.(2021.3.16 본항개정)

② 제1항에 따라 설계도서를 제출받은 건설엔지니어링사업자, 건설사업자 또는 주택건설등록업자는 해당 건설공사를 시공하기 전에 설계도서를 검토하고 그 결과를 발주청에 보고하여야 한다.(2021.3.16 본항개정)

③ 제2항에 따른 설계도서의 검토 결과를 보고받은 발주청은 필요하면 설계도서를 작성한 건설엔지니어링사업자에게 시정·보완 등 필요한 조치를 요구하여야 한다. 이 경우 건설엔지니어링사업자는 요구받은 조치를 이행하는 데 필요한 비용의 지급 등을 요청할 수 있고, 발주청은 해당 조치의 원인이 건설엔지니어링사업자에게 있는 등 국토교통부령으로 정하는 불가피한 사유가 없으면 이에 응하여야 한다.(2021.3.16 본항개정)

④ 건설사업자와 주택건설등록업자는 건설공사의 품질 향상과 정확한 시공 및 안전을 위하여 다음 각 호의 사항을 발주자가 선정한 건설사업관리를 수행하는 건설기술인 또는 제49조에 따른 공사감독자의 검토·확인을 받은 후 단계별로 시공하여야 한다.(2019.4.30 본문개정)
1. 건설공사의 진행 단계별로 요구되는 시공 상태
2. 건설사업자와 주택건설등록업자가 작성하여야 하는 시공상세도면(2019.4.30 본호개정)

⑤ 건설엔지니어링사업자는 설계도서를 작성할 때에는 구조물(가설구조물을 포함한다)에 대한 구조검토를 하여야 하며 그 설계도서의 작성에 참여한 건설기술인의 업무 수행내용을 국토교통부장관이 정하는 바에 따라 적어야 한다. 설계도서의 일부를 변경할 때에도 같다.
(2021.3.16 전단개정)

⑥ 제1항부터 제5항까지의 규정에 따른 설계도서의 작성, 검토 및 확인에 필요한 사항은 국토교통부령으로 정한다.

제49조【건설공사감독자의 감독 의무】 ① 발주청은 건설공사가 설계도서, 계약서, 그 밖의 관계 서류의 내용대로 시공되도록 하고 건설공사의 품질 및 현장의 안전 등 건설공사를 관리하기 위하여 공사감독자를 선임하여야 한다. 다만, 발주청이 제39조제2항에 따라 건설사업관리를 하게 하는 경우는 제외한다.

② 국토교통부장관은 공사감독자의 업무 내용을 정하여 고시하여야 하며, 공사감독자는 이에 따른 감독 업무를 성실히 수행하여야 한다.

제50조【건설엔지니어링 및 시공 평가 등】 ① 발주청(「사회기반시설에 대한 민간투자법」에 따른 민간투자사업인 경우에는 같은 법 제2조제4호에 따른 주무관청을 말한다. 이하 이 조에서 같다)은 그가 발주하는 대통령령으로 정하는 규모 이상의 건설엔지니어링사업(「건축사법」 제2조제3호에 따른 설계(이하 "건축설계"라 한다)에 관한 용역사업을 포함한다. 이하 이 조에서 같다)에 대하여 그 업무 수행에 대한 평가를 하여야 한다.(2021.3.16 본항개정)

② 발주청은 그가 발주하는 대통령령으로 정하는 규모 이상의 건설공사에 대하여 그 시공의 적정성에 대한 평가를 하여야 한다.

③ 발주청은 제1항 및 제2항에 따라 평가를 한 경우에는 국토교통부령으로 정하는 바에 따라 국토교통부장관에게 통보하여야 한다.

④ 국토교통부장관은 제1항 및 제2항에 따른 평가 결과를 건설엔지니어링사업자(「건축사법」 제23조제2항에 따른 건축사사무소개설자를 포함한다. 이하 이 조에서 같다) 및 건설사업자별로 종합하여 건설엔지니어링 종합평가 및 시공 종합평가(이하 "종합평가"라 한다)를 하고 그 결과를 공개할 수 있다.(2021.3.16 본항개정)

⑤ 국토교통부장관은 종합평가를 하기 위하여 필요한 경우에는 건설공사현장 등을 직접 점검하거나 건설엔지니어링사업자 또는 건설사업자에게 종합평가에 필요한 자료 제출을 요구할 수 있다.(2021.3.16 본항개정)

⑥ 제1항부터 제5항까지의 규정에 따른 건설엔지니어링 평가, 시공평가 또는 종합평가의 기준, 절차, 항목, 그 밖에 필요한 사항은 대통령령으로 정한다.(2021.3.16 본항개정)
(2021.3.16 본조제목개정)

제51조【우수건설엔지니어링사업자 등의 선정】 ① 국토교통부장관은 종합평가 결과 등 대통령령으로 정하는 바에 따라 우수건설엔지니어링사업자, 우수건설사업자 또는 우수건설기술인을 선정할 수 있다.(2021.3.16 본항개정)

② 발주청은 건설엔지니어링사업 또는 건설공사를 발주할 때 제1항에 따른 우수건설엔지니어링사업자, 우수건설사업자 또는 우수건설기술인을 우대할 수 있다.
(2021.3.16 본항개정)

③ 국토교통부장관은 제1항에 따른 우수건설엔지니어링사업자, 우수건설사업자 또는 우수건설기술인이 다음 각 호의 어느 하나에 해당하면 대통령령으로 정하는 바에 따라 그 선정을 취소하여야 한다.(2021.3.16 본문개정)
1. 거짓이나 그 밖의 부정한 방법으로 선정된 경우
2. 부실공사 등으로 인하여 「건설산업기본법」 제82조에 따른 영업정지 처분 또는 과징금 부과처분을 받은 경우
3. 제1항에 따른 우수건설엔지니어링사업자(법인의 경우 그 대표자를 말한다), 우수건설사업자(법인의 경우 그 대표자를 말한다) 또는 우수건설기술인이 각각의 업무와 관련하여 금고 이상의 형(집행유예를 포함한다)을 선고받은 경우(2021.3.16 본호개정)
4. 위법·부당한 행위로 등록취소·영업정지·과징금 등 대통령령으로 정하는 행정처분을 받은 경우(2018.12.31 본호신설)

④ 제1항부터 제3항까지에서 규정한 사항 외에 우수건설엔지니어링사업자, 우수건설사업자 또는 우수건설기술인의 선정에 필요한 세부사항은 대통령령으로 정한다.
(2021.3.16 본항개정)
(2021.3.16 본조제목개정)

제52조【건설공사의 사후평가】 ① 발주청은 대통령령으로 정하는 건설공사가 완료되었을 때에는 공사 내용 및 효과를 조사·분석하여 사후평가를 하고 사후평가서를 작성하여야 한다.

② 사후평가서의 적절성에 대한 발주청의 자문에 응하게 하기 위하여 발주청에 사후평가위원회를 둔다.

③ 발주청은 사후평가위원회에 자문하여 의견을 받은 결과 그 내용이 타당하면 사후평가서에 반영하는 등 필요한 조치를 하여야 한다.

④ 발주청은 사후평가서를 공개하여야 하며, 공개의 방법과 절차 등은 국토교통부령으로 정한다.

⑤ 국토교통부장관은 발주청의 사후평가서가 유사한 건설공사의 효율적 수행을 위한 자료로 활용될 수 있도록 방안을 마련하여야 한다.

⑥ 제1항에 따른 건설공사 사후평가의 내용·방법, 사후평가위원회의 구성 및 운영 등에 필요한 사항은 대통령령으로 정한다.

제52조의2【사후평가 관리 등】 ① 국토교통부장관은 사후평가에 관한 업무를 효율적으로 추진하기 위하여 다음 각 호의 업무를 수행한다.
1. 사후평가 수행결과의 적정성 확인·점검
2. 사후평가 관련 정보의 축적·분석, 분석정보의 보급
3. 사후평가의 기준·절차·평가기법 등에 관한 조사·연구
4. 사후평가 관련 교육·훈련·기술교류·국제협력
5. 그 밖에 대통령령으로 정하는 사항

② 국토교통부장관은 전문관리기관을 지정하여 대통령령으로 정하는 바에 따라 제1항의 업무 전부 또는 일부를 위탁할 수 있다.

③ 국토교통부장관은 전문관리기관의 운영에 필요한 비용을 예산의 범위에서 출연할 수 있다.

④ 전문관리기관의 지정·운영과 제3항에 따른 출연금의 지급범위·사용 및 관리에 필요한 사항은 대통령령으로 정한다.
(2019.11.26 본조신설)

제2절 건설공사의 품질 및 안전 관리 등

제53조【건설공사 등의 부실 측정】 ① 국토교통부장관, 발주청(「사회기반시설에 대한 민간투자법」에 따른 민간투자사업인 경우에는 같은 법 제2조제5호에 따른 주무관청을 말한다. 이하 이 조에서 같다)과 인·허가기관의 장은 다음 각 호의 어느 하나에 해당하는 자가 건설엔지니어링, 건축설계, 「건축사법」 제2조제4호에 따른 공사감리 또는 건설공사를 성실하게 수행하지 아니함으로써 부실공사가 발생하였거나 발생할 우려가 있는 경우 및 제47조에 따른 건설공사의 타당성 조사(이하 "타당성 조사"라 한다)에서 건설공사에 대한 수요 예측을 고의 또는 과실로 부실하게 하여 발주청에 손해를 끼친 경우에는 부실의 정도를 측정하여 벌점을 주어야 한다.(2021.3.16 본문개정)
1. 건설사업자(2019.4.30 본호개정)
2. 주택건설등록업자
3. 건설엔지니어링사업자(「건축사법」 제23조제2항에 따른 건축사사무소개설자를 포함한다)(2021.3.16 본호개정)
4. 제1호부터 제3호까지의 어느 하나에 해당하는 자에게 고용된 건설기술인 또는 건축사(2018.8.14 본호개정)

② 발주청은 제1항에 따라 벌점을 받은 자에게 건설엔지니어링 또는 건설공사 등을 위하여 발주청이 실시하는 입찰 시 그 벌점에 따라 불이익을 주어야 한다.(2021.3.16 본항개정)

③ 발주청과 인·허가기관의 장은 제1항에 따라 벌점을 준 경우 그 내용을 국토교통부장관에게 통보하여야 하며, 국토교통부장관은 그 벌점을 종합관리하고, 제1항제1호부터 제3호까지의 자에게 준 벌점을 공개하여야 한다.

④ 제1항부터 제3항까지의 규정에 따른 부실 정도의 측정기준, 불이익 내용, 벌점의 관리 및 공개 등에 필요한 사항은 대통령령으로 정한다.

제54조【건설공사현장 등의 점검】 ① 국토교통부장관 또는 특별자치시장, 특별자치도지사, 시장·군수·구청장(자치구의 구청장을 말한다. 이하 같다), 발주청은 건설공사의 부실방지, 품질 및 안전 확보가 필요한 경우에는 대통령령으로 정하는 건설공사에 대하여는 현장 등을 점검할 수 있으며, 점검 결과 필요한 경우에는 대통령령으로 정하는 바에 따라 제53조제1항 각 호의 자에게 시정명령 등의 조치를 하거나 관계 기관에 대하여 관계 법률에 따른 영업정지 등의 요청을 할 수 있다.(2019.8.27 본항개정)

② 제1항에 따라 건설공사현장을 점검한 특별자치시장, 특별자치도지사, 시장·군수·구청장, 발주청은 점검결과 및 그에 따른 조치결과(시정명령 또는 영업정지 등을 포함한다)를 국토교통부장관에게 제출하여야 한다.
(2018.12.31 본항신설)

③ 발주청(발주자가 발주청이 아닌 경우 해당 건설공사의 인·허가기관을 말한다)은 제1항에 따른 건설공사로 인하여 안전사고나 부실공사가 우려되어 대통령령으로 정하는 요건을 갖춘 민원이 제기되는 경우 그 민원을 접수한 날부터 3일 이내에 현장 등을 점검하여야 하고, 그 점검결과 및 조치결과(시정명령 또는 영업정지 등을 포함한다)를 국토교통부장관에게 제출하여야 한다.
(2019.8.27 본항신설)

④ 제1항에 따라 건설공사현장을 점검하는 자는 점검의 중복 등으로 인하여 그 건설공사에 지장을 주는 일이 없도록 하여야 한다.

⑤ 제1항에 따른 건설공사현장 점검 등에 관하여 필요한 사항은 국토교통부령으로 정한다.

제55조【건설공사의 품질관리】 ① 건설사업자와 주택건설등록업자는 대통령령으로 정하는 건설공사에 대하여는 그 종류에 따라 품질 및 공정 관리 등 건설공사의 품질관리계획(이하 "품질관리계획"이라 한다) 또는 시험 시설 및 인력의 확보 등 건설공사의 품질시험계획(이하 "품질시험계획"이라 한다)을 수립하고, 이를 발주자에게 제출하여 승인을 받아야 한다. 이 경우 발주청이 아닌 발주자는 미리 품질관리계획 또는 품질시험계획의 사본을 인·허가기관의 장에게 제출하여야 한다.(2019.4.30 전단개정)

② 건설사업자와 주택건설등록업자는 품질관리계획 또는 품질시험계획에 따라 품질시험 및 검사를 하여야 한다. 이 경우 건설사업자나 주택건설등록업자에게 고용되어 품질관리 업무를 수행하는 건설기술인은 품질관리계획 또는 품질시험계획에 따라 그 업무를 수행하여야 한다.
(2019.4.30 본항개정)

③ 건설사업자 또는 주택건설등록업자는 제2항에 따른 품질시험 및 검사를 완료한 날부터 7일 이내에 그 결과 및 실시대장 등 증빙자료를 열람이 가능하도록 제62조제15항에 따른 건설공사 안전관리 종합정보망에 입력하여야 한다.(2024.1.9 본항신설)

④ 발주청, 인·허가기관의 장 및 대통령령으로 정하는 기관의 장은 품질관리계획을 수립하여야 하는 건설공사에 대하여 건설사업자와 주택건설등록업자가 제2항에 따라 품질관리계획에 따른 품질관리를 적절하게 하는지를 확인할 수 있다.(2019.4.30 본항개정)

⑤ 품질관리계획 또는 품질시험계획의 수립 기준·승인 절차, 제3항에 따라 건설공사 안전관리 종합정보망에 입력하여야 하는 품질시험 및 검사의 결과와 증빙자료, 제4항에 따른 품질관리의 확인 방법·절차와 그 밖에 확인에 필요한 사항은 대통령령으로 정한다.(2024.1.9 본항개정)

제56조【품질관리 비용의 계상 및 집행】 ① 건설공사의 발주자는 건설공사 계약을 체결할 때에는 건설공사의 품질관리에 필요한 비용(이하 "품질관리비"라 한다)을 국토교통부령으로 정하는 바에 따라 공사금액에 계상하여야 한다.

② 건설공사의 규모 및 종류에 따른 품질관리비의 사용방법 등에 관한 기준은 국토교통부령으로 정한다.

제57조【건설자재·부재의 품질 확보 등】 ① 건설사업자와 주택건설등록업자는 대통령령으로 정하는 건설자재·부재를 공급받으려는 공장을 선정할 때에는 다음 각 호의 어느 하나에 해당하는 자의 승인(이하 "자재공급원 승인"이라 한다)을 받아야 한다.
1. 발주청
2. 제39조제2항에 따른 건설사업관리를 수행하는 건설엔지니어링사업자 또는 제49조제1항에 따른 공사감독자
3. 「건축법」 제25조에 따른 공사감리자

4. 「주택법」 제43조에 따른 주택건설공사의 감리자 (2024.1.9 본항신설)
② 국토교통부장관은 대통령령으로 정하는 건설자재·부재의 품질 확보를 위하여 필요한 경우에는 관계 중앙행정기관의 장과 협의하여 건설자재·부재의 생산, 공급(자재공급원 승인 및 그 승인의 취소 등을 포함한다) 및 보관 등에 필요한 사항을 정하여 고시할 수 있다. (2024.1.9 본항개정)
③ 제2항에 따른 건설자재·부재를 생산(채취를 포함한다) 또는 수입·판매하는 자와 대통령령으로 정하는 공사에 이를 사용하는 건설사업자 또는 주택건설등록업자와 레디믹스트콘크리트(시멘트, 골재 및 물 등을 배합한 굳지 아니한 상태의 콘크리트를 말한다) 또는 아스팔트콘크리트 제조업자는 다음 각 호의 어느 하나에 적합한 건설자재·부재를 공급하거나 사용하여야 한다. (2024.1.9 본문개정)
1. 「산업표준화법」 제12조에 따른 한국산업표준에 적합하다는 인증을 받은 건설자재·부재
2. 그 밖에 대통령령으로 정하는 바에 따라 국토교통부장관이 적합하다고 인정한 건설자재·부재
④ 레디믹스트콘크리트 제조업자가 반품된 레디믹스트콘크리트를 재사용하려는 경우에는 제3항 각 호의 어느 하나에 적합하여야 한다.(2024.1.9 본항개정)
⑤ 국토교통부장관은 건설자재·부재의 품질이 적절한지 확인할 수 있으며, 확인 결과 건설공사에 사용하는 것이 적합하지 아니하다고 인정되는 경우에는 관계 중앙행정기관의 장에게 시정명령 등 필요한 조치를 하도록 요청할 수 있다.

제58조【철강구조물공장의 공장인증】 ① 국토교통부장관은 건설공사에 사용되는 철강구조물을 제작하는 자의 신청을 받아 그 능력에 따라 철강구조물의 제작공장(이하 "철강구조물공장"이라 한다)을 등급별로 인증(이하 "공장인증"이라 한다)할 수 있다.
② 국토교통부장관은 공장인증을 받은 철강구조물공장의 운영 실태와 사후관리 상태에 대한 조사(이하 이 조에서 "실태조사"라 한다)를 실시하고 그 결과를 공표할 수 있다.(2015.12.29 본항개정)
③ 국토교통부장관은 실태조사 결과 공장인증의 기준에 맞지 아니하다고 인정하면 시정에 필요한 조치를 명할 수 있다.(2015.12.29 본항개정)
④ 국토교통부장관은 실태조사를 위하여 관계 행정기관 및 철강구조물공장을 운영하는 자 등 국토교통부령으로 정하는 자(이하 "철강구조물공장운영자등"이라 한다)에 대하여 필요한 자료의 제출을 요청할 수 있다. 이 경우 철강구조물공장운영자등은 정당한 사유가 없으면 이에 협조하여야 한다.(2015.12.29 본항신설)
⑤ 제1항 및 제2항에 따른 공장인증의 대상, 기준, 절차 및 실태조사, 실태조사 결과의 공표 등에 필요한 사항은 대통령령으로 정한다.(2015.12.29 본항신설)

제59조【공장인증의 취소 등】 ① 국토교통부장관은 공장인증을 받은 철강구조물공장이 다음 각 호의 어느 하나에 해당하면 그 공장인증을 취소할 수 있다. 다만, 제1호에 해당하는 경우에는 그 공장인증을 취소하여야 한다.
1. 거짓이나 그 밖의 부정한 방법으로 공장인증을 받은 경우
2. 제58조제3항에 따른 시정명령을 이행하지 아니한 경우 (2015.12.29 본호개정)
3. 철강구조물이 규격에 맞지 아니하거나 부적합하게 제작되어 일반인에게 위해를 끼친 경우
② 제1항에 따른 공장인증 취소 절차 등에 관하여 필요한 사항은 국토교통부령으로 정한다.

제60조【품질검사의 대행 등】 ① 건설공사의 발주자, 건설사업자 또는 주택건설등록업자는 대통령령으로 정하는 국립·공립 시험기관 또는 건설엔지니어링사업자로 하여금 건설공사의 품질관리를 위한 시험·검사(이하 "품질검사"라 한다) 등을 대행하게 할 수 있다. 이 경우 발주자, 건설사업자 또는 주택건설등록업자는 제62조제15항에 따른 건설공사 안전관리 종합정보망을 통하여 품질검사의 대행을 의뢰하여야 한다.(2024.1.9 후단신설)
② 제1항에 따라 품질검사의 대행을 의뢰받은 자는 발주자 또는 건설사업관리를 수행하는 건설엔지니어링사업자의 봉인 또는 확인을 거친 재료로 품질검사를 하여야 한다.(2021.3.16 본항개정)
③ 제1항에 따라 품질검사의 대행을 의뢰받은 자는 건설공사에 사용되는 재료 등에 대한 품질검사를 완료한 날부터 7일 이내에 품질검사 성적서 및 품질검사 내용을 열람이 가능하도록 제62조제15항에 따른 건설공사 안전관리 종합정보망에 입력하여야 한다.(2024.1.9 본항개정)
④ 국토교통부장관은 품질검사를 대행하는 건설엔지니어링사업자가 제1항에 따라 품질검사를 정확하게 하는지 조사하고, 필요한 경우에는 시정을 명하는 등의 조치를 할 수 있다. 이 경우 국토교통부장관이 필요하다고 인정하면 조사 결과를 공표할 수 있다.(2021.3.16 전단개정)
⑤ 그 밖에 제1항에 따라 건설공사 안전관리 종합정보망에 입력하여야 하는 품질검사 성적서 및 품질검사 내용, 제4항에 따른 조사 및 조사 결과의 공표 등에 필요한 사항은 국토교통부령으로 정한다.(2024.1.9 본항개정)

제61조【품질검사의 대행에 대한 평가기관】 ① 국토교통부장관은 품질검사를 대행하는 건설엔지니어링사업자가 제26조제1항에 따른 등록기준을 갖추었는지와 품질검사를 정확하게 하는지에 관하여 전문적이고 기술적으로 조사·평가하기 위하여 「공공기관의 운영에 관한 법률」에 따른 공공기관 중에서 평가기관(이하 이 조에서 "평가기관"이라 한다)을 지정할 수 있다.(2021.3.16 본항개정)
② 정부는 평가기관에 대하여 예산의 범위에서 필요한 경비를 지원할 수 있다.
③ 국토교통부장관은 평가기관의 운영 실태를 조사할 수 있으며, 조사 결과 필요하다고 인정하는 경우에는 시정을 명할 수 있다. 이 경우 국토교통부장관이 필요하다고 인정하면 운영 실태조사의 결과를 공표할 수 있다. (2015.12.29 후단신설)
④ 국토교통부장관은 평가기관이 부정한 방법으로 조사·평가를 한 경우에는 그 지정을 취소하여야 하며, 시정명령에 따르지 아니한 경우에는 그 지정을 취소할 수 있다.
⑤ 국토교통부장관은 제3항에 따른 운영 실태조사를 위하여 평가기관에 대하여 필요한 자료의 제출을 요청할 수 있다. 이 경우 요청을 받은 평가기관은 정당한 사유가 없으면 이에 협조하여야 한다.(2015.12.29 본항개정)
⑥ 제1항부터 제4항까지에 따른 평가기관의 지정, 지정취소, 관리 및 운영 실태조사, 운영 실태조사의 결과 공표 등에 필요한 사항은 국토교통부령으로 정한다. (2015.12.29 본항신설)

제62조【건설공사의 안전관리】 ① 건설사업자와 주택건설등록업자는 대통령령으로 정하는 건설공사를 시행하는 경우 안전점검 및 안전관리조직 등 건설공사의 안전관리계획(이하 "안전관리계획"이라 한다)을 수립하고, 착공 전에 이를 발주자에게 제출하여 승인을 받아야 한다. 이 경우 발주청이 아닌 발주자는 미리 안전관리계획의 사본을 인·허가기관의 장에게 제출하여 승인을 받아야 한다.(2020.6.9 전단개정)
② 제1항에 따라 안전관리계획을 제출받은 발주청 또는 인·허가기관의 장은 안전관리계획의 내용을 검토하여 그 결과를 건설사업자와 주택건설등록업자에게 통보하여야 한다.(2019.4.30 본항개정)
③ 발주청 또는 인·허가기관의 장은 제1항에 따라 제출받아 승인한 안전관리계획서 사본과 제2항에 따른 검토결과를 국토교통부장관에게 제출하여야 한다. (2018.12.31 본항신설)
④ 건설사업자와 주택건설등록업자는 안전관리계획에 따라 안전점검을 하여야 한다. 이 경우 대통령령으로 정하는 안전점검에 대해서는 발주자(발주청이 아닌 경우에는 인·허가기관의 장을 말한다)가 대통령령으로 정하는 바에 따라 안전점검을 수행할 기관을 지정하여 그 업무를 수행하여야 한다.(2019.4.30 전단개정)
⑤ 건설사업자와 주택건설등록업자는 제4항에 따라 실시한 안전점검 결과를 국토교통부장관에게 제출하여야 한다.(2019.4.30 본항개정)
⑥ 안전관리계획의 수립 기준, 제출·승인의 방법 및 절차, 안전점검의 시기·방법 및 안전점검 대가(代價) 등에 필요한 사항은 대통령령으로 정한다.(2020.6.9 본항개정)
⑦ 건설사업자나 주택건설등록업자는 안전관리계획을 수립하였던 건설공사를 준공하였을 때에는 대통령령으로 정하는 방법 및 절차에 따라 안전점검에 관한 종합보고서(이하 "종합보고서"라 한다)를 작성하여 발주청(발주자가 발주청이 아닌 경우에는 인·허가기관의 장을 말한다)에게 제출하여야 한다.(2019.4.30 본항개정)
⑧ 제7항에 따라 종합보고서를 받은 발주청 또는 인·허가기관의 장은 대통령령으로 정하는 바에 따라 종합보고서를 국토교통부장관에게 제출하여야 한다.(2018.12.31 본항개정)
⑨ 국토교통부장관, 발주청 및 인·허가기관의 장은 제7항 및 제8항에 따라 받은 종합보고서를 대통령령으로 정하는 바에 따라 보존·관리하여야 한다.(2018.12.31 본항개정)
⑩ 국토교통부장관은 건설공사의 안전을 확보하기 위하여 제3항에 따라 제출받은 안전관리계획서 및 계획서 검토결과와 제5항에 따라 제출받은 안전점검결과의 적정성을 대통령령에서 정하는 바에 따라 검토할 수 있으며, 적정성 검토 결과 필요한 경우 대통령령으로 정하는 바에 따라 발주청 또는 인·허가기관의 장으로 하여금 건설사업자 및 주택건설등록업자에게 시정명령 등 필요한 조치를 하도록 요청할 수 있다.(2019.4.30 본항개정)
⑪ 건설사업자 또는 주택건설등록업자는 동바리, 거푸집, 비계 등 가설구조물 설치를 위한 공사를 할 때 대통령령으로 정하는 바에 따라 가설구조물의 구조적 안전성을 확인하기에 적합한 분야의 「국가기술자격법」에 따른 기술사(이하 "관계전문가"라 한다)에게 확인을 받아야 한다. (2019.4.30 본항개정)
⑫ 관계전문가는 가설구조물이 안전에 지장이 없도록 가설구조물의 구조적 안전성을 확인하여야 한다. (2015.1.6 본항신설)
⑬ 국토교통부장관은 건설공사의 안전을 확보하기 위하여 건설공사에 참여하는 다음 각 호의 자(이하 "건설공사참여자"라 한다)가 갖추어야 하는 안전관리체계와 수행하여야 하는 안전관리 업무 등을 정하여 고시하여야 한다.
1. 발주자(발주청이 아닌 경우에는 인·허가기관의 장을 말한다)
2. 건설엔지니어링사업자(2021.3.16 본호개정)
3. 건설사업자 및 주택건설등록업자(2019.4.30 본호개정) (2015.5.18 본항신설)
⑭ 국토교통부장관은 건설공사의 안전을 확보하기 위하여 건설공사 참여자의 안전관리 수준을 대통령령으로 정하는 절차 및 기준에 따라 평가하고 그 결과를 공개할 수 있다.(2015.5.18 본항신설)
⑮ 국토교통부장관은 건설사고 통계 등 건설안전에 필요한 자료를 효율적으로 관리하고 공동활용을 촉진하기 위하여 건설공사 안전관리 종합정보망(이하 "정보망"이라 한다)을 구축·운영할 수 있다.(2015.5.18 본항신설)
⑯ 국토교통부장관은 건설공사 참여자의 안전관리 수준을 평가하고, 정보망을 구축·운영하기 위하여 건설공사 참여자, 관련 협회, 중앙행정기관 또는 지방자치단체의 장에게 필요한 자료를 요청할 수 있다. 이 경우 요청을 받은 자는 특별한 사유가 없으면 그 요청에 따라야 한다. (2015.5.18 본항신설)
⑰ 정보망의 구축 및 운영 등에 필요한 사항은 대통령령으로 정한다.(2015.5.18 본항신설)
⑱ 발주청은 대통령령으로 정하는 방법과 절차에 따라 설계의 안전성을 검토하고 그 결과를 국토교통부장관에게 제출하여야 한다.(2018.12.31 본항신설)

제62조의2【소규모 건설공사의 안전관리】 ① 건설사업자와 주택건설등록업자는 제62조제1항에 따른 안전관리계획의 수립 대상이 아닌 건설공사 중 건설사고가 발생할 위험이 있는 공종이 포함된 경우 그 건설공사를 착공하기 전에 시공 절차 및 주의사항 등 안전관리에 대한 계획(이하 "소규모안전관리계획"이라 한다)을 수립하고, 이를 발주자(발주자가 발주청이 아닌 경우에는 인·허가기관의 장을 말한다. 이하 이 조에서 같다)에게 제출하여 승인을 받아야 한다. 소규모안전관리계획을 변경하려는 경우에도 또한 같다.
② 제1항에 따라 소규모안전관리계획을 제출받은 발주자는 소규모 안전관리계획의 내용을 검토하여 그 결과를 건설사업자와 주택건설등록업자에게 통보하여야 한다.
③ 소규모안전관리계획을 수립하여야 하는 건설공사의 범위, 소규모안전관리계획의 수립 기준, 제출·승인의 방법 및 절차에 관하여 필요한 사항은 대통령령으로 정한다. (2020.6.9 본조신설)

제62조의3【스마트 안전관리 보조·지원】 ① 국토교통부장관은 건설사고를 예방하기 위하여 건설공사 참여자에게 무선안전장비와 융·복합건설기술을 활용한 스마트 안전장비 및 안전관리시스템의 구축·운영에 필요한 비용 등 대통령령으로 정하는 비용의 전부 또는 일부를 예산의 범위에서 보조하거나 그 밖에 필요한 지원(이하 "보조·지원"이라 한다)을 할 수 있다.
② 국토교통부장관은 보조·지원이 건설사고 예방의 목적에 맞게 효율적으로 사용되도록 관리·감독하여야 한다.
③ 국토교통부장관은 보조·지원을 받은 자가 다음 각 호의 어느 하나에 해당하는 경우 보조·지원의 전부 또는 일부를 취소하여야 한다. 다만, 제1호 및 제2호의 경우에는 보조·지원의 전부를 취소하여야 한다.
1. 거짓이나 그 밖의 부정한 방법으로 보조·지원을 받은 경우
2. 건설사고 예방의 목적에 맞게 사용되지 아니한 경우
3. 보조·지원을 받은 자가 이 법에 따른 안전관리 의무를 위반하여 건설사고를 발생시킨 경우로서 국토교통부령으로 정하는 경우
④ 제3항에 따라 보조·지원의 전부 또는 일부가 취소된 자에 대해서는 국토교통부령으로 정하는 바에 따라 취소된 날부터 3년 이내의 기간을 정하여 보조·지원을 하지 아니할 수 있다.
⑤ 보조·지원의 대상·절차, 관리 및 감독, 그 밖에 필요한 사항은 국토교통부장관이 정하여 고시한다. (2021.3.16 본조신설)

제63조【안전관리비용】 ① 건설공사의 발주자는 건설공사 계약을 체결할 때에 건설공사의 안전관리에 필요한 비용(이하 "안전관리비"라 한다)을 국토교통부령으로 정하는 바에 따라 공사금액에 계상하여야 한다.
② 건설공사의 규모 및 종류에 따른 안전관리비의 사용방법 등에 관한 기준은 국토교통부령으로 정한다.

제64조【건설공사의 안전관리조직】 ① 안전관리계획을 수립하는 건설사업자 및 주택건설등록업자는 다음 각 호의 사람으로 구성된 안전관리조직을 두어야 한다. (2019.4.30 본문개정)
1. 해당 건설공사의 시공 및 안전에 관한 업무를 총괄하여 관리하는 안전총괄책임자
2. 토목, 건축, 전기, 기계, 설비 등 건설공사의 각 분야별 시공 및 안전관리를 지휘하는 분야별 안전관리책임자
3. 건설공사 현장에서 직접 시공 및 안전관리를 담당하는 안전관리담당자
4. 수급인(受給人)과 하수급인(下受給人)으로 구성된 협의체의 구성원
② 제1항에 따른 안전관리조직의 구성, 직무, 그 밖에 필요한 사항은 대통령령으로 정한다.

제65조【건설공사의 안전교육】 ① 안전관리계획을 수립하는 건설사업자 및 주택건설등록업자는 건설공사의

안전관리를 위하여 건설공사에 참여하는 공사작업자 등에게 안전교육을 실시하여야 한다.(2019.4.30 본항개정)
② 제1항에 따른 안전교육의 시기 및 방법과 그 밖에 필요한 사항은 대통령령으로 정한다.

제65조의2【일요일 건설공사 시행의 제한】 건설사업자가 발주청이 발주하는 건설공사를 시행하는 때에는 긴급 보수·보강 공사 등 대통령령으로 정하는 경우로서 발주청이 사전에 승인한 경우를 제외하고는 일요일에 건설공사를 시행해서는 아니 된다. 다만, 재해가 발생하거나 발생할 것으로 예상되어 일요일에 긴급 공사 등이 필요한 경우에는 건설사업자가 우선 건설공사를 시행하고 발주청이 이를 사후에 승인할 수 있다.(2020.6.9 본조신설)

제66조【건설공사의 환경관리】 ① 국토교통부장관은 건설공사가 환경과 조화되게 시행될 수 있도록 관련 기술을 개발·보급하고, 다음 각 호의 사항을 관계 중앙행정기관의 장과 협의하여 마련하여야 한다.
1. 건설폐자재의 재활용
2. 친환경 건설기술의 보급을 위한 시범사업의 추진
3. 그 밖에 대통령령으로 정하는 환경친화적인 건설공사에 필요한 시책
② 건설공사의 발주자, 건설사업자 및 주택건설등록업자는 건설공사로 인한 환경피해를 최소한으로 줄일 수 있도록 건설공사의 환경관리를 위하여 노력하여야 한다.(2019.4.30 본항개정)
③ 건설공사의 발주자는 건설공사 계약을 체결할 때에는 환경 훼손 및 오염 방지 등 건설공사의 환경관리에 필요한 비용(이하 "환경관리비"라 한다)을 국토교통부령으로 정하는 바에 따라 공사금액에 계상하여야 한다.
④ 환경관리비의 사용방법 등에 관한 기준은 국토교통부령으로 정한다.

제67조【건설공사 현장의 사고조사 등】 ① 건설사고가 발생한 것을 알게 된 건설공사 참여자(발주자는 제외한다)는 지체 없이 그 사실을 발주청 및 인·허가기관의 장에게 통보하여야 한다.(2015.5.18 본항신설)
② 발주청 및 인·허가기관의 장은 제1항에 따라 사고 사실을 통보받았을 때에는 대통령령으로 정하는 바에 따라 다음 각 호의 사항을 즉시 국토교통부장관에게 제출하여야 한다.(2018.12.31 본문개정)
1. 사고발생 일시 및 장소
2. 사고발생 경위
3. 조치사항
4. 향후 조치계획
(2015.5.18 본항신설)
③ 국토교통부장관, 발주청 및 인·허가기관의 장은 대통령령으로 정하는 중대한 건설사고(이하 "중대건설현장사고"라 한다)가 발생하면 그 원인 규명과 사고 예방을 위하여 건설공사 현장에서 사고 경위 및 사고 원인 등을 조사할 수 있다.(2018.12.31 본항개정)
④ 제3항에 따라 사고 경위 및 사고 원인 등을 조사한 발주청과 인·허가기관의 장은 그 결과를 국토교통부장관에게 제출하여야 한다.(2015.5.18 본항개정)
⑤ 국토교통부장관, 발주청 및 인·허가기관의 장은 필요한 경우 제68조에 따른 건설사고조사위원회로 하여금 중대건설현장사고의 경위 및 원인을 조사하게 할 수 있다.
⑥ 제1항에 따른 건설사고에 대한 통보방법 및 절차 등과 제2항에 따른 중대건설현장사고의 조사에 필요한 사항은 대통령령으로 정한다.(2015.5.18 본항개정)
(2015.5.18 본조제목개정)

제68조【건설사고조사위원회】 ① 국토교통부장관, 발주청 및 인·허가기관의 장은 중대건설현장사고의 조사를 위하여 필요하다고 인정하는 경우에는 건설사고조사위원회를 구성·운영할 수 있다.
② 건설사고조사위원회는 중대건설현장사고의 조사를 마쳤을 때에는 유사한 건설사고의 재발 방지를 위한 대책을 국토교통부장관, 발주청, 인·허가기관의 장, 그 밖의 관계 행정기관의 장에게 권고하거나 건의할 수 있다.
③ 국토교통부장관, 발주청, 인·허가기관의 장, 그 밖의 관계 행정기관의 장은 특별한 사유가 없으면 제2항에 따른 건설사고조사위원회의 권고 또는 건의에 따라야 한다.
④ 국토교통부장관이 제82조제2항에 따라 건설사고조사위원회의 운영에 관한 사무를 「공공기관의 운영에 관한 법률」에 따른 공공기관에 위탁한 경우에는 그 사무 처리에 필요한 경비를 해당 공공기관에 출연하거나 보조할 수 있다.
⑤ 건설사고조사위원회의 구성 및 운영에 필요한 사항은 대통령령으로 정한다.

제6장 건설엔지니어링사업자 등의 단체 및 공제조합
(2021.3.16 본장제목개정)

제1절 건설엔지니어링사업자 등의 단체
(2021.3.16 본절제목개정)

제69조【협회의 설립】 ① 건설기술인 또는 건설엔지니어링사업자는 품위 유지, 복리 증진 및 건설기술 개발 등을 위하여 건설기술인단체 또는 건설엔지니어링사업자단체를 설립할 수 있다.(2021.3.16 본항개정)
② 제1항에 따른 건설기술인단체 및 건설엔지니어링사업자단체(이하 이 장에서 "협회"라 한다)는 각각 법인으로 한다.(2021.3.16 본항개정)
③ 협회는 주된 사무소의 소재지에서 설립등기를 함으로써 성립한다.

제70조【협회의 설립인가 등】 ① 협회를 설립하려면 협회 회원이 될 자격이 있는 자의 10분의 1 이상 또는 50명 이상이 발기인이 되어 정관을 작성하여 발기인총회의 의결을 마친 후 국토교통부장관의 인가를 받아야 한다.
② 협회 회원의 자격과 임원에 관한 사항, 협회의 업무 등은 정관으로 정하며, 그 밖에 정관에 포함하여야 할 사항은 대통령령으로 정한다.
③ 국토교통부장관은 제1항에 따른 인가를 하였을 때에는 그 사실을 공고하여야 한다.

제71조【보고 등】 국토교통부장관은 협회에 대하여 건설엔지니어링에 대한 조사·연구를 하게 하거나 국토교통부의 업무에 필요한 보고를 하게 할 수 있다.
(2021.3.16 본조개정)

제72조【지도·감독 등】 국토교통부장관은 협회를 감독하기 위하여 필요한 경우에는 그 업무에 관한 사항을 보고하게 하거나 자료의 제출을 명할 수 있으며, 소속 공무원으로 하여금 그 업무를 검사하게 할 수 있다.
(2020.6.9 본조개정)

제73조【다른 법률의 준용】 이 법에서 규정한 사항 외에 협회에 관하여는 「민법」 중 사단법인에 관한 규정을 준용한다.

제2절 공제조합

제74조【공제조합의 설립 등】 ① 건설사업관리(「건설산업기본법」 제26조제2항 단서에 따라 건설사업관리와 설계업무를 함께 수행하는 경우는 제외한다. 이하 이 조에서 같다)를 수행하는 건설엔지니어링사업자는 건설사업관리에 필요한 각종 보증과 융자 등을 위하여 국토교통부장관의 인가를 받아 공제조합을 설립할 수 있다.
(2021.3.16 본항개정)
② 공제조합은 법인으로 하며, 주된 사무소의 소재지에서 설립등기를 함으로써 성립한다.
③ 공제조합의 조합원 자격, 임원, 출자 및 운영 등에 필요한 사항은 정관으로 정한다.
④ 공제조합의 설립인가 기준·절차, 정관 기재 사항 및 감독 등에 필요한 사항은 대통령령으로 정한다.

제75조【공제조합의 사업】 ① 공제조합은 다음 각 호의 사업을 한다.
1. 조합원의 업무 수행에 따른 입찰, 계약, 선급금 지급 및 하자보수 등의 모든 보증
2. 조합원에 대한 자금의 융자
3. 조합원의 업무 수행에 따른 손해배상책임을 보장하는 공제사업 및 조합원에게 고용된 사람의 복지 향상과 업무상 재해로 인한 손실을 보상하는 공제사업
4. 건설기술의 개선·향상과 관련된 연구 및 교육에 관한 사업
5. 조합원을 위한 공동이용시설의 설치·운영 및 조합원의 편익 증진을 위한 사업
6. 조합원의 업무 수행에 필요한 기자재의 구매 알선
7. 조합의 목적 달성에 필요한 수익 사업
8. 제1호부터 제7호까지의 사업의 부대사업으로서 정관으로 정하는 사업
② 공제조합은 제1항제1호에 따른 보증사업 및 같은 항 제3호에 따른 공제사업을 하려면 사업에 필요한 보증규정 및 공제규정을 정하여 국토교통부장관의 인가를 받아야 한다.
③ 제2항의 보증규정 및 공제규정에 포함하여야 할 사항은 대통령령으로 정한다.

제76조【조사 및 검사 등】 ① 국토교통부장관은 공제조합의 재무건전성 유지 등을 위하여 필요한 경우에는 소속 공무원으로 하여금 공제조합의 업무 상황 또는 회계 상황을 조사하게 하거나 장부 또는 그 밖의 서류를 검사하게 할 수 있다.
② 제75조제1항제3호의 공제사업에 대하여는 대통령령으로 정하는 바에 따라 금융위원회가 제1항에 따른 조사 또는 검사를 할 수 있다.
③ 국토교통부장관은 제75조제1항제1호의 보증사업에 따른 재무건전성 유지 등을 지도·감독하기 위하여 필요한 기준을 정하여 고시하여야 한다.
④ 국토교통부장관은 제75조제1항제3호에 따른 공제사업을 건전하게 육성하고 계약자를 보호하기 위하여 금융위원회 위원장과 협의하여 감독에 필요한 기준을 정한 후 고시하여야 한다.
⑤ 국토교통부장관은 제3항 및 제4항에 따른 기준을 정할 때 자기자본비율, 유동성비율, 지급여력비율 등 공제조합의 건전성을 보호하기 위한 기준을 포함하여야 한다.
(2018.12.31 본항신설)

제77조【지도·감독 등】 ① 국토교통부장관은 공제조합의 감독을 위하여 필요한 경우에는 공제조합에 그 업무에 관한 사항의 보고 또는 자료 제출을 명할 수 있다.
② 국토교통부장관은 공제조합이 제76조제3항 및 제4항에 따른 기준에 미달하거나 미달하게 될 것이 명백하다고 판단되는 경우에는 공제조합의 부실화를 예방하고 건전경영을 유도하기 위하여 공제조합이나 그 임원에 대하여 다음 각 호의 사항을 권고·요구 또는 명령하거나 그 이행계획의 제출을 명할 수 있다.
1. 자본 증가 또는 자본 감소
2. 자산의 취득·처분이나 사업장 또는 조직의 축소에 관한 사항
3. 이익배당 및 손익이체의 제한
4. 대손충당금, 대위변제금, 이익준비금 등 준비금의 추가 적립 및 재공제 처리
5. 임원의 직무정지나 임원의 직무를 대행하는 관리인의 선임
6. 보증수수료 또는 융자이자율의 조정
7. 영업의 전부 또는 일부 정지
8. 영업의 양도나 보증사업 또는 공제사업과 관련된 계약의 이전
9. 사업의 축소 및 신규업무 또는 신규투자의 제한
10. 그 밖에 제1호부터 제9호까지의 규정에 준하는 조치로서 공제조합의 재무건전성을 높이기 위하여 필요하다고 대통령령으로 정하는 조치
③ 국토교통부장관은 제2항에 따른 조치를 하려면 미리 그 내용 및 기준을 정하여 고시하여야 한다.
④ 국토교통부장관은 제2항에도 불구하고 공제조합이 대통령령으로 정하는 기간 이내에 그 기준을 충족시킬 것으로 판단되거나 그에 준하는 사유가 있다고 인정되는 경우에는 기간을 정하여 필요한 조치를 유예할 수 있다.
(2018.12.31 본조개정)

제78조【다른 법률의 준용】 이 법에서 규정한 사항 외에 공제조합에 관하여는 「민법」 중 사단법인에 관한 규정과 「상법」 중 주식회사의 회계에 관한 규정을 준용한다.

제7장 보 칙

제79조【수수료】 다음 각 호의 어느 하나에 해당하는 자는 국토교통부령 또는 조례로 정하는 바에 따라 수수료를 내야 한다. 다만, 제1호에 해당하는 자에 대하여는 조례로 정하는 바에 따라 수수료를 면제할 수 있다.
1. 지방심의위원회에 건설기술의 심의를 요청하는 자
2. 제14조제1항에 따라 신기술의 지정을 신청하는 자
3. 제14조제3항에 따라 신기술 보호기간의 연장을 신청하는 자
3의2. 제14조의2제1항 후단에 따라 신기술사용협약에 관한 증명서의 발급을 신청하는 자(2018.12.31 본호신설)
4. 제58조제1항에 따라 공장인증을 신청하는 자

제80조【시정명령】 국토교통부장관은 다음 각 호의 어느 하나에 해당하는 건설사업자 또는 주택건설등록업자에 대하여는 기간을 정하여 시정을 명하거나 그 밖에 필요한 지시를 할 수 있다.(2019.4.30 본문개정)
1. 제48조제2항에 따른 보고 의무를 이행하지 아니한 경우
2. 제55조제1항 및 제2항에 따른 품질관리계획 또는 품질시험계획을 성실히 이행하지 아니하거나 품질시험 또는 검사를 성실하게 수행하지 아니한 경우
3. 제62조제1항 및 제4항에 따른 안전관리계획을 성실히 이행하지 아니하거나 안전점검을 성실하게 수행하지 아니한 경우(2018.12.31 본호개정)

제80조의2【제척기간】 ① 국토교통부장관은 제24조제1항 각 호(제1호·제2호·제6호는 제외한다)에 해당하는 경우 해당 위반행위의 종료일부터 5년이 지난 경우에는 업무정지를 할 수 없다. 다만, 해당 기간이 지나기 전에 제24조제1항제7호에 따라 다른 행정기관이 업무정지를 요청한 경우에는 그러하지 아니하다.
② 시·도지사는 다음 각 호의 기간이 지난 경우에는 제31조제1항 및 제2항에 따른 등록취소나 영업정지를 할 수 없다. 다만, 해당 기간이 지나기 전에 제31조제1항제9호에 따라 다른 행정기관이 등록취소 또는 영업정지를 요구한 경우에는 그러하지 아니하다.
1. 제31조제2항제5호라목을 위반한 경우 해당 건설공사의 하자담보책임기간(「건설산업기본법」 제28조에 따른 하자담보책임기간을 말한다) 종료일부터 5년
2. 제31조제1항 각 호(제8호는 제외한다) 또는 제2항 각 호(제5호라목 및 제7호가목·나목·라목은 제외한다)를 위반한 경우 해당 위반행위 종료일부터 5년
(2021.3.16 본조신설)

제81조【비밀의 누설 등 금지】 이 법에 따른 건설사업관리의 업무나 신기술 또는 외국 도입 건설기술 및 건설기술인의 관리에 종사하는 사람은 직무상 알게 된 비밀을 다른 사람에게 누설하거나 도용(盜用)하여서는 아니 된다.
(2018.8.14 본조개정)

제82조【권한 등의 위임·위탁】 ① 국토교통부장관은 이 법에 따른 권한의 일부를 대통령령으로 정하는 바에 따라 중앙행정기관의 장에게 위탁하거나 시·도지사 또는 대통령령으로 정하는 국토교통부 소속 기관의 장에게 위임할 수 있다.
② 국토교통부장관 또는 시·도지사는 이 법에 따른 업무의 일부를 대통령령으로 정하는 바에 따라 「공공기관의 운영에 관한 법률」에 따른 공공기관, 협회, 그 밖에 건설기술 또는 시설안전과 관련된 기관 또는 단체에 위탁할 수 있다.

제83조【청문】 국토교통부장관 또는 시·도지사는 이 법에 따른 지정 또는 등록을 취소하려면 청문을 하여야 한다.

제84조【벌칙 적용 시의 공무원 의제】 다음 각 호의 어느 하나에 해당하는 사람은 「형법」 제129조부터 제132조까지의 규정을 적용할 때에는 공무원으로 본다.
1. 중앙심의위원회, 지방심의위원회 또는 특별심의위원회의 위원 중 공무원이 아닌 위원
2. 제6조에 따른 기술자문위원회의 위원 중 공무원이 아닌 위원
2의2. 제20조의6제1항에 따라 국토교통부장관이 위탁한 자에게 소속되어 그 업무에 종사하는 임직원(2020.6.9 본호신설)
3. 제39조에 따른 건설사업관리 업무 중 대통령령으로 정하는 업무를 수행하는 건설기술인(2018.8.14 본호개정)
4. 제68조에 따른 건설사고조사위원회의 위원 중 공무원이 아닌 위원(2015.5.18 본호신설)
5. 제82조제2항에 따라 국토교통부장관 또는 시·도지사가 위탁한 협회, 기관 또는 단체에서 그 업무에 종사하는 임직원(2017.11.28 본호신설)

제8장 벌 칙

제85조【벌칙】 ① 제28조제1항을 위반하여 착공 후부터 「건설산업기본법」 제28조에 따른 하자담보책임기간까지의 기간에 다리, 터널, 철도, 그 밖에 대통령령으로 정하는 시설물의 구조에서 주요 부분에 중대한 손괴(損壞)를 일으켜 사람을 다치거나 죽음에 이르게 한 자는 무기 또는 3년 이상의 징역에 처한다.(2018.12.31 본항개정)
② 제1항의 죄를 범하여 사람을 위험하게 한 자는 10년 이하의 징역 또는 1억원 이하의 벌금에 처한다.
제86조【벌칙】 ① 업무상 과실로 제85조제1항의 죄를 범하여 사람을 다치거나 죽음에 이르게 한 자는 10년 이하의 징역이나 금고 또는 1억원 이하의 벌금에 처한다.
② 업무상 과실로 제85조제2항의 죄를 범한 자는 5년 이하의 징역이나 금고 또는 5천만원 이하의 벌금에 처한다.
제87조【벌칙】 ① 제47조제1항에 따른 타당성 조사를 할 때 고의로 수요 예측을 부실하게 하여 발주청에 손해를 끼친 건설엔지니어링사업자는 5년 이하의 징역 또는 5천만원 이하의 벌금에 처한다.
② 제47조제1항에 따른 타당성 조사를 할 때 중대한 과실로 수요 예측을 부실하게 하여 발주청에 손해를 끼친 건설엔지니어링사업자는 3년 이하의 금고 또는 3천만원 이하의 벌금에 처한다.
(2021.3.16 본조개정)
제87조의2【벌칙】 다음 각 호의 어느 하나에 해당하는 자는 2년 이하의 징역 또는 1억원 이하의 벌금에 처한다.
1. 제40조제1항에 따른 건설엔지니어링사업자 또는 공사감독자의 재시공·공사중지 명령이나 그 밖에 필요한 조치를 이행하지 아니한 자(2021.3.16 본호개정)
2. 제40조의2를 위반하여 불이익을 준 자
(2018.12.31 본조신설)
제88조【벌칙】 다음 각 호의 어느 하나에 해당하는 자는 2년 이하의 징역 또는 2천만원 이하의 벌금에 처한다.
1. 제26조제1항에 따른 등록을 하지 아니하고 건설엔지니어링 업무를 수행한 자(2021.3.16 본호개정)
1의2. 제39조제4항 전단을 위반하여 건설사업관리보고서를 제출하지 아니하거나 같은 항 후단에 따라 건설기술인이 작성한 건설사업관리보고서를 거짓으로 수정하여 제출한 건설엔지니어링사업자(2021.3.16 본호개정)
1의3. 제39조제4항 후단을 위반하여 정당한 사유 없이 건설사업관리보고서를 작성하지 아니하거나 거짓으로 작성한 건설기술인(2018.12.31 본호신설)
1의4. 고의로 제39조제6항에 따른 건설사업관리 업무를 게을리하여 교량, 터널, 철도, 그 밖에 대통령령으로 정하는 시설물에 대하여 다음 각 목의 주요 부분의 구조안전에 중대한 결함을 초래한 건설엔지니어링사업자 또는 건설기술인(2021.3.16 본문개정)
가. 철근콘크리트구조부 또는 철골구조부
나. 「건축법」 제2조제7호에 따른 주요구조부
다. 교량의 교좌장치
라. 터널의 복공부위
마. 댐의 본체 및 여수로
바. 항만 계류시설의 구조체
(2018.12.31 본호신설)
2. (2018.12.31 삭제)
3. 제48조제5항에 따른 구조검토를 하지 아니한 건설엔지니어링사업자(2021.3.16 본호개정)
4. 제55조제1항 및 제2항에 따른 품질관리계획 또는 품질시험계획을 수립·이행하지 아니하거나 품질시험 및 검사를 하지 아니한 건설사업자 또는 주택건설등록업자(2019.4.30 본호개정)
5. 제57조제3항을 위반하여 품질이 확보되지 아니한 건설자재·부재를 공급하거나 사용한 자(2024.1.9 본호개정)
6. 제57조제4항을 위반하여 반품된 레디믹스트콘크리트를 품질인증을 받지 아니하고 재사용한 자(2024.1.9 본호개정)
7. 제62조제1항에 따른 안전관리계획을 수립·제출, 이행하지 아니하거나 거짓으로 제출한 건설사업자 또는 주택건설등록업자(2019.4.30 본호개정)
7의2. 제62조제4항에 따른 안전점검을 하지 아니한 건설사업자 또는 주택건설등록업자(2019.4.30 본호개정)
8. 제62조제11항에 따른 관계전문가의 확인 없이 가설구조물 설치공사를 한 건설사업자 또는 주택건설등록업자(2019.4.30 본호개정)
9. 제62조제12항에 따라 가설구조물의 구조적 안전성 확인 업무를 성실하게 수행하지 아니함으로써 가설구조물이 붕괴되어 사람을 죽게 하거나 다치게 한 관계전문가(2018.12.31 본호개정)
10. 제81조를 위반하여 직무상 알게 된 비밀을 누설하거나 도용한 사람
제89조【벌칙】 다음 각 호의 어느 하나에 해당하는 자는 1년 이하의 징역 또는 1천만원 이하의 벌금에 처한다.(2014.5.14 본문개정)
1. 제14조제3항에 따른 신기술 활용실적을 거짓으로 제출한 자
1의2. 제14조의2제1항 후단에 따른 신기술사용협약에 관한 증명서의 발급 신청을 거짓으로 한 자(2018.12.31 본호신설)
2. 제21조제1항에 따른 신고·변경신고를 하면서 근무처 및 경력등을 거짓으로 신고하여 건설기술인이 된 자(2018.8.14 본호개정)
3. 제23조를 위반한 다음 각 목의 어느 하나에 해당하는 사람
가. 다른 사람에게 자기의 성명을 사용하여 건설공사 또는 건설엔지니어링 업무를 수행하게 하거나 자신의 건설기술경력증을 빌려 준 사람(2021.3.16 본목개정)
나. 다른 사람의 성명을 사용하여 건설공사 또는 건설엔지니어링 업무를 수행하거나 다른 사람의 건설기술경력증을 빌린 사람(2021.3.16 본목개정)
다. 가목 및 나목의 행위를 알선한 사람
4. 제38조제3항에 따른 검사를 거부·방해 또는 기피한 자
4의2. 정당한 사유 없이 제39조의3제1항 및 제5항에 따른 실정보고를 하지 아니하거나 거짓으로 한 자(2018.12.31 본호신설)
4의3. 정당한 사유 없이 제39조의3제3항에 따른 실정보고를 접수하지 아니한 자(2018.12.31 본호신설)
5. 제53조제1항에 따른 부실 측정 또는 제54조제1항에 따른 건설공사현장 등의 점검을 거부·방해 또는 기피한 자
5의2. 제62조제1항에 따른 안전관리계획의 승인 없이 착공한 건설사업자 또는 주택건설등록업자(2019.4.30 본호개정)
6. 제67조제3항 및 제5항에 따른 국토교통부장관, 발주청, 인·허가기관 및 건설사고조사위원회의 중대건설현장 사고 조사를 거부·방해 또는 기피한 자(2015.5.18 본호개정)
제90조【양벌규정】 ① 법인의 대표자나 법인 또는 개인의 대리인, 사용인, 그 밖의 종업원이 그 법인 또는 개인의 업무에 관하여 제85조의 위반행위를 하면 그 행위자를 벌하는 외에 그 법인 또는 개인에게도 10억원 이하의 벌금에 처한다. 다만, 법인 또는 개인이 그 위반행위를 방지하기 위하여 해당 업무에 관하여 상당한 주의와 감독을 게을리하지 아니한 경우에는 그러하지 아니하다.
② 법인의 대표자나 법인 또는 개인의 대리인, 사용인, 그 밖의 종업원이 그 법인 또는 개인의 업무에 관하여 제86조, 제88조 또는 제89조의 위반행위를 하면 그 행위자를 벌하는 외에 그 법인 또는 개인에게도 해당 조문의 벌금형을 과(科)한다. 다만, 법인 또는 개인이 그 위반행위를 방지하기 위하여 해당 업무에 관하여 상당한 주의와 감독을 게을리하지 아니한 경우에는 그러하지 아니하다.
제91조【과태료】 ① 다음 각 호의 어느 하나에 해당하는 자에게는 2천만원 이하의 과태료를 부과한다.
1. 제39조의2제1항을 위반하여 건설사업관리계획을 수립하지 아니한 자
2. 제39조의2제6항을 위반하여 건설공사를 착공하게 하거나 건설공사를 진행하게 한 자
3. 제77조제2항에 따른 명령을 이행하지 아니한 자
(2018.12.31 본항신설)
② 다음 각 호의 어느 하나에 해당하는 자에게는 1천만원 이하의 과태료를 부과한다.
1. 제22조의2제2항을 위반하여 부당한 요구를 하거나 부당한 요구를 따르지 아니한다는 이유로 건설기술인에게 불이익을 준 자(2020.6.9 본호개정)
1의2. 제50조제1항 및 제2항에 따른 평가를 하지 아니한 자(2018.12.31 본호신설)
2. 제56조제1항에 따른 품질관리비를 공사금액에 계상하지 아니한 자 또는 같은 조 제2항을 위반하여 품질관리비를 사용한 자
3. 제62조제7항에 따른 종합보고서를 제출하지 아니하거나 거짓으로 작성하여 제출한 자(2018.12.31 본호개정)
3의2. 제62조제14항에 따른 건설공사 참여자 안전관리 수준 평가를 거부·방해 또는 기피한 자(2018.12.31 본호신설)
3의3. 제62조제18항에 따른 설계의 안전성을 검토하지 아니한 자(2018.12.31 본호신설)
4. 제63조제1항에 따른 안전관리비를 공사금액에 계상하지 아니한 자 또는 같은 조 제2항을 위반하여 안전관리비를 사용한 자
5. 제66조제3항에 따른 환경관리비를 공사금액에 계상하지 아니한 자 또는 같은 조 제4항을 위반하여 환경관리비를 사용한 자
③ 다음 각 호의 어느 하나에 해당하는 자에게는 300만원 이하의 과태료를 부과한다.
1. 제20조제2항 전단에 따른 교육·훈련을 정당한 사유 없이 받지 아니한 건설기술인(2018.8.14 본호개정)
2. 제20조제3항에 따른 경비를 부담하지 아니하거나 경비부담을 이유로 건설기술인에게 불이익을 준 사용자(2018.8.14 본호개정)
3. 제21조제3항에 따른 자료를 제출하지 아니하거나 거짓으로 자료를 제출한 자
4. 제24조제4항을 위반하여 건설기술경력증을 반납하지 아니한 건설기술인(2018.8.14 본호개정)
5. 제26조제3항에 따른 변경등록을 하지 아니하거나 거짓으로 변경등록을 한 자(2020.10.20 본호개정)
6. 제26조제4항에 따라 휴업 또는 폐업 신고를 하지 아니한 자
7. 제29조제1항에 따라 영업 양도 또는 합병 신고를 하지 아니한 자
8. 제31조제1항·제2항에 따른 영업정지명령을 받고 영업정지기간에 건설엔지니어링 업무를 수행한 자(제33조에 따라 건설엔지니어링 업무를 수행한 경우는 제외한다)(2021.3.16 본호개정)
9. 제31조제3항을 위반하여 영업정지기간에 상호를 바꾸어 건설엔지니어링을 수주한 자(2021.3.16 본호개정)
10. 제33조제1항 후단에 따라 등록취소처분 등을 받은 사실과 그 내용을 해당 건설엔지니어링의 발주자에게 통지하지 아니한 자(2021.3.16 본호개정)
11. 제38조제2항에 따른 업무에 관한 보고를 하지 아니하거나 관계 자료를 제출하지 아니한 자
12. 제54조제2항에 따른 점검결과 및 조치결과를 제출하지 아니하거나 거짓으로 제출한 자(2018.12.31 본호신설)
12의2. 제55조제3항에 따른 품질시험 및 검사의 결과와 증빙자료 또는 제60조제3항에 따른 품질검사 성적서 및 품질검사 내용을 정보망에 기한 내에 입력하지 아니하거나 거짓으로 입력한 자(2024.1.9 본호신설)
13. 제62조제1항에 따른 안전관리계획의 승인 없이 건설사업자 및 주택건설등록업자가 착공했음을 알고도 묵인한 발주자(2019.4.30 본호개정)
14. 제62조제3항·제5항 및 제8항에 따른 서류를 제출하지 아니하거나 거짓으로 제출한 자(2018.12.31 본호신설)
15. 제62조제18항에 따른 설계의 안전성 검토결과를 제출하지 아니하거나 거짓으로 제출한 자(2018.12.31 본호신설)
16. 제67조제1항에 따른 건설사고 발생사실을 발주청 및 인·허가기관에 통보하지 아니한 건설공사 참여자(발주자는 제외한다)(2015.5.18 본호신설)
④ 제1항부터 제3항까지에 따른 과태료는 대통령령으로 정하는 바에 따라 국토교통부장관 또는 시·도지사가 부과·징수한다.(2018.12.31 본항개정)
제91조의2【과태료 부과 유예 특례】 제91조제3항제1호에도 불구하고 제20조제2항 전단에 따른 교육·훈련을 받지 아니한 건설기술인에 대한 과태료 부과는 2021년 12월 31일까지 유예한다. 다만, 제20조제2항 전단에 따른 교육·훈련을 받지 아니하고 퇴직 또는 이직 등의 사유로 2021년 12월 31일까지 건설기술 업무를 수행하지 아니하는 건설기술인에 대하여는 해당 업무를 다시 수행할 때까지 과태료 부과를 유예한다.(2022.6.10 단서신설)

부 칙

제1조【시행일】 이 법은 공포 후 1년이 경과한 날부터 시행한다.
제2조【건설기술용역의 실적 관리에 관한 적용례】 제30조제1항의 개정규정은 이 법 시행 후 입찰공고를 하는 건설기술용역부터 적용한다.
제3조【발주청의 하도급 승인에 관한 적용례】 제35조제4항의 개정규정은 이 법 시행 후 입찰공고를 하는 건설기술용역 업무부터 적용한다.
제4조【건설기술용역비의 산정기준에 관한 적용례】 제37조제2항의 개정규정에 따라 고시되는 건설기술용역비의 산정기준은 이 법 시행 후 입찰공고를 하는 건설기술용역부터 적용한다.
제5조【건설사업관리 등의 시행에 관한 적용례】 제39조제2항의 개정규정은 이 법 시행 후 발주청이 건설공사를 발주하는 것부터 적용한다.
제6조【공장인증의 취소 등에 관한 적용례】 제59조제1항 각 호 외의 부분 단서의 개정규정은 이 법 시행 후 공장인증을 받은 철강구조물공장부터 적용한다.
제7조【처분 등에 관한 일반적 경과조치】 이 법 시행 전에 종전의 규정에 따라 행한 처분절차나 그 밖의 행정기관의 행위와 행정기관에 대한 행위는 그에 해당하는 이 법에 따른 처분절차나 행정기관의 행위 또는 행정기관에 대한 행위로 본다.
제8조【건설기술진흥기본계획에 관한 경과조치】 이 법 시행 당시 종전의 규정에 따라 수립된 건설기술진흥기본계획은 제3조제1항의 개정규정에 따른 건설기술진흥 기본계획으로 본다.
제9조【설계자문위원회에 대한 경과조치】 이 법 시행 당시 종전의 규정에 따른 설계자문위원회는 제6조제1항의 개정규정에 따른 기술자문위원회로 본다.

제10조【신기술에 관한 경과조치】 이 법 시행 당시 종전의 규정에 따라 고시된 신기술은 제14조제1항의 개정규정에 따라 지정·고시된 신기술로 본다. 이 경우 해당 신기술의 보호기간·기술사용료 등에 대하여는 종전의 규정에 따른다.

제11조【건설기술자의 신고 및 건설기술경력증에 관한 경과조치】 ① 이 법 시행 당시 종전의 규정에 따라 건설기술자 또는 품질관리자로 신고하거나 감리전문회사에 소속된 감리원은 제21조제1항의 개정규정에 따라 건설기술자로 신고한 것으로 본다.

② 이 법 시행 당시 종전의 규정에 따라 발급받은 건설기술경력증이나 감리원증은 제21조제2항의 개정규정에 따라 발급받은 건설기술경력증으로 본다.

제12조【건설기술자 등에 대한 업무정지처분에 관한 경과조치】 이 법 시행 전의 위반행위에 대한 건설기술자, 감리원 및 품질관리자에 대한 업무정지는 종전의 규정에 따른다.

제13조【건설기술용역업자 등록에 관한 경과조치】 ① 이 법 시행 당시 종전의 규정에 따른 설계 등 용역업자, 감리전문회사 및 품질검사전문기관은 제26조제1항의 개정규정에 따른 건설기술용역업자로 본다. 이 경우 이 법 시행 후 1년 이내에 대통령령으로 정하는 바에 따라 시·도지사에게 신고하여야 한다.

② 이 법 시행 당시 종전의 「측량·수로조사 및 지적에 관한 법률」에 따라 등록한 측량업자 및 수로사업자는 건설기술용역업자로 본다. 이 경우 업무범위는 「측량·수로조사 및 지적에 관한 법률」에 따라 등록된 분야에 한정하며, 2016년 6월 30일까지 대통령령으로 정하는 바에 따라 시·도지사에게 신고하여야 한다.(2015.7.24 본항신설)

③ 제1항 및 제2항 후단에 따라 신고를 받은 시·도지사는 국토교통부령으로 정하는 바에 따라 등록증을 발급하여야 한다.(2015.7.24 본항개정)

제14조【건설기술용역업자에 대한 등록취소 등 처분에 관한 경과조치】 이 법 시행 전의 위반행위에 대한 건설기술용역업자의 등록취소, 영업정지 및 과징금 등의 처분에 관하여는 종전의 규정에 따른다.

제15조【피성년후견인에 대한 경과조치】 제27조제1호 및 제39조제5항제1호의 개정규정에 따른 피성년후견인에는 법률 제10429호 민법 일부개정법률 부칙 제2조에 따라 금치산 또는 한정치산 선고의 효력이 유지되는 자를 포함하는 것으로 본다.

제16조【보험 또는 공제가입에 관한 경과조치】 이 법 시행 당시 종전의 규정에 따른 보험 또는 공제에 가입한 자는 제34조제2항의 개정규정에 따른 보험 또는 공제에 가입한 것으로 본다.

제17조【건설기술용역 대가에 관한 경과조치】 이 법 시행 당시 종전의 규정에 따라 국토교통부장관이 고시한 건설사업관리 및 감리의 대가기준은 제37조제2항의 개정규정에 따른 건설기술용역비의 산정기준으로 본다.

제18조【건설사업관리의 시행에 관한 경과조치】 ① 이 법 시행 당시 종전의 규정에 따라 발주청에서 발주한 설계감리, 검측감리, 시공감리, 책임감리 및 건설사업관리를 수행하는 자는 제39조의 개정규정에 따른 건설사업관리 중 해당 업무를 수행하는 것으로 본다.

② 이 법 시행 당시 종전의 규정에 따라 건설사업관리를 위탁받은 자로서 건설기술용역업자가 아닌 자는 해당 건설사업관리가 완료될 때까지 제26조제1항의 개정규정에 따른 건설기술용역업자로 본다.

제19조【건설사업관리 중 공사중지명령에 관한 경과조치】 이 법 시행 당시 종전의 규정에 따라 감리원이 한 재시공·공사중지 명령 등은 제40조제1항의 개정규정에 따라 건설기술용역업자가 한 재시공·공사중지 명령 등으로 본다.

제20조【설비공사의 총괄관리자 지정에 관한 경과조치】 이 법 시행 당시 종전의 규정에 따라 발주청이 지정한 총괄관리자는 제41조제1항의 개정규정에 따라 선정한 총괄관리자로 본다.

제21조【용역 및 시공평가 등에 관한 경과조치】 ① 이 법 시행 당시 종전의 규정에 따라 발주청이 시행한 건설기술용역사업 또는 건설공사에 대한 평가는 제50조제1항 및 제2항의 개정규정에 따라 평가한 것으로 본다.

② 이 법 시행 당시 종전의 규정에 따라 발주청이 지정한 우수업자 및 우수감리원은 각각 제51조제1항의 개정규정에 따라 국토교통부장관이 선정한 우수건설기술용역업자, 우수건설기술자로 본다.

제22조【건설기술용역업자 등의 단체에 대한 경과조치】 이 법 시행 당시 종전의 규정에 따라 설립된 건설감리협회 및 건설기술인협회는 각각 제69조제1항 및 제2항의 개정규정에 따라 설립된 단체로 본다.

제23조【건설감리협회가 수행하는 공제사업에 관한 경과조치】 ① 이 법 시행 당시 종전의 규정에 따른 건설감리협회는 제74조제1항의 개정규정에 따른 공제조합이 설립되기 전까지는 제74조제1항의 개정규정에 따른 공제조합으로 본다. 이 경우 이 법 시행 후 6개월 이내에 법인을 분리하여 제74조제1항의 개정규정에 따라 공제조합으로 국토교통부장관의 인가를 받아야 한다.

② 이 법 시행 당시 종전의 규정과 제1항에 따라 건설감리협회가 수행하는 공제사업과 관련된 모든 재산과 권리·의무는 제74조제1항의 개정규정에 따라 설립되는 공제조합이 승계한다.

③ 제1항 후단에 따라 공제조합이 설립되기 전에 건설감리협회의 공제사업과 관련하여 건설감리협회에 대하여 한 행위 및 건설감리협회가 한 행위는 각각 이 법에 따른 공제조합에 대한 행위와 공제조합의 행위로 본다.

④ 제1항 후단에 따라 공제조합이 설립되기 전에 공제사업과 관련하여 건설감리협회에 출자한 회원은 제74조제1항의 개정규정에 따라 설립되는 공제조합에 출자한 조합원으로 본다.

⑤ 제1항 후단에 따라 공제조합이 설립되기 전에 공제사업과 관련하여 건설감리협회에 납부된 가입금 및 출자금 등은 제74조제1항의 개정규정에 따른 공제조합에 출자한 것으로 본다.

제24조【행정처분 및 과태료에 관한 경과조치】 이 법 시행 전의 행위에 대하여 행정처분 또는 과태료를 적용할 때에는 종전의 규정에 따른다.

제25조【다른 법률의 개정】 ①~㉕ ※(해당 법령에 가제정리 하였음)

제26조【다른 법령과의 관계】 이 법 시행 당시 다른 법령에서 「건설기술관리법」 또는 그 규정을 인용하고 있는 경우에 이 법 가운데 그에 해당하는 규정이 있을 때에는 종전의 「건설기술관리법」 또는 그 규정을 갈음하여 이 법 또는 이 법의 해당 규정을 인용한 것으로 본다.

부 칙 (2013.7.16)

제1조【시행일】 이 법은 공포 후 6개월이 경과한 날부터 시행한다. 다만, 법률 제11794호 건설기술관리법 전부개정법률 제47조, 제57조, 제88조 및 부칙의 개정규정은 2014년 5월 23일부터 시행한다.

제2조【타당성 조사 자료의 보관 등에 관한 적용례】 제20조의3의 개정규정은 이 법 시행 후 최초로 설계 등 용역 계약을 체결하는 경우부터 적용한다.

제3조【건설자재·부재의 품질확보 등에 관한 적용례】 제24조의2의 개정규정은 이 법 시행 후 최초로 건설자재·부재를 공급하거나 사용하는 경우부터 적용한다.

제4조【다른 법률의 개정】 ※(해당 법령에 가제정리 하였음)

부 칙 (2018.6.12)

제1조【시행일】 이 법은 공포 후 6개월이 경과한 날부터 시행한다. 다만, 제31조제1항제4호의 개정규정은 공포한 날부터 시행한다.

제2조【건설기술용역업자의 등록취소에 관한 적용례】 제31조제1항제4호 단서의 개정규정은 법인이 같은 개정규정 시행 전에 제27조제4호에 해당하게 된 경우에도 적용한다.

부 칙 (2018.8.14)

제1조【시행일】 이 법은 2018년 12월 13일부터 시행한다.

제2조【다른 법률의 개정】 ①~④ ※(해당 법령에 가제정리 하였음)

부 칙 (2018.12.31)

제1조【시행일】 이 법은 공포 후 6개월이 경과한 날부터 시행한다.

제2조【건설기술용역업자의 영업양도신고 등에 관한 적용례】 제29조제2항부터 제4항까지의 개정규정은 이 법 시행 후 건설기술용역업자가 영업양도신고 및 합병신고를 하는 경우부터 적용한다.

제3조【건설기술인의 건설사업관리보고서 작성에 관한 적용례】 제39조제4항 후단의 개정규정은 이 법 시행 후 건설사업관리보고서를 작성하여 제출하는 경우부터 적용한다.

제4조【건설사업관리를 하여야 하는 건설공사의 건설사업관리 업무 수행에 관한 적용례】 제39조제6항의 개정규정은 이 법 시행 후 건설기술용역업자가 같은 조 제2항에 따라 건설사업관리를 수행하는 경우부터 적용한다.

제5조【건설사업관리계획 수립 등에 관한 적용례】 제39조의2의 개정규정은 이 법 시행 후 설계용역을 입찰공고하는 건설공사부터 적용한다.

제6조【안전관리계획 승인 등에 관한 적용례】 제62조의 개정규정은 이 법 시행 후 입찰공고(발주자가 발주청이 아닌 경우에는 건설공사의 허가·인가·승인 등을 말한다)하는 건설공사부터 적용한다.

제7조【설계의 안전성 검토에 관한 적용례】 제62조제18항의 개정규정은 이 법 시행 후 입찰공고를 하는 설계부터 적용한다.

제8조【발주청이 시행하는 건설기술용역사업에 관한 경과조치】 이 법 시행 전에 발주청이 시행한 「건축사법」 제2조제3호에 따른 설계 사업의 경우에는 제35조제1항 및 제2항의 개정규정에도 불구하고 종전의 규정에 따른다.

제9조【건설기술을 공모하여 발주한 건설공사 또는 건설기술용역사업에 관한 경과조치】 이 법 시행 전에 발주청이 건설기술을 공모하여 발주한 건설공사 또는 건설기술용역사업은 제36조의 개정규정에도 불구하고 종전의 규정에 따른다.

부 칙 (2019.4.30)

제1조【시행일】 이 법은 공포 후 6개월이 경과한 날부터 시행한다.

제2조【다른 법률의 개정】 ①~② ※(해당 법령에 가제정리 하였음)

제3조【다른 법령과의 관계】 이 법 시행 당시 다른 법령에서 종전의 「건설기술 진흥법」의 규정을 인용한 경우 이 법 가운데 그에 해당하는 규정이 있으면 종전의 규정을 갈음하여 이 법의 해당 조항을 인용한 것으로 본다.

부 칙 (2019.8.27)

이 법은 공포한 날부터 시행한다.

부 칙 (2019.11.26)

이 법은 공포 후 6개월이 경과한 날부터 시행한다.

부 칙 (2020.2.18)

제1조【시행일】 이 법은 공포 후 1년이 경과한 날부터 시행한다.(이하 생략)

부 칙 (2020.3.24)

제1조【시행일】 이 법은 공포한 날부터 시행한다.(이하 생략)

부 칙 (2020.6.9 법17344호)

제1조【시행일】 이 법은 공포 후 6개월이 경과한 날부터 시행한다.(이하 생략)

부 칙 (2020.6.9 법17441호)

제1조【시행일】 이 법은 공포 후 6개월이 경과한 날부터 시행한다.

제2조【소규모 건설공사의 안전관리 등에 관한 적용례】 제62조의2의 개정규정은 이 법 시행 후 입찰공고(발주자가 발주청이 아닌 경우에는 건설공사의 허가·인가·승인 등을 말한다)하는 건설공사부터 적용한다.

제3조【교육·훈련 대행 등에 관한 경과조치】 이 법 시행 당시 종전의 규정에 따라 건설기술인에 대한 교육·훈련을 대행하는 자는 제20조의2제3항의 개정규정에 따른 교육·훈련기관으로 본다. 다만, 이 법 시행일부터 6개월 이내에 제20조의3제2항의 개정규정에 따라 교육·훈련의 대행을 갱신하여야 한다.

부 칙 (2020.6.9 법17453호)

이 법은 공포한 날부터 시행한다.(이하 생략)

부 칙 (2020.10.20)

이 법은 공포 후 6개월이 경과한 날부터 시행한다. 다만, 제26조제3항의 개정규정은 공포 후 3개월이 경과한 날부터 시행한다.

부 칙 (2021.3.16)

제1조【시행일】 이 법은 공포 후 3개월이 경과한 날부터 시행한다. 다만, 제2조제12호, 제22조의2제2항, 제22조의3, 제45조의2, 제62조의3 및 제80조의2의 개정규정은 공포 후 6개월이 경과한 날부터 시행한다.

제2조【공사기간 산정기준에 관한 적용례】 제45조의2의 개정규정은 같은 개정규정 시행 후 입찰공고를 하는 건설엔지니어링부터 적용한다.

제3조【업무정지 등의 제척기간에 관한 적용례】 ① 제80조의2의 개정규정은 같은 개정규정 시행 후 위반행위가 발생하는 경우부터 적용한다.

② 제80조의2의 개정규정 시행 이전의 위반행위에 대해서는 같은 개정규정 시행일 이후 같은 개정규정에 따른 제척기간 말일이 경과한 경우 제재처분을 부과할 수 없다.

제4조【다른 법률의 개정】 ①~⑧ ※(해당 법령에 가제정리 하였음)

부 칙 (2022.6.10)

이 법은 공포한 날부터 시행한다.

부 칙 (2024.1.9)

제1조【시행일】 이 법은 공포 후 6개월이 경과한 날부터 시행한다.

제2조【영업정지 처분에 관한 적용례】 제31조제2항제7호바목의 개정규정은 이 법 시행 이후 실시하는 품질시험 및 검사부터 적용한다.

산업입지 및 개발에 관한 법률

(약칭 : 산업입지법)

(1990년 1월 13일 법 률 제4216호)

개정
1990.12.27법 4268호(정부조직) <중략>
2010. 1.18법 9932호(정부조직)
2010. 3.22법10157호
2010. 3.31법10220호(지방세특례제한법)
2010. 4.12법10252호(산업활성공장설립)
2010. 4.15법10272호(공유수면관리및매립에관한법)
2010. 5.31법10331호(산지관리법)
2010. 6. 4법10339호(정부조직)
2011. 4.14법10599호(국토이용)
2011. 5.19법10653호(접경지역지원특별법)
2011. 5.30법10764호(택지개발촉진법)
2011. 7.21법10892호(환경영향평가법)
2011. 8. 4법11020호 2012. 6. 1법11474호
2013. 3.23법11690호(정부조직)
2013. 8. 6법11998호(지방세외수입금의징수등에관한법)
2014. 1.14법12248호(도로법)
2014. 1.14법12253호
2014. 6. 3법12738호(공간정보구축관리)
2015. 1. 6법12980호 2015. 5.18법13327호
2015. 8.11법13482호
2015. 8.28법13498호(공공주택특별법)
2015. 9. 1법13509호 2015.12.29법13684호
2016. 1.19법13797호(부동산거래신고등에관한법)
2016. 1.19법13805호(주택법)
2016. 1.27법13879호(수질수생태계보전)
2016.12.20법14449호
2016.12.27법14480호(농어촌정비)
2017. 1.17법14532호(물환경보전법)
2017. 4.18법14797호
2017.10.24법14912호(자연재해대책법)
2017.12.26법15309호(혁신도시조성및발전에관한특별법)
2018. 6.12법15679호
2018.12.31법16172호(중소기업진흥에관한법)
2019. 8.27법16568호(양식산업발전법)
2019.12.10법16809호
2020. 1.29법16902호(항만법)
2020. 3.24법17091호(지방행정제재 · 부과금의징수등에관한법)
2020. 3.31법17171호(전기안전관리법)
2020. 6. 9법17453호(법률용어정비)
2020.12. 8법17598호(산업활성공장설립)
2020.12.22법17741호
2021. 1.12법17893호(지방자치)
2021. 7.20법18310호(공간정보구축관리)
2021. 8.10법18390호
2021.12.28법18661호(중소기업창업지원법)
2022. 6.10법18946호
2022.12.27법19117호(산림자원조성관리)
2023. 4.18법19386호
2023. 6. 9법19430호(지방자치분권및지역균형발전에관한특별법)

제1장 총 칙
(2011.8.4 본장개정)

제1조【목적】 이 법은 산업입지의 원활한 공급과 산업의 합리적 배치를 통하여 균형 있는 국토개발과 지속적인 산업발전을 촉진함으로써 국민경제의 건전한 발전에 이바지함을 목적으로 한다.

제2조【정의】 이 법에서 사용하는 용어의 뜻은 다음과 같다.

1. "공장"이란 「산업집적활성화 및 공장설립에 관한 법률」 제2조제1호에 따른 공장을 말한다.
2. "지식산업"이란 컴퓨터소프트웨어개발업·연구개발업·엔지니어링서비스업 등 전문 분야의 지식을 기반으로 하여 창의적 정신활동에 의하여 고부가가치의 지식서비스를 창출하는 데에 이바지할 수 있는 산업을 말한다.
3. "문화산업"이란 「문화산업진흥 기본법」 제2조제1호에 따른 문화산업을 말한다.
4. "정보통신산업"이란 「정보통신산업 진흥법」 제2조제2호에 따른 정보통신산업을 말한다.
5. "재활용산업"이란 「자원의 절약과 재활용촉진에 관한 법률」 제2조제11호에 따른 재활용산업을 말한다.
6. "자원비축시설"이란 석탄, 석유, 원자력, 천연가스 등 에너지자원의 비축·저장·공급 등을 위한 시설과 이에 관련된 시설을 말한다.
7. "물류시설"이란 「물류시설의 개발 및 운영에 관한 법률」 제2조제1호에 따른 시설(물류단지는 제외한다)을 말한다.

7의2. "산업시설용지"란 공장, 지식산업 관련 시설, 문화산업 관련 시설, 정보통신산업 관련 시설, 재활용산업 관련 시설, 자원비축시설, 물류시설, 교육·연구시설 및 그 밖에 대통령령으로 정하는 시설의 용지를 말한다. (2016.12.20 본호개정)

7의3. "복합용지"란 제7호의2와 제9호나목부터 자목까지의 시설을 하나의 용지에 일부 또는 전부를 설치하기 위한 용지를 말한다.(2014.1.14 본호신설)

8. "산업단지"란 제7호의2에 따른 시설과 이와 관련된 교육·연구·업무·지원·정보처리·유통 시설 및 이들 시설의 기능 향상을 위하여 주거·문화·환경·공원녹지·의료·관광·체육·복지 시설 등을 집단적으로 설치하기 위하여 포괄적 계획에 따라 지정·개발되는 일단(一團)의 토지로서 다음 각 목의 것을 말한다. (2012.6.1 본문개정)
   가. 국가산업단지 : 국가기간산업, 첨단과학기술산업 등을 육성하거나 개발 촉진이 필요한 낙후지역이나 둘 이상의 특별시·광역시·특별자치시 또는 도에 걸쳐 있는 지역을 산업단지로 개발하기 위하여 제6조에 따라 지정된 산업단지(2016.12.20 본목개정)
   나. 일반산업단지 : 산업의 적정한 지방 분산을 촉진하고 지역경제의 활성화를 위하여 제7조에 따라 지정된 산업단지
   다. 도시첨단산업단지 : 지식산업·문화산업·정보통신산업, 그 밖의 첨단산업의 육성과 개발 촉진을 위하여 「국토의 계획 및 이용에 관한 법률」에 따른 도시지역에 제7조의2에 따라 지정된 산업단지
   라. 농공단지(農工團地) : 대통령령으로 정하는 농어촌지역에 농어민의 소득 증대를 위한 산업을 유치·육성하기 위하여 제8조에 따라 지정된 산업단지

8의2. "스마트그린산업단지"란 입주기업과 기반시설·주거시설·지원시설 및 공공시설 등의 디지털화, 에너지 자립 및 친환경화를 추진하는 산업단지를 말한다. (2020.12.22 본호신설)

9. "산업단지개발사업"이란 산업단지를 조성하기 위하여 시행하는 다음 각 목의 사업을 말한다.
   가. 제7호의2에 따른 시설의 용지조성사업 및 건축사업
   나. 첨단과학기술산업의 발전을 위한 교육·연구시설 용지 조성사업 및 건축사업
   다. 산업단지의 효율 증진을 위한 업무시설·정보처리시설·지원시설·전시시설·유통시설 등의 용지조성사업 및 건축사업
   라. 산업단지의 기능 향상을 위한 주거시설·문화시설·의료복지시설·체육시설·교육시설·관광휴양시설 등의 용지조성사업 및 건축사업과 공원조성사업 (2014.1.14 가목~라목개정)
   마. 공업용수와 생활용수의 공급시설사업
   바. 도로·철도·항만·궤도·운하·유수지(溜水池) 및 저수지 건설사업
   사. 전기·통신·가스·유류·증기 및 원료 등의 수급시설사업
   아. 하수도·폐기물처리시설, 그 밖의 환경오염방지시설 사업
   자. 그 밖에 가목부터 아목까지의 사업에 부대되는 사업

10. "산업단지 재생사업지구"(이하 "재생사업지구"라 한다)란 제39조의2 및 제39조의3에 따라 산업기능의 활성화를 위하여 산업단지 또는 공업지역(「국토의 계획 및 이용에 관한 법률」 제36조제1항제1호다목에 해당하는 공업지역을 말한다. 이하 같다) 및 산업단지 또는 공업지역의 주변 지역에 지정·고시되는 지구를 말한다.
11. "산업단지 재생사업"(이하 "재생사업"이라 한다)이란 재생사업지구에서 산업입지기능을 발전시키고 기반시설과 지원시설 및 편의시설을 확충·개량하기 위한 사업을 말한다.
12. "준산업단지"란 도시 또는 도시 주변의 특정 지역에 입지하는 개별 공장들의 밀집도가 다른 지역에 비하여 높아 포괄적 계획에 따라 계획적 관리가 필요하여 제8조의3에 따라 지정된 일단의 토지 및 시설물을 말한다.

제3조【산업입지정책심의회】 ① 산업입지정책에 관한 중요 사항을 심의하기 위하여 국토교통부에 산업입지정책심의회(이하 "심의회"라 한다)를 둔다.(2013.3.23 본항개정)

② 심의회의 기능·구성·운영 등에 필요한 사항은 대통령령으로 정한다.

③ 산업단지의 지정·개발에 관하여 특별시장·광역시장·특별자치시장·도지사 및 특별자치도지사(이하 "시·도지사"라 한다)와 시장·군수·구청장(자치구의 구청장을 말한다. 이하 같다)의 자문을 위하여 특별시·광역시·특별자치시·도 및 특별자치도(이하 "시·도"라 한다)와 시·군·자치구에 지방산업입지심의회를 둘 수 있다.(2020.6.9 본항개정)

④ 지방산업입지심의회의 기능·구성·운영 등에 필요한 사항은 해당 지방자치단체의 조례로 정한다.

제3조의2【벌칙 적용에서 공무원 의제】 심의회의 위원 중 공무원이 아닌 위원은 「형법」 제127조, 제129조부터 제132조까지를 적용할 때에는 공무원으로 본다. (2018.6.12 본조신설)

제2장 산업입지개발지침
(2011.8.4 본장개정)

제4조【기초조사】 ① 국토교통부장관 또는 시·도지사 및 시장·군수·구청장은 다음 각 호의 어느 하나의 사항을 위하여 필요한 기초조사를 5년 단위로 실시할 수 있다.(2013.3.23 본문개정)

1. 제5조에 따른 산업입지개발지침의 작성
2. 제5조의2에 따른 산업입지수급계획 수립지침의 작성 및 산업입지수급계획의 수립
3. 제6조, 제7조 및 제7조의2에 따른 산업단지개발계획의 수립

② 제1항에도 불구하고 국토교통부장관은 제5조의2제2항제3호에 따른 시·도별 및 산업입지 유형별 수급전망의 작성을 위하여 필요한 기초조사는 5년 단위로 실시하여야 하며, 5년이 지나지 아니한 경우에도 산업입지 수요추세와 공급실적 등을 고려하여 수정·보완할 수 있다. 이 경우 국토교통부장관은 해당 기초조사 결과를 대통령령으로 정하는 바에 따라 고시하여야 한다.(2020.6.9 전단개정)

③ 국토교통부장관 또는 시·도지사 및 시장·군수·구청장은 제1항 및 제2항에 따른 기초조사를 하기 위하여 필요한 경우 관계 중앙행정기관·지방자치단체·공기업(「공공기관의 운영에 관한 법률」 제5조에 따른 공기업을 말한다. 이하 같다)·정부출연기관의 장이나 그 밖의 관련 기관의 장에게 자료 제출을 요청할 수 있다. 이 경우 자료 제출을 요청받은 기관의 장은 특별한 사유가 없으면 요청에 따라야 한다.(2015.8.11 전단개정)

④ 제1항 및 제2항에 따른 기초조사에 필요한 사항은 국토교통부령으로 정한다.(2015.8.11 본항개정)

제5조【산업입지개발지침】 ① 국토교통부장관은 산업입지개발에 관한 기본지침(이하 "산업입지개발지침"이라 한다)을 작성하여 관보에 고시하여야 한다. 다만, 농공단지에 대하여는 대통령령으로 정하는 바에 따른다. (2013.3.23 본문개정)

② 산업입지개발지침에는 다음 각 호의 사항이 포함되어야 한다.

1. 산업입지의 계획적·체계적 개발에 관한 사항
2. 산업단지의 지정(지정 요건 및 기준에 관한 사항을 포함한다)·개발·지원에 관한 사항
3. 환경영향평가를 포함하는 환경보전에 관한 사항
4. 그 밖에 대통령령으로 정하는 사항

③ 국토교통부장관은 산업입지개발지침을 수립하려면 시·도지사 및 대도시(「지방자치법」 제198조에 따른 대도시를 말한다)의 시장(이하 "대도시시장"이라 한다)의 의견을 듣고 산업통상자원부장관 및 관계 중앙행정기관의 장과 협의한 후 심의회의 심의를 거쳐야 한다. 산업입지개발지침을 변경할 때에도 또한 같다. 다만, 대통령령으로 정하는 경미한 사항의 변경은 그러하지 아니하다. (2021.1.12 본문개정)

④ 산업입지개발지침의 작성 등에 필요한 사항은 대통령령으로 정한다.

제5조의2【산업입지수급계획 등】 ① 국토교통부장관은 산업입지정책의 수립 및 산업입지의 원활한 공급을 위하여 산업입지수급계획 수립지침을 작성하여 시·도지사에게 통보하여야 한다.(2013.3.23 본항개정)

② 제1항에 따른 산업입지수급계획 수립지침에는 다음 각 호의 사항이 포함되어야 한다.

1. 산업입지정책의 기본방향
2. 산업입지 공급 규모의 산정방법
3. 시·도별 및 산업입지 유형별 수급전망
4. 산업용지의 원활한 공급을 위한 각종 지원에 관한 사항
5. 그 밖에 산업입지수급계획을 수립하는 데에 필요한 사항

③ 제1항에 따른 산업입지수급계획 수립지침은 「산업집적활성화 및 공장설립에 관한 법률」 제3조에 따른 산업집적활성화 기본계획과 조화를 이루도록 하여야 한다.

④ 제1항에 따른 산업입지수급계획 수립지침의 작성에 관하여는 제5조제3항을 준용한다.

⑤ 시·도지사는 산업입지수급계획 수립지침에 따라 산업입지수급계획을 수립하여 제3조에 따른 산업입지정책심의회의 심의를 거쳐 해당 지방자치단체의 공보에 고시하여야 하며, 고시한 즉시 그 내용을 국토교통부장관에게 통보하여야 한다.(2014.1.14 본항개정)

⑥ 제5항에 따른 산업입지수급계획에는 다음 각 호의 사항이 포함되어야 한다.

1. 산업입지정책의 기본방향
2. 지역별 및 산업입지 유형별 산업용지의 공급에 관한 사항
3. 산업단지 종류별 공급에 관한 사항
4. 산업용지의 원활한 공급을 위한 각종 지원에 관한 사항
5. 그 밖에 대통령령으로 정하는 사항

⑦ 제1항에 따른 산업입지수급계획 수립지침의 작성 및 제5항에 따른 산업입지수급계획의 수립에 필요한 사항은 대통령령으로 정한다.

제5조의3【산업입지정보망의 구성·운영】 ① 국토교통부장관은 산업정보의 원활한 수급과 산업입지정책에 필요한 정보의 신속한 수집·분석을 위하여 관계 중앙행정기관의 장 또는 시·도지사와 공동으로 산업입지정보망을 구성·운영할 수 있다.(2013.3.23 본항개정)

② 제1항에 따른 산업입지정보망을 구성·운영하는 자는 관계 중앙행정기관의 장, 지방자치단체, 공기업·정부출연기관 등 관련 기관의 장에게 산업입지정보망의 구성·운영에 필요한 자료 또는 정보의 제공을 요청할 수 있다. 이 경우 자료 또는 정보의 제공을요청받은 기관의 장은 특별한 사유가 없으면 요청에 따라야 한다.

③ 제1항에 따른 산업입지정보망을 구성·운영하는 자는 산업입지정보망의 운영을 대통령령으로 정하는 기관 또는 단체에 위탁할 수 있다.

④ 산업입지정보망의 운영에 필요한 사항은 대통령령으로 정한다.

제3장 산업단지의 지정
(2011.8.4 본장개정)

제6조【국가산업단지의 지정】 ① 국가산업단지는 국토교통부장관이 지정한다.(2013.3.23 본항개정)

② 중앙행정기관의 장은 국가산업단지의 지정이 필요하다고 인정하면 대상지역을 정하여 국토교통부장관에게

국가산업단지로의 지정을 요청할 수 있다.(2013.3.23 본항개정)
③ 국토교통부장관은 제1항 또는 제2항에 따라 국가산업단지를 지정하려면 산업단지개발계획을 수립하여 관할 시·도지사의 의견을 듣고, 관계 중앙행정기관의 장과 협의하여야 한다. 산업단지개발계획을 변경하려는 경우에도 또한 같다.(2013.3.23 전단개정)
④ 국토교통부장관은 제3항에 따라 협의 후 심의회의 심의를 거쳐 국가산업단지를 지정하여야 한다. 대통령령으로 정하는 중요 사항을 변경하려는 경우에도 또한 같다.(2013.3.23 전단개정)
⑤ 제3항에 따른 산업단지개발계획에는 다음 각 호의 사항이 포함되어야 한다. 다만, 산업단지개발계획을 수립할 때 부득이한 경우에는 산업단지를 지정한 후에 제3호의 산업단지개발사업의 시행자를 지정하거나 또는 제8호의 사항을 정하여 이를 산업단지개발계획에 포함시킬 수 있다.
1. 산업단지의 명칭·위치 및 면적
2. 산업단지의 지정 목적
3. 산업단지개발사업의 시행자(이하 "사업시행자"라 한다)
4. 사업 시행방법
5. 주요 유치업종 또는 제한업종(2015.9.1 본호개정)
6. 토지이용계획 및 주요기반시설계획
7. 재원(財源) 조달계획
8. 수용·사용할 토지·건축물 또는 그 밖의 물건이나 권리가 있는 경우에는 그 세부 목록
9. 그 밖에 대통령령으로 정하는 사항
⑥ 국토교통부장관은 제5항에도 불구하고 창의적이고 효율적인 산업단지개발을 추진하기 위하여 필요한 경우에는 대통령령으로 정하는 바에 따라 산업단지개발계획안을 공모하여 선정된 안을 산업단지개발계획에 반영할 수 있다. 다만, 산업단지가 지정된 후 공모를 통하여 산업단지개발계획을 변경하려는 경우에는 사업시행자와 공동으로 공모할 수 있다.(2015.9.1 본항신설)
⑦ 제6항 본문에 따라 공모를 실시하려는 경우 제5항제3호부터 제9호까지의 사항은 공모 이후 산업단지개발계획에 포함할 수 있다. 이 경우 선정된 산업단지개발계획안의 응모자가 제16조제1항에 따른 자격요건을 갖춘 경우에는 해당 응모자를 사업시행자로 지정하거나 같은 조 제3항에 따라 산업단지개발사업의 일부를 대행하게 할 수 있다(제6항 단서에 따라 공모를 시행한 경우에도 또한 같다).(2015.9.1 본항신설)
⑧ 제5항에 따른 산업단지개발계획의 내용 중 산업시설용지의 면적(산업시설의 면적이 100분의 50 이상인 제2조제7호의3의 복합용지를 포함한다)은 산업단지의 종류에 따라 산업단지 유상공급면적의 100분의 40 이상 100분의 70 이하의 범위에서 대통령령으로 정하는 비율 이상이 되도록 하여야 한다.(2014.1.14 본항개정)

제7조【일반산업단지의 지정】 ① 일반산업단지는 시·도지사 또는 대도시시장이 지정한다. 다만, 대통령령으로 정하는 면적 미만의 산업단지의 경우에는 시장·군수 또는 구청장이 지정할 수 있다.(2016.12.20 본문개정)
② 제1항에 따른 일반산업단지의 지정권자(이하 "일반산업단지지정권자"라 한다)는 일반산업단지를 지정하려면 산업단지개발계획을 수립하여 관할 시장·군수 또는 구청장의 의견을 듣고 국토교통부장관을 비롯한 관계 행정기관의 장(대상지역에 「공유수면 관리 및 매립에 관한 법률」 제2조제1호가목의 바다·바닷가가 포함된 경우에는 해양수산부장관을 포함한다)과 협의하여야 한다. 산업단지개발계획을 변경하려는 경우에도 또한 같다.
(2016.12.20 전단개정)
③~④ (2008.12.26 삭제)
⑤ 일반산업단지지정권자는 일반산업단지의 지정 또는 변경 내용을 국토교통부장관에게 통보하여야 한다. 이 경우 지정권자가 시장·군수 또는 구청장인 경우에는 그 지정 또는 변경 내용을 시·도지사에게도 통보하여야 한다.
(2016.12.20 전단개정)
⑥ 제2항에 따른 산업단지개발계획에 관하여는 제6조제5항부터 제8항까지를 준용한다.(2015.9.1 본항개정)
⑦ 일반산업단지지정권자는 제2항에 따른 관계 행정기관의 장과의 협의 과정에서 관계 기관 간의 의견조정을 위하여 필요하다고 인정하는 경우에는 국토교통부장관에게 조정을 요청할 수 있으며, 조정을 요청받은 국토교통부장관은 심의회의 심의를 거쳐 이를 조정할 수 있다.
(2016.12.20 본항개정)

제7조의2【도시첨단산업단지의 지정】 ① 도시첨단산업단지는 국토교통부장관, 시·도지사 또는 대도시시장이 지정하며, 시·도지사(특별자치도지사는 제외한다)가 지정하는 경우에는 시장·군수 또는 구청장의 신청을 받아 지정한다. 다만, 대통령령으로 정하는 면적 미만인 경우에는 시장·군수 또는 구청장이 직접 지정할 수 있다.
(2016.12.20 본문개정)
② 인구의 과밀 방지 등을 위하여 서울특별시 등 대통령령으로 정하는 지역에는 도시첨단산업단지를 지정할 수 없다.
③ 시장·군수 또는 구청장은 제1항 본문에 따라 시·도지사에게 도시첨단산업단지의 지정을 신청하려는 경우에는 산업단지개발계획을 작성하여 제출하여야 한다.
④ 제1항에 따른 도시첨단산업단지의 지정권자(이하 "도시첨단산업단지지정권자"라 한다)는 도시첨단산업단지를 지정하려는 경우에는 산업단지개발계획에 대하여 관계 행정기관의 장(대상지역에 「공유수면 관리 및 매립에 관한 법률」 제2조제1호가목의 바다·바닷가가 포함된 경우에는 해양수산부장관을 포함한다)과 협의하여야 한다. 산업단지개발계획을 변경하려는 경우에도 또한 같다.
(2016.12.20 전단개정)
⑤ 국토교통부장관이 도시첨단산업단지를 지정하려는 경우에는 제4항에 따른 협의 후 심의회의 심의를 거쳐 지정하여야 하며, 대통령령으로 정하는 중요 사항을 변경하려는 경우에도 또한 같다.(2015.9.1 본항신설)
⑥ 제3항 및 제4항에 따른 산업단지개발계획에 관하여는 제6조제5항부터 제8항까지를 준용하고, 제4항에 따른 관계 행정기관의 장과의 협의에 관하여는 제7조제7항을 준용한다.(2015.9.1 본항개정)
⑦ 지방자치단체의 장은 도시첨단산업단지의 지정 또는 변경 내용을 국토교통부장관에게 통보하여야 한다. 이 경우 지정권자가 시장·군수 또는 구청장인 경우에는 그 지정 또는 변경 내용을 시·도지사에게도 통보하여야 한다.
(2013.3.23 전단개정)

제7조의3【도시첨단산업단지의 지정특례】 ① 도시첨단산업단지지정권자는 다음 각 호의 어느 하나에 해당하는 사업지역·지구에 조성된 자족기능 확보를 위한 시설용지의 전부 또는 일부를 도시첨단산업단지로 지정할 수 있다.(2016.12.20 본문개정)
1. 「신행정수도 후속대책을 위한 연기·공주지역 행정중심복합도시 건설을 위한 특별법」 제2조제2호의 예정지역
2. 「혁신도시 조성 및 발전에 관한 특별법」 제2조제4호의 혁신도시개발예정지구(2017.12.26 본호개정)
3. 「도청이전을 위한 도시건설 및 지원에 관한 특별법」 제2조제4호의 도청이전신도시 개발예정지구
4. 「공공주택 특별법」 제2조제2호의 공공주택지구
(2015.8.28 본호개정)
5. 「친수구역 활용에 관한 특별법」 제2조제2호의 친수구역
6. 「택지개발촉진법」 제2조제3호의 택지개발지구
7. 그 밖에 대통령령으로 정하는 지역·지구
② 제1항에 따라 도시첨단산업단지를 지정하려는 경우에는 산업단지개발계획에 대하여 제7조의2제4항에 따른 관계 행정기관의 장과의 협의를 생략할 수 있으며, 제1항 각 호의 어느 하나에 해당하는 사업지역·지구지정에 관한 주민 등의 의견을 들을 때에 도시첨단산업단지의 지정에 관한 사항이 포함된 경우에는 제10조에 따른 주민 등의 의견청취 절차를 생략할 수 있다.
③ 제1항에 따라 지정된 도시첨단산업단지의 개발 및 사업시행자가 개발한 토지·시설 등의 분양·임대·양도에 관하여는 같은 항 각 호의 개별 법률에서 정하는 절차 및 방법에도 불구하고 이 법에 따른다.(2016.12.20 본항신설)
④ 도시첨단산업단지에 적용되는 녹지율은 제5조에 따른 산업입지개발지침으로 정하는 녹지율에도 불구하고 100분의 50을 초과하는 범위에서 도시첨단산업단지지정권자가 따로 정할 수 있다.(2016.12.20 본항개정)
⑤ 국토교통부장관은 도시첨단산업단지 개발 활성화를 위하여 시·도지사 등의 요청을 받아 다음 각 호의 사업 중 필요한 지원을 관계 행정기관의 장에게 요청할 수 있다.
1. 산업기반 및 연구기반 구축에 관한 다음 각 목의 사업
가. 「산업교육진흥 및 산학연협력촉진에 관한 법률」 제37조의4에 따른 연구시설·장비의 활용 지원 및 같은 법 제39조에 따른 산학연협력 촉진을 위한 지원
나. 「산업기술혁신 촉진법」 제11조에 따른 산업기술개발사업 및 같은 법 제19조에 따른 산업기술기반조성사업
다. 「산업집적활성화 및 공장설립에 관한 법률」 제22조의3에 따른 산업집적지경쟁력강화사업 및 같은 법 제22조의4에 따른 산학융합지구의 지원
라. 「신에너지 및 재생에너지 개발·이용·보급 촉진법」 제10조에 따른 신·재생에너지 공급의무화 지원, 신·재생에너지 시범사업 및 보급사업
마. 「중소기업창업 지원법」 제53조제1항에 따른 창업보육센터(2021.12.28 본목개정)
바. 「중소기업 기술혁신 촉진법」 제9조, 제10조, 제11조, 제12조, 제14조, 제16조, 제17조의3 및 제25조의2에 따른 기술개발사업
2. 도시첨단산업단지 내 정주여건 및 근로자 생활환경 개선에 관한 다음 각 목의 사업
가. 「공공주택건설 등에 관한 특별법」에 따른 공공주택건설사업
나. 「국민체육진흥법」 제22조제1항제2호에 따른 국민체육시설 확충을 위한 지원 사업
다. 「근로복지기본법」 제28조에 따른 근로복지시설 설치 등의 지원
라. 「문화예술진흥법」 제18조제9호 및 제10호에 따른 공공미술(대중에게 공개된 장소에 미술작품을 설치·전시하는 것을 말한다) 진흥을 위한 사업이나 그 밖에 도서관의 지원·육성 등 문화예술의 진흥을 목적으로 하는 문화시설의 사업이나 활동
마. 「영유아보육법」 제12조에 따른 국공립어린이집의 설치
바. 「중소기업 인력지원 특별법」 제24조제2호에 따른 공동숙박시설의 지원 및 같은 법 제30조에 따른 중소기업 장기재직자의 주택 입주 지원
3. 그 밖에 도시첨단산업단지 개발 활성화를 위하여 대통령령으로 정하는 사업
(2015.9.1 본항신설)
⑥ 제5항에 따라 협조 요청을 받은 행정기관의 장은 우선적으로 필요한 지원을 할 수 있다.(2016.12.20 본항개정)
⑦ 도시첨단산업단지지정권자는 필요한 경우 제5항 각 호의 사업 중 지원이 확정된 사항을 산업단지개발계획에 반영할 수 있다.(2016.12.20 본항개정)
(2014.1.14 본조개정)

제7조의4【산업단지 지정의 고시 등】 ① 산업단지지정권자(제6조, 제7조, 제7조의2, 제7조의3 또는 제8조에 따라 산업단지를 지정할 권한을 가진 국토교통부장관, 시·도지사 또는 시장·군수·구청장을 말한다. 이하 같다)는 산업단지를 지정할 때에는 대통령령으로 정하는 사항을 관보 또는 공보에 고시하여야 하며, 산업단지를 지정하는 국토교통부장관 또는 시·도지사(특별자치도지사는 제외한다)는 관계 서류의 사본을 관할 시장·군수 또는 구청장에게 보내야 한다.(2016.12.20 본항개정)
② 산업단지로 지정되는 지역 안에 수용·사용할 토지·건축물 또는 그 밖의 물건이나 권리가 있는 경우에는 제1항에 따른 고시 내용에 그 토지 등의 세부 목록을 포함하게 하여야 한다. 다만, 산업단지의 지정 후에 그 토지 등의 세부 목록을 산업단지개발계획에 포함하게 하는 경우에는 대통령령으로 정하는 기간 이내에 그 토지 등의 세부 목록을 고시하여야 한다.(2016.12.20 단서개정)
③ 제1항에 따라 산업단지를 지정하는 특별자치도지사 또는 제1항에 따라 관계 서류를 받은 시장·군수 또는 구청장은 이를 일반인이 열람할 수 있도록 하여야 한다.

제7조의5【스마트그린산업단지의 지정 등】 ① 산업단지지정권자는 제6조, 제7조 또는 제7조의2에 따라 지정한 산업단지(준공인가를 받은 산업단지는 제외하되, 부분준공된 산업단지의 경우에는 아직 준공되지 아니한 부분을 말한다. 이하 이 장에서 같다)를 스마트그린산업단지로 지정하거나 제6조, 제7조 또는 제7조의2에 따라 산업단지로 지정함과 동시에 스마트그린산업단지로 지정할 수 있다.
② 스마트그린산업단지의 지정에 관하여는 제6조, 제7조 및 제7조의2를 준용한다. 이 경우 "산업단지"는 "스마트그린산업단지"로 본다.
③ 스마트그린산업단지의 사업시행자가 산업단지개발사업에 건축사업을 포함할 경우에는 해당 건축물에 대하여 「녹색건축물 조성 지원법」 제17조에 따른 제로에너지건축물 인증을 받아 그 결과를 표시하여야 한다. 이 경우 사업시행자는 제38조제5항에도 불구하고 건축사업으로 발생한 분양수익을 국토교통부장관이 제5항에 따라 정하는 기준에 따라 스마트그린산업단지와 관련된 사업에 사용할 수 있다.
④ 스마트그린산업단지에 대통령령으로 정하는 건축물을 건축하려는 건축주는 「녹색건축물 조성 지원법」 제16조에 따른 녹색건축의 인증과 같은 법 제17조에 따른 건축물의 에너지효율등급 인증을 받아야 한다.
⑤ 국토교통부장관은 스마트그린산업단지의 체계적인 조성을 위하여 스마트그린산업단지의 지정·개발에 관한 사항, 시설의 설치기준 등을 정하여 고시할 수 있다.
(2020.12.22 본조신설)

제7조의6【스마트그린산업단지의 지정특례】 국토교통부장관은 스마트그린산업단지 조성 활성화를 위하여 시·도지사 등의 요청을 받아 다음 각 호의 사업 중 필요한 지원을 관계 행정기관의 장에게 요청할 수 있다.
1. 「산업기술혁신 촉진법」 제11조에 따른 산업기술개발사업 및 같은 법 제19조에 따른 산업기술기반조성사업
2. 「신에너지 및 재생에너지 개발·이용·보급 촉진법」 제10조에 따른 신·재생에너지 공급의무화 지원, 신·재생에너지 시범사업 및 보급사업
3. 그 밖에 스마트그린산업단지 조성 활성화를 위하여 대통령령으로 정하는 사업
(2020.12.22 본조신설)

제7조의7【스마트그린국가시범산업단지의 지정 등】 ① 국토교통부장관은 선도적 스마트그린산업단지를 구현하기 위하여 제6조에 따른 국가산업단지 또는 제7조의2에 따라 국토교통부장관이 지정한 도시첨단산업단지 중 다음 각 호의 요건을 충족하는 산업단지를 스마트그린국가시범산업단지(이하 "국가시범산업단지"로 한다)로 지정하거나 산업단지로 지정함과 동시에 국가시범산업단지로 지정할 수 있다.
1. 산업단지의 환경·에너지·안전·교통 등과 관련된 기능을 강화하여 지역의 혁신성장 거점으로 성장할 가능성이 높을 것
2. 정보통신기술, 에너지기술 등의 종합적 적용이 용이하고, 스마트도시 조성과 관련된 기반시설의 설치 여건이 양호할 것
② 국가시범산업단지의 지정에 관하여는 제6조 및 제7조의2를 준용한다. 이 경우 "산업단지"는 "스마트그린국가시범산업단지"로 본다.
③ 국가 또는 지방자치단체는 국가시범산업단지에 대하여 제28조에도 불구하고 전력시설, 「스마트도시 조성 및 산업진흥 등에 관한 법률」에 따른 스마트도시기반시설 등의 설치에 필요한 비용을 보조할 수 있다.
(2020.12.22 본조신설)

제8조【농공단지의 지정】 ① 농공단지는 특별자치도지사 또는 시장·군수·구청장이 지정한다.
② 제1항에 따른 농공단지의 지정권자(대도시시장은 제외한다)는 농공단지를 지정하려면 대통령령으로 정하는 서류와 도면을 첨부한 산업단지개발계획을 작성하여 시·도지사의 승인을 받아야 한다. 승인받은 사항을 변경하려는 경우에도 또한 같다. 다만, 대통령령으로 정하는 경미한 사항의 변경은 그러하지 아니하다.(2016.12.20 전단개정)
③ (2016.12.20 삭제)
④ 제2항에 따른 산업단지개발계획에 관하여는 제6조제5항부터 제8항까지를 준용한다.(2015.9.1 본항개정)
⑤ 제2항에 따라 승인을 요청받은 시·도지사는 대상지역에 「공유수면 관리 및 매립에 관한 법률」 제2조제1호가목의 바다·바닷가가 포함된 경우에는 해양수산부장관과 협의하여야 한다.(2014.1.14 본항신설)
⑥ 농림축산식품부장관 및 산업통상자원부장관은 제2조제8호라목에 따른 대통령령으로 정하는 농어촌지역에 지정된 일반산업단지 또는 도시첨단산업단지를 농공단지와 동일하게 지원할 수 있다.(2013.3.23 본항개정)

제8조의2【산업단지 지정의 제한】 ① 산업단지지정권자는 지정된 산업단지의 면적 또는 미분양 비율이 산업단지의 종류별로 대통령령으로 정하는 면적 또는 미분양 비율에 해당하는 지방자치단체인 경우에는 산업단지를 지정하여서는 아니 된다. 다만, 다음 각 호의 어느 하나에 해당하는 경우에는 그러하지 아니하다.(2016.12.20 본문개정)
1. 제16조제1항제3호 및 제4호에 해당하는 사업시행자가 산업단지를 개발하는 경우
2. 대통령령으로 정하는 바에 따라 기업의 입주 수요가 확인된 산업단지를 개발하는 경우
② 제1항에 따른 지정면적 또는 미분양 비율의 산정방식은 산업입지개발지침으로 정한다.

제8조의3【준산업단지의 지정】 ① 준산업단지는 시·도지사(도지사는 제외한다) 또는 시장·군수·구청장이 지정한다.(2016.12.20 본항개정)
② 제1항에 따른 준산업단지의 지정권자(이하 "준산업단지지정권자"라 한다)는 제1항에 따른 준산업단지를 지정하려면 미리 공장 소유자들의 의견을 듣고 준산업단지 정비계획을 수립하여 관계 행정기관의 장과 협의한 후 지정하여야 한다.(2016.12.20 본항개정)
③ 준산업단지의 지정 기준 및 방법 등에 관하여 필요한 사항은 대통령령으로 정한다.
④ 준산업단지에 관하여는 제5조, 제7조, 제7조의2부터 제7조의4까지, 제10조부터 제13조까지, 제16조, 제18조, 제18조의2, 제19조의2, 제20조, 제20조의2, 제21조부터 제27조까지, 제30조부터 제34조까지, 제36조부터 제38조까지, 제46조, 제47조, 제48조 및 제50조를 준용한다. 다만, 제12조는 준산업단지지정권자가 개발행위에 대하여 제한이 필요하다고 인정하여 지정·고시한 지역에만 준용한다.(2016.12.20 단서개정)
⑤ 면적·위치 등 대통령령으로 정하는 요건을 충족하는 준산업단지에 대하여는 제28조 및 제29조에 따라 비용을 보조하거나 시설을 지원할 수 있다.

제9조【공업지역 등의 활용】 시·도지사, 시장·군수 또는 구청장은 「국토의 계획 및 이용에 관한 법률」에 따라 공업지역으로 지정된 지역에 대하여는 특별한 사유가 없으면 산업단지로 우선 지정하여야 한다. 다만, 도시첨단산업단지는 「국토의 계획 및 이용에 관한 법률」에 따라 준주거지역, 상업지역, 공업지역 또는 도시지역 안의 개발진흥지구로 지정된 지역에 대하여 우선 지정하여야 한다.

제10조【주민 등의 의견청취】 ① 산업단지지정권자는 제6조, 제7조, 제7조의2, 제7조의3 및 제8조에 따라 산업단지를 지정하거나 대통령령으로 정하는 중요 사항을 변경하려는 경우에는 이를 공고하여 주민 및 관계 전문가 등의 의견을 들어야 하고, 그 의견이 타당하다고 인정할 때에는 이를 반영하여야 한다. 다만, 국방상 기밀을 지켜야 할 필요가 있는 경우에는 의견의 청취를 생략할 수 있다.(2016.12.20 본문개정)
② 산업단지지정권자는 제1항 단서에 따라 주민 및 관계 전문가 등의 의견청취를 생략하고 산업단지를 지정하려는 경우에는 미리 관계 행정기관의 장과 협의하여야 한다.
③ 그 밖에 공고 등 주민 및 관계 전문가의 의견청취 등에 필요한 사항은 대통령령으로 정한다.

제11조【민간기업 등의 산업단지 지정 요청】 ① 국가 또는 지방자치단체 외의 자로서 대통령령으로 정하는 요건에 해당하는 자는 산업단지개발계획을 작성하여 산업단지지정권자에게 산업단지의 지정을 요청할 수 있다.(2016.12.20 본항개정)
② 제1항에 따라 국가산업단지의 지정·개발을 요청하려는 경우에는 해당 지역 시·도지사에게 지정 요청 관련 서류를 동시에 제출하여 사전에 검토할 수 있도록 하여야 하며, 시·도지사(특별자치도지사는 제외한다)에게 일반산업단지 또는 도시첨단산업단지의 지정·개발을 요청하려는 경우에는 해당 지역을 관할하는 시장·군수 또는 구청장에게 지정 요청 관련 서류를 동시에 제출하여 사전에 검토할 수 있도록 하여야 한다.
③ 제1항에 따른 요청에 의하여 산업단지가 지정된 경우 그 지정을 요청한 자는 제16조에 따라 사업시행자로 지정받을 수 있다.
④ 제1항에 따라 산업단지의 지정을 요청하는 경우 해당 산업단지의 규모와 그 밖에 산업단지의 지정 요청에 필요한 사항은 대통령령으로 정한다.

제12조【행위 제한 등】 ① 제10조제1항에 따라 산업단지의 지정 또는 변경에 관한 주민 등의 의견청취를 위한 공고가 있는 지역 및 산업단지 안에서 건축물의 건축, 공작물의 설치, 토지의 형질변경, 토석의 채취, 토지분할, 물건을 쌓아놓는 행위 등 대통령령으로 정하는 행위를 하려는 자는 특별시장·광역시장·특별자치시장·특별자치도지사·시장 또는 군수의 허가를 받아야 한다. 허가받은 사항을 변경하려는 경우에도 또한 같다.(2016.12.20 전단개정)
② 다음 각 호의 어느 하나에 해당하는 행위는 제1항에도 불구하고 허가를 받지 아니하고 할 수 있다.
1. 재해복구 또는 재난수습에 필요한 응급조치를 위하여 하는 행위
2. 그 밖에 대통령령으로 정하는 행위
③ 제1항에 따라 허가를 받아야 하는 행위로서 제10조제1항에 따른 공고, 산업단지의 지정 및 고시 당시 이미 관계 법령에 따라 행위허가를 받았거나 허가를 받을 필요가 없는 행위에 관하여 그 공사 또는 사업에 착수한 자는 대통령령으로 정하는 바에 따라 특별시장·광역시장·특별자치시장·특별자치도지사·시장 또는 군수에게 신고한 후 이를 계속 시행할 수 있다.(2016.12.20 본항개정)
④ 특별시장·광역시장·특별자치시장·특별자치도지사·시장 또는 군수는 제1항을 위반한 자에게 원상회복을 명할 수 있다. 이 경우 명령을 받은 자가 그 의무를 이행하지 아니하면 특별시장·광역시장·특별자치시장·특별자치도지사·시장 또는 군수는 「행정대집행법」에 따라 이를 대집행할 수 있다.(2016.12.20 본항개정)
⑤ 제1항에 따른 허가에 관하여 이 법에서 규정한 것을 제외하고는 「국토의 계획 및 이용에 관한 법률」 제57조부터 제60조까지 및 제62조를 준용한다.
⑥ 제1항에 따라 허가를 받은 경우에는 「국토의 계획 및 이용에 관한 법률」 제56조에 따라 허가를 받은 것으로 본다.

제13조【산업단지 지정의 해제】 ① 산업단지로 지정·고시된 날부터 대통령령으로 정하는 기간 이내에 그 산업단지의 일부 또는 전부에 대하여 제17조, 제18조, 제18조의2 및 제19조에 따른 산업단지개발실시계획의 승인을 신청하지 아니한 경우에는 그 기간이 지난 다음 날 그 산업단지의 지정이 해제된 것으로 본다.
② 산업단지지정권자는 다음 각 호의 어느 하나에 해당하는 경우에는 대통령령으로 정하는 바에 따라 해당 지역에 대한 산업단지 지정의 전부 또는 일부를 해제할 수 있다.
1. 산업단지의 전부 또는 일부에 대한 개발전망이 없게 된 경우로서 다음 각 목의 어느 하나에 해당하는 경우
가. 제16조제2항에 따라 산업단지지정권자가 다른 사업시행자를 지정하기 위하여 같은 조 제4항 본문에 따라 경쟁입찰 방식을 통하여 사업시행자를 선정하려고 하였으나 응찰자 또는 낙찰자가 없는 경우
나. 산업단지개발실시계획 승인 후 대통령령으로 정하는 기간 내에 대통령령으로 정하는 비율의 토지를 확보(토지소유권을 취득하거나 토지소유자로부터 해당 토지의 사용에 대한 동의를 받은 것을 말한다)하지 못한 경우
다. 그 밖에 대통령령으로 정하는 경우
2. 개발이 완료된 산업단지가 다음 각 목의 어느 하나에 해당하는 경우
가. 「산업집적활성화 및 공장설립에 관한 법률」 제33조에 따른 산업단지관리기본계획(이하 "산업단지관리기본계획"이라 한다)이 수립된 지역이 아닌 경우로서 도시지역으로 관리하여도 토지이용계획상 문제가 없는 경우
나. 준공(부분 준공을 포함한다)된 지 20년 이상 된 산업단지로서 주변상황과 산업 여건이 변화되어 재생사업 및 「산업집적활성화 및 공장설립에 관한 법률」 제2조제11호에 따른 산업단지구조고도화사업을 통하여도 산업단지 기능 수행이 어려울 것으로 판단되는 경우
(2016.12.20 본항개정)
③ 산업단지지정권자는 제2항에 따라 산업단지를 해제하려는 경우(국방상 기밀을 지켜야 할 필요가 있는 경우는 제외한다)에는 해제에 관한 내용을 공고하여 주민 및 토지소유자 등의 의견을 들어야 하며, 그 의견이 타당하다고 인정할 때에는 이를 반영하여야 한다. 이 경우 주민 등의 의견청취 방법 및 절차에 관하여는 제10조를 준용한다.(2016.12.20 본항신설)
④ 제1항 또는 제2항에 따라 산업단지의 지정이 해제된 경우 해당 산업단지지정권자는 그 사실을 관계 중앙행정기관의 장 및 시·도지사에게 통보하고 이를 고시하여야 하며, 통보를 받은 시·도지사는 지체 없이 시장·군수 또는 구청장으로 하여금 일반인이 열람할 수 있도록 제공하게 하여야 한다(특별자치도지사는 일반인이 열람할 수 있도록 직접 제공하여야 한다).
⑤ 산업단지의 지정으로 「국토의 계획 및 이용에 관한 법률」에 따른 용도지역이 변경·결정된 후 제1항 또는 제2항에 따라 해당 산업단지의 지정이 해제된 경우에는 「국토의 계획 및 이용에 관한 법률」에도 불구하고 그 산업단지에 대한 용도지역은 변경·결정되기 전의 용도지역으로 환원된 것으로 본다. 다만, 개발의 완료로 산업단지의 지정이 해제된 경우에는 그러하지 아니하다.(2016.12.20 본문개정)
⑥ 특별자치도지사 또는 시장·군수·구청장은 제5항에 따라 용도지역이 환원된 경우에는 즉시 그 사실을 고시하여야 한다.(2016.12.20 본항개정)

제13조의2【산업단지의 전환】 ① 산업단지지정권자는 산업단지의 활성화 및 정비를 촉진하기 위하여 준공 후 경과년도나 유치업종 변경면적 등을 고려하여 대통령령으로 정하는 경우에는 「산업집적활성화 및 공장설립에 관한 법률」 제30조에 따른 관리권자(이하 "관리권자"라 한다)와의 협의를 거쳐 산업단지의 전부 또는 일부 지역의 기능을 변경하여 산업단지의 종류를 전환(국가산업단지 및 농공단지로의 전환은 제외한다)할 수 있다.
② 제1항에 따른 산업단지 종류의 전환(이하 "산업단지전환"이라 한다)은 전환된 산업단지와 잔여 산업단지(기존 산업단지의 일부 지역을 산업단지전환하는 경우 남는 산업단지를 말한다)가 각각 대통령령으로 정하는 규모 이상인 경우에만 할 수 있다.(2016.12.20 본항신설)
③ 산업단지지정권자는 산업단지전환을 하려는 경우에는 대통령령으로 정하는 바에 따라 개발계획 및 실시계획을 수립하거나 변경하여 종전 산업단지의 산업단지지정권자의 승인을 받거나 종전 산업단지의 산업단지지정권자 또는 관계 행정기관의 장과 협의하여야 한다.
(2016.12.20 본항신설)
④ 산업단지지정권자는 산업단지전환을 하는 경우에는 대통령령으로 정하는 사항을 관보 또는 공보에 고시하여야 한다. 이 경우 그 고시일에 산업단지가 전환된 것으로 보며, 제3항에 따라 새로 수립된 실시계획은 전환 전의 실시계획을 승계한 것으로 본다.(2016.12.20 본항신설)
⑤ 제1항부터 제4항까지에서 규정한 사항 외에 산업단지 전환의 절차 등에 관하여 필요한 사항은 대통령령으로 정한다.
(2016.12.20 본조개정)

제13조의3【산업단지의 통합】 ① 산업단지지정권자는 연접한 산업단지의 효율적인 관리를 위하여 둘 이상의 산업단지(종류가 같은 산업단지로 한정한다)를 관리권자와의 협의를 거쳐 하나의 산업단지로 통합할 수 있다. 다만, 통합대상 산업단지의 산업단지지정권자가 따로 있는 경우에는 해당 통합대상 산업단지의 산업단지지정권자가 요청하는 경우로 한정한다.
② 산업단지지정권자는 제1항에 따른 통합(이하 "산업단지통합"이라 한다)을 하려는 경우에는 대통령령으로 정하는 바에 따라 개발계획을 수립하여 통합대상 산업단지의 산업단지지정권자 또는 관계 행정기관의 장과 협의하여야 한다.
③ 산업단지지정권자는 산업단지통합을 하는 경우에는 대통령령으로 정하는 사항을 관보 또는 공보에 고시하여야 한다. 이 경우 그 고시일에 산업단지가 통합된 것으로 보며, 통합 전의 산업단지에 대한 실시계획은 통합된 산업단지에 대한 실시계획으로 본다.
④ 제1항부터 제3항까지에서 규정한 사항 외에 산업단지 통합의 절차 등에 관하여 필요한 사항은 대통령령으로 정한다.
(2016.12.20 본조신설)

제13조의4【준공된 산업단지의 개발행위에 관한 특례】
① 준공된 산업단지에서 개발행위는 다음 각 호의 경우를 제외하고는 산업단지개발계획을 변경하지 아니하고 실시계획을 수립하여 산업단지지정권자의 승인을 받아야 할 수 있다.(2016.12.20 본문개정)
1. 산업단지 지정면적의 변경(실체 측량결과에 의한 정정은 제외한다)
2. 주요 유치업종 변경(토지이용계획이 변경되거나 기반시설의 용량이나 면적이 증가되는 경우에 한정한다)
(2020.6.9 본호개정)
3. 토지이용계획상 각 시설별 면적의 100분의 10 이상의 변경(누적 변경의 합이 100분의 10 이상인 경우를 포함한다)으로서 변경되는 면적이 다음 각 목에 해당하는 면적 이상인 경우
가. 국가산업단지 및 일반산업단지 : 3만제곱미터
나. 도시첨단산업단지 및 농공단지 : 1만제곱미터
4. 토지이용계획상 변경되는 면적이 산업단지의 면적 또는 각 시설별 면적의 100분의 50 이상인 경우
5. 너비 15미터 이상인 도로의 신설 또는 폐지
6. 국토교통부장관이 정하는 시설의 규모나 용량의 100분의 50이상의 변경(누적 변경의 합이 100분의 50 이상이 되는 경우를 포함한다)
(2014.1.14 본항개정)
② 제1항에도 불구하고 주요 유치업종 범위 내에서의 배치계획의 변경 등 대통령령으로 정하는 행위에 대해서는 「산업집적활성화 및 공장설립에 관한 법률」, 「국토의 계획 및 이용에 관한 법률」, 「도로법」 등 관계 법령에서 정하는 바에 따라 해당 행위를 할 수 있다.(2020.6.9 본항개정)
③ 제1항에 따라 실시계획이 승인된 때에는 산업단지관리기본계획이 승인된 것으로 본다. 이 경우 산업단지지정권자는 미리 「산업집적활성화 및 공장설립에 관한 법률」 제2조제16호에 따른 관리권자와 협의하여야 한다.
④ 제16조제1항제2호의2 및 제3호부터 제8호까지의 사업시행자가 제1항에 따라 개발계획을 변경하거나 실시계획

을 수립하는 경우 각 계획의 승인권자는 개발계획의 변경 또는 실시계획의 수립으로 인하여 발생하는 지가상승차액의 100분의 50 범위에서 대통령령으로 정하는 바에 따라 사업시행자로 하여금 제33조에 따른 도로, 공원, 녹지 등 산업단지에 필요한 공공시설을 설치하게 할 수 있다. 다만, 단일기업이 입주한 산업단지로서 기업소유의 토지를 개발하는 경우에는 그러하지 아니하다.
(2019.12.10 본항개정)
⑤ 제1항 및 제2항에 따른 개발행위 등의 절차 등에 관하여 필요한 사항은 국토교통부령으로 정한다.(2014.1.14 본항개정)

제4장 산업단지의 개발
(2011.8.4 본장개정)

제14조~제15조 (1993.8.5 삭제)
제16조【산업단지개발사업의 시행자】 ① 산업단지개발사업은 다음 각 호의 자 중에서 산업단지지정권자의 지정에 의하여 산업단지개발계획에서 정하는 자가 이를 시행한다.
1. 산업단지를 개발하여 분양 또는 임대하고자 하는 경우로서 다음 각 목에 해당하는 자
가. 국가 및 지방자치단체
나. 「공공기관의 운영에 관한 법률」 제4조제1항제1호부터 제4호까지에 따른 공공기관
다. 「지방공기업법」에 따른 지방공사
라. 산업단지 개발을 목적으로 설립한 법인으로서 가목부터 다목까지에 해당하는 자가 100분의 50 이상의 지분을 가지고 있거나 100분의 30 이상의 지분을 가지고 임원 임명권한을 행사하는 등 대통령령으로 정하는 기준에 따라 사실상 지배력을 확보하고 있는 법인
(2015.9.1 본호개정)
2. 「중소기업진흥에 관한 법률」에 따른 중소벤처기업진흥공단, 「산업집적활성화 및 공장설립에 관한 법률」 제45조의17에 따라 설립된 한국산업단지공단 또는 「한국농어촌공사 및 농지관리기금법」에 따른 한국농어촌공사
(2020.12.8 본호개정)
2의2. 「중소기업협동조합법」에 따른 중소기업협동조합 또는 「상공회의소법」에 따른 상공회의소로서 대통령령으로 정하는 요건에 해당하는 자(2015.9.1 본호개정)
3. 해당 산업단지개발계획에 적합한 시설을 설치하여 입주하려는 자 또는 해당 산업단지개발계획에서 적합하게 산업단지를 개발할 능력이 있다고 인정되는 자로서 대통령령으로 정하는 요건에 해당하는 자
4. 제1호가목부터 다목까지, 제2호 또는 제3호에 해당하는 자가 산업단지의 개발을 목적으로 출자에 참여하여 설립한 법인으로서 대통령령으로 정하는 요건에 해당하는 법인(제1항제1호라목에 해당하는 법인은 제외한다)
(2015.9.1 본호개정)
5. 제3호 또는 제4호에 해당하는 사업시행자(제4호에 해당하는 사업시행자의 경우에는 제3호에 해당하는 자가 제4호에 따라 설립한 법인에 한정한다. 이하 제20조의2에서 같다)와 제20조의2에 따라 산업단지개발에 관한 신탁계약을 체결한 부동산신탁업자(2021.8.10 본호개정)
6. 산업단지 안의 토지의 소유자 또는 그들이 산업단지개발을 위하여 설립한 조합
7. 「고등교육법」 제3조에 따른 사립학교를 설립·경영하는 학교법인, 「국립대학법인 서울대학교 설립·운영에 관한 법률」에 따른 국립대학법인 서울대학교 또는 「국립대학법인 인천대학교 설립·운영에 관한 법률」에 따른 국립대학법인 인천대학교(이하 "대학법인"이라 한다)
(2019.12.10 본호신설)
8. 「한국과학기술원법」에 따른 한국과학기술원, 「광주과학기술원법」에 따른 광주과학기술원, 「대구경북과학기술원법」에 따른 대구경북과학기술원, 「울산과학기술원법」에 따른 울산과학기술원(이하 "과학기술원"이라 한다)(2019.12.10 본호신설)
② 산업단지지정권자는 사업시행자가 제17조, 제18조, 제18조의2 및 제19조에 따라 실시계획 승인을 받은 후 2년 이내에 산업단지개발사업에 착수하지 아니하거나 실시계획에 정하여진 기간 내에 산업단지개발사업을 완료하지 아니하거나 완료할 가능성이 없는 경우로서 대통령령으로 정하는 경우에는 다른 사업시행자를 지정하여 해당 산업단지개발사업을 시행하게 할 수 있다.
③ 제1항에 따른 사업시행자는 산업단지개발사업을 효율적으로 시행하기 위하여 필요하다고 인정하는 경우에는 산업단지개발사업의 일부를 대통령령으로 정하는 바에 따라 대행하게 할 수 있다. 다만, 제1항제2호부터 제8호까지의 규정에 따른 사업시행자는 해당 산업단지지정권자의 승인을 받아야 한다.(2019.12.10 단서개정)
④ 산업단지지정권자는 사업시행자를 경쟁입찰 방식으로 선정할 수 있다. 다만, 제11조제1항에 따라 민간기업등이 산업단지의 지정을 요청하는 경우에는 그러하지 아니하다.
⑤ (2014.1.14 삭제)
제16조의2【조합의 설립 등】 제16조제1항제6호에 따른 조합의 설립, 조합원의 자격, 조합원의 경비 부담 등에 관하여는 「도시개발법」 제13조부터 제16조까지의 규정을 준용한다. 다만, 조합설립 인가를 신청하려면 해당 산업단지 구역의 토지면적의 2분의 1 이상에 해당하는 토지 소유자와 그 구역의 토지 소유자 총수의 2분의 1 이상의 동의를 받아야 한다. 이 경우 "도시개발구역"은 "산업단지"로, "지정권자"는 "산업단지지정권자"로 본다.
(2014.1.14 본조개정)
제17조【국가산업단지개발실시계획의 승인】 ① 국가산업단지의 사업시행자는 대통령령으로 정하는 바에 따라 국가산업단지개발실시계획(이하 "국가단지실시계획"이라 한다)을 작성하여 국토교통부장관(공용 또는 공공용으로 사용하기 위한 방파제·호안·안벽·물양장, 그 밖에 이와 기능이 유사한 시설을 설치하는 항만건설사업에 관한 실시계획의 경우에는 해양수산부장관의 승인을 말하며, 이 경우 해양수산부장관은 국토교통부장관과 미리 협의하여야 한다. 이하 같다)의 승인을 받아야 한다.
(2014.1.14 본항개정)
② 국토교통부장관이 국가단지실시계획을 승인하려면 관할 시·도지사의 의견을 듣고, 관계 중앙행정기관의 장(제6조제3항에 따른 산업단지개발계획의 협의 시 실시계획을 승인하기 전에 재협의가 필요하다는 의견을 제시한 기관으로 한정한다)과 협의하여야 한다.
(2013.3.23 본조개정)
제17조의2【국가산업단지개발실시계획의 변경】 ① 승인을 받은 국가단지실시계획을 변경하거나 폐지하는 경우로서 대통령령으로 정하는 중요 사항을 변경하는 경우에는 제17조제1항 및 제2항을 준용한다.
② 제1항에 따라 국가단지실시계획이 변경된 때에는 산업단지관리기본계획이 승인된 것으로 본다. 이 경우 산업단지지정권자는 미리 「산업집적활성화 및 공장설립에 관한 법률」 제2조제16호에 따른 관리권자와 협의하여야 한다.
(2020.12.22 본항신설)
(2014.1.14 본조개정)
제18조【일반산업단지개발실시계획의 승인】 ① 일반산업단지의 사업시행자는 대통령령으로 정하는 바에 따라 일반산업단지개발실시계획을 작성하여 일반산업단지지정권자의 승인(공용 또는 공공용으로 사용하기 위한 방파제·호안·안벽·물양장, 그 밖에 이와 기능이 유사한 시설을 설치하는 항만건설사업에 관한 실시계획의 경우에는 해양수산부장관의 승인을 말하며, 이 경우 해양수산부장관은 일반산업단지지정권자와 미리 협의하여야 한다. 이하 같다)을 받아야 한다. 시·도지사(특별자치도지사는 제외한다)가 승인하는 경우에는 관할 시장·군수 또는 구청장의 의견을 들어야 한다.(2016.12.20 전단개정)
② 일반산업단지지정권자 또는 해양수산부장관이 제1항에 따른 일반산업단지개발실시계획을 승인하려면 미리 관계 행정기관의 장(제7조제2항에 따른 산업단지개발계획의 협의 시 실시계획을 승인하기 전에 재협의가 필요하다는 의견을 제시한 기관으로 한정한다)과 협의하여야 한다.(2016.12.20 본항개정)
③ 승인을 받은 일반산업단지개발실시계획을 변경하거나 폐지하는 경우에는 제17조의2를 준용한다.
제18조의2【도시첨단산업단지개발실시계획의 승인】
① 도시첨단산업단지의 사업시행자는 대통령령으로 정하는 바에 따라 도시첨단산업단지개발실시계획을 작성하여 도시첨단산업단지지정권자의 승인(공용 또는 공공용으로 사용하기 위한 방파제·호안·안벽·물양장, 그 밖에 이와 기능이 유사한 시설을 설치하는 항만건설사업에 관한 실시계획의 경우에는 해양수산부장관의 승인을 말하며, 이 경우 해양수산부장관은 도시첨단산업단지지정권자와 미리 협의하여야 한다. 이하 같다)을 받아야 한다. 시·도지사(특별자치도지사는 제외한다)가 승인하는 경우에는 관할 시장·군수 또는 구청장의 의견을 들어야 한다.(2016.12.20 전단개정)
② 도시첨단산업단지지정권자 또는 해양수산부장관이 제1항에 따라 도시첨단산업단지개발실시계획을 승인하려면 미리 관계 행정기관의 장(제7조의2제4항에 따른 산업단지개발계획의 협의 시 실시계획을 승인하기 전에 재협의가 필요하다는 의견을 제시한 기관으로 한정한다)과 협의하여야 한다.(2016.12.20 본항개정)
③ 승인을 받은 도시첨단산업단지개발실시계획을 변경하거나 폐지하는 경우에는 제17조의2를 준용한다.
제19조【농공단지개발실시계획의 승인】 ① 농공단지의 사업시행자는 대통령령으로 정하는 바에 따라 농공단지개발실시계획(이하 "농공단지실시계획"이라 한다)을 작성하여 제8조제1항에 따른 농공단지 지정권자의 승인을 받아야 한다.(2016.12.20 본항개정)
② (2008.2.29 삭제)
③ 농공단지의 사업시행자는 제1항에 따른 사업시행지역에 「공유수면 관리 및 매립에 관한 법률」 제2조제1호가목의 바다·바닷가가 포함된 농공단지실시계획의 승인을 신청하는 경우에는 미리 해양수산부장관과 협의한 후 그 협의결과를 포함하여 승인신청을 하여야 한다. 다만, 농공단지실시계획이 항만건설사업에 관한 내용을 포함하고 있는 경우에는 해양수산부장관의 승인을 받아야 한다.
(2016.12.20 단서개정)
④ 승인을 받은 농공단지실시계획을 변경하거나 폐지하는 경우에는 제17조의2를 준용한다.
제19조의2【실시계획 승인의 고시 등】 ① 산업단지지정권자 또는 해양수산부장관은 제17조, 제18조, 제18조의2 또는 제19조에 따라 실시계획을 승인하였을 때에는 대통령령으로 정하는 사항을 관보 또는 공보에 고시하여야 하며, 국토교통부장관, 해양수산부장관 또는 시·도지사(특별자치도지사는 제외한다)가 승인한 경우에는 관계 서류의 사본을 관할 시장·군수 또는 구청장에게 보내야 한다.(2014.1.14 본항개정)
② 제1항에 따라 실시계획을 승인한 특별자치도지사 또는 제1항에 따라 관계 서류의 사본을 받은 시장·군수 또는 구청장은 이를 일반인이 열람할 수 있도록 하여야 한다.
③ 산업단지지정권자 또는 해양수산부장관은 제1항에 따라 실시계획의 승인을 고시하였을 때에는 「토지이용규제 기본법」 제8조에 따라 지형도면을 작성·고시하여야 한다. 이 경우 사업시행자는 지형도면 고시 등에 필요한 서류를 산업단지지정권자 또는 해양수산부장관에게 제출하여야 한다.(2016.12.20 본항개정)
④ 제19조에 따른 농공단지실시계획 승인의 경우에는 제1항부터 제3항까지의 규정을 준용한다.
제20조【산업단지개발사업의 위탁시행】 ① 제16조에 따른 사업시행자는 산업단지개발사업 중 항만, 공업용수시설, 도로, 그 밖에 대통령령으로 정하는 공공시설의 건설과 공유수면의 매립에 관한 사항을 대통령령으로 정하는 바에 따라 국가·지방자치단체·공기업 또는 그 밖에 대통령령으로 정하는 기관에 위탁하여 시행할 수 있다.
② 사업시행자는 산업단지개발사업을 위한 용지매수 업무와 손실보상 업무 및 이주대책에 관한 업무를 「공익사업을 위한 토지 등의 취득 및 보상에 관한 법률」 제81조제1항 각 호의 기관에 위탁하여 시행할 수 있다. 이 경우 위탁수수료 등에 관하여는 「공익사업을 위한 토지 등의 취득 및 보상에 관한 법률」 제81조제2항을 준용한다.
제20조의2【산업단지의 신탁개발】 ① 제16조제1항제3호 또는 제4호에 해당하는 사업시행자는 대통령령으로 정하는 바에 따라 「자본시장과 금융투자업에 관한 법률」에 따라 설립된 부동산신탁업자와 산업단지개발에 관한 신탁계약을 체결하여 산업단지를 개발할 수 있다.
(2021.8.10 본항개정)
② 제1항에 따라 신탁계약을 체결한 부동산신탁업자는 종전의 사업시행자의 권리·의무를 포괄적으로 승계한다.
제21조【다른 법령에 따른 인·허가등의 의제 등】 ① 산업단지지정권자 또는 해양수산부장관(이하 "실시계획승인권자"라 한다)이 제17조, 제17조의2, 제18조, 제18조의2 및 제19조에 따른 실시계획의 승인 또는 변경승인을 할 때 다음 각 호의 허가·결정·인가·면허·협의·동의·승인·해제 또는 처분 등(이하 "인·허가등"이라 한다)에 관하여 제2항에 따라 미리 관계 행정기관의 장과 협의하거나 승인을 받은 사항에 대하여는 해당 인·허가등을 받은 것으로 보며, 제19조의2에 따라 실시계획의 승인이 고시된 때에는 다음 각 호의 관계 법률에 따른 인·허가등의 고시 또는 공고가 된 것으로 본다.(2014.1.14 본문개정)
1. 「국토의 계획 및 이용에 관한 법률」 제30조에 따른 도시·군관리계획의 결정, 같은 법 제56조에 따른 개발행위의 허가, 같은 법 제86조에 따른 도시·군계획시설사업 시행자의 지정, 같은 법 제88조에 따른 실시계획의 인가 및 「도시개발법」 제11조에 따른 사업시행자의 지정, 같은 법 제17조에 따른 실시계획의 인가
2. 「수도법」 제17조 및 제49조에 따른 일반수도사업 및 공업용수도사업의 인가, 같은 법 제52조 및 제54조에 따른 전용상수도 및 전용공업용수도의 설치 인가
3. 「하수도법」 제11조에 따른 공공하수도(분뇨처리시설만 해당한다)의 설치인가, 같은 법 제16조에 따른 공공하수도 공사의 시행허가 및 같은 법 제24조에 따른 공공하수도의 점용허가
4. 「공유수면 관리 및 매립에 관한 법률」 제8조에 따른 공유수면의 점용·사용허가, 같은 법 제17조에 따른 점용·사용 실시계획의 승인 또는 신고, 같은 법 제28조에 따른 공유수면의 매립면허, 같은 법 제33조에 따른 매립면허의 고시, 같은 법 제35조에 따른 국가 등이 시행하는 매립의 협의 또는 승인 및 같은 법 제38조에 따른 공유수면매립실시계획의 승인·고시
5. 「항만법」 제7조에 따른 항만기본계획 변경(승인), 같은 법 제9조제2항에 따른 항만개발사업 시행의 허가 및 같은 법 제10조제2항에 따른 항만개발사업실시계획의 승인
(2020.1.29 본호개정)
6. 「하천법」 제6조에 따른 하천관리청과의 협의 또는 승인, 같은 법 제25조 및 제27조에 따른 하천기본계획 및 하천공사시행계획의 변경, 같은 법 제30조에 따른 하천공사시행의 허가와 하천공사실시계획의 인가, 같은 법 제33조에 따른 하천의 점용허가 및 같은 법 제50조에 따른 하천수의 사용허가
7. 「도로법」 제36조에 따른 도로관리청이 아닌 자에 대한 도로공사 시행의 허가, 같은 법 제61조에 따른 도로의 점용 허가 및 같은 법 제107조에 따른 도로관리청과의 협의 또는 승인(2014.1.14 본호개정)
8. 「농지법」 제31조에 따른 농업진흥지역 해제, 같은 법 제34조에 따른 농지의 전용허가 또는 협의
9. 「산지관리법」 제14조·제15조에 따른 산지전용허가 및 산지전용신고, 같은 법 제15조의2에 따른 산지일시사용허가·신고, 같은 법 제25조에 따른 토석채취허가와 「산림자원의 조성 및 관리에 관한 법률」 제36조제1항·제5항에 따른 입목벌채등의 허가·신고, 「산림보호법」 제9조제1항 및 제2항제1호·제2호에 따른 산림

보호구역(산림유전자원보호구역은 제외한다)에서의 행위의 허가·신고와 같은 법 제11조제1항제1호에 따른 산림보호구역의 지정해제(2022.12.27 본호개정)
10.「사방사업법」 제14조에 따른 벌채 등의 허가 및 같은 법 제20조에 따른 사방지 지정의 해제
11.「초지법」 제21조의2에 따른 토지의 형질변경 등의 허가 및 같은 법 제23조에 따른 초지전용허가
12.「사도법」 제4조에 따른 사도개설 허가
13.「공간정보의 구축 및 관리 등에 관한 법률」 제15조제4항에 따른 지도등의 간행 심사(2021.7.20 본호개정)
14.「광업법」 제24조에 따른 불허가처분 및 같은 법 제34조에 따른 광구 감소처분 또는 광업권 취소처분
15.「장사 등에 관한 법률」 제27조에 따른 연고자가 없는 분묘의 개장(改葬) 허가
16.「농어촌정비법」 제23조에 따른 농업생산기반시설의 사용허가(2016.12.27 본호개정)
17.「국유재산법」 제30조에 따른 국유재산의 사용허가 및 같은 법 제40조에 따른 행정재산의 용도폐지
18.「공유재산 및 물품 관리법」 제11조에 따른 행정재산의 용도폐지 및 같은 법 제20조에 따른 사용·수익허가
19.「소하천정비법」 제5조에 따른 관리청과의 협의, 같은 법 제6조 및 제8조에 따른 소하천정비종합계획 및 소하천정비시행계획의 변경, 같은 법 제10조에 따른 소하천공사의 시행허가 및 같은 법 제14조에 따른 소하천점용의 허가
20.「에너지이용 합리화법」 제10조에 따른 에너지사용계획의 협의
21.「전기안전관리법」 제8조에 따른 자가용전기설비의 공사계획의 인가 또는 신고(2020.3.31 본호개정)
22.「공간정보의 구축 및 관리 등에 관한 법률」 제86조제1항에 따른 사업의 착수·변경 또는 완료의 신고(2014.6.3 본호개정)
23.「폐기물관리법」 제29조에 따른 폐기물처리시설의 설치승인 또는 신고
24.「건축법」 제11조에 따른 허가, 같은 법 제14조에 따른 신고, 같은 법 제16조에 따른 허가·신고 사항의 변경, 같은 법 제20조에 따른 가설건축물의 허가·신고 및 같은 법 제29조에 따른 건축협의
25.「골재채취법」 제22조에 따른 골재채취의 허가
26.「산업집적활성화 및 공장설립에 관한 법률」 제13조에 따른 공장설립등의 승인(제16조제1항제3호에 해당하는 사업시행자가 산업단지개발실시계획 승인 신청 시 사업시행자가 사용하기 위한 공장설립등에 관한 계획을 포함한 경우만 해당한다)
27.「유통산업발전법」 제8조에 따른 대규모점포의 개설등록
28.「집단에너지사업법」 제4조에 따른 집단에너지의 공급 타당성에 관한 협의
29.「체육시설의 설치·이용에 관한 법률」 제12조에 따른 사업계획의 승인
30.「택지개발촉진법」 제8조에 따른 택지개발계획의 수립 및 같은 법 제9조에 따른 택지개발사업 실시계획의 승인
31.「물환경보전법」 제49조에 따른 공공폐수처리시설 기본계획의 승인(2017.1.17 본호개정)
32.「임업 및 산촌 진흥촉진에 관한 법률」 제20조에 따른 임업진흥권역의 지정변경 및 해제
33.「관광진흥법」 제52조에 따른 관광지 및 관광단지의 지정, 같은 법 제54조에 따른 관광지 및 관광단지 조성계획의 수립 및 승인
34.「사립학교법」 제28조제1항에 따른 학교법인의 기본재산의 권리 포기에 관한 허가(2019.12.10 본호신설)

② 실시계획승인권자가 제17조, 제17조의2, 제18조, 제18조의2 및 제19조에 따라 제1항 각 호의 사항이 포함되어 있는 실시계획을 승인하거나 변경승인하려면 미리 관계 행정기관의 장과 협의하거나 승인을 받아야 한다. 이 경우 관계 행정기관의 장은 실시계획승인권자의 협의 요청을 받은 날부터 15일 이내에 의견을 제출하여야 한다.

③ 제1항에 따라 관계 법률에 따른 인·허가등을 받은 것으로 보는 경우에는 해당 관계 법률에 따라 부과되는 수수료 또는 사용료를 면제한다.

제21조의2 (2007.4.6 삭제)

제22조【토지수용】 ① 사업시행자(제16조제1항제6호에 따른 사업시행자는 제외한다. 이하 이 조에서 같다)는 산업단지개발사업에 필요한 토지·건물 또는 토지에 정착한 물건과 이에 관한 소유권 외의 권리, 광업권, 어업권, 양식업권, 물의 사용에 관한 권리(이하 "토지등"이라 한다)를 수용하거나 사용할 수 있다.(2019.8.27 본항개정)

② 제1항을 적용할 때 제7조의4제1항에 따른 산업단지의 지정·고시가 있는 때(제6조제5항 각 호 외의 부분 단서, 제7조제6항, 제7조의2제6항 또는 제8조제4항에 따라 사업시행자와 수용·사용할 토지등의 세부 목록을 산업단지가 지정된 후에 산업단지개발계획에 포함시키는 경우에는 이의 고시가 있는 때를 말한다)에는 「공익사업을 위한 토지 등의 취득 및 보상에 관한 법률」 제20조제1항 및 같은 법 제22조에 따른 사업인정 및 사업인정의 고시가 있는 것으로 본다.(2016.12.20 본항개정)

③ 국토교통부장관이 지정한 산업단지의 토지등에 대한 재결(裁決)은 중앙토지수용위원회가 관장하고, 국토교통부장관 외의 자가 지정한 산업단지의 토지등에 대한 재결은 지방토지수용위원회가 관장하되, 재결의 신청은 「공익사업을 위한 토지 등의 취득 및 보상에 관한 법률」 제23조제1항 및 같은 법 제28조제1항에도 불구하고 산업단지개발계획에서 정하는 사업기간 내에 할 수 있다.(2016.12.20 본항개정)

④ 제3항에 따른 재결의 신청은 개발구역 토지면적의 100분의 50 이상에 해당하는 토지를 확보(토지소유권을 취득하거나 토지소유자로부터 사용동의를 받은 것을 말한다)한 후에 할 수 있다. 다만, 제16조제1항제1호, 제2호에 해당하는 사업시행자 및 이와 공동으로 개발사업을 시행하는 자의 경우에는 그러하지 아니하다.

⑤ 제1항에 따른 수용 또는 사용에 관하여는 이 법에 특별한 규정이 있는 경우를 제외하고는 「공익사업을 위한 토지 등의 취득 및 보상에 관한 법률」을 준용한다.

제23조【「국토의 계획 및 이용에 관한 법률」 등의 적용 특례】 ① 제6조, 제7조, 제7조의2부터 제7조의4까지 또는 제8조에 따라 산업단지가 지정·고시된 경우에는 그 범위에서 「공유수면 관리 및 매립에 관한 법률」 제22조 및 제27조에 따른 매립기본계획의 수립 또는 변경, 「국토의 계획 및 이용에 관한 법률」 제51조에 따른 지구단위계획구역의 지정 또는 해제가 있은 것으로 본다.

② 산업단지지정권자는 제6조에 따른 산업단지개발계획 수립시 다음 각 호의 어느 하나에 해당하는 용지로서 필요한 경우에는 「국토의 계획 및 이용에 관한 법률」 제78조와 관련한 위임 규정에 따라 조례로 정한 용적률 최대한도의 예외를 적용한다. 이 경우 「국토의 계획 및 이용에 관한 법률」 제78조에 따른 용적률의 최대한도를 초과할 수 없다.(2016.12.20 전단개정)
1. 제2조제7호의3에 따른 복합용지(도시첨단산업단지 또는 재생사업지구로 한정한다)(2015.9.1 본호신설)
2.「산업집적활성화 및 공장설립에 관한 법률」 제2조제13호에 따른 지식산업센터 용지(2015.9.1 본호신설)
3.「영유아보육법」 제10조제1호에 따른 국공립어린이집 용지(2016.12.20 본호신설)

③ 사업시행자가 제26조에 따른 산업단지 안의 기존 공공시설에 대체되는 시설(실시계획승인권자가 인정하는 임시시설을 포함한다)을 설치한 때에는 「국유재산법」 및 「공유재산 및 물품 관리법」에도 불구하고 기존의 공공시설은 용도폐지된 것으로 본다.

④ 실시계획승인권자는 공장 등 영구시설물의 축조가 불가피하다고 인정할 때에는 「국유재산법」 및 「공유재산 및 물품 관리법」에도 불구하고 산업단지 안의 국유재산 및 공유재산에 대하여 사업시행자 및 제37조제7항 단서에 따라 같은 조 제1항에 따른 준공인가 전에 용지 또는 시설물을 사용할 수 있도록 인정받은 자로 하여금 영구시설물을 축조하게 할 수 있다.

제24조【토지소유자에 대한 환지】 ① 사업시행자는 해당 사업이 완료된 후 다음 각 호의 어느 하나에 해당하는 자에게 대통령령으로 정하는 바에 따라 환지(換地)하여 줄 수 있다.
1. 산업단지 안의 토지를 소유하고 있는 자로서 산업단지개발계획에서 정한 내용에 적합한 공장, 지식산업 관련 시설, 문화산업 관련 시설, 정보통신산업 관련 시설, 재활용산업 관련 시설, 자원비축시설, 물류시설 및 그 밖에 대통령령으로 정하는 시설을 설치하려는 자
2. 산업단지 안의 토지를 소유하고 있는 자로서 첨단과학기술산업의 발전을 위한 교육·연구시설을 설치하려는 자
3. 산업단지 안의 토지를 소유하고 있는 자로서 산업단지의 효율 증진을 위한 업무시설·정보처리시설·지원시설·전시시설·유통시설을 설치하려는 자
4. 제16조제1항제6호의 사업시행자가 개발하는 산업단지 안의 토지를 소유하고 있는 자

(2014.1.14 본항개정)

② 제1항에 따른 환지를 하는 경우에는 대통령령으로 정하는 사항 외에는 「도시개발법」 제28조부터 제49조까지의 규정을 준용한다.

제25조【타인의 토지에의 출입 등】 ① 산업단지지정권자가 산업단지를 지정하거나 사업시행자가 산업단지개발사업을 시행하기 위하여 필요할 때에는 타인의 토지에 출입하거나 일시사용할 수 있으며 나무, 흙, 돌, 그 밖의 장애물을 변경하거나 제거할 수 있다.

② 제1항에 따른 타인의 토지에의 출입 등에 관하여는 「국토의 계획 및 이용에 관한 법률」 제130조 및 제131조를 준용한다.

제26조【공공시설 및 토지등의 귀속】 ① 제16조제1항제1호에 따른 사업시행자가 산업단지개발사업의 시행으로 새로 공공시설을 설치하거나 기존의 공공시설에 대체되는 공공시설을 설치한 경우에는 「국유재산법」 및 「공유재산 및 물품 관리법」에도 불구하고 기존의 공공시설은 사업시행자에게 무상으로 귀속되고, 새로 설치된 공공시설은 그 시설을 관리할 국가 또는 지방자치단체에 무상으로 귀속된다.

② 제16조제1항제2호부터 제8호까지의 규정에 따른 사업시행자가 산업단지개발사업의 시행으로 새로 설치한 공공시설은 그 시설을 관리할 국가 또는 지방자치단체에 무상으로 귀속되고, 산업단지개발사업의 시행으로 인하여 용도가 폐지되는 국가 또는 지방자치단체 소유의 재산은 「국유재산법」 및 「공유재산 및 물품 관리법」에도 불구하고 그가 새로 설치한 공공시설의 설치비용에 상당하는 범위에서 그 사업시행자에게 무상으로 양도할 수 있다.(2019.12.10 본항개정)

③ 실시계획승인권자가 제1항 및 제2항에 따른 공공시설의 귀속 및 양도에 관한 사항이 포함된 산업단지개발사업의 실시계획을 승인하려는 경우에는 미리 그 관리청의 의견을 들어야 한다. 실시계획을 변경하는 경우에도 또한 같다.

④ 제1항 및 제2항에 따라 관리청에 귀속될 공공시설과 사업시행자에게 귀속 또는 양도될 재산에 관하여 사업시행자는 그 산업단지개발사업의 준공 전에 그 종류와 세부 목록을 관리청에 통지하여야 하며, 해당 공공시설과 재산은 그 사업이 준공되어 관리청에 준공인가 통지를 한 때에 국가 또는 지방자치단체에 귀속되거나 사업시행자에게 귀속 또는 양도된 것으로 본다.

⑤ 제4항에 따른 귀속 또는 양도의 경우 「국유재산법」 제44조 및 「공유재산 및 물품 관리법」 제30조에도 불구하고 국가 또는 지방자치단체에 귀속될 공공시설의 가액(價額)은 실시계획 승인 당시 해당 공공시설의 설치에 드는 예상 비용으로 하고, 사업시행자에게 귀속 또는 양도될 재산에 대한 가액은 실시계획 승인 당시를 기준으로 「공익사업을 위한 토지 등의 취득 및 보상에 관한 법률」을 준용하여 평가한 금액으로 한다.(2020.6.9 본항개정)

⑥ 제1항 및 제2항에 따라 귀속 또는 양도되는 기존의 공공시설에 대하여는 「국유재산법」 제32조 및 제47조와 「공유재산 및 물품 관리법」 제22조 및 제32조에도 불구하고 산업단지개발사업의 시행기간 동안 해당 재산에 대한 사용료 및 대부료를 면제한다.

⑦ 제4항에 따른 공공시설과 재산의 등기를 할 때에는 산업단지개발사업의 실시계획승인서와 산업단지개발사업의 준공인가서로 「부동산등기법」에 따른 등기원인(登記原因)을 증명하는 서면을 갈음할 수 있다.

⑧ 제1항부터 제7항까지에 규정된 공공시설의 범위는 대통령령으로 정한다.

제27조【국유지·공유지의 처분 제한 등】 ① 산업단지에 있는 국가 또는 지방자치단체 소유의 토지로서 제2조제9호 각 목의 사업에 필요한 토지는 해당 산업단지개발사업 목적 외의 목적으로 매각하거나 양도할 수 없다.

② 산업단지에 있는 국가 또는 지방자치단체 소유의 재산은 「국유재산법」, 「공유재산 및 물품 관리법」, 그 밖의 다른 법령에도 불구하고 사업시행자(입주업체를 포함한다)에게 수의계약으로 임대 또는 양도할 수 있다. 이 경우 그 재산의 용도폐지(행정재산인 경우로 한정한다. 이하 같다) 및 양도에 관하여는 실시계획승인권자가 미리 관계 행정기관의 장과 협의하여야 한다.

③ 제2항 후단에 따른 협의 요청을 받으면 관계 행정기관의 장은 그 요청을 받은 날부터 30일 이내에 용도폐지 및 양도, 그 밖에 필요한 조치를 하여야 한다.

④ 제2항에 따라 사업시행자에게 임대 또는 양도하려는 재산 중 관리청이 분명하지 아니한 재산은 다른 법령에도 불구하고 기획재정부장관이 관리 또는 처분한다.

⑤ 사업시행자 중 공기업 등 대통령령으로 정하는 자가 산업단지에 있는 국가 소유의 재산을 매입할 때에는 「국유재산법」 제50조제1항에도 불구하고 대통령령으로 정하는 바에 따라 매입대금을 분할 납부할 수 있다.

제28조【비용의 부담】 ① 산업단지개발사업에 필요한 비용은 사업시행자가 부담한다. 다만, 국가 또는 지방자치단체는 대통령령으로 정하는 바에 따라 산업단지개발사업에 필요한 비용의 일부를 보조할 수 있다.

② 제1항 단서에 따라 국가 또는 지방자치단체가 보조할 수 있는 비용의 종목과 비율에 관하여는 대통령령으로 정한다.

제29조【기반시설 지원】 ① 산업단지의 원활한 조성을 위하여 필요한 항만·도로·용수시설·철도·통신·전기시설 등 대통령령으로 정하는 기반시설은 국가 또는 지방자치단체 및 해당 시설을 공급하는 자가 우선적으로 지원한다.

② 제1항에 따라 기반시설을 우선적으로 지원할 수 있는 대상은 다음 각 호의 어느 하나에 해당하는 산업단지를 말한다.
1. 면적이 30만제곱미터 이상으로서 낙후지역 개발 및 지역균형발전을 위하여 산업육성이 필요하다고 국토교통부장관이 인정하는 지역에 개발 중인 산업단지 (2023.6.9 본호개정)
2. 심의회에서 산업입지정책에 따라 지원이 필요하다고 인정하는 산업단지

(2015.12.29 본항신설)

③ 제1항에 따른 기반시설에 대한 지원 범위는 대통령령으로 정한다.(2015.12.29 본항개정)

④ 제1항에 따른 지원 규모, 지원방법 등 기본적인 사항은 심의회의 심의를 거쳐 국토교통부장관이 정한다.(2013.3.23 본항개정)

(2016.12.20 본조제목개정)

제29조의2【기반시설 지원에 대한 타당성 평가】 ① 국토교통부장관은 제29조에 따라 기반시설을 지원할 경우 대통령령으로 정하는 기반시설에 대해서는 사전에 사업의 타당성을 평가하여야 한다. 다만, 「국가재정법」 제38조에 따른 예비타당성조사 대상사업은 제외한다.

② 국토교통부장관은 제1항에 따른 타당성 평가를 대통령령으로 정하는 기관 또는 단체를 전문기관으로 지정하여 수행하게 할 수 있다.
③ 제1항에 따른 타당성 평가의 방법 및 기준, 제2항에 따른 전문기관의 지정 및 운영 등에 필요한 사항은 대통령령으로 정한다.
(2016.12.20 본조신설)
제29조의3【국가산업단지 기반시설의 유지보수비 지원】 ① 국가는 국가단지실시계획 또는 제29조에 따라 설치된 국가산업단지 기반시설에 대하여 안전상 필요하다고 인정하는 경우에는 예산의 범위에서 해당 기반시설의 유지·보수 또는 개량에 필요한 비용의 일부를 지원할 수 있다.
② 제1항에 따라 국가가 지원할 수 있는 대상과 범위는 대통령령으로 정한다.
(2015.12.29 본조신설)
제30조【기존 공장의 존치 등】 ① 사업시행자는 산업단지에 있는 기존의 공장 또는 건축물이나 그 밖의 공작물을 이전 또는 철거하지 아니하여도 산업단지개발사업에 지장이 없다고 인정할 때에는 이를 존치하게 할 수 있다.
② 사업시행자는 산업단지와 연접하여 있는 기존의 개별입지 공장의 소유자가 산업단지 안에 포함되기를 원할 경우에는 해당 공장을 산업단지개발사업에 포함하여 개발할 수 있으며, 연접 여부에 대한 판단은 대통령령으로 정하는 바에 따른다. 이 경우 산업입지개발지침에 따라 산업단지에 적용되는 녹지·도로율 등에 대한 기준은 기존의 개별입지 공장지역에 대하여 적용하지 아니할 수 있다.
제31조【산업단지 외의 사업에 대한 준용】 산업단지의 인근 지역에서 산업단지개발사업에 직접 관련되는 사업(도로·용수공급시설 사업 등 대통령령으로 정하는 사업으로 한정한다)을 시행하는 경우 해당 사업에 관하여는 제12조, 제17조, 제17조의2, 제18조, 제18조의2, 제19조, 제19조의2, 제20조, 제20조의2, 제21조부터 제29조까지, 제29조의2, 제32조부터 제38조까지, 제47조, 제48조, 제48조의3 및 제49조부터 제52조까지를 준용한다. 이 경우 "산업단지"는 "산업단지 외의 사업에 대한 실시계획승인이 고시된 지역"으로, "산업단지의 지정·고시"는 "산업단지 외의 사업에 대한 실시계획승인의 고시"로, "개발계획"은 "산업단지 외의 사업에 대한 실시계획"으로 본다.
(2016.12.20 본조개정)
제32조【선수금】 사업시행자는 그가 조성하는 용지를 분양받거나 시설물을 이용하려는 자로부터 대통령령으로 정하는 바에 따라 대금의 전부 또는 일부를 미리 받을 수 있다.
제33조【시설 부담】 ① 실시계획승인권자는 사업시행자에게 도로, 공원, 녹지, 그 밖에 대통령령으로 정하는 공공시설을 설치하게 하거나 녹지를 보존하게 할 수 있다.
② 사업시행자는 제1항에 따라 설치하는 시설(대통령령으로 정하는 시설은 제외한다) 등의 비용에 충당하기 위하여 그 비용의 범위에서 제30조에 따른 존치시설물의 소유자에게 시설부담금을 내게 할 수 있다.(2016.12.20 본항개정)
③ 제2항에 따른 시설부담금은 시설부담금 단가〔기반시설표준시설비용(「국토의 계획 및 이용에 관한 법률」 제68조제3항에 따라 국토교통부장관이 고시한 것을 말한다)에 민간 개발사업자의 부담률(「국토의 계획 및 이용에 관한 법률」 제68조제5항을 준용한다), 용도별 가중치 등을 곱하여 산정한다〕에 존치하는 부지 면적을 곱하여 산정한다. 이 경우 용도별 가중치 등 시설부담금 단가의 구체적인 산정방식은 대통령령으로 정한다.(2018.6.12 본항개정)
④ 대통령령으로 정하는 존치시설물의 소유자에 대해서는 제2항에 따른 시설부담금을 면제한다.(2018.6.12 본항개정)
⑤ 제2항에 따른 시설부담금의 징수방법, 그 밖에 필요한 사항은 대통령령으로 정한다.(2018.6.12 본항개정)
제34조【이의신청 등】 ① 제33조에 따라 시설부담금을 부과받은 자가 부과받은 사항에 대하여 이의가 있는 경우에는 부과받은 날부터 60일 이내에 사업시행자에게 이의신청사유 및 증명자료 등을 첨부하여 이의를 신청할 수 있다.
② 사업시행자는 제1항에 따른 이의신청이 있는 때에는 그 신청을 받은 날부터 15일 이내에 그 결과를 신청인에게 서면으로 통보하여야 한다.
③ 제1항에 따라 이의를 신청한 자는 그 이의신청과 관계없이 「행정심판법」에 따른 행정심판 또는 「행정소송법」에 따른 행정소송을 제기할 수 있다.
(2012.6.1 본조신설)
제35조【시설부담금의 부과·징수 및 납부 등】 ① 제33조에 따른 시설부담금의 납부기한은 시설부담금을 부과한 날부터 1개월로 한다. 이 경우 사업시행자는 시설부담금을 부과받은 자에게 시설부담금을 분할하여 납부하게 할 수 있다.
② 사업시행자는 납부의무자가 시설부담금을 납부기한까지 내지 아니하면 납부기한이 지난 후 10일 이내에 독촉장을 발부하여야 한다. 이 경우 납부기한은 독촉장 발부일부터 10일로 한다.
③ 사업시행자는 납부의무자가 납부기한까지 시설부담금을 내지 아니하면 시설부담금의 100분의 1에 해당하는 가산금을 부과할 수 있다.(2023.4.18 본항개정)
④ 사업시행자는 납부의무자가 체납된 시설부담금을 납부하지 아니하여 제3항에 따른 가산금을 징수하는 때에는 체납된 시설부담금에 납부기한의 다음 날부터 납부일 전일까지의 기간과 금융회사 등이 연체대출금에 대하여 적용하는 이자율 등을 고려하여 대통령령으로 정하는 이자율을 곱한 금액을 제3항에 따른 가산금에 더하여 징수한다. 이 경우 가산금의 총액은 체납된 시설부담금의 100분의 3을 초과할 수 없다.(2023.4.18 본항신설)
⑤ 행정청인 사업시행자는 납부의무자가 독촉장을 받고도 지정된 기한까지 시설부담금과 가산금을 내지 아니하면 국세 또는 지방세 체납처분의 예에 따라 징수할 수 있다.
⑥ 행정청이 아닌 사업시행자는 대통령령으로 정하는 바에 따라 시장·군수 또는 구청장에게 제5항에 따른 시설부담금과 가산금의 징수를 위탁할 수 있다. 이 경우 행정청이 아닌 사업시행자는 징수된 금액 중 일부를 대통령령으로 정하는 바에 따라 징수비용으로 지급하여야 한다.
(2023.4.18 전단개정)
(2014.1.14 본조신설)
제36조【이주대책 등】 ① 사업시행자는 「공익사업을 위한 토지 등의 취득 및 보상에 관한 법률」에서 정하는 바에 따라 산업단지의 개발로 인하여 생활의 근거를 상실하게 되는 자(이하 "이주자"라 한다)에 대한 이주대책 등을 수립·시행하여야 한다.
② 산업단지에 입주하는 기업은 특별한 사유가 없으면 이주자 또는 인근 지역의 주민을 우선적으로 고용하여야 한다.
③ 시·도지사, 시장·군수·구청장 또는 사업시행자는 이주자에 대한 직업전환훈련, 소득창출사업지원, 그 밖에 주민의 재정착에 필요한 지원대책 등을 대통령령으로 정하는 바에 따라 수립·시행할 수 있다.(2014.1.14 본항신설)
제37조【개발사업의 준공인가】 ① 사업시행자가 산업단지개발사업을 완료하였을 때에는 지체 없이 대통령령으로 정하는 바에 따라 실시계획승인권자의 준공인가를 받아야 한다.
② 제1항에 따라 준공인가 신청을 받은 실시계획승인권자는 지체 없이 준공검사를 하여야 한다. 이 경우 실시계획승인권자는 효율적인 준공검사를 위하여 필요하면 공기업 등 대통령령으로 정하는 기관에 의뢰하여 준공검사를 할 수 있다.
③ 준공인가 신청 내용에 포함된 공공시설을 인수하거나 관리하게 될 국가기관 또는 지방자치단체의 장은 해당 산업단지의 실시계획승인권자에게 준공검사에 참여할 것을 요청할 수 있다. 이 경우 실시계획승인권자는 특별한 사유가 없으면 요청에 따라야 한다.
④ 실시계획승인권자는 제2항에 따른 준공검사 결과 실시계획대로 완료된 경우에는 준공인가를 하고 국토교통부령으로 정하는 바에 따라 이를 공고한 후 사업시행자에게 통지하여야 하며, 실시계획대로 완료되지 아니한 경우에는 지체 없이 보완시공 등 필요한 조치를 명하여야 한다.(2013.3.23 본항개정)
⑤ 실시계획승인권자가 제1항에 따른 준공인가를 하였을 때에는 대통령령으로 정하는 바에 따라 공고하고 이를 사업시행자에게 통지하여야 한다.
⑥ 사업시행자가 제1항에 따른 준공인가를 받은 때에는 제21조와 제23조에 따라 실시계획 승인으로 의제되는 인·허가등에 따른 해당 사업의 준공검사 또는 준공인가를 받은 것으로 본다.
⑦ 제1항에 따른 준공인가 전에는 산업단지개발사업으로 조성된 용지나 설치된 시설물을 사용할 수 없다. 다만, 사업시행자(제16조제1항제3호 중 산업단지개발계획에 적합한 시설을 설치하여 입주하려는 자는 제외한다)가 산업단지개발사업에 지장이 없다고 인정하는 경우에는 그러하지 아니하다.
⑧ 제16조제1항제3호 중 해당 산업단지개발계획에 적합한 시설을 설치하여 입주하려는 자의 자격으로 사업시행자 지정을 받은 자가 준공인가 전에 그 시설을 사용할 필요가 있는 경우에는 실시계획 승인권자의 사전 승인을 받아야 한다.
제38조【개발한 토지·시설 등의 처분】 ① 사업시행자가 개발한 토지·시설 등 중 산업단지관리기본계획이 수립된 지역 안의 토지·시설 등을 분양·임대·양도(이하 이 조에서 "처분"이라 한다)하려는 경우에는 처분계획을 작성하여 「산업집적활성화 및 공장설립에 관한 법률」 제30조에 따른 관리기관(이하 이 조에서 "관리기관"이라 한다)과 협의하여야 하며, 관리기관은 협의 요청일부터 20일 이내에 의견을 통지하여야 한다.
② 사업시행자는 개발한 토지·시설 등 중에서 제1항의 산업단지관리기본계획에 따른 관리대상지역 외의 지역에 있는 토지·시설 등을 대통령령으로 정하는 바에 따라 처분할 수 있다.
③ 사업시행자는 「산업집적활성화 및 공장설립에 관한 법률」 제31조에 따른 산업단지관리공단이 설립되어 있고 처분 업무의 효율적인 수행을 위하여 필요하다고 판단하는 경우에는 산업단지관리공단과 계약을 체결하여 개발한 토지·시설 등의 분양·임대에 관한 업무를 위탁할 수 있다.
④ 사업시행자는 제1항에 따른 처분계획을 작성하기 전에 관리기관에 대하여 산업단지관리기본계획에서 허용하는 각 구역별 건축물의 범위가 제6조, 제7조 및 제7조의2에 따른 산업단지개발계획과 일치되도록 산업단지관리기본계획을 변경할 것을 요청할 수 있다.
⑤ 사업시행자는 산업단지개발사업에 건축사업이 포함된 경우에는 건축사업으로 발생한 분양수익을 기반시설 설치 등 대통령령으로 정하는 바에 따라 산업시설용지의 가격인하 용도로 사용하여야 한다.
⑥ 산업단지개발사업 중 건축사업을 할 수 있는 사업시행자가 「산업집적활성화 및 공장설립에 관한 법률」 제2조제13호에 따른 지식산업센터를 건설하는 경우에는 100분의 50의 범위에서 대통령령으로 정하는 비율에 따라 일부를 임대용으로 공급하여야 한다. 다만, 2018년 12월 31일까지 지식산업센터를 건설하는 경우에는 그러하지 아니하다.(2017.4.18 단서신설)
⑦ 제1항에 따른 처분계획의 내용·처분방법·처분절차·가격기준 등에 관하여 필요한 사항은 대통령령으로 정한다. 이 경우 국가 또는 지방자치단체인 사업시행자가 임대하는 경우의 임대조건·임대방법·임대절차 및 임대료 산정기준 등에 관하여는 「국유재산법」 및 「공유재산 및 물품 관리법」의 관련 규정을 적용하지 아니한다.
⑧ 제1항에 따른 사업시행자가 중소기업에 임대할 목적으로 공장용지를 분양받으려는 자에게 분양할 경우 그 가격기준 및 납부방법 등은 국토교통부령으로 따로 정할 수 있다.(2013.3.23 본항개정)
⑨ 제16조제1항제3호의 사업시행자 중 해당 산업단지개발계획에 적합한 시설을 설치하여 입주하고자 하는 자는 직접 개발하여 사용하는 토지·시설 등을 「산업집적활성화 및 공장설립에 관한 법률」 제15조제1항에 따른 공장설립등의 완료신고 전 또는 같은 조 제2항에 따른 사업개시 신고 전에 처분할 수 없으며, 공장설립등의 완료신고 후 5년 또는 사업개시 신고 후 5년이 지나야 처분할 수 있다. 다만, 다음 각 호의 어느 하나에 해당하는 경우에는 사업시행자가 산업단지지정권자의 승인을 받아 직접 처분할 수 있다.(2018.6.12 본문개정)
1. 상속 또는 법인의 분할·합병으로 소유권을 이전하는 경우
2. 법인에 대한 현물출자로 인한 소유권의 이전으로서 당초의 사업시행자가 법인에 현물출자하여 출자총액 또는 발행주식 총수의 100분의 50 이상을 소유하게 되는 경우
3. 사업시행자가 「산업발전법」 제21조에 따른 구조조정 대상기업으로서 기업구조조정을 위하여 처분하는 경우
4. 그 밖에 대통령령으로 정하는 경우
(2015.9.1 1호~4호신설)
⑩ 제9항 본문에도 불구하고 공장설립등의 완료신고 전 또는 신고 후 5년 및 사업개시 신고 전 또는 신고 후 5년 이내에 처분하려면 관리기관에 양도하여야 한다. 다만, 관리기관이 토지·시설 등을 매입할 수 없는 경우에는 사업시행자가 산업단지지정권자의 승인을 받아 직접 처분할 수 있다.(2015.9.1 본문개정)
⑪ 제10항에 따라 관리기관에 양도하는 경우 양도가격에 대하여는 「산업집적활성화 및 공장설립에 관한 법률」 제39조제5항을 준용한다.(2012.6.1 본항신설)
제38조의2【원형지의 공급과 개발】 ① 사업시행자는 제38조에도 불구하고 현상설계(懸賞設計) 등에 따른 창의적 개발안을 받아들일 필요가 있거나 다양한 용도를 수용하기 위한 복합적 개발이 필요한 경우에는 대통령령으로 정하는 바에 따라 공모를 통하여 선정된 자(제6조제6항에 따라 공모에 당선된 자를 포함한다)에게 원형지(조성하지 아니한 상태의 토지를 말한다)를 공급할 수 있다. 이 경우 원형지로 공급할 수 있는 면적은 해당 산업단지 전체 면적의 3분의 1 이내로 한정한다.
② 제1항에 따른 원형지의 공급절차 등에 관하여는 「도시개발법」 제25조의2제2항부터 제5항까지, 제7항 및 제8항을 준용한다. 이 경우 "시행자"는 "사업시행자"로 본다.
③ 제1항에 따라 원형지를 공급받아 개발하는 자(이하 "원형지개발자"라 한다)는 10년의 범위에서 대통령령으로 정하는 기간 안에는 원형지를 매각할 수 없다. 다만, 이주용 주택이나 공공·문화 시설 등 대통령령으로 정하는 경우로서 미리 지정권자의 승인을 받은 경우에는 예외로 한다.
④ 원형지개발자의 선정기준, 원형지 공급의 절차와 기준 및 공급가격, 시행자와 원형지개발자의 업무범위 및 계약방법 등에 필요한 사항은 대통령령으로 정한다.
(2015.9.1 본조신설)
제38조의3【산업단지관리기본계획의 준수】 제16조에 따른 사업시행자는 개발한 토지·시설 등 중 산업단지관리기본계획에 따른 관리대상지역 안의 토지·시설 등을 처분하려는 경우에는 산업단지관리기본계획을 준수하여야 한다.
제38조의4【외국인을 위한 산업단지의 지정 등】 ① 산업단지지정권자는 외국인의 국내투자를 촉진하기 위하여 필요한 경우 또는 산업통상자원부장관이 요청하는 경우에는 산업단지의 전부 또는 일부에 외국인을 위한 산업단지를 지정할 수 있다. 이 경우 외국인을 위한 산업단지를 「외국인투자 촉진법」 제18조에 따라 외국인투자지역으로 지정할 수 있다.(2014.1.14 본항개정)
② 국가, 지방자치단체, 공기업 등은 제1항에 따라 지정·개발되는 외국인을 위한 산업단지의 전부 또는 일부를

분양받아 외국인에게 매각하거나 임대할 수 있다. 이 경우 「외국인투자 촉진법」 제13조를 준용한다.(2014.1.14 전단개정)
③ 산업단지지정권자는 외국의 실수요 기업이 특수한 산업을 위한 산업단지의 개발을 요청하는 경우에는 우선적으로 산업단지를 지정·개발할 수 있다.
제38조의5【지방이전기업 전용 산업단지】 ① 시·도지사는 「수도권정비계획법」 제2조제1호에 따른 수도권(「접경지역 지원 특별법」 제2조제1호에 따른 접경지역은 제외한다)에 있는 기업의 지방이전을 촉진하기 위하여 필요한 경우 또는 지방이전을 원하는 기업이 요청하는 경우에는 지방이전기업 전용 산업단지(이하 "이전기업전용단지"라 한다)를 지정·개발할 수 있다.
② 이전기업전용단지의 지정기준 및 공급방법에 관하여 필요한 사항은 대통령령으로 정한다.
③ 이전기업전용단지의 지정·개발에 관하여는 제7조, 제7조의2부터 제7조의4까지, 제8조, 제8조의3, 제9조부터 제13조까지, 제13조의2, 제13조의3, 제13조의4, 제16조, 제18조, 제18조의2, 제19조, 제19조의2, 제20조, 제20조의2, 제21조부터 제34조까지, 제36조부터 제38조까지, 제45조, 제46조, 제46조의2부터 제46조의7까지, 제47조부터 제52조까지의 규정을 준용한다.(2016.12.20 본항개정)
제38조의6【이전기업전용단지의 특례】 ① 시·도지사는 이전기업전용단지를 지정하기 위하여 농지 또는 산지 전용 및 전략환경영향평가 등에 대하여 관계 행정기관의 장과 협의하는 경우 관계 행정기관의 장은 이전기업이 원활히 입지할 수 있도록 우선적으로 협조하여야 한다.
② 시·도지사는 제1항에 따른 관계 행정기관의 장과의 협의 과정에서 의견조정을 위하여 필요한 경우 심의회에 조정을 요청할 수 있으며, 시·도지사 및 관계 행정기관의 장은 심의회의 조정 결과를 따라야 한다.(2012.6.1 본항개정)
③ 국가 또는 지방자치단체는 이전기업전용단지의 원활한 조성 및 육성을 위하여 제28조에 따른 비용 및 제29조에 따른 시설을 우선적으로 지원하여야 한다.
④ 시·도지사는 이전기업전용단지를 지정할 때 국유지·공유지를 우선적으로 활용하여 지정할 수 있으며, 이에 따른 협의 요청을 받은 국유지·공유지의 관리청은 적극 협조하여야 한다.
⑤ 국가는 이전기업이 산업시설용지의 영구임대를 원하는 경우에는 우선적으로 임대전용산업단지로 지정하여 지원하여야 한다.
⑥ 국가 또는 지방자치단체는 이전기업전용단지에 입주하려는 자에 대하여 토지 또는 건물 등의 분양가나 임대료 등을 감면할 수 있다.
⑦ 제11조에 따라 민간기업 등이 이전기업전용단지 지정을 요청하는 경우에는 실시계획승인 신청을 할 때 함께 요청할 수 있다.
⑧ 이전기업전용단지를 조성하려는 경우 제5조에 따른 산업단지 지정 요건 및 기준에 관한 사항을 적용하지 아니하며, 제8조의2에 따른 산업단지지정의 제한 규정을 적용하지 아니할 수 있다.
⑨ 이전기업전용단지를 조성하려는 경우 제7조제1항 및 제7조의2제1항에도 불구하고 시·도지사가 지정한다.
제38조의7 (2012.6.1 삭제)
제39조【특수지역개발사업에의 준용】 ① 산업과 인구의 합리적 배치나 그 밖에 국가의 특별한 경제적·사회적 목적 달성을 위하여 포괄적인 계획에 따른 체계적인 개발이 필요한 토지개발사업과 기반시설조성사업(이하 "특수지역개발사업"이라 한다)에 관하여는 제6조, 제7조의4, 제10조, 제12조, 제13조, 제13조의4, 제16조제3항, 제17조, 제17조의2, 제19조의2, 제20조, 제20조의2, 제21조부터 제34조까지, 제36조부터 제38조까지, 제39조의2부터 제39조의11까지, 제39조의14부터 제39조의17까지, 제39조의19부터 제39조의21까지, 제46조의2부터 제46조의4까지, 제47조 및 제50조를 준용한다. 다만, 제6조제8항에도 불구하고 산업시설용지 면적은 산업단지 유상공급면적의 100분의 25 이상이 되도록 하여야 한다.(2016.12.20 본문개정)
② 특수지역개발사업은 국토교통부장관이 시행한다. 다만, 국토교통부장관이 특수지역개발사업의 효율적 시행을 위하여 특히 필요하다고 인정하는 경우에는 공기업 또는 「지방공기업법」에 따른 지방공기업을 특수지역개발사업의 시행자(이하 "특수사업시행자"라 한다)로 할 수 있다.(2015.5.18 단서개정)
③ 제1항에 따라 특수지역개발사업이 이루어지는 지역(이하 "특수지역"이라 한다) 중 제6조의 준용에 따른 산업단지개발계획에서 산업단지로 정하여진 구역에 대하여는 제6조의 준용에 따라 특수지역개발사업이 지정 또는 변경된 때 제6조에 따른 국가산업단지의 지정 또는 변경이 있은 것으로 보며, 제17조 및 제17조의2의 준용에 따라 특수지역개발사업 실시계획의 승인 또는 변경이 있은 때에는 제2항에 따른 특수사업시행자의 지정, 제17조 및 제17조의2에 따른 국가산업단지개발실시계획의 승인 또는 변경이 있은 것으로 본다.(2015.5.18 본항개정)
④ 준공된 특수지역에서 시행되는 개발행위는 제16조제1항에 규정된 자가 시행할 수 있다.
⑤ 제1항에도 불구하고 특수사업시행자는 현상설계(懸賞設計) 등에 따른 창의적 개발안을 받아들일 필요가 있거나 다양한 용도를 수용하기 위한 복합적 개발이 필요한 경우에는 공모를 통하여 선정한 자(이하 "공모당선자"라 한다)에게 토지를 공급할 수 있다. 이 경우 특수사업시행자는 공모당선자에게 원형지(조성하지 아니한 상태의 토지를 말한다. 이하 같다)를 공급하여 개발하게 할 수 있다.(2015.5.18 본항신설)
⑥ 제5항에 따른 토지의 공급 방법 및 원형지의 공급과 개발에 관하여는 「도시개발법」 제26조제2항 및 제25조의2를 각각 준용한다. 이 경우 제25조의2 중 "시행자"는 각각 "특수사업시행자"로 보며, 같은 조 제1항 중 "도시개발구역"은 "특수지역"으로, 같은 조 제1항제4호 중 "국가 또는 지방자치단체"는 "특수사업시행자"로 본다.
(2015.5.18 본항신설)
⑦ 특수지역에 대한 전기공급 및 그 설치비용 등에 관한 사항은 「기업활동 규제완화에 관한 특별조치법」 제24조를 준용한다. 이 경우 "산업단지"는 "특수지역"으로, "산업단지개발사업"은 "특수지역개발사업"으로, "산업단지개발실시계획"은 "특수지역개발실시계획"으로, "산업단지개발사업의 시행자, 입주기업, 지방자치단체 등"은 "특수사업시행자"로 본다.(2015.5.18 후단개정)

제5장 산업단지 등의 재생
(2009.12.29 본장신설)

제39조의2【재생사업지구의 지정】 ① 시·도지사 또는 시장·군수·구청장(이하 "재생사업지구지정권자"라 한다)은 산업구조의 변화, 산업시설의 노후화 및 도시지역의 확산 등으로 산업단지 또는 공업지역의 재생이 필요한 경우에는 해당 산업단지 또는 공업지역을 재생사업지구로 지정할 수 있다. 이 경우 준공(부분준공을 포함하며, 공업지역은 지정을 말한다. 이하 같다)된 후 20년 이상 지난 산업단지 또는 공업지역을 우선하여 지정하여야 한다.(2015.8.11 전단개정)
② 재생사업지구지정권자는 효과적인 재생사업을 위하여 필요할 때에는 산업단지 또는 공업지역의 주변 지역을 포함하거나 지리적으로 연접하지 아니한 둘 이상의 지역을 하나의 재생사업지구로 지정할 수 있다. 다만, 재생사업지구에 포함되는 산업단지 또는 공업지역의 주변 지역 면적은 해당 산업단지 또는 공업지역 면적의 100분의 50을 초과할 수 없다.(2015.8.11 본문개정)
③ 재생사업지구가 둘 이상의 시·도 또는 시·군·구에 걸쳐 있는 경우 재생사업지구의 지정절차는 대통령령으로 정하는 바에 따른다.
④ 재생사업은 대통령령으로 정하는 바에 따라 산업단지 또는 공업지역의 일부에 대하여 시행할 수 있다.
⑤ 재생사업지구지정권자는 제1항 및 제2항에 따라 재생사업지구를 지정하려는 경우에는 산업단지 재생계획(이하 "재생계획"이라 한다)을 수립하여 해당 지역을 관할하는 시장·군수·구청장(특별자치도지사를 제외한 시·도지사의 경우만 해당한다) 및 해당 재생사업지구에 포함된 산업단지 관리권자의 의견을 듣고 국토교통부장관을 비롯한 관계 행정기관의 장과 협의하여야 한다. 대통령령으로 정하는 중요 사항을 변경하려는 경우에도 같다.
(2015.8.11 전단개정)
⑥ 재생계획에는 다음 각 호의 사항이 포함되어야 한다. 다만, 재생사업의 효율적인 추진을 위하여 제3호, 제6호의2, 제7호, 제9호부터 제14호까지의 사항은 제39조의7에 따른 재생시행계획에 포함시킬 수 있다.(2015.8.11 단서개정)
1. 재생사업지구의 명칭·위치·면적
2. 재생사업의 기본방향과 목적
3. 재생사업의 시행자
4. 재생사업 시행방법(존치지역에 관한 사항을 포함한다)
5. 재생사업지구 기초조사와 현황조사
6. 산업재배치 또는 업종첨단화 계획 및 이에 대한 수요조사
6의2. 재생사업지구 지정으로 의제하려는 산업단지의 종류(2015.8.11 본호신설)
7. 토지이용계획, 교통·물류·환경 등 기반시설(「국토의 계획 및 이용에 관한 법률」 제2조제6호에 해당하는 기반시설을 말한다. 이하 같다)계획 등
8. 재생사업지구의 입주기업, 토지소유자, 관련 이해당사자의 의견
9. 기반시설의 비용분담계획
10. 기반시설의 민간투자사업에 관한 계획(필요한 경우만 해당한다)
11. 단계적 사업추진에 관한 사항
12. 수용·사용할 토지·건축물 또는 그 밖의 물건이나 권리가 있는 경우에는 그 세부 목록
13. 재원 조달계획
14. 그 밖에 대통령령으로 정하는 사항
⑦ 제1항 및 제2항에 따라 다음 각 호의 산업단지를 재생사업지구로 지정하려는 경우에는 다음 각 호에서 정하는 바에 따른다. 대통령령으로 정하는 중요 사항을 변경하려는 경우에도 같다.
1. 국가산업단지 또는 국토교통부장관이 지정한 도시첨단산업단지
가. 시·도지사가 지정하려는 경우에는 국토교통부장관의 승인을 받아야 한다.
나. 시장·군수·구청장이 지정하려는 경우에는 시·도지사와 협의한 후에 국토교통부장관의 승인을 받아야 한다.
2. 시장·군수·구청장이 시·도지사가 지정한 일반산업단지 또는 도시첨단산업단지를 재생사업지구로 지정하려는 경우에는 시·도지사의 승인을 받아야 한다.
(2015.8.11 본항개정)
⑧ 국토교통부장관은 제7항제1호에 따라 재생사업지구의 지정을 승인하려면 심의회의 심의를 거쳐야 한다.
(2015.8.11 본항개정)
⑨ 재생사업지구지정권자는 재생사업지구의 지정 또는 변경 내용을 국토교통부장관에게 통보(제7항제1호에 따라 국토교통부장관의 승인을 받은 경우는 제외한다)하여야 한다. 이 경우 시장·군수·구청장은 그 지정 또는 변경 내용을 시·도지사에게도 통보(제7항제2호에 따라 시·도지사의 승인을 받은 경우는 제외한다)하여야 한다.
(2015.8.11 본항개정)
(2011.8.4 본조개정)
제39조의3【재생사업지구 지정의 고시】 ① 재생사업지구지정권자는 제39조의2제1항 및 제2항에 따라 재생사업지구를 지정하는 경우에는 대통령령으로 정하는 사항을 공보에 고시하여야 하며, 시·도지사(특별자치도지사는 제외한다)가 재생사업지구를 지정·고시할 때에는 관계 서류의 사본을 관할 시장·군수·구청장에게 보내야 한다.
(2015.8.11 본항개정)
② 재생사업지구로 지정되는 지역에 재생사업에 필요한 수용·사용할 토지·건축물 또는 그 밖의 물건이나 권리가 있는 경우에는 제1항에 따른 고시 내용에 그 토지 등의 세부 목록을 포함하여야 한다. 다만, 제39조의2제6항 각 호 외의 부분 단서에 따라 재생사업지구의 지정 후에 수용·사용할 토지 등의 세부 목록을 제39조의7에 따른 재생시행계획에 포함하는 경우에는 그 토지 등의 세부 목록을 제39조의7제5항에 따라 고시하여야 한다.
(2015.8.11 단서개정)
③ 제1항에 따라 재생사업지구의 지정·고시가 있는 때(제39조의2제6항 각 호 외의 부분 단서에 따라 사업시행자, 수용·사용할 토지 등의 세부 목록 등을 재생사업지구가 지정된 후에 재생시행계획에 포함시키는 경우에는 이의 고시가 있는 때를 말한다)에는 「공익사업을 위한 토지 등의 취득 및 보상에 관한 법률」 제20조제1항 및 같은 법 제22조에 따른 사업인정 및 사업인정의 고시가 있는 것으로 본다.(2015.8.11 본항개정)
④ 제1항에 따라 재생사업지구의 지정을 고시하거나 관계 서류의 사본을 받은 특별자치도지사 또는 시장·군수·구청장은 이를 일반인이 열람할 수 있도록 하여야 한다.
(2011.8.4 본조개정)
제39조의4【공장소유자 등의 의견청취】 ① 재생사업지구지정권자는 제39조의2에 따라 재생사업지구를 지정하거나 중요 사항을 변경하려는 경우에는 해당 재생사업지구에 속한 주민, 공장소유자 등 이해관계인과 관계 전문가 등의 의견을 들어야 하고, 그 의견이 타당하다고 인정할 때에는 이를 반영하여야 한다.
② 제1항에 따른 의견청취 등에 필요한 사항은 대통령령으로 정한다.
(2015.8.11 본조개정)
제39조의5【재생사업지구 지정 요청】 ① 제11조제1항에 따라 산업단지 지정을 요청할 수 있는 자는 재생계획을 작성하여 재생사업지구지정권자에게 재생사업지구의 지정을 요청할 수 있다.
② 제1항에 따라 시·도지사(특별자치도지사는 제외한다)에게 재생사업지구의 지정을 요청하는 경우에는 해당 지역을 관할하는 시장·군수·구청장에게 지정 요청 관련 서류를 동시에 제출하여 미리 검토할 수 있도록 하여야 한다.
③ 제1항에 따라 재생사업지구가 지정된 경우 그 지정을 요청한 자는 제16조 및 제39조의10에 따라 재생사업의 시행자로 지정받을 수 있다.
④ 제1항에 따라 재생사업지구의 지정을 요청하는 경우 해당 재생사업지구의 규모와 그 밖에 재생사업지구의 지정 요청에 필요한 사항은 대통령령으로 정한다.
⑤ 중앙행정기관의 장은 재생사업지구지정권자에게 재생사업지구의 지정을 요청할 수 있다. 이 경우 중앙행정기관의 장은 제39조의2제6항제1호, 제2호 및 제4호부터 제6호까지의 사항을 첨부하여야 한다.
(2015.8.11 본조개정)
제39조의6【재생사업의 시행방식】 재생사업은 다음 각 호의 어느 하나에 해당하는 방식으로 시행하거나 필요한 경우에는 이를 혼용하여 시행할 수 있다.
1. 재정비방식 : 재생사업지구지정권자가 재생사업지구의 기반시설 정비와 연계하여 토지이용계획 변경 등의 재생계획 및 재생시행계획을 수립하고 이에 따라 토지소유자, 입주기업 등이 정비하는 방식
2. 수용방식 : 사업시행자가 재생사업지구 내 토지 등을 전부 또는 일부 수용하거나 사용하여 사업을 시행하는 방식
3. 환지방식 : 사업시행자가 재생사업지구 내 토지소유자 등에게 환지를 통하여 사업을 시행하는 방식
(2015.8.11 본조개정)

제39조의7【재생시행계획의 승인】 ① 재생사업을 시행하려는 자는 재생사업지구 전부 또는 일부에 대하여 대통령령으로 정하는 바에 따라 재생시행계획을 수립하여 재생사업지구지정권자의 승인을 받아야 한다. 승인을 받은 사항(대통령령으로 정하는 경미한 사항은 제외한다)을 변경하려는 경우에도 같다.
② 재생사업지구지정권자는 재생사업을 창의적이고 효율적으로 추진하기 위하여 대통령령으로 정하는 바에 따라 재생시행계획안을 공모하고 이에 따라 선정된 안을 재생시행계획에 반영할 수 있다. 이 경우 선정된 재생시행계획안의 응모자가 제16조제1항에 따른 자격요건을 갖춘 경우에는 해당 응모자를 우선하여 사업시행자로 지정할 수 있다.
③ 재생사업지구 내 토지소유자는 해당 소유 토지를 포함한 주변지역(재생사업지구 내로 한정한다)을 대상으로 재생사업지구지정권자에게 제1항에 따른 재생시행계획의 입안을 제안할 수 있다. 이 경우 재생시행계획의 제안을 위한 주변지역 토지소유자 동의, 제안서의 처리 등에 관하여 필요한 사항은 대통령령으로 정한다.
④ 재생사업지구지정권자가 제1항에 따라 재생시행계획을 승인하려는 경우에는 해당 재생사업지구에 포함된 산업단지 관리권자의 의견을 듣고 국토교통부장관을 비롯한 관계 행정기관의 장과 협의하여야 한다.
⑤ 재생사업지구지정권자는 제1항에 따라 재생시행계획을 승인하였을 때에는 대통령령으로 정하는 사항을 공보에 고시하여야 하며, 시·도지사(특별자치도지사는 제외한다)가 승인한 경우에는 관계 서류의 사본을 관할 시장·군수·구청장에게 보내야 한다.
⑥ 특별자치도지사 또는 시장·군수·구청장은 제5항에 따라 재생시행계획의 승인을 고시하거나 관계 서류의 사본을 받은 경우에 도시·군관리계획 결정 사항이 포함되어 있을 때에는 「국토의 계획 및 이용에 관한 법률」 제32조에 따라 지형도면의 승인 신청 등 필요한 절차를 밟아야 한다. 이 경우 사업시행자는 지형도면 고시 등에 필요한 서류를 특별자치도지사 또는 시장·군수·구청장에게 제출하여야 한다.
⑦ 제5항에 따라 재생시행계획의 승인을 고시하거나 관계 서류의 사본을 받은 특별자치도지사 또는 시장·군수·구청장은 이를 일반인이 열람할 수 있도록 하여야 한다.
(2015.8.11 본조개정)

제39조의8【토지소유자 등의 동의】 ① 재생사업지구지정권자는 사업시행자가 제39조의6제2호 및 제3호에 따라 수용, 사용 또는 환지방식으로 재생사업을 시행하고자 하는 경우에는 해당 방식으로 시행되는 토지면적의 2분의 1 이상에 해당하는 토지소유자의 동의와 토지소유자 총수(그 지상권자를 포함하며, 1필지의 토지를 여러 명이 공유하는 경우 그 여러 명은 1인으로 본다. 이하 같다) 및 건축물 소유자 총수(집합건물의 경우 각 구분소유자 각자를 1인의 소유자로 본다. 이하 같다) 각 2분의 1 이상의 동의를 받은 후 재생시행계획을 승인·고시하여야 한다.
② 제1항에 따른 동의자 수의 산정방법과 그 밖에 필요한 사항은 대통령령으로 정한다.
(2015.8.11 본조개정)

제39조의9【순환개발방식의 개발사업】 ① 사업시행자는 재생사업을 원활하게 시행하기 위하여 필요한 경우 제39조의14제1항에 따른 입주기업 지원대책을 재생시행계획에 포함할 수 있으며, 인근 지역에 입주기업을 위한 임시 조업시설을 제공할 수 있다.
② 제1항에 따라 임시 조업시설을 제공받은 자가 재생사업이 완료된 이후에도 임시 조업시설을 계속 사용하고자 하는 경우에는 이를 분양하거나 계속 임대할 수 있으며, 이 경우 임시 조업시설의 사용자가 환지 대상자이거나 이주대책 대상자인 경우에는 대통령령으로 정하는 바에 따라 환지 대상에서 제외하거나 이주대책을 수립한 것으로 본다.
(2015.8.11 본조개정)

제39조의10【재생사업에의 준용】 ① 재생사업에 관하여는 제5조, 제12조(재생사업지구지정권자가 재생사업을 원활하게 시행하기 위하여 필요하다고 인정하는 지역의 경우에만 준용한다), 제13조, 제16조, 제16조의2, 제20조, 제20조의2, 제21조, 제22조(제2항은 제외한다), 제23조부터 제34조까지, 제36조부터 제38조까지, 제45조, 제46조 및 제46조의2를 준용한다. 이 경우 "산업단지"는 "재생사업지구"로, "산업단지개발계획"은 "재생계획"으로 보고, "산업단지지정권자" 및 "실시계획승인권자"는 각각 "재생사업지구지정권자"로 보며, "산업단지개발실시계획"은 "재생시행계획"으로 보고, 제23조제1항 중 "제6조, 제7조, 제7조의2부터 제7조의4까지 또는 제8조"는 "제39조의2 및 제39조의3"으로 본다.(2015.8.11 본항개정)
② 제1항에 따라 제16조를 준용하는 경우 같은 조 제1항 제6호 중 "산업단지 안의 토지의 소유자"는 건축물의 소유자와 그 지상권자를 포함하는 것으로 본다.
③ 재생사업지구지정권자는 재생사업의 촉진을 위하여 필요하다고 인정하는 경우에는 재생계획 및 제39조의7에 따른 재생시행계획을 통합한 재생사업지구계획을 수립 및 승인·고시할 수 있다. 이 경우 「산업단지 인·허가 절차 간소화를 위한 특례법」 제7조부터 제16조까지 및 제21조부터 제27조까지의 규정을 준용한다.
(2015.8.11 전단개정)
(2011.8.4 본조개정)

제39조의11【재생사업지구 지정에 따른 산업단지 지정 의제 등】 ① 제39조의2 및 제39조의3에 따라 재생사업지구가 지정·고시된 때에는 제6조, 제7조, 제7조의2부터 제7조의4까지 및 제8조에 따라 산업단지가 지정된 것으로 본다. 다만, 재생사업지구에 공업지역이나 주변지역이 포함된 경우에는 제39조의7에 따른 재생시행계획이 승인·고시된 때에 산업단지가 지정·고시된 것으로 본다.
② 제39조의7에 따라 재생시행계획이 승인·고시된 때에는 제17조, 제17조의2, 제18조, 제18조의2, 제19조 및 제19조의2에 따라 산업단지개발실시계획이 승인·고시된 것으로 본다.
(2015.8.11 본조개정)

제39조의12【재생사업 활성화구역의 지정】 ① 재생사업지구지정권자는 재생사업의 효율적인 추진과 복합적인 토지이용을 촉진하기 위하여 재생사업 활성화구역(이하 "활성화구역"이라 한다)을 지정할 수 있다. 이 경우 활성화구역은 해당 재생사업지구 전체면적의 100분의 30을 초과할 수 없다.
② 재생사업지구지정권자는 제1항에 따라 활성화구역을 지정하려면 재생사업 활성화계획(이하 "활성화계획"이라 한다)을 수립하여 관할 시장·군수·구청장의 의견을 듣고 관계 행정기관의 장과 협의한 후에 국토교통부장관의 승인을 받아야 한다. 활성화계획을 변경하려는 경우에도 또한 같다.
③ 활성화계획에는 다음 각 호의 사항이 포함되어야 한다.
1. 활성화계획의 목적
2. 활성화계획의 내용 및 효과
3. 기반시설의 설치·정비에 관한 계획
4. 재원조달계획 및 예산집행계획
5. 그 밖에 대통령령으로 정하는 사항
④ 재생사업지구지정권자는 제1항 및 제2항에 따라 활성화구역을 지정·변경하거나 활성화계획을 수립·변경하였을 때에는 그 내용을 고시하여야 하며 고시 및 열람에 대해서는 제39조의7을 준용한다. 활성화계획이 승인·고시된 때에는 제39조의7에 따른 재생시행계획이 수립·변경된 것으로 본다.
⑤ 활성화구역에서 재생사업 시행을 위한 사업시행자 범위, 사업 시행방식 등 그 세부사항에 대하여는 대통령령으로 정하는 바에 따른다.
(2015.8.11 본조개정)

제39조의13【활성화구역에 대한 특례】 ① 재생사업지구지정권자는 활성화계획 수립 시 필요한 경우 시·도의 조례에도 불구하고 「국토의 계획 및 이용에 관한 법률」 제77조 및 제78조에 따른 용도지역별 최대한도 범위에서 건폐율 및 용적률을 완화하여 계획할 수 있다.
② 활성화구역 사업시행자에 대해서는 제39조의15에 따른 개발이익 재투자를 적용하지 아니한다.
③ 국가 또는 지방자치단체는 활성화구역에 대하여 기반시설 설치비용 등을 우선 지원할 수 있다.
④ 활성화구역에 대하여는 다음 각 호의 법률 규정을 적용하지 아니할 수 있다.
1. 「주택법」 제35조에 따른 주택의 배치, 부대시설·복리시설의 설치기준 및 대지조성기준(2016.1.19 본호개정)
2. 「주차장법」 제19조에 따른 부설주차장의 설치
3. 「도시공원 및 녹지 등에 관한 법률」 제14조에 따른 도시공원 및 녹지의 확보
4. 「문화예술진흥법」 제9조에 따른 건축물에 대한 미술작품의 설치
(2015.8.11 본조신설)

제39조의14【입주기업 지원대책】 ① 사업시행자는 제39조의7에 따른 재생시행계획을 수립할 때에는 대통령령으로 정하는 바에 따라 재생사업지구의 입주기업에 대한 조업 실태조사를 실시하고 대체산업단지 및 임시 조업시설 등의 대책을 마련하여야 한다.
② 국가 및 지방자치단체는 입주기업에 대한 보호대책을 수립·시행하는 사업시행자에게 임시 부지의 무상제공 등의 지원을 할 수 있다.
(2015.8.11 본조신설)

제39조의15【개발이익의 재투자】 사업시행자는 재생사업으로 인하여 발생하는 이익을 대통령령으로 정하는 바에 따라 재생사업지구의 산업시설용지 분양가격 인하와 기반시설·공공시설 설치 등의 용도로 사용하여야 한다.

제39조의16【토지거래 계약에 관한 허가구역의 지정】 제39조의2 및 제39조의3에 따라 재생사업지구로 지정·고시된 때에는 해당 재생사업지구에 대하여 「부동산 거래신고 등에 관한 법률」 제10조에 따른 토지거래계약에 관한 허가구역으로 지정된 것으로 본다.(2016.1.19 본조개정)

제39조의17【재생사업 지원을 위한 특례】 ① 재생계획 수립권자는 시·도 교육감과 협의하여 「초·중등교육법」에 따른 학교시설기준을 교육에 지장이 없는 범위에서 완화하는 내용으로 재생계획을 수립할 수 있다. 이 경우 구체적인 적용 범위 등에 관하여 필요한 사항은 대통령령으로 정한다.
② 재생사업지구에 적용되는 녹지율 및 도로율 등에 대한 기준은 재생사업지구에 포함되는 산업단지 및 공업지역의 준공 연도 및 주변 여건 등을 고려하여 산업입지개발지침으로 정하는 녹지율 및 도로율 등의 100분의 50을 초과하는 범위에서 해당 시·도의 조례로 따로 정할 수 있다.
③ 제2항에도 불구하고 제39조의6제1호에 따른 재정비방식으로 시행되는 재생사업지구에는 산업입지개발지침으로 정하는 녹지율 및 도로율을 적용하지 아니할 수 있다.
④ 재생사업의 시행자는 제2조제9호에도 불구하고 같은 호 가목, 다목 및 라목에서 규정한 건축사업 중 대통령령으로 정하는 건축사업을 포함하여 재생사업을 시행할 수 있다.
⑤ 제39조의2에 해당하는 재생사업지구에 대한 산업시설용지의 면적은 제6조제8항에도 불구하고 산업단지 전체면적 중 제26조에 따른 공공시설을 제외한 면적의 100분의 40 이상이 되도록 하여야 한다.(2015.9.1 본항개정)
(2015.8.11 본조개정)

제39조의18【재생사업의 총괄관리】 ① 재생사업지구지정권자는 재생사업을 효율적으로 추진하기 위하여 재생계획 수립단계에서부터 다음 각 호에 해당하는 자를 총괄사업관리자로 지정할 수 있다. 다만, 시·도지사가 총괄사업관리자를 지정하는 경우에는 관할 시장·군수·구청장과 협의하여야 한다.
1. 「한국토지주택공사법」에 따라 설립된 한국토지주택공사
2. 「지방공기업법」에 따라 주택사업을 수행하기 위하여 설립된 지방공사(이하 "지방공사"라 한다)
② 제1항에 따라 지정된 총괄사업관리자는 지방자치단체의 장을 대행하여 다음 각 호의 업무를 수행한다.
1. 재생사업지구에서의 모든 재생사업의 총괄관리
2. 도로 등 기반시설의 설치
3. 기반시설 비용 지원금의 관리
4. 재생계획 수립 시 기반시설 설치계획 등의 자문에 대한 조언
5. 그 밖에 이 법에서 규정하는 업무 및 대통령령으로 정하는 업무
(2015.8.11 본조신설)

제39조의19【산업단지재생특별회계의 설치 및 운영】 ① 재생사업지구지정권자는 재생사업의 활성화 지원을 위하여 대통령령으로 정하는 바에 따라 산업단지재생특별회계를 설치·운용할 수 있다.
② 산업단지재생특별회계의 세입은 다음 각 호와 같다.
1. 「지방세법」 제112조(제1항제1호는 제외한다)에 따라 부과·징수되는 재산세 중 대통령령으로 정하는 일정 비율 이상의 금액
2. 「재건축초과이익 환수에 관한 법률」에 따른 재건축부담금 중 지방자치단체 귀속분
3. 「수도권정비계획법」에 따라 시·도에 귀속되는 과밀부담금 중 해당 시·도의 조례로 정하는 비율의 금액
4. 일반회계로부터의 전입금
5. 차입금
6. 제39조의15에 따른 개발이익재투자를 위한 환수금
7. 해당 산업단지재생특별회계 자금의 융자회수금, 이자수익금 및 그 밖의 수익금
8. 그 밖에 시·도 조례로 정하는 재원(2020.6.9 본호개정)
③ 산업단지재생특별회계의 세출은 다음 각 호와 같다.
1. 재생사업을 위한 조사·연구비
2. 재생계획 및 재생시행계획의 수립 비용
3. 기반시설 정비 비용
4. 재생시행계획에 따른 재생사업을 위한 자금 지원
5. 산업단지재생특별회계의 조성·운용 및 관리를 위한 경비
6. 그 밖에 필요한 사항으로 해당 지방자치단체의 조례로 정하는 사항
④ 산업단지재생사업을 제39조의6제3호에 따른 환지 방식으로 시행하는 경우에는 회계의 구분을 위하여 사업별로 특별회계를 설치하여야 한다.
(2015.8.11 본조신설)

제39조의20【산업단지재생추진협의회 설립】 ① 재생사업을 신속하게 추진하거나 창의적인 개발을 도모하기 위하여 입주기업으로부터 제안 또는 자문을 듣거나, 중요사항에 대한 협의 또는 갈등을 조정하기 위하여 산업단지재생추진협의회(이하 "추진협의회"라 한다)를 둘 수 있다.
② 추진협의회는 재생사업지구지정권자의 승인을 받아 설치할 수 있으며, 해당 재생사업지구의 사업시행자, 입주기업, 토지소유자 및 지역주민, 해당 지방자치단체 소속 공무원 및 관계 전문가 등으로 구성한다.
③ 추진협의회는 다음 각 호의 사항을 협의 또는 조정할 수 있다.
1. 재생시행계획 수립 시 주민의견 수렴에 관한 사항
2. 재생시행계획의 내용에 관한 사항
3. 재생사업과 관련하여 재생사업지구지정권자, 사업시행자, 토지소유자, 입주기업, 지역주민 등 이해관계자 사이의 의견 조정에 관한 사항
④ 추진협의회의 구성·운영 등에 필요한 사항은 대통령령으로 정한다.
(2015.8.11 본조신설)

제39조의21【이의신청 등】 ① 사업시행자가 제39조의15에 따른 개발이익의 재투자에 대하여 이의가 있는 경우에는 준공인가일부터 60일 이내에 재생사업지구지정권자에게 이의신청사유 및 증명자료 등을 첨부하여 이의를 신청할 수 있다.
② 재생사업지구지정권자는 제1항에 따른 이의신청이 있는 때에는 그 신청을 받은 날부터 15일 이내에 그 결과를

신청인에게 서면으로 통보하여야 한다.
③ 제1항에 따라 이의를 신청한 자는 그 이의신청과 관계없이 「행정심판법」에 따른 행정심판 또는 「행정소송법」에 따른 행정소송을 제기할 수 있다.
(2015.8.11 본조신설)

제39조의22【재생사업과 도시재생사업의 연계】 ① 특별시장·광역시장·특별자치시장·특별자치도지사·시장 또는 군수(광역시 관할구역에 있는 군의 군수는 제외한다)는 재생사업의 효과를 제고하고 도시의 경제적·사회적·물리적 활성화를 위하여 필요한 경우 재생사업지구 또는 재생사업지구와 그 주변지역을 「도시재생 활성화 및 지원에 관한 특별법」에 따른 도시재생활성화지역으로 우선 지정하고, 그 지역에 대하여 도시재생활성화계획을 수립할 수 있다. 이 경우 도시재생활성화지역 지정 및 도시재생활성화계획의 수립에 관하여는 「도시재생 활성화 및 지원에 관한 특별법」에 따른다.
② 국가 및 지방자치단체는 제1항에 따른 도시재생활성화지역에 대하여 「도시재생 활성화 및 지원에 관한 특별법」 제27조제1항 각 호의 사항에 필요한 비용의 전부 또는 일부를 우선적으로 보조하거나 융자할 수 있다.
(2015.9.1 본조신설)

제6장 산업단지 외 지역의 공장입지
(2011.8.4 본장개정)

제40조【입지지정 및 개발에 관한 기준】 ① 국토교통부장관은 산업단지 외의 지역에서의 공장설립을 위한 입지지정과 지정 승인된 입지의 개발에 관한 기준을 작성·고시할 수 있다.(2013.3.23 본항개정)
② 제1항에 따른 기준을 작성하려면 산업통상자원부장관 및 관계 중앙행정기관의 장과 협의한 후 심의회의 심의를 거쳐야 한다. 다만, 대통령령으로 정하는 경미한 사항의 변경은 그러하지 아니하다.(2013.3.23 본문개정)
③ 제1항에 따른 기준을 작성하기 위하여 필요한 사항은 대통령령으로 정한다.

제40조의2【공장입지 유도지구의 지정】 ① 시·도지사(도지사는 제외한다) 또는 시장·군수·구청장은 「국토의 계획 및 이용에 관한 법률」 제36조제1항제2호다목에 따른 계획관리지역에 3만제곱미터 이상 50만제곱미터 미만의 범위에서 해당 지방자치단체에 두는 도시계획위원회의 심의를 거친 후 공장입지 유도지구를 지정할 수 있다.
(2016.12.20 본항개정)
② 제1항에 따른 공장입지 유도지구(이하 "공장입지 유도지구"라 한다)의 지정권자(이하 "공장입지유도지구지정권자"라 한다)는 공장입지 유도지구를 지정하려면 「환경영향평가법」에 따른 전략환경영향평가(「환경영향평가법」 제9조에 따른 전략환경영향평가 대상계획으로 본다), 「자연재해대책법」에 따른 재해영향평가등 및 「농지법」에 따른 농지에 대하여 관계 행정기관과 협의를 거쳐야 한다.(2017.10.24 본항개정)
③ 공장입지유도지구지정권자는 공장입지 유도지구를 지정하거나 변경한 경우에는 대통령령으로 정하는 사항을 고시하여야 한다.(2016.12.20 본항신설)
④ 공장입지유도지구지정권자는 제3항에 따른 고시를 하였을 때에는 「토지이용규제 기본법」 제8조에 따라 지형도면을 작성·고시하여야 한다.(2016.12.20 본항신설)
⑤ 공장입지 유도지구에 관하여는 제7조의4, 제12조, 제21조, 제47조, 제48조 및 제50조를 준용한다.
⑥ 공장입지 유도지구의 지정 기준 및 방법에 관하여 필요한 사항은 대통령령으로 정한다.

제40조의3【공장입지 유도지구의 특례】 ① 「산업집적활성화 및 공장설립에 관한 법률」 제13조제1항에 따른 공장설립등의 승인권자(이하 "공장설립승인권자"라 한다)는 공장입지 유도지구에서의 공장설립을 승인하려는 경우에는 「국토의 계획 및 이용에 관한 법률」에 따른 도시계획위원회의 심의, 「환경영향평가법」에 따른 전략환경영향평가 및 「자연재해대책법」에 따른 재해영향평가등을 거치지 아니하고 승인할 수 있다.(2017.10.24 본항개정)
② 공장입지 유도지구에 대한 지구단위계획구역 및 지구단위계획은 「국토의 계획 및 이용에 관한 법률」 제30조에도 불구하고 공장입지유도지구지정권자가 결정하며, 지구단위계획에 대하여 필요한 사항은 같은 법 제52조에도 불구하고 국토교통부장관이 별도로 정할 수 있다.
③ 공장설립승인권자는 「국토의 계획 및 이용에 관한 법률」 제76조에도 불구하고 대통령령으로 정하는 기준에 적합한 공동 오·폐수처리시설이 설치되고, 「물환경보전법」 제2조제8호에 따른 특정수질유해물질이 같은 법 제32조에 따른 배출허용기준 이하로 배출되는 경우에는 공장설립을 승인할 수 있다.(2017.1.17 본항개정)
④ 공장입지 유도지구 중 대통령령으로 정하는 요건에 해당되는 지구에 대하여는 제28조 및 제29조에 따른 비용의 보조나 시설 지원을 할 수 있다. 이 경우 제29조에 따른 기반시설 지원에 관하여는 제29조의2를 준용한다.
(2016.12.20 본조개정)

제41조 (2007.4.6 삭제)

제42조 (1993.8.5 삭제)

제43조【공장설립민원실의 활용】 시·도지사, 시장·군수 또는 구청장은 산업입지 및 공장설립과 관련한 인가·허가 사항을 「산업집적활성화 및 공장설립에 관한 법률」 제19조에 따라 시·도 및 시·군·구에 설치된 공장설립민원실에서 종합처리하도록 하여야 한다.

제44조【유치지역 지정에 따른 산업단지개발】 ① 국토교통부장관은 「산업집적활성화 및 공장설립에 관한 법률」 제23조에 따라 산업통상자원부장관으로부터 유치지역 지정계획안에 대한 협의를 요청받았을 때에는 대상지역의 적정성, 개발방법 등에 대한 대안을 제시하여야 한다.
(2013.3.23 본항개정)
② 산업단지지정권자는 「산업집적활성화 및 공장설립에 관한 법률」 제23조에 따라 고시된 유치지역을 우선적으로 산업단지로 지정·개발하여야 한다.
③ 제1항에 따른 대안에 포함될 내용 등 필요한 사항은 대통령령으로 정한다.

제7장 보 칙
(2011.8.4 본장개정)

제45조【조세 및 부담금의 감면】 ① 국가 또는 지방자치단체는 산업단지의 원활한 조성 및 육성, 중소기업용 산업용지 임대사업(제46조의6에 따른 임대전용산업단지를 포함한다)의 육성을 위하여 「조세특례제한법」·「관세법」·「지방세특례제한법」에서 정하는 바에 따라 법인세·소득세·관세·취득세·등록면허세·농어촌특별세·재산세·교육세 및 종합부동산세 등의 조세를 감면할 수 있다.
② 국가 및 지방자치단체는 산업단지개발사업을 원활히 시행하기 위하여 필요한 경우에는 「개발이익환수에 관한 법률」, 「농지법」, 「초지법」 및 「산지관리법」에서 정하는 바에 따라 부담금을 감면할 수 있다.

제46조【자금 지원】 국가 또는 지방자치단체는 산업단지의 원활한 조성, 단지 내 입주업체의 유치 및 중소기업용 산업용지 임대사업의 육성과 중소기업을 위한 지식산업센터의 건축을 위하여 자금 지원에 대한 필요한 조치를 할 수 있다.(2012.6.1 본조개정)

제46조의2【지원단지의 조성 등의 특례】 ① 사업시행자는 산업단지 내 또는 산업단지 인근지역에 입주기업 종사자 등을 위한 주거·문화·복지·교육시설 등을 위한 지원단지를 조성할 수 있다.
② 제1항에 따른 지원단지의 조성은 산업단지개발사업으로 할 수 있다.
③ 입주기업 종사자 등의 주거마련을 위하여 필요한 경우 제1항에 따라 조성되는 지원단지에서 건설·공급되는 주택에 대하여 「주택법」 제54조에도 불구하고 대통령령으로 정하는 바에 따라 주택공급의 기준을 따로 정할 수 있다.(2016.1.19 본항개정)
(2014.1.14 본조개정)

제46조의3【사립학교의 설립에 관한 특례】 ① 사업시행자가 산업단지의 특성에 맞는 인력 양성과 교육 여건의 개선을 위하여 학교를 설립하려는 경우에는 산업단지개발계획과 실시계획에 학교설립 계획을 포함하여 작성하여야 한다.
② 산업단지지정권자는 제1항에 따른 학교설립 계획이 포함되어 있는 산업단지개발계획 또는 실시계획을 승인하려는 경우에는 미리 교육부장관 또는 교육감과 협의하여야 한다.(2013.3.23 본항개정)
③ 교육감은 사업시행자가 제2항에 따른 협의를 거쳐 승인된 산업단지개발계획과 실시계획에 포함된 학교시설사업을 시행하기 위하여 「학교시설사업 촉진법」 제4조에 따라 학교시설사업 시행계획의 승인신청을 한 경우에는 이를 검토하여 승인하여야 한다.
④ 사업시행자가 제1항부터 제3항까지의 절차를 거친 후 「초·중등교육법」 제4조제2항 및 「고등교육법」 제4조에 따라 학교에 대한 설립인가를 신청하려는 경우에는 「사립학교법」 제3조에 따른 학교법인을 설립한 후 학교법인이 설립인가를 신청하여야 한다.

제46조의4【학교 및 교육과정 운영의 특례】 ① 산업단지에서 산업단지의 특성에 맞는 인력 양성과 교육 여건의 개선을 위하여 「초·중등교육법」 제61조에 따른 특례의 적용을 받는 학교 또는 교육과정을 운영하려는 학교의 장은 특별자치도지사 또는 시장·군수·구청장의 추천으로 관할 교육감의 지정을 받아야 한다.
② 제1항에 따른 특례를 적용받는 학교의 추천기준은 대통령령으로 정한다.
③ 제1항에 따라 운영되는 학교 또는 교육과정에 참여하는 교원 및 학생 등은 이로 인하여 불이익을 받지 아니한다.

제46조의5【북한지역의 공장입지의 개발 및 지원】 정부는 북한지역에 있는 남한기업 및 북한기업을 육성하기 위하여 공장입지의 개발을 지원할 수 있다.

제46조의6【임대전용산업단지】 ① 국가 또는 지방자치단체는 지역경제 활성화 및 저렴한 산업용지 공급을 위하여 제16조제1항제1호 및 제2호에 해당하는 기관으로 하여금 산업단지의 일부를 임대전용산업단지로 지정·운영하게 할 수 있다.
② 제1항에 따라 국가 또는 지방자치단체는 임대전용산업단지로 지정된 토지를 매입하거나 임대전용산업단지 사업시행자에게 국고 지원을 할 수 있다.
③ 국토교통부장관·지방자치단체의 장 및 「국유재산법」 제29조제1항에 따라 관리위탁을 받은 자는 제2항에 따라 매입한 토지를 「국유재산법」 및 「공유재산 및 물품 관리법」에도 불구하고 수의계약으로 기업 또는 개인에게 사용·수익 또는 대부(이하 "임대등"이라 한다)할 수 있다.
(2013.3.23 본항개정)
④ 제1항에 따라 지정하는 산업단지의 임대기간 등의 기준과 운영·관리에 필요한 사항은 대통령령으로 정하며, 제2항에 따라 국가 또는 지방자치단체가 매입한 토지의 관리 및 운영방법에 대하여는 「국유재산법」 및 「공유재산 및 물품 관리법」에도 불구하고 대통령령으로 따로 정할 수 있다.

제46조의7【임대전용산업단지의 적용특례】 ① 제46조의6에 따라 국가 또는 지방자치단체가 소유하는 토지를 임대등을 하는 경우 그 임대기간은 「국유재산법」 제35조제1항·제46조제1항 및 「공유재산 및 물품 관리법」 제21조제1항·제31조제1항에도 불구하고 50년의 범위 내로 할 수 있다.
② 제46조의6에 따라 국가 또는 지방자치단체가 소유하는 토지를 임대등을 하는 경우에는 「국유재산법」 제18조 및 「공유재산 및 물품 관리법」 제13조에도 불구하고 그 토지 위에 공장이나 그 밖의 영구시설물을 축조하게 할 수 있다. 이 경우 임대계약이 종료될 때에는 원상으로 회복하여 반환하는 조건으로 토지를 임대등을 할 수 있다.
③ 제46조의6에 따라 임대등을 하는 토지의 연간 임대료는 「국유재산법」 제32조제1항·제47조 및 「공유재산 및 물품 관리법」 제22조제1항·제32조에도 불구하고 토지 매입가격의 1퍼센트 이상으로 한다.
④ 국가가 매입한 토지의 관리위탁기간은 「국유재산법」 제29조제3항에도 불구하고 5년 이상으로 할 수 있다.

제46조의8【대학 교지의 일부를 포함하는 도시첨단산업단지의 개발 등에 관한 특례】 ① 국가, 지방자치단체, 대학법인 또는 과학기술원은 「국유재산법」 제18조, 「공유재산 및 물품 관리법」 제13조, 「고등교육법」 및 「사립학교법」에도 불구하고 대통령령으로 정하는 대학 교지(校地)의 일부를 포함하는 도시첨단산업단지의 경우에는 그 사업시행자(입주업체를 포함한다. 이하 이 조에서 같다)에게 대학 교지의 일부를 사용 또는 대부하여 건물(지식산업센터 및 대통령령으로 정하는 공공임대주택을 포함한다. 이하 이 조에서 같다)이나 그 밖의 영구시설물을 축조하게 할 수 있다. 이 경우 그 시설물의 종류·용도 등을 고려하여 사용허가 또는 대부계약 기간이 끝난 때에는 국가, 지방자치단체, 대학법인 또는 과학기술원은 그 시설물을 토지소유자인 국가, 지방자치단체, 대학법인 또는 과학기술원에 기부하거나 토지를 원상회복하여 반환하는 것을 조건으로 하여야 한다.(2022.6.10 본항개정)
② 제1항에 따른 도시첨단산업단지 중 대학 교지가 아닌 국유 또는 공유의 토지에 대해 국가 또는 지방자치단체는 「국유재산법」 제18조, 「공유재산 및 물품 관리법」 제13조, 제19조 및 제28조에도 불구하고 그 사업시행자에게 사용 또는 대부하여 건물이나 그 밖의 영구시설물을 축조하게 할 수 있다. 이 경우 그 시설물의 종류·용도 등을 고려하여 사용계약 또는 대부계약이 종료되었을 때에는 국가 또는 지방자치단체는 그 시설물을 국가 또는 지방자치단체에 기부하거나 토지를 원상회복하여 반환하는 것을 임대 조건으로 하여야 한다.
③ 국토교통부장관은 제1항에 따른 도시첨단산업단지에 입주할 수 있는 업종을 교육부장관 및 과학기술정보통신부장관과 협의하여 관보에 고시하여야 한다.
④ 사업시행자는 「국유재산법」 제30조제2항, 「공유재산 및 물품 관리법」 제20조제3항, 「고등교육법」 및 「사립학교법」에도 불구하고 제1항에 따라 축조한 시설물을 사용 또는 대부 목적과 동일한 용도로 사용하려는 다른 자에게 사용·수익하게 할 수 있다.
⑤ 국가 또는 지방자치단체는 제1항에 따른 사업시행자가 국유 또는 공유 재산을 사용 또는 대부하는 경우 그 사용기간 또는 대부기간은 「국유재산법」 제35조제1항 및 제46조제1항, 「공유재산 및 물품 관리법」 제21조제1항 및 제31조제1항에도 불구하고 50년의 범위 내로 할 수 있다. 이 경우 사용 또는 대부하는 재산의 연간 사용료 또는 대부료는 「국유재산법」 제32조제1항 및 제47조, 「공유재산 및 물품 관리법」 제22조제1항 및 제32조에도 불구하고 해당 재산가액의 1퍼센트 이상으로 한다.
⑥ 국가 또는 지방자치단체는 제1항에 따른 도시첨단산업단지의 원활한 조성을 위하여 사업시행자가 기업체에 임대할 목적의 건물을 건축하는 데에 드는 비용의 전부 또는 일부를 지원할 수 있다.
(2019.12.10 본조신설)

제47조【보고 및 검사 등】 ① 국토교통부장관, 시·도지사, 시장·군수 또는 구청장은 산업단지개발사업에 관하여 추진공정 및 산업단지개발계획(실시계획을 포함한다)의 승인조건 이행 여부 등 확인이 필요한 경우와 제48조제1항 각 호의 어느 하나에 해당한다고 판단하는 경우에는 사업시행자로 하여금 필요한 보고를 하게 하거나 자료의 제출을 명할 수 있으며, 소속 공무원으로 하여금 산업단지개발사업에 관한 업무를 검사하게 할 수 있다.
(2013.3.23 본항개정)
② 제1항에 따라 산업단지개발사업에 관한 업무를 검사하는 공무원은 긴급한 경우나 사전통지할 경우 증거인멸 등으로 조사 목적을 달성할 수 없다고 인정하는 경우를 제외하고는 검사 7일 전까지 검사 일시, 검사 이유 및 검사 내용 등에 대한 검사계획을 사전에 통지하여야 하며, 검사를 할 때에는 그 권한을 나타내는 증표를 지니고 이

를 관계인에게 보여주어야 한다.
③ 제2항에 따른 사전통지 및 증표에 관하여 필요한 사항은 국토교통부령으로 정한다.(2013.3.23 본항개정)
제48조【감독】 ① 국토교통부장관, 해양수산부장관, 시·도지사, 시장·군수 또는 구청장은 사업시행자가 다음 각 호의 어느 하나에 해당하는 경우에는 이 법에 따른 인가·승인 또는 지정을 취소하거나 공사의 중지, 공작물의 개축(改築)·이전, 그 밖에 필요한 조치를 할 수 있다.
(2014.1.14 본문개정)
1. 다음 각 목의 어느 하나에 해당하는 경우(다목에서 자목까지의 경우에는 제39조제1항 본문에서 준용하는 경우를 각각 포함한다)
가. 제8조의3, 제16조, 제17조, 제17조의2, 제18조, 제18조의2, 제19조, 제39조, 제39조의2 및 제39조의7에 따른 지정 또는 승인 시 부과된 조건을 지키지 아니하거나 산업단지개발계획·실시계획 또는 시행계획대로 산업단지개발사업을 시행하지 아니한 경우(2015.8.11 본목개정)
나. 제26조제4항에 따른 통지를 하지 아니한 경우
다. 제27조제2항에 따른 국유재산 및 공유재산의 임대 또는 양도 시 부과된 조건을 지키지 아니한 경우
라. 제32조를 위반하여 선수금을 지급받은 경우
마. 제33조제1항에 따른 실시계획승인권자의 명령을 위반한 경우
바. 제36조에 따른 이주대책 등을 수립하지 아니하거나 수립된 대책을 시행하지 아니한 경우
사. 제37조제1항을 위반하여 준공인가를 받지 아니한 경우나 같은 조 제8항을 위반하여 사전 승인을 받지 아니한 경우
아. 제38조에 따른 처분계획을 작성하지 아니하거나 처분계획과 다르게 토지·시설 등을 처분한 경우
자. 제38조의3을 위반하여 산업단지관리기본계획을 준수하지 아니한 경우(2015.9.1 본목개정)
차. 제46조의6제4항에 따른 임대전용산업단지의 기준과 운영·관리에 관한 사항을 위반한 경우
2. 거짓이나 그 밖의 부정한 방법으로 이 법에 따른 인가·승인 또는 지정을 받은 경우
3. 사정이 변경되어 산업단지개발사업을 계속 시행할 수 없게 된 경우
② 국토교통부장관, 해양수산부장관, 시·도지사, 시장·군수 또는 구청장은 제1항에 따라 다음 각 호의 어느 하나에 해당하는 처분을 하려면 청문을 하여야 한다.
(2014.1.14 본문개정)
1. 제16조제1항 또는 제2항에 따른 사업시행자 지정의 취소
2. 제17조, 제17조의2, 제18조, 제18조의2, 제19조에 따른 실시계획 승인 또는 변경승인의 취소(제39조제1항 본문에서 준용하는 경우를 포함한다)
③ 국토교통부장관, 해양수산부장관, 시·도지사, 시장·군수 또는 구청장은 제1항에 따른 처분을 하였을 때에는 대통령령으로 정하는 바에 따라 이를 고시하여야 한다.
(2014.1.14 본항개정)
제48조의2 (2008.2.29 삭제)
제48조의3【항만건설에 관한 관계 기관 간의 협조】 국토교통부장관, 시·도지사 및 시장·군수·구청장은 제6조·제7조·제7조의2 또는 제8조에 따라 공용 또는 공공용으로 사용하기 위한 방파제·호안·안벽·물양장, 그 밖에 이와 기능이 유사한 시설을 설치하는 항만건설사업이 포함되는 개발계획을 수립하는 때에는 해양수산부장관의 의견을 우선 반영하여야 한다.(2014.1.14 본조신설)
제49조【권한의 위임】 이 법에 따른 국토교통부장관 또는 해양수산부장관의 권한은 대통령령으로 정하는 바에 따라 그 일부를 시·도지사, 시장·군수·구청장 또는 소속 기관의 장에게 위임할 수 있다.(2014.1.14 본조개정)
제50조【관계 서류 등의 열람】 ① 사업시행자는 산업단지개발사업을 시행할 때 필요한 경우에는 국가 또는 지방자치단체에 필요한 서류의 열람 또는 복사나 그 등본 또는 초본의 발급을 청구할 수 있다.
② 국가 또는 지방자치단체는 제1항에 따라 발급하는 서류에 대하여는 수수료를 부과하지 아니한다.

제8장 벌 칙

(2011.8.4 본장제목삽입)

제51조【벌칙】 ① 제38조제9항을 위반하여 토지·시설 등을 처분한 자는 5년 이하의 징역 또는 5천만원 이하의 벌금에 처한다.
② 다음 각 호의 어느 하나에 해당하는 자는 2년 이하의 징역 또는 2천만원 이하의 벌금에 처한다.
1. 거짓이나 부정한 방법으로 제12조제1항(제8조의3제4항·제39조제1항 및 제39조의10제1항에서 준용하는 경우를 포함한다)에 따른 허가 또는 변경허가를 받은 자
2. 제48조제1항제2호(제8조의3제4항에서 준용하는 경우를 포함한다)의 행위를 한 사업시행자
3. (2015.1.6 삭제)
(2015.1.6 본항개정)
③ 다음 각 호의 어느 하나에 해당하는 자는 1년 이하의 징역 또는 1천만원 이하의 벌금에 처한다.
1. 제12조제1항(제8조의3제4항·제39조제1항 및 제39조의10제1항에서 준용하는 경우를 포함한다)을 위반하여 같은 항에 따른 허가 또는 변경허가를 받지 아니하고 건축물의 건축 등을 한 자
2. 제16조(제8조의3제4항 및 제39조의10제1항에서 준용하는 경우를 포함한다)에 따라 사업시행자의 지정을 받지 아니하고 산업단지개발사업을 시행한 자
(2015.1.6 본항신설)
(2012.6.1 본조개정)
제52조【양벌규정】 법인의 대표자나 법인 또는 개인의 대리인, 사용인, 그 밖의 종업원이 그 법인 또는 개인의 업무에 관하여 제51조의 위반행위를 하면 그 행위자를 벌하는 외에 그 법인 또는 개인에게도 해당 조문의 벌금형을 과(科)한다. 다만, 법인 또는 개인이 그 위반행위를 방지하기 위하여 해당 업무에 관하여 상당한 주의와 감독을 게을리하지 아니한 경우에는 그러하지 아니하다.
(2010.3.22 본조개정)
제53조【과징금】 ① 산업단지지정권자는 제38조제9항을 위반한 자에게는 해당 토지·시설 등의 양도차액에 상당하는 금액의 범위에서 과징금을 부과할 수 있다.
② 제1항에 따른 과징금의 부과절차, 납부기한 등 세부적인 시행기준은 대통령령으로 정한다.
③ 제1항에 따라 과징금 부과처분을 받은 자가 과징금을 기한까지 납부하지 아니하는 때에는 「지방행정제재·부과금의 징수 등에 관한 법률」에 따라 징수한다.
(2020.6.9 본항개정)
(2012.6.1 본조신설)

부 칙 (2014.1.14 법12253호)

제1조【시행일】 이 법은 공포한 날부터 시행한다. 다만, 제2조제7호의3, 제2조제9호, 제6조, 제13조의3, 제16조, 제17조의2, 제23조, 제35조, 제36조제3항, 제39조의16 및 제39조의17의 개정규정은 공포 후 6개월이 경과한 날부터 시행한다.
제2조【관계 중앙행정기관의 장과의 협의 등에 관한 적용례】 제7조제2항, 제7조의2제4항, 제8조제5항, 제17조제1항, 제18조제1항, 제18조의2제1항, 제19조제3항 및 제48조의3의 개정규정은 이 법 시행 후 최초로 지정하는 산업단지부터 적용한다.
제3조【토지소유자에 대한 환지에 관한 적용례】 제24조제1항의 개정규정은 이 법 시행 후 최초로 산업단지를 지정하거나 개발계획을 변경하는 분부터 적용한다.
제4조【이주대책 등에 대한 적용례】 제36조제3항의 개정규정은 이 법 시행 후 최초로 지정하는 산업단지부터 적용한다.
제5조【지원단지의 조성에 대한 적용례】 제46조의2의 개정규정은 부칙 제1조 단서에 따른 이 법 시행 후 최초로 사업시행자가 산업단지를 지정하거나 개발계획을 변경하는 분부터 적용한다.
제6조【사업시행자에 대한 의무임대공급의 한시적 면제에 관한 특례】 이 법 시행일부터 2015년 12월 31일까지 지식산업센터를 건설하는 경우 제38조제6항에도 불구하고 의무임대비율 적용을 면제한다. 이 경우 이 법 시행 후 최초로 분양계획서를 작성하는 경우부터 적용한다.

부 칙 (2015.8.11)

제1조【시행일】 이 법은 공포한 날부터 시행한다. 다만, 제4조, 제39조의7제2항 및 제3항, 제39조의12, 제39조의13, 제39조의19, 제39조의20의 개정규정은 공포 후 6개월이 경과한 날부터 시행한다.
제2조【토지소유자 등의 동의에 관한 경과조치】 이 법 시행 당시 종전의 규정에 따라 토지소유자 등의 동의를 받은 재생사업지구는 제39조의8의 개정규정에 따라 토지소유자 등의 동의를 받은 것으로 본다.
제3조【공업지역 및 주변지역을 재생사업지구로 지정 시에 산업단지지정 의제 시기에 관한 경과조치】 제39조의11제1항 단서의 개정규정에도 불구하고 종전의 규정에 따라 공업지역 및 주변지역이 재생사업지구로 지정된 경우에는 종전의 규정에 따른다.
제4조【다른 법률의 개정】 ①~② ※(해당 법령에 가제정리 하였음)

부 칙 (2015.9.1)

제1조【시행일】 이 법은 공포 후 6개월이 경과한 날부터 시행한다. 다만, 제6조제5항, 제7조의3, 제38조 및 제39조의22의 개정규정은 공포한 날부터 시행한다.
제2조【사업시행자에 대한 적용례】 제16조제1항제1호라목의 개정규정은 이 법 시행 후 최초로 산업단지를 지정하거나 사업시행자를 변경하는 분부터 적용한다.

부 칙 (2016.12.20)

제1조【시행일】 이 법은 공포한 날부터 시행한다. 다만, 제7조제1항, 제7조의2제1항, 제7조의3, 제10조제1항, 제13조, 제13조의2부터 제13조의4까지, 제22조, 제23조제2항제3호, 제29조의2, 제29조의3, 제31조, 제33조, 제38조의5제3항, 제39조제1항, 제40조의2, 제40조의3제2항 및 제4항의 개정규정은 공포 후 6개월이 경과한 날부터 시행한다.
제2조【대도시시장의 농공단지 지정에 관한 적용례】 제8조제2항의 개정규정은 이 법 시행 이후 개발계획을 작성하거나 변경하는 경우부터 적용한다.
제3조【농공단지 토지수용 사업인정에 관한 경과조치】 제22조제2항의 개정규정 시행 전에 지정된 농공단지에 대해서는 같은 개정규정에도 불구하고 종전의 규정에 따른다.

부 칙 (2019.8.27)

제1조【시행일】 이 법은 공포 후 1년이 경과한 날부터 시행한다.(이하 생략)

부 칙 (2019.12.10)

제1조【시행일】 이 법은 공포 후 3개월이 경과한 날부터 시행한다.
제2조【다른 법령에 따른 인·허가등의 의제 등에 관한 적용례】 제21조제1항제34호의 개정규정은 이 법 시행 후 최초로 승인을 받거나 변경승인을 받는 실시계획부터 적용한다.

부 칙 (2020.1.29)

제1조【시행일】 이 법은 공포 후 6개월이 경과한 날부터 시행한다.(이하 생략)

부 칙 (2020.3.24)

제1조【시행일】 이 법은 공포한 날부터 시행한다.(이하 생략)

부 칙 (2020.3.31)

제1조【시행일】 이 법은 공포 후 1년이 경과한 날부터 시행한다.(이하 생략)

부 칙 (2020.6.9)

이 법은 공포한 날부터 시행한다.(이하 생략)

부 칙 (2020.12.8)

제1조【시행일】 이 법은 공포 후 6개월이 경과한 날부터 시행한다.(이하 생략)

부 칙 (2020.12.22)

이 법은 공포 후 6개월이 경과한 날부터 시행한다.

부 칙 (2021.1.12)
(2021.7.20)

제1조【시행일】 이 법은 공포 후 1년이 경과한 날부터 시행한다.(이하 생략)

부 칙 (2021.8.10)

이 법은 공포 후 6개월이 경과한 날부터 시행한다.

부 칙 (2021.12.28)

제1조【시행일】 이 법은 공포 후 6개월이 경과한 날부터 시행한다.(이하 생략)

부 칙 (2022.6.10)

이 법은 공포한 날부터 시행한다.

부 칙 (2022.12.27)

제1조【시행일】 이 법은 공포 후 6개월이 경과한 날부터 시행한다.(이하 생략)

부 칙 (2023.4.18)

제1조【시행일】 이 법은 공포 후 6개월이 경과한 날부터 시행한다.
제2조【시설부담금의 가산금에 관한 적용례】 제35조제3항 및 제4항의 개정규정은 이 법 시행 이후 시설부담금을 결정·부과하는 경우부터 적용한다.

부 칙 (2023.6.9)

제1조【시행일】 이 법은 공포 후 1개월이 경과한 날부터 시행한다.(이하 생략)

산업입지 및 개발에 관한 법률 시행령

(1991년 1월 14일 대통령령 제13250호)

개정
1991.12.31영13563호(행정위) <중략>
2010. 3.15영22075호(직제)
2010. 3.26영22103호
2010. 5. 4영22151호(전자정부법시)
2010. 7.12영22269호(직제)
2010. 7.12영22273호(산업활성공장설립시)
2010.10.14영22449호(공유수면관리및매립에관한법시)
2011. 4. 6영22894호 2011.11.16영23297호
2011.12. 8영23356호(영유아보육법시)
2012. 4.10영23718호(국토이용시)
2012. 6.29영23914호
2012. 7. 4영23928호(위원회공정성일부개정령)
2012.10.29영24154호 2012.11.20영24190호
2013. 3.23영24443호(직제)
2013. 3.23영24484호(농어업·농어촌및식품산업기본법시)
2013.12.30영25050호(행정규제재검토에따른일부개정령)
2014. 1.14영25091호
2014. 4.29영25339호(공공주택건설등에관한특별법시)
2014. 5. 9영25348호 2014. 7.14영25453호
2014.11.19영25751호(직제)
2014.12. 9영25840호(규제기한정비)
2014.12.16영25858호
2015. 1. 6영25985호(직제)
2015. 6. 1영26302호(공간정보구축관리시)
2015. 6.15영26316호(신에너지및재생에너지개발·이용·보급촉진법시)
2015.12.22영26754호(수산업·어촌발전기본법시)
2016. 2.11영26978호 2016. 3.29영27063호
2016. 8.31영27472호(감정평가감정평가사시)
2016.11. 8영27577호
2016.12.30영27751호(규제기한설정)
2017. 1.17영27792호(수질수생태계보전시)
2017. 6.20영28135호
2017. 7.26영28211호(직제)
2018. 1.16영28583호(물환경보전법시)
2018. 1.16영28586호(시설물의안전및유지관리에관한특별법시)
2018. 7.16영29045호(민간임대주택에관한특별법시)
2018.12.11영29355호
2019. 4. 2영29677호(중소기업진흥에관한법시)
2019.12.10영30242호
2020. 3. 3영30509호(규제기한해제)
2020. 3.10영30522호
2020. 5.12영30672호(산업활성공장설립시)
2020.12.29영31326호
2021. 1. 5영31380호(법령용어정비)
2021. 1.26영31417호(국토이용시)
2021. 4.20영31634호(택지개발촉진법시)
2021. 6.22영31815호
2021. 7.13영31887호(하수도법시)
2021.12.16영32223호(지방자치시)
2021.12.16영32230호(녹색융합클러스터의조성및육성에관한법시)
2022. 1.21영32352호(감정평가감정평가사시)
2022. 5. 3영32625호
2022. 6.28영32733호(중소기업창업지원법시)
2023. 1.10영33223호
2023. 3. 7영33321호(규제기한정비)
2023. 5.15영33466호(건축시)
2023.10.10영33790호
2023.12.12영33913호(행정법제혁신을위한일부개정법령등)
2023.12.26영34051호

제1조【목적】 이 영은 「산업입지 및 개발에 관한 법률」에서 위임된 사항과 그 시행에 관하여 필요한 사항을 규정함을 목적으로 한다.(2006.4.20 본조개정)

제1조의2【산업시설용지】 「산업입지 및 개발에 관한 법률」(이하 "법"이라 한다) 제2조제7호의2에서 "대통령령으로 정하는 시설"이란 다음 각 호의 시설을 말한다.
1. 「에너지법」 제2조제6호에 따른 에너지공급설비
2. 「신에너지 및 재생에너지 개발·이용·보급 촉진법」 제2조제3호에 따른 신·재생에너지 설비(2015.6.15 본호개정)
3. 「대학설립·운영 규정」 제2조의7에 따라 산업단지 안으로 위치를 변경하는 대학시설
4. 「양식산업발전법」 제2조제10호에 따른 양식시설(농공단지에 입주하는 경우로 한정한다)로서 다음 각 목의 요건을 모두 충족하는 시설
 가. 정보통신기술을 기반으로 연구개발시설·가공시설 등과 함께 조성할 것
 나. 양식시설이 입주하려는 농공단지가 위치하는 지역을 관할하는 특별시장·광역시장·특별자치시장·도지사·특별자치도지사(이하 "시·도지사"라 한다)가 해양수산부장관과 사전 협의하여 인정하는 품종을 양식할 것
 (2021.6.22 본호신설)
5. 지식산업 관련 시설, 문화산업 관련 시설, 정보통신산업 관련 시설, 재활용산업 관련 시설, 자원비축시설 및 물류 시설 등과 유사한 시설로서 국토교통부장관이 인정하여 고시하는 시설(2013.3.23 본호개정)
(2012.11.20 본조신설)

제2조【농어촌지역 등】 ① 법 제2조제8호라목에서 "대통령령으로 정하는 농어촌지역"이란 「농어촌정비법」 제2조제1호에 따른 농어촌을 말한다.(2012.11.20 본항개정)
② (2014.7.14 삭제)

제2조의2【산업입지정책심의회의 기능】 법 제3조에 따른 산업입지정책심의회(이하 "심의회"라 한다)는 다음 각 호의 사항을 심의한다.(2014.7.14 본문개정)
1. 산업입지수급계획 수립지침의 작성에 관한 사항(2011.11.16 본호개정)
2. 산업입지개발지침의 수립 및 변경에 관한 사항
3. 국가산업단지의 지정·변경·개발 및 해제에 관한 사항(2014.7.14 본호개정)
4. 도시첨단산업단지(국토교통부장관이 지정권자인 경우만 해당한다)의 지정·변경·개발 및 해제에 관한 사항(2014.7.14 본호신설)
5. 일반산업단지 및 도시첨단산업단지(국토교통부장관이 지정권자인 경우는 제외한다)의 지정 및 해제를 위한 관계기관간의 의견조정에 관한 사항(2014.7.14 본호개정)
6. (2007.10.4 삭제)
7. 산업단지기반시설의 지원에 관한 관한 사항
8. 법 제38조의5제1항에 따른 지방이전기업 전용 산업단지(이하 "이전기업전용단지"라 한다) 지정·개발에 관한 사항(2012.11.20 본호신설)
9. 산업단지 재생사업지구(이하 "재생사업지구"라 한다)의 지정승인에 관한 사항(2016.11.8 본호개정)
10. 기타 산업입지정책에 관한 중요사항
(1996.6.29 본조신설)

제2조의3【산업입지정책심의회의 구성】 ① 심의회는 위원장 및 부위원장 각 1명을 포함하여 30명 이내의 위원으로 구성한다.(2014.12.16 본항개정)
② 위원장은 국토교통부 제1차관이 되고, 부위원장은 국토교통부 국토도시실장이 된다.(2014.1.14 본항개정)
③ 위원은 다음 각 호의 사람이 된다.
1. 국무조정실·기획재정부·교육부·과학기술정보통신부·행정안전부·문화체육관광부·농림축산식품부·산업통상자원부·보건복지부·환경부·고용노동부·해양수산부·중소벤처기업부 및 산림청의 3급 공무원 또는 고위공무원단에 속하는 일반직공무원 중에서 소속기관의 장이 지정하는 사람 각 1명(2020.3.10 본호개정)
2. 산업입지정책에 관한 전문적 학식과 경험이 풍부한 사람 중에서 국토교통부장관이 위촉하는 사람
(2014.1.14 본항개정)
④ 심의회의 사무를 처리하기 위하여 심의회에 간사 1인을 두며, 간사는 국토교통부 소속공무원 중에서 위원장이 임명한다.(2013.3.23 본항개정)

제2조의4【위원장과 부위원장의 직무】 ① 위원장은 심의회를 대표하며, 심의회의 업무를 총괄한다.
② 부위원장은 위원장을 보좌하고 위원장이 사고가 있을 때에는 그 직무를 대행하며, 위원장 및 부위원장 모두 사고가 있을 때에는 제2조의3제3항에 정한 위원의 순으로 위원장의 직무를 대행한다.
(1996.6.29 본조신설)

제2조의5【위원의 제척·기피·회피】 ① 심의회 위원(이하 이 조 및 제2조의6에서 "위원"이라 한다)이 다음 각 호의 어느 하나에 해당하는 경우에는 심의회의 심의·의결에서 제척(除斥)된다.
1. 위원 또는 그 배우자나 배우자이었던 사람이 해당 안건의 당사자가 되거나 그 안건의 당사자와 공동권리자 또는 공동의무자인 경우
2. 위원이 해당 안건의 당사자와 친족이거나 친족이었던 경우
3. 위원이 해당 안건에 대하여 자문, 연구, 용역(하도급을 포함한다), 감정 또는 조사를 한 경우
4. 위원이나 위원이 속한 법인·단체 등이 해당 안건의 당사자의 대리인이거나 대리인이었던 경우
5. 위원이 임원 또는 직원으로 재직하고 있거나 최근 3년 내에 재직하였던 기업 등이 해당 안건에 관하여 자문, 연구, 용역(하도급을 포함한다), 감정 또는 조사를 한 경우
② 해당 안건의 당사자는 위원에게 공정한 심의·의결을 기대하기 어려운 사정이 있는 경우에는 심의회에 기피 신청을 할 수 있고, 심의회는 의결로 이를 결정한다. 이 경우 기피 신청의 대상인 위원은 그 의결에 참여하지 못한다.
③ 위원이 제1항 각 호에 따른 제척 사유에 해당하는 경우에는 스스로 해당 안건의 심의·의결에서 회피(回避)하여야 한다.
(2012.7.4 본조신설)

제2조의6【위원의 해촉】 국토교통부장관은 제2조의3제3항제2호에 따른 심의회의 위원이 다음 각 호의 어느 하나에 해당하는 경우에는 해당 위원을 해촉(解囑)할 수 있다.
1. 심신장애로 인하여 직무를 수행할 수 없게 된 경우
2. 직무와 관련된 비위사실이 있는 경우
3. 직무태만, 품위손상이나 그 밖의 사유로 인하여 위원으로 적합하지 아니하다고 인정되는 경우
4. 제2조의5제1항 각 호의 어느 하나에 해당하는 데에도 불구하고 회피하지 아니한 경우
5. 위원 스스로 직무를 수행하는 것이 곤란하다고 의사를 밝히는 경우
(2016.2.11 본조신설)

제2조의7【회의소집 및 의결정족수】 ① 위원장은 심의회의 회의를 소집하며, 그 의장이 된다.
② 위원장이 심의회를 소집하고자 하는 경우에는 회의개최 3일전까지 회의일시·장소 및 심의안건을 각 위원에게 통지하여야 한다. 다만, 긴급을 요하는 경우에는 그러하지 아니하다.
③ 심의회의 회의는 재적위원 과반수의 출석으로 개의하고, 출석위원 과반수의 찬성으로 의결한다.
(1996.6.29 본조신설)

제2조의8【임대전용산업단지 실무위원회】 ① 법 제46조의6에 따른 임대전용산업단지에 관한 다음 각 호의 사항을 심의하기 위하여 심의회에 임대전용산업단지 실무위원회(이하 "실무위원회"라 한다)를 둔다.
1. 임대전용산업단지의 수요조사 및 공급계획에 관한 사항
2. 임대전용산업단지 관련 지침의 수립 및 변경에 관한 사항
3. 임대전용산업단지의 지정·변경 및 개발에 관한 사항
4. 임대전용산업단지 지정을 위한 관계 기관 의견 조정에 관한 사항
5. 임대전용산업단지의 지원에 관한 사항
6. 그 밖에 임대전용산업단지와 관련한 주요 정책에 관한 사항
② 실무위원회의 위원장은 국토교통부와 산업통상자원부의 고위공무원단에 속하는 공무원 중에서 소속기관의 장이 지명하는 자가 공동으로 되며, 실무위원회의 위원은 다음 각 호의 자가 된다.(2013.3.23 본문개정)
1. 기획재정부·농림축산식품부·환경부 및 산림청에 속하는 4급 공무원 중에서 소속기관의 장이 지명하는 자 각 1명(2013.3.23 본호개정)
2. 산업입지정책과 관련된 분야에 학식과 경험이 풍부한 자 중에서 국토교통부장관이 위촉하는 자(2013.3.23 본호개정)
③ 실무위원회의 사무를 처리하기 위하여 실무위원회에 간사 2명을 두며, 간사는 공동위원장이 국토교통부 및 산업통상자원부 소속 공무원 중에서 각각 1명씩 임명한다.
(2013.3.23 본항개정)
④ 실무위원회의 운영 등에 관하여는 제2조의4부터 제2조의7까지, 제2조의9 및 제2조의10을 준용한다.
(2016.2.11 본항개정)
(2008.9.25 본조신설)

제2조의9【관계기관 등의 협조】 심의회는 심의에 필요하다고 인정할 때에는 관계기관에 대하여 필요한 자료의 제출을 요구하거나 관계기관의 공무원으로부터 의견을 들을 수 있다.(2007.10.4 본조개정)

제2조의10【운영세칙】 이 영에 규정한 것을 제외하고 심의회의 운영에 관하여 필요한 사항은 심의회의 의결을 거쳐 위원장이 정한다.(2007.10.4 본조개정)

제2조의11【전문가등의 활용】 국토교통부장관은 산업입지정책의 수립·변경 및 집행을 위하여 필요하다고 인정할 때에는 전문가등에게 자문을 구하거나 조사·연구를 의뢰할 수 있다.(2013.3.23 본조개정)

제2조의12【기초조사 결과 고시】 국토교통부장관은 법 제4조제2항에 따라 실시한 특별시·광역시·특별자치시·도 및 특별자치도(이하 "시·도"라 한다)별 및 산업입지 유형별 기초조사 결과에 대하여 다음 각 호의 사항을 고시한다.
1. 업종 및 입주형태 등 기업 현황
2. 창업 및 기업이전 실태
3. 기업의 신규 공장부지에 대한 수요
4. 그 밖에 산업입지 수급 전망을 파악하기 위하여 필요한 사항
(2017.6.20 본조신설)

제3조【농공단지개발세부지침등】 ① 법 제5조제1항 단서에 따라 국토교통부장관은 농공단지의 지정 및 개발에 관한 기본지침(이하 "농공단지기본지침"이라 한다)을 작성하고, 농림축산식품부장관은 「농어촌정비법」 제77조부터 제80조까지의 규정에 따른 농공단지의 개발을 지원하기 위하여 심의회의 심의를 거쳐 농공단지의 개발에 관한 세부지침(이하 "농공단지개발세부지침"이라 한다)을 작성·고시한다.(2013.3.23 본항개정)
② 제1항의 규정에 의한 농공단지개발세부지침에는 다음 각호의 사항이 포함되어야 한다.
1. 농어촌지역의 구분과 차등지원에 관한 사항
2. 농공단지 부지조성비의 재원별 부담과 지원에 관한 사항
3. 농공단지의 부지조성에 따른 조사설계·공사감리 및 그 비용의 지원에 관한 사항
4. 농공단지 부지조성비에 관한 국고보조금의 집행과 정산에 관한 사항
5. 농공단지 취업인력의 훈련비 지원에 관한 사항
6. 현지농어민의 취업촉진에 관한 사항
7. 농산물등 현지부존자원 활용업체의 우선입주에 관한 사항
③ 국토교통부장관과 농림축산식품부장관은 농공단지기본지침과 농공단지개발세부지침을 변경하려면 시·도지사 및 「지방자치법」 제198조제1항에 따른 대도시의 시장(이하 "대도시시장"이라 한다)의 의견을 듣고 관계 중앙행정기관의 장과 협의한 후 심의회의 심의를 거쳐야 한다. 다만, 제5조에 따른 경미한 사항을 변경하는 경우에는 그렇지 않다.(2021.12.16 본문개정)

제4조【산업입지개발지침에 포함할 사항】 법 제5조제2항제4호에서 "대통령령으로 정하는 사항"이란 다음 각 호의 사항을 말한다.(2011.11.16 본문개정)
1. 지역간의 균형발전을 위하여 참작할 사항
2. 문화재의 보존을 위하여 참작할 사항
3. 토지가격의 안정을 위하여 필요한 사항
4. 분양가격의 결정에 관한 사항(2007.10.4 본호신설)
5. 도로·철도 등 기반시설의 설치, 녹지조성비율, 임대산업용지 및 공공주택용지 확보비율, 유치업종 배치계획의 작성기준 등 산업단지개발계획 수립을 위하여 필요

한 사항(2014.12.16 본호개정)
(1996.6.29 본조제목개정)
제5조【산업입지개발지침의 경미한 변경】 법 제5조제3항 단서에서 "대통령령으로 정하는 경미한 사항의 변경"이란 산업입지개발지침의 전체체계를 변경하지 아니하는 범위에서 다음 각 호의 어느 하나에 해당하는 사항을 제외한 변경을 말한다.
1. 법 제5조제2항제1호부터 제3호까지의 규정에 따른 사항
2. 제4조제1호, 제4호 및 제5호의 사항
(2012.6.29 1호~2호신설)
(2012.6.29 본조개정)
제6조【산업입지개발지침의 작성등】 ① 국토교통부장관은 산업입지개발지침을 작성하기 위하여 필요한 경우에는 관계 중앙행정기관의 장에게 법 제5조제2항각호에 관한 자료의 제출을 요청할 수 있다.(2013.3.23 본항개정)
② 산업입지개발지침은 지역간의 균형있는 발전을 위하여 산업입지의 배분이 적정하게 이루어지도록 작성되어야 한다.
(1996.6.29 본조개정)
제6조의2【산업입지수급계획의 수립 등】 ① 국토교통부장관은 법 제5조의2제1항에 따른 산업입지수급계획 수립지침을 작성하려는 경우에는 국토종합계획 및 수도권정비계획 등 관련계획을 고려하여야 한다.(2013.3.23 본항개정)
② 법 제5조의2에 따른 산업입지수급계획 수립지침의 계획기간은 10년으로 하되 필요한 경우 산업입지의 수요추세와 공급실적을 분석하여 수정·보완할 수 있다.
(2011.11.16 본항개정)
③ 법 제5조의2제6항제5호에서 "대통령령으로 정하는 사항"이란 다음 각 호의 사항을 말한다.(2011.11.16 본문개정)
1. 산업단지지정계획에 관한 사항
2. 산업용지 수요에 관한 사항(2009.11.10 본호개정)
3. 법 제39조의2제5항에 따른 산업단지 재생계획(이하 "재생계획"이라 한다)에 관한 사항(2010.3.26 본호개정)
4. 기타 산업입지의 원활한 공급을 위하여 필요한 사항
④ 국토교통부장관은 직접 실시한 산업용지 수요조사 또는 관계기관의 장으로부터 송부받은 산업용지 수요조사의 결과가 있는 때에는 해당 수요조사 결과를 산업입지수급계획에 반영할 수 있도록 시·도지사에게 송부하여야 한다.(2013.3.23 본항개정)
(2011.11.16 본조제목개정)
제6조의3【산업입지정보망의 수탁사업자 지정】 ① 법 제5조의3제3항에서 "대통령령으로 정하는 기관 또는 단체"란 다음 각 호의 어느 하나에 해당하는 기관 또는 단체를 말한다.(2011.11.16 본문개정)
1. 「상공회의소법」에 의한 대한상공회의소(2005.3.25 본호개정)
2. 「한국토지주택공사법」에 따른 한국토지주택공사
(2009.9.21 본호개정)
3. 「정부출연연구기관 등의 설립·운영 및 육성에 관한 법률」 제8조의 규정에 의하여 설립된 국토연구원
(2005.3.25 본호개정)
4. 기타 국토교통부장관이 산업통상자원부장관과 협의하여 정하는 기관 또는 단체(2013.3.23 본호개정)
② 국토교통부장관은 산업통상자원부장관과 협의하여 제1항의 규정에 의한 기관 또는 단체중 산업입지정보망의 운영을 위탁받을 기관 또는 단체를 단독 또는 공동으로 지정하여 위탁할 수 있다.(2013.3.23 본항개정)
③ 제2항의 규정에 의하여 산업입지정보망의 운영에 관한 업무를 위탁받은 기관 또는 단체(이하 "수탁사업자"라 한다)는 당해 산업입지정보망을 이용하는 자에게 그 비용을 부담하게 할 수 있다.(2001.6.30 본항개정)
④ (2001.6.30 삭제)
(2001.6.30 본조제목개정)
제6조의4【수탁사업자의 업무 등】 ① 수탁사업자는 다음 각호의 업무를 수행한다.
1. 산업입지정보망의 설계 및 구성
2. 산업입지정보망에 관한 데이터베이스의 구축·보급 및 운영
3. 산업입지정보망의 구성·운영을 위한 컴퓨터·통신설비 등의 설치 및 관리
4. 산업입지정보망에 관한 수요조사 및 각종 자료조사
5. 산업입지에 관한 정보의 수집 및 관리
6. 그 밖에 국토교통부장관이 필요하다고 인정하여 요청하는 업무(2013.3.23 본호개정)
② 수탁업자는 매년말까지 국토교통부장관이 정하는 바에 따라 제1항 각호의 사항이 포함된 산업입지정보망사업의 계획 및 추진실적을 작성하여 국토교통부장관에게 제출하여야 한다. 제출한 사업계획을 변경한 때에도 또한 같다.(2013.3.23 전단개정)
③ 국토교통부장관은 수탁사업자가 산업입지정보망을 원활히 운영하도록 하기 위하여 필요한 자금·설비·기술 또는 행정지원을 할 수 있다.(2013.3.23 본항개정)
④ 국토교통부장관은 산업입지정보망의 관리, 자료의 입·출력 그밖에 산업입지정보망의 운영에 필요한 사항에 대하여 운영지침을 작성할 수 있다. 이 경우 산업통상자원부장관 등 관계행정기관의 장과 공동으로 산업입지정보망을 구성·운영하는 경우에는 당해 기관의 장과 협의하여야 한다.(2013.3.23 본항개정)
(2001.6.30 본조신설)
제7조【산업단지개발계획 등】 ① 법 제6조제4항 후단, 법 제7조의2제5항 및 법 제10조제1항 본문에서 "대통령령으로 정하는 중요 사항"이란 각각 다음 각 호의 사항을 말한다.(2016.2.11 본문개정)
1. 산업단지면적의 100분의 10이상의 면적변경(1996.6.29 본호개정)
2. 주요 유치업종의 변경(도로를 제외한 기반시설의 용량이나 면적의 증가가 수반되는 경우로 한정한다)
(2016.11.8 본호개정)
3. 국토교통부장관이 정하는 토지이용계획 및 주요기반시설계획의 변경(2013.3.23 본호개정)
② 법 제6조제5항제9호에서 "대통령령으로 정하는 사항"이란 다음 각 호의 사항을 말한다.(2011.11.16 본문개정)
1. 산업단지개발사업의 시행기간(1996.6.29 본호개정)
2. 산업단지의 개발을 위한 주요시설의 지원계획
(1996.6.29 본호개정)
3. 유치업종의 배치계획 또는 유치업종별 공급면적(제9조제1항에 따른 산업단지지정권자와 산업단지 입주희망 기업이 입주협약을 체결한 경우에는 그 기업의 배치계획 또는 그 기업이 사용하려는 면적을 포함한다. 이하 같다)(2014.12.16 본호개정)
4. 입주수요에 관한 자료
5. 법 제38조의2에 따라 원형지로 공급될 토지와 그 개발방향(2016.2.11 본호신설)
6. 제40조제3항에 따라 건축하는 시설에 관한 사항
(2016.11.8 본호신설)
③ 국토교통부장관은 산업단지를 지정한 후에 법 제6조제6항에 따라 산업단지개발계획안을 공모하는 경우에는 다음 각 호의 사항을 전국 또는 해당 지역을 주된 보급지역으로 하는 일간신문과 관보에 1회 이상 공고하여야 한다. 이 경우 응모기간은 90일 이상으로 하여야 한다.
1. 산업단지개발사업의 개요
2. 공모 참가자격 및 일정
3. 산업단지개발계획안의 평가·심사 계획
4. 산업단지개발사업 시행자 지정 절차
5. 산업단지개발계획안 작성지침
6. 그 밖에 산업단지개발계획안의 공모에 필요한 사항
(2016.2.11 본항신설)
④ 국토교통부장관은 심의회에 공모심사위원회를 두어 제3항에 따라 응모한 산업단지개발계획안을 심사할 수 있다. 이 경우 공모심사위원회의 구성 및 운영 등에 필요한 사항은 국토교통부장관이 정한다.(2016.2.11 본항신설)
⑤ 법 제6조제8항에서 "대통령령으로 정하는 비율"이란 다음 각 호의 구분에 따른 비율을 말한다. 다만, 산업시설의 면적이 100분의 50 이상인 복합용지를 포함하는 경우 해당 복합용지의 면적은 다음 각 호의 비율 이상으로 실제 조성되는 산업시설용지 면적의 100분의 50(도시첨단산업단지의 경우에는 100분의 75)을 초과할 수 없다.
(2020.12.29 단서개정)
1. 국가산업단지 및 일반산업단지 : 100분의 50
2. 도시첨단산업단지 : 100분의 40
3. 농공단지 : 100분의 60
(2012.10.29 1호~3호개정)
(2007.10.4 본조제목개정)
(1993.11.6 본조개정)
제8조【일반산업단지의 지정】 법 제7조제1항 단서에서 "대통령령으로 정하는 면적"이란 30만제곱미터를 말한다.
(2017.6.20 본조개정)
제8조의2【산업단지의 지정에 관한 협의】 ① 법 제6조, 법 제7조 및 법 제7조의2의 규정에 의한 산업단지개발계획 등의 협의 요청을 받은 관계행정기관의 장은 그 날부터 20일이내에 이에 대한 의견을 회신하여야 한다. 다만, 산업단지의 조성과 관련하여 다른 법령에 협의할 사항에 관한 특별한 규정이 있는 경우에는 그러하지 아니하다.
(2001.6.30 본항개정)
② 제1항의 규정에 의한 협의요청을 받은 관계행정기관의 장은 그 협의기간내에 의견회신이 곤란한 경우에는 그 사유 및 회신기한을 명시하여 이를 통보하고 그 통보한 기한내에 의견회신을 하여야 한다.
(1998.6.24 본조신설)
제8조의3【도시첨단산업단지의 지정 등】 ① 법 제7조의2제1항 단서에서 "대통령령으로 정하는 면적"이란 10만제곱미터를 말한다.
② 법 제7조의2제2항에서 "서울특별시 등 대통령령으로 정하는 지역"이란 서울특별시를 말한다.
(2011.11.16 본조개정)
제8조의4【도시첨단산업단지의 지정특례】 법 제7조의3제1항제7호에서 "대통령령으로 정하는 지역·지구"란 다음 각 호의 지역·지구를 말한다.
1. 「민간임대주택에 관한 특별법」 제2조제12호에 따른 공공지원민간임대주택 공급촉진지구
2. 「도시개발법」 제2조제1항제1호에 따른 도시개발구역(해당 구역의 도시개발사업 시행자가 같은 법 제11조제1항제1호부터 제4호까지의 규정에 해당하는 자인 경우로 한정한다) 중 「국가첨단전략산업 경쟁력 강화 및 보호에 관한 특별조치법」 제16조에 따라 국가첨단전략산업 특화단지로 지정된 지역
(2023.1.10 본조개정)
제9조【산업단지지정 또는 개발계획의 고시 등】 ① 국토교통부장관, 시·도지사 또는 시장·군수·자치구의 구청장(이하 "산업단지지정권자"라 한다)은 법 제7조의4제1항에 따라 산업단지를 지정하거나 지정변경한 경우에는 다음 각 호의 사항(변경의 경우에는 그 변경된 사항에 한한다)을 고시하여야 한다. 다만, 제3호 및 제8호의 사항은 산업단지의 지정시 확정되지 아니한 경우에는 그 내용이 확정된 후에 이를 고시할 수 있다.(2013.3.23 본문개정)
1. 산업단지의 명칭·위치 및 면적(1996.6.29 본호개정)
2. 산업단지의 지정목적(1996.6.29 본호개정)
3. 산업단지개발사업의 시행자(1996.6.29 본호개정)
4. 산업단지의 개발기간 및 방법(1996.6.29 본호개정)
5. 주요 유치업종(2014.12.16 본호개정)
5의2. 유치업종의 배치계획 또는 유치업종별 공급면적
(2014.12.16 본호신설)
6. 토지이용계획 및 주요기반시설계획
7. 산업단지의 개발을 위한 주요시설지원계획(1996.6.29 본호개정)
8. 수용·사용할 토지·건축물 기타 물건이나 권리가 있는 경우 그 소유자 및 「공익사업을 위한 토지등의 취득 및 보상에 관한 법률」 제2조제5호의 규정에 의한 관계인의 성명·주소(2005.3.25 본호개정)
9. (1996.6.29 삭제)
10. 관련도서의 열람방법
② 산업단지지정권자는 법 제6조제3항, 법 제7조제2항 또는 법 제7조의2제4항에 따른 산업단지개발계획을 변경한 경우에는 제1항제1호 내지 제4호와 그 변경된 사항을 고시하여야 한다.(2007.10.4 본항개정)
③ 법 제7조의4제1항에 따라 관계서류를 송부받은 시장·군수 또는 자치구의 구청장(이하 "시장·군수"라 한다)은 이를 14일 이상 일반에게 열람하게 하여야 한다.
(2007.10.4 본항개정)
④ 법 제7조의4제2항 단서에서 "대통령령으로 정하는 기간"이란 산업단지개발사업의 시행자로 지정된 날부터 1년을 말한다.(2011.11.16 본항개정)
(1993.11.6 본조개정)
제9조의2【녹색건축 등의 인증 대상】 법 제7조의5제4항에서 "대통령령으로 정하는 건축물"이란 다음 각 호의 건축물을 말한다.
1. 「녹색건축물 조성 지원법」 제16조제7항에 따른 녹색건축의 인증과 같은 법 제17조제6항에 따른 건축물의 에너지효율등급 인증을 모두 받아야 하는 건축물
2. 연면적 3천제곱미터 이상인 건축물로서 「국토의 계획 및 이용에 관한 법률」 제2조제5호에 따른 지구단위계획으로 법 제7조의5제4항에 따른 인증을 받도록 정하는 구역에 건축하는 건축물
(2021.6.22 본조신설)
제9조의3【스마트그린산업단지의 지정특례】 법 제7조의6제3호에서 "대통령령으로 정하는 사업"이란 다음 각 호의 사업을 말한다.
1. 「도시숲 등의 조성 및 관리에 관한 법률」 제2조제1호에 따른 도시숲 조성 사업
2. 「산업기술단지 지원에 관한 특례법」 제2조제1호에 따른 산업기술단지 조성 사업
3. 「산업안전보건법」 제11조에 따른 산업재해 예방시설의 설치·운영 사업
4. 「산업융합 촉진법」 제20조제2항에 따른 산업 간의 교류 및 협력 강화를 위한 지원 사업, 같은 법 제21조제2항에 따른 산업융합 연계조직 지원 사업, 같은 법 제22조제2항·제3항에 따른 이종 산업 간 인력의 상호 교류 등 지원 사업 및 같은 법 제24조제1항·제3항에 따른 중소기업자등의 산업융합사업 지원 사업
5. 「에너지법」 제12조제1항에 따른 에너지기술 개발 사업
6. 「에너지이용 합리화법」 제28조의2에 따른 에너지경영시스템 지원 사업 및 같은 법 제32조에 따른 에너지진단사업
7. 「중소기업 기술혁신 촉진법」 제9조·제10조·제11조·제12조·제14조·제16조·제17조의3 및 제25조의2에 따른 기술혁신 촉진 지원 사업
8. 「중소기업진흥에 관한 법률」 제39조에 따른 협업지원사업
9. 「환경기술 및 환경산업 지원법」 제5조제1항에 따른 환경기술개발사업, 같은 법 제6조제2항에 따른 환경기술의 실용화 촉진 사업, 같은 법 제12조제1항·제2항에 따른 환경기술지원 사업, 같은 법 제13조제1항에 따른 기술진단 사업 및 「녹색융합클러스터의 조성 및 육성에 관한 법률」 제5조에 따른 녹색융합클러스터의 조성 사업
(2021.12.16 본호개정)
10. 「환경친화적 산업구조로의 전환촉진에 관한 법률」 제21조제1항에 따라 지정된 생태산업단지에서 추진되는 같은 조 제2항 각 호의 사업
(2021.6.22 본조신설)
제10조【농공단지의 지정승인 등】 ① 시장·군수(대도시시장은 제외한다)는 법 제8조제2항에 따라 농공단지의 지정승인을 받으려는 경우에는 다음 각 호의 사항을 적은 농공단지지정승인신청서를 시·도지사에게 제출하여야 한다.(2017.6.20 본문개정)
1. 산업단지의 명칭
2. 산업단지의 지정 목적 및 필요성
3. 지정대상지역의 위치 및 면적
4. 산업단지의 개발기간 및 개발방법

5. 주요 유치업종
(2009.6.25 본항개정)
② 제1항의 규정에 의한 농공단지지정승인신청서에는 다음 각호의 서류 및 도면을 첨부하여야 한다.
1. 위치도
1의2. 입주수요에 관한 자료
1의3. 도로·용수·전기·통신 등 입지여건의 분석에 관한 서류와 기반시설설치계획에 관한 서류
1의4. 농공단지 개발계획에 관한 서류
(2014.12.16 1호의2~1호의4신설)
2. 지정대상지역의 토지이용현황에 관한 서류
3. 국가 또는 지방자치단체의 개발지원에 관한 서류
4. 농공단지 인접지역의 취업가능인력현황에 관한 서류
5. 농공단지의 개발에 따른 농어가의 고용 및 소득증대 기대효과에 관한 서류
6. 농어촌환경 및 문화재의 보존에 미치는 영향에 관한 서류 또는 도면
③ 시·도지사는 법 제8조제2항의 규정에 의하여 농공단지지정승인을 하고자 하는 경우에는 관계 행정기관의 장과 협의하여야 하며, 필요하다고 인정하는 경우에는 「농업·농촌 및 식품산업 기본법」 제15조에 따른 시·도 농업·농촌및식품산업정책심의회 또는 「수산업·어촌 발전 기본법」 제8조에 따른 시·도 수산업·어촌정책심의회의 의견을 들을 수 있다.(2015.12.22 본항개정)
④ 법 제8조제2항 단서에서 "대통령령으로 정하는 경미한 사항의 변경"이란 제7조제1항 각호의 사항외의 사항의 변경을 말한다.(2011.11.16 본항개정)
⑤ 시장·군수가 농공단지를 지정하거나 변경한 때에는 관보 또는 공보에 고시하여야 한다. 이 경우 제9조제1항 및 제2항을 준용한다.(2007.10.4 본항신설)
(2007.10.4 본조제목개정)
제10조의2【산업단지지정의 제한】 ① 법 제8조의2제1항 각 호 외의 부분 본문에서 "대통령령으로 정하는 면적 또는 미분양 비율"이란 다음 각 호의 구분에 따른 면적 또는 미분양 비율을 말한다.(2011.11.16 본문개정)
1. 국가산업단지 : 시·도별로 미분양 비율 15퍼센트 이상
(2017.6.20 본호개정)
2. 일반산업단지 : 시·도별로 미분양 비율 30퍼센트 이상
(2007.10.4 본호개정)
3. 도시첨단산업단지 : 시·도별로 미분양 비율 30퍼센트 이상(2020.12.29 본호개정)
4. 농공단지 : 시·군·구(구는 자치구를 말하며, 이하 "시·군·구"라 한다)별로 100만제곱미터부터 200만제곱미터까지의 범위에서 농공단지개발세부지침이 정하는 면적 이상 또는 미분양 비율 30퍼센트 이상
(2019.12.10 본호개정)
② 법 제8조의2제1항제2호에서 "대통령령으로 정하는 바에 따라 기업의 입주수요가 확인된 산업단지"란 산업단지지정권자와 산업단지 입주희망 기업이 체결한 입주협약서 등 객관적인 자료에 의하여 기업의 입주수요가 확인된 산업단지를 말한다.(2009.6.25 본항신설)
제10조의3【준산업단지의 지정기준 등】 ① 법 제8조의3에 따른 준산업단지의 지정은 다음 각 호의 요건을 모두 충족하는 경우로 한정한다.
1. 준산업단지로 지정하려는 지역이 「국토의 계획 및 이용에 관한 법률」상 공업지역, 계획관리지역 또는 개발진흥지구일 것. 다만, 계획관리지역이 준산업단지로 지정하려는 지역의 면적의 100분의 50 이상인 경우에는 생산관리지역, 보전관리지역(다음 각 목의 요건을 모두 충족하는 경우에 한정한다) 또는 농림지역(「농지법」에 따른 농업진흥지역, 「산지관리법」에 따른 보전산지 및 「초지법」에 따른 초지는 제외한다)을 포함하여 준산업단지를 지정할 수 있다.(2014.12.16 단서개정)
가. 전체 준산업단지 면적이 10만제곱미터 이하인 경우 : 전체 준산업단지 면적의 100분의 20 이내
나. 전체 준산업단지 면적이 10만제곱미터를 초과하는 경우 : 전체 준산업단지 면적의 100분의 10 이내
(2014.12.16 가목~나목신설)
2. 준산업단지로 지정하려는 지역의 면적이 3만제곱미터 이상(「수도권정비계획법」상 자연보전권역인 경우는 3만제곱미터 이상 6만제곱미터 이하)일 것
3. 「건축법」 제11조에 따른 건축허가를 받거나 같은 법 제14조에 따른 건축신고를 한 공장이나 물류시설의 부지 면적이 준산업단지로 지정하려는 지역의 면적의 100분의 40 이상일 것(2009.6.25 본호개정)
4. 준산업단지로 지정하려는 지역에 「건축법」 제11조에 따른 건축허가를 받거나 같은 법 제14조에 따른 건축신고를 한 공장이 2개 이상일 것. 이 경우 같은 법인이나 사업자가 여러 개의 공장을 소유하였으면 그 여러 개의 공장은 1개의 공장으로 본다.(2014.7.14 전단개정)
5. 준산업단지로 지정하려는 지역의 토지면적의 2분의 1 이상에 해당하는 토지소유자와 공장소유자 총수의 2분의 1 이상의 동의를 얻을 것
② 제1항제1호 각 목 외의 부분 단서에 따라 보전관리지역에 준산업단지를 지정할 때에는 녹지 또는 공원으로 계획하는 등 환경 훼손을 최소화하기 위한 방안을 고려하여야 한다.(2014.12.16 본항신설)
③ 법 제8조의3제2항에 따른 정비계획에는 다음 각 호의 사항이 포함되어야 한다.
1. 해당 지역 안의 공장 현황 및 토지이용현황
2. 준산업단지의 위치 및 면적
3. 준산업단지의 지정목적
4. 준산업단지개발사업의 시행자
5. 사업시행방법
6. 주요유치업종
7. 토지이용계획 및 주요기반시설계획
8. 재원조달계획
9. 수용·사용할 토지·건축물 그 밖의 물건이나 권리가 있는 경우에는 그 세목
10. 준산업단지 개발사업의 시행기간
11. 준산업단지 육성을 위한 주요시설의 지원계획
(2007.10.4 본조신설)
제10조의4【준산업단지의 비용 보조 등】 법 제8조의3 제5항에서 "면적·위치 등 대통령령으로 정하는 요건을 충족하는 준산업단지"란 다음 각 호의 요건을 모두 충족하는 준산업단지를 말한다.
1. 다음 각 목의 구분에 따른 면적 요건을 충족할 것
가. 국가가 비용을 보조하거나 시설을 지원하는 경우 : 7만제곱미터 이상(2012.11.20 본목개정)
나. 지방자치단체가 비용을 보조하거나 시설을 지원하는 경우 : 3만제곱미터 이상
(2012.6.29 본호개정)
2. 개별 공장들의 밀집도가 높은 지역으로서 난개발이 우려되어 계획적인 관리가 필요한 지역일 것(2012.11.20 본호개정)
(2009.6.25 본조신설)
제11조【주민 등의 의견청취】 ① 산업단지지정권자는 법 제10조제1항에 따라 주민 및 관계 전문가등의 의견을 들으려는 경우에는 산업단지개발계획안의 주요 내용을 해당 지역을 주된 보급지역으로 하는 일간신문과 산업단지지정권자 해당 기관의 인터넷 홈페이지에 공고하고 14일 이상 일반에게 열람할 수 있도록 하여야 한다.
② 제1항에도 불구하고 국토교통부장관 또는 시·도지사(특별자치시장과 특별자치도지사는 제외한다. 이하 이 조에서 같다)가 산업단지지정권자인 경우에는 산업단지개발계획안의 내용을 해당 산업단지의 소재지를 관할하는 시장·군수에게 송부하여야 하며, 이를 송부받은 시장·군수는 산업단지개발계획안의 주요내용을 해당 지역을 주된 보급지역으로 하는 일간신문과 해당 기관의 인터넷홈페이지에 공고하고 14일 이상 일반에게 열람하게 하여야 한다.(2017.6.20 본항개정)
③ 제1항 및 제2항에 따라 공고된 산업단지개발계획안의 내용에 대하여 의견이 있는 자는 그 열람기간내에 해당 시장·군수에게 의견서를 제출할 수 있다.
④ 제2항에 따라 산업단지개발계획안의 내용을 송부받은 시장·군수는 열람기간이 종료된 때에는 제3항에 따라 제출된 주민 및 관계전문가등의 의견서와 제출된 의견에 대한 검토의견서를 국토교통부장관 또는 시·도지사에게 제출하여야 한다.
(2017.6.20 본조제목개정)
(2016.2.11 본조개정)
제12조 (2011.11.16 삭제)
제13조【민간기업 등의 산업단지지정요청 등】 ① 법 제11조제1항에서 "대통령령으로 정하는 요건에 해당하는 자"란 법 제16조제1항 각 호의 어느 하나에 해당하는 자(같은 항 제1호 중 국가·지방자치단체 및 같은 항 제5호에 해당하는 자는 제외한다)를 말한다.(2014.5.9 본항개정)
② 법 제11조제1항에 따라 산업단지의 지정을 요청하려는 자는 제10조제1항 각 호의 사항을 적은 산업단지지정요청서에 다음 각 호의 서류 및 도면을 첨부하여 산업단지지정권자에게 제출하여야 한다.(2009.6.25 본문개정)
1. 위치도
2. 도로·용수·전기·통신등 입지여건의 분석에 관한 자료와 기반시설설치계획에 관한 서류
3. 산업단지개발계획에 관한 서류
4. 입주수요에 관한 자료(2001.6.30 본호신설)
(1998.6.24 본항개정)
③ 제2항에 따른 국가산업단지, 일반산업단지 또는 도시첨단산업단지의 지정요청을 받은 산업단지지정권자는 산업입지개발지침과 다른 산업단지개발계획과의 관계등을 종합적으로 검토하여 그 타당성이 인정되는 경우에 한하여 당해 지역을 각각 국가산업단지, 일반산업단지 또는 도시첨단산업단지로 지정하여야 한다. 이 경우 시·도 및 시·군·구의 관계공무원으로 위원회를 구성하여 산업단지의 지정에 관한 검토를 하게 할 수 있다.(2007.10.4 본항개정)
④ 제2항에 따라 산업단지지정요청서를 송부받은 시장·군수는 30일 이내에 검토의견을 산업단지지정권자에게 제출하여야 하며, 불가피한 사유로 기한내 제출이 불가능한 경우 제출기한을 명시한 사유서를 제출하여야 한다. 이 경우 시장·군수의 검토의견 제출은 법 제7조의2제1항의 시장·군수·구청장의 신청으로 본다.(2007.10.4 본항개정)
⑤ 제2항에 따른 국가산업단지 또는 일반산업단지 및 도시첨단산업단지의 지정요청을 받은 산업단지지정권자는 산업용지의 적정한 공급과 기반시설의 확충·환경영향·고용문제·인력수급 및 배후도시와의 관계를 종합적으로 검토하여 필요하다고 인정하는 경우에는 산업단지의 지정요청을 한 자의 의견을 들어 해당 산업단지의 면적을 축소하거나 확대하여 지정할 수 있다.(2007.10.4 본항개정)
⑥ 산업단지지정권자가 제2항에 따라 요청된 지역을 산업단지로 지정함이 적정하지 아니하다고 인정하는 경우에는 그 이유를 요청한 자에게 통지하거나 국가 또는 지방자치단체가 개발중인 다른 산업단지중에서 적절한 대체입지를 선정하여 통지하여야 한다.(2007.10.4 본항개정)
⑦ 법 제11조제4항의 규정에 의하여 산업단지의 지정을 요청할 수 있는 산업단지의 규모는 3만제곱미터 이상(도시첨단산업단지의 경우에는 1만제곱미터 이상)으로 한다.
(2005.3.25 본항개정)
(1996.6.29 본조제목개정)
제14조【행위허가의 대상 등】 ① 법 제12조제1항에 따라 특별시장·광역시장·특별자치시장·특별자치도지사·시장 또는 군수의 허가를 받아야 하는 행위는 다음 각 호와 같다.(2017.6.20 본문개정)
1. 건축물의 건축 등 : 「건축법」 제2조제1항제2호에 따른 건축물(가설건축물을 포함한다)의 건축, 대수선 또는 용도변경
2. 공작물의 설치 : 인공을 가하여 제작한 시설물(「건축법」 제2조제1항제2호에 따른 건축물을 제외한다)의 설치
3. 토지의 형질변경 : 절토·성토·정지·포장 등의 방법으로 토지의 형상을 변경하는 행위, 토지의 굴착 또는 공유수면의 매립
4. 토석의 채취 : 흙·모래·자갈·바위 등의 토석을 채취하는 행위. 다만, 토지의 형질변경을 목적으로 하는 것은 제3호에 따른다.
5. 토지분할
6. 물건을 쌓아놓는 행위 : 이동이 용이하지 아니한 물건을 1월 이상 쌓아놓는 행위
7. 죽목의 벌채 및 식재
② 특별시장·광역시장·특별자치시장·특별자치도지사·시장 또는 군수는 법 제12조제1항에 따라 제1항 각 호의 행위에 대한 허가를 하려는 경우로서 법 제16조에 따라 산업단지개발사업의 시행자(이하 "사업시행자"라 한다)가 지정되어 있는 경우에는 미리 그 사업시행자의 의견을 들어야 한다. 이 경우 사업시행자는 특별시장·광역시장·특별자치시장·특별자치도지사·시장 또는 군수에게서 의견 제출을 요청받은 날부터 10일 이내에 의견을 보내야 한다.(2017.6.20 본항개정)
③ 법 제12조제2항제2호에서 "대통령령으로 정하는 행위"란 다음 각 호의 어느 하나에 해당하는 행위로서 「국토의 계획 및 이용에 관한 법률」 제56조에 따른 개발행위 허가의 대상이 아닌 것을 말한다.(2011.11.16 본문개정)
1. 농림수산물의 생산에 직접 이용되는 것으로서 국토교통부령이 정하는 간이공작물의 설치(2013.3.23 본호개정)
2. 경작을 위한 토지의 형질변경
3. 산업단지의 개발에 지장을 주지 아니하고 자연경관을 손상하지 아니하는 범위 안에서의 토석의 채취
4. 산업단지 안에 존치하기로 결정된 대지 안에서 물건을 쌓아놓는 행위
5. 관상용 죽목의 임시식재(경작지에서의 임시식재를 제외한다)
④ 법 제12조제3항에 따라 신고하여야 하는 자는 법 제10조제1항에 따른 공고일 또는 산업단지가 지정·고시된 날부터 30일 이내에 그 공사 또는 사업의 진행상황과 시행계획을 첨부하여 관할 특별시장·광역시장·특별자치시장·특별자치도지사·시장 또는 군수에게 신고하여야 한다.(2017.6.20 본항개정)
(2006.6.7 본조개정)
제15조【산업단지지정의 해제】 ① 법 제13조제1항에서 "대통령령으로 정하는 기간"이란 다음 각호의 기간을 말한다.(2011.11.16 본문개정)
1. 국가산업단지 : 5년(1996.6.29 본호개정)
2. 일반산업단지 및 도시첨단산업단지 : 3년(2007.10.4 본호개정)
3. 농공단지 : 2년
② 법 제13조제2항제1호나목에서 "대통령령으로 정하는 기간 내에 대통령령으로 정하는 비율"이란 다음 각 호의 구분에 따른 기간과 비율을 말한다.
1. 3년 이내 : 해당 산업단지 지정면적의 100분의 30 이상
2. 5년 이내 : 해당 산업단지 지정면적의 100분의 50 이상
(2017.6.20 본항개정)
③ 법 제13조제2항제1호다목에서 "대통령령으로 정하는 경우"란 산업 여건 등이 변하여 산업시설용지의 수요부족이 예상되는 등의 사유로 산업단지 지정목적을 달성할 수 없거나 달성할 수 없을 것이 예상되는 경우를 말한다.
(2017.6.20 본항개정)
④ 산업단지지정권자는 법 제13조제2항에 따라 산업단지의 지정을 해제하려는 경우에는 그 해제사유·내역·「국토의 계획 및 이용에 관한 법률」 제36조에 따른 용도지역의 환원여부에 관한 사항을 명시하여 관계행정기관의 장과 협의하여야 한다.(2017.6.20 본항개정)
⑤ 법 제13조제4항 및 제6항에 따라 산업단지지정해제시 고시하여야 할 사항은 다음 각호와 같다.(2017.6.20 본문개정)
1. 산업단지의 명칭(1996.6.29 본호개정)
2. 해제되는 산업단지의 위치 및 면적(1996.6.29 본호개정)
3. 산업단지의 해제사유(1996.6.29 본호개정)
4. 「국토의 계획 및 이용에 관한 법률」 제36조의 규정에 의한 용도지역의 환원여부(2005.3.25 본호개정)
5. 관계도서의 열람방법
(1996.6.29 본조제목개정)

제15조의2【산업단지의 전환요건 등】 ① 법 제13조의2제1항에서 "대통령령으로 정하는 경우"란 다음 각 호의 어느 하나에 해당하는 경우를 말한다.(2017.6.20 본문개정)
1. 준공된 지 10년 이상 경과하고 공장증설 등 산업단지 활성화를 위하여 필요한 경우
2. 산업단지가 준공된 시점을 기준으로 산업시설용지(복합용지 내에 산업시설을 설치하기 위한 용지를 포함한다) 면적의 100분의 30 이상의 면적에서 유치업종 변경이 있는 경우(2014.7.14 본호개정)
② 법 제13조의2제2항에서 "대통령령으로 정하는 규모"란 다음 각 호의 구분에 따른 전환된 산업단지 및 잔여 산업단지의 규모를 말한다.
1. 전환된 산업단지의 규모
가. 일반산업단지로 전환된 경우 : 3만 제곱미터
나. 도시첨단산업단지로 전환된 경우 : 1만 제곱미터
2. 잔여 산업단지의 규모
가. 잔여 산업단지가 국가산업단지, 일반산업단지 또는 농공단지인 경우 : 3만 제곱미터
나. 잔여 산업단지가 도시첨단산업단지인 경우 : 1만 제곱미터
(2017.6.20 본항개정)
③ 산업단지지정권자가 법 제13조의2제1항에 따라 산업단지의 종류를 전환하려는 경우에는 법 제13조의2제3항에 따라 개발계획 및 실시계획을 수립하거나 변경하여 다음 각 호의 구분에 따라 승인을 신청하거나 협의를 요청하여야 한다.
1. 산업단지지정권자와 종전 산업단지의 산업단지지정권자가 같은 경우 : 관계 행정기관의 장과의 협의
2. 산업단지지정권자와 종전 산업단지의 산업단지지정권자가 다른 경우
가. 국가산업단지 또는 도시첨단산업단지(국토교통부장관이 종전 산업단지의 지정권자인 경우만 해당한다)를 전환하려는 경우 : 국토교통부장관의 승인
나. 일반산업단지, 도시첨단산업단지(국토교통부장관이 종전 산업단지의 지정권자인 경우는 제외한다) 또는 농공단지를 전환하려는 경우 : 종전 산업단지의 산업단지지정권자와의 협의
(2017.6.20 본항개정)
④ 종전 산업단지의 지정권자가 제3항제2호에 따른 승인 또는 협의를 하려면 관계 행정기관의 장과의 협의를 거쳐야 한다.(2017.6.20 본항개정)
⑤ 법 제13조의2제4항 전단에서 "대통령령으로 정하는 사항"이란 다음 각 호의 사항을 말한다.
1. 기존 산업단지의 명칭·위치 및 면적
2. 전환된 산업단지 및 잔여 산업단지(기존 산업단지를 일부 전환한 경우만 해당한다)의 명칭·위치 및 면적
3. 산업단지의 전환 사유
4. 제9조제1항 각 호(제1호는 제외한다)의 사항
(2017.6.20 본항개정)
⑥~⑧ (2017.6.20 삭제)
⑨ 법 제11조에 따른 민간기업 등은 산업단지전환을 요청하려는 경우 전환하려는 산업단지의 개발계획을 작성하여 전환하려는 산업단지의 산업단지지정권자에게 산업단지의 전환을 요청하여야 한다.(2017.6.20 본항개정)
⑩ (2017.6.20 삭제)
(2007.10.4 본조신설)

제15조의3【산업단지의 통합 절차 등】 ① 산업단지지정권자는 법 제13조의3제1항에 따라 산업단지를 통합하려는 경우에는 개발계획을 수립하기 전에 기존 산업단지의 관리권자(산업단지지정권자와 동일한 경우는 제외한다. 이하 이 조에서 같다)와 관계 행정기관의 장의 의견을 들어야 한다.
② 산업단지지정권자는 제1항에 따라 의견을 들은 후에 법 제13조의3제2항에 따라 개발계획을 수립하여 다음 각 호의 구분에 따른 자의 협의를 거쳐야 한다.
1. 산업단지지정권자와 통합대상 산업단지의 지정권자가 같은 경우
가. 기존 산업단지의 관리권자
나. 관계 행정기관의 장
2. 산업단지지정권자와 통합대상 산업단지의 지정권자가 다른 경우
가. 기존 산업단지의 관리권자
나. 통합대상 산업단지의 지정권자
다. 통합대상 산업단지의 관리권자
라. 관계 행정기관의 장
③ 산업단지지정권자는 제2항에 따른 협의를 한 후에 다음 각 호의 구분에 따른 심의를 거쳐야 한다.
1. 산업단지지정권자가 국토교통부장관인 경우 : 심의회의 심의
2. 산업단지지정권자가 국토교통부장관이 아닌 경우 : 법 제3조제3항에 따른 지방산업입지심의회(이하 "지방산업입지심의회"라 한다)의 심의
④ 법 제13조의3제3항 전단에서 "대통령령으로 정하는 사항"이란 다음 각 호의 사항을 말한다.
1. 기존 산업단지 및 통합대상 산업단지의 명칭·위치 및 면적
2. 통합된 산업단지의 명칭·위치 및 면적
3. 산업단지의 통합 사유
4. 제9조제1항 각 호(제1호는 제외한다)의 사항
(2017.6.20 본조신설)

제15조의4【준공된 산업단지의 개발행위에 관한 특례】 ① 법 제13조의4제2항에서 "주요 유치업종 범위 내에서의 배치계획의 변경 등 대통령령으로 정하는 행위"란 다음 각 호의 어느 하나에 해당하는 행위를 말한다.
(2017.6.20 본문개정)
1. (2014.7.14 삭제)
2. 주요유치업종 범위 내에서의 배치계획 또는 유치업종별 공급면적의 변경(제7조제1항제3호에 따른 변경을 수반하지 아니하는 경우에 한정한다)(2014.12.16 본호개정)
2의2. 제7조제1항제3호에 따른 변경을 수반하지 아니하는 주요 유치 업종의 변경(2014.1.14 본호신설)
3. 토지이용계획상 각 시설별 및 용도별 면적의 100분의 10 미만의 변경. 다만, 누적 변경의 합이 100분의 10 이상이 되는 경우는 제외한다.
4. 너비 15미터 미만인 도로의 신설·변경 또는 폐지(2016.2.11 본호개정)
5. 제27조제1항제1호부터 제5호까지의 규정에 따른 시설의 규모나 용량의 100분의 50 미만의 변경. 다만, 누적 변경의 합이 100분의 50 이상이 되는 경우는 제외한다.(2012.11.20 본문개정)
② 법 제21조제1항에 따른 실시계획승인권자(이하 "실시계획승인권자"라 한다)는 법 제13조의4제1항에 따라 준공된 산업단지에서 개발행위를 하기 위하여 개발계획을 변경하거나 실시계획을 수립하려는 법 제16조제1항제2호의2 및 제3호부터 제8호까지의 사업시행자(이하 이 조에서 "준공단지개발사업시행자"라 한다)에게 법 제13조의4제4항 본문에 따라 공공시설을 설치하게 하려는 경우에는 개발계획의 변경 또는 실시계획의 수립으로 인하여 발생하는 지가상승 차액(이하 이 조에서 "지가상승차액"이라 한다)의 100분의 50에 해당하는 금액에 해당할 때까지 공공시설을 설치하게 할 수 있다. 이 경우 준공단지개발사업시행자가 법 제16조제1항제7호 및 제8호에 해당하는 경우에는 지가상승차액의 범위에서 법 제46조의8제1항에 따라 도시첨단산업단지에 포함된 대학 교지(校地)에서 발생하는 지가상승차액은 제외한다.(2020.3.10 본항개정)
③ 제2항 전단의 "100분의 50에 해당하는 금액"을 산정할 때에는 다음 각 호의 금액을 포함하여 산정한다.
1. 「산업집적활성화 및 공장설립에 관한 법률」 제30조에 따른 관리권자(이하 "관리권자"라 한다)가 준공단지개발사업시행자로부터 개발행위로 발생한 지가상승분을 같은 법 제33조제10항에 따라 기부받은 경우 : 관리권자가 준공단지개발사업시행자로부터 기부받은 금액
2. 「도시공원 및 녹지 등에 관한 법률」 제19조의2에 따른 공원관리청이 준공단지개발사업시행자가 산업단지에 설치한 도시공원을 같은 법 제21조의2제1항에 따라 기부채납받은 경우 : 공원관리청이 준공단지개발사업시행자로부터 기부채납받은 도시공원의 설치 비용
(2022.5.3 본항개정)
④ 제2항 및 제3항에서 규정한 사항 외에 준공단지개발사업시행자가 설치하는 공공시설의 설치비용 산정에 대한 세부사항은 국토교통부장관이 정해서 고시한다.
(2018.12.11 본항신설)
(2007.10.4 본조신설)

제16조~제18조 (1993.6.11 삭제)

제19조【사업시행자】 ① 법 제16조제1항제1호라목에서 "임원 임명권한을 행사하는 등 대통령령으로 정하는 기준에 따라 사실상 지배력을 확보하고 있는 법인"이란 다음 각 호의 어느 하나에 해당하는 경우의 법인을 말한다.
1. 법 제16조제1항제1호가목부터 다목까지의 규정에 따른 자가 최대지분을 보유하고 지분의 분산도(分散度)로 보아 주주권 등의 행사에 따른 법인 지배가 가능한 경우
2. 법 제16조제1항제1호가목부터 다목까지의 규정에 따른 자가 법령 또는 정관에 따라 해당 법인의 대표자 또는 이사회 구성원의 과반수의 임명(승인·제청 등을 포함한다)에 관여하는 경우
3. 법 제16조제1항제1호가목부터 다목까지의 규정에 따른 자가 법령 또는 정관에 따라 해당 법인의 예산 또는 사업계획 등을 승인하는 경우
(2016.2.11 본항신설)
② 법 제16조제1항제2호의2에서 "대통령령으로 정하는 요건"이란 산업단지를 개발하여 산업시설용지(복합용지 내에 산업시설을 설치하기 위한 용지를 포함하며, 이하 이 조에서 같다)의 100분의 30 이상을 소속 조합원 또는 회원에게 공급하려는 경우를 말한다.(2014.7.14 본항신설)
③ 법 제16조제1항제3호에서 "대통령령으로 정하는 요건에 해당하는 자"란 다음 각 호의 어느 하나에 해당하는 자를 말한다.(2011.11.16 본문개정)
1. 산업단지개발계획에 적합한 시설을 설치하여 입주하려는 자로서 다음 각 목의 어느 하나에 해당하는 자
(2011.4.6 본문개정)
가. 법 제2조제9호 각 목의 시설용지를 직접 개발하고자 하는 경우(2011.11.16 본목개정)
나. 해당 산업단지 내 산업시설용지의 100분의 30 이상을 직접 사용하고, 남는 용지를 입주를 희망하는 자에게 다음의 용도로 공급하려는 경우(2016.2.11 본문개정)
1) 산업시설용지
2) 법 제2조제9호나목부터 라목까지의 규정에 해당하는 시설용지(2012.10.29 개정)
(2011.4.6 본목개정)
2. 산업단지개발계획에 적합하게 산업단지를 개발할 능력이 있다고 인정되는 자로서 다음 각 목의 어느 하나에 해당하는 자(2009.11.10 본문개정)
가. 「건설산업기본법」에 따라 종합공사를 시공하는 업종(토목공사업 또는 토목건축공사업으로 한정한다) 등록을 한 자로서 공시된 해당 연도의 시공능력평가액이 산업단지개발계획에서 정한 연평균 사업비(보상비를 제외한다)이상인 자(2014.12.16 본목개정)
나. 「산업집적활성화 및 공장설립에 관한 법률」에 의하여 지식산업센터를 설립할 수 있는 자로서 산업단지안에서 지식산업센터의 설립에 필요한 용지를 직접 개발하고자 하는 자(2010.7.12 본목개정)
④ 법 제16조제1항제4호에서 "대통령령으로 정하는 요건에 해당하는 법인"이란 법 제16조제1항제1호, 제2호 또는 이 조 제3항제2호가목에 해당하는 자의 출자비율의 합이 100분의 20이상인 법인을 말한다.(2016.11.8 본항개정)
⑤ 법 제16조제1항의 규정에 의하여 산업단지개발사업을 시행하고자 하는 자는 다음 각호의 사항을 기재한 사업시행자지정신청서를 산업단지지정권자에게 제출하여야 한다.(1996.6.29 본문개정)
1. 사업을 시행하고자 하는 자의 성명(법인인 경우에는 법인의 명칭 및 대표자의 성명)·주소
2. 사업을 시행하고자 하는 산업단지의 명칭·위치 및 사업시행면적(1996.6.29 본호개정)
3. 사업시행계획의 개요
가. 사업의 명칭
나. 사업의 시행목적
다. 사업의 종류 및 개요
라. 사업의 시행기간
마. 사업의 시행방법
⑥ 제5항에 따른 사업시행자지정신청서에는 다음 각호의 서류 및 도면을 첨부하여야 한다.(2016.2.11 본문개정)
1. 위치도
2. 사업계획서
3. 자금조달계획서
⑦ 제1항부터 제6항까지에서 규정한 사항 외에 사업시행자의 지정등에 관하여 필요한 사항은 국토교통부령으로 정한다.(2016.2.11 본항개정)
⑧ 법 제16조제2항에서 "대통령령으로 정하는 경우"란 다음 각 호의 어느 하나에 해당하는 경우를 말한다.
(2011.11.16 본문개정)
1. 실시계획승인을 고시한 날부터 2년이 경과한 날까지 실시계획의 승인을 받은 사업시행토지면적(매립면적은 제외한다)의 100분의 30 이상의 토지에 대한 소유권을 확보하지 못한 경우
2. 최초로 승인된 실시계획에서 정한 사업기간(사업시행자가 부득이한 사유로 토지소유권을 확보하지 못하여 기간 연장을 요청하여 실시계획승인권자가 이를 인정하는 경우에는 6개월의 범위 내에서 1회에 한하여 기간을 연장할 수 있다) 내에 실시계획승인을 받은 사업시행 토지 중 소유권을 확보하지 못한 토지가 있는 경우
3. 제3항제1호의 사업시행자가 최초 승인된 실시계획에서 정한 사업기간을 1회 연장한 경우로서 그 연장된 사업기간내에 사업을 완료하지 아니한 경우(2016.2.11 본호개정)
(2007.10.4 본항신설)

제20조【개발사업의 대행 범위 등】 ① 법 제16조제3항 본문 및 단서에 따라 사업시행자가 대행하게 할 수 있는 산업단지개발사업은 다음 각 호의 범위로 한다.
1. 실시설계
2. 용지조성공사
3. 주요 기반시설공사
4. 건축공사
② 제1항에 따라 사업시행자가 대행하게 할 수 있는 면적은 해당 산업단지개발사업 시행면적의 2분의 1을 초과할 수 없다.
③ 법 제16조제3항 본문 및 단서에 따라 사업시행자가 산업단지개발사업을 대행하게 하려는 경우에는 대행할 사업자(이하 "대행개발사업자"라 한다)를 경쟁입찰 방식으로 선정하여야 한다.
④ 제3항에 따라 경쟁입찰 방식으로 대행개발사업자를 선정하는 경우 해당 입찰공고에는 다음 각 호의 사항이 포함되어야 한다.
1. 개발사업의 목적
2. 개발사업의 종류 및 개요
3. 개발사업의 시행기간
4. 대행개발사업자의 자격요건 및 제출서류
5. 대행개발사업자의 선정기준 및 방식
⑤ 산업시설용지(복합용지 내에 산업시설을 설치하기 위한 용지를 포함하며, 이하 이 항에서 같다)를 직접 사용할 자에게 그 산업시설용지의 조성사업을 대행하게 하는 경우에는 사업시행자로 하여금 제2항에도 불구하고 해당 산업단지개발사업 시행면적의 2분의 1을 초과하여 대행하게 할 수 있으며, 제3항에도 불구하고 경쟁입찰 방식에 의하지 아니하고 대행하게 할 수 있다.(2014.12.16 본항개정)
⑥ 제5항에 따라 산업단지개발사업을 대행하려는 자는 다음 각 호의 사항을 적은 산업단지개발사업 대행신청서를 사업시행자에게 제출하여야 한다.
1. 개발사업을 대행하려는 자의 성명(법인인 경우에는 법인의 명칭 및 대표자의 성명) 및 주소

2. 개발사업을 대행하려는 산업단지의 명칭·위치 및 대행면적
3. 개발사업의 대행에 관한 시행계획 개요
가. 사업의 목적
나. 사업의 종류 및 개요
다. 사업의 시행기간
라. 대행사유
⑦ 제6항에 따른 산업단지개발 대행신청서에는 다음 각 호의 자료를 첨부하여 제출하여야 한다.
1. 위치도
2. 사업계획서
3. 자금조달계획서
(2014.7.14 본조개정)
제20조의2【개발사업 대행승인 신청 등】 ① 법 제16조제3항 단서에 따라 산업단지개발사업을 대행하게 하려는 자로서 같은 조 제1항제2호, 제2호의2 및 제3호부터 제6호까지의 규정에 따른 사업시행자는 다음 각 호의 구분에 따라 산업단지개발사업 대행승인신청서를 해당 산업단지지정권자에게 제출하여 대행에 대한 승인을 신청하여야 한다.
1. 제20조제3항에 따라 대행하게 하려는 경우
가. 승인 신청 시기 : 제20조제4항에 따른 경쟁입찰 방식의 선정을 위한 입찰공고를 실시하기 전
나. 첨부서류 : 제20조제4항에 따른 경쟁입찰 방식의 선정을 위한 입찰공고 내용
2. 제20조제5항에 따라 대행하게 하려는 경우
가. 승인 신청 시기 : 제20조의3제1항에 따른 대행에 관한 계약을 체결하기 전
나. 첨부서류 : 제20조제6항에 따른 산업단지개발사업 대행신청서 및 같은 조 제7항에 따른 각 호의 자료
② 제1항에 따라 승인 신청을 받은 산업단지지정권자는 대행개발의 필요성 등을 검토하여 승인 여부를 결정하여야 하고, 사업시행자는 해당 산업단지지정권자의 승인을 받아 입찰공고를 실시(제1항제1호의 경우만 해당한다)하거나 제20조의3제1항에 따른 대행에 관한 계약을 체결(제1항제2호의 경우만 해당한다)하여야 한다.
(2014.7.14 본조신설)
제20조의3【개발사업의 대행계약 체결 등】 ① 제20조제3항 및 제5항에 따라 산업단지개발사업을 대행하게 하려는 사업시행자는 대행개발사업자와 대행에 관한 계약을 체결하여야 한다.
② 제1항에 따라 대행에 관한 계약을 체결한 사업시행자는 대행개발사업자가 계약에 따라 성실하게 사업을 시행하도록 지도·감독하여야 한다.
③ 법 제16조제1항제1호에 따른 사업시행자가 제1항에 따른 계약을 체결한 경우에는 해당 계약을 체결한 날부터 14일 이내에 해당 계약서의 사본을 첨부하여 해당 산업단지지정권자에게 산업단지개발사업의 대행에 관한 통보를 하여야 한다.
(2014.7.14 본조신설)
제21조【국가산업단지개발실시계획】 ① 국가산업단지의 사업시행자는 법 제17조제1항의 규정에 의한 국가산업단지개발실시계획의 승인을 신청하고자 하는 경우에는 국가산업단지의 사업시행자로 지정된 날부터 2년 이내에 다음 각 호의 사항을 기재한 국가산업단지개발실시계획승인신청서를 국토교통부장관에게 제출하여야 한다.
(2014.1.14 본문개정)
1. 사업시행자의 성명(법인인 경우에는 법인의 명칭 및 대표자의 성명)·주소
2. 사업의 명칭
3. 사업의 목적
4. 사업을 시행하고자 하는 위치 및 면적
5. 사업의 시행방법 및 시행기간
6. 사업시행지역의 토지이용현황
7. 토지이용계획 및 기반시설계획
② 제1항의 규정에 의한 국가산업단지개발실시계획승인신청서에는 다음 각 호의 서류 및 도면을 첨부하여야 한다. 이 경우 국토교통부장관은 「전자정부법」 제36조제1항에 따른 행정정보의 공동이용을 통하여 지적도를 확인하여야 한다.(2013.3.23 후단개정)
1. 위치도
2. (2008.12.31 삭제)
3. 계획평면도 및 실시설계도서(공유수면의 매립이 포함되는 경우에는 국토교통부령이 정하는 매립공사설명서를 포함한다)(2013.3.23 본호개정)
4. 사업비 및 자금조달계획서(연차별투자계획을 포함한다)
5. 개발되는 토지 또는 시설물의 관리처분에 관한 계획서
6. 사업시행지역안에 존치하고자 하는 기존공장이나 건축물등의 명세서
7. 사업시행지역의 토지·건물 또는 권리등의 매수·보상 및 주민이주대책에 관한 서류
8. 공공시설물 및 토지등의 무상귀속과 대체에 관한 계획서
9. 국가 또는 지방자치단체에 귀속될 공공시설의 설치비용산출내역서 및 사업시행자에게 귀속·양도될 기존 공공시설의 평가서(1996.6.29 본호신설)
10. 산업단지개발사업대행계획서(당해 계획이 있는 경우에 한한다)(1996.6.29 본호신설)
11. 도시·군관리계획결정(지구단위계획을 포함한다)에 필요한 관계서류 및 도면(2012.4.10 본호개정)
12. 종전 토지소유자에 대한 환지계획서(환지계획이 있는 경우에 한한다)(1996.6.29 본호신설)
13. 문화재의 보존에 미치는 영향에 관한 서류(1999.3.26 본호개정)
14. 피해영향조사서(공유수면매립의 경우에 한한다)
③ 국토교통부장관은 사업시행자가 부득이한 이유로 인하여 제1항의 규정에 의한 승인신청기간의 연장을 요청하는 경우에는 6월의 범위안에서 이를 연장할 수 있다.
(2013.3.23 본항개정)
④ (2008.9.25 삭제)
⑤ (1993.11.6 삭제)
(2007.10.4 본조제목개정)
제21조의2【중요 사항의 변경】 ① 법 제17조의2에서 "대통령령으로 정하는 중요 사항을 변경하는 경우"란 다음 각 호의 어느 하나에 해당하지 아니하는 경우를 말한다.
(2014.7.14 본문개정)
1. 사업시행자의 주소를 변경하는 경우
2. 법인인 사업시행자의 명칭 또는 대표자를 변경하는 경우
(2014.7.14 본호개정)
3. 사업시행지역의 변동이 없는 범위에서 착오 등에 따른 사업시행면적을 정정하는 경우
4. 사업시행면적을 초과하지 아니하는 범위에서 사업을 분할하여 시행하기 위하여 그 면적을 변경하는 경우
5. 총사업비 범위에서 연차별 투자계획을 변경하는 경우
6. 토지이용계획의 변경을 수반하지 아니하는 범위에서 존치하려는 기존의 공장이나 건축물 등의 명세를 변경하는 경우
(2014.7.14 5호~6호신설)
② 사업시행자는 제1항 각 호의 어느 하나에 해당하는 사항을 변경하였으면 국토교통부장관에게 그 변경사실을 알려야 한다.(2013.3.23 본항개정)
(2014.7.14 본조제목개정)
(2008.9.25 본조신설)
제22조【일반산업단지개발실시계획】 ① 일반산업단지의 사업시행자가 법 제18조제1항에 따라 일반산업단지개발실시계획의 승인을 신청하려는 경우에는 일반산업단지의 사업시행자로 지정된 날부터 2년 이내에 제21조제1항 각 호의 사항을 기재한 일반산업단지개발실시계획승인신청서를 산업단지지정권자에게 제출하여야 한다.
(2014.1.14 본항개정)
② 제1항에 따른 일반산업단지개발실시계획승인신청서에는 제21조제2항 각호의 서류 및 도면을 첨부하여야 한다. 이 경우 산업단지지정권자는 「전자정부법」 제36조제1항에 따른 행정정보의 공동이용을 통하여 지적도를 확인하여야 한다.(2010.5.4 후단개정)
③ 일반산업단지의 산업단지지정권자는 사업시행자가 부득이한 이유로 인하여 제1항의 규정에 의한 승인신청기간의 연장을 요청하는 경우에는 6월의 범위안에서 이를 연장할 수 있다.(2007.10.4 본항개정)
④ (2008.9.25 삭제)
⑤ (1993.11.6 삭제)
(2007.10.4 본조제목개정)
제22조의2【도시첨단산업단지개발실시계획】 ① 도시첨단산업단지의 사업시행자가 법 제18조의2제1항에 따라 도시첨단산업단지개발실시계획의 승인을 신청하려는 경우에는 도시첨단산업단지의 사업시행자로 지정된 날부터 2년 이내에 제21조제1항 각 호의 사항을 기재한 도시첨단산업단지개발실시계획승인신청서를 산업단지지정권자에게 제출하여야 한다.(2014.1.14 본항개정)
② 제1항에 따른 도시첨단산업단지개발실시계획승인신청서에는 제21조제2항 각 호의 서류 및 도면을 첨부하여야 한다. 이 경우 산업단지지정권자는 「전자정부법」 제36조제1항에 따른 행정정보의 공동이용을 통하여 지적도를 확인하여야 한다.(2010.5.4 후단개정)
③ 도시첨단산업단지의 산업단지지정권자는 사업시행자가 부득이한 이유로 인하여 제1항에 따른 승인신청기간의 연장을 요청하는 경우에는 6개월의 범위 내에서 이를 연장할 수 있다.
④ (2008.9.25 삭제)
(2007.10.4 본조신설)
제23조【농공단지실시계획】 ① 농공단지의 사업시행자는 법 제19조제1항의 규정에 의한 농공단지개발실시계획(이하 "농공단지실시계획"이라 한다)의 승인을 신청하고자 하는 경우에는 농공단지의 사업시행자로 지정된 날부터 1년 이내에 제21조제1항 각호의 사항을 기재한 농공단지개발실시계획승인신청서를 시장·군수에게 제출하여야 한다.(1996.6.29 본항개정)
② 제1항의 규정에 의한 농공단지개발실시계획승인신청서에는 제21조제2항 각호의 서류 및 도면을 첨부하여야 한다. 이 경우 시장·군수는 「전자정부법」 제36조제1항에 따른 행정정보의 공동이용을 통하여 지적도를 확인하여야 한다.(2010.5.4 후단개정)
③ 시장·군수는 사업시행자가 부득이한 이유로 인하여 제1항의 규정에 의한 승인신청기간의 연장을 요청하는 경우에는 6월의 범위안에서 이를 연장할 수 있다.
(1996.6.29 본항개정)
④ (1996.6.29 삭제)
⑤ (1993.11.6 삭제)
제23조의2【실시계획승인의 고시】 법 제19조의2제1항의 규정에 의하여 고시할 사항은 다음 각호와 같다.
1. 사업의 명칭
2. 사업시행자의 성명(법인인 경우에는 법인의 명칭 및 대표자의 성명)
3. 사업의 목적 및 개요
4. 사업시행지역의 위치 및 면적
5. 사업시행기간(착공 및 준공예정일을 포함한다)
6. 도시·군관리계획결정에 대한 「국토의 계획 및 이용에 관한 법률 시행령」 제25조제6항 각호의 사항(2021.1.26 본호개정)
(1993.11.6 본조신설)
제24조【산업단지개발사업의 위탁시행】 ① 법 제20조제1항에서 "대통령령으로 정하는 공공시설"이란 상수도·철도·공동구·하수도·공공폐수처리시설·폐기물처리시설(재생처리시설을 포함한다. 이하 같다)·집단에너지공급시설·제방·호안·방조제·하굿둑·공원 및 녹지시설을 말하고, 같은 항에서 "대통령령으로 정하는 기관"이란 「한국농어촌공사 및 농지관리기금법」에 따른 한국농어촌공사를 말한다.(2017.1.17 본항개정)
② 사업시행자는 법 제20조제1항의 규정에 의하여 산업단지개발사업의 일부를 국가·지방자치단체, 공기업(「공공기관의 운영에 관한 법률」 제5조에 따른 공기업을 말한다) 및 「한국농어촌공사 및 농지관리기금법」에 따른 한국농어촌공사에 위탁하여 시행하고자 하는 경우에는 이를 위탁받아 시행할 자와 다음 각호의 사항에 관하여 협의하여야 한다.(2011.11.16 본문개정)
1. 위탁사업의 사업지
2. 위탁사업의 종류·규모·금액 기타 공사설계의 기준이 될 사항
3. 위탁사업의 시행기간(착공 및 준공예정일과 공정계획을 포함한다)
4. 위탁사업에 필요한 비용의 지급방법과 그 자금의 관리에 관한 사항
5. 위탁자가 부동산·기자재 또는 노무자를 제공하는 경우에는 그 관리에 관한 사항
6. 위험부담에 관한 사항
7. 기타 위탁사업의 내용을 명백히 하는데 필요한 사항
③ (2007.10.4 삭제)
④ 제2항에 따라 개발사업을 위탁하여 시행하는 경우의 위탁료율의 기준은 국토교통부령으로 정한다.(2013.3.23 본항개정)
(1996.6.29 본조제목개정)
제24조의2【산업단지의 신탁개발】 ① 사업시행자가 법 제20조의2제1항의 규정에 의하여 부동산신탁업자와 산업단지개발에 관한 신탁계약을 체결하고자 하는 경우 그 계약서에는 다음 각호의 사항이 포함되어야 한다.
(2008.7.29 본문개정)
1. 위탁자 및 수탁자의 성명(법인의 경우에는 그 명칭 및 대표자의 성명) 및 주소
2. 산업단지의 명칭·위치 및 면적
3. 신탁개발에 관하여 다음 각목의 사항이 포함된 시행계획개요
가. 사업의 목적
나. 사업의 종류 및 개요
다. 사업의 시행기간
② 사업시행자는 제1항의 규정에 의한 신탁계약을 체결한 경우에는 그 계약서 사본에 다음 각호의 서류를 첨부하여 그 계약을 체결한 날부터 14일이내에 산업단지지정권자에게 제출하여야 한다.
1. 위치도
2. 사업계획서
3. 자금조달계획서
4. 처분계획서
③ 제1항의 규정에 의한 신탁계약을 체결한 부동산신탁업자는 그 계약의 내용에 따라 성실히 사업을 수행하여야 한다.(2008.7.29 본항개정)
(1999.3.26 본조신설)
제24조의3【토지소유자에 대한 환지】 ① 법 제24조제1항제1호의 규정에 의하여 환지를 받을 수 있는 토지소유자는 산업단지지정고시일 현재 산업단지개발계획에서 정한 최소공급면적 이상의 토지를 소유한 자로 한다.
(2001.6.30 본항개정)
② 제1항에 따라 환지를 받고자 하는 자는 환지신청서에 산업시설 등에 관한 설치계획서를 첨부하여 사업시행자에게 제출하여야 한다.(2014.5.9 본항개정)
③ 제2항의 규정에 의한 환지신청은 사업시행자가 당해 산업단지보상공고에서 정한 협의기간내에 하여야 한다.
(1996.6.29 본항개정)
④ 사업시행자(법 제16조제1항제6호에 해당하는 사업시행자를 제외한다)는 다음 각호에 정한 기준에 따라 환지의 방법 및 절차등을 산업단지개발실시계획에서 정하여야 한다.(2014.5.9 본문개정)
1. 환지대상이 되는 종전 토지의 가액은 보상공고시 사업시행자가 제시한 협의를 위한 보상금액으로 하고, 환지의 가액은 제40조에 따른 해당 산업단지의 용지별 분양가격을 기준으로 한다.(2014.5.9 본호개정)
2. 환지면적은 종전의 토지면적을 기준으로 하되, 지역여건 및 용지별 수급 상황 등을 고려하여 그 면적을 증감할 수 있다.(2014.5.9 본호개정)
3. 종전의 토지가액과 환지가액간의 차액은 이를 현금으로 정산하여야 한다.
(1993.11.6 본조신설)

제24조의4【공공시설의 범위】 ① 법 제26조에 따른 공공시설의 범위는 「국토의 계획 및 이용에 관한 법률」 제2조제13호에 따른 공공시설 중 다음 각 호의 시설과 「공간정보의 구축 및 관리 등에 관한 법률」 제67조제1항에 따른 구거로 한다.(2019.12.10 본문개정)
1. 도로
2. 공원
3. 광장
4. (1996.12.31 삭제)
5. 하천
6. 녹지
7. (1996.12.31 삭제)
8. 수도(한국수자원공사가 설치하는 수도의 경우에는 관로에 한한다)
9. 하수도
10. 유수지시설
11. 방조설비(防潮設備)(2009.11.10 본호신설)
② 제1항에도 불구하고 다음 각 호의 어느 하나에 해당하는 공공시설은 법 제26조에 따른 공공시설에서 제외한다.
1. 단일기업만 입주한 산업단지에 설치된 공공시설로서 해당 기업이 전용으로 사용하는 공공시설
2. 다음 각 목의 요건을 모두 갖춘 공공시설로서 법 제26조제3항에 따라 실시계획승인권자가 미리 그 관리청(국가 또는 지방자치단체에 무상으로 귀속되었을 경우의 관리청을 말한다)의 의견을 들어 국가 또는 지방자치단체에 무상으로 귀속되는 공공시설에서 제외되는 것으로 산업단지개발사업의 실시계획에 명시적으로 반영한 공공시설
가. 법 제16조제1항제3호에 해당하는 시행자가 개발하는 산업단지에 설치되는 공공시설일 것
나. 「산업집적활성화 및 공장설립에 관한 법률」 제31조제2항에 따른 입주기업체협의회가 관리하는 공공시설일 것
3. 법 제46조의8제1항에 따라 도시첨단산업단지에 포함된 대학 교지에 설치하는 공공시설(2020.3.10 본호신설)
(2019.12.10 본항신설)
(1993.11.6 본조신설)

제25조【용도폐지의 협의 등】 ① 산업단지의 실시계획승인권자가 법 제27조제2항 후단의 규정에 의하여 국가 또는 지방자치단체소유재산의 용도폐지 및 양도에 관하여 관계행정기관의 장에게 협의요청을 하는 경우에는 다음 각호의 서류를 첨부하여야 한다.(2008.12.31 단서삭제)
1. 협의대상재산의 명세서
2. 협의내용(용도폐지·양도 및 재산평가방법 등)을 기재한 서류
3.~4. (2008.12.31 삭제)
5. 위치도(2008.12.31 본호개정)
6. 미등기확인서(등기가 되어있지 아니한 재산에 한한다)
② 제1항에 따라 협의요청을 받은 관계 행정기관의 장은 「전자정부법」 제36조제1항에 따른 행정정보의 공동이용을 통하여 다음 각 호의 서류를 확인하여야 한다.(2010.5.4 본문개정)
1. 토지(임야)대장 등본
2. 등기부 등본
3. 지적도 등본
(2008.12.31 본항신설)
③ 기획재정부장관은 법 제27조제4항의 규정에 의하여 관리·처분하는 재산을 「국유재산법」 제42조제1항에 따라 관리·처분사무를 위임받은 자로 하여금 관리·처분하게 할 수 있다.(2009.7.27 본항개정)
④ 법 제27조제5항에서 "공기업 등 대통령령으로 정하는 자"란 다음 각 호의 어느 하나에 해당하는 자(이하 "공공사업시행자"라 한다)를 말한다.(2011.11.16 본문개정)
1. 「공공기관의 운영에 관한 법률」 제5조에 따른 공기업(2009.11.10 본호개정)
2. 「지방공기업법」에 따른 지방공사 및 지방공단(2009.11.10 본호개정)
3. 「중소기업진흥에 관한 법률」에 따른 중소벤처기업진흥공단(2019.4.2 본호개정)
4. 「산업집적활성화 및 공장설립에 관한 법률」에 의한 한국산업단지공단(2005.3.25 본호개정)
5. 「한국농어촌공사 및 농지관리기금법」에 따른 한국농어촌공사(2010.3.26 본호신설)
⑤ 공공사업시행자는 법 제27조제5항의 규정에 의하여 매입대금을 5년 이내의 기간에 걸쳐 분할납부할 수 있다. 이 경우 매입대금잔액에 대한 이자는 「국유재산법」 제50조제2항에 따라 산정된 이자율을 적용해서 산출한다.(2018.12.11 후단개정)
⑥ 공공사업시행자가 제5항에 따라 분할납부하는 경우에는 「국유재산법」 제51조의 규정에 불구하고 매입대금이 완납되기 전에 소유권을 이전할 수 있다. 이 경우 저당권설정 등 채권의 확보를 위하여 필요한 조치를 취하여야 한다.(2009.7.27 본항개정)

제26조【비용의 보조】 ① 법 제28조제1항 단서에 따라 국가 또는 지방자치단체가 보조할 수 있는 비용의 종목은 다음 각 호와 같다.(2021.6.22 본문개정)
1. 산업단지안의 간선도로의 건설비(1996.6.29 본호개정)
2. 산업단지안의 녹지시설의 건설비(1996.6.29 본호개정)
3. 용수공급시설·하수도 및 공공폐수처리시설의 건설비(2017.1.17 본호개정)
4. 이주대책사업비
5. 토지 또는 시설 등을 임대할 목적으로 조성하는 산업단지의 용지매입비와 공원 및 공동구의 건설비(2003.1.14 본호개정)
6. 지식산업센터건설을 위한 용지매입비, 부지조성비 등 지식산업센터의 용지 개발과 관련된 비용(2021.6.22 본호개정)
7. 농공단지조성을 위한 부지조성비와 진입도로·전력·통신시설등 기반시설비 및 용지매입비
8. 문화재조사비(2003.1.14 본호신설)
② 국가 또는 지방자치단체는 제1항 각호의 비용의 50퍼센트 범위안에서 이를 보조할 수 있다. 다만, 제1항제3호의 비용중 하수도 및 공공폐수처리시설의 건설비와 동항제8호의 비용 및 다음 각호의 어느 하나에 해당하는 경우 제1항 각호의 비용은 미리 심의회의 심의를 거쳐 그 전액을 보조할 수 있다.(2017.1.17 단서개정)
1. 낙후지역의 개발을 위하여 특히 필요하다고 인정하는 경우
2. 사업시행자가 미개발·미분양된 산업단지안의 용지를 임대하고자 하는 경우
3. 도시첨단산업단지를 조성하여 임대하고자 하는 경우(2005.3.25 본호개정)
(2003.1.14 본항개정)
③ 제2항 각호외의 부분 단서의 규정을 적용함에 있어서는 제1항제3호의 비용중 하수도 및 공공폐수처리시설의 건설비와 동항제8호의 비용에 해당하는 사항 및 제2항제2호에 관한 사항은 「수도권정비계획법」 제2조제1호의 규정에 의한 수도권(「접경지역지원법」 제2조제1호의 규정에 의한 접경지역을 제외한다)외의 지역에 한하여 적용한다.(2017.1.17 본항개정)
④ 제10조의4제1호가목 및 제45조의3제2항제1호가목에 해당하는 경우에는 국가가 보조하는 비용에 상응하는 비용을 해당 지방자치단체도 부담하여야 한다.
(2012.11.20 본항신설)

제27조【기반시설의 지원】 ① 법 제29조제1항에서 "항만·도로·용수시설·철도·통신·전기시설 등 대통령령으로 정하는 기반시설"이란 다음 각 호의 시설을 말한다.
(2011.11.16 본문개정)
1. 항만·도로 및 철도
2. 용수공급시설, 전기시설, 통신시설 및 가스시설(2011.11.16 본호개정)
3. 하수도·공공폐수처리시설 및 폐기물처리시설(2017.1.17 본호개정)
4. 산업단지의 공동구
5. 집단에너지공급시설
6. 그 밖에 산업단지개발을 위하여 특히 필요한 공공시설로서 국토교통부장관이 정하는 시설(2013.3.23 본호개정)
② (2016.3.29 삭제)
③ 제10조의4제1호가목 및 제45조의3제2항제1호가목에 해당하는 경우에는 국가가 시설을 지원하는 비용에 상응하는 비용을 해당 지방자치단체도 부담하여야 한다.
(2012.11.20 본항신설)
(2008.9.25 본조개정)

제27조의2【산업단지안의 전기시설의 설치】 산업단지의 실시계획에서 도시·군계획시설로 결정된 도로까지의 전기시설은 한국전력공사가 미리 설치한다.
(2012.4.10 본조개정)

제27조의3【기반시설 지원에 대한 타당성 평가 대상 등】 ① 법 제29조의2제1항 본문에서 "대통령령으로 정하는 기반시설"이란 「도로법」 제10조에 따른 도로 중 다음 각 호의 어느 하나에 해당하는 도로를 말한다.
1. 신규 산업단지와 인근의 주요 간선도로를 연결하는 도로
2. 기존 산업단지와 신규 산업단지를 연결하는 도로
② 사업시행자는 제1항에 따른 기반시설에 대하여 국고지원을 받으려는 경우에는 산업단지 실시계획을 수립한 후 해당 예산편성 연도 3월 31일까지 사업의 명칭·개요·사업비 등을 명시한 신청서를 국토교통부장관에게 제출하여야 한다. 이 경우 해당 산업단지 실시계획은 해당 예산편성 연도 6월 30일까지 승인·고시되어야 한다.
③ 국토교통부장관은 법 제29조의2제1항에 따라 사업의 타당성을 평가하는 경우 해당 사업의 규모, 지원 비용 및 지원 효과 등을 종합적으로 검토하여야 한다.
④ 법 제29조의2제2항에서 "대통령령으로 정하는 기관 또는 단체"란 다음 각 호의 어느 하나에 해당하는 기관 또는 단체를 말한다.
1. 「정부출연연구기관 등의 설립·운영 및 육성에 관한 법률」에 따라 설립된 국토연구원
2. 「정부출연연구기관 등의 설립·운영 및 육성에 관한 법률」에 따라 설립된 한국개발연구원
3. 그 밖에 국토교통부장관이 법 제29조의2에 따른 타당성 평가에 관한 전문성이 있다고 인정하는 기관 또는 단체
⑤ 국토교통부장관은 제4항에 따른 기관 또는 단체 중에서 타당성 평가를 수행할 기관(이하 "전문기관"이라 한다)을 지정하여 수행하게 할 수 있다.
⑥ 국토교통부장관은 제5항에 따라 전문기관을 지정한 경우에는 그 지정사실을 고시하여야 한다.
⑦ 국토교통부장관은 제5항에 따라 지정한 전문기관이 그 업무를 수행하는데 필요한 비용을 예산의 범위에서 지원할 수 있다.
⑧ 제1항부터 제7항까지에서 규정한 사항 외에 기반시설 지원에 대한 타당성 평가의 절차 및 세부기준과 전문기관의 지정 및 운영에 관한 사항은 국토교통부장관이 정하여 고시한다.
(2017.6.20 본조신설)

제27조의4【국가산업단지 기반시설의 유지보수비 지원】 ① 법 제29조의3제1항에 따라 국가가 유지·보수 또는 개량에 필요한 비용의 일부를 지원할 수 있는 기반시설은 다음 각 호의 요건을 모두 갖추어야 한다.
(2017.6.20 본문개정)
1. 지방자치단체가 유지·관리하는 기반시설(제26조제1항 또는 제27조제1항에 따라 비용이나 시설의 지원을 받을 수 있는 기반시설을 말한다) 중에서 국토교통부장관이 기획재정부장관과 협의하여 고시하는 기반시설에 해당할 것
2. 「시설물의 안전 및 유지관리에 관한 특별법」, 「교통안전법」 등 관계 법령에 따라 안전점검 등을 실시한 결과 보수 또는 보강이 필요한 것으로 진단된 시설로서 국토교통부장관이 지정하는 전문기관의 타당성 평가 결과 지원이 필요한 것으로 인정된 시설일 것(2018.1.16 본호개정)
② 법 제29조의3제1항에 따른 국가의 지원 규모, 지원방법 등에 관한 구체적인 사항은 심의회의 심의를 거쳐 국토교통부장관이 정한다.(2017.6.20 본항개정)
(2016.3.29 본조신설)

제28조【기존공장 등의 존치】 ① 법 제30조에 따라 산업단지안에 존치할 수 있는 기존의 공장이나 건축물 기타 공작물(이하 "기존공장등"이라 한다)의 범위는 다음 각호와 같다.
1. 기존의 이용상태가 양호하여 새로운 개발사업의 시행이 필요하지 아니하다고 인정되는 기존공장등
2. 산업단지개발계획에 의한 토지이용계획에 적합한 용도로 이용되는 기존공장등
3. 산업단지개발실시계획에 의한 개발사업의 시행에 지장이 없는 기존공장등
② 법 제30조제2항에서 "연접"이란 개별입지 공장의 업종이 산업단지개발계획상 유치업종에 해당되는 경우로서 다음 각 호의 요건을 모두 갖춘 경우를 말한다.
1. 산업단지와의 사이에 다른 소유자의 토지 및 시설물(제24조의4에 따른 공공시설은 제외한다)이 없을 것
2. 산업단지와 너비 20미터 이상의 도로·하천·공원 등 지형지물에 의하여 분리되지 아니할 것
(2007.10.4 본조개정)

제29조【산업단지 외의 사업에 대한 준용】 법 제31조 전단에서 "도로·용수공급시설 사업 등 대통령령으로 정하는 사업"이란 다음 각 호의 사업을 말한다.
1. 항만·도로·철도·용수공급시설·하수도·공공폐수처리시설·폐기물처리시설·전기시설 또는 통신시설 사업
2. 가스·유류의 공급시설사업 및 열공급시설(관로로 한정한다)사업
3. 산업단지의 조성을 위하여 그 산업단지에 연접한 토취장 및 돌산을 개발하는 사업
4. 산업단지의 매립을 위한 준설사업
5. 하천의 정비사업
6. 산업단지의 환경 개선 및 산업단지 입주기업 근로자의 생활 편의 향상을 위하여 산업단지 인근에 설치하는 녹지, 공원 및 공공·문화체육시설(「국토의 계획 및 이용에 관한 법률」 제2조제7호에 따른 도시·군계획시설로 결정된 것을 말한다. 이하 같다)사업
(2017.6.20 본조개정)

제30조【선수금】 ① 법 제32조에 따라 선수금을 받으려는 사업시행자 중 법 제16조제1항제1호 또는 제2호에 해당하는 자는 해당 산업단지의 실시계획승인을 받아야 하고, 법 제16조제1항제2호의2 및 제3호부터 제6호까지의 어느 하나에 해당하는 자는 해당 산업단지의 실시계획승인을 받은 후 다음 각 호의 구분에 따른 요건을 갖추어야 한다.(2014.7.14 본문개정)
1. 법 제16조제1항제2호의2 또는 제4호(법 제16조제1항제1호 또는 제2호에 해당하는 자의 출자비율의 합이 100분의 20 이상인 법인만 해당한다)에 해당하는 사업시행자 : 실시계획승인을 받은 사업시행토지면적의 100분의 30 이상의 토지에 대한 소유권을 확보하고 산업단지개발사업에 착수할 것(2014.7.14 본호개정)
2. 법 제16조제1항제3호·제4호(법 제16조제1항제1호 또는 제2호에 해당하는 자의 출자비율의 합이 100분의 20 미만인 법인에 한한다)·제5호 및 제6호에 해당하는 사업시행자 : 다음 각 목의 요건을 갖출 것(2007.10.4 본문개정)
가. 분양하고자 하는 토지에 대한 소유권을 확보하고 당해 토지에 설정된 저당권을 말소하였을 것. 다만, 부득이한 사유로 토지소유권을 확보하지 못하였거나 저당권을 말소하지 못한 경우에는 사업시행자·토지소유자 및 저당권자는 다음 내용의 공동약정서를 공증하여 실시계획승인권자에게 제출하여야 한다.
(2018.12.11 단서개정)
(1) 토지소유자는 제3자에게 당해 토지를 양도하거나 담보로 제공하지 아니할 것
(2) 선수금을 납부한 자가 준공인가 또는 준공인가전 사용허가를 받아 당해 토지를 사용하게 되는 경우에는 토지소유자 및 저당권자는 지체없이 소유권을

이전하고, 저당권을 말소할 것
나. 분양하고자 하는 토지에 대한 용지조성공사를 착공하였을 것(2014.12.16 본목개정)
다. 선분양계약의 불이행시 선수금액의 환불을 담보하기 위하여 다음 내용의 보증 또는 보험금액 및 기간등을 기재한 보증서등(「국가를 당사자로 하는 계약에 관한 법률 시행령」 제37조제2항의 규정에 의한 보증서·보험증권·정기예금증서·수익증권등을 말한다. 이하 같다)을 실시계획승인권자에게 제출할 것
(2005.3.25 본문개정)
(1) 보증 또는 보험금액은 선수금에 그 금액에 대한 보증 또는 보험기간에 해당하는 약정이자상당액(한국은행 통계월보상의 기업대출금리수준에 따라 산출한 금액을 말한다)을 가산한 금액 이상으로 할 것
(2016.2.11 개정)
(2) 보증 또는 보험기간의 개시일은 선수금을 받는 날 이전이어야 하며 그 종료일은 준공예정일부터 30일 이상으로 할 것. 다만, 그 사업기간을 연장하는 경우에는 당초의 보증 또는 보험기간에 그 연장하고자 하는 기간을 가산한 기간을 보증 또는 보험기간으로 하는 보증서등을 제출하여야 한다.
(1996.6.29 본목개정)
라. 제39조제1항에 따른 분양계획서를 실시계획승인권자에게 제출할 것(2017.6.20 본목신설)
② 사업시행자는 제1항의 규정에 의하여 미리 토지를 분양하거나 시설물을 이용하게 한 후에는 당해 토지를 담보로 제공하여서는 아니된다.
③ 실시계획승인권자는 사업시행자가 선분양계약 내용대로 사업을 이행하지 아니하거나 이행할 능력이 없다고 인정하는 경우에는 당해 산업단지의 준공전에 보증서등을 선수금액의 환불을 위하여 사용할 수 있다.(1996.6.29 본항개정)
(1994.12.16 본조개정)

제31조【시설 부담】 ① 법 제33조제1항에서 "대통령령으로 정하는 공공시설"이란 다음 각 호의 시설을 말한다.
(2014.5.9 본문개정)
1. 산업단지의 진입도로 및 간선도로(1996.6.29 본호개정)
2. 산업단지안에 보존할 녹지 및 공원(「국토의 계획 및 이용에 관한 법률」 제2조제7호의 규정에 의한 도시·군계획시설로 결정된 것을 말한다)(2012.4.10 본호개정)
3. 용수공급시설·하수도시설·전기시설·통신시설·공공폐수처리시설 및 폐기물처리시설(2017.1.17 본호개정)
4. 법 제26조의 규정에 의하여 국가 또는 지방자치단체에 무상으로 귀속되는 공공시설
5. 산업단지의 환경 개선 및 산업단지 입주기업 근로자의 생활 편의 향상을 위하여 산업단지 인근에 설치하는 녹지, 공원 및 공공·문화체육시설(2014.5.9 본호신설)
② 제1항에 따른 공공시설의 건설비용은 해당 공공시설의 건설과 관련하여 제40조제9항의 기준에 따라 산정한 용지비, 용지부담금, 조성비, 직접인건비, 이주대책비, 일반관리비, 자본비용 및 그 밖의 비용을 합산한 금액으로 한다.(2011.4.6 본항개정)
③ 법 제33조제2항에서 "대통령령으로 정하는 시설"이란 제1항제5호에 따른 시설을 말한다.(2017.6.20 본항개정)
④ 법 제33조제1항을 적용함에 있어서 사업시행자가 2인 이상인 경우 공공시설의 비용은 당해 산업단지의 총가용면적(기존공장등의 총부지면적을 포함한다)에 사업시행자가 분양받는 개별가용면적의 비율에 따라 각 사업시행자가 이를 나누어 부담한다.(2014.5.9 본항개정)
⑤ 제4항의 규정에 불구하고 공공시설이 특정한 사업시행자만의 사용을 위한 용도로 설치되는 경우에는 그 공공시설의 위치, 설치목적, 이용상황 및 지역여건등을 종합적으로 고려하여 공공시설을 사용할 당해 사업시행자에 대하여 그 설치비용의 전부 또는 일부를 부담하게 할 수 있다.(1993.11.6 본항신설)
⑥ 사업시행자는 법 제33조제2항에 따라 시설부담금을 납부하게 하려는 경우에는 이를 부담할 자에게 공공시설의 명칭·설치비용의 총액·부담하여야 할 금액·납부방법 및 납부기한 등을 명시하여 부담금의 납부를 서면으로 통지하여야 한다. 다만, 사업시행자가 존치시설물의 소유자에게 시설부담금을 납부하게 하려는 경우에는 미리 해당시설물 소유자의 의견을 들어야 한다.(2014.5.9 본항개정)
⑦ 법 제33조제3항에 따른 시설부담금 단가의 구체적인 산정방법과 기준은 별표1과 같다.(2018.12.11 본항개정)
⑧ 법 제33조제4항에서 "대통령령으로 정하는 존치시설물"이란 「건축법 시행령」 별표1 제1호라목, 제2호, 제3호바목부터 아목까지, 제4호나목, 제6호, 제10호가목, 제14호가목, 제23호, 제23호의2, 제24호 및 제25호에 해당하는 시설물을 말한다.(2023.5.15 본항개정)
(2014.5.9 본조제목개정)

제32조【시설부담금의 부과·징수 위탁 등】 ① 법 제35조제4항에서 "대통령령으로 정하는 이자율"이란 체납기간 1일당 체납된 시설부담금의 10만분의 22의 율을 말한다.(2023.10.10 본항신설)
② 법 제35조제6항 전단에 따라 행정청이 아닌 사업시행자가 시설부담금과 가산금의 징수를 위탁하려는 경우에는 다음 각 호의 사항을 적은 문서를 위탁받을 시장·군수에게 송부하여야 한다.(2023.10.10 본문개정)
1. 납부의무자의 성명 및 주소
2. 납부액 및 납부기한
3. 독촉장 발부사실의 유무와 그 발부연월일
③ 법 제35조제6항 후단에 따라 행정청이 아닌 사업시행자는 징수된 부담금의 100분의 3에 해당하는 금액을 시설부담금의 부과·징수에 관한 사무의 처리비용으로 시장·군수에게 지급하여야 한다.(2023.10.10 본항개정)
(2014.7.14 본조신설)

제33조∼제34조 (2007.10.4 삭제)

제35조【이주대책 등】 ① 사업시행자는 법 제36조제2항의 규정에 의하여 이주자 또는 인근지역의 주민의 생활안정을 위하여 필요하다고 인정하는 경우에는 취업희망자의 구직표 및 산업단지에 입주하는 기업의 구인표를 각각 작성하여 관할 지방고용노동관서의 장 또는 시장·군수에게 구직·구인을 신청할 수 있다.
② 제1항의 규정에 의하여 구직·구인신청을 받은 지방고용노동관서의 장 또는 시장·군수는 구인자에게는 구인조건에 적합한 구직자의 목록을, 구직자에게는 구직조건에 적합한 구인자의 목록을 제시하여 적극적으로 알선하여야 한다.
③ 법 제36조제3항에 따라 관계 시·도지사, 시장·군수 또는 사업시행자가 수립·시행할 수 있는 이주자에 대한 지원대책에는 다음 각 호의 사항을 포함할 수 있다.
1. 산업단지로 지정된 지역의 주민으로서 직업전환을 희망하는 이주자에 대한 직업전환훈련의 실시
2. 산업단지로 지정된 지역의 주민으로 구성된 법인 또는 단체에 대한 소득창출사업의 지원
(2014.7.14 본항신설)
④ 제3항제1호에 따른 직업전환훈련의 대상, 훈련 방법 및 지원 등에 필요한 사항과 같은 항 제2호에 따른 소득창출사업의 범위는 시·도지사가 관계 시장·군수와 협의하여 정한다.(2014.7.14 본항신설)
(2014.7.14 본조제목개정)
(2010.7.12 본조개정)

제36조【준공인가】 ① 사업시행자는 법 제37조제1항의 규정에 의하여 준공인가를 받고자 하는 경우에는 다음 각호의 사항을 기재한 준공인가신청서를 당해 산업단지의 실시계획승인권자에게 제출하여야 한다.(1996.6.29 본문개정)
1. 사업시행자의 성명(법인인 경우에는 법인의 명칭 및 대표자의 성명)·주소
2. 사업의 명칭
3. 사업시행지역의 위치 및 면적
4. 사업시행기간
5. 토지이용계획
6. 기반시설계획
② 제1항에 따른 준공인가신청서에는 다음 각 호의 서류 및 도면을 첨부해야 한다.(2020.3.10 본문개정)
1. 준공설계도서(준공사진을 포함한다)
2. 시장·군수가 발행하는 지적측량성과도
3. 법 제38조의 규정에 의한 개발된 토지·시설등의 처분계획서
4. 법 제26조에 따른 공공시설 및 토지등의 귀속조서와 도면(법 제16조제1항제2호, 제2호의2 및 제3호부터 제8호까지의 규정에 따른 사업시행자인 경우에는 용도폐지된 공공시설 및 토지등에 대한 「감정평가 및 감정평가사에 관한 법률」에 따른 감정평가법인등의 평가조서와 새로 설치된 공공시설의 공사비산출내역서를 포함한다. 다만, 실시계획승인권자가 새로 설치된 공공시설의 설치비가 용도폐지된 공공시설 및 토지등에 대한 감정평가액보다 크다고 인정하는 경우에는 그렇지 않다)
(2022.1.21 본문개정)
5. 환지계획서 및 신·구지적대조도(법 제24조의 규정에 의하여 환지를 하는 경우에 한한다)
6. 「공유수면 관리 및 매립에 관한 법률」 제46조·제35조제4항 및 같은 법 시행령 제51조의 규정에 의하여 사업시행자가 취득할 대상토지와 국가 또는 지방자치단체에 귀속될 토지등의 내역서(공유수면을 매립하는 경우에 한한다)(2010.10.14 본호개정)
③ 실시계획승인권자가 제1항의 규정에 의한 준공인가신청을 받은 때에는 준공검사일정을 정하여 준공인가신청 내용에 포함된 공공시설을 인수하거나 관리하게 될 국가기관 또는 지방자치단체의 장에게 검사일 5일전까지 통보하여야 하며, 준공검사에 참여하고자 하는 국가기관 또는 지방자치단체의 장은 준공검사일 전일까지 참여를 요청하여야 한다.(1996.6.29 본항신설)
④ 제1항의 규정에 의한 준공인가신청을 받은 실시계획승인권자는 준공검사를 하여 당해 산업단지개발사업이 법 제17조 내지 법 제19조의 규정에 의하여 승인된 실시계획대로 완료되었다고 인정하는 경우에는 준공인가필증을 교부하여야 한다.(1996.6.29 본항개정)
⑤ 법 제37조제2항 후단에서 "공기업 등 대통령령으로 정하는 기관"이란 다음 각 호의 어느 하나에 해당하는 기관을 말한다.
1. 「공공기관의 운영에 관한 법률」 제5조에 따른 공기업
2. 「지방공기업법」에 따른 지방공사 및 지방공단
3. 「중소기업진흥에 관한 법률」에 따른 중소벤처기업진흥공단(2019.4.2 본호개정)
4. 「산업집적활성화 및 공장설립에 관한 법률」에 따른 한국산업단지공단
5. 「한국농어촌공사 및 농지관리기금법」에 따른 한국농어촌공사
(2011.11.16 본항신설)
⑥ 법 제37조제5항의 규정에 의하여 공고하여야 할 사항은 다음 각호와 같다.(1996.6.29 본문개정)
1. 사업의 명칭
2. 사업시행자의 성명(법인인 경우에는 법인의 명칭 및 대표자의 성명)·주소
3. 사업시행지역의 위치 및 면적
4. 준공인가연월일
5. 공공시설 및 토지등의 관리처분계획
⑦ 사업시행자는 제4항의 규정에 의한 준공인가를 받은 경우에는 1월이내에 제1항 및 제2항 각호의 내용을 「산업집적활성화 및 공장설립에 관한 법률」 제30조제2항의 규정에 의한 당해 산업단지관리기관에 통보하여야 한다.
(2005.3.25 본항개정)

제37조【준공인가전 토지등의 사용】 ① 산업시설용지(복합용지 내에 산업시설을 설치하기 위한 용지를 포함한다) 등의 분양을 받은 자는 법 제37조제7항 단서의 규정에 의하여 준공인가전에 용지 또는 시설물을 사용하고자 하는 때에는 그 범위를 정하여 국토교통부령이 정하는 바에 따라 준공인가전사용신청서를 사업시행자에게 제출하여야 한다.(2014.7.14 본항개정)
② 법 제37조제8항에 따라 사업시행자 지정을 받은 자가 준공인가 전에 그가 설치한 시설물을 사용하기 위하여 실시계획 승인권자의 사전 승인을 받으려면 제1항에 따른 준공인가전사용신청서를 실시계획승인권자에게 제출하여야 한다.(2008.9.25 본항신설)
③ 제1항 및 제2항에 따른 준공인가전사용신청을 받은 사업시행자 및 실시계획승인권자는 다음 각 호의 어느 하나에 해당하는 경우를 제외하고 지체 없이 그 용지 또는 시설물을 사용할 수 있게 하여야 한다. 이 경우 준공인가전 사용의 대상이 되는 용지 또는 시설물중 국·공유재산이 포함되어 있는 경우에는 해당 재산(법 제26조에 따라 사업시행자에게 무상으로 귀속·양도되는 국·공유재산으로서 무상 귀속·양도에 관하여 미리 관리청과 협의를 완료한 경우는 제외한다)의 소유권을 미리 취득하게 하여야 한다.(2011.4.6 후단개정)
1. 전기·통신 또는 가스 등의 공급업자가 신청인의 입주 또는 공장 등의 가동시기(이하 "입주시점"이라 한다)에 맞추어 전기·통신 또는 가스 등의 공급이 불가능하다고 확인하는 경우
2. 관할 시장·군수가 입주시점까지 도로의 소통 및 상수원공급이 불가능하다고 통보한 경우
3. 공해배출업체가 입주하는 경우로서 하수·폐수 또는 폐기물처리시설의 가동이 입주시점까지 곤란하고 대체 처리 계획의 수립이 불가능한 경우
4. 그 밖에 조성된 용지나 설치된 시설물의 사용이 불가능한 특별한 사유가 있는 경우
(2006.4.20 1호∼4호신설)

제38조【개발토지·시설등의 양도】 사업시행자는 개발된 토지 또는 시설등을 법 제38조제1항의 규정에 의하여 양도하고자 하는 경우에는 그 재산의 목록과 가액을 표시한 양도에 관한 조서를 작성하여 이를 양도받을 자에게 송부하여야 한다.(1993.11.6 본조개정)

제39조【개발토지·시설등의 분양】 ① 사업시행자는 개발된 토지 또는 시설등을 법 제38조제1항의 규정에 의하여 당해 산업단지에 입주하여 사업을 영위하고자 하는 자에게 분양하고자 하는 경우에는 분양계획서를 작성하여 그 계획에 따라 분양하여야 한다.(1996.6.29 본항개정)
② 제1항의 규정에 의한 분양계획서에는 다음 각호의 사항이 포함되어야 한다.
1. 분양하고자 하는 토지 또는 시설등의 명세
2. 분양대상자의 자격요건
3. 분양의 시기·방법 및 조건
4. 분양가격의 결정방법
5. 선수금 및 그 납부에 관한 사항(1996.6.29 본호신설)

제40조【분양가격의 결정 등】 ① 사업시행자가 개발된 토지 또는 시설등을 법 제38조제1항에 따라 산업시설용지(복합용지 내에 산업시설을 설치하기 위한 용지를 포함하며, 이하 이 조에서 같다)로 분양하는 경우 그 분양가격은 조성원가로 한다. 다만, 조성된 산업시설용지를 분할하여 분양하는 경우로서 분양촉진 등을 위하여 필요한 경우에는 분양하려는 전체 산업시설용지의 총 조성원가의 범위에서 일부 산업시설용지를 조성원가보다 높거나 낮은 가격으로 분양할 수 있다.(2014.7.14 본문개정)
② 사업시행자가 조성원가로 공급하는 용지에 대해서는 조성원가에 적정이윤을 합한 금액으로 분양가격을 정할 수 있다. 이 경우 적정이윤은 조성원가에 100분의 15의 범위에서 다음 각 호의 구분에 따른 이윤율을 곱하여 산정한다.(2014.7.14 본문개정)
1. 법 제16조제1항제1호 및 제2호에 해당하는 사업시행자 : 국토교통부장관이 정하여 고시하는 이윤율
2. 법 제16조제1항제2호의2 및 제3호부터 제6호까지에 해당하는 사업시행자 : 시·도의 조례로 정하는 이윤율
(2014.7.14 1호∼2호신설)
③ 법 제16조제1항제1호 및 제2호에 해당하는 사업시행자(법 제39조에 따른 특수지역개발사업의 사업시행자는 제외한다)는 제2항제1호에도 불구하고 산업단지지정권자와 협의하여 100분의 15의 범위에서 같은 호에 따른

이윤율보다 높게 적정이윤의 이윤율을 정할 수 있다. 이 경우 이윤율을 높인 만큼 발생하는 이익은 해당 산업단지에서 다음 각 호의 용도로 전부 사용하여야 한다.
1. 창업·기술개발의 지원 등을 위한 기업 지원시설 및 근로자 지원시설의 건축
2. 제1호에 따른 시설을 분양하는 경우 분양가격의 인하
(2016.11.8 본항신설)
④ 사업시행자는 제1항부터 제3항까지의 규정에도 불구하고 다음 각 호의 어느 하나에 해당하는 경우에는 분양가격을 조성원가 이하로 정할 수 있다.(2016.11.8 본문개정)
1. 기업을 보다 효율적으로 유치하기 위한 경우
2.「공익사업을 위한 토지 등의 취득 및 보상에 관한 법률」제4조에 따른 공익사업의 시행으로 이전하는 공장이나 물류시설을 소유하고 있는 자에게 산업시설용지를 원활하게 공급하기 위한 경우
3. 스마트그린산업단지 조성에 기여하는 다음 각 목의 어느 하나에 해당하는 자로서 사업시행자가 분양공고에서 제시하는 설비규모 등 구체적 조건을 충족하는 자에게 공급하기 위한 경우
가.「녹색건축물 조성 지원법」제16조에 따른 녹색건축의 인증이나 같은 법 제17조에 따른 건축물의 에너지효율등급 인증 또는 제로에너지건축물 인증을 받으려는 자
나. 공장 등 건축물 및 부지에「신에너지 및 재생에너지 개발·이용·보급 촉진법」제2조제3호에 따른 신에너지 및 재생에너지 설비를 설치하려는 자
다. 그 밖에 사업시행자가 스마트그린산업단지 조성에 기여한다고 인정하는 자
(2021.6.22 본호신설)
4. 그 밖에 사업시행자가 필요하다고 인정하는 경우
(2009.6.25 본항개정)
⑤ 사업시행자는 제1항 및 제4항에도 불구하고 준공 후 5년이 경과한 경우에 미분양 토지 중 조성원가 또는 조성원가 이하로 공급되는 토지에 대하여는 당초 분양가격에 준공 후 5년이 경과한 날부터 계약체결일까지「민법」제379조에 따른 이자를 가산하여 분양가격을 따로 정할 수 있다.(2016.11.8 본항개정)
⑥ 제1항의 규정에 의한 산업시설용지 외의 용도로 공급하는 용지의 분양가격은「감정평가 및 감정평가사에 관한 법률」에 따른 감정평가법인등이 행한 감정평가액으로 한다. 다만, 분양가격을 감정평가액으로 하지 아니할 수 있는 경우와 그 분양가격은 다음 각호와 같다.
(2022.1.21 본문개정)
1. 산업단지에 입주하는 자의 생산활동의 지원에 직접 필요한 용지로서 공용화물터미널용지·집배송단지 등 물류시설용지와 직업훈련시설용지를 공급하는 경우 : 조성원가
2. 학교시설용지·어린이집용지·공공의료시설용지·공공청사용지·공공문화시설용지·공공복지시설용지·국민주택용지(60제곱미터 이하의 용지에 한한다)·임대주택용지 및 연구시설용지를 공급하는 경우 : 조성원가 또는 그 이하의 금액(2012.11.20 본호개정)
3. 판매시설용지 등 영리를 목적으로 사용될 용지(「택지개발촉진법 시행령」제13조의3제2호에 따른 시설용지인 경우에는 제외한다) : 경쟁입찰 낙찰가격(2007.10.4 본호개정)
4. 사업시행자가 필요하다고 인정하는 경우 : 감정평가액 이하의 금액. 다만, 공유재산은 제외한다.(2007.10.4 본호신설)
(2005.3.25 본항개정)
⑦ 다음 각 호의 사업시행자는 해당 산업단지(법 제39조에 따른 특수지역개발사업은 제외한다)에서 산업시설용지 외의 용도로 공급하는 용지의 매각수익 중 100분의 25 이상을 해당 산업시설용지의 분양가격 인하 및 기반시설 재투자 등을 위하여 사용하여야 한다.(2014.12.16 본문개정)
1. 법 제16조제1항제1호 및 제2호에 해당하는 사업시행자. 다만, 사업시행자가 다음 각 목의 어느 하나에 해당하는 경우는 제외한다.
가. 사업시행자가 산업시설용지 면적의 100분의 20 이상을 임대하는 경우
나. 조성원가보다 높은 가격으로 공급하는 용지의 면적이 산업시설용지 면적의 100분의 10 미만인 경우
2. 법 제16조제1항제3호에 해당하는 사업시행자 중 제19조제3항제1호나목에 해당하는 사업시행자
(2016.2.11 본호개정)
(2011.4.6 본항개정)
⑧ 제7항에 따른 산업시설용지 외의 용지의 매각수익은 사업계획에 따른 추정 이익을 기준으로 산정한다.
(2008.9.25 본항신설)
⑨ 제1항 및 제5항에 따른 조성원가는 별표2에 따른 기준에 따라 산정한 용지비, 용지부담금, 조성비, 기반시설 설치비, 직접인건비, 이주대책비, 판매비, 일반관리비, 자본비용 및 그 밖의 비용을 합산한 금액으로 한다.(2017.6.20 본항개정)
⑩ 사업시행자는 제4항 또는 제6항 단서에 따라 산업시설용지 또는 산업시설용지 외의 용지를 조성원가 이하로 분양하는 경우에는 해당 산업단지의 산업시설용지외의 용지의 매각수익 또는 다른 산업단지의 산업시설용지의 매각수익으로 그 손실을 보전할 수 있다.(2016.11.8 본항개정)
⑪ 사업시행자는 준공인가전에 산업시설용지를 분양한 경우에는 준공인가후에 해당 산업단지개발사업을 위하여 투입된 총사업비 및 적정이윤을 기준으로 정산하여야 한다. 이 경우 정산금액 및 시기 등에 관한 사항은 국토교통부장관이 정하여 고시한다.(2013.3.23 후단개정)
⑫ 토지등을 분양받은 자는 제11항에 따라 정산하는 금액이 선수금액보다 100분의 15 이상 증액된 경우에는 위약금을 지급하지 않고 사업시행자에게 계약의 해지를 요구할 수 있다. 다만, 관련 법령의 제정·개정이나 정부정책의 변경으로 분양가격의 상승요인이 발생하여 100분의 15 이상 증액되었다고 실시계획승인권자가 인정하는 경우에는 그렇지 않다.(2021.1.5 본항개정)
⑬ (2011.4.6 삭제)
⑭ 법 제16조제1항제1호 및 제2호의 사업시행자가 분양하는 산업단지에서 산업시설용지를 분양받은 자는 사업의 부도, 경영상의 어려움, 그 밖에 국토교통부령으로 정하는 사유로 당초의 계약을 유지하는 것이 어려운 불가피한 사유가 있는 때에는 해당 산업단지의 조성공사가 완료되기 전까지는 위약금의 전부를 지급하지 않거나(분양면적을 축소하는 경우로서 축소되는 면적이 당초 분양면적의 100분의 30 이하인 경우로 한정한다) 당초 분양면적의 100분의 30에 해당하는 위약금을 지급하지 않고(분양면적을 축소하는 경우로서 축소되는 면적이 당초 분양면적의 100분의 30을 초과하는 경우 및 분양계약을 해지하는 경우로 한정한다) 분양면적의 축소 또는 분양계약의 해지를 요구할 수 있다. 다만, 다음 각 호의 어느 하나에 해당하는 경우에는 그렇지 않다.(2021.1.5 본문개정)
1. 분양면적의 축소 또는 분양계약의 해지로 인하여 축소 또는 해지된 부지를 단독으로 산업시설용지로서 공급하는 것이 곤란한 경우
2. 분양받은 토지에 대하여 준공인가전 사용허가를 받은 경우
(1998.6.24 본항신설)
⑮ 사업시행자는 제9항에 따른 조성원가의 산정 또는 제11항에 따른 정산 등을 위하여 필요한 항목별 증빙서류를 구비하여야 한다.(2008.9.25 본항개정)
⑯ 사업시행자가 법 제38조제2항에 따라 산업단지관리기본계획상의 관리대상지역 외의 지역에 있는 토지 또는 시설 등을 처분하는 경우의 처분방법, 처분절차 및 가격기준 등에 관하여는 제1항부터 제15항까지, 제38조, 제39조, 제40조의2, 제40조의3, 제41조, 제42조 및 제42조의4를 준용한다.(2022.5.3 본항개정)
(1998.6.24 본조제목개정)

제40조의2【미분양용지의 경쟁입찰 등】 ① 사업시행자는 산업단지개발사업이 준공된 경우로서 2회 이상 분양을 실시하였는데도 산업시설용지(복합용지 내에 산업시설을 설치하기 위한 용지를 포함하며, 이하 이 조에서 같다)가 분양되지 아니하는 때에는 분양촉진을 위하여「국가를 당사자로 하는 계약에 관한 법률」의 규정에 의하여 경쟁입찰을 실시할 수 있다.(2016.2.11 본항개정)
② 제1항의 규정에 의한 경쟁입찰은 1회에 한한다. 다만, 사업시행자가 분양촉진을 위하여 필요하다고 인정하는 경우에는 그러하지 아니하다.
③ 지방자치단체는 제1항의 규정에 의한 경쟁입찰의 결과 낙찰금액이 조성원가에 미치지 못하는 경우에는 그 손실액의 일부를 보조할 수 있다.
④ 사업시행자가 원활한 경쟁입찰을 위하여 필요하다고 인정하는 경우에는 한국자산관리공사,「한국토지주택공사법」에 따른 한국토지주택공사 또는「산업집적활성화 및 공장설립에 관한 법률」에 의한 한국산업단지공단에 이를 위탁하여 시행할 수 있다.(2009.9.21 본항개정)
⑤ 제4항의 규정에 의하여 경쟁입찰을 위탁하는 경우 위탁수수료는 분양가의 100분의 1을 초과할 수 없다.
⑥ 사업시행자는 다음 각 호의 어느 하나에 해당하는 경우에는 해당 산업시설용지를 임대용으로 전환하거나「부동산중개업법」에 의한 중개업자에게 분양의 중개를 의뢰할 수 있다.(2016.2.11 본문개정)
1. 제1항에 따른 경쟁입찰에도 불구하고 산업시설용지가 분양되지 아니한 경우(2016.2.11 본호신설)
2. 3회 이상 분양을 실시하였는데도 산업시설용지가 분양되지 아니한 경우(2016.2.11 본호신설)
(2016.2.11 본조제목개정)
(1998.6.24 본조신설)

제40조의3【건축사업으로 발생한 분양수익의 사용】 ① 법 제38조제5항에 따라 건축사업으로 발생한 분양수익(이하 이 조에서 "분양수익"이라 한다)은 사업계획에 따른 추정이익에서 적정이윤을 차감하여 산정한다.
② 제1항에 따른 적정이윤은 건축원가의 100분의 15의 범위에서 시·도의 조례로 정하는 이윤율을 곱하여 산정한다.(2014.1.14 본항개정)
③ 사업시행자는 분양수익의 100분의 50 이상을 다음 각 호의 용도로 사용해야 한다. 다만, 산업단지 재생사업(이하 "재생사업"이라 한다)의 사업시행자는 분양수익의 100분의 50 이하의 범위에서 해당 지방자치단체(재생사업지구가 둘 이상의 시·도 또는 시·군·구에 걸쳐 있는 경우에는 제44조제1항에 따른 지정권자가 속한 지방자치단체를 말한다)의 조례로 정하는 비율을 다음 각 호의 용도로 사용해야 한다.(2019.12.10 본문개정)
1. 산업단지 안에서 제31조제1항 각 호에 따른 공공시설의 건설
2. 산업시설용지(복합용지 내에 산업시설을 설치하기 위한 용지를 포함한다)의 분양가격의 인하(2014.7.14 본호개정)
④ (2014.12.16 삭제)
(2007.10.4 본조신설)

제41조【개발토지·시설 등의 임대】 ① 사업시행자는 법 제38조제1항의 규정에 의하여 개발된 토지 또는 시설등을 당해 산업단지에 입주하여 사업을 영위하고자 하는 자에게 직접 임대하고자 하는 경우에는 임대에 관한 사업계획을 작성하여 실시계획승인권자에게 제출하여야 한다.(1996.6.29 본항개정)
② 제1항의 규정에 의한 임대에 관한 사업계획에는 다음 각호의 사항이 포함되어야 한다.
1. 임대하고자 하는 토지 및 시설등의 명세
2. 임대하고자 하는 시기와 방법 및 대상자의 자격기준
3. 유치하고자 하는 업종 및 규모
4. 임대보증금 및 임대료의 산정기준(1996.6.29 본호개정)
5. 사후관리 및 운영계획
③~④ (1996.6.29 삭제)
⑤ 제1항의 규정에 의한 사업계획에 의하여 임대한 토지 및 시설등의 관리에 관하여 필요한 사항은 국토교통부령으로 정한다.(2013.3.23 본항개정)
⑥ 법 제38조제6항에서 "대통령령으로 정하는 비율"이란 다음 각 호의 구분에 따른 비율을 말한다.
1. 수도권지역에 지정된 산업단지 : 100분의 10
2. 수도권지역 외의 지역에 지정된 산업단지 : 100분의 5
(2007.10.4 본항신설)
⑦ 법 제38조제9항제4호에서 "대통령령으로 정하는 경우"란 제19조제3항제1호가목에 해당하는 사업시행자가 다음 각 호의 어느 하나에 해당하는 기업에게 산업단지 내 산업시설용지를 임대하는 경우를 말한다. 다만, 제1호부터 제3호까지의 기업에게 임대하는 산업시설용지 면적의 합은 해당 산업시설용지 전체 면적의 100분의 10을 초과할 수 없다.(2023.10.10 본문개정)
1. 공동 제품생산 또는 연구개발을 위하여 협력관계에 있는 기업
2. 다음 각 목의 어느 하나에 해당하는 기업
가.「국가첨단전략산업 경쟁력 강화 및 보호에 관한 특별조치법」제2조제1호에 따른 국가첨단전략기술(이하 "전략기술"라 한다)을 연구·개발 또는 사업화하는 기업
나. 전략기술을 기반으로 제품 및 서비스를 생산하여 사업화하는 기업
다. 가목 및 나목에 해당하는 기업에 원부자재 또는 소재를 생산·공급하는 기업
3. 다음 각 목의 어느 하나에 해당하는 기업
가.「기후변화대응 기술개발 촉진법」제2조제6호가목에 따른 온실가스 감축에 관한 기술을 연구·개발 또는 사업화하는 기업
나. 가목에 해당하는 기업이 사용하는 연료 또는 원료를 생산·공급하는 기업
(2023.10.10 1호~3호신설)
(1996.6.29 본조제목개정)

제42조【임대료 등의 산정기준】 ① 사업시행자가 개발한 토지·시설등을 제41조의 규정에 의하여 임대하는 경우 그 임대보증금 및 임대료의 산정기준은 다음 각호와 같다.
1. 임대보증금 : 제40조의 규정에 의하여 결정된 분양가격의 100분의 10
2. 임대하고자 하는 토지·시설등의 임대료 : 제40조의 규정에 의하여 결정된 분양가격에 국토교통부령이 정하는 임대요율을 곱한 금액(2013.3.23 본호개정)
3. (2003.1.14 삭제)
② 제1항의 규정에 의한 토지·시설 등의 임대기간은 10년 이내로 하며, 임대기간이 만료된 후 임차인이 재계약을 하고자 하는 때에는 임대인은 특별한 사유가 없는 한 이에 응하여야 한다.
(1996.6.29 본조개정)

제42조의2【대학 교지의 일부를 포함하는 도시첨단산업단지의 임대료등의 산정기준】 ① 제42조제1항에도 불구하고 법 제46조의8에 따른 대학 교지의 일부를 포함하는 도시첨단산업단지의 산업시설용지(이하 "대학내산업시설용지"라 한다)를 임대하는 경우 그 임대보증금 및 임대료의 산정기준은 다음 각 호와 같다.
1. 임대보증금 : 1년간의 임대료
2. 임대료 :「부동산 가격공시에 관한 법률」제10조제1항에 따른 개별공시지가(개별공시지가가 없는 경우에는 같은 법 제8조에 따른 표준지공시지가를 기준으로 하여 산출한 금액)에 100분의 3을 곱한 금액
② 제42조제2항에도 불구하고 대학내산업시설용지의 임대기간은 50년 이내로 한다.
③ 임대인은 제2항에 따른 임대기간을 50년 미만으로 정한 경우로서 임차인이 임대기간 만료일의 6개월 전까지 종전의 임대기간을 포함한 총임대기간이 50년을 초과하지 않는 범위에서 임대기간의 연장(재연장을 포함한다)을 요청하는 경우에는 특별한 사유가 없으면 이에 응해야 한다.
④ 제1항부터 제3항까지에서 규정한 사항 외에 대학내산업시설용지를 임대하는 경우의 임대기준 등에 관한 세부사항은 국토교통부장관이 정하여 고시한다.
(2022.5.3 본조신설)

제42조의3【원형지의 공급과 개발 절차 등】 ① 사업시행자는 법 제38조의2제1항에 따라 원형지 공급을 받을 자를 공모하는 경우에는 다음 각 호의 사항을 전국 또는 해당 지역을 주된 보급지역으로 하는 일간신문에 1회 이상 공고하여야 한다. 이 경우 응모기간은 90일 이상으로 하여야 한다.
1. 공모 대상 토지 현황
2. 공모 참가자격 및 공모일정
3. 그 밖에 사업시행자가 필요하다고 인정하는 사항
② 사업시행자는 제1항에 따라 응모한 자에 대하여 분야별 전문가로 구성된 선정심사단의 평가를 거쳐 원형지 공급을 받을 자를 선정하여야 한다.
③ 산업단지지정권자는 법 제38조의2제2항에 따라 준용되는 「도시개발법」 제25조의2제2항에 따라 원형지 공급의 승인 신청을 받은 경우 해당 원형지 공급을 위하여 산업단지개발계획의 변경이 필요한 때에는 산업단지개발계획을 변경한 후에 원형지 공급을 승인하여야 한다.
④ 법 제38조의2제1항에 따른 원형지 공급가격은 산업단지개발계획이 반영된 원형지의 감정평가액(산업시설용지의 경우에는 조성원가로 하며, 복합용지의 경우에는 각 용지별 공급가격을 더한 가격으로 한다)에 사업시행자가 원형지에 설치한 기반시설 등의 공사비를 더한 금액을 기준으로 사업시행자와 원형지개발자가 협의하여 결정한다.
⑤ 법 제38조의2제1항에 따른 사업시행자와 원형지개발자의 업무범위는 원형지 공급계약에서 정하되, 사업시행자는 원형지 조성을 위한 인·허가 등의 신청 등 관계 법령에 따른 업무를 담당한다.
⑥ 법 제38조의2제3항 본문에서 "대통령령으로 정하는 기간"이란 다음 각 호의 구분에 따른 기간을 말한다.
1. 산업시설용지(복합용지를 포함한다) : 다음 각 목에 따른 기간
가. 「산업집적활성화 및 공장설립에 관한 법률」 제15조제1항 또는 제2항에 따른 공장설립등의 완료신고 또는 사업개시 신고 대상인 시설의 용지는 그 신고 후 5년
나. 가목에 따른 신고 대상이 아닌 시설의 용지는 해당 시설의 사용을 위하여 관계 법률에 따라 인가·허가·신고 등을 완료한 후 5년
2. 산업시설용지 외의 용지 : 다음 각 목의 기간 중 먼저 끝나는 기간
가. 원형지에 대한 공사완료 공고일부터 5년
나. 원형지 공급 계약일부터 10년
⑦ 법 제38조의2제3항 단서에서 "이주용 주택이나 공공·문화시설 등 대통령령으로 정하는 경우"란 다음 각 호의 용지를 말한다.
1. 이주용 주택 용지
2. 공공·문화시설 용지
3. 기반시설 용지
4. 임대주택 용지
5. 그 밖에 원형지개발자가 직접 조성하거나 운영하기 어려운 시설의 설치를 위한 용지
(2016.2.11 본조신설)

제42조의4【개발토지·시설 등의 공급방법 및 처분절차 등】 ① 사업시행자가 개발한 토지·시설 등을 분양 또는 임대하고자 하는 때에는 제39조 및 제41조의 규정에 의한 분양계획 및 임대사업계획(이하 이 조에서 "처분계획"이라 한다)에서 정하는 바에 따라 가격기준·자격요건 및 대상자선정방법 등 주요내용을 중앙 또는 당해 지방에서 발간되는 일간신문에 공고하여야 한다.
② 제1항의 규정에 의하여 개발토지·시설 등을 분양 또는 임대받고자 하는 자는 사업시행자에게 분양·임대신청서를 제출하여야 한다.
③ 사업시행자는 제2항에 따른 신청자 중에서 처분계획에서 정한 자격요건에 따라 분양 또는 임대받을 자를 선정하되, 그 대상자 간에 경쟁이 있는 경우에는 추첨의 방법으로 선정한다. 다만, 산업시설용지(복합용지 내에 산업시설을 설치하기 위한 용지를 포함하며, 대학내산업시설용지는 제외한다)의 경우 다음 각 호에 해당하는 자를 우선적으로 선정할 수 있으며, 대학내산업시설용지의 경우 국토교통부장관이 정하여 고시하는 바에 따라 「중소기업창업 지원법」에 따른 창업기업 또는 「중소기업기본법」 제2조제1항에 따른 중소기업을 우선적으로 선정해야 한다.
(2022.6.28 단서개정)
1. 「수도권정비계획법」 제6조의 규정에 의한 과밀억제권역으로부터 이전하고자 하는 자(2005.3.25 본호개정)
2. 「산업집적활성화 및 공장설립에 관한 법률」 제2조제13호에 따른 지식산업센터를 설립하고자 하는 자
(2010.7.12 본호개정)
3. 제2호에 해당하는 자에게 출자 또는 융자한 다음 각 목의 어느 하나에 해당하는 자
가. 「부동산투자회사법」 제49조의3제1항에 따른 공모부동산투자회사
나. 「자본시장과 금융투자업에 관한 법률」 제229조제2호에 따른 부동산집합투자기구 중 같은 법 제9조제19항에 따른 사모집합투자기구에 해당하지 않는 부동산집합투자기구
(2020.3.10 본호신설)
4. 「중소기업진흥에 관한 법률」 제29조에 따라 협동화실천계획의 승인을 얻어 시행하고자 하는 자(2009.11.10 본호개정)
5. 재생계획에 의하여 이전이 요구되는 자(2010.3.26 본호개정)
6. 관련 법률의 규정에 따라 이전이 요구되는 공장이나 물류시설을 소유하고 있는 자(2009.6.25 본호개정)
7. 「재해경감을 위한 기업의 자율활동 지원에 관한 법률」 제2조제6호에 따른 재해경감 우수기업(2008.9.25 본호신설)
8. 「국토의 계획 및 이용에 관한 법률 시행령」 제93조제1항 각 호의 어느 하나에 해당하는 사유로 증축이 제한되는 공장 중 시·도지사가 그 관할구역의 산업단지로 이전이 필요하다고 인정하는 공장을 소유하고 있는 자
(2009.6.25 본호신설)
9. 「해외진출기업의 국내복귀 지원에 관한 법률」 제2조제4호에 따른 국내복귀기업(2020.12.29 본호개정)
10. 「국가를 당사자로 하는 계약에 관한 법률 시행령」 제42조제5항 본문에 따른 세부심사기준에 따라 신규채용 실적이 우수하거나 청년고용 실적이 우수한 것으로 평가되는 기업(2018.12.11 본호신설)
11. 스마트그린산업단지 조성에 기여하는 다음 각 목의 어느 하나에 해당하는 자로서 사업시행자가 분양공고에서 제시하는 설비규모 등 구체적 조건을 충족하는 자에게 공급하기 위한 경우
가. 「녹색건축물 조성 지원법」 제16조에 따른 녹색건축의 인증이나 같은 법 제17조에 따른 건축물의 에너지효율등급 인증 또는 제로에너지건축물 인증을 받으려는 자
나. 공장 등 건축물 및 부지에 「신에너지 및 재생에너지 개발·이용·보급 촉진법」 제2조제3호에 따른 신에너지 및 재생에너지 설비를 설치하려는 자
다. 그 밖에 사업시행자가 스마트그린산업단지 조성에 기여한다고 인정하는 자
(2021.6.22 본호신설)
④ 제3항에도 불구하고 사업시행자는 다음 각 호의 어느 하나에 해당하는 경우에는 산업시설용지(복합용지 내에 산업시설을 설치하기 위한 용지를 포함하며, 이하 이 조에서 같다)를 수의계약으로 공급할 수 있다.(2022.5.3 본문개정)
1. 제7조제2항제3호에 따라 산업단지지정권자와 입주협약을 체결한 기업이 산업단지개발계획 중 유치업종의 배치계획에 포함되거나 그 기업이 사용하려는 면적이 유치업종별 공급면적에 포함된 경우(2014.12.16 본호개정)
1의2. 시·군·구인 사업시행자가 해당 산업단지지정권자와 협의를 거쳐 해당 산업단지 입주희망 기업과 입주협약을 체결한 경우로서 그 기업의 입주가 해당 산업단지개발계획 중 법 제6조제5항제6호에 따른 토지이용계획 및 주요기반시설계획과 이 영 제7조제2항제3호에 따른 유치업종의 배치계획에 부합하는 경우(2023.12.26 본호신설)
2. 「외국인투자 촉진법」에 따른 외국인투자기업 또는 「해외진출기업의 국내복귀 지원에 관한 법률」 제2조제4호에 따른 국내복귀기업이 직접 사용할 산업시설용지에 대하여 산업단지지정권자와 협의한 경우(2020.12.29 본호개정)
3. 국가산업단지 또는 도시첨단산업단지(국토교통부장관이 지정권자인 경우만 해당한다)에서 다음 각 목의 어느 하나에 해당하는 경우로서 해당 산업단지지정권자의 승인을 받아 시·도지사 또는 사업시행자와 입주협약을 체결한 기업이 산업단지개발계획 중 유치업종의 배치계획에 포함되거나 그 기업이 사용하려는 면적이 유치업종별 공급면적에 포함된 경우(2016.2.11 본문개정)
가. 산업단지 활성화를 위하여 분양 촉진이 필요한 경우
나. 해당 지역에 특정산업의 집적화가 필요한 경우
다. 지역경제 활성화를 위하여 필요한 경우
4. 재생사업지구에서 법 제39조의2제1항에 따른 재생사업지구지정권자(이하 "재생사업지구지정권자"라 한다)와 협의하여 법 제16조제1항제1호가목부터 다목까지에 해당하는 자가 단독 또는 공동으로 총지분의 100분의 50을 초과하여 출자한 부동산투자회사(「부동산투자회사법」 제2조제1호에 따른 부동산투자회사를 말한다)에 산업시설용지를 공급하려는 경우(2016.11.8 본호신설)
(2014.7.14 본항개정)
⑤ 제3항에도 불구하고 시·도지사는 해당 지역의 산업여건 등을 고려하여 다음 각 호에서 정하는 비율의 산업시설용지에 대하여 입주 우선순위 등 그 용지를 분양받을 자의 선정방법을 조례로 따로 정할 수 있다.
1. 국가산업단지 : 100분의 10
2. 일반산업단지·도시첨단산업단지·농공단지 : 100분의 30
(2008.9.25 본항신설)
⑥ 산업시설용지 외의 용도로 공급하는 용지의 공급방법에 관하여는 「택지개발촉진법 시행령」 제13조의2제1항부터 제9항까지의 규정을 준용한다.(2021.4.20 본항개정)
⑦ 사업시행자는 개발한 토지·시설등을 분양 또는 임대한 때에는 그 내용을 15일이내에 당해 산업단지관리권자 및 산업단지지정권자에게 통보하여야 한다.(2007.10.4 본항개정)
(2016.11.8 본조제목개정)
(1996.6.29 본조신설)

제43조【개발토지·시설등의 분양·임대업무의 위탁】 ① 사업시행자는 법 제38조제3항에 따라 개발토지·시설 등의 분양 또는 임대에 관한 업무를 위탁하고자 하는 경우에는 산업단지관리공단과 업무위탁계약을 체결하여야 한다.(2011.11.16 본항개정)
② 제1항의 규정에 의한 업무위탁계약서에는 다음 각호의 사항이 포함되어야 한다.
1. 위탁하고자 하는 업무의 범위
2. 위탁업무추진계획
3. 대금납부방법
4. 위탁조건 및 위탁해제에 관한 사항
(1996.6.29 본조개정)

제43조의2 (2010.3.26 삭제)

제43조의3【이전기업전용단지의 지정기준 및 공급방법】 ① 법 제38조의5제1항에 따라 시·도지사가 이전기업전용단지를 지정하려면 수도권 소재 기업이 이전하여 입주할 면적이 지정하려는 해당 이전기업전용단지 내 산업시설용지(복합용지 내에 산업시설을 설치하기 위한 용지를 포함하며, 이하 이 조에서 같다) 면적의 100분의 60 이상이어야 한다. 다만, 대기업(「중소기업기본법」 제2조에 따른 중소기업이 아닌 기업을 말한다. 이하 같다)이 이전함에 따라 해당 기업의 제품생산과 협력관계에 있는 기업(이하 "협력기업"이라 한다)이 함께 이전할 것으로 예상되는 경우에는 이전하는 대기업이 입주할 면적이 지정하려는 이전기업전용단지 내 산업시설용지 면적의 100분의 50 이상이어야 이전기업전용단지를 지정할 수 있다.
(2014.7.14 본문개정)
② 이전기업전용단지 내 산업시설용지는 산업단지지정권자와 기업이전협약을 체결한 이전기업(이전기업이 대기업인 경우에는 협력기업을 포함한다)에 우선적으로 공급할 수 있다.
③ 제1항에 따른 이전기업이 입주할 면적은 제2항에 따라 체결한 기업이전협약의 협약서 등 객관적 자료를 기준으로 산정하여야 한다.
④ 제1항 및 제2항에 따른 협력기업의 범위는 국토교통부령으로 정한다.(2013.3.23 본항개정)
(2008.9.25 본조신설)

제43조의4 (2012.11.20 삭제)

제44조【재생사업지구의 지정】 ① 법 제39조의2제3항에 따라 재생사업지구가 둘 이상의 시·도 또는 시·군·구에 걸치는 경우에는 관계 시·도지사 또는 시장·군수·구청장이 협의하여 재생사업지구의 지정권자를 정한다. 다만, 관계 시·도지사 또는 시장·군수·구청장이 협의를 하였으나 협의가 성립되지 아니하면 국토교통부장관이 재생사업지구 지정권자를 지정한다.(2016.11.8 본문개정)
② 법 제39조의2제4항에 따라 다음 각 호의 어느 하나에 해당하는 경우에는 산업단지 또는 공업지역(「국토의 계획 및 이용에 관한 법률」 제36조제1항제1호다목에 해당하는 공업지역을 말한다. 이하 같다)의 일부에 대하여 재생사업을 시행할 수 있다.(2019.12.10 본문개정)
1. 재생사업 대상면적이 지정된 산업단지 면적의 100분의 50 미만인 경우
2. 토지이용계획의 변경이 수반되지 아니한 경우로서 지원시설·기반시설 등의 유지·보수·개량 또는 확충이 필요하다고 인정되는 경우
③ 법 제39조의2제5항 후단 및 같은 조 제7항 각 호 외의 부분 후단에서 "대통령령으로 정하는 중요 사항을 변경하려는 경우"란 각각 제7조제1항 각 호의 변경을 하려는 경우를 말한다. 이 경우 "산업단지"는 "재생사업지구"로 본다.(2016.2.11 전단개정)
④ 법 제39조의2제6항제14호에서 "대통령령으로 정하는 사항"이란 다음 각 호의 사항을 말한다.
1. 재생사업의 시행기간
2. 재생사업지구의 개발을 위한 주요시설의 지원계획
3. 대체산업단지 조성계획(필요한 경우로 한정한다)
4. 입주수요에 관한 분석 자료
(2010.3.26 본조신설)

제44조의2【재생사업지구 지정의 고시】 ① 재생사업지구지정권자는 법 제39조의3제1항에 따라 재생사업지구를 지정하거나 변경한 경우에는 다음 각 호의 사항(변경의 경우에는 그 변경된 사항에 한정한다)을 고시하여야 한다. 다만, 제3호 및 제5호부터 제9호까지의 사항은 재생사업지구의 지정 시 확정되지 아니한 경우에는 그 내용이 확정된 후에 고시할 수 있다.(2016.11.8 본문개정)
1. 재생사업지구의 명칭·위치 및 면적
2. 재생사업의 기본방향과 목적
3. 재생사업의 시행자
4. 재생사업의 시행기간 및 시행방법
5. 재생사업지구 지정으로 의제하려는 산업단지의 종류(재생사업지구에 공업지역이 포함된 경우에 한정한다)
6. 산업재배치 또는 업종첨단화계획
7. 토지이용계획 및 주요기반시설계획
8. 단계적 사업추진에 관한 사항
9. 수용·사용할 토지·건축물, 그 밖의 물건이나 권리가 있는 경우 그 세목과 그 소유자 및 「공익사업을 위한 토지 등의 취득 및 보상에 관한 법률」 제2조제5호에 따른 관계인의 성명·주소
10. 관련 도서의 열람방법
11. 그 밖에 국토교통부장관이 정하는 사항(2013.3.23 본호개정)
② (2016.2.11 삭제)

③ 법 제39조의3제4항에 따른 관계 서류의 열람기간은 14일 이상으로 한다.
(2010.3.26 본조신설)

제44조의3【공장소유자 등의 의견청취】 ① 재생사업지구지정권자는 법 제39조의4제1항에 따라 주민, 공장소유자 등의 의견을 청취하려는 경우에는 「신문 등의 진흥에 관한 법률」 제9조제1항에 따라 등록한 전국 또는 해당 지방을 보급지역으로 하는 둘 이상의 일반일간신문과 해당 시·도 또는 시·군·구의 인터넷 홈페이지에 다음 각 호의 사항을 공고하고 14일 이상 일반인에게 공람시켜야 한다. 다만, 재생사업지구의 면적이 10만제곱미터 미만인 경우에는 일반일간신문에 공고하지 아니하고 공보와 해당 시·도 또는 시·군·구의 인터넷 홈페이지에 공고할 수 있다.(2016.2.11 본문개정)
1. 입안한 재생사업지구의 지정 및 재생계획의 개요
2. 재생사업의 시행자 및 재생사업의 시행방법에 관한 사항
3. 공람기간
4. 그 밖에 국토교통부장관이 정하는 사항(2013.3.23 본호개정)

② 제1항에 따라 공고된 내용에 관하여 의견이 있는 자는 제1항제3호의 공람기간에 재생사업지구의 지정에 관한 공고를 한 자에게 의견서를 제출할 수 있다.
③ 재생사업지구지정권자는 제2항에 따라 제출된 의견을 공고한 내용에 반영할 것인지를 검토하여 그 결과를 공람기간이 끝난 날부터 30일 이내에 그 의견을 제출한 자에게 통보하여야 한다.(2016.2.11 본항개정)
(2010.3.26 본조신설)

제44조의4【재생사업지구 지정 요청】 법 제39조의5에 따른 재생사업지구 지정 요청에 관하여는 제13조제2항부터 제7항까지를 준용한다. 이 경우 "산업단지"는 "재생사업지구"로, "산업단지지정요청서"는 "재생사업지구지정요청서"로, "산업단지지정권자"는 "재생사업지구지정권자"로, "국가산업단지, 일반산업단지 또는 도시첨단산업단지" 및 "국가산업단지 또는 일반산업단지 및 도시첨단산업단지"는 각각 "재생사업지구"로, "다른 산업단지개발계획과의 관계"는 "다른 산업단지개발계획이나 재생계획과의 관계"로 본다.(2016.2.11 본조개정)

제44조의5【재생시행계획의 승인】 ① 재생사업을 시행하려는 자는 법 제39조의10에 따라 준용되는 법 제16조에 따라 재생사업의 시행자로 지정된 날부터 1년 6개월 이내에 다음 각 호의 사항을 적은 재생시행계획 승인신청서를 재생사업지구 지정권자에게 제출하여야 한다.
1. 재생사업 시행자의 성명(법인인 경우에는 법인의 명칭 및 대표자의 성명)·주소
2. 재생사업의 명칭
3. 재생사업의 목적
4. 재생사업을 시행하려는 위치 및 면적
5. 재생사업의 시행방법 및 시행기간
6. 사업시행지역의 토지이용현황
7. 토지이용계획 및 기반시설계획
8. 대체산업단지의 조성 및 임시조업시설의 설치 계획
9. 재생사업의 시행과정에서 발생하는 폐기물의 처리계획

② 제1항에 따른 재생시행계획 승인신청서에는 다음 각 호의 서류 및 도면을 붙여야 한다. 이 경우 재생사업지구지정권자는 「전자정부법」 제36조제1항에 따른 행정정보의 공동이용을 통하여 지적도를 확인하여야 한다.
(2010.5.4 후단개정)
1. 위치도
2. 계획평면도 및 실시설계도서(공유수면의 매립이 포함되는 경우에는 국토교통부령으로 정하는 매립공사 설명서를 포함한다)(2013.3.23 본호개정)
3. 사업비 및 자금조달계획서(연차별 투자계획을 포함한다)
4. 기반시설의 비용분담계획서
5. 개발되는 토지 또는 시설물의 관리처분에 관한 계획서
6. 사업시행지역에 존치하려는 기존 공장이나 건축물 등의 명세서
7. 재생사업의 시행에 지장이 있다고 인정되는 재생사업지구의 건축물 또는 공작물 등의 명세
8. 사업시행지역의 토지·건물 또는 권리 등의 매수·보상 및 주민이주대책에 관한 서류
9. 대체산업단지의 조성 및 임시조업시설의 설치에 관한 계획서
10. 공공시설물 및 토지 등의 무상귀속과 대체에 관한 계획서
11. 국가 또는 지방자치단체에 귀속될 공공시설의 설치비용산출 내역서 및 재생사업 시행자에게 귀속·양도될 기존 공공시설의 평가서
12. 재생사업 대행계획서(해당 계획이 있는 경우에 한정한다)
13. 도시·군관리계획결정(지구단위계획을 포함한다)에 필요한 관계 서류 및 도면(2012.4.10 본호개정)
14. 종전 토지소유자에 대한 환지계획서(환지계획이 있는 경우에 한정한다)
15. 재생사업의 시행과정에서 발생하는 폐기물의 처리에 관한 계획서
16. 문화재의 보존에 미치는 영향에 관한 서류
17. 공유수면 등에 대한 피해영향조사서(공유수면매립의 경우에 한정한다)

③ 재생사업지구 지정권자는 재생사업 시행자가 부득이한 이유로 인하여 제1항에 따른 승인신청기간의 연장을 요청하는 경우에는 6개월의 범위에서 연장할 수 있다.
④ 법 제39조의7제1항 후단에서 "대통령령으로 정하는 경미한 사항"이란 제21조의2제1항 각 호의 어느 하나에 해당하는 사항을 말한다.(2016.2.11 본항개정)
(2010.3.26 본조신설)

제44조의6【재생시행계획의 공모 및 입안제안】 ① 재생사업지구지정권자는 법 제39조의7제2항 전단에 따라 재생시행계획안을 공모하는 경우에는 다음 각 호의 사항을 전국 또는 해당 지역을 주된 보급지역으로 하는 일간신문과 공보에 1회 이상 공고하여야 한다. 이 경우 응모기간은 90일 이상으로 하여야 한다.
1. 재생사업의 개요
2. 공모지역(재생사업지구 전부 또는 일부를 말한다. 이하 같다)의 위치 및 면적
3. 공모 참가자격 및 일정
4. 재생시행계획안의 평가·심사 계획
5. 공모지역의 재생사업 시행자 지정 절차
6. 재생시행계획안 작성지침
7. 그 밖에 재생시행계획안의 공모에 필요한 사항

② 재생사업지구지정권자는 지방산업입지심의회에 공모심사위원회를 두어 제1항에 따라 응모한 재생시행계획안을 심사할 수 있다. 이 경우 공모심사위원회의 구성 및 운영 등에 필요한 사항은 재생사업지구지정권자가 정한다.
(2017.6.20 전단개정)
③ 법 제39조의7제3항에 따라 재생시행계획의 입안을 제안하려는 자는 법 제39조의8에 따라 토지소유자 등의 동의를 받은 후(재생사업지구 지정 시 토지소유자 등의 동의를 거친 경우는 제외한다) 제안서에 제44조의5제1항제4호부터 제7호까지 및 제9호의 사항을 포함하여 재생사업지구지정권자에게 제출하여야 한다.
④ 재생사업지구지정권자는 제3항에 따라 제안서를 제출받은 경우에는 그 제출일부터 45일 이내에 재생시행계획에의 반영 여부를 제안자에게 통보하여야 한다. 다만, 부득이한 사정이 있는 경우에는 한 차례만 30일의 범위에서 통보 기간을 연장할 수 있다.
⑤ 재생사업지구지정권자는 제3항에 따른 제안을 재생시행계획에 반영할 것인지를 결정하려는 경우에는 법 제3조제3항에 따른 지방산업입지심의회의 자문을 거칠 수 있다.
⑥ 제3항부터 제5항까지에서 규정한 사항 외에 재생시행계획 입안의 제안에 필요한 사항은 국토교통부장관이 정하여 고시한다.
(2016.2.11 본조신설)

제44조의7【재생시행계획승인의 고시】 법 제39조의7제5항에서 "대통령령으로 정하는 사항"이란 제23조의2 각 호의 사항을 말한다.(2016.2.11 본조개정)

제44조의8【토지소유자 등의 동의】 ① 법 제39조의8제1항에 따른 동의자 수를 산정하는 방법은 다음 각 호와 같다.(2016.2.11 본문개정)
1. 1필지의 토지를 여러 명이 공유하는 경우 : 다른 공유자의 동의를 받은 대표 공유자 1명만을 해당 토지의 소유자로 본다. 다만, 「집합건물의 소유 및 관리에 관한 법률」 제2조제2호에 따른 구분소유자는 각각을 토지소유자 1명으로 본다.
2. 하나의 건축물을 여러 명이 공유하는 경우 : 다른 공유자의 동의를 받은 대표 공유자 1명만을 해당 건축물의 소유자로 본다.
3. 제44조의3제1항에 따른 공람·공고일 후에 「집합건물의 소유 및 관리에 관한 법률」 제2조제2호에 따른 구분소유권을 분할하게 되어 토지소유자 및 건축물 소유자의 수가 증가하게 된 경우 : 공람·공고일 전의 소유자의 수를 기준으로 산정하고, 증가된 소유자의 수는 소유자 총수에 추가 산입하지 아니한다.(2016.2.11 본호개정)
4. 토지등기부 등본, 건물등기부 등본, 토지대장 및 건축물대장에 소유자로 등재될 당시 주민등록번호의 기재가 없고 기재된 주소가 현재 주소와 상이한 경우로서 소재가 확인되지 아니한 자는 토지소유자, 지상권자, 건축물 소유자의 수에서 제외한다.

② 재생사업지구지정권자는 토지소유자, 지상권자, 건축물 소유자의 동의나 동의철회를 받으려는 경우에는 국토교통부령으로 정하는 동의서 또는 동의철회서를 제출받아야 하며, 공유 토지, 지상권 또는 건축물의 대표 소유자로부터는 함께 대표자지정 동의서를 제출받아야 한다.
(2016.2.11 본항개정)
③ 제1항 및 제2항에서 규정한 사항 외에 동의자 수의 산정 방법 및 절차 등에 관한 세부적인 사항은 국토교통부령으로 정한다.(2013.3.23 본항개정)
(2010.3.26 본조신설)

제44조의9【재생사업에의 준용 등】 ① 제4조부터 제6조까지, 제14조(법 제39조의10제1항 단서에 따라 법 제12조가 준용되는 경우에 한정한다), 제15조, 제19조, 제20조, 제20조의2, 제20조의3, 제24조, 제24조의2부터 제24조의4까지, 제25조, 제27조, 제27조의2, 제28조부터 제31조까지, 제35조부터 제40조(제40조제7항은 제외한다)까지, 제40조의2, 제40조의3, 제41조, 제42조, 제42조의4, 제43조, 제47조의3 및 제47조의4는 재생사업에 관하여 준용한다. 이 경우 "산업단지"는 "재생사업지구"로, "산업단지개발계획"은 "재생계획"으로, "산업단지지정권자" 및 "실시계획 승인권자"는 각각 "재생사업지구지정권자"로, "산업단지개발실시계획"은 "재생시행계획"으로 본다.(2022.5.3 전단개정)
② 법 제39조의10제1항 전단에 따라 준용되는 법 제28조에 따라 국가 또는 지방자치단체가 보조할 수 있는 비용의 종목은 다음 각 호와 같다. 이 경우 재생사업에 대한 지원규모, 지원비율에 대해서는 심의회의 심의를 거쳐 국토교통부장관이 따로 정할 수 있다.(2013.3.23 후단개정)
1. 재생사업지구의 용지비 등, 재생사업지구 조성을 위한 부지조성비(2011.11.16 본호개정)
2. 재생사업지구의 간선도로, 녹지시설, 공원, 주차장 및 공동구의 건설비
3. 용수공급시설·하수도 및 공공폐수처리시설의 건설비(2017.1.17 본호개정)
4. 재생사업지구의 진입도로·전력·통신시설 등 기반시설비
5. 이주대책사업비
6. 문화재조사비 및 오염실태조사비
(2010.3.26 본조신설)

제44조의10【활성화구역에서의 사업시행】 ① 법 제39조의12제1항에 따른 활성화구역(이하 "활성화구역"이라 한다)의 사업시행자는 법 제16조제1항 각 호의 자 중에서 법 제39조의12제2항에 따른 활성화계획으로 정한다.
② 법 제39조의12제5항에 따른 활성화구역에서의 사업시행방식은 법 제39조의6에 따른다.
(2016.2.11 본조신설)

제44조의11【활성화계획의 내용】 법 제39조의12제3항제5호에서 "대통령령으로 정하는 사항"이란 다음 각 호의 사항을 말한다.
1. 활성화구역의 위치 및 면적
2. 사업시행기간(착공 및 준공 예정일을 포함한다)
3. 사업시행자의 명칭 및 대표자의 성명
4. 법 제39조의13제1항에 따른 건폐율 및 용적률의 완화에 관한 사항
5. 법 제39조의13제4항에 따른 다른 법률 규정 적용의 완화·배제에 관한 사항
6. 제44조의5제1항 각 호에 관한 사항(변경하는 경우에는 변경하는 사항으로 한정한다)
7. 그 밖에 활성화구역의 체계적 개발과 관리에 필요한 사항
(2016.2.11 본조신설)

제44조의12【입주기업 지원대책】 ① 재생사업지구지정권자는 법 제39조의14제1항에 따라 재생시행계획을 수립하기 전에 다음 각 호의 사항을 포함한 재생사업지구의 입주기업에 대한 조업실태조사를 실시하여야 한다.
(2016.2.11 본문개정)
1. 건축물 수, 입주기업 수 및 근로자 수
2. 입주기업별 매출액 수준 및 업종 형태
3. 입주건축물 가격 및 임대료 수준
4. 그 밖에 국토교통부장관이 정하는 사항(2013.3.23 본호개정)

② 재생사업지구지정권자는 입주기업의 재정착을 촉진하기 위하여 다음 각 호의 사항을 포함한 입주수요를 조사하여 재생시행계획에 반영하여야 한다.(2016.2.11 본문개정)
1. 임대료 수준 등을 포함한 입주건축물 희망수요
2. 인근지역 이전 희망수요
3. 그 밖에 국토교통부장관이 정하는 사항(2013.3.23 본호개정)

③ 재생사업지구지정권자는 제1항 및 제2항에 따른 조사결과를 고려하여 필요한 경우 재생시행계획에 대체산업단지 조성계획을 포함하여야 하며, 재생사업을 시행하는 기간 동안 입주기업의 조업안정을 위하여 인근지역에 임시조업시설을 제공하거나 재생사업을 단계적으로 개발하는 순환개발방식을 활용할 수 있다.(2016.2.11 본항개정)
(2010.3.26 본조신설)

제44조의13【개발이익의 재투자】 재생사업 시행자는 법 제39조의15에 따라 해당 재생사업지구에서 산업시설용지(복합용지 내에 산업시설을 설치하기 위한 용지를 포함하며, 이하 이 조에서 같다) 외의 용도로 공급하는 용지의 매각수익 중 100분의 25 이하의 범위에서 해당 지방자치단체의 조례로 정하는 비율을 해당 재생사업지구의 산업시설용지 분양가격 인하 및 기반시설 재투자 등을 위하여 사용해야 한다. 다만, 다음 각 호의 어느 하나에 해당하는 경우에는 그렇지 않다.(2019.12.10 본문개정)
1. 재생사업 시행자가 산업시설용지 면적의 100분의 20 이상을 임대하는 경우
2. 조성원가보다 높은 가격으로 공급하는 용지의 면적이 재생사업지구 총 면적의 100분의 10 미만인 경우
(2010.3.26 본조신설)

제44조의14【재생사업의 학교시설기준 특례】 법 제39조의17제1항에 따라 재생사업지구에서의 학교시설기준은 교지(校地) 면적에 한정하여 2분의 1의 범위에서 완화할 수 있다.(2016.2.11 본조개정)

제44조의15【재생사업의 건축사업특례】 법 제39조의17제4항에서 "대통령령으로 정하는 건축사업"이란 법 제2조제9호가목·다목 및 라목에 따른 건축사업을 말한다.
(2016.2.11 본조개정)

제44조의16【총괄사업관리자의 지정 등】 ① 재생사업지구지정권자는 법 제39조의18제1항에 따른 총괄사업관리자(이하 "총괄사업관리자"라 한다)를 지정하려는 경우에는 총괄사업관리자로 지정받으려는 자로부터 총괄사업관리 수행계획 제안서를 제출받아 이를 평가하여야 한다.
(2016.2.11 본항개정)

② 법 제39조의18제2항제5호에서 "대통령령으로 정하는 업무"란 다음 각 호의 업무를 말한다.(2016.2.11 본문개정)
1. 재생계획 수립에 필요한 기술지원
2. 재생사업 추진협의체 구성 및 운영
3. 재생사업 재원의 확보·운영에 관한 계획의 수립 및 집행
4. 재생사업 시행 현황에 관한 자료의 작성·분석 및 관리
5. 재생사업의 효율적 추진을 위하여 필요한 사항으로서 재생계획 수립권자가 요청하는 사항
③ 재생계획 수립권자는 총괄사업관리자의 업무 대행에 필요한 비용의 일부 또는 전부를 지원할 수 있다.
(2014.7.14 본조신설)
제44조의17【산업단지재생특별회계의 운용】 ① 재생사업지구지정권자는 법 제39조의19제1항에 따라 소관 재생사업의 활성화를 지원하기 위하여 산업단지재생특별회계를 설치·운용할 수 있다. 다만, 시·도지사는 관할 구역에 있는 시장·군수가 시행하는 재생사업의 지원 등을 위하여 필요한 경우에도 산업단지재생특별회계를 설치·운용할 수 있다.
② 법 제39조의19제2항제1호에서 "대통령령으로 정하는 일정비율"이란 100분의 10의 범위에서 해당 지방자치단체의 조례로 정하는 비율을 말한다.
(2016.2.11 본조신설)
제44조의18【산업단지재생추진협의회 구성 및 운영】
① 법 제39조의20제1항에 따른 산업단지재생추진협의회(이하 "추진협의회"라 한다)는 위원장 1명을 포함하여 30명 이내의 위원으로 구성한다.
② 추진협의회 위원은 법 제39조의20제2항에 따른 사람 중에서 재생사업지구지정권자가 임명하거나 위촉하며, 위원장은 위원 중에서 호선한다.
③ 위원 중 공무원이 아닌 위원의 임기는 3년으로 한다.
④ 추진협의회의 회의는 재적위원 과반수의 출석으로 개의하고, 출석위원 과반수의 찬성으로 의결한다.
⑤ 제1항부터 제4항까지에서 규정한 사항 외에 추진협의회의 구성·운영 등에 필요한 사항은 지방자치단체의 조례로 정할 수 있다.
(2016.2.11 본조신설)
제45조【입지지정 및 개발에 관한 기준의 작성】 ① 법 제40조제1항의 규정에 의한 입지지정 및 개발에 관한 기준에는 다음 각호의 사항이 포함되어야 한다.
1. 개별공장입지의 선정기준에 관한 사항
2. 산업시설용지의 적정이용기준에 관한 사항(1996.6.29 본호개정)
3. 기반시설의 설치 및 정비에 관한 사항
4. 산업의 적정배치와 지역간 균형발전을 위하여 필요한 사항(1996.6.29 본호개정)
5. 환경보전 및 문화재보존을 위하여 필요한 사항
6. 토지가격의 안정을 위하여 필요한 사항
7. 기타 다른 계획과의 조화를 위하여 필요한 사항
② 법 제40조제2항 단서에서 "대통령령으로 정하는 경미한 사항의 변경"이란 제1항제4호 내지 제7호의 사항의 변경을 말한다.(2011.11.16 본항개정)
제45조의2【공장입지유도지구의 지정 등】 ① 법 제40조의2제1항에 따른 공장입지유도지구(이하 "공장입지유도지구"라 한다)는 다음 각 호의 지정기준을 모두 충족하는 지역에 한정하여 지정할 수 있다.(2017.6.20 본문개정)
1. 공장입지유도지구를 지정하려는 지역의 토지이용, 교통여건, 자연환경을 종합적으로 고려하여 공장이 있거나, 공장의 입지수요가 있는 경우로서 집단화 유도가 용이할 것
2. 제27조에 따른 기반시설의 이용, 연계처리 또는 설치가 용이할 것
3. 공장건축에 제한이 없을 것
② 법 제40조의2에 따라 공장입지유도지구를 지정하려는 때에는 해당지역 및 주변지역에 대한 현재 토지이용상태 및 미래 이용계획, 다른 법령에 따른 공장입지제한유무, 상습재해지역여부 등을 조사하여야 한다.
③ 법 제40조의2제2항에 따른 공장입지 유도지구의 지정권자(이하 "공장입지유도지구지정권자"라 한다)는 제2항에 따른 조사결과에 따라 다음 각 호의 사항이 포함된 공장입지유도지구지정계획(이하 "지정계획"이라 한다)을 수립하여야 한다.(2017.6.20 본문개정)
1. 지정목적
2. 지정위치 및 면적
3. 토지이용계획
4. 기반시설 이용 및 설치계획
5. 입주가능 업종
6. 그 밖에 국토교통부장관이 정하는 사항(2013.3.23 본호개정)
④ 공장입지유도지구지정권자는 지정계획에 대하여 사전공람 등을 통하여 해당 지역의 토지소유자 및 이해관계인을 포함한 지역주민의 의견을 청취하여야 하고, 그 의견이 타당하다고 인정하는 때에는 이를 반영하여야 한다. 지정계획을 변경하려는 때에도 또한 같다.(2017.6.20 전단개정)
⑤ 법 제40조의2제3항에서 "대통령령으로 정하는 사항"이란 다음 각 호의 사항을 말한다.(2017.6.20 본문개정)
1. 지정위치 및 면적
2. 지정목적
3. 입주가능 업종
4. 위치도
5. 편입토지조서 및 지적도
6. 공장입지유도지구의 활성화를 위한 주요지원계획
⑥ 공장입지유도지구지정권자는 공장입지유도지구를 지정·고시한 경우에는 고시한 날부터 2년 이내에는 이를 변경하지 못한다. 다만, 관계법령 및 조례의 제·개정이나 해당 지역 및 인근지역의 여건변화 등으로 필요한 경우에는 고시지역의 일부 또는 전부를 변경할 수 있다.
(2017.6.20 본문개정)
(2007.10.4 본조신설)
제45조의3【공장입지유도지구의 지원 등】 ① 법 제40조의3제3항에서 "대통령령으로 정하는 기준에 적합한 공동 오·폐수처리시설"이란 「하수도법」 제34조제4항에 따른 개인하수처리시설 및 「물환경보전법」 제35조에 따른 수질오염방지시설을 말한다.(2021.7.13 본항개정)
② 법 제40조의3제4항 전단에서 "대통령령으로 정하는 요건에 해당하는 지구"란 다음 각 호의 요건을 모두 충족하는 지구를 말한다.(2017.6.20 본문개정)
1. 다음 각 목의 구분에 따른 면적 요건을 충족할 것
가. 국가가 비용을 보조하거나 시설을 지원하는 경우 : 15만제곱미터 이상(2012.11.20 본목개정)
나. 지방자치단체가 비용을 보조하거나 시설을 지원하는 경우 : 3만제곱미터 이상
(2012.6.29 본호개정)
2. 다음 각 목의 면적을 합한 면적이 공장입지유도지구의 면적의 100분의 50 이상일 것
가. 「산업집적활성화 및 공장설립에 관한 법률」 제13조에 따라 공장설립 승인을 받은 공장부지면적
나. 「산업집적활성화 및 공장설립에 관한 법률」 제13조에 따라 공장설립 승인을 신청한 공장부지 면적
다. 서면으로 공장설립의 신청을 약정한 경우 해당 공장부지 면적
(2007.10.4 본조신설)
제46조 (1999.3.26 삭제)
제47조【유치지역의 개발대안】 ① 법 제44조제1항의 규정에 의한 유치지역 지정대상지역의 적정성·개발방법등에 대한 대안에 포함되어야 하는 사항은 다음 각호와 같다.
1. 입지의 적정성분석에 관한 사항
2. 산업단지의 적정유형결정에 관한 사항(1996.6.29 본호개정)
3. 개발사업의 주체와 개발방법에 관한 사항
4. 다른 계획과의 관련성여부에 관한 사항
5. 지역간균형발전에 미치는 영향
② 국토교통부장관은 법 제44조제1항의 규정에 의한 유치지역지정계획안을 검토하기 위하여 특히 필요하다고 인정하는 경우에는 법 제4조제1항의 규정에 의한 기초조사를 실시할 수 있다.(2013.3.23 본항개정)
제47조의2 (1997.12.31 삭제)
제47조의3【융자지원】 국가 또는 지방자치단체는 법 제46조에 따라 임대를 목적으로 개발하는 산업단지의 용지매입비 등을 융자할 수 있다. 이 경우 융자에 관한 세부적인 기준 및 방법 등에 관하여 필요한 사항은 국토교통부장관이 정한다.(2013.3.23 후단개정)
제47조의4【입주기업 종사자 등의 주택공급 특례】 ① 법 제46조의2제1항에 따른 지원단지에서 민영주택을 건설하여 공급하는 자는 같은 조 제3항에 따라 입주예정기업 및 교육·연구기관의 종사자 등에게 그 건설량의 100분의 50(「수도권정비계획법」 제6조에 따른 과밀억제권역에 위치한 산업단지의 경우에는 100분의 30)의 범위에서 특별공급할 수 있다.(2014.7.14 본항개정)
② 제1항에 따라 특별공급되는 주택의 입주자격 및 선정방법은 국토교통부령에서 정하는 바에 따른다.
(2014.1.14 본조개정)
제47조의5【특례적용 학교의 추천기준】 시장·군수는 산업단지안에 설립된 고등학교 중 다음 각 호의 기준에 적합한 경우 법 제46조의4제2항에 따라 「초·중등교육법」 제61조에 의한 특례의 적용을 받는 학교 또는 교육과정을 운영하는 학교로 지정하여 줄 것을 교육감에게 추천할 수 있다.
1. 산업단지안에 고등학교의 교육여건 개선이 필요한 경우로서 사업시행자, 산업단지 관리기관이 요청하는 경우
2. 산업단지안에 고등학교가 2개 이상으로서 교육여건개선이 필요한 경우
(2007.10.4 본조신설)
제47조의6【임대전용산업단지의 지정】 ① 국토교통부장관 또는 지방자치단체의 장은 법 제46조의6제1항에 따라 임대전용산업단지를 지정·운영하려는 경우에는 다음 각 호의 사항이 포함된 지정계획을 수립하여야 한다.
(2013.3.23 본문개정)
1. 임대전용산업단지의 위치 및 지정범위
2. 임대전용산업단지의 조성목적
3. 사업시행자 및 관리기관
4. 입주수요 자료
5. 임대전용산업단지 지정에 따른 비용 및 기대효과
6. 재원조달계획
7. 그 밖에 국토교통부장관이 정하는 사항(2013.3.23 본호개정)
② 국토교통부장관 및 지방자치단체의 장이 법 제46조의6제1항에 따라 임대전용산업단지를 지정한 때에는 다음 각 호의 사항을 고시하여야 한다.(2013.3.23 본문개정)
1. 임대전용산업단지의 명칭 및 위치
2. 사업시행자
3. 필지별 상세내역
③ 국가 또는 지방자치단체는 임대전용산업단지 조성에 소요되는 비용을 지원할 수 있다.
④ 임대전용산업단지의 지정절차, 지원방식 등에 필요한 세부사항은 국토교통부장관이 정하여 고시한다.
(2013.3.23 본항개정)
(2007.10.4 본조신설)
제47조의7【임대전용산업단지의 운영·관리】 ① 법 제46조의6제1항에 따른 임대전용산업단지의 토지·시설의 임대기간은 50년 이내로 하되, 50년 이내에서 임대기간이 만료된 후 임차인이 재계약을 하려는 때에는 임대인은 특별한 사유가 없는 경우 이에 응하여야 한다.
② 입주기업은 임대계약에서 정하는 목적 외의 용도로 토지를 사용할 수 없으며, 다음 각 호의 행위는 임대산업단지의 임대관리기관으로부터 문서에 의하여 동의를 받아야 한다.
1. 임대토지·시설의 전대 및 양도 등 일체의 권리변동 행위
2. 임대토지의 형질 등을 변경하는 행위
3. 임대토지상의 건축물 등 임대토지상 지상물건의 매각, 대여, 교환 등 일체의 처분행위
③ 이 영에서 규정한 것 외에 임대전용산업단지의 운영·관리에 필요한 세부사항은 국토교통부장관이 정하여 고시한다.(2013.3.23 본항개정)
(2007.10.4 본조신설)
제47조의8【대학 교지의 일부를 포함하는 도시첨단산업단지의 개발 등에 관한 특례】 ① 법 제46조의8제1항에서 "대통령령으로 정하는 대학 교지(校地)의 일부"란 다음 각 호의 요건을 모두 갖춘 대학 교지의 일부를 말한다.
1. 「고등교육법」 제2조에 따른 학교의 교지일 것
2. 제1호에 따른 학교 교지의 총 면적에서 해당 교지의 면적을 제외하더라도 「대학설립·운영 규정」 별표4에 따른 교지기준면적을 충족할 것
3. 해당 교지의 활용도가 낮아 도시첨단산업단지로 개발할 필요가 있다고 해당 학교의 장이 인정할 것
② 법 제46조의8제1항에서 "대통령령으로 정하는 공공임대주택"이란 대학생과 기업·대학 및 연구기관 종사자를 위한 「공공주택 특별법 시행령」 제2조제1항제3호에 따른 행복주택을 말한다.
(2020.3.10 본조신설)
제48조【감독처분등에 따른 고시】 법 제48조제3항의 규정에 의하여 고시하여야 할 사항은 다음 각호와 같다.
(1993.11.6 본문개정)
1. 사업의 명칭
2. 사업시행자의 성명(법인인 경우에는 법인의 명칭 및 대표자의 성명)·주소
3. 사업지역의 위치 및 면적
4. 감독처분의 내용 및 사유
제49조【권한의 위임】 ① 국토교통부장관은 법 제49조에 따라 별표3의 국가산업단지에 관한 다음 각 호의 권한(법 제2조제9호바목의 사업 중 항만건설사업에 관한 권한은 제외한다)을 시·도지사에게 위임한다.(2017.6.20 본문개정)
1. 법 제6조제5항에 따른 개발계획의 변경(개발계획상 토지이용계획이 수립되지 아니한 지역에 대하여 토지이용계획을 수립하는 경우와 면적을 변경하는 경우를 제외한다)(2007.10.4 본호개정)
2. 법 제7조의4에 따른 산업단지지정등의 고시(2007.10.4 본호개정)
3. 법 제16조의 규정에 의한 사업시행자의 지정
4. 법 제17조제1항의 규정에 의한 실시계획의 승인
5. 법 제19조의2제1항의 규정에 의한 실시계획승인의 고시 및 관계서류 사본의 송부
6. (1999.3.26 삭제)
7. 법 제21조제2항의 규정에 의한 실시계획승인에 관한 협의등
8. 법 제26조제3항의 규정에 의한 공공시설의 귀속 및 양도에 관한 의견청취
9. 법 제27조제2항의 규정에 의한 국·공유재산의 용도폐지 및 양도에 관한 협의
10. 법 제37조제1항 및 제2항의 규정에 의한 산업단지개발사업의 준공인가·준공검사 및 준공검사의뢰
11. 법 제37조제5항의 규정에 의한 산업단지개발사업의 준공인가공고 및 통지
12. 법 제37조제8항에 따른 국가산업단지개발사업으로 조성된 용지나 설치된 시설물의 준공인가 전 사용승인(2009.6.25 본호신설)
13. 법 제47조제1항의 규정에 의한 사업시행자에 대한 보고·자료제출명령 및 검사
14. 법 제48조의 규정에 의한 사업시행자에 대한 감독처분·청문 및 고시(1997.12.31 본호개정)
② 국토교통부장관은 법 제49조에 따라 별표3에 따른 국가산업단지 외의 국가산업단지에 대하여 다음 각 호의 경우를 제외한 사업시행자의 지정에 관한 권한과 그 지정받은 사업시행자가 시행하는 국가산업단지개발사업에 관한 제1항제4호, 제5호 및 제7호부터 제14호까지의 권한을 시·도지사에게 위임한다.(2017.6.20 본문개정)
1. 법 제2조제9호바목의 사업중 항만건설사업을 시행하는 경우(2014.12.16 본호개정)

2. 법 제6조의 규정에 의한 산업단지개발계획 수립시 국토교통부장관이 사업시행자를 지정하는 경우
(2013.3.23 본호개정)
3. 사업을 시행하고자 하는 자가 법 제16조제1항제1호 및 제2호에 해당하는 경우
③ 국토교통부장관은 법 제49조에 따라 국가산업단지에 대하여 제2항제1호에 따른 항만건설사업에 관한 권한을 다음 각 호의 구분에 따라 위임한다.(2013.3.23 본문개정)
1.「항만법」제3조제2항제1호의 국가관리항 내에 있는 국가산업단지 : 다음 각 목의 구분에 따른다.
가. 별표3에 따른 국가산업단지 : 제1항제1호부터 제5호까지 및 제7호부터 제14호까지의 권한을 해양수산부 지방해양수산청장에게 위임한다.
나. 별표3에 따른 국가산업단지 외의 국가산업단지 : 제1항제4호, 제5호 및 제7호부터 제14호까지의 권한을 해양수산부 지방해양수산청장에게 위임한다.
(2017.6.20 가목~나목개정)
2.「항만법」제3조제2항제1호의 국가관리항 밖에 있는 국가산업단지 : 제1항제1호부터 제5호까지 및 제7호부터 제14호까지의 권한을 시ㆍ도지사에게 위임한다.
(2010.3.26 1호~2호신설)
④ 국토교통부장관은 법 제49조에 따라 별표3에 따른 국가산업단지 외의 국가산업단지(법 제39조에 따른 특수지역개발사업이 시행되는 지역을 포함한다)에 대하여 법 제6조에 따른 산업단지개발계획 수립 시 국토교통부장관의 지정을 받은 사업시행자 또는 법 제16조제1항제1호ㆍ제2호의 사업시행자가 시행하는 국가산업단지개발사업(법 제39조에 따른 특수지역개발사업을 포함하며, 같은 항 제1호에 따른 항만건설사업은 제외한다)에 관한 제1항제4호, 제5호 및 제7호부터 제14호까지의 권한을 지방국토관리청장에게 위임한다.(2022.5.3 본항개정)
⑤ 국토교통부장관은 법 제49조에 따라 도시첨단산업단지 중에서 법 제7조의2에 따른 산업단지개발계획 수립 시 국토교통부장관의 지정을 받은 사업시행자 또는 법 제16조제1항제1호ㆍ제2호의 사업시행자가 시행하는 도시첨단산업단지(「신행정수도 후속대책을 위한 연기ㆍ공주지역 행정중심복합도시 건설을 위한 특별법」에 따른 예정지역에 지정된 도시첨단산업단지는 제외한다)개발사업에 관한 다음 각 호의 권한을 지방국토관리청장에게 위임한다.(2022.5.3 본문개정)
1. 제1항제5호, 제7호부터 제11호까지, 제13호 및 제14호의 권한
2. 법 제18조의2제1항에 따른 도시첨단산업단지개발실시계획의 승인
3. 법 제37조제8항에 따른 시설 사용의 사전 승인
(2016.11.8 본항신설)
⑥ 국토교통부장관은 법 제49조에 따라「신행정수도 후속대책을 위한 연기ㆍ공주지역 행정중심복합도시 건설을 위한 특별법」에 따른 예정지역에 지정된 도시첨단산업단지에 관한 제5항 각 호의 권한을 행정중심복합도시건설청장에게 위임한다.(2022.5.3 본항신설)
(1996.6.29 본조개정)
제49조의2 【규제의 재검토】 국토교통부장관은 다음 각 호의 사항에 대하여 2017년 1월 1일을 기준으로 3년마다(매 3년이 되는 해의 1월 1일 전까지를 말한다) 그 타당성을 검토하여 개선 등의 조치를 하여야 한다.
1.~3. (2023.3.7 삭제)
4. (2020.3.3 삭제)
5. 제19조에 따른 사업시행자
6. 제30조에 따른 선수금
7. 제40조제2항에 따른 산업단지개발사업 적정이윤의 범위
8. 제40조의3제2항에 따른 건축사업 적정이윤의 범위
9. 제41조제6항에 따른 지식산업센터를 건설하는 경우 의무임대비율
10. 제44조의13에 따른 개발이익의 재투자
(2016.12.30 본조개정)
제50조 【과징금의 부과 및 납부】 ① 산업단지지정권자는 법 제53조에 따라 과징금을 부과하려는 때에는 위반행위에 대한 부과 기준과 과징금의 금액을 밝혀 과징금을 낼 것을 과징금 부과 대상자에게 서면으로 통지하여야 한다.
② 제1항에 따라 통지를 받은 과징금 부과 대상자는 통지를 받은 날부터 30일 이내에 과징금을 산업단지지정권자가 정하는 수납기관에 내야 한다.(2023.12.12 단서삭제)
③ 제2항에 따라 과징금을 받은 수납기관은 그 납부자에게 영수증을 발급하여야 한다.
④ 수납기관은 제3항에 따라 과징금을 수납하였을 때에는 지체 없이 그 사실을 산업단지지정권자에게 통보하여야 한다.
⑤ 제1항부터 제4항까지에서 규정한 사항 외에 과징금의 부과 및 징수에 필요한 사항은 국토교통부령으로 정한다.
(2013.3.23 본항개정)
(2012.11.20 본조신설)

부 칙 (2014.1.14)

제1조 【시행일】 이 영은 공포한 날부터 시행한다. 다만, 제40조의3 및 제47조의4의 개정규정은 공포 후 6개월이 경과한 날부터 시행한다.
제2조 【산업단지의 주요 유치 업종 변경에 관한 경과조치】 이 영 시행 당시 법 제6조제4항에 따라 심의회의 심의를 진행 중인 경우에는 제7조의 개정규정에도 불구하고 종전의 규정에 따른다.
제3조 【건축사업으로 발생한 분양수익 관련 이윤율에 관한 경과조치】 건축사업으로 발생한 분양수익과 관련한 적정이윤을 산정하기 위한 이윤율은 제40조의3의 개정규정에 따라 해당 시ㆍ도 조례가 제정 또는 개정되기 전까지는 종전의 규정에 따른다.

부 칙 (2014.5.9)

제1조 【시행일】 이 영은 공포한 날부터 시행한다. 다만, 제13조제1항의 개정규정은 2014년 7월 15일부터 시행한다.
제2조 【사업시행자의 공공시설 설치 부담 등에 관한 적용례】 제29조제1항제6호 및 제31조제1항제5호의 개정규정은 이 영 시행 후 산업단지 외의 사업에 대한 실시계획을 수립하거나 변경하는 경우부터 적용한다.

부 칙 (2014.7.14)

제1조 【시행일】 이 영은 2014년 7월 15일부터 시행한다.
제2조 【산업단지 지정 해제의 심의에 관한 적용례】 제2조의2제3호부터 제5호까지의 개정규정은 이 영 시행 당시 산업단지 지정의 해제에 관하여 관계 행정기관의 장과 협의가 진행 중인 경우에 대해서도 적용한다.
제3조 【산업단지 지정 해제 시 주민 등 의견수렴에 관한 적용례】 제15조제3항의 개정규정은 이 영 시행 후 산업단지 지정의 해제에 관하여 관계 행정기관의 장과 협의하는 경우부터 적용한다.
제4조 【공기업 등이 사업시행자인 경우 분양가격 결정에 관한 적용례】 제40조제2항의 개정규정은 이 영 시행 후 제42조의3제1항에 따라 분양계획에서 정하는 가격기준 등을 공고하는 경우부터 적용한다.

부 칙 (2016.2.11)

제1조 【시행일】 이 영은 공포한 날부터 시행한다. 다만, 제44조의5제4항, 제44조의6, 제44조의10, 제44조의11, 제44조의17 및 제44조의18의 개정규정은 2016년 2월 12일부터 시행하고, 제7조 및 제19조, 제42조의2의 개정규정은 2016년 3월 2일부터 시행한다.
제2조 【선수금을 받으려는 사업시행자 요건에 관한 경과조치】 이 영 시행 전에 보증 또는 보험금액 및 기간 등을 기재한 보증서등을 실시계획승인권자에게 제출한 경우에는 제30조제1항제2호다목(1)의 개정규정에도 불구하고 종전의 규정에 따른다.
제3조 【다른 법령의 개정】 ※(해당 법령에 가제정리 하였음)

부 칙 (2018.12.11)

제1조 【시행일】 이 영은 2018년 12월 13일부터 시행한다.
제2조 【산업시설용지의 분양 또는 임대 대상자 선정에 관한 적용례】 제42조의3제3항제10호의 개정규정은 이 영 시행 이후 사업시행자가 산업시설용지의 분양 또는 임대 대상자를 선정하는 경우부터 적용한다.

부 칙 (2019.4.2)

제1조 【시행일】 이 영은 공포한 날부터 시행한다.(이하 생략)

부 칙 (2019.12.10)

제1조 【시행일】 이 영은 공포 후 6개월이 경과한 날부터 시행한다. 다만, 제24조의4의 개정규정은 공포한 날부터 시행한다.
제2조 【공공시설의 범위에 관한 적용례】 제24조의4의 개정규정은 부칙 제1조 단서에 따른 시행일 이후 실시계획승인권자가 법 제17조, 제17조의2, 제18조, 제18조의2 또는 제19조에 따라 산업단지개발사업의 실시계획을 승인하거나 변경승인하는 경우부터 적용한다.
제3조 【건축사업으로 발생한 분양수익의 사용에 관한 경과조치】 건축사업으로 발생한 분양수익의 사용 비율은 제40조의3의 개정규정에 따라 해당 지방자치단체의 조례가 제정 또는 개정되기 전까지는 종전의 규정에 따른다.
제4조 【개발이익의 재투자에 관한 경과조치】 재생사업 개발이익의 재투자 비율은 제44조의13의 개정규정에 따라 해당 지방자치단체의 조례가 제정 또는 개정되기 전까지는 종전의 규정에 따른다.

부 칙 (2020.3.3)

이 영은 공포한 날부터 시행한다.

부 칙 (2020.3.10)

이 영은 2020년 3월 11일부터 시행한다.

부 칙 (2020.5.12)

제1조 【시행일】 이 영은 공포한 날부터 시행한다.(이하 생략)

부 칙 (2020.12.29)

제1조 【시행일】 이 영은 공포한 날부터 시행한다.
제2조 【도시첨단산업단지의 복합용지 면적에 관한 적용례】 제7조제5항의 개정규정은 이 영 시행 이후 산업단지개발계획을 수립하거나 변경하는 경우부터 적용한다.

부 칙 (2021.1.5)

이 영은 공포한 날부터 시행한다.(이하 생략)

부 칙 (2021.1.26)
(2021.4.20)

제1조 【시행일】 이 영은 공포한 날부터 시행한다.(이하 생략)

부 칙 (2021.6.22)

이 영은 2021년 6월 23일부터 시행한다.

부 칙 (2021.7.13)

제1조 【시행일】 이 영은 공포한 날부터 시행한다.(이하 생략)

부 칙 (2021.12.16 영32223호)

제1조 【시행일】 이 영은 2022년 1월 13일부터 시행한다.(이하 생략)

부 칙 (2021.12.16 영32230호)

제1조 【시행일】 이 영은 2021년 12월 16일부터 시행한다.(이하 생략)

부 칙 (2022.1.21)

제1조 【시행일】 이 영은 2022년 1월 21일부터 시행한다.(이하 생략)

부 칙 (2022.5.3)

제1조 【시행일】 이 영은 공포한 날부터 시행한다.
제2조 【다른 법령의 개정】 ※(해당 법령에 가제정리 하였음)

부 칙 (2022.6.28)

제1조 【시행일】 이 영은 2022년 6월 29일부터 시행한다.(이하 생략)

부 칙 (2023.1.10)
(2023.3.7)

이 영은 공포한 날부터 시행한다.

부 칙 (2023.5.15)

제1조 【시행일】 이 영은 2023년 5월 16일부터 시행한다.(이하 생략)

부 칙 (2023.10.10)

이 영은 2023년 10월 19일부터 시행한다.

부 칙 (2023.12.12)
(2023.12.26)

이 영은 공포한 날부터 시행한다.

〔별표〕 ➡ 「法典 別冊」 참조

지속가능한 기반시설 관리 기본법(약칭 : 기반시설관리법)

(2018년 12월 31일 법 률 제16145호)

개정
2020. 4. 7법17237호 2021.12. 7법18564호

제1장 총 칙

제1조【목적】 이 법은 기반시설의 체계적인 유지관리와 성능개선을 통하여 국민이 보다 안전하고 편리하게 기반시설을 활용할 수 있도록 하고, 나아가 국가경제 발전에 기여함을 목적으로 한다.

제2조【정의】 이 법에서 사용하는 용어의 뜻은 다음과 같다.

1. "기반시설"이란 「국토의 계획 및 이용에 관한 법률」 제2조제6호에 따른 기반시설을 말한다.
2. "유지관리"란 완공된 기반시설의 기능을 보전하고, 기반시설 이용자의 편의와 안전을 높이기 위하여 기반시설을 일상적으로 점검·정비하고 손상된 부분을 원상복구하며 경과시간에 따라 요구되는 기반시설의 보수·보강 등에 필요한 활동을 하는 것을 말한다.
3. "성능개선"이란 기반시설의 주요구조부나 외부 형태를 수선·변경하여 기반시설의 가치를 증가시키고 수명을 연장시키는 활동을 말한다.
4. "성능평가"란 기반시설의 기능을 유지하기 위하여 요구되는 시설물의 구조적 안전성, 내구성, 사용성 등의 성능을 종합적으로 평가하는 것을 말한다.
5. "생애주기비용"이란 기반시설의 계획, 설계, 건설, 운영, 유지관리, 성능개선, 해체, 처분 등에 이르는 생애주기 전체에 걸쳐 발생하는 총비용을 말한다.
6. "관리주체"란 관계 법령에 따라 기반시설의 관리책임을 지는 다음 각 목의 자를 말한다.
   가. 국가·지방자치단체
   나. 「공공기관의 운영에 관한 법률」 제4조에 따른 공공기관(이하 "공공기관"이라 한다)
   다. 「지방공기업법」에 따른 지방공기업
   라. 「사회기반시설에 대한 민간투자법」 제2조제8호에 따른 사업시행자(이하 "민자사업자"라 한다) (2021.12.7 본목개정)
   마. 그 밖에 기반시설을 관리하는 민간관리자(이하 "민간관리자"라 한다)(2020.4.7 본목신설)

제3조【기본원칙】 관리주체는 다음 각 호의 기본원칙에 따라 기반시설을 관리하여야 한다.

1. 관리주체는 기반시설의 안전성, 사용성, 내구성 등을 종합적으로 고려하여 선제적으로 관리함으로써 노후화에 따른 생애주기비용을 최소화한다.
2. 국가 및 지방자치단체는 유지관리와 성능개선에 필요한 기술개발을 촉진하고 관련 산업을 진흥하여 새로운 일자리를 창출한다.

제4조【적용대상】 ① 이 법의 적용대상은 다음 각 호의 요건을 모두 충족하는 기반시설로 한다.

1. 관리주체가 관리하는 기반시설
2. 체계적인 관리와 예산의 지원이 필요한 기반시설

② 제1항에 따른 기반시설의 종류, 범위에 관한 구체적인 사항은 대통령령으로 정한다.

제5조【국가 등의 책무】 ① 국가와 지방자치단체는 국민의 안전하고 편리한 기반시설 이용을 도모하기 위하여 필요한 종합적인 시책을 수립·시행하여야 한다.
② 국가와 지방자치단체는 기반시설의 유지관리와 성능개선에 필요한 예산을 확보하고, 중기재정계획에 반영하여야 한다.
③ 관리주체는 국가와 지방자치단체의 시책에 적극 협력하여야 하며 기반시설의 유지관리와 성능개선에 필요한 재원을 마련하여야 한다.

제6조【기반시설의 관리체계】 관리주체별 관리감독기관은 다음 각 호와 같다.

1. 관리주체가 중앙행정기관의 소속 기관이거나 감독을 받는 기관인 경우 : 소속 중앙행정기관
2. 관리주체가 민자사업자인 경우 : 「사회기반시설에 대한 민간투자법」 제2조제4호에 따른 주무관청. 다만, 주무관청이 시·군·구인 경우 해당 시·군·구 지역을 관할하는 특별시·광역시·특별자치시·도·특별자치도 (2020.4.7 본호신설)
3. 관리주체가 민간관리자인 경우 : 해당 기반시설에 관한 법률에 따른 감독기관(2020.4.7 본호신설)
4. 제1호부터 제3호까지에 해당하지 아니하는 경우 : 해당 기반시설이 소재한 특별시·광역시·특별자치시·도·특별자치도(2020.4.7 본호개정)

제7조【다른 법률과의 관계】 ① 기반시설의 유지관리 및 성능개선과 관련하여 다른 법률을 제정하거나 개정하는 경우에는 이 법의 목적과 기본원칙에 맞도록 하여야 한다.
② 기반시설의 유지관리 및 성능개선과 관하여 다른 법률에 특별한 규정이 있는 경우를 제외하고는 이 법에서 정하는 바에 따른다.

제2장 기반시설 관리 시책의 수립

제8조【기반시설 관리 기본계획】 ① 국토교통부장관은 기반시설의 체계적인 유지관리 및 성능개선을 위하여 기반시설 관리에 관한 기본계획(이하 "기본계획"이라 한다)을 5년 단위로 수립·시행하여야 한다.
② 기본계획에는 다음 각 호의 사항이 포함되어야 한다.

1. 기반시설의 현황, 여건변화 및 미래 전망에 관한 사항
2. 기반시설 유지관리 및 성능개선에 관한 기본목표 및 기본방향
3. 기반시설 관련 법령의 정비 등 제도개선에 관한 사항
4. 기반시설 관리에 필요한 기술의 연구·개발 및 인력의 양성
5. 기반시설 관리를 위한 정보체계의 구축
6. 기반시설 관리에 필요한 재원의 조달 및 운용에 관한 사항
7. 제9조에 따른 관리계획에 필요한 기반시설 유형별 관리계획의 수립방법 등 관리계획 수립지침에 관한 사항
8. 그 밖에 기반시설의 체계적인 유지관리에 관하여 대통령령으로 정하는 사항

③ 국토교통부장관은 기본계획을 수립하거나 변경하려는 때에는 제6조에 따른 관리주체별 관리감독기관의 장(이하 "관리감독기관의 장"이라 한다)과 협의하고, 공청회 등을 거쳐 의견을 수렴한 결과를 반영한 기본계획을 제18조에 따른 기반시설관리위원회와 국무회의의 심의를 거쳐야 한다. 다만, 대통령령으로 정하는 경미한 사항을 변경하려는 경우에는 그러하지 아니하다.
④ 국토교통부장관은 기본계획을 수립하려는 때에는 관리감독기관의 장 및 관리주체에게 대통령령으로 정하는 자료의 제출을 요청할 수 있으며, 관리감독기관의 장 및 관리주체는 특별한 사유가 없으면 이에 따라야 한다.
⑤ 국토교통부장관은 제3항에 따라 기본계획이 확정된 때에는 지체 없이 이를 관보에 고시하고, 관리감독기관의 장에게 송부하여야 하며, 이를 받은 관리감독기관의 장은 즉시 관리주체에게 전달하여야 한다.
⑥ 그 밖에 기본계획의 수립·시행 및 변경 등에 관하여 필요한 사항은 대통령령으로 정한다.

제9조【기반시설 관리계획】 ① 관리감독기관의 장은 기본계획에 따라 소관 기반시설에 대한 관리계획(이하 "관리계획"이라 한다)을 5년 단위로 수립·시행하여야 한다. 다만, 다른 법령에 따라 기반시설 관리에 관한 계획이 수립된 경우에는 대통령령으로 정하는 바에 따라 이 법에 따른 관리계획이 수립된 것으로 본다.
② 관리감독기관의 장은 관리계획의 수립·변경을 위해 필요한 경우 관리주체에게 대통령령으로 정하는 자료의 제출을 요구할 수 있으며, 관리주체는 특별한 사유가 없으면 이에 따라야 한다.
③ 관리감독기관의 장이 관리계획을 수립하거나 변경하려는 때에는 국토교통부장관의 사전검토 및 제18조에 따른 기반시설관리위원회의 심의를 받아야 한다. 다만, 대통령령으로 정하는 경미한 사항을 변경하려는 경우에는 그러하지 아니하다.(2020.4.7 단서신설)
④ 국토교통부장관은 제3항에 따라 관리계획의 타당성을 검토하여 필요한 경우 관리감독기관에게 수정 또는 보완을 요구할 수 있다. 이 경우 수정 또는 보완을 요구받은 관리감독기관의 장은 특별한 사유가 없으면 관리주체와 협의하여 수정 또는 보완 후 다시 제출하여야 한다.
⑤ 제18조에 따른 기반시설관리위원회는 관리계획의 내용에 대한 적정성 및 투자의 시급성 등을 심의하여 확정하고, 그 결과를 관리감독기관의 장에게 통보하여야 하며, 관리감독기관의 장은 확정된 관리계획을 관리주체에게 통보하여야 한다.
⑥ 관리주체는 확정된 관리계획에 따라 기반시설을 유지관리하여야 한다.
⑦ 그 밖에 관리계획의 수립 기준 및 절차 등에 필요한 사항은 대통령령으로 정한다.

제9조의2【기반시설 관리실행계획의 수립·시행】 ① 관리주체는 관리계획에 따라 소관 기반시설에 대한 관리실행계획(이하 "실행계획"이라 한다)을 매년 수립·시행하여야 한다. 다만, 다른 법령에 따라 기반시설 관리에 관한 실행계획이 수립된 경우에는 대통령령으로 정하는 바에 따라 이 법에 따른 실행계획이 수립된 것으로 본다.
② 관리주체는 실행계획을 수립·변경한 경우 관리감독기관의 장에게 제출하여야 한다. 다만, 대통령령으로 정하는 경미한 사항을 변경하려는 경우에는 그러하지 아니하다.
③ 제2항에 따라 실행계획을 제출받은 관리감독기관의 장은 실행계획을 확인한 후 이를 국토교통부장관에게 제출하여야 한다.
④ 제2항 및 제3항에 따라 실행계획을 제출받은 국토교통부장관 및 관리감독기관의 장은 실행계획이 기본계획 및 관리계획과 부합하는지 여부 등을 검토하고 필요한 경우 관리주체에게 수정 또는 보완을 요구할 수 있다. 이 경우 수정 또는 보완을 요구받은 관리주체는 특별한 사유가 없으면 이에 따라야 한다.
⑤ 관리주체는 수립된 실행계획에 따라 기반시설을 유지관리하여야 한다.
⑥ 그 밖에 실행계획의 수립·시행 등에 필요한 사항은 대통령령으로 정한다.
(2021.12.7 본조신설)

제3장 기반시설의 유지관리 및 성능개선

제10조【유지관리】 ① 관리주체는 소관 기반시설을 제11조에 따른 최소유지관리기준 이상으로 유지관리하여야 한다.
② 관리주체는 「건설산업기본법」에 따라 등록한 유지관리업자 등 대통령령으로 정하는 자에게 기반시설의 유지관리를 대행하게 할 수 있다.
③ 기반시설의 유지관리에 드는 비용은 관리주체가 조달하며, 관리감독기관의 장은 제11조제1항에 따른 최소유지관리기준 이상으로 관리되도록 관련 시책을 수립하고 필요한 재원이 투입될 수 있도록 지원하여야 한다.

제11조【최소유지관리기준의 설정】 ① 관리감독기관의 장은 소관 기반시설의 유형별로 최소한의 유지관리수준에 관한 지표(이하 "최소유지관리기준" 이라 한다)를 설정·고시하여야 한다.
② 국토교통부장관은 최소유지관리기준에 공통적으로 적용될 수 있는 공통기준(이하 "최소유지관리 공통기준"이라 한다)을 설정·고시할 수 있다.
③ 최소유지관리기준은 최소유지관리 공통기준에 적합하여야 하며, 최소유지관리기준을 설정·고시하려는 기관의 장은 국토교통부장관 및 관계 중앙행정기관의 장과 협의하여야 한다. 고시된 기준을 변경(대통령령으로 정하는 경미한 사항을 변경하는 경우는 제외한다)하려는 경우에도 또한 같다.
④ 국토교통부장관이 최소유지관리 공통기준을 설정·고시하려는 경우에는 관계 중앙행정기관의 장과 협의한 후 제18조에 따른 기반시설관리위원회의 심의를 거쳐야 한다. 고시된 기준을 변경(대통령령으로 정하는 경미한 사항을 변경하는 경우는 제외한다)하려는 경우에도 또한 같다.

제12조【성능평가】 ① 관리주체는 소관 기반시설에 대하여 관계 법령으로 정하는 성능평가를 실시하여야 한다.
② 관리주체는 성능평가 결과를 관리감독기관의 장에게 제출하여야 하며, 관리감독기관의 장은 그 결과를 관리계획 수립 시 반영하여야 한다.

제13조【성능개선기준의 설정】 ① 관리감독기관의 장은 소관 기반시설의 유형별로 관리주체가 유지관리보다는 성능개선이 더 유리한지에 대해 판단할 수 있도록 기준(이하 "성능개선기준"이라 한다)을 설정·고시하여야 한다.
② 국토교통부장관은 성능개선기준에 공통적으로 적용될 수 있는 공통기준(이하 "성능개선 공통기준"이라 한다)을 설정·고시할 수 있다.
③ 성능개선기준은 성능개선 공통기준에 적합하여야 하며, 성능개선기준을 설정·고시하려는 관리감독기관의 장은 국토교통부장관 및 관계 중앙행정기관의 장과 협의하여야 한다. 고시된 기준을 변경(대통령령으로 정하는 경미한 사항을 변경하는 경우는 제외한다)하려는 경우에도 또한 같다.
④ 국토교통부장관이 성능개선 공통기준을 설정·고시하려는 경우에는 관계 중앙행정기관의 장과 협의한 후 제18조에 따른 기반시설관리위원회의 심의를 거쳐야 한다. 고시된 기준을 변경(대통령령으로 정하는 경미한 사항을 변경하는 경우는 제외한다)하려는 경우에도 또한 같다.

제14조【기반시설 실태조사】 ① 국토교통부장관, 관리감독기관의 장 및 관리주체는 다음 각 호와 관련하여 대통령령으로 정하는 사항에 대하여 기반시설 실태조사(이하 "기반시설 실태조사"라 한다)를 실시할 수 있다.

1. 기본계획 및 관리계획의 수립·변경
2. 기반시설의 건설, 운영 및 유지관리현황
3. 최소유지관리기준의 충족 여부
4. 성능평가 시행계획 또는 그 결과
5. 성능개선기준의 충족여부 및 성능개선의 타당성
6. 그 밖에 기반시설 관리 실태 파악을 위하여 필요한 사항

② 국토교통부장관, 관리감독기관의 장 및 관리주체는 기반시설 실태조사를 대통령령으로 정하는 기관이 대행하게 할 수 있다.
③ 그 밖에 실태조사의 방법 및 절차 등은 국토교통부장관이 정하여 고시한다.

제15조【유지관리 우수 기반시설 선정】 ① 국토교통부장관은 제18조에 따른 기반시설관리위원회의 심의 결과에 따라 유지관리 우수 기반시설을 선정할 수 있다.
② 제1항에 따라 선정된 유지관리 우수 기반시설에 대하여 국가 및 지방자치단체는 제20조에 따른 유지관리비용 또는 성능개선비용의 지원비율을 상향하는 등 인센티브를 줄 수 있다.
③ 유지관리 우수 기반시설을 선정하기 위한 기준 및 절차 등은 국토교통부령으로 정한다.

제16조【기반시설 관리시스템 구축·운영】 ① 국토교통부장관은 기반시설의 유지관리 및 성능개선 현황 등의 정보를 체계적으로 수집·관리 및 활용하기 위하여 관리시스템을 구축·운영할 수 있다.
② 국토교통부장관은 기반시설의 효율적인 관리를 위하여 관리주체에게 기반시설 관리시스템의 운영에 필요한 자료 입력과 정보 제공 등을 요청할 수 있다. 이 경우 자료의 제공을 요청받은 관리주체는 특별한 사유가 없으면 이에 따라야 한다.

③ 기반시설 관리시스템 구축·운영 등에 관하여 필요한 사항은 국토교통부령으로 정한다.

제17조【연구개발의 촉진 등】 ① 국토교통부장관은 기반시설의 유지관리 및 성능개선에 필요한 연구 및 기술개발(이하 "연구개발사업"이라 한다)과 전문인력 양성 등을 위하여 다음 각 호의 사업을 추진할 수 있다.
1. 기반시설의 유지관리 및 성능개선 관련 기술개발
2. 기반시설 조사·진단 장비의 개발 및 보급
3. 기반시설의 운영중단이 없는 성능개선 기술개발
4. 기반시설 자산가치 평가기법의 개발 및 보급
5. 기반시설의 유지관리 및 성능개선의 사업화 촉진 및 금융지원
6. 기반시설의 유지관리 및 성능개선 관련 전문인력의 양성 및 국제협력
7. 그 밖에 대통령령으로 정하는 사항

② 국토교통부장관은 연구개발사업을 하는 데에 드는 비용의 전부 또는 일부를 예산의 범위에서 출연 또는 보조할 수 있다.

제4장 기반시설 관리 추진체계

제18조【기반시설관리위원회】 ① 국가의 기반시설 관리와 관련된 주요 정책 및 계획과 그 이행에 관한 사항을 심의하기 위하여 국무총리 소속으로 기반시설관리위원회(이하 "위원회"라 한다)를 둔다.
② 위원회는 다음 각 호의 사항을 심의한다.
1. 기반시설의 관리에 관한 정책 및 법·제도의 기본방향
2. 기본계획 및 관리계획
3. 최소유지관리 공통기준 및 성능개선 공통기준
4. 유지관리 우수 기반시설의 선정
5. 국제협력, 기술개발, 인력양성 및 기반구축 등에 관한 사항
6. 중앙행정기관의 장 및 특별시장·광역시장·특별자치시장·도지사 및 특별자치도지사(이하 "시·도지사"라 한다)와의 정책 조정
7. 다른 법률에서 위원회의 심의를 거치도록 한 사항
8. 그 밖에 위원장이 필요하다고 인정하는 사항

③ 위원장은 국무총리가 되고, 위원은 다음 각 호의 사람으로 하되, 10명 이상 30명 이내로 구성한다.
1. 정부위원 : 대통령령으로 정하는 중앙행정기관의 장
2. 민간위원 : 기반시설의 유지관리에 관한 학식과 경험이 풍부한 사람 중에서 위원장이 위촉하는 사람

④ 위원회의 사무를 처리하기 위하여 간사 1명을 두되, 간사는 위원장이 지명하는 국토교통부 소속 고위공무원단 공무원이 된다.
⑤ 그 밖에 위원회의 구성·운영에 필요한 사항은 국토교통부령으로 정한다.

제19조【분과위원회】 ① 위원회의 업무를 효율적으로 수행하기 위하여 대통령령으로 정하는 바에 따라 위원회에 분과위원회를 둘 수 있다.
② 분과위원회는 위원장이 위촉하는 위원으로 구성하며, 분과위원회의 위원장은 분과위원회의 위원 중에서 호선한다.
③ 중앙행정기관의 고위공무원단에 속하는 공무원 및 지방자치단체의 3급 이상 공무원은 관계 분야의 안건에 대하여 해당 분과위원회에 참석하여 의견을 제시할 수 있다.
④ 제1항부터 제3항까지에서 규정한 사항 외에 분과위원회의 운영에 필요한 사항은 위원회의 의결을 거쳐 위원회의 위원장이 정한다.

제5장 정부 지원 및 재원 조달

제20조【정부 지원의 원칙】 ① 국가 및 지방자치단체는 기반시설의 건설 당시 비용을 부담한 경우 해당 기반시설의 관리주체에 대하여 유지관리비용과 성능개선비용을 지원할 수 있다. 이 경우 국가가 관리주체에게 지원하는 비율은 「보조금 관리에 관한 법률」에서 정한다.
② 국가 및 지방자치단체는 관리계획 및 실행계획이 수립된 기반시설에 한정하여 유지관리비용 및 성능개선비용을 지원하여야 한다.(2021.12.7 본항개정)
③ 국가 및 지방자치단체로부터 성능개선비용을 지원받고자 하는 관리주체는 제23조제1항에 따른 성능개선 충당금을 적립하여야 한다.
④ 국가가 지방자치단체에 유지관리비용을 지원하는 경우에는 관리계획 및 실행계획에 반영된 연간 유지관리비용(제22조제1항에 따라 부과·징수한 기반시설 사용 부담금이 있는 경우에는 해당 금액을 차감한다)에서 대통령령으로 정하는 기준연도의 유지관리비용을 제외한 금액의 100분의 50을 한도로 한다.(2021.12.7 본항개정)
⑤ 국가가 지방자치단체에 성능개선비용을 지원하는 경우에는 관리주체가 제23조제1항에 따라 적립한 성능개선 충당금 금액을 한도로 한다.
⑥ 국가 및 지방자치단체는 관리주체에게 성능개선비용을 지원하는 경우 관리주체가 유지관리에 기울인 노력과 자체 성능개선 재원 확보 노력, 성능개선기준의 충족도, 기반시설의 안전성 및 관리주체의 재정여건 등을 고려하여 지원비율을 조정할 수 있다. 다만, 국가가 지원하는 경우에는 「보조금 관리에 관한 법률」 제9조제1항에 따라 정한 지원비율과 제5항에 따라 정한 성능개선비용 지원한도를 20퍼센트 포인트 범위에서 조정할 수 있다.

제21조【비용의 지원】 ① 국가 및 지방자치단체는 기반시설의 체계적인 유지관리 및 성능개선을 위하여 해당 기반시설 관련 법률 및 대통령령으로 정하는 바에 따라 지방자치단체, 공공기관, 지방공기업(국가가 지원하는 경우는 제외한다. 이하 이 조에서 같다) 및 민간관리자에게 다음 각 호에 소요되는 비용의 전부 또는 일부를 출자·출연·보조 및 융자할 수 있다. 다만, 민간관리자에 대해서는 융자에 한정하여 지원할 수 있다.(2020.4.7 본문개정)
1. 기반시설 실태조사 및 성능평가
2. 기반시설 유지관리를 위한 조사, 진단, 연구 및 보수·보강
3. 기반시설의 성능개선
4. 그 밖에 기반시설의 유지관리에 관하여 대통령령으로 정하는 비용

② 지방자치단체, 공공기관, 지방공기업 및 민간관리자가 재정지원을 요구하는 경우에는 국가 및 지방자치단체는 다음 각 호의 사항을 고려하여 지원할 수 있다.(2020.4.7 본문개정)
1. 제22조제1항에 따른 기반시설 사용 부담금의 규모
2. 제23조제1항에 따른 성능개선 충당금의 규모
3. 유지관리와 성능개선 소요 비용
4. 해당 기관의 재정여건
5. 그 밖에 대통령령으로 정하는 사항

제22조【기반시설 사용 부담금의 부과·징수】 ① 기반시설을 이용하는 사용자에게 운임, 통행료, 사용료 등(이하 "사용료 등"이라 한다)을 부과하는 관리주체는 기반시설 유지관리 및 성능개선에 필요한 재원을 조성하기 위하여 사용량에 비례한 부담금(이하 "기반시설 사용 부담금"이라 한다)을 부과·징수할 수 있다.
② 제1항에 따라 조성된 재원은 부담금을 징수한 기반시설과 동일한 종류의 기반시설의 유지관리와 성능개선을 위하여 사용하여야 한다.
③ 기반시설 사용 부담금은 사용료 등의 100분의 10의 범위에서 부과하되, 「부담금관리 기본법」 제4조에 따라 구체적인 산정 방법, 부과·징수 방법, 납입절차 등에 관한 사항은 해당 기반시설 관계 법령에서 정하는 바에 따른다.

제23조【성능개선 충당금의 적립】 ① 관리주체는 기반시설의 노후화에 대비하여 관리계획에 따라 성능개선에 필요한 재원을 확보하기 위하여 성능개선 충당금을 적립할 수 있다. 다만, 제2조제6호가목부터 다목까지에 해당하는 관리주체(이하 "공공관리주체"라 한다)는 성능개선 충당금을 적립하여야 한다.(2020.4.7 본항개정)
② 관리감독기관은 관리주체별로 성능개선 충당금 확보 목표를 설정하고 이를 관리계획에 반영하여야 한다.
③ 성능개선 충당금의 재원은 다음 각 호와 같다.
1. 기반시설 관리·운영 수입금
2. 그 밖에 관리주체의 운영 효율화를 통한 자금(2020.4.7 본호개정)

④ 성능개선 충당금의 사용절차 등은 국토교통부령으로 정한다.
⑤ 공공관리주체는 성능개선 충당금을 적립하고 활용하기 위하여 기금 또는 특별회계를 설치·운용할 수 있다.(2020.4.7 본항개정)

제24조【재정부담 경감을 위한 시책의 추진】 ① 관리주체는 기반시설의 유지관리와 성능개선에 대한 재원조달에 관하여 「사회기반시설에 대한 민간투자법」을 적용할 수 있다.
② 국가는 기반시설의 선제적 유지관리 및 성능개선 시책을 지원하기 위하여 관련 재원의 조성 및 자금의 지원, 다양한 금융시책의 수립, 민간투자의 활성화 등의 노력을 기울여야 한다.

제6장 보 칙

제25조【관리감독】 ① 중앙행정기관의 장 및 시·도지사는 지방자치단체, 공공기관, 지방공기업 및 민간관리자에게 제21조제1항에 따라 비용을 지원하였을 경우 지원금액이 기반시설의 유지관리와 성능개선에 제대로 사용되었는지 사용내역을 확인할 수 있으며, 이를 위하여 지방자치단체, 공공기관, 지방공기업 및 민간관리자에게 관련 자료를 요청할 수 있다.(2020.4.7 본항개정)
② 중앙행정기관의 장 및 시·도지사는 보조금 지급 대상인 공공기관, 지방자치단체 및 지방공기업에 대하여 경영의 효율화 등 필요한 조치를 요구할 수 있다.

제26조【권한 등의 위임·위탁】 ① 이 법에 따른 국토교통부장관의 권한은 그 일부를 대통령령으로 정하는 바에 따라 시·도지사 또는 소속 기관의 장에게 위임할 수 있다.
② 이 법에 따른 국토교통부장관의 업무는 그 일부를 대통령령으로 정하는 바에 따라 위탁업무를 수행하는 데에 필요한 인력과 장비를 갖춘 기관에 위탁할 수 있다.

제27조【비밀유지 의무】 제26조제2항에 따라 업무의 위탁을 받아 그 업무를 수행하거나 수행하였던 사람은 그 업무를 수행할 때 알게 된 비밀을 누설하거나 도용하여서는 아니 된다.

제28조【벌칙 적용에서 공무원 의제】 위원회의 위원 중 공무원이 아닌 위원은 「형법」 제129조부터 제132조까지의 규정에 따른 벌칙을 적용할 때에는 공무원으로 본다.

제7장 벌 칙

제29조【벌칙】 제27조를 위반하여 업무를 수행하면서 알게 된 비밀을 누설하거나 도용한 사람은 2년 이하의 징역 또는 2천만원 이하의 벌금에 처한다.

부 칙

이 법은 공포 후 1년이 경과한 날부터 시행한다.

부 칙 (2020.4.7)

이 법은 공포한 날부터 시행한다. 다만, 제9조제3항 단서의 개정규정은 공포 후 6개월이 경과한 날부터 시행한다.

부 칙 (2021.12.7)

이 법은 공포 후 1년이 경과한 날부터 시행한다.

골재채취법

(1991년 12월 14일 법 률 제4428호)

개정
1993. 3. 6법 4541호(정부조직)
1994. 8. 3법 4781호(수도법)
1994.12.22법 4816호(산림)
1994.12.22법 4817호(농지)
1995.12.29법 5111호(산업입지및개발에관한법)
1997.12.13법 5453호(행정절차)
1997.12.13법 5454호(정부부처명)
1999. 2. 8법 5893호(하천법)
1999. 2. 8법 5914호(공유수면관리법)
1999. 4.15법 5966호
2002. 2. 4법 6656호(공토법)
2002.12.30법 6851호 2004.12.31법 7307호
2005. 3.31법 7428호(채무자회생파산)
2005. 8. 4법 7678호(산림자원조성관리)
2007. 1.19법 8260호(해양환경관리법)
2007. 4. 6법 8338호(하천법)
2007. 4.11법 8352호(농지)
2007. 4.11법 8370호(수도법)
2007. 4.11법 8377호(수산)
2007. 5.17법 8479호
2008. 2.29법 8852호(정부조직)
2008. 2.29법 8863호(금융위원회의설치등에관한법)
2008. 3.28법 9037호(환경영향평가법)
2009. 1.30법 9401호(국유재산)
2009. 4.22법 9636호(궤도운송법)
2011. 5.30법10764호(택지개발촉진법)
2011. 7.21법10892호(환경영향평가법)
2011. 8. 4법11016호 2012. 2.22법11362호
2013. 3.23법11690호(정부조직)
2013. 5.22법11794호(건설기술진흥법)
2014. 6. 3법12737호(지역개발및지원에관한법)
2015. 1. 6법12970호 2015.12.29법13672호
2016.12. 2법14361호(산지관리법)
2017. 1.17법14532호(물환경보전법)
2017. 3.21법14605호(배타적경제수역및대륙붕에관한법)
2017. 8. 9법14850호 2017.12.19법15275호
2018. 6.12법15668호 2019. 8.20법16487호
2019.11.26법16627호 2020. 6. 9법17442호
2020. 6. 9법17453호(법률용어정비)
2021. 3.16법17939호(건설기술진흥법)
2021. 7.27법18342호 2021.12. 7법18552호
2024. 1. 2법19910호(해양이용영향평가법)→2025년 1월 3일 시행이므로 「法典 別冊」 보유편 수록

제1장 총 칙

(2011.8.4 본장개정)

제1조【목적】 이 법은 골재(骨材)의 원활한 수급(需給)과 골재채취에 따른 재해(災害)를 예방하기 위하여 골재의 수급계획, 골재채취업의 등록 등 골재채취에 관한 기본적인 사항을 정함으로써 골재자원의 효율적인 이용과 국민경제 발전에 이바지함을 목적으로 한다.

제2조【정의】 ① 이 법에서 사용하는 용어의 뜻은 다음과 같다.
1. "골재"란 하천, 산림, 공유수면이나 그 밖의 지상·지하 등 자연상태에 부존(賦存)하는 암석〔쇄석용(碎石用)에 한정한다〕, 모래 또는 자갈로서 콘크리트 및 아스팔트콘크리트의 재료 또는 그 밖에 건설공사의 기초재료로 쓰이는 것을 말한다.(2012.2.22 본호개정)
2. "채취"란 골재를 캐거나 들어내는 등 자연상태로부터 분리하여 내는 것을 말한다.
3. "골재채취업"이란 영리를 목적으로 골재를 채취·선별·세척 또는 파쇄(破碎)하는 사업을 말한다.
4. "골재자원조사"란 지질조사, 물리탐사, 시추탐사 등을 통한 골재자원의 부존위치·부존량·심도(深度)·표토량(表土量)·부존구조 등에 관한 조사와 골재채취 대상지역의 토지이용 상태, 수송 여건 등 입지 및 개발 여건에 관한 조사를 말한다.

② 골재채취업은 대통령령으로 정하는 바에 따라 그 업종을 세분할 수 있다.

제3조【산지에 대한 적용 범위】 「산지관리법」에 따른 산지에 대하여는 제4장을 적용하지 아니한다. 다만, 제22

조의3, 제22조의4 및 제32조(「산지관리법」 제28조제1항 제6호 단서를 적용하려는 것으로 한정한다)는 제외한다.(2019.8.20 본조개정)

제2장 골재의 조사 및 수급계획
(2011.8.4 본장개정)

제4조【골재자원조사】 ① 국토교통부장관은 대통령령으로 정하는 바에 따라 전국의 골재자원조사를 하고 그 결과를 관계 행정기관의 장에게 알려야 한다.
②~③ (2004.12.31 삭제)
④ 국토교통부장관은 골재자원조사를 위하여 필요할 때에는 관계 기관에 자료를 요구하거나 협조를 요청할 수 있다.
⑤ 국토교통부장관은 대통령령으로 정하는 바에 따라 골재자원 조사에 관한 업무를 관계 전문기관으로 하여금 대행하게 할 수 있다.
⑥ 국토교통부장관은 골재자원조사 결과를 국토교통부령으로 정하는 바에 따라 관계 기관 및 일반인이 이용할 수 있도록 하여야 한다.
(2013.3.23 본조개정)

제4조의2【골재자원정보관리시스템의 구축·운영】 ① 국토교통부장관은 제4조에 따른 골재자원조사 결과와 그 밖에 골재자원의 보전·관리에 필요한 자료를 효율적으로 활용하기 위하여 골재자원정보관리시스템을 구축하여 운영할 수 있다.
② 제1항에 따른 골재자원정보관리시스템의 구축범위 및 운영절차 등에 관하여 필요한 사항은 국토교통부령으로 정한다.
③ 국토교통부장관은 제1항에 따른 골재자원정보관리시스템의 구축·운영에 관한 업무를 대통령령으로 정하는 바에 따라 제4조제5항에 따른 관계 전문기관 또는 제38조에 따른 골재협회로 하여금 대행하게 할 수 있다.
(2013.3.23 본조개정)

제5조【골재수급 기본계획】 ① 국토교통부장관은 5년마다 다음 각 호의 사항이 포함된 골재수급 기본계획을 수립·시행하여야 한다.(2013.3.23 본문개정)
1. 골재의 장기(長期) 수요 전망
2. 골재의 장기 공급 대책
3. 골재원별(骨材源別) 개발 방향
4. 그 밖에 골재수급에 관한 사항
② 국토교통부장관은 제1항에 따른 골재수급 기본계획을 수립하려면 관계 중앙행정기관의 장과 협의하여야 한다.(2013.3.23 본항개정)
③ 국토교통부장관은 제1항과 제2항에 따라 수립된 골재수급 기본계획을 관계 중앙행정기관의 장 및 관계 특별시장·광역시장·특별자치시장·도지사·특별자치도지사(이하 "시·도지사"라 한다)에게 알려야 한다.(2013.3.23 본항개정)

제6조【연도별 골재수급계획】 ① 시·도지사는 매년 10월 31일까지 다음 연도의 골재수급계획을 작성하여 국토교통부장관에게 제출하여야 한다. 다만, 둘 이상의 특별시·광역시·특별자치시·도·특별자치도에 걸쳐 골재수급계획이 필요한 경우에는 해당 시·도지사는 대통령령으로 정하는 바에 따라 서로 협의하여 광역 단위의 골재수급계획을 수립하여야 한다.(2013.3.23 본문개정)
② 국토교통부장관은 제1항에 따른 골재수급계획을 총괄·조정한 후 매년 12월 31일까지 다음 연도의 골재수급계획을 수립하고 관계 중앙행정기관의 장 및 시·도지사에게 알려야 한다.(2013.3.23 본항개정)
③ 각 중앙행정기관의 장은 소관 사업 중 골재가 필요한 사업에 대하여는 그 사업계획을 대통령령으로 정하는 바에 따라 국토교통부장관에게 알려야 한다.(2013.3.23 본항개정)
④ 제1항 및 제2항에 따른 골재수급계획의 내용과 그 밖에 골재수급계획의 수립에 필요한 사항은 대통령령으로 정한다.
⑤ 국토교통부장관은 제2항에 따른 연도별 골재수급계획을 수립하려면 관계 행정기관의 장과 협의하여야 한다.(2015.12.29 본항신설)

제7조 (2004.12.31 삭제)

제8조 (1999.4.15 삭제)

제9조【기술개발의 권고 등】 ① 산업통상자원부장관은 골재채취업자에게 새로운 기술의 도입이나 연구·개발 등을 권고할 수 있으며 필요한 경우에는 기술정보를 제공하거나 기술지도를 할 수 있다.
② 산업통상자원부장관은 제1항에 따른 기술지도를 관계 전문기관으로 하여금 대행하게 할 수 있다.
(2013.3.23 본조개정)

제10조【골재채취의 지원】 ① 산업통상자원부장관은 골재자원의 합리적 개발을 위하여 골재채취업자나 골재자원의 개발과 관련된 기관 및 단체에 다음 각 호의 지원을 할 수 있다.(2013.3.23 본문개정)
1. 골재자원조사에 필요한 자금의 보조 또는 융자
2. 골재채취기술 개발에 필요한 자금의 보조 또는 융자
3. 골재채취 시설투자에 필요한 자금의 융자
4. 골재채취에 따른 공해(公害) 및 재해 방지시설 자금의 융자
5. 그 밖에 대통령령으로 정하는 자금의 보조 또는 융자
② 산업통상자원부장관은 제1항에 따른 지원에 관한 업무를 대통령령으로 정하는 전문기관으로 하여금 대행하게 할 수 있다.(2013.3.23 본항개정)
③ 국토교통부장관은 골재수급에 영향을 주는 「공익사업을 위한 토지 등의 취득 및 보상에 관한 법률」 제4조에 따른 공익사업의 시행 또는 그 밖의 골재수급상황의 급변으로 인하여 골재채취업의 경영 개선이 필요하다고 인정하는 때에는 국토교통부령으로 정하는 바에 따라 골재채취업의 구조조정 등에 필요한 지원 대책을 수립하여 시행할 수 있다.(2013.3.23 본항개정)

제11조 (2015.12.29 삭제)

제12조~제13조 (1999.4.15 삭제)

제3장 골재채취업의 등록
(2011.8.4 본장개정)

제14조【등록】 ① 골재채취업을 경영하려는 자는 주된 사무소의 소재지를 관할하는 특별자치시장·특별자치도지사·시장·군수·구청장(자치구의 구청장을 말한다. 이하 "시장·군수 또는 구청장"이라 한다)에게 등록하여야 한다. 다만, 국가 또는 지방자치단체가 골재채취업을 운영하려는 경우에는 그러하지 아니하다.(2012.2.22 본문개정)
② 제1항에 따른 등록을 하려는 자는 대통령령으로 정하는 기준에 따른 자본금 또는 자산(資産), 시설·장비 및 기술인력을 갖추어야 한다.
③ 제1항에 따라 골재채취업의 등록을 한 자는 제2항에 따른 등록기준에 관한 사항을 3년 이내의 범위에서 대통령령으로 정하는 기간이 지날 때마다 국토교통부령으로 정하는 신고기간 내에 시장·군수 또는 구청장에게 신고하여야 한다.(2013.3.23 본항개정)

제15조【결격사유】 다음 각 호의 어느 하나에 해당하는 자는 골재채취업의 등록을 할 수 없다. 법인의 경우 그 임원 중 다음 각 호의 어느 하나에 해당하는 사람이 있을 때에도 또한 같다.
1. 피성년후견인 또는 피한정후견인(2015.12.29 본호개정)
2. (2015.12.29 삭제)
3. 제19조제1항제1호, 제2호, 제4호부터 제10호까지 및 제13호의 사유로 골재채취업의 등록이 취소된 후 2년이 지나지 아니한 자
4. 이 법을 위반하여 징역형의 실형을 선고받고 그 집행이 끝나거나(끝난 것으로 보는 경우를 포함한다) 집행이 면제된 날부터 2년이 지나지 아니한 사람
5. 이 법을 위반하여 징역형의 집행유예를 선고받고 그 유예기간 중에 있는 사람

제16조【등록사항 변경 등의 신고】 골재채취업자는 그 상호·명칭 또는 사무소의 소재지나 그 밖에 대통령령으로 정하는 사항이 변경되었을 때에는 시장·군수 또는 구청장에게 신고하여야 한다.

제17조【골재채취업의 양도】 ① 골재채취업자가 골재채취업을 양도하거나 합병하려는 경우(골재채취업자인 법인이 골재채취업자가 아닌 법인을 흡수합병하는 경우는 제외한다)에는 대통령령으로 정하는 바에 따라 시장·군수 또는 구청장에게 신고하여야 한다.
② 제1항에 따른 신고를 한 경우의 양수인 및 합병으로 설립되거나 존속(存續)하는 법인은 각각 양도인 및 합병 전 법인의 골재채취업자로서의 지위를 승계한다.
③ 골재채취업자가 사망한 경우 그 상속인이 골재채취업자의 지위를 승계하여 골재채취업을 경영하려면 상속일부터 3개월 이내에 그 상속 사실을 시장·군수 또는 구청장에게 신고하여야 한다.
④ 시장·군수 또는 구청장은 제1항 또는 제3항에 따른 신고를 받은 날부터 7일 이내에 신고수리 여부를 신고인에게 통지하여야 한다.(2020.6.9 본항신설)
⑤ 시장·군수 또는 구청장이 제4항에서 정한 기간 내에 신고수리 여부 또는 민원 처리 관련 법령에 따른 처리기간의 연장을 신고인에게 통지하지 아니하면 그 기간이 끝난 날의 다음 날에 신고를 수리한 것으로 본다.(2020.6.9 본항신설)
⑥ 제1항 및 제3항의 경우에는 제15조를 준용한다.

제17조의2【골재채취업의 폐업】 ① 골재채취업자는 그 업을 폐업하려면 국토교통부령으로 정하는 바에 따라 시장·군수 또는 구청장에게 신고하여야 한다.(2013.3.23 본항개정)
② 제1항에 따른 폐업신고가 있는 경우에는 시장·군수 또는 구청장은 해당 골재채취업의 등록을 말소하여야 한다.
③ 제2항에 따라 골재채취업의 등록이 말소된 자가 제14조에 따라 다시 골재채취업자로 등록한 경우에는 폐업신고 전에 제19조에 따라 행한 행정처분의 효과는 그 처분일부터 1년간 다시 등록한 골재채취업자(이하 이 조에서 "재등록 골재채취업자"라 한다)에게 승계된다.
④ 시장·군수 또는 구청장은 재등록 골재채취업자에 대하여 폐업신고 전의 위반행위를 사유로 제19조에 따른 등록취소처분 또는 영업정지처분을 할 수 있다. 다만, 다음 각 호의 어느 하나에 해당하는 경우에는 그러하지 아니하다.
1. 폐업신고를 한 날부터 다시 골재채취업자로 등록을 한 날까지의 기간이 2년을 초과하는 경우
2. 폐업신고 전의 위반행위에 대한 행정처분이 영업정지에 해당하는 경우로서 폐업신고를 한 날부터 다시 골재채취업자로 등록을 한 날까지의 기간이 1년을 초과하는 경우
(2012.2.22 본조신설)

제18조【등록명의 대여의 금지 등】 골재채취업자는 다른 사람에게 자기의 상호 또는 명칭을 사용하여 골재채취업을 경영하게 하거나 그 등록증을 빌려 주어서는 아니 된다.

제19조【등록의 취소 등】 ① 시장·군수 또는 구청장은 골재채취업자가 다음 각 호의 어느 하나에 해당하는 경우에는 골재채취업의 등록을 취소하거나 6개월 이내의 기간을 정하여 영업의 정지를 명할 수 있다. 다만, 제1호, 제3호 및 제13호의 어느 하나에 해당하는 경우에는 골재채취업의 등록을 취소하여야 한다.(2019.11.26 단서개정)
1. 거짓이나 그 밖의 부정한 방법으로 제14조에 따른 등록을 한 경우
2. 제14조제3항에 따라 등록기준에 관한 사항을 신고기간 내에 신고하지 아니하고 3개월이 지난 경우(2020.6.9 본호개정)
3. 제15조 각 호의 어느 하나에 해당하게 된 경우
4. 골재채취업의 등록기준에 미치지 못하게 된 경우. 다만, 일시적으로 등록기준에 미달하는 등 대통령령으로 정하는 경우는 예외로 한다.(2015.12.29 단서신설)
5. 제16조에 따른 신고를 하지 아니한 경우
6. 제18조를 위반한 경우
7. 제21조제3항에 따른 시설·장비·서류 등의 검사를 거부·방해 또는 기피한 경우(2019.11.26 본호개정)
8. 제22조를 위반하여 골재채취 허가를 받지 아니하고 골재를 채취한 경우
8의2. 제22조의4를 위반하여 인증을 받지 아니하거나 품질검사를 거치지 아니한 골재를 공급한 경우(2021.12.7 본호개정)
9. 제28조에 따른 예방조치를 게을리하여 공중(公衆)에 위해(危害)를 끼친 경우
10. 제31조제1항 각 호의 어느 하나에 해당하는 경우
11. 제32조제1항 또는 제2항을 위반하여 신고나 변경신고를 하지 아니하고 골재를 선별·세척 또는 파쇄한 경우
11의2. 거짓이나 그 밖의 부정한 방법으로 제32조제1항에 따른 신고 또는 같은 조 제2항에 따른 변경신고를 하였거나 같은 조 제4항에 따라 신고한 내용에 대한 이행 여부를 확인받지 아니한 경우(2019.11.26 본호신설)
12. 다른 법령을 위반하여 국가나 지방자치단체가 요구한 경우(2015.12.29 본호개정)
13. 영업정지기간에 영업을 한 경우
② 법인의 임원이 제15조 각 호의 어느 하나에 해당하는 경우에 해당 사실이 밝혀진 날부터 3개월 이내에 그 임원을 교체 임명한 경우와 골재채취업자의 상속인이 상속개시일 당시 제15조 각 호의 어느 하나에 해당하는 경우로서 상속개시일부터 6개월이 지나지 아니한 경우에는 제1항을 적용하지 아니한다.(2020.6.9 본항개정)
③ 제1항에 따른 등록취소 등의 세부적인 기준은 그 사유와 위반 정도 등을 고려하여 대통령령으로 정한다.
④ 시장·군수 또는 구청장은 「산지관리법」 제25조 또는 제30조에 따라 골재용으로 토석채취허가를 받거나 채석신고를 한 골재채취업자에 대하여 제1항에 따른 등록취소처분 또는 영업정지처분을 한 경우에는 그 토석채취허가를 하거나 채석신고를 받은 시·도지사 또는 시장·군수·구청장에게 처분사실을 통지하여야 한다.(2012.2.22 본항신설)
⑤ 제4항에 따라 처분사실을 통지받은 시·도지사 또는 시장·군수·구청장은 「산지관리법」 제31조에 따라 허가를 취소하거나 토석채취 또는 채석의 중지, 그 밖에 필요한 조치를 하고 그 결과를 해당 시장·군수 또는 구청장에게 알려야 한다.(2016.12.2 본항개정)

제20조【행정처분 시의 골재채취업의 계속 등】 ① 골재채취업자가 제19조에 따라 영업정지처분을 받은 경우에는 그 영업정지처분을 받은 날부터 처분이 종료되는 날까지 골재채취업을 할 수 없다. 다만, 영업정지처분을 받기 전에 제22조에 따른 골재채취 허가를 받거나 제32조에 따른 골재의 선별·세척 또는 파쇄 신고를 한 사업으로서 그 허가채취량 또는 신고생산량의 30퍼센트 미만이 남은 경우에는 허가받은 골재채취나 신고한 골재의 선별·세척 또는 파쇄를 계속할 수 있다.
② 골재채취업자가 제19조에 따라 골재채취업의 등록취소처분을 받은 경우에는 그 취소처분을 받은 날부터 골재채취업을 할 수 없다. 다만, 등록취소처분을 받기 전에 제22조에 따른 골재채취 허가를 받거나 제32조에 따른 골재의 선별·세척 또는 파쇄 신고를 한 사업으로서 그 허가채취량 또는 신고생산량의 20퍼센트 미만이 남은 경우에는 허가받은 골재채취나 신고한 골재의 선별·세척 또는 파쇄를 계속할 수 있다.
③ 시장·군수 또는 구청장은 골재채취업자가 제19조에 따라 등록취소처분 또는 영업정지처분을 받은 경우에 제1항 및 제2항에 따라 골재채취를 계속할 수 있는 경우를 제외하고는 대통령령으로 정하는 바에 따라 국가·지방자치단체 또는 다른 골재채취업자로 하여금 골재를 채취하게 할 수 있다.
(2012.2.22 본조개정)

제21조【지도·감독】 ① 골재채취업자는 국토교통부령으로 정하는 바에 따라 골재채취구역마다 골재의 종류·채취량 등을 명확하게 적은 장부를 갖추어 두어야 한다.
② 국토교통부장관은 제22조의4제1항에 따른 골재 품질기준에의 적합 여부 또는 골재 유통현황 등에 대한 확인이 필요한 경우 골재채취업자 및 골재를 판매하는 자에 대하여 보고를 하게 하거나 자료를 제출하게 할 수 있으며, 관계 공무원으로 하여금 해당 사무소 및 사업장 등에

출입하여 관련 서류를 조사하게 하고 시설·장비 및 그 밖에 해당 사업 또는 영업과 관련된 물건을 점검·검사하게 할 수 있다.(2021.12.7 본항개정)
③ 시장·군수 또는 구청장은 골재채취업 등록기준의 충족 여부나 환경영향 저감(低減) 대책 및 골재채취 현황 등 골재채취 관련 사항에 대한 확인이 필요하다고 인정될 때에는 골재채취업자에 대하여 시설·장비·골재채취 현황 등 그 업무에 관한 사항을 보고하게 하거나 소속 공무원으로 하여금 시설·장비·서류 등을 검사하게 할 수 있다.
④ 시장·군수 또는 구청장은 제14조에 따라 등록한 골재채취업자가 관할 지역에서 채취·선별·세척 또는 파쇄하는 골재에 대하여 제22조의4에 따른 골재 품질기준에의 적합 여부를 확인하기 위하여 골재채취업자 및 골재를 판매하는 자에게 관련 자료의 제출을 요구하거나, 사무소 등에 출입하여 골재품질관리 실태를 점검할 수 있다.
(2021.12.7 본항개정)
⑤ 제2항부터 제4항까지에 따라 조사·점검·검사를 하는 경우에는 조사·점검·검사 7일 전까지 그 일시·이유 및 내용을 골재채취업자에게 알려야 한다. 다만, 사전 통지의 경우 증거인멸 등으로 조사·점검·검사 목적을 달성할 수 없다고 인정되는 경우에는 그러하지 아니하다.
(2021.12.7 본항개정)
⑥ 제2항부터 제4항까지에 따른 조사·점검·검사를 하는 공무원은 그 권한을 표시하는 증표를 지니고 이를 관계인에게 보여주어야 한다.(2021.12.7 본항개정)

제4장 골재의 채취 등
(2011.8.4 본장개정)

제21조의2【골재채취 예정지의 지정 등】 ① 시·도지사는 제6조제1항에 따른 연도별 골재수급계획에서 정하는 바에 따라 「하천법」에 따른 하천구역·홍수관리구역 또는 「공유수면 관리 및 매립에 관한 법률」에 따른 공유수면 중 골재채취가 필요한 일정지역을 대통령령으로 정하는 바에 따라 골재채취 예정지로 지정하여야 한다. 이 경우 골재채취 예정기간은 10년을 초과할 수 없다.
(2012.2.22 후단개정)
② 시·도지사는 골재채취 예정지 면적의 조정 등 지정의 변경이 필요하다고 인정할 때 또는 골재채취 예정지의 지정 사유가 없어졌거나 목적을 달성할 수 없는 등 지정의 해제가 필요하다고 인정할 때에는 대통령령으로 정하는 바에 따라 그 지정을 변경하거나 해제할 수 있다.
③ 시·도지사는 제1항 및 제2항에 따라 골재채취 예정지를 지정·변경 또는 해제하였을 때에는 대통령령으로 정하는 바에 따라 그 내용을 고시하여야 한다.
제22조【골재채취의 허가】 ① 골재를 채취하려는 자는 대통령령으로 정하는 바에 따라 관할 시장·군수 또는 구청장(「배타적 경제수역 및 대륙붕에 관한 법률」 제2조에 따른 배타적 경제수역(이하 "배타적 경제수역"이라 한다)에서의 골재채취의 경우에는 국토교통부장관을 말하며, 제34조에 따른 골재채취단지(배타적 경제수역에서 지정된 골재채취단지는 제외한다)에서의 골재채취의 경우에는 시·도지사를 말한다. 이하 이 조, 제23조부터 제25조까지, 제29조부터 제31조까지, 제33조 및 제47조의2에서 같다)의 허가를 받아야 한다. 다만, 다음 각 호의 어느 하나에 해당하는 경우에는 그러하지 아니하다.
(2020.6.9 본문개정)
1. 다른 법령에 따라 시행하는 사업에서 발생하는 암석(쇄석용에 한정한다), 모래 또는 자갈을 선별·세척 또는 파쇄하기 위하여 제32조에 따라 골재의 선별·세척 등의 신고를 하는 경우(2015.12.29 본호개정)
2. 긴급히 조치하여야 하는 재해복구와 군사시설, 마을 단위의 공익사업 및 이에 준하는 경우로서 대통령령으로 정하는 범위에서 골재를 채취하는 경우
② 골재를 채취하려는 구역이 광업권 설정구역과 중복되는 경우 골재채취의 허가를 받으려는 자는 광업권자(鑛業權者)나 조광권자(粗鑛權者)의 동의를 받아야 한다. 다만, 산업통상자원부장관이 인정하는 전문조사기관의 조사 결과, 광물의 채굴(採掘)이 경제적 가치기준에 미치지 못하거나 광물채굴과 골재채취가 작업상 서로 지장을 주지 아니한다고 밝혀져 산업통상자원부장관의 승인을 받은 경우에는 그러하지 아니하다.(2020.6.9 단서개정)
③ 시장·군수 또는 구청장은 골재채취의 허가를 받고자 하는 구역이 다른 법령에 따라 골재채취가 금지된 구역에 해당하는 경우 허가를 하여서는 아니 된다.
(2012.2.22 본항개정)
④ 시장·군수 또는 구청장은 동일한 구역에 대하여 둘 이상의 골재채취 허가신청을 받은 경우에는 대통령령으로 정하는 바에 따라 재해복구용·군사시설용 등 공용(公用) 또는 공공용(公共用)으로 채취하려는 것을 우선적으로 허가하여야 한다.
⑤ 제2항 단서에 따라 승인을 받은 후 골재채취 허가를 받아 골재를 채취하는 자는 그 골재채취로 인하여 광업권자나 조광권자가 받은 손실을 보상하여야 한다.
⑥ 시장·군수 또는 구청장은 제1항에 따라 골재채취 허가를 할 때에는 다음 각 호의 사항을 검토하여야 한다.
1. 제6조에 따른 연도별 골재수급계획과의 부합 여부
2. 골재의 수요·공급 상황
3. 골재의 부존량
4. 부존골재의 품질이 제22조의4제1항에 따른 골재 품질기준에 적합한지 여부(2012.2.22 본호개정)
5. 골재채취로 인한 환경영향예측과 저감대책의 적절성
6. 재해와 안전에 대한 예방조치계획의 적절성
7. 제22조의3에 따른 골재채취 능력(2012.2.22 본호개정)
제22조의2 (2012.2.22 삭제)
제22조의3【골재채취 능력의 평가 및 공시】 ① 국토교통부장관은 시장·군수 또는 구청장이 적정한 골재채취업자를 선정할 수 있도록 하기 위하여 골재채취업자의 골재채취 실적, 자본금, 골재채취의 안전·환경 및 품질관리 수준 등에 따라 골재채취 능력을 평가하여 공시하여야 한다.
② 제1항에 따른 골재채취 능력의 평가 및 공시를 받으려는 골재채취업자는 골재채취 허가증 사본, 골재채취 현황 보고서, 재무상태, 그 밖에 국토교통부령으로 정하는 사항을 국토교통부장관에게 제출하여야 한다.
③ 제1항에 따른 골재채취 능력의 평가방법, 공시절차 및 그 밖에 필요한 사항은 국토교통부령으로 정한다.
(2013.3.23 본조개정)
제22조의4【골재의 품질기준】 ① 골재채취업자 또는 골재를 판매하는 자는 다음 각 호의 어느 하나에 해당하는 골재를 공급하거나 판매하여야 한다.
1. 「산업표준화법」에 따른 한국산업표준에 적합하다는 인증을 받은 골재
2. 대통령령으로 정하는 골재의 용도별 품질기준에 적합한 골재
② 골재채취업자는 제1항제2호의 골재를 공급하는 경우에는 그 품질을 확보하기 위하여 국토교통부장관이 지정한 품질관리전문기관으로부터 매년 1회 이상 품질검사를 받아야 한다.(2021.12.7 본항개정)
③ 골재채취업자는 골재의 한국산업표준 적합 인증 또는 품질검사 결과에 관한 서류를 국토교통부령으로 정하는 바에 따라 골재채취구역마다 비치하고 관계인에게 제공하여야 한다.(2021.12.7 본항개정)
④ 국토교통부장관은 제2항에 따른 품질검사 결과를 국토교통부령으로 정하는 바에 따라 공표하여야 한다.
(2021.12.7 본항신설)
⑤ 제2항에 따른 품질관리전문기관으로 지정받으려는 자는 국토교통부령으로 정하는 기준에 따라 시설 및 전문인력 등을 갖추어 국토교통부장관의 지정을 받아야 한다.
(2021.12.7 본항신설)
⑥ 국토교통부장관은 품질관리전문기관으로 지정받은 자가 다음 각 호의 어느 하나에 해당하는 경우 그 지정을 취소하거나 6개월 이내의 기간을 정하여 그 업무의 전부 또는 일부의 정지를 명하거나 시정명령 등 필요한 조치를 할 수 있다.
1. 거짓이나 그 밖의 부정한 방법으로 지정을 받은 경우
2. 제5항에 따른 기준에 적합하지 아니하게 된 경우
3. 고의 또는 중대한 과실로 검사성적서를 사실과 다르게 발급한 경우
4. 국토교통부령에 따른 품질검사 방법, 절차 등을 제대로 이행하지 아니한 경우
5. 업무정지기간에 검사업무를 행한 경우
6. 경영부실 등의 사유로 품질검사 업무를 계속하게 하는 것이 적합하지 아니하다고 인정되는 경우
(2021.12.7 본항신설)
⑦ 제2항에 따른 품질검사의 방법 및 절차 등에 필요한 사항은 국토교통부령으로 정한다.(2021.12.7 본항신설)
(2012.2.22 본조신설)
제23조【다른 법률과의 관계】 ① 골재채취의 허가를 받은 경우에는 다음 각 호의 허가나 승인을 받은 것으로 본다.(2015.1.6 본문개정)
1. 「국토의 계획 및 이용에 관한 법률」 제56조제1항제2호 및 제3호에 따른 토지의 형질변경 및 토석의 채취허가
2. 「수도법」 제7조제4항에 따른 상수원보호구역에서의 토지형질변경허가
3. 「하천법」 제33조에 따른 하천의 점용허가 및 같은 법 제50조에 따른 하천수의 사용허가
4. 「공유수면 관리 및 매립에 관한 법률」 제8조에 따른 공유수면의 점용·사용허가
5. 「사도법」 제4조에 따른 사도 개설허가
6. 「지역 개발 및 지원에 관한 법률」 제17조제1항에 따른 토석 채취 등의 허가(2014.6.3 본호개정)
7. 「농지법」 제34조제1항에 따른 농지의 전용허가 및 같은 법 제36조제1항에 따른 농지의 타용도 일시사용허가
8. 「수산자원관리법」 제47조에 따른 보호수면 안에서의 공사 등의 승인
9. 「산업입지 및 개발에 관한 법률」 제12조에 따른 산업단지 안에서의 토석채취허가
10. 「택지개발촉진법」 제6조에 따른 택지개발지구 안에서의 토석채취허가
② 시장·군수 또는 구청장은 골재채취의 허가를 하려는 경우에 제1항 각 호의 어느 하나에 해당하는 사항이 포함되어 있으면 관계 기관의 장과 협의하여야 한다. 이 경우 협의 요청을 받은 관계 기관의 장은 그 요청을 받은 날부터 대통령령으로 정하는 기간 내에 의견을 제출하여야 한다.
제24조【채취기간】 시장·군수 또는 구청장은 골재채취의 허가를 할 때에는 대통령령으로 정하는 기준에 따라 골재의 부존량, 해당 구역의 토지이용 전망, 주변환경 등 제반(諸般) 사정을 고려하여 채취기간을 정하여 허가하여야 한다.
제25조【허가내용의 변경승인】 ① 골재채취의 허가를 받은 자가 허가받은 내용을 변경하려면 시장·군수 또는 구청장의 승인을 받아야 한다. 다만, 대통령령으로 정하는 경미한 사항의 변경인 경우에는 시장·군수 또는 구청장에게 신고하여야 한다.
② 시장·군수 또는 구청장은 제1항 단서에 따른 신고를 받은 날부터 7일 이내에 신고수리 여부를 신고인에게 통지하여야 한다.(2020.6.9 본항신설)
③ 시장·군수 또는 구청장이 제2항에서 정한 기간 내에 신고수리 여부 또는 민원 처리 관련 법령에 따른 처리기간의 연장을 신고인에게 통지하지 아니하면 그 기간이 끝난 날의 다음 날에 신고를 수리한 것으로 본다.
(2020.6.9 본항신설)
제26조【골재채취 등】 골재채취의 허가를 받은 자는 허가받은 채취구역, 채취기간 및 채취량 등 허가받은 내용에 따라 골재를 채취하여야 한다.(2018.6.12 본조개정)
제27조 (1999.4.15 삭제)
제28조【재해에 대한 예방조치 등】 골재채취의 허가를 받아 골재를 채취하는 자는 골재채취로 인한 자연환경 훼손, 수질오염, 그 밖의 재해에 대한 예방조치를 하여야 한다.
제29조【골재채취구역의 복구】 ① 골재채취의 허가를 받아 골재를 채취하는 자 중 골재채취구역을 복구하여야 하는 자는 시장·군수 또는 구청장이 지정하는 기간 내에 골재채취구역의 복구 등에 필요한 조치를 하여야 한다.
(2015.12.29 본항개정)
② 시장·군수 또는 구청장은 제1항에 해당하는 자로 하여금 국토교통부령으로 정하는 바에 따라 골재채취구역의 복구 등에 필요한 비용을 예치하게 하여야 한다. 다만, 다음 각 호의 어느 하나에 해당하는 경우에는 그러하지 아니하다.(2015.12.29 본문개정)
1. 국가·지방자치단체
2. 다른 법령에 따라 복구비 등을 예치한 경우
3. 그 밖에 대통령령으로 정하는 경우
③ 제2항에 따른 예치금을 예치한 자가 제1항에 따른 필요한 조치를 하지 아니할 때에는 시장·군수 또는 구청장은 그가 지정하는 자로 하여금 골재채취구역의 복구 등에 필요한 조치를 대행하게 하고 그 비용은 제2항에 따른 예치금으로 충당하게 할 수 있다.
④ 시장·군수 또는 구청장은 제1항이나 제3항에 따라 복구 등이 완료되었을 때에는 복구준공검사를 하여야 한다.
⑤ 제4항에 따라 복구준공검사를 받은 자는 준공검사 완료일부터 국토교통부령으로 정하는 기간에 복구 등에 하자(瑕疵)가 발생하는 경우에는 시장·군수 또는 구청장이 지정하는 기간에 하자복구 등에 필요한 조치를 하여야 한다.(2013.3.23 본항개정)
⑥ 시장·군수 또는 구청장은 제4항에 따른 복구준공검사를 받으려는 자에게 복구준공검사 후에 발생하는 하자의 보수를 위하여 제2항에 따른 복구 등의 공사비 총액의 10퍼센트 이내의 하자보수보증금을 5년의 범위에서 미리 예치하게 하여야 한다. 다만, 제2항제1호 또는 제3호에 해당하거나 같은 항 제2호의 복구비 등이 하자보수보증금으로 활용될 수 있는 경우에는 그러하지 아니하다.
⑦ 제5항에 따른 하자복구 등에 필요한 조치의 대행 및 하자복구 등에 대한 복구준공검사에 관하여는 제3항과 제4항을 준용한다.
⑧ 제2항에 따른 예치금과 제6항에 따른 하자보수보증금의 예치방법·예치기간 등에 관하여 필요한 사항은 국토교통부령으로 정한다.(2013.3.23 본항개정)
제30조【골재채취구역 변경 등의 명령】 시장·군수 또는 구청장은 다음 각 호의 어느 하나에 해당하는 경우에는 골재채취 허가를 받은 자에게 골재채취구역 변경, 채취 중지, 시설물 이전, 그 밖에 필요한 조치를 명할 수 있다.
1. 자연환경 훼손, 하천이나 해양환경의 변화 등으로 인하여 골재채취를 계속하면 재해가 발생하는 등 공중에게 위해가 발생할 우려가 있는 경우
2. 「물환경보전법」과 「해양환경관리법」 등 관계 법령에 따른 배출허용기준을 초과하여 오염물질을 배출하는 경우(2017.1.17 본호개정)
3. 골재채취 허가 시 부여한 허가조건을 지키지 아니하는 경우
제31조【골재채취 허가의 취소 등】 ① 시장·군수 또는 구청장은 골재채취 허가를 받은 자가 다음 각 호의 어느 하나에 해당하는 경우에는 그 허가를 취소하거나 6개월 이내의 기간을 정하여 골재채취를 중지시킬 수 있다. 다만, 제1호 및 제6호에 해당하는 경우에는 골재채취 허가를 취소하여야 한다.
1. 거짓이나 그 밖의 부정한 방법으로 골재채취 허가를 받은 경우
2. 제25조제1항 본문을 위반하여 승인을 받지 아니하고 허가받은 내용을 변경하여 골재를 채취한 경우
(2020.6.9 본호개정)
3. 제26조를 위반하여 허가받은 내용과 달리 골재를 채취한 경우
4. 제29조제1항 또는 제5항을 위반한 경우
5. 제30조에 따른 명령을 위반한 경우. 다만, 제6호에 해당하는 경우는 제외한다.
6. 제30조 및 이 조에 따라 채취중지명령을 받은 자가 채취중지 기간에 골재를 채취한 경우
② 제1항에 따른 허가취소 등의 세부적인 기준은 그 사유

와 위반 정도 등을 고려하여 대통령령으로 정한다.

제32조【골재의 선별·세척 등의 신고 등】 ① 골재를 선별·세척 또는 파쇄하려는 자는 야적장 및 부대시설 설치 등에 필요한 대통령령으로 정하는 규모 이상의 부지를 갖추어 국토교통부령으로 정하는 바에 따라 관할 시장·군수 또는 구청장에게 신고(이하 이 조에서 "골재 선별·세척 등의 신고"라 한다)하여야 하고, 시장·군수 또는 구청장은 골재선별·세척 등의 신고를 받은 날부터 대통령령으로 정하는 기간 이내에 신고수리 여부를 신고인에게 통지하여야 한다. 다만, 제22조제1항 본문에 따라 골재채취의 허가를 받은 자가 그 허가를 받아 채취한 골재를 선별·세척 또는 파쇄하고자 하는 경우에는 그러하지 아니하다.

1.~5. (2015.12.29 삭제)

② 골재선별·세척 등의 신고를 한 자가 신고한 내용을 변경하려면 시장·군수 또는 구청장에게 변경신고를 하여야 한다. 다만, 대통령령으로 정하는 경미한 사항을 변경하려는 경우에는 그러하지 아니하다.

③ 골재선별·세척 등의 신고를 한 자에 대하여는 제22조제6항, 제29조 및 제30조를 준용하고, 골재선별·세척 등의 신고를 하지 아니하고 골재의 선별·세척 또는 파쇄를 한 자에 대하여는 제33조를 준용한다.

④ 골재선별·세척 등의 신고를 한 자는 관할 시장·군수 또는 구청장에게 매년 국토교통부령으로 정하는 바에 따라 환경오염 감소대책 등 신고한 내용에 대한 이행 여부를 확인받아야 한다.(2019.11.26 본항신설)

(2019.11.26 본조개정)

제32조의2【골재 사용자의 의무】「건설산업기본법」 제2조제7호에 따른 건설사업자, 레디믹스트콘크리트(시멘트, 골재 및 물 등을 배합한 굳지 아니한 상태의 콘크리트를 말한다) 및 아스팔트콘크리트의 제조업자, 그 밖에 대통령령으로 정하는 자는 다음 각 호의 어느 하나에 해당하는 자가 공급하는 골재 중 제22조의4제1항에 따른 품질기준에 적합한 골재를 사용하여야 한다.(2019.11.26 본문개정)

1. 제22조에 따라 골재채취 허가를 받은 자
2. 제32조에 따라 골재의 선별·세척 등의 신고를 한 자
3. 「산지관리법」 제25조에 따라 토석채취허가를 받은 자
4. 「산지관리법」 제30조에 따라 채석신고를 한 자

(2017.12.19 본조신설)

제33조【원상복구 명령 등】 ① 시장·군수 또는 구청장은 골재채취 허가를 받아야 할 자가 허가를 받지 아니하고 골재를 채취한 경우에는 골재채취구역의 원상복구 또는 시설의 철거 등을 명하거나 이에 필요한 조치를 할 수 있다.

② 시장·군수 또는 구청장은 제1항에 따른 명령을 받은 자가 그 명령을 이행하지 아니할 때에는 「행정대집행법」에 따라 대집행을 할 수 있다.

제5장 골재의 수급 안정 조치 등

(2011.8.4 본장개정)

제33조의2【골재수급 안정을 위한 조치】 ① 국토교통부장관은 골재의 수급 불균형으로 인하여 국민경제 운영에 중대한 지장을 줄 우려가 있다고 인정할 때에는 다음 각 호의 조치를 할 수 있다.(2013.3.23 본문개정)

1. 골재의 집중개발을 위한 제34조에 따른 골재채취단지(배타적 경제수역의 골재채취단지에 한정한다)의 지정·변경 또는 해제(2012.2.22 본호개정)
2. 골재의 비축
3. 골재의 수출입 조정
4. 그 밖에 골재의 수급 안정을 위하여 필요한 조치로서 대통령령으로 정하는 조치

② 국토교통부장관은 제1항 각 호의 조치를 하려면 미리 관계 행정기관의 장과 협의하여야 한다.(2013.3.23 본항개정)

제34조【골재채취단지의 지정 등】 ① 시·도지사(배타적 경제수역에서의 골재채취단지 지정의 경우에는 국토교통부장관을 말한다. 이하 이 조 제2항부터 제6항까지 및 제34조의2에서 같다)는 골재자원의 효율적인 이용과 골재수급 안정을 위하여 필요하다고 인정할 때에는 직접 또는 다음 각 호에 해당하는 자의 신청에 의하여 양질의 골재가 부존되어 있어 집중적으로 개발하기 쉬운 지역(「산지관리법」에 따른 산지는 제외한다)을 골재채취단지로 지정할 수 있다.(2013.3.23 본문개정)

1. 시·도지사(배타적 경제수역에서 골재채취단지 지정을 신청하는 경우로 한정한다)(2012.2.22 본호개정)
2. 시장·군수 또는 구청장
3. 「한국수자원공사법」에 따른 한국수자원공사 또는 그 밖에 대통령령으로 정하는 공공기관
4. 5개 이상의 골재채취업체로 구성된 공동체(2015.12.29 본호신설)

② 시·도지사는 제1항에 따라 골재채취단지를 지정하려면 미리 「해양환경관리법」에 따른 해역이용영향평가(해역이용협의를 포함한다), 「환경영향평가법」에 따른 전략환경영향평가 협의 및 환경영향평가 협의를 하여야 한다. 이 경우 시·도지사가 골재채취단지에서 제22조에 따른 골재채취 허가를 할 때에는 해역이용영향평가협의, 전략환경영향평가 협의, 환경영향평가 협의가 된 것으로 본다.(2012.2.22 본항개정)

③ 시·도지사는 제1항에 따라 지정된 골재채취단지 면적의 조정 등 그 지정의 변경이 필요하다고 인정할 때 또는 골재채취단지의 지정 사유가 없어졌거나 목적을 달성할 수 없는 등 그 지정의 해제가 필요하다고 인정할 때에는 직접 또는 제1항 각 호에 해당하는 자의 신청에 의하여 대통령령으로 정하는 바에 따라 골재채취단지의 지정을 변경하거나 해제할 수 있다.(2012.2.22 본항개정)

④ 시·도지사는 제1항에 따라 골재채취단지를 지정하거나 제3항에 따라 골재채취단지를 변경하려면 관계 행정기관의 장과 협의하여야 한다. 다만, 대통령령으로 정하는 기준 미만의 단지면적 변경 등 경미한 변경의 경우에는 그러하지 아니하다. 이 경우 관계 행정기관의 장은 해당 법률에서 골재채취를 금지하고 있는 경우 외에는 골재채취를 할 때 준수해야 할 사항 등 필요한 사항 등을 명확히 기록하여 통보하여야 한다.(2021.7.27 후단개정)

⑤ 시·도지사는 제1항에 따라 골재채취단지를 지정하였을 때 또는 제3항에 따라 지정을 해제하거나 변경하였을 때에는 지체 없이 대통령령으로 정하는 바에 따라 그 내용을 고시하여야 한다.(2012.2.22 본항개정)

⑥ 제1항에 따라 골재채취단지로 지정된 지역에 있는 국유지의 중앙관서의 장 또는 공유지의 관할 지방자치단체의 장이 「국유재산법」이나 「공유재산 및 물품 관리법」에 따라 공작물의 설치 또는 토지의 형질변경 등 대통령령으로 정하는 행위를 목적으로 하는 사용허가나 사용·수익허가 또는 대부(貸付)를 하려는 경우에는 미리 시·도지사와 협의하여야 한다.(2012.2.22 본항개정)

⑦ 골재채취단지의 지정기간·입지·면적·채취량 및 채취시기 등에 대한 기준과 절차 등 필요한 사항은 대통령령으로 정한다.

제34조의2【골재채취단지의 관리 등】 ① 골재채취단지는 제34조제1항제1호부터 제3호까지에 해당하는 자 중에서 대통령령으로 정하는 선정 기준 및 절차에 따라 시·도지사가 지정하는 자(이하 "단지관리자"라 한다)가 관리한다.(2015.12.29 본항개정)

② 제1항에 따라 단지관리자로 지정된 경우에는 6개월 이내에 골재채취단지의 위치 및 면적, 골재채취단지의 관리기간, 그 밖에 대통령령으로 정하는 사항을 포함한 골재채취단지관리계획(이하 "단지관리계획"이라 한다)을 수립하여 시·도지사의 승인을 받아야 한다.(2012.2.22 본항개정)

③ 제34조제1항제1호부터 제3호까지에 해당하는 자가 골재채취단지의 지정을 신청하는 경우에 제2항에 따른 단지관리계획의 승인을 함께 신청할 수 있다.(2015.12.29 본항개정)

④ (2012.2.22 삭제)

⑤ 시·도지사는 단지관리계획을 승인하였을 때에는 대통령령으로 정하는 바에 따라 그 내용을 고시하고 관계 행정기관의 장과 단지관리자에게 알려야 한다.(2012.2.22 본항개정)

⑥ 단지관리계획의 변경에 관하여는 제2항·제3항 및 제5항의 규정을 준용한다. 다만, 대통령령으로 정하는 기준 미만의 채취예정물량·단지면적 변경 등 경미한 변경의 경우에는 그러하지 아니하다.(2012.2.22 본항개정)

⑦ 제1항에 따라 지정된 단지관리자가 단지관리계획에서 정한 단지관리업무를 수행하지 아니하거나 단지관리업무를 수행하기 어려운 경우에 시·도지사는 단지관리자의 지정을 취소하거나 단지관리자를 변경할 수 있다.(2012.2.22 본항개정)

⑧ 단지관리자의 단지관리계획 수립 등에 필요한 사항은 국토교통부령으로 정한다.(2013.3.23 본항개정)

제34조의3【단지관리비의 징수 등】 ① 단지관리자는 골재채취단지에서 골재를 채취하는 자로부터 골재채취단지의 조사·환경보전 또는 행정절차 이행등 단지관리업무에 드는 비용(이하 "단지관리비"라 한다)을 징수할 수 있다.

② 단지관리비는 다음 각 호의 용도에 사용하여야 한다.

1. 골재채취단지의 관리
2. 하천점용료 등 또는 공유수면 점용료·사용료의 납부
3. 대통령령으로 정하는 범위에서의 주변지역 환경보호, 어업보호 등 지원사업. 다만, 「공유수면 관리 및 매립에 관한 법률」에 따른 공유수면 점용료·사용료를 사용하여 어업보호 등 지원사업을 하는 경우는 그러하지 아니하다.(2012.2.22 본호신설)
4. 그 밖에 골재채취단지의 조사·지정 등을 위하여 필요한 경비

③ 단지관리자는 단지관리비를 내지 아니한 자에게는 국세 체납처분 또는 지방세 체납처분의 예에 따라 징수한다.

④ 단지관리비의 징수·산정기준 및 분할납부 방법 등에 관하여 필요한 사항은 대통령령으로 정한다.

제34조의4【하천점용료 등의 징수 및 감면에 관한 특례】 골재채취단지의 경우 「하천법」 제37조에 따른 하천점용료 등의 징수 및 감면이나 「공유수면 관리 및 매립에 관한 법률」 제13조에 따른 공유수면 점용료·사용료의 징수 및 감면에 관한 사항은 제23조제1항제3호 또는 제4호에도 불구하고 제22조에 따른 골재채취 허가를 받은 때부터 적용한다.

제34조의5【건설공사에서 발생하는 토석의 처리】 ① 「건설기술 진흥법」 제2조제6호에 따른 발주청은 그 발주청이 시행하는 건설공사 현장에서 발생하는 토석을 해당 공사에 사용하는 것을 제외하고 다음 각 호에 모두 해당하는 경우 골재용으로 활용할 수 있다.

1. 골재의 품질을 확보할 수 있는 경우
2. 그 밖에 대통령령으로 정하는 사항에 해당하는 경우

② 발주청이 제1항에 따라 골재용 토석을 처리할 때에는 제22조의3에 따른 골재채취 능력을 검토하여야 하며 처리 절차·방법에 관한 사항은 국토교통부령으로 정한다.

(2019.11.26 본조신설)

제35조 (2004.12.31 삭제)

제36조~제37조 (2015.12.29 삭제)

제6장 골재협회

(2011.8.4 본장개정)

제38조【협회의 설립】 ① 골재채취업자는 골재채취기술의 향상과 골재채취업의 건전한 발전을 도모하기 위하여 골재협회(이하 "협회"라 한다)를 설립할 수 있다.

② 협회는 법인으로 한다.

③ 협회는 그 주된 사무소의 소재지에서 설립등기를 함으로써 성립한다.

④ 골재채취업자는 협회의 정관(定款)으로 정하는 바에 따라 회원으로 가입할 수 있다.

제39조【설립인가 등】 ① 협회를 설립할 때에는 골재채취업자 50인 이상이 발기인이 되어 정관을 작성하여 창립총회의 의결을 거친 후 국토교통부장관의 인가를 받아야 한다.

② 국토교통부장관은 제1항에 따른 인가를 하였을 때에는 공고하여야 한다.

(2013.3.23 본조개정)

제40조【공제사업】 ① 협회는 대통령령으로 정하는 바에 따라 국토교통부장관의 허가를 받아 공제사업을 할 수 있다.

② 제1항에 따른 공제사업의 내용 및 운영에 필요한 사항은 협회의 정관으로 정하여 국토교통부장관의 인가를 받아야 한다.

③ 국토교통부장관은 제1항에 따라 공제사업을 허가하려면 그 공제사업이 「보험업법」 제4조에 따른 보험회사에 의하여 경영되기 곤란한지 여부 등 공제사업의 허가 필요성에 대하여 미리 금융위원회와 협의하여야 한다.

④ 국토교통부장관은 제2항에 따라 정관을 인가하거나 공제사업의 감독에 관한 기준을 정할 때에는 미리 금융위원회와 협의하여야 한다.

⑤ 국토교통부장관은 제1항에 따른 공제사업에 대하여 「금융위원회의 설치 등에 관한 법률」에 따른 금융감독원의 원장에게 검사를 요청할 수 있다.

(2013.3.23 본조개정)

제41조~제42조 (1999.4.15 삭제)

제43조【지도·감독】 국토교통부장관은 협회를 지도·감독하기 위하여 필요할 때에는 그 업무에 관한 사항을 보고하게 하거나 자료 제출이나 그 밖에 필요한 사항을 명할 수 있다.(2020.6.9 본조개정)

제44조【「민법」의 준용】 협회에 관하여 이 법에 규정된 사항 외에는 「민법」 중 사단법인에 관한 규정을 준용한다.

제7장 보 칙

(2011.8.4 본장개정)

제45조【처분 등의 효력의 승계】 이 법 또는 이 법에 따른 명령에 따라 골재채취업자에게 한 처분과 그 밖의 행위는 그 승계인에게도 효력이 있다.

제46조【보고】 국토교통부장관은 시·도지사로 하여금 골재채취업자의 등록 현황, 골재채취 현황 등에 관한 사항을 보고하게 할 수 있다.(2013.3.23 본조개정)

제47조【다른 사람의 토지에의 출입 등】 ① 이 법에 따라 골재자원조사를 하는 자는 조사·측량을 위하여 필요할 때에는 다른 사람의 토지에 출입하거나 다른 사람의 토지를 재료 적치장 또는 임시도로로 일시적으로 사용할 수 있으며, 특히 필요한 경우에는 나무, 흙, 돌, 그 밖의 장애물을 변경하거나 제거할 수 있다.

② 제1항에 따라 다른 사람의 토지에 출입하려면 출입하려는 날의 7일 전까지 그 토지의 소유자·점유자 또는 관리인에게 그 일시와 장소를 알려주어야 한다.

③ 제1항에 따라 다른 사람의 토지를 재료 적치장이나 임시도로로 일시적으로 사용하거나 나무, 흙, 돌, 그 밖의 장애물을 변경 또는 제거하여야 하는 경우에는 토지의 소유자·점유자 또는 관리인의 동의를 받아야 한다. 다만, 토지 소유자·점유자 또는 관리인의 주소나 거소가 불분명하여 그 동의를 받을 수 없어 시장·군수 또는 구청장의 허가를 받은 경우에는 그러하지 아니하다.

④ 일출 전 및 일몰 후에는 그 토지의 점유자 또는 관리인의 승낙 없이 담장이나 울타리로 둘러싸인 토지에 출입할 수 없다.

⑤ 제1항에 따른 행위를 하려는 자는 그 신분을 표시하는 증표 또는 제3항 단서에 따른 허가증을 지니고 이를 관계인에게 보여주어야 한다.

⑥ 제1항에 따른 행위로 인하여 손실을 입은 자가 있으면 그 행위자는 그 손실을 보상하여야 한다.

제47조의2【청문】 시장·군수 또는 구청장은 다음 각 호의 어느 하나에 해당하는 처분을 하려면 청문(聽聞)을 하여야 한다.

1. 제19조제1항에 따른 골재채취업의 등록취소
2. 제31조에 따른 골재채취 허가의 취소

제47조의3【벌칙 적용에서 공무원 의제】 제48조제2항에 따른 위탁업무 중 제22조의3에 해당하는 업무에 종사하는 자는 「형법」 제129조부터 제132조까지를 적용할 때에는 공무원으로 본다.(2015.12.29 본조신설)

제48조【권한의 위임 및 위탁】 ① 이 법에 따른 국토교통부장관의 권한은 대통령령으로 정하는 바에 따라 그 일부를 시·도지사, 시장·군수 또는 구청장, 소속 기관의 장에게 위임할 수 있다.

② 이 법에 따른 국토교통부장관, 시·도지사, 시장·군수 또는 구청장의 업무는 대통령령으로 정하는 바에 따라 그 일부를 협회, 제34조제1항제3호에 해당하는 단지관리자, 그 밖의 관계 기관에 위탁할 수 있다.

(2013.3.23 본조개정)

제48조의2【수수료】 다음 각 호의 어느 하나에 해당하는 자는 국토교통부령으로 정하는 바에 따라 수수료를 납부하여야 한다.(2013.3.23 본문개정)

1. 제14조제1항에 따라 골재채취업을 등록하려는 자
2. 제14조제3항에 따라 골재채취업 등록기준에 관한 사항을 신고하려는 자
3. 제22조의3에 따라 골재채취 능력의 평가 및 공시를 받으려는 자
4. 제22조의4제2항에 따라 품질검사를 받으려는 자 (2021.12.7 본호신설)

(2012.2.22 본조신설)

제8장 벌 칙
(2011.8.4 본장개정)

제49조【벌칙】 다음 각 호의 어느 하나에 해당하는 자는 5년 이하의 징역 또는 5천만원 이하의 벌금에 처한다.(2018.6.12 본문개정)

1. 제14조제1항 본문을 위반하여 등록을 하지 아니하고 골재채취업을 경영한 자(2018.6.12 본호개정)
2. 거짓이나 그 밖의 부정한 방법으로 제14조제1항 본문에 따른 골재채취업의 등록을 한 자(2018.6.12 본호개정)
3. 제22조제1항 본문을 위반하여 허가를 받지 아니하고 골재를 채취한 자(2018.6.12 본호개정)
4. 거짓이나 그 밖의 부정한 방법으로 제22조제1항 본문에 따른 골재채취 허가를 받은 자(2018.6.12 본호개정)

4의2. (2018.6.12 삭제)

5. 제25조제1항 본문을 위반하여 승인을 받지 아니하고 허가받은 내용을 변경하여 골재를 채취한 자 (2020.6.9 본호개정)
6. 제26조를 위반하여 허가받은 내용과 달리 골재를 채취한 자
7. 제32조제1항 본문에 따른 신고를 하지 아니하고 골재를 선별·세척 또는 파쇄한 자(2018.6.12 본호개정)
8. (2018.6.12 삭제)

제49조의2【벌칙】 다음 각 호의 어느 하나에 해당하는 자는 3년 이하의 징역 또는 3천만원 이하의 벌금에 처한다.

1. 제22조의4제1항을 위반하여 인증을 받지 아니하거나 품질기준에 적합하지 아니한 골재를 공급하거나 판매한 자

1의2. 제22조의4제2항에 따른 품질검사를 받지 아니하거나 거짓이나 그 밖의 부정한 방법으로 받은 자 (2021.12.7 본호신설)

2. 제32조의2를 위반하여 적합하지 아니한 골재를 사용한 자

(2018.6.12 본조신설)

제50조【벌칙】 다음 각 호의 어느 하나에 해당하는 자는 1년 이하의 징역 또는 1천만원 이하의 벌금에 처한다.(2015.1.6 본문개정)

1. 제18조를 위반하여 다른 사람에게 자기의 상호 또는 명칭을 사용하여 골재채취업을 경영하게 하거나 그 등록증을 빌려준 자(2012.2.22 본호신설)
2. 제20조제1항 단서를 위반하여 허가채취량 또는 신고생산량의 30퍼센트 이상이 남은 골재채취구역의 골재를 채취하거나 선별·세척 또는 파쇄한 자(2012.2.22 본호신설)
3. 제20조제2항 단서를 위반하여 허가채취량 또는 신고생산량의 20퍼센트 이상이 남은 골재채취구역의 골재를 채취하거나 선별·세척 또는 파쇄한 자(2012.2.22 본호개정)
4. 제30조에 따른 명령을 위반한 자
5. 제32조제2항에 따른 변경신고를 하지 아니하고 골재를 선별·세척 또는 파쇄한 자(2015.12.29 본호개정)

제51조【양벌규정】 법인의 대표자나 법인 또는 개인의 대리인, 사용인, 그 밖의 종업원이 그 법인 또는 개인의 업무에 관하여 제49조, 제49조의2 또는 제50조의 위반행위를 하면 그 행위자를 벌하는 외에 그 법인 또는 개인에게도 해당 조문의 벌금형을 과(科)한다. 다만, 법인 또는 개인이 그 위반행위를 방지하기 위하여 해당 업무에 관하여 상당한 주의와 감독을 게을리하지 아니한 경우에는 그러하지 아니하다.(2018.6.12 본문개정)

제52조【과태료】 ① 다음 각 호의 어느 하나에 해당하는 자에게는 대통령령으로 정하는 바에 따라 500만원 이하의 과태료를 부과한다.

1. 정당한 사유 없이 제21조제2항에 따른 보고 또는 자료제출을 하지 아니하거나 조사·점검·검사를 거부·방해 또는 기피한 자(2021.12.7 본호개정)
2. 정당한 사유 없이 제21조제3항에 따른 보고를 하지 아니한 자
3. 정당한 사유 없이 제21조제4항에 따른 자료제출을 하지 아니하거나 점검을 거부·방해 또는 기피한 자 (2021.12.7 본호개정)

② 다음 각 호의 어느 하나에 해당하는 자에게는 대통령령으로 정하는 바에 따라 300만원 이하의 과태료를 부과한다.

1. 제14조제3항을 위반하여 신고기간 내에 등록기준에 관한 사항을 신고하지 아니한 자
2. 제17조제1항을 위반하여 양도 및 합병 신고를 하지 아니한 자

③ 제1항과 제2항에 따른 과태료는 다음 각 호의 자가 부과·징수한다.

1. 국토교통부장관 : 제1항제1호에 따른 과태료
2. 시장·군수 또는 구청장 : 제1항제2호 및 제3호, 제2항 각 호에 따른 과태료

(2020.6.9 본조개정)

부 칙 (2015.1.6)

제1조【시행일】 이 법은 공포 후 6개월이 경과한 날부터 시행한다. 다만, 제21조제2항의 개정규정은 공포 후 1년이 경과한 날부터 시행한다.

제2조【골재의 선별·세척 등의 신고에 관한 적용례】 제32조제1항 및 제3항의 개정규정은 이 법 시행 후 최초로 골재의 선별·세척 또는 파쇄의 신고(변경신고를 포함한다)를 하는 경우부터 적용한다.(2015.12.29 본항개정)

부 칙 (2015.12.29)

제1조【시행일】 이 법은 공포 후 6개월이 경과한 날부터 시행한다. 다만, 제15조의 개정규정은 공포한 날부터 시행한다.

제2조【부수적 골재채취에 관한 적용례】 제22조제1항 제1호의 개정규정은 이 법 시행 후 최초로 골재의 선별·세척 또는 파쇄의 신고를 하는 경우부터 적용한다.

제3조【사업부지 보유에 관한 적용례】 법률 제12970호 골재채취법 일부개정법률 부칙 제2조의 개정규정은 이 법 시행 후 최초로 신고(변경신고를 포함한다)하는 분부터 적용한다.

제4조【금치산자 등의 결격사유에 관한 경과조치】 제15조의 개정규정에도 불구하고 같은 개정규정 시행 당시 법률 제10429호 민법 일부개정법률 부칙 제2조에 따라 금치산 또는 한정치산 선고의 효력이 유지되는 사람에 대하여는 종전의 규정에 따른다.

제5조【행정처분에 관한 경과조치】 이 법 시행 전의 행위에 대한 행정처분에 관하여는 종전의 규정에 따른다.

부 칙 (2019.11.26)

제1조【시행일】 이 법은 공포 후 6개월이 경과한 날부터 시행한다.

제2조【골재의 선별·세척 등의 신고에 관한 경과조치】 ① 이 법 시행 당시 종전의 규정에 따라 골재의 선별·세척 등의 신고를 한 업체에 대해서는 제32조제3항의 개정규정을 적용한다.

② 종전의 규정에 따라 골재의 선별·세척 등의 신고를 한 업체의 경우 이 법 시행일부터 매 1년이 되는 날부터 1개월 이내에 시장·군수 또는 구청장에게 제32조제4항에 따라 신고한 내용에 대한 이행 여부를 확인받아야 한다.

부 칙 (2020.6.9 법17442호)

제1조【시행일】 이 법은 공포 후 6개월이 경과한 날부터 시행한다.

제2조【골재채취업의 양도 신고 등에 관한 적용례】 제17조제4항·제5항 및 제25조제2항·제3항의 개정규정은 이 법 시행 이후 신고를 하는 경우부터 적용한다.

제3조【과태료에 관한 경과조치】 이 법 시행 전의 행위에 대한 과태료의 적용에 있어서는 제52조의 개정규정에도 불구하고 종전의 규정에 따른다.

부 칙 (2020.6.9 법17453호)

이 법은 공포한 날부터 시행한다.(이하 생략)

부 칙 (2021.3.16)

제1조【시행일】 이 법은 공포 후 3개월이 경과한 날부터 시행한다.(이하 생략)

부 칙 (2021.7.27)

이 법은 공포한 날부터 시행한다.

부 칙 (2021.12.7)

이 법은 공포 후 6개월이 경과한 날부터 시행한다.

개발제한구역의 지정 및 관리에 관한 특별조치법

(약칭 : 개발제한구역법)

(2008년 3월 21일
전부개정법률 제8975호)

개정
2009. 2. 6법 9436호
2009. 4.22법 9629호(국가균형발전특별법)
2010. 1.25법 9968호(행정심판)
2010. 4.15법10265호
2010. 5.31법10331호(산지관리법)
2011. 4.14법10599호(국토이용)
2011. 9.16법11054호
2013. 3.23법11690호(정부조직)
2013. 5.28법11838호
2013. 8. 6법11998호(지방세외수입금의징수등에관한법)
2013. 8. 6법12011호
2014. 1. 7법12215호(국가균형발전특별법)
2014. 1.28법12372호 2014. 5.21법12633호
2014.12.31법12956호
2015. 1. 6법12989호(주택도시기금법)
2015. 3.11법13216호(신용정보의이용및보호에관한법)
2015.12.29법13670호
2016. 1.19법13796호(부동산가격공시에관한법)
2016. 3.22법14086호 2017. 8. 9법14846호
2017.12.30법15340호
2018. 3.20법15489호(국가균형발전특별법)
2018. 4.17법15593호 2018.12.18법15990호
2019. 4.23법16379호 2019. 8.20법16482호
2020. 3.24법17091호(지방행정제재·부과금의징수등에관한법)
2020. 6. 9법17453호(법률용어정비)
2021. 7.27법18337호 2022. 6.10법18932호
2022.12.27법19117호(산림자원조성관리)
2023. 6. 9법19430호(지방자치분권및지역균형발전에관한특별법)
2023. 8. 8법19590호(문화유산)
2023. 8.16법19671호
2023. 9.14법19702호(근현대문화유산의보존및활용에관한법)→2024년 9월 15일 시행이므로 추후 수록

제1조【목적】 이 법은 「국토의 계획 및 이용에 관한 법률」 제38조에 따른 개발제한구역의 지정과 개발제한구역에서의 행위 제한, 주민에 대한 지원, 토지 매수, 그 밖에 개발제한구역을 효율적으로 관리하는 데에 필요한 사항을 정함으로써 도시의 무질서한 확산을 방지하고 도시 주변의 자연환경을 보전하여 도시민의 건전한 생활환경을 확보하는 것을 목적으로 한다.

제2조【국가 등의 책무】 ① 국가와 지방자치단체는 개발제한구역을 지정하는 목적이 달성되도록 성실히 관리하여야 한다.

② 국민은 국가와 지방자치단체가 개발제한구역을 관리하기 위하여 수행하는 업무에 협력하여야 하며, 개발제한구역이 훼손되지 아니하도록 노력하여야 한다.

제3조【개발제한구역의 지정 등】 ① 국토교통부장관은 도시의 무질서한 확산을 방지하고 도시 주변의 자연환경을 보전하여 도시민의 건전한 생활환경을 확보하기 위하여 도시의 개발을 제한할 필요가 있거나 국방부장관의 요청으로 보안상 도시의 개발을 제한할 필요가 있다고 인정되면 개발제한구역의 지정 및 해제를 도시·군관리계획으로 결정할 수 있다.(2013.3.23 본항개정)

② 개발제한구역의 지정 및 해제의 기준은 대상 도시의 인구·산업·교통 및 토지이용 등 경제적·사회적 여건과 도시 확산 추세, 그 밖의 지형 등 자연환경 여건을 종합적으로 고려하여 대통령령으로 정한다.

제4조【개발제한구역의 지정 등에 관한 도시·군관리계획의 입안】 ① 개발제한구역의 지정 및 해제에 관한 도시·군관리계획(이하 "도시·군관리계획"이라 한다)은 해당 도시지역을 관할하는 특별시장·광역시장·특별자치시장·특별자치도지사·시장 또는 군수(이하 이 조에서 "입안권자"라 한다)가 입안(立案)한다. 다만, 국가계획과 관련된 경우에는 국토교통부장관이 직접 도시·군관리계획을 입안하거나 관계 중앙행정기관의 장의 요청에 따라 관할 특별시장·광역시장·특별자치시장·도지사·특별자치도지사(이하 "시·도지사"라 한다), 시장 및 군수의 의견을 들은 후 도시·군관리계획을 입안할 수 있으며, 「국토의 계획 및 이용에 관한 법률」 제2조제1호에 따른 광역도시계획과 관련된 경우에는 도지사가 직접 도시·군관리계획을 입안하거나 관계 시장 또는 군수의 요청에 따라 관할 시장이나 군수의 의견을 들은 후 도시·군관리계획을 입안할 수 있다.(2013.5.28 본항개정)

② 도시·군관리계획은 「국토의 계획 및 이용에 관한 법률」 제2조제1호에 따른 광역도시계획이나 같은 조 제3호에 따른 도시·군기본계획에 부합되도록 입안하여야 한다. (2011.4.14 본항개정)

③ 개발제한구역에 관하여 작성되는 도시·군관리계획도서와 계획설명서의 작성 기준 및 작성 방법에 관하여는 「국토의 계획 및 이용에 관한 법률」 제25조제2항부터 제4항까지의 규정을 준용한다.(2011.4.14 본항개정)

④ 입안권자는 제1항에 따라 개발제한구역의 해제에 관한 도시·군관리계획을 입안하는 경우에는 개발제한구역 중 해제하고자 하는 지역(이하 "해제대상지역"이라 한다)에 대한 개발계획 등 구체적인 활용방안과 해제지역이 아닌 지역으로서 개발제한구역 내 다음 각 호의 어느 하나에 해당하는 훼손된 지역(이하 "훼손지"라 한다)의 복구계획 등 주변 개발제한구역에 대한 관리방안을 포함하여야 한다. 이 경우 복구하고자 하는 훼손지의 범위는 해제대상지

역 면적[바다·하천·도랑·제방(堤防) 및 도로 등 개발사업의 목적에 이용되지 아니하고 존치되는 경우로서 대통령령으로 정하는 것의 면적은 제외한다]의 100분의 10부터 100분의 20까지에 상당하는 범위 안에서 「국토의 계획 및 이용에 관한 법률」 제106조에 따른 중앙도시계획위원회의 심의를 거쳐 국토교통부장관이 입안권자와 협의하여 결정한다.(2022.6.10 후단개정)

1. 건축물 또는 공작물 등 각종 시설물이 밀집되어 있거나 다수 산재되어 녹지로서의 기능을 충분히 발휘하기 곤란한 곳. 이 경우 각종 시설물의 적법 또는 불법여부는 고려하지 아니한다.(2018.4.17 본호신설)
1의2. 건축물 또는 공작물 등 시설물의 설치가 가능한 대통령령으로 정하는 지목(地目)의 토지를 포함한 지역으로서 녹지로 복원이 필요한 곳. 이 경우 건축물 또는 공작물 등 시설물의 설치 유무는 고려하지 아니한다.(2022.6.10 본호신설)
2. 「국토의 계획 및 이용에 관한 법률」 제30조에 따라 도시·군관리계획으로 결정된 공원으로서 훼손된 녹지를 복원하거나 녹지기능을 제고하기 위하여 공원으로 조성이 시급한 곳(2018.4.17 본호신설)
3. 그 밖에 개발제한구역을 복원하거나 그 기능을 유지하기 위하여 대통령령으로 정하는 지역(2022.6.10 본호신설)

⑤ 제4항 후단에 따라 복구하기로 한 훼손지는 해제대상지역의 개발사업에 관한 계획의 결정(「국토의 계획 및 이용에 관한 법률」 제49조제1호에 따른 지구단위계획 결정을 말하며, 다른 법령에 따라 지구단위계획 결정이 의제되는 협의를 거친 경우를 포함한다. 이하 "개발계획의 결정"이라 한다)을 받은 개발사업자(이하 "개발사업자"라 한다)가 복구하여야 한다. 이 경우 훼손지 복구에 소요되는 비용은 개발사업자가 부담한다.(2009.2.6 본항신설)

⑥ 입안권자 또는 개발사업자는 제4항 및 제5항의 규정에도 불구하고 국토교통부장관이 「국토의 계획 및 이용에 관한 법률」 제106조에 따른 중앙도시계획위원회의 심의를 거쳐 해제대상지역이 속한 같은 법 제10조제1항에 따른 광역계획권의 개발제한구역 내에 훼손지가 없는 등 부득이한 사유가 있다고 인정하는 경우에는 제4항에 따른 훼손지의 복구계획을 제시하지 아니하거나 제5항에 따른 훼손지의 복구를 하지 아니할 수 있다.(2022.6.10 본항개정)

⑦ 제4항 및 제5항에 따른 훼손지 복구에 관한 시행방법, 비용 등 필요한 사항은 대통령령으로 정한다.
(2009.2.6 본항신설)
(2011.4.14 본조제목개정)

제4조의2【토지소유자 등의 훼손지 정비사업】 ① 다음 각 호의 어느 하나에 해당하는 자는 대통령령으로 정하는 바에 따라 축사 등 동물·식물 관련 시설이 밀집된 훼손지의 정비사업(이하 "정비사업"이라 한다)을 시행할 수 있다.(2019.8.20 후단삭제)

1. 국유지·공유지를 제외한 해당 훼손지의 토지소유자
2. 제1호에 따른 토지소유자가 정비사업을 위하여 설립하는 조합
3. 지방자치단체
4. 「공공기관의 운영에 관한 법률」에 따른 공공기관
5. 「지방공기업법」에 따른 지방공기업

(2019.8.20 3호~5호신설)

② 제1항에 따라 정비사업을 시행하는 자는 해당 정비사업 구역 면적의 100분의 30 이상에 해당하는 정비사업 부지에 「도시공원 및 녹지 등에 관한 법률」 제2조에 따른 도시공원 또는 녹지를 조성하여 같은 법 제20조에 따른 공원관리청(이하 "공원관리청"이라 한다)에 기부채납(寄附採納)하여야 한다. 다만, 정비사업 시행을 위하여 「국토의 계획 및 이용에 관한 법률」 제30조에 따라 도시·군관리계획으로 결정된 도로의 개설이 필요한 경우, 정비사업 구역 면적의 100분의 5 이내에서 공원·녹지로 조성하여 기부채납해야 하는 면적을 도로의 면적으로 대체할 수 있다.(2019.8.20 본항개정)

③ 제2항에도 불구하고 정비사업 구역 내에 도시공원 또는 녹지를 조성하기 어려운 경우 정비사업 구역 내 도시공원 또는 녹지 대신 「국토의 계획 및 이용에 관한 법률」 제30조에 따라 도시·군관리계획으로 결정된 개발제한구역 내 도시공원 부지로 정비사업 구역에 포함되는 토지의 총 가액(감정평가업자 2인 이상이 평가한 평가액의 산술평가액을 말한다)의 70분의 30(제2항 단서에 따라 도로 면적이 포함되는 경우에는 그 비율만큼을 제외한다)에 해당하는 금액과 국토교통부장관이 정하는 공원조성 비용을 합한 금액 이상에 해당하는 도시공원 부지를 기부채납하여야 한다.(2019.8.20 본항신설)

④ 제1항에 따라 정비사업을 시행하려는 자는 대통령령으로 정하는 서류를 갖추어 관할 시장·군수·구청장(자치구의 구청장을 말한다. 이하 이 조에서 같다)에게 신청하여야 한다.(2019.8.20 본항신설)

⑤ 제4항에 따른 신청을 받은 시장·군수·구청장은 정비사업 요건에 적합하다고 인정하는 경우 시·도지사와 협의하여야 한다.(2019.8.20 본항신설)

⑥ 시·도지사는 정비사업의 시행이 필요하다고 인정하는 경우 국토교통부장관과 협의하여야 한다. 이 경우 시·도지사는 국토교통부장관과의 협의 결과를 시장·군수·구청장에게 통보하여야 한다.(2019.8.20 본항신설)

⑦ 시장·군수·구청장은 제5항에 따라 정비사업 요건을 검토한 결과 및 제5항 또는 제6항에 따라 시·도지사로부터 통보받은 협의 결과를 제4항에 따라 신청한 자에게 통보하여야 한다.(2019.8.20 본항신설)

⑧ 정비사업의 내용·방법, 제1항에 따른 훼손지의 구체적인 범위, 같은 항 제2호에 따른 조합의 설립요건·절차 등 필요한 사항은 대통령령으로 정한다.
(2015.12.29 본조신설 : 2020.12.31까지 유효)

제5조【해제된 개발제한구역의 재지정 등에 관한 특례】 ① 국토교통부장관은 개발제한구역이 해제된 지역에 대하여 해제 후 최초로 결정되는 도시·군관리계획(「국토의 계획 및 이용에 관한 법률」 제2조제4호에 따른 도시·군관리계획을 말한다. 이하 이 조에서 같다)의 내용이 해제의 목적이나 용도 등에 부합하지 아니하는 경우에는 그 도시·군관리계획이 결정·고시된 날부터 3개월 이내에 해제지역을 관할하는 특별시장·광역시장·특별자치시장·특별자치도지사·시장 또는 군수에게 상당한 기한을 정하여 도시·군관리계획을 조정하도록 요구할 수 있다. 이 경우 특별시장·광역시장·특별자치시장·특별자치도지사·시장 또는 군수는 도시·군관리계획을 다시 검토하여 정비하여야 한다.

② 제1항에 따른 조정 요구를 받은 특별시장·광역시장·특별자치시장·특별자치도지사·시장 또는 군수가 제1항에 따른 기한까지 국토교통부장관의 조정 요구대로 도시·군관리계획을 정비하지 아니하면 국토교통부장관은 제4조제1항에도 불구하고 그 해제지역을 다시 개발제한구역으로 지정하는 도시·군관리계획을 직접 입안할 수 있다. 이 경우 제6조 및 제7조는 적용하지 아니한다.

③ 도시용지의 적절한 공급, 기반시설의 설치 등 대통령령으로 정하는 사유로 개발제한구역에서 해제된 지역이 다음 각 호의 어느 하나에 해당하는 경우에는 그 다음 날에 개발제한구역으로 환원된 것으로 본다.

1. 개발제한구역의 해제에 관한 도시·군관리계획이 결정·고시된 날부터 4년이 되는 날까지 관련 개발사업이 착공되지 아니한 경우. 다만, 재난의 발생 등 대통령령으로 정하는 불가피한 사유로 인하여 개발사업의 착공이 지연되는 경우 국토교통부장관은 「국토의 계획 및 이용에 관한 법률」 제106조에 따른 중앙도시계획위원회의 심의를 거쳐 해당 사유가 없어진 날부터 1년의 범위에서 환원을 추가로 유예할 수 있다.(2019.4.23 본호개정)
2. 관련 개발사업을 위한 사업구역 등의 지정이 효력을 잃게 된 경우

(2015.12.29 본항신설)

④ 제3항에 따라 개발제한구역으로 환원된 경우 그 개발제한구역에 대한 「국토의 계획 및 이용에 관한 법률」에 따른 용도지역은 개발제한구역이 해제되기 전의 용도지역으로 환원된 것으로 본다.(2015.12.29 본항신설)

⑤ 제3항에 따라 개발제한구역으로 환원된 경우 국토교통부장관은 대통령령으로 정하는 바에 따라 그 내용을 관보에 고시하고, 관계 서류의 사본을 관할 시·도지사에게 송부하여야 하며, 관계 서류의 사본을 받은 시·도지사는 그 내용을 일반인이 열람할 수 있도록 하여야 한다.
(2015.12.29 본항신설)
(2015.12.29 본조제목개정)
(2013.5.28 본조개정)

제6조【기초조사 등】 ① 특별시장·광역시장·특별자치시장·특별자치도지사·시장 또는 군수는 도시·군관리계획을 수립하려고 할 때에는 인구·경제·사회·문화·교통·환경·토지이용, 그 밖에 대통령령으로 정하는 사항 중 도시·군관리계획의 수립에 필요한 사항을 대통령령으로 정하는 바에 따라 미리 조사하거나 측량하여야 한다.

② 국토교통부장관은 개발제한구역에 관한 정책의 수립, 개발제한구역의 효율적인 관리 등을 위하여 건축물, 토지의 소유 및 이용 등에 관한 실태를 조사할 수 있다.
(2013.5.28 본항신설)

③ 국토교통부장관은 제2항에 따른 실태조사를 위하여 필요한 경우 관계 중앙행정기관의 장 또는 지방자치단체의 장에게 자료의 제출을 요청할 수 있다. 이 경우 자료의 제출을 요청받은 관계 중앙행정기관의 장 또는 지방자치단체의 장은 특별한 사유가 없으면 해당 자료를 제출하여야 한다.(2013.5.28 본항신설)

④ 국토교통부장관은 제2항에 따른 실태조사를 대통령령으로 정하는 공공기관에 위탁할 수 있다.(2013.5.28 본항신설)

⑤ 제1항 및 제2항에 따른 조사나 측량 등을 위하여 타인의 토지에 출입하거나 그에 따른 손실을 보상하는 경우에는 「국토의 계획 및 이용에 관한 법률」 제130조와 제131조를 준용한다.
(2013.5.28 본조개정)

제7조【주민과 지방의회의 의견청취】 ① 국토교통부장관, 시·도지사, 시장 또는 군수는 제4조에 따라 도시·군관리계획을 입안할 때 주민의 의견을 들어야 하며, 그 의견이 타당하다고 인정되면 그 도시·군관리계획안에 반영하여야 한다. 다만, 국방을 위하여 기밀을 지켜야 할 필요가 있는 사항(국방부장관의 요청이 있는 것만 해당한다)이거나 대통령령으로 정하는 경미한 사항은 그러하지 아니하다.(2020.6.9 단서개정)

② 국토교통부장관이나 도지사가 제4조제1항 단서에 따라 도시·군관리계획을 입안하려면 주민의 의견청취 기한을 표시한 도시·군관리계획안을 관계 특별시장·광역시장·특별자치시장·특별자치도지사·시장 또는 군수에게 보내야 한다.(2013.5.28 본항개정)

③ 제2항에 따라 도시·군관리계획안을 송부받은 특별시장·광역시장·특별자치시장·특별자치도지사·시장 또는 군수는 표시된 기한까지 그 도시·군관리계획안에 대하여 주민의 의견을 들은 후 그 결과를 국토교통부장관이나 도지사에게 제출하여야 한다.(2013.5.28 본항개정)

④ 제1항에 따른 주민의 의견청취에 필요한 사항은 대통령령으로 정하는 기준에 따라 해당 지방자치단체의 조례로 정한다.

⑤ 국토교통부장관, 시·도지사, 시장 또는 군수가 도시·군관리계획을 입안하려는 때에는 대통령령으로 정하는 사항에 대하여 해당 지방의회의 의견을 들어야 한다.
(2013.3.23 본항개정)

⑥ 국토교통부장관이나 도지사가 제5항에 따라 지방의회의 의견을 듣는 경우에는 제2항 및 제3항을 준용한다. 이 경우 "주민"은 "지방의회"로 본다.(2013.3.23 전단개정)

제8조【도시·군관리계획의 결정】 ① 도시·군관리계획은 국토교통부장관이 결정한다.(2013.3.23 본항개정)

② 국토교통부장관은 도시·군관리계획을 결정하려는 때에는 관계 중앙행정기관의 장과 미리 협의하여야 한다. 이 경우 협의를 요청받은 기관의 장은 그 요청을 받은 날부터 30일 이내에 의견을 제시하여야 한다.(2013.3.23 전단개정)

③ 국토교통부장관은 도시·군관리계획을 결정하려는 때에는 「국토의 계획 및 이용에 관한 법률」 제106조에 따른 중앙도시계획위원회의 심의를 거쳐야 한다.
(2013.3.23 본항개정)

④ 국토교통부장관은 국방을 위하여 기밀을 지켜야 할 필요가 있다고 인정되는 경우(국방부장관의 요청이 있는 때에만 해당한다)에는 그 도시·군관리계획의 전부 또는 일부에 대하여 제2항과 제3항에 따른 절차를 생략할 수 있다.(2020.6.9 본항개정)

⑤ 결정된 도시·군관리계획을 변경하려는 경우에는 제2항부터 제4항까지의 규정을 준용한다. 다만, 대통령령으로 정하는 경미한 사항을 변경하는 경우에는 그러하지 아니하다.

⑥ 국토교통부장관은 도시·군관리계획을 결정하면 대통령령으로 정하는 바에 따라 고시하고 관계 서류를 일반인에게 공람시켜야 한다. 이 경우 국토교통부장관은 자신이 결정한 도시·군관리계획에 대하여 관계 특별시장·광역시장·특별자치시장·특별자치도지사·시장 또는 군수에게 관계 서류를 보내어 이를 일반인이 공람할 수 있도록 하여야 한다.(2013.5.28 후단개정)

⑦ 도시·군관리계획 결정은 제6항에 따른 고시를 한 날부터 그 효력이 발생한다.(2013.5.28 본항개정)
(2011.4.14 본조개정)

제9조【도시·군관리계획에 관한 지형도면의 고시】 국토교통부장관은 제8조제6항에 따라 도시·군관리계획 결정을 고시하는 경우에는 대통령령으로 정하는 바에 따라 해당 도시지역의 토지에 관하여 지적(地籍)이 표시된 지형도에 도시·군관리계획 사항을 명시한 도면(이하 "지형도면"이라 한다)을 작성하여 함께 고시하여야 한다. 이 경우 지형도면의 작성·고시 등에 관하여는 「토지이용규제 기본법」 제8조에 따른다.(2013.5.28 본조개정)

제10조 (2013.5.28 삭제)

제11조【개발제한구역관리계획의 수립 등】 ① 개발제한구역을 관할하는 시·도지사는 개발제한구역을 종합적으로 관리하기 위하여 5년 단위로 다음 각 호의 사항이 포함된 개발제한구역관리계획(이하 "관리계획"이라 한다)을 수립하여 국토교통부장관의 승인을 받아야 한다.
(2013.3.23 본문개정)

1. 개발제한구역 관리의 목표와 기본방향
2. 개발제한구역의 현황 및 실태에 대한 조사
3. 개발제한구역의 토지이용 및 보전
4. 개발제한구역에서 「국토의 계획 및 이용에 관한 법률」 제2조제7호에 따른 도시·군계획시설(이하 "도시·군계획시설"이라 한다)의 설치. 다만, 제12조제1항제1호가목 및 나목의 시설 등으로서 국토교통부장관이 정하는 도시·군계획시설은 관리계획을 수립하지 아니할 수 있다.(2013.3.23 단서개정)
5. 개발제한구역에서 대통령령으로 정하는 규모 이상인 건축물의 건축 및 토지의 형질변경. 다만, 다음 각 목의 어느 하나에 해당하는 경우에는 제외한다.(2014.1.28 단서개정)
   가. 제12조제1항제1호라목의 건축물로서 국토교통부장관이 정하는 건축물을 건축하는 경우
   나. 제13조에 따른 건축물의 건축으로서 개발제한구역 지정 이전에 조성된 기존 부지 안에서의 증축인 경우
   (2014.1.28 가목~나목신설)
5의2. (2019.8.20 삭제)
6. 제15조에 따른 취락지구의 지정 및 정비
7. 제16조에 따른 주민지원사업(이하 "주민지원사업"이라 한다)
8. 개발제한구역의 관리와 주민지원사업에 필요한 재원의 조달 및 운용

9. 그 밖에 개발제한구역의 합리적인 관리를 위하여 대통령령으로 정하는 사항
② 시·도지사가 관리계획을 변경하려면 국토교통부장관의 승인을 받아야 한다. 다만, 대통령령으로 정하는 경미한 사항을 변경하는 경우에는 승인을 받지 아니하여도 된다.(2013.3.23 본문개정)
③ 개발제한구역이 둘 이상의 특별시·광역시·특별자치시·도에 걸쳐 있으면 관계 시·도지사가 공동으로 관리계획을 수립하거나 협의하여 관리계획을 수립할 자를 정한다. 관계 시·도지사가 협의를 하였으나 협의가 성립되지 아니하면 국토교통부장관이 관리계획을 수립할 자를 지정한다.(2013.5.28 전단개정)
④ 제1항 및 제3항에도 불구하고 제1항제4호 및 제5호에 관한 사항이 「국토의 계획 및 이용에 관한 법률」 제2조제14호에 따른 국가계획에 해당하는 경우에는 국토교통부장관이 직접 관할 시·도지사 및 시장·군수·구청장(자치구의 구청장을 말한다. 이하 같다)의 의견을 듣고 관리계획을 수립 또는 변경할 수 있다.(2013.5.28 본항신설)
⑤ 시·도지사가 관리계획을 수립 또는 변경하려면 미리 관계 시장·군수 또는 구청장의 의견을 듣고 「국토의 계획 및 이용에 관한 법률」 제113조에 따른 지방도시계획위원회의 심의를 거쳐야 한다. 다만, 대통령령으로 정하는 경미한 사항을 변경하는 경우에는 그러하지 아니하다.(2013.5.28 본항개정)
⑥ 특별자치시장·특별자치도지사나 제4항 또는 제5항에 따라 관리계획에 대한 의견을 제시하려는 관계 시·도지사, 시장·군수 또는 구청장은 대통령령으로 정하는 바에 따라 미리 주민의 의견을 들어야 한다. 다만, 국방을 위하여 기밀을 지켜야 할 필요가 있는 경우에는 주민의 의견을 듣지 아니하여도 된다.(2020.6.9 단서개정)
⑦ 국토교통부장관이 제1항이나 제2항에 따라 관리계획의 수립 또는 변경에 대한 승인을 하거나 제4항에 따라 직접 관리계획을 수립 또는 변경하려면 관계 중앙행정기관의 장과 협의한 후 「국토의 계획 및 이용에 관한 법률」 제106조에 따른 중앙도시계획위원회의 심의를 거쳐야 한다.(2013.5.28 본항개정)
⑧ 시·도지사가 제1항이나 제2항에 따라 관리계획의 수립 또는 변경에 대한 승인을 받으면 대통령령으로 정하는 바에 따라 그 내용을 공고한 후 일반인이 열람할 수 있도록 하여야 한다.
⑨ 국토교통부장관이 제4항에 따라 직접 수립 또는 변경한 관리계획을 확정한 경우에는 그 내용을 관보에 고시하고, 관계 서류의 사본을 관할 시·도지사에게 송부하여야 하며, 관계 서류의 사본을 받은 시·도지사는 그 내용을 일반인이 열람할 수 있도록 하여야 한다.(2013.5.28 본항신설)
⑩ 시·도지사 및 시장·군수·구청장은 건축물·공작물의 설치 허가, 토지의 형질변경 허가, 제15조에 따른 취락지구의 지정 및 주민지원사업의 시행 등 개발제한구역을 관리할 때 관리계획을 위반하여서는 아니 된다.
⑪ 관리계획의 수립에 관한 기본원칙, 개발제한구역의 관리에 관한 계획서 및 도면의 작성기준, 그 밖에 관리계획의 수립에 필요한 사항은 국토교통부장관이 정한다.(2013.3.23 본항개정)

제12조【개발제한구역에서의 행위제한】 ① 개발제한구역에서는 건축물의 건축 및 용도변경, 공작물의 설치, 토지의 형질변경, 죽목(竹木)의 벌채, 토지의 분할, 물건을 쌓아놓는 행위 또는 「국토의 계획 및 이용에 관한 법률」 제2조제11호에 따른 도시·군계획사업(이하 "도시·군계획사업"이라 한다)의 시행을 할 수 없다. 다만, 다음 각 호의 어느 하나에 해당하는 행위를 하려는 자는 특별자치시장·특별자치도지사·시장·군수 또는 구청장(이하 "시장·군수·구청장"이라 한다)의 허가를 받아 그 행위를 할 수 있다.(2013.5.28 본문개정)
1. 다음 각 목의 어느 하나에 해당하는 건축물이나 공작물로서 대통령령으로 정하는 건축물의 건축 또는 공작물의 설치와 이에 따르는 토지의 형질변경
  가. 공원, 녹지, 실외체육시설, 시장·군수·구청장이 설치하는 노인의 여가활용을 위한 소규모 실내 생활체육시설 등 개발제한구역의 존치 및 보전관리에 도움이 될 수 있는 시설(2010.4.15 본목개정)
  나. 도로, 철도 등 개발제한구역을 통과하는 선형(線形) 시설과 이에 필수적으로 수반되는 시설
  다. 개발제한구역이 아닌 지역에 입지가 곤란하여 개발제한구역 내에 입지하여야만 그 기능과 목적이 달성되는 시설
  라. 국방·군사에 관한 시설 및 교정시설
  (2009.2.6 나목~라목개정)
  마. 개발제한구역 주민과 「공익사업을 위한 토지 등의 취득 및 보상에 관한 법률」 제4조에 따른 공익사업의 추진으로 인하여 개발제한구역이 해제된 지역 주민의 주거·생활편익·생업을 위한 시설(2019.8.20 본목개정)
  바.~아. (2009.2.6 삭제)
1의2. 도시공원, 물류창고 등 정비사업을 위하여 필요한 시설로서 대통령령으로 정하는 시설을 정비사업 구역에 설치하는 행위와 이에 따르는 토지의 형질변경(2015.12.29 본호신설 : 2020.12.31까지 유효)
2. 개발제한구역의 건축물로서 제15조에 따라 지정된 취락지구로의 이축(移築)
3. 「공익사업을 위한 토지 등의 취득 및 보상에 관한 법률」 제4조에 따른 공익사업(개발제한구역에서 시행하는 공익사업만 해당한다. 이하 이 항에서 같다)의 시행에 따라 철거된 건축물을 이축하기 위한 이주단지의 조성(2011.9.16 본호개정)
3의2. 「공익사업을 위한 토지 등의 취득 및 보상에 관한 법률」 제4조에 따른 공익사업의 시행에 따라 철거되는 건축물 중 취락지구로 이축이 곤란한 건축물로서 개발제한구역 지정 당시부터 있던 주택, 공장 또는 종교시설을 취락지구가 아닌 지역으로 이축하는 행위(2011.9.16 본호신설)
4. 건축물의 건축을 수반하지 아니하는 토지의 형질변경으로서 영농을 위한 경우 등 대통령령으로 정하는 토지의 형질변경
5. 벌채 면적 및 수량(樹量), 그 밖에 대통령령으로 정하는 규모 이상의 죽목(竹木) 벌채
6. 대통령령으로 정하는 범위의 토지 분할
7. 모래·자갈·토석 등 대통령령으로 정하는 물건을 대통령령으로 정하는 기간까지 쌓아 놓는 행위
8. 제1호 또는 제13조에 따른 건축물 중 대통령령으로 정하는 건축물을 근린생활시설 등 대통령령으로 정하는 용도로 용도변경하는 행위
9. 개발제한구역 지정 당시 지목(地目)이 대(垈)인 토지가 개발제한구역 지정 이후 지목이 변경된 경우로서 제1호마목의 시설 중 대통령령으로 정하는 건축물의 건축과 이에 따르는 토지의 형질변경(2014.1.28 본호신설 : 2015.12.31까지 유효)
② 시장·군수·구청장은 제1항 단서에 따라 허가를 하는 경우 허가 대상 행위가 제11조에 따라 관리계획을 수립하여야만 할 수 있는 행위인 경우에는 미리 관리계획이 수립되어 있는 경우에만 그 행위를 허가할 수 있다.(2013.5.28 본항신설)
③ 제1항 단서에도 불구하고 주택 및 근린생활시설의 대수선 등 대통령령으로 정하는 행위는 시장·군수·구청장에게 신고하고 할 수 있다.
④ 시장·군수·구청장은 제3항에 따른 신고를 받은 경우 그 내용을 검토하여 이 법에 적합하면 신고를 수리하여야 한다.(2018.12.18 본항신설)
⑤ 제1항 단서와 제3항에도 불구하고 국토교통부령으로 정하는 경미한 행위는 허가를 받지 아니하거나 신고를 하지 아니하고 할 수 있다.(2013.5.28 본항개정)
⑥ 시장·군수·구청장이 제1항 각 호의 행위 중 대통령령으로 정하는 규모 이상으로 건축물을 건축하거나 토지의 형질을 변경하는 행위 등을 허가하려면 대통령령으로 정하는 바에 따라 주민의 의견을 듣고 관계 행정기관의 장과 협의한 후 특별자치시·특별자치도·시·군·구 도시계획위원회의 심의를 거쳐야 한다. 다만, 도시·군계획시설 또는 제1항제1호라목의 시설 중 국방·군사에 관한 시설의 설치와 그 시설의 설치를 위하여 토지의 형질을 변경하는 경우에는 그러하지 아니하다.(2013.5.28 본문개정)
⑦ 제1항 단서에 따라 허가를 하는 경우에는 「국토의 계획 및 이용에 관한 법률」 제60조, 제64조제3항 및 제4항의 이행보증금·원상회복에 관한 규정과 같은 법 제62조의 준공검사에 관한 규정을 준용한다.
⑧ 제1항 각 호와 제3항에 따른 행위에 대하여 개발제한구역 지정 당시 이미 관계 법령에 따라 허가 등(관계 법령에 따라 허가 등을 받을 필요가 없는 경우를 포함한다)을 받아 공사나 사업에 착수한 자는 대통령령으로 정하는 바에 따라 이를 계속 시행할 수 있다.(2013.5.28 본항개정)
⑨ 제1항 단서에 따른 허가 또는 신고의 대상이 되는 건축물이나 공작물의 규모·높이·입지기준, 대지 안의 조경, 건폐율, 용적률, 토지의 분할, 토지의 형질변경의 범위 등 허가나 신고의 세부 기준은 대통령령으로 정한다.
⑩ 국토교통부장관이나 시·도지사가 제1항제1호 각 목의 시설 중 「국토의 계획 및 이용에 관한 법률」 제2조제13호에 따른 공공시설을 설치하기 위하여 같은 법 제91조에 따라 실시계획을 고시하면 그 도시·군계획시설사업은 제1항 단서에 따른 허가를 받은 것으로 본다.(2013.3.23 본항개정)
⑪ 제10항에 따라 허가를 의제받으려는 자는 실시계획인가를 신청하는 때에 허가에 필요한 관련 서류를 함께 제출하여야 하며, 국토교통부장관이나 시·도지사가 실시계획을 작성하거나 인가할 때에는 미리 관할 시장·군수·구청장과 협의하여야 한다.(2018.12.18 본항개정)

제12조의2【시·도지사의 행위허가 제한 등】 ① 시·도지사는 개발제한구역의 보전 및 관리를 위하여 특히 필요하다고 인정되는 경우에는 제12조제1항 단서 및 같은 항 각 호에 따른 시장·군수·구청장의 행위허가를 제한할 수 있다.
② 시·도지사는 제1항에 따라 행위허가를 제한하는 경우에는 제7조에 따라 주민의견을 청취한 후 「국토의 계획 및 이용에 관한 법률」 제113조제1항에 따른 시·도도시계획위원회의 심의를 거쳐야 한다.
③ 제1항에 따른 제한기간은 2년 이내로 한다. 다만, 한 차례만 1년의 범위에서 제한기간을 연장할 수 있다.
④ 시·도지사는 제1항에 따라 행위허가를 제한하는 경우에는 제한 목적·기간·대상과 행위허가 제한구역의 위치·면적·경계 등을 상세하게 정하여 관할 시장·군수·구청장에게 통보하여야 하며, 시장·군수·구청장은 지체 없이 이를 공고하여야 한다.
⑤ 시·도지사는 제1항에 따라 행위허가를 제한하는 경우에는 지체 없이 국토교통부장관에게 보고하여야 하며, 국토교통부장관은 제한 내용이 지나치다고 인정하면 해제를 명할 수 있다.
(2017.8.9 본조신설)

제13조【존속 중인 건축물 등에 대한 특례】 시장·군수·구청장은 법령의 개정·폐지나 그 밖에 대통령령으로 정하는 사유로 인하여 그 사유가 발생할 당시에 이미 존재하고 있던 대지·건축물 또는 공작물이 이 법에 적합하지 아니하게 된 경우에는 대통령령으로 정하는 바에 따라 건축물의 건축이나 공작물의 설치와 이에 따르는 토지의 형질변경을 허가할 수 있다.(2019.8.20 본조개정)

제13조의2【허가 또는 신고 등의 통보】 시장·군수·구청장(다른 법령에 따라 제12조제1항 및 제3항 또는 제13조에 따른 허가나 신고가 의제되는 협의를 거친 경우에는 해당 허가권자 또는 신고를 받은 자를 말한다)은 제12조제1항 단서 및 제3항 또는 제13조에 따른 허가를 하거나 신고를 받으면 지체 없이 그 내용을 국토교통부장관에게 알려야 한다.(2013.5.28 본조개정)

제13조의3【개발제한구역 관리전산망의 구성·운영 등】 ① 국토교통부장관은 개발제한구역을 효율적으로 지정·관리하고 제16조에 따른 사업을 효율적으로 시행하기 위하여 개발제한구역 관리전산망(이하 "관리전산망"이라 한다)을 구성하여 운영할 수 있다.(2013.3.23 본항개정)
② 국토교통부장관은 지방자치단체의 장에게 관리전산망을 구성·운영하기 위하여 필요한 자료의 제출 또는 정보의 제공을 요청할 수 있으며, 그 요청을 받은 지방자치단체의 장은 특별한 사정이 없으면 이에 따라야 한다.(2020.6.9 본항개정)
③ 지방자치단체의 장이 제2항에 따라 자료를 제출하거나 정보를 제공한 때에는 제13조의2 및 제22조제2항에 따른 통보와 제30조제5항에 따른 자료의 제출이나 정보를 제공한 것으로 본다.
④ 관리전산망은 「사회복지사업법」 제6조의2에 따른 정보시스템과 연계하여 자료 또는 정보를 활용할 수 있다.(2013.5.28 본항개정)
⑤ 관리전산망의 구성·운영에 관하여 필요한 사항은 국토교통부장관이 정하는 바에 따른다.(2013.3.23 본항개정)
⑥ 제1항에 따른 관리전산망을 구성·운영하는 자는 관리전산망의 운영을 대통령령으로 정하는 기관 또는 단체에 위탁할 수 있다.(2019.8.20 본항신설)
(2009.2.6 본조신설)

제13조의4【개발제한구역 내의 공무원의 배치 등】 ① 국토교통부장관, 시·도지사 또는 시장·군수·구청장은 대통령령으로 정하는 바에 따라 개발제한구역의 관리, 개발제한구역 내 불법행위의 예방 및 단속에 관한 업무를 담당하는 국가공무원, 지방공무원 및 해당 지방자치단체에 소속된 청원경찰(이하 "관리공무원등"이라 한다)을 배치하여야 한다.
② 제1항에 따라 배치된 관리공무원등은 관할 구역의 순찰 등을 통하여 불법행위를 적발하는 경우 지체 없이 소속 기관의 장에게 보고하여야 한다.
(2017.8.9 본조신설)

제14조【인·허가 등의 의제】 ① 제12조제1항 단서 또는 제13조에 따라 허가를 받은 경우로서 제2항에 따라 시장·군수·구청장이 관계 행정기관의 장과 협의한 사항에 대하여는 다음 각 호의 허가·협의·신고를 받은 것으로 본다.
1. 「산지관리법」 제14조와 제15조에 따른 산지전용허가 및 산지전용신고, 같은 법 제15조의2에 따른 산지일시사용허가·신고와 「산림자원의 조성 및 관리에 관한 법률」 제36조제1항 및 제5항에 따른 입목벌채등의 허가 및 신고(2022.12.27 본호개정)
2. 「수도법」 제7조제4항에 따른 행위허가 또는 신고
3. 「도시공원 및 녹지 등에 관한 법률」 제24조제1항에 따른 도시공원의 점용허가와 같은 법 제27조제1항 단서에 따른 도시자연공원구역에서의 행위허가
4. 「하천법」 제33조에 따른 하천의 점용허가 및 같은 법 제50조에 따른 하천수의 사용허가
② 시장·군수·구청장이 제12조제1항 단서 또는 제13조에 따라 허가를 하는 경우와 제12조제3항에 따라 시장·군수·구청장에게 신고가 이루어진 경우에 제1항에 따른 사항이 포함되어 있으면 관계 행정기관의 장과 미리 협의하여야 한다.(2013.5.28 본항개정)
③ 관계 행정기관의 장은 제2항에 따른 협의를 요청받은 날부터 20일 이내에 의견을 제출하여야 한다.(2018.12.18 본항신설)
④ 관계 행정기관의 장이 제3항에서 정한 기간(「민원 처리에 관한 법률」 제20조제2항에 따라 회신기간을 연장한 경우에는 그 연장된 기간을 말한다) 내에 의견을 제출하지 아니하면 협의가 이루어진 것으로 본다.(2018.12.18 본항신설)
(2018.12.18 본조제목개정)

제15조【취락지구에 대한 특례】 ① 시·도지사는 개발제한구역에서 주민이 집단적으로 거주하는 취락(제12조제1항제3호에 따른 이주단지를 포함한다)을 「국토의 계획 및 이용에 관한 법률」 제37조제1항제8호에 따른 취락지구(이하 "취락지구"라 한다)로 지정할 수 있다.

② 취락을 구성하는 주택의 수, 단위면적당 주택의 수, 취락지구의 경계설정 기준 등 취락지구의 지정기준 및 정비에 관한 사항은 대통령령으로 정한다.
③ 취락지구에서의 건축물의 용도·높이·연면적 및 건폐율에 관하여는 제12조제9항에도 불구하고 따로 대통령령으로 정한다.(2018.12.18 본항개정)
제16조【주민지원사업 등】 ① 시·도지사 및 시장·군수·구청장은 관리계획에 따라 다음 각 호의 사업을 시행할 수 있다.(2014.1.28 본문개정)
1. 개발제한구역 주민의 삶의 질 향상을 위한 사업으로서 다음 각 목의 어느 하나에 해당하는 지원사업. 이 경우 시·도지사 및 시장·군수·구청장은 가목의 사업을 우선적으로 시행할 수 있도록 노력하여야 한다.
(2022.6.10 본문개정)
가. 개발제한구역 주민의 생활편익과 복지의 증진 및 생활비용의 보조 등을 위한 지원사업
나. 개발제한구역 주민의 여가활동이나 개발제한구역의 보전 및 관리에 도움이 될 수 있는 녹지, 경관, 숲길 조성 등을 위한 지원사업
다. 그 밖에 개발제한구역 주민을 위해 필요한 사업으로서 국토교통부장관이 인정하는 사업
(2022.6.10 가목~다목신설)
2. 개발제한구역 보전과 관리 등을 위한 훼손지 복구사업
(2009.2.6 본호신설)
② 국토교통부장관은 「지방자치분권 및 지역균형발전에 관한 특별법」에 따른 지역균형발전특별회계에서 제1항 각 호의 사업에 드는 비용을 지원할 수 있다. 이 경우 지원기준·금액 등은 제30조의 시정명령에 관한 업무, 제30조의2의 이행강제금의 부과·징수에 관한 업무, 제34조의 과태료의 부과·징수에 관한 업무의 처리실적과 개발제한구역 관리실태 등을 종합적으로 고려하여 국토교통부장관이 정한다.(2023.6.9 전단개정)
③ 국토교통부장관은 제15조제1항에 따라 지정된 취락지구에 건설하는 주택에 대하여는 「주택도시기금법」에 따른 주택도시기금을 우선적으로 지원할 수 있다.
(2015.1.6 본항개정)
④ 제1항에 따른 사업의 세부내용과 시행에 필요한 사항은 대통령령으로 정한다.(2009.2.6 본항개정)
(2009.2.6 본조제목개정)
제16조의2【생활비용 보조의 신청】 ① 개발제한구역 주민 중 대통령령으로 정하는 자는 제16조제1항제1호에 따른 생활비용의 보조를 신청할 수 있다.
② 제1항에 따른 신청을 할 때에는 다음 각 호의 자료 또는 정보의 제공에 대한 신청자 및 그 가구원의 동의서면을 제출하여야 한다.
1. 「금융실명거래 및 비밀보장에 관한 법률」 제2조제2호 및 제3호에 따른 금융자산 및 금융거래의 내용에 대한 자료 또는 정보 중 예금의 평균잔액과 그 밖에 대통령령으로 정하는 자료 또는 정보(이하 "금융정보"라 한다)
2. 「신용정보의 이용 및 보호에 관한 법률」 제2조제1호에 따른 신용정보 중 채무액과 그 밖에 대통령령으로 정하는 자료 또는 정보(이하 "신용정보"라 한다)
3. 「보험업법」 제4조제1항 각 호에 따른 보험에 가입하여 납부한 보험료와 그 밖에 대통령령으로 정하는 보험 관련 자료 또는 정보(이하 "보험정보"라 한다)
③ 제1항에 따른 비용 지원 신청의 방법과 절차 및 제2항에 따른 동의의 방법과 절차 등에 필요한 사항은 국토교통부령으로 정한다.(2013.3.23 본항개정)
(2011.9.16 본조신설)
제16조의3【금융정보등의 제공】 ① 국토교통부장관 또는 시장·군수·구청장은 제16조제1항제1호 및 제2항에 따라 생활비용을 보조할 때에는 제16조의2에 따른 비용 지원을 신청한 자(이하 "비용 지원 신청자"라 한다) 및 그 가구원의 재산을 평가하기 위하여 「금융실명거래 및 비밀보장에 관한 법률」 제4조제1항과 「신용정보의 이용 및 보호에 관한 법률」 제32조제2항에도 불구하고 비용 지원 신청자 및 그 가구원이 제16조의2제2항에 따라 제출한 동의 서면을 전자적 형태로 바꾼 문서로 금융기관등(「금융실명거래 및 비밀보장에 관한 법률」 제2조제1호에 따른 금융회사등, 「신용정보의 이용 및 보호에 관한 법률」 제2조제6호에 따른 신용정보집중기관을 말한다. 이하 같다)의 장에게 금융정보·신용정보 또는 보험정보(이하 "금융정보등"이라 한다)의 제공을 요청할 수 있다.
(2013.3.23 본항개정)
② 제1항에 따라 금융정보등의 제공을 요청받은 금융기관등의 장은 「금융실명거래 및 비밀보장에 관한 법률」 제4조제1항과 「신용정보의 이용 및 보호에 관한 법률」 제32조제1항 및 제3항에도 불구하고 명의인의 금융정보등을 제공하여야 한다.
③ 제2항에 따라 금융정보등을 제공한 금융기관등의 장은 금융정보등의 제공사실을 명의인에게 통보하여야 한다. 다만, 명의인의 동의가 있는 경우에는 「금융실명거래 및 비밀보장에 관한 법률」 제4조의2제1항과 「신용정보의 이용 및 보호에 관한 법률」 제32조제7항에도 불구하고 통보하지 아니할 수 있다.(2015.3.11 단서개정)
④ 제1항 및 제2항에 따른 금융정보등의 제공요청 및 제공은 「정보통신망 이용촉진 및 정보보호 등에 관한 법률」 제2조제1항제1호에 따른 정보통신망을 이용하여야 한다. 다만, 정보통신망의 손상 등 불가피한 경우에는 예외로 한다.
⑤ 제1항 및 제2항에 따른 업무에 종사하거나 종사하였던 자와 제29조에 따라 권한을 위임 또는 위탁받거나 받았던 자는 업무를 수행하면서 취득한 금융정보등을 이 법에서 정한 목적 외의 다른 용도로 사용하거나 다른 사람 또는 기관에 제공하거나 누설하여서는 아니 된다.
⑥ 제1항, 제2항 및 제4항에 따른 금융정보등의 제공요청 및 제공 등에 필요한 사항은 대통령령으로 정한다.
(2011.9.16 본조신설)
제16조의4【자료제출 요구 등】 ① 국토교통부장관 또는 시장·군수·구청장은 비용 지원 신청자 또는 지원이 확정된 자에게 비용 지원대상 자격 확인을 위하여 필요한 서류나 그 밖의 소득 및 재산 등에 관한 자료의 제출을 요구할 수 있으며, 지원대상 자격 확인을 위하여 필요한 자료 확보가 곤란하거나 제출한 자료가 거짓이라고 판단하는 경우 소속 공무원으로 하여금 관계인에게 필요한 질문을 하게 하거나비용 지원 신청자 및 지원이 확정된 자의 동의를 받아 주거 또는 그 밖의 필요한 장소에 출입하여 서류 등을 조사하게 할 수 있다.(2013.3.23 본항개정)
② 국토교통부장관 또는 시장·군수·구청장은 제1항에 따른 조사 또는 비용 지원업무를 수행하기 위하여 필요하면 비용 지원 신청자의 가족관계, 국세·지방세, 토지·건물 또는 건강보험·국민연금 등에 관한 자료의 제공을 관계 기관의 장에게 요청할 수 있다. 이 경우 자료의 제공을 요청받은 관계 기관의 장은 특별한 사유가 없으면 이에 따라야 한다.(2013.3.23 전단개정)
③ 제1항에 따라 출입·조사 또는 질문을 하는 자는 그 권한을 표시하는 증표를 지니고 이를 관계인에게 내보여야 한다.
④ 국토교통부장관 또는 시장·군수·구청장은 비용 지원 신청자 또는 지원이 확정된 자가 제1항에 따른 서류 또는 자료의 제출을 거부하거나 조사 또는 질문을 거부·방해 또는 기피하는 경우에는 제16조의2에 따른 비용 지원을 하지 아니하기로 결정하거나 지원결정을 취소 또는 변경할 수 있다.(2013.3.23 본항개정)
⑤ 제1항에 따른 출입·조사 또는 질문의 범위·내용 및 시기 등은 대통령령으로 정한다.
(2011.9.16 본조신설)
제17조【토지매수의 청구】 ① 개발제한구역의 지정에 따라 개발제한구역의 토지를 종래의 용도로 사용할 수 없어 그 효용이 현저히 감소된 토지나 그 토지의 사용 및 수익이 사실상 불가능하게 된 토지(이하 "매수대상토지"라 한다)의 소유자로서 다음 각 호의 어느 하나에 해당하는 자는 국토교통부장관에게 그 토지의 매수를 청구할 수 있다.(2013.3.23 본문개정)
1. 개발제한구역으로 지정될 당시부터 계속하여 해당 토지를 소유한 자
2. 토지의 사용·수익이 사실상 불가능하게 되기 전에 해당 토지를 취득하여 계속 소유한 자
3. 제1호나 제2호에 해당하는 자로부터 해당 토지를 상속받아 계속하여 소유한 자
② 국토교통부장관은 제1항에 따라 매수청구를 받은 토지가 제3항에 따른 기준에 해당되면 그 토지를 매수하여야 한다.(2013.3.23 본항개정)
③ 매수대상토지의 구체적인 판정기준은 대통령령으로 정한다.
제18조【매수청구의 절차 등】 ① 국토교통부장관은 토지의 매수를 청구받은 날부터 2개월 이내에 매수대상 여부와 매수예상가격 등을 매수청구인에게 알려주어야 한다.
(2013.3.23 본항개정)
② 국토교통부장관은 제1항에 따라 매수대상토지임을 알린 경우에는 5년의 범위에서 대통령령으로 정하는 기간에 매수계획을 수립하여 그 매수대상토지를 매수하여야 한다.(2013.3.23 본항개정)
③ 매수대상토지를 매수하는 가격(이하 "매수가격"이라 한다)은 「부동산 가격공시에 관한 법률」에 따른 공시지가를 기준으로 해당 토지의 위치·형상·환경 및 이용 상황 등을 고려하여 평가한 금액으로 한다. 이 경우 매수가격의 산정시기와 산정방법 등은 대통령령으로 정한다.
(2016.1.19 전단개정)
④ 제1항부터 제3항까지의 규정에 따라 매수한 토지는 「지방자치분권 및 지역균형발전에 관한 특별법」에 따른 지역균형발전특별회계의 재산으로 귀속된다.(2023.6.9 본항개정)
⑤ 제1항부터 제3항까지의 규정에 따라 토지를 매수하는 경우에 그 매수절차와 그 밖에 필요한 사항은 대통령령으로 정한다.
제19조【비용의 부담】 ① 국토교통부장관은 매수가격의 산정을 위한 감정평가 등에 드는 비용을 부담한다.
(2013.3.23 본항개정)
② 국토교통부장관은 제1항에도 불구하고 매수청구인이 정당한 사유 없이 매수청구를 철회하면 대통령령으로 정하는 바에 따라 감정평가에 따르는 비용의 전부 또는 일부를 매수청구인에게 부담시킬 수 있다. 다만, 다음 각 호의 어느 하나에 해당하면 그러하지 아니하다.
(2013.3.23 본문개정)
1. 매수예상가격에 비하여 매수가격이 대통령령으로 정하는 비율 이상으로 하락한 경우
2. 법령의 개정·폐지나 오염원의 소멸 등 대통령령으로 정하는 원인으로 제17조제1항에 따른 토지매수청구의 사유가 소멸된 경우
③ 매수청구인이 제2항 각 호 외의 부분 본문에 따라 부담하여야 하는 비용을 내지 아니하면 국세 체납처분의 예에 따라 징수한다.
제20조【협의에 의한 토지 등의 매수】 ① 국토교통부장관은 개발제한구역을 지정한 목적을 달성하기 위하여 필요하면 소유자와 협의하여 개발제한구역의 토지와 그 토지의 정착물(이하 "토지등"이라 한다)을 매수할 수 있다. 이 경우 매수한 토지등의 귀속에 관하여는 제18조제4항을 준용한다.(2013.3.23 전단개정)
② 제1항에 따라 개발제한구역의 토지등을 협의매수하는 경우에 그 가격의 산정시기·방법 및 기준에 관하여는 「공익사업을 위한 토지 등의 취득 및 보상에 관한 법률」 제67조제1항, 제70조, 제71조, 제74조, 제75조, 제76조, 제77조, 제78조제5항·제6항·제9항을 준용한다.
제21조【개발제한구역 보전 부담금】 ① 국토교통부장관은 개발제한구역의 보전과 관리를 위한 재원을 확보하기 위하여 다음 각 호의 어느 하나에 해당하는 자에게 개발제한구역 보전부담금(이하 "부담금"이라 한다)을 부과·징수한다.(2013.3.23 본문개정)
1. 해제대상지역 개발사업자 중 제4조제6항에 따라 복구계획을 제시하지 아니하거나 복구를 하지 아니하기로 한 자
2. 제12조제1항 단서 또는 제13조에 따른 허가(토지의 형질변경 허가나 건축물의 건축 허가에 해당하며, 다른 법령에 따라 제12조제1항 단서 또는 제13조에 따른 허가가 의제되는 협의를 거친 경우를 포함한다)를 받은 자
(2009.2.6 본항개정)
② 부담금을 내야 할 자(이하 "납부의무자"라 한다)가 대통령령으로 정하는 조합으로서 다음 각 호의 어느 하나에 해당하면 그 조합원(조합이 해산된 경우에는 해산 당시의 조합원을 말한다)이 부담금을 내야 한다.
1. 조합이 해산된 경우
2. 조합의 재산으로 그 조합에 부과되거나 그 조합이 내야 할 부담금·가산금 등을 충당하여도 부족한 경우
(2009.2.6 본조제목개정)
제22조【부담금 부과를 위한 자료의 통보】 ① 제4조제5항에 따른 해제대상지역 개발계획의 결정권자는 개발계획을 결정하면 지체 없이 그 내용을 국토교통부장관에게 알려야 한다.
② 시장·군수·구청장(다른 법령에 따라 제12조제1항 단서 또는 제13조에 따른 허가가 의제되는 협의를 거친 경우에는 해당 허가권자를 말한다)은 제12조제1항 단서 또는 제13조에 따라 허가를 하면 지체 없이 그 내용을 국토교통부장관에게 알려야 한다.
(2013.3.23 본조개정)
제23조 (2009.2.6 삭제)
제24조【부담금의 산정 기준】 ① 제21조제1항제1호에 따른 부담금은 해제대상지역의 제곱미터당 개별공시지가 평균치의 100분의 20에 해당 지역의 면적을 곱하여 산정한다. 이 경우 바다·하천·도랑·제방 및 도로 등 개발사업의 목적에 이용되지 아니하고 존치되는 경우로서 대통령령으로 정하는 것의 면적을 제외한다.
(2022.6.10 본항개정)
② 제21조제1항제2호에 따른 부담금은 다음의 계산식에 따른 금액으로 한다.
부담금 = (개발제한구역이 있는 특별자치시·특별자치도·시·군 또는 자치구의 개발제한구역 외의 지역에 위치하는 같은 지목에 대한 개별공시지가의 평균치 - 허가 대상 토지의 개별공시지가) × 허가받은 토지형질변경 면적과 건축물 바닥면적의 2배 면적 × 100분의 150의 범위에서 별표에서 규정하는 시설별 부과율
(2013.5.28 본항개정)
③ 제1항 및 제2항에 따른 개별공시지가는 제4조제5항에 따른 해제대상지역 개발계획의 결정과 제12조제1항 단서 또는 제13조에 따른 허가 당시 그 직전에 공시된 개별공시지가를 기준으로 한다.
④ 그 밖에 부담금 산정에 관하여 필요한 사항은 대통령령으로 정한다.
(2009.2.6 본조개정)
제25조【부담금의 부과·징수 및 납부 등】 ① 국토교통부장관은 제22조에 따른 내용을 통보받으면 지체 없이 부담금을 부과하여야 하며 제4조제4항에 따른 복구를 하지 아니한 자에 대하여는 제21조제1항제1호에 따른 부담금을 지체 없이 부과하여야 한다.(2013.3.23 본항개정)
② 부담금의 납부기한은 이를 부과한 날부터 6개월로 한다. 다만, 부득이한 사유가 인정되는 경우에는 국토교통부장관의 허가를 받아 1년 이내의 범위에서 납부기한을 연장하거나 분할납부하게 할 수 있다.(2016.3.22 본항개정)
③ 국토교통부장관은 제2항 단서에 따라 부담금의 납부기한을 연장하거나 부담금을 분할납부하게 하는 경우 납부기한이 연장되거나 분할납부하는 부담금 부분에 대하여 대통령령으로 정하는 이자율에 해당하는 금액을 더하여 징수하여야 한다.(2013.5.28 본항신설)
④ 부담금은 대통령령으로 정하는 납부대행기관을 통하여 현금 또는 신용카드·직불카드 등(이하 "신용카드등"

이라 한다)으로 낼 수 있다. 다만, 국토교통부장관은 대통령령으로 정하는 바에 따라 납부의무자의 신청이 있으면 부과 대상 토지나 그와 유사한 토지로 대신 내는 것을 허가할 수 있다.(2016.3.22 본문개정)
⑤ 제4항 본문에 따라 부담금을 신용카드등으로 내는 경우 납부대행기관의 승인일을 부담금의 납부일로 본다.(2016.3.22 본항신설)
⑥ 국토교통부장관은 납부의무자가 부담금을 납부기한까지 내지 아니하면 납부기한이 지난 후 10일 이내에 독촉장을 발부하여야 한다. 이 경우 납부기한은 독촉장을 발부한 날부터 15일로 한다.(2013.3.23 전단개정)
⑦ 국토교통부장관은 납부의무자가 제2항에 따른 납부기한까지 부담금을 내지 아니하면 부담금의 100분의 3에 해당하는 가산금을 부과할 수 있다.(2013.5.28 본항개정)
⑧ 국토교통부장관은 납부의무자가 독촉장을 받고 지정된 기한까지 부담금과 가산금을 내지 아니하면 해당 결정이나 허가를 취소하게 하거나 국세 체납처분의 예에 따라 부담금과 가산금을 징수할 수 있다.(2013.3.23 본항개정)
⑨ 국토교통부장관은 제4조제5항에 따른 해제대상지역 개발계획의 결정 및 제30조에 따른 허가가 취소되거나 사업계획의 변경, 그 밖에 이에 준하는 사유로 대상면적이 감소하면 대통령령으로 정하는 바에 따라 부담금을 낸 자에게 그에 상당하는 부담금을 돌려주어야 한다.(2013.3.23 본항개정)
⑩ 부담금의 부과·징수, 납부 및 환급의 방법과 절차, 납부대행기관의 지정, 지정 취소, 운영 및 납부대행 수수료 등에 필요한 사항은 대통령령으로 정한다.(2016.3.22 본항개정)

제26조【부담금의 귀속 및 용도】 ① 징수된 부담금은 「지방자치분권 및 지역균형발전에 관한 특별법」에 따른 지역균형발전특별회계에 귀속된다.(2023.6.9 본항개정)
② 부담금은 다음 각 호의 용도로 사용하여야 한다.
1. 제16조제1항에 따른 주민지원사업
2. 제17조와 제20조에 따른 토지등의 매수
3. 개발제한구역 내 훼손지 복구, 공원화 사업, 인공조림 조성, 여가체육공간조성 등
(2009.2.6 1호～3호개정)
4. 개발제한구역의 지정 또는 해제에 관한 조사·연구
5. 개발제한구역 내 불법행위의 예방 및 단속
(2009.2.6 4호～5호신설)
6. 개발제한구역의 실태조사(2013.5.28 본호신설)

제27조【이의신청】 ① 다음 각 호의 어느 하나에 해당하는 자는 「공익사업을 위한 토지 등의 취득 및 보상에 관한 법률」에 따른 중앙토지수용위원회에 이의신청을 할 수 있다.
1. 제18조에 따라 통보받은 매수 여부에 관한 결정 또는 매수가격에 이의가 있는 자
2. 제21조에 따른 부담금의 부과·징수에 대하여 이의가 있는 자
② 제1항에 따른 이의신청에 대하여는 「행정심판법」 제6조에도 불구하고 중앙토지수용위원회가 심리·의결하여 재결한다.(2010.1.25 본항개정)

제28조【공공시설의 귀속】 제12조제1항 단서에 따른 허가를 받아 설치한 시설로서 「국토의 계획 및 이용에 관한 법률」 제2조제13호에 해당하는 공공시설의 귀속에 관하여는 같은 법 제65조를 준용한다.

제29조【권한 등의 위임 및 위탁】 ① 이 법에 따른 국토교통부장관의 권한은 대통령령으로 정하는 바에 따라 그 일부를 시·도지사, 시장·군수 또는 구청장, 소속 기관의 장에게 위임할 수 있다.(2023.8.16 본항개정)
② 국토교통부장관은 제1항에 따라 제21조 및 제25조에 따른 부담금 및 가산금의 부과·징수 업무를 시·도지사, 시장·군수·구청장에게 위임하는 경우 대통령령으로 정하는 바에 따라 해당 지방자치단체에 위임 수수료를 지급하여야 한다.(2019.8.20 본항신설)
③ 시·도지사, 시장, 군수 또는 구청장은 제1항에 따라 권한이 위임된 사무 중 대통령령으로 정하는 사무를 처리하는 경우에는 공익성, 환경훼손 가능성 및 「국토의 계획 및 이용에 관한 법률」 제106조에 따른 중앙도시계획위원회의 심의 필요성 등에 관하여 국토교통부장관과 미리 협의하여야 한다. 이 경우 시·도지사, 시장, 군수 또는 구청장은 특별한 사정이 없는 한 국토교통부장관의 협의 의견에 따라야 한다.(2015.12.29 본항신설)
④ 이 법에 따른 국토교통부장관 또는 시장·군수·구청장의 업무는 대통령령으로 정하는 바에 따라 그 일부를 보건복지부장관에게 위탁할 수 있다.
⑤ 국토교통부장관은 제17조부터 제20조까지의 규정에 따른 토지등의 매수에 관한 사무를 대통령령으로 정하는 바에 따라 토지등의 취득·관리 등의 업무를 수행하는 기관이나 단체에 위탁할 수 있다.
(2013.3.23 본조개정)

제30조【법령 등의 위반자에 대한 행정처분】 ① 시장·군수·구청장은 다음 각 호의 어느 하나에 해당하는 행위를 적발한 경우에는 그 허가를 취소할 수 있으며, 해당 행위자(위반행위에 이용된 건축물·공작물·토지의 소유자·관리자 또는 점유자를 포함한다. 이하 "위반행위자등"이라 한다)에 대하여 공사의 중지 또는 상당한 기간을 정하여 건축물·공작물 등의 철거·폐쇄·개축 또는 이전, 그 밖에 필요한 조치를 명(이하 "시정명령"이라 한다)할 수 있다.(2009.2.6 본문개정)
1. 제12조제1항 단서 또는 제13조에 따른 허가를 받지 아니하거나 허가의 내용을 위반하여 건축물의 건축 또는 용도변경, 공작물의 설치, 토지의 형질변경, 토지분할, 물건을 쌓아놓는 행위, 죽목(竹木) 벌채 또는 도시·군계획사업의 시행을 한 경우(2011.4.14 본호개정)
2. 거짓이나 그 밖의 부정한 방법으로 제12조제1항 단서 또는 제13조에 따른 허가를 받은 경우
3. 제12조제3항에 따른 신고를 하지 아니하거나 신고한 내용에 위반하여 건축물의 건축 또는 용도변경, 공작물의 설치, 토지의 형질변경, 죽목 벌채, 토지분할, 물건을 쌓아놓는 행위 또는 도시·군계획사업의 시행을 한 경우(2013.5.28 본호개정)
② 시장·군수·구청장이 시정명령에 관한 업무의 집행을 게을리하는 때에는 국토교통부장관 또는 시·도지사는 해당 시장·군수·구청장에게 기간을 정하여 그 집행을 철저히 할 것을 명령할 수 있다. 이 경우 명령이 이행되지 아니한 때에는 제1항의 규정에도 불구하고 국토교통부장관 또는 시·도지사가 직접 시정명령을 할 수 있으며, 국토교통부장관은 해당 지역을 관할하는 특별시장·광역시장·도지사 또는 지방국토관리청의 장으로 하여금 집행하게 할 수 있다.(2017.8.9 본항개정)
③ 국토교통부장관 또는 시·도지사(제2항에 따라 국토교통부장관 또는 시·도지사가 직접 시정명령을 하거나 국토교통부장관이 해당 지역을 관할하는 특별시장·광역시장·도지사 또는 지방국토관리청의 장으로 하여금 집행하게 하는 경우에 한정한다. 이하 제4항부터 제6항까지에서 같다)는 제1항에 따른 위반행위자등 가운데 영리 목적 또는 상습적 위반행위자등에 대하여는 해당 시장·군수·구청장에게 허가취소를 요구할 수 있다.
(2017.8.9 본항개정)
④ 제3항에 따라 허가취소 요구를 받은 시장·군수·구청장은 특별한 사유가 없으면 허가를 취소하여야 하고, 그 결과를 국토교통부장관 또는 시·도지사에게 알려야 한다.(2020.6.9 본항개정)
⑤ 국토교통부장관 또는 시·도지사는 제2항에 따른 명령과 관련하여 시장·군수·구청장에게 필요한 자료 또는 정보를 요청할 수 있으며 그 요청을 받은 자는 특별한 사정이 없으면 이에 따라야 한다.(2020.6.9 본항개정)
⑥ 국토교통부장관 또는 시·도지사가 제2항에 따라 위반행위자등에 대하여 시정명령을 한 경우 이를 해당 시장·군수·구청장에게 알려야 한다.(2017.8.9 본항개정)
⑦ 제1항 및 제4항에 따라 허가를 취소하려면 청문을 하여야 한다.(2009.2.6 본항개정)

제30조의2【이행강제금】 ① 시장·군수·구청장은 제30조제1항에 따른 시정명령을 받은 후 그 시정기간 내에 그 시정명령의 이행을 하지 아니한 자에 대하여 다음 각 호의 어느 하나에 해당하는 금액의 범위에서 이행강제금을 부과한다.(2014.12.31 본문개정)
1. 허가 또는 신고의무 위반행위가 건축물의 건축 또는 용도변경인 경우 : 해당 건축물에 적용되는 「지방세법」에 따른 건축물 시가표준액의 100분의 50의 범위에서 대통령령으로 정하는 금액에 위반행위에 이용된 건축물의 연면적을 곱한 금액(2014.12.31 본호신설)
2. 제1호 외의 위반행위인 경우 : 해당 토지에 적용되는 「부동산 가격공시에 관한 법률」에 따른 개별공시지가의 100분의 50의 범위에서 대통령령으로 정하는 금액에 위반행위에 이용된 토지의 면적을 곱한 금액
(2016.1.19 본호개정)
② 시장·군수·구청장은 제1항에 따른 이행강제금을 부과하기 전에 상당한 기간을 정하여 그 기한까지 이행되지 아니할 때에는 이행강제금을 부과·징수한다는 뜻을 미리 문서로 계고하여야 한다.
③ 시장·군수·구청장은 제1항에 따른 이행강제금을 부과하는 때에는 이행강제금의 금액·부과사유·납부기한·수납기관·불복방법 등을 적은 문서로 하여야 한다.
④ 시장·군수·구청장은 최초의 시정명령이 있은 날을 기준으로 하여 1년에 2회의 범위 안에서 그 시정명령이 이행될 때까지 반복하여 제1항에 따른 이행강제금을 부과·징수할 수 있다.
⑤ 시장·군수·구청장은 제30조제1항에 따른 시정명령을 받은 자가 그 명령을 이행하는 경우에는 새로운 이행강제금의 부과를 중지하되, 이미 부과된 이행강제금은 징수하여야 한다.
⑥ 제3항에 따른 납부기한까지 이행강제금을 납부하지 아니하는 경우에는 국세 체납처분의 예 또는 「지방행정제재·부과금의 징수 등에 관한 법률」에 따라 징수한다.
(2020.6.9 본항개정)
⑦ 이행강제금의 부과에 관하여는 제30조제2항을 준용한다. 이 경우 "시정명령"은 "이행강제금 부과·징수"로 본다.(2013.5.28 본항신설)
⑧ 국토교통부장관 또는 시·도지사가 제7항에 따라 이행강제금을 부과·징수하면 이를 관할 시장·군수·구청장에게 알려야 한다.(2017.8.9 본항개정)
⑨ 제1항에 따른 이행강제금의 부과기준이나 그 밖에 필요한 사항은 대통령령으로 정한다.
(2009.2.6 본조신설)

제30조의3【이행강제금 징수 유예 특례】 ① 시장·군수·구청장은 제30조의2에도 불구하고 2014년 12월 31일 이전에 제30조제1항 중 건축물의 용도변경과 관련된 위반행위를 한 자가 다음 각 호의 요건을 모두 갖춘 경우에는 2020년 12월 31일까지 이행강제금의 징수를 유예할 수 있다.(2017.12.30 본문개정)
1. 동물·식물 관련 시설로서 다음 각 목의 어느 하나에 해당하는 시설을 허가의 내용을 위반하여 용도변경한 경우에 해당할 것
가. 축사, 콩나물 재배사, 버섯 재배사, 온실
나. 그 밖에 대통령령으로 정하는 시설
2. 유예 기간 이내에 이행강제금 부과의 원인이 되는 제30조제1항에 따른 시정명령을 이행하겠다는 동의서를 불가피한 사유가 없으면 6개월 이내에 제출할 것
(2017.12.30 본호개정)
② 시장·군수·구청장은 이행강제금의 징수를 유예받은 위반행위자가 다음 각 호의 어느 하나에 해당하면 유예 기간 이내라도 이행강제금을 징수하여야 한다.
1. 유예 기간 이내에 이행하기로 한 제1항제2호의 동의서 내용을 이행하지 아니한 경우
2. 유예 기간 이내에 다시 이 법에 따른 위반행위를 한 경우
(2014.12.31 본조신설)

제30조의4【벌칙 적용에서 공무원 의제】 제29조제5항에 따라 위탁받은 업무에 종사하는 기관 또는 단체의 임직원은 「형법」 제129조부터 제132조까지의 규정에 따른 벌칙을 적용할 때에는 공무원으로 본다.(2019.8.20 본조개정)

제31조【벌칙】 ① 제16조의3제5항을 위반하여 금융정보등을 이 법에서 정한 목적 외의 다른 용도로 사용하거나 다른 사람 또는 기관에 제공하거나 누설한 자는 5년 이하의 징역 또는 3천만원 이하의 벌금에 처한다.
② 다음 각 호의 어느 하나에 해당하는 자는 3년 이하의 징역 또는 3천만원 이하의 벌금에 처한다.
1. 영리를 목적으로 또는 상습으로 제12조제1항 단서 또는 제13조에 따른 허가를 받지 아니하거나 허가의 내용을 위반하여 건축물의 건축 또는 용도변경, 공작물의 설치, 토지의 형질변경, 죽목 벌채, 토지분할, 물건을 쌓아놓는 행위 또는 도시·군계획사업의 시행을 한 자
2. 상습으로 제30조제1항에 따른 시정명령을 이행하지 아니한 자
3. 거짓이나 그 밖의 부정한 방법으로 제12조제1항 단서 또는 제13조에 따른 허가를 받은 자
(2011.9.16 본조개정)

제32조【벌칙】 다음 각 호의 어느 하나에 해당하는 자는 1년 이하의 징역 또는 1천만원 이하의 벌금에 처한다.
1. 제12조제1항 단서 또는 제13조에 따른 허가를 받지 아니하거나 허가의 내용을 위반하여 건축물의 건축 또는 용도변경, 공작물의 설치, 토지의 형질변경, 죽목 벌채, 토지분할, 물건을 쌓아놓는 행위 또는 도시·군계획사업의 시행을 한 자(2011.4.14 본호개정)
2. 제30조제1항에 따른 시정명령을 이행하지 아니한 자
(2009.2.6 본조개정)

제33조【양벌규정】 법인의 대표자나 법인 또는 개인의 대리인, 사용인, 그 밖의 종업원이 그 법인 또는 개인의 업무에 관하여 제31조 또는 제32조의 위반행위를 하면 그 행위자를 벌하는 외에 그 법인 또는 개인에게도 해당 조문의 벌금형을 과(科)한다. 다만, 법인 또는 개인이 그 위반행위를 방지하기 위하여 해당 업무에 관하여 상당한 주의와 감독을 게을리하지 아니한 경우에는 그러하지 아니하다.(2009.2.6 본조개정)

제34조【과태료】 ① 제12조제3항에 따라 신고하지 아니하고 대통령령으로 정하는 경미한 행위를 한 자에게는 500만원 이하의 과태료를 부과한다.(2013.5.28 본항개정)
② 제1항에 따른 과태료는 대통령령으로 정하는 바에 따라 시장·군수·구청장이 부과·징수한다.
③ 과태료의 부과에 관하여는 제30조제2항을 준용한다. 이 경우 "시정명령"은 "과태료 부과·징수"로 본다.
(2013.5.28 본항신설)
④ 국토교통부장관 또는 시·도지사가 제3항에 따라 과태료를 부과·징수하면 이를 관할 시장·군수·구청장에게 알려야 한다.(2017.8.9 본항개정)
⑤ (2009.2.6 삭제)

부 칙

제1조【시행일】 이 법은 공포한 날부터 시행한다. 다만, 제14조제1항제4호의 개정규정은 2008년 4월 7일부터 시행하고, 제20조제2항의 개정규정은 2008년 4월 18일부터 시행한다.

제2조【시행일에 관한 경과조치】 부칙 제1조 단서에 따라 제14조제1항제4호 및 제20조제2항의 개정규정이 시행되기 전까지는 그에 해당하는 종전의 제13조제1항제4호 및 제19조제2항을 적용한다.

제3조【부담금에 대한 적용례】 부담금은 법률 제6241호 개발제한구역의지정및관리에관한특별조치법의 시행일인 2000년 7월 1일 후에 제11조제1항 각 호 외의 부분 단서 또는 제12조에 따른 허가를 신청한 분부터 이를 적용한다.

제4조【개발제한구역의 지정에 관한 경과조치】 법률 제6241호 개발제한구역의지정및관리에관한특별조치법의 시행일인 2000년 7월 1일 당시 「도시계획법」 제21조에 따라 지정된 개발제한구역은 이 법에 따라 지정된 것으로 본다.
제5조【행위제한에 관한 경과조치】 법률 제6241호 개발제한구역의지정및관리에관한특별조치법의 시행일인 2000년 7월 1일 전에 종전의 규정에 따라 허가를 받았거나(허가를 신청한 경우를 포함한다) 신고를 한 경우 그 허가 또는 신고기준 및 허가 또는 신고로써 허용되는 행위의 범위 등에 관하여는 제11조제1항 각 호 외의 부분 단서 또는 제12조에도 불구하고 종전의 규정에 따른다. 다만, 종전의 규정이 이 법의 규정에 비하여 그 행위를 하려는 자에게 불리하면 이 법의 규정에 따른다.
제6조～제9조 (생략)

부　칙 (2009.2.6)

제1조【시행일】 이 법은 공포 후 6개월이 경과한 날부터 시행한다. 다만, 제30조 및 제30조의2의 개정규정은 공포 후 1년이 경과한 날부터 시행한다.
제2조【부담금에 관한 적용례】 제21조부터 제26조까지의 개정규정은 이 법 시행 후 최초로 개발제한구역에서 해제되어 제4조제5항에 따라 개발계획의 결정을 하거나 제12조제1항 단서 또는 제13조에 따른 허가를 받는 분부터 적용한다.
제3조【개발제한구역 관리계획 승인을 받은 시설에 대한 허가 특례】 이 법 시행 전에 종전의 규정에 따라 관리계획 승인을 받았음에도 불구하고 제12조제1항제1호의 개정규정에 따라 부합되지 아니하는 시설에 대하여는 이 법 시행일로부터 1년 이내에 국토해양부장관과 협의가 이루어진 경우에 한하여 종전의 규정에 따라 허가할 수 있다.
제4조【개발제한구역 행위제한 등에 관한 경과조치】 이 법 시행 전에 종전의 규정에 따라 허가를 받은 경우에는(허가를 신청한 경우를 포함한다) 제12조제1항제1호의 개정규정에도 불구하고 종전의 규정에 따른다.
제5조【허가 또는 신고 등의 통보 등에 관한 경과조치】 이 법 시행 전에 종전의 규정에 따라 시장·군수·구청장이 허가를 하거나 신고를 받은 내용은 제13조의2의 개정규정에도 불구하고 국토해양부장관에게 알려야 한다.
제6조【다른 법률의 개정】 ※(해당 법령에 가제정리 하였음)

부　칙 (2013.5.28)

제1조【시행일】 이 법은 공포한 날부터 시행한다. 다만, 제6조, 제25조제3항 및 제26조제2항제6호의 개정규정은 공포 후 6개월이 경과한 날부터 시행한다.
제2조【개발제한구역에서의 행위제한에 관한 적용례】 제12조제2항의 개정규정은 이 법 시행 후 허가신청을 하는 경우부터 적용한다.
제3조【가산금 부과에 관한 적용례】 제25조제6항의 개정규정은 이 법 시행 후 최초로 부담금을 부과하는 분부터 적용한다.
제4조【부담금 부과율에 관한 적용례】 별표 제7호나목의 개정규정은 이 법 시행 후 제13조에 따라 허가를 받은 경우부터 적용한다.

부　칙 (2014.1.28)

제1조【시행일】 이 법은 공포한 날부터 시행한다. 다만 제12조제1항제9호의 개정규정은 공포 후 3개월이 경과한 날부터 시행한다.
제2조【유효기간】 제12조제1항제9호의 개정규정은 2015년 12월 31일까지 효력을 가진다.

부　칙 (2014.5.21)

제1조【시행일】 이 법은 공포한 날부터 시행한다.
제2조【부담금 부과율에 관한 적용례】 별표 제7호가목의 개정규정은 이 법 시행 후 제12조제1항 단서 또는 제13조에 따라 허가를 받은 경우부터 적용한다. 다만, 이 법 시행 당시 제21조에 따른 부담금 부과 처분에 대하여 제27조에 따른 이의신청이 제기되어 있거나 행정소송이 계속 중인 경우에 대하여도 적용한다.

부　칙 (2014.12.31)

제1조【시행일】 이 법은 공포한 날부터 시행한다. 다만, 제30조의3제1항제1호나목의 개정규정은 공포 후 3개월이 경과한 날부터 시행하고, 제30조의2제1항의 개정규정은 2018년 1월 1일부터 시행한다.
제2조【이행강제금 징수 유예 특례에 관한 적용례】 제30조의3의 개정규정은 이 법 시행 당시 위반행위(제30조제1항 중 건축물의 용도변경과 관련된 위반행위를 말한다)에 한정하여 적용한다.
제3조【시정명령에 관한 특례】 시장·군수·구청장은 제30조의3제1항제1호의 개정규정에 따른 허가의 내용을 위반한 용도변경에 대하여 이 법 시행 후 6개월 이내에 제30조제1항에 따른 시정명령을 하여야 한다.

부　칙 (2015.12.29)

제1조【시행일】 이 법은 공포 후 3개월이 경과한 날부터 시행한다. 다만, 별표 제4호가목의 개정규정은 공포한 날부터 시행한다.
제2조【유효기간】 ① 제4조의2, 제11조제1항제5호의2 및 제12조제1항제1호의2의 개정규정은 2020년 12월 31일까지 효력을 가진다.(2017.12.30 본항개정)
② 제1항에 따른 유효기간 중 제4조의2의 개정규정에 따라 개발제한구역관리계획의 수립·변경을 요청한 경우에 대해서는 해당 유효기간이 경과한 후에도 같은 조, 제11조제1항제5호의2 및 제12조제1항제1호의2의 개정규정을 적용한다.
제3조【해제된 개발제한구역의 환원에 관한 적용례】 제5조제3항의 개정규정은 이 법 시행 후 최초로 제4조에 따라 개발제한구역의 해제를 위한 도시·군관리계획을 입안하는 경우부터 적용한다.
제4조【부담금의 산정기준에 관한 적용례】 ① 제24조제1항의 개정규정은 이 법 시행 후 최초로 제4조에 따라 개발제한구역의 해제를 위한 도시·군관리계획을 입안하는 경우부터 적용한다.
② 별표 제4호가목의 개정규정은 같은 개정규정 시행 후 최초로 제12조제1항 단서 또는 제13조에 따라 허가를 받는 경우부터 적용한다.

부　칙 (2016.3.22)

제1조【시행일】 이 법은 공포 후 6개월이 경과한 날부터 시행한다.
제2조【부담금의 납부에 관한 적용례】 제25조의 개정규정은 이 법 시행 당시 부담금을 부과받았으나 납부기한이 지나지 아니한 경우에도 적용한다.

부　칙 (2017.8.9)

제1조【시행일】 이 법은 공포 후 6개월이 경과한 날부터 시행한다. 다만, 제30조의4, 별표 제3호 및 제5호의 개정규정은 공포한 날부터 시행한다.
제2조【행위허가 제한에 관한 적용례】 제12조의2의 개정규정은 이 법 시행 후 제12조제1항 단서에 따라 같은 항 각 호에 따른 행위를 위하여 허가 신청을 하는 경우부터 적용한다.
제3조【부담금 부과율에 관한 적용례】 별표 제3호 및 제5호의 개정규정은 같은 개정규정 시행 후 제12조제1항 단서에 따라 허가를 받는 경우부터 적용한다.

부　칙 (2017.12.30)

제1조【시행일】 이 법은 공포한 날부터 시행한다.
제2조【이행강제금 징수 유예 특례에 관한 적용례】 제30조의3제1항의 개정규정은 이 법 시행 후 같은 항 제2호에 따라 시정명령을 이행하겠다는 동의서를 제출하는 경우에 적용한다. 다만, 이 법 시행 전에 징수 유예를 받지 않던 사람이 동의서를 제출하는 경우에는 이 법 시행 후 부과하는 이행강제금부터 적용한다.

부　칙 (2018.4.17)

제1조【시행일】 이 법은 공포 후 3개월이 경과한 날부터 시행한다.
제2조【훼손지 복구대상 확대에 관한 적용례】 제4조제4항의 개정규정은 이 법 시행 후 개발제한구역 해제를 위한 도시·군관리계획을 입안하는 경우부터 적용한다. 다만, 「공공주택 특별법」 제6조에 따라 지정된 공공주택지구에 대해서는 공공주택사업자가 국토교통부장관에게 공공주택지구계획의 승인을 신청하는 경우부터 적용한다.

부　칙 (2018.12.18)

제1조【시행일】 이 법은 공포한 날부터 시행한다. 다만, 제14조제3항 및 제4항의 개정규정은 공포 후 1개월이 경과한 날부터 시행한다.
제2조【허가 등의 의제를 위한 협의에 관한 적용례】 제14조제3항 및 제4항의 개정규정은 같은 개정규정 시행 이후 협의를 요청하는 경우부터 적용한다.

부　칙 (2019.4.23)

제1조【시행일】 이 법은 공포 후 6개월이 경과한 날부터 시행한다.
제2조【해제된 개발제한구역의 환원에 관한 적용례】 제5조제3항의 개정규정은 2016년 3월 30일 이후 최초로 제4조에 따라 개발제한구역의 해제를 위한 도시·군관리계획을 입안한 경우부터 적용한다. 다만, 종전 규정에 따라 개발제한구역으로 환원된 경우는 제외한다.

부　칙 (2019.8.20)

제1조【시행일】 이 법은 공포 후 6개월이 경과한 날부터 시행한다. 다만, 제4조의2 및 제11조제1항의 개정규정은 공포한 날부터 시행하고, 별표의 대상 시설 및 사업란의 제4호가목 단서의 개정규정은 2020년 1월 1일부터 시행한다.
제2조【개발제한구역이 해제된 지역 주민의 주거·생활편익·생업을 위한 시설에 관한 적용례】 제12조제1항제1호마목의 개정규정은 이 법 시행 당시 종료되지 아니한 공익사업의 추진으로 인하여 개발제한구역이 해제된 지역의 주민이 허가신청하는 경우부터 적용한다.
제3조【부담금 부과율에 관한 적용례】 별표의 대상 시설 및 사업란의 제4호가목 단서의 개정규정은 같은 개정규정 시행 후 최초로 부담금을 부과하는 경우부터 적용한다.

부　칙 (2020.3.24)

제1조【시행일】 이 법은 공포한 날부터 시행한다.(이하 생략)

부　칙 (2020.6.9)

이 법은 공포한 날부터 시행한다.(이하 생략)

부　칙 (2021.7.27)

제1조【시행일】 이 법은 공포한 날부터 시행한다.
제2조【시설별 부과율에 관한 적용례】 별표 제7호의 개정규정은 이 법 시행 이후 제21조제1항제2호에 따라 부담금이 부과되는 경우부터 적용한다.

부　칙 (2022.6.10)

제1조【시행일】 이 법은 공포 후 6개월이 경과한 날부터 시행한다.
제2조【훼손지 복구대상 확대 등에 관한 적용례】 제4조제4항의 개정규정은 이 법 시행 이후 제8조제1항에 따라 개발제한구역 해제를 위한 도시·군관리계획을 결정하는 경우부터 적용한다.
제3조【부담금의 산정 기준에 관한 적용례】 제24조제1항의 개정규정은 이 법 시행 이후 제4조제1항에 따라 개발제한구역 해제를 위한 도시·군관리계획을 입안하는 경우부터 적용한다.

부　칙 (2022.12.27)

제1조【시행일】 이 법은 공포 후 6개월이 경과한 날부터 시행한다.(이하 생략)

부　칙 (2023.6.9)

제1조【시행일】 이 법은 공포 후 1개월이 경과한 날부터 시행한다.(이하 생략)

부　칙 (2023.8.8)

제1조【시행일】 이 법은 2024년 5월 17일부터 시행한다.(이하 생략)

부　칙 (2023.8.16)

이 법은 공포한 날부터 시행한다.

〔별표〕 ➡ 「法典 別册」 參照

개발제한구역의 지정 및 관리에 관한 특별조치법 시행령

(2008년 11월 28일 전부개정대통령령 제21139호)

개정
2009. 5.29영21515호(국가균형발전특별법시) <중략>
2012. 1. 6영23488호(민감정보고유식별정보)
2012. 4.10영23718호(국토이용시)
2012. 4.17영23734호(고엽제후유의증등환자지원에관한법시)
2012. 4.27영23755호(대도시권광역교통관리에관한특별법시)
2012. 5.14영23787호
2012. 6.25영23876호(행정기관정비일부개정령)
2012.11.12영24178호
2012.12.21영24247호(고엽제후유의증등환자지원및단체설립에관한법시)
2013. 3.23영24443호(직제)
2013. 4.22영24502호(과학관의설립 · 운영및육성에관한법시)
2013. 4.22영24509호(자연재해대책법시)
2013.10.30영24818호
2013.12.30영25050호(행정규제재검토에따른일부개정령)
2014. 1.28영25129호
2014. 3.11영25249호(국가균형발전특별법시)
2014. 4.28영25325호 2014.10. 8영25650호
2014.11.19영25751호(직제)
2014.11.24영25774호
2014.12. 9영25836호(화학물질관리법시)
2014.12. 9영25840호(규제기한정비)
2015. 3.30영26173호
2015. 6. 1영26302호(공간정보구축관리시)
2015. 9. 8영26512호 2016. 2.11영26971호
2016. 3.25영27056호(무형문화재보전및진흥에관한법시)
2016. 3.29영27065호
2016. 6.21영27252호(참전유공자예우및단체설립에관한법시)
2016. 6.30영27299호(행정규제정비일부개정령)
2016. 8.29영27470호
2016. 8.31영27471호(부동산가격공시에관한법시)
2016. 8.31영27472호(감정평가감정평가사시)
2016. 9.22영27512호
2016.12.30영27751호(규제기한설정)
2017. 3.29영27972호(공항시설법시)
2017. 7.11영28180호
2017. 7.26영28211호(직제)
2017.12.29영28521호(지방분권강화)
2018. 1.16영28583호(물환경보전법시)
2018. 2. 9영28627호(빈집및소규모주택정비에관한특례법시)
2018. 2. 9영28635호
2018. 2.27영28686호(혁신도시조성및발전에관한특별법시)
2018. 9.18영29172호(국가균형발전특별법시)
2018. 9.18영29180호(공무원재해보상법시)
2018.12. 4영29331호
2019. 4. 2영29677호(중소기업진흥에관한법시)
2019. 5.21영29778호 2019.10. 1영30103호
2019.12.31영30285호(문화재시)
2020. 2.18영30425호
2020. 4.28영30645호(건축물관리법시)
2020. 5.26영30704호(문화재시)
2020. 8. 4영30893호(신용정보의이용및보호에관한법시)
2020.10. 8영31101호(부동산가격공시에관한법시)
2020.11.24영31176호(법정공고방식확대)
2021. 1. 5영31365호
2021. 1. 5영31380호(법령용어정비)
2021. 5.11영31683호 2021.12.31영32305호
2022. 1.21영32352호(감정평가감정평가사시)
2022. 5. 3영32623호
2022. 8. 2영32846호(건축물관리법시)
2022.11. 1영32977호(자치입법권보장을위한일부개정령)
2022.12. 6영33023호(도서관법시)
2022.12. 6영33031호 2023. 2.14영33248호
2023. 4.27영33435호(동물보호법시)
2023. 6.13영33539호
2023. 7. 7영33621호(지방자치분권및지역균형발전에관한특별법시)
2023. 8. 1영33655호

제1조【목적】 이 영은 「개발제한구역의 지정 및 관리에 관한 특별조치법」에서 위임된 사항과 그 시행에 필요한 사항을 규정함을 목적으로 한다.

제2조【개발제한구역의 지정 및 해제의 기준】 ① 국토교통부장관이 「개발제한구역의 지정 및 관리에 관한 특별조치법」(이하 "법"이라 한다) 제3조제1항에 따라 개발제한구역을 지정할 때에는 다음 각 호의 어느 하나에 해당하는 지역을 대상으로 한다.(2013.3.23 본문개정)

1. 도시가 무질서하게 확산되는 것 또는 서로 인접한 도시가 시가지로 연결되는 것을 방지하기 위하여 개발을 제한할 필요가 있는 지역
2. 도시주변의 자연환경 및 생태계를 보전하고 도시민의 건전한 생활환경을 확보하기 위하여 개발을 제한할 필요가 있는 지역
3. 국가보안상 개발을 제한할 필요가 있는 지역
4. 도시의 정체성 확보 및 적정한 성장 관리를 위하여 개발을 제한할 필요가 있는 지역

② 개발제한구역은 법 제3조제1항에 따른 지정 목적을 달성하기 위하여 공간적으로 연속성을 갖도록 지정하되, 도시의 자족성 확보, 합리적인 토지이용 및 적정한 성장 관리 등을 고려하여야 한다.

③ 법 제3조제2항에 따라 개발제한구역이 다음 각 호의 어느 하나에 해당하는 경우에는 국토교통부장관이 정하는 바에 따라 개발제한구역을 조정하거나 해제할 수 있다.(2013.3.23 본문개정)

1. 개발제한구역에 대한 환경평가 결과 보존가치가 낮게 나타나는 곳으로서 도시용지의 적절한 공급을 위하여 필요한 지역. 이 경우 도시의 기능이 쇠퇴하여 활성화할 필요가 있는 지역과 연계하여 개발할 수 있는 지역을 우선적으로 고려하여야 한다.(2012.11.12 후단신설)
2. 주민이 집단적으로 거주하는 취락으로서 주거환경 개선 및 취락 정비가 필요한 지역
3. 도시의 균형적 성장을 위하여 기반시설의 설치 및 시가화(市街化) 면적의 조정 등 토지이용의 합리화를 위하여 필요한 지역
4. 지정 목적이 달성되어 개발제한구역으로 유지할 필요가 없게 된 지역
5. 도로(국토교통부장관이 정하는 규모의 도로만 해당한다) · 철도 또는 하천 개수로(開水路)로 인하여 단절된 3만제곱미터 미만의 토지. 다만, 개발제한구역의 조정 또는 해제로 인하여 그 지역과 주변지역에 무질서한 개발 또는 부동산 투기행위가 발생하거나 그 밖에 도시의 적정한 관리에 지장을 줄 우려가 큰 때에는 그러하지 아니하다.(2016.3.29 본문개정)
6. 개발제한구역 경계선이 관통하는 대지(垈地 : 「공간정보의 구축 및 관리 등에 관한 법률」에 따라 각 필지로 구획된 토지를 말한다)로서 다음 각 목의 요건을 모두 갖춘 지역(2015.6.1 본문개정)
   가. 개발제한구역의 지정 당시 또는 해제 당시부터 대지의 면적이 1천제곱미터 이하로서 개발제한구역 경계선이 그 대지를 관통하도록 설정되었을 것
   나. 대지 중 개발제한구역인 부분의 면적이 기준 면적 이하일 것. 이 경우 기준 면적은 특별시 · 광역시 · 특별자치시 · 도 또는 특별자치도(이하 "시 · 도"라 한다)의 관할구역 중 개발제한구역 경계선이 관통하는 대지의 수, 그 대지 중 개발제한구역인 부분의 규모와 그 분포 상황, 토지이용 실태 및 지형 · 지세 등 지역 특성을 고려하여 시 · 도의 조례로 정한다.(2013.10.30 본목개정)

   (2009.8.5 본호신설)
7. 제6호의 지역이 개발제한구역에서 해제되는 경우 개발제한구역의 공간적 연속성이 상실되는 1천제곱미터 미만의 소규모 토지(2015.9.8 본호신설)

④ 제3항제2호 또는 제5호에 해당하는 지역을 개발제한구역에서 해제하려는 경우에는 「국토의 계획 및 이용에 관한 법률」 제51조에 따라 지구단위계획구역으로 지정하고 지구단위계획을 수립하여야 한다. 다만, 제3항제5호에 해당하는 지역은 그 면적이 1만제곱미터를 초과하는 경우만 해당한다.(2016.3.29 본항개정)

⑤ 제3항제5호에 해당되어 개발제한구역에서 해제하는 토지에 대하여 「국토의 계획 및 이용에 관한 법률」 제36조에 따라 용도지역을 지정할 경우에는 같은 법 시행령 제30조제4호에 따른 녹지지역으로 지정하여야 한다. 다만, 다음 각 호의 요건을 모두 갖춘 경우에는 다른 용도지역으로 지정할 수 있다.

1. 도시발전을 위하여 다른 용도지역으로 지정할 필요가 있고 「국토의 계획 및 이용에 관한 법률」 제2조제1호에 따른 광역도시계획 및 같은 조 제3호에 따른 도시 · 군기본계획에 부합할 것(2012.4.10 본호개정)
2. 제3항제2호에 따라 개발제한구역에서 해제된 인근의 집단취락 또는 인근의 개발제한구역이 아닌 지역의 용도지역과 조화되게 정할 필요가 있을 것
3. 다른 용도지역으로 지정되더라도 기반시설을 추가적으로 설치할 필요가 없을 것

(2009.8.5 본항신설)

⑥ 중앙행정기관의 장, 특별시장, 광역시장, 특별자치시장, 특별자치도지사, 시장, 군수 또는 구청장은 개발제한구역에 법 제11조제1항제4호에 따른 도시 · 군계획시설을 설치하는 계획을 수립하거나 이를 설치하는 경우에는 제3항제5호의 소규모 단절 토지가 발생되지 않도록 하여야 하며, 부득이 소규모 단절 토지의 발생을 피할 수 없는 경우에는 그 사유 · 규모와 발생시기 등에 관하여 국토교통부장관 및 해당 지역을 관할하는 시장, 군수 또는 구청장(자치구의 구청장을 말한다. 이하 같다)과 미리 협의하여야 한다.(2013.10.30 본항개정)

제2조의2【훼손지 복구계획등】 ① 법 제4조제4항에 따라 같은 조 제1항에 따른 개발제한구역의 해제에 관한 도시 · 군관리계획에 포함하여야 하는 같은 조 제4항에 따른 개발제한구역 안의 훼손된 지역(이하 "훼손지"라 한다)의 복구계획 등 주변 개발제한구역에 대한 관리방안(이하 "훼손지 복구계획등"이라 한다)은 개발제한구역으로 존치되는 훼손지와 주변지역을 개발제한구역의 지정목적에 부합하도록 복구하여 녹지로서의 기능을 회복하도록 하여야 한다. 이 경우 제2조제3항제1호 또는 제3호에 따라 개발제한구역이 조정 또는 해제되는 경우의 훼손지 복구계획등은 개발제한구역으로 존치되는 훼손지와 주변지역의 일부는 지역 주민과 도시민의 여가활용을 위한 휴식공간으로 제공하는 것을 내용으로 하여야 한다.(2012.4.10 전단개정)

② 법 제4조제4항 각 호 외의 부분 후단에 따라 복구를 하려는 훼손지(이하 "복구사업지역"이라 한다)는 다음 각 호의 요건을 갖춘 지역 중에서 법 제4조제1항에 따른 도시 · 군관리계획의 입안권자(이하 "입안권자"라 한다)가 국토교통부장관 및 시장, 군수 또는 구청장과 협의하여 선정해야 한다.(2022.12.6 본문개정)

1. 그 지역이 법 제4조제4항에 따른 개발제한구역 중 해제하려는 지역(이하 "해제대상지역"이라 한다)이 속한 해당 개발제한구역 내에 있을 것. 이 경우 훼손지가 여러 곳에 있는 경우에는 인접지를 우선하여 선정한다.(2016.6.30 전단개정)
2. 복구함으로써 개발제한구역의 지정목적을 달성하는 효과가 클 것
3. 지역 주민과 도시민의 여가활용을 위한 휴식공간으로서 접근성이 좋을 것(복구사업지역의 일부를 휴식공간으로 제공하는 경우로 한정한다)(2022.12.6 본호개정)

③ 법 제4조제4항 각 호 외의 부분 후단에서 "대통령령으로 정하는 것"이란 다음 각 호의 것을 말한다.

1. 바다 · 하천(「하천법」에 따른 국가하천 및 지방하천으로 한정한다) · 도랑 · 제방
2. 도로(「도로법」에 따른 고속국도, 일반국도, 특별시도 · 광역시도 및 지방도로 한정한다)
3. 철도

(2022.12.6 본항신설)

④ 법 제4조제4항제1호의2에서 "대통령령으로 정하는 지목"이란 「공간정보의 구축 및 관리 등에 관한 법률」 제67조제1항에 따른 대(垈) · 공장용지 · 창고용지 및 잡종지를 말한다.(2022.12.6 본항신설)

⑤ 법 제4조제4항제3호에서 "대통령령으로 정하는 지역"이란 다음 각 호에 해당하는 지역을 말한다.

1. 「백두대간 보호에 관한 법률」 제2조제1호에 따른 백두대간 또는 같은 조 제1호의2에 따른 정맥의 능선으로부터 300미터 이내의 지역으로서 녹지나 생태계의 보전 및 복원이 필요한 지역
2. 법 제12조제1항 각 호 외의 부분 단서에 따른 특별자치시장 · 특별자치도지사 · 시장 · 군수 또는 구청장(이하 "시장 · 군수 · 구청장"이라 한다)의 허가 없이 같은 항 제7호에 따른 행위가 발생하여 법 제30조제1항에 따른 시정명령을 받은 지역으로서 개발제한구역의 지정 목적을 달성하기 위해 복원이 필요한 지역

(2022.12.6 본항신설)

⑥ 국토교통부장관이 입안권자로부터 훼손지 복구계획등을 포함한 도시 · 군관리계획을 제출받아 법 제8조에 따라 도시 · 군관리계획을 결정한 때에는 지체 없이 그 도시 · 군관리계획을 해당 지역에 대한 법 제11조제1항에 따른 개발제한구역관리계획의 수립권자인 특별시장 · 광역시장 · 특별자치시장 · 도지사 · 특별자치도지사(이하 "시 · 도지사"라 한다)에게 통보하여야 한다.(2013.10.30 본항개정)

⑦ 제6항에 따라 도시 · 군관리계획을 통보받은 시 · 도지사는 도시 · 군관리계획에 포함된 훼손지 복구계획등을 법 제11조제1항에 따른 개발제한구역관리계획(이하 "관리계획"이라 한다)에 반영하여 관리해야 한다.(2022.12.6 본항개정)

⑧ 중앙행정기관의 장, 특별시장, 광역시장, 특별자치시장, 도지사, 특별자치도지사, 시장 또는 군수는 개발사업자가 법 제4조제4항 및 제5항에 따라 훼손지 복구사업을 효율적으로 시행하기 위하여 복구사업지역에 대하여 「국토의 계획 및 이용에 관한 법률」 제86조에 따라 도시 · 군계획시설사업을 시행하려는 경우에는 같은 법 제30조에 따른 도시 · 군관리계획의 결정 및 같은 법 제88조에 따른 실시계획의 작성 · 인가, 그 밖의 관계 법령에 따른 조치를 신속히 취하는 등 복구사업의 시행에 협조하여야 한다.(2013.10.30 본항개정)

(2009.8.5 본조신설)

제2조의3【훼손지 복구계획등의 내용 등】 ① 훼손지 복구계획등에는 다음 각 호의 사항이 포함되어야 한다.

1. 복구사업지역의 위치 및 범위
2. 복구사업의 구체적인 내용
3. 복구사업의 시행자 또는 시행 예정자
4. 복구사업지역의 지장물(支障物) 등 훼손지 현황 및 실태
5. 복구사업의 시행시기
6. 복구사업에 드는 재원 및 투입계획
7. 건축물 등의 철거 등에 따른 이주대책
8. 복구사업지역 이외의 개발제한구역으로 존치되는 주변 지역에 대한 관리방안
9. 관계기관 및 이해관계인의 의견 등

② 국토교통부장관은 제1항에 따른 훼손지 복구계획등의 내용이 제2조의2제1항에서 정한 목표의 실현 가능성이 적거나 복구의 실질적 효과가 낮은 것으로 판단되는 경우에는 그 훼손지 복구계획등의 전부 또는 일부를 보완하거나 수정할 것을 입안권자에게 요구할 수 있다. 이 경우 미리 입안권자의 의견을 충분히 들어야 한다.(2013.3.23 전단개정)

(2009.8.5 본조신설)

제2조의4 (2012.6.25 삭제)

제2조의5【훼손지 복구사업에 필요한 세부사항 등】 훼손지 복구사업의 내용 · 절차 등에 관하여 필요한 세부사항은 국토교통부장관이 따로 정한다.(2013.3.23 본조개정)

제2조의6【정비사업 구역의 요건 등】 ① 법 제4조의2제1항에 따른 동물 · 식물 관련 시설이 밀집된 훼손지(이하 "밀집훼손지"라 한다)의 정비사업(이하 "정비사업"이라 한다) 구역은 다음 각 호의 요건을 모두 갖추어야 한다.

1. 밀집훼손지는 다음 각 목의 요건을 모두 갖출 것
   가. 밀집훼손지의 총 규모는 1만제곱미터 이상일 것. 이 경우 밀집훼손지가 2개 이상인 경우에는 각 밀집훼손지의 규모는 3천제곱미터 이상이어야 하고, 그 위치는 동일한 특별자치시 · 특별자치도 · 시 · 군 또는 구(구는 자치구를 말하며, 이하 "시 · 군 · 구"라 한다)의 관할구역 내에 있어야 한다.(2019.10.1 본목개정)

나. 해당 동물·식물 관련 시설은 2016년 3월 30일 전에 건축허가를 받았거나 설치된 것일 것(2019.10.1 본목개정)
다. 밀집훼손지에서 동물·식물 관련 시설이 설치된 토지(해당 필지의 면적에서 동물·식물 관련 시설의 건축면적이 차지하는 비율이 100분의 20 이상인 토지를 말한다. 이하 같다)가 차지하는 면적이 100분의 70 이상일 것
라. 동물·식물 관련 시설이 설치된 토지 외의 밀집훼손지 내 토지에는 임야가 포함되지 아니할 것. 다만, 정비사업 구역의 정형화와 사업의 효율적 시행을 위하여 부득이한 경우에는 밀집훼손지 면적의 100분의 5 범위에서 임야(개발제한구역에 대한 환경평가 결과 보존가치가 높게 나타나는 임야는 제외한다)를 포함할 수 있다.(2019.10.1 단서신설)
2. 제1호 각 목의 요건을 갖춘 밀집훼손지 주변에 흩어져 있는 개발제한구역 내의 토지로서 동물·식물 관련 시설(2016년 3월 30일 전에 건축허가를 받았거나 설치된 시설로 한정한다)이 설치된 토지는 해당 토지를 「도시공원 및 녹지 등에 관한 법률」 제2조에 따른 도시공원 또는 녹지로 조성하거나 원상복구하는 경우에만 정비사업 구역에 포함할 것(2019.10.1 본호개정)
3. 다음 각 목의 시기에 해당 동물·식물 관련 시설에 대한 이행강제금의 체납이 없을 것
가. 법 제4조의2제6항 전단에 따라 시·도지사가 정비사업에 관한 협의를 국토교통부장관에게 요청할 때(2019.10.1 본목개정)
나. 정비사업의 시행을 위하여 법 제12조에 따른 행위허가를 신청할 때
② 법 제4조의2제4항에서 "대통령령으로 정하는 서류"란 다음 각 호의 사항이 포함된 서류를 말한다.(2019.10.1 본문개정)
1. 정비사업 구역의 위치 및 면적
2. 제2조의7에 따른 정비사업의 내용 및 방법에 관한 사항
3. 토지이용계획
4. 정비사업 구역 밖에 기반시설을 설치하여야 할 경우 시설 설치비용의 부담계획
5. 「국토의 계획 및 이용에 관한 법률」에 따른 도시·군관리계획(이하 "도시·군관리계획"이라 한다)의 수립 또는 변경에 관한 사항
6. 그 밖에 국토교통부령으로 정하는 사항
(2016.3.29 본조신설)

제2조의7【정비사업의 내용 및 방법】 ① 정비사업의 내용은 다음 각 호와 같다.
1. 제13조제3항 각 호의 시설의 설치
2. 정비사업구역 내 기존 건축물의 철거 후 신축
3. 도로 등 기반시설의 설치 또는 정비
② 정비사업은 다음 각 호의 어느 하나에 해당하는 방법으로 시행할 수 있다.
1. 「도시개발법」에 따른 도시개발사업(2019.10.1 본호개정)
2. 법 제12조에 따른 행위허가
(2016.3.29 본조신설)

제2조의8【조합의 설립 등】 정비사업을 위한 조합의 설립절차, 조합원의 자격, 조합원의 경비 부담 등에 관하여는 「도시개발법」 제13조(제3항 및 제4항은 제외한다)부터 제16조까지의 규정을 준용한다. 이 경우 "지정권자"는 "시장·군수·구청장"으로, "도시개발구역"은 "정비사업구역"으로 본다.(2016.3.29 본조신설)

제2조의9【개발제한구역으로의 환원 대상 및 환원 고시】 ① 법 제5조제3항 각 호 외의 부분에서 "도시용지의 적절한 공급, 기반시설의 설치 등 대통령령으로 정하는 사유로 개발제한구역에서 해제된 지역"이란 제2조제3항 제1호 또는 제3호에 따라 개발제한구역에서 해제된 지역을 말한다.
② 국토교통부장관은 법 제5조제3항에 따라 개발제한구역으로 환원된 경우에는 같은 조 제5항에 따라 다음 각 호의 사항을 관보에 고시하여야 한다.
1. 개발제한구역으로 환원된 구역의 명칭, 위치 및 면적
2. 개발제한구역으로의 환원 사유
3. 「국토의 계획 및 이용에 관한 법률」에 따른 용도지역의 환원에 관한 사항
③ 법 제5조제3항제1호 단서에서 "재난의 발생 등 대통령령으로 정하는 불가피한 사유"란 다음 각 호의 어느 하나에 해당하는 사유를 말한다.
1. 재난이 발생한 경우
2. 「매장문화재 보호 및 조사에 관한 법률」 제11조에 따라 문화재청장의 매장문화재 발굴허가를 받은 경우
3. 그 밖에 사업시행자에게 책임이 없는 불가항력적인 사유가 발생한 경우
(2019.10.1 본항신설)
(2016.3.29 본조신설)

제3조【도시·군관리계획의 수립을 위한 기초조사 등】 ① 법 제6조제1항에서 "그 밖에 대통령령으로 정하는 사항"이란 다음 각 호의 사항을 말한다.
1. 기후·지형·자원 및 생태 등 자연적 여건
2. 「국토의 계획 및 이용에 관한 법률」 제2조제6호에 따른 기반시설(이하 "기반시설"이라 한다) 및 주거 수준의 현황과 전망
3. 풍수해, 지진, 그 밖의 재해의 발생 현황 및 추이
4. 도시·군관리계획과 관련된 다른 계획 및 사업의 내용
5. 그 밖에 도시·군관리계획의 수립에 필요한 사항
(2012.4.10 4호~5호개정)
② 법 제6조제4항에서 "대통령령으로 정하는 공공기관"이란 다음 각 호의 기관을 말한다.
1. 「한국토지주택공사법」에 따른 한국토지주택공사
2. 「국가공간정보 기본법」에 따른 한국국토정보공사(2015.6.1 본호개정)
(2013.10.30 본항신설)
③ 법 제6조제1항에 따른 기초조사와 법 제6조제2항에 따른 실태조사를 할 때 조사할 사항에 관하여 다른 법령에 따라 조사·측량한 자료가 있는 경우에는 그 자료를 활용할 수 있다.(2013.10.30 본항개정)
(2013.10.30 본조제목개정)

제4조【도시·군관리계획의 입안 시 주민의 의견청취】 ① 법 제7조제4항에 따라 조례로 주민의 의견청취에 필요한 사항을 정할 때 적용되는 기준은 다음 각 호와 같다.
1. 도시·군관리계획안의 주요 내용을 다음 각 목의 매체에 각각 공고할 것
가. 둘 이상의 일반일간신문(「신문 등의 진흥에 관한 법률」 제9조제1항에 따라 전국 또는 해당 지방자치단체를 주된 보급지역으로 등록한 일반일간신문을 말한다)
나. 해당 지방자치단체의 공보나 인터넷 홈페이지 또는 관보·방송 등의 매체
2. 도시·군관리계획안을 14일 이상의 기간 동안 일반인이 공람할 수 있도록 할 것
(2022.11.1 본항개정)
② 제1항에 따라 공고·공람된 도시·군관리계획안의 내용에 대하여 의견이 있는 자는 공람 기간에 특별시장·광역시장·특별자치시장·특별자치도지사·시장 또는 군수에게 의견서를 제출할 수 있다.(2013.10.30 본항개정)
③ 국토교통부장관, 시·도지사, 시장 또는 군수는 공람기일이 끝난 날부터 60일 이내에 제2항에 따라 제출된 의견을 도시·군관리계획안에 반영할 것인지 검토하여 그 결과를 그 의견을 제출한 자에게 알려야 한다.(2022.11.1 본항개정)
④ 국토교통부장관, 시·도지사, 시장 또는 군수는 제2항에 따라 제출된 의견을 도시·군관리계획안에 반영할 때 그 내용이 해당 지방자치단체의 도시·군관리계획에 관한 조례로 정하는 중요한 사항인 경우에는 그 내용을 다시 공고·공람하여 주민의 의견을 들어야 한다.(2022.11.1 본항개정)
⑤ 제4항에 따른 재공고·공람에 관하여는 제1항부터 제3항까지의 규정을 준용한다.
⑥ 법 제7조제1항 단서에서 "대통령령으로 정하는 경미한 사항"이란 도시·군관리계획 결정의 내용 중 잘못 산정한 면적을 정정하기 위한 변경 결정을 말한다.
(2012.4.10 본항개정)
(2012.4.10 본조제목개정)

제5조【도시·군관리계획의 수립을 위한 지방의회의 의견청취】 법 제7조제5항에서 "대통령령으로 정하는 사항"이란 개발제한구역의 지정 및 해제에 관한 사항을 말한다. 다만, 제4조제6항에 따른 경미한 사항은 제외한다.
(2012.4.10 본조제목개정)

제6조【경미한 도시·군관리계획의 변경 결정】 법 제8조제5항 단서에서 "대통령령으로 정하는 경미한 사항"이란 도시·군관리계획 결정의 내용 중 잘못 산정한 면적을 정정하기 위한 변경 결정을 말한다.(2012.4.10 본조개정)

제7조【도시·군관리계획 결정의 고시】 법 제8조제6항 전단에 따른 도시·군관리계획 결정의 고시는 다음 각 호의 사항을 관보에 게재하는 방법으로 한다.(2012.4.10 본문개정)
1. 개발제한구역의 지정 또는 해제
2. 위치
3. 면적 또는 규모
4. 그 밖에 국토교통부령으로 정하는 사항(2013.3.23 본호개정)
(2012.4.10 본조제목개정)

제8조~제9조 (2013.10.30 삭제)

제10조【개발제한구역관리계획의 내용 등】 ① 법 제11조제1항제5호 본문에서 "대통령령으로 정하는 규모 이상인 건축물의 건축 또는 토지의 형질변경"이란 다음 각 호의 건축물의 건축 또는 토지의 형질변경(토석의 채취를 포함한다. 이하 같다)을 말한다.(2013.10.30 본문개정)
1. 연면적 3천 제곱미터 이상(같은 목적으로 여러 번에 걸쳐 부분적으로 건축하거나 연접하여 건축하는 경우에는 그 전체 면적을 말한다)인 건축물의 건축
2. 1만 제곱미터 이상(같은 목적으로 여러 번에 걸쳐 부분적으로 형질변경을 하거나 연접하여 형질변경을 하는 경우에는 그 전체면적을 말한다)의 토지의 형질변경
② 법 제11조제1항제9호에서 "대통령령으로 정하는 사항"이란 다음 각 호의 사항을 말한다.
1. 「국토의 계획 및 이용에 관한 법률」에 따른 도시·군기본계획 또는 광역도시계획에 따라 개발제한구역 해제 대상으로 설정된 지역의 관리(2012.4.10 본호개정)
2. 방치된 폐기물의 수거, 훼손된 환경의 복구 등 환경정비
2의2. 훼손지 복구가 필요한 지역의 현황 및 그 복구계획(2009.8.5 본호신설)
3. 개발제한구역 관리의 전산화
4. 개발제한구역의 경계선을 표시하기 위하여 국토교통부령으로 정하는 표석(標石)의 설치 및 관리(2013.3.23 본호개정)
5. 그 밖에 개발제한구역을 합리적으로 관리하기 위하여 국토교통부장관이 정하는 사항(2013.3.23 본호개정)
③ 관리계획을 수립할 때 관리계획에 포함되어야 할 사항에 관하여 다른 법령의 규정에 관련 내용이 있는 경우에는 그 관련 내용을 활용할 수 있다.(2009.8.5 본항개정)
④ 법 제11조제2항 단서 및 같은 조 제5항 단서에서 "대통령령으로 정하는 경미한 사항"이란 다음 각 호의 사항을 말한다.(2013.10.30 본문개정)
1. 개발제한구역의 현황 및 실태에 관한 조사계획의 변경
2. 법 제11조제1항제4호에 따른 도시·군계획시설(이하 "도시·군계획시설"이라 한다) 또는 같은 항 제5호 본문에 따른 사항 중 다음 각 목의 어느 하나에 해당하는 경우(2013.10.30 본문개정)
가. 건축물의 건축 연면적 또는 토지의 형질변경 면적의 감소
나. 건축물의 건축 연면적의 최초 대비 10분의 2 이하 또는 토지의 형질변경 면적의 최초 대비 10분의 1 이하의 증가(같은 목적으로 여러 번에 걸쳐 증가하는 경우에는 그 누적된 면적을 말한다). 다만, 증가되는 면적이 제1항 각 호의 어느 하나의 규모에 해당하는 경우는 제외한다.(2016.6.30 본문개정)
다. (2012.5.14 삭제)
3. 도시·군계획시설 중 도로·철도·궤도·공동구(共同溝)·급배수관로(給排水管路)·송전선로·가스관로 등 선형(線形) 시설의 경과지 및 폭의 변경(2012.4.10 본호개정)
4. 제2조의2제7항에 따라 훼손지 복구계획등을 관리계획에 반영하기 위한 변경(2022.12.6 본호개정)
5. 그 밖에 제1호부터 제3호까지의 사항과 비슷한 것으로서 국토교통부장관이 정하는 사항(2013.3.23 본호개정)
⑤ 시·도지사는 제4항에 따른 관리계획의 경미한 사항의 변경이 있는 경우에는 지체 없이 국토교통부장관에게 그 사실을 알려야 한다.(2013.3.23 본항개정)

제11조【관리계획 수립 시 주민의 의견청취】 ① 시장·군수·구청장은 법 제11조제6항 본문에 따라 관리계획의 수립에 관하여 주민의 의견을 들으려면 관리계획안의 주요 내용을 해당 시·군·구의 지역을 주된 보급지역으로 하는 둘 이상의 일간신문에 공고하여야 하고, 그 밖에 관보, 공보, 인터넷 홈페이지, 방송 등의 방법으로 공고해야 하며, 관리계획안을 14일 이상 일반인이 공람할 수 있게 해야 한다.(2022.12.6 본항개정)
② 제1항에 따라 공고·공람된 관리계획안의 내용에 대하여 의견이 있는 자는 공람 기간에 시장·군수·구청장에게 의견서를 제출할 수 있다.(2022.12.6 본항개정)
③ 시장·군수 또는 구청장이 관리계획안에 대한 주민의 의견을 시·도지사에게 제출할 때에는 그 의견의 요지를 함께 제출하여야 한다.

제12조【관리계획의 공고 등】 ① 시·도지사는 법 제11조제7항에 따라 관리계획 승인을 공고할 때에는 다음 각 호의 사항을 해당 지방자치단체의 공보에 게재하고, 관할 시·군·구와 읍·면·동의 게시판에 게시해야 한다.
(2019.10.1 본문개정)
1. 승인 일자
2. 관리계획의 주요 내용
3. 열람 장소
4. 열람 기간
② 시·도지사는 관리계획 승인서류 사본과 관리계획 도서 및 도면을 일반인이 열람할 수 있도록 시·군 또는 구에 보내야 한다.
③ 시장·군수 또는 구청장은 제2항에 따라 송부된 서류 등을 받았으면 14일 이상 일반인이 열람할 수 있게 하여야 한다.

제13조【허가 대상 건축물 또는 공작물의 종류 등】 ① 법 제12조제1항제1호에 따른 건축물 또는 공작물의 종류, 건축 또는 설치의 범위는 별표1과 같다.
② 개발제한구역의 토지가 다음 각 호의 어느 하나에 해당하는 경우에는 인접한 용도지역에서 허용되는 건축물 또는 공작물을 건축하거나 설치할 수 있다.
1. 개발제한구역 지정 당시부터 개발제한구역의 경계선이 건축물 또는 공작물(법 제12조제7항에 따라 개발제한구역 지정 당시 이미 관계 법령에 따라 허가 등을 받아 공사 또는 사업에 착수한 건축물 또는 공작물을 포함한다)을 관통하는 경우 그 건축물 또는 공작물의 부지(개발제한구역 지정 당시부터 담장 등으로 구획되어 있어 기능상 일체가 되는 토지를 말한다)(2013.10.30 본호개정)
2. 개발제한구역 지정 당시부터 해당 필지의 2분의 1 미만이 개발제한구역에 편입된 토지로서 지목(地目)이 대(垈)인 토지(개발제한구역 지정 후에 개발제한구역 경계선을 기준으로 분할된 토지를 포함한다)(2016.3.29 본호개정)
③ 법 제12조제1항제1호의2에서 "대통령령으로 정하는 시설"이란 다음 각 호의 시설을 말한다.
1. 「도시공원 및 녹지 등에 관한 법률」 제2조에 따른 도시공원 또는 녹지
2. 다음 각 목의 요건을 모두 갖춘 물류창고(「물류시설의 개발 및 운영에 관한 법률」 제2조제5호의2에 따른 물류창고를 말한다)

가. 저장물질이 「고압가스 안전관리법」에 따른 고압가스, 「위험물안전관리법」 제2조제1호에 따른 위험물 또는 「화학물질관리법」 제2조제2호에 따른 유독물질이 아닐 것
나. 높이가 10미터 이하일 것(2018.2.9 본목개정)
다. 용적률이 120퍼센트 이하일 것
3. 정비사업 구역 내의 법 제13조에 따른 건축물을 철거하고 종전과 같은 용도로 신축하는 건축물
(2016.3.29 본항신설)

제14조【건축물의 건축을 수반하지 않는 토지의 형질변경의 범위】 법 제12조제1항제4호에서 "영농을 위한 경우 등 대통령령으로 정하는 토지의 형질변경"이란 다음 각 호를 말한다.
1. 농림수산업을 위한 개간 또는 초지 조성. 이 경우 개간 예정지는 경사도가 21도 이하, 초지 조성 예정지는 경사도가 36도 이하이어야 한다.
2. 경작 중인 논·밭을 환토(흙 바꾸기)하거나 객토(새 흙 넣기)하기 위한 토석의 채취, 논·밭의 환토·개답(논을 고쳐 만듦)·개간(개간의 경우에는 경사도가 5도 이하로서 나무가 없는 토지만 해당한다)에 수반되는 골재의 채취(2021.1.5 본호개정)
3. 농로(農路), 임도(林道), 사도(私道)를 설치하기 위한 토지의 형질변경(2009.8.5 본호개정)
4. (2009.8.5 삭제)
5. 「공익사업을 위한 토지 등의 취득 및 보상에 관한 법률」 제2조제2호에 따른 공익사업(이하 "공익사업"이라 한다)의 시행이나 재해로 인하여 인접지보다 지면이 낮아진 논밭의 영농을 위하여 50센티미터 이상 성토(흙쌓기)하는 행위(2021.1.5 본호개정)
6. (2010.10.14 삭제)
7. 기존의 공동묘지를 그 묘역의 범위에서 공설묘지로 정비하기 위한 토지의 형질변경
8. 농업용 늪지와 농업용수 공급시설을 설치하기 위한 토지의 형질변경
9. 다음 각 목의 어느 하나에 해당하는 시설의 진입로 설치를 위한 토지의 형질변경
가. 개발제한구역 내 주택 또는 근린생활시설〔개발제한구역 지정 당시 건축되었거나 별표1 제5호다목가) 또는 같은 호 라목나)에 따라 신축하려는 것만 해당한다〕(2020.2.18 본목개정)
나. 별표1 제5호마목에 따른 주민 공동이용시설 중 개발제한구역 지정 당시 건축되었거나 설치된 마을공동작업장·마을공동회관·공동구판장·공판장 또는 목욕장
(2016.2.11 본호개정)
9의2. 「전통사찰의 보존 및 지원에 관한 법률」에 따른 전통사찰의 진입로 설치를 위한 토지의 형질변경. 이 경우 그 진입로의 너비는 4미터 이내로 하되, 차량의 교행(交行)이나 대피 등 안전확보를 위한 곳에서는 그 너비를 8미터까지로 할 수 있다.(2009.8.5 본호신설)
10. 개발제한구역의 지정 이전부터 방치된 광업폐기물·폐석(廢石) 및 광물찌꺼기를 제거하기 위한 토지의 형질변경
11. 법 제15조제1항에 따라 지정된 취락지구를 정비하기 위한 사업의 시행에 필요한 토지의 형질변경
12. 건축물이 철거된 토지 및 그 인접 토지를 녹지 등으로 조성하기 위한 토지의 형질변경
13. 공익사업 중 「공익사업을 위한 토지 등의 취득 및 보상에 관한 법률」 제4조제1호 및 제2호에 따른 사업을 시행하기 위한 토석의 채취(2020.2.18 본호개정)
14. 하천구역에서의 토석 및 모래·자갈의 채취와 저수지 및 수원지의 준설(浚渫)에 따른 골재의 채취
15. 국토교통부령으로 정하는 지하자원의 조사 및 개발(이를 위한 공작물의 설치를 포함한다)(2013.3.23 본호개정)
16. 대지화되어 있는 토지(관계 법령에 따른 허가 등 적법한 절차에 따라 조성된 토지의 지목이 대·공장용지·철도용지·도로용지·학교용지·수도용지·잡종지로서 건축물이나 공작물이 건축 또는 설치되어 있지 아니한 나무가 없는 토지를 말한다. 이하 같다)에 노외주차장을 설치(주차 관리를 위한 연면적 20제곱미터 이하의 가설건축물의 설치를 포함한다)하기 위한 토지의 형질변경(2017.7.11 본호개정)
17. 「주차장법」에 따른 건축물 부설주차장을 설치하기 위한 토지의 형질변경(기존의 대지에 설치할 수 없는 경우만 해당한다)
18. 「농어촌정비법」에 따른 주말농원에 노외주차장을 설치하기 위한 토지의 형질변경(노외주차장의 면적이 600제곱미터 이하인 경우만 해당한다)(2009.8.5 본호신설)
(2021.1.5 본조제목개정)

제15조【죽목의 벌채 면적 및 수량】 법 제12조제1항제5호에서 "대통령령으로 정하는 규모"란 벌채 면적 500제곱미터 또는 벌채 수량 5세제곱미터를 말한다.

제16조【토지의 분할】 법 제12조제1항제6호에서 "대통령령으로 정하는 범위"란 분할된 후 각 필지의 면적이 300제곱미터 이상(지목이 대인 토지를 주택 또는 근린생활시설을 건축하기 위하여 분할하는 경우에는 330제곱미터 이상)인 경우를 말한다. 다만, 다음 각 호의 어느 하나에 해당하는 경우에는 그 미만으로도 분할할 수 있다.
(2013.10.30 본문개정)
1. 공익사업 중 「공익사업을 위한 토지 등의 취득 및 보상에 관한 법률」 제4조제1호 및 제2호에 따른 사업을 시행하기 위한 경우(2020.2.18 본호개정)
2. 인접 토지와 합병하기 위한 경우
3. 「사도법」에 따른 사도(私道), 농로, 임도, 그 밖에 건축물 부지의 진입로를 설치하기 위한 경우
4. 별표2 제3호가목에 따른 토지의 형질변경을 위한 경우. 다만, 분할 후 형질변경을 하지 아니하는 다른 필지의 면적이 60제곱미터 미만인 경우는 제외한다.

제17조【물건의 적치】 ① 법 제12조제1항제7호에서 "대통령령으로 정하는 물건"이란 모래, 자갈, 토석, 석재, 목재, 철재, 폴리비닐클로라이드(PVC), 컨테이너, 콘크리트제품, 드럼통, 병, 그 밖에 「폐기물관리법」 제2조제1호에 따른 폐기물이 아닌 물건으로서 물건의 중량이 50톤을 초과하거나 부피가 50세제곱미터를 초과하는 것을 말한다.
② 법 제12조제1항제7호에서 "대통령령으로 정하는 기간"이란 1개월 이상 12개월 이하를 말한다.(2009.8.5 본항개정)

제18조【용도변경】 ① 법 제12조제1항제8호에서 "대통령령으로 정하는 건축물을 근린생활시설 등 대통령령으로 정하는 용도로 용도변경하는 행위"란 다음 각 호의 행위를 말한다.
1. 주택을 다음 각 목의 시설로 용도변경하는 행위. 다만, 「수도법」 제3조제2호에 따른 상수원의 상류 하천(「하천법」에 따른 국가하천 및 지방하천을 말한다)의 양쪽 기슭(양안) 중 그 하천의 경계로부터 직선거리 1킬로미터 이내의 지역(「하수도법」 제2조제15호에 따른 하수처리구역은 제외한다)에서 1999년 6월 24일 이후에 신축된 주택을 근린생활시설로 용도변경하는 경우에는 「한강수계 상수원수질개선 및 주민지원 등에 관한 법률」 제5조에 따라 설치할 수 없는 시설을 제외한 근린생활시설만 해당한다.(2021.1.5 단서개정)
가. 「건축법 시행령」 별표1 제3호에 따른 제1종 근린생활시설(안마원은 제외한다)
나. 「건축법 시행령」 별표1 제4호에 따른 제2종 근린생활시설(단란주점, 안마시술소, 노래연습장은 제외한다)
다. 「건축법 시행령」 별표1 제6호에 따른 종교시설
라. 「건축법 시행령」 별표1 제11호에 따른 노유자시설
마. 「박물관 및 미술관 진흥법」 제2조에 따른 박물관 및 미술관
(2015.9.8 본호개정)
2. 별표1 제5호라목에 따른 근린생활시설(주택에서 용도변경되었거나 1999년 6월 24일 이후에 신축된 경우만 해당한다)을 다음 각 목의 시설로 용도변경하는 행위
가. 주택
나. 「건축법 시행령」 별표1 제3호에 따른 제1종 근린생활시설(안마원은 제외한다)
다. 「건축법 시행령」 별표1 제4호에 따른 제2종 근린생활시설(단란주점, 안마시술소, 노래연습장은 제외한다)
라. 「건축법 시행령」 별표1 제6호에 따른 종교시설
마. 「건축법 시행령」 별표1 제11호에 따른 노유자시설
바. 「박물관 및 미술관 진흥법」 제2조에 따른 박물관 및 미술관
(2015.9.8 본호개정)
3. 주택을 다른 용도로 변경한 건축물을 다시 주택으로 용도변경하는 행위
4. 개발제한구역에서 공장 등 신축이 금지된 건축물을 다음 각 목의 시설로 용도변경(용도변경된 건축물을 다시 다음 각 목의 시설로 용도변경하는 경우를 포함한다)하는 행위. 다만, 라목 및 사목의 시설로의 용도변경은 공장을 용도변경하는 경우로 한정한다.
가. 「건축법 시행령」 별표1 제3호에 따른 제1종 근린생활시설(안마원은 제외한다)
나. 「건축법 시행령」 별표1 제4호에 따른 제2종 근린생활시설(단란주점, 안마시술소, 노래연습장은 제외한다)
다. 「건축법 시행령」 별표1 제6호에 따른 종교시설
라. 「건축법 시행령」 별표1 제10호나목 및 마목에 따른 교육원 및 연구소
마. 「건축법 시행령」 별표1 제11호에 따른 노유자시설
바. 「박물관 및 미술관 진흥법」 제2조에 따른 박물관 및 미술관
사. 「물류시설의 개발 및 운영에 관한 법률」 제2조제5호의2에 따른 물류창고(「고압가스 안전관리법」에 따른 고압가스, 「위험물안전관리법」 제2조제1호에 따른 위험물 및 「화학물질관리법」 제2조제2호에 따른 유독물질이 아닌 물품을 저장하는 창고를 말한다)(2016.3.29 본목개정)
(2015.9.8 본호개정)
5. (2015.9.8 삭제)
6. 폐교된 학교시설을 기존 시설의 연면적의 범위에서 자연학습시설, 청소년수련시설(청소년수련관·청소년수련원 및 청소년야영장만 해당한다), 연구소, 교육원, 연수원, 도서관, 박물관, 미술관 또는 종교시설로 용도변경하는 행위
7. 「가축분뇨의 관리 및 이용에 관한 법률」 제8조에 따라 가축의 사육이 제한된 지역에 있는 기존 축사를 기존 시설의 연면적의 범위에서 그 지역에서 생산되는 농수산물보관용 창고로 용도변경하는 행위
8. 기존 공항·비행장의 여유시설을 활용하기 위하여 「공항시설법」 제7조제1항에 따른 개발사업 실시계획에 따라 기존 건축물을 연면적의 범위에서 용도변경하는 행위(2017.3.29 본호개정)
9. (2009.8.5 삭제)
10. 별표1에 따른 건축 또는 설치의 범위에서 시설 상호 간에 용도변경을 하는 행위. 이 경우 기존 건축물의 규모·위치 등이 새로운 용도에 적합하여 기존 시설의 확장이 필요하지 아니하여야 하며, 주택이나 근린생활시설로 용도변경하는 것은 개발제한구역 지정 당시부터 지목이 대인 토지에 개발제한구역 지정 이후에 건축물이 건축되거나 공작물이 설치된 경우만 해당한다.
11. 기존 공공업무시설〔「혁신도시 조성 및 발전에 관한 특별법」에 따라 이전하는 중앙행정기관(소속기관을 포함한다)의 청사를 말한다. 이하 이 호에서 같다〕을 일반업무시설(「공공기관의 운영에 관한 법률」에 따른 공공기관(「민법」 제32조 또는 다른 법률에 따라 설립한 비영리법인으로서 「수도권정비계획법」 제21조에 따른 수도권정비위원회의 심의를 거쳐 기존 공공업무시설 대지의 이용이 허용된 법인을 포함한다)의 업무용 시설을 말한다)로 용도변경하는 행위(2018.2.27 본호개정)
② 제1항제1호, 제2호 및 제4호에 따라 휴게음식점, 제과점 또는 일반음식점으로 용도변경을 할 수 있는 사람은 다음 각 호의 어느 하나에 해당하는 사람이어야 하며, 용도변경하려는 건축물의 연면적은 300제곱미터 이하여야 한다.
1. 허가신청일 현재 해당 개발제한구역에서 5년 이상 계속 거주하고 있는 사람(이하 "5년이상거주자"라 한다)
2. 허가신청일 현재 해당 개발제한구역에서 해당 시설을 5년 이상 계속 직접 소유하면서 경영하고 있는 사람
3. 개발제한구역 지정 당시부터 해당 개발제한구역에 거주하고 있는 사람(개발제한구역 지정 당시 해당 개발제한구역에 거주하고 있던 사람으로서 개발제한구역에 주택이나 토지를 소유하고, 생업을 위하여 3년 이하의 기간 동안 개발제한구역 밖에 거주하였던 사람을 포함하되, 세대주 또는 직계비속 등의 취학을 위하여 개발제한구역 밖에 거주한 기간은 개발제한구역에 거주한 기간으로 본다. 이하 "지정당시거주자"라 한다)
(2020.2.18 본항개정)
③ 제2항에 따라 용도변경을 하는 휴게음식점, 제과점 또는 일반음식점에는 인접한 토지를 이용하여 300제곱미터 이내의 주차장을 설치할 수 있으며, 주차장을 다른 용도로 변경하는 경우에는 주차장 부지를 원래의 지목으로 되돌려야 한다.(2013.10.30 본항개정)

제18조의2【지목 변경된 토지에 건축할 수 있는 건축물의 종류】 법 제12조제1항제9호에서 "대통령령으로 정하는 건축물"이란 별표1 제5호다목 및 라목에 따른 주택 및 근린생활시설을 말한다.(2014.4.28 본조신설 : 2015.12.31까지 유효)

제19조【신고의 대상】 법 제12조제3항에 따른 신고의 대상은 다음 각 호와 같다.(2013.10.30 본문개정)
1. 주택 및 근린생활시설로서 다음 각 목의 어느 하나에 해당하는 증축·개축 및 대수선(大修繕)
가. 기존 면적을 포함한 연면적의 합계가 100제곱미터 이하인 경우
나. 증축·개축 및 대수선되는 연면적의 합계가 85제곱미터 이하인 경우
2. 농림수산업용 건축물(관리용 건축물은 제외한다) 또는 공작물로서 다음 각 목의 어느 하나에 해당하는 경우의 증축·개축 및 대수선
가. 증축·개축 및 대수선되는 건축면적 또는 바닥면적의 합계가 50제곱미터 이하인 경우
나. 축사, 동물 사육장, 작물 재배사(栽培舍), 퇴비사(발효퇴비장을 포함한다) 및 온실의 기존 면적을 포함한 연면적의 합계가 200제곱미터 미만인 경우(2015.9.8 본목개정)
다. 창고의 기존 면적을 포함한 연면적의 합계가 100제곱미터 미만인 경우
2의2. 「농어촌정비법」 제2조제16호다목에 따른 주말농원 사업 중 주말영농을 위하여 토지를 임대하는 이용객이 50명 이상인 주말농원사업에 이용되는 10제곱미터 초과 20제곱미터 이하의 농업용 원두막(벽이 없고 지붕과 기둥으로 설치한 것을 말한다)을 설치하는 행위. 다만, 주말농원을 운영하지 아니하는 경우에는 지체 없이 철거하고 원상복구하여야 한다.(2010.10.14 본호신설)
3. 근린생활시설 상호 간의 용도변경. 다만, 휴게음식점·제과점 또는 일반음식점으로 용도변경하는 경우는 제외한다.(2009.8.5 단서개정)
4. 벌채 면적이 500제곱미터 미만이거나 벌채 수량이 5세제곱미터 미만인 경우의 죽목 벌채(2009.8.5 본호개정)
5. 다음 각 목의 어느 하나에 해당하는 물건을 쌓아두는 행위
가. 제17조제1항에 따른 물건을 1개월 미만 동안 쌓아두는 행위(2009.8.5 본목개정)
나. 중량이 50톤 이하이거나 부피가 50세제곱미터 이하로서 제17조제1항에 따른 물건을 15일 이상 쌓아두는 행위(2009.8.5 본목개정)
6. 「매장문화재 보호 및 조사에 관한 법률」에 따른 문화재의 조사·발굴을 위한 토지의 형질변경(2011.1.28 본호개정)
7. 생산품의 보관을 위한 임시 가설 천막(벽 또는 지붕이 합성수지 재질로 된 것을 포함한다)의 설치(기존의 공장 및 제조업소의 부지에 설치하는 경우만 해당한다)(2014.1.28 본호개정)

7의2. 「농업·농촌 및 식품산업 기본법」 제3조제2호에 따른 농업인이 개발제한구역의 토지 또는 그 토지와 일체가 되는 토지에서 생산되는 농산물을 보관·저장하려는 목적으로 농산물 저온저장고(국토교통부령으로 정하는 것으로서 기초를 위한 콘크리트 타설을 하지 않는 경우로 한정한다) 또는 해당 저온저장고의 외벽으로부터 수평거리 50센티미터 이내의 범위에서 비가림시설을 설치하는 행위(2023.2.14 본호신설)
8. 지반의 붕괴 또는 그 밖의 재해를 예방하거나 복구하기 위한 축대·옹벽·사방시설 등의 설치
9. 허가받아 설치한 건축물(주택은 제외한다)에 높이 2미터 미만의 담장을 추가로 설치하는 경우(2020.2.18 본호신설)
10. 논을 밭으로 변경하기 위한 토지의 형질변경 (2009.8.5 본호신설)
11. 논이나 밭을 과수원으로 변경하기 위한 토지의 형질변경(2009.8.5 본호신설)
12. 대지화되어 있는 토지를 논·밭·과수원 또는 초지로 변경하기 위한 토지의 형질변경(2012.5.14 본호신설)
13. 개발제한구역 지정 당시부터 있던 기존 주택 대지 안에서의 지하수의 개발·이용시설의 설치(상수도가 설치되어 있지 아니한 경우로 한정한다)(2016.6.30 본호신설)
(2012.5.14 본조제목개정)

제20조 【주민의 의견청취 등의 대상 및 절차】 ① 법 제12조제6항 본문에서 "대통령령으로 정하는 규모 이상으로 건축물을 건축하거나 토지의 형질을 변경하는 행위"란 다음 각 호의 건축 또는 형질변경을 말한다. 다만, 법 제11조제1항제5호 본문에 따른 건축물의 건축 또는 토지의 형질변경은 제외한다.(2019.5.21 본문개정)
1. 연면적(하나의 필지를 분할하여 각각의 필지에 건축물을 건축하는 경우에는 각 필지에 건축하는 건축물의 연면적을 합한 총면적을 말한다)이 1천500제곱미터 이상인 건축물의 건축(2011.4.4 본호개정)
2. 면적(하나의 필지를 분할하여 토지의 형질을 변경하는 경우에는 각 필지의 형질변경면적을 합한 총면적을 말한다)이 5천제곱미터 이상인 토지의 형질변경. 다만 경작을 위한 경우에는 1만제곱미터 이상으로 한다. (2011.4.4 본문개정)

② 시장·군수·구청장이 법 제12조제6항 본문에 따라 주민의 의견을 들으려면 다음 각 호의 사항을 시·군·구와 읍·면·동의 게시판에 14일 이상 게시하고, 일반인이 열람할 수 있게 해야 한다.(2022.12.6 본문개정)
1. 사업 목적
2. 사업규모(건축물의 높이, 건축 면적, 건축 연면적 및 토지의 형질변경 면적)
3. 사업시행자
4. 열람 장소
5. 그 밖에 주민이 알아야 할 사항으로서 시장·군수·구청장이 필요하다고 인정하는 사항

③ 제2항에 따라 게시된 내용에 관하여 의견이 있는 자는 제2항에 따른 열람 기간에 시장·군수·구청장에게 의견서를 제출할 수 있다.
④ 시장·군수·구청장은 제3항에 따라 제출된 의견이 타당하다고 인정되는 경우에는 그 의견을 반영하여야 한다.

제21조 【시행중인 공사에 관한 특례】 ① 법 제12조제8항에 따라 공사 또는 사업을 계속 시행하려는 자는 그 공사 또는 사업의 설계 내용을 관할 시장·군수·구청장에게 제출하여야 한다.(2019.5.21 본항개정)
② 제1항에 따라 받은 내용이 토지의 형질변경으로서 건축물의 건축을 목적으로 하는 경우에는 해당 공사에 대한 준공검사가 끝난 후 건축허가를 신청하여야 한다.
③ 시장·군수·구청장은 제1항에 따라 설계 내용을 받거나 제2항에 따라 허가신청을 받은 경우로서 공사의 추진 상황, 주변토지의 이용 상황, 환경, 그 밖의 사정을 종합적으로 고려하여 개발제한구역의 지정 목적 달성에 필요하다고 인정하는 경우에는 사업규모의 축소 및 사업계획의 변경(해당 공사 또는 사업과 직접 관련된 기반시설의 설치 등을 포함한다) 등의 조정을 할 수 있다.

제22조 【허가 또는 신고의 기준】 법 제12조제9항에 따른 허가 또는 신고의 세부 기준은 별표2와 같다. (2019.5.21 본조개정)

제23조 【존속 중인 건축물 등에 관한 특례】 ① 법 제13조에서 "그 밖에 대통령령으로 정하는 사유"란 다음 각 호의 어느 하나에 해당하는 경우를 말한다.
1. 도시·군관리계획을 결정 또는 변경하거나 행정구역을 변경하는 경우(2012.4.10 본호개정)
2. 도시·군계획시설을 설치하거나 「도시개발법」에 따른 도시개발사업을 시행하는 경우(2012.4.10 본호개정)
3. 「특정건축물 정리에 관한 특별조치법」(법률 제3719호 및 법률 제6253호를 말한다)에 따라 준공검사필증을 받았거나 사용승인서를 받은 경우
4. 「도시저소득주민의 주거환경개선을 위한 임시조치법」(법률 제4115호로 제정되어 2004년 12월 31일까지 시행되던 것을 말한다)에 따라 준공검사필증·사용검사필증 또는 사용승인서를 발급받은 경우
5. 종전의 「공유토지분할에 관한 특례법」(법률 제3811호로 제정되어 1991년 12월 31일까지 시행되던 것, 법률 제4875호로 제정되어 2000년 12월 31일까지 시행되던 것 및 법률 제7037호로 제정되어 2006년 12월 31일까지 시행되던 것을 말한다)에 따라 대지가 분할된 경우
6. 법률 제10926호 국방·군사시설 사업에 관한 법률 일부개정법률 부칙 제2조제3항에 따라 「건축법」에 적합하다고 국방부장관이 확인하여 고시한 경우(2020.2.18 본호신설)

② 시장·군수·구청장은 존속 중인 대지·건축물 또는 공작물이 법령의 제정·개정이나 제1항 각 호의 사유로 법 또는 이 영의 규정에 부적합하더라도 법 제13조에 따라 다음 각 호의 어느 하나에 해당하는 건축을 허가할 수 있다.
1. 건축물의 재축·개축 또는 대수선
2. 증축하려는 부분이 건폐율·용적률 등 법 또는 이 영의 규정에 적합한 경우의 증축. 이 경우 토지의 형질변경을 수반하는 증축은 별표3에 따른 시설만 해당한다.

제24조 【개발제한구역 건축물관리대장】 ① 시장·군수·구청장은 개발제한구역의 건축물의 소유 및 이용상태를 확인하거나 건축허가 등 개발제한구역 관리를 위한 기초자료로 활용하기 위하여 개발제한구역 건축물관리대장에 건축물 및 그 대지에 관한 현황을 기록하고 유지·관리하여야 한다.
② 제1항에 따른 개발제한구역 건축물관리대장의 서식, 기재 내용, 기재 절차, 그 밖에 필요한 사항은 국토교통부령으로 정한다.(2013.3.23 본항개정)
③ 제1항에 따른 개발제한구역 건축물관리대장은 전자적 처리가 불가능한 특별한 사유가 없으면 전자적 처리가 가능한 방법으로 기록하고 유지·관리하여야 한다.

제24조의2 【개발제한구역 관리전산망 운영의 위탁】 국토교통부장관은 법 제13조의3제6항에 따라 개발제한구역 관리전산망의 운영에 관한 업무를 「국가공간정보 기본법」 제12조에 따라 설립된 한국국토정보공사에 위탁한다.(2020.2.18 본조신설)

제24조의3 【개발제한구역 내의 공무원의 배치】 국토교통부장관, 시·도지사 또는 시장·군수·구청장은 법 제13조의4제1항에 따라 국가공무원, 지방공무원 및 해당 지방자치단체에 소속된 청원경찰을 다음 각 호의 구분에 따라 배치하여야 한다.
1. 국토교통부장관 : 법 제30조제2항에 따른 시정명령 등의 업무를 담당하는 국가공무원
2. 시·도지사 : 관할 개발제한구역에서 법 제30조제2항에 따른 시정명령 등의 업무를 담당하는 지방공무원
3. 시장·군수·구청장 : 관할 개발제한구역의 관리 및 관할 개발제한구역 내 불법행위의 예방 및 단속 업무를 담당하는 지방공무원 또는 해당 지방자치단체에 속한 청원경찰. 이 경우 배치 인원은 다음 각 목의 구분에 따른다.
   가. 수도권(서울특별시, 경기도 및 인천광역시를 말한다. 이하 같다) 및 부산권(부산광역시 및 경상남도를 말한다. 이하 같다) : 개발제한구역 면적 5제곱킬로미터당 1명(2021.1.5 본목개정)
   나. 가목 외의 지역 : 개발제한구역 면적 10제곱킬로미터당 1명

(2018.2.9 본조신설)

제25조 【취락지구의 지정기준 및 정비】 ① 법 제15조제2항에 따른 취락지구(이하 "취락지구"라 한다)의 지정기준은 다음 각 호와 같다.
1. 취락을 구성하는 주택의 수가 10호 이상일 것
2. 취락지구 1만 제곱미터당 주택의 수(이하 "호수밀도"라 한다)가 10호 이상일 것. 다만, 시·도지사는 해당 지역이 상수원보호구역에 해당하거나 이축(移築) 수요를 수용할 필요가 있는 등 지역의 특성상 필요한 경우에는 취락지구의 지정 면적, 취락지구의 경계선 설정 및 제4항에 따른 취락지구정비계획의 내용에 대하여 국토교통부장관과 협의한 후, 해당 시·도의 도시·군계획에 관한 조례로 정하는 바에 따라 호수밀도를 5호 이상으로 할 수 있다.(2013.3.23 본호개정)
3. 취락지구의 경계 설정은 도시·군관리계획 경계선, 다른 법률에 따른 지역·지구 및 구역의 경계선, 도로, 하천, 임야, 지적 경계선, 그 밖의 자연적 또는 인공적 지형지물을 이용하여 설정하되, 지목이 대인 경우에는 가능한 한 필지가 분할되지 아니하도록 할 것(2012.4.10 본호개정)

② 제1항에 따른 주택의 수는 국토교통부령으로 정하는 기준에 따라 산정한다.(2013.3.23 본항개정)
③ 시·도지사, 시장·군수 또는 구청장은 취락지구에서 주거환경을 개선하고 기반시설을 정비하기 위한 사업(이하 "취락지구정비사업"이라 한다)을 시행할 수 있다.
④ 제3항에 따라 취락지구정비사업을 시행할 때에는 「국토의 계획 및 이용에 관한 법률」 제51조에 따라 취락지구를 지구단위계획구역으로 지정하고 취락지구의 정비를 위한 지구단위계획(이하 "취락지구정비계획"이라 한다)을 수립하여야 한다.(2012.4.10 본항개정)
⑤ 취락지구의 지정, 취락지구정비사업의 시행 및 취락지구정비계획의 수립에 필요한 세부사항은 국토교통부령으로 정한다.(2013.3.23 본항개정)

제26조 【취락지구 건축물의 용도 및 규모 등에 관한 특례】 ① 취락지구 건축물의 용도·높이·연면적 및 건폐율은 다음 각 호의 경우를 제외하고는 취락지구 밖의 개발제한구역에 적용되는 기준에 따른다.
1. 주택 또는 공장 등 신축이 금지된 건축물을 「건축법 시행령」 별표1의 제1종 및 제2종 근린생활시설(단란주점, 안마시술소 및 안마원은 제외한다), 액화가스 판매소, 세차장, 병원, 치과병원 또는 한방병원으로 용도변경하는 경우
2. 별표1 제5호다목에 따른 주택 또는 같은 표 제5호라목에 따른 근린생활시설을 다음 각 목의 기준에 따라 건축하는 경우(2009.8.5 본문개정)
   가. 건폐율 100분의 60 이내로 건축하는 경우 : 높이 3층 이하, 용적률 300퍼센트 이하로서 기존 면적을 포함하여 연면적 300제곱미터 이하
   나. 건폐율 100분의 40 이내로 건축하는 경우 : 높이 3층 이하, 용적률 100퍼센트 이하

② 취락지구정비사업을 시행하는 경우에는 제1항에 따른 범위에서 국토교통부령으로 정하는 바에 따라 주거 및 생활편익시설 등을 설치할 수 있다.(2013.3.23 본항개정)

제27조 【주민지원사업】 ① 법 제16조제1항제1호에 따른 주민지원사업의 세부 내용은 다음 각 호와 같다. (2022.12.6 본문개정)
1. 생활편익사업 : 도로, 주차장, 공원, 상·하수도, 소하천·구거(溝渠 : 도랑), 오수처리시설, 초고속정보통신망 등 기반시설의 설치·정비와 이와 관련된 부대사업
2. 복지증진사업 : 마을회관, 어린이놀이터, 어린이집, 유치원, 경로당, 노인복지관 등의 설치·정비와 이와 관련된 부대사업(2014.1.28 본호개정)
2의2. 생활비용보조사업 : 개발제한구역 주민 중 저소득 취약계층 세대를 대상으로 학자금·장학금, 전기료, 건강보험료, 정보·통신비 등 주민의 생활에 필요한 비용을 지원하는 사업. 이 경우 해당 연도의 주민지원사업에 드는 비용 중 100분의 50 범위에서 시행할 수 있으며, 이에 따른 지원금액은 국토교통부장관이 기획재정부장관과 협의한 금액으로 한다.(2013.3.23 후단개정)
3. 소득증대사업 : 공동작업장, 공동창고, 자연생태 및 화훼마을, 주말농장 등 소득증대시설의 설치·정비와 이와 관련된 부대사업
3의2. 주택개량보조사업 : 관리계획에 따라 다음 각 목의 어느 하나의 행위를 하는 데 드는 비용의 일부를 지원하는 사업
   가. 노후주택(「도시 및 주거환경정비법」 제2조제3호에 해당하는 주택을 말한다)의 개축 행위
   나. 주거용 한옥의 신축 행위
   (2012.11.12 본호신설)
4. 연구·조사사업 : 지역적 특성을 고려한 주민지원사업의 발굴 및 지원계획 수립 또는 개발제한구역에서 해제되는 지역의 계획적 개발을 유도하기 위한 지구단위계획 수립사업(2014.11.24 본호개정)
5. 환경·문화사업 : 녹지, 경관, 숲길, 토담길 등 개발제한구역 주민의 여가활동이나 개발제한구역의 보전가치를 증진하는 환경·문화적 특성을 가진 시설의 설치·정비 및 이와 관련된 부대사업(2022.12.6 본호신설)

② 시장·군수·구청장이 법 제16조제2항에 따라 「지방자치분권 및 지역균형발전에 관한 특별법」에 따른 지역균형발전특별회계(이하 "지역균형발전특별회계"라 한다)의 지원이 필요한 주민지원사업을 시행하려면 다음 각 호의 사항이 포함된 주민지원사업계획을 수립하여 시·도지사를 거쳐(특별자치시장 및 특별자치도지사의 경우는 제외한다) 해당 사업을 시행하려는 연도의 직전 연도 3월 말일까지 국토교통부장관에게 제출하여야 한다. (2023.7.7 본문개정)
1. 사업 목적
2. 사업 개요
3. 지원 대상지역 및 그 주변지역의 일반현황과 특성
4. 사업별 추진계획 및 필요성
5. 재원 조달 및 투자계획
6. 그 밖에 사업의 추진에 필요한 사항

③ 국토교통부장관은 제2항에 따른 주민지원사업계획을 받으면 그 사업계획의 내용과 국고보조금 등에 관하여 관계 중앙행정기관의 장과 협의한 후 그 결과를 시장·군수·구청장에게 알려야 한다.(2013.3.23 본항개정)
④ 국토교통부장관은 주민지원사업에 필요한 비용을 해당 지방자치단체의 재정자립도를 고려하여 100분의 90의 범위에서 다음 각 호와 같이 지원할 수 있다.(2021.1.5 본문개정)
1. 재정자립도가 40퍼센트를 초과하는 경우 : 100분의 70 이내
2. 재정자립도가 30퍼센트를 초과하고 40퍼센트 이하인 경우 : 100분의 80 이내
3. 재정자립도가 30퍼센트 이하인 경우 : 100분의 90 이내
(2009.8.5 1호~3호신설)

⑤ 제1항부터 제4항까지에서 규정한 사항 외에 주민지원사업계획의 수립 및 집행에 필요한 사항은 국토교통부장관이 정한다.(2013.3.23 본항개정)

제27조의2 【생활비용 보조의 신청자 범위 및 기준】 ① 법 제16조의2제1항에서 "대통령령으로 정하는 자"란 다음 각 호의 어느 하나에 해당하는 사람으로서 해당 가구의 월평균 소득금액(소득과 국토교통부령으로 정하는 바에 따라 재산을 소득으로 환산한 금액을 합한 금액을 말한다. 이하 같다)이 「통계법」 제27조에 따라 통계청장이 공표한 전년도 통계자료를 기준으로 도시지역 가구당 월평균 소득 이하인 세대의 세대주를 말한다. 다만, 신청 당시 최근 3년간 3회 이상 법과 이 영에 따라 불법행위로 형사 처벌을 받은 사람과 불법행위에 대한 시정명령을 받고 이를 이행하지 아니한 사람은 제외한다.

1. 지정당시거주자
2. 지정당시거주자의 자녀 또는 배우자로서 출생 또는 혼인 이후 그와 함께 개발제한구역에서 계속하여 거주한 사람(지정당시거주자인 세대주가 사망한 경우에 한정한다). 다만, 자녀 또는 배우자가 다음 각 목에 해당하는 경우에는 개발제한구역에서 계속하여 거주한 것으로 본다.
가. 생업을 목적으로 3년 이하의 기간 동안 개발제한구역 밖에 거주한 경우
나. 학업을 목적으로 개발제한구역 밖에 거주한 경우
(2017.7.11 본항개정)
② 제1항에 따른 소득금액에 포함되는 소득의 범위는 다음 각 호와 같다.
1. 근로소득 : 근로의 제공으로 얻는 소득. 다만, 「소득세법」에 따라 비과세되는 근로소득은 제외하되, 다음 각 목의 급여는 근로소득에 포함한다.
가. 「소득세법」 제12조제3호더목에 따라 비과세되는 급여
나. 「소득세법 시행령」 제16조제1항제1호에 따라 비과세되는 급여
2. 사업소득 : 다음 각 목에 해당하는 소득
가. 농업소득 : 경종업(논밭을 갈고 씨를 뿌리는 업을 말한다), 과수·원예업, 양잠업, 종묘업, 특수작물생산업, 가축의 사육업, 종축업 또는 부화업과 이에 부수하는 업무에서 얻는 소득(2021.1.5 본목개정)
나. 임업소득 : 영림업·임산물생산업 또는 야생조수사육업과 이에 부수하는 업무에서 얻는 소득
다. 어업소득 : 어업과 이에 부수하는 업무에서 얻는 소득
라. 그 밖의 사업소득 : 도매업·소매업·제조업이나 그 밖의 사업에서 얻는 소득
3. 재산소득 : 다음 각 목에 해당하는 소득
가. 임대소득 : 부동산·동산·권리나 그 밖의 재산의 대여로 발생하는 소득
나. 이자소득 : 예금·주식·채권의 이자와 배당 또는 할인에 의하여 발생하는 소득 중 국토교통부장관이 정하는 금액 이상의 소득(2013.3.23 본목개정)
다. 연금소득 : 「소득세법」 제20조의3제1항제3호부터 제5호까지의 규정에 따라 발생하는 연금 또는 소득과 「보험업법」 제4조제1항제1호나목에 따라 발생하는 소득
4. 공적이전소득 : 「국민연금법」, 「공무원연금법」, 「공무원 재해보상법」, 「군인연금법」, 「별정우체국법」, 「사립학교교직원 연금법」, 「고용보험법」, 「산업재해보상보험법」, 「독립유공자예우에 관한 법률」, 「국가유공자 등 예우 및 지원에 관한 법률」, 「고엽제후유의증 등 환자지원 및 단체설립에 관한 법률」, 「자동차손해배상 보장법」, 「참전유공자 예우 및 단체설립에 관한 법률」 등 법률에 따라 정기적으로 지급되는 각종 수당·연금·급여나 그 밖의 금품. 다만, 다음 각 목의 금품은 제외한다.
(2018.9.18 본문개정)
가. 「독립유공자예우에 관한 법률」 제14조 및 「국가유공자 등 예우 및 지원에 관한 법률」 제14조에 따른 생활조정수당
나. 「참전유공자 예우 및 단체설립에 관한 법률」 제6조에 따른 참전명예수당(2016.6.21 본목개정)
다. 「자동차손해배상 보장법」 제30조제2항 및 같은 법 시행령 제21조·제22조에 따른 지원금
③ 제1항에 따른 소득금액에 포함되는 재산의 범위는 다음 각 호와 같다.
1. 일반재산 : 다음 각 목에 해당하는 재산
가. 「지방세법」 제104조제1호부터 제3호까지의 규정에 따른 토지, 건축물 및 주택
나. 「지방세법」 제104조제4호 및 제5호에 따른 항공기 및 선박
다. 주택·상가 등에 대한 임차보증금(전세금을 포함한다)
라. 100만원 이상의 가축, 종묘(種苗) 등 동산(장애인 재활보조기구 등 국토교통부장관이 정하는 동산은 제외한다) 및 「지방세법」 제6조제11호에 따른 입목
(2013.3.23 본목개정)
마. 「지방세법」 제6조제13호에 따른 어업권
바. 「지방세법」 제6조제14호부터 제17호까지의 규정에 따른 회원권
사. 「소득세법」 제89조제2항에 따른 조합원입주권
아. 건물이 완성되는 때에 그 건물과 이에 부수되는 토지를 취득할 수 있는 권리(사목에 따른 조합원입주권은 제외한다)
2. 금융재산 : 다음 각 목에 해당하는 재산
가. 「금융실명거래 및 비밀보장에 관한 법률」 제2조제2호에 따른 금융자산
나. 「보험업법」 제4조제1항에 따른 각종 보험상품
3. 「지방세법」 제124조에 따른 자동차. 다만, 「장애인복지법」 제39조에 따라 장애인이 사용하는 자동차와 그 밖의 자동차 중 국토교통부장관이 정하는 자동차는 제외하되, 화물자동차 등 국토교통부장관이 정하는 자동차는 제1호에 따른 일반재산으로 본다.(2013.3.23 단서개정)
④ 제3항의 재산 가액은 법 제16조의4에 따른 조사일(이하 "조사일"이라 한다)을 기준으로 다음 각 호의 구분에 따른 방법에 따라 산정한 가액으로 한다. 다만, 재산의 가액을 산정하기 어려운 경우에는 해당 재산의 종류 및 거래상황 등을 고려하여 국토교통부장관이 정하는 바에 따라 산정한 가액으로 한다.(2013.3.23 단서개정)
1. 제3항제1호가목 : 「지방세법」 제4조에 따른 시가표준액 등을 고려하여 국토교통부장관이 정하는 가액
2. 제3항제1호나목 : 「지방세법」 제4조에 따른 시가표준액 등을 고려하여 국토교통부장관이 정하는 가액
(2013.3.23 1호~2호개정)
3. 제3항제1호다목 : 임대차 계약서상의 보증금 및 전세금
4. 제3항제1호라목 : 동산은 조사일 현재의 시가, 입목은 「지방세법 시행령」 제4조제1항제5호에 따른 시가표준액
5. 제3항제1호마목 : 「지방세법 시행령」 제4조제1항제8호에 따른 시가표준액
6. 제3항제1호바목 : 「지방세법 시행령」 제4조제1항제9호에 따른 시가표준액
7. 제3항제1호사목 : 다음 각 목의 구분에 따른 금액
가. 청산금을 납부한 경우 : 「도시 및 주거환경정비법」 제74조에 따른 관리처분계획 또는 「빈집 및 소규모주택 정비에 관한 특례법」 제29조에 따른 사업시행계획에 따라 정해진 가격(이하 "기존건물평가액"이라 한다)과 납부한 청산금을 합한 금액(2018.2.9 본목개정)
나. 청산금을 지급받은 경우 : 기존건물평가액에서 지급받은 청산금을 뺀 금액
8. 제3항제1호아목 : 조사일 현재까지 납입한 금액
(2014.11.24 본호개정)
9. 제3항제2호 : 제27조의3제1항 및 제3항의 자료 또는 정보에 따른 금융재산별 가액
10. 제3항제3호 : 차의 종류, 정원, 적재정량, 제조연도별 제조가격(수입하는 경우는 수입가격을 말한다) 및 거래가격 등을 고려하여 국토교통부장관이 정하는 가액
(2013.3.23 본호개정)
(2011.9.16 본조신설)

제27조의3【금융정보 등의 범위】 ① 법 제16조의2제2항제1호에서 "예금의 평균잔액과 그 밖에 대통령령으로 정하는 자료 또는 정보"란 다음 각 호의 자료 또는 정보를 말한다.
1. 보통예금, 저축예금, 자유저축예금 등 요구불예금 : 최근 3개월 이내의 평균잔액
2. 정기예금, 정기적금, 정기저축 등 저축성예금 : 예금의 잔액 또는 총납입액(2014.11.24 본호개정)
3. 주식, 수익증권, 출자금, 출자지분 : 최종 시세가액(時勢價額). 이 경우 비상장주식의 가액평가에 관하여는 「상속세 및 증여세법 시행령」 제54조제1항을 준용한다.
4. 채권, 어음, 수표, 채무증서, 신주인수권증서 : 액면가액
5. 연금저축 : 정기적으로 지급된 금액
② 법 제16조의2제2항제2호에서 "채무액과 그 밖에 대통령령으로 정하는 자료 또는 정보"란 다음 각 호의 자료 또는 정보를 말한다.
1. 대출 현황 및 연체 내용
2. 신용카드 미결제금액
③ 법 제16조의2제2항제3호에서 "보험료와 그 밖에 대통령령으로 정하는 보험 관련 자료 또는 정보"란 다음 각 호의 자료 또는 정보를 말한다.
1. 보험증권 : 해약하는 경우 지급받게 될 환급금
2. 연금보험 : 정기적으로 지급되는 금액
(2011.9.16 본조신설)

제27조의4【금융정보등의 요청 및 제공】 ① 국토교통부장관 또는 시장·군수·구청장은 법 제16조의3에 따라 금융회사 등(「금융실명거래 및 비밀보장에 관한 법률」 제2조제1호에 따른 금융회사등, 「신용정보의 이용 및 보호에 관한 법률」 제25조제2항제1호에 따른 종합신용정보집중기관을 말한다. 이하 같다)의 장에게 법 제16조의2에 따라 비용 지원을 신청한 자(이하 "비용 지원 신청자"라 한다) 및 그 가구원(家口員)에 대한 법 제16조의2제2항제1호부터 제3호까지의 금융정보, 신용정보 및 보험정보(이하 "금융정보등"이라 한다)를 요청하는 경우에는 요청 내용에 다음 각 호의 사항을 포함하여야 한다.
(2020.8.4 본문개정)
1. 비용 지원 신청자와 그 가구원의 성명과 주민등록번호
2. 제공을 요청하는 금융정보등의 범위와 조회기준일 및 조회기간
② 제1항에 따라 요청을 받은 금융회사 등의 장이 국토교통부장관 또는 시장·군수·구청장에게 해당 금융정보등을 제공할 때에는 제공 내용에 다음 각 호의 사항을 포함하여야 한다.(2013.3.23 본문개정)
1. 비용 지원 신청자와 그 가구원의 성명과 주민등록번호
2. 금융정보등을 제공하는 금융회사 등의 명칭
3. 제공대상 금융상품명과 계좌번호
4. 금융정보등의 내용
③ 국토교통부장관 또는 시장·군수·구청장은 금융회사 등이 가입한 협회, 연합회 또는 중앙회의 정보통신망을 이용하여 해당 금융회사 등의 장에게 제1항에 따른 금융정보등을 제공하도록 요청할 수 있다.(2013.3.23 본항개정)
(2011.9.16 본조신설)

제27조의5【행정정보의 공동이용】 국토교통부장관 또는 시장·군수·구청장(제41조제1항에 따라 비용 보조 업무를 위탁받은 기관을 포함한다)은 법 제16조제1항제1호에 따른 생활비용의 보조를 위하여 필요하면 「전자정부법」 제36조제1항에 따라 행정정보를 공동이용할 수 있다.
(2013.3.23 본조개정)

제27조의6【출입·조사 등】 ① 법 제16조의4제1항에 따른 질문·출입 및 조사는 법 제16조의2제1항 및 제2항에 따라 신청자가 제출한 서류의 사실 여부 확인 등 비용 보조 대상에 해당하는지를 확인하기 위하여 필요한 최소한의 범위에서 하여야 한다.
② 제1항에 따른 조사를 하는 경우에는 조사 7일 전까지 조사일시, 조사이유 및 조사내용 등에 대한 조사계획을 피조사자에게 통지하여야 한다. 다만, 긴급하거나 미리 통지하면 증거인멸 등으로 조사의 목적을 달성할 수 없다고 인정하는 경우에는 그러하지 아니하다.
(2011.9.16 본조신설)

제27조의7【고유식별정보의 처리】 시장·군수·구청장은 법 제16조의2제1항에 따라 개발제한구역 주민의 생활비용 보조사업을 시행하기 위하여 불가피한 경우 「개인정보 보호법 시행령」 제19조제1호에 따른 주민등록번호가 포함된 자료를 처리할 수 있다.(2012.1.6 본조신설)

제28조【매수대상토지의 판정기준】 법 제17조제3항에 따른 매수대상토지(이하 "매수대상토지"라 한다)의 판정기준은 다음 각 호와 같다. 이 경우 토지의 효용 감소, 사용·수익의 불가능 등에 대하여 본인의 귀책사유가 없어야 한다.
1. 종래의 용도대로 사용할 수 없어 그 효용이 현저히 감소된 토지 : 매수를 청구할 당시 매수대상토지를 개발제한구역 지정 이전의 지목(매수청구인이 개발제한구역 지정 이전에 적법하게 지적공부상의 지목과 다르게 이용하고 있었음을 공적자료로서 증명하는 경우에는 개발제한구역 지정 이전의 실제 용도를 지목으로 본다)대로 사용할 수 없어 매수청구일 현재 해당 토지의 개별공시지가(「부동산 가격공시에 관한 법률」 제10조에 따른 개별공시지가를 말한다. 이하 같다)가 그 토지가 있는 읍·면·동에 지정된 개발제한구역의 같은 지목의 개별공시지가 평균치의 50퍼센트 미만일 것(2016.8.31 본호개정)
2. 사용 또는 수익이 사실상 불가능한 토지 : 법 제12조 및 제13조에 따른 행위제한으로 해당 토지의 사용 또는 수익이 불가능할 것

제29조【매수 기한】 법 제18조제2항에서 "대통령령으로 정하는 기간"이란 매수청구인에게 매수대상토지로 알린 날부터 3년 이내를 말한다.

제30조【매수가격의 산정시기·방법】 ① 법 제18조제3항 전단에 따른 매수가격은 매수청구 당시의 표준지공시지가(「부동산 가격공시에 관한 법률」 제3조에 따른 표준지공시지가를 말한다. 이하 이 조에서 같다)를 기준으로 그 공시기준일부터 매수청구인에게 매수금액을 지급하려는 날까지의 기간 동안 다음 각 호의 변동사항을 고려하여 산정한 가격으로 한다.(2016.8.31 본문개정)
1. 해당 토지의 위치·형상·환경 및 이용 상황
2. 「국토의 계획 및 이용에 관한 법률 시행령」 제125조제1항에 따라 국토교통부장관이 조사한 지가변동률과 생산자물가상승률(2013.3.23 본호개정)
② 제1항에 따른 매수가격은 표준지공시지가를 기준으로 「감정평가 및 감정평가사에 관한 법률」에 따른 감정평가법인등(이하 "감정평가법인등"이라 한다) 2인 이상이 평가한 금액의 산술평균치로 한다.(2022.1.21 본항개정)

제31조【매수절차】 ① 토지의 매수를 청구하려는 자는 법 제18조제5항에 따라 다음 각 호의 사항을 적은 토지매수청구서 등 국토교통부령으로 정하는 서류를 국토교통부장관에게 제출하여야 한다.(2013.3.23 본문개정)
1. 토지소유자의 성명(법인의 경우에는 그 명칭과 대표자의 성명)과 주소
2. 토지의 지번(地番), 지목 및 이용 현황
3. 해당 토지에 소유권 외의 권리가 설정된 경우에는 그 종류 및 내용과 권리자의 성명(법인인 경우에는 그 명칭과 대표자의 성명) 및 주소
4. 매수청구 사유
② 국토교통부장관은 제1항에 따라 매수청구를 받은 경우에는 매수대상토지가 제28조에 따른 기준에 해당되는지 판단하여 매수대상 여부와 매수예상가격을 매수청구인에게 알려야 한다.(2013.3.23 본항개정)
③ 제2항의 매수예상가격은 매수청구 당시의 개별공시지가로 한다.
④ 국토교통부장관은 제2항에 따라 매수예상가격을 통보하였으면 감정평가법인등에게 대상 토지에 대한 감정평가를 의뢰하여 매수가격을 결정하고, 이를 매수청구인에게 알려야 한다. 이 경우 국토교통부장관은 감정평가를 의뢰하기 1개월 전까지 매수청구인에게 감정평가 의뢰 사실을 알려야 한다.(2022.1.21 전단개정)

제32조【감정평가비용의 납부고지 등】 ① 국토교통부장관은 제31조제4항에 따른 감정평가 의뢰 후 매수청구인이 법 제19조제2항 각 호의 어느 하나에 해당하는 사유 없이 매수청구의 철회를 통보하는 경우에는 해당 토지에 대한 감정평가비용의 전부를 매수청구인이 부담하게 하여야 한다.(2013.3.23 본항개정)
② 국토교통부장관은 제1항에 따른 매수청구의 철회를 통보받은 날부터 5일 이내에 다음 각 호의 사항이 포함된 감정평가비용의 납부고지서를 매수청구인에게 발급하여야 한다.(2016.12.30 본문개정)
1. 토지소유자의 성명(법인인 경우에는 그 명칭 및 대표자의 성명) 및 주소
2. 매수대상토지의 필지 수 및 면적
3. 납부통지 금액

4. 납부기한
5. 감정평가비용의 산출명세서
③ 제2항에 따라 감정평가비용의 납부 고지를 받은 매수청구인은 그 고지를 받은 날부터 1개월 이내에 고지된 감정평가비용을 국토교통부장관에게 내야 한다.
(2013.3.23 본항개정)

제33조【철회의 정당한 사유】 ① 법 제19조제2항제1호에서 "대통령령으로 정하는 비율"이란 매수예상가격의 30퍼센트를 말한다.
② 법 제19제2항제2호에서 "법령의 개정·폐지나 오염원의 소멸 등 대통령령으로 정하는 원인"이란 법령의 개정·폐지, 오염원의 소멸, 농업용수로 또는 통행로의 신설, 그 밖에 이와 비슷한 것으로서 시장·군수·구청장이 인정하는 것을 말한다.

제34조~제35조 (2009.8.5 삭제)

제36조【부담금의 산정기준】 ① 법 제24조제1항 및 제2항에 따른 개발제한구역 보전부담금(이하 "부담금"이라 한다) 산정에 관한 세부기준은 다음 각 호와 같다.
(2009.8.5 본문개정)
1. 법 제24조제2항에 따른 허가 받은 토지형질변경 면적과 건축물 바닥면적에 다음 각 목의 토지와 건축물의 면적(건축물의 경우에는 바닥면적을 말한다)은 포함하지 않을 것(2021.1.5 본문개정)
   가. 터널 굴착 시 터널출입구를 제외한 터널 내부의 부지
   나. 이미 토지의 형질변경 허가를 받은 부지에서 다시 형질변경하는 토지(이미 부담금이 부과되어 납부된 토지 또는 2000년 7월 1일 전에 허가를 받아 형질변경한 토지에서 허가된 사업 외의 사업을 위하여 허가를 받아 형질변경하는 경우를 포함한다)(2016.6.30 본목개정)
   다. 이미 건축허가를 받은 건축물을 철거하고 다시 건축허가를 받아 건축하는 경우 종전 건축물의 바닥면적(이미 부담금이 부과되어 납부된 건축물에 한정한다)
   (2021.1.5 본목신설)
   라. 별표1 제3호하목에 따른 공사용 임시 가설건축물과 임시시설의 부지로서 그 공사의 사업부지에 있는 토지(2009.8.5 본목개정)
2. 부담금 산정 시 개별공시지가가 없는 경우에는「부동산 가격공시에 관한 법률」제3조제8항에 따른 토지가격비준표를 사용하여 지가를 산정할 것(2020.10.8 본호개정)
3. 부담금 산정 시 해당 시·군·구에 개발제한구역 외에는 같은 지목이 존재하지 아니하여 비교 기준이 되는 개별공시지가의 평균치를 산정할 수 없는 경우에는 해당 시·도의 개발제한구역 외의 같은 지목에 대한 개별공시지가의 평균치로 시·군·구의 같은 지목에 대한 개별공시지가의 평균치를 갈음할 것
4. 개발제한구역을 관할하는 시장·군수·구청장은「부동산 가격공시에 관한 법률」제10조에 따라 매년 개별공시지가를 결정·공시하였으면 공시한 날부터 60일 이내에 개발제한구역을 제외한 관할 구역의 개별공시지가의 지목별 평균치를 고시할 것(2016.8.31 본호개정)
5. 제1호부터 제4호까지에서 규정한 사항 외에 부담금의 산정에 관하여는 국토교통부령으로 정하는 기준에 따를 것(2013.3.23 본호개정)
② 법 제24조제1항 후단에서 "개발사업의 목적에 이용되지 아니하고 존치되는 경우로서 대통령령으로 정하는 것"이란 다음 각 호의 것을 말한다.
1. 바다·하천(「하천법」에 따른 국가하천 및 지방하천으로 한정한다)·도랑·제방(2022.12.6 본호개정)
2. 도로(「도로법」에 따른 고속국도, 일반국도, 특별시도·광역시도 및 지방도에 한정한다)
3. 철도
(2014.1.28 본항신설)

제36조의2【부담금의 납부기한 연장 등】 ① 납부 의무자가 법 제25조제2항 단서에 따라 부담금의 납부 기한의 연장 또는 분할 납부의 허가를 신청하려는 때에는 그 사유 등을 적은 납부 기한 연장신청서 또는 분할 납부 신청서를 국토교통부장관에게 제출하여야 한다.
② 국토교통부장관은 제1항에 따른 납부 기한 연장 신청서 또는 분할 납부 신청서를 받은 날부터 30일 이내에 신청인에게 납부 기일 연기 또는 분할 납부의 허가 여부를 서면으로 알려야 한다.
③ 법 제25조제3항에서 "대통령령으로 정하는 이자율에 해당하는 금액"이란 연 1천분의 34의 비율로 산정된 금액을 말한다.(2013.10.30 본항개정)
(2013.3.23 본조개정)

제37조【부담금의 부과·징수 등】 ① 국토교통부장관은 시장·군수·구청장으로부터 법 제22조에 따른 통보를 받았으면 부담금을 내야 하는 자(이하 "납부의무자"라 한다)에게 부담금의 납부를 알려야 한다.
② 국토교통부장관이 제1항에 따라 부담금의 납부를 알릴 때에는 납부금액, 산출 근거, 납부기한 및 납부 장소를 명시하여야 한다.
③ 국토교통부장관은 제1항에 따라 부담금의 납부를 알린 후 그 통지 내용에 누락이나 흠이 있는 것을 발견한 경우에는 지체 없이 부담금의 납부를 다시 알려야 한다.
(2013.3.23 본조개정)

제37조의2【납부대행기관의 지정 등】 ① 법 제25조제4항 본문에서 "대통령령으로 정하는 납부대행기관"이란 다음 각 호의 기관을 말한다.
1.「민법」제32조에 따라 금융위원회의 허가를 받아 설립된 금융결제원
2. 정보통신망을 이용하여 신용카드·직불카드 등(이하 이 조에서 "신용카드등"이라 한다)에 의한 결제를 수행하는 기관 중 시설, 업무수행능력, 자본금 규모 등을 고려하여 국토교통부장관이 납부대행기관으로 지정하여 고시한 기관
② 국토교통부장관은 제1항제2호에 따른 납부대행기관이 다음 각 호의 어느 하나에 해당하는 경우에는 납부대행기관의 지정을 취소할 수 있다. 이 경우 국토교통부장관은 그 지정 취소 사실을 관보에 고시하여야 한다.
1. 제1항제2호에 따른 시설 축소, 자본금 규모 감소 등으로 인하여 부담금 납부 업무를 정상적으로 수행하기 어렵다고 인정되는 경우
2. 신용카드등에 의한 부담금 납부 업무를 정상적으로 운영하지 못하는 등 업무수행능력에 문제가 있다고 판단되는 경우
③ 납부대행기관은 신용카드등에 의한 납부대행 용역의 대가로 납부금액의 1천분의 10을 초과하지 아니하는 범위에서 납부의무자로부터 납부대행 수수료를 받을 수 있다.
④ 납부대행기관은 제3항에 따른 납부대행 수수료에 대하여 국토교통부장관의 승인을 받아야 한다. 이 경우 국토교통부장관은 납부대행기관의 운영경비 등을 종합적으로 고려하여 납부대행 수수료를 승인하여야 한다.
⑤ 제1항부터 제4항까지에서 규정한 사항 외에 신용카드등에 의한 부담금의 납부에 필요한 사항은 국토교통부장관이 정할 수 있다.
(2016.9.22 본조신설)

제38조【부담금의 물납】 ① 법 제25조제4항 단서에 따른 물납(物納)을 신청하려는 자는 국토교통부령으로 정하는 물납신청서를 부담금납부통지서를 받은 날부터 15일 이내에 국토교통부장관에게 제출(전자문서로 제출하는 것을 포함한다)하여야 한다.(2013.10.30 본항개정)
② 국토교통부장관은 제1항에 따른 물납신청서를 받은 날부터 10일 이내에 신청인에게 물납의 허가 여부를 서면(신청인이 원하거나 전자문서로 물납신청서를 제출한 경우에는 전자문서를 포함한다)으로 알려야 한다.
(2013.3.23 본항개정)
③ 물납을 청구할 수 있는 토지의 가액은 해당 부담금 부과액을 초과할 수 없으며, 납부의무자는 부과된 부담금과 물납토지의 가액과의 차액을 현금 또는 신용카드·직불카드 등으로 내야 한다.(2022.5.3 본항개정)
④ 물납에 충당할 토지의 가액은 물납 신청 당시의 개별공시지가로 한다.

제39조【부담금의 환급】 ① 국토교통부장관은 납부의무자가 부담금으로 낸 금액 중 과오납부한 금액이 있거나 법 제25조제9항에 따라 환급하여야 할 금액이 있으면 지체 없이 그 과오납 금액 또는 환급하여야 할 금액을 부담금환급금으로 결정하고 부담금납부자에게 알려야 한다.(2016.9.22 본항개정)
② 국토교통부장관은 제1항에 따라 부담금환급금을 알릴 때에는 부담금환급금에 다음 각 호의 어느 하나에 해당하는 날의 다음 날부터 환급 결정을 하는 날까지의 기간에 대하여 국토교통부령으로 정하는 이율에 따라 계산한 금액을 환급가산금으로 결정하고 이를 부담금환급금과 함께 알려야 한다.(2013.3.23 본문개정)
1. 착오 납부, 이중 납부 또는 납부 후 그 부과를 취소 또는 정정한 경우 : 착오 등 납부일
2. 납부자에게 책임이 있는 사유로 부담금을 발생시킨 허가가 취소된 경우 : 허가 취소일
3. 납부자가 사업계획을 변경하거나 그 밖에 이와 비슷한 사유로 인한 경우 : 사업계획 변경허가 또는 그 밖에 이와 비슷한 행정처분의 결정일
③ 제1항에 따른 부담금환급금과 제2항에 따른 환급가산금은 지역균형발전특별회계에서 지급한다. 다만, 국토교통부장관은 허가의 취소, 사업면적의 축소 등으로 사업시행자에게 원상회복의 책임이 있는 경우에는 원상회복이 끝날 때까지 원상회복에 드는 비용에 해당하는 금액의 지급을 미룰 수 있다.(2023.7.7 본문개정)

제39조의2【부담금의 용도】 법 제26조제2항에 따른 부담금의 사용용도와 사용용도별 배분 비율은 다음 각 호와 같다. 다만, 예산편성금액, 예산 집행실적, 자금 배정 등을 고려하여 배분비율의 일부를 조정하여 사용할 수 있다.
(2021.1.5 단서개정)
1. 법 제26조제2항제1호에 따른 주민지원사업 : 100분의 45
2. 법 제26조제2항제2호에 따른 토지등의 매수 및 같은 항 제3호에 따른 훼손지 복구, 공원화 사업, 인공조림 조성, 여가체육공간조성 등 : 100분의 45
3. 법 제26조제2항제4호에 따른 개발제한구역의 지정 또는 해제에 관한 조사·연구, 같은 항 제5호에 따른 개발제한구역 내 불법행위의 예방과 단속 및 같은 항 제6호에 따른 실태조사 : 배분액의 100분의 10(2013.10.30 본호개정)
(2009.8.5 본조신설)

제40조【권한의 위임】 ① 국토교통부장관은 개발제한구역을 해제하려는 지역이 제2조제3항제1호 또는 제3호에 따른 지역으로서 면적이 100만제곱미터 미만(수도권의 경우에는 30만제곱미터 이하로 한다)이거나 제2조제3항제2호에 따른 취락 또는 같은 항 제5호에 따른 토지, 제6호에 따른 개발제한구역 경계선의 관통 대지 및 제7호에 따른 소규모 토지에 해당하는 경우에는 법 제29조제1항에 따라 다음 각 호의 권한을 시·도지사에게 위임한다. 다만, 법 제4조제1항 단서에 따라 국가계획과 관련하여 국토교통부장관이 직접 개발제한구역의 해제에 관한 도시·군관리계획을 입안하는 경우는 제외한다.
(2023.6.13 본문개정)
1. 법 제8조에 따른 도시·군관리계획의 결정(2012.4.10 본호개정)
2. 법 제9조에 따른 도시·군관리계획에 관한 지형도면의 고시(2013.10.30 본호개정)
② 시·도지사는 제1항제1호에 따라 위임된 사항을 처리한 경우에는 그 처리 결과를 국토교통부장관에게 제출하여야 한다.(2016.3.29 본항신설)
③ 시·도지사가 제1항제1호에 따라 도시·군관리계획 결정을 할 때 중앙도시계획위원회의 심의에 관하여는「국토의 계획 및 이용에 관한 법률」제113조제1항제2호를 적용한다.(2012.4.10 본항개정)
④ 국토교통부장관은 법 제29조제1항에 따라 다음 각 호의 권한을 시장·군수·구청장에게 위임한다. 다만, 법 제21조제1항제1호에 따른 부담금(법 제4조제1항 단서에 따라 국가계획과 관련하여 국토교통부장관이 직접 도시·군관리계획을 입안하여 개발제한구역을 해제한 경우로 한정한다)에 관한 권한은 위임하지 아니한다.
(2013.3.23 본문개정)
1. 법 제21조제1항 및 제25조에 따른 부담금의 부과·징수
2. 법 제25조제2항 단서에 따른 부담금의 납부기한 연장 또는 분할납부 허가(2009.8.5 본호개정)
3. 법 제25조제8항에 따른 허가의 취소 또는 부담금과 가산금의 징수(2016.9.22 본호개정)
4. 법 제25조제9항에 따른 부담금의 환급(2016.9.22 본호개정)
⑤ 시장·군수·구청장은 제4항에 따라 징수한 부담금을 한국은행(국고대리점을 포함한다. 이하 같다) 또는 체신관서에 지체 없이 납입하여야 한다.(2016.9.22 본항개정)
⑥ 시장·군수·구청장은 제38조에 따른 물납을 받았으면 지체 없이 해당 토지를 지역균형발전특별회계 소속 국유재산으로 하기 위한 등기이전과 그 밖에 필요한 조치를 하여야 한다.(2023.7.7 본항개정)
⑦ 시장·군수·구청장은 제4항에 따라 징수한 월별 부담금의 부과·징수 실적 및 납입·물납 실적을 다음 달 10일까지 국토교통부장관에게 제출하여야 한다.
(2016.9.22 본항개정)
⑧ 국토교통부장관은 법 제29조제2항에 따라 위임 수수료를 지급하는 경우 제7항에 따라 제출된 부담금의 부과·징수 실적과 납입·물납 실적을 근거로 하여 납입금액(시장·군수·구청장이 제5항에 따라 한국은행 또는 체신관서에 납입한 금액과 물납받은 토지의 가액을 말한다)의 일부를 다음 각 호의 구분에 따라 시장·군수·구청장에게 지급해야 한다.(2020.2.18 본문개정)
1. 법 제21조제1항제1호에 따른 부담금 : 징수금액의 100분의 1을 다음 회계연도 1분기 말까지 지급
2. 법 제21조제1항제2호에 따른 부담금 : 징수금액의 100분의 3을 분기별로 해당 분기가 끝난 다음 달 15일까지 지급
(2009.8.5 1호~2호신설)
⑨ 법 제29조제3항 전단에서 "대통령령으로 정하는 사무"란 제2조제3항제1호, 제3호 또는 제5호에 따른 개발제한구역 해제에 관한 도시·군관리계획 결정에 관한 사무를 말한다. 다만, 제2조제3항제5호의 경우에는 해제하는 면적이 1만제곱미터를 초과하는 경우로 한정한다.
(2020.2.18 본문개정)

제41조【업무의 위탁】 ① 국토교통부장관 및 시장·군수·구청장은 법 제29조제4항에 따라 다음 각 호의 업무를 보건복지부장관에게 위탁한다.(2020.2.18 본문개정)
1. 법 제16조의3제1항에 따른 금융정보등의 제공 요청에 관한 업무
2. 법 제16조의4제2항에 따른 가족관계·소득·재산 자료 등의 제공 요청에 관한 업무
(2011.9.16 본항신설)
② 국토교통부장관은 법 제29조제5항에 따라 다음 각 호의 업무를「한국토지주택공사법」에 따른 한국토지주택공사에 위탁한다.(2020.2.18 본문개정)
1. 법 제17조제2항 및 제20조제1항에 따른 토지와 그 토지의 정착물의 매수
2. 법 제18조제1항에 따른 매수대상 여부와 매수예상가격 등의 통보
3. 법 제19조제2항에 따른 매수청구인에 대한 감정평가비용의 부과
4. 제31조제1항에 따른 토지매수청구서의 접수
5. 제31조제4항에 따른 감정평가 의뢰 및 매수가격의 통보
③「한국토지주택공사법」에 따른 한국토지주택공사의 사장은 제2항에 따라 위탁받은 업무를 처리하였으면 분기별로 분기 종료 다음 달 10일까지 그 실적을 국토교통부장관에게 보고하여야 한다.(2013.3.23 본항개정)
④ 국토교통부장관은 제2항에 따라「한국토지주택공사법」에 따른 한국토지주택공사에 업무를 위탁한 경우에는 매입대금의 1천분의 5와 감정수수료·등기수수료 등 토지를 매입하기 위하여 지출되는 비용을 위탁수수료로 지급하여야 한다.(2013.3.23 본항개정)
(2020.2.18 본조제목개정)

제41조의2【이행강제금의 산정·부과】 ① 법 제30조의2제1항에 따른 이행강제금의 산정기준은 별표5와 같다.
② 제1항에 따른 이행강제금 부과·징수 대상자 중 다음 각 호의 어느 하나에 해당하는 자에 대해서는 그 각 호에서 정하는 시기까지 이행강제금의 부과를 유예하거나 별표5에 따른 이행강제금의 가중기준을 적용하지 않을 수 있다.
1. 공익사업의 시행을 위하여 법 제4조제1항에 따라 개발제한구역의 해제에 관한 도시·군관리계획이 입안된 경우 해당 해제대상지역의 이행강제금 부과·징수 대상자 : 개발제한구역의 해제에 관한 도시·군관리계획 결정을 고시한 시기까지
2. 해제대상지역으로 이전할 자 : 입주시기나 완료시기를 고려하여 그 이전이 가능한 시기까지
3. 정비사업을 시행하는 자 : 해당 정비사업이 완료되는 시기까지
(2021.1.5 본항개정)
③ 제1항 및 제2항에도 불구하고 별표1 제5호가목의 동식물 관련 시설의 소유자가 법 제30조에 따른 위반행위를 한 경우에는 다음 각 호의 요건을 모두 갖춘 경우에 2년의 범위에서 이행강제금의 부과를 유예할 수 있다. 이 경우 이행강제금을 부과하지 않을 수 있는 기산 시점은 해당 시설을 자진하여 철거할 것을 서약한 후 행정대집행 비용 전액을 납부한 날(제1호 후단에 따라 분할납부가 인정된 경우는 최초 1회 납부한 날)로 한다.
1. 해당 시설을 2년의 범위에서 자진하여 철거할 것을 서약하고, 「행정대집행법」에 따라 집행에 필요한 비용(이하 "대집행 비용"이라 한다)을 시장·군수·구청장에게 미리 납부할 것. 이 경우 시장·군수·구청장은 1년 이내의 범위에서 3회 이내의 분할납부를 인정할 수 있다.
2. 해당 시·군·구의 개발제한구역에 최근 1년 이상 거주하였을 것
3. 해당 시·군·구의 개발제한구역에서 영농에 종사하는 자로서 1만제곱미터 이상의 농지(전·답 및 과수원을 말한다)를 소유하지 아니할 것
④ 시장·군수·구청장은 제3항에 따라 이행강제금의 부과를 유예받은 자가 같은 항 제1호에 따라 서약한 기간 내에 자진하여 철거한 때에는 이미 납부한 대집행 비용을 환급하여야 한다.
⑤ 시장·군수·구청장은 제1항부터 제3항까지의 규정에도 불구하고 별표1 제5호가목1)의 축사의 소유자 또는 점유자가 법 제30조에 따른 위반행위(건축물의 용도변경과 관련된 위반행위로 한정한다)를 한 경우로서 다음 각 호의 요건을 모두 갖춘 경우에는 2014년 12월 31일까지 이행강제금의 부과를 유예할 수 있다.
1. 적법하게 건축된 축사로서 축산업의 경쟁력 저하 등 경제 여건의 변화에 따라 본래의 용도로 사용하는 것이 현저히 곤란하다고 인정될 것
2. 축사를 본래의 용도로 사용함으로써 주변 환경의 오염 등 주민생활의 불편을 야기하거나 야기할 가능성이 높을 것
(2014.1.28 본항신설)
⑥ 제1항부터 제5항까지에서 규정된 사항 이외에 이행강제금의 부과 및 징수절차에 필요한 사항은 국토교통부령으로 정한다.(2014.1.28 본항개정)
(2009.8.5 본조신설)

제41조의3【이행강제금 부과 기준에 관한 특례】 ① 제41조의2제1항 및 별표5에도 불구하고 시장·군수·구청장은 2013년 12월 31일 이전에 법 제30조제1항에 따른 위반행위(건축물의 건축 또는 용도변경, 공작물의 설치와 관련된 위반행위로 한정한다)를 한 자로서 다음 각 호의 요건을 모두 갖춘 자(제41조의2제2항·제3항 또는 제5항에 따라 이행강제금 부과를 유예받은 자는 제외한다)에 대해서는 2014년 12월 31일까지 별표5에 따른 이행강제금 금액의 100분의 50을 감경할 수 있다.
1. 2014년 6월 30일 이내에 시장·군수·구청장에게 이행강제금 감경신청을 할 것
2. 해당 건축물 또는 공작물을 2014년 12월 31일까지 자진하여 철거할 것을 서약하고 대집행 비용을 시장·군수·구청장에게 미리 납부할 것. 이 경우 시장·군수·구청장은 1년 이내의 범위에서 3회 이내의 분할 납부를 인정할 수 있다.
② 시장·군수·구청장은 제1항에 따라 이행강제금의 감경을 받은 자가 같은 항 제2호에 따라 서약한 기간 내에 자진하여 철거한 때에는 이미 납부한 대집행 비용을 환급하여야 한다.
③ 시장·군수·구청장은 2015년 2월 28일까지 제2항에 따른 자진 철거 현황 및 대집행 결과를 국토교통부장관에게 제출하여야 한다.
(2014.1.28 본조개정)

제41조의4【이행강제금 징수 유예 특례】 법 제30조의3제1항제1호나목에서 "대통령령으로 정하는 시설"이란 별표1 제5호가목에 따른 동식물 관련 시설 중 잠실(蠶室), 저장창고, 양어장, 사육장, 퇴비사 및 발효퇴비장, 육묘 및 종묘배양장을 말한다.(2015.3.30 본조신설)

제41조의5【규제의 재검토】 국토교통부장관은 다음 각 호의 사항에 대하여 2017년 1월 1일을 기준으로 3년마다(매 3년이 되는 해의 1월 1일 전까지를 말한다) 그 타당성을 검토하여 개선 등의 조치를 해야 한다.(2020.2.18 본문개정)
1. 제13조에 따른 허가 대상 건축물 또는 공작물의 종류 등
2. (2020.2.18 삭제)
3. 제25조에 따른 취락지구의 지정기준
4. 제36조에 따른 부담금의 산정기준
(2016.12.30 본조개정)

제42조【과태료】 ① 법 제34조제1항에서 "대통령령으로 정하는 경미한 행위"란 제19조 각 호의 신고사항을 말한다.
② 법 제34조제1항 및 제2항에 따른 과태료의 부과기준은 별표6과 같다.(2012.5.14 본항신설)

부 칙

제1조【시행일】 이 영은 공포한 날부터 시행한다.

제2조【토석의 채취에 관한 경과조치】 「산업입지 및 개발에 관한 법률」 제39조에 따라 경기도 시흥시·안산시 및 화성군 일원에서 시행하는 반월특수지역개발사업에 필요한 토석의 채취는 제14조제13호에도 불구하고 종전의 규정에 따른다.

제3조【취락지구로의 이축에 관한 경과조치】 시장·군수 또는 구청장은 법 제12조제1항제2호에 따라 취락지구로 이축하는 건축물 중 다음 각 호의 어느 하나에 해당하는 건축물에 대하여는 취락지구가 지정될 때까지 취락지구의 지정기준에 해당하는 취락이나 그 취락 또는 제2조제3항제2호에 해당하여 개발제한구역에서 해제된 지역에 접한 토지로의 이축을 허가할 수 있다.(2009.8.5 본문개정)
1. 공익사업의 시행으로 철거되는 건축물
2. 재해로 이축이 불가피한 건축물
3. 개발제한구역 지정 이전부터 다른 사람 소유의 토지에 건축되어 있는 주택으로서 토지소유자의 동의를 받지 못하여 증축 또는 개축할 수 없는 주택

제4조【분할된 토지의 형질변경에 관한 경과조치】 대통령령 제17353호 개발제한구역의지정및관리에관한특별조치법시행령중개정령의 시행일인 2001년 9월 6일 전에 이미 분할되어 있는 토지에 대하여는 별표2 제3호나목 단서에도 불구하고 종전의 규정(대통령령 제17353호로 개정되기 전의 것을 말한다)에 따른다.

제5조【개발제한구역 훼손부담금의 부과율에 관한 경과조치】 대통령령 제19532호 개발제한구역의 지정 및 관리에 관한 특별조치법 시행령 일부개정령의 시행일인 2006년 6월 15일 전에 법 제12조제1항 단서 또는 법 제13조에 따라 허가를 받은 경우에는 제35조제1항제3호에도 불구하고 종전의 규정(대통령령 제19532호로 개정되기 전의 것을 말한다)에 따른다.

제6조【다른 법령과의 관계】 이 영 시행 당시 다른 법령에서 종전의 「개발제한구역의 지정 및 관리에 관한 특별조치법 시행령」 또는 그 규정을 인용한 경우 이 영 가운데 그에 해당하는 규정이 있으면 종전의 규정을 갈음하여 이 영 또는 이 영의 해당 규정을 인용한 것으로 본다.

부 칙 (2009.8.5)

제1조【시행일】 이 영은 2009년 8월 7일부터 시행한다. 다만, 별표1 제5호나목1)나) 및 같은 목 5)가)④의 개정규정은 2009년 10월 2일부터 시행하고, 제2조제3항제6호 및 별표1 제3호다목의 개정규정은 2009년 12월 10일부터 시행하며, 제41조의2의 개정규정은 2010년 2월 7일부터 시행한다.

제2조【시행일에 관한 경과조치】 ① 부칙 제1조 단서에 따라 별표1 제5호나목1)나) 및 같은 목 5)가)④의 개정규정이 시행되기 전까지는 해당 규정 중 "「농어업경영체 육성 및 지원에 관한 법률」 제16조에 따른 영농조합법인 및 같은 법 제19조에 따른 농업회사법인"은 각각 "「농업·농촌 및 식품산업 기본법」 제28조제1항에 따른 영농조합법인 또는 같은 법 제29조제1항에 따른 농업회사법인"으로 규정된 것으로 본다.
② 부칙 제1조 단서에 따라 제2조제3항제6호의 개정규정이 시행되기 전까지는 같은 호 각 목 외의 부분은 다음과 같이 규정된 것으로 본다.
6. 개발제한구역 경계선이 관통하는 대지(垈地 : 「측량·수로조사 및 지적에 관한 법률」에 따라 각 필지로 구획된 토지를 말한다)로서 다음 각 목의 요건을 모두 갖춘 지역

제3조【행위제한에 대한 경과조치】 ① 이 영 시행 당시 종전 규정에 따라 허가를 받은 경우(허가를 신청한 경우를 포함한다)에는 별표1의 개정규정에도 불구하고 종전의 규정에 따른다.
② 이 영 시행 전에 종전의 규정에 따라 개발제한구역 관리계획 승인을 받았음에도 불구하고 이 영의 개정규정에 부합하지 아니하는 시설에 대하여는 이 영 시행일부터 1년 이내에 국토해양부장관과 협의가 이루어진 경우에 한정하여 종전의 규정에 따라 허가할 수 있다.

제4조【화물자동차 차고지 설치에 관한 특례】 이 영 시행 당시 다음 각 호의 요건을 모두 갖춘 화물자동차운송사업용 화물자동차 차고지 및 그 부대시설은 별표1의 개정규정에도 불구하고 2011년 8월 6일까지는 종전의 규정에 따라 허가를 받아 설치할 수 있다.
1. 차고지를 설치하려는 자가 이 영 시행 이전에 해당 사업을 이미 착수한 것으로 시장·군수·구청장이 인정할 것
2. 별표1 제3호라목에 따른 주차장 시설로 설치하는 것으로는 화물자동차 차고지로의 기능과 목적달성이 불가능할 것

제5조【국제행사관련 옥외광고물 설치에 관한 특례】 이 영 시행 당시 「옥외광고물 등 관리법」에 따라 설립된 한국옥외광고센터가 주요 국제행사의 준비 및 운영에 필요한 재원을 마련하기 위하여 설치할 수 있던 국제행사관련 옥외광고물 시설은 별표1의 개정규정에도 불구하고 2024년 12월 31일까지는 종전의 규정에 따라 허가를 받아 설치할 수 있다.(2021.12.31 본조개정)

제6조【지구단위계획 없이 해제된 집단취락에 대한 지구단위계획수립에 관한 특례】 법 제4조제1항의 입안권자는 이 영 시행일 이전 제2조제3항제2호에 해당하는 지역을 개발제한구역에서 해제하면서 같은 조 제4항의 개정규정에 따른 제1종지구단위계획이 수립되지 아니한 지역에 대하여는 2012년 12월 31일까지 수립하여야 한다.

제7조【소규모 단절 토지 및 경계선 관통 대지에 대한 해제 특례】 시·도지사는 이 영 시행 당시 제2조제3항제5호 및 제6호에 해당하는 토지에 대하여는 면적, 분포 등 그 실태를 조사하여 2012년 12월 31일까지 개발제한구역에서 해제할 수 있도록 필요한 조치를 취하여야 한다.

부 칙 (2013.10.30)

제1조【시행일】 이 영은 공포한 날부터 시행한다. 다만, 제3조제2항·제3항, 제36조의2제3항 및 제39조의2의 개정규정은 2013년 11월 29일부터 시행한다.

제2조【부담금의 납부기한 연장 등에 대한 이자율에 관한 경과조치】 부담금의 납부기한 연장 또는 분할 납부의 허가를 받고 부칙 제1조 단서에 따른 시행일 전까지 부담금 납부기한 연장 등에 대한 이자를 납부하지 아니한 경우로서 이 영 시행 후 해당 이자를 납부하는 경우 부칙 제1조 단서에 따른 시행일 전까지의 기간에 대한 이자율은 제36조의2제3항의 개정규정에도 불구하고 종전의 규정에 따른다.

부 칙 (2014.1.28)

제1조【시행일】 이 영은 공포한 날부터 시행한다. 다만, 제36조제2항의 개정규정은 2014년 2월 7일부터 시행한다.

제2조【이행강제금 부과 기준 특례에 관한 적용례】 ① 제41조의3의 개정규정은 이 영 시행 당시 이행강제금 부과처분을 받은 자에 대해서도 적용한다. 다만, 종전의 규정에 따라 이행강제금 감경처분을 받은 자에 대하여는 종전의 규정에 따른다.
② 제1항 본문을 적용하는 경우 이 영 시행 당시 이행강제금 부과처분을 받은 자로서 이행강제금을 납부하지 아니한 자로부터 제41조의3제1항제1호의 개정규정에 따라 이행강제금 감경신청을 받은 시장·군수·구청장은 이행강제금 부과처분을 다시 하여야 한다.

제3조【공장의 부대시설 설치에 관한 경과조치】 별표3 제27호의 개정규정에도 불구하고 이 영 시행 전에 허가를 받은 경우(허가를 신청한 경우를 포함한다) 또는 이 영 시행 전에 법 제11조제1항에 따라 승인을 받은 개발제한구역관리계획에 포함된 시설인 경우에는 종전의 규정에 따른다.

부 칙 (2014.4.28)

제1조【시행일】 이 영은 2014년 4월 29일부터 시행한다. 다만, 별표1 제3호머목의 개정규정은 2015년 1월 29일부터 시행한다.

제2조【유효기간】 제18조의2의 개정규정은 2015년 12월 31일까지 효력을 가진다.

부 칙 (2015.3.30)

제1조【시행일】 이 영은 공포한 날부터 시행한다. 다만, 제41조의4의 개정규정은 2015년 4월 1일부터 시행한다.

제2조【기존 근린생활시설 소유자의 근린생활시설 신축에 관한 적용례】 별표1 제5호라목다)의 개정규정은 이 영 시행 전에 「공익사업을 위한 토지 등의 취득 및 보상에 관한 법률」에 따른 공익사업의 시행으로 인하여 철거된 근린생활시설의 소유자(법 제12조제1항제2호에 따라 취락지구로 이축한 자 및 같은 항 제3호에 따라 조성된 이주단지로 이축한 자는 제외한다)에 대해서도 적용한다.

부 칙 (2015.9.8)

제1조【시행일】 이 영은 공포한 날부터 시행한다.

제2조【임야에서의 콩나물 재배사 및 버섯 재배사 설치 등에 관한 경과조치】 이 영 시행 당시 종전의 규정에 따라 임야에서 설치 허가를 받거나 허가를 신청한 콩나물 재배사 또는 버섯재배사의 경우에는 별표1 제5호가목6)다)의 개정규정에도 불구하고 임야에 설치하거나 임야에서 증축할 수 있다.

부 칙 (2017.7.11)

제1조【시행일】 이 영은 공포한 날부터 시행한다. 다만,

별표5 제3호의 개정규정은 2018년 1월 1일부터 시행한다.
제2조【생활비용 보조의 신청자에 관한 적용례】 제27조의2제1항의 개정규정은 이 영 시행 이후 생활비용 보조를 신청하는 사람부터 적용한다.
제3조【생활체육시설의 설치에 관한 경과조치】 이 영 시행 전에 생활체육시설의 설치허가를 신청한 자의 경우에는 별표1 제1호라목가)의 개정규정에도 불구하고 종전의 규정에 따른다.

부 칙 (2018.12.4)

제1조【시행일】 이 영은 공포한 날부터 시행한다.
제2조【휴게음식점 및 일반음식점의 설치에 관한 경과조치】 이 영 시행 전에 종전의 별표1 제1호아목에 따라 설치허가를 받거나 허가를 신청한 휴게음식점 및 일반음식점의 경우에는 별표1 제1호아목라)의 개정규정에도 불구하고 종전의 규정에 따른다.
제3조【육묘장, 종묘배양장 및 온실의 설치에 관한 경과조치】 이 영 시행 전에 종전의 별표1 제5호에 따라 설치허가를 받거나 허가를 신청한 육묘장, 종묘배양장 및 온실의 경우에는 별표1 제5호 각 목 외의 부분 라) 및 같은 호 가목9)·10)의 개정규정에도 불구하고 종전의 규정에 따른다.
제4조【상여보관소, 간이휴게소, 간이쓰레기소각장, 어린이놀이터 및 유아원의 설치에 관한 경과조치】 이 영 시행 전에 종전의 별표1 제5호 마목5)에 따라 설치허가를 받거나 허가를 신청한 상여보관소, 간이휴게소, 간이쓰레기소각장, 어린이놀이터 및 유아원의 경우에는 별표1 제5호마목5)의 개정규정에도 불구하고 종전의 규정에 따른다.

부 칙 (2019.5.21)

제1조【시행일】 이 영은 공포한 날부터 시행한다.
제2조【서바이벌게임 관련 시설의 설치에 관한 경과조치】 이 영 시행 당시 종전의 별표1 제1호러목에 따라 서바이벌게임 관련 시설의 설치허가를 받거나 허가를 신청한 경우에는 별표1 제1호러목나)의 개정규정에도 불구하고 종전의 규정에 따른다.
제3조【주차장의 설치에 관한 경과조치】 이 영 시행 당시 종전의 별표1 제3호라목에 따라 주차장의 설치허가를 받거나 허가를 신청한 경우에는 별표1 제3호라목의 개정규정에도 불구하고 종전의 규정에 따른다.
제4조【야영장의 설치에 관한 경과조치】 이 영 시행 당시 종전의 별표1 제5호사목에 따라 야영장의 설치허가를 받거나 허가를 신청한 경우에는 별표1 제5호사목의 개정규정에도 불구하고 종전의 규정에 따른다.

부 칙 (2019.10.1)

제1조【시행일】 이 영은 공포한 날부터 시행한다. 다만, 제2조의9의 개정규정은 2019년 10월 24일부터 시행한다.
제2조【소규모 실내 생활체육시설의 설치에 관한 경과조치】 이 영 시행 당시 종전의 별표1 제1호마목나)에 따라 건축 연면적이 1,200제곱미터 이상인 소규모 실내 생활체육시설에 대하여 「국토의 계획 및 이용에 관한 법률」 제113조제1항에 따른 시·도도시계획위원회의 심의가 진행 중인 경우에는 별표1 제1호마목나)의 개정규정에도 불구하고 종전의 규정에 따른다.

부 칙 (2019.12.31)

제1조【시행일】 이 영은 공포한 날부터 시행한다.(이하 생략)

부 칙 (2020.2.18)

제1조【시행일】 이 영은 2020년 2월 21일부터 시행한다.
제2조【유효기간】 별표1 제5호아목라)의 개정규정은 2022년 2월 20일까지 효력을 가진다.

부 칙 (2020.4.28)

제1조【시행일】 이 영은 2020년 5월 1일부터 시행한다.(이하 생략)

부 칙 (2020.5.26)

제1조【시행일】 이 영은 2020년 5월 27일부터 시행한다.(이하 생략)

부 칙 (2020.8.4)

제1조【시행일】 ① 이 영은 2020년 8월 5일부터 시행한다.(이하 생략)

부 칙 (2020.10.8)

제1조【시행일】 이 영은 2020년 10월 8일부터 시행한다.(이하 생략)

부 칙 (2020.11.24)

제1조【시행일】 이 영은 공포한 날부터 시행한다.
제2조【공고 등의 방법에 관한 일반적 적용례】 이 영은 이 영 시행 이후 실시하는 공고, 공표, 공시 또는 고시부터 적용한다.

부 칙 (2021.1.5 영31365호)

제1조【시행일】 이 영은 공포한 날부터 시행한다.
제2조【이행강제금의 부과에 관한 적용례】 제41조의2제2항의 개정규정은 이 영 시행 이후 이행강제금을 부과(이행강제금을 부과받은 자에 대하여 이 영 시행 이후 법 제30조의2제4항에 따라 이행강제금을 다시 부과하는 경우를 포함한다)하는 경우부터 적용한다.

부 칙 (2021.1.5 영31380호)

이 영은 공포한 날부터 시행한다.(이하 생략)

부 칙 (2021.5.11)
(2021.12.31)

이 영은 공포한 날부터 시행한다.

부 칙 (2022.1.21)

제1조【시행일】 이 영은 2022년 1월 21일부터 시행한다.(이하 생략)

부 칙 (2022.5.3)

제1조【시행일】 이 영은 공포한 날부터 시행한다.
제2조【부담금의 물납 시 차액의 납부방법에 관한 적용례】 제38조제3항의 개정규정은 이 영 시행 전에 부담금을 부과받은 경우로서 이 영 시행 당시 그 차액을 납부하지 않은 경우에도 적용한다.

부 칙 (2022.8.2)

제1조【시행일】 이 영은 2022년 8월 4일부터 시행한다.(이하 생략)

부 칙 (2022.11.1)

이 영은 공포 후 6개월이 경과한 날부터 시행한다.

부 칙 (2022.12.6 영33023호)

제1조【시행일】 이 영은 2022년 12월 8일부터 시행한다.(이하 생략)

부 칙 (2022.12.6 영33031호)

이 영은 2022년 12월 11일부터 시행한다.

부 칙 (2023.2.14)

이 영은 공포한 날부터 시행한다.

부 칙 (2023.4.27)

제1조【시행일】 이 영은 공포한 날부터 시행한다.(이하 생략)

부 칙 (2023.6.13)

제1조【시행일】 이 영은 2023년 7월 1일부터 시행한다.
제2조【권한의 위임에 관한 적용례】 제40조제1항 각 호 외의 부분 본문의 개정규정은 이 영 시행 이후 법 제4조제1항에 따라 개발제한구역의 해제에 관한 도시·군관리계획을 입안하는 경우부터 적용한다.

부 칙 (2023.7.7)

제1조【시행일】 이 영은 2023년 7월 10일부터 시행한다.(이하 생략)

부 칙 (2023.8.1)

이 영은 공포한 날부터 시행한다.

[별표] ➡ 「法典 別冊」 참조

도시개발법

(2008년 3월 21일
전부개정법률 제8970호)

개정
2008. 3.28법 9044호
2009. 1.30법 9401호(국유재산)
2009. 6. 9법 9758호(농어촌정비)
2009. 6. 9법 9774호(측량·수로지적)
2009.12.29법 9862호
2010. 3.31법10220호(지방세특례제한법)
2010. 3.31법10221호(지방세)
2010. 4.15법10272호(공유수면관리및매립에관한법)
2010. 5.31법10331호(산지관리법)
2011. 4.12법10580호(부등)
2011. 4.14법10599호(국토이용)
2011. 9.30법11068호 2012. 1.17법11186호
2013. 3.22법11650호
2013. 3.23법11690호(정부조직)
2013. 5.22법11794호(건설기술진흥법)
2013. 7.16법11923호
2014. 1.14법12248호(도로법)
2014. 1.14법12251호(공공주택건설등에관한특별법)
2014. 5.21법12641호
2014. 6. 3법12738호(공간정보구축관리)
2014.11.19법12844호(정부조직)
2015. 1. 6법12989호(주택도시기금법)
2015. 8.11법13479호
2015. 8.28법13498호(공공주택특별법)
2015. 8.28법13499호(민간임대주택에관한특별법)
2016. 1.19법13782호(감정평가감정평가사)
2016. 1.19법13805호(주택법)
2016.12.27법14480호(농어촌정비)
2017. 2. 8법14567호(도시및주거환경정비법)
2017. 4.18법14795호(국토이용)
2017. 7.26법14839호(정부조직)
2018. 4.17법15600호
2019. 8.27법16568호(양식산업발전법)
2020. 1.29법16902호(항만법)
2020. 4. 7법17219호(감정평가감정평가사)
2020. 6. 9법17453호(법률용어정비)
2021. 1.12법17893호(지방자치)
2021. 3.16법17939호(건설기술진흥법)
2021. 4. 1법17987호
2021. 7.20법18310호(공간정보구축관리)
2021.12.21법18630호
2022.12.27법19117호(산림자원조성관리)
2023. 7.18법19561호

제1장 총 칙

제1조【목적】 이 법은 도시개발에 필요한 사항을 규정하여 계획적이고 체계적인 도시개발을 도모하고 쾌적한 도시환경의 조성과 공공복리의 증진에 이바지함을 목적으로 한다.
제2조【정의】 ① 이 법에서 사용하는 용어의 뜻은 다음과 같다.
1. "도시개발구역"이란 도시개발사업을 시행하기 위하여 제3조와 제9조에 따라 지정·고시된 구역을 말한다.
2. "도시개발사업"이란 도시개발구역에서 주거, 상업, 산업, 유통, 정보통신, 생태, 문화, 보건 및 복지 등의 기능이 있는 단지 또는 시가지를 조성하기 위하여 시행하는 사업을 말한다.
② 「국토의 계획 및 이용에 관한 법률」에서 사용하는 용어는 이 법으로 특별히 정하는 경우 외에는 이 법에서 이를 적용한다.

제2장 도시개발구역의 지정 등

제3조【도시개발구역의 지정 등】 ① 다음 각 호의 어느 하나에 해당하는 자는 계획적인 도시개발이 필요하다고 인정되는 때에는 도시개발구역을 지정할 수 있다.
(2009.12.29 후단삭제)
1. 특별시장·광역시장·도지사·특별자치도지사(이하 "시·도지사"라 한다)
2. 「지방자치법」 제198조에 따른 서울특별시와 광역시를 제외한 인구 50만 이상의 대도시의 시장(이하 "대도시 시장"이라 한다)(2021.1.12 본호개정)
(2008.3.28 본항개정)
② 도시개발사업이 필요하다고 인정되는 지역이 둘 이상의 특별시·광역시·도·특별자치도(이하 "시·도"라 한다) 또는 「지방자치법」 제198조에 따른 서울특별시와 광역시를 제외한 인구 50만 이상의 대도시(이하 이 조, 제8조 및 제10조의2에서 "대도시"라 한다)의 행정구역에 걸치는 경우에는 관계 시·도지사 또는 대도시 시장이 협의하여 도시개발구역을 지정할 자를 정한다.(2021.4.1 본항개정)

③ 국토교통부장관은 다음 각 호의 어느 하나에 해당하면 제1항과 제2항에도 불구하고 도시개발구역을 지정할 수 있다.(2013.3.23 본문개정)
1. 국가가 도시개발사업을 실시할 필요가 있는 경우
2. 관계 중앙행정기관의 장이 요청하는 경우
3. 제11조제1항제2호에 따른 공공기관의 장 또는 같은 항 제3호에 따른 정부출연기관의 장이 대통령령으로 정하는 규모 이상으로서 국가계획과 밀접한 관련이 있는 도시개발구역의 지정을 제안하는 경우(2009.12.29 본호개정)
4. 제2항에 따른 협의가 성립되지 아니하는 경우
5. 그 밖에 대통령령으로 정하는 경우
④ 시장(대도시 시장은 제외한다)·군수 또는 구청장(자치구의 구청장을 말한다. 이하 같다)은 대통령령으로 정하는 바에 따라 시·도지사에게 도시개발구역의 지정을 요청할 수 있다.(2020.6.9 본항개정)
⑤ 제1항에 따라 도시개발구역을 지정하거나 그 지정을 요청하는 경우 도시개발구역의 지정대상 지역 및 규모, 요청 절차, 제출 서류 등에 필요한 사항은 대통령령으로 정한다.
제3조의2【도시개발구역의 분할 및 결합】 ① 제3조에 따라 도시개발구역을 지정하는 자(이하 "지정권자"라 한다)는 도시개발사업의 효율적인 추진과 도시의 경관 보호 등을 위하여 필요하다고 인정하는 경우에는 도시개발구역을 둘 이상의 사업시행지구로 분할하거나 서로 떨어진 둘 이상의 지역을 결합하여 하나의 도시개발구역으로 지정할 수 있다.
② 제1항에 따라 도시개발구역을 분할 또는 결합하여 지정하는 요건과 절차 등에 필요한 사항은 대통령령으로 정한다.
(2011.9.30 본조신설)
제4조【개발계획의 수립 및 변경】 ① 지정권자는 도시개발구역을 지정하려면 해당 도시개발구역에 대한 도시개발사업의 계획(이하 "개발계획"이라 한다)을 수립하여야 한다. 다만, 제2항에 따라 개발계획을 공모하거나 대통령령으로 정하는 지역에 도시개발구역을 지정할 때에는 도시개발구역을 지정한 후에 개발계획을 수립할 수 있다.
(2012.1.17 단서개정)
② 지정권자는 창의적이고 효율적인 도시개발사업을 추진하기 위하여 필요한 경우에는 대통령령으로 정하는 바에 따라 개발계획안을 공모하여 선정된 안을 개발계획에 반영할 수 있다. 이 경우 선정된 개발계획안의 응모자가 제11조제1항에 따른 자격 요건을 갖춘 자인 경우에는 해당 응모자를 우선하여 시행자로 지정할 수 있다.
(2012.1.17 본항신설)
③ 지정권자는 직접 또는 제3조제3항제2호 및 같은 조 제4항에 따른 관계 중앙행정기관의 장 또는 시장(대도시 시장은 제외한다)·군수·구청장 또는 제11조제1항에 따른 도시개발사업의 시행자의 요청을 받아 개발계획을 변경할 수 있다.(2020.6.9 본항개정)
④ 지정권자는 환지(換地) 방식의 도시개발사업에 대한 개발계획을 수립하려면 환지 방식이 적용되는 지역의 토지면적의 3분의 2 이상에 해당하는 토지 소유자와 그 지역의 토지 소유자 총수의 2분의 1 이상의 동의를 받아야 한다. 환지 방식으로 시행하기 위하여 개발계획을 변경(대통령령으로 정하는 경미한 사항의 변경은 제외한다)하려는 경우에도 또한 같다.
⑤ 지정권자는 도시개발사업을 환지 방식으로 시행하려고 개발계획을 수립하거나 변경할 때에 도시개발사업의 시행자가 제11조제1항제1호에 해당하는 자이면 제4항에도 불구하고 토지 소유자의 동의를 받을 필요가 없다.
(2012.1.17 본항개정)
⑥ 지정권자가 도시개발사업의 전부를 환지 방식으로 시행하려고 개발계획을 수립하거나 변경할 때에 도시개발사업의 시행자가 제11조제1항제6호의 조합에 해당하는 경우로서 조합이 성립된 후 총회에서 도시개발구역의 토지면적의 3분의 2 이상에 해당하는 조합원과 그 지역의 조합원 총수의 2분의 1 이상의 찬성으로 수립 또는 변경을 의결한 개발계획을 지정권자에게 제출한 경우에는 제4항에도 불구하고 토지 소유자의 동의를 받은 것으로 본다.
(2012.1.17 본항개정)
⑦ 제4항에 따른 동의자 수의 산정방법, 동의절차, 그 밖에 필요한 사항은 대통령령으로 정한다.(2012.1.17 본항개정)
제5조【개발계획의 내용】 ① 개발계획에는 다음 각 호의 사항이 포함되어야 한다. 다만, 제13호부터 제16호까지의 규정에 해당하는 사항은 도시개발구역을 지정한 후에 개발계획에 포함시킬 수 있다.(2011.9.30 단서개정)
1. 도시개발구역의 명칭·위치 및 면적
2. 도시개발구역의 지정 목적과 도시개발사업의 시행기간
3. 제3조의2에 따라 도시개발구역을 둘 이상의 사업시행지구로 분할하거나 서로 떨어진 둘 이상의 지역을 하나의 구역으로 결합하여 도시개발사업을 시행하는 경우에는 그 분할이나 결합에 관한 사항(2011.9.30 본호개정)
4. 도시개발사업의 시행자에 관한 사항
5. 도시개발사업의 시행방식
6. 인구수용계획[분양주택(분양을 목적으로 공급하는 주택을 말한다) 및 임대주택(「민간임대주택에 관한 특별법」에 따른 민간임대주택 및 「공공주택 특별법」에 따른 공공임대주택을 말한다. 이하 같다)으로 구분한 주택별 수용계획을 포함한다](2021.12.21 본호개정)
7. 토지이용계획
7의2. 제25조의2에 따라 원형지로 공급될 대상 토지 및 개발 방향(2011.9.30 본호신설)
8. 교통처리계획
9. 환경보전계획
10. 보건의료시설 및 복지시설의 설치계획
11. 도로, 상하수도 등 주요 기반시설의 설치계획
12. 재원조달계획
13. 도시개발구역 밖의 지역에 기반시설을 설치하여야 하는 경우에는 그 시설의 설치에 필요한 비용의 부담 계획
14. 수용(收用) 또는 사용의 대상이 되는 토지·건축물 또는 토지에 정착한 물건과 이에 관한 소유권 외의 권리, 광업권, 어업권·양식업권, 물의 사용에 관한 권리(이하 "토지등"이라 한다)가 있는 경우에는 그 세부목록(2019.8.27 본호개정)
15. 임대주택건설계획 등 세입자 등의 주거 및 생활 안정 대책(2021.12.21 본호개정)
16. 제21조의2에 따른 순환개발 등 단계적 사업추진이 필요한 경우 사업추진 계획 등에 관한 사항(2011.9.30 본호신설)
17. 그 밖에 대통령령으로 정하는 사항
② 「국토의 계획 및 이용에 관한 법률」에 따른 광역도시계획이나 도시·군기본계획이 수립되어 있는 지역에 대하여 개발계획을 수립하려면 개발계획의 내용이 해당 광역도시계획이나 도시·군기본계획에 들어맞도록 하여야 한다.(2011.4.14 본항개정)
③ 제4조제1항 단서에 따라 도시개발구역을 지정한 후에 개발계획을 수립하는 경우에는 도시개발구역을 지정할 때에 지정 목적, 시행 방식 및 인구수용계획 등 대통령령으로 정하는 사항에 관한 계획을 수립하여야 한다.
④ 대통령령으로 정하는 규모 이상인 도시개발구역에 관한 개발계획을 수립할 때에는 해당 구역에서 주거, 생산, 교육, 유통, 위락 등의 기능이 서로 조화를 이루도록 노력하여야 한다.
⑤ 개발계획의 작성 기준 및 방법은 국토교통부장관이 정한다.(2013.3.23 본항개정)
제6조【기초조사 등】 ① 도시개발사업의 시행자나 시행자가 되려는 자는 도시개발구역을 지정하거나 도시개발구역의 지정을 요청 또는 제안하려고 할 때에는 도시개발구역으로 지정될 구역의 토지, 건축물, 공작물, 주거 및 생활실태, 주택수요, 그 밖에 필요한 사항에 관하여 대통령령으로 정하는 바에 따라 조사하거나 측량할 수 있다.
(2011.9.30 본항개정)
② 제1항에 따라 조사나 측량을 하려는 자는 관계 행정기관, 지방자치단체, 「공공기관의 운영에 관한 법률」에 따른 공공기관(이하 "공공기관"이라 한다), 정부출연기관, 그 밖의 관계 기관의 장에게 필요한 자료의 제출을 요청할 수 있다. 이 경우 자료 제출을 요청받은 기관의 장은 특별한 사유가 없으면 요청에 따라야 한다.
제7조【주민 등의 의견청취】 ① 제3조에 따라 국토교통부장관, 시·도지사 또는 대도시 시장이 도시개발구역을 지정(대도시 시장이 아닌 시장·군수 또는 구청장의 요청에 의하여 지정하는 경우는 제외한다)하고자 하거나 대도시 시장이 아닌 시장·군수 또는 구청장이 도시개발구역의 지정을 요청하려고 하는 경우에는 공람이나 공청회를 통하여 주민이나 관계 전문가 등으로부터 의견을 들어야 하며, 공람이나 공청회에서 제시된 의견이 타당하다고 인정되면 이를 반영하여야 한다. 도시개발구역을 변경(대통령령으로 정하는 경미한 사항은 제외한다)하려는 경우에도 또한 같다.(2020.6.9 전단개정)
② 제1항에 따른 공람의 대상 또는 공청회의 개최 대상 및 주민의 의견청취 방법 등에 필요한 사항은 대통령령으로 정한다.
제8조【도시계획위원회의 심의 등】 ① 지정권자는 도시개발구역을 지정하거나 제4조제1항 단서에 따라 개발계획을 수립하려면 관계 행정기관의 장과 협의한 후 「국토의 계획 및 이용에 관한 법률」 제106조에 따른 중앙도시계획위원회 또는 같은 법 제113조에 따른 시·도도시계획위원회나 대도시에 두는 대도시도시계획위원회의 심의를 거쳐야 한다. 변경하는 경우에도 또한 같다. 다만, 대통령령으로 정하는 경미한 사항을 변경하는 경우에는 그러하지 아니하다.(2008.3.28 본문개정)
② 「국토의 계획 및 이용에 관한 법률」 제49조에 따른 지구단위계획에 따라 도시개발사업을 시행하기 위하여 도시개발구역을 지정하는 경우에는 제1항에 따른 중앙도시계획위원회 또는 시·도도시계획위원회나 대도시에 두는 대도시도시계획위원회의 심의를 거치지 아니한다.
(2008.3.28 본항개정)
③ 지정권자는 제1항에 따라 관계 행정기관의 장과 협의하는 경우 지정하려는 도시개발구역이 일정 규모 이상 또는 국가계획과 관련되는 등 대통령령으로 정하는 경우에 해당하면 국토교통부장관과 협의하여야 한다.
(2013.3.23 본항개정)
제9조【도시개발구역지정의 고시 등】 ① 지정권자는 도시개발구역을 지정하거나 제4조제1항 단서에 따라 개발계획을 수립한 경우에는 대통령령으로 정하는 바에 따라 이를 관보나 공보에 고시하고, 대도시 시장인 지정권자는 관계 서류를 일반에게 공람시켜야 하며, 대도시 시장이 아닌 지정권자는 해당 도시개발구역을 관할하는 시장(대도시 시장은 제외한다)·군수 또는 구청장에게 관계 서류의 사본을 보내야 하며, 지정권자인 특별자치도지사와 관계 서류를 송부받은 시장(대도시 시장은 제외한다)·군수 또는 구청장은 해당 관계 서류를 일반인에게 공람시켜야 한다. 변경하는 경우에도 또한 같다.(2020.6.9 전단개정)
② 도시개발구역이 지정·고시된 경우 해당 도시개발구역은 「국토의 계획 및 이용에 관한 법률」에 따른 도시지역과 대통령령으로 정하는 지구단위계획구역으로 결정되어 고시된 것으로 본다. 다만, 「국토의 계획 및 이용에 관한 법률」 제51조제3항에 따른 지구단위계획구역 및 같은 법 제37조제1항제6호에 따른 취락지구로 지정된 지역인 경우에는 그러하지 아니하다.(2017.4.18 단서개정)
③ 시·도지사 또는 대도시 시장이 도시개발구역을 지정·고시한 경우에는 국토교통부장관에게 그 내용을 통보하여야 한다.(2013.3.23 본항개정)
④ 제2항에 따라 결정·고시된 것으로 보는 사항에 대하여 「국토의 계획 및 이용에 관한 법률」 제32조에 따른 도시·군관리계획에 관한 지형도면의 고시는 같은 법 제33조에도 불구하고 제5조제1항제2호의 도시개발사업의 시행 기간에 할 수 있다.(2011.4.14 본항개정)
⑤ 제7조제1항에 따라 도시개발구역지정에 관한 주민 등의 의견청취를 위한 공고가 있는 지역 및 도시개발구역에서 건축물의 건축, 공작물의 설치, 토지의 형질 변경, 토석의 채취, 토지 분할, 물건을 쌓아놓는 행위, 죽목의 벌채 및 식재 등 대통령령으로 정하는 행위를 하려는 자는 특별시장·광역시장·특별자치도지사·시장 또는 군수의 허가를 받아야 한다. 허가받은 사항을 변경하려는 경우에도 또한 같다.
⑥ 다음 각 호의 어느 하나에 해당하는 행위는 제5항에도 불구하고 허가를 받지 아니하고 할 수 있다.
1. 재해 복구 또는 재난 수습에 필요한 응급조치를 위하여 하는 행위
2. 그 밖에 대통령령으로 정하는 행위
⑦ 제5항에 따라 허가를 받아야 하는 행위로서 도시개발구역의 지정 및 고시 당시 이미 관계 법령에 따라 행위허가를 받았거나 허가를 받을 필요가 없는 행위에 관하여 그 공사나 사업에 착수한 자는 대통령령으로 정하는 바에 따라 특별시장·광역시장·특별자치도지사·시장 또는 군수에게 신고한 후 이를 계속 시행할 수 있다.
⑧ 특별시장·광역시장·특별자치도지사·시장 또는 군수는 제5항을 위반한 자에게 원상회복을 명할 수 있다. 이 경우 명령을 받은 자가 그 의무를 이행하지 아니하는 경우에는 특별시장·광역시장·특별자치도지사·시장 또는 군수는 「행정대집행법」에 따라 이를 대집행할 수 있다.
⑨ 제5항에 따른 허가에 관하여 이 법으로 규정한 것 외에는 「국토의 계획 및 이용에 관한 법률」 제57조부터 제60조까지 및 제62조를 준용한다.
⑩ 제5항에 따라 허가를 받으면 「국토의 계획 및 이용에 관한 법률」 제56조에 따라 허가를 받은 것으로 본다.
제10조【도시개발구역 지정의 해제】 ① 도시개발구역의 지정은 다음 각 호의 어느 하나에 규정된 날의 다음 날에 해제된 것으로 본다.
1. 도시개발구역이 지정·고시된 날부터 3년이 되는 날까지 제17조에 따른 실시계획의 인가를 신청하지 아니하는 경우에는 그 3년이 되는 날
2. 도시개발사업의 공사 완료(환지 방식에 따른 사업인 경우에는 그 환지처분)의 공고일
② 제1항에도 불구하고 제4조제1항 단서에 따라 도시개발구역을 지정한 후 개발계획을 수립하는 경우에는 다음 각 호의 어느 하나에 규정된 날의 다음 날에 도시개발구역의 지정이 해제된 것으로 본다.
1. 도시개발구역이 지정·고시된 날부터 2년이 되는 날까지 개발계획을 수립·고시하지 아니하는 경우에는 그 2년이 되는 날. 다만, 도시개발구역의 면적이 대통령령으로 정하는 규모 이상인 경우에는 5년으로 한다.
2. 개발계획을 수립·고시한 날부터 3년이 되는 날까지 제17조에 따른 실시계획 인가를 신청하지 아니하는 경우에는 그 3년이 되는 날. 다만, 도시개발구역의 면적이 대통령령으로 정하는 규모 이상인 경우에는 5년으로 한다.
③ 제1항이나 제2항에 따라 도시개발구역의 지정이 해제의제(解除擬制)된 경우에는 그 도시개발구역에 대한 「국토의 계획 및 이용에 관한 법률」에 따른 용도지역 및 지구단위계획구역은 해당 도시개발구역 지정 전의 용도지역 및 지구단위계획구역으로 각각 환원되거나 폐지된 것으로 본다. 다만, 제1항제2호에 따라 도시개발구역의 지정이 해제의제된 경우에는 환원되거나 폐지된 것으로 보지 아니한다.
④ 제1항에 따라 도시개발구역의 지정이 해제의제되는 경우 지정권자는 대통령령으로 정하는 바에 따라 이를 관보나 공보에 고시하고, 대도시 시장인 지정권자는 관계 행정기관의 장에게 통보하여야 하며 관계 서류를 일반에게 공람시켜야 하고, 대도시 시장이 아닌 지정권자는 관계 행정기관의 장과 도시개발구역을 관할하는 시장(대도시 시장은 제외한다)·군수 또는 구청장에게 통보하여야

한다. 이 경우 지정권자인 특별자치도지사와 본문에 따라 통보를 받은 시장(대도시 시장은 제외한다)·군수 또는 구청장은 관계 서류를 일반인에게 공람시켜야 한다.
(2020.6.9 본항개정)

제10조의2【보안관리 및 부동산투기 방지대책】 ① 다음 각 호에 해당하는 자는 제7조에 따른 주민 등의 의견청취를 위한 공람 전까지는 도시개발구역의 지정을 위한 조사, 관계 서류 작성, 관계기관 협의, 중앙도시계획위원회 또는 시·도도시계획위원회나 대도시도시계획위원회의 심의 등의 과정에서 관련 정보가 누설되지 아니하도록 필요한 조치를 하여야 한다. 다만, 지정권자가 도시개발사업의 원활한 시행을 위하여 필요하다고 인정하는 경우로서 대통령령으로 정하는 경우에는 관련 정보를 미리 공개할 수 있다.
1. 지정권자
2. 제3조제3항제2호 또는 같은 조 제4항에 따라 도시개발구역의 지정을 요청하거나 요청하려는 관계 중앙행정기관의 장 또는 시장(대도시 시장은 제외한다)·군수·구청장
3. 제11조제1항에 따른 시행자 또는 시행자가 되려는 자 및 같은 조 제5항에 따라 도시개발구역의 지정을 제안하거나 제안하려는 자
4. 제6조제2항에 따라 도시개발구역을 지정하거나 도시개발구역의 지정을 요청 또는 제안하기 위한 자료의 제출을 요구받은 자
5. 제3조제4항, 제8조제1항 또는 제3항 및 제11조제5항에 따라 도시개발구역 지정 시 협의하는 관계 행정기관의 장 또는 자문·심의기관의 장

② 다음 각 호의 기관 또는 업체에 종사하였거나 종사하는 자(제3호의 경우 토지 소유자를 포함한다)는 업무 처리 중 알게 된 도시개발구역 지정 또는 지정의 요청·제안과 관련한 정보로서 불특정 다수인이 알 수 있도록 공개되기 전의 정보(이하 "미공개정보"라 한다)를 도시개발구역의 지정 또는 지정 요청·제안 목적 외로 사용하거나 타인에게 제공 또는 누설해서는 아니 된다.
1. 지정권자가 속한 기관
2. 제3조제3항제2호 또는 같은 조 제4항에 따라 도시개발구역의 지정을 요청하거나 또는 요청하려는 관계 중앙행정기관 또는 시(대도시는 제외한다)·군·구
3. 제11조제1항에 따른 시행자 또는 시행자가 되려는 자 및 같은 조제5항에 따라 도시개발구역의 지정을 제안하거나 제안하려는 자
4. 제6조제2항에 따라 도시개발구역을 지정하거나 도시개발구역의 지정을 요청 또는 제안하기 위한 자료의 제출을 요구받은 기관
5. 제3조제4항, 제8조제1항 또는 제3항 및 제11조제5항에 따라 도시개발구역 지정 시 협의하는 관계 기관 또는 자문·심의 기관
6. 도시개발사업의 시행자 또는 시행자가 되려는 자가 제6조에 따라 도시개발구역의 지정 또는 지정 요청·제안에 필요한 조사·측량을 하거나 관계 서류 작성 등을 위하여 용역 계약을 체결한 업체

③ 제2항 각 호의 어느 하나에 해당하는 기관 또는 업체에 종사하였거나 종사하는 자(제2항제3호의 경우 토지 소유자를 포함한다)로부터 미공개정보를 제공받은 자 또는 미공개정보를 부정한 방법으로 취득한 자는 그 미공개정보를 도시개발구역의 지정 또는 지정 요청·제안 목적 외로 사용하거나 타인에게 제공 또는 누설해서는 아니 된다.

④ 지정권자는 도시개발구역으로 지정하려는 지역 및 주변지역이 부동산투기가 성행하거나 성행할 우려가 있다고 판단되는 경우에는 대통령령으로 정하는 바에 따라 투기방지대책을 수립하여야 한다.
(2021.4.1 본조신설)

제3장 도시개발사업의 시행

제1절 시행자 및 실시계획 등

제11조【시행자 등】 ① 도시개발사업의 시행자(이하 "시행자"라 한다)는 다음 각 호의 자 중에서 지정권자가 지정한다. 다만, 도시개발구역의 전부를 환지 방식으로 시행하는 경우에는 제5호의 토지 소유자나 제6호의 조합을 시행자로 지정한다.
1. 국가나 지방자치단체
2. 대통령령으로 정하는 공공기관
3. 대통령령으로 정하는 정부출연기관
4. 「지방공기업법」에 따라 설립된 지방공사
5. 도시개발구역의 토지 소유자(「공유수면 관리 및 매립에 관한 법률」 제28조에 따라 면허를 받은 자를 해당 공유수면을 소유한 자로 보고 그 공유수면을 토지로 보며, 제21조에 따른 수용 또는 사용 방식의 경우에는 도시개발구역의 국공유지를 제외한 토지면적의 3분의 2 이상을 소유한 자를 말한다)(2010.4.15 본호개정)
6. 도시개발구역의 토지 소유자(「공유수면 관리 및 매립에 관한 법률」 제28조에 따라 면허를 받은 자를 해당 공유수면을 소유한 자로 보고 그 공유수면을 토지로 본다)가 도시개발을 위하여 설립한 조합(도시개발사업의 전부를 환지 방식으로 시행하는 경우에만 해당하며, 이하 "조합"이라 한다)(2010.4.15 본호개정)
7. 「수도권정비계획법」에 따른 과밀억제권역에서 수도권 외의 지역으로 이전하는 법인 중 과밀억제권역의 사업 기간 등 대통령령으로 정하는 요건에 해당하는 법인
8. 「주택법」 제4조에 따라 등록한 자 중 도시개발사업을 시행할 능력이 있다고 인정되는 자로서 대통령령으로 정하는 요건에 해당하는 자(「주택법」 제2조제12호에 따른 주택단지와 그에 수반되는 기반시설을 조성하는 경우에만 해당한다)(2016.1.19 본호개정)
9. 「건설산업기본법」에 따른 토목공사업 또는 토목건축공사업의 면허를 받는 등 개발계획에 맞게 도시개발사업을 시행할 능력이 있다고 인정되는 자로서 대통령령으로 정하는 요건에 해당하는 자
9의2. 「부동산개발업의 관리 및 육성에 관한 법률」 제4조제1항에 따라 등록한 부동산개발업자로서 대통령령으로 정하는 요건에 해당하는 자(2012.1.17 본호신설)
10. 「부동산투자회사법」에 따라 설립된 자기관리부동산투자회사 또는 위탁관리부동산투자회사로서 대통령령으로 정하는 요건에 해당하는 자(2012.1.17 본호개정)
11. 제1호부터 제9호까지, 제9호의2 및 제10호에 해당하는 자(제6호에 따른 조합은 제외한다)가 도시개발사업을 시행할 목적으로 출자에 참여하여 설립한 법인으로서 대통령령으로 정하는 요건에 해당하는 법인
(2012.1.17 본호개정)

② 지정권자는 제1항 단서에도 불구하고 다음 각 호의 어느 하나에 해당하는 사유가 있으면 지방자치단체나 대통령령으로 정하는 자(이하 "지방자치단체등"이라 한다)를 시행자로 지정할 수 있다. 이 경우 도시개발사업을 시행하는 자가 시·도지사 또는 대도시 시장인 경우 국토교통부장관이 지정한다.(2013.3.23 후단개정)
1. 토지 소유자나 조합이 대통령령으로 정하는 기간에 시행자 지정을 신청하지 아니한 경우 또는 지정권자가 신청된 내용이 위법하거나 부당하다고 인정한 경우
2. 지방자치단체의 장이 집행하는 공공시설에 관한 사업과 병행하여 시행할 필요가 있다고 인정한 경우
3. 도시개발구역의 국공유지를 제외한 토지면적의 2분의 1 이상에 해당하는 토지 소유자 및 토지 소유자 총수의 2분의 1 이상이 지방자치단체등의 시행에 동의한 경우

③ 지정권자는 제1항제5호에 따른 토지 소유자 2인 이상이 도시개발사업을 시행하려고 할 때 또는 같은 호에 따른 토지 소유자가 같은 항 제7호부터 제10호까지의 규정에 해당하는 자와 공동으로 도시개발사업을 시행하려고 할 때에는 대통령령으로 정하는 바에 따라 도시개발사업에 관한 규약을 정하게 할 수 있다.

④ 제2항에 따라 지방자치단체등이 도시개발사업의 전부를 환지 방식으로 시행하려고 할 때와 제1항제1호부터 제4호까지 또는 제11호(제1항제1호부터 제4호까지의 규정에 해당하는 자가 대통령령으로 정하는 비율을 초과하여 출자한 경우로 한정한다)에 해당하는 자가 도시개발사업의 일부를 환지 방식으로 시행하려고 할 때에는 대통령령으로 정하는 바에 따라 시행규정을 작성하여야 한다. 이 경우 제1항제2호부터 제4호까지의 시행자는 대통령령으로 정하는 기준에 따라 사업관리에 필요한 비용의 책정에 관한 사항을 시행규정에 포함할 수 있다.
(2011.9.30 후단신설)

⑤ 제1항제2호부터 제4호까지의 규정에 해당하는 자, 도시개발구역의 토지 소유자(수용 또는 사용의 방식으로 제안하는 경우에는 도시개발구역의 국공유지를 제외한 토지면적의 3분의 2 이상을 사용할 수 있는 대통령령으로 정하는 권원을 가지고 2분의 1 이상을 소유한 자를 말한다) 또는 제1항제7호부터 제11호까지의 규정에 해당하는 자는 대통령령으로 정하는 바에 따라 특별자치도지사·시장·군수 또는 구청장에게 도시개발구역의 지정을 제안할 수 있다. 다만, 제3조제3항에 해당하는 자는 국토교통부장관에게 직접 제안할 수 있다.(2013.3.23 단서개정)

⑥ 토지 소유자 또는 제1항제7호부터 제11호까지(제1항제1호부터 제4호까지의 규정에 해당하는 자가 대통령령으로 정하는 비율을 초과하여 출자한 경우는 제외한다)의 규정에 해당하는 자가 제5항에 따라 도시개발구역의 지정을 제안하려는 경우에는 대상 구역 토지면적의 3분의 2 이상에 해당하는 토지 소유자(지상권자를 포함한다)의 동의를 받아야 한다.

⑦ 특별자치도지사·시장·군수 또는 구청장은 제안자와 협의하여 도시개발구역의 지정을 위하여 필요한 비용의 전부 또는 일부를 제안자에게 부담시킬 수 있다.

⑧ 지정권자는 다음 각 호의 어느 하나에 해당하는 경우에는 시행자를 변경할 수 있다.
1. 도시개발사업에 관한 실시계획의 인가를 받은 후 2년 이내에 사업을 착수하지 아니하는 경우
2. 행정처분으로 시행자의 지정이나 실시계획의 인가가 취소된 경우
3. 시행자의 부도·파산, 그 밖에 이와 유사한 사유로 도시개발사업의 목적을 달성하기 어렵다고 인정되는 경우
4. 제1항 단서에 따라 시행자로 지정된 자가 대통령령으로 정하는 기간에 도시개발사업에 관한 실시계획의 인가를 신청하지 아니하는 경우

⑨ 제5항에 따라 도시개발구역의 지정을 제안하는 경우 도시개발구역의 규모, 제안 절차, 제출 서류, 기초조사 등에 관하여 필요한 사항은 제3조제5항과 제6조를 준용한다.

⑩ 제2항제3호 및 제6항에 따른 동의자 수의 산정방법, 동의절차, 그 밖에 필요한 사항은 대통령령으로 정한다.

⑪ 제1항제1호부터 제4호까지의 규정에 해당하는 자는 도시개발사업을 효율적으로 시행하기 위하여 필요한 경우에는 대통령령으로 정하는 바에 따라 설계·분양 등 도시개발사업의 일부를 「주택법」 제4조에 따른 주택건설사업자 등으로 하여금 대행하게 할 수 있다.(2016.1.19 본항개정)

제11조의2【법인의 설립과 사업시행 등】 ① 제11조제1항제1호부터 제4호까지의 규정에 해당하는 자(이하 이 조에서 "공공시행자"라 한다)가 공공시행자 외의 출자자(이하 "민간참여자"라 한다)와 같은 항 제11호에 따른 법인을 설립하여 도시개발사업을 시행하고자 하는 경우에는 총사업비, 예상 수익률, 민간참여자와의 역할 분담 등이 포함된 사업계획을 마련하여야 한다. 이 경우 민간참여자의 이윤율을 적정 수준으로 제한하기 위하여 그 상한은 사업의 특성, 민간참여자의 기여 정도 등을 고려하여 대통령령으로 정한다.

② 공공시행자는 제1항에 따른 법인을 설립하려는 경우 공모의 방식으로 민간참여자를 선정하여야 한다. 다만, 민간참여자가 공공시행자에게 사업을 제안하는 등 대통령령으로 정하는 경우에는 공모가 아닌 다른 방식으로 민간참여자를 선정할 수 있다.

③ 공공시행자는 민간참여자와 제1항에 따른 법인을 설립하기 전에 민간참여자와 사업시행을 위한 협약을 체결하여야 하며, 그 협약의 내용에는 다음 각 호의 사항이 모두 포함되어야 한다.
1. 출자자 간 역할 분담 및 책임과 의무에 관한 사항
2. 총사업비 및 자금조달계획에 관한 사항
3. 출자자 간 비용 분담 및 수익 배분에 관한 사항
4. 민간참여자의 이윤율에 관한 사항
5. 그 밖에 대통령령으로 정하는 사항

④ 공공시행자가 제3항에 따른 협약을 체결하려는 경우에는 그 협약의 내용에 대하여 지정권자의 승인을 받아야 하며, 협약 체결을 승인한 지정권자는 국토교통부장관에게 그 내용을 보고하여야 한다. 다만, 지정권자가 제1항에 따른 법인의 출자자인 경우에는 국토교통부장관의 승인을 받아야 한다.

⑤ 국토교통부장관은 제4항에 따른 보고 내용이 위법하거나 보완이 필요하다고 인정하는 경우에는 제74조제3항에 따른 전문기관의 적정성 검토를 거쳐 지정권자에게 협약 내용의 시정을 명할 수 있다.

⑥ 제5항에 따라 시정명령을 받은 지정권자는 지체 없이 협약 체결의 승인을 취소하거나 협약 내용의 시정에 필요한 조치를 하여야 한다.

⑦ 제1항부터 제6항까지에서 규정한 사항 외에 이윤율·총사업비 산정방식, 민간참여자의 선정, 협약의 내용, 협약 체결 절차 등에 관하여 필요한 사항은 대통령령으로 정한다.
(2021.12.21 본조신설)

제12조【도시개발사업시행의 위탁 등】 ① 시행자는 항만·철도, 그 밖에 대통령령으로 정하는 공공시설의 건설과 공유수면의 매립에 관한 업무를 대통령령으로 정하는 바에 따라 국가, 지방자치단체, 대통령령으로 정하는 공공기관·정부출연기관 또는 지방공사에 위탁하여 시행할 수 있다.

② 시행자는 도시개발사업을 위한 기초조사, 토지 매수 업무, 손실보상 업무, 주민 이주대책 사업 등을 대통령령으로 정하는 바에 따라 관할 지방자치단체, 대통령령으로 정하는 공공기관·정부출연기관·정부출자기관 또는 지방공사에 위탁할 수 있다. 다만, 정부출자기관에 주민 이주대책 사업을 위탁하는 경우에는 이주대책의 수립·실시 또는 이주정착금의 지급, 그 밖에 보상과 관련된 부대업무만을 위탁할 수 있다.

③ 시행자가 제1항과 제2항에 따라 업무를 위탁하여 시행하는 경우에는 국토교통부령으로 정하는 요율의 위탁 수수료를 그 업무를 위탁받아 시행하는 자에게 지급하여야 한다.(2013.3.23 본항개정)

④ 제11조제1항제5호부터 제9호까지의 규정에 따른 시행자는 지정권자의 승인을 받아 「자본시장과 금융투자업에 관한 법률」에 따른 신탁업자와 대통령령으로 정하는 바에 따라 신탁계약을 체결하여 도시개발사업을 시행할 수 있다.

제13조【조합 설립의 인가】 ① 조합을 설립하려면 도시개발구역의 토지 소유자 7명 이상이 대통령령으로 정하는 사항을 포함한 정관을 작성하여 지정권자에게 조합 설립의 인가를 받아야 한다.

② 조합이 제1항에 따라 인가를 받은 사항을 변경하려면 지정권자로부터 변경인가를 받아야 한다. 다만, 대통령령으로 정하는 경미한 사항을 변경하려는 경우에는 신고하여야 한다.

③ 제1항에 따라 조합 설립의 인가를 신청하려면 해당 도시개발구역의 토지면적의 3분의 2 이상에 해당하는 토지 소유자와 그 구역의 토지 소유자 총수의 2분의 1 이상의 동의를 받아야 한다.

④ 제3항에 따른 동의자 수의 산정방법 및 동의절차, 그 밖에 필요한 사항은 대통령령으로 정한다.

제14조【조합원 등】 ① 조합의 조합원은 도시개발구역의 토지 소유자로 한다.
② 조합의 임원은 그 조합의 다른 임원이나 직원을 겸할 수 없다.
③ 다음 각 호의 어느 하나에 해당하는 자는 조합의 임원이 될 수 없다.
1. 피성년후견인, 피한정후견인 또는 미성년자 (2018.4.17 본호개정)
2. 파산선고를 받은 자로서 복권되지 아니한 자
3. 금고 이상의 형을 선고받고 그 집행이 끝나거나 집행을 받지 아니하기로 확정된 후 2년이 지나지 아니한 자 또는 그 형의 집행유예 기간 중에 있는 자
④ 조합의 임원으로 선임된 자가 제3항 각 호의 어느 하나에 해당하게 된 경우에는 그 다음 날부터 임원의 자격을 상실한다.

제15조【조합의 법인격 등】 ① 조합은 법인으로 한다.
② 조합은 그 주된 사무소의 소재지에서 등기를 하면 성립한다.
③ 조합의 설립, 조합원의 권리·의무, 조합의 임원의 직무, 총회의 의결 사항, 대의원회의 구성, 조합의 해산 또는 합병 등에 필요한 사항은 대통령령으로 정한다.
④ 조합에 관하여 이 법으로 규정한 것 외에는 「민법」 중 사단법인에 관한 규정을 준용한다.

제16조【조합원의 경비 부담 등】 ① 조합은 그 사업에 필요한 비용을 조성하기 위하여 정관으로 정하는 바에 따라 조합원에게 경비를 부과·징수할 수 있다.
② 제1항에 따른 부과금의 금액은 도시개발구역의 토지의 위치, 지목(地目), 면적, 이용 상황, 환경, 그 밖의 사항을 종합적으로 고려하여 정하여야 한다.
③ 조합은 그 조합원이 제1항에 따른 부과금의 납부를 게을리한 경우에는 정관으로 정하는 바에 따라 연체료를 부담시킬 수 있다.
④ 조합은 제1항에 따른 부과금이나 제3항에 따른 연체료를 체납하는 자가 있으면 대통령령으로 정하는 바에 따라 특별자치도지사·시장·군수 또는 구청장에게 그 징수를 위탁할 수 있다.
⑤ 특별자치도지사·시장·군수 또는 구청장이 제4항에 따라 부과금이나 연체료의 징수를 위탁받으면 지방세 체납처분의 예에 따라징수할 수 있다. 이 경우 조합은 특별자치도지사·시장·군수 또는 구청장이 징수한 금액의 100분의 4에 해당하는 금액을 해당 특별자치도·시·군 또는 구(자치구의 구를 말한다. 이하 같다)에 지급하여야 한다.

제17조【실시계획의 작성 및 인가 등】 ① 시행자는 대통령령으로 정하는 바에 따라 도시개발사업에 관한 실시계획(이하 "실시계획"이라 한다)을 작성하여야 한다. 이 경우 실시계획에는 지구단위계획이 포함되어야 한다.
② 시행자(지정권자가 시행자인 경우는 제외한다)는 제1항에 따라 작성된 실시계획에 관하여 지정권자의 인가를 받아야 한다.
③ 지정권자가 실시계획을 작성하거나 인가하는 경우 국토교통부장관이 지정권자이면 시·도지사 또는 대도시 시장의 의견을, 시·도지사가 지정권자이면 시장(대도시 시장은 제외한다)·군수 또는 구청장의 의견을 미리 들어야 한다.(2020.6.9 본항개정)
④ 제2항과 제3항은 인가를 받은 실시계획을 변경하거나 폐지하는 경우에 준용한다. 다만, 국토교통부령으로 정하는 경미한 사항을 변경하는 경우에는 그러하지 아니하다. (2013.3.23 단서개정)
⑤ 실시계획에는 사업 시행에 필요한 설계 도서, 자금 계획, 시행 기간, 그 밖에 대통령령으로 정하는 사항과 서류를 명시하거나 첨부하여야 한다.

제18조【실시계획의 고시】 ① 지정권자가 실시계획을 작성하거나 인가한 경우에는 대통령령으로 정하는 바에 따라 이를 관보나 공보에 고시하고 시행자에게 관계 서류의 사본을 송부하며, 대도시 시장인 지정권자는 일반에게 관계 서류를 공람시켜야 하고, 대도시 시장이 아닌 지정권자는 해당 도시개발구역을 관할하는 시장(대도시 시장은 제외한다)·군수 또는 구청장에게 관계 서류의 사본을 보내야 한다. 이 경우 지정권자인 특별자치도지사와 본문에 따라 관계 서류를 받은 시장(대도시 시장은 제외한다)·군수 또는 구청장은 이를 일반인에게 공람시켜야 한다.(2020.6.9 본항개정)
② 제1항에 따라 실시계획을 고시한 경우 그 고시된 내용 중 「국토의 계획 및 이용에 관한 법률」에 따라 도시·군관리계획(지구단위계획을 포함한다. 이하 같다)으로 결정하여야 하는 사항은 같은 법에 따른 도시·군관리계획이 결정되어 고시된 것으로 본다. 이 경우 종전에 도시·군관리계획으로 결정된 사항 중 고시 내용에 저촉되는 사항은 고시된 내용으로 변경된 것으로 본다.(2011.4.14 본항개정)
③ 제2항에 따라 도시·군관리계획으로 결정·고시된 사항에 대한 「국토의 계획 및 이용에 관한 법률」 제32조의 도시·군관리계획에 관한 지형도면의 고시에 관하여는 제9조제4항을 준용한다.(2011.4.14 본항개정)

제19조【관련 인·허가등의 의제】 ① 제17조에 따라 실시계획을 작성하거나 인가할 때 지정권자가 해당 실시계획에 대한 다음 각 호의 허가·승인·심사·인가·신고·면허·등록·협의·지정·해제 또는 처분 등(이하 "인·허가등"이라 한다)에 관하여 제3항에 따라 관계 행정기관의 장과 협의한 사항에 대하여는 해당 인·허가등을 받은 것으로 보며, 제18조제1항에 따라 실시계획을 고시한 경우에는 관계 법률에 따른 인·허가등의 고시나 공고를 한 것으로 본다.
1. 「수도법」 제17조와 제49조에 따른 수도사업의 인가, 같은 법 제52조와 제54조에 따른 전용상수도설치의 인가
2. 「하수도법」 제16조에 따른 공공하수도 공사시행의 허가
3. 「공유수면 관리 및 매립에 관한 법률」 제8조에 따른 공유수면의 점용·사용허가, 같은 법 제28조에 따른 공유수면의 매립면허, 같은 법 제35조에 따른 국가 등이 시행하는 매립의 협의 또는 승인 및 같은 법 제38조에 따른 공유수면매립실시계획의 승인(2010.4.15 본호개정)
4. (2010.4.15 삭제)
5. 「하천법」 제30조에 따른 하천공사 시행의 허가, 같은 법 제33조에 따른 하천의 점용허가 및 같은 법 제50조에 따른 하천수의 사용허가
6. 「도로법」 제36조에 따른 도로공사 시행의 허가, 같은 법 제61조에 따른 도로점용의 허가(2014.1.14 본호개정)
7. 「농어촌정비법」 제23조에 따른 농업생산기반시설의 사용허가(2016.12.27 본호개정)
8. 「농지법」 제34조에 따른 농지전용의 허가 또는 협의, 같은 법 제35조에 따른 농지의 전용신고, 같은 법 제36조에 따른 농지의 타용도 일시사용허가·협의 및 같은 법 제40조에 따른 용도변경의 승인
9. 「산지관리법」 제14조·제15조에 따른 산지전용허가 및 산지전용신고, 같은 법 제15조의2에 따른 산지일시사용허가·신고, 같은 법 제25조에 따른 토석채취허가 및 「산림자원의 조성 및 관리에 관한 법률」 제36조제1항·제5항과 제45조제1항·제2항에 따른 입목벌채 등의 허가·신고(2022.12.27 본호개정)
10. 「초지법」 제23조에 따른 초지(草地) 전용의 허가
11. 「사방사업법」 제14조에 따른 벌채 등의 허가, 같은 법 제20조에 따른 사방지(砂防地) 지정의 해제
12. 「공간정보의 구축 및 관리 등에 관한 법률」 제15조제4항에 따른 지도등의 간행 심사(2021.7.20 본호개정)
13. 「광업법」 제24조에 따른 불허가처분, 같은 법 제34조에 따른 광구감소처분 또는 광업권취소처분
14. 「장사 등에 관한 법률」 제27조제1항에 따른 연고자가 없는 분묘의 개장(改葬)허가
15. 「건축법」 제11조에 따른 허가, 같은 법 제14조에 따른 신고, 같은 법 제16조에 따른 허가·신고 사항의 변경, 같은 법 제20조에 따른 가설건축물의 허가 또는 신고
16. 「주택법」 제15조에 따른 사업계획의 승인(2016.1.19 본호개정)
17. 「항만법」 제9조제2항에 따른 항만개발사업 시행의 허가 및 같은 법 제10조제2항에 따른 항만개발사업실시계획의 승인(2020.1.29 본호개정)
18. 「사도법」 제4조에 따른 사도(私道)개설의 허가
19. 「국유재산법」 제30조에 따른 사용허가(2009.1.30 본호개정)
20. 「공유재산 및 물품 관리법」 제20조제1항에 따른 사용·수익의 허가
21. 「관광진흥법」 제52조에 따른 관광지의 지정(도시개발사업의 일부로 관광지를 개발하는 경우만 해당한다), 같은 법 제54조에 따른 조성계획의 승인, 같은 법 제55조에 따른 조성사업시행의 허가
22. 「체육시설의 설치·이용에 관한 법률」 제12조에 따른 사업계획의 승인
23. 「유통산업발전법」 제8조에 따른 대규모 점포의 개설등록
24. 「산업집적활성화 및 공장설립에 관한 법률」 제13조에 따른 공장설립 등의 승인
25. 「물류시설의 개발 및 운영에 관한 법률」 제22조에 따른 물류단지의 지정(도시개발사업의 일부로 물류단지를 개발하는 경우만 해당한다) 및 같은 법 제28조에 따른 물류단지개발실시계획의 승인
26. 「산업입지 및 개발에 관한 법률」 제6조, 제7조 및 제7조의2에 따른 산업단지의 지정(도시개발사업의 일부로 산업단지를 개발하는 경우만 해당한다), 같은 법 제17조, 제18조 및 제18조의2에 따른 실시계획의 승인
27. 「공간정보의 구축 및 관리 등에 관한 법률」 제86조제1항에 따른 사업의 착수·변경 또는 완료의 신고 (2014.6.3 본호개정)
28. 「에너지이용 합리화법」 제10조에 따른 에너지사용계획의 협의
29. 「집단에너지사업법」 제4조에 따른 집단에너지의 공급 타당성에 관한 협의
30. 「소하천정비법」 제10조에 따른 소하천(小河川)공사시행의 허가, 같은 법 제14조에 따른 소하천 점용의 허가
31. 「하수도법」 제34조제2항에 따른 개인하수처리시설의 설치신고
② 제1항에 따른 인·허가등의 의제를 받으려는 자는 실시계획의 인가를 신청하는 때에 해당 법률로 정하는 관계 서류를 함께 제출하여야 한다.
③ 지정권자는 실시계획을 작성하거나 인가할 때 그 내용에 제1항 각 호의 어느 하나에 해당하는 사항이 있으면 미리 관계 행정기관의 장과 협의하여야 한다. 이 경우 관계 행정기관의 장은 협의 요청을 받은 날부터 대통령령으로 정하는 기간에 의견을 제출하여야 하며, 그 기간 내에 의견을 제출하지 아니하면 협의한 것으로 본다. (2012.1.17 후단개정)
④ 지정권자는 제3항에 따른 협의 과정에서 관계 행정기관 간에 이견이 있는 경우에 이를 조정하거나 협의를 신속하게 진행하기 위하여 필요하다고 인정하는 때에는 대통령령으로 정하는 바에 따라 관계 행정기관과 협의회를 구성하여 운영할 수 있다. 이 경우 관계 행정기관의 장은 소속 공무원을 이 협의회에 참석하게 하여야 한다. (2012.1.17 본항신설)
⑤ 도시개발구역의 지정을 제안하는 자가 제1항에도 불구하고 도시개발구역의 지정과 동시에 제1항제8호에 따른 농지전용 허가의 의제를 받고자 하는 경우에는 제11조제5항에 따라 시장·군수·구청장 또는 국토교통부장관에게 도시개발구역의 지정을 제안할 때에 「농지법」으로 정하는 관계 서류를 함께 제출하여야 한다.(2013.3.23 본항개정)
⑥ 지정권자가 도시개발구역을 지정할 때 제1항제8호에 따른 농지전용 허가에 관하여 관계 행정기관의 장과 협의한 경우에는 제4항에 따른 제안자가 제11조제1항에 따라 시행자로 지정된 때에 해당 허가를 받은 것으로 본다.
⑦ 제21조의2에 따른 순환용주택, 제21조의3에 따른 임대주택의 건설·공급 및 제32조에 따른 입체 환지를 시행하는 경우로서 시행자가 실시계획의 인가를 받은 경우에는 「주택법」 제4조에 따라 주택건설사업 등의 등록을 한 것으로 본다.(2016.1.19 본항개정)

제20조【도시개발사업에 관한 공사의 감리】 ① 지정권자는 제17조에 따라 실시계획을 인가하였을 때에는 「건설기술 진흥법」에 따른 건설엔지니어링사업자를 도시개발사업의 공사에 대한 감리를 할 자로 지정하고 지도·감독하여야 한다. 다만, 시행자가 「건설기술 진흥법」 제2조제6호에 해당하는 자인 경우에는 그러하지 아니하다. (2021.3.16 본문개정)
② 제1항에 따라 감리할 자로 지정받은 자(이하 "감리자"라 한다)는 그에게 소속된 자를 대통령령으로 정하는 바에 따라 감리원으로 배치하고 다음 각 호의 업무를 수행하여야 한다.
1. 시공자가 설계도면과 시방서의 내용에 맞게 시공하는지의 확인
2. 시공자가 사용하는 자재가 관계 법령의 기준에 맞는 자재인지의 확인
3. 「건설기술 진흥법」 제55조에 따른 품질시험 실시 여부의 확인(2013.5.22 본호개정)
4. 설계도서가 해당 지형 등에 적합한지의 확인(2013.7.16 본호개정)
5. 설계변경에 관한 적정성의 확인
6. 시공계획·예정공정표 및 시공도면 등의 검토·확인
7. 품질관리의 적정성 확보, 재해의 예방, 시공상의 안전관리, 그 밖에 공사의 질적 향상을 위하여 필요한 사항의 확인
(2013.7.16 5호~7호신설)
③ 감리자는 업무를 수행할 때 위반사항을 발견하면 지체 없이 시공자와 시행자에게 위반사항을 시정할 것을 알리고 7일 이내에 지정권자에게 그 내용을 보고하여야 한다.
④ 시공자와 시행자는 제3항에 따른 시정통지를 받은 경우 특별한 사유가 없으면 해당 공사를 중지하고 위반사항을 시정한 후 감리자의 확인을 받아야 한다. 이 경우 감리자의 시정통지에 이의가 있으면 즉시 공사를 중지하고 지정권자에게 서면으로 이의신청을 할 수 있다.
⑤ 시행자는 감리자에게 국토교통부령으로 정하는 절차 등에 따라 공사감리비를 지급하여야 한다.(2013.3.23 본항개정)
⑥ 지정권자는 제1항과 제2항에 따라 지정·배치된 감리자나 감리원(다른 법률에 따른 감리자나 그에게 소속된 감리원을 포함한다)이 그 업무를 수행하면서 고의나 중대한 과실로 감리를 부실하게 하거나 관계 법령을 위반하여 감리를 함으로써 해당 시행자 또는 도시개발사업으로 조성된 토지·건축물 또는 공작물 등(이하 "조성토지등"이라 한다)의 공급을 받은 자 등에게 피해를 입히는 등 도시개발사업의 공사가 부실하게 된 경우에는 해당 감리자의 등록 또는 감리원의 면허, 그 밖에 자격인정 등을 한 행정기관의 장에게 등록말소·면허취소·자격정지·영업정지, 그 밖에 필요한 조치를 하도록 요청할 수 있다.
⑦ 시행자와 감리자 간의 책임내용과 책임범위는 이 법으로 규정한 것 외에는 당사자 간의 계약으로 정한다.
⑧ 감리를 하여야 하는 도시개발사업에 관한 공사의 대상, 감리방법, 감리절차, 감리계약, 제4항에 따른 이의신청의 처리 등 감리에 관하여 필요한 사항은 대통령령으로 정한다.(2013.5.22 본항개정)
⑨ 제1항과 제2항에 따른 감리에 관하여는 「건설기술 진흥법」 제24조, 제28조, 제31조, 제32조, 제33조, 제37조, 제38조 및 제41조를 준용한다.(2013.5.22 본항개정)
⑩ 「건축법」 제25조에 따른 건축물의 공사감리대상 및 「주택법」 제43조에 따른 감리대상에 해당하는 도시개발사업에 관한 공사의 감리에 대하여는 제1항부터 제9항까

지의 규정에도 불구하고 각각 해당 법령으로 정하는 바에 따른다.(2016.1.19 본항개정)

제21조【도시개발사업의 시행 방식】 ① 도시개발사업은 시행자가 도시개발구역의 토지등을 수용 또는 사용하는 방식이나 환지 방식 또는 이를 혼용하는 방식으로 시행할 수 있다.

② 지정권자는 도시개발구역지정 이후 다음 각 호의 어느 하나에 해당하는 경우에는 도시개발사업의 시행방식을 변경할 수 있다.

1. 제11조제1항제1호부터 제4호까지의 시행자가 대통령령으로 정하는 기준에 따라 제1항에 따른 도시개발사업의 시행방식을 수용 또는 사용방식에서 전부 환지 방식으로 변경하는 경우
2. 제11조제1항제1호부터 제4호까지의 시행자가 대통령령으로 정하는 기준에 따라 제1항에 따른 도시개발사업의 시행방식을 혼용방식에서 전부 환지 방식으로 변경하는 경우
3. 제11조제1항제1호부터 제5호까지 및 제7호부터 제11호까지의 시행자가 대통령령으로 정하는 기준에 따라 제1항에 따른 도시개발사업의 시행방식을 수용 또는 사용 방식에서 혼용방식으로 변경하는 경우

③ 제1항에 따른 수용 또는 사용의 방식이나 환지 방식 또는 이를 혼용할 수 있는 도시개발구역의 요건, 그 밖에 필요한 사항은 대통령령으로 정한다.

제21조의2【순환개발방식의 개발사업】 ① 시행자는 도시개발사업을 원활하게 시행하기 위하여 도시개발구역의 내외에 새로 건설하는 주택 또는 이미 건설되어 있는 주택에 그 도시개발사업의 시행으로 철거되는 주택의 세입자 또는 소유자(제7조에 따라 주민 등의 의견을 듣기 위하여 공람한 날 또는 공청회의 개최에 관한 사항을 공고한 날 이전부터 도시개발구역의 주택에 실제로 거주하는 자에 한정한다. 이하 "세입자등"이라 한다)를 임시로 거주하게 하는 등의 방식으로 그 도시개발구역을 순차적으로 개발할 수 있다.

② 시행자는 제1항에 따른 방식으로 도시개발사업을 시행하는 경우에는 「주택법」 제54조에도 불구하고 임시로 거주하는 주택(이하 "순환용주택"이라 한다)을 임시거주시설로 사용하거나 임대할 수 있다.(2016.1.19 본항개정)

③ 순환용주택에 거주하는 자가 도시개발사업이 완료된 후에도 순환용주택에 계속 거주하기를 희망하는 때에는 대통령령으로 정하는 바에 따라 이를 분양하거나 계속 임대할 수 있다. 이 경우 계속 거주하는 자가 환지 대상자이거나 이주대책 대상자인 경우에는 대통령령으로 정하는 바에 따라 환지 대상에서 제외하거나 이주대책을 수립한 것으로 본다.

(2011.9.30 본조신설)

제21조의3【세입자등을 위한 임대주택 건설용지의 공급 등】 ① 시행자는 도시개발사업에 따른 세입자등의 주거안정 등을 위하여 제6조에 따른 주거 및 생활실태 조사와 주택수요 조사 결과를 고려하여 대통령령으로 정하는 바에 따라 임대주택 건설용지를 조성·공급하거나 임대주택을 건설·공급하여야 한다.

② 제11조제1항제1호부터 제4호까지의 규정에 해당하는 자 중 주택의 건설, 공급, 임대를 할 수 있는 자는 시행자가 요청하는 경우 도시개발사업의 시행으로 공급되는 임대주택 건설용지나 임대주택을 인수하여야 한다.

③ 제2항에 따른 임대주택 건설용지 또는 임대주택 인수의 절차와 방법 및 인수가격 결정의 기준 등은 대통령령으로 정한다.

④ 시행자(제1항에 따라 임대주택 건설용지를 공급하는 경우에는 공급받은 자를 말하고, 제2항에 따라 인수한 경우에는 그 인수자를 말한다. 이하 이 항에서 같다)가 도시개발구역에서 임대주택을 건설·공급하는 경우에 임차인의 자격, 선정방법, 임대보증금, 임대료 등에 관하여는 「민간임대주택에 관한 특별법」 제42조 및 제44조, 「공공주택 특별법」 제48조, 제49조 및 제50조의3에도 불구하고 대통령령으로 정하는 범위에서 그 기준을 따로 정할 수 있다. 이 경우 행정청이 아닌 시행자는 미리 시장·군수·구청장의 승인을 받아야 한다.(2015.8.28 전단개정)

(2011.9.30 본조신설)

제21조의4【도시개발사업분쟁조정위원회의 구성 등】 ① 도시개발사업으로 인한 분쟁을 조정하기 위하여 도시개발구역이 지정된 특별자치도 또는 시·군·구에 도시개발사업분쟁조정위원회(이하 "분쟁조정위원회"라 한다)를 둘 수 있다. 다만, 해당 지방자치단체에 「도시 및 주거환경정비법」 제116조에 따른 도시분쟁조정위원회가 이미 설치되어 있는 경우에는 대통령령으로 정하는 바에 따라 분쟁조정위원회의 기능을 대신하도록 할 수 있다.

② 제1항에 따른 분쟁조정위원회의 구성, 운영, 분쟁조정의 절차 등에 관한 사항은 「도시 및 주거환경정비법」 제116조 및 제117조를 준용한다. 이 경우 "정비사업"은 "도시개발사업"으로 본다.

(2017.2.8 본조개정)

제2절 수용 또는 사용의 방식에 따른 사업 시행

제22조【토지등의 수용 또는 사용】 ① 시행자는 도시개발사업에 필요한 토지등을 수용하거나 사용할 수 있다. 다만, 제11조제1항제5호 및 제7호부터 제11호까지의 규정(같은 항 제1호부터 제4호까지의 규정에 해당하는 자가 100분의 50 비율을 초과하여 출자한 경우는 제외한다)에 해당하는 시행자는 사업대상 토지면적의 3분의 2 이상에 해당하는 토지를 소유하고 토지 소유자 총수의 2분의 1 이상에 해당하는 자의 동의를 받아야 한다. 이 경우 토지 소유자의 동의요건 산정기준일은 도시개발구역지정 고시일을 기준으로 하며, 그 기준일 이후 시행자가 취득한 토지에 대하여는 동의 요건에 필요한 토지 소유자의 총수에 포함하고 이를 동의한 자의 수로 산정한다.

② 제1항에 따른 토지등의 수용 또는 사용에 관하여 이 법에 특별한 규정이 있는 경우 외에는 「공익사업을 위한 토지 등의 취득 및 보상에 관한 법률」을 준용한다.

③ 제2항에 따라 「공익사업을 위한 토지 등의 취득 및 보상에 관한 법률」을 준용할 때 제5조제1항제14호에 따른 수용 또는 사용의 대상이 되는 토지의 세부목록을 고시한 경우에는 「공익사업을 위한 토지 등의 취득 및 보상에 관한 법률」 제20조제1항과 제22조에 따른 사업인정 및 그 고시가 있었던 것으로 본다. 다만, 재결신청은 같은 법 제23조제1항과 제28조제1항에도 불구하고 개발계획에서 정한 도시개발사업의 시행 기간 종료일까지 하여야 한다.

④ 제1항에 따른 동의자 수의 산정방법 및 동의절차, 그 밖에 필요한 사항은 대통령령으로 정한다.

제23조【토지상환채권의 발행】 ① 시행자는 토지 소유자가 원하면 토지등의 매수 대금의 일부를 지급하기 위하여 대통령령으로 정하는 바에 따라 사업 시행으로 조성된 토지·건축물로 상환하는 채권(이하 "토지상환채권"이라 한다)을 발행할 수 있다. 다만, 제11조제1항제5호부터 제11호까지의 규정에 해당하는 자는 대통령령으로 정하는 금융기관 등으로부터 지급보증을 받은 경우에만 이를 발행할 수 있다.

② 시행자(지정권자가 시행자인 경우는 제외한다)는 제1항에 따라 토지상환채권을 발행하려면 대통령령으로 정하는 바에 따라 토지상환채권의 발행계획을 작성하여 미리 지정권자의 승인을 받아야 한다.

③ 토지상환채권 발행의 방법·절차·조건, 그 밖에 필요한 사항은 대통령령으로 정한다.

제24조【이주대책 등】 시행자는 「공익사업을 위한 토지 등의 취득 및 보상에 관한 법률」로 정하는 바에 따라 도시개발사업의 시행에 필요한 토지등의 제공으로 생활의 근거를 상실하게 되는 자에 관한 이주대책 등을 수립·시행하여야 한다.

제25조【선수금】 ① 시행자는 조성토지등과 도시개발사업으로 조성되지 아니한 상태의 토지(이하 "원형지"라 한다)를 공급받거나 이용하려는 자로부터 대통령령으로 정하는 바에 따라 해당 대금의 전부 또는 일부를 미리 받을 수 있다.(2011.9.30 본항개정)

② 시행자(지정권자가 시행자인 경우는 제외한다)는 제1항에 따라 해당 대금의 전부 또는 일부를 미리 받으려면 지정권자의 승인을 받아야 한다.

제25조의2【원형지의 공급과 개발】 ① 시행자는 도시를 자연친화적으로 개발하거나 복합적·입체적으로 개발하기 위하여 필요한 경우에는 대통령령으로 정하는 절차에 따라 미리 지정권자의 승인을 받아 다음 각 호의 어느 하나에 해당하는 자에게 원형지를 공급하여 개발하게 할 수 있다. 이 경우 공급될 수 있는 원형지의 면적은 도시개발구역 전체 토지 면적의 3분의 1 이내로 한정한다.

1. 국가 또는 지방자치단체
2. 「공공기관의 운영에 관한 법률」 제4조에 따른 공공기관
3. 「지방공기업법」에 따라 설립된 지방공사
4. 제11조제1항제1호 또는 제2호에 따른 시행자가 복합개발 등을 위하여 실시한 공모에서 선정된 자(2015.8.11 본호개정)
5. 원형지를 학교나 공장 등의 부지로 직접 사용하는 자

② 시행자는 제1항에 따라 원형지를 공급하기 위하여 지정권자에게 승인 신청을 할 때에는 원형지의 공급 계획을 작성하여 함께 제출하여야 한다. 작성된 공급 계획을 변경하는 경우에도 같다.

③ 제2항에 따른 원형지 공급 계획에는 원형지를 공급받아 개발하는 자(이하 "원형지개발자"라 한다)에 관한 사항과 원형지의 공급내용 등이 포함되어야 한다.

④ 시행자는 제5조제1항제7호의2에 따른 개발 방향과 제1항 및 제2항에 따른 승인내용 및 공급 계획에 따라 원형지개발자와 공급계약을 체결한 후 원형지개발자로부터 세부계획을 제출받아 이를 제17조에 따른 실시계획의 내용에 반영하여야 한다.

⑤ 지정권자는 제1항에 따라 승인을 할 때에는 용적률 등 개발밀도, 토지용도별 면적 및 배치, 교통처리계획 및 기반시설의 설치 등에 관한 이행조건을 붙일 수 있다.

⑥ 원형지개발자(국가 및 지방자치단체는 제외한다)는 10년의 범위에서 대통령령으로 정하는 기간 안에는 원형지를 매각할 수 없다. 다만, 이주용 주택이나 공공·문화 시설 등 대통령령으로 정하는 경우로서 미리 지정권자의 승인을 받은 경우에는 예외로 한다.

⑦ 지정권자는 다음 각 호의 어느 하나에 해당하는 경우에는 원형지 공급 승인을 취소하거나 시행자로 하여금 그 이행의 촉구, 원상회복 또는 손해배상의 청구, 원형지 공급계약의 해제 등 필요한 조치를 취할 것을 요구할 수 있다.

1. 시행자가 제2항에 따른 원형지의 공급 계획대로 토지를 이용하지 아니하는 경우
2. 원형지개발자가 제4항에 따른 세부계획의 내용대로 사업을 시행하지 아니하는 경우
3. 시행자 또는 원형지개발자가 제5항에 따른 이행조건을 이행하지 아니하는 경우

⑧ 시행자는 다음 각 호의 어느 하나에 해당하는 경우 대통령령으로 정하는 바에 따라 원형지 공급계약을 해제할 수 있다.

1. 원형지개발자가 세부계획에서 정한 착수 기한 안에 공사에 착수하지 아니하는 경우
2. 원형지개발자가 공사 착수 후 세부계획에서 정한 사업 기간을 넘겨 사업 시행을 지연하는 경우
3. 공급받은 토지의 전부나 일부를 시행자의 동의 없이 제3자에게 매각하는 경우
4. 그 밖에 공급받은 토지를 세부계획에서 정한 목적대로 사용하지 아니하는 등 제4항에 따른 공급계약의 내용을 위반한 경우

⑨ 원형지개발자의 선정기준, 원형지 공급의 절차와 기준 및 공급가격, 시행자와 원형지개발자의 업무범위 및 계약 방법 등에 필요한 사항은 대통령령으로 정한다.

(2011.9.30 본조신설)

제26조【조성토지등의 공급 계획】 ① 시행자는 조성토지등을 공급하려고 할 때에는 조성토지등의 공급 계획을 작성하여야 하며, 지정권자가 아닌 시행자는 작성한 조성토지등의 공급 계획에 대하여 지정권자의 승인을 받아야 한다. 조성토지등의 공급 계획을 변경하려는 경우에도 또한 같다.

② 지정권자가 제1항에 따라 조성토지등의 공급 계획을 작성하거나 승인하는 경우 국토교통부장관이 지정권자이면 시·도지사 또는 대도시 시장의 의견을, 시·도지사가 지정권자이면 시장(대도시 시장은 제외한다)·군수 또는 구청장의 의견을 미리 들어야 한다.(2021.12.21 본항신설)

③ 시행자(제11조제1항제11호에 해당하는 법인이 시행자인 경우에는 그 출자자를 포함한다)가 직접 건축물을 건축하여 사용하거나 공급하려고 계획한 토지가 있는 경우에는 그 현황을 제1항에 따른 조성토지등의 공급 계획의 내용에 포함하여야 한다. 다만, 민간참여자가 직접 건축물을 건축하여 사용하거나 공급하려고 계획한 토지는 전체 조성토지 중 해당 민간참여자의 출자 지분 범위 내에서만 조성토지등의 공급 계획에 포함할 수 있다.

(2021.12.21 본항신설)

④ 제1항부터 제3항까지에서 규정한 사항 외에 조성토지등의 공급 계획의 내용, 공급의 절차·기준, 조성토지등의 가격의 평가, 그 밖에 필요한 사항은 대통령령으로 정한다.

(2021.12.21 본조개정)

제27조【학교 용지 등의 공급 가격】 ① 시행자는 학교, 폐기물처리시설, 임대주택, 그 밖에 대통령령으로 정하는 시설을 설치하기 위한 조성토지등과 이주단지의 조성을 위한 토지를 공급하는 경우에는 해당 토지의 가격을 「감정평가 및 감정평가사에 관한 법률」에 따른 감정평가법인등이 감정평가한 가격 이하로 정할 수 있다. 다만, 제11조제1항제1호부터 제4호까지의 규정에 해당하는 자에게 임대주택 건설용지를 공급하려는 경우에는 해당 토지의 가격을 감정평가한 가격 이하로 정하여야 한다.(2021.12.21 본항개정)

② 제11조제1항제1호부터 제4호까지의 시행자는 제1항에서 정한 토지 외에 지역특성화 사업 유치 등 도시개발사업의 활성화를 위하여 필요한 경우에는 대통령령으로 정하는 바에 따라 감정평가한 가격 이하로 공급할 수 있다.

(2011.9.30 본항신설)

제3절 환지 방식에 의한 사업 시행

제28조【환지 계획의 작성】 ① 시행자는 도시개발사업의 전부 또는 일부를 환지 방식으로 시행하려면 다음 각 호의 사항이 포함된 환지 계획을 작성하여야 한다.

1. 환지 설계
2. 필지별로 된 환지 명세
3. 필지별과 권리별로 된 청산 대상 토지 명세
4. 제34조에 따른 체비지(替費地) 또는 보류지(保留地)의 명세
5. 제32조에 따른 입체 환지를 계획하는 경우에는 입체 환지용 건축물의 명세와 제32조의3에 따른 공급 방법·규모에 관한 사항(2011.9.30 본호신설)
6. 그 밖에 국토교통부령으로 정하는 사항(2013.3.23 본호개정)

② 환지 계획은 종전의 토지와 환지의 위치·지목·면적·토질·수리(水利)·이용 상황·환경, 그 밖의 사항을 종합적으로 고려하여 합리적으로 정하여야 한다.

③ 시행자는 환지 방식이 적용되는 도시개발구역에 있는 조성토지등의 가격을 평가할 때에는 토지평가협의회의 심의를 거쳐 결정하되, 그에 앞서 대통령령으로 정하는 공인평가기관이 평가하게 하여야 한다.

④ 제3항에 따른 토지평가협의회의 구성 및 운영 등에 필

요한 사항은 해당 규약·정관 또는 시행규정으로 정한다.
⑤ 제1항의 환지 계획의 작성에 따른 환지 계획의 기준, 보류지(체비지·공공시설 용지)의 책정 기준 등에 관하여 필요한 사항은 국토교통부령으로 정할 수 있다.
(2013.3.23 본항개정)

제29조【환지 계획의 인가 등】 ① 행정청이 아닌 시행자가 제28조에 따라 환지 계획을 작성한 경우에는 특별자치도지사·시장·군수 또는 구청장의 인가를 받아야 한다.
② 제1항은 인가받은 내용을 변경하려는 경우에 준용한다. 다만, 대통령령으로 정하는 경미한 사항을 변경하는 경우에는 그러하지 아니하다.
③ 행정청이 아닌 시행자가 제1항에 따라 환지 계획의 인가를 신청하려고 하거나 행정청인 시행자가 환지 계획을 정하려고 하는 경우에는 토지 소유자와 해당 토지에 대하여 임차권, 지상권, 그 밖에 사용하거나 수익할 권리(이하 "임차권등"이라 한다)를 가진 자(이하 "임차권자등"이라 한다)에게 환지 계획의 기준 및 내용 등을 알리고 대통령령으로 정하는 바에 따라 관계 서류의 사본을 일반인에게 공람시켜야 한다. 다만, 대통령령으로 정하는 경미한 사항을 변경하는 경우에는 그러하지 아니하다.
(2011.9.30 본문개정)
④ 토지 소유자나 임차권자등은 제3항의 공람 기간에 시행자에게 의견서를 제출할 수 있으며, 시행자는 그 의견이 타당하다고 인정하면 환지 계획에 이를 반영하여야 한다.
⑤ 행정청이 아닌 시행자가 제1항에 따라 환지 계획 인가를 신청할 때에는 제4항에 따라 제출된 의견서를 첨부하여야 한다.
⑥ 시행자는 제4항에 따라 제출된 의견에 대하여 공람 기일이 종료된 날부터 60일 이내에 그 의견을 제출한 자에게 환지 계획에의 반영여부에 관한 검토 결과를 통보하여야 한다.

제30조【동의 등에 따른 환지의 제외】 ① 토지 소유자가 신청하거나 동의하면 해당 토지의 전부 또는 일부에 대하여 환지를 정하지 아니할 수 있다. 다만, 해당 토지에 관하여 임차권자등이 있는 경우에는 그 동의를 받아야 한다.
② 제1항에도 불구하고 시행자는 다음 각 호의 어느 하나에 해당하는 토지는 규약·정관 또는 시행규정으로 정하는 방법과 절차에 따라 환지를 정하지 아니할 토지에서 제외할 수 있다.
1. 제36조의2에 따라 환지 예정지를 지정하기 전에 사용하는 토지
2. 제29조에 따른 환지 계획 인가에 따라 환지를 지정받기로 결정된 토지
3. 종전과 같은 위치에 종전과 같은 용도로 제28조에 따라 환지를 계획하는 토지
4. 토지 소유자가 환지 제외를 신청한 토지의 면적 또는 평가액(제28조제3항에 따른 토지평가협의회에서 정한 종전 토지의 평가액을 말한다. 이하 같다)이 모두 합하여 구역 전체의 토지(국유지·공유지는 제외한다) 면적 또는 평가액의 100분의 15 이상이 되는 경우로서 환지를 정하지 아니할 경우 사업시행이 곤란하다고 판단되는 토지(2020.6.9 본호개정)
5. 제7조에 따라 공람한 날 또는 공고한 날 이후에 토지의 양수계약을 체결한 토지. 다만, 양수일부터 3년이 지난 경우는 제외한다.
(2011.9.30 본항신설)

제31조【토지면적을 고려한 환지】 ① 시행자는 토지 면적의 규모를 조정할 특별한 필요가 있으면 면적이 작은 토지는 과소(過小) 토지가 되지 아니하도록 면적을 늘려 환지를 정하거나 환지 대상에서 제외할 수 있고, 면적이 넓은 토지는 그 면적을 줄여서 환지를 정할 수 있다.
② 제1항의 과소 토지의 기준이 되는 면적은 대통령령으로 정하는 범위에서 시행자가 규약·정관 또는 시행규정으로 정한다.

제32조【입체 환지】 ① 시행자는 도시개발사업을 원활히 시행하기 위하여 특히 필요한 경우에는 토지 또는 건축물 소유자의 신청을 받아 건축물의 일부와 그 건축물이 있는 토지의 공유지분을 부여할 수 있다. 다만, 토지 또는 건축물이 대통령령으로 정하는 기준 이하인 경우에는 시행자가 규약·정관 또는 시행규정으로 신청대상에서 제외할 수 있다.(2011.9.30 본항개정)
② (2011.9.30 삭제)
③ 제1항에 따른 입체 환지의 경우 시행자는 제28조에 따른 환지 계획 작성 전에 실시계획의 내용, 환지 계획 기준, 환지 대상 필지 및 건축물의 명세, 환지신청 기간 등 대통령령으로 정하는 사항을 토지 소유자(건축물 소유자를 포함한다. 이하 제4항, 제32조의3 및 제35조부터 제45조까지에서 입체 환지 방식으로 사업을 시행하는 경우에서 같다)에게 통지하고 해당 지역에서 발행되는 일간신문에 공고하여야 한다.(2011.9.30 본항신설)
④ 제1항에 따른 입체 환지의 신청 기간은 제3항에 따라 통지한 날부터 30일 이상 60일 이하로 하여야 한다. 다만, 시행자는 제28조제1항에 따른 환지 계획의 작성에 지장이 없다고 판단하는 경우에는 20일의 범위에서 그 신청기간을 연장할 수 있다.(2011.9.30 본항신설)
⑤ 입체 환지를 받으려는 토지 소유자는 제3항에 따른 환지신청 기간 이내에 대통령령으로 정하는 방법 및 절차에 따라 시행자에게 환지신청을 하여야 한다.
(2011.9.30 본항신설)
⑥ 입체 환지 계획의 작성에 관하여 필요한 사항은 국토교통부장관이 정할 수 있다.(2013.3.23 본항개정)

제32조의2【환지 지정 등의 제한】 ① 시행자는 제7조에 따른 주민 등의 의견청취를 위하여 공람 또는 공청회의 개최에 관한 사항을 공고한 날 또는 투기억제를 위하여 시행예정자(제3조제3항제2호 및 제4항에 따른 요청자 또는 제11조제5항에 따른 제안자를 말한다)의 요청에 따라 지정권자가 따로 정하는 날(이하 이 조에서 "기준일"이라 한다)의 다음 날부터 다음 각 호의 어느 하나에 해당하는 경우에는 국토교통부령으로 정하는 바에 따라 해당 토지 또는 건축물에 대하여 금전으로 청산(건축물은 제65조에 따라 보상한다)하거나 환지 지정을 제한할 수 있다.
(2013.3.23 본문개정)
1. 1필지의 토지가 여러 개의 필지로 분할되는 경우
2. 단독주택 또는 다가구주택이 다세대주택으로 전환되는 경우
3. 하나의 대지범위 안에 속하는 동일인 소유의 토지와 주택 등 건축물을 토지와 주택 등 건축물로 각각 분리하여 소유하는 경우
4. 나대지에 건축물을 새로 건축하거나 기존 건축물을 철거하고 다세대주택이나 그 밖의 「집합건물의 소유 및 관리에 관한 법률」에 따른 구분소유권의 대상이 되는 건물을 건축하여 토지 또는 건축물의 소유자가 증가되는 경우
② 지정권자는 제1항에 따라 기준일을 따로 정하는 경우에는 기준일과 그 지정사유 등을 관보 또는 공보에 고시하여야 한다.
(2011.9.30 본조신설)

제32조의3【입체 환지에 따른 주택 공급 등】 ① 시행자는 입체 환지로 건설된 주택 등 건축물을 제29조에 따라 인가된 환지 계획에 따라 환지신청자에게 공급하여야 한다. 이 경우 주택을 공급하는 경우에는 「주택법」 제54조에 따른 주택의 공급에 관한 기준을 적용하지 아니한다.
(2016.1.19 후단개정)
② 입체 환지로 주택을 공급하는 경우 제1항에 따른 환지 계획의 내용은 다음 각 호의 기준에 따른다. 이 경우 주택의 수를 산정하기 위한 구체적인 기준은 대통령령으로 정한다.
1. 1세대 또는 1명이 하나 이상의 주택 또는 토지를 소유한 경우 1주택을 공급할 것
2. 같은 세대에 속하지 아니하는 2명 이상이 1주택 또는 1토지를 공유한 경우에는 1주택만 공급할 것
③ 시행자는 제2항에도 불구하고 다음 각 호의 어느 하나에 해당하는 토지 소유자에 대하여는 소유한 주택의 수만큼 공급할 수 있다.
1. 「수도권정비계획법」 제6조제1항제1호에 따른 과밀억제권역에 위치하지 아니하는 도시개발구역의 토지 소유자
2. 근로자(공무원인 근로자를 포함한다) 숙소나 기숙사의 용도로 주택을 소유하고 있는 토지 소유자
3. 제11조제1항제1호부터 제4호까지의 시행자
④ 입체 환지로 주택을 공급하는 경우 주택을 소유하지 아니한 토지 소유자에 대하여는 제32조의2에 따른 기준일 현재 다음 각 호의 어느 하나에 해당하는 경우에만 주택을 공급할 수 있다.
1. 토지 면적이 국토교통부장관이 정하는 규모 이상인 경우
(2013.3.23 본호개정)
2. 종전 토지의 총 권리가액(주택 외의 건축물이 있는 경우 그 건축물의 총 권리가액을 포함한다)이 입체 환지로 공급하는 공동주택 중 가장 작은 규모의 공동주택 공급예정가격 이상인 경우
⑤ 시행자는 입체 환지의 대상이 되는 용지에 건설된 건축물 중 제1항 및 제2항에 따라 공급대상자에게 공급하고 남은 건축물의 공급에 대하여는 규약·정관 또는 시행규정으로 정하는 목적을 위하여 체비지(건축물을 포함한다)로 정하거나 토지 소유자 외의 자에게 분양할 수 있다.
⑥ 제1항에 따라 주택 등 건축물을 공급하는 경우 공급의 방법 및 절차 등과 제5항에 따른 분양의 공고와 신청 절차 등에 필요한 사항은 대통령령으로 정한다.
(2011.9.30 본조신설)

제33조【공공시설의 용지 등에 관한 조치】 ① 「공익사업을 위한 토지 등의 취득 및 보상에 관한 법률」 제4조 각 호의 어느 하나에 해당하는 공공시설의 용지에 대하여는 환지 계획을 정할 때 그 위치·면적 등에 관하여 제28조제2항에 따른 기준을 적용하지 아니할 수 있다.
② 시행자가 도시개발사업의 시행으로 국가 또는 지방자치단체가 소유한 공공시설과 대체되는 공공시설을 설치하는 경우 종전의 공공시설의 전부 또는 일부의 용도가 폐지되거나 변경되어 사용하지 못하게 될 토지는 제66조 제1항 및 제2항에도 불구하고 환지를 정하지 아니하며, 이를 다른 토지에 대한 환지의 대상으로 하여야 한다.

제34조【체비지 등】 ① 시행자는 도시개발사업에 필요한 경비에 충당하거나 규약·정관·시행규정 또는 실시계획으로 정하는 목적을 위하여 일정한 토지를 환지로 정하지 아니하고 보류지로 정할 수 있으며, 그 중 일부를 체비지로 정하여 도시개발사업에 필요한 경비에 충당할 수 있다.
② 특별자치도지사·시장·군수 또는 구청장은 「주택법」에 따른 공동주택의 건설을 촉진하기 위하여 필요하다고 인정하면 제1항에 따른 체비지 중 일부를 같은 지역에 집단으로 정하게 할 수 있다.

제35조【환지 예정지의 지정】 ① 시행자는 도시개발사업의 시행을 위하여 필요하면 도시개발구역의 토지에 대하여 환지 예정지를 지정할 수 있다. 이 경우 종전의 토지에 대한 임차권자등이 있으면 해당 환지 예정지에 대하여 해당 권리의 목적인 토지 또는 그 부분을 아울러 지정하여야 한다.
② 제29조제3항 및 제4항은 제11조제1항제5호부터 제11호까지의 규정에 따른 시행자가 제1항에 따라 환지 예정지를 지정하려고 할 때에 준용한다.
③ 시행자가 제1항에 따라 환지 예정지를 지정하려면 관계 토지 소유자와 임차권자등에게 환지 예정지의 위치·면적과 환지 예정지 지정의 효력발생 시기를 알려야 한다.

제36조【환지 예정지 지정의 효과】 ① 환지 예정지가 지정되면 종전의 토지의 소유자와 임차권자등은 환지 예정지 지정의 효력발생일부터 환지처분이 공고되는 날까지 환지 예정지나 해당 부분에 대하여 종전과 같은 내용의 권리를 행사할 수 있으며 종전의 토지는 사용하거나 수익할 수 없다.
② 시행자는 제35조제1항에 따라 환지 예정지를 지정한 경우에 해당 토지를 사용하거나 수익하는 데에 장애가 될 물건이 그 토지에 있거나 그 밖에 특별한 사유가 있으면 그 토지의 사용 또는 수익을 시작할 날을 따로 정할 수 있다.
③ 환지 예정지 지정의 효력이 발생하거나 제2항에 따라 그 토지의 사용 또는 수익을 시작하는 경우에 해당 환지 예정지의 종전의 소유자 또는 임차권자등은 제1항 또는 제2항에서 규정하는 기간에 이를 사용하거나 수익할 수 없으며 제1항에 따른 권리의 행사를 방해할 수 없다.
④ 시행자는 제34조에 따른 체비지의 용도로 환지 예정지가 지정된 경우에는 도시개발사업에 드는 비용을 충당하기 위하여 이를 사용 또는 수익하게 하거나 처분할 수 있다.
⑤ 임차권등의 목적인 토지에 관하여 환지 예정지가 지정된 경우 임대료·지료(地料), 그 밖의 사용료 등의 증감(增減)이나 권리의 포기 등에 관하여는 제48조와 제49조를 준용한다.

제36조의2【환지 예정지 지정 전 토지 사용】 ① 제11조 제1항제1호부터 제4호까지의 시행자는 다음 각 호의 어느 하나에 해당하는 경우에는 제35조에 따라 환지 예정지를 지정하기 전이라도 제17조제2항에 따른 실시계획 인가 사항의 범위에서 토지 사용을 하게 할 수 있다.
1. 순환개발을 위한 순환용주택을 건설하려는 경우
2. 「국방·군사시설 사업에 관한 법률」에 따른 국방·군사시설을 설치하려는 경우
3. 제7조제1항에 따른 주민 등의 의견청취를 위한 공고일 이전부터 「주택법」 제4조에 따라 등록한 주택건설사업자가 주택건설을 목적으로 토지를 소유하고 있는 경우
(2016.1.19 본호개정)
4. 그 밖에 기반시설의 설치나 개발사업의 촉진에 필요한 경우 등 대통령령으로 정하는 경우
② 제1항제3호 또는 제4호의 경우에는 다음 각 호 모두에 해당하는 경우에만 환지 예정지를 지정하기 전에 토지를 사용할 수 있다.
1. 사용하려는 토지의 면적이 구역 면적의 100분의 5 이상(최소 1만제곱미터 이상)이고 소유자가 동일할 것. 이 경우 국유지·공유지는 관리청과 상관없이 같은 소유자로 본다.
2. 사용하려는 종전 토지가 제17조제2항에 따른 실시계획 인가로 정한 하나 이상의 획지(劃地) 또는 가구(街區)의 경계를 모두 포함할 것
3. 사용하려는 토지의 면적 또는 평가액이 구역 내 동일소유자가 소유하고 있는 전체 토지의 면적 또는 평가액의 100분의 60 이하이거나 대통령령으로 정하는 바에 따라 보증금을 예치할 것
4. 사용하려는 토지에 임차권자 등이 있는 경우 임차권자 등의 동의가 있을 것
③ 제1항에 따라 토지를 사용하는 자는 환지 예정지를 지정하기 전까지 새로 조성되는 토지 또는 그 위에 건축되는 건축물을 공급 또는 분양하여서는 아니 된다.
④ 제1항에 따라 토지를 사용하는 자는 제28조에 따른 환지 계획에 따라야 한다.
⑤ 제1항부터 제4항까지의 규정의 시행에 필요한 구체적인 절차, 방법 및 세부기준 등은 대통령령으로 정할 수 있다.
(2011.9.30 본조신설)

제37조【사용·수익의 정지】 ① 시행자는 환지를 정하지 아니하기로 결정된 토지 소유자나 임차권자등에게 날짜를 정하여 그날부터 해당 토지 또는 해당 부분의 사용 또는 수익을 정지시킬 수 있다.
② 시행자가 제1항에 따라 사용 또는 수익을 정지하게 하려면 30일 이상의 기간을 두고 미리 해당 토지 소유자 또는 임차권자등에게 알려야 한다.

제38조【장애물 등의 이전과 제거】 ① 시행자는 제35조제1항에 따라 환지 예정지를 지정하거나 제37조제1항에 따라 종전의 토지에 관한 사용 또는 수익을 정지시키는 경우나 대통령령으로 정하는 시설의 변경·폐지에 관한 공사를 시행하는 경우 필요하면 도시개발구역에 있는 건축물과 그 밖의 공작물이나 물건(이하 "건축물등"이라 한다) 및 죽목(竹木), 토석, 울타리 등의 장애물(이하 "장애물등"이라 한다)을 이전하거나 제거할 수 있다. 이 경우 시행자(행정청이 아닌 시행자만 해당한다)는 미리 관할 특별자치도지사·시장·군수 또는 구청장의 허가를 받아야 한다.
② 특별자치도지사·시장·군수 또는 구청장은 제1항 후단에 따른 허가를 하는 경우에는 동절기 등 대통령령으로 정하는 시기에 점유자가 퇴거하지 아니한 주거용 건축물을 철거할 수 없도록 그 시기를 제한하거나 임시거주시설을 마련하는 등 점유자의 보호에 필요한 조치를 할 것을 조건으로 허가를 할 수 있다.(2009.12.29 본항신설)
③ 시행자가 제1항에 따라 건축물등과 장애물등을 이전하거나 제거하려고 하는 경우에는 그 소유자나 점유자에게 미리 알려야 한다. 다만, 소유자나 점유자를 알 수 없으면 대통령령으로 정하는 바에 따라 이를 공고하여야 한다.
④ 주거용으로 사용하고 있는 건축물을 이전하거나 철거하려고 하는 경우에는 이전하거나 철거하려는 날부터 늦어도 2개월 전에 제2항에 따른 통지를 하여야 한다. 다만, 건축물의 일부에 대하여 대통령령으로 정하는 경미한 이전 또는 철거를 하는 경우나 「국토의 계획 및 이용에 관한 법률」 제56조제1항을 위반한 건축물의 경우에는 그러하지 아니하다.
⑤ 시행자는 제1항에 따라 건축물등과 장애물등을 이전 또는 제거하려고 할 경우 「공익사업을 위한 토지 등의 취득 및 보상에 관한 법률」 제50조에 따른 토지수용위원회의 손실보상금에 대한 재결이 있은 후 다음 각 호의 어느 하나에 해당하는 사유가 있으면 이전하거나 제거할 때까지 토지 소재지의 공탁소에 보상금을 공탁할 수 있다.
1. 보상금을 받을 자가 받기를 거부하거나 받을 수 없을 때
2. 시행자의 과실 없이 보상금을 받을 자를 알 수 없을 때
3. 시행자가 관할 토지수용위원회에서 재결한 보상 금액에 불복할 때
4. 압류나 가압류에 의하여 보상금의 지급이 금지되었을 때(2012.1.17 본호신설)
⑥ 제5항제3호의 경우 시행자는 보상금을 받을 자에게 자기가 산정한 보상금을 지급하고 그 금액과 토지수용위원회가 재결한 보상 금액과의 차액을 공탁하여야 한다. 이 경우 보상금을 받을 자는 그 불복 절차가 끝날 때까지 공탁된 보상금을 받을 수 없다.(2013.3.22 전단개정)

제39조【토지의 관리 등】 ① 환지 예정지의 지정이나 사용 또는 수익의 정지처분으로 이를 사용하거나 수익할 수 있는 자가 없게 된 토지 또는 해당 부분은 환지 예정지의 지정일이나 사용 또는 수익의 정지처분이 있은 날부터 환지처분을 공고한 날까지 시행자가 관리한다.
② 시행자는 환지 예정지 또는 환지의 위치를 나타내려고 하는 경우에는 국토교통부령으로 정하는 표지를 설치할 수 있다.(2013.3.23 본항개정)
③ 누구든지 환지처분이 공고된 날까지는 시행자의 승낙 없이 제2항에 따라 설치된 표지를 이전하거나 훼손하여서는 아니 된다.

제40조【환지처분】 ① 시행자는 환지 방식으로 도시개발사업에 관한 공사를 끝낸 경우에는 지체 없이 대통령령으로 정하는 바에 따라 이를 공고하고 공사 관계 서류를 일반인에게 공람시켜야 한다.
② 도시개발구역의 토지 소유자나 이해관계인은 제1항의 공람 기간에 시행자에게 의견서를 제출할 수 있으며, 의견서를 받은 시행자는 공사 결과와 실시계획 내용에 맞는지를 확인하여 필요한 조치를 하여야 한다.
③ 시행자는 제1항의 공람 기간에 제2항에 따른 의견서의 제출이 없거나 제출된 의견서에 따라 필요한 조치를 한 경우에는 지정권자에 의한 준공검사를 신청하거나 도시개발사업의 공사를 끝내야 한다.
④ 시행자는 지정권자에 의한 준공검사를 받은 경우(지정권자가 시행자인 경우에는 제51조에 따른 공사 완료 공고가 있는 때)에는 대통령령으로 정하는 기간에 환지처분을 하여야 한다.
⑤ 시행자는 환지처분을 하려는 경우에는 환지 계획에서 정한 사항을 토지 소유자에게 알리고 대통령령으로 정하는 바에 따라 이를 공고하여야 한다.

제41조【청산금】 ① 환지를 정하거나 그 대상에서 제외한 경우 그 과부족분(過不足分)은 종전의 토지(제32조에 따라 입체 환지 방식으로 사업을 시행하는 경우에는 환지 대상 건축물을 포함한다. 이하 제42조 및 제45조에서 같다) 및 환지의 위치·지목·면적·토질·수리·이용 상황·환경, 그 밖의 사항을 종합적으로 고려하여 금전으로 청산하여야 한다.(2011.9.30 본항개정)
② 제1항에 따른 청산금은 환지처분을 하는 때에 결정하여야 한다. 다만, 제30조나 제31조에 따라 환지 대상에서 제외한 토지등에 대하여는 청산금을 교부하는 때에 청산금을 결정할 수 있다.

제42조【환지처분의 효과】 ① 환지 계획에서 정하여진 환지는 그 환지처분이 공고된 날의 다음 날부터 종전의 토지로 보며, 환지 계획에서 환지를 정하지 아니한 종전의 토지에 있던 권리는 그 환지처분이 공고된 날이 끝나는 때에 소멸한다.
② 제1항은 행정상 처분이나 재판상의 처분으로서 종전의 토지에 전속(專屬)하는 것에 관하여는 영향을 미치지 아니한다.
③ 도시개발구역의 토지에 대한 지역권(地役權)은 제1항에도 불구하고 종전의 토지에 존속한다. 다만, 도시개발사업의 시행으로 행사할 이익이 없어진 지역권은 환지처분이 공고된 날이 끝나는 때에 소멸한다.
④ 제28조에 따른 환지 계획에 따라 환지처분을 받은 자는 환지처분이 공고된 날의 다음 날에 환지 계획으로 정하는 바에 따라 건축물의 일부와 해당 건축물이 있는 토지의 공유지분을 취득한다. 이 경우 종전의 토지에 대한 저당권은 환지처분이 공고된 날의 다음 날부터 해당 건축물의 일부와 해당 건축물이 있는 토지의 공유지분에 존재하는 것으로 본다.
⑤ 제34조에 따른 체비지는 시행자가, 보류지는 환지 계획에서 정한 자가 각각 환지처분이 공고된 날의 다음 날에 해당 소유권을 취득한다. 다만, 제36조제4항에 따라 이미 처분된 체비지는 그 체비지를 매입한 자가 소유권 이전 등기를 마친 때에 소유권을 취득한다.
⑥ 제41조에 따른 청산금은 환지처분이 공고된 날의 다음 날에 확정된다.

제43조【등기】 ① 시행자는 제40조제5항에 따라 환지처분이 공고되면 공고 후 14일 이내에 관할 등기소에 이를 알리고 토지와 건축물에 관한 등기를 촉탁하거나 신청하여야 한다.
② 제1항의 등기에 관하여는 대법원규칙으로 정하는 바에 따른다.
③ 제40조제5항에 따라 환지처분이 공고된 날부터 제1항에 따른 등기가 있는 때까지는 다른 등기를 할 수 없다. 다만, 등기신청인이 확정일자가 있는 서류로 환지처분의 공고일 전에 등기원인(登記原因)이 생긴 것임을 증명하면 다른 등기를 할 수 있다.

제44조【체비지의 처분 등】 ① 시행자는 제34조에 따른 체비지나 보류지를 규약·정관·시행규정 또는 실시계획으로 정하는 목적 및 방법에 따라 합리적으로 처분하거나 관리하여야 한다.
② 행정청인 시행자가 제1항에 따라 체비지 또는 보류지를 관리하거나 처분(제36조제4항에 따라 체비지를 관리하거나 처분하는 경우를 포함한다)하는 경우에는 국가나 지방자치단체의 재산처분에 관한 법률을 적용하지 아니한다. 다만, 신탁계약에 따라 체비지를 처분하려는 경우에는 「공유재산 및 물품 관리법」 제29조 및 제43조를 준용한다.
③ 학교, 폐기물처리시설, 그 밖에 대통령령으로 정하는 시설을 설치하기 위하여 조성토지등을 공급하는 경우 그 조성토지등의 공급 가격에 관하여는 제27조제1항을 준용한다.(2011.9.30 본항개정)
④ 제11조제1항제1호부터 제4호까지의 시행자가 지역특성화 사업 유치 등 도시개발사업의 활성화를 위하여 필요한 경우에 공급하는 토지 중 제3항 외의 토지에 대하여는 제27조제2항을 준용한다.(2011.9.30 본항신설)

제45조【감가보상금】 행정청인 시행자는 도시개발사업의 시행으로 사업 시행 후의 토지 가액(價額)의 총액이 사업 시행 전의 토지 가액의 총액보다 줄어든 경우에는 그 차액에 해당하는 감가보상금을 대통령령으로 정하는 기준에 따라 종전의 토지 소유자나 임차권자등에게 지급하여야 한다.

제46조【청산금의 징수·교부 등】 ① 시행자는 환지처분이 공고된 후에 확정된 청산금을 징수하거나 교부하여야 한다. 다만, 제30조와 제31조에 따라 환지를 정하지 아니하는 토지에 대하여는 환지처분 전이라도 청산금을 교부할 수 있다.
② 청산금은 대통령령으로 정하는 바에 따라 이자를 붙여 분할징수하거나 분할교부할 수 있다.
③ 행정청인 시행자는 청산금을 내야 할 자가 이를 내지 아니하면 국세 또는 지방세 체납처분의 예에 따라 징수할 수 있으며, 행정청이 아닌 시행자는 특별자치도지사·시장·군수 또는 구청장에게 청산금의 징수를 위탁할 수 있다. 이 경우 제16조제5항을 준용한다.
④ 청산금을 받을 자가 주소 불분명 등의 이유로 청산금을 받을 수 없거나 받기를 거부하면 그 청산금을 공탁할 수 있다.

제47조【청산금의 소멸시효】 청산금을 받을 권리나 징수할 권리를 5년간 행사하지 아니하면 시효로 소멸한다.

제48조【임대료 등의 증감청구】 ① 도시개발사업으로 임차권등의 목적인 토지 또는 지역권에 관한 승역지(承役地)의 이용이 증진되거나 방해를 받아 종전의 임대료·지료, 그 밖의 사용료 등이 불합리하게 되면 당사자는 계약 조건에도 불구하고 장래에 관하여 그 증감을 청구할 수 있다. 도시개발사업으로 건축물이 이전된 경우 그 임대료에 관하여도 또한 같다.
② 제1항의 경우 당사자는 해당 권리를 포기하거나 계약을 해지하여 그 의무를 지지 아니할 수 있다.
③ 제40조제5항에 따라 환지처분이 공고된 날부터 60일이 지나면 임대료·지료, 그 밖의 사용료 등의 증감을 청구할 수 없다.

제49조【권리의 포기 등】 ① 도시개발사업의 시행으로 지역권 또는 임차권등을 설정한 목적을 달성할 수 없게 되면 당사자는 해당 권리를 포기하거나 계약을 해지할 수 있다. 도시개발사업으로 건축물이 이전되어 그 임대의 목적을 달성할 수 없게 된 경우에도 또한 같다.
② 제1항에 따라 권리를 포기하거나 계약을 해지한 자는 그로 인한 손실을 보상하여 줄 것을 시행자에게 청구할 수 있다.
③ 제2항에 따라 손실을 보상한 시행자는 해당 토지 또는 건축물의 소유자 또는 그로 인하여 이익을 얻는 자에게 이를 구상(求償)할 수 있다.
④ 제40조제5항에 따라 환지처분이 공고된 날부터 60일이 지나면 제1항에 따른 권리를 포기하거나 계약을 해지할 수 없다.
⑤ 제2항에 따른 손실보상에 관하여는 타인 토지의 출입 등에 관한 손실보상의 방법 및 절차 등에 관한 규정을 준용한다.
⑥ 제3항에 따른 손실보상금의 구상에 관하여는 제16조제4항 및 제5항을 준용한다.

제4절 준공검사 등

제50조【준공검사】 ① 시행자(지정권자가 시행자인 경우는 제외한다)가 도시개발사업의 공사를 끝낸 때에는 국토교통부령으로 정하는 바에 따라 공사완료 보고서를 작성하여 지정권자의 준공검사를 받아야 한다.(2013.3.23 본항개정)
② 지정권자는 제1항에 따른 공사완료 보고서를 받으면 지체 없이 준공검사를 하여야 한다. 이 경우 지정권자는 효율적인 준공검사를 위하여 필요하면 관계 행정기관·공공기관·연구기관, 그 밖의 전문기관 등에 의뢰하여 준공검사를 할 수 있다.
③ 지정권자는 공사완료 보고서의 내용에 포함된 공공시설을 인수하거나 관리하게 될 국가기관·지방자치단체 또는 공공기관의 장 등에게 준공검사에 참여할 것을 요청할 수 있으며, 이를 요청받은 자는 특별한 사유가 없으면 요청에 따라야 한다.
④ 시행자는 도시개발사업을 효율적으로 시행하기 위하여 필요하면 해당 도시개발사업에 관한 공사가 전부 끝나기 전이라도 공사가 끝난 부분에 관하여 제1항에 따른 준공검사(지정권자가 시행자인 경우에는 시행자에 의한 공사 완료 공고를 말한다)를 받을 수 있다.

제51조【공사 완료의 공고】 ① 지정권자는 제50조제2항에 따른 준공검사를 한 결과 도시개발사업이 실시계획대로 끝났다고 인정되면 시행자에게 준공검사 증명서를 내어주고 공사 완료 공고를 하여야 하며, 실시계획대로 끝나지 아니하였으면 지체 없이 보완 시공 등 필요한 조치를 하도록 명하여야 한다.
② 지정권자가 시행자인 경우 그 시행자는 도시개발사업의 공사를 완료한 때에는 공사 완료 공고를 하여야 한다.

제52조【공사 완료에 따른 관련 인·허가등의 의제】 ① 제50조제2항에 따라 준공검사를 하거나 제51조제2항에 따라 공사 완료 공고를 할 때 지정권자가 제19조에 따라 의제되는 인·허가등(제19조제1항제4호에 따른 면허·협의 또는 승인은 제외한다. 이하 이 조에서 같다)에 따른 준공검사·준공인가 등에 대하여 제3항에 따라 관계 행정기관의 장과 협의한 사항에 대하여는 그 준공검사·준공인가 등을 받은 것으로 본다.
② 시행자(지정권자인 시행자는 제외한다)가 제1항에 따른 준공검사·준공인가 등의 의제를 받으려면 제50조제1항에 따른 준공검사를 신청할 때 해당 법률로 정하는 관계 서류를 함께 제출하여야 한다.
③ 지정권자는 제50조제2항에 따른 준공검사를 하거나 제51조제2항에 따라 공사 완료 공고를 할 때 그 내용에 제19조에 따라 의제되는 인·허가등에 따른 준공검사·준공인가 등에 해당하는 사항이 있으면 미리 관계 행정기관의 장과 협의하여야 한다.

제53조【조성토지등의 준공 전 사용】 제50조나 제51조에 따른 준공검사 전 또는 공사 완료 공고 전에는 조성토지등(체비지는 제외한다)을 사용할 수 없다. 다만, 사업 시행의 지장 여부를 확인받는 등 대통령령으로 정하는 바에 따라 지정권자로부터 사용허가를 받은 경우에는 그러하지 아니하다.

제53조의2【개발이익의 재투자】 ① 제11조의2제1항에 따른 법인이 도시개발사업의 시행자인 경우 시행자는 도시개발사업으로 인하여 발생하는 개발이익 중 민간참여자에게 배분하여야 하는 개발이익이 같은 조 제3항제4호에 따른 이윤율을 초과할 경우 그 초과분을 다음 각 호의 어느 하나에 해당하는 용도로 사용하여야 한다.
1. 해당 지방자치단체가 제60조에 따라 설치한 도시개발 특별회계에의 납입
2. 해당 시·군·구 주민의 생활 편의 증진을 위한 주차장 및 공공·문화체육시설 등 대통령령으로 정하는 시설의 설치 또는 그 비용의 부담

3. 해당 도시개발구역 내의 「국토의 계획 및 이용에 관한 법률」 제2조제6호에 따른 기반시설의 설치를 위한 토지 및 임대주택 건설용지의 공급가격 인하
4. 해당 시·군·구 내에서 임대주택을 건설·공급하는 사업에 드는 비용의 부담
② 시행자는 제1항에 따른 개발이익의 재투자를 위하여 도시개발사업으로 인하여 발생한 개발이익을 구분하여 회계처리하는 등 필요한 조치를 하고, 매년 또는 지정권자가 요청하는 경우 지정권자에게 해당 도시개발사업의 회계에 관한 사항을 보고하여야 한다.
(2021.12.21 본조신설)

제4장 비용 부담 등

제54조【비용 부담의 원칙】 도시개발사업에 필요한 비용은 이 법이나 다른 법률에 특별한 규정이 있는 경우 외에는 시행자가 부담한다.

제55조【도시개발구역의 시설 설치 및 비용부담 등】 ① 도시개발구역의 시설의 설치는 다음 각 호의 구분에 따른다.
1. 도로와 상하수도시설의 설치는 지방자치단체
2. 전기시설·가스공급시설 또는 지역 난방시설의 설치는 해당 지역에 전기·가스 또는 난방을 공급하는 자
3. 통신시설의 설치는 해당 지역에 통신서비스를 제공하는 자
② 제1항에 따른 시설의 설치비용은 그 설치의무자가 이를 부담한다. 다만, 제1항제2호의 시설 중 도시개발구역 안의 전기시설을 사업시행자가 지중선로로 설치할 것을 요청하는 경우에는 전기를 공급하는 자와 지중에 설치할 것을 요청하는 자가 각각 2분의 1의 비율로 그 설치비용을 부담(전부 환지 방식으로 도시개발사업을 시행하는 경우에는 전기시설을 공급하는 자가 3분의 2, 지중에 설치할 것을 요청하는 자가 3분의 1의 비율로 부담한다)한다.
(2008.3.28 본항신설)
③ 제1항에 따른 시설의 설치는 특별한 사유가 없으면 제50조에 따른 준공검사 신청일(지정권자가 시행자인 경우에는 도시개발사업의 공사를 끝내는 날을 말한다)까지 끝내야 한다.
④ 제1항에 따른 시설의 종류별 설치 범위는 대통령령으로 정한다.
⑤ 제4항에 따라 대통령령으로 정하는 시설의 종류별 설치 범위 중 지방자치단체의 설치 의무 범위에 속하지 아니하는 도로 또는 상하수도시설로서 시행자가 그 설치비용을 부담하려는 경우에는 시행자의 요청에 따라 지방자치단체가 그 도로 설치 사업이나 상하수도 설치 사업을 대행할 수 있다.(2008.3.28 본항개정)

제56조【지방자치단체의 비용 부담】 ① 지정권자가 시행자인 경우 그 시행자는 그가 시행한 도시개발사업으로 이익을 얻는 시·도 또는 시·군·구가 있으면 대통령령으로 정하는 바에 따라 그 도시개발사업에 든 비용의 일부를 그 이익을 얻는 시·도 또는 시·군·구에 부담시킬 수 있다. 이 경우 국토교통부장관은 행정안전부장관과 협의하여야 하고, 시·도지사 또는 대도시 시장은 관할 외의 시·군·구에 비용을 부담시키려면 그 시·군·구를 관할하는 시·도지사와 협의하여야 하며, 시·도지사 간 또는 대도시 시장과 시도지사 간의 협의가 성립되지 아니하는 경우에는 행정안전부장관의 결정에 따른다.
(2017.7.26 후단개정)
② 시장(대도시 시장은 제외한다)·군수 또는 구청장은 그가 시행한 도시개발사업으로 이익을 얻는 다른 지방자치단체가 있으면 대통령령으로 정하는 바에 따라 그 도시개발사업에 든 비용의 일부를 그 이익을 얻는 다른 지방자치단체와 협의하여 그 지방자치단체에 부담시킬 수 있다. 이 경우 협의가 성립되지 아니하면 관할 시·도지사의 결정에 따르며, 그 시·군·구를 관할하는 시·도지사가 서로 다른 경우에는 제1항 후단을 준용한다.
(2020.6.9 전단개정)

제57조【공공시설 관리자의 비용 부담】 ① (2014.5.21 삭제)
② 시행자는 공동구(共同溝)를 설치하는 경우에는 다른 법률에 따라 그 공동구에 수용될 시설을 설치할 의무가 있는 자에게 공동구의 설치에 드는 비용을 부담시킬 수 있다. 이 경우 공동구의 설치 방법·기준 및 절차와 비용의 부담 등에 관한 사항은 「국토의 계획 및 이용에 관한 법률」 제44조를 준용한다.(2012.1.17 후단신설)

제58조【도시개발구역 밖의 기반시설의 설치 비용】 ① 도시개발구역의 이용에 제공하기 위하여 대통령령으로 정하는 기반시설을 도시개발구역 밖의 지역에 설치하는 경우 지정권자는 제5조제1항제13호에 따른 비용 부담 계획이 포함된 개발계획에 따라 시행자에게 이를 설치하게 하거나 그 설치 비용을 부담하게 할 수 있다.
② 국가나 지방자치단체는 제1항에 따라 시행자가 부담하는 비용을 제외한 나머지 설치 비용을 지원할 수 있다. 이 경우 지원 규모나 지원 방법 등은 국토교통부장관이 관계 중앙행정기관의 장과 협의하여 정한다.(2013.3.23 본항개정)
③ 지정권자는 제5조제1항제13호에 따른 비용 부담 계획에 포함되지 아니하는 기반시설을 실시계획의 변경 등으로 인하여 도시개발구역 밖에 추가로 설치하여야 하는 경우에는 그 비용을 대통령령으로 정하는 바에 따라 실시계획의 변경 등 기반시설의 추가 설치를 필요하게 한 자에게 부담시킬 수 있다.
④ 지정권자는 시행자의 부담으로 도시개발구역 밖의 지역에 설치하는 기반시설로 이익을 얻는 지방자치단체 또는 공공시설의 관리자가 있으면 대통령령으로 정하는 바에 따라 그 기반시설의 설치에 드는 비용의 일부를 이익을 얻는 지방자치단체 또는 공공시설의 관리자에게 부담시킬 수 있다. 이 경우 지정권자는 해당 지방자치단체나 공공시설의 관리자 및 시행자와 협의하여야 한다.
⑤ 제1항 및 제3항에 따라 지정권자로부터 기반시설의 설치 비용을 부담하도록 통지를 받은 자(이하 이 조에서 "납부의무자"라 한다)가 비용의 부담에 대하여 이견이 있는 경우에는 그 통지를 받은 날부터 20일 이내에 지정권자에게 이를 증명할 수 있는 자료를 첨부하여 조정을 신청할 수 있다. 이 경우 지정권자는 그 신청을 받은 날부터 15일 이내에 이를 심사하여 그 결과를 신청인에게 통지하여야 한다.(2014.5.21 전단개정)
⑥ 지정권자는 납부의무자가 제1항 및 제3항에 따른 기반시설의 설치 비용을 납부기한까지 내지 아니하면 가산금을 징수한다. 이 경우 가산금에 관하여는 「국세징수법」 제21조를 준용한다.(2014.5.21 본항신설)
⑦ 지정권자는 납부의무자가 제1항 및 제3항에 따른 기반시설의 설치 비용과 가산금을 납부기한까지 내지 아니하면 국세 또는 지방세 체납처분의 예에 따라 징수한다.
(2014.5.21 본항신설)
⑧ 지정권자는 납부의무자가 납부한 금액에서 과오납(過誤納)한 부분이 있으면 이를 조사하여 그 차액(差額)을 추징하거나 환급하여야 한다. 이 경우 과오납한 날의 다음 날부터 추징 또는 환급 결정을 하는 날까지의 기간에 대하여 「국세기본법」 제52조에서 정한 이자율에 따라 계산한 금액을 추징금 또는 환급금에 더하여야 한다.
(2014.5.21 본항신설)

제59조【보조 또는 융자】 도시개발사업의 시행에 드는 비용은 대통령령으로 정하는 바에 따라 그 비용의 전부 또는 일부를 국고에서 보조하거나 융자할 수 있다. 다만, 시행자가 행정청이면 전부를 보조하거나 융자할 수 있다.

제60조【도시개발특별회계의 설치 등】 ① 시·도지사 또는 시장·군수(광역시에 있는 군의 군수는 제외한다)는 도시개발사업을 촉진하고 도시·군계획시설사업의 설치지원 등을 위하여 지방자치단체에 도시개발특별회계(이하 "특별회계"라 한다)를 설치할 수 있다.(2011.4.14 본항개정)
② 특별회계는 다음 각 호의 재원으로 조성된다.
1. 일반회계에서 전입된 금액
2. 정부의 보조금
2의2. 제53조의2제1항제1호에 따라 개발이익 재투자를 위하여 납입된 금액(2021.12.21 본호신설)
3. 제62조에 따른 도시개발채권의 발행으로 조성된 자금
4. 제70조에 따른 수익금 및 집행 잔액
5. 제85조에 따라 부과·징수된 과태료
6. 「수도권정비계획법」 제16조에 따라 시·도에 귀속되는 과밀부담금 중 해당 시·도의 조례로 정하는 비율의 금액
7. 「개발이익환수에 관한 법률」 제4조제1항에 따라 지방자치단체에 귀속되는 개발부담금 중 해당 지방자치단체의 조례로 정하는 비율의 금액
8. 「국토의 계획 및 이용에 관한 법률」 제65조제8항에 따른 수익금
9. 「지방세법」 제112조(같은 조 제1항제1호는 제외한다)에 따라 부과·징수되는 재산세의 징수액 중 대통령령으로 정하는 비율의 금액(2010.3.31 본호개정)
10. 차입금
11. 해당 특별회계자금의 융자회수금·이자수입금 및 그 밖의 수익금
③ 국가나 지방자치단체등이 도시개발사업을 환지 방식으로 시행하는 경우에는 회계의 구분을 위하여 사업별로 특별회계를 설치하여야 한다.

제61조【특별회계의 운용】 ① 특별회계는 다음 각 호의 용도로 사용한다.
1. 도시개발사업의 시행자에 대한 공사비의 보조 및 융자
2. 도시·군계획시설사업에 관한 보조 및 융자(2011.4.14 본호개정)
3. 지방자치단체가 시행하는 대통령령으로 정하는 도시·군계획시설사업에 드는 비용(2013.3.22 본호개정)
4. 제62조에 따른 도시개발채권의 원리금 상환
5. 도시개발구역의 지정, 계획수립 및 제도발전을 위한 조사·연구비
6. 차입금의 원리금 상환
7. 특별회계의 조성·운용 및 관리를 위한 경비
8. 그 밖에 대통령령으로 정하는 사항
② 국토교통부장관은 필요한 경우에는 지방자치단체의 장에게 특별회계의 운용 상황을 보고하게 할 수 있다.
(2013.3.23 본항개정)
③ 특별회계의 설치·운용 및 관리에 필요한 사항은 대통령령으로 정하는 기준에 따라 해당 지방자치단체의 조례로 정한다.

제62조【도시개발채권의 발행】 ① 지방자치단체의 장은 도시개발사업 또는 도시·군계획시설사업에 필요한 자금을 조달하기 위하여 도시개발채권을 발행할 수 있다.
(2011.4.14 본항개정)
② (2009.12.29 삭제)
③ 도시개발채권의 소멸시효는 상환일부터 기산(起算)하여 원금은 5년, 이자는 2년으로 한다.
④ 도시개발채권의 이율, 발행 방법, 발행 절차, 상환, 발행 사무 취급, 그 밖에 필요한 사항은 대통령령으로 정한다

제63조【도시개발채권의 매입】 ① 다음 각 호의 어느 하나에 해당하는 자는 도시개발채권을 매입하여야 한다.
1. 수용 또는 사용방식으로 시행하는 도시개발사업의 경우 제11조제1항제1호부터 제4호까지의 규정에 해당하는 자와 공사의 도급계약을 체결하는 자
2. 제1호에 해당하는 시행자 외에 도시개발사업을 시행하는 자
3. 「국토의 계획 및 이용에 관한 법률」 제56조제1항에 따른 허가를 받은 자 중 대통령령으로 정하는 자
② 제1항을 적용할 때에는 다른 법률에 따라 제17조의 실시계획 인가 또는 「국토의 계획 및 이용에 관한 법률」 제56조의 개발행위허가가 의제되는 협의를 거친 자를 포함한다.
③ 도시개발채권의 매입 대상·금액 및 절차 등에 필요한 사항은 대통령령으로 정한다.

제5장 보 칙

제64조【타인 토지의 출입】 ① 제11조제1항 각 호의 어느 하나에 해당하는 자는 도시개발구역의 지정, 도시개발사업에 관한 조사·측량 또는 사업의 시행을 위하여 필요하면 타인이 점유하는 토지에 출입하거나 타인의 토지를 재료를 쌓아두는 장소 또는 임시도로로 일시 사용할 수 있으며, 특히 필요하면 장애물등을 변경하거나 제거할 수 있다.
② 제1항에 따라 타인의 토지에 출입하려는 자는 특별자치도지사·시장·군수 또는 구청장의 허가를 받아야 하며(행정청이 아닌 도시개발사업의 시행자만 해당한다), 출입하려는 날의 3일 전에 그 토지의 소유자·점유자 또는 관리인에게 그 일시와 장소를 알려야 한다.
③ 제1항에 따라 타인의 토지를 재료를 쌓아두는 장소 또는 임시도로로 일시 사용하거나 장애물등을 변경하거나 제거하려는 자는 미리 그 토지의 소유자·점유자 또는 관리인의 동의를 받아야 한다.
④ 제3항의 경우 토지나 장애물등의 소유자·점유자 또는 관리인이 현장에 없거나 주소 또는 거소(居所)를 알 수 없어 그 동의를 받을 수 없으면 관할 특별자치도지사·시장·군수 또는 구청장에게 알려야 한다. 다만, 행정청이 아닌 도시개발사업의 시행자는 관할 특별자치도지사·시장·군수 또는 구청장의 허가를 받아야 한다.
⑤ 제3항과 제4항에 따라 토지를 일시 사용하거나 장애물등을 변경하거나 제거하려는 자는 토지를 사용하려는 날이나 장애물등을 변경하거나 제거하려는 날의 3일 전까지 해당 토지나 장애물등의 소유자·점유자 또는 관리인에게 토지의 일시 사용이나 장애물등의 변경 또는 제거에 관한 사항을 알려야 한다.
⑥ 일출 전이나 일몰 후에는 해당 토지의 점유자의 승낙 없이 택지 또는 담장과 울타리로 둘러싸인 타인의 토지에 출입할 수 없다.
⑦ 토지의 점유자는 정당한 사유 없이 제1항에 따른 시행자의 행위를 방해하거나 거절하지 못한다.
⑧ 제1항에 따른 행위를 하려는 자는 그 권한을 표시하는 증표와 허가증을 지니고 이를 관계인에게 내보여야 하며, 증표와 허가증에 필요한 사항은 국토교통부령으로 정한다.
(2013.3.23 본항개정)

제65조【손실보상】 ① 제38조제1항(「국토의 계획 및 이용에 관한 법률」 제56조제1항을 위반한 건축물에 대하여는 그러하지 아니하다)이나 제64조제1항에 따른 행위로 손실을 입은 자가 있으면 시행자가 그 손실을 보상하여야 한다.
② 제1항에 따른 손실보상에 관하여는 그 손실을 보상할 자와 손실을 입은 자가 협의하여야 한다.
③ 손실을 보상할 자나 손실을 입은 자는 제2항에 따른 협의가 성립되지 아니하거나 협의를 할 수 없으면 관할 토지수용위원회에 재결을 신청할 수 있다.
④ 제3항에 따른 관할 토지수용위원회의 재결에 관하여는 「공익사업을 위한 토지 등의 취득 및 보상에 관한 법률」 제83조부터 제87조까지의 규정을 준용한다.
⑤ 제1항에 따른 보상의 기준에 관하여는 「공익사업을 위한 토지 등의 취득 및 보상에 관한 법률」 제14조, 제18조, 제61조, 제63조부터 제65조까지, 제67조, 제68조, 제71조부터 제73조까지, 제75조, 제75조의2, 제76조, 제77조 및 제78조제5항·제6항·제9항을 준용한다.

제65조의2【건축물의 존치 등】 ① 시행자는 도시개발구역에 있는 기존 건축물이나 그 밖의 시설을 이전하거

나 철거하지 아니하여도 도시개발사업에 지장이 없다고 인정하여 대통령령으로 정하는 요건을 충족하는 경우에는 이를 존치하게 할 수 있다.

② 제21조에 따른 수용 또는 사용의 방식으로 시행하는 도시개발사업(혼용방식 중 수용 또는 사용의 방식이 적용되는 구역을 포함한다)의 시행자는 제55조 및 제57조에도 불구하고 제1항에 따라 존치하게 된 시설물의 소유자에게 도로, 공원, 상하수도, 그 밖에 대통령령으로 정하는 공공시설의 설치 등에 필요한 비용의 일부를 부담하게 할 수 있다.

③ 제2항에 따른 비용 부담의 기준·방법 등에 관하여 필요한 사항은 대통령령으로 정한다.
(2023.7.18 본조신설)

제66조【공공시설의 귀속 등】 ① 제11조제1항제1호부터 제4호까지의 규정에 따른 시행자가 새로 공공시설을 설치하거나 기존의 공공시설에 대체되는 공공시설을 설치한 경우에는 「국유재산법」과 「공유재산 및 물품 관리법」 등에도 불구하고 종전의 공공시설은 시행자에게 무상으로 귀속되고, 새로 설치된 공공시설은 그 시설을 관리할 행정청(이하 이 조 및 제67조에서 "관리청"이라 한다)에 무상으로 귀속된다.

② 제11조제1항제5호부터 제11호까지의 규정에 따른 시행자가 새로 설치한 공공시설은 그 관리청에 무상으로 귀속되며, 도시개발사업의 시행으로 용도가 폐지되는 행정청의 공공시설은 「국유재산법」과 「공유재산 및 물품 관리법」 등에도 불구하고 새로 설치한 공공시설의 설치 비용에 상당하는 범위에서 시행자에게 무상으로 귀속시킬 수 있다.

③ 지정권자는 제1항과 제2항에 따른 공공시설의 귀속에 관한 사항이 포함된 실시계획을 작성하거나 인가하려면 미리 그 공공시설의 관리청의 의견을 들어야 한다. 다만, 관리청이 지정되지 아니한 경우에는 관리청이 지정된 후 준공검사(지정권자가 시행자인 경우에는 제51조에 따른 공사 완료 공고를 말한다)를 마치기 전에 관리청의 의견을 들어야 한다.

④ 지정권자가 제3항에 따라 관리청의 의견을 들어 실시계획을 작성하거나 인가한 경우 시행자는 실시계획에 포함된 공공시설의 점용 및 사용에 관하여 관계 법률에 따른 승인·허가 등을 받은 것으로 보아 도시개발사업을 할 수 있다. 이 경우 해당 공공시설의 점용 또는 사용에 따른 점용료 및 사용료는 면제된 것으로 본다.

⑤ 제11조제1항제1호부터 제4호까지의 규정에 따른 시행자는 도시개발사업이 끝나 준공검사(지정권자가 시행자인 경우에는 제51조에 따른 공사 완료 공고를 말한다)를 마친 경우에는 해당 공공시설의 관리청에 공공시설의 종류와 토지의 세부목록을 알려야 한다. 이 경우 공공시설은 그 통지한 날에 해당 공공시설을 관리할 관리청과 시행자에 각각 귀속된 것으로 본다.

⑥ 제11조제1항제5호부터 제11호까지의 규정에 따른 시행자는 제2항에 따라 그에게 양도되거나 관리청에 귀속될 공공시설에 대하여 도시개발사업의 준공검사를 마치기 전에 해당 공공시설의 관리청에 그 종류와 토지의 세부목록을 알려야 하고, 준공검사를 한 지정권자는 그 내용을 해당 공공시설의 관리청에 통보하여야 한다. 이 경우 공공시설은 지정권자가 준공검사증명서를 내어준 때에 해당 공공시설을 관리할 관리청과 시행자에게 각각 귀속되거나 양도된 것으로 본다.

⑦ 제1항부터 제6항까지의 규정에 따른 공공시설을 등기할 때 「부동산등기법」에 따른 등기원인을 증명하는 서면은 제51조제1항에 따른 준공검사 증명서(시행자가 지정권자인 경우에는 같은 조 제2항에 따른 공사 완료 공고문)로 갈음한다.(2011.4.12 본항개정)

제67조【공공시설의 관리】 도시개발사업으로 도시개발구역에 설치된 공공시설은 준공 후 해당 공공시설의 관리청에 귀속될 때까지 이 법이나 다른 법률에 특별한 규정이 있는 경우 외에는 특별자치도지사·시장·군수 또는 구청장이 관리한다.

제68조【국공유지의 처분 제한 등】 ① 도시개발구역에 있는 국가나 지방자치단체 소유의 토지로서 도시개발사업에 필요한 토지는 해당 개발계획으로 정하여진 목적 외의 목적으로 처분할 수 없다.

② 도시개발구역에 있는 국가나 지방자치단체 소유의 재산으로서 도시개발사업에 필요한 재산은 「국유재산법」과 「공유재산 및 물품 관리법」에도 불구하고 시행자에게 수의계약의 방법으로 처분할 수 있다. 이 경우 그 재산의 용도폐지(행정재산인 경우만 해당한다)나 처분에 관하여는 지정권자가 미리 관계 행정기관의 장과 협의하여야 한다.

③ 관계 행정기관의 장은 제2항 후단에 따른 협의요청을 받으면 그 요청을 받은 날부터 30일 이내에 협의에 필요한 조치를 하여야 한다.

제69조【국공유지 등의 임대】 ① 제11조제1항제7호에 해당하는 시행자의 경우 기획재정부장관, 국유재산의 관리청 또는 지방자치단체의 장은 「국유재산법」과 「공유재산 및 물품 관리법」에도 불구하고 도시개발구역에 있는 국가나 지방자치단체의 소유인 토지·공장, 그 밖의 국공유지를 수의계약으로 사용·수익 또는 대부(이하 "임대"라 한다)할 수 있다.

② 제1항에 따라 국가나 지방자치단체가 소유하는 토지 등을 임대하는 경우의 임대 기간은 「국유재산법」과 「공유재산 및 물품 관리법」에도 불구하고 20년의 범위 이내로 할 수 있다.

③ 제1항에 따라 국가나 지방자치단체가 소유하는 토지를 임대하는 경우에는 「국유재산법」과 「공유재산 및 물품 관리법」에도 불구하고 그 토지 위에 공장이나 그 밖의 영구시설물을 축조하게 할 수 있다. 이 경우 그 시설물의 종류 등을 고려하여 임대 기간이 끝나는 때에 이를 국가나 지방자치단체에 기부하거나 원상으로 회복하여 반환하는 것을 조건으로 토지를 임대할 수 있다.

④ 제1항에 따라 임대하는 토지 등의 임대료는 「국유재산법」과 「공유재산 및 물품 관리법」에도 불구하고 대통령령으로 정하는 바에 따른다.

⑤ 제2항의 임대 기간은 갱신할 수 있다. 이 경우 갱신 기간은 갱신할 때마다 제2항에 따른 기간을 초과할 수 없다.

제70조【수익금 등의 사용 제한 등】 ① 제66조제1항에 따라 제11조제1항제1호부터 제4호까지의 시행자에게 귀속되는 토지로서 용도가 폐지된 토지를 처분하여 생긴 수익금은 해당 개발계획으로 정하여진 목적 외의 목적으로 사용할 수 없다.

② 시행자는 제44조에 따른 체비지의 매각 대금과 제46조에 따른 청산금의 징수금, 제56조·제57조 및 제59조에 따른 부담금과 보조금 등을 해당 도시개발사업의 목적이 아닌 다른 목적으로 사용할 수 없다.

③ 제1항과 제2항에 따라 수익금 등을 도시개발사업의 목적으로 사용한 후 집행 잔액이 있으면 그 집행 잔액과, 지방자치단체가 제21조에 따른 수용 또는 사용 방식으로 도시개발사업을 시행하여 발생한 수익금은 해당 지방자치단체에 설치된 특별회계에 귀속된다.

제71조【조세와 부담금 등의 감면 등】 국가나 지방자치단체는 도시개발사업을 원활히 시행하기 위하여 「지방세특례제한법」, 「농지법」, 「산지관리법」 등으로 정하는 바에 따라 지방세, 농지보전부담금, 대체산림자원조성비 등을 감면할 수 있다.(2010.3.31 본조개정)

제71조의2【결합개발 등에 관한 적용 기준 완화의 특례】 ① 지정권자는 다음 각 호의 어느 하나에 해당하는 경우에는 제3조에 따른 도시개발구역의 지정 대상 및 규모, 제5조에 따른 개발계획의 내용, 제11조에 따른 시행자를 지정하는 요건 및 제63조에 따른 도시개발채권의 매입에 관한 기준을 일부 완화하여 적용할 수 있다.

1. 제3조의2에 따라 서로 떨어진 둘 이상의 지역을 결합하여 하나의 도시개발사업으로 시행하는 경우로서 대통령령으로 정하는 사업
2. 제5조에 따라 개발계획을 수립할 때에 대통령령으로 정하는 바에 따라 저탄소 녹색도시계획을 같이 수립하여 시행하는 경우
3. 제21조의3에 따른 임대주택 건설용지나 임대주택의 공급 기준을 초과하여 공급하거나 영세한 세입자, 토지 소유자 등 사회적 약자를 위하여 대통령령으로 정하는 바에 따라 사업계획을 수립하는 경우
4. 환지 방식으로 시행되는 지역에서 영세한 토지 소유자 등의 원활한 재정착을 위하여 대통령령으로 정하는 바에 따라 환지 계획을 수립하여 시행하는 경우
5. 「공공주택 특별법」에 따른 공공주택 건설을 위한 용지 등을 감정가격 이하로 공급하는 경우(2015.8.28 본호개정)
6. 역세권 등 대중교통 이용이 용이한 지역(「국토의 계획 및 이용에 관한 법률」 제36조에 따른 주거지역, 상업지역, 공업지역의 면적이 도시개발구역 전체면적의 100분의 70 이상인 경우에 한정한다)에 도시개발구역을 지정하는 경우로서 도심 내 소형주택의 공급 확대, 토지의 고도이용과 건축물의 복합개발을 촉진할 필요가 있는 경우
7. 그 밖에 주거 등 생활환경의 개선과 낙후지역의 도시기능 회복 등을 위하여 민간기업의 투자유치가 필요한 사업으로서 대통령령으로 정하는 사업을 시행하는 경우

② 지정권자는 제1항 각 호의 어느 하나에 해당하는 사항이 포함된 사업을 효율적으로 시행하기 위하여 필요한 경우에는 해당 법률의 규정에도 불구하고 대통령령으로 정하는 범위에서 다음 각 호의 사항에 대하여 완화된 기준을 정하여 시행할 수 있다. 이 경우 지정권자가 시·도지사나 대도시 시장인 경우에는 대통령령으로 정하는 범위에서 해당 지방자치단체의 조례로 완화된 기준을 정하여 시행할 수 있다.

1. 「국토의 계획 및 이용에 관한 법률」 제76조부터 제78조까지의 규정에 따른 건축물의 건축, 건폐율 및 용적률의 제한
2. 「건축법」 제4조, 제42조, 제60조 및 제61조에 따른 건축심의, 대지의 조경, 건축물의 높이 등 건축 제한
3. 「도시공원 및 녹지 등에 관한 법률」 제14조에 따른 도시공원 또는 녹지 확보 기준
4. 「주차장법」 제6조 및 제19조에 따른 주차장설비기준 및 부설주차장의 설치기준
5. 「주택법」 제35조, 제54조 및 「주택도시기금법」 제8조에 따른 주택 건설 및 공급 기준과 국민주택채권의 매입
(2016.1.19 본호개정)

③ 제1항 및 제2항에 따른 구체적인 적용 범위와 기준 등은 대통령령으로 정한다.
(2011.9.30 본조신설)

제72조【관계 서류의 열람 및 보관 등】 ① 시행자는 도시개발사업의 시행을 위하여 필요하면 등기소나 그 밖의 관계 행정기관의 장에게 무료로 필요한 서류를 열람·복사하거나 그 등본 또는 초본을 교부하여 줄 것을 청구할 수 있다.

② 시행자는 토지 소유자와 그 밖의 이해관계인이 알 수 있도록 관보·공보·일간신문 또는 인터넷에 게시하는 등의 방법으로 다음 각 호에 관한 사항을 공개하여야 한다.

1. 규약·정관 등을 정하는 경우 그 내용
2. 시행자가 공람, 공고 및 통지하여야 하는 사항
3. 도시개발구역 지정 및 개발계획, 실시계획 수립·인가 내용
4. 환지 계획 인가 내용
5. 그 밖에 도시개발사업의 시행에 관하여 대통령령으로 정하는 사항

(2011.9.30 본항개정)

③ 시행자는 제2항 각 호에 관한 서류나 도면 등을 도시개발사업이 시행되는 지역에 있는 주된 사무소에 갖추어 두어야 하고, 도시개발구역의 토지등에 대하여 권리자가 열람이나 복사를 요청하는 경우에는 개인의 신상정보를 제외하고 열람이나 복사를 할 수 있도록 하여야 한다. 이 경우 복사에 필요한 비용은 실비의 범위에서 청구인의 부담으로 할 수 있다.(2011.9.30 본항신설)

④ 행정청이 아닌 시행자가 도시개발사업을 끝내거나 폐지한 경우에는 국토교통부령으로 정하는 바에 따라 관계 서류나 도면을 특별자치도지사·시장·군수 또는 구청장에게 넘겨야 한다.(2013.3.23 본항개정)

⑤ 행정청인 시행자, 제4항에 따라 관계 서류를 넘겨받은 특별자치도지사·시장·군수 또는 구청장은 그 도시개발사업의 관계 서류를 국토교통부령으로 정하는 기간 동안 보관하여야 한다.(2013.3.23 본항개정)

제73조【권리의무의 승계】 시행자나 도시개발구역의 토지등에 대하여 권리를 가진 자(이하 "이해관계인등"이라 한다)가 변경된 경우에 이 법 또는 이 법에 따른 명령이나 규약·정관 또는 시행규정에 따라 종전의 이해관계인등이 행하거나 이해관계인등에 대하여 행한 처분, 절차, 그 밖의 행위는 새로 이해관계인등이 된 자가 행하거나 새로 이해관계인등이 된 자에 대하여 행한 것으로 본다.

제74조【보고 및 검사 등】 ① 지정권자나 특별자치도지사·시장(대도시 시장은 제외한다)·군수 또는 구청장은 도시개발사업의 시행과 관련하여 필요하다고 인정하면 시행자(지정권자가 시행자인 경우는 제외한다)에게 필요한 보고를 하게 하거나 자료를 제출하도록 명할 수 있으며, 소속 공무원에게 도시개발사업에 관한 업무와 회계에 관한 사항을 검사하게 할 수 있다.(2020.6.9 본항개정)

② 국토교통부장관은 도시개발사업의 관리·감독을 위하여 필요하다고 인정하면 제11조제1항제11호에 해당하는 법인(같은 항 제1호부터 제4호까지의 규정에 해당하는 자가 출자에 참여한 경우에 한정한다)이 시행자인 도시개발사업의 민간참여자 선정, 시행 및 운영실태에 대하여 지정권자에게 필요한 보고를 하게 하거나 자료를 제출하도록 명할 수 있으며, 소속 공무원으로 하여금 해당 도시개발사업에 관한 업무를 검사하게 할 수 있다.
(2021.12.21 본항신설)

③ 국토교통부장관은 필요한 경우 제2항에 따른 검사를 대통령령으로 정하는 전문기관에 의뢰할 수 있다.
(2021.12.21 본항신설)

④ 국토교통부장관은 제2항 또는 제3항에 따른 검사의 결과 다음 각 호의 어느 하나에 해당하는 경우 지정권자에게 이 법에 따른 시행자 지정 또는 실시계획 인가를 취소하거나 공사의 중지 명령 등 필요한 조치를 하도록 명할 수 있다.

1. 지정권자가 제11조 또는 제11조의2를 위반하여 시행자를 지정하거나 민간참여자를 선정한 경우
2. 시행자가 제11조의2제4항에 따라 승인받은 협약 내용대로 도시개발사업을 시행하지 아니한 경우

(2021.12.21 본항신설)

⑤ 제1항 및 제2항에 따라 업무나 회계를 검사하는 공무원 또는 제3항에 따라 검사를 의뢰받은 전문기관의 직원은 그 권한을 표시하는 증표를 지니고 이를 관계인에게 내보여야 한다.(2021.12.21 본항개정)

⑥ 제5항에 따른 증표에 필요한 사항은 국토교통부령으로 정한다.(2021.12.21 본항개정)

제75조【법률 등의 위반자에 대한 행정처분】 지정권자나 시장(대도시 시장은 제외한다)·군수 또는 구청장은 다음 각 호의 어느 하나에 해당하는 자에 대하여 이 법에 따른 시행자 지정 또는 실시계획 인가 등을 취소하거나 공사의 중지, 건축물등이나 장애물등의 개축 또는 이전, 그 밖에 필요한 처분을 하거나 조치를 명할 수 있다.
(2020.6.9 본문개정)

1. 지정권자가 제4조·제11조·제13조·제17조 또는 제29조에 따른 수립·지정·인가 또는 승인 시 부과한 조건을 지키지 아니하거나 개발계획·실시계획대로 도시개발사업을 시행하지 아니한 자

2. 제9조제5항에 따른 허가를 받지 아니하고 행위를 한 자
3. 거짓이나 그 밖의 부정한 방법으로 제11조·제13조·제17조·제22조·제23조 또는 제29조에 따른 시행자 지정, 조합 설립 인가, 실시계획 인가, 토지등의 수용재결 또는 사용재결, 토지상환채권발행의 승인 또는 환지 계획의 인가를 받은 자
4. 제11조제3항·제4항 또는 제13조제1항에 따라 정한 규약·시행규정 또는 정관을 위반한 자
5. 제13조제2항 단서, 제35조, 제37조제2항, 제38조제2항, 제40조, 제43조, 제66조제6항, 제70조제2항 또는 제72조를 위반한 자
5의2. 제21조의3제1항을 위반하여 세입자등에게 임대주택 건설용지를 조성·공급하지 아니하거나 임대주택을 건설·공급하지 아니한 자(2011.9.30 본호신설)
6. 제23조에 따른 승인을 받지 아니하고 토지상환채권을 발행한 자
7. 제24조에 따른 이주대책 등을 수립하지 아니하거나 수립된 대책을 시행하지 아니한 자
8. 제25조를 위반하여 선수금을 받은 자
8의2. 제25조의2제5항에 따른 승인 조건을 위반하거나 같은 조 제7항에 따른 조치를 이행하지 아니한 자 (2011.9.30 본호신설)
9. 제26조제1항에 따른 조성토지등의 공급계획을 승인받지 아니하거나 공급계획과 다르게 조성토지등을 공급한 자(2021.12.21 본호개정)
10. 제38조제1항에 따른 허가를 받지 아니하고 장애물을 이전하거나 제거한 자
10의2. 제38조제2항에 따른 건축물의 이전·제거 허가의 조건을 이행하지 아니한 자(2009.12.29 본호신설)
11. 제50조제1항에 따른 준공검사를 받지 아니한 자
12. 제53조 단서에 따른 사용허가 없이 조성토지등을 사용한 자
13.~14. (2009.12.29 삭제)

제76조【청문】 지정권자나 특별자치도지사·시장(대도시 시장은 제외한다)·군수 또는 구청장은 제75조에 따라 이 법에 따른 허가·지정·인가 또는 승인을 취소하려면 청문을 하여야 한다.(2020.6.9 본조개정)

제77조【행정심판】 이 법에 따라 시행자가 행한 처분에 불복하는 자는 「행정심판법」에 따라 행정심판을 제기할 수 있다. 다만, 행정청이 아닌 시행자가 한 처분에 관하여는 다른 법률에 특별한 규정이 있는 경우 외에는 지정권자에게 행정심판을 제기하여야 한다.

제78조【도시개발구역 밖의 시설에 대한 준용】 도시개발구역 밖의 지역에서 도시개발구역을 이용하는 데에 제공되는 기반시설을 설치하는 등 도시개발사업에 직접 관련되는 사업의 시행에 필요한 경우에는 제3조부터 제53조까지 및 제64조부터 제77조까지의 규정을 준용한다.

제79조【위임 등】 ① 이 법에 따른 국토교통부장관의 권한은 그 일부를 대통령령으로 정하는 바에 따라 시·도지사나 그 소속 기관의 장에게 위임할 수 있으며, 시·도지사는 국토교통부장관의 승인을 받아 위임받은 권한의 일부를 시장·군수 또는 구청장에게 재위임할 수 있다.
(2013.3.23 본항개정)
② 이 법에 따른 시·도지사의 권한은 그 일부를 시·도의 조례로 정하는 바에 따라 시장·군수 또는 구청장에게 위임할 수 있다.
③ 제1항과 제2항에 따라 권한이 위임되거나 재위임된 경우에 위임되거나 재위임된 사항 중 「국토의 계획 및 이용에 관한 법률」 제106조에 따른 중앙도시계획위원회 또는 같은 법 제113조제1항에 따른 지방도시계획위원회의 의결을 거쳐야 하는 사항은 그 권한을 위임받거나 재위임받은 지방자치단체에 설치된 지방도시계획위원회의 의결을 거쳐야 한다.

제6장 벌 칙

제79조의2【벌칙】 ① 제10조의2제2항 또는 제3항을 위반하여 미공개정보를 목적 외로 사용하거나 타인에게 제공 또는 누설한 자는 5년 이하의 징역 또는 그 위반행위로 얻은 재산상 이익 또는 회피한 손실액의 3배 이상 5배 이하에 상당하는 벌금에 처한다. 다만, 얻은 이익 또는 회피한 손실액이 없거나 산정하기 곤란한 경우 또는 그 위반행위로 얻은 재산상 이익의 5배에 해당하는 금액이 10억원 이하인 경우에는 벌금의 상한액을 10억원으로 한다.
② 제1항의 위반행위로 얻은 이익 또는 회피한 손실액이 5억원 이상인 경우에는 제1항의 징역을 다음 각 호의 구분에 따라 가중한다.
1. 이익 또는 회피한 손실액이 50억원 이상인 경우에는 무기 또는 5년 이상의 징역
2. 이익 또는 회피한 손실액이 5억원 이상 50억원 미만인 경우에는 3년 이상의 유기징역
③ 제1항 또는 제2항에 따라 징역에 처하는 경우에는 제1항에 따른 벌금을 병과할 수 있다.
④ 제1항의 죄를 범한 자 또는 그 정을 아는 제3자가 제1항의 죄로 인하여 취득한 재물 또는 재산상의 이익은 몰수한다. 다만, 이를 몰수할 수 없을 때에는 그 가액을 추징한다.
(2021.4.1 본조신설)

제80조【벌칙】 다음 각 호의 어느 하나에 해당하는 자는 3년 이하의 징역이나 3천만원 이하의 벌금에 처한다.
1. 제9조제5항에 따른 허가를 받지 아니하고 행위를 한 자
2. 부정한 방법으로 제11조제1항에 따른 시행자의 지정을 받은 자
3. 부정한 방법으로 제17조제2항에 따른 실시계획의 인가를 받은 자
4. 제25조의2제1항 및 제2항에 따라 원형지 공급 계획을 승인받지 아니하고 원형지를 공급하거나 부정한 방법으로 공급 계획을 승인받은 자(2011.9.30 본호신설)
5. 제25조의2제6항을 위반하여 원형지를 매각한 자 (2011.9.30 본호신설)

제81조【벌칙】 다음 각 호의 어느 하나에 해당하는 자는 2년 이하의 징역이나 2천만원 이하의 벌금에 처한다.
1. 제17조제2항에 따라 실시계획의 인가를 받지 아니하고 사업을 시행한 자
2. 제26조제1항에 따른 조성토지등의 공급 계획을 승인받지 아니하고 조성토지등을 공급한 자(2021.12.21 본호개정)
3. 제53조 단서에 따른 사용허가 없이 조성토지등을 사용한 자

제82조【벌칙】 다음 각 호의 어느 하나에 해당하는 자는 1년 이하의 징역 또는 1천만원 이하의 벌금에 처한다.
1. 고의나 과실로 제20조제2항에 따른 감리업무를 게을리하여 위법한 도시개발사업의 공사를 시공함으로써 시행자 또는 조성토지등을 분양받은 자에게 손해를 입힌 자
2. 제20조제4항을 위반하여 시정통지를 받고도 계속하여 도시개발사업의 공사를 시공한 시공자 및 시행자
3. 제75조에 따른 시행자 지정 또는 실시계획의 인가 등의 취소, 공사의 중지, 건축물등이나 장애물등의 개축 또는 이전 등의 처분이나 조치명령을 위반한 자(2009.12.29 본호개정)

제83조【양벌규정】 법인의 대표자나 법인 또는 개인의 대리인, 사용인, 그 밖의 종업원이 그 법인 또는 개인의 업무에 관하여 제80조부터 제82조까지의 어느 하나에 해당하는 위반행위를 하면 그 행위자를 벌하는 외에 그 법인 또는 개인에게도 해당 조문의 벌금형을 과(科)한다. 다만, 법인 또는 개인이 그 위반행위를 방지하기 위하여 해당 업무에 관하여 상당한 주의와 감독을 게을리하지 아니한 경우에는 그러하지 아니하다.(2009.12.29 본조개정)

제84조【벌칙 적용 시 공무원 의제】 조합의 임직원, 제20조에 따라 그 업무를 하는 감리원은 「형법」 제129조부터 제132조까지의 규정에 따른 벌칙을 적용할 때 공무원으로 본다.

제85조【과태료】 ① 다음 각 호의 어느 하나에 해당하는 자에게는 1천만원 이하의 과태료를 부과한다.
1. 제6조에 따른 조사 또는 측량을 위한 행위를 거부하거나 방해한 자
2. 제64조제2항부터 제4항까지의 규정에 따른 허가 또는 동의를 받지 아니하고 제64조제1항에 따른 행위를 한 자
3. 제74조제1항에 따른 검사를 거부·방해 또는 기피한 자
② 다음 각 호의 어느 하나에 해당하는 자에게는 500만원 이하의 과태료를 부과한다.
1. 조합이 도시개발사업이 아닌 다른 업무를 한 경우
2. 제39조제3항을 위반한 자
3. 제40조제5항에 따른 통지를 하지 아니한 자
4. 제64조제6항을 위반하여 타인의 토지에 출입한 자
5. 제72조제4항에 따른 관계 서류나 도면을 넘기지 아니한 자(2011.9.30 본호개정)
6. 제74조제1항에 따른 보고를 하지 아니하거나 거짓된 보고를 한 자
7. 제74조제1항에 따른 자료의 제출을 하지 아니하거나 거짓된 자료를 제출한 자
③ 제1항과 제2항에 따른 과태료는 대통령령으로 정하는 바에 따라 국토교통부장관, 시·도지사, 시장·군수 또는 구청장이 부과·징수한다.(2013.3.23 본항개정)
④~⑥ (2009.12.29 삭제)

부 칙

제1조【시행일】 이 법은 2008년 4월 12일부터 시행한다. 다만, 제19조제1항제14호의 개정규정은 2008년 5월 26일부터 시행하고, 제19조제1항제4호의 개정규정은 2008년 6월 28일부터 시행하며, 제19조제1항제28호의 개정규정은 2008년 8월 28일부터 시행하고, 제21조제2항의 개정규정은 공포 후 6개월이 경과한 날부터 시행하며, 부칙 제9조제19항은 2008년 12월 28일부터 시행하고, 제12조제4항의 개정규정은 2009년 2월 4일부터 시행한다.

제2조【시행일에 관한 경과조치】 제12조제4항, 제19조제1항제4호·제14호·제28호, 제21조제2항의 개정규정이 시행되기 전까지는 그에 해당하는 종전의 제12조제4항, 제19조제1항제4호·제14호·제28호, 제21조제2항을 적용한다.

제3조【주민 등의 의견청취를 위한 공고가 있는 지역 안에서의 행위제한에 관한 적용례】 제9조제5항의 개정규정 중 주민 등의 의견청취를 위한 공고가 있는 지역 안에서의 행위제한은 이 법 시행 후 최초로 주민 등의 의견청취를 위한 공고를 하는 분부터 적용한다.

제4조【도시개발사업의 공사의 감리에 관한 적용례】 제20조의 개정규정은 법률 제8376호 都市開發法 일부개정법률 제19조의2의 개정규정의 시행일인 2007년 10월 12일 이후 최초로 지정되는 도시개발구역부터 적용한다.

제5조【토지 등의 수용 또는 사용요건에 관한 적용례】 제22조제1항 단서의 개정규정은 법률 제8376호 都市開發法 일부개정법률 제21조제1항의 개정규정의 시행일인 2008년 4월 12일 이후 최초로 지정되는 도시개발구역부터 적용한다.

제6조【토지구획정리사업에 관한 경과조치】 ① 법률 제6853호 도시개발법중개정법률의 시행일인 2003년 7월 1일 당시 종전의 도시계획법(법률 제5982호)에 따라 도시계획으로 결정된 토지구획정리사업에 관한 계획 중 토지구획정리사업법(법률 제5904호) 제9조·제10조·제16조 및 제32조에 따라 시행인가를 받았거나 신청기간을 지정한 지구에 대한 동 계획의 변경결정에 관하여는 종전의 도시계획법(법률 제5982호)을, 시행에 관하여는 토지구획정리사업법(법률 제5904호)을 각각 따르고 그 외의 경우에는 「도시개발법」 제3조에 따른 도시개발구역의 지정 및 같은 법 제4조에 따른 개발계획수립 및 「도시계획법」 제42조에 따른 지구단위계획구역이 지정된 것으로 보며, 이 경우 사업시행방식은 「도시개발법」 제21조의 개정규정에 따른 환지 방식에 의한다.
② 토지구획정리사업법(법률 제5904호)에 따라 시행 중인 토지구획정리사업의 실시로 인하여 발생된 미매각체비지 및 미징수청산금의 집행잔액 등 수익금은 5년의 범위에서 당해 시·도 또는 시·군 조례로 정하는 날에 「도시개발법」 제60조제1항의 개정규정에 따른 도시개발특별회계에 귀속된다.

제7조【처분 등에 관한 일반적 경과조치】 이 법 시행 당시 종전의 규정에 따른 행정기관의 행위나 행정기관에 대한 행위는 그에 해당하는 이 법에 따른 행정기관의 행위나 행정기관에 대한 행위로 본다.

제8조【벌칙이나 과태료에 관한 경과조치】 이 법 시행 전의 행위에 대하여 벌칙이나 과태료 규정을 적용할 때에는 종전의 규정에 따른다.

제9조【다른 법률의 개정】 ①~⑲ ※(해당 법령에 가제정리 하였음)

제10조【다른 법령과의 관계】 이 법 시행 당시 다른 법령에서 종전의 「도시개발법」 또는 그 규정을 인용한 경우에 이 법 가운데 그에 해당하는 규정이 있으면 종전의 규정을 갈음하여 이 법 또는 이 법의 해당 규정을 인용한 것으로 본다.

부 칙 (2011.9.30)

제1조【시행일】 이 법은 공포 후 6개월이 경과한 날부터 시행한다.

제2조【도시개발채권 매입 의무의 한시적 면제】 제63조제1항에도 불구하고 2012년 12월 31일까지는 도시개발채권 매입 의무를 면제한다.

제3조【순환개발방식의 개발사업 등에 관한 적용례】 제3조의2, 제5조제1항제15호, 제6조제1항, 제21조의2 및 제21조의3(제4항은 제외한다)의 개정규정은 이 법 시행 후 최초로 도시개발구역을 지정하는 경우부터 적용한다.

제4조【도시개발사업 활성화를 위한 토지 공급 가격에 관한 적용례】 제27조제2항의 개정규정은 이 법 시행 후 최초로 제17조에 따라 실시계획 인가를 받거나 실시계획을 변경하는 경우부터 적용한다.

제5조【입체 환지에 관한 적용례】 제32조, 제32조의2 및 제32조의3의 개정규정은 이 법 시행 후 최초로 제28조에 따른 환지 계획을 작성하는 경우부터 적용한다.

부 칙 (2014.5.21)

제1조【시행일】 이 법은 공포한 날부터 시행한다.

제2조【가산금 부과·징수 등에 관한 적용례】 제58조제6항부터 제8항까지의 개정규정은 이 법 시행 후 최초로 같은 조 제1항 및 제3항에 따른 기반시설의 설치 비용을 부담하도록 통지를 받은 자부터 적용한다.

부 칙 (2018.4.17)

제1조【시행일】 이 법은 공포한 날부터 시행한다.

제2조【금치산자 또는 한정치산자의 결격사유에 관한 경과조치】 제14조제3항제1호의 개정규정에 따른 피성년후견인 또는 피한정후견인에는 법률 제10429호 민법 일부개정법률 부칙 제2조에 따라 금치산 또는 한정치산 선고의 효력이 유지되는 사람을 포함하는 것으로 본다.

부 칙 (2019.8.27)

제1조【시행일】 이 법은 공포 후 1년이 경과한 날부터 시행한다.(이하 생략)

부 칙 (2020.1.29)

제1조【시행일】 이 법은 공포 후 6개월이 경과한 날부터 시행한다.(이하 생략)

부 칙 (2020.4.7)

제1조【시행일】 이 법은 공포 후 3개월이 경과한 날부터 시행한다.(이하 생략)

부 칙 (2020.6.9)

이 법은 공포한 날부터 시행한다.(이하 생략)

부 칙 (2021.1.12)

제1조【시행일】 이 법은 공포 후 1년이 경과한 날부터 시행한다.(이하 생략)

부 칙 (2021.3.16)

제1조【시행일】 이 법은 공포 후 3개월이 경과한 날부터 시행한다.(이하 생략)

부 칙 (2021.4.1)

이 법은 공포한 날부터 시행한다.

부 칙 (2021.7.20)

제1조【시행일】 이 법은 공포 후 1년이 경과한 날부터 시행한다.(이하 생략)

부 칙 (2021.12.21)

제1조【시행일】 이 법은 공포 후 6개월이 경과한 날부터 시행한다.

제2조【법인의 설립과 사업시행 등에 관한 적용례】 제11조의2의 개정규정은 이 법 시행 이후 최초로 도시개발구역을 지정하는 경우부터 적용한다.

제3조【민간참여자 선정에 관한 적용례】 제2조에도 불구하고 이 법 공포 당시 제11조제1항제1호부터 제4호까지에 해당하는 자가 같은 항 제11호에 따른 법인을 설립하기 위하여 민간참여자를 공모의 방식으로 정한 경우(공고를 통하여 공모 절차를 거치고, 공모 결과를 공고 또는 공문으로 알린 경우에 한정한다)에는 제11조의2제2항 및 제7항의 민간참여자 선정에 관한 개정규정을 이 법 시행일부터 3년이 경과한 날 이후 최초로 도시개발구역을 지정하는 경우부터 적용한다. 이 경우 사업시행을 위한 협약은 제11조의2제1항 및 제3항부터 제7항까지의 개정규정에 따라 체결하여야 한다(이 법 공포일 이전에 이미 협약을 체결한 경우에도 또한 같다).(2023.7.18 본조신설)

제4조【조성토지등의 공급 계획에 관한 적용례】 제26조의 개정규정은 이 법 시행 이후 최초로 작성하는 공급계획부터 적용한다. 다만, 제26조제3항 단서의 개정규정은 이 법 시행 이후 최초로 도시개발구역을 지정하는 경우부터 적용한다.

제5조【학교 용지 등의 공급 가격에 관한 적용례】 제27조제1항의 개정규정은 이 법 시행 이후 최초로 도시개발구역을 지정하는 경우부터 적용한다.

부 칙 (2022.12.27)

제1조【시행일】 이 법은 공포 후 6개월이 경과한 날부터 시행한다.(이하 생략)

부 칙 (2023.7.18)

이 법은 공포 후 3개월이 경과한 날부터 시행한다. 다만, 법률 제18630호 도시개발법 일부개정법률 부칙 제3조의 개정규정은 공포한 날부터 시행한다.

기업도시개발 특별법

(약칭 : 기업도시법)

(2004년 12월 31일 법 률 제7310호)

개정

2005. 7.21법 7604호(농지)
2010. 1.18법 9932호(정부조직)
2010. 2. 4법10012호(전자정부법)
2010. 3.31법10220호(지방세특례제한법)
2010. 4. 5법10236호
2010. 4.15법10272호(공유수면관리및매립에관한법)
2010. 5.31법10331호(산지관리법)
2010. 6. 4법10339호(정부조직)
2011. 4.14법10599호(국토이용)
2011. 5.30법10759호
2011. 9.15법11042호(보훈보상대상자지원에관한법)
2012. 1.20법11208호
2012. 2.22법11352호(산지관리법)
2013. 3.23법11690호(정부조직)
2013. 6. 4법11867호
2014. 1.14법12246호(건축)
2014. 1.14법12248호(도로법)
2014. 6. 3법12738호(공간정보구축관리)
2015. 1. 6법12975호

<중략>

2015. 6.22법13372호
2015. 7.24법13426호(제주자치법)
2016. 1.19법13782호(감정평가감정평가사)
2016. 1.19법13789호
2016. 1.19법13797호(부동산거래신고등에관한법)
2016. 1.19법13805호(주택법)
2016.12. 2법14336호
2016.12.27법14480호(농어촌정비)
2017.10.24법14942호
2017.12.26법15309호(혁신도시조성및발전에관한특별법)
2018. 3.27법15530호(도로교통)
2019. 4.30법16413호(파견근로자보호등에관한법)
2020. 1.29법16902호(항만법)
2020. 3.31법17171호(전기안전관리법)
2020. 4. 7법17219호(감정평가감정평가사)
2020. 6. 9법17453호(법률용어정비)
2020.12. 8법17611호
2020.12.22법17689호(국가자치경찰)
2020.12.29법17799호(독점)
2020.12.31법17814호(정부조직)
2021. 4.13법18045호
2021. 7.20법18310호(공간정보구축관리)
2021. 8.17법18425호(국민평생직업능력개발법)
2022.12.27법19117호(산림자원조성관리)
2023. 4.18법19377호
2023. 6. 9법19430호(지방자치분권및지역균형발전에관한특별법)
2023.10.24법19767호(도심융합특구조성및육성에관한특별법)
2024년 1월 25일 제412회 국회 본회의 통과→「法典 別册」 보유편 수록

제1장 총 칙

(2011.5.30 본장개정)

제1조【목적】 이 법은 민간기업이 산업·연구·관광·레저 분야 등에 걸쳐 계획적·주도적으로 자족적인 도시를 개발·운영하는 데 필요한 사항을 규정하여 국토의 계획적인 개발과 민간기업의 투자를 촉진함으로써 공공복리를 증진하고 국민경제와 국가 균형발전에 이바지함을 목적으로 한다.

제2조【정의】 이 법에서 사용하는 용어의 뜻은 다음과 같다.

1. "기업도시"란 산업입지와 경제활동을 위하여 민간기업(법인만 해당하며, 제48조제2항에 따라 대체지정된 시행자를 포함한다)이 산업·연구·관광·레저·업무 등의 주된 기능과 주거·교육·의료·문화 등의 자족적 복합기능을 고루 갖추도록 개발하는 도시를 말한다.
 가.∼다. (2015.6.22 삭제)
 (2015.6.22 본호개정)
2. "기업도시개발구역"이란 기업도시개발사업을 시행하기 위하여 제5조에 따라 지정·고시된 구역을 말한다.
3. "기업도시개발사업"이란 기업도시를 조성하기 위하여 시행하는 사업을 말한다.

제3조【다른 법률과의 관계】 이 법은 기업도시개발구역(이하 "개발구역"이라 한다) 및 기업도시개발사업(이하 "개발사업"이라 한다)에 적용되는 규제에 관하여 특례를 적용하는 경우에 다른 법률보다 우선한다. 다만, 다른 법률에서 이 법의 규제에 관한 특례보다 완화되는 규정이 있으면 그 법률에서 정하는 바에 따른다.

제2장 개발구역의 지정 및 개발사업의 시행

(2011.5.30 본장개정)

제4조【개발구역 지정의 제안】 ① 제10조제3항의 기준에 적합한 민간기업 및 다음 각 호에 해당하는 자(민간기업과 협의된 경우만 해당한다)는 관할 광역시장·특별자치도지사·시장 또는 군수(광역시 관할 구역에 있는 군의 군수는 제외한다. 이하 "시장·군수"라 한다)와 공동으로 국토교통부장관에게 개발구역 지정을 제안할 수 있다. 다만, 대통령령으로 정하는 사유로 공동제안을 위한 협의가 현저히 지연될 우려가 있거나 도와 공동으로 사업을 시행하려는 경우에는 도지사와 공동으로 제안할 수 있다. (2013.3.23 본문개정)

1. 국가기관 또는 지방자치단체
2. 「공공기관의 운영에 관한 법률」 제5조에 따른 공기업
3. 「지방공기업법」에 따른 지방공기업
4. 「제주특별자치도 설치 및 국제자유도시 조성을 위한 특별법」에 따른 제주국제자유도시개발센터(개발구역이 제주특별자치도인 경우만 해당한다)

② 제1항에 따라 개발구역 지정을 제안하려는 자는 다음 각 호에 관한 서류 및 도면을 모두 첨부하여 제출하여야 한다.

1. 개발구역의 명칭·위치 및 면적
2. 기업도시의 기본성격 및 개발의 기본방향
3. 기업도시의 개발계획에 관한 사항
4. 재무구조 등 제안자의 재무상태에 관한 사항
5. 조성된 토지의 직접 사용에 관한 사항
6. 다음 각 목의 사업성 분석자료
 가. 총사업비 산정자료
 나. 연차별 투자계획
 다. 연차별 자금회수계획
 라. 수익성 분석자료
 마. 그 밖에 대통령령으로 정하는 사업성 분석에 관한 자료
7. 다음 각 목의 사항이 포함된 관할 시장·군수와 협의한 사업 추진 등에 관한 협약안
 가. 개발사업의 시행에 관한 사항
 나. 기업도시 관리·운영(개발사업의 완료 전후를 모두 포함한다)에 관한 사항
 다. 기반시설의 설치 및 비용 부담에 관한 사항
 라. 그 밖에 대통령령으로 정하는 협약에 관한 사항
8. 환경보전대책에 관한 사항
9. 그 밖에 대통령령으로 정하는 사항

③ 제1항에 따라 공동제안을 요청받은 시장·군수 또는 도지사는 그 요청 사항의 개요를 국토교통부령으로 정하는 바에 따라 공고하여야 한다.(2013.3.23 본항개정)

④ 시장·군수 또는 도지사는 제3항에 따른 공고 후에 다른 민간기업으로부터 유사한 개발구역의 지정을 공동으로 제안할 것을 요청받은 경우에는 다음 각 호의 기준에 적합한 사업을 제안 요청한 자를 공동제안자로 선정하여야 한다.

1. 해당 개발사업이 공공에 미치는 이익의 정도가 큰 사업일 것
2. 해당 개발사업이 지역개발에 미치는 파급효과가 큰 사업일 것
3. 그 밖에 조례로 정하는 기준에 적합한 사업일 것

제5조【개발구역의 지정 등】 ① 국토교통부장관은 제4조에 따라 개발구역의 지정을 제안받은 경우에는 관할 광역시장·도지사(광역시장 또는 도지사와 공동으로 제안하는 경우에는 광역시장 또는 도지사는 제외한다)의 의견을 듣고 관계 중앙행정기관의 장과의 협의를 거쳐 「국토의 계획 및 이용에 관한 법률」 제106조에 따른 중앙도시계획위원회와 제39조에 따른 도시개발위원회의 심의를 거쳐 개발구역을 지정할 수 있다. 제안자의 신청으로 개발구역의 지정을 변경(대통령령으로 정하는 경미한 사항의 변경은 제외한다)하려는 경우에도 같다.

② 국토교통부장관은 제1항에 따라 개발구역을 지정하거나 변경하려는 경우에는 대통령령으로 정하는 바에 따라 주민 및 관계 전문가 등의 의견을 듣고 공청회를 개최하여야 한다. 다만, 대통령령으로 정하는 경미한 사항을 변경하려는 경우에는 예외로 한다.

③ 국토교통부장관은 제4조제1항 각 호 외의 부분 단서에 따라 도지사와 공동으로 제안된 개발구역을 제1항에 따라 지정하려는 경우에는 해당 시장이나 군수의 의견을 들어야 한다.

④ 국토교통부장관은 제4조제1항에 따라 시장·군수와 공동으로 개발구역의 지정을 제안한 경우로서 시장·군수가 미리 주민 및 관계 전문가 등의 의견을 듣거나 공청회를 개최한 경우에는 제2항에 따른 절차를 생략할 수 있다.

⑤ 국토교통부장관은 제1항에 따라 개발구역을 지정하거나 변경할 때에는 대통령령으로 정하는 바에 따라 그 사실을 관보에 고시하여야 한다.

⑥ 국토교통부장관은 개발구역의 지정 또는 변경에 관한 업무를 효율적으로 수행하기 위하여 제1항에 따른 중앙도시계획위원회와 도시개발위원회의 심의를 공동으로 운영할 수 있다.

(2013.3.23 본조개정)

제6조【개발구역 지정의 요건 등】 ① 국토교통부장관이 개발구역을 지정하려는 경우에는 개발사업이 다음 각 호의 요건을 모두 갖추어야 한다.(2013.3.23 본문개정)

1. 낙후지역의 개발이나 지역경제 활성화 등 지역균형발전에 이바지함으로써 공익성을 갖출 것(2023.6.9 본호개정)
2. 지속 가능한 발전에 부합할 것
3. 해당 지역의 특성 및 여건에 부합할 것
4. 투자계획 등이 실현 가능할 것
5. 그 밖에 대통령령으로 정하는 요건을 갖출 것

② 개발구역은 100만제곱미터 이상으로서 기업도시의 주된 기능 등을 고려하여 대통령령으로 정하는 면적(이하 이 조에서 "최소면적"이라 한다) 이상이어야 한다. 다만, 대통령령으로 정하는 바에 따라 다음 각 호의 범위에서 최소면적을 축소할 수 있다.

1. 기업도시·산업단지 또는 혁신도시와 인접하는 경우로서 도시개발위원회의 심의를 거친 경우 : 최소면적의 2분의 1 이상
2. 「수도권정비계획법」에 따른 수도권에서 수도권 외의 지역으로 이전하는 법인으로서 대통령령으로 정하는

요건을 갖춘 기업이 개발구역의 지정을 제안하는 경우 : 최소면적의 3분의 2 이상
3. 다음 각 목에 따른 시설을 운영하는 법인이 대통령령으로 정하는 요건을 갖추어 그 시설에 인접하여 개발구역의 지정을 제안하는 경우 : 최소면적의 10분의 1 이상
가. 「산업집적활성화 및 공장설립에 관한 법률」 제2조제1호에 따른 공장
나. 「산업집적활성화 및 공장설립에 관한 법률」 제2조제9호에 따른 산업집적기반시설
다. 「건축법」 제2조제2항제14호에 따른 업무시설 중 대통령령으로 정하는 업무시설
라. 「고등교육법」 제2조에 따른 학교
마. 그 밖에 대통령령으로 정하는 시설
(2015.6.22 본항개정)
③ 국토교통부장관은 제4조에 따라 개발구역의 지정을 제안받았을 때에는 그 제안이 제1항 및 제2항의 요건을 갖추었는지 여부와 그 밖에 개발구역의 지정에 필요한 사항을 검토하기 위하여 대통령령으로 정하는 전문기관에 조사·분석 등을 의뢰할 수 있다.(2013.3.23 본항개정)

제7조【개발구역 지정의 해제】 ① 국토교통부장관은 제5조제1항에 따라 지정된 개발구역이 다음 각 호의 어느 하나에 해당하는 경우에는 제39조에 따른 도시개발위원회(이하 "위원회"라 한다)의 심의를 거쳐 그 지정을 해제할 수 있다.(2013.3.23 본문개정)
1. 제11조제6항에 따라 개발계획이 승인·고시된 날부터 3년 이내에 제12조에 따른 실시계획의 승인을 신청하지 아니한 경우(2017.10.24 본호개정)
2. 제12조제5항에 따라 실시계획이 승인·고시된 날부터 2년 이내에 대통령령으로 정하는 비율 이상의 토지를 매수하지 아니한 경우
3. 그 밖에 개발사업의 추진 상황으로 보아 개발구역의 지정목적을 달성할 수 없다고 인정되는 경우
② 제1항에 따라 개발구역의 지정이 해제된 경우로서 제11조제7항 각 호에 따른 승인·결정 등 및 제13조제1항 각 호에 따른 인·허가등이 있는 경우에는 그 승인·결정 등 및 인·허가등은 효력을 상실하며, 수립·변경 또는 해제되었던 도시기본계획·용도지역 등은 해당 개발구역 지정 전의 상태로 환원되거나 폐지된 것으로 본다.(2017.10.24 본항개정)
③ 제1항에 따라 개발구역의 지정이 해제된 경우 국토교통부장관은 대통령령으로 정하는 바에 따라 관보에 고시하고 그 지역을 관할하는 시장·군수에게 통보하여야 한다.(2013.3.23 본항개정)
④ 제5조에 따른 개발구역 지정의 변경으로 인하여 개발구역에서 제외된 경우에는 제2항 및 제3항을 준용한다.(2012.1.20 본항신설)

제8조【개발이익의 추정 및 재투자】 ① 국토교통부장관은 제4조제2항제6호에 따른 사업성 분석자료에 관하여 대통령령으로 정하는 전문기관에 조사·분석을 의뢰할 수 있다.(2013.3.23 본항개정)
② 개발사업의 시행자는 해당 개발구역의 낙후도 등을 고려하여 대통령령으로 정하는 바에 따라 제1항에 따라 산정된 개발이익의 일부를 다음 각 호의 어느 하나에 해당하는 용도로 사용하여야 한다. 다만, 「개발이익 환수에 관한 법률」에 따라 개발부담금이 부과·징수되는 지역에서 개발사업을 시행하는 경우에는 같은 법에 따라 납부하는 개발부담금을 제외한 초과이익에 대하여 적용한다.
1. 개발사업과 직접 관련 있는 개발구역 밖의 간선시설(幹線施設), 개발구역 안의 「문화예술진흥법」 제2조제1항제3호에 따른 문화시설 및 「체육시설의 설치·이용에 관한 법률」 제2조제1호에 따른 체육시설 등으로서 시장·군수와 협의한 공공편익시설의 설치(2021.4.13 본호개정)
2. 해당 기업도시의 산업시설용지 분양가격의 인하
(2015.6.22 본항개정)
③ 국토교통부장관은 제2항에 따라 시행자가 간선시설과 공공편익시설을 설치할 때 그 설치비용의 100분의 40 이상을 부담하는 경우에는 그 시행자를 그 시설 설치사업의 시행자로 지정하여 시설 설치에 필요한 공사를 시행하게 할 수 있다.(2013.3.23 본항개정)
④ 국토교통부장관은 제12조에 따른 실시계획의 승인을 할 때 개발이익 산정의 기초가 된 중요한 사항이 변동된 경우에는 개발이익을 재산정하여야 한다. 이 경우 개발이익의 재산정에 관하여는 제1항을 준용한다.(2013.3.23 전단개정)
⑤ 국토교통부장관은 제4항에 따라 개발이익을 재산정한 결과 제2항에 따른 개발이익과 현저한 차이가 발생한 경우에는 제2항에 따른 간선시설·공공편익시설의 설치 및 산업시설용지 분양가격의 인하 계획을 조정할 수 있다.(2015.6.22 본항개정)
⑥ 개발이익의 추정기준 등에 관하여 필요한 사항은 대통령령으로 정한다. 이 경우 제16조제1항 및 제2항(같은 항 제1호 및 제3호는 제외한다)에 따라 토지를 직접 사용하는 부분에 대하여는 개발이익의 산정대상에서 제외한다.(2015.6.22 본조제목개정)

제9조【행위 등의 제한】 ① 개발구역에서 토지의 형질변경, 건축물의 건축(용도변경을 포함한다. 이하 이 조에서 같다), 공작물의 설치 또는 흙·돌·자갈의 채취 등 대통령령으로 정하는 행위를 하려는 자는 관할 시장·군수의 허가를 받아야 한다. 허가받은 사항을 변경하려는 경우에도 같다.
② 개발구역의 지정·고시 당시 이미 관계 법령에 따라 토지의 형질변경, 건축물의 건축, 공작물의 설치 또는 흙·돌·자갈의 채취 등에 관하여 허가(관계 법령에 따라 허가를 받을 필요가 없거나 신고로 가능한 경우를 포함한다)를 받아 그 공사 또는 사업을 완료하지 아니한 자는 대통령령으로 정하는 바에 따라 시장·군수에게 신고하여야 한다.
③ 제2항에 따라 신고를 받은 시장·군수는 15일 이내에 개발사업 시행자의 의견을 들은 후 다음 각 호의 사항을 검토하여 필요하다고 인정하는 경우에는 관계 법령에 따른 허가취소 또는 공사중지명령 등의 조치를 하거나 관계 행정기관의 장에게 허가취소 또는 공사중지명령 등의 조치를 요청할 수 있다.
1. 개발사업과의 양립 가능성
2. 해당 공사 또는 사업의 경제적 타당성과 해당 개발사업의 공익상 필요성
3. 해당 건축물 또는 공작물의 활용기간
④ 개발사업의 시행자는 제3항에 따라 시장·군수 또는 관계 행정기관의 장이 허가취소 또는 공사중지명령 등의 조치를 한 경우 허가취소 또는 공사중지명령 등을 받은 자가 그로 인하여 입은 손실을 보상하여야 한다.
⑤ 제4항에 따른 손실보상에 관하여는 「국토의 계획 및 이용에 관한 법률」 제131조제2항부터 제4항까지의 규정을 준용한다. 이 경우 손실보상에 관한 재결(裁決)의 관할 토지수용위원회는 중앙토지수용위원회가 된다.
⑥ 시장·군수는 제1항을 위반한 자에 대하여 원상회복을 명할 수 있고, 명령을 받은 자가 그 의무를 이행하지 아니하면 「행정대집행법」에 따라 대집행(代執行)할 수 있다.

제10조【개발사업의 시행자 지정 등】 ① 국토교통부장관은 제4조에 따라 개발구역의 지정을 제안한 민간기업 등을 개발사업의 시행자로 지정한다.(2013.3.23 본항개정)
② 제1항에도 불구하고 국토교통부장관은 민간기업 또는 제4조제1항 각 호에 해당하는 자가 제1항에 따른 민간기업과 협의하여 개발사업을 공동으로 시행하기 위하여 국토교통부령으로 정하는 바에 따른 신청을 한 경우에는 공동시행자로 지정할 수 있다.(2013.3.23 본항개정)
③ 제1항에 따라 개발사업의 시행자로 지정받으려는 민간기업은 재무 건전성 등이 대통령령으로 정하는 기준에 적합하여야 한다.
④ 제1항에 따라 개발사업의 시행자로 지정받으려는 자는 그 지정 전에 토지매입비 및 부지조성 공사비 등 대통령령으로 정하는 도시조성비의 10퍼센트 이상을 자기자본으로 확보하여야 한다. 이 경우 토지를 현물(現物)로 출자하는 경우에 자기자본으로 인정되는 범위와 그 산정방법 등은 대통령령으로 정한다.
⑤ 제4조제1항 각 호에 해당하는 자의 개발사업 자본의 지분비율의 합은 민간기업의 지분비율의 합을 초과할 수 없다. 다만, 국토교통부장관은 제48조제2항에 따라 시행자를 대체지정하는 등 개발사업의 시행상 특히 필요하다고 인정하는 경우에는 대통령령으로 정하는 범위에서 위원회의 심의를 거쳐 그 기준을 완화할 수 있다.(2013.3.23 단서개정)

제11조【개발계획의 승인 등】 ① 제4조에 따라 개발구역의 지정을 제안하는 자는 지정 제안 시 기업도시개발계획(이하 "개발계획"이라 한다)을 작성하여 국토교통부장관의 승인을 받아야 한다. 승인된 개발계획을 변경(대통령령으로 정하는 경미한 사항의 변경은 제외한다)하려는 경우에도 같다.(2013.3.23 전단개정)
② 개발계획에는 다음 각 호의 사항이 포함되어야 한다. 다만, 제10호에 해당하는 사항은 개발계획의 승인 후에 국토교통부장관의 승인을 받아 개발계획에 포함시킬 수 있다.(2013.3.23 단서개정)
1. 개발구역의 명칭·위치·면적 및 시행자
2. 개발사업의 시행기간
3. 인구수용, 토지이용, 교통처리 및 환경보전에 관한 계획
4. 재원조달계획 및 연차별 투자계획
5. 교육·문화·체육·보건의료 및 복지 시설의 설치계획(제6조제2항제3호에 따라 지정된 기업도시의 경우에는 필요한 시설에 한정한다)(2015.6.22 본호개정)
6. 도로, 상수도·하수도 등 주요 기반시설의 설치계획(비용 부담계획을 포함한다)
7. 제8조제2항에 따라 개발구역 밖의 지역에 설치하는 간선시설 및 개발구역 안에 설치하는 공공편익시설의 비용 부담계획
8. 사업체의 설치 및 이전에 관한 사항 또는 입주시설물에 관한 사항
9. 조성토지, 조성되지 아니한 상태의 토지(이하 "원형지"라 한다) 및 공동주택의 공급·처분에 관한 사항(2013.6.4 본호개정)
10. 제14조제1항에 따라 토지등을 수용하거나 사용하려는 경우에는 그 세부 목록
11. 제14조의2에 따른 토지소유자에 대한 환지(換地)에 관한 계획
12. 제21조에 따른 선수금(先受金)의 수령에 관한 사항
13. 보상계획서(이주대책을 포함한다)
14. 제34조의2에 따른 규제특례계획(규제특례를 적용받으려는 경우만 해당한다)
15. 그 밖에 대통령령으로 정하는 사항
③ 국토교통부장관은 개발계획을 승인하거나 변경승인할 때에는 관할 광역시장(광역시장과 공동으로 제안하는 경우는 제외한다) 또는 도지사(도지사와 공동으로 제안하는 경우에는 해당 시장 또는 군수를 말한다)의 의견을 듣고 관계 중앙행정기관의 장과의 협의와 위원회의 심의를 거쳐야 한다. 다만, 제2항 각 호 외의 부분 단서에 해당하는 경우에는 예외로 한다.(2013.3.23 본문개정)
④ 관계 중앙행정기관의 장은 제3항에 따른 협의를 요청받은 날부터 20일 이내에 의견을 제출하여야 한다.(2017.10.24 본항신설)
⑤ 관계 중앙행정기관의 장이 제4항에서 정한 기간(「민원 처리에 관한 법률」 제20조제2항에 따라 회신기간을 연장한 경우에는 그 연장한 기간을 말한다) 내에 의견을 제출하지 아니하면 협의가 이루어진 것으로 본다.(2017.10.24 본항신설)
⑥ 국토교통부장관은 제1항에 따라 개발계획을 승인하였을 때에는 대통령령으로 정하는 바에 따라 그 사실을 관보에 고시하여야 한다. 다만, 제2항 각 호 외의 부분 단서에 해당하는 경우에는 개발계획의 승인 후 따로 관보에 고시하여야 한다.(2013.3.23 본문개정)
⑦ 제6항에 따라 개발계획이 고시된 경우에는 그 고시일에 다음 각 호에 해당하는 승인·결정 등이 있은 것으로 본다. 다만, 제1호의 사항은 개발구역이 대통령령으로 정하는 규모 이상인 경우만 해당한다.(2017.10.24 본문개정)
1. 「국토의 계획 및 이용에 관한 법률」 제18조, 제22조 및 제22조의2에 따른 도시·군기본계획의 수립 또는 변경의 확정 또는 승인(특별자치도, 시·군 지역에서 개발구역이 지정되는 경우에는 개발구역 외의 지역에 대한 도시·군기본계획 변경안을 마련하여 해당 특별자치도, 시·군에 제출한 경우만 해당한다)
2. 「국토의 계획 및 이용에 관한 법률」 제6조제1호에 따른 도시지역으로 변경하는 같은 법 제30조에 따른 도시·군관리계획의 결정
3. 「국토의 계획 및 이용에 관한 법률」 제40조에 따라 수산자원보호구역을 변경하여 해제하는 같은 법 제30조에 따른 도시·군관리계획의 결정
4. 「농지법」 제31조에 따른 농업진흥지역·용도구역의 변경·해제 및 같은 법 제34조에 따른 농지의 전용허가 또는 협의
5. 「공유수면 관리 및 매립에 관한 법률」 제22조 및 제27조에 따른 매립기본계획의 수립 또는 변경(2015.6.22 본호신설)
⑧ 국토교통부장관은 도시의 공공성 확보를 위하여 기업도시 개발에 관한 도시계획기준을 제정·운용할 수 있다.(2013.3.23 본항개정)

제12조【실시계획의 승인 등】 ① 제10조제1항 및 제2항에 따른 개발사업의 시행자는 다음 각 호의 서류 및 도면을 첨부한 개발사업에 관한 실시계획(이하 "실시계획"이라 한다)을 작성하여 국토교통부장관의 승인을 받아야 한다. 승인된 실시계획을 변경(대통령령으로 정하는 경미한 사항의 변경은 제외한다)하려는 경우에도 같다.(2013.3.23 전단개정)
1. 자금계획서(연차별 자금투입계획 및 재원조달계획을 포함한다)
2. 사업시행지의 위치도
3. 계획평면도 및 개략설계도서
4. 단계별 조성계획서(사업 여건상 단계적으로 개발사업의 시행이 필요한 경우만 해당한다)
5. 관할 시장·군수와 체결한 개발사업의 추진 등에 관한 협약서
6. 조성토지 등 또는 원형지의 처분계획서(제14조의2제4항에 따른 토지소유자에 대한 환지 계획을 포함한다)(2013.6.4 본호개정)
7. 그 밖에 대통령령으로 정하는 사항
② 제1항에 따라 서류 및 도면을 받은 국토교통부장관은 「전자정부법」 제36조제1항에 따른 행정정보의 공동이용을 통하여 사업시행지의 지적도를 확인하여야 한다.(2013.3.23 본항개정)
③ 실시계획에는 「국토의 계획 및 이용에 관한 법률」 제52조에 따라 작성된 지구단위계획이 포함되어야 한다.
④ 국토교통부장관은 제1항에 따라 실시계획을 승인하거나 변경승인하려는 경우에는 관할 도지사 및 시장·군수의 의견을 듣고 위원회의 심의를 거쳐야 한다.(2013.3.23 본항개정)
⑤ 국토교통부장관은 제1항에 따라 실시계획을 승인하거나 변경승인하였을 때에는 대통령령으로 정하는 바에 따라 그 사실을 관보에 고시하고 시행자와 해당 개발구역을 관할하는 시장·군수에게 관계 서류의 사본을 송부하여야 한다. 이 경우 관계 서류를 받은 시장·군수는 그 내용을 일반인이 열람할 수 있도록 하여야 한다.(2013.3.23 전단개정)

제13조【관련 인·허가등의 의제】 ① 국토교통부장관이 제12조제1항에 따라 실시계획을 승인하거나 변경승인할 때 그 실시계획에 대한 다음 각 호의 허가·인가·지정·승인·협의 및 신고 등(이하 "인·허가등"이라 한다)에 관하여 제3항에 따라 관계 행정기관의 장과 협의한

사항에 대하여는 해당 인·허가등을 받은 것으로 보며, 제12조제5항에 따라 실시계획이 고시된 경우에는 다음 각 호의 법률에 따른 인·허가등이 고시되거나 공고된 것으로 본다.(2013.3.23 본문개정)

1. 「건축법」 제11조에 따른 허가, 같은 법 제14조에 따른 신고, 같은 법 제16조에 따른 허가·신고 사항의 변경, 같은 법 제20조에 따른 가설건축물의 허가·신고 및 같은 법 제29조에 따른 건축협의
2. 「경제자유구역의 지정 및 운영에 관한 특별법」 제9조에 따른 실시계획의 승인
3. 「골재채취법」 제22조에 따른 골재채취의 허가
4. 「공유수면 관리 및 매립에 관한 법률」 제8조에 따른 공유수면의 점용·사용허가, 같은 법 제17조에 따른 점용·사용 실시계획의 승인 또는 신고, 같은 법 제28조에 따른 공유수면의 매립면허, 같은 법 제35조에 따른 국가등이 시행하는 매립의 협의 또는 승인 및 같은 법 제38조에 따른 공유수면매립실시계획의 승인·고시
5. 「관광진흥법」 제15조에 따른 사업계획의 승인, 같은 법 제52조에 따른 관광지 및 관광단지의 지정, 같은 법 제54조에 따른 관광지·관광단지 조성계획의 승인 및 같은 법 제55조에 따른 조성사업 시행의 허가
6. 「광업법」 제24조에 따른 불허가처분 및 같은 법 제34조에 따른 광구 감소처분 또는 광업권 취소처분
7. 「국유재산법」 제30조에 따른 국유재산의 사용허가
8. 「국토의 계획 및 이용에 관한 법률」 제30조에 따른 도시·군관리계획의 결정, 같은 법 제56조에 따른 개발행위 허가, 같은 법 제86조에 따른 도시·군계획시설사업 시행자의 지정 및 같은 법 제88조에 따른 실시계획의 인가
9. 「농어촌정비법」 제23조에 따른 농업생산기반시설의 사용허가 및 같은 법 제82조제2항에 따른 농어촌관광휴양단지 사업계획의 승인(2016.12.27 본호개정)
10. 「도로법」 제36조에 따른 도로관리청이 아닌 자에 대한 도로공사 시행의 허가, 같은 법 제61조에 따른 도로의 점용 허가 및 같은 법 제107조에 따른 도로관리청과의 협의 또는 승인(2014.1.14 본호개정)
11. 「도시개발법」 제17조에 따른 도시개발사업에 관한 실시계획의 인가
12. 「사도법」 제4조에 따른 사도(私道) 개설허가
13. 「사방사업법」 제14조에 따른 벌채 등의 허가 및 같은 법 제20조에 따른 사방지(砂防地) 지정의 해제
14. 「산업입지 및 개발에 관한 법률」 제16조에 따른 산업단지개발사업 시행자의 지정, 같은 법 제17조에 따른 국가산업단지개발실시계획의 승인, 같은 법 제18조에 따른 일반산업단지개발실시계획의 승인, 같은 법 제18조의2에 따른 도시첨단산업단지개발실시계획의 승인 및 같은 법 제19조에 따른 농공단지개발실시계획의 승인
15. 「산업집적활성화 및 공장설립에 관한 법률」 제13조제1항에 따른 공장설립등의 승인
16. 「산지관리법」 제6조에 따른 보전산지의 변경·해제, 같은 법 제11조에 따른 산지전용·일시사용제한지역 지정의 해제, 같은 법 제14조에 따른 산지전용허가, 같은 법 제15조에 따른 산지전용신고, 같은 법 제15조의2에 따른 산지일시사용허가·신고 및 같은 법 제25조에 따른 토석채취허가(2012.2.22 본호개정)
17. 「산림자원의 조성 및 관리에 관한 법률」 제36조제1항·제5항에 따른 입목벌채등의 허가·신고, 「산림보호법」 제9조제1항 및 제2항제1호·제2호에 따른 산림보호구역(산림유전자원보호구역은 제외한다)에서의 행위의 허가·신고 및 같은 법 제11조제1항제1호에 따른 산림보호구역의 지정해제(2022.12.27 본호개정)
18. 「소하천정비법」 제10조에 따른 소하천공사의 시행허가 및 같은 법 제14조에 따른 소하천 점용의 허가
19. 「수도법」 제17조 및 제49조에 따른 일반수도사업 및 공업용수도사업의 인가, 같은 법 제52조 및 제54조에 따른 전용상수도 및 전용공업용수도 설치의 인가
20. 「에너지이용 합리화법」 제10조에 따른 에너지사용계획의 협의
21. 「물류시설의 개발 및 운영에 관한 법률」 제22조에 따른 물류단지의 지정 및 같은 법 제28조에 따른 물류단지 개발실시계획의 승인
22. 「유통산업발전법」 제8조에 따른 대규모점포의 개설등록
23. 「자연공원법」 제13조에 따른 도립공원계획의 결정, 같은 법 제14조에 따른 군립공원계획의 결정, 같은 법 제20조에 따른 공원관리청이 아닌 자의 공원사업 시행 및 공원시설 관리 허가(도립공원 및 군립공원으로서 같은 법 제9조에 따른 도립공원위원회 또는 군립공원위원회의 심의를 거친 경우만 해당한다)
24. 「장사 등에 관한 법률」 제27조에 따른 분묘의 개장허가
25. 「전기사업법」 제7조에 따른 발전사업·송전사업·배전사업·전기판매사업 또는 구역전기사업의 허가 및 「전기안전관리법」 제8조에 따른 자가용전기설비 공사계획의 인가 또는 신고(2020.3.31 본호개정)
26. 「제주특별자치도 설치 및 국제자유도시 조성을 위한 특별법」 제162조에 따른 제주투자진흥지구의 지정 및 같은 법 제147조에 따른 개발사업 시행승인(2015.7.24 본호개정)
27. 「주택법」 제15조에 따른 사업계획의 승인(2016.1.19 본호개정)
28. 「공유재산 및 물품 관리법」 제20조제1항에 따른 사용·수익허가
29. 「공간정보의 구축 및 관리 등에 관한 법률」 제86조제1항에 따른 사업의 착수·변경 또는 완료의 신고(2014.6.3 본호개정)
30. 「집단에너지사업법」 제4조에 따른 집단에너지의 공급 타당성에 관한 협의
31. 「체육시설의 설치·이용에 관한 법률」 제12조에 따른 사업계획의 승인
32. 「초지법」 제21조의2에 따른 토지의 형질변경 등의 허가 및 같은 법 제23조에 따른 초지전용 허가
33. 「공간정보의 구축 및 관리 등에 관한 법률」 제15조제4항에 따른 지도등의 간행 심사(2021.7.20 본호개정)
34. 「택지개발촉진법」 제9조에 따른 택지개발사업 실시계획의 승인
35. 「폐기물관리법」 제29조에 따른 폐기물처리시설 설치의 승인 또는 신고
36. 「하수도법」 제11조에 따른 공공하수도(분뇨처리시설만 해당한다)의 설치인가, 같은 법 제16조에 따른 공공하수도공사의 시행허가 및 같은 법 제24조에 따른 공공하수도의 점용허가
37. 「하천법」 제6조에 따른 관리청과의 협의 또는 승인, 같은 법 제30조에 따른 하천공사 시행의 허가 및 같은 법 제33조에 따른 하천 점용 등의 허가
38. 「항만법」 제9조제2항에 따른 항만개발사업 시행의 허가 및 같은 법 제10조제2항에 따른 항만개발사업실시계획의 승인(2020.1.29 본호개정)
39. 「사립학교법」 제28조제1항에 따른 용도변경의 허가(2015.6.22 본호신설)

② 제1항에 따른 인·허가등의 의제를 받으려는 시행자(제10조제1항·제2항 및 제48조제2항에 따라 개발사업의 시행자로 지정된 자를 말하며, 이하 "시행자"라 한다)는 실시계획의 승인 또는 변경승인을 신청할 때에 해당 법률에서 정하는 관련 서류를 함께 제출하여야 한다.
③ 국토교통부장관은 제12조제1항에 따라 실시계획의 승인 또는 변경승인을 할 때 그 실시계획의 내용에 제1항 각 호의 어느 하나에 해당하는 사항이 포함되어 있는 경우에는 미리 관계 행정기관의 장과 협의하여야 한다.(2013.3.23 본항개정)
④ 제3항에 따라 국토교통부장관으로부터 협의를 요청받은 관계 행정기관의 장은 협의 요청을 받은 날부터 20일 이내에 의견을 제출하여야 하며, 그 기간 이내에 의견 제출이 없으면 의견이 없는 것으로 본다.(2013.3.23 본항개정)
⑤ 제1항에 따른 인·허가등의 의제를 받으려는 경우 건축물의 건축 등이 수반되어 건축허가서·건축신고서 등의 서류를 제출하여야 할 때에는 제1항제1호에 따른 건축허가 관련 서류에 첨부된 도면으로 그 서류를 갈음한다.

제13조의2【개발사업의 시행 방식】 개발사업은 시행자가 개발구역의 토지 등을 수용하거나 사용하는 방식, 환지 방식 또는 이를 혼용하는 방식으로 시행할 수 있다.

제14조【토지등의 수용·사용】 ① 시행자는 개발구역에서 개발사업을 시행하기 위하여 필요할 때에는 「공익사업을 위한 토지 등의 취득 및 보상에 관한 법률」 제3조에 따른 토지·물건 또는 권리(이하 "토지등"이라 한다)를 수용 또는 사용(이하 "수용등"이라 한다)할 수 있다.
② 제1항을 적용하는 경우에 수용등의 대상이 되는 토지등의 세부 목록을 제11조제6항에 따라 고시한 때에는 「공익사업을 위한 토지 등의 취득 및 보상에 관한 법률」 제20조제1항 및 제22조에 따른 사업인정 및 사업인정의 고시가 있은 것으로 본다.(2017.10.24 본항개정)
③ 「공익사업을 위한 토지 등의 취득 및 보상에 관한 법률」 제28조에 따른 재결의 신청은 개발구역 토지면적의 100분의 50 이상에 해당하는 토지를 확보(토지소유권을 취득하거나 토지소유자로부터 사용동의를 받은 것을 말한다)한 후에 할 수 있다. 다만, 제10조제2항에 따라 공동으로 개발사업을 시행하는 경우에는 개발구역 토지면적의 100분의 50 이상에 해당하는 토지를 확보하기 전에도 재결의 신청을 할 수 있다.
④ 재결의 신청은 「공익사업을 위한 토지 등의 취득 및 보상에 관한 법률」 제23조제1항 및 제28조제1항에도 불구하고 제11조제6항 본문에 따른 개발계획의 고시일부터 4년 이내에 할 수 있다. 다만, 대통령령으로 정하는 부득이한 사유가 있는 경우에는 국토교통부장관의 승인을 받아 그 기간을 2년 연장할 수 있다.(2017.10.24 본문개정)
⑤ 제1항에 따른 토지등의 수용등에 관한 재결의 관할 토지수용위원회는 중앙토지수용위원회가 된다.
⑥ 시행자는 「공익사업을 위한 토지 등의 취득 및 보상에 관한 법률」에서 정하는 바에 따라 개발사업의 시행에 필요한 토지등을 제공함으로 인하여 생활의 근거를 상실하게 되는 자에 대하여 주거단지 등을 조성·공급하는 등 이주대책을 수립·시행하여야 한다.
⑦ 제6항에 따라 수립하는 이주대책에는 이주대상 주민과 협의하여 당초 토지등의 소유 상황과 생업 등을 고려하여 생활대책에 필요한 용지를 대체하여 공급하는 등 대통령령으로 정하는 사항이 포함되어야 한다.
⑧ 시행자는 토지등의 보상 및 이주대책에 관한 업무를 시장·군수에게 위탁할 수 있다. 이 경우 시장·군수는 특별한 사유가 없으면 이에 따라야 한다.
⑨ 제8항에 따라 토지등의 보상 및 이주대책에 관한 업무를 위탁받은 시장·군수는 위탁받은 업무를 직접 이행하기 어려운 경우에는 그 업무 중 일부를 「공익사업을 위한 토지 등의 취득 및 보상에 관한 법률」 제81조제1항제2호에서 정한 기관에 재위탁할 수 있다.
⑩ 제1항에 따른 토지등의 수용등에 관하여 이 법에 특별한 규정이 있는 경우를 제외하고는 「공익사업을 위한 토지 등의 취득 및 보상에 관한 법률」을 준용한다.

제14조의2【토지소유자에 대한 환지】 ① 시행자는 개발구역 토지의 일부에 대하여 개발사업이 완료된 후 토지소유자에게 환지하여 줄 수 있다.
② 제1항에 따른 환지는 개발사업에 지장이 없는 범위에서 토지소유자가 환지를 요청하는 경우에만 한다. 이 경우 시행자는 토지소유자와 해당 토지에 대하여 임차권, 지상권, 그 밖에 사용하거나 수익할 권리를 가진 자의 동의를 받아야 한다.
③ 제2항에 따른 동의를 받은 경우에는 제14조제3항에 따른 사용동의를 받은 것으로 본다.
④ 제1항에 따른 환지에 관하여는 「도시개발법」 제28조부터 제49조까지의 규정을 준용한다. 다만, 시행자가 제12조에 따라 「도시개발법」 제28조제1항에 따른 환지 계획을 포함하여 실시계획의 승인을 받은 경우에는 같은 법 제29조에 따른 환지 계획의 인가를 받은 것으로 본다.

제15조【토지상환채권의 발행】 ① 시행자는 토지소유자가 동의하는 경우 토지등의 매수대금 일부를 지급하기 위하여 대통령령으로 정하는 바에 따라 개발사업으로 조성된 토지로 상환하는 채권(이하 "토지상환채권"이라 한다)을 발행할 수 있다. 이 경우 시행자는 대통령령으로 정하는 금융기관 등으로부터 지급보증을 받아야 한다.
② 시행자는 제1항에 따라 토지상환채권을 발행하려면 대통령령으로 정하는 바에 따라 토지상환채권의 발행계획서를 작성하여 국토교통부장관의 승인을 받아야 한다.(2013.3.23 본항개정)
③ 토지상환채권의 발행 방법·절차 및 조건 등에 관하여 필요한 사항은 대통령령으로 정한다.

제16조【토지의 직접 사용】 ① 시행자는 산업용지, 업무용지, 관광용지 등 기업도시의 주된 용도로 사용되는 토지의 20퍼센트 이상 50퍼센트 이하의 범위에서 대통령령으로 정하는 비율 이상의 토지를 직접 사용하여야 한다. 다만, 제48조제2항에 따라 같은 항 제2호부터 제4호까지의 규정에 해당하는 자가 시행자로 대체지정되거나 관할 시장·군수가 시행자의 부도·파산 등 부득이한 사유를 인정하여 요청하는 경우 국토교통부장관은 대통령령으로 정하는 바에 따라 비율을 줄일 수 있다.(2015.6.22 단서개정)
② 다음 각 호의 어느 하나에 해당하는 회사 또는 기업이 기업도시의 주된 용도로 사용되는 토지를 사용하는 경우에는 제1항 본문에 따라 시행자가 토지를 직접 사용하는 경우로 본다.
1. 시행자의 자회사 또는 계열회사(「독점규제 및 공정거래에 관한 법률」에 따른 자회사 또는 계열회사를 말한다. 이하 이 항에서 같다)
2. 시행자에게 자본금을 출자한 기업
3. 시행자에게 자본금을 출자한 기업의 자회사 또는 계열회사

③ 국토교통부장관은 시행자가 직접 사용하도록 계획된 토지에 사업추진계획(제11조제2항제4호·제8호 및 제12조제1항제1호·제4호·제5호와 관련된 계획을 말한다. 이하 같다)에 따른 사업체의 이전 및 시설·장비의 설치 등을 정당한 사유 없이 이행하지 아니하거나 이를 게을리하는 경우에는 다음 각 호의 명령을 할 수 있다.(2013.3.23 본문개정)
1. 사업추진계획에 따른 사업체의 이전 및 시설·장비의 설치 등의 이행에 관한 명령
2. 제22조에 따른 조성토지등 또는 원형지의 처분을 제한하는 명령(2013.6.4 본호개정)
3. 제31조제1항에 따른 주택공급에 관한 특례의 적용을 제한하는 명령

제17조【준공검사】 ① 시행자는 개발사업의 전부 또는 일부(제12조제1항제4호에 따른 단계별 조성계획서를 첨부한 실시계획을 승인받은 경우만 해당한다)를 완료하였을 때에는 대통령령으로 정하는 바에 따라 지체 없이 국토교통부장관의 준공검사를 받아야 한다. 이 경우 국토교통부장관은 그 준공검사의 시행에 관하여 관계 행정기관의 장과 미리 협의하여야 한다.(2013.3.23 본항개정)
② 시행자가 제1항에 따라 준공검사를 받은 때에는 제13조제1항 각 호에 따른 인·허가등에 따른 해당 사업의 준공검사 또는 준공인가 등을 받은 것으로 본다.
③ 시장·군수는 개발사업이 준공된 개발구역에 대하여 제12조제5항에 따라 고시된 실시계획에 포함된 「국토의

계획 및 이용에 관한 법률」 제52조에 따라 작성된 지구단위계획에 따라 관리하여야 한다.

제18조【공사 완료의 공고】 국토교통부장관은 제17조제1항에 따른 준공검사를 한 결과 개발사업이 실시계획대로 완료되었다고 인정할 때에는 시행자에게 준공검사확인증을 발급하고 공사 완료의 공고를 하여야 하며, 실시계획대로 완료되지 아니하였을 때에는 지체 없이 보완시공 등 필요한 조치를 명하여야 한다.(2013.3.23 본조개정)

제19조【비용의 부담】 ① 개발사업에 필요한 비용은 이 법 또는 다른 법률에 특별한 규정이 있는 경우를 제외하고는 시행자가 부담한다.

② 개발구역에서 다음 각 호의 시설은 대통령령으로 정하는 범위에서 다음 각 호의 구분에 따라 시행자가 아닌 자의 부담으로 설치한다. 다만, 제12조제1항제5호에 따른 협약서에서 달리 정한 경우에는 그에 따른다.

1. 도로 및 상수도·하수도 시설의 설치 : 지방자치단체
2. 전기시설, 가스공급시설 또는 지역난방시설의 설치 : 해당 지역에 전기, 가스 또는 난방을 공급하는 자
3. 통신시설의 설치 : 해당 지역에 통신서비스를 제공하는 자

③ 제2항에 따른 시설의 설치는 특별한 사유가 없으면 제17조에 따른 준공검사를 신청하는 날까지 완료하여야 한다.

④ 시행자가 제2항 각 호 외의 부분 단서에 따라 같은 항 제1호의 도로 또는 상수도·하수도 시설을 설치하는 경우 지방자치단체에 그 설치사업의 대행을 요청할 수 있다. 이 경우 그 설치에 관한 비용은 시행자가 부담하여야 한다.

제20조【비용 부담의 사후 조정】 ① 시행자는 제17조에 따라 준공검사를 받기 전에 제4조제2항제6호에 따른 사업성 분석자료를 같은 호 각 목별로 대비한 개발사업 시행의 결과와 이에 관한 회계법인의 의견을 첨부하여 국토교통부장관에게 제출하여야 한다.(2013.3.23 본항개정)

② 국토교통부장관은 제1항에 따라 제출된 집행결과를 검토하여 대통령령으로 정하는 기준 이상의 이익이 발생하였다고 인정하는 경우에는 시행자로 하여금 다음 각 호의 시설의 설치 또는 설치비용의 일부를 부담하도록 시장·군수와 협의하게 하여야 한다.(2013.3.23 본문개정)

1. 지역 특성에 맞는 교육기관 또는 복지시설
2. 「문화예술진흥법」 제2조제1항제3호에 따른 문화시설 및 「체육시설의 설치·이용에 관한 법률」 제2조제1호에 따른 체육시설 등 공공편익시설(2021.4.13 본호개정)
3. 그 밖에 지역 발전에 필요하다고 시장·군수가 요청하는 시설

③ 국토교통부장관은 제1항에 따라 제출된 집행결과를 검토하여 대통령령으로 정하는 기준 이상으로 이익이 감소한 경우에는 시장·군수로 하여금 제8조에 따라 개발이익으로 개발구역에 설치하기로 한 공공편익시설의 설치 계획 등을 재조정하도록 시행자와 협의하게 하여야 한다. 다만, 제8조제2항에 따라 개발구역 밖의 간선시설 등에 이미 투입이 완료된 비용은 제외한다.(2015.6.22 본문개정)

④ 국토교통부장관은 제2항 및 제3항에 따른 시장·군수와 시행자 간의 협의가 이루어지지 아니할 때에는 제17조에 따른 준공검사를 거부할 수 있다.(2013.3.23 본항개정)

제21조【선수금】 ① 시행자는 개발사업으로 조성된 토지·건축물 또는 공작물 등(이하 "조성토지등"이라 한다)이나 원형지를 이용하고자 하는 자로부터 해당 대금의 전부 또는 일부를 미리 받을 수 있다.

② 제1항에 따라 선수금을 받으려는 시행자는 실시계획승인을 받은 후 개발구역 면적의 30퍼센트 이상의 토지에 대한 소유권을 확보하고 개발사업에 착수하거나 개발구역 면적의 70퍼센트 이상에 해당하는 공유수면 매립면허권을 양수받고 개발사업에 착수하는 등 대통령령으로 정하는 요건을 모두 갖추어 국토교통부장관의 승인을 받아야 한다.(2015.6.22 본항신설)

③ 국토교통부장관은 시행자가 공급계약의 내용대로 이행하지 아니하거나 시행자의 파산 등(「채무자 회생 및 파산에 관한 법률」에 의한 법원의 결정·인가를 포함한다)으로 사업을 이행할 능력이 없다고 인정하는 경우에는 해당 개발사업의 준공 전에 이행보증서 등을 선수금의 환불을 위하여 사용할 수 있다.(2015.6.22 본항신설)
(2015.6.22 본조개정)

제22조【조성토지등 또는 원형지의 처분】 ① 국토교통부장관은 다음 각 호의 어느 하나에 해당하는 투기우려지역에 대하여는 개발구역의 전부 또는 일부에 대하여 조성토지등 또는 원형지의 처분방법을 제한할 수 있다.(2013.6.4 본문개정)

1. 「소득세법」 제104조의2제1항에 따른 지역
2. 「주택법」 제63조에 따른 투기과열지구(2016.1.19 본호개정)
3. 「부동산 거래신고 등에 관한 법률」 제10조에 따른 토지거래계약에 관한 허가구역(2016.1.19 본호개정)
4. 그 밖에 투기가 우려되는 지역으로서 대통령령으로 정하는 지역

② 시행자는 원형지를 공급받아 개발하는 자가 개발계획에서 정한 용도대로 원형지를 사용하지 아니하거나 공급받은 토지의 전부나 일부를 시행자의 동의 없이 제3자에게 매각하는 경우 대통령령으로 정하는 바에 따라 원형지 공급계약을 해제할 수 있다.(2013.6.4 본항개정)

③ 국토교통부장관은 원형지를 공급받아 개발하는 자가 개발계획으로 정한 용도대로 원형지를 사용하지 아니할 경우 시행자로 하여금 그 이행의 촉구, 원상회복 또는 손해배상의 청구, 원형지 공급계약의 해제 등 필요한 조치를 취할 것을 요구할 수 있다.(2013.6.4 본항신설)

④ 조성토지등 또는 원형지의 처분 방법·절차·가격기준 등에 관하여 필요한 사항은 국토교통부령으로 정한다. 다만, 시행자가 「초·중등교육법」에 따른 초등학교·중학교 및 고등학교용 학교용지를 지방자치단체에 공급하는 경우에는 그 토지의 가격을 「감정평가 및 감정평가사에 관한 법률」에 따른 감정평가법인등이 감정평가한 가격으로 정한다.(2020.4.7 단서개정)
(2013.6.4 본조제목개정)

제23조【타인 토지의 출입】 ① 시행자는 개발구역의 지정, 개발사업에 관한 조사·측량 또는 개발사업의 시행을 위하여 필요할 때에는 타인의 토지에 출입하거나 타인의 토지를 재료 적치장 또는 임시 통로로 일시 사용할 수 있고, 특히 필요한 경우에는 나무, 흙, 돌, 그 밖의 장애물을 변경하거나 제거할 수 있다.

② 제1항의 경우에는 「국토의 계획 및 이용에 관한 법률」 제130조제2항부터 제9항까지 및 제131조를 준용한다. 이 경우 "도시·군계획시설사업의 시행자"는 이 법에 따른 "시행자"로 본다.

제24조【공공시설 등의 귀속】 ① 시행자가 개발사업의 시행으로 「국토의 계획 및 이용에 관한 법률」 제2조제13호에 따른 공공시설을 새로 설치하거나 기존의 공공시설에 대체되는 시설을 설치한 경우 그 귀속에 관하여는 같은 법 제65조를 준용한다. 이 경우 "행정청이 아닌 자"는 이 법에 따른 "시행자"로 본다.

② 제1항에 따른 공공시설과 재산의 등기를 할 때에는 실시계획승인서와 준공검사확인증으로 「부동산등기법」에 따른 등기원인을 증명하는 서면을 갈음할 수 있다.

③ 제1항에 따라 「국토의 계획 및 이용에 관한 법률」을 준용할 때 관리청이 불분명한 재산 중 도로, 도랑 등에 대하여는 국토교통부장관을, 하천에 대하여는 환경부장관을, 그 외의 재산에 대하여는 기획재정부장관을 관리청으로 본다.(2020.12.31 본항개정)

제3장 개발사업시행자 및 입주기업에 대한 지원
(2011.5.30 본장개정)

제25조【조세 및 부담금의 감면 등】 ① 국가 및 지방자치단체는 개발사업을 원활히 시행하기 위하여 필요한 경우에는 시행자에 대하여 「조세특례제한법」, 「관세법」 및 「지방세특례제한법」에서 정하는 바에 따라 법인세·소득세·관세·취득세·등록면허세·재산세 등의 조세를 감면할 수 있다.

② 국가 및 지방자치단체는 개발사업을 원활히 시행하기 위하여 필요한 경우에는 개발구역에서 시행되는 기업도시 조성사업에 대하여 대통령령으로 정하는 바에 따라 다음 각 호의 부담금을 감면할 수 있다.

1. 「개발이익환수에 관한 법률」 제5조에 따른 개발부담금
2. 「농지법」 제38조에 따른 농지보전부담금
3. 「초지법」 제23조에 따른 대체초지조성비
4. 「산지관리법」 제19조에 따른 대체산림자원조성비
5. 「도시교통정비 촉진법」 제36조에 따른 교통유발부담금

③ 국가 및 지방자치단체는 개발사업을 원활히 시행하기 위하여 필요한 경우에는 시행자에 대하여 대통령령으로 정하는 바에 따라 「공유수면 관리 및 매립에 관한 법률」에 따른 공유수면 점용료·사용료를 감면할 수 있다.

제26조【세제 및 자금 지원】 ① 국가 및 지방자치단체는 개발구역에 입주하는 기업에 대하여 「조세특례제한법」, 「관세법」 및 「지방세특례제한법」에서 정하는 바에 따라 국세 및 지방세를 감면할 수 있다.

② 국가 및 지방자치단체는 개발구역에 입주하는 기업에 임대하는 경우 그 부지의 조성과 의료시설, 교육시설, 주택 등 각종 편의시설의 설치에 필요한 자금을 지원할 수 있다.

③ 국가 및 지방자치단체는 「국유재산법」, 「공유재산 및 물품 관리법」, 그 밖의 다른 법령에도 불구하고 시행자 또는 개발구역에 입주하는 기업, 대학 및 대통령령으로 정하는 연구기관에 대하여 국유·공유 재산의 임대료를 대통령령으로 정하는 바에 따라 감면할 수 있다.
(2023.4.18 본항개정)

제27조【국유지·공유지의 처분 제한 등】 ① 개발구역에 있는 국가 또는 지방자치단체 소유의 토지로서 개발사업에 필요한 토지는 해당 개발계획으로 정하여진 목적 외의 목적으로 처분할 수 없다.

② 개발구역에 있는 국가 또는 지방자치단체 소유의 재산으로서 개발사업에 필요한 재산은 「국유재산법」 및 「공유재산 및 물품 관리법」에도 불구하고 시행자에게 수의계약의 방법으로 처분할 수 있다. 이 경우 해당 재산의 용도폐지(행정재산인 경우만 해당한다) 또는 처분에 관하여는 국토교통부장관이 미리 관계 행정기관의 장과 협의하여야 한다.(2013.3.23 후단개정)

③ 제2항 후단에 따라 협의 요청을 받은 관계 행정기관의 장은 그 요청을 받은 날부터 30일 이내에 협의에 필요한 조치를 하여야 한다.

④ 국가 또는 지방자치단체는 개발구역에 있는 국유재산 또는 공유재산을 시행자에게 매도하거나 임대할 경우 개발 여건을 고려하여 대통령령으로 정하는 바에 따라 그 대금을 장기간에 걸쳐 분할납부하게 하는 등 조건을 완화할 수 있다.

제28조【광역교통개선대책의 수립에 관한 특례】 ① 「대도시권 광역교통관리에 관한 특별법」 제7조의2제1항에도 불구하고 개발구역 면적이 100만제곱미터 이상이거나 수용인구 또는 수용인원이 2만명 이상인 사업의 경우에는 시행자가 같은 항에 따른 광역교통개선대책을 수립하여 국토교통부장관에게 제출하여야 한다.(2015.6.22 본항개정)

② 국토교통부장관은 제1항에 따른 광역교통개선대책을 제출받았을 때에는 광역시장·도지사의 의견을 들은 후 「국가통합교통체계효율화법」 제106조에 따른 국가교통위원회의 심의를 거쳐 제12조에 따른 실시계획 승인 이전까지 이를 확정하여 광역시장·도지사에게 통보하여야 한다.(2013.3.23 본항개정)

③ 광역시장·도지사는 제2항에 따라 의견을 요청받은 날부터 30일 이내에 의견을 제출하여야 하고, 그 기간 이내에 의견 제출이 없으면 의견이 없는 것으로 본다.

제29조【「체육시설의 설치·이용에 관한 법률」에 관한 특례】 ① 개발구역에서 「체육시설의 설치·이용에 관한 법률」 제10조제1항제1호에 따른 등록 체육시설업을 하려는 자는 같은 법 제12조에도 불구하고 사업계획서를 작성하여 관할 시장·군수의 승인을 받아야 한다. 그 사업계획을 변경(대통령령으로 정하는 경미한 사항에 관한 사업계획의 변경은 제외한다)하려는 경우에도 같다.

② 제1항에 따라 관할 시장·군수의 승인을 받은 자는 「체육시설의 설치·이용에 관한 법률」 제19조제1항에도 불구하고 영업을 시작하기 전에 관할 시장·군수에게 해당 체육시설업의 등록을 하여야 한다. 등록사항을 변경(대통령령으로 정하는 경미한 등록사항의 변경은 제외한다)하려는 경우에도 같다.

③ 제1항 및 제2항에 따른 승인을 받거나 등록을 한 등록 체육시설업자에 대하여 「체육시설의 설치·이용에 관한 법률」을 적용하는 경우에 같은 법에 따른 등록 체육시설업에 관련된 시·도지사의 업무는 관할 시장·군수의 업무로 본다.

④ 개발구역에 설치하는 체육시설은 「체육시설의 설치·이용에 관한 법률」 제11조에도 불구하고 실시계획에서 정한 시설물의 설치계획 및 부지면적 사용계획에 따라 설치할 수 있다.

제30조【「관광진흥법」에 관한 특례】 ① 문화체육관광부장관은 「관광진흥법」 제21조에도 불구하고 관광·레저가 주된 기능인 기업도시로서 대통령령으로 정하는 기업도시(이하 "관광 중심 기업도시"라 한다)의 실시계획에 반영되어 있고 다음 각 호의 요건을 모두 갖춘 경우에는 같은 법 제5조제1항에 따른 카지노업의 허가를 하여야 한다.(2015.6.22 본문개정)

1. 신청인이 대통령령으로 정하는 일정 규모 이상의 금액을 투자하는 사업시행자일 것
2. 신청 내용이 실시계획에 부합할 것
3. 관광진흥법령에 따른 카지노업에 필요한 시설·기구 및 인력 등을 확보하였을 것

② 개발구역에서 「관광진흥법」 제20조제1항에 따라 관광사업의 시설에 대하여 분양 및 회원 모집을 할 경우에는 같은 조 제4항에도 불구하고 이 법에 따른 대통령령으로 그 기준 및 절차를 따로 정할 수 있다.

제31조【주택공급에 관한 특례】 ① 기업도시의 목적을 달성하기 위하여 필요한 경우에는 「주택법」 제54조에도 불구하고 대통령령으로 정하는 바에 따라 주택의 공급기준을 따로 정할 수 있다.(2016.1.19 본항개정)

② 국토교통부장관은 대통령령으로 정하는 투기우려지역에 대하여는 제1항에 따른 주택의 공급방법을 제한할 수 있다.(2013.3.23 본항개정)

제32조 (2011.5.30 삭제)

제33조【「공유수면 관리 및 매립에 관한 법률」에 관한 특례】 ① 개발사업의 시행을 위하여 개발계획에 「공유수면 관리 및 매립에 관한 법률」 제28조에 따라 매립면허를 받은 매립예정지, 매립지 또는 준공인가를 받은 매립지(「공유수면 관리 및 매립에 관한 법률」 제35조에 따라 국가 등이 시행하는 매립의 협의 또는 승인을 받은 경우를 포함하며, 이하 이 조에서 "매립지"라 한다)의 매립목적의 변경이 포함된 경우로서 그 매립목적의 변경이 같은 법 제49조제1항에 따라 매립목적을 변경할 수 있는 경우에 해당되는 경우에는 실시계획이 승인된 때에 같은 법 제48조 및 법률 제5911호 공유수면매립법개정법률 부칙 제3조에도 불구하고 해당 매립지의 매립목적이 해양수산

부장관의 승인을 받아 개발계획의 토지용도로 변경된 것으로 본다.(2013.3.23 본항개정)
② (2008.2.29 삭제)
③ 시행자는 매립목적을 변경하여 매립지를 사용하려는 경우에는 개발계획에 다음 각 호의 서류를 첨부하여야 한다.
1. 「공유수면 관리 및 매립에 관한 법률」 제49조제1항 각 호의 어느 하나에 해당함을 증명하는 서류
2. 그 밖에 대통령령으로 정하는 서류
④ 제1항 및 제3항에 따라 매립목적이 변경된 매립지의 재평가, 매립목적의 변경고시, 변경등기 및 재평가매립지의 소유권 취득 등에 관하여는 「공유수면 관리 및 매립에 관한 법률」 제49조제2항, 제4항부터 제6항까지 및 제50조에 따른다.
⑤ 제11조에 따라 개발계획이 승인된 경우에는 「공유수면 관리 및 매립에 관한 법률」 제35조제2항에도 불구하고 매립공사의 준공인가 전에 시행자에게 매립에 관한 권리를 양도할 수 있다.
⑥ 시행자가 제5항에 따라 매립에 관한 권리를 양도받는 경우 매립에 관한 권리의 양도·양수 가액과 「공유수면 관리 및 매립에 관한 법률」 제46조에 따라 매립지의 소유권 취득을 위한 매립지 가액은 기업도시 지정 당시 현실이용상황으로 평가하여 산정하고, 개발구역의 지정 등 개발사업으로 인한 지가변동요인을 고려하지 아니한다.
(2021.4.13 본항개정)
⑦ 「공유수면 관리 및 매립에 관한 법률」 제46조제1항제3호에도 불구하고 개발사업 시행자는 직접 투입한 같은 항에 따른 총사업비와 매립에 관한 권리의 양도·양수 가액을 합한 금액의 범위에서 해당 매립지의 소유권을 취득한다. 이 경우 매립에 관한 권리의 양도인은 제4조제1항 각 호의 어느 하나에 해당하는 자에 한정한다.
(2020.6.9 후단개정)
⑧ 시행자가 제5항에 따라 매립에 관한 권리를 양도받은 때에는 「공유수면 관리 및 매립에 관한 법률」 제28조에 따라 매립면허를 받은 것으로 본다. 이 경우 「공유수면 관리 및 매립에 관한 법률」 제28조제4항은 적용하지 아니한다.
⑨ 제1항부터 제8항까지의 규정은 법률 제7310호 기업도시개발특별법 시행 전에 이미 「공유수면 관리 및 매립에 관한 법률」 제28조에 따라 매립면허를 받거나 같은 법 제35조에 따라 국가 등이 시행하는 매립의 협의 또는 승인을 받은 매립지에 대하여만 적용한다.(2013.6.4 본항개정)

제33조의2【「국토의 계획 및 이용에 관한 법률」에 관한 특례】 개발구역을 관할하는 광역시·특별자치시 또는 개발구역에 위치하는 시·군은 개발사업을 위하여 필요한 경우에는 「국토의 계획 및 이용에 관한 법률」 제77조 또는 제78조에도 불구하고 100분의 150의 범위에서 개발구역에서의 건폐율 또는 용적률의 최대한도를 조례로 달리 정할 수 있다.(2015.6.22 본조신설)

제34조【기금 및 예산의 지원】 ① 국가는 개발구역에서 구역진입도로, 용수시설(用水施設) 및 하수처리시설 등 기반시설의 개발 및 확충에 필요한 재원의 전부 또는 일부를 지원할 수 있다.
② 문화체육관광부장관은 관광 중심 기업도시 개발구역에서 관광사업의 발전을 위한 기반시설 등의 건설을 위하여 지방자치단체 또는 시행자에게 「관광진흥개발기금법」에 따른 관광진흥개발기금을 보조하거나 대여할 수 있다.(2015.6.22 본항개정)

제34조의2【선택적 규제특례 적용】 ① 제4조에 따라 개발구역의 지정을 제안하는 자는 해당 기업도시의 성격에 맞는 제2항 각 호의 규제특례 사항을 선택적으로 적용받기 위하여 다음 각 호의 사항을 포함한 규제특례계획(이하 이 조에서 "규제특례계획"이라 한다)을 수립할 수 있다. 이 경우 규제특례계획은 제11조에 따른 개발계획에 포함하여야 한다.
1. 개발구역 내의 규제특례 적용대상 사업 및 입주기업
2. 제2항 각 호의 규제특례 사항 중 적용받으려는 규제특례 사항과 그 규제특례 적용 필요성 및 적용 범위
3. 그 밖에 규제특례를 적용받기 위하여 필요한 사항으로서 대통령령으로 정하는 사항
② 기업도시에서 규제특례계획을 수립하여 적용받을 수 있는 규제특례 사항은 다음 각 호와 같다.
1. 「건축법」에 관한 특례
개발구역에서 문화·예술 관련 사업을 위하여 건축하는 야외 전시 및 촬영 시설은 「건축법」 제20조에도 불구하고 같은 조 제3항에 따른 신고대상으로 본다.
(2014.1.14 본호개정)
2. 「농수산물 유통 및 가격안정에 관한 법률」에 관한 특례
개발구역을 관할하는 지방자치단체는 「농수산물 유통 및 가격안정에 관한 법률」 제17조제1항 및 제2항에도 불구하고 도지사의 허가를 받지 아니하고 지방도매시장을 개설할 수 있다. 이 경우 지방도매시장에 대하여 「농수산물 유통 및 가격안정에 관한 법률」을 적용하는 경우에는 개발구역을 관할하는 지방자치단체는 같은 법에 따른 지방도매시장 개설자로 본다.
3. 「도로교통법」에 관한 특례
개발구역을 관할하는 시장·군수는 입주기업의 경영을 위하여 필요한 경우에는 시·도경찰청장 또는 경찰서장에게 차마(車馬) 또는 노면전차의 도로통행 금지 또는 제한 등의 조치를 하도록 요청할 수 있다. 이 경우 시·도경찰청장 또는 경찰서장은 「도로교통법」 제6조에도 불구하고 특별한 사유가 없으면 지체 없이 필요한 조치를 하여야 한다.(2020.12.22 본호개정)
4. 「독점규제 및 공정거래에 관한 법률」에 관한 특례
개발구역에서 입주기업이 시행하는 공동 연구·기술개발 등에 대하여는 「독점규제 및 공정거래에 관한 법률」 제40조제2항에 따른 공정거래위원회의 인가를 받은 것으로 본다. 이 경우 규제특례계획에 이 특례의 적용 필요성, 세부 내용, 그 밖에 대통령령으로 정하는 사항이 포함되어 있어야 한다.
(2020.12.29 본호개정)
5. 「박물관 및 미술관 진흥법」에 관한 특례
박물관이나 미술관을 설립·운영하는 자는 「박물관 및 미술관 진흥법」 제16조에도 불구하고 대통령령으로 정하는 바에 따라 공동으로 학예사를 둘 수 있다.
6. 「초·중등교육법」에 관한 특례
개발구역에 설립되는 「초·중등교육법」 제2조에 따른 학교의 장은 외국어 전문교육을 실시하기 위하여 같은 법 제21조에도 불구하고 대통령령으로 정하는 자격요건을 갖춘 외국인을 외국어 교원 및 강사로 임용할 수 있다.
7. 「출입국관리법」에 관한 특례
「출입국관리법」 제8조 및 제10조에도 불구하고 개발구역에서 사업을 하거나 입주기업에 종사하는 외국인에 대한 사증(査證) 발급의 절차와 1회에 부여할 수 있는 체류자격별 체류기간 상한에 대하여는 대통령령으로 달리 정할 수 있다. 이 경우 사증 발급신청 등을 할 때에는 대통령령으로 정하는 바에 따라 관할 시장·군수의 확인을 받아야 한다.
8. 외국인투자기업에 관한 특례
가. 개발구역에 입주하는 「외국인투자 촉진법」 제2조제1항제6호에 따른 외국인투자기업(이하 "입주외국인투자기업"이라 한다)에 대하여는 「국가유공자 등 예우 및 지원에 관한 법률」 제33조의2, 「보훈보상대상자 지원에 관한 법률」 제39조, 「장애인고용촉진 및 직업재활법」 제28조 및 「고용상 연령차별금지 및 고령자고용촉진에 관한 법률」 제12조를 적용하지 아니한다.
(2011.9.15 본목개정)
나. 입주외국인투자기업에 대하여는 「근로기준법」 제55조 및 제73조에도 불구하고 근로자에게 무급휴일을 주거나 여성 근로자에게 무급생리휴가를 줄 수 있고, 같은 법 제57조를 적용하지 아니한다.
다. 고용노동부장관은 입주외국인투자기업에 대하여 「파견근로자 보호 등에 관한 법률」 제5조 및 제6조에도 불구하고 위원회의 심의·의결을 거친 업종에 대하여 근로자파견대상업무를 확대하거나 파견기간을 연장할 수 있다.(2019.4.30 본목개정)
라. 개발구역을 관할하는 도지사 또는 시장·군수는 입주외국인투자기업 및 외국인의 편의를 높이기 위하여 문서 등을 외국어로 발간·접수·처리하는 등 외국어 서비스를 제공하여야 한다. 이 경우 서비스의 제공 범위 및 방법 등에 필요한 사항은 대통령령으로 정한다.

제4장 기업도시 정주(定住) 여건의 개선
(2011.5.30 본장개정)

제35조【사립학교의 설립에 관한 특례】 ① 시행자가 기업도시의 특성에 맞는 인력 양성과 교육 여건의 개선을 위하여 학교를 설립하려는 경우에는 개발계획과 실시계획에 학교설립계획을 포함하여 작성하여야 한다.
② 국토교통부장관은 제1항에 따른 학교설립계획이 포함되어 있는 개발계획 또는 실시계획을 승인하려는 경우에는 미리 교육부장관 또는 교육감과 협의하여야 한다.
(2013.3.23 본항개정)
③ 교육감은 시행자가 제2항에 따른 협의를 거쳐 승인된 개발계획과 실시계획에 포함된 학교시설사업을 시행하기 위하여 「학교시설사업 촉진법」 제4조에 따라 학교시설사업 시행계획의 승인신청을 한 경우에 이를 검토하여 승인하여야 한다.
④ 「초·중등교육법」 제4조제2항 및 「고등교육법」 제4조에 따라 제1항부터 제3항까지의 학교에 대한 설립인가를 신청할 때에는 「사립학교법」 제3조에 따른 학교법인을 설립한 후 학교법인이 설립인가를 신청하여야 한다.

제36조【학교 및 교육과정 운영의 특례】 ① 개발구역에서 기업도시의 특성에 맞는 인력 양성과 교육 여건 개선을 위하여 「초·중등교육법」 제61조에 따른 특례를 적용받는 학교 또는 교육과정을 운영하려는 학교의 장은 시장·군수의 추천으로 관할 교육감의 지정을 받아야 한다.
② 제1항에 따른 특례를 적용받는 학교의 추천기준은 대통령령으로 정한다.
③ 제1항에 따라 운영되는 학교 또는 교육과정에 참여하는 교원 및 학생 등은 이로 인하여 불이익을 받지 아니한다.

제36조의2【전학·입학 편의 제공】 교육감 또는 교육장은 기업도시 및 인근지역(이하 이 조에서 "기업도시등"이라 한다)으로 이전하는 공공기관, 기업 등을 따라 이주하는 소속 직원의 자녀들이 이주하여 온 기업도시등에 있는 초등학교·중등학교에 전학·입학을 하는 경우 불이익을 받지 아니하도록 필요한 조치를 하여야 한다.
(2020.12.8 본조신설)

제37조【의료기관의 설치·운영】 ① 시행자가 기업도시의 의료기반시설 확보를 위하여 의료기관을 설치·운영하려는 경우에는 개발계획과 실시계획에 의료기관의 설치계획을 포함하여 작성하여야 한다.
② 국토교통부장관은 제1항에 따른 의료기관의 설치계획이 포함되어 있는 개발계획 또는 실시계획을 승인하려는 경우에는 미리 보건복지부장관 또는 광역시장·도지사·특별자치도지사와 협의하여야 한다.(2013.3.23 본항개정)
③ 시행자가 제2항에 따른 협의를 거쳐 승인된 개발계획과 실시계획에 포함된 의료기관을 설치하기 위한 인가·허가를 신청한 경우 시장·군수 등은 이를 검토하여 인가·허가를 하여야 한다.
④ 「의료법」 제33조제4항에 따라 제1항부터 제3항까지의 의료기관 개설허가를 신청하는 자는 같은 법 제33조제2항에 적합한 자격을 갖추어 신청하여야 한다.
⑤ 개발구역 내의 의료법인은 「의료법」 제49조에도 불구하고 대통령령으로 정하는 부대사업을 할 수 있다.

제38조【외국교육기관의 설립에 대한 특례】 외국학교법인이 개발구역에서 「경제자유구역의 지정 및 운영에 관한 특별법」 제2조제5호에 따른 외국교육기관(「초·중등교육법」 제2조에 따른 학교는 제외한다)을 설립·운영하는 경우에는 같은 법 제22조를 준용한다. 이 경우 "경제자유구역"은 "개발구역"으로, "경제자유구역위원회"는 "위원회"로 본다.

제5장 위원회 등
(2011.5.30 본장개정)

제39조【도시개발위원회】 ① 기업도시, 「혁신도시 조성 및 발전에 관한 특별법」에 따른 혁신도시(이하 이 조에서 "혁신도시"라 한다) 및 「도심융합특구 조성 및 육성에 관한 특별법」에 따른 도심융합특구(이하 이 조에서 "도심융합특구"라 한다)에 관한 정책 및 중요 사항을 심의하기 위하여 국토교통부에 도시개발위원회를 둔다.
(2023.10.24 본항개정)
② 위원회는 다음 각 호의 사항을 심의한다.
1. 기업도시에 관한 기본정책과 제도에 관한 사항
2. 개발구역의 지정·변경 및 해제에 관한 사항
3. 기업도시의 기본구상 및 개발계획에 관한 사항
4. 기업도시의 실시계획에 관한 사항
5. 기업도시와 관련한 중앙행정기관의 장 및 지방자치단체의 장 간의 의견 조정에 관한 사항
6. 「혁신도시 조성 및 발전에 관한 특별법」에서 위원회의 심의사항으로 정하고 있는 사항(2017.12.26 본호개정)
7. 「도심융합특구 조성 및 육성에 관한 특별법」에서 위원회의 심의사항으로 정하고 있는 사항(2023.10.24 본호신설)
③ 위원회는 위원장 2명을 포함하여 20명 이상 30명 이하로 구성한다.
④ 위원장 1명은 국토교통부장관이 되고 다른 위원장 1명은 제1호의 민간위원 중에서 호선하며 위원은 다음 각 호의 자가 된다.(2013.3.23 본문개정)
1. 민간위원 : 기업도시, 혁신도시 또는 도심융합특구 분야에 관한 학식과 경험이 풍부한 사람 중에서 국토교통부장관이 위촉하는 사람(2023.10.24 본호개정)
2. 정부위원 : 대통령령으로 정하는 관계 중앙행정기관의 차관 또는 차관급 공무원
⑤ 제4항에 따른 위원(이하 이 조에서 "위원"이라 한다)은 다음 각 호의 어느 하나에 해당하는 경우에는 위원회의 심의·의결에서 제척(除斥)된다.
1. 위원 또는 그 배우자나 배우자이었던 사람이 해당 안건의 당사자(당사자가 법인·단체 등인 경우에는 그 임원을 포함한다. 이하 이 호 및 제2호에서 같다)이거나 그 안건의 당사자와 공동권리자 또는 공동의무자인 경우
2. 위원이 해당 안건의 당사자와 친족이거나 친족이었던 경우
3. 위원이 해당 안건에 대하여 자문, 연구, 용역(하도급을 포함한다), 감정 또는 조사를 한 경우
4. 위원이나 위원이 속한 법인·단체 등이 해당 안건의 당사자의 대리인이거나 대리인이었던 경우
5. 위원이 임원 또는 직원으로 재직하고 있거나 최근 3년 내에 재직하였던 기업 등이 해당 안건에 관하여 자문, 연구, 용역(하도급을 포함한다), 감정 또는 조사를 한 경우
(2016.1.19 본항신설)
⑥ 해당 안건의 당사자는 위원에게 심의·의결의 공정을 기대하기 어려운 사정이 있는 경우에는 위원회에 기피 신청을 할 수 있고, 위원회는 의결로 이를 결정한다. 이 경우 기피 신청의 대상인 위원은 그 의결에 참여하지 못한다.(2016.1.19 본항신설)
⑦ 위원은 제5항 각 호의 어느 하나의 제척 사유에 해당하는 경우에는 스스로 해당 안건의 심의·의결을 회피(回避)하여야 한다.(2016.1.19 본항신설)

⑧ 국토교통부장관은 위원이 다음 각 호의 어느 하나에 해당하는 경우에는 해당 위원을 해촉(解囑)할 수 있다.
1. 심신장애로 인하여 직무를 수행할 수 없게 된 경우
2. 직무태만, 품위손상이나 그 밖의 사유로 인하여 위원으로 적합하지 아니하다고 인정되는 경우
3. 제7항을 위반하여 제5항 각 호의 어느 하나의 제척 사유에 해당함에도 불구하고 심의·의결을 회피하지 아니한 경우
(2016.1.19 본항신설)
⑨ 이 법에서 규정한 사항 외에 위원회의 구성 및 운영 등에 필요한 사항은 대통령령으로 정한다.
제40조【기업도시관리협의회의 설립】 ① 기업도시를 효율적으로 관리하고, 지역경제 발전에 이바지하며, 개발구역 내 시설물 관리와 입주기업 지원 등을 하기 위하여 기업도시마다 1개의 기업도시관리협의회(이하 "관리협의회"라 한다)를 둘 수 있다.
② 관리협의회는 다음 각 호의 사항에 관하여 협의한다.
1. 기업도시 입주 업종에 관한 사항
2. 기업도시 내 주요 기반시설의 유지·관리에 관한 사항
3. 기업도시와 주변지역을 연계하는 산·학·연(産·學·硏)의 연계 등에 관한 사항
③ 관리협의회는 시장·군수가 시행자와 협의하여 구성한다.
④ 관리협의회는 시행자, 입주기업, 지역주민, 지방자치단체 소속 공무원 및 관계 전문가로 구성한다.
⑤ 시장·군수 및 시행자는 관리협의회를 구성하였을 때에는 국토교통부장관의 승인을 받아야 한다.(2013.3.23 본항개정)
⑥ 이 법에서 규정한 사항 외에 관리협의회의 구성·운영 등에 필요한 사항은 대통령령으로 정한다.
제41조【기업도시추진기획단의 설치】 ① 기업도시 개발업무의 효율적인 추진을 위하여 국토교통부에 기업도시추진기획단(이하 "기획단"이라 한다)을 둘 수 있다.
(2015.6.22 단서삭제)
② 기획단의 구성 및 운영 등에 필요한 사항은 대통령령으로 정한다.
③ 국토교통부장관은 기획단의 원활한 업무 수행을 위하여 필요할 때에는 관계 중앙행정기관의 장, 지방자치단체의 장, 기업도시 관련 연구기관의 장 및 시행자에게 소속 공무원 또는 직원의 파견을 요청할 수 있다.(2015.6.22 본항개정)

제6장 보 칙
(2011.5.30 본장제목개정)

제42조【부동산 가격 안정 및 난개발 방지에 관한 조치】 ① 국토교통부장관과 시장·군수는 개발구역 및 인근 지역의 부동산 가격 안정을 위하여 필요한 조치를 하여야 한다.(2013.3.23 본항개정)
② 시장·군수는 개발구역 지정의 제안으로 인하여 부동산 투기 또는 부동산 가격의 급등이 우려되는 지역에 대하여 관계 중앙행정기관의 장 및 시·도지사에게 다음 각 호의 조치를 요청하여야 한다.
1. 「소득세법」 제104조의2제1항에 따른 지역의 지정
2. 「주택법」 제63조에 따른 투기과열지구의 지정
(2016.1.19 본호개정)
3. 「부동산 거래신고 등에 관한 법률」 제10조에 따른 토지거래계약에 관한 허가구역의 지정(2016.1.19 본호개정)
4. 그 밖에 부동산 가격의 안정을 위하여 필요한 조치
③ 시장·군수는 개발구역 주변지역의 무분별한 개발을 방지하기 위하여 「국토의 계획 및 이용에 관한 법률」 제30조에 따른 도시·군관리계획을 변경하여 그 주변지역을 보전용도로 지정하는 등 필요한 조치를 하여야 한다.
(2011.5.30 본조개정)
제43조【다른 법률에 따른 개발사업구역 등과의 중복지정 등】 ① 국토교통부장관은 「택지개발촉진법」에 따른 택지개발지구 및 「산업입지 및 개발에 관한 법률」에 따른 산업단지 등 다른 법률에 따른 개발사업구역(이하 이 조에서 "종전의 사업구역"이라 한다)과 중복하여 개발구역을 지정할 수 있다.(2013.3.23 본항개정)
② 국토교통부장관은 종전의 사업구역에 개발구역을 지정한 경우 시행자가 다음 각 호 모두에 해당된다고 판단하여 요청할 때에는 위원회의 심의를 거쳐 종전의 사업구역의 지정권자에게 그 해제를 요구할 수 있다.
(2013.3.23 본문개정)
1. 종전의 사업구역에서의 사업이 개발사업 시행에 심한 지장을 초래하는 경우
2. 개발사업 시행이 종전의 사업구역에서의 사업 시행에 비하여 현저히 공익에 이바지하는 경우
③ 제2항의 요구를 받은 지정권자는 특별한 사유가 없으면 관계 법률에 따라 종전의 사업구역의 지정을 지체 없이 해제하고 그 사실을 관보 또는 공보에 고시한 후 국토교통부장관에게 통보하여야 한다.(2013.3.23 본항개정)
④ 제3항에 따라 종전의 사업구역이 해제되어 시행자가 제14조에 따라 종전의 사업구역 안의 토지등을 수용하는 경우 시행자는 「공익사업을 위한 토지 등의 취득 및 보상에 관한 법률」에 따른 보상을 할 때 종전의 사업 시행과 관련하여 지출한 조사비·설계비 등의 비용을 보상하여야 한다.
⑤ 종전의 사업시행자가 종전의 사업구역 내 토지를 협의취득하거나 수용한 후 제1항부터 제3항까지의 규정에 따라 종전의 사업구역이 해제된 경우 「공익사업을 위한 토지 등의 취득 및 보상에 관한 법률」 제91조제1항 및 제2항에 따른 환매권(還買權)의 행사기간은 같은 조 제6항에도 불구하고 종전의 공익사업이 이 법에 따른 개발사업으로 변경된 것으로 보아 시행자가 종전의 사업시행자로부터 토지를 협의취득하거나 수용한 날부터 기산(起算)한다.
⑥ 시행자는 제5항에 따른 공익사업의 변경 사실을 대통령령으로 정하는 바에 따라 환매권자에게 통지하여야 한다.
(2011.5.30 본조개정)
제44조【지역경제 발전에 대한 기여 등】 ① 시행자 또는 개발구역에 입주하는 기업은 지역주민의 취업과 물품 구매 등을 위하여 노력하고, 해당 지역의 산업 및 대학 등과 연계하는 등 해당 지역의 경제 발전을 위하여 노력하여야 한다.
② 시행자 및 시장·군수는 제4조제2항제7호 및 제12조제1항제5호에 따라 작성하는 협약에 제1항의 내용을 명시할 수 있다.
(2011.5.30 본조개정)
제45조【기업도시개발을 위한 지원 등】 ① 국가 및 지방자치단체는 개발구역에 입주하는 기업에 「국민 평생 직업능력 개발법」 및 「고용보험법」에 따른 직업능력개발 훈련 비용을 우선 지원할 수 있다.(2021.8.17 본항개정)
② 시행자 또는 시행자의 자본금에 출자한 기업의 제품 생산에 대하여 협력관계에 있는 기업에 토지를 공급할 때에는 그 공급가격을 인하할 수 있다. 이 경우 그 토지 부분에 대하여는 제8조에 따른 개발이익 산정 시 공급가격의 인하 정도에 비례하여 개발이익을 축소하는 조정을 하여야 한다.
③ 제2항에 따라 토지의 가격을 인하하여 공급할 수 있는 협력관계에 있는 기업의 범위는 대통령령으로 정한다.
(2011.5.30 본조개정)
제46조【보고 및 검사 등】 ① 국토교통부장관 또는 시장·군수는 개발사업의 시행과 관련하여 필요하다고 인정할 때에는 시행자에게 필요한 보고를 하게 하거나 자료 제출을 명할 수 있고, 소속 공무원으로 하여금 개발사업에 관한 업무 및 회계에 관한 사항을 검사하게 할 수 있다.
(2013.3.23 본항개정)
② 제1항에 따라 업무 또는 회계를 검사하는 공무원은 그 권한을 표시하는 증표를 지니고 이를 관계인에게 보여 주어야 한다.
③ 제2항에 따른 증표에 관하여 필요한 사항은 국토교통부령으로 정한다.(2013.3.23 본항개정)
④ 제1항에 따른 검사를 하는 경우에는 검사 7일 전까지 검사 일시, 검사 이유 및 검사 내용 등에 대한 검사계획을 시행자에게 알려야 한다. 다만, 긴급한 경우이거나 검사계획을 미리 알리면 증거인멸 등으로 검사 목적을 달성할 수 없다고 인정하는 경우에는 알리지 아니할 수 있다.
(2011.5.30 본조개정)
제47조【법률 등의 위반자에 대한 행정처분】 국토교통부장관 또는 시장·군수는 다음 각 호의 어느 하나에 해당하는 자에 대하여 이 법에 따른 타인 토지의 출입허가, 개발계획의 승인 또는 실시계획의 승인 등을 취소하거나 공사의 중지, 건축물 등이나 장애물 등의 개축(改築) 또는 이전, 그 밖에 필요한 처분을 하거나 조치를 명할 수 있다.
(2013.3.23 본문개정)
1. 이 법 또는 이 법에 따른 명령이나 처분을 위반한 자
2. 부정한 방법으로 이 법에 따른 허가·지정 또는 승인 등을 받은 자
3. 시장·군수와 체결한 협약 내용을 약정기한까지 이행하지 아니하거나 이행할 의사가 없는 시행자
(2011.5.30 본조개정)
제48조【시행자 지정의 취소 및 대체지정 등】 ① 국토교통부장관은 다음 각 호의 어느 하나에 해당하는 경우에는 시행자 지정을 취소할 수 있다.(2013.3.23 본문개정)
1. 시행자가 제16조제1항에 따라 직접 사용하도록 계획된 토지에서 개발사업을 착수하지 아니하거나, 개발사업 진행 정도가 사업추진계획에 비추어 현저히 부진한 경우
2. 시행자가 시장·군수와 체결한 협약 내용을 약정기한까지 이행하지 아니하거나 이행할 의사가 없는 경우
3. 시행자가 이 법 또는 이 법에 따른 명령이나 처분을 위반한 경우로서 공익을 위하여 시행자 지정의 취소가 요청되는 경우
4. 시행자가 부정한 방법으로 이 법에 따른 허가·지정 또는 승인 등을 받은 경우
② 국토교통부장관은 제1항에 따라 시행자 지정을 취소한 경우에는 다음 각 호에 해당하는 자를 시행자로 대체지정할 수 있다.(2013.3.23 본문개정)
1. 민간기업
2. 국가기관 또는 지방자치단체
3. 「공공기관의 운영에 관한 법률」 제5조에 따른 공기업
4. 「지방공기업법」에 따른 지방공기업
③ 제2항에 따라 대체지정된 시행자는 사업계획 및 실시계획의 승인에 관한 종전 시행자의 지위를 승계한다.
④ 국토교통부장관은 제1항에 따라 시행자 지정을 취소한 경우에는 해당 사업을 위하여 시행자가 매수한 토지를 제2항에 따라 대체지정된 시행자에게 매도하라는 명령을 할 수 있다. 이 경우 국토교통부장관은 대체지정된 시행자에게 그 사실을 통보하여야 한다.(2013.3.23 본항개정)
⑤ 제2항에 따라 대체지정된 시행자는 제4항에 따른 매도명령을 통보받았을 때에는 지체 없이 종전 시행자와 해당 토지의 매수 협의를 시작하여야 한다.
⑥ 제5항에 따른 매수 협의의 기준 금액은 토지매입비와 토지매입비에 「민법」에 따른 법정이율을 곱한 금액을 합한 금액으로 한다. 다만, 본문에 따라 계산한 금액이 시가(時價)보다 많은 경우에는 시가로 한다.
⑦ 제5항에 따른 매수금액의 결정에 관하여는 「국토의 계획 및 이용에 관한 법률」 제131조제2항부터 제4항까지의 규정을 준용한다. 이 경우 매수금액 결정에 관한 재결의 관할 토지수용위원회는 중앙토지수용위원회가 된다.
⑧ 국토교통부장관은 제4항에 따라 매도명령을 한 경우 시행자가 해당 토지를 이미 타인에게 매각하여 이익(매도금액에서 토지취득비 및 토지조성비와 그 밖에 대통령령으로 정하는 부대비용을 뺀 금액을 말한다)을 얻었을 때에는 그 이익을 환수한다.(2013.3.23 본항개정)
⑨ 제8항에 따른 환수금액의 부과·징수에 관하여는 국세 체납처분의 예에 따른다.
(2011.5.30 본조개정)
제49조【청문】 국토교통부장관 또는 시장·군수는 이 법에 따른 허가·지정 또는 승인을 취소하려면 청문을 하여야 한다.(2013.3.23 본조개정)
제50조 (2015.6.22 삭제)
제51조【권한의 위임】 국토교통부장관은 이 법에 따른 권한의 일부를 대통령령으로 정하는 바에 따라 소속기관의 장, 도지사 또는 시장·군수에게 위임할 수 있다.
(2016.1.19 본조개정)

제7장 벌 칙
(2011.5.30 본장제목개정)

제52조【벌칙】 다음 각 호의 어느 하나에 해당하는 자는 7년 이하의 징역 또는 7천만원 이하의 벌금에 처한다.
1. 부정한 방법으로 제10조제1항 또는 제2항에 따른 시행자 지정을 받은 자
2. 부정한 방법으로 제11조제1항에 따른 개발계획의 승인을 받은 자
3. 부정한 방법으로 제12조제1항에 따른 실시계획의 승인을 받은 자
4. (2015.1.6 삭제)
5. 부정한 방법으로 제20조제1항에 따른 사업성 분석자료에 대비한 개발사업 시행 결과를 제출한 자 또는 의견을 제출한 회계법인
(2011.5.30 본조개정)
제53조【벌칙】 다음 각 호의 어느 하나에 해당하는 자는 5년 이하의 징역 또는 5천만원 이하의 벌금에 처한다.
1. 제8조제2항에 따른 국토교통부장관의 처분이나 명령을 이행하지 아니한 자(2013.3.23 본호개정)
1의2. 제12조제1항에 따라 실시계획의 승인을 받지 아니하고 개발사업을 시행한 자(2015.1.6 본호신설)
2. 제16조제3항에 따른 명령을 위반한 자
3. 제21조를 위반하여 선수금을 받은 자
4. 제22조를 위반하여 조성토지등 또는 원형지를 처분한 자(2013.6.4 본호개정)
5. 제48조제4항에 따른 토지 매도 명령을 이행하지 아니한 자
(2011.5.30 본조개정)
제54조【벌칙】 제9조제1항에 따른 허가를 받지 아니하고 같은 항에 따른 행위를 한 자는 1년 이하의 징역 또는 1천만원 이하의 벌금에 처한다.(2011.5.30 본조개정)
제55조【양벌규정】 법인의 대표자나 법인 또는 개인의 대리인, 사용인, 그 밖의 종업원이 그 법인 또는 개인의 업무에 관하여 제52조부터 제54조까지의 어느 하나에 해당하는 위반행위를 하면 그 행위자를 벌하는 외에 그 법인 또는 개인에게도 해당 조문의 벌금형을 과(科)한다. 다만, 법인 또는 개인이 그 위반행위를 방지하기 위하여 해당 업무에 관하여 상당한 주의와 감독을 게을리하지 아니한 경우에는 그러하지 아니하다.(2009.5.27 본조개정)
제56조【과태료】 ① 다음 각 호의 어느 하나에 해당하는 자에게는 1억원 이하의 과태료를 부과한다.
1. 제46조제1항에 따른 보고 또는 자료 제출을 하지 아니하거나 거짓으로 보고 또는 자료 제출을 한 자
2. 제46조제1항에 따른 검사를 거부·방해 또는 기피한 자
② 다음 각 호의 어느 하나에 해당하는 자에게는 1천만원 이하의 과태료를 부과한다.
1. 제23조제1항에 따른 행위를 방해하거나 거부한 자
2. 제23조제2항에 따라 준용되는 「국토의 계획 및 이용에 관한 법률」 제130조제2항부터 제4항까지의 규정에 따른 허가 또는 동의를 받지 아니하고 제23조제1항에 따른 행위를 한 자
③ 제1항 및 제2항에 따른 과태료는 대통령령으로 정하는 바에 따라 국토교통부장관 또는 시장·군수가 부과·징수한다.(2013.3.23 본항개정)
(2011.5.30 본조개정)

부 칙 (2013.6.4)

제1조【시행일】 이 법은 공포한 날부터 시행한다. 다만, 제21조, 제22조제2항·제4항 및 제53조제4호의 개정규정은 공포 후 6개월이 경과한 날부터 시행한다.
제2조【개발구역 지정의 요건 등에 관한 적용례】 제6조의 개정규정은 이 법 시행 후 최초로 개발구역을 지정하거나 이미 지정된 기업도시의 개발구역을 변경하는 경우부터 적용한다.
제3조【매립에 관한 권리의 양도·양수 가액 산정기준에 관한 적용례】 제33조제6항의 개정규정은 이 법 시행 당시 매립에 관한 권리의 양도·양수가 완료되지 아니한 지구에 대하여 적용한다. 다만, 사업지구 내 일부 지역의 매립에 관한 권리의 양도·양수가 완료된 경우에는 해당 지역을 제외하고 남은 지역에 한하여 적용한다.
제4조【매립지 소유권 취득에 관한 특례】 제33조제7항의 개정규정은 이 법 시행 당시 개발구역으로 지정된 지역에 한하여 적용한다.

부 칙 (2015.6.22)

제1조【시행일】 이 법은 공포 후 6개월이 경과한 날부터 시행한다. 다만, 제14조제4항 및 제33조제6항의 개정규정은 공포한 날부터 시행한다.
제2조【유효기간】 제33조제6항의 개정규정은 같은 개정규정 시행일부터 3년간 효력을 가진다.
제3조【개발구역 지정의 요건 등에 관한 적용례】 제6조제2항의 개정규정은 이 법 시행 후 최초로 개발구역을 지정하는 경우부터 적용한다.
제4조【개발이익의 추정 및 재투자에 관한 적용례】 제8조제2항 및 제20조제3항의 개정규정은 이 법 시행 후 지정된 기업도시부터 적용한다.
제5조【토지의 직접 사용에 관한 적용례】 제16조제1항의 개정규정은 이 법 시행 당시 이미 지정된 기업도시에도 적용한다.
제6조【선수금 승인에 관한 적용례】 제21조제2항·제3항의 개정규정은 이 법 시행 당시 이미 지정된 관광레저형 기업도시의 경우 국토교통부장관을 문화체육관광부장관으로 본다.
제7조【「국토의 계획 및 이용에 관한 법률」에 관한 특례 적용에 관한 적용례】 제33조의2의 개정규정은 이 법 시행 후 지정된 기업도시와 이미 지정된 기업도시 중 개발계획을 변경하는 경우부터 적용한다.
제8조【재결 신청 기간에 관한 특례】 제14조제4항에도 불구하고 제14조제4항의 개정규정 시행 당시 재결 신청기간이 경과된 개발사업 시행자가 같은 항 단서에 따른 국토교통부장관의 승인을 받은 경우에는 재결을 신청할 수 있다. 이 경우 시행자는 같은 항 단서의 개정규정에도 불구하고 2017년 12월 31일까지 재결을 신청하여야 한다. (2016.12.2 후단개정)
제9조【비용 부담의 사후 조정에 관한 특례】 ① 제20조제2항에도 불구하고 국토교통부장관은 제20조제2항에 따른 시설의 설치 또는 설치비용 부담과 별도로 제33조제6항의 개정규정이 적용된 매립지에서 개발사업을 시행하는 시행자로 하여금 해당 개정규정의 적용으로 인하여 발생한 개발이익 증가분의 100분의 20 이상을 제20조제2항 각 호의 시설 설치비용으로 부담하도록 시장·군수와 협의하게 하여야 한다.
② 국토교통부장관은 제1항에 따른 협의가 이루어지지 아니할 때에는 제17조에 따른 준공검사를 거부할 수 있다.
제10조【관광레저형 기업도시에 관한 경과조치】 이 법 시행 당시 이미 지정된 관광레저형 기업도시에 대하여는 제30조, 제34조 및 제50조의 개정규정에도 불구하고 종전의 규정에 따른다.
제11조【권한의 공동행사에 관한 경과조치】 이 법 시행 후 3년까지의 기간 중 지정되는 관광 중심 기업도시에 대하여는 제50조의 개정규정에도 불구하고 종전의 규정에 따른다. 이 경우 종전의 제50조제1항에 따른 "관광레저형 기업도시"는 "관광 중심 기업도시"로 본다.
제12조【다른 법률의 개정】 ※(해당 법령에 가제정리 하였음)

부 칙 (2017.10.24)

제1조【시행일】 이 법은 공포 후 1개월이 경과한 날부터 시행한다.
제2조【개발계획 승인 또는 변경승인의 협의 간주에 관한 적용례】 제11조제4항 및 제5항의 개정규정은 이 법 시행 이후 협의를 요청하는 경우부터 적용한다.

부 칙 (2019.4.30)

제1조【시행일】 이 법은 공포한 날부터 시행한다.(이하 생략)

부 칙 (2020.1.29)

제1조【시행일】 이 법은 공포 후 6개월이 경과한 날부터 시행한다.(이하 생략)

부 칙 (2020.3.31)

제1조【시행일】 이 법은 공포 후 1년이 경과한 날부터 시행한다.(이하 생략)

부 칙 (2020.4.7)

제1조【시행일】 이 법은 공포 후 3개월이 경과한 날부터 시행한다.(이하 생략)

부 칙 (2020.6.9)

이 법은 공포한 날부터 시행한다.(이하 생략)

부 칙 (2020.12.8)

이 법은 공포 후 6개월이 경과한 날부터 시행한다.

부 칙 (2020.12.22)

제1조【시행일】 이 법은 2021년 1월 1일부터 시행한다.(이하 생략)

부 칙 (2020.12.29)
(2020.12.31)

제1조【시행일】 이 법은 공포 후 1년이 경과한 날부터 시행한다.(이하 생략)

부 칙 (2021.4.13)

제1조【시행일】 이 법은 공포한 날부터 시행한다.
제2조【매립지 매립에 관한 권리의 양도·양수 가액 산정 기준 등에 관한 유효기간】 제33조제6항의 개정규정은 이 법 시행일부터 3년간 효력을 가진다.
제3조【매립지 매립에 관한 권리의 양도·양수 가액 산정 기준에 관한 적용례】 제33조제6항의 개정규정은 이 법 시행 당시 매립에 관한 권리의 양도·양수가 완료되지 아니한 지구에 대하여도 적용한다.

부 칙 (2021.7.20)

제1조【시행일】 이 법은 공포 후 1년이 경과한 날부터 시행한다.(이하 생략)

부 칙 (2021.8.17)
(2022.12.27)

제1조【시행일】 이 법은 공포 후 6개월이 경과한 날부터 시행한다.(이하 생략)

부 칙 (2023.4.18)

제1조【시행일】 이 법은 공포 후 6개월이 경과한 날부터 시행한다.
제2조【대학 및 연구기관의 임대료 감면에 관한 적용례】 제26조제3항의 개정규정은 이 법 시행 이후 대학 및 연구기관이 개발구역에 입주하는 경우부터 적용한다.

부 칙 (2023.6.9)

제1조【시행일】 이 법은 공포 후 1개월이 경과한 날부터 시행한다.(이하 생략)

부 칙 (2023.10.24)

제1조【시행일】 이 법은 공포 후 6개월이 경과한 날부터 시행한다.(이하 생략)

도시 및 주거환경정비법

(약칭 : 도시정비법)

(2017년 2월 8일 전부개정법률 제14567호)

개정
2017. 8. 9법14857호 2017.10.24법14943호
2017.10.31법15022호(주식회사등의외부감사에관한법)
2018. 1.16법15356호(민간임대주택에관한특별법)
2018. 3.20법15489호(국가균형발전특별법)
2018. 6.12법15676호 2019. 4.23법16383호
2019. 8.20법16493호
2020. 3.24법17091호(지방행정제재·부과금의징수등에관한법)
2020. 3.31법17171호(전기안전관리법)
2020. 4. 7법17219호(감정평가감정평가사)
2020. 6. 9법17447호(국토안전관리원법)
2020. 6. 9법17453호(법률용어정비)
2020. 6. 9법17459호(한국부동산원법)
2020.12.22법17689호(국가자치경찰)
2020.12.31법17814호(정부조직)
2021. 1. 5법17872호
2021. 1.12법17893호(지방자치)
2021. 3.16법17943호 2021. 4.13법18046호
2021. 7.20법18310호(공간정보구축관리)
2021. 7.27법18345호 2021. 8.10법18388호
2021.11.30법18522호(소방시설설치및관리에관한법)
2022. 2. 3법18830호 2022. 6.10법18941호
2022.12.27법19117호(산림자원조성관리)
2023. 2.14법19225호(기상법)
2023. 3.21법19251호(자연유산의보존및활용에관한법)
2023. 6. 9법19430호(지방자치분권및지역균형발전에관한특별법)
2023. 7.18법19560호
2023. 8. 8법19590호(문화유산)
2023.12.26법19848호
2024. 1.30법20174호→2024년 1월 30일 및 2024년 7월 31일 시행

제1장 총 칙

제1조【목적】 이 법은 도시기능의 회복이 필요하거나 주거환경이 불량한 지역을 계획적으로 정비하고 노후·불량건축물을 효율적으로 개량하기 위하여 필요한 사항을 규정함으로써 도시환경을 개선하고 주거생활의 질을 높이는 데 이바지함을 목적으로 한다.
제2조【정의】 이 법에서 사용하는 용어의 뜻은 다음과 같다.
1. "정비구역"이란 정비사업을 계획적으로 시행하기 위하여 제16조에 따라 지정·고시된 구역을 말한다.
2. "정비사업"이란 이 법에서 정한 절차에 따라 도시기능을 회복하기 위하여 정비구역에서 정비기반시설을 정비하거나 주택 등 건축물을 개량 또는 건설하는 다음 각 목의 사업을 말한다.
가. 주거환경개선사업 : 도시저소득 주민이 집단거주하는 지역으로서 정비기반시설이 극히 열악하고 노후·불량건축물이 과도하게 밀집한 지역의 주거환경을 개선하거나 단독주택 및 다세대주택이 밀집한 지역에서 정비기반시설과 공동이용시설 확충을 통하여 주거환경을 보전·정비·개량하기 위한 사업
나. 재개발사업 : 정비기반시설이 열악하고 노후·불량건축물이 밀집한 지역에서 주거환경을 개선하거나 상업지역·공업지역 등에서 도시기능의 회복 및 상권활성화 등을 위하여 도시환경을 개선하기 위한 사업. 이 경우 다음 요건을 모두 갖추어 시행하는 재개발사업을 "공공재개발사업"이라 한다.(2021.4.13 후단신설)
1) 특별자치시장, 특별자치도지사, 시장, 군수, 자치구의 구청장(이하 "시장·군수등"이라 한다) 또는 제10호에 따른 토지주택공사등(조합과 공동으로 시행하는 경우를 포함한다)이 제24조에 따른 주거환경개선사업의 시행자, 제25조제1항 또는 제26조제1항에 따른 재개발사업의 시행자나 제28조에 따른 재개발사업의 대행자(이하 "공공재개발사업 시행자"라 한다)일 것(2021.4.13 신설)
2) 건설·공급되는 주택의 전체 세대수 또는 전체 연면적 중 토지등소유자 대상 분양분(제80조에 따른 지분형주택은 제외한다)을 제외한 나머지 주택의 세대수 또는 연면적의 100분의 20 이상 100분의 50 이하의 범위에서 대통령령으로 정하는 기준에 따라 특별시·광역시·특별자치시·도·특별자치도 또는 「지방자치법」 제198조에 따른 서울특별시·광역시 및 특별자치시를 제외한 인구 50만 이상 대도시(이하 "대도시"라 한다)의 조례(이하 "시·도조례"라 한다)로 정하는 비율 이상을 제80조에 따른 지분형주택, 「공공주택 특별법」에 따른 공공임대주택(이하 "공공임대주택"이라 한다) 또는 「민간임대주택에 관한 특별법」 제2조제4호에 따른 공공지원민간임대주택(이하 "공공지원민간임대주택"이라 한다)으로 건설·공급할 것. 이 경우 주택 수 산정방법 및 주택 유형별 건설비율은 대통령령으로 정한다. (2023.7.18 전단개정)
다. 재건축사업 : 정비기반시설은 양호하나 노후·불량건축물에 해당하는 공동주택이 밀집한 지역에서 주거환경을 개선하기 위한 사업. 이 경우 다음 요건을 모두 갖추어 시행하는 재건축사업을 "공공재건축사업"이라 한다.(2021.4.13 후단신설)
1) 시장·군수등 또는 토지주택공사등(조합과 공동으로 시행하는 경우를 포함한다)이 제25조제2항 또는

제26조제1항에 따른 재건축사업의 시행자나 제28조제1항에 따른 재건축사업의 대행자(이하 "공공재건축사업 시행자"라 한다)일 것(2021.4.13 신설)
2) 종전의 용적률, 토지면적, 기반시설 현황 등을 고려하여 대통령령으로 정하는 세대수 이상을 건설·공급할 것. 다만, 제8조제1항에 따른 정비구역의 지정권자가 「국토의 계획 및 이용에 관한 법률」 제18조에 따른 도시·군기본계획, 토지이용 현황 등 대통령령으로 정하는 불가피한 사유로 해당하는 세대수를 충족할 수 없다고 인정하는 경우에는 그러하지 아니하다.(2021.4.13 신설)
3. "노후·불량건축물"이란 다음 각 목의 어느 하나에 해당하는 건축물을 말한다.
가. 건축물이 훼손되거나 일부가 멸실되어 붕괴, 그 밖의 안전사고의 우려가 있는 건축물
나. 내진성능이 확보되지 아니한 건축물 중 중대한 기능적 결함 또는 부실 설계·시공으로 구조적 결함 등이 있는 건축물로서 대통령령으로 정하는 건축물
다. 다음의 요건을 모두 충족하는 건축물로서 대통령령으로 정하는 바에 따라 시·도조례로 정하는 건축물(2023.7.18 본문개정)
1) 주변 토지의 이용 상황 등에 비추어 주거환경이 불량한 곳에 위치할 것
2) 건축물을 철거하고 새로운 건축물을 건설하는 경우 건설에 드는 비용과 비교하여 효용의 현저한 증가가 예상될 것
라. 도시미관을 저해하거나 노후화된 건축물로서 대통령령으로 정하는 바에 따라 시·도조례로 정하는 건축물(2017.8.9 본목개정)
4. "정비기반시설"이란 도로·상하수도·구거(溝渠 : 도랑)·공원·공용주차장·공동구(「국토의 계획 및 이용에 관한 법률」 제2조제9호에 따른 공동구를 말한다. 이하 같다), 그 밖에 주민의 생활에 필요한 열·가스 등의 공급시설로서 대통령령으로 정하는 시설을 말한다.(2021.1.5 본호개정)
5. "공동이용시설"이란 주민이 공동으로 사용하는 놀이터·마을회관·공동작업장, 그 밖에 대통령령으로 정하는 시설을 말한다.
6. "대지"란 정비사업으로 조성된 토지를 말한다.
7. "주택단지"란 주택 및 부대시설·복리시설을 건설하거나 대지로 조성되는 일단의 토지로서 다음 각 목의 어느 하나에 해당하는 일단의 토지를 말한다.
가. 「주택법」 제15조에 따른 사업계획승인을 받아 주택 및 부대시설·복리시설을 건설한 일단의 토지
나. 가목에 따른 일단의 토지 중 「국토의 계획 및 이용에 관한 법률」 제2조제7호에 따른 도시·군계획시설(이하 "도시·군계획시설"이라 한다)인 도로나 그 밖에 이와 유사한 시설로 분리되어 따로 관리되고 있는 각각의 토지
다. 가목에 따른 일단의 토지 둘 이상이 공동으로 관리되고 있는 경우 그 전체 토지
라. 제67조에 따라 분할된 토지 또는 분할되어 나가는 토지
마. 「건축법」 제11조에 따라 건축허가를 받아 아파트 또는 연립주택을 건설한 일단의 토지
8. "사업시행자"란 정비사업을 시행하는 자를 말한다.
9. "토지등소유자"란 다음 각 목의 어느 하나에 해당하는 자를 말한다. 다만, 제27조제1항에 따라 「자본시장과 금융투자업에 관한 법률」 제8조제7항에 따른 신탁업자(이하 "신탁업자"라 한다)가 사업시행자로 지정된 경우 토지등소유자가 정비사업을 목적으로 신탁업자에게 신탁한 토지 또는 건축물에 대하여는 위탁자를 토지등소유자로 본다.
가. 주거환경개선사업 및 재개발사업의 경우에는 정비구역에 위치한 토지 또는 건축물의 소유자 또는 그 지상권자
나. 재건축사업의 경우에는 정비구역에 위치한 건축물 및 그 부속토지의 소유자
10. "토지주택공사등"이란 「한국토지주택공사법」에 따라 설립된 한국토지주택공사 또는 「지방공기업법」에 따라 주택사업을 수행하기 위하여 설립된 지방공사를 말한다.
11. "정관등"이란 다음 각 목의 것을 말한다.
가. 제40조에 따른 조합의 정관
나. 사업시행자인 토지등소유자가 자치적으로 정한 규약
다. 시장·군수등, 토지주택공사등 또는 신탁업자가 제53조에 따라 작성한 시행규정(2021.4.13 본목개정)

제3조【도시·주거환경정비 기본방침】 국토교통부장관은 도시 및 주거환경을 개선하기 위하여 10년마다 다음 각 호의 사항을 포함한 기본방침을 정하고, 5년마다 타당성을 검토하여 그 결과를 기본방침에 반영하여야 한다.
1. 도시 및 주거환경 정비를 위한 국가 정책 방향
2. 제4조제1항에 따른 도시·주거환경정비기본계획의 수립 방향
3. 노후·불량 주거지 조사 및 개선계획의 수립
4. 도시 및 주거환경 개선에 필요한 재정지원계획
5. 그 밖에 도시 및 주거환경 개선을 위하여 필요한 사항으로서 대통령령으로 정하는 사항

제2장 기본계획의 수립 및 정비구역의 지정

제4조【도시·주거환경정비기본계획의 수립】 ① 특별시장·광역시장·특별자치시장·특별자치도지사 또는 시장은 관할 구역에 대하여 도시·주거환경정비기본계획(이하 "기본계획"이라 한다)을 10년 단위로 수립하여야 한다. 다만, 도지사가 대도시가 아닌 시로서 기본계획을 수립할 필요가 없다고 인정하는 시에 대하여는 기본계획을 수립하지 아니할 수 있다.
② 특별시장·광역시장·특별자치시장·특별자치도지사 또는 시장(이하 "기본계획의 수립권자"라 한다)은 기본계획에 대하여 5년마다 타당성을 검토하여 그 결과를 기본계획에 반영하여야 한다.(2020.6.9 본항개정)

제5조【기본계획의 내용】 ① 기본계획에는 다음 각 호의 사항이 포함되어야 한다.
1. 정비사업의 기본방향
2. 정비사업의 계획기간
3. 인구·건축물·토지이용·정비기반시설·지형 및 환경 등의 현황
4. 주거지 관리계획
5. 토지이용계획·정비기반시설계획·공동이용시설설치계획 및 교통계획
6. 녹지·조경·에너지공급·폐기물처리 등에 관한 환경계획
7. 사회복지시설 및 주민문화시설 등의 설치계획
8. 도시의 광역적 재정비를 위한 기본방향
9. 제16조에 따라 정비구역으로 지정할 예정인 구역(이하 "정비예정구역"이라 한다)의 개략적 범위
10. 단계별 정비사업 추진계획(정비예정구역별 정비계획의 수립시기가 포함되어야 한다)
11. 건폐율·용적률 등에 관한 건축물의 밀도계획
12. 세입자에 대한 주거안정대책
13. 그 밖에 주거환경 등을 개선하기 위하여 필요한 사항으로서 대통령령으로 정하는 사항
② 기본계획의 수립권자는 기본계획에 다음 각 호의 사항을 포함하는 경우에는 제1항제9호 및 제10호의 사항을 생략할 수 있다.
1. 생활권의 설정, 생활권별 기반시설 설치계획 및 주택수급계획
2. 생활권별 주거지의 정비·보전·관리의 방향
③ 기본계획의 작성기준 및 작성방법은 국토교통부장관이 정하여 고시한다.

제6조【기본계획 수립을 위한 주민의견청취 등】 ① 기본계획의 수립권자는 기본계획을 수립하거나 변경하려는 경우에는 14일 이상 주민에게 공람하여 의견을 들어야 하며, 제시된 의견이 타당하다고 인정되면 이를 기본계획에 반영하여야 한다.
② 기본계획의 수립권자는 제1항에 따른 공람과 함께 지방의회의 의견을 들어야 한다. 이 경우 지방의회는 기본계획의 수립권자가 기본계획을 통지한 날부터 60일 이내에 의견을 제시하여야 하며, 의견제시 없이 60일이 지난 경우 이의가 없는 것으로 본다.
③ 제1항 및 제2항에도 불구하고 대통령령으로 정하는 경미한 사항을 변경하는 경우에는 주민공람과 지방의회의 의견청취 절차를 거치지 아니할 수 있다.

제7조【기본계획의 확정·고시 등】 ① 기본계획의 수립권자(대도시의 시장이 아닌 시장은 제외한다)는 기본계획을 수립하거나 변경하려면 관계 행정기관의 장과 협의한 후 「국토의 계획 및 이용에 관한 법률」 제113조제1항 및 제2항에 따른 지방도시계획위원회(이하 "지방도시계획위원회"라 한다)의 심의를 거쳐야 한다. 다만, 대통령령으로 정하는 경미한 사항을 변경하는 경우에는 관계 행정기관의 장과의 협의 및 지방도시계획위원회의 심의를 거치지 아니한다.
② 대도시의 시장이 아닌 시장은 기본계획을 수립하거나 변경하려면 도지사의 승인을 받아야 하며, 도지사가 이를 승인하려면 관계 행정기관의 장과 협의한 후 지방도시계획위원회의 심의를 거쳐야 한다. 다만, 제1항 단서에 해당하는 변경의 경우에는 도지사의 승인을 받지 아니할 수 있다.
③ 기본계획의 수립권자는 기본계획을 수립하거나 변경한 때에는 지체 없이 이를 해당 지방자치단체의 공보에 고시하고 일반인이 열람할 수 있도록 하여야 한다.
④ 기본계획의 수립권자는 제3항에 따라 기본계획을 고시한 때에는 국토교통부령으로 정하는 방법 및 절차에 따라 국토교통부장관에게 보고하여야 한다.

제8조【정비구역의 지정】 ① 특별시장·광역시장·특별자치시장·특별자치도지사·시장 또는 군수(광역시의 군수는 제외하며, 이하 "정비구역의 지정권자"라 한다)는 기본계획에 적합한 범위에서 노후·불량건축물이 밀집하는 등 대통령령으로 정하는 요건에 해당하는 구역에 대하여 제16조에 따라 정비계획을 결정하여 정비구역을 지정(변경지정을 포함한다)할 수 있다.
② 제1항에도 불구하고 제26조제1항제1호 및 제27조제1항제1호에 따라 정비사업을 시행하려는 경우에는 기본계획을 수립하거나 변경하지 아니하고 정비구역을 지정할 수 있다.
③ 정비구역의 지정권자는 정비구역의 진입로 설치를 위하여 필요한 경우에는 진입로 지역과 그 인접지역을 포함하여 정비구역을 지정할 수 있다.
④ 정비구역의 지정권자는 정비구역 지정을 위하여 직접 제9조에 따른 정비계획을 입안할 수 있다.
⑤ 자치구의 구청장 또는 광역시의 군수(이하 제9조, 제11조 및 제20조에서 "구청장등"이라 한다)는 제9조에 따른 정비계획을 입안하여 특별시장·광역시장에게 정비구역 지정을 신청하여야 한다. 이 경우 제15조제2항에 따른 지방의회의 의견을 첨부하여야 한다.

제9조【정비계획의 내용】 ① 정비계획에는 다음 각 호의 사항이 포함되어야 한다.
1. 정비사업의 명칭
2. 정비구역 및 그 면적
2의2. 토지등소유자별 분담금 추산액 및 산출근거(2022.6.10 본호신설)
3. 도시·군계획시설의 설치에 관한 계획
4. 공동이용시설 설치계획
5. 건축물의 주용도·건폐율·용적률·높이에 관한 계획
6. 환경보전 및 재난방지에 관한 계획
7. 정비구역 주변의 교육환경 보호에 관한 계획
8. 세입자 주거대책
9. 정비사업시행 예정시기
10. 정비사업을 통하여 공공지원민간임대주택을 공급하거나 같은 조 제11호에 따른 주택임대관리업자(이하 "주택임대관리업자"라 한다)에게 임대할 목적으로 주택을 위탁하려는 경우에는 다음 각 목의 사항. 다만, 나목과 다목의 사항은 건설하는 주택 전체 세대수에서 공공지원민간임대주택 또는 임대할 목적으로 주택임대관리업자에게 위탁하려는 주택(이하 "임대관리 위탁주택"이라 한다)이 차지하는 비율이 100분의 20 이상, 임대기간이 8년 이상의 범위 등에서 대통령령으로 정하는 요건에 해당하는 경우로 한정한다.(2021.4.13 본문개정)
가. 공공지원민간임대주택 또는 임대관리 위탁주택에 관한 획지별 토지이용 계획(2018.1.16 본목개정)
나. 주거·상업·업무 등의 기능을 결합하는 등 복합적인 토지이용을 증진시키기 위하여 필요한 건축물의 용도에 관한 계획
다. 「국토의 계획 및 이용에 관한 법률」 제36조제1항제1호가목에 따른 주거지역을 세분 또는 변경하는 계획과 용적률에 관한 사항
라. 그 밖에 공공지원민간임대주택 또는 임대관리 위탁주택의 원활한 공급 등을 위하여 대통령령으로 정하는 사항(2018.1.16 본목개정)
11. 「국토의 계획 및 이용에 관한 법률」 제52조제1항 각 호의 사항에 관한 계획(필요한 경우로 한정한다)
12. 그 밖에 정비사업의 시행을 위하여 필요한 사항으로서 대통령령으로 정하는 사항
② 제1항제10호다목을 포함하는 정비계획은 기본계획에서 정하는 제5조제1항제11호에 따른 건폐율·용적률 등에 관한 건축물의 밀도계획에도 불구하고 달리 입안할 수 있다.
③ 제8조제4항 및 제5항에 따라 정비계획을 입안하는 특별자치시장, 특별자치도지사, 시장, 군수 또는 구청장등(이하 "정비계획의 입안권자"라 한다)이 제5조제2항 각 호의 사항을 포함하여 기본계획을 수립한 지역에서 정비계획을 입안하는 경우에는 그 정비구역을 포함한 해당 생활권에 대하여 같은 항 각 호의 사항에 대한 세부 계획을 입안할 수 있다.
④ 정비계획의 작성기준 및 작성방법은 국토교통부장관이 정하여 고시한다.

제10조【임대주택 및 주택규모별 건설비율】 ① 정비계획의 입안권자는 주택수급의 안정과 저소득 주민의 입주기회 확대를 위하여 정비사업으로 건설하는 주택에 대하여 다음 각 호의 구분에 따른 범위에서 국토교통부장관이 정하여 고시하는 임대주택 및 주택규모별 건설비율 등을 정비계획에 반영하여야 한다.
1. 「주택법」 제2조제6호에 따른 국민주택규모의 주택(이하 "국민주택규모 주택"이라 한다)이 전체 세대수의 100분의 90 이하에서 대통령령으로 정하는 범위
2. 임대주택(공공임대주택 및 「민간임대주택에 관한 특별법」에 따른 민간임대주택을 말한다. 이하 같다)이 전체 세대수 또는 전체 연면적의 100분의 30 이하에서 대통령령으로 정하는 범위
(2021.4.13 1호~2호개정)
② 사업시행자는 제1항에 따라 고시된 내용에 따라 주택을 건설하여야 한다.

제11조【기본계획 및 정비계획 수립 시 용적률 완화】 ① 기본계획의 수립권자 또는 정비계획의 입안권자는 정비사업의 원활한 시행을 위하여 기본계획을 수립하거나 정비계획을 입안하려는 경우에는(기본계획 또는 정비계획을 변경하려는 경우에도 또한 같다) 「국토의 계획 및 이용에 관한 법률」 제36조에 따른 주거지역에 대하여는 같은 법 제78조에 따라 조례로 정한 용적률에도 불구하고 같은 조 및 관계 법률에 따른 용적률의 상한까지 용적률을 정할 수 있다.
② 기본계획의 수립권자 또는 정비계획의 입안권자는 천재지변, 그 밖의 불가피한 사유로 건축물이 붕괴할 우려가 있어 긴급히 정비사업을 시행할 필요가 있다고 인정

하는 경우에는 용도지역의 변경을 통해 용적률을 완화하여 기본계획을 수립하거나 정비계획을 입안할 수 있다. 이 경우 기본계획의 수립권자, 정비계획의 입안권자 및 정비구역의 지정권자는 용도지역의 변경을 이유로 기부채납을 요구하여서는 아니 된다.(2021.4.13 본항신설)

③ 구청장등 또는 대도시의 시장이 아닌 시장은 제1항에 따라 정비계획을 입안하거나 변경입안하려는 경우 기본계획의 변경 또는 변경승인을 특별시장·광역시장·도지사에게 요청할 수 있다.

제12조【재건축사업 정비계획 입안을 위한 안전진단】 ① 정비계획의 입안권자는 재건축사업 정비계획의 입안을 위하여 제5조제1항제10호에 따른 정비예정구역별 정비계획의 수립시기가 도래한 때에 안전진단을 실시하여야 한다.

② 정비계획의 입안권자는 제1항에도 불구하고 다음 각 호의 어느 하나에 해당하는 경우에는 안전진단을 실시하여야 한다. 이 경우 정비계획의 입안권자는 안전진단에 드는 비용을 해당 안전진단의 실시를 요청하는 자에게 부담하게 할 수 있다.

1. 제14조에 따라 정비계획의 입안을 제안하려는 자가 입안을 제안하기 전에 해당 정비예정구역에 위치한 건축물 및 그 부속토지의 소유자 10분의 1 이상의 동의를 받아 안전진단의 실시를 요청하는 경우
2. 제5조제2항에 따라 정비예정구역을 지정하지 아니한 지역에서 재건축사업을 하려는 자가 사업예정구역에 있는 건축물 및 그 부속토지의 소유자 10분의 1 이상의 동의를 받아 안전진단의 실시를 요청하는 경우
3. 제2조제3호나목에 해당하는 건축물의 소유자로서 재건축사업을 시행하려는 자가 해당 사업예정구역에 위치한 건축물 및 그 부속토지의 소유자 10분의 1 이상의 동의를 받아 안전진단의 실시를 요청하는 경우

③ 제1항에 따른 재건축사업의 안전진단은 주택단지의 건축물을 대상으로 한다. 다만, 대통령령으로 정하는 주택단지의 건축물인 경우에는 안전진단 대상에서 제외할 수 있다.

④ 정비계획의 입안권자는 현지조사 등을 통하여 해당 건축물의 구조안전성, 건축마감, 설비노후도 및 주거환경 적합성 등을 심사하여 안전진단의 실시 여부를 결정하여야 하며, 안전진단의 실시가 필요하다고 결정한 경우에는 대통령령으로 정하는 안전진단기관에 안전진단을 의뢰하여야 한다.

⑤ 제4항에 따라 안전진단을 의뢰받은 안전진단기관은 국토교통부장관이 정하여 고시하는 기준(건축물의 내진성능 확보를 위한 비용을 포함한다)에 따라 안전진단을 실시하여야 하며, 국토교통부령으로 정하는 방법 및 절차에 따라 안전진단 결과보고서를 작성하여 정비계획의 입안권자 및 제2항에 따라 안전진단의 실시를 요청한 자에게 제출하여야 한다.

⑥ 정비계획의 입안권자는 제5항에 따른 안전진단의 결과와 도시계획 및 지역여건 등을 종합적으로 검토하여 정비계획의 입안 여부를 결정하여야 한다.

⑦ 제1항부터 제6항까지의 규정에 따른 안전진단의 대상·기준·실시기관·지정절차 및 수수료 등에 필요한 사항은 대통령령으로 정한다.

제13조【안전진단 결과의 적정성 검토】 ① 정비계획의 입안권자(특별자치시장 및 특별자치도지사는 제외한다. 이하 이 조에서 같다)는 제12조제6항에 따라 정비계획의 입안 여부를 결정한 경우에는 지체 없이 특별시장·광역시장·도지사에게 결정내용과 해당 안전진단 결과보고서를 제출하여야 한다.

② 특별시장·광역시장·특별자치시장·도지사·특별자치도지사(이하 "시·도지사"라 한다)는 필요한 경우 「국토안전관리원법」에 따른 국토안전관리원 또는 「과학기술분야 정부출연연구기관 등의 설립·운영 및 육성에 관한 법률」에 따른 한국건설기술연구원에 안전진단 결과의 적정성에 대한 검토를 의뢰할 수 있다.(2020.6.9 본항개정)

③ 국토교통부장관은 시·도지사에게 안전진단 결과보고서의 제출을 요청할 수 있으며, 필요한 경우 시·도지사에게 안전진단 결과의 적정성에 대한 검토를 요청할 수 있다.(2020.6.9 본항개정)

④ 시·도지사는 제2항 및 제3항에 따른 검토결과에 따라 정비계획의 입안권자에게 정비계획 입안결정의 취소 등 필요한 조치를 요청할 수 있으며, 정비계획의 입안권자는 특별한 사유가 없으면 그 요청에 따라야 한다. 다만, 특별자치시장 및 특별자치도지사는 직접 정비계획의 입안결정의 취소 등 필요한 조치를 할 수 있다.

⑤ 제1항부터 제4항까지의 규정에 따른 안전진단 결과의 평가 등에 필요한 사항은 대통령령으로 정한다.

제13조의2【정비구역의 지정을 위한 정비계획의 입안 요청 등】 ① 토지등소유자는 다음 각 호의 어느 하나에 해당하는 경우에는 정비계획의 입안권자에게 정비구역의 지정을 위한 정비계획의 입안을 요청할 수 있다.

1. 제5조제1항제10호에 따른 단계별 정비사업 추진계획상 정비예정구역별 정비계획의 입안시기가 지났음에도 불구하고 정비계획이 입안되지 아니한 경우
2. 제5조제2항에 따라 기본계획에 같은 조 제1항제9호 및 제10호에 따른 사항을 생략한 경우
3. 천재지변 등 대통령령으로 정하는 불가피한 사유로 긴급하게 정비사업을 시행할 필요가 있다고 판단되는 경우

② 정비계획의 입안권자는 제1항의 요청이 있는 경우에는 요청일부터 4개월 이내에 정비계획의 입안 여부를 결정하여 토지등소유자 및 정비구역의 지정권자에게 알려야 한다. 다만, 정비계획의 입안권자는 정비계획의 입안 여부의 결정 기한을 2개월의 범위에서 한 차례만 연장할 수 있다.

③ 정비구역의 지정권자는 다음 각 호의 어느 하나에 해당하는 경우에는 토지이용, 주택건설 및 기반시설의 설치 등에 관한 기본방향(이하 "정비계획의 기본방향"이라 한다)을 작성하여 정비계획의 입안권자에게 제시하여야 한다.

1. 제2항에 따라 정비계획의 입안권자가 토지등소유자에게 정비계획을 입안하기로 통지한 경우
2. 제5조제1항제10호에 따른 단계별 정비사업 추진계획에 따라 정비계획의 입안권자가 요청하는 경우
3. 제12조제6항에 따라 정비계획의 입안권자가 정비계획을 입안하기로 결정한 경우로서 대통령령으로 정하는 경우
4. 정비계획을 변경하는 경우로서 대통령령으로 정하는 경우

④ 제1항부터 제3항까지에서 규정한 사항 외에 정비구역의 지정요청을 위한 요청서의 작성, 토지등소유자의 동의, 요청서의 처리 및 정비계획의 기본방향 작성을 위하여 필요한 사항은 대통령령으로 정한다.
(2023.7.18 본조신설)

제14조【정비계획의 입안 제안】 ① 토지등소유자(제5호의 경우에는 제26조제1항제1호 및 제27조제1항제1호에 따라 사업시행자가 되려는 자를 말한다)는 다음 각 호의 어느 하나에 해당하는 경우에는 정비계획의 입안권자에게 정비계획의 입안을 제안할 수 있다.

1. 제5조제1항제10호에 따른 단계별 정비사업 추진계획상 정비예정구역별 정비계획의 입안시기가 지났음에도 불구하고 정비계획이 입안되지 아니하거나 같은 호에 따른 정비예정구역별 정비계획의 수립시기를 정하고 있지 아니한 경우
2. 토지등소유자가 제26조제1항제7호 및 제8호에 따라 토지주택공사등을 사업시행자로 지정 요청하려는 경우
3. 대도시가 아닌 시 또는 군으로서 시·도조례로 정하는 경우
4. 정비사업을 통하여 공공지원민간임대주택을 공급하거나 임대할 목적으로 주택을 주택임대관리업자에게 위탁하려는 경우로서 제9조제1항제10호 각 목을 포함하는 정비계획의 입안을 요청하려는 경우(2018.1.16 본호개정)
5. 제26조제1항제1호 및 제27조제1항제1호에 따라 정비사업을 시행하려는 경우
6. 토지등소유자(조합이 설립된 경우에는 조합원을 말한다. 이하 이 호에서 같다)가 3분의 2 이상의 동의로 정비계획의 변경을 요청하는 경우. 다만, 제15조제3항에 따른 경미한 사항을 변경하는 경우에는 토지등소유자의 동의절차를 거치지 아니한다.
7. 토지등소유자가 공공재개발사업 또는 공공재건축사업을 추진하려는 경우(2021.4.13 본호신설)

② 정비계획 입안의 제안을 위한 토지등소유자의 동의, 제안서의 처리 등에 필요한 사항은 대통령령으로 정한다.

제15조【정비계획 입안을 위한 주민의견청취 등】 ① 정비계획의 입안권자는 정비계획을 입안하거나 변경하려면 주민에게 서면으로 통보한 후 주민설명회 및 30일 이상 주민에게 공람하여 의견을 들어야 하며, 제시된 의견이 타당하다고 인정되면 이를 정비계획에 반영하여야 한다.

② 정비계획의 입안권자는 제1항에 따른 주민공람과 함께 지방의회의 의견을 들어야 한다. 이 경우 지방의회는 정비계획의 입안권자가 정비계획을 통지한 날부터 60일 이내에 의견을 제시하여야 하며, 의견제시 없이 60일이 지난 경우 이의가 없는 것으로 본다.

③ 제1항 및 제2항에도 불구하고 대통령령으로 정하는 경미한 사항을 변경하는 경우에는 주민에 대한 서면통보, 주민설명회, 주민공람 및 지방의회의 의견청취 절차를 거치지 아니할 수 있다.

④ 정비계획의 입안권자는 제97조, 제98조, 제101조 등에 따라 정비기반시설 및 국유·공유재산의 귀속 및 처분에 관한 사항이 포함된 정비계획을 입안하려면 미리 해당 정비기반시설 및 국유·공유재산의 관리청의 의견을 들어야 한다.

제16조【정비계획의 결정 및 정비구역의 지정·고시】 ① 정비구역의 지정권자는 정비구역을 지정하거나 변경지정하려면 지방도시계획위원회의 심의를 거쳐야 한다. 다만, 제15조제3항에 따른 경미한 사항을 변경하는 경우에는 지방도시계획위원회의 심의를 거치지 아니할 수 있다.
(2018.6.12 본문개정)

② 정비구역의 지정권자는 정비구역을 지정(변경지정을 포함한다. 이하 같다)하거나 정비계획을 결정(변경결정을 포함한다. 이하 같다)한 때에는 정비계획을 포함한 정비구역 지정의 내용을 해당 지방자치단체의 공보에 고시하여야 한다. 이 경우 지형도면 고시 등에 대하여는 「토지이용규제 기본법」 제8조에 따른다.(2020.6.9 후단개정)

③ 정비구역의 지정권자는 제2항에 따라 정비계획을 포함한 정비구역을 지정·고시한 때에는 국토교통부령으로 정하는 방법 및 절차에 따라 국토교통부장관에게 그 지정의 내용을 보고하여야 하며, 관계 서류를 일반인이 열람할 수 있도록 하여야 한다.

제17조【정비구역 지정·고시의 효력 등】 ① 제16조제2항 전단에 따라 정비구역의 지정·고시가 있는 경우 해당 정비구역 및 정비계획 중 「국토의 계획 및 이용에 관한 법률」 제52조제1항 각 호의 어느 하나에 해당하는 사항은 같은 법 제50조에 따라 지구단위계획구역 및 지구단위계획으로 결정·고시된 것으로 본다.(2018.6.12 본항개정)

② 「국토의 계획 및 이용에 관한 법률」에 따른 지구단위계획구역에 대하여 제9조제1항 각 호의 사항을 모두 포함한 지구단위계획을 결정·고시(변경 결정·고시하는 경우를 포함한다)하는 경우 해당 지구단위계획구역은 정비구역으로 지정·고시된 것으로 본다.

③ 정비계획을 통한 토지의 효율적 활용을 위하여 「국토의 계획 및 이용에 관한 법률」 제52조제3항에 따른 건폐율·용적률 등의 완화규정은 제9조제1항에 따른 정비계획에 준용한다. 이 경우 "지구단위계획구역"은 "정비구역"으로, "지구단위계획"은 "정비계획"으로 본다.

④ 제3항에도 불구하고 용적률이 완화되는 경우로서 사업시행자가 정비구역에 있는 대지의 가액 일부에 해당하는 금액을 현금으로 납부한 경우에는 대통령령으로 정하는 공공시설 또는 기반시설(이하 이 항에서 "공공시설등"이라 한다)의 부지를 제공하거나 공공시설등을 설치하여 제공한 것으로 본다.

⑤ 제4항에 따른 현금납부 및 부과 방법 등에 필요한 사항은 대통령령으로 정한다.

제18조【정비구역의 분할, 통합 및 결합】 ① 정비구역의 지정권자는 정비사업의 효율적인 추진 또는 도시의 경관보호를 위하여 필요하다고 인정하는 경우에는 다음 각 호의 방법에 따라 정비구역을 지정할 수 있다.

1. 하나의 정비구역을 둘 이상의 정비구역으로 분할
2. 서로 연접한 정비구역을 하나의 정비구역으로 통합
3. 서로 연접하지 아니한 둘 이상의 구역(제8조제1항에 따라 대통령령으로 정하는 요건에 해당하는 구역으로 한정한다) 또는 정비구역을 하나의 정비구역으로 결합

② 제1항에 따라 정비구역을 분할·통합하거나 서로 떨어진 구역을 하나의 정비구역으로 결합하여 지정하려는 경우 시행 방법과 절차에 관한 세부사항은 시·도조례로 정한다.

제19조【행위제한 등】 ① 정비구역에서 다음 각 호의 어느 하나에 해당하는 행위를 하려는 자는 시장·군수등의 허가를 받아야 한다. 허가받은 사항을 변경하려는 때에도 또한 같다.

1. 건축물의 건축
2. 공작물의 설치
3. 토지의 형질변경
4. 토석의 채취
5. 토지분할
6. 물건을 쌓아 놓는 행위
7. 그 밖에 대통령령으로 정하는 행위

② 다음 각 호의 어느 하나에 해당하는 행위는 제1항에도 불구하고 허가를 받지 아니하고 할 수 있다.

1. 재해복구 또는 재난수습에 필요한 응급조치를 위한 행위
2. 기존 건축물의 붕괴 등 안전사고의 우려가 있는 경우 해당 건축물에 대한 안전조치를 위한 행위(2019.4.23 본호신설)
3. 그 밖에 대통령령으로 정하는 행위

③ 제1항에 따라 허가를 받아야 하는 행위로서 정비구역의 지정 및 고시 당시 이미 관계 법령에 따라 행위허가를 받았거나 허가를 받을 필요가 없는 행위에 관하여 그 공사 또는 사업에 착수한 자는 대통령령으로 정하는 바에 따라 시장·군수등에게 신고한 후 이를 계속 시행할 수 있다.

④ 시장·군수등은 제1항을 위반한 자에게 원상회복을 명할 수 있다. 이 경우 명령을 받은 자가 그 의무를 이행하지 아니하는 때에는 시장·군수등은 「행정대집행법」에 따라 대집행할 수 있다.

⑤ 제1항에 따른 허가에 관하여 이 법에 규정된 사항을 제외하고는 「국토의 계획 및 이용에 관한 법률」 제57조부터 제60조까지 및 제62조를 준용한다.

⑥ 제1항에 따라 허가를 받은 경우에는 「국토의 계획 및 이용에 관한 법률」 제56조에 따라 허가를 받은 것으로 본다.

⑦ 국토교통부장관, 시·도지사, 시장, 군수 또는 구청장(자치구의 구청장을 말한다. 이하 같다)은 비경제적인 건축행위 및 투기 수요의 유입을 막기 위하여 제6조제1항에 따라 기본계획을 공람 중인 정비예정구역 또는 정비계획을 수립 중인 지역에 대하여 3년 이내의 기간(1년의 범위에서 한 차례만 연장할 수 있다)을 정하여 대통령령으로 정하는 방법과 절차에 따라 다음 각 호의 행위를 제한할 수 있다.

1. 건축물의 건축
2. 토지의 분할
3. 「건축법」 제38조에 따른 건축물대장 중 일반건축물대장을 집합건축물대장으로 전환(2024.1.30 본호신설)
4. 「건축법」 제38조에 따른 건축물대장 중 집합건축물대장의 전유부분 분할(2024.1.30 본호신설)

⑧ 정비예정구역 또는 정비구역(이하 "정비구역등"이라 한다)에서는 「주택법」 제2조제11호가목에 따른 지역주택조합의 조합원을 모집해서는 아니 된다.(2018.6.12 본항신설)

제20조【정비구역등의 해제】 ① 정비구역의 지정권자는 다음 각 호의 어느 하나에 해당하는 경우에는 정비구역등을 해제하여야 한다.(2018.6.12 본문개정)

1. 정비예정구역에 대하여 기본계획에서 정한 정비구역 지정 예정일부터 3년이 되는 날까지 특별자치시장, 특별자치도지사, 시장 또는 군수가 정비구역을 지정하지 아니하거나 구청장등이 정비구역의 지정을 신청하지 아니하는 경우
2. 재개발사업·재건축사업[제35조에 따른 조합(이하 "조합"이라 한다)이 시행하는 경우로 한정한다]이 다음 각 목의 어느 하나에 해당하는 경우
   가. 토지등소유자가 정비구역으로 지정·고시된 날부터 2년이 되는 날까지 제31조에 따른 조합설립추진위원회(이하 "추진위원회"라 한다)의 승인을 신청하지 아니하는 경우
   나. 토지등소유자가 정비구역으로 지정·고시된 날부터 3년이 되는 날까지 제35조에 따른 조합설립인가(이하 "조합설립인가"라 한다)를 신청하지 아니하는 경우(제31조제4항에 따라 추진위원회를 구성하지 아니하는 경우로 한정한다)
   다. 추진위원회가 추진위원회 승인일부터 2년이 되는 날까지 조합설립인가를 신청하지 아니하는 경우
   라. 조합이 조합설립인가를 받은 날부터 3년이 되는 날까지 제50조에 따른 사업시행계획인가(이하 "사업시행계획인가"라 한다)를 신청하지 아니하는 경우
3. 토지등소유자가 시행하는 재개발사업으로서 토지등소유자가 정비구역으로 지정·고시된 날부터 5년이 되는 날까지 사업시행계획인가를 신청하지 아니하는 경우

② 구청장등은 제1항 각 호의 어느 하나에 해당하는 경우에는 특별시장·광역시장에게 정비구역등의 해제를 요청하여야 한다.

③ 특별자치시장, 특별자치도지사, 시장, 군수 또는 구청장등이 다음 각 호의 어느 하나에 해당하는 경우에는 30일 이상 주민에게 공람하여 의견을 들어야 한다.
1. 제1항에 따라 정비구역등을 해제하는 경우
2. 제2항에 따라 정비구역등의 해제를 요청하는 경우

④ 특별자치시장, 특별자치도지사, 시장, 군수 또는 구청장등은 제3항에 따른 주민공람을 하는 경우에는 지방의회의 의견을 들어야 한다. 이 경우 지방의회는 특별자치시장, 특별자치도지사, 시장, 군수 또는 구청장등이 정비구역등의 해제에 관한 계획을 통지한 날부터 60일 이내에 의견을 제시하여야 하며, 의견제시 없이 60일이 지난 경우 이의가 없는 것으로 본다.

⑤ 정비구역의 지정권자는 제1항부터 제4항까지의 규정에 따라 정비구역등의 해제를 요청받거나 정비구역등을 해제하려면 지방도시계획위원회의 심의를 거쳐야 한다. 다만, 「도시재정비 촉진을 위한 특별법」 제5조에 따른 재정비촉진지구에서는 같은 법 제34조에 따른 도시재정비위원회(이하 "도시재정비위원회"라 한다)의 심의를 거쳐 정비구역등을 해제하여야 한다.(2021.4.13 단서개정)

⑥ 제1항에도 불구하고 정비구역의 지정권자는 다음 각 호의 어느 하나에 해당하는 경우에는 제1항제1호부터 제3호까지의 규정에 따른 해당 기간을 2년의 범위에서 연장하여 정비구역등을 해제하지 아니할 수 있다.
1. 정비구역등의 토지등소유자(조합을 설립한 경우에는 조합원을 말한다)가 100분의 30 이상의 동의로 제1항제1호부터 제3호까지의 규정에 따른 해당 기간이 도래하기 전까지 연장을 요청하는 경우
2. 정비사업의 추진 상황으로 보아 주거환경의 계획적 정비 등을 위하여 정비구역등의 존치가 필요하다고 인정하는 경우

⑦ 정비구역의 지정권자는 제5항에 따라 정비구역등을 해제하는 경우(제6항에 따라 해제하지 아니한 경우를 포함한다)에는 그 사실을 해당 지방자치단체의 공보에 고시하고 국토교통부장관에게 통보하여야 하며, 관계 서류를 일반인이 열람할 수 있도록 하여야 한다.

제21조【정비구역등의 직권해제】 ① 정비구역의 지정권자는 다음 각 호의 어느 하나에 해당하는 경우 지방도시계획위원회의 심의를 거쳐 정비구역등을 해제할 수 있다. 이 경우 제1호 및 제2호에 따른 구체적인 기준 등에 필요한 사항은 시·도조례로 정한다.
1. 정비사업의 시행으로 토지등소유자에게 과도한 부담이 발생할 것으로 예상되는 경우
2. 정비구역등의 추진 상황으로 보아 지정 목적을 달성할 수 없다고 인정되는 경우
3. 토지등소유자의 100분의 30 이상이 정비구역등(추진위원회가 구성되지 아니한 구역으로 한정한다)의 해제를 요청하는 경우
4. 제23조제1항제1호에 따른 방법으로 시행 중인 주거환경개선사업의 정비구역이 지정·고시된 날부터 10년 이상 지나고, 추진 상황으로 보아 지정 목적을 달성할 수 없다고 인정되는 경우로서 토지등소유자의 과반수가 정비구역의 해제에 동의하는 경우(2020.6.9 본호개정)
5. 추진위원회 구성 또는 조합 설립에 동의한 토지등소유자의 2분의 1 이상 3분의 2 이하의 범위에서 시·도조례로 정하는 비율 이상의 동의로 정비구역의 해제를 요청하는 경우(사업시행계획인가를 신청하지 아니한 경우로 한정한다)(2019.4.23 본호신설)
6. 추진위원회가 구성되거나 조합이 설립된 정비구역에서 토지등소유자 과반수의 동의로 정비구역의 해제를 요청하는 경우(사업시행계획인가를 신청하지 아니한 경우로 한정한다)(2019.4.23 본호신설)

② 제1항에 따른 정비구역등의 해제의 절차에 관하여는 제20조제3항부터 제5항까지 및 제7항을 준용한다.

③ 제1항에 따라 정비구역등을 해제하여 추진위원회 구성승인 또는 조합설립인가가 취소되는 경우 정비구역의 지정권자는 해당 추진위원회 또는 조합이 사용한 비용의 일부를 대통령령으로 정하는 범위에서 시·도조례로 정하는 바에 따라 보조할 수 있다.

제21조의2【도시재생선도지역 지정 요청】 제20조 또는 제21조에 따라 정비구역등이 해제된 경우 정비구역의 지정권자는 해제된 정비구역등을 「도시재생 활성화 및 지원에 관한 특별법」에 따른 도시재생선도지역으로 지정하도록 국토교통부장관에게 요청할 수 있다.
(2019.4.23 본조신설)

제22조【정비구역등 해제의 효력】 ① 제20조 및 제21조에 따라 정비구역등이 해제된 경우에는 정비계획으로 변경된 용도지역, 정비기반시설 등은 정비구역 지정 이전의 상태로 환원된 것으로 본다. 다만, 제21조제1항제4호의 경우 정비구역의 지정권자는 정비기반시설의 설치 등 해당 정비사업의 추진 상황에 따라 환원되는 범위를 제한할 수 있다.

② 제20조 및 제21조에 따라 정비구역등(재개발사업 및 재건축사업을 시행하려는 경우로 한정한다. 이하 이 항에서 같다)이 해제된 경우 정비구역의 지정권자는 해제된 정비구역등을 제23조제1항제1호의 방법으로 시행하는 주거환경개선구역(주거환경개선사업을 시행하는 정비구역을 말한다. 이하 같다)으로 지정할 수 있다. 이 경우 주거환경개선구역으로 지정된 구역은 제7조에 따른 기본계획에 반영된 것으로 본다.

③ 제20조제7항 및 제21조제2항에 따라 정비구역등이 해제·고시된 경우 추진위원회 구성승인 또는 조합설립인가는 취소된 것으로 보고, 시장·군수등은 해당 지방자치단체의 공보에 그 내용을 고시하여야 한다.

제3장 정비사업의 시행

제1절 정비사업의 시행방법 등

제23조【정비사업의 시행방법】 ① 주거환경개선사업은 다음 각 호의 어느 하나에 해당하는 방법 또는 이를 혼용하는 방법으로 한다.
1. 제24조에 따른 사업시행자가 정비구역에서 정비기반시설 및 공동이용시설을 새로 설치하거나 확대하고 토지등소유자가 스스로 주택을 보전·정비하거나 개량하는 방법
2. 제24조에 따른 사업시행자가 제63조에 따라 정비구역의 전부 또는 일부를 수용하여 주택을 건설한 후 토지등소유자에게 우선 공급하거나 대지를 토지등소유자 또는 토지등소유자 외의 자에게 공급하는 방법
3. 제24조에 따른 사업시행자가 제69조제2항에 따라 환지로 공급하는 방법
4. 제24조에 따른 사업시행자가 정비구역에서 제74조에 따라 인가받은 관리처분계획에 따라 주택 및 부대시설·복리시설을 건설하여 공급하는 방법

② 재개발사업은 정비구역에서 제74조에 따라 인가받은 관리처분계획에 따라 건축물을 건설하여 공급하거나 제69조제2항에 따라 환지로 공급하는 방법으로 한다.

③ 재건축사업은 정비구역에서 제74조에 따라 인가받은 관리처분계획에 따라 주택, 부대시설·복리시설 및 오피스텔(「건축법」 제2조제2항에 따른 오피스텔을 말한다. 이하 같다)을 건설하여 공급하는 방법으로 한다. 다만, 주택단지에 있지 아니하는 건축물의 경우에는 지형여건·주변의 환경으로 보아 사업 시행상 불가피한 경우로서 정비구역으로 보는 사업에 한정한다.

④ 제3항에 따라 오피스텔을 건설하여 공급하는 경우에는 「국토의 계획 및 이용에 관한 법률」에 따른 준주거지역 및 상업지역에서만 건설할 수 있다. 이 경우 오피스텔의 연면적은 전체 건축물 연면적의 100분의 30 이하이어야 한다.

제24조【주거환경개선사업의 시행자】 ① 제23조제1항 제1호에 따른 방법으로 시행하는 주거환경개선사업은 시장·군수등이 직접 시행하되, 토지주택공사등을 사업시행자로 지정하여 시행하게 하려는 경우에는 제15조제1항에 따른 공람공고일 현재 토지등소유자의 과반수의 동의를 받아야 한다.

② 제23조제1항제2호부터 제4호까지의 규정에 따른 방법으로 시행하는 주거환경개선사업은 시장·군수등이 직접 시행하거나 다음 각 호에서 정한 자에게 시행하게 할 수 있다.
1. 시장·군수등이 다음 각 목의 어느 하나에 해당하는 자를 사업시행자로 지정하는 경우
   가. 토지주택공사등
   나. 주거환경개선사업을 시행하기 위하여 국가, 지방자치단체, 토지주택공사등 또는 「공공기관의 운영에 관한 법률」 제4조에 따른 공공기관이 총지분의 100분의 50을 초과하는 출자로 설립한 법인
2. 시장·군수등이 제1호에 해당하는 자와 다음 각 목의 어느 하나에 해당하는 자를 공동시행자로 지정하는 경우
   가. 「건설산업기본법」 제9조에 따른 건설업자(이하 "건설업자"라 한다)
   나. 「주택법」 제7조제1항에 따라 건설업자로 보는 등록사업자(이하 "등록사업자"라 한다)

③ 제2항에 따라 시행하려는 경우에는 제15조제1항에 따른 공람공고일 현재 해당 정비예정구역의 토지 또는 건축물의 소유자 또는 지상권자의 3분의 2 이상의 동의와 세입자(제15조제1항에 따른 공람공고일 3개월 전부터 해당 정비예정구역에 3개월 이상 거주하고 있는 자를 말한다) 세대수의 과반수의 동의를 각각 받아야 한다. 다만, 세입자의 세대수가 토지등소유자의 2분의 1 이하인 경우 등 대통령령으로 정하는 사유가 있는 경우에는 세입자의 동의절차를 거치지 아니할 수 있다.

④ 시장·군수등은 천재지변, 그 밖의 불가피한 사유로 건축물이 붕괴할 우려가 있어 긴급히 정비사업을 시행할 필요가 있다고 인정하는 경우에는 제1항 및 제3항에도 불구하고 토지등소유자 및 세입자의 동의 없이 자신이 직접 시행하거나 토지주택공사등을 사업시행자로 지정하여 시행하게 할 수 있다. 이 경우 시장·군수등은 지체 없이 토지등소유자에게 긴급한 정비사업의 시행 사유·방법 및 시기 등을 통보하여야 한다.

제25조【재개발사업·재건축사업의 시행자】 ① 재개발사업은 다음 각 호의 어느 하나에 해당하는 방법으로 시행할 수 있다.
1. 조합이 시행하거나 조합이 조합원의 과반수의 동의를 받아 시장·군수등, 토지주택공사등, 건설업자, 등록사업자 또는 대통령령으로 정하는 요건을 갖춘 자와 공동으로 시행하는 방법
2. 토지등소유자가 20인 미만인 경우에는 토지등소유자가 시행하거나 토지등소유자가 토지등소유자의 과반수의 동의를 받아 시장·군수등, 토지주택공사등, 건설업자, 등록사업자 또는 대통령령으로 정하는 요건을 갖춘 자와 공동으로 시행하는 방법

② 재건축사업은 조합이 시행하거나 조합이 조합원의 과반수의 동의를 받아 시장·군수등, 토지주택공사등, 건설업자 또는 등록사업자와 공동으로 시행할 수 있다.

제26조【재개발사업·재건축사업의 공공시행자】 ① 시장·군수등은 재개발사업 및 재건축사업이 다음 각 호의 어느 하나에 해당하는 때에는 제25조에도 불구하고 직접 정비사업을 시행하거나 토지주택공사등(토지주택공사등이 건설업자 또는 등록사업자와 공동으로 시행하는 경우를 포함한다)을 사업시행자로 지정하여 정비사업을 시행하게 할 수 있다.
1. 천재지변, 「재난 및 안전관리 기본법」 제27조 또는 「시설물의 안전 및 유지관리에 관한 특별법」 제23조에 따른 사용제한·사용금지, 그 밖의 불가피한 사유로 긴급하게 정비사업을 시행할 필요가 있다고 인정하는 때
2. 제16조제2항 전단에 따라 고시된 정비계획에서 정한 정비사업시행 예정일부터 2년 이내에 사업시행계획인가를 신청하지 아니하거나 사업시행계획인가를 신청한 내용이 위법 또는 부당하다고 인정하는 때(재건축사업의 경우는 제외한다)(2018.6.12 본호개정)
3. 추진위원회가 시장·군수등의 구성승인을 받은 날부터 3년 이내에 조합설립인가를 신청하지 아니하거나 조합이 조합설립인가를 받은 날부터 3년 이내에 사업시행계획인가를 신청하지 아니한 때
4. 지방자치단체의 장이 시행하는 「국토의 계획 및 이용에 관한 법률」 제2조제11호에 따른 도시·군계획사업과 병행하여 정비사업을 시행할 필요가 있다고 인정하는 때
5. 제59조제1항에 따른 순환정비방식으로 정비사업을 시행할 필요가 있다고 인정하는 때
6. 제113조에 따라 사업시행계획인가가 취소된 때
7. 해당 정비구역의 국·공유지 면적 또는 국·공유지와 토지주택공사등이 소유한 토지를 합한 면적이 전체 토지면적의 2분의 1 이상으로서 토지등소유자의 과반수가 시장·군수등 또는 토지주택공사등을 사업시행자로 지정하는 것에 동의하는 때
8. 해당 정비구역의 토지면적 2분의 1 이상의 토지소유자와 토지등소유자의 3분의 2 이상에 해당하는 자가 시장·군수등 또는 토지주택공사등을 사업시행자로 지정할 것을 요청하는 때. 이 경우 제14조제1항제2호에 따라 토지등소유자가 정비계획의 입안을 제안한 경우 입안제안에 동의한 토지등소유자는 토지주택공사등의 사업시행자 지정에 동의한 것으로 본다. 다만, 사업시행자의 지정 요청 전에 시장·군수등 및 제47조에 따른 주민대표회의에 사업시행자의 지정에 대한 반대의 의사표시를 한 토지등소유자의 경우에는 그러하지 아니하다.

② 시장·군수등은 제1항에 따라 직접 정비사업을 시행하거나 토지주택공사등을 사업시행자로 지정하는 때에는 정비사업 시행구역 등 토지등소유자에게 알릴 필요가 있는 사항으로서 대통령령으로 정하는 사항을 해당 지방자치단체의 공보에 고시하여야 한다. 다만, 제1항제1호의 경우에는 토지등소유자에게 지체 없이 정비사업의 시행 사유·시기 및 방법 등을 통보하여야 한다.

③ 제2항에 따라 시장·군수등이 직접 정비사업을 시행하거나 토지주택공사등을 사업시행자로 지정·고시한 때에는 그 고시일 다음 날에 추진위원회의 구성승인 또

는 조합설립인가가 취소된 것으로 본다. 이 경우 시장·군수등은 해당 지방자치단체의 공보에 해당 내용을 고시하여야 한다.

제27조【재개발사업·재건축사업의 지정개발자】 ① 시장·군수등은 재개발사업 및 재건축사업이 다음 각 호의 어느 하나에 해당하는 때에는 토지등소유자, 「사회기반시설에 대한 민간투자법」 제2조제12호에 따른 민관합동법인 또는 신탁업자로서 대통령령으로 정하는 요건을 갖춘 자(이하 "지정개발자"라 한다)를 사업시행자로 지정하여 정비사업을 시행하게 할 수 있다.

1. 천재지변, 「재난 및 안전관리 기본법」 제27조 또는 「시설물의 안전 및 유지관리에 관한 특별법」 제23조에 따른 사용제한·사용금지, 그 밖의 불가피한 사유로 긴급하게 정비사업을 시행할 필요가 있다고 인정하는 때
2. 제16조제2항 전단에 따라 고시된 정비계획에서 정한 정비사업시행 예정일부터 2년 이내에 사업시행계획인가를 신청하지 아니하거나 사업시행계획인가를 신청한 내용이 위법 또는 부당하다고 인정하는 때(재건축사업의 경우는 제외한다)(2018.6.12 본호개정)
3. 제35조에 따른 재개발사업 및 재건축사업의 조합설립을 위한 동의요건 이상에 해당하는 자가 신탁업자를 사업시행자로 지정하는 것에 동의하는 때

② 시장·군수등은 제1항에 따라 지정개발자를 사업시행자로 지정하는 때에는 정비사업 시행구역 등 토지등소유자에게 알릴 필요가 있는 사항으로서 대통령령으로 정하는 사항을 해당 지방자치단체의 공보에 고시하여야 한다. 다만, 제1항제1호의 경우에는 토지등소유자에게 지체 없이 정비사업의 시행 사유·시기 및 방법 등을 통보하여야 한다.

③ 신탁업자는 제1항제3호에 따른 사업시행자 지정에 필요한 동의를 받기 전에 다음 각 호에 관한 사항을 토지등소유자에게 제공하여야 한다.

1. 토지등소유자별 분담금 추산액 및 산출근거
2. 그 밖에 추정분담금의 산출 등과 관련하여 시·도조례로 정하는 사항

④ 제1항제3호에 따른 토지등소유자의 동의는 국토교통부령으로 정하는 동의서에 동의를 받는 방법으로 한다. 이 경우 동의서에는 다음 각 호의 사항이 모두 포함되어야 한다.

1. 건설되는 건축물의 설계의 개요
2. 건축물의 철거 및 새 건축물의 건설에 드는 공사비 등 정비사업에 드는 비용(이하 "정비사업비"라 한다)
3. 정비사업비의 분담기준(신탁업자에게 지급하는 신탁보수 등의 부담에 관한 사항을 포함한다)
4. 사업 완료 후 소유권의 귀속
5. 정비사업의 시행방법 등에 필요한 시행규정
6. 신탁계약의 내용

⑤ 제2항에 따라 시장·군수등이 지정개발자를 사업시행자로 지정·고시한 때에는 그 고시일 다음 날에 추진위원회의 구성승인 또는 조합설립인가가 취소된 것으로 본다. 이 경우 시장·군수등은 해당 지방자치단체의 공보에 해당 내용을 고시하여야 한다.

⑥ 국토교통부장관은 신탁업자와 토지등소유자 상호 간의 공정한 계약의 체결을 위하여 대통령령으로 정하는 바에 따라 표준 계약서 및 표준 시행규정을 마련하여 그 사용을 권장할 수 있다.(2023.7.18 본항신설)

제28조【재개발사업·재건축사업의 사업대행자】 ① 시장·군수등은 다음 각 호의 어느 하나에 해당하는 경우에는 해당 조합 또는 토지등소유자를 대신하여 직접 정비사업을 시행하거나 토지주택공사등 또는 지정개발자에게 해당 조합 또는 토지등소유자를 대신하여 정비사업을 시행하게 할 수 있다.

1. 장기간 정비사업이 지연되거나 권리관계에 관한 분쟁 등으로 해당 조합 또는 토지등소유자가 시행하는 정비사업을 계속 추진하기 어렵다고 인정하는 경우
2. 토지등소유자(조합을 설립한 경우에는 조합원을 말한다)의 과반수 동의로 요청하는 경우

② 제1항에 따라 정비사업을 대행하는 시장·군수등, 토지주택공사등 또는 지정개발자(이하 "사업대행자"라 한다)는 사업시행자에게 청구할 수 있는 보수 또는 비용의 상환에 대한 권리로써 사업시행자에게 귀속될 대지 또는 건축물을 압류할 수 있다.

③ 제1항에 따라 정비사업을 대행하는 경우 사업대행의 개시결정, 그 결정의 고시 및 효과, 사업대행자의 업무집행, 사업대행의 완료와 그 고시 등에 필요한 사항은 대통령령으로 정한다.

제29조【계약의 방법 및 시공자 선정 등】 ① 추진위원장 또는 사업시행자(청산인을 포함한다)는 이 법 또는 다른 법령에 특별한 규정이 있는 경우를 제외하고는 계약(공사, 용역, 물품구매 및 제조 등을 포함한다. 이하 같다)을 체결하려면 일반경쟁에 부쳐야 한다. 다만, 계약규모, 재난의 발생 등 대통령령으로 정하는 경우에는 입찰 참가자를 지명(指名)하여 경쟁에 부치거나 수의계약(隨意契約)으로 할 수 있다.(2017.8.9 본항신설)

② 제1항 본문에 따라 일반경쟁의 방법으로 계약을 체결하는 경우로서 대통령령으로 정하는 규모를 초과하는 계약은 「전자조달의 이용 및 촉진에 관한 법률」 제2조제4호의 국가종합전자조달시스템(이하 "전자조달시스템"이라 한다)을 이용하여야 한다.(2017.8.9 본항신설)

③ 제1항 및 제2항에 따라 계약을 체결하는 경우 계약의 방법 및 절차 등에 필요한 사항은 국토교통부장관이 정하여 고시한다.(2017.8.9 본항신설)

④ 조합은 조합설립인가를 받은 후 조합총회에서 제1항에 따라 경쟁입찰 또는 수의계약(2회 이상 경쟁입찰이 유찰된 경우로 한정한다)의 방법으로 건설업자 또는 등록사업자를 시공자로 선정하여야 한다. 다만, 대통령령으로 정하는 규모 이하의 정비사업은 조합총회에서 정관으로 정하는 바에 따라 선정할 수 있다.

⑤ 토지등소유자가 제25조제1항제2호에 따라 재개발사업을 시행하는 경우에는 제1항에도 불구하고 사업시행계획인가를 받은 후 제2조제11호나목에 따른 규약에 따라 건설업자 또는 등록사업자를 시공자로 선정하여야 한다.

⑥ 시장·군수등이 제26조제1항 및 제27조제1항에 따라 직접 정비사업을 시행하거나 토지주택공사등 또는 지정개발자를 사업시행자로 지정한 경우 사업시행자는 제26조제2항 및 제27조제2항에 따른 사업시행자 지정·고시 후 제1항에 따른 경쟁입찰 또는 수의계약의 방법으로 건설업자 또는 등록사업자를 시공자로 선정하여야 한다.

⑦ 제6항에 따라 시공자를 선정하거나 제23조제1항제4호의 방법으로 시행하는 주거환경개선사업의 사업시행자가 시공자를 선정하는 경우 제47조에 따른 주민대표회의 또는 제48조에 따른 토지등소유자 전체회의는 대통령령으로 정하는 경쟁입찰 또는 수의계약(2회 이상 경쟁입찰이 유찰된 경우로 한정한다)의 방법으로 시공자를 추천할 수 있다.

⑧ 조합은 제4항에 따른 시공자 선정을 위한 입찰에 참가하는 건설업자 또는 등록사업자가 토지등소유자에게 시공에 관한 정보를 제공할 수 있도록 합동설명회를 2회 이상 개최하여야 한다.(2023.12.26 본항신설)

⑨ 제8항에 따른 합동설명회의 개최 방법이나 시기 등은 국토교통부령으로 정한다.(2023.12.26 본항신설)

⑩ 제7항에 따라 주민대표회의 또는 토지등소유자 전체회의가 시공자를 추천한 경우 사업시행자는 추천받은 자를 시공자로 선정하여야 한다. 이 경우 시공자와의 계약에 관해서는 「지방자치단체를 당사자로 하는 계약에 관한 법률」 제9조 또는 「공공기관의 운영에 관한 법률」 제39조를 적용하지 아니한다.

⑪ 사업시행자(사업대행자를 포함한다)는 제4항부터 제7항까지 및 제10항에 따라 선정된 시공자와 공사에 관한 계약을 체결할 때에는 기존 건축물의 철거 공사(「석면안전관리법」에 따른 석면 조사·해체·제거를 포함한다)에 관한 사항을 포함시켜야 한다.(2023.12.26 본항개정)

(2017.8.9 본조개정)

제29조의2【공사비 검증 요청 등】 ① 재개발사업·재건축사업의 사업시행자(시장·군수등 또는 토지주택공사등이 단독 또는 공동으로 정비사업을 시행하는 경우는 제외한다)는 시공자와 계약 체결 후 다음 각 호의 어느 하나에 해당하는 때에는 제114조에 따른 정비사업 지원기구에 공사비 검증을 요청하여야 한다.

1. 토지등소유자 또는 조합원 5분의 1 이상이 사업시행자에게 검증 의뢰를 요청하는 경우
2. 공사비의 증액 비율(당초 계약금액 대비 누적 증액 규모의 비율로서 생산자물가상승률은 제외한다)이 다음 각 목의 어느 하나에 해당하는 경우
   가. 사업시행계획인가 이전에 시공자를 선정한 경우 : 100분의 10 이상
   나. 사업시행계획인가 이후에 시공자를 선정한 경우 : 100분의 5 이상
3. 제1호 또는 제2호에 따른 공사비 검증이 완료된 이후 공사비의 증액 비율(검증 당시 계약금액 대비 누적 증액 규모의 비율로서 생산자물가상승률은 제외한다)이 100분의 3 이상인 경우

② 제1항에 따른 공사비 검증의 방법 및 절차, 검증 수수료, 그 밖에 필요한 사항은 국토교통부장관이 정하여 고시한다.

(2019.4.23 본조신설)

제30조【임대사업자의 선정】 ① 사업시행자는 공공지원민간임대주택을 원활히 공급하기 위하여 국토교통부장관이 정하는 경쟁입찰의 방법 또는 수의계약(2회 이상 경쟁입찰이 유찰된 경우와 공공재개발사업을 통해 건설·공급되는 공공지원민간임대주택을 국가가 출자·설립한 법인 등 대통령령으로 정한 자에게 매각하는 경우로 한정한다)의 방법으로 「민간임대주택에 관한 특별법」 제2조제7호에 따른 임대사업자(이하 "임대사업자"라 한다)를 선정할 수 있다.(2021.4.13 본항개정)

② 제1항에 따른 임대사업자의 선정절차 등에 필요한 사항은 국토교통부장관이 정하여 고시할 수 있다.

(2018.1.16 본조개정)

제2절 조합설립추진위원회 및 조합의 설립 등

제31조【조합설립추진위원회의 구성·승인】 ① 조합을 설립하려는 경우에는 제16조에 따른 정비구역 지정·고시 후 다음 각 호의 사항에 대하여 토지등소유자 과반수의 동의를 받아 조합설립을 위한 추진위원회를 구성하여 국토교통부령으로 정하는 방법과 절차에 따라 시장·군수등의 승인을 받아야 한다.

1. 추진위원회 위원장(이하 "추진위원장"이라 한다)을 포함한 5명 이상의 추진위원회 위원(이하 "추진위원"이라 한다)
2. 제34조제1항에 따른 운영규정

② 제1항에 따라 추진위원회의 구성에 동의한 토지등소유자(이하 이 조에서 "추진위원회 동의자"라 한다)는 제35조제1항부터 제5항까지의 규정에 따른 조합의 설립에 동의한 것으로 본다. 다만, 조합설립인가를 신청하기 전에 시장·군수등 및 추진위원회에 조합설립에 대한 반대의 의사표시를 한 추진위원회 동의자의 경우에는 그러하지 아니하다.

③ 제1항에 따른 토지등소유자의 동의를 받으려는 자는 대통령령으로 정하는 방법 및 절차에 따라야 한다. 이 경우 동의를 받기 전에 제2항의 내용을 설명·고지하여야 한다.

④ 정비사업에 대하여 제118조에 따른 공공지원을 하려는 경우에는 추진위원회를 구성하지 아니할 수 있다. 이 경우 조합설립 방법 및 절차 등에 필요한 사항은 대통령령으로 정한다.

제32조【추진위원회의 기능】 ① 추진위원회는 다음 각 호의 업무를 수행할 수 있다.

1. 제102조에 따른 정비사업전문관리업자(이하 "정비사업전문관리업자"라 한다)의 선정 및 변경
2. 설계자의 선정 및 변경
3. 개략적인 정비사업 시행계획서의 작성
4. 조합설립인가를 받기 위한 준비업무
5. 그 밖에 조합설립을 추진하기 위하여 대통령령으로 정하는 업무

② 추진위원회가 정비사업전문관리업자를 선정하려는 경우에는 제31조에 따라 추진위원회 승인을 받은 후 제29조제1항에 따른 경쟁입찰 또는 수의계약(2회 이상 경쟁입찰이 유찰된 경우로 한정한다)의 방법으로 선정하여야 한다.(2017.8.9 본항개정)

③ 추진위원회는 제35조제2항, 제3항 및 제5항에 따른 조합설립인가를 신청하기 전에 대통령령으로 정하는 방법 및 절차에 따라 조합설립을 위한 창립총회를 개최하여야 한다.

④ 추진위원회가 제1항에 따라 수행하는 업무의 내용이 토지등소유자의 비용부담을 수반하거나 권리·의무에 변동을 발생시키는 경우로서 대통령령으로 정하는 사항에 대하여는 그 업무를 수행하기 전에 대통령령으로 정하는 비율 이상의 토지등소유자의 동의를 받아야 한다.

제33조【추진위원회의 조직】 ① 추진위원회는 추진위원회를 대표하는 추진위원장 1명과 감사를 두어야 한다.

② 추진위원의 선출에 관한 선거관리는 제41조제3항을 준용한다. 이 경우 "조합"은 "추진위원회"로, "조합임원"은 "추진위원"으로 본다.

③ 토지등소유자는 제34조에 따른 추진위원회의 운영규정에 따라 추진위원회에 추진위원의 교체 및 해임을 요구할 수 있으며, 추진위원장이 사임, 해임, 임기만료, 그 밖에 불가피한 사유 등으로 직무를 수행할 수 없는 때부터 6개월 이상 선임되지 아니한 경우 그 업무의 대행에 관하여는 제41조제5항 단서를 준용한다. 이 경우 "조합임원"은 "추진위원장"으로 본다.

④ 제3항에 따른 추진위원의 교체·해임 절차 등에 필요한 사항은 제34조제1항에 따른 운영규정에 따른다.

⑤ 추진위원의 결격사유는 제43조제1항부터 제3항까지를 준용한다. 이 경우 "조합"은 "추진위원회"로, "조합임원"은 "추진위원"으로, "제35조에 따른 조합설립 인가권자"는 "제31조에 따른 추진위원회 승인권자"로 본다.

(2023.7.18 후단개정)

제34조【추진위원회의 운영】 ① 국토교통부장관은 추진위원회의 공정한 운영을 위하여 다음 각 호의 사항을 포함한 추진위원회의 운영규정을 정하여 고시하여야 한다.

1. 추진위원의 선임방법 및 변경
2. 추진위원의 권리·의무
3. 추진위원회의 업무범위
4. 추진위원회의 운영방법
5. 토지등소유자의 운영경비 납부
6. 추진위원회 운영자금의 차입
7. 그 밖에 추진위원회의 운영에 필요한 사항으로서 대통령령으로 정하는 사항

② 추진위원회는 운영규정에 따라 운영하여야 하며, 토지등소유자는 운영에 필요한 경비를 운영규정에 따라 납부하여야 한다.

③ 추진위원회는 수행한 업무를 제44조에 따른 총회(이하 "총회"라 한다)에 보고하여야 하며, 그 업무와 관련된 권리·의무는 조합이 포괄승계한다.

④ 추진위원회는 사용경비를 기재한 회계장부 및 관계 서류를 조합설립인가일부터 30일 이내에 조합에 인계하여야 한다.

⑤ 추진위원회의 운영에 필요한 사항은 대통령령으로 정한다.

제35조【조합설립인가 등】 ① 시장·군수등, 토지주택공사등 또는 지정개발자가 아닌 자가 정비사업을 시행하려는 경우에는 토지등소유자로 구성된 조합을 설립하여야 한다. 다만, 제25조제1항제2호에 따라 토지등소유자가 재개발사업을 시행하려는 경우에는 그러하지 아니하다.

② 재개발사업의 추진위원회(제31조제4항에 따라 추진위원회를 구성하지 아니하는 경우에는 토지등소유자를 말한다)가 조합을 설립하려면 토지등소유자의 4분의 3

이상 및 토지면적의 2분의 1 이상의 토지소유자의 동의를 받아 다음 각 호의 사항을 첨부하여 시장·군수등의 인가를 받아야 한다.
1. 정관
2. 정비사업비와 관련된 자료 등 국토교통부령으로 정하는 서류
3. 그 밖에 시·도조례로 정하는 서류
③ 재건축사업의 추진위원회(제31조제4항에 따라 추진위원회를 구성하지 아니하는 경우에는 토지등소유자를 말한다)가 조합을 설립하려는 때에는 주택단지의 공동주택의 각 동(복리시설의 경우에는 주택단지의 복리시설 전체를 하나의 동으로 본다)별 구분소유자의 과반수 동의(공동주택의 각 동별 구분소유자가 5 이하인 경우는 제외한다)와 주택단지의 전체 구분소유자의 4분의 3 이상 및 토지면적의 4분의 3 이상의 토지소유자의 동의를 받아 제2항 각 호의 사항을 첨부하여 시장·군수등의 인가를 받아야 한다.
④ 제3항에도 불구하고 주택단지가 아닌 지역이 정비구역에 포함된 때에는 주택단지가 아닌 지역의 토지 또는 건축물 소유자의 4분의 3 이상 및 토지면적의 3분의 2 이상의 토지소유자의 동의를 받아야 한다.(2019.4.23 후단삭제)
⑤ 제2항 및 제3항에 따라 설립된 조합이 인가받은 사항을 변경하고자 하는 때에는 총회에서 조합원의 3분의 2 이상의 찬성으로 의결하고, 제2항 각 호의 사항을 첨부하여 시장·군수등의 인가를 받아야 한다. 다만, 대통령령으로 정하는 경미한 사항을 변경하려는 때에는 총회의 의결 없이 시장·군수등에게 신고하고 변경할 수 있다.
⑥ 시장·군수등은 제5항 단서에 따른 신고를 받은 날부터 20일 이내에 신고수리 여부를 신고인에게 통지하여야 한다.(2021.3.16 본항신설)
⑦ 시장·군수등이 제6항에서 정한 기간 내에 신고수리 여부 또는 민원 처리 관련 법령에 따른 처리기간의 연장을 신고인에게 통지하지 아니하면 그 기간(민원 처리 관련 법령에 따라 처리기간이 연장 또는 재연장된 경우에는 해당 처리기간을 말한다)이 끝난 날의 다음 날에 신고를 수리한 것으로 본다.(2021.3.16 본항신설)
⑧ 조합이 정비사업을 시행하는 경우 「주택법」 제54조를 적용할 때에는 조합을 같은 법 제2조제10호에 따른 사업주체로 보며, 조합설립인가일부터 같은 법 제4조에 따른 주택건설사업 등의 등록을 한 것으로 본다.
⑨ 제2항부터 제5항까지의 규정에 따른 토지등소유자에 대한 동의의 대상 및 절차, 조합설립 신청 및 인가 절차, 인가받은 사항의 변경 등에 필요한 사항은 대통령령으로 정한다.
⑩ 추진위원회는 조합설립에 필요한 동의를 받기 전에 추정분담금 등 대통령령으로 정하는 정보를 토지등소유자에게 제공하여야 한다.

제36조【토지등소유자의 동의방법 등】 ① 다음 각 호에 대한 동의(동의한 사항의 철회 또는 제26조제1항제8호 단서, 제31조제2항 단서 및 제47조제4항 단서에 따른 반대의 의사표시를 포함한다)는 서면동의서에 토지등소유자가 성명을 적고 지장(指章)을 날인하는 방법으로 하며, 주민등록증, 여권 등 신원을 확인할 수 있는 신분증명서의 사본을 첨부하여야 한다.
1. 제20조제6항제1호에 따라 정비구역등 해제의 연장을 요청하는 경우
2. 제21조제1항제4호에 따라 정비구역의 해제에 동의하는 경우
3. 제24조제1항에 따라 주거환경개선사업의 시행자를 토지주택공사등으로 지정하는 경우
4. 제25조제1항제2호에 따라 토지등소유자가 재개발사업을 시행하려는 경우
5. 제26조 또는 제27조에 따라 재개발사업·재건축사업의 공공시행자 또는 지정개발자를 지정하는 경우
6. 제31조제1항에 따라 조합설립을 위한 추진위원회를 구성하는 경우
7. 제32조제4항에 따라 추진위원회의 업무가 토지등소유자의 비용부담을 수반하거나 권리·의무에 변동을 가져오는 경우
8. 제35조제2항부터 제5항까지의 규정에 따라 조합을 설립하는 경우
9. 제47조제3항에 따라 주민대표회의를 구성하는 경우
10. 제50조제6항에 따라 사업시행계획인가를 신청하는 경우(2021.3.16 본호개정)
11. 제58조제3항에 따라 사업시행자가 사업시행계획서를 작성하려는 경우
② 제1항에도 불구하고 토지등소유자가 해외에 장기체류하거나 법인인 경우 등 불가피한 사유가 있다고 시장·군수등이 인정하는 경우에는 토지등소유자의 인감도장을 찍은 서면동의서에 해당 인감증명서를 첨부하는 방법으로 할 수 있다.
③ 제1항 및 제2항에 따라 서면동의서를 작성하는 경우 제31조제1항 및 제35조제2항부터 제4항까지의 규정에 해당하는 때에는 시장·군수등이 대통령령으로 정하는 방법에 따라 검인(檢印)한 서면동의서를 사용하여야 하며, 검인을 받지 아니한 서면동의서는 그 효력이 발생하지 아니한다.
④ 제1항, 제2항 및 제12조에 따른 토지등소유자의 동의자 수 산정 방법 및 절차 등에 필요한 사항은 대통령령으로 정한다.

제36조의2【토지등소유자가 시행하는 재개발사업에서의 토지등소유자의 동의자 수 산정에 관한 특례】 ① 정비구역 지정·고시(변경지정·고시는 제외한다. 이하 이 항에서 같다) 이후 제25조제1항제2호에 따라 토지등소유자가 재개발사업을 시행하는 경우 토지등소유자의 동의자 수를 산정하는 기준일은 다음 각 호의 구분에 따른다.
1. 제14조제1항제6호에 따라 정비계획의 변경을 제안하는 경우 : 정비구역 지정·고시가 있는 날
2. 제50조제6항에 따라 사업시행계획인가를 신청하는 경우 : 사업시행계획인가를 신청하기 직전의 정비구역 변경지정·고시가 있는 날(정비구역 변경지정이 없거나 정비구역 지정·고시 후에 정비사업을 목적으로 취득한 토지 또는 건축물에 대해서는 정비구역 지정·고시가 있는 날을 말한다)
② 제1항에 따른 토지등소유자의 동의자 수를 산정함에 있어 같은 항 각 호의 구분에 따른 산정기준일 이후 1명의 토지등소유자로부터 토지 또는 건축물의 소유권이나 지상권을 양수하여 여러 명이 소유하게 된 때에는 그 여러 명을 대표하는 1명을 토지등소유자로 본다.
(2022.6.10 본조신설)

제37조【토지등소유자의 동의서 재사용의 특례】 ① 조합설립인가(변경인가를 포함한다. 이하 이 조에서 같다)를 받은 후에 동의서 위조, 동의 철회, 동의율 미달 또는 동의자 수 산정방법에 관한 하자 등으로 다툼이 있는 경우로서 다음 각 호의 어느 하나에 해당하는 때에는 동의서의 유효성에 다툼이 없는 토지등소유자의 동의서를 다시 사용할 수 있다.
1. 조합설립인가의 무효 또는 취소소송 중에 일부 동의서를 추가 또는 보완하여 조합설립변경인가를 신청하는 때
2. 법원의 판결로 조합설립인가의 무효 또는 취소가 확정되어 조합설립인가를 다시 신청하는 때
② 조합(제1항제2호의 경우에는 추진위원회를 말한다)이 제1항에 따른 토지등소유자의 동의서를 다시 사용하려면 다음 각 호의 요건을 충족하여야 한다.
1. 토지등소유자에게 기존 동의서를 다시 사용할 수 있다는 취지와 반대 의사표시의 절차 및 방법을 설명·고지할 것
2. 제1항제2호의 경우에는 다음 각 목의 요건
 가. 조합설립인가의 무효 또는 취소가 확정된 조합과 새롭게 설립하려는 조합이 추진하려는 정비사업의 목적과 방식이 동일할 것
 나. 조합설립인가의 무효 또는 취소가 확정된 날부터 3년의 범위에서 대통령령으로 정하는 기간 내에 새로운 조합을 설립하기 위한 창립총회를 개최할 것
③ 제1항에 따른 토지등소유자의 동의서 재사용의 요건(정비사업의 내용 및 정비계획의 변경범위 등을 포함한다), 방법 및 절차 등에 필요한 사항은 대통령령으로 정한다.

제38조【조합의 법인격 등】 ① 조합은 법인으로 한다.
② 조합은 조합설립인가를 받은 날부터 30일 이내에 주된 사무소의 소재지에서 대통령령으로 정하는 사항을 등기하는 때에 성립한다.
③ 조합은 명칭에 "정비사업조합"이라는 문자를 사용하여야 한다.

제39조【조합원의 자격 등】 ① 제25조에 따른 정비사업의 조합원(사업시행자가 신탁업자인 경우에는 위탁자를 말한다. 이하 이 조에서 같다)은 토지등소유자(재건축사업의 경우에는 재건축사업에 동의한 자만 해당한다)로 하되, 다음 각 호의 어느 하나에 해당하는 때에는 그 여러 명을 대표하는 1명을 조합원으로 본다. 다만, 「지방자치분권 및 지역균형발전에 관한 특별법」 제25조에 따른 공공기관지방이전 및 혁신도시 활성화를 위한 시책 등에 따라 이전하는 공공기관이 소유한 토지 또는 건축물을 양수한 경우 양수한 자(공유의 경우 대표자 1명을 말한다)를 조합원으로 본다.(2023.6.9 단서개정)
1. 토지 또는 건축물의 소유권과 지상권이 여러 명의 공유에 속하는 때
2. 여러 명의 토지등소유자가 1세대에 속하는 때. 이 경우 동일한 세대별 주민등록표 상에 등재되어 있지 아니한 배우자 및 미혼인 19세 미만의 직계비속은 1세대로 보며, 1세대로 구성된 여러 명의 토지등소유자가 조합설립인가 후 세대를 분리하여 동일한 세대에 속하지 아니하는 때에도 이혼 및 19세 이상 자녀의 분가(세대별 주민등록을 달리하고, 실거주지를 분가한 경우로 한정한다)를 제외하고는 1세대로 본다.
3. 조합설립인가(조합설립인가 전에 제27조제1항제3호에 따라 신탁업자를 사업시행자로 지정한 경우에는 사업시행자의 지정을 말한다. 이하 이 조에서 같다) 후 1명의 토지등소유자로부터 토지 또는 건축물의 소유권이나 지상권을 양수하여 여러 명이 소유하게 된 때
(2017.8.9 본호개정)
② 「주택법」 제63조제1항에 따른 투기과열지구(이하 "투기과열지구"라 한다)로 지정된 지역에서 재건축사업을 시행하는 경우에는 조합설립인가 후, 재개발사업을 시행하는 경우에는 제74조에 따른 관리처분계획의 인가 후 해당 정비사업의 건축물 또는 토지를 양수(매매·증여, 그 밖의 권리의 변동을 수반하는 모든 행위를 포함하되, 상속·이혼으로 인한 양도·양수의 경우는 제외한다. 이하 이 조에서 같다)한 자는 제1항에도 불구하고 조합원이 될 수 없다. 다만, 양도인이 다음 각 호의 어느 하나에 해당하는 경우 그 양도인으로부터 그 건축물 또는 토지를 양수한 자는 그러하지 아니하다.(2020.6.9 본문개정)
1. 세대원(세대주가 포함된 세대의 구성원을 말한다. 이하 이 조에서 같다)의 근무상 또는 생업상의 사정이나 질병치료(「의료법」 제3조에 따른 의료기관의 장이 1년 이상의 치료나 요양이 필요하다고 인정하는 경우로 한정한다)·취학·결혼으로 세대원이 모두 해당 사업구역에 위치하지 아니한 특별시·광역시·특별자치시·특별자치도·시 또는 군으로 이전하는 경우(2017.10.24 본호개정)
2. 상속으로 취득한 주택으로 세대원 모두 이전하는 경우
3. 세대원 모두 해외로 이주하거나 세대원 모두 2년 이상 해외에 체류하려는 경우
4. 1세대(제1항제2호에 따라 1세대에 속하는 때를 말한다) 1주택자로서 양도하는 주택에 대한 소유기간 및 거주기간이 대통령령으로 정하는 기간 이상인 경우
(2017.10.24 본호신설)
5. 제80조에 따른 지분형주택을 공급받기 위하여 건축물 또는 토지를 토지주택공사등과 공유하려는 경우
(2021.4.13 본호신설)
6. 공공임대주택, 「공공주택 특별법」에 따른 공공분양주택의 공급 및 대통령령으로 정하는 사업을 목적으로 건축물 또는 토지를 양수하려는 공공재개발사업 시행자에게 양도하려는 경우(2021.4.13 본호신설)
7. 그 밖에 불가피한 사정으로 양도하는 경우로서 대통령령으로 정하는 경우
③ 사업시행자는 제2항 각 호 외의 부분 본문에 따라 조합원의 자격을 취득할 수 없는 경우 정비사업의 토지, 건축물 또는 그 밖의 권리를 취득한 자에게 제73조를 준용하여 손실보상을 하여야 한다.

제40조【정관의 기재사항 등】 ① 조합의 정관에는 다음 각 호의 사항이 포함되어야 한다.
1. 조합의 명칭 및 사무소의 소재지
2. 조합원의 자격
3. 조합원의 제명·탈퇴 및 교체
4. 정비구역의 위치 및 면적
5. 제41조에 따른 조합의 임원(이하 "조합임원"이라 한다)의 수 및 업무의 범위
6. 조합임원의 권리·의무·보수·선임방법·변경 및 해임
7. 대의원의 수, 선임방법, 선임절차 및 대의원회의 의결방법
8. 조합의 비용부담 및 조합의 회계
9. 정비사업의 시행연도 및 시행방법
10. 총회의 소집 절차·시기 및 의결방법
11. 총회의 개최 및 조합원의 총회소집 요구
12. 제73조제3항에 따른 이자 지급
13. 정비사업비의 부담 시기 및 절차
14. 정비사업이 종결된 때의 청산절차(제86조의2에 따른 조합의 해산 이후 청산인의 보수 등 청산 업무에 필요한 사항을 포함한다)(2023.12.26 본호개정)
15. 청산금의 징수·지급의 방법 및 절차
16. 시공자·설계자의 선정 및 계약서에 포함될 내용
17. 정관의 변경절차
18. 그 밖에 정비사업의 추진 및 조합의 운영을 위하여 필요한 사항으로서 대통령령으로 정하는 사항
② 시·도지사는 제1항 각 호의 사항이 포함된 표준정관을 작성하여 보급할 수 있다.(2019.4.23 본항개정)
③ 조합이 정관을 변경하려는 경우에는 제35조제2항부터 제5항까지의 규정에도 불구하고 총회를 개최하여 조합원 과반수의 찬성으로 시장·군수등의 인가를 받아야 한다. 다만, 제1항제2호·제3호·제4호·제8호·제13호 또는 제16호의 경우에는 조합원 3분의 2 이상의 찬성으로 한다.
④ 제3항에도 불구하고 대통령령으로 정하는 경미한 사항을 변경하려는 때에는 이 법 또는 정관으로 정하는 방법에 따라 변경하고 시장·군수등에게 신고하여야 한다.
⑤ 시장·군수등은 제4항에 따른 신고를 받은 날부터 20일 이내에 신고수리 여부를 신고인에게 통지하여야 한다.
(2021.3.16 본항신설)
⑥ 시장·군수등이 제5항에서 정한 기간 내에 신고수리 여부 또는 민원 처리 관련 법령에 따른 처리기간의 연장을 신고인에게 통지하지 아니하면 그 기간(민원 처리 관련 법령에 따라 처리기간이 연장 또는 재연장된 경우에는 해당 처리기간을 말한다)이 끝난 날의 다음 날에 신고를 수리한 것으로 본다.(2021.3.16 본항신설)

판례 대규모 재건축사업에서 재건축정비사업조합이 아파트와 상가를 분리하여 개발이익과 비용을 별도로 정산하고 상가협의회가 상가에 관한 관리처분계획안의 내용을 자율적으로 마련하는 것을 보장한다는 내용으로 상가협의회와 합의하는 경우, 이러한 내용은 원칙적으로 조합의 정관에 규정하여야 하는 사항이다. 다만 이러한 내용을 조합이 채택하기로 결정하는 조합 총회의 결의가 정관 변경의 요건을 완전히 갖추지는 못했다면 형식적으로 정관이 변경된 것은 아니지만, 총회결의로서 유효하게 성립하였고 정관 변경을 위한 실질적인 의결정족수를 갖췄다면 적어도 조합 내부적으로 업무집행기관을 구속하는 규범으로서의 효력은 가진다고 보아야 한다.
(대판 2018.3.13, 2016두35281)

제41조【조합의 임원】 ① 조합은 조합원으로서 정비구역에 위치한 건축물 또는 토지(재건축사업의 경우에는 건축물과 그 부속토지를 말한다. 이하 이 항에서 같다)를

소유한 자[하나의 건축물 또는 토지의 소유권을 다른 사람과 공유한 경우에는 가장 많은 지분을 소유(2인 이상의 공유자가 가장 많은 지분을 소유한 경우를 포함한다)한 경우로 한정한다] 중 다음 각 호의 어느 하나의 요건을 갖춘 조합장 1명과 이사, 감사를 임원으로 둔다. 이 경우 조합장은 선임일부터 제74조제1항에 따른 관리처분계획인가를 받을 때까지는 해당 정비구역에서 거주(영업을 하는 자의 경우 영업을 말한다. 이하 이 조 및 제43조에서 같다)하여야 한다.
1. 정비구역에 위치한 건축물 또는 토지를 5년 이상 소유할 것
2. 정비구역에서 거주하고 있는 자로서 선임일 직전 3년 동안 정비구역에서 1년 이상 거주할 것
3. (2019.4.23 삭제)
(2023.7.18 본항개정)
② 조합의 이사와 감사의 수는 대통령령으로 정하는 범위에서 정관으로 정한다.
③ 조합은 총회 의결을 거쳐 조합임원의 선출에 관한 선거관리를 「선거관리위원회법」 제3조에 따라 선거관리위원회에 위탁할 수 있다.
④ 조합임원의 임기는 3년 이하의 범위에서 정관으로 정하되, 연임할 수 있다.
⑤ 조합임원의 선출방법 등은 정관으로 정한다. 다만, 시장·군수등은 다음 각 호의 어느 하나에 해당하는 경우 시·도조례로 정하는 바에 따라 변호사·회계사·기술사 등으로서 대통령령으로 정하는 요건을 갖춘 자를 전문조합관리인으로 선정하여 조합임원의 업무를 대행하게 할 수 있다.(2019.4.23 단서개정)
1. 조합임원이 사임, 해임, 임기만료, 그 밖에 불가피한 사유 등으로 직무를 수행할 수 없는 때부터 6개월 이상 선임되지 아니한 경우
2. 총회에서 조합원 과반수의 출석과 출석 조합원 과반수의 동의로 전문조합관리인의 선정을 요청하는 경우
(2019.4.23 1호~2호신설)
⑥ 제5항에 따른 전문조합관리인의 선정절차, 업무집행 등에 필요한 사항은 대통령령으로 정한다.

제42조【조합임원의 직무 등】 ① 조합장은 조합을 대표하고, 그 사무를 총괄하며, 총회 또는 제46조에 따른 대의원회의 의장이 된다.
② 제1항에 따라 조합장이 대의원회의 의장이 되는 경우에는 대의원으로 본다.
③ 조합장 또는 이사가 자기를 위하여 조합과 계약이나 소송을 할 때에는 감사가 조합을 대표한다.
④ 조합임원은 같은 목적의 정비사업을 하는 다른 조합의 임원 또는 직원을 겸할 수 없다.

제43조【조합임원 등의 결격사유 및 해임】 ① 다음 각 호의 어느 하나에 해당하는 자는 조합임원 또는 전문조합관리인이 될 수 없다.(2019.4.23 본문개정)
1. 미성년자·피성년후견인 또는 피한정후견인
2. 파산선고를 받고 복권되지 아니한 자
3. 금고 이상의 실형을 선고받고 그 집행이 종료(종료된 것으로 보는 경우를 포함한다)되거나 집행이 면제된 날부터 2년이 지나지 아니한 자(2020.6.9 본호개정)
4. 금고 이상의 형의 집행유예를 받고 그 유예기간 중에 있는 자
5. 이 법을 위반하여 벌금 100만원 이상의 형을 선고받고 10년이 지나지 아니한 자(2019.4.23 본호개정)
6. 제35조에 따른 조합설립 인가권자에 해당하는 지방자치단체의 장, 지방의회의원 또는 그 배우자·직계존속·직계비속(2023.7.18 본호신설)
② 조합임원이 다음 각 호의 어느 하나에 해당하는 경우에는 당연 퇴임한다.(2019.4.23 본문개정)
1. 제1항 각 호의 어느 하나에 해당하게 되거나 선임 당시 그에 해당하는 자이었음이 밝혀진 경우(2020.6.9 본호개정)
2. 조합임원이 제41조제1항에 따른 자격요건을 갖추지 못한 경우(2019.4.23 본호신설)
③ 제2항에 따라 퇴임된 임원이 퇴임 전에 관여한 행위는 그 효력을 잃지 아니한다.
④ 조합임원은 제44조제2항에도 불구하고 조합원 10분의 1 이상의 요구로 소집된 총회에서 조합원 과반수의 출석과 출석 조합원 과반수의 동의를 받아 해임할 수 있다. 이 경우 요구자 대표로 선출된 자가 해임 총회의 소집 및 진행을 할 때에는 조합장의 권한을 대행한다.
⑤ 제41조제5항제2호에 따라 시장·군수등이 전문조합관리인을 선정한 경우 전문조합관리인이 업무를 대행할 임원은 당연 퇴임한다.(2019.4.23 본항신설)
(2019.4.23 본조제목개정)

제43조의2【벌금형의 분리 선고】 「형법」 제38조에도 불구하고 이 법 제135조부터 제138조까지에 규정된 죄와 다른 죄의 경합범(競合犯)에 대하여 벌금형을 선고하는 경우에는 이를 분리하여 선고하여야 한다.(2021.8.10 본조신설)

제44조【총회의 소집】 ① 조합에는 조합원으로 구성되는 총회를 둔다.
② 총회는 조합장이 직권으로 소집하거나 조합원 5분의 1 이상(정관의 기재사항 중 제40조제1항제6호에 따른 조합임원의 권리·의무·보수·선임방법·변경 및 해임에 관한 사항을 변경하기 위한 총회의 경우는 10분의 1 이상으로 한다) 또는 대의원 3분의 2 이상의 요구로 조합장이 소집하며, 조합원 또는 대의원의 요구로 총회를 소집하는 경우 조합은 소집을 요구하는 자가 본인인지 여부를 대통령령으로 정하는 기준에 따라 정관으로 정하는 방법으로 확인하여야 한다.(2023.7.18 본항개정)
③ 제2항에도 불구하고 조합임원의 사임, 해임 또는 임기만료 후 6개월 이상 조합임원이 선임되지 아니한 경우에는 시장·군수등이 조합임원 선출을 위한 총회를 소집할 수 있다.
④ 제2항 및 제3항에 따라 총회를 소집하려는 자는 총회가 개최되기 7일 전까지 회의 목적·안건·일시 및 장소와 제45조제5항에 따른 서면의결권의 행사기간 및 장소 등 서면의결권 행사에 필요한 사항을 정하여 조합원에게 통지하여야 한다.(2021.8.10 본항개정)
⑤ 총회의 소집 절차·시기 등에 필요한 사항은 정관으로 정한다.

제45조【총회의 의결】 ① 다음 각 호의 사항은 총회의 의결을 거쳐야 한다.
1. 정관의 변경(제40조제4항에 따른 경미한 사항의 변경은 이 법 또는 정관에서 총회의결사항으로 정한 경우로 한정한다)
2. 자금의 차입과 그 방법·이자율 및 상환방법
3. 정비사업비의 세부 항목별 사용계획이 포함된 예산안 및 예산의 사용내역(2019.4.23 본호개정)
4. 예산으로 정한 사항 외에 조합원에게 부담이 되는 계약
5. 시공자·설계자 및 감정평가법인등(제74조제4항에 따라 시장·군수등이 선정·계약하는 감정평가법인등은 제외한다)의 선정 및 변경. 다만, 감정평가법인등 선정 및 변경은 총회의 의결을 거쳐 시장·군수등에게 위탁할 수 있다.(2021.3.16 본문개정)
6. 정비사업전문관리업자의 선정 및 변경
7. 조합임원의 선임 및 해임
8. 정비사업비의 조합원별 분담내역
9. 제52조에 따른 사업시행계획서의 작성 및 변경(제50조제1항 본문에 따른 정비사업의 중지 또는 폐지에 관한 사항을 포함하며, 같은 항 단서에 따른 경미한 변경은 제외한다)
10. 제74조에 따른 관리처분계획의 수립 및 변경(제74조제1항 각 호 외의 부분 단서에 따른 경미한 변경은 제외한다)
10의2. 제86조의2에 따른 조합의 해산과 조합 해산 시의 회계보고(2022.6.10 본호신설)
11. 제89조에 따른 청산금의 징수·지급(분할징수·분할지급을 포함한다)(2022.6.10 본호개정)
12. 제93조에 따른 비용의 금액 및 징수방법
13. 그 밖에 조합원에게 경제적 부담을 주는 사항 등 주요한 사항을 결정하기 위하여 대통령령 또는 정관으로 정하는 사항
② 제1항 각 호의 사항 중 이 법 또는 정관에 따라 조합원의 동의가 필요한 사항은 총회에 상정하여야 한다.
③ 총회의 의결은 이 법 또는 정관에 다른 규정이 없으면 조합원 과반수의 출석과 출석 조합원의 과반수 찬성으로 한다.
④ 제1항제9호 및 제10호의 경우에는 조합원 과반수의 찬성으로 의결한다. 다만, 정비사업비가 100분의 10(생산자물가상승률분, 제73조에 따른 손실보상 금액은 제외한다) 이상 늘어나는 경우에는 조합원 3분의 2 이상의 찬성으로 의결하여야 한다.
⑤ 조합원은 서면으로 의결권을 행사하거나 다음 각 호의 어느 하나에 해당하는 경우에는 대리인을 통하여 의결권을 행사할 수 있다. 서면으로 의결권을 행사하는 경우에는 정족수를 산정할 때에 출석한 것으로 본다.
1. 조합원이 권한을 행사할 수 없어 배우자, 직계존비속 또는 형제자매 중에서 성년자를 대리인으로 정하여 위임장을 제출하는 경우
2. 해외에 거주하는 조합원이 대리인을 지정하는 경우
3. 법인인 토지등소유자가 대리인을 지정하는 경우. 이 경우 법인의 대리인은 조합임원 또는 대의원으로 선임될 수 있다.
⑥ 조합은 제5항에 따른 서면의결권을 행사하는 자가 본인인지를 확인하여야 한다.(2021.8.10 본항신설)
⑦ 총회의 의결은 조합원의 100분의 10 이상이 직접 출석(제5항 각 호의 어느 하나에 해당하여 대리인을 통하여 의결권을 행사하는 경우 직접 출석한 것으로 본다. 이하 이 조에서 같다)하여야 한다. 다만, 시공자의 선정을 의결하는 총회의 경우에는 조합원의 과반수가 직접 출석하여야 하고, 창립총회, 시공자 선정 취소를 위한 총회, 사업시행계획서의 작성 및 변경, 관리처분계획의 수립 및 변경을 의결하는 총회 등 대통령령으로 정하는 총회의 경우에는 조합원의 100분의 20 이상이 직접 출석하여야 한다.
(2023.7.18 단서개정)
⑧ 제5항에도 불구하고 「재난 및 안전관리 기본법」 제3조제1호에 따른 재난의 발생 등 대통령령으로 정하는 사유가 발생하여 시장·군수등이 조합원의 직접 출석이 어렵다고 인정하는 경우에는 전자적 방법(「전자문서 및 전자거래 기본법」 제2조제2호에 따른 정보처리시스템을 사용하거나 그 밖의 정보통신기술을 이용하는 방법을 말한다)으로 의결권을 행사할 수 있다. 이 경우 정족수를 산정할 때에는 직접 출석한 것으로 본다.(2021.8.10 본항신설)
⑨ 총회의 의결방법, 서면의결권 행사 및 본인확인방법 등에 필요한 사항은 정관으로 정한다.(2021.8.10 본항개정)

제46조【대의원회】 ① 조합원의 수가 100명 이상인 조합은 대의원회를 두어야 한다.
② 대의원회는 조합원의 10분의 1 이상으로 구성한다. 다만, 조합원의 10분의 1이 100명을 넘는 경우에는 조합원의 10분의 1의 범위에서 100명 이상으로 구성할 수 있다.
③ 조합장이 아닌 조합임원은 대의원이 될 수 없다.
④ 대의원회는 총회의 의결사항 중 대통령령으로 정하는 사항 외에는 총회의 권한을 대행할 수 있다.
⑤ 대의원의 수, 선임방법, 선임절차 및 대의원회의 의결방법 등은 대통령령으로 정하는 범위에서 정관으로 정한다.

제47조【주민대표회의】 ① 토지등소유자가 시장·군수등 또는 토지주택공사등의 사업시행을 원하는 경우에는 정비구역 지정·고시 후 주민대표기구(이하 "주민대표회의"라 한다)를 구성하여야 한다.
② 주민대표회의는 위원장을 포함하여 5명 이상 25명 이하로 구성한다.
③ 주민대표회의는 토지등소유자의 과반수의 동의를 받아 구성하며, 국토교통부령으로 정하는 방법 및 절차에 따라 시장·군수등의 승인을 받아야 한다.
④ 제3항에 따라 주민대표회의의 구성에 동의한 자는 제26조제1항제8호 후단에 따른 사업시행자의 지정에 동의한 것으로 본다. 다만, 사업시행자의 지정 요청 전에 시장·군수등 및 주민대표회의에 사업시행자의 지정에 대한 반대의 의사표시를 한 토지등소유자의 경우에는 그러하지 아니하다.
⑤ 주민대표회의 또는 세입자(상가세입자를 포함한다. 이하 같다)는 사업시행자가 다음 각 호의 사항에 관하여 제53조에 따른 시행규정을 정하는 때에 의견을 제시할 수 있다. 이 경우 사업시행자는 주민대표회의 또는 세입자의 의견을 반영하기 위하여 노력하여야 한다.
1. 건축물의 철거
2. 주민의 이주(세입자의 퇴거에 관한 사항을 포함한다)
3. 토지 및 건축물의 보상(세입자에 대한 주거이전비 등 보상에 관한 사항을 포함한다)
4. 정비사업비의 부담
5. 세입자에 대한 임대주택의 공급 및 입주자격
6. 그 밖에 정비사업의 시행을 위하여 필요한 사항으로서 대통령령으로 정하는 사항
⑥ 주민대표회의의 운영, 비용부담, 위원의 선임 방법 및 절차 등에 필요한 사항은 대통령령으로 정한다.

제48조【토지등소유자 전체회의】 ① 제27조제1항제3호에 따라 사업시행자로 지정된 신탁업자는 다음 각 호의 사항에 관하여 해당 정비사업의 토지등소유자(재건축사업의 경우에는 신탁업자를 사업시행자로 지정하는 것에 동의한 토지등소유자를 말한다. 이하 이 조에서 같다) 전원으로 구성되는 회의(이하 "토지등소유자 전체회의"라 한다)의 의결을 거쳐야 한다.
1. 시행규정의 확정 및 변경
2. 정비사업비의 사용 및 변경
3. 정비사업전문관리업자와의 계약 등 토지등소유자의 부담이 될 계약
4. 시공자의 선정 및 변경
5. 정비사업비의 토지등소유자별 분담내역
6. 자금의 차입과 그 방법·이자율 및 상환방법
7. 제52조에 따른 사업시행계획서의 작성 및 변경(제50조제1항 본문에 따른 정비사업의 중지 또는 폐지에 관한 사항을 포함하며, 같은 항 단서에 따른 경미한 변경은 제외한다)
8. 제74조에 따른 관리처분계획의 수립 및 변경(제74조제1항 각 호 외의 부분 단서에 따른 경미한 변경은 제외한다)
9. 제89조에 따른 청산금의 징수·지급(분할징수·분할지급을 포함한다)과 조합 해산 시의 회계보고
10. 제93조에 따른 비용의 금액 및 징수방법
11. 그 밖에 토지등소유자에게 부담이 되는 것으로 시행규정으로 정하는 사항
② 토지등소유자 전체회의는 사업시행자가 직권으로 소집하거나 토지등소유자 5분의 1 이상의 요구로 사업시행자가 소집한다.
③ 토지등소유자 전체회의의 소집 절차·시기 및 의결방법 등에 관하여는 제44조제5항, 제45조제3항·제4항·제7항 및 제9항을 준용한다. 이 경우 "총회"는 "토지등소유자 전체회의"로, "정관"은 "시행규정"으로, "조합원"은 "토지등소유자"로 본다.(2021.8.10 전단개정)

제49조【민법의 준용】 조합에 관하여는 이 법에 규정된 사항을 제외하고는 「민법」 중 사단법인에 관한 규정을 준용한다.

제3절 사업시행계획 등

제50조【사업시행계획인가】 ① 사업시행자(제25조제1항 및 제2항에 따른 공동시행의 경우를 포함하되, 사업시행자가 시장·군수등인 경우는 제외한다)는 정비사업을 시행하려는 경우에는 제52조에 따른 사업시행계획서(이하 "사업시행계획서"라 한다)에 정관등과 그 밖에 국토교통부령으로 정하는 서류를 첨부하여 시장·군수등에게 제출하고 사업시행계획인가를 받아야 하고, 인가받은 사항을 변경하거나 정비사업을 중지 또는 폐지하려는 경우에

도 또한 같다. 다만, 대통령령으로 정하는 경미한 사항을 변경하려는 때에는 시장·군수등에게 신고하여야 한다.
② 시장·군수등은 제1항 단서에 따른 신고를 받은 날부터 20일 이내에 신고수리 여부를 신고인에게 통지하여야 한다.(2021.3.16 본항신설)
③ 시장·군수등이 제2항에서 정한 기간 내에 신고수리 여부 또는 민원 처리 관련 법령에 따른 처리기간의 연장을 신고인에게 통지하지 아니하면 그 기간(민원 처리 관련 법령에 따라 처리기간이 연장 또는 재연장된 경우에는 해당 처리기간을 말한다)이 끝난 날의 다음 날에 신고를 수리한 것으로 본다.(2021.3.16 본항신설)
④ 시장·군수등은 특별한 사유가 없으면 제1항에 따라 사업시행계획서의 제출이 있은 날부터 60일 이내에 인가 여부를 결정하여 사업시행자에게 통보하여야 한다.
⑤ 사업시행자(시장·군수등 또는 토지주택공사등은 제외한다)는 사업시행계획인가를 신청하기 전에 미리 총회의 의결을 거쳐야 하며, 인가받은 사항을 변경하거나 정비사업을 중지 또는 폐지하려는 경우에도 또한 같다. 다만, 제1항 단서에 따른 경미한 사항의 변경은 총회의 의결을 필요로 하지 아니한다.
⑥ 토지등소유자가 제25조제1항제2호에 따라 재개발사업을 시행하려는 경우에는 사업시행계획인가를 신청하기 전에 사업시행계획서에 대하여 토지등소유자의 4분의 3 이상 및 토지면적의 2분의 1 이상의 토지소유자의 동의를 받아야 한다. 다만, 인가받은 사항을 변경하려는 경우에는 규약으로 정하는 바에 따라 토지등소유자의 과반수의 동의를 받아야 하며, 제1항 단서에 따른 경미한 사항의 변경인 경우에는 토지등소유자의 동의를 필요로 하지 아니한다.
⑦ 지정개발자가 정비사업을 시행하려는 경우에는 사업시행계획인가를 신청하기 전에 토지등소유자의 과반수의 동의 및 토지면적의 2분의 1 이상의 토지소유자의 동의를 받아야 한다. 다만, 제1항 단서에 따른 경미한 사항의 변경인 경우에는 토지등소유자의 동의를 필요로 하지 아니한다.
⑧ 제26조제1항제1호 및 제27조제1항제1호에 따른 사업시행자는 제7항에도 불구하고 토지등소유자의 동의를 필요로 하지 아니한다.(2021.3.16 본항개정)
⑨ 시장·군수등은 제1항에 따른 사업시행계획인가(시장·군수등이 사업시행계획서를 작성한 경우를 포함한다)를 하거나 정비사업을 변경·중지 또는 폐지하는 경우에는 국토교통부령으로 정하는 방법 및 절차에 따라 그 내용을 해당 지방자치단체의 공보에 고시하여야 한다. 다만, 제1항 단서에 따른 경미한 사항을 변경하려는 경우에는 그러하지 아니하다.

제50조의2【사업시행계획의 통합심의】 ① 정비구역의 지정권자는 사업시행계획인가와 관련된 다음 각 호 중 둘 이상의 심의가 필요한 경우에는 이를 통합하여 검토 및 심의(이하 "통합심의"라 한다)하여야 한다.
1. 「건축법」에 따른 건축물의 건축 및 특별건축구역의 지정 등에 관한 사항
2. 「경관법」에 따른 경관 심의에 관한 사항
3. 「교육환경 보호에 관한 법률」에 따른 교육환경평가
4. 「국토의 계획 및 이용에 관한 법률」에 따른 도시·군관리계획에 관한 사항
5. 「도시교통정비 촉진법」에 따른 교통영향평가에 관한 사항
6. 「환경영향평가법」에 따른 환경영향평가 등에 관한 사항
7. 그 밖에 국토교통부장관, 시·도지사 또는 시장·군수등이 필요하다고 인정하여 통합심의에 부치는 사항
② 사업시행자가 통합심의를 신청하는 경우에는 제1항 각 호와 관련된 서류를 첨부하여야 한다. 이 경우 정비구역의 지정권자는 통합심의를 효율적으로 처리하기 위하여 필요한 경우 제출기한을 정하여 제출하도록 할 수 있다.
③ 정비구역의 지정권자가 통합심의를 하는 경우에는 다음 각 호의 어느 하나에 해당하는 위원회에 속하고 해당 위원회의 위원장의 추천을 받은 위원, 정비구역의 지정권자가 속한 지방자치단체 소속 공무원 및 제50조에 따른 사업시행계획 인가권자가 속한 지방자치단체 소속 공무원으로 소집된 통합심의위원회를 구성하여 통합심의하여야 한다. 이 경우 통합심의위원회의 구성, 통합심의의 방법 및 절차에 관한 사항은 대통령령으로 정한다.
1. 「건축법」에 따른 건축위원회
2. 「경관법」에 따른 경관위원회
3. 「교육환경 보호에 관한 법률」에 따른 교육환경보호위원회
4. 지방도시계획위원회
5. 「도시교통정비 촉진법」에 따른 교통영향평가심의위원회
6. 도시재정비위원회(정비구역이 재정비촉진지구 내에 있는 경우에 한정한다)
7. 「환경영향평가법」에 따른 환경영향평가협의회
8. 제1항제7호에 대하여 심의권한을 가진 관련 위원회
④ 시장·군수등은 특별한 사유가 없으면 통합심의 결과를 반영하여 사업시행계획을 인가하여야 한다.
⑤ 통합심의를 거친 경우에는 제1항 각 호의 사항에 대한 검토·심의·조사·협의·조정 또는 재정을 거친 것으로 본다.
(2023.7.18 본조신설)

제50조의3【정비계획 변경 및 사업시행인가의 심의 특례】 ① 정비구역의 지정권자는 제50조제1항에 따른 사업시행계획인가(인가받은 사항을 변경하는 경우를 포함한다. 이하 이 조에서 같다)에 앞서 제16조제2항에 따라 결정·고시된 정비계획의 변경(정비구역의 변경도 포함하며, 제15조제3항에 따른 경미한 변경은 제외한다. 이하 이 조에서 같다)이 필요한 경우 제16조에도 불구하고 정비계획의 변경을 위한 지방도시계획위원회 심의를 사업시행계획인가와 관련된 심의와 함께 통합하여 검토 및 심의할 수 있다.
② 정비구역의 지정권자가 제1항에 따라 심의를 통합하여 실시하는 경우 사업시행자는 하나의 총회(제27조제1항에 따라 신탁업자가 사업시행자로 지정된 경우에는 제48조에 따른 토지등소유자 전체회의를 말한다. 이하 이 조에서 같다)에서 제45조제1항제8호 및 제9호에 관한 사항을 의결하여야 한다.
③ 제1항 및 제2항에서 규정한 사항 외에 심의 및 총회의결을 위한 절차와 방법에 관하여 필요한 사항은 대통령령으로 정한다.
(2023.7.18 본조신설)

제51조【기반시설의 기부채납 기준】 ① 시장·군수등은 제50조제1항에 따라 사업시행계획을 인가하는 경우 사업시행자가 제출하는 사업시행계획에 해당 정비사업과 직접적으로 관련이 없거나 과도한 정비기반시설의 기부채납을 요구하여서는 아니 된다.
② 국토교통부장관은 정비기반시설의 기부채납과 관련하여 다음 각 호의 사항이 포함된 운영기준을 작성하여 고시할 수 있다.
1. 정비기반시설의 기부채납 부담의 원칙 및 수준
2. 정비기반시설의 설치기준 등
③ 시장·군수등은 제2항에 따른 운영기준의 범위에서 지역여건 또는 사업의 특성 등을 고려하여 따로 기준을 정할 수 있으며, 이 경우 사전에 국토교통부장관에게 보고하여야 한다.

제52조【사업시행계획서의 작성】 ① 사업시행자는 정비계획에 따라 다음 각 호의 사항을 포함하는 사업시행계획서를 작성하여야 한다.
1. 토지이용계획(건축물배치계획을 포함한다)
2. 정비기반시설 및 공동이용시설의 설치계획
3. 임시거주시설을 포함한 주민이주대책
4. 세입자의 주거 및 이주 대책
5. 사업시행기간 동안 정비구역 내 가로등 설치, 폐쇄회로 텔레비전 설치 등 범죄예방대책
6. 제10조에 따른 임대주택의 건설계획(재건축사업의 경우는 제외한다)
7. 제54조제4항, 제101조의5 및 제101조의6에 따른 국민주택규모 주택의 건설계획(주거환경개선사업의 경우는 제외한다)(2021.4.13 본호개정)
8. 공공지원민간임대주택 또는 임대관리 위탁주택의 건설계획(필요한 경우로 한정한다)(2018.1.16 본호개정)
9. 건축물의 높이 및 용적률 등에 관한 건축계획
10. 정비사업의 시행과정에서 발생하는 폐기물의 처리계획
11. 교육시설의 교육환경 보호에 관한 계획(정비구역부터 200미터 이내에 교육시설이 설치되어 있는 경우로 한정한다)
12. 정비사업비
13. 그 밖에 사업시행을 위한 사항으로서 대통령령으로 정하는 바에 따라 시·도조례로 정하는 사항
② 사업시행자가 제1항에 따른 사업시행계획서에 「공공주택 특별법」 제2조제1호에 따른 공공주택(이하 "공공주택"이라 한다) 건설계획을 포함하는 경우에는 공공주택의 구조·기능 및 설비에 관한 기준과 부대시설·복리시설의 범위, 설치기준 등에 필요한 사항은 같은 법 제37조에 따른다.

제53조【시행규정의 작성】 시장·군수등, 토지주택공사등 또는 신탁업자가 단독으로 정비사업을 시행하는 경우 다음 각 호의 사항을 포함하는 시행규정을 작성하여야 한다.
1. 정비사업의 종류 및 명칭
2. 정비사업의 시행연도 및 시행방법
3. 비용부담 및 회계
4. 토지등소유자의 권리·의무
5. 정비기반시설 및 공동이용시설의 부담
6. 공고·공람 및 통지의 방법
7. 토지 및 건축물에 관한 권리의 평가방법
8. 관리처분계획 및 청산(분할징수 또는 납입에 관한 사항을 포함한다). 다만, 수용의 방법으로 시행하는 경우는 제외한다.
9. 시행규정의 변경
10. 사업시행계획서의 변경
11. 토지등소유자 전체회의(신탁업자가 사업시행자인 경우로 한정한다)
12. 그 밖에 시·도조례로 정하는 사항

제54조【재건축사업 등의 용적률 완화 및 국민주택규모 주택 건설비율】 ① 사업시행자는 다음 각 호의 어느 하나에 해당하는 정비사업(「도시재정비 촉진을 위한 특별법」 제2조제1호에 따른 재정비촉진지구에서 시행되는 재개발사업 및 재건축사업은 제외한다. 이하 이 조에서 같다)을 시행하는 경우 정비계획(이 법에 따라 정비계획으로 의제되는 계획을 포함한다. 이하 이 조에서 같다)으로 정하여진 용적률에도 불구하고 지방도시계획위원회의 심의를 거쳐 「국토의 계획 및 이용에 관한 법률」 제78조 및 관계 법률에 따른 용적률의 상한(이하 이 조에서 "법적상한용적률"이라 한다)까지 건축할 수 있다.
1. 「수도권정비계획법」 제6조제1항제1호에 따른 과밀억제권역(이하 "과밀억제권역"이라 한다)에서 시행하는 재개발사업 및 재건축사업(「국토의 계획 및 이용에 관한 법률」 제78조에 따른 주거지역 및 대통령령으로 정하는 공업지역으로 한정한다. 이하 이 조에서 같다)
(2023.7.18 본호개정)
2. 제1호 외의 경우 시·도조례로 정하는 지역에서 시행하는 재개발사업 및 재건축사업
② 제1항에 따라 사업시행자가 정비계획으로 정하여진 용적률을 초과하여 건축하려는 경우에는 「국토의 계획 및 이용에 관한 법률」 제78조에 따라 특별시·광역시·특별자치시·특별자치도·시 또는 군의 조례로 정한 용적률 제한 및 정비계획으로 정한 허용세대수의 제한을 받지 아니한다.
③ 제1항의 관계 법률에 따른 용적률의 상한은 다음 각 호의 어느 하나에 해당하여 건축행위가 제한되는 경우 건축이 가능한 용적률을 말한다.
1. 「국토의 계획 및 이용에 관한 법률」 제76조에 따른 건축물의 층수제한
2. 「건축법」 제60조에 따른 높이제한
3. 「건축법」 제61조에 따른 일조 등의 확보를 위한 건축물의 높이제한
4. 「공항시설법」 제34조에 따른 장애물 제한표면구역 내 건축물의 높이제한
5. 「군사기지 및 군사시설 보호법」 제10조에 따른 비행안전구역 내 건축물의 높이제한
6. 「문화유산의 보존 및 활용에 관한 법률」 제12조에 따른 건설공사 시 문화유산 보호를 위한 건축제한(2023.8.8 본호개정)
6의2. 「자연유산의 보존 및 활용에 관한 법률」 제9조에 따른 건설공사 시 천연기념물등의 보호를 위한 건축제한 (2023.3.21 본호신설)
7. 그 밖에 시장·군수등이 건축 관계 법률의 건축제한으로 용적률의 완화가 불가능하다고 근거를 제시하고, 지방도시계획위원회 또는 「건축법」 제4조에 따라 시·도에 두는 건축위원회가 심의를 거쳐 용적률 완화가 불가능하다고 인정한 경우
④ 사업시행자는 법적상한용적률에서 정비계획으로 정하여진 용적률을 뺀 용적률(이하 "초과용적률"이라 한다)의 다음 각 호에 따른 비율에 해당하는 면적에 국민주택규모 주택을 건설하여야 한다. 다만, 제24조제4항, 제26조제1항제1호 및 제27조제1항제1호에 따른 정비사업을 시행하는 경우에는 그러하지 아니하다.(2021.4.13 본문개정)
1. 과밀억제권역에서 시행하는 재건축사업은 초과용적률의 100분의 30 이상 100분의 50 이하로서 시·도조례로 정하는 비율
2. 과밀억제권역에서 시행하는 재개발사업은 초과용적률의 100분의 50 이상 100분의 75 이하로서 시·도조례로 정하는 비율
3. 과밀억제권역 외의 지역에서 시행하는 재건축사업은 초과용적률의 100분의 50 이하로서 시·도조례로 정하는 비율
4. 과밀억제권역 외의 지역에서 시행하는 재개발사업은 초과용적률의 100분의 75 이하로서 시·도조례로 정하는 비율
(2021.4.13 본조제목개정)

제55조【국민주택규모 주택의 공급 및 인수】 ① 사업시행자는 제54조제4항에 따라 건설한 국민주택규모 주택을 국토교통부장관, 시·도지사, 시장, 군수, 구청장 또는 토지주택공사등(이하 "인수자"라 한다)에 공급하여야 한다. (2021.4.13 본항개정)
② 제1항에 따른 국민주택규모 주택의 공급가격은 「공공주택 특별법」 제50조의4에 따라 국토교통부장관이 고시하는 공공건설임대주택의 표준건축비로 하며, 부속 토지는 인수자에게 기부채납한 것으로 본다.(2021.4.13 본항개정)
③ 사업시행자는 제54조제1항 및 제2항에 따라 정비계획상 용적률을 초과하여 건축하려는 경우에는 사업시행계획인가를 신청하기 전에 미리 제1항 및 제2항에 따른 국민주택규모 주택에 관한 사항을 인수자와 협의하여 사업시행계획서에 반영하여야 한다.(2021.4.13 본항개정)
④ 제1항 및 제2항에 따른 국민주택규모 주택의 인수를 위한 절차와 방법 등에 필요한 사항은 대통령령으로 정할 수 있으며, 인수된 국민주택규모 주택은 대통령령으로 정하는 장기공공임대주택으로 활용하여야 한다. 다만, 토지등소유자의 부담 완화 등 대통령령으로 정하는 요건에 해당하는 경우에는 인수된 국민주택규모 주택을 장기공공임대주택이 아닌 임대주택으로 활용할 수 있다.
(2021.4.13 본항개정)
⑤ 제2항에도 불구하고 제4항 단서에 따른 임대주택의 인수자는 임대의무기간에 따라 감정평가액의 100분의 50 이하의 범위에서 대통령령으로 정하는 가격으로 부속 토지를 인수하여야 한다.
(2021.4.13 본조제목개정)

제56조【관계 서류의 공람과 의견청취】 ① 시장·군수등은 사업시행계획인가를 하거나 사업시행계획서를 작성하려는 경우에는 대통령령으로 정하는 방법 및 절차에 따라 관계 서류의 사본을 14일 이상 일반인이 공람할 수 있게 하여야 한다. 다만, 제50조제1항 단서에 따른 경미한 사항을 변경하려는 경우에는 그러하지 아니하다.
② 토지등소유자 또는 조합원, 그 밖에 정비사업과 관련하여 이해관계를 가지는 자는 제1항의 공람기간 이내에 시장·군수등에게 서면으로 의견을 제출할 수 있다.
③ 시장·군수등은 제2항에 따라 제출된 의견을 심사하여 채택할 필요가 있다고 인정하는 때에는 이를 채택하고, 그러하지 아니한 경우에는 의견을 제출한 자에게 그 사유를 알려주어야 한다.
제57조【인·허가등의 의제 등】 ① 사업시행자가 사업시행계획인가를 받은 때(시장·군수등이 직접 정비사업을 시행하는 경우에는 사업시행계획서를 작성한 때를 말한다. 이하 이 조에서 같다)에는 다음 각 호의 인가·허가·결정·승인·신고·등록·협의·동의·심사·지정 또는 해제(이하 "인·허가등"이라 한다)가 있은 것으로 보며, 제50조제9항에 따른 사업시행계획인가의 고시가 있은 때에는 다음 각 호의 관계 법률에 따른 인·허가등의 고시·공고 등이 있은 것으로 본다.(2022.6.10 본문개정)
1. 「주택법」 제15조에 따른 사업계획의 승인
2. 「공공주택 특별법」 제35조에 따른 주택건설사업계획의 승인
3. 「건축법」 제11조에 따른 건축허가, 같은 법 제20조에 따른 가설건축물의 건축허가 또는 축조신고 및 같은 법 제29조에 따른 건축협의
4. 「도로법」 제36조에 따른 도로관리청이 아닌 자에 대한 도로공사 시행의 허가 및 같은 법 제61조에 따른 도로의 점용 허가
5. 「사방사업법」 제20조에 따른 사방지의 지정해제
6. 「농지법」 제34조에 따른 농지전용의 허가·협의 및 같은 법 제35조에 따른 농지전용신고
7. 「산지관리법」 제14조·제15조에 따른 산지전용허가 및 산지전용신고, 같은 법 제15조의2에 따른 산지일시사용허가·신고와 「산림자원의 조성 및 관리에 관한 법률」 제36조제1항·제5항에 따른 입목벌채등의 허가·신고 및 「산림보호법」 제9조제1항 및 같은 조 제2항제1호에 따른 산림보호구역에서의 행위의 허가. 다만, 「산림자원의 조성 및 관리에 관한 법률」에 따른 채종림·시험림과 「산림보호법」에 따른 산림유전자원보호구역의 경우는 제외한다.(2022.12.27 본문개정)
8. 「하천법」 제30조에 따른 하천공사 시행의 허가 및 하천공사실시계획의 인가, 같은 법 제33조에 따른 하천의 점용허가 및 같은 법 제50조에 따른 하천수의 사용허가
9. 「수도법」 제17조에 따른 일반수도사업의 인가 및 같은 법 제52조 또는 제54조에 따른 전용상수도 또는 전용공업용수도 설치의 인가
10. 「하수도법」 제16조에 따른 공공하수도 사업의 허가 및 같은 법 제34조제2항에 따른 개인하수처리시설의 설치신고
11. 「공간정보의 구축 및 관리 등에 관한 법률」 제15조제4항에 따른 지도등의 간행 심사(2021.7.20 본호개정)
12. 「유통산업발전법」 제8조에 따른 대규모점포등의 등록
13. 「국유재산법」 제30조에 따른 사용허가(재개발사업으로 한정한다)
14. 「공유재산 및 물품 관리법」 제20조에 따른 사용·수익허가(재개발사업으로 한정한다)
15. 「공간정보의 구축 및 관리 등에 관한 법률」 제86조제1항에 따른 사업의 착수·변경의 신고
16. 「국토의 계획 및 이용에 관한 법률」 제86조에 따른 도시·군계획시설 사업시행자의 지정 및 같은 법 제88조에 따른 실시계획의 인가
17. 「전기안전관리법」 제8조에 따른 자가용전기설비의 공사계획의 인가 및 신고(2020.3.31 본호개정)
18. 「소방시설 설치 및 관리에 관한 법률」 제6조제1항에 따른 건축허가등의 동의, 「위험물안전관리법」 제6조제1항에 따른 제조소등의 설치의 허가(제조소등은 공장건축물 또는 그 부속시설과 관계있는 것으로 한정한다)(2021.11.30 본호개정)
19. 「도시공원 및 녹지 등에 관한 법률」 제16조의2에 따른 공원조성계획의 결정(2022.6.10 본호신설)
② 사업시행자가 공장이 포함된 구역에 대하여 재개발사업의 사업시행계획인가를 받은 때에는 제1항에 따른 인·허가등 외에 다음 각 호의 인·허가등이 있은 것으로 보며, 제50조제9항에 따른 사업시행계획인가를 고시한 때에는 다음 각 호의 관계 법률에 따른 인·허가 등의 고시·공고 등이 있은 것으로 본다.(2021.3.16 본문개정)
1. 「산업집적활성화 및 공장설립에 관한 법률」 제13조에 따른 공장설립등의 승인 및 같은 법 제15조에 따른 공장설립등의 완료신고
2. 「폐기물관리법」 제29조제2항에 따른 폐기물처리시설의 설치승인 또는 설치신고(변경승인 또는 변경신고를 포함한다)
3. 「대기환경보전법」 제23조, 「물환경보전법」 제33조 및 「소음·진동관리법」 제8조에 따른 배출시설설치의 허가 및 신고
4. 「총포·도검·화약류 등의 안전관리에 관한 법률」 제25조제1항에 따른 화약류저장소 설치의 허가
③ 사업시행자는 정비사업에 대하여 제1항 및 제2항에 따른 인·허가등의 의제를 받으려는 경우에는 제50조제1항에 따른 사업시행계획인가를 신청하는 때에 해당 법률에서 정하는 관계 서류를 함께 제출하여야 한다. 다만, 사업시행계획인가를 신청한 때에 시공자가 선정되어 있지 아니하여 관계 서류를 제출할 수 없거나 제6항에 따라 사업시행계획인가를 하는 경우에는 시장·군수등이 정하는 기한까지 제출할 수 있다.(2020.6.9 본문개정)
④ 시장·군수등은 사업시행계획인가를 하거나 사업시행계획서를 작성하려는 경우 제1항 각 호 및 제2항 각 호에 따라 의제되는 인·허가등에 해당하는 사항이 있는 때에는 미리 관계 행정기관의 장과 협의하여야 하고, 협의를 요청받은 관계 행정기관의 장은 요청받은 날(제3항 단서의 경우에는 서류가 관계 행정기관의 장에게 도달된 날을 말한다)부터 30일 이내에 의견을 제출하여야 한다. 이 경우 관계 행정기관의 장이 30일 이내에 의견을 제출하지 아니하면 협의된 것으로 본다.
⑤ 시장·군수등은 사업시행계획인가(시장·군수등이 사업시행계획서를 작성한 경우를 포함한다)를 하려는 경우 정비구역부터 200미터 이내에 교육시설이 설치되어 있는 때에는 해당 지방자치단체의 교육감 또는 교육장과 협의하여야 하며, 인가받은 사항을 변경하는 경우에도 또한 같다.
⑥ 시장·군수등은 제4항 및 제5항에도 불구하고 천재지변이나 그 밖의 불가피한 사유로 긴급히 정비사업을 시행할 필요가 있다고 인정하는 때에는 관계 행정기관의 장 및 교육감 또는 교육장과 협의를 마치기 전에 제50조제1항에 따른 사업시행계획인가를 할 수 있다. 이 경우 협의를 마칠 때까지는 제1항 및 제2항에 따른 인·허가등을 받은 것으로 보지 아니한다.
⑦ 제1항이나 제2항에 따라 인·허가등을 받은 것으로 보는 경우에는 관계 법률 또는 시·도조례에 따라 해당 인·허가등의 대가로 부과되는 수수료와 해당 국·공유지의 사용 또는 점용에 따른 사용료 또는 점용료를 면제한다.
제58조【사업시행계획인가의 특례】 ① 사업시행자는 일부 건축물의 존치 또는 리모델링(「주택법」 제2조제25호 또는 「건축법」 제2조제1항제10호에 따른 리모델링을 말한다. 이하 같다)에 관한 내용이 포함된 사업시행계획서를 작성하여 사업시행계획인가를 신청할 수 있다.
② 시장·군수등은 존치 또는 리모델링하는 건축물 및 건축물이 있는 토지가 「주택법」 및 「건축법」에 따른 다음 각 호의 건축 관련 기준에 적합하지 아니하더라도 대통령령으로 정하는 기준에 따라 사업시행계획인가를 할 수 있다.
1. 「주택법」 제2조제12호에 따른 주택단지의 범위
2. 「주택법」 제35조제1항제3호 및 제4호에 따른 부대시설 및 복리시설의 설치기준
3. 「건축법」 제44조에 따른 대지와 도로의 관계
4. 「건축법」 제46조에 따른 건축선의 지정
5. 「건축법」 제61조에 따른 일조 등의 확보를 위한 건축물의 높이 제한
③ 사업시행자가 제1항에 따라 사업시행계획서를 작성하려는 경우에는 존치 또는 리모델링하는 건축물 소유자의 동의(「집합건물의 소유 및 관리에 관한 법률」 제2조제2호에 따른 구분소유자가 있는 경우에는 구분소유자의 3분의 2 이상의 동의와 해당 건축물 연면적의 3분의 2 이상의 구분소유자의 동의로 한다)를 받아야 한다. 다만, 정비계획에서 존치 또는 리모델링하는 것으로 계획된 경우에는 그러하지 아니한다.
제59조【순환정비방식의 정비사업 등】 ① 사업시행자는 정비구역의 안과 밖에 새로 건설한 주택 또는 이미 건설되어 있는 주택의 경우 그 정비사업의 시행으로 철거되는 주택의 소유자 또는 세입자(정비구역에서 실제 거주하는 자로 한정한다. 이하 이 항 및 제61조제1항에서 같다)를 임시로 거주하게 하는 등 그 정비구역을 순차적으로 정비하여 주택의 소유자 또는 세입자의 이주대책을 수립하여야 한다.
② 사업시행자는 제1항에 따른 방식으로 정비사업을 시행하는 경우에는 임시로 거주하는 주택(이하 "순환용주택"이라 한다)을 「주택법」 제54조에도 불구하고 제61조에 따른 임시거주시설로 사용하거나 임대할 수 있으며, 대통령령으로 정하는 방법과 절차에 따라 토지주택공사등이 보유한 공공임대주택을 순환용주택으로 우선 공급할 것을 요청할 수 있다.
③ 사업시행자는 순환용주택에 거주하는 자가 정비사업이 완료된 후에도 순환용주택에 계속 거주하기를 희망하는 때에는 대통령령으로 정하는 바에 따라 분양하거나 계속 임대할 수 있다. 이 경우 사업시행자가 소유하는 순환용주택은 제74조에 따라 인가받은 관리처분계획에 따라 토지등소유자에게 처분된 것으로 본다.
제60조【지정개발자의 정비사업비의 예치 등】 ① 시장·군수등은 재개발사업의 사업시행계획인가를 하는 경우 해당 정비사업의 사업시행자가 지정개발자(지정개발자가 토지등소유자인 경우로 한정한다)인 때에는 정비사업비의 100분의 20의 범위에서 시·도조례로 정하는 금액을 예치하게 할 수 있다.
② 제1항에 따른 예치금은 제89조제1항 및 제2항에 따른 청산금의 지급이 완료된 때에 반환한다.
③ 제1항 및 제2항에 따른 예치 및 반환 등에 필요한 사항은 시·도조례로 정한다.

제4절 정비사업 시행을 위한 조치 등

제61조【임시거주시설·임시상가의 설치 등】 ① 사업시행자는 주거환경개선사업 및 재개발사업의 시행으로 철거되는 주택의 소유자 또는 세입자에게 해당 정비구역안과 밖에 위치한 임대주택 등의 시설에 임시로 거주하게 하거나 주택자금의 융자를 알선하는 등 임시거주에 상응하는 조치를 하여야 한다.
② 사업시행자는 제1항에 따라 임시거주시설(이하 "임시거주시설"이라 한다)의 설치 등을 위하여 필요한 때에는 국가·지방자치단체, 그 밖의 공공단체 또는 개인의 시설이나 토지를 일시 사용할 수 있다.
③ 국가 또는 지방자치단체는 사업시행자로부터 임시거주시설에 필요한 건축물이나 토지의 사용신청을 받은 때에는 대통령령으로 정하는 사유가 없으면 이를 거절하지 못한다. 이 경우 사용료 또는 대부료는 면제한다.
④ 사업시행자는 정비사업의 공사를 완료한 때에는 완료한 날부터 30일 이내에 임시거주시설을 철거하고, 사용한 건축물이나 토지를 원상회복하여야 한다.
⑤ 재개발사업의 사업시행자는 사업시행으로 이주하는 상가세입자가 사용할 수 있도록 정비구역 또는 정비구역 인근에 임시상가를 설치할 수 있다.
제62조【임시거주시설·임시상가의 설치 등에 따른 손실보상】 ① 사업시행자는 제61조에 따라 공공단체(지방자치단체는 제외한다) 또는 개인의 시설이나 토지를 일시 사용함으로써 손실을 입은 자가 있는 경우에는 손실을 보상하여야 하며, 손실을 보상하는 경우에는 손실을 입은 자와 협의하여야 한다.
② 사업시행자 또는 손실을 입은 자는 제1항에 따른 손실보상에 관한 협의가 성립되지 아니하거나 협의할 수 없는 경우에는 「공익사업을 위한 토지 등의 취득 및 보상에 관한 법률」 제49조에 따라 설치되는 관할 토지수용위원회에 재결을 신청할 수 있다.
③ 제1항 또는 제2항에 따른 손실보상은 이 법에 규정된 사항을 제외하고는 「공익사업을 위한 토지 등의 취득 및 보상에 관한 법률」을 준용한다.
제63조【토지 등의 수용 또는 사용】 사업시행자는 정비구역에서 정비사업(재건축사업의 경우에는 제26조제1항제1호 및 제27조제1항제1호에 해당하는 사업으로 한정한다)을 시행하기 위하여 「공익사업을 위한 토지 등의 취득 및 보상에 관한 법률」 제3조에 따른 토지·물건 또는 그 밖의 권리를 취득하거나 사용할 수 있다.
제64조【재건축사업에서의 매도청구】 ① 재건축사업의 사업시행자는 사업시행계획인가의 고시가 있은 날부터 30일 이내에 다음 각 호의 자에게 조합설립 또는 사업시행자의 지정에 관한 동의 여부를 회답할 것을 서면으로 촉구하여야 한다.
1. 제35조제3항부터 제5항까지에 따른 조합설립에 동의하지 아니한 자
2. 제26조제1항 및 제27조제1항에 따라 시장·군수등, 토지주택공사등 또는 신탁업자의 사업시행자 지정에 동의하지 아니한 자
② 제1항의 촉구를 받은 토지등소유자는 촉구를 받은 날부터 2개월 이내에 회답하여야 한다.
③ 제2항의 기간 내에 회답하지 아니한 경우 그 토지등소유자는 조합설립 또는 사업시행자의 지정에 동의하지 아니하겠다는 뜻을 회답한 것으로 본다.
④ 제2항의 기간이 지나면 사업시행자는 그 기간이 만료된 때부터 2개월 이내에 조합설립 또는 사업시행자 지정에 동의하지 아니하겠다는 뜻을 회답한 토지등소유자와 건축물 또는 토지만 소유한 자에게 건축물 또는 토지의 소유권과 그 밖의 권리를 매도할 것을 청구할 수 있다.
제65조【「공익사업을 위한 토지 등의 취득 및 보상에 관한 법률」의 준용】 ① 정비구역에서 정비사업의 시행을 위한 토지 또는 건축물의 소유권과 그 밖의 권리에 대한 수용 또는 사용은 이 법에 규정된 사항을 제외하고는 「공익사업을 위한 토지 등의 취득 및 보상에 관한 법률」을 준용한다. 다만, 정비사업의 시행에 따른 손실보상의 기준 및 절차는 대통령령으로 정할 수 있다.
② 제1항에 따라 「공익사업을 위한 토지 등의 취득 및 보상에 관한 법률」을 준용하는 경우 사업시행계획인가 고시(시장·군수등이 직접 정비사업을 시행하는 경우에는 제50조제9항에 따른 사업시행계획서의 고시를 말한다. 이하 이 조에서 같다)가 있은 때에는 같은 법 제20조제1항 및 제22조제1항에 따른 사업인정 및 그 고시가 있은 것으로 본다.(2021.3.16 본항개정)
③ 제1항에 따른 수용 또는 사용에 대한 재결의 신청은 「공익사업을 위한 토지 등의 취득 및 보상에 관한 법률」 제23조 및 같은 법 제28조제1항에도 불구하고 사업시행계획인가(사업시행계획변경인가를 포함한다)를 할 때 정한 사업시행기간 이내에 하여야 한다.
④ 대지 또는 건축물을 현물보상하는 경우에는 「공익사업을 위한 토지 등의 취득 및 보상에 관한 법률」 제42조에도 불구하고 제83조에 따른 준공인가 이후에도 할 수 있다.

제66조【용적률에 관한 특례 등】 ① 사업시행자가 다음 각 호의 어느 하나에 해당하는 경우에는 「국토의 계획 및 이용에 관한 법률」 제78조제1항에도 불구하고 해당 정비구역에 적용되는 용적률의 100분의 125 이하의 범위에서 대통령령으로 정하는 바에 따라 특별시·광역시·특별자치시·특별자치도·시 또는 군의 조례로 용적률을 완화하여 정할 수 있다.
1. 제65조제1항 단서에 따라 대통령령으로 정하는 손실보상의 기준 이상으로 세입자에게 주거이전비를 지급하거나 영업의 폐지 또는 휴업에 따른 손실을 보상하는 경우
2. 제65조제1항 단서에 따른 손실보상에 더하여 임대주택을 추가로 건설하거나 임대상가를 건설하는 등 추가적인 세입자 손실보상 대책을 수립하여 시행하는 경우
② 정비구역이 역세권 등 대통령령으로 정하는 요건에 해당하는 경우(제24조제4항, 제26조제1항제1호 및 제27조제1항제1호에 따른 정비사업을 시행하는 경우는 제외한다)에는 제11조, 제54조 및 「국토의 계획 및 이용에 관한 법률」 제78조에도 불구하고 다음 각 호의 어느 하나에 따라 용적률을 완화하여 적용할 수 있다.
1. 지방도시계획위원회의 심의를 거쳐 법적상한용적률의 100분의 120까지 완화
2. 용도지역의 변경을 통하여 용적률을 완화하여 정비계획을 수립(변경수립을 포함한다. 이하 이 조에서 같다)한 후 변경된 용도지역의 법적상한용적률까지 완화
(2023.7.18 본항신설)
③ 사업시행자는 제2항에 따라 완화된 용적률에서 정비계획으로 정하여진 용적률을 뺀 용적률의 100분의 75 이하로서 대통령령으로 정하는 바에 따라 시·도조례로 정하는 비율에 해당하는 면적에 국민주택규모 주택을 건설하여 인수자에게 공급하여야 한다. 이 경우 국민주택규모 주택의 공급 및 인수방법에 관하여는 제55조를 준용한다.
(2023.7.18 본항신설)
④ 제3항에도 불구하고 인수자는 사업시행자로부터 공급받은 주택 중 대통령령으로 정하는 비율에 해당하는 주택에 대해서는 「공공주택 특별법」 제48조에 따라 분양할 수 있다. 이 경우 해당 주택의 공급가격은 「주택법」 제57조제4항에 따라 국토교통부장관이 고시하는 건축비로 하며, 부속 토지의 가격은 감정평가액의 100분의 50 이상의 범위에서 대통령령으로 정한다.(2023.7.18 본항신설)
⑤ 제3항 및 제4항에서 규정한 사항 외에 국민주택규모 주택의 인수 절차 및 활용에 필요한 사항은 대통령령으로 정할 수 있다.(2023.7.18 본항신설)
(2023.7.18 본조제목개정)

제67조【재건축사업의 범위에 관한 특례】 ① 사업시행자 또는 추진위원회는 다음 각 호의 어느 하나에 해당하는 경우에는 그 주택단지 안의 일부 토지에 대하여 「건축법」 제57조에도 불구하고 분할하려는 토지면적이 같은 조에서 정하고 있는 면적에 미달되더라도 토지분할을 청구할 수 있다.
1. 「주택법」 제15조제1항에 따라 사업계획승인을 받아 건설한 둘 이상의 건축물이 있는 주택단지에 재건축사업을 하는 경우
2. 제35조제3항에 따른 조합설립의 동의요건을 충족시키기 위하여 필요한 경우
② 사업시행자 또는 추진위원회는 제1항에 따라 토지분할 청구를 하는 때에는 토지분할의 대상이 되는 토지 및 그 위의 건축물과 관련된 토지등소유자와 협의하여야 한다.
③ 사업시행자 또는 추진위원회는 제2항에 따른 토지분할의 협의가 성립되지 아니한 경우에는 법원에 토지분할을 청구할 수 있다.
④ 시장·군수등은 제3항에 따라 토지분할이 청구된 경우에 분할되어 나가는 토지 및 그 위의 건축물이 다음 각 호의 요건을 충족하는 때에는 토지분할이 완료되지 아니하여 제1항에 따른 동의요건에 미달되더라도 「건축법」 제4조에 따라 특별자치시·특별자치도·시·군·구(자치구를 말한다)에 설치하는 건축위원회의 심의를 거쳐 조합설립인가와 사업시행계획인가를 할 수 있다.
1. 해당 토지 및 건축물과 관련된 토지등소유자(제77조에 따른 기준일의 다음 날 이후에 정비구역에 위치한 건축물 및 그 부속토지의 소유권을 취득한 자는 제외한다)의 수가 전체의 10분의 1 이하일 것(2024.1.30 본호개정)
2. 분할되어 나가는 토지 위의 건축물이 분할선 상에 위치하지 아니할 것
3. 그 밖에 사업시행계획인가를 위하여 대통령령으로 정하는 요건에 해당할 것

제68조【건축규제의 완화 등에 관한 특례】 ① 주거환경개선사업에 따른 건축허가를 받은 때와 부동산등기(소유권 보존등기 또는 이전등기로 한정한다)를 하는 때에는 「주택도시기금법」 제8조의 국민주택채권의 매입에 관한 규정을 적용하지 아니한다.
② 주거환경개선구역에서 「국토의 계획 및 이용에 관한 법률」 제43조제2항에 따른 도시·군계획시설의 결정·구조 및 설치의 기준 등에 필요한 사항은 국토교통부령으로 정하는 바에 따른다.
③ 사업시행자는 주거환경개선구역에서 다음 각 호의 어느 하나에 해당하는 사항은 시·도조례로 정하는 바에 따라 기준을 따로 정할 수 있다.
1. 「건축법」 제44조에 따른 대지와 도로의 관계(소방활동에 지장이 없는 경우로 한정한다)
2. 「건축법」 제60조 및 제61조에 따른 건축물의 높이 제한(사업시행자가 공동주택을 건설·공급하는 경우로 한정한다)
④ 사업시행자는 공공재건축사업을 위한 정비구역, 제26조제1항제1호 및 제27조제1항제1호에 따른 재건축구역(재건축사업을 시행하는 정비구역을 말한다. 이하 같다) 또는 제66조제2항에 따라 용적률을 완화하여 적용하는 정비구역에서 다음 각 호의 어느 하나에 해당하는 사항에 대하여 대통령령으로 정하는 범위에서 「건축법」 제72조제2항에 따른 지방건축위원회 또는 지방도시계획위원회의 심의를 거쳐 그 기준을 완화받을 수 있다.(2023.7.18 본문개정)
1. 「건축법」 제42조에 따른 대지의 조경기준
2. 「건축법」 제55조에 따른 건폐율의 산정기준
3. 「건축법」 제58조에 따른 대지 안의 공지 기준
4. 「건축법」 제60조 및 제61조에 따른 건축물의 높이 제한
5. 「주택법」 제35조제1항제3호 및 제4호에 따른 부대시설 및 복리시설의 설치기준
5의2. 「도시공원 및 녹지 등에 관한 법률」 제14조에 따른 도시공원 또는 녹지 확보기준(2021.4.13 본호신설)
6. 제1호부터 제5호까지 및 제5호의2에서 규정한 사항 외에 공공재건축사업 또는 제26조제1항제1호 및 제27조제1항제1호에 따른 재건축사업의 원활한 시행을 위하여 대통령령으로 정하는 사항(2021.4.13 본호개정)

제69조【다른 법령의 적용 및 배제】 ① 주거환경개선구역은 해당 정비구역의 지정·고시가 있은 날부터 「국토의 계획 및 이용에 관한 법률」 제36조제1항제1호가목 및 같은 조 제2항에 따라 주거지역을 세분하여 정하는 지역 중 대통령령으로 정하는 지역으로 결정·고시된 것으로 본다. 다만, 다음 각 호의 어느 하나에 해당하는 경우에는 그러하지 아니하다.
1. 해당 정비구역이 「개발제한구역의 지정 및 관리에 관한 특별조치법」 제3조제1항에 따라 결정된 개발제한구역인 경우
2. 시장·군수등이 주거환경개선사업을 위하여 필요하다고 인정하여 해당 정비구역의 일부분을 종전 용도지역으로 그대로 유지하거나 동일면적의 범위에서 위치를 변경하는 내용으로 정비계획을 수립한 경우
3. 시장·군수등이 제9조제1항제10호다목의 사항을 포함하는 정비계획을 수립한 경우
② 정비사업과 관련된 환지에 관하여는 「도시개발법」 제28조부터 제49조까지의 규정을 준용한다. 이 경우 같은 법 제41조제2항 본문에 따른 "환지처분을 하는 때"는 "사업시행계획인가를 하는 때"로 본다.
③ 주거환경개선사업의 경우에는 「공익사업을 위한 토지 등의 취득 및 보상에 관한 법률」 제78조제4항을 적용하지 아니하며, 「주택법」을 적용할 때에는 이 법에 따른 사업시행자(토지주택공사등이 공동사업시행자인 경우에는 토지주택공사등을 말한다)는 「주택법」에 따른 사업주체로 본다.(2019.4.23 본항개정)
④ 공공재개발사업 시행자 또는 공공재건축사업 시행자는 공공재개발사업 또는 공공재건축사업을 시행하는 경우 「건설기술 진흥법」 등 관계 법령에도 불구하고 대통령령으로 정하는 바에 따라 건설사업관리기술인의 배치기준을 별도로 정할 수 있다.(2021.4.13 본항신설)

제70조【지상권 등 계약의 해지】 ① 정비사업의 시행으로 지상권·전세권 또는 임차권의 설정 목적을 달성할 수 없는 때에는 그 권리자는 계약을 해지할 수 있다.
② 제1항에 따라 계약을 해지할 수 있는 자가 가지는 전세금·보증금, 그 밖의 계약상의 금전의 반환청구권은 사업시행자에게 행사할 수 있다.
③ 제2항에 따른 금전의 반환청구권의 행사로 해당 금전을 지급한 사업시행자는 해당 토지등소유자에게 구상할 수 있다.
④ 사업시행자는 제3항에 따른 구상이 되지 아니하는 때에는 해당 토지등소유자에게 귀속될 대지 또는 건축물을 압류할 수 있다. 이 경우 압류한 권리는 저당권과 동일한 효력을 가진다.
⑤ 제74조에 따라 관리처분계획의 인가를 받은 경우 지상권·전세권설정계약 또는 임대차계약의 계약기간은 「민법」 제280조·제281조 및 제312조제2항, 「주택임대차보호법」 제4조제1항, 「상가건물 임대차보호법」 제9조제1항을 적용하지 아니한다.

제71조【소유자의 확인이 곤란한 건축물 등에 대한 처분】 ① 사업시행자는 다음 각 호에서 정하는 날 현재 건축물 또는 토지의 소유자의 소재 확인이 현저히 곤란한 때에는 전국적으로 배포되는 둘 이상의 일간신문에 2회 이상 공고하고, 공고한 날부터 30일 이상이 지난 때에는 그 소유자의 해당 건축물 또는 토지의 감정평가액에 해당하는 금액을 법원에 공탁하고 정비사업을 시행할 수 있다.
1. 제25조에 따라 조합이 사업시행자가 되는 경우에는 제35조에 따른 조합설립인가일
2. 제25조제1항제2호에 따라 토지등소유자가 시행하는 재개발사업의 경우에는 제50조에 따른 사업시행계획인가일
3. 제26조제1항에 따라 시장·군수등, 토지주택공사등이 정비사업을 시행하는 경우에는 같은 조 제2항에 따른 고시일
4. 제27조제1항에 따라 지정개발자를 사업시행자로 지정하는 경우에는 같은 조 제2항에 따른 고시일
② 재건축사업을 시행하는 경우 조합설립인가일 현재 조합원 전체의 공동소유인 토지 또는 건축물은 조합 소유의 토지 또는 건축물로 본다.
③ 제2항에 따라 조합 소유로 보는 토지 또는 건축물의 처분에 관한 사항은 제74조제1항에 따른 관리처분계획에 명시하여야 한다.
④ 제1항에 따른 토지 또는 건축물의 감정평가는 제74조제4항제1호를 준용한다.(2021.3.16 본항개정)

제5절 관리처분계획 등

제72조【분양공고 및 분양신청】 ① 사업시행자는 제50조제9항에 따른 사업시행계획인가의 고시가 있은 날(사업시행계획인가 이후 시공자를 선정한 경우에는 시공자와 계약을 체결한 날)부터 120일 이내에 다음 각 호의 사항을 토지등소유자에게 통지하고, 분양의 대상이 되는 대지 또는 건축물의 내역 등 대통령령으로 정하는 사항을 해당 지역에서 발간되는 일간신문에 공고하여야 한다. 다만, 토지등소유자 1인이 시행하는 재개발사업의 경우에는 그러하지 아니하다.(2021.3.16 본문개정)
1. 분양대상자별 종전의 토지 또는 건축물의 명세 및 사업시행계획인가의 고시가 있은 날을 기준으로 한 가격(사업시행계획인가 전에 제81조제3항에 따라 철거된 건축물은 시장·군수등에게 허가를 받은 날을 기준으로 한 가격)
2. 분양대상자별 분담금의 추산액
3. 분양신청기간
4. 그 밖에 대통령령으로 정하는 사항
② 제1항제3호에 따른 분양신청기간은 통지한 날부터 30일 이상 60일 이내로 하여야 한다. 다만, 사업시행자는 제74조제1항에 따른 관리처분계획의 수립에 지장이 없다고 판단하는 경우에는 분양신청기간을 20일의 범위에서 한 차례만 연장할 수 있다.
③ 대지 또는 건축물에 대한 분양을 받으려는 토지등소유자는 제2항에 따른 분양신청기간에 대통령령으로 정하는 방법 및 절차에 따라 사업시행자에게 대지 또는 건축물에 대한 분양신청을 하여야 한다.
④ 사업시행자는 제2항에 따른 분양신청기간 종료 후 제50조제1항에 따른 사업시행계획인가의 변경(경미한 사항의 변경은 제외한다)으로 세대수 또는 주택규모가 달라지는 경우 제1항부터 제3항까지의 규정에 따라 분양공고 등의 절차를 다시 거칠 수 있다.
⑤ 사업시행자는 정관등으로 정하고 있거나 총회의 의결을 거친 경우 제4항에 따라 제73조제1항제1호 및 제2호에 해당하는 토지등소유자에게 분양신청을 다시 하게 할 수 있다.
⑥ 제3항부터 제5항까지의 규정에도 불구하고 투기과열지구의 정비사업에서 제74조에 따른 관리처분계획에 따라 같은 조 제1항제2호 또는 제1항제4호가목의 분양대상자 및 그 세대에 속한 자는 분양대상자 선정일(조합원 분양분의 분양대상자는 최초 관리처분계획 인가일을 말한다)부터 5년 이내에는 투기과열지구에서 제3항부터 제5항까지의 규정에 따른 분양신청을 할 수 없다. 다만, 상속, 결혼, 이혼으로 조합원 자격을 취득한 경우에는 분양신청을 할 수 있다.(2017.10.24 본항신설)
⑦ 공공재개발사업 시행자는 제39조제2항제6호에 따라 건축물 또는 토지를 양수하려는 경우 무분별한 분양신청을 방지하기 위하여 제1항 또는 제4항에 따른 분양공고 시 양수대상이 되는 건축물 또는 토지의 조건을 함께 공고하여야 한다.(2021.4.13 본항신설)

제73조【분양신청을 하지 아니한 자 등에 대한 조치】 ① 사업시행자는 관리처분계획이 인가·고시된 다음 날부터 90일 이내에 다음 각 호에서 정하는 자와 토지, 건축물 또는 그 밖의 권리의 손실보상에 관한 협의를 하여야 한다. 다만, 사업시행자는 분양신청기간 종료일의 다음 날부터 협의를 시작할 수 있다.
1. 분양신청을 하지 아니한 자
2. 분양신청기간 종료 이전에 분양신청을 철회한 자
3. 제72조제6항 본문에 따라 분양신청을 할 수 없는 자
(2017.10.24 본호신설)
4. 제74조에 따라 인가된 관리처분계획에 따라 분양대상에서 제외된 자
② 사업시행자는 제1항에 따른 협의가 성립되지 아니하면 그 기간의 만료일 다음 날부터 60일 이내에 수용재결을 신청하거나 매도청구소송을 제기하여야 한다.
③ 사업시행자는 제2항에 따른 기간을 넘겨서 수용재결을 신청하거나 매도청구소송을 제기한 경우에는 해당 토지등소유자에게 지연일수(遲延日數)에 따른 이자를 지급하여야 한다. 이 경우 이자는 100분의 15 이하의 범위에서 대통령령으로 정하는 이율을 적용하여 산정한다.

제74조【관리처분계획의 인가 등】 ① 사업시행자는 제72조에 따른 분양신청기간이 종료된 때에는 분양신청의 현황을 기초로 다음 각 호의 사항이 포함된 관리처분계획을 수립하여 시장·군수등의 인가를 받아야 하며, 관리처분계획을 변경·중지 또는 폐지하려는 경우에도 또한 같다. 다만, 대통령령으로 정하는 경미한 사항을 변경하려는 경우에는 시장·군수등에게 신고하여야 한다.
1. 분양설계
2. 분양대상자의 주소 및 성명

3. 분양대상자별 분양예정인 대지 또는 건축물의 추산액(임대관리 위탁주택에 관한 내용을 포함한다)
4. 다음 각 목에 해당하는 보류지 등의 명세와 추산액 및 처분방법. 다만, 나목의 경우에는 제30조제1항에 따라 선정된 임대사업자의 성명 및 주소(법인인 경우에는 법인의 명칭 및 소재지와 대표자의 성명 및 주소)를 포함한다.(2018.1.16 단서개정)
   가. 일반 분양분
   나. 공공지원민간임대주택(2018.1.16 본목개정)
   다. 임대주택
   라. 그 밖에 부대시설·복리시설 등
5. 분양대상자별 종전의 토지 또는 건축물 명세 및 사업시행계획인가 고시가 있은 날을 기준으로 한 가격(사업시행계획인가 전에 제81조제3항에 따라 철거된 건축물은 시장·군수등에게 허가를 받은 날을 기준으로 한 가격)
6. 정비사업비의 추산액(재건축사업의 경우에는 「재건축초과이익 환수에 관한 법률」에 따른 재건축부담금에 관한 사항을 포함한다) 및 그에 따른 조합원 분담규모 및 분담시기
7. 분양대상자의 종전 토지 또는 건축물에 관한 소유권 외의 권리명세
8. 세입자별 손실보상을 위한 권리명세 및 그 평가액
9. 그 밖에 정비사업과 관련한 권리 등에 관하여 대통령령으로 정하는 사항

② 시장·군수등은 제1항 각 호 외의 부분 단서에 따른 신고를 받은 날부터 20일 이내에 신고수리 여부를 신고인에게 통지하여야 한다.(2021.3.16 본항신설)

③ 시장·군수등이 제2항에서 정한 기간 내에 신고수리 여부 또는 민원 처리 관련 법령에 따른 처리기간의 연장을 신고인에게 통지하지 아니하면 그 기간(민원 처리 관련 법령에 따라 처리기간이 연장 또는 재연장된 경우에는 해당 처리기간을 말한다)이 끝난 날의 다음 날에 신고를 수리한 것으로 본다.(2021.3.16 본항신설)

④ 정비사업에서 제1항제3호·제5호 및 제8호에 따라 재산 또는 권리를 평가할 때에는 다음 각 호의 방법에 따른다.
1. 「감정평가 및 감정평가사에 관한 법률」에 따른 감정평가법인등 중 다음 각 목의 구분에 따른 감정평가법인등이 평가한 금액을 산술평균하여 산정한다. 다만, 관리처분계획을 변경·중지 또는 폐지하려는 경우 분양예정 대상인 대지 또는 건축물의 추산액과 종전의 토지 또는 건축물의 가격은 사업시행자 및 토지등소유자 전원이 합의하여 산정할 수 있다.
   가. 주거환경개선사업 또는 재개발사업 : 시장·군수등이 선정·계약한 2인 이상의 감정평가법인등
   나. 재건축사업 : 시장·군수등이 선정·계약한 1인 이상의 감정평가법인등과 조합총회의 의결로 선정·계약한 1인 이상의 감정평가법인등
   (2020.4.7 본호개정)
2. 시장·군수등은 제1호에 따라 감정평가법인등을 선정·계약하는 경우 감정평가법인등의 업무수행능력, 소속 감정평가사의 수, 감정평가 실적, 법규 준수 여부, 평가계획의 적정성 등을 고려하여 객관적이고 투명한 절차에 따라 선정하여야 한다. 이 경우 감정평가법인등의 선정·절차 및 방법 등에 필요한 사항은 시·도조례로 정한다.(2020.4.7 본호개정)
3. 사업시행자는 제1호에 따라 감정평가를 하려는 경우 시장·군수등에게 감정평가법인등의 선정·계약을 요청하고 감정평가에 필요한 비용을 미리 예치하여야 한다. 시장·군수등은 감정평가가 끝난 경우 예치된 금액에서 감정평가 비용을 직접 지급한 후 나머지 비용을 사업시행자와 정산하여야 한다.(2021.7.27 후단개정)

⑤ 조합은 제45조제1항제10호의 사항을 의결하기 위한 총회의 개최일부터 1개월 전에 제1항제3호부터 제6호까지의 규정에 해당하는 사항을 각 조합원에게 문서로 통지하여야 한다.

⑥ 제1항에 따른 관리처분계획의 내용, 관리처분의 방법 등에 필요한 사항은 대통령령으로 정한다.

⑦ 제1항 각 호의 관리처분계획의 내용과 제4항부터 제6항까지의 규정은 시장·군수등이 직접 수립하는 관리처분계획에 준용한다.(2021.3.16 본항개정)

제75조【사업시행계획인가 및 관리처분계획인가의 시기 조정】 ① 특별시장·광역시장 또는 도지사는 정비사업의 시행으로 정비구역 주변 지역에 주택이 현저하게 부족하거나 주택시장이 불안정하게 되는 등 특별시·광역시 또는 도의 조례로 정하는 사유가 발생하는 경우에는 「주거기본법」 제9조에 따른 시·도 주거정책심의위원회의 심의를 거쳐 사업시행계획인가 또는 제74조에 따른 관리처분계획인가의 시기를 조정하도록 해당 시장, 군수 또는 구청장에게 요청할 수 있다. 이 경우 요청을 받은 시장, 군수 또는 구청장은 특별한 사유가 없으면 그 요청에 따라야 하며, 사업시행계획인가 또는 관리처분계획인가의 조정 시기는 인가를 신청한 날부터 1년을 넘을 수 없다.

② 특별자치시장 및 특별자치도지사는 정비사업의 시행으로 정비구역 주변 지역에 주택이 현저하게 부족하거나 주택시장이 불안정하게 되는 등 특별자치시 및 특별자치도의 조례로 정하는 사유가 발생하는 경우에는 「주거기본법」 제9조에 따른 시·도 주거정책심의위원회의 심의를 거쳐 사업시행계획인가 또는 제74조에 따른 관리처분계획인가의 시기를 조정할 수 있다. 이 경우 사업시행계획인가 또는 관리처분계획인가의 조정 시기는 인가를 신청한 날부터 1년을 넘을 수 없다.

③ 제1항 및 제2항에 따른 사업시행계획인가 또는 관리처분계획인가의 시기 조정의 방법 및 절차 등에 필요한 사항은 특별시·광역시·특별자치시·도 또는 특별자치도의 조례로 정한다.

제76조【관리처분계획의 수립기준】 ① 제74조제1항에 따른 관리처분계획의 내용은 다음 각 호의 기준에 따른다.
1. 종전의 토지 또는 건축물의 면적·이용 상황·환경, 그 밖의 사항을 종합적으로 고려하여 대지 또는 건축물이 균형 있게 분양신청자에게 배분되고 합리적으로 이용되도록 한다.
2. 지나치게 좁거나 넓은 토지 또는 건축물은 넓히거나 좁혀 대지 또는 건축물이 적정 규모가 되도록 한다.
3. 너무 좁은 토지 또는 건축물을 취득한 자나 정비구역 지정 후 분할된 토지 또는 집합건물의 구분소유권을 취득한 자에게는 현금으로 청산할 수 있다.(2024.1.30 본호개정)
4. 재해 또는 위생상의 위해를 방지하기 위하여 토지의 규모를 조정할 특별한 필요가 있는 때에는 너무 좁은 토지를 넓혀 토지를 갈음하여 보상을 하거나 건축물의 일부와 그 건축물이 있는 대지의 공유지분을 교부할 수 있다.
5. 분양설계에 관한 계획은 제72조에 따른 분양신청기간이 만료하는 날을 기준으로 하여 수립한다.
6. 1세대 또는 1명이 하나 이상의 주택 또는 토지를 소유한 경우 1주택을 공급하고, 같은 세대에 속하지 아니하는 2명 이상이 1주택 또는 1토지를 공유한 경우에는 1주택만 공급한다.
7. 제6호에도 불구하고 다음 각 목의 경우에는 각 목의 방법에 따라 주택을 공급할 수 있다.
   가. 2명 이상이 1토지를 공유한 경우로서 시·도조례로 주택공급을 따로 정하고 있는 경우에는 시·도조례로 정하는 바에 따라 주택을 공급할 수 있다.
   나. 다음 어느 하나에 해당하는 토지등소유자에게는 소유한 주택 수만큼 공급할 수 있다.
      1) 과밀억제권역에 위치하지 아니한 재건축사업의 토지등소유자. 다만, 투기과열지구 또는 「주택법」 제63조의2제1항제1호에 따라 지정된 조정대상지역(이하 이 조에서 "조정대상지역"이라 한다)에서 사업시행계획인가(최초 사업시행계획인가를 말한다)를 신청하는 재건축사업의 토지등소유자는 제외한다.
      (2022.2.3 단서개정)
      2) 근로자(공무원인 근로자를 포함한다) 숙소, 기숙사 용도로 주택을 소유하고 있는 토지등소유자
      3) 국가, 지방자치단체 및 토지주택공사등
      4) 「지방자치분권 및 지역균형발전에 관한 특별법」 제25조에 따른 공공기관지방이전 및 혁신도시 활성화를 위한 시책 등에 따라 이전하는 공공기관이 소유한 주택을 양수한 자(2023.6.9 개정)
   다. 나목1) 단서에도 불구하고 과밀억제권역 외의 조정대상지역 또는 투기과열지구에서 조정대상지역 또는 투기과열지구로 지정되기 전에 1명의 토지등소유자로부터 토지 또는 건축물의 소유권을 양수하여 여러 명이 소유하게 된 경우에는 양도인과 양수인에게 각각 1주택을 공급할 수 있다.(2022.2.3 본목신설)
   라. 제74조제1항제5호에 따른 가격의 범위 또는 종전 주택의 주거전용면적의 범위에서 2주택을 공급할 수 있고, 이 중 1주택은 주거전용면적을 60제곱미터 이하로 한다. 다만, 60제곱미터 이하로 공급받은 1주택은 제86조제2항에 따른 이전고시일 다음 날부터 3년이 지나기 전에는 주택을 전매(매매·증여나 그 밖에 권리의 변동을 수반하는 모든 행위를 포함하되 상속의 경우는 제외한다)하거나 전매를 알선할 수 없다.
   마. 과밀억제권역에 위치한 재건축사업의 경우에는 토지등소유자가 소유한 주택수의 범위에서 3주택까지 공급할 수 있다. 다만, 투기과열지구 또는 조정대상지역에서 사업시행계획인가(최초 사업시행계획인가를 말한다)를 신청하는 재건축사업의 경우에는 그러하지 아니하다.(2022.2.3 단서개정)

② 제1항에 따른 관리처분계획의 수립기준 등에 필요한 사항은 대통령령으로 정한다.

제77조【주택 등 건축물을 분양받을 권리의 산정 기준일】 ① 정비사업을 통하여 분양받을 건축물이 다음 각 호의 어느 하나에 해당하는 경우에는 제16조제2항 전단에 따른 고시가 있은 날 또는 시·도지사가 투기를 억제하기 위하여 제6조제1항에 따른 기본계획 수립을 위한 주민공람의 공고일 후 정비구역 지정·고시 전에 따로 정하는 날(이하 이 조에서 "기준일"이라 한다)의 다음 날을 기준으로 건축물을 분양받을 권리를 산정한다.
(2024.1.30 본문개정)
1. 1필지의 토지가 여러 개의 필지로 분할되는 경우
2. 「집합건물의 소유 및 관리에 관한 법률」에 따른 집합건물이 아닌 건축물이 같은 법에 따른 집합건물로 전환되는 경우(2024.1.30 본호개정)
3. 하나의 대지 범위에 속하는 동일인 소유의 토지와 주택 등 건축물을 토지와 주택 등 건축물로 각각 분리하여 소유하는 경우
4. 나대지에 건축물을 새로 건축하거나 기존 건축물을 철거하고 다세대주택, 그 밖의 공동주택을 건축하여 토지등소유자의 수가 증가하는 경우
5. 「집합건물의 소유 및 관리에 관한 법률」 제2조제3호에 따른 전유부분의 분할로 토지등소유자의 수가 증가하는 경우(2024.1.30 본호신설)

② 시·도지사는 제1항에 따라 기준일을 따로 정하는 경우에는 기준일·지정사유·건축물을 분양받을 권리의 산정 기준 등을 해당 지방자치단체의 공보에 고시하여야 한다.

제78조【관리처분계획의 공람 및 인가절차 등】 ① 사업시행자는 제74조에 따른 관리처분계획인가를 신청하기 전에 관계 서류의 사본을 30일 이상 토지등소유자에게 공람하게 하고 의견을 들어야 한다. 다만, 제74조제1항 각 호 외의 부분 단서에 따라 대통령령으로 정하는 경미한 사항을 변경하려는 경우에는 토지등소유자의 공람 및 의견청취 절차를 거치지 아니할 수 있다.

② 시장·군수등은 사업시행자의 관리처분계획인가의 신청이 있은 날부터 30일 이내에 인가 여부를 결정하여 사업시행자에게 통보하여야 한다. 다만, 시장·군수등은 제3항에 따라 관리처분계획의 타당성 검증을 요청하는 경우에는 관리처분계획인가의 신청을 받은 날부터 60일 이내에 인가 여부를 결정하여 사업시행자에게 통지하여야 한다.(2017.8.9 단서개정)

③ 시장·군수등은 다음 각 호의 어느 하나에 해당하는 경우에는 대통령령으로 정하는 공공기관에 관리처분계획의 타당성 검증을 요청하여야 한다. 이 경우 시장·군수등은 타당성 검증 비용을 사업시행자에게 부담하게 할 수 있다.
1. 제74조제1항제6호에 따른 정비사업비가 제52조제1항제12호에 따른 정비사업비 기준으로 100분의 10 이상으로서 대통령령으로 정하는 비율 이상 늘어나는 경우
2. 제74조제1항제6호에 따른 조합원 분담규모가 제72조제1항제2호에 따른 분양대상자별 분담금의 추산액 총액 기준으로 100분의 20 이상으로서 대통령령으로 정하는 비율 이상 늘어나는 경우
3. 조합원 5분의 1 이상이 관리처분계획인가 신청이 있은 날부터 15일 이내에 시장·군수등에게 타당성 검증을 요청한 경우
4. 그 밖에 시장·군수등이 필요하다고 인정하는 경우
(2017.8.9 본항신설)

④ 시장·군수등이 제2항에 따라 관리처분계획을 인가하는 때에는 그 내용을 해당 지방자치단체의 공보에 고시하여야 한다.

⑤ 사업시행자는 제1항에 따라 공람을 실시하려거나 제4항에 따른 시장·군수등의 고시가 있은 때에는 대통령령으로 정하는 방법과 절차에 따라 토지등소유자에게는 공람계획을 통지하고, 분양신청을 한 자에게는 관리처분계획인가의 내용 등을 통지하여야 한다.(2017.8.9 본항개정)

⑥ 제1항, 제4항 및 제5항은 시장·군수등이 직접 관리처분계획을 수립하는 경우에 준용한다.(2017.8.9 본항개정)

제79조【관리처분계획에 따른 처분 등】 ① 정비사업의 시행으로 조성된 대지 및 건축물은 관리처분계획에 따라 처분 또는 관리하여야 한다.

② 사업시행자는 정비사업의 시행으로 건설된 건축물을 제74조에 따라 인가받은 관리처분계획에 따라 토지등소유자에게 공급하여야 한다.

③ 사업시행자(제23조제1항제2호에 따라 대지를 공급받아 주택을 건설하는 자를 포함한다. 이하 이 항, 제6항 및 제7항에서 같다)는 정비구역에 주택을 건설하는 경우에는 입주자 모집 조건·방법·절차, 입주금(계약금·중도금 및 잔금을 말한다)의 납부 방법·시기·절차, 주택공급 방법·절차 등에 관하여 「주택법」 제54조에도 불구하고 대통령령으로 정하는 범위에서 시장·군수등의 승인을 받아 따로 정할 수 있다.

④ 사업시행자는 제72조에 따른 분양신청을 받은 후 잔여분이 있는 경우에는 정관등 또는 사업시행계획으로 정하는 목적을 위하여 그 잔여분을 보류지(건축물을 포함한다)로 정하거나 조합원 또는 토지등소유자 이외의 자에게 분양할 수 있다. 이 경우 분양공고와 분양신청절차 등에 필요한 사항은 대통령령으로 정한다.

⑤ 국토교통부장관, 시·도지사, 시장, 군수, 구청장 또는 토지주택공사등은 조합이 요청하는 경우 재개발사업의 시행으로 건설된 임대주택을 인수하여야 한다. 이 경우 재개발임대주택의 인수 절차 및 방법, 인수 가격 등에 필요한 사항은 대통령령으로 정한다.

⑥ 사업시행자는 정비사업의 시행으로 임대주택을 건설하는 경우에는 임차인의 자격·선정방법·임대보증금·임대료 등 임대조건에 관한 기준 및 무주택 세대주에게 우선 매각하도록 하는 기준 등에 관하여 「민간임대주택에 관한 특별법」 제42조 및 제44조, 「공공주택 특별법」 제48조, 제49조 및 제50조의3에도 불구하고 대통령령으로 정하는 범위에서 시장·군수등의 승인을 받아 따로 정할 수 있다. 다만, 재개발임대주택으로서 최초의 임차인 선정이 아닌 경우에는 대통령령으로 정하는 범위에서 인수자가 따로 정한다.

⑦ 사업시행자는 제2항부터 제6항까지의 규정에 따른 공급대상자에게 주택을 공급하고 남은 주택을 제2항부터 제6항까지의 규정에 따른 공급대상자 외의 자에게 공급할 수 있다.

⑧ 제7항에 따른 주택의 공급 방법·절차 등은 「주택법」 제54조를 준용한다. 다만, 사업시행자가 제64조에 따른

매도청구소송을 통하여 법원의 승소판결을 받은 후 입주예정자에게 피해가 없도록 손실보상금을 공탁하고 분양예정인 건축물을 담보한 경우에는 법원의 승소판결이 확정되기 전이라도 「주택법」 제54조에도 불구하고 입주자를 모집할 수 있으나, 제83조에 따른 준공인가 신청 전까지 해당 주택건설 대지의 소유권을 확보하여야 한다.

제80조【지분형주택 등의 공급】 ① 사업시행자가 토지주택공사등인 경우에는 분양대상자와 사업시행자가 공동 소유하는 방식으로 주택(이하 "지분형주택"이라 한다)을 공급할 수 있다. 이 경우 공급되는 지분형주택의 규모, 공동 소유기간 및 분양대상자 등 필요한 사항은 대통령령으로 정한다.

② 국토교통부장관, 시·도지사, 시장, 군수, 구청장 또는 토지주택공사등은 정비구역에 세입자와 대통령령으로 정하는 면적 이하의 토지 또는 주택을 소유한 자의 요청이 있는 경우에는 제79조제5항에 따라 인수한 임대주택의 일부를 「주택법」에 따른 토지임대부 분양주택으로 전환하여 공급하여야 한다.

제81조【건축물 등의 사용·수익의 중지 및 철거 등】 ① 종전의 토지 또는 건축물의 소유자·지상권자·전세권자·임차권자 등 권리자는 제78조제4항에 따른 관리처분계획인가의 고시가 있은 때에는 제86조에 따른 이전고시가 있는 날까지 종전의 토지 또는 건축물을 사용하거나 수익할 수 없다. 다만, 다음 각 호의 어느 하나에 해당하는 경우에는 그러하지 아니하다.(2017.8.9 본문개정)

1. 사업시행자의 동의를 받은 경우
2. 「공익사업을 위한 토지 등의 취득 및 보상에 관한 법률」에 따른 손실보상이 완료되지 아니한 경우

② 사업시행자는 제74조제1항에 따른 관리처분계획인가를 받은 후 기존의 건축물을 철거하여야 한다.

③ 사업시행자는 다음 각 호의 어느 하나에 해당하는 경우에는 제2항에도 불구하고 기존 건축물 소유자의 동의 및 시장·군수등의 허가를 받아 해당 건축물을 철거할 수 있다. 이 경우 건축물의 철거는 토지등소유자로서의 권리·의무에 영향을 주지 아니한다.

1. 「재난 및 안전관리 기본법」·「주택법」·「건축법」 등 관계 법령에서 정하는 기존 건축물의 붕괴 등 안전사고의 우려가 있는 경우
2. 폐공가(廢空家)의 밀집으로 범죄발생의 우려가 있는 경우

④ 시장·군수등은 사업시행자가 제2항에 따라 기존의 건축물을 철거하거나 철거를 위하여 점유자를 퇴거시키려는 경우 다음 각 호의 어느 하나에 해당하는 시기에는 건축물을 철거하거나 점유자를 퇴거시키는 것을 제한할 수 있다.(2022.6.10 본문개정)

1. 일출 전과 일몰 후
2. 호우, 대설, 폭풍해일, 지진해일, 태풍, 강풍, 풍랑, 한파 등으로 해당 지역에 중대한 재해발생이 예상되어 기상청장이 「기상법」 제13조의2에 따라 특보를 발표한 때 (2023.2.14 본호개정)
3. 「재난 및 안전관리 기본법」 제3조에 따른 재난이 발생한 때
4. 제1호부터 제3호까지의 규정에 준하는 시기로 시장·군수등이 인정하는 시기

제82조【시공보증】 ① 조합이 정비사업의 시행을 위하여 시장·군수등 또는 토지주택공사등이 아닌 자를 시공자로 선정(제25조에 따른 공동사업시행자가 시공하는 경우를 포함한다)한 경우 그 시공자는 공사의 시공보증(시공자가 공사의 계약상 의무를 이행하지 못하거나 의무이행을 하지 아니할 경우 보증기관에서 시공자를 대신하여 계약이행의무를 부담하거나 총 공사금액의 100분의 50 이하 대통령령으로 정하는 비율 이상의 범위에서 사업시행자가 정하는 금액을 납부할 것을 보증하는 것을 말한다)을 위하여 국토교통부령으로 정하는 기관의 시공보증서를 조합에 제출하여야 한다.(2018.6.12 본항개정)

② 시장·군수등은 「건축법」 제21조에 따른 착공신고를 받는 경우에는 제1항에 따른 시공보증서의 제출 여부를 확인하여야 한다.

제6절 공사완료에 따른 조치 등

제83조【정비사업의 준공인가】 ① 시장·군수등이 아닌 사업시행자가 정비사업 공사를 완료한 때에는 대통령령으로 정하는 방법 및 절차에 따라 시장·군수등의 준공인가를 받아야 한다.

② 제1항에 따라 준공인가신청을 받은 시장·군수등은 지체 없이 준공검사를 실시하여야 한다. 이 경우 시장·군수등은 효율적인 준공검사를 위하여 필요한 때에는 관계 행정기관·공공기관·연구기관, 그 밖의 전문기관 또는 단체에게 준공검사의 실시를 의뢰할 수 있다.

③ 시장·군수등은 제2항 전단 또는 후단에 따른 준공검사를 실시한 결과 정비사업이 인가받은 사업시행계획대로 완료되었다고 인정되는 때에는 준공인가를 하고 공사의 완료를 해당 지방자치단체의 공보에 고시하여야 한다.

④ 시장·군수등은 직접 시행하는 정비사업에 관한 공사가 완료된 때에는 그 완료를 해당 지방자치단체의 공보에 고시하여야 한다.

⑤ 시장·군수등은 제1항에 따른 준공인가를 하기 전이라도 완공된 건축물이 사용에 지장이 없는 등 대통령령으로 정하는 기준에 적합한 경우에는 입주예정자가 완공된 건축물을 사용할 수 있도록 사업시행자에게 허가할 수 있다. 다만, 시장·군수등이 사업시행자인 경우에는 허가를 받지 아니하고 입주예정자가 완공된 건축물을 사용하게 할 수 있다.

⑥ 제3항 및 제4항에 따른 공사완료의 고시 절차 및 방법 그 밖에 필요한 사항은 대통령령으로 정한다.

제84조【준공인가 등에 따른 정비구역의 해제】 ① 정비구역의 지정은 제83조에 따른 준공인가의 고시가 있은 날(관리처분계획을 수립하는 경우에는 이전고시가 있은 때를 말한다)의 다음 날에 해제된 것으로 본다. 이 경우 지방자치단체는 해당 지역을 「국토의 계획 및 이용에 관한 법률」에 따른 지구단위계획으로 관리하여야 한다.

② 제1항에 따른 정비구역의 해제는 조합의 존속에 영향을 주지 아니한다.

제85조【공사완료에 따른 관련 인·허가등의 의제】 ① 제83조제1항부터 제4항까지의 규정에 따라 준공인가를 하거나 공사완료를 고시하는 경우 시장·군수등이 제57조에 따라 의제되는 인·허가등에 따른 준공검사·준공인가·사용검사·사용승인 등(이하 "준공검사·인가등"이라 한다)에 관하여 제3항에 따라 관계 행정기관의 장과 협의한 사항은 해당 준공검사·인가등을 받은 것으로 본다.

② 시장·군수등이 아닌 사업시행자는 제1항에 따른 준공검사·인가등의 의제를 받으려는 경우에는 제83조제1항에 따른 준공인가를 신청하는 때에 해당 법률에서 정하는 관계 서류를 함께 제출하여야 한다.(2020.6.9 본항개정)

③ 시장·군수등은 제83조제1항부터 제4항까지의 규정에 따른 준공인가를 하거나 공사완료를 고시하는 경우 그 내용에 제57조에 따라 의제되는 인·허가등에 따른 준공검사·인가등에 해당하는 사항이 있은 때에는 미리 관계 행정기관의 장과 협의하여야 한다.

④ 관계 행정기관의 장은 제3항에 따른 협의를 요청받은 날부터 10일 이내에 의견을 제출하여야 한다.(2021.3.16 본항신설)

⑤ 관계 행정기관의 장이 제4항에서 정한 기간(「민원 처리에 관한 법률」 제20조제2항에 따라 회신기간을 연장한 경우에는 그 연장된 기간을 말한다) 내에 의견을 제출하지 아니하면 협의가 이루어진 것으로 본다.(2021.3.16 본항신설)

⑥ 제57조제6항은 제1항에 따른 준공검사·인가등의 의제에 준용한다.

제86조【이전고시 등】 ① 사업시행자는 제83조제3항 및 제4항에 따른 고시가 있은 때에는 지체 없이 대지확정측량을 하고 토지의 분할절차를 거쳐 관리처분계획에서 정한 사항을 분양받을 자에게 통지하고 대지 또는 건축물의 소유권을 이전하여야 한다. 다만, 정비사업의 효율적인 추진을 위하여 필요한 경우에는 해당 정비사업에 관한 공사가 전부 완료되기 전이라도 완공된 부분은 준공인가를 받아 대지 또는 건축물별로 분양받을 자에게 소유권을 이전할 수 있다.

② 사업시행자는 제1항에 따라 대지 및 건축물의 소유권을 이전하려는 때에는 그 내용을 해당 지방자치단체의 공보에 고시한 후 시장·군수등에게 보고하여야 한다. 이 경우 대지 또는 건축물을 분양받을 자는 고시가 있은 날의 다음 날에 그 대지 또는 건축물의 소유권을 취득한다.

제86조의2【조합의 해산】 ① 조합장은 제86조제2항에 따른 고시가 있은 날부터 1년 이내에 조합 해산을 위한 총회를 소집하여야 한다.

② 조합장이 제1항에 따른 기간 내에 총회를 소집하지 아니한 경우 제44조제2항에도 불구하고 조합원 5분의 1 이상의 요구로 소집된 총회에서 조합원 과반수의 출석과 출석 조합원 과반수의 동의를 받아 해산을 의결할 수 있다. 이 경우 요구자 대표로 선출된 자가 조합 해산을 위한 총회의 소집 및 진행을 할 때에는 조합장의 권한을 대행한다.

③ 시장·군수등은 조합이 정당한 사유 없이 제1항 또는 제2항에 따라 해산을 의결하지 아니하는 경우에는 조합 설립인가를 취소할 수 있다.

④ 해산하는 조합에 청산인이 될 자가 없는 경우에는 「민법」 제83조에도 불구하고 시장·군수등은 법원에 청산인의 선임을 청구할 수 있다.

⑤ 제1항 또는 제2항에 따라 조합이 해산을 의결하거나 제3항에 따라 조합설립인가가 취소된 경우 청산인은 지체 없이 청산의 목적범위에서 성실하게 청산인의 직무를 수행하여야 한다.(2023.12.26 본항신설)

(2022.6.10 본조신설)

제87조【대지 및 건축물에 대한 권리의 확정】 ① 대지 또는 건축물을 분양받을 자에게 제86조제2항에 따라 소유권을 이전한 경우 종전의 토지 또는 건축물에 설정된 지상권·전세권·저당권·임차권·가등기담보권·가압류 등 등기된 권리 및 「주택임대차보호법」 제3조제1항의 요건을 갖춘 임차권은 소유권을 이전받은 대지 또는 건축물에 설정된 것으로 본다.

② 제1항에 따라 취득하는 대지 또는 건축물 중 토지등소유자에게 분양하는 대지 또는 건축물은 「도시개발법」 제40조에 따라 행하여진 환지로 본다.

③ 제79조제4항에 따른 보류지와 일반에게 분양하는 대지 또는 건축물은 「도시개발법」 제34조에 따른 보류지 또는 체비지로 본다.

제88조【등기절차 및 권리변동의 제한】 ① 사업시행자는 제86조제2항에 따른 이전고시가 있은 때에는 지체 없이 대지 및 건축물에 관한 등기를 지방법원지원 또는 등기소에 촉탁 또는 신청하여야 한다.

② 제1항의 등기에 필요한 사항은 대법원규칙으로 정한다.

③ 정비사업에 관하여 제86조제2항에 따른 이전고시가 있은 날부터 제1항에 따른 등기가 있을 때까지는 저당권 등의 다른 등기를 하지 못한다.

제89조【청산금 등】 ① 대지 또는 건축물을 분양받은 자가 종전에 소유하고 있던 토지 또는 건축물의 가격과 분양받은 대지 또는 건축물의 가격 사이에 차이가 있는 경우 사업시행자는 제86조제2항에 따른 이전고시가 있은 후에 그 차액에 상당하는 금액(이하 "청산금"이라 한다)을 분양받은 자로부터 징수하거나 분양받은 자에게 지급하여야 한다.

② 제1항에도 불구하고 사업시행자는 정관등에서 분할징수 및 분할지급을 정하고 있거나 총회의 의결을 거쳐 따로 정한 경우에는 관리처분계획인가 후부터 제86조제2항에 따른 이전고시가 있은 날까지 일정 기간별로 분할징수하거나 분할지급할 수 있다.

③ 사업시행자는 제1항 및 제2항을 적용하기 위하여 종전에 소유하고 있던 토지 또는 건축물의 가격과 분양받은 대지 또는 건축물의 가격을 평가하는 경우 그 토지 또는 건축물의 규모·위치·용도·이용 상황·정비사업비 등을 참작하여 평가하여야 한다.

④ 제3항에 따른 가격평가의 방법 및 절차 등에 필요한 사항은 대통령령으로 정한다.

제90조【청산금의 징수방법 등】 ① 시장·군수등인 사업시행자는 청산금을 납부할 자가 이를 납부하지 아니하는 경우 지방세 체납처분의 예에 따라 징수(분할징수를 포함한다. 이하 이 조에서 같다)할 수 있으며, 시장·군수등이 아닌 사업시행자는 시장·군수등에게 청산금의 징수를 위탁할 수 있다. 이 경우 제93조제5항을 준용한다.

② 제89조제1항에 따른 청산금을 지급받을 자가 받을 수 없거나 받기를 거부한 때에는 사업시행자는 그 청산금을 공탁할 수 있다.

③ 청산금을 지급(분할지급을 포함한다)받을 권리 또는 이를 징수할 권리는 제86조제2항에 따른 이전고시일의 다음 날부터 5년간 행사하지 아니하면 소멸한다.

제91조【저당권의 물상대위】 정비구역에 있는 토지 또는 건축물에 저당권을 설정한 권리자는 사업시행자가 저당권이 설정된 토지 또는 건축물의 소유자에게 청산금을 지급하기 전에 압류절차를 거쳐 저당권을 행사할 수 있다.

제4장 비용의 부담 등

제92조【비용부담의 원칙】 ① 정비사업비는 이 법 또는 다른 법령에 특별한 규정이 있는 경우를 제외하고는 사업시행자가 부담한다.

② 시장·군수등은 시장·군수등이 아닌 사업시행자가 시행하는 정비사업의 정비계획에 따라 설치되는 다음 각 호의 시설에 대하여는 그 건설에 드는 비용의 전부 또는 일부를 부담할 수 있다.

1. 도시·군계획시설 중 대통령령으로 정하는 주요 정비기반시설 및 공동이용시설
2. 임시거주시설

제93조【비용의 조달】 ① 사업시행자는 토지등소유자로부터 제92조제1항에 따른 비용과 정비사업의 시행과정에서 발생한 수입의 차액을 부과금으로 부과·징수할 수 있다.

② 사업시행자는 토지등소유자가 제1항에 따른 부과금의 납부를 게을리한 때에는 연체료를 부과·징수할 수 있다. (2020.6.9 본항개정)

③ 제1항 및 제2항에 따른 부과금 및 연체료의 부과·징수에 필요한 사항은 정관등으로 정한다.

④ 시장·군수등이 아닌 사업시행자는 부과금 또는 연체료를 체납하는 자가 있는 때에는 시장·군수등에게 그 부과·징수를 위탁할 수 있다.

⑤ 시장·군수등은 제4항에 따라 부과·징수를 위탁받은 경우에는 지방세 체납처분의 예에 따라 부과·징수할 수 있다. 이 경우 사업시행자는 징수한 금액의 100분의 4에 해당하는 금액을 해당 시장·군수등에게 교부하여야 한다.

제94조【정비기반시설 관리자의 비용부담】 ① 시장·군수등은 자신이 시행하는 정비사업으로 현저한 이익을 받는 정비기반시설의 관리자가 있는 경우에는 대통령령으로 정하는 방법 및 절차에 따라 해당 정비사업비의 일부를 그 정비기반시설의 관리자와 협의하여 그 관리자에게 부담시킬 수 있다.

② 사업시행자는 정비사업을 시행하는 지역에 전기·가스 등의 공급시설을 설치하기 위하여 공동구를 설치하는 경우에는 다른 법령에 따라 그 공동구에 수용될 시설을 설치할 의무가 있는 자에게 공동구의 설치에 드는 비용을 부담시킬 수 있다.

③ 제2항의 비용부담의 비율 및 부담방법과 공동구의 관리에 필요한 사항은 국토교통부령으로 정한다.

제95조【보조 및 융자】 ① 국가 또는 시·도는 시장, 군수, 구청장 또는 토지주택공사등이 시행하는 정비사업에 관한 기초조사 및 정비사업의 시행에 필요한 시설로서 대통령령으로 정하는 정비기반시설, 임시거주시설 및 주거환경개선사업에 따른 공동이용시설의 건설에 드는 비

용의 일부를 보조하거나 융자할 수 있다. 이 경우 국가 또는 시·도는 다음 각 호의 어느 하나에 해당하는 사업에 우선적으로 보조하거나 융자할 수 있다.

1. 시장·군수등 또는 토지주택공사등이 다음 각 목의 어느 하나에 해당하는 지역에서 시행하는 주거환경개선사업
   가. 제20조 및 제21조에 따라 해제된 정비구역등
   나. 「도시재정비 촉진을 위한 특별법」 제7조제2항에 따라 재정비촉진지구가 해제된 지역
2. 국가 또는 지방자치단체가 도시영세민을 이주시켜 형성된 낙후지역으로서 대통령령으로 정하는 지역에서 시장·군수등 또는 토지주택공사등이 단독으로 시행하는 재개발사업

② 시장·군수등은 사업시행자가 토지주택공사등인 주거환경개선사업과 관련하여 제1항에 따른 정비기반시설 및 공동이용시설, 임시거주시설을 건설하는 경우 건설에 드는 비용의 전부 또는 일부를 토지주택공사등에게 보조하여야 한다.

③ 국가 또는 지방자치단체는 시장·군수등이 아닌 사업시행자가 시행하는 정비사업에 드는 비용의 일부를 보조 또는 융자하거나 융자를 알선할 수 있다.

④ 국가 또는 지방자치단체는 제1항 및 제2항에 따라 정비사업에 필요한 비용을 보조 또는 융자하는 경우 제59조제1항에 따른 순환정비방식의 정비사업에 우선적으로 지원할 수 있다. 이 경우 순환정비방식의 정비사업의 원활한 시행을 위하여 국가 또는 지방자치단체는 다음 각 호의 비용 일부를 보조 또는 융자할 수 있다.(2018.6.12 후단개정)

1. 순환용주택의 건설비
2. 순환용주택의 단열보완 및 창호교체 등 에너지 성능 향상과 효율개선을 위한 리모델링 비용
3. 공가(空家)관리비

(2018.6.12 1호～3호신설)

⑤ 국가는 다음 각 호의 어느 하나에 해당하는 비용의 전부 또는 일부를 지방자치단체 또는 토지주택공사등에 보조 또는 융자할 수 있다.

1. 제59조제2항에 따라 토지주택공사등이 보유한 공공임대주택을 순환용주택으로 조합에게 제공하는 경우 그 건설비 및 공가관리비 등의 비용
2. 제79조제5항에 따라 시·도지사, 시장, 군수, 구청장 또는 토지주택공사등이 재개발임대주택을 인수하는 경우 그 인수 비용

⑥ 국가 또는 지방자치단체는 제80조제2항에 따라 토지임대부 분양주택을 공급받는 자에게 해당 공급비용의 전부 또는 일부를 보조 또는 융자할 수 있다.

제96조【정비기반시설의 설치】 사업시행자는 관할 지방자치단체의 장과의 협의를 거쳐 정비구역에 정비기반시설(주거환경개선사업의 경우에는 공동이용시설을 포함한다)을 설치하여야 한다.

제97조【정비기반시설 및 토지 등의 귀속】 ① 시장·군수등 또는 토지주택공사등이 정비사업의 시행으로 새로 정비기반시설을 설치하거나 기존의 정비기반시설을 대체하는 정비기반시설을 설치한 경우에는 「국유재산법」 및 「공유재산 및 물품 관리법」에도 불구하고 종래의 정비기반시설은 사업시행자에게 무상으로 귀속되고, 새로 설치된 정비기반시설은 그 시설을 관리할 국가 또는 지방자치단체에 무상으로 귀속된다.

② 시장·군수등 또는 토지주택공사등이 아닌 사업시행자가 정비사업의 시행으로 새로 설치한 정비기반시설은 그 시설을 관리할 국가 또는 지방자치단체에 무상으로 귀속되고, 정비사업의 시행으로 용도가 폐지되는 국가 또는 지방자치단체 소유의 정비기반시설은 사업시행자가 새로 설치한 정비기반시설의 설치비용에 상당하는 범위에서 그에게 무상으로 양도된다.

③ 제1항 및 제2항의 정비기반시설에 해당하는 도로는 다음 각 호의 어느 하나에 해당하는 도로를 말한다.

1. 「국토의 계획 및 이용에 관한 법률」 제30조에 따라 도시·군관리계획으로 결정되어 설치된 도로
2. 「도로법」 제23조에 따라 도로관리청이 관리하는 도로
3. 「도시개발법」 등 다른 법률에 따라 설치된 국가 또는 지방자치단체 소유의 도로
4. 그 밖에 「공유재산 및 물품 관리법」에 따른 공유재산 중 일반인의 교통을 위하여 제공되고 있는 부지. 이 경우 부지의 사용 형태, 규모, 기능 등 구체적인 기준은 시·도조례로 정할 수 있다.

④ 시장·군수등은 제1항부터 제3항까지의 규정에 따른 정비기반시설의 귀속 및 양도에 관한 사항이 포함된 정비사업을 시행하거나 그 시행을 인가하려는 경우에는 미리 그 관리청의 의견을 들어야 한다. 인가받은 사항을 변경하려는 경우에도 또한 같다.

⑤ 사업시행자는 제1항부터 제3항까지의 규정에 따라 관리청에 귀속될 정비기반시설과 사업시행자에게 귀속 또는 양도될 재산의 종류와 세목을 정비사업의 준공 전에 관리청에 통지하여야 하며, 해당 정비기반시설은 그 정비사업이 준공인가되어 관리청에 준공인가통지를 한 때에 국가 또는 지방자치단체에 귀속되거나 사업시행자에게 귀속 또는 양도된 것으로 본다.

⑥ 제5항에 따른 정비기반시설에 대한 등기의 경우 정비사업의 시행인가서와 준공인가서(시장·군수등이 직접 정비사업을 시행하는 경우에는 제50조제9항에 따른 사업시행계획인가의 고시와 제83조제4항에 따른 공사완료의 고시를 말한다)는 「부동산등기법」에 따른 등기원인을 증명하는 서류를 갈음한다.(2021.3.16 본항개정)

⑦ 제1항 및 제2항에 따라 정비사업의 시행으로 용도가 폐지되는 국가 또는 지방자치단체 소유의 정비기반시설의 경우 정비사업의 시행 기간 동안 해당 시설의 대부료는 면제된다.

제98조【국유·공유재산의 처분 등】 ① 시장·군수등은 제50조 및 제52조에 따라 인가하려는 사업시행계획 또는 직접 작성하는 사업시행계획서에 국유·공유재산의 처분에 관한 내용이 포함되어 있는 때에는 미리 관리청과 협의하여야 한다. 이 경우 관리청이 불분명한 재산 중 도로·구거(도랑) 등은 국토교통부장관을, 하천은 환경부장관을, 그 외의 재산은 기획재정부장관을 관리청으로 본다.(2021.1.5 후단개정)

② 제1항에 따라 협의를 받은 관리청은 20일 이내에 의견을 제시하여야 한다.

③ 정비구역의 국유·공유재산은 정비사업 외의 목적으로 매각되거나 양도될 수 없다.

④ 정비구역의 국유·공유재산은 「국유재산법」 제9조 또는 「공유재산 및 물품 관리법」 제10조에 따른 국유재산종합계획 또는 공유재산관리계획과 「국유재산법」 제43조 및 「공유재산 및 물품 관리법」 제29조에 따른 계약의 방법에도 불구하고 사업시행자 또는 점유자 및 사용자에게 다른 사람에 우선하여 수의계약으로 매각 또는 임대될 수 있다.

⑤ 제4항에 따라 다른 사람에 우선하여 매각 또는 임대될 수 있는 국유·공유재산은 「국유재산법」, 「공유재산 및 물품 관리법」 및 그 밖에 국·공유지의 관리와 처분에 관한 관계 법령에도 불구하고 사업시행계획인가의 고시가 있은 날부터 종전의 용도가 폐지된 것으로 본다.

⑥ 제4항에 따라 정비사업을 목적으로 우선하여 매각하는 국·공유지는 사업시행계획인가의 고시가 있은 날을 기준으로 평가하며, 주거환경개선사업의 경우 매각가격은 평가금액의 100분의 80으로 한다. 다만, 사업시행계획인가의 고시가 있은 날부터 3년 이내에 매매계약을 체결하지 아니한 국·공유지는 「국유재산법」 또는 「공유재산 및 물품 관리법」에서 정한다.

제99조【국유·공유재산의 임대】 ① 지방자치단체 또는 토지주택공사등은 주거환경개선구역 및 재개발구역(재개발사업을 시행하는 정비구역을 말한다. 이하 같다)에서 임대주택을 건설하는 경우에는 「국유재산법」 제46조제1항 또는 「공유재산 및 물품 관리법」 제31조에도 불구하고 국·공유지 관리청과 협의하여 정한 기간 동안 국·공유지를 임대할 수 있다.

② 시장·군수등은 「국유재산법」 제18조제1항 또는 「공유재산 및 물품 관리법」 제13조에도 불구하고 제1항에 따라 임대하는 국·공유지 위에 공동주택, 그 밖의 영구시설물을 축조하게 할 수 있다. 이 경우 해당 시설물의 임대기간이 종료되는 때에는 임대한 국·공유지 관리청에 기부 또는 원상으로 회복하여 반환하거나 국·공유지 관리청으로부터 매입하여야 한다.

③ 제1항에 따라 임대하는 국·공유지의 임대료는 「국유재산법」 또는 「공유재산 및 물품 관리법」에서 정한다.

제100조【공동이용시설 사용료의 면제】 ① 지방자치단체의 장은 마을공동체 활성화 등 공익 목적을 위하여 「공유재산 및 물품 관리법」 제20조에 따라 주거환경개선구역 내 공동이용시설에 대한 사용 허가를 하는 경우 같은 법 제22조에도 불구하고 사용료를 면제할 수 있다.

② 제1항에 따른 공익 목적의 기준, 사용료 면제 대상 및 그 밖에 필요한 사항은 시·도조례로 정한다.

제101조【국·공유지의 무상양여 등】 ① 다음 각 호의 어느 하나에 해당하는 구역에서 국가 또는 지방자치단체가 소유하는 토지는 제50조제9항에 따른 사업시행계획인가의 고시가 있은 날부터 종전의 용도가 폐지된 것으로 보며, 「국유재산법」, 「공유재산 및 물품 관리법」 및 그 밖에 국·공유지의 관리 및 처분에 관하여 규정한 관계 법령에도 불구하고 해당 사업시행자에게 무상으로 양여된다. 다만, 「국유재산법」 제6조제2항에 따른 행정재산 또는 「공유재산 및 물품 관리법」 제5조제2항에 따른 행정재산과 국가 또는 지방자치단체가 양도계약을 체결하여 정비구역지정 고시일 현재 대금의 일부를 수령한 토지에 대하여는 그러하지 아니하다.(2021.3.16 본문개정)

1. 주거환경개선구역
2. 국가 또는 지방자치단체가 도시영세민을 이주시켜 형성된 낙후지역으로서 대통령령으로 정하는 재개발구역(이 항 각 호 외의 부분 본문에도 불구하고 무상양여 대상에서 국유지는 제외하고, 공유지는 시장·군수등 또는 토지주택공사등이 단독으로 사업시행자가 되는 경우로 한정한다)

② (2021.8.10 삭제)

③ 제1항에 따라 무상양여된 토지의 사용수익 또는 처분으로 발생한 수입은 주거환경개선사업 또는 재개발사업 외의 용도로 사용할 수 없다.

④ 시장·군수등은 제1항에 따른 무상양여의 대상이 되는 국·공유지를 소유 또는 관리하고 있는 국가 또는 지방자치단체와 협의를 하여야 한다.

⑤ 사업시행자에게 양여된 토지의 관리처분에 필요한 사항은 국토교통부장관의 승인을 받아 해당 시·도조례 또는 토지주택공사등의 시행규정으로 정한다.

제5장 공공재개발사업 및 공공재건축사업

(2021.4.13 본장신설)

제101조의2【공공재개발사업 예정구역의 지정·고시】 ① 정비구역의 지정권자는 비경제적인 건축행위 및 투기 수요의 유입을 방지하고, 합리적인 사업계획을 수립하기 위하여 공공재개발사업을 추진하려는 구역을 공공재개발사업 예정구역으로 지정할 수 있다. 이 경우 공공재개발사업 예정구역의 지정·고시에 관한 절차는 제16조를 준용한다.

② 정비계획의 입안권자 또는 토지주택공사등은 정비구역의 지정권자에게 공공재개발사업 예정구역의 지정을 신청할 수 있다. 이 경우 토지주택공사등은 정비계획의 입안권자를 통하여 신청하여야 한다.

③ 공공재개발사업 예정구역에서 제19조제7항 각 호의 어느 하나에 해당하는 행위 또는 같은 조 제8항의 행위를 하려는 자는 시장·군수등의 허가를 받아야 한다. 허가받은 사항을 변경하려는 때에도 또한 같다.

④ 공공재개발사업 예정구역 내에 분양받을 건축물이 제77조제1항 각 호의 어느 하나에 해당하는 경우에는 제77조에도 불구하고 공공재개발사업 예정구역 지정·고시가 있은 날 또는 시·도지사가 투기를 억제하기 위하여 공공재개발사업 예정구역 지정·고시 전에 따로 정하는 날의 다음 날을 기준으로 건축물을 분양받을 권리를 산정한다. 이 경우 시·도지사가 건축물을 분양받을 권리일을 따로 정하는 경우에는 제77조제2항을 준용한다.

⑤ 정비구역의 지정권자는 공공재개발사업 예정구역이 지정·고시된 날부터 2년이 되는 날까지 공공재개발사업 예정구역이 공공재개발사업을 위한 정비구역으로 지정되지 아니하거나, 공공재개발사업 시행자가 지정되지 아니하면 그 2년이 되는 날의 다음 날에 공공재개발사업 예정구역 지정을 해제하여야 한다. 다만, 정비구역의 지정권자는 1회에 한하여 1년의 범위에서 공공재개발사업 예정구역의 지정을 연장할 수 있다.

⑥ 제1항에 따른 공공재개발사업 예정구역의 지정과 제2항에 따른 지정 신청에 필요한 사항 및 그 절차는 대통령령으로 정한다.

제101조의3【공공재개발사업을 위한 정비구역 지정 등】 ① 정비구역의 지정권자는 제8조제1항에도 불구하고 기본계획을 수립하거나 변경하지 아니하고 공공재개발사업을 위한 정비계획을 결정하여 정비구역을 지정할 수 있다.

② 정비계획의 입안권자는 공공재개발사업의 추진을 전제로 정비계획을 작성하여 정비구역의 지정권자에게 공공재개발사업을 위한 정비구역의 지정을 신청할 수 있다. 이 경우 공공재개발사업을 시행하려는 공공재개발사업 시행자는 정비계획의 입안권자에게 공공재개발사업을 위한 정비계획의 수립을 제안할 수 있다.

③ 정비계획의 지정권자는 공공재개발사업을 위한 정비구역을 지정·고시한 날부터 1년이 되는 날까지 공공재개발사업 시행자가 지정되지 아니하면 그 1년이 되는 날의 다음 날에 공공재개발사업을 위한 정비구역의 지정을 해제하여야 한다. 다만, 정비구역의 지정권자는 1회에 한하여 1년의 범위에서 공공재개발사업을 위한 정비구역의 지정을 연장할 수 있다.

제101조의4【공공재개발사업 예정구역 및 공공재개발사업·공공재건축사업을 위한 정비구역 지정을 위한 특례】 ① 지방도시계획위원회 또는 도시재정비위원회는 공공재개발사업 예정구역 또는 공공재개발사업·공공재건축사업을 위한 정비구역의 지정에 필요한 사항을 심의하기 위하여 분과위원회를 둘 수 있다. 이 경우 분과위원회의 심의는 지방도시계획위원회 또는 도시재정비위원회의 심의로 본다.

② 정비구역의 지정권자가 공공재개발사업 또는 공공재건축사업을 위한 정비구역의 지정·변경을 고시한 때에는 제7조에 따른 기본계획의 수립·변경, 「도시재정비 촉진을 위한 특별법」 제5조에 따른 재정비촉진지구의 지정·변경 및 같은 법 제12조에 따른 재정비촉진계획의 결정·변경이 고시된 것으로 본다.

제101조의5【공공재개발사업에서의 용적률 완화 및 주택 건설비율 등】 ① 공공재개발사업 시행자는 공공재개발사업(「도시재정비촉진을 위한 특별법」 제2조제1호에 따른 재정비촉진지구에서 시행되는 공공재개발사업을 포함한다)을 시행하는 경우 「국토의 계획 및 이용에 관한 법률」 제78조 및 조례에도 불구하고 지방도시계획위원회 및 도시재정비위원회의 심의를 거쳐 법적상한용적률의 100분의 120(이하 "법적상한초과용적률"이라 한다)까지 건축할 수 있다.

② 공공재개발사업 시행자는 제54조에도 불구하고 법적상한초과용적률에서 정비계획으로 정하여진 용적률을 뺀 용적률의 100분의 20 이상 100분의 70 이하로서 시·도조례로 정하는 비율에 해당하는 면적에 국민주택규모 주택을 건설하여 인수자에게 공급하여야 한다. 다만, 제24조제4항, 제26조제1항제1호 및 제27조제1항제1호에 따른 정비사업을 시행하는 경우에는 그러하지 아니한다.(2023.7.18 본문개정)

③ 제2항에 따른 국민주택규모 주택의 공급 및 인수방법에 관하여는 제55조를 준용한다.

④ 제3항에도 불구하고 인수자는 공공재개발사업 시행자로부터 공급받은 주택 중 대통령령으로 정하는 비율에 해당하는 주택에 대해서는 「공공주택 특별법」 제48조에 따라 분양할 수 있다. 이 경우 해당 주택의 공급가격과 부속 토지의 가격은 제66조제4항을 준용하여 정한다. (2023.7.18 본항신설)

제101조의6【공공재건축사업에서의 용적률 완화 및 주택 건설비율 등】 ① 공공재건축사업을 위한 정비구역에 대해서는 해당 정비구역의 지정·고시가 있은 날부터 「국토의 계획 및 이용에 관한 법률」 제36조제1항제1호가목 및 같은 조 제2항에 따라 주거지역을 세분하여 정하는 지역 중 대통령령으로 정하는 지역으로 결정·고시된 것으로 보아 해당 지역에 적용되는 용적률 상한까지 용적률을 정할 수 있다. 다만, 다음 각 호의 어느 하나에 해당하는 경우에는 그러하지 아니하다.
1. 해당 정비구역이 「개발제한구역의 지정 및 관리에 관한 특별조치법」 제3조제1항에 따라 결정된 개발제한구역인 경우
2. 시장·군수등이 공공재건축사업을 위하여 필요하다고 인정하여 해당 정비구역의 일부분을 종전 용도지역으로 그대로 유지하거나 동일면적의 범위에서 위치를 변경하는 내용으로 정비계획을 수립한 경우
3. 시장·군수등이 제9조제1항제10호다목의 사항을 포함하는 정비계획을 수립한 경우

② 공공재건축사업 시행자는 공공재건축사업(「도시재정비 촉진을 위한 특별법」 제2조제1호에 따른 재정비촉진지구에서 시행되는 공공재건축사업을 포함한다)을 시행하는 경우 제54조제4항에도 불구하고 제1항에 따라 완화된 용적률에서 정비계획으로 정하여진 용적률을 뺀 용적률의 100분의 40 이상 100분의 70 이하로서 주택증가 규모, 공공재건축사업을 위한 정비구역의 재정적 여건 등을 고려하여 시·도조례로 정하는 비율에 해당하는 면적에 국민주택규모 주택을 건설하여 인수자에게 공급하여야 한다.
③ 제2항에 따른 주택의 공급가격은 「공공주택 특별법」 제50조의4에 따라 국토교통부장관이 고시하는 공공건설임대주택의 표준건축비로 하고, 제4항 단서에 따라 분양을 목적으로 인수한 주택의 공급가격은 「주택법」 제57조제4항에 따라 국토교통부장관이 고시하는 기본형건축비로 한다. 이 경우 부속 토지는 인수자에게 기부채납한 것으로 본다.
④ 제2항에 따른 국민주택규모 주택의 공급 및 인수방법에 관하여는 제55조를 준용한다. 다만, 인수자는 공공재건축사업 시행자로부터 공급받은 주택 중 대통령령으로 정하는 비율에 해당하는 주택에 대해서는 「공공주택 특별법」 제48조에 따라 분양할 수 있다.
⑤ 제3항 후단에도 불구하고 제4항 단서에 따른 분양주택의 인수자는 감정평가액의 100분의 50 이상의 범위에서 대통령령으로 정하는 가격으로 부속 토지를 인수하여야 한다.

제101조의7 (2023.7.18 삭제)

제5장의2 공공시행자 및 지정개발자 사업시행의 특례
(2023.7.18 본장신설)

제101조의8【정비구역 지정의 특례】 ① 토지주택공사등(제26조에 따라 사업시행자로 지정되려는 경우로 한정한다. 이하 이 장에서 같다) 또는 지정개발자(제27조제1항에 따른 신탁업자로 한정한다. 이하 이 장에서 같다)는 제8조에도 불구하고 대통령령으로 정하는 비율 이상의 토지등소유자의 동의를 받아 정비구역의 지정권자(특별자치시장·특별자치도지사·시장·군수인 경우로 한정한다. 이하 이 장에서 같다)에게 정비구역의 지정(변경지정을 포함한다. 이하 이 조에서 같다)을 제안할 수 있다. 이 경우 토지주택공사등 또는 지정개발자는 다음 각 호의 사항을 포함한 제안서를 정비구역의 지정권자에게 제출하여야 한다.
1. 정비사업의 명칭
2. 정비구역의 위치, 면적 등 개요
3. 토지이용, 주택건설 및 기반시설의 설치 등에 관한 기본방향
4. 그 밖에 지정제안을 위하여 필요한 사항으로서 대통령령으로 정하는 사항

② 제1항에 따라 토지주택공사등 또는 지정개발자가 정비구역의 지정을 제안한 경우 정비구역의 지정권자는 제8조 및 제16조에도 불구하고 정비계획을 수립하기 전에 정비구역을 지정할 수 있다.
③ 정비구역의 지정권자는 제2항에 따라 정비구역을 지정하려면 주민 및 지방의회의 의견을 들어야 하며, 지방도시계획위원회의 심의를 거쳐야 한다. 다만, 제15조제3항에 따른 경미한 사항을 변경하는 경우에는 그러하지 아니하다.
④ 정비구역 지정에 대한 고시에 대하여는 제16조제2항 및 제3항을 준용한다. 이 경우 "정비계획을 포함한 정비구역"은 "정비구역"으로 본다.
⑤ 제1항부터 제4항까지에서 규정한 사항 외에 정비구역의 지정제안 및 정비구역 지정을 위한 절차 등에 관하여 필요한 사항은 대통령령으로 정한다.

제101조의9【사업시행자 지정의 특례】 ① 정비구역의 지정권자는 제26조제1항제8호 및 제27조제1항제3호에도 불구하고 토지면적 2분의 1 이상의 토지소유자와 토지등소유자의 3분의 2 이상에 해당하는 자가 동의하는 경우에는 정비구역의 지정과 동시에 토지주택공사등 또는 지정개발자를 사업시행자로 지정할 수 있다. 이 경우 제101조의8제1항에 따라 정비구역 지정제안에 동의한 토지등소유자는 토지주택공사등 또는 지정개발자의 사업시행자 지정에 동의한 것으로 본다.
② 정비구역의 지정권자는 제1항에 따라 토지주택공사등 또는 지정개발자를 사업시행자로 지정하는 때에는 정비사업 시행구역 등 토지등소유자에게 알릴 필요가 있는 사항으로서 대통령령으로 정하는 사항을 해당 지방자치단체의 공보에 고시하여야 한다.

제101조의10【정비계획과 사업시행계획의 통합 수립】 ① 사업시행자는 제101조의8에 따라 정비구역이 지정된 경우에는 제9조에 따른 정비계획과 제52조에 따른 사업시행계획을 통합하여 다음 각 호의 사항이 포함된 계획(이하 "정비사업계획"이라 한다. 이하 같다)을 수립하여야 한다.
1. 제9조제1항에 따른 정비계획의 내용(제9호는 제외한다)
2. 제52조제1항에 따른 사업시행계획서의 내용

② 사업시행자는 정비사업을 시행하려는 경우에는 제1항에 따른 정비사업계획에 정관등과 그 밖에 국토교통부령으로 정하는 서류를 첨부하여 정비구역의 지정권자에게 제출하고 정비사업계획인가를 받아야 하고, 인가받은 사항을 변경하거나 정비사업을 중지 또는 폐지하려는 경우에도 또한 같다. 다만, 제15조제3항 및 제50조제1항 단서에 따른 경미한 사항을 변경하려는 때에는 정비구역의 지정권자에게 신고하여야 한다.
③ 지정개발자가 정비사업을 시행하려는 경우에는 정비사업계획인가(최초 정비사업계획인가를 말한다)를 신청하기 전에 제35조에 따른 재개발사업 및 재건축사업의 조합설립을 위한 동의요건 이상의 동의를 받아야 한다. 이 경우 제101조의9에 따라 사업시행자 지정에 동의한 토지등소유자는 동의한 것으로 본다.
④ 정비구역의 지정권자는 제2항에 따른 정비사업계획인가를 하거나 정비사업을 변경·중지 또는 폐지하는 경우에는 국토교통부령으로 정하는 방법 및 절차에 따라 그 내용을 해당 지방자치단체의 공보에 고시하여야 한다. 다만, 제2항 단서에 따른 경미한 사항을 변경하려는 경우에는 그러하지 아니하다.
⑤ 제4항에 따라 정비사업계획인가의 고시가 있는 경우 해당 정비사업계획 중 「국토의 계획 및 이용에 관한 법률」 제52조제1항 각 호의 어느 하나에 해당하는 사항은 같은 법 제50조에 따라 지구단위계획구역 및 지구단위계획으로 결정·고시된 것으로 본다.
⑥ 제4항에 따른 정비사업계획인가의 고시는 제16조제2항에 따른 정비계획 결정의 고시 및 제50조제9항에 따른 사업시행계획인가의 고시로 본다.
⑦ 정비사업계획에 관하여는 제10조부터 제13조까지, 제17조제3항부터 제5항까지, 제50조제2항부터 제8항까지(제7항은 제외한다), 제50조의2, 제51조 및 제53조부터 제55조까지를 준용한다. 이 경우 "시장·군수등"은 "정비구역의 지정권자"로, "정비계획" 및 "사업시행계획"은 "정비사업계획"으로 본다.
⑧ 제1항부터 제7항까지에서 규정한 사항 외에 정비사업계획인가 및 고시 등을 위하여 필요한 사항은 대통령령으로 정한다.

제6장 정비사업전문관리업

제102조【정비사업전문관리업의 등록】 ① 다음 각 호의 사항을 추진위원회 또는 사업시행자로부터 위탁받거나 이와 관련한 자문을 하려는 자는 대통령령으로 정하는 자본·기술인력 등의 기준을 갖춰 시·도지사에게 등록 또는 변경(대통령령으로 정하는 경미한 사항의 변경은 제외한다)등록하여야 한다. 다만, 주택의 건설 등 정비사업 관련 업무를 하는 공공기관 등으로 대통령령으로 정하는 기관의 경우에는 그러하지 아니하다.
1. 조합설립의 동의 및 정비사업의 동의에 관한 업무의 대행
2. 조합설립인가의 신청에 관한 업무의 대행
3. 사업성 검토 및 정비사업의 시행계획서의 작성
4. 설계자 및 시공자 선정에 관한 업무의 지원
5. 사업시행계획인가의 신청에 관한 업무의 대행
6. 관리처분계획의 수립에 관한 업무의 대행
7. 제118조제2항제2호에 따라 시장·군수등이 정비사업전문관리업자를 선정한 경우에는 추진위원회 설립에 필요한 다음 각 목의 업무
  가. 동의서 제출의 접수
  나. 운영규정 작성 지원
  다. 그 밖에 시·도조례로 정하는 사항

② 제1항에 따른 등록의 절차 및 방법, 등록수수료 등에 필요한 사항은 대통령령으로 정한다.
③ 시·도지사는 제1항에 따라 정비사업전문관리업의 등록 또는 변경등록한 현황, 제106조제1항에 따라 정비사업전문관리업의 등록취소 또는 업무정지를 명한 현황을 국토교통부령으로 정하는 방법 및 절차에 따라 국토교통부장관에게 보고하여야 한다.

제103조【정비사업전문관리업자의 업무제한 등】 정비사업전문관리업자는 동일한 정비사업에 대하여 다음 각 호의 업무를 병행하여 수행할 수 없다.
1. 건축물의 철거
2. 정비사업의 설계
3. 정비사업의 시공
4. 정비사업의 회계감사
5. 그 밖에 정비사업의 공정한 질서유지에 필요하다고 인정하여 대통령령으로 정하는 업무

제104조【정비사업전문관리업자와 위탁자와의 관계】 정비사업전문관리업자에게 업무를 위탁하거나 자문을 요청한 자와 정비사업전문관리업자의 관계에 관하여 이 법에 규정된 사항을 제외하고는 「민법」 중 위임에 관한 규정을 준용한다.

제105조【정비사업전문관리업자의 결격사유】 ① 다음 각 호의 어느 하나에 해당하는 자는 정비사업전문관리업의 등록을 신청할 수 없으며, 정비사업전문관리업자의 업무를 대표 또는 보조하는 임직원이 될 수 없다.
1. 미성년자(대표 또는 임원이 되는 경우로 한정한다)·피성년후견인 또는 피한정후견인
2. 파산선고를 받은 자로서 복권되지 아니한 자
3. 정비사업의 시행과 관련한 범죄행위로 인하여 금고 이상의 실형의 선고를 받고 그 집행이 종료(종료된 것으로 보는 경우를 포함한다)되거나 집행이 면제된 날부터 2년이 지나지 아니한 자(2020.6.9 본호개정)
4. 정비사업의 시행과 관련한 범죄행위로 인하여 금고 이상의 형의 집행유예를 받고 그 유예기간 중에 있는 자
5. 이 법을 위반하여 벌금형 이상의 선고를 받고 2년이 지나지 아니한 자(2020.6.9 본호개정)
6. 제106조에 따른 등록이 취소된 후 2년이 지나지 아니한 자(법인인 경우 그 대표자를 말한다)(2020.6.9 본호개정)
7. 법인의 업무를 대표 또는 보조하는 임직원 중 제1호부터 제6호까지 중 어느 하나에 해당하는 자가 있는 법인

② 정비사업전문관리업자의 업무를 대표 또는 보조하는 임직원이 제1항 각 호의 어느 하나에 해당하게 되거나 선임 당시 그에 해당하였던 자로 밝혀진 때에는 당연 퇴직한다.(2020.6.9 본항개정)
③ 제2항에 따라 퇴직된 임직원이 퇴직 전에 관여한 행위는 효력을 잃지 아니한다.

제106조【정비사업전문관리업의 등록취소 등】 ① 시·도지사는 정비사업전문관리업자가 다음 각 호의 어느 하나에 해당하는 때에는 그 등록을 취소하거나 1년 이내의 기간을 정하여 업무의 전부 또는 일부의 정지를 명할 수 있다. 다만, 제1호·제4호·제8호 및 제9호에 해당하는 때에는 그 등록을 취소하여야 한다.
1. 거짓, 그 밖의 부정한 방법으로 등록을 한 때
2. 제102조제1항에 따른 등록기준에 미달하게 된 때
3. 추진위원회, 사업시행자 또는 시장·군수등의 위탁이나 자문에 관한 계약 없이 제102조제1항 각 호에 따른 업무를 수행한 때
4. 제102조제1항 각 호에 따른 업무를 직접 수행하지 아니한 때
5. 고의 또는 과실로 조합에게 계약금액(정비사업전문관리업자가 조합과 체결한 총계약금액을 말한다)의 3분의 1 이상의 재산상 손실을 끼친 때
6. 제107조에 따른 보고·자료제출을 하지 아니하거나 거짓으로 한 때 또는 조사·검사를 거부·방해 또는 기피한 때
7. 제111조에 따른 보고·자료제출을 하지 아니하거나 거짓으로 한 때 또는 조사를 거부·방해 또는 기피한 때
8. 최근 3년간 2회 이상의 업무정지처분을 받은 자로서 그 정지처분을 받은 기간이 합산하여 12개월을 초과한 때
9. 다른 사람에게 자기의 성명 또는 상호를 사용하여 이 법에서 정한 업무를 수행하게 하거나 등록증을 대여한 때
10. 이 법을 위반하여 벌금형 이상의 선고를 받은 경우(법인의 경우에는 그 소속 임직원을 포함한다)
11. 그 밖에 이 법 또는 이 법에 따른 명령이나 처분을 위반한 때

② 제1항에 따른 등록의 취소 및 업무의 정지처분에 관한 기준은 대통령령으로 정한다.
③ 제1항에 따라 등록취소처분 등을 받은 정비사업전문관리업자와 등록취소처분 등을 명한 시·도지사는 추진위원회 또는 사업시행자에게 해당 내용을 지체 없이 통지하여야 한다.(2019.8.20 본항개정)
④ 정비사업전문관리업자는 제1항에 따라 등록취소처분 등을 받기 전에 계약을 체결한 업무는 계속하여 수행할 수 있다. 이 경우 정비사업전문관리업자는 해당 업무를 완료할 때까지는 정비사업전문관리업자로 본다.
⑤ 정비사업전문관리업자는 제4항 전단에도 불구하고 다음 각 호의 어느 하나에 해당하는 경우에는 업무를 계속하여 수행할 수 없다.
1. 사업시행자가 제3항에 따른 통지를 받거나 처분사실을 안 날부터 3개월 이내에 총회 또는 대의원회의 의결을 거쳐 해당 업무계약을 해지한 경우
2. 정비사업전문관리업자가 등록취소처분 등을 받은 날부터 3개월 이내에 사업시행자로부터 업무의 계속 수행에 대하여 동의를 받지 못한 경우. 이 경우 사업시행자가 동의를 하려는 때에는 총회 또는 대의원회의 의결을 거쳐야 한다.

3. 제1항 각 호 외의 부분 단서에 따라 등록이 취소된 경우
제107조【정비사업전문관리업자에 대한 조사 등】 ① 국토교통부장관 또는 시·도지사는 다음 각 호의 어느 하나에 해당하는 경우 정비사업전문관리업자에 대하여 그 업무에 관한 사항을 보고하게 하거나 자료의 제출, 그 밖의 필요한 명령을 할 수 있으며, 소속 공무원에게 영업소 등에 출입하여 장부·서류 등을 조사 또는 검사하게 할 수 있다.(2019.8.20 본문개정)
1. 등록요건 또는 결격사유 등 이 법에서 정한 사항의 위반 여부를 확인할 필요가 있는 경우
2. 정비사업전문관리업자와 토지등소유자, 조합원, 그 밖에 정비사업과 관련한 이해관계인 사이에 분쟁이 발생한 경우
3. 그 밖에 시·도조례로 정하는 경우
(2019.8.20 1호~3호신설)
② 제1항에 따라 출입·검사 등을 하는 공무원은 권한을 표시하는 증표를 지니고 관계인에게 내보여야 한다.
③ 국토교통부장관 또는 시·도지사가 정비사업전문관리업자에게 제1항에 따른 업무에 관한 사항의 보고, 자료의 제출을 하게 하거나, 소속 공무원에게 조사 또는 검사하게 하려는 경우에는 「행정조사기본법」 제17조에 따라 사전통지를 하여야 한다.(2019.8.20 본항신설)
④ 제1항에 따라 업무에 관한 사항의 보고 또는 자료의 제출 명령을 받은 정비사업전문관리업자는 그 명령을 받은 날부터 15일 이내에 이를 보고 또는 제출(전자문서를 이용한 보고 또는 제출을 포함한다)하여야 한다.
(2019.8.20 본항신설)
⑤ 국토교통부장관 또는 시·도지사는 제1항에 따른 업무에 관한 사항의 보고, 자료의 제출, 조사 또는 검사 등이 완료된 날부터 30일 이내에 그 결과를 통지하여야 한다.
(2019.8.20 본항신설)
제108조【정비사업전문관리업 정보의 종합관리】 ① 국토교통부장관은 정비사업전문관리업자의 자본금·사업실적·경영실태 등에 관한 정보를 종합적이고 체계적으로 관리하고 시·도지사, 시장, 군수, 구청장, 추진위원회 또는 사업시행자 등에게 제공하기 위하여 정비사업전문관리업 정보종합체계를 구축·운영할 수 있다.(2021.8.10 본항개정)
② 제1항에 따른 정비사업전문관리업 정보종합체계의 구축·운영에 필요한 사항은 국토교통부령으로 정한다.
제109조【협회의 설립 등】 ① 정비사업전문관리업자는 정비사업전문관리업의 전문화와 정비사업의 건전한 발전을 도모하기 위하여 정비사업전문관리업자단체(이하 "협회"라 한다)를 설립할 수 있다.
② 협회는 법인으로 한다.
③ 협회는 주된 사무소의 소재지에서 설립등기를 하는 때에 성립한다.
④ 협회를 설립하려는 때에는 회원의 자격이 있는 50명 이상을 발기인으로 하여 정관을 작성한 후 창립총회의 의결을 거쳐 국토교통부장관의 인가를 받아야 한다. 협회가 정관을 변경하려는 때에도 또한 같다.
⑤ 이 법에 따라 시·도지사로부터 업무정지처분을 받은 회원의 권리·의무는 영업정지기간 중 정지되며, 정비사업전문관리업의 등록이 취소된 때에는 회원의 자격을 상실한다.
⑥ 협회의 정관, 설립인가의 취소, 그 밖에 필요한 사항은 대통령령으로 정한다.
⑦ 협회에 관하여 이 법에 규정된 사항을 제외하고는 「민법」 중 사단법인에 관한 규정을 준용한다.
제110조【협회의 업무 및 감독】 ① 협회의 업무는 다음 각 호와 같다.
1. 정비사업전문관리업 및 정비사업의 건전한 발전을 위한 조사·연구
2. 회원의 상호 협력증진을 위한 업무
3. 정비사업전문관리 기술 인력과 정비사업전문관리업 종사자의 자질향상을 위한 교육 및 연수
4. 그 밖에 대통령령으로 정하는 업무
② 국토교통부장관은 협회의 업무 수행 현황 또는 이 법의 위반 여부를 확인할 필요가 있는 때에는 협회에게 업무에 관한 사항을 보고하게 하거나 자료의 제출, 그 밖에 필요한 명령을 할 수 있으며, 소속 공무원에게 그 사무소 등에 출입하여 장부·서류 등을 조사 또는 검사하게 할 수 있다.(2019.8.20 본항개정)
③ 제2항에 따른 업무에 관한 사항의 보고, 자료의 제출, 조사 또는 검사에 관하여는 제107조제2항부터 제5항까지의 규정을 준용한다.(2019.8.20 본항신설)

제7장　감독 등

제111조【자료의 제출 등】 ① 시·도지사는 국토교통부령으로 정하는 방법 및 절차에 따라 정비사업의 추진실적을 분기별로 국토교통부장관에게, 시장, 군수 또는 구청장은 시·도조례로 정하는 바에 따라 정비사업의 추진실적을 특별시장·광역시장 또는 도지사에게 보고하여야 한다.
② 국토교통부장관, 시·도지사, 시장, 군수 또는 구청장은 정비사업(제86조의2에 따라 해산한 조합의 청산 업무를 포함한다. 이하 이 항에서 같다)의 원활한 시행을 감독하기 위하여 필요한 경우로서 다음 각 호의 어느 하나에 해당하는 때에는 추진위원회·사업시행자(청산인을 포함한다)·정비사업전문관리업자·설계자 및 시공자 등 이 법에 따른 업무를 하는 자에게 그 업무에 관한 사항을 보고하게 하거나 자료의 제출, 그 밖의 필요한 명령을 할 수 있으며, 소속 공무원에게 영업소 등에 출입하여 장부·서류 등을 조사 또는 검사하게 할 수 있다.
(2023.12.26 본문개정)
1. 이 법의 위반 여부를 확인할 필요가 있는 경우
(2019.8.20 본호신설)
2. 토지등소유자, 조합원, 그 밖에 정비사업과 관련한 이해관계인 사이에 분쟁이 발생된 경우(2019.8.20 본호신설)
3. 제86조의2에 따라 해산한 조합의 잔여재산의 인도 등 청산인의 직무를 성실히 수행하고 있는지를 확인할 필요가 있는 경우(2023.12.26 본호신설)
4. 그 밖에 시·도조례로 정하는 경우(2019.8.20 본호신설)
③ 제2항에 따른 업무에 관한 사항의 보고, 자료의 제출, 조사 또는 검사에 관하여는 제107조제2항부터 제5항까지의 규정을 준용한다.(2019.8.20 본항개정)
제111조의2【자금차입의 신고】 추진위원회 또는 사업시행자(시장·군수등과 토지주택공사등은 제외한다)는 자금을 차입한 때에는 대통령령으로 정하는 바에 따라 자금을 대여한 상대방, 차입액, 이자율 및 상환방법 등의 사항을 시장·군수등에게 신고하여야 한다.(2022.6.10 본조신설)
제112조【회계감사】 ① 시장·군수등 또는 토지주택공사등이 아닌 사업시행자 또는 추진위원회는 다음 각 호의 어느 하나에 해당하는 경우에는 다음 각 호의 구분에 따른 기간 이내에 「주식회사 등의 외부감사에 관한 법률」 제2조제7호 및 제9조에 따른 감사인의 회계감사를 받기 위하여 시장·군수등에게 회계감사기관의 선정·계약을 요청하여야 하며, 그 감사결과를 회계감사가 종료된 날부터 15일 이내에 시장·군수등 및 해당 조합에 보고하고 조합원이 공람할 수 있도록 하여야 한다. 다만, 지정개발자가 사업시행자인 경우에는 제1호에 해당하는 경우는 제외한다.
1. 제34조제4항에 따라 추진위원회에서 사업시행자로 인계되기 전까지 납부 또는 지출된 금액과 계약 등으로 지출될 것이 확정된 금액의 합이 대통령령으로 정한 금액 이상인 경우 : 추진위원회에서 사업시행자로 인계되기 전 7일 이내
2. 제50조제9항에 따른 사업시행계획인가 고시일 전까지 납부 또는 지출된 금액이 대통령령으로 정하는 금액 이상인 경우 : 사업시행계획인가의 고시일부터 20일 이내
(2021.3.16 본호개정)
3. 제83조제1항에 따른 준공인가 신청일까지 납부 또는 지출된 금액이 대통령령으로 정하는 금액 이상인 경우 : 준공인가의 신청일부터 7일 이내
4. 토지등소유자 또는 조합원 5분의 1 이상이 사업시행자에게 회계감사를 요청하는 경우 : 제4항에 따른 절차를 고려한 상당한 기간 이내(2021.1.5 본호신설)
(2021.1.5 본항개정)
② 시장·군수등은 제1항에 따른 요청이 있는 경우 즉시 회계감사기관을 선정하여 회계감사가 이루어지도록 하여야 한다.(2021.1.5 본항개정)
③ 제2항에 따라 회계감사기관을 선정·계약한 경우 시장·군수등은 공정한 회계감사를 위하여 선정된 회계감사기관을 감독하여야 하며, 필요한 처분이나 조치를 명할 수 있다.
④ 사업시행자 또는 추진위원회는 제1항에 따라 회계감사기관의 선정·계약을 요청하려는 경우 시장·군수등에게 회계감사에 필요한 비용을 미리 예치하여야 한다. 시장·군수등은 회계감사가 끝난 경우 예치된 금액에서 회계감사비용을 직접 지급한 후 나머지 비용은 사업시행자와 정산하여야 한다.(2021.7.27 후단개정)
제113조【감독】 ① 정비사업(제86조의2에 따라 해산한 조합의 청산 업무를 포함한다. 이하 이 조에서 같다)의 시행이 이 법 또는 이 법에 따른 명령·처분이나 사업시행계획서 또는 관리처분계획에 위반되었다고 인정되는 때에는 정비사업의 적정한 시행을 위하여 필요한 범위에서 국토교통부장관은 시·도지사, 시장, 군수, 구청장, 추진위원회, 주민대표회의, 사업시행자(청산인을 포함한다. 이하 이 항에서 같다) 또는 정비사업전문관리업자에게, 특별시장, 광역시장 또는 도지사는 시장, 군수, 구청장, 추진위원회, 주민대표회의, 사업시행자 또는 정비사업전문관리업자에게, 시장·군수등은 추진위원회, 주민대표회의, 사업시행자 또는 정비사업전문관리업자에게 처분의 취소·변경 또는 정지, 공사의 중지·변경, 임원의 개선 권고, 그 밖의 필요한 조치를 취할 수 있다.
(2023.12.26 본항개정)
② 국토교통부장관, 시·도지사, 시장, 군수 또는 구청장은 이 법에 따른 정비사업의 원활한 시행을 위하여 관계 공무원 및 전문가로 구성된 점검반을 구성하여 정비사업 현장조사를 통하여 분쟁의 조정, 위법사항의 시정요구 또는 수사기관에 고발 등 필요한 조치를 할 수 있다. 이 경우 관할 지방자치단체의 장과 조합 등은 대통령령으로 정하는 자료의 제공 등 점검반의 활동에 적극 협조하여야 한다.(2023.12.26 전단개정)
③ 제2항에 따른 정비사업 현장조사에 관하여는 제107조제2항, 제3항 및 제5항을 준용한다.(2019.8.20 본항개정)
제113조의2【시공자 선정 취소 명령 또는 과징금】 ① 시·도지사(해당 정비사업을 관할하는 시·도지사를 말한다. 이하 이 조 및 제113조의3에서 같다)는 건설업자 또는 등록사업자가 다음 각 호의 어느 하나에 해당하는 경우 사업시행자에게 건설업자 또는 등록사업자의 해당 정비사업에 대한 시공자 선정을 취소할 것을 명하거나 그 건설업자 또는 등록사업자에게 사업시행자와 시공자 사이의 계약서상 공사비의 100분의 20 이하에 해당하는 금액의 범위에서 과징금을 부과할 수 있다. 이 경우 시공자 선정 취소의 명을 받은 사업시행자는 시공자 선정을 취소하여야 한다.
1. 건설업자 또는 등록사업자가 제132조제1항 또는 제2항을 위반한 경우
2. 건설업자 또는 등록사업자가 제132조의2를 위반하여 관리·감독 등 필요한 조치를 하지 아니한 경우로서 용역업체의 임직원(건설업자 또는 등록사업자가 고용한 개인을 포함한다. 이하 같다)이 제132조제1항을 위반한 경우
(2022.6.10 본항개정)
② 제1항에 따라 과징금을 부과하는 위반행위의 종류와 위반 정도 등에 따른 과징금의 금액 등에 필요한 사항은 대통령령으로 정한다.
③ 시·도지사는 제1항에 따라 과징금의 부과처분을 받은 자가 납부기한까지 과징금을 내지 아니하면 「지방행정제재·부과금의 징수 등에 관한 법률」에 따라 징수한다.
(2020.3.24 본항개정)
(2018.6.12 본조신설)
제113조의3【건설업자 및 등록사업자의 입찰참가 제한】 ① 시·도지사는 제113조의2제1항 각 호의 어느 하나에 해당하는 건설업자 또는 등록사업자에 대해서는 2년 이내의 범위에서 대통령령으로 정하는 기간 동안 정비사업의 입찰참가를 제한하여야 한다.(2024.1.30 본항개정)
② 시·도지사는 제1항에 따라 건설업자 또는 등록사업자에 대한 정비사업의 입찰참가를 제한하려는 경우에는 대통령령으로 정하는 바에 따라 대상, 기간, 사유, 그 밖의 입찰참가 제한과 관련된 내용을 공개하고, 관할 구역의 시장, 군수 또는 구청장 및 사업시행자에게 통보하여야 한다. 다만, 정비사업의 입찰참가를 제한하려는 해당 건설업자 또는 등록사업자가 입찰 참가자격을 제한받은 사실이 있는 경우에는 시·도지사가 입찰참가 제한과 관련된 내용을 전국의 시장, 군수 또는 구청장에게 통보하여야 하고, 통보를 받은 시장, 군수 또는 구청장은 관할 구역의 사업시행자에게 관련된 내용을 다시 통보하여야 한다.
(2024.1.30 본항개정)
③ 제2항에 따라 입찰자격 제한과 관련된 내용을 통보받은 사업시행자는 해당 건설업자 또는 등록사업자의 입찰 참가자격을 제한하여야 한다. 이 경우 사업시행자는 전단에 따라 입찰참가를 제한받은 건설업자 또는 등록사업자와 계약(수의계약을 포함한다)을 체결하여서는 아니 된다.(2024.1.30 본항개정)
④ 시·도지사는 제1항에 따라 정비사업의 입찰참가를 제한하는 경우에는 대통령령으로 정하는 바에 따라 입찰참가 제한과 관련된 내용을 제119조제1항에 따른 정비사업관리시스템에 등록하여야 한다.(2024.1.30 본항신설)
⑤ 시·도지사는 대통령령으로 정하는 위반행위에 대하여는 제1항부터 제3항까지에도 불구하고 1회에 한하여 과징금으로 제1항의 입찰참가 제한을 갈음할 수 있다. 이 경우 과징금의 부과기준 및 절차는 제113조의2제1항 및 제3항을 준용하고, 과징금을 부과하는 위반행위의 종류와 위반 정도 등에 따른 과징금의 금액 등에 필요한 사항은 대통령령으로 정한다.(2024.1.30 본항신설)
제114조【정비사업 지원기구】 국토교통부장관 또는 시·도지사는 다음 각 호의 업무를 수행하기 위하여 정비사업 지원기구를 설치할 수 있다. 이 경우 국토교통부장관은 「한국부동산원법」에 따른 한국부동산원 또는 「한국토지주택공사법」에 따라 설립된 한국토지주택공사에, 시·도지사는 「지방공기업법」에 따라 주택사업을 수행하기 위하여 설립된 지방공사에 정비사업 지원기구의 업무를 대행하게 할 수 있다.(2021.4.13 본문개정)
1. 정비사업 상담지원업무
2. 정비사업전문관리제도의 지원
3. 전문조합관리인의 교육 및 운영지원
4. 소규모 영세사업장 등의 사업시행계획 및 관리처분계획 수립지원
5. 정비사업을 통한 공공지원민간임대주택 공급 업무 지원
(2018.1.16 본호개정)
6. 제29조의2에 따른 공사비 검증 업무(2019.4.23 본호신설)
7. 공공재개발사업 및 공공재건축사업의 지원(2021.4.13 본호신설)
8. 그 밖에 국토교통부장관이 정하는 업무
제115조【교육의 실시】 국토교통부장관, 시·도지사, 시장, 군수 또는 구청장은 추진위원장 및 감사, 조합임원, 전문조합관리인, 정비사업전문관리업자의 대표자 및 기술인력, 토지등소유자 등에 대하여 대통령령으로 정하는 바에 따라 교육을 실시할 수 있다.
제116조【도시분쟁조정위원회의 구성 등】 ① 정비사업의 시행으로 발생한 분쟁을 조정하기 위하여 정비구역이

지정된 특별자치시, 특별자치도, 또는 시·군·구(자치구를 말한다. 이하 이 조에서 같다)에 도시분쟁조정위원회(이하 "조정위원회"라 한다)를 둔다. 다만, 시장·군수등을 당사자로 하여 발생한 정비사업의 시행과 관련된 분쟁 등의 조정을 위하여 필요한 경우에는 시·도에 조정위원회를 둘 수 있다.
② 조정위원회는 부시장·부지사·부구청장 또는 부군수를 위원장으로 한 10명 이내의 위원으로 구성한다.
③ 조정위원회 위원은 정비사업에 대한 학식과 경험이 풍부한 사람으로서 다음 각 호의 어느 하나에 해당하는 사람 중에서 시장·군수등이 임명 또는 위촉한다. 이 경우 제1호, 제3호 및 제4호에 해당하는 사람이 각 2명 이상 포함되어야 한다.
1. 해당 특별자치시, 특별자치도 또는 시·군·구에서 정비사업 관련 업무에 종사하는 5급 이상 공무원
2. 대학이나 연구기관에서 부교수 이상 또는 이에 상당하는 직에 재직하고 있는 사람
3. 판사, 검사 또는 변호사의 직에 5년 이상 재직한 사람
4. 건축사, 감정평가사, 공인회계사로서 5년 이상 종사한 사람
5. 그 밖에 정비사업에 전문적 지식을 갖춘 사람으로서 시·도조례로 정하는 자
④ 조정위원회에는 위원 3명으로 구성된 분과위원회(이하 "분과위원회"라 한다)를 두며, 분과위원회에는 제3항 제1호 및 제3호에 해당하는 사람이 각 1명 이상 포함되어야 한다.

제117조【조정위원회의 조정 등】 ① 조정위원회는 정비사업의 시행과 관련하여 다음 각 호의 어느 하나에 해당하는 분쟁 사항을 심사·조정한다. 다만, 「주택법」, 「공익사업을 위한 토지 등의 취득 및 보상에 관한 법률」, 그 밖의 관계 법률에 따라 설치된 위원회의 심사대상에 포함되는 사항은 제외할 수 있다.
1. 매도청구권 행사 시 감정가액에 대한 분쟁
2. 공동주택 평형 배정방법에 대한 분쟁
3. 그 밖에 대통령령으로 정하는 분쟁
② 시장·군수등은 다음 각 호의 어느 하나에 해당하는 경우 조정위원회를 개최할 수 있으며, 조정위원회는 조정신청을 받은 날(제2호의 경우 조정위원회를 처음 개최한 날을 말한다)부터 60일 이내에 조정절차를 마쳐야 한다. 다만, 조정기간 내에 조정절차를 마칠 수 없는 정당한 사유가 있다고 판단되는 경우에는 조정위원회의 의결로 그 기간을 한 차례만 연장할 수 있으며 그 기간은 30일 이내로 한다.(2017.8.9 단서개정)
1. 분쟁당사자가 정비사업의 시행으로 인하여 발생한 분쟁의 조정을 신청하는 경우
2. 시장·군수등이 조정위원회의 조정이 필요하다고 인정하는 경우
③ 조정위원회의 위원장은 조정위원회의 심사에 앞서 분과위원회에서 사전 심사를 담당하게 할 수 있다. 다만, 분과위원회의 위원 전원이 일치된 의견으로 조정위원회의 심사가 필요없다고 인정하는 경우에는 조정위원회에 회부하지 아니하고 분과위원회의 심사로 조정절차를 마칠 수 있다.
④ 조정위원회 또는 분과위원회는 제2항 또는 제3항에 따른 조정절차를 마친 경우 조정안을 작성하여 지체 없이 각 당사자에게 제시하여야 한다. 이 경우 조정안을 제시받은 각 당사자는 제시받은 날부터 15일 이내에 수락 여부를 조정위원회 또는 분과위원회에 통보하여야 한다.
⑤ 당사자가 조정안을 수락한 경우 조정위원회는 즉시 조정서를 작성한 후, 위원장 및 각 당사자는 조정서에 서명·날인하여야 한다.
⑥ 제5항에 따라 당사자가 강제집행을 승낙하는 취지의 내용이 기재된 조정서에 서명·날인한 경우 조정서의 정본은 「민사집행법」 제56조에도 불구하고 집행력 있는 집행권원과 같은 효력을 가진다. 다만, 청구에 관한 이의의 주장에 대하여는 「민사집행법」 제44조제2항을 적용하지 아니한다.
⑦ 그 밖에 조정위원회의 구성·운영 및 비용의 부담, 조정기간 연장 등에 필요한 사항은 시·도조례로 정한다.
(2017.8.9 본항개정)

제117조의2【협의체의 운영 등】 ① 시장·군수등은 정비사업과 관련하여 발생하는 문제를 협의하기 위하여 제117조제2항에 따라 조정위원회의 조정신청을 받기 전에 사업시행자, 관계 공무원 및 전문가, 그 밖에 이해관계가 있는 자 등으로 구성된 협의체를 구성·운영할 수 있다.
② 특별시장·광역시장 또는 도지사는 제1항에 따른 협의체의 구성·운영에 드는 비용의 전부 또는 일부를 보조할 수 있다.
③ 제1항에 따른 협의체의 구성·운영 시기, 협의 대상·방법 및 제2항에 따른 비용 보조 등에 관하여 필요한 사항은 시·도조례로 정한다.
(2022.6.10 본조신설)

제118조【정비사업의 공공지원】 ① 시장·군수등은 정비사업의 투명성 강화 및 효율성 제고를 위하여 시·도조례로 정하는 정비사업에 대하여 사업시행 과정을 지원(이하 "공공지원"이라 한다)하거나 토지주택공사등, 신탁업자, 「주택도시기금법」에 따른 주택도시보증공사 또는 이 법 제102조제1항 각 호 외의 부분 단서에 따라 대통령령으로 정하는 기관에 공공지원을 위탁할 수 있다.
② 제1항에 따라 정비사업을 공공지원하는 시장·군수등 및 공공지원을 위탁받은 자(이하 "위탁지원자"라 한다)는 다음 각 호의 업무를 수행한다.
1. 추진위원회 또는 주민대표회의 구성
2. 정비사업전문관리업자의 선정(위탁지원자는 선정을 위한 지원으로 한정한다)
3. 설계자 및 시공자 선정 방법 등
4. 제52조제1항제4호에 따른 세입자의 주거 및 이주 대책(이주 거부에 따른 협의 대책을 포함한다) 수립
5. 관리처분계획 수립
6. 그 밖에 시·도조례로 정하는 사항
③ 시장·군수등은 위탁지원자의 공정한 업무수행을 위하여 관련 자료의 제출 및 조사, 현장점검 등 필요한 조치를 할 수 있다. 이 경우 위탁지원자의 행위에 대한 대외적인 책임은 시장·군수등에게 있다.
④ 공공지원에 필요한 비용은 시장·군수등이 부담하되, 특별시장, 광역시장 또는 도지사는 관할 구역의 시장, 군수 또는 구청장에게 특별시·광역시 또는 도의 조례로 정하는 바에 따라 그 비용의 일부를 지원할 수 있다.
⑤ 추진위원회가 제2항제2호에 따라 시장·군수등이 선정한 정비사업전문관리업자를 선정하는 경우에는 제32조제2항을 적용하지 아니한다.
⑥ 공공지원의 시행을 위한 방법과 절차, 기준 및 제126조에 따른 도시·주거환경정비기금의 지원, 시공자 선정 시기 등에 필요한 사항은 시·도조례로 정한다.
⑦ 제6항에도 불구하고 다음 각 호의 어느 하나에 해당하는 경우에는 토지등소유자(제35조에 따라 조합을 설립한 경우에는 조합원을 말한다)의 과반수 동의를 받아 제29조제4항에 따라 시공자를 선정할 수 있다. 다만, 제1호의 경우에는 해당 건설업자를 시공자로 본다.(2017.8.9 본문개정)
1. 조합이 제25조에 따라 건설업자와 공동으로 정비사업을 시행하는 경우로서 조합과 건설업자 사이에 협약을 체결하는 경우
2. 제28조제1항 및 제2항에 따라 사업대행자가 정비사업을 시행하는 경우
⑧ 제7항제1호의 협약사항에 관한 구체적인 내용은 시·도조례로 정할 수 있다.

제119조【정비사업관리시스템의 구축】 ① 국토교통부장관 또는 시·도지사는 정비사업의 효율적이고 투명한 관리를 위하여 정비사업관리시스템을 구축하여 운영할 수 있다.
② 국토교통부장관은 시·도지사에게 제1항에 따른 정비사업관리시스템의 구축 등에 필요한 자료의 제출 등 협조를 요청할 수 있다. 이 경우 자료의 제출 등 협조를 요청받은 시·도지사는 정당한 사유가 없으면 이에 따라야 한다.(2021.8.10 본항신설)
③ 제1항에 따른 정비사업관리시스템의 운영방법 등에 필요한 사항은 국토교통부령 또는 시·도조례로 정한다.
(2021.8.10 본조개정)

제120조【정비사업의 정보공개】 시장·군수등은 정비사업의 투명성 강화를 위하여 조합이 시행하는 정비사업에 관한 다음 각 호의 사항을 매년 1회 이상 인터넷과 그 밖의 방법을 병행하여 공개하여야 한다. 이 경우 공개의 방법 및 시기 등 필요한 사항은 시·도조례로 정한다.
1. 제74조제1항에 따라 관리처분계획의 인가(변경인가를 포함한다. 이하 이 조에서 같다)를 받은 사항 중 제29조에 따른 계약금액(2017.8.9 본호개정)
2. 제74조제1항에 따라 관리처분계획의 인가를 받은 사항 중 정비사업에서 발생한 이자
3. 그 밖에 시·도조례로 정하는 사항

제121조【청문】 국토교통부장관, 시·도지사, 시장, 군수 또는 구청장은 다음 각 호의 어느 하나에 해당하는 처분을 하려는 경우에는 청문을 하여야 한다.
1. 제86조의2제3항에 따른 조합설립인가의 취소
(2022.6.10 본호신설)
2. 제106조제1항에 따른 정비사업전문관리업의 등록취소
3. 제113조제1항부터 제3항까지의 규정에 따른 추진위원회 승인의 취소, 조합설립인가의 취소, 사업시행계획인가의 취소 또는 관리처분계획인가의 취소
4. 제113조의2제1항에 따른 시공자 선정 취소 또는 과징금 부과(2018.6.12 본호신설)
5. 제113조의3제1항에 따른 입찰참가 제한(2018.6.12 본호신설)

제8장 보 칙

제122조【토지등소유자의 설명의무】 ① 토지등소유자는 자신이 소유하는 정비구역 내 토지 또는 건축물에 대하여 매매·전세·임대차 또는 지상권 설정 등 부동산 거래를 위한 계약을 체결하는 경우 다음 각 호의 사항을 거래 상대방에게 설명·고지하고, 거래 계약서에 기재 후 서명·날인하여야 한다.
1. 해당 정비사업의 추진단계
2. 퇴거예정시기(건축물의 경우 철거예정시기를 포함한다)
3. 제19조에 따른 행위제한
4. 제39조에 따른 조합원의 자격
5. 제70조제5항에 따른 계약기간
6. 제77조에 따른 주택 등 건축물을 분양받을 권리의 산정 기준일
7. 그 밖에 거래 상대방의 권리·의무에 중대한 영향을 미치는 사항으로서 대통령령으로 정하는 사항
② 제1항 각 호의 사항은 「공인중개사법」 제25조제1항제2호의 "법령의 규정에 의한 거래 또는 이용제한사항"으로 본다.

제123조【재개발사업 등의 시행방식의 전환】 ① 시장·군수등은 제28조제1항에 따라 사업대행자를 지정하거나 토지등소유자의 5분의 4 이상의 요구가 있어 제23조제2항에 따른 재개발사업의 시행방식의 전환이 필요하다고 인정하는 경우에는 정비사업이 완료되기 전이라도 대통령령으로 정하는 범위에서 정비구역의 전부 또는 일부에 대하여 시행방식의 전환을 승인할 수 있다.
② 사업시행자는 제1항에 따라 시행방식을 전환하기 위하여 관리처분계획을 변경하려는 경우 토지면적의 3분의 2 이상의 토지소유자의 동의와 토지등소유자의 5분의 4 이상의 동의를 받아야 하며, 변경절차에 관하여는 제74조제1항의 관리처분계획 변경에 관한 규정을 준용한다.
③ 사업시행자는 제1항에 따라 정비구역의 일부에 대하여 시행방식을 전환하려는 경우에 재개발사업이 완료된 부분은 제83조에 따라 준공인가를 거쳐 해당 지방자치단체의 공보에 공사완료의 고시를 하여야 하며, 전환하려는 부분은 이 법에서 정하고 있는 절차에 따라 시행방식을 전환하여야 한다.
④ 제3항에 따라 공사완료의 고시를 한 때에는 「공간정보의 구축 및 관리 등에 관한 법률」 제86조제3항에도 불구하고 관리처분계획의 내용에 따라 제86조에 따른 이전이 된 것으로 본다.
⑤ 사업시행자는 정비계획이 수립된 주거환경개선사업을 제23조제1항제4호의 시행방법으로 변경하려는 경우에는 토지등소유자의 3분의 2 이상의 동의를 받아야 한다.

제124조【관련 자료의 공개 등】 ① 추진위원장 또는 사업시행자(조합의 경우 청산인을 포함한 조합임원, 토지등소유자가 단독으로 시행하는 재개발사업의 경우에는 그 대표자를 말한다)는 정비사업의 시행에 관한 다음 각 호의 서류 및 관련 자료가 작성되거나 변경된 후 15일 이내에 이를 조합원, 토지등소유자 또는 세입자가 알 수 있도록 인터넷과 그 밖의 방법을 병행하여 공개하여야 한다.
1. 제34조제1항에 따른 추진위원회 운영규정 및 정관등
2. 설계자·시공자·철거업자 및 정비사업전문관리업자 등 용역업체의 선정계약서
3. 추진위원회·주민총회·조합총회 및 조합의 이사회·대의원회의 의사록
4. 사업시행계획서
5. 관리처분계획서
6. 해당 정비사업의 시행에 관한 공문서
7. 회계감사보고서
8. 월별 자금의 입금·출금 세부내역
8의2. 제111조의2에 따라 신고한 자금차입에 관한 사항
(2022.6.10 본호신설)
9. 결산보고서
10. 청산인의 업무 처리 현황
11. 그 밖에 정비사업 시행에 관하여 대통령령으로 정하는 서류 및 관련 자료
② 제1항에 따라 공개의 대상이 되는 서류 및 관련 자료의 경우 분기별로 공개대상의 목록, 개략적인 내용, 공개장소, 열람·복사 방법 등을 대통령령으로 정하는 방법과 절차에 따라 조합원 또는 토지등소유자에게 서면으로 통지하여야 한다.
③ 추진위원장 또는 사업시행자는 제1항 및 제4항에 따라 공개 및 열람·복사 등을 하는 경우에는 주민등록번호를 제외하고 국토교통부령으로 정하는 방법 및 절차에 따라 공개하여야 한다.
④ 조합원, 토지등소유자가 제1항에 따른 서류 및 다음 각 호를 포함하여 정비사업 시행에 관한 서류와 관련 자료에 대하여 열람·복사 요청을 한 경우 추진위원장이나 사업시행자는 15일 이내에 그 요청에 따라야 한다.
1. 토지등소유자 명부
2. 조합원 명부
3. 그 밖에 대통령령으로 정하는 서류 및 관련 자료
⑤ 제4항의 복사에 필요한 비용은 실비의 범위에서 청구인이 부담한다. 이 경우 비용납부의 방법, 시기 및 금액 등에 필요한 사항은 시·도조례로 정한다.
⑥ 제4항에 따라 열람·복사를 요청한 사람은 제공받은 서류와 자료를 사용목적 외의 용도로 이용·활용하여서는 아니 된다.

제125조【관련 자료의 보관 및 인계】 ① 추진위원장·정비사업전문관리업자 또는 사업시행자(조합의 경우 청산인을 포함한 조합임원, 토지등소유자가 단독으로 시행하는 재개발사업의 경우에는 그 대표자를 말한다)는 제124조제1항에 따른 서류 및 관련 자료와 총회 또는 중요한 회의(조합원 또는 토지등소유자의 비용부담을 수반하거나 권리·의무의 변동을 발생시키는 경우로서 대통령령으로 정하는 회의를 말한다)가 있은 때에는 속기록·녹음 또는 영상자료를 만들어 청산 시까지 보관하여야 한다.
② 시장·군수등 또는 토지주택공사등이 아닌 사업시행자는 정비사업을 완료하거나 폐지한 때에는 시·도조례

로 정하는 바에 따라 관계 서류를 시장·군수등에게 인계하여야 한다.
③ 시장·군수등 또는 토지주택공사등인 사업시행자와 제2항에 따라 관계 서류를 인계받은 시장·군수등은 해당 정비사업의 관계 서류를 5년간 보관하여야 한다.
제126조【도시·주거환경정비기금의 설치 등】 ① 제4조 및 제7조에 따라 기본계획을 수립하거나 승인하는 특별시장·광역시장·특별자치시장·도지사·특별자치도지사 또는 시장은 정비사업의 원활한 수행을 위하여 도시·주거환경정비기금(이하 "정비기금"이라 한다)을 설치하여야 한다. 다만, 기본계획을 수립하지 아니하는 시장 및 군수도 필요한 경우에는 정비기금을 설치할 수 있다.
② 정비기금은 다음 각 호의 어느 하나에 해당하는 금액을 재원으로 조성한다.
1. 제17조제4항에 따라 사업시행자가 현금으로 납부한 금액
2. 제55조제1항, 제101조의5제2항 및 제101조의6제2항에 따라 시·도지사, 시장, 군수 또는 구청장에게 공급된 주택의 임대보증금 및 임대료(2021.4.13 본호개정)
3. 제94조에 따른 부담금 및 정비사업으로 발생한 「개발이익 환수에 관한 법률」에 따른 개발부담금 중 지방자치단체 귀속분의 일부
4. 제98조에 따른 정비구역(재건축구역은 제외한다) 안의 국·공유지 매각대금 중 대통령령으로 정하는 일정 비율 이상의 금액
4의2. 제113조의2에 따른 과징금(2018.6.12 본호신설)
5. 「재건축초과이익 환수에 관한 법률」에 따른 재건축부담금 중 같은 법 제4조제3항 및 제4항에 따른 지방자치단체 귀속분
6. 「지방세법」 제69조에 따라 부과·징수되는 지방소비세 또는 같은 법 제112조(같은 조 제1항제1호는 제외한다)에 따라 부과·징수되는 재산세 중 대통령령으로 정하는 일정 비율 이상의 금액
7. 그 밖에 시·도조례로 정하는 재원
③ 정비기금은 다음 각 호의 어느 하나의 용도 이외의 목적으로 사용하여서는 아니 된다.
1. 이 법에 따른 정비사업으로서 다음 각 목의 어느 하나에 해당하는 사항
가. 기본계획의 수립
나. 안전진단 및 정비계획의 수립
다. 추진위원회의 운영자금 대여
라. 그 밖에 이 법과 시·도조례로 정하는 사항
2. 임대주택의 건설·관리
3. 임차인의 주거안정 지원
4. 「재건축초과이익 환수에 관한 법률」에 따른 재건축부담금의 부과·징수
5. 주택개량의 지원
6. 정비구역등이 해제된 지역에서의 정비기반시설의 설치 지원
7. 「빈집 및 소규모주택 정비에 관한 특례법」 제44조에 따른 빈집정비사업 및 소규모주택정비사업에 대한 지원
8. 「주택법」 제68조에 따른 증축형 리모델링의 안전진단 지원
9. 제142조에 따른 신고포상금의 지급(2017.8.9 본호신설)
④ 정비기금의 관리·운용과 개발부담금의 지방자치단체의 귀속분 중 정비기금으로 적립되는 비율 등에 필요한 사항은 시·도조례로 정한다.
제127조【노후·불량주거지 개선계획의 수립】 국토교통부장관은 주택 또는 기반시설이 열악한 주거지의 주거환경개선을 위하여 5년마다 개선대상지역을 조사하고 연차별 재정지원계획 등을 포함한 노후·불량주거지 개선계획을 수립하여야 한다.
제128조【권한의 위임 등】 ① 국토교통부장관은 이 법에 따른 권한의 일부를 대통령령으로 정하는 바에 따라 시·도지사, 시장, 군수 또는 구청장에게 위임할 수 있다.
② 국토교통부장관, 시·도지사, 시장, 군수 또는 구청장은 이 법의 효율적인 집행을 위하여 필요한 경우에는 대통령령으로 정하는 바에 따라 다음 각 호의 어느 하나에 해당하는 사무를 정비사업지원기구, 협회 등 대통령령으로 정하는 기관 또는 단체에 위탁할 수 있다.
1. 제108조에 따른 정비사업전문관리업 정보종합체계의 구축·운영
2. 제115조에 따른 교육의 실시
2의2. 제119조에 따른 정비사업관리시스템의 구축·운영(2021.8.10 본호신설)
3. 그 밖에 대통령령으로 정하는 사무
제129조【사업시행자 등의 권리·의무의 승계】 사업시행자와 정비사업과 관련하여 권리를 갖는 자(이하 "권리자"라 한다)의 변동이 있은 때에는 종전의 사업시행자와 권리자의 권리·의무는 새로 사업시행자와 권리자로 된 자가 승계한다.
제130조【정비구역의 범죄 등의 예방】 ① 시장·군수등은 제50조제1항에 따른 사업시행계획인가를 한 경우 그 사실을 관할 경찰서장 및 관할 소방서장에게 통보하여야 한다.(2021.8.10 본항개정)
② 시장·군수등은 사업시행계획인가를 한 경우 정비구역 내 주민 안전 등을 위하여 다음 각 호의 사항을 관할 시·도경찰청장 또는 경찰서장에게 요청할 수 있다.
(2020.12.22 본문개정)
1. 순찰 강화
2. 순찰초소의 설치 등 범죄 예방을 위하여 필요한 시설의 설치 및 관리
3. 그 밖에 주민의 안전을 위하여 필요하다고 인정하는 사항
③ 시장·군수등은 사업시행계획인가를 한 경우 정비구역 내 주민 안전 등을 위하여 관할 시·도 소방본부장 또는 소방서장에게 화재예방 순찰을 강화하도록 요청할 수 있다.(2021.8.10 본항신설)
(2021.8.10 본조제목개정)
제131조【재건축사업의 안전진단 재실시】 시장·군수등은 제16조제2항 전단에 따라 정비구역이 지정·고시된 날부터 10년이 되는 날까지 제50조에 따른 사업시행계획인가를 받지 아니하고 다음 각 호의 어느 하나에 해당하는 경우에는 안전진단을 다시 실시하여야 한다.
(2018.6.12 본문개정)
1. 「재난 및 안전관리 기본법」 제27조제1항에 따라 재난이 발생할 위험이 높거나 재난예방을 위하여 계속적으로 관리할 필요가 있다고 인정하여 특정관리대상지역으로 지정하는 경우
2. 「시설물의 안전 및 유지관리에 관한 특별법」 제12조제2항에 따라 재해 및 재난 예방과 시설물의 안전성 확보 등을 위하여 정밀안전진단을 실시하는 경우
3. 「공동주택관리법」 제37조제3항에 따라 공동주택의 구조안전에 중대한 하자가 있다고 인정하여 안전진단을 실시하는 경우
제132조【조합임원 등의 선임·선정 및 계약 체결 시 행위제한 등】 ① 누구든지 추진위원, 조합임원의 선임 또는 제29조에 따른 계약 체결과 관련하여 다음 각 호의 행위를 하여서는 아니 된다.(2017.8.9 본문개정)
1. 금품, 향응 또는 그 밖의 재산상 이익을 제공하거나 제공의사를 표시하거나 제공을 약속하는 행위
2. 금품, 향응 또는 그 밖의 재산상 이익을 제공받거나 제공의사 표시를 승낙하는 행위
3. 제3자를 통하여 제1호 또는 제2호에 해당하는 행위를 하는 행위
② 건설업자와 등록사업자는 제29조에 따른 계약의 체결과 관련하여 시공과 관련 없는 사항으로서 다음 각 호의 어느 하나에 해당하는 사항을 제안하여서는 아니 된다.
1. 이사비, 이주비, 이주촉진비, 그 밖에 시공과 관련 없는 사항에 대한 금전이나 재산상 이익을 제공하는 것으로서 대통령령으로 정하는 사항
2. 「재건축초과이익 환수에 관한 법률」에 따른 재건축부담금의 대납 등 이 법 또는 다른 법률을 위반하는 방법으로 정비사업을 수행하는 것으로서 대통령령으로 정하는 사항
(2022.6.10 본항신설)
③ 시·도지사, 시장, 군수 또는 구청장은 제1항 각 호 또는 제2항 각 호의 행위에 대한 신고의 접수·처리 등의 업무를 수행하기 위하여 신고센터를 설치·운영할 수 있다.
(2023.12.26 본항신설)
④ 제3항에 따른 신고센터의 설치 및 운영에 필요한 사항은 국토교통부령으로 정한다.(2023.12.26 본항신설)
(2023.12.26 본조제목개정)
제132조의2【건설업자와 등록사업자의 관리·감독 의무】 건설업자와 등록사업자는 시공자 선정과 관련하여 홍보 등을 위하여 계약한 용역업체의 임직원이 제132조제1항을 위반하지 아니하도록 교육, 용역비 집행 점검, 용역업체 관리·감독 등 필요한 조치를 하여야 한다.
(2022.6.10 본조개정)
제132조의3【허위·과장된 정보제공 등의 금지】 ① 건설업자, 등록사업자 및 정비사업전문관리업자는 토지등소유자에게 정비사업에 관한 정보를 제공함에 있어 다음 각 호의 행위를 하여서는 아니 된다.
1. 사실과 다르게 정보를 제공하거나 사실을 부풀려 정보를 제공하는 행위
2. 사실을 숨기거나 축소하는 방법으로 정보를 제공하는 행위
② 제1항 각 호의 행위의 구체적인 내용은 대통령령으로 정한다.
③ 건설업자, 등록사업자 및 정비사업전문관리업자는 제1항을 위반함으로써 피해를 입은 자가 있는 경우에는 그 피해자에 대하여 손해배상의 책임을 진다.
④ 제3항에 따른 손해가 발생된 사실은 인정되나 그 손해액을 증명하는 것이 사안의 성질상 곤란한 경우 법원은 변론 전체의 취지와 증거조사의 결과에 기초하여 상당한 손해액을 인정할 수 있다.
(2022.6.10 본조신설)
제133조【조합설립인가 등의 취소에 따른 채권의 손해액 산입】 시공자·설계자 또는 정비사업전문관리업자등(이하 이 조에서 "시공자등"이라 한다)은 해당 추진위원회 또는 조합(연대보증인을 포함하며, 이하 이 조에서 "조합등"이라 한다)에 대한 채권(조합등이 시공자등과 합의하여 이미 상환하였거나 상환할 예정인 채권은 제외한다. 이하 이 조에서 같다)의 전부 또는 일부를 포기하고 이를 「조세특례제한법」 제104조의26에 따라 손금에 산입하려면 해당 조합등과 합의하여 다음 각 호의 사항을 포함한 채권확인서를 시장·군수등에게 제출하여야 한다.
1. 채권의 금액 및 그 증빙 자료
2. 채권의 포기에 관한 합의서 및 이후의 처리 계획
3. 그 밖에 채권의 포기 등에 관하여 시·도조례로 정하는 사항
제134조【벌칙 적용에서 공무원 의제】 추진위원장·조합임원·청산인·전문조합관리인 및 정비사업전문관리업자의 대표자(법인인 경우에는 임원을 말한다)·직원 및 위탁지원자는 「형법」 제129조부터 제132조까지의 규정을 적용할 때에는 공무원으로 본다.

제9장 벌　칙

제135조【벌칙】 다음 각 호의 어느 하나에 해당하는 자는 5년 이하의 징역 또는 5천만원 이하의 벌금에 처한다.
1. 제36조에 따른 토지등소유자의 서면동의서를 위조한 자
2. 제132조제1항 각 호의 어느 하나를 위반하여 금품, 향응 또는 그 밖의 재산상 이익을 제공하거나 제공의사를 표시하거나 제공을 약속하는 행위를 하거나 제공을 받거나 제공의사 표시를 승낙한 자(2022.6.10 본호개정)
제136조【벌칙】 다음 각 호의 어느 하나에 해당하는 자는 3년 이하의 징역 또는 3천만원 이하의 벌금에 처한다.
1. 제29조제1항에 따른 계약의 방법을 위반하여 계약을 체결한 추진위원장, 전문조합관리인 또는 조합임원(조합의 청산인 및 토지등소유자가 시행하는 재개발사업의 경우에는 그 대표자, 지정개발자가 사업시행자인 경우 그 대표자를 말한다)(2017.8.9 본호신설)
2. 제29조제4항부터 제7항까지 및 제10항을 위반하여 시공자를 선정한 자 및 시공자로 선정된 자(2023.12.26 본호개정)
2의2. 제29조제11항을 위반하여 시공자와 공사에 관한 계약을 체결한 자(2023.12.26 본호개정)
3. 제31조제1항에 따른 시장·군수등의 추진위원회 승인을 받지 아니하고 정비사업전문관리업자를 선정한 자
4. 제32조제2항에 따른 계약의 방법을 위반하여 정비사업전문관리업자를 선정한 추진위원장(전문조합관리인을 포함한다)(2017.8.9 본호개정)
5. 제36조에 따른 토지등소유자의 서면동의서를 매도하거나 매수한 자
6. 거짓 또는 부정한 방법으로 제39조제2항을 위반하여 조합원 자격을 취득한 자와 조합원 자격을 취득하게 하여준 토지등소유자 및 조합의 임직원(전문조합관리인을 포함한다)
7. 제39조제2항을 회피하여 제72조에 따른 분양주택을 이전 또는 공급받을 목적으로 건축물 또는 토지의 양도·양수 사실을 은폐한 자
8. 제76조제1항제7호라목 단서를 위반하여 주택을 전매하거나 전매를 알선한 자(2022.2.3 본호개정)
제137조【벌칙】 다음 각 호의 어느 하나에 해당하는 자는 2년 이하의 징역 또는 2천만원 이하의 벌금에 처한다.
1. 제12조제5항에 따른 안전진단 결과보고서를 거짓으로 작성한 자
2. 제19조제1항을 위반하여 허가 또는 변경허가를 받지 아니하거나 거짓, 그 밖의 부정한 방법으로 허가 또는 변경허가를 받아 행위를 한 자
3. 제31조제1항 또는 제47조제3항을 위반하여 추진위원회 또는 주민대표회의의 승인을 받지 아니하고 제32조제1항 각 호의 업무를 수행하거나 주민대표회의를 구성·운영한 자
4. 제31조제1항 또는 제47조제3항에 따라 승인받은 추진위원회 또는 주민대표회의가 구성되어 있음에도 불구하고 임의로 추진위원회 또는 주민대표회의를 구성하여 이 법에 따른 정비사업을 추진한 자
5. 제35조에 따라 조합이 설립되었는데도 불구하고 추진위원회를 계속 운영한 자
6. 제45조에 따른 총회의 의결을 거치지 아니하고 같은 조 제1항 각 호의 사업(같은 항 제13호 중 정관으로 정하는 사항은 제외한다)을 임의로 추진한 조합임원(전문조합관리인을 포함한다)
7. 제50조에 따른 사업시행계획인가를 받지 아니하고 정비사업을 시행한 자와 같은 사업시행계획서를 위반하여 건축물을 건축한 자
8. 제74조에 따른 관리처분계획인가를 받지 아니하고 제86조에 따른 이전을 한 자
9. 제102조제1항을 위반하여 등록을 하지 아니하고 이 법에 따른 정비사업을 위탁받은 자 또는 거짓, 그 밖의 부정한 방법으로 등록을 한 정비사업전문관리업자
10. 제106조제1항 각 호 외의 부분 단서에 따라 등록이 취소되었음에도 불구하고 영업을 하는 자
11. 제113조제1항부터 제3항까지의 규정에 따른 처분의 취소·변경 또는 정지, 그 공사의 중지 및 변경에 관한 명령을 받고도 이를 따르지 아니한 추진위원회, 사업시행자, 주민대표회의 및 정비사업전문관리업자(2020.6.9 본호개정)
12. 제124조제1항에 따른 서류 및 관련 자료를 거짓으로 공개한 추진위원장 또는 조합임원(토지등소유자가 시행하는 재개발사업의 경우 그 대표자)
13. 제124조제4항에 따른 열람·복사 요청에 허위의 사실이 포함된 자료를 열람·복사해 준 추진위원장 또는 조합임원(토지등소유자가 시행하는 재개발사업의 경우 그 대표자)

제138조【벌칙】 ① 다음 각 호의 어느 하나에 해당하는 자는 1년 이하의 징역 또는 1천만원 이하의 벌금에 처한다.
1. 제19조제8항을 위반하여 「주택법」 제2조제11호가목에 따른 지역주택조합의 조합원을 모집한 자(2018.6.12 본호신설)
2. 제34조제4항을 위반하여 추진위원회의 회계장부 및 관계 서류를 조합에 인계하지 아니한 추진위원장(전문조합관리인을 포함한다)
3. 제83조제1항에 따른 준공인가를 받지 아니하고 건축물 등을 사용한 자와 같은 조 제5항 본문에 따라 시장·군수등의 사용허가를 받지 아니하고 건축물을 사용한 자
4. 다른 사람에게 자기의 성명 또는 상호를 사용하여 이 법에서 정한 업무를 수행하게 하거나 등록증을 대여한 정비사업전문관리업자
5. 제102조제1항 각 호에 따른 업무를 다른 용역업체 및 그 직원에게 수행하도록 한 정비사업전문관리업자
6. 제112조제1항에 따른 회계감사를 요청하지 아니한 추진위원장, 전문조합관리인 또는 조합임원(토지등소유자가 시행하는 재개발사업 또는 제27조에 따라 지정개발자가 시행하는 정비사업의 경우에는 그 대표자를 말한다)
(2021.1.5 본호개정)
7. 제124조제1항을 위반하여 정비사업시행과 관련한 서류 및 자료를 인터넷과 그 밖의 방법을 병행하여 공개하지 아니하거나 같은 조 제4항을 위반하여 조합원 또는 토지등소유자의 열람·복사 요청을 따르지 아니하는 추진위원장, 전문조합관리인 또는 조합임원(조합의 청산인 및 토지등소유자가 시행하는 재개발사업의 경우에는 그 대표자, 제27조에 따른 지정개발자가 사업시행자인 경우 그 대표자를 말한다)(2020.6.9 본호개정)
8. 제125조제1항을 위반하여 속기록 등을 만들지 아니하거나 관련 자료를 청산 시까지 보관하지 아니한 추진위원장, 전문조합관리인 또는 조합임원(조합의 청산인 및 토지등소유자가 시행하는 재개발사업의 경우에는 그 대표자, 제27조에 따른 지정개발자가 사업시행자인 경우 그 대표자를 말한다)
② 건설업자 또는 등록사업자가 제132조의2에 따른 조치를 소홀히 하여 용역업체의 임직원이 제132조제1항 각 호의 어느 하나를 위반한 경우 그 건설업자 또는 등록사업자는 5천만원 이하의 벌금에 처한다.(2022.6.10 본항개정)

제139조【양벌규정】 법인의 대표자나 법인 또는 개인의 대리인, 사용인, 그 밖의 종업원이 그 법인 또는 개인의 업무에 관하여 제135조부터 제138조까지의 어느 하나에 해당하는 위반행위를 하면 그 행위자를 벌하는 외에 그 법인 또는 개인에게도 해당 조문의 벌금에 처한다. 다만, 법인 또는 개인이 그 위반행위를 방지하기 위하여 해당 업무에 관하여 상당한 주의와 감독을 게을리하지 아니한 경우에는 그러하지 아니하다.

제140조【과태료】 ① 다음 각 호의 어느 하나에 해당하는 자에게는 1천만원 이하의 과태료를 부과한다.
(2022.6.10 본문개정)
1. 제113조제2항에 따른 점검반의 현장조사를 거부·기피 또는 방해한 자
2. 제132조제2항을 위반하여 제29조에 따른 계약의 체결과 관련하여 시공과 관련 없는 사항을 제안한 자
3. 제132조의3제1항을 위반하여 사실과 다른 정보 또는 부풀려진 정보를 제공하거나, 사실을 숨기거나 축소하여 정보를 제공한 자
(2022.6.10 1호~3호신설)
② 다음 각 호의 어느 하나에 해당하는 자에게는 500만원 이하의 과태료를 부과한다.
1. 제29조제2항을 위반하여 전자조달시스템을 이용하지 아니하고 계약을 체결한 자(2017.8.9 본호신설)
2. 제78조제5항 또는 제86조제1항에 따른 통지를 게을리한 자(2020.6.9 본호개정)
3. 제107조제1항 및 제111조제2항에 따른 보고 또는 자료의 제출을 게을리한 자(2020.6.9 본호개정)
3의2. 제111조의2를 위반하여 자금차입에 관한 사항을 신고하지 아니하거나 거짓으로 신고한 자(2022.6.10 본호신설)
4. 제125조제2항에 따른 관계 서류의 인계를 게을리한 자(2020.6.9 본호개정)
③ 제1항 및 제2항에 따른 과태료는 대통령령으로 정하는 방법 및 절차에 따라 국토교통부장관, 시·도지사, 시장, 군수 또는 구청장이 부과·징수한다.

제141조【자수자에 대한 특례】 제132조제1항 각 호의 어느 하나를 위반하여 금품, 향응 또는 그 밖의 재산상 이익을 제공하거나 제공의사를 표시하거나 제공을 약속하는 행위를 하거나 제공을 받거나 제공의사 표시를 승낙한 자가 자수하였을 때에는 그 형벌을 감경 또는 면제한다.(2022.6.10 본조개정)

제142조【금품·향응 수수행위 등에 대한 신고포상금】 시·도지사 또는 대도시의 시장은 제132조제1항 각 호의 행위사실을 신고한 자에게 시·도조례로 정하는 바에 따라 포상금을 지급할 수 있다.(2022.6.10 본조개정)

부 칙

제1조【시행일】 이 법은 공포 후 1년이 경과한 날부터 시행한다.

제2조【유효기간】 제39조제1항 각 호 외의 부분 단서 및 제76조제1항제7호나목4)의 개정규정은 법률 제13912호 도시 및 주거환경정비법 일부개정법률의 시행일인 2016년 1월 27일부터 2년까지 효력을 가진다.

제3조【기본계획 및 정비계획 수립 시 용적률 완화에 관한 적용례】 제11조의 개정규정은 법률 제12249호 도시 및 주거환경정비법 일부개정법률의 시행일인 2014년 1월 14일 이후 최초로 사업시행계획인가를 신청하는 경우부터 적용한다.

제4조【도시환경정비사업의 정비구역등 해제 요청 기산일에 관한 적용례】 이 법 시행 전의 도시환경정비사업의 정비구역 등 해제 요청을 위한 기산일의 산정에 관하여는 제20조제1항제2호다목 및 라목의 개정규정에도 불구하고 법률 제13508호 도시 및 주거환경정비법 일부개정법률의 시행일인 2016년 3월 2일 이후 최초로 정비계획(변경수립은 제외한다)을 수립한 경우부터 적용한다.

제5조【정비구역등 해제 신청 기산일에 관한 적용례】 ① 법률 제11293호 도시 및 주거환경정비법 일부개정법률 시행 당시 정비구역이 지정된 경우에는 제20조제1항제3호의 개정규정에 따른 "정비구역으로 지정·고시된 날"을 "2012년 2월 1일"로 본다.
② 제20조제1항제2호다목 및 라목의 개정규정은 2012년 2월 1일 이후 최초로 정비계획을 수립(변경수립은 제외한다)하는 경우부터 적용한다.
③ 제1항에도 불구하고 제20조제1항제2호다목의 개정규정은 2012년 1월 31일 이전에 정비계획이 수립된 정비구역에서 승인된 추진위원회에도 적용한다. 이 경우 같은 목의 개정규정에 따른 "추진위원회 승인일부터 2년"은 "법률 제13508호 도시 및 주거환경정비법 일부개정법률의 시행일인 2016년 3월 2일부터 4년"으로 본다.

제6조【재개발사업의 시행방법에 관한 적용례】 제23조제2항의 개정규정은 이 법 시행 후 최초로 관리처분계획인가를 신청하는 경우부터 적용한다.

제7조【토지등소유자가 시행하는 재개발사업에 관한 적용례】 제25조제1항제2호의 개정규정은 이 법 시행 후 최초로 정비계획의 입안을 위한 공람을 실시하는 경우부터 적용한다.

제8조【서면동의서 검인에 관한 적용례】 ① 제36조제3항의 개정규정은 법률 제13912호 도시 및 주거환경정비법 일부개정법률의 시행일인 2016년 7월 28일 후 최초로 정비계획을 수립하는 경우부터 적용한다.
② 제1항에도 불구하고 제35조제2항부터 제5항까지의 개정규정에 해당하는 때에는 법률 제13912호 도시 및 주거환경정비법 일부개정법률의 시행일인 2016년 7월 28일 후 제31조제1항의 개정규정에 따라 최초로 추진위원회 승인을 받은 경우부터 적용한다. 이 경우 종전의 규정에 따른 추진위원회 동의자의 서면동의서는 제31조제2항의 개정규정에 따라 유효한 것으로 본다.

제9조【분양신청을 하지 아니한 자 등에 대한 현금 청산 지연에 따른 이자 지급에 관한 적용례】 제40조제1항 및 제73조제3항의 개정규정은 법률 제11293호 도시 및 주거환경정비법 일부개정법률의 시행일인 2012년 8월 2일 이후 최초로 조합 설립인가(같은 개정법률 제8조제3항의 개정규정에 따라 도시환경정비사업을 토지등소유자가 시행하는 경우나 같은 개정법률 제7조 또는 제8조제4항의 개정규정에 따라 시장·군수가 직접 정비사업을 시행하거나 주택공사등을 사업시행자로 지정한 경우에는 사업시행계획인가를 말한다)를 신청한 정비사업부터 적용한다.

제10조【사업시행계획인가에 관한 적용례】 ① 제50조제2항의 개정규정은 이 법 시행 후 사업시행계획인가(변경인가를 포함한다)를 신청하는 경우부터 적용한다.
② 제50조제4항의 개정규정은 이 법 시행 후 최초로 사업시행계획인가를 신청하는 경우부터 적용한다.

제11조【기반시설의 기부채납에 관한 적용례】 제51조의 개정규정은 이 법 시행 후 사업시행계획인가(변경인가를 포함한다)를 신청하는 경우부터 적용한다.

제12조【「공공주택 특별법」 준용규정에 관한 적용례】 제52조제2항의 개정규정은 이 법 시행 후 사업시행계획인가(변경인가를 포함한다)를 신청하는 경우부터 적용한다.

제13조【다른 법률의 인·허가등 의제처리에 관한 적용례】 제57조제1항제2호의 개정규정은 이 법 시행 후 사업시행계획인가(변경인가를 포함한다)를 신청하는 경우부터 적용한다.

제14조【사업시행계획인가의 특례에 관한 적용례】 제58조제3항의 개정규정은 이 법 시행 후 최초로 사업시행계획인가를 신청하는 경우부터 적용한다.

제15조【이주대책의 수립에 관한 적용례】 제59조제1항의 개정규정은 법률 제12640호 도시 및 주거환경정비법 일부개정법률의 시행일인 2014년 5월 21일 이후 최초로 제50조의 개정규정에 따라 사업시행계획인가를 신청하는 경우부터 적용한다.

제16조【매도청구에 관한 적용례】 제64조의 개정규정은 이 법 시행 후 최초로 조합설립인가를 신청하거나 사업시행자를 지정하는 경우부터 적용한다.

제17조【분양공고에 관한 적용례】 제72조제1항의 개정규정은 이 법 시행 후 최초로 사업시행계획인가를 신청하는 경우부터 적용한다.

제18조【분양신청을 하지 아니한 자 등에 대한 조치에 관한 적용례】 제73조의 개정규정은 이 법 시행 후 관리처분계획인가를 신청하는 경우부터 적용한다. 다만, 토지등소유자가 「공익사업을 위한 토지 등의 취득 및 보상에 관한 법률」 제30조제1항의 재결 신청을 청구한 경우에는 제73조의 개정규정에도 불구하고 종전의 규정을 적용한다.

제19조【손실보상 시기에 관한 적용례】 제73조의 개정규정은 법률 제12116호 도시 및 주거환경정비법 일부개정법률의 시행일인 2013년 12월 24일 이후 최초로 조합설립인가를 신청하는 경우부터 적용한다.

제20조【주택의 공급에 관한 적용례】 제76조제1항제7호라목의 개정규정은 법률 제12957호 도시 및 주거환경정비법 일부개정법률의 시행일인 2014년 12월 31일 이후 최초로 관리처분계획의 인가를 신청하는 경우부터 적용한다.

제21조【정비기반시설 등의 귀속에 관한 적용례】 제97조제3항제4호의 개정규정은 이 법 시행 이후 최초로 사업시행계획인가를 신청하는 경우부터 적용한다.

제22조【분쟁조정의 효력에 관한 적용례】 제117조제6항의 개정규정은 이 법 시행 후 분쟁조정을 신청한 경우부터 적용한다.

제23조【공공지원과 정보공개에 관한 적용례】 제118조 및 제120조의 개정규정은 법률 제13508호 도시 및 주거환경정비법 일부개정법률 시행일인 2016년 3월 2일 당시 제45조의 개정규정에 따른 총회에서 시공자를 선정하지 아니한 정비사업부터 적용한다. 다만, 시장·군수는 정비사업의 투명성 강화를 위하여 필요한 경우에는 법률 제13508호 도시 및 주거환경정비법 일부개정법률 시행 전에 관리처분계획의 인가를 받은 사항에 대하여도 제120조의 개정규정을 적용하여 공개할 수 있다.

제24조【도시·주거환경정비기금의 사용에 관한 적용례】 제126조제3항제8호의 개정규정은 이 법 시행 후 증축형 리모델링의 안전진단을 요청하는 경우부터 적용한다.

제25조【일반적 경과조치】 이 법 시행 당시 종전의 「도시 및 주거환경정비법」에 따른 결정·처분·절차, 그 밖의 행위는 이 법의 규정에 따라 행하여진 것으로 본다.

제26조【주거환경관리사업의 시행을 위한 정비구역 등에 관한 경과조치】 ① 이 법 시행 당시 종전의 「도시 및 주거환경정비법」에 따라 주거환경관리사업을 시행하기 위하여 지정·고시된 정비구역은 이 법에 따라 지정·고시된 주거환경개선구역으로 본다.
② 이 법 시행 당시 종전의 「도시 및 주거환경정비법」에 따라 주택재개발사업 및 도시환경정비사업을 시행하기 위하여 지정·고시된 정비구역은 이 법에 따라 지정·고시된 재개발구역으로 본다.
③ 이 법 시행 당시 종전의 「도시 및 주거환경정비법」에 따라 주택재건축사업을 시행하기 위하여 지정·고시된 정비구역은 이 법에 따라 지정·고시된 재건축구역으로 본다.

제27조【주거환경관리사업 등에 관한 경과조치】 이 법 시행 당시 종전의 「도시 및 주거환경정비법」에 따라 사업시행인가를 받아 시행 중인 주거환경관리사업, 주택재개발사업·도시환경정비사업 및 주택재건축사업은 각각 이 법에 따른 주거환경개선사업, 재개발사업 및 재건축사업으로 본다.

제28조【공공시설 등의 설치·제공을 대체하는 현금납부에 관한 경과조치】 법률 제13912호 도시 및 주거환경정비법 일부개정법률의 시행일인 2016년 7월 28일 전에 관리처분계획인가(변경인가를 포함한다)를 받았거나 신청한 정비사업의 경우에는 같은 개정법률 제4조제10항의 개정규정에도 불구하고 종전의 규정에 따른다.

제29조【준공인가 등에 따른 정비구역의 해제에 관한 경과조치】 이 법 시행 당시 이미 준공인가의 고시(관리처분계획을 수립하는 정비사업의 경우에는 이전고시를 말한다)가 있은 때에는 해당 정비구역은 이 법 시행일에 해제된 것으로 본다.

제30조【정비사업의 시행방법에 관한 경과조치】 법률 제13912호 도시 및 주거환경정비법 일부개정법률 제6조제2항 및 제3항의 개정규정의 시행일인 2016년 1월 27일 전에 관리처분계획인가(변경인가를 포함한다)를 받았거나 신청한 재개발사업 및 재건축사업의 경우에는 같은 개정법률 제6조제2항 및 제3항의 개정규정에도 불구하고 종전의 규정에 따른다.

제31조【조합원 자격에 관한 경과조치】 제39조제1항제3호의 개정규정에도 불구하고 제35조의 개정규정에 따라 조합설립인가를 받은 정비구역에서 다음 각 호의 어느 하나에 해당하는 경우에는 조합원자격의 적용에 있어서는 종전의 「도시 및 주거환경정비법」(법률 제9444호 도시 및 주거환경정비법 일부개정법률로 개정되기 전의 법률을 말한다)에 따른다.
1. 다음 각 목의 합이 2 이상을 가진 토지등소유자로부터 2011년 1월 1일 전에 토지 또는 건축물을 양수한 경우
가. 토지의 소유권
나. 건축물의 소유권
다. 토지의 지상권
2. 2011년 1월 1일 전에 다음 각 목의 합이 2 이상을 가진 토지등소유자가 2012년 12월 31일까지 다음 각 목의 합이 2(조합설립인가 전에 종전의 「임대주택법」 제6조에 따라 임대사업자로 등록한 토지등소유자의 경우에는 3

을 말하며, 이 경우 임대주택에 한정한다) 이하를 양도하는 경우
가. 토지의 소유권
나. 건축물의 소유권
다. 토지의 지상권

제32조【투기과열지구에서의 재건축사업의 조합원 자격취득에 관한 경과조치】 法律 第7056號 도시및주거환경정비법중개정법률의 시행일인 2003년 12월 31일 전에 주택재건축정비사업조합의 설립인가를 받은 정비사업의 토지등소유자(2003년 12월 31일 전에 건축물 또는 토지를 취득한 자로 한정한다)로부터 건축물 또는 토지를 양수한 자는 같은 개정법률 제19조제2항의 개정규정에도 불구하고 종전의 규정에 따른다.

제33조【조합임원의 임기에 관한 경과조치】 법률 제13792호 도시 및 주거환경정비법 일부개정법률의 시행일인 2016년 1월 19일 전에 조합임원을 선출(연임을 포함한다)한 경우에는 같은 개정법률 제21조제5항의 개정규정에도 불구하고 종전의 규정에 따른다.

제34조【조합임원·정비사업전문관리업자의 결격사유에 관한 경과조치】 제43조제1항제1호 및 제105조제1항제1호의 개정규정에 따른 피성년후견인 또는 피한정후견인에는 법률 제10429호 민법 일부개정법률 부칙 제2조에 따라 금치산 또는 한정치산 선고의 효력이 유지되는 사람이 포함되는 것으로 본다.

제35조【감정평가업자의 선정 등에 관한 경과조치】 법률 제12640호 도시 및 주거환경정비법 일부개정법률 제24조제3항제6호 및 제48조 개정규정의 시행일인 2014년 11월 22일 전에 감정평가업자를 선정하여 계약을 체결한 경우에는 같은 개정법률 제24조제3항제6호 및 제48조의 개정규정에도 불구하고 종전의 규정에 따른다.

제36조【인수된 소형주택의 활용 및 인수가격에 관한 경과조치】 법률 제13912호 도시 및 주거환경정비법 일부개정법률 시행일인 2016년 7월 28일 전에 관리처분계획인가(변경인가를 포함한다)를 받았거나 신청한 정비사업의 경우에는 같은 개정법률 제30조의3제6항의 개정규정에도 불구하고 종전의 규정에 따른다.

제37조【국·공유지 무상양여에 관한 경과조치】 법률 제13912호 도시 및 주거환경정비법 일부개정법률 시행일인 2016년 7월 28일 전에 관리처분계획인가(변경인가를 포함한다)를 받았거나 신청한 재개발사업의 경우에는 같은 개정법률 제68조의 개정규정에도 불구하고 종전의 규정에 따른다.

제37조의2【투기과열지구 내 분양신청 제한에 관한 경과조치】 법률 제14943호 도시 및 주거환경정비법 일부개정법률 시행 전에 투기과열지구의 토지등소유자는 제72조제6항의 개정규정에도 불구하고 같은 개정법률 시행 전 종전의 규정을 적용한다. 다만, 다음 각 호의 어느 하나에 해당하는 경우에는 그러하지 아니하다.
1. 토지등소유자와 그 세대에 속하는 자가 법률 제14943호 도시 및 주거환경정비법 일부개정법률 시행 후 투기과열지구의 정비사업구역에 소재한 토지 또는 건축물을 취득하여 해당 정비사업의 관리처분계획에 따라 같은 개정법률 제48조제1항제3호가목의 분양대상자로 선정된 경우
2. 토지등소유자와 그 세대에 속하는 자가 법률 제14943호 도시 및 주거환경정비법 일부개정법률 시행 후 투기과열지구의 정비사업의 관리처분계획에 따라 같은 개정법률 제48조제1항제3호나목의 분양대상자로 선정된 경우
(2017.10.24 본조신설)

제38조【사업시행방식의 전환에 관한 경과조치】 이 법 시행 전에 주거환경개선사업의 사업시행인가를 신청한 경우에는 제123조제5항의 개정규정에도 불구하고 종전의 규정에 따른다.

제39조【다른 법률의 개정】 ①~㉔ ※(해당 법령에 가제정리 하였음)

제40조【다른 법령과의 관계】 이 법 시행 당시 다른 법령에서 종전「도시 및 주거환경정비법」또는 그 규정을 인용하고 있는 경우 이 법에 그에 해당하는 규정이 있으면 이 법 또는 이 법의 해당 규정을 인용한 것으로 본다.

부 칙 (2017.8.9)

제1조【시행일】 이 법은 2018년 2월 9일부터 시행한다.
제2조【시공자 등 계약의 방법 등에 관한 적용례】 제29조 및 제32조의 개정규정은 이 법 시행 후 최초로 계약을 체결하는 경우부터 적용한다. 다만, 시공자나 정비사업전문관리업자의 경우에는 이 법 시행 후 최초로 시공자나 정비사업전문관리업자를 선정하는 경우부터 적용한다.
제3조【관리처분계획의 타당성 검증에 관한 적용례】 제78조의 개정규정은 이 법 시행 후 최초로 관리처분계획인가를 신청하는 경우부터 적용한다.
제4조【자수자의 특례에 관한 적용례】 제141조의 개정규정은 이 법 시행 전의 자수자에 대하여도 적용한다.
제5조【벌칙에 관한 경과조치】 이 법 시행 전의 행위에 대한 벌칙을 적용할 때에는 종전의 규정에 따른다.

부 칙 (2017.10.24)

제1조【시행일】 이 법은 공포한 날부터 시행한다. 다만, 제48조제2항제7호의 개정규정은 2017년 11월 10일부터 시행하고, 제19조제2항의 개정규정은 공포 후 3개월이 경과한 날부터 시행하며, 법률 제14567호 도시 및 주거환경정비법 전부개정법률 제39조제2항, 제72조제6항, 제73조제1항 및 제76조제1항의 개정규정은 2018년 2월 9일부터 시행한다.
제2조【주택재개발사업·도시환경정비사업의 조합원 자격 취득 제한에 관한 적용례】 제19조제2항 본문의 개정규정은 같은 개정규정 시행 후 최초로 사업시행인가를 신청하는 경우부터 적용한다.
제3조【주택재건축사업의 주택공급수 제한에 관한 적용례】 ① 제48조제2항제7호나목1)의 개정규정은 같은 개정규정 시행 후 최초로 사업시행인가를 신청하는 경우부터 적용한다.
② 제48조제2항제7호나목1)의 개정규정 시행 전에「주택법」제63조의2제1항제1호에 따라 지정된 조정대상지역 및 과밀억제권역 외의 투기과열지구에서 1명의 토지등소유자로부터 토지 또는 건축물의 소유권을 양수하여 여러 명이 소유하게 된 경우에는 같은 개정규정에도 불구하고 양도인과 양수인에게 각각 1주택을 공급할 수 있다.
제4조【투기과열지구 내 분양신청 제한에 관한 경과조치】 이 법 시행 전에 투기과열지구의 토지등소유자는 제46조제3항의 개정규정에도 불구하고 종전의 규정을 적용한다. 다만, 다음 각 호의 어느 하나에 해당하는 경우에는 그러하지 아니하다.
1. 토지등소유자와 그 세대에 속하는 자가 이 법 시행 후 투기과열지구의 정비사업구역에 소재한 토지 또는 건축물을 취득하여 해당 정비사업의 관리처분계획에 따라 제48조제1항제3호가목의 분양대상자로 선정된 경우
2. 토지등소유자와 그 세대에 속하는 자가 이 법 시행 후 투기과열지구의 정비사업의 관리처분계획에 따라 제48조제1항제3호나목의 분양대상자로 선정된 경우
제5조【다른 법률의 개정】 ※(해당 법령에 가제정리 하였음)

부 칙 (2019.4.23)

제1조【시행일】 이 법은 공포 후 6개월이 경과한 날부터 시행한다. 다만, 제19조제2항, 제35조제4항 및 제69조의 개정규정은 공포한 날부터 시행한다.
제2조【공사비 검증에 대한 적용례】 제29조의2의 개정규정은 이 법 시행 후 공사비를 증액하거나 토지등소유자 또는 조합원의 검증 의뢰에 따라 사업시행자가 공사비 검증을 요청하는 경우부터 적용한다.
제3조【조합임원의 자격 및 결격사유 등에 대한 적용례】 제41조 및 제43조의 개정규정은 이 법 시행 후 조합임원을 선임(연임을 포함한다)하거나 전문조합관리인을 선정하는 경우부터 적용한다.

부 칙 (2019.8.20)

제1조【시행일】 이 법은 공포 후 3개월이 경과한 날부터 시행한다.
제2조【정비사업전문관리업의 등록취소 등에 관한 적용례】 제106조제3항의 개정규정은 이 법 시행 후 최초로 등록취소처분 등을 하는 경우부터 적용한다.
제3조【조사·감독 등에 관한 적용례】 제107조제1항, 같은 조 제3항부터 제5항까지, 제110조제2항·제3항, 제111조제2항·제3항 및 제113조제3항의 개정규정은 이 법 시행 후 최초로 조사, 감독 또는 자료의 제출 요구 등을 하는 경우부터 적용한다.

부 칙 (2020.3.24)

제1조【시행일】 이 법은 공포한 날부터 시행한다.(이하 생략)

부 칙 (2020.3.31)

제1조【시행일】 이 법은 공포 후 1년이 경과한 날부터 시행한다.(이하 생략)

부 칙 (2020.4.7)

제1조【시행일】 이 법은 공포 후 3개월이 경과한 날부터 시행한다.(이하 생략)

부 칙 (2020.6.9 법17447호)

제1조【시행일】 이 법은 공포 후 6개월이 경과한 날부터 시행한다.(이하 생략)

부 칙 (2020.6.9 법17453호)

이 법은 공포한 날부터 시행한다.(이하 생략)

부 칙 (2020.6.9 법17459호)

제1조【시행일】 이 법은 공포 후 6개월이 경과한 날부터 시행한다.(이하 생략)

부 칙 (2020.12.22)

제1조【시행일】 이 법은 2021년 1월 1일부터 시행한다.(이하 생략)

부 칙 (2020.12.31)

제1조【시행일】 이 법은 공포 후 1년이 경과한 날부터 시행한다.(이하 생략)

부 칙 (2021.1.5)

이 법은 공포한 날부터 시행한다. 다만, 제112조 및 제138조제1항제6호의 개정규정은 공포 후 6개월이 경과한 날부터 시행한다.

부 칙 (2021.1.12)

제1조【시행일】 이 법은 공포 후 1년이 경과한 날부터 시행한다.(이하 생략)

부 칙 (2021.3.16)

제1조【시행일】 이 법은 공포한 날부터 시행한다.
제2조【인·허가등의 의제를 위한 협의에 관한 적용례】 제85조제4항 및 제5항의 개정규정은 이 법 시행 이후 협의를 요청하는 경우부터 적용한다.
제3조【다른 법률의 개정】 ※(해당 법령에 가제정리 하였음)

부 칙 (2021.4.13)

이 법은 공포 후 3개월이 경과한 날부터 시행한다.

부 칙 (2021.7.20)

제1조【시행일】 이 법은 공포 후 1년이 경과한 날부터 시행한다.(이하 생략)

부 칙 (2021.7.27)

이 법은 공포한 날부터 시행한다.

부 칙 (2021.8.10)

제1조【시행일】 이 법은 공포 후 3개월이 경과한 날부터 시행한다.
제2조【벌금형의 분리 선고에 관한 적용례】 제43조의2의 개정규정은 이 법 시행 이후 발생한 범죄행위로 형벌을 받는 사람부터 적용한다.
제3조【총회의 의결 등에 관한 적용례】 제44조제4항 및 제45조의 개정규정은 이 법 시행 이후 총회를 소집하는 경우부터 적용한다.

부 칙 (2021.11.30)

제1조【시행일】 이 법은 공포 후 1년이 경과한 날부터 시행한다.(이하 생략)

부 칙 (2022.2.3)

제1조【시행일】 이 법은 공포한 날부터 시행한다.
제2조【관리처분계획인가에 관한 적용례】 제76조제1항제7호다목의 개정규정은 이 법 시행 이후 최초로 관리처분계획인가(변경인가는 제외한다)를 신청하는 경우부터 적용한다.

부 칙 (2022.6.10)

제1조【시행일】 이 법은 공포 후 6개월이 경과한 날부터 시행한다.
제2조【정비계획의 내용에 관한 적용례】 제9조제1항제2호의2의 개정규정은 이 법 시행 이후 정비계획을 결정하는 경우부터 적용한다.
제3조【토지등소유자가 시행하는 재개발사업에서의 토지등소유자의 동의자 수 산정 특례에 관한 적용례】 제36조의2의 개정규정은 이 법 시행 이후 최초로 정비계획의 변경을 제안하거나 사업시행계획인가를 신청하는 경우부터 적용한다.
제4조【자금차입의 신고에 관한 적용례】 제111조의2의 개정규정은 이 법 시행 이후 자금을 차입하는 경우부터 적용한다.
제5조【조합 해산을 위한 총회에 관한 특례】 ① 이 법 시행 당시 제86조제2항에 따라 대지 및 건축물의 소유권 이전에 관한 사항을 고시한 조합의 조합장은 제86조의2제1항의 개정규정에도 불구하고 이 법 시행일부터 1년 이내에 같은 개정규정에 따른 조합 해산을 위한 총회를 소집하여야 한다.
② 조합장이 제1항에 따른 기간 내에 총회를 소집하지

아니한 경우 제86조의2제2항의 개정규정에 따라 조합원 5분의 1 이상의 요구로 소집된 총회에서 조합의 해산을 의결할 수 있다.

부 칙 (2022.12.27)

제1조【시행일】 이 법은 공포 후 6개월이 경과한 날부터 시행한다.(이하 생략)

부 칙 (2023.2.14)
(2023.3.21)

제1조【시행일】 이 법은 공포 후 1년이 경과한 날부터 시행한다.(이하 생략)

부 칙 (2023.6.9)

제1조【시행일】 이 법은 공포 후 1개월이 경과한 날부터 시행한다.(이하 생략)

부 칙 (2023.7.18)

제1조【시행일】 이 법은 공포 후 6개월이 경과한 날부터 시행한다. 다만, 제41조제1항의 개정규정은 공포한 날부터 시행한다.
제2조【조합임원의 자격에 관한 적용례】 제41조제1항의 개정규정은 같은 개정규정 시행 이후 조합임원을 선임(연임을 포함한다)하는 경우부터 적용한다.
제3조【총회 의결에 관한 적용례】 제44조제2항 및 제45조제7항의 개정규정은 이 법 시행 이후 총회를 소집하는 경우부터 적용한다.
제4조【통합심의에 관한 적용례】 제50조의2의 개정규정은 이 법 시행 후 사업시행자가 통합심의를 신청하는 정비구역부터 적용한다.
제5조【조합임원 등의 신분보장에 관한 경과조치】 이 법 시행 전에 조합임원 또는 전문조합관리인이 된 자는 제43조제1항의 개정규정에도 불구하고 해당 임기가 만료될 때까지 조합임원 또는 전문조합관리인의 지위를 유지한다.

부 칙 (2023.8.8)

제1조【시행일】 이 법은 2024년 5월 17일부터 시행한다.(이하 생략)

부 칙 (2023.12.26)

제1조【시행일】 이 법은 공포 후 6개월이 경과한 날부터 시행한다.
제2조【정관의 기재사항에 관한 적용례】 제40조제1항의 개정규정은 이 법 시행 이후 설립하는 조합부터 적용한다.

부 칙 (2024.1.30)

제1조【시행일】 이 법은 공포한 날부터 시행한다. 다만, 제113조의3의 개정규정은 공포 후 6개월이 경과한 날부터 시행한다.
제2조【조합설립인가 등의 특례에 관한 적용례】 제67조제4항제1호의 개정규정은 이 법 시행 이후 제67조제3항에 따라 토지분할을 청구하는 경우부터 적용한다.
제3조【관리처분계획의 수립기준 및 권리산정 기준일에 관한 적용례】 ① 제76조제1항제3호의 개정규정은 이 법 시행 이후 관리처분계획인가(변경인가는 제외한다)를 신청하는 경우부터 적용한다.
② 제77조제1항 각 호 외의 부분의 개정규정은 이 법 시행 이후 제6조제1항에 따른 기본계획 수립을 위한 주민공람의 공고를 하는 경우부터 적용한다.
③ 제77조제1항제2호의 개정규정은 이 법 시행 이후 집합건물이 아닌 건축물이 집합건물로 전환되는 경우부터 적용한다.
④ 제77조제1항제5호의 개정규정은 이 법 시행 이후 「집합건물의 소유 및 관리에 관한 법률」 제2조제3호에 따른 전유부분의 분할로 토지등소유자의 수가 증가하는 경우부터 적용한다.

도시 및 주거환경정비법 시행령

(2018년 2월 9일
전부개정대통령령 제28628호)

개정
2018. 4.17영28806호(공익사업을위한토지등의취득및보상에관한법시)
2018. 5. 8영28873호
2018. 7.16영29045호(민간임대주택에관한특별법시)
2018.10. 2영29209호
2018.12.11영29360호(건설기술진흥법시)
2019. 6.18영29876호
2020. 2.18영30423호(건설산업시)
2020. 6.23영30797호
2020.12. 1영31211호(국토안전관리원법시)
2020.12. 8영31243호(한국부동산원법시)
2021. 1. 5영31380호(법령용어정비)
2021. 7.13영31892호 2021.11.11영32114호
2021.12.16영32223호(지방자치시)
2021.12.28영32274호(독점시)
2022. 1.21영32352호(감정평가감정평가사시)
2022.12. 9영33046호
2023. 3. 7영33321호(규제기한정비)
2023. 8.22영33677호 2023.12. 5영33908호

제1장 총 칙

제1조【목적】 이 영은 「도시 및 주거환경정비법」에서 위임된 사항과 그 시행에 필요한 사항을 규정함을 목적으로 한다.
제1조의2【공공재개발사업의 공공임대주택 건설비율】 ① 「도시 및 주거환경정비법」(이하 "법"이라 한다) 제2조제2호나목2) 전단에 따른 "대통령령으로 정하는 기준"이란 다음 각 호의 구분에 따른 기준을 말한다.
1. 「수도권정비계획법」 제6조제1항제1호에 따른 과밀억제권역(이하 "과밀억제권역"이라 한다)에서 시행하는 경우 : 100분의 30 이상 100분의 40 이하
2. 과밀억제권역 외의 지역에서 시행하는 경우 : 100분의 20 이상 100분의 30 이하
(2023.12.5 본항신설)
② 법 제2조제2호나목2)에 따라 건설·공급해야 하는 공공임대주택(「공공주택 특별법」에 따른 공공임대주택을 말한다. 이하 같다) 건설비율은 건설·공급되는 주택의 전체 세대수의 100분의 20 이하에서 국토교통부장관이 정하여 고시하는 비율 이상으로 한다.(2023.12.5 본항개정)
③ 특별시장·광역시장·특별자치시장·특별자치도지사·시장 또는 군수(광역시의 군수는 제외하며, 이하 "정비구역지정권자"라 한다)는 제2항에도 불구하고 다음 각 호의 어느 하나에 해당하는 경우에는 「국토의 계획 및 이용에 관한 법률」 제113조에 따라 해당 지방자치단체에 설치된 지방도시계획위원회[이하 "지방도시계획위원회"라 하며, 정비구역이 「도시재정비 촉진을 위한 특별법」 제5조에 따른 재정비촉진지구 내에 있는 경우로서 같은 법 제34조에 따른 도시재정비위원회(이하 "도시재정비위원회"라 한다)가 설치된 지역의 경우 도시재정비위원회를 말한다. 이하 같다]의 심의를 거쳐 공공임대주택 건설비율을 제2항의 비율보다 완화할 수 있다.(2023.12.5 본문개정)
1. 건설하는 주택의 전체 세대수가 200세대 미만인 경우
2. 정비구역의 입지, 정비사업의 규모, 토지등소유자의 수 등을 고려할 때 토지등소유자의 부담이 지나치게 높아 제2항에 따른 공공임대주택 건설비율을 확보하기 어렵다고 인정하는 경우(2023.12.5 본호개정)
(2021.7.13 본조신설)
제1조의3【공공재건축사업의 세대수 기준】 ① 법 제2조제2호다목2) 본문에서 "대통령령으로 정하는 세대수"란 공공재건축사업을 추진하는 단지의 종전 세대수의 100분의 160에 해당하는 세대를 말한다.
② 법 제2조제2호다목2) 단서에서 "「국토의 계획 및 이용에 관한 법률」 제18조에 따른 도시·군기본계획, 토지이용 현황 등 대통령령으로 정하는 불가피한 사유"란 다음 각 호의 어느 하나에 해당하는 사유를 말한다. 이 경우 정비구역지정권자는 각 호의 사유로 제1항에 따른 세대수를 충족할 수 없는지를 판단할 때에는 지방도시계획위원회의 심의를 거쳐야 한다.
1. 제1항에 따른 세대수를 건설·공급하는 경우 「국토의 계획 및 이용에 관한 법률」 제18조에 따른 도시·군기본계획에 부합하지 않게 되는 경우
2. 해당 토지 및 인근 토지의 이용 현황을 고려할 때 제1항에 따른 세대수를 건설·공급하기 어려운 부득이한 사정이 있는 경우
(2021.7.13 본조신설)
제2조【노후·불량건축물의 범위】 ① 법 제2조제3호나목에서 "대통령령으로 정하는 건축물"이란 건축물을 건축하거나 대수선할 당시 건축법령에 따른 지진에 대한 안전 여부 확인 대상이 아닌 건축물로서 다음 각 호의 어느 하나에 해당하는 건축물을 말한다.(2021.7.13 본문개정)
1. 급수·배수·오수 설비 등의 설비 또는 지붕·외벽 등 마감의 노후화나 손상으로 그 기능을 유지하기 곤란할 것으로 우려되는 건축물
2. 법 제12조제4항에 따른 안전진단기관이 실시한 안전진단 결과 건축물의 내구성·내하력(耐荷力) 등이 같은 조 제5항에 따라 국토교통부장관이 정하여 고시하는 기준에 미치지 못할 것으로 예상되어 구조 안전의 확보가 곤란할 것으로 우려되는 건축물
② 법 제2조제3호다목에 따라 특별시·광역시·특별자치시·도·특별자치도 또는 「지방자치법」 제198조제1항에 따른 서울특별시·광역시 및 특별자치시를 제외한 인구 50만 이상 대도시의 조례(이하 "시·도조례"라 한다)로 정할 수 있는 건축물은 다음 각 호의 어느 하나에 해당하는 건축물을 말한다.(2021.12.16 본문개정)
1. 「건축법」 제57조제1항에 따라 해당 지방자치단체의 조례로 정하는 면적에 미치지 못하거나 「국토의 계획 및 이용에 관한 법률」 제2조제7호에 따른 도시·군계획시설(이하 "도시·군계획시설"이라 한다) 등의 설치로 인하여 효용을 다할 수 없게 된 대지에 있는 건축물
2. 공장의 매연·소음 등으로 인하여 위해를 초래할 우려가 있는 지역에 있는 건축물
3. 해당 건축물을 준공일 기준으로 40년까지 사용하기 위하여 보수·보강하는 데 드는 비용이 철거 후 새로운 건축물을 건설하는 데 드는 비용보다 클 것으로 예상되는 건축물
③ 법 제2조제3호라목에 따라 시·도조례로 정할 수 있는 건축물은 다음 각 호의 어느 하나에 해당하는 건축물을 말한다.
1. 준공된 후 20년 이상 30년 이하의 범위에서 시·도조례로 정하는 기간이 지난 건축물
2. 「국토의 계획 및 이용에 관한 법률」 제19조제1항제8호에 따른 도시·군기본계획의 경관에 관한 사항에 어긋나는 건축물
제3조【정비기반시설】 법 제2조제4호에서 "대통령령으로 정하는 시설"이란 다음 각 호의 시설을 말한다.
1. 녹지
2. 하천
3. 공공공지
4. 광장
5. 소방용수시설
6. 비상대피시설
7. 가스공급시설
8. 지역난방시설
9. 주거환경개선사업을 위하여 지정·고시된 정비구역에 설치하는 공동이용시설로서 법 제52조에 따른 사업시행계획서(이하 "사업시행계획서"라 한다)에 해당 특별자치시장·특별자치도지사·시장·군수 또는 자치구의 구청장(이하 "시장·군수등"이라 한다)이 관리하는 것으로 포함된 시설
제4조【공동이용시설】 법 제2조제5호에서 "대통령령으로 정하는 시설"이란 다음 각 호의 시설을 말한다.
1. 공동으로 사용하는 구판장·세탁장·화장실 및 수도
2. 탁아소·어린이집·경로당 등 노유자시설
3. 그 밖에 제1호 및 제2호의 시설과 유사한 용도의 시설로서 시·도조례로 정하는 시설

제2장 기본계획의 수립 및 정비구역의 지정

제5조【기본계획의 내용】 법 제5조제1항제13호에서 "대통령령으로 정하는 사항"이란 다음 각 호의 사항을 말한다.
1. 도시관리·주택·교통정책 등 「국토의 계획 및 이용에 관한 법률」 제2조제2호의 도시·군계획과 연계된 도시·주거환경정비의 기본방향
2. 도시·주거환경정비의 목표
3. 도심기능의 활성화 및 도심공동화 방지 방안
4. 역사적 유물 및 전통건축물의 보존계획
5. 정비사업의 유형별 공공 및 민간부문의 역할
6. 정비사업의 시행을 위하여 필요한 재원조달에 관한 사항
제6조【기본계획의 수립을 위한 공람 등】 ① 특별시장·광역시장·특별자치시장·특별자치도지사 또는 시장은 법 제6조제1항에 따라 도시·주거환경정비기본계획(이하 "기본계획"이라 한다)을 주민에게 공람하려는 때에는 미리 공람의 요지 및 장소를 해당 지방자치단체의 공보 및 인터넷(이하 "공보등"이라 한다)에 공고하고, 공람장소에 관계 서류를 갖추어 두어야 한다.
② 주민은 법 제6조제1항에 따른 공람기간 이내에 특별시장·광역시장·특별자치시장·특별자치도지사 또는 시장에게 서면(전자문서를 포함한다)으로 의견을 제출할 수 있다.(2020.6.23 본항개정)
③ 특별시장·광역시장·특별자치시장·특별자치도지사 또는 시장은 제2항에 따라 제출된 의견을 심사하여 법 제6조제1항에 따라 채택할 필요가 있다고 인정하는 때에는 이를 채택하고, 채택하지 아니한 경우에는 의견을 제출한 주민에게 그 사유를 알려주어야 한다.
④ 법 제6조제3항 및 제7조제1항 단서에서 "대통령령으로 정하는 경미한 사항을 변경하는 경우"란 각각 다음 각 호의 경우를 말한다.
1. 정비기반시설(제3조제9호에 해당하는 시설은 제외한다. 이하 제8조제3항·제13조제4항·제38조 및 제76조제3항에서 같다)의 규모를 확대하거나 그 면적을 10퍼센트 미만의 범위에서 축소하는 경우
2. 정비사업의 계획기간을 단축하는 경우
3. 공동이용시설에 대한 설치계획을 변경하는 경우
4. 사회복지시설 및 주민문화시설 등에 대한 설치계획을 변경하는 경우

5. 구체적으로 면적이 명시된 법 제5조제1항제9호에 따른 정비예정구역(이하 "정비예정구역"이라 한다)의 면적을 20퍼센트 미만의 범위에서 변경하는 경우
6. 법 제5조제1항제10호에 따른 단계별 정비사업 추진계획(이하 "단계별 정비사업 추진계획"이라 한다)을 변경하는 경우
7. 건폐율(「건축법」 제55조에 따른 건폐율을 말한다. 이하 같다) 및 용적률(「건축법」 제56조에 따른 용적률을 말한다. 이하 같다)을 각 20퍼센트 미만의 범위에서 변경하는 경우
8. 정비사업의 시행을 위하여 필요한 재원조달에 관한 사항을 변경하는 경우
9. 「국토의 계획 및 이용에 관한 법률」 제2조제3호에 따른 도시·군기본계획의 변경에 따라 기본계획을 변경하는 경우

제7조【정비계획의 입안대상지역】 ① 특별시장·광역시장·특별자치시장·특별자치도지사·시장·군수 또는 자치구의 구청장은 법 제8조제4항 및 제5항에 따라 별표1의 요건에 해당하는 지역에 대하여 법 제8조제1항 및 제5항에 따른 정비계획(이하 "정비계획"이라 한다)을 입안할 수 있다.

② 특별시장·광역시장·특별자치시장·특별자치도지사·시장·군수 또는 자치구의 구청장은 제1항에 따라 정비계획을 입안하는 경우에는 다음 각 호의 사항을 조사하여 별표1의 요건에 적합한지 여부를 확인하여야 하며, 정비계획의 입안 내용을 변경하려는 경우에는 변경내용에 해당하는 사항을 조사·확인하여야 한다.
1. 주민 또는 산업의 현황
2. 토지 및 건축물의 이용과 소유현황
3. 도시·군계획시설 및 정비기반시설의 설치현황
4. 정비구역 및 주변지역의 교통상황
5. 토지 및 건축물의 가격과 임대차 현황
6. 정비사업의 시행계획 및 시행방법 등에 대한 주민의 의견
7. 그 밖에 시·도조례로 정하는 사항

③ 특별시장·광역시장·특별자치시장·특별자치도지사·시장·군수 또는 자치구의 구청장은 사업시행자(사업시행자가 둘 이상인 경우에는 그 대표자를 말한다. 이하 같다)에게 제2항에 따른 조사를 하게 할 수 있다.

제8조【정비계획의 내용】 ① 법 제9조제1항제10호 각 목 외의 부분 단서에서 "대통령령으로 정하는 요건에 해당하는 경우"란 건설하는 주택 전체 세대수에서 다음 각 호의 주택으로서 임대기간이 8년 이상인 주택이 차지하는 비율의 합계가 100분의 20 이상인 경우를 말한다.
1. 「민간임대주택에 관한 특별법」 제2조제4호에 따른 공공지원민간임대주택(이하 "공공지원민간임대주택"이라 한다)(2018.7.16 본호개정)
2. 「민간임대주택에 관한 특별법」 제2조제11호에 따른 주택임대관리업자에게 관리를 위탁하려는 주택(이하 "임대관리 위탁주택"이라 한다)

② 법 제9조제1항제10호라목에서 "공공지원민간임대주택 또는 임대관리 위탁주택의 원활한 공급 등을 위하여 대통령령으로 정하는 사항"이란 다음 각 호의 사항을 말한다. 다만, 제2호 및 제3호의 사항은 정비계획에 필요한 경우로 한정한다.(2018.7.16 본문개정)
1. 건설하는 주택 전체 세대수에서 공공지원민간임대주택 또는 임대관리 위탁주택이 차지하는 비율(2018.7.16 본호개정)
2. 공공지원민간임대주택 및 임대관리 위탁주택의 건축물 배치 계획(2018.7.16 본호개정)
3. 주변지역의 여건 등을 고려한 입주예상 가구 특성 및 임대사업 운영방향

③ 법 제9조제1항제12호에서 "대통령령으로 정하는 사항"이란 다음 각 호의 사항을 말한다.
1. 법 제17조제4항에 따른 현금납부에 관한 사항
2. 법 제18조에 따라 정비구역을 분할, 통합 또는 결합하여 지정하려는 경우 그 계획
3. 법 제23조제1항제2호에 따른 방법으로 시행하는 주거환경개선사업의 경우 법 제24조에 따른 사업시행자로 예정된 자
4. 정비사업의 시행방법
5. 기존 건축물의 정비·개량에 관한 계획
6. 정비기반시설의 설치계획
7. 건축물의 건축선에 관한 계획
8. 홍수 등 재해에 대한 취약요인에 관한 검토 결과
9. 정비구역 및 주변지역의 주택수급에 관한 사항
10. 안전 및 범죄예방에 관한 사항
11. 그 밖에 정비사업의 원활한 추진을 위하여 시·도조례로 정하는 사항

제9조【주택의 규모 및 건설비율】 ① 법 제10조제1항제1호 및 제2호에서 "대통령령으로 정하는 범위"란 각각 다음 각 호의 범위를 말한다.
1. 주거환경개선사업의 경우 다음 각 목의 범위
가. 「주택법」 제2조제6호에 따른 국민주택규모(이하 "국민주택규모"라 한다)의 주택 : 건설하는 주택 전체 세대수의 100분의 90 이하
나. 공공임대주택 : 건설하는 주택 전체 세대수의 100분의 30 이하로 하며, 주거전용면적이 40제곱미터 이하인 공공임대주택이 전체 공공임대주택 세대수의 100분의 50 이하(2021.7.13 본목개정)
2. 재개발사업의 경우 다음 각 목의 범위(2020.6.23 본문개정)
가. 국민주택규모의 주택 : 건설하는 주택 전체 세대수의 100분의 80 이하
나. 임대주택(「민간임대주택에 관한 특별법」에 따른 민간임대주택과 공공임대주택을 말한다. 이하 같다) : 건설하는 주택 전체 세대수 또는 전체 연면적(법 제54조제1항, 법 제66조제2항 또는 법 제101조의5제1항에 따라 정비계획으로 정한 용적률을 초과하여 건축함으로써 증가된 세대수 또는 면적은 제외한다. 이하 이 목에서 같다)의 100분의 20 이하〔법 제55조제1항, 법 제66조제3항 또는 법 제101조의5제2항 본문에 따라 공급되는 임대주택은 제외하며, 해당 임대주택 중 주거전용면적이 40제곱미터 이하인 임대주택이 전체 임대주택 세대수(법 제55조제1항, 법 제66조제3항 또는 법 제101조의5제2항 본문에 따라 공급되는 임대주택은 제외한다. 이하 이 목에서 같다)의 100분의 40 이하여야 한다〕. 다만, 특별시장·광역시장·특별자치시장·특별자치도지사·시장·군수 또는 자치구의 구청장이 정비계획을 입안할 때 관할 구역에서 시행된 재개발사업에서 건설하는 주택 전체 세대수에서 별표3 제2호가목1)에 해당하는 세입자가 입주하는 임대주택 세대수가 차지하는 비율이 특별시장·광역시장·특별자치시장·도지사·특별자치도지사(이하 "시·도지사"라 한다)가 정하여 고시하는 임대주택 비율보다 높은 경우 등 관할 구역의 특성상 주택수급안정이 필요한 경우에는 다음 계산식에 따라 산정한 임대주택 비율 이하의 범위에서 임대주택 비율을 높일 수 있다.

해당 시·도지사가 고시한 임대주택 비율
+
(건설하는 주택 전체 세대수 × $\frac{10}{100}$)

(2023.12.5 본문개정)
3. 재건축사업의 경우 국민주택규모의 주택이 건설하는 주택 전체 세대수의 100분의 60 이하

② 제1항제3호에도 불구하고 과밀억제권역에서 다음 각 호의 요건을 모두 갖춘 경우에는 국민주택규모의 주택 건설 비율을 적용하지 아니한다.(2023.12.5 본문개정)
1. 재건축사업의 조합원에게 분양하는 주택은 기존 주택(재건축하기 전의 주택을 말한다)의 주거전용면적을 축소하거나 30퍼센트의 범위에서 그 규모를 확대할 것
2. 조합원 이외의 자에게 분양하는 주택은 모두 85제곱미터 이하 규모로 건설할 것

제10조【재건축사업의 안전진단대상 등】 ① 특별자치시장, 특별자치도지사, 시장, 군수 또는 자치구의 구청장(이하 "정비계획의 입안권자"라 한다)은 법 제12조제2항제1호에 따른 안전진단의 요청이 있는 때에는 같은 조 제4항에 따라 요청일부터 30일 이내에 국토교통부장관이 정하는 바에 따라 안전진단의 실시여부를 결정하여 요청인에게 통보하여야 한다. 이 경우 정비계획의 입안권자는 안전진단 실시 여부를 결정하기 전에 단계별 정비사업 추진계획 등의 사유로 재건축사업의 시기를 조정할 필요가 있다고 인정하는 경우에는 안전진단의 실시 시기를 조정할 수 있다.

② 정비계획의 입안권자는 법 제12조제4항에 따른 현지조사(이하 "현지조사"라 한다) 등을 통하여 같은 조 제2항제1호에 따른 안전진단의 요청이 있는 공동주택이 노후·불량건축물에 해당하지 아니함이 명백하다고 인정하는 경우에는 안전진단의 실시가 필요하지 아니하다고 결정할 수 있다.(2018.5.8 본항개정)

③ 법 제12조제3항 단서에서 "대통령령으로 정하는 주택단지의 건축물"이란 다음 각 호의 어느 하나를 말한다.
1. 정비계획의 입안권자가 천재지변 등으로 주택이 붕괴되어 신속히 재건축을 추진할 필요가 있다고 인정하는 것
2. 주택의 구조안전상 사용금지가 필요하다고 정비계획의 입안권자가 인정하는 것
3. 별표1 제3호라목에 따른 노후·불량건축물 수에 관한 기준을 충족한 경우 잔여 건축물
4. 정비계획의 입안권자가 진입도로 등 기반시설 설치를 위하여 불가피하게 정비구역에 포함된 것으로 인정하는 건축물
5. 「시설물의 안전 및 유지관리에 관한 특별법」 제2조제1호의 시설물로서 같은 법 제16조에 따라 지정받은 안전등급이 D(미흡) 또는 E(불량)인 건축물(2018.5.8 본호신설)

④ 법 제12조제4항에서 "대통령령으로 정하는 안전진단기관"이란 다음 각 호의 기관을 말한다.
1. 「과학기술분야 정부출연연구기관 등의 설립·운영 및 육성에 관한 법률」 제8조에 따른 한국건설기술연구원
2. 「시설물의 안전 및 유지관리에 관한 특별법」 제28조에 따른 안전진단전문기관
3. 「국토안전관리원법」에 따른 국토안전관리원(2020.12.1 본호개정)

⑤ 정비계획의 입안권자는 현지조사의 전문성 확보를 위하여 제4항제1호 또는 제3호의 기관에 현지조사를 의뢰할 수 있다. 이 경우 현지조사를 의뢰받은 기관은 의뢰를 받은 날부터 20일 이내에 조사결과를 정비계획의 입안권자에게 제출하여야 한다.(2018.5.8 본항신설)

⑥ 법 제12조제5항에 따른 재건축사업의 안전진단은 다음 각 호의 구분에 따른다.
1. 구조안전성 평가 : 제2조제1항 각 호에 따른 노후·불량건축물을 대상으로 구조적 또는 기능적 결함 등을 평가하는 안전진단
2. 구조안전성 및 주거환경 중심 평가 : 제1호 외의 노후·불량건축물을 대상으로 구조적·기능적 결함 등 구조안전성과 주거생활의 편리성 및 거주의 쾌적성 등 주거환경을 종합적으로 평가하는 안전진단(2018.5.8 본호개정)

⑦ 제1항부터 제6항까지에서 규정한 사항 외에 법 제12조제2항에 따른 안전진단의 요청 절차 및 그 처리에 관하여 필요한 세부사항은 시·도조례로 정할 수 있다.(2018.5.8 본항개정)

제11조【안전진단 결과의 적정성 검토】 ① 시·도지사는 법 제13조제1항에 따라 제10조제4항제2호에 따른 안전진단전문기관이 제출한 안전진단 결과보고서를 받은 경우에는 법 제13조제2항에 따라 제10조제4항제1호 또는 제3호에 따른 안전진단기관에 안전진단 결과보고서의 적정성 여부에 대한 검토를 의뢰할 수 있다.

② 법 제13조제2항 및 제3항에 따른 안전진단 결과의 적정성 여부에 따른 검토 비용은 적정성 여부에 대한 검토를 의뢰 또는 요청한 국토교통부장관 또는 시·도지사가 부담한다.

③ 법 제13조제2항 및 제3항에 따라 안전진단 결과의 적정성 여부에 따른 검토를 의뢰받은 기관은 적정성 여부에 따른 검토를 의뢰받은 날부터 60일 이내에 그 결과를 시·도지사에게 제출하여야 한다. 다만, 부득이한 경우에는 30일의 범위에서 한 차례만 연장할 수 있다.

제11조의2【정비구역의 지정을 위한 정비계획의 입안 요청 등】 ① 법 제13조의2제1항제3호에서 "천재지변 등 대통령령으로 정하는 불가피한 사유"란 다음 각 호의 어느 하나에 해당하는 경우를 말한다.
1. 천재지변
2. 「재난 및 안전관리 기본법」 제27조제1항에 따른 특정관리대상지역으로 지정된 경우
3. 「시설물의 안전 및 유지관리에 관한 특별법」 제23조제1항에 따른 안전조치를 해야 하는 경우

② 토지등소유자는 법 제13조의2제1항에 따라 정비계획의 입안권자에게 정비구역의 지정을 위한 정비계획의 입안을 요청하려는 경우에는 토지등소유자의 2분의 1 이하의 범위에서 시·도조례로 정하는 비율 이상의 동의를 받은 후 시·도조례로 정하는 요청서 서식에 정비계획의 입안을 요청하는 구역의 범위 및 해당 구역에 위치한 건축물 현황에 관한 서류를 첨부하여 정비계획의 입안권자에게 제출해야 한다.

③ 법 제13조의2제3항제3호에서 "대통령령으로 정하는 경우"란 정비계획의 입안권자가 토지등소유자의 2분의 1 이하의 범위에서 시·도조례로 정하는 비율 이상의 동의를 받아 정비구역지정권자에게 요청하는 경우를 말한다.

④ 법 제13조의2제3항제4호에서 "대통령령으로 정하는 경우"란 법 제54조, 법 제66조제2항부터 제5항까지, 법 제101조의5 또는 법 제101조의6에 따른 용적률을 완화를 위하여 정비계획을 변경하는 경우로서 정비계획의 입안권자가 토지등소유자의 2분의 1 이하의 범위에서 시·도조례로 정하는 비율 이상의 동의를 받아 정비구역지정권자에게 요청하는 경우를 말한다.

⑤ 제2항부터 제4항까지의 규정에 따른 토지등소유자의 동의자 수 산정 방법에 관하여는 제33조를 준용한다.

⑥ 법 제13조의2제3항에 따른 토지이용, 주택건설 및 기반시설의 설치 등에 관한 기본방향(이하 "정비계획의 기본방향"이라 한다)에는 다음 각 호의 사항이 포함되어야 한다.
1. 용적률, 건폐율, 높이 및 용도지역 등 개발밀도에 관한 사항
2. 지형, 지역적 특성, 경관, 보행자의 보행 편의 등을 고려한 건축 기준에 관한 사항
3. 정비기반시설, 공동이용시설, 「국토의 계획 및 이용에 관한 법률」 제2조제6호에 따른 기반시설 및 같은 법 제52조의2제1항제3호에 따른 시설의 설치가 필요한 경우 그 설치에 관한 사항
4. 법 제13조의2제3항제4호에 따라 정비계획을 변경하는 경우로서 법 제50조의3제1항에 따라 정비계획의 변경을 위한 지방도시계획위원회 심의를 사업시행계획인가와 관련된 심의와 함께 통합하여 검토 및 심의하려는 경우에는 법 제9조제1항제4호·제5호·제7호 및 이 영 제8조제3항제6호에 관한 사항

⑦ 정비계획의 입안권자는 정비구역지정권자가 법 제13조의2제3항제1호에 따라 제시한 정비계획의 기본방향을 해당 정비계획의 입안을 요청한 토지등소유자에게 통지해야 한다.

⑧ 제1항부터 제7항까지에서 규정한 사항 외에 정비계획의 입안 요청, 회신 및 정비계획의 기본방향 작성 등에 필요한 세부사항은 시·도조례로 정한다.
(2023.12.5 본조신설)

제12조【정비계획의 입안 제안】 ① 토지등소유자가 법 제14조제1항에 따라 정비계획의 입안권자에게 정비계획의 입안을 제안하려는 경우 토지등소유자의 3분의 2 이하 및 토지면적 3분의 2 이하의 범위에서 시·도조례로 정하는 비율 이상의 동의를 받은 후 시·도조례로 정하는 제안서 서식에 정비계획도서, 계획설명서, 그 밖의 필요한 서류를 첨부하여 정비계획의 입안권자에게 제출하여야 한다.

② 정비계획의 입안권자는 제1항의 제안이 있는 경우에는 제안일부터 60일 이내에 정비계획에의 반영여부를 제안자에게 통보하여야 한다. 다만, 부득이한 사정이 있는 경우에는 한 차례만 30일을 연장할 수 있다.
③ 정비계획의 입안권자는 제1항에 따른 제안을 정비계획에 반영하는 경우에는 제안서에 첨부된 정비계획도서와 계획설명서를 정비계획의 입안에 활용할 수 있다.
④ 제1항부터 제3항까지에서 규정된 사항 외에 정비계획 입안의 제안을 위하여 필요한 세부사항은 시·도조례로 정할 수 있다.

제13조【정비구역의 지정을 위한 주민공람 등】 ① 정비계획의 입안권자는 법 제15조제1항에 따라 정비계획을 주민에게 공람하려는 때에는 미리 공람의 요지 및 장소를 해당 지방자치단체의 공보등에 공고하고, 공람장소에 관계 서류를 갖추어 두어야 한다.
② 주민은 법 제15조제1항에 따른 공람기간 이내에 정비계획의 입안권자에게 서면(전자문서를 포함한다)으로 의견을 제출할 수 있다.(2020.6.23 본항개정)
③ 정비계획의 입안권자는 제2항에 따라 제출된 의견을 심사하여 법 제15조제1항에 따라 채택할 필요가 있다고 인정하는 때에는 이를 채택하고, 채택하지 아니한 경우에는 의견을 제출한 주민에게 그 사유를 알려주어야 한다.
④ 법 제15조제3항에서 "대통령령으로 정하는 경미한 사항을 변경하는 경우"란 다음 각 호의 어느 하나에 해당하는 경우를 말한다.
1. 정비구역의 면적을 10퍼센트 미만의 범위에서 변경하는 경우(법 제18조에 따라 정비구역을 분할, 통합 또는 결합하는 경우를 제외한다)
1의2. 토지등소유자별 분담금 추산액 및 산출근거를 변경하는 경우(2022.12.9 본호신설)
2. 정비기반시설의 위치를 변경하는 경우와 정비기반시설 규모를 10퍼센트 미만의 범위에서 변경하는 경우
3. 공동이용시설 설치계획을 변경하는 경우
4. 재난방지에 관한 계획을 변경하는 경우
5. 정비사업시행 예정시기를 3년의 범위에서 조정하는 경우
6. 「건축법 시행령」 별표1 각 호의 용도범위에서 건축물의 주용도(해당 건축물의 가장 넓은 바닥면적을 차지하는 용도를 말한다. 이하 같다)를 변경하는 경우
7. 건축물의 건폐율 또는 용적률을 축소하거나 10퍼센트 미만의 범위에서 확대하는 경우
8. 건축물의 최고 높이를 변경하는 경우
9. 법 제66조제1항에 따라 용적률을 완화하여 변경하는 경우(2023.12.5 본호개정)
10. 「국토의 계획 및 이용에 관한 법률」 제2조제3호에 따른 도시·군기본계획, 같은 조 제4호에 따른 도시·군관리계획 또는 기본계획의 변경에 따라 정비계획을 변경하는 경우
11. 「도시교통정비 촉진법」에 따른 교통영향평가 등 관계법령에 의한 심의결과에 따른 변경인 경우
12. 그 밖에 제1호부터 제8호까지, 제10호 및 제11호와 유사한 사항으로서 시·도조례로 정하는 사항을 변경하는 경우

제14조【용적률 완화를 위한 현금납부 방법 등】 ① 법 제17조제4항에서 "대통령령으로 정하는 공공시설 또는 기반시설"이란 「국토의 계획 및 이용에 관한 법률 시행령」 제46조제1항에 따른 공공시설 또는 기반시설을 말한다.
② 사업시행자는 법 제17조제4항에 따라 현금납부를 하려는 경우에는 토지등소유자(법 제35조에 따라 조합을 설립한 경우에는 조합원을 말한다) 과반수의 동의를 받아야 한다. 이 경우 현금으로 납부하는 토지의 기부면적은 전체 기부면적의 2분의 1을 넘을 수 없다.
③ 법 제17조제4항에 따른 현금납부액은 시장·군수등이 지정한 둘 이상의 감정평가법인등(「감정평가 및 감정평가사에 관한 법률」에 따른 감정평가법인등을 말한다. 이하 같다)이 해당 기부토지에 대하여 평가한 금액을 산술평균하여 산정한다.(2022.1.21 본항개정)
④ 제3항에 따른 현금납부액 산정기준일은 법 제50조제9항에 따른 사업시행계획인가(현금납부에 관한 정비계획이 반영된 최초의 사업시행계획인가를 말한다) 고시일로 한다. 다만, 산정기준일부터 3년이 되는 날까지 법 제74조에 따른 관리처분계획인가를 신청하지 아니한 경우에는 산정기준일부터 3년이 되는 날의 다음 날을 기준으로 제3항에 따라 다시 산정하여야 한다.(2022.12.9 본문개정)
⑤ 사업시행자는 착공일부터 준공검사일까지 제3항에 따라 산정된 현금납부액을 특별시장, 광역시장, 특별자치시장, 특별자치도지사, 시장 또는 군수(광역시의 군수는 제외한다)에게 납부하여야 한다.
⑥ 특별시장 또는 광역시장은 제5항에 따라 납부받은 금액을 사용하는 경우에는 해당 정비사업을 관할하는 자치구의 구청장 또는 광역시의 군수의 의견을 들어야 한다.
⑦ 제3항부터 제6항까지에서 규정한 사항 외에 현금납부액의 구체적인 산정 기준, 납부 방법 및 사용 방법 등에 필요한 세부사항은 시·도조례로 정할 수 있다.

제15조【행위허가의 대상 등】 ① 법 제19조제1항에 따라 시장·군수등의 허가를 받아야 하는 행위는 다음 각 호와 같다.
1. 건축물의 건축 등 : 「건축법」 제2조제1항제2호에 따른 건축물(가설건축물을 포함한다)의 건축, 용도변경
2. 공작물의 설치 : 인공을 가하여 제작한 시설물(「건축법」 제2조제1항제2호에 따른 건축물을 제외한다)의 설치
3. 토지의 형질변경 : 절토(땅깎기)·성토(흙쌓기)·정지(땅고르기)·포장 등의 방법으로 토지의 형상을 변경하는 행위, 토지의 굴착 또는 공유수면의 매립(2021.1.5 본호개정)
4. 토석의 채취 : 흙·모래·자갈·바위 등의 토석을 채취하는 행위. 다만, 토지의 형질변경을 목적으로 하는 것은 제3호에 따른다.
5. 토지분할
6. 물건을 쌓아놓는 행위 : 이동이 쉽지 아니한 물건을 1개월 이상 쌓아놓는 행위
7. 죽목의 벌채 및 식재
② 시장·군수등은 법 제19조제1항에 따라 제1항 각 호의 행위에 대한 허가를 하려는 경우로서 사업시행자가 있는 경우에는 미리 그 사업시행자의 의견을 들어야 한다.
③ 법 제19조제2항제3호에서 "대통령령으로 정하는 행위"란 다음 각 호의 어느 하나에 해당하는 행위로서 「국토의 계획 및 이용에 관한 법률」 제56조에 따른 개발행위허가의 대상이 아닌 것을 말한다.(2022.12.9 본문개정)
1. 농림수산물의 생산에 직접 이용되는 것으로서 국토교통부령으로 정하는 간이공작물의 설치
2. 경작을 위한 토지의 형질변경
3. 정비구역의 개발에 지장을 주지 아니하고 자연경관을 손상하지 아니하는 범위에서의 토석의 채취
4. 정비구역에 존치하기로 결정된 대지에 물건을 쌓아놓는 행위
5. 관상용 죽목의 임시식재(경작지에서의 임시식재는 제외한다)
④ 법 제19조제3항에 따라 신고하여야 하는 자는 정비구역이 지정·고시된 날부터 30일 이내에 그 공사 또는 사업의 진행상황과 시행계획을 첨부하여 관할 시장·군수등에게 신고하여야 한다.

제16조【행위제한 등】 ① 국토교통부장관, 시·도지사, 시장, 군수 또는 구청장(자치구의 구청장을 말한다. 이하 같다)이 법 제19조제7항에 따라 행위를 제한하려는 때에는 제한지역·제한사유·제한대상행위 및 제한기간을 미리 고시하여야 한다.
② 제1항에 따라 행위를 제한하려는 자가 국토교통부장관인 경우에는 「국토의 계획 및 이용에 관한 법률」 제106조에 따른 중앙도시계획위원회(이하 "중앙도시계획위원회"라 한다)의 심의를 거쳐야 하며, 시·도지사, 시장, 군수 또는 구청장인 경우에는 지방도시계획위원회의 심의를 거쳐야 한다.(2021.7.13 본항개정)
③ 행위를 제한하려는 자가 국토교통부장관 또는 시·도지사인 경우에는 중앙도시계획위원회 또는 지방도시계획위원회의 심의 전에 미리 제한하려는 지역을 관할하는 시장·군수등의 의견을 들어야 한다.
④ 제1항에 따른 고시는 국토교통부장관이 하는 경우에는 관보에, 시·도지사, 시장, 군수 또는 구청장이 하는 경우에는 해당 지방자치단체의 공보에 게재하는 방법으로 한다.
⑤ 법 제19조제7항에 따라 행위가 제한된 지역에서 같은 항 각 호의 행위를 하려는 자는 시장·군수등의 허가를 받아야 한다.

제17조【추진위원회 및 조합 비용의 보조】 ① 법 제21조제3항에서 "대통령령으로 정하는 범위"란 다음 각 호의 비용을 말한다.
1. 정비사업전문관리 용역비
2. 설계 용역비
3. 감정평가비용
4. 그 밖에 해당 법 제31조에 따른 조합설립추진위원회(이하 "추진위원회"라 한다) 및 조합이 법 제32조, 제44조 및 제45조에 따른 업무를 수행하기 위하여 사용한 비용으로서 시·도조례로 정하는 비용
② 제1항에 따른 비용의 보조 비율 및 보조 방법 등에 필요한 사항은 시·도조례로 정한다.

제3장 정비사업의 시행

제1절 정비사업의 시행방법 등

제18조【세입자 동의의 예외】 법 제24조제3항 단서에서 "세입자의 세대수가 토지등소유자의 2분의 1 이하인 경우 등 대통령령으로 정하는 사유"란 다음 각 호의 어느 하나에 해당하는 것을 말한다.
1. 세입자의 세대수가 토지등소유자의 2분의 1 이하인 경우
2. 법 제16조제2항에 따른 정비구역의 지정·고시일 현재 해당 지역이 속한 시·군·구에 공공임대주택 등 세입자가 입주 가능한 임대주택이 충분하여 임대주택을 건설할 필요가 없다고 시·도지사가 인정하는 경우
3. 법 제23조제1항제1호, 제3호 또는 제4호에 따른 방법으로 사업을 시행하는 경우

제19조【재개발사업의 공동시행자 요건】 법 제25조제1항제1호 및 제2호에서 "대통령령으로 정하는 요건을 갖춘 자"란 각각 「자본시장과 금융투자업에 관한 법률」 제8조제7항에 따른 신탁업자(이하 "신탁업자"라 한다)와 「한국부동산원법」에 따른 한국부동산원(이하 "한국부동산원"이라 한다)을 말한다.(2020.12.8 본조개정)

제20조【사업시행자 지정의 고시 등】 ① 법 제26조제2항 본문 및 제27조제2항 본문에서 "대통령령으로 정하는 사항"이란 각각 다음 각 호의 사항을 말한다.
1. 정비사업의 종류 및 명칭
2. 사업시행자의 성명 및 주소(법인인 경우에는 법인의 명칭 및 주된 사무소의 소재지와 대표자의 성명 및 주소를 말한다. 이하 같다)
3. 정비구역(법 제18조에 따라 정비구역을 둘 이상의 구역으로 분할하는 경우에는 분할된 각각의 구역을 말한다. 이하 같다)의 위치 및 면적
4. 정비사업의 착수예정일 및 준공예정일
② 시장·군수등은 토지등소유자에게 법 제26조제2항 본문 및 제27조제2항 본문에 따라 고시한 제1항 각 호의 내용을 통지하여야 한다.

제21조【지정개발자의 요건 등】 ① 법 제27조제1항 각 호 외의 부분에서 "대통령령으로 정하는 요건을 갖춘 자"란 다음 각 호의 어느 하나에 해당하는 자를 말한다.
1. 정비구역의 토지 중 정비구역 전체 면적 대비 50퍼센트 이상의 토지를 소유한 자로서 토지등소유자의 2분의 1 이상의 추천을 받은 자(2023.12.5 본호개정)
2. 「사회기반시설에 대한 민간투자법」 제2조제12호에 따른 민관합동법인(민간투자사업의 부대사업으로 시행하는 경우에만 해당한다)으로서 토지등소유자의 2분의 1 이상의 추천을 받은 자(2023.12.5 본호개정)
3. 신탁업자로서 토지등소유자의 2분의 1 이상의 추천을 받거나 법 제27조제1항제3호 또는 법 제28조제1항제2호에 따른 동의를 받은 자(2023.12.5 본호개정)
② 제1항 각 호에 따른 토지등소유자의 추천은 다음 각 호의 기준에 따라 산정한다.
1. 재개발사업의 경우에는 다음 각 목의 기준에 따를 것
가. 1필지의 토지 또는 하나의 건축물을 여럿이서 공유할 때에는 그 여럿을 대표하는 1인을 토지등소유자로 산정할 것. 다만, 재개발구역의 「전통시장 및 상점가 육성을 위한 특별법」 제2조에 따른 전통시장 및 상점가로서 1필지의 토지 또는 하나의 건축물을 여럿이서 공유하는 경우에는 해당 토지 또는 건축물의 토지등소유자의 4분의 3 이상의 동의를 받아 이를 대표하는 1인을 토지등소유자로 산정할 수 있다.
나. 토지에 지상권이 설정되어 있는 경우 토지의 소유자와 해당 토지의 지상권자를 대표하는 1인을 토지등소유자로 산정할 것
다. 1인이 다수 필지의 토지 또는 다수의 건축물을 소유하고 있는 경우에는 필지나 건축물의 수에 관계없이 토지등소유자를 1인으로 산정할 것
라. 둘 이상의 토지 또는 건축물을 소유한 공유자가 동일한 경우에는 그 공유자 여럿을 대표하는 1인을 토지등소유자로 산정할 것
2. 재건축사업의 경우에는 다음 각 목의 기준에 따를 것
가. 소유권 또는 구분소유권을 여럿이서 공유하는 경우에는 그 여럿을 대표하는 1인을 토지등소유자로 산정할 것
나. 1인이 둘 이상의 소유권 또는 구분소유권을 소유하고 있는 경우에는 소유권 또는 구분소유권의 수에 관계없이 토지등소유자를 1인으로 산정할 것
다. 둘 이상의 소유권 또는 구분소유권을 소유한 공유자가 동일한 경우에는 그 공유자 여럿을 대표하는 1인을 토지등소유자로 할 것
3. 토지건물등기사항증명서, 건물등기사항증명서, 토지대장 또는 건축물관리대장에 소유자로 등재될 당시 주민등록번호의 기록이 없고 기록된 주소가 현재 주소와 다른 경우로서 소재가 확인되지 아니한 자는 토지등소유자의 수 또는 공유자 수에서 제외할 것
4. 국·공유지에 대해서는 그 재산관리청 각각을 토지등소유자로 산정할 것
(2023.12.5 본항신설)
③ 제1항 각 호에 따른 추천의 철회는 해당 각 호의 구분에 따른 추천이 있은 날부터 30일 이내에 할 수 있다.
(2023.12.5 본항신설)
④ 제3항에 따라 추천을 철회하려는 토지등소유자는 철회서에 토지등소유자가 성명을 적고 지장(指章)을 날인한 후 주민등록증 및 여권 등 신원을 확인할 수 있는 신분증명서 사본을 첨부하여 추천의 상대방 및 시장·군수등에게 내용증명의 방법으로 발송해야 한다. 이 경우 시장·군수등이 철회서를 받았을 때에는 지체 없이 추천의 상대방에게 철회서가 접수된 사실을 통지해야 한다.
(2023.12.5 본항신설)
⑤ 제3항에 따른 추천의 철회는 제4항 전단에 따라 철회서가 추천의 상대방에게 도달한 때 또는 같은 항 후단에 따라 시장·군수등이 추천의 상대방에게 철회서가 접수된 사실을 통지한 때 중 빠른 때에 효력이 발생한다.
(2023.12.5 본항신설)
⑥ 법 제27조제6항에 따른 표준 계약서 및 표준 시행규정에는 다음 각 호의 구분에 따른 내용이 포함되어야 한다.
1. 표준 계약서 : 다음 각 목의 사항
가. 신탁의 목적에 관한 사항
나. 신탁계약의 기간, 신탁 종료 및 해지에 관한 사항
다. 신탁재산의 관리, 운영 및 처분에 관한 사항
라. 자금의 차입 방법에 관한 사항
마. 그 밖에 토지등소유자 권익 보호 및 정비사업의 추진을 위해 필요한 사항

2. 표준 시행규정 : 법 제53조 각 호의 사항
(2023.12.5 본항신설)
(2023.12.5 본조제목개정)
제22조【사업대행개시결정 및 효과 등】 ① 시장·군수등은 법 제28조제1항에 따라 정비사업을 직접 시행하거나 법 제27조에 따른 지정개발자(이하 "지정개발자"라 한다) 또는 토지주택공사등에게 정비사업을 대행하도록 결정(이하 "사업대행개시결정"이라 한다)한 경우에는 다음 각 호의 사항을 해당 지방자치단체의 공보등에 고시하여야 한다.
1. 제20조제1항 각 호의 사항
2. 사업대행개시결정을 한 날
3. 사업대행자(법 제28조제1항에 따라 정비사업을 대행하는 시장·군수등, 토지주택공사등 또는 지정개발자를 말한다. 이하 같다)
4. 대행사항
② 시장·군수등은 토지등소유자 및 사업시행자에게 제1항에 따라 고시한 내용을 통지하여야 한다.
③ 사업대행자는 법 제28조제1항에 따라 정비사업을 대행하는 경우 제1항에 따른 고시를 한 날의 다음 날부터 제23조에 따라 사업대행완료를 고시하는 날까지 자기의 이름 및 사업시행자의 계산으로 사업시행자의 업무를 집행하고 재산을 관리한다. 이 경우 법 또는 법에 따른 명령이나 정관등으로 정하는 바에 따라 사업시행자가 행하거나 사업시행자에 대하여 행하여진 처분·절차 그 밖의 행위는 사업대행자가 행하거나 사업대행자에 대하여 행하여진 것으로 본다.
④ 시장·군수등이 아닌 사업대행자는 재산의 처분, 자금의 차입 그 밖에 사업시행자에게 재산상 부담을 주는 행위를 하려는 때에는 미리 시장·군수등의 승인을 받아야 한다.
⑤ 사업대행자는 제3항 및 제4항에 따른 업무를 하는 경우 선량한 관리자로서의 주의의무를 다하여야 하며, 필요한 때에는 사업시행자에게 협조를 요청할 수 있고, 사업시행자는 특별한 사유가 없는 한 이에 응하여야 한다.
제23조【사업대행의 완료】 ① 사업대행자는 법 제28조제1항 각 호의 사업대행의 원인이 된 사유가 없어지거나 법 제88조제1항에 따른 등기를 완료한 때에는 사업대행을 완료하여야 한다. 이 경우 시장·군수등이 아닌 사업대행자는 미리 시장·군수등에게 사업대행을 완료한 뜻을 보고하여야 한다.
② 시장·군수등은 제1항에 따라 사업대행을 완료한 때에는 제22조제1항 각 호의 사항과 사업대행완료일을 해당 지방자치단체의 공보등에 고시하고, 토지등소유자 및 사업시행자에게 각각 통지하여야 한다.
③ 사업대행자는 제2항에 따른 사업대행완료의 고시가 있은 때에는 지체없이 사업시행자에게 업무를 인계하여야 하며, 사업시행자는 정당한 사유가 없는 한 이를 인수하여야 한다.
④ 제3항에 따른 인계·인수가 완료된 때에는 사업대행자가 정비사업을 대행할 때 취득하거나 부담한 권리와 의무는 사업시행자에게 승계된다.
⑤ 사업대행자는 제1항에 따른 사업대행의 완료 후 사업시행자에게 보수 또는 비용의 상환을 청구할 때에 그 보수 또는 비용을 지출한 날 이후의 이자를 청구할 수 있다.
제24조【계약의 방법 및 시공자의 선정】 ① 법 제29조제1항 단서에서 "계약규모, 재난의 발생 등 대통령령으로 정하는 경우"란 다음 각 호의 구분에 따른 경우를 말한다.
1. 입찰 참가자를 지명(指名)하여 경쟁에 부치려는 경우 : 다음 각 목의 어느 하나에 해당하여야 한다.
  가. 사업의 성질 또는 목적에 비추어 특수한 설비·기술·자재·물품 또는 실적이 있는 자가 아니면 계약의 목적을 달성하기 곤란한 경우로서 입찰대상자가 10인 이내인 경우
  나. 「건설산업기본법」에 따른 건설공사(전문공사를 제외한다. 이하 이 조에서 같다)로서 추정가격이 3억원 이하인 공사인 경우
  다. 「건설산업기본법」에 따른 전문공사로서 추정가격이 1억원 이하인 공사인 경우
  라. 공사관련 법령(「건설산업기본법」은 제외한다)에 따른 공사로서 추정가격이 1억원 이하인 공사인 경우
  마. 추정가격 1억원 이하의 물품 제조·구매, 용역, 그 밖의 계약인 경우
2. 수의계약을 하려는 경우 : 다음 각 목의 어느 하나에 해당하여야 한다.
  가. 「건설산업기본법」에 따른 건설공사로서 추정가격이 2억원 이하인 공사인 경우
  나. 「건설산업기본법」에 따른 전문공사로서 추정가격이 1억원 이하인 공사인 경우
  다. 공사관련 법령(「건설산업기본법」은 제외한다)에 따른 공사로서 추정가격이 8천만원 이하인 공사인 경우
  라. 추정가격 5천만원 이하인 물품의 제조·구매, 용역, 그 밖의 계약인 경우
  마. 소송, 재난복구 등 예측하지 못한 긴급한 상황에 대응하기 위하여 경쟁에 부칠 여유가 없는 경우
  바. 일반경쟁입찰이 입찰자가 없거나 단독 응찰의 사유로 2회 이상 유찰된 경우
② 법 제29조제2항에서 "대통령령으로 정하는 규모를 초과하는 계약"이란 다음 각 호의 어느 하나에 해당하는 계약을 말한다.
1. 「건설산업기본법」에 따른 건설공사로서 추정가격이 6억원을 초과하는 공사의 계약
2. 「건설산업기본법」에 따른 전문공사로서 추정가격이 2억원을 초과하는 공사의 계약
3. 공사관련 법령(「건설산업기본법」은 제외한다)에 따른 공사로서 추정가격이 2억원을 초과하는 공사의 계약
4. 추정가격 2억원을 초과하는 물품 제조·구매, 용역, 그 밖의 계약
③ 법 제29조제4항 단서에서 "대통령령으로 정하는 규모 이하의 정비사업"이란 조합원이 100인 이하인 정비사업을 말한다.
④ 법 제29조제7항에서 "대통령령으로 정하는 경쟁입찰"이란 다음 각 호의 요건을 모두 갖춘 입찰방법을 말한다.
1. 일반경쟁입찰·제한경쟁입찰 또는 지명경쟁입찰 중 하나일 것
2. 해당 지역에서 발간되는 일간신문에 1회 이상 제1호의 입찰을 위한 공고를 하고, 입찰 참가자를 대상으로 현장 설명회를 개최할 것
3. 해당 지역 주민을 대상으로 합동홍보설명회를 개최할 것
4. 토지등소유자를 대상으로 제출된 입찰서에 대한 투표를 실시하고 그 결과를 반영할 것
제24조의2【수의계약에 의한 임대사업자의 선정】 법 제30조제1항에서 "국가가 출자·설립한 법인 등 대통령령으로 정한 자"란 「공공주택 특별법」 제4조제1항제1호부터 제5호까지에서 규정하는 자가 단독으로 또는 공동으로 총지분의 100분의 50을 초과하여 출자한 「부동산투자회사법」 제2조제1호에 따른 부동산투자회사를 말한다.
(2021.7.13 본조신설)

제2절 조합설립추진위원회 및 조합의 설립 등

제25조【추진위원회 구성을 위한 토지등소유자의 동의 등】 ① 법 제31조제1항에 따라 토지등소유자의 동의를 받으려는 자는 국토교통부령으로 정하는 동의서에 추진위원회의 위원장(이하 "추진위원장"이라 한다), 추진위원회 위원, 법 제32조제1항에 따른 추진위원회의 업무 및 법 제34조제1항에 따른 운영규정을 미리 쓴 후 토지등소유자의 동의를 받아야 한다.
② 토지등소유자의 동의를 받으려는 자는 법 제31조제3항에 따라 다음 각 호의 사항을 설명·고지하여야 한다.
1. 동의를 받으려는 사항 및 목적
2. 동의로 인하여 의제되는 사항
3. 제33조제2항에 따른 동의의 철회 또는 반대의사 표시의 절차 및 방법
제26조【추진위원회의 업무 등】 법 제32조제1항제5호에서 "대통령령으로 정하는 업무"란 다음 각 호의 업무를 말한다.
1. 법 제31조제1항제2호에 따른 추진위원회 운영규정의 작성
2. 토지등소유자의 동의서의 접수
3. 조합의 설립을 위한 창립총회(이하 "창립총회"라 한다)의 개최
4. 조합 정관의 초안 작성
5. 그 밖에 추진위원회 운영규정으로 정하는 업무
제27조【창립총회의 방법 및 절차 등】 ① 추진위원회(법 제31조제4항 전단에 따라 추진위원회를 구성하지 아니하는 경우에는 토지등소유자를 말한다)는 법 제35조제2항부터 제4항까지의 규정에 따른 동의를 받은 후 조합설립인가를 신청하기 전에 법 제32조제3항에 따라 창립총회를 개최하여야 한다.
② 추진위원회(법 제31조제4항 전단에 따라 추진위원회를 구성하지 아니하는 경우에는 조합설립을 추진하는 토지등소유자의 대표자를 말한다)는 창립총회 14일 전까지 회의목적·안건·일시·장소·참석자격 및 구비사항 등을 인터넷 홈페이지를 통하여 공개하고, 토지등소유자에게 등기우편으로 발송·통지하여야 한다.
③ 창립총회는 추진위원장(법 제31조제4항 전단에 따라 추진위원회를 구성하지 아니하는 경우에는 토지등소유자의 대표자를 말한다. 이하 이 조에서 같다)의 직권 또는 토지등소유자 5분의 1 이상의 요구로 추진위원장이 소집한다. 다만, 토지등소유자 5분의 1 이상의 소집요구에도 불구하고 추진위원장이 2주 이상 소집요구에 응하지 아니하는 경우 소집요구한 자의 대표가 소집할 수 있다.
④ 창립총회에서는 다음 각 호의 업무를 처리한다.
1. 조합 정관의 확정
2. 법 제41조에 따른 조합의 임원(이하 "조합임원"이라 한다)의 선임
3. 대의원의 선임
4. 그 밖에 필요한 사항으로서 제2항에 따라 사전에 통지한 사항
⑤ 창립총회의 의사결정은 토지등소유자(재건축사업의 경우 조합설립에 동의한 토지등소유자로 한정한다)의 과반수 출석과 출석한 토지등소유자 과반수 찬성으로 결의한다. 다만, 조합임원 및 대의원의 선임은 제4항제1호에 따라 확정된 정관에서 정하는 바에 따라 선출한다.
⑥ 법 제118조에 따라 공공지원 방식으로 시행하는 정비사업 중 법 제31조제4항에 따라 추진위원회를 구성하지 아니하는 경우에는 제1항부터 제5항까지에서 규정한 사항 외에 제26조제2호부터 제4호까지의 업무에 대한 절차 등에 필요한 사항을 시·도조례로 정할 수 있다.
제28조【추진위원회 운영규정】 법 제34조제1항제7호에서 "대통령령으로 정하는 사항"이란 다음 각 호의 사항을 말한다.
1. 추진위원회 운영경비의 회계에 관한 사항
2. 법 제102조에 따른 정비사업전문관리업자(이하 "정비사업전문관리업자"라 한다)의 선정에 관한 사항
3. 그 밖에 국토교통부장관이 정비사업의 원활한 추진을 위하여 필요하다고 인정하는 사항
제29조【추진위원회의 운영】 ① 추진위원회는 법 제34조제5항에 따라 다음 각 호의 사항을 토지등소유자가 쉽게 접할 수 있는 일정한 장소에 게시하거나 인터넷 등을 통하여 공개하고, 필요한 경우에는 토지등소유자에게 서면통지를 하는 등 토지등소유자가 그 내용을 충분히 알 수 있도록 하여야 한다. 다만, 제8호 및 제9호의 사항은 법 제35조에 따른 조합설립인가(이하 "조합설립인가"라 한다) 신청일 60일 전까지 추진위원회 구성에 동의한 토지등소유자에게 등기우편으로 통지하여야 한다.
1. 법 제12조에 따른 안전진단의 결과
2. 정비사업전문관리업자의 선정에 관한 사항
3. 토지등소유자의 부담액 범위를 포함한 개략적인 사업시행계획서
4. 추진위원회 위원의 선정에 관한 사항
5. 토지등소유자의 비용부담을 수반하거나 권리·의무에 변동을 일으킬 수 있는 사항
6. 법 제32조제1항에 따른 추진위원회의 업무에 관한 사항
7. 창립총회 개최의 방법 및 절차
8. 조합설립에 대한 동의철회(법 제31조제2항 단서에 따른 반대의 의사표시를 포함한다) 및 방법
9. 제30조제2항에 따른 조합설립 동의서에 포함되는 사항
② 추진위원회는 추진위원회의 지출내역서를 매분기별로 토지등소유자가 쉽게 접할 수 있는 일정한 장소에 게시하거나 인터넷 등을 통하여 공개하고, 토지등소유자가 열람할 수 있도록 하여야 한다.
제30조【조합설립인가신청의 방법 등】 ① 법 제35조제2항부터 제4항까지의 규정에 따른 토지등소유자의 동의는 국토교통부령으로 정하는 동의서에 동의를 받는 방법에 따른다.
② 제1항에 따른 동의서에는 다음 각 호의 사항이 포함되어야 한다.
1. 건설되는 건축물의 설계의 개요
2. 공사비 등 정비사업비용에 드는 비용(이하 "정비사업비"라 한다)
3. 정비사업비의 분담기준
4. 사업 완료 후 소유권의 귀속에 관한 사항
5. 조합 정관
③ 조합은 조합설립인가를 받은 때에는 정관으로 정하는 바에 따라 토지등소유자에게 그 내용을 통지하고, 이해관계인이 열람할 수 있도록 하여야 한다.
제31조【조합설립인가내용의 경미한 변경】 법 제35조제5항 단서에서 "대통령령으로 정하는 경미한 사항"이란 다음 각 호의 사항을 말한다.
1. 착오·오기 또는 누락임이 명백한 사항
2. 조합의 명칭 및 주된 사무소의 소재지와 조합장의 성명 및 주소(조합장의 변경이 없는 경우로 한정한다)
3. 토지 또는 건축물의 매매 등으로 조합원의 권리가 이전된 경우의 조합원의 교체 또는 신규가입
4. 조합임원 또는 대의원의 변경(법 제45조에 따른 총회의 의결 또는 법 제46조에 따른 대의원회의 의결을 거친 경우로 한정한다)
5. 건설되는 건축물의 설계 개요의 변경
6. 정비사업비의 변경
7. 현금청산으로 인하여 정관에서 정하는 바에 따라 조합원이 변경되는 경우
8. 법 제16조에 따른 정비구역 또는 정비계획의 변경에 따라 변경되어야 하는 사항. 다만, 정비구역 면적이 10퍼센트 이상의 범위에서 변경되는 경우는 제외한다.
9. 그 밖에 시·도조례로 정하는 사항
제32조【추정분담금 등 정보의 제공】 법 제35조제10항에서 "추정분담금 등 대통령령으로 정하는 정보"란 다음 각 호의 정보를 말한다.(2022.12.9 본문개정)
1. 토지등소유자별 분담금 추산액 및 산출근거
2. 그 밖에 추정 분담금의 산출 등과 관련하여 시·도조례로 정하는 정보
제33조【토지등소유자의 동의자 수 산정 방법 등】 ① 법 제12조제2항, 제28조제1항, 제36조제1항, 이 영 제12조, 제14조제2항 및 제27조에 따른 토지등소유자(토지면적에 관한 동의자 수를 산정하는 경우에는 토지소유자를 말한다. 이하 이 조에서 같다)의 동의는 다음 각 호의 기준에 따라 산정한다.
1. 주거환경개선사업, 재개발사업의 경우에는 다음 각 목의 기준에 의할 것
  가. 1필지의 토지 또는 하나의 건축물을 여럿이서 공유할 때에는 그 여럿을 대표하는 1인을 토지등소유자로 산정할 것. 다만, 재개발구역의 「전통시장 및 상점가 육성을 위한 특별법」 제2조에 따른 전통시장 및 상점가로서 1필지의 토지 또는 하나의 건축물을 여럿이서 공유하는 경우에는 해당 토지 또는 건축물의 토지등소유자의 4분의 3 이상의 동의를 받아 이를 대표하는 1인을 토지등소유자로 산정할 수 있다.
  나. 토지에 지상권이 설정되어 있는 경우 토지의 소유자

와 해당 토지의 지상권자를 대표하는 1인을 토지등소유자로 산정할 것
다. 1인이 다수 필지의 토지 또는 다수의 건축물을 소유하고 있는 경우에는 필지나 건축물의 수에 관계없이 토지등소유자를 1인으로 산정할 것. 다만, 재개발사업으로서 법 제25조제1항제2호에 따라 토지등소유자가 재개발사업을 시행하는 경우 토지등소유자가 정비구역 지정 후에 정비사업을 목적으로 취득한 토지 또는 건축물에 대해서는 정비구역 지정 당시의 토지 또는 건축물의 소유자를 토지등소유자의 수에 포함하여 산정하되, 이 경우 동의 여부는 이를 취득한 토지등소유자에 따른다.
라. 둘 이상의 토지 또는 건축물을 소유한 공유자가 동일한 경우에는 그 공유자 여럿을 대표하는 1인을 토지등소유자로 산정할 것
2. 재건축사업의 경우에는 다음 각 목의 기준에 따를 것
가. 소유권 또는 구분소유권을 여럿이서 공유하는 경우에는 그 여럿을 대표하는 1인을 토지등소유자로 산정할 것
나. 1인이 둘 이상의 소유권 또는 구분소유권을 소유하고 있는 경우에는 소유권 또는 구분소유권의 수에 관계없이 토지등소유자를 1인으로 산정할 것
다. 둘 이상의 소유권 또는 구분소유권을 소유한 공유자가 동일한 경우에는 그 공유자 여럿을 대표하는 1인을 토지등소유자로 할 것
3. 추진위원회의 구성 또는 조합의 설립에 동의한 자로부터 토지 또는 건축물을 취득한 자는 추진위원회의 구성 또는 조합의 설립에 동의한 것으로 볼 것
4. 토지건물등기사항증명서, 건물등기사항증명서, 토지대장 또는 건축물관리대장에 소유자로 등재될 당시 주민등록번호의 기록이 없고 기록된 주소가 현재 주소와 다른 경우로서 소재가 확인되지 아니한 자는 토지등소유자의 수 또는 공유자 수에서 제외할 것(2023.12.5 본호개정)
5. 국·공유지에 대해서는 그 재산관리청 각각을 토지등소유자로 산정할 것
② 법 제12조제2항 및 제36조제1항 각 호 외의 부분에 따른 동의(법 제26조제1항제8호, 제31조제2항 및 제47조제4항에 따라 의제된 동의를 포함한다)의 철회 또는 반대의사 표시의 시기는 다음 각 호의 기준에 따른다.
1. 동의의 철회 또는 반대의사의 표시는 해당 동의에 따른 인·허가 등을 신청하기 전까지 할 수 있다.
2. 제1호에도 불구하고 다음 각 목의 동의는 최초로 동의한 날부터 30일까지만 철회할 수 있다. 다만, 나목의 동의는 최초로 동의한 날부터 30일이 지나지 아니한 경우에도 법 제32조제3항에 따른 조합설립을 위한 창립총회 후에는 철회할 수 없다.
가. 법 제21조제1항제4호에 따른 정비구역의 해제에 대한 동의
나. 법 제35조에 따른 조합설립에 대한 동의(동의 후 제30조제2항 각 호의 사항이 변경되지 아니한 경우로 한정한다)
③ 제2항에 따라 동의를 철회하거나 반대의 의사표시를 하려는 토지등소유자는 철회서에 토지등소유자가 성명을 적고 지장(指章)을 날인한 후 주민등록증 및 여권 등 신원을 확인할 수 있는 신분증명서 사본을 첨부하여 동의의 상대방 및 시장·군수등에게 내용증명의 방법으로 발송하여야 한다. 이 경우 시장·군수등이 철회서를 받은 때에는 지체 없이 동의의 상대방에게 철회서가 접수된 사실을 통지하여야 한다.
④ 제2항에 따른 동의의 철회나 반대의 의사표시는 제3항 전단에 따라 철회서가 동의의 상대방에게 도달한 때 또는 같은 항 후단에 따라 시장·군수등이 동의의 상대방에게 철회서가 접수된 사실을 통지한 때 중 빠른 때에 효력이 발생한다.

제34조【동의서의 검인방법 등】 ① 법 제36조제3항에 따라 동의서에 검인(檢印)을 받으려는 자는 제25조제1항 또는 제30조제2항에 따라 동의서에 기재할 사항을 기재한 후 관련 서류를 첨부하여 시장·군수등에게 검인을 신청하여야 한다.
② 제1항에 따른 신청을 받은 시장·군수등은 동의서 기재사항의 기재 여부 등 형식적인 사항을 확인하고 해당 동의서에 연번(連番)을 부여한 후 검인을 하여야 한다.
③ 시장·군수등은 제1항에 따른 신청을 받은 날부터 20일 이내에 신청인에게 검인한 동의서를 내주어야 한다.

제35조【토지등소유자의 동의서 재사용의 특례】 법 제37조제1항에 따라 토지등소유자의 동의서를 다시 사용하기 위한 요건은 다음 각 호와 같다.
1. 법 제37조제1항제1호의 경우 : 다음 각 목의 요건
가. 토지등소유자에게 기존 동의서를 다시 사용할 수 있다는 취지와 반대 의사표시의 절차 및 방법을 서면으로 설명·고지할 것
나. 60일 이상의 반대의사 표시기간을 가목의 서면에 명백히 적어 부여할 것
2. 법 제37조제1항제2호의 경우 : 다음 각 목의 요건
가. 토지등소유자에게 기존 동의서를 다시 사용할 수 있다는 취지와 반대의사 표시의 절차 및 방법을 서면으로 설명·고지할 것
나. 90일 이상의 반대의사 표시기간을 가목의 서면에 명백히 적어 부여할 것
다. 정비구역, 조합정관, 정비사업비, 개인별 추정분담금, 신축되는 건축물의 연면적 등 정비사업의 변경내용을 가목의 서면에 포함할 것
라. 다음의 변경의 범위가 모두 100분의 10 미만일 것
1) 정비구역 면적의 변경
2) 정비사업비의 증가(생산자물가상승률분 및 법 제73조에 따른 현금청산 금액은 제외한다)
3) 신축되는 건축물의 연면적 변경
마. 조합설립인가의 무효 또는 취소가 확정된 조합과 새롭게 설립하려는 조합이 추진하려는 정비사업의 목적과 방식이 동일할 것
바. 조합설립의 무효 또는 취소가 확정된 날부터 3년 내에 새로운 조합을 설립하기 위한 창립총회를 개최할 것

제36조【조합의 등기사항】 법 제38조제2항에서 "대통령령으로 정하는 사항"이란 다음 각 호의 사항을 말한다.
1. 설립목적
2. 조합의 명칭
3. 주된 사무소의 소재지
4. 설립인가일
5. 임원의 성명 및 주소
6. 임원의 대표권을 제한하는 경우에는 그 내용
7. 법 제41조제5항 단서에 따른 전문조합관리인을 선정한 경우에는 그 성명 및 주소(2019.6.18 본호신설)

제37조【조합원】 ① 법 제39조제2항제4호에서 "대통령령으로 정하는 기간"이란 다음 각 호의 구분에 따른 기간을 말한다. 이 경우 소유자가 피상속인으로부터 주택을 상속받아 소유권을 취득한 경우에는 피상속인의 주택의 소유기간 및 거주기간을 합산한다.
1. 소유기간 : 10년
2. 거주기간(「주민등록법」 제7조에 따른 주민등록표를 기준으로 하며, 소유자가 거주하지 아니하고 소유자의 배우자나 직계존비속이 해당 주택에 거주한 경우에는 그 기간을 합산한다) : 5년
② 법 제39조제2항제6호에서 "대통령령으로 정하는 사업"이란 공공재개발사업 시행자가 상가를 임대하는 사업을 말한다.(2021.7.13 본항신설)
③ 법 제39조제2항제7호에서 "대통령령으로 정하는 경우"란 다음 각 호의 어느 하나에 해당하는 경우를 말한다.(2021.7.13 본문개정)
1. 조합설립인가일부터 3년 이상 사업시행인가 신청이 없는 재건축사업의 건축물을 3년 이상 계속하여 소유하고 있는 자(소유기간을 산정할 때 소유자가 피상속인으로부터 상속받아 소유권을 취득한 경우에는 피상속인의 소유기간을 합산한다. 이하 제2호 및 제3호에서 같다)가 사업시행인가 신청 전에 양도하는 경우
2. 사업시행계획인가일부터 3년 이내에 착공하지 못한 재건축사업의 토지 또는 건축물을 3년 이상 계속하여 소유하고 있는 자가 착공 전에 양도하는 경우
3. 착공일부터 3년 이상 준공되지 않은 재개발사업·재건축사업의 토지를 3년 이상 계속하여 소유하고 있는 경우(2020.6.23 본호개정)
4. 법률 제7056호 도시및주거환경정비법 일부개정법률 부칙 제2항에 따른 토지등소유자로부터 상속·이혼으로 인하여 토지 또는 건축물을 소유한 자
5. 국가·지방자치단체 및 금융기관(「주택법 시행령」 제71조제1호 각 목의 금융기관을 말한다)에 대한 채무를 이행하지 못하여 재개발사업·재건축사업의 토지 또는 건축물이 경매 또는 공매되는 경우(2020.6.23 본호개정)
6. 「주택법」 제63조제1항에 따른 투기과열지구(이하 "투기과열지구"라 한다)로 지정되기 전에 건축물 또는 토지를 양도하기 위한 계약(계약금 지급 내역 등으로 계약일을 확인할 수 있는 경우로 한정한다)을 체결하고, 투기과열지구로 지정된 날부터 60일 이내에 「부동산 거래신고 등에 관한 법률」 제3조에 따라 부동산 거래의 신고를 한 경우

제38조【조합 정관에 정할 사항】 법 제40조제1항제18호에서 "대통령령으로 정하는 사항"이란 다음 각 호의 사항을 말한다.
1. 정비사업의 종류 및 명칭
2. 임원의 임기, 업무의 분담 및 대행 등에 관한 사항
3. 대의원회의 구성, 개회와 기능, 의결권의 행사방법 및 그 밖에 회의의 운영에 관한 사항
4. 법 제24조 및 제25조에 따른 정비사업의 공동시행에 관한 사항
5. 정비사업전문관리업자에 관한 사항
6. 정비사업의 시행에 따른 회계 및 계약에 관한 사항
7. 정비기반시설 및 공동이용시설의 부담에 관한 개략적인 사항
8. 공고·공람 및 통지의 방법
9. 토지 및 건축물 등에 관한 권리의 평가방법에 관한 사항
10. 법 제74조제1항에 따른 관리처분계획(이하 "관리처분계획"이라 한다) 및 청산(분할징수 또는 납입에 관한 사항을 포함한다)에 관한 사항
11. 사업시행계획서의 변경에 관한 사항
12. 조합의 합병 또는 해산에 관한 사항
13. 임대주택의 건설 및 처분에 관한 사항
14. 총회의 의결을 거쳐야 할 사항의 범위
15. 조합원의 권리·의무에 관한 사항
16. 조합직원의 채용 및 임원 중 상근(常勤)임원의 지정에 관한 사항과 직원 및 상근임원의 보수에 관한 사항
17. 그 밖에 시·도조례로 정하는 사항

제39조【정관의 경미한 변경사항】 법 제40조제4항에서 "대통령령으로 정하는 경미한 사항"이란 다음 각 호의 사항을 말한다.
1. 법 제40조제1항제1호에 따른 조합의 명칭 및 사무소의 소재지에 관한 사항
2. 조합임원의 수 및 업무의 범위에 관한 사항
3. (2019.6.18 삭제)
4. 법 제40조제1항제10호에 따른 총회의 소집 절차·시기 및 의결방법에 관한 사항
5. 제38조제2호에 따른 임원의 임기, 업무의 분담 및 대행 등에 관한 사항
6. 제38조제3호에 따른 대의원회의 구성, 개회와 기능, 의결권의 행사방법, 그 밖에 회의의 운영에 관한 사항
7. 제38조제5호에 따른 정비사업전문관리업자에 관한 사항
8. 제38조제8호에 따른 공고·공람 및 통지의 방법에 관한 사항
9. 제38조제13호에 따른 임대주택의 건설 및 처분에 관한 사항
10. 제38조제14호에 따른 총회의 의결을 거쳐야 할 사항의 범위에 관한 사항
11. 제38조제16호에 따른 조합직원의 채용 및 임원 중 상근임원의 지정에 관한 사항과 직원 및 상근임원의 보수에 관한 사항
12. 착오·오기 또는 누락임이 명백한 사항(2019.6.18 본호신설)
13. 법 제16조에 따른 정비구역 또는 정비계획의 변경에 따라 변경되어야 하는 사항(2019.6.18 본호신설)
14. 그 밖에 시·도조례로 정하는 사항

제40조【조합임원의 수】 법 제41조제1항에 따라 조합에 두는 이사의 수는 3명 이상으로 하고, 감사의 수는 1명 이상 3명 이하로 한다. 다만, 토지등소유자의 수가 100인을 초과하는 경우에는 이사의 수를 5명 이상으로 한다.

제41조【전문조합관리인의 선정】 ① 법 제41조제5항 단서에서 "대통령령으로 정하는 요건을 갖춘 자"란 다음 각 호의 어느 하나에 해당하는 사람을 말한다.
1. 다음 각 목의 어느 하나에 해당하는 자격을 취득한 후 정비사업 관련 업무에 5년 이상 종사한 경력이 있는 사람
가. 변호사
나. 공인회계사
다. 법무사
라. 세무사
마. 건축사
바. 도시계획·건축분야의 기술사
사. 감정평가사
아. 행정사(일반행정사를 말한다. 이하 같다)
2. 조합임원으로 5년 이상 종사한 사람
3. 공무원 또는 공공기관의 임직원으로 정비사업 관련 업무에 5년 이상 종사한 사람
4. 정비사업전문관리업자에 소속되어 정비사업 관련 업무에 10년 이상 종사한 사람
5. 「건설산업기본법」 제2조제7호에 따른 건설사업자에 소속되어 정비사업 관련 업무에 10년 이상 종사한 사람(2020.2.18 본호개정)
6. 제1호부터 제5호까지의 경력을 합산한 경력이 5년 이상인 사람. 이 경우 같은 시기의 경력은 중복하여 계산하지 아니하며, 제4호 및 제5호의 경력은 2분의 1만 포함하여 계산한다.
② 시장·군수등은 법 제41조제5항 단서에 따른 전문조합관리인(이하 "전문조합관리인"이라 한다)의 선정이 필요하다고 인정하거나 조합원(추진위원회의 경우에는 토지등소유자를 말한다. 이하 이 조에서 같다) 3분의 1 이상이 전문조합관리인의 선정을 요청하면 공개모집을 통하여 전문조합관리인을 선정할 수 있다. 이 경우 조합 또는 추진위원회의 의견을 들어야 한다.
③ 전문조합관리인은 선임 후 6개월 이내에 법 제115조에 따른 교육을 60시간 이상 받아야 한다. 다만, 선임 전 최근 3년 이내에 해당 교육을 60시간 이상 받은 경우에는 그러하지 아니하다.
④ 전문조합관리인의 임기는 3년으로 한다.

제41조의2【총회의 소집】 법 제44조제2항에서 "대통령령으로 정하는 기준"이란 다음 각 호와 같다.
1. 총회의 소집을 요구하는 조합원 또는 대의원은 요구서에 성명을 적고 서명 또는 지장날인을 하며, 주민등록증, 여권 등 신원을 확인할 수 있는 신분증명서의 사본을 첨부할 것
2. 제1호에도 불구하고 총회의 소집을 요구하는 조합원 또는 대의원이 해외에 장기체류하는 등 불가피한 사유가 있다고 인정되는 경우에는 해당 조합원 또는 대의원의 인감도장을 찍은 요구서에 해당 인감증명서를 첨부할 것
(2023.12.5 본조신설)

제42조【총회의 의결】 ① 법 제45조제1항제13호에 따라 총회의 의결을 거쳐야 하는 사항은 다음 각 호와 같다.
1. 조합의 합병 또는 해산에 관한 사항
2. 대의원의 선임 및 해임에 관한 사항
3. 건설되는 건축물의 설계 개요의 변경
4. 정비사업비의 변경

② 법 제45조제7항 단서에서 "창립총회, 시공자 선정 취소를 위한 총회, 사업시행계획서의 작성 및 변경, 관리처분계획의 수립 및 변경을 의결하는 총회 등 대통령령으로 정하는 총회"란 다음 각 호의 어느 하나에 해당하는 총회를 말한다.(2023.12.5 본문개정)
1. 창립총회
1의2. 시공자 선정 취소를 위한 총회(2023.12.5 본호신설)
2. 사업시행계획서의 작성 및 변경을 위하여 개최하는 총회
3. 관리처분계획의 수립 및 변경을 위하여 개최하는 총회
4. 정비사업비의 사용 및 변경을 위하여 개최하는 총회
③ 법 제45조제8항 전단에서 "「재난 및 안전관리 기본법」 제3조제1호에 따른 재난의 발생 등 대통령령으로 정하는 사유"란 다음 각 호의 사유를 말한다.
1. 「재난 및 안전관리 기본법」 제3조제1호에 따른 재난의 발생
2. 「감염병의 예방 및 관리에 관한 법률」 제49조제1항제2호에 따른 집합 제한 또는 금지 조치
(2021.11.11 본항신설)
(2021.11.11 본조제목개정)

제43조 【대의원회가 총회의 권한을 대행할 수 없는 사항】 법 제46조제4항에서 "대통령령으로 정하는 사항"이란 다음 각 호의 사항을 말한다.
1. 법 제45조제1항제1호에 따른 정관의 변경에 관한 사항(법 제40조제4항에 따른 경미한 사항의 변경은 법 또는 정관에서 총회의결사항으로 정한 경우로 한정한다)
2. 법 제45조제1항제2호에 따른 자금의 차입과 그 방법·이자율 및 상환방법에 관한 사항
3. 법 제45조제1항제4호에 따른 예산으로 정한 사항 외에 조합원에게 부담이 되는 계약에 관한 사항
4. 법 제45조제1항제5호에 따른 시공자·설계자 또는 감정평가법인등(법 제74조제4항에 따라 시장·군수등이 선정·계약하는 감정평가법인등은 제외한다)의 선정 및 변경에 관한 사항(2022.12.9 본호개정)
5. 법 제45조제1항제6호에 따른 정비사업전문관리업자의 선정 및 변경에 관한 사항
6. 법 제45조제1항제7호에 따른 조합임원의 선임 및 해임과 제42조제1항제2호에 따른 대의원의 선임 및 해임에 관한 사항. 다만, 정관으로 정하는 바에 따라 임기중 궐위된 자(조합장은 제외한다)를 보궐선임하는 경우를 제외한다.
7. 법 제45조제1항제9호에 따른 사업시행계획서의 작성 및 변경에 관한 사항(법 제50조제1항 본문에 따른 정비사업의 중지 또는 폐지에 관한 사항을 포함하며, 같은 항 단서에 따른 경미한 변경은 제외한다)
8. 법 제45조제1항제10호에 따른 관리처분계획의 수립 및 변경에 관한 사항(법 제74조제1항 각 호 외의 부분 단서에 따른 경미한 변경은 제외한다)
9. 법 제45조제2항에 따라 총회에 상정하여야 하는 사항
10. 제42조제1항제1호에 따른 조합의 합병 또는 해산에 관한 사항. 다만, 사업완료로 인한 해산의 경우는 제외한다.
11. 제42조제1항제3호에 따른 건설되는 건축물의 설계 개요의 변경에 관한 사항
12. 제42조제1항제4호에 따른 정비사업비의 변경에 관한 사항

제44조 【대의원회】 ① 대의원은 조합원 중에서 선출한다.
② 대의원의 선임 및 해임에 관하여는 정관으로 정하는 바에 따른다.
③ 대의원의 수는 법 제46조제2항에 따른 범위에서 정관으로 정하는 바에 따른다.
④ 대의원회는 조합장이 필요하다고 인정하는 때에 소집한다. 다만, 다음 각 호의 어느 하나에 해당하는 때에는 조합장은 해당일부터 14일 이내에 대의원회를 소집하여야 한다.
1. 정관으로 정하는 바에 따라 소집청구가 있는 때
2. 대의원의 3분의 1 이상(정관으로 달리 정한 경우에는 그에 따른다)이 회의의 목적사항을 제시하여 청구하는 때
⑤ 제4항 각 호의 어느 하나에 따른 소집청구가 있는 경우로서 조합장이 제4항 각 호 외의 부분 단서에 따른 기간 내에 정당한 이유 없이 대의원회를 소집하지 아니한 때에는 감사가 지체 없이 이를 소집하여야 하며, 감사가 소집하지 아니하는 때에는 제4항 각 호에 따라 소집을 청구한 사람의 대표가 소집한다. 이 경우 미리 시장·군수등의 승인을 받아야 한다.
⑥ 제5항에 따라 대의원회를 소집하는 경우에는 소집주체에 따라 감사 또는 제4항 각 호에 따라 소집을 청구한 사람의 대표가 의장의 직무를 대행한다.
⑦ 대의원회의 소집은 집회 7일 전까지 그 회의의 목적·안건·일시 및 장소를 기재한 서면을 대의원에게 통지하는 방법에 따른다. 이 경우 정관으로 정하는 바에 따라 대의원회의 소집내용을 공고하여야 한다.
⑧ 대의원회는 재적대의원 과반수의 출석과 출석대의원 과반수의 찬성으로 의결한다. 다만, 그 이상의 범위에서 정관으로 달리 정하는 경우에는 그에 따른다.
⑨ 대의원회는 제7항 전단에 따라 사전에 통지한 안건만 의결할 수 있다. 다만, 사전에 통지하지 아니한 안건으로서 대의원회의 회의에서 정관으로 정하는 바에 따라 채택된 안건의 경우에는 그러하지 아니하다.
⑩ 특정한 대의원의 이해와 관련된 사항에 대해서는 그 대의원은 의결권을 행사할 수 없다.

제45조 【주민대표회의】 ① 법 제47조제1항에 따른 주민대표회의(이하 "주민대표회의"라 한다)에는 위원장과 부위원장 각 1명과 1명 이상 3명 이하의 감사를 둔다.
② 법 제47조제5항제6호에서 "대통령령으로 정하는 사항"이란 다음 각 호의 사항을 말한다.
1. 법 제29조제7항에 따른 시공자의 추천(2022.12.9 본호개정)
2. 다음 각 목의 변경에 관한 사항
가. 법 제47조제5항제1호에 따른 건축물의 철거
나. 법 제47조제5항제2호에 따른 주민의 이주(세입자의 퇴거에 관한 사항을 포함한다)
다. 법 제47조제5항제3호에 따른 토지 및 건축물의 보상(세입자에 대한 주거이전비 등 보상에 관한 사항을 포함한다)
라. 법 제47조제5항제4호에 따른 정비사업비의 부담
3. 관리처분계획 및 청산에 관한 사항(법 제23조제1항제1호부터 제3호까지의 방법으로 시행하는 주거환경개선사업은 제외한다)
4. 제3호에 따른 사항의 변경에 관한 사항
③ 시장·군수등 또는 토지주택공사등은 주민대표회의의 운영에 필요한 경비의 일부를 해당 정비사업비에서 지원할 수 있다.
④ 주민대표회의의 위원의 선출·교체 및 해임, 운영방법, 운영비용의 조달 그 밖에 주민대표회의의 운영에 필요한 사항은 주민대표회의가 정한다.

제3절 사업시행계획 등

제46조 【사업시행계획인가의 경미한 변경】 법 제50조제1항 단서에서 "대통령령으로 정하는 경미한 사항을 변경하려는 때"란 다음 각 호의 어느 하나에 해당하는 때를 말한다.
1. 정비사업비를 10퍼센트의 범위에서 변경하거나 관리처분계획의 인가에 따라 변경하는 때. 다만, 「주택법」 제2조제5호에 따른 국민주택을 건설하는 사업인 경우에는 「주택도시기금법」에 따른 주택도시기금의 지원금액이 증가되지 아니하는 경우만 해당한다.
2. 건축물이 아닌 부대시설·복리시설의 설치규모를 확대하는 때(위치가 변경되는 경우는 제외한다)
3. 대지면적을 10퍼센트의 범위에서 변경하는 때
4. 세대수와 세대당 주거전용면적을 변경하지 않고 세대당 주거전용면적의 10퍼센트의 범위에서 세대 내부구조의 위치 또는 면적을 변경하는 때(2020.6.23 본호개정)
5. 내장재료 또는 외장재료를 변경하는 때
6. 사업시행계획인가의 조건으로 부과된 사항의 이행에 따라 변경하는 때
7. 건축물의 설계와 용도별 위치를 변경하지 아니하는 범위에서 건축물의 배치 및 주택단지 안의 도로선형을 변경하는 때
8. 「건축법 시행령」 제12조제3항 각 호의 어느 하나에 해당하는 사항을 변경하는 때
9. 사업시행자의 명칭 또는 사무소 소재지를 변경하는 때
10. 정비구역 또는 정비계획의 변경에 따라 사업시행계획서를 변경하는 때
11. 법 제35조제5항 본문에 따른 조합설립변경 인가에 따라 사업시행계획서를 변경하는 때
12. 그 밖에 시·도조례로 정하는 사항을 변경하는 때

제46조의2 【통합심의위원회의 구성】 ① 법 제50조의2 제3항에 따른 통합심의위원회(이하 "통합심의위원회"라 한다)는 위원장 1명과 부위원장 1명을 포함하여 20명 이상 100명 이하의 위원으로 성별을 고려하여 구성한다.
② 통합심의위원회는 다음 각 호의 기준에 따라 구성한다.
1. 법 제50조의2제3항제1호, 제4호 및 제6호의 위원회 위원 : 각 호의 위원회별 3명 이상
2. 법 제50조의2제3항제2호, 제3호, 제5호 및 제7호의 위원회 위원 : 각 호의 위원회별 2명 이상
3. 법 제50조의2제3항제8호의 위원회 위원 : 각 위원회별 1명 이상
4. 정비구역지정권자가 속한 지방자치단체 소속 공무원 : 1명 이상
5. 법 제50조에 따른 사업시행계획 인가권자가 속한 지방자치단체 소속 공무원 : 1명 이상
③ 통합심의위원회 위원장과 부위원장은 제2항에 따른 통합심의위원회의 위원(이하 "위원"이라 한다) 중에서 정비구역지정권자가 임명하거나 위촉한다.
(2023.12.5 본조신설)

제46조의3 【위원의 제척·기피·회피】 ① 위원이 다음 각 호의 어느 하나에 해당하는 경우에는 통합심의위원회의 심의·의결에서 제척된다.
1. 위원 또는 그 배우자나 배우자였던 사람이 해당 안건의 당사자(당사자가 법인·단체 등인 경우에는 그 임원을 포함한다. 이하 이 호 및 제2호에서 같다)가 되거나 그 안건의 당사자와 공동권리자 또는 공동의무자인 경우
2. 위원이 해당 안건의 당사자와 친족이거나 친족이었던 경우
3. 위원이 해당 안건에 대하여 자문, 연구, 용역(하도급을 포함한다), 감정 또는 조사를 한 경우
4. 위원이나 위원이 속한 법인·단체 등이 해당 안건 당사자의 대리인이거나 대리인이었던 경우
5. 위원이 임원 또는 직원으로 재직하고 있거나 최근 3년 내에 재직했던 기업 등이 해당 안건에 대하여 자문, 연구, 용역(하도급을 포함한다), 감정 또는 조사를 한 경우
② 해당 안건의 당사자는 위원에게 공정한 심의·의결을 기대하기 어려운 사정이 있는 경우에는 통합심의위원회에 기피 신청을 할 수 있고, 통합심의위원회는 의결로 기피 여부를 결정한다. 이 경우 기피 신청의 대상인 위원은 그 의결에 참여할 수 없다.
③ 위원이 제1항 각 호의 제척 사유에 해당하는 경우에는 스스로 해당 안건의 심의·의결에서 회피해야 한다.
(2023.12.5 본조신설)

제46조의4 【통합심의의 방법과 절차】 ① 법 제50조의2 제3항에 따라 통합심의를 하는 경우 정비구역지정권자는 통합심의위원회 개최 7일 전까지 회의 안건과 심의에 참여할 위원을 확정하고, 회의 일시, 장소 및 회의에 부치는 안건 등 회의 내용을 회의에 참여하는 위원에게 알려야 한다.
② 통합심의위원회의 회의는 제1항에 따라 참여가 확정된 위원 과반수의 출석으로 개의하고, 출석위원 과반수의 찬성으로 의결한다.
③ 통합심의위원회의 회의를 개의할 때에는 법 제50조의2 제3항 각 호의 위원회 위원(통합심의 안건과 직접 관련이 없는 위원회 위원은 제외한다)이 각각 1명 이상 출석해야 한다.
④ 통합심의위원회는 통합심의와 관련하여 필요하다고 인정하거나 정비구역지정권자가 요청하는 경우에는 당사자 또는 관계자를 출석하게 하여 의견을 듣거나 설명하게 할 수 있다.
⑤ 통합심의위원회는 사업시행계획인가와 관련된 사항, 당사자 또는 관계자의 의견 및 설명, 관계 기관의 의견 등을 종합적으로 검토하여 심의해야 한다.
⑥ 통합심의위원회는 회의를 할 때 회의내용을 녹취하고, 다음 각 호의 사항을 회의록으로 작성해야 한다.
1. 회의일시, 장소 및 공개 여부
2. 출석위원 서명부
3. 상정된 의안 및 심의결과
4. 그 밖에 주요 논의사항 등
⑦ 통합심의위원회의 회의에 참석한 위원에게는 예산의 범위에서 수당 및 여비를 지급할 수 있다. 다만, 공무원인 위원이 소관 업무와 직접 관련되어 위원회에 출석하는 경우에는 그렇지 않다.
⑧ 통합심의위원회의 업무를 효율적으로 수행하기 위하여 필요한 때에는 통합심의위원회에 분과위원회를 둘 수 있다.
⑨ 분과위원회에서 의결한 사항은 통합심의위원회 위원장에게 보고하고 통합심의위원회의 심의를 거쳐야 한다.
⑩ 제1항부터 제9항까지에서 규정한 사항 외에 통합심의위원회 및 분과위원회 운영에 필요한 사항은 통합심의위원회의 의결을 거쳐 통합심의위원회 위원장이 정한다.
(2023.12.5 본조신설)

제47조 【사업시행계획서의 작성】 ① 법 제52조제1항제11호에 따른 교육시설의 교육환경 보호에 관한 계획에 포함될 사항에 관하여는 「교육환경 보호에 관한 법률 시행령」 제16조제1항을 준용한다.
② 법 제52조제1항제13호에서 "대통령령으로 정하는 바에 따라 시·도조례로 정하는 사항"이란 다음 각 호의 사항 중 시·도조례로 정하는 사항을 말한다.
1. 정비사업의 종류·명칭 및 시행기간
2. 정비구역의 위치 및 면적
3. 사업시행자의 성명 및 주소
4. 설계도서
5. 자금계획
6. 철거할 필요는 없으나 개·보수할 필요가 있다고 인정되는 건축물의 명세 및 개·보수계획
7. 정비사업의 시행에 지장이 있다고 인정되는 정비구역의 건축물 또는 공작물 등의 명세
8. 토지 또는 건축물 등에 관한 권리자 및 그 권리의 명세
9. 공동구의 설치에 관한 사항
10. 정비사업의 시행으로 법 제97조제1항에 따라 용도가 폐지되는 정비기반시설의 조서·도면과 새로 설치할 정비기반시설의 조서·도면(토지주택공사등이 사업시행자인 경우만 해당한다)
11. 정비사업의 시행으로 법 제97조제2항에 따라 용도가 폐지되는 정비기반시설의 조서·도면 및 그 정비기반시설에 대한 둘 이상의 감정평가법인등의 감정평가서와 새로 설치할 정비기반시설의 조서·도면 및 그 설치비용 계산서(2022.1.21 본호개정)
12. 사업시행자에게 무상으로 양여되는 국·공유지의 조서
13. 「물의 재이용 촉진 및 지원에 관한 법률」에 따른 빗물처리계획
14. 기존주택의 철거계획서(석면을 함유한 건축자재가 사용된 경우에는 그 현황과 해당 자재의 철거 및 처리계획을 포함한다)
15. 정비사업 완료 후 상가세입자에 대한 우선 분양 등에 관한 사항
③ 제2항제9호에 따른 공동구의 설치에 관한 사항은 「국토의 계획 및 이용에 관한 법률 시행령」 제36조 및 제37조를 준용한다.

제47조의2【재건축사업 등의 용적률 완화대상】 법 제54조제1항제1호에서 "대통령령으로 정하는 공업지역"이란 「국토의 계획 및 이용에 관한 법률 시행령」 제30조제1항제3호다목에 따른 준공업지역을 말한다.(2023.12.5 본조신설)

제48조【국민주택규모 주택의 공급방법 등】 ① 사업시행자는 법 제54조제4항에 따라 건설한 국민주택규모 주택 중 법 제55조제1항에 따라 국토교통부장관, 시·도지사, 시장·군수·구청장 또는 토지주택공사등(이하 "인수자"라 한다)에 공급해야 하는 국민주택규모 주택을 공개추첨의 방법으로 선정해야 하며, 그 선정결과를 지체없이 같은 항에 따른 인수자에게 통보해야 한다.
(2023.12.5 본항개정)

② 사업시행자가 제1항에 따라 선정된 국민주택규모 주택을 공급하는 경우에는 시·도지사, 시장·군수·구청장 순으로 우선하여 인수할 수 있다. 다만, 시·도지사 및 시장·군수·구청장이 국민주택규모 주택을 인수할 수 없는 경우에는 시·도지사는 국토교통부장관에게 인수자 지정을 요청해야 한다.(2021.7.13 본항개정)

③ 국토교통부장관은 제2항 단서에 따라 시·도지사로부터 인수자 지정 요청이 있는 경우에는 30일 이내에 인수자를 지정하여 시·도지사에게 통보해야 하며, 시·도지사는 지체 없이 이를 시장·군수·구청장에게 보내어 그 인수자와 국민주택규모 주택의 공급에 관하여 협의하도록 해야 한다.(2021.7.13 본항개정)

④ 법 제55조제4항 본문에서 "대통령령으로 정하는 장기공공임대주택"이란 공공임대주택으로서 「공공주택 특별법」 제50조의2제1항에 따른 임대의무기간(이하 "임대의무기간"이라 한다)이 20년 이상인 것을 말한다.

⑤ 법 제55조제4항 단서에서 "토지등소유자의 부담 완화 등 대통령령으로 정하는 요건에 해당하는 경우"란 다음 각 호의 어느 하나에 해당하는 경우를 말한다.

1. 가목의 가액을 나목의 가액으로 나눈 값이 100분의 80 미만인 경우. 이 경우 가목 및 나목의 가액은 사업시행계획인가 고시일을 기준으로 하여 산정하되 구체적인 산정방법은 국토교통부장관이 정하여 고시한다.
 가. 정비사업 후 대지 및 건축물의 총 가액에서 총사업비를 제외한 가액
 나. 정비사업 전 토지 및 건축물의 총 가액
2. 시·도지사가 정비구역의 입지, 토지등소유자의 조합설립 동의율, 정비사업비의 증가규모, 사업기간 등을 고려하여 토지등소유자의 부담이 지나치게 높다고 인정하는 경우

⑥ 법 제55조제5항에서 "대통령령으로 정하는 가격"이란 다음 각 호의 구분에 따른 가격을 말한다.

1. 임대의무기간이 10년 이상인 경우 : 감정평가액(시장·군수등이 지정하는 둘 이상의 감정평가법인등이 평가한 금액을 산술평균한 금액을 말한다. 이하 제2호에서 같다)의 100분의 30에 해당하는 가격(2022.1.21 본호개정)
2. 임대의무기간이 10년 미만인 경우 : 감정평가액의 100분의 50에 해당하는 가격

(2021.7.13 본조제목개정)

제49조【관계 서류의 공람】 시장·군수등은 법 제56조제1항 본문에 따라 사업시행계획인가 또는 사업시행계획서 작성과 관계된 서류를 일반인에게 공람하게 하려는 때에는 그 요지와 공람장소를 해당 지방자치단체의 공보등에 공고하고, 토지등소유자에게 공고내용을 통지하여야 한다.

제50조【사업시행계획인가의 특례】 법 제58조제2항 각 호 외의 부분에서 "대통령령으로 정하는 기준"이란 다음 각 호의 기준을 말한다.

1. 「건축법」 제44조에 따른 대지와 도로의 관계는 존치 또는 리모델링되는 건축물의 출입에 지장이 없다고 인정되는 경우 적용하지 아니할 수 있다.
2. 「건축법」 제46조에 따른 건축선의 지정은 존치 또는 리모델링되는 건축물에 대해서는 적용하지 아니할 수 있다.
3. 「건축법」 제61조에 따른 일조 등의 확보를 위한 건축물의 높이 제한은 리모델링되는 건축물에 대해서는 적용하지 아니할 수 있다.
4. 「주택법」 제2조제12호에도 불구하고 존치 또는 리모델링(「주택법」 제2조제25호 또는 「건축법」 제2조제1항제10호에 따른 리모델링을 말한다. 이하 같다)되는 건축물도 하나의 주택단지에 있는 것으로 본다.
5. 「주택법」 제35조에 따른 부대시설·복리시설의 설치기준은 존치 또는 리모델링되는 건축물을 포함하여 적용할 수 있다.

제51조【순환용주택의 우선공급 요청 등】 ① 사업시행자는 법 제59조제2항에 따라 법 제74조에 따른 관리처분계획의 인가를 신청한 후 다음 각 호의 서류를 첨부하여 토지주택공사등에 토지주택공사등이 보유한 공공임대주택을 법 제59조제2항에 따른 순환용주택(이하 "순환용주택"이라 한다)으로 우선 공급할 것을 요청할 수 있다.

1. 사업시행계획인가 고시문 사본
2. 관리처분계획의 인가 신청서 사본
3. 정비구역 내 이주대상 세대수
4. 법 제59조제1항에 따른 주택의 소유자 또는 세입자로서 순환용주택 이주 희망 대상자
5. 이주시기 및 사용기간
6. 그 밖에 토지주택공사등이 필요하다고 인정하는 사항

② 토지주택공사등은 제1항에 따라 사업시행자로부터 공공임대주택의 공급 요청을 받은 경우에는 그 요청을 받은 날부터 30일 이내에 사업시행자에게 다음 각 호의 내용을 통지하여야 한다.

1. 해당 정비구역 인근에서 공급 가능한 공공임대주택의 주택 수, 주택 규모 및 공급가능 시기
2. 임대보증금 등 공급계약에 관한 사항
3. 그 밖에 토지주택공사등이 필요하다고 인정하는 사항

③ 제2항제1호에 따른 공급 가능한 주택 수는 제1항에 따라 요청을 한 날 당시 공급 예정인 물량의 2분의 1 범위로 한다. 다만, 주변 지역에 전세가격 급등 등의 우려가 있어 순환용주택의 확대 공급이 필요한 경우 2분의 1을 초과할 수 있다.

④ 토지주택공사등은 세대주로서 해당 세대 월평균 소득이 전년도 도시근로자 월평균 소득의 70퍼센트 이하인 거주자(제1항에 따른 요청을 한 날 당시 해당 정비구역에 2년 이상 거주한 사람에 한정한다)에게 순환용주택을 공급하되, 다음 각 호의 순위에 따라 공급하여야 한다. 이 경우 같은 순위에서 경쟁이 있는 경우 월평균 소득이 낮은 사람에게 우선 공급한다.

1. 1순위 : 정비사업의 시행으로 철거되는 주택의 세입자(정비구역에서 실제 거주하는 자로 한정한다)로서 주택을 소유하지 아니한 사람
2. 2순위 : 정비사업의 시행으로 철거되는 주택의 소유자(정비구역에서 실제 거주하는 자로 한정한다)로서 그 주택 외에는 주택을 소유하지 아니한 사람

⑤ 제1항부터 제4항까지의 규정에서 정한 사항 외에 공급계약의 체결, 순환용주택의 반환 등 순환용주택의 공급에 필요한 세부사항은 토지주택공사등이 따로 정할 수 있다.

제52조【순환용주택의 분양 또는 임대】 법 제59조제3항에 따라 순환용주택에 거주하는 자가 순환용주택에 계속 거주하기를 희망하는 경우 토지주택공사등은 다음 각 호의 기준에 따라 분양하거나 계속 임대할 수 있다.

1. 순환용주택에 거주하는 자가 해당 주택을 분양받으려는 경우 토지주택공사등은 「공공주택 특별법」 제50조의2에서 정한 매각 요건 및 매각 절차 등에 따라 해당 거주자에게 순환용주택을 매각할 수 있다. 이 경우 「공공주택 특별법 시행령」 제54조제1항 각 호에 따른 임대주택의 구분은 순환용주택으로 공급할 당시의 유형에 따른다.
2. 순환용주택에 거주하는 자가 계속 거주하기를 희망하고 「공공주택 특별법」 제48조 및 제49조에 따른 임대주택 입주자격을 만족하는 경우 토지주택공사등은 그 자와 우선적으로 임대차계약을 체결할 수 있다.

제4절 정비사업 시행을 위한 조치 등

제53조【임시거주시설의 설치 등】 법 제61조제3항 전단에서 "대통령령으로 정하는 사유"란 다음 각 호의 사유를 말한다.

1. 법 제61조제1항에 따른 임시거주시설(이하 "임시거주시설"이라 한다)의 설치를 위하여 필요한 건축물이나 토지에 대하여 제3자와 이미 매매계약을 체결한 경우
2. 사용신청 이전에 임시거주시설의 설치를 위하여 필요한 건축물이나 토지에 대한 사용계획이 확정된 경우
3. 제3자에게 이미 임시거주시설의 설치를 위하여 필요한 건축물이나 토지에 대한 사용허가를 한 경우

제54조【손실보상 등】 ① 제13조제1항에 따른 공람공고일부터 계약체결일 또는 수용재결일까지 계속하여 거주하고 있지 아니한 건축물의 소유자는 「공익사업을 위한 토지 등의 취득 및 보상에 관한 법률 시행령」 제40조제5항제2호에 따라 이주대책대상자에서 제외한다. 다만, 같은 호 단서(같은 호 마목은 제외한다)에 해당하는 경우에는 그러하지 아니하다.(2018.4.17 본문개정)

② 정비사업으로 인한 영업의 폐지 또는 휴업에 대하여 손실을 평가하는 경우 영업의 휴업기간은 4개월 이내로 한다. 다만, 다음 각 호의 어느 하나에 해당하는 경우에는 실제 휴업기간으로 하되, 그 휴업기간은 2년을 초과할 수 없다.

1. 해당 정비사업을 위한 영업의 금지 또는 제한으로 인하여 4개월 이상의 기간동안 영업을 할 수 없는 경우
2. 영업시설의 규모가 크거나 이전에 고도의 정밀성을 요구하는 등 해당 영업의 고유한 특수성으로 인하여 4개월 이내에 다른 장소로 이전하는 것이 어렵다고 객관적으로 인정되는 경우

③ 제2항에 따라 영업손실을 보상하는 경우 보상대상자의 인정시점은 제13조제1항에 따른 공람공고일로 본다.

④ 주거이전비를 보상하는 경우 보상대상자의 인정시점은 제13조제1항에 따른 공람공고일로 본다.

제55조【용적률에 관한 특례】 ① 사업시행자가 법 제66조제1항에 따라 완화된 용적률을 적용받으려는 경우에는 사업시행계획인가 신청 전에 다음 각 호의 사항을 시장·군수등에게 제출하고 사전협의해야 한다.(2023.12.5 본문개정)

1. 정비구역 내 세입자 현황
2. 세입자에 대한 손실보상 계획

② 제1항에 따른 협의를 요청받은 시장·군수등은 의견을 사업시행자에게 통보해야 하며, 용적률을 완화받을 수 있다는 통보를 받은 사업시행자는 사업시행계획서를 작성할 때 제1항제2호에 따른 세입자에 대한 손실보상 계획을 포함해야 한다.(2023.12.5 본항개정)

③ 법 제66조제2항 각 호 외의 부분에서 "역세권 등 대통령령으로 정하는 요건에 해당하는 경우"란 다음 각 호의 요건을 모두 갖춘 경우를 말한다.

1. 해당 정비구역 총 면적의 2분의 1 이상이 다음 각 목의 어느 하나에 해당하는 지역에 위치할 것
 가. 「철도의 건설 및 철도시설 유지관리에 관한 법률」 제2조제1호에 따른 철도 또는 「도시철도법」 제2조제2호에 따른 도시철도의 승강장 경계로부터 시·도조례로 정하는 거리 이내에 위치한 지역
 나. 세 개 이상의 대중교통 정류장이 인접해 있거나 고속버스·시외버스 터미널, 간선도로의 교차지 등 양호한 기반시설을 갖추고 있어 대중교통 이용이 용이한 지역으로서 시·도조례로 정하는 요건을 모두 갖춘 지역
2. 해당 정비구역에서 시행하는 정비사업이 법 제54조제1항 각 호의 어느 하나에 해당할 것

(2023.12.5 본항신설)

④ 사업시행자가 법 제66조제3항에 따라 국민주택규모 주택을 건설하여 인수자에게 공급해야 하는 면적은 법 제66조제2항에 따라 완화된 용적률에서 정비계획으로 정하여진 용적률을 뺀 용적률(이하 이 조에서 "추가용적률"이라 한다)의 다음 각 호의 구분에 따른 비율에 해당하는 면적으로 한다.

1. 과밀억제권역에서 시행하는 재건축사업 : 추가용적률의 100분의 30 이상 100분의 75 이하의 범위에서 시·도조례로 정하는 비율
2. 과밀억제권역에서 시행하는 재개발사업 : 추가용적률의 100분의 50 이상 100분의 75 이하의 범위에서 시·도조례로 정하는 비율
3. 과밀억제권역 외의 지역에서 시행하는 재건축사업 : 추가용적률의 100분의 50 이하의 범위에서 시·도조례로 정하는 비율
4. 과밀억제권역 외의 지역에서 시행하는 재개발사업 : 추가용적률의 100분의 75 이하의 범위에서 시·도조례로 정하는 비율

(2023.12.5 본항신설)

⑤ 법 제66조제4항 전단에서 "대통령령으로 정하는 비율"이란 100분의 20 이상의 범위에서 시·도조례로 정하는 비율을 말한다.(2023.12.5 본항신설)

⑥ 인수자는 법 제66조제4항에 따라 사업시행자로부터 공급받은 주택을 「공공주택 특별법」 제48조에 따라 분양하려는 경우에는 감정평가액의 100분의 50에 해당하는 가격으로 부속 토지를 인수해야 하며, 해당 주택을 다음 각 호의 어느 하나에 해당하는 주택으로 분양해야 한다.

1. 「공공주택 특별법」 제2조제1호의4에 따른 지분적립형 분양주택
2. 「공공주택 특별법」 제2조제1호의5에 따른 이익공유형 분양주택
3. 「주택법」 제2조제9호에 따른 토지임대부 분양주택(사업주체가 「공공주택 특별법」 제4조에 따른 공공주택사업자인 경우로 한정한다)

(2023.12.5 본항신설)

제56조【재건축사업의 범위에 관한 특례】 법 제67조제4항제3호에서 "대통령령으로 정하는 요건"이란 분할되어 나가는 토지가 「건축법」 제44조에 적합한 경우를 말한다.

제57조【건축규제의 완화 등에 관한 특례】 법 제68조제4항에서 "대통령령으로 정하는 범위"란 다음 각 호를 말한다.

1. 「건축법」 제55조에 따른 건폐율 산정 시 주차장 부분의 면적은 건축면적에서 제외할 수 있다.
2. 「건축법」 제58조에 따른 대지 안의 공지 기준은 2분의 1 범위에서 완화할 수 있다.
3. 「건축법」 제60조에 따른 건축물의 높이 제한 기준은 2분의 1 범위에서 완화할 수 있다.
4. 「건축법」 제61조제2항제1호에 따른 건축물(7층 이하의 건축물에 한정한다)의 높이 제한 기준은 2분의 1 범위에서 완화할 수 있다.
5. 「주택법」 제35조제1항제3호 및 제4호에 따른 부대시설 및 복리시설의 설치기준은 다음 각 목의 범위에서 완화할 수 있다.
 가. 「주택법」 제2조제14호가목에 따른 어린이놀이터를 설치하는 경우에는 「주택건설기준 등에 관한 규정」 제55조의2제7항제2호다목을 적용하지 아니할 수 있다.
 나. 「주택법」 제2조제14호에 따른 복리시설을 설치하는 경우에는 「주택법」 제35조제1항제4호에 따른 복리시설별 설치기준에도 불구하고 설치대상 복리시설(어린이놀이터는 제외한다)의 면적의 합계 범위에서 필요한 복리시설을 설치할 수 있다.
6. 「도시공원 및 녹지 등에 관한 법률」 제14조에 따른 도시공원 또는 녹지 확보기준은 정비구역의 면적이 10만제곱미터 미만인 경우에는 그 기준을 완화하여 적용할 수 있다.(2021.7.13 본호신설)

제58조【다른 법령의 적용】 ① 법 제69조제1항 각 호 외의 부분 본문에서 "대통령령으로 정하는 지역"이란 다음 각 호의 구분에 따른 용도지역을 말한다.

1. 주거환경개선사업이 법 제23조제1항제1호 또는 제3호의 방법으로 시행되는 경우 : 「국토의 계획 및 이용에 관한 법률 시행령」 제30조제1호나목(2)에 따른 제2종일반주거지역

2. 주거환경개선사업이 법 제23조제1항제2호 또는 제4호의 방법으로 시행되는 경우 : 「국토의 계획 및 이용에 관한 법률 시행령」 제30조제1호나목(3)에 따른 제3종일반주거지역. 다만, 공공지원민간임대주택 또는 「공공주택 특별법」 제2조제1호의2에 따른 공공건설임대주택을 200세대 이상 공급하려는 경우로서 해당 임대주택의 건설지역을 포함하여 정비계획에서 따로 정하는 구역은 「국토의 계획 및 이용에 관한 법률 시행령」 제30조제1호다목에 따른 준주거지역으로 한다.(2018.7.16 단서개정)
② 공공재개발사업 시행자 또는 공공재건축사업 시행자는 법 제69조제4항에 따라 다음 각 호의 어느 하나에 해당하는 경우 「주택법 시행령」 제47조에 따른 감리자 지정 및 감리원 배치기준을 적용할 수 있다.
1. 법 제26조제1항제1호에 따라 긴급하게 정비사업을 시행하는 경우
2. 공사비가 1천억원 미만인 경우
3. 「건설기술 진흥법 시행령」 제60조에 따른 건설사업관리기술인 배치기준을 따르는 경우 사업성이 현저히 저하되어 사업을 추진하기 어려운 경우로서 국토교통부장관이 정하여 고시하는 사유에 해당된다고 시장 · 군수등이 인정하는 경우
(2021.7.13 본항신설)

제5절 관리처분계획 등

제59조【분양신청의 절차 등】 ① 법 제72조제1항 각 호 외의 부분 본문에서 "분양의 대상이 되는 대지 또는 건축물의 내역 등 대통령령으로 정하는 사항"이란 다음 각 호의 사항을 말한다.
1. 사업시행인가의 내용
2. 정비사업의 종류 · 명칭 및 정비구역의 위치 · 면적
3. 분양신청기간 및 장소
4. 분양대상 대지 또는 건축물의 내역
5. 분양신청자격
6. 분양신청방법
7. 토지등소유자외의 권리자의 권리신고방법
8. 분양을 신청하지 아니한 자에 대한 조치
9. 그 밖에 시 · 도조례로 정하는 사항
② 법 제72조제1항제4호에서 "대통령령으로 정하는 사항"이란 다음 각 호의 사항을 말한다.
1. 제1항제1호부터 제6호까지 및 제8호의 사항
2. 분양신청서
3. 그 밖에 시 · 도조례로 정하는 사항
③ 법 제72조제3항에 따라 분양신청을 하려는 자는 제2항제2호에 따른 분양신청서에 소유권의 내역을 분명하게 적고, 그 소유의 토지 및 건축물에 관한 등기부등본 또는 환지예정지증명원을 첨부하여 사업시행자에게 제출하여야 한다. 이 경우 우편의 방법으로 분양신청을 하는 때에는 제1항제3호에 따른 분양신청기간 내에 발송된 것임을 증명할 수 있는 우편으로 하여야 한다.
④ 재개발사업의 경우 토지등소유자가 정비사업에 제공되는 종전의 토지 또는 건축물에 따라 분양받을 수 있는 것 외에 공사비 등 사업시행에 필요한 비용의 일부를 부담하고 그 대지 및 건축물(주택을 제외한다)을 분양받으려는 때에는 제3항에 따른 분양신청을 하는 때에 그 의사를 분명히 하고, 법 제72조제1항제1호에 따른 가격의 10퍼센트에 상당하는 금액을 사업시행자에게 납입하여야 한다. 이 경우 그 금액은 납입하였으나 제62조제3호에 따라 정하여진 비용부담액을 정하여진 시기에 납입하지 아니한 자는 그 납입한 금액의 비율에 해당하는 만큼의 대지 및 건축물(주택을 제외한다)만 분양을 받을 수 있다.
⑤ 제3항에 따라 분양신청서를 받은 사업시행자는 「전자정부법」 제36조제1항에 따른 행정정보의 공동이용을 통하여 첨부서류를 확인할 수 있는 경우에는 그 확인으로 첨부서류를 갈음하여야 한다.

제60조【분양신청을 하지 아니한 자 등에 대한 조치】 ① 사업시행자가 법 제73조제1항에 따라 토지등소유자의 토지, 건축물 또는 그 밖의 권리에 대하여 현금으로 청산하는 경우 청산금액은 사업시행자와 토지등소유자가 협의하여 산정한다. 이 경우 재개발사업의 손실보상액의 산정을 위한 감정평가법인등 선정에 관하여는 「공익사업을 위한 토지 등의 취득 및 보상에 관한 법률」 제68조제1항에 따른다.(2022.1.21 후단개정)
② 법 제73조제3항 후단에서 "대통령령으로 정하는 이율"이란 다음 각 호를 말한다.
1. 6개월 이내의 지연일수에 따른 이자의 이율 : 100분의 5
2. 6개월 초과 12개월 이내의 지연일수에 따른 이자의 이율 : 100분의 10
3. 12개월 초과의 지연일수에 따른 이자의 이율 : 100분의 15

제61조【관리처분계획의 경미한 변경】 법 제74조제1항 각 호 외의 부분 단서에서 "대통령령으로 정하는 경미한 사항을 변경하려는 경우"란 다음 각 호의 어느 하나에 해당하는 경우를 말한다.
1. 계산착오 · 오기 · 누락 등에 따른 조서의 단순정정인 경우(불이익을 받는 자가 없는 경우에만 해당한다)
2. 법 제40조제3항에 따른 정관 및 법 제50조에 따른 사업시행계획인가의 변경에 따라 관리처분계획을 변경하는 경우
3. 법 제64조에 따른 매도청구에 대한 판결에 따라 관리처분계획을 변경하는 경우
4. 법 제129조에 따른 권리 · 의무의 변동이 있는 경우로서 분양설계의 변경을 수반하지 아니하는 경우
5. 주택분양에 관한 권리를 포기하는 토지등소유자에 대한 임대주택의 공급에 따라 관리처분계획을 변경하는 경우
6. 「민간임대주택에 관한 특별법」 제2조제7호에 따른 임대사업자의 주소(법인인 경우에는 법인의 소재지와 대표자의 성명 및 주소)를 변경하는 경우(2018.7.16 본호개정)

제62조【관리처분계획의 내용】 법 제74조제1항제9호에서 "대통령령으로 정하는 사항"이란 다음 각 호의 사항을 말한다.
1. 법 제73조에 따라 현금으로 청산하여야 하는 토지등소유자별 기존의 토지 · 건축물 또는 그 밖의 권리의 명세와 이에 대한 청산방법
2. 법 제79조제4항 전단에 따른 보류지 등의 명세와 추산가액 및 처분방법
3. 제63조제1항제4호에 따른 비용의 부담비율에 따른 대지 및 건축물의 분양계획과 그 비용부담의 한도 · 방법 및 시기. 이 경우 비용부담으로 분양받을 수 있는 한도는 정관등에서 따로 정하는 경우를 제외하고는 기존의 토지 또는 건축물의 가격의 비율에 따라 부담할 수 있는 비용의 50퍼센트를 기준으로 정한다.
4. 정비사업의 시행으로 인하여 새롭게 설치되는 정비기반시설의 명세와 용도가 폐지되는 정비기반시설의 명세
5. 기존 건축물의 철거 예정시기
6. 그 밖에 시 · 도조례로 정하는 사항

제63조【관리처분의 방법 등】 ① 법 제23조제1항제4호의 방법으로 시행하는 주거환경개선사업과 재개발사업의 경우 법 제74조에 따른 관리처분은 다음 각 호의 방법에 따른다.(2022.12.9 본문개정)
1. 시 · 도조례로 분양주택의 규모를 제한하는 경우에는 그 규모 이하로 주택을 공급할 것
2. 1개의 건축물의 대지는 1필지의 토지가 되도록 정할 것. 다만, 주택단지의 경우에는 그러하지 아니하다.
3. 정비구역의 토지등소유자(지상권자는 제외한다. 이하 이 항에서 같다)에게 분양할 것. 다만, 공동주택을 분양하는 경우 시 · 도조례로 정하는 금액 · 규모 · 취득 시기 또는 유형에 대한 기준에 부합하지 아니하는 토지등소유자는 시 · 도조례로 정하는 바에 따라 분양대상에서 제외할 수 있다.
4. 1필지의 대지 및 그 대지에 건축된 건축물(법 제79조제4항 전단에 따라 보류지로 정하거나 조합원 외의 자에게 분양하는 부분은 제외한다)을 2인 이상에게 분양하는 때에는 기존의 토지 및 건축물의 가격(제93조에 따라 사업시행방식이 전환된 경우에는 환지예정지의 권리가액을 말한다. 이하 제7호에서 같다)과 제59조제4항 및 제62조제3호에 따라 토지등소유자가 부담하는 비용(재개발사업의 경우에만 해당한다)의 비율에 따라 분양할 것
5. 분양대상자가 공동으로 취득하게 되는 건축물의 공용부분은 각 권리자의 공유로 하되, 해당 공용부분에 대한 각 권리자의 지분비율은 그가 취득하게 되는 부분의 위치 및 바닥면적 등의 사항을 고려하여 정할 것
6. 1필지의 대지 위에 2인 이상에게 분양될 건축물이 설치된 경우에는 건축물의 분양면적의 비율에 따라 그 대지소유권이 주어지도록 할 것(주택과 그 밖의 용도의 건축물이 함께 설치된 경우에는 건축물의 용도 및 규모 등을 고려하여 대지지분이 합리적으로 배분될 수 있도록 한다). 이 경우 토지의 소유관계는 공유로 한다.
7. 주택 및 부대시설 · 복리시설의 공급순위는 기존의 토지 또는 건축물의 가격을 고려하여 정할 것. 이 경우 그 구체적인 기준은 시 · 도조례로 정할 수 있다.
② 재건축사업의 경우 법 제74조에 따른 관리처분은 다음 각 호의 방법에 따른다. 다만, 조합이 조합원 전원의 동의를 받아 그 기준을 따로 정하는 경우에는 그에 따른다.
1. 제1항제5호 및 제6호를 적용할 것(2022.12.9 본문개정)
2. 부대시설 · 복리시설(부속토지를 포함한다. 이하 이 호에서 같다)의 소유자에게는 부대시설 · 복리시설을 공급할 것. 다만, 다음 각 목의 어느 하나에 해당하는 경우에는 1주택을 공급할 수 있다.
  가. 새로운 부대시설 · 복리시설을 건설하지 아니하는 경우로서 기존 부대시설 · 복리시설의 가액이 분양주택 중 최소분양단위규모의 추산액에 정관등으로 정하는 비율(정관등으로 정하지 아니하는 경우에는 1로 한다. 이하 나목에서 같다)을 곱한 가액보다 클 것
  나. 기존 부대시설 · 복리시설의 가액에서 새로 공급받는 부대시설 · 복리시설의 추산액을 뺀 금액이 분양주택 중 최소분양단위규모의 추산액에 정관등으로 정하는 비율을 곱한 가액보다 클 것
  다. 새로 건설한 부대시설 · 복리시설 중 최소분양단위규모의 추산액이 분양주택 중 최소분양단위규모의 추산액보다 클 것

제64조【관리처분계획의 타당성 검증】 ① 법 제78조제3항 각 호 외의 부분 전단에서 "대통령령으로 정하는 공공기관"이란 다음 각 호의 기관을 말한다.
1. 토지주택공사등
2. 한국부동산원(2020.12.8 본호개정)
② 법 제78조제3항제1호에서 "대통령령으로 정하는 비율"이란 100분의 10을 말한다.
③ 법 제78조제3항제2호에서 "대통령령으로 정하는 비율"이란 100분의 20을 말한다.

제65조【통지사항】 ① 사업시행자는 법 제78조제5항에 따라 공람을 실시하려는 경우 공람기간 · 장소 등 공람계획에 관한 사항과 개략적인 공람사항을 미리 토지등소유자에게 통지하여야 한다.
② 사업시행자는 법 제78조제5항 및 제6항에 따라 분양신청을 한 자에게 다음 각 호의 사항을 통지하여야 하며, 관리처분계획 변경의 고시가 있는 때에는 변경내용을 통지하여야 한다.
1. 정비사업의 종류 및 명칭
2. 정비사업 시행구역의 면적
3. 사업시행자의 성명 및 주소
4. 관리처분계획의 인가일
5. 분양대상자별 기존의 토지 또는 건축물의 명세 및 가격과 분양예정인 대지 또는 건축물의 명세 및 추산가액

제66조【주택의 공급 등】 법 제23조제1항제1호부터 제3호까지의 방법으로 시행하는 주거환경개선사업의 사업시행자 및 같은 항 제2호에 따라 대지를 공급받아 주택을 건설하는 자가 법 제79조제3항에 따라 정비구역에 주택을 건설하는 경우 주택의 공급에 관하여는 별표2에 규정된 범위에서 시장 · 군수등의 승인을 받아 사업시행자가 따로 정할 수 있다.

제67조【일반분양신청절차 등】 법 제79조제4항에 따라 조합원 외의 자에게 분양하는 경우의 공고 · 신청절차 · 공급조건 · 방법 및 절차 등은 「주택법」 제54조를 준용한다. 이 경우 "사업주체"는 "사업시행자(토지주택공사등이 공동사업시행자인 경우에는 토지주택공사등을 말한다)"로 본다.

제68조【재개발임대주택 인수방법 및 절차 등】 ① 법 제79조제5항에 따라 조합이 재개발사업의 시행으로 건설된 임대주택(이하 "재개발임대주택"이라 한다)의 인수를 요청하는 경우 시 · 도지사 또는 시장, 군수, 구청장이 우선하여 인수하여야 하며, 시 · 도지사 또는 시장, 군수, 구청장이 예산 · 관리인력의 부족 등 부득이한 사정으로 인수하기 어려운 경우에는 국토교통부장관에게 토지주택공사등을 인수자로 지정할 것을 요청할 수 있다.
② 법 제79조제5항에 따른 재개발임대주택의 인수 가격은 「공공주택 특별법 시행령」 제54조제5항에 따라 정해진 분양전환가격의 산정기준 중 건축비에 부속토지의 가격을 합한 금액으로 하며, 부속토지의 가격은 사업시행계획인가 고시가 있는 날을 기준으로 감정평가법인등 둘 이상이 평가한 금액을 산술평균한 금액으로 한다. 이 경우 건축비 및 부속토지의 가격에 가산할 항목은 인수자가 조합과 협의하여 정할 수 있다.(2022.1.21 전단개정)
③ 제1항 및 제2항에서 정한 사항 외에 재개발임대주택의 인수계약 체결을 위한 사전협의, 인수계약의 체결, 인수대금의 지급방법 등 필요한 사항은 인수자가 따로 정하는 바에 따른다.

제69조【임대주택의 공급 등】 ① 법 제79조제6항 본문에 따라 임대주택을 건설하는 경우의 임차인의 자격 · 선정방법 · 임대보증금 · 임대료 등 임대조건에 관한 기준 및 무주택 세대주에게 우선 분양전환하도록 하는 기준 등에 관하여는 별표3에 규정된 범위에서 시장 · 군수등의 승인을 받아 사업시행자 및 법 제23조제1항제2호에 따라 대지를 공급받아 주택을 건설하는 자가 따로 정할 수 있다.
② 법 제79조제6항 단서에 따라 인수자는 다음 각 호의 범위에서 재개발임대주택의 임차인의 자격 등에 관한 사항을 정하여야 한다.
1. 임차인의 자격은 무주택 기간과 해당 정비사업이 위치한 지역에 거주한 기간이 각각 1년 이상인 범위에서 오래된 순으로 할 것. 다만, 시 · 도지사가 법 제79조제5항 및 이 영 제48조제2항에 따라 임대주택을 인수한 경우에는 거주지역, 거주기간 등 임차인의 자격을 별도로 정할 수 있다.
2. 임대보증금과 임대료는 정비사업이 위치한 지역의 시세의 100분의 90 이하의 범위로 할 것
3. 임대주택의 계약방법 등에 관한 사항은 「공공주택 특별법」에서 정하는 바에 따를 것
4. 관리비 등 주택의 관리에 관한 사항은 「공동주택관리법」에서 정하는 바에 따를 것
③ 시장 · 군수등은 사업시행자 및 법 제23조제1항제2호에 따라 대지를 공급받아 주택을 건설하는 자가 요청하거나 임차인 선정을 위하여 필요한 경우 국토교통부장관에게 제1항 및 제2항에 따른 임차인 자격 해당 여부에 관하여 주택전산망에 따른 전산검색을 요청할 수 있다.

제70조【지분형주택의 공급】 ① 법 제80조에 따른 지분형주택(이하 "지분형주택"이라 한다)의 규모, 공동 소유기간 및 분양대상자는 다음 각 호와 같다.
1. 지분형주택의 규모는 주거전용면적 60제곱미터 이하인 주택으로 한정한다.
2. 지분형주택의 공동 소유기간은 법 제86조제2항에 따라 소유권을 취득한 날부터 10년의 범위에서 사업시행자가 정하는 기간으로 한다.
3. 지분형주택의 분양대상자는 다음 각 목의 요건을 모두 충족하는 자로 한다.
  가. 법 제74조제1항제5호에 따라 산정한 종전에 소유하였던 토지 또는 건축물의 가격이 제1호에 따른 주택의

분양가격 이하에 해당하는 사람
나. 세대주로서 제13조제1항에 따른 정비계획의 공람 공고일 당시 해당 정비구역에 2년 이상 실제 거주한 사람
다. 정비사업의 시행으로 철거되는 주택 외 다른 주택을 소유하지 아니한 사람
② 지분형주택의 공급방법·절차, 지분 취득비율, 지분사용료 및 지분 취득가격 등에 관하여 필요한 사항은 사업시행자가 따로 정한다.

제71조【소규모 토지 등의 소유자에 대한 토지임대부 분양주택 공급】 ① 법 제80조제2항에서 "대통령령으로 정하는 면적 이하의 토지 또는 주택을 소유한 자"란 다음 각 호의 어느 하나에 해당하는 자를 말한다.
1. 면적이 90제곱미터 미만의 토지를 소유한 자로서 건축물을 소유하지 아니한 자
2. 바닥면적이 40제곱미터 미만의 사실상 주거를 위하여 사용하는 건축물을 소유한 자로서 토지를 소유하지 아니한 자
② 제1항에도 불구하고 토지 또는 주택의 면적은 제1항 각 호에서 정한 면적의 2분의 1 범위에서 시·도조례로 달리 정할 수 있다.

제72조【물건조서 등의 작성】 ① 사업시행자는 법 제81조제3항에 따라 건축물을 철거하기 전에 관리처분계획의 수립을 위하여 기존 건축물에 대한 물건조서와 사진 또는 영상자료를 만들어 이를 착공 전까지 보관하여야 한다.
② 제1항에 따른 물건조서를 작성할 때에는 법 제74조제1항제5호에 따른 종전 건축물의 가격산정을 위하여 건축물의 연면적, 그 실측평면도, 주요마감재료 등을 첨부하여야 한다. 다만, 실측한 면적이 건축물대장에 첨부된 건축물현황도와 일치하는 경우에는 건축물현황도로 실측평면도를 갈음할 수 있다.

제73조【시공보증】 법 제82조제1항에서 "대통령령으로 정하는 비율"이란 총 공사금액의 100분의 30을 말한다.

제6절 공사완료에 따른 조치 등

제74조【준공인가】 ① 시장·군수등이 아닌 사업시행자는 법 제83조제1항에 따라 준공인가를 받으려는 때에는 국토교통부령으로 정하는 준공인가신청서를 시장·군수등에게 제출하여야 한다. 다만, 사업시행자(공동시행자인 경우를 포함한다)가 토지주택공사인 경우로서 「한국토지주택공사법」 제19조제3항 및 같은 법 시행령 제41조제2항에 따라 준공인가 처리결과를 시장·군수등에게 통보한 경우에는 그러하지 아니하다.
② 시장·군수등은 법 제83조제3항에 따라 준공인가를 한 때에는 국토교통부령으로 정하는 준공인가증에 다음 각 호의 사항을 기재하여 사업시행자에게 교부하여야 한다.
1. 정비사업의 종류 및 명칭
2. 정비사업 시행구역의 위치 및 명칭
3. 사업시행자의 성명 및 주소
4. 준공인가의 내역
③ 사업시행자는 제1항 단서에 따라 자체적으로 처리한 준공인가결과를 시장·군수등에게 통보한 때 또는 제2항에 따른 준공인가증을 교부받은 때에는 그 사실을 분양대상자에게 지체없이 통지하여야 한다.
④ 시장·군수등은 법 제83조제3항 및 제4항에 따른 공사완료의 고시를 하는 때에는 제2항 각 호의 사항을 포함하여야 한다.

제75조【준공인가전 사용허가】 ① 법 제83조제5항 본문에서 "완공된 건축물이 사용에 지장이 없는 등 대통령령으로 정하는 기준"이란 다음 각 호를 말한다.
1. 완공된 건축물에 전기·수도·난방 및 상·하수도 시설 등이 갖추어져 있어 해당 건축물을 사용하는 데 지장이 없을 것
2. 완공된 건축물이 관리처분계획에 적합할 것
3. 입주자가 공사에 따른 차량통행·소음·분진 등의 위해로부터 안전할 것
② 사업시행자는 법 제83조제5항 본문에 따른 사용허가를 받으려는 때에는 국토교통부령으로 정하는 신청서를 시장·군수등에게 제출하여야 한다.
③ 시장·군수등은 법 제83조제5항에 따른 사용허가를 하는 때에는 동별·세대별 또는 구획별로 사용허가를 할 수 있다.

제76조【청산기준가격의 평가】 ① 대지 또는 건축물을 분양받은 자가 종전에 소유하고 있던 토지 또는 건축물의 가격은 법 제89조제3항에 따라 다음 각 호의 구분에 따른 방법으로 평가한다.
1. 법 제23조제1항제4호의 방법으로 시행하는 주거환경개선사업과 재개발사업의 경우에는 법 제74조제4항제1호가목을 준용하여 평가할 것(2022.12.9 본호개정)
2. 재건축사업의 경우에는 사업시행자가 정하는 바에 따라 평가할 것. 다만, 감정평가법인등의 평가를 받으려는 경우에는 법 제74조제4항제1호나목을 준용할 수 있다.(2022.12.9 단서개정)
② 분양받은 대지 또는 건축물의 가격은 법 제89조제3항에 따라 다음 각 호의 구분에 따른 방법으로 평가한다.
1. 법 제23조제1항제4호의 방법으로 시행하는 주거환경개선사업과 재개발사업의 경우에는 법 제74조제4항제1호가목을 준용하여 평가할 것(2022.12.9 본호개정)
2. 재건축사업의 경우에는 사업시행자가 정하는 바에 따라 평가할 것. 다만, 감정평가법인등의 평가를 받으려는 경우에는 법 제74조제4항제1호나목을 준용할 수 있다.(2022.12.9 단서개정)
③ 제2항 각 호에 따른 평가를 할 때 다음 각 호의 비용을 가산하여야 하며, 법 제95조에 따른 보조금은 공제하여야 한다.
1. 정비사업의 조사·측량·설계 및 감리에 소요된 비용
2. 공사비
3. 정비사업의 관리에 소요된 등기비용·인건비·통신비·사무용품비·이자 그 밖에 필요한 경비
4. 법 제95조에 따른 융자금이 있는 경우에는 그 이자에 해당하는 금액
5. 정비기반시설 및 공동이용시설의 설치에 소요된 비용(법 제95조제1항에 따라 시장·군수등이 부담한 비용은 제외한다)
6. 안전진단의 실시, 정비사업전문관리업자의 선정, 회계감사, 감정평가, 그 밖에 정비사업 추진과 관련하여 지출한 비용으로서 정관등에서 정한 비용
④ 제1항 및 제2항에 따른 건축물의 가격평가를 할 때 층별·위치별 가중치를 참작할 수 있다.

제4장 비용의 부담 등

제77조【주요 정비기반시설】 법 제92조제2항제1호에서 "대통령령으로 정하는 주요 정비기반시설 및 공동이용시설"이란 다음 각 호의 시설을 말한다.
1. 도로
2. 상·하수도
3. 공원
4. 공용주차장
5. 공동구
6. 녹지
7. 하천
8. 공공공지
9. 광장

제78조【정비기반시설 관리자의 비용부담】 ① 법 제94조제1항에 따라 정비기반시설 관리자가 부담하는 비용의 총액은 해당 정비사업에 소요된 비용(제76조제3항제1호의 비용을 제외한다. 이하 이 항에서 같다)의 3분의 1을 초과해서는 아니 된다. 다만, 다른 정비기반시설의 정비가 그 정비사업의 주된 내용이 되는 경우에는 그 부담비용의 총액은 해당 정비사업에 소요된 비용의 2분의 1까지로 할 수 있다.
② 시장·군수등은 법 제94조제1항에 따라 정비사업비의 일부를 정비기반시설의 관리자에게 부담시키려는 때에는 정비사업에 소요된 비용의 명세와 부담 금액을 명시하여 해당 관리자에게 통지하여야 한다.

제79조【보조 및 융자 등】 ① 법 제95조제1항 각 호 외의 부분 전단에서 "대통령령으로 정하는 정비기반시설, 임시거주시설 및 주거환경개선사업에 따른 공동이용시설"이란 정비기반시설, 임시거주시설 및 주거환경개선사업에 따른 공동이용시설의 전부를 말한다.
② 법 제95조제1항제2호에서 "대통령령으로 정하는 지역"이란 정비구역 지정(변경지정을 포함한다) 당시 다음 각 호의 요건에 모두 해당하는 지역을 말한다.
1. 「공익사업을 위한 토지 등의 취득 및 보상에 관한 법률」 제4조에 따른 공익사업의 시행으로 다른 지역으로 이주하게 된 자가 집단으로 정착한 지역으로서 이주 당시 300세대 이상의 주택을 건설하여 정착한 지역
2. 정비구역 전체 건축물 중 준공 후 20년이 지난 건축물의 비율이 100분의 50 이상인 지역
③ 법 제95조제1항에 따라 국가 또는 지방자치단체가 보조하거나 융자할 수 있는 금액은 기초조사비, 정비기반시설 및 임시거주시설의 사업비의 각 80퍼센트(법 제23조제1항제1호에 따른 주거환경개선사업을 시행하는 정비구역에서 시·도지사가 시장·군수등에게 보조하거나 융자하는 경우에는 100퍼센트) 이내로 한다.
④ 법 제95조제3항에 따라 국가 또는 지방자치단체가 보조할 수 있는 금액은 기초조사비, 정비기반시설 및 임시거주시설의 사업비, 조합 운영경비의 각 50퍼센트 이내로 한다.
⑤ 법 제95조제3항에 따라 국가 또는 지방자치단체는 다음 각 호의 사항에 필요한 비용의 각 80퍼센트 이내에서 융자하거나 융자를 알선할 수 있다.
1. 기초조사비
2. 정비기반시설 및 임시거주시설의 사업비
3. 세입자 보상비
4. 주민 이주비
5. 그 밖에 시·도조례로 정하는 사항(지방자치단체가 융자하거나 융자를 알선하는 경우만 해당한다)

제80조【국·공유지의 무상양여 등】 ① 법 제101조제1항에 따라 국가 또는 지방자치단체로부터 토지를 무상으로 양여받은 사업시행자는 사업시행계획인가 고시문 사본을 그 토지의 관리청 또는 지방자치단체의 장에게 제출하여 그 토지에 대한 소유권이전등기절차의 이행을 요청하여야 한다. 이 경우 토지의 관리청 또는 지방자치단체의 장은 「전자정부법」 제36조제1항에 따른 행정정보의 공동이용을 통하여 그 토지의 토지대장 등본 또는 등기사항증명서를 확인하여야 한다.
② 법 제101조제1항제2호에서 "대통령령으로 정하는 재개발구역"이란 제79조제2항의 지역을 대상으로 한 재개발구역을 말한다.
③ 제1항에 따른 요청을 받은 관리청 또는 지방자치단체의 장은 즉시 소유권이전등기에 필요한 서류를 사업시행자에게 교부하여야 한다.
④ 사업시행자는 법 제113조에 따라 사업시행계획인가가 취소된 때에는 법 제101조제1항에 따라 무상양여된 토지를 원소유자인 국가 또는 지방자치단체에 반환하기 위하여 필요한 조치를 하고, 즉시 관할 등기소에 소유권이전등기를 신청하여야 한다.

제5장 공공재개발사업 및 공공재건축사업

(2021.7.13 본장신설)

제80조의2【공공재개발사업 예정구역의 지정 등】 ① 정비구역지정권자는 법 제101조의2제1항 후단에서 준용하는 법 제16조제1항에 따라 공공재개발사업 예정구역 지정에 관하여 지방도시계획위원회의 심의를 거치기 전에 미리 관할 시장·군수등의 의견을 들어야 한다. 다만, 법 제101조의2제2항에 따라 정비계획의 입안권자가 공공재개발사업 예정구역의 지정을 신청한 경우에는 의견청취를 생략할 수 있다.
② 지방도시계획위원회는 제1항에 따른 심의를 하는 경우에는 제5항 각 호의 사항을 고려해야 한다.
③ 지방도시계획위원회는 법 제101조의2제2항에 따른 공공재개발사업 예정구역 지정의 신청이 있는 경우 신청일부터 30일 이내에 심의를 완료해야 한다. 다만, 30일 이내에 심의를 완료할 수 없는 정당한 사유가 있다고 판단되는 경우에는 심의기간을 30일의 범위에서 한 차례 연장할 수 있다.
④ 정비구역지정권자는 법 제101조의2제1항 후단에서 준용하는 법 제16조제2항에 따라 공공재개발사업 예정구역을 지정·고시하기 전에 예정구역 지정의 내용을 14일 이상 주민에게 공람하여 의견을 들어야 하며, 제시된 의견이 타당하다고 인정되면 이를 반영하여 지정·고시해야 한다.
⑤ 제4항에 따른 공공재개발사업 예정구역 고시에는 다음 각 호의 사항이 포함되어야 한다.
1. 공공재개발사업 예정구역의 명칭, 위치 및 면적 등 구역개요
2. 공공재개발사업 예정구역의 현황(인구, 건축물, 토지이용계획, 정비기반시설 등)
3. 법 제101조의3제1항에 따른 정비구역 지정 예정시기
4. 공공재개발사업을 시행할 시장·군수등이나 토지주택공사등의 명칭, 소재지 및 대표자 성명
5. 그 밖에 공공재개발사업 예정구역의 지정과 관련하여 시·도조례로 정하는 사항
⑥ 법 제101조의5제4항 전단에서 "대통령령으로 정하는 비율"이란 100분의 50 이상의 범위에서 시·도조례로 정하는 비율을 말한다.(2023.12.5 본항신설)

제80조의3【공공재건축사업에서의 용적률 완화 및 국민주택규모 주택 공급】 ① 법 제101조의6제1항에서 "대통령령으로 정하는 지역"이란 다음 각 호의 구분에 따른 용도지역을 말한다.
1. 현행 용도지역이 「국토의 계획 및 이용에 관한 법률 시행령」 제30조제1항제1호가목(1)의 제1종전용주거지역인 경우 : 같은 목 (2)의 제2종전용주거지역
2. 현행 용도지역이 「국토의 계획 및 이용에 관한 법률 시행령」 제30조제1항제1호가목(2)의 제2종전용주거지역인 경우 : 같은 호 나목(1)의 제1종일반주거지역
3. 현행 용도지역이 「국토의 계획 및 이용에 관한 법률 시행령」 제30조제1항제1호나목(1)의 제1종일반주거지역인 경우 : 같은 목 (2)의 제2종일반주거지역
4. 현행 용도지역이 「국토의 계획 및 이용에 관한 법률 시행령」 제30조제1항제1호나목(2)의 제2종일반주거지역인 경우 : 같은 목 (3)의 제3종일반주거지역
5. 현행 용도지역이 「국토의 계획 및 이용에 관한 법률 시행령」 제30조제1항제1호나목(3)의 제3종일반주거지역인 경우 : 같은 호 다목의 준주거지역
② 정비구역지정권자는 제1항에도 불구하고 주택공급의 규모, 인근 토지의 이용현황 등을 고려할 때 용도지역을 달리 정할 필요가 있다고 인정하는 경우에는 지방도시계획위원회의 심의를 거쳐 「국토의 계획 및 이용에 관한 법률 시행령」 제30조제1항제1호에 따라 주거지역을 세분하여 정하는 지역 중 어느 하나의 지역으로 용도지역을 달리 정할 수 있다.
③ 법 제101조의6제4항 단서에서 "대통령령으로 정하는 비율"이란 100분의 50 이상의 범위에서 시·도조례로 정하는 비율을 말한다.(2023.12.5 본항개정)
④ 법 제101조의6제5항에서 "대통령령으로 정하는 가격"이란 부속 토지 감정평가액의 100분의 50을 말한다.

제5장의2 공공시행자 및 지정개발자 사업시행의 특례

(2023.12.5 본장제목신설)

제80조의4【정비구역 지정의 특례】 ① 법 제101조의8제1항 각 호 외의 부분 전단에서 "대통령령으로 정하는 비율 이상"이란 3분의 2 이상을 말한다.
② 법 제101조의8제1항제4호에서 "대통령령으로 정하는

사항"이란 다음 각 호의 사항을 말한다.
1. 사업시행자의 명칭, 소재지 및 대표자 성명
2. 정비사업 시행 예정시기
③ 법 제101조의8제1항 각 호 외의 부분 전단에 따른 토지등소유자의 동의는 국토교통부령으로 정하는 동의서에 동의를 받는 방법에 따른다. 이 경우 동의서에는 다음 각 호의 사항이 포함되어야 한다.
1. 정비사업비의 분담기준
2. 사업 완료 후 소유권의 귀속에 관한 사항
3. 정비사업의 종류, 시행방법 등에 관한 시행규정의 내용
4. 신탁계약의 내용(정비사업을 시행하려는 자가 지정개발자인 경우에만 해당한다)
④ 법 제101조의8제1항 각 호 외의 부분 전단에 따른 토지등소유자의 동의자 수 산정 방법에 관하여는 제33조를 준용한다.
⑤ 법 제101조의8제3항 본문에 따른 주민 의견청취에 관하여는 제13조제1항부터 제3항까지의 규정을 준용한다. 이 경우 "정비계획의 입안권자"는 "정비구역지정권자"로, "정비계획"은 "정비구역의 지정(변경지정을 포함한다)에 관한 사항"으로 본다.
⑥ 제1항부터 제5항까지에서 규정된 사항 외에 정비구역 지정의 제안 및 지정에 필요한 세부사항은 시·도조례로 정한다.
(2023.12.5 본조개정)
제80조의5【사업시행자 지정 고시 등】 ① 법 제101조의9제2항에서 "대통령령으로 정하는 사항"이란 제20조제1항 각 호의 사항을 말한다.
② 정비구역지정권자는 토지등소유자에게 법 제101조의9제2항에 따라 고시한 제20조제1항 각 호의 사항을 통지해야 한다.
(2023.12.5 본조개정)
제80조의6 (2023.12.5 삭제)

제6장 정비사업전문관리업

제81조【정비사업전문관리업의 등록기준 등】 ① 법 제102조제1항 각 호 외의 부분 본문에 따른 정비사업전문관리업의 등록기준은 별표4와 같다.
② 법 제102조제1항 각 호 외의 부분 본문에서 "대통령령으로 정하는 경미한 사항"이란 자본금이 증액되거나 기술인력의 수가 증가된 경우를 말한다.
③ 법 제102조제1항 각 호 외의 부분 단서에서 "대통령령으로 정하는 기관"이란 다음 각 호의 기관을 말한다.
1. 「한국토지주택공사법」에 따른 한국토지주택공사
2. 한국부동산원(2020.12.8 본호개정)
제82조【등록의 절차 및 수수료 등】 ① 법 제102조제1항에 따라 정비사업전문관리업자로 등록 또는 변경등록하려는 자는 국토교통부령으로 정하는 신청서를 시·도지사에게 제출하여야 하며, 등록한 사항이 변경된 경우에는 2개월 이내에 변경사항을 시·도지사에게 제출하여야 한다.
② 시·도지사는 제1항에 따른 신청서를 제출받은 때에는 다음 각 호의 어느 하나에 해당하는 경우를 제외하고는 국토교통부령으로 정하는 바에 따라 정비사업전문관리업자 등록부에 등재하고 등록증을 교부하여야 한다.
1. 등록을 신청한 자가 법 제105조제1항 각 호의 어느 하나에 해당하는 경우
2. 별표4에 따른 등록기준을 갖추지 못한 경우
③ 법 제102조제1항에 따라 정비사업전문관리업자의 등록(변경등록을 제외한다)을 신청하는 자는 국토교통부령으로 정하는 수수료를 납부하여야 한다.
제83조【정비사업전문관리업자의 업무제한 등】 ① 정비사업전문관리업자와 다음 각 호의 어느 하나의 관계에 있는 자는 법 제103조를 적용할 때 해당 정비사업전문관리업자로 본다.
1. 정비사업전문관리업자가 법인인 경우에는 「독점규제 및 공정거래에 관한 법률」 제2조제12호에 따른 계열회사(2021.12.28 본호개정)
2. 정비사업전문관리업자와 상호 출자한 관계
② 법 제103조제5호에서 "대통령령으로 정하는 업무"란 법 제12조에 따른 안전진단업무를 말한다.
제84조【정비사업전문관리업자의 등록취소 및 영업정지처분 기준】 법 제106조제1항에 따른 등록취소 및 업무정지처분의 기준은 별표5와 같다.
제85조【협회의 정관】 법 제109조에 따른 정비사업전문관리업자단체(이하 "협회"라 한다)의 정관에는 다음 각 호의 사항이 포함되어야 한다.
1. 목적
2. 명칭
3. 주된 사무소의 소재지
4. 회원의 가입 및 탈퇴에 관한 사항
5. 사업 및 그 집행에 관한 사항
6. 임원의 정원·임기 및 선출방법에 관한 사항
7. 총회 및 이사회에 관한 사항
8. 조직 및 운영에 관한 사항
9. 자산 및 회계에 관한 사항
10. 정관의 변경에 관한 사항
11. 제1호부터 제10호까지에서 규정한 사항 외에 협회의 운영에 필요하다고 인정되는 사항
제86조【협회의 설립인가 및 설립인가의 취소】 ① 국토교통부장관은 법 제109조제4항에 따른 협회 설립인가 신청의 내용이 다음 각 호의 기준에 적합한 경우에 인가할 수 있다.
1. 법인의 목적과 사업이 실현 가능할 것
2. 협회의 회원은 정비사업전문관리업자일 것
3. 목적하는 사업을 수행할 수 있는 충분한 능력이 있고, 재정적 기초가 확립되어 있거나 확립될 수 있을 것
4. 다른 법인과 동일한 명칭이 아닐 것
② 국토교통부장관은 법 제109조제6항에 따라 협회가 다음 각 호의 어느 하나에 해당하는 경우에는 협회의 설립인가를 취소할 수 있다. 다만, 제1호 및 제3호에 해당하는 경우에는 설립인가를 취소하여야 한다.
1. 거짓이나 부정한 방법으로 설립인가를 받은 경우
2. 설립인가 조건을 위반한 경우
3. 목적 달성이 불가능하게 된 경우
4. 목적사업 외의 사업을 한 경우
③ 국토교통부장관은 제2항에 따라 협회의 설립인가를 취소하려면 미리 청문을 하여야 한다.
제87조【협회의 감독】 ① 국토교통부장관은 법 제110조제2항에 따라 협회의 업무에 대한 조사 또는 검사가 필요하면 소속 공무원으로 하여금 그 사무소에 출입하여 조사하거나 검사하게 할 수 있다.
② 제1항에 따라 협회의 업무를 조사하거나 검사하는 공무원은 그 권한을 표시하는 증표를 지니고 관계인에게 내보여야 한다.

제7장 감독 등

제87조의2【자금차입 신고의 방법】 법 제111조의2에 따른 자금차입의 신고는 추진위원회 또는 사업시행자(시장·군수등과 토지주택공사등은 제외한다)가 자금을 차입한 날부터 30일 이내에 자금을 대여한 상대방, 차입일, 차입액, 이자율, 상환기한 및 상환방법을 기재한 자금차입계약서의 사본을 관할 시장·군수등에게 제출하는 방법으로 한다.(2022.12.9 본조신설)
제88조【회계감사】 법 제112조에 따라 시장·군수등 또는 토지주택공사등이 아닌 사업시행자 또는 추진위원회는 다음 각 호의 어느 하나에 해당하는 경우에는 회계감사를 받아야 한다.
1. 법 제112조제1항제1호의 경우에는 추진위원회에서 사업시행자로 인계되기 전까지 납부 또는 지출된 금액과 계약 등으로 지출될 것이 확정된 금액의 합이 3억5천만원 이상인 경우
2. 법 제112조제1항제2호의 경우에는 사업시행계획인가 고시일 전까지 납부 또는 지출된 금액이 7억원 이상인 경우
3. 법 제112조제1항제3호의 경우에는 준공인가 신청일까지 납부 또는 지출된 금액이 14억원 이상인 경우
제89조【감독】 법 제113조제2항 후단에서 "대통령령으로 정하는 자료"란 다음 각 호의 자료를 말한다.
1. 토지등소유자의 동의서
2. 총회의 의사록
3. 정비사업과 관련된 계약에 관한 서류
4. 사업시행계획서·관리처분계획서 및 회계감사보고서를 포함한 회계관련 서류
5. 정비사업의 추진과 관련하여 분쟁이 발생한 경우에는 해당 분쟁과 관련된 서류
제89조의2【과징금의 부과기준 등】 ① 법 제113조의2에 따른 과징금의 부과기준은 별표5의2와 같다.
② 시·도지사는 법 제113조의2에 따라 시공자 선정을 취소할 것을 명하거나 과징금을 부과하려는 경우에는 그 위반행위, 처분의 종류 및 과징금의 금액(과징금을 부과하는 경우만 해당한다)을 적어 서면으로 통지하여야 한다.
③ 제2항에 따른 과징금 부과 통지를 받은 자는 통지가 있은 날부터 20일 또는 시·도지사가 20일 이상의 범위에서 따로 정한 기간 이내에 시·도지사가 정하는 수납기관에 과징금을 납부해야 한다.(2023.12.5 본항개정)
④ 제3항에 따라 과징금을 납부받은 수납기관은 그 납부자에게 영수증을 발급하여야 하고, 지체 없이 그 사실을 해당 시·도지사에게 통보하여야 한다.
(2018.10.2 본조신설)
제89조의3【정비사업의 입찰참가 제한】 ① 법 제113조의3에 따른 정비사업의 입찰참가 제한기준은 별표5의2와 같다.
② 시·도지사는 법 제113조의3제1항에 따라 정비사업의 입찰참가를 제한하려는 경우에는 다음 각 호의 사항을 지체 없이 해당 지방자치단체의 공보에 게재하고 일반인이 해당 내용을 열람할 수 있도록 인터넷 홈페이지에 입찰참가 제한기간 동안 게시하여야 한다.
1. 업체(상호)명·성명(법인인 경우 대표자의 성명) 및 사업자등록번호(법인인 경우 법인등록번호)
2. 입찰참가자격 제한기간
3. 입찰참가자격을 제한하는 구체적인 사유
③ 시·도지사는 제2항에 따른 정비사업의 입찰참가 제한의 집행이 정지되거나 그 집행정지가 해제된 경우에는 그 사실을 지체 없이 해당 지방자치단체의 공보에 게재하고 일반인이 해당 내용을 열람할 수 있도록 인터넷 홈페이지에 게시하여야 한다.
④ 시·도지사는 제2항 및 제3항에 따라 공개한 입찰제한과 관련된 내용을 지체 없이 관할 구역의 시장, 군수 또는 구청장 및 사업시행자에게 통보하여야 한다.
(2018.10.2 본조신설)
제90조【교육의 실시】 법 제115조에 따른 교육의 내용에는 다음 각 호의 사항이 포함되어야 한다.
1. 주택건설 제도
2. 도시 및 주택 정비사업 관련 제도
3. 정비사업 관련 회계 및 세무 관련 사항
4. 그 밖에 국토교통부장관이 정하는 사항
제91조【분쟁조정위원회의 조정 대상】 법 제117조제1항제3호에서 "대통령령으로 정하는 분쟁"이란 다음 각 호의 어느 하나에 해당하는 분쟁을 말한다.
1. 건축물 또는 토지 명도에 관한 분쟁
2. 손실보상 협의에서 발생하는 분쟁
3. 총회 의결사항에 대한 분쟁
4. 그 밖에 시·도조례로 정하는 사항에 대한 분쟁

제8장 보 칙

제92조【토지등소유자의 설명의무】 법 제122조제1항제7호에서 "대통령령으로 정하는 사항"이란 다음 각 호를 말한다.
1. 법 제72조제1항제2호에 따른 분양대상자별 분담금의 추산액
2. 법 제74조제1항제6호에 따른 정비사업비의 추산액(재건축사업의 경우에는 「재건축초과이익 환수에 관한 법률」에 따른 재건축부담금에 관한 사항을 포함한다) 및 그에 따른 조합원 분담규모 및 분담시기
제93조【사업시행방식의 전환】 법 제123조제1항에 따라 시장·군수등은 법 제69조제2항에 따라 환지로 공급하는 방법으로 실시하는 재개발사업을 위하여 정비구역의 전부 또는 일부를 법 제74조에 따라 인가받은 관리처분계획에 따라 건축물을 건설하여 공급하는 방법으로 전환하는 것을 승인할 수 있다.
제94조【자료의 공개 및 통지 등】 ① 법 제124조제1항제11호에서 "대통령령으로 정하는 서류 및 관련 자료"란 다음 각 호의 자료를 말한다.
1. 법 제72조제1항에 따른 분양공고 및 분양신청에 관한 사항
2. 연간 자금운용 계획에 관한 사항
3. 정비사업의 월별 공사 진행에 관한 사항
4. 설계자·시공자·정비사업전문관리업자 등 용역업체와의 세부 계약 변경에 관한 사항
5. 정비사업비 변경에 관한 사항
② 추진위원장 또는 사업시행자(조합의 경우 조합임원, 법 제25조제1항제2호에 따라 재개발사업을 토지등소유자가 시행하는 경우 그 대표자를 말한다)는 법 제124조제2항에 따라 매 분기가 끝나는 달의 다음 달 15일까지 다음 각 호의 사항을 조합원 또는 토지등소유자에게 서면으로 통지하여야 한다.
1. 공개 대상의 목록
2. 공개 자료의 개략적인 내용
3. 공개 장소
4. 대상자별 정보공개의 범위
5. 열람·복사 방법
6. 등사에 필요한 비용
③ 법 제125조제1항에서 "대통령령으로 정하는 회의"란 다음 각 호를 말한다.
1. 용역 계약(변경계약을 포함한다) 및 업체 선정과 관련된 대의원회·이사회
2. 조합임원·대의원의 선임·해임·징계 및 토지등소유자(조합이 설립된 경우에는 조합원을 말한다) 자격에 관한 대의원회·이사회
제95조【도시·주거환경정비기금】 ① 법 제126조제2항제4호에서 "대통령령으로 정하는 일정 비율"이란 국유지의 경우에는 20퍼센트, 공유지의 경우에는 30퍼센트를 말한다. 다만, 국유지의 경우에는 「국유재산법」 제2조제11호에 따른 중앙관서의 장과 협의하여야 한다.
② 법 제126조제2항제6호에서 "대통령령으로 정하는 일정 비율"이란 다음 각 호의 비율을 말한다. 다만, 해당 지방자치단체의 조례로 다음 각 호의 비율 이상의 범위에서 달리 정하는 경우에는 그 비율을 말한다.
1. 「지방세법」에 따라 부과·징수되는 지방소비세의 경우 : 3퍼센트
2. 「지방세법」에 따라 부과·징수되는 재산세의 경우 : 10퍼센트
제96조【권한의 위임 등】 ① 국토교통부장관은 법 제128조제1항에 따라 법 제107조에 따른 정비사업전문관리업자에 대한 조사 등의 권한을 시·도지사에게 위임한다.
② 국토교통부장관은 법 제128조제2항에 따라 같은 항 제1호, 제2호 및 제2호의2의 사무를 다음 각 호의 구분에 따른 기관에 위탁한다.(2021.11.11 본문개정)
1. 법 제108조에 따른 정비사업전문관리업 정보종합체계의 구축·운영에 관한 사무 : 한국부동산원(2020.12.8 본호개정)
2. 법 제115조에 따른 교육의 실시에 관한 사무 : 협회
3. 법 제119조에 따른 정비사업관리시스템의 구축·운영에 관한 사무 : 한국부동산원(2021.11.11 본호신설)

③ 제2항에 따라 법 제115조에 따른 교육의 실시에 관한 사무를 위탁받은 협회는 같은 조에 따른 교육을 실시하기 전에 교육과정, 교육 대상자, 교육시간 및 교육비 등 교육실시에 필요한 세부 사항을 정하여 국토교통부장관의 승인을 받아야 한다.

제96조의2【제안이 금지되는 사항】 ① 법 제132조제2항제1호에서 "대통령령으로 정하는 사항"이란 다음 각 호의 사항을 말한다.
1. 이사비, 이주비, 이주촉진비 및 그 밖에 시공과 관련 없는 금전이나 재산상 이익을 무상으로 제공하는 것
2. 이사비, 이주비, 그 밖에 시공과 관련 없는 금전이나 재산상 이익을 무이자나 제안 시점에 「은행법」에 따라 설립된 은행 중 전국을 영업구역으로 하는 은행이 적용하는 대출금리 중 가장 낮은 금리보다 더 낮은 금리로 대여하는 것

② 법 제132조제2항제2호에서 "대통령령으로 정하는 사항"이란 「재건축초과이익 환수에 관한 법률」에 따른 재건축부담금의 대납을 말한다.
(2022.12.9 본조신설)

제96조의3【금지되는 허위·과장된 정보제공 행위】 ① 법 제132조의3제1항제1호에 따라 금지되는 행위의 구체적인 내용은 다음 각 호와 같다.
1. 정비사업 방식에 따른 용적률, 기부채납 비율, 임대주택 건설비율, 임대주택 인수가격, 건축물 높이 제한, 건축물 층수 제한 및 분양가격에 대한 정보를 사실과 다르게 제공하는 행위
2. 객관적인 근거 없이 정비사업 추진에 따른 예상수익 정보를 과장하여 제공하는 행위

② 법 제132조의3제1항제2호에 따라 금지되는 행위의 구체적인 내용은 다음 각 호와 같다.
1. 정비사업 방식에 따른 용적률, 기부채납 비율, 임대주택 건설비율, 임대주택 인수가격, 건축물 높이 제한, 건축물 층수 제한 및 분양가격에 대한 정보를 숨기는 행위
2. 객관적인 근거 없이 정비사업 추진에 따른 분담금 추산액 및 예상손실에 대한 정보를 축소하여 제공하는 행위
(2022.12.9 본조신설)

제97조【고유식별정보의 처리】 시·도지사, 시장·군수·구청장(해당 권한이 위임·위탁된 경우에는 그 권한을 위임·위탁받은 자를 포함한다) 또는 사업시행자는 다음 각 호의 사무를 수행하기 위하여 불가피한 경우 「개인정보 보호법 시행령」 제19조에 따른 주민등록번호 또는 외국인등록번호가 포함된 자료를 처리할 수 있다.
1. 법 제31조에 따른 추진위원회 구성 승인에 관한 사무
2. 법 제36조에 따른 토지등소유자의 동의방법 등의 업무를 위한 토지등소유자의 자격 확인에 관한 사무
3. 법 제39조에 따른 조합원의 자격 확인에 관한 사무
4. 법 제42조에 따른 조합임원의 겸임 확인을 위한 사무
5. 법 제43조에 따른 조합임원의 결격사유 확인에 관한 사무
6. 법 제52조에 따른 세입자의 주거 및 이주 대책에 관한 사무
7. 법 제74조에 따른 관리처분계획의 수립 및 인가에 관한 사무
8. 법 제86조에 따른 대지 또는 건축물의 소유권 이전에 관한 사무
9. 법 제102조에 따른 정비사업전문관리업 등록에 관한 사무
10. 법 제105조에 따른 정비사업전문관리업자의 결격사유 확인에 관한 사무
11. 법 제106조에 따른 정비사업전문관리업의 등록취소 등에 관한 사무
12. 법 제107조에 따른 정비사업전문관리업자에 대한 조사 등에 관한 사무

제98조【규제의 재검토】 국토교통부장관은 다음 각 호의 사항에 대하여 2017년 1월 1일을 기준으로 3년마다(매 3년이 되는 해의 기준일과 같은 날 전까지를 말한다) 그 타당성을 검토하여 개선 등의 조치를 하여야 한다.
1. (2023.3.7 삭제)
2. 제19조 및 제21조제1항에 따른 공동시행자 및 지정개발자의 요건(2023.12.5 본호개정)
3. 제59조에 따른 분양신청의 절차 등
4. 제81조 및 별표4에 따른 정비사업전문관리업의 등록기준
5. (2023.3.7 삭제)
6. 제88조에 따른 회계감사
7. 제89조의3 및 별표5의2에 따른 건설업자 또는 등록사업자의 입찰참가 제한기준(2022.12.9 본호신설)

제9장 벌 칙

제99조【과태료의 부과】 법 제140조제3항에 따른 과태료의 부과기준은 별표6과 같다.

부 칙

제1조【시행일】 이 영은 2018년 2월 9일부터 시행한다.

제2조【정비구역의 지정을 위한 주민공람 등에 관한 적용례】 제13조제4항제1호의 개정규정은 이 영 시행 이후 정비계획의 입안권자가 정비구역의 분할, 통합 또는 결합에 따라 정비계획을 변경하는 경우부터 적용한다.

제3조【용적률 완화를 위한 현금납부액 산정기준일에 관한 적용례】 제14조제4항의 개정규정은 이 영 시행 이후 사업시행계획인가(변경인가를 포함한다)를 신청하는 경우부터 적용한다.

제4조【투기과열지구 내 조합원 지위양도 제한에 관한 적용례】 제37조제2항제6호의 개정규정은 이 영 시행 전에 투기과열지구로 지정된 지역에 대해서도 적용한다.

제5조【주거환경개선사업의 용도지역에 관한 적용례】 제58조제1호의 개정규정은 이 영 시행 이후 주거환경개선사업의 정비구역이 지정되는 경우부터 적용한다.

제6조【회계감사에 관한 적용례】 제88조의 개정규정은 이 영 시행 이후 시장·군수등 또는 토지주택공사등이 아닌 사업시행자 또는 추진위원회가 회계감사를 받는 경우부터 적용한다.

제7조【토지등소유자의 설명의무에 관한 적용례】 제92조의 개정규정은 이 영 시행 이후 토지등소유자가 자신이 소유하는 정비구역 내 토지 또는 건축물에 대하여 매매·전세·임대차 또는 지상권 설정 등 부동산 거래를 위한 계약을 체결하는 경우부터 적용한다.

제8조【관련 자료의 보관에 관한 적용례】 제94조제3항의 개정규정은 이 영 시행 이후 제94조제3항 각 호의 개정규정에 따른 회의를 개최하는 경우부터 적용한다.

제9조【투기과열지구 내 조합원 지위양도 제한에 관한 특례】 ① 제37조제2항제1호의 개정규정에도 불구하고 다음 각 호의 사항을 모두 충족하는 양도자로부터 건축물을 양수한 자는 조합원이 될 수 있다.
1. 대통령령 제28351호 도시 및 주거환경정비법 시행령 일부개정령 시행 당시 조합설립인가일부터 2년 이상 사업시행인가 신청이 없는 주택재건축사업의 건축물을 소유할 것
2. 양도자가 양도 당시 건축물을 2년 이상 계속하여 소유(소유기간을 산정할 때 소유자가 피상속인으로부터 상속받아 소유권을 취득한 경우에는 피상속인의 소유기간을 합산한다. 이하 제2항에서 같다)하고 있을 것
3. 사업시행인가 신청 전에 건축물을 양도할 것

② 제37조제2항제2호의 개정규정에도 불구하고 다음 각 호의 사항을 모두 충족하는 양도자로부터 토지 또는 건축물을 양수한 자는 조합원이 될 수 있다.
1. 대통령령 제28351호 도시 및 주거환경정비법 시행령 일부개정령 시행 당시 사업시행인가일부터 2년 이상 착공하지 못한 주택재건축사업의 토지 또는 건축물을 소유할 것
2. 양도자가 양도 당시 토지 또는 건축물을 2년 이상 계속하여 소유하고 있을 것
3. 착공 전에 토지 또는 건축물을 양도할 것

제10조【일반적 경과조치】 이 영 시행 당시 종전의 「도시 및 주거환경정비법 시행령」에 따른 결정·처분·절차 및 그 밖의 행위는 이 영의 규정에 따라 행하여진 것으로 본다.

제11조【정비계획의 수립에 관한 경과조치】 ① 대통령령 제24756호 도시 및 주거환경정비법 시행령 일부개정령 시행 전에 「도시 및 주거환경정비법」(법률 제12116호로 개정되기 전의 것을 말한다) 제4조제1항에 따라 정비계획을 수립한 경우 노후·불량건축물의 범위에 대해서는 제2조의 개정규정에도 불구하고 종전의 「도시 및 주거환경정비법 시행령」(대통령령 제24756호로 개정되기 전의 것을 말한다) 제2조에 따른다.

② 대통령령 제24007호 도시 및 주거환경정비법 시행령 일부개정령 시행 전에 정비계획을 수립하기 위하여 주민에게 서면으로 통보하거나 「도시재정비 촉진을 위한 특별법」(법률 제11294호로 개정되기 전의 것을 말한다) 제4조제3항에 따라 재정비촉진지구 지정을 위하여 주민설명회를 열었던 경우에는 제7조 및 별표1 제2호의 개정규정에도 불구하고 종전의 「도시 및 주거환경정비법 시행령」(대통령령 제24007호로 개정되기 전의 것을 말한다) 별표1 제2호에 따른다.

③ 대통령령 제24007호 도시 및 주거환경정비법 시행령 일부개정령 시행 전에 정비기본계획이 수립된 경우 정비계획의 수립에 대해서는 제7조 및 별표1 제2호의 개정규정에도 불구하고 종전의 「도시 및 주거환경정비법 시행령」(대통령령 제24007호로 개정되기 전의 것을 말한다) 제52조제2항제1호 및 별표1 제3호에 따른다.

④ 대통령령 제24007호 도시 및 주거환경정비법 시행령 일부개정령 시행 전에 정비기본계획이 수립된 경우 제63조제2항제1호 및 별표1 제3호의 개정규정에도 불구하고 종전의 「도시 및 주거환경정비법 시행령」(대통령령 제24007호로 개정되기 전의 것을 말한다)에 따른다.

⑤ 대통령령 제24007호 도시 및 주거환경정비법 시행령 일부개정령 시행 전에 「도시재정비 촉진을 위한 특별법」(법률 제11998호로 개정되기 전의 것을 말한다) 제5조에 따라 지정된 재정비촉진지구에 대해서는 제63조제2항제1호 및 별표1 제3호의 개정규정에도 불구하고 종전의 「도시 및 주거환경정비법 시행령」(대통령령 제24007호로 개정되기 전의 것을 말한다) 제52조제2항제1호 및 별표1 제3호에 따른다.

제12조【주택의 규모 및 건설비율에 관한 경과조치】 ① 대통령령 제18830호 도시 및 주거환경정비법 시행령 일부개정령 시행 전에 「도시 및 주거환경정비법」(법률 제8785호로 개정되기 전의 것을 말한다) 제4조제1항에 따라 주민공람을 한 주거환경개선사업에 대해서는 제9조의 개정규정에도 불구하고 종전의 「도시 및 주거환경정비법 시행령」(대통령령 제18830호로 개정되기 전의 것을 말한다)에 따른다.

② 대통령령 제18830호 도시 및 주거환경정비법 시행령 일부개정령 시행 전에 사업시행인가를 신청한 주택재개발사업 및 주택재건축사업에 대해서는 제9조의 개정규정에도 불구하고 종전의 「도시 및 주거환경정비법 시행령」(대통령령 제18830호로 개정되기 전의 것을 말한다) 제13조의3제1항제2호 및 제3호에 따른다.

③ 대통령령 제21285호 도시 및 주거환경정비법 시행령 일부개정령 시행 전에 사업시행인가를 신청한 경우 또는 관리처분계획의 인가를 신청하기 전에 사업시행인가의 변경인가를 신청한 경우에는 제9조의 개정규정에도 불구하고 종전의 「도시 및 주거환경정비법 시행령」(대통령령 제21285호로 개정되기 전의 것을 말한다) 제13조의3에 따른다.

④ 대통령령 제21285호 도시 및 주거환경정비법 시행령 일부개정령 시행 당시 다음 각 호의 어느 하나에 해당하는 경우에는 제3항에도 불구하고 대통령령 제21285호 도시 및 주거환경정비법 시행령 일부개정령 제13조의3에 따른다.
1. 대통령령 제21285호 도시 및 주거환경정비법 시행령 일부개정령 시행 당시 관리처분계획의 인가를 받은 주택재건축사업조합이 토지등소유자 전원의 동의를 받은 경우(조합원과 주택공급계약을 체결하지 아니한 경우에는 총회에서 조합원 과반수 이상의 동의를 받았던 경우를 포함한다)
2. 조합원이 아닌 자와 주택공급계약을 체결한 주택재건축사업조합이 토지등소유자 전원 및 주택공급계약을 체결한 입주자 전원의 동의를 받은 경우

⑤ 대통령령 제22968호 도시 및 주거환경정비법 시행령 일부개정령 시행 전에 정비계획을 수립하여 주민에게 서면으로 통보한 경우에는 제9조의 개정규정에도 불구하고 종전의 「도시 및 주거환경정비법 시행령」(대통령령 제22968호로 개정되기 전의 것을 말한다) 제13조의3에 따른다.

⑥ 대통령령 제25633호 도시 및 주거환경정비법 시행령 일부개정령 시행 전에 「도시 및 주거환경정비법」(법률 제12989호로 개정되기 전의 것을 말한다. 이하 제8항에서 같다) 제28조제1항에 따라 사업시행인가(변경인가를 포함한다)를 받거나 신청한 주택재건축사업의 경우에는 제9조의 개정규정에도 불구하고 종전의 「도시 및 주거환경정비법 시행령」(대통령령 제25633호로 개정되기 전의 것을 말한다) 제13조의3제2항에 따른다.

⑦ 대통령령 제26063호 도시 및 주거환경정비법 시행령 일부개정령 시행 전에 「도시 및 주거환경정비법」 제48조제1항에 따라 관리처분계획인가(변경인가를 포함한다)를 받거나 신청한 주택재개발사업의 경우에는 제9조의 개정규정에도 불구하고 종전의 「도시 및 주거환경정비법 시행령」(대통령령 제26063호로 개정되기 전의 것을 말한다) 제13조의3제1항제2호나목에 따른다.

⑧ 이 영 시행 전에 도시환경정비사업의 사업시행인가를 신청한 경우에는 제9조제1항제2호의 개정규정에도 불구하고 종전의 규정에 따른다.

제13조【토지등소유자의 동의자 수 산정 방법에 관한 경과조치】 ① 대통령령 제18830호 도시 및 주거환경정비법 시행령 일부개정령 시행 전에 추진위원회의 승인, 조합의 설립인가·변경인가 또는 정관의 변경인가를 신청한 경우 그 승인 신청 또는 인가 신청에 관한 동의자 수 산정 방법에 대해서는 제33조의 개정규정에도 불구하고 종전의 「도시 및 주거환경정비법 시행령」(대통령령 제18830호로 개정되기 전의 것을 말한다. 이하 제2항에서도 같다) 제28조에 따른다.

② 제1항에도 불구하고 대통령령 제18830호 도시 및 주거환경정비법 시행령 일부개정령 시행 당시 종전의 「도시 및 주거환경정비법 시행령」에 따라 동의를 철회하지 아니한 경우에는 제33조의 개정규정에도 불구하고 대통령령 제18830호 도시 및 주거환경정비법 시행령 일부개정령 제28조에 따른다.

③ 대통령령 제21171호 도시 및 주거환경정비법 시행령 일부개정령 시행 전에 추진위원회의 승인, 조합의 설립인가·변경인가 또는 정관의 변경인가를 신청한 경우 그 승인 신청 또는 인가 신청에 관한 동의자수 산정방법에 대해서는 제33조의 개정규정에도 불구하고 종전의 「도시 및 주거환경정비법 시행령」(대통령령 제21171호로 개정되기 전의 것을 말한다) 제28조에 따른다.

④ 대통령령 제27029호 도시 및 주거환경정비법 시행령 일부개정령 시행 전에 토지등소유자가 한 「도시 및 주거환경정비법」(법률 제13508호로 개정되기 전의 것을 말한다) 제4조의3제4항제4호 또는 제16조의2제1항에 따른 동의의 철회에 대해서는 제33조제2항의 개정규정에도 불구하고 종전의 「도시 및 주거환경정비법 시행령」(대통령령 제27029호로 개정되기 전의 것을 말한다) 제28조에 따른다.

제14조【분양을 신청하지 아니한 자 등에 대한 현금청산절차에 관한 경과조치】 이 영 시행 전에 종전의 제48조에 따라 사업시행자와 분양을 신청하지 아니한 토지등소유자 등이 청산금을 협의한 경우에는 제60조제1항의 개정규정에 따라 청산금을 협의한 것으로 본다.

제15조【관리처분의 기준에 관한 경과조치】 대통령령 제21171호 도시 및 주거환경정비법 시행령 일부개정령 시행 전에 관리처분계획의 인가(변경인가를 포함한다)를 신청한 경우 관리처분의 기준에 대해서는 제63조제2항의 개정규정에도 불구하고 종전의 「도시 및 주거환경정비법 시행령」(대통령령 제21171호로 개정되기 전의 것을 말한다) 제52조제2항에 따른다.
제16조【다른 법령의 개정】 ①~㉝ ※(해당 법령에 가제정리 하였음)

부 칙 (2020.2.18)

제1조【시행일】 이 영은 공포한 날부터 시행한다.(이하 생략)

부 칙 (2020.6.23)

제1조【시행일】 이 영은 공포 후 3개월이 경과한 날부터 시행한다.
제2조【재개발사업의 조합원 자격에 관한 적용례】 제37조제2항의 개정규정은 이 영 시행 이후 재개발사업의 토지 또는 건축물을 양도하는 경우부터 적용한다.
제3조【재개발사업의 임대주택 건설비율의 적용대상 및 상한 등에 관한 경과조치】 이 영 시행 전에 법 제50조제1항 본문에 따라 사업시행계획인가를 받았거나 신청한 재개발사업의 경우에는 제9조제1항제2호의 개정규정에도 불구하고 종전의 규정에 따른다.

부 칙 (2020.12.1)
(2020.12.8)

제1조【시행일】 이 영은 2020년 12월 10일부터 시행한다.(이하 생략)

부 칙 (2021.1.5)

이 영은 공포한 날부터 시행한다.(이하 생략)

부 칙 (2021.7.13)

이 영은 2021년 7월 14일부터 시행한다.

부 칙 (2021.11.11)

이 영은 2021년 11월 11일부터 시행한다.

부 칙 (2021.12.16)

제1조【시행일】 이 영은 2022년 1월 13일부터 시행한다.(이하 생략)

부 칙 (2021.12.28)

제1조【시행일】 이 영은 2021년 12월 30일부터 시행한다.(이하 생략)

부 칙 (2022.1.21)

제1조【시행일】 이 영은 2022년 1월 21일부터 시행한다.(이하 생략)

부 칙 (2022.12.9)

이 영은 2022년 12월 11일부터 시행한다.

부 칙 (2023.3.7)
(2023.8.22)

이 영은 공포한 날부터 시행한다.

부 칙 (2023.12.5)

제1조【시행일】 이 영은 2024년 1월 19일부터 시행한다. 다만, 제21조제1항부터 제5항까지의 개정규정은 공포한 날부터 시행한다.
제2조【토지등소유자의 추천 수 산정 방법에 관한 적용례】 제21조제2항부터 제5항까지의 개정규정은 부칙 제1조 단서에 따른 시행일 이후 법 제27조제1항에 따라 지정개발자를 사업시행자로 지정하거나 사업대행개시결정을 하는 경우부터 적용한다.

〔별표〕 ➡ 「法典 別册」 참조

도시재정비 촉진을 위한 특별법(약칭 : 도시재정비법)

(2005년 12월 30일 법 률 제7834호)

개정
2006. 5.24법 7959호(재건축초과이익환수에관한법)
2007.12.21법 8786호
2008. 2.29법 8852호(정부조직)
2008. 3.21법 8970호(도시개발법)
2008. 3.28법 9037호(환경영향평가법)
2008. 3.28법 9048호
2008. 3.28법 9071호(도시교통정비촉진법)
2008.12.31법 9321호
2009. 1.30법 9386호(의료법)
2009. 3.20법 9511호(보금자리주택)
2009. 3.25법 9539호 2009.12.29법 9876호
2010. 3.31법10220호(지방세특례제한법)
2010. 3.31법10221호(지방세)
2011. 4.14법10599호(국토이용)
2011. 5.30법10761호
2011. 7.21법10892호(환경영향평가법)
2012. 2. 1법11294호
2013. 3.23법11690호(정부조직)
2013. 7.16법11924호
2013. 8. 6법11998호(지방세외수입금의징수등에관한법)
2014. 1.14법12251호(공공주택건설등에관한특별법)
2015. 1. 6법12989호(주택도시기금법)
2015. 6.22법13378호(주거기본법)
2015. 7.24법13433호(도시교통정비촉진법)
2015. 8.28법13498호(공공주택특별법)
2016. 1.19법13794호 2017. 1.17법14540호
2017. 2. 8법14567호(도시및주거환경정비법)
2017. 2. 8법14569호(빈집및소규모주택정비에관한특례법)
2017. 8. 9법14859호 2019. 4.23법16385호
2020. 3.24법17091호(지방행정제재·부과금의징수등에관한법)
2020.12.22법17689호(국가자치경찰)
2021. 1.12법17893호(지방자치)
2023.12.26법19849호

제1장 총 칙
(2011.5.30 본장개정)

제1조【목적】 이 법은 도시의 낙후된 지역에 대한 주거환경의 개선, 기반시설의 확충 및 도시기능의 회복을 위한 사업을 광역적으로 계획하고 체계적·효율적으로 추진하기 위하여 필요한 사항을 정함으로써 도시의 균형있는 발전을 도모하고 국민의 삶의 질 향상에 기여함을 목적으로 한다.
제2조【정의】 이 법에서 사용하는 용어의 뜻은 다음과 같다.
1. "재정비촉진지구"란 도시의 낙후된 지역에 대한 주거환경의 개선, 기반시설의 확충 및 도시기능의 회복을 광역적으로 계획하고 체계적·효율적으로 추진하기 위하여 제5조에 따라 지정하는 지구(地區)를 말한다. 이 경우 지구의 특성에 따라 다음 각 목의 유형으로 구분한다.
 가. 주거지형 : 노후·불량 주택과 건축물이 밀집한 지역으로서 주로 주거환경의 개선과 기반시설의 정비가 필요한 지구
 나. 중심지형 : 상업지역, 공업지역 등으로서 토지의 효율적 이용과 도심 또는 부도심 등의 도시기능의 회복이 필요한 지구
 다. 고밀복합형 : 주요 역세권, 간선도로의 교차지 등 양호한 기반시설을 갖추고 있어 대중교통 이용이 용이한 지역으로서 도심 내 소형주택의 공급 확대, 토지의 고도이용과 건축물의 복합개발이 필요한 지구
2. "재정비촉진사업"이란 재정비촉진지구에서 시행되는 다음 각 목의 사업을 말한다.
 가. 「도시 및 주거환경정비법」에 따른 주거환경개선사업, 재개발사업 및 재건축사업, 「빈집 및 소규모주택 정비에 관한 특례법」에 따른 가로주택정비사업, 소규모재건축사업 및 소규모재개발사업(2023.12.26 본목개정)
 나. 「도시개발법」에 따른 도시개발사업
 다. 「도시재생 활성화 및 지원에 관한 특별법」에 따른 주거재생혁신지구의 혁신지구재생사업(2023.12.26 본목신설)
 라. 「공공주택 특별법」에 따른 도심 공공주택 복합사업(2023.12.26 본목신설)
 마. 「전통시장 및 상점가 육성을 위한 특별법」에 따른 시장정비사업
 바. 「국토의 계획 및 이용에 관한 법률」에 따른 도시·군계획시설사업
3. "재정비촉진계획"이란 재정비촉진지구의 재정비촉진사업을 계획적이고 체계적으로 추진하기 위한 제9조에 따른 재정비촉진지구의 토지 이용, 기반시설의 설치 등에 관한 계획을 말한다.
4. "재정비촉진구역"이란 제2호 각 목의 해당 사업별로 결정된 구역을 말한다.
5. "우선사업구역"이란 재정비촉진구역 중 재정비촉진사업의 활성화, 소형주택 공급 확대, 주민 이주대책 지원 등을 위하여 다른 구역에 우선하여 개발하는 구역으로서 재정비촉진계획으로 결정되는 구역을 말한다.
6. "존치지역"이란 재정비촉진지구에서 재정비촉진사업을 할 필요성이 적어 재정비촉진계획에 따라 존치하는 지역을 말한다.
7. "기반시설"이란 「국토의 계획 및 이용에 관한 법률」 제2조제6호에 따른 시설을 말한다.
8. "토지등소유자"란 다음 각 목의 구분에 따른 자를 말한다.
 가. 「도시 및 주거환경정비법」에 따른 주거환경개선사업·재개발사업 및 「빈집 및 소규모주택 정비에 관한 특례법」에 따른 가로주택정비사업·소규모재개발사업, 「전통시장 및 상점가 육성을 위한 특별법」에 따른 시장정비사업 및 「국토의 계획 및 이용에 관한 법률」에 따른 도시·군계획시설사업의 경우 : 재정비촉진구역에 있는 토지 또는 건축물의 소유자와 그 지상권자(2023.12.26 본목개정)
 나. 「도시 및 주거환경정비법」에 따른 재건축사업 및 「빈집 및 소규모주택 정비에 관한 특례법」에 따른 소규모재건축사업의 경우 : 재정비촉진구역에 있는 건축물 및 그 부속토지의 소유자(2017.2.8 본목개정)
 다. 「도시개발법」에 따른 도시개발사업의 경우 : 재정비촉진구역에 있는 토지의 소유자와 그 지상권자
 라. 「도시재생 활성화 및 지원에 관한 특별법」에 따른 주거재생혁신지구의 혁신지구재생사업의 경우 : 재정비촉진구역에 있는 토지·물건 또는 권리의 소유자
 마. 「공공주택 특별법」에 따른 도심 공공주택 복합사업의 경우 : 재정비촉진구역에 있는 토지 또는 건축물의 소유자
 (2023.12.26 라목~마목신설)
제3조【다른 법률과의 관계 등】 ① 이 법은 재정비촉진지구에서는 다른 법률보다 우선하여 적용한다.
② 재정비촉진사업의 시행에 관하여 이 법에서 규정하지 아니한 사항에 대하여는 해당 사업에 관하여 정하고 있는 관계 법률에 따른다.
③ 「도시 및 주거환경정비법」에 따른 재건축사업 및 「빈집 및 소규모주택 정비에 관한 특례법」에 따른 소규모재건축사업이 시행되는 재정비촉진구역에 대하여는 제19조(제2항제3호는 제외한다) 및 제20조를 적용하지 아니한다.(2017.2.8 본항개정)

제2장 재정비촉진지구의 지정
(2011.5.30 본장개정)

제4조【재정비촉진지구 지정의 신청 등】 ① 시장(「지방자치법」 제198조에 따른 서울특별시·광역시 및 특별자치시를 제외한 인구 50만 이상 대도시의 시장(이하 "대도시 시장"이라 한다)에 대하여는 재정비촉진사업이 필요하다고 인정되는 지역이 그 관할지역 및 다른 시·군·구에 걸쳐 있는 경우로 한정한다. 이하 제3항, 제5조제3항, 제9조제1항·제3항 및 제12조에서 같다〕·군수·구청장(자치구의 구청장을 말한다. 이하 같다)은 특별시장·광역시장 또는 도지사에게 재정비촉진지구의 지정을 신청할 수 있다. 재정비촉진지구를 변경하려는 경우에도 또한 같다.(2021.1.12 전단개정)
② 제1항에 따라 재정비촉진지구의 지정 또는 변경을 신청하려는 자는 다음 각 호의 서류 및 도면(변경의 경우에는 변경하려는 사항에 한정한다)을 첨부하여 특별시장·광역시장 또는 도지사에게 제출하여야 한다.
1. 재정비촉진지구의 명칭·위치 및 면적
2. 재정비촉진지구의 지정 목적
3. 재정비촉진지구의 현황(인구, 주택 수, 용적률, 세입자 현황 등)
4. 재정비촉진지구 개발의 기본 방향
5. 재정비촉진지구에서 시행 중인 재정비촉진사업의 현황
6. 개략적인 기반시설 설치에 관한 사항
7. 부동산 투기에 대한 대책
8. 그 밖에 대통령령으로 정하는 사항
③ 시장·군수·구청장은 제1항에 따른 재정비촉진지구의 지정 또는 변경을 신청하려는 경우에는 주민설명회를 열고, 그 내용을 14일 이상 주민에게 공람하며, 지방의회의 의견을 들은 후(이 경우 지방의회는 시장·군수·구청장이 재정비촉진지구의 지정 또는 변경 신청서를 통지한 날부터 60일 이내에 의견을 제시하여야 하며, 의견제시 없이 60일이 지난 때에는 이의가 없는 것으로 본다) 그 의견을 첨부하여 신청하여야 한다. 다만, 대통령령으로 정하는 경미한 사항의 변경을 신청하려는 경우에는 주민설명회, 주민 공람 및 지방의회의 의견 청취 절차를 거치지 아니할 수 있다.(2012.2.1 본항개정)
제5조【재정비촉진지구의 지정】 ① 특별시장·광역시장 또는 도지사는 제4조에 따라 재정비촉진지구의 지정을 신청받은 경우에는 관계 행정기관의 장과 협의를 거쳐 「국토의 계획 및 이용에 관한 법률」 제113조에 따른 지방도시계획위원회(이하 "지방도시계획위원회"라 한다)의 심의를 거쳐 재정비촉진지구를 지정한다. 재정비촉진지구의 지정을 변경(대통령령으로 정하는 경미한 사항의 변경은 제외한다)하려는 경우에도 또한 같다.
② 제1항에도 불구하고 제34조에 따른 도시재정비위원회가 설치된 특별시·광역시 또는 도의 경우에는 도시재정비위원회의 심의로 지방도시계획위원회의 심의를 갈음할 수 있다.
③ 제1항에도 불구하고 특별시장·광역시장 또는 도지사는 시장·군수·구청장이 재정비촉진지구의 지정을 신청하지 아니하더라도 해당 시장·군수·구청장과의 협

의를 거쳐 직접 재정비촉진지구를 지정할 수 있다. 이 경우 특별시장·광역시장 또는 도지사는 제4조제3항의 절차를 거치거나 시장·군수·구청장으로 하여금 같은 항의 절차를 거치도록 하여야 하며, 지정 절차에 관하여는 제1항 및 제2항을 준용한다.
④ 다음 각 호의 자는 직접 재정비촉진지구를 지정하거나 변경한다. 이 경우 제4조제2항 각 호의 서류 및 도면을 작성하여 같은 조 제3항의 절차를 거쳐야 하며, 지정 절차에 관하여는 제1항 및 제2항을 준용한다.
1. 특별자치시장(2013.7.16 본호신설)
2. 특별자치도지사
3. 대도시 시장. 다만, 재정비촉진사업이 필요하다고 인정되는 지역이 그 관할지역에 있고 다른 시·군·구에 걸쳐 있지 아니하는 경우에 한정한다.
⑤ 특별시장·광역시장·특별자치시장·도지사 또는 특별자치도지사(이하 "시·도지사"라 한다) 또는 대도시 시장은 제1항부터 제4항까지의 규정에 따라 재정비촉진지구를 지정하거나 변경할 때에는 대통령령으로 정하는 바에 따라 그 내용을 지체 없이 해당 지방자치단체의 공보에 고시하여야 한다.(2013.7.16 본항개정)
⑥ 제5항에 따라 시·도지사 또는 대도시 시장이 재정비촉진지구를 지정하거나 변경하였을 때에는 국토교통부령으로 정하는 바에 따라 국토교통부장관에게 보고하여야 한다.(2013.3.23 본항개정)

제6조【재정비촉진지구 지정의 요건】 ① 시·도지사 또는 대도시 시장은 제5조에 따라 재정비촉진지구를 지정하거나 변경하려는 경우에는 「국토의 계획 및 이용에 관한 법률」 제18조에 따라 수립된 도시·군기본계획과 「도시 및 주거환경정비법」 제4조에 따라 수립된 도시·주거환경정비기본계획을 고려하여야 한다.(2017.2.8 본항개정)
② 제5조에 따른 재정비촉진지구는 다음 각 호의 어느 하나 이상에 해당하는 경우에 지정할 수 있다.
1. 노후·불량 주택과 건축물이 밀집한 지역으로서 주로 주거환경의 개선과 기반시설의 정비가 필요한 경우
2. 상업지역, 공업지역 등으로서 토지의 효율적 이용과 도심 또는 부도심 등의 도시기능의 회복이 필요한 경우
3. 주요 역세권, 간선도로의 교차지 등 양호한 기반시설을 갖추고 있어 대중교통 이용이 용이한 지역으로서 도심 내 소형주택의 공급 확대, 토지의 고도이용과 건축물의 복합개발이 필요한 경우
4. 제2조제2호 각 목에 따른 여러 사업을 체계적·계획적으로 개발할 필요가 있는 경우
5. 그 밖에 대통령령으로 정하는 경우
③ 제5조에 따라 지정되는 재정비촉진지구의 면적은 10만제곱미터 이상으로 한다. 다만, 고밀복합형 재정비촉진지구를 지정하는 경우에는 주요 역세권 또는 간선도로 교차지 등으로부터 일정 반경 이내 등 대통령령으로 정하는 지정범위에서 지정하여야 한다.(2023.12.26 본문개정)
④ 제5조에 따른 재정비촉진지구는 2개 이상의 재정비촉진사업을 포함하여 지정하여야 한다.(2023.12.26 본항개정)
⑤ (2023.12.26 삭제)

제7조【재정비촉진지구 지정의 효력 상실 등】 ① 제5조에 따라 재정비촉진지구 지정을 고시한 날부터 2년이 되는 날까지 제12조에 따른 재정비촉진계획이 결정되지 아니하면 그 2년이 되는 날의 다음 날에 재정비촉진지구 지정의 효력이 상실된다. 다만, 시·도지사 또는 대도시 시장은 해당 기간을 1년의 범위에서 연장할 수 있다.
② 시·도지사 또는 대도시 시장은 그 밖에 재정비촉진사업의 추진 상황으로 보아 재정비촉진지구의 지정 목적을 달성하였거나 달성할 수 없다고 인정하는 경우에는 지방도시계획위원회 또는 제34조에 따른 도시재정비위원회의 심의를 거쳐 재정비촉진지구의 지정을 해제할 수 있다.
③ 제2항에 따라 재정비촉진지구의 지정을 해제하려는 시·도지사 또는 대도시 시장은 지방도시계획위원회 또는 제34조에 따른 도시재정비위원회 심의 전에 주민설명회를 열고 그 내용을 14일 이상 주민에게 공람하여야 하며, 지방의회의 의견을 들어야 한다. 이 경우 지방의회는 의견을 요청받은 날부터 60일 이내에 의견을 제시하여야 하며, 의견제시 없이 60일이 지난 경우 이의가 없는 것으로 본다.(2017.1.17 본항신설)
④ 제2항에 따라 재정비촉진지구의 지정을 해제하려는 시·도지사 또는 대도시 시장은 필요하다고 인정하는 경우 시장·군수·구청장으로 하여금 제3항에 따른 절차를 거치도록 할 수 있다. 이 경우 시장·군수·구청장은 지방의회의 의견을 특별시장·광역시장 또는 도지사에게 제출하여야 한다.(2017.1.17 본항신설)
⑤ 제2항부터 제4항까지의 규정에 따라 재정비촉진지구의 지정이 해제된 경우 재정비촉진계획 결정의 효력은 상실된 것으로 본다.(2017.1.17 본항개정)
⑥ 제2항부터 제4항까지의 규정에 따라 재정비촉진지구의 지정을 해제하는 경우 재정비촉진구역 내 추진위원회(「도시 및 주거환경정비법」 제31조의 추진위원회를 말한다) 또는 조합(「도시 및 주거환경정비법」 제35조의 조합을 말한다)의 구성에 동의한 토지등소유자 2분의 1 이상 3분의 2 이하의 범위에서 특별시·광역시·특별자치시·도·특별자치도(이하 "시·도"라 한다) 또는 대도시 조례로 정하는 비율 이상 또는 토지등소유자의 과반수가 해당 재정비촉진사업을 「도시 및 주거환경정비법」 제2조제2호에 따른 정비사업으로 전환하여 계속 시행하기를 원하는 구역에서는 이 법 또는 관계 법률에 따른 종전의 지정·인가·허가·승인·신고·등록·협의·동의·심사 등(이하 이 조에서 "인가등"이라 한다)이 유효한 것으로 본다. 이 경우 시·도지사 또는 대도시 시장, 시장·군수·구청장 또는 사업시행자는 종전의 인가등을 변경하여야 한다.(2017.2.8 전단개정)
⑦ 시·도지사 또는 대도시 시장은 제1항부터 제4항까지의 규정에 따라 재정비촉진지구 지정의 효력이 상실되거나 지정을 해제하는 경우에는 대통령령으로 정하는 바에 따라 그 사실을 지체 없이 해당 지방자치단체의 공보에 고시하여야 한다.(2017.1.17 본항개정)

제8조【행위 등의 제한】 ① 특별시장·광역시장·특별자치시장·특별자치도지사·시장 또는 군수(광역시의 관할구역에 있는 군의 군수는 제외한다. 이하 이 항에서 같다)는 제5조에 따라 재정비촉진지구의 지정을 고시한 날부터 제12조에 따라 재정비촉진계획의 결정을 고시한 날까지 재정비촉진지구에서 「국토의 계획 및 이용에 관한 법률」 제56조에 따른 개발행위의 허가를 할 수 없다. 다만, 특별시장·광역시장·특별자치시장·특별자치도지사·시장 또는 군수가 재정비촉진계획의 수립에 지장이 없다고 판단하여 허가하는 경우에는 그러하지 아니하다.
② 제12조에 따라 재정비촉진계획이 결정·고시된 날부터 해당 재정비촉진지구에서는 재정비촉진계획의 내용에 적합하지 아니한 건축물의 건축 또는 공작물의 설치를 할 수 없다. 다만, 특별자치시장, 특별자치도지사, 시장·군수·구청장이 재정비촉진사업의 시행에 지장이 없다고 판단하여 허가하는 경우에는 그러하지 아니하다.(2013.7.16 본조개정)

제3장 재정비촉진계획의 수립 및 결정
(2011.5.30 본장개정)

제9조【재정비촉진계획의 수립 등】 ① 시장·군수·구청장은 다음 각 호의 사항을 포함한 재정비촉진계획을 수립하여 특별시장·광역시장 또는 도지사에게 결정을 신청하여야 한다. 이 경우 재정비촉진지구가 둘 이상의 시·군·구의 관할지역에 걸쳐 있는 경우에는 관할 시장·군수·구청장이 공동으로 이를 수립한다.
1. 위치, 면적, 개발기간 등 재정비촉진계획의 개요
2. 토지 이용에 관한 계획
3. 인구·주택 수용계획
4. 교육시설, 문화시설, 복지시설 등 기반시설 설치계획
5. 공원·녹지 조성 및 환경보전 계획
6. 교통계획
7. 경관계획
8. 재정비촉진구역 지정에 관한 다음 각 목의 사항
가. 재정비촉진구역의 경계
나. 개별법에 따라 시행할 수 있는 재정비촉진사업의 종류
다. 존치지역에 관한 사항. 세분하여 관리할 필요가 있는 경우 아래의 유형으로 구분할 수 있다.
1) 존치정비구역 : 재정비촉진구역의 지정 요건에는 해당하지 아니하나 시간의 경과 등 여건의 변화에 따라 재정비촉진사업 요건에 해당할 수 있거나 재정비촉진사업의 필요성이 높아질 수 있는 구역
2) 존치관리구역 : 재정비촉진구역의 지정 요건에 해당하지 아니하거나 기존의 시가지로 유지·관리할 필요가 있는 구역
라. 우선사업구역의 지정에 관한 사항(필요한 경우만 해당한다) 등
9. 재정비촉진사업별 용도지역 변경계획(필요한 경우만 해당한다)
10. 재정비촉진사업별 용적률·건폐율 및 높이 등에 관한 건축계획
11. 기반시설의 비용분담계획
12. 기반시설의 민간투자사업에 관한 계획(필요한 경우만 해당한다)
13. 임대주택 건설 등 재정비촉진지구에 거주하는 세입자 및 소규모의 주택 또는 토지의 소유자(이하 "세입자등"이라 한다)의 주거대책
13의2. 재정비촉진사업 시행기간 동안의 범죄예방대책
14. 제30조제5항에 따른 순환개발 방식의 시행을 위한 사항(필요한 경우만 해당한다)
15. 단계적 사업 추진에 관한 사항
16. 상가의 분포 및 수용계획
17. 그 밖에 대통령령으로 정하는 사항
② 제1항에도 불구하고 시·군·구 간의 협의가 어려운 경우나 제5조제3항에 따라 특별시장·광역시장 또는 도지사가 직접 재정비촉진지구를 지정한 경우에는 특별시장·광역시장 또는 도지사가 직접 재정비촉진계획을 수립할 수 있으며, 같은 조 제4항에 따라 특별자치시장, 특별자치도지사 또는 대도시 시장이 직접 재정비촉진지구를 지정한 경우에는 특별자치시장, 특별자치도지사 또는 대도시 시장이 직접 재정비촉진계획을 수립한다. 이 경우 특별시장·광역시장 또는 도지사는 제3항의 절차를 거치거나 시장·군수·구청장으로 하여금 같은 항의 절차를 거치도록 하여야 하며, 특별자치시장, 특별자치도지사 또는 대도시 시장은 같은 항의 절차를 거쳐야 한다.(2013.7.16 본항개정)
③ 시장·군수·구청장은 제1항에 따라 재정비촉진계획을 수립하거나 변경하려는 경우에는 그 내용을 14일 이상 주민에게 공람하고 지방의회의 의견을 들은 후(이 경우 지방의회는 시장·군수·구청장이 재정비촉진계획의 수립 또는 변경을 통지한 날부터 60일 이내에 의견을 제시하여야 하며, 의견제시 없이 60일이 지난 때에는 이의가 없는 것으로 본다) 공청회를 개최하여야 한다. 다만, 대통령령으로 정하는 경미한 사항을 변경하는 경우에는 그러하지 아니하다.
④ 제3항에 따른 재정비촉진계획의 수립 및 변경을 하는 경우에는 시·도 또는 대도시 조례로 정하는 바에 따라 주민의 동의를 받는 절차를 거칠 수 있다.(2012.2.1 본항신설)
⑤ 시·도지사 또는 대도시 시장은 대통령령으로 정하는 바에 따라 재정비촉진계획 수립의 모든 과정을 총괄 진행·조정하게 하기 위하여 도시계획·도시설계·건축 등 분야의 전문가를 총괄계획가로 위촉할 수 있다.
⑥ 기반시설의 설치 및 비용 분담의 기준 등 재정비촉진계획의 수립기준에 관하여 필요한 사항은 대통령령으로 정하는 바에 따라 국토교통부장관이 따로 정할 수 있다.(2013.3.23 본항개정)
⑦ 제15조제1항제1호 또는 제2호의 자는 재정비촉진사업을 효율적으로 추진하기 위하여 제1항 각 호의 사항을 포함한 재정비촉진계획을 마련한 후 토지등소유자 과반수의 동의를 받아 제1항 및 제2항에 따른 재정비촉진계획 수립권자(이하 "재정비촉진계획 수립권자"라 한다)에게 재정비촉진계획의 수립(변경하는 경우를 포함한다)을 제안할 수 있다. 이 경우 동의자 수의 산정 방법, 제안서의 처리 등에 필요한 사항은 대통령령으로 정한다.
(2023.12.26 본항신설)
(2023.12.26 본조제목개정)

제10조【기반시설의 설치계획】 재정비촉진계획에 따른 기반시설의 설치계획은 재정비촉진사업을 서로 연계하여 광역적으로 수립하여야 하고, 재정비촉진지구의 존치지역과 재정비촉진사업의 추진 가능시기 등을 종합적으로 고려하여 수립하여야 한다.

제11조【기반시설 설치비용의 분담 등】 ① 기반시설 설치비용은 제15조 또는 제18조에 따른 재정비촉진사업의 시행자(이하 "사업시행자"라 한다)가 재정비촉진계획의 비용분담계획에 따라 부담하여야 한다.
② 기반시설 설치비용의 부담 규모는 재정비촉진사업별 시행 규모 및 건축계획의 내용 등을 고려하여 균형 있게 정하여야 한다.
③ 사업시행자가 기반시설의 설치를 위하여 필요한 부지를 제공하는 경우에는 해당 재정비촉진계획에 대통령령으로 정하는 바에 따라 용적률, 건축물의 높이 등을 조정하는 내용을 포함시킬 수 있다.
④ 시·도지사 또는 시장·군수·구청장이 재정비촉진계획에 따라 기반시설을 설치하게 되는 경우에 시·도지사 또는 시장·군수·구청장으로부터 토지 또는 건축물 등에 관한 보상을 받은 자가 그 보상금액에 국토교통부령으로 정하는 이자를 더한 금액을 시·도지사 또는 시장·군수·구청장에게 반환하는 경우에는 해당 재정비촉진구역 또는 인접한 재정비촉진구역의 토지등소유자로 보며, 이 경우 해당 재정비촉진구역 사업시행자가 기반시설의 설치에 필요한 부지를 제공한 것으로 본다. 또한 토지 또는 건축물 등에 관한 보상을 받은 자가 보상금액을 반환하지 아니한 경우에는 해당 재정비촉진구역 또는 인접한 재정비촉진구역에서 매각되는 토지 또는 건축물에 대하여 우선 매수를 청구할 수 있다.(2013.3.23 전단개정)

제12조【재정비촉진계획의 결정】 ① 특별시장·광역시장 또는 도지사가 제9조제1항에 따라 시장·군수·구청장으로부터 재정비촉진계획의 결정을 신청받은 경우나 시·도지사 또는 대도시 시장이 제9조제2항에 따라 직접 재정비촉진계획을 수립한 경우에는 관계 행정기관의 장과 협의하고 해당 시·도 또는 대도시에 두는 지방도시계획위원회 심의 또는 「건축법」 제4조에 따라 해당 시·도 또는 대도시에 두는 건축위원회(이하 "건축위원회"라 한다)와 지방도시계획위원회가 공동으로 하는 심의를 거쳐 결정하거나 변경하여야 한다. 다만, 대통령령으로 정하는 경미한 사항을 변경하는 경우에는 그러하지 아니하다.
(2012.2.1 본문개정)
② 제34조에 따른 도시재정비위원회가 설치된 시·도 또는 대도시에서는 도시재정비위원회의 심의로써 제1항에 따른 지방도시계획위원회의 심의 또는 건축위원회와 지방도시계획위원회의 공동심의를 갈음할 수 있다.
③ 시·도지사 또는 대도시 시장은 제1항 및 제2항에 따라 재정비촉진계획을 결정 또는 변경하는 경우에는 대통령령으로 정하는 바에 따라 이를 지체 없이 해당 지방자치단체의 공보에 고시하여야 하고, 대도시 시장은 이를 도지사에게 통보하여야 한다.
④ 제3항에 따라 시·도지사 또는 대도시 시장이 재정비촉진계획의 결정을 고시하였을 때에는 국토교통부령으로 정하는 방법 및 절차에 따라 국토교통부장관에게 보고하여야 한다.(2013.3.23 본항개정)

제13조【재정비촉진계획 결정의 효력】 ① 제12조에 따라 재정비촉진계획이 결정·고시되었을 때에는 그 고시일에 다음 각 호에 해당하는 승인·결정 등이 있은 것으로 본다.

1. 「도시 및 주거환경정비법」 제4조에 따른 도시·주거환경정비기본계획의 수립 또는 변경, 같은 법 제8조에 따른 정비구역의 지정 또는 변경 및 같은 조에 따른 정비계획의 수립 또는 변경(2017.2.8 본호개정)
2. 「도시개발법」 제3조에 따른 도시개발구역의 지정 및 같은 법 제4조에 따른 개발계획의 수립 또는 변경
3. 「국토의 계획 및 이용에 관한 법률」 제30조에 따른 도시·군관리계획(「국토의 계획 및 이용에 관한 법률」 제2조제4호가목·다목 및 마목의 경우만 해당한다)의 결정 또는 변경 및 같은 법 제86조에 따른 도시·군계획시설사업의 시행자 지정
4. 「도시재생 활성화 및 지원에 관한 특별법」 제41조에 따른 주거재생혁신지구의 지정 또는 변경 및 같은 조에 따른 주거혁신지구계획의 확정·승인 또는 변경
(2023.12.26 본호신설)
5. 「공공주택 특별법」 제40조의7에 따른 도심 공공주택복합지구의 지정 또는 변경(2023.12.26 본호신설)

② 재정비촉진계획을 수립할 때에는 재정비촉진사업에 대하여 「도시교통정비 촉진법」 제16조에 따른 교통영향평가서의 검토를 받고 「환경영향평가법」 제22조에 따라 환경영향평가를 받을 수 있으며, 이 경우 재정비촉진사업을 시행할 때에는 교통영향평가서의 검토와 환경영향평가를 받지 아니한다.(2015.7.24 본항개정)
③ 재정비촉진지구에서의 재정비촉진사업은 재정비촉진계획의 내용에 적합하게 시행하여야 한다.

제13조의2【재정비촉진구역 지정의 효력 상실 등】 ① 재정비촉진사업 관계 법률에 따라 재정비촉진구역 지정의 효력이 상실된 경우에는 해당 재정비촉진구역에 대한 재정비촉진계획 결정의 효력도 상실된 것으로 본다. 이 경우 시·도지사 또는 대도시 시장은 재정비촉진계획을 변경하여야 한다.
② 제1항에 따라 재정비촉진계획의 효력이 상실된 구역은 재정비촉진지구에서 제외된다. 이 경우 재정비촉진계획의 효력이 상실된 구역은 재정비촉진계획에 따라 변경된 「국토의 계획 및 이용에 관한 법률」 제30조에 따른 도시·군관리계획은 재정비촉진계획 결정 이전의 상태로 환원된 것으로 본다.
③ 제2항 전단에도 불구하고 시·도지사 또는 대도시 시장은 제1항에 따라 재정비촉진계획 결정의 효력이 상실된 구역을 존치지역으로 전환할 수 있다. 이 경우 해당 존치지역에서는 기반시설과 관련된 「국토의 계획 및 이용에 관한 법률」 제30조에 따른 도시·군관리계획은 재정비촉진계획 결정 이전의 상태로 환원되지 아니할 수 있다.
(2012.2.1 본조신설)

제4장 재정비촉진사업의 시행
(2011.5.30 본장개정)

제14조【재정비촉진지구의 사업시행 총괄관리】 ① 재정비촉진계획 수립권자는 사업을 효율적으로 추진하기 위하여 재정비촉진계획 수립단계에서부터 제15조제1항제1호 또는 제2호의 자를 총괄사업관리자로 지정할 수 있다. 다만, 특별시장·광역시장 또는 도지사가 총괄사업관리자를 지정하는 경우에는 관할 시장·군수·구청장과 협의하여야 한다.(2023.12.26 본문개정)
② 제1항에 따라 지정된 총괄사업관리자(이하 "총괄사업관리자"라 한다)는 지방자치단체의 장을 대행하여 다음 각 호의 업무를 수행한다.
1. 재정비촉진지구에서의 모든 재정비촉진사업의 총괄관리
2. 도로 등 기반시설의 설치
3. 기반시설의 비용 분담금 및 지원금의 관리
4. 재정비촉진계획 수립 시 기반시설 설치계획 등의 자문에 대한 조언
5. 그 밖에 이 법에서 규정하는 업무 및 대통령령으로 정하는 업무

제15조【사업시행자】 ① 재정비촉진사업은 제2조제2호 각 목의 관계 법령에 따른 사업시행자가 시행한다. 다만, 제2조제2호가목에 따른 사업은 「도시 및 주거환경정비법」에도 불구하고 토지등소유자의 과반수가 동의한 경우에는 특별자치시장, 특별자치도지사, 시장·군수·구청장이 재정비촉진사업을 직접 시행하거나 다음 각 호에 해당하는 자를 사업시행자로 지정할 수 있다.(2013.7.16 단서개정)
1. 「한국토지주택공사법」에 따라 설립된 한국토지주택공사
2. 「지방공기업법」에 따라 주택사업을 수행하기 위하여 설립된 지방공사(이하 "지방공사"라 한다)
② 우선사업구역의 재정비촉진사업은 관계 법령에도 불구하고 토지등소유자의 과반수의 동의를 받아 특별자치시장, 특별자치도지사, 시장·군수·구청장이 직접 시행하거나 총괄사업관리자를 사업시행자로 지정하여 시행하도록 하여야 한다.(2013.7.16 본항개정)
③ 특별자치시장, 특별자치도지사, 시장·군수·구청장이 제9조제7항에 따라 재정비촉진계획 수립을 제안한 자를 제1항 및 제2항에 따라 사업시행자로 지정하려는 경우 해당 재정비촉진계획의 수립 제안에 동의한 토지등소유자는 사업시행자 지정에 동의한 것으로 본다.(2023.12.26 본항신설)
④ 제1항 단서 및 제2항에 따라 특별자치시장, 특별자치도지사, 시장·군수·구청장이 재정비촉진사업을 직접 시행하거나 제1항 각 호에 해당하는 자가 사업시행자로 지정되는 경우 사업시행자는 「지방자치단체를 당사자로 하는 계약에 관한 법률」 제9조 또는 「공공기관의 운영에 관한 법률」 제39조에도 불구하고 「도시 및 주거환경정비법」 제47조 및 「빈집 및 소규모주택 정비에 관한 특례법」 제25조에 따른 주민대표회의에서 대통령령으로 정하는 경쟁입찰의 방법에 따라 추천한 자를 시공자로 선정할 수 있다.(2017.2.8 본항개정)
⑤ 제1항 및 제2항에 따라 사업시행자를 지정한 경우 국가는 「주택도시기금법」에 따른 주택도시기금에서 사업시행에 필요한 자금을 융자할 수 있다.(2023.12.26 본항신설)
⑥ 제1항 및 제2항에 따른 동의자 수의 산정방법 등에 관하여 필요한 사항은 대통령령으로 정한다.

제16조【민간투자사업 등】 ① 지방자치단체의 장은 기반시설의 확충을 촉진하기 위하여 일단(一團)의 기반시설 부지를 대상으로 「사회기반시설에 대한 민간투자법」 제4조에 따른 민간투자사업으로 기반시설을 설치할 수 있다.
② 지방자치단체의 장은 재정비촉진지구의 총괄사업관리자로 하여금 제1항에 따른 민간투자사업을 대행하게 할 수 있다.
③ 민간투자사업의 시행과 관련하여 필요한 사항은 대통령령으로 정할 수 있다.

제17조【사업협의회의 구성】 ① 재정비촉진계획 수립권자는 다음 각 호의 사항에 관한 협의 또는 자문을 위하여 사업협의회를 구성·운영할 수 있다. 다만, 특별시장·광역시장 또는 도지사가 직접 재정비촉진계획을 수립하는 경우에는 재정비촉진계획이 결정될 때까지 특별시장·광역시장 또는 도지사가 사업협의회를 구성·운영할 수 있다.
1. 재정비촉진계획의 수립 및 재정비촉진사업의 시행을 위하여 필요한 사항
2. 재정비촉진사업별 지역주민의 의견 조정을 위하여 필요한 사항
3. 그 밖에 대통령령으로 정하는 사항
② 사업협의회는 20인 이내(재정비촉진구역이 10곳 이상인 경우에는 30인 이내)의 위원으로 구성하되, 제9조제5항에 따른 총괄계획가(이하 "총괄계획가"라 한다)와 총괄사업관리자는 사업협의회의 위원이 되며, 그 외의 위원은 재정비촉진계획 수립권자가 다음 각 호의 자 중에서 임명하거나 위촉한다.(2012.2.1 본문개정)
1. 해당 지방자치단체의 관계 공무원
2. 사업시행자(개별법에 따른 조합 등의 사업시행자를 포함한다. 다만, 사업시행자를 지정하기 전인 경우에는 「도시 및 주거환경정비법」에 따른 주민대표회의, 조합설립추진위원회 또는 「전통시장 및 상점가 육성을 위한 특별법」에 따른 시장정비사업 추진위원회 등 주민의사를 대표할 수 있는 대표자 또는 사업시행자가 되려는 자를 포함한다)
3. 관계 전문가
③ 재정비촉진계획 수립권자는 다음 각 호의 경우에 사업협의회를 개최한다.
1. 사업협의회 위원의 2분의 1 이상이 요청하는 경우
2. 재정비촉진계획 수립권자가 필요하다고 판단하는 경우
④ 이 법에서 규정한 사항 외에 사업협의회의 구성·운영 등에 필요한 사항은 지방자치단체의 조례로 정한다.

제18조【사업시행의 촉진】 ① 재정비촉진계획의 결정·고시일부터 2년 이내에 재정비촉진사업과 관련하여 해당 사업을 규정하고 있는 관계 법률에 따른 조합설립인가를 신청하지 아니하거나, 3년 이내에 해당 사업에 관하여 규정하고 있는 관계 법률에 따른 사업시행인가를 신청하지 아니한 경우에는 특별자치시장, 특별자치도지사, 시장·군수·구청장이 그 사업을 직접 시행하거나 총괄사업관리자를 사업시행자로 우선하여 지정할 수 있다. 다만, 특별자치시장, 특별자치도지사, 시장·군수·구청장은 총괄사업관리자가 제2조제2호 각 목의 관계 법률에 규정된 각각의 재정비촉진사업에 대하여 해당 법률에 따라 사업시행자가 될 수 있는 사업(공동시행자가 될 수 있는 사업을 포함한다)에 한정하여 총괄사업관리자를 사업시행자로 지정할 수 있다.(2013.7.16 본항개정)
② 제1항에도 불구하고 존치지역에 대한 제1항의 기간은 재정비촉진계획에서 정한 재정비촉진사업 가능시기부터 산정한다. 이 경우 해당 시기가 도래하여 재정비촉진사업 추진을 위하여 재정비촉진계획을 변경·고시한 때에는 그 고시일부터 산정한다.

제5장 재정비촉진사업의 시행을 위한 지원

제19조【건축규제의 완화 등에 관한 특례】 ① 재정비촉진계획 수립권자는 필요한 경우 「국토의 계획 및 이용에 관한 법률」 제36조에 따른 용도지역을 변경하는 내용으로 재정비촉진계획을 수립할 수 있다.
② 재정비촉진계획 수립권자는 필요한 경우 「국토의 계획 및 이용에 관한 법률」의 규정 또는 같은 법의 위임에 따라 규정한 조례에도 불구하고 다음 각 호의 내용을 포함하는 내용으로 재정비촉진계획을 수립할 수 있다.
1. 「국토의 계획 및 이용에 관한 법률」 제76조에 따른 용도지역 및 용도지구에서의 건축물 건축 제한 등의 예외
2. 「국토의 계획 및 이용에 관한 법률」 제77조와 관련한 위임 규정에 따라 조례로 정한 건폐율 최대한도의 예외
3. 「국토의 계획 및 이용에 관한 법률」 제78조와 관련한 위임 규정에 따라 조례로 정한 용적률 최대한도의 예외. 다만, 「국토의 계획 및 이용에 관한 법률」 제78조에 따른 용적률 최대한도의 100분의 120을 초과할 수 없으며, 이 법 제11조제3항에 따라 기반시설에 대한 부지 제공의 대가로 증가된 용적률은 포함하지 아니한다.
(2023.12.26 단서개정)
③ 재정비촉진계획 수립권자는 필요한 경우 중심지형 또는 고밀복합형 재정비촉진지구에 대하여 「초·중등교육법」에 따른 학교 시설기준과 「주택법」 및 「주차장법」에 따른 주차장 설치기준을 완화하는 내용으로 재정비촉진계획을 수립할 수 있다.
④ 재정비촉진계획 수립권자는 「건축법」 제60조 및 제61조에 따른 건축물의 높이제한에도 불구하고 이를 완화하는 내용으로 재정비촉진계획을 수립할 수 있다. 다만, 주거지형 재정비촉진지구의 경우에는 지방도시계획위원회의 심의를 거쳐 높이제한을 완화하는 내용으로 재정비촉진계획을 수립할 수 있다.(2023.12.26 본항개정)
⑤ 제1항부터 제4항까지의 규정에 따른 구체적인 적용 범위 등에 관하여 필요한 사항은 대통령령으로 정한다.
(2011.5.30 본조개정)

제19조의2【우선사업구역에 관한 특례】 ① 시장·군수·구청장 또는 시·도지사는 재정비촉진사업의 활성화, 소형주택의 공급 확대, 주민이주대책 지원 등을 위하여 필요한 경우 재정비촉진지구 전체에 대한 재정비촉진계획을 결정·고시하기 전이라도 제9조 및 제12조에 따른 절차에 따라 우선사업구역에 대한 재정비촉진계획을 별도로 수립하여 결정을 신청하거나, 결정·고시할 수 있다.
② 제1항에 따라 우선사업구역에 대한 재정비촉진계획이 결정·고시된 경우 해당 우선사업구역에 대하여는 전체 재정비촉진계획이 결정·고시(변경하는 경우를 포함한다)되기 전이라도 관계 법령에 따라 사업을 시행할 수 있다.
(2009.12.29 본조신설)

제20조【주택의 규모 및 건설비율의 특례】 「도시 및 주거환경정비법」 제10조 및 「빈집 및 소규모주택 정비에 관한 특례법」 제32조 및 「도시개발법」 제5조에도 불구하고 재정비촉진사업의 주택의 규모 및 건설비율에 관하여는 대통령령으로 달리 정할 수 있다.(2017.2.8 본조개정)

제20조의2【증가용적률에 대한 주택 규모 및 건설비율에 관한 특례】 고밀복합형 재정비촉진지구의 경우 해당 재정비촉진사업으로 증가되는 용적률에 대한 주택의 규모 및 건설비율은 대통령령으로 달리 정할 수 있다. 이 경우 증가되는 용적률이란 재정비촉진지구 지정 당시의 용도지역을 기준으로 제19조에 따라 증가되는 용적률을 말하며, 제11조제3항에 따라 기반시설에 대한 부지제공의 대가로 증가되는 용적률은 그 산정대상에서 제외한다.
(2009.12.29 본조신설)

제21조【도시개발사업의 시행에 관한 특례】 ① 재정비촉진지구에서 시행하는 도시개발사업의 시행자는 「도시개발법」 제32조의 관련 규정에도 불구하고 주택 등 건축물을 소유하고 있는 자 또는 토지소유자를 대상으로 입체 환지(立體 換地) 계획을 수립할 수 있다.
② 제1항에 따른 입체 환지 계획은 「도시개발법」 제34조에 따른 체비지(替費地) 등이 아닌 토지를 대상으로 수립할 수 있다.
(2011.5.30 본조개정)

제22조【지방세의 감면】 재정비촉진지구에서 재정비촉진계획에 따라 건축하는 다음 각 호의 어느 하나에 해당하는 건축물에 대하여는 「지방세특례제한법」 및 지방자치단체의 조례로 정하는 바에 따라 취득세, 등록면허세 등 지방세를 감면할 수 있다.
1. 「문화예술진흥법」 제2조제1항제3호에 따른 문화시설
2. 「의료법」 제3조제2항제3호에 따른 종합병원, 병원 또는 한방병원
3. 「학원의 설립·운영 및 과외교습에 관한 법률」 제2조제1호에 따른 학원
4. 「유통산업발전법」 제2조제3호에 따른 대규모점포
5. 「상법」 제169조에 따른 회사의 본점 또는 주사무소 건물
6. 그 밖에 조례로 지역발전을 위하여 필요하다고 인정하는 시설
(2011.5.30 본조개정)

제23조【부담금의 면제】 ① 「수도권정비계획법」 제12조에 따라 부과·징수하는 과밀부담금은 같은 법 제13조에도 불구하고 재정비촉진계획에 따라 건축하는 건축물에는 부과하지 아니한다.
② 재정비촉진계획에 따른 재정비촉진사업에 대해서는 다음 각 호의 부담금을 해당 법률에서 정하는 바에 따라 면제한다.

1.「개발이익 환수에 관한 법률」 제2조제4호에 따른 개발부담금
2.「도시교통정비 촉진법」 제36조에 따른 교통유발부담금
3.「대도시권 광역교통 관리에 관한 특별법」 제11조에 따른 광역교통시설 부담금
(2023.12.26 본조개정)

제24조【특별회계의 설치 등】 ① 시·도지사 또는 시장·군수·구청장은 재정비촉진사업을 촉진하고 기반시설의 설치 지원 등을 하기 위하여 지방자치단체에 재정비촉진특별회계(이하 "특별회계"라 한다)를 설치할 수 있다.
② 특별회계는 다음 각 호의 재원(財源)으로 조성한다.
1. 일반회계로부터의 전입금
2. 정부의 보조금
3.「재건축초과이익 환수에 관한 법률」에 따른 재건축부담금 중 같은 법 제4조제3항 및 제4항에 따른 지방자치단체 귀속분
4.「수도권정비계획법」 제16조에 따라 시·도에 귀속되는 과밀부담금 중 해당 시·도의 조례로 정하는 비율에 해당하는 금액
5.「지방세법」 제112조(「지방세법」 제112조제1항제1호는 제외한다)에 따라 부과·징수되는 재산세의 징수액 중 대통령령으로 정하는 비율에 해당하는 금액
6. 차입금
7. 해당 특별회계 자금의 융자 회수금, 이자 수익금 및 그 밖의 수익금
8. 제31조제3항에 따라 시·도지사에게 공급된 임대주택의 임대보증금 및 임대료
9. 그 밖에 시·도의 조례로 정하는 재원(2017.8.9 본호신설)
③ 특별회계는 다음 각 호의 용도로 사용한다.
1. 기반시설의 설치, 그 설치비용의 보조 및 융자
2. 차입금의 원리금 상환
3. 특별회계의 조성·운용 및 관리를 위한 경비
4.「재건축초과이익 환수에 관한 법률」에 따른 재건축부담금의 부과·징수
5. 임대주택의 매입·관리 등 세입자등의 주거안정 지원
6. 그 밖에 대통령령으로 정하는 사항
④ 국토교통부장관은 필요한 경우에는 지방자치단체의 장으로 하여금 특별회계의 운용 상황을 보고하게 할 수 있다.(2013.3.23 본항개정)
⑤ 특별회계의 설치 및 운용·관리에 필요한 사항은 대통령령으로 정하는 기준에 따라 해당 지방자치단체의 조례로 정한다.
(2011.5.30 본조개정)

제25조【교육환경의 개선을 위한 특례】 ① 재정비촉진계획 수립권자는 교육환경을 개선하기 위하여 교육감과의 협의를 거쳐 재정비촉진계획에 학교의 설치계획 또는 정비계획을 포함하여야 한다.
② 교육감은 제1항에 따른 학교의 설치계획 또는 정비계획에 따라 해당 학교 부지의 매수계획 또는 해당 학교의 정비계획을 수립하여야 한다.
③ 교육감은「초·중등교육법」 제61조에 따라 학교 및 교육과정 운영의 특례가 적용되는 학교를 적극 유치할 수 있도록 조치하여야 한다.
④ 지방자치단체의 장은 교육환경을 개선하기 위하여 필요하다고 인정하는 경우에는 제1항에 따라 수립·결정된 학교의 설치계획이 포함된 재정비촉진계획에 따라 학교용지를 직접 매입할 수 있다.
⑤ 지방자치단체의 장은 지방자치단체가 소유하는 토지나 그 밖의 재산(이하 이 조에서 "토지등"이라 한다)을「공유재산 및 물품 관리법」 및 관계 법령에도 불구하고 재정비촉진지구에서 사립학교를 설립·운영하려는 자에게 수의계약으로 사용·수익 또는 대부(이하 "임대"라 한다)하거나 매각할 수 있다.
⑥ 제5항에 따라 지방자치단체가 소유하는 토지등을 임대하는 경우 그 임대기간은「공유재산 및 물품 관리법」에도 불구하고 50년의 범위에서 대통령령으로 따로 정한다. 이 경우 임대기간은 대통령령으로 정하는 갱신기간의 범위에서 연장할 수 있다.
⑦ 제5항에 따라 지방자치단체가 소유하는 토지를 임대하는 경우에는「공유재산 및 물품 관리법」에도 불구하고 그 토지 위에 영구시설물을 축조하게 할 수 있다. 이 경우 해당 시설물의 종류 등을 고려하여 임대기간이 끝날 때에 이를 지방자치단체에 기부하거나 원상으로 회복하여 반환하는 것을 조건으로 한다.
⑧ 지방자치단체의 장은 제5항에 따라 소유 토지등을 임대하거나 매각하는 경우「공유재산 및 물품 관리법」에도 불구하고 대통령령으로 정하는 바에 따라 그 토지등의 임대료 및 매각대금을 감면하거나 분할납부하게 할 수 있다.
(2011.5.30 본조개정)

제25조의2【「국유재산법」 등에 관한 특례】 ① 국가와 지방자치단체는 다음 각 호의 법률에도 불구하고 수의계약을 통하여 사업시행자에게 국유재산 또는 공유재산을 임대하거나 매각할 수 있다. 이 경우 임대기간은 50년 이내로 할 수 있다.
1.「국유재산법」
2.「공유재산 및 물품 관리법」
3. 그 밖에 국유재산 또는 공유재산에 관한 사항을 규정한 법률
② 국가와 지방자치단체는 제1항에 따라 임대한 국유재산 또는 공유재산에 영구시설물을 축조하게 할 수 있다. 이 경우 해당 영구시설물의 소유권은 국가, 지방자치단체등과 사업시행자 간에 별도의 합의가 없으면 그 국유재산 또는 공유재산을 반환할 때까지 사업시행자에게 귀속된다.
(2023.12.26 본조신설)

제6장 개발이익의 환수 등

제26조【비용 부담의 원칙】 재정비촉진계획에 따라 설치되는 기반시설의 설치비용은 이 법에 특별한 규정이 있는 경우를 제외하고는 사업시행자가 부담하는 것을 원칙으로 한다.(2011.5.30 본조개정)

제27조【재정비촉진지구에서의 기반시설 설치】 ① 재정비촉진지구에서의 기반시설의 설치는 다음 각 호의 구분에 따른 자가 한다.
1. 도로 및 상수도·하수도 시설 : 지방자치단체
2. 전기시설, 가스공급시설 또는 지역난방시설 : 해당 지역에 전기·가스 또는 난방을 공급하는 자
3. 통신시설 : 해당 지역에 통신서비스를 제공하는 자
4. 그 밖의 기반시설 : 대통령령으로 정하는 자
② 제1항에 따른 기반시설의 설치는 특별한 사유가 없으면 해당 재정비촉진사업의 준공검사 신청일까지 완료하여야 한다.
③ 제1항에 따른 기반시설의 종류별 설치 범위는 대통령령으로 정한다.
④ 제3항에 따른 지방자치단체의 설치의무 범위에 속하지 아니하는 도로 또는 상수도·하수도 시설로서 사업시행자가 해당 설치비용을 부담하려는 시설의 경우에는 사업시행자의 요청에 따라 지방자치단체가 그 도로 또는 상수도·하수도 시설 사업을 대행할 수 있다.
⑤ 기반시설을 원활하게 설치하기 위하여 필요한 경우에는 지방자치단체가 해당 기반시설을 먼저 설치하고 사업시행자로부터 대통령령으로 정하는 기간이 지난 후에 그 비용을 징수할 수 있다. 이 경우 사업시행자가 그 비용을 내지 아니하면「지방행정제재·부과금의 징수 등에 관한 법률」에 따라 징수할 수 있다.(2020.3.24 후단개정)
(2011.5.30 본조개정)

제28조【재정비촉진지구 밖의 기반시설의 설치비용 등】
① 재정비촉진지구의 이용에 제공하기 위하여 대통령령으로 정하는 기반시설을 재정비촉진지구 밖의 지역에 설치하는 경우 재정비촉진계획 수립권자는 비용분담계획이 포함된 재정비촉진계획에 따라 사업시행자로 하여금 그 설치비용을 부담하게 할 수 있다.
② 재정비촉진계획 수립권자는 사업시행자의 부담으로 재정비촉진지구 밖의 지역에 설치하는 기반시설로 인하여 이익을 얻는 지방자치단체 또는 공공시설의 관리자가 있을 때에는 대통령령으로 정하는 바에 따라 그 기반시설의 설치에 드는 비용의 일부를 이익을 얻는 지방자치단체 또는 공공시설의 관리자에게 부담시킬 수 있다. 이 경우 재정비촉진계획 수립권자는 해당 지방자치단체나 공공시설의 관리자 및 사업시행자와 협의하여야 한다.
(2011.5.30 본조개정)

제29조【기반시설 설치비용의 지원 등】 ① 국가 또는 시·도지사는 다음 각 호의 어느 하나 이상에 해당하는 경우에는 시·도지사 또는 시장·군수·구청장에게 대통령령으로 정하는 기반시설의 설치에 드는 비용의 전부 또는 일부를 지원할 수 있다. 다만, 제2호 또는 제3호에 해당하는 경우 국가는 대통령령으로 정하는 기반시설의 설치에 드는 비용의 100분의 10 이상 100분의 70 이하의 범위에서 대통령령으로 정하는 금액의 한도에서 지원하여야 한다.(2023.12.26 단서개정)
1. 국가 또는 시·도의 계획과 관련이 있는 경우
2. 국가 또는 지방자치단체가 도시영세민을 집단 이주시켜 형성된 낙후지역 등 대통령령으로 정하는 지역에서 기반시설이 열악하여 사업시행자의 부담만으로는 기반시설을 확보하기 어려운 경우
3. 재정비촉진지구를 관할하는 기초자치단체의 재정자립도 등을 고려하여 대통령령으로 정하는 경우(2012.2.1 본호개정)
4. 그 밖에 대통령령으로 정하는 경우
② 국토교통부장관은 시·도지사 또는 시장·군수·구청장에게 대통령령으로 정하는 기반시설의 설치에 드는 비용의 전부 또는 일부를「주택도시기금법」에 따른 주택도시기금에서 융자·지원할 수 있으며, 주택도시기금의 구체적인 융자 방법 및 조건 등에 관하여 필요한 사항은 대통령령으로 정한다.(2015.1.6 본항개정)
③ 국가는 제1항에 따라 기반시설 설치에 드는 비용을 지원하려는 경우에는「주거기본법」 제8조에 따른 주거정책심의위원회의 심의를 거쳐 확보된 예산의 범위에서 지원할 수 있다.(2015.6.22 본항개정)
④ 특별시장·광역시장 또는 도지사는 제1항 단서에 따라 국가가 해당 시장·군수·구청장에게 지원하는 기반시설 설치비용의 전부 또는 일부에 상당하는 비용을 시장·군수·구청장에게 지원할 수 있다.(2013.7.16 본항개정)
(2011.5.30 본조개정)

제30조【세입자등을 위한 임대주택 건설 등】 ① 지방자치단체의 장 및 사업시행자는 세입자등의 주거안정을 위하여 노력하여야 한다.
② 재정비촉진계획 수립권자는 재정비촉진계획을 수립하기 전에 재정비촉진지구의 거주자에 대하여 다음 각 호의 사항을 포함한 주거 실태를 조사하여야 한다.
1. 주택 수, 세대 수 및 거주자 수
2. 가구별 소득 수준 및 직업형태
3. 주택의 규모 및 거주 형태〔자가(自家)·전세·월세 등〕
4. 주택가격 및 임대료 수준
5. 그 밖에 대통령령으로 정하는 사항
③ 재정비촉진계획 수립권자는 세입자등의 재정착을 유도하기 위하여 다음 각 호의 사항을 포함한 주택 수요를 조사하여 재정비촉진계획에 반영하여야 한다.
1. 주택 규모, 임대료 수준 등을 포함한 임대주택 희망 수요
2. 주택 규모, 분양가격 수준 등을 포함한 소형 분양주택 희망 수요
3. 인근지역 이주 희망 수요
4. 그 밖에 대통령령으로 정하는 사항
④ 재정비촉진계획 수립권자는 재정비촉진계획에 제2항 및 제3항에 따른 조사 결과를 고려한 임대주택 건설계획을 포함하여야 하며, 사업시행자는 그 계획에 따라 임대주택을 건설·공급하여야 한다. 이 경우 임대주택의 공급방법 등은 국토교통부령으로 정할 수 있다.(2013.3.23 후단개정)
⑤ 사업시행자는 재정비촉진사업을 시행하는 기간 동안 주택소유자(재정비촉진구역에 실제 거주하는 사람만 해당한다) 또는 세입자의 주거안정을 위하여 인근지역에 자체 건설하는「공공주택 특별법」 제2조제1호가목에 해당하는 공공주택 또는 매입임대주택 등으로 임시거주시설을 지원하거나 재정비촉진사업을 단계적으로 개발하는 순환개발 방식을 활용할 수 있다.(2015.8.28 본항개정)
⑥ 사업시행자가 제5항에 따라 순환개발 방식으로 사업을 시행하려는 경우에는 사업시행인가를 신청하기 전에 미리 인근지역의 공공주택 또는 매입임대주택 등 임시거주시설의 확보 여부, 이주 대상자, 임대 조건 등 순환개발 방식의 시행계획을 수립하여 사업시행계획서에 반영하여야 한다.(2014.1.14 본항개정)
(2011.5.30 본조개정)

제30조의2【영세 상인 및 상가 세입자 대책】 사업시행자, 특별자치시장, 특별자치도지사 및 시장·군수·구청장은 재정비촉진지구의 영세 상인 및 상가 세입자 보호대책 마련을 위하여 노력하여야 한다.(2013.7.16 본조개정)

제30조의3【재정비촉진지구의 범죄 예방】 특별자치시장, 특별자치도지사 및 시장·군수·구청장은 제12조제1항 및 제3항에 따라 재정비촉진계획이 결정·고시된 때에는 그 사실을 관할 경찰서장에게 통보하여야 하며, 재정비촉진사업이 시행되는 경우에는 재정비촉진구역의 주민 안전 등을 위하여 다음 각 호의 사항을 관할 시·도경찰청장 또는 경찰서장에게 요청할 수 있다.(2020.12.22 본문개정)
1. 순찰 강화
2. 순찰초소의 설치 등 범죄예방을 위하여 필요한 시설의 설치 및 관리
3. 그 밖에 주민의 안전을 위하여 필요하다고 인정하는 사항
(2011.5.30 본조신설)

제31조【임대주택 등의 건설】 ① 사업시행자는 세입자의 주거안정과 개발이익의 조정을 위하여 해당 재정비촉진사업으로 증가되는 용적률의 75퍼센트 범위에서 대통령령으로 정하는 바에 따라 임대주택 및 분양주택(이하 이 조에서 "임대주택등"이라 한다)을 공급하여야 한다. 이 경우 해당 재정비촉진사업으로 증가되는 용적률은 재정비촉진지구 지정 당시의 용도지역을 기준으로 제19조에 따라 증가되는 용적률을 말하며, 제11조제3항에 따라 기반시설에 대한 부지 제공의 대가로 증가된 용적률은 그 산정대상에서 제외한다.
② 제1항에 따라 건설되는 임대주택등 중 주거전용면적이 85제곱미터를 초과하는 주택의 비율은 50퍼센트 이하의 범위에서 대통령령으로 정한다.
③ 사업시행자는 제1항에 따라 건설되는 임대주택등을 대통령령으로 정하는 바에 따라 국토교통부장관, 시·도지사, 한국토지주택공사 또는 지방공사에 공급하여야 한다. 이 경우 해당 주택의 공급가격은 다음 각 호의 구분에 따른다.
1. 임대주택인 경우 : 임대주택의 건설에 투입되는 건축비를 기준으로 국토교통부장관이 고시하는 금액으로 하고, 그 부속토지는 인수자에게 기부채납(寄附採納)한 것으로 본다.
2. 분양주택인 경우 : 분양주택의 건설에 투입되는 건축비를 기준으로 국토교통부장관이 고시하는 금액으로 하고, 그 부속토지의 가격은 감정평가액의 100분의 50

이상의 범위에서 대통령령으로 정한다.
(2023.12.26 1호~2호신설)

④ 사업시행자는 사업시행인가를 신청하기 전에 미리 임대주택등의 규모 등 제1항에 따라 건설되는 임대주택등의 건설에 관한 사항을 인수자와 협의하여 사업시행계획서에 반영하여야 한다.

⑤ 사업시행자는 재정비촉진사업의 준공인가를 받으면 지체 없이 인수자에게 제1항에 따라 건설되는 임대주택등의 등기를 촉탁(囑託)하거나 신청하여야 한다. 이 경우 사업시행자가 해당 등기의 촉탁 또는 신청을 거부하거나 지체하는 경우에는 인수자가 등기를 촉탁하거나 신청할 수 있다.

⑥ 제1항에 따라 건설되는 임대주택의 임차인 자격 및 임대료 수준, 분양주택의 유형 및 분양 방법 등에 관하여는 대통령령으로 정한다.
(2023.12.26 본조개정)

제7장 보 칙
(2011.5.30 본장개정)

제32조 (2016.1.19 삭제)

제33조【토지 등 분할거래】 ① 재정비촉진사업별로 해당 사업에 관하여 정하고 있는 관계 법률에 따라 주택 등 건축물을 공급하는 경우, 제5조제5항에 따른 고시가 있은 날 또는 시·도지사나 대도시 시장이 투기 억제 등을 위하여 따로 정하는 날(이하 이 조에서 "기준일"이라 한다) 이후에 다음 각 호의 어느 하나에 해당하는 경우에는 해당 토지 또는 주택 등 건축물을 분양받을 권리는 기준일을 기준으로 산정한다.

1. 한 필지의 토지가 여러 개의 필지로 분할되는 경우
2. 단독주택 또는 다가구주택이 다세대주택으로 전환되는 경우
3. 주택 등 건축물이 분할되거나 공유자의 수가 증가되는 경우
4. 하나의 대지 범위에 속하는 동일인 소유의 토지와 주택 등 건축물을 토지와 주택 등 건축물로 각각 분리하여 소유하는 경우
5. 나대지(裸垈地)에 건축물을 새로 건축하거나 기존 건축물을 철거하고 다세대주택이나 그 밖의 공동주택을 건축하여 토지등소유자가 증가하는 경우

② 시·도지사 또는 대도시 시장은 제1항에 따라 기준일을 따로 정하는 경우 기준일, 지정 사유, 건축물을 분양받을 권리의 산정 기준 등을 해당 지방자치단체의 공보에 고시하여야 한다.

제34조【도시재정비위원회】 ① 다음 각 호의 사항을 심의하거나 시·도지사 또는 대도시 시장의 자문에 응하기 위하여 시·도지사 또는 대도시 시장 소속으로 도시재정비위원회를 둘 수 있다.

1. 재정비촉진지구의 지정 및 변경에 대한 심의 또는 자문
2. 재정비촉진계획의 수립에 대한 자문
3. 재정비촉진계획의 결정 및 변경에 대한 심의 또는 자문
4. 재정비촉진사업의 시행에 대한 자문
5. 그 밖에 도시재정비 촉진을 위하여 필요한 사항에 대한 자문

② 제1항에 따른 도시재정비위원회의 설치 및 운영에 필요한 사항은 대통령령으로 정하는 범위에서 해당 지방자치단체의 조례로 정한다.

제35조【감독 등】 ① 국토교통부장관, 시·도지사 또는 시장·군수·구청장은 사업시행자가 재정비촉진계획을 위반하여 재정비촉진사업을 시행하는 경우에는 시정기간을 정하여 이를 시정하도록 명할 수 있다.

② 국토교통부장관, 시·도지사 또는 시장·군수·구청장은 제1항에 따른 시정명령을 받고도 해당 기간에 시정하지 아니하는 사업시행자에 대하여는 사업시행자 지정의 취소, 해당 법령에 따른 재정비촉진사업의 인가 또는 승인의 취소 등 필요한 조치를 할 수 있다.

③ 국토교통부장관, 시·도지사 또는 시장·군수·구청장은 제2항에 따른 처분을 하려면 청문을 하여야 한다.
(2013.7.16 본항신설)
(2013.7.16 본조제목개정)
(2013.3.23 본조개정)

제36조【자료의 제출 요구 등】 ① 국토교통부장관, 시·도지사 또는 대도시 시장은 재정비촉진지구에서 시행하는 재정비촉진사업에 대하여 시·도지사 또는 시장·군수·구청장 및 사업시행자에게 그 재정비촉진사업의 추진단계별 현황 자료 등 필요한 자료를 요구할 수 있으며, 자료의 제출을 요구받은 자는 해당 자료를 지체 없이 제출하여야 한다.

② 총괄사업관리자는 제14조제2항에 따른 업무를 수행하기 위하여 필요한 경우에는 조합설립추진위원회·사업시행자·설계자·시공자 및 정비사업전문관리업자(「도시 및 주거환경정비법」에 따른 정비사업전문관리업자를 말한다. 이하 이 조에서 같다) 등 재정비촉진사업의 참여자에게 재정비촉진사업과 관련된 자료의 제출을 요구할 수 있으며, 자료의 제출을 요구받은 자는 특별한 사유가 없으면 그 요구에 따라야 한다.

③ 제1항 또는 제2항에 따라 국토교통부장관, 시·도지사 또는 대도시 시장 및 총괄사업관리자가 조합설립추진위원회·사업시행자·설계자·시공자 및 정비사업전문관리업자 등 재정비촉진사업의 참여자에게 자료를 요구하는 경우 「행정조사기본법」 제17조에 따라 사전통지를 하여야 한다.(2019.4.23 본항신설)
(2019.4.23 본조개정)

제37조【벌칙 적용 시의 공무원 의제】 총괄계획가 및 총괄사업관리자 소속의 총괄사업관리업무 담당자는 「형법」 제129조부터 제132조까지의 규정을 적용할 때에는 공무원으로 본다.

부 칙

제1조【시행일】 이 법은 공포 후 6월이 경과한 날부터 시행한다.

제2조【기존 사업지구 등에 대한 특례】 이 법 시행 당시 재정비촉진지구와 유사한 경우로서 시·도지사가 이미 지구 지정·고시한 지구 중 이 법에 따른 주민공람·지방의회 의견청취 및 관련 위원회의 심의 등의 절차와 유사한 절차를 거친 경우 시·도지사의 요청에 의해 국토해양부장관이 인정하는 지구 또는 당해 사업계획은 이 법에 의한 재정비촉진지구의 지정·고시 또는 재정비촉진계획의 결정·고시를 한 것으로 본다.(2011.5.30 본조개정)

제3조【사업시행인가등에 대한 적용】 ① 재정비촉진지구 안에서 이 법 시행 이전에 제2조제2호의 규정에 의한 관계 법령에 따라 사업시행인가 또는 실시계획인가를 득한 사업의 경우에는 이 법을 적용하지 아니한다.

② 부칙 제2조에 따라 재정비촉진계획의 결정·고시를 한 것으로 보는 때에 제2조제2호에 따른 해당 지구의 사업이 관계 법령에 따라 사업계획을 수립하고 구역의 지정을 받은 경우에는 제1항에도 불구하고 당해 사업계획의 수립 및 구역의 지정, 조합설립인가, 사업시행인가 또는 실시계획인가에 대하여는 관계 법령으로 정하는 바에 따른다.(2008.3.28 본항신설)

제4조【조합설립인가에 대한 적용】 이 법 시행 당시 관계 법령에 의해 이미 조합설립의 인가를 받은 경우로서 이 법에 의한 재정비촉진계획에 따라 사업의 범위가 변경된 경우에는 변경된 내용에 따라 조합설립인가를 변경하여야 한다.

제5조【다른 법률의 개정】 ※(해당 법령에 가제정리 하였음)

부 칙 (2017.1.17)

제1조【시행일】 이 법은 공포 후 6개월이 경과한 날부터 시행한다.

제2조【적용례】 제7조제3항 및 제4항의 개정규정은 이 법 시행 후 최초로 재정비촉진지구의 지정을 해제하는 경우부터 적용한다.

부 칙 (2019.4.23)

이 법은 공포한 날부터 시행한다.

부 칙 (2020.3.24)

제1조【시행일】 이 법은 공포한 날부터 시행한다.(이하 생략)

부 칙 (2020.12.22)

제1조【시행일】 이 법은 2021년 1월 1일부터 시행한다.(이하 생략)

부 칙 (2021.1.12)

제1조【시행일】 이 법은 공포 후 1년이 경과한 날부터 시행한다.(이하 생략)

부 칙 (2023.12.26)

제1조【시행일】 이 법은 공포 후 4개월이 경과한 날부터 시행한다.

제2조【적용례】 제2조제2호·제8호, 제6조제3항·제4항, 제25조의2 및 제31조의 개정규정은 이 법 시행 이후 재정비촉진지구를 지정하거나 변경하는 경우부터 적용하고, 제19조제2항제3호 및 같은 조 제4항의 개정규정은 이 법 시행 이후 재정비촉진계획을 결정하거나 변경하는 경우부터 적용한다.

재건축초과이익 환수에 관한 법률(약칭 : 재건축이익환수법)

(2006년 5월 24일
법 률 제7959호)

개정
2008. 2.29법 8852호(정부조직)
2008. 3.28법 9045호(개발이익환수에관한법)
2008. 6. 5법 9102호 2009. 4. 1법 9601호
2012.12.18법11589호
2013. 3.23법11690호(정부조직)
2014.12.31법12958호
2015. 1. 6법12989호(주택도시기금법)
2016. 1.19법13796호(부동산가격공시에관한법)
2016. 1.19법13805호(주택법)
2017. 2. 8법14567호(도시및주거환경정비법)
2017. 2. 8법14569호(빈집및소규모주택정비에관한특례법)
2017. 3.21법14719호
2020. 6. 9법17453호(법률용어정비)
2020. 8.18법17485호
2020.12.29법17758호(국세징수)
2021. 7.20법18315호 2022. 2. 3법18833호
2023.12.26법19850호

제1조【목적】 이 법은 「도시 및 주거환경정비법」에 의한 재건축사업 및 「빈집 및 소규모주택 정비에 관한 특례법」에 따른 소규모재건축사업에서 발생되는 초과이익을 환수함으로써 주택가격의 안정과 사회적 형평을 도모하여 국민경제의 건전한 발전과 사회통합에 이바지함을 목적으로 한다.(2020.6.9 본조개정)

제2조【정의】 이 법에서 사용하는 용어의 정의는 다음과 같다.

1. "재건축초과이익"이라 함은 「도시 및 주거환경정비법」 제2조제2호다목에 따른 재건축사업 및 「빈집 및 소규모주택 정비에 관한 특례법」 제2조제1항제3호다목에 따른 소규모재건축사업(이하 "재건축사업"이라 한다)으로 인하여 정상주택가격상승분을 초과하여 다음 각 목의 어느 하나에 귀속되는 주택가액의 증가분으로서 제7조에 따라 산정된 금액을 말한다.(2020.8.18 본문개정)
   가. 「도시 및 주거환경정비법」 제35조 또는 「빈집 및 소규모주택 정비에 관한 특례법」 제23조에 따라 설립된 조합(이하 "조합"이라 한다)(2023.12.26 본목개정)
   나. 「도시 및 주거환경정비법」 제26조제1항(같은 항 제1호는 제외한다) 또는 「빈집 및 소규모주택 정비에 관한 특례법」 제18조제1항(같은 항 제1호는 제외한다)에 따라 지정된 공공시행자(이하 "공공시행자"라 한다)
   다. 「도시 및 주거환경정비법」 제27조제1항제3호 또는 「빈집 및 소규모주택 정비에 관한 특례법」 제19조제1항에 따라 지정된 신탁업자(이하 "신탁업자"라 한다)
   라. 「빈집 및 소규모주택 정비에 관한 특례법」 제22조제1항에 따라 구성된 주민합의체(이하 "주민합의체"라 한다)
   (2023.12.26 나목~라목신설)
   마. 조합원(사업시행자가 공공시행자 또는 주민합의체인 경우 「도시 및 주거환경정비법」 제2조제9호나목 또는 「빈집 및 소규모주택 정비에 관한 특례법」 제2조제1항제6호나목에 따른 토지등소유자를 말하며, 사업시행자가 신탁업자인 경우 위탁자를 말한다. 이하 같다)
   (2023.12.26 본목개정)
2. "정상주택가격상승분"이라 함은 제10조에 따라 산정된 금액을 말한다.(2020.6.9 본호개정)
3. "재건축부담금"이라 함은 재건축초과이익 중 이 법에 따라 국토교통부장관이 부과·징수하는 금액을 말한다.
   (2013.3.23 본호개정)
4. "개시시점 부과대상 주택"이라 함은 제8조에 따른 부과개시시점의 재건축사업의 대상이 되는 주택을 말한다. 다만, 국가 또는 공공기관 등이 보유하는 주택으로서 대통령령으로 정하는 주택을 제외할 수 있다.(2020.8.18 본문개정)
5. "종료시점 부과대상 주택"이라 함은 제8조에 따른 부과종료시점의 재건축사업으로 건축된 주택을 말한다. 다만, 국가, 지방자치단체 또는 공공기관 등이 보유하거나 재건축사업으로 인하여 인수하는 주택으로서 대통령령으로 정하는 주택을 제외할 수 있다.(2023.12.26 단서개정)
6. "납부의무자"란 제1호에 따른 조합, 공공시행자, 신탁업자, 주민합의체 또는 조합원을 말한다.(2023.12.26 본호신설)

제3조【재건축초과이익의 환수】 국토교통부장관은 재건축사업에서 발생되는 재건축초과이익을 이 법에서 정하는 바에 의하여 재건축부담금으로 징수하여야 한다.
(2013.3.23 본조개정)

제3조의2【재건축부담금 면제를 위한 임시 특례】 제3조에도 불구하고 제5조에 따른 재건축부담금 부과대상 사업으로서 2017년 12월 31일까지 「도시 및 주거환경정비법」 제74조제1항에 따른 관리처분계획의 인가 및 「빈집 및 소규모주택 정비에 관한 특례법」 제29조제1항에 따른 사업시행계획인가를 신청한 재건축사업에 대하여는 재건축부담금을 면제한다.(2017.2.8 본조개정)

제4조【징수금의 배분】 ① 제3조에 따라 징수된 재건축부담금은 국가에 100분의 50이, 해당 특별시·광역시·도에 100분의 30이, 해당 특별자치시·특별자치도에 100

분의 50이, 해당 시·군·구(자치구를 말한다. 이하 같다)에 100분의 20이 각각 귀속된다.(2020.8.18 본항개정)

② 제1항에 따른 재건축부담금의 국가 귀속분은 「주택도시기금법」에 따른 주택도시기금(이하 "주택도시기금"이라 한다) 또는 「도시재생 활성화 및 지원에 관한 특별법」 제28조에 따라 설치되는 도시재생특별회계(이하 "도시재생특별회계"라 한다)의 재원으로 귀속된다.(2020.8.18 본항개정)

③ 제1항에 따른 재건축부담금의 지방자치단체 귀속분은 「도시 및 주거환경정비법」 제126조에 따라 설치되는 도시·주거환경정비기금(이하 "도시·주거환경정비기금"이라 한다) 또는 「도시재정비 촉진을 위한 특별법」 제24조에 따라 설치되는 재정비촉진특별회계(이하 "재정비촉진특별회계"라 한다) 또는 「주택법」 제84조에 따라 설치되는 국민주택사업특별회계(이하 "국민주택사업특별회계"라 한다) 또는 「도시재생 활성화 및 지원에 관한 특별법」 제28조에 따라 설치되는 도시재생특별회계(이하 "도시재생특별회계"라 한다)의 재원으로 귀속된다.(2020.8.18 본항개정)

④ 국토교통부장관은 제2항에 따라 주택도시기금에 귀속되는 재원을 다음 각 호의 사항을 고려하여 지방자치단체가 운용하는 도시·주거환경정비기금 또는 재정비촉진특별회계 또는 국민주택사업특별회계 또는 도시재생특별회계의 재원으로 특별시·광역시·특별자치시·도·특별자치도와 시·군·구에 각각 100분의 50을 지원하여야 하며, 구체적인 지원기준·절차 그 밖에 필요한 사항은 대통령령으로 정한다.(2020.8.18 본문개정)

1. 지방자치단체별 주거기반시설의 설치 수준
2. 지방자치단체별 주거복지실태 평가결과 및 주거복지 증진 노력 등
3. 그 밖에 대통령령으로 정하는 사항(2020.6.9 본호개정)

⑤ 국토교통부장관은 필요한 경우 특별시장·광역시장·특별자치시장·도지사·특별자치도지사(이하 "시·도지사"라 한다) 또는 시장·군수·구청장(자치구의 구청장을 말한다. 이하 같다)으로 하여금 도시·주거환경정비기금, 재정비촉진특별회계, 국민주택사업특별회계 및 도시재생특별회계의 운용계획 및 운용상황을 보고하게 할 수 있다.(2020.8.18 본항개정)

제5조【대상사업】 재건축부담금 부과대상 행위는 제2조제1호에 따른 재건축사업으로 한다.(2020.8.18 본조개정)

제6조【납부의무자】 ① 재건축사업을 시행하기 위하여 조합, 공공시행자, 신탁업자 또는 주민합의체(이하 "조합등"이라 한다)는 이 법에서 정하는 바에 따라 재건축부담금을 납부할 의무가 있다. 다만, 종료시점 부과대상 주택을 공급받은 조합원(조합이 해산된 경우, 주민합의체가 해산된 경우 또는 신탁이 종료된 경우에는 부과종료시점 당시의 조합원을 말한다)이 다음 각 호에 해당하는 경우에는 2차 납부의무를 진다.(2023.12.26 본문개정)

1. 조합이 해산된 경우
2. 조합의 재산으로 그 조합에 부과되거나 그 조합이 납부할 재건축부담금·가산금 등에 충당하여도 부족한 경우

2의2. 공공시행자의 재산으로 그 공공시행자가 납부할 재건축부담금·가산금 등에 충당하여도 부족한 경우(2023.12.26 본호개정)

3. 신탁이 종료된 경우
4. 신탁업자가 해당 재건축사업의 신탁재산으로 납부할 재건축부담금·가산금 등에 충당하여도 부족한 경우(2017.3.21 3호~4호신설)
5. 주민합의체가 해산된 경우(2023.12.26 본호신설)

② 신탁업자가 제1항에 따라 재건축부담금을 납부하는 경우에는 해당 재건축사업의 신탁재산 범위에서 납부할 의무가 있다.(2017.3.21 본항신설)

③ 제1항에 따라 재건축부담금을 납부하여야 할 의무가 있는 조합등은 조합원별로 종전자산을 평가한 가액 등 대통령령으로 정하는 사항을 고려하여 제14조에 따른 재건축부담금 예정액의 조합원별 납부액과 제15조에 따라 결정 및 부과하는 재건축부담금의 조합원별 분담기준 및 비율을 결정하여 이를 관리처분계획에 명시하여야 한다.(2023.12.26 본항개정)

④ 제1항 단서에 따른 조합원의 2차 납부의무는 제12조에 따라 산정된 재건축부담금 중 제3항에 따른 관리처분계획상 분담비율을 적용하여 산정한 금액에 한정한다.(2020.8.18 본항개정)

⑤ 재건축부담금의 납부의무의 승계, 연대납부의무에 관하여는 「국세기본법」 제23조부터 제25조까지, 제25조의2 및 제38조부터 제41조까지의 규정을 준용한다.(2020.6.9 본항개정)

제7조【부과기준】 재건축부담금의 부과기준은 종료시점 부과대상 주택의 가격 총액(이하 "종료시점 주택가액"이라 한다)에서 다음 각 호의 모든 금액을 공제한 금액으로 한다. 다만, 부과대상 주택 중 일반분양분의 종료시점 주택가액은 분양시점 분양가격의 총액과 제9조제3항에 따라 산정한 종료시점까지 미분양된 일반분양분의 가액을 반영한 총액으로 한다.(2020.8.18 본문개정)

1. 개시시점 부과대상 주택의 가격 총액(이하 "개시시점 주택가액"이라 한다)
2. 부과기간 동안의 개시시점 부과대상 주택의 정상주택가격상승분 총액
3. 제11조의 규정에 의한 개발비용 등

제8조【기준시점 등】 ① 부과개시시점은 재건축사업을 위하여 최초로 조합설립인가를 받은 날로 한다. 다만, 부과대상이 되는 재건축사업의 전부 또는 일부가 다음 각 호의 어느 하나에 해당하는 경우에는 다음 각 호의 어느 하나에 해당하는 날을 부과개시시점으로 한다.(2023.12.26 본문개정)

1. (2023.12.26 삭제)
2. 조합이 합병된 경우는 각각의 최초 조합설립인가일

2의2. 공공시행자가 사업시행자로 최초 지정 승인된 날(조합설립인가를 받지 아니한 경우에 한정한다)(2023.12.26 2호~2호의2개정)

2의3. 주민합의체 구성을 신고한 날(2023.12.26 본호신설)

3. 신탁업자가 사업시행자로 최초 지정 승인된 날(조합설립인가를 받지 아니한 경우에 한정한다)(2023.12.26 본호개정)
4. 그 밖에 대통령령으로 정하는 날(2020.6.9 본호개정)

② 제1항의 규정에도 불구하고 부과개시시점부터 부과종료시점까지의 기간이 10년을 초과하는 경우에는 부과종료시점부터 역산하여 10년이 되는 날을 부과개시시점으로 한다.(2020.6.9 본항개정)

③ 부과종료시점은 해당 재건축사업의 준공인가일로 한다. 다만, 부과대상이 되는 재건축사업의 전부 또는 일부가 다음 각 호의 어느 하나에 해당하는 경우에는 다음 각 호의 어느 하나에 해당하게 된 날을 부과종료시점으로 한다.(2020.6.9 본문개정)

1. 관계법령에 의하여 재건축사업의 일부가 준공인가된 날(2017.2.8 본호개정)
2. 관계행정청의 인가 등을 받아 건축물의 사용을 개시한 날
3. 그 밖에 대통령령으로 정한 날(2020.6.9 본호개정)

제9조【주택가액의 산정】 ① 제7조에 따른 개시시점 주택가액은 「부동산 가격공시에 관한 법률」에 따라 공시된 부과대상 주택가격(공시된 주택가격이 없는 경우는 제3항에서 규정한 절차에 따라 국토교통부장관이 산정한 부과개시시점 현재의 주택가격)총액에 공시기준일부터 개시시점까지의 정상주택가격상승분을 반영한 가액으로 한다. 다만, 「주택법」에 따른 부대시설 또는 복리시설을 소유한 조합원이 종료시점 부과대상 주택을 공급받는 경우에는 본문에 따라 산정된 부과대상 주택가격총액에 「감정평가 및 감정평가사에 관한 법률」에 따른 감정평가법인등이 대통령령으로 정하는 바에 따라 평가·산정한 부대시설 및 복리시설의 가격 총액을 합산하여야 한다.(2022.2.3 단서신설)

② 제1항에도 불구하고 제15조에 따라 재건축부담금을 결정·부과하는 경우에는 제1항에 따른 개시시점 주택가액에 종료시점 주택가액과 종료시점 실거래가격(실거래가격이 없거나 부족한 경우에는 인근 유사단지의 실거래가격을 고려한 적정가격을 말한다)과의 비율을 적용하여 조정한 가액으로 한다. 이 경우 실거래가격의 산정 및 비율적용의 기준·방법에 관하여 필요한 사항은 대통령령으로 정한다.(2020.8.18 본항신설)

③ 제7조에 따른 종료시점 주택가액은 대통령령으로 정하는 바에 따라 국토교통부장관이 대통령령으로 정하는 부동산 가격의 조사·산정에 관하여 전문성이 있는 기관(이하 "부동산가격조사 전문기관"이라 한다)에 의뢰하여 종료시점 현재의 주택가격 총액을 조사·산정하고 이를 「부동산 가격공시에 관한 법률」에 따른 부동산가격공시위원회(이하 "부동산가격공시위원회"라 한다)의 심의를 거쳐 결정한 가액으로 한다. 이 경우 본문에 따라 산정된 종료시점 현재의 주택가격은 「부동산 가격공시에 관한 법률」 제16조, 제17조 및 제18조에 따라 공시된 주택가격으로 본다.(2020.6.9 본항개정)

제10조【정상주택가격상승분의 산정】 ① 제7조제2호에 따른 정상주택가격상승분은 제9조제1항 및 제2항에 따른 개시시점 주택가액에 국토교통부장관이 대통령령으로 정하는 바에 따라 고시하는 정기예금이자율과 종료시점까지의 해당 재건축 사업장이 소재하는 특별자치시·특별자치도·시·군·구의 평균주택가격상승률 중 높은 비율을 곱하여 산정한다.(2020.8.18 본항개정)

② 제1항에 따른 평균주택가격상승률은 「주택법」 제89조의 규정에 따라 국토교통부장관의 위탁을 받은 자가 통계청 승인을 받아서 작성한 주택가격 통계를 이용하여 산정한다. 다만, 특별자치시·특별자치도·시·군·구의 주택가격 통계가 생산되기 이전 기간의 평균주택가격상승률은 국토교통부장관이 대통령령으로 정하는 바에 따라 부동산가격조사 전문기관에 의뢰하여 해당 특별자치시·특별자치도·시·군·구의 기준시가 변동률, 통계청 승인을 받은 해당 특별자치시·특별자치도·시·군·구가 소재하는 광역지방자치단체의 주택가격 상승률 등을 고려하여 조사·산정하고 이를 부동산가격공시위원회의 심의를 거쳐 결정한다.(2023.12.26 본문개정)

(2020.6.9 본조개정)

제11조【개발비용 등의 산정】 ① 제7조제3호에 따른 개발비용은 해당 재건축사업의 시행과 관련하여 지출된 다음 각 호의 금액을 합하여 산출한다.(2020.6.9 본문개정)

1. 공사비, 설계감리비, 부대비용 및 그 밖의 경비
2. 관계 법령의 규정 또는 인가 등의 조건에 의하여 납부의무자가 국가 또는 지방자치단체에 납부한 각종 세금과 공과금(2020.6.9 본호개정)
3. 관계법령의 규정 또는 인가 등의 조건에 의하여 납부의무자가 공공시설 또는 토지 등을 국가 또는 지방자치단체에 제공하거나 기부한 경우에는 그 가액. 다만, 그 대가로 「국토의 계획 및 이용에 관한 법률」, 「도시 및 주거환경정비법」 및 「빈집 및 소규모주택 정비에 관한 특례법」에 따라 용적률 등이 완화된 경우에는 그러하지 아니하다.(2017.2.8 단서개정)
4. (2012.12.18 삭제)
5. 그 밖에 대통령령으로 정하는 사항(2020.6.9 본호개정)

② 제1항 각 호의 산정방법 등에 관하여 필요한 사항은 대통령령으로 정한다.

제12조【부과율】 납부의무자가 납부하여야 할 재건축부담금은 제7조에 따라 산정된 재건축초과이익을 해당 조합원 수로 나눈 금액에 다음의 부과율을 적용하여 계산한 금액을 그 부담금액으로 한다.(2020.6.9 본문개정)

1. 조합원 1인당 평균이익이 8천만원 이하 : 면제
2. 조합원 1인당 평균이익이 8천만원 초과 1억3천만원 이하 : 8천만원을 초과하는 금액의 100분의 10×조합원수
3. 조합원 1인당 평균이익이 1억3천만원 초과 1억8천만원 이하 : 500만원×조합원수+1억3천만원을 초과하는 금액의 100분의 20×조합원수
4. 조합원 1인당 평균이익이 1억8천만원 초과 2억3천만원 이하 : 1천500만원×조합원수+1억8천만원을 초과하는 금액의 100분의 30×조합원수
5. 조합원 1인당 평균이익이 2억3천만원 초과 2억8천만원 이하 : 3천만원×조합원수+2억3천만원을 초과하는 금액의 100분의 40×조합원수
6. 조합원 1인당 평균이익이 2억8천만원 초과 : 5천만원×조합원수+2억8천만원을 초과하는 금액의 100분의 50×조합원수

(2023.12.26 1호~6호개정)

제13조【양도소득세액의 개발비용 인정】 ① 이 법 시행일 전에 제8조제1항에 따른 부과개시시점 이후 개시시점 부과대상 주택(대지분을 포함한다. 이하 같다)의 양도로 인하여 발생한 소득에 대하여 양도소득세가 부과된 경우에는 제11조에도 불구하고 해당 양도세액 중 부과개시시점부터 양도시점까지에 상당하는 세액을 같은 조에 따른 개발비용에 계상할 수 있다. 이 경우 납부의무자는 제20조에 따라 제출하는 부담금액공제산출내역서에 공제받고자 하는 양도소득세액 및 그 산출근거를 포함하여야 한다.

② 제1항에 따라 개발비용으로 계상되는 양도세액의 산정방법 등은 대통령령으로 정한다.

(2020.6.9 본조개정)

제14조【재건축부담금의 예정액 통지 등】 ① 납부의무자는 다음 각 호의 구분에 따라 이 법에 의한 재건축부담금 산정에 필요한 자료를 국토교통부령으로 정하는 바에 따라 국토교통부장관에게 제출하여야 한다. 다만, 제1호의 경우 기한 내에 시공사가 선정되지 아니하면 자료제출 기한을 시공사와의 계약 체결일부터 1개월 이내로 연장할 수 있다.

1. 「도시 및 주거환경정비법」 제2조제2호다목에 따른 재건축사업의 경우에는 사업시행인가 고시일부터 3개월 이내
2. 「빈집 및 소규모주택 정비에 관한 특례법」 제2조제1항제3호다목에 따른 소규모재건축사업의 경우에는 시공사와의 계약 체결일부터 1개월 이내(2023.12.26 본호개정)

② 국토교통부장관은 제1항에 따라 자료를 제출받은 날부터 30일(제22조제3항에 따라 부동산가격조사 전문기관에 재건축부담금 예정액 검증을 의뢰한 경우에는 45일) 이내에 납부의무자에게 재건축부담금의 부과기준 및 예정액을 통지하여야 한다.

③ 국토교통부장관은 제2항에 따라 재건축부담금 예정액을 통지한 경우에는 부과종료시점까지 국토교통부령으로 정하는 바에 따라 매년 1월 말까지 재건축부담금 예정액을 납부의무자에게 통지하여야 한다.(2021.7.20 본항신설)

(2020.8.18 본조개정)

제14조의2【재건축부담금의 감경】 ① 조합원이 속한 세대(조합원 및 그 배우자와 그들과 생계를 같이 하는 가족으로서 대통령령으로 정하는 것을 말한다. 이하 같다)의 구성원이 재건축사업의 대상이 되는 주택(「주택법」 제2조에 따른 부대시설 또는 복리시설을 포함한다. 이하 "재건축대상주택"이라 한다) 외의 다른 주택(대통령령으로 정하는 준주택을 포함한다. 이하 같다)을 보유하지 아니한 경우로서 해당 조합원(이하 "1세대 1주택자"라 한다)이 부과종료시점부터 역산하여 6년 이상 재건축대상주택을 보유한 경우에는 제12조에 따른 부담금액 중 제6조제3항의 조합원별 분담기준 및 비율에 따라 해당 조합원이 분담해야 하는 부담금액에 다음 각 호의 보유기간(1세대 1주택자로서의 기간에 한정한다)에 따른 비율을 곱한 금액에 해당하는 재건축부담금을 감경한다. 이 경우 해당 조합원은 부과종료시점에 1세대 1주택자이어야 한다.

1. 보유기간이 6년 이상 7년 미만 : 100분의 10
2. 보유기간이 7년 이상 8년 미만 : 100분의 20
3. 보유기간이 8년 이상 9년 미만 : 100분의 30
4. 보유기간이 9년 이상 10년 미만 : 100분의 40
5. 보유기간이 10년 이상 15년 미만 : 100분의 50
6. 보유기간이 15년 이상 20년 미만 : 100분의 60
7. 보유기간이 20년 이상 : 100분의 70

② 제1항에 따른 다른 주택의 범위에는 다음 각 호의 어느 하나에 해당하는 주택은 포함하지 아니한다.
1. 상속, 혼인 등 부득이한 사유로 인하여 보유하는 경우로서 대통령령으로 정하는 주택
2. 재건축사업의 시행기간 동안 거주를 위한 사유로 보유하는 경우로서 대통령령으로 정하는 주택
3. 주택 소재지역, 주택가액 등을 고려하여 대통령령으로 정하는 저가주택
③ 제1항에 따라 재건축부담금이 감경된 경우 제2항제1호 또는 제2호의 주택을 보유한 자는 대통령령으로 정하는 기간 이내에 해당 주택을 처분하여야 한다.
④ 제1항부터 제3항까지에서 규정한 사항 외에 1세대 1주택자 감경을 위한 구체적인 기준 및 방법 등 필요한 사항은 대통령령으로 정한다.
(2023.12.26 본조신설)
제15조【재건축부담금의 결정 및 부과】 ① 국토교통부장관은 부과종료시점부터 5개월 이내에 재건축부담금을 결정·부과하여야 한다. 다만, 제14조의2에 따라 재건축부담금을 감경하는 경우에는 부과종료시점부터 8개월 이내에 재건축부담금을 결정·부과할 수 있고, 납부의무자가 제16조제1항의 규정에 따라 고지전 심사를 청구한 경우에는 그 결과의 서면통지일부터 1개월 이내에 재건축부담금을 결정·부과하여야 한다.(2023.12.26 단서개정)
② 국토교통부장관은 제1항에 따라 재건축부담금을 결정·부과하고자 하는 경우에는 대통령령으로 정하는 바에 따라 미리 납부의무자에게 그 부과기준 및 재건축부담금을 통지하여야 한다.
③ 국토교통부장관은 제14조의2제2항제1호 및 같은 항 제2호의 사유에 따라 재건축대상주택 외의 다른 주택을 보유한 조합원에게 제14조의2제1항에 따라 1세대 1주택자 감경을 하는 경우에는 제1항에 따른 재건축부담금을 결정·부과할 때에 대통령령으로 정하는 바에 따라 제14조의2제3항에 따른 해당 주택의 처분기한을 함께 통지하여야 한다.(2023.12.26 본항신설)
④ 국토교통부장관은 1세대 1주택자 감경을 받은 조합원이 제14조의2제3항에 따른 처분기한을 위반하여 해당 주택을 처분하지 아니한 경우에는 조합원에게 감경된 금액에 해당하는 재건축부담금에 대통령령으로 정하는 이자를 가산하여 징수하여야 한다.(2023.12.26 본항신설)
⑤ 제1항부터 제4항까지에서 규정한 사항 외에 재건축부담금의 결정·부과 및 재건축부담금 감경을 위한 절차의 구체적인 기준·방법 등 필요한 사항은 대통령령으로 정한다.(2023.12.26 본항신설)
(2020.6.9 본조개정)
제16조【고지 전 심사 청구 등】 ① 제15조에 따라 재건축부담금을 통지받은 납무의무자는 부담금에 대하여 이의가 있는 경우 사전통지를 받은 날부터 50일 이내에 국토교통부장관에게 심사(이하 "고지 전 심사"라 한다)를 청구할 수 있다.
② 고지 전 심사를 청구하고자 할 때에는 대통령령으로 정하는 사항을 기재한 고지 전 심사청구서를 국토교통부장관에게 제출하여야 한다.
③ 제1항에 따라 고지 전 심사의 청구를 받은 국토교통부장관은 그 청구일부터 30일 이내에 이를 심사하여 대통령령으로 정하는 사항을 기재하여 그 결과를 서면으로 통지하여야 한다.
④ 제1항에 따른 고지 전 심사 청구의 내용이 제9조 및 제10조와 관련된 사항일 경우 국토교통부장관은 부동산가격조사 전문기관의 검증과 부동산가격공시위원회의 심의를 거쳐 재건축부담금을 재산정하여 부과하여야 하며, 이 경우 제3항에도 불구하고 심사기간을 최장 60일까지 연장할 수 있다.
(2020.6.9 본조개정)
제17조【재건축부담금의 납부】 ① 재건축부담금의 납부의무자는 부과일부터 6개월 이내에 재건축부담금을 납부하여야 한다.(2020.6.9 본항개정)
② 재건축부담금은 현금에 의한 납부를 원칙으로 한다. 다만, 대통령령으로 정하는 납부대행기관을 통하여 신용카드·직불카드 등(이하 "신용카드등"이라 한다)으로 납부하거나 해당 재건축사업으로 건설·공급되는 주택으로 납부(이하 "물납"이라 한다)할 수 있다.(2017.3.21 본항개정)
③ 제2항 단서에 따라 재건축부담금을 신용카드등으로 납부하는 경우에는 납부대행기관의 승인일을 납부일로 본다. 이 경우 납부대행기관의 지정, 지정 취소, 납부대행 수수료 및 운영 등에 필요한 사항은 대통령령으로 정한다.(2017.3.21 본항신설)
④ 제2항에 따라 물납한 주택의 가액은 다음 각 호의 가격 중 높은 가격으로 한다. 이 경우 물납의 구체적 기준·절차 및 가격의 산정 기준·방법 등 필요한 사항은 대통령령으로 정한다.
1. 제9조제3항을 준용하여 산정한 가격
2. 동일 공급유형 일반분양분의 분양시점 분양가격. 다만, 동일 공급유형의 일반분양분이 없는 경우에는 근접한 공급유형의 면적별 일반분양 단가를 반영하여 산정한 가격을 말한다.
(2020.8.18 본항개정)
⑤ 제2항의 규정에 따라 물납된 주택은 제4조에도 불구하고 주택도시기금으로 귀속되며, 국토교통부장관은 물납된 주택을 국민 주거안정과 주택시장 안정에 기여할 수 있도록 운용하여야 한다.(2020.6.9 본항개정)
제17조의2【재건축부담금의 납부유예】 ① 국토교통부장관은 조합원이 다음 각 호의 요건을 모두 충족하는 경우로서 해당 조합원이 분담하여야 할 재건축부담금의 납부유예를 신청하는 경우 이를 허가할 수 있다. 이 경우 납부유예를 신청하는 조합원은 그 유예할 재건축부담금에 상당하는 담보를 제공하여야 한다.
1. 부과종료시점에 1세대 1주택자일 것
2. 부과종료시점에 60세 이상일 것
② 국토교통부장관은 제1항에 따른 신청을 받은 경우 대통령령으로 정하는 바에 따라 납부의무자 및 해당 조합원에게 납부유예 허가 여부를 통지하여야 한다.
③ 국토교통부장관은 제1항에 따라 재건축부담금의 납부가 유예된 조합원이 다음 각 호의 어느 하나에 해당하는 경우에는 그 납부유예 허가를 취소하여야 한다.
1. 해당 주택의 전부 또는 일부를 타인에게 양도(매매, 증여, 교환 등 그 원인행위는 불문한다)하는 경우
2. 사망하여 상속이 개시되는 경우
3. 1세대 1주택자 요건을 충족하지 아니하게 된 경우
4. 담보의 변경 또는 그 밖에 담보 보전에 필요한 국토교통부장관의 명령에 따르지 아니한 경우
5. 「국세징수법」 제9조제1항 각 호의 어느 하나에 해당되어 그 납부유예와 관계되는 재건축부담금의 전액을 징수할 수 없다고 인정되는 경우
6. 납부유예된 재건축부담금을 납부하려는 경우
④ 제1항에 따라 납부유예가 허가된 경우에는 해당 재건축부담금 징수권의 소멸시효는 납부유예기간 중에는 진행하지 아니한다.
⑤ 국토교통부장관은 제3항에 따라 재건축부담금의 납부유예 허가를 취소한 경우에는 대통령령으로 정하는 바에 따라 해당 납부의무자에게 납부를 유예받은 재건축부담금에 대통령령으로 정하는 이자를 가산하여 징수하여야 한다. 다만, 제3항제2호의 경우 상속으로 받은 재산의 한도에서 납부할 의무를 진다.
⑥ 국토교통부장관은 제1항에 따라 납부유예를 허가한 후 납부기한이 지난 날부터 제5항에 따라 징수할 재건축부담금의 고지일까지의 기간 동안에는 납부지연에 따른 가산금을 부과하지 아니한다.
⑦ 제1항부터 제6항까지에서 규정한 사항 외에 납부유예 절차 등 필요한 사항은 대통령령으로 정한다.
(2023.12.26 본조신설)
제18조【재건축부담금의 징수 등】 재건축부담금의 납부의 고지, 납부의 연기 및 분할납부, 징수방법, 행정심판의 특례 등 재건축부담금의 납부·징수에 관하여 이 법에 규정되어 있는 것을 제외하고는 「개발이익환수에 관한 법률」 제15조부터 제17조까지, 제19조부터 제23조까지와 제26조의 규정을 준용한다. 다만, 2차 납부의무 조합원에 대한 납부고지는 「국세징수법」 제7조를 준용한다.
(2020.12.29 단서개정)
제19조【부담금의 사전징수 및 예치】 ① 납부의무자는 관리처분계획에 따라 제14조에 따른 재건축부담금 예정액의 전부 또는 일부를 조합원으로부터 사전에 징수할 수 있다.(2020.6.9 본항개정)
② 납부의무자는 국토교통부장관이 지정하는 계좌를 통해서만 제1항의 규정에 따라 재건축부담금을 사전에 징수하여 예치할 수 있으며, 계좌의 개설, 관리 등과 관련하여 필요한 사항은 대통령령으로 정한다.(2013.3.23 본항개정)
③ 제1항에 따라 재건축부담금을 사전에 징수·예치하고자 하는 경우 납부의무자는 조합원별 부담금 배분기준, 부담금 예정액, 계좌번호 등 대통령령으로 정하는 사항을 명확하게 기록한 납부고지서를 조합원에게 통지하여야 한다.(2021.7.20 본항개정)
④ 국토교통부장관은 제15조에 따라 결정된 재건축부담금에서 제2항에 따라 부과시점 이전에 예치받은 금액에 제10조에 따라 고시된 정기예금이자율의 2배에 해당하는 이자를 합한 금액을 차감하여 재건축부담금을 부과할 수 있으며, 이자의 계산방식 등 구체적인 사항은 대통령령으로 정한다.(2020.6.9 본항개정)
제20조【자료제출의무】 납부의무자는 부과종료시점부터 1개월 이내에 다음 각 호의 구분에 따라 국토교통부령으로 정하는 바에 따라 제11조의 규정에 의한 개발비용 등의 산정, 제13조에 따른 부담금액 공제에 필요한 내역서 및 제14조의2에 따른 1세대 1주택자 등을 증명하는 서류와 주택소유현황 확인을 위한 서류를 국토교통부장관에게 제출하여야 한다.(2023.12.26 본문개정)
1. 「도시 및 주거환경정비법」에 의한 준공인가를 받은 경우
2. 「빈집 및 소규모주택 정비에 관한 특례법」에 의한 준공인가를 받은 경우(2020.8.18 본호신설)
3. 제8조제3항 각 호에 해당하는 경우(2017.3.21 본호개정)
제21조【자료의 통보】 ① 재건축사업에 관하여 인가 등을 한 행정청은 인가 등을 한 날부터 15일 이내에 그 사실을 국토교통부장관에게 통보하여야 한다.(2017.2.8 본항개정)
② 국토교통부장관이 재건축부담금을 부과한 경우에는 국토교통부령으로 정하는 바에 의하여 대상사업·납부의무자·부과금액·사업기간 및 부과일 등에 관한 사항을 부과일부터 15일 이내에 국세청장에게 통보하여야 한다.
(2020.6.9 본항개정)
(2013.3.23 본조개정)
제22조【권한의 위임 등】 ① 국토교통부장관은 이 법에 의한 재건축부담금의 결정·부과 및 징수에 관한 권한을 대통령령으로 정하는 바에 따라 시·도지사 또는 시장·군수·구청장에게 위임할 수 있다.
② 시·도지사 또는 시장·군수·구청장은 제1항에 따라 재건축부담금의 결정·부과 및 징수와 관련하여 발생한 비용을 제4조에 따라 해당지방자치단체에 귀속되는 재건축부담금으로 충당할 수 있다.
③ 제1항에 따라 권한을 위임받은 시·도지사 또는 시장·군수·구청장은 제14조에 따른 재건축부담금의 예정액 통지, 제14조의2에 따른 1세대 1주택자 확인 및 제15조에 따른 재건축부담금의 결정·부과를 위하여 필요한 경우 대통령령으로 정하는 바에 따라 부동산가격조사 전문기관에 검증을 의뢰할 수 있다.(2023.12.26 본항개정)
(2020.6.9 본조개정)
제23조【벌칙】 ① 재건축부담금을 면탈·감경할 목적 또는 면탈·감경하게 할 목적으로 다음 각 호의 어느 하나에 해당하는 행위를 한 자는 3년 이하의 징역 또는 면탈·감경하였거나 면탈·감경하고자 한 재건축부담금의 3배 이하에 상당하는 벌금에 처한다.
1. 허위의 계약을 체결한 자
2. 제20조에 따른 내역서를 허위로 제출한 자(2009.4.1 본호개정)
② 법인의 대표자나 법인 또는 개인의 대리인, 사용인, 그 밖의 종업원이 그 법인 또는 개인의 업무에 관하여 제1항의 위반행위를 하면 그 행위자를 벌하는 외에 그 법인 또는 개인에게도 제1항의 벌금형을 과(科)한다. 다만, 법인 또는 개인이 그 위반행위를 방지하기 위하여 해당 업무에 관하여 상당한 주의와 감독을 게을리하지 아니한 경우에는 그러하지 아니하다.(2009.4.1 본항개정)
제24조【과태료】 ① 제20조에 따른 내역서를 제출하지 아니하거나 게을리한 자에게는 다음 각 호의 어느 하나에 의한 과태료를 부과한다.(2009.4.1 본문개정)
1. 제출하지 아니하거나 게을리한 기간(이하 이 항에서 "해태기간"이라 한다)이 기간 만료일부터 1개월 이상 2개월 미만인 때 : 재건축부담금의 100분의 1에 상당하는 금액 이하
2. 해태기간이 2개월 이상 6개월 미만인 때 : 재건축부담금의 100분의 2에 상당하는 금액 이하
3. 해태기간이 6개월 이상 12개월 미만인 때 : 재건축부담금의 100분의 4에 상당하는 금액 이하
4. 해태기간이 12개월 이상인 때 : 재건축부담금의 100분의 8에 상당하는 금액 이하
(2020.6.9 1호~4호개정)
② 제1항에 따른 과태료는 대통령령으로 정하는 바에 따라 국토교통부장관이 부과·징수한다.(2013.3.23 본항개정)
③~⑤ (2009.4.1 삭제)

부 칙

제1조【시행일】 이 법은 공포 후 4개월이 경과한 날부터 시행한다.
제2조【경과규정】 ① 이 법은 시행일 이후 최초로 관리처분계획 인가를 신청하는 재건축사업부터 적용한다.
② 제1항의 사업에 대한 부담금은 이 법 시행일 전의 사업시행기간을 포함한 전체사업시행기간에 대하여 산정하되, 이 법 시행일을 기준으로 안분하여 이 법 시행일 이후의 사업시행기간에 해당하는 금액을 부과한다.
③ 제1항의 규정에 의하여 시행되는 사업시행인가를 받은 납부의무자는 이 법 시행일로부터 1월 이내에 제14조의 규정에 따라 재건축부담금 산정에 필요한 자료를 건설교통부장관에게 제출하여야 한다.
제3조【재건축부담금의 징수에 관한 특례】 제5조에 따른 재건축부담금 부과대상 사업으로서 「수도권정비계획법」 제2조제1호에 따른 수도권 외의 지역에서 시행되는 주택재건축사업 중 2009년 6월 30일까지 「도시 및 주거환경정비법」 제48조에 따른 관리처분계획의 인가를 신청한 사업에 대하여는 제3조에도 불구하고 재건축부담금을 징수하지 아니한다.(2008.6.5 본조신설)
제4조【다른 법률의 개정】 ①~④ ※(해당 법령에 가제정리 하였음)

부 칙 (2017.3.21)

제1조【시행일】 이 법은 공포 후 6개월이 경과한 날부터 시행한다. 다만, 부칙 제3조는 2018년 2월 9일부터 시행한다.
제2조【신탁업자 등의 재건축부담금 부과에 관한 적용례】 ① 제6조제1항의 개정규정은 이 법 시행 후 관리처분계획인가를 신청하는 재건축사업부터 적용한다.
② 제1항에 따른 재건축부담금은 이 법 시행일 전의 사업시행기간을 포함하여 산정하되, 이 법 시행일을 기준으로 안분계산(按分計算)하여 이 법 시행일 이후의 사업시행기간에 해당하는 금액을 부과한다.
제3조【다른 법률의 개정】 ※(해당 법령에 가제정리 하였음)

부 칙 (2020.6.9)

이 법은 공포한 날부터 시행한다.(이하 생략)

부 칙 (2020.8.18)

제1조【시행일】 이 법은 공포한 날부터 시행한다. 다만, 제9조제2항 및 제22조제3항의 개정규정은 공포 후 6개월이 경과한 날부터 시행한다.
제2조【주택가액 산정에 관한 적용례】 제9조제2항의 개정규정은 이 법 시행 후 재건축부담금을 결정·부과하는 재건축사업부터 적용한다.

부 칙 (2020.12.29)

제1조【시행일】 이 법은 2021년 1월 1일부터 시행한다.(이하 생략)

부 칙 (2021.7.20)

제1조【시행일】 이 법은 공포한 날부터 시행한다. 다만, 제2조, 제6조 및 제8조의 개정규정은 공포 후 3개월이 경과한 날부터 시행하고, 제14조제3항의 개정규정은 공포 후 6개월이 경과한 날부터 시행한다.
제2조【공공시행자 등의 재건축부담금 부과에 관한 적용례】 ① 제6조제1항의 개정규정은 이 법 시행 이후 관리처분계획인가를 신청하는 재건축사업부터 적용한다.
② 제1항에 따른 재건축부담금은 이 법 시행일 전의 사업시행기간을 포함하여 산정하되, 이 법 시행일을 기준으로 안분계산(按分計算)하여 이 법 시행일 이후의 사업시행기간에 해당하는 금액을 부과한다.
제3조【재건축부담금 예정액 통지에 관한 적용례】 제14조제3항의 개정규정은 이 법 시행 이후 제14조제2항에 따라 재건축부담금 예정액을 통지한 재건축사업부터 적용한다.

부 칙 (2022.2.3)

제1조【시행일】 이 법은 공포 후 6개월이 경과한 날부터 시행한다.
제2조【부대시설 및 복리시설 가액 산정에 관한 적용례】 제9조제1항의 개정규정은 이 법 시행 이후 재건축부담금을 결정·부과하는 경우부터 적용한다.

부 칙 (2023.12.26)

제1조【시행일】 이 법은 공포 후 3개월이 경과한 날부터 시행한다.
제2조【일반적 적용례】 이 법은 이 법 시행 이후 재건축부담금을 결정·부과하는 재건축사업부터 적용한다.
제3조【재건축부담금 결정 및 부과 기한에 관한 특례】 재건축부담금의 부과종료시점이 이 법 시행 전인 재건축사업에 대하여는 제15조제1항 본문에도 불구하고 이 법 시행일부터 5개월 이내에 재건축부담금을 결정·부과할 수 있다.

주거기본법

(2015년 6월 22일
법 률 제13378호)

개정
2016. 1.19법13803호
2016. 1.19법13805호(주택법)
2017. 4.18법14799호 2017.11.28법15120호
2018.12.31법16144호 2019. 4.23법16391호
2021.12. 7법18561호

제1조【목적】 이 법은 주거복지 등 주거정책의 수립·추진 등에 관한 사항을 정하고 주거권을 보장함으로써 국민의 주거안정과 주거수준의 향상에 이바지하는 것을 목적으로 한다.
제2조【주거권】 국민은 관계 법령 및 조례로 정하는 바에 따라 물리적·사회적 위험으로부터 벗어나 쾌적하고 안정적인 주거환경에서 인간다운 주거생활을 할 권리를 갖는다.
제3조【주거정책의 기본원칙】 국가 및 지방자치단체는 제2조의 주거권을 보장하기 위하여 다음 각 호의 기본원칙에 따라 주거정책을 수립·시행하여야 한다.
1. 소득수준·생애주기 등에 따른 주택 공급 및 주거비 지원을 통하여 국민의 주거비가 부담 가능한 수준으로 유지되도록 할 것
2. 주거복지 수요에 따른 임대주택의 우선공급 및 주거비의 우선지원을 통하여 장애인·고령자·저소득층·신혼부부·청년층·지원대상아동(「아동복지법」 제3조제5호에 따른 지원대상아동을 말한다) 등 주거지원이 필요한 계층(이하 "주거지원필요계층"이라 한다)의 주거수준이 향상되도록 할 것(2019.4.23 본호개정)
3. 양질의 주택 건설을 촉진하고, 임대주택 공급을 확대할 것
4. 주택이 체계적이고 효율적으로 공급될 수 있도록 할 것
5. 주택이 쾌적하고 안전하게 관리될 수 있도록 할 것
6. 주거환경 정비, 노후주택 개량 등을 통하여 기존 주택에 거주하는 주민의 주거수준이 향상될 수 있도록 할 것
7. 장애인·고령자 등 주거약자가 안전하고 편리한 주거생활을 영위할 수 있도록 지원할 것
8. 저출산·고령화, 생활양식 다양화 등 장기적인 사회적·경제적 변화에 선제적으로 대응할 것
9. 주택시장이 정상적으로 기능하고 관련 주택산업이 건전하게 발전할 수 있도록 유도할 것

제4조【다른 법률과의 관계】 국가는 주거정책에 관한 다른 법률을 제정하거나 개정하는 경우에는 이 법에 부합하도록 하여야 한다.
제5조【주거종합계획의 수립】 ① 국토교통부장관은 국민의 주거안정과 주거수준의 향상을 도모하기 위하여 다음 각 호의 사항이 포함된 주거종합계획(이하 "주거종합계획"이라 한다)을 수립·시행하여야 한다.
1. 주거정책의 기본목표 및 기본방향에 관한 사항
2. 주택·택지의 수요 및 공급에 관한 사항
3. 공공임대주택 등 공공주택의 공급에 관한 사항
4. 공동주택의 관리에 관한 사항
5. 주거정책 자금의 조달 및 운용에 관한 사항
6. 주거환경 정비 및 노후주택 개량 등에 관한 사항
7. 주거지원필요계층에 대한 임대주택 우선공급 및 주거비 지원 등에 관한 사항(2018.12.31 본호개정)
8. 제17조에 따른 최저주거기준 및 제19조에 따른 유도주거기준에 관한 사항
9. 제21조에 따른 주거복지 전달체계에 관한 사항
10. 그 밖에 대통령령으로 정하는 사항

② 주거종합계획은 연도별 계획과 10년 단위의 계획으로 구분하며, 연도별 계획은 10년 단위의 계획을 토대로 해당 연도 2월 말까지 수립하여야 한다.
③ 국토교통부장관은 10년 단위의 주거종합계획 수립 후 5년마다 해당 계획의 타당성을 재검토하여야 한다.
④ 주거종합계획은 「국토기본법」에 따른 국토종합계획에 적합하여야 한다.
⑤ 국가, 지방자치단체, 「한국토지주택공사법」에 따른 한국토지주택공사(이하 "한국토지주택공사"라 한다) 및 「지방공기업법」 제49조에 따라 주택사업을 목적으로 설립된 지방공사는 주거종합계획으로 정하는 바에 따라 주택건설사업 또는 대지조성사업을 시행하여야 한다.
⑥ 국토교통부장관은 10년 단위의 주거종합계획을 수립·변경하려는 경우에는 제20조에 따른 주거실태조사를 실시하여야 한다. 다만, 주거종합계획 수립·변경 내용에 관한 주거실태조사를 별도로 실시하였거나 변경 내용이 경미한 경우 등 대통령령으로 정하는 바에 따라 주거실태조사가 불필요하다고 인정하는 경우에는 이를 생략할 수 있다.
⑦ 국토교통부장관은 주거종합계획을 수립하려는 경우에는 미리 관계 중앙행정기관의 장, 특별시장·광역시장·특별자치시장·도지사 및 특별자치도지사(이하 "시·도지사"라 한다)에게 주거종합계획에 반영되어야 할 정책 및 사업에 관한 소관별 계획서의 제출을 요청할 수 있다. 이 경우 관계 중앙행정기관의 장 및 시·도지사는 특별한 사유가 없으면 요청에 따라야 한다.
⑧ 국토교통부장관은 제7항에 따라 받은 소관별 계획서를 기초로 주거종합계획안을 마련하여 관계 중앙행정기관의 장과 협의한 후 제8조에 따른 주거정책심의위원회의 심의를 거쳐 확정한다. 이 경우 국토교통부장관은 확정된 주거종합계획을 지체 없이 관계 중앙행정기관의 장 및 시·도지사에게 통보하여야 한다.
제6조【시·도 주거종합계획의 수립】 ① 시·도지사는 제5조에 따른 주거종합계획과 대통령령으로 정하는 범위에서 그 특별시·광역시·특별자치시·도 및 특별자치도(이하 "시·도"라 한다)의 조례로 정하는 바에 따라 연도별 시·도 주거종합계획 및 10년 단위의 시·도 주거종합계획을 수립하여야 한다. 이 경우 시·도 주거종합계획은 제5조에 따른 주거종합계획에 적합하여야 하며, 연도별 시·도 주거종합계획은 10년 단위의 시·도 주거종합계획에 적합하여야 한다.
② 시·도지사는 제1항에 따라 연도별 시·도 주거종합계획 또는 10년 단위의 시·도 주거종합계획을 수립하였을 때에는 지체 없이 이를 국토교통부장관에게 제출하여야 한다.
③ 시·도지사는 10년 단위의 시·도 주거종합계획 수립 후 5년마다 해당 계획의 타당성을 재검토하여야 한다.
④ 시·도지사는 10년 단위의 시·도 주거종합계획을 수립·변경하려는 경우에는 제20조에 따른 주거실태조사를 실시하여야 한다. 다만, 주거종합계획 수립·변경 내용에 관한 주거실태조사를 별도로 실시하였거나 변경 내용이 경미한 경우 등 주거실태조사가 불필요하다고 인정하는 경우에는 이를 생략할 수 있다.
⑤ 시·도 주거종합계획의 수립 기준 및 절차 등은 국토교통부장관이 정할 수 있다.
제7조【주거정책에 대한 협의】 ① 중앙행정기관의 장과 시·도지사는 다음 각 호의 업무와 관련하여 이 법에 규정된 사항 외에 소관 업무에 관하여 필요한 조치를 하려면 미리 국토교통부장관과 협의하여야 한다.
1. 주택의 건설·공급 및 관리
2. 제1호의 업무를 위한 자금의 조달·운용에 관련되는 사항

② 제1항에 따른 협의대상 기관, 협의의 범위 및 절차 등은 대통령령으로 정한다.
제8조【주거정책심의위원회】 ① 주거정책에 관한 다음 각 호의 사항을 심의하기 위하여 국토교통부에 주거정책심의위원회(이하 이 조에서 "위원회"라 한다)를 둔다.
1. 제17조에 따른 최저주거기준 및 제19조에 따른 유도주거기준의 설정 및 변경
2. 주거종합계획의 수립 및 변경
3. 「택지개발촉진법」에 따른 택지개발지구의 지정·변경 또는 해제(지정권자가 국토교통부장관인 경우에 한정하되, 같은 법 제3조제2항에 따라 국토교통부장관의 승인을 받아야 하는 경우를 포함한다)
4. 「주택법」 제58조에 따른 분양가상한제 적용 지역의 지정 및 해제(2016.1.19 본호개정)
5. 「주택법」 제63조에 따른 투기과열지구의 지정 및 해제(2016.1.19 본호개정)
6. 다른 법령에서 위원회의 심의를 거치도록 한 사항
7. 그 밖에 주거복지 등 주거정책 및 주택의 건설·공급·거래에 관한 중요한 정책으로서 국토교통부장관이 심의에 부치는 사항

② 제1항에 따른 위원회는 위원장 1명을 포함하여 29명 이내의 위원으로 구성한다.(2021.12.7 본항개정)
③ 위원장은 국토교통부장관이 되고, 위원은 다음 각 호의 사람으로 한다. 이 경우 제5호에 따라 위촉되는 위원이 전체위원의 과반수가 되도록 하여야 한다.(2021.12.7 후단신설)
1. 대통령령으로 정하는 관계 중앙행정기관의 차관급 공무원
2. 해당 택지개발지구를 관할하는 시·도지사(제1항제3호의 사항을 심의하는 경우에 한정한다)
3. 한국토지주택공사의 사장
4. 「주택도시기금법」에 따른 주택도시보증공사의 사장
5. 다음 각 목의 어느 하나에 해당하는 사람으로서 국토교통부장관이 위촉하는 사람
   가. 주거복지 등 주거정책의 대상계층을 대표하는 사람
   나. 주거복지 등 주거정책에 관한 학식과 경험이 풍부한 사람

④ 제3항제5호에 해당하는 위원의 임기는 2년으로 하며, 연임할 수 있다.
⑤ 위원회의 회의는 재적위원 과반수의 출석으로 개의하고, 출석위원 과반수의 찬성으로 의결한다. 다만, 회의에 부치는 안건의 내용이 경미하거나 긴급한 사유로 회의를 소집할 시간적 여유가 없는 경우 등에는 서면으로 심의·의결할 수 있고 그 의결방법은 재적위원 과반수의 서면심의서 제출과 제출한 위원 과반수의 찬성으로 한다.(2021.12.7 본항신설)
⑥ 위원회는 회의의 일시, 장소, 발언요지 및 결정사항

등이 기록된 회의록을 작성·보존하여야 한다.(2021.12.7 본항신설)
⑦ 그 밖에 위원회의 구성·운영, 회의록의 작성·보존 등에 필요한 사항은 대통령령으로 정한다.(2021.12.7 본항개정)
제9조【시·도 주거정책심의위원회】 ① 시·도 주거종합계획 및 「택지개발촉진법」에 따른 택지개발지구의 지정·변경 또는 해제(지정권자가 시·도지사인 경우에 한정하되, 같은 법 제3조제2항에 따라 국토교통부장관의 승인을 받아야 하는 경우는 제외한다) 등에 관한 사항을 심의하기 위하여 시·도에 시·도 주거정책심의위원회를 둔다.
② 시·도 주거정책심의위원회의 구성·운영 등에 필요한 사항은 대통령령으로 정하는 바에 따라 시·도의 조례로 정한다.
제10조【주택의 건설·공급 등】 ① 국가 및 지방자치단체는 주택이 체계적이고 효율적으로 건설 및 공급되도록 노력하고, 주택시장 및 주택산업이 건전하게 기능할 수 있도록 유도하여야 한다.
② 제1항에 관하여 필요한 사항은 따로 법률로 정한다.
제11조【임대주택의 공급 등】 ① 국가 및 지방자치단체는 주거지원필요계층을 위한 공공임대주택을 공급하여야 한다.(2018.12.31 본항개정)
② 국가 및 지방자치단체는 민간임대주택의 공급이 활성화될 수 있도록 지원하여야 한다.
③ 국가 및 지방자치단체는 사회적기업, 사회적협동조합 등 비영리단체가 공익적 목적으로 임대주택을 공급할 수 있도록 지원할 수 있다.
④ 제1항부터 제3항까지에 관하여 필요한 사항은 따로 법률로 정한다.
제12조【공동주택의 관리】 ① 국가 및 지방자치단체는 국민이 살기 좋은 주거생활을 영위할 수 있도록 투명하고 효율적인 공동주택 관리체계를 구축하여야 한다.
② 제1항에 관하여 필요한 사항은 따로 법률로 정한다.
제13조【주거정책 자금】 ① 국가는 주거정책을 효율적으로 실시하기 위하여 필요한 자금을 설치·운용할 수 있다.
② 국가는 주거정책을 실시할 때 필요한 재원을 지방자치단체에 지원할 수 있다.
③ 국가는 주택을 구입·임차하거나 건설·개량하는 데 필요한 자금을 지원할 수 있다.
④ 제1항에 관하여 필요한 사항은 따로 법률로 정한다.
제14조【주거환경의 정비 등】 ① 국가 및 지방자치단체는 주거환경을 정비하고 노후주택을 개량하여 주민의 삶의 질이 개선될 수 있도록 지원하여야 한다.
② 제1항에 관하여 필요한 사항은 따로 법률로 정한다.
제15조【주거비 보조】 ① 국가 및 지방자치단체는 주거비 부담이 과다하여 주거생활을 영위하기 어려운 저소득가구에게 주거급여를 지급하여야 한다.
② 제1항에 관하여 필요한 사항은 따로 법률로 정한다.
③ 국가 및 지방자치단체는 제1항 및 제2항에 따른 주거급여 대상이 아닌 저소득가구에게도 예산의 범위에서 주거비의 전부 또는 일부를 보조할 수 있다.
제16조【주거약자 지원】 ① 국가 및 지방자치단체는 장애인·고령자 등 주거약자가 안전하고 편리한 주거생활을 영위할 수 있도록 지원하여야 한다.
② 제1항에 관하여 필요한 사항은 따로 법률로 정한다.
제17조【최저주거기준의 설정】 ① 국토교통부장관은 국민이 쾌적하고 살기 좋은 생활을 하기 위하여 필요한 최소한의 주거수준에 관한 지표로서 최저주거기준을 설정·공고하여야 한다.
② 제1항에 따라 국토교통부장관이 최저주거기준을 설정·공고하려는 경우에는 미리 관계 중앙행정기관의 장과 협의한 후 주거정책심의위원회의 심의를 거쳐야 한다. 공고된 최저주거기준을 변경하려는 경우에도 또한 같다.
③ 최저주거기준에는 주거면적, 용도별 방의 개수, 주택의 구조·설비·성능 및 환경요소 등 대통령령으로 정하는 사항이 포함되어야 하며, 사회적·경제적인 여건의 변화에 따라 그 적정성이 유지되어야 한다.
제18조【최저주거기준 미달 가구에 대한 우선 지원 등】
① 국가 및 지방자치단체는 최저주거기준에 미달되는 가구에게 우선적으로 주택을 공급하거나 개량 자금을 지원할 수 있다.
② 국가 및 지방자치단체가 주거정책을 수립·시행하거나 사업주체가 주택건설사업을 시행하는 경우에는 최저주거기준에 미달되는 가구를 줄이기 위하여 노력하여야 한다.
③ 국토교통부장관 및 지방자치단체의 장은 주택의 건설과 관련된 인가·허가 등을 할 때 그 건설사업의 내용이 최저주거기준에 미달되는 경우에는 그 기준에 맞게 사업계획승인신청서를 보완할 것을 지시하는 등 필요한 조치를 하여야 한다. 다만, 도심 지역에 건설되는 1인 가구 등을 위한 소형주택 등 대통령령으로 정하는 주택에 대해서는 그러하지 아니하다.
④ 국토교통부장관 및 지방자치단체의 장은 최저주거기준에 미달되는 가구가 밀집한 지역에 우선적으로 임대주택을 건설하거나 「도시 및 주거환경정비법」에서 정하는 바에 따라 우선적으로 정비사업을 시행할 수 있도록 하기 위하여 필요한 조치를 할 수 있다.
제19조【유도주거기준의 설정】 ① 국토교통부장관은 국민의 주거수준 향상을 유도하기 위한 지표로서 유도주거기준을 설정·공고할 수 있다.
② 제1항에 따라 국토교통부장관이 유도주거기준을 설정·공고하려는 경우에는 미리 관계 중앙행정기관의 장과 협의한 후 주거정책심의위원회의 심의를 거쳐야 한다. 공고된 유도주거기준을 변경하려는 경우에도 또한 같다.
③ 국가 및 지방자치단체가 주거정책을 수립·시행하는 경우에는 유도주거기준에 미달되는 가구를 줄이기 위하여 노력하여야 한다.
제20조【주거실태조사】 ① 국토교통부장관, 시·도지사, 시장 또는 군수는 다음 각 호와 관련하여 대통령령으로 정하는 사항에 대하여 주거실태조사(이하 "주거실태조사"라 한다)를 실시할 수 있다.
1. 주거 및 주거환경에 관한 사항
2. 가구특성에 관한 사항
3. 주거복지 수요에 관한 사항
4. 그 밖에 주거실태파악을 위한 사항
② 주거실태조사는 다음 각 호의 사람에 대하여 별도로 실시할 수 있다.
1. 「국민기초생활 보장법」 제2조에 따른 수급권자 및 차상위계층
2. 신혼부부, 장애인 및 고령자
3. 고시원 등 주택이 아닌 곳에 거주하는 사람
4. 「고등교육법」 제2조에 따른 학교의 학생 등 청년층(2017.4.18 본호신설)
5. 「아동복지법」 제3조제5호에 따른 지원대상아동(2019.4.23 본호신설)
6. 대통령령으로 정하는 소득·자산·나이 기준을 만족하는 단독 세대주 가구(2018.12.31 본호신설)
7. 그 밖에 대통령령으로 정하는 사람
③ 국토교통부장관, 시·도지사, 시장 또는 군수는 정기조사와 수시조사로 구분하여 주거실태조사를 실시할 수 있다. 이 경우 수시조사는 국토교통부장관, 시·도지사, 시장 또는 군수가 특히 필요하다고 인정하는 경우에 조사항목을 별도로 정할 수 있다.
④ 국토교통부장관, 시·도지사, 시장 또는 군수는 주거실태조사 업무를 대통령령으로 정하는 바에 따라 주거복지 및 주택산업 육성 등을 목적으로 설립된 기관 또는 단체에 위탁할 수 있다.
⑤ 제1항 또는 제4항에 따라 주거실태조사를 하려는 자는 그 권한을 나타내는 증표 및 조사기간, 조사범위, 조사담당자, 관계 법령 등 대통령령으로 정하는 사항이 기재된 서류를 지니고 이를 관계인에게 내보여야 한다.(2016.1.19 본항신설)
⑥ 주거실태조사의 주기·방법 및 절차 등은 대통령령으로 정한다.
제21조【주거복지 전달체계】 ① 국가 및 지방자치단체는 모든 국민이 쉽게 이용할 수 있도록 지역적·기능적으로 균형 있는 주거복지 전달체계를 구축하여야 한다.
② 국가 및 지방자치단체는 주거복지 전달체계의 효율적 운영에 필요한 조직·인력·예산 등을 갖추어야 한다.
③ 국가 및 지방자치단체는 민간부문의 주거복지 전달체계가 적절히 활용되고 공공부문의 주거복지 전달체계와 효율적으로 연계되도록 노력하여야 한다.
제22조【주거복지센터】 ① 국가 및 지방자치단체는 다음 각 호의 업무를 수행하기 위하여 주거복지센터를 둘 수 있다.
1. 주거복지 관련 정보제공 및 상담
2. 제20조 및 관계 법령에 따른 주거 관련 조사 지원
3. 그 밖에 대통령령으로 정하는 사항
② 국가 및 지방자치단체는 주거복지센터의 설치·운영을 대통령령으로 정하는 바에 따라 주거지원 업무를 수행하는 데 적합한 전문성과 조직·인력을 갖춘 기관에 위탁할 수 있다.
제23조【주거복지정보체계】 ① 국토교통부장관은 국민의 주거복지 정책에 대한 접근성을 제고할 수 있도록 대통령령으로 정하는 정보시스템 등을 연계하여 주거복지정보체계를 구축·운영할 수 있다.
② 국토교통부장관은 제1항에 따른 업무를 대통령령으로 정하는 바에 따라 주거복지 및 주택산업 육성 등을 목적으로 설립된 기관 또는 단체에 위탁할 수 있다.
③ 제1항 또는 제2항의 업무에 종사하고 있거나 종사하였던 사람은 그 직무를 수행할 때 알게 된 비밀을 누설하거나 도용하여서는 아니 된다.
④ 제1항의 주거복지정보체계의 구축·운영 등에 필요한 세부사항은 대통령령으로 정한다.
제24조【주거복지 전문인력 양성 등】 ① 국가 및 지방자치단체는 주거복지 전문인력을 양성하기 위하여 노력하여야 한다.
② 국가 및 지방자치단체는 주거복지 전문인력 양성을 위한 교육을 지원할 수 있다. 이 경우 그 교육을 위한 전문기관 및 비용 지원 등에 관한 사항은 대통령령으로 정한다.
③ 국가, 지방자치단체 및 공공기관은 대통령령으로 정하는 주거복지업무를 효율적으로 수행하기 위하여 주거복지 전문인력을 우선하여 채용·배치할 수 있다.
④ 제3항에 따른 주거복지 전문인력의 채용·배치 등에 필요한 사항은 국토교통부령으로 정한다.
제25조【벌칙】 제23조제3항을 위반하여 직무상 알게 된 비밀을 누설하거나 도용한 자는 3년 이하의 징역 또는 3천만원 이하의 벌금에 처한다.(2017.11.28 본조개정)

부　칙

제1조【시행일】 이 법은 공포 후 6개월이 경과한 날부터 시행한다.
제2조【일반적 경과조치】 이 법 시행 당시 종전의 「주택법」에 따른 결정·처분·절차·조사, 그 밖의 행위는 이 법의 규정에 따라 행하여진 것으로 본다.
제3조【주택종합계획의 수립에 관한 경과조치】 이 법 시행 당시 종전의 「주택법」 제7조에 따라 수립된 주택종합계획 및 같은 법 제8조에 따라 수립된 시·도 주택종합계획은 각각 제5조에 따라 수립된 주거종합계획 및 제6조에 따라 수립된 시·도 주거종합계획으로 본다.
제4조【주거정책심의위원회에 대한 경과조치】 이 법 시행 당시 종전의 「주택법」 제84조에 따른 주택정책심의위원회 및 같은 법 제85조에 따른 시·도 주택정책심의위원회는 각각 제8조에 따른 주거정책심의위원회 및 제9조에 따른 시·도 주거정책심의위원회로 본다.
제5조【최저주거기준에 관한 경과조치】 이 법 시행 당시 종전의 「주택법」 제5조의2에 따라 설정·공고된 최저주거기준은 제17조에 따른 최저주거기준으로 본다.
제6조【다른 법률의 개정】 ①~⑩ ※(해당 법령에 가제정리 하였음)
제7조【다른 법령과의 관계】 이 법 시행 당시 다른 법령에서 종전의 법률 규정을 인용하고 있는 경우에 이 법 가운데 그에 해당하는 규정이 있을 때에는 종전의 법률 규정을 갈음하여 이 법의 해당 규정을 인용한 것으로 본다.

부　칙 (2018.12.31)

제1조【시행일】 이 법은 공포한 날부터 시행한다.
제2조【주거종합계획의 수립에 관한 적용례】 제5조제1항제7호의 개정규정은 이 법 시행 후 최초로 주거종합계획을 수립하는 경우부터 적용한다.

부　칙 (2019.4.23)

이 법은 공포한 날부터 시행한다.

부　칙 (2021.12.7)

이 법은 공포 후 6개월이 경과한 날부터 시행한다.

주택법

(2016년 1월 19일 전부개정법률 제13805호)

개정
2016. 1.19법13782호(감정평가감정평가사)
2016. 1.19법13797호(부동산거래신고등에관한법)
2016.12. 2법14344호
2016.12.27법14476호(지방세징수법)
2016.12.27법14480호(농어촌정비)
2017. 2. 8법14567호(도시및주거환경정비법)
2017. 2. 8법14569호(빈집및소규모주택정비에관한특례법)
2017. 4.18법14793호(공동주택관리법)
2017. 8. 9법14866호
2017.12.26법15309호(혁신도시조성및발전에관한특별법)
2018. 1.16법15356호(민간임대주택에관한특별법)
2018. 3.13법15459호
2018. 8.14법15719호(건설기술진흥법)
2018. 8.14법15738호 2018.12.18법16006호
2019. 4.23법16393호
2019. 4.30법16415호(건설산업)
2019.12.10법16811호 2020. 1.23법16870호
2020. 4. 7법17219호(감정평가감정평가사)
2020. 6. 9법17453호(법률용어정비)
2020. 8.18법17486호 2021. 1. 5법17874호
2021. 1.12법17893호(지방자치)
2021. 3. 9법17921호 2021. 4.13법18053호
2021. 7.20법18310호(공간정보구축관리)
2021. 7.20법18317호 2021. 8.10법18392호
2021.12.21법18631호 2022. 2. 3법18834호
2022. 5. 3법18856호(관광진흥법)
2022.12.27법19117호(산림자원조성관리)
2023. 6. 7법19427호(강원특별자치도설치및미래산업글로벌도시조성을위한특별법)
2023.12.26법19839호(전북특별자치도설치및글로벌생명경제도시조성을위한특별법)
2023.12.26법19851호
2024. 1.16법20048호→2024년 1월 16일 및 2024년 7월 17일 시행

제1장 총 칙

제1조【목적】 이 법은 쾌적하고 살기 좋은 주거환경 조성에 필요한 주택의 건설·공급 및 주택시장의 관리 등에 관한 사항을 정함으로써 국민의 주거안정과 주거수준의 향상에 이바지함을 목적으로 한다.

제2조【정의】 이 법에서 사용하는 용어의 뜻은 다음과 같다.

1. "주택"이란 세대(世帶)의 구성원이 장기간 독립된 주거생활을 할 수 있는 구조로 된 건축물의 전부 또는 일부 및 그 부속토지를 말하며, 단독주택과 공동주택으로 구분한다.
2. "단독주택"이란 1세대가 하나의 건축물 안에서 독립된 주거생활을 할 수 있는 구조로 된 주택을 말하며, 그 종류와 범위는 대통령령으로 정한다.
3. "공동주택"이란 건축물의 벽·복도·계단이나 그 밖의 설비 등의 전부 또는 일부를 공동으로 사용하는 각 세대가 하나의 건축물 안에서 각각 독립된 주거생활을 할 수 있는 구조로 된 주택을 말하며, 그 종류와 범위는 대통령령으로 정한다.
4. "준주택"이란 주택 외의 건축물과 그 부속토지로서 주거시설로 이용가능한 시설 등을 말하며, 그 범위와 종류는 대통령령으로 정한다.
5. "국민주택"이란 다음 각 목의 어느 하나에 해당하는 주택으로서 국민주택규모 이하인 주택을 말한다.
   가. 국가·지방자치단체, 「한국토지주택공사법」에 따른 한국토지주택공사(이하 "한국토지주택공사"라 한다) 또는 「지방공기업법」 제49조에 따라 주택사업을 목적으로 설립된 지방공사(이하 "지방공사"라 한다)가 건설하는 주택
   나. 국가·지방자치단체의 재정 또는 「주택도시기금법」에 따른 주택도시기금(이하 "주택도시기금"이라 한다)으로부터 자금을 지원받아 건설되거나 개량되는 주택
6. "국민주택규모"란 주거의 용도로만 쓰이는 면적(이하 "주거전용면적"이라 한다)이 1호(戶) 또는 1세대당 85제곱미터 이하인 주택(「수도권정비계획법」 제2조제1호에 따른 수도권을 제외한 도시지역이 아닌 읍 또는 면 지역은 1호 또는 1세대당 주거전용면적이 100제곱미터 이하인 주택을 말한다)을 말한다. 이 경우 주거전용면적의 산정방법은 국토교통부령으로 정한다.
7. "민영주택"이란 국민주택을 제외한 주택을 말한다.
8. "임대주택"이란 임대를 목적으로 하는 주택으로서, 「공공주택 특별법」 제2조제1호가목에 따른 공공임대주택과 「민간임대주택에 관한 특별법」 제2조제1호에 따른 민간임대주택으로 구분한다.
9. "토지임대부 분양주택"이란 토지의 소유권은 제15조에 따른 사업계획의 승인을 받아 토지임대부 분양주택 건설사업을 시행하는 자가 가지고, 건축물 및 복리시설(福利施設) 등에 대한 소유권〔건축물의 전유부분(專有部分)에 대한 구분소유권은 이를 분양받은 자가 가지고, 건축물의 공용부분·부속건물 및 복리시설은 분양받은 자들이 공유한다〕은 주택을 분양받은 자가 가지는 주택을 말한다.
10. "사업주체"란 제15조에 따른 주택건설사업계획 또는 대지조성사업계획의 승인을 받아 그 사업을 시행하는 다음 각 목의 자를 말한다.
    가. 국가·지방자치단체
    나. 한국토지주택공사 또는 지방공사
    다. 제4조에 따라 등록한 주택건설사업자 또는 대지조성사업자
    라. 그 밖에 이 법에 따라 주택건설사업 또는 대지조성사업을 시행하는 자
11. "주택조합"이란 많은 수의 구성원이 제15조에 따른 사업계획의 승인을 받아 주택을 마련하거나 제66조에 따라 리모델링하기 위하여 결성하는 다음 각 목의 조합을 말한다.
    가. 지역주택조합 : 다음 구분에 따른 지역에 거주하는 주민이 주택을 마련하기 위하여 설립한 조합
       1) 서울특별시·인천광역시 및 경기도
       2) 대전광역시·충청남도 및 세종특별자치시
       3) 충청북도
       4) 광주광역시 및 전라남도
       5) 전북특별자치도(2023.12.26 개정)
       6) 대구광역시 및 경상북도
       7) 부산광역시·울산광역시 및 경상남도
       8) 강원특별자치도(2023.6.7 개정)
       9) 제주특별자치도
    나. 직장주택조합 : 같은 직장의 근로자가 주택을 마련하기 위하여 설립한 조합
    다. 리모델링주택조합 : 공동주택의 소유자가 그 주택을 리모델링하기 위하여 설립한 조합
12. "주택단지"란 제15조에 따른 주택건설사업계획 또는 대지조성사업계획의 승인을 받아 주택과 그 부대시설 및 복리시설을 건설하거나 대지를 조성하는 데 사용되는 일단(一團)의 토지를 말한다. 다만, 다음 각 목의 시설로 분리된 토지는 각각 별개의 주택단지로 본다.
    가. 철도·고속도로·자동차전용도로
    나. 폭 20미터 이상인 일반도로
    다. 폭 8미터 이상인 도시계획예정도로
    라. 가목부터 다목까지의 시설에 준하는 것으로서 대통령령으로 정하는 시설
13. "부대시설"이란 주택에 딸린 다음 각 목의 시설 또는 설비를 말한다.
    가. 주차장, 관리사무소, 담장 및 주택단지 안의 도로
    나. 「건축법」 제2조제1항제4호에 따른 건축설비
    다. 가목 및 나목의 시설·설비에 준하는 것으로서 대통령령으로 정하는 시설 또는 설비
14. "복리시설"이란 주택단지의 입주자 등의 생활복리를 위한 다음 각 목의 공동시설을 말한다.
    가. 어린이놀이터, 근린생활시설, 유치원, 주민운동시설 및 경로당
    나. 그 밖에 입주자 등의 생활복리를 위하여 대통령령으로 정하는 공동시설
15. "기반시설"이란 「국토의 계획 및 이용에 관한 법률」 제2조제6호에 따른 기반시설을 말한다.
16. "기간시설"(基幹施設)이란 도로·상하수도·전기시설·가스시설·통신시설·지역난방시설 등을 말한다.
17. "간선시설"(幹線施設)이란 도로·상하수도·전기시설·가스시설·통신시설 및 지역난방시설 등 주택단지(둘 이상의 주택단지를 동시에 개발하는 경우에는 각각의 주택단지를 말한다) 안의 기간시설을 그 주택단지 밖에 있는 같은 종류의 기간시설에 연결시키는 시설을 말한다. 다만, 가스시설·통신시설 및 지역난방시설의 경우에는 주택단지 안의 기간시설을 포함한다.
18. "공구"란 하나의 주택단지에서 대통령령으로 정하는 기준에 따라 둘 이상으로 구분되는 일단의 구역으로, 착공신고 및 사용검사를 별도로 수행할 수 있는 구역을 말한다.
19. "세대구분형 공동주택"이란 공동주택의 주택 내부 공간의 일부를 세대별로 구분하여 생활이 가능한 구조로 하되, 그 구분된 공간의 일부를 구분소유 할 수 없는 주택으로서 대통령령으로 정하는 건설기준, 설치기준, 면적기준 등에 적합한 주택을 말한다.(2018.8.14 본호개정)
20. "도시형 생활주택"이란 300세대 미만의 국민주택규모에 해당하는 주택으로서 대통령령으로 정하는 주택을 말한다.
21. "에너지절약형 친환경주택"이란 저에너지 건물 조성기술 등 대통령령으로 정하는 기술을 이용하여 에너지 사용량을 절감하거나 이산화탄소 배출량을 저감할 수 있도록 건설된 주택을 말하며, 그 종류와 범위는 대통령령으로 정한다.
22. "건강친화형 주택"이란 건강하고 쾌적한 실내환경의 조성을 위하여 실내공기의 오염물질 등을 최소화할 수 있도록 대통령령으로 정하는 기준에 따라 건설된 주택을 말한다.
23. "장수명 주택"이란 구조적으로 오랫동안 유지·관리될 수 있는 내구성을 갖추고, 입주자의 필요에 따라 내부 구조를 쉽게 변경할 수 있는 가변성과 수리 용이성 등이 우수한 주택을 말한다.
24. "공공택지"란 다음 각 목의 어느 하나에 해당하는 공공사업에 의하여 개발·조성되는 공동주택이 건설되는 용지를 말한다.
    가. 제24조제2항에 따른 국민주택건설사업 또는 대지조성사업
    나. 「택지개발촉진법」에 따른 택지개발사업. 다만, 같은 법 제7조제1항제4호에 따른 주택건설등 사업자가 같은 법 제12조제5항에 따라 활용하는 택지는 제외한다.
    다. 「산업입지 및 개발에 관한 법률」에 따른 산업단지개발사업
    라. 「공공주택 특별법」에 따른 공공주택지구조성사업
    마. 「민간임대주택에 관한 특별법」에 따른 공공지원민간임대주택 공급촉진지구 조성사업(같은 법 제23조제1항제2호에 해당하는 시행자가 같은 법 제34조에 따른 수용 또는 사용의 방식으로 시행하는 사업만 해당한다)(2018.1.16 본목개정)
    바. 「도시개발법」에 따른 도시개발사업〔같은 법 제11조제1항제1호부터 제4호까지의 시행자 또는 같은 항 제11호에 해당하는 시행자(같은 법 제11조제1항제1호부터 제4호까지의 시행자가 100분의 50을 초과하여 출자한 경우에 한정한다)가 같은 법 제21조에 따른 수용 또는 사용의 방식으로 시행하는 사업과 혼용방식 중 수용 또는 사용의 방식이 적용되는 구역에서 시행하는 사업만 해당한다〕(2021.12.21 본목개정)
    사. 「경제자유구역의 지정 및 운영에 관한 특별법」에 따른 경제자유구역개발사업(수용 또는 사용의 방식으로 시행하는 사업과 혼용방식 중 수용 또는 사용의 방식이 적용되는 구역에서 시행하는 사업만 해당한다)
    아. 「혁신도시 조성 및 발전에 관한 특별법」에 따른 혁신도시개발사업(2017.12.26 본목개정)
    자. 「신행정수도 후속대책을 위한 연기·공주지역 행정중심복합도시 건설을 위한 특별법」에 따른 행정중심복합도시건설사업
    차. 「공익사업을 위한 토지 등의 취득 및 보상에 관한 법률」 제4조에 따른 공익사업으로서 대통령령으로 정하는 사업
25. "리모델링"이란 제66조제1항 및 제2항에 따라 건축물의 노후화 억제 또는 기능 향상 등을 위한 다음 각 목의 어느 하나에 해당하는 행위를 말한다.
    가. 대수선(大修繕)
    나. 제49조에 따른 사용검사일(주택단지 안의 공동주택 전부에 대하여 임시사용승인을 받은 경우에는 그 임시사용승인일을 말한다) 또는 「건축법」 제22조에 따른 사용승인일부터 15년〔15년 이상 20년 미만의 연수 중 특별시·광역시·특별자치시·도 또는 특별자치도(이하 "시·도"라 한다)의 조례로 정하는 경우에는 그 연수로 한다〕이 지난 공동주택을 각 세대의 주거전용면적〔「건축법」 제38조에 따른 건축물대장 중 집합건축물대장의 전유부분의 면적을 말한다〕의 30퍼센트 이내(세대의 주거전용면적이 85제곱미터 미만인 경우에는 40퍼센트 이내)에서 증축하는 행위. 이 경우 공동주택의 기능 향상 등을 위하여 공용부분에 대하여도 별도로 증축할 수 있다.(2020.6.9 전단개정)
    다. 나목에 따른 각 세대의 증축 가능 면적을 합산한 면적의 범위에서 기존 세대수의 15퍼센트 이내에서 세대수를 증가하는 증축 행위(이하 "세대수 증가형 리모델링"이라 한다). 다만, 수직으로 증축하는 행위(이하 "수직증축형 리모델링"이라 한다)는 다음 요건을 모두 충족하는 경우로 한정한다.
       1) 최대 3개층 이하로서 대통령령으로 정하는 범위에서 증축할 것
       2) 리모델링 대상 건축물의 구조도 보유 등 대통령령으로 정하는 요건을 갖출 것
26. "리모델링 기본계획"이란 세대수 증가형 리모델링으로 인한 도시과밀, 이주수요 집중 등을 체계적으로 관리하기 위하여 수립하는 계획을 말한다.
27. "입주자"란 다음 각 목의 구분에 따른 자를 말한다.
    가. 제8조·제54조·제57조의2·제64조·제88조·제91조 및 제104조의 경우 : 주택을 공급받는 자(2020.8.18 본목개정)
    나. 제66조의 경우 : 주택의 소유자 또는 그 소유자를 대리하는 배우자 및 직계존비속
28. "사용자"란 「공동주택관리법」 제2조제6호에 따른 사용자를 말한다.
29. "관리주체"란 「공동주택관리법」 제2조제10호에 따른 관리주체를 말한다.

제3조【다른 법률과의 관계】 주택의 건설 및 공급에 관하여 다른 법률에 특별한 규정이 있는 경우를 제외하고는 이 법에서 정하는 바에 따른다.

제2장 주택의 건설 등

제1절 주택건설사업자 등

제4조【주택건설사업 등의 등록】 ① 연간 대통령령으로 정하는 호수(戶數) 이상의 주택건설사업을 시행하려는 자 또는 연간 대통령령으로 정하는 면적 이상의 대지조성사업을 시행하려는 자는 국토교통부장관에게 등록하여야 한다. 다만, 다음 각 호의 사업주체의 경우에는 그러하지 아니하다.
1. 국가 · 지방자치단체
2. 한국토지주택공사
3. 지방공사
4. 「공익법인의 설립 · 운영에 관한 법률」 제4조에 따라 주택건설사업을 목적으로 설립된 공익법인
5. 제11조에 따라 설립된 주택조합(제5조제2항에 따라 등록사업자와 공동으로 주택건설사업을 하는 주택조합만 해당한다)
6. 근로자를 고용하는 자(제5조제3항에 따라 등록사업자와 공동으로 주택건설사업을 시행하는 고용자만 해당하며, 이하 "고용자"라 한다)

② 제1항에 따라 등록하여야 할 사업자의 자본금과 기술인력 및 사무실면적에 관한 등록의 기준 · 절차 · 방법 등에 필요한 사항은 대통령령으로 정한다.

제5조【공동사업주체】 ① 토지소유자가 주택을 건설하는 경우에는 제4조제1항에도 불구하고 대통령령으로 정하는 바에 따라 제4조에 따라 등록을 한 자(이하 "등록사업자"라 한다)와 공동으로 사업을 시행할 수 있다. 이 경우 토지소유자와 등록사업자를 공동사업주체로 본다.

② 제11조에 따라 설립된 주택조합(세대수를 증가하지 아니하는 리모델링주택조합은 제외한다)이 그 구성원의 주택을 건설하는 경우에는 대통령령으로 정하는 바에 따라 등록사업자(지방자치단체 · 한국토지주택공사 및 지방공사를 포함한다)와 공동으로 사업을 시행할 수 있다. 이 경우 주택조합과 등록사업자를 공동사업주체로 본다.

③ 고용자가 그 근로자의 주택을 건설하는 경우에는 대통령령으로 정하는 바에 따라 등록사업자와 공동으로 사업을 시행하여야 한다. 이 경우 고용자와 등록사업자를 공동사업주체로 본다.

④ 제1항부터 제3항까지에 따른 공동사업주체 간의 구체적인 업무 · 비용 및 책임의 분담 등에 관하여는 대통령령으로 정하는 범위에서 당사자 간의 협약에 따른다.

제6조【등록사업자의 결격사유】 다음 각 호의 어느 하나에 해당하는 자는 제4조에 따른 주택건설사업 등의 등록을 할 수 없다.
1. 미성년자 · 피성년후견인 또는 피한정후견인
2. 파산선고를 받은 자로서 복권되지 아니한 자
3. 「부정수표 단속법」 또는 이 법을 위반하여 금고 이상의 실형을 선고받고 그 집행이 끝나거나(집행이 끝난 것으로 보는 경우를 포함한다) 집행이 면제된 날부터 2년이 지나지 아니한 자
4. 「부정수표 단속법」 또는 이 법을 위반하여 금고 이상의 형의 집행유예를 선고받고 그 유예기간 중에 있는 자
5. 제8조에 따라 등록이 말소(제6조제1호 및 제2호에 해당하여 말소된 경우는 제외한다)된 후 2년이 지나지 아니한 자
6. 임원 중에 제1호부터 제5호까지의 규정 중 어느 하나에 해당하는 자가 있는 법인

제7조【등록사업자의 시공】 ① 등록사업자가 제15조에 따른 사업계획승인(「건축법」에 따른 공동주택건축허가를 포함한다)을 받아 분양 또는 임대를 목적으로 주택을 건설하는 경우로서 그 기술능력, 주택건설 실적 및 주택규모 등이 대통령령으로 정하는 기준에 해당하는 경우에는 그 등록사업자를 「건설산업기본법」 제9조에 따른 건설사업자로 보며 주택건설공사를 시공할 수 있다.

② 제1항에 따라 등록사업자가 주택을 건설하는 경우에는 「건설산업기본법」 제40조 · 제44조 · 제93조 · 제94조, 제98조부터 제100조까지, 제100조의2 및 제101조를 준용한다. 이 경우 "건설사업자"는 "등록사업자"로 본다. (2019.4.30 본조개정)

제8조【주택건설사업의 등록말소 등】 ① 국토교통부장관은 등록사업자가 다음 각 호의 어느 하나에 해당하면 그 등록을 말소하거나 1년 이내의 기간을 정하여 영업의 정지를 명할 수 있다. 다만, 제1호 또는 제5호에 해당하는 경우에는 그 등록을 말소하여야 한다.
1. 거짓이나 그 밖의 부정한 방법으로 등록한 경우
2. 제4조제2항에 따른 등록기준에 미달하게 된 경우. 다만, 「채무자 회생 및 파산에 관한 법률」에 따라 법원이 회생절차개시의 결정을 하고 그 절차가 진행 중이거나 일시적으로 등록기준에 미달하는 등 대통령령으로 정하는 경우는 예외로 한다.
3. 고의 또는 과실로 공사를 잘못 시공하여 공중(公衆)에게 위해(危害)를 끼치거나 입주자에게 재산상 손해를 입힌 경우
4. 제6조제1호부터 제4호까지 또는 제6호 중 어느 하나에 해당하게 된 경우. 다만, 법인의 임원 중 제6조제6호에 해당하는 사람이 있는 경우 6개월 이내에 그 임원을 다른 사람으로 임명한 경우에는 그러하지 아니하다.
5. 제90조제1항을 위반하여 등록증의 대여 등을 한 경우 (2024.1.16 본호개정)

5의2. 제90조제2항을 위반하여 등록증을 빌리거나 허락 없이 등록사업자의 성명 또는 상호로 이 법에서 정한 사업이나 업무를 수행 또는 시공한 경우(2024.1.16 본호신설)

5의3. 제90조제4항을 위반하여 이 법에서 정한 사업이나 업무를 수행 또는 시공하기 위하여 같은 조 제2항의 행위를 교사하거나 방조한 경우(2024.1.16 본호신설)

6. 다음 각 목의 어느 하나에 해당하는 경우
   가. 「건설기술 진흥법」 제48조제4항에 따른 시공상세도면의 작성 의무를 위반하거나 건설사업관리를 수행하는 건설기술인 또는 공사감독자의 검토 · 확인을 받지 아니하고 시공한 경우(2018.8.14 본목개정)
   나. 「건설기술 진흥법」 제54조제1항 또는 제80조에 따른 시정명령을 이행하지 아니한 경우
   다. 「건설기술 진흥법」 제55조에 따른 품질시험 및 검사를 하지 아니한 경우
   라. 「건설기술 진흥법」 제62조에 따른 안전점검을 하지 아니한 경우
7. 「택지개발촉진법」 제19조의2제1항을 위반하여 택지를 전매(轉賣)한 경우
8. 「표시 · 광고의 공정화에 관한 법률」 제17조제1호에 따른 처벌을 받은 경우
9. 「약관의 규제에 관한 법률」 제34조제2항에 따른 처분을 받은 경우
10. 그 밖에 이 법 또는 이 법에 따른 명령이나 처분을 위반한 경우

② 제1항에 따른 등록말소 및 영업정지 처분에 관한 기준은 대통령령으로 정한다.

제9조【등록말소 처분 등을 받은 자의 사업 수행】 제8조에 따라 등록말소 또는 영업정지 처분을 받은 등록사업자는 그 처분 전에 제15조에 따른 사업계획승인을 받은 사업은 계속 수행할 수 있다. 다만, 등록말소 처분을 받은 등록사업자가 그 사업을 계속 수행할 수 없는 중대하고 명백한 사유가 있을 경우에는 그러하지 아니하다.

제10조【영업실적 등의 제출】 ① 등록사업자는 국토교통부령으로 정하는 바에 따라 매년 영업실적(개인인 사업자가 해당 사업에 1년 이상 사용한 사업용 자산을 현물출자하여 법인을 설립한 경우에는 그 개인인 사업자의 영업실적을 포함한 실적을 말하며, 등록말소 후 다시 등록한 경우에는 다시 등록한 이후의 실적을 말한다)과 영업계획 및 기술인력 보유 현황을 국토교통부장관에게 제출하여야 한다.

② 등록사업자는 국토교통부령으로 정하는 바에 따라 월별 주택분양계획 및 분양 실적을 국토교통부장관에게 제출하여야 한다.

제2절 주택조합

제11조【주택조합의 설립 등】 ① 많은 수의 구성원이 주택을 마련하거나 리모델링하기 위하여 주택조합을 설립하려는 경우(제5항에 따른 직장주택조합의 경우는 제외한다)에는 관할 특별자치시장, 특별자치도지사, 시장, 군수 또는 구청장(구청장은 자치구의 구청장을 말하며, 이하 "시장 · 군수 · 구청장"이라 한다)의 인가를 받아야 한다. 인가받은 내용을 변경하거나 주택조합을 해산하려는 경우에도 또한 같다.

② 제1항에 따라 주택을 마련하기 위하여 주택조합설립인가를 받으려는 자는 다음 각 호의 요건을 모두 갖추어야 한다. 다만, 제1항 후단의 경우에는 그러하지 아니하다. (2020.1.23 본문개정)
1. 해당 주택건설대지의 80퍼센트 이상에 해당하는 토지의 사용권원을 확보할 것(2020.1.23 본호신설)
2. 해당 주택건설대지의 15퍼센트 이상에 해당하는 토지의 소유권을 확보할 것(2020.1.23 본호신설)

③ 제1항에 따라 주택을 리모델링하기 위하여 주택조합을 설립하려는 경우에는 다음 각 호의 구분에 따른 구분소유자(「집합건물의 소유 및 관리에 관한 법률」 제2조제2호에 따른 구분소유자를 말한다. 이하 같다)와 의결권(「집합건물의 소유 및 관리에 관한 법률」 제37조에 따른 의결권을 말한다. 이하 같다)의 결의를 증명하는 서류를 첨부하여 관할 시장 · 군수 · 구청장의 인가를 받아야 한다.
1. 주택단지 전체를 리모델링하고자 하는 경우에는 주택단지 전체의 구분소유자와 의결권의 각 3분의 2 이상의 결의 및 각 동의 구분소유자와 의결권의 각 과반수의 결의
2. 동을 리모델링하고자 하는 경우에는 그 동의 구분소유자 및 의결권의 각 3분의 2 이상의 결의

④ 제5조제2항에 따라 주택조합과 등록사업자가 공동으로 사업을 시행하면서 시공할 경우 등록사업자는 시공자로서의 책임뿐만 아니라 자신의 귀책사유로 사업 추진이 불가능하게 되거나 지연됨으로 인하여 조합원에게 입힌 손해를 배상할 책임이 있다.

⑤ 국민주택을 공급받기 위하여 직장주택조합을 설립하려는 자는 관할 시장 · 군수 · 구청장에게 신고하여야 한다. 신고한 내용을 변경하거나 직장주택조합을 해산하려는 경우에도 또한 같다.

⑥ 주택조합(리모델링주택조합은 제외한다)은 그 구성원을 위하여 건설하는 주택을 그 조합원에게 우선 공급할 수 있으며, 제5항에 따른 직장주택조합에 대하여는 사업주체가 국민주택을 그 직장주택조합원에게 우선 공급할 수 있다.

⑦ 제1항에 따라 인가를 받는 주택조합의 설립방법 · 설립절차, 주택조합 구성원의 자격기준 · 제명 · 탈퇴 및 주택조합의 운영 · 관리 등에 필요한 사항과 제5항에 따른 직장주택조합의 설립요건 및 신고절차 등에 필요한 사항은 대통령령으로 정한다.(2016.12.2 본항개정)

⑧ 제7항에도 불구하고 조합원은 조합규약으로 정하는 바에 따라 조합에 탈퇴 의사를 알리고 탈퇴할 수 있다. (2016.12.2 본항개정)

⑨ 탈퇴한 조합원(제명된 조합원을 포함한다)은 조합규약으로 정하는 바에 따라 부담한 비용의 환급을 청구할 수 있다.(2016.12.2 본항개정)

제11조의2【주택조합업무의 대행 등】 ① 주택조합(리모델링주택조합은 제외한다. 이하 이 조에서 같다) 및 주택조합의 발기인은 조합원 모집 등 제2항에 따른 주택조합의 업무를 제5조제2항에 따른 공동사업주체인 등록사업자 또는 다음 각 호의 어느 하나에 해당하는 자로서 대통령령으로 정하는 자본금을 보유한 자 외의 자에게 대행하게 할 수 없다.(2020.1.23 본문개정)
1. 등록사업자
2. 「공인중개사법」 제9조에 따른 중개업자
3. 「도시 및 주거환경정비법」 제102조에 따른 정비사업전문관리업자(2017.2.8 본호개정)
4. 「부동산개발업의 관리 및 육성에 관한 법률」 제4조에 따른 등록사업자
5. 「자본시장과 금융투자업에 관한 법률」에 따른 신탁업자
6. 그 밖에 다른 법률에 따라 등록한 자로서 대통령령으로 정하는 자

② 제1항에 따라 업무대행자에게 대행시킬 수 있는 주택조합의 업무는 다음 각 호와 같다.(2020.1.23 본문개정)
1. 조합원 모집, 토지 확보, 조합설립인가 신청 등 조합설립을 위한 업무의 대행
2. 사업성 검토 및 사업계획서 작성업무의 대행
3. 설계자 및 시공자 선정에 관한 업무의 지원
4. 제15조에 따른 사업계획승인 신청 등 사업계획승인을 위한 업무의 대행
5. 계약금 등 자금의 보관 및 그와 관련된 업무의 대행 (2020.1.23 본호신설)
6. 그 밖에 총회의 운영업무 지원 등 국토교통부령으로 정하는 사항

③ 주택조합 및 주택조합의 발기인은 제2항제5호에 따른 업무 중 계약금 등 자금의 보관 업무는 제1항제5호에 따른 신탁업자에게 대행하도록 하여야 한다.(2020.1.23 본항신설)

④ 제1항에 따른 업무대행자는 국토교통부령으로 정하는 바에 따라 사업연도별로 분기마다 해당 업무의 실적보고서를 작성하여 주택조합 또는 주택조합의 발기인에게 제출하여야 한다.(2020.1.23 본항신설)

⑤ 제1항부터 제4항까지의 규정에 따라 주택조합의 업무를 대행하는 자는 신의에 따라 성실하게 업무를 수행하여야 하고, 자신의 귀책사유로 주택조합(발기인을 포함한다) 또는 조합원(주택조합 가입 신청자를 포함한다)에게 손해를 입힌 경우에는 그 손해를 배상할 책임이 있다. (2020.1.23 본항개정)

⑥ 국토교통부장관은 주택조합의 원활한 사업추진 및 조합원의 권리 보호를 위하여 공정거래위원회 위원장과 협의를 거쳐 표준업무대행계약서를 작성 · 보급할 수 있다. (2016.12.2 본조신설)

제11조의3【조합원 모집 신고 및 공개모집】 ① 제11조제1항에 따라 지역주택조합 또는 직장주택조합의 설립인가를 받기 위하여 조합원을 모집하려는 자는 해당 주택건설대지의 50퍼센트 이상에 해당하는 토지의 사용권원을 확보하여 관할 시장 · 군수 · 구청장에게 신고하고, 공개모집의 방법으로 조합원을 모집하여야 한다. 조합 설립인가를 받기 전에 신고한 내용을 변경하는 경우에도 또한 같다.(2020.1.23 전단개정)

② 제1항에도 불구하고 공개모집 이후 조합원의 사망 · 자격상실 · 탈퇴 등으로 인한 결원을 충원하거나 미달된 조합원을 재모집하는 경우에는 신고하지 아니하고 선착순의 방법으로 조합원을 모집할 수 있다.

③ 제1항에 따른 모집 시기, 모집 방법 및 모집 절차 등 조합원 모집의 신고, 공개모집 및 조합 가입 신청자에 대한 정보 공개 등에 필요한 사항은 국토교통부령으로 정한다.

④ 제1항에 따라 신고를 받은 시장 · 군수 · 구청장은 신고내용이 이 법에 적합한 경우에는 신고를 수리하고 그 사실을 신고인에게 통보하여야 한다.

⑤ 시장 · 군수 · 구청장은 다음 각 호의 어느 하나에 해당하는 경우에는 조합원 모집 신고를 수리할 수 없다.
1. 이미 신고된 사업대지와 전부 또는 일부가 중복되는 경우
2. 이미 수립되었거나 수립 예정인 도시 · 군계획, 이미 수립된 토지이용계획 또는 이 법이나 관계 법령에 따른 건축기준 및 건축제한 등에 따라 해당 주택건설대지에 조합주택을 건설할 수 없는 경우
3. 제11조의2제1항에 따라 조합업무를 대행할 수 있는 자가 아닌 자와 업무대행계약을 체결한 경우 등 신고내용이 법령에 위반되는 경우

4. 신고한 내용이 사실과 다른 경우
⑥ 제1항에 따라 조합원을 모집하려는 주택조합의 발기인은 대통령령으로 정하는 자격기준을 갖추어야 한다.
(2020.1.23 본항신설)
⑦ 제6항에 따른 주택조합의 발기인은 조합원 모집 신고를 하는 날 주택조합에 가입한 것으로 본다. 이 경우 주택조합의 발기인은 그 주택조합의 가입 신청자와 동일한 권리와 의무가 있다.(2020.1.23 본항신설)
⑧ 제1항에 따라 조합원을 모집하는 자(제11조의2제1항에 따라 조합원 모집 업무를 대행하는 자를 포함한다. 이하 "모집주체"라 한다)와 주택조합 가입 신청자는 다음 각 호의 사항이 포함된 주택조합 가입에 관한 계약서를 작성하여야 한다.
1. 주택조합의 사업개요
2. 조합원의 자격기준
3. 분담금 등 각종 비용의 납부예정금액, 납부시기 및 납부방법
4. 주택건설대지의 사용권원 및 소유권을 확보한 면적 및 비율
5. 조합원 탈퇴 및 환급의 방법, 시기 및 절차
6. 그 밖에 주택조합의 설립 및 운영에 관한 중요 사항으로서 대통령령으로 정하는 사항
(2020.1.23 본항신설)
(2016.12.2 본조신설)

제11조의4【설명의무】 ① 모집주체는 제11조의3제8항 각 호의 사항을 주택조합 가입 신청자가 이해할 수 있도록 설명하여야 한다.
② 모집주체는 제1항에 따라 설명한 내용을 주택조합 가입 신청자가 이해하였음을 국토교통부령으로 정하는 바에 따라 서면으로 확인을 받아 주택조합 가입 신청자에게 교부하여야 하며, 그 사본을 5년간 보관하여야 한다.
(2020.1.23 본조신설)

제11조의5【조합원 모집 광고 등에 관한 준수사항】 ① 모집주체가 주택조합의 조합원을 모집하기 위하여 광고를 하는 경우에는 다음 각 호의 내용이 포함되어야 한다.
1. "지역주택조합 또는 직장주택조합의 조합원 모집을 위한 광고"라는 문구
2. 조합원의 자격기준에 관한 내용
3. 주택건설대지의 사용권원 및 소유권을 확보한 비율
4. 그 밖에 조합원 보호를 위하여 대통령령으로 정하는 내용
② 모집주체가 조합원 가입을 권유하거나 모집 광고를 하는 경우에는 다음 각 호의 행위를 하여서는 아니 된다.
1. 조합주택의 공급방식, 조합원의 자격기준 등을 충분히 설명하지 않거나 누락하여 제한 없이 조합에 가입하거나 주택을 공급받을 수 있는 것으로 오해하게 하는 행위
2. 제5조제4항에 따른 협약이나 제15조제1항에 따른 사업계획승인을 통하여 확정될 수 있는 사항을 사전에 확정된 것처럼 오해하게 하는 행위
3. 사업추진 과정에서 조합원이 부담해야 할 비용이 추가로 발생할 수 있음에도 주택 공급가격이 확정된 것으로 오해하게 하는 행위
4. 주택건설대지의 사용권원 및 소유권을 확보한 비율을 사실과 다르거나 불명확하게 제공하는 행위
5. 조합사업의 내용을 사실과 다르게 설명하거나 그 내용의 중요한 사실을 은폐 또는 축소하는 행위
6. 그 밖에 조합원 보호를 위하여 대통령령으로 정하는 행위
③ 모집주체가 조합원 모집 광고를 하는 방법 및 절차, 그 밖에 필요한 사항은 대통령령으로 정한다.
(2020.1.23 본조신설)

제11조의6【조합 가입 철회 및 가입비 등의 반환】 ① 모집주체는 주택조합의 가입을 신청한 자가 주택조합 가입을 신청하는 때에 납부하여야 하는 일체의 금전(이하 "가입비등"이라 한다)을 대통령령으로 정하는 기관(이하 "예치기관"이라 한다)에 예치하도록 하여야 한다.(2020.1.23 본항개정)
② 주택조합의 가입을 신청한 자는 가입비등을 예치한 날부터 30일 이내에 주택조합 가입에 관한 청약을 철회할 수 있다.
③ 청약 철회를 서면으로 하는 경우에는 청약 철회의 의사를 표시한 서면을 발송한 날에 그 효력이 발생한다.
④ 모집주체는 주택조합의 가입을 신청한 자가 청약 철회를 한 경우 청약 철회 의사가 도달한 날부터 7일 이내에 예치기관의 장에게 가입비등의 반환을 요청하여야 한다.
⑤ 예치기관의 장은 제4항에 따른 가입비등의 반환 요청을 받은 경우 요청일부터 10일 이내에 그 가입비등을 예치한 자에게 반환하여야 한다.
⑥ 모집주체는 주택조합의 가입을 신청한 자에게 청약 철회를 이유로 위약금 또는 손해배상을 청구할 수 없다.
⑦ 제2항에 따른 기간 이내에는 제11조제8항 및 제9항을 적용하지 않는다.
⑧ 제1항에 따라 예치된 가입비등의 관리, 지급 및 반환과 제2항에 따른 청약 철회의 절차 및 방법 등에 관한 사항은 대통령령으로 정한다.
(2019.12.10 본조신설)

제12조【실적보고 및 관련 자료의 공개】 ① 주택조합의 발기인 또는 임원은 다음 각 호의 사항이 포함된 해당 주택조합의 실적보고서를 국토교통부령으로 정하는 바에 따라 사업연도별로 분기마다 작성하여야 한다.
1. 조합원(주택조합 가입 신청자를 포함한다. 이하 이 조에서 같다) 모집 현황
2. 해당 주택건설대지의 사용권원 및 소유권 확보 현황
3. 그 밖에 조합원이 주택조합의 사업 추진현황을 파악하기 위하여 필요한 사항으로서 국토교통부령으로 정하는 사항
(2020.1.23 본항신설)
② 주택조합의 발기인 또는 임원은 주택조합사업의 시행에 관한 다음 각 호의 서류 및 관련 자료가 작성되거나 변경된 후 15일 이내에 이를 조합원이 알 수 있도록 인터넷과 그 밖의 방법을 병행하여 공개하여야 한다.
1. 조합규약
2. 공동사업주체의 선정 및 주택조합이 공동사업주체인 등록사업자와 체결한 협약서
3. 설계자 등 용역업체 선정 계약서
4. 조합총회 및 이사회, 대의원회 등의 의사록
5. 사업시행계획서
6. 해당 주택조합사업의 시행에 관한 공문서
7. 회계감사보고서
8. 분기별 사업실적보고서(2020.1.23 본호신설)
9. 제11조의2제4항에 따라 업무대행자가 제출한 실적보고서(2020.1.23 본호신설)
10. 그 밖에 주택조합사업 시행에 관하여 대통령령으로 정하는 서류 및 관련 자료
③ 제2항에 따른 서류 및 다음 각 호를 포함하여 주택조합사업의 시행에 관한 서류와 관련 자료를 조합원이 열람·복사 요청을 한 경우 주택조합의 발기인 또는 임원은 15일 이내에 그 요청에 따라야 한다. 이 경우 복사에 필요한 비용은 실비의 범위에서 청구인이 부담한다.
(2020.1.23 전단개정)
1. 조합원 명부(2020.1.23 본호개정)
2. 주택건설대지의 사용권원 및 소유권 확보 비율 등 토지 확보 관련 자료(2020.1.23 본호개정)
3. 그 밖에 대통령령으로 정하는 서류 및 관련 자료
④ 주택조합의 발기인 또는 임원은 원활한 사업추진과 조합원의 권리 보호를 위하여 연간 자금운용 계획 및 자금 집행 실적 등 국토교통부령으로 정하는 서류 및 자료를 국토교통부령으로 정하는 바에 따라 매년 정기적으로 시장·군수·구청장에게 제출하여야 한다.
(2019.12.10 본항신설)
⑤ 제2항 및 제3항에 따라 공개 및 열람·복사 등을 하는 경우에는 「개인정보 보호법」에 의하여야 하며, 그 밖의 공개 절차 등 필요한 사항은 국토교통부령으로 정한다.
(2020.1.23 본항개정)
(2020.1.23 본조제목개정)

제13조【조합임원의 결격사유 등】 ① 다음 각 호의 어느 하나에 해당하는 사람은 주택조합의 발기인 또는 임원이 될 수 없다.(2020.1.23 본문개정)
1. 미성년자·피성년후견인 또는 피한정후견인
2. 파산선고를 받은 사람으로서 복권되지 아니한 사람
3. 금고 이상의 실형을 선고받고 그 집행이 종료(종료된 것으로 보는 경우를 포함한다)되거나 집행이 면제된 날부터 2년이 지나지 아니한 사람(2020.6.9 본호개정)
4. 금고 이상의 형의 집행유예를 선고받고 그 유예기간 중에 있는 사람
5. 금고 이상의 형의 선고유예를 받고 그 선고유예기간 중에 있는 사람
6. 법원의 판결 또는 다른 법률에 따라 자격이 상실 또는 정지된 사람
7. 해당 주택조합의 공동사업주체인 등록사업자 또는 업무대행사의 임직원
② 주택조합의 발기인이나 임원이 다음 각 호의 어느 하나에 해당하는 경우 해당 발기인은 그 지위를 상실하고 해당 임원은 당연히 퇴직한다.
1. 주택조합의 발기인이 제11조의3제6항에 따른 자격기준을 갖추지 아니하게 되거나 주택조합의 임원이 제11조제7항에 따른 조합원 자격을 갖추지 아니하게 되는 경우
2. 주택조합의 발기인 또는 임원이 제1항 각 호의 결격사유에 해당하게 되는 경우
(2020.1.23 본항개정)
③ 제2항에 따라 지위가 상실된 발기인 또는 퇴직된 임원이 지위 상실이나 퇴직 전에 관여한 행위는 그 효력을 상실하지 아니한다.(2020.1.23 본항개정)
④ 주택조합의 임원은 다른 주택조합의 임원, 직원 또는 발기인을 겸할 수 없다.(2020.1.23 본항신설)
(2020.1.23 본조제목개정)

제14조【주택조합에 대한 감독 등】 ① 국토교통부장관 또는 시장·군수·구청장은 주택공급에 관한 질서를 유지하기 위하여 특히 필요하다고 인정되는 경우에는 국가가 관리하고 있는 행정전산망 등을 이용하여 주택조합 구성원의 자격 등에 관하여 필요한 사항을 확인할 수 있다.
② 시장·군수·구청장은 주택조합 또는 주택조합의 구성원이 다음 각 호의 어느 하나에 해당하는 경우에는 주택조합의 설립인가를 취소할 수 있다.
1. 거짓이나 그 밖의 부정한 방법으로 설립인가를 받은 경우
2. 제94조에 따른 명령이나 처분을 위반한 경우
③ (2020.1.23 삭제)
④ 시장·군수·구청장은 모집주체가 이 법을 위반한 경우 시정요구 등 필요한 조치를 명할 수 있다.
(2019.12.10 본항신설)

제14조의2【주택조합의 해산 등】 ① 주택조합은 제11조제1항에 따른 주택조합의 설립인가를 받은 날부터 3년이 되는 날까지 사업계획승인을 받지 못하는 경우 대통령령으로 정하는 바에 따라 총회의 의결을 거쳐 해산 여부를 결정하여야 한다.
② 주택조합의 발기인은 제11조의3제1항에 따른 조합원 모집 신고가 수리된 날부터 2년이 되는 날까지 주택조합 설립인가를 받지 못하는 경우 대통령령으로 정하는 바에 따라 주택조합 가입 신청자 전원으로 구성되는 총회 의결을 거쳐 주택조합 사업의 종결 여부를 결정하도록 하여야 한다.
③ 제1항 또는 제2항에 따라 총회를 소집하려는 주택조합의 임원 또는 발기인은 총회가 개최되기 7일 전까지 회의 목적, 안건, 일시 및 장소를 정하여 조합원 또는 주택조합 가입 신청자에게 통지하여야 한다.
④ 제1항에 따라 해산을 결의하거나 제2항에 따라 사업의 종결을 결의하는 경우 대통령령으로 정하는 바에 따라 청산인을 선임하여야 한다.
⑤ 주택조합의 발기인은 제2항에 따른 총회의 결과(사업의 종결을 결의한 경우에는 청산계획을 포함한다)를 관할 시장·군수·구청장에게 국토교통부령으로 정하는 바에 따라 통지하여야 한다.
(2020.1.23 본조신설)

제14조의3【회계감사】 ① 주택조합은 대통령령으로 정하는 바에 따라 회계감사를 받아야 하며, 그 감사결과를 관할 시장·군수·구청장에게 보고하여야 한다.
② 주택조합의 임원 또는 발기인은 계약금등(해당 주택조합사업에 관한 모든 수입에 따른 금전을 말한다)의 징수·보관·예치·집행 등 모든 거래 행위에 관하여 장부를 월별로 작성하여 그 증빙서류와 함께 제11조에 따른 주택조합 해산인가를 받는 날까지 보관하여야 한다. 이 경우 주택조합의 임원 또는 발기인은 「전자문서 및 전자거래 기본법」 제2조제2호에 따른 정보처리시스템을 통하여 장부 및 증빙서류를 작성하거나 보관할 수 있다.
(2020.1.23 본조신설)

제14조의4【주택조합사업의 시공보증】 ① 주택조합이 공동사업주체인 시공자를 선정한 경우 그 시공자는 공사의 시공보증(시공자가 공사의 계약상 의무를 이행하지 못하거나 의무이행을 하지 아니할 경우 보증기관에서 시공자를 대신하여 계약이행의무를 부담하거나 총 공사금액의 50퍼센트 이하에서 대통령령으로 정하는 비율 이상의 범위에서 주택조합이 정하는 금액을 납부할 것을 보증하는 것을 말한다)을 위하여 국토교통부령으로 정하는 기관의 시공보증서를 조합에 제출하여야 한다.
② 제15조에 따른 사업계획승인권자는 제16조제2항에 따른 착공신고를 받는 경우에는 제1항에 따른 시공보증서 제출 여부를 확인하여야 한다.
(2016.12.2 본조신설)

제3절 사업계획의 승인 등

제15조【사업계획의 승인】 ① 대통령령으로 정하는 호수 이상의 주택건설사업을 시행하려는 자 또는 대통령령으로 정하는 면적 이상의 대지조성사업을 시행하려는 자는 다음 각 호의 사업계획승인권자(이하 "사업계획승인권자"라 한다. 국가 및 한국토지주택공사가 시행하는 경우와 대통령령으로 정하는 경우에는 국토교통부장관을 말하며, 이하 이 조, 제16조부터 제19조까지 및 제21조에서 같다)에게 사업계획승인을 받아야 한다. 다만, 주택 외의 시설과 주택을 동일 건축물로 건축하는 경우 등 대통령령으로 정하는 경우에는 그러하지 아니하다.
1. 주택건설사업 또는 대지조성사업으로서 해당 대지면적이 10만제곱미터 이상인 경우 : 특별시장·광역시장·특별자치시장·도지사 또는 특별자치도지사(이하 "시·도지사"라 한다) 또는 「지방자치법」 제198조에 따라 서울특별시·광역시 및 특별자치시를 제외한 인구 50만 이상의 대도시(이하 "대도시"라 한다)의 시장
(2021.1.12 본호개정)
2. 주택건설사업 또는 대지조성사업으로서 해당 대지면적이 10만제곱미터 미만인 경우 : 특별시장·광역시장·특별자치시장·특별자치도지사 또는 시장·군수
② 제1항에 따라 사업계획승인을 받으려는 자는 사업계획승인신청서에 주택과 그 부대시설 및 복리시설의 배치도, 대지조성공사 설계도서 등 대통령령으로 정하는 서류를 첨부하여 사업계획승인권자에게 제출하여야 한다.
③ 주택건설사업을 시행하려는 자는 대통령령으로 정하는 호수 이상의 주택단지를 공구별로 분할하여 주택을 건설·공급할 수 있다. 이 경우 제2항에 따른 서류와 함께 다음 각 호의 서류를 첨부하여 사업계획승인권자에게 제출하고 사업계획승인을 받아야 한다.
1. 공구별 공사계획서
2. 입주자모집계획서
3. 사용검사계획서
④ 제1항 또는 제3항에 따라 승인받은 사업계획을 변경하려면 사업계획승인권자로부터 변경승인을 받아야 한다. 다만, 국토교통부령으로 정하는 경미한 사항을 변경하는

경우에는 그러하지 아니하다.
⑤ 제1항 또는 제3항의 사업계획은 쾌적하고 문화적인 주거생활을 하는 데에 적합하도록 수립되어야 하며, 그 사업계획에는 부대시설 및 복리시설의 설치에 관한 계획 등이 포함되어야 한다.
⑥ 사업계획승인권자는 제1항 또는 제3항에 따라 사업계획을 승인하였을 때에는 이에 관한 사항을 고시하여야 한다. 이 경우 국토교통부장관은 관할 시장·군수·구청장에게, 특별시장, 광역시장 또는 도지사는 관할 시장, 군수 또는 구청장에게 각각 사업계획승인서 및 관계 서류의 사본을 지체 없이 송부하여야 한다.

제16조【사업계획의 이행 및 취소 등】 ① 사업주체는 제15조제1항 또는 제3항에 따라 승인받은 사업계획대로 사업을 시행하여야 하고, 다음 각 호의 구분에 따라 공사를 시작하여야 한다. 다만, 사업계획승인권자는 대통령령으로 정하는 정당한 사유가 있다고 인정하는 경우에는 사업주체의 신청을 받아 그 사유가 없어진 날부터 1년의 범위에서 제1호 또는 제2호가목에 따른 공사의 착수기간을 연장할 수 있다.
1. 제15조제1항에 따라 승인을 받은 경우 : 승인받은 날부터 5년 이내
2. 제15조제3항에 따라 승인을 받은 경우
가. 최초로 공사를 진행하는 공구 : 승인받은 날부터 5년 이내
나. 최초로 공사를 진행하는 공구 외의 공구 : 해당 주택단지에 대한 최초 착공신고일부터 2년 이내
② 사업주체가 제1항에 따라 공사를 시작하려는 경우에는 국토교통부령으로 정하는 바에 따라 사업계획승인권자에게 신고하여야 한다.
③ 사업계획승인권자는 제2항에 따른 신고를 받은 날부터 20일 이내에 신고수리 여부를 신고인에게 통지하여야 한다.(2021.1.5 본항신설)
④ 사업계획승인권자는 다음 각 호의 어느 하나에 해당하는 경우 그 사업계획의 승인을 취소(제2호 또는 제3호에 해당하는 경우 「주택도시기금법」 제26조에 따라 주택분양보증이 된 사업은 제외한다)할 수 있다.
1. 사업주체가 제1항(제2호나목은 제외한다)을 위반하여 공사를 시작하지 아니한 경우
2. 사업주체가 경매·공매 등으로 인하여 대지소유권을 상실한 경우
3. 사업주체의 부도·파산 등으로 공사의 완료가 불가능한 경우
⑤ 사업계획승인권자는 제4항제2호 또는 제3호의 사유로 사업계획승인을 취소하고자 하는 경우에는 사업주체에게 사업계획 이행, 사업비 조달 계획 등 대통령령으로 정하는 내용이 포함된 사업 정상화 계획을 제출받아 계획의 타당성을 심사한 후 취소 여부를 결정하여야 한다.(2021.1.5 본항개정)
⑥ 제4항에도 불구하고 사업계획승인권자는 해당 사업의 시공자 등이 제21조제1항에 따른 해당 주택건설대지의 소유권 등을 확보하고 사업주체 변경을 위하여 제15조제4항에 따른 사업계획의 변경승인을 요청하는 경우에 이를 승인할 수 있다.(2021.1.5 본항개정)

제17조【기반시설의 기부채납】 ① 사업계획승인권자는 제15조제1항 또는 제3항에 따라 사업계획을 승인할 때 사업주체가 제출하는 사업계획에 해당 주택건설사업 또는 대지조성사업과 직접적으로 관련이 없거나 과도한 기반시설의 기부채납(寄附採納)을 요구하여서는 아니 된다.
② 국토교통부장관은 기부채납 등과 관련하여 다음 각 호의 사항이 포함된 운영기준을 작성하여 고시할 수 있다.
1. 주택건설사업의 기반시설 기부채납 부담의 원칙 및 수준에 관한 사항
2. 주택건설사업의 기반시설의 설치기준 등에 관한 사항
③ 사업계획승인권자는 제2항에 따른 운영기준의 범위에서 지역여건 및 사업의 특성 등을 고려하여 자체 실정에 맞는 별도의 기준을 마련하여 운영할 수 있으며, 이 경우 미리 국토교통부장관에게 보고하여야 한다.

제18조【사업계획의 통합심의 등】 ① 사업계획승인권자는 필요하다고 인정하는 경우에 도시계획·건축·교통 등 사업계획승인과 관련된 다음 각 호의 사항을 통합하여 검토 및 심의(이하 "통합심의"라 한다)할 수 있다.
1. 「건축법」에 따른 건축심의
2. 「국토의 계획 및 이용에 관한 법률」에 따른 도시·군관리계획 및 개발행위 관련 사항
3. 「대도시권 광역교통 관리에 관한 특별법」에 따른 광역교통 개선대책
4. 「도시교통정비 촉진법」에 따른 교통영향평가
5. 「경관법」에 따른 경관심의
6. 그 밖에 사업계획승인권자가 필요하다고 인정하여 통합심의에 부치는 사항
② 사업계획승인권자는 제15조제1항 또는 제3항에 따라 사업계획승인을 받으려는 자가 통합심의를 신청하는 경우 통합심의를 하여야 한다. 다만, 사업계획의 특성 및 규모 등으로 인하여 제1항 각 호 중 어느 하나에 대하여 통합심의가 적절하지 아니하다고 인정하는 경우에는 그 사항을 제외하고 통합심의를 할 수 있다.(2024.1.16 본항신설)
③ 제15조제1항 또는 제3항에 따라 사업계획승인을 받으려는 자가 통합심의를 신청하는 경우 제1항 각 호와 관련된 서류를 첨부하여야 한다. 이 경우 사업계획승인권자는 통합심의를 효율적으로 처리하기 위하여 필요한 경우 제출기한을 정하여 제출하도록 할 수 있다.
④ 사업계획승인권자가 시장·군수·구청장인 경우로서 시·도지사가 제1항 각 호의 어느 하나에 해당하는 권한을 가진 경우에는 사업계획승인권자가 시·도지사에게 통합심의를 요청할 수 있다.(2024.1.16 본항신설)
⑤ 통합심의를 하는 지방자치단체의 장은 다음 각 호의 어느 하나에 해당하는 위원회에 속하고 해당 위원회의 위원장의 추천을 받은 위원들과 사업계획승인권자가 속한 지방자치단체 및 제4항에 따라 통합심의를 하는 지방자치단체 소속 공무원으로 소집된 공동위원회를 구성하여 통합심의를 하여야 한다. 이 경우 공동위원회의 구성, 통합심의의 방법 및 절차에 관한 사항은 대통령령으로 정한다.(2024.1.16 전단개정)
1. 「건축법」에 따른 중앙건축위원회 및 지방건축위원회
2. 「국토의 계획 및 이용에 관한 법률」에 따라 해당 주택단지가 속한 시·도에 설치된 지방도시계획위원회
3. 「대도시권 광역교통 관리에 관한 특별법」에 따라 광역교통 개선대책에 대하여 심의권한을 가진 국가교통위원회
4. 「도시교통정비 촉진법」에 따른 교통영향평가심의위원회
5. 「경관법」에 따른 경관위원회
6. 제1항제6호에 대하여 심의권한을 가진 관련 위원회
⑥ 사업계획승인권자는 통합심의를 한 경우 특별한 사유가 없으면 심의 결과를 반영하여 사업계획을 승인하여야 한다.
⑦ 통합심의를 거친 경우에는 제1항 각 호에 대한 검토·심의·조사·협의·조정 또는 재정을 거친 것으로 본다.

제19조【다른 법률에 따른 인가·허가 등의 의제 등】 ① 사업계획승인권자가 제15조에 따라 사업계획을 승인 또는 변경 승인할 때 다음 각 호의 허가·인가·결정·승인 또는 신고 등(이하 "인·허가등"이라 한다)에 관하여 제3항에 따른 관계 행정기관의 장과 협의한 사항에 대하여는 해당 인·허가등을 받은 것으로 보며, 사업계획의 승인고시가 있은 때에는 다음 각 호의 관계 법률에 따른 고시가 있은 것으로 본다.
1. 「건축법」 제11조에 따른 건축허가, 같은 법 제14조에 따른 건축신고, 같은 법 제16조에 따른 허가·신고사항의 변경 및 같은 법 제20조에 따른 가설건축물의 건축허가 또는 신고
2. 「공간정보의 구축 및 관리 등에 관한 법률」 제15조제4항에 따른 지도등의 간행 심사(2021.7.20 본호개정)
3. 「공유수면 관리 및 매립에 관한 법률」 제8조에 따른 공유수면의 점용·사용허가, 같은 법 제10조에 따른 협의 또는 승인, 같은 법 제17조에 따른 점용·사용 실시계획의 승인 또는 신고, 같은 법 제28조에 따른 공유수면의 매립면허, 같은 법 제35조에 따른 국가 등이 시행하는 매립의 협의 또는 승인 및 같은 법 제38조에 따른 공유수면매립실시계획의 승인
4. 「광업법」 제42조에 따른 채굴계획의 인가
5. 「국토의 계획 및 이용에 관한 법률」 제30조에 따른 도시·군관리계획(같은 법 제2조제4호다목의 계획 및 같은 호 마목의 계획 중 같은 법 제51조제1항에 따른 지구단위계획구역 및 지구단위계획만 해당한다)의 결정, 같은 법 제56조에 따른 개발행위의 허가, 같은 법 제86조에 따른 도시·군계획시설사업시행자의 지정, 같은 법 제88조에 따른 실시계획의 인가 및 같은 법 제130조제2항에 따른 타인의 토지에의 출입허가(2016.1.19 본호개정)
6. 「농어촌정비법」 제23조에 따른 농업생산기반시설의 사용허가(2016.12.27 본호개정)
7. 「농지법」 제34조에 따른 농지전용(農地轉用)의 허가 또는 협의
8. 「도로법」 제36조에 따른 도로공사 시행의 허가, 같은 법 제61조에 따른 도로점용의 허가
9. 「도시개발법」 제3조에 따른 도시개발구역의 지정, 같은 법 제11조에 따른 시행자의 지정, 같은 법 제17조에 따른 실시계획의 인가 및 같은 법 제64조제2항에 따른 타인의 토지에의 출입허가
10. 「사도법」 제4조에 따른 사도(私道)의 개설허가
11. 「사방사업법」 제14조에 따른 토지의 형질변경 등의 허가, 같은 법 제20조에 따른 사방지(砂防地) 지정의 해제
12. 「산림보호법」 제9조제1항 및 같은 조 제2항제1호·제2호에 따른 산림보호구역에서의 행위의 허가·신고. 다만, 「산림자원의 조성 및 관리에 관한 법률」에 따른 채종림 및 시험림과 「산림보호법」에 따른 산림유전자원보호구역의 경우는 제외한다.
13. 「산림자원의 조성 및 관리에 관한 법률」 제36조제1항·제5항에 따른 입목벌채등의 허가·신고. 다만, 같은 법에 따른 채종림 및 시험림과 「산림보호법」에 따른 산림유전자원보호구역의 경우는 제외한다.(2022.12.27 본문개정)
14. 「산지관리법」 제14조·제15조에 따른 산지전용허가 및 산지전용신고, 같은 법 제15조의2에 따른 산지일시사용허가·신고
15. 「소하천정비법」 제10조에 따른 소하천공사 시행의 허가, 같은 법 제14조에 따른 소하천 점용 등의 허가 또는 신고
16. 「수도법」 제17조 또는 제49조에 따른 수도사업의 인가, 같은 법 제52조에 따른 전용상수도 설치의 인가
17. 「연안관리법」 제25조에 따른 연안정비사업실시계획의 승인
18. 「유통산업발전법」 제8조에 따른 대규모점포의 등록
19. 「장사 등에 관한 법률」 제27조제1항에 따른 무연분묘의 개장허가
20. 「지하수법」 제7조 또는 제8조에 따른 지하수 개발·이용의 허가 또는 신고
21. 「초지법」 제23조에 따른 초지전용의 허가
22. 「택지개발촉진법」 제6조에 따른 행위의 허가
23. 「하수도법」 제16조에 따른 공공하수도에 관한 공사 시행의 허가, 같은 법 제34조제2항에 따른 개인하수처리시설의 설치신고
24. 「하천법」 제30조에 따른 하천공사 시행의 허가 및 하천공사실시계획의 인가, 같은 법 제33조에 따른 하천의 점용허가 및 같은 법 제50조에 따른 하천수의 사용허가
25. 「부동산 거래신고 등에 관한 법률」 제11조에 따른 토지거래계약에 관한 허가(2016.1.19 본호신설)
② 인·허가등의 의제를 받으려는 자는 제15조에 따른 사업계획승인을 신청할 때에 해당 법률에서 정하는 관계 서류를 함께 제출하여야 한다.
③ 사업계획승인권자는 제15조에 따라 사업계획을 승인하려는 경우 그 사업계획에 제1항 각 호의 어느 하나에 해당하는 사항이 포함되어 있는 경우에는 해당 법률에서 정하는 관계 서류를 미리 관계 행정기관의 장에게 제출한 후 협의하여야 한다. 이 경우 협의 요청을 받은 관계 행정기관의 장은 사업계획승인권자의 협의 요청을 받은 날부터 20일 이내에 의견을 제출하여야 하며, 그 기간 내에 의견을 제출하지 아니한 경우에는 협의가 완료된 것으로 본다.
④ 제3항에 따라 사업계획승인권자의 협의 요청을 받은 관계 행정기관의 장은 해당 법률에서 규정한 인·허가등의 기준을 위반하여 협의에 응하여서는 아니 된다.
⑤ 대통령령으로 정하는 비율 이상의 국민주택을 건설하는 사업주체가 제1항에 따라 다른 법률에 따른 인·허가등을 받은 것으로 보는 경우에는 관계 법률에 따라 부과되는 수수료 등을 면제한다.

제20조【주택건설사업 등에 의한 임대주택의 건설 등】 ① 사업주체(리모델링을 시행하는 자는 제외한다)가 다음 각 호의 사항을 포함한 사업계획승인신청서(「건축법」 제11조제3항의 허가신청서를 포함한다. 이하 이 조에서 같다)를 제출하는 경우 사업계획승인권자(건축허가권자를 포함한다)는 「국토의 계획 및 이용에 관한 법률」 제78조의 용도지역별 용적률 범위에서 특별시·광역시·특별자치시·특별자치도·시 또는 군의 조례로 정하는 기준에 따라 용적률을 완화하여 적용할 수 있다.
1. 제15조제1항에 따른 호수 이상의 주택과 주택 외의 시설을 동일 건축물로 건축하는 계획
2. 임대주택의 건설·공급에 관한 사항
② 제1항에 따라 용적률을 완화하여 적용하는 경우 사업주체는 완화된 용적률의 60퍼센트 이하의 범위에서 대통령령으로 정하는 비율 이상에 해당하는 면적을 임대주택으로 공급하여야 한다. 이 경우 사업주체는 임대주택을 국토교통부장관, 시·도지사, 한국토지주택공사 또는 지방공사(이하 "인수자"라 한다)에 공급하여야 하며 시·도지사가 우선 인수할 수 있다. 다만, 시·도지사가 임대주택을 인수하지 아니하는 경우 다음 각 호의 구분에 따라 국토교통부장관에게 인수자 지정을 요청하여야 한다.
1. 특별시장, 광역시장 또는 도지사가 인수하지 아니하는 경우 : 관할 시장, 군수 또는 구청장이 제1항의 사업계획승인(「건축법」 제11조의 건축허가를 포함한다. 이하 이 조에서 같다)신청 사실을 특별시장, 광역시장 또는 도지사에게 통보한 후 국토교통부장관에게 인수자 지정 요청
2. 특별자치시장 또는 특별자치도지사가 인수하지 아니하는 경우 : 특별자치시장 또는 특별자치도지사가 직접 국토교통부장관에게 인수자 지정 요청
③ 제2항에 따라 공급되는 임대주택의 공급가격은 「공공주택 특별법」 제50조의3제1항에 따른 공공건설임대주택의 분양전환가격 산정기준에서 정하는 건축비로 하고, 그 부속토지는 인수자에게 기부채납한 것으로 본다.
④ 사업주체는 제15조에 따른 사업계획승인을 신청하기 전에 미리 용적률의 완화로 건설되는 임대주택의 규모 등에 관하여 인수자와 협의하여 사업계획승인신청서에 반영하여야 한다.
⑤ 사업주체는 공급되는 주택의 전부(제11조의 주택조합이 설립된 경우에는 조합원에게 공급하고 남은 주택을 말한다)를 대상으로 공개추첨의 방법에 의하여 인수자에게 공급하는 임대주택을 선정하여야 하며, 그 선정 결과를 지체 없이 인수자에게 통보하여야 한다.
⑥ 사업주체는 임대주택의 준공인가(「건축법」 제22조의 사용승인을 포함한다)를 받은 후 지체 없이 인수자에게 등기를 촉탁 또는 신청하여야 한다. 이 경우 사업주체가 거부 또는 지체하는 경우에는 인수자가 등기를 촉탁 또는 신청할 수 있다.

제21조【대지의 소유권 확보 등】 ① 제15조제1항 또는 제3항에 따라 주택건설사업계획의 승인을 받으려는 자는 해당 주택건설대지의 소유권을 확보하여야 한다. 다만, 다음 각 호의 어느 하나에 해당하는 경우에는 그러하지 아니하다.

1. 「국토의 계획 및 이용에 관한 법률」 제49조에 따른 지구단위계획(이하 "지구단위계획"이라 한다)의 결정(제19조제1항제5호에 따라 의제되는 경우를 포함한다)이 필요한 주택건설사업의 해당 대지면적의 80퍼센트 이상을 사용할 수 있는 권원(權原)[제5조제2항에 따라 등록사업자와 공동으로 사업을 시행하는 주택조합(리모델링주택조합은 제외한다)의 경우에는 95퍼센트 이상의 소유권을 말한다. 이하 이 조, 제22조 및 제23조에서 같다]을 확보하고(국공유지가 포함된 경우에는 해당 토지의 관리청이 해당 토지를 사업주체에게 매각하거나 양여할 것을 확인한 서류를 사업계획승인권자에게 제출하는 경우에는 확보한 것으로 본다), 확보하지 못한 대지가 제22조 및 제23조에 따른 매도청구 대상이 되는 대지에 해당하는 경우
2. 사업주체가 주택건설대지의 소유권을 확보하지 못하였으나 그 대지를 사용할 수 있는 권원을 확보한 경우
3. 국가·지방자치단체·한국토지주택공사 또는 지방공사가 주택건설사업을 하는 경우
4. 제66조제2항에 따라 리모델링 결의를 한 리모델링주택조합이 제22조제2항에 따라 매도청구를 하는 경우 (2020.1.23 본호신설)

② 사업주체가 제16조제2항에 따라 신고한 후 공사를 시작하려는 경우 사업계획승인을 받은 해당 주택건설대지에 제22조 및 제23조에 따른 매도청구 대상이 되는 대지가 포함되어 있으면 해당 매도청구 대상 대지에 대하여는 그 대지의 소유자가 매도에 대하여 합의를 하거나 매도청구에 관한 법원의 승소판결(확정되지 아니한 판결을 포함한다)을 받은 경우에만 공사를 시작할 수 있다. (2020.6.9 본항개정)

제22조 【매도청구 등】 ① 제21조제1항제1호에 따라 사업계획승인을 받은 사업주체는 다음 각 호에 따라 해당 주택건설대지 중 사용할 수 있는 권원을 확보하지 못한 대지(건축물을 포함한다. 이하 이 조 및 제23조에서 같다)의 소유자에게 그 대지를 시가(市價)로 매도할 것을 청구할 수 있다. 이 경우 매도청구 대상이 되는 대지의 소유자와 매도청구를 하기 전에 3개월 이상 협의를 하여야 한다.
1. 주택건설대지면적의 95퍼센트 이상의 사용권원을 확보한 경우 : 사용권원을 확보하지 못한 대지의 모든 소유자에게 매도청구 가능
2. 제1호 외의 경우 : 사용권원을 확보하지 못한 대지의 소유자 중 지구단위계획구역 결정고시일 10년 이전에 해당 대지의 소유권을 취득하여 계속 보유하고 있는 자(대지의 소유기간을 산정할 때 대지소유자가 직계존속·직계비속 및 배우자로부터 상속받아 소유권을 취득한 경우에는 피상속인의 소유기간을 합산한다)를 제외한 소유자에게 매도청구 가능

② 제1항에도 불구하고 제66조제2항에 따른 리모델링의 허가를 신청하기 위한 동의율을 확보한 경우 리모델링 결의를 한 리모델링주택조합은 그 리모델링 결의에 찬성하지 아니하는 자의 주택 및 토지에 대하여 매도청구를 할 수 있다.(2020.1.23 본항개정)

③ 제1항 및 제2항에 따른 매도청구에 관하여는 「집합건물의 소유 및 관리에 관한 법률」 제48조를 준용한다. 이 경우 구분소유권 및 대지사용권은 주택건설사업 또는 리모델링사업의 매도청구의 대상이 되는 건축물 또는 토지의 소유권과 그 밖의 권리로 본다.

제23조 【소유자를 확인하기 곤란한 대지 등에 대한 처분】 ① 제21조제1항제1호에 따라 사업계획승인을 받은 사업주체는 해당 주택건설대지 중 사용할 수 있는 권원을 확보하지 못한 대지의 소유자가 있는 곳을 확인하기가 현저히 곤란한 경우에는 전국적으로 배포되는 둘 이상의 일간신문에 두 차례 이상 공고하고, 공고한 날부터 30일 이상이 지났을 때에는 제22조에 따른 매도청구 대상의 대지로 본다.

② 사업주체는 제1항에 따른 매도청구 대상 대지의 감정평가액에 해당하는 금액을 법원에 공탁(供託)하고 주택건설사업을 시행할 수 있다.

③ 제2항에 따른 대지의 감정평가액은 사업계획승인권자가 추천하는 「감정평가 및 감정평가사에 관한 법률」에 따른 감정평가법인등 2인 이상이 평가한 금액을 산술평균하여 산정한다.(2020.4.7 본항개정)

제24조 【토지에의 출입 등】 ① 국가·지방자치단체·한국토지주택공사 및 지방공사인 사업주체가 사업계획의 수립을 위한 조사 또는 측량을 하려는 경우와 국민주택사업을 시행하기 위하여 필요한 경우에는 다음 각 호의 행위를 할 수 있다.
1. 타인의 토지에 출입하는 행위
2. 특별한 용도로 이용되지 아니하고 있는 타인의 토지를 재료적치장 또는 임시도로로 일시 사용하는 행위
3. 특히 필요한 경우 죽목(竹木)·토석이나 그 밖의 장애물을 변경하거나 제거하는 행위

② 제1항에 따른 사업주체가 국민주택을 건설하거나 국민주택을 건설하기 위한 대지를 조성하는 경우에는 토지나 토지에 정착한 물건 및 그 토지나 물건에 관한 소유권 외의 권리(이하 "토지등"이라 한다)를 수용하거나 사용할 수 있다.

③ 제1항의 경우에는 「국토의 계획 및 이용에 관한 법률」 제130조제2항부터 제9항까지 및 같은 법 제144조제1항제2호·제3호를 준용한다. 이 경우 "도시·군계획시설사업의 시행자"는 "사업주체"로, "제130조제1항"은 "이 법 제24조제1항"으로 본다.

제25조 【토지에의 출입 등에 따른 손실보상】 ① 제24조제1항에 따른 행위로 인하여 손실을 입은 자가 있는 경우에는 그 행위를 한 사업주체가 그 손실을 보상하여야 한다.

② 제1항에 따른 손실보상에 관하여는 그 손실을 보상할 자와 손실을 입은 자가 협의하여야 한다.

③ 손실을 보상할 자 또는 손실을 입은 자는 제2항에 따른 협의가 성립되지 아니하거나 협의를 할 수 없는 경우에는 「공익사업을 위한 토지 등의 취득 및 보상에 관한 법률」에 따른 관할 토지수용위원회에 재결(裁決)을 신청할 수 있다.

④ 제3항에 따른 관할 토지수용위원회의 재결에 관하여는 「공익사업을 위한 토지 등의 취득 및 보상에 관한 법률」 제83조부터 제87조까지의 규정을 준용한다.

제26조 【토지매수 업무 등의 위탁】 ① 국가 또는 한국토지주택공사인 사업주체는 주택건설사업 또는 대지조성사업을 위한 토지매수 업무와 손실보상 업무를 대통령령으로 정하는 바에 따라 관할 지방자치단체의 장에게 위탁할 수 있다.

② 사업주체가 제1항에 따라 토지매수 업무와 손실보상 업무를 위탁할 때에는 그 토지매수 금액과 손실보상 금액의 2퍼센트의 범위에서 대통령령으로 정하는 요율의 위탁수수료를 해당 지방자치단체에 지급하여야 한다.

제27조 【「공익사업을 위한 토지 등의 취득 및 보상에 관한 법률」의 준용】 ① 제24조제2항에 따라 토지등을 수용하거나 사용하는 경우 이 법에 규정된 것 외에는 「공익사업을 위한 토지 등의 취득 및 보상에 관한 법률」을 준용한다.

② 제1항에 따라 「공익사업을 위한 토지 등의 취득 및 보상에 관한 법률」을 준용하는 경우에는 "「공익사업을 위한 토지 등의 취득 및 보상에 관한 법률」 제20조제1항에 따른 사업인정"을 "제15조에 따른 사업계획승인"으로 본다. 다만, 재결신청은 「공익사업을 위한 토지 등의 취득 및 보상에 관한 법률」 제23조제1항 및 제28조제1항에도 불구하고 사업계획승인을 받은 주택건설사업 기간 이내에 할 수 있다.

제28조 【간선시설의 설치 및 비용의 상환】 ① 사업주체가 대통령령으로 정하는 호수 이상의 주택건설사업을 시행하는 경우 또는 대통령령으로 정하는 면적 이상의 대지조성사업을 시행하는 경우 다음 각 호에 해당하는 자는 각각 해당 간선시설을 설치하여야 한다. 다만, 제1호에 해당하는 시설로서 사업주체가 제15조제1항 또는 제3항에 따른 주택건설사업계획 또는 대지조성사업계획에 포함하여 설치하려는 경우에는 그러하지 아니하다.
1. 지방자치단체 : 도로 및 상하수도시설
2. 해당 지역에 전기·통신·가스 또는 난방을 공급하는 자 : 전기시설·통신시설·가스시설 또는 지역난방시설
3. 국가 : 우체통

② 제1항 각 호에 따른 간선시설은 특별한 사유가 없으면 제49조제1항에 따른 사용검사일까지 설치를 완료하여야 한다.

③ 제1항에 따른 간선시설의 설치 비용은 설치의무자가 부담한다. 이 경우 제1항제1호에 따른 간선시설의 설치 비용은 그 비용의 50퍼센트의 범위에서 국가가 보조할 수 있다.

④ 제3항에도 불구하고 제1항의 전기간선시설을 지중선로(地中線路)로 설치하는 경우에는 전기를 공급하는 자와 지중에 설치할 것을 요청하는 자가 각각 50퍼센트의 비율로 그 설치 비용을 부담한다. 다만, 사업지구 밖의 기간시설로부터 그 사업지구 안의 가장 가까운 주택단지(사업지구 안에 1개의 주택단지가 있는 경우에는 그 주택단지를 말한다)의 경계선까지 전기간선시설을 설치하는 경우에는 전기를 공급하는 자가 부담한다.

⑤ 지방자치단체는 사업주체가 자신의 부담으로 제1항제1호에 해당하지 아니하는 도로 또는 상하수도시설(해당 주택건설사업 또는 대지조성사업과 직접적으로 관련이 있는 경우로 한정한다)의 설치를 요청할 경우에는 이에 따를 수 있다.

⑥ 제1항에 따른 간선시설의 종류별 설치 범위는 대통령령으로 정한다.

⑦ 간선시설 설치의무자가 제2항의 기간까지 간선시설의 설치를 완료하지 못할 특별한 사유가 있는 경우에는 사업주체가 그 간선시설을 자기부담으로 설치하고 간선시설 설치의무자에게 그 비용의 상환을 요구할 수 있다.

⑧ 제7항에 따른 간선시설 설치 비용의 상환 방법 및 절차 등에 필요한 사항은 대통령령으로 정한다.

제29조 【공공시설의 귀속 등】 ① 사업주체가 제15조제1항 또는 제3항에 따라 사업계획승인을 받은 사업지구의 토지에 새로 공공시설을 설치하거나 기존의 공공시설에 대체되는 공공시설을 설치하는 경우 그 공공시설의 귀속에 관하여는 「국토의 계획 및 이용에 관한 법률」 제65조 및 제99조를 준용한다. 이 경우 "개발행위허가를 받은 자"는 "사업주체"로, "개발행위허가"는 "사업계획승인"으로, "행정청인 시행자"는 "한국토지주택공사 및 지방공사"로 본다.

② 제1항 후단에 따라 행정청인 시행자로 보는 한국토지주택공사 및 지방공사는 해당 공사에 귀속되는 공공시설을 해당 국민주택사업을 시행하는 목적 외로는 사용하거나 처분할 수 없다.

제30조 【국공유지 등의 우선 매각 및 임대】 ① 국가 또는 지방자치단체는 그가 소유하는 토지를 매각하거나 임대하는 경우에는 다음 각 호의 어느 하나의 목적으로 그 토지의 매수 또는 임차를 원하는 자가 있으면 그에게 우선적으로 그 토지를 매각하거나 임대할 수 있다.
1. 국민주택규모의 주택을 대통령령으로 정하는 비율 이상으로 건설하는 주택의 건설
2. 주택조합이 건설하는 주택(이하 "조합주택"이라 한다)의 건설
3. 제1호 또는 제2호의 주택을 건설하기 위한 대지의 조성

② 국가 또는 지방자치단체는 제1항에 따라 국가 또는 지방자치단체로부터 토지를 매수하거나 임차한 자가 그 매수일 또는 임차일부터 2년 이내에 국민주택규모의 주택 또는 조합주택을 건설하지 아니하거나 그 주택을 건설하기 위한 대지조성사업을 시행하지 아니한 경우에는 환매(還買)하거나 임대계약을 취소할 수 있다.

제31조 【환지 방식에 의한 도시개발사업으로 조성된 대지의 활용】 ① 사업주체가 국민주택용지로 사용하기 위하여 도시개발사업시행자[「도시개발법」에 따른 환지(換地) 방식에 의하여 사업을 시행하는 도시개발사업의 시행자를 말한다. 이하 이 조에서 같다]에게 체비지(替費地)의 매각을 요구한 경우 그 도시개발사업시행자는 대통령령으로 정하는 바에 따라 체비지의 총면적의 50퍼센트의 범위에서 이를 우선적으로 사업주체에게 매각할 수 있다.

② 제1항의 경우 사업주체가 「도시개발법」 제28조에 따른 환지 계획의 수립 전에 체비지의 매각을 요구하면 도시개발사업시행자는 사업주체에게 매각할 체비지를 그 환지 계획에서 하나의 단지로 정하여야 한다.

③ 제1항에 따른 체비지의 양도가격은 국토교통부령으로 정하는 바에 따라 「감정평가 및 감정평가사에 관한 법률」에 따른 감정평가법인등이 감정평가한 감정가격을 기준으로 한다. 다만, 임대주택을 건설하는 경우 등 국토교통부령으로 정하는 경우에는 국토교통부령으로 정하는 조성원가를 기준으로 할 수 있다.(2020.4.7 본문개정)

제32조 【서류의 열람】 국민주택을 건설·공급하는 사업주체는 주택건설사업 또는 대지조성사업을 시행할 때 필요한 경우에는 등기소나 그 밖의 관계 행정기관의 장에게 필요한 서류의 열람·등사나 그 등본 또는 초본의 발급을 무료로 청구할 수 있다.

제4절 주택의 건설

제33조 【주택의 설계 및 시공】 ① 제15조에 따른 사업계획승인을 받아 건설되는 주택(부대시설과 복리시설을 포함한다. 이하 이 조, 제49조, 제54조 및 제61조에서 같다)을 설계하는 자는 대통령령으로 정하는 설계도서 작성기준에 맞게 설계하여야 한다.

② 제1항에 따른 주택을 시공하는 자(이하 "시공자"라 한다)와 사업주체는 설계도서에 맞게 시공하여야 한다.

제34조 【주택건설공사의 시공 제한 등】 ① 제15조에 따른 사업계획승인을 받은 주택의 건설공사는 「건설산업기본법」 제9조에 따른 건설사업자로서 대통령령으로 정하는 자 또는 제7조에 따라 건설사업자로 간주하는 등록사업자가 아니면 이를 시공할 수 없다.(2019.4.30 본항개정)

② 공동주택의 방수·위생 및 냉난방 설비공사는 「건설산업기본법」 제9조에 따른 건설사업자로서 대통령령으로 정하는 자(특정열사용기자재를 설치·시공하는 경우에는 「에너지이용 합리화법」에 따른 시공업자를 말한다)가 아니면 이를 시공할 수 없다.(2019.4.30 본항개정)

③ 국가 또는 지방자치단체인 사업주체는 제15조에 따른 사업계획승인을 받은 주택건설공사의 설계와 시공을 분리하여 발주하여야 한다. 다만, 주택건설공사 중 대통령령으로 정하는 대형공사로서 기술관리상 설계와 시공을 분리하여 발주할 수 없는 공사의 경우에는 대통령령으로 정하는 입찰방법으로 시행할 수 있다.

제35조 【주택건설기준 등】 ① 사업주체가 건설·공급하는 주택의 건설 등에 관한 다음 각 호의 기준(이하 "주택건설기준등"이라 한다)은 대통령령으로 정한다.
1. 주택 및 시설의 배치, 주택과의 복합건축 등에 관한 주택건설기준
2. 세대 간의 경계벽, 바닥충격음 차단구조, 구조내력(構造耐力) 등 주택의 구조·설비기준
3. 부대시설의 설치기준
4. 복리시설의 설치기준
5. 대지조성기준
6. 주택의 규모 및 규모별 건설비율

② 지방자치단체는 그 지역의 특성, 주택의 규모 등을 고려하여 주택건설기준등의 범위에서 조례로 구체적인 기준을 정할 수 있다.

③ 사업주체는 제1항의 주택건설기준등 및 제2항의 기준에 따라 주택건설사업 또는 대지조성사업을 시행하여야 한다.

제36조 【도시형 생활주택의 건설기준】 ① 사업주체(「건축법」 제2조제12호에 따른 건축주를 포함한다)가 도시형 생활주택을 건설하려는 경우에는 「국토의 계획 및 이용에 관한 법률」에 따른 도시지역에 대통령령으로 정하는 유형과 규모 등에 적합하게 건설하여야 한다.

② 하나의 건축물에는 도시형 생활주택과 그 밖의 주택

을 복합하여 건축할 수 없다. 다만, 대통령령으로 정하는 요건을 갖춘 경우에는 그러하지 아니하다.

제37조【에너지절약형 친환경주택 등의 건설기준】 ① 사업주체가 제15조에 따른 사업계획승인을 받아 주택을 건설하려는 경우에는 에너지 고효율 설비기술 및 자재 적용 등 대통령령으로 정하는 바에 따라 에너지절약형 친환경주택으로 건설하여야 한다. 이 경우 사업주체는 제15조에 따른 서류에 에너지절약형 친환경주택 건설기준 적용 현황 등 대통령령으로 정하는 서류를 첨부하여야 한다.

② 사업주체가 대통령령으로 정하는 호수 이상의 주택을 건설하려는 경우에는 친환경 건축자재 사용 등 대통령령으로 정하는 바에 따라 건강친화형 주택으로 건설하여야 한다.

제38조【장수명 주택의 건설기준 및 인증제도 등】 ① 국토교통부장관은 장수명 주택의 건설기준을 정하여 고시할 수 있다.

② 국토교통부장관은 장수명 주택의 공급 활성화를 유도하기 위하여 제1항의 건설기준에 따라 장수명 주택 인증제도를 시행할 수 있다.

③ 사업주체가 대통령령으로 정하는 호수 이상의 주택을 공급하고자 하는 때에는 제2항의 인증제도에 따라 대통령령으로 정하는 기준 이상의 등급을 인정받아야 한다.

④ 국가, 지방자치단체 및 공공기관의 장은 장수명 주택을 공급하는 사업주체 및 장수명 주택 취득자에게 법률 등에서 정하는 바에 따라 행정상·세제상의 지원을 할 수 있다.

⑤ 국토교통부장관은 제2항의 인증제도를 시행하기 위하여 인증기관을 지정하고 관련 업무를 위탁할 수 있다.

⑥ 제2항의 인증제도의 운영과 관련하여 인증기준, 인증절차, 수수료 등은 국토교통부령으로 정한다.

⑦ 제2항의 인증제도에 따라 국토교통부령으로 정하는 기준 이상의 등급을 인정받은 경우 「국토의 계획 및 이용에 관한 법률」에도 불구하고 대통령령으로 정하는 범위에서 건폐율·용적률·높이제한을 완화할 수 있다.

제39조【공동주택성능등급의 표시】 사업주체가 대통령령으로 정하는 호수 이상의 공동주택을 공급할 때에는 주택의 성능 및 품질을 입주자가 알 수 있도록 「녹색건축물 조성 지원법」에 따라 다음 각 호의 공동주택성능에 대한 등급을 발급받아 국토교통부령으로 정하는 방법으로 입주자 모집공고에 표시하여야 한다.

1. 경량충격음·중량충격음·화장실소음·경계소음 등 소음 관련 등급
2. 리모델링 등에 대비한 가변성 및 수리 용이성 등 구조 관련 등급
3. 조경·일조확보율·실내공기질·에너지절약 등 환경 관련 등급
4. 커뮤니티시설, 사회적 약자 배려, 홈네트워크, 방범안전 등 생활환경 관련 등급
5. 화재·소방·피난안전 등 화재·소방 관련 등급

제40조【환기시설의 설치 등】 사업주체는 공동주택의 실내 공기의 원활한 환기를 위하여 대통령령으로 정하는 기준에 따라 환기시설을 설치하여야 한다.

제41조【바닥충격음 성능등급 인정 등】 ① 국토교통부장관은 제35조제1항제2호에 따른 주택건설기준 중 공동주택 바닥충격음 차단구조의 성능등급을 대통령령으로 정하는 기준에 따라 인정하는 기관(이하 "바닥충격음 성능등급 인정기관"이라 한다)을 지정할 수 있다.

② 바닥충격음 성능등급 인정기관은 성능등급을 인정받은 제품(이하 "인정제품"이라 한다)이 다음 각 호의 어느 하나에 해당하면 그 인정을 취소할 수 있다. 다만, 제1호에 해당하는 경우에는 그 인정을 취소하여야 한다.

1. 거짓이나 그 밖의 부정한 방법으로 인정받은 경우
2. 인정받은 내용과 다르게 판매·시공한 경우
3. 인정제품이 국토교통부령으로 정한 품질관리기준을 준수하지 아니한 경우
4. 인정의 유효기간을 연장하기 위한 시험결과를 제출하지 아니한 경우

③ 제1항에 따른 바닥충격음 차단구조의 성능등급 인정의 유효기간 및 성능등급 인정에 드는 수수료 등 바닥충격음 차단구조의 성능등급 인정에 필요한 사항은 대통령령으로 정한다.

④ 바닥충격음 성능등급 인정기관의 지정 요건 및 절차 등은 대통령령으로 정한다.

⑤ 국토교통부장관은 바닥충격음 성능등급 인정기관이 다음 각 호의 어느 하나에 해당하는 경우 그 지정을 취소할 수 있다. 다만, 제1호에 해당하는 경우에는 그 지정을 취소하여야 한다.

1. 거짓이나 그 밖의 부정한 방법으로 바닥충격음 성능등급 인정기관으로 지정을 받은 경우
2. 제1항에 따른 바닥충격음 차단구조의 성능등급의 인정기준을 위반하여 업무를 수행한 경우
3. 제4항에 따른 바닥충격음 성능등급 인정기관의 지정 요건에 맞지 아니한 경우
4. 정당한 사유 없이 2년 이상 계속하여 인정업무를 수행하지 아니한 경우

⑥ 국토교통부장관은 바닥충격음 성능등급 인정기관에 대하여 성능등급의 인정현황 등 업무에 관한 자료를 제출하게 하거나 소속 공무원에게 관련 서류 등을 검사하게 할 수 있다.

⑦ 제6항에 따라 검사를 하는 공무원은 그 권한을 나타내는 증표를 지니고 이를 관계인에게 내보여야 한다.

⑧ 사업주체가 대통령령으로 정하는 두께 이상으로 바닥구조를 시공하는 경우 사업계획승인권자는 「국토의 계획 및 이용에 관한 법률」 제50조 및 제52조제1항제4호에 따라 지구단위계획으로 정한 건축물 높이의 최고한도의 100분의 115를 초과하지 아니하는 범위에서 조례로 정하는 기준에 따라 건축물 높이의 최고한도를 완화하여 적용할 수 있다.(2024.1.16 본항신설)

제41조의2【바닥충격음 성능검사 등】 ① 국토교통부장관은 바닥충격음 차단구조의 성능을 검사하기 위하여 성능검사의 기준(이하 이 조에서 "성능검사기준"이라 한다)을 마련하여야 한다.

② 국토교통부장관은 제5항에 따른 성능검사를 전문적으로 수행하기 위하여 성능을 검사하는 기관(이하 "바닥충격음 성능검사기관"이라 한다)을 대통령령으로 정하는 지정 요건 및 절차에 따라 지정할 수 있다.

③ 바닥충격음 성능검사기관의 지정 취소, 자료 제출 및 서류 검사 등에 관하여는 제41조제5항부터 제7항까지를 준용한다. 이 경우 "바닥충격음 성능등급 인정기관"은 "바닥충격음 성능검사기관"으로, "인정업무"는 "바닥충격음 성능검사업무"로 본다.

④ 국토교통부장관은 바닥충격음 성능검사기관의 업무를 수행하는 데에 필요한 비용을 지원할 수 있다.

⑤ 사업주체는 제15조에 따른 사업계획승인을 받아 시행하는 주택건설사업의 경우 제49조에 따른 사용검사를 받기 전에 바닥충격음 성능검사기관으로부터 성능검사기준에 따라 바닥충격음 차단구조의 성능을 검사(이하 이 조에서 "성능검사"라 한다)받아 그 결과를 사용검사권자에게 제출하여야 한다.

⑥ 사용검사권자는 제5항에 따른 성능검사 결과가 성능검사기준에 미달하는 경우 대통령령으로 정하는 바에 따라 사업주체에게 보완 시공, 손해배상 등의 조치를 권고할 수 있다.

⑦ 제6항에 따라 조치를 권고받은 사업주체는 대통령령으로 정하는 기간 내에 권고사항에 대한 조치결과를 사용검사권자에게 제출하여야 한다.

⑧ 사업주체는 제5항에 따라 사용검사권자에게 제출한 성능검사 결과 및 제7항에 따라 사용검사권자에게 제출한 조치결과를 대통령령으로 정하는 방법에 따라 입주예정자에게 알려야 한다.(2024.1.16 본항신설)

⑨ 국토교통부장관은 층간소음 저감 정책을 수립하기 위하여 필요하다고 판단하는 경우 사용검사권자에게 제5항에 따라 제출된 성능검사 결과 및 제7항에 따라 제출된 조치결과를 국토교통부장관에게 제출하도록 요청할 수 있다. 이 경우 자료 제출을 요청받은 사용검사권자는 정당한 사유가 없으면 이에 따라야 한다.(2024.1.16 본항신설)

⑩ 바닥충격음 성능검사기관은 제5항에 따른 성능검사 결과를 토대로 대통령령으로 정하는 기준과 절차에 따라 매년 우수 시공자를 선정하여 공개할 수 있다.

(2024.1.16 본항신설)

⑪ 성능검사의 방법, 성능검사 결과의 제출, 성능검사에 드는 수수료 등 필요한 사항은 대통령령으로 정한다.

(2022.2.3 본조신설)

제42조【소음방지대책의 수립】 ① 사업계획승인권자는 주택의 건설에 따른 소음의 피해를 방지하고 주택건설 지역 주민의 평온한 생활을 유지하기 위하여 주택건설사업을 시행하려는 사업주체에게 대통령령으로 정하는 바에 따라 소음방지대책을 수립하도록 하여야 한다.

② 사업계획승인권자는 대통령령으로 정하는 주택건설 지역이 도로와 인접한 경우에는 해당 도로의 관리청과 소음방지대책을 미리 협의하여야 한다. 이 경우 해당 도로의 관리청은 소음 관계 법률에서 정하는 소음기준 범위에서 필요한 의견을 제시할 수 있다.

③ 제1항에 따른 소음방지대책 수립에 필요한 실외소음도와 실외소음도를 측정하는 기준은 대통령령으로 정한다.

④ 국토교통부장관은 제3항에 따른 실외소음도를 측정할 수 있는 측정기관(이하 "실외소음도 측정기관"이라 한다)을 지정할 수 있다.

⑤ 국토교통부장관은 실외소음도 측정기관이 다음 각 호의 어느 하나에 해당하는 경우에는 그 지정을 취소할 수 있다. 다만, 제1호에 해당하는 경우 그 지정을 취소하여야 한다.

1. 거짓이나 그 밖의 부정한 방법으로 실외소음도 측정기관으로 지정을 받은 경우
2. 제3항에 따른 실외소음도 측정기준을 위반하여 업무를 수행한 경우
3. 제6항에 따른 실외소음도 측정기관의 지정 요건에 미달하게 된 경우

⑥ 실외소음도 측정기관의 지정 요건, 측정에 소요되는 수수료 등 실외소음도 측정에 필요한 사항은 대통령령으로 정한다.

제5절 주택의 감리 및 사용검사

제43조【주택의 감리자 지정 등】 ① 사업계획승인권자가 제15조제1항 또는 제3항에 따른 주택건설사업계획을 승인하였을 때와 시장·군수·구청장이 제66조제1항 또는 제2항에 따른 리모델링의 허가를 하였을 때에는 「건축사법」 또는 「건설기술 진흥법」에 따른 감리자격이 있는 자를 대통령령으로 정하는 바에 따라 해당 주택건설공사의 감리자로 지정하여야 한다. 다만, 사업주체가 국가·지방자치단체·한국토지주택공사·지방공사 또는 대통령령으로 정하는 자인 경우와 「건축법」 제25조에 따라 공사감리를 하는 도시형 생활주택의 경우에는 그러하지 아니하다.(2018.3.13 본문개정)

② 다음 각 호의 단체 및 협회는 제1항에 따른 감리자를 지정하기 위하여 공동으로 주택건설공사 감리비 지급기준을 정하여 국토교통부장관의 승인을 받아야 한다. 승인받은 사항을 변경하려는 경우에도 또한 같다.

1. 제85조에 따른 주택사업자단체
2. 「건설기술 진흥법」 제69조에 따른 건설엔지니어링사업자단체
3. 「건축사법」 제31조에 따른 대한건축사협회

(2024.1.16 본항신설)

③ 사업계획승인권자는 감리자가 감리자의 지정에 관한 서류를 부정 또는 거짓으로 제출하거나, 업무 수행 중 위반 사항이 있음을 알고도 묵인하는 등 대통령령으로 정하는 사유에 해당하는 경우에는 감리자를 교체하고, 그 감리자에 대하여는 1년의 범위에서 감리업무의 지정을 제한할 수 있다.

④ 사업주체(제66조제1항 또는 제2항에 따른 리모델링의 허가만 받은 자도 포함한다. 이하 이 조, 제44조 및 제47조에서 같다)와 감리자 간의 책임 내용 및 범위는 이 법에서 규정한 것 외에는 당사자 간의 계약으로 정한다.

(2018.3.13 본항개정)

⑤ 국토교통부장관은 제4항에 따른 계약을 체결할 때 사업주체와 감리자 간에 공정하게 계약이 체결되도록 하기 위하여 감리용역표준계약서를 정하여 보급할 수 있다.

(2024.1.16 본항개정)

제44조【감리자의 업무 등】 ① 감리자는 자기에게 소속된 자를 대통령령으로 정하는 바에 따라 감리원으로 배치하고, 다음 각 호의 업무를 수행하여야 한다.

1. 시공자가 설계도서에 맞게 시공하는지 여부의 확인
2. 시공자가 사용하는 건축자재가 관계 법령에 따른 기준에 맞는 건축자재인지 여부의 확인
3. 주택건설공사에 대하여 「건설기술 진흥법」 제55조에 따른 품질시험을 하였는지 여부의 확인
4. 시공자가 사용하는 마감자재 및 제품이 제54조제3항에 따라 사업주체가 시장·군수·구청장에게 제출한 마감자재 목록표 및 영상물 등과 동일한지 여부의 확인

4의2. 주택건설공사의 하수급인(「건설산업기본법」 제2조제14호에 따른 하수급인을 말한다)이 「건설산업기본법」 제16조에 따른 시공자격을 갖추었는지 여부의 확인 (2024.1.16 본호신설)

5. 그 밖에 주택건설공사의 감리에 관한 사항으로서 대통령령으로 정하는 사항(2024.1.16 본호개정)

② 감리자는 제1항 각 호에 따른 업무의 수행 상황을 국토교통부령으로 정하는 바에 따라 사업계획승인권자(제66조제1항 또는 제2항에 따른 리모델링의 허가만 받은 경우는 허가권자를 말한다. 이하 이 조, 제45조, 제47조 및 제48조에서 같다) 및 사업주체에게 보고하여야 한다.

(2018.3.13 본항개정)

③ 감리자는 제1항 각 호의 업무를 수행하면서 위반 사항을 발견하였을 때에는 지체 없이 시공자 및 사업주체에게 위반 사항을 시정할 것을 통지하고, 7일 이내에 사업계획승인권자에게 그 내용을 보고하여야 한다.

④ 시공자 및 사업주체는 제3항에 따른 시정 통지를 받은 경우에는 즉시 해당 공사를 중지하고 위반 사항을 시정한 후 감리자의 확인을 받아야 한다. 이 경우 감리자의 시정 통지에 이의가 있을 때에는 즉시 그 공사를 중지하고 사업계획승인권자에게 서면으로 이의신청을 할 수 있다.

⑤ 제43조제1항에 따른 감리자의 지정 방법·절차, 제1항제4호의2에 따른 시공자격 여부의 확인 및 제4항에 따른 이의신청의 처리 등에 필요한 사항은 대통령령으로 정한다.(2024.1.16 본항개정)

⑥ 사업주체는 제43조제4항의 계약에 따른 공사감리비를 국토교통부령으로 정하는 바에 따라 사업계획승인권자에게 예치하여야 한다.(2024.1.16 본항개정)

⑦ 사업계획승인권자는 제6항에 따라 예치받은 공사감리비를 감리자에게 국토교통부령으로 정하는 절차 등에 따라 지급하여야 한다. 다만, 감리자가 감리업무를 소홀히 하여 사업계획승인권자로부터 제48조제2항에 따라 시정명령을 받은 경우 사업계획승인권자는 감리자가 시정명령을 이행완료할 때까지 감리비 지급을 유예할 수 있다.

(2024.1.16 단서신설)

제45조【감리자의 업무 협조】 ① 감리자는 「전력기술관리법」 제14조의2, 「정보통신공사업법」 제8조, 「소방시설공사업법」 제17조에 따라 감리업무를 수행하는 자(이하 "다른 법률에 따른 감리자"라 한다)와 서로 협력하여 감리업무를 수행하여야 한다.

② 다른 법률에 따른 감리자는 공정별 감리계획서 등 대통령령으로 정하는 자료를 감리자에게 제출하여야 하며, 감리자는 제출된 자료를 근거로 다른 법률에 따른 감리자와 협의하여 전체 주택건설공사에 대한 감리계획서를 작성하여 감리업무를 착수하기 전에 사업계획승인권자에게 보고하여야 한다.

③ 감리자는 주택건설공사의 품질·안전 관리 및 원활한 공사 진행을 위하여 다른 법률에 따른 감리자에게 공정

보고 및 시정을 요구할 수 있으며, 다른 법률에 따른 감리자는 요청에 따라야 한다.

제46조【건축구조기술사와의 협력】 ① 수직증축형 리모델링(세대수가 증가되지 아니하는 리모델링을 포함한다. 이하 같다)의 감리자는 감리업무 수행 중에 다음 각 호의 어느 하나에 해당하는 사항이 확인된 경우에는 「국가기술자격법」에 따른 건축구조기술사(해당 건축물의 리모델링 구조설계를 담당한 자를 말하며, 이하 "건축구조기술사"라 한다)의 협력을 받아야 한다. 다만, 구조설계를 담당한 건축구조기술사가 사망하는 등 대통령령으로 정하는 사유로 감리자가 협력을 받을 수 없는 경우에는 대통령령으로 정하는 건축구조기술사의 협력을 받아야 한다.

1. 수직증축형 리모델링 허가 시 제출한 구조도 또는 구조계산서와 다르게 시공하고자 하는 경우
2. 내력벽(耐力壁), 기둥, 바닥, 보 등 건축물의 주요 구조부에 대하여 수직증축형 리모델링 허가 시 제출한 도면보다 상세한 도면 작성이 필요한 경우
3. 내력벽, 기둥, 바닥, 보 등 건축물의 주요 구조부의 철거 또는 보강 공사를 하는 경우로서 국토교통부령으로 정하는 경우
4. 그 밖에 건축물의 구조에 영향을 미치는 사항으로서 국토교통부령으로 정하는 경우

② 제1항에 따라 감리자에게 협력한 건축구조기술사는 분기별 감리보고서 및 최종 감리보고서에 감리자와 함께 서명날인하여야 한다.
③ 제1항에 따라 협력을 요청받은 건축구조기술사는 독립되고 공정한 입장에서 성실하게 업무를 수행하여야 한다.
④ 수직증축형 리모델링을 하려는 자는 제1항에 따라 감리자에게 협력한 건축구조기술사에게 적정한 대가를 지급하여야 한다.

제47조【부실감리자 등에 대한 조치】 사업계획승인권자는 제43조 및 제44조에 따라 지정·배치된 감리자 또는 감리원(다른 법률에 따른 감리자 또는 그에게 소속된 감리원을 포함한다)이 그 업무를 수행할 때 고의 또는 중대한 과실로 감리를 부실하게 하거나 관계 법령을 위반하여 감리를 함으로써 해당 사업주체 또는 입주자 등에게 피해를 입히는 등 주택건설공사가 부실하게 된 경우에는 그 감리자의 등록 또는 감리원의 면허나 그 밖의 자격인정 등을 한 행정기관의 장에게 등록말소·면허취소·자격정지·영업정지나 그 밖에 필요한 조치를 하도록 요청할 수 있다.

제48조【감리자에 대한 실태점검 등】 ① 사업계획승인권자는 주택건설공사의 부실방지, 품질 및 안전 확보를 위하여 해당 주택건설공사의 감리자를 대상으로 각종 시험 및 자재확인 업무에 대한 이행 실태 등 대통령령으로 정하는 사항에 대하여 실태점검(이하 "실태점검"이라 한다)을 실시할 수 있다.
② 사업계획승인권자는 실태점검 결과 제44조제1항에 따른 감리업무의 소홀이 확인된 경우에는 시정명령을 하거나, 제43조제3항에 따라 감리자 교체를 하여야 한다.
(2024.1.16 본항개정)
③ 사업계획승인권자는 실태점검에 따른 감리자에 대한 시정명령 또는 교체지시 사실을 국토교통부령으로 정하는 바에 따라 국토교통부장관에게 보고하여야 하며, 국토교통부장관은 해당 내용을 종합관리하여 제43조제1항에 따른 감리자 지정에 관한 기준에 반영할 수 있다.

제48조의2【사전방문 등】 ① 사업주체는 제49조제1항에 따른 사용검사를 받기 전에 입주예정자가 해당 주택을 방문하여 공사 상태를 미리 점검(이하 "사전방문"이라 한다)할 수 있게 하여야 한다.
② 입주예정자는 사전방문 결과 하자〔공사상 잘못으로 인하여 균열·침하(沈下)·파손·들뜸·누수 등이 발생하여 안전상·기능상 또는 미관상의 지장을 초래할 정도의 결함을 말한다. 이하 같다〕가 있다고 판단하는 경우 사업주체에게 보수공사 등 적절한 조치를 해줄 것을 요청할 수 있다.
③ 제2항에 따라 하자(제4항에 따라 사용검사권자가 하자가 아니라고 확인한 사항은 제외한다)에 대한 조치 요청을 받은 사업주체는 대통령령으로 정하는 바에 따라 보수공사 등 적절한 조치를 하여야 한다. 이 경우 입주예정자가 조치를 요청한 하자 중 대통령령으로 정하는 중대한 하자는 대통령령으로 정하는 특별한 사유가 없으면 사용검사를 받기 전까지 조치를 완료하여야 한다.
④ 제3항에도 불구하고 입주예정자가 요청한 사항이 하자가 아니라고 판단하는 사업주체는 대통령령으로 정하는 바에 따라 제49조제1항에 따른 사용검사를 하는 시장·군수·구청장(이하 "사용검사권자"라 한다)에게 하자 여부를 확인해줄 것을 요청할 수 있다. 이 경우 사용검사권자는 제48조의3에 따른 공동주택 품질점검단의 자문을 받는 등 대통령령으로 정하는 바에 따라 하자 여부를 확인할 수 있다.
⑤ 사업주체는 제3항에 따라 조치한 내용 및 제4항에 따라 하자가 아니라고 확인받은 사실 등을 대통령령으로 정하는 바에 따라 입주예정자 및 사용검사권자에게 알려야 한다.
⑥ 국토교통부장관은 사전방문에 필요한 표준양식을 정하여 보급하고 활용하게 할 수 있다.
⑦ 제2항에 따라 보수공사 등 적절한 조치가 필요한 하자의 구체적인 기준 등에 관한 사항은 대통령령으로 정하고, 제1항부터 제6항까지에서 규정한 사항 외에 사전방문의 절차 및 방법 등에 관한 사항은 국토교통부령으로 정한다.
(2020.1.23 본조신설)

제48조의3【품질점검단의 설치 및 운영 등】 ① 시·도지사는 제48조의2에 따른 사전방문을 실시하고 제49조제1항에 따른 사용검사를 신청하기 전에 공동주택의 품질을 점검하여 사업계획의 내용에 적합한 공동주택이 건설되도록 할 목적으로 주택 관련 분야 등의 전문가로 구성된 공동주택 품질점검단(이하 "품질점검단"이라 한다)을 설치·운영할 수 있다. 이 경우 시·도지사는 품질점검단의 설치·운영에 관한 사항을 조례로 정하는 바에 따라 대도시 시장에게 위임할 수 있다.
② 품질점검단은 대통령령으로 정하는 규모 및 범위 등에 해당하는 공동주택의 건축·구조·안전·품질관리 등에 대한 시공품질을 대통령령으로 정하는 바에 따라 점검하여 그 결과를 시·도지사(제1항 후단의 경우에는 대도시 시장을 말한다)와 사용검사권자에게 제출하여야 한다.
③ 사업주체는 제2항에 따른 품질점검단의 점검에 협조하여야 하며 이에 따르지 아니하거나 기피 또는 방해해서는 아니 된다.
④ 사용검사권자는 품질점검단의 시공품질 점검을 위하여 필요한 경우에는 사업주체, 감리자 등 관계자에게 공동주택의 공사현황 등 국토교통부령으로 정하는 서류 및 관련 자료의 제출을 요청할 수 있다. 이 경우 자료제출을 요청받은 자는 정당한 사유가 없으면 이에 따라야 한다.
⑤ 사용검사권자는 제2항에 따라 제출받은 점검결과를 제49조제1항에 따른 사용검사가 있은 날부터 2년 이상 보관하여야 하며, 입주자(입주예정자를 포함한다)가 관련 자료의 공개를 요구하는 경우에는 이를 공개하여야 한다.
⑥ 사용검사권자는 대통령령으로 정하는 바에 따라 제2항에 따른 품질점검단의 점검결과에 대한 사업주체의 의견을 청취한 후 하자가 있다고 판단하는 경우 보수·보강 등 필요한 조치를 명하여야 한다. 이 경우 대통령령으로 정하는 중대한 하자는 대통령령으로 정하는 특별한 사유가 없으면 사용검사를 받기 전까지 조치하도록 명하여야 한다.
⑦ 제6항에 따라 보수·보강 등의 조치명령을 받은 사업주체는 대통령령으로 정하는 바에 따라 조치를 하고, 그 결과를 사용검사권자에게 보고하여야 한다. 다만, 조치명령에 이의가 있는 사업주체는 사용검사권자에게 이의신청을 할 수 있다.
⑧ 사용검사권자는 공동주택의 시공품질 관리를 위하여 제48조의2에 따라 사업주체에게 통보받은 사전방문 후 조치결과, 제6항 및 제7항에 따른 조치명령, 조치결과, 이의신청 등에 관한 사항을 대통령령으로 정하는 정보시스템에 등록하여야 한다.
⑨ 제1항부터 제8항까지에서 규정한 사항 외에 품질점검단의 구성 및 운영, 이의신청 절차 및 이의신청에 따른 조치 등에 필요한 사항은 대통령령으로 정한다.
(2020.1.23 본조신설)

제49조【사용검사 등】 ① 사업주체는 제15조에 따른 사업계획승인을 받아 시행하는 주택건설사업 또는 대지조성사업을 완료한 경우에는 주택 또는 대지에 대하여 국토교통부령으로 정하는 바에 따라 시장·군수·구청장(국가 또는 한국토지주택공사가 사업주체인 경우와 대통령령으로 정하는 경우에는 국토교통부장관을 말한다. 이하 이 조에서 같다)의 사용검사를 받아야 한다. 다만, 제15조제3항에 따라 사업계획을 승인받은 경우에는 완공된 주택에 대하여 공구별로 사용검사(이하 "분할 사용검사"라 한다)를 받을 수 있고, 사업계획승인 조건의 미이행 등 대통령령으로 정하는 사유가 있는 경우에는 공사가 완료된 주택에 대하여 동별로 사용검사(이하 "동별 사용검사"라 한다)를 받을 수 있다.
② 사업주체가 제1항에 따른 사용검사를 받았을 때에는 제19조제1항에 따라 의제되는 인·허가등에 따른 해당 사업의 사용승인·준공검사 또는 준공인가 등을 받은 것으로 본다. 이 경우 사용검사권자는 미리 관계 행정기관의 장과 협의하여야 한다.(2020.1.23 후단개정)
③ 제1항에도 불구하고 다음 각 호의 구분에 따라 해당 주택의 시공을 보증한 자, 해당 주택의 시공자 또는 입주예정자는 대통령령으로 정하는 바에 따라 사용검사를 받을 수 있다.

1. 사업주체가 파산 등으로 사용검사를 받을 수 없는 경우에는 해당 주택의 시공을 보증한 자 또는 입주예정자
2. 사업주체가 정당한 이유 없이 사용검사를 위한 절차를 이행하지 아니하는 경우에는 해당 주택의 시공을 보증한 자, 해당 주택의 시공자 또는 입주예정자. 이 경우 사용검사권자는 사업주체가 사용검사를 받지 아니하는 정당한 이유를 밝히지 못하면 사용검사를 거부하거나 지연할 수 없다.

④ 사업주체 또는 입주예정자는 제1항에 따른 사용검사를 받은 후가 아니면 주택 또는 대지를 사용하게 하거나 이를 사용할 수 없다. 다만, 대통령령으로 정하는 경우로서 사용검사권자의 임시 사용승인을 받은 경우에는 그러하지 아니하다.

제50조【사용검사 등의 특례에 따른 하자보수보증금 면제】 ① 제49조제3항에 따라 사업주체의 파산 등으로 입주예정자가 사용검사를 받을 때에는 「공동주택관리법」 제38조제1항에도 불구하고 입주예정자의 대표회의가 사용검사권자에게 사용검사를 신청할 때 하자보수보증금을 예치하여야 한다.
② 제1항에 따라 입주예정자의 대표회의가 하자보수보증금을 예치할 경우 제49조제4항에도 불구하고 2015년 12월 31일 당시 제15조에 따른 사업계획승인을 받아 사실상 완공된 주택에 사업주체의 파산 등으로 제49조제1항 또는 제3항에 따른 사용검사를 받지 아니하고 무단으로 점유하여 거주(이하 이 조에서 "무단거주"라 한다)하는 입주예정자가 2016년 12월 31일까지 사용검사권자에게 사용검사를 신청할 때에는 다음 각 호의 구분에 따라 「공동주택관리법」 제38조제1항에 따른 하자보수보증금을 면제하여야 한다.

1. 무단거주한 날부터 1년이 지난 때 : 10퍼센트
2. 무단거주한 날부터 2년이 지난 때 : 35퍼센트
3. 무단거주한 날부터 3년이 지난 때 : 55퍼센트
4. 무단거주한 날부터 4년이 지난 때 : 70퍼센트
5. 무단거주한 날부터 5년이 지난 때 : 85퍼센트
6. 무단거주한 날부터 10년이 지난 때 : 100퍼센트

(2020.6.9 1호~6호개정)
③ 제2항 각 호의 무단거주한 날은 주택에 최초로 입주예정자가 입주한 날을 기산일로 한다. 이 경우 입주예정자가 입주한 날은 주민등록 신고일이나 전기, 수도요금 영수증 등으로 확인한다.
④ 제1항에 따라 무단거주하는 입주예정자가 사용검사를 받았을 때에는 제49조제2항을 준용한다. 이 경우 "사업주체"를 "무단거주하는 입주예정자"로 본다.
⑤ 제1항에 따라 입주예정자의 대표회의가 하자보수보증금을 예치한 경우 「공동주택관리법」 제36조제3항에 따른 담보책임기간은 제2항에 따라 면제받은 기간만큼 줄어드는 것으로 본다.(2017.4.18 본항개정)

제6절 공업화주택의 인정 등

제51조【공업화주택의 인정 등】 ① 국토교통부장관은 다음 각 호의 어느 하나에 해당하는 부분을 국토교통부령으로 정하는 성능기준 및 생산기준에 따라 맞춤식 등 공업화공법으로 건설하는 주택을 공업화주택(이하 "공업화주택"이라 한다)으로 인정할 수 있다.

1. 주요 구조부의 전부 또는 일부
2. 세대별 주거 공간의 전부 또는 일부〔거실(「건축법」 제2조제6호에 따른다)·화장실·욕조 등 일부로서의 기능이 가능한 단위 공간을 말한다〕

② 국토교통부장관, 시·도지사 또는 시장·군수는 다음 각 호의 구분에 따라 주택을 건설하려는 자에 대하여 「건설산업기본법」 제9조제1항에도 불구하고 대통령령으로 정하는 바에 따라 해당 주택을 건설하게 할 수 있다.

1. 국토교통부장관 : 「건설기술 진흥법」 제14조에 따라 국토교통부장관이 고시한 새로운 건설기술을 적용하여 건설하는 공업화주택
2. 시·도지사 또는 시장·군수 : 공업화주택

③ 공업화주택의 인정에 필요한 사항은 대통령령으로 정한다.

제52조【공업화주택의 인정취소】 국토교통부장관은 제51조제1항에 따라 공업화주택을 인정받은 자가 다음 각 호의 어느 하나에 해당하는 경우에는 공업화주택의 인정을 취소할 수 있다. 다만, 제1호에 해당하는 경우에는 그 인정을 취소하여야 한다.

1. 거짓이나 그 밖의 부정한 방법으로 인정을 받은 경우
2. 인정을 받은 기준보다 낮은 성능으로 공업화주택을 건설한 경우

제53조【공업화주택의 건설 촉진】 ① 국토교통부장관, 시·도지사 또는 시장·군수는 사업주체가 건설할 주택을 공업화주택으로 건설하도록 사업주체에게 권고할 수 있다.
② 공업화주택의 건설 및 품질 향상과 관련하여 국토교통부령으로 정하는 기술능력을 갖추고 있는 자가 공업화주택을 건설하는 경우에는 제33조·제43조·제44조 및 「건축사법」 제4조를 적용하지 아니한다.

제3장 주택의 공급 등

제54조【주택의 공급】 ① 사업주체(「건축법」 제11조에 따른 건축허가를 받아 주택 외의 시설과 주택을 동일 건축물로 하여 제15조제1항에 따른 호수 이상으로 건설·공급하는 건축주와 제49조에 따라 사용검사를 받은 주택을 사업주체로부터 일괄하여 양수받은 자를 포함한다. 이하 이 장에서 같다)는 다음 각 호에서 정하는 바에 따라 주택을 건설·공급하여야 한다. 이 경우 국가유공자, 보훈보상대상자, 장애인, 철거주택의 소유자, 그 밖에 국토교통부령으로 정하는 대상자에게는 국토교통부령으로 정하는 바에 따라 입주자 모집조건 등을 달리 정하여 별도로 공급할 수 있다.

1. 사업주체(공공주택사업자는 제외한다)가 입주자를 모집하려는 경우 : 국토교통부령으로 정하는 바에 따라 시장·군수·구청장의 승인(복리시설의 경우에는 신고를 말한다)을 받을 것
2. 사업주체가 건설하는 주택을 공급하려는 경우
   가. 국토교통부령으로 정하는 입주자모집의 시기(사업주체 또는 시공자가 영업정지를 받거나 「건설기술 진

홍법」 제53조에 따른 벌점이 국토교통부령으로 정하는 기준에 해당하는 경우 등에 달리 정한 입주자모집의 시기를 포함한다)·조건·방법·절차, 입주금(입주예정자가 사업주체에게 납입하는 주택가격을 말한다. 이하 같다)의 납부 방법·시기·절차, 주택공급계약의 방법·절차 등에 적합할 것(2018.3.13 본목개정)
나. 국토교통부령으로 정하는 바에 따라 벽지·바닥재·주방용구·조명기구 등을 제외한 부분의 가격을 따로 제시하고, 이를 입주자가 선택할 수 있도록 할 것
② 주택을 공급받으려는 자는 국토교통부령으로 정하는 입주자자격, 재당첨 제한 및 공급 순위 등에 맞게 주택을 공급받아야 한다. 이 경우 제63조제1항에 따른 투기과열지구 및 제63조의2제1항에 따른 조정대상지역에서 건설·공급되는 주택을 공급받으려는 자의 입주자자격, 재당첨 제한 및 공급 순위 등은 주택의 수급 상황 및 투기 우려 등을 고려하여 국토교통부령으로 지역별로 달리 정할 수 있다.(2017.8.9 후단신설)
③ 사업주체가 제1항제1호에 따라 시장·군수·구청장의 승인을 받으려는 경우(사업주체가 국가·지방자치단체·한국토지주택공사 및 지방공사인 경우에는 견본주택을 건설하는 경우를 말한다)에는 제60조에 따라 건설하는 견본주택에 사용되는 마감자재의 규격·성능 및 재질을 적은 목록표(이하 "마감자재 목록표"라 한다)와 견본주택의 각 실의 내부를 촬영한 영상물 등을 제작하여 승인권자에게 제출하여야 한다.
④ 사업주체는 주택공급계약을 체결할 때 입주예정자에게 다음 각 호의 자료 또는 정보를 제공하여야 한다. 다만, 입주자 모집공고에 이를 표시(인터넷에 게재하는 경우를 포함한다)한 경우에는 그러하지 아니하다.
1. 제3항에 따른 견본주택에 사용된 마감자재 목록표
2. 공동주택 발코니의 세대 간 경계벽에 피난구를 설치하거나 경계벽을 경량구조로 건설한 경우 그에 관한 정보
⑤ 시장·군수·구청장은 제3항에 따라 받은 마감자재 목록표와 영상물 등을 제49조제1항에 따른 사용검사가 있은 날부터 2년 이상 보관하여야 하며, 입주자가 열람을 요구하는 경우에는 이를 공개하여야 한다.
⑥ 사업주체가 마감자재 생산업체의 부도 등으로 인한 제품의 품귀 등 부득이한 사유로 인하여 제15조에 따른 사업계획승인 또는 마감자재 목록표의 마감자재와 다르게 마감자재를 시공·설치하려는 경우에는 당초의 마감자재와 같은 질 이상으로 설치하여야 한다.
⑦ 사업주체가 제6항에 따라 마감자재 목록표의 자재와 다른 마감자재를 시공·설치하려는 경우에는 그 사실을 입주예정자에게 알려야 한다.
⑧ 사업주체는 공급하려는 주택에 대하여 대통령령으로 정하는 내용이 포함된 표시 및 광고(「표시·광고의 공정화에 관한 법률」 제2조에 따른 표시 또는 광고를 말한다. 이하 같다)를 한 경우 대통령령으로 정하는 바에 따라 해당 표시 또는 광고의 사본을 시장·군수·구청장에게 제출하여야 한다. 이 경우 시장·군수·구청장은 제출받은 표시 또는 광고의 사본을 제49조제1항에 따른 사용검사가 있은 날부터 2년 이상 보관하여야 하며, 입주자가 열람을 요구하는 경우 이를 공개하여야 한다.(2019.12.10 본항신설)

제54조의2 【주택의 공급업무의 대행 등】 ① 사업주체는 주택을 효율적으로 공급하기 위하여 필요하다고 인정하는 경우 주택의 공급업무의 일부를 제3자로 하여금 대행하게 할 수 있다.
② 제1항에도 불구하고 사업주체가 입주자자격, 공급 순위 등을 증명하는 서류의 확인 등 국토교통부령으로 정하는 업무를 대행하게 하는 경우 국토교통부령으로 정하는 바에 따라 다음 각 호의 어느 하나에 해당하는 자(이하 이 조에서 "분양대행자"라 한다)에게 대행하게 하여야 한다.
1. 등록사업자
2. 「건설산업기본법」 제9조에 따른 건설업자로서 대통령령으로 정하는 자
3. 「도시 및 주거환경정비법」 제102조에 따른 정비사업전문관리업자
4. 「부동산개발업의 관리 및 육성에 관한 법률」 제4조에 따른 등록사업자
5. 다른 법률에 따라 등록하거나 인가 또는 허가를 받은 자로서 국토교통부령으로 정하는 자
③ 사업주체가 제2항에 따라 업무를 대행하게 하는 경우 분양대행자에 대한 교육을 실시하는 등 국토교통부령으로 정하는 관리·감독 조치를 시행하여야 한다.
(2019.4.23 본조신설)

제55조 【자료제공의 요청】 ① 국토교통부장관은 제54조제2항에 따라 주택을 공급받으려는 자의 입주자자격, 주택의 소유 여부, 재당첨 제한 여부, 공급 순위 등을 확인하거나 제56조의3에 따라 요청받은 정보를 제공하기 위하여 필요하다고 인정하는 경우에는 주민등록 전산정보(주민등록번호·외국인등록번호 등 고유식별번호를 포함한다), 가족관계 등록사항, 국세, 지방세, 금융, 토지, 건물(건물등기부·건축물대장을 포함한다), 자동차, 건강보험, 국민연금, 고용보험 및 산업재해보상보험 등의 자료 또는 정보의 제공을 관계 기관의 장에게 요청할 수 있다. 이 경우 관계 기관의 장은 특별한 사유가 없으면 이에 따라야 한다.(2020.1.23 전단개정)
② 국토교통부장관은 「금융실명거래 및 비밀보장에 관한 법률」 제4조제1항과 「신용정보의 이용 및 보호에 관한 법률」 제32조제2항에도 불구하고 제54조제2항에 따라 주택을 공급받으려는 자의 입주자자격, 공급 순위 등을 확인하기 위하여 본인, 배우자, 본인 또는 배우자와 세대를 같이하는 세대원이 제출한 동의서면을 전자적 형태로 바꾼 문서에 의하여 금융기관 등(「금융실명거래 및 비밀보장에 관한 법률」 제2조제1호에 따른 금융회사등 및 「신용정보의 이용 및 보호에 관한 법률」 제25조에 따른 신용정보집중기관을 말한다. 이하 같다)의 장에게 다음 각 호의 자료 또는 정보의 제공을 요청할 수 있다.(2020.1.23 본문개정)
1. 「금융실명거래 및 비밀보장에 관한 법률」 제2조제2호·제3호에 따른 금융자산 및 금융거래의 내용에 대한 자료 또는 정보 중 예금의 평균잔액과 그 밖에 국토교통부장관이 정하는 자료 또는 정보(이하 "금융정보"라 한다)
2. 「신용정보의 이용 및 보호에 관한 법률」 제2조제1호에 따른 신용정보 중 채무액과 그 밖에 국토교통부장관이 정하는 자료 또는 정보(이하 "신용정보"라 한다)
3. 「보험업법」 제4조제1항 각 호에 따른 보험에 가입하여 납부한 보험료와 그 밖에 국토교통부장관이 정하는 자료 또는 정보(이하 "보험정보"라 한다)
③ 국토교통부장관이 제2항에 따라 금융정보·신용정보 또는 보험정보(이하 "금융정보등"이라 한다)의 제공을 요청하는 경우 해당 금융정보등 명의인의 정보제공에 대한 동의서면을 함께 제출하여야 한다. 이 경우 동의서면은 전자적 형태로 바꾸어 제출할 수 있으며, 금융정보등을 제공한 금융기관 등의 장은 「금융실명거래 및 비밀보장에 관한 법률」 제4조의2제1항과 「신용정보의 이용 및 보호에 관한 법률」 제35조에도 불구하고 금융정보등의 제공사실을 명의인에게 통보하지 아니할 수 있다.
④ 국토교통부장관 및 사업주체(국가, 지방자치단체, 한국토지주택공사 및 지방공사로 한정한다)는 제1항 및 제2항에 따른 자료를 확인하기 위하여 「사회복지사업법」 제6조의2제2항에 따른 정보시스템을 연계하여 사용할 수 있다.
⑤ 국토교통부 소속 공무원 또는 소속 공무원이었던 사람과 제4항에 따른 사업주체의 소속 임직원은 제1항과 제2항에 따라 얻은 정보와 자료를 이 법에서 정한 목적 외의 다른 용도로 사용하거나 다른 사람 또는 기관에게 제공하거나 누설하여서는 아니 된다.

제56조 【입주자저축】 ① 국토교통부장관은 주택을 공급받으려는 자에게 미리 입주금의 전부 또는 일부를 저축(이하 "입주자저축"이라 한다)하게 할 수 있다.
(2020.1.23 본항개정)
② 제1항에서 "입주자저축"이란 국민주택과 민영주택을 공급받기 위하여 가입하는 주택청약종합저축을 말한다.
③ 입주자저축계좌를 취급하는 기관(이하 "입주자저축취급기관"이라 한다)은 「은행법」에 따른 은행 중 국토교통부장관이 지정한다.(2020.1.23 본항신설)
④ 입주자저축은 한 사람이 한 계좌만 가입할 수 있다.
(2020.1.23 본항신설)
⑤ 국토교통부장관은 다음 각 호의 업무를 수행하기 위하여 필요한 경우 「금융실명거래 및 비밀보장에 관한 법률」 제4조제1항에도 불구하고 입주자저축취급기관의 장에게 입주자저축에 관한 자료 및 정보(이하 "입주자저축정보"라 한다)를 제공하도록 요청할 수 있다.
1. 주택을 공급받으려는 자의 입주자자격, 재당첨 제한 여부 및 공급 순위 등 확인 및 정보제공 업무
2. 입주자저축 가입을 희망하는 자의 기존 입주자저축 가입 여부 확인 업무
3. 「조세특례제한법」 제89조의2에 따라 세금우대저축 취급기관과 세금우대저축자료 집중기관 상호 간 입주자저축과 관련된 세금우대저축자료를 제공하도록 중계하는 업무
4. 제1호부터 제3호까지의 규정에 따라 이미 보유하고 있는 정보의 정확성, 최신성을 유지하기 위한 정보요청 업무
(2020.1.23 본항신설)
⑥ 제5항에 따라 입주자저축정보의 제공 요청을 받은 입주자저축취급기관의 장은 「금융실명거래 및 비밀보장에 관한 법률」 제4조에도 불구하고 입주자저축정보를 제공하여야 한다.(2020.1.23 본항신설)
⑦ 제6항에 따라 입주자저축정보를 제공한 입주자저축취급기관의 장은 「금융실명거래 및 비밀보장에 관한 법률」 제4조의2제1항에도 불구하고 입주자저축정보의 제공사실을 명의인에게 통보하지 아니할 수 있다. 다만, 입주자저축정보를 제공하는 입주자저축취급기관의 장은 입주자저축정보의 명의인이 요구할 때에는 입주자저축정보의 제공사실을 통보하여야 한다.(2020.1.23 본항신설)
⑧ 입주자저축정보의 제공 요청 및 제공은 「정보통신망 이용촉진 및 정보보호 등에 관한 법률」 제2조제1항제1호의 정보통신망을 이용하여야 한다. 다만, 정보통신망의 손상 등 불가피한 사유가 있는 경우에는 그러하지 아니하다.(2020.1.23 본항신설)
⑨ 그 밖에 입주자저축의 납입방식·금액 및 조건 등에 필요한 사항은 국토교통부령으로 정한다.
⑩ 이 조에 따른 업무에 종사하거나 종사하였던 자는 업무를 수행하면서 취득한 입주자저축정보를 다른 법률에 특별한 규정이 없으면 제5항 각 호의 업무를 수행하기 위한 목적 외의 다른 용도로 사용하거나 다른 사람 또는 기관에 제공하거나 누설해서는 아니 된다.(2020.1.23 본항신설)
⑪ 국토교통부장관(제89조제4항제2호에 따라 입주자저축정보의 제공 요청 업무를 위탁받은 주택청약업무수행기관을 포함한다)은 입주자저축정보를 다른 법률에 따라 제5항 각 호의 업무를 수행하기 위한 목적 외의 용도로 사용하거나 다른 사람 또는 기관에 제공하는 경우에는 「개인정보 보호법」 제18조제4항에 따라 그 사용 또는 제공의 법적 근거, 목적 및 범위 등을 관보 또는 인터넷 홈페이지 등에 게재하여야 한다.(2020.1.23 본항신설)

제56조의2 【주택청약업무수행기관】 국토교통부장관은 제55조에 따른 입주자자격, 공급 순위 등의 확인과 제56조에 따른 입주자저축의 관리 등 주택공급과 관련하여 국토교통부령으로 정하는 업무를 효율적으로 수행하기 위하여 주택청약업무수행기관을 지정·고시할 수 있다.
(2020.1.23 본조신설)

제56조의3 【입주자자격 정보 제공 등】 ① 국토교통부장관은 주택을 공급받으려는 자가 요청하는 경우 주택공급 신청 전에 입주자자격, 주택의 소유 여부, 재당첨 제한 여부, 공급 순위 등에 관한 정보를 제공할 수 있다.
② 제1항에 따라 정보를 제공하기 위하여 필요한 경우 국토교통부장관은 정보 제공을 요청하는 자 및 배우자, 정보 제공을 요청하는 자 또는 배우자와 세대를 같이하는 세대원에게 개인정보의 수집·제공 동의를 받아야 한다.
(2020.1.23 본조신설)

제57조 【주택의 분양가격 제한 등】 ① 사업주체가 제54조에 따라 일반인에게 공급하는 공동주택 중 다음 각 호의 어느 하나에 해당하는 지역에서 공급하는 주택의 경우에는 이 조에서 정하는 기준에 따라 산정되는 분양가격 이하로 공급(이에 따라 공급되는 주택을 "분양가상한제 적용주택"이라 한다. 이하 같다)하여야 한다.
1. 공공택지
2. 공공택지 외의 택지에서 주택가격 상승 우려가 있어 제58조에 따라 국토교통부장관이 「주거기본법」 제8조에 따른 주거정책심의위원회(이하 "주거정책심의위원회"라 한다)의 심의를 거쳐 지정하는 지역(2023.12.26 본문개정)
가.~다. (2023.12.26 삭제)
② 제1항에도 불구하고 다음 각 호의 어느 하나에 해당하는 경우에는 제1항을 적용하지 아니한다.
1. 도시형 생활주택
2. 「경제자유구역의 지정 및 운영에 관한 특별법」 제4조에 따라 지정·고시된 경제자유구역에서 건설·공급하는 공동주택으로서 같은 법 제25조에 따른 경제자유구역위원회에서 외자유치 촉진과 관련이 있다고 인정하여 이 조에 따른 분양가격 제한을 적용하지 아니하기로 심의·의결한 경우
3. 「관광진흥법」 제70조제1항 또는 제2항에 따라 지정된 관광특구에서 건설·공급하는 공동주택으로서 해당 건축물의 층수가 50층 이상이거나 높이가 150미터 이상인 경우(2022.5.3 본호개정)
4. 한국토지주택공사 또는 지방공사가 다음 각 목의 정비사업의 시행자(「도시 및 주거환경정비법」 제2조제8호 및 「빈집 및 소규모주택 정비에 관한 특례법」 제2조제5호에 따른 사업시행자를 말한다)로 참여하는 등 대통령령으로 정하는 공공성 요건을 충족하는 경우로서 해당 사업에서 건설·공급하는 주택
가. 「도시 및 주거환경정비법」 제2조제2호에 따른 정비사업으로서 면적, 세대수 등이 대통령령으로 정하는 요건에 해당되는 사업
나. 「빈집 및 소규모주택 정비에 관한 특례법」 제2조제3호에 따른 소규모주택정비사업
(2020.8.18 본호신설)
4의2. 「도시 및 주거환경정비법」 제2조제2호가목에 따른 주거환경개선사업 및 같은 호 나목에 따른 공공재개발사업에서 건설·공급하는 주택(2023.12.26 본호개정)
5. 「도시재생 활성화 및 지원에 관한 특별법」에 따른 주거재생혁신지구에서 시행하는 혁신지구재생사업에서 건설·공급하는 주택(2023.12.26 본호개정)
6. 「공공주택 특별법」 제2조제3호마목에 따른 도심 공공주택 복합사업에서 건설·공급하는 주택(2023.12.26 본호신설)
③ 제1항의 분양가격은 택지비와 건축비로 구성(토지임대부 분양주택의 경우에는 건축비만 해당한다)되며, 구체적인 명세, 산정방식, 감정평가기관 선정방법 등은 국토교통부령으로 정한다. 이 경우 택지비는 다음 각 호에 따라 산정한 금액으로 한다.
1. 공공택지에서 주택을 공급하는 경우에는 해당 택지의 공급가격에 국토교통부령으로 정하는 택지와 관련된 비용을 가산한 금액
2. 공공택지 외의 택지에서 분양가상한제 적용주택을 공급하는 경우에는 「감정평가 및 감정평가사에 관한 법률」에 따라 감정평가한 가액에 국토교통부령으로 정하는 택지와 관련된 비용을 가산한 금액. 다만, 택지 매입가격이 다음 각 목의 어느 하나에 해당하는 경우에는 해당 매입가격(대통령령으로 정하는 범위로 한정한다)에 국토교통부령으로 정하는 택지와 관련된 비용을 가산한 금액을 택지비로 볼 수 있다. 이 경우 택지비는 주택단지 전체에 동일하게 적용하여야 한다.(2016.1.19 본문개정)

가. 「민사집행법」, 「국세징수법」 또는 「지방세징수법」에 따른 경매·공매 낙찰가격(2016.12.27 본목개정)
나. 국가·지방자치단체 등 공공기관으로부터 매입한 가격
다. 그 밖에 실제 매매가격을 확인할 수 있는 경우로서 대통령령으로 정하는 경우
④ 제3항의 분양가격 구성항목 중 건축비는 국토교통부장관이 정하여 고시하는 건축비(이하 "기본형건축비"라 한다)에 국토교통부령으로 정하는 금액을 더한 금액으로 한다. 이 경우 기본형건축비는 시장·군수·구청장이 해당 지역의 특성을 고려하여 국토교통부령으로 정하는 범위에서 따로 정하여 고시할 수 있다.
⑤ 사업주체는 분양가상한제 적용주택으로서 공공택지에서 공급하는 주택에 대하여 입주자모집 승인을 받았을 때에는 입주자 모집공고에 다음 각 호[국토교통부령으로 정하는 세분류(細分類)를 포함한다]에 대하여 분양가격을 공시하여야 한다.
1. 택지비
2. 공사비
3. 간접비
4. 그 밖에 국토교통부령으로 정하는 비용
⑥ 시장·군수·구청장이 제54조에 따라 공공택지 외의 택지에서 공급되는 분양가상한제 적용주택 중 분양가 상승 우려가 큰 지역으로서 대통령령으로 정하는 기준에 해당되는 지역에서 공급되는 주택의 입주자모집 승인을 하는 경우에는 다음 각 호의 구분에 따라 분양가격을 공시하여야 한다. 이 경우 제2호부터 제6호까지의 금액은 기본형건축비[특별자치시·특별자치도·시·군·구(구는 자치구의 구를 말하며, 이하 "시·군·구"라 한다)별 기본형건축비가 따로 있는 경우에는 시·군·구별 기본형건축비]의 항목별 가액으로 한다.
1. 택지비
2. 직접공사비
3. 간접공사비
4. 설계비
5. 감리비
6. 부대비
7. 그 밖에 국토교통부령으로 정하는 비용
⑦ 제5항 및 제6항에 따른 공시를 할 때 국토교통부령으로 정하는 택지비 및 건축비에 가산되는 비용의 공시에는 제59조에 따른 분양가심사위원회 심사를 받은 내용과 산출근거를 포함하여야 한다.

제57조의2【분양가상한제 적용주택 등의 입주자의 거주의무 등】 ① 다음 각 호의 어느 하나에 해당하는 주택의 입주자(상속받은 자는 제외한다. 이하 이 조 및 제57조의3에서 "거주의무자"라 한다)는 해당 주택의 최초 입주가능일부터 5년 이내의 범위에서 해당 주택의 분양가격과 국토교통부장관이 고시한 방법으로 결정된 인근지역 주택매매가격의 비율에 따라 대통령령으로 정하는 기간(이하 "거주의무기간"이라 한다) 동안 계속하여 해당 주택에 거주하여야 한다. 다만, 해외 체류 등 대통령령으로 정하는 부득이한 사유가 있는 경우 그 기간은 해당 주택에 거주한 것으로 본다.(2021.1.5 본문개정)
1. 사업주체가 「수도권정비계획법」 제2조제1호에 따른 수도권(이하 "수도권"이라 한다)에서 건설·공급하는 분양가상한제 적용주택(2021.1.5 본호신설)
2. 「신행정수도 후속대책을 위한 연기·공주지역 행정중심복합도시 건설을 위한 특별법」 제2조제1호에 따른 행정중심복합도시(이하 이 조에서 "행정중심복합도시"라 한다) 중 투기과열지구(제63조제1항에 따른 투기과열지구를 말한다)에서 건설·공급하는 주택으로서 국토교통부령으로 정하는 기준에 따라 행정중심복합도시로 이전하거나 신설되는 기관 등에 종사하는 사람에게 입주자 모집조건을 달리 정하여 별도로 공급되는 주택(2021.1.5 본호신설)
3. 「도시 및 주거환경정비법」 제2조제2호나목 후단에 따른 공공재개발사업(제57조제1항제2호의 지역에 한정한다)에서 건설·공급하는 주택(2021.4.13 본호신설)
② 거주의무자가 제1항 단서에 따른 사유 없이 거주의무기간 이내에 거주를 이전하려는 경우 거주의무자는 대통령령으로 정하는 바에 따라 한국토지주택공사(사업주체가 「공공주택 특별법」 제4조에 따른 공공주택사업자인 경우에는 공공주택사업자를 말한다. 이하 이 조, 제64조 및 제78조의2에서 같다)에 해당 주택의 매입을 신청하여야 한다.(2023.12.26 본항개정)
③ 한국토지주택공사는 제2항에 따라 매입신청을 받거나 거주의무자가 제1항을 위반하였다는 사실을 알게 된 경우 위반사실에 대한 의견청취를 하는 등 대통령령으로 정하는 절차를 거쳐 대통령령으로 정하는 특별한 사유가 없으면 해당 주택을 매입하여야 한다.
④ 한국토지주택공사가 제3항에 따라 주택을 매입하는 경우 거주의무자에게 그가 납부한 입주금과 그 입주금에 「은행법」에 따른 은행의 1년 만기 정기예금의 평균이자율을 적용한 이자를 합산한 금액(이하 "매입비용"이라 한다)을 지급한 때에는 그 지급한 날에 한국토지주택공사가 해당 주택을 취득한 것으로 본다.
⑤ 거주의무자는 거주의무기간 동안 계속하여 거주하여야 함을 소유권에 관한 등기에 부기등기하여야 한다.
⑥ 제5항에 따른 부기등기는 주택의 소유권보존등기와 동시에 하여야 하며, 부기등기에 포함되어야 할 표기내용 등은 대통령령으로 정한다.
⑦ 제3항 및 제4항에 따라 한국토지주택공사가 취득한 주택을 국토교통부령으로 정하는 바에 따라 공급받은 사람은 제64조제1항에 따른 전매제한기간 중 잔여기간 동안 그 주택을 전매(제64조제1항에 따른 전매를 말한다)할 수 없으며 거주의무기간 중 잔여기간 동안 계속하여 그 주택에 거주하여야 한다.
⑧ 한국토지주택공사가 제3항 및 제4항에 따라 주택을 취득하거나 제7항에 따라 주택을 공급하는 경우에는 제64조제1항을 적용하지 아니한다.
(2021.1.5 본조제목개정)
(2020.8.18 본조신설)

제57조의3【분양가상한제 적용주택 등의 거주실태 조사 등】 ① 국토교통부장관 또는 지방자치단체의 장은 거주의무자 및 제57조의2제7항에 따라 주택을 공급받은 사람(이하 "거주의무자등"이라 한다)의 실제 거주 여부를 확인하기 위하여 거주의무자등에게 필요한 서류 등의 제출을 요구할 수 있으며, 소속 공무원으로 하여금 해당 주택에 출입하여 조사하게 하거나 관계인에게 필요한 질문을 하게 할 수 있다. 이 경우 서류 등의 제출을 요구받거나 해당 주택의 출입·조사 또는 필요한 질문을 받은 거주의무자등은 모든 세대원의 해외출장 등 특별한 사유가 없으면 이에 따라야 한다.
② 국토교통부장관 또는 지방자치단체의 장은 제1항에 따른 조사를 위하여 필요한 경우 주민등록 전산정보(주민등록번호·외국인등록번호 등 고유식별번호를 포함한다), 가족관계 등록사항 등 실제 거주 여부를 확인하기 위하여 필요한 자료 또는 정보의 제공을 관계 기관의 장에게 요청할 수 있다. 이 경우 자료의 제공을 요청받은 관계 기관의 장은 특별한 사유가 없으면 이에 따라야 한다.
③ 제1항에 따라 출입·조사·질문을 하는 사람은 국토교통부령으로 정하는 증표를 지니고 이를 관계인에게 내보여야 하며, 조사자의 이름·출입시간 및 출입목적 등이 표시된 문서를 관계인에게 교부하여야 한다.
④ 국토교통부 또는 지방자치단체의 소속 공무원 또는 소속 공무원이었던 사람은 제1항과 제2항에 따라 얻은 정보와 자료를 이 법에서 정한 목적 외의 다른 용도로 사용하거나 다른 사람 또는 기관에 제공하거나 누설하여서는 아니 된다.
(2021.1.5 본조제목개정)
(2020.8.18 본조신설)

제58조【분양가상한제 적용 지역의 지정 및 해제】 ① 국토교통부장관은 제57조제1항제2호에 따라 주택가격상승률이 물가상승률보다 현저히 높은 지역으로서 그 지역의 주택가격·주택거래 등과 지역 주택시장 여건 등을 고려하였을 때 주택가격이 급등하거나 급등할 우려가 있는 지역 중 대통령령으로 정하는 기준을 충족하는 지역은 주거정책심의위원회 심의를 거쳐 분양가상한제 적용 지역으로 지정할 수 있다.
② 국토교통부장관이 제1항에 따라 분양가상한제 적용 지역을 지정하는 경우에는 미리 시·도지사의 의견을 들어야 한다.
③ 국토교통부장관은 제1항에 따른 분양가상한제 적용 지역을 지정하였을 때에는 지체 없이 이를 공고하고, 그 지정 지역을 관할하는 시장·군수·구청장에게 공고 내용을 통보하여야 한다. 이 경우 시장·군수·구청장은 사업주체로 하여금 입주자 모집공고 시 해당 지역에서 공급하는 주택이 분양가상한제 적용주택이라는 사실을 공고하게 하여야 한다.
④ 국토교통부장관은 제1항에 따른 분양가상한제 적용 지역으로 계속 지정할 필요가 없다고 인정하는 경우에는 주거정책심의위원회 심의를 거쳐 분양가상한제 적용 지역의 지정을 해제하여야 한다.
⑤ 분양가상한제 적용 지역의 지정을 해제하는 경우에는 제2항 및 제3항 전단을 준용한다. 이 경우 "지정"은 "지정 해제"로 본다.
⑥ 분양가상한제 적용 지역으로 지정된 지역의 시·도지사, 시장, 군수 또는 구청장은 분양가상한제 적용 지역의 지정 후 해당 지역의 주택가격이 안정되는 등 분양가상한제 적용 지역으로 계속 지정할 필요가 없다고 인정하는 경우에는 국토교통부장관에게 그 지정의 해제를 요청할 수 있다.
⑦ 제6항에 따라 분양가상한제 적용 지역 지정의 해제를 요청하는 경우의 절차 등 필요한 사항은 대통령령으로 정한다.

제59조【분양가심사위원회의 운영 등】 ① 시장·군수·구청장은 제57조에 관한 사항을 심의하기 위하여 분양가심사위원회를 설치·운영하여야 한다.
② 시장·군수·구청장은 제54조제1항제1호에 따라 입주자모집 승인을 할 때에는 분양가심사위원회의 심사결과에 따라 승인 여부를 결정하여야 한다.
③ 분양가심사위원회는 주택 관련 분야 교수, 주택건설 또는 주택관리 분야 전문직 종사자, 관계 공무원 또는 변호사·회계사·감정평가사 등 관련 전문가 10명 이내로 구성하되, 구성 절차 및 운영에 관한 사항은 대통령령으로 정한다.
④ 분양가심사위원회의 위원은 제1항부터 제3항까지의 업무를 수행할 때에는 신의와 성실로써 공정하게 심사를 하여야 한다.

제60조【견본주택의 건축기준】 ① 사업주체가 주택의 판매촉진을 위하여 견본주택을 건설하려는 경우 견본주택의 내부에 사용하는 마감자재 및 가구는 제15조에 따른 사업계획승인의 내용과 같은 것으로 시공·설치하여야 한다.
② 사업주체는 견본주택의 내부에 사용하는 마감자재를 제15조에 따른 사업계획승인 또는 마감자재 목록표와 다른 마감자재로 설치하는 경우로서 다음 각 호의 어느 하나에 해당하는 경우에는 일반인이 그 해당 사항을 알 수 있도록 국토교통부령으로 정하는 바에 따라 그 공급가격을 표시하여야 한다.
1. 분양가격에 포함되지 아니하는 품목을 견본주택에 전시하는 경우
2. 마감자재 생산업체의 부도 등으로 인한 제품의 품귀 등 부득이한 경우
③ 견본주택에는 마감자재 목록표와 제15조에 따라 사업계획승인을 받은 서류 중 평면도와 시방서(示方書)를 갖춰 두어야 하며, 견본주택의 배치·구조 및 유지관리 등은 국토교통부령으로 정하는 기준에 맞아야 한다.

제61조【저당권설정 등의 제한】 ① 사업주체는 주택건설사업에 의하여 건설된 주택 및 대지에 대하여는 입주자 모집공고 승인 신청일(주택조합의 경우에는 사업계획승인 신청일을 말한다) 이후부터 입주예정자가 그 주택 및 대지의 소유권이전등기를 신청할 수 있는 날 이후 60일까지의 기간 동안 입주예정자의 동의 없이 다음 각 호의 어느 하나에 해당하는 행위를 하여서는 아니 된다. 다만, 그 주택의 건설을 촉진하기 위하여 대통령령으로 정하는 경우에는 그러하지 아니하다.
1. 해당 주택 및 대지에 저당권 또는 가등기담보권 등 담보물권을 설정하는 행위
2. 해당 주택 및 대지에 전세권·지상권(地上權) 또는 등기되는 부동산임차권을 설정하는 행위
3. 해당 주택 및 대지를 매매 또는 증여 등의 방법으로 처분하는 행위
② 제1항에서 "소유권이전등기를 신청할 수 있는 날"이란 사업주체가 입주예정자에게 통보한 입주가능일을 말한다.
③ 제1항에 따른 저당권설정 등의 제한을 할 때 사업주체는 해당 주택 또는 대지가 입주예정자의 동의 없이는 양도하거나 제한물권을 설정하거나 압류·가압류·가처분 등의 목적물이 될 수 없는 재산임을 소유권등기에 부기등기(附記登記)하여야 한다. 다만, 사업주체가 국가·지방자치단체 및 한국토지주택공사 등 공공기관이거나 해당 대지가 사업주체의 소유가 아닌 경우 등 대통령령으로 정하는 경우에는 그러하지 아니하다.
④ 제3항에 따른 부기등기는 주택건설대지에 대하여는 입주자 모집공고 승인 신청(주택건설대지 중 주택조합이 사업계획승인 신청일까지 소유권을 확보하지 못한 부분이 있는 경우에는 그 부분에 대한 소유권이전등기를 말한다)과 동시에 하여야 하고, 건설된 주택에 대하여는 소유권보존등기와 동시에 하여야 한다. 이 경우 부기등기의 내용 및 말소에 관한 사항은 대통령령으로 정한다.
⑤ 제4항에 따른 부기등기일 이후에 해당 대지 또는 주택을 양수하거나 제한물권을 설정받은 경우 또는 압류·가압류·가처분 등의 목적물로 한 경우에는 그 효력을 무효로 한다. 다만, 사업주체의 경영부실로 입주예정자가 그 대지를 양수받는 경우 등 대통령령으로 정하는 경우에는 그러하지 아니하다.
⑥ 사업주체의 재무 상황 및 금융거래 상황이 극히 불량한 경우 등 대통령령으로 정하는 사유에 해당되어 「주택도시기금법」에 따른 주택도시보증공사(이하 "주택도시보증공사"라 한다)가 분양보증을 하면서 주택건설대지를 주택도시보증공사에 신탁하게 할 경우에는 제1항과 제3항에도 불구하고 사업주체는 그 주택건설대지를 신탁할 수 있다.
⑦ 제6항에 따라 사업주체가 주택건설대지를 신탁하는 경우 신탁등기일 이후부터 입주예정자가 해당 주택건설대지의 소유권이전등기를 신청할 수 있는 날 이후 60일까지의 기간 동안 해당 신탁의 종료를 원인으로 하는 사업주체의 소유권이전등기청구권에 대한 압류·가압류·가처분 등은 효력이 없음을 신탁계약조항에 포함하여야 한다.
⑧ 제6항에 따른 신탁등기일 이후부터 입주예정자가 해당 주택건설대지의 소유권이전등기를 신청할 수 있는 날 이후 60일까지의 기간 동안 해당 신탁의 종료를 원인으로 하는 사업주체의 소유권이전등기청구권을 압류·가압류·가처분 등의 목적물로 한 경우에는 그 효력을 무효로 한다.

제62조【사용검사 후 매도청구 등】 ① 주택(복리시설을 포함한다. 이하 이 조에서 같다)의 소유자들은 주택단지 전체 대지에 속하는 일부의 토지에 대한 소유권이전등기 말소소송 등에 따라 제49조의 사용검사(동별 사용검사를 포함한다. 이하 이 조에서 같다)를 받은 이후에 해당 토지의 소유권을 회복한 자(이하 이 조에서 "실소유자"라 한다)에게 해당 토지를 시가로 매도할 것을 청구할 수 있다.
② 주택의 소유자들은 대표자를 선정하여 제1항에 따른

매도청구에 관한 소송을 제기할 수 있다. 이 경우 대표자는 주택의 소유자 전체의 4분의 3 이상의 동의를 받아 선정한다.
③ 제2항에 따른 매도청구에 관한 소송에 대한 판결은 주택의 소유자 전체에 대하여 효력이 있다.
④ 제1항에 따라 매도청구를 하려는 경우에는 해당 토지의 면적이 주택단지 전체 대지 면적의 5퍼센트 미만이어야 한다.
⑤ 제1항에 따른 매도청구의 의사표시는 실소유자가 해당 토지 소유권을 회복한 날부터 2년 이내에 해당 실소유자에게 송달되어야 한다.
⑥ 주택의 소유자들은 제1항에 따른 매도청구로 인하여 발생한 비용의 전부를 사업주체에게 구상(求償)할 수 있다.

제63조【투기과열지구의 지정 및 해제】 ① 국토교통부장관 또는 시·도지사는 주택가격의 안정을 위하여 필요한 경우에는 주거정책심의위원회(시·도지사의 경우에는 「주거기본법」 제9조에 따른 시·도 주거정책심의위원회를 말한다. 이하 이 조에서 같다)의 심의를 거쳐 일정한 지역을 투기과열지구로 지정하거나 이를 해제할 수 있다. 이 경우 투기과열지구는 그 지정 목적을 달성할 수 있는 최소한의 범위에서 시·군·구 또는 읍·면·동의 지역 단위로 지정하되, 택지개발지구(「택지개발촉진법」 제2조제3호에 따른 택지개발지구를 말한다) 등 해당 지역 여건을 고려하여 지정 단위를 조정할 수 있다.(2021.1.5 후단개정)
② 제1항에 따른 투기과열지구는 해당 지역의 주택가격상승률이 물가상승률보다 현저히 높은 지역으로서 그 지역의 청약경쟁률·주택가격·주택보급률 및 주택공급계획 등과 지역 주택시장 여건 등을 고려하였을 때 주택에 대한 투기가 성행하고 있거나 성행할 우려가 있는 지역 중 대통령령으로 정하는 기준을 충족하는 곳이어야 한다.(2021.8.10 본항개정)
③ 국토교통부장관 또는 시·도지사는 제1항에 따라 투기과열지구를 지정하였을 때에는 지체 없이 이를 공고하고, 국토교통부장관은 그 투기과열지구를 관할하는 시장·군수·구청장에게, 특별시장, 광역시장 또는 도지사는 그 투기과열지구를 관할하는 시장, 군수 또는 구청장에게 각각 공고 내용을 통보하여야 한다. 이 경우 시장·군수·구청장은 사업주체로 하여금 입주자 모집공고 시 해당 주택건설 지역이 투기과열지구에 포함된 사실을 공고하게 하여야 한다. 투기과열지구 지정을 해제하는 경우에도 또한 같다.
④ 국토교통부장관 또는 시·도지사는 투기과열지구에서 제2항에 따른 지정 사유가 없어졌다고 인정하는 경우에는 지체 없이 투기과열지구 지정을 해제하여야 한다.
⑤ 제1항에 따라 국토교통부장관이 투기과열지구를 지정하거나 해제할 경우에는 미리 시·도지사의 의견을 듣고 그 의견에 대한 검토의견을 회신하여야 하며, 시·도지사가 투기과열지구를 지정하거나 해제할 경우에는 국토교통부장관과 협의하여야 한다.(2018.3.13 본항개정)
⑥ 국토교통부장관은 반기마다 주거정책심의위원회의 회의를 소집하여 투기과열지구로 지정된 지역별로 해당 지역의 주택가격 안정 여건의 변화 등을 고려하여 투기과열지구 지정의 유지 여부를 재검토하여야 한다. 이 경우 재검토 결과 투기과열지구 지정의 해제가 필요하다고 인정되는 경우에는 지체 없이 투기과열지구 지정을 해제하고 이를 공고하여야 한다.(2021.4.13 전단개정)
⑦ 투기과열지구로 지정된 지역의 시·도지사, 시장, 군수 또는 구청장은 투기과열지구 지정 후 해당 지역의 주택가격이 안정되는 등 지정 사유가 없어졌다고 인정되는 경우에는 국토교통부장관 또는 시·도지사에게 투기과열지구 지정의 해제를 요청할 수 있다.
⑧ 제7항에 따라 투기과열지구 지정의 해제를 요청받은 국토교통부장관 또는 시·도지사는 요청받은 날부터 40일 이내에 주거정책심의위원회의 심의를 거쳐 투기과열지구 지정의 해제 여부를 결정하여 그 투기과열지구를 관할하는 지방자치단체의 장에게 심의결과를 통보하여야 한다.
⑨ 국토교통부장관 또는 시·도지사는 제8항에 따른 심의결과 투기과열지구에서 그 지정 사유가 없어졌다고 인정될 때에는 지체 없이 투기과열지구 지정을 해제하고 이를 공고하여야 한다.

제63조의2【조정대상지역의 지정 및 해제】 ① 국토교통부장관은 다음 각 호의 어느 하나에 해당하는 지역으로서 대통령령으로 정하는 기준을 충족하는 지역을 주거정책심의위원회의 심의를 거쳐 조정대상지역(이하 "조정대상지역"이라 한다)으로 지정할 수 있다. 이 경우 제1호에 해당하는 조정대상지역은 그 지정 목적을 달성할 수 있는 최소한의 범위에서 시·군·구 또는 읍·면·동의 지역 단위로 지정하되, 택지개발지구(「택지개발촉진법」 제2조제3호에 따른 택지개발지구를 말한다) 등 해당 지역 여건을 고려하여 지정 단위를 조정할 수 있다.(2021.8.10 전단개정)
1. 주택가격, 청약경쟁률, 분양권 전매량 및 주택보급률 등을 고려하였을 때 주택 분양 등이 과열되어 있거나 과열될 우려가 있는 지역
2. 주택가격, 주택거래량, 미분양주택의 수 및 주택보급률 등을 고려하여 주택의 분양·매매 등 거래가 위축되어 있거나 위축될 우려가 있는 지역
② 국토교통부장관은 제1항에 따라 조정대상지역을 지정하는 경우 다음 각 호의 사항을 미리 관계 기관과 협의할 수 있다.
1. 「주택도시기금법」에 따른 주택도시보증공사의 보증업무 및 주택도시기금의 지원 등에 관한 사항
2. 주택 분양 및 거래 등과 관련된 금융·세제 조치 등에 관한 사항
3. 그 밖에 주택시장의 안정 또는 실수요자의 주택거래 활성화를 위하여 대통령령으로 정하는 사항
③ 국토교통부장관은 제1항에 따라 조정대상지역을 지정하는 경우에는 미리 시·도지사의 의견을 들어야 한다.
④ 국토교통부장관은 조정대상지역을 지정하였을 때에는 지체 없이 이를 공고하고, 그 조정대상지역을 관할하는 시장·군수·구청장에게 공고 내용을 통보하여야 한다. 이 경우 시장·군수·구청장은 사업주체로 하여금 입주자 모집공고 시 해당 주택건설 지역이 조정대상지역에 포함된 사실을 공고하게 하여야 한다.
⑤ 국토교통부장관은 조정대상지역으로 유지할 필요가 없다고 판단되는 경우에는 주거정책심의위원회의 심의를 거쳐 조정대상지역의 지정을 해제하여야 한다.
⑥ 제5항에 따라 조정대상지역의 지정을 해제하는 경우에는 제3항 및 제4항 전단을 준용한다. 이 경우 "지정"은 "해제"로 본다.
⑦ 국토교통부장관은 반기마다 주거정책심의위원회의 회의를 소집하여 조정대상지역으로 지정된 지역별로 해당 지역의 주택가격 안정 여건의 변화 등을 고려하여 조정대상지역 지정의 유지 여부를 재검토하여야 한다. 이 경우 재검토 결과 조정대상지역 지정의 해제가 필요하다고 인정되는 경우에는 지체 없이 조정대상지역 지정을 해제하고 이를 공고하여야 한다.(2021.1.5 본항신설)
⑧ 조정대상지역으로 지정된 지역의 시·도지사 또는 시장·군수·구청장은 조정대상지역 지정 후 해당 지역의 주택가격이 안정되는 등 조정대상지역으로 유지할 필요가 없다고 판단되는 경우에는 국토교통부장관에게 그 지정의 해제를 요청할 수 있다.
⑨ 제8항에 따라 조정대상지역의 지정의 해제를 요청하는 경우의 절차 등 필요한 사항은 국토교통부령으로 정한다.(2021.1.5 본항신설)
(2017.8.9 본조신설)

제64조【주택의 전매행위 제한 등】 ① 사업주체가 건설·공급하는 주택〔해당 주택의 입주자로 선정된 지위(입주자로 선정되어 그 주택에 입주할 수 있는 권리·자격·지위 등을 말한다)를 포함한다. 이하 이 조 및 제101조에서 같다〕으로서 다음 각 호의 어느 하나에 해당하는 경우에는 10년 이내의 범위에서 대통령령으로 정하는 기간(이하 "전매제한기간"이라 한다)이 지나기 전에는 그 주택을 전매(매매·증여나 그 밖에 권리의 변동을 수반하는 모든 행위를 포함하되, 상속의 경우는 제외한다. 이하 같다)하거나 이의 전매를 알선할 수 없다. 이 경우 전매제한기간은 주택의 수급 상황 및 투기 우려 등을 고려하여 대통령령으로 지역별로 달리 정할 수 있다.(2023.12.26 전단개정)
1. 투기과열지구에서 건설·공급되는 주택
2. 조정대상지역에서 건설·공급되는 주택. 다만, 제63조의2제1항제2호에 해당하는 조정대상지역 중 주택의 수급 상황 등을 고려하여 대통령령으로 정하는 지역에서 건설·공급되는 주택은 제외한다.
3. 분양가상한제 적용주택. 다만, 수도권 외의 지역 중 주택의 수급 상황 및 투기 우려 등을 고려하여 대통령령으로 정하는 지역으로서 투기과열지구가 지정되지 아니하거나 제63조에 따라 지정 해제된 지역 중 공공택지 외의 택지에서 건설·공급되는 분양가상한제 적용주택은 제외한다.
4. 공공택지 외의 택지에서 건설·공급되는 주택. 다만, 제57조제2항 각 호의 주택 및 수도권 외의 지역 중 주택의 수급 상황 및 투기 우려 등을 고려하여 대통령령으로 정하는 지역으로서 공공택지 외의 택지에서 건설·공급되는 주택은 제외한다.
5. 「도시 및 주거환경정비법」 제2조제2호나목 후단에 따른 공공재개발사업(제57조제1항제2호의 지역에 한정한다)에서 건설·공급하는 주택(2021.4.13 본호신설)
6. 토지임대부 분양주택(2023.12.26 본호신설)
(2020.8.18 본항개정)
② 제1항제1호부터 제5호까지의 주택을 공급받은 자의 생업상의 사정 등으로 전매가 불가피하다고 인정되는 경우로서 대통령령으로 정하는 경우에는 제1항을 적용하지 아니한다. 다만, 제1항제3호의 주택을 공급받은 자가 전매하는 경우에는 한국토지주택공사가 그 주택을 우선 매입할 수 있다.(2023.12.26 본문개정)
③ 제1항(제6호는 제외한다)을 위반하여 주택의 입주자로 선정된 지위의 전매가 이루어진 경우, 사업주체가 매입비용을 그 매수인에게 지급한 경우에는 그 지급한 날에 사업주체가 해당 입주자로 선정된 지위를 취득한 것으로 보며, 제2항 단서에 따라 한국토지주택공사가 분양가상한제 적용주택을 우선 매입하는 경우에도 매입비용을 준용하되, 해당 주택의 분양가격과 인근지역 주택매매가격의 비율 및 해당 주택의 보유기간 등을 고려하여 대통령령으로 정하는 바에 따라 매입금액을 달리 정할 수 있다.(2023.12.26 본항개정)
④ 사업주체가 제1항제3호, 제4호 및 제6호에 해당하는 주택을 공급하는 경우(한국주택토지공사가 제6항에 따라 주택을 재공급하는 경우도 포함한다)에는 그 주택의 소유권을 제3자에게 이전할 수 없음을 소유권에 관한 등기에 부기등기하여야 한다.(2023.12.26 본항개정)
⑤ 제4항에 따른 부기등기는 주택의 소유권보존등기와 동시에 하여야 하며, 부기등기에는 "이 주택은 최초로 소유권이전등기가 된 후에는 「주택법」 제64조제1항에서 정한 기간이 지나기 전에 한국토지주택공사(제64조제2항 단서 및 제78조의2제3항에 따라 한국토지주택공사가 매입한 주택을 공급받는 자를 포함한다) 외의 자에게 소유권을 이전하는 어떠한 행위도 할 수 없음"을 명시하여야 한다.(2023.12.26 본항개정)
⑥ 한국토지주택공사는 제2항 단서 및 제78조의2제3항에 따라 매입한 주택을 국토교통부령으로 정하는 바에 따라 재공급하여야 하며, 해당 주택을 공급받은 자는 전매제한기간 중 잔여기간 동안 그 주택을 전매할 수 없다. 이 경우 제78조의2제3항에 따라 매입한 주택은 토지임대부 분양주택으로 재공급하여야 한다.(2023.12.26 본항개정)
⑦ 국토교통부장관은 제1항 및 제6항을 위반한 자에 대하여 10년의 범위에서 국토교통부령으로 정하는 바에 따라 주택의 입주자자격을 제한할 수 있다.(2023.12.26 본항개정)
⑧ 한국토지주택공사가 제6항에 따라 주택을 재공급하는 경우에는 제1항을 적용하지 아니한다.(2023.12.26 본항신설)

제65조【공급질서 교란 금지】 ① 누구든지 이 법에 따라 건설·공급되는 주택을 공급받거나 공급받게 하기 위하여 다음 각 호의 어느 하나에 해당하는 증서 또는 지위를 양도·양수(매매·증여나 그 밖에 권리 변동을 수반하는 모든 행위를 포함하되, 상속·저당의 경우는 제외한다. 이하 이 조에서 같다) 또는 이를 알선하거나 양도·양수 또는 이를 알선할 목적으로 하는 광고(각종 간행물·인쇄물·전화·인터넷, 그 밖의 매체를 통한 행위를 포함한다)를 하여서는 아니 되며, 누구든지 거짓이나 그 밖의 부정한 방법으로 이 법에 따라 건설·공급되는 증서나 지위 또는 주택을 공급받거나 공급받게 하여서는 아니 된다.(2020.6.9 본문개정)
1. 제11조에 따라 주택을 공급받을 수 있는 지위
2. 제56조에 따른 입주자저축 증서
3. 제80조에 따른 주택상환사채
4. 그 밖에 주택을 공급받을 수 있는 증서 또는 지위로서 대통령령으로 정하는 것
② 국토교통부장관 또는 사업주체는 다음 각 호의 어느 하나에 해당하는 자에 대하여는 그 주택 공급을 신청할 수 있는 지위를 무효로 하거나 이미 체결된 주택의 공급계약을 취소하여야 한다.(2021.3.9 본문개정)
1. 제1항을 위반하여 증서 또는 지위를 양도하거나 양수한 자
2. 제1항을 위반하여 거짓이나 그 밖의 부정한 방법으로 증서나 지위 또는 주택을 공급받은 자
③ 사업주체가 제1항을 위반한 자에게 대통령령으로 정하는 바에 따라 산정한 주택가격에 해당하는 금액을 지급한 경우에는 그 지급한 날에 그 주택을 취득한 것으로 본다.
④ 제3항의 경우 사업주체가 매수인에게 주택가격을 지급하거나, 매수인을 알 수 없어 주택가격의 수령 통지를 할 수 없는 경우 등 대통령령으로 정하는 사유에 해당하는 경우로서 주택가격을 그 주택이 있는 지역을 관할하는 법원에 공탁한 경우에는 그 주택에 입주한 자에게 기간을 정하여 퇴거를 명할 수 있다.
⑤ 국토교통부장관은 제1항을 위반한 자에 대하여 10년의 범위에서 국토교통부령으로 정하는 바에 따라 주택의 입주자자격을 제한할 수 있다.
⑥ 국토교통부장관 또는 사업주체는 제2항에도 불구하고 제1항을 위반한 공급질서 교란 행위가 있었다는 사실을 알지 못하고 주택 또는 주택의 입주자로 선정된 지위를 취득한 매수인이 해당 공급질서 교란 행위와 관련이 없음을 대통령령으로 정하는 바에 따라 소명하는 경우에는 이미 체결된 주택의 공급계약을 취소하여서는 아니 된다.(2021.3.9 본항신설)
⑦ 사업주체는 제2항에 따라 이미 체결된 주택의 공급계약을 취소하려는 경우 국토교통부장관 및 주택 또는 주택의 입주자로 선정된 지위를 보유하고 있는 자에게 대통령령으로 정하는 절차 및 방법에 따라 그 사실을 미리 알려야 한다.(2021.3.9 본항신설)

판례 피고인은 청약브로커로부터 도합 1억 원을 받는 조건으로 자신의 입주자저축증서와 필요 서류를 양도하였으나 이후 서류를 다시 반환받기로 하였고, 해당 서류를 활용하여 실제 분양계약이 체결되지는 않았다. 그러나 입주자저축 증서의 양도와 동시에 주택법 위반행위는 기수에 이르고 이후 심경의 변화를 일으켜 다시 이를 반환받거나 분양계약에 이르지 않았다고 하더라도 양형상 참작할 사유에 불과할 뿐, 이미 성립한 범죄에는 영향이 없다.
(대판 2023.10.18, 2023도8997)

판례 온라인 청약이 일반화된 현실에서 주택청약종합저축 가입자가 제3자에게 공인인증서를 빌려주는 행위는 주택을 공급받을 수 있는 권리나 자격을 증명하는 전자문서에 대한 접근 매체를 양도하는 것이기 때문에 '주택청약종합저축 가입 사실과 순위, 그에 따라 주택을 공급받을 수 있는 권리 내지 자격을 증명하는 전자문서'에 관한 접근 매체를 양도함으로써 입주자저축 증서에 관한 법률상 혹은 사실상 귀속주체를 종국적으로 변경하는 행위로 주택법 제65조에서 금지하는 공급질서 교란 금지에 해당한다.(대판 2022.6.30, 2022도3044)

제4장 리모델링

제66조【리모델링의 허가 등】 ① 공동주택(부대시설과 복리시설을 포함한다)의 입주자·사용자 또는 관리주체가 공동주택을 리모델링하려고 하는 경우에는 허가와 관련된 면적, 세대수 또는 입주자 등의 동의 비율에 관하여 대통령령으로 정하는 기준 및 절차 등에 따라 시장·군수·구청장의 허가를 받아야 한다.
② 제1항에도 불구하고 대통령령으로 정하는 기준 및 절차 등에 따라 리모델링 결의를 한 리모델링주택조합이나 소유자 전원의 동의를 받은 입주자대표회의(「공동주택관리법」 제2조제1항제8호에 따른 입주자대표회의를 말하며, 이하 "입주자대표회의"라 한다)가 시장·군수·구청장의 허가를 받아 리모델링을 할 수 있다.(2020.1.23 본항개정)
③ 제2항에 따라 리모델링을 하는 경우 제11조제1항에 따라 설립인가를 받은 리모델링주택조합의 총회 또는 소유자 전원의 동의를 받은 입주자대표회의에서 「건설산업기본법」 제9조에 따른 건설사업자 또는 제7조제1항에 따라 건설사업자로 보는 등록사업자를 시공자로 선정하여야 한다.(2019.4.30 본항개정)
④ 제3항에 따른 시공자를 선정하는 경우에는 국토교통부장관이 정하는 경쟁입찰의 방법으로 하여야 한다. 다만, 경쟁입찰의 방법으로 시공자를 선정하는 것이 곤란하다고 인정되는 경우 등 대통령령으로 정하는 경우에는 그러하지 아니하다.
⑤ 제1항 또는 제2항에 따른 리모델링에 관하여 시장·군수·구청장이 관계 행정기관의 장과 협의하여 허가받은 사항에 관하여는 제19조를 준용한다.
⑥ 제1항에 따라 시장·군수·구청장이 세대수 증가형 리모델링(대통령령으로 정하는 세대수 이상으로 세대수가 증가하는 경우로 한정한다. 이하 이 조에서 같다)을 허가하려는 경우에는 기반시설에의 영향이나 도시·군관리계획과의 부합 여부 등에 대하여 「국토의 계획 및 이용에 관한 법률」 제113조제2항에 따라 설치된 시·군·구도시계획위원회(이하 "시·군·구도시계획위원회"라 한다)의 심의를 거쳐야 한다.
⑦ 공동주택의 입주자·사용자·관리주체·입주자대표회의 또는 리모델링주택조합이 제1항 또는 제2항에 따른 리모델링에 관하여 시장·군수·구청장의 허가를 받은 후 그 공사를 완료하였을 때에는 시장·군수·구청장의 사용검사를 받아야 하며, 사용검사에 관하여는 제49조를 준용한다.
⑧ 시장·군수·구청장은 제7항에 해당하는 자가 거짓이나 그 밖의 부정한 방법으로 제1항·제2항 및 제5항에 따른 허가를 받은 경우에는 행위허가를 취소할 수 있다.
⑨ 제71조에 따른 리모델링 기본계획 수립 대상지역에서 세대수 증가형 리모델링을 허가하려는 시장·군수·구청장은 해당 리모델링 기본계획에 부합하는 범위에서 허가하여야 한다.

제67조【권리변동계획의 수립】 세대수가 증가되는 리모델링을 하는 경우에는 기존 주택의 권리변동, 비용분담 등 대통령령으로 정하는 사항에 대한 계획(이하 "권리변동계획"이라 한다)을 수립하여 사업계획승인 또는 행위허가를 받아야 한다.

제68조【증축형 리모델링의 안전진단】 ① 제2조제25호나목 및 다목에 따라 증축하는 리모델링(이하 "증축형 리모델링"이라 한다)을 하려는 자는 시장·군수·구청장에게 안전진단을 요청하여야 하며, 안전진단을 요청받은 시장·군수·구청장은 해당 건축물의 증축 가능 여부의 확인 등을 위하여 안전진단을 실시하여야 한다.
② 시장·군수·구청장은 제1항에 따라 안전진단을 실시하는 경우에는 대통령령으로 정하는 기관에 안전진단을 의뢰하여야 하며, 안전진단을 의뢰받은 기관은 리모델링을 하려는 자가 추천한 건축구조기술사(구조설계를 담당할 자를 말한다)와 함께 안전진단을 실시하여야 한다.
③ 시장·군수·구청장이 제1항에 따른 안전진단으로 건축물 구조의 안전에 위험이 있다고 평가하여 「도시 및 주거환경정비법」 제2조제2호다목에 따른 재건축사업 및 「빈집 및 소규모주택 정비에 관한 특례법」 제2조제1항제3호다목에 따른 소규모재건축사업의 시행이 필요하다고 결정한 건축물은 증축형 리모델링을 하여서는 아니 된다.(2017.2.8 본항개정)
④ 시장·군수·구청장은 제66조제1항에 따라 수직증축형 리모델링을 허가한 후에 해당 건축물의 구조안전성 등에 대한 상세 확인을 위하여 안전진단을 실시하여야 한다. 이 경우 안전진단을 의뢰받은 기관은 제2항에 따른 건축구조기술사와 함께 안전진단을 실시하여야 하며, 리모델링을 하려는 자는 안전진단 후 구조설계의 변경 등이 필요한 경우에는 건축구조기술사로 하여금 이를 보완하도록 하여야 한다.
⑤ 제2항 및 제4항에 따라 안전진단을 의뢰받은 기관은 국토교통부장관이 정하여 고시하는 기준에 따라 안전진단을 실시하고, 국토교통부령으로 정하는 방법 및 절차에 따라 안전진단 결과보고서를 작성하여 안전진단을 요청한 자와 시장·군수·구청장에게 제출하여야 한다.
⑥ 시장·군수·구청장은 제1항 및 제4항에 따라 안전진단을 실시하는 비용의 전부 또는 일부를 리모델링을 하려는 자에게 부담하게 할 수 있다.
⑦ 그 밖에 안전진단에 관하여 필요한 사항은 대통령령으로 정한다.

제69조【전문기관의 안전성 검토 등】 ① 시장·군수·구청장은 수직증축형 리모델링을 하려는 자가 「건축법」에 따른 건축위원회의 심의를 요청하는 경우 구조계획상 증축범위의 적정성 등에 대하여 대통령령으로 정하는 전문기관에 안전성 검토를 의뢰하여야 한다.
② 시장·군수·구청장은 제66조제1항에 따라 수직증축형 리모델링을 하려는 자의 허가 신청이 있거나 제68조제4항에 따른 안전진단 결과 국토교통부장관이 정하여 고시하는 설계도서의 변경이 있는 경우 제출된 설계도서상 구조안전의 적정성 여부 등에 대하여 제1항에 따라 검토를 수행한 전문기관에 안전성 검토를 의뢰하여야 한다.
③ 제1항 및 제2항에 따라 검토의뢰를 받은 전문기관은 국토교통부장관이 정하여 고시하는 검토기준에 따라 검토한 결과를 대통령령으로 정하는 기간 이내에 시장·군수·구청장에게 제출하여야 하며, 시장·군수·구청장은 특별한 사유가 없는 경우 이 법 및 관계 법률에 따른 위원회의 심의 또는 허가 시 제출받은 안전성 검토결과를 반영하여야 한다.
④ 시장·군수·구청장은 제1항 및 제2항에 따른 전문기관의 안전성 검토비용의 전부 또는 일부를 리모델링을 하려는 자에게 부담하게 할 수 있다.
⑤ 국토교통부장관은 시장·군수·구청장에게 제3항에 따라 제출받은 자료의 제출을 요청할 수 있으며, 필요한 경우 시장·군수·구청장으로 하여금 안전성 검토결과의 적정성에 대하여 「건축법」에 따른 중앙건축위원회의 심의를 받도록 요청할 수 있다.(2020.6.9 본항개정)
⑥ 시장·군수·구청장은 특별한 사유가 없으면 제5항에 따른 심의결과를 반영하여야 한다.
⑦ 그 밖에 전문기관 검토 등에 관하여 필요한 사항은 대통령령으로 정한다.

제70조【수직증축형 리모델링의 구조기준】 수직증축형 리모델링의 설계자는 국토교통부장관이 정하여 고시하는 구조기준에 맞게 구조설계도서를 작성하여야 한다.

제71조【리모델링 기본계획의 수립권자 및 대상지역 등】 ① 특별시장·광역시장 및 대도시의 시장은 관할구역에 대하여 다음 각 호의 사항을 포함한 리모델링 기본계획을 10년 단위로 수립하여야 한다. 다만, 세대수 증가형 리모델링에 따른 도시과밀의 우려가 적은 경우 등 대통령령으로 정하는 경우에는 리모델링 기본계획을 수립하지 아니할 수 있다.
1. 계획의 목표 및 기본방향
2. 도시기본계획 등 관련 계획 검토
3. 리모델링 대상 공동주택 현황 및 세대수 증가형 리모델링 수요 예측
4. 세대수 증가에 따른 기반시설의 영향 검토
5. 일시집중 방지 등을 위한 단계별 리모델링 시행방안
6. 그 밖에 대통령령으로 정하는 사항

② 대도시가 아닌 시의 시장은 세대수 증가형 리모델링에 따른 도시과밀이나 일시집중 등이 우려되어 도지사가 리모델링 기본계획의 수립이 필요하다고 인정한 경우 리모델링 기본계획을 수립하여야 한다.
③ 리모델링 기본계획의 작성기준 및 작성방법 등은 국토교통부장관이 정한다.

제72조【리모델링 기본계획 수립절차】 ① 특별시장·광역시장 및 대도시의 시장(제71조제2항에 따른 대도시가 아닌 시의 시장을 포함한다. 이하 이 조부터 제74조까지에서 같다)은 리모델링 기본계획을 수립하거나 변경하려면 14일 이상 주민에게 공람하고, 지방의회의 의견을 들어야 한다. 이 경우 지방의회는 의견제시를 요청받은 날부터 30일 이내에 의견을 제시하여야 하며, 30일 이내에 의견을 제시하지 아니하는 경우에는 이의가 없는 것으로 본다. 다만, 대통령령으로 정하는 경미한 변경인 경우에는 주민공람 및 지방의회 의견청취 절차를 거치지 아니할 수 있다.
② 특별시장·광역시장 및 대도시의 시장은 리모델링 기본계획을 수립하거나 변경하려면 관계 행정기관의 장과 협의한 후 「국토의 계획 및 이용에 관한 법률」 제113조제1항에 따라 설치된 시·도도시계획위원회(이하 "시·도도시계획위원회"라 한다) 또는 시·군·구도시계획위원회의 심의를 거쳐야 한다.
③ 제2항에 따라 협의를 요청받은 관계 행정기관의 장은 특별한 사유가 없으면 그 요청을 받은 날부터 30일 이내에 의견을 제시하여야 한다.
④ 대도시의 시장은 리모델링 기본계획을 수립하거나 변경하려면 도지사의 승인을 받아야 하며, 도지사는 리모델링 기본계획을 승인하려면 시·도도시계획위원회의 심의를 거쳐야 한다.

제73조【리모델링 기본계획의 고시 등】 ① 특별시장·광역시장 및 대도시의 시장은 리모델링 기본계획을 수립하거나 변경한 때에는 이를 지체 없이 해당 지방자치단체의 공보에 고시하여야 한다.
② 특별시장·광역시장 및 대도시의 시장은 5년마다 리모델링 기본계획의 타당성을 검토하여 그 결과를 리모델링 기본계획에 반영하여야 한다.(2020.6.9 본항개정)
③ 그 밖에 주민공람 절차 등 리모델링 기본계획 수립에 필요한 사항은 대통령령으로 정한다.

제74조【세대수 증가형 리모델링의 시기 조정】 ① 국토교통부장관은 세대수 증가형 리모델링의 시행으로 주변 지역에 현저한 주택부족이나 주택시장의 불안정 등이 발생될 우려가 있는 때에는 주거정책심의위원회의 심의를 거쳐 특별시장, 광역시장, 대도시의 시장에게 리모델링 기본계획을 변경하도록 요청하거나, 시장·군수·구청장에게 세대수 증가형 리모델링의 사업계획 승인 또는 허가의 시기를 조정하도록 요청할 수 있으며, 요청을 받은 특별시장, 광역시장, 대도시의 시장 또는 시장·군수·구청장은 특별한 사유가 없으면 그 요청에 따라야 한다.
② 시·도지사는 세대수 증가형 리모델링의 시행으로 주변 지역에 현저한 주택부족이나 주택시장의 불안정 등이 발생될 우려가 있는 때에는 「주거기본법」 제9조에 따른 시·도 주거정책심의위원회의 심의를 거쳐 대도시의 시장에게 리모델링 기본계획을 변경하도록 요청하거나, 시장·군수·구청장에게 세대수 증가형 리모델링의 사업계획 승인 또는 허가의 시기를 조정하도록 요청할 수 있으며, 요청을 받은 대도시의 시장 또는 시장·군수·구청장은 특별한 사유가 없으면 그 요청에 따라야 한다.
③ 제1항 및 제2항에 따른 시기조정에 관한 방법 및 절차 등에 관하여 필요한 사항은 국토교통부령 또는 시·도의 조례로 정한다.

제75조【리모델링 지원센터의 설치·운영】 ① 시장·군수·구청장은 리모델링의 원활한 추진을 지원하기 위하여 리모델링 지원센터를 설치하여 운영할 수 있다.
② 리모델링 지원센터는 다음 각 호의 업무를 수행할 수 있다.
1. 리모델링주택조합 설립을 위한 업무 지원
2. 설계자 및 시공자 선정 등에 대한 지원
3. 권리변동계획 수립에 관한 지원
4. 그 밖에 지방자치단체의 조례로 정하는 사항

③ 리모델링 지원센터의 조직, 인원 등 리모델링 지원센터의 설치·운영에 필요한 사항은 지방자치단체의 조례로 정한다.

제76조【공동주택 리모델링에 따른 특례】 ① 공동주택의 소유자가 리모델링에 의하여 전유부분(「집합건물의 소유 및 관리에 관한 법률」 제2조제3호에 따른 전유부분을 말한다. 이하 이 조에서 같다)의 면적이 늘거나 줄어드는 경우에는 「집합건물의 소유 및 관리에 관한 법률」 제12조 및 제20조제1항에도 불구하고 대지사용권은 변하지 아니하는 것으로 본다. 다만, 세대수 증가를 수반하는 리모델링의 경우에는 권리변동계획에 따른다.
② 공동주택의 소유자가 리모델링에 의하여 일부 공용부분(「집합건물의 소유 및 관리에 관한 법률」 제2조제4호에 따른 공용부분을 말한다. 이하 이 조에서 같다)의 면적을 전유부분의 면적으로 변경한 경우에는 「집합건물의 소유 및 관리에 관한 법률」 제12조에도 불구하고 그 소유자의 나머지 공용부분의 면적은 변하지 아니하는 것으로 본다.
③ 제1항의 대지사용권 및 제2항의 공용부분의 면적에 관하여는 제1항과 제2항에도 불구하고 소유자가 「집합건물의 소유 및 관리에 관한 법률」 제28조에 따른 규약으로 달리 정한 경우에는 그 규약에 따른다.
④ 임대차계약 당시 다음 각 호의 어느 하나에 해당하여 그 사실을 임차인에게 고지한 경우로서 제66조제1항 및 제2항에 따라 리모델링 허가를 받은 경우에는 해당 리모델링 건축물에 관한 임대차계약에 대하여 「주택임대차보호법」 제4조제1항 및 「상가건물 임대차보호법」 제9조제1항을 적용하지 아니한다.
1. 임대차계약 당시 해당 건축물의 소유자들(입주자대표회의를 포함한다)이 제11조제1항에 따른 리모델링주택조합 설립인가를 받은 경우
2. 임대차계약 당시 해당 건축물의 입주자대표회의가 직접 리모델링을 실시하기 위하여 제68조제1항에 따라 관할 시장·군수·구청장에게 안전진단을 요청한 경우

⑤ 리모델링주택조합의 법인격에 관하여는 「도시 및 주거환경정비법」 제38조를 준용한다. 이 경우 "정비사업조합"은 "리모델링주택조합"으로 본다.(2020.1.23 본항신설)
⑥ 권리변동계획에 따라 소유권이 이전되는 토지 또는 건축물에 대한 권리의 확정 등에 관하여는 「도시 및 주거환경정비법」 제87조를 준용한다. 이 경우 "토지등소유자에게 분양하는 대지 또는 건축물"은 "권리변동계획에 따라 구분소유자에게 소유권이 이전되는 토지 또는 건축물"로, "일반에게 분양하는 대지 또는 건축물"은 "권리변동계획에 따라 구분소유자 외의 자에게 소유권이 이전되는 토지 또는 건축물"로 본다.(2020.1.23 본항신설)

제77조【부정행위 금지】 공동주택의 리모델링과 관련하여 다음 각 호의 어느 하나에 해당하는 자는 부정하게 재물 또는 재산상의 이익을 취득하거나 제공하여서는 아니 된다.
1. 입주자
2. 사용자
3. 관리주체
4. 입주자대표회의 또는 그 구성원
5. 리모델링 주택조합 또는 그 구성원

제5장 보 칙

제78조【토지임대부 분양주택의 토지에 관한 임대차 관계】 ① 토지임대부 분양주택의 토지에 대한 임대차기간

은 40년 이내로 한다. 이 경우 토지임대부 분양주택 소유자의 75퍼센트 이상이 계약갱신을 청구하는 경우 40년의 범위에서 이를 갱신할 수 있다.
② 토지임대부 분양주택을 공급받은 자가 토지소유자와 임대차계약을 체결한 경우 해당 주택의 구분소유권을 목적으로 그 토지 위에 제1항에 따른 임대차기간 동안 지상권이 설정된 것으로 본다.
③ 토지임대부 분양주택의 토지에 대한 임대차계약을 체결하고자 하는 자는 국토교통부령으로 정하는 표준임대차계약서를 사용하여야 한다.
④ 토지임대부 분양주택을 양수한 자 또는 상속받은 자는 제1항에 따른 임대차계약을 승계한다.
⑤ 토지임대부 분양주택의 토지임대료는 해당 토지의 조성원가 또는 감정가격 등을 기준으로 산정하되, 구체적인 토지임대료의 책정 및 변경기준, 납부 절차 등에 관한 사항은 대통령령으로 정한다.
⑥ 제5항의 토지임대료는 월별 임대료를 원칙으로 하되, 토지소유자와 주택을 공급받은 자가 합의한 경우 대통령령으로 정하는 바에 따라 임대료를 선납하거나 보증금으로 전환하여 납부할 수 있다.(2023.12.26 본항개정)
⑦ 제1항부터 제6항까지에서 정한 사항 외에 토지임대부 분양주택 토지의 임대차 관계는 토지소유자와 주택을 공급받은 자 간의 임대차계약에 따른다.
⑧ 토지임대부 분양주택에 관하여 이 법에서 정하지 아니한 사항은 「집합건물의 소유 및 관리에 관한 법률」, 「민법」 순으로 적용한다.

제78조의2【토지임대부 분양주택의 공공매입】 ① 토지임대부 분양주택을 공급받은 자는 제64조제1항에도 불구하고 전매제한기간이 지나기 전에 대통령령으로 정하는 바에 따라 한국토지주택공사에 해당 주택의 매입을 신청할 수 있다.
② 한국토지주택공사는 제1항에 따라 매입신청을 받거나 제64조제1항을 위반하여 토지임대부 분양주택의 전매가 이루어진 경우 대통령령으로 정하는 특별한 사유가 없으면 대통령령으로 정하는 절차를 거쳐 해당 주택을 매입하여야 한다.
③ 한국토지주택공사가 제2항에 따라 주택을 매입하는 경우 다음 각 호의 구분에 따른 금액을 그 주택을 양도하는 자에게 지급한 때에는 그 지급한 날에 한국토지주택공사가 해당 주택을 취득한 것으로 본다.
1. 제1항에 따라 매입신청을 받은 경우 : 해당 주택의 매입비용과 보유기간 등을 고려하여 대통령령으로 정하는 금액
2. 제64조제1항을 위반하여 전매가 이루어진 경우 : 해당 주택의 매입비용
④ 한국토지주택공사가 제2항에 따라 주택을 매입하는 경우에는 제64조제1항을 적용하지 아니한다.(2023.12.26 본항개정)
(2023.12.26 본조개정)

제79조【토지임대부 분양주택의 재건축】 ① 토지임대부 분양주택의 소유자가 제78조제1항에 따른 임대차기간이 만료되기 전에 「도시 및 주거환경정비법」 등 도시개발 관련 법률에 따라 해당 주택을 철거하고 재건축을 하고자 하는 경우 「집합건물의 소유 및 관리에 관한 법률」 제47조부터 제49조까지에 따라 토지소유자의 동의를 받아 재건축할 수 있다. 이 경우 토지소유자는 정당한 사유 없이 이를 거부할 수 없다.
② 제1항에 따라 토지임대부 분양주택을 재건축하는 경우 해당 주택의 소유자를 「도시 및 주거환경정비법」 제2조제9호나목에 따른 토지등소유자로 본다.
③ 제1항에 따라 재건축한 주택은 토지임대부 분양주택으로 한다. 이 경우 재건축한 주택의 준공인가일부터 제78조제1항에 따른 임대차기간 동안 토지소유자와 재건축한 주택의 조합원 사이에 토지의 임대차기간에 관한 계약이 성립된 것으로 본다.
④ 제3항에도 불구하고 토지소유자와 주택소유자가 합의한 경우에는 토지임대부 분양주택이 아닌 주택으로 전환할 수 있다.

제80조【주택상환사채의 발행】 ① 한국토지주택공사와 등록사업자는 대통령령으로 정하는 바에 따라 주택으로 상환하는 사채(이하 "주택상환사채"라 한다)를 발행할 수 있다. 이 경우 등록사업자는 자본금·자산평가액 및 기술인력 등이 대통령령으로 정하는 기준에 맞고 금융기관 또는 주택도시보증공사의 보증을 받은 경우에만 주택상환사채를 발행할 수 있다.
② 주택상환사채를 발행하려는 자는 대통령령으로 정하는 바에 따라 주택상환사채발행계획을 수립하여 국토교통부장관의 승인을 받아야 한다.
③ 주택상환사채의 발행요건 및 상환기간 등은 대통령령으로 정한다.

제81조【발행책임과 조건 등】 ① 제80조에 따라 주택상환사채를 발행한 자는 발행조건에 따라 주택을 건설하여 사채권자에게 상환하여야 한다.
② 주택상환사채는 기명증권(記名證券)으로 하고, 사채권자의 명의변경은 취득자의 성명과 주소를 사채원부에 기록하는 방법으로 하며, 취득자의 성명을 채권에 기록하지 아니하면 사채발행자 및 제3자에게 대항할 수 없다.
③ 국토교통부장관은 사채의 납입금이 택지의 구입 등 사채발행 목적에 맞게 사용될 수 있도록 그 사용 방법·절차 등에 관하여 대통령령으로 정하는 바에 따라 필요한 조치를 하여야 한다.

제82조【주택상환사채의 효력】 제8조에 따라 등록사업자의 등록이 말소된 경우에도 등록사업자가 발행한 주택상환사채의 효력에는 영향을 미치지 아니한다.

제83조【「상법」의 적용】 주택상환사채의 발행에 관하여 이 법에서 규정한 것 외에는 「상법」 중 사채발행에 관한 규정을 적용한다. 다만, 한국토지주택공사가 발행하는 경우와 금융기관 등이 상환을 보증하여 등록사업자가 발행하는 경우에는 「상법」 제478조제1항을 적용하지 아니한다.

제84조【국민주택사업특별회계의 설치 등】 ① 지방자치단체는 국민주택사업을 시행하기 위하여 국민주택사업특별회계를 설치·운용하여야 한다.
② 제1항의 국민주택사업특별회계의 자금은 다음 각 호의 재원으로 조성한다.
1. 자체 부담금
2. 주택도시기금으로부터의 차입금
3. 정부로부터의 보조금
4. 농협은행으로부터의 차입금
5. 외국으로부터의 차입금
6. 국민주택사업특별회계에 속하는 재산의 매각 대금
7. 국민주택사업특별회계자금의 회수금·이자수입금 및 그 밖의 수익
8. 「재건축초과이익 환수에 관한 법률」에 따른 재건축부담금 중 지방자치단체 귀속분
③ 지방자치단체는 대통령령으로 정하는 바에 따라 국민주택사업특별회계의 운용 상황을 국토교통부장관에게 보고하여야 한다.

제85조【협회의 설립 등】 ① 등록사업자는 주택건설사업 및 대지조성사업의 전문화와 주택산업의 건전한 발전을 도모하기 위하여 주택사업자단체를 설립할 수 있다.
② 제1항에 따른 단체(이하 "협회"라 한다)는 법인으로 한다.
③ 협회는 그 주된 사무소의 소재지에서 설립등기를 함으로써 성립한다.
④ 이 법에 따라 국토교통부장관, 시·도지사 또는 대도시 시장으로부터 영업의 정지처분을 받은 협회 회원의 권리·의무는 그 영업의 정지기간 중에는 정지되며, 등록사업자의 등록이 말소되거나 취소된 때에는 협회의 회원자격을 상실한다.

제86조【협회의 설립인가 등】 ① 협회를 설립하려면 회원자격을 가진 자 50인 이상을 발기인으로 하여 정관을 마련한 후 창립총회의 의결을 거쳐 국토교통부장관의 인가를 받아야 한다. 협회가 정관을 변경하려는 경우에도 또한 같다.
② 국토교통부장관은 제1항에 따른 인가를 하였을 때에는 이를 지체 없이 공고하여야 한다.

제87조【「민법」의 준용】 협회에 관하여 이 법에서 규정한 것 외에는 「민법」 중 사단법인에 관한 규정을 준용한다.

제88조【주택정책 관련 자료 등의 종합관리】 ① 국토교통부장관 또는 시·도지사는 적절한 주택정책의 수립 및 시행을 위하여 주택(준주택을 포함한다. 이하 이 조에서 같다)의 건설·공급·관리 및 이와 관련된 자금의 조달, 주택가격 동향 등 이 법에 규정된 주택과 관련된 사항에 관한 정보를 종합적으로 관리하고 이를 관련 기관·단체 등에 제공할 수 있다.
② 국토교통부장관 또는 시·도지사는 제1항에 따른 주택 관련 정보를 종합관리하기 위하여 필요한 자료를 관련 기관·단체 등에 요청할 수 있다. 이 경우 관계 행정기관 등은 특별한 사유가 없으면 요청에 따라야 한다.
③ 사업주체 또는 관리주체는 주택을 건설·공급·관리할 때 이 법과 이 법에 따른 명령에 따라 필요한 주택의 소유 여부 확인, 입주자의 자격 확인 등 대통령령으로 정하는 사항에 대하여 관련 기관·단체 등에 자료 제공 또는 확인을 요청할 수 있다.

제89조【권한의 위임·위탁】 ① 이 법에 따른 국토교통부장관의 권한은 대통령령으로 정하는 바에 따라 그 일부를 시·도지사 또는 국토교통부 소속 기관의 장에게 위임할 수 있다.
② 국토교통부장관 또는 지방자치단체의 장은 이 법에 따른 권한 중 다음 각 호의 권한을 대통령령으로 정하는 바에 따라 주택산업 육성과 주택관리의 전문화, 시설물의 안전관리 및 자격검정 등을 목적으로 설립된 법인 또는 「주택도시기금법」 제10조제2항 및 제3항에 따라 주택도시기금 운용·관리에 관한 사무를 위탁받은 자 중 국토교통부장관 또는 지방자치단체의 장이 인정하는 자에게 위탁할 수 있다.
1. 제4조에 따른 주택건설사업 등의 등록
2. 제10조에 따른 영업실적 등의 접수
3. 제48조제3항에 따른 부실감리자 현황에 대한 종합관리
4. 제88조에 따른 주택정책 관련 자료의 종합관리
③ 국토교통부장관은 제55조제1항 및 제2항에 따른 관계 기관의 장에 대한 자료제공 요청에 관한 사무를 보건복지부장관 또는 지방자치단체의 장에게 위탁할 수 있다.
④ 국토교통부장관은 다음 각 호의 사무를 제56조의2에 따라 지정·고시된 주택청약업무수행기관에 위탁할 수 있다.
1. 제55조제1항에 따른 주민등록 전산정보 및 주택의 소유 여부 확인을 위한 자료의 제공 요청
2. 제56조에 따른 입주자저축정보의 제공 요청
3. 제1호 및 제2호에 따라 제공받은 자료 또는 정보를 활용한 입주자자격, 주택의 소유 여부, 재당첨 제한 여부, 공급 순위 등의 확인 및 해당 정보의 제공
(2020.1.23 본항신설)

제90조【등록증의 대여 등 금지】 ① 등록사업자는 다른 사람에게 자기의 성명 또는 상호를 사용하여 이 법에서 정한 사업이나 업무를 수행 또는 시공하게 하거나 그 등록증을 대여하여서는 아니 된다.
② 누구든지 등록사업자로부터 그 성명이나 상호를 빌리거나 허락 없이 등록사업자의 성명 또는 상호로 이 법에서 정한 사업이나 업무를 수행 또는 시공하거나 그 등록증을 빌려서는 아니 된다.(2024.1.16 본항신설)
③ 누구든지 제1항 및 제2항에서 금지된 행위를 알선하여서는 아니 된다.(2024.1.16 본항신설)
④ 등록사업자, 제2조제11호에 따른 주택조합의 임원(발기인을 포함한다) 및 제11조의2에 따른 업무대행자는 이 법에서 정한 사업이나 업무를 수행 또는 시공하기 위하여 제2항의 행위를 교사하거나 방조하여서는 아니 된다.
(2024.1.16 본항신설)

제91조【체납된 분양대금 등의 강제징수】 ① 국가 또는 지방자치단체인 사업주체가 건설한 국민주택의 분양대금·임대보증금 및 임대료가 체납된 경우에는 국가 또는 지방자치단체가 국세 또는 지방세 체납처분의 예에 따라 강제징수할 수 있다. 다만, 입주자가 장기간의 질병이나 그 밖의 부득이한 사유로 분양대금·임대보증금 및 임대료를 체납한 경우에는 강제징수하지 아니할 수 있다.
② 한국토지주택공사 또는 지방공사는 그가 건설한 국민주택의 분양대금·임대보증금 및 임대료가 체납된 경우에는 주택의 소재지를 관할하는 시장·군수·구청장에게 그 징수를 위탁할 수 있다.
③ 제2항에 따라 징수를 위탁받은 시장·군수·구청장은 지방세 체납처분의 예에 따라 이를 징수하여야 한다. 이 경우 한국토지주택공사 또는 지방공사는 시장·군수·구청장이 징수한 금액의 2퍼센트에 해당하는 금액을 해당 시·군·구에 위탁수수료로 지급하여야 한다.

제92조【분양권 전매 등에 대한 신고포상금】 시·도지사는 제64조를 위반하여 분양권 등을 전매하거나 알선하는 자를 주무관청에 신고한 자에게 대통령령으로 정하는 바에 따라 포상금을 지급할 수 있다.

제93조【보고·검사 등】 ① 국토교통부장관 또는 지방자치단체의 장은 필요하다고 인정할 때에는 다음 각 호의 어느 하나에 해당하는 자에게 필요한 보고를 하게 하거나, 관계 공무원으로 하여금 사업장에 출입하여 필요한 검사를 하게 할 수 있다. 다만, 제2조제24호에 따른 공공택지를 공급하기 위하여 한국토지주택공사등(제4조제1항제1호부터 제4호까지에 해당하는 자를 말한다)이 제4조제2항에 따른 등록기준 관련 검사를 요청하는 경우 요청받은 지방자치단체의 장은 검사요청을 받은 날부터 30일 이내에 검사결과를 통보하여야 한다.(2024.1.16 본문개정)
1. 이 법에 따른 신고·인가·승인 또는 등록을 한 자
2. 관할구역에서 공공택지를 공급받은 자(제4조제1항 단서에 해당하는 자는 제외한다)
(2024.1.16 1호~2호신설)
② 제1항에 따른 검사를 할 때에는 검사 7일 전까지 검사 일시, 검사 이유 및 검사 내용 등 검사계획을 검사를 받을 자에게 알려야 한다. 다만, 긴급한 경우나 사전에 통지하면 증거인멸 등으로 검사 목적을 달성할 수 없다고 인정하는 경우에는 그러하지 아니하다.
③ 제1항에 따라 검사를 하는 공무원은 그 권한을 나타내는 증표를 지니고 이를 관계인에게 내보여야 한다.
④ 제1항에 따른 보고·검사 등에서 제8조에 따른 조치가 필요하다고 판단되는 다른 지방자치단체 등록사업자가 있는 경우 관할 시·도지사에게 통보하여야 한다.
(2024.1.16 본항신설)

제93조의2【보고·검사 등에 따른 자료요청】 ① 국토교통부장관 또는 지방자치단체의 장은 제93조에 따른 보고·검사 등에 필요한 자료로서 기술인력에 해당하는 자의 고용보험, 국민연금보험, 국민건강보험, 산업재해보상보험, 건설근로자 퇴직공제 및 경력증명, 사업자등록증명, 소득금액증명, 법인등기임원에 관한 자료를 관계 기관의 장에게 요청할 수 있다. 이 경우 자료의 제공을 요청받은 관계 기관의 장은 특별한 사유가 없으면 이에 따라야 한다.
② 국토교통부장관 또는 지방자치단체의 장은 제1항의 자료를 확인하기 위하여 필요하면 「전자정부법」 제36조제1항에 따라 행정정보를 공동이용할 수 있다.
(2024.1.16 본조신설)

제94조【사업주체 등에 대한 지도·감독】 국토교통부장관 또는 지방자치단체의 장은 사업주체 및 공동주택의 입주자·사용자·관리주체·입주자대표회의나 그 구성원 또는 리모델링주택조합이 이 법 또는 이 법에 따른 명령이나 처분을 위반한 경우에는 공사의 중지, 원상복구 또는 그 밖에 필요한 조치를 명할 수 있다.

제95조【협회 등에 대한 지도·감독】 국토교통부장관은 협회를 지도·감독한다.

제96조【청문】 국토교통부장관 또는 지방자치단체의 장은 다음 각 호의 어느 하나에 해당하는 처분을 하려면 청문을 하여야 한다.
1. 제8조제1항에 따른 주택건설사업 등의 등록말소
2. 제14조제2항에 따른 주택조합의 설립인가취소
3. 제16조제4항에 따른 사업계획승인의 취소(2021.1.5 본호개정)
4. 제66조제8항에 따른 행위허가의 취소

제97조【벌칙 적용에서 공무원 의제】 다음 각 호의 어느 하나에 해당하는 자는 「형법」 제129조부터 제132조까지의 규정을 적용할 때에는 공무원으로 본다.
1. 제44조 및 제45조에 따라 감리업무를 수행하는 자
2. 제48조의3제1항에 따른 품질점검단의 위원 중 공무원이 아닌 자(2020.1.23 본호신설)
3. 제59조에 따른 분양가심사위원회의 위원 중 공무원이 아닌 자

제6장 벌 칙

제98조【벌칙】 ① 제33조, 제43조, 제44조(같은 조 제1항제4호의2는 제외한다), 제46조 또는 제70조를 위반하여 설계·시공 또는 감리를 함으로써 「공동주택관리법」 제36조제3항에 따른 담보책임기간에 공동주택의 내력구조부에 중대한 하자를 발생시켜 일반인을 위험에 처하게 한 설계자·시공자·감리자·건축구조기술사 또는 사업주체는 10년 이하의 징역에 처한다.(2024.1.16 본항개정)
② 제1항의 죄를 범하여 사람을 죽음에 이르게 하거나 다치게 한 자는 무기징역 또는 3년 이상의 징역에 처한다.

제99조【벌칙】 ① 업무상 과실로 제98조제1항의 죄를 범한 자는 5년 이하의 징역이나 금고 또는 5천만원 이하의 벌금에 처한다.
② 업무상 과실로 제98조제2항의 죄를 범한 자는 10년 이하의 징역이나 금고 또는 1억원 이하의 벌금에 처한다.

제100조【벌칙】 제55조제5항, 제56조제10항 및 제57조의3제4항을 위반하여 정보 또는 자료를 사용·제공 또는 누설한 사람은 5년 이하의 징역 또는 5천만원 이하의 벌금에 처한다.(2020.8.18 본조개정)

제101조【벌칙】 다음 각 호의 어느 하나에 해당하는 자는 3년 이하의 징역 또는 3천만원 이하의 벌금에 처한다. 다만, 제2호 및 제3호에 해당하는 자로서 그 위반행위로 얻은 이익의 3배에 해당하는 금액이 3천만원을 초과하는 자는 3년 이하의 징역 또는 그 이익의 3배에 해당하는 금액 이하의 벌금에 처한다.(2018.12.18 단서신설)
1. 제11조의2제1항을 위반하여 조합업무를 대행하게 한 주택조합, 주택조합의 발기인 및 조합업무를 대행한 자(2020.1.23 본호개정)
1의2. 고의로 제33조를 위반하여 설계하거나 시공함으로써 사업주체 또는 입주자에게 손해를 입힌 자(2018.12.18 본호신설)
2. 제64조제1항을 위반하여 주택을 전매하거나 이의 전매를 알선한 자(2020.8.18 본호개정)
3. 제65조제1항을 위반한 자
4. 제66조제3항을 위반하여 리모델링주택조합이 설립인가를 받기 전에 또는 입주자대표회의가 소유자 전원의 동의를 받기 전에 시공자를 선정한 자 및 시공자로 선정된 자
5. 제66조제4항을 위반하여 경쟁입찰의 방법에 의하지 아니하고 시공자를 선정한 자 및 시공자로 선정된 자

제102조【벌칙】 다음 각 호의 어느 하나에 해당하는 자는 2년 이하의 징역 또는 2천만원 이하의 벌금에 처한다. 다만, 제5호 또는 제18호에 해당하는 자로서 그 위반행위로 얻은 이익의 50퍼센트에 해당하는 금액이 2천만원을 초과하는 자는 2년 이하의 징역 또는 그 이익의 2배에 해당하는 금액 이하의 벌금에 처한다.
1. 제4조에 따른 등록을 하지 아니하거나, 거짓이나 그 밖의 부정한 방법으로 등록을 하고 같은 조의 사업을 한 자
2. 제11조의3제1항을 위반하여 신고하지 아니하고 조합원을 모집하거나 조합원을 공개로 모집하지 아니한 자(2016.12.2 본호개정)
2의2. 제11조의5를 위반하여 조합원 가입을 권유하거나 조합원을 모집하는 광고를 한 자(2020.1.23 본호신설)
2의3. 제11조의6제1항을 위반하여 가입비등을 예치하도록 하지 아니한 자(2020.1.23 본호개정)
2의4. 제11조의6제4항을 위반하여 가입비등의 반환을 요청하지 아니한 자(2020.1.23 본호개정)
3. 제12조제2항에 따른 서류 및 관련 자료를 거짓으로 공개한 주택조합의 발기인 또는 임원(2020.1.23 본호개정)
4. 제12조제3항에 따른 열람·복사 요청에 대하여 거짓의 사실이 포함된 자료를 열람·복사하여 준 주택조합의 발기인 또는 임원(2020.1.23 본호개정)
5. 제15조제1항·제3항 또는 제4항에 따른 사업계획의 승인 또는 변경승인을 받지 아니하고 사업을 시행하는 자
6. (2018.12.18 삭제)
6의2. 과실로 제33조를 위반하여 설계하거나 시공함으로써 사업주체 또는 입주자에게 손해를 입힌 자(2018.12.18 본호신설)
7. 제34조제1항 또는 제2항을 위반하여 주택건설공사를 시행하거나 시행하게 한 자
8. 제35조에 따른 주택건설기준등을 위반하여 사업을 시행한 자
9. 제39조를 위반하여 공동주택성능에 대한 등급을 표시하지 아니하거나 거짓으로 표시한 자
10. 제40조에 따른 환기시설을 설치하지 아니한 자
11. 고의로 제44조제1항(같은 항 제4호의2는 제외한다)에 따른 감리업무를 게을리하여 위법한 주택건설공사를 시공함으로써 사업주체 또는 입주자에게 손해를 입힌 자(2024.1.16 본호개정)
12. 제49조제4항을 위반하여 주택 또는 대지를 사용하게 하거나 사용한 자(제66조제7항에 따라 준용되는 경우를 포함한다)
13. 제54조제1항을 위반하여 주택을 건설·공급한 자(제54조의2에 따라 주택의 공급업무를 대행한 자를 포함한다)(2019.4.23 본호개정)
14. 제54조제3항을 위반하여 건축물을 건설·공급한 자
14의2. 제54조의2제2항을 위반하여 주택의 공급업무를 대행하게 한 자(2019.4.23 본호신설)
15. 제57조제1항 또는 제5항을 위반하여 주택을 공급한 자
16. 제60조제1항 또는 제3항을 위반하여 견본주택을 건설하거나 유지관리한 자
17. 제61조제1항을 위반하여 같은 항 각 호의 어느 하나에 해당하는 행위를 한 자
18. 제77조를 위반하여 부정하게 재물 또는 재산상의 이익을 취득하거나 제공한 자
19. 제81조제3항에 따른 조치를 위반한 자

제103조【벌칙】 제59조제4항을 위반하여 고의로 잘못된 심사를 한 자는 2년 이하의 징역 또는 2천만원 이하의 벌금에 처한다.(2018.12.18 본조개정)

제104조【벌칙】 다음 각 호의 어느 하나에 해당하는 자는 1년 이하의 징역 또는 1천만원 이하의 벌금에 처한다.
1. 제8조에 따른 영업정지기간에 영업을 한 자
1의2. 제11조의2제4항을 위반하여 실적보고서를 제출하지 아니한 업무대행자(2020.1.23 본호신설)
1의3. 제12조제1항을 위반하여 실적보고서를 작성하지 아니하거나 제12조제1항 각 호의 사항을 포함하지 않고 작성한 주택조합의 발기인 또는 임원(2020.1.23 본호신설)
2. 제12조제2항을 위반하여 주택조합사업의 시행에 관련한 서류 및 자료를 공개하지 아니한 주택조합의 발기인 또는 임원(2020.1.23 본호개정)
3. 제12조제3항을 위반하여 조합원의 열람·복사 요청을 따르지 아니한 주택조합의 발기인 또는 임원(2020.6.9 본호개정)
4. (2020.1.23 삭제)
4의2. 제14조제4항에 따른 시정요구 등의 명령을 위반한 자(2019.12.10 본호신설)
4의3. 제14조의2제3항을 위반하여 총회의 개최를 통지하지 아니한 자(2020.1.23 본호신설)
4의4. 제14조의3제1항에 따른 회계감사를 받지 아니한 자(2020.1.23 본호신설)
4의5. 제14조의3제2항을 위반하여 장부 및 증빙서류를 작성 또는 보관하지 아니하거나 거짓으로 작성한 자(2020.1.23 본호신설)
5. (2018.12.18 삭제)
6. 과실로 제44조제1항(같은 항 제4호의2는 제외한다)에 따른 감리업무를 게을리하여 위법한 주택건설공사를 시공함으로써 사업주체 또는 입주자에게 손해를 입힌 자(2024.1.16 본호개정)
7. 제44조제4항을 위반하여 시정 통지를 받고도 계속하여 주택건설공사를 시공한 시공자 및 사업주체
8. 제46조제1항에 따른 건축구조기술사의 협력, 제68조제5항에 따른 안전진단기준, 제69조제3항에 따른 검토기준 또는 제70조에 따른 구조기준을 위반하여 사업주체, 입주자 또는 사용자에게 손해를 입힌 자
9. 제48조제2항에 따른 시정명령에도 불구하고 필요한 조치를 하지 아니하고 감리를 한 자
10. 제57조의2제1항 및 제7항을 위반하여 거주의무기간 중에 실제로 거주하지 아니하고 거주한 것으로 속인 자(2020.8.18 본호개정)
11. 제66조제1항 및 제2항을 위반한 자
12. 제90조제1항을 위반하여 등록증의 대여 등을 한 자(2024.1.16 본호개정)
12의2. 제90조제2항을 위반하여 등록사업자의 성명이나 상호를 빌리거나 허락 없이 등록사업자의 성명이나 상호로 이 법에서 정한 사업이나 업무를 수행 또는 시공하거나 등록증을 빌린 자(2024.1.16 본호신설)
12의3. 제90조제3항을 위반하여 알선한 자(2024.1.16 본호신설)
12의4. 제90조제4항을 위반하여 같은 조 제2항의 행위를 교사하거나 방조한 자(2024.1.16 본호신설)
13. 제93조제1항에 따른 검사 등을 거부·방해 또는 기피한 자
14. 제94조에 따른 공사 중지 등의 명령을 위반한 자

제105조【양벌규정】 ① 법인의 대표자나 법인 또는 개인의 대리인, 사용인, 그 밖의 종업원이 그 법인 또는 개인의 업무에 관하여 제98조의 위반행위를 하면 그 행위자를 벌하는 외에 그 법인 또는 개인에게도 10억원 이하의 벌금에 처한다. 다만, 법인 또는 개인이 그 위반행위를 방지하기 위하여 해당 업무에 관하여 상당한 주의와 감독을 게을리하지 아니한 경우에는 그러하지 아니하다.
② 법인의 대표자나 법인 또는 개인의 대리인, 사용인, 그 밖의 종업원이 그 법인 또는 개인의 업무에 관하여 제99조, 제101조, 제102조 및 제104조의 어느 하나에 해당하는 위반행위를 하면 그 행위자를 벌하는 외에 그 법인 또는 개인에게도 해당 조문의 벌금형을 과(科)한다. 다만, 법인 또는 개인이 그 위반행위를 방지하기 위하여 해당 업무에 관하여 상당한 주의와 감독을 게을리하지 아니한 경우에는 그러하지 아니하다.

제106조【과태료】 ① 다음 각 호의 어느 하나에 해당하는 자에게는 2천만원 이하의 과태료를 부과한다.
1. 제48조의2제1항을 위반하여 사전방문을 실시하게 하지 아니한 자(2020.1.23 본호신설)
2. 제48조의3제3항을 위반하여 점검에 따르지 아니하거나 기피 또는 방해한 자(2020.1.23 본호신설)
3. 제78조제3항에 따른 표준임대차계약서를 사용하지 아니하거나 표준임대차계약서의 내용을 이행하지 아니한 자
4. 제78조제5항에 따른 임대료에 관한 기준을 위반하여 토지를 임대한 자
② 다음 각 호의 어느 하나에 해당하는 자에게는 1천만원 이하의 과태료를 부과한다.
1. 제11조의2제3항을 위반하여 자금의 보관 업무를 대행하도록 하지 아니한 자(2021.4.13 본호개정)
2. 제11조의3제8항에 따른 주택조합 가입에 관한 계약서 작성 의무를 위반한 자(2020.1.23 본호신설)
3. 제11조의4제1항에 따른 설명의무 또는 같은 조 제2항에 따른 확인 및 교부, 보관 의무를 위반한 자(2020.1.23 본호신설)
4. 제13조제4항을 위반하여 겸직한 자(2020.1.23 본호신설)
5. 제46조제1항을 위반하여 건축구조기술사의 협력을 받지 아니한 자
6. 제54조의2제3항에 따른 조치를 하지 아니한 자(2019.4.23 본호신설)
③ 다음 각 호의 어느 하나에 해당하는 자에게는 500만원 이하의 과태료를 부과한다.
1. 제12조제4항에 따른 서류 및 자료를 제출하지 아니한 주택조합의 발기인 또는 임원(2020.1.23 본호개정)
2. 제16조제2항에 따른 신고를 하지 아니한 자
2의2. 제41조의2제8항을 위반하여 성능검사 결과 또는 조치결과를 입주예정자에게 알리지 아니하거나 거짓으로 알린 자(2024.1.16 본호신설)
2의3. 제44조제1항제4호의2에 따른 시공자격 여부의 확인을 하지 아니한 감리자(2024.1.16 본호신설)
3. 제44조제2항에 따른 보고를 하지 아니하거나 거짓으로 보고를 한 감리자
3의2. 제44조제3항에 따른 보고를 하지 아니하거나 거짓으로 보고를 한 감리자(2021.8.10 본호신설)
4. 제45조제2항에 따른 보고를 하지 아니하거나 거짓으로 보고를 한 감리자
4의2. 제48조의2제3항을 위반하여 보수공사 등의 조치를 하지 아니한 자
4의3. 제48조의2제5항을 위반하여 조치결과 등을 입주예정자 및 사용검사권자에게 알리지 아니한 자
4의4. 제48조의3제4항 후단을 위반하여 자료제출 요구에 따르지 아니하거나 거짓으로 자료를 제출한 자
4의5. 제48조의3제7항을 위반하여 조치명령을 이행하지 아니한 자
(2020.1.23 4호의2~4호의5신설)
5. 제54조제2항을 위반하여 주택을 공급받은 자
6. 제54조제8항을 위반하여 같은 항에 따른 사본을 제출하지 아니하거나 거짓으로 제출한 자(2019.12.10 본호신설)
7. 제93조제1항에 따른 보고 또는 검사의 명령을 위반한 자
④ 다음 각 호의 어느 하나에 해당하는 자에게는 300만원 이하의 과태료를 부과한다.
1. 제57조의2제2항을 위반하여 한국토지주택공사(사업주체가 「공공주택 특별법」 제4조에 따른 공공주택사업자인 경우에는 공공주택사업자를 말한다)에게 해당 주택의 매입을 신청하지 아니한 자
2. 제57조의3제1항에 따른 서류 등의 제출을 거부하거나 해당 주택의 출입·조사 또는 질문을 방해하거나 기피한 자
(2021.4.13 본항개정)
⑤ 제1항부터 제4항까지에 따른 과태료는 대통령령으로 정하는 바에 따라 국토교통부장관 또는 지방자치단체의 장이 부과한다.(2020.8.18 본항개정)

부 칙

제1조【시행일】 이 법은 2016년 8월 12일부터 시행한다.

제2조【다른 법률의 폐지】 토지임대부 분양주택 공급촉진을 위한 특별조치법은 폐지한다.

제3조【국민주택에 관한 적용례】 제2조제5호의 개정규정은 이 법 시행 후 사업계획승인(「건축법」 제11조에 따른 건축허가를 포함한다)을 신청하는 경우부터 적용한다.

제4조【주택조합 업무의 대행에 관한 적용례】 제11조제8항의 개정규정은 이 법 시행 후 주택조합 업무대행 계약을 체결하는 경우부터 적용한다.

제5조【조합임원의 결격사유에 관한 적용례】 제13조의 개정규정은 이 법 시행 후 임원을 선임하는 분부터 적용한다.
제6조【기반시설의 기부채납에 관한 적용례】 제17조의 개정규정은 이 법 시행 후 최초로 사업계획승인(착공신고 이전에 변경승인을 신청한 것을 포함한다)을 신청하는 경우부터 적용한다.
제7조【공동주택 리모델링 특례에 관한 적용례】 제76조제4항의 개정규정은 이 법 시행 후 체결되거나 갱신된 리모델링 건축물에 관한 임대차계약부터 적용한다.
제8조【토지임대부 분양주택의 재건축에 관한 적용례】 제79조제4항의 개정규정은 이 법 시행 후 최초로 입주자 모집 승인을 신청하는 경우부터 적용한다.
제9조【과태료에 관한 적용례】 제106조제2항제1호의 개정규정은 이 법 시행 후 주택조합 업무대행 계약을 체결하는 경우부터 적용한다.
제10조【금치산자 등의 조합임원의 결격사유에 관한 특례】 제13조제1항제1호의 개정규정에 따른 피성년후견인 또는 피한정후견인에는 법률 제10429호 민법 일부개정법률 부칙 제2조에 따라 금치산 또는 한정치산 선고의 효력이 유지되는 사람이 포함되는 것으로 본다.
제11조【일반적 경과조치】 이 법 시행 당시 종전의 「주택법」에 따른 결정·처분·절차, 그 밖의 행위는 이 법의 규정에 의하여 행하여진 것으로 본다.
제12조【토지임대부 분양주택에 관한 경과조치】 이 법 시행 당시 종전의 「토지임대부 분양주택 공급촉진을 위한 특별조치법」 제2조제4호의 토지임대부 분양주택에 대하여는 종전의 같은 법의 규정에 따른다.
제13조【금치산자 등의 등록사업자의 결격사유에 관한 경과조치】 제6조제1호의 개정규정에 따른 피성년후견인 또는 피한정후견인에는 법률 제10429호 민법 일부개정법률 부칙 제2조에 따라 금치산 또는 한정치산 선고의 효력이 유지되는 사람이 포함되는 것으로 본다.
제14조【입주자저축에 관한 경과조치】 법률 제13379호 주택법 일부개정법률의 시행일인 2015년 9월 1일 이전에 가입한 청약저축, 청약예금 및 청약부금에 대하여는 같은 개정법률 제75조제2항의 개정규정에도 불구하고 종전의 규정을 적용한다.
제15조【주택의 분양가격 제한 등에 관한 경과조치】 법률 제8383호 주택법 일부개정법률의 시행일인 2007년 9월 1일 이전인 2007년 8월 31일 이전에 사업계획의 승인을 받았거나 승인을 신청한 경우로서 2007년 11월 30일까지 제38조제1항에 따른 입주자모집승인(「도시 및 주거환경정비법」에 따라 공급하는 주택(주거환경개선사업은 제외한다)의 경우는 「도시 및 주거환경정비법」 제48조에 따른 관리처분계획의 인가)]을 신청한 경우에는 같은 개정법률 제38조의2의 개정규정에도 불구하고 종전의 규정을 적용한다.
제16조【주택의 전매행위 제한에 관한 경과조치】 부칙 제15조에 따라 분양가상한제가 적용되지 아니하는 주택에 대하여는 법률 제12959호 주택법 일부개정법률 제41조의2제1항제3호의 개정규정에도 불구하고 종전의 규정을 적용한다.
제17조【리모델링 기본계획 수립 전의 리모델링 절차에 관한 경과조치】 제66조제9항의 개정규정에도 불구하고 법률 제12115호 주택법 일부개정법률 시행 후 리모델링 기본계획이 수립되기 전까지 제2조제25호다목의 개정규정에 따른 세대수 증가형 리모델링의 절차(제66조제1항의 개정규정에 따른 허가 전까지를 말한다)를 진행할 수 있다.
제18조【리모델링주택조합의 리모델링에 관한 경과조치】 법률 제12115호 주택법 일부개정법률 시행 당시 설립인가를 받은 리모델링주택조합은 같은 개정법률의 규정에도 불구하고 종전의 규정에 따른 증축 범위에서는 종전의 규정에 따라 리모델링을 할 수 있다.
제19조【아파트지구개발사업에 관한 경과조치】 법률 제6916호 주택법 전부개정법률 시행 당시 도시계획법에 의하여 지정된 아파트지구의 개발에 대하여는 같은 개정법률에도 불구하고 종전의 규정을 적용한다.
제20조【벌칙 등에 관한 경과조치】 이 법 시행 전의 위반행위에 대하여 벌칙과 과태료를 적용할 때에는 종전의 「주택법」 및 「토지임대부 분양주택 공급촉진을 위한 특별조치법」에 따른다.
제21조【다른 법률의 개정】 ①～⑯ ※(해당 법령에 가제정리 하였음)
제22조【다른 법령과의 관계】 이 법 시행 당시 다른 법령에서 종전의 법률 규정을 인용하고 있는 경우에 이 법 가운데 그에 해당하는 규정이 있을 때에는 종전의 법률 규정을 갈음하여 이 법의 해당 규정을 인용한 것으로 본다.

부　칙 (2016.12.2)

제1조【시행일】 이 법은 공포 후 6개월이 경과한 날부터 시행한다.
제2조【조합 탈퇴 및 환급 청구 등에 관한 적용례】 제11조제7항부터 제9항까지의 개정규정은 이 법 시행 후 최초로 같은 조 제1항에 따라 주택조합설립인가(변경 인가를 포함한다. 이하 같다)를 받아 설립된 주택조합부터 적용한다.
제3조【주택조합업무의 대행에 관한 적용례】 제11조의2의 개정규정은 이 법 시행 후 주택조합 업무대행 계약을 체결하는 경우부터 적용한다.
제4조【조합원 모집 신고 및 공개모집에 관한 경과조치】 제11조의3의 개정규정에도 불구하고 다음 각 호의 어느 하나에 해당하는 경우에는 종전의 규정에 따른다.
1. 이 법 시행일 이전에 제11조제1항에 따라 주택조합설립인가 신청을 한 경우
2. 이 법 시행일 이전에 주택조합설립인가 신청을 하기 위하여 일간신문에 조합원 모집 공고를 하여 조합원을 모집한 경우
제5조【벌칙에 관한 경과조치】 이 법 시행 전의 행위에 대하여 벌칙을 적용할 때에는 종전의 규정에 따른다.
제6조【다른 법률의 개정】 ※(해당 법령에 가제정리 하였음)

부　칙 (2017.8.9)

제1조【시행일】 이 법은 공포 후 3개월이 경과한 날부터 시행한다.
제2조【조정대상지역 지정에 관한 준비행위】 ① 국토교통부장관은 이 법 시행 전에 제63조의2의 개정규정의 시행을 위하여 주거정책심의위원회의 심의를 거쳐 조정대상지역 예정지를 지정할 수 있다.
② 국토교통부장관이 제1항에 따라 조정대상지역 예정지를 지정하였을 때에는 지체 없이 이를 공고하고, 해당 지역을 관할하는 시장·군수·구청장에게 해당 공고 내용을 통보하여야 한다.
③ 제1항에 따라 지정된 조정대상지역 예정지는 이 법 시행일에 제63조의2의 개정규정에 따른 조정대상지역으로 지정된 것으로 본다.
제3조【전매제한기간 등에 관한 적용례】 제64조의 개정규정에 따른 전매제한기간은 이 법 시행 후 최초로 입주자 모집승인을 신청(제2조제10호가목 및 나목에 해당하는 사업주체의 경우에는 입주자 모집공고를 말한다)하는 경우부터 적용한다.

부　칙 (2018.3.13)

제1조【시행일】 이 법은 공포 후 6개월이 경과한 날부터 시행한다. 다만, 제63조제5항의 개정규정은 공포한 날부터 시행한다.
제2조【공사감리비 예치에 관한 적용례】 제44조제6항 및 제7항의 개정규정은 이 법 시행 후 최초로 사업계획승인 또는 리모델링허가를 신청하는 경우부터 적용한다.
제3조【주택의 공급에 관한 경과조치】 이 법 시행 당시 제54조제1항제1호에 따른 승인을 신청한 경우에는 같은 항 제2호가목의 개정규정에도 불구하고 종전의 규정에 따른다.

부　칙 (2019.4.23)

제1조【시행일】 이 법은 공포 후 6개월이 경과한 날부터 시행한다.
제2조【주택의 공급업무의 대행에 관한 적용례】 제54조의2의 개정규정은 이 법 시행 후 주택의 공급업무 대행계약을 체결하는 경우부터 적용한다.

부　칙 (2019.4.30)

제1조【시행일】 ① 이 법은 공포 후 6개월이 경과한 날부터 시행한다.(이하 생략)

부　칙 (2019.12.10)

제1조【시행일】 이 법은 공포 후 6개월이 경과한 날부터 시행한다. 다만, 제11조의6 및 제102조의 개정규정은 공포 후 1년이 경과한 날부터 시행한다.(2020.1.23 단서개정)
제2조【가입비등의 환급에 관한 적용례】 제11조의6의 개정규정은 같은 개정규정 시행 후 최초로 조합원 모집 신고를 하는 경우(변경 신고는 제외한다)부터 적용한다.(2020.1.23 본조개정)
제3조【표시·광고의 사본 제출 등에 관한 적용례】 제54조제8항의 개정규정은 이 법 시행 후 최초로 제54조제1항제1호에 따라 입주자모집 승인을 신청(공공주택사업자의 경우 입주자모집공고를 말한다)하는 경우부터 적용한다.

부　칙 (2020.1.23)

제1조【시행일】 이 법은 공포 후 6개월이 경과한 날부터 시행한다. 다만, 제21조제1항제4호, 제22조제2항, 제55조제1항 및 제2항, 제56조, 제56조의2, 제56조의3, 제66조제2항, 제76조제5항 및 제6항, 제89조제4항 및 제100조의 개정규정은 공포한 날부터 시행하고, 법률 제16811호 주택법 일부개정법률 제11조의6 및 제102조제2호의3·제2호의4의 개정규정은 2020년 12월 11일부터 시행하며, 제48조의2, 제48조의3제1항부터 제7항까지, 제48조의3제9항, 제97조, 제106조제1항제1호 및 제2호, 법률 제16811호 주택법 일부개정법률 제106조제3항제4호의2부터 제4호의5까지의 개정규정은 공포 후 1년이 경과한 날부터 시행하고, 제48조의3제8항의 개정규정은 공포 후 2년이 경과한 날부터 시행한다.
제2조【주택조합 설립인가 요건 등에 관한 적용례】 제11조제2항, 제11조의3제1항·제6항·제7항, 제11조의4 및 제13조제1항부터 제3항까지의 개정규정은 이 법 시행 후 최초로 조합원 모집신고(변경 신고는 제외한다)를 하는 경우부터 적용한다.
제3조【주택조합업무의 대행 등에 관한 적용례】 제11조의2제1항 및 제2항의 개정규정은 이 법 시행 후 최초로 주택조합 및 주택조합의 발기인이 업무대행 계약을 체결하는 경우부터 적용한다.
제4조【자금의 보관 업무 대행에 관한 경과조치】 이 법 시행 이전 사용검사를 받은 주택조합에 대하여는 제11조의2제3항의 개정규정에도 불구하고 종전의 규정을 적용한다.
제5조【조합임원의 겸직 금지에 관한 적용례】 제13조제4항의 개정규정은 이 법 시행 후 최초로 선임되는 주택조합의 임원부터 적용한다.
제6조【주택조합의 해산에 관한 적용례】 ① 이 법 시행 전에 조합원 모집 신고를 하였으나 이 법 시행일 현재 주택조합 설립인가를 받지 않은 경우(법률 제14344호 주택법 일부개정법률 부칙 제4조의 규정에 따라 조합원 모집 신고를 하지 않았으나 이 법 시행일 현재 주택조합 설립인가를 받지 않은 경우를 포함한다)에는 제14조의2제2항의 개정규정을 적용함에 있어 이 법 시행일을 제11조의3제1항에 따른 조합원 모집 신고가 수리된 날로 본다.
② 이 법 시행 전에 주택조합 설립인가를 받았으나 이 법 시행일 현재 사업계획 승인을 받지 않은 경우에는 제14조의2제1항의 개정규정을 적용함에 있어 이 법 시행일을 제11조제1항에 따른 주택조합의 설립인가를 받은 날로 본다.
제7조【사전방문 등에 관한 적용례】 제48조의2 및 제48조의3의 개정규정은 해당 개정규정의 시행 전에 사업계획승인을 받고 사용검사를 신청하기 전에 있는 사업주체에 대하여도 적용한다. 다만, 해당 개정규정의 시행 이전에 입주자 모집공고에 따라 사전방문을 완료했거나 진행 중인 경우는 제외한다.

부　칙 (2020.4.7)

제1조【시행일】 이 법은 공포 후 3개월이 경과한 날부터 시행한다.(이하 생략)

부　칙 (2020.6.9)

이 법은 공포한 날부터 시행한다.(이하 생략)

부　칙 (2020.8.18)

제1조【시행일】 이 법은 공포 후 6개월이 경과한 날부터 시행한다.
제2조【주택의 분양가격 제한 등에 관한 적용례】 제57조제2항제4호의 개정규정은 이 법 시행 후 입주자 모집공고를 하는 경우부터 적용한다.
제3조【분양가상한제 적용주택의 입주자의 거주의무 및 주택의 전매행위 제한 등에 관한 적용례】 제57조의2, 제57조의3 및 제64조제1항부터 제3항까지의 개정규정은 이 법 시행 후 입주자모집 승인을 신청(「공공주택 특별법」 제4조에 따른 공공주택사업자의 경우에는 입주자 모집공고를 말한다)하는 경우부터 적용한다.
제4조【주택의 입주자자격 제한에 관한 적용례】 제64조제7항의 개정규정은 이 법 시행 후 제64조제1항을 위반하는 행위부터 적용한다.
제5조【다른 법률의 개정】 ※(해당 법령에 가제정리 하였음)

부　칙 (2021.1.5)

제1조【시행일】 이 법은 공포한 날부터 시행한다. 다만, 법률 제17486호 주택법 일부개정법률 제57조의2 및 제57조의3의 개정규정과 제78조의2의 개정규정은 공포 후 6개월이 경과한 날부터 시행한다.
제2조【착공신고에 관한 적용례】 제16조제3항의 개정규정은 이 법 시행 이후 제16조제2항에 따라 착공신고를 하는 경우부터 적용한다.
제3조【분양가상한제 적용주택 등의 입주자의 거주의무에 관한 적용례】 법률 제17486호 주택법 일부개정법률 제57조의2제1항의 개정규정은 같은 개정규정 시행 후 최초로 입주자모집 승인을 신청(「공공주택 특별법」 제4조에 따른 공공주택사업자의 경우에는 입주자 모집공고를 말한다)하는 경우부터 적용한다.
제4조【토지임대부 분양주택의 공공매입에 관한 적용례】 제78조의2의 개정규정은 같은 개정규정 시행 후 최초로 입주자모집 승인을 신청(「공공주택 특별법」 제4조에 따른 공공주택사업자의 경우에는 입주자 모집공고를 말한다)하는 경우부터 적용한다.

부　칙 (2021.1.12)

제1조【시행일】 이 법은 공포 후 1년이 경과한 날부터 시행한다.(이하 생략)

부　칙 (2021.3.9)

제1조【시행일】 이 법은 공포 후 6개월이 경과한 날부터 시행한다.
제2조【적용례】 ① 제65조제2항의 개정규정은 이 법 시행 이후 제65조제1항을 위반한 자부터 적용한다.
② 제65조제6항 및 제7항의 개정규정은 이 법 시행 이후 주택의 공급계약을 취소하려는 경우부터 적용한다.

부　칙 (2021.4.13)

이 법은 공포 후 6개월이 경과한 날부터 시행한다. 다만, 다음 각 호의 사항은 그 구분에 따른 날부터 시행한다.
1. 법률 제17874호 주택법 일부개정법률 제57조의2제1항의 개정규정 : 2021년 7월 6일
2. 제63조제6항의 개정규정 : 공포 후 3개월이 경과한 날

부　칙 (2021.7.20 법18310호)

제1조【시행일】 이 법은 공포 후 1년이 경과한 날부터 시행한다.(이하 생략)

부　칙 (2021.7.20 법18317호)

이 법은 공포 후 3개월이 경과한 날부터 시행한다. 다만, 법률 제18053호 주택법 일부개정법률 제57조제2항제4호의2 및 제5호의 개정규정은 2021년 10월 14일부터 시행한다.

부　칙 (2021.8.10)

이 법은 공포 후 6개월이 경과한 날부터 시행한다.

부　칙 (2021.12.21)

제1조【시행일】 이 법은 공포한 날부터 시행한다.
제2조【공공택지의 정의에 관한 적용례】 제2조제24호 바목의 개정규정은 이 법 시행 이후 최초로 사업계획승인을 받아 개발·조성되는 공동주택이 건설되는 용지부터 적용한다.

부　칙 (2022.2.3)

제1조【시행일】 이 법은 공포 후 6개월이 경과한 날부터 시행한다.
제2조【바닥충격음 성능검사에 관한 적용례】 제41조의2제1항 및 같은 조 제5항부터 제8항까지의 개정규정은 이 법 시행 이후 제15조에 따른 사업계획승인을 신청하는 경우부터 적용한다.

부　칙 (2022.5.3)

제1조【시행일】 이 법은 공포 후 1년이 경과한 날부터 시행한다.(이하 생략)

부　칙 (2022.12.27)

제1조【시행일】 이 법은 공포 후 6개월이 경과한 날부터 시행한다.(이하 생략)

부　칙 (2023.6.7)

제1조【시행일】 이 법은 2023년 6월 11일부터 시행한다.(이하 생략)

부　칙 (2023.12.26 법19839호)

제1조【시행일】 이 법은 2024년 1월 18일부터 시행한다.(이하 생략)

부　칙 (2023.12.26 법19851호)

제1조【시행일】 이 법은 공포 후 3개월이 경과한 날부터 시행한다. 다만, 제57조의2, 제64조, 제78조제6항 및 제78조의2의 개정규정은 공포 후 6개월이 경과한 날부터 시행한다.
제2조【주택의 분양가격 제한 등에 관한 적용례】 제57조제1항 및 제2항의 개정규정은 이 법 시행 이후 입주자 모집공고를 하는 경우부터 적용한다.

부　칙 (2024.1.16)

제1조【시행일】 이 법은 공포한 날부터 시행한다. 다만, 제8조제1항, 제18조, 제41조, 제41조의2, 제44조, 제90조, 제93조제1항, 제98조제1항, 제102조, 제104조, 제106조제3항의 개정규정은 공포 후 6개월이 경과한 날부터 시행한다.
제2조【통합심의에 관한 적용례】 제18조의 개정규정은 같은 개정규정 시행 이후 최초로 사업계획승인을 신청하거나 제15조제1항 또는 제3항에 따라 사업계획승인을 받으려는 자가 통합심의를 신청하는 경우부터 적용한다.
제3조【건축물 높이의 최고한도 완화에 관한 적용례】 제41조제8항의 개정규정은 같은 개정규정 시행 이후 제15조에 따른 사업계획승인을 신청(착공신고 이전에 변경승인을 신청하는 경우를 포함한다)하는 경우부터 적용한다.
제4조【감리자의 업무에 관한 적용례】 제44조제1항의 개정규정은 같은 개정규정 시행 이후 제16조제2항에 따라 착공신고를 하는 경우부터 적용한다.
제5조【주택건설사업의 등록말소 등에 관한 경과조치】 제8조제1항의 개정규정 시행 전의 행위에 대하여 주택건설사업의 등록말소 등을 적용할 때에는 종전의 규정에 따른다.
제6조【벌칙에 관한 경과조치】 제98조제1항, 제102조, 제104조 및 제106조제3항의 개정규정 시행 전의 행위에 대하여 벌칙을 적용할 때에는 종전의 규정에 따른다.

주택법 시행령

(2016년 8월 11일
전부개정대통령령 제27444호)

개정
2016. 8.31영27471호(부동산가격공시에관한법시)
2016. 8.31영27472호(감정평가감정평가사시)
2016. 8.31영27473호(한국감정원법시)
2016.11.22영27602호　2017. 2.13영27860호
2017. 6 .2영28095호　2017. 7.11영28182호
2017. 7.26영28211호(직제)
2017.10.17영28374호　2017.11. 7영28418호
2018. 1.16영28586호(시설물의안전및유지관리에관한특별법시)
2018. 2. 9영28628호(도시및주거환경정비법시)
2018. 2.27영28686호(혁신도시조성및발전에관한특별법시)
2018. 3.13영28699호　2018. 5.21영28899호
2018. 6. 5영28942호　2018. 8. 7영29084호
2018.10.30영29269호(주식회사등의외부감사에관한법시)
2018.12.11영29358호
2018.12.11영29360호(건설기술진흥법시)
2019. 2.12영29549호　2019. 7. 2영29946호
2019.10.22영30146호　2019.10.29영30178호
2020. 1. 7영30337호(건설기술진흥법시)
2020. 3.10영30524호　2020. 4.28영30646호
2020. 6.11영30781호　2020. 7.24영30864호
2020. 9.22영31033호
2020.12. 1영31211호(국토안전관리원법시)
2020.12. 8영31243호(한국부동산원법시)
2020.12.22영31287호
2020.12.29영31328호(건설산업시)
2021. 1. 5영31380호(법령용어정비)
2021. 2.19영31468호　2021. 7. 6영31878호
2021. 9. 7영31972호
2021. 9.14영31986호(건설기술진흥법시)
2021.10.14영32053호
2021.12.16영32223호(지방자치시)
2022. 1. 4영32318호　2022. 2.11영32411호
2023. 4. 7영33379호
2023. 4.25영33434호(소상공인경제회복지원을위한일부개정령)
2023. 5. 9영33456호(건설산업시)
2023. 9.12영33699호(소상공인의일시적등록기준미달시제재처분유예기간확대를위한일부개정령)

제1장　총　칙

제1조【목적】 이 영은 「주택법」에서 위임된 사항과 그 시행에 필요한 사항을 규정함을 목적으로 한다.
제2조【단독주택의 종류와 범위】 「주택법」(이하 "법"이라 한다) 제2조제2호에 따른 단독주택의 종류와 범위는 다음 각 호와 같다.
1. 「건축법 시행령」 별표1 제1호가목에 따른 단독주택
2. 「건축법 시행령」 별표1 제1호나목에 따른 다중주택
3. 「건축법 시행령」 별표1 제1호다목에 따른 다가구주택
제3조【공동주택의 종류와 범위】 ① 법 제2조제3호에 따른 공동주택의 종류와 범위는 다음 각 호와 같다.
1. 「건축법 시행령」 별표1 제2호가목에 따른 아파트(이하 "아파트"라 한다)
2. 「건축법 시행령」 별표1 제2호나목에 따른 연립주택(이하 "연립주택"이라 한다)
3. 「건축법 시행령」 별표1 제2호다목에 따른 다세대주택(이하 "다세대주택"이라 한다)
② 제1항 각 호의 공동주택은 그 공급기준 및 건설기준 등을 고려하여 국토교통부령으로 종류를 세분할 수 있다.
제4조【준주택의 종류와 범위】 법 제2조제4호에 따른 준주택의 종류와 범위는 다음 각 호와 같다.
1. 「건축법 시행령」 별표1 제2호라목에 따른 기숙사
2. 「건축법 시행령」 별표1 제4호거목 및 제15호다목에 따른 다중생활시설
3. 「건축법 시행령」 별표1 제11호나목에 따른 노인복지시설 중 「노인복지법」 제32조제1항제3호의 노인복지주택
4. 「건축법 시행령」 별표1 제14호나목2)에 따른 오피스텔
제5조【주택단지의 구분기준이 되는 도로】 ① 법 제2조제12호라목에서 "대통령령으로 정하는 시설"이란 보행자 및 자동차의 통행이 가능한 도로로서 다음 각 호의 어느 하나에 해당하는 도로를 말한다.
1. 「국토의 계획 및 이용에 관한 법률」 제2조제7호에 따른 도시·군계획시설(이하 "도시·군계획시설"이라 한다)인 도로로서 국토교통부령으로 정하는 도로
2. 「도로법」 제10조에 따른 일반국도·특별시도·광역시도 또는 지방도
3. 그 밖에 관계 법령에 따라 설치된 도로로서 제1호 및 제2호에 준하는 도로
② 제1항에도 불구하고 법 제15조에 따른 사업계획승인권자(이하 "사업계획승인권자"라 한다)가 다음 각 호의 요건을 모두 충족한다고 인정하여 사업계획을 승인한 도로는 주택단지의 구분기준이 되는 도로에서 제외한다.
1. 인근 주민의 통행권 확보 및 교통편의 제고 등을 위해 기존의 도로를 국토교통부령으로 정하는 기준에 적합하게 유지·변경할 것
2. 보행자 통행의 편리성 및 안전성을 확보하기 위한 시설을 국토교통부령으로 정하는 바에 따라 설치할 것
(2019.7.2 본항신설)
제6조【부대시설의 범위】 법 제2조제13호다목에서 "대통령령으로 정하는 시설 또는 설비"란 다음 각 호의 시설 또는 설비를 말한다.
1. 보안등, 대문, 경비실 및 자전거보관소
2. 조경시설, 옹벽 및 축대
3. 안내표지판 및 공중화장실
4. 저수시설, 지하양수시설 및 대피시설
5. 쓰레기 수거 및 처리시설, 오수처리시설, 정화조
6. 소방시설, 냉난방공급시설(지역난방공급시설은 제외한다) 및 방범설비
7. 「환경친화적 자동차의 개발 및 보급 촉진에 관한 법률」 제2조제3호에 따른 전기자동차에 전기를 충전하여 공급하는 시설
8. 「전기통신사업법」 등 다른 법령에 따라 거주자의 편익을 위해 주택단지에 의무적으로 설치해야 하는 시설로서 사업주체 또는 입주자의 설치 및 관리 의무가 없는 시설(2019.7.2 본호신설)
9. 그 밖에 제1호부터 제8호까지의 시설 또는 설비와 비슷한 것으로서 사업계획승인권자가 주택의 사용 및 관리를 위해 필요하다고 인정하는 시설 또는 설비
(2019.7.2 본호개정)
제7조【복리시설의 범위】 법 제2조제14호나목에서 "대통령령으로 정하는 공동시설"이란 다음 각 호의 시설을 말한다.
1. 「건축법 시행령」 별표1 제3호에 따른 제1종 근린생활시설
2. 「건축법 시행령」 별표1 제4호에 따른 제2종 근린생활시설(총포판매소, 장의사, 다중생활시설, 단란주점 및 안마시술소는 제외한다)
3. 「건축법 시행령」 별표1 제6호에 따른 종교시설
4. 「건축법 시행령」 별표1 제7호에 따른 판매시설 중 소매시장 및 상점
5. 「건축법 시행령」 별표1 제10호에 따른 교육연구시설
6. 「건축법 시행령」 별표1 제11호에 따른 노유자시설
7. 「건축법 시행령」 별표1 제12호에 따른 수련시설
8. 「건축법 시행령」 별표1 제14호에 따른 업무시설 중 금융업소
9. 「산업집적활성화 및 공장설립에 관한 법률」 제2조제13호에 따른 지식산업센터
10. 「사회복지사업법」 제2조제5호에 따른 사회복지관
11. 공동작업장
12. 주민공동시설
13. 도시·군계획시설인 시장
14. 그 밖에 제1호부터 제13호까지의 시설과 비슷한 시설로서 국토교통부령으로 정하는 공동시설 또는 사업계획승인권자가 거주자의 생활복리 또는 편익을 위하여 필요하다고 인정하는 시설(2019.7.2 본호개정)
제8조【공구의 구분기준】 법 제2조제18호에서 "대통령령으로 정하는 기준"이란 다음 각 호의 요건을 모두 충족하는 것을 말한다.
1. 다음 각 목의 어느 하나에 해당하는 시설을 설치하거나 공간을 조성하여 6미터 이상의 너비로 공구 간 경계를 설정할 것
가. 「주택건설기준 등에 관한 규정」 제26조에 따른 주택단지 안의 도로
나. 주택단지 안의 지상에 설치되는 부설주차장
다. 주택단지 안의 옹벽 또는 축대
라. 식재·조경이 된 녹지
마. 그 밖에 어린이놀이터 등 부대시설이나 복리시설로서 사업계획 승인권자가 적합하다고 인정하는 시설
2. 공구별 세대수는 300세대 이상으로 할 것
제9조【세대구분형 공동주택】 ① 법 제2조제19호에서 "대통령령으로 정하는 건설기준, 설치기준, 면적기준 등에 적합한 주택"이란 다음 각 호의 구분에 따른 요건을 충족하는 공동주택을 말한다.
1. 법 제15조에 따른 사업계획의 승인을 받아 건설하는 공동주택의 경우 : 다음 각 목의 요건을 모두 충족할 것
가. 세대별로 구분된 각각의 공간마다 별도의 욕실, 부엌과 현관을 설치할 것
나. 하나의 세대가 통합하여 사용할 수 있도록 세대 간

에 연결문 또는 경량구조의 경계벽 등을 설치할 것
다. 세대구분형 공동주택의 세대수가 해당 주택단지 안의 공동주택 전체 세대수의 3분의 1을 넘지 않을 것
라. 세대별로 구분된 각각의 공간의 주거전용면적(주거의 용도로만 쓰이는 면적으로서 법 제2조제6호 후단에 따른 방법으로 산정된 것을 말한다. 이하 같다) 합계가 해당 주택단지 전체 주거전용면적 합계의 3분의 1(그 3분의 1을 초과하는 세대 중 세대당 주차대수를 0.7대 이상이 되도록 주차장을 설치하는 경우에는 해당 세대의 비율을 더하여 2분의 1까지로 한다)을 넘지 않는 등 국토교통부장관이 정하여 고시하는 주거전용면적의 비율에 관한 기준을 충족할 것(2023.4.7 본목개정)
2. 「공동주택관리법」 제35조에 따른 행위의 허가를 받거나 신고를 하고 설치하는 공동주택의 경우 : 다음 각 목의 요건을 모두 충족할 것
가. 구분된 공간의 세대수는 기존 세대를 포함하여 2세대 이하일 것
나. 세대별로 구분된 각각의 공간마다 별도의 욕실, 부엌과 구분 출입문을 설치할 것
다. 세대구분형 공동주택의 세대수가 해당 주택단지 안의 공동주택 전체 세대수의 10분의 1과 해당 동의 전체 세대수의 3분의 1을 각각 넘지 않을 것. 다만, 특별자치시장, 특별자치도지사, 시장, 군수 또는 구청장(구청장은 자치구의 구청장을 말하며, 이하 "시장·군수·구청장"이라 한다)이 부대시설의 규모 등 해당 주택단지의 여건을 고려하여 인정하는 범위에서 세대수의 기준을 넘을 수 있다.(2020.7.24 단서개정)
라. 구조, 화재, 소방 및 피난안전 등 관계 법령에서 정하는 안전 기준을 충족할 것
② 제1항에 따라 건설 또는 설치되는 주택과 관련하여 법 제35조에 따른 주택건설기준 등을 적용하는 경우 세대구분형 공동주택의 세대수는 그 구분된 공간의 세대수에 관계없이 하나의 세대로 산정한다.
(2019.2.12 본조개정)

제10조【도시형 생활주택】 ① 법 제2조제20호에서 "대통령령으로 정하는 주택"이란 「국토의 계획 및 이용에 관한 법률」 제36조제1항제1호에 따른 도시지역에 건설하는 다음 각 호의 주택을 말한다.
1. 소형 주택 : 다음 각 목의 요건을 모두 갖춘 공동주택(2022.2.11 본문개정)
가. 세대별 주거전용면적은 60제곱미터 이하일 것(2022.2.11 본목개정)
나. 세대별로 독립된 주거가 가능하도록 욕실 및 부엌을 설치할 것
다. 주거전용면적이 30제곱미터 미만인 경우에는 욕실 및 보일러실을 제외한 부분을 하나의 공간으로 구성할 것(2022.2.11 본목개정)
라. 주거전용면적이 30제곱미터 이상인 경우에는 욕실 및 보일러실을 제외한 부분을 세 개 이하의 침실(각각의 면적이 7제곱미터 이상인 것을 말한다. 이하 이 목에서 같다)과 그 밖의 공간으로 구성할 수 있으며, 침실이 두 개 이상인 세대수는 소형 주택 전체 세대수(제2항 단서에 따라 소형 주택과 함께 건축하는 그 밖의 주택의 세대수를 포함한다)의 3분의 1(그 3분의 1을 초과하는 세대 중 세대당 주차대수를 0.7대 이상이 되도록 주차장을 설치하는 경우에는 해당 세대의 비율을 더하여 2분의 1까지로 한다)을 초과하지 않을 것(2023.4.7 본목개정)
마. 지하층에는 세대를 설치하지 아니할 것
2. 단지형 연립주택 : 소형 주택이 아닌 연립주택. 다만, 「건축법」 제5조제2항에 따라 같은 법 제4조에 따른 건축위원회의 심의를 받은 경우에는 주택으로 쓰는 층수를 5개층까지 건축할 수 있다.(2022.2.11 본문개정)
3. 단지형 다세대주택 : 소형 주택이 아닌 다세대주택. 다만, 「건축법」 제5조제2항에 따라 같은 법 제4조에 따른 건축위원회의 심의를 받은 경우에는 주택으로 쓰는 층수를 5개층까지 건축할 수 있다.(2023.4.7 본문개정)
② 하나의 건축물에는 도시형 생활주택과 그 밖의 주택을 함께 건축할 수 없다. 다만, 다음 각 호의 어느 하나에 해당하는 경우는 예외로 한다.
1. 소형 주택과 주거전용면적이 85제곱미터를 초과하는 주택 1세대를 함께 건축하는 경우(2022.2.11 본호개정)
2. 「국토의 계획 및 이용에 관한 법률 시행령」 제30조제1항제1호다목에 따른 준주거지역 또는 같은 항 제2호에 따른 상업지역에서 소형 주택과 도시형 생활주택 외의 주택을 함께 건축하는 경우(2022.2.11 본호개정)
③ 하나의 건축물에는 단지형 연립주택 또는 단지형 다세대주택과 소형 주택을 함께 건축할 수 없다.
(2022.2.11 본항개정)

제11조【에너지절약형 친환경주택의 건설기준 및 종류·범위】 법 제2조제21호에 따른 에너지절약형 친환경주택의 종류·범위 및 건설기준은 「주택건설기준 등에 관한 규정」으로 정한다.

제12조【건강친화형 주택의 건설기준】 법 제2조제22호에 따른 건강친화형 주택의 건설기준은 「주택건설기준 등에 관한 규정」으로 정한다.

제12조의2【공공택지의 범위】 법 제2조제24호차목에서 "대통령령으로 정하는 사업"이란 「공익사업을 위한 토지 등의 취득 및 보상에 관한 법률」 제19조제1항에 따라 토지 등을 수용하거나 사용하는 방식으로 시행되는 사업으로서 다음 각 호의 사업을 말한다. 다만, 다음 각 호의 사업에 대한 사업계획 또는 시행계획의 승인·인가 등을 받기 위하여 관계 법령에 따라 토지, 물건 또는 권리의 소유자나 소유자 외 권리자의 동의를 받아야 하는 사업(승인권자 또는 인가권자 등이 사업시행자에 해당하여 승인·인가 등을 받지 않는 사업으로서 관계 법령에 따라 토지, 물건 또는 권리의 소유자나 소유자 외 권리자의 동의를 받아야 하는 사업을 포함한다)은 제외한다.
1. 다음 각 목의 자가 시행하는 사업
가. 국가 또는 지방자치단체
나. 「공공기관의 운영에 관한 법률」 제4조에 따른 공공기관
다. 「지방공기업법」에 따른 지방공기업
라. 「지방자치법」 제176조에 따른 지방자치단체조합(2021.12.16 본목개정)
2. 제1호 각 목의 자 중 하나 이상이 출자한 비율의 합이 100분의 50을 초과하는 법인이 시행하는 다음 각 목의 사업
가. 「공익사업을 위한 토지 등의 취득 및 보상에 관한 법률」 별표제1호(10)·(11)·(12)·(17)의 사업 및 같은 표 제2호(3)·(6)·(8)·(10)·(13)·(14)·(15)·(16)·(17)·(20)·(22)·(26)·(27)·(30)·(31)·(32)·(33)·(34)·(35)·(38)·(39)·(41)·(42)·(43)·(48)·(50)·(52)·(53)·(54)·(59)·(64)·(65)·(67)·(68)·(69)·(70)·(71)·(73)·(77)·(80)·(81)·(83)·(84)·(85)·(86)·(87)·(88)·(89)·(92)의 사업
나. 「공항시설법」 제2조제9호의 공항개발사업
다. 「규제자유특구 및 지역특화발전특구에 관한 규제특례법」 제2조제7호의 특화사업
라. 「물환경보전법」 제2조제17호의 공공폐수처리시설 설치 사업
마. 「철도의 건설 및 철도시설 유지관리에 관한 법률」 제2조제7호의 철도건설사업
(2021.10.14 본조신설)

제13조【수직증축형 리모델링의 허용 요건】 ① 법 제2조제25호다목1)에서 "대통령령으로 정하는 범위"란 다음 각 호의 구분에 따른 범위를 말한다.
1. 수직으로 증축하는 행위(이하 "수직증축형 리모델링"이라 한다)의 대상이 되는 기존 건축물의 층수가 15층 이상인 경우 : 3개층
2. 수직증축형 리모델링의 대상이 되는 기존 건축물의 층수가 14층 이하인 경우 : 2개층
② 법 제2조제25호다목2)에서 "리모델링 대상 건축물의 구조도 보유 등 대통령령으로 정하는 요건"이란 수직증축형 리모델링의 대상이 되는 기존 건축물의 신축 당시 구조도를 보유하고 있는 것을 말한다.

제2장 주택의 건설 등

제1절 주택건설사업자 등

제14조【주택건설사업자 등의 범위 및 등록기준 등】 ① 법 제4조제1항 각 호 외의 부분 본문에서 "대통령령으로 정하는 호수"란 다음 각 호의 구분에 따른 호수(戶數) 또는 세대수를 말한다.
1. 단독주택의 경우 : 20호
2. 공동주택의 경우 : 20세대. 다만, 도시형 생활주택(제10조제2항제1호의 경우를 포함한다)은 30세대로 한다.
② 법 제4조제1항 각 호 외의 부분 본문에서 "대통령령으로 정하는 면적"이란 1만제곱미터를 말한다.
③ 법 제4조에 따라 주택건설사업 또는 대지조성사업의 등록을 하려는 자는 다음 각 호의 요건을 모두 갖추어야 한다. 이 경우 하나의 사업자가 주택건설사업과 대지조성사업을 함께 할 때에는 제1호 및 제3호의 기준은 중복하여 적용하지 아니한다.
1. 자본금 : 3억원(개인인 경우에는 자산평가액 6억원) 이상
2. 다음 각 목의 구분에 따른 기술인력
가. 주택건설사업 : 「건설기술 진흥법 시행령」 별표1에 따른 건축 분야 기술인 1명 이상(2018.12.11 본목개정)
나. 대지조성사업 : 「건설기술 진흥법 시행령」 별표1에 따른 토목 분야 기술인 1명 이상(2018.12.11 본목개정)
3. 사무실면적 : 사업의 수행에 필요한 사무장비를 갖출 수 있는 면적(2017.6.2 본호개정)
④ 다음 각 호의 어느 하나에 해당하는 경우에는 해당 각 호의 자본금, 기술인력 또는 사무실면적을 제3항 각 호의 기준에 포함하여 산정한다.
1. 「건설산업기본법」 제9조에 따라 건설업(건축공사업 또는 토목건축공사업만 해당한다)의 등록을 한 자가 주택건설사업 또는 대지조성사업의 등록을 하려는 경우 : 이미 보유하고 있는 자본금, 기술인력 및 사무실면적
2. 위탁관리 부동산투자회사(「부동산투자회사법」 제2조제1호나목에 따른 위탁관리 부동산투자회사를 말한다. 이하 같다)가 주택건설사업의 등록을 하려는 경우 : 같은 법 제22조의2제1항에 따라 해당 부동산투자회사가 자산의 투자·운용업무를 위탁한 자산관리회사(같은 법 제2조제5호에 따른 자산관리회사를 말한다. 이하 같다)가 보유하고 있는 기술인력 및 사무실면적

제15조【주택건설사업 등의 등록 절차】 ① 법 제4조에 따라 주택건설사업 또는 대지조성사업의 등록을 하려는 자는 신청서에 국토교통부령으로 정하는 서류를 첨부하여 국토교통부장관에게 제출하여야 한다.
② 국토교통부장관은 법 제4조에 따라 주택건설사업 또는 대지조성사업의 등록을 한 자(이하 "등록사업자"라 한다)를 등록부에 등재하고 등록증을 발급하여야 한다.
③ 등록사업자는 등록사항에 변경이 있으면 국토교통부령으로 정하는 바에 따라 변경 사유가 발생한 날부터 30일 이내에 국토교통부장관에게 신고하여야 한다. 다만, 국토교통부령으로 정하는 경미한 변경에 대해서는 그러하지 아니하다.

제16조【공동사업주체의 사업시행】 ① 법 제5조제1항에 따라 공동으로 주택을 건설하려는 토지소유자와 등록사업자는 다음 각 호의 요건을 모두 갖추어 법 제15조에 따른 사업계획승인을 신청하여야 한다.
1. 등록사업자가 다음 각 목의 어느 하나에 해당하는 자일 것
가. 제17조제1항 각 호의 요건을 모두 갖춘 자
나. 「건설산업기본법」 제9조에 따른 건설업(건축공사업 또는 토목건축공사업만 해당한다)의 등록을 한 자
2. 주택건설대지가 저당권·가등기담보권·가압류·전세권·지상권 등(이하 "저당권등"이라 한다)의 목적으로 되어 있는 경우에는 그 저당권등을 말소할 것. 다만, 저당권등의 권리자로부터 해당 사업의 시행에 대한 동의를 받은 경우는 예외로 한다.
3. 토지소유자와 등록사업자 간에 다음 각 목의 사항에 대하여 법 및 이 영이 정하는 범위에서 협약이 체결되어 있을 것
가. 대지 및 주택(부대시설 및 복리시설을 포함한다)의 사용·처분
나. 사업비의 부담
다. 공사기간
라. 그 밖에 사업 추진에 따르는 각종 책임 등 사업 추진에 필요한 사항
② 법 제5조제2항에 따라 공동으로 주택을 건설하려는 주택조합(세대수를 늘리지 아니하는 리모델링주택조합은 제외한다)과 등록사업자, 지방자치단체, 한국토지주택공사(「한국토지주택공사법」에 따른 한국토지주택공사를 말한다. 이하 같다) 또는 지방공사(「지방공기업법」 제49조에 따라 주택건설사업을 목적으로 설립된 지방공사를 말한다. 이하 같다)는 다음 각 호의 요건을 모두 갖추어 법 제15조에 따른 사업계획승인을 신청하여야 한다.
1. 등록사업자와 공동으로 사업을 시행하는 경우에는 해당 등록사업자가 제1항제1호의 요건을 갖출 것
2. 주택조합이 주택건설대지의 소유권을 확보하고 있을 것. 다만, 지역주택조합 또는 직장주택조합이 등록사업자와 공동으로 사업을 시행하는 경우로서 법 제21조제1항제1호에 따라 「국토의 계획 및 이용에 관한 법률」 제49조에 따른 지구단위계획의 결정이 필요한 사업인 경우에는 95퍼센트 이상의 소유권을 확보하여야 한다.
3. 제1항제2호 및 제3호의 요건을 갖출 것. 이 경우 제1항제2호의 요건은 소유권을 확보한 대지에 대해서만 적용한다.
③ 법 제5조제3항에 따라 고용자가 등록사업자와 공동으로 주택을 건설하려는 경우에는 다음 각 호의 요건을 모두 갖추어 법 제15조에 따른 사업계획승인을 신청하여야 한다.
1. 제1항 각 호의 요건을 모두 갖추고 있을 것
2. 고용자가 해당 주택건설대지의 소유권을 확보하고 있을 것

제17조【등록사업자의 주택건설공사 시공기준】 ① 법 제7조에 따라 주택건설공사를 시공하려는 등록사업자는 다음 각 호의 요건을 모두 갖추어야 한다.
1. 자본금이 5억원(개인인 경우에는 자산평가액 10억원) 이상일 것
2. 「건설기술 진흥법 시행령」 별표1에 따른 건축 분야 및 토목 분야 기술인 3명 이상을 보유하고 있을 것. 이 경우 「건설기술 진흥법 시행령」 별표1에 따른 건설기술인으로서 다음 각 목에 해당하는 건설기술인 각 1명이 포함되어야 한다.(2019.10.22 후단개정)
가. 건축시공 기술사 또는 건축기사
나. 토목 분야 기술인
(2019.10.22 가목~나목신설)
3. 최근 5년간의 주택건설 실적이 100호 또는 100세대 이상일 것
② 법 제7조에 따라 등록사업자가 건설할 수 있는 주택은 주택으로 쓰는 층수가 5개층 이하인 주택으로 한다. 다만, 각층 거실의 바닥면적 300제곱미터 이내마다 1개소 이상의 직통계단을 설치한 경우에는 주택으로 쓰는 층수가 6개층인 주택을 건설할 수 있다.
③ 제2항에도 불구하고 다음 각 호의 어느 하나에 해당하는 등록사업자는 주택으로 쓰는 층수가 6개층 이상인 주택을 건설할 수 있다.
1. 주택으로 쓰는 층수가 6개층 이상인 아파트를 건설한 실적이 있는 자

2. 최근 3년간 300세대 이상의 공동주택을 건설한 실적이 있는 자
④ 법 제7조에 따라 주택건설공사를 시공하는 등록사업자는 건설공사비(총공사비에서 대지구입비를 제외한 금액을 말한다)가 자본금과 자본준비금·이익준비금을 합한 금액의 10배(개인인 경우에는 자산평가액의 5배)를 초과하는 건설공사는 시공할 수 없다.
제18조【등록사업자의 등록말소 및 영업정지처분 기준】 ① 법 제8조에 따른 등록사업자의 등록말소 및 영업정지 처분에 관한 기준은 별표1과 같다.
② 국토교통부장관은 법 제8조에 따라 등록말소 또는 영업정지의 처분을 하였을 때에는 지체 없이 관보에 고시하여야 한다. 그 처분을 취소하였을 때에도 또한 같다.
제19조【일시적인 등록기준 미달】 법 제8조제1항제2호 단서에서 "「채무자 회생 및 파산에 관한 법률」에 따라 법원이 회생절차개시의 결정을 하고 그 절차가 진행 중이거나 일시적으로 등록기준에 미달하는 등 대통령령으로 정하는 경우"란 다음 각 호의 어느 하나에 해당하는 경우를 말한다.
1. 제14조제3항제1호에 따른 자본금 또는 자산평가액 기준에 미달한 경우 중 다음 각 목의 어느 하나에 해당하는 경우
가. 「채무자 회생 및 파산에 관한 법률」 제49조에 따라 법원이 회생절차개시의 결정을 하고 그 절차가 진행 중인 경우
나. 회생계획의 수행에 지장이 없다고 인정되는 경우로서 해당 등록사업자가 「채무자 회생 및 파산에 관한 법률」 제283조에 따라 법원으로부터 회생절차종결의 결정을 받고 회생계획을 수행 중인 경우
다. 「기업구조조정 촉진법」 제5조에 따라 채권금융기관이 채권금융기관협의회의 의결을 거쳐 채권금융기관 공동관리절차를 개시하고 그 절차가 진행 중인 경우
2. 「상법」 제542조의8제1항 단서의 적용대상법인이 등록기준 미달 당시 직전의 사업연도말을 기준으로 자산총액의 감소로 인하여 제14조제3항제1호에 따른 자본금 기준에 미달하게 된 기간이 50일 이내인 경우
3. 기술인력의 사망·실종 또는 퇴직으로 인하여 제14조제3항제2호에 따른 기술인력 기준에 미달하게 된 기간이 50일(「소상공인기본법」 제2조에 따른 소상공인인 경우에는 180일) 이내인 경우(2023.9.12 본호개정)

제2절 주택조합

제20조【주택조합의 설립인가 등】 ① 법 제11조제1항에 따라 주택조합의 설립·변경 또는 해산의 인가를 받으려는 자는 신청서에 다음 각 호의 구분에 따른 서류를 첨부하여 주택건설대지(리모델링주택조합의 경우에는 해당 주택의 소재지를 말한다. 이하 같다)를 관할하는 시장·군수·구청장에게 제출해야 한다.(2020.7.24 본문개정)
1. 설립인가신청 : 다음 각 목의 구분에 따른 서류
가. 지역주택조합 또는 직장주택조합의 경우
1) 창립총회 회의록
2) 조합장선출동의서
3) 조합원 전원이 자필로 연명(連名)한 조합규약
4) 조합원 명부
5) 사업계획서
6) 해당 주택건설대지의 80퍼센트 이상에 해당하는 토지의 사용권원을 확보하였음을 증명하는 서류
7) 해당 주택건설대지의 15퍼센트 이상에 해당하는 토지의 소유권을 확보하였음을 증명하는 서류
(2020.7.24 신설)
8) 그 밖에 국토교통부령으로 정하는 서류
나. 리모델링주택조합의 경우
1) 가목1)부터 5)까지의 서류
2) 법 제11조제3항 각 호의 결의를 증명하는 서류. 이 경우 결의서에는 별표4 제1호나목1)부터 3)까지의 사항이 기재되어야 한다.
3) 「건축법」 제5조에 따라 건축기준의 완화 적용이 결정된 경우에는 그 증명서류
4) 해당 주택이 법 제49조에 따른 사용검사일(주택단지 안의 공동주택 전부에 대하여 같은 조에 따라 임시 사용승인을 받은 경우에는 그 임시 사용승인일을 말한다) 또는 「건축법」 제22조에 따른 사용승인일부터 다음의 구분에 따른 기간이 지났음을 증명하는 서류
가) 대수선인 리모델링 : 10년
나) 증축인 리모델링 : 법 제2조제25호나목에 따른 기간
2. 변경인가신청 : 변경의 내용을 증명하는 서류
3. 해산인가신청 : 조합해산의 결의를 위한 총회의 의결정족수에 해당하는 조합원의 동의를 받은 정산서
(2019.10.22 본호개정)
② 제1항제1호가목3)의 조합규약에는 다음 각 호의 사항이 포함되어야 한다.
1. 조합의 명칭 및 사무소의 소재지(2020.7.24 본호개정)
2. 조합원의 자격에 관한 사항
3. 주택건설대지의 위치 및 면적
4. 조합원의 제명·탈퇴 및 교체에 관한 사항
5. 조합임원의 수, 업무범위(권리·의무를 포함한다), 보수, 선임방법, 변경 및 해임에 관한 사항
6. 조합원의 비용부담 시기·절차 및 조합의 회계
6의2. 조합원의 제명·탈퇴에 따른 환급금의 산정방식, 지급시기 및 절차에 관한 사항(2017.6.2 본호신설)
7. 사업의 시행시기 및 시행방법
8. 총회의 소집절차·소집시기 및 조합원의 총회소집요구에 관한 사항
9. 총회의 의결을 필요로 하는 사항과 그 의결정족수 및 의결절차
10. 사업이 종결되었을 때의 청산절차, 청산금의 징수·지급방법 및 지급절차
11. 조합비의 사용 명세와 총회 의결사항의 공개 및 조합원에 대한 통지방법
12. 조합규약의 변경 절차
13. 그 밖에 조합의 사업추진 및 조합 운영을 위하여 필요한 사항
③ 제2항제9호에도 불구하고 국토교통부령으로 정하는 사항은 반드시 총회의 의결을 거쳐야 한다.
④ 총회의 의결을 하는 경우에는 조합원의 100분의 10 이상이 직접 출석하여야 한다. 다만, 창립총회 또는 제3항에 따라 국토교통부령으로 정하는 사항을 의결하는 총회의 경우에는 조합원의 100분의 20 이상이 직접 출석하여야 한다.(2017.6.2 본항신설)
⑤ 제4항에도 불구하고 총회의 소집시기에 해당 주택건설대지가 위치한 특별자치시·특별자치도·시·군·구(자치구를 말하며, 이하 "시·군·구"라 한다)에 「감염병의 예방 및 관리에 관한 법률」 제49조제1항제2호에 따라 여러 사람의 집합을 제한하거나 금지하는 조치가 내려진 경우에는 전자적 방법으로 총회를 개최해야 한다. 이 경우 조합원의 의결권 행사는 「전자서명법」 제2조제2호 및 제6호의 전자서명 및 인증서(서명자의 실제 이름을 확인할 수 있는 것으로 한정한다)를 통해 본인 확인을 거쳐 전자적 방법으로 해야 한다.(2021.2.19 본항신설)
⑥ 주택조합은 제5항에 따라 전자적 방법으로 총회를 개최하려는 경우 다음 각 호의 사항을 조합원에게 사전에 통지해야 한다.
1. 총회의 의결사항
2. 전자투표를 하는 방법
3. 전자투표 기간
4. 그 밖에 전자투표 실시에 필요한 기술적인 사항
(2021.2.19 본항신설)
⑦ 주택조합(리모델링주택조합은 제외한다)은 법 제11조에 따른 주택조합 설립인가를 받는 날부터 법 제49조에 따른 사용검사를 받는 날까지 계속하여 다음 각 호의 요건을 모두 충족해야 한다.
1. 주택건설 예정 세대수(설립인가 당시의 사업계획서상 주택건설 예정 세대수를 말하되, 법 제20조에 따라 임대주택으로 건설·공급하는 세대수는 제외한다. 이하 같다)의 50퍼센트 이상의 조합원으로 구성할 것. 다만, 법 제15조에 따른 사업계획승인 등의 과정에서 세대수가 변경된 경우에는 변경된 세대수를 기준으로 한다.
2. 조합원은 20명 이상일 것
(2019.10.22 본항개정)
⑧ 리모델링주택조합 설립에 동의한 자로부터 건축물을 취득한 자는 리모델링주택조합 설립에 동의한 것으로 본다.
⑨ 시장·군수·구청장은 해당 주택건설대지에 대한 다음 각 호의 사항을 종합적으로 검토하여 주택조합의 설립인가 여부를 결정하여야 한다. 이 경우 그 주택건설대지가 이미 인가를 받은 다른 주택조합의 주택건설대지와 중복되지 아니하도록 하여야 한다.
1. 법 또는 관계 법령에 따른 건축기준 및 건축제한 등을 고려하여 해당 주택건설대지에 주택건설이 가능한지 여부
2. 「국토의 계획 및 이용에 관한 법률」에 따라 수립되었거나 해당 주택건설사업기간에 수립될 예정인 도시·군계획(같은 법 제2조제2호에 따른 도시·군계획을 말한다)에 부합하는지 여부
3. 이미 수립되어 있는 토지이용계획
4. 주택건설대지 중 토지 사용에 관한 권원을 확보하지 못한 토지가 있는 경우 해당 토지의 위치가 사업계획서상의 사업시행에 지장을 줄 우려가 있는지 여부
⑩ 시장·군수·구청장은 법 제11조제1항에 따라 주택조합의 설립인가를 한 경우 다음 각 호의 사항을 해당 지방자치단체의 인터넷 홈페이지에 공고해야 한다. 이 경우 공고한 내용이 법 제11조제1항에 따른 변경인가에 따라 변경된 경우에도 또한 같다.
1. 조합의 명칭 및 사무소의 소재지
2. 조합설립 인가일
3. 주택건설대지의 위치
4. 조합원 수
5. 토지의 사용권원 또는 소유권을 확보한 면적과 비율
(2020.7.24 본항신설)
⑪ 주택조합의 설립·변경 또는 해산 인가에 필요한 세부적인 사항은 국토교통부령으로 정한다.
제21조【조합원의 자격】 ① 법 제11조에 따른 주택조합의 조합원이 될 수 있는 사람은 다음 각 호의 구분에 따른 사람으로 한다. 다만, 조합원의 사망으로 그 지위를 상속받는 자는 다음 각 호의 요건에도 불구하고 조합원이 될 수 있다.
1. 지역주택조합 조합원 : 다음 각 목의 요건을 모두 갖춘 사람
가. 조합설립인가 신청일(해당 주택건설대지가 법 제63조에 따른 투기과열지구 안에 있는 경우에는 조합설립인가 신청일 1년 전의 날을 말한다. 이하 같다)부터 해당 조합주택의 입주 가능일까지 주택을 소유(주택의 유형, 입주자 선정방법 등을 고려하여 국토교통부령으로 정하는 지위에 있는 경우를 포함한다. 이하 이 호에서 같다)하는지에 대하여 다음의 어느 하나에 해당할 것
1) 국토교통부령으로 정하는 기준에 따라 세대주를 포함한 세대원[세대주와 동일한 세대별 주민등록표에 등재되어 있지 아니한 세대주의 배우자 및 그 배우자와 동일한 세대를 이루고 있는 사람을 포함한다. 이하 2)에서 같다] 전원이 주택을 소유하고 있지 아니한 세대의 세대주일 것
2) 국토교통부령으로 정하는 기준에 따라 세대주를 포함한 세대원 중 1명에 한정하여 주거전용면적 85제곱미터 이하의 주택 1채를 소유한 세대의 세대주일 것
나. 조합설립인가 신청일 현재 법 제2조제11호가목의 구분에 따른 지역에 6개월 이상 계속하여 거주하여 온 사람일 것
다. 본인 또는 본인과 같은 세대별 주민등록표에 등재되어 있지 않은 배우자가 같은 또는 다른 지역주택조합의 조합원이거나 직장주택조합의 조합원이 아닐 것
(2019.10.22 본목신설)
2. 직장주택조합 조합원 : 다음 각 목의 요건을 모두 갖춘 사람
가. 제1호가목에 해당하는 사람일 것. 다만, 국민주택을 공급받기 위한 직장주택조합의 경우에는 제1호가목1)에 해당하는 세대주로 한정한다.
나. 조합설립인가 신청일 현재 동일한 특별시·광역시·특별자치시·특별자치도·시 또는 군(광역시의 관할구역에 있는 군은 제외한다) 안에 소재하는 동일한 국가기관·지방자치단체·법인에 근무하는 사람일 것
다. 본인 또는 본인과 같은 세대별 주민등록표에 등재되어 있지 않은 배우자가 같은 또는 다른 직장주택조합의 조합원이거나 지역주택조합의 조합원이 아닐 것
(2019.10.22 본목신설)
3. 리모델링주택조합 조합원 : 다음 각 목의 어느 하나에 해당하는 사람. 이 경우 해당 공동주택, 복리시설 또는 다목에 따른 공동주택 외의 시설의 소유권이 여러 명의 공유(共有)에 속할 때에는 그 여러 명을 대표하는 1명을 조합원으로 본다.
가. 법 제15조에 따른 사업계획승인을 받아 건설한 공동주택의 소유자
나. 복리시설을 함께 리모델링하는 경우에는 해당 복리시설의 소유자
다. 「건축법」 제11조에 따른 건축허가를 받아 분양을 목적으로 건설한 공동주택의 소유자(해당 건축물에 공동주택 외의 시설이 있는 경우에는 해당 시설의 소유자를 포함한다)
② 주택조합의 조합원이 근무·질병치료·유학·결혼 등 부득이한 사유로 세대주 자격을 일시적으로 상실한 경우로서 시장·군수·구청장이 인정하는 경우에는 제1항에 따른 조합원 자격이 있는 것으로 본다.
③ 제1항에 따른 조합원 자격의 확인 절차는 국토교통부령으로 정한다.
제22조【지역·직장주택조합 조합원의 교체·신규가입 등】 ① 지역주택조합 또는 직장주택조합은 설립인가를 받은 후에는 해당 조합원을 교체하거나 신규로 가입하게 할 수 없다. 다만, 다음 각 호의 어느 하나에 해당하는 경우에는 예외로 한다.
1. 조합원 수가 주택건설 예정 세대수를 초과하지 아니하는 범위에서 시장·군수·구청장으로부터 국토교통부령으로 정하는 바에 따라 조합원 추가모집의 승인을 받은 경우
2. 다음 각 목의 어느 하나에 해당하는 사유로 결원이 발생한 범위에서 충원하는 경우
가. 조합원의 사망
나. 법 제15조에 따른 사업계획승인 이후[지역주택조합 또는 직장주택조합이 제16조제2항제2호 단서에 따라 해당 주택건설대지 전부의 소유권을 확보하지 아니하고 법 제15조에 따른 사업계획승인을 받은 경우에는 해당 주택건설대지 전부의 소유권(해당 주택건설대지가 저당권등의 목적으로 되어 있는 경우에는 그 저당권등의 말소를 포함한다)을 확보한 이후를 말한다]에 입주자로 선정된 지위(해당 주택에 입주할 수 있는 권리·자격 또는 지위 등을 말한다)가 양도·증여 또는 판결 등으로 변경된 경우. 다만, 법 제64조제1항제1호에 따라 전매가 금지되는 경우는 제외한다.
(2019.10.22 단서개정)
다. 조합원의 탈퇴 등으로 조합원 수가 주택건설 예정 세대수의 50퍼센트 미만이 되는 경우
라. 조합원이 무자격자로 판명되어 자격을 상실하는 경우
마. 법 제15조에 따른 사업계획승인 등의 과정에서 주택건설 예정 세대수가 변경되어 조합원 수가 변경된 세대수의 50퍼센트 미만이 되는 경우

② 제1항 각 호에 따라 조합원으로 추가모집되거나 충원되는 자가 제21조제1항제1호 및 제2호에 따른 조합원 자격 요건을 갖추었는지를 판단할 때에는 해당 조합설립인가 신청일을 기준으로 한다.
③ 제1항 각 호에 따른 조합원 추가모집의 승인과 조합원 추가모집에 따른 주택조합의 변경인가 신청은 법 제15조에 따른 사업계획승인신청일까지 하여야 한다.
제23조【주택조합의 사업계획승인 신청 등】 ① 주택조합은 설립인가를 받은 날부터 2년 이내에 법 제15조에 따른 사업계획승인(제27조제1항제2호에 따른 사업계획승인 대상이 아닌 리모델링인 경우에는 법 제66조제2항에 따른 허가를 말한다)을 신청하여야 한다.
② 주택조합은 등록사업자가 소유하는 공공택지를 주택건설대지로 사용해서는 아니 된다. 다만, 경매 또는 공매를 통하여 취득한 공공택지는 예외로 한다.
제24조【직장주택조합의 설립신고】 ① 법 제11조제5항에 따라 국민주택을 공급받기 위한 직장주택조합을 설립하려는 자는 신고서에 다음 각 호의 서류를 첨부하여 관할 시장·군수·구청장에게 제출하여야 한다. 이 경우 시장·군수·구청장은 「전자정부법」 제36조제1항에 따른 행정정보의 공동이용을 통하여 주민등록표 등본을 확인하여야 하며, 신고인이 확인에 동의하지 아니하면 직접 제출하도록 하여야 한다.
1. 조합원 명부
2. 조합원이 될 사람이 해당 직장에 근무하는 사람임을 증명할 수 있는 서류(그 직장의 장이 확인한 서류여야 한다)
3. 무주택자임을 증명하는 서류
② 제1항에서 정한 사항 외에 국민주택을 공급받기 위한 직장주택조합의 신고절차 및 주택의 공급방법 등은 국토교통부령으로 정한다.
제24조의2【주택조합 업무대행자의 요건】 법 제11조의2제1항 각 호 외의 부분에서 "대통령령으로 정하는 자본금을 보유한 자"란 다음 각 호의 어느 하나에 해당하는 자를 말한다.
1. 법인인 경우 : 5억원 이상의 자본금을 보유한 자
2. 개인인 경우 : 10억원 이상의 자산평가액을 보유한 사람
(2020.7.24 본조신설)
제24조의3【주택조합 발기인의 자격기준 등】 ① 법 제11조의3제6항에서 "대통령령으로 정하는 자격기준"이란 다음 각 호의 구분에 따른 요건을 말한다.
1. 지역주택조합 발기인인 경우 : 다음 각 목의 요건을 모두 갖출 것
   가. 조합원 모집 신고를 하는 날부터 해당 조합설립인가일까지 주택을 소유(주택의 유형, 입주자 선정방법 등을 고려하여 국토교통부령으로 정하는 지위에 있는 경우를 포함한다)하는지에 대하여 제21조제1항제1호가목1) 또는 2)에 해당할 것
   나. 조합원 모집 신고를 하는 날의 1년 전부터 해당 조합설립인가일까지 계속하여 법 제2조제11호가목의 구분에 따른 지역에 거주할 것
2. 직장주택조합 발기인인 경우 : 다음 각 목의 요건을 모두 갖출 것
   가. 제1호가목에 해당할 것
   나. 조합원 모집 신고를 하는 날 현재 제21조제1항제2호나목에 해당할 것
② 법 제11조의3제8항제6호에서 "대통령령으로 정하는 사항"이란 다음 각 호의 사항을 말한다.
1. 주택조합 발기인과 임원의 성명, 주소, 연락처 및 보수에 관한 사항
2. 법 제11조의2제1항에 따라 업무대행자가 선정된 경우 업무대행자의 성명, 주소, 연락처(법인의 경우에는 법인명, 대표자의 성명, 법인의 주소 및 법인등록번호를 말한다) 및 대행 수수료에 관한 사항
3. 사업비 명세 및 자금조달계획에 관한 사항
4. 사업비가 증액될 경우 조합원이 추가 분담금을 납부할 수 있다는 사항
5. 법 제11조의6에 따른 청약 철회 및 가입비등(법 제11조의6제1항에 따른 가입비등을 말한다. 이하 같다)의 예치·반환 등에 관한 사항
(2020.7.24 본조신설)
제24조의4【조합원 모집 광고 등에 관한 준수사항】 ① 법 제11조의5제1항제4호에서 "대통령령으로 정하는 내용"이란 다음 각 호의 사항을 말한다.
1. 조합의 명칭 및 사무소의 소재지
2. 조합원 모집 신고 수리일
② 법 제11조의5제2항제6호에서 "대통령령으로 정하는 행위"란 시공자가 선정되지 않았음에도 선정된 것으로 오해하게 하는 행위를 말한다.
③ 모집주체(법 제11조의3제8항 각 호 외의 부분에 따른 모집주체를 말한다. 이하 같다)는 조합원 모집 광고를 할 때 다음 각 호의 요건을 모두 갖춘 크기로 법 제11조의5 제1항 각 호의 내용을 표기하여 일반인이 쉽게 인식할 수 있도록 해야 한다.
1. 9포인트 이상일 것
2. 제목이 아닌 다른 내용보다 20퍼센트 이상 클 것
④ 모집주체는 해당 주택조합의 인터넷 홈페이지가 있는 경우 조합원 모집 광고를 시작한 날부터 7일 이내에 광고한 매체 및 기간을 표시하여 그 인터넷 홈페이지에 해당 광고를 게재해야 한다.
(2020.7.24 본조신설)
제24조의5【가입비등의 예치】 ① 법 제11조의6제1항에서 "대통령령으로 정하는 기관"이란 다음 각 호의 기관을 말한다.
1. 「은행법」 제2조제1항제2호에 따른 은행
2. 「우체국예금·보험에 관한 법률」에 따른 체신관서
3. 「보험업법」 제2조제6호에 따른 보험회사
4. 「자본시장과 금융투자업에 관한 법률」 제8조제7항에 따른 신탁업자
② 모집주체는 제1항 각 호의 어느 하나에 해당하는 기관과 가입비등의 예치에 관한 계약을 체결해야 한다.
③ 주택조합의 가입을 신청한 자는 주택조합 가입 계약을 체결하면 제2항에 따라 예치에 관한 계약을 체결한 기관(이하 "예치기관"이라 한다)에 국토교통부령으로 정하는 가입비등 예치신청서를 제출해야 한다.
④ 예치기관은 제3항에 따른 신청서를 제출받은 경우 가입비등을 예치기관의 명의로 예치해야 하고, 이를 다른 금융자산과 분리하여 관리해야 한다.
⑤ 예치기관의 장은 제4항에 따라 가입비등을 예치한 경우에는 모집주체와 주택조합 가입 신청자에게 국토교통부령으로 정하는 증서를 내주어야 한다.
(2020.7.24 본조신설)
제24조의6【주택조합 가입에 관한 청약의 철회】 ① 주택조합 가입 신청자는 법 제11조의6제2항에 따라 주택조합 가입에 관한 청약을 철회하는 경우 국토교통부령으로 정하는 청약 철회 요청서를 모집주체에게 제출해야 한다.
② 모집주체는 제1항에 따른 요청서를 제출받은 경우 이를 즉시 접수하고 접수일자가 적힌 접수증을 해당 주택조합 가입 신청자에게 발급해야 한다.
(2020.7.24 본조신설)
제24조의7【가입비등의 지급 및 반환】 ① 모집주체는 법 제11조의6제4항에 따라 가입비등의 반환을 요청하는 경우 국토교통부령으로 정하는 요청서를 예치기관의 장에게 제출해야 한다.
② 모집주체는 가입비등을 예치한 날부터 30일이 지난 경우 예치기관의 장에게 가입비등의 지급을 요청할 수 있다. 이 경우 모집주체는 국토교통부령으로 정하는 요청서를 예치기관의 장에게 제출해야 한다.
③ 예치기관의 장은 제2항에 따라 요청서를 받은 경우 요청일부터 10일 이내에 가입비등을 법 제11조의2제3항에 따라 계약금 등 자금의 보관 업무를 대행하는 신탁업자에게 지급해야 한다.
④ 법 제11조의2제3항에 따라 계약금 등 자금의 보관 업무를 대행하는 신탁업자는 제3항에 따라 지급받은 가입비등을 신탁업자의 명의로 예치해야 하고, 이를 다른 금융자산과 분리하여 관리해야 한다.
⑤ 예치기관의 장은 정보통신망을 이용하여 가입비등의 예치·지급 및 반환 등에 필요한 업무를 수행할 수 있다. 이 경우 예치기관의 장은 「전자서명법」 제2조제2호 및 제6호에 따른 전자서명 및 인증서(서명자의 실제 이름을 확인할 수 있는 것을 말한다)로 신청인의 본인 여부를 확인해야 한다.
(2020.7.24 본조신설)
제25조【자료의 공개】 법 제12조제2항제10호에서 "대통령령으로 정하는 서류 및 관련 자료"란 다음 각 호의 서류 및 자료를 말한다.(2020.7.24 본문개정)
1. 연간 자금운용 계획서
2. 월별 자금 입출금 명세서
3. 월별 공사진행 상황에 관한 서류
4. 주택조합이 사업주체가 되어 법 제54조제1항에 따라 공급하는 주택의 분양신청에 관한 서류 및 관련 자료
5. 전체 조합원별 분담금 납부내역(2020.7.24 본호신설)
6. 조합원별 추가 분담금 산출내역(2020.7.24 본호신설)
제25조의2【주택조합의 해산 등】 ① 주택조합 또는 주택조합의 발기인은 법 제14조의2제1항 또는 제2항에 따라 주택조합의 해산 또는 주택조합 사업의 종결 여부를 결정하려는 경우에는 다음 각 호의 구분에 따른 날부터 3개월 이내에 총회를 개최해야 한다.
1. 법 제11조제1항에 따른 주택조합 설립인가를 받은 날부터 3년이 되는 날까지 사업계획승인을 받지 못하는 경우 : 해당 설립인가를 받은 날부터 3년이 되는 날
2. 법 제11조의3제1항에 따른 조합원 모집 신고가 수리된 날부터 2년이 되는 날까지 주택조합 설립인가를 받지 못하는 경우 : 해당 조합원 모집 신고가 수리된 날부터 2년이 되는 날
② 법 제14조의2제2항에 따라 개최하는 총회에서 주택조합 사업의 종결 여부를 결정하는 경우 다음 각 호의 사항을 포함해야 한다.
1. 사업의 종결 시 회계보고에 관한 사항
2. 청산 절차, 청산금의 징수·지급방법 및 지급절차 등 청산 계획에 관한 사항
③ 법 제14조의2제2항에 따라 개최하는 총회는 다음의 요건을 모두 충족해야 한다.
1. 주택조합 가입 신청자의 3분의 2 이상의 찬성으로 의결할 것
2. 주택조합 가입 신청자의 100분의 20 이상이 직접 출석할 것. 다만, 제20조제5항 전단에 해당하는 경우는 제외한다.
3. 제2호 단서의 경우에는 제20조제5항 후단 및 같은 조 제6항에 따를 것. 이 경우 "조합원"은 "주택조합 가입 신청자"로 본다.
(2021.2.19 본항개정)
④ 주택조합의 해산 또는 사업의 종결을 결의한 경우에는 법 제14조의2제4항에 따라 주택조합의 임원 또는 발기인이 청산인이 된다. 다만, 조합규약 또는 총회의 결의로 달리 정한 경우에는 그에 따른다.
(2020.7.24 본조신설)
제26조【주택조합의 회계감사】 ① 법 제14조의3제1항에 따라 주택조합은 다음 각 호의 어느 하나에 해당하는 날부터 30일 이내에 「주식회사 등의 외부감사에 관한 법률」 제2조제7호에 따른 감사인의 회계감사를 받아야 한다.
(2020.7.24 본문개정)
1. 법 제11조에 따른 주택조합 설립인가를 받은 날부터 3개월이 지난 날
2. 법 제15조에 따른 사업계획승인(제27조제1항제2호에 따른 사업계획승인 대상이 아닌 리모델링인 경우에는 법 제66조제2항에 따른 허가를 말한다)을 받은 날부터 3개월이 지난 날
3. 법 제49조에 따른 사용검사 또는 임시 사용승인을 신청한 날
② 제1항에 따른 회계감사에 대해서는 「주식회사 등의 외부감사에 관한 법률」 제16조에 따른 회계감사기준을 적용한다.(2018.10.30 본항개정)
③ 제1항에 따른 회계감사를 한 자는 회계감사 종료일부터 15일 이내에 회계감사 결과를 관할 시장·군수·구청장과 해당 주택조합에 각각 통보하여야 한다.
④ 시장·군수·구청장은 제3항에 따라 통보받은 회계감사 결과의 내용을 검토하여 위법 또는 부당한 사항이 있다고 인정되는 경우에는 그 내용을 해당 주택조합에 통보하고 시정을 요구할 수 있다.
제26조의2【시공보증】 법 제14조의4제1항에서 "대통령령으로 정하는 비율 이상"이란 총 공사금액의 30퍼센트 이상을 말한다.(2020.7.24 본조개정)

제3절 사업계획의 승인 등

제27조【사업계획의 승인】 ① 법 제15조제1항 각 호 외의 부분 본문에서 "대통령령으로 정하는 호수"란 다음 각 호의 구분에 따른 호수 및 세대수를 말한다.
1. 단독주택 : 30호. 다만, 다음 각 목의 어느 하나에 해당하는 단독주택의 경우에는 50호로 한다.
   가. 법 제2조제24호 각 목의 어느 하나에 해당하는 공공사업에 따라 조성된 용지를 개별 필지로 구분하지 아니하고 일단(一團)의 토지로 공급받아 해당 토지에 건설하는 단독주택
   나. 「건축법 시행령」 제2조제16호에 따른 한옥
2. 공동주택 : 30세대(리모델링의 경우에는 증가하는 세대수를 기준으로 한다). 다만, 다음 각 목의 어느 하나에 해당하는 공동주택을 건설(리모델링의 경우는 제외한다)하는 경우에는 50세대로 한다.
   가. 다음의 요건을 모두 갖춘 단지형 연립주택 또는 단지형 다세대주택
      1) 세대별 주거전용면적이 30제곱미터 이상일 것
      2) 해당 주택단지 진입도로의 폭이 6미터 이상일 것. 다만, 해당 주택단지의 진입도로가 두 개 이상인 경우에는 다음의 요건을 모두 갖추면 진입도로의 폭을 4미터 이상 6미터 미만으로 할 수 있다.
         가) 두 개의 진입도로 폭의 합계가 10미터 이상일 것
         나) 폭 4미터 이상 6미터 미만인 진입도로는 제5조에 따른 도로와 통행거리가 200미터 이내일 것
   나. 「도시 및 주거환경정비법」 제2조제1호에 따른 정비구역에서 같은 조 제2호가목에 따른 주거환경개선사업(같은 법 제23조제1항제1호에 해당하는 방법으로 시행하는 경우만 해당한다)을 시행하기 위하여 건설하는 공동주택. 다만, 같은 법 시행령 제8조제3항제6호에 따른 정비기반시설의 설치계획대로 정비기반시설 설치가 이루어지지 아니한 지역으로서 시장·군수·구청장이 지정·고시하는 지역에서 건설하는 공동주택은 제외한다.(2018.2.9 본목개정)
② 법 제15조제1항 각 호 외의 부분 본문에서 "대통령령으로 정하는 면적"이란 1만제곱미터를 말한다.
③ 법 제15조제1항 각 호 외의 부분 본문에서 "대통령령으로 정하는 경우"란 다음 각 호의 어느 하나에 해당하는 경우를 말한다.
1. 330만제곱미터 이상의 규모로 「택지개발촉진법」에 따른 택지개발사업 또는 「도시개발법」에 따른 도시개발사업을 추진하는 지역 중 국토교통부장관이 지정·고시하는 지역에서 주택건설사업을 시행하는 경우
2. 수도권(「수도권정비계획법」 제2조제1호에 따른 수도권을 말한다. 이하 같다) 또는 광역시 지역의 긴급한 주택난 해소가 필요하거나 지역균형개발 또는 광역적 차원의 조정이 필요하여 국토교통부장관이 지정·고시하는 지역에서 주택건설사업을 시행하는 경우
3. 다음 각 목의 자가 단독 또는 공동으로 총지분의 50퍼센트를 초과하여 출자한 위탁관리 부동산투자회사(해당 부동산투자회사의 자산관리회사가 한국토지주택공사

인 경우만 해당한다)가 「공공주택 특별법」 제2조제3호 나목에 따른 공공주택건설사업(이하 "공공주택건설사업"이라 한다)을 시행하는 경우(2017.10.17 본문개정)
가. 국가
나. 지방자치단체
다. 한국토지주택공사
라. 지방공사
④ 법 제15조제1항 각 호 외의 부분 단서에서 "주택 외의 시설과 주택을 동일 건축물로 건축하는 경우 등 대통령령으로 정하는 경우"란 다음 각 호의 어느 하나에 해당하는 경우를 말한다.
1. 다음 각 목의 요건을 모두 갖춘 사업의 경우
가. 「국토의 계획 및 이용에 관한 법률 시행령」 제30조제1호다목에 따른 준주거지역 또는 같은 조 제2호에 따른 상업지역(유통상업지역은 제외한다)에서 300세대 미만의 주택과 주택 외의 시설을 동일 건축물로 건축하는 경우일 것
나. 해당 건축물의 연면적에서 주택의 연면적이 차지하는 비율이 90퍼센트 미만일 것
2. 「농어촌정비법」 제2조제10호에 따른 생활환경정비사업 중 「농업협동조합법」 제2조제4호에 따른 농업협동조합중앙회가 조달하는 자금으로 시행하는 사업인 경우
⑤ 제1항 및 제4항에 따른 주택건설규모를 산정할 때 다음 각 호의 구분에 따른 동일 사업주체(「건축법」 제2조제1항제12호에 따른 건축주를 포함한다)가 일단의 주택단지를 여러 개의 구역으로 분할하여 주택을 건설하려는 경우에는 전체 구역의 주택건설호수 또는 세대수의 규모를 주택건설규모로 산정한다. 이 경우 주택의 건설기준, 부대시설 및 복리시설의 설치기준과 대지의 조성기준을 적용할 때에는 전체 구역을 하나의 대지로 본다.
1. 사업주체가 개인인 경우 : 개인인 사업주체와 그의 배우자 또는 직계존비속
2. 사업주체가 법인인 경우 : 법인인 사업주체와 그 법인의 임원
⑥ 법 제15조제2항에서 "주택과 그 부대시설 및 복리시설의 배치도, 대지조성공사 설계도서 등 대통령령으로 정하는 서류"란 다음 각 호의 구분에 따른 서류를 말한다.
1. 주택건설사업계획 승인신청의 경우 : 다음 각 목의 서류. 다만, 제29조에 따른 표본설계도서에 따라 사업계획 승인을 신청하는 경우에는 라목의 서류는 제외한다.
가. 신청서
나. 사업계획서
다. 주택과 그 부대시설 및 복리시설의 배치도
라. 공사설계도서. 다만, 대지조성공사를 우선 시행하는 경우만 해당하며, 사업주체가 국가, 지방자치단체, 한국토지주택공사 또는 지방공사인 경우에는 국토교통부령으로 정하는 도서로 한다.
마. 「국토의 계획 및 이용에 관한 법률 시행령」 제96조제1항제3호 및 제97조제6항제3호의 사항을 적은 서류(법 제24조제2항에 따라 토지를 수용하거나 사용하려는 경우만 해당한다)
바. 제16조 각 호의 사실을 증명하는 서류(공동사업시행의 경우만 해당하며, 법 제11조제1항에 따른 주택조합이 단독으로 사업을 시행하는 경우에는 제16조제1항제2호 및 제3호의 사실을 증명하는 서류를 말한다)
사. 법 제19조제3항에 따른 협의에 필요한 서류
아. 법 제29조제1항에 따른 공공시설의 귀속에 관한 사항을 기재한 서류
자. 주택조합설립인가서(주택조합만 해당한다)
차. 법 제51조제2항 각 호의 어느 하나의 사실 또는 이 영 제17조제1항 각 호의 사실을 증명하는 서류(「건설산업기본법」 제9조에 따른 건설업 등록을 한 자가 아닌 경우만 해당한다)
카. 그 밖에 국토교통부령으로 정하는 서류
2. 대지조성사업계획 승인신청의 경우 : 다음 각 목의 서류
가. 신청서
나. 사업계획서
다. 공사설계도서. 다만, 사업주체가 국가, 지방자치단체, 한국토지주택공사 또는 지방공사인 경우에는 국토교통부령으로 정하는 도서로 한다.
라. 제1호마목·사목 및 아목의 서류
마. 조성한 대지의 공급계획서
바. 그 밖에 국토교통부령으로 정하는 서류

제28조【주택단지의 분할 건설·공급】 ① 법 제15조제3항 각 호 외의 부분 전단에서 "대통령령으로 정하는 호수 이상의 주택단지"란 전체 세대수가 600세대 이상인 주택단지를 말한다.
② 법 제15조제3항에 따른 주택단지의 공구별 분할 건설·공급의 절차와 방법에 관한 세부기준은 국토교통부장관이 정하여 고시한다.

제29조【표본설계도서의 승인】 ① 한국토지주택공사, 지방공사 또는 등록사업자는 동일한 규모의 주택을 대량으로 건설하려는 경우에는 국토교통부령으로 정하는 바에 따라 국토교통부장관에게 주택의 형별(型別)로 표본설계도서를 작성·제출하여 승인을 받을 수 있다.
② 국토교통부장관은 제1항에 따른 승인을 하려는 경우에는 관계 행정기관의 장과 협의하여야 하며, 협의 요청을 받은 기관은 정당한 사유가 없으면 요청받은 날부터 15일 이내에 국토교통부장관에게 의견을 통보하여야 한다.
③ 국토교통부장관은 제1항에 따라 표본설계도서의 승인을 하였을 때에는 그 내용을 특별시장·광역시장·특별자치시장·도지사 또는 특별자치도지사(이하 "시·도지사"라 한다)에게 통보하여야 한다.

제30조【사업계획의 승인절차 등】 ① 사업계획승인권자는 법 제15조에 따른 사업계획승인의 신청을 받았을 때에는 정당한 사유가 없으면 신청받은 날부터 60일 이내에 사업주체에게 승인 여부를 통보하여야 한다.
② 국토교통부장관은 제27조제3항 각 호에 해당하는 주택건설사업계획의 승인을 하였을 때에는 지체 없이 관할 시·도지사에게 그 내용을 통보하여야 한다.
③ 사업계획승인권자는 「주택도시기금법」에 따른 주택도시기금(이하 "주택도시기금"이라 한다)을 지원받은 사업주체에게 법 제15조제4항 본문에 따른 사업계획의 변경승인을 하였을 때에는 그 내용을 해당 사업에 대한 융자를 취급한 기금수탁자에게 통지하여야 한다.
④ 주택도시기금을 지원받은 사업주체가 사업주체를 변경하기 위하여 법 제15조제4항 본문에 따른 사업계획의 변경승인을 신청하는 경우에는 기금수탁자로부터 사업주체 변경에 관한 동의서를 받아 첨부하여야 한다.
⑤ 사업계획승인권자는 법 제15조제6항 전단에 따라 사업계획승인의 고시를 할 때에는 다음 각 호의 사항을 포함하여야 한다.
1. 사업의 명칭
2. 사업주체의 성명·주소(법인인 경우에는 법인의 명칭·소재지와 대표자의 성명·주소를 말한다)
3. 사업시행지의 위치·면적 및 건설주택의 규모
4. 사업시행기간
5. 법 제19조제1항에 따라 고시가 의제되는 사항

제31조【공사 착수기간의 연장】 법 제16조제1항 각 호 외의 부분 단서에서 "대통령령으로 정하는 정당한 사유가 있다고 인정하는 경우"란 다음 각 호의 어느 하나에 해당하는 경우를 말한다.
1. 「매장문화재 보호 및 조사에 관한 법률」 제11조에 따라 문화재청장의 매장문화재 발굴허가를 받은 경우
2. 해당 사업시행지에 대한 소유권 분쟁(소송절차가 진행 중인 경우만 해당한다)으로 인하여 공사 착수가 지연되는 경우
3. 법 제15조에 따른 사업계획승인의 조건으로 부과된 사항을 이행함에 따라 공사 착수가 지연되는 경우
4. 천재지변 또는 사업주체에게 책임이 없는 불가항력적인 사유로 인하여 공사 착수가 지연되는 경우
5. 공공택지의 개발·조성을 위한 계획에 포함된 기반시설의 설치 지연으로 공사 착수가 지연되는 경우
6. 해당 지역의 미분양주택 증가 등으로 사업성이 악화될 우려가 있거나 주택건설경기가 침체되는 등 공사에 착수하지 못할 부득이한 사유가 있다고 사업계획승인권자가 인정하는 경우

제32조【사업계획승인의 취소】 법 제16조제5항에서 "사업계획 이행, 사업비 조달 계획 등 대통령령으로 정하는 내용"이란 다음 각 호의 내용을 말한다.(2021.7.6 본문개정)
1. 공사일정, 준공예정일 등 사업계획의 이행에 관한 계획
2. 사업비 확보 현황 및 방법 등이 포함된 사업비 조달 계획
3. 해당 사업과 관련된 소송 등 분쟁사항의 처리 계획

제33조【공동위원회의 구성】 ① 법 제18조제3항에 따른 공동위원회(이하 "공동위원회"라 한다)는 위원장 및 부위원장 1명씩을 포함하여 25명 이상 30명 이하의 위원으로 구성한다.
② 공동위원회 위원장은 법 제18조제3항 각 호의 어느 하나에 해당하는 위원회 위원장의 추천을 받은 위원 중에서 호선(互選)한다.
③ 공동위원회 부위원장은 사업계획승인권자가 속한 지방자치단체 소속 공무원 중에서 위원장이 지명한다.
④ 공동위원회 위원은 법 제18조제3항 각 호의 위원회의 위원이 각각 5명 이상이 되어야 한다.

제34조【위원의 제척·기피·회피】 ① 공동위원회 위원(이하 이 조 및 제35조에서 "위원"이라 한다)이 다음 각 호의 어느 하나에 해당하는 경우에는 공동위원회의 심의·의결에서 제척(除斥)된다.
1. 위원 또는 그 배우자나 배우자였던 사람이 해당 안건의 당사자(당사자가 법인·단체 등인 경우에는 그 임원을 포함한다. 이하 이 호 및 제2호에서 같다)가 되거나 그 안건의 당사자와 공동권리자 또는 공동의무자인 경우
2. 위원이 해당 안건 당사자의 친족이거나 친족이었던 경우
3. 위원이 해당 안건에 대하여 자문, 연구, 용역(하도급을 포함한다), 감정 또는 조사를 한 경우
4. 위원이나 위원이 속한 법인·단체 등이 해당 안건 당사자의 대리인이거나 대리인이었던 경우
5. 위원이 임원 또는 직원으로 재직하고 있거나 최근 3년 내에 재직하였던 기업 등이 해당 안건에 대하여 자문, 연구, 용역(하도급을 포함한다), 감정 또는 조사를 한 경우
② 해당 안건의 당사자는 위원에게 공정한 심의·의결을 기대하기 어려운 사정이 있는 경우에는 공동위원회에 기피 신청을 할 수 있고, 공동위원회는 의결로 기피 여부를 결정한다. 이 경우 기피 신청의 대상인 위원은 그 의결에 참여할 수 없다.
③ 위원이 제1항 각 호의 제척 사유에 해당하는 경우에는 스스로 해당 안건의 심의·의결에서 회피(回避)하여야 한다.

제35조【통합심의의 방법과 절차】 ① 법 제18조제3항에 따라 사업계획을 통합심의하는 경우 사업계획승인권자는 공동위원회를 개최하기 7일 전까지 회의 일시, 장소 및 상정 안건 등 회의 내용을 위원에게 알려야 한다.
② 공동위원회의 회의는 재적위원 과반수의 출석으로 개의(開議)하고, 출석위원 과반수의 찬성으로 의결한다.
③ 공동위원회 위원장은 통합심의와 관련하여 필요하다고 인정하거나 사업계획승인권자가 요청한 경우에는 당사자 또는 관계자를 출석하게 하여 의견을 듣거나 설명하게 할 수 있다.
④ 공동위원회는 사업계획승인과 관련된 사항, 당사자 또는 관계자의 의견 및 설명, 관계 기관의 의견 등을 종합적으로 검토하여 심의하여야 한다.
⑤ 공동위원회는 회의시 회의내용을 녹취하고, 다음 각 호의 사항을 회의록으로 작성하여 「공공기록물 관리에 관한 법률」에 따라 보존하여야 한다.
1. 회의일시·장소 및 공개여부
2. 출석위원 서명부
3. 상정된 의안 및 심의결과
4. 그 밖에 주요 논의사항 등
⑥ 공동위원회의 회의에 참석한 위원에게는 예산의 범위에서 수당 및 여비를 지급할 수 있다. 다만, 공무원인 위원이 소관 업무와 직접 관련되어 위원회에 출석하는 경우에는 그러하지 아니하다.
⑦ 이 영에서 규정한 사항 외에 공동위원회 운영에 필요한 사항은 위원회의 의결을 거쳐 위원장이 정한다.

제36조【수수료 등의 면제 기준】 법 제19조제5항에서 "대통령령으로 정하는 비율"이란 50퍼센트를 말한다.

제37조【주택건설사업 등에 따른 임대주택의 비율 등】 ① 법 제20조제2항 각 호 외의 부분에서 "대통령령으로 정하는 비율"이란 30퍼센트 이상 60퍼센트 이하의 범위에서 특별시·광역시·특별자치시·도 또는 특별자치도(이하 "시·도"라 한다)의 조례로 정하는 비율을 말한다.
② 국토교통부장관은 법 제20조제2항에 따라 시장·군수·구청장으로부터 인수자를 지정하여 줄 것을 요청받은 경우에는 30일 이내에 인수자를 지정하여 시·도지사에게 통보하여야 한다.
③ 시·도지사는 제2항에 따른 통보를 받은 경우에는 지체 없이 국토교통부장관이 지정한 인수자와 임대주택의 인수에 관하여 협의하여야 한다.

제38조【토지매수업무 등의 위탁】 ① 사업주체(국가 또는 한국토지주택공사인 경우로 한정한다)는 법 제26조제1항에 따라 토지매수업무와 손실보상업무를 지방자치단체의 장에게 위탁하는 경우에는 매수할 토지 및 위탁조건을 명시하여야 한다.
② 법 제26조제2항에서 "대통령령으로 정하는 요율의 위탁수수료"란 「공익사업을 위한 토지 등의 취득 및 보상에 관한 법률 시행령」 별표1에 따른 위탁수수료를 말한다.

제39조【간선시설의 설치 등】 ① 법 제28조제1항 각 호 외의 부분 본문에서 "대통령령으로 정하는 호수"란 다음 각 호의 구분에 따른 호수 또는 세대수를 말한다.
1. 단독주택인 경우 : 100호
2. 공동주택인 경우 : 100세대(리모델링의 경우에는 늘어나는 세대수를 기준으로 한다)
② 법 제28조제1항 각 호 외의 부분 본문에서 "대통령령으로 정하는 면적"이란 1만6천500제곱미터를 말한다.
③ 사업계획승인권자는 제1항 또는 제2항에 따른 규모 이상의 주택건설 또는 대지조성에 관한 사업계획을 승인하였을 때에는 그 사실을 지체 없이 법 제28조제1항 각 호의 간선시설 설치의무자(이하 "간선시설 설치의무자"라 한다)에게 통지하여야 한다.
④ 간선시설 설치의무자는 사업계획에서 정한 사용검사 예정일까지 해당 간선시설을 설치하지 못할 특별한 사유가 있을 때에는 제3항에 따른 통지를 받은 날부터 1개월 이내에 그 사유와 설치 가능 시기를 명시하여 해당 사업주체에게 통보하여야 한다.
⑤ 법 제28조제6항에 따른 간선시설의 종류별 설치범위는 별표2와 같다.

제40조【간선시설 설치비의 상환】 ① 법 제28조제7항에 따라 사업주체가 간선시설을 자기부담으로 설치하려는 경우 간선시설 설치의무자는 사업주체와 간선시설의 설치비 상환계약을 체결하여야 한다.
② 제1항에 따른 상환계약에서 정하는 설치비의 상환기한은 해당 사업의 사용검사일부터 3년 이내로 하여야 한다.
③ 간선시설 설치의무자가 제1항에 따른 상환계약에 따라 상환하여야 하는 금액은 다음 각 호의 금액을 합산한 금액으로 한다.
1. 설치비용
2. 상환 완료 시까지의 설치비용에 대한 이자. 이 경우 이자율은 설치비 상환계약 체결일 당시의 정기예금 금리(「은행법」에 따라 설립된 은행 중 수신고를 기준으로 한 전국 상위 6개 시중은행의 1년 만기 정기예금 금리의 산술평균을 말한다)로 하되, 상환계약에서 달리 정한 경우에는 그에 따른다.

제41조【국·공유지 등의 우선 매각 등】 법 제30조제1항제1호에서 "대통령령으로 정하는 비율"이란 50퍼센트를 말한다.

제42조【체비지의 우선매각】 법 제31조에 따라 도시개발사업시행자[「도시개발법」에 따른 환지(換地) 방식에 의하여 사업을 시행하는 도시개발사업의 시행자를 말한다]는 체비지(替費地)를 사업주체에게 국민주택용지로 매각하는 경우에는 경쟁입찰로 하여야 한다. 다만, 매각을 요구하는 사업주체가 하나일 때에는 수의계약으로 매각할 수 있다.

제4절 주택의 건설

제43조【주택의 설계 및 시공】 ① 법 제33조제1항에서 "대통령령으로 정하는 설계도서 작성기준"이란 다음 각 호의 요건을 말한다.
1. 설계도서는 설계도 · 시방서(示方書) · 구조계산서 · 수량산출서 · 품질관리계획서 등으로 구분하여 작성할 것
2. 설계도 및 시방서에는 건축물의 규모와 설비 · 재료 · 공사방법 등을 적을 것
3. 설계도 · 시방서 · 구조계산서는 상호 보완관계를 유지할 수 있도록 작성할 것
4. 품질관리계획서에는 설계도 및 시방서에 따른 품질 확보를 위하여 필요한 사항을 정할 것

② 국토교통부장관은 제1항 각 호의 요건에 관한 세부기준을 정하여 고시할 수 있다.

제44조【주택건설공사의 시공 제한 등】 ① 법 제34조제1항에서 "대통령령으로 정하는 자"란 「건설산업기본법」 제9조에 따라 건설업(건축공사업 또는 토목건축공사업만 해당한다)의 등록을 한 자를 말한다.

② 법 제34조제2항에서 "대통령령으로 정하는 자"란 「건설산업기본법」 제9조에 따라 다음 각 호의 어느 하나에 해당하는 건설업의 등록을 한 자를 말한다.
1. 방수설비공사 : 도장 · 습식 · 방수 · 석공사업 (2020.12.29 본호개정)
2. 위생설비공사 : 기계설비 · 가스공사업
3. 냉 · 난방설비공사 : 기계설비 · 가스공사업 또는 가스 · 난방공사업[가스 · 난방공사업 중 난방공사(제1종 · 제2종 또는 제3종)를 말하며, 난방설비공사로 한정한다]

(2023.5.9 2호~3호개정)

③ 법 제34조제3항 단서에서 "대통령령으로 정하는 대형공사"란 대지구입비를 제외한 총공사비가 500억원 이상인 공사를 말한다.

④ 법 제34조제3항 단서에서 "대통령령으로 정하는 입찰방법"이란 「국가를 당사자로 하는 계약에 관한 법률 시행령」 제79조제1항제5호에 따른 일괄입찰을 말한다.

제45조【주택건설기준 등에 관한 규정】 다음 각 호의 사항은 「주택건설기준 등에 관한 규정」으로 정한다.
1. 법 제35조제1항제1호에 따른 주택 및 시설의 배치, 주택과의 복합건축 등에 관한 주택건설기준
2. 법 제35조제1항제2호에 따른 주택의 구조 · 설비기준
3. 법 제35조제1항제3호에 따른 부대시설의 설치기준
4. 법 제35조제1항제4호에 따른 복리시설의 설치기준
5. 법 제35조제1항제5호에 따른 대지조성기준
6. 법 제36조에 따른 도시형 생활주택의 건설기준
7. 법 제37조에 따른 에너지절약형 친환경주택 등의 건설기준
8. 법 제38조에 따른 장수명 주택의 건설기준 및 인증제도
9. 법 제39조에 따른 공동주택성능등급의 표시
10. 법 제40조에 따른 환기시설 설치기준
11. 법 제41조에 따른 바닥충격음 성능등급 인정
12. 법 제42조에 따른 소음방지대책 수립에 필요한 실외소음도와 실외소음도를 측정하는 기준, 실외소음도 측정기관의 지정 요건 및 측정에 소요되는 수수료 등 실외소음도 측정에 필요한 사항

제46조【주택의 규모별 건설 비율】 ① 국토교통부장관은 적정한 주택수급을 위하여 필요하다고 인정하는 경우에는 법 제35조제1항제6호에 따라 사업주체가 건설하는 주택의 75퍼센트(법 제5조제2항 및 제3항에 따른 주택조합이나 고용자가 건설하는 주택은 100퍼센트) 이하의 범위에서 일정 비율 이상을 국민주택규모로 건설하게 할 수 있다.

② 제1항에 따른 국민주택규모 주택의 건설 비율은 주택단지별 사업계획에 적용한다.

제5절 주택의 감리 및 사용검사

제47조【감리자의 지정 및 감리원의 배치 등】 ① 법 제43조제1항 본문에 따라 사업계획승인권자는 다음 각 호의 구분에 따른 자를 주택건설공사의 감리자로 지정하여야 한다. 이 경우 인접한 둘 이상의 주택단지에 대해서는 감리자를 공동으로 지정할 수 있다.
1. 300세대 미만의 주택건설공사 : 다음 각 목의 어느 하나에 해당하는 자[해당 주택건설공사를 시공하는 자의 계열회사(「독점규제 및 공정거래에 관한 법률」 제2조제3호에 따른 계열회사를 말한다)는 제외한다. 이하 제2호에서 같다]
   가. 「건축사법」 제23조제1항에 따라 건축사사무소개설신고를 한 자
   나. 「건설기술 진흥법」 제26조제1항에 따라 등록한 건설엔지니어링사업자(2021.9.14 본목개정)
2. 300세대 이상의 주택건설공사 : 「건설기술 진흥법」 제26조제1항에 따라 등록한 건설엔지니어링사업자 (2021.9.14 본호개정)

② 국토교통부장관은 제1항에 따른 지정에 필요한 다음 각 호의 사항에 관한 세부적인 기준을 정하여 고시할 수 있다.
1. 지정 신청에 필요한 제출서류
2. 다른 신청인에 대한 제출서류 공개 및 그 제출서류 내용의 타당성에 대한 이의신청 절차
3. 그 밖에 지정에 필요한 사항

③ 사업계획승인권자는 제2항제1호에 따른 제출서류의 내용을 확인하기 위하여 필요하면 관계 기관의 장에게 사실 조회를 요청할 수 있다.

④ 제1항에 따라 지정된 감리자는 다음 각 호의 기준에 따라 감리원을 배치하여 감리를 하여야 한다.
1. 국토교통부령으로 정하는 감리자격이 있는 자를 공사현장에 상주시켜 감리할 것
2. 국토교통부장관이 정하여 고시하는 바에 따라 공사에 대한 감리업무를 총괄하는 총괄감리원 1명과 공사분야별 감리원을 각각 배치할 것
3. 총괄감리원은 주택건설공사 전기간(全期間)에 걸쳐 배치하고, 공사분야별 감리원은 해당 공사의 기간 동안 배치할 것
4. 감리원을 해당 주택건설공사 외의 건설공사에 중복하여 배치하지 아니할 것(2017.10.17 본호개정)

⑤ 감리자는 법 제16조제2항에 따라 착공신고를 하거나 감리업무의 범위에 속하는 각종 시험 및 자재확인 등을 하는 경우에는 서명 또는 날인을 하여야 한다.

⑥ 주택건설공사에 대한 감리는 법 또는 이 영에서 정하는 사항 외에는 「건축사법」 또는 「건설기술 진흥법」에서 정하는 바에 따른다.

⑦ 법 제43조제1항 단서에서 "대통령령으로 정하는 자"란 다음 각 호의 요건을 모두 갖춘 위탁관리 부동산투자회사를 말한다.
1. 다음 각 목의 자가 단독 또는 공동으로 총지분의 50퍼센트를 초과하여 출자한 부동산투자회사일 것
   가. 국가
   나. 지방자치단체
   다. 한국토지주택공사
   라. 지방공사
2. 해당 부동산투자회사의 자산관리회사가 한국토지주택공사일 것
3. 사업계획승인 대상 주택건설사업이 공공주택건설사업일 것(2017.10.17 본호신설)

⑧ 제7항제2호에 따른 자산관리회사인 한국토지주택공사는 법 제44조제1항 및 이 조 제4항에 따라 감리를 수행하여야 한다.

제48조【감리자의 교체】 ① 법 제43조제2항에서 "업무수행 중 위반 사항이 있음을 알고도 묵인하는 등 대통령령으로 정하는 사유에 해당하는 경우"란 다음 각 호의 어느 하나에 해당하는 경우를 말한다.
1. 감리업무 수행 중 발견한 위반 사항을 묵인한 경우
2. 법 제44조제4항 후단에 따른 이의신청 결과 같은 조 제3항에 따른 시정 통지가 3회 이상 잘못된 것으로 판정된 경우
3. 공사기간 중 공사현장에 1개월 이상 감리원을 상주시키지 아니한 경우. 이 경우 기간 계산은 제47조제4항에 따라 감리원별로 상주시켜야 할 기간에 각 감리원이 상주하지 아니한 기간을 합산한다.
4. 감리자 지정에 관한 서류를 거짓이나 그 밖의 부정한 방법으로 작성 · 제출한 경우
5. 감리자 스스로 감리업무 수행의 포기 의사를 밝힌 경우

② 사업계획승인권자는 법 제43조제2항에 따라 감리자를 교체하려는 경우에는 해당 감리자 및 시공자 · 사업주체의 의견을 들어야 한다.

③ 사업계획승인권자는 제1항제5호에도 불구하고 감리자가 다음 각 호의 사유로 감리업무 수행을 포기한 경우에는 그 감리자에 대하여 법 제43조제2항에 따른 감리업무 지정제한을 하여서는 아니 된다.
1. 사업주체의 부도 · 파산 등으로 인한 공사 중단
2. 1년 이상의 착공 지연
3. 그 밖에 천재지변 등 부득이한 사유

제49조【감리자의 업무】 ① 법 제44조제1항제5호에서 "대통령령으로 정하는 사항"이란 다음 각 호의 업무를 말한다.
1. 설계도서가 해당 지형 등에 적합한지에 대한 확인
2. 설계변경에 관한 적정성 확인
3. 시공계획 · 예정공정표 및 시공도면 등의 검토 · 확인
4. 국토교통부령으로 정하는 주요 공정이 예정공정표대로 완료되었는지 여부의 확인(2020.3.10 본호신설)
5. 예정공정표보다 공사가 지연된 경우 대책의 검토 및 이행 여부의 확인(2020.3.10 본호신설)
6. 방수 · 방음 · 단열시공의 적정성 확보, 재해의 예방, 시공상의 안전관리 및 그 밖에 건축공사의 질적 향상을 위하여 국토교통부장관이 정하여 고시하는 사항에 대한 검토 · 확인

② 국토교통부장관은 주택건설공사의 시공감리에 관한 세부적인 기준을 정하여 고시할 수 있다.

제50조【이의신청의 처리】 사업계획승인권자는 법 제44조제4항 후단에 따른 이의신청을 받은 경우에는 이의신청을 받은 날부터 10일 이내에 처리 결과를 회신하여야 한다. 이 경우 감리자에게도 그 결과를 통보하여야 한다.

제51조【다른 법률에 따른 감리자의 자료제출】 법 제45조제2항에서 "공정별 감리계획서 등 대통령령으로 정하는 자료"란 다음 각 호의 자료를 말한다.
1. 공정별 감리계획서
2. 공정보고서
3. 공사분야별로 필요한 부분에 대한 상세시공도면

제52조【건축구조기술사와의 협력】 ① 법 제46조제1항 각 호 외의 부분 단서에서 "구조설계를 담당한 건축구조기술사가 사망하는 등 대통령령으로 정하는 사유로 감리자가 협력을 받을 수 없는 경우"란 다음 각 호의 어느 하나에 해당하는 경우를 말한다.
1. 구조설계를 담당한 건축구조기술사(「국가기술자격법」에 따른 건축구조기술사로서 해당 건축물의 리모델링을 담당한 자를 말한다. 이하 같다)의 사망 또는 실종으로 감리자가 협력을 받을 수 없는 경우
2. 구조설계를 담당한 건축구조기술사의 해외 체류, 장기 입원 등으로 감리자가 즉시 협력을 받을 수 없는 경우
3. 구조설계를 담당한 건축구조기술사가 「국가기술자격법」에 따라 국가기술자격이 취소되거나 정지되어 감리자가 협력을 받을 수 없는 경우

② 법 제46조제1항 각 호 외의 부분 단서에서 "대통령령으로 정하는 건축구조기술사"란 리모델링주택조합 등 리모델링을 하는 자(이하 이 조에서 "리모델링주택조합등"이라 한다)가 추천하는 건축구조기술사를 말한다.

③ 수직증축형 리모델링(세대수가 증가하지 아니하는 리모델링을 포함한다)의 감리자는 구조설계를 담당한 건축구조기술사가 제1항 각 호의 어느 하나에 해당하게 된 경우에는 지체 없이 리모델링주택조합등에 건축구조기술사 추천을 의뢰하여야 한다. 이 경우 추천의뢰를 받은 리모델링주택조합등은 지체 없이 건축구조기술사를 추천하여야 한다.

제52조의2【사업주체 등에 대한 감리자의 통보 등】 ① 감리자는 감리업무 수행을 위하여 필요한 경우에는 주택건설공사의 수급인(하수급인을 포함한다. 이하 이 조에서 같다)에게 다음 각 호의 자료의 제공을 요청할 수 있다.
1. 수급인의 시공자격에 관한 자료
2. 수급인의 건설기술인 배치에 관한 자료

② 감리자는 감리업무 수행 중 다음 각 호의 사실을 확인한 때에는 이를 사업주체 또는 사업계획승인권자에게 통보할 수 있다.
1. 주택건설공사의 수급인이 「건설산업기본법」 제16조에 따른 시공자격을 갖추지 못한 건설사업자에게 주택건설공사를 하도급한 사실
2. 주택건설공사의 수급인이 「건설산업기본법」 제40조제1항에 따라 공사현장에 건설기술인을 배치하지 않은 사실

(2022.1.4 본조신설)

제53조【감리자에 대한 실태점검 항목】 법 제48조제1항에서 "각종 시험 및 자재확인 업무에 대한 이행 실태 등 대통령령으로 정하는 사항"이란 다음 각 호의 사항을 말한다.
1. 감리원의 적정자격 보유 여부 및 상주이행 상태 등 감리원 구성 및 운영에 관한 사항
2. 시공 상태 확인 등 시공관리에 관한 사항
3. 각종 시험 및 자재품질 확인 등 품질관리에 관한 사항
4. 안전관리 등 현장관리에 관한 사항
5. 그 밖에 사업계획승인권자가 실태점검이 필요하다고 인정하는 사항

제53조의2【사전방문 결과에 대한 조치 등】 ① 법 제48조의2제2항에 따른 하자(이하 "하자"라 한다)의 범위는 「공동주택관리법 시행령」 제37조 각 호의 구분에 따르며, 하자의 판정기준은 같은 영 제47조제3항에 따라 국토교통부장관이 정하여 고시하는 바에 따른다.

② 법 제48조의2제2항에 따라 하자에 대한 조치 요청을 받은 사업주체는 같은 조 제3항에 따라 다음 각 호의 구분에 따른 시기까지 보수공사 등의 조치를 완료하기 위한 계획(이하 "조치계획"이라 한다)을 국토교통부령으로 정하는 바에 따라 수립하고, 해당 계획에 따라 보수공사 등의 조치를 완료해야 한다.
1. 제4항에 해당하는 중대한 하자인 경우 : 사용검사를 받기 전. 다만, 제5항의 사유가 있는 경우에는 입주예정자와 협의(공용부분의 경우에는 입주예정자 3분의 2 이상의 동의를 받아야 한다)하여 정하는 날로 한다.
2. 그 밖의 하자인 경우 : 다음 각 목의 구분에 따른 시기. 다만, 제5항의 사유가 있거나 입주예정자와 협의(공용부분의 경우에는 입주예정자 3분의 2 이상의 동의를 받아야 한다)한 경우에는 입주예정자와 협의하여 정하는 날로 한다.
   가. 전유부분 : 입주예정자에게 인도하기 전
   나. 공용부분 : 사용검사를 받기 전

③ 조치계획을 수립한 사업주체는 법 제48조의2에 따른 사전방문 기간의 종료일부터 7일 이내에 사용검사권자(법 제49조제1항에 따라 사용검사를 하는 자를 말한다. 이하 같다)에게 해당 조치계획을 제출해야 한다.

④ 법 제48조의2제3항 후단에서 "대통령령으로 정하는 중대한 하자"란 다음 각 호의 어느 하나에 해당하는 하자로서 사용검사권자가 중대한 하자라고 인정하는 하자를 말한다.
1. 내력구조부 하자 : 다음 각 목의 어느 하나에 해당하는 결함이 있는 경우로서 공동주택의 구조안전상 심각한 위험을 초래하거나 초래할 우려가 있는 정도의 결함이 있는 경우
가. 철근콘크리트 균열
나. 「건축법」 제2조제1항제7호의 주요구조부의 철근 노출
2. 시설공사별 하자 : 다음 각 목의 어느 하나에 해당하는 결함이 있는 경우로서 입주예정자가 공동주택에서 생활하는 데 안전상·기능상 심각한 지장을 초래하거나 초래할 우려가 있는 정도의 결함이 있는 경우
가. 토목 구조물 등의 균열
나. 옹벽·차도·보도 등의 침하(沈下)
다. 누수, 누전, 가스 누출
라. 가스배관 등의 부식, 배관류의 동파
마. 다음의 어느 하나에 해당하는 기구·설비 등의 기능이나 작동 불량 또는 파손
1) 급수·급탕·배수·위생·소방·난방·가스 설비 및 전기·조명 기구
2) 발코니 등의 안전 난간 및 승강기
⑤ 법 제48조의2제3항 후단에서 "대통령령으로 정하는 특별한 사유"란 다음 각 호의 어느 하나에 해당하여 사용검사를 받기 전까지 중대한 하자에 대한 보수공사 등의 조치를 완료하기 어렵다고 사용검사권자로부터 인정받은 사유를 말한다.
1. 공사 여건상 자재, 장비 또는 인력 등의 수급이 곤란한 경우
2. 공정 및 공사의 특성상 사용검사를 받기 전까지 보수공사 등을 하기 곤란한 경우
3. 그 밖에 천재지변이나 부득이한 사유가 있는 경우
(2020.12.22 본조신설)
제53조의3【사전방문 결과 하자 여부의 확인 등】 ① 사업주체는 법 제48조의2제4항 전단에 따라 하자 여부 확인을 요청하려면 사용검사권자에게 제53조의2제3항에 따라 조치계획을 제출할 때 다음 각 호의 자료를 첨부해야 한다.
1. 입주예정자가 보수공사 등의 조치를 요청한 내용
2. 입주예정자가 보수공사 등의 조치를 요청한 부분에 대한 설계도서 및 현장사진
3. 하자가 아니라고 판단하는 이유
4. 감리자의 의견
5. 그 밖에 하자가 아님을 증명할 수 있는 자료
② 사용검사권자는 제1항에 따라 요청을 받은 경우 제53조의2제1항의 판정기준에 따라 하자 여부를 판단해야 하며, 하자 여부를 판단하기 위하여 필요한 경우에는 법 제48조의3제1항에 따른 공동주택 품질점검단(이하 "품질점검단"이라 한다)에 자문할 수 있다.
③ 사용검사권자는 제1항에 따라 확인 요청을 받은 날부터 7일 이내에 하자 여부를 확인하여 해당 사업주체에게 통보해야 한다.
④ 사업주체는 법 제48조의2제5항에 따라 입주예정자에게 전유부분을 인도하는 날에 다음 각 호의 사항을 서면(「전자문서 및 전자거래 기본법」 제2조제1호의 전자문서를 포함한다)으로 알려야 한다.
1. 조치를 완료한 사항
2. 조치를 완료하지 못한 경우에는 그 사유와 조치계획
3. 제1항에 따라 사용검사권자에게 확인을 요청하여 하자가 아니라고 확인받은 사항
⑤ 사업주체는 조치계획에 따라 조치를 모두 완료한 때에는 법 제48조의2제5항에 따라 사용검사권자에게 그 결과를 제출해야 한다.
(2020.12.22 본조신설)
제53조의4【품질점검단의 구성 및 운영 등】 ① 품질점검단의 위원(이하 이 조에서 "위원"이라 한다)은 다음 각 호의 어느 하나에 해당하는 사람 중에서 시·도지사(법 제48조의3제1항 후단에 따라 권한을 위임받은 대도시 시장을 포함한다. 이하 이 조 및 제53조의5에서 같다)가 임명하거나 위촉한다.
1. 「건축사법」 제2조제1호의 건축사
2. 「국가기술자격법」에 따른 건축 분야 기술사 자격을 취득한 사람
3. 「공동주택관리법」 제67조제2항에 따른 주택관리사 자격을 취득한 사람
4. 「건설기술 진흥법 시행령」 별표1에 따른 특급건설기술인
5. 「고등교육법」 제2조의 학교 또는 연구기관에서 주택 관련 분야의 조교수 이상 또는 이에 상당하는 직에 있거나 있었던 사람
6. 건축물이나 시설물의 설계·시공 관련 분야의 박사학위를 취득한 사람
7. 건축물이나 시설물의 설계·시공 관련 분야의 석사학위를 취득한 후 이와 관련된 분야에서 5년 이상 종사한 사람
8. 공무원으로서 공동주택 관련 지도·감독 및 인·허가 업무 등에 종사한 경력이 5년 이상인 사람
9. 다음 각 목의 어느 하나에 해당하는 기관의 임직원으로서 건축물 및 시설물의 설계·시공 및 하자보수와 관련된 업무에 5년 이상 재직한 사람
가. 「공공기관의 운영에 관한 법률」 제4조의 공공기관
나. 「지방공기업법」 제3조제1항의 지방공기업
② 공무원이 아닌 위원의 임기는 2년으로 하며, 두 차례만 연임할 수 있다.
③ 위원이 다음 각 호의 어느 하나에 해당하는 경우에는 해당 공동주택의 품질점검에서 제척된다.
1. 위원 또는 그 배우자나 배우자였던 사람이 해당 주택건설사업의 사업주체, 시공자 또는 감리자(이하 "사업주체등"이라 하며, 이 호 및 제2호에서는 사업주체등이 법인·단체 등인 경우 그 임직원을 포함한다)이거나 최근 3년 내에 사업주체등이었던 경우
2. 위원이 해당 주택건설사업의 사업주체등의 친족이거나 친족이었던 경우
3. 위원이 해당 주택건설사업에 대하여 자문, 연구, 용역(하도급을 포함한다), 감정 또는 조사를 한 경우
4. 위원이 임직원으로 재직하고 있거나 최근 3년 내에 재직했던 법인·단체 등이 해당 주택건설사업에 대하여 자문, 연구, 용역(하도급을 포함한다), 감정 또는 조사를 한 경우
5. 위원이나 위원이 속한 법인·단체 등이 해당 주택건설사업의 사업주체등의 대리인이거나 대리인이었던 경우
6. 위원이나 위원의 친족이 해당 주택의 입주예정자인 경우
④ 위원이 제3항 각 호의 제척 사유에 해당하는 경우에는 스스로 해당 공동주택의 품질점검에서 회피해야 한다.
⑤ 시·도지사는 위원에게 예산의 범위에서 업무수행에 따른 수당, 여비 및 그 밖에 필요한 경비를 지급할 수 있다. 다만, 공무원인 위원이 그 소관 업무와 직접적으로 관련되어 품질점검에 참여하는 경우에는 지급하지 않는다.
⑥ 제1항부터 제5항까지에서 규정한 사항 외에 품질점검단의 구성·운영 등에 필요한 세부적인 사항은 해당 행정구역에 건설하는 주택단지 수 및 세대수 등의 규모를 고려하여 조례로 정한다.
(2020.12.22 본조신설)
제53조의5【품질점검단의 점검대상 및 점검방법 등】 ① 법 제48조의3제2항에서 "대통령령으로 정하는 규모 및 범위 등에 해당하는 공동주택"이란 법 제2조제10호다목 및 라목에 해당하는 사업주체가 건설하는 300세대 이상인 공동주택을 말한다. 다만, 시·도지사가 필요하다고 인정하는 경우에는 조례로 정하는 바에 따라 300세대 미만인 공동주택으로 정할 수 있다.
② 품질점검단은 법 제48조의3제2항에 따라 공동주택 관련 법령, 입주자모집공고, 설계도서 및 마감자재 목록표 등 관련 자료를 토대로 다음 각 호의 사항을 점검해야 한다.
1. 공동주택의 공용부분
2. 공동주택 일부 세대의 전유부분
3. 제53조의3제2항에 따라 사용검사권자가 하자 여부를 판단하기 위해 품질점검단에 자문을 요청한 사항 중 현장조사가 필요한 사항
③ 제1항 및 제2항에서 규정한 사항 외에 품질점검단의 점검절차 등에 관하여 필요한 사항은 국토교통부령으로 정한다.
(2020.12.22 본조신설)
제53조의6【품질점검단의 점검결과에 대한 조치 등】 ① 사용검사권자는 품질점검단으로부터 점검결과를 제출받은 때에는 법 제48조의3제6항 전단에 따라 의견을 청취하기 위하여 사업주체에게 그 내용을 즉시 통보해야 한다.
② 사업주체는 제1항에 따라 통보받은 점검결과에 대하여 이견(異見)이 있는 경우 통보받은 날부터 5일 이내에 관련 자료를 첨부하여 사용검사권자에게 의견을 제출할 수 있다.
③ 사용검사권자는 품질점검단 점검결과 및 제2항에 따라 제출받은 의견을 검토한 결과 하자에 해당한다고 판단하는 때에는 법 제48조의3제6항에 따라 제2항에 따른 의견 제출일부터 5일 이내에 보수·보강 등의 조치를 명해야 한다.
④ 법 제48조의3제6항 후단에서 "대통령령으로 정하는 중대한 하자"란 제53조의2제4항에 해당하는 하자를 말한다.
⑤ 법 제48조의3제6항 후단에서 "대통령령으로 정하는 특별한 사유"란 제53조의2제5항에서 정하는 사유를 말한다.
⑥ 사업주체는 법 제48조의3제7항 본문에 따라 제3항에 따른 사용검사권자의 조치명령에 대하여 제53조의2제2항 각 호의 구분에 따른 시기까지 조치를 완료해야 한다.
⑦ 법 제48조의3제8항에서 "대통령령으로 정하는 정보시스템"이란 「공동주택관리법 시행령」 제53조제5항에 따른 하자관리정보시스템을 말한다.
(2020.12.22 본조신설)
제53조의7【조치명령에 대한 이의신청 등】 ① 사업주체는 법 제48조의3제7항 단서에 따라 제53조의6제3항에 따른 조치명령에 이의신청을 하려는 경우에는 조치명령을 받은 날부터 5일 이내에 사용검사권자에게 다음 각 호의 자료를 제출해야 한다.
1. 사용검사권자의 조치명령에 대한 이의신청 내용 및 이유
2. 이의신청 내용 관련 설계도서 및 현장사진
3. 감리자의 의견
4. 그 밖에 이의신청 내용을 증명할 수 있는 자료
② 사용검사권자는 제1항에 따라 이의신청을 받은 때에는 신청을 받은 날부터 5일 이내에 사업주체에게 검토결과를 통보해야 한다.
(2020.12.22 본조신설)
제54조【사용검사 등】 ① 법 제49조제1항 본문에서 "대통령령으로 정하는 경우"란 제27조제3항 각 호에 해당하여 국토교통부장관으로부터 법 제15조에 따른 사업계획의 승인을 받은 경우를 말한다.
② 법 제49조제1항 단서에서 "사업계획승인 조건의 미이행 등 대통령령으로 정하는 사유가 있는 경우"란 다음 각 호의 어느 하나에 해당하는 경우를 말한다.
1. 법 제15조에 따른 사업계획승인의 조건으로 부과된 사항의 미이행
2. 하나의 주택단지의 입주자를 분할 모집하여 전체 단지의 사용검사를 마치기 전에 입주가 필요한 경우
3. 그 밖에 사업계획승인권자가 동별로 사용검사를 받을 필요가 있다고 인정하는 경우
③ 사용검사권자는 사용검사를 할 때 다음 각 호의 사항을 확인해야 한다.
1. 주택 또는 대지가 사업계획의 내용에 적합한지 여부
2. 법 제48조의2제3항, 제48조의3제6항 후단, 이 영 제53조의2제2항 및 제53조의6제6항에 따라 사용검사를 받기 전까지 조치해야 하는 하자를 조치 완료했는지 여부
(2020.12.22 본항개정)
④ 제3항에 따른 사용검사는 신청일부터 15일 이내에 하여야 한다.
⑤ 법 제49조제2항 후단에 따라 협의 요청을 받은 관계 행정기관의 장은 정당한 사유가 없으면 그 요청을 받은 날부터 10일 이내에 의견을 제시하여야 한다.
제55조【시공보증자 등의 사용검사】 ① 사업주체가 파산 등으로 주택건설사업을 계속할 수 없는 경우에는 법 제49조제3항제1호에 따라 해당 주택의 시공을 보증한 자(이하 "시공보증자"라 한다)가 잔여공사를 시공하고 사용검사를 받아야 한다. 다만, 시공보증자가 없거나 파산 등으로 시공을 할 수 없는 경우에는 입주예정자의 대표회의(이하 "입주예정자대표회의"라 한다)가 시공자를 정하여 잔여공사를 시공하고 사용검사를 받아야 한다.
② 제1항에 따라 사용검사를 받은 경우에는 사용검사를 받은 자의 구분에 따라 시공보증자 또는 세대별 입주자의 명의로 건축물관리대장 등재 및 소유권보존등기를 할 수 있다.
③ 입주예정자대표회의의 구성·운영 등에 필요한 사항은 국토교통부령으로 정한다.
④ 법 제49조제3항제2호에 따라 시공보증자, 해당 주택의 시공자 또는 입주예정자가 사용검사를 신청하는 경우 사용검사권자는 사업주체에게 사용검사를 받지 아니하는 정당한 이유를 제출할 것을 요청하여야 한다. 이 경우 사업주체는 요청받은 날부터 7일 이내에 의견을 통지하여야 한다.
제56조【임시 사용승인】 ① 법 제49조제4항 단서에서 "대통령령으로 정하는 경우"란 다음 각 호의 구분에 따른 경우를 말한다.
1. 주택건설사업의 경우 : 건축물의 동별로 공사가 완료된 경우
2. 대지조성사업의 경우 : 구획별로 공사가 완료된 경우
② 법 제49조제4항 단서에 따른 임시 사용승인을 받으려는 자는 국토교통부령으로 정하는 바에 따라 사용검사권자에게 임시 사용승인을 신청하여야 한다.
③ 사용검사권자는 제2항에 따른 신청을 받은 때에는 임시 사용승인대상인 주택 또는 대지가 사업계획의 내용에 적합하고 사용에 지장이 없는 경우에만 임시사용을 승인할 수 있다. 이 경우 임시 사용승인의 대상이 공동주택인 경우에는 세대별로 임시 사용승인을 할 수 있다.
제57조【공업화주택의 인정 등】 법 제51조에 따른 공업화주택의 인정 등에 관한 사항은 「주택건설기준 등에 관한 규정」으로 정한다.

제3장 주택의 공급

제58조【주택에 관한 표시·광고의 사본 제출 대상 등】 ① 법 제54조제8항 전단에서 "대통령령으로 정하는 내용"이란 「국토의 계획 및 이용에 관한 법률」 제2조제6호에 따른 기반시설의 설치·정비 또는 개량에 관한 사항을 말한다.
② 사업주체는 법 제54조제8항 전단에 따라 제1항의 내용이 포함된 표시 또는 광고(「표시·광고의 공정화에 관한 법률」 제2조에 따른 표시 또는 광고를 말한다)의 사본을 주택공급계약 체결기간의 시작일부터 30일 이내에 시장·군수·구청장에게 제출해야 한다.
(2020.6.11 본조신설)
제58조의2【주택의 공급업무의 대행】 법 제54조의2제2항제2호에서 "대통령령으로 정하는 자"란 「건설산업기본법 시행령」 별표1에 따른 건축공사업 또는 토목건축공사업의 등록을 한 자를 말한다.(2019.10.22 본조신설)

제58조의3【입주자저축】 국토교통부장관은 법 제56조제9항에 따라 입주자저축에 관한 국토교통부령을 제정하거나 개정할 때에는 기획재정부장관과 미리 협의해야 한다.
(2020.7.24 본조개정)

제58조의4【분양가상한제 적용주택 제외요건】 ① 법 제57조제2항제4호 각 목 외의 부분에 따른 공공성 요건은 다음 각 호와 같다.
1. 한국토지주택공사 또는 지방공사가 법 제57조제2항제4호 각 목에 해당하는 사업의 시행자로 참여할 것
2. 제1호의 사업에서 건설·공급하는 주택의 전체 세대수의 10퍼센트 이상을 임대주택으로 건설·공급할 것

② 법 제57조제2항제4호가목에서 "면적, 세대수 등이 대통령령으로 정하는 요건에 해당되는 사업"이란 다음 각 호의 어느 하나에 해당하는 사업을 말한다.
1. 「도시 및 주거환경정비법」 제2조제1호의 정비구역 면적이 2만제곱미터 미만인 사업
2. 해당 정비사업에서 건설·공급하는 주택의 전체 세대수가 200세대 미만인 사업

③ 법 제57조제2항제5호에서 "대통령령으로 정하는 면적 또는 세대수 이하의 사업"이란 다음 각 호의 사업을 말한다.
1. 사업시행면적이 1만제곱미터 미만인 사업
2. 건설·공급하는 주택의 전체 세대수가 300세대 미만인 사업

(2021.10.14 본항신설)
(2021.2.19 본조신설)

제59조【택지 매입가격의 범위 및 분양가격 공시지역】 ① 법 제57조제3항제2호 각 목 외의 부분에서 "대통령령으로 정하는 범위"란 「감정평가 및 감정평가사에 관한 법률」에 따라 감정평가한 가액의 120퍼센트에 상당하는 금액 또는 「부동산 가격공시에 관한 법률」 제10조에 따른 개별공시지가의 150퍼센트에 상당하는 금액을 말한다.
(2016.8.31 본항개정)

② 사업주체는 제1항에 따른 감정평가 가액을 기준으로 택지비를 산정하려는 경우에는 시장·군수·구청장에게 「감정평가 및 감정평가사에 관한 법률」에 따른 감정평가를 요청하여야 한다. 이 경우 감정평가의 실시와 관련된 구체적인 사항은 법 제57조제3항의 감정평가의 예에 따른다.(2016.8.31 전단개정)

③ 법 제57조제3항제2호나목에 따른 공공기관은 다음 각 호의 어느 하나에 해당하는 기관으로 한다.
1. 국가기관
2. 지방자치단체
3. 「공공기관의 운영에 관한 법률」 제5조에 따라 공기업, 준정부기관 또는 기타공공기관으로 지정된 기관
4. 「지방공기업법」에 따른 지방직영기업, 지방공사 또는 지방공단

④ 법 제57조제3항제2호다목에서 "대통령령으로 정하는 경우"란 「부동산등기법」에 따른 부동산등기부 또는 「지방세법 시행령」 제18조제3항제2호에 따른 법인장부에 해당 택지의 거래가액이 기록되어 있는 경우를 말한다.

⑤ 법 제57조제6항 각 호 외의 부분 전단에서 "대통령령으로 정하는 기준에 해당되는 지역"이란 다음 각 호의 어느 하나에 해당하는 지역을 말한다.
1. 수도권 안의 투기과열지구(법 제63조에 따른 투기과열지구를 말한다. 이하 같다)
2. 다음 각 목의 어느 하나에 해당하는 지역으로서 「주거기본법」 제8조에 따른 주거정책심의위원회(이하 "주거정책심의위원회"라 한다)의 심의를 거쳐 국토교통부장관이 지정하는 지역
   가. 수도권 밖의 투기과열지구 중 그 지역의 주택가격의 상승률 및 주택의 청약경쟁률 등을 고려하여 국토교통부장관이 정하여 고시하는 기준에 해당하는 지역
   나. 해당 지역을 관할하는 시장·군수·구청장이 주택가격의 상승률 및 주택의 청약경쟁률이 지나치게 상승할 우려가 크다고 판단하여 국토교통부장관에게 지정을 요청하는 지역

제60조【주의문구의 명시】 사업주체는 입주자 모집을 하는 경우에는 입주자모집공고안에 "분양가격의 항목별 공시 내용은 사업에 실제 소요된 비용과 다를 수 있다"는 문구를 명시하여야 한다.

제60조의2【분양가상한제 적용주택 등의 입주자의 거주의무기간 등】 ① 법 제57조의2제1항 각 호 외의 부분 본문에서 "대통령령으로 정하는 기간"이란 다음 각 호의 구분에 따른 기간(이하 "거주의무기간"이라 한다)을 말한다.
1. 법 제57조의2제1항제1호에 따른 주택의 경우
   가. 공공택지에서 건설·공급되는 주택의 경우
      1) 분양가격이 법 제57조의2제1항 각 호 외의 부분 본문에 따라 국토교통부장관이 정하여 고시하는 방법으로 결정된 인근지역 주택매매가격(이하 "인근지역주택매매가격"이라 한다)의 80퍼센트 미만인 주택 : 5년
      2) 분양가격이 인근지역주택매매가격의 80퍼센트 이상 100퍼센트 미만인 주택 : 3년
   나. 공공택지 외의 택지에서 건설·공급되는 주택의 경우
      1) 분양가격이 인근지역주택매매가격의 80퍼센트 미만인 주택 : 3년
      2) 분양가격이 인근지역주택매매가격의 80퍼센트 이상 100퍼센트 미만인 주택 : 2년
2. 법 제57조의2제1항제2호에 따른 주택의 경우 : 3년
3. 법 제57조의2제1항제3호에 따른 주택으로서 분양가격이 인근지역주택매매가격의 100퍼센트 미만인 주택의 경우 : 2년(2021.7.6 본호신설)

(2021.7.6 본항개정)

② 법 제57조의2제1항 각 호 외의 부분 단서에서 "해외체류 등 대통령령으로 정하는 부득이한 사유"란 다음 각 호의 어느 하나에 해당하는 사유를 말한다. 이 경우 제2호부터 제8호까지의 규정에 해당하는지는 한국토지주택공사(사업주체가 「공공주택 특별법」 제4조의 공공주택사업자인 경우에는 공공주택사업자를 말한다. 이하 이 조에서 같다)의 확인을 받아야 한다.(2021.7.6 본문개정)
1. 해당 주택에 입주하기 위하여 준비기간이 필요한 경우. 이 경우 해당 주택에 거주한 것으로 보는 기간은 최초 입주가능일부터 90일까지로 한다.
2. 법 제57조의2제1항 각 호 외의 부분 본문에 따른 거주의무자(이하 "거주의무자"라 한다)가 거주의무기간 중 근무·생업·취학 또는 질병치료를 위하여 해외에 체류하는 경우(2021.7.6 본호개정)
3. 거주의무자가 주택의 특별공급을 받은 군인으로서 인사발령에 따라 거주의무기간 중 해당 주택건설지역(주택을 건설하는 특별시·광역시·특별자치시·특별자치도 또는 시·군의 행정구역을 말한다. 이하 이 항에서 같다)이 아닌 지역에 거주하는 경우
4. 거주의무자가 거주의무기간 중 세대원(거주의무자가 포함된 세대의 구성원을 말한다. 이하 이 호에서 같다)의 근무·생업·취학 또는 질병치료를 위하여 세대원 전원이 다른 주택건설지역에 거주하는 경우. 다만, 수도권 안에서 거주를 이전하는 경우는 제외한다.
5. 거주의무자가 거주의무기간 중 혼인 또는 이혼으로 입주한 주택에서 퇴거하고 해당 주택에 계속 거주하려는 거주의무자의 직계존속·비속, 배우자(종전 배우자를 포함한다) 또는 형제자매가 자신으로 세대주를 변경한 후 거주의무기간 중 남은 기간을 승계하여 거주하는 경우
6. 「영유아보육법」 제10조제5호에 따른 가정어린이집을 설치·운영하려는 자가 같은 법 제13조에 따라 해당 주택에 가정어린이집의 설치를 목적으로 인가를 받은 경우. 이 경우 해당 주택에 거주한 것으로 보는 기간은 가정어린이집을 설치·운영하는 기간으로 한정한다.
7. 법 제64조제2항 본문에 따라 전매제한이 적용되지 않는 경우. 다만, 제73조제4항제7호 또는 제8호에 해당하는 경우는 제외한다.
8. 거주의무자의 직계비속이 「초·중등교육법」 제2조에 따른 학교에 재학 중인 학생으로서 주택의 최초 입주가능일 현재 해당 학기가 끝나지 않은 경우. 이 경우 해당 주택에 거주한 것으로 보는 기간은 학기가 끝난 후 90일까지로 한정한다.

③ 거주의무자는 법 제57조의2제2항에 따라 해당 주택의 매입을 신청하려는 경우 국토교통부령으로 정하는 매입신청서를 한국토지주택공사에 제출해야 한다.

④ 한국토지주택공사는 거주의무자가 법 제57조의2제1항을 위반하여 같은 조 제3항에 따라 해당 주택을 매입하려면 14일 이상의 기간을 정하여 거주의무자에게 의견을 제출할 수 있는 기회를 줘야 한다.

⑤ 제4항에 따라 의견을 제출받은 한국토지주택공사는 제출 의견의 처리 결과를 거주의무자에게 통보해야 한다.

⑥ 법 제57조의2제3항에서 "대통령령으로 정하는 특별한 사유"란 다음 각 호의 사유를 말한다.
1. 한국토지주택공사의 부도·파산
2. 제1호와 유사한 사유로서 한국토지주택공사가 해당 주택을 매입하는 것이 어렵다고 국토교통부장관이 인정하는 사유

⑦ 법 제57조의2제6항에 따른 부기등기에는 "이 주택은 「주택법」 제57조의2제1항에 따른 거주의무자가 거주의무기간 동안 계속하여 거주해야 하며, 이를 위반할 경우 한국토지주택공사가 해당 주택을 매입함"이라는 내용을 표기해야 한다.
(2021.7.6 본조제목개정)
(2021.2.19 본조신설)

제61조【분양가상한제 적용 지역의 지정기준 등】 ① 법 제58조제1항에서 "대통령령으로 정하는 기준을 충족하는 지역"이란 투기과열지구 중 다음 각 호에 해당하는 지역을 말한다.
1. 분양가상한제 적용 지역으로 지정하는 날이 속하는 달의 바로 전달(이하 이 항에서 "분양가상한제적용직전월"이라 한다)부터 소급하여 12개월간의 아파트 분양가격상승률이 물가상승률(해당 지역이 포함된 시·도 소비자물가상승률을 말한다)의 2배를 초과한 지역. 이 경우 해당 지역의 아파트 분양가격상승률을 산정할 수 없는 경우에는 해당 지역이 포함된 특별시·광역시·특별자치시·특별자치도 또는 시·군의 아파트 분양가격상승률을 적용한다.
2. 분양가상한제적용직전월부터 소급하여 3개월간의 주택매매거래량이 전년 동기 대비 20퍼센트 이상 증가한 지역
3. 분양가상한제적용직전월부터 소급하여 주택공급이 있었던 2개월 동안 해당 지역에서 공급되는 주택의 월평균 청약경쟁률이 모두 5대 1을 초과하였거나 해당 지역에서 공급되는 국민주택규모 주택의 월평균 청약경쟁률이 모두 10대 1을 초과한 지역

(2022.2.11 본항개정)

② 국토교통부장관이 제1항에 따른 지정기준을 충족하는 지역 중에서 법 제58조제1항에 따라 분양가상한제 적용 지역을 지정하는 경우 해당 지역에서 공급되는 주택의 분양가격 제한 등에 관한 법 제57조의 규정은 법 제58조제3항 전단에 따른 공고일 이후 최초로 입주자모집승인을 신청하는 분부터 적용한다.(2019.10.29 본항개정)

③ 법 제58조제6항에 따라 국토교통부장관은 분양가상한제 적용 지역 지정의 해제를 요청받은 경우에는 주거정책심의위원회의 심의를 거쳐 요청받은 날부터 40일 이내에 해제 여부를 결정하고, 그 결과를 시·도지사, 시장, 군수 또는 구청장에게 통보하여야 한다.

제62조【위원회의 설치·운영】 ① 시장·군수·구청장은 법 제15조에 따른 사업계획승인 신청(「도시 및 주거환경정비법」 제50조에 따른 사업시행계획인가 및 「건축법」 제11조에 따른 건축허가를 포함한다)이 있는 날부터 20일 이내에 법 제59조제1항에 따른 분양가심사위원회(이하 이 장에서 "위원회"라 한다)를 설치·운영하여야 한다.
(2018.2.9 본항개정)

② 사업주체가 국가, 지방자치단체, 한국토지주택공사 또는 지방공사인 경우에는 해당 기관의 장이 위원회를 설치·운영하여야 한다. 이 경우 제63조부터 제70조까지의 규정을 준용한다.

제63조【기능】 위원회는 다음 각 호의 사항을 심의한다.
1. 법 제57조제1항에 따른 분양가격 및 발코니 확장비용 산정의 적정성 여부
2. 법 제57조제4항 후단에 따른 시·군·구별 기본형건축비 산정의 적정성 여부(2021.2.19 본호개정)
3. 법 제57조제5항 및 제6항에 따른 분양가격 공시내용(같은 조 제7항에 따라 공시에 포함해야 하는 내용을 포함한다)의 적정성 여부(2022.2.11 본호개정)
4. 분양가상한제 적용주택과 관련된 「주택도시기금법 시행령」 제5조제1항제2호에 따른 제2종국민주택채권 매입예정상한액 산정의 적정성 여부
5. 분양가상한제 적용주택의 전매행위 제한과 관련된 인근지역주택매매가격 산정의 적정성 여부(2021.2.19 본호개정)

제64조【구성】 ① 시장·군수·구청장은 주택건설 또는 주택관리 분야에 관한 학식과 경험이 풍부한 사람으로서 다음 각 호의 어느 하나에 해당하는 사람 6명을 위원회 위원으로 위촉해야 한다. 이 경우 다음 각 호에 해당하는 위원을 각각 1명 이상 위촉하되, 등록사업자의 임직원과 임직원이었던 사람으로서 3년이 지나지 않은 사람은 위촉해서는 안 된다.(2019.10.22 본문개정)
1. 법학·경제학·부동산학·건축학·건축공학 등 주택분야와 관련된 학문을 전공하고 「고등교육법」에 따른 대학에서 조교수 이상으로 1년 이상 재직한 사람
(2019.10.22 본호개정)
2. 변호사·회계사·감정평가사 또는 세무사의 자격을 취득 한 후 해당 직(職)에 1년 이상 근무한 사람
3. 토목·건축·전기·기계 또는 주택 분야 업무에 5년 이상 종사한 사람(2019.10.22 본호개정)
4. 주택관리사 자격을 취득한 후 공동주택 관리사무소장의 직에 5년 이상 근무한 사람
5. 건설공사비 관련 연구 실적이 있거나 공사비 산정업무에 3년 이상 종사한 사람(2019.10.22 본호신설)

② 시장·군수·구청장은 다음 각 호의 어느 하나에 해당하는 사람 4명을 위원으로 임명하거나 위촉해야 한다. 이 경우 다음 각 호에 해당하는 위원을 각각 1명 이상 임명 또는 위촉해야 한다.(2019.10.22 본문개정)
1. 국가 또는 지방자치단체에서 주택사업 인·허가 등 관련 업무를 하는 5급 이상 공무원으로서 해당 기관의 장으로부터 추천을 받은 사람. 다만, 해당 시·군·구에 소속된 공무원은 추천을 필요로 하지 아니한다.
2. 다음 각 목의 어느 하나에 해당하는 기관에서 주택사업 관련 업무에 종사하고 있는 임직원으로서 해당 기관의 장으로부터 추천을 받은 사람(2019.10.22 본문개정)
   가. 한국토지주택공사(2019.10.22 본목신설)
   나. 지방공사(2019.10.22 본목신설)
   다. 「주택도시기금법」에 따른 주택도시보증공사(이하 "주택도시보증공사"라 한다)(2019.10.22 본목신설)
   라. 「한국부동산원법」에 따른 한국부동산원(이하 "한국부동산원"이라 한다)(2020.12.8 본목개정)

③ 제1항에 따른 위원(이하 "민간위원"이라 한다)의 임기는 2년으로 하며, 두 차례만 연임할 수 있다.(2019.10.22 본항개정)

④ 위원회의 위원장은 시장·군수·구청장이 민간위원 중에서 지명하는 자가 된다.

제65조【회의】 ① 위원회의 회의는 시장·군수·구청장이나 위원장이 필요하다고 인정하는 경우에 시장·군수·구청장이 소집한다.

② 시장·군수·구청장은 회의 개최일 7일 전까지 회의와 관련된 사항을 위원에게 알려야 한다.(2019.10.22 본항개정)

③ 시장·군수·구청장은 위원회의 위원 명단을 회의 개최 전에 해당 기관의 인터넷 홈페이지 등을 통하여 공개해야 한다.(2019.10.22 본항신설)

④ 위원회의 회의는 재적위원 과반수의 출석으로 개의하고 출석위원 과반수의 찬성으로 의결한다.
⑤ 위원장은 위원회의 의장이 된다. 다만, 위원장이 부득이한 사유로 그 직무를 수행할 수 없을 때에는 위원장이 미리 지명한 위원이 그 직무를 대행한다.
⑥ 위원회에 위원회의 사무를 처리할 간사 1명을 두며, 간사는 해당 시·군·구의 주택업무 관련 직원 중에서 시장·군수·구청장이 지명한다.
⑦ 위원회의 회의는 공개하지 아니한다. 다만, 위원회의 의결로 공개할 수 있다.

제66조【위원이 아닌 사람의 참석 등】 ① 위원장은 제63조 각 호의 사항을 심의하기 위하여 필요하다고 인정하는 경우에는 해당 사업장의 사업주체·관계인 또는 참고인을 위원회의 회의에 출석하게 하여 의견을 듣거나 관련 자료의 제출 등 필요한 협조를 요청할 수 있다.
② 위원회의 회의사항과 관련하여 시장·군수·구청장 및 사업주체는 위원장의 승인을 받아 회의에 출석하여 발언할 수 있다.
③ 위원장은 위원회에서 심의·의결된 결과를 지체 없이 시장·군수·구청장에게 제출하여야 한다.

제67조【위원의 대리 출석】 제64조제2항에 따른 위원(이하 "공공위원"이라 한다)은 부득이한 사유가 있을 때에는 해당 직위에 상당하는 공무원 또는 공사의 임직원을 지명하여 대리 출석하게 할 수 있다.

제68조【위원의 의무 등】 ① 위원은 회의과정에서 또는 그 밖에 직무를 수행하면서 알게 된 사항으로서 공개하지 아니하기로 한 사항을 누설해서는 아니 되며, 위원회의 품위를 손상하는 행위를 해서는 아니 된다.
② 다음 각 호의 어느 하나에 해당하는 위원은 해당 심의대상 안건의 심의·의결에서 제척된다.
1. 위원 또는 그 배우자나 배우자이었던 사람이 해당 심의안건의 당사자(당사자가 법인·단체 등인 경우에는 그 임원을 포함한다. 이하 이 호 및 제2호에서 같다)가 되거나 그 심의안건의 당사자와 공동권리자 또는 공동의무자인 경우
2. 위원이 해당 심의안건 당사자의 친족이거나 친족이었던 경우
3. 위원이 해당 심의안건에 대하여 자문, 연구, 용역(하도급을 포함한다), 감정 또는 조사를 한 경우
4. 위원이나 위원이 속한 법인·단체 등이 해당 심의안건 당사자의 대리인이거나 대리인이었던 경우
5. 위원이 임원 또는 직원으로 재직하고 있거나 최근 3년 내에 재직했던 기업 등이 해당 심의안건에 대하여 자문, 연구, 용역(하도급을 포함한다), 감정 또는 조사를 한 경우
(2019.10.22 1호~5호개정)
③ 제2항 각 호의 어느 하나에 해당하는 위원은 스스로 해당 안건의 심의에서 회피하여야 하며, 회의 개최일 전까지 이를 간사에게 통보하여야 한다.
④ 시장·군수·구청장은 다음 각 호의 어느 하나에 해당하는 민간위원이 있는 경우에는 그 위원을 해촉할 수 있으며, 해촉된 위원의 후임으로 위촉된 위원의 임기는 전임자의 잔여기간으로 한다.
1. 심신장애로 인하여 직무를 수행할 수 없게 된 경우
2. 직무와 관련된 비위사실이 있는 경우
3. 직무태만, 품위손상이나 그 밖의 사유로 인하여 위원으로 적합하지 아니하다고 인정되는 경우
4. 위원 스스로 직무를 수행하는 것이 곤란하다고 의사를 밝히는 경우
5. 법 제59조제4항을 위반한 경우
6. 제1항을 위반한 경우
7. 제2항 각 호의 어느 하나에 해당하는 데에도 불구하고 회피하지 아니한 경우
8. 해외출장, 질병 또는 사고 등으로 6개월 이상 위원회의 직무를 수행할 수 없는 경우
⑤ 시장·군수·구청장은 공공위원이 제4항 각 호의 어느 하나에 해당하는 경우에는 해당 공공위원을 해임하거나 해촉할 수 있다.
⑥ 시장·군수·구청장은 제5항에 따라 공공위원을 해임하거나 해촉하는 경우에는 해당 기관의 장으로부터 제64조제2항 각 호에 해당하는 다른 사람을 추천받아 위원으로 임명하거나 위촉할 수 있다.

제69조【회의록 등】 ① 간사는 위원회의 회의 시 다음 각 호의 사항을 회의록으로 작성하여 「공공기록물 관리에 관한 법률」에 따라 보존하여야 한다.
1. 회의일시·장소 및 공개 여부
2. 출석위원 서명부
3. 상정된 의안 및 심의 결과
4. 그 밖에 주요 논의사항 등
② 제1항의 회의록은 해당 주택의 입주자를 선정한 날 이후에 공개 요청이 있는 경우 열람의 방법으로 공개해야 한다. 다만, 심의의 공정성을 침해할 우려가 있다고 인정되는 이름, 주민등록번호, 직위 및 주소 등 개인을 특정할 수 있는 정보에 대해서는 공개하지 않을 수 있다.
(2019.10.22 본항신설)
③ 위원회의 회의에 참석한 위원에게는 예산의 범위에서 수당 및 여비를 지급할 수 있다. 다만, 공무원인 위원이 그 소관업무와 직접적으로 관련되어 출석한 경우에는 그러하지 아니하다.

제70조【운영세칙】 이 영에 규정된 사항 외에 위원회 운영에 필요한 사항은 시장·군수·구청장이 정한다.

제71조【입주자의 동의 없이 저당권설정 등을 할 수 있는 경우 등】 법 제61조제1항 각 호 외의 부분 단서에서 "대통령령으로 정하는 경우"란 다음 각 호의 어느 하나에 해당하는 경우를 말한다.
1. 해당 주택의 입주자에게 주택구입자금의 일부를 융자해 줄 목적으로 주택도시기금이나 다음 각 목의 금융기관으로부터 주택건설자금의 융자를 받는 경우
가. 「은행법」에 따른 은행
나. 「중소기업은행법」에 따른 중소기업은행
다. 「상호저축은행법」에 따른 상호저축은행
라. 「보험업법」에 따른 보험회사
마. 그 밖의 법률에 따라 금융업무를 수행하는 기관으로서 국토교통부령으로 정하는 기관
2. 해당 주택의 입주자에게 주택구입자금의 일부를 융자해 줄 목적으로 제1호 각 목의 금융기관으로부터 주택구입자금의 융자를 받는 경우
3. 사업주체가 파산(「채무자 회생 및 파산에 관한 법률」 등에 따른 법원의 결정·인가를 포함한다. 이하 같다), 합병, 분할, 등록말소 또는 영업정지 등의 사유로 사업을 시행할 수 없게 되어 사업주체가 변경되는 경우

제72조【부기등기 등】 ① 법 제61조제3항 본문에 따른 부기등기(附記登記)에는 같은 조 제4항 후단에 따라 다음 각 호의 구분에 따른 내용을 명시하여야 한다.
1. 대지의 경우 : "이 토지는 「주택법」에 따라 입주자를 모집한 토지(주택조합의 경우에는 주택건설사업계획승인이 신청된 토지를 말한다)로서 입주예정자의 동의 없이는 양도하거나 제한물권을 설정하거나 압류·가압류·가처분 등 소유권에 제한을 가하는 일체의 행위를 할 수 없음"이라는 내용
2. 주택의 경우 : "이 주택은 「부동산등기법」에 따라 소유권보존등기를 마친 주택으로서 입주예정자의 동의 없이는 양도하거나 제한물권을 설정하거나 압류·가압류·가처분 등 소유권에 제한을 가하는 일체의 행위를 할 수 없음"이라는 내용
② 법 제61조제3항 단서에서 "사업주체가 국가·지방자치단체 및 한국토지주택공사 등 공공기관이거나 해당 대지가 사업주체의 소유가 아닌 경우 등 대통령령으로 정하는 경우"란 다음 각 호의 구분에 따른 경우를 말한다.
1. 대지의 경우 : 다음 각 목의 어느 하나에 해당하는 경우. 이 경우 라목 또는 마목에 해당하는 경우로서 법원의 판결이 확정되어 소유권을 확보하거나 권리가 말소되었을 때에는 지체 없이 제1항에 따른 부기등기를 하여야 한다.
가. 사업주체가 국가·지방자치단체·한국토지주택공사 또는 지방공사인 경우
나. 사업주체가 「택지개발촉진법」 등 관계 법령에 따라 조성된 택지를 공급받아 주택을 건설하는 경우로서 해당 대지의 지적정리가 되지 아니하여 소유권을 확보할 수 없는 경우. 이 경우 대지의 지적정리가 완료된 때에는 지체 없이 제1항에 따른 부기등기를 하여야 한다.
다. 조합원이 주택조합에 대지를 신탁한 경우
라. 해당 대지가 다음의 어느 하나에 해당하는 경우. 다만, 2) 및 3)의 경우에는 법 제23조제2항 및 제3항에 따른 감정평가액을 공탁하여야 한다.
1) 법 제22조 또는 제23조에 따른 매도청구소송(이하 이 항에서 "매도청구소송"이라 한다)을 제기하여 법원의 승소판결(판결이 확정될 것을 요구하지 아니한다)을 받은 경우
2) 해당 대지의 소유권 확인이 곤란하여 매도청구소송을 제기한 경우
3) 사업주체가 소유권을 확보하지 못한 대지로서 법 제15조에 따라 최초로 주택건설사업계획승인을 받은 날 이후 소유권이 제3자에게 이전된 대지에 대하여 매도청구소송을 제기한 경우
마. 사업주체가 소유권을 확보한 대지에 저당권, 가등기담보권, 전세권, 지상권 및 등기되는 부동산임차권이 설정된 경우로서 이들 권리의 말소소송을 제기하여 승소판결(판결이 확정될 것을 요구하지 아니한다)을 받은 경우
2. 주택의 경우 : 해당 주택의 입주자로 선정된 지위를 취득한 자가 없는 경우. 다만, 소유권보존등기 이후 입주자모집공고의 승인을 신청하는 경우는 제외한다.
③ 사업주체는 법 제61조제4항 후단에 따라 법 제15조에 따른 사업계획승인이 취소되거나 입주예정자가 소유권이전등기를 신청한 경우를 제외하고는 제1항에 따른 부기등기를 말소할 수 없다. 다만, 소유권이전등기를 신청할 수 있는 날부터 60일이 지나면 부기등기를 말소할 수 있다.
④ 법 제61조제5항 단서에서 "사업주체의 경영부실로 입주예정자가 그 대지를 양수받는 경우 등 대통령령으로 정하는 경우"란 다음 각 호의 어느 하나에 해당하는 경우를 말한다.
1. 제71조제1호 또는 제2호에 해당하여 해당 대지에 저당권, 가등기담보권, 전세권, 지상권 및 등기되는 부동산임차권을 설정하는 경우
2. 제71조제3호에 해당하여 다른 사업주체가 해당 대지를 양수하거나 시공보증자 또는 입주예정자가 해당 대지의 소유권을 확보하거나 압류·가압류·가처분 등을 하는 경우
⑤ 법 제61조제6항에서 "사업주체의 재무 상황 및 금융거래 상황이 극히 불량한 경우 등 대통령령으로 정하는 사유"란 다음 각 호의 어느 하나에 해당하는 경우를 말한다.
1. 최근 2년간 연속된 경상손실로 인하여 자기자본이 잠식된 경우
2. 자산에 대한 부채의 비율이 500퍼센트를 초과하는 경우
3. 사업주체가 법 제61조제3항에 따른 부기등기를 하지 않고 주택도시보증공사에 해당 대지를 신탁하려는 경우
(2019.10.22 본호개정)

제72조의2【투기과열지구의 지정기준】 ① 법 제63조제2항에서 "대통령령으로 정하는 기준을 충족하는 곳"이란 다음 각 호에 해당하는 곳을 말한다.
1. 투기과열지구로 지정하는 날이 속하는 달의 바로 전달(이하 이 항에서 "투기과열지구지정직전월"이라 한다)부터 소급하여 주택공급이 있었던 2개월 동안 해당 지역에서 공급되는 주택의 월별 평균 청약경쟁률이 모두 5대 1을 초과했거나 국민주택규모 주택의 월별 평균 청약경쟁률이 모두 10대 1을 초과한 곳
2. 다음 각 목에 해당하는 곳으로서 주택공급이 위축될 우려가 있는 곳
가. 투기과열지구지정직전월의 주택분양실적이 전달보다 30퍼센트 이상 감소한 곳
나. 법 제15조에 따른 사업계획승인 건수나 「건축법」 제11조에 따른 건축허가 건수(투기과열지구지정직전월부터 소급하여 6개월간의 건수를 말한다)가 직전 연도보다 급격하게 감소한 곳
3. 신도시 개발이나 주택 전매행위의 성행 등으로 투기 및 주거불안의 우려가 있는 곳으로서 다음 각 목에 해당하는 곳
가. 해당 지역이 속하는 시·도의 주택보급률이 전국 평균 이하인 곳
나. 해당 지역이 속하는 시·도의 자가주택비율이 전국 평균 이하인 곳
다. 해당 지역의 분양주택(투기과열지구로 지정하는 날이 속하는 연도의 직전 연도에 분양된 주택을 말한다)의 수가 법 제56조제1항에 따른 입주자저축에 가입한 사람으로서 국토교통부령으로 정하는 사람의 수보다 현저히 적은 곳
② 제1항 각 호에 따른 투기과열지구 지정기준 충족 여부를 판단할 때 제1항 각 호에 규정된 기간에 대한 통계가 없는 경우에는 그 기간과 가장 가까운 월 또는 연도에 대한 통계를 제1항 각 호에 규정된 기간에 대한 통계로 본다.
(2022.2.11 본조신설)

제72조의3【조정대상지역의 지정기준】 ① 법 제63조의2제1항 각 호 외의 부분 전단에서 "대통령령으로 정하는 기준을 충족하는 지역"이란 다음 각 호의 구분에 따른 지역을 말한다.
1. 법 제63조의2제1항제1호에 해당하는 지역의 경우 : 같은 항에 따른 조정대상지역(이하 "조정대상지역"이라 한다)으로 지정하는 날이 속하는 달의 바로 전달(이하 이 항에서 "조정대상지역지정직전월"이라 한다)부터 소급하여 3개월간의 해당 지역 주택가격상승률이 그 지역이 속하는 시·도 소비자물가상승률의 1.3배를 초과한 지역으로서 다음 각 목에 해당하는 지역
가. 조정대상지역지정직전월부터 소급하여 주택공급이 있었던 2개월 동안 해당 지역에서 공급되는 주택의 월별 평균 청약경쟁률이 모두 5대 1을 초과했거나 국민주택규모 주택의 월별 평균 청약경쟁률이 모두 10대 1을 초과한 지역
나. 조정대상지역지정직전월부터 소급하여 3개월간의 분양권(주택의 입주자로 선정된 지위를 말한다) 전매거래량이 직전 연도의 같은 기간보다 30퍼센트 이상 증가한 지역
다. 해당 지역이 속하는 시·도의 주택보급률 또는 자가주택비율이 전국 평균 이하인 지역
2. 법 제63조의2제1항제2호에 해당하는 지역의 경우 : 조정대상지역지정직전월부터 소급하여 6개월간의 평균 주택가격상승률이 마이너스 1퍼센트 이하인 지역으로서 다음 각 목에 해당하는 지역
가. 조정대상지역지정직전월부터 소급하여 3개월 연속 주택매매거래량이 직전 연도의 같은 기간보다 20퍼센트 이상 감소한 지역
나. 조정대상지역지정직전월부터 소급하여 3개월간의 평균 미분양주택(법 제15조제1항에 따른 사업계획승인을 받아 입주자를 모집했으나 입주자가 선정되지 않은 주택을 말한다)의 수가 직전 연도의 같은 기간보다 2배 이상인 지역
다. 해당 지역이 속하는 시·도의 주택보급률 또는 자가주택비율이 전국 평균을 초과하는 지역
② 제1항 각 호에 따른 조정대상지역 지정기준 충족 여부를 판단할 때 제1항 각 호에 규정된 기간에 대한 통계가 없는 경우에는 제72조의2제2항을 준용한다.
(2022.2.11 본조신설)

제73조【전매행위 제한기간 및 전매가 불가피한 경우】 ① 법 제64조제1항 각 호 외의 부분 전단에서 "대통령령으로 정하는 기간"이란 별표3에 따른 기간을 말한다.
(2016.11.22 본항개정)

② 법 제64조제1항제2호 단서에서 "대통령령으로 정하는 지역에서 건설·공급되는 주택"이란 공공택지 외의 택지에서 건설·공급되는 주택을 말한다.(2017.11.7 본항신설)
③ 법 제64조제1항제3호 단서 및 같은 항 제4호 단서에서 "대통령령으로 정하는 지역"이란 각각 다음 각 호의 지역을 말한다.(2023.4.7 본문개정)
1. 광역시가 아닌 지역
2. 「국토의 계획 및 이용에 관한 법률」 제36조제1항제1호에 따른 도시지역이 아닌 지역
(2023.4.7 1호~2호신설)
④ 법 제64조제2항 본문에서 "대통령령으로 정하는 경우"란 다음 각 호의 어느 하나에 해당하여 한국토지주택공사(사업주체가 「공공주택 특별법」 제4조의 공공주택사업자인 경우에는 공공주택사업자를 말한다)의 동의를 받은 경우를 말한다.(2021.2.19 본문개정)
1. 세대원(법 제64조제1항 각 호의 주택을 공급받은 사람이 포함된 세대의 구성원을 말한다. 이하 이 조에서 같다)이 근무 또는 생업상의 사정이나 질병치료·취학·결혼으로 인하여 세대원 전원이 다른 광역시, 특별자치시, 특별자치도, 시 또는 군(광역시의 관할구역에 있는 군은 제외한다)으로 이전하는 경우. 다만, 수도권 안에서 이전하는 경우는 제외한다.(2021.2.19 본호개정)
2. 상속에 따라 취득한 주택으로 세대원 전원이 이전하는 경우
3. 세대원 전원이 해외로 이주하거나 2년 이상의 기간 동안 해외에 체류하려는 경우
4. 이혼으로 인하여 입주자로 선정된 지위 또는 주택을 배우자에게 이전하는 경우
5. 「공익사업을 위한 토지 등의 취득 및 보상에 관한 법률」 제78조제1항에 따라 공익사업의 시행으로 주거용 건축물을 제공한 자가 사업시행자로부터 이주대책용 주택을 공급받은 경우(사업시행자의 알선으로 공급받은 경우를 포함한다)로서 시장·군수·구청장이 확인하는 경우
6. 법 제64조제1항제3호부터 제5호까지의 어느 하나에 해당하는 주택의 소유자가 국가·지방자치단체 및 금융기관(제71조제1호 각 목의 금융기관을 말한다)에 대한 채무를 이행하지 못하여 경매 또는 공매가 시행되는 경우(2021.10.14 본호개정)
7. 입주자로 선정된 지위 또는 주택의 일부를 배우자에게 증여하는 경우
8. 실직·파산 또는 신용불량으로 경제적 어려움이 발생한 경우(2021.2.19 본호신설)

제73조의2【분양가상한제 적용주택의 매입금액】 한국토지주택공사가 법 제64조제2항 단서에 따라 우선 매입하는 분양가상한제 적용주택의 법 제64조제3항에 따른 매입금액은 별표3의2와 같다.(2021.2.19 본조신설)

제74조【양도가 금지되는 증서 등】 ① 법 제65조제1항제4호에서 "대통령령으로 정하는 것"이란 다음 각 호의 어느 하나에 해당하는 것을 말한다.
1. 시장·군수·구청장이 발행한 무허가건물 확인서, 건물철거예정 증명서 또는 건물철거 확인서
2. 공공사업의 시행으로 인한 이주대책에 따라 주택을 공급받을 수 있는 지위 또는 이주대책대상자 확인서
② 법 제65조제3항에 따라 사업주체가 같은 조 제1항을 위반한 자에게 다음 각 호의 금액을 합산한 금액에서 감가상각비(「법인세법 시행령」 제26조제2항제1호에 따른 정액법에 준하는 방법으로 계산한 금액을 말한다)를 공제한 금액을 지급하였을 때에는 그 지급한 날에 해당 주택을 취득한 것으로 본다.
1. 입주금
2. 융자금의 상환 원금
3. 제1호 및 제2호의 금액을 합산한 금액에 생산자물가상승률을 곱한 금액
③ 법 제65조제4항에서 "매수인을 알 수 없어 주택가격의 수령 통지를 할 수 없는 경우 등 대통령령으로 정하는 사유에 해당하는 경우"란 다음 각 호의 어느 하나에 해당하는 경우를 말한다.
1. 매수인을 알 수 없어 주택가격의 수령 통지를 할 수 없는 경우
2. 매수인에게 주택가격의 수령을 3회 이상 통지하였으나 매수인이 수령을 거부한 경우. 이 경우 각 통지일 간에는 1개월 이상의 간격이 있어야 한다.
3. 매수인이 주소지에 3개월 이상 살지 아니하여 주택가격의 수령이 불가능한 경우
4. 주택의 압류 또는 가압류로 인하여 매수인에게 주택가격을 지급할 수 없는 경우

제74조의2【공급질서 교란 행위로 인한 주택 공급계약 취소제한 및 취소절차 등】 ① 법 제65조제6항에서 "대통령령으로 정하는 바에 따라 소명하는 경우"란 매수인이 법 제65조제1항을 위반한 공급질서 교란 행위(이하 이 조에서 "공급질서교란행위"라 한다)와 관련이 없음을 제5항에 따라 시장·군수·구청장으로부터 확인받은 경우를 말한다.
② 국토교통부장관 또는 사업주체는 매수인이 취득한 주택이나 주택의 입주자로 선정된 지위(이하 이 조에서 "주택등"이라 한다)가 법 제65조제1항을 위반하여 공급받은 것으로 판단되는 경우에는 지체 없이 해당 주택의 소재지(법 제49조에 따른 사용검사를 받기 전인 경우에는 주택건설대지로 한다)를 관할하는 시장·군수·구청장에게 그 사실을 통보해야 한다. 이 경우 국토교통부장관은 사업주체에게, 사업주체는 국토교통부장관에게도 함께 통보해야 한다.
③ 제2항에 따라 관할 시장·군수·구청장에게 통보하거나 국토교통부장관으로부터 통보받은 사업주체는 매수인이 공급질서교란행위와 관련이 없음을 제2항에 따른 시장·군수·구청장에게 소명할 것을 매수인에게 요구해야 한다.
④ 제3항에 따른 소명 요구를 받은 매수인은 요구받은 날부터 1개월 이내에 소명 내용을 적은 문서(전자문서를 포함한다)에 다음 각 호의 서류(전자문서를 포함한다)를 첨부하여 제2항에 따른 시장·군수·구청장에게 제출할 수 있다.
1. 주택등의 거래계약서
2. 「부동산 거래신고 등에 관한 법률」 제3조제5항에 따라 발급받은 신고필증
3. 주택등 거래대금의 지급내역이 적힌 서류
4. 그 밖에 주택등의 거래사실을 증명할 수 있는 서류
⑤ 제4항에 따른 소명 문서를 제출받은 시장·군수·구청장은 문서를 제출받은 날부터 2개월 이내에 소명 내용을 확인하여 매수인이 공급질서교란행위와 관련이 있는지를 국토교통부장관·사업주체 및 매수인에게 각각 통보해야 한다.
⑥ 사업주체는 법 제65조제2항에 따라 이미 체결된 주택의 공급계약을 취소하려는 경우 국토교통부장관과 주택등을 보유하고 있는 자에게 계약 취소 일정, 법 제65조제3항에 따른 주택가격에 해당하는 금액과 해당 금액의 지급 방법 등을 각각 문서로 미리 통보해야 한다.
(2021.9.7 본조신설)

제4장 리모델링

제75조【리모델링의 허가 기준 등】 ① 법 제66조제1항 및 제2항에 따른 리모델링 허가기준은 별표4와 같다.
② 법 제66조제1항 및 제2항에 따른 리모델링 허가를 받으려는 자는 허가신청서에 국토교통부령으로 정하는 서류를 첨부하여 시장·군수·구청장에게 제출하여야 한다.
③ 법 제66조제2항에 따라 리모델링에 동의한 소유자는 리모델링주택조합 또는 입주자대표회의가 제2항에 따라 시장·군수·구청장에게 허가신청서를 제출하기 전까지 서면으로 동의를 철회할 수 있다.

제76조【리모델링의 시공자 선정 등】 ① 법 제66조제4항 단서에서 "경쟁입찰의 방법으로 시공자를 선정하는 것이 곤란하다고 인정되는 경우 등 대통령령으로 정하는 경우"란 시공자 선정을 위하여 같은 항 본문에 따라 국토교통부장관이 정하는 경쟁입찰의 방법으로 2회 이상 경쟁입찰을 하였으나 입찰자의 수가 해당 경쟁입찰의 방법에서 정하는 최저 입찰자 수에 미달하여 경쟁입찰의 방법으로 시공자를 선정할 수 없게 된 경우를 말한다.
(2017.2.13 본항개정)
② 법 제66조제6항에서 "대통령령으로 정하는 세대수"란 50세대를 말한다.

제77조【권리변동계획의 내용】 ① 법 제67조에서 "기존 주택의 권리변동, 비용분담 등 대통령령으로 정하는 사항"이란 다음 각 호의 사항을 말한다.
1. 리모델링 전후의 대지 및 건축물의 권리변동 명세
2. 조합원의 비용분담
3. 사업비
4. 조합원 외의 자에 대한 분양계획
5. 그 밖에 리모델링과 관련된 권리 등에 대하여 해당 시·도 또는 시·군의 조례로 정하는 사항
② 제1항제1호 및 제2호에 따라 대지 및 건축물의 권리변동 명세를 작성하거나 조합원의 비용분담 금액을 산정하는 경우에는 「감정평가 및 감정평가사에 관한 법률」 제2조제4호에 따른 감정평가법인등이 리모델링 전후의 재산 또는 권리에 대하여 평가한 금액을 기준으로 할 수 있다.
(2020.7.24 본항개정)

제78조【증축형 리모델링의 안전진단】 ① 법 제68조제2항에서 "대통령령으로 정하는 기관"이란 다음 각 호의 어느 하나에 해당하는 기관을 말한다.
1. 「시설물의 안전 및 유지관리에 관한 특별법」 제28조에 따라 등록한 안전진단전문기관(이하 "안전진단전문기관"이라 한다)(2018.1.16 본호개정)
2. 「국토안전관리원법」에 따른 국토안전관리원(이하 "국토안전관리원"이라 한다)(2020.12.1 본호개정)
3. 「과학기술분야 정부출연연구기관 등의 설립·운영 및 육성에 관한 법률」 제8조에 따른 한국건설기술연구원(이하 "한국건설기술연구원"이라 한다)
② 시장·군수·구청장은 법 제68조제2항에 따른 안전진단을 실시한 기관에 같은 조 제4항에 따른 안전진단을 의뢰해서는 아니 된다. 다만, 다음 각 호의 어느 하나에 해당하는 경우에는 그러하지 아니하다.
1. 법 제68조제2항에 따라 안전진단을 실시한 기관이 국토안전관리원 또는 한국건설기술연구원인 경우
(2020.12.1 본호개정)
2. 법 제68조제4항에 따른 안전진단 의뢰(2회 이상 「지방자치단체를 당사자로 하는 계약에 관한 법률」 제9조제1항 또는 제2항에 따라 입찰에 부치거나 수의계약을 시도하는 경우로 한정한다)에 응하는 기관이 없는 경우
③ 법 제68조제5항에 따라 안전진단전문기관으로부터 안전진단 결과보고서를 제출받은 시장·군수·구청장은 필요하다고 인정하는 경우에는 제출받은 날부터 7일 이내에 국토안전관리원 또는 한국건설기술연구원에 안전진단 결과보고서의 적정성에 대한 검토를 의뢰할 수 있다.
(2020.12.1 본항개정)
④ 시장·군수·구청장은 법 제68조제1항에 따른 안전진단을 한 경우에는 법 제68조제5항에 따라 제출받은 안전진단 결과보고서, 제3항에 따른 적정성 검토 결과 및 법 제71조에 따른 리모델링 기본계획(이하 "리모델링 기본계획"이라 한다)을 고려하여 안전진단을 요청한 자에게 증축 가능 여부를 통보하여야 한다.

제79조【전문기관의 안전성 검토 등】 ① 법 제69조제1항에서 "대통령령으로 정하는 전문기관"이란 국토안전관리원 또는 한국건설기술연구원을 말한다.(2020.12.1 본항개정)
② 법 제69조제3항에서 "대통령령으로 정하는 기간"이란 같은 조 제1항 또는 제2항에 따른 안전성 검토(이하 이 조에서 "검토"라 한다)를 의뢰받은 날부터 30일을 말한다. 다만, 검토 의뢰를 받은 전문기관이 부득이하게 검토기간의 연장이 필요하다고 인정하여 20일의 범위에서 그 기간을 연장(한 차례로 한정한다)한 경우에는 그 연장된 기간을 포함한 기간을 말한다.(2018.6.5 본항개정)
③ 검토 의뢰를 받은 전문기관은 검토 의뢰 서류에 보완이 필요한 경우에는 일정한 기간을 정하여 보완하게 할 수 있다.(2018.6.5 본항신설)
④ 제2항에 따른 기간을 산정할 때 제3항에 따른 보완기간, 공휴일 및 토요일은 산정대상에서 제외한다.(2018.6.5 본항신설)

제80조【리모델링 기본계획의 수립 등】 ① 법 제71조제1항 각 호 외의 부분 단서에서 "세대수 증가형 리모델링에 따른 도시과밀의 우려가 적은 경우 등 대통령령으로 정하는 경우"란 다음 각 호의 구분에 따른 경우를 말한다.
1. 특별시·광역시의 경우 : 세대수 증가형 리모델링(세대수를 증가하는 증축행위를 말한다. 이하 같다)에 따른 도시과밀이나 이주수요의 일시집중 우려가 적은 경우로서 특별시장·광역시장이 「국토의 계획 및 이용에 관한 법률」 제113조제1항에 따른 시·도도시계획위원회(이하 이 조에서 "시·도도시계획위원회"라 한다)의 심의를 거쳐 리모델링 기본계획을 수립할 필요가 없다고 인정하는 경우
2. 대도시(「지방자치법」 제198조제1항에 따른 대도시를 말한다. 이하 이 조에서 같다) : 세대수 증가형 리모델링에 따른 도시과밀이나 이주수요의 일시집중 우려가 적은 경우로서 대도시 시장의 요청으로 도지사가 시·도도시계획위원회의 심의를 거쳐 리모델링 기본계획을 수립할 필요가 없다고 인정하는 경우(2021.12.16 본호개정)
② 법 제71조제1항제6호에서 "대통령령으로 정하는 사항"이란 도시과밀 방지 등을 위한 계획적 관리와 리모델링의 원활한 추진을 지원하기 위한 사항으로서 특별시·광역시 또는 대도시의 조례로 정하는 사항을 말한다.
③ 법 제72조제1항에서 "대통령령으로 정하는 경미한 변경인 경우"란 다음 각 호의 어느 하나에 해당하는 경우를 말한다.
1. 세대수 증가형 리모델링 수요 예측 결과에 따른 세대수 증가형 리모델링 수요(세대수 증가형 리모델링을 하려는 주택의 총 세대수를 말한다. 이하 이 항에서 같다)가 감소하거나 10퍼센트 범위에서 증가하는 경우
2. 세대수 증가형 리모델링 수요의 변동으로 기반시설의 영향 검토나 단계별 리모델링 시행 방안이 변경되는 경우
3. 「국토의 계획 및 이용에 관한 법률」 제2조제3호에 따른 도시·군기본계획 등 관련 계획의 변경에 따라 리모델링 기본계획이 변경되는 경우
④ 특별시장·광역시장 및 대도시의 시장(법 제71조제2항에 따른 대도시가 아닌 시의 시장을 포함한다)은 법 제72조제1항 및 제73조제3항에 따라 주민공람을 실시할 때에는 미리 공람의 요지 및 장소를 해당 지방자치단체의 공보 및 인터넷 홈페이지에 공고하고, 공람 장소에 관계 서류를 갖추어 두어야 한다.

제5장 보 칙

제81조【토지임대료 결정 등】 ① 법 제78조제5항에 따른 토지임대부 분양주택의 월별 토지임대료는 다음 각 호의 구분에 따라 산정한 금액을 12개월로 분할한 금액 이하로 한다.
1. 공공택지에 토지임대주택을 건설하는 경우 : 해당 공공택지의 조성원가에 입주자모집공고일이 속하는 달의 전전달의 「은행법」에 따른 은행의 3년 만기 정기예금 평균이자율을 적용하여 산정한 금액
2. 공공택지 외의 택지에 토지임대주택을 건설하는 경우 : 「감정평가 및 감정평가사에 관한 법률」에 따라 감정평가한 가액에 입주자모집공고일이 속하는 달의 전전달의 「은행법」에 따른 은행의 3년 만기 정기예금 평균이자율을 적용하여 산정한 금액. 이 경우 감정평가액의 산정시기와 산정방법 등은 국토교통부령으로 정한다.
(2016.8.31 전단개정)

② 제1항에도 불구하고 사업주체가 지방자치단체 또는 지방공사인 경우에는 다음 각 호의 금액 사이의 범위에서 지방자치단체의 장(사업주체가 지방공사인 경우에는 해당 지방공사를 설립한 지방자치단체의 장을 말한다)이 지역별 여건을 고려하여 정하는 금액을 12개월로 분할한 금액 이하로 할 수 있다.
1. 해당 택지의 조성원가에 입주자모집공고일이 속하는 달의 전전달의 「은행법」에 따른 은행의 3년 만기 정기예금 평균이자율을 적용하여 산정한 금액
2. 「감정평가 및 감정평가사에 관한 법률」에 따라 감정평가한 가액에 입주자모집공고일이 속하는 달의 전전달의 「은행법」에 따른 은행의 3년 만기 정기예금 평균이자율을 적용하여 산정한 금액. 이 경우 감정평가액의 산정시기와 산정방법 등에 관하여는 제1항제2호 후단을 준용한다.
(2023.4.7 본항신설)
③ 토지소유자는 제1항 및 제2항의 기준에 따라 토지임대주택을 분양받은 자와 토지임대료에 관한 약정(이하 "토지임대료약정"이라 한다)을 체결한 후 2년이 지나기 전에는 토지임대료의 증액을 청구할 수 없다.(2023.4.7 본항개정)
④ 토지소유자는 토지임대료약정 체결 후 2년이 지나 토지임대료의 증액을 청구하는 경우에는 시·군·구의 평균지가상승률을 고려하여 증액률을 산정하되, 「주택임대차보호법 시행령」 제8조제1항에 따른 차임 등의 증액청구 한도 비율을 초과해서는 아니 된다.
⑤ 토지소유자는 제1항 및 제2항에 따라 산정한 월별 토지임대료의 납부기한을 정하여 토지임대주택 소유자에게 고지하되, 구체적인 납부 방법, 연체료율 등에 관한 사항은 법 제78조제3항에 따른 표준임대차계약서에서 정하는 바에 따른다.(2023.4.7 본항개정)
제82조【토지임대료의 보증금 전환】 법 제78조제6항에 따라 토지임대료를 보증금으로 전환하려는 경우 그 보증금을 산정할 때 적용되는 이자율은 「은행법」에 따른 은행의 3년 만기 정기예금 평균이자율 이상이어야 한다.
제82조의2【토지임대부 분양주택의 공공매입 절차 등】
① 토지임대부 분양주택을 공급받은 자는 법 제78조의2제1항에 따라 해당 주택의 매입을 신청하려는 경우 국토교통부령으로 정하는 매입신청서를 한국토지주택공사에 제출해야 한다.
② 법 제78조의2제2항에서 "대통령령으로 정하는 특별한 사유"란 제60조의2제6항 각 호의 사유를 말한다.
③ 한국토지주택공사는 법 제78조의2제2항에 따라 제1항에 따른 매입신청서를 제출받은 날부터 14일 이내에 해당 주택의 매입 여부를 신청인에게 통보해야 한다.
(2021.7.6 본조신설)
제83조【주택상환사채의 발행】 ① 법 제80조제1항에 따른 주택상환사채(이하 "주택상환사채"라 한다)는 액면 또는 할인의 방법으로 발행한다.
② 주택상환사채권에는 기호와 번호를 붙이고 국토교통부령으로 정하는 사항을 적어야 한다.
③ 주택상환사채의 발행자는 주택상환사채대장을 갖추어 두고 주택상환사채권의 발행 및 상환에 관한 사항을 적어야 한다.
제84조【등록사업자의 주택상환사채 발행】 ① 법 제80조제1항 후단에서 "대통령령으로 정하는 기준"이란 다음 각 호의 기준 모두를 말한다.
1. 법인으로서 자본금이 5억원 이상일 것
2. 「건설산업기본법」 제9조에 따라 건설업 등록을 한 자일 것
3. 최근 3년간 연평균 주택건설 실적이 300호 이상일 것
② 등록사업자가 발행할 수 있는 주택상환사채의 규모는 최근 3년간의 연평균 주택건설 호수 이내로 한다.
제85조【주택상환사채의 발행 요건 등】 ① 법 제80조제2항에 따라 주택상환사채발행계획의 승인을 받으려는 자는 주택상환사채발행계획서에 다음 각 호의 서류를 첨부하여 국토교통부장관에게 제출하여야 한다. 다만, 제3호의 서류는 주택상환사채 모집공고 전까지 제출할 수 있다.
1. 주택상환사채 상환용 주택의 건설을 위한 택지에 대한 소유권 또는 그 밖에 사용할 수 있는 권리를 증명할 수 있는 서류
2. 주택상환사채에 대한 금융기관 또는 주택도시보증공사의 보증서
3. 금융기관과의 발행대행계약서 및 납입금 관리계약서
② 제1항에 따른 주택상환사채발행계획서에는 다음 각 호의 사항을 적어야 한다.(2021.1.5 본문개정)
1. 발행자의 명칭
2. 회사의 자본금 총액
3. 발행할 주택상환사채의 총액
4. 여러 종류의 주택상환사채를 발행하는 경우에는 각 주택상환사채의 종류별 금액 및 종류별 발행가액
(2021.1.5 본호개정)
5. 발행조건과 방법
6. 분납발행일 때에는 분납금액과 시기
7. 상환 절차와 시기
8. 주택의 건설위치·형별·단위규모·총세대수·착공예정일·준공예정일 및 입주예정일
9. 주택가격의 추산방법
10. 할인발행일 때에는 그 이자율과 산정 명세
11. 중도상환에 필요한 사항
12. 보증부 발행일 때에는 보증기관과 보증의 내용
13. 납입금의 사용계획
14. 그 밖에 국토교통부장관이 정하여 고시하는 사항
③ 국토교통부장관은 주택상환사채발행계획을 승인하였을 때에는 주택상환사채발행 대상지역을 관할하는 시·도지사에게 그 내용을 통보하여야 한다.
④ 주택상환사채발행계획을 승인받은 자는 주택상환사채를 모집하기 전에 국토교통부령으로 정하는 바에 따라 주택상환사채 모집공고안을 작성하여 국토교통부장관에게 제출하여야 한다.
제86조【주택상환사채의 상환 등】 ① 주택상환사채의 상환기간은 3년을 초과할 수 없다.
② 제1항의 상환기간은 주택상환사채 발행일부터 주택의 공급계약체결일까지의 기간으로 한다.
③ 주택상환사채는 양도하거나 중도에 해약할 수 없다. 다만, 해외이주 등 국토교통부령으로 정하는 부득이한 사유가 있는 경우는 예외로 한다.
제87조【납입금의 사용】 ① 주택상환사채의 납입금은 다음 각 호의 용도로만 사용할 수 있다.
1. 택지의 구입 및 조성
2. 주택건설자재의 구입
3. 건설공사비에의 충당
4. 그 밖에 주택상환을 위하여 필요한 비용으로서 국토교통부장관의 승인을 받은 비용에의 충당
② 주택상환사채의 납입금은 해당 보증기관과 주택상환사채발행자가 협의하여 정하는 금융기관에서 관리한다.
③ 제2항에 따라 납입금을 관리하는 금융기관은 국토교통부장관이 요청하는 경우에는 납입금 관리상황을 보고하여야 한다.
제88조【국민주택사업특별회계의 편성·운용 등】 ① 법 제84조제1항에 따라 지방자치단체에 설치하는 국민주택사업특별회계의 편성 및 운용에 필요한 사항은 해당 지방자치단체의 조례로 정할 수 있다.
② 국민주택을 건설·공급하는 지방자치단체의 장은 법 제84조제3항에 따라 국민주택사업특별회계의 분기별 운용 상황을 그 분기가 끝나는 달의 다음 달 20일까지 국토교통부장관에게 보고하여야 한다. 이 경우 시장·군수·구청장의 경우에는 시·도지사를 거쳐(특별자치시장 또는 특별자치도지사가 보고하는 경우는 제외한다) 보고하여야 한다.
제89조【주택행정정보화 및 자료의 관리 등】 ① 국토교통부장관은 법 제88조제1항에 따른 주택(준주택을 포함한다. 이하 이 조에서 같다) 정보의 종합적 관리 및 제공 업무를 효율적이고 체계적으로 관리하기 위하여 국토교통부령으로 정하는 바에 따라 주택정보체계를 구축·운영할 수 있다.
② 법 제88조제3항에서 "주택의 소유 여부 확인, 입주자의 자격 확인 등 대통령령으로 정하는 사항"이란 다음 각 호의 사항을 말한다.
1. 주택의 소유 여부 확인
2. 입주자의 자격 확인
3. 지방자치단체·한국토지주택공사 등 공공기관이 법, 「택지개발촉진법」 및 그 밖의 법률에 따라 개발·공급하는 택지의 현황, 공급계획 및 공급일정
4. 주택이 건설되는 해당 지역과 인근지역에 대한 입주자저축의 가입자현황
5. 주택이 건설되는 해당 지역과 인근지역에 대한 주택건설사업계획승인현황
6. 주택관리업자 등록현황
제90조【권한의 위임】 국토교통부장관은 법 제89조제1항에 따라 다음 각 호의 권한을 시·도지사에게 위임한다.
1. 법 제8조에 따른 주택건설사업자 및 대지조성사업자의 등록말소 및 영업의 정지
2. 법 제15조 및 제16조에 따른 사업계획의 승인·변경승인·승인취소 및 착공신고의 접수. 다만, 다음 각 목의 어느 하나에 해당하는 경우는 제외한다.
가. 제27조제3항제1호의 경우 중 택지개발사업을 추진하는 지역 안에서 주택건설사업을 시행하는 경우
나. 제27조제3항제3호에 따른 주택건설사업을 시행하는 경우. 다만, 착공신고의 접수는 시·도지사에게 위임한다.
3. 법 제49조에 따른 사용검사 및 임시 사용승인
4. 법 제51조제2항제1호에 따른 새로운 건설기술을 적용하여 건설하는 공업화주택에 관한 권한
5. 법 제93조에 따른 보고·검사
6. 법 제96조제1호 및 제2호에 따른 청문
제91조【업무의 위탁】 ① 국토교통부장관은 법 제89조제2항에 따라 다음 각 호의 업무를 법 제85조제1항에 따른 주택사업자단체(이하 "협회"라 한다)에 위탁한다.
1. 법 제4조에 따른 주택건설사업 및 대지조성사업의 등록
2. 법 제10조에 따른 영업실적 등의 접수
② 국토교통부장관은 법 제89조제2항에 따라 법 제88조제1항에 따른 주택관련 정보의 종합관리에 관한 다음 각 호의 업무를 한국부동산원에 위탁한다.
1. 주택거래 관련 정보체계의 구축·운용
2. 주택공급 관련 정보체계의 구축·운용
3. 주택가격의 동향 조사 및 주택시장 분석
(2022.2.11 본항개정)
제92조【분양권 전매 등에 대한 신고포상금】 ① 법 제92조에 따라 법 제64조를 위반하여 분양권 등을 전매하거나 알선하는 행위(이하 "부정행위"라 한다)를 하는 자를 신고하려는 자는 신고서에 부정행위를 입증할 수 있는 자료를 첨부하여 시·도지사에게 신고하여야 한다.
② 시·도지사는 제1항에 따른 신고를 받은 경우에는 관할 수사기관에 수사를 의뢰하여야 하며, 수사기관은 해당 수사결과(법 제101조제2호에 따른 벌칙 부과 등 확정판결의 결과를 포함한다. 이하 같다)를 시·도지사에게 통보하여야 한다.
③ 시·도지사는 제2항에 따른 수사결과를 신고자에게 통지하여야 한다.
④ 제3항에 따른 통지를 받은 신고자는 신청서에 다음 각 호의 서류를 첨부하여 시·도지사에게 포상금 지급을 신청할 수 있다. 이 경우 시·도지사는 신청일부터 30일 이내에 국토교통부령으로 정하는 지급기준에 따라 포상금을 지급하여야 한다.
1. 제3항에 따른 수사결과통지서 사본 1부
2. 통장 사본 1부
제93조【사업주체 등에 대한 감독】 지방자치단체의 장은 법 제94조에 따라 사업주체 등에게 공사의 중지, 원상복구 또는 그 밖에 필요한 조치를 명하였을 때에는 즉시 국토교통부장관에게 그 사실을 보고하여야 한다.
제94조【협회에 대한 감독】 국토교통부장관은 법 제95조에 따라 감독상 필요한 경우에는 협회로 하여금 다음 각 호의 사항을 보고하게 할 수 있다.
1. 총회 또는 이사회의 의결사항
2. 회원의 실태파악을 위하여 필요한 사항
3. 협회의 운영계획 등 업무와 관련된 중요사항
4. 그 밖에 주택정책 및 주택관리와 관련하여 필요한 사항
제95조【고유식별정보의 처리】 국토교통부장관(제90조 및 제91조에 따라 국토교통부장관의 권한을 위임받거나 업무를 위탁받은 자를 포함한다), 시·도지사, 시장, 군수, 구청장(해당 권한이 위임·위탁된 경우에는 그 권한을 위임·위탁받은 자를 포함한다), 사업주체(법 제11조의2제1항에 따른 주택조합 업무대행자, 주택 청약접수 및 입주자 선정 업무를 위탁받은 자를 포함한다) 또는 한국토지주택공사는 다음 각 호의 사무를 수행하기 위하여 불가피한 경우 「개인정보 보호법 시행령」 제19조제1호, 제2호 또는 제4호에 따른 주민등록번호, 여권번호 또는 외국인등록번호가 포함된 자료를 처리할 수 있다.
(2021.7.6 본문개정)
1. 법 제4조제1항에 따른 주택건설사업 또는 대지조성사업의 등록에 관한 사무
2. 법 제6조에 따른 등록사업자의 결격사유 확인에 관한 사무
3. 법 제13조제1항에 따른 주택조합의 발기인 또는 임원의 결격사유 확인에 관한 사무(2020.7.24 본호개정)
4. 법 제49조에 따른 사용검사 또는 임시 사용승인에 관한 사무
5. 법 제54조 및 제57조의2제7항에 따른 주택 공급에 관한 사무(2021.2.19 본호개정)
5의2. 법 제57조의2제2항 및 제3항에 따른 주택의 매입에 관한 사무(2021.2.19 본호신설)
5의3. 법 제57조의3에 따른 분양가상한제 적용주택의 거주실태 조사에 관한 사무(2021.2.19 본호신설)
5의4. 법 제65조제2항에 따른 이미 체결된 주택 공급계약의 취소에 관한 사무(2021.9.7 본호신설)
6. 법 제65조제5항에 따른 입주자자격 제한에 관한 사무
6의2. 법 제65조제6항에 따른 매수인의 공급질서교란행위 관련 여부 소명에 관한 사무(2021.9.7 본호신설)
6의3. 법 제78조의2제1항 및 제2항에 따른 토지임대부 분양주택의 공공매입에 관한 사무(2021.7.6 본호신설)
7. 제21조제1항에 따른 조합원의 자격 확인에 관한 사무
8. 제89조제1항에 따른 주택정보체계의 구축 및 운영에 관한 사무(2018.3.13 본호신설)
제96조【규제의 재검토】 ① 국토교통부장관은 다음 각 호의 사항에 대하여 다음 각 호의 기준일을 기준으로 3년마다(매 3년이 되는 해의 기준일과 같은 날 전까지를 말한다) 그 타당성을 검토하여 개선 등의 조치를 하여야 한다.
1. 제17조에 따른 등록사업자의 주택건설공사 시공기준 : 2017년 1월 1일
2. 제44조에 따른 주택건설공사의 시공 제한 등 : 2017년 1월 1일
3. 제47조에 따른 감리자의 지정 및 감리원의 배치 등 : 2017년 1월 1일
4. 제71조에 따른 입주자의 동의 없이 저당권 설정 등을 할 수 있는 경우 등 : 2017년 1월 1일
5. 제72조에 따른 부기등기 등 : 2017년 1월 1일
6. 제83조부터 제85조까지에 따른 주택상환사채의 발행 등 : 2017년 1월 1일
② 국토교통부장관은 제20조제4항에 따른 총회 의결을 위한 조합원의 직접 출석 기준에 대하여 2017년 1월 1일을 기준으로 5년마다(매 5년이 되는 해의 기준일과 같은 날 전까지를 말한다) 그 타당성을 검토하여 개선 등의 조치를 하여야 한다.(2017.6.2 본항신설)
제97조【과태료의 부과】 법 제106조에 따른 과태료의 부과기준은 별표5와 같다.

부 칙

제1조【시행일】 이 영은 2016년 8월 12일부터 시행한다.
제2조【다른 법령의 폐지】 토지임대부 분양주택 공급촉진을 위한 특별조치법 시행령은 폐지한다.
제3조【주택조합의 회계감사에 관한 적용례】 제26조제1항제1호의 개정규정은 이 영 시행 이후 법 제11조제1항에 따라 설립인가를 받는 주택조합부터 적용한다.
제4조【증축형 리모델링의 안전진단 등에 관한 적용례】 제78조제3항 및 제4항의 개정규정은 이 영 시행 이후 법 제68조제5항에 따라 안전진단 결과보고서를 제출받는 경우부터 적용한다.
제5조【지역·직장주택조합 조합원의 교체·신규가입 등에 관한 경과조치】 2007년 9월 1일 전에 주택조합설립인가를 신청한 지역주택조합 또는 직장주택조합의 경우에는 대통령령 제21444호 주택법 시행령 일부개정령 제37조제3항 및 제39조제1항제3호·제5호의 개정규정에도 불구하고 종전의 「주택법 시행령」(대통령령 제20208호로 개정되기 전의 것을 말한다)에 따른다.
제6조【비내력벽 철거에 대한 과태료 부과에 관한 경과조치】 2014년 11월 4일 전의 행위에 대하여 과태료 규정을 적용할 때에는 종전의 「주택법 시행령」(대통령령 제25702호로 개정되기 전의 것을 말한다)에 따른다.
제7조【다른 법령의 개정】 ①~⑮ ※(해당 법령에 가제정리 하였음)
제8조【다른 법령과의 관계】 이 영 시행 당시 다른 법령에서 종전의 「주택법 시행령」 또는 그 규정을 인용한 경우에 이 영 가운데 그에 해당하는 규정이 있는 때에는 종전의 「주택법 시행령」 또는 그 규정을 갈음하여 이 영 또는 이 영의 해당 규정을 인용한 것으로 본다.

부 칙 (2017.2.13)

제1조【시행일】 이 영은 공포한 날부터 시행한다.
제2조【경쟁입찰 외의 방법에 의한 리모델링 시공자 선정에 관한 경과조치】 이 영 시행 전에 리모델링 시공자 선정을 위하여 1회 이상 경쟁입찰의 공고를 한 경우의 리모델링 시공자 선정방법에 대해서는 제76조제1항의 개정규정에도 불구하고 종전의 규정에 따른다.

부 칙 (2017.6.2)

제1조【시행일】 이 영은 2017년 6월 3일부터 시행한다.
제2조【조합규약 포함사항에 관한 적용례】 제20조제2항제6호의2의 개정규정은 이 영 시행 전 법 제11조제1항에 따라 주택조합설립인가(변경인가를 포함한다. 이하 같다)를 신청하고 이 영 시행 이후 주택조합설립인가를 받는 경우부터 적용한다.
제3조【총회 의결 시 조합원의 직접 출석에 관한 적용례】 제20조제4항의 개정규정은 이 영 시행 이후 창립총회 또는 의결을 위한 총회를 소집하는 경우부터 적용한다.

부 칙 (2017.7.11)

제1조【시행일】 이 영은 공포한 날부터 시행한다.
제2조【전매행위 제한기간에 관한 적용례】 별표3 제1호다목의 개정규정은 2017년 6월 19일 이후 입주자모집공고를 하는 경우부터 적용한다.

부 칙 (2017.11.7)

제1조【시행일】 이 영은 공포한 날부터 시행한다. 다만, 제73조 및 별표3의 개정규정은 2017년 11월 10일부터 시행한다.
제2조【전매행위 제한기간에 관한 경과조치】 부칙 제1조 단서에 따른 시행일 전에 입주자모집승인을 신청(법 제2조제10호가목 및 나목에 해당하는 사업주체의 경우에는 입주자모집공고를 말한다)한 경우에는 별표3의 개정규정에도 불구하고 종전의 규정에 따른다.

부 칙 (2018.5.21)

제1조【시행일】 이 영은 공포한 날부터 시행한다.
제2조【주택의 전매행위 제한기간에 관한 경과조치】 이 영 시행 전에 입주자모집승인을 신청(법 제2조제10호가목 및 나목에 해당하는 사업주체의 경우에는 입주자모집공고를 말한다)한 경우에는 별표3 제4호 및 제5호의 개정규정에도 불구하고 종전의 규정에 따른다.

부 칙 (2018.6.5)

제1조【시행일】 이 영은 공포한 날부터 시행한다.
제2조【안전성 검토기간의 연장에 관한 적용례】 제79조제2항 단서의 개정규정은 이 영 시행 이후 법 제69조제1항 또는 제2항에 따라 안전성 검토를 의뢰하는 경우부터 적용한다.

부 칙 (2018.8.7)

제1조【시행일】 이 영은 공포한 날부터 시행한다.
제2조【주택의 전매행위 제한기간에 관한 경과조치】 이 영 시행 전에 입주자모집승인을 신청(법 제2조제10호가목 및 나목에 해당하는 사업주체의 경우에는 입주자모집공고를 말한다)한 경우에는 별표3 제1호가목의 개정규정에도 불구하고 종전의 규정에 따른다.

부 칙 (2018.12.11 영29358호)

제1조【시행일】 이 영은 공포한 날부터 시행한다.
제2조【주택의 전매행위 제한기간에 관한 경과조치】 이 영 시행 전에 입주자 모집승인을 신청(법 제2조제10호가목 및 나목에 따른 사업주체의 경우에는 입주자 모집공고를 말한다)한 경우에는 별표3 제4호가목 및 다목의 개정규정에도 불구하고 종전의 규정에 따른다.

부 칙 (2019.2.12)

제1조【시행일】 이 영은 2019년 2월 15일부터 시행한다.
제2조【세대구분형 공동주택에 관한 적용례】 제9조제1항제2호의 개정규정은 이 영 시행 이후에 「공동주택관리법」 제35조에 따른 행위의 허가를 받거나 신고를 하고 설치하는 공동주택부터 적용한다.

부 칙 (2019.7.2)

제1조【시행일】 이 영은 공포한 날부터 시행한다.
제2조【주택단지의 구분기준이 되는 도로에 관한 적용례】 제5조제2항의 개정규정은 이 영 시행 이후 법 제15조제1항 및 제3항에 따른 사업계획승인을 신청하는 경우부터 적용한다.

부 칙 (2019.10.22)

제1조【시행일】 이 영은 공포한 날부터 시행한다. 다만, 제58조 및 별표5 제2호의 개정규정은 2019년 10월 24일부터 시행한다.
제2조【지역주택조합 및 직장주택조합의 조합원 자격에 관한 적용례】 제21조제1항제1호다목 및 같은 항 제2호다목의 개정규정은 이 영 시행 이후 법 제11조제1항에 따른 설립인가를 받은 주택조합의 조합원 지위를 취득하는 경우(이 영 시행 전에 주택조합 가입을 신청한 경우는 제외한다)부터 적용한다.
제3조【분양가심사위원회 위원의 연임에 관한 적용례】 제64조제3항의 개정규정은 이 영 시행 전에 위촉되어 임기 중에 있는 분양가심사위원회의 위원에 대해서도 적용한다. 이 경우 이 영 시행 당시 두 차례 이상 연임하여 임기 중에 있는 위원은 그 임기 만료 후에는 연임할 수 없다.
제4조【분양가심사위원회의 구성에 관한 경과조치】 이 영 시행 전에 종전의 제64조제1항에 따라 위촉되어 임기 중에 있는 분양가심사위원회의 위원의 경우에는 그 임기 만료 전까지는 제64조제1항 및 제2항의 개정규정에도 불구하고 종전의 규정에 따른다.

부 칙 (2019.10.29)

제1조【시행일】 이 영은 공포한 날부터 시행한다.
제2조【분양가상한제 적용대상에 관한 경과조치】 다음 각 호의 어느 하나에 해당하는 경우로서 이 영 시행일부터 9개월이 경과하기 전까지 입주자모집승인을 신청하는 경우에는 제61조제2항의 개정규정에도 불구하고 종전의 규정에 따른다.(2020.4.28 본문개정)
1. 법 제11조에 따라 설립된 주택조합(리모델링주택조합은 제외한다)으로서 이 영 시행 전에 법 제15조에 따른 사업계획의 승인을 받았거나 신청한 주택조합인 경우
2. 「도시 및 주거환경정비법」 제2조제2호나목 및 다목의 정비사업의 사업시행자로서 이 영 시행 전에 같은 법 제74조에 따른 관리처분계획의 인가를 받았거나 신청한 사업시행자인 경우
제3조【주택의 전매행위 제한기간에 관한 경과조치】 이 영 시행 전에 입주자모집승인을 신청(법 제2조제10호가목 및 나목에 따른 사업주체의 경우에는 입주자 모집공고를 말한다)한 경우에는 별표3 제4호의 개정규정에도 불구하고 종전의 규정에 따른다.

부 칙 (2020.1.7)

제1조【시행일】 이 영은 공포한 날부터 시행한다.(이하 생략)

부 칙 (2020.3.10)

제1조【시행일】 이 영은 공포 후 3개월이 경과한 날부터 시행한다.
제2조【감리자의 업무에 관한 적용례】 제49조제1항제4호 및 제5호의 개정규정은 이 영 시행 이후 법 제16조제2항에 따라 착공신고를 하는 주택건설공사부터 적용한다.

부 칙 (2020.4.28)

이 영은 공포한 날부터 시행한다.

부 칙 (2020.6.11)

이 영은 2020년 6월 11일부터 시행한다.

부 칙 (2020.7.24)

이 영은 2020년 7월 24일부터 시행한다. 다만, 제24조의5부터 제24조의7까지의 개정규정은 2020년 12월 11일부터 시행한다.

부 칙 (2020.9.22)

제1조【시행일】 이 영은 공포한 날부터 시행한다.
제2조【전매행위 제한기간에 관한 경과조치】 이 영 시행 전에 입주자모집승인을 신청(법 제2조제10호가목 및 나목에 따른 사업주체의 경우에는 입주자모집공고를 말한다)한 경우에는 별표3 제4호나목2) 및 같은 표 제5호나목의 개정규정에도 불구하고 종전의 규정에 따른다.

부 칙 (2020.12.1)
(2020.12.8)

제1조【시행일】 이 영은 2020년 12월 10일부터 시행한다.(이하 생략)

부 칙 (2020.12.22)

이 영은 2021년 1월 24일부터 시행한다. 다만, 제53조의6 제7항의 개정규정은 2022년 1월 24일부터 시행한다.

부 칙 (2020.12.29)

제1조【시행일】 이 영은 2022년 1월 1일부터 시행한다.(이하 생략)

부 칙 (2021.1.5)

이 영은 공포한 날부터 시행한다.(이하 생략)

부 칙 (2021.2.19)

제1조【시행일】 이 영은 2021년 2월 19일부터 시행한다.
제2조【주택의 전매행위 제한기간에 관한 경과조치】 이 영 시행 전에 입주자모집승인을 신청(「공공주택 특별법」 제4조에 따른 공공주택사업자의 경우에는 입주자모집공고를 말한다)한 경우에는 별표3 제4호의 개정규정에도 불구하고 종전의 규정에 따른다.
제3조【다른 법령의 개정】 ※(해당 법령에 가제정리 하였음)

부 칙 (2021.7.6)

이 영은 2021년 7월 6일부터 시행한다.

부 칙 (2021.9.7)

이 영은 2021년 9월 10일부터 시행한다.

부 칙 (2021.9.14)

제1조【시행일】 이 영은 공포한 날부터 시행한다.(이하 생략)

부 칙 (2021.10.14)

제1조【시행일】 이 영은 2021년 10월 14일부터 시행한다.
제2조【공공택지의 범위 확대에 따른 적용례】 제12조의2의 개정규정은 이 영 시행 이후 같은 조 각 호의 사업에 대한 사업계획 또는 시행계획의 승인·인가 등을 받은 사업으로 개발·조성되는 공동주택이 건설되는 용지부터 적용한다.

부 칙 (2021.12.16)

제1조【시행일】 이 영은 2022년 1월 13일부터 시행한다.(이하 생략)

부 칙 (2022.1.4)

이 영은 공포한 날부터 시행한다.

부 칙 (2022.2.11)

제1조【시행일】 이 영은 공포한 날부터 시행한다. 다만, 제72조의2, 제72조의3 및 별표5의 개정규정은 2022년 2월 11일부터 시행한다.

제2조【소형 주택에 관한 적용례】 제10조제1항의 개정규정은 이 영 시행 이후 다음 각 호의 승인이나 허가를 신청하는 주택부터 적용한다.

1. 법 제15조제1항에 따른 사업계획의 승인
2. 「건축법」 제11조에 따른 건축허가의 신청(건축허가를 신청하기 위하여 같은 법 제4조의2제1항에 따라 건축위원회에 심의를 신청하는 경우를 포함한다)

제3조【다른 법령의 개정】 ①~③ ※(해당 법령에 가제정리 하였음)

부 칙 (2023.4.7)

제1조【시행일】 이 영은 공포한 날부터 시행한다.

제2조【소형 주택의 비율에 관한 적용례】 제10조제1항제1호라목의 개정규정은 이 영 시행 이후 다음 각 호의 신청을 하는 경우부터 적용한다.

1. 법 제15조제1항에 따른 사업계획 승인(같은 조 제4항에 따른 변경 승인을 포함한다)의 신청
2. 「건축법」 제11조에 따른 건축허가(같은 법 제16조제1항에 따른 변경허가를 포함한다)의 신청(건축허가를 신청하기 위하여 같은 법 제4조의2제1항에 따라 건축위원회에 심의를 신청하는 경우를 포함한다)

제3조【토지임대부 분양주택의 임대료 산정에 관한 적용례】 제81조제2항의 개정규정은 이 영 시행 이후 입주자모집공고를 하는 경우부터 적용한다.

제4조【전매행위 제한기간 위반에 따른 벌칙에 관한 경과조치】 이 영 시행 전에 한 전매행위 제한기간 위반행위에 대하여 벌칙을 적용할 때에는 제73조제3항 및 별표3의 개정규정에도 불구하고 종전의 규정에 따른다.

부 칙 (2023.4.25)

제1조【시행일】 이 영은 공포한 날부터 시행한다.

제2조【행정처분·과징금 또는 과태료에 관한 적용례】 제1조부터 제61조까지의 개정규정은 이 영 시행 전의 위반행위에 대하여도 이 영 시행 이후 행정처분을 하거나 과징금 또는 과태료 부과처분을 하는 경우에도 적용한다.

부 칙 (2023.5.9)

제1조【시행일】 이 영은 공포한 날부터 시행한다.(이하 생략)

부 칙 (2023.9.12)

제1조【시행일】 이 영은 공포한 날부터 시행한다.

제2조【제재처분 유예에 관한 적용례】 제1조부터 제4조까지의 개정규정은 이 영 시행 전 등록기준에 미달하게 된 경우에 대하여도 이 영 시행 이후 행정처분을 하거나 과징금 부과처분을 하는 경우에도 적용한다.

〔별표〕 ➡ 「法典 別冊」 참조

주택건설기준 등에 관한 규정

(약칭 : 주택건설기준규정)

(1991년 1월 15일 대통령령 제13252호)

개정
1991. 9. 7영13462호(오수·분뇨시) <중략>
2010. 4.20영22134호
2010. 6.28영22224호(소음·진동관리법시)
2010. 7. 6영22255호
2010. 7.12영22273호(산업활성공장설립시)
2010.11. 2영22467호(행정정보이용감축개정령)
2011. 1. 4영22614호
2011. 1.17영22626호(엔지니어링산업진흥법시)
2011. 3.15영22710호 2011. 6. 9영22969호
2011. 8.30영23113호(택지개발촉진법시)
2011.12. 8영23356호(영유아보육법시)
2011.12.28영23422호
2012. 4.10영23718호(국토이용시)
2012. 6.29영23916호
2013. 2.20영24391호(녹색건축물조성지원법시)
2013. 3.23영24443호(직제)
2013. 5. 6영24529호 2013. 5.31영24570호
2013. 6.17영24621호 2013.12. 4영24910호
2013.12.30영25050호(행정규제재검토에따른일부개정령)
2014. 3.24영25273호(건축시)
2014. 4.24영25321호
2014. 4.29영25339호(공공주택건설등에관한특별법시)
2014. 6.27영25404호
2014. 7.14영25456호(도로법시)
2014.10.28영25676호 2014.12.23영25882호
2015. 5. 6영23226호(도서관법시)
2015.12.28영26762호(공공주택특별법시)
2015.12.28영26763호(민간임대주택에관한특별법시)
2016. 2.29영27030호
2016. 3.29영27062호(대기환경보전법시)
2016. 6. 8영27216호
2016. 8.11영27444호(주택법시)
2016.10.25영27555호
2016.12.30영27751호(규제기한설정)
2017. 1.17영27794호
2017. 1.26영27810호(화재예방,소방시설설치·유지및안전관리에관한법시)
2017. 2. 3영27830호(교육환경보호에관한법시)
2017. 7.26영28211호(직제)
2017. 8.16영28243호(자격요건에서의불합리한학력차별을시정하기위한일부개정령)
2017.10.17영28373호
2018. 2. 9영28628호(도시및주거환경정비법시)
2018.12.11영29360호(건설기술진흥법시)
2018.12.31영29459호 2020. 1. 7영30336호
2021. 1. 5영31380호(법령용어정비)
2021. 1.12영31389호
2022. 2.11영32411호(주택법시)
2022. 8. 4영32851호
2022.11.29영33004호(소방시설설치및관리에관한법시)
2022.12. 6영33023호(도서관법시)
2023. 9.12영33723호(개인정보보호법시)
2023.12. 5영33907호 2024. 1. 2영34092호

제1장 총 칙

제1조【목적】 이 영은 「주택법」 제2조, 제35조, 제38조부터 제41조까지, 제41조의2, 제42조 및 제51조부터 제53조까지의 규정에 따라 주택의 건설기준, 부대시설·복리시설의 설치기준, 대지조성의 기준, 공동주택성능등급의 표시, 공동주택 바닥충격음 차단구조의 성능등급 인정과 성능검사, 공업화주택의 인정절차, 에너지절약형 친환경주택과 건강친화형 주택의 건설기준 및 장수명 주택 등에 관하여 위임된 사항과 그 시행에 관하여 필요한 사항을 규정함을 목적으로 한다.(2022.8.4 본조개정)

제2조【정의】 이 영에서 사용하는 용어의 정의는 다음과 같다.

1. (2003.11.29 삭제)
2. (1999.9.29 삭제)
3. "주민공동시설"이란 해당 공동주택의 거주자가 공동으로 사용하거나 거주자의 생활을 지원하는 시설로서 다음 각 목의 시설을 말한다.
   가. 경로당
   나. 어린이놀이터
   다. 어린이집
   라. 주민운동시설
   마. 도서실(정보문화시설과 「도서관법」 제4조제2항제1호가목에 따른 작은도서관을 포함한다)(2022.12.6 본목개정)
   바. 주민교육시설(영리를 목적으로 하지 아니하고 공동주택의 거주자를 위한 교육장소를 말한다)
   사. 청소년 수련시설
   아. 주민휴게시설
   자. 독서실
   차. 입주자집회소
   카. 공용취사장
   타. 공용세탁실
   파. 「공공주택 특별법」 제2조에 따른 공공주택의 단지 내에 설치하는 사회복지시설(2015.12.28 본목개정)
   하. 「아동복지법」 제44조의2의 다함께돌봄센터(이하 "다함께돌봄센터"라 한다)(2021.1.12 본목신설)
   거. 「아이돌봄 지원법」 제19조의 공동육아나눔터(2021.1.12 본목신설)
   너. 그 밖에 가목부터 거목까지의 시설에 준하는 시설로서 「주택법」(이하 "법"이라 한다) 제15조제1항에 따른 사업계획의 승인권자(이하 "사업계획승인권자"라 한다)가 인정하는 시설(2021.1.12 본목개정)
   (2013.6.17 본호개정)
4. "의료시설"이라 함은 의원·치과의원·한의원·조산소·보건소지소·병원(전염병원등 격리병원을 제외한다)·한방병원 및 약국을 말한다.
5. "주민운동시설"이라 함은 거주자의 체육활동을 위하여 설치하는 옥외·옥내운동시설(「체육시설의 설치·이용에 관한 법률」에 의한 신고체육시설업에 해당하는 시설을 포함한다)·생활체육시설 기타 이와 유사한 시설을 말한다.(2005.6.30 본호개정)
6. "독신자용 주택"이라 함은 다음 각목의 1에 해당하는 주택을 말한다.
   가. 근로자를 고용하는 자가 그 고용한 근로자중 독신생활(근로여건상 가족과 임시별거하거나 기숙하는 생활을 포함한다. 이하 같다)을 영위하는 자의 거주를 위하여 건설하는 주택
   나. 국가·지방자치단체 또는 공공법인이 독신생활을 영위하는 근로자의 거주를 위하여 건설하는 주택
7. "기간도로"라 함은 「주택법 시행령」 제5조에 따른 도로를 말한다.(2016.8.11 본호개정)
8. "진입도로"라 함은 보행자 및 자동차의 통행이 가능한 도로로서 기간도로로부터 주택단지의 출입구에 이르는 도로를 말한다.
9. "시·군지역"이라 함은 「수도권정비계획법」에 의한 수도권외의 지역중 인구 20만 미만의 시지역과 군지역을 말한다.(2005.6.30 본호개정)

제3조【적용범위】 이 영은 법 제2조제10호에 따른 사업주체가 법 제15조제1항에 따라 주택건설사업계획의 승인을 얻어 건설하는 주택, 부대시설 및 복리시설과 대지조성사업계획의 승인을 얻어 조성하는 대지에 관하여 이를 적용한다.(2016.8.11 본조개정)

제4조∼제5조 (2017.10.17 삭제)

제6조【단지 안의 시설】 ① 주택단지에는 관계 법령에 따른 지역 또는 지구에도 불구하고 다음 각 호의 시설만 건설하거나 설치할 수 있다.(2021.1.12 본문개정)

1. 부대시설
2. 복리시설. 이 경우 「주택법 시행령」 제7조제9호부터 제11호까지의 규정에 따른 시설은 해당 주택단지에 세대당 전용면적(주거의 용도로만 쓰이는 면적으로서 국토교통부령으로 정하는 바에 따라 산정한 면적을 말한다. 이하 같다)이 50제곱미터 이하인 공동주택을 다음 각 목의 어느 하나에 해당하는 규모로 건설하는 경우만 해당한다.
   가. 300세대 이상
   나. 해당 주택단지 총 세대수의 2분의 1 이상
   (2021.1.12 본호개정)
3. 간선시설(2021.1.12 본호개정)
4. 「국토의 계획 및 이용에 관한 법률」 제2조제7호의 도시·군계획시설(2021.1.12 본호개정)

(1999.9.29 본항개정)

② 다음 각 호의 어느 하나에 해당하는 경우에는 제1항에 따른 시설 외에 관계 법령에 따라 해당 건축물이 속하는 지역 또는 지구에서 제한되지 아니하는 시설을 건설하거나 설치할 수 있다.

1. 「국토의 계획 및 이용에 관한 법률」 제36조제1항제1호나목에 따른 상업지역(이하 "상업지역"이라 한다)에 주택을 건설하는 경우
2. 폭 12미터 이상인 일반도로(주택단지 안의 도로는 제외한다)에 연접하여 주택을 주택 외의 시설과 복합건축물로 건설하는 경우
3. 「국토의 계획 및 이용에 관한 법률 시행령」 제30조제1호다목에 따른 준주거지역(이하 "준주거지역"이라 한다) 또는 같은 조 제3호다목에 따른 준공업지역(이하 "준공업지역"이라 한다)에 주택과 「관광숙박시설 확충을 위한 특별법」 제2조제4호에 따른 호텔시설〔같은 법 시행령 제3조제3호가목(단란주점영업·유흥주점영업만 해당한다)·라목·바목 및 사목에 따른 부대시설은 제외하며, 이하 "호텔시설"이라 한다〕을 복합건축물로 건설하는 경우

(2013.12.4 본항개정)

③ (2003.11.29 삭제)

(2021.1.12 본조제목개정)

제7조【적용의 특례】 ① 법 제51조에 따른 공업화주택 또는 새로운 건설기술을 적용하여 건설하는 공업화주택의 경우에는 제13조 및 제37조제1항의 규정을 적용하지 아니한다.(2016.8.11 본항개정)

② 「주택법 시행령」 제7조제13호에 따른 시장과 주택을 복합건축물로 건설하는 경우에는 제9조, 제9조의2, 제10조, 제13조, 제26조, 제35조, 제37조, 제38조, 제50조, 제52조 및 제55조의2를 적용하지 아니한다.(2017.10.17 본항개정)

③ 상업지역에 주택을 건설하는 경우에는 제9조, 제9조의2, 제10조, 제13조, 제50조 및 제52조를 적용하지 아니한다.(2013.6.17 본항개정)

④ 다음 각 호의 어느 하나에 해당하는 경우에는 제9조, 제9조의2, 제10조, 제13조 및 제50조를 적용하지 아니한다.

1. 폭 12미터 이상인 일반도로(주택단지 안의 도로는 제외한다)에 연접하여 주택을 주택 외의 시설과 복합건축물로 건설하는 경우로서 다음 각 목의 어느 하나에 해당하는 경우
   가. 준주거지역에 건설하는 경우로서 주택 외의 시설의 바닥면적의 합계가 해당 건축물 연면적의 10분의 1 이상인 경우

나. 준주거지역 외의 지역에 건설하는 경우로서 주택 외의 시설의 바닥면적의 합계가 해당 건축물 연면적의 5분의 1 이상인 경우
2. 준주거지역 또는 준공업지역에 주택과 호텔시설을 복합건축물로 건설하는 경우
(2013.12.4 본항개정)
⑤ 독신자용 주택(분양하는 주택은 제외한다)을 건설하는 경우에는 제13조·제27조·제32조제1항·제52조 및 제55조의2를 적용하지 아니한다.(2013.6.17 본항개정)
⑥ 저소득근로자를 위하여 건설·공급되는 주택 또는 「민간임대주택에 관한 특별법」과 「공공주택 특별법」에 의한 임대주택 기타 공동주택의 성격·기능으로 보아 특히 필요하다고 인정되는 경우에는 이 영의 규정에 불구하고 주택의 건설기준과 부대시설·복리시설의 설치기준을 따로 국토교통부령으로 정할 수 있다.(2015.12.28 본항개정)
⑦ 「도시 및 주거환경정비법」 제2조제2호다목에 따른 재건축사업의 경우로서 사업시행인가권자가 주거환경에 위험하거나 해롭지 아니하다고 인정하는 경우에는 제9조의2제1항을 적용하지 아니한다.(2018.2.9 본항개정)
⑧ 「노인복지법」에 따라 노인복지주택을 건설하는 경우에는 제28조·제34조·제52조 및 제55조의2를 적용하지 아니한다.(2013.6.17 본항개정)
⑨ 「신행정수도 후속대책을 위한 연기·공주지역 행정중심복합도시 건설을 위한 특별법」 제2조제1호에 따른 행정중심복합도시와 「도시재정비 촉진을 위한 특별법」 제2조제1호에 따른 재정비촉진지구 안에서 주택단지 인근에 주민공동시설 설치를 갈음하여 사업계획승인권자(재정비촉진지구의 경우에는 사업시행인가권자 또는 실시계획인가권자를 말한다)가 다음 각 호의 요건을 충족하는 것으로 인정하는 시설을 설치하는 경우에는 제55조의2를 적용하지 않는다.(2021.1.5 본문개정)
1. 주민공동시설에 상응하거나 그 수준을 웃도는 규모와 기능을 갖출 것(2021.1.5 본호개정)
2. 접근의 용이성과 이용효율성 등의 측면에서 단지 안에 설치하는 주민공동시설과 큰 차이가 없을 것
(2013.6.17 본항개정)
⑩ 도시형 생활주택을 건설하는 경우에는 제9조·제10조제2항·제13조·제31조·제35조 및 제55조의2를 적용하지 아니한다. 다만, 150세대 이상으로서 「주택법 시행령」 제10조제1항제2호·제3호에 따른 도시형 생활주택을 건설하는 경우에는 제55조의2를 적용한다.(2016.8.11 단서개정)
⑪ 다음 각 호의 요건을 모두 충족하는 도시형 생활주택의 경우에는 제10항에 따라 적용을 제외하는 규정 외에 그 주택을 임대주택으로 사용하는 기간 동안 제9조의2, 제10조제3항·제4항, 제12조제2항, 제15조, 제16조제1항·제2항, 제37조제5항, 제50조 및 제64조도 적용하지 않는다.
1. 「건축법 시행령」 별표1 제3호·제4호·제11호·제12호·제14호 또는 제15호의 제1종 근린생활시설·제2종 근린생활시설·노유자시설·수련시설·업무시설 또는 숙박시설을 「주택법 시행령」 제10조제1항제1호에 따른 소형 주택(이하 "소형 주택"이라 한다)으로 용도변경할 것(2022.2.11 본호개정)
2. 다음 각 목의 어느 하나에 해당하는 임대주택으로 사용할 것
가. 「장기공공임대주택 입주자 삶의 질 향상 지원법」 제2조제1호의 장기공공임대주택(이하 "장기공공임대주택"이라 한다)
나. 「민간임대주택에 관한 특별법」 제2조제4호의 공공지원민간임대주택
(2021.1.12 본항신설)
⑫ 법 제2조제25호다목에 따른 리모델링을 하는 경우에는 다음 각 호에 따른다.(2016.8.11 본문개정)
1. 제9조, 제9조의2, 제14조, 제14조의2, 제15조 및 제64조를 적용하지 아니한다. 다만, 수직으로 증축하거나 별도의 동으로 증축하는 부분에 대해서는 제9조, 제14조, 제14조의2 및 제15조(별도의 동으로 증축하는 경우만 해당한다)를 적용한다.(2014.10.28 본호개정)
2. 사업계획승인권자가 리모델링 후의 주민공동시설이 리모델링의 대상이 되는 주택의 사용검사 당시의 주민공동시설에 상응하거나 그 수준을 웃도는 규모와 기능을 갖췄다고 인정하는 경우에는 제55조의2를 적용하지 않는다.(2021.1.5 본호개정)
제8조 【다른 법령과의 관계】 ① 주택단지는 「건축법 시행령」 제3조제1항제4호의 규정에 의하여 이를 하나의 대지로 본다. 다만, 복리시설의 설치를 위하여 따로 구획·양여하는 토지는 이를 별개의 대지로 본다.(2005.6.30 본항개정)
② 제1항의 경우에 주택단지에서 도시·군계획시설로 결정된 도로·광장 및 공원용지의 면적은 건폐율 또는 용적률의 산정을 위한 대지면적에 이를 산입하지 아니한다.(2012.4.10 본항개정)
③ 주택의 건설기준, 부대시설·복리시설의 설치기준에 관하여 이 영에서 규정한 사항 외에는 「건축법」, 「수도법」, 「하수도법」, 「장애인·노인·임산부 등의 편의증진보장에 관한 법률」, 「소방시설 설치 및 관리에 관한 법률」 및 그 밖의 관계 법령이 정하는 바에 따른다.(2022.11.29 본항개정)

제2장 시설의 배치 등

제9조 【소음방지대책의 수립】 ① 사업주체는 공동주택을 건설하는 지점의 소음도(이하 "실외소음도"라 한다)가 65데시벨 미만이 되도록 하되, 65데시벨 이상인 경우에는 방음벽·방음림(소음막이숲) 등의 방음시설을 설치하여 해당 공동주택의 건설지점의 소음도가 65데시벨 미만이 되도록 법 제42조제1항에 따른 소음방지대책을 수립해야 한다. 다만, 공동주택이 「국토의 계획 및 이용에 관한 법률」 제36조에 따른 도시지역(주택단지 면적이 30만제곱미터 미만인 경우로 한정한다) 또는 「소음·진동관리법」 제27조에 따라 지정된 지역에 건축되는 경우로서 다음 각 호의 기준을 모두 충족하는 경우에는 그 공동주택의 6층 이상인 부분에 대하여 본문을 적용하지 않는다.
(2021.1.5 본문개정)
1. 세대 안에 설치된 모든 창호(窓戶)를 닫은 상태에서 거실에서 측정한 소음도(이하 "실내소음도"라 한다)가 45데시벨 이하일 것
2. 공동주택의 세대 안에 「건축법 시행령」 제87조제2항에 따라 정하는 기준에 적합한 환기설비를 갖출 것
(2007.7.24 본항개정)
② 제1항에 따른 실외소음도와 실내소음도의 소음측정기준은 국토교통부장관이 환경부장관과 협의하여 고시한다.
(2013.3.23 본항개정)
③~④ (2013.6.17 삭제)
⑤ 법 제42조제2항 전단에서 "대통령령으로 정하는 주택건설지역이 도로와 인접한 경우"란 다음 각 호의 어느 하나에 해당하는 경우를 말한다. 다만, 주택건설지역이 「환경영향평가법 시행령」 별표3 제1호의 사업구역에 포함된 경우로서 환경영향평가를 통하여 소음저감대책을 수립한 후 해당 도로의 관리청과 협의를 완료하고 개발사업의 실시계획을 수립한 경우는 제외한다.(2016.8.11 본문개정)
1. 「도로법」 제11조에 따른 고속국도로부터 300미터 이내에 주택건설지역이 있는 경우(2014.7.14 본호개정)
2. 「도로법」 제12조에 따른 일반국도(자동차 전용도로 또는 왕복 6차로 이상인 도로만 해당한다)와 같은 법 제14조에 따른 특별시도·광역시도(자동차 전용도로만 해당한다)로부터 150미터 이내에 주택건설지역이 있는 경우(2014.7.14 본호개정)
⑥ 제5항 각 호의 거리를 계산할 때에는 도로의 경계선(보도가 설치된 경우에는 도로와 보도와의 경계선을 말한다)부터 가장 가까운 공동주택의 외벽면까지의 거리를 기준으로 한다.(2013.6.17 본항신설)
(2013.6.17 본조제목개정)
제9조의2 【소음 등으로부터의 보호】 ① 공동주택·어린이놀이터·의료시설(약국은 제외한다)·유치원·어린이집·다함께돌봄센터 및 경로당(이하 이 조에서 "공동주택등"이라 한다)은 다음 각 호의 시설로부터 수평거리 50미터 이상 떨어진 곳에 배치해야 한다. 다만, 위험물 저장 및 처리 시설 중 주유소(석유판매취급소를 포함한다) 또는 시내버스 차고지에 설치된 자동차용 천연가스 충전소(가스저장 압력용기 내용적의 총합이 20세제곱미터 이하인 경우만 해당한다)의 경우에는 해당 주유소 또는 충전소로부터 수평거리 25미터 이상 떨어진 곳에 공동주택등(유치원, 어린이집 및 다함께돌봄센터는 제외한다)을 배치할 수 있다.(2024.1.2 본문개정)
1. 다음 각 목의 어느 하나에 해당하는 공장[「산업집적활성화 및 공장설립에 관한 법률」에 따라 이전이 확정되어 인근에 공동주택등을 건설하여도 지장이 없다고 사업계획승인권자가 인정하여 고시한 공장은 제외하며, 「국토의 계획 및 이용에 관한 법률」 제36조제1항제1호가목에 따른 주거지역 또는 같은 법 제51조제3항에 따른 지구단위계획구역(주거형만 해당한다) 안의 경우에는 사업계획승인권자가 주거환경에 위해하다고 인정하여 고시한 공장만 해당한다]
가. 「대기환경보전법」 제2조제9호에 따른 특정대기유해물질을 배출하는 공장
나. 「대기환경보전법」 제2조제11호에 따른 대기오염물질배출시설이 설치되어 있는 공장으로서 같은 법 시행령 별표1에 따른 제1종사업장부터 제3종사업장까지의 규모에 해당하는 공장
다. 「대기환경보전법 시행령」 별표1의3에 따른 제4종사업장 및 제5종사업장 규모에 해당하는 공장으로서 국토교통부장관이 산업통상자원부장관 및 환경부장관과 협의하여 고시한 업종의 공장. 다만, 「도시 및 주거환경정비법」 제2조제2호다목에 따른 재건축사업(1982년 6월 5일 전에 법률 제6916호 주택법중개정법률로 개정되기 전의 「주택건설촉진법」에 따라 사업계획승인을 신청하여 건설된 주택에 대한 재건축사업으로 한정한다)에 따라 공동주택등을 건설하는 경우로서 제5종사업장 규모에 해당하는 공장 중에서 해당 공동주택등의 주거환경에 위험하거나 해롭지 아니하다고 사업계획승인권자가 인정하여 고시한 공장은 제외한다.
(2018.2.9 단서개정)
라. 「소음·진동관리법」 제2조제3호에 따른 소음배출시설이 설치되어 있는 공장. 다만, 공동주택등을 배치하려는 지점에서 소음·진동관리 법령으로 정하는 바에 따라 측정한 해당 공장의 소음도가 50데시벨 이하로서 공동주택등에 영향을 미치지 않거나 방음벽·방음림 등의 방음시설을 설치하여 50데시벨 이하가 될 수 있는 경우는 제외한다.(2021.1.5 단서개정)
2. 「건축법 시행령」 별표1에 따른 위험물 저장 및 처리 시설
3. 그 밖에 사업계획승인권자가 주거환경에 특히 위해하다고 인정하는 시설(설치계획이 확정된 시설을 포함한다)
② 제1항에 따라 공동주택등을 배치하는 경우 공동주택등과 제1항 각 호의 시설 사이의 주택단지 부분에는 방음림을 설치해야 한다. 다만, 다른 시설물이 있는 경우에는 그렇지 않다.(2021.1.5 본항개정)
(2013.6.17 본조신설)
제10조 【공동주택의 배치】 ① (1996.6.8 삭제)
② 도로(주택단지 안의 도로를 포함하되, 필로티에 설치되어 보도로만 사용되는 도로는 제외한다) 및 주차장(지하, 필로티, 그 밖에 이와 비슷한 구조에 설치하는 주차장 및 그 진출입로는 제외한다)의 경계선으로부터 공동주택의 외벽(발코니나 그 밖에 이와 비슷한 것을 포함한다. 이하 같다)까지의 거리는 2미터 이상 띄워야 하며, 그 띄운 부분에는 식재등 조경에 필요한 조치를 하여야 한다. 다만, 다음 각 호의 어느 하나에 해당하는 도로로서 보도와 차도로 구분되어 있는 경우에는 그러하지 아니하다.
(2012.6.29 본문개정)
1. 공동주택의 1층이 필로티 구조인 경우 필로티에 설치하는 도로(사업계획승인권자가 인정하는 보행자 안전시설이 설치된 것에 한정한다)
2. 주택과 주택 외의 시설을 동일 건축물로 건축하고, 1층이 주택 외의 시설인 경우 해당 주택 외의 시설에 접하여 설치하는 도로(사업계획승인권자가 인정하는 보행자 안전시설이 설치된 것에 한정한다)
3. 공동주택의 외벽이 개구부(開口部)가 없는 측벽인 경우 해당 측벽에 접하여 설치하는 도로
(2012.6.29 1호~3호신설)
③ 주택단지는 화재 등 재난발생 시 소방활동에 지장이 없도록 다음 각 호의 요건을 갖추어 배치해야 한다.
(2021.1.5 본문개정)
1. 공동주택의 각 세대로 소방자동차의 접근이 가능하도록 통로를 설치할 것
2. 주택단지 출입구의 문주(문기둥) 또는 차단기는 소방자동차의 통행이 가능하도록 설치할 것(2021.1.5 본호개정)
(2016.6.8 본항개정)
④ 주택단지의 각 동의 높이와 형태 등은 주변의 경관과 어우러지고 해당 지역의 미관을 증진시킬 수 있도록 배치되어야 하며, 국토교통부장관은 공동주택의 디자인 향상을 위하여 주택단지의 배치 등에 필요한 사항을 정하여 고시할 수 있다.(2013.6.17 본항신설)
(1996.6.8 본조제목개정)
제11조 【지하층의 활용】 공동주택을 건설하는 주택단지에 설치하는 지하층은 「주택법 시행령」 제7조제1호 및 제2호에 따른 근린생활시설(이하 "근린생활시설"이라 한다. 다만, 이 조에서는 변전소·정수장 및 양수장을 제외하되, 변전소의 경우 「전기사업법」 제2조제2호에 따른 전기사업자가 자신의 소유 토지에 「전원개발촉진법 시행령」 제3조제1호에 따른 시설의 설치·운영에 종사하는 자를 위하여 건설하는 공동주택 및 주택과 주택 외의 건축물을 동일 건축물에 복합하여 건설하는 경우로서 사업계획승인권자가 주거안정에 지장이 없다고 인정하는 건축물의 변전소는 포함한다)·주차장·주민공동시설 및 주택(사업계획승인권자가 해당 주택의 주거환경에 지장이 없다고 인정하는 경우로서 1층 세대의 주거전용부분으로 사용되는 구조만 해당한다) 그 밖에 관계 법령에 따라 허용되는 용도로 사용할 수 있으며, 그 구조 및 설비는 「건축법」 제53조에 따른 기준에 적합하여야 한다.(2017.10.17 본조개정)
제12조 【주택과의 복합건축】 ① 숙박시설(상업지역, 준주거지역 또는 준공업지역에 건설하는 호텔시설은 제외한다)·위락시설·공연장·공장이나 위험물저장 및 처리시설 그 밖에 사업계획승인권자가 주거환경에 지장이 있다고 인정하는 시설은 주택과 복합건축물로 건설하여서는 아니된다. 다만, 다음 각 호의 어느 하나에 해당하는 경우는 예외로 한다.(2017.1.17 단서개정)
1. 「도시 및 주거환경정비법」 제2조제2호나목에 따른 재개발사업에 따라 복합건축물을 건설하는 경우
(2018.2.9 본호개정)
2. 위락시설·숙박시설 또는 공연장을 주택과 복합건축물로 건설하는 경우로서 다음 각 목의 요건을 모두 갖춘 경우
가. 해당 복합건축물은 층수가 50층 이상이거나 높이가 150미터 이상일 것
나. 위락시설을 주택과 복합건축물로 건설하는 경우에는 다음의 요건을 모두 갖출 것
1) 위락시설과 주택은 구조가 분리될 것
2) 사업계획승인권자가 주거환경 보호에 지장이 없다고 인정할 것
3. 「물류시설의 개발 및 운영에 관한 법률」 제2조제6호의2에 따른 도시첨단물류단지 내에 공장을 주택과 복합건축물로 건설하는 경우로서 다음 각 목의 요건을 모두 갖춘 경우
가. 해당 공장은 제9조의2제1항제1호 각 목의 어느 하나에 해당하는 공장이 아닐 것
나. 해당 복합건축물이 건설되는 주택단지 내의 물류시설은 지하층에 설치될 것

다. 사업계획승인권자가 주거환경 보호에 지장이 없다고 인정할 것
(2017.1.17 2호~3호신설)
② 주택과 주택외의 시설(주민공동시설을 제외한다)을 동일건축물에 복합하여 건설하는 경우에는 주택의 출입구·계단 및 승강기 등을 주택외의 시설과 분리된 구조로 하여 사생활보호·방범 및 방화 등 주거의 안전과 소음·악취등으로부터 주거환경이 보호될 수 있도록 하여야 한다. 다만, 층수가 50층 이상이거나 높이가 150미터 이상인 복합건축물을 건축하는 경우로서 사업계획승인권자가 사생활보호·방범 및 방화 등 주거의 안전과 소음·악취 등으로부터 주거환경이 보호될 수 있다고 인정하는 숙박시설과 공연장의 경우에는 그러하지 아니하다.
(2014.10.28 본조개정)

제3장 주택의 구조·설비 등

제13조【기준척도】 주택의 평면 및 각 부위의 치수는 국토교통부령으로 정하는 치수 및 기준척도에 적합하여야 한다. 다만, 사업계획승인권자가 인정하는 특수한 설계·구조 또는 자재로 건설하는 주택의 경우에는 그러하지 아니하다.(2013.6.17 본조개정)

제14조【세대 간의 경계벽 등】 ① 공동주택 각 세대 간의 경계벽 및 공동주택과 주택 외의 시설 간의 경계벽은 내화구조로서 다음 각 호의 어느 하나에 해당하는 구조로 해야 한다.(2021.1.5 본문개정)
1. 철근콘크리트조 또는 철골·철근콘크리트조로서 그 두께(시멘트모르타르, 회반죽, 석고플라스터, 그 밖에 이와 유사한 재료를 바른 후의 두께를 포함한다)가 15센티미터 이상인 것(2021.1.5 본호개정)
2. 무근콘크리트조·콘크리트블록조·벽돌조 또는 석조로서 그 두께(시멘트모르타르, 회반죽, 석고플라스터, 그 밖에 이와 유사한 재료를 바른 후의 두께를 포함한다)가 20센티미터 이상인 것(2021.1.5 본호개정)
3. 조립식주택부재인 콘크리트판으로서 그 두께가 12센티미터 이상인 것
4. 제1호 내지 제3호의 것외에 국토교통부장관이 정하여 고시하는 기준에 따라 한국건설기술연구원장이 차음성능을 인정하여 지정하는 구조인 것(2013.3.23 본호개정)

② 제1항에 따른 경계벽은 이를 지붕밑 또는 바로 윗층바닥판까지 닿게 하여야 하며, 소리를 차단하는데 장애가 되는 부분이 없도록 설치하여야 한다. 이 경우 경계벽의 구조가 벽돌조인 경우에는 줄눈 부위에 빈틈이 생기지 아니하도록 시공하여야 한다.(2017.10.17 본항개정)
③~④ (2013.5.6 삭제)
⑤ 공동주택의 3층 이상인 층의 발코니에 세대간 경계벽을 설치하는 경우에는 제1항 및 제2항의 규정에 불구하고 화재등의 경우에 피난용도로 사용할 수 있는 피난구를 경계벽에 설치하거나 경계벽의 구조를 파괴하기 쉬운 경량구조등으로 할 수 있다. 다만, 경계벽에 창고 기타 이와 유사한 시설을 설치하는 경우에는 그러하지 아니하다.
(1992.7.25 본항신설)
⑥ 제5항에 따라 피난구를 설치하거나 경계벽의 구조를 경량구조 등으로 하는 경우에는 그에 대한 정보를 포함한 표지 등을 식별하기 쉬운 위치에 부착 또는 설치하여야 한다.(2014.12.23 본항신설)
(2021.1.5 본조제목개정)

제14조의2【바닥구조】 공동주택의 세대 내의 층간바닥(화장실의 바닥은 제외한다. 이하 이 조에서 같다)은 다음 각 호의 기준을 모두 충족해야 한다.(2022.8.4 본문개정)
1. 콘크리트 슬래브 두께는 210밀리미터[라멘구조(보와 기둥을 통해서 내력이 전달되는 구조를 말한다. 이하 이 조에서 같다)의 공동주택은 150밀리미터] 이상으로 할 것. 다만, 법 제51조제1항에 따라 인정받은 공업화주택의 층간바닥은 예외로 한다.
2. 각 층간 바닥의 경량충격음(비교적 가볍고 딱딱한 충격에 의한 바닥충격음을 말한다) 및 중량충격음(무겁고 부드러운 충격에 의한 바닥충격음을 말한다)이 각각 49데시벨 이하인 구조일 것. 다만, 다음 각 목의 층간바닥은 그렇지 않다.(2022.8.4 본문개정)
   가. 라멘구조의 공동주택(법 제51조제1항에 따라 인정받은 공업화주택은 제외한다)의 층간바닥
   나. 가목의 공동주택 외의 공동주택 중 발코니, 현관 등 국토교통부령으로 정하는 부분의 층간바닥
   (2017.1.17 가목~나목신설)
(2017.1.17 본조개정)

제14조의3【벽체 및 창호 등】 ① 500세대 이상의 공동주택을 건설하는 경우 벽체의 접합부위나 난방설비가 설치되는 공간의 창호는 국토교통부장관이 정하여 고시하는 기준에 적합한 결로(結露)방지 성능을 갖추어야 한다.
② 제1항에 해당하는 공동주택을 건설하려는 자는 세대 내의 거실·침실의 벽체와 천장의 접합부위(침실에 옷방 또는 붙박이 가구를 설치하는 경우에는 옷방 또는 붙박이 가구의 벽체와 천장의 접합부위를 포함한다), 최상층 세대의 천장부위, 지하주차장·승강기홀의 벽체부위 등 결로 취약부위에 대한 결로방지 상세도를 법 제33조제2항에 따른 설계도서에 포함하여야 한다.(2016.10.25 본항개정)
③ 국토교통부장관은 제2항에 따른 결로방지 상세도의 작성내용 등에 관한 구체적인 사항을 정하여 고시할 수 있다.
(2013.5.6 본조신설)

제15조【승강기 등】 ① 6층 이상인 공동주택에는 국토교통부령이 정하는 기준에 따라 대당 6인승 이상인 승용승강기를 설치하여야 한다. 다만, 「건축법 시행령」 제89조의 규정에 해당하는 공동주택의 경우에는 그러하지 아니하다.(2013.3.23 본문개정)
② 10층 이상인 공동주택의 경우에는 제1항의 승용승강기를 비상용승강기의 구조로 하여야 한다.(2007.7.24 본항개정)
③ 10층 이상인 공동주택에는 이사짐등을 운반할 수 있는 다음 각호의 기준에 적합한 화물용승강기를 설치하여야 한다.(2016.12.30 본문개정)
1. 적재하중이 0.9톤이상일 것
2. 승강기의 폭 또는 너비중 한변은 1.35미터이상, 다른 한변은 1.6미터이상일 것
3. 계단실형인 공동주택의 경우에는 계단실마다 설치할 것
4. 복도형인 공동주택의 경우에는 100세대까지 1대를 설치하되, 100세대를 넘는 경우에는 100세대마다 1대를 추가로 설치할 것
(1993.9.27 본항개정)
④ 제1항 또는 제2항의 규정에 의한 승용승강기 또는 비상용승강기로서 제3항 각호의 기준에 적합한 것은 화물용승강기로 겸용할 수 있다.
⑤ 「건축법」 제64조는 제1항 내지 제3항의 규정에 의한 승용승강기·비상용승강기 및 화물용승강기의 구조 및 그 승강장의 구조에 관하여 이를 준용한다.(2008.10.29 본항개정)

제16조【계단】 ① 주택단지안의 건축물 또는 옥외에 설치하는 계단의 각 부위의 치수는 다음 표의 기준에 적합하여야 한다.

(단위 : 센티미터)

계단의 종류	유효폭	단높이	단너비
공동으로 사용하는 계단	120 이상	18 이하	26 이상
건축물의 옥외계단	90 이상	20 이하	24 이상

(2014.10.28 본항개정)
② 제1항에 따른 계단은 다음 각 호에 정하는 바에 따라 적합하게 설치하여야 한다.(2009.10.19 본문개정)
1. 높이 2미터를 넘는 계단(세대내계단을 제외한다)에는 2미터(기계실 또는 물탱크실의 계단의 경우에는 3미터)이내마다 해당 계단의 유효폭이상의 폭으로 너비 120센티미터이상인 계단참을 설치할 것. 다만, 각 동 출입구에 설치하는 계단은 1층에 한정하여 높이 2.5미터 이내마다 계단참을 설치할 수 있다.(2009.10.19 본호개정)
2. (2014.10.28 삭제)
3. 계단의 바닥은 미끄럼을 방지할 수 있는 구조로 할 것
(2014.10.28 본호개정)
③ 계단실형인 공동주택의 계단실은 다음 각호의 기준에 적합하여야 한다.
1. 계단실에 면하는 각 세대의 현관문은 계단의 통행에 지장이 되지 아니하도록 할 것
2. 계단실 최상부에는 배연등에 유효한 개구부를 설치할 것
3. 계단실의 각 층별로 층수를 표시할 것
4. 계단실의 벽 및 반자의 마감(마감을 위한 바탕을 포함한다)은 불연재료 또는 준불연재료로 할 것
④ 제1항부터 제3항까지에서 규정한 사항 외에 계단의 설치 및 구조에 관한 기준에 관하여는 「건축법 시행령」 제34조, 제35조 및 제48조를 준용한다.(2014.10.28 본항개정)
⑤ (2013.6.17 삭제)
(2013.6.17 본조제목개정)

제16조의2【출입문】 ① 주택단지 안의 각 동 출입문에 설치하는 유리는 안전유리(45킬로그램의 추가 75센티미터 높이에서 낙하하는 충격량에 관통되지 아니하는 유리를 말한다. 이하 같다)를 사용하여야 한다.
② 주택단지 안의 각 동 지상 출입문, 지하주차장과 각 동의 지하 출입구를 연결하는 출입문에는 전자출입시스템(비밀번호나 출입카드 등으로 출입문을 여닫을 수 있는 시스템 등을 말한다)을 갖추어야 한다.
③ 주택단지 안의 각 동 옥상 출입문에는 「소방시설 설치 및 관리에 관한 법률」 제40조제1항에 따른 성능인증 및 같은 조 제2항에 따른 제품검사를 받은 비상문자동개폐장치를 설치하여야 한다. 다만, 대피공간이 없는 옥상의 출입문은 제외한다.(2022.11.29 본문개정)
④ 제2항에 따라 설치되는 전자출입시스템 및 제3항에 따라 설치되는 비상문자동개폐장치는 화재 등 비상시에 소방시스템과 연동(連動)되어 잠김 상태가 자동으로 풀려야 한다.(2016.2.29 본항개정)
(2013.6.17 본조신설)

제17조【복도】 ① (2014.10.28 삭제)
② 복도형인 공동주택의 복도는 다음 각호의 기준에 적합하여야 한다.
1. 외기에 개방된 복도에는 배수구를 설치하고, 바닥의 배수에 지장이 없도록 할 것
2. 중복도에는 채광 및 통풍이 원활하도록 40미터이내마다 1개소이상 외기에 면하는 개구부를 설치할 것
3. 복도의 벽 및 반자의 마감(마감을 위한 바탕을 포함한다)은 불연재료 또는 준불연재료로 할 것

제18조【난간】 ① 주택단지 안의 건축물 또는 옥외에 설치하는 난간의 재료는 철근콘크리트, 파손되는 경우에도 날려 흩어지지 않는 안전유리 또는 강도 및 내구성이 있는 재료(금속제인 경우에는 부식되지 않거나 도금 또는 녹막이 등으로 부식방지처리를 한 것만 해당한다)를 사용하여 난간이 안전한 구조로 설치될 수 있게 해야 한다. 다만, 실내에 설치하는 난간의 재료는 목재로 할 수 있다.(2021.1.5 본문개정)
② 난간의 각 부위의 치수는 다음 각호의 기준에 적합하여야 한다.
1. 난간의 높이 : 바닥의 마감면으로부터 120센티미터 이상. 다만, 건축물내부계단에 설치하는 난간, 계단중간에 설치하는 난간 기타 이와 유사한 것으로서 위험이 적은 장소에 설치하는 난간의 경우에는 90센티미터 이상으로 할 수 있다.(2003.4.22 본호개정)
2. 난간의 간살의 간격 : 안목치수 10센티미터 이하
(2003.4.22 단서삭제)
③ 3층 이상인 주택의 창(바닥의 마감면으로부터 창대 윗면까지의 높이가 110센티미터 이상이거나 창의 바로 아래에 발코니 기타 이와 유사한 것이 있는 경우를 제외한다)에는 제1항 및 제2항의 규정에 적합한 난간을 설치하여야 한다.
④ 난간을 외부 공기가 직접 닿는 곳에 설치하는 주택의 경우에는 각 세대마다 국기봉을 꽂을 수 있는 장치를 해당 난간에 하나 이상 설치해야 한다. 다만, 사업계획승인권자가 난간의 재료 등을 고려할 때 해당 장치를 설치하기 어렵다고 인정하는 경우에는 국토교통부령으로 정하는 바에 따라 각 동 지상 출입구에 설치할 수 있다.
(2021.1.12 본항개정)

제19조~제20조 (1996.6.8 삭제)

제21조 (2014.10.28 삭제)

제22조【장애인 등의 편의시설】 주택단지안의 부대시설 및 복리시설에 설치하여야 하는 장애인관련 편의시설은 「장애인·노인·임산부 등의 편의증진보장에 관한 법률」이 정하는 바에 의한다.(2005.6.30 본조개정)

제23조~제24조 (2014.10.28 삭제)

제4장 부대시설

제25조【진입도로】 ① 공동주택을 건설하는 주택단지는 기간도로와 접하거나 기간도로로부터 당해 단지에 이르는 진입도로가 있어야 한다. 이 경우 기간도로와 접하는 폭 및 진입도로의 폭은 다음 표와 같다.

(단위 : 미터)

주택단지의 총세대수	기간도로와 접하는 폭 또는 진입도로의 폭
300세대미만	6이상
300세대이상 500세대미만	8이상
500세대이상 1천세대미만	12이상
1천세대이상 2천세대미만	15이상
2천세대이상	20이상

② 주택단지가 2이상이면서 당해 주택단지의 진입도로가 하나인 경우 그 진입도로의 폭은 당해 진입도로를 이용하는 모든 주택단지의 세대수를 합한 총 세대수를 기준으로 하여 산정한다.(1999.9.29 본항신설)
③ 공동주택을 건설하는 주택단지의 진입도로가 2이상으로서 다음 표의 기준에 적합한 경우에는 제1항의 규정을 적용하지 아니할 수 있다. 이 경우 폭 4미터이상 6미터 미만인 도로는 기간도로와 통행거리 200미터이내인 때에 한하여 이를 진입도로로 본다.

주택단지의 총세대수	폭 4미터 이상의 진입도로 중 2개의 진입도로 폭의 합계
300세대 미만	10미터 이상
300세대 이상 500세대 미만	12미터 이상
500세대 이상 1천세대 미만	16미터 이상
1천세대 이상 2천세대 미만	20미터 이상
2천세대 이상	25미터 이상

(2016.6.8 본항개정)
④ 도시지역외에서 공동주택을 건설하는 경우 그 주택단지와 접하는 기간도로의 폭 또는 그 주택단지의 진입도로와 연결되는 기간도로의 폭은 제1항의 규정에 의한 기간도로와 접하는 폭 또는 진입도로의 폭의 기준 이상이어야 하며, 주택단지의 진입도로가 2 이상이 있는 경우에는 그 기간도로의 폭은 제3항의 기준에 의한 각각의 진입도로의 폭의 기준 이상이어야 한다.(2002.12.26 본항개정)
⑤ (2016.6.8 삭제)

제26조【주택단지 안의 도로】 ① 공동주택을 건설하는 주택단지에는 폭 1.5미터 이상의 보도를 포함한 폭 7미터 이상의 도로(보행자전용도로, 자전거도로는 제외한다)를 설치하여야 한다.(2013.6.17 본항개정)
② 제1항에도 불구하고 다음 각 호에 어느 하나에 해당하는 경우에는 도로의 폭을 4미터 이상으로 할 수 있다. 이 경우 해당 도로에는 보도를 설치하지 아니할 수 있다.
1. 해당 도로를 이용하는 공동주택의 세대수가 100세대 미만이고 해당 도로가 막다른 도로로서 그 길이가 35미터 미만인 경우
2. 그 밖에 주택단지 내의 막다른 도로 등 사업계획승인권자가 부득이하다고 인정하는 경우
(2013.6.17 본항개정)
③ 주택단지 안의 도로는 유선형(流線型) 도로로 설계하거나 도로 노면의 요철(凹凸) 포장 또는 과속방지턱의 설치 등을 통하여 도로의 설계속도(도로설계의 기초가 되는 속도를 말한다)가 시속 20킬로미터 이하가 되도록 하여야 한다.(2013.6.17 본항신설)
④ 500세대 이상의 공동주택을 건설하는 주택단지 안의 도로에는 어린이 통학버스의 정차가 가능하도록 국토교

통부령으로 정하는 기준에 적합한 어린이 안전보호구역을 1개소 이상 설치하여야 한다.(2013.6.17 본항신설)
⑤ 제1항부터 제4항까지에서 규정한 사항 외에 주택단지에 설치하는 도로 및 교통안전시설의 설치기준 등에 관하여 필요한 사항은 국토교통부령으로 정한다.(2013.6.17 본항개정)
(2007.7.24 본조제목개정)

제27조【주차장】 ① 주택단지에는 다음 각 호의 기준(소수점 이하의 끝수는 이를 한 대로 본다)에 따라 주차장을 설치해야 한다.(2021.1.12 본문개정)
1. 주택단지에는 주택의 전용면적의 합계를 기준으로 하여 다음 표에서 정하는 면적당 대수의 비율로 산정한 주차대수 이상의 주차장을 설치하되, 세대당 주차대수가 1대(세대당 전용면적이 60제곱미터 이하인 경우에는 0.7대) 이상이 되도록 해야 한다. 다만, 지역별 차량보유율 등을 고려하여 설치기준의 5분의 1(세대당 전용면적이 60제곱미터 이하인 경우에는 2분의 1)의 범위에서 특별시·광역시·특별자치시·특별자치도·시·군 또는 자치구의 조례로 강화하여 정할 수 있다.

주택규모별 (전용면적 : 제곱미터)	주차장설치기준(대/제곱미터)			
	가. 특별시	나. 광역시·특별자치시 및 수도권 내의 시지역	다. 가목 및 나목 외의 시지역과 수도권 내의 군지역	라. 그 밖의 지역
85 이하	1/75	1/85	1/95	1/110
85 초과	1/65	1/70	1/75	1/85

(2021.1.12 본호개정)
2. 소형 주택은 제1호에도 불구하고 세대당 주차대수가 0.6대(세대당 전용면적이 30제곱미터 미만인 경우에는 0.5대) 이상이 되도록 주차장을 설치해야 한다. 다만, 다음 각 목의 요건을 모두 갖춘 소형 주택의 경우에는 세대당 주차대수가 0.4대 이상이 되도록 설치할 수 있다.
가. 상업지역 또는 준주거지역에 건설하는 소형 주택으로서 「민간임대주택에 관한 특별법」 제2조제13호가목에 해당하는 시설로부터 반경 500미터 이내에서 건설하는 소형 주택일 것
나. 「주차장법」에 따른 주차단위구획의 총 수의 100분의 20 이상을 「도시교통정비 촉진법」 제33조제1항제4호에 따른 승용차 공동이용 지원(승용차공동이용을 위한 전용주차구획을 설치하고 공동이용을 위한 승용자동차를 상시 배치하는 것을 말한다)을 위해 사용할 것
(2023.12.5 본호개정)
3. 제2호에도 불구하고 소형 주택의 주차장 설치기준은 지역별 차량보유율 등을 고려하여 다음 각 목의 구분에 따라 특별시·광역시·특별자치시·특별자치도·시·군 또는 자치구의 조례로 강화하거나 완화하여 정할 수 있다.
가. 「민간임대주택에 관한 특별법」 제2조제13호가목 및 나목에 해당하는 시설로부터 통행거리 500미터 이내에 건설하는 소형 주택으로서 다음의 요건을 모두 갖춘 경우 : 설치기준의 10분의 7 범위에서 완화
1) 「공공주택 특별법」 제2조제1호가목의 공공임대주택일 것
2) 임대기간 동안 자동차를 소유하지 않을 것을 임차인 자격요건으로 하여 임대할 것. 다만, 「장애인복지법」 제2조제2항에 따른 장애인 등에 대해서는 특별시·광역시·특별자치시·도·특별자치도의 조례로 자동차 소유 요건을 달리 정할 수 있다.
나. 그 밖의 경우 : 설치기준의 2분의 1 범위에서 강화 또는 완화
(2023.12.5 본호신설)
② 제1항 각 호에 따른 주차장은 지역의 특성, 전기자동차(「환경친화적 자동차의 개발 및 보급 촉진에 관한 법률」 제2조제3호에 따른 전기자동차를 말한다) 보급정도 및 주택의 규모 등을 고려하여 그 일부를 전기자동차의 전용주차구획으로 구분 설치하도록 특별시·광역시·특별자치시·특별자치도·시 또는 군의 조례로 정할 수 있다.
(2023.12.5 본항개정)
③ 주택단지에 건설하는 주택(부대시설 및 주민공동시설을 포함한다)외의 시설에 대하여는 「주차장법」이 정하는 바에 따라 산정한 부설주차장을 설치하여야 한다.
(2005.6.30 본항개정)
④ 소형 주택이 다음 각 호의 요건을 모두 갖춘 경우에는 제1항제2호 및 제3호에도 불구하고 임대주택으로 사용하는 기간 동안 용도변경하기 전의 용도를 기준으로 「주차장법」 제19조의 부설주차장 설치기준을 적용할 수 있다.
(2023.12.5 본문개정)
1. 제7조제11항 각 호의 요건을 갖출 것
2. 제1항제2호 및 제3호에 따라 주차장을 추가로 설치해야 할 것(2023.12.5 본호개정)
3. 세대별 전용면적이 30제곱미터 미만일 것
4. 임대기간 동안 자동차(「장애인복지법」 제39조제2항에 따른 장애인사용자동차등표지를 발급받은 자동차는 제외한다)를 소유하지 않을 것을 임차인 자격요건으로 하여 임대할 것
(2021.1.12 본항신설)
⑤ 「노인복지법」에 의하여 노인복지주택을 건설하는 경우 당해 주택단지에는 제1항의 규정에 불구하고 세대당 주차대수가 0.3대(세대당 전용면적이 60제곱미터 이하인 경우에는 0.2대)이상이 되도록 하여야 한다.(2005.6.30 본항개정)
⑥ 「철도산업발전기본법」 제3조제2호의 철도시설 중 역시설로부터 반경 500미터 이내에서 건설하는 「공공주택 특별법」 제2조에 따른 공공주택(이하 "철도부지 활용 공공주택"이라 한다)의 경우 해당 주택단지에는 제1항에 따른 주차장 설치기준의 2분의 1의 범위에서 완화하여 적용할 수 있다.(2015.12.28 본항개정)
⑦ 제1항부터 제6항까지에서 규정한 사항 외에 주차장의 구조 및 설비의 기준에 관하여 필요한 사항은 국토교통부령으로 정한다.(2021.1.12 본항개정)

제28조【관리사무소 등】 ① 50세대 이상의 공동주택을 건설하는 주택단지에는 다음 각 호의 시설을 모두 설치하되, 그 면적의 합계가 10제곱미터에 50세대를 넘는 매 세대마다 500제곱센티미터를 더한 면적 이상이 되도록 설치해야 한다. 다만, 그 면적의 합계가 100제곱미터를 초과하는 경우에는 설치면적을 100제곱미터로 할 수 있다.
1. 관리사무소(2020.1.7 본호신설)
2. 경비원 등 공동주택 관리 업무에 종사하는 근로자를 위한 휴게시설(2020.1.7 본호신설)
② 제1항제1호에 따른 관리사무소는 관리업무의 효율성과 입주민의 접근성 등을 고려하여 배치해야 한다.
③ 제1항제2호에 따른 휴게시설은 「산업안전보건법」에 따라 설치해야 한다.(2020.1.7 본항신설)
(2020.1.7 본조개정)

제29조 (2014.10.28 삭제)

제30조【수해방지 등】 ① 주택단지(단지경계선의 주변 외곽부분을 포함한다)에 높이 2미터 이상의 옹벽 또는 축대(이하 "옹벽등"이라 한다)가 있거나 이를 설치하는 경우에는 그 옹벽등으로부터 건축물의 외곽부분까지를 당해 옹벽등의 높이만큼 띄어야 한다. 다만, 다음 각호의 1에 해당하는 경우에는 그러하지 아니하다.
1. 옹벽등의 기초보다 그 기초가 낮은 건축물. 이 경우 옹벽등으로부터 건축물 외곽부분까지를 5미터(3층 이하인 건축물은 3미터) 이상 띄워야 한다.
2. 옹벽등보다 낮은 쪽에 위치한 건축물의 지하부분 및 땅으로부터 높이 1미터 이하인 건축물부분
(1993.2.20 본항개정)
② 주택단지에는 배수구·집수구 및 집수정(물 저장고) 등 우수의 배수에 필요한 시설을 설치해야 한다.
(2021.1.5 본항개정)
③ 주택단지가 저지대 등 침수의 우려가 있는 지역인 경우에는 주택단지안에 설치하는 수전실·전화국선용단자함 기타 이와 유사한 전기 및 통신설비는 가능한 한 침수가 되지 아니하는 곳에 이를 설치하여야 한다.
④ 제1항 내지 제3항에서 규정한 사항외에 수해방지등에 관하여 필요한 사항은 국토교통부령으로 정한다.
(2013.3.23 본항개정)
(2021.1.5 본조제목개정)

제31조【안내표지판등】 ① 300세대이상의 주택을 건설하는 주택단지와 그 주변에는 다음 각 호의 기준에 따라 안내표지판을 설치하여야 한다. 다만, 제2호에 따른 표지판은 해당 사항이 표시된 도로표지판등이 있는 경우에는 설치하지 아니할 수 있다.(2014.10.28 본문개정)
1. (2014.10.28 삭제)
2. 단지의 진입도로변에 단지의 명칭을 표시한 단지입구표지판을 설치할 것(2014.10.28 본호개정)
3. 단지의 주요출입구마다 단지안의 건축물·도로 기타 주요시설의 배치를 표시한 단지종합안내판을 설치할 것
4. (2014.10.28 삭제)
② 주택단지에 2동이상의 공동주택이 있는 경우에는 각 동 외벽의 보기 쉬운 곳에 동번호를 표시하여야 한다.
③ 관리사무소 또는 그 부근에는 거주자에게 공지사항을 알리기 위한 게시판을 설치하여야 한다.
④ (2014.10.28 삭제)

제32조【통신시설】 ① 주택에는 세대마다 전화설치장소(거실 또는 침실을 말한다)까지 구내통신선로설비를 설치하여야 하되, 구내통신선로설비의 설치에 필요한 사항은 따로 대통령령으로 정한다.(2008.2.29 본항개정)
② 경비실을 설치하는 공동주택의 각 세대에는 경비실과 통화가 가능한 구내전화를 설치하여야 한다.
③ 주택에는 세대마다 초고속 정보통신을 할 수 있는 구내통신선로설비를 설치하여야 한다.(2001.4.30 본항신설)

제32조의2【지능형 홈네트워크 설비】 주택에 지능형 홈네트워크 설비(주택의 성능과 주거의 질 향상을 위하여 세대 또는 주택단지 내 지능형 정보통신 및 가전기기 등의 상호 연계를 통하여 통합된 주거서비스를 제공하는 설비를 말한다)를 설치하는 경우에는 국토교통부장관, 산업통상자원부장관 및 과학기술정보통신부장관이 협의하여 공동으로 고시하는 지능형 홈네트워크 설비 설치 및 기술기준에 적합하여야 한다.(2017.7.26 본조개정)

제33조【보안등】 ① 주택단지안의 어린이놀이터 및 도로(폭 15미터 이상인 도로의 경우에는 도로의 양측)에는 보안등을 설치하여야 한다. 이 경우 당해 도로에 설치하는 보안등의 간격은 50미터이내로 하여야 한다.
(1998.8.27 본항개정)
② 제1항의 규정에 의한 보안등에는 외부의 밝기에 따라 자동으로 켜지고 꺼지는 장치 또는 시간을 조절하는 장치를 부착하여야 한다.

제34조【가스공급시설】 ① 도시가스의 공급이 가능한 지역에서 주택을 건설하거나 액화석유가스를 배관에 의하여 공급하는 주택을 건설하는 경우에는 각 세대까지 가스공급설비를 하여야 하며, 그밖의 지역에서는 안전이 확보될 수 있도록 외기에 면한 곳에 액화석유가스용기를 보관할 수 있는 시설을 하여야 한다.
② 제1항에도 불구하고 다음 각 호의 요건을 모두 갖춘 경우에는 각 세대까지 가스공급설비를 설치하지 않을 수 있다.
1. 장기공공임대주택일 것(2021.1.12 본호개정)
2. 세대별 전용면적이 50제곱미터 이하일 것(2021.1.12 본호개정)
3. 세대 내 가스사용시설이 설치되어 있지 않고 전기를 사용하는 취사시설이 설치되어 있을 것
4. 「건축법 시행령」 제87조제2항에 따른 난방을 위한 건축설비를 개별난방방식으로 설치하지 않을 것
(2018.12.31 본항신설)
③ 특별시장·광역시장·특별자치시장·특별자치도지사 또는 도지사(이하 "시·도지사"라 한다)는 500세대 이상의 주택을 건설하는 주택단지에 대하여는 당해 지역의 가스공급계획에 따라 가스저장시설을 설치하게 할 수 있다.
(2014.10.28 본항개정)

제35조【비상급수시설】 ① 공동주택을 건설하는 주택단지에는 「먹는물관리법」 제5조의 규정에 의한 먹는물의 수질기준에 적합한 비상용수를 공급할 수 있는 지하양수시설 또는 지하저수조시설을 설치하여야 한다.(2005.6.30 본항개정)
② 제1항에 따른 지하양수시설 및 지하저수조는 다음 각 호에 따른 설치기준을 갖추어야 한다. 다만, 철도부지 활용 공공주택을 건설하는 주택단지의 경우에는 시·군지역의 기준을 적용한다.(2014.10.28 단서개정)
1. 지하양수시설
가. 1일에 당해 주택단지의 매 세대당 0.2톤(시·군지역은 0.1톤)이상의 수량을 양수할 수 있을 것
나. 양수에 필요한 비상전원과 이에 의하여 가동될 수 있는 펌프를 설치할 것
다. 당해 양수시설에는 매 세대당 0.3톤이상을 저수할 수 있는 지하저수조(제43조제6항의 규정에 의한 기준에 적합하여야 한다)를 함께 설치할 것
2. 지하저수조
가. 고가수조저수량(매 세대당 0.25톤까지 산입한다)을 포함하여 매 세대당 0.5톤(독신자용 주택은 0.25톤) 이상의 수량을 저수할 수 있을 것. 다만, 지역별 상수도 시설용량 및 세대당 수돗물 사용량 등을 고려하여 설치기준의 2분의 1의 범위에서 특별시·광역시·특별자치시·특별자치도·시 또는 군의 조례로 완화 또는 강화하여 정할 수 있다.(2014.10.28 본목개정)
나. 50세대(독신자용 주택은 100세대)당 1대이상의 수동식펌프를 설치하거나 양수에 필요한 비상전원과 이에 의하여 가동될 수 있는 펌프를 설치할 것
다. 제43조제6항의 규정에 의한 기준에 적합하게 설치할 것
라. 먹는물을 당해 저수조를 거쳐 각 세대에 공급할 수 있도록 설치할 것
(1998.8.27 본조개정)

제36조 (1999.9.29 삭제)

제37조【난방설비 등】 ① 6층이상인 공동주택의 난방설비는 중앙집중난방방식(「집단에너지사업법」에 의한 지역난방공급방식을 포함한다. 이하 같다)으로 하여야 한다. 다만, 「건축법 시행령」 제87조제2항의 규정에 의한 난방설비를 하는 경우에는 그러하지 아니하다.(2005.6.30 본항개정)
② 공동주택의 난방설비를 중앙집중난방방식으로 하는 경우에는 난방열이 각 세대에 균등하게 공급될 수 있도록 4층 이상 10층 이하의 건축물인 경우에는 2개소 이상, 10층을 넘는 건축물인 경우에는 10층을 넘는 5개층마다 1개소를 더한 수 이상의 난방구획으로 구분하여 각 난방구획마다 따로 난방용배관을 하여야 한다. 다만, 다음 각 호의 1에 해당하는 경우에는 그러하지 아니하다.
(1993.2.20 본문개정)
1. 연구기관 또는 학술단체의 조사 또는 시험에 의하여 난방열을 각 세대에 균등하게 공급할 수 있다고 인정되는 시설 또는 설비를 설치한 경우(1993.2.20 본호신설)
2. 난방설비를 「집단에너지사업법」에 의한 지역난방공급방식으로 하는 경우로서 산업통상자원부장관이 정하는 바에 따라 각 세대별로 유량조절장치를 설치한 경우
(2013.3.23 본호개정)
③ 난방설비를 중앙집중난방방식으로 하는 공동주택의 각 세대에는 산업통상자원부장관이 정하는 바에 따라 난방열량을 계량하는 계량기와 난방온도를 조절하는 장치를 각각 설치하여야 한다.(2013.3.23 본항개정)
④ 공동주택 각 세대에 「건축법 시행령」 제87조제2항에 따라 온돌 방식의 난방설비를 하는 경우에는 침실에 포함되는 옷방 또는 붙박이 가구 설치 공간에도 난방설비를 하여야 한다.(2016.10.25 본항신설)
⑤ 공동주택의 각 세대에는 발코니 등 세대 안에 냉방설비의 배기장치를 설치할 수 있는 공간을 마련하여야 한다. 다만, 중앙집중냉방방식의 경우에는 그러하지 아니하다.
(2006.1.6 본항개정)
⑥ 제5항 본문에 따른 배기장치 설치공간은 냉방설비의 배기장치가 원활하게 작동할 수 있도록 국토교통부령으

로 정하는 기준에 따라 설치해야 한다.(2020.1.7 본항개정)
(2006.1.6 본조제목개정)

제38조【폐기물보관시설】 주택단지에는 생활폐기물보관시설 또는 용기를 설치하여야 하며, 그 설치장소는 차량의 출입이 가능하고 주민의 이용에 편리한 곳이어야 한다.(1999.9.29 본조개정)

제39조【영상정보처리기기의 설치】「공동주택관리법」 제2조제1항제2호가목부터 라목까지의 공동주택을 건설하는 주택단지에는 국토교통부령으로 정하는 기준에 따라 보안 및 방범 목적을 위한「개인정보 보호법 시행령」 제3조제1항제1호 또는 제2호에 따른 영상정보처리기기를 설치해야 한다.(2024.1.2 본조개정)

제40조【전기시설】 ① 주택에 설치하는 전기시설의 용량은 각 세대별로 3킬로와트(세대당 전용면적이 60제곱미터이상인 경우에는 3킬로와트에 60제곱미터를 초과하는 10제곱미터마다 0.5킬로와트를 더한 값)이상이어야 한다.(1998.8.27 본항개정)
② 주택에는 세대별 전기사용량을 측정하는 전력량계를 각 세대 전용부분밖의 검침이 용이한 곳에 설치하여야 한다. 다만, 전기사용량을 자동으로 검침하는 원격검침방식을 적용하는 경우에는 전력량계를 각 세대 전용부분안에 설치할 수 있다.(1992.7.25 본항개정)
③ 주택단지안의 옥외에 설치하는 전선은 지하에 매설하여야 한다. 다만, 세대당 전용면적이 60제곱미터이하인 주택을 전체세대수의 2분의 1이상 건설하는 단지에서 폭 8미터이상의 도로에 가설하는 전선은 가공선으로 할 수 있다.
④ (1999.9.29 삭제)
⑤ 제1항 내지 제3항에 규정한 사항외에 전기설비의 설치 및 기술기준에 관하여는「전기사업법」 제67조를 준용한다.
(2005.6.30 본항개정)

제41조 (2014.10.28 삭제)

제42조【방송수신을 위한 공동수신설비의 설치 등】 ① (2017.10.17 삭제)
② 공동주택의 각 세대에는「건축법 시행령」 제87조제4항 단서 및 같은 조 제5항에 따라 설치하는 방송 공동수신설비 중 지상파텔레비전방송, 에프엠(FM)라디오방송 및 위성방송의 수신안테나와 연결된 단자를 2개소 이상 설치하여야 한다. 다만, 세대당 전용면적이 60제곱미터 이하인 주택의 경우에는 1개소로 할 수 있다.
(2017.10.17 본조개정)

제43조【급·배수시설】 ① 주택에 설치하는 급수·배수용 배관은 콘크리트구조체안에 매설하여서는 아니된다. 다만, 다음 각 호의 어느 하나에 해당하는 경우에는 그러하지 아니하다.(2017.1.17 본문개정)
1. 급수·배수용 배관이 주택의 바닥면 또는 벽면 등을 직각으로 관통하는 경우(2017.1.17 본호개정)
2. 주택의 구조안전에 지장이 없는 범위에서 콘크리트구조체 안에 덧관을 미리 매설하여 배관을 설치하는 경우
(2014.10.28 본호신설)
3. 콘크리트구조체의 형태 등에 따라 배관의 매설이 부득이하다고 사업계획승인권자가 인정하는 경우로서 배관의 부식을 방지하고 그 수선 및 교체가 쉽도록 하여 배관을 설치하는 경우(2014.10.28 본호신설)
② 주택의 화장실에 설치하는 급수·배수용 배관은 다음 각 호의 기준에 적합해야 한다.(2021.1.5 본문개정)
1. 급수용 배관에는 감압밸브 등 수압을 조절하는 장치를 설치하여 각 세대별 수압이 일정하게 유지되도록 할 것
2. 배수용 배관은 층상배관공법(배관을 해당 층의 바닥 슬래브 위에 설치하는 공법을 말한다) 또는 층하배관공법(배관을 바닥 슬래브 아래에 설치하여 아래층 세대 천장으로 노출시키는 공법을 말한다)으로 설치할 수 있으며, 층하배관공법으로 설치하는 경우에는 일반용 경질(단단한 재질) 염화비닐관을 설치하는 경우보다 같은 측정조건에서 5데시벨 이상 소음 차단성능이 있는 저소음형 배관을 사용할 것(2021.1.12 본호개정)
(2017.1.17 본항신설)
③ 공동주택에는 세대별 수도계량기 및 세대마다 2개소 이상의 급수전을 설치하여야 한다.
④ 주택의 부엌, 욕실, 화장실 및 다용도실 등 물을 사용하는 곳과 발코니의 바닥에는 배수설비를 하여야 한다. 다만, 급수설비를 설치하지 아니하는 발코니인 경우에는 그러하지 아니하다.(2014.10.28 단서개정)
⑤ 제4항의 규정에 의한 배수설비에는 악취 및 배수의 역류를 막을 수 있는 시설을 하여야 한다.(1993.2.20 본항개정)
⑥ 주택에 설치하는 먹는 물의 급수조 및 저수조는 다음 각 호의 기준에 적합해야 한다.(2021.1.5 본문개정)
1. 급수조 및 저수조의 재료는 수질을 오염시키지 아니하는 재료나 위생에 지장이 없는 것으로서 내구성이 있는 도금·녹막이 처리 또는 피막처리를 한 재료를 사용할 것
2. 급수조 및 저수조의 구조는 청소 등 관리가 쉬워야 하고, 먹는물 외의 다른 물질이 들어갈 수 없도록 할 것
(2021.1.5 본호개정)
(1992.7.25 본항신설)
⑦ 제1항부터 제6항까지에서 규정한 사항 외에 급수·배수·가스공급 기타의 배관설비의 설치와 구조에 관한 기준은 국토교통부령으로 정한다.(2017.1.17 본항개정)

제44조【배기설비 등】 ① 주택의 부엌·욕실 및 화장실에는 바깥의 공기에 면하는 창을 설치하거나 국토교통부령이 정하는 바에 따라 배기설비를 하여야 한다.
(2013.3.23 본항개정)
② 공동주택 각 세대의 침실에 밀폐된 옷방 또는 붙박이 가구를 설치하는 경우에는 그 옷방 또는 붙박이 가구에 제1항에 따른 배기설비 또는 통풍구를 설치해야 한다. 다만, 외벽 및 욕실에서 떨어뜨려 설치하는 옷방 또는 붙박이 가구에는 배기설비 또는 통풍구를 설치하지 않을 수 있다.(2021.1.5 본항개정)
③ 법 제40조에 따라 공동주택의 각 세대에 설치하는 환기시설의 설치기준 등은 건축법령이 정하는 바에 의한다.
(2016.8.11 본항개정)

제45조 (1998.8.27 삭제)

제5장 복리시설

제46조～제47조 (2013.6.17 삭제)
제48조 (1998.8.27 삭제)
제49조 (1994.12.30 삭제)
제50조【근린생활시설 등】 ① (2014.10.28 삭제)
②～③ (1993.9.27 삭제)
④ 하나의 건축물에 설치하는 근린생활시설 및 소매시장·상점을 합한 면적(전용으로 사용되는 면적을 말하며, 같은 용도의 시설이 2개소 이상 있는 경우에는 각 시설의 바닥면적을 합한 면적으로 한다)이 1천제곱미터를 넘는 경우에는 주차 또는 물품의 하역 등에 필요한 공터를 설치하여야 하고, 그 주변에는 소음·악취의 차단과 조경을 위한 식재 그 밖에 필요한 조치를 취하여야 한다.
(2014.10.28 본항개정)

제51조 (1993.9.27 삭제)

제52조【유치원】 ① 2천세대 이상의 주택을 건설하는 주택단지에는 유치원을 설치할 수 있는 대지를 확보하여 그 시설의 설치희망자에게 분양하여 건축하게 하거나 유치원을 건축하여 이를 운영하려는 자에게 공급해야 한다. 다만, 다음 각 호의 어느 하나에 해당하는 경우에는 그렇지 않다.(2024.1.2 본문개정)
1. 당해 주택단지로부터 통행거리 300미터 이내에 유치원이 있는 경우
2. 당해 주택단지로부터 통행거리 200미터 이내에「교육환경 보호에 관한 법률」 제9조 각호의 시설이 있는 경우
(2017.2.3 본호개정)
3. (2013.6.17 삭제)
4. 당해 주택단지가 노인주택단지·외국인주택단지 등으로서 유치원의 설치가 불필요하다고 사업계획 승인권자가 인정하는 경우
5. 관할 교육감이 해당 주택단지 내 유치원의 설치가「유아교육법」 제8조제3항제2호에 따른 유아배치계획에 적합하지 않다고 인정하는 경우(2024.1.2 본호신설)
② 유치원을 유치원외의 용도의 시설과 복합으로 건축하는 경우에는 의료시설·주민운동시설·어린이집·종교집회장 및 근린생활시설(「교육환경 보호에 관한 법률」 제8조에 따른 교육환경보호구역에 설치할 수 있는 시설에 한한다)에 한하여 이를 함께 설치할 수 있다. 이 경우 유치원 용도의 바닥면적의 합계는 당해 건축물 연면적의 2분의 1 이상이어야 한다.(2017.2.3 전단개정)
③ 제2항에 따른 복합건축물은 유아교육·보육의 환경이 보호될 수 있도록 유치원의 출입구·계단·복도 및 화장실 등을 다른 용도의 시설(어린이집 및「사회복지사업법」 제2조제5호의 사회복지관을 제외한다)과 분리된 구조로 하여야 한다.(2017.10.17 본항개정)
(1999.9.29 본조개정)

제53조 (2013.6.17 삭제)
제54조 (1999.9.29 삭제)
제55조 (2013.6.17 삭제)

제55조의2【주민공동시설】 ① 100세대 이상의 주택을 건설하는 주택단지에는 다음 각 호에 따라 산정한 면적 이상의 주민공동시설을 설치하여야 한다. 다만, 지역 특성, 주택 유형 등을 고려하여 특별시·광역시·특별자치시·특별자치도·시 또는 군의 조례로 주민공동시설의 설치면적을 그 기준의 4분의 1 범위에서 강화하거나 완화하여 정할 수 있다.(2014.10.28 단서개정)
1. 100세대 이상 1,000세대 미만 : 세대당 2.5제곱미터를 더한 면적
2. 1,000세대 이상 : 500제곱미터에 세대당 2제곱미터를 더한 면적
② 제1항에 따른 면적은 각 시설별로 전용으로 사용되는 면적을 합한 면적으로 산정한다. 다만, 실외에 설치되는 시설의 경우에는 그 시설이 설치되는 부지 면적으로 한다.
③ 제1항에 따른 주민공동시설을 설치하는 경우 해당 주택단지에는 다음 각 호의 구분에 따른 시설이 포함되어야 한다. 다만, 해당 주택단지의 특성, 인근 지역의 시설설치 현황 등을 고려할 때 사업계획승인권자가 설치할 필요가 없다고 인정하는 시설이거나 입주예정자의 과반수가 서면으로 반대하는 다함께돌봄센터는 설치하지 않을 수 있다.(2021.1.12 단서개정)
1. 150세대 이상 : 경로당, 어린이놀이터
2. 300세대 이상 : 경로당, 어린이놀이터, 어린이집
3. 500세대 이상 : 경로당, 어린이놀이터, 어린이집, 주민운동시설, 작은도서관, 다함께돌봄센터(2021.1.12 본호개정)
④ 제3항에서 규정한 시설 외에 필수적으로 설치해야 하는 세대수별 주민공동시설의 종류에 대해서는 특별시·광역시·특별자치시·특별자치도·시 또는 군의 지역별 여건 등을 고려하여 조례로 따로 정할 수 있다.
(2014.10.28 본항개정)
⑤ 국토교통부장관은 문화체육관광부장관, 보건복지부장관과 협의하여 제3항 각 호에 따른 주민공동시설별 세부 면적에 대한 사항을 정하여 특별시·광역시·특별자치시·특별자치도·시 또는 군에 이를 활용하도록 제공할 수 있다.(2014.10.28 본항개정)
⑥ 제3항 및 제4항에 따라 필수적으로 설치해야 하는 주민공동시설별 세부 면적 기준은 특별시·광역시·특별자치시·특별자치도·시 또는 군의 지역별 여건 등을 고려하여 조례로 정할 수 있다.(2014.10.28 본항개정)
⑦ 제3항 각 호에 따른 주민공동시설은 다음 각 호의 기준에 적합하게 설치해야 한다.(2021.1.12 본문개정)
1. 경로당
  가. 일조 및 채광이 양호한 위치에 설치할 것
  나. 오락·취미활동·작업 등을 위한 공용의 다목적실과 남녀가 따로 사용할 수 있는 공간을 확보할 것
  다. 급수시설·취사시설·화장실 및 부속정원을 설치할 것
2. 어린이놀이터
  가. 놀이기구 및 그 밖에 필요한 기구를 일조 및 채광이 양호한 곳에 설치하거나 주택단지의 녹지 안에 어우러지도록 설치할 것
  나. 실내에 설치하는 경우 놀이기구 등에 사용되는 마감재 및 접착제, 그 밖의 내장재는「환경기술 및 환경산업 지원법」 제17조에 따른 환경표지의 인증을 받거나 그에 준하는 기준에 적합한 친환경 자재를 사용할 것
  다. 실외에 설치하는 경우 인접대지경계선(도로·광장·시설녹지, 그 밖에 건축이 허용되지 아니하는 공지에 접한 경우에는 그 반대편의 경계선을 말한다)과 주택단지 안의 도로 및 주차장으로부터 3미터 이상의 거리를 두고 설치할 것
3. 어린이집
  가.「영유아보육법」의 기준에 적합하게 설치할 것
  나. 해당 주택의 사용검사 시까지 설치할 것
4. 주민운동시설
  가. 시설물은 안전사고를 방지할 수 있도록 설치할 것
  나.「체육시설의 설치·이용에 관한 법률 시행령」 별표1에서 정한 체육시설을 설치하는 경우 해당 종목별 경기규칙의 시설기준에 적합할 것
5. 작은도서관은「도서관법 시행령」 별표6 제1호나목 및 같은 표 제2호나목의 기준에 적합하게 설치할 것
(2022.12.6 본호개정)
6. 다함께돌봄센터는「아동복지법」 제44조의2제5항의 기준에 적합하게 설치할 것(2021.1.12 본호신설)
(2013.6.17 본조신설)

제6장 대지의 조성

제56조【대지의 안전】 ① 대지를 조성할 때에는 지반의 붕괴·토사의 유실 등의 방지를 위하여 필요한 조치를 하여야 한다.
② 제1항의 규정에 의한 대지의 조성에 관하여 이 영에서 정하는 사항을 제외하고는「건축법」 제40조 및 같은 법 제41조제1항을 준용한다.(2008.10.29 본항개정)

제57조【간선시설】 법 제15조에 따른 사업계획의 승인을 얻어 조성하는 일단의 대지에는 국토교통부령이 정하는 기준 이상인 진입도로(당해 대지에 접하는 기간도로를 포함한다)·상하수도시설 및 전기시설이 설치되어야 한다.(2016.8.11 본조개정)

제7장 공동주택 바닥충격음 차단구조의 성능등급 인정 등
(2014.6.27 본장제목개정)

제58조【공동주택성능등급의 표시】 법 제39조 각 호 외의 부분에서 "대통령령으로 정하는 호수"란 500세대를 말한다.(2018.12.31 본조개정)

제59조～제60조 (2013.2.20 삭제)

제60조의2【바닥충격음 성능등급 인정기관】 ① 법 제41조제1항에 따른 바닥충격음 성능등급 인정기관(이하 "바닥충격음성능등급인정기관"이라 한다)으로 지정받으려는 자는 국토교통부령으로 정하는 신청서에 다음 각 호의 서류를 첨부하여 국토교통부장관에게 제출해야 한다. 이 경우 국토교통부장관은「전자정부법」 제36조제1항에 따른 행정정보의 공동이용을 통하여 법인 등기사항증명서를 확인해야 한다.(2022.8.4 본문개정)
1. 임원 명부
2. (2010.11.2 삭제)
3. 제2항에 따른 인력 및 장비기준을 증명할 수 있는 서류
4. 바닥충격음 성능등급 인정업무의 추진 계획서
② 바닥충격음성능등급인정기관의 인력 및 장비기준은 별표6과 같다.(2022.8.4 본항개정)
③ 제1항 및 제2항에서 규정한 사항 외에 바닥충격음성능등급인정기관의 지정에 필요한 사항은 국토교통부장관이 정하여 고시한다.(2022.8.4 본항개정)
(2008.9.25 본조신설)

제60조의3【바닥충격음 성능등급 및 기준 등】 ① 법 제41조제1항에 따라 바닥충격음성능등급인정기관이 인정하는 바닥충격음 성능등급 및 기준에 관하여는 국토교통부장관이 정하여 고시한다.

② 제14조의2제2호 각 목 외의 부분 본문에 따른 바닥충격음 차단성능 인정을 받으려는 자는 국토교통부장관이 정하여 고시하는 방법 및 절차 등에 따라 바닥충격음성능등급인정기관으로부터 바닥충격음 차단성능 인정을 받아야 한다.
③ (2022.8.4 삭제)
(2022.8.4 본조개정)

제60조의4【신제품에 대한 성능등급 인정】 바닥충격음성능등급인정기관은 제60조의3제1항에 따라 고시된 기준을 적용하기 어려운 신개발품이나 인정 규격 외의 제품(이하 "신제품"이라 한다)에 대한 성능등급 인정의 신청이 있을 때에는 제60조의3제1항에도 불구하고 제60조의5에 따라 신제품에 대한 별도의 인정기준을 마련하여 성능등급을 인정할 수 있다.
1.~2. (2013.5.6 삭제)
(2022.8.4 본조개정)

제60조의5【신제품에 대한 성능등급 인정 절차】 ① 바닥충격음성능등급인정기관은 제60조의4에 따른 별도의 성능등급 인정기준을 마련하기 위해서는 제60조의6에 따른 전문위원회(이하 "전문위원회"라 한다)의 심의를 거쳐야 한다.
② 바닥충격음성능등급인정기관은 신제품에 대한 성능등급 인정의 신청을 받은 날부터 15일 이내에 전문위원회에 심의를 요청해야 한다.
③ 바닥충격음성능등급인정기관의 장은 제1항에 따른 인정기준을 지체 없이 신청인에게 통보하고, 인터넷 홈페이지 등을 통하여 일반인에게 알려야 한다.
④ 바닥충격음성능등급인정기관의 장은 제1항에 따른 별도의 성능등급 인정기준을 국토교통부장관에게 제출해야 하며, 국토교통부장관은 이를 관보에 고시해야 한다.
(2022.8.4 본조개정)

제60조의6【전문위원회】 ① 신제품에 대한 인정기준 등에 관한 사항을 심의하기 위하여 바닥충격음성능등급인정기관에 전문위원회를 둔다.
② 전문위원회의 구성, 위원의 선임기준 및 임기 등 위원회의 운영에 필요한 구체적인 사항은 해당 바닥충격음성능등급인정기관의 장이 정한다.
(2022.8.4 본조개정)

제60조의7【공동주택 바닥충격음 차단구조의 성능등급 인정의 유효기간 등】 ① 법 제41조제3항에 따른 공동주택 바닥충격음 차단구조의 성능등급 인정의 유효기간은 그 성능등급 인정을 받은 날부터 5년으로 한다.
(2016.8.11 본항개정)
② 공동주택 바닥충격음 차단구조의 성능등급 인정을 받은 자는 제1항에 따른 유효기간이 끝나기 전에 유효기간을 연장할 수 있다. 이 경우 연장되는 유효기간은 연장될 때마다 3년을 초과할 수 없다.
③ 법 제41조제3항에 따른 공동주택 바닥충격음 차단구조의 성능등급 인정에 드는 수수료는 인정 업무와 시험에 사용되는 비용으로 하되, 인정 업무와 시험에 필수적으로 수반되는 비용을 추가할 수 있다.(2016.8.11 본항개정)
④ 제1항부터 제3항까지에서 규정한 사항 외에 공동주택 바닥충격음 차단구조의 성능등급 인정의 유효기간 연장, 성능등급 인정에 드는 수수료 등에 관하여 필요한 세부적인 사항은 국토교통부장관이 정하여 고시한다.
(2013.12.4 본조신설)

제60조의8【바닥충격음 성능검사기관의 지정】 ① 법 제41조의2제2항에서 "대통령령으로 정하는 지정 요건"이란 다음 각 호의 요건을 말한다.
1. 「민법」 제32조에 따른 비영리법인이거나 특별법에 따라 설립된 법인(영리법인은 제외한다)일 것
2. 별표6에 따른 인력 및 장비 기준을 충족할 것
3. 바닥충격음성능등급인정기관이 아닐 것
② 법 제41조의2제2항에 따른 바닥충격음 성능검사기관(이하 "바닥충격음성능검사기관"이라 한다)으로 지정받으려는 자는 국토교통부령으로 정하는 신청서에 다음 각 호의 서류를 첨부하여 국토교통부장관에게 제출해야 한다. 이 경우 국토교통부장관은 「전자정부법」 제36조제1항에 따른 행정정보의 공동이용을 통하여 법인 등기사항증명서를 확인해야 한다.
1. 별표6에 따른 인력 및 장비 기준을 충족함을 증명할 수 있는 서류
2. 법 제41조의2제5항에 따른 바닥충격음 차단구조의 성능검사업무 추진계획서
③ 국토교통부장관은 바닥충격음성능검사기관을 지정하였을 때에는 그 명칭·대표자 및 소재지 등을 관보에 고시해야 한다.
④ 제1항부터 제3항까지에서 규정한 사항 외에 바닥충격음성능검사기관의 지정에 필요한 세부사항은 국토교통부장관이 정하여 고시한다.
(2022.8.4 본조신설)

제60조의9【바닥충격음 차단구조의 성능검사 방법 등】
① 법 제41조의2제5항에 따른 바닥충격음 차단구조의 성능검사(이하 이 조 및 제60조의10에서 "성능검사"라 한다)를 받으려는 사업주체는 건설하는 주택의 바닥충격음 차단구조에 대한 시공이 완료된 후 바닥충격음성능검사기관의 장에게 성능검사를 신청해야 한다.
② 제1항에 따른 신청을 받은 바닥충격음성능검사기관의 장은 주택 각 세대의 평면유형(平面類型), 면적 및 층수 등을 고려하여 구분한 세대단위별로 성능검사를 실시할 세대를 무작위로 선정하여 성능검사를 실시해야 한다.
③ 바닥충격음성능검사기관의 장은 성능검사를 완료하면 지체 없이 사업주체에게 그 결과를 통보해야 한다.
④ 바닥충격음성능검사기관의 장은 사업주체가 요청하면 제3항에 따라 성능검사 결과를 통보할 때 법 제49조제1항에 따른 사용검사를 하는 시장·군수·구청장(이하 이 조 및 제60조의11에서 "사용검사권자"라 한다)에게도 이를 통보할 수 있다. 이 경우 법 제41조의2제5항에 따라 사업주체가 사용검사권자에게 성능검사 결과를 제출한 것으로 본다.
⑤ 제1항부터 제4항까지에서 규정한 사항 외에 성능검사 대상 세대 수의 산정 비율 등 성능검사에 필요한 세부사항은 국토교통부장관이 정하여 고시한다.
(2022.8.4 본조신설)

제60조의10【성능검사 수수료】 ① 성능검사 수수료는 성능검사에 필요한 시험에 드는 비용으로 한다.
② 제1항의 수수료는 「엔지니어링산업 진흥법」 제31조제2항에 따른 엔지니어링사업의 대가 기준을 국토교통부장관이 정하여 고시하는 방법에 따라 적용하여 바닥충격음성능검사기관의 장이 산정한다.
(2022.8.4 본조신설)

제60조의11【사업주체에 대한 권고】 ① 사용검사권자는 법 제41조의2제6항에 따라 사업주체에게 보완 시공 등의 조치를 권고하는 경우에는 다음 각 호의 사항을 적은 문서(전자문서를 포함한다)로 해야 한다.
1. 권고의 내용 및 이유
2. 권고사항에 대한 조치기한
② 제1항에 따른 권고를 받은 사업주체는 권고받은 날부터 10일 이내에 사용검사권자에게 권고사항에 대한 조치계획서를 제출해야 한다. 다만, 기술적 검토에 시간이 걸리는 등 불가피한 경우에는 사용검사권자와 협의하여 그 기간을 연장할 수 있다.
③ 법 제41조의2제7항에서 "대통령령으로 정하는 기간"이란 제1항제2호의 조치기한이 지난 날부터 5일을 말한다.
(2022.8.4 본조신설)

제61조 (2022.8.4 삭제)

제8장 공업화주택
(1999.9.29 본장제목개정)

제61조의2【공업화주택의 인정 등】 ① 법 제51조제1항에 따른 공업화주택의 인정을 받고자 하는 자는 국토교통부령이 정하는 공업화주택인정신청서에 다음 각호의 서류를 첨부하여 국토교통부장관에게 제출하여야 한다.
(2016.8.11 본문개정)
1. 설계 및 제품설명서
2. 설계도면·제작도면 및 시방서
3. 구조 및 성능에 관한 시험성적서 또는 구조안전확인서(건축구조 분야의 기술사가 구조안전성능 평가가 가능하다고 확인하여 작성한 것만 해당한다)(2011.12.28 본호개정)
4. 생산공정·건설공정·생산능력 및 품질관리계획을 기재한 서류
② 국토교통부장관은 제1항에 따라 공업화주택의 인정 신청을 받은 경우에는 그 신청을 받은 날부터 60일 이내에 인정 여부를 통보하여야 한다. 다만, 서류보완 등 부득이한 사유로 처리기간의 연장이 필요한 경우에는 10일 이내의 범위에서 한 번만 연장할 수 있다.(2014.10.28 본항신설)
③ 국토교통부장관은 법 제51조제1항에 따라 공업화주택을 인정하는 경우에는 국토교통부령으로 정하는 공업화주택인정서를 신청인에게 발급하고 이를 공고하여야 한다.
(2016.8.11 본항개정)
④ 제3항의 규정에 의한 공업화주택인정서를 교부받은 자는 국토교통부령이 정하는 바에 따라 공업화주택의 생산 및 건설실적을 국토교통부장관에게 제출하여야 한다.
(2013.3.23 본항개정)
⑤ 공업화주택 인정의 유효기간은 제3항의 규정에 의한 공고일부터 5년으로 한다.
⑥ 법 제51조제2항에 따라 공업화주택 또는 국토교통부장관이 고시한 새로운 건설기술을 적용하여 건설하는 주택을 건설하는 자는 「건설산업기본법」 제40조의 규정에 따라 건설공사의 현장에 건설기술인을 배치하여야 한다.
(2018.12.11 본항개정)
(1993.2.20 본조신설)

제62조~제62조의2 (1999.9.29 삭제)

제63조【인정취소의 공고】 국토교통부장관은 법 제52조에 따라 공업화주택의 인정을 취소한 때에는 이를 관보에 공고하여야 한다.(2016.8.11 본조개정)

제9장 에너지절약형 친환경 주택 등
(2013.5.6 본장제목개정)

제64조【에너지절약형 친환경 주택의 건설기준 등】 ① 「주택법」 제15조에 따른 사업계획승인을 받은 공동주택을 건설하는 경우에는 공동주택을 건설하는 경우에는 다음 각 호의 어느 하나 이상의 기술을 이용하여 주택의 총에너지사용량 또는 총 이산화탄소배출량을 절감할 수 있는 에너지절약형 친환경 주택(이하 이 장에서 "친환경 주택"이라 한다)으로 건설하여야 한다.(2016.8.11 본문개정)
1. 고단열·고기능 외피구조, 기밀설계, 일조확보 및 친환경자재 사용 등 저에너지 건물 조성기술
2. 고효율 열원설비, 제어설비 및 고효율 환기설비 등 에너지 고효율 설비기술
3. 태양열, 태양광, 지열 및 풍력 등 신·재생에너지 이용기술
4. 자연지반의 보존, 생태면적율의 확보 및 빗물의 순환 등 생태적 순환기능 확보를 위한 외부환경 조성기술
5. 건물에너지 정보화 기술, 자동제어장치 및 「지능형전력망의 구축 및 이용촉진에 관한 법률」 제2조제2호에 따른 지능형전력망 등 에너지 이용효율을 극대화하는 기술(2016.2.29 본호개정)
② 제1항에 해당하는 주택을 건설하려는 자가 법 제15조에 따른 사업계획승인을 신청하는 경우에는 친환경 주택 에너지 절약계획을 제출하여야 한다.(2016.8.11 본항개정)
③ 친환경 주택의 건설기준 및 에너지 절약계획에 관하여 필요한 세부적인 사항은 국토교통부장관이 정하여 고시한다.(2014.12.23 본항개정)
(2009.10.19 본조신설)

제64조의2 (2014.6.27 삭제)

제65조【건강친화형 주택의 건설기준】 ① 500세대 이상의 공동주택을 건설하는 경우에는 다음 각 호의 사항을 고려하여 세대 내의 실내공기 오염물질 등을 최소화할 수 있는 건강친화형 주택으로 건설하여야 한다.
(2013.12.4 본문개정)
1. 오염물질을 적게 방출하거나 오염물질의 발생을 억제 또는 저감시키는 건축자재(붙박이 가구 및 붙박이 가전제품을 포함한다)의 사용에 관한 사항
2. 청정한 실내환경 확보를 위한 마감공사의 시공관리에 관한 사항
3. 실내공기의 원활한 환기를 위한 환기설비의 설치, 성능검증 및 유지관리에 관한 사항
4. 환기설비 등을 이용하여 신선한 바깥의 공기를 실내에 공급하는 환기의 시행에 관한 사항
② 건강친화형 주택의 건설기준 등에 관하여 필요한 세부적인 사항은 국토교통부장관이 정하여 고시한다.
(2013.12.4 본항개정)
(2013.12.4 본조제목개정)
(2013.5.6 본조신설)

제65조의2【장수명 주택의 인증대상 및 인증등급 등】
① 법 제38조제2항에 따른 인증제도로 같은 조 제1항에 따른 장수명 주택(이하 "장수명 주택"이라 한다)에 대하여 부여하는 등급은 다음 각 호와 같이 구분한다.
(2016.8.11 본문개정)
1. 최우수 등급
2. 우수 등급
3. 양호 등급
4. 일반 등급
② 법 제38조제3항에서 "대통령령으로 정하는 호수"란 1,000세대를 말한다.(2016.8.11 본항개정)
③ 법 제38조제3항에서 "대통령령으로 정하는 기준 이상의 등급"이란 제1항제4호에 따른 일반 등급 이상의 등급을 말한다.(2016.8.11 본항개정)
④ 법 제38조제5항에 따른 인증기관은 「녹색건축물 조성 지원법」 제16조제2항에 따라 지정된 인증기관으로 한다.
(2016.8.11 본항개정)
⑤ 법 제38조제7항에 따라 장수명 주택의 건폐율·용적률은 다음 각 호의 구분에 따라 조례로 그 제한을 완화할 수 있다.(2016.8.11 본문개정)
1. 건폐율 : 「국토의 계획 및 이용에 관한 법률」 제77조 및 같은 법 시행령 제84조제1항에 따라 조례로 정한 건폐율의 100분의 115를 초과하지 아니하는 범위에서 완화. 다만, 「국토의 계획 및 이용에 관한 법률」 제77조에 따른 건폐율의 최대한도를 초과할 수 없다.
2. 용적률 : 「국토의 계획 및 이용에 관한 법률」 제78조 및 같은 법 시행령 제85조제1항에 따라 조례로 정한 용적률의 100분의 115를 초과하지 아니하는 범위에서 완화. 다만, 「국토의 계획 및 이용에 관한 법률」 제78조에 따른 용적률의 최대한도를 초과할 수 없다.
(2017.1.17 1호~2호개정)
(2014.12.23 본조신설)

제66조【규제의 재검토】 ① 국토교통부장관은 다음 각 호의 사항에 대하여 다음 각 호의 기준일을 기준으로 3년마다(매 3년이 되는 해의 기준일과 같은 날 전까지를 말한다) 그 타당성을 검토하여 개선 등의 조치를 하여야 한다.
1. 제6조에 따른 단지 안의 시설 : 2014년 1월 1일
2. 제9조 및 제9조의2에 따른 소음방지대책의 수립 및 소음 등으로부터의 보호 : 2014년 1월 1일
3. 제10조제2항에 따른 도로 및 주차장과의 이격거리 : 2014년 1월 1일
4. 제14조에 따른 세대간의 경계벽 등 : 2014년 1월 1일
5. 제15조에 따른 승강기 등 : 2014년 1월 1일
6. 제25조에 따른 진입도로 : 2014년 1월 1일
7. 제58조에 따른 공동주택성능등급의 표시 : 2014년 6월 25일(2014.6.27 본호신설)
8. 제65조의2제1항에 따른 장수명 주택 인증제도 적용 대상 주택 : 2014년 12월 25일(2014.12.23 본호신설)
② 국토교통부장관은 제14조의2제2호에 따른 경량충격음 및 중량충격음 기준에 대하여 2023년 1월 1일을 기준으로 5년마다(매 5년이 되는 해의 1월 1일 전까지를 말한다) 그 타당성을 검토하여 개선 등의 조치를 해야 한다.
(2022.8.4 본항개정)
(2013.12.30 본조신설)

부　칙 (2013.5.6)

제1조【시행일】 이 영은 공포 후 1년이 경과한 날부터 시행한다.
제2조【공동주택의 바닥구조 기준 강화에 관한 적용례】 제14조제3항·제4항 및 제14조의2의 개정규정은 이 영 시행 후 법 제16조제1항 또는 제3항 따른 사업계획 승인을 신청하는 경우부터 적용한다.
제3조【결로방지 기준에 관한 적용례】 제14조의3의 개정규정은 이 영 시행 후 법 제16조제1항 또는 제3항 따른 사업계획 승인을 신청하는 경우부터 적용한다.
제4조【건강친화형 주택의 설계기준에 관한 적용례】 제65조의 개정규정은 이 영 시행 후 법 제16조제1항 또는 제3항 따른 사업계획 승인을 신청하는 경우부터 적용한다.
제5조【바닥충격음 차단구조 성능 인정에 관한 경과조치】 이 영 시행 전에 종전의 규정에 따라 바닥충격음 차단구조 성능 인정을 받은 바닥구조는 종전의 제14조제3항 및 제4항의 기준에 따라 인정되는 유효기간 동안 제14조의2제2호의 개정규정에 따른 기준을 충족한 것으로 본다.

부　칙 (2013.6.17)

제1조【시행일】 이 영은 공포 후 6개월이 경과한 날부터 시행한다. 다만, 제7조제2항부터 제4항까지, 제7항·제10항(제9조 및 제9조의2 관련 부분으로 한정한다), 제9조 및 제9조의2의 개정규정은 2013년 6월 19일부터 시행한다.
제2조【주민공동시설 설치 총량제 도입에 관한 적용례】 제2조제3호, 제7조제2항·제3항·제5항 및 제8항부터 제10항까지(제9조 및 제9조의2 관련 부분은 제외한다) 및 제55조의2의 개정규정은 이 영 시행 후 법 제16조제1항 또는 제3항에 따른 사업계획 승인을 신청〔입주자모집의 공고 전에 법 제16조제5항에 따른 변경승인 신청을 하는 경우(주민공동시설에 관한 사업계획 변경승인을 신청하는 경우로 한정한다)를 포함한다〕하는 경우부터 적용한다.
제3조【안마원의 복리시설 추가에 관한 적용례】 제5조제1호의 개정규정은 이 영 시행 후 법 제16조제1항 또는 제3항에 따른 사업계획 승인을 신청(입주자모집의 공고 전에 법 제16조제5항에 따른 변경승인 신청을 하는 경우를 포함한다)하는 경우부터 적용한다.
제4조【소음 등으로부터의 보호에 관한 적용례】 제9조의2의 개정규정은 부칙 제1조 단서에 따른 시행일 이후 법 제16조제1항 또는 제3항에 따른 사업계획 승인을 신청(입주자모집의 공고 전에 법 제16조제5항에 따른 변경승인 신청을 하는 경우를 포함한다)하는 경우부터 적용한다.
제5조【지하층의 활용에 관한 적용례】 제11조의 개정규정은 이 영 시행 후 법 제16조제1항 또는 제3항에 따른 사업계획 승인을 신청(입주자모집의 공고 전에 법 제16조제5항에 따른 변경승인 신청을 하는 경우를 포함한다)하는 경우부터 적용한다.
제6조【출입문 설치에 관한 적용례】 제16조의2의 개정규정은 이 영 시행 후 법 제16조제1항 또는 제3항에 따른 사업계획 승인을 신청하는 경우부터 적용한다.
제7조【주택단지 안의 도로 설치 등에 관한 적용례】 제26조의 개정규정은 이 영 시행 후 법 제16조제1항 또는 제3항에 따른 사업계획 승인을 신청하는 경우부터 적용한다.
제8조【유치원 설치의무 면제에 관한 경과조치】 이 영 시행 전에 법 제16조제1항 또는 제3항에 따른 사업계획 승인을 신청하였거나 받은 경우에 대해서는 제52조제1항제3호의 개정규정에도 불구하고 종전의 규정에 따른다.
제9조【다른 법령의 개정】 ①~③ ※(해당 법령에 가제정리 하였음)

부　칙 (2013.12.4)

제1조【시행일】 이 영은 2013년 12월 5일부터 시행한다. 다만, 제1조의 개정규정은 2013년 12월 18일부터 시행하고, 대통령령 제24529호 주택건설기준 등에 관한 규정 일부개정령 제65조의 개정규정은 2014년 5월 7일부터 시행한다.
제2조【건강친화형 주택의 건설기준에 관한 유효기간】 제64조의2의 개정규정은 2014년 5월 6일까지 효력을 가진다.
제3조【주택과 호텔시설의 복합건축에 관한 적용례】 제6조제2항, 제7조제4항 및 제12조제1항의 개정규정은 이 영 시행 후 법 제16조제1항 또는 제3항에 따라 사업계획승인을 신청(입주자모집 공고 전에 법 제16조제5항에 따른 사업계획 변경승인을 신청하는 경우를 포함한다)하는 경우부터 적용한다.

부　칙 (2014.10.28)

제1조【시행일】 이 영은 공포한 날부터 시행한다. 다만, 제7조제10항·제11항, 제29조 및 제35조제2항의 개정규정은 공포 후 4개월이 경과한 날부터 시행한다.
제2조【주택과의 복합건축에 관한 경과조치】 이 영 시행 전에 입주자모집승인을 신청(법 제38조제1항제1호가목 및 나목에 해당하는 자의 경우에는 입주자모집공고를 말한다)한 경우에 대해서는 제12조제1항의 개정규정에도 불구하고 종전의 규정에 따른다.
제3조【복도 설치 기준에 관한 경과조치】 이 영 시행 전에 법 제16조제1항 또는 제3항에 따라 사업계획 승인(법 제16조제5항에 따른 사업계획 변경승인을 포함한다)을 신청한 경우에 대해서는 제17조제1항의 개정규정에도 불구하고 종전의 규정에 따른다.
제4조【주차장 설치 기준에 관한 경과조치】 이 영 시행 전에 법 제16조제1항 또는 제3항에 따라 사업계획 승인(법 제16조제5항에 따른 사업계획 변경승인을 포함한다)을 신청한 경우에 대해서는 제27조제1항제1호의 개정규정에도 불구하고 종전의 규정에 따른다.

부　칙 (2014.12.23)

제1조【시행일】 이 영은 2014년 12월 25일부터 시행한다. 다만, 제64조제2항 및 제3항의 개정규정은 2016년 1월 1일부터 시행한다.
제2조【피난구 또는 경량구조 등의 표지에 관한 적용례】 제14조제6항의 개정규정은 이 영 시행 이후 법 제16조제1항 또는 제3항에 따라 사업계획 승인을 신청하는 경우부터 적용한다.
제3조【친환경주택 건설기준에 관한 경과조치】 부칙 제1조 단서에 따른 시행일 전에 법 제16조제1항 또는 제3항에 따라 사업계획 승인(법 제16조제5항에 따른 사업계획 변경승인을 포함한다)을 신청한 경우에 대해서는 제64조제2항 및 제3항의 개정규정에도 불구하고 종전의 규정에 따른다.

부　칙 (2016.6.8)

제1조【시행일】 이 영은 공포한 날부터 시행한다. 다만, 제7조제10항(제9조의2 관련 부분으로 한정한다)의 개정규정은 공포 후 6개월이 경과한 날부터 시행한다.
제2조【도시형 생활주택의 건설기준 강화에 관한 적용례】 제7조제10항의 개정규정은 이 영 시행 이후(제9조의2 관련 부분은 부칙 제1조 단서에 따른 시행일 이후를 말한다) 법 제16조제1항 또는 제3항에 따라 사업계획 승인을 신청하는 경우부터 적용한다.
제3조【문주 또는 차단기 설치에 관한 적용례】 제10조제3항제2호의 개정규정은 이 영 시행 이후 법 제16조제1항 또는 제3항에 따라 사업계획 승인을 신청하는 경우부터 적용한다.
제4조【원룸형 주택의 진입도로 폭 기준 강화에 관한 경과조치】 다음 각 호의 어느 하나에 해당하는 경우의 원룸형 주택 진입도로에 대해서는 제25조제5항의 개정규정에도 불구하고 종전의 규정에 따른다.
1. 이 영 시행 전에 법 제16조제1항 또는 제3항에 따라 사업계획 승인을 받은 경우
2. 이 영 시행 전에 법 제16조제1항 또는 제3항에 따라 사업계획 승인을 신청한 경우
3. 이 영 시행 이후 제1호 또는 제2호에 따른 사업계획에 대하여 변경승인을 받은 경우

부　칙 (2016.10.25)

제1조【시행일】 이 영은 공포한 날부터 시행한다.
제2조【붙박이 가구 등의 설치기준 등에 관한 적용례】 제14조의3제2항, 제37조제4항 및 제44조제2항의 개정규정은 이 영 시행 이후 법 제15조제1항 또는 제3항에 따라 사업계획 승인을 신청하는 경우부터 적용한다.
제3조【다른 법령의 개정】 ※(해당 법령에 가제정리 하였음)

부　칙 (2017.1.17)

제1조【시행일】 이 영은 공포한 날부터 시행한다. 다만, 제43조제2항의 개정규정은 2017년 7월 1일부터 시행한다.
제2조【화장실 급수·배수용 배관 설비기준에 관한 적용례】 제43조제2항의 개정규정은 부칙 제1조 단서에 따른 시행일 이후 법 제15조제1항 또는 제3항에 따른 사업계획 승인을 신청하는 경우부터 적용한다.
제3조【공업화주택의 바닥구조 기준에 관한 경과조치】 다음 각 호의 어느 하나에 해당하는 경우의 공업화주택의 바닥구조 기준에 관하여는 제14조의2제1호 및 제2호의 개정규정에도 불구하고 종전의 규정에 따른다.
1. 이 영 시행 전에 법 제15조제1항·제3항 또는 제4항에 따라 공업화주택에 대한 사업계획의 승인 또는 변경승인을 받거나 신청한 경우
2. 제1호에 따라 승인받은 사업계획에 대하여 이 영 시행 이후 법 제15조제4항에 따라 변경승인을 신청하는 경우

부　칙 (2018.12.31)

제1조【시행일】 이 영은 공포한 날부터 시행한다. 다만, 제58조의 개정규정은 공포 후 1년이 경과한 날부터 시행한다.
제2조【가스공급시설에 관한 적용례】 제34조제2항의 개정규정은 이 영 시행 이후에 법 제15조제1항 또는 제3항에 따른 사업계획 승인을 신청(「공공주택 특별법」 제48조에 따른 입주자 선정 전에 가스공급시설에 관하여 법 제15조제4항에 따라 사업계획 변경승인을 신청하는 경우를 포함한다)하는 장기공공임대주택부터 적용한다.
제3조【공동주택성능등급의 표시에 관한 적용례】 제58조의 개정규정은 부칙 제1조 단서에 따른 시행일 이후 법 제15조제1항 또는 제3항에 따른 사업계획 승인을 신청하는 경우부터 적용한다.

부　칙 (2020.1.7)

제1조【시행일】 이 영은 공포한 날부터 시행한다.
제2조【근로자를 위한 휴게시설의 설치에 관한 적용례】 제28조제1항 및 제3항의 개정규정은 이 영 시행 이후 법 제15조제1항 또는 제3항에 따른 사업계획 승인을 신청하는 경우부터 적용한다.
제3조【냉방설비의 배기장치 설치공간에 관한 적용례】 제37조제6항의 개정규정은 이 영 시행 이후 법 제15조제1항 또는 제3항에 따른 사업계획 승인을 신청하는 경우부터 적용한다.

부　칙 (2021.1.5)

이 영은 공포한 날부터 시행한다.(이하 생략)

부　칙 (2021.1.12)

제1조【시행일】 이 영은 공포한 날부터 시행한다.
제2조【원룸형 주택 등의 건설기준에 관한 적용례】 다음 각 호의 개정규정은 이 영 시행 이후 법 제15조제1항 또는 제3항에 따른 사업계획 승인을 신청하는 경우부터 적용한다.
1. 원룸형 주택의 특례에 관한 제7조제11항의 개정규정
2. 원룸형 주택의 주차장 설치기준에 관한 제27조제4항의 개정규정
3. 다함께돌봄센터 설치에 관한 제55조의2제3항 및 같은 조 제7항제6호의 개정규정

부　칙 (2022.2.11)

제1조【시행일】 이 영은 공포한 날부터 시행한다.(이하 생략)

부　칙 (2022.8.4)

제1조【시행일】 이 영은 2022년 8월 4일부터 시행한다.
제2조【공동주택의 바닥구조 기준에 관한 경과조치】 이 영 시행 전에 법 제15조제1항·제3항 또는 제4항에 따라 사업계획의 승인 또는 변경승인을 받았거나 신청(종전에 승인받은 사업계획에 대하여 이 영 시행 이후 변경승인을 신청하는 경우를 포함한다)한 경우의 공동주택의 바닥구조 기준에 관하여는 제14조의2제2호의 개정규정에도 불구하고 종전의 규정에 따른다.

부　칙 (2022.11.29)

제1조【시행일】 이 영은 2022년 12월 1일부터 시행한다.(이하 생략)

부　칙 (2022.12.6)

제1조【시행일】 이 영은 2022년 12월 8일부터 시행한다.(이하 생략)

부　칙 (2023.9.12)

제1조【시행일】 이 영은 2023년 9월 15일부터 시행한다.(이하 생략)

부　칙 (2023.12.5)

제1조【시행일】 이 영은 공포한 날부터 시행한다.
제2조【소형 주택의 주차장 설치 기준에 관한 적용례】 제27조제1항제2호의 개정규정은 이 영 시행 이후 법 제15조제1항 또는 제3항에 따른 사업계획 승인(같은 조 제4항에 따른 변경승인을 포함한다)을 신청하는 경우부터 적용한다.

부　칙 (2024.1.2)

제1조【시행일】 이 영은 공포한 날부터 시행한다.
제2조【다함께돌봄센터의 배치에 관한 적용례】 제9조의2제1항 각 호 외의 부분 본문 및 단서의 개정규정은 이 영 시행 이후 법 제15조제1항 또는 제3항에 따른 사업계획 승인(같은 조 제4항에 따른 변경승인은 제외한다)을 신청하는 경우부터 적용한다.
제3조【유치원 설치 의무 예외에 관한 적용례】 제52조제1항제5호의 개정규정은 이 영 시행 이후 법 제15조제1항 또는 제3항에 따른 사업계획 승인을 신청하거나 같은 조 제4항에 따른 변경승인을 신청(입주자 모집공고 전에 변경승인을 신청하는 경우만 해당한다)하는 경우부터 적용한다.

〔별표〕 ➡ 「**法典 別冊**」 **참조**

주택건설기준 등에 관한 규칙

(약칭 : 주택건설기준규칙)

(1991년 4월 12일
건설부령 제479호)

개정
1992.12.22 건설부령 523호 1993. 7.20 건설부령 533호
1995. 2.23건설교통부령 8호 1997. 7.21건설교통부령 110호
1999. 9.29건설교통부령 211호 2001. 3.26건설교통부령 273호
2003.12.15건설교통부령 382호(주택법시규)
2007. 3.19건설교통부령 551호(주민등록번호보호및행정서류용사진규격통일을위한개발이익환수에관한법시규등일부개정령)
2008. 3.14국토해양부령 4호(정부조직법의개정에따른감정평가에관한규칙등일부개정령)
2008. 9.25국토해양부령 55호 2009.11. 5국토해양부령 178호
2010.10.29국토해양부령 304호(주차장법시규)
2011. 1. 6국토해양부령 322호 2012. 4. 3국토해양부령 455호
2013. 2.22국토해양부령 570호(녹색건축물조성지원법시규)
2013. 3.23국토교통부령 1호(직제시규)
2013. 7.15국토교통부령 20호 2014. 6.30국토교통부령 103호
2014.10.28국토교통부령 133호 2014.12.24국토교통부령 156호
2015. 3.17국토교통부령 188호 2015.12.10국토교통부령 258호
2015.12.29국토교통부령 268호(주택공급에관한규칙)
2016. 7.27국토교통부령 348호
2016. 8.12국토교통부령 353호(주택법시규)
2016. 9.12국토교통부령 362호 2017.12.26국토교통부령 471호
2019. 1.16국토교통부령 584호 2020. 1. 7국토교통부령 686호
2020.10.19국토교통부령 771호(공공주택특별법시규)
2021. 1.12국토교통부령 809호
2021. 8.27국토교통부령 882호(법령용어정비)
2022. 2.11국토교통부령1107호(주택법시규)
2022. 8. 4국토교통부령1139호 2022.12.19국토교통부령1173호
2023. 6.30국토교통부령1227호 2023.12.11국토교통부령1282호

제1조【목적】 이 규칙은 「주택법」 제38조, 제39조, 제51조제1항과 「주택건설기준 등에 관한 규정」에서 위임된 사항과 그 시행에 관하여 필요한 사항을 규정함을 목적으로 한다.(2016.8.12 본조개정)

제2조【적용의 특례】 「주택건설기준 등에 관한 규정」(이하 "영"이라 한다) 제7조제6항에 따라 다음 각 호에 해당하는 주택의 건설기준과 부대시설 및 복리시설의 설치기준은 별표1에 따른다.
1. 저소득근로자를 위하여 건설되는 주택으로서 세대당 전용면적 60제곱미터 이하인 주택(이하 "근로자주택"이라 한다)
2. 다음 각 목의 어느 하나에 해당하는 주택
가. 「공공주택 특별법 시행령」 제2조제1항제1호에 따른 영구임대주택으로서 세대당 전용면적 50제곱미터 이하인 주택(이하 "영구임대주택"이라 한다)
나. 「공공주택 특별법 시행령」 제2조제1항제3호에 따른 행복주택(이하 "행복주택"이라 한다)
다. 「공공주택 특별법」 제43조제1항에 따른 공공매입임대주택으로서 같은 법 시행령 제37조제2항에 따라 기존주택등을 매입하여 개량한 주택(이하 "기존주택등 매입후개량주택"이라 한다)(2020.10.19 본목개정)
(2016.9.12 본조개정)

제3조【치수 및 기준척도】 영 제13조에 따른 주택의 평면과 각 부위의 치수 및 기준척도는 다음 각 호와 같다.(2008.9.25 본문개정)
1. 치수 및 기준척도는 안목치수를 원칙으로 할 것. 다만, 한국산업규격이 정하는 모듈정합의 원칙에 의한 모듈격자 및 기준면의 설정방법등에 따라 필요한 경우에는 중심선치수로 할 수 있다.
2. 거실 및 침실의 평면 각변의 길이는 5센티미터를 단위로 한 것을 기준척도로 할 것(2013.7.15 본호개정)
3. 부엌·식당·욕실·화장실·복도·계단 및 계단참 등의 평면 각변의 길이 또는 너비는 5센티미터를 단위로 한 것을 기준척도로 할 것. 다만, 한국산업규격에서 정하는 주택용 조립식 욕실을 사용하는 경우에는 한국산업규격에서 정하는 표준모듈호칭치수에 따른다.
(2013.7.15 본호개정)
4. 거실 및 침실의 반자높이(반자를 설치하는 경우만 해당한다)는 2.2미터 이상으로 하고 층높이는 2.4미터 이상으로 하되, 각각 5센티미터를 단위로 한 것을 기준척도로 할 것(2008.9.25 본호개정)
5. 창호설치용 개구부의 치수는 한국산업규격이 정하는 창호개구부 및 창호부품의 표준모듈호칭치수에 의할 것. 다만, 한국산업규격이 정하지 아니한 사항에 대하여는 국토교통부장관이 정하여 공고하는 건축표준상세도에 의한다.(2013.3.23 단서개정)
6. 제1호 내지 제5호에서 규정한 사항외의 구체적인 사항은 국토교통부장관이 정하여 고시하는 기준에 적합할 것
(2013.3.23 본호개정)
(1997.7.21 본조개정)

제3조의2【바닥충격음 성능기준 적용 제외】 영 제14조의2제2호나목에서 "발코니, 현관 등 국토교통부령으로 정하는 부분"이란 다음 각 호에 해당하는 부분을 말한다.(2022.8.4 본문개정)
1. 발코니
2. 현관
3. 세탁실
4. 대피공간
5. 벽으로 구획된 창고
6. 제1호부터 제5호까지에 해당하는 부분 외에 「주택법」(이하 "법"이라 한다) 제15조에 따른 사업계획의 승인권자(이하 "사업계획승인권자"라 한다)가 층간소음으로 인한 피해가능성이 적어 바닥충격음 성능기준 적용이 불필요하다고 인정하는 공간(2022.8.4 본호개정)
(2013.7.15 본조신설)

제4조【승강기】 영 제15조제1항 본문에 따라 6층 이상인 공동주택에 설치하는 승용승강기의 설치기준은 다음 각 호와 같다.
1. 계단실형인 공동주택에는 계단실마다 1대(한 층에 3세대 이상이 조합된 계단실형 공동주택이 22층 이상인 경우에는 2대) 이상을 설치하되, 그 탑승인원수는 동일한 계단실을 사용하는 4층 이상인 층의 세대당 0.3명(독신자용주택의 경우에는 0.15명)의 비율로 산정한 인원수(1명 이하의 단수는 1명으로 본다. 이하 이 조에서 같다) 이상일 것
2. 복도형인 공동주택에는 1대에 100세대를 넘는 80세대마다 1대를 더한 대수 이상을 설치하되, 그 탑승인원수는 4층 이상인 층의 세대당 0.2명(독신자용주택의 경우에는 0.1명)의 비율로 산정한 인원수 이상일 것
(2013.7.15 본조개정)

제5조【국기봉 꽂이의 설치기준】 영 제18조제4항 단서에 따라 각 동 지상 출입구에 국기봉을 꽂을 수 있는 장치를 설치하는 경우에는 해당 출입구 위쪽 벽면의 중앙 또는 왼쪽(출입구 앞쪽에서 건물을 바라볼 때의 왼쪽을 말한다)에 설치해야 한다.(2021.1.12 본조신설)

제6조【주택단지 안의 도로】 ① 영 제26조제4항에 따른 어린이 안전보호구역(이하 "어린이 안전보호구역"이라 한다)은 차량의 진출입이 쉬운 곳에 승합자동차의 주차가 가능한 면적 이상의 공간으로 설치하여야 하며, 그 주변의 도로면 또는 교통안전표지판 등에 차량속도 제한 표시를 하는 등 어린이 안전 확보에 필요한 조치를 하여야 한다.(2017.12.26 본항개정)
② 제1항에서 규정한 사항 외에 어린이 안전보호구역의 구체적 설치기준에 관하여 필요한 사항은 특별시·광역시·특별자치시·특별자치도·시 또는 군의 조례로 정할 수 있다.(2017.12.26 본항신설)
③ 영 제26조제5항에 따라 주택단지 안에 설치하는 도로의 설치기준은 다음 각 호와 같다.
1. 주택단지 안의 도로 중 차도는 아스팔트·콘크리트·석재, 그 밖에 이와 유사한 재료로 포장하고, 빗물 등의 배수에 지장이 없도록 설치할 것
2. 주택단지 안의 도로 중 보도는 다음 각 목의 기준에 적합할 것
가. 보도블록·석재, 그 밖에 이와 유사한 재료로 포장하고, 빗물 등의 배수에 지장이 없도록 설치할 것
나. 보도는 보행자의 안전을 위하여 차도면보다 10센티미터 이상 높게 하거나 도로에 화단, 짧은 기둥, 그 밖에 이와 유사한 시설을 설치하여 차도와 구분되도록 설치할 것
다. 보도에 가로수 등 노상시설(路上施設)을 설치하는 경우 보행자의 통행을 방해하지 않도록 설치할 것
3. 주택단지 안의 보도와 횡단보도의 경계부분, 건축물의 출입구 앞에 있는 보도와 차도의 경계부분은 지체장애인의 통행에 편리한 구조로 설치할 것
④ 영 제26조제5항에 따라 주택단지 안에 설치하는 교통안전시설의 설치기준은 다음 각 호와 같다.
1. 진입도로, 주택단지 안의 교차로, 근린생활시설 및 어린이놀이터 주변의 도로 등 보행자의 안전 확보가 필요한 차도에는 횡단보도를 설치할 것
2. 지하주차장의 출입구, 경사형·유선형 차도 등 차량의 속도를 제한할 필요가 있는 곳에는 높이 7.5센티미터 이상 10센티미터 이하, 너비 1미터 이상인 과속방지턱을 설치하고, 운전자에게 그 시설의 위치를 알릴 수 있도록 반사성 도료(塗料)로 도색한 노면표지를 설치할 것
3. 도로통행의 안전을 위하여 필요하다고 인정되는 곳에는 도로반사경, 교통안전표지판, 방호울타리, 속도측정표시판, 조명시설, 그 밖에 필요한 교통안전시설을 설치할 것. 이 경우 교통안전표지판의 설치기준은 「도로교통법 시행규칙」 제8조제2항 및 별표6을 준용한다.
4. 보도와 횡단보도의 경계부분, 건축물의 출입구 앞에 있는 보도 및 주택단지의 출입구 부근의 보도와 차도의 경계부분 등 차량의 불법 주정차를 방지할 필요가 있는 곳에는 설치 또는 해체가 쉬운 짧은 기둥 등을 보도에 설치할 것. 이 경우 지체장애인의 통행에 지장이 없도록 하여야 한다.
(2013.7.15 본조개정)

제6조의2【주차장의 구조 및 설비】 ① 영 제27조제7항에 따른 주차장의 구조 및 설비의 기준은 다음 각 호와 같다.(2021.1.12 본문개정)
1. 주차장의 주차단위구획은 「주차장법 시행규칙」 제3조에 따른 기준에 적합할 것
2. 「주차장법 시행규칙」 제6조제1항제1호부터 제9호까지 및 제11호를 준용할 것. 다만, 공동주택의 각 동으로 차량 접근이 가능한 지상주차장의 차로 또는 영 제26조에 따른 주택단지 안의 도로가 설치되지 않은 경우에는 다음 각 목의 어느 하나에 해당하는 경우를 제외하고 「주차장법 시행규칙」 제6조제1항제5호가목에도 불구하고 주차장 차로(주차장이 2개층 이상인 경우로서 지상에서 바로 진입하는 층에서 각 동의 출입구로 접근이 가능한 경우 해당 층의 차로로 한정한다)의 높이를 주차바닥면으로부터 2.7미터 이상으로 해야 한다.
가. 주택건설사업계획과 관련된 법 제18조제1항 각 호에 따른 심의 등의 결과 주택단지의 배치 및 주택단지 내·외의 도로 여건 등을 고려하여 모든 동에 지상으로 차량 접근이 가능하다고 인정된 경우
나. 법 제2조제25호다목에 따른 리모델링 또는 「도시 및 주거환경정비법」 제2조제2호나목 및 다목에 따른 정비사업으로서 해당 조합이 주차장 차로 높이를 「주차장법 시행규칙」 제6조제1항제5호가목에 따른 높이로 결정한 경우
(2019.1.16 본호개정)
3. 「주차장법」 제2조제2호의 기계식주차장치를 설치하는 경우 「주차장법 시행규칙」 제16조의2(「국토의 계획 및 이용에 관한 법률 시행령」 제30조에 따른 상업지역 또는 준주거지역에서 「주택법 시행령」 제10조제1항제1호에 따른 소형 주택과 주택 외의 시설을 동일 건축물로 건축하는 경우에 한정한다)에 따른 기준에 적합할 것
(2022.2.11 본호개정)
4. 「환경친화적 자동차의 개발 및 보급 촉진에 관한 법률」 제2조제3호에 따른 전기자동차의 이동형 충전기(이하 "이동형 충전기"라 한다)를 이용할 수 있는 콘센트(각 콘센트별 이동형 충전기의 동시 이용이 가능하며, 사용자에게 요금을 부과하도록 설치된 것을 말한다. 이하 같다)를 「주차장법」 제2조제7호의 주차단위구획 총 수에 다음 각 목의 구분에 따른 비율을 곱한 수(소수점 이하는 반올림한다) 이상 설치할 것. 다만, 지역의 전기자동차 보급률 등을 고려하여 필요한 경우에는 다음 각 목에 규정된 비율의 5분의 1의 범위에서 특별자치시·특별자치도·시·군 또는 자치구의 조례로 설치 기준을 강화하거나 완화할 수 있다.(2022.12.19 본문개정)
가. 2023년 6월 31일까지 : 4퍼센트
나. 2023년 7월 1일부터 2024년 12월 31일까지 : 7퍼센트
다. 2025년 1월 1일 이후 : 10퍼센트
(2022.12.19 가목~다목신설)
② 제1항제4호 본문 또는 단서에 따라 이동형 충전기를 이용할 수 있는 콘센트를 설치하는 경우로서 주차장에 「환경친화적 자동차의 개발 및 보급 촉진에 관한 법률 시행령」 제18조의7제1항제1호 또는 제2호에 따른 급속충전시설 또는 완속충전시설이 설치된 경우에는 같은 수의 콘센트가 설치된 것으로 본다.(2022.12.19 본항신설)
(2017.12.26 본조신설)

제7조【수해방지】 ① 주택단지(단지경계선 주변외곽부분을 포함한다)에 비탈면이 있는 경우에는 다음 각호에서 정하는 바에 따라 수해방지등을 위한 조치를 하여야 한다.
1. 석재·합성수지재 또는 콘크리트를 사용한 배수로를 설치하여 토양의 유실을 막을 수 있게 할 것
2. 비탈면의 높이가 3미터를 넘는 경우에는 높이 3미터 이내마다 그 비탈면의 면적의 5분의 1 이상에 해당하는 면적의 단을 만들 것. 다만, 사업계획승인권자가 그 비탈면의 토질·경사도 등으로 보아 건축물의 안전상 지장이 없다고 인정하는 경우에는 그러하지 아니하다.
(2013.7.15 본호개정)
3. 비탈면에는 나무심기와 잔디붙이기를 할 것. 다만, 비탈면의 안전을 위하여 필요한 경우에는 돌붙이기를 하거나 콘크리트격자블록 기타 비탈면보호용구조물을 설치하여야 한다.
② 비탈면과 건축물 등과의 위치관계는 다음 각호에 적합하여야 한다.
1. 건축물은 그 외곽부분을 비탈면의 윗가장자리 또는 아랫가장자리로부터 당해 비탈면의 높이만큼 띄울 것. 다만, 사업계획승인권자가 그 비탈면의 토질·경사도 등으로 보아 건축물의 안전상 지장이 없다고 인정하는 경우에는 그러하지 아니하다.(2001.3.26 본호개정)
2. 비탈면 아랫부분에 옹벽 또는 축대(이하 "옹벽등"이라 한다)가 있는 경우에는 그 옹벽등과 비탈면 사이에 너비 1미터 이상의 단을 만들 것(1993.7.20 본호개정)
3. 비탈면 윗부분에 옹벽등이 있는 경우에는 그 옹벽등과 비탈면 사이에 너비 1.5미터 이상으로서 당해 옹벽등의 높이의 2분의 1 이상에 해당하는 너비 이상의 단을 만들 것(1993.7.20 본호개정)

제8조【냉방설비 배기장치 설치공간의 기준】 ① 영 제37조제6항에서 "국토교통부령으로 정하는 기준"이란 다음 각 호의 요건을 모두 갖춘 것을 말한다.
1. 냉방설비가 작동할 때 주거환경이 악화되지 않도록 거주자가 일상적으로 생활하는 공간과 구분하여 구획할 것. 다만, 배기장치 설치공간을 외부 공기에 직접 닿는 곳에 마련하는 경우에는 그렇지 않다.
2. 세대별 주거전용면적에 적정한 용량인 냉방설비의 배기장치 규격에 배기장치의 설치·유지 및 관리에 필요한 여유 공간을 더한 크기로 할 것
3. 세대별 주거전용면적이 50제곱미터를 초과하는 경우로서 세대 내 거실 또는 침실이 2개 이상인 경우에는 거실을 포함한 최소 2개의 공간에 냉방설비 배기장치 연결배관을 설치할 것
4. 냉방설비 배기장치 설치공간을 외부 공기에 직접 닿는 곳에 마련하는 경우에는 배기장치 설치공간 주변에 영 제18조제1항 및 제2항에 적합한 난간을 설치할 것
② 제1항제2호에 따른 배기장치의 설치·유지 및 관리에 필요한 여유 공간은 다음 각 호의 구분에 따른다.

1. 배기장치 설치공간을 외부 공기에 직접 닿는 곳에 마련하는 경우로서 냉방설비 배기장치 설치공간에 출입문을 설치하고, 출입문을 연 상태에서 배기장치를 설치할 수 있는 경우 : 가로 0.5미터 이상
2. 그 밖의 경우 : 가로 0.5미터 이상 및 세로 0.7미터 이상
(2020.1.7 본조신설)

제9조【영상정보처리기기의 설치 기준】 영 제39조에서 "국토교통부령으로 정하는 기준"이란 다음 각 호의 기준을 말한다.
1. 승강기, 어린이놀이터 및 공동주택 각 동의 출입구마다 「개인정보 보호법 시행령」 제3조제1호 또는 제2호에 따른 영상정보처리기기(이하 "영상정보처리기기"라 한다)의 카메라를 설치할 것(2023.12.11 본호개정)
2. 영상정보처리기기의 카메라는 전체 또는 주요 부분이 조망되고 잘 식별될 수 있도록 설치하되, 카메라의 해상도는 130만 화소 이상일 것
3. 영상정보처리기기의 카메라 수와 녹화장치의 모니터 수가 같도록 설치할 것. 다만, 모니터 화면이 다채널로 분할 가능하고 다음 각 목의 요건을 모두 충족하는 경우에는 그렇지 않다.
가. 다채널의 카메라 신호를 1대의 녹화장치에 연결하여 감시할 경우에 연결된 카메라 신호가 전부 모니터 화면에 표시돼야 하며 1채널의 감시화면의 대각선방향 크기는 최소한 4인치 이상일 것
나. 다채널 신호를 표시한 모니터 화면은 채널별로 확대감시기능이 있을 것
다. 녹화된 화면의 재생이 가능하며 재생할 경우에 화면의 크기 조절 기능이 있을 것
4. 「개인정보 보호법 시행령」 제3조제2호에 따른 네트워크 카메라를 설치하는 경우에는 다음 각 목의 요건을 모두 충족할 것
가. 인터넷 장애가 발생하더라도 영상정보가 끊어지지 않고 지속적으로 저장될 수 있도록 필요한 기술적 조치를 할 것
나. 서버 및 저장장치 등 주요 설비는 국내에 설치할 것
다. 「공동주택관리법 시행규칙」 별표1의 장기수선계획의 수립기준에 따른 수선주기 이상으로 운영될 수 있도록 설치할 것
(2019.1.16 본조개정)

제10조【배수설비 등】 ① 영 제43조제4항의 규정에 의한 배수설비는 오수관로에 연결하여야 한다.
② 영 제43조제7항의 규정에 의한 배관설비의 설치 및 구조의 기준에 관하여는 건축물의설비기준등에관한규칙 제17조 및 동규칙 제18조의 규정을 준용한다.
(1997.7.21 본조개정)

제11조【배기설비】 영 제44조에 따라 주택의 부엌·욕실 및 화장실에 설치하는 배기설비는 다음 각 호에 적합해야 한다.(2021.1.12 본문개정)
1. 배기구는 반자 또는 반자아래 80센티미터이내의 높이에 설치하고, 항상 개방될 수 있는 구조로 할 것
2. 배기통 및 배기구는 외기의 기류에 의하여 배기에 지장이 생기지 아니하는 구조로 할 것
3. 배기통에는 그 최상부 및 배기구를 제외하고는 개구부를 두지 아니할 것
4. 배기통의 최상부는 직접 외기에 개방되게 하되, 빗물등을 막을 수 있는 설비를 할 것
5. 부엌에 설치하는 배기구에는 전동환기설비를 설치할 것
6. 배기통은 연기나 냄새 등이 실내로 역류하는 것을 방지할 수 있도록 다음 각 목의 어느 하나에 해당하는 구조로 할 것
가. 세대 안의 배기통에 자동역류방지댐퍼(세대 안의 배기구가 열리거나 전동환기설비가 가동하는 경우 전기 또는 기계적인 힘에 의하여 자동으로 개폐되는 구조로 된 설비를 말하며, 「산업표준화법」 제27조에 따른 단체표준에 적합한 성능을 가진 제품이어야 한다) 또는 이와 동일한 기능의 배기설비 장치를 설치할 것
(2021.1.12 본목개정)
나. 세대간 배기통이 서로 연결되지 아니하고 직접 외기에 개방되도록 설치할 것
(2015.3.17 본호신설)

제12조【간선시설】 ① 영 제57조의 규정에 의한 간선시설인 진입도로(당해 대지에 접하는 기간도로를 포함한다. 이하 이 조에서 같다), 상하수도시설 및 전기시설의 설치기준은 다음 각호와 같다.
1. 진입도로
가. 진입도로는 다음 표에서 정하는 기준이상의 도로너비가 확보되어야 한다.

(단위 : 미터)

대 지 면 적	기간도로와 접하는 너비 또는 진입도로의 너비
2만제곱미터 미만	8 이상
2만제곱미터 이상 4만제곱미터 미만	12 이상
4만제곱미터 이상 8만제곱미터 미만	15 이상
8만제곱미터 이상	20 이상

나. 진입도로가 2 이상으로서 다음 표에서 정하는 기준에 적합한 경우에는 가.의 규정을 적용하지 아니할 수 있다. 이 경우 너비 6미터 미만인 도로는 기간도로와 통행거리 200미터 이내인 때에 한하여 이를 진입도로로 본다.

(단위 : 미터)

대 지 면 적	너비 4미터 이상의 진입도로중 2개의 진입도로 너비의 합계
2만제곱미터 미만	12 이상
2만제곱미터 이상 4만제곱미터 미만	16 이상
4만제곱미터 이상 8만제곱미터 미만	20 이상
8만제곱미터 이상	25 이상

2. 상수도시설
상수도시설은 대지면적 1제곱미터당 1일 급수량 0.1톤 이상을 당해 대지에 공급할 수 있는 시설이어야 한다.
3. 하수도시설
하수도시설은 대지면적 1제곱미터당 1일 0.1톤 이상의 오수를 처리할 수 있는 시설이어야 한다.
4. 전기시설
전기시설은 대지면적 1제곱미터당 35와트 이상의 전력을 당해 대지에 공급할 수 있는 송전시설이어야 한다.
② 법 제15조에 따른 대지조성사업계획에 주택의 예정세대수 등에 관한 계획이 포함된 경우에는 제1항의 규정에 불구하고 진입도로 등의 기준은 다음 각호에 의할 수 있다.
(2016.8.12 본문개정)
1. 진입도로 : 영 제25조의 규정에 의한다.
2. 상수도시설 및 하수도시설 : 공급·처리 용량이 각각 매세대당 1일 1톤 이상인 시설이어야 한다.
3. 전기시설 : 매 세대당 3킬로와트(세대당 전용면적이 60제곱미터 이상인 경우에는 3킬로와트에 60제곱미터를 초과하는 10제곱미터마다 0.5킬로와트를 더한 값) 이상의 전력을 당해 대지에 공급할 수 있는 송전시설이어야 한다.(1999.9.29 본호개정)

제12조의2【공동주택성능등급의 표시】 법 제39조 각 호 외의 부분에서 "국토교통부령으로 정하는 방법"이란 별지 제1호서식의 공동주택성능등급 인증서를 발급받아 「주택공급에 관한 규칙」 제19조부터 제21조까지의 규정에 따른 입주자 모집공고에 표시하는 방법을 말한다. 이 경우 공동주택성능등급 인증서는 쉽게 알아볼 수 있는 위치에 쉽게 읽을 수 있는 글자 크기로 표시해야 한다.(2019.1.16 본조개정)

제12조의3【바닥충격음 성능등급 인정기관 지정신청서】 ① (2013.2.22 삭제)
② 영 제60조의2제1항에 따른 바닥충격음 성능등급 인정기관 지정신청서는 별지 제1호의2서식에 따른다.
(2013.7.15 본항개정)
(2013.2.22 본조제목개정)

제12조의4【바닥충격음 성능등급 인정제품의 품질관리기준】 법 제41조제2항제3호에서 "국토교통부령으로 정한 품질관리기준"이란 법 제41조제1항에 따른 바닥충격음 성능등급 인정기관으로부터 바닥충격음 성능등급을 인정받은 제품(이하 "인정제품"이라 한다)과 관련한 다음 각 호에 해당하는 사항에 대한 품질관리를 위한 기준을 말한다. 이 경우 국토교통부장관은 그 품질관리기준에 관한 세부적인 사항을 정하여 고시할 수 있다.(2022.8.4 전단개정)
1. 인정제품을 구성하는 원재료의 품질관리
2. 인정제품에 대한 제조공정의 품질관리
3. 인정제품의 제조·검사설비의 유지관리
4. 완성된 인정제품의 품질관리
(2014.12.24 본조신설)

제12조의5【바닥충격음 성능검사기관 지정신청서】 영 제60조의8제2항 각 호 외의 부분 전단에서 "국토교통부령으로 정하는 신청서"란 별지 제1호의3서식의 바닥충격음 성능검사기관 지정신청서를 말한다.(2022.8.4 본조신설)

제13조【공업화주택의 성능 및 생산기준】 법 제51조제1항에 따른 공업화주택의 성능 및 생산기준은 별표6과 같다.(2016.8.12 본조개정)

제14조【건축사의 설계·감리를 받지 아니하는 공업화주택의 건설자】 법 제53조제2항에서 "국토교통부령이 정하는 기술능력을 갖추고 있는 자"라 함은 건축사법에 의한 건축사 1인 이상과 국가기술자격법에 의한 건축구조기술사 또는 건축시공기술사 1인 이상을 보유한 자를 말한다.(2016.8.12 본조개정)

제15조【공업화주택인정신청서 등】 ① 영 제61조의2에 따른 공업화주택인정신청서는 별지 제1호의4서식에 따른다.(2022.8.4 본항개정)
② 영 제61조의2제3항의 규정에 의한 공업화주택인정서는 별지 제2호서식에 의한다.
③ 제2항의 규정에 의한 공업화주택인정서를 분실 또는 훼손한 자로서 그의 재교부를 받고자 하는 자는 별지 제3호서식에 의한 재교부신청서를 국토교통부장관에게 제출하여야 한다.(2013.3.23 본항개정)
④ 제2항의 규정에 의한 공업화주택인정서를 교부받은 자는 영 제61조의2제4항의 규정에 의하여 별지 제4호서식의 공업화주택의 생산 및 건설실적보고서를 매년 1월 15일까지 국토교통부장관에게 제출하여야 한다.(2013.3.23 본항개정)
(1999.9.29 본조개정)

제16조【장수명 주택 인증 신청 등】 ① 법 제2조제10호에 따른 사업주체(이하 "사업주체"라 한다)가 1,000세대 이상의 공동주택을 건설하는 경우에는 법 제15조제1항에 따른 주택건설사업계획 승인을 신청하기 전에 장수명 주택 인증을 신청하여야 한다.(2016.8.12 본항개정)
② 사업주체가 장수명 주택 인증을 받으려면 별지 제5호서식의 장수명 주택 인증신청서(전자문서로 된 신청서를 포함한다)에 다음 각 호의 서류(전자문서를 포함한다)를 첨부하여 영 제65조의2제4항에 따른 인증기관의 장(이하 "인증기관의 장" 이라 한다)에게 제출하여야 한다.
1. 국토교통부장관이 정하여 고시하는 장수명 주택 자체평가서
2. 제1호에 따른 장수명 주택 자체평가서에 포함된 내용이 사실임을 증명할 수 있는 서류
③ 인증기관의 장은 제2항에 따른 신청서가 접수된 날부터 10일 이내에 인증처리를 하여야 한다.
④ 인증기관의 장은 제3항에 따른 기간 이내에 인증을 처리할 수 없는 부득이한 사유가 있는 경우에는 사업주체에게 그 사유를 통보하고 5일의 범위에서 인증처리 기간을 한 차례 연장할 수 있다.
⑤ 인증기관의 장은 제2항에 따라 사업주체가 제출한 서류의 내용이 불충분하거나 사실과 다른 경우에는 서류가 접수된 날부터 5일 이내에 사업주체에게 보완을 요청할 수 있다. 이 경우 사업주체가 제출서류를 보완하는 기간은 제3항의 기간에 포함하지 아니한다.
(2014.12.24 본조신설)

제17조【장수명 주택 인증 심사 등】 ① 인증기관의 장은 제16조제2항에 따른 인증 신청을 받으면 인증심사단을 구성하여 제18조의 인증기준에 따라 서류심사를 하고, 심사 내용과 점수 등을 고려하여 인증 여부와 인증 등급을 결정하여야 한다.
② 제1항에도 불구하고 인증기관의 장이 필요하다고 인정하는 경우에는 인증심의위원회의 심의를 거쳐 인증 여부와 인증 등급을 결정할 수 있다. 이 경우 인증심의위원회의 위원은 해당 인증기관에 소속된 사람이 아니어야 한다.
③ 제1항에 따른 인증심사단은 해당 전문분야별 1명 이상의 심사전문인력으로 구성한다.
④ 제1항에 따른 인증심사단과 제2항에 따른 인증심의위원회의 구성·운영 등에 필요한 사항은 국토교통부장관이 정하여 고시한다.
(2014.12.24 본조신설)

제18조【장수명 주택 인증기준】 ① 장수명 주택 인증은 다음 각 호의 성능을 평가한 종합점수를 기준으로 심사하여야 한다.
1. 콘크리트 품질 및 철근의 피복두께 등 내구성
2. 벽체재료 및 배관·기둥의 배치 등 가변성
3. 개수·보수 및 점검의 용이성 등 수리 용이성
② 제1항에 따른 장수명 주택의 인증기준에 관한 세부적인 사항은 국토교통부장관이 정하여 고시한다.
(2014.12.24 본조신설)

제19조【장수명 주택 인증서 발급 등】 ① 인증기관의 장은 장수명 주택 인증을 할 때에는 별지 제6호서식의 장수명 주택 인증서를 사업주체에게 발급하여야 한다.
② 사업주체는 제1항에 따라 장수명 주택 인증서를 발급받은 이후에 인증등급이 달라지는 주택건설사업계획 변경을 하는 경우에는 장수명 주택 인증을 다시 받아야 한다.
③ 인증기관의 장은 제1항에 따라 인증서를 발급하였을 때에는 인증 대상, 인증 날짜, 인증 등급 및 인증심사단과 인증심사위원회 구성원명단(인증심사위원회의 경우는 해당 위원회를 구성한 경우만 해당한다)을 포함한 인증 심사 결과를 작성하여 보관하여야 한다.
(2014.12.24 본조신설)

제20조【재심사 요청 등】 ① 제19조제1항에 따라 발급받은 장수명 주택 인증서의 인증등급에 이의가 있는 사업주체는 인증기관의 장에게 재심사를 요청할 수 있다.
② 재심사 요청 절차, 재심사 결과 통보, 인증서 재발급 등 재심사에 관한 세부적인 사항은 국토교통부장관이 정하여 고시한다.
(2014.12.24 본조신설)

제21조【인증 수수료】 ① 사업주체는 제16조제2항에 따라 장수명 주택 인증신청서를 제출하는 때에 해당 인증기관의 장에게 국토교통부장관이 정하여 고시하는 인증수수료를 내야 한다.
② 제20조제1항에 따라 재심사를 신청하는 사업주체는 국토교통부장관이 정하여 고시하는 인증 수수료를 추가로 내야 한다.
③ 제1항 및 제2항에 따른 인증 수수료는 현금이나 정보통신망을 이용한 전자화폐·전자결제 등의 방법으로 납부하여야 한다.
④ 제1항부터 제3항까지에 따른 인증 수수료의 환불 사유, 반환 범위, 납부 기간과 그 밖에 인증 수수료의 납부에 필요한 사항은 국토교통부장관이 정하여 고시한다.
(2014.12.24 본조신설)

제22조【장수명 주택에 대한 건폐율 등의 완화】 법 제38조제7항의 "국토교통부령으로 정하는 기준 이상의 등급" 이란 영 제65조의2제1항의 인증등급 중 우수 등급 이상의 등급을 말한다.(2016.8.12 본조개정)

제23조～제27조 (1999.9.29 삭제)

부 칙 (2013.7.15)

제1조【시행일】 이 규칙은 2014년 5월 7일부터 시행한다. 다만, 제4조, 제6조 및 별표1의 개정규정은 2013년 12월 18일부터 시행하고, 제3조의 개정규정은 공포한 날부터 시행한다.

제2조【치수 및 기준척도에 관한 적용례】 제3조의 개정규정은 부칙 제1조 단서에 따른 제3조의 개정규정 시행일 이후 법 제16조제1항 또는 제3항에 따른 사업계획 승인을 신청(법 제16조제5항에 따라 사업계획의 변경승인을 신청하는 경우를 포함한다)하는 경우부터 적용한다.
제3조【승강기 설치에 관한 적용례】 제4조의 개정규정은 2013년 12월 18일 이후 법 제16조제1항 또는 제3항에 따른 사업계획 승인을 신청하는 경우부터 적용한다.
제4조【주택단지 안의 도로에 관한 적용례】 제6조의 개정규정은 2013년 12월 18일 이후 법 제16조제1항 또는 제3항에 따른 사업계획 승인을 신청하는 경우부터 적용한다.

부 칙 (2019.1.16)

제1조【시행일】 이 규칙은 공포한 날부터 시행한다.
제2조【주차장의 구조 및 설비에 관한 적용례】 제6조의2 제2호 단서의 개정규정은 이 규칙 시행 이후 법 제15조제1항 또는 제3항에 따른 사업계획승인을 신청하는 경우부터 적용한다.
제3조【공동주택성능등급의 표시에 관한 적용례】 제12조의2 후단의 개정규정은 이 규칙 시행 이후 입주자 모집승인을 신청(법 제2조제10호가목 및 나목에 해당하는 사업주체의 경우에는 입주자 모집공고를 말한다)하는 경우부터 적용한다.

부 칙 (2020.1.7)

제1조【시행일】 이 규칙은 공포한 날부터 시행한다.
제2조【이동형 충전기의 이용을 위한 콘센트 설치에 관한 적용례】 제6조의2제4호 본문의 개정규정은 이 규칙 시행 이후 법 제15조제1항 또는 제3항에 따른 사업계획 승인을 신청하는 경우부터 적용한다.

부 칙 (2020.10.19)

제1조【시행일】 이 규칙은 2020년 10월 19일부터 시행한다.(이하 생략)

부 칙 (2021.1.12)

제1조【시행일】 이 규칙은 공포한 날부터 시행한다.
제2조【자동역류방지댐퍼에 관한 적용례】 제11조제6호 가목의 개정규정은 이 규칙 시행 이후 법 제15조제1항 또는 제3항에 따른 사업계획승인을 신청하는 경우부터 적용한다.

부 칙 (2021.8.27)

이 규칙은 공포한 날부터 시행한다.(이하 생략)

부 칙 (2022.2.11)

제1조【시행일】 이 규칙은 공포한 날부터 시행한다.(이하 생략)

부 칙 (2022.8.4)

이 규칙은 2022년 8월 4일부터 시행한다.

부 칙 (2022.12.19)

제1조【시행일】 이 규칙은 공포한 날부터 시행한다.
제2조【이동형 충전기를 이용할 수 있는 콘센트의 설치에 관한 적용례】 제6조의2의 개정규정은 이 규칙 시행 이후 법 제15조제1항 또는 제3항에 따른 사업계획 승인(사업계획 승인이 의제되는 다른 법률에 따른 허가·인가·승인 등을 포함한다)을 신청하는 경우부터 적용한다.

부 칙 (2023.6.30)

제1조【시행일】 이 규칙은 2023년 7월 1일부터 시행한다.
제2조【공동주택성능등급 인증서에 관한 적용례】 별지 제1호서식 제4호라목제15호의 개정규정은 이 규칙 시행 이후 법 제15조제1항 또는 제3항에 따른 사업계획 승인(사업계획 승인이 의제되는 다른 법률에 따른 허가·인가·승인 등을 포함한다)을 신청하는 경우부터 적용한다.

부 칙 (2023.12.11)

이 규칙은 공포한 날부터 시행한다.

〔별표〕➡「法典 別册」참조

〔별지서식〕➡「www.hyeonamsa.com」참조

주택공급에 관한 규칙

(2015년 12월 29일 전부개정국토교통부령 제268호)

개정
2016. 5.19국토교통부령 310호
2016. 8.12국토교통부령 353호(주택법시규)
2016.11.15국토교통부령 372호
2016.12.30국토교통부령 382호(규제기한설정)
2017. 7. 3국토교통부령 432호
2017. 7.26국토교통부령 443호(정부조직법개정에따른부처명칭변경등을위한일부개정령)
2017. 9.20국토교통부령 450호 2017.11.24국토교통부령 468호
2018. 2. 9국토교통부령 490호(빈집및소규모주택정비에관한특례법시규)
2018. 3.27국토교통부령 500호(혁신도시조성및발전에관한특별법시규)
2018. 5. 4국토교통부령 512호 2018. 9.18국토교통부령 544호
2018.12.11국토교통부령 565호 2019. 8.16국토교통부령 646호
2019.11. 1국토교통부령 669호 2019.12. 6국토교통부령 676호
2020. 3. 2국토교통부령 704호(건설산업시규)
2020. 4.17국토교통부령 718호 2020. 9.29국토교통부령 760호
2021. 2. 2국토교통부령 816호 2021. 5.24국토교통부령 849호
2021. 5.28국토교통부령 851호 2021. 7. 5국토교통부령 867호
2021. 9.27국토교통부령 892호 2021.11.16국토교통부령 914호
2022. 2.28국토교통부령1112호(공공주택특별법시규)
2022.12.29국토교통부령1182호 2023. 2.28국토교통부령1196호
2023. 3.31국토교통부령1202호 2023. 5.10국토교통부령1211호
2023. 7.10국토교통부령1232호(규제기한정비)
2023. 7.31국토교통부령1240호 2023.11.10국토교통부령1272호
2023.12.20국토교통부령1287호→2024년 3월 25일 및 2024년 7월 1일 시행

제1장 총 칙

제1조【목적】 이 규칙은 「주택법」 제54조(제1항제2호나목은 제외한다), 제54조의2, 제56조, 제56조의2, 제56조의3, 제60조, 제63조, 제63조의2, 제64조 및 제65조에 따라 주택 및 복리시설을 공급하는 조건·방법 및 절차 등에 관한 사항을 규정함을 목적으로 한다.(2021.2.2 본조개정)
제2조【정의】 이 규칙에서 사용하는 용어의 뜻은 다음과 같다.
1. "공급"이란 「주택법」(이하 "법"이라 한다) 제54조의 적용대상이 되는 주택 및 복리시설을 분양 또는 임대하는 것을 말한다.(2016.8.12 본호개정)
2. "주택건설지역"이란 주택을 건설하는 특별시·광역시·특별자치시·특별자치도 또는 시·군의 행정구역을 말한다. 이 경우 주택건설용지를 공급하기 위한 사업지구 등이 둘 이상의 특별시·광역시·특별자치시 또는 시·군의 행정구역에 걸치는 경우에는 해당 행정구역 모두를 같은 주택건설지역으로 본다.
2의2. "성년자"란 「민법」에 따른 성년자와 다음 각 목의 어느 하나에 해당하는 세대주인 미성년자를 말한다. 이 경우 다음 각 목의 자녀 및 형제자매는 미성년자로서 같은 세대별 주민등록표(「주민등록법」 제7조에 따른 세대별 주민등록표를 말한다. 이하 같다)에 등재되어 있어야 한다.
  가. 자녀를 양육하는 경우
  나. 직계존속의 사망, 실종선고 및 행방불명 등으로 형제자매를 부양하는 경우
  (2018.12.11 본호신설)
2의3. "세대"란 다음 각 목의 사람(이하 "세대원"이라 한다)으로 구성된 집단(주택공급신청자가 세대별 주민등록표에 등재되어 있지 않은 경우는 제외한다)을 말한다.
  가. 주택공급신청자
  나. 주택공급신청자의 배우자
  다. 주택공급신청자의 직계존속(주택공급신청자의 배우자의 직계존속을 포함한다. 이하 같다)으로서 주택공급신청자 또는 주택공급신청자의 배우자와 같은 세대별 주민등록표에 등재되어 있는 사람
  라. 주택공급신청자의 직계비속(직계비속의 배우자를 포함한다. 이하 같다)으로서 주택공급신청자 또는 주택공급신청자의 배우자와 세대별 주민등록표에 함께 등재되어 있는 사람
  마. 주택공급신청자의 배우자의 직계비속으로서 주택공급신청자와 세대별 주민등록표에 함께 등재되어 있는 사람
  (2018.12.11 본호신설)
3. "세대주"란 세대별 주민등록표에서 성년자인 세대주를 말한다.(2018.12.11 본호개정)
3의2. "단독세대주"란 세대별 주민등록표에 배우자 및 직계존비속이 없는 세대주를 말한다.(2018.12.11 본호신설)
4. "무주택세대구성원"이란 세대원 전원이 주택을 소유하고 있지 않은 세대의 구성원을 말한다.(2018.12.11 본호개정)
5. "주택공급면적"이란 사업주체가 공급하는 주택의 바닥면적(「건축법 시행령」 제119조제1항제3호에 따른 바닥면적을 말한다)을 말한다.
6. "등록사업자"란 법 제4조에 따라 등록한 주택건설사업자를 말한다.(2016.8.12 본호개정)
7. "당첨자"란 다음 각 목의 어느 하나에 해당하는 사람을 말한다. 다만, 분양전환되지 않는 공공임대주택(「공공주택 특별법」 제2조제1호가목에 따른 공공임대주택을 말한다. 이하 같다)의 입주자로 선정된 자는 제외하며, 법 제65조제2항에 따라 당첨 또는 공급계약이 취소되거나 그 공급신청이 무효로 된 자는 당첨자로 본다.(2021.5.28 단서개정)
  가. 제3조제2항제1호 및 제5호에 따른 주택에 대하여 해당 사업계획승인일 당시 입주대상자로 확정된 자
  나. 제3조제2항제7호가목에 따른 주택에 대하여 해당 관리처분계획인가일 당시 입주대상자로 확정된 자
  다. 제3조제2항제7호나목 및 제8호에 따른 주택을 공급받은 자
  라. 다음의 지역에서 제19조제5항에 따라 입주자로 선정된 사람
    1) 법 제63조제1항에 따른 투기과열지구(이하 "투기과열지구"라 한다)
    2) 법 제63조의2제1항제1호에 따라 지정되는 조정대상지역(이하 "청약과열지역"이라 한다)
    (2021.5.28 본목신설)
  마. 제27조부터 제32조까지, 제35조에서 제49조까지, 「공공주택 특별법 시행규칙」 제19조에 따라 입주자로 선정된 자(제27조제5항 및 제28조제10항제1호에 따라 선착순의 방법으로 주택을 공급받는 자는 제외한다)(2018.12.11 본목개정)
  바. 제26조 또는 제26조의2에 따라 예비입주자로 선정된 자로서 사업주체와 공급계약을 체결한 자(제26조제5항 본문 또는 제26조의2제4항에 따라 최초로 예비입주자를 입주자로 선정하는 경우로서 동·호수 배정의 추첨에 참가하여 동·호수를 배정받고 공급계약을 체결하지 않은 자를 포함한다)(2021.5.28 본목개정)
  사. 제47조의3에 따라 입주자로 선정된 사람(2021.5.28 본목신설)
  아. 법 제80조에 따라 주택상환사채를 매입한 자(상환전에 중도 해약하거나 주택분양 전에 현금으로 상환받은 자는 제외한다)(2016.8.12 본목개정)
  자. 법 제64조제2항 단서 및 제3항에 따라 한국토지주택공사(「한국토지주택공사법」에 따른 한국토지주택공사를 말한다. 이하 같다) 또는 사업주체가 취득한 지위를 양도받은 자(2016.8.12 본목개정)
  차. 「공공주택 특별법 시행령」 제2조제1항제5호에 따른 분양전환공공임대주택(이하 "분양전환공공임대주택"이라 한다)을 공급받은 자(2016.5.19 본목개정)
  카. 분양전환공공임대주택의 입주자가 퇴거하여 사업주체에게 명도된 주택을 공급받은 자(2017.11.24 본목개정)
7의2. "분양권등"이란 「부동산 거래신고 등에 관한 법률」 제3조제1항제2호 및 제3호에 해당하는 주택에 관한 다음 각 목의 어느 하나에 해당하는 지위를 말한다.
  가. 주택을 공급받는 사람으로 선정된 지위
  나. 주택의 입주자로 선정된 지위
  다. 매매를 통해 취득하고 있는 가목 또는 나목의 지위
  (2018.12.11 본호신설)
7의3. "소형·저가주택등"이란 전용면적 60제곱미터 이하로서 별표1 제1호가목2)에 따른 가격이 1억원(수도권은 1억6천만원) 이하인 주택 또는 분양권등을 말한다.(2023.11.10 본호개정)
8. "가점제"란 다음 각 목의 가점항목에 대하여 별표1의 기준을 적용하여 산정한 점수(이하 "가점제 점수"라 한다)가 높은 순으로 입주자를 선정하는 것을 말한다.
  가. 무주택기간
  나. 부양가족수
  다. 법 제56조제2항에 따른 주택청약종합저축(이하 "주택청약종합저축"이라 한다) 가입기간(2016.8.12 본목개정)
9. "사전청약"이란 사업주체(제18조 각 호의 사업주체는 제외한다)가 제24조의2에 따라 사전당첨자를 모집하는 것에 응모하는 것을 말한다.(2021.11.16 본호신설)
10. "사전당첨자"란 사전청약에 따라 모집된 입주자를 말한다.(2021.11.16 본호신설)
제3조【적용대상】 ① 이 규칙은 사업주체(「건축법」 제11조에 따른 건축허가를 받아 주택 외의 시설과 주택을 동일 건축물로 하여 법 제15조제1항에 따른 호수 이상으로 건설·공급하는 건축주와 법 제49조에 따라 사용검사를 받은 주택을 사업주체로부터 일괄하여 양수한 자를 포함한다. 이하 제15조부터 제26조까지, 제28조부터 제32조까지, 제50조부터 제53조까지, 제56조, 제57조, 제59조부터 제61조까지에서 같다)가 법 제15조에 따라 사업계획 승인(「건축법」 제11조에 따른 건축허가를 포함한다)을 받아 건설하는 주택 및 복리시설의 공급에 대하여 적용한다.(2016.8.12 본항개정)
② 제1항에도 불구하고 다음 각 호의 주택을 공급하는 경우에는 해당 호에서 정하는 규정만을 적용한다. 다만, 다음 각 호의 주택을 해당자에게 공급하고 남은 주택(제4호, 제6호 및 제6호의2는 제외한다)이 법 제15조제1항에 따른 호수 이상인 경우 그 남은 주택을 공급하는 경우에는 그렇지 않다.(2019.11.1 단서개정)
1. 다음 각 목의 주택 : 제4조제1항부터 제3항까지(나목에 따라 법인이 군인에게 공급하기 위하여 건설하는 주택의 경우에는 제4조제1항에 따른 거주요건을 적용하지 아니한다), 제22조, 제52조, 제54조 및 제57조
  가. 법 제5조제3항에 따른 고용자인 사업주체가 그 소속 근로자에게 공급하기 위하여 건설하는 주택(2016.8.12 본목개정)
  나. 국가기관, 지방자치단체 또는 법인이 공무원(공무원연금수급권자를 포함한다), 군인(군인연금수급권

자를 포함한다) 또는 그 소속 근로자에게 공급할 주택을 다른 사업주체에게 위탁하여 건설하는 경우 그 위탁에 의하여 건설되는 주택(「공공주택 특별법」 제2조제1호에 따른 공공주택(이하 "공공주택"이라 한다)은 제외한다)
2. 법 제80조에 따라 발행되는 주택상환사채를 매입한 자에게 공급하기 위하여 건설하는 주택 : 제4조, 제22조, 제54조, 제57조(2016.8.12 본호개정)
3. 보험회사가 해당 보험회사의 보험계약자에게 공급하기 위하여 보험자산으로 건설하는 임대주택 : 제4조, 제22조, 제52조
4. 공공임대주택의 입주자가 퇴거함으로써 사업주체에게 명도된 주택 : 제4조, 제22조, 제52조, 제57조
5. 법 제5조제2항에 따른 주택조합이 그 조합원에게 공급하기 위하여 건설하는 주택 : 제22조, 제52조, 제57조(2016.8.12 본호개정)
6. 법 제64조제2항 단서에 따라 한국토지주택공사 또는 지방공사가 취득한 지위에 근거하여 공급하는 주택 : 제19조, 제22조, 제54조, 제57조 및 제59조(2018.12.11 본호개정)
6의2. 법 제64조제3항 및 제65조제3항에 따라 사업주체가 취득한 지위에 근거하여 공급하는 주택 : 제19조부터 제23조까지, 제32조, 제47조의3, 제50조, 제52조부터 제59조까지(2019.11.1 본호개정)
7. 다음 각 목의 주택 : 제22조, 제57조
가. 「도시 및 주거환경정비법」에 따른 정비사업(주거환경개선사업은 제외한다) 또는 「빈집 및 소규모주택 정비에 관한 특례법」에 따른 가로주택정비사업, 소규모재건축사업으로 건설되는 주택으로서 「도시 및 주거환경정비법」 제74조에 따른 관리처분계획 또는 「빈집 및 소규모주택 정비에 관한 특례법」 제29조에 따른 사업시행계획에 따라 토지등소유자 또는 조합원에게 공급하는 주택(2018.2.9 본목개정)
나. 「도시 및 주거환경정비법」에 따른 재개발사업으로 건설되는 주택으로서 지방자치단체, 한국토지주택공사 또는 지방공사가 해당 정비구역 안의 세입자에게 공급하기 위하여 해당 조합으로부터 매입하거나 해당 정비구역 안에 건설하는 주택(2018.2.9 본목개정)
8. 다음 각 목의 주택 : 제22조, 제54조, 제57조
가. 공공사업의 시행에 따른 이주대책용으로 공급하는 다음의 주택
1) 공공사업의 시행자가 직접 건설하는 주택
2) 공공사업의 시행자가 다른 사업주체에게 위탁하여 건설하는 주택
3) 공공사업의 시행자가 조성한 택지를 공급받은 사업주체가 건설하는 주택
4) 공공사업의 시행자로부터 택지를 제공받은 이주대책대상자가 그 택지에 건설하는 주택
나. 「국가균형발전 특별법」 제18조에 따라 수도권에 소재하는 이전대상 공공기관이 수도권 외의 지역으로 이전하는 경우 해당 공공기관의 종사자에게 공급하기 위하여 건설되는 주택으로서 주무부장관이나 특별시장·광역시장·특별자치시장·도지사 또는 특별자치도지사(이하 "시·도지사"라 한다)의 요청에 따라 국토교통부장관이 확인하는 주택
다. 「산업입지 및 개발에 관한 법률」 제6조에 따라 개발된 오송생명과학단지로 이전하는 공공기관의 종사자를 위하여 충청북도 청주시 및 이에 연접한 주택건설지역에 건설하는 주택으로서 주무부장관의 요청에 따라 국토교통부장관이 확인하는 주택(2019.11.1 본목개정)
라. 외국인(「외국인투자 촉진법」 제2조제1항제1호에 따른 외국인 중 외국의 국적을 보유하고 있는 개인 또는 같은 법 제2조제2항에 따른 대한민국의 국적을 가지고 외국에 영주하고 있는 개인을 말한다)의 주거를 목적으로 조성하는 주택단지에 건설하는 주택
마. 「경제자유구역의 지정 및 운영에 관한 특별법」 제9조의3에 따라 체육시설과 연계하여 건설하는 주택으로서 산업통상자원부장관이 정하는 기준에 따라 경제자유구역의 투자유치를 위하여 입주가 필요하다고 인정되는 자에게 공급하는 단독주택
9. 법 제2조제20호에 따른 도시형 생활주택으로 건설하는 주택(「주택법 시행령」(이하 "영"이라 한다) 제10조제2항 단서에 따라 도시형 생활주택과 도시형 생활주택 외의 주택을 하나의 건축물로 함께 건축하는 경우로서 도시형 생활주택 외의 주택이 법 제15조제1항에 따른 호수 미만에 해당하는 경우에는 도시형 생활주택 외의 주택을 포함한다) : 제15조, 제16조, 제18조, 제19조제1항, 제20조부터 제22조까지 제32조제1항 및 제59조
(2018.12.11 본호개정)
③ 제1항에도 불구하고 다음 각 호의 주택을 공급하는 경우에는 이 규칙을 적용하지 아니한다. 다만, 제2호에 따른 주택을 건설하여 관사나 숙소로 사용하지 아니하는 경우에는 그러하지 아니하다.
1. 정부시책의 일환으로 국가, 지방자치단체 또는 지방공사가 건설하는 농촌주택
2. 국가기관, 지방자치단체 또는 법인이 공무원, 군인 또는 그 소속 근로자의 관사나 숙소로 사용하기 위하여 건설하는 주택[특별시·광역시 및 경기도 안의 시(市)지역에서 대지의 소유권을 확보하지 아니하고 다른 사업주체에게 위탁하여 그 사업주체의 명의로 건설하는 주택은 제외한다]
3. 사단법인 한국사랑의집짓기운동연합회가 무주택자에게 공급하기 위하여 건설하는 주택
4. 외국정부와의 협약에 따라 우리나라로 영주귀국하는 동포를 위하여 건설하는 주택
④ (2018.12.11 삭제)

제4조 【주택의 공급대상】 ① 주택의 공급대상은 다음 각 호의 기준에 따른다.
1. 국민주택과 제3조제2항제1호에 따른 주택은 입주자모집공고일 현재 해당 주택건설지역에 거주하는 성년자인 무주택세대구성원에게 1세대 1주택(공급을 신청하는 경우에는 1세대 1명을 말한다. 이하 같다)의 기준으로 공급한다.(2018.12.11 본호개정)
2. 민영주택(제3조제2항제1호에 따른 주택은 제외한다)은 입주자모집공고일 현재 해당 주택건설지역에 거주하는 성년자에게 1인 1주택의 기준으로 공급한다. 다만, 「주택법」 제2조제9호에 따른 토지임대부 분양주택(이하 "토지임대주택"이라 한다)은 1세대 1주택의 기준으로 공급한다.(2018.12.11 본문개정)
3. 제1호 및 제2호에도 불구하고 다음 각 목의 지역에서 공급하는 주택은 해당 주택건설지역에 거주하지 않는 성년자도 공급대상에 포함하며, 특별시장·광역시장·특별자치시장·시장(「제주특별자치도 설치 및 국제자유도시 조성을 위한 특별법」 제15조제2항에 따른 행정시의 시장을 포함한다. 이하 같다) 또는 군수는 행정구역의 변경으로 주택건설지역이 변경되는 경우에는 변경 전의 주택건설지역 또는 그 중 일정한 구역에 거주하는 성년자를 공급대상에 포함하게 할 수 있다.
(2018.12.11 본문개정)
가. 「신행정수도 후속대책을 위한 연기·공주지역 행정중심복합도시 건설을 위한 특별법」 제2조제2호에 따른 예정지역(같은 법 제15조제1호에 따라 지정이 해제된 지역을 포함한다. 이하 "행정중심복합도시 예정지역"이라 한다)(2021.5.28 본목개정)
나. 「도청이전을 위한 도시건설 및 지원에 관한 특별법」 제6조에 따라 지정된 도청이전신도시 개발예정지구
다. 「혁신도시 조성 및 발전에 관한 특별법」 제6조에 따라 지정된 혁신도시개발예정지구(2018.3.27 본목개정)
라. 「기업도시개발 특별법」 제5조에 따라 지정된 기업도시개발구역
마. 「주한미군기지 이전에 따른 평택시 등의 지원 등에 관한 특별법」 제2조제5호에 따른 평택시등
바. 「산업입지 및 개발에 관한 법률」 제2조제8호에 따른 산업단지
사. 법 제63조의2제1항제2호에 따라 지정된 조정대상지역(이하 "위축지역"이라 한다)(2017.11.24 본목신설)
② 국민주택 또는 제3조제2항제1호에 따른 주택의 공급대상은 다음 각 호의 어느 하나에 해당하는 날부터 입주할 때까지 무주택세대구성원이어야 한다. 다만, 입주자로 선정되거나 사업계획상의 입주대상자로 확정된 후 결혼 또는 상속으로 무주택세대구성원의 자격을 상실하게 되는 자와 공급계약 후 입주할 수 있는 지위를 양수한 자는 그러하지 아니하다.(2016.8.12 본문개정)
1. 제27조에 따라 일반공급하는 주택은 입주자모집공고일
2. 제3조제2항제1호에 따라 고용자인 사업주체가 그 소속 근로자에게 공급하는 주택은 해당 주택의 사업계획 승인일(사업계획 승인일까지 입주대상자가 결정되지 아니한 경우에는 제52조제5항에 따라 사업주체가 입주대상자 명단을 확정하여 시·도지사에게 통보한 날)
③ 다음 각 호에 해당하는 지역에 거주하는 성년자가 해당 지역 안에 있는 다른 주택건설지역의 주택을 공급받으려는 경우에는 공급대상으로 본다.(2018.12.11 본문개정)
1. 서울특별시, 인천광역시 및 경기도지역(이하 "수도권"이라 한다)
2. 대전광역시, 세종특별자치시 및 충청남도
3. 충청북도
4. 광주광역시 및 전라남도
5. 전라북도
6. 대구광역시 및 경상북도
7. 부산광역시, 울산광역시 및 경상남도
8. 강원도
④ 10년 이상 장기복무 중인 군인은 해당 주택건설지역에 거주하지 아니하여도 제1항제1호 및 제2호를 적용할 때에 해당 주택건설지역에 거주하는 것으로 본다. 다만, 수도권에서 건설되는 주택을 공급받으려는 경우에는 해당 주택건설지역이 아닌 수도권 거주자로 본다.(2017.11.24 본항개정)
⑤ 특별시장·광역시장·특별자치시장·시장 또는 군수는 투기를 방지하기 위해 필요한 경우에는 입주자모집공고일 현재 해당 주택건설지역에서 거주기간이 일정 기간 이상인 자에게 주택을 우선공급하게 할 수 있다. 이 경우 해당 주택건설지역이 수도권의 투기과열지구인 경우에는 2년 이상의 거주기간을 정해 같은 순위에서는 그 거주기간 이상 거주하고 있는 사람에게 우선공급하게 해야 한다.(2021.5.28 본항개정)
⑥ 특별시장·광역시장·특별자치시장·시장 또는 군수는 사전청약 신청자에게 제5항에 따라 주택을 우선공급하게 하는 경우 사전청약 신청자가 해당 주택건설지역에서 거주한 기간은 입주자모집공고일을 기준으로 산정한다. 다만, 사전청약 신청자는 사전당첨자모집공고일 현재 해당 주택건설지역에 거주하고 있어야 한다.(2021.11.16 본항신설)
⑦ 제5항 및 제6항에 따른 거주기간은 입주자모집공고일을 기준으로 역산했을 때 계속하여 국내에 거주하고 있는 기간을 말하며, 다음 각 호의 어느 하나에 해당하는 기간은 국내에 거주하지 않은 것으로 본다. 이 경우 다음 각 호에 따른 기간을 산정할 때 입국일부터 7일 이내에 같은 국가로 출국한 경우에는 국외에 계속 거주하는 것으로 본다.(2021.11.16 전단개정)
1. 국외에 계속하여 90일을 초과하여 거주한 기간
2. 국외에 거주한 전체기간이 연간 183일을 초과하는 기간
(2020.4.17 본호개정)
(2019.11.1 본항신설)
⑧ 제7항에도 불구하고 세대원 중 주택공급신청자만 생업에 직접 종사하기 위하여 국외에 체류하고 있는 경우에는 국내에 거주하고 있는 것으로 본다.(2021.11.16 본항개정)
⑨ 제5항부터 제8항까지의 규정에도 불구하고 25년 이상 장기복무 중인 군인으로서 국방부장관이 정하는 요건에 해당하여 국방부장관이 추천하는 군인은 수도권(투기과열지구는 제외한다)에서 건설되는 주택을 공급받으려는 경우 해당 주택건설지역에 거주하지 않아도 해당 주택건설지역의 우선공급 대상자로 본다.(2021.11.16 본항개정)
⑩ 제24조의2에 따라 사전당첨자를 모집하는 경우 다음 각 호의 사항은 사전당첨자모집공고일부터 입주자모집공고일까지 계속하여 유지되어야 한다.
1. 제4조제1항제1호, 제28조제8항, 제35조부터 제46조까지 및 별표1 제1호가목1)에 따른 무주택세대구성원 요건
2. 제28조에 따라 주택을 소유하지 사전당첨자로 선정된 경우에는 사전당첨자모집공고일 당시 소유하고 있는 주택 수
(2021.11.16 본항신설)

제2장 입주자저축

제1절 입주자저축의 가입 및 사용

제5조 【입주자저축취급기관】 ① 법 제56조제3항에 따른 입주자저축취급기관(이하 "입주자저축취급기관"이라 한다)으로 지정을 받으려는 「은행법」에 따른 은행(이하 "은행"이라 한다)은 별지 제1호서식의 신청서를 국토교통부장관에게 제출해야 한다. 이 경우 국토교통부장관은 「전자정부법」 제36조제1항에 따른 행정정보의 공동이용을 통하여 사업자등록증을 확인해야 하며, 신청인이 확인에 동의하지 않는 경우에는 사업자등록증 사본을 첨부하도록 해야 한다.(2021.2.2 본항개정)
② 국토교통부장관은 입주자저축취급기관을 지정하는 때에는 별지 제2호서식의 지정서를 발급하여야 한다.

제6조 【입주자저축 가입】 ① 법 제56조제2항에 따른 입주자저축(이하 "입주자저축"이라 한다)에 가입하려는 사람은 별지 제3호서식의 신청서를 입주자저축취급기관에 제출해야 한다.
② 입주자저축취급기관은 입주자저축 가입신청을 받으면 법 제56조의2에 따라 지정·고시된 주택청약업무수행기관(이하 "주택청약업무수행기관"이라 한다)에 의뢰하여 신청인이 다른 입주자저축에 가입되어 있는지를 확인해야 한다.
(2021.2.2 본조개정)

제7조 【입주자저축의 통장 사용】 입주자저축에 가입한 사람은 해당 입주자저축의 통장을 사용하여 분양주택 또는 분양전환공공임대주택의 입주자(사전당첨자를 포함한다)로 선정된 경우(제58조제1항 및 제58조의2제1항에 따라 당첨이 취소된 경우는 제외한다)에는 동일한 통장으로 다른 주택의 공급을 신청할 수 없다.(2021.11.16 본조개정)

제7조의2 【주택청약업무수행기관의 업무】 ① 법 제56조의2에서 "국토교통부령으로 정하는 업무"란 다음 각 호의 업무를 말한다.
1. 제6조제3항에 따른 입주자저축 가입 여부 확인
2. 입주자저축 현황·실적 관리
3. 주택청약종합저축 가입(순위)증명서 발행
4. 제19조제5항에 따른 입주자모집 및 선정 대행
4의2. 사전당첨자 모집 및 선정 대행(2021.11.16 본호신설)
5. 제24조제2항에 따른 청약접수 정보의 보관
5의2. 제24조의6제2항에 따른 사전청약접수 정보의 보관
(2021.11.16 본호신설)
6. 제50조제1항에 따른 청약접수, 입주자 선정 및 동·호수 배정 업무의 대행
7. 제52조(제52조의3에서 준용하는 경우를 포함한다)에 따른 입주대상자 자격 확인(2021.11.16 본호개정)
8. 제52조의2(제52조의3에서 준용하는 경우를 포함한다)에 따른 입주자자격 및 공급 순위 등 정보의 사전제공
(2021.11.16 본호개정)
9. 제56조제3항에 따른 입주자자격 제한자 명단의 관리
10. 제57조 및 제57조의2에 따른 당첨자 및 사전당첨자 명단의 관리(2021.11.16 본호개정)
11. 제58조 및 제58조의2에 따른 부적격 당첨자 및 사전당첨자 명단의 관리(2021.11.16 본호개정)

12. 그 밖에 청약업무 수행을 위하여 국토교통부장관이 필요하다고 인정하여 고시하는 업무

② 국토교통부장관은 필요하다고 인정할 때에는 주택청약업무수행기관의 장에게 제1항 각 호의 사항을 보고하게 하거나 소속 공무원으로 하여금 그 사무소에 출입하여 필요한 검사를 하게 할 수 있다.
(2021.2.2 본조신설)

제8조【입주자저축실적 등의 보고】 주택청약업무수행기관은 매월 말일 현재의 특별시·광역시·특별자치시·도 또는 특별자치도(이하 "시·도"라 한다)별 다음 각 호의 사항에 대한 입주자저축취급기관의 자료를 취합하여 다음달 15일까지 국토교통부장관에게 보고해야 한다.
(2021.2.2 본문개정)
1. 입주자저축 가입현황과 저축실적
2. 그 밖에 국토교통부장관이 요구하는 사항

제2절 주택청약종합저축

제9조【가입 및 납입조건】 ① 주택청약종합저축은 누구든지 가입할 수 있다.

② 주택청약종합저축의 납입기간은 가입한 날부터 주택(분양전환되지 아니하는 공공임대주택은 제외한다)의 입주자로 선정된 날까지로 한다.

③ 주택청약종합저축의 가입자는 매월 약정된 날에 약정된 금액(이하 "월납입금"이라 한다)을 납입하되, 월납입금은 2만원 이상 50만원 이하로 한다.(2017.11.24 본항개정)

제10조【월납입금을 선납 또는 연체한 경우 등의 처리】 ① 주택청약종합저축의 가입자는 제9조제3항에도 불구하고 저축 총액이 별표2에 따른 민영주택 청약 예치기준금액의 최고한도를 초과하지 아니하는 범위에서 월납입금을 초과하는 금액을 선납할 수 있다.

② 제1항에 따라 선납한 금액은 월납입금을 선납한 것으로 보되, 그 금액이 24회의 월납입금 합계를 초과하는 경우 초과하는 금액은 월납입금을 선납한 것으로 인정하지 아니한다.

③ 주택청약종합저축 가입자가 월납입금을 연체하여 납입한 경우 그 연체하여 납입한 월납입금은 다음 산식에 따라 산정된 날(1일 미만은 산입하지 아니한다)에 납입된 것으로 본다.

$$\text{회차별 납입인정일} = \text{약정 납입일} + \frac{\text{연체총일수} - \text{선납총일수}}{\text{납입횟수}}$$

④ 다음 각 호의 어느 하나에 해당하는 경우 제27조에 따른 월납입금의 납입횟수는 각 호에서 정한 기준에 따라 산정한다.
1. 납입횟수(제2항에 따라 선납한 것으로 인정되는 납입횟수를 포함한다)가 순차납입횟수(가입한 날부터 가입자가 공급신청하는 주택의 입주자모집공고일까지 월납입금을 납입하여야 하는 횟수를 말한다)를 초과하는 경우 : 순차납입횟수만 인정한다.
2. 미성년자(성년자가 아닌 경우만 해당한다. 이하 같다)로서 2023년 12월 31일 이전에 납입한 횟수(납입한 횟수가 24회를 초과하는 경우에는 24회를 말한다)와 2024년 1월 1일 이후 납입한 횟수의 합이 60회를 초과하는 경우 : 60회의 납입횟수만 인정한다.(2023.12.20 본호개정)

⑤ 다음 각 호의 어느 하나에 해당하는 경우 제27조에 따른 저축총액은 각 호에서 정한 기준에 따라 산정한다.
1. 월납입금이 10만원을 초과한 경우 : 해당 월납입금을 10만원으로 산정한다.
2. 미성년자로서 2023년 12월 31일 이전에 납입한 저축총액(납입한 저축총액이 24회의 월납입금 합계를 초과하는 경우에는 24회의 월납입금 합계를 말한다)과 2024년 1월 1일 이후 납입한 저축총액의 합이 60회의 월납입금 합계를 초과하는 경우 : 60회의 월납입금 합계만 인정한다.(2023.12.20 본호개정)

⑥ 제28조제2항 및 같은 조 제4항 단서에 따라 가점제를 적용하여 입주자를 선정하는 경우로서 별표1 제2호나목의 주택청약종합저축을 산정할 때 미성년자로서 가입한 2023년 12월 31일 이전의 기간(해당 기간이 2년을 초과하는 경우에는 2년으로 한다)과 2024년 1월 1일 이후의 기간의 합이 5년을 초과하는 경우에는 5년만 인정한다.
(2023.12.20 본항개정)

제11조【주택청약종합저축 가입의무】 국민주택 또는 민영주택에 청약하려는 자는 입주자모집공고일 현재 주택청약종합저축에 가입되어 있어야 한다. 다만, 제31조, 제32조, 제35조부터 제39조까지, 제42조 및 제44조에 따라 우선공급 또는 특별공급되는 주택에 청약하려는 경우로서 이 규칙에 따라 주택청약종합저축 가입여부에 대하여 따로 정한 경우에는 그러하지 아니한다.(2017.11.24 본조개정)

제12조【주택청약종합저축의 가입자 명의변경 등】 ① 주택청약종합저축의 가입자명의는 가입자가 사망하여 그 상속인 명의로 변경하는 경우를 제외하고는 변경할 수 없다.

② (2016.12.30 삭제)

③ 제1항에 따라 주택청약종합저축의 가입자명의를 변경하려는 자는 증명서류를 첨부하여 입주자저축취급기관에 신청하여야 한다.(2017.11.24 본항개정)

④ (2016.12.30 삭제)

제13조【주택청약종합저축의 해지에 따른 처리】 주택청약종합저축을 해지하는 경우에는 다음 각 호에 따라 원금 및 이자를 지급한다.
1. 원금 및 이자는 주택청약종합저축을 해지할 때에 한꺼번에 지급 한다.
2. 이자는 한국은행이 발표하는 예금은행 정기예금 가중평균 수신금리 등을 고려하여 주택청약종합저축의 가입일부터 해지일까지의 기간에 따라 국토교통부장관이 정하여 고시하는 이자율을 적용하여 산정한다.
3. 주택청약종합저축 가입일부터 1개월 이내에 해지하는 경우에는 이자를 지급하지 아니한다.

제14조【해지된 주택청약종합저축에 관한 특례】 주택청약종합저축을 해지한 자가 다음 각 호의 구분에 따라 주택청약종합저축 납입금을 다시 납입하는 경우에는 종전의 주택청약종합저축은 해지되지 아니한 것으로 본다.
1. 제57조제4항제4호에 해당하는 사람이나 제58조의3제1항에 따라 사전당첨자 선정이 취소된 사람이 그 사실을 통보받은 날부터 1년 이내에 주택청약종합저축 납입금을 다시 납입하는 경우(2021.11.16 본호개정)
2. 제58조 또는 제58조의2에 따라 당첨이 취소된 사람이 당첨이 취소된 날부터 1년 이내에 주택청약종합저축 납입금을 다시 납입하는 경우(2023.7.31 본호개정)
3. 분양전환되지 아니하는 공공임대주택의 입주자로 선정된 사람이 주택청약종합저축을 해지한 날부터 1년 이내에 주택청약종합저축 납입금을 다시 납입하는 경우
4. 사전당첨자 지위를 포기한 사람이 그 명단을 사업주체가 주택청약업무수행기관에 통보한 날부터 1년 이내에 주택청약종합저축 납입금을 다시 납입하는 경우
(2021.11.16 본호신설)

제3장 입주자모집 및 주택공급 신청

제1절 입주자모집 시기 및 조건

제15조【입주자모집 시기】 ① 사업주체(영 제16조에 따라 토지소유자 및 등록사업자가 공동사업주체인 경우에는 등록사업자를 말한다. 이하 이 조에서 같다)는 다음 각 호의 요건을 모두 갖춘 경우에는 착공과 동시에 입주자를 모집할 수 있다.(2016.8.12 본문개정)
1. 주택이 건설되는 대지(법 제15조제3항에 따라 입주자를 공구별로 분할하여 모집한 주택 또는 이 규칙 제28조제10항제2호에 따라 입주자를 분할하여 모집한 주택에 입주자가 있는 경우에는 그 입주자가 소유한 토지를 제외한다. 이하 이 조에서 같다)의 소유권을 확보할 것(법 제61조제6항에 따라 주택이 건설되는 대지를 신탁한 경우를 포함한다. 이하 이 조에서 같다). 다만, 법 제22조 및 제23조에 따른 매도청구소송(이하 이 호에서 "매도청구소송"이라 한다) 대상 대지로서 다음 각 목의 어느 하나에 해당하는 경우에는 법 제49조에 따른 사용검사 전까지 해당 주택건설 대지의 소유권을 확보하여야 한다.
(2018.12.11 본문개정)
   가. 매도청구소송을 제기하여 법원의 승소 판결(판결이 확정될 것을 요구하지 아니한다)을 받은 경우
   나. 소유자 확인이 곤란한 대지에 대하여 매도청구소송을 제기하고 법 제23조제2항 및 제3항에 따른 감정평가액을 공탁한 경우(2016.8.12 본목개정)
   다. 사업주체가 소유권을 확보하지 못한 대지로서 법 제15조에 따라 최초로 사업계획승인을 받은 날 이후 소유권이 제3자에게 이전된 대지에 대하여 매도청구소송을 제기하고 법 제23조제2항 및 제3항에 따른 감정평가액을 공탁한 경우(2016.8.12 본목개정)
2. 다음 각 목의 어느 하나에 해당하는 기관으로부터 「주택도시기금법 시행령」 제21조제1항제1호에 따른 분양보증(이하 "분양보증"이라 한다)을 받을 것
   가. 「주택도시기금법」 제16조에 따른 주택도시보증공사
   나. 「보험업법」 제2조제5호에 따른 보험회사(같은 법 제4조제1항제2호라목의 보증보험을 영위하는 보험회사만 해당한다) 중 국토교통부장관이 지정하는 보험회사

② 사업주체는 제1항제1호의 요건은 갖추었으나 같은 항 제2호의 요건을 갖추지 못한 경우에는 해당 주택의 사용검사에 대하여 제1호 각 목의 요건을 모두 갖춘 등록사업자(「건설산업기본법」 제9조에 따라 일반건설업 등록을 한 등록사업자 또는 영 제17조제1항에 적합한 등록사업자를 말한다) 2 이상의 연대보증을 받아 이를 공증을 받으면 제2호 각 목의 구분에 따른 건축공정에 달한 후에 입주자를 모집할 수 있다.(2016.8.12 본문개정)
1. 등록사업자의 요건
   가. 시공권이 있는 등록사업자로서 전년도 또는 해당 연도의 주택건설실적이 100호 또는 100세대 이상인 자일 것
   나. 전년도 또는 해당 연도의 주택건설실적이 100호 또는 100세대 이상인 자 중에서 자본금 및 주택건설실적 등을 고려하여 특별자치시장·특별자치도지사·시장·군수·구청장(이하 "시장·군수·구청장"이라 한다)이 인정하는 자일 것
   다. 「독점규제 및 공정거래에 관한 법률」 제2조에 따른 사업주체의 계열회사가 아닐 것
2. 건축공정의 기준
   가. 아파트의 경우 : 전체 동의 골조공사가 완료된 때 (2019.12.6 본목개정)
   나. 연립주택, 다세대주택 및 단독주택의 경우
      1) 분양주택 : 조적공사가 완성된 때
      2) 공공임대주택 : 미장공사가 완성된 때

③ 제1항 및 제2항에도 불구하고 법 제54조제1항제2호가목에 따라 사업주체 또는 시공자가 영 별표1 또는 「건설산업기본법 시행령」 별표6에 따른 영업정지처분을 받았거나 「건설기술 진흥법 시행령」 별표8에 따른 벌점을 받은 경우에는 별표4에서 정한 기준에 따른 건축공정에 달한 후에 입주자를 모집할 수 있다. 다만, 제2항에 따른 입주자모집 시기가 별표4에서 정한 기준에 따른 입주자모집 시기보다 더 늦은 경우에는 제2항에 따른다.
(2018.9.18 본항개정)

④ (2021.11.16 삭제)

제16조【입주자모집 조건】 ① 사업주체는 주택이 건설되는 대지의 소유권을 확보하고 있으나 그 대지에 저당권·가등기담보권·가압류·전세권·지상권 및 등기되는 부동산임차권 등(이하 "저당권등"이라 한다)이 설정되어 있는 경우에는 그 저당권등을 말소해야 입주자를 모집할 수 있다. 다만, 다음 각 호의 어느 하나에 해당하는 경우는 그렇지 않다.(2019.11.1 본문개정)
1. 사업주체가 영 제71조제1호 또는 제2호에 따른 융자를 받기 위하여 해당 금융기관에 대하여 저당권등을 설정한 경우(2016.8.12 본호개정)
2. 저당권등의 말소소송을 제기하여 법원의 승소 판결(판결이 확정될 것을 요구하지 아니한다)을 받은 경우. 이 경우 사업시행자는 법 제49조에 따른 사용검사 전까지 해당 주택건설 대지의 저당권등을 말소하여야 한다.
(2016.8.12 후단개정)
3. 다음 각 목의 어느 하나에 해당하는 구분지상권이 설정된 경우로서 구분지상권자의 동의를 받은 경우
   가. 「도로법」 제28조에 따른 구분지상권
   나. 「도시철도법」 제12조에 따른 구분지상권
   다. 「철도의 건설 및 철도시설 유지관리에 관한 법률」 제12조의3에 따른 구분지상권
(2019.11.1 본호신설)

② 사업주체는 대지의 사용승낙을 받아 주택을 건설하는 경우에는 입주자를 모집하기 전에 해당 대지의 소유권을 확보하여야 한다. 다만, 다음 각 호의 어느 하나에 해당하는 경우에는 그러하지 아니하다.
1. 대지의 소유자가 국가 또는 지방자치단체인 경우
2. 사업주체가 공공사업의 시행자와 택지분양계약을 체결하여 해당 공공사업으로 조성된 택지를 사용할 수 있는 권원을 확보한 경우

③ 사업주체는 입주자를 모집하려는 때에는 시장·군수·구청장으로부터 제15조에 따른 착공확인 또는 공정확인을 받아야 한다.

제17조【건축공정확인서의 발급】 영 제47조제1항에 따른 감리자(이하 "감리자"라 한다)는 제16조제3항 및 제60조제6항에 따른 건축공정확인서를 사업주체로부터 해당 공정의 이행을 완료한 사실을 통보받은 날부터 3일 이내에 발급하여야 한다.(2016.8.12 본조개정)

제18조【입주자모집 요건의 특례】 다음 각 호의 어느 하나에 해당하는 사업주체는 제15조 및 제16조에도 불구하고 입주자를 모집할 수 있다.
1. 국가, 지방자치단체, 한국토지주택공사, 지방공사 또는 「공공주택 특별법 시행령」 제6조제1항에 따른 공공주택사업자(2019.11.1 본호개정)
2. 제1호에 해당하는 자가 단독 또는 공동으로 총지분의 50퍼센트를 초과하여 출자한 부동산투자회사

제2절 입주자모집 절차

제19조【입주자모집 방법】 ① 사업주체는 공개모집의 방법으로 입주자를 모집하여야 한다.

② 사업주체(입주자저축취급기관이 제50조제1항에 따라 청약업무를 대행하는 경우에는 입주자저축취급기관을 포함한다)는 인터넷접수의 방법으로 입주자를 모집하되, 정보취약계층 등 인터넷접수의 방법으로 청약신청을 할 수 없는 사람의 경우에는 방문접수의 방법으로 청약신청을 할 수 있도록 조치하여야 한다.(2018.5.4 본항개정)

③ 제2항에도 불구하고 다음 각 호의 요건을 모두 충족하는 경우에는 방문접수의 방법으로 입주자를 모집할 수 있다.
1. 제4항 각 호의 어느 하나에 해당하는 지역에서 공급하는 주택이 아닐 것
2. 제20조제1항에 따른 입주자모집승인권자(이하 "입주자모집승인권자"라 한다)가 인터넷접수의 방법으로 입주자를 모집하는 것이 곤란하다고 인정할 것
3. 제31조부터 제33조까지의 규정 또는 제35조부터 제46조까지의 규정에 따라 입주자를 모집하는 경우일 것
(2018.5.4 본항신설)

④ 다음 각 호의 어느 하나에 해당하는 지역에서 공급되는 주택의 입주자를 모집하는 경우(제34조에 따라 입주자를 모집하는 경우는 제외한다)로서 제27조제1항제1호 또는 제28조제1항제1호에 따른 제1순위 청약 신청을 접수하는 경우에는 해당 주택건설지역에 거주하는 자와 그 밖의 지역에 거주하는 자의 청약 신청 접수일을 각각 다른 날로

정하되, 해당 주택건설지역에 거주하는 자의 청약 신청 접수일이 그 밖의 지역에 거주하는 자의 청약 신청 접수일보다 우선하도록 해야 한다.(2021.5.28 본문개정)
1. 투기과열지구(2017.11.24 본호신설)
2. 청약과열지역(2021.5.28 본호개정)
⑤ 사업주체는 다음 각 호의 어느 하나에 해당하는 경우 주택청약업무수행기관에 의뢰하여 국내에 거주하는 성년자(공공주택의 경우에는 무주택세대구성원인 성년자를 말한다)를 대상으로 인터넷 접수의 방법으로 입주자를 모집해야 한다. 이 경우 추첨의 방법으로 입주자를 선정해야 한다.(2023.2.28 전단개정)
1. 제26조제5항 단서 또는 제28조제10항제1호에도 불구하고 제59조제2항 본문에 따른 공급계약 체결일 이전에 공급신청을 받고 입주자를 선정하려는 경우
2. 제26조제5항 단서에도 불구하고 투기과열지구 및 청약과열지역에서 입주자를 선정하려는 경우(2021.5.28 본호개정)
(2018.12.11 본항신설)

제20조【입주자모집 승인 및 통보】 ① 사업주체(제18조 각 호의 사업주체는 제외한다)는 입주자를 모집하려면 다음 각 호의 서류를 갖추어 시장·군수·구청장의 승인을 받아야 한다. 이 경우 시장·군수·구청장은 「전자정부법」 제36조제1항에 따른 행정정보의 공동이용을 통하여 토지 등기사항증명서를 확인해야 한다.(2019.11.1 후단개정)
1. 입주자모집공고안
2. 제15조 및 제17조에 따른 보증서·공증서·건축공정 확인서 및 대지사용승낙서(해당하는 자만 제출한다)
3. 제50조의2제1항에 따른 교육의 수료를 증명하는 서류(법 제54조의2제2항에 따른 분양대행자에게 제50조의2 제1항에 따른 업무를 대행하게 하는 경우만 해당한다)(2019.11.1 본호신설)
② 제18조 각 호의 사업주체는 입주자를 모집하려면 입주자모집내용을 국토교통부장관 및 주택청약업무수행기관에 통보하여야 한다.(2021.2.2 본항개정)
③ 제1항에 따른 신청을 받은 시장·군수·구청장은 다음 각 호의 사항을 확인해야 한다.
1. 사업주체나 시공자가 제15조제3항에 해당하는지 여부. 이 경우 법 제85조에 따른 협회 또는 「건설산업기본법 시행령」 제10조에 따른 건설산업종합정보망을 통하여 확인하여야 한다.
2. 제16조제1항제3호 각 목에 따른 구분지상권자의 동의 여부(제1항 각 호 외의 부분 후단에 따라 확인한 토지 등기사항증명서에 제16조제1항제3호 각 목에 따른 구분지상권이 설정되어 있는 경우만 해당한다)
(2019.11.1 본항개정)
④ 제1항 및 제2항에 따른 승인이나 통보는 국토교통부장관이 지정하는 전자정보처리시스템을 통하여 할 수 있다.
⑤ 시장·군수·구청장은 제1항에 따른 신청을 받으면 신청일부터 5일 이내에 승인 여부를 결정하여야 한다. 다만, 법 제57조에 따른 분양가상한제 적용주택의 경우에는 10일 이내에 결정하여야 하며, 부득이한 사유가 있으면 5일의 범위에서 연장할 수 있다.(2016.8.12 단서개정)
⑥ 시장·군수·구청장은 제5항에 따라 입주자모집공고안을 승인했으면 그 승인내용을 다음 각 호의 자에게 각각 통보해야 한다.(2021.2.2 본문개정)
1. 국토교통부장관
2. 주택청약업무수행기관(2021.2.2 본호개정)
3. 주택도시기금수탁자(「주택도시기금법」 제10조제2항 및 제3항에 따라 주택도시기금의 운용·관리에 관한 사무를 위탁 또는 재위탁받은 자를 말한다)
4. 분양보증기관(제15조제1항제2호 각 목의 기관을 말한다. 이하 같다)
5. 법 제85조제1항에 따라 설립된 협회(2016.8.12 본호개정)
⑦ 사업주체는 제5항에 따라 승인받은 입주자모집공고안의 내용 중 제21조제3항 단서에 따른 중요 사항이 변경되는 경우에는 제1항에 따라 시장·군수·구청장의 승인을 다시 받아야 한다.(2021.2.2 본항신설)

제21조【입주자모집 공고】 ① 사업주체는 입주자를 모집하고자 할 때에는 입주자모집공고를 해당 주택건설지역 주민이 널리 볼 수 있는 일간신문, 관할 시·군·자치구의 인터넷 홈페이지 또는 해당 주택건설지역 거주자가 쉽게 접할 수 있는 일정한 장소에 게시하여 공고하여야 한다. 다만, 수도권 및 광역시에서 100호 또는 100세대(사전청약의 방식으로 공급하는 주택의 호수 또는 세대수를 포함한다) 이상의 주택을 공급하거나 시장·군수·구청장이 투기 및 과열경쟁의 우려가 있다고 인정하는 경우에는 일간신문에 공고하여야 하며, 시장·군수·구청장은 인터넷에도 게시하게 할 수 있다.(2021.11.16 단서개정)
② 입주자모집공고는 최초 청약 신청 접수일 10일 전에 해야 한다. 다만, 시장·군수·구청장은 제35조 및 제36조에 따른 특별공급의 경우로서 공급물량이 적거나 청약 관심도가 낮다고 판단되는 등의 경우에는 5일 전으로 단축할 수 있다.(2019.11.1 본항개정)
③ 입주자모집공고에는 다음 각 호의 사항이 포함돼야 한다. 다만, 일간신문에 공고하는 경우에는 제1호부터 제9호까지, 제11호, 제22호, 제25호 및 제26호에 해당하는 사항 중 중요 사항만 포함할 수 있되, 글자 크기는 9호 이상으로 해야 한다.(2021.5.28 본문개정)
1. 사업주체명, 시공업체명, 연대보증인 및 사업주체의 등록번호 또는 지정번호
2. 감리회사명 및 감리금액
3. 주택의 건설위치 및 공급세대수(특별공급 및 단체공급이 있는 경우에는 공급방법별로 세대수를 구분하여야 한다)
4. 입주자를 분할하여 모집하는 경우에는 분할 모집시기 및 분할모집시기 별 주택공급에 관한 정보
5. 제32조제1항에 따라 주택을 우선 공급하는 경우에는 그 대상 주택에 관한 정보
6. 「도시 및 주거환경정비법」 제79조제2항, 제3항, 제5항 및 제6항 또는 「빈집 및 소규모주택 정비에 관한 특례법」 제34조제2항, 제3항, 제5항 및 제6항의 공급대상자에 대한 주택의 공급이 있는 경우 해당 세대수 및 공급면적(2018.2.9 본호개정)
7. 법 제15조제3항에 따라 공구별로 입주자를 모집하는 경우에는 다른 공구의 주택건설 세대수, 세대당 주택공급면적, 입주자 모집시기, 공사 착공 예정일, 입주예정일 등에 관한 정보(2016.8.12 본호개정)
8. 호당 또는 세대당 주택공급면적 및 대지면적
9. 주택의 공급신청자격, 신청시의 구비서류, 신청일시 및 장소
10. 주택의 공급신청 방법(2018.5.4 본호개정)
11. 분양가격 및 임대보증금, 임대료와 청약금·계약금·중도금·잔금(법 제49조제1항 단서에 따른 동별 사용검사 또는 같은 조 제4항 단서에 따른 임시 사용승인을 받는 경우의 잔금을 포함한다) 등의 납부시기 및 납부방법(2016.8.12 본호개정)
12. 「공동주택 분양가격의 산정 등에 관한 규칙」 제3조제3항제1호에 따른 기본선택품목의 종류
13. 「공동주택 분양가격의 산정 등에 관한 규칙」 제3조제3항제1호에 따른 기본선택품목을 제외한 부분의 분양가격
14. 「공동주택 분양가격의 산정 등에 관한 규칙」 제4조제1항 각 호의 추가선택품목 비용. 이 경우 추가선택품목별로 구분해 비용을 표시해야 하며, 둘 이상의 추가선택품목을 한꺼번에 선택하도록 해서는 안 된다.(2021.5.28 후단신설)
15. 「공동주택 분양가격의 산정 등에 관한 규칙」 제11조제5항에 따른 감정평가기관이 평가한 택지에 대한 감정평가액과 해당 감정평가기관(2019.11.1 본호개정)
16. 「공동주택 분양가격의 산정 등에 관한 규칙」 별표1의3 제3호에 따라 건축비 가산비용을 인정받은 공동주택성능에 대한 등급
17. 분양보증기관의 분양보증 또는 임대보증금에 대한 보증을 받은 경우에는 그 내용
18. 입주자에 대한 융자지원내용
19. 분양전환공공임대주택인 경우에는 그 분양전환시기와 분양예정가격의 산출기준 등 분양전환조건에 관한 사항
20. 부대시설 및 복리시설의 내용(주민운동시설의 경우에는 시설의 종류와 수)
21. 「주택건설 기준 등에 관한 규정」 제64조에 따른 친환경주택의 성능 수준
22. 입주자 또는 예비입주자 선정 일시 및 방법
23. 당첨자 발표의 일시·장소 및 방법
24. 이중당첨자 및 부적격당첨자의 처리 및 계약취소에 관한 사항
25. 입주자의 계약일·계약장소 등의 계약사항
26. 입주예정일
27. 도장공사, 도배공사, 가구공사, 타일공사, 주방용구공사 및 위생기구공사의 상태를 확인하기 위한 입주자의 사전방문에 관한 사항
28. 법 제22조 및 제23조에 따른 매도청구 진행상황(2016.8.12 본호개정)
28의2. 제16조제1항제3호에 따른 구분지상권에 관한 사항(2019.11.1 본호신설)
29. 법 제39조에 따라 발급받은 공동주택성능에 대한 등급(2016.8.12 본호개정)
29의2. 「주택건설기준 등에 관한 규칙」 제6조의2에 따른 주차장 차로 및 출입구의 높이(2018.12.11 본호개정)
30. 그밖에 시장·군수·구청장이 필요하다고 인정하는 사항
④ 시장·군수·구청장은 사업주체로 하여금 제3항 각 호의 사항 외에 주택공급신청자가 주택공급계약체결시 알아야 할 사항 그 밖의 필요한 사항을 접수 장소에 따로 게시공고한 후 별도의 안내서를 작성하여 주택공급신청자에게 교부하게 할 수 있으며, 제3항제10호에 따라 인터넷을 활용하여 공급신청을 받는 경우에는 공급신청을 받는 인터넷 홈페이지에도 게시하게 할 수 있다.
⑤ 제3항제8호에 따라 공동주택의 공급면적을 세대별로 표시하는 경우에는 주거의 용도로만 쓰이는 면적(이하 "주거전용면적"이라 한다)으로 표시하여야 한다. 다만, 주거전용면적 외에 다음 각 호의 공용면적을 별도로 표시할 수 있다.
1. 주거공용면적 : 계단, 복도, 현관 등 공동주택의 지상층에 있는 공용면적
2. 그 밖의 공용면적 : 주거공용면적을 제외한 지하층, 관리사무소, 노인정 등 공용면적
⑥ 사업주체는 국민주택 중 주택도시기금의 지원을 받는 주택을 공급하는 경우에는 입주자모집공고에 해당 주택이 정부가 무주택국민을 위하여 저금리의 자금을 지원한 주택임을 분명하게 밝혀야 한다.(2021.2.2 본항개정)
⑦ 사업주체는 토지임대주택을 공급하는 경우에는 입주자 모집공고에 토지임대주택임을 명시하여야 한다.

제22조【견본주택 건축기준 등】 ① 법 제60조제2항에 따라 마감자재의 공급가격을 표시하는 경우에는 해당 자재 등에 공급가격 및 가격표시 사유를 기재한 가로 25센티미터 세로 15센티미터 이상의 표지를 설치하여야 한다.(2016.8.12 본항개정)
② 가설건축물인 견본주택은 인접 대지의 경계선으로부터 3미터 이상 떨어진 곳에 건축하여야 한다. 다만, 다음 각 호의 어느 하나에 해당하는 경우에는 1.5미터 이상 떨어진 곳에 건축할 수 있다.
1. 견본주택의 외벽(外壁)과 처마가 내화구조 및 불연재료로 설치되는 경우
2. 인접 대지가 도로, 공원, 광장 그 밖에 건축이 허용되지 아니하는 공지인 경우
③ 견본주택의 각 세대에 설치하는 발코니를 거실 등으로 확장하여 설치하는 경우에는 일반인이 알 수 있도록 발코니 부분을 표시하여야 한다.
④ 가설건축물인 견본주택은 다음 각 호의 요건을 모두 충족하여야 한다.
1. 각 세대에서 외부로 직접 대피할 수 있는 출구를 한 군데 이상 설치하고 직접 지상으로 통하는 직통계단을 설치할 것
2. 각 세대 안에는 「소방시설설치유지 및 안전관리에 관한 법률」 제9조제1항에 따라 고시된 화재안전기준에 적합한 능력단위 1 이상의 소화기 두 개 이상을 배치할 것
⑤ 국토교통부장관은 필요하다고 인정되면 사업주체에게 국토교통부장관이 정하여 고시하는 기준에 따른 사이버견본주택(인터넷을 활용하여 운영하는 견본주택을 말한다. 이하 같다)을 전시하게 할 수 있다.
⑥ (2016.12.30 삭제)

제3절 주택공급 신청방법

제23조【주택공급신청서 교부 및 신청서류】 ① 사업주체(제50조제1항에 따라 청약접수업무를 입주자저축취급기관에서 대행하는 경우에는 입주자저축취급기관을 말한다. 이하 이 조에서 같다)는 별지 제4호서식의 국민주택 공급신청서 또는 별지 제5호서식의 민영주택 공급신청서를 비치하고 공급신청자에게 교부하여야 한다.(2016.8.12 본항개정)
② 주택의 공급신청을 하려는 자는 다음 각 호의 서류를 사업주체에게 제출해야 한다. 다만, 제2호, 제3호, 제5호 및 제7호부터 제9호까지의 규정에 따른 서류는 주택의 공급신청 시에 제출하지 않고 공급계약을 체결하기 전에 제출하게 할 수 있다.(2019.11.1 본문개정)
1. 주택공급신청서(인터넷을 활용하여 주택의 공급신청을 하는 경우에는 사업주체가 정하는 전자문서인 신청서를 말한다)
2. 세대주 또는 세대원인 사실 등을 증명하는 다음 각 목의 서류
가. 주민등록표 등본(과거 주소 변동 사항 및 변동 사유, 세대 구성일 및 사유, 발생일 등이 포함되어야 하며, 입주자모집공고일 이후 발행된 것이어야 한다)(2018.12.11 본목개정)
나. 「가족관계의 등록 등에 관한 법률」에 따른 가족관계증명서(2018.12.11 본목개정)
3. 주민등록증 사본 또는 여권 사본
4. 별지 제6호서식에 따른 서약서(다음 각 목의 어느 하나에 해당하는 자에 한하며, 전자문서를 포함한다)(2018.5.4 본문개정)
가. 국민주택을 공급받으려는 자
나. 투기과열지구 또는 청약과열지역에서 공급되는 주택을 제1순위 자격으로 공급받으려는 자
다. 무주택세대구성원에게 특별공급되는 주택을 공급받으려는 자
라. 나목 외의 지역에서 가점제를 적용하여 입주자를 선정하는 민영주택을 공급받으려는 자
마. 사전청약의 방식으로 주택을 공급받으려는 사람(2021.11.16 본목신설)
바. (2023.2.28 삭제)
(2017.11.24 본호개정)
5. 특별공급대상임을 증명하는 다음 각 목의 서류(특별공급을 받으려는 자만 해당한다)
가. 국가기관, 지방자치단체 등 관련 기관의 장이 특별공급대상임을 인정하는 서류
나. 국가기관, 지방자치단체, 한국토지주택공사 또는 지방공사에서 발행하는 특별공급대상임을 입증하는 서류
6. 입주자저축취급기관 또는 주택청약업무수행기관이 발행하는 주택청약종합저축 가입(순위)증명서(2021.2.2 본호개정)
7. 외국거주기간을 증명하는 다음 각 목의 서류(해당자에 한하며, 이 경우 외국거주기간은 입국일 및 출국일을 기준으로 산정한다)
가. 「출입국관리법」 제88조에 따른 출입국에 관한 사실증명(2021.2.2 본목개정)

나. 여권사본
다. 그밖에 외국거주기간을 증명하는 서류
8. 거주지 및 거주기간 등을 확인할 수 있는 다음 각 목의 서류(2019.11.1 본문개정)
가. 국내에 거주하는 대한민국 국민(재외국민을 포함한다) : 주민등록표 초본(과거 주소 변동 사항 및 변동 사유, 발생일 등이 포함되어야 하며, 입주자모집공고일 이후 발행된 것이어야 한다)(2018.12.11 본목개정)
나. 외국국적동포 : 국내거소신고증 사본(2017.11.24 본목개정)
다. 외국인 : 외국인등록증 사본
9. 별표1 제1호가목2)에 따른 소형 · 저가주택등의 가격을 확인할 수 있는 서류(제28조에 따른 일반공급을 신청하는 경우로서 소형 · 저가주택등으로 인정받으려는 경우만 해당한다)(2018.12.11 본호개정)
③ 주택공급신청자는 거주지 등의 변경이 있는 경우에는 그 변경사항을 증명하는 서류(국가 또는 지방자치단체가 발급하는 것만 해당한다)를 제출하여야 한다.(2018.12.11 본항개정)
④ 사업주체는 주택공급신청자의 공급순위 또는 무주택기간의 사실 여부 등을 확인하기 위하여 필요한 경우에는 주택소유여부를 증명할 수 있는 다음 각 호의 어느 하나에 해당하는 서류를 제출하게 할 수 있다. 이 경우 주택 소유 또는 무주택기간은 다음 각 호에서 정한 날을 기준으로 하되, 제1호와 제2호의 처리일자가 다를 경우에는 먼저 처리된 날을 기준으로 한다.(2018.12.11 전단개정)
1. 건물 등기사항증명서 : 등기접수일
2. 건축물대장등본 : 처리일
2의2. 분양권등에 관한 계약서 : 「부동산 거래신고 등에 관한 법률」 제3조에 따라 신고된 공급계약체결일
2의3. 제2조제7호의2다목에 따른 분양권등의 매매계약서(2019.11.1 본문개정)
가. 분양권등의 매매 후 「부동산 거래신고 등에 관한 법률」 제3조에 따라 신고된 경우에는 신고서상 매매대금 완납일
나. 분양권등을 증여나 그 밖의 사유로 처분한 경우 사업주체와의 계약서상 명의변경일
(2018.12.11 2호의2~2호의3신설)
3. 그밖에 주택소유여부를 증명할 수 있는 서류 : 시장 또는 군수 등 공공기관이 인정하는 날

제24조【주택공급 신청 서류의 관리】 ① 사업주체 또는 입주자저축취급기관은 제23조제2항 각 호의 서류 중 입주자로 선정되지 아니한 자의 서류는 접수일부터 6개월 동안 보관하고 입주자로 선정된 자의 서류는 접수일부터 5년 동안 보관하여야 한다.
② 주택청약업무수행기관은 사업주체 또는 입주자저축취급기관으로부터 제출받아 보관하는 청약접수 정보(입주자선정 및 동 · 호수 배정에 필요한 정보로 한정한다)를 제1항에 따른 접수일부터 10년 동안 보관해야 한다.(2021.2.2 본항개정)
③ 사업주체, 입주자저축취급기관 및 주택청약업무수행기관은 관계 기관의 요청이 있으면 제1항 및 제2항에 따라 보관하는 서류를 제출해야 한다.(2021.2.2 본항개정)

제4절 주택 사전청약
(2021.11.16 본절신설)

제24조의2【사전당첨자 모집 시기】 사업주체(제18조 각 호의 사업주체는 제외한다)는 공공택지를 공급받아 주택을 건설 · 공급하려는 경우 제15조제1항에도 불구하고 주택의 건축설계안이 완성된 때부터 사전당첨자를 모집할 수 있다.

제24조의3【사전당첨자 모집 승인 및 통보】 ① 사업주체는 제24조의2에 따라 사전당첨자를 모집하려면 다음 각 호의 서류를 갖추어 시장 · 군수 · 구청장의 승인을 받아야 한다. 이 경우 시장 · 군수 · 구청장은 「전자정부법」 제36조제1항에 따른 행정정보의 공동이용을 통하여 토지 등기사항증명서를 확인해야 한다.
1. 사전당첨자모집공고안
2. 제50조의2제1항에 따른 교육의 수료를 증명하는 서류(법 제54조의2제2항에 따른 분양대행자에게 제50조의2제1항에 따른 업무를 대행하게 하는 경우만 해당한다)
3. 공공택지 공급계약서 등 사업주체가 주택이 건설되는 대지의 소유권을 확보하였음을 증명할 수 있는 서류
4. 주택 건축설계안
5. 국토교통부장관이 정하는 기관의 검증을 받은 추정 분양가격에 관한 검증서
② 시장 · 군수 · 구청장은 사업주체가 공급받은 공공택지의 조성 · 공급과 관련된 사업계획 등의 허가 · 승인 · 인가권자 등에게 해당 사업계획 등의 사본의 제출을 요청할 수 있다. 이 경우 허가 · 승인 · 인가권자 등은 특별한 사유가 없으면 요청에 따라야 한다.
③ 사업주체는 제1항에 따라 승인받은 사전당첨자모집공고안의 내용 중 제24조의4제2항 단서에 따른 사항이 변경되는 경우에는 제1항에 따라 시장 · 군수 · 구청장의 승인을 다시 받아야 한다.
④ 사전당첨자 모집 승인에 관하여는 제20조제3항부터 제6항까지의 규정을 준용한다.

제24조의4【사전당첨자모집공고】 ① 사업주체는 사전당첨자를 모집하려는 때에는 최초 사전청약 신청 접수일의 10일 전까지 사전당첨자모집공고를 일간신문, 관할 시 · 군 · 자치구의 인터넷 홈페이지 또는 해당 주택건설 지역 거주자가 쉽게 접할 수 있는 일정한 장소에 게시하여 공고해야 한다. 다만, 수도권 및 광역시에서 100호 또는 100세대(사전청약의 방식으로 공급하는 주택을 포함한 전체 호수 또는 세대수를 말한다) 이상의 주택을 공급하거나 시장 · 군수 · 구청장이 투기 및 과열경쟁의 우려가 있다고 인정하는 경우에는 일간신문에 공고해야 하며, 시장 · 군수 · 구청장은 인터넷에도 게시하게 할 수 있다.
② 제1항에 따른 사전당첨자모집공고에는 제21조제3항제1호(연대보증인은 제외한다) · 제3호 · 제8호 · 제10호 및 제24호의 사항과 다음 각 호의 사항이 포함돼야 한다. 다만, 일간신문에 공고하는 경우에는 제1호부터 제5호까지에 해당하는 사항 및 제21조제3항제1호(연대보증인은 제외한다) · 제3호 · 제8호의 사항만 포함할 수 있되, 글자 크기는 9호 이상으로 해야 한다.
1. 세대별 평면도. 이 경우 공급면적 표시에 관하여는 제21조제5항을 준용한다.
2. 사전청약 신청 자격, 신청 시 구비서류, 신청 일시 및 장소
3. 추정 분양가격, 제15조제1항에 따른 입주자 모집 시기(추정 시기를 말한다) 및 추정 입주시점
4. 사전당첨자 발표 일시 · 장소 및 방법
5. 사전당첨자의 계약일 · 계약장소 등 계약 체결에 관한 사항
6. 사전청약 신청 시 유의사항
7. 그 밖에 시장 · 군수 · 구청장이 필요하다고 인정하는 사항
③ 사업주체는 제2항 단서에도 불구하고 일간신문에 같은 항 제1호의 세대별 평면도를 공고하기 어려운 경우에는 사업주체가 운영하는 인터넷 홈페이지에 세대별 평면도를 따로 공고해야 한다. 이 경우 사업주체는 일간신문에 세대별 평면도를 따로 공고한 인터넷 홈페이지 주소를 표시해야 한다.
④ 사전당첨자모집 공고에 관하여는 제21조제4항부터 제7항까지를 준용한다.

제24조의5【주택공급신청서 교부 및 신청서류에 관한 규정의 준용】 사업주체 신청서의 교부 및 사전청약 신청자가 제출해야 하는 서류에 관하여는 제23조를 준용한다.

제24조의6【사전청약 신청서류의 관리】 ① 사업주체 또는 입주자저축취급기관은 제24조의5에서 준용하는 제23조제2항 각 호의 서류 중 사전당첨자로 선정되지 않은 사람이 제출한 서류는 접수일부터 6개월 동안 보관해야 하고, 사전당첨자로 선정된 사람이 제출한 서류는 제21조제3항제9호에 따른 신청일의 첫 날부터 기산하여 5년이 되는 날까지 보관해야 한다.
② 주택청약업무수행기관은 사업주체 또는 입주자저축취급기관으로부터 제출받아 보관하는 청약접수 정보(입주자선정 및 동 · 호수 배정에 필요한 정보로 한정한다)를 제21조제3항제9호에 따른 신청일의 첫 날부터 기산하여 10년이 되는 날까지 보관해야 한다.
③ 사업주체, 입주자저축취급기관 및 주택청약업무수행기관은 관계 기관의 요청이 있으면 제1항 및 제2항에 따라 보관하는 서류를 제출해야 한다.

제4장 주택공급 방법

제1절 주택공급의 기준

제25조【주택의 공급방법】 ① 주택의 공급방법은 일반공급, 우선공급 및 특별공급으로 구분한다.
② 사업주체는 입주자를 선정하는 경우 동 · 호수는 추첨의 방법에 따라 배정한다.
③ 다음 각 호의 주택건설지역에서 공급하는 주택의 공급신청자 중 같은 순위에서는 해당 주택건설지역의 거주자(제4조제5항에 따른 거주기간 요건을 충족한 자에 한한다)가 우선한다.(2017.11.24 본문개정)
1. 제4조제1항제3호가목에 따른 행정중심복합도시 예정지역(2016.5.19 본호개정)
2. 제4조제1항제3호나목에 따른 도청이전신도시 개발예정지구
3. 제4조제1항제3호다목에 따른 혁신도시개발예정지구
4. 제4조제1항제3호라목에 따른 기업도시개발구역
5. 제4조제1항제3호마목에 따른 평택시등(2017.11.24 본호개정)
6. 제4조제1항제3호바목에 따른 산업단지
6의2. 위축지역(2017.11.24 본호신설)
7. 제4조제3항 각 호에 해당하는 지역
④ 사업주체는 입주자(사전당첨자를 포함한다. 이하 이 항에서 같다) 및 예비입주자를 선정한 때 그 사실을 지체 없이 사업주체의 인터넷 홈페이지(제18조제2호에 따른 사업주체의 경우에는 「부동산투자회사법」 제2조제5호에 따른 자산관리회사의 인터넷 홈페이지를 말한다)에 공고하고, 주택공급신청자가 주택청약업무수행기관의 인터넷 홈페이지에서 그 선정 여부를 개별적으로 확인할 수 있도록 해야 한다. 이 경우 사업주체는 주택공급신청자의 요청이 있으면 입주자 또는 예비입주자로 선정된 자에게 휴대전화 문자메시지로 그 선정 사실을 알려줄 수 있다.(2021.11.16 전단개정)
⑤ (2017.11.24 삭제)
⑥ 국토교통부장관은 필요한 경우에는 영 제27조제3항제2호에 따라 수도권 또는 광역시지역의 주택난 해소를 위하여 국토교통부장관이 지정하는 지역에서 건설하는 주택 또는 근로자주택 등 법령에 따라 건설하거나 정부시책의 일환으로 건설하는 주택에 대해서는 공급방법, 입주자관리방법 및 입주자 자격확인 절차 등을 따로 정하고 이를 고시하여야 한다.(2016.8.12 본항개정)
⑦ 사업주체는 제31조부터 제33조까지의 규정 또는 제35조부터 제46조까지의 규정에 따른 우선공급 또는 특별공급 대상 주택의 입주자를 선정하고 남은 주택의 입주자는 제35조부터 제46조까지의 규정에 따른 다른 공급유형의 특별공급 신청자 중 입주자로 선정되지 아니한 자를 대상으로 추첨의 방법으로 선정하여야 한다.(2018.5.4 본항신설)
⑧ 사업주체는 제7항 및 제47조에 따라 입주자를 선정하고 남은 주택은 제27조 또는 제28조에 따라 주택의 일반공급 신청자에게 공급한다.(2018.5.4 본항신설)

제26조【일반공급 예비입주자의 선정】 ① 사업주체는 제27조 및 제28조에 따라 입주자를 선정하는 경우에는 순위에 따라 일반공급 대상 주택수의 500퍼센트 이상(소수점 이하는 올림한다)의 예비입주자를 선정하여야 한다. 다만, 제2순위까지 입주자를 모집한 결과 공급 신청자 수가 일반공급 대상 주택수의 600퍼센트 미만인 경우에는 입주자로 선정되지 아니한 공급신청자 모두를 예비입주자로 한다.(2023.3.31 본항개정)
② 사업주체는 제28조제2항 및 같은 조 제4항 단서에 따라 가점제를 적용하여 입주자를 선정하는 주택의 예비입주자를 선정하는 경우 제1순위에서 가점제가 적용되는 공급신청자 중 가점이 높은 자(가점이 같은 경우에는 추첨을 통하여 선정된 자)를 앞 순번의 예비입주자로 정하고, 그 다음 순번의 예비입주자는 가점제가 적용되지 아니하는 제1순위 공급신청자 중에서 추첨의 방법으로 정한다.(2017.9.20 본항개정)
③ 사업주체는 가점제가 적용되지 않는 주택의 예비입주자를 선정하는 경우에는 추첨의 방법으로 예비입주자를 선정해야 한다.(2019.12.6 본항개정)
④ 사업주체는 제1항부터 제3항까지의 규정에 따른 순번이 포함된 예비입주자 현황을 최초 공급계약 체결일부터 180일까지(예비입주자가 소진될 경우에는 그 때까지로 한다) 인터넷 홈페이지(제18조제2호에 따른 사업주체의 경우에는 「부동산투자회사법」 제2조제5호에 따른 자산관리회사의 인터넷 홈페이지를 말한다)에 공개하여야 한다.(2023.3.31 본항개정)
⑤ 사업주체는 입주자로 선정된 자 중 당첨이 취소되거나 공급계약을 체결하지 않은 자 또는 공급계약을 해약한 자가 있거나 제26조의2제5항에 따라 공급되는 주택이 있는 경우 제52조제3항 및 제57조제8항에 따른 소명기간이 지난 후 제1항부터 제3항까지의 규정에 따라 선정된 예비입주자에게 순번에 따라 공급하되, 최초로 예비입주자를 입주자로 선정하는 경우에는 당첨 취소 또는 미계약 물량과 해당 주택의 동 · 호수를 공개한 후 동 · 호수를 배정하는 추첨에의 참가의사를 표시한 예비입주자에 대해 추첨의 방법으로 동 · 호수를 배정하여 공급해야 한다. 다만, 예비입주자가 없는 경우에는 국내에 거주하는 성년자(공공주택의 경우에는 무주택세대구성원인 성년자를 말한다)에게 1인 1주택의 기준으로 공개모집의 방법으로 사업주체가 따로 공급방법을 정하여 공급할 수 있다.(2023.2.28 단서개정)
⑥ 예비입주자로 선정된 자가 다른 주택의 공급을 신청하여 입주자로 선정된 경우에는 제5항 본문에 따라 예비입주자로서 주택을 공급받을 수 없으며, 동 · 호수를 배정하는 추첨에도 참가할 수 없다.(2018.5.4 본항개정)
⑦ 사업주체는 제5항에 따라 예비입주자를 입주자로 선정한 경우에는 30일 이내에 별지 제7호서식에 따라 예비입주자의 순번과 순번에 따른 공급명세 등을 시장 · 군수 · 구청장에게 보고하여야 한다. 다만, 제18조 각 호의 어느 하나에 해당하는 사업주체는 예외로 한다.(2016.5.19 단서개정)
⑧ 제7항에 따른 보고를 받은 시장 · 군수 · 구청장은 예비입주자 선정의 적정성 여부를 확인하여야 한다.
⑨ 예비입주자의 지위는 제4항에 따른 공개기간이 경과한 다음 날에 소멸되며, 사업주체는 예비입주자의 지위가 소멸된 때 예비입주자와 관련한 개인정보를 파기하여야 한다.(2017.11.24 본항신설)
(2018.5.4 본조제목개정)

제26조의2【특별공급 예비입주자의 선정】 ① 사업주체는 제35조부터 제46조까지의 규정(제31조부터 제33조까지의 규정 또는 제35조부터 제46조까지의 규정에 따라 입주자를 선정하고 남은 주택이 있는 경우에는 제25조제7항을 말한다)에 따라 입주자를 선정하는 경우에는 특별공급 대상 주택수(제35조부터 제46조까지의 규정에 따른 특별공급 대상 주택수의 합계를 말한다. 이하 이 항에서 같다)의 500퍼센트 이상의 예비입주자를 선정하여야 한다. 다만, 입주자를 모집한 결과 특별공급 신청자수(제35조부터 제46조까지의 규정에 따른 특별공급 신청자수의 합계를 말한다)가 특별공급 대상 주택수의 600퍼센트 미

만인 경우에는 입주자로 선정되지 아니한 특별공급 신청자 모두를 예비입주자로 한다.(2023.3.31 본항개정)

② 사업주체는 제47조에 따라 입주자를 선정하는 경우에는 제47조에 따른 특별공급 대상 주택수의 500퍼센트 이상의 예비입주자를 선정하여야 한다. 다만, 입주자를 모집한 결과 제47조에 따른 특별공급 신청자수가 제47조에 따른 특별공급 대상 주택수의 600퍼센트 미만인 경우에는 입주자로 선정되지 아니한 특별공급 신청자 모두를 예비입주자로 한다.(2023.3.31 본항개정)

③ 제1항 및 제2항에 따른 예비입주자의 선정 및 순번의 부여는 추첨의 방법으로 한다.

④ 사업주체는 특별공급 입주자로 선정된 자 중 당첨이 취소되거나 공급계약을 체결하지 아니한 자 또는 공급계약을 해약한 자가 있으면 제52조제3항 및 제57조제8항에 따른 소명기간이 지난 후 제1항부터 제3항까지의 규정에 따라 선정된 예비입주자에게 순번에 따라 공급하되, 최초로 예비입주자를 입주자로 선정하는 경우에는 당첨 취소 또는 미계약 물량과 해당 주택의 동·호수를 공개한 후 동·호수를 배정하는 추첨에의 참가의사를 표시한 예비입주자에 대하여 추첨의 방법으로 동·호수를 배정하여 공급하여야 한다.

⑤ 제4항에 따라 예비입주자에게 공급하고 남은 주택은 제26조에 따라 일반공급 예비입주자에게 공급한다.

⑥ 제1항부터 제5항까지의 규정 외에 예비입주자의 공개·선정 및 보고 등에 관하여는 제26조제4항 및 제6항부터 제9항까지의 규정을 준용한다.

(2018.5.4 본조신설)

제2절 일반공급

제27조【국민주택의 일반공급】 ① 사업주체는 국민주택의 입주자를 선정하는 경우에는 입주자모집공고일(사전청약의 경우에는 사전당첨자모집공고일로 한다. 이하 이 조, 제28조, 제30조, 제33조부터 제38조까지 및 제40조부터 제46조까지에서 같다) 현재 다음 각 호의 순위에 따라 선정하여야 한다.(2021.11.16 본문개정)

1. 제1순위 : 다음 각 목의 어느 하나에 해당하는 자
   가. 수도권(다목 및 라목에 해당하는 경우는 제외한다) : 주택청약종합저축에 가입하여 1년이 지난 자로서 매월 약정납입일에 월납입금을 12회 이상 납입한 자. 다만, 시·도지사는 청약과열이 우려되는 등 필요한 경우에는 청약 1순위를 위한 주택청약종합저축 가입기간 및 납입횟수를 각각 24개월 및 24회까지 연장하여 공고할 수 있다.(2017.11.24 본문개정)
   나. 수도권 외의 지역(다목 및 라목에 해당하는 경우는 제외한다) : 주택청약종합저축에 가입하여 6개월이 지난 자로서 매월 약정납입일에 월납입금을 6회 이상 납입한 자. 다만, 시·도지사는 청약과열이 우려되는 등 필요한 경우에는 청약 1순위를 위한 주택청약종합저축 가입기간 및 납입횟수를 12개월 및 12회까지 연장하여 공고할 수 있다.(2017.11.24 본문개정)
   다. 투기과열지구 또는 청약과열지역 : 다음의 요건을 모두 충족하는 자(2017.11.24 본문개정)
      1) 주택청약종합저축에 가입하여 2년이 지난 자로서 매월 약정납입일에 월납입금을 24회 이상 납입하였을 것
      2) 세대주일 것
      3) 무주택세대구성원으로서 과거 5년 이내 무주택세대구성원 전원이 다른 주택의 당첨자가 되지 아니하였을 것
      (2017.9.20 본목신설)
   라. 위축지역 : 주택청약종합저축에 가입하여 1개월이 지난 자(2017.11.24 본목신설)
   (2017.9.20 본호개정)
2. 제2순위 : 제1순위에 해당하지 아니하는 자(2017.11.24 단서삭제)

② 제1항제1호에 따른 제1순위에서 경쟁이 있으면 다음 각 호의 순차별로 공급한다.

1. 40제곱미터를 초과하는 주택의 공급순차
   가. 3년 이상의 기간 무주택세대구성원으로서 저축총액이 많은 자
   나. 저축총액이 많은 자
2. 40제곱미터 이하인 주택의 공급순차
   가. 3년 이상의 기간 무주택세대구성원으로서 납입횟수가 많은 자
   나. 납입횟수가 많은 자

③ 제2항제1호가목 및 제2호가목에 따른 무주택기간은 다음 각 호의 기준에 따라 산정한다.

1. 입주자모집공고일 현재 무주택세대구성원 전원이 주택을 소유하지 아니한 기간을 무주택기간으로 산정. 이 경우 무주택세대구성원 중 주택공급신청자의 무주택기간은 30세가 되는 날(주택공급신청자가 30세가 되기 전에 혼인한 경우에는 「가족관계의 등록 등에 관한 법률」에 따른 혼인관계증명서에 혼인신고일로 등재된 날)부터 계속하여 무주택인 기간으로 산정한다.
2. 무주택세대구성원이 주택을 소유한 사실이 있는 경우에는 그 주택을 처분한 후 무주택자가 된 날(두 차례 이상 주택을 소유한 사실이 있는 경우에는 최근에 무주택자가 된 날을 말한다)부터 무주택기간을 산정

④ 다음 각 호의 어느 하나에 해당하는 경우에는 추첨의 방법으로 입주자를 선정한다.

1. 제1항제2호에 따른 제2순위에서 경쟁이 있는 경우
2. 제2항제1호 각 목에 따른 순차 안에서 저축총액이 동일하거나 같은 항 제2호 각 목에 따른 순차 안에서 납입횟수가 동일하여 경쟁이 있는 경우

⑤ 사업주체는 제1항부터 제4항까지의 규정에 따라 입주자를 선정하고 남은 주택이 있는 경우에는 제4조에도 불구하고 선착순의 방법으로 입주자를 선정할 수 있다.

(2016.8.12 본조제목개정)

제28조【민영주택의 일반공급】 ① 사업주체는 민영주택의 입주자를 선정하는 경우에는 입주자모집공고일 현재 다음 각 호의 순위에 따라 선정하여야 한다.

1. 제1순위 : 다음 각 목의 어느 하나에 해당하는 자. 다만, 85제곱미터를 초과하는 공공건설임대주택의 입주자를 선정하는 경우에는 2주택 이상을 소유한 세대에 속한 자는 제외한다.(2018.12.11 단서개정)
   가. 수도권(다목 및 라목에 해당하는 경우는 제외한다) : 다음의 요건을 모두 충족하는 자(2017.11.24 본문개정)
      1) 주택청약종합저축에 가입하여 1년이 지나고 별표2의 예치기준금액에 상당하는 금액을 납입할 것. 다만, 시·도지사는 청약과열이 우려되는 등 필요한 경우에는 청약 1순위를 위한 주택청약종합저축 가입기간을 24개월까지 연장하여 공고할 수 있다.
      2) 공공주택지구(「공공주택 특별법」 제2조제2호에 따른 공공주택지구를 말하며, 개발제한구역에서 해제된 면적이 해당 지구면적의 50퍼센트 이상인 경우로 한정한다)에서 주택을 공급하는 경우에는 2주택(토지임대주택을 공급하는 경우에는 1주택을 말한다) 이상을 소유한 세대에 속한 자가 아닐 것
   나. 수도권 외의 지역(다목 및 라목에 해당하는 경우는 제외한다) : 주택청약종합저축에 가입하여 6개월이 지나고 별표2의 예치기준금액에 상당하는 금액을 납입한 자. 다만, 시·도지사는 청약과열이 우려되는 등 필요한 경우에는 청약 1순위를 위한 주택청약종합저축 가입기간을 12개월까지 연장하여 공고할 수 있다.
   (2017.11.24 본문개정)
   다. 투기과열지구 또는 청약과열지역 : 다음의 요건을 모두 충족하는 자(2017.11.24 본문개정)
      1) 주택 청약종합저축에 가입하여 2년이 지난 자로서 별표2의 예치기준금액에 상당하는 금액을 납입하였을 것
      2) 세대주일 것
      3) 과거 5년 이내 다른 주택의 당첨자가 된 자의 세대에 속한 자가 아닐 것
      4) 2주택(토지임대주택을 공급하는 경우에는 1주택을 말한다) 이상을 소유한 세대에 속한 자가 아닐 것
   라. 위축지역 : 주택청약종합저축에 가입하여 1개월이 지나고 별표2의 예치기준금액에 상당하는 금액을 납입한 자(2017.11.24 본목신설)
   (2017.9.20 본호개정)
2. 제2순위 : 제1순위에 해당하지 아니하는 자(2017.11.24 단서삭제)

② 사업주체는 제1순위에서 85제곱미터 이하인 민영주택의 입주자를 선정하는 경우 같은 순위에서 경쟁이 있으면 그 순위에 해당하는 자에게 일반공급되는 주택 중 다음 각 호(제1호나목 및 제2호나목의 경우는 시장·군수·구청장이 별도로 정하여 공고한 경우만 해당한다)의 구분에 따른 비율에 해당하는 수(소수점 이하는 올림한다)의 주택은 가점제를 우선적으로 적용하여 입주자를 선정하고, 그 나머지 수의 주택은 추첨의 방법으로 입주자를 선정하여야 한다.(2023.3.31 본문개정)

1. 60제곱미터 이하인 민영주택 : 다음 각 목의 구분에 따른 비율
   가. 수도권에 지정된 공공주택지구(개발제한구역에서 해제된 면적이 해당 지구면적의 50퍼센트 이상인 경우로 한정한다), 투기과열지구 및 청약과열지역에서 입주자를 선정하는 경우 : 40퍼센트
   나. 그 밖의 지역에서 입주자를 선정하는 경우 : 40퍼센트 이하의 범위에서 시장·군수·구청장이 정하여 공고하는 비율
2. 60제곱미터 초과 85제곱미터 이하인 민영주택 : 다음 각 목의 구분에 따른 비율
   가. 수도권에 지정된 공공주택지구(개발제한구역에서 해제된 면적이 해당 지구면적의 50퍼센트 이상인 경우로 한정한다), 투기과열지구 및 청약과열지역에서 입주자를 선정하는 경우 : 70퍼센트
   나. 그 밖의 지역에서 입주자를 선정하는 경우 : 40퍼센트 이하의 범위에서 시장·군수·구청장이 정하여 공고하는 비율

(2023.2.28 본항개정)

③ (2017.9.20 삭제)

④ 사업주체는 제1순위에서 85제곱미터를 초과하는 민영주택의 입주자를 선정하는 경우 같은 순위에서 경쟁이 있으면 추첨의 방법으로 입주자를 선정하여야 한다. 다만, 다음 각 호의 구분에 따른 비율에 해당하는 수(소수점 이하는 올림한다)의 주택은 가점제를 우선적으로 적용하여 입주자를 선정하고, 그 나머지 수의 주택은 추첨의 방법으로 입주자를 선정하여야 한다.(2023.3.31 단서개정)

1. 공공건설임대주택의 입주자를 선정하는 경우 : 100퍼센트(2017.9.20 본호신설)
2. 수도권에 지정된 공공주택지구(개발제한구역에서 해제된 면적이 해당 지구면적의 50퍼센트 이상인 경우로 한정한다) : 80퍼센트 이하에서 시장·군수·구청장이 정하여 공고하는 비율(2023.2.28 본호개정)
3. 투기과열지구 : 80퍼센트(2023.2.28 본호개정)
4. 청약과열지역에서 입주자를 선정하는 경우 : 50퍼센트 (2023.2.28 본호개정)

⑤ (2017.9.20 삭제)

⑥ 제2항 및 제4항 단서에 따라 가점제를 우선적으로 적용하여 제1순위에서 입주자를 선정하는 경우 다음 각 호의 어느 하나에 해당하는 자는 가점제의 적용 대상자에서 제외한다. 다만, 제2항제1호나목 및 같은 항 제2호나목에 따라 입주자를 선정하는 경우에는 제1호에 해당하는 자는 가점제의 적용 대상자에 포함한다.(2023.2.28 단서개정)

1. 1호 또는 1세대의 주택을 소유한 세대에 속한 자 (2018.12.11 본호개정)
2. 과거 2년 이내에 가점제를 적용받아 다른 주택의 당첨자가 된 자의 세대에 속한 자

(2017.9.20 본항개정)

⑦ 사업주체는 제2항 및 제4항 단서에 따라 가점제를 적용하여 가점제 점수가 같은 경우에는 주택청약종합저축 가입기간이 긴 사람을 입주자로 선정하며, 주택청약종합저축 가입기간이 같은 경우에는 추첨의 방법에 따르며, 가점제를 적용하는 주택의 입주자로 선정되지 못한 자에 대해서는 별도의 신청절차 없이 추첨제를 적용하는 주택의 추첨 대상자에 포함하여 입주자를 선정하여야 한다.

(2023.12.20 본항개정)

⑧ 사업주체는 투기과열지구, 청약과열지역, 수도권 및 광역시에서 제2항부터 제7항까지의 규정에 따라 추첨의 방법으로 입주자를 선정하는 주택수보다 추첨 대상자가 많으면 다음 각 호의 순서에 따라 입주자를 선정해야 한다.

1. 제2항 및 제4항 단서에 따라 추첨의 방법으로 공급되는 주택수의 75퍼센트(소수점 이하는 올림한다)를 무주택세대구성원에게 공급한다.
2. 나머지 주택(제1호에 따라 무주택세대구성원에게 공급하고 남은 주택을 포함한다)은 무주택세대구성원과 1주택을 소유한 세대에 속한 사람을 대상으로 공급한다. (2023.2.28 본호개정)
3. 제1호와 제2호에 따라 공급한 후 남은 주택은 제1순위에 해당하는 사람에게 공급한다.

(2018.12.11 본항신설)

⑨ 제2순위에서 경쟁이 있는 경우에는 추첨의 방법으로 입주자를 선정하여야 한다.

⑩ 사업주체는 다음 각 호의 어느 하나에 해당하는 경우에는 제4조에도 불구하고 선착순의 방법으로 입주자를 선정할 수 있다.

1. 제1항부터 제9항까지의 규정에 따라 입주자를 선정하고 남은 주택이 있는 경우(2018.12.11 본호개정)
2. 분양주택에 대하여 법 제49조에 따른 사용검사를 받아 그 전부 또는 일부를 2년 이상 임대(「민간임대주택에 관한 특별법」 및 「공공주택 특별법」에 따라 임대하는 경우는 제외한다) 후 입주자모집 승인을 받아 공급하는 경우

(2016.8.12 본호개정)

⑪ (2023.2.28 삭제)

제29조 (2016.12.30 삭제)

제3절 우선공급

제30조【행정구역 변경에 따른 우선공급】 ① 특별시장·광역시장·특별자치시장·시장 또는 군수는 시·군의 행정구역의 통합으로 주택건설지역의 변동이 있는 경우 통합 전의 군주택건설지역에서 통합일부터 2년 이내에 사업주체가 민영주택을 공급하는 때에는 통합 전의 군주택건설지역을 별도의 주택건설지역으로 정할 수 있다.

(2017.9.20 본항개정)

② 특별시장·광역시장·특별자치시장·시장 또는 군수는 제1항에 따라 민영주택을 공급하는 사업주체로 하여금 입주자모집공고일 현재 제1항에 따라 별도의 주택건설지역으로 지정된 주택건설지역에 일정 기간 이상 거주하고 있는 자에게 주택을 우선 공급하게 할 수 있다.

(2017.9.20 본항신설)

제31조【주상복합건축물에 대한 우선공급】 건축주는 「건축법」 제11조에 따른 건축허가를 받아 주택외의 시설과 주택을 동일 건축물로 하여 법 제15조제1항에 따른 호수 이상으로 건설·공급하는 건축물 중 주택에 대해서는 해당 사업부지의 소유자에게 1세대 1주택을 기준으로 우선공급할 수 있다.(2016.8.12 본조개정)

제32조【임대사업자 등에 대한 우선공급】 ① 시장·군수·구청장은 사업주체가 민영주택을 공급하는 경우로서 주택의 공급물량, 청약률, 임대수요 등 지역 여건을 고려하여 필요하다고 인정하는 경우에는 다음 각 호의 어느 하나에 해당하는 임대사업자 또는 「공공주택 특별법」 제4조에 따른 공공주택사업자(제1호, 제2호 및 제4호의 경우에는 임대사업을 하려는 자를 포함한다)에게 주택의 전부 또는 일부를 우선공급하게 할 수 있다. 이 경우

시장·군수·구청장은 우선공급에 관한 기준을 별도로 정할 수 있다.
1. 「부동산투자회사법」에 따른 부동산투자회사
2. 「자본시장과 금융투자업에 관한 법률」에 따른 집합투자기구
3. 입주자모집 승인 당시 「민간임대주택에 관한 특별법」에 따른 민간임대주택 및 「공공주택 특별법」에 따른 공공임대주택을 단독주택은 20호 이상, 공동주택은 20세대 이상 임대하는 자
4. 소속 근로자에게 임대하려는 고용자(법인으로 한정한다)
② 제1항에 따라 주택을 우선공급 받은 자[「공공주택 특별법」 제4조에 따른 공공주택사업자(이하 "공공주택사업자"라 한다)는 제외한다]는 입주금의 잔금 납부 시까지 「민간임대주택에 관한 특별법」 제5조에 따라 임대사업자로 등록(변경등록을 포함한다)하고 그 등록증 사본을 시장·군수·구청장 및 사업주체에게 제출하여야 한다.
(2018.5.4 본항개정)
③ 사업주체는 제1항에 따라 주택을 우선공급받은 자가 제2항에 따라 등록증 사본을 제출하지 아니하는 경우에는 공급계약을 취소하고 그 결과를 시장·군수·구청장에게 제출하여야 한다.

제33조【직장주택조합에 대한 우선공급】 ① 사업주체는 국민주택을 입주자모집공고일 현재 법 제11조제5항에 따라 설립 신고된 직장주택조합(조합원이 20명 이상인 직장주택조합으로 한정한다)에 그 건설량의 40퍼센트의 범위 안에서 우선공급(이하 "단체공급"이라 한다)할 수 있다. 다만, 제4항에 따른 순위별로 단체공급을 받음으로써 그 주택조합의 남은 조합원 수가 20명에 미달하는 경우에는 주택의 단체공급 신청에 있어서 그 수를 제한하지 아니한다.(2016.8.12 본문개정)
② 제1항에 따라 국민주택을 단체공급받으려는 직장주택조합의 조합원은 주택청약종합저축에 가입하여 매월 약정납입일에 월납입금을 6회 이상 납입한 자이어야 한다.
(2016.8.12 본항개정)
③ 제1항에 따라 단체공급을 받으려는 직장주택조합은 다음 각 호의 서류를 사업주체에게 제출하여야 한다.
1. 주택조합설립신고필증사본
2. 조합원의 주택청약종합저축 통장 사본. 이 경우 해당 직장주택조합의 조합장은 원본을 확인하여야 한다.
④ 사업주체는 단체공급에 경쟁이 있으면 다음 각 호의 순위에 따라 공급하여야 한다. 다만, 같은 순위에서 경쟁이 있는 때에는 신청조합원의 평균저축총액이 많은 조합에 우선공급하여야 한다.
1. 제1순위 : 해당 주택건설지로부터 4킬로미터 이내에 조합원의 직장이 있는 조합
2. 제2순위 : 해당 주택건설지로부터 8킬로미터 이내에 조합원의 직장이 있는 조합
3. 제3순위 : 해당 주택건설지역에 조합원의 직장이 있는 조합

제34조【대규모 택지개발지구 등에서의 우선공급】 ① 사업주체는 대규모 택지개발지구[「택지개발촉진법」에 따른 택지개발사업이 시행되는 지역(수도권지역에 한정한다), 「공공주택 특별법」에 따른 공공주택지구조성사업이 시행되는 지역(수도권지역에 한정한다) 및 「경제자유구역의 지정 및 운영에 관한 법률」에 따른 경제자유구역개발사업이 시행되는 구역(이하 "경제자유구역개발사업 시행구역"이라 한다)으로서 면적이 66만제곱미터 이상인 지역을 말한다. 이하 같다] 또는 행정중심복합도시 예정지역에서 건설·공급하는 주택은 제25조제3항에도 불구하고 다음 각 호의 구분에 따라 시·도지사가 정하는 기간(해당 주택건설지역이 수도권의 투기과열지구인 경우에는 2년 이상의 범위에서 정하는 기간) 이상 거주하고 있는 자에게 우선공급할 수 있다. 다만, 수도권 외의 경제자유구역개발사업시행구역으로서 면적이 66만제곱미터 이상인 지역에서 건설·공급하는 주택 수의 30퍼센트의 범위에서는 국토교통부장관이 정하는 바에 따라 입주자모집공고일 현재 해당 주택건설지역에 광역시장·시장 또는 군수가 정하는 기간 이상 거주하고 있는 자에게 우선공급할 수 있으며, 그 나머지 수의 주택의 공급에 대해서는 국토교통부장관이 정하는 바에 따른다.(2020.4.17 본문개정)
1. 주택건설지역이 특별시·광역시인 경우에는 해당 주택건설지역 거주자에게 50퍼센트
1의2. 주택건설지역이 행정중심복합도시 예정지역인 경우에는 해당 주택건설지역 거주자에게 행정중심복합도시건설청장이 정하여 고시하는 비율(2016.5.19 본호신설)
2. 주택건설지역이 경기도인 경우에는 해당 주택건설지역 거주자에게 30퍼센트, 경기도 거주자에게는 20퍼센트. 다만, 해당 주택건설지역의 주택공급신청자가 공급량에 미달될 경우에는 경기도 거주자 공급물량에 포함한다.
② 사업주체가 제1항에 따라 주택을 우선공급하는 경우 사전청약 신청자가 해당 주택건설지역에서 거주한 기간은 입주자모집공고일을 기준으로 산정한다. 다만, 사전청약 신청자는 사전당첨자모집공고일 당시 해당 주택건설지역에 거주하고 있어야 한다.(2021.11.16 본항신설)
③ 제1항에 따른 대규모 택지개발지구가 둘 이상의 특별시·광역시 또는 시·군의 행정구역에 걸치는 경우에는 국토교통부장관이 정하는 바에 따른다.
(2016.5.19 본조제목개정)

제4절 특별공급

제35조【국민주택의 특별공급】 ① 사업주체는 제4조제1항, 같은 조 제5항 및 제25조제3항에도 불구하고 건설하여 공급하는 국민주택을 그 건설량의 10퍼센트의 범위에서 입주자모집공고일 현재 제4조제3항에 따른 공급대상인 무주택세대구성원(제27호의2에 해당하는 경우는 제외한다)으로서 다음 각 호의 어느 하나에 해당하는 자에게 관계기관의 장이 정하는 우선순위기준에 따라 한 차례(제12호부터 제14호까지 및 제27호의2에 해당하는 경우는 제외한다)에 한정하여 1세대 1주택의 기준으로 특별공급할 수 있다. 다만, 시·도지사의 승인을 받은 경우에는 10퍼센트를 초과하여 특별공급할 수 있다.(2018.12.11 본문개정)
1. 「독립유공자예우에 관한 법률」에 따른 독립유공자 또는 그 유족(2018.12.11 본호신설)
1의2. 「국가유공자 등 예우 및 지원에 관한 법률」에 따른 국가유공자 또는 그 유족
2. 「보훈보상대상자 지원에 관한 법률」에 따른 보훈보상대상자 또는 그 유족
2의2. 종전의 「국가유공자 등 예우 및 지원에 관한 법률」(법률 제11041호로 개정되기 전의 것을 말한다) 제73조의2에 따라 국가유공자에 준하는 군경 등으로 등록된 사람 또는 그 유족(2023.7.31 본호신설)
3. 「5·18민주유공자 예우에 관한 법률」에 따른 5·18민주유공자 또는 그 유족
4. 「특수임무유공자 예우 및 단체설립에 관한 법률」에 따른 특수임무유공자 또는 그 유족
5. 「참전유공자예우 및 단체설립에 관한 법률」에 따른 참전유공자
6. 「제대군인지원에 관한 법률」에 따른 장기복무 제대군인
7. 「군인복지기본법」 제10조에 따른 10년 이상 복무한 군인
8. 「의사상자 등 예우 및 지원에 관한 법률」 제2조제4호 및 제5호에 따른 의사상자 또는 의사자유족
9. 「북한이탈주민의 보호 및 정착지원에 관한 법률」 제2조제1호의 규정에 의한 북한이탈주민
10. 「군사정전에 관한 협정 체결 이후 납북피해자의 보상 및 지원에 관한 법률」 제2조제3호에 따른 납북피해자
11. 「국군포로의 송환 및 대우 등에 관한 법률」 제2조제5호에 따른 등록포로(세대주 및 세대원 요건은 제외한다)
12. 다음 각 목의 어느 하나에 해당하는 주택(관계법령에 따라 허가를 받거나 신고를 하고 건축해야 하는 경우에 허가를 받거나 신고를 하지 않고 건축한 주택은 제외한다. 이하 이 조에서 같다)을 소유하고 있는 자로서 해당 특별시장·광역시장·특별자치시장·시장 또는 군수가 인정하는 자. 다만, 바목에 해당하는 주택의 경우에는 관계법령에 따라 해당 사업시행을 위한 고시 등이 있은 날 이전부터 소유하고 있는 자로 한정한다.
(2021.2.2 본문개정)
가. 국가, 지방자치단체, 한국토지주택공사 및 지방공사인 사업주체가 해당 주택건설사업(「도시 및 주거환경정비법」 제2조제2호나목 및 다목에 따른 재개발사업 및 재건축사업은 제외한다)을 위하여 철거하는 주택(2021.2.2 본목개정)
나. 사업주체가 공공사업으로 조성된 택지를 공급받아 주택을 건설하는 경우 해당 공공사업의 시행을 위하여 철거되는 주택
다. 도시·군계획사업(「도시 및 주거환경정비법」에 따른 재개발사업 및 재건축사업은 제외한다)으로 철거되는 주택(2018.2.9 본목개정)
라. 재해로 인하여 철거되는 주택
마. 시·도지사, 한국토지주택공사 또는 지방공사가 주택의 내력구조부 등에 중대한 하자가 발생하여 해당 거주자의 보호를 위하여 이주 및 철거가 필요하다고 인정하는 주택
바. 「공익사업을 위한 토지 등의 취득 및 보상에 관한 법률」 제4조에 따른 공익사업의 시행을 위하여 철거되는 주택(가목부터 다목까지의 규정에 해당하는 사업을 위하여 철거되는 주택은 제외한다)
13. 제12호에 해당하는 주택 및 「도시 및 주거환경정비법」에 따른 재개발사업으로 철거되는 주택의 세입자로서 해당 사업을 위한 고시 등이 있은 날 현재 3개월 이상 거주하거나 재해가 발생한 날 현재 전입신고를 하고 거주하고 있는 성년자(2018.12.11 본호개정)
14. 「도시 및 주거환경정비법」에 따른 주거환경개선사업(개발제한구역 안에서 시행되는 것으로 한정한다)으로 철거되는 주택의 세입자로서 같은 법 시행령 별표2 제1호가목에 따른 기준일 현재 3개월 이상 거주한 성년자(2018.12.11 본호개정)
15. 「일제하 일본군위안부 피해자에 대한 생활안정지원 및 기념사업 등에 관한 법률」에 의한 일본군위안부 피해자
16. 「주택도시기금법 시행령」 제3조제1항에 따라 주택도시기금에 예탁된 연금기금 또는 자금을 적립한 자. 이 경우 특별공급되는 주택에 대한 융자금의 합계액은 해당 연도에 예탁된 기금 또는 자금의 총액범위 안에서 제한할 수 있다.
17. 「장애인복지법」 제32조에 따라 장애인등록증이 교부된 사람(지적장애인, 정신장애인 및 장애의 정도가 심한 뇌병변장애인의 경우에는 그 배우자를 포함한다)
(2019.8.16 본호개정)
18. 「다문화가족지원법」 제2조에 따른 다문화가족의 구성원으로서 배우자와 3년 이상 같은 주소지에서 거주한 자
19. 「공무원연금법」 또는 「군인연금법」의 적용을 받는 공무원 또는 군인으로 10년 이상 근무한 사람으로서 전(全) 가족이 국외에서 2년 이상 거주하고 귀국한 사람 또는 정부의 인사발령에 따른 근무지 이전으로 전 가족이 주택건설지역을 달리하여 거주하는 사람 중 그 사유가 발생한 날부터 2년 이내인 사람
20. 과학기술정보통신부장관이 국가시책상 국내유치가 필요하다고 인정하여 영주귀국하게 하는 박사학위 소지 전문가로서 입국일부터 2년 이내인 자(2017.7.26 본호개정)
21. 탄광근로자 또는 공장근로자의 주거안정을 위하여 특별히 건설하는 주택을 공급받고자 하는 탄광근로자 또는 공장근로자
22. 올림픽대회, 국제기능올림픽대회 및 세계선수권대회(국제경기연맹, 국제대학스포츠연맹, 아시아경기대회 조직위원회 등이 주최하는 대회로서 단체경기의 경우에는 15개국 이상, 개인경기인 경우에는 10개국 이상이 참가한 대회를 말한다)에서 3위 이상의 성적으로 입상한 우수선수 및 우수기능인
23. 「중소기업인력 지원특별법」 제3조에 따른 같은 법의 적용대상 중소기업에 종사하는 근로자
24. 다음 각 목의 어느 하나에 해당하는 시책을 추진하기 위하여 주택의 특별공급이 필요한 경우로서 해당 시·도지사가 정하여 고시한 기준에 해당하는 자
가. 지역경제의 활성화 및 경쟁력 제고
나. 외국인 투자의 촉진
다. 전통문화의 보존과 관리
25. 투자촉진 또는 지역경제의 활성화 등을 위하여 국외에서 15년 이상 거주한 후 대한민국에 영주귀국하거나 귀화하는 재외동포에게 주택의 특별공급이 필요한 경우로서 해당 시·도지사가 정하여 고시하는 기준에 해당하는 자
26. 「국민체육진흥법」 제14조의2에 따른 대한민국체육유공자 또는 그 유족
27. 「한부모가족지원법 시행규칙」 제3조에 따라 여성가족부장관이 정하여 고시하는 한부모가족
27의2. 특별시장·광역시장·특별자치시장·시장·군수 또는 공공주택사업자가 「국가균형발전특별법」에 따른 도시활력증진지역 개발사업 또는 「도시재생 활성화 및 지원에 관한 특별법」 제2조제1항제7호의 도시재생사업과 관련하여 공공임대주택 또는 도시재생기반시설(「도시재생 활성화 및 지원에 관한 특별법」 제2조제1항제10호의 시설을 말한다)을 공급할 목적으로 취득하는 토지 또는 건축물(이하 이 호에서 "토지등"이라 한다)의 소유자로서 다음 각 목의 요건을 모두 충족하는 자
가. 입주자모집공고일 현재 취득 대상 토지등 외에 다른 주택을 소유하고 있지 아니하거나 주거전용면적 85제곱미터 이하 주택 1호 또는 1세대를 소유하고 있을 것
나. 매매계약일 현재 취득 대상 토지등을 3년 이상 소유하였을 것
(2018.5.4 본호신설)
28. 그밖에 법령의 규정 또는 국가시책상 특별공급이 필요한 자로서 주무부장관이 국토교통부장관과 협의한 자
② 제1항제11호, 제13호부터 제15호 및 제27호에 해당하는 자에 대한 특별공급은 공공임대주택만 해당한다.
(2016.8.12 본조제목개정)

제35조의2【국민주택의 청년 특별공급】 ① 사업주체(「공공주택 특별법」 제4조에 따른 공공주택사업자로 한정한다)는 그가 건설하여 공급하는 국민주택을 입주자모집공고일 현재 청년(19세 이상 39세 이하인 사람으로서 혼인 중이 아니며 과거 주택을 소유한 사실이 없는 사람으로 한정한다)인 무주택자에게 1인 1주택의 기준으로 특별공급할 수 있다. 이 경우 청년이 속한 세대의 다른 세대원이 주택을 소유한 경우에도 청년을 무주택자로 본다.
② 제1항에 따른 특별공급의 비율 및 입주자 선정 기준 등은 「공공주택 특별법 시행규칙」에서 정하는 바에 따른다.
(2022.12.29 본조신설)

제36조【85제곱미터 이하 민영주택의 특별공급】 사업주체는 제4조제1항·제5항 및 제25조제3항에도 불구하고 건설하여 공급하는 85제곱미터 이하의 민영주택을 그 건설량의 10퍼센트의 범위에서 입주자모집공고일 현재 제4조제3항에 따른 공급대상인 무주택세대구성원(제8호의2에 해당하는 경우는 제외한다)으로서 다음 각 호의 어느 하나에 해당하는 자에게 관계기관의 장이 정하는 우선순위기준에 따라 한 차례(제1호 및 제8호의2에 해당하는 경우는 제외한다)에 한정하여 1세대 1주택의 기준으로 특별공급할 수 있다. 다만, 시·도지사의 승인을 받은 경우에는 수도권에서는 15퍼센트, 그 외의 지역에서는 20퍼센트의 범위에서 특별공급할 수 있다.(2018.12.11 본문개정)
1. 해당 주택을 건설하는 지역에서 철거되는 주택을 관계법령에 따라 해당 사업시행을 위한 고시 등이 있은 날 이전부터 소유 및 거주한 자(대지와 건물의 소유자가 같은 경우에 한하며, 1세대 1주택에 한한다)
2. 「독립유공자예우에 관한 법률」에 따른 독립유공자 또는 그 유족(2018.12.11 본호신설)

2의2. 「국가유공자 등 예우 및 지원에 관한 법률」에 따른 국가유공자 또는 그 유족
3. 「보훈보상대상자 지원에 관한 법률」에 따른 보훈보상대상자 또는 그 유족
3의2. 종전의 「국가유공자 등 예우 및 지원에 관한 법률」(법률 제11041호로 개정되기 전의 것을 말한다) 제73조의2에 따라 국가유공자에 준하는 군경 등으로 등록된 사람 또는 그 유족(2023.7.31 본호신설)
4. 「5·18민주유공자 예우에 관한 법률」에 따른 5·18민주유공자 또는 그 유족
5. 「특수임무유공자 예우 및 단체설립에 관한 법률」에 따른 특수임무유공자 또는 그 유족
6. 「참전유공자예우 및 단체설립에 관한 법률」에 따른 참전유공자
7. 「의사상자 등 예우 및 지원에 관한 법률」 제2조제4호 및 제5호에 따른 의사상자 또는 의사자유족
8. 제35조제1항제6호, 제7호, 제9호, 제10호, 제15호, 제17호, 제19호, 제20호, 제22호부터 제24호까지, 제26호에 해당되는 자(2016.5.19 본호개정)
8의2. 제35조제1항제27호의2에 해당하는 자(2018.5.4 본호신설)
9. 국외에서 1년 이상 근무한 근로자 중 귀국일부터 2년 이내인 자로서 주택청약종합저축에 가입하여 제1순위에 해당하는 자(2023.7.31 본호개정)

제37조【개발제한구역 해제 택지개발사업 등으로 건설된 주택의 특별공급】 ① 「택지개발촉진법」에 따른 택지개발사업이나 「도시개발법」에 따른 도시개발사업을 위하여 해제된 개발제한구역 또는 「공공주택 특별법」에 따른 공공주택지구조성사업이 시행되는 지역에서 해당 공공사업으로 조성된 택지 또는 토지를 공급받아 주택을 건설하여 공급하는 사업주체는 그 건설하여 공급하는 85제곱미터 이하의 분양주택을 제4조에도 불구하고 입주자모집공고일 현재 무주택세대구성원으로서 다음 각 호의 어느 하나에 해당하는 자에게 한 차례에 한정하여 1세대 1주택의 기준으로 특별공급할 수 있다. 다만, 「공익사업을 위한 토지 등의 취득 및 보상에 관한 법률」 제78조에 따라 수립된 이주대책의 대상자에 포함되어 있거나 이주정착금을 지급받은 자는 제외한다.(2022.12.29 본문개정)
1. 해당 공공사업의 시행을 위하여 철거되는 주택의 소유자〔「공공주택 특별법 시행규칙」 별표4 제2호가목4)에 따라 국민임대주택의 입주자로 선정된 자는 제외한다〕(2016.5.19 본호개정)
2. 「택지개발촉진법 시행령」 제13조의2제7항제4호에 따라 택지를 공급받을 수 있는 자로서 해당 택지개발사업으로 조성된 택지를 공급받지 못하거나 공급받지 않은 자(2022.12.29 본호개정)
3. 「도시개발법 시행령」 제57조제5항제3호에 따라 토지를 공급받을 수 있는 자로서 해당 도시개발사업으로 조성된 토지를 공급받지 못하거나 공급받지 않은 자(2020.9.29 본호개정)
4. 「공공주택 특별법 시행령」 제24조제5항제4호에 따라 토지를 양도한 자로서 그 면적이 400제곱미터 이상이고 해당 공공주택건설사업으로 조성된 토지를 공급받지 못하거나 공급받지 않은 자(2021.9.27 본호개정)

② 사업주체는 제1항에 따른 특별공급에 경쟁이 있으면 추첨의 방법으로 공급해야 한다.(2022.12.29 본항신설)
③ 제1항에 따른 특별공급에 필요한 세부 사항은 입주자모집승인권자가 사업주체와 협의하여 따로 정할 수 있다.(2022.12.29 본항신설)
(2022.12.29 본조제목개정)

제38조【경제자유구역 내 민영주택의 특별공급】 사업주체는 경제자유구역(「경제자유구역의 지정 및 운영에 관한 특별법」에 따른 경제자유구역을 말한다. 이하 같다) 안에서 건설하여 공급하는 민영주택을 제4조 및 제28조에도 불구하고 그 건설량의 10퍼센트의 범위에서 입주자모집공고일 현재 무주택세대구성원(외국인인 경우에는 무주택자를 말한다)으로서 다음 각 호의 어느 하나에 해당하는 자에게 관계기관의 장이 정하는 우선순위 기준에 따라 1세대 1주택의 기준으로 특별공급할 수 있다. 다만, 시·도지사의 승인을 받은 경우에는 10퍼센트를 초과하여 특별공급할 수 있다.
1. 해당 경제자유구역에 입주하는 외국인투자기업(「외국인투자 촉진법」 제2조제1항제6호에 따른 외국인투자기업을 말한다)의 종사자
2. 다음 각 목의 어느 하나에 해당하는 자로서 해당 시·도지사의 확인을 받은 자
  가. 「경제자유구역의 지정 및 운영에 관한 특별법」 제22조에 따라 설립된 외국교육기관 또는 국제고등학교의 교원 또는 종사자
  나. 「경제자유구역의 지정 및 운영에 관한 특별법」 제23조에 따라 개설된 외국인전용 의료기관 또는 외국인전용 약국의 종사자
  다. 경제자유구역 안에 소재하는 국제연합기구, 「외국인투자촉진법 시행령」 제2조제1항에 따른 국제협력기구, 그 밖의 국제기구 종사자

제39조【비수도권 민영주택의 특별공급】 사업주체는 수도권 외의 지역에서 건설하여 공급하는 민영주택을 제28조에도 불구하고 그 건설량의 10퍼센트의 범위에서 다음 각 호의 어느 하나에 해당하는 자에게 무주택세대구성원을 제1순위로 하여 관계기관의 장이 정하는 우선순위 기준에 따라 한 차례에 한정하여 1세대 1주택의 기준으로 특별공급할 수 있다. 다만, 그 주택건설지역의 청약률, 분양률, 특별공급수요 등을 고려하여 시·도지사의 승인을 받은 경우에는 20퍼센트까지 특별공급할 수 있다.
1. 수도권에서 수도권 외의 지역으로 이전하는 학교(「수도권정비계획법 시행령」 제3조제1호에 따른 학교를 말한다)에 근무하는 자
2. 수도권에서 수도권 외의 지역으로 이전하는 공장(「수도권정비계획법 시행령」 제3조제2호에 따른 공장을 말한다)에 근무하는 자
3. 수도권에서 수도권 외의 지역으로 이전하는 기업 중 「국가균형발전 특별법 시행령」 제17조제3항에 따라 산업통상자원부장관이 정한 세부기준에 따라 지원대상이 되는 기업에 근무하는 자
4. 수도권에서 수도권 외의 지역으로 이전하는 기업연구소(「산업기술혁신 촉진법」 제34조에 따른 기업연구소를 말한다)에 근무하는 자

제40조【다자녀가구 특별공급】 ① 사업주체는 건설하여 공급하는 주택을 그 건설량의 10퍼센트(출산 장려의 목적으로 지역별 출산율, 다자녀가구의 청약현황 등을 고려하여 입주자모집 승인권자가 인정하는 경우에는 15퍼센트)의 범위에서 입주자모집공고일 현재 미성년자인 세 명 이상의 자녀(태아를 포함한다. 이하 같다)를 둔 무주택세대구성원에게 한 차례에 한정하여 1세대 1주택의 기준으로 특별공급할 수 있다.(2018.5.4 본항개정)
② 제1항에도 불구하고 제18조 각 호의 어느 하나에 해당하는 사업주체가 건설하여 공급하는 85제곱미터 이하의 주택은 해당 세대의 월평균소득이 전년도 도시근로자 가구당 월평균소득(태아를 포함한 가구원 수가 4명 이상인 세대는 가구원수별 가구당 월평균소득을 말한다. 이하 같다)의 120퍼센트 이하인 무주택세대구성원에게 특별공급할 수 있다.(2020.9.29 본항개정)
③ 태아나 입양한 자녀를 포함하여 제1항에 따른 입주자로 선정된 경우에는 국토교통부장관이 정하는 출산 등과 관련한 자료를 제출하거나 입주시까지 입양이 유지되어야 한다.(2016.11.15 본항신설)

제41조【신혼부부 특별공급】 ① 85제곱미터 이하의 민영주택을 건설하여 공급하는 사업주체는 그 건설량의 18퍼센트의 범위에서 연간 주택건설계획량 등을 고려하여 국토교통부장관이 정하여 고시하는 비율에 해당하는 수의 주택을 제1호 각 목의 요건을 모두 갖춘 자에게 제2호 각 목의 순위에 따르거나 추첨의 방법으로 한 차례에 한정하여 1세대 1주택의 기준으로 특별공급할 수 있다.
(2023.2.28 본문개정)
1. 공급요건
  가. 입주자모집공고일 현재 혼인기간(「가족관계의 등록 등에 관한 법률」 제15조제1항제3호에 따른 혼인관계증명서의 신고일을 기준으로 산정한다. 이하 같다)이 7년 이내일 것(2018.5.4 본목개정)
  나. (2018.5.4 삭제)
  다. 무주택세대구성원일 것. 다만, 신혼부부는 혼인신고일부터 입주자모집공고일까지 계속하여 무주택자여야 한다.(2018.12.11 단서신설)
  라. 해당 세대의 월평균 소득이 다음의 어느 하나에 해당할 것
    1) 전년도 도시근로자 가구당 월평균 소득의 140퍼센트(배우자가 소득이 있는 경우에는 160퍼센트로 한다) 이하
    2) 전년도 도시근로자 가구당 월평균 소득의 140퍼센트(배우자가 소득이 있는 경우에는 160퍼센트로 한다)를 초과하는 경우로서 세대원이 소유하는 부동산의 가액의 합계가 「국민건강보험법 시행령」 별표4 제3호에 따른 재산등급 중 29등급에 해당하는 재산금액의 하한과 상한을 산술평균한 금액 이하일 것. 이 경우 부동산 가액의 산정방법은 국토교통부장관이 정하여 고시한다.
  (2021.11.16 본목개정)
2. 공급순위
  가. 제1순위 : 다음의 어느 하나에 해당하는 경우
    1) 제1호가목에 따른 혼인기간 중 자녀를 출산(임신 중이거나 입양한 경우를 포함한다)하여 자녀가 있는 경우
    2) 「민법」 제855조제2항에 따라 혼인 중의 출생자로 인정되는 혼인외의 출생자가 있는 경우
  (2020.9.29 본목개정)
  나. 제2순위 : 제1순위에 해당하지 아니하는 경우
  (2018.5.4 본목개정)

② 제1항제2호 각 목에 따른 제1순위 및 제2순위 안에서 경쟁이 있는 경우에는 다음 각 호의 순서대로 입주자를 선정하여야 한다. 다만, 제34조제1항의 경우에는 제1호를 적용하지 아니한다.
1. 해당 주택건설지역의 거주자. 다만, 제4조제1항 각 호에 해당하는 지역에 주택공급을 신청하는 경우와 같은 조 제3항 각 호에 해당하는 지역의 거주자가 해당 지역에 주택공급을 신청하는 경우만 해당한다.
2. 자녀수가 많은 자
3. 자녀수가 같은 경우에는 추첨으로 선정된 자

③ 제1항에 따른 특별공급 대상 주택은 다음 각 호의 구분에 따라 공급해야 한다.
1. 특별공급 대상 주택 수의 50퍼센트는 제1항제1호 각 목의 요건을 모두 갖춘 사람 중 해당 세대의 월평균 소득이 전년도 도시근로자 가구당 월평균 소득의 100퍼센트(배우자가 소득이 있는 경우에는 120퍼센트로 한다) 이하인 사람에게 우선 공급한다. 이 경우 공급순위는 제1항제2호 및 제2항에 따른다.
2. 특별공급 대상 주택 수의 20퍼센트는 제1항제1호 각 목의 요건을 모두 갖춘 사람 중 해당 세대의 월평균 소득이 전년도 도시근로자 가구당 월평균 소득의 140퍼센트(배우자가 소득이 있는 경우에는 160퍼센트로 한다) 이하인 사람에게 공급한다. 이 경우 공급순위는 제1항제2호 및 제2항에 따른다.
3. 나머지 특별공급 대상 주택은 제1항제1호 각 목의 요건을 모두 갖춘 사람에게 추첨의 방법으로 공급한다.
(2021.11.16 본항개정)

④ 국민주택을 건설하여 공급하는 사업주체는 그 건설량의 30퍼센트의 범위에서 연간 주택건설계획량 등을 고려하여 국토교통부장관이 정하여 고시하는 비율에 해당하는 수의 주택을 제1호 각 목의 요건을 모두 갖춘 사람에게 제2호 각 목의 순위에 따른 방법으로 한 차례에 한정하여 1세대 1주택의 기준으로 특별공급할 수 있다.
1. 공급요건
  가. 입주자모집공고일 현재 혼인기간이 7년 이내일 것
  나. 무주택세대구성원일 것. 다만, 신혼부부는 혼인신고일부터 입주자모집공고일까지 계속하여 무주택자여야 한다.
  다. 해당 세대의 월평균소득이 전년도 도시근로자 가구당 월평균소득의 140퍼센트(배우자가 소득이 있는 경우에는 160퍼센트로 한다) 이하일 것
2. 공급순위
  가. 제1순위 : 다음의 어느 하나에 해당하는 경우
    1) 제1호가목에 따른 혼인기간 중 자녀를 출산(임신 중이거나 입양한 경우를 포함한다)하여 자녀가 있는 경우
    2) 「민법」 제855조제2항에 따라 혼인 중의 출생자로 인정되는 혼인 외의 출생자가 있는 경우
  나. 제2순위 : 제1순위에 해당하지 않는 경우
(2023.2.28 본항신설)

⑤ 제4항제2호 각 목에 따른 제1순위 및 제2순위 안에서 경쟁이 있는 경우에는 제2항 각 호의 순서대로 입주자를 선정해야 한다. 다만, 제34조제1항의 경우에는 이 조 제2항제1호를 적용하지 않는다.(2023.2.28 본항신설)
⑥ 제4항에 따른 특별공급 대상 주택은 다음 각 호의 구분에 따라 공급해야 한다.
1. 특별공급 대상 주택 수의 70퍼센트는 제4항제1호 각 목의 요건을 모두 갖춘 사람 중 해당 세대의 월평균소득이 전년도 도시근로자 가구당 월평균소득의 100퍼센트(배우자가 소득이 있는 경우에는 120퍼센트로 한다) 이하인 사람에게 우선 공급한다. 이 경우 공급순위는 제4항제2호 및 제5항에 따른다.
2. 제1호에 따라 공급하고 남은 주택은 제4항제1호 각 목의 요건을 모두 갖춘 사람을 대상으로 제4항제2호 및 제5항의 공급순위에 따라 공급한다.
(2023.2.28 본항신설)
⑦ 제1항제2호가목 및 제4항제2호가목에 따라 임신 또는 입양하여 입주자로 선정된 경우에는 국토교통부장관이 정하는 출산 등과 관련한 자료를 제출하거나 입주할 때까지 입양이 유지되어야 한다.(2023.2.28 본항개정)

제42조【외국인 특별공급】 사업주체는 건설하여 공급하는 주택을 그 건설량의 10퍼센트의 범위에서 입주자모집공고일 현재 무주택자(국민주택의 경우에는 입주자모집공고일부터 입주시까지 무주택자이어야 한다)인 외국인에게 외국인투자의 촉진을 위한 시책을 추진하기위하여 해당 시·도지사가 정하여 고시하는 기준에 따라 한 차례에 한정하여 1세대 1주택의 기준으로 특별공급할 수 있다. 다만, 시·도지사의 승인을 받은 경우에는 10퍼센트를 초과하여 특별공급할 수 있다.(2016.8.12 본문개정)

제43조【생애최초 주택 구입자 특별공급】 ① 사업주체는 건설하여 공급하는 국민주택을 그 건설량의 25퍼센트의 범위에서 입주자모집공고일 현재 생애 최초(세대에 속한 모든 자가 과거 주택을 소유한 사실이 없는 경우로 한정한다. 이하 이 조에서 같다)로 주택을 구입하는 자로서 다음 각 호의 요건을 모두 갖춘 자에게 한 차례에 한정하여 1세대 1주택의 기준으로 추첨의 방법으로 입주자를 선정하여 특별공급할 수 있다.(2020.9.29 본문개정)
1. 제27조제1항의 1순위에 해당하는 무주택세대구성원으로서 저축액이 선납금을 포함하여 600만원 이상인 자
2. 입주자모집공고일 현재 혼인 중이거나 자녀가 있는 자
3. 입주자모집공고일 현재 근로자 또는 자영업자〔과거 1년 내에 소득세(「소득세법」 제19조 또는 제20조에 해당하는 소득에 대하여 납부하는 것을 말한다. 이하 이 조에서 같다)를 납부한 자를 포함한다. 이하 이 조에서 같다〕로서 5년 이상 소득세를 납부한 자. 이 경우 해당 소득세납부의무자이나 소득공제, 세액공제, 세액감면 등으로 납부의무액이 없는 경우를 포함한다.(2020.9.29 전단개정)
4. 해당 세대의 월평균 소득이 전년도 도시근로자 가구당 월평균 소득〔4명 이상인 세대는 가구원수(주택공급신청

자의 직계존속은 1년 이상 같은 주민등록표에 올라 있는 경우만 가구원수에 포함한다)별 가구당 월평균 소득을 말한다. 이하 이 조에서 같다)의 130퍼센트 이하인 자 (2021.2.2 본호개정)
② 제1항에 따른 특별공급 대상 주택수의 70퍼센트는 제1항 각 목의 요건을 모두 갖춘 자로서 해당 세대의 월평균 소득이 전년도 도시근로자 가구당 월평균소득의 100퍼센트 이하인 자에게 추첨의 방법으로 우선 공급해야 한다. (2021.2.2 본항신설)
③ 사업주체는 건설하여 공급하는 85제곱미터 이하의 민영주택을 그 건설량의 19퍼센트(공공택지 외의 택지에 건설하여 공급하는 경우에는 9퍼센트를 말한다)의 범위에서 입주자모집공고일 현재 생애 최초로 주택을 구입하는 자로서 다음 각 호의 요건을 모두 갖춘 자에게 한 차례에 한정하여 1세대 1주택의 기준으로 추첨의 방법으로 입주자를 선정하여 특별공급할 수 있다. 이 경우 단독세대주나 세대주와 같은 세대별주민등록표에 등재되어 있는 사람(세대원은 제외한다)에게는 전용면적이 60제곱미터 이하인 주택으로만 특별공급할 수 있다.(2023.2.28 전단개정)
1. 제28조제1항의 1순위에 해당하는 무주택세대구성원인 자
2. 입주자모집공고일 현재 다음 각 목의 어느 하나에 해당하는 사람
  가. 혼인 중이거나 자녀가 있는 사람
  나. 가목에 해당하지 않는 사람으로서 제4호에 해당하는 사람
  (2021.11.16 본호개정)
3. 입주자모집공고일 현재 근로자 또는 자영업자로서 5년 이상 소득세를 납부한 자. 이 경우 해당 소득세납부의무자이나 소득공제, 세액공제, 세액감면 등으로 납부의무액이 없는 경우를 포함한다.
4. 해당 세대의 월평균 소득이 다음 각 목의 어느 하나에 해당할 것
  가. 전년도 도시근로자 가구당 월평균 소득의 160퍼센트 이하일 것
  나. 전년도 도시근로자 가구당 월평균 소득의 160퍼센트를 초과하는 경우로서 세대원이 소유하는 부동산의 가액의 합계가 「국민건강보험법 시행령」 별표4 제3호에 따른 재산등급 중 29등급에 해당하는 재산금액의 하한과 상한을 산술평균한 금액 이하일 것. 이 경우 부동산 가액의 산정방법은 국토교통부장관이 정하여 고시한다.
  (2021.11.16 본호개정)
(2020.9.29 본항신설)
④ 제3항에 따른 특별공급 대상 주택은 다음 각 호의 구분에 따라 공급해야 한다.
1. 특별공급 대상 주택 수의 50퍼센트는 제3항제1호, 같은 항 제2호가목, 같은 항 제3호 및 제4호가목의 요건을 모두 갖춘 사람으로서 해당 세대의 월평균 소득이 전년도 도시근로자 가구당 월평균 소득의 130퍼센트 이하인 사람에게 추첨의 방법으로 우선 공급한다.
2. 특별공급 대상 주택 수의 20퍼센트는 제3항제1호, 같은 항 제2호가목, 같은 항 제3호 및 제4호가목의 요건을 모두 갖춘 사람으로서 해당 세대의 월평균 소득이 전년도 도시근로자 가구당 월평균 소득의 160퍼센트 이하인 사람에게 추첨의 방법으로 공급한다.
3. 나머지 특별공급 대상 주택은 제3항 각 호의 요건을 모두 갖춘 사람에게 추첨의 방법으로 공급한다.
(2021.11.16 본항개정)

제44조【도시개발사업에 따른 철거주택 소유자에 대한 특별공급】 사업주체는 도시개발사업(「도시개발법」 제11조제1항제5호 또는 제11호에 해당하는 자가 같은 법에 따라 시행하는 도시개발사업으로서 개발면적이 33만제곱미터 이상인 경우만 해당한다)으로 조성된 토지에 건설하여 공급하는 85제곱미터 이하의 민영주택을 입주자모집공고일 현재 무주택세대구성원으로서 해당 도시개발사업의 시행을 위하여 철거되는 주택의 소유자에게 한 차례에 한정하여 1세대 1주택의 기준으로 특별공급할 수 있다. 다만, 「공익사업을 위한 토지 등의 취득 및 보상에 관한 법률」 제78조에 따라 수립된 이주대책의 대상자에 포함되어 있거나 이주정착금을 지급받은 자는 제외한다.

제45조【국가유공자 등 특별공급】 사업주체는 2024년 3월 31일까지 입주자모집승인을 신청(「공공주택 특별법」 제4조에 따른 공공주택사업자의 경우에는 입주자모집공고를 말한다)하여 건설·공급하는 국민주택을 제4조제1항·제5항 및 제25조제3항에도 불구하고 그 건설량의 5퍼센트(공공임대주택의 경우에는 10퍼센트)의 범위에서 입주자모집공고일 현재 제4조제3항에 따른 공급대상인 무주택세대구성원으로서 다음 각 호의 어느 하나에 해당하는 자에게 국가보훈부장관이 정하는 기준에 따라 한 차례에 한정하여 1세대 1주택의 기준으로 특별공급할 수 있다. (2023.7.31 본문개정)
1. 「독립유공자예우에 관한 법률」에 따른 독립유공자 또는 그 유족
2. 「국가유공자 등 예우 및 지원에 관한 법률」에 따른 국가유공자 또는 그 유족
3. 「보훈보상대상자 지원에 관한 법률」에 따른 보훈보상대상자 또는 그 유족
3의2. 종전의 「국가유공자 등 예우 및 지원에 관한 법률」(법률 제11041호로 개정되기 전의 것을 말한다) 제73조의2에 따라 국가유공자에 준하는 군경 등으로 등록된 사람 또는 그 유족(2023.7.31 본호신설)
4. 「5·18민주유공자 예우에 관한 법률」에 따른 5·18민주유공자 또는 그 유족
5. 「특수임무유공자 예우 및 단체설립에 관한 법률」에 따른 특수임무유공자 또는 그 유족
6. 「참전유공자 예우 및 단체설립에 관한 법률」에 따른 참전유공자
(2019.11.1 본조개정)

제46조【노부모 부양자에 대한 특별공급】 ① 사업주체는 건설하여 공급하는 주택을 그 건설량의 3퍼센트의 범위에서 입주자모집공고일 현재 65세 이상의 직계존속(배우자의 직계존속을 포함한다)을 3년 이상 계속하여 부양(같은 세대별주민등록표상에 등재되어 있는 경우에 한정한다)하고 있는 자로서 다음 각 호의 요건을 모두 갖춘 자에게 한 차례에 한정하여 1세대 1주택의 기준으로 특별공급할 수 있다.
1. 제27조 및 제28조에 따른 제1순위에 해당하는 자일 것
2. 무주택세대구성원(세대주에 한정하며, 피부양자의 배우자도 무주택자이어야 하고 피부양자의 배우자가 주택을 소유하고 있었던 기간은 무주택기간에서 제외한다. 이하 이 조에서 같다)일 것
② 제1항에 따라 특별공급을 할 때 제1순위에서 경쟁이 있는 경우에는 다음 각 호의 구분에 따른다.
1. 국민주택의 경우 : 제27조제2항의 공급방법에 따를 것
2. 민영주택의 경우 : 가점제를 적용하되, 가점제 점수가 같은 경우에는 주택청약종합저축 가입기간이 긴 사람을 우선하여 선정하며, 주택청약종합저축 가입기간이 같은 경우에는 추첨의 방법에 따를 것
(2023.12.20 본항개정)
③ 제1항에도 불구하고 제18조 각 호의 어느 하나에 해당하는 사업주체는 건설하여 공급하는 85제곱미터 이하의 주택을 그 건설량의 5퍼센트의 범위에서 다음 각 호의 요건을 모두 갖춘 자에게 특별공급할 수 있다.(2016.5.19 본문개정)
1. 해당 세대의 월평균소득이 전년도 도시근로자 가구당 월평균소득(4명 이상인 세대는 가구원수별 가구당 월평균소득을 말한다)의 120퍼센트 이하일 것(2020.9.29 본호개정)
2. 무주택세대구성원일 것

제47조【이전기관 종사자 등 특별공급】 ① (2021.7.5 삭제)
② 사업주체는 「도청 이전을 위한 도시건설 및 지원에 관한 특별법」에 따른 도청이전신도시에서 건설하여 공급하는 주택을 다음 각 호의 어느 하나에 해당하는 자에게 한 차례에 한정하여 1세대 1주택의 기준으로 특별공급할 수 있다.
1. 도청이전신도시에 건설되는 도청 및 공공기관에 근무하기 위하여 이주하는 종사자
2. 도청이전신도시로 이전하거나 설립하는 「국가과학기술 경쟁력 강화를 위한 이공계지원 특별법」 제2조제2호에 따른 대학의 교원 또는 종사자(2021.5.24 본호개정)
3. 도청이전신도시에 입주하는 기업, 연구기관, 의료기관 및 공익단체의 종사자 중 도시활성화 및 투자 촉진 등을 위하여 특별공급이 필요하다고 도지사가 인정하는 자
③ 사업주체는 제1호 각 목의 지역에서 건설하여 공급하는 주택을 제2호 각 목의 어느 하나에 해당하는 사람에게 한 차례에 한정하여 1세대 1주택의 기준으로 특별공급할 수 있다. 다만, 2주택 이상을 소유한 세대에 속한 사람은 제외한다.(2021.5.28 단서신설)
1. 공급지역
  가. 「혁신도시 조성 및 발전에 관한 특별법」 제6조에 따라 지정되는 혁신도시개발예정지구와 같은 법 제29조제1항 단서에 따라 개별 이전하는 지역(이하 이 항에서 "혁신도시예정지역"이라 한다)(2018.3.27 본목개정)
  나. 해당 시·도지사가 인정하는 혁신도시예정지역 인근의 주택건설지역
2. 공급대상자
  가. 혁신도시예정지역으로 이전하거나 혁신도시예정지역에 설치하는 국가기관, 지방자치단체 및 공공기관 종사자
  나. 혁신도시예정지역으로 이전하거나 혁신도시예정지역에 설립하는 다음에 해당하는 교육기관의 교원 또는 종사자
    1) 「유아교육법」 제2조에 따른 유치원
    2) 「초·중등교육법」 제2조에 따른 학교
    3) 「고등교육법」 제2조에 따른 학교
  다. 혁신도시예정지역에 입주하는 기업, 연구기관 및 의료기관의 종사자 중 도시활성화 및 투자 촉진 등을 위하여 특별공급이 필요하다고 해당 시·도지사가 인정하는 자
④ 사업주체는 해당 시·도지사가 주거여건, 주택의 수요·공급 상황 등을 고려하여 필요하다고 인정하는 경우에는 2018년 12월 31일까지 혁신도시예정지역에서 건설하여 공급하는 주택(소속 직원의 관사나 숙소로 사용하는 경우로 한정한다)을 「혁신도시 조성 및 발전에 관한 특별법」 제2조제2호에 따른 이전공공기관에 특별공급할 수 있다.(2018.3.27 본항개정)
⑤ 사업주체는 「제주특별자치도 설치 및 국제자유도시 조성을 위한 특별법」 제189조의2에 따라 건설되는 영어교육도시에서 건설하여 공급하는 주택을 그 도시에 설립되는 다음 각 호의 학교 또는 법인에 근무하기 위하여 전입하는 사람으로서 제주특별자치도지사가 인정하는 사람에게 한 차례에 한정하여 1세대 1주택(외국인인 경우에는 1인 1주택을 말한다)의 기준으로 특별공급할 수 있다.
1. 「제주특별자치도 설치 및 국제자유도시 조성을 위한 특별법」 제182조제1항에 따른 외국교육기관 중 외국대학
2. 「제주특별자치도 설치 및 국제자유도시 조성을 위한 특별법」 제189조의4에 따른 국제학교
3. 「제주특별자치도 설치 및 국제자유도시 조성을 위한 특별법」 제189조의7에 따라 국제학교 설립승인을 받은 법인. 이 경우 설립승인 후 국제학교의 운영을 위탁한 경우는 그러하지 아니하다.
4. 「제주특별자치도 설치 및 국제자유도시 조성을 위한 특별법」 제189조의8에 따라 국제학교의 운영을 위탁받은 법인
⑥ 사업주체는 「주한미군기지 이전에 따른 평택시 등의 지원 등에 관한 특별법」 제2조제5호에 따른 평택시등(이하 "평택시등"이라 한다)에서 건설하여 공급하는 주택을 다음 각 호의 어느 하나에 해당하는 자로서 평택시등의 장이 인정하는 자에게 한 차례에 한정하여 1세대 1주택의 기준으로 특별공급할 수 있다.
1. 대한민국 국민으로서 「대한민국과 아메리카합중국 간의 상호방위조약 제4조에 의한 시설과 구역 및 대한민국에서의 합중국 군대의 지위에 관한 협정」 제17조에 따른 민간인인 고용원
2. 대한민국 국민으로서 「대한민국과 미합중국간의 한국노무단의 지위에 관한 협정」 제1조에 따라 미합중국 군대를 위하여 노역을 수행하는 한국노무단의 민간인인 고용원
⑦ 사업주체는 「산업입지 및 개발에 관한 법률」 제2조제8호에 따른 산업단지(이하 이 항에서 "산업단지"라 한다)에서 건설하여 공급하는 주택을 같은 법 시행규칙 제27조의2에 따라 다음 각 호의 어느 하나에 해당하는 자에게 한 차례에 한정하여 1세대 1주택의 기준으로 특별공급할 수 있다.
1. 해당 산업단지(해당 주택건설지역 내의 다른 산업단지로서 주택건설사업계획 승인권자가 입주기업 종사자 지원을 위해 필요하다고 인정하는 산업단지를 포함한다. 이하 이 항에서 같다)의 입주기업(「산업입지 및 개발에 관한 법률」 제2조제9호에 따른 산업단지개발사업의 시행자와 분양계약을 체결한 입주예정기업을 포함한다. 이하 이 항에서 같다), 연구기관 및 의료기관의 종사자
2. 해당 산업단지 내로 이전하거나 산업단지 내에 설립하는 다음 각 목에 해당하는 교육기관의 교원 또는 종사자(2021.7.5 본문개정)
  가. 「유아교육법」 제2조제2호에 따른 유치원
  나. 「초·중등교육법」 제2조에 따른 학교
  다. 「고등교육법」 제2조에 따른 학교
  (2021.7.5 가목~다목신설)
⑧ 사업주체는 「기업도시개발 특별법」 제5조에 따라 지정된 기업도시개발구역에서 건설하여 공급하는 주택을 같은 법 시행령 제39조제1항 각 호에 해당하는 자에게 한 차례에 한정하여 1세대 1주택의 기준으로 특별공급할 수 있다.(2017.11.24 본항신설)
⑨ 사업주체는 해당 시·도지사가 주거여건, 주택의 수급 상황 등을 고려하여 필요하다고 인정하는 경우에는 산업단지 또는 기업도시개발구역에서 건설하여 공급하는 주택(국토교통부장관이 제10항제3호에서 정하는 바에 따라 소속 직원의 숙소로 사용하는 경우로 한정한다)을 산업단지 또는 기업도시개발구역 입주기업에 특별공급할 수 있다.(2017.11.24 본항개정)
⑩ 제2항부터 제9항까지에 따른 특별공급에 필요한 세부적인 사항은 다음 각 호에서 정하는 사람이 따로 정할 수 있다.(2021.7.5 본문개정)
1. (2021.7.5 삭제)
2. 제2항의 경우 : 도지사
3. 제3항, 제7항 및 제8항의 경우 : 국토교통부장관
  (2017.11.24 본호개정)
4. 제5항의 경우 : 제주특별자치도지사
5. 제6항의 경우 : 평택시등의 장
⑪ 제2항부터 제10항까지의 규정에 따라 주택을 공급하는 경우에는 다음 각 호에서 정하는 바에 따른다.
(2021.7.5 본문개정)
1. 제4항 및 제9항에 따라 주택을 공급하는 경우에는 이 규칙의 다른 조항을 적용하지 아니한다.(2017.11.24 본호개정)
2. 제1호 외의 경우에는 제54조, 제55조, 제57조 및 제58조만을 적용한다.(2016.11.15 본호개정)

제47조의2 (2023.2.28 삭제)

제47조의3【불법전매 등으로 계약취소된 주택의 재공급】 ① 사업주체는 다음 각 호의 어느 하나에 해당하는 지구 또는 지역 등에서 법 제64조제3항 및 제65조제3항에 따라 입주자로 선정된 지위나 주택을 취득하는 경우 매분기 말일을 기준으로 취득해야 한다.
1. 투기과열지구 또는 청약과열지역

2. 국토교통부장관 및 시·도지사가 투기과열지구 또는 청약과열지역이 아닌 지역에서 필요하다고 인정하여 지정하는 주택단지(2021.2.2 본호개정)
② 사업주체는 제1항에 따라 취득하는 입주자로 선정된 지위 또는 주택(이하 이 조에서 "계약취소주택"이라 한다)을 입주자모집공고일 현재 다음 각 호의 요건을 모두 갖춘 사람에게 추첨의 방법으로 공급해야 한다.(2021.5.28 본문개정)
1. 해당 주택건설지역의 거주자일 것
2. 세대주로서 무주택세대구성원일 것
3. 다음 각 목의 어느 하나에 해당하는 제한기간 중에 있지 않을 것
가. 제54조제2항에 따른 재당첨 제한기간
나. 제56조제1항에 따른 입주자 자격 제한기간
다. 제58조제3항에 따른 입주자선정 제한기간
③ 사업주체는 제2항에도 불구하고 계약취소주택이 제35조부터 제47조까지의 규정에 따라 공급되는 주택인 경우에는 해당 주택건설지역의 거주자로서 입주자모집공고일 현재 해당 특별공급의 요건을 갖춘 사람을 대상으로 추첨의 방법으로 공급해야 한다. 다만, 특별공급 요건을 갖춘 사람이 신청을 하지 않거나 본문에 따라 입주자를 선정하고 남은 주택이 있는 경우에는 제2항 각 호의 요건을 모두 갖춘 사람을 대상으로 추첨의 방법으로 공급한다.
④ 사업주체는 제2항 및 제3항에 따라 계약취소주택을 공급하는 경우 계약취소주택수의 40퍼센트 이상(소수점 이하는 올림한다)의 예비입주자를 선정해야 한다.
⑤ 사업주체는 입주자를 선정한 경우 제57조제1항에 따라 당첨자의 명단을 주택청약업무수행기관에 통보해야 한다.(2021.2.2 본항개정)
⑥ 입주자모집승인권자는 각 사업주체들과 협의하여 관할 지역에 있는 계약취소주택을 분기별 또는 반기별로 통합하여 한꺼번에 공급하게 할 수 있다.
⑦ 입주자모집승인권자는 계약취소주택의 재공급을 위한 입주자모집을 승인하는 경우 계약취소주택의 당초 분양가격, 법 제64조제3항 및 제65조제3항에 따른 매입비용 및 지급금액, 계약취소주택의 재공급에 들어간 법률 자문비용, 홍보비·인건비 등의 부대경비 등을 고려할 때 그 재공급가격이 적절한지를 검토·확인해야 한다.
(2021.5.28 본항신설)
⑧ 사업주체는 제52조에 따라 입주자모집승인권자 또는 주택청약업무수행기관을 통해 무주택기간 및 주택소유 여부 등 입주대상자의 자격을 확인해야 한다.(2021.2.2 본항개정)
(2019.8.16 본조개정)

제48조【특별공급의 입주자저축 요건】 제35조제1항(제1호부터 제5호까지, 제12호, 제13호, 제14호, 제17호, 제27호의2 및 제28호를 제외한다), 제36조[제1호부터 제6호까지, 제8호(제35조제1항제17호에 해당하는 부분만을 말한다) 및 제8호의2를 제외한다], 제38조, 제39조, 제40조 및 제41조제1항에 따라 주택을 특별공급받고자 하는 자는 다음 각 호의 어느 하나에 해당하는 요건을 갖추어야 한다.
(2018.12.11 본문개정)
1. 국민주택을 특별공급받으려는 경우 : 주택청약종합저축에 가입하여 6개월이 지나고 매월 약정납입일에 월납입금을 6회 이상 납입하였을 것(2016.8.12 본호개정)
2. 민영주택을 특별공급받으려는 경우 : 주택청약종합저축에 가입하여 6개월이 지나고 별표2의 예치기준금액에 상당하는 금액을 납입하였을 것

제49조【특별공급의 비율 조정 등】 ① 입주자모집승인권자는 제40조, 제41조, 제43조 및 제46조에 따른 각 특별공급의 비율을 증가 또는 감소시킬 수 있다. 이 경우 다음 각 호의 요건을 모두 충족하여야 한다.
1. 각 특별공급 비율은 10퍼센트(전체 건설량을 기준으로 한다)의 범위 내의 비율에서 증가 또는 감소시킬 것
2. 각 유형별 특별공급비율은 최소 3퍼센트 이상일 것
3. 특별공급 비율의 조정 후 각 유형별 비율의 합이 조정 전의 각 유형별 비율의 합을 초과하지 아니할 것
② 국토교통부장관은 제40조, 제41조, 제43조 및 제46조에 따른 입주자 선정에 관한 세부적인 사항을 정할 수 있다.(2017.11.24 본항개정)
③ 시·도지사는 제35조제1항제24호, 제36조제8호(제35조제1항제24호에 해당되는 사람으로 한정한다), 제39조, 제42조 및 제44조에 따른 입주자 선정에 관한 세부적인 사항을 정할 수 있다.(2018.12.11 본항개정)

제5장 입주자 선정 및 관리

제1절 입주자 선정

제50조【입주자선정업무 등의 대행】 ① 사업주체는 입주자를 선정하려는 경우에는 다음 각 호의 구분에 따른 기관에 청약접수 및 입주자선정업무의 대행을 의뢰해야 한다. 다만, 제19조제3항에 따라 방문접수의 방법으로 입주자를 모집하거나 제47조에 따라 입주자를 모집하는 경우는 예외로 한다.(2021.2.2 본문개정)
1. 청약접수
가. 제27조 및 제28조에 따라 입주자를 선정하려는 경우 : 입주자저축 취급기관
나. 제19조제5항, 제31조부터 제33조까지 및 제35조부터 제46조까지 및 제47조의3(해당 주택이 20세대 또는 20호 이상인 경우로 한정한다)에 따라 입주자를 선정하려는 경우 : 주택청약업무수행기관(2021.2.2 본목개정)
(2018.5.4 본호개정)
2. 입주자 선정 및 동·호수 배정 : 주택청약업무수행기관(2021.2.2 본호개정)
② 제1항에도 불구하고 제18조 각 호의 어느 하나에 해당하는 사업주체는 다음 각 호의 업무를 직접 할 수 있다.
(2019.11.1 본문개정)
1. 청약접수
2. 제27조 및 제28조에 따라 입주자를 선정하고 남은 주택 및 분양전환되지 아니하는 공공임대주택의 입주자 선정
③ 제1항 및 제2항에 따라 청약접수 업무를 수행하는 기관은 청약률을 인터넷 홈페이지 등에 게시하여야 한다.
④ 법 제54조의2제2항 각 호 외의 부분에서 "입주자자격, 공급 순위 등을 증명하는 서류의 확인 등 국토교통부령으로 정하는 업무"란 다음 각 호의 업무를 말한다.
1. 제23조 및 제24조에 따라 주택공급 신청자가 제출한 서류의 확인 및 관리
2. 제52조에 따른 입주자 자격의 확인 및 제57조제8항에 따른 부적격 당첨 여부 확인
3. 제57조 및 제58조에 따른 당첨자·부적격 당첨자의 명단관리
4. 제59조에 따른 주택의 공급계약 체결에 관한 업무
5. 제1호부터 제4호까지의 규정과 관련된 상담 및 안내 등
(2019.11.1 본항개정)
⑤ 사업주체는 주택청약업무수행기관에 제35조에서 제49조까지의 규정에 따른 입주자선정업무 중 동·호수 배정업무의 대행을 의뢰해야 한다.(2021.2.2 본항개정)

제50조의2【분양대행자에 대한 교육 등】 ① 사업주체는 법 제54조의2제2항에 따른 분양대행자(이하 이 조에서 "분양대행자"라 한다)에게 제50조제4항 각 호의 업무(이하 이 조에서 "분양대행 업무"라 한다)를 대행하게 하는 경우 법 제54조의2제3항에 따라 분양대행자가 국토교통부장관이 전문교육기관으로 지정·고시하는 관련 기관·단체에서 다음 각 호에 해당하는 사항을 교육받도록 해야 한다.
1. 다음 각 목의 내용을 포함하는 분양대행 업무에 필요한 전문지식에 관한 사항
가. 주택의 공급방법 및 공급순위
나. 특별공급 대상자 자격 및 특별공급 요건
다. 투기과열지구 및 법 제63조의2에 따른 조정대상지역의 지정 및 해제
라. 법 제64조에 따른 전매행위 제한 및 법 제65조에 따른 공급질서 교란 금지
2. 분양대행자의 소양 및 윤리에 관한 사항
② 제1항에 따른 교육은 분양대행 업무를 하려는 주택의 입주자모집공고일(사전청약의 경우에는 사전당첨자모집 공고일로 한다) 전 1년 이내에 받아야 한다.(2021.11.16 본항개정)
③ 제1항에 따른 전문교육기관은 매년 11월 30일까지 다음 각 호의 내용이 포함된 다음 연도의 교육계획서를 작성하여 입주자모집승인권자 및 사업주체에게 통보해야 한다.
1. 교육 일시·장소 및 시간. 이 경우 교육 기간은 1일로 한다.
2. 교육 예정 인원
3. 교육 과목 및 내용
4. 교육 수료 기준 및 수료증 발급에 관한 사항
5. 그 밖에 교육의 시행에 필요한 사항
④ 사업주체는 분양대행자가 이 규칙에서 정한 절차와 기준에 따라 분양대행 업무를 수행하도록 감독해야 한다.
⑤ 제1항부터 제3항까지의 규정에 따른 교육에 관하여 필요한 사항은 국토교통부장관이 정하여 고시한다.
(2019.11.1 본조신설)

제51조【최하층 우선배정】 주택청약업무수행기관은 사업주체가 5층 이상의 주택을 건설·공급하여 제50조제1항 및 제5항에 따라 대행을 의뢰하는 경우 당첨자 또는 그 세대에 속한 자가 다음 각 호의 어느 하나에 해당하여 주택의 최하층(해당 주택의 분양가격이 바로 위층 주택의 분양가격보다 높은 경우는 제외한다)을 희망하는 때에는 해당 최하층을 그 당첨자에게 우선 배정해야 한다. 이 경우 제1호 또는 제2호에 해당하는 자와 제3호에 해당하는 자 사이에 경쟁이 있으면 제1호 또는 제2호에 해당하는 자에게 우선 배정해야 한다.(2021.2.2 본문개정)
1. 입주자 모집공고일 현재 65세 이상인 자
2. 「장애인복지법」 제32조에 따라 장애인등록증이 발급된 자
3. 입주자모집공고일 현재 미성년자인 세 명 이상의 자녀를 둔 자(2016.5.19 본호신설)

제52조【입주대상자 자격 확인 등】 ① 사업주체(사업주체가 국가 또는 지방자치단체인 경우에는 시·도지사를 말한다. 이하 이 조에서 같다)는 주택의 입주자를 선정하거나 사업계획상의 입주자를 확정하려는 경우에는 입주대상자(예비입주대상자를 포함한다. 이하 이 조에서 같다)로 선정된 자 또는 사업계획상의 입주대상자로 확정된 자에 대하여 「정보통신망 이용촉진 및 정보보호 등에 관한 법률」에 따라 구성된 주택전산망을 이용한 무주택기간 및 주택소유 여부 등의 전산검색을 국토교통부장관이 정하는 방법과 절차에 따라 국토교통부장관에게 의뢰해야 한다. 다만, 입주자저축취급기관이 제50조제1항에 따라 청약접수를 대행하는 경우에는 입주자저축취급기관이 주택청약업무수행기관으로 하여금 국토교통부장관에게 전산검색을 의뢰하도록 요청해야 한다.(2021.2.2 본항개정)
② 제23조제2항 각 호 외의 부분 단서에 따라 주택의 공급신청시에 구비서류의 제출을 생략한 경우 사업주체는 주택의 공급계약을 체결하기 전에 당첨예정자로부터 같은 항 제2호부터 제4호까지, 제8호 및 제9호에 따른 서류를 제출받아 세대주, 세대원 및 해당 거주지 등을 확인하여야 한다.
③ 사업주체는 제1항 및 제2항에 따른 전산검색 및 제출서류의 확인 결과 공급자격 또는 선정순위를 달리한 부적격자로 판정된 자에 대해서는 그 결과를 통보하고, 통보한 날부터 7일 이상의 기간을 정하여 제23조제4항 각 호에 따른 주택 소유 여부를 증명할 수 있는 서류, 세대주, 세대원 및 해당 거주지 등을 확인할 수 있는 증명서류 등을 제출하도록 하여 공급자격 또는 선정순위의 정당 여부를 확인한 후 입주자를 선정하거나 사업계획상의 입주대상자를 확정하여야 한다.
④ 사업주체는 제3항에 따른 서류를 접수일부터 5년(제54조에 따른 재당첨제한기간이 10년에 해당하는 경우에는 10년) 동안 보관하여야 하며, 관계기관의 요청이 있는 경우에는 해당 서류를 제출하여야 한다.
⑤ 법 제5조제3항에 따른 근로자를 고용한 자가 그 근로자를 위하여 건설하는 주택의 경우 해당 사업계획 승인 당시 입주대상자의 일부를 확정할 수 없는 때에는 입주대상자의 명단을 해당 주택의 사용검사일 이전까지 확정하여 시·도지사에게 통보한 후 입주대상자로 확정된 자의 무주택기간 및 주택소유 여부 등을 전산검색하여야 한다. 이 경우 전산검색의 방법 및 절차에 관하여는 제1항을 준용한다.(2016.8.12 전단개정)
⑥ 제1항 또는 제5항에 따른 의뢰를 받은 국토교통부장관은 14일 이내에 전산검색 결과를 사업주체 또는 주택청약업무수행기관에 통보해야 한다.(2021.2.2 본항개정)

제52조의2【입주자자격 및 공급 순위 등 정보의 사전제공】 ① 주택을 공급받으려는 자는 주택공급 신청 전에 법 제89조제4항제3호에 따라 국토교통부장관으로부터 같은 호의 업무를 위탁받은 주택청약업무수행기관의 인터넷 홈페이지를 통하여 법 제56조의3제2항에 따른 개인정보의 수집·제공 동의를 하고 입주자자격, 주택의 소유 여부, 재당첨 제한 여부, 공급 순위 등에 관한 정보를 요청할 수 있다.
② 주택청약업무수행기관은 제1항에 따른 요청이 있는 경우 입주자저축 가입자의 입주자자격 및 공급 순위 등에 대한 자료 및 정보를 검색하고, 그 결과를 인터넷 홈페이지, 휴대전화 문자메시지 등의 방법으로 통지해야 한다.
(2021.2.2 본조신설)

제52조의3【입주대상자 자격 확인 및 정보의 사전제공에 관한 규정의 준용】 사전당첨자의 자격 확인과 사전당첨자 자격 및 공급 순위 등에 관한 정보의 사전제공에 관하여는 제52조(제5항은 제외한다) 및 제52조의2를 준용한다.(2021.11.16 본조신설)

제53조【주택소유 여부 판정기준】 주택소유 여부를 판단할 때 분양권등을 갖고 있거나 주택 또는 분양권등의 공유지분을 소유하고 있는 경우에는 주택을 소유하고 있는 것으로 보되, 다음 각 호의 어느 하나에 해당하는 경우에는 주택을 소유하지 아니한 것으로 본다. 다만, 무주택세대구성원에 해당하는지 여부를 판단할 때 제46조 또는 「공공주택 특별법 시행규칙」 별표6 제2호라목에 따른 특별공급(분양전환공공임대주택은 제외한다)의 경우에는 제6호를 적용하지 않으며, 공공임대주택의 공급의 경우에는 제6호, 제9호 및 제11호를 적용하지 않는다.
(2023.11.10 단서개정)
1. 상속으로 주택의 공유지분을 취득한 사실이 판명되어 사업주체로부터 제52조제3항에 따라 부적격자로 통보받은 날부터 3개월 이내에 그 지분을 처분한 경우
2. 도시지역이 아닌 지역 또는 면의 행정구역(수도권은 제외한다)에 건축되어 있는 주택으로서 다음 각 목의 어느 하나에 해당하는 주택의 소유자가 해당 주택건설지역에 거주(상속으로 주택을 취득한 경우에는 피상속인이 거주한 것을 상속인이 거주한 것으로 본다)하다가 다른 주택건설지역으로 이주한 경우
가. 사용승인 후 20년 이상 경과된 단독주택
나. 85제곱미터 이하의 단독주택
다. 소유자의 「가족관계의 등록 등에 관한 법률」에 따른 최초 등록기준지에 건축되어 있는 주택으로서 직계존속 또는 배우자로부터 상속 등에 의하여 이전받은 단독주택
3. 개인주택사업자가 분양을 목적으로 주택을 건설하여 이를 분양 완료하였거나 사업주체로부터 제52조제3항에 따른 부적격자로 통보받은 날부터 3개월 이내에 이를 처분한 경우
4. 세무서에 사업자로 등록한 개인사업자가 그 소속 근로자의 숙소로 사용하기 위하여 법 제5조제3항에 따라 주택을 건설하여 소유하고 있거나 사업주체가 정부시책의 일환으로 근로자에게 공급할 목적으로 사업계획 승인을 받아 건설한 주택을 공급받아 소유하고 있는 경우
(2016.8.12 본호개정)

5. 주택공급신청자가 속한 세대가 20제곱미터 이하의 주택 또는 분양권등을 1호 또는 1세대만 소유하고 있는 경우(2023.5.10 본호개정)
6. 60세 이상의 직계존속(배우자의 직계존속을 포함한다)이 주택 또는 분양권등을 소유하고 있는 경우
(2018.12.11 본호개정)
7. 건물등기부 또는 건축물대장등의 공부상 주택으로 등재되어 있으나 주택이 낡아 사람이 살지 아니하는 폐가이거나 주택이 멸실되었거나 주택이 아닌 다른 용도로 사용되고 있는 경우로서 사업주체로부터 제52조제3항에 따른 부적격자로 통보받은 날부터 3개월 이내에 이를 멸실시키거나 실제 사용하고 있는 용도로 공부를 정리한 경우
8. 무허가건물〔종전의 「건축법」(법률 제7696호 건축법 일부개정법률로 개정되기 전의 것을 말한다) 제8조 및 제9조에 따라 건축허가 또는 건축신고 없이 건축한 건물을 말한다〕을 소유하고 있는 경우. 이 경우 소유자는 해당 건물이 건축 당시의 법령에 따른 적법한 건물임을 증명하여야 한다.(2017.11.24 본호개정)
9. 주택공급신청자가 속한 세대가 소형·저가주택등을 1호 또는 1세대만 소유하고 있는 경우(2023.11.10 본호개정)
10. 제27조제5항 및 제28조제10항제1호에 따라 입주자를 선정하고 남은 주택을 선착순의 방법으로 공급받아 분양권등을 소유하고 있는 경우(해당 분양권등을 매수한 사람은 제외한다)(2018.12.11 본호신설)
11. 임차인으로서 보증금의 전부 또는 일부를 돌려받지 못한 사람이 임차주택을 경매 또는 공매로 매수하여 소유하고 있는 경우. 다만, 그 주택이 다음 각 목의 어느 하나에 해당하는 경우는 제외한다.
가. 주택가격이 1억5천만원(수도권은 3억원)을 초과하는 경우. 이 경우 주택가격의 산정은 별표1 제1호가목2)를 준용한다.
나. 주거전용면적이 85제곱미터를 초과하는 경우
(2023.5.10 본호신설)

제54조【재당첨 제한】 ① 다음 각 호의 어느 하나에 해당하는 주택에 당첨된 자의 세대(제47조의3에 따른 당첨자의 경우 주택공급신청자 및 그 배우자만 해당한다. 이하 이 조에서 같다)에 속한 자는 제2항에 따른 재당첨 제한기간 동안 다른 분양주택(분양전환공공임대주택을 포함하되, 투기과열지구 및 청약과열지역이 아닌 지역에서 공급되는 민영주택은 제외한다)의 입주자(사전당첨자를 포함한다)로 선정될 수 없다.(2021.11.16 본문개정)
1. 제3조제2항제1호·제2호·제4호·제6호, 같은 항 제7호가목(투기과열지구에서 공급되는 주택으로 한정한다) 및 같은 항 제8호의 주택(2018.5.4 본호개정)
2. 제47조에 따라 이전기관 종사자 등에 특별공급되는 주택
3. 분양가상한제 적용주택
4. 분양전환공공임대주택
5. 토지임대주택
6. 투기과열지구에서 공급되는 주택
7. 청약과열지역에서 공급되는 주택
② 제1항에 따른 재당첨 제한기간은 다음 각 호의 구분에 따른다. 이 경우 당첨된 주택에 대한 제한기간이 둘 이상에 해당하는 경우 그 중 가장 긴 제한기간을 적용한다.
1. 당첨된 주택이 제1항제3호 및 제6호에 해당하는 경우 : 당첨일부터 10년간
2. 당첨된 주택이 제1항제7호에 해당하는 경우 : 당첨일부터 7년간
3. 당첨된 주택이 제1항제5호 및 제3조제2항제7호가목의 주택(투기과열지구에서 공급되는 주택으로 한정한다)인 경우 : 당첨일부터 5년간
4. 당첨된 주택이 제1항제2호·제4호 및 제3조제2항제1호·제2호·제4호·제6호·제8호에 해당하는 경우로서 85제곱미터 이하인 경우
가. 「수도권정비계획법」 제6조제1항에 따른 과밀억제권역(이하 "과밀억제권역"이라 한다)에서 당첨된 경우 : 당첨일부터 5년간
나. 과밀억제권역 외의 지역에서 당첨된 경우 : 당첨일부터 3년간
5. 당첨된 주택이 제1항제2호·제4호 및 제3조제2항제1호·제2호·제4호·제6호·제8호에 해당하는 경우로서 85제곱미터를 초과하는 경우
가. 과밀억제권역에서 당첨된 경우 : 당첨일부터 3년간
나. 과밀억제권역 외의 지역에서 당첨된 경우 : 당첨일부터 1년간
(2020.4.17 본항개정)
③ 주택청약업무수행기관은 제57조제1항에 따라 통보받은 당첨자명단을 전산검색하여 제2항 각 호의 어느 하나에 해당하는 기간 동안 제1항에 따른 재당첨제한 적용주택의 당첨자가 된 자의 세대에 속한 자의 명단을 발견한 때에는 지체 없이 사업주체에게 그 사실을 통보해야 한다.
(2021.2.2 본항개정)
④ 제3항에 따라 통보를 받은 사업주체는 이들을 입주자 선정대상에서 제외하거나 주택공급계약을 취소하여야 한다.
(2017.11.24 본조개정)

제55조【특별공급 횟수 제한】 제35조부터 제49조까지의 규정에 따른 특별공급은 한 차례에 한정하여 1세대 1주택의 기준으로 공급한다. 다만, 사업주체가 제35조제1항제12호부터 제14호까지, 제27호의2, 제36조제1호 및 제8호의2에 따라 주택을 특별공급하는 경우에는 그렇지 않다.
(2021.5.24 단서개정)
1.~3. (2021.5.24 삭제)

제56조【주택의 입주자자격 제한】 ① 법 제64조제7항 및 제65조제5항에 따른 주택의 입주자자격 제한은 법 제64조제1항 및 제65조제1항을 위반한 행위를 적발한 날부터 10년까지로 한다.
1.~3. (2020.4.17 삭제)
② 법 제64조제1항 및 제65조제1항을 위반한 행위를 적발한 행정기관은 지체 없이 그 명단을 국토교통부장관 및 주택청약업무수행기관에 알려야 한다.
③ 주택청약업무수행기관은 제2항에 따라 통보받은 명단을 전산관리해야 한다.
(2021.2.2 본조개정)

제2절 당첨자 관리 등

제57조【당첨자의 명단관리】 ① 사업주체는 당첨자의 명단이 확정된 경우에는 그 명단을 지체 없이 별지 제8호서식에 따라 주택청약업무수행기관이 정하는 방식으로 주택청약업무수행기관에 통보해야 한다. 다만, 다음 각 호에 해당하는 자가 아닌 사업주체(지역주택조합, 직장주택조합, 「도시 및 주거환경정비법」에 따른 정비사업조합 또는 「빈집 및 소규모주택 정비에 관한 특례법」에 따른 조합 등을 말한다)의 경우에는 시장·군수·구청장이 통보해야 한다.(2021.2.2 본문개정)
1. 제18조 각 호의 사업주체
2. 등록사업자
(2016.5.19 본항개정)
② 시·도지사는 제3조제2항제1호가목에 따른 주택의 경우 사업계획승인 당시 입주대상자가 결정되지 않은 때에는 제1항에도 불구하고 입주대상자의 명단을 해당 주택의 사용검사일 이전까지 확정하여 주택청약업무수행기관에 통보해야 한다.(2021.2.2 본항개정)
③ 주택청약업무수행기관은 제1항 및 제2항에 따라 통보받은 당첨자 명단과 「공공주택 특별법 시행규칙」 제13조제8항 각 호 외의 부분 후단에 따라 국토교통부장관이 정하여 고시하는 시기에 통보받은 입주예약자(같은 항 전단에 따른 입주예약자를 말하며, 이하 "입주예약자"라 한다) 명단을 영구적(입주예약자 명단의 경우에는 통보받은 날부터 10년 동안) 전산관리해야 하며, 사업주체가 당첨자를 선정하고 그 명단을 당첨자가 확정된 날부터 30일 이내에 통보하지 않는 경우에는 통보를 촉구해야 한다.
(2022.2.28 본항개정)
④ 제3항에 따라 당첨자명단을 관리할 때 당첨자로 선정 또는 확정된 후 다음 각 호의 어느 하나에 해당하게 된 자는 당첨자로 보지 않는다. 이 경우 사업주체(제4호 및 제5호의 경우에는 특별시장·광역시장·특별자치시장·시장·군수 또는 제15조제1항제2호에 따른 분양보증기관을 말한다)는 그 명단을 주택청약업무수행기관에 통보하여 당첨자명단에서 삭제하게 해야 한다.(2021.2.2 본문개정)
1. 세대주 또는 세대원 중 한 명이 취학·질병요양·근무상 또는 생업상의 사정으로 세대원 전원이 다른 주택건설지역으로 퇴거함으로써 계약을 체결하지 아니하였거나 해약한 자
2. 세대주 및 세대원 전원이 국외이주함으로써 계약을 체결하지 아니하였거나 해약한 자
3. 분양전환공공임대주택을 공급받은 후 다음 각 목의 어느 하나에 해당하게 된 자
가. 상속으로 인하여 다른 주택을 취득하여 세대원 전원이 해당 주택으로 이주함에 따라 사업주체에게 분양전환공공임대주택을 명도한 자
나. 이혼으로 인하여 분양전환공공임대주택의 입주자로 선정된 지위를 배우자에게 이전한 자
(2017.11.24 본호개정)
4. 사업주체의 파산, 입주자모집승인 취소 등으로 이미 납부한 입주금을 반환받았거나 해당 주택에 입주할 수 없게 된 자
5. 법 제11조, 법 제15조, 「도시 및 주거환경정비법」 또는 「빈집 및 소규모주택 정비에 관한 특례법」에 따른 사업계획 승인의 취소 또는 조합설립인가, 사업시행계획인가의 취소 등으로 사실상 주택을 공급받을 수 없게 된 자
(2018.2.9 본호개정)
6. 제58조에 따라 당첨이 취소된 부적격 당첨자
⑤ 제4항 각 호의 어느 하나에 해당하는 자는 그 사유를 증명할 수 있는 재학증명서, 요양증명서, 재직증명서, 사업자등록증명서, 출입국사실증명원, 임대주택명도확인서, 파산 등으로 입주금을 반환받았거나 입주할 수 없게 되었음을 확인하는 서류(분양보증기관이나 특별시장·광역시장·특별자치시장·시장 또는 군수가 작성한 서류를 말한다) 및 주민등록표등본을 사업주체 또는 특별시장·광역시장·특별자치시장·시장·군수에게 제출하여야 한다.
⑥ 주택청약업무수행기관은 제1항 및 제4항에 따라 전산관리되고 있는 당첨자 명단을 입주자저축취급기관에 제공해야 한다.(2021.2.2 본항개정)
⑦ 주택청약업무수행기관은 제1항부터 제3항까지의 규정에 따라 통보받은 당첨자(사전당첨자를 포함한다. 이하 이 항에서 같다)와 그 세대에 속한 자(당첨자와 동일한 세대별 주민등록표상에 등재되어 있지 않은 당첨자의 배우자 및 배우자와 동일한 세대를 이루고 있는 세대원을 포함한다)에 대하여 당첨자 명단을 전산검색하고, 그 결과 다음 각 호의 어느 하나에 해당하는 자가 있는 경우에는 그 명단을 사업주체에게 통보해야 한다. 다만, 제1호의 경우에는 제1항부터 제3항까지의 규정에 따라 통보받은 당첨자에 대해서만 당첨자 명단을 전산검색한다.
(2021.11.16 본문개정)
1. 법 제64조제1항 및 제65조제1항을 위반한 사람이 제56조제1항에 따른 입주자자격 제한기간 중에 있는 경우
(2023.3.31 본호개정)
2. 제27조 및 제28조에 따라 제1순위로 공급신청할 수 없는 자가 제1순위로 공급신청하여 당첨된 경우
(2016.11.15 본호개정)
2의2. 제28조제6항에 따라 가점제의 적용 대상자가 아닌 자가 가점제를 적용받아 당첨된 경우(2017.9.20 본호신설)
3. 제35조에서 제49조까지의 규정에 따라 주택특별공급을 받은 자가 다른 주택을 한 번 이상 특별공급받은 사실이 발견된 경우
4. 제54조제1항 각 호의 주택에 당첨된 자가 같은 조 제2항에 따른 재당첨 제한 기간 내에 분양주택(분양전환공공임대주택을 포함하되, 투기과열지구 및 청약과열지역이 아닌 지역에서 공급되는 민영주택은 제외한다)의 입주자로 선정된 경우(2017.11.24 본호개정)
5. 제58조에 따라 당첨이 취소된 부적격 당첨자가 당첨일부터 1년 동안 다른 분양주택(분양전환공공임대주택을 포함한다)의 입주자로 선정된 경우(2016.11.15 본호개정)
6. 사전당첨자로 선정된 사람이 다른 분양주택(분양전환임대주택을 포함한다)의 입주자(사전당첨자를 포함한다) 또는 입주예약자로 선정된 경우(2021.11.16 본호신설)
7. 입주예약자가 다른 분양주택(분양전환임대주택을 포함한다)의 입주자(사전당첨자를 포함한다) 또는 입주예약자로 선정된 경우(2023.7.31 본호개정)
⑧ 사업주체는 제7항에 따라 통보받은 부적격당첨자에게 그 사실을 통보하고, 통보한 날부터 7일 이상의 기간을 정하여 소명자료를 제출받아 공급자격의 정당여부를 확인하여야 하며, 그 기간 내에 소명하지 아니한 자에 대해서는 입주자선정대상에서 제외하거나 공급계약을 취소하여야 한다.
⑨ 사업주체는 제8항에 따라 공급자격의 정당여부를 확인한 경우에는 그 확인 결과를 지체 없이 주택청약업무수행기관에 통보해야 한다.(2023.3.31 본항신설)

제57조의2【사전당첨자 명단관리】 ① 사업주체는 사전당첨자 명단이 확정된 경우에는 지체 없이 주택청약업무수행기관이 정하는 방식으로 그 명단을 주택청약업무수행기관에 통보해야 한다.
② 주택청약업무수행기관은 제1항에 따라 사전당첨자 명단을 통보받은 경우 제57조제1항에 따라 당첨자 명단을 통보받을 때까지 전산관리해야 하며, 사업주체가 사전당첨자를 확정한 후 30일 이내에 그 명단을 통보하지 않는 경우에는 통보를 촉구해야 한다.
③ 주택청약업무수행기관은 제2항에 따라 전산관리되고 있는 당첨자 명단을 입주자저축취급기관에 제공해야 한다.
④ 사전당첨자 명단관리에 관하여는 제57조제7항부터 제9항까지의 규정을 준용한다.(2023.3.31 본항개정)
(2021.11.16 본조신설)

제58조【부적격 당첨자의 명단관리 등】 ① 사업주체는 제52조제3항 및 제57조제8항에 따른 부적격 당첨자가 소명기간에 해당 공급자격 또는 선정순위가 정당함을 소명하지 못하고 제4항에도 해당하지 못하여 당첨이 취소되는 경우에는 7일 이내에 그 명단을 주택청약업무수행기관에 통보해야 한다.(2021.2.2 본항개정)
② 주택청약업무수행기관은 제1항에 따라 통보받은 자의 명단을 당첨자 명단에서 삭제하는 등 전산관리하고, 제57조제7항에 따라 사업주체에게 전산검색 결과를 통보할 때 제3항에 해당하는지를 표시하여 통보해야 한다.
(2021.2.2 본항개정)
③ 제1항에 따라 당첨이 취소된 자는 공급을 신청하려는 주택의 입주자모집공고일을 기준으로 당첨일부터 다음 각 호의 구분에 따른 지역에서 해당 호에서 정한 기간 동안 다른 분양주택(분양전환공공임대주택을 포함한다)의 입주자(사전당첨자를 포함한다)로 선정될 수 없다.
(2021.11.16 본문개정)
1. 수도권 : 1년
2. 수도권 외의 지역 : 6개월(투기과열지구 및 청약과열지역은 1년으로 한다)
3. 제1호 및 제2호의 지역 중 위축지역 : 3개월
(2018.12.11 1호~3호신설)
④ 사업주체는 부적격 당첨자가 다음 각 호의 어느 하나에 해당하는 경우에는 제1항에도 불구하고 당첨자로 본다. 다만, 제57조제7항 각 호의 어느 하나에 해당하는 경우에는 그러하지 아니하다.
1. 같은 순위(제27조 및 제28조에 따른 순위를 말한다. 이하 이 항에서 같다)에서 경쟁이 없는 경우에는 해당 순위의 자격을 갖춘 자

2. 같은 순위에서 경쟁이 있는 경우에는 사업주체가 제52조제3항에 따른 소명기간에 재산정한 가점제 점수(가점제를 적용하여 공급하는 경우로 한정한다) 또는 공급순차별 자격(순차별로 공급하는 경우로 한정한다)이 해당 순위의 당첨자로 선정되기 위한 가점제 점수 또는 자격 이상에 해당하는 자

제58조의2【부적격 사전당첨자의 명단관리 등】 ① 사업주체는 제52조의3에서 준용하는 제52조제3항 및 제57조의2에서 준용하는 제57조제8항에 따른 부적격 사전당첨자가 소명기간에 해당 사전당첨자 선정 자격 또는 선정 순위가 정당함을 소명하지 못하여 사전당첨자 선정이 취소되는 경우에는 취소된 날부터 7일 이내에 그 명단을 주택청약업무수행기관에 통보해야 한다.
② 주택청약업무수행기관은 제1항에 따라 통보받은 명단을 사전당첨자 명단에서 삭제해야 하고, 제57조의2제4항에서 준용하는 제57조제7항에 따라 사업주체에게 전산검색 결과를 통보할 때 이 조 제3항에서 준용하는 제58조제3항에 해당하는지를 표시하여 통보해야 한다.
③ 제1항에 따라 사전당첨자 선정이 취소된 자의 다른 분양주택의 입주자 선정 등에 관하여는 제58조제3항 및 제4항을 준용한다.
(2021.11.16 본조신설)

제58조의3【사업계획 승인 취소 등에 따른 사전당첨자의 명단관리】 ① 사업주체는 사업계획의 변경 등으로 주택의 건설·공급이 어렵게 되어 사전당첨자 선정이 취소된 경우 지체 없이 그 명단을 사전당첨자, 시장·군수·구청장, 주택청약업무수행기관에 각각 통보해야 한다.
② 사업주체는 제58조의6제1항에 따른 확인 결과 사전당첨자가 제59조 따른 공급계약을 체결하지 않기로 하거나 제58조의6제3항에 따라 공급계약 체결을 거절한 것으로 보는 경우에는 그 명단을 지체 없이 주택청약업무수행기관에 통보해야 한다.
③ 주택청약업무수행기관은 제1항 및 제2항에 따라 명단을 통보받은 때에는 해당 명단을 사전당첨자 명단에서 삭제해야 한다.
(2021.11.16 본조신설)

제2절의2 사전공급계약 등
(2021.11.16 본절신설)

제58조의4【사전당첨자 사전공급계약】 ① 사업주체는 제52조의3에서 준용하는 제52조와 제57조의2에 따른 전산검색 및 세대주·세대원 등의 확인 결과에 따른 정당한 사전당첨자와 제25조제4항 전단에 따른 사전당첨자 선정사실 공고일부터 11일이 경과한 후 3일 이상의 기간을 정하여 해당 기간에 사전공급계약을 체결해야 한다.
② 사업주체와 사전당첨자가 체결하는 사전공급계약서에는 다음 각 호의 사항이 포함되어야 한다.
1. 최종 입주자 확정 절차 및 추정 분양가격에 관한 사항
2. 사전당첨자 지위 포기, 계약취소의 조건 및 절차
3. 호당 또는 세대당 주택공급면적 및 대지면적. 이 경우 공급면적 표시방법은 제21조제5항을 준용한다.
4. 사전당첨자 지위의 유지와 관련된 사항
5. 그 밖에 사전당첨자 모집 승인권자가 필요하다고 인정하는 사항
③ 사업주체는 사전당첨자가 제1항에 따른 사전공급계약의 체결을 거절하거나 사전당첨자로 선정된 지위를 포기하는 등의 사유로 공급계약을 체결하지 않은 경우 그 명단을 지체 없이 주택청약업무수행기관에 통보해야 한다.
④ 주택청약업무수행기관은 제3항에 따라 사전공급계약의 체결을 거절한 사람 등의 명단을 통보받은 경우 그 명단을 사전당첨자 명단에서 삭제해야 한다.
⑤ 사업주체는 제1항에 따른 사전공급계약의 체결을 완료한 경우 전체 사전당첨자 계약체결 현황을 주택청약업무수행기관에 통보해야 한다.

제58조의5【사전당첨자 중복 선정 제한 등】 ① 사전당첨자로 선정된 사람과 그 세대에 속한 사람은 다른 분양주택의 사전당첨자(입주예약자를 포함한다) 및 입주자로 선정될 수 없다.
② 사전당첨자로 선정된 자는 제57조제1항 본문에 따른 당첨자 명단 확정일부터 당첨자로 본다.

제58조의6【사전당첨자의 공급계약 체결의사 확인】 ① 사업주체는 제21조제1항에 따른 입주자모집 승인 신청일의 15일 전부터 7일 전까지 사전당첨자에게 제59조에 따른 공급계약의 체결의사를 확인해야 한다.
② 사업주체는 제1항에 따라 공급계약 체결의사를 확인하는 경우 사전당첨자에게 분양가격 등 제20조제1항제1호에 따른 입주자모집공고안의 내용(제공 당시 그 내용이 확정된 것으로 한정한다)을 제공해야 한다.
③ 사전당첨자가 제1항에 따른 기간에 공급계약 체결의사를 밝히지 않은 경우 공급계약을 거절한 것으로 본다.
④ 사업주체는 제1항에 따라 공급계약 체결의사의 확인을 마친 경우 그 결과를 주택청약업무수행기관에 통보해야 한다.
⑤ 주택청약업무수행기관은 제4항에 따라 공급계약 체결의사 확인 결과를 통보받은 경우 공급계약 체결의사가 없는 사전당첨자 및 제3항에 따라 공급계약 체결의사를 밝히지 않은 사전당첨자의 명단을 사전당첨자 명단에서 삭제해야 한다.

제3절 주택의 공급계약 및 관리

제59조【주택의 공급계약】 ① 사업주체는 제52조 및 제57조에 따른 전산검색 및 세대주, 세대원 등의 확인 결과에 따른 정당한 당첨자 및 제19조제5항, 제26조제5항, 제47조의3제2항에 따라 선정된 사람과 공급계약을 체결하여야 한다.(2023.7.31 본항개정)
② 제1항에 따른 공급계약은 제25조제4항 전단에 따른 입주자 및 예비입주자 선정사실 공고일부터 11일이 경과한 후 3일 이상의 기간을 정하여 해당 기간 동안에 체결하여야 한다. 다만, 제19조제5항 및 제47조의3에 따라 입주자로 선정된 사람과의 계약은 입주자모집공고에서 정한 바에 따른다.(2018.12.11 단서신설)
③ 사업주체와 주택을 공급받는 자(공급받은 자로부터 매수한 자를 포함한다)가 체결하는 주택공급계약서에는 다음 각 호의 내용이 포함되어야 한다.(2018.12.11 본문개정)
1. 입주예정일
1의2. 실제 입주가 가능한 날의 통보에 관한 사항
(2021.2.2 본호신설)
1의3. 공급계약 주택의 계약자별 전매행위 제한기간
1의4. (2023.2.28 삭제)
2. 연대보증인 또는 분양보증기관의 분양보증을 받은 경우에는 보증약관 등 보증내용
2의2. 제16조제1항제3호에 따른 구분지상권에 관한 사항
(2019.11.1 본호신설)
3. 호당 또는 세대당 주택공급면적(공동주택인 경우에는 주거전용면적, 주거공용면적 및 그 밖의 공용면적을 구분하여 표시하여야 한다) 및 대지면적
4. 입주금과 그 납부시기
5. 연체료의 산정 및 납부방법
6. 지체상금(遲滯償金)의 산정 및 지급방법
7. 주택도시기금이나 금융기관으로부터 주택건설자금의 융자를 받아 입주자에게 제공하는 경우 입주자가 납부할 입주금으로의 융자전환 계획, 그 이자를 부담하는 시기 및 입주자가 융자전환을 원하지 아니하는 경우의 사업주체에 대한 융자금 상환절차. 이 경우 주택공급계약서에는 입주자가 납부할 입주금으로의 융자전환을 원하지 아니하는 경우에는 세대별 융자금액에 해당하는 입주금을 입주자가 주택건설자금을 융자한 은행이 관리하는 계좌에 직접 납부하여 사업주체에 대한 융자금이 상환된다고 할 수 있는 내용이 포함되어야 한다.
8. 「공동주택관리법 시행령」 제36조 및 제37조에 따른 하자담보책임의 기간 및 범위(2016.11.15 본호개정)
9. 해약조건
10. 공공임대주택의 경우 「공공주택 특별법 시행규칙」 제25조에 따른 관리 및 임대기간만료 후의 재계약에 관한 사항
11. 분양전환공공임대주택인 경우 분양시기, 분양예정가격의 산출 등 분양전환조건에 관한 사항
12. 이중당첨 및 부적격당첨 등으로 인한 계약취소에 관한 사항
13. 「주택도시기금법 시행령」 제8조에 따른 제2종국민주택채권 매입의무 위반으로 인한 계약취소에 관한 사항
14. 그밖에 입주자모집승인권자가 필요하다고 인정하는 사항
④ 사업주체(제18조 각 호의 사업주체는 제외한다)는 분양보증기관의 분양보증을 받아 입주자를 모집하여 공급계약을 체결하는 경우 제3항제2호에 따른 보증약관등 보증내용(보증이행 대상이 아닌 사항을 포함한다)을 주택을 공급받는 자가 이해할 수 있도록 설명하여야 하며, 서명 또는 기명날인의 방법으로 주택을 공급받는 자의 확인을 받아야 한다.(2017.11.24 본항개정)
⑤ 사업주체는 제3항제7호에 해당하는 사항이 있는 경우에는 주택공급계약서안을 미리 입주자모집승인권자에게 제출하여야 한다.(2017.11.24 본항개정)
⑥ 사업주체(제18조 각 호의 사업주체는 제외한다)는 분양보증기관의 분양보증을 받아 입주자를 모집하여 공급계약을 체결한 경우에는 공급계약체결 후 10일 이내에 계약자명단을 분양보증기관에 통보하여야 한다.
(2016.12.30 본항개정)

제60조【입주금의 납부】 ① 사업주체가 주택을 공급하는 경우 입주자로부터 받는 입주금은 청약금, 계약금, 중도금 및 잔금으로 구분한다.
② 분양주택의 청약금은 주택가격의 10퍼센트, 계약금은 청약금을 포함하여 주택가격의 20퍼센트, 중도금은 주택가격의 60퍼센트(계약금을 주택가격의 10퍼센트 범위 안에서 받은 경우에는 70퍼센트를 말한다)의 범위 안에서 받을 수 있다. 다만, 주택도시기금이나 금융기관으로부터 주택건설자금의 융자를 받아 입주자에게 제공하는 경우에는 계약금 및 중도금의 합계액은 세대별 분양가에서 세대별 융자지원액을 뺀 금액을 초과할 수 없다.
③ 공공임대주택의 청약금은 임대보증금의 10퍼센트, 계약금은 청약금을 포함하여 임대보증금의 20퍼센트, 중도금은 임대보증금의 40퍼센트의 범위 안에서 받을 수 있다.
④ 입주금은 다음 각 호의 구분에 따라 그 해당되는 시기에 받을 수 있다.
1. 청약금 : 입주자 모집시
2. 계약금 : 계약 체결시(2017.11.24 후단삭제)
3. 중도금 : 다음 각 목에 해당하는 때
가. 공공임대주택의 경우에는 건축공정이 다음의 어느 하나에 달할 것
(1) 아파트의 경우 : 전체 공사비(부지매입비를 제외한다)의 50퍼센트 이상이 투입된 때. 다만, 동별 건축공정이 30퍼센트 이상이어야 한다.
(2) 연립주택, 다세대주택 및 단독주택의 경우 : 지붕의 구조가 완성된 때
나. 분양주택의 경우에는 다음의 기준에 의할 것
(1) 건축공정이 가목(1) 또는 (2)에 달한 때를 기준으로 그 전후 각 2회(중도금이 분양가격의 30퍼센트 이하인 경우 1회) 이상 분할하여 받을 것. 다만, 기준 시점 이전에는 중도금의 50퍼센트를 초과하여 받을 수 없다.(2017.11.24 본문개정)
(2) (1)의 경우 최초 중도금은 계약일부터 1개월이 경과한 후 받을 것
4. 잔금 : 사용검사일 이후. 다만, 다음 각 목의 어느 하나에 해당하는 경우에는 전체입주금의 10퍼센트에 해당하는 금액을 제외한 잔금은 입주일에, 전체입주금의 10퍼센트에 해당하는 잔금은 사용검사일 이후에 받을 수 있되, 잔금의 구체적인 납부시기는 입주자모집공고 내용에 따라 사업주체와 당첨자 간에 체결하는 주택공급계약에 따라 정한다.
가. 법 제49조제1항 단서에 따른 동별 사용검사 또는 같은 조 제4항 단서에 따른 임시 사용승인을 받아 입주하는 경우(2016.8.12 본목개정)
나. 법 제49조제1항 단서에 따른 동별 사용검사 또는 같은 조 제4항 단서에 따른 임시 사용승인을 받은 주택의 입주예정자가 사업주체가 정한 입주예정일까지 입주하지 아니하는 경우(2016.8.12 본목개정)
⑤ 제27조제1항 및 제28조제1항에 따른 제1순위에 해당하는 자가 주택공급을 신청하는 경우에는 제1항부터 제4항까지의 규정에도 불구하고 청약금을 따로 받을 수 없다.
⑥ 사업주체(국가, 지방자치단체, 한국토지주택공사 또는 지방공사인 사업주체를 제외한다)는 분양주택의 건축공정이 제4항제3호가목(1) 또는 (2)에 달한 이후의 첫 회 중도금을 받고자 하는 때에는 감리자로부터 건축공정이 제4항제3호가목(1) 또는 (2)에 달하였음을 확인하는 건축공정확인서를 발급받아 시장·군수·구청장에게 제출한 후 건축공정확인서 사본을 첨부하여 입주자에게 납부통지를 하여야 한다.

제60조의2【입주예정일 통보 및 입주지정기간 설정】 ① 사업주체는 제21조에 따른 입주자모집 공고에 포함된 입주예정일을 고려하여 실제 입주가 가능한 날부터 2개월 전에 입주예정월을, 실제 입주가 가능한 날부터 1개월 전에 실제 입주가 가능한 날을 제59조에 따른 주택 공급계약의 계약자에게 각각 통보해야 한다.
② 사업주체는 원활한 입주를 위하여 입주가 가능한 날부터 60일 이상의 입주지정기간을 설정해야 한다. 다만, 500호 또는 500세대 미만의 주택을 공급하는 경우에는 45일 이상으로 할 수 있다.
(2021.2.2 본조신설)

제61조【연체료 및 지체상금 등】 ① 공급계약 체결시 사업주체와 공급계약을 체결한 자가 중도금과 잔금을 기한 내에 납부하지 아니한 때에 연체료를 납부할 것을 정하는 경우 그 연체료는 계약시 정한 금융기관에서 적용하는 연체금리의 범위 안에서 정한 연체료율에 따라 산출하는 연체료(금융기관의 연체금리가 변동된 때에는 변동된 연체료율을 적용하여 산출한 연체료를 말한다) 이내이어야 한다.
② 사업주체는 입주자모집공고에서 정한 입주예정일 내에 입주를 시키지 못한 경우에는 실입주개시일 이전에 납부한 입주금에 대하여 입주시 입주자에게 제1항에서 정한 연체료율을 적용한 금액을 지체상금으로 지급하거나 주택잔금에서 해당액을 공제하여야 한다.

제6장 보 칙

제62조【복리시설의 공급】 ① 사업주체는 법 제15조에 따라 사업계획 승인을 받은 복리시설 중 근린생활시설 및 유치원 등 일반에게 공급하는 복리시설의 입주자를 모집하는 경우에는 입주자모집 5일 전까지 제20조제1항제2호의 서류를 갖추어 시장·군수·구청장에게 신고해야 한다.(2021.2.2 본항개정)
② 제1항에 따른 공급대상자의 모집 시기 및 조건에 관하여는 제15조, 제16조 및 제18조를 준용한다.

제63조【규제의 재검토】 국토교통부장관은 다음 각 호의 사항에 대하여 2017년 1월 1일을 기준으로 3년마다(매 3년이 되는 해의 기준일과 같은 날 전까지를 말한다) 그 타당성을 검토하여 개선 등의 조치를 해야 한다.
(2020.9.29 본문개정)
1. 제4조에 따른 주택의 공급대상
2.~3. (2020.9.29 삭제)
4. 제19조 및 제21조에 따른 입주자모집 방법과 공고
5. 제22조에 따른 견본주택의 건축기준 등
5의2. 제26조에 따른 일반공급 예비입주자의 선정
5의3. 제26조의2에 따른 특별공급 예비입주자의 선정
(2023.3.31 5호의2~5호의3신설)
6. 제27조에 따른 국민주택의 일반공급

7. 제28조에 따른 민영주택의 일반공급
8. 제39조, 제43조 및 제47조의3에 따른 주택의 특별공급
(2023.7.10 본호개정)
9. 제54조에 따른 재당첨 제한
9의2. 제57조에 따른 당첨자의 명단관리
9의3. 제57조의2에 따른 사전당첨자의 명단관리
(2023.3.31 9호의2~9호의3신설)
9의4. 제59조에 따른 주택의 공급계약(2020.9.29 본호신설)
10. 제60조에 따른 입주금의 납부
11. (2020.9.29 삭제)
12. 별표2에 따른 예치기준금액
(2016.12.30 본조개정)

부 칙

제1조【시행일】 이 규칙은 공포한 날부터 시행한다. 다만, 제28조제2항의 개정규정(시장·군수·구청장이 가점제 적용비율을 별도로 정하여 공고하도록 한 부분으로 한정한다)은 2017년 1월 1일부터 시행한다.
제2조【국민주택등의 특별공급 등의 유효기간】 제45조의 개정규정은 2019년 3월 31일까지 효력을 가진다.
제3조【시장·군수·구청장이 공고한 가점제 적용비율에 관한 적용례】 제28조제2항(시장·군수·구청장이 별도로 정하여 공고하도록 한 부분에 한정한다)의 개정규정은 부칙 제1조 단서에 따른 시행일 이후 입주자 모집승인을 신청(법 제38조제1항제1호 각 목의 어느 하나에 해당하는 사업주체의 경우에는 입주자 모집공고를 말한다)하는 경우부터 적용한다.
제4조【주택의 특별공급 등에 관한 특례】 사업주체가 국민주택등의 주택을 건설하여 공급하는 경우에는 2019년 3월 31일까지 제35조제1항제1호부터 제5호까지를 적용하지 아니한다.(2016.5.19 본조개정)
제5조 (2018.12.11 삭제)
제6조【일반적 경과조치】 이 규칙 시행 당시 종전의 규정에 따른 결정·처분·절차 그 밖의 행위는 이 규칙에 따라 행하여진 것으로 본다.
제7조【입주자저축에 관한 경과조치】 국토교통부령 제227호 주택공급에 관한 규칙 일부개정령의 시행일인 2015년 9월 1일 전에 가입한 청약저축, 청약예금 및 청약부금에 대해서는 국토교통부령 제227호 주택공급에 관한 규칙 일부개정령에도 불구하고 종전의 「주택공급에 관한 규칙」(국토교통부령 제227호로 개정되기 전의 것을 말한다)에 따른다.
제8조【청약예금 및 청약부금 가입자의 명의변경에 관한 경과조치】 건설교통부령 제232호 주택공급에관한규칙중개정령의 시행일인 2000년 3월 27일 전에 가입한 청약예금 및 청약부금에 대한 가입자 명의변경에 대해서는 건설교통부령 제232호 주택공급에관한규칙중개정령 제5조의4제1항의 개정규정에도 불구하고 종전의 「주택공급에관한규칙」(건설교통부령 제232호로 개정되기 전의 것을 말한다)에 따른다.
제9조【청약예금·청약부금 가입자 중 세대주가 아닌 자에 대한 경과조치】 2002년 9월 5일 전에 청약예금 또는 청약부금에 가입한 자의 공급순위에 관하여는 건설교통부령 제335호 주택공급에관한규칙중개정령 제12조제1항제1호나목의 개정규정에도 불구하고 종전의 「주택공급에관한규칙」(건설교통부령 제335호로 개정되기 전의 것을 말한다)에 따른다.
제10조【청약저축의 이자율에 관한 경과조치】 ① 건설교통부령 제498호 주택공급에 관한 규칙 일부개정령 시행일인 2006년 2월 24일 전에 가입한 청약저축을 해지하는 경우의 이자율에 관하여는 건설교통부령 제498호 주택공급에 관한 규칙 일부개정령 제5조의2제5항의 개정규정에도 불구하고 종전의 「주택공급에 관한 규칙」(건설교통부령 제498호로 개정되기 전의 것을 말한다)에 따른다.
② 국토해양부령 제554호 주택공급에 관한 규칙 일부개정령의 시행일인 2012년 12월 21일 전에 가입한 청약저축에 대해서는 다음 각 호의 구분에 따른 이자율을 적용한다.
1. 1982년 7월 22일 이전에 가입한 청약저축의 경우에는 가입 당시의 규정에 따른 이자율
2. 1982년 7월 23일 이후에 가입한 청약저축의 경우에는 다음 각 목의 구분에 따른 이자율
   가. 1982년 7월 23일부터 2002년 10월 29일 전일까지의 이자 : 건설교통부령 제335호 주택공급에관한규칙중개정령으로 개정되기 전의 「주택공급에관한규칙」에 따른 이자율
   나. 2002년 10월 29일부터 2012년 12월 21일 전일까지의 이자 : 국토해양부령 제554호 주택공급에 관한 규칙 일부개정령으로 개정되기 전의 「주택공급에관한규칙」에 따른 이자율
   나. 2012년 12월 21일 이후의 이자 : 이 규칙에 따른 이자율
제11조【주택재건축사업의 입주대상자 확정에 관한 경과조치】 건설교통부령 제531호 주택공급에 관한 규칙 일부개정령의 시행일인 2006년 8월 18일 전에 사업시행 인가를 받은 재건축사업의 입주대상자에 대해서는 건설교통부령 제531호 주택공급에 관한 규칙 일부개정령 제2조제13호나목의 개정규정에도 불구하고 종전의 「주택공급에 관한 규칙」(건설교통부령 제531호로 개정되기 전의 것을 말한다)에 따른다.
제12조【호주승계예정자의 세대주 인정 등에 관한 경과조치】 건설교통부령 제597호 주택공급에 관한 규칙 일부개정령의 시행일인 2008년 1월 1일 전에 60세 이상인 직계존속 또는 「장애인복지법」 제2조에 따른 장애인인 직계존속을 부양하고 있는 호주승계예정자로서 세대주로 인정받아 청약저축에 가입한 자 또는 임대주택의 입주자로 선정된 자의 세대주 인정에 대해서는 건설교통부령 제597호 주택공급에 관한 규칙 일부개정령 제2조제8호의 개정규정에도 불구하고 세대주로 본다.
제13조【세자녀 우선공급 횟수 제한에 관한 경과조치】 국토해양부령 제225호 주택공급에 관한 규칙 일부개정령의 시행일인 2010년 2월 23일 전에 종전의 「주택공급에 관한 규칙」 제19조의2에 따라 우선공급을 받은 자는 국토해양부령 제225호 주택공급에 관한 규칙 일부개정령 제19조제6항 및 제13항의 개정규정에 따라 특별공급을 받은 것으로 본다.
제14조【다른 법령의 개정】 ①~③ ※(해당 법령에 가제정리 하였음)
제15조【다른 법령과의 관계】 이 규칙 시행 당시 다른 법령에서 「주택공급에 관한 규칙」의 규정을 인용하고 있는 경우 이 영 가운데 그에 해당하는 규정이 있는 때에는 종전의 규정을 갈음하여 이 영의 해당 조항을 인용한 것으로 본다.

부 칙 (2016.5.19)

제1조【시행일】 이 규칙은 2016년 5월 20일부터 시행한다.
제2조【행정중심복합도시 예정지역에서 건설·공급하는 주택의 우선공급에 관한 적용례】 제34조제1항의 개정규정은 이 규칙 시행 이후 입주자 모집승인을 신청(법 제38조제1항제1호 각 목의 어느 하나에 해당하는 사업주체의 경우에는 입주자 모집공고를 말한다)하는 경우부터 적용한다.
제3조【최하층 우선배정에 관한 적용례】 제51조 각 호 외의 부분 후단 및 제3호의 개정규정은 이 규칙 시행 이후 입주자 모집승인을 신청(법 제38조제1항제1호 각 목의 어느 하나에 해당하는 사업주체의 경우에는 입주자 모집공고를 말한다)하는 경우부터 적용한다.

부 칙 (2016.11.15)

제1조【시행일】 이 규칙은 공포한 날부터 시행한다. 다만, 제27조제1항제2호, 제28조제1항제2호 및 제28조제2항의 개정규정은 2017년 1월 1일부터 시행한다.
제2조【제1순위 청약 제한에 관한 적용례】 제23조제2항제4호, 제27조제1항제1호 및 제28조제1항제1호의 개정규정은 이 규칙 시행 이후 입주자 모집승인을 신청(「공공주택 특별법」 제4조에 따른 공공주택사업자의 경우에는 입주자모집공고를 말한다. 이하 같다)하는 경우부터 적용한다.
제3조【제2순위 청약 제한에 관한 적용례】 제27조제1항제2호 및 제28조제1항제2호의 개정규정은 부칙 제1조 단서에 따른 시행일 이후 입주자 모집승인을 신청하는 경우부터 적용한다.
제4조【청약 가점제 적용비율에 관한 적용례】 제28조제2항의 개정규정은 부칙 제1조 단서에 따른 시행일 이후 입주자 모집승인을 신청하는 경우부터 적용한다.
제5조【다자녀가구 특별공급 비율에 관한 적용례】 제40조의 개정규정은 이 규칙 시행 이후 입주자 모집승인을 신청하는 경우부터 적용한다.
제6조【재당첨 제한에 관한 적용례】 제54조제1항의 개정규정은 이 규칙 시행 이후 입주자 모집승인을 신청하는 경우부터 적용한다.
제7조【부적격 당첨자 청약 제한 등에 관한 적용례】 제57조제7항 및 제58조제3항의 개정규정은 이 규칙 시행 이후 입주자 모집승인을 신청하는 경우부터 적용한다.

부 칙 (2016.12.30)

제1조【시행일】 이 규칙은 공포한 날부터 시행한다. 다만, 제30조의 개정규정 중 제11조제3항, 제12조제2항 및 제4항의 개정규정은 공포 후 3개월이 경과한 날부터 시행한다.
제2조~제3조 (생략)
제4조【「주택공급에 관한 규칙」의 개정에 관한 경과조치】 ① 「주택공급에 관한 규칙」 제4조제4항 본문의 개정규정에도 불구하고 이 규칙 시행 전에 입주자 모집승인을 신청한 경우(「주택공급에 관한 규칙」 제18조 각 호의 어느 하나에 해당하는 사업주체의 경우에는 입주자 모집공고를 말한다)에는 종전의 규정에 따른다.
② 「주택공급에 관한 규칙」 제12조제4항의 개정규정에도 불구하고 부칙 제1조 단서에 따른 시행일 전에 입주자모집승인을 신청한 경우(「주택공급에 관한 규칙」 제18조 각 호의 어느 하나에 해당하는 사업주체의 경우에는 입주자 모집공고를 말한다)에는 종전의 규정에 따른다.

부 칙 (2017.7.3)

제1조【시행일】 이 규칙은 공포한 날부터 시행한다.
제2조【청약 조정대상지역 및 청약 조정대상주택 추가 지정에 관한 적용례】 별표3의 개정규정은 이 규칙 시행 이후 입주자모집승인을 신청(「공공주택 특별법」 제4조에 따른 공공주택사업자의 경우에는 입주자모집공고를 말한다. 이하 같다)하는 경우부터 적용한다.

부 칙 (2017.9.20)

제1조【시행일】 이 규칙은 공포한 날부터 시행한다.
제2조【예비입주자의 선정 등에 관한 경과조치】 이 규칙 시행 당시 입주자모집승인을 신청(「공공주택 특별법」 제4조에 따른 공공주택사업자의 경우에는 입주자모집공고를 말한다)한 경우에는 제26조제2항·제3항, 제27조, 제28조 및 별지 제6호서식의 개정규정에도 불구하고 종전의 규정에 따른다.

부 칙 (2017.11.24)

제1조【시행일】 이 규칙은 공포한 날부터 시행한다.
제2조【주택의 공급대상 등에 관한 경과조치】 이 규칙 시행 당시 입주자모집승인을 신청(「공공주택 특별법」 제4조에 따른 공공주택사업자의 경우에는 입주자모집공고를 말한다)한 경우에는 제4조제4항, 제9조제3항, 제25조, 제26조, 제47조, 제51조, 제54조 및 제59조제2항의 개정규정에도 불구하고 종전의 규정에 따른다.

부 칙 (2018.5.4)

제1조【시행일】 이 규칙은 공포한 날부터 시행한다.
제2조【주택의 공급방법 등에 관한 적용례】 제25조제7항·제8항, 제26조의2, 제35조, 제36조 및 제47조의2의 개정규정은 이 규칙 시행 이후 입주자모집승인을 신청(「공공주택 특별법」 제4조에 따른 공공주택사업자의 경우에는 입주자모집공고를 말한다. 이하 같다)하는 경우부터 적용한다.
제3조【입주자선정업무 등의 대행에 관한 특례】 사업주체가 제31조부터 제33조까지의 규정에 따른 우선공급 또는 제35조부터 제46조까지의 규정에 따른 특별공급을 하는 경우에는 제50조의 개정규정에도 불구하고 같은 조 제1항제2호에 따른 입주자선정업무의 대행을 2018년 7월 31일까지 의뢰하지 아니할 수 있다.
제4조【입주자모집 방법 등에 관한 경과조치】 이 규칙 시행 당시 입주자모집승인을 신청한 경우의 입주자모집 방법 등에 관하여는 제19조제2항·제3항, 제21조제3항제10호, 제23조제2항, 제41조 및 제50조의 개정규정에도 불구하고 종전의 규정에 따른다.
제5조【예비입주자의 중복당첨에 관한 경과조치】 이 규칙 시행 전에 제26조제1항부터 제3항까지의 규정에 따라 예비입주자로 선정된 경우에는 제26조제6항의 개정규정에도 불구하고 종전의 규정에 따른다.
제6조【재당첨 제한에 관한 경과조치】 다음 각 호의 어느 하나에 해당하는 사업으로 건설되는 주택을 공급받는 경우에는 제54조의 개정규정에도 불구하고 종전의 규정에 따른다.
1. 이 규칙 시행 전에 「도시 및 주거환경정비법」 제74조에 따라 관리처분계획인가를 받거나 신청한 정비사업(주거환경개선사업은 제외한다)
2. 이 규칙 시행 전에 「빈집 및 소규모주택 정비에 관한 특례법」 제29조에 따라 사업시행계획인가를 받거나 신청한 가로주택정비사업·소규모재건축사업

부 칙 (2018.9.18)

제1조【시행일】 이 규칙은 공포한 날부터 시행한다.
제2조【입주자모집 시기 판단 시점에 관한 특례】 법률 제15459호 주택법 일부개정법률의 시행일 전에 별표4 제1호다목1)부터 3)까지의 개정규정에 따른 협약 또는 계약이 체결되거나 시공자를 선정한 경우로서 제15조제3항의 개정규정에 해당하는 경우에는 별표4 제1호다목1)부터 3)까지의 개정규정에도 불구하고 착공신고를 한 날을 기준으로 영업정지처분 또는 벌점에 따른 입주자모집 시기를 정한다. 다만, 착공신고를 한 날을 기준으로 하는 것이 입주자 모집 시기가 더 늦어지는 경우에는 별표4 제1호다목1)부터 3)까지의 개정규정에 따른다.
제3조【입주자모집 시기에 관한 특례】 ① 별표4 제1호다목의 개정규정 또는 부칙 제2조에 따른 시점을 기준으로 별표4 제1호가목의 개정규정에 따른 영업정지처분이 모두 법률 제15459호 주택법 일부개정법률의 시행일 전에 부과된 경우에는 같은 별표제2호가목의 개정규정에도 불구하고 다음 표의 기준에 따라 입주자모집 시기를 정한다.

영업정지기간	입주자모집 시기	
	아파트	연립·다세대
6개월 이상	전체 동(옥탑층을 포함한다)의 골조공사가 완료된 때	전체 동(옥탑층을 포함한다)의 골조공사가 완료된 때
6개월 미만 3개월 이상	전체 동의 지상층 기준 3분의 2 이상에 해당하는 층수의 골조공사가 완료된 때	
3개월 미만 1개월 초과	전체 동의 지상층 기준 3분의 1 이상에 해당하는 층수의 골조공사가 완료된 때	전체 동의 지상층 기준 3분의 1 이상에 해당하는 층수의 골조공사가 완료된 때
1개월 이하	전체 동의 지하층 골조공사가 완료된 때	

② 법률 제15459호 주택법 일부개정법률의 시행일 전에 「건설기술 진흥법 시행령」 별표8 제6호에 따라 공개된 벌점의 경우 같은 별표제3호가목에 따른 평균벌점의 50퍼센트를 같은 호 나목의 누계 평균벌점에 반영하여 입주자모집 시기를 정한다.

③ 제1항에 따른 아파트의 입주자모집 시기가 전체 동의 지하층 골조공사가 완료된 때인 경우로서 누계 평균벌점에 따른 입주자모집 시기가 다음 각 호의 어느 하나에 해당하는 경우 별표4 제1호마목3)에도 불구하고 다음 각 호에서 정하는 바에 따라 입주자모집 시기를 정한다.

1. 전체 동의 지상층 기준 3분의 1 이상에 해당하는 층수의 골조공사가 완료된 때인 경우 : 전체 동의 지상층 기준 2분의 1 이상에 해당하는 층수의 골조공사가 완료된 때
2. 전체 동의 지상층 기준 3분의 2 이상에 해당하는 층수의 골조공사가 완료된 때인 경우 : 전체 동의 지상층 기준 4분의 3 이상에 해당하는 층수의 골조공사가 완료된 때
3. 그 밖의 경우 : 사용검사 후

부 칙 (2018.12.11)

제1조【시행일】 이 규칙은 공포한 날부터 시행한다. 다만, 제19조제5항 및 제50조제1항제1호나목의 개정규정은 2019년 2월 1일부터 시행한다.

제2조【세대 등에 관한 적용례】 ① 제2조제2호의3, 제21조제3항제29호의2, 제23조제2항제4호마목, 제28조제8항·제11항, 제41조제1항제1호다목 단서, 제59조제3항 및 별지 제6호서식의 개정규정은 이 규칙 시행 이후 입주자모집승인을 신청(법 제2조제10호가목 및 나목에 해당하는 사업주체의 경우에는 입주자모집공고를 말한다. 이하 같다)하는 경우부터 적용한다.

② 제19조제5항제2호의 개정규정은 부칙 제1조 단서에 따른 시행일 이후 입주자모집승인을 신청하는 경우부터 적용한다.

제3조【분양권등에 관한 적용례】 제2조제7호의2·제7호의3, 제23조제2항제9호, 같은 조 제4항제2호의2·제2호의3, 제28조제11항, 제53조, 별표1 제1호가목2)다)의 개정규정은 이 규칙 시행 이후 입주자모집승인을 신청하는 경우로서 다음 각 호의 구분에 따른 분양권등부터 적용한다.

1. 제2조제7호의2가목 및 나목의 개정규정에 따른 분양권등의 경우 : 이 규칙 시행 이후 「부동산 거래신고 등에 관한 법률」에 따라 신고하는 분양권등. 다만, 다음 각 목의 어느 하나에 해당하는 경우는 제외한다.
   가. 이 규칙 시행 전에 법 제5조제2항에 따른 주택조합이 사업계획승인을 신청한 경우
   나. 이 규칙 시행 전에 「도시 및 주거환경정비법」 제74조에 따른 관리처분계획 또는 「빈집 및 소규모주택 정비에 관한 특례법」 제29조에 따라 가로주택정비사업 또는 소규모재건축사업의 사업시행계획 승인을 신청한 경우
2. 제2조제7호의2다목의 개정규정에 따른 분양권등의 경우 : 이 규칙 시행 전에 입주자모집승인을 신청한 주택에 관한 같은 호 가목 및 나목의 개정규정에 따른 분양권등을 매매하여 「부동산 거래신고 등에 관한 법률」 제3조에 따라 신고된 분양권등

제4조【국민주택 등의 공급대상의 무주택세대구성원 유지 의무에 관한 적용례】 제2조제7호의3, 제23조제4항제2호의2·제2호의3 및 제53조의 개정규정은 이 규칙 시행 전에 입주자모집공고의 승인을 신청한 주택의 공급대상자에 대해서도 적용한다.

제5조【신혼부부 특별공급에 관한 특례】 제41조제1항제1호다목 단서의 개정규정 및 부칙 제2조에도 불구하고 다음 각 호의 요건을 모두 갖춘 경우에는 제41조제1항제2호나목에 따른 제2순위에 해당하는 것으로 본다.

1. 이 규칙 시행 전에 기존 소유 주택을 처분했을 것
2. 기존 소유 주택의 처분일부터 입주자모집공고일까지 계속하여 무주택세대원을 유지할 것
3. 입주자모집공고일 현재 무주택기간이 2년을 경과할 것
4. 제41조제1항제1호가목 및 라목에 해당할 것

부 칙 (2019.8.16)

제1조【시행일】 이 규칙은 공포한 날부터 시행한다.

제2조【계약취소주택의 재공급에 관한 적용례】 제47조의3의 개정규정은 이 규칙 시행 이후 같은 조 제1항의 개정규정에 따라 사업주체가 입주자로 선정된 지위나 주택을 취득하는 경우부터 적용한다.

부 칙 (2019.11.1)

제1조【시행일】 이 규칙은 공포한 날부터 시행한다. 다만, 다음 각 호의 개정규정은 다음 각 호에서 정한 날부터 시행한다.

1. 제20조제1항제3호 및 제50조의2제1항·제2항의 개정규정 : 2021년 1월 1일
2. 제21조제2항의 개정규정 : 2020년 1월 1일

제2조【입주자모집 공고에 관한 적용례】 제21조제2항의 개정규정은 부칙 제1조제2호에 따른 시행일 이후 입주자모집승인을 신청(제18조 각 호에 해당하는 사업주체의 경우에는 입주자모집공고를 말한다. 이하 같다)하는 경우부터 적용한다.(2019.12.6 본조개정)

제3조【이전기관 종사자 등 특별공급에 관한 적용례】 제47조제1항 단서의 개정규정은 이 규칙 시행 이후 입주자모집승인을 신청하는 경우부터 적용한다.

제4조【분양대행자 교육에 관한 특례】 2020년 6월 30일 이전에 교육을 수료한 분양대행자는 제50조의2제2항의 개정규정에도 불구하고 입주자모집공고일이 2021년 12월 31일 이전인 주택에 대해 분양대행 업무를 할 수 있다.

부 칙 (2019.12.6)

제1조【시행일】 이 규칙은 공포한 날부터 시행한다.

제2조【입주자모집 시기에 관한 적용례】 제15조제2항제2호가목의 개정규정은 이 규칙 시행 이후 입주자 모집승인을 신청하는 경우부터 적용한다.

제3조【일반공급 예비입주자의 선정 등에 관한 적용례】 제26조제3항의 개정규정은 이 규칙 시행 이후 입주자 모집승인을 신청(제18조 각 호에 해당하는 사업주체의 경우에는 입주자모집공고를 말한다)하는 경우부터 적용한다.

부 칙 (2020.3.2)

제1조【시행일】 이 규칙은 공포한 날부터 시행한다.(이하 생략)

부 칙 (2020.4.17)

제1조【시행일】 이 규칙은 공포한 날부터 시행한다.

제2조【우선공급 대상자의 적용례】 제4조제5항 후단, 같은 조 제6항제2호 및 제34조제1항 각 호 외의 부분 본문의 개정규정은 이 규칙 시행 이후 입주자 모집승인을 신청(제18조 각 호에 해당하는 사업주체의 경우에는 입주자모집공고를 말한다)하는 경우부터 적용한다.

제3조【재당첨 제한에 관한 경과조치】 이 규칙 시행 전에 제54조제1항 각 호의 어느 하나에 해당하는 주택에 당첨된 경우에는 같은 조 제2항의 개정규정에도 불구하고 종전의 규정에 따른다.

제4조【공급질서 교란자 자격제한에 관한 경과조치】 이 규칙 시행 전에 법 제65조제1항을 위반한 경우에는 제56조제1항의 개정규정에도 불구하고 종전의 규정에 따른다.

부 칙 (2020.9.29)

제1조【시행일】 이 규칙은 공포한 날부터 시행한다.

제2조【주택의 공급방법 등에 관한 적용례】 다음 각 호의 개정규정은 이 규칙 시행 이후 입주자 모집승인을 신청(제18조 각 호에 해당하는 사업주체의 경우에는 입주자모집공고를 말한다)하는 경우부터 적용한다.

1. 거주기간의 산정에 관한 제4조제7항의 개정규정
2. 개발제한구역 해제 공공택지 주택의 특별공급에 관한 제37조의 개정규정
3. 신혼부부 특별공급에 관한 제41조제1항제1호라목 단서 및 같은 항 제2호가목2)의 개정규정
4. 생애최초 주택 구입자 특별공급에 관한 제43조제1항 각 호 외의 부분 및 같은 조 제2항의 개정규정

부 칙 (2021.2.2)

제1조【시행일】 이 규칙은 공포한 날부터 시행한다. 다만, 제56조(주택의 전매제한 위반에 관한 부분만 해당한다) 및 제57조제7항제1호의 개정규정은 2021년 2월 19일부터 시행한다.

제2조【주택의 공급방법 등에 관한 적용례】 다음 각 호의 개정규정은 이 규칙 시행 이후 입주자 모집승인을 신청(제18조 각 호에 해당하는 사업주체의 경우에는 입주자모집공고를 말한다)하는 경우부터 적용한다.

1. 25년 이상 장기복무 중인 군인의 거주요건에 관한 제4조제8항의 개정규정
2. 신혼부부의 특별공급 요건에 관한 제41조제1항제1호라목 및 같은 조 제3항 전단의 개정규정
3. 생애최초 주택 구입자의 특별공급 요건에 관한 제43조제1항제4호, 같은 조 제2항, 같은 조 제3항제4호 및 같은 조 제4항의 개정규정
4. 입주예정일 통보 및 입주지정기간 선정에 관한 제59조제3항제1호의2 및 제60조의2의 개정규정

제3조【행정중심복합도시 예정지역에 설립하는 기관 종사자의 특별공급에 관한 경과조치】 이 규칙 시행 전에 특별공급 대상자로 인정된 사람에 대해서는 제47조제1항제3호의 개정규정에도 불구하고 종전의 규정에 따른다.

부 칙 (2021.5.24)

제1조【시행일】 이 규칙은 공포한 날부터 시행한다.

제2조【특별공급 횟수 제한에 관한 적용례】 제55조의 개정규정은 이 규칙 시행 이후 입주자 모집승인을 신청(제18조 각 호에 해당하는 사업주체의 경우에는 입주자모집공고를 말한다)하는 경우부터 적용한다.

제3조【이전기관 종사자 등에 대한 특별공급에 관한 경과조치】 이 규칙 시행 전에 특별공급 대상자로 인정된 사람에 대해서는 제47조제1항의 개정규정에도 불구하고 종전의 규정에 따른다.

부 칙 (2021.5.28)

제1조【시행일】 이 규칙은 공포한 날부터 시행한다.

제2조【입주자모집 방법 등에 관한 적용례】 다음 각 호의 개정규정은 이 규칙 시행 이후 입주자 모집승인을 신청(제18조 각 호에 해당하는 사업주체의 경우에는 입주자모집공고를 말한다)하는 경우부터 적용한다.

1. 입주자모집공고에 포함돼야 하는 사항에 관한 제21조제3항제14호 후단의 개정규정
2. 혁신도시예정지역 및 혁신도시예정지역 인근의 주택건설지역에서 건설하여 공급하는 주택의 특별공급에 관한 제47조제3항 각 호 외의 부분 단서의 개정규정
3. 불법전매 등으로 계약취소된 주택의 재공급에 관한 제47조의3제2항 각 호 외의 부분의 개정규정
4. 서약서에 관한 별지 제6호서식의 개정규정

제3조【당첨자에 관한 경과조치】 이 규칙 시행 전에 종전의 제19조제5항에 따라 투기과열지구·청약과열지구에서 입주자로 선정된 사람 및 종전의 제47조의3에 따라 입주자로 선정된 사람에 대해서는 제2조제7호라목·사목의 개정규정에도 불구하고 당첨자로 보지 않는다.

부 칙 (2021.7.5)

제1조【시행일】 이 규칙은 공포한 날부터 시행한다.

제2조【행정중심복합도시 예정지역에서 건설하여 특별공급한 주택의 재공급에 관한 경과조치】 이 규칙 시행 전에 종전의 제47조제1항에 따라 특별공급한 주택의 입주자로 선정된 지위나 주택을 사업주체가 법 제64조제3항 및 제65조제3항에 따라 취득하여 이 규칙 제47조의3에 따라 재공급하는 경우에는 같은 조 제3항에도 불구하고 같은 조 제2항에 따른다.

부 칙 (2021.9.27)

제1조【시행일】 이 규칙은 공포한 날부터 시행한다.

제2조【주택 특별공급 요건에 관한 경과조치】 이 규칙 시행 전에 입주자 모집을 신청(제18조 각 호에 해당하는 사업주체의 경우에는 입주자모집공고를 말한다)한 주택의 특별공급 요건에 관하여는 제37조제4호의 개정규정에도 불구하고 종전의 규정에 따른다.

부 칙 (2021.11.16)

제1조【시행일】 이 규칙은 공포한 날부터 시행한다.

제2조【주택 특별공급 요건에 관한 적용례】 다음 각 호의 개정규정은 이 영 시행 이후 사전당첨자 모집승인이나 입주자 모집승인을 신청(제18조 각 호에 해당하는 사업주체의 경우에는 입주자모집공고를 말한다)하는 경우부터 적용한다.

1. 신혼부부 특별공급 요건에 관한 제41조제1항제1호라목 및 제3항의 개정규정
2. 생애최초 주택 구입자 특별공급 요건에 관한 제43조제3항 및 제4항의 개정규정

부 칙 (2022.2.28)

제1조【시행일】 이 규칙은 공포한 날부터 시행한다.(이하 생략)

부 칙 (2022.12.29)

제1조【시행일】 이 규칙은 공포한 날부터 시행한다. 다만, 별표4의 개정규정은 2023년 1월 1일부터 시행한다.

제2조【민영주택의 일반공급 시 기존 소유 주택의 처분 시기에 관한 적용례】 제28조제11항의 개정규정은 다음 각 호에 해당하는 경우에도 적용한다.

1. 2022년 10월 27일 전에 입주자로 선정된 경우로서 2022년 10월 27일 당시 공급받은 주택의 입주가능일부터 6개월이 경과하지 않은 경우

2. 2022년 10월 27일 이후 입주자로 선정된 경우

제3조【국민주택의 청년 특별공급에 관한 적용례】 제35조의2의 개정규정은 이 규칙 시행 이후 입주자모집공고를 하는 경우부터 적용한다.

제4조【개발제한구역 해제 택지개발사업 등으로 건설된 주택의 특별공급에 관한 적용례】 제37조의 개정규정은 이 규칙 시행 이후 사전당첨자 모집승인이나 입주자 모집승인을 신청(제18조 각 호에 해당하는 사업주체의 경우에는 입주자모집공고를 말한다)하는 경우부터 적용한다.

제5조【입주자모집 시기에 관한 경과조치】 이 규칙 시행 전에 별표4 제1호다목1)부터 4)까지의 규정에 따른 협약·계약을 체결하거나 시공자 선정을 한 경우 또는 착공신고서를 제출한 경우의 입주자모집 시기에 관하여는 별표4 제1호나목·마목 및 같은 표 제2호나목의 개정규정에도 불구하고 종전의 규정에 따른다.

부 칙 (2023.2.28)

제1조【시행일】 이 규칙은 공포한 날부터 시행한다. 다만, 제28조제2항·제4항·제6항, 제41조제1항 및 제4항부터 제7항까지, 제43조제3항의 개정규정은 2023년 4월 1일부터 시행한다.

제2조【입주자 모집 대상자 변경에 관한 적용례】 ① 제19조제5항 각 호 외의 부분 전단의 개정규정은 이 규칙 시행 이후 제19조제5항에 따라 인터넷 접수의 방법으로 입주자를 모집하는 경우부터 적용한다.

② 제26조제5항 단서의 개정규정은 이 규칙 시행 이후 제26조제5항 단서에 따라 공개모집하는 경우부터 적용한다.

제3조【민영주택의 일반공급 시 가점제 적용비율에 관한 경과조치】 부칙 제1조 단서에 따른 시행일 전에 사전당첨자 모집승인이나 입주자 모집승인을 신청한 경우의 가점제 우선 적용 주택의 비율에 관하여는 제28조제2항 및 같은 조 제4항제2호부터 제4호까지의 개정규정에도 불구하고 종전의 규정에 따른다.

제4조【기존 소유 주택 처분조건 폐지에 관한 경과조치 등】 ① 이 규칙 시행 전에 사전당첨자 모집승인이나 입주자 모집승인을 신청한 경우의 입주자 선정에 관하여는 제28조제8항제2호의 개정규정에도 불구하고 종전의 규정에 따른다.

② 제28조제11항의 개정규정은 이 규칙 시행 전에 입주자로 선정된 경우에도 적용한다. 다만, 종전의 제59조제3항제1호의4나목에 따른 사유로 주택공급계약이 해지된 경우는 제외한다.

제5조【특별공급에 관한 경과조치】 ① 부칙 제1조 단서에 따른 시행일 전에 사전당첨자 모집승인이나 입주자 모집승인을 신청한 경우의 신혼부부 특별공급에 관하여는 제41조제1항 각 호 외의 부분 본문의 개정규정에도 불구하고 종전의 규정에 따른다.

② 부칙 제1조 단서에 따른 시행일 전에 사전당첨자 모집승인이나 입주자 모집승인을 신청한 경우의 생애최초 주택 구입자 특별공급 주택 비율에 관하여는 제43조제3항 각 호 외의 부분 전단의 개정규정에도 불구하고 종전의 규정에 따른다.

③ 이 규칙 시행 전에 사전당첨자 모집승인이나 입주자 모집승인을 신청(제18조 각 호에 해당하는 사업주체의 경우에는 입주자모집공고를 말한다)한 경우의 특별공급 제외 주택에 관하여는 제47조의2의 개정규정에도 불구하고 종전의 규정에 따른다.

부 칙 (2023.3.31)

제1조【시행일】 이 규칙은 2023년 4월 1일부터 시행한다.

제2조【당첨자 및 사전당첨자의 명단관리에 관한 적용례】 제57조제9항 및 제57조의2제4항의 개정규정은 이 규칙 시행 이후 사전당첨자 모집승인이나 입주자 모집승인을 신청(제18조 각 호에 해당하는 사업주체의 경우에는 입주자 모집공고를 말한다)하는 경우부터 적용한다.

제3조【예비입주자의 선정 기준 등에 관한 경과조치】 이 규칙 시행일 전에 사전당첨자 모집승인이나 입주자 모집승인을 신청(제18조 각 호에 해당하는 사업주체의 경우에는 입주자 모집공고를 말한다)한 경우의 예비입주자의 선정 기준 및 예비입주자 현황 공개 기간에 관하여는 제26조제1항·제4항(제26조의2제6항에 따라 준용되는 경우를 포함한다) 및 제26조의2제1항·제2항의 개정규정에도 불구하고 종전의 규정에 따른다.

부 칙 (2023.5.10)

제1조【시행일】 이 규칙은 공포한 날부터 시행한다.

제2조【주택소유 여부 판정기준에 관한 적용례 등】 ① 제53조 각 호 외의 부분 단서 및 같은 조 제11호의 개정규정은 이 규칙 시행 전에 임차주택을 경매 또는 공매로 매수한 경우에도 적용한다.

② 제1항에도 불구하고 이 규칙 시행 전에 사전당첨자 모집승인이나 입주자 모집승인을 신청(제18조 각 호에 해당하는 사업주체의 경우에는 입주자 모집공고를 말한다)한 경우의 입주자 선정에 관하여는 제53조 각 호 외의 부분 단서 및 같은 조 제11호의 개정규정에도 불구하고 종전의 규정에 따른다.

제3조【당첨자의 명단관리에 관한 적용례】 제57조제7항제7호의 개정규정은 이 규칙 시행 전에 같은 조 제1항부터 제3항까지의 규정에 따라 당첨자 명단을 통보받은 주택청약업무수행기관이 이 규칙 시행 이후 같은 조 제7항에 따라 사업주체에게 통보하는 경우부터 적용한다.

부 칙 (2023.7.10)

이 규칙은 공포한 날부터 시행한다.

부 칙 (2023.7.31)

제1조【시행일】 이 규칙은 공포한 날부터 시행한다.

제2조【국가유공자에 준하는 군경 등에 대한 특별공급에 관한 적용례】 제35조제1항제2호의2, 제36조제3호의2 및 제45조제3호의2의 개정규정은 이 규칙 시행 이후 사전당첨자 모집승인이나 입주자 모집승인을 신청(제18조 각 호의 어느 하나에 해당하는 사업주체의 경우에는 입주자 모집공고를 말한다)하는 경우부터 적용한다.

제3조【당첨자의 명단관리에 관한 적용례】 제57조제7항제7호의 개정규정은 이 규칙 시행 전에 같은 조 제1항부터 제3항까지의 규정에 따라 당첨자명단을 통보받은 주택청약업무수행기관이 이 규칙 시행 이후 같은 조 제7항에 따라 사업주체에게 통보하는 경우부터 적용한다.

부 칙 (2023.11.10)

제1조【시행일】 이 규칙은 공포한 날부터 시행한다.

제2조【주택소유 여부 판정기준에 관한 적용례】 제2조제7호의3, 제53조 각 호 외의 부분 단서 및 같은 조 제9호의 개정규정은 이 규칙 시행 이후 사전당첨자 모집승인이나 입주자 모집승인을 신청(제18조 각 호에 해당하는 사업주체의 경우에는 입주자모집공고를 말한다)하는 경우부터 적용한다.

부 칙 (2023.12.20)

제1조【시행일】 이 규칙은 2024년 3월 25일부터 시행한다. 다만, 제10조제4항제2호 및 같은 조 제5항제2호의 개정규정과 같은 조 제6항의 개정규정 중 "기간이 2년을 초과하면 2년만 인정한다"를 개정하는 부분은 2024년 7월 1일부터 시행한다.

제2조【배우자의 주택청약종합저축 가입기간 점수 합산에 관한 적용례】 별표1 비고의 개정규정은 이 규칙 시행 이후 사전당첨자 모집승인이나 입주자 모집승인을 신청하는 경우부터 적용한다.

제3조【미성년자의 주택청약종합저축 월납입금 납입횟수 인정 확대 등에 관한 경과조치】 부칙 제1조 단서에 따른 시행일 전에 입주자모집공고를 한 경우에 미성년자로서 가입한 주택청약종합저축의 월납입금 납입횟수, 저축총액 및 가입기간의 인정에 관하여는 제10조제4항제2호 및 같은 조 제5항제2호의 개정규정과 같은 조 제6항의 개정규정 중 "기간이 2년을 초과하면 2년만 인정한다"를 개정하는 부분에도 불구하고 종전의 규정에 따른다.

제4조【입주자 선정에 관한 경과조치】 이 규칙 시행 전에 사전당첨자 모집승인이나 입주자 모집승인을 신청한 경우의 입주자 선정에 관하여는 제28조제7항 및 제46조제2항의 개정규정에도 불구하고 종전의 규정에 따른다.

[별표] ➡「法典 別册」참조

[별지서식] ➡「www.hyeonamsa.com」참조

(舊 : 임대주택법)

민간임대주택에 관한 특별법

(약칭 : 민간임대주택법)

(2015년 8월 28일 전부개정법률 제13499호)

개정
2015. 8.11법13474호(공동주택관리법)
2016. 1.19법13782호(감정평가감정평가사)
2016. 1.19법13805호(주택법)
2016.12.27법14480호(농어촌정비)
2017. 1.17법14532호(물환경보전법)
2017. 1.17법14542호
2017.10.24법14912호(자연재해대책법)
2017.12.26법15309호(혁신도시조성및발전에관한특별법)
2017.12.26법15319호 2018. 1.16법15356호
2018. 3.13법15460호(철도의건설및철도시설유지관리에관한법)
2018. 8.14법15730호 2018.12.18법16000호
2019. 4.23법16386호 2019.11.26법16630호
2020. 3.24법17091호(지방행정제재·부과금의징수등에관한법)
2020. 3.31법17171호(전기안전관리법)
2020. 4. 7법17219호(감정평가감정평가사)
2020. 6. 9법17452호
2020. 6. 9법17453호(법률용어정비)
2020. 8.18법17482호 2020.12.22법17738호
2022.12.22법17739호
2021. 3.16법17939호(건설기술진흥법)
2021. 3.16법17944호 2021. 9.14법18452호
2022. 1.11법18750호(수도법)
2022.12.27법19117호(산림자원조성관리)
2023. 3.28법19313호 2023. 6. 1법19424호
2023. 8.16법19680호

제1장 총 칙

제1조【목적】 이 법은 민간임대주택의 건설·공급 및 관리와 민간 주택임대사업자 육성 등에 관한 사항을 정함으로써 민간임대주택의 공급을 촉진하고 국민의 주거생활을 안정시키는 것을 목적으로 한다.

제2조【정의】 이 법에서 사용하는 용어의 뜻은 다음과 같다.

1. "민간임대주택"이란 임대 목적으로 제공하는 주택[토지를 임차하여 건설된 주택 및 오피스텔 등 대통령령으로 정하는 준주택(이하 "준주택"이라 한다) 및 대통령령으로 정하는 일부만을 임대하는 주택을 포함한다. 이하 같다]으로서 임대사업자가 제5조에 따라 등록한 주택을 말하며, 민간건설임대주택과 민간매입임대주택으로 구분한다.(2017.1.17 본호개정)
2. "민간건설임대주택"이란 다음 각 목의 어느 하나에 해당하는 민간임대주택을 말한다.
   가. 임대사업자가 임대를 목적으로 건설하여 임대하는 주택
   나.「주택법」제4조에 따라 등록한 주택건설사업자가 같은 법 제15조에 따라 사업계획승인을 받아 건설한 주택 중 사용검사 때까지 분양되지 아니하여 임대하는 주택(2016.1.19 본목개정)
3. "민간매입임대주택"이란 임대사업자가 매매 등으로 소유권을 취득하여 임대하는 민간임대주택을 말한다.
4. "공공지원민간임대주택"이란 임대사업자가 다음 각 목의 어느 하나에 해당하는 민간임대주택을 10년 이상 임대할 목적으로 취득하여 이 법에 따른 임대료 및 임차인의 자격 제한 등을 받아 임대하는 민간임대주택을 말한다.(2020.8.18 본문개정)
   가.「주택도시기금법」에 따른 주택도시기금(이하 "주택도시기금"이라 한다)의 출자를 받아 건설 또는 매입하는 민간임대주택
   나.「주택법」제2조제24호에 따른 공공택지 또는 이 법 제18조제2항에 따라 수의계약 등으로 공급되는 토지 및「혁신도시 조성 및 발전에 관한 특별법」제2조제6호에 따른 종전부동산(이하 "종전부동산"이라 한다)을 매입 또는 임차하여 건설하는 민간임대주택
   다. 제21조제2호에 따라 용적률을 완화 받거나「국토의 계획 및 이용에 관한 법률」제30조에 따라 용도지역 변경을 통하여 용적률을 완화 받아 건설하는 민간임대주택
   라. 제22조에 따라 지정되는 공공지원민간임대주택 공급촉진지구에서 건설하는 민간임대주택
   마. 그 밖에 국토교통부령으로 정하는 공공지원을 받아 건설 또는 매입하는 민간임대주택
   (2018.1.16 본호개정)
5. "장기일반민간임대주택"이란 임대사업자가 공공지원민간임대주택이 아닌 주택을 10년 이상 임대할 목적으로 취득하여 임대하는 민간임대주택[아파트(「주택법」제2조제20호의 도시형 생활주택이 아닌 것을 말한다)를 임대하는 민간매입임대주택은 제외한다]을 말한다.(2021.3.16 본호개정)
6. (2020.8.18 삭제)
7. "임대사업자"란「공공주택 특별법」제4조제1항에 따른 공공주택사업자(이하 "공공주택사업자"라 한다)가 아닌 자로서 1호 이상의 민간임대주택을 취득하여 임대하는 사업을 할 목적으로 제5조에 따라 등록한 자를 말한다.(2018.1.16 본호개정)
8.~9. (2018.1.16 삭제)
10. "주택임대관리업"이란 주택의 소유자로부터 임대관리를 위탁받아 관리하는 업(業)을 말하며, 다음 각 목으로 구분한다.

가. 자기관리형 주택임대관리업 : 주택의 소유자로부터 주택을 임차하여 자기책임으로 전대(轉貸)하는 형태의 업
나. 위탁관리형 주택임대관리업 : 주택의 소유자로부터 수수료를 받고 임대료 부과 · 징수 및 시설물 유지 · 관리 등을 대행하는 형태의 업
11. "주택임대관리업자"란 주택임대관리업을 하기 위하여 제7조제1항에 따라 등록한 자를 말한다.
12. "공공지원민간임대주택 공급촉진지구"란 공공지원 민간임대주택의 공급을 촉진하기 위하여 제22조에 따라 지정하는 지구를 말한다.(2018.1.16 본호개정)
13. "역세권등"이란 다음 각 목의 어느 하나에 해당하는 시설부터 1킬로미터 거리 이내에 위치한 지역을 말한다. 이 경우 특별시장 · 광역시장 · 특별자치시장 · 도지사 · 특별자치도지사(이하 "시 · 도지사"라 한다)는 해당 지방자치단체의 조례로 그 거리를 50퍼센트의 범위에서 증감하여 달리 정할 수 있다.
가. 「철도의 건설 및 철도시설 유지관리에 관한 법률」, 「철도산업발전기본법」 및 「도시철도법」에 따라 건설 및 운영되는 철도역(2018.3.13 본목개정)
나. 「간선급행버스체계의 건설 및 운영에 관한 특별법」 제2조제3호다목에 따른 환승시설
다. 「산업입지 및 개발에 관한 법률」 제2조제8호에 따른 산업단지
라. 「수도권정비계획법」 제2조제3호에 따른 인구집중유발시설로서 대통령령으로 정하는 시설
마. 그 밖에 해당 지방자치단체의 조례로 정하는 시설
14. "주거지원대상자"이란 청년 · 신혼부부 등 주거지원이 필요한 사람으로서 국토교통부령으로 정하는 요건을 충족하는 사람을 말한다.
15. "복합지원시설"이란 공공지원민간임대주택에 거주하는 임차인 등의 경제활동과 일상생활을 지원하는 시설로서 대통령령으로 정하는 시설을 말한다.
(2018.1.16 13호~15호신설)

제3조【다른 법률과의 관계】 민간임대주택의 건설 · 공급 및 관리 등에 관하여 이 법에서 정하지 아니한 사항에 대하여는 「주택법」, 「건축법」, 「공동주택관리법」 및 「주택임대차보호법」을 적용한다.(2015.8.11 본조개정)

제4조【국가 등의 지원】 ① 국가 및 지방자치단체는 다음 각 호의 목적을 위하여 주택도시기금 등의 자금을 우선적으로 지원하고, 「조세특례제한법」, 「지방세특례제한법」 및 조례로 정하는 바에 따라 조세를 감면할 수 있다.(2018.1.16 본문개정)
1. 민간임대주택의 공급 확대
2. 민간임대주택의 개량 및 품질 제고
3. 사회적기업, 사회적협동조합 등 비영리단체의 민간임대주택 공급 참여 유도
4. 주택임대관리업의 육성
② 국가 및 지방자치단체는 공유형 민간임대주택(가족관계가 아닌 2명 이상의 임차인이 하나의 주택에서 거실 · 주방 등 어느 하나 이상의 공간을 공유하여 거주하는 민간임대주택으로서 임차인이 각각 임대차계약을 체결하는 민간임대주택을 말한다)의 활성화를 위하여 임대사업자 및 임차인에게 필요한 행정지원을 할 수 있다.
(2018.1.16 본항신설)

제2장　임대사업자 및 주택임대관리업자

제5조【임대사업자의 등록】 ① 주택을 임대하려는 자는 특별자치시장 · 특별자치도지사 · 시장 · 군수 또는 구청장(구청장은 자치구의 구청장을 말하며, 이하 "시장 · 군수 · 구청장"이라 한다)에게 등록을 신청할 수 있다. 다만, 외국인은 국내에 체류하는 자로서 「출입국관리법」 제10조의 체류자격에 따른 활동범위를 고려하여 대통령령으로 정하는 체류자격에 해당하는 경우에 한정하여 등록을 신청할 수 있다.(2023.3.28 단서신설)
② 제1항에 따라 등록하는 경우 다음 각 호에 따라 구분하여야 한다.
1. (2018.1.16 삭제)
2. 민간건설임대주택 및 민간매입임대주택
3. 공공지원민간임대주택, 장기일반민간임대주택
(2020.8.18 본호개정)
③ 제1항에 따라 등록한 자가 그 등록한 사항을 변경하고자 할 경우 시장 · 군수 · 구청장에게 신고하여야 한다. 다만, 임대주택 면적을 10퍼센트 이하의 범위에서 증축하는 등 국토교통부령으로 정하는 경미한 사항은 신고하지 아니하여도 된다.(2020.6.9 본문개정)
④ 시장 · 군수 · 구청장은 제3항에 따른 신고를 받은 날부터 7일 이내에 신고수리 여부를 신고인에게 통지하여야 한다.(2020.6.9 본항신설)
⑤ 시장 · 군수 · 구청장이 제4항에서 정한 기간 내에 신고수리 여부 또는 민원 처리 관련 법령에 따른 처리기간의 연장을 신고인에게 통지하지 아니하면 그 기간(민원 처리 관련 법령에 따라 처리기간이 연장 또는 재연장된 경우에는 해당 처리기간을 말한다)이 끝난 날의 다음 날에 신고를 수리한 것으로 본다.(2020.8.18 본항개정)
⑥ 제1항부터 제5항까지에 따른 등록 및 신고의 기준과 절차 등에 필요한 사항은 대통령령으로 정한다.
(2020.6.9 본항개정)
⑦ 시장 · 군수 · 구청장이 제1항에 따라 등록신청을 받은 경우 다음 각 호의 어느 하나에 해당하는 때에는 해당 등록신청을 거부할 수 있다.
1. 해당 신청인의 신용도, 신청 임대주택의 부채비율(등록 시 존속 중인 임대차계약이 없는 경우에는 등록을 신청하려는 자로부터 등록 이후 책정하려는 임대차계약의 임대보증금의 상한을 제출받아 산정한다) 등을 고려하여 제49조에 따른 임대보증금 보증 가입이 현저히 곤란하다고 판단되는 경우(2023.6.1 본호개정)
2. 해당 주택이 「도시 및 주거환경정비법」 제2조제2호에 따른 정비사업 또는 「빈집 및 소규모주택 정비에 관한 특례법」 제2조제1항제3호에 따른 소규모주택정비사업으로 인하여 제43조의 임대의무기간 내 멸실 우려가 있다고 판단되는 경우
3. 해당 신청인의 국세 또는 지방세 체납 기간, 금액 등을 고려할 때 임차인에 대한 보증금반환채무의 이행이 현저히 곤란한 경우로서 대통령령으로 정하는 경우
(2023.3.28 본호신설)
(2020.8.18 본항신설)

제5조의2【등록 민간임대주택의 부기등기】 ① 임대사업자는 제5조에 따라 등록한 민간임대주택이 제43조에 따른 임대의무기간과 제44조에 따른 임대료 증액기준을 준수하여야 하는 재산임을 소유권등기에 부기등기(附記登記)하여야 한다.
② 제1항에 따른 부기등기는 임대사업자의 등록 후 지체 없이 하여야 한다. 다만, 임대사업자로 등록한 이후에 소유권보존등기를 하는 경우에는 소유권보존등기와 동시에 하여야 한다.
③ 제1항 및 제2항에 따른 부기등기에 포함되어야 할 표기내용 및 말소 등에 필요한 사항은 대통령령으로 정한다.
(2020.6.9 본조신설)

제5조의3【조합원 모집신고 및 공개모집】 ① 조합원에게 공급하는 민간건설임대주택을 포함하여 30호 이상으로서 대통령령으로 정하는 호수 이상의 주택을 공급할 목적으로 설립된 「협동조합 기본법」에 따른 협동조합 또는 사회적협동조합(이하 "민간임대협동조합"이라 한다)이나 민간임대협동조합의 발기인이 조합원을 모집하려는 경우 해당 민간임대주택 건설대지의 관할 시장 · 군수 · 구청장에게 신고하고, 공개모집의 방법으로 조합원을 모집하여야 한다.
② 제1항에도 불구하고 공개모집 이후 조합원의 사망 · 자격상실 · 탈퇴 등으로 인한 결원을 충원하거나 미달된 조합원을 재모집하는 경우에는 신고하지 아니하고 선착순의 방법으로 조합원을 모집할 수 있다.
③ 제1항에 따라 신고를 받은 시장 · 군수 · 구청장은 신고내용이 이 법에 적합한 경우에는 신고를 수리하고 그 사실을 신고인에게 통보하여야 한다.
④ 시장 · 군수 · 구청장은 다음 각 호의 어느 하나에 해당하는 경우 조합원 모집 신고를 수리해서는 아니 된다.
1. 해당 민간임대주택 건설대지의 80퍼센트 이상에 해당하는 토지의 사용권원을 확보하지 못한 경우
2. 이미 신고된 사업대지와 전부 또는 일부가 중복되는 경우
3. 이미 수립되었거나 수립 예정인 도시 · 군계획, 이미 수립된 토지이용계획 또는 이 법이나 관계 법령에 따른 건축기준 및 건축제한 등에 따라 해당 민간임대주택 건설대지에 민간임대협동조합이 건설하는 주택을 건설할 수 없는 경우
4. 해당 민간임대주택을 공급받을 수 없는 조합원을 모집하려는 경우
5. 신고한 내용이 사실과 다른 경우
⑤ 제1항에 따른 모집 시기, 모집 방법 · 절차 등 조합원 모집의 신고, 공개모집 및 민간임대협동조합 가입을 신청한 자(이하 "조합가입신청자"라 한다)에 대한 정보 공개 등에 필요한 사항은 국토교통부령으로 정한다.
(2019.11.26 본조신설)

제5조의4【조합원 모집 시 설명의무】 ① 제5조의3에 따라 조합원 모집 신고를 하고 조합원을 모집하는 민간임대협동조합 및 민간임대협동조합의 발기인(이하 "모집주체"라 한다)은 민간임대협동조합 가입 계약(민간임대협동조합의 설립을 위한 계약을 포함한다. 이하 같다) 체결 시 다음 각 호의 사항을 조합가입신청자에게 설명하고 이를 확인받아야 한다.(2020.6.9 본문개정)
1. 조합원의 권리와 의무에 관한 사항
2. 해당 민간임대주택 건설대지의 위치와 면적 및 해당 민간임대주택 건설대지에 대한 사용권, 소유권 확보 현황
3. 해당 민간임대주택사업의 자금계획에 관한 사항
4. 해당 민간임대주택을 공급받을 수 있는 조합원의 자격에 관한 사항
5. 민간임대협동조합의 탈퇴, 제명 및 출자금 등 납부한 금전의 반환 절차 등에 관한 사항
6. 제5조의5에 따른 청약 철회, 금전의 예치 및 가입비등의 반환 등에 관한 사항(2020.6.9 본호개정)
7. 그 밖에 민간임대협동조합의 사업추진 및 운영을 위하여 필요한 사항으로서 대통령령으로 정하는 사항
② 제1항에 따른 설명 및 확인의 방법, 절차 등에 관한 사항은 대통령령으로 정한다.
(2019.11.26 본조신설)

제5조의5【청약 철회 및 가입비등의 반환 등】 ① 조합가입신청자가 민간임대협동조합 가입 계약을 체결하면 모집주체는 조합가입신청자로 하여금 계약 체결 시 납부하여야 하는 일체의 금전(이하 "가입비등"이라 한다)을 대통령령으로 정하는 기관(이하 "예치기관"이라 한다)에 예치하게 하여야 한다.
② 조합가입신청자는 민간임대협동조합 가입 계약체결일부터 30일 이내에 민간임대협동조합 가입에 관한 청약을 철회할 수 있다.
③ 청약 철회를 서면으로 하는 경우에는 청약 철회의 의사를 표시한 서면을 발송한 날에 그 효력이 발생한다.
④ 모집주체는 조합가입신청자가 청약 철회를 한 경우 청약 철회 의사가 도달한 날부터 7일 이내에 예치기관의 장에게 가입비등의 반환을 요청하여야 한다.
⑤ 예치기관의 장은 제4항에 따른 가입비등의 반환 요청을 받은 경우 요청일부터 10일 이내에 가입비등을 조합가입신청자에게 반환하여야 한다.
⑥ 조합가입신청자가 제2항에 따른 기간 이내에 청약 철회를 하는 경우 모집주체는 조합가입신청자에게 청약 철회를 이유로 위약금 또는 손해배상을 청구할 수 없다.
⑦ 제1항에 따라 예치된 가입비등의 관리, 지급 및 반환 등에 필요한 사항은 대통령령으로 정한다.
(2019.11.26 본조신설)

제5조의6【임대사업자의 결격사유】 다음 각 호의 어느 하나에 해당하는 자는 제5조에 따른 임대사업자로 등록할 수 없다. 법인의 경우 그 임원 중 다음 각 호의 어느 하나에 해당하는 사람이 있는 경우에도 또한 같다.
1. 미성년자
2. 제6조제1항제1호, 제4호, 제7호부터 제10호까지, 제12호부터 제14호까지 및 제16호에 따라 등록이 전부 말소된 후 2년이 지나지 아니한 자(2023.6.1 본호개정)
3. 임차인에 대한 보증금반환채무의 이행과 관련하여 「형법」 제347조의 죄를 범하여 금고 이상의 형을 선고받고 집행이 종료(집행이 종료된 것으로 보는 경우를 포함한다)되거나 그 집행이 면제된 날부터 2년이 지나지 아니한 자(2023.3.28 본호신설)
4. 제3호에 따른 죄를 범하여 형의 집행유예를 선고받고 그 유예기간 중에 있는 자(2023.3.28 본호신설)
(2020.8.18 본조신설)

제5조의7【임대사업자의 임대주택 추가 등록 제한 등】 제6조제1항제1호, 제4호, 제7호부터 제10호까지, 제12호부터 제14호까지 및 제16호에 따라 임대사업자 등록이 일부 말소된 후 2년이 지나지 아니한 자는 등록한 임대주택 외에 제5조제3항 본문에 따른 등록사항 변경신고를 통하여 임대주택을 변경 · 추가(일부 말소로 임대주택에서 제외된 주택을 변경 · 추가하는 경우를 포함한다) 등록할 수 없다.(2023.6.1 본조개정)

제6조【임대사업자 등록의 말소】 ① 시장 · 군수 · 구청장은 임대사업자가 다음 각 호의 어느 하나에 해당하면 등록의 전부 또는 일부를 말소할 수 있다. 다만, 제1호에 해당하는 경우에는 등록의 전부 또는 일부를 말소하여야 한다.
1. 거짓이나 그 밖의 부정한 방법으로 등록한 경우
2. 임대사업자가 제5조에 따라 등록한 후 대통령령으로 정하는 일정 기간 안에 민간임대주택을 취득하지 아니하는 경우
3. 제5조제1항에 따라 등록한 날부터 3개월이 지나기 전(임대주택으로 등록한 이후 체결한 임대차계약이 있는 경우에는 그 임차인의 동의가 있는 경우로 한정한다) 또는 제43조의 임대의무기간이 지난 후 등록 말소를 신청하는 경우(2020.6.9 본호개정)
4. 제5조제6항의 등록기준을 갖추지 못한 경우(2020.6.9 본호개정)
5. 제43조제2항 또는 제6항에 따라 민간임대주택을 양도한 경우(2020.8.18 본호개정)
6. 제43조제4항에 따라 민간임대주택을 양도한 경우
(2020.8.18 본호개정)
7. 제44조에 따른 임대조건을 위반한 경우
8. 제45조를 위반하여 임대차계약을 해제 · 해지하거나 재계약을 거절한 경우
9. 제50조의 준주택에 대한 용도제한을 위반한 경우
10. 제48조제1항제2호에 따른 설명이나 정보를 거짓이나 그 밖의 부정한 방법으로 제공한 경우(2020.8.18 본호신설)
11. 제43조에도 불구하고 종전의 「민간임대주택에 관한 특별법」(법률 제17482호 민간임대주택에 관한 특별법 일부개정법률에 따라 개정되기 전의 것을 말한다. 이하 이 조에서 같다) 제2조제5호의 장기일반민간임대주택 중 아파트(「주택법」 제2조제20호의 도시형 생활주택이 아닌 것을 말한다)를 임대하는 민간매입임대주택 또는 제2조제6호의 단기민간임대주택에 대하여 임대사업자가 임대의무기간 내 등록 말소를 신청(신청 당시 체결된 임대차계약이 있는 경우 임차인의 동의가 있는 경우로 한정한다)하는 경우(2021.3.16 본호개정)
12. 임대사업자가 보증금 반환을 지연하여 임차인의 피해가 명백히 발생하였다고 대통령령으로 정하는 경우
(2020.8.18 본호신설)
13. 제46조에 따른 임대차계약 신고 또는 변경신고를 하지 아니하여 시장 · 군수 · 구청장이 제61조제1항에 따

라 보고를 하게 하였으나 거짓으로 보고하거나 3회 이상 불응한 경우(2021.9.14 본호신설)
14. 제49조제1항에 따른 임대보증금에 대한 보증에 가입하지 아니한 경우로서 대통령령으로 정하는 경우(2021.9.14 본호신설)
15. 국세 또는 지방세를 체납하여 보증금반환채무의 이행과 관련한 임차인의 피해가 명백히 예상되는 경우로서 대통령령으로 정하는 경우(2023.3.28 본호신설)
16. 임차인에 대한 보증금반환채무의 이행과 관련하여 「형법」 제347조의 죄를 범하여 금고 이상의 실형(집행유예를 포함한다)을 선고받고 그 형이 확정된 경우(2023.3.28 본호신설)
17. 그 밖에 민간임대주택으로 계속 임대하는 것이 어렵다고 인정하는 경우로서 대통령령으로 정하는 경우(2020.6.9 본호신설)

② 시장·군수·구청장은 제1항에 따라 등록을 말소하는 경우 청문을 하여야 한다. 다만, 제1항제3호, 제5호 및 제6호의 경우는 제외한다.

③ 시장·군수·구청장은 제1항에 따라 등록을 말소하면 해당 임대사업자의 명칭과 말소 사유 등 필요한 사항을 공고하여야 한다.

④ 임대사업자가 제1항제3호에 따라 등록말소를 신청하거나 제2항에 따른 청문 통보를 받은 경우 7일 이내에 그 사실을 임차인에게 통지하여야 한다.

⑤ 종전의 「민간임대주택에 관한 특별법」 제2조제5호에 따른 장기일반민간임대주택 중 아파트(「주택법」 제2조제20호의 도시형 생활주택이 아닌 것을 말한다)를 임대하는 민간매입임대주택 및 제2조제6호에 따른 단기민간임대주택은 임대의무기간이 종료한 날 등록이 말소된다.(2021.3.16 본항개정)

⑥ 제1항 각 호(제5호 중 제43조제2항에 따라 민간임대주택을 다른 임대사업자에게 양도하는 경우는 제외한다) 및 제5항에 따라 등록이 말소된 경우에는 그 임대사업자(해당 주택을 양도한 경우에는 그 양수한 자를 말한다)를 이미 체결된 임대차계약의 기간이 끝날 때까지 임차인에 대한 관계에서 이 법에 따른 임대사업자로 본다.(2020.8.18 본항개정)

제7조【주택임대관리업의 등록】 ① 주택임대관리업을 하려는 자는 시장·군수·구청장에게 등록할 수 있다. 다만, 100호 이상의 범위에서 대통령령으로 정하는 규모 이상으로 주택임대관리업을 하려는 자[국가, 지방자치단체, 「공공기관의 운영에 관한 법률」 제4조제1항에 따른 공공기관(이하 "공공기관"이라 한다), 「지방공기업법」 제49조제1항에 따라 설립된 지방공사(이하 "지방공사"라 한다)는 제외한다]는 등록하여야 한다.

② 제1항에 따라 등록하는 경우에는 자기관리형 주택임대관리업과 위탁관리형 주택임대관리업을 구분하여 등록하여야 한다. 이 경우 자기관리형 주택임대관리업을 등록한 경우에는 위탁관리형 주택임대관리업도 등록한 것으로 본다.

③ 제1항에 따라 등록한 자가 등록한 사항을 변경하거나 말소하고자 할 경우 시장·군수·구청장에게 신고하여야 한다. 다만, 자본금의 증가 등 국토교통부령으로 정하는 경미한 사항은 신고하지 아니하여도 된다.

④ 시장·군수·구청장은 제3항에 따른 신고를 받은 날부터 5일 이내에 신고수리 여부를 신고인에게 통지하여야 한다.(2020.6.9 본항신설)

⑤ 시장·군수·구청장이 제4항에서 정한 기간 내에 신고수리 여부 또는 민원 처리 관련 법령에 따른 처리기간의 연장을 신고인에게 통지하지 아니하면 그 기간(민원 처리 관련 법령에 따라 처리기간이 연장 또는 재연장된 경우에는 해당 처리기간을 말한다)이 끝난 날의 다음 날에 신고를 수리한 것으로 본다.(2020.6.9 본항신설)

⑥ 제1항부터 제5항까지의 등록 및 신고의 절차 등에 필요한 사항은 대통령령으로 정한다.(2020.6.9 본항개정)

제8조【주택임대관리업의 등록기준】 제7조에 따라 등록을 하려는 자는 다음 각 호의 요건을 갖추어야 한다.
1. 자본금(법인이 아닌 경우 자산평가액을 말한다)이 1억원 이상으로서 대통령령으로 정하는 금액 이상일 것
2. 주택관리사 등 대통령령으로 정하는 전문인력을 보유할 것
3. 사무실 등 대통령령으로 정하는 시설을 보유할 것

제9조【주택임대관리업의 결격사유】 다음 각 호의 어느 하나에 해당하는 자는 주택임대관리업의 등록을 할 수 없다. 법인의 경우 그 임원 중 다음 각 호의 어느 하나에 해당하는 사람이 있을 때에도 또한 같다.
1. 파산선고를 받고 복권되지 아니한 자
2. 피성년후견인 또는 피한정후견인
3. 제10조에 따라 주택임대관리업의 등록이 말소된 후 2년이 지나지 아니한 자. 이 경우 등록이 말소된 자가 법인인 경우에는 말소 당시의 원인이 된 행위를 한 사람과 대표자를 포함한다.
4. 이 법, 「주택법」, 「공공주택 특별법」 또는 「공동주택관리법」을 위반하여 금고 이상의 실형을 선고받고 집행이 종료(집행이 종료된 것으로 보는 경우를 포함한다)되거나 그 집행이 면제된 날부터 3년이 지나지 아니한 사람(2016.1.19 본호개정)
5. 이 법, 「주택법」, 「공공주택 특별법」 또는 「공동주택관리법」을 위반하여 형의 집행유예를 선고받고 그 유예기간 중에 있는 사람(2016.1.19 본호개정)

제10조【주택임대관리업의 등록말소 등】 ① 시장·군수·구청장은 주택임대관리업자가 다음 각 호의 어느 하나에 해당하면 그 등록을 말소하거나 1년 이내의 기간을 정하여 영업의 전부 또는 일부의 정지를 명할 수 있다. 다만, 제1호, 제2호 또는 제6호에 해당하는 경우에는 그 등록을 말소하여야 한다.
1. 거짓이나 그 밖의 부정한 방법으로 등록을 한 경우
2. 영업정지기간 중에 주택임대관리업을 영위한 경우 또는 최근 3년간 2회 이상의 영업정지처분을 받은 자로서 그 정지처분을 받은 기간이 합산하여 12개월을 초과한 경우
3. 고의 또는 중대한 과실로 임대를 목적으로 하는 주택을 잘못 관리하여 임대인 및 임차인에게 재산상의 손해를 입힌 경우
4. 정당한 사유 없이 최종 위탁계약 종료일의 다음 날부터 1년 이상 위탁계약 실적이 없는 경우
5. 제8조에 따른 등록기준을 갖추지 못한 경우. 다만, 일시적으로 등록기준에 미달하는 등 대통령령으로 정하는 경우는 그러하지 아니하다.
6. 제16조제1항을 위반하여 다른 자에게 자기의 명의 또는 상호를 사용하여 이 법에서 정한 사업이나 업무를 수행하게 하거나 그 등록증을 대여한 경우
7. 제61조에 따른 보고, 자료의 제출 또는 검사를 거부·방해 또는 기피하거나 거짓으로 보고한 경우

② 시장·군수·구청장은 주택임대관리업자가 제1항제3호부터 제5호까지 및 제7호 중 어느 하나에 해당하는 경우에는 영업정지를 갈음하여 1천만원 이하의 과징금을 부과할 수 있다.

③ 시장·군수·구청장은 주택임대관리업자가 제2항에 따라 부과받은 과징금을 기한까지 내지 아니하면 「지방행정제재·부과금의 징수 등에 관한 법률」에 따라 징수한다.(2020.3.24 본항개정)

④ 제1항에 따른 등록말소 및 영업정지처분에 관한 기준과 제2항에 따른 과징금을 부과하는 위반행위의 종류 및 위반정도에 따른 과징금의 금액 등에 필요한 사항은 대통령령으로 정한다.

제11조【주택임대관리업자의 업무 범위】 ① 주택임대관리업자는 임대를 목적으로 하는 주택에 대하여 다음 각 호의 업무를 수행한다.
1. 임대차계약의 체결·해제·해지·갱신 및 갱신거절 등
2. 임대료의 부과·징수 등
3. 임차인의 입주 및 명도·퇴거 등(「공인중개사법」 제2조제3호에 따른 중개업은 제외한다)

② 주택임대관리업자는 임대를 목적으로 하는 주택에 대하여 부수적으로 다음 각 호의 업무를 수행할 수 있다.
1. 시설물 유지·보수·개량 및 그 밖의 주택관리 업무
2. 그 밖에 임차인의 주거 편익을 위하여 필요하다고 대통령령으로 정하는 업무

제12조【주택임대관리업자의 현황 신고】 ① 주택임대관리업자는 분기마다 그 분기가 끝나는 달의 다음 달 말일까지 자본금, 전문인력, 관리 호수 등 대통령령으로 정하는 정보를 시장·군수·구청장에게 신고하여야 한다. 이 경우 신고받은 시장·군수·구청장은 국토교통부장관에게 이를 보고하여야 한다.

② 제1항에 따른 신고 및 보고 등에 필요한 사항은 대통령령으로 정한다.

③ 국토교통부장관은 다음 각 호의 정보를 제60조제1항에 따른 임대주택정보체계 등 대통령령으로 정하는 방식에 따라 공개할 수 있다.
1. 제1항 후단에 따라 보고받은 정보
2. 제61조에 따라 보고받은 정보

제13조【위·수탁계약서 등】 ① 주택임대관리업자는 제11조의 업무를 위탁받은 경우 위·수탁계약서를 작성하여 주택의 소유자에게 교부하고 그 사본을 보관하여야 한다.

② 제1항의 위·수탁계약서에는 계약기간, 주택임대관리업자의 의무 등 대통령령으로 정하는 사항이 포함되어야 한다.

③ 국토교통부장관은 제1항에 따른 위·수탁계약의 체결에 필요한 표준위·수탁계약서를 작성하여 보급하고 활용하게 할 수 있다.

제14조【보증상품의 가입】 ① 자기관리형 주택임대관리업을 하는 주택임대관리업자는 임대인 및 임차인의 권리보호를 위하여 보증상품에 가입하여야 한다.

② 제1항에 따른 보증상품의 종류와 가입절차 등에 필요한 사항은 대통령령으로 정한다.

제15조【자기관리형 주택임대관리업자의 의무】 임대사업자인 임대인이 자기관리형 주택임대관리업자에게 임대관리를 위탁한 경우 주택임대관리업자는 위탁받은 범위에서 이 법에 따른 임대사업자의 의무를 이행하여야 한다. 이 경우 제7장을 적용할 때에는 주택임대관리업자를 임대사업자로 본다.(2020.6.9 후단개정)

제16조【등록증 대여 등 금지】 ① 주택임대관리업자는 다른 자에게 자기의 명의 또는 상호를 사용하여 이 법에서 정한 업무를 수행하게 하거나 그 등록증을 대여하여서는 아니 된다.

② 주택임대관리업자가 아닌 자는 주택임대관리업 또는 이와 유사한 명칭을 사용하지 못한다.

제3장 민간임대주택의 건설

제17조【민간임대주택의 건설】 민간임대주택의 건설은 「주택법」 또는 「건축법」에 따른다. 이 경우 관계 법률에서 「주택법」 제15조에 따른 사업계획의 승인 또는 「건축법」 제11조에 따른 건축허가 등을 준용하는 경우 그 법률을 포함한다.(2016.1.19 후단개정)

제18조【토지 등의 우선 공급】 ① 국가·지방자치단체·공공기관 또는 지방공사가 그가 소유하거나 조성한 토지를 공급(매각 또는 임대를 말한다. 이하 이 조에서 같다)하는 경우에는 「주택법」 제30조제1항에도 불구하고 민간임대주택을 건설하려는 임대사업자에게 우선적으로 공급할 수 있다.(2016.1.19 본항개정)

② 국가·지방자치단체·공공기관 또는 지방공사가 공공지원민간임대주택 건설용으로 토지를 공급하거나 종전부동산을 보유하고 있는 공공기관[같은 법 제43조제3항의 매입공공기관(이하 "매입공공기관"이라 한다)을 포함한다]이 공공지원민간임대주택 건설용으로 종전부동산을 매각하는 경우에는 「택지개발촉진법」, 「혁신도시 조성 및 발전에 관한 특별법」 등 관계 법령에도 불구하고 추첨, 자격 제한, 수의계약 등 대통령령으로 정하는 방법 및 조건에 따라 공급할 수 있다.(2018.1.16 본항개정)

③ 국가·지방자치단체·한국토지주택공사 또는 지방공사는 그가 조성한 토지 중 1퍼센트 이상의 범위에서 대통령령으로 정하는 비율 이상을 임대사업자[소속 근로자에게 임대하기 위하여 민간임대주택을 건설하려는 고용자(법인에 한정한다)로서 임대사업자로 등록한 자를 포함한다]에게 우선 공급하여야 한다. 다만, 해당 토지는 2개 단지 이상의 공동주택용지 공급계획이 포함된 경우로서 대통령령으로 정하는 규모 이상이어야 한다.(2017.1.17 단서신설)

④ 제1항부터 제3항까지의 규정에 따라 토지 및 종전부동산(이하 이 조에서 "토지등"이라 한다)을 공급받은 자는 토지등을 공급받은 날부터 4년 이내의 범위에서 대통령령으로 정하는 기간 이내에 민간임대주택을 건설하여야 한다.

⑤ 제4항에도 불구하고 민간임대주택을 건설하지 아니한 경우 토지등을 공급한 자는 대통령령으로 정하는 기준과 절차에 따라 토지등을 환매하거나 임대차계약을 해제 또는 해지할 수 있다.

⑥ 「주택법」 제54조에 따른 사업주체가 주택을 공급하는 경우에는 같은 조 제1항에도 불구하고 그 주택을 공공지원민간임대주택 또는 장기일반민간임대주택으로 운영하려는 임대사업자에게 주택(같은 법 제57조에 따른 분양가상한제 적용주택은 제외한다) 전부를 우선적으로 공급할 수 있다.(2018.1.16 본항개정)

제19조【간선시설의 우선 설치】 「주택법」 제28조에 따라 간선시설(幹線施設)을 설치하는 자는 민간임대주택 건설사업이나 민간임대주택 건설을 위한 대지조성사업에 필요한 간선시설을 다른 주택건설사업이나 대지조성사업보다 우선하여 설치하여야 한다.(2016.1.19 본조개정)

제20조【「공익사업을 위한 토지 등의 취득 및 보상에 관한 법률」에 관한 특례】 ① 임대사업자가 전용면적 85제곱미터 이하의 민간임대주택을 100호 이상의 범위에서 대통령령으로 정하는 호수 이상 건설하기 위하여 사업 대상 토지 면적의 80퍼센트 이상을 매입한 경우(토지 소유자로부터 매입에 관한 동의를 받은 경우를 포함한다)로서 나머지 토지를 취득하지 아니하면 그 사업을 시행하기가 현저히 곤란해질 사유가 있는 경우에는 시·도지사에게 「공익사업을 위한 토지 등의 취득 및 보상에 관한 법률」 제4조제5호에 따른 지정을 요청할 수 있다. 이 경우 요청절차, 제출서류 등 필요한 사항은 대통령령으로 정한다.(2018.1.16 전단개정)

② 제1항에 따라 지정을 받은 임대사업자가 「주택법」 제15조에 따른 사업계획승인을 받으면 「공익사업을 위한 토지 등의 취득 및 보상에 관한 법률」 제20조제1항에 따른 사업인정을 받은 것으로 본다. 다만, 재결신청(裁決申請)은 「공익사업을 위한 토지 등의 취득 및 보상에 관한 법률」 제23조제1항 및 같은 법 제28조제1항에도 불구하고 사업계획승인을 받은 주택건설사업 기간에 할 수 있다.(2016.1.19 본문개정)

제21조【「국토의 계획 및 이용에 관한 법률」 등에 관한 특례】 「주택법」 제15조에 따른 사업계획승인권자 또는 「건축법」 제11조에 따른 허가권자(이하 "승인권자등"이라 한다)는 임대사업자가 공공지원민간임대주택을 건설하기 위하여 「주택법」 제15조에 따른 사업계획승인을 신청하거나 「건축법」 제11조에 따른 건축허가를 신청하는 경우에 관계 법령에도 불구하고 다음 각 호에 따라 완화된 기준을 적용할 수 있다. 다만, 공공지원민간임대주택과 공공지원민간임대주택이 아닌 시설을 같은 건축물로 건축하는 경우 전체 연면적 대비 공공지원민간임대주택 연면적의 비율이 50퍼센트 이상의 범위에서 대통령령으로 정하는 비율 이상인 경우에 한정한다.(2018.1.16 본문개정)
1. 「국토의 계획 및 이용에 관한 법률」 제77조에 따라 조례로 정한 건폐율에도 불구하고 같은 조 및 관계 법령에 따른 건폐율의 상한까지 완화
2. 「국토의 계획 및 이용에 관한 법률」 제52조에 따라 지구계획단위에서 정한 용적률 또는 같은 법 제78조에 따라 조례로 정한 용적률에도 불구하고 같은 조 및 관계 법령에 따른 용적률의 상한까지 완화(2018.1.16 본호개정)

3. 「건축법」 제2조제2항에 따른 건축물의 층수 제한을 대통령령으로 정하는 바에 따라 완화

제21조의2【용적률의 완화로 건설되는 주택의 공급 등】 ① 승인권자등이 임대사업자의 사업계획승인 또는 건축허가 신청 당시 30호 이상으로서 대통령령으로 정하는 호수 이상의 공공지원민간임대주택을 건설하는 사업에 대하여 「국토의 계획 및 이용에 관한 법률」에 따라 해당 지방자치단체의 조례로 정한 용적률 또는 지구단위계획으로 정한 용적률(이하 "기준용적률"이라 한다)보다 완화된 제21조제2호에 따른 용적률(이하 "완화용적률"이라 한다)을 적용하는 경우 승인권자등은 시·도지사 및 임대사업자와 협의하여 임대사업자에게 다음 각 호의 어느 하나에 해당하는 조치를 명할 수 있다. 다만, 다른 법령에서 임대사업자에게 부여한 이행 부담이 있는 경우에는 본문에 따른 조치를 감면하여야 한다.

1. 임대사업자는 완화용적률에서 기준용적률을 뺀 용적률의 50퍼센트 이하의 범위에서 해당 지방자치단체의 조례로 정하는 비율을 곱하여 증가하는 면적에 해당하는 임대주택을 건설하여 시·도지사에게 공급하여야 한다. 이 경우 주택의 공급가격은 「공공주택 특별법」 제50조의3제1항에 따른 공공건설임대주택의 분양전환가격 산정기준에서 정하는 건축비로 하고, 그 부속토지는 시·도지사에게 기부채납한 것으로 본다.
2. 임대사업자는 완화용적률에서 기준용적률을 뺀 용적률의 50퍼센트 이하의 범위에서 해당 지방자치단체의 조례로 정하는 비율을 곱하여 증가하는 면적에 해당하는 주택의 부속토지에 해당하는 가격을 시·도지사에게 현금으로 납부하여야 한다. 이 경우 토지의 가격은 사업계획승인 또는 건축허가 신청 당시 표준지공시지가를 기준으로 「감정평가 및 감정평가사에 관한 법률」 제2조제4호에 따른 감정평가법인등(이하 "감정평가법인등"이라 한다)이 평가한 금액으로 한다.(2020.4.7 후단개정)
3. 임대사업자는 완화용적률에서 기준용적률을 뺀 용적률의 100퍼센트 이하의 범위에서 해당 지방자치단체의 조례로 정하는 비율을 곱하여 증가하는 면적의 범위에서 주거지원대상자에게 공급하는 임대주택을 건설하거나 복합지원시설을 설치하여야 한다.
4. 임대사업자는 완화용적률에서 기준용적률을 뺀 용적률의 50퍼센트 이하의 범위에서 해당 지방자치단체의 조례로 정하는 비율을 곱하여 증가하는 면적에 해당하는 임대주택을 건설하여 주거지원대상자에게 20년 이상 민간임대주택으로 공급하여야 한다.

② 제1항제2호에 따라 임대사업자가 납부한 현금은 「주택법」 제84조에 따라 설치되는 국민주택사업특별회계의 재원으로 귀속된다.
③ 제1항 및 제2항에서 규정한 사항 외에 시·도지사에게 주택을 공급하는 절차, 토지의 가격 산정 절차, 현금납부 방법, 설치된 복합지원시설의 운영 등 필요한 사항은 대통령령으로 정한다.
(2018.1.16 본조신설)

제21조의3【용도지역의 변경 결정을 통하여 건설되는 주택의 공급 등】 공공지원민간임대주택의 공급확대를 위하여 「국토의 계획 및 이용에 관한 법률」 제30조에 따라 해당 용도지역을 용적률이 완화되는 용도지역으로 변경 결정하고 사업계획승인 또는 건축허가를 하는 경우 임대주택의 건설, 공급, 부속토지의 현금 납부, 복합지원시설의 설치 등에 관하여는 제21조의2를 준용한다. 이 경우 "기준용적률"을 "용도지역 변경 전에 조례 또는 지구단위계획에서 정한 용적률"로, "완화용적률"은 "용도지역 변경 후 승인권자등이 사업계획승인 또는 건축허가 시 적용한 용적률"로 본다.(2018.1.16 본조신설)

제4장 공공지원민간임대주택 공급촉진지구
(2018.1.16 본장제목개정)

제22조【촉진지구의 지정】 ① 시·도지사는 공공지원민간임대주택이 원활하게 공급될 수 있도록 공공지원민간임대주택 공급촉진지구(이하 "촉진지구"라 한다)를 지정할 수 있다. 이 경우 촉진지구는 다음 각 호의 요건을 모두 갖추어야 한다.

1. 촉진지구에서 건설·공급되는 전체 주택 호수의 50퍼센트 이상이 공공지원민간임대주택으로 건설·공급될 것
2. 촉진지구의 면적은 5천제곱미터 이상의 범위에서 대통령령으로 정하는 면적 이상일 것. 다만, 역세권등에서 촉진지구를 지정하는 경우 1천제곱미터 이상의 범위에서 해당 지방자치단체가 조례로 정하는 면적 이상이어야 한다.(2019.4.23 단서개정)
3. 유상공급 토지면적(도로, 공원 등 관리청에 귀속되는 공공시설 면적을 제외한 면적을 말한다. 이하 이 호에서 같다) 중 주택건설 용도가 아닌 토지로 공급하는 면적이 유상공급 토지면적의 50퍼센트를 초과하지 아니할 것

② (2018.1.16 삭제)
③ 국토교통부장관은 제1항에도 불구하고 국민의 주거안정을 위하여 공공지원민간임대주택을 건설·공급할 필요가 있는 경우에는 촉진지구를 지정할 수 있다.
④ 제1항 및 제3항에 따른 촉진지구의 지정기준, 지정절차 등 필요한 사항은 대통령령으로 정한다.
(2018.1.16 본조개정)

제23조【시행자】 ① 제22조에 따라 촉진지구를 지정할 수 있는 자(이하 "지정권자"라 한다)는 다음 각 호의 자 중에서 공공지원민간임대주택 개발사업의 시행자(이하 "시행자"라 한다)를 지정한다.(2018.1.16 본문개정)

1. 촉진지구에서 국유지·공유지를 제외한 토지 면적의 50퍼센트 이상에 해당하는 토지를 소유한 임대사업자(2018.1.16 본호개정)
2. 「공공주택 특별법」 제4조제1항 각 호에 해당하는 자

② 시행자가 할 수 있는 공공지원민간임대주택 개발사업의 범위는 다음 각 호와 같다. 다만, 제1항제2호에 해당하는 시행자는 이 항 제2호에 따른 주택건설사업 중 공공지원민간임대주택 건설사업을 시행할 수 없다.

1. 촉진지구 조성사업
2. 공공지원민간임대주택 건설사업 등 주택건설사업

(2018.1.16 본항신설)
③ 지정권자는 촉진지구 조성사업의 시행자를 지정하는 경우 제1항 각 호에 해당하는 자를 공동시행자로 지정할 수 있다.
④ 제1항 각 호에 해당하는 자 또는 촉진지구 안에서 국유지·공유지를 제외한 토지면적의 50퍼센트 이상에 해당하는 토지소유자의 동의를 받은 자는 지정권자에게 촉진지구의 지정을 제안할 수 있다. 이 경우 지정권자는 그 지정을 제안한 자가 제1항제1호의 요건을 갖춘 경우에 우선적으로 시행자로 지정할 수 있다.(2017.1.17 후단개정)
⑤ 지정권자는 다음 각 호의 어느 하나에 해당하는 경우에는 시행자를 변경할 수 있다.

1. 시행자가 출자한 「부동산투자회사법」 제2조제1호에 따른 부동산투자회사로 시행자 변경을 요청하는 경우
2. 시행자의 부도·파산, 사정 변경 등 대통령령으로 정하는 사유로 촉진지구 사업 추진이 곤란하여 시행자를 공공기관 또는 지방공사로 변경하는 경우(2020.12.22 본호개정)
3. 제40조제1항에 따라 지구계획 승인이 취소되어 시행자를 공공기관 또는 지방공사로 변경하는 경우
(2020.12.22 본호신설)

(2017.1.17 본항신설)
⑥ 제1항제2호에 따른 자가 시행자인 경우 지정권자는 촉진지구에 복합지원시설을 건설·운영하도록 요청할 수 있다. 이 경우 시행자는 대통령령으로 정하는 바에 따라 복합지원시설의 설치·운영계획을 수립하여야 한다.
(2018.1.16 본항신설)
⑦ 그 밖에 촉진지구 지정·변경 및 해제의 제안절차, 제출서류, 동의자 수의 산정방법 및 동의절차 등에 필요한 사항은 국토교통부령으로 정한다.(2018.1.16 본항개정)

제24조【촉진지구의 지정 절차】 ① 지정권자가 제22조에 따라 촉진지구를 지정하는 경우에는 관계 중앙행정기관의 장 및 관할 지방자치단체의 장과 협의하여야 한다. 촉진지구를 변경하는 경우에도 또한 같다.(2017.1.17 후단신설)
② 지정권자가 제1항에 따라 협의를 하는 경우 다음 각 호에서 정한 협의를 별도로 하여야 한다. 이 경우 협의기간은 30일 이내로 한다.

1. 「환경영향평가법」 제16조에 따른 전략환경영향평가 협의(「자연환경보전법」 제28조에 따른 자연경관영향 협의를 포함한다)
2. 「자연재해대책법」에 따른 재해영향평가등의 협의
(2017.10.24 본호개정)

③ 지정권자가 촉진지구를 지정하려면 「국토의 계획 및 이용에 관한 법률」 제106조에 따른 중앙도시계획위원회(이하 "중앙도시계획위원회"라 한다) 또는 같은 법 제113조에 따른 시·도도시계획위원회(이하 "시·도도시계획위원회"라 한다)의 심의를 거쳐야 하며, 이 경우 같은 법 제8조 및 제9조는 적용하지 아니한다. 다만, 촉진지구의 면적을 10퍼센트 범위에서 증감하는 경우 등 대통령령으로 정하는 경미한 사항은 심의를 거치지 아니하여도 된다.

제25조【주민 등의 의견청취】 ① 지정권자는 촉진지구를 지정하려면 대통령령으로 정하는 바에 따라 주민 및 관계 전문가 등의 의견을 들어야 한다. 촉진지구 면적 등 대통령령으로 정하는 중요 사항을 변경하는 경우에도 또한 같다.(2017.1.17 후단신설)
② 지정권자는 제1항에 따른 의견 청취와 「환경영향평가법」 제13조에 따른 전략환경영향평가를 위한 주민 등의 의견 수렴을 동시에 할 수 있다.

제26조【촉진지구 지정 등의 고시 등】 ① 지정권자는 촉진지구를 지정한 경우 위치·면적, 시행자, 사업의 종류, 수용 또는 사용할 「공익사업을 위한 토지 등의 취득 및 보상에 관한 법률」 제3조에서 정하는 토지·물건 및 권리(이하 "토지등"이라 한다)의 세목 등을 대통령령으로 정하는 바에 따라 관보 또는 공보에 고시하고, 관계 서류의 사본을 시장·군수·구청장에게 송부하여야 하며 「토지이용규제 기본법」 제8조에 따라 지형도면을 고시하여야 한다. 촉진지구를 변경한 경우에도 또한 같다.
(2017.1.17 후단신설)
② 제1항에 따라 관계 서류의 사본을 송부받은 시장·군수·구청장은 이를 일반인이 열람할 수 있도록 하여야 한다.
③ 제25조제1항에 따라 촉진지구의 지정 또는 변경에 관한 주민 등의 의견청취 공고 등이 있는 지역 및 촉진지구 내에서 건축물의 건축 등 대통령령으로 정하는 행위를 하고자 하는 자는 시장·군수·구청장의 허가를 받아야 한다. 허가받은 사항을 변경하는 경우에도 또한 같다.
(2017.1.17 본항개정)
④ 다음 각 호의 어느 하나에 해당하는 행위는 제3항에도 불구하고 허가를 받지 아니하고 할 수 있다.

1. 재해복구 또는 재난수습에 필요한 응급조치를 위하여 하는 행위
2. 그 밖에 경작을 위한 토지의 형질 변경 등 대통령령으로 정하는 행위

⑤ 제3항에 따라 허가를 받아야 하는 행위로서 제25조제1항에 따른 의견청취 공고 당시 또는 촉진지구의 지정·고시 당시에 이미 관계 법령에 따라 행위허가를 받았거나 그 공사 또는 사업에 착수한 자는 대통령령으로 정하는 바에 따라 시장·군수·구청장에게 신고한 후 이를 계속 시행할 수 있다.(2017.1.17 본항개정)
⑥ 시장·군수·구청장은 제3항을 위반한 자에 대하여 원상회복을 명할 수 있다. 이 경우 명령을 받은 자가 그 의무를 이행하지 아니하는 때에는 「행정대집행법」에 따라 대집행할 수 있다.
⑦ 제3항에 따른 허가에 관하여 이 법에서 규정한 것을 제외하고는 「국토의 계획 및 이용에 관한 법률」 제57조부터 제60조까지 및 제62조를 준용한다.(2017.1.17 본항신설)
⑧ 제3항에 따라 허가를 받은 경우에는 「국토의 계획 및 이용에 관한 법률」 제56조에 따라 허가를 받은 것으로 본다.(2017.1.17 본항신설)
⑨ 제1항에 따라 촉진지구가 지정·고시된 경우 「국토의 계획 및 이용에 관한 법률」 제6조제1호에 따른 도시지역과 같은 법 제50조에 따른 지구단위계획구역(이하 "지구단위계획구역"이라 한다)으로 결정되어 고시된 것으로 본다.

제27조【촉진지구 지정의 해제】 ① 지정권자는 다음 각 호의 어느 하나에 해당하는 경우에는 촉진지구의 지정을 해제할 수 있다.

1. 촉진지구가 지정고시된 날부터 2년 이내에 제28조에 따른 지구계획 승인을 신청하지 아니하는 경우
2. 공공지원민간임대주택 개발사업이 완료된 경우
(2018.1.16 본호개정)

② 제1항에 따라 촉진지구의 지정이 해제되는 경우 지정권자는 대통령령으로 정하는 바에 따라 관보 또는 공보에 고시하고, 다음 각 호의 구분에 따라 조치하여야 한다.

1. 국토교통부장관 : 관계 행정기관의 장 및 관할 시·도지사에게 통보할 것. 이 경우 통보를 받은 시·도지사는 관할 시장·군수·구청장에게 통보하여야 하고, 통보를 받은 시장·군수·구청장은 관계 서류의 사본을 일반인에게 공람시켜야 한다.
2. 시·도지사 : 국토교통부장관, 관계 행정기관의 장 및 관할 시장·군수·구청장에게 통보할 것. 이 경우 지정권자인 특별자치시장·특별자치도지사 및 통보를 받은 시장·군수·구청장은 관계 서류의 사본을 일반인에게 공람시켜야 한다.

③ 제1항제1호의 사유로 촉진지구가 해제고시된 경우 「국토의 계획 및 이용에 관한 법률」에 따른 용도지역·용도지구·용도구역, 지구단위계획구역 및 도시·군계획시설은 각각 지정 당시로 환원된 것으로 본다. 다만, 해제하는 당시 이미 사업이나 공사에 착수한 경우 등 해제 고시에서 별도로 정하는 도시·군계획시설은 그 사업이나 공사를 계속할 수 있다.

제28조【지구계획 승인 등】 ① 시행자는 대통령령으로 정하는 바에 따라 다음 각 호의 내용을 포함한 공공지원민간임대주택 공급촉진지구계획(이하 "지구계획"이라 한다)을 작성하여 지정권자의 승인을 받아야 한다. 승인받은 지구계획을 변경(대통령령으로 정하는 경미한 사항의 변경은 제외한다)하는 경우에도 또한 같다.(2018.1.16 전단개정)

1. 지구계획의 개요
2. 사업시행자의 성명 또는 명칭(주소와 대표자의 성명을 포함한다)
3. 사업 시행기간 및 재원조달 계획
4. 토지이용계획 및 개략설계도서
5. 인구·주택 수용계획
6. 교통·공공·문화체육시설 등을 포함한 기반시설 설치 계획
7. 환경보전 및 탄소저감 등 환경계획
8. 그 밖에 지구단위계획 등 대통령령으로 정하는 사항

② 지정권자는 지구계획에 따른 기반시설 확보를 위하여 필요한 부지 또는 설치비용의 전부 또는 일부를 시행자에게 부담시킬 수 있다. 이 경우 기반시설의 부지 또는 설치비용의 부담은 건축제한의 완화에 따른 토지가치상승분(감정평가법인등이 건축제한 완화 전·후에 대하여 각각 감정평가한 토지가액의 차이를 말한다)을 초과하지 아니하도록 한다.(2020.4.7 후단개정)
③ 지정권자가 제1항에 따라 지구계획을 승인하는 경우 시행자의 요청이 있으면 제32조에 따른 공공지원민간임대주택 통합심의위원회의 심의를 거쳐야 한다.
(2018.1.16 본항개정)
④ 지정권자가 제1항에 따라 지구계획을 승인 또는 변경승인하려는 경우에는 관할 지방자치단체의 장의 의견을 들어야 한다. 다만, 시행자가 미리 관할 지방자치단체의 장과 협의한 경우에는 그러하지 아니하다.(2023.8.16 본항신설)

⑤ 제4항에 따른 의견을 요청받은 관할 지방자치단체의 장은 요청받은 날부터 30일 내에 의견을 제출하여야 하며, 그 기간 동안 의견을 제출하지 아니하면 의견이 없는 것으로 본다.(2023.8.16 본항신설)
⑥ 지정권자는 제1항에 따라 지구계획을 승인한 때에는 대통령령으로 정하는 바에 따라 관보 또는 공보에 고시하고, 관계 서류의 사본을 시장·군수·구청장에게 송부하여야 하며, 이를 송부받은 시장·군수·구청장은 이를 일반인이 열람할 수 있도록 하여야 한다.
⑦ 제6항에 따라 관계 서류의 사본을 송부받은 시장·군수·구청장은 관계 서류에 도시·군관리계획결정사항이 포함되어 있는 경우에는 「국토의 계획 및 이용에 관한 법률」 제32조 및 「토지이용규제 기본법」 제8조에 따라 지형도면 작성에 필요한 조치를 하여야 한다. 이 경우 시행자는 지형도면 고시에 필요한 서류를 시장·군수·구청장에게 제출하여야 한다.(2023.8.16 전단개정)

제28조의2 【촉진지구 조성사업에 관한 공사의 감리】 ① 제28조제6항에 따라 지구계획 서류의 사본을 송부 받은 시장·군수·구청장은 「건설기술 진흥법」에 따른 건설엔지니어링사업자 또는 「건축사법」에 따른 건축사를 촉진지구 조성사업의 공사에 대한 감리를 하는 자로 지정하고 지도·감독하여야 한다. 다만, 시행자가 제23조제1항제2호에 해당하는 자인 경우에는 그러하지 아니하다.(2023.8.16 본문개정)
② 제1항에도 불구하고 촉진지구 조성사업을 「주택법」 제15조에 따른 주택건설사업계획 승인대상 공사 또는 「건축법」에 따른 감리대상인 공사와 함께 시행하는 경우에는 「주택법」 등 관련 법령이 정하는 바에 따른다.
(2018.1.16 본조신설)

제29조 【다른 법률에 따른 인가·허가 등의 의제】 ① 제28조에 따른 지구계획의 승인·승인고시 또는 변경승인·변경승인고시가 있는 때에는 다음 각 호의 승인·허가·인가·결정·신고·지정·면허·협의·동의·해제·심의 등(이하 "인·허가등"이라 한다)을 받은 것으로 보며, 지구계획 승인고시 또는 변경승인고시가 있는 때에는 다음 각 호의 법률에 따른 인·허가등의 고시 또는 공고가 있는 것으로 본다.(2017.1.17 본문개정)
1. 「공유수면 관리 및 매립에 관한 법률」 제8조에 따른 공유수면의 점용·사용허가, 같은 법 제28조에 따른 공유수면의 매립면허, 같은 법 제35조에 따른 국가 등이 시행하는 매립의 협의 또는 승인 및 같은 법 제38조에 따른 공유수면매립실시계획의 승인·고시
2. 「공유재산 및 물품 관리법」 제20조에 따른 사용·수익허가
3. 「관광진흥법」 제54조에 따른 조성계획의 승인, 같은 법 제55조에 따른 조성사업시행의 허가
4. 「광업법」 제24조에 따른 광업권설정의 불허가처분, 같은 법 제34조에 따른 광업권 취소처분 또는 광구 감소처분
5. 「국유재산법」 제30조에 따른 행정재산의 사용허가(허가기간은 공공지원민간임대주택 개발사업 준공 시까지로 한다)(2018.1.16 본호개정)
6. 「국토의 계획 및 이용에 관한 법률」 제30조에 따른 도시·군관리계획의 결정, 같은 법 제50조에 따른 지구단위계획의 결정, 같은 법 제56조에 따른 개발행위의 허가, 같은 법 제86조에 따른 도시·군계획시설사업의 시행자의 지정, 같은 법 제88조에 따른 실시계획의 작성 및 인가, 같은 법 제118조에 따른 토지거래계약에 관한 허가
7. 「농어촌정비법」 제23조에 따른 농업생산기반시설의 사용허가(2016.12.27 본호개정)
8. 「농지법」 제34조에 따른 농지전용(農地轉用)의 허가 또는 협의, 같은 법 제35조에 따른 농지의 전용신고, 같은 법 제36조에 따른 농지의 타용도 일시사용허가·협의, 같은 법 제40조에 따른 용도변경의 승인
9. 「대기환경보전법」 제23조에 따른 배출시설의 설치 허가 및 신고
10. 「도로법」 제36조에 따른 도로공사 시행의 허가, 같은 법 제61조에 따른 도로의 점용 허가
11. 「도시개발법」 제3조에 따른 도시개발구역의 지정, 같은 법 제4조에 따른 개발계획의 수립 및 변경, 같은 법 제11조에 따른 사업시행자의 지정, 같은 법 제17조에 따른 실시계획의 작성 및 인가, 같은 법 제26조에 따른 조성토지등의 공급 계획 제출, 같은 법 제53조에 따른 조성토지등의 준공 전 사용의 허가
12. 「사도법」 제4조에 따른 사도(私道)의 개설허가
13. 「사방사업법」 제14조에 따른 벌채 등의 허가, 같은 법 제20조에 따른 사방지(砂防地) 지정의 해제
14. 「산림자원의 조성 및 관리에 관한 법률」 제36조제1항·제5항에 따른 입목벌채등의 허가·신고
(2022.12.27 본호개정)
15. 「산지관리법」 제14조·제15조에 따른 산지전용허가 및 산지전용신고, 같은 법 제15조의2에 따른 산지일시사용허가·신고, 같은 법 제25조에 따른 토석채취허가
16. 「소음·진동관리법」 제8조에 따른 배출시설 설치 허가 및 신고
17. 「소하천정비법」 제10조에 따른 소하천공사 시행의 허가, 같은 법 제14조에 따른 소하천 점용 등의 허가
18. 「수도법」 제17조 또는 제49조에 따른 수도사업의 인가, 같은 법 제52조 또는 제54조에 따른 전용상수도 또는 전용공업용수도의 설치 인가
19. 「물환경보전법」 제33조에 따른 배출시설의 설치 허가 및 신고(2017.1.17 본호개정)
20. 「에너지이용 합리화법」 제10조에 따른 에너지사용계획의 협의
21. 「유통산업발전법」 제8조에 따른 대규모점포의 개설등록
22. 「장사 등에 관한 법률」 제27조제1항에 따른 무연분묘의 개장허가
23. 「전기안전관리법」 제8조에 따른 자가용전기설비의 공사계획의 인가 또는 신고(2020.3.31 본호개정)
24. 「집단에너지사업법」 제4조에 따른 집단에너지의 공급 타당성에 관한 협의
25. 「공간정보의 구축 및 관리 등에 관한 법률」 제86조제1항에 따른 사업의 착수·변경 또는 완료의 신고
26. 「체육시설의 설치·이용에 관한 법률」 제12조에 따른 사업계획의 승인
27. 「초지법」 제21조의2에 따른 토지의 형질변경 등의 허가, 같은 법 제23조에 따른 초지전용의 허가
28. 「하수도법」 제16조에 따른 공공하수도공사 시행의 허가, 같은 법 제24조에 따른 공공하수도의 점용허가
29. 「하천법」 제30조에 따른 하천공사 시행의 허가 및 하천공사실시계획의 인가, 같은 법 제33조에 따른 하천의 점용허가, 같은 법 제50조에 따른 하천수의 사용허가
② 시행자는 제1항에 따른 인·허가등의 의제를 받으려는 경우에는 해당 법률에서 정하는 서류를 제출하여야 한다.
③ 지정권자는 제1항 각 호의 어느 하나에 해당하는 사항이 포함되어 있는 지구계획을 승인하고자 하는 경우에는 시행자가 제출한 관계 서류를 첨부하여 미리 관계 행정기관의 장과 협의하여야 한다. 이 경우 관계 행정기관의 장은 협의요청을 받은 날부터 30일 이내에 의견을 제출하여야 하며 같은 기간 이내에 의견제출이 없는 경우에는 의견이 없는 것으로 본다.

제30조 【관계 법률에 관한 특례】 ① 제23조제1항제1호에 해당하는 자가 제안하는 촉진지구를 지정하기 위하여 「국토의 계획 및 이용에 관한 법률」 제2조제3호에 따른 도시·군기본계획의 변경이 필요한 경우 시·도지사는 공청회, 지방의회 의견청취 등을 동시에 실시하여 90일 이내의 범위에서 대통령령으로 정하는 기간 이내에 변경 여부를 결정하여야 한다.(2018.1.16 본항개정)
② 제23조제1항제2호에 해당하는 자가 제안하는 촉진지구를 지정, 변경 또는 해제하기 위하여 도시·군기본계획의 변경이 필요한 경우 지정권자가 촉진지구의 지정, 변경 또는 해제를 고시한 때에는 「국토의 계획 및 이용에 관한 법률」 제18조, 제22조 및 제22조의2에 따라 도시·군기본계획의 변경이 확정되거나 도지사의 승인을 받은 것으로 본다.(2018.1.16 본항신설)
③ 제28조에 따라 지구계획이 승인된 때에는 국토교통부장관과 특별시장·광역시장·특별자치시장·특별자치도지사·시장·군수(광역시의 군수는 제외한다. 이하 이 조에서 같다)는 이를 「수도법」 제5조에 따른 수도정비계획에 우선적으로 반영하여야 한다. 이 경우 환경부장관은 정당한 사유가 없으면 관할 특별시장·광역시장·특별자치시장·특별자치도지사·시장·군수로부터 수도정비계획 승인 신청을 접수한 날부터 30일 이내에 수도정비계획을 승인하여야 한다.(2022.1.11 본항개정)
④ 제28조에 따라 지구계획이 승인된 때에는 특별시장·광역시장·특별자치시장·특별자치도지사·시장·군수는 이를 「하수도법」 제5조 및 제6조에 따른 하수도정비기본계획에 우선적으로 반영하여야 한다. 이 경우 환경부장관은 정당한 사유가 없으면 관할 특별시장·광역시장·특별자치시장·특별자치도지사·시장·군수로부터 하수도정비기본계획 승인 신청을 접수한 날부터 40일 이내에 하수도정비기본계획을 승인하여야 한다.

제31조 【개발제한구역에 관한 특례】 ① 「개발제한구역의 지정 및 관리에 관한 특별조치법」 제3조제1항에 따라 해제할 필요가 있는 개발제한구역에 촉진지구 지정이 필요한 경우 제23조제1항제2호에 해당하는 시행자는 개발제한구역의 해제를 위한 도시·군관리계획의 변경을 지정권자에게 제안할 수 있다. 이 경우 지정권자는 촉진지구 지정 절차와 함께 개발제한구역 해제 절차를 진행하거나 이를 관계 기관에 요청할 수 있다.(2018.1.16 전단개정)
② 다음 각 호의 어느 하나에 해당하는 경우에는 개발제한구역에서 해제된 지역이 개발제한구역으로 환원된 것으로 본다.
1. 제1항에 따른 개발제한구역 해제에 관한 도시·군관리계획이 결정·고시된 날부터 2년 이내에 제28조에 따른 지구계획이 수립·고시되지 아니한 경우
2. 제27조제1항제1호에 따라 촉진지구가 해제된 경우
③ 국토교통부장관은 제2항에 따라 개발제한구역으로 환원된 사실을 대통령령으로 정하는 바에 따라 고시하고, 그 지역을 관할하는 시·도지사에게 통보하여야 한다.

제32조 【공공지원민간임대주택 통합심의위원회】 ① 지정권자는 도시계획·건축·환경·교통·재해 등 지구계획 승인과 관련된 다음 각 호의 사항을 검토 및 심의하기 위하여 공공지원민간임대주택 통합심의위원회(이하 "통합심의위원회"라 한다)를 둔다.(2018.1.16 본문개정)
1. 「국토의 계획 및 이용에 관한 법률」에 따른 도시·군관리계획 관련 사항
2. 「대도시권 광역교통 관리에 관한 특별법」에 따른 광역교통개선대책
3. 「도시교통정비 촉진법」에 따른 교통영향평가
4. 「산지관리법」에 따라 촉진지구에 속한 산지의 이용계획
5. 「에너지이용 합리화법」에 따른 에너지사용계획
6. 「자연재해대책법」에 따른 재해영향평가등(2017.10.24 본호개정)
7. 「교육환경 보호에 관한 법률」에 따른 교육환경에 대한 평가(2018.1.16 본호개정)
8. 「경관법」에 따른 사전경관계획
9. 「건축법」에 따른 건축 심의
10. 그 밖에 지정권자가 필요하다고 인정하여 통합심의위원회의 회의에 부치는 사항
② 통합심의위원회는 위원장 1명, 부위원장 1명을 포함하여 24명 이내의 위원으로 구성한다.
③ 통합심의위원회의 위원은 다음 각 호의 사람이 되고, 위원장은 제2호에 해당하는 사람 중 위원들이 호선하는 사람으로 한다.
1. 국토교통부, 관계 행정기관(제24조제1항에 따라 사전협의를 거치는 기관을 말한다) 또는 지정권자 소속의 관계 부서의 장으로서 대통령령으로 정하는 공무원
(2017.1.17 본호개정)
2. 도시계획·건축·교통·환경·재해 분야 등의 전문가로서 택지개발 및 주택사업에 관한 학식과 경험이 풍부한 사람 중 지정권자가 위촉하는 사람
3. 중앙도시계획위원회(국토교통부장관이 촉진지구를 지정한 경우에 한정한다) 또는 시·도도시계획위원회의 위원 중 도시계획전문가·설계전문가·환경전문가 각 1명 이상을 포함하여 해당 위원회의 위원장이 추천하는 사람(2017.1.17 본호개정)
4. 「국가통합교통체계효율화법」에 따른 국가교통위원회 또는 지방교통위원회의 위원 중 해당 위원회의 위원장이 추천하는 사람(2017.1.17 본호개정)
5. 「도시교통정비 촉진법」에 따른 교통영향평가심의위원회의 위원 중 해당 위원회의 위원장이 추천하는 사람
(2017.1.17 본호개정)
6. 「산지관리법」에 따라 해당 주택지구에 속한 산지의 이용계획에 대하여 심의권한을 가진 산지관리위원회의 위원 중 해당 위원회의 위원장이 추천하는 사람
7. 「에너지이용 합리화법」에 따른 에너지사용계획에 대하여 심의권한을 가진 위원회의 위원 중 해당 위원회의 위원장이 추천하는 사람
8. 「자연재해대책법」에 따른 재해영향평가심의위원회의 위원 중 해당 위원회의 위원장이 추천하는 사람
(2017.10.24 본호개정)
9. 「교육환경 보호에 관한 법률」에 따른 시·도교육환경보호위원회의 위원 중 해당 위원회의 위원장이 추천하는 사람(2018.1.16 본호개정)
10. 「경관법」에 따른 경관위원회의 위원 중 해당 위원회의 위원장이 추천하는 사람
11. 「건축법」에 따른 건축위원회의 위원 중 해당 위원회의 위원장이 추천하는 사람(2017.1.17 본호개정)
④ 통합심의위원회의 회의는 재적위원 과반수의 출석으로 개의하고, 출석위원 과반수의 찬성으로 의결한다.
⑤ 통합심의위원회는 회의내용을 녹취하고 회의록을 작성하여야 한다.
⑥ 통합심의를 받고자 하는 시행자는 대통령령으로 정하는 바에 따라 제1항 각 호와 관련된 서류를 제출하여야 하며 통합심의위원회에 최종의견서를 제출할 수 있다.
⑦ 통합심의위원회는 지구계획의 승인과 관련된 사항, 시행자의 최종의견서, 관계 기관 의견서 등을 종합적으로 검토하여 심의하여야 한다. 이 경우 정당한 사유가 없으면 지정권자는 심의 결과를 반영하여 지구계획을 승인하여야 한다.
⑧ 통합심의위원회의 검토 및 심의를 거친 경우에는 다음 각 호에서 정한 위원회의 검토 및 심의를 거친 것으로 본다.
1. 중앙도시계획위원회(국토교통부장관이 촉진지구를 지정한 경우에 한정한다) 및 시·도도시계획위원회
2. 「국가통합교통체계효율화법」에 따른 국가교통위원회
3. 「도시교통정비 촉진법」에 따른 교통영향평가심의위원회
4. 「산지관리법」에 따른 산지관리위원회
5. 「에너지이용 합리화법」에 따른 에너지사용계획에 대하여 심의권한을 가진 위원회
6. 「자연재해대책법」에 따른 재해영향평가심의위원회
(2017.10.24 본호개정)
7. 「교육환경 보호에 관한 법률」에 따른 시·도교육환경보호위원회(2018.1.16 본호개정)
8. 「경관법」에 따른 경관위원회
9. 「건축법」에 따른 건축위원회. 다만, 제33조에 따라 촉진지구 지정과 동시에 지구계획 승인, 사업계획승인(건축허가를 포함한다)을 동시에 진행하는 경우에 한정한다.
(2018.1.16 본조제목개정)

제33조 【촉진지구 지정절차에 관한 특례】 ① 촉진지구가 10만제곱미터 이하의 범위에서 대통령령으로 정하는 면적 이하인 경우 시행자는 촉진지구 지정을 신청할 때 다음 각 호의 승인 또는 허가를 포함하여 신청할 수 있다.

이 경우 지정권자는 촉진지구 지정과 통합하여 승인 또는 허가를 하여야 한다.
1. 제28조에 따른 지구계획 승인
2. 「주택법」 제15조에 따른 사업계획승인(2016.1.19 본호개정)
3. 「건축법」 제11조에 따른 건축허가
② 지정권자는 「국토의 계획 및 이용에 관한 법률」 제36조제1항에 따른 녹지지역이 아닌 도시지역으로서 대통령령으로 정하는 지역에서 제1항에 따라 촉진지구 지정과 지구계획을 통합 승인하기 위하여 통합심의위원회 심의를 거친 경우에는 제24조제3항에 따른 중앙도시계획위원회 또는 시·도도시계획위원회의 심의를 생략할 수 있다.(2018.1.16 본항신설)
③ 지정권자는 「국토의 계획 및 이용에 관한 법률」 제36조제1항제1호가목에 따른 주거지역 안에서 10만제곱미터 이하의 범위에서 대통령령으로 정하는 면적 이하의 촉진지구를 지정 또는 변경하는 경우에는 중앙도시계획위원회 또는 시·도도시계획위원회의 심의를 생략할 수 있다.
④ 시행자가 제3항에 따른 촉진지구의 지정 또는 변경을 제안할 때에는 토지이용계획 등 대통령령으로 정하는 사항을 포함하여야 한다.(2018.1.16 본항개정)
⑤ 제2항 및 제3항에 따라 지정되는 촉진지구에 대하여는 「국토의 계획 및 이용에 관한 법률」 제8조, 제9조 및 제59조를 적용하지 아니한다.(2018.1.16 본항개정)

제34조【토지등의 수용 등】 ① 시행자는 촉진지구 토지면적의 3분의 2 이상에 해당하는 토지를 소유하고 토지소유자 총수의 2분의 1 이상에 해당하는 자의 동의를 받은 경우 나머지 토지등을 수용 또는 사용할 수 있다. 다만, 제23조제1항제2호의 자가 시행자인 경우 본문의 요건을 적용하지 아니하고 수용 또는 사용할 수 있다.
② 촉진지구를 지정하여 고시한 때에는 「공익사업을 위한 토지 등의 취득 및 보상에 관한 법률」 제20조제1항 및 같은 법 제22조에 따른 사업인정 및 사업인정의 고시가 있는 것으로 본다.(2017.1.17 본항개정)
③ 재결신청은 제1항에 따른 토지를 확보한 후에 할 수 있으며, 「공익사업을 위한 토지 등의 취득 및 보상에 관한 법률」 제23조제1항 및 제28조제1항에도 불구하고 지구계획에서 정하는 사업시행기간 종료일까지 하여야 한다.(2017.1.17 본항신설)
④ 제1항에 따른 토지등의 수용 또는 사용에 관하여 동의요건의 산정기준일, 동의자 수 산정방법 등 필요한 사항은 대통령령으로 정하고, 그 밖에 이 법에 특별한 규정이 있는 것을 제외하고는 「공익사업을 위한 토지 등의 취득 및 보상에 관한 법률」을 준용한다.(2017.1.17 본항개정)

제35조【촉진지구에서의 공공지원민간임대주택 건설에 관한 특례】 ① 지정권자는 촉진지구에서 공공지원민간임대주택 건설의 원활한 시행을 위하여 다음 각 호의 완화된 기준을 적용한다.(2018.1.16 본문개정)
1. 「국토의 계획 및 이용에 관한 법률」 제76조에 따른 용도지역에서의 건축물 용도, 종류 및 규모 제한에도 불구하고 공공지원민간임대주택 외의 건축물 중 위락시설, 일반숙박시설 등 대통령령으로 정하는 시설을 제외하고는 설치를 허용. 다만, 제33조제3항에 따라 주거지역에 촉진지구를 지정하는 경우로서 용도지역별로 허용하는 범위를 초과하는 건축물을 설치하는 경우에는 통합심의위원회의 심의를 거쳐야 한다.(2018.1.16 본호개정)
2. 「국토의 계획 및 이용에 관한 법률」 제77조에 따라 조례로 정한 건폐율에도 불구하고 같은 조 및 관계 법령에 따른 건폐율의 상한까지 완화
3. 「국토의 계획 및 이용에 관한 법률」 제78조에 따라 조례로 정한 용적률에도 불구하고 같은 조 및 관계 법령에 따른 용적률의 상한까지 완화
4. 「건축법」 제2조제2항에 따른 건축물의 층수 제한을 대통령령으로 정하는 바에 따라 완화
② 지정권자는 촉진지구에서 공공지원민간임대주택 건설의 원활한 시행을 위하여 다음 각 호에 따른 관계 규정에도 불구하고 대통령령으로 정하는 범위에서 완화된 기준을 적용한다.(2018.1.16 본문개정)
1. 「건축법」 제42조, 제60조 및 제61조에 따른 대지의 조경, 건축물의 높이 등 건축 제한
2. 「도시공원 및 녹지 등에 관한 법률」 제14조에 따른 도시공원 또는 녹지 확보 기준
3. 「주택법」 제35조에 따른 주택건설기준(2016.1.19 본호개정)
③ 국가, 지방자치단체, 한국토지주택공사 또는 지방공사가 조성한 토지에 공공지원민간임대주택을 건설하기 위하여 지구단위계획을 변경한 경우에는 촉진지구로 지정하지 아니한 경우에도 제1항 및 제2항을 적용한다.
(2018.1.16 본항개정)
(2018.1.16 본조제목개정)

제35조의2【촉진지구에서의 용적률 완화 등을 통하여 건설되는 주택의 공급 등】 공공지원민간임대주택의 공급 촉진을 위하여 촉진지구에서 용적률을 완화하여 사업계획승인 또는 건축허가를 하는 경우 임대주택의 건설, 공급, 부속토지의 현금 납부, 복합지원시설의 설치 등에 관하여는 제21조의2를 준용한다. 이 경우 "승인권자등"은 "지정권자 또는 승인권자등"으로, "지구단위계획"은 "촉진지구 지정 전의 지구단위계획"으로 본다.
(2018.1.16 본조신설)

제36조【「국유재산법」 등에 관한 특례】 ① 국가와 지방자치단체는 「국유재산법」, 「공유재산 및 물품 관리법」, 그 밖의 관계 법률에도 불구하고 시행자에게 수의계약의 방법으로 국유재산 또는 공유재산을 사용허가하거나 매각·대부할 수 있다. 이 경우 국가와 지방자치단체는 사용허가 및 대부의 기간을 50년 이내로 할 수 있다.
② 제1항의 국유재산은 국토교통부장관이 관리하는 행정재산 중 본래의 기능을 유지하는 범위에서 사용하려는 철도, 유수지 및 주차장으로서 기획재정부장관과 협의를 거친 것에 한정한다.
③ 국가와 지방자치단체는 「국유재산법」 및 「공유재산 및 물품 관리법」에도 불구하고 시행자에게 제1항에 따라 사용허가나 대부를 받은 국유재산 또는 공유재산에 영구시설물을 축조하게 할 수 있다. 이 경우 해당 영구시설물의 소유권은 국가, 지방자치단체 또는 그 밖의 관계 기관과 시행자 간에 별도의 합의가 없으면 그 국유재산 또는 공유재산을 반환할 때까지 시행자에게 귀속된다.

제37조【지방이전 공공기관의 종전부동산 활용계획 변경】 ① 매입공공기관이 「혁신도시 조성 및 발전에 관한 특별법」 제43조제5항에 따라 활용계획이 수립된 종전부동산의 전부 또는 일부를 공공지원민간임대주택 건설용으로 매각하려는 경우에는 국토교통부장관에게 종전부동산 활용계획의 변경을 요청할 수 있다.(2018.1.16 본항개정)
② 제1항에 따라 요청을 받은 국토교통부장관은 종전부동산 소재지를 관할하는 시·도지사 및 시장·군수·구청장과 협의하고, 「수도권정비계획법」 제21조에 따른 수도권정비위원회 심의를 거쳐 종전부동산 활용계획을 변경할 수 있다.

제38조【준공된 사업지구 내 미매각 용지 활용】 국가, 지방자치단체, 공공기관 또는 지방공사가 조성한 토지가 준공 후에도 매각되지 아니한 경우에 지정권자는 해당 토지의 전부 또는 일부를 촉진지구로 지정할 수 있다.

제39조【조성토지의 공급】 ① 시행자는 촉진지구 조성사업으로 조성된 토지(시행자가 직접 사용하는 토지는 제외한다)를 지구계획에서 정한 바에 따라 공급하여야 한다.
② 제1항에 따라 공급하는 토지의 용도, 공급의 절차·방법·대상자 및 조건 등에 필요한 사항은 대통령령으로 정한다.

제39조의2【준공검사】 ① 시행자가 촉진지구 조성사업의 공사를 완료한 때에는 국토교통부령으로 정하는 바에 따라 공사완료 보고서를 작성하여 시장·군수·구청장에게 준공검사를 받아야 한다. 다만, 시행자가 한국토지주택공사 또는 지방공사인 경우에는 시장·군수·구청장의 준공검사 권한을 한국토지주택공사 또는 지방공사에 위탁할 수 있다.
② 시장·군수·구청장은 공사완료 보고서의 내용에 포함된 공공시설(제28조제2항에 따른 기반시설을 포함한다)을 인수하거나 관리하게 될 국가기관·지방자치단체 또는 공공기관의 장 등에게 준공검사에 참여할 것을 요청할 수 있다. 이 경우 기관·단체의 장은 특별한 사유가 없으면 요청에 따라야 한다.
③ 시장·군수·구청장은 준공검사를 한 결과 공공지원민간임대주택사업이 실시계획대로 끝났다고 인정되면 시행자에게 준공검사 증명서를 내어주고 공사 완료 공고를 하여야 하며, 실시계획대로 끝나지 아니하였으면 지체 없이 보완 시공 등 필요한 조치를 하도록 명하여야 한다.
④ 시행자가 준공검사를 받은 경우에는 제29조에 따라 의제되는 인·허가등에 따른 해당 사업의 준공검사 또는 준공인가를 받은 것으로 본다.
⑤ 제1항부터 제4항까지에서 규정한 사항 외에 공사완료 공고, 준공검사 신청 절차 등 준공검사에 필요한 사항은 국토교통부령으로 정한다.
(2018.1.16 본조신설)

제40조【감독】 ① 지정권자는 시행자가 다음 각 호의 어느 하나에 해당하는 경우에는 이 장에 따른 허가 또는 승인을 취소하거나 공사의 중지·변경, 시설물 또는 물건의 개축·변경 또는 이전 등을 명할 수 있다.
1. 거짓이나 그 밖의 부정한 방법으로 이 장에 따른 허가 또는 승인을 받은 경우
2. 제28조제1항에 따른 지구계획의 승인 또는 변경승인의 내용을 위반하여 사업을 시행한 경우
3. 사정의 변경으로 인하여 촉진지구 조성사업 또는 주택건설사업의 계속적인 시행이 불가능하게 된 경우
4. 제39조의2에 따른 준공검사를 받지 아니한 경우
(2018.1.16 본호신설)
② 제1항에 따라 허가 또는 승인을 취소하는 경우에는 청문을 하여야 한다.
③ 지정권자가 제1항에 따른 처분 또는 명령을 한 때에는 대통령령으로 정하는 바에 따라 이를 고시하여야 한다.

제41조【관계 법률의 준용】 촉진지구 지정, 사업의 시행, 공공시설의 귀속, 조성사업의 감리 및 준공검사 등에 관하여 이 법에서 정하지 아니한 사항은 「도시개발법」을 준용한다.(2018.1.16 본조개정)

제41조의2【촉진지구 밖의 사업에 대한 준용】 공공지원민간임대주택 개발사업의 원활한 추진을 위하여 촉진지구 밖에 기반시설을 설치하는 등에 관한 사업에 대해서는 제25조, 제26조제3항부터 제6항까지, 제28조, 제28조의2, 제29조부터 제31조까지, 제34조, 제36조, 제39조, 제39조의2, 제40조, 제62조의 규정을 준용한다.(2018.1.16 본조신설)

제5장 민간임대주택의 공급, 임대차계약 및 관리

제42조【민간임대주택의 공급】 ① 임대사업자는 임대기간 중 민간임대주택의 임차인 자격 및 선정방법 등에 대하여 다음 각 호에서 정하는 바에 따라 공급하여야 한다.
1. 공공지원민간임대주택의 경우 : 주거지원대상자 등의 주거안정을 위하여 국토교통부령으로 정하는 기준에 따라 공급
2. 장기일반민간임대주택의 경우 : 임대사업자가 정한 기준에 따라 공급(2020.8.18 본호개정)
② 공공지원민간임대주택의 임차인은 국토교통부령으로 정하는 임차인의 자격을 갖추어야 하며, 거짓이나 그 밖에 부정한 방법으로 공공지원민간임대주택을 공급받아서는 아니 된다.
③ 민간임대주택의 공급에 관한 사항에 대해서는 「주택법」 제20조, 제54조, 제57조부터 제63조까지, 제64조 및 제65조를 적용하지 아니한다. 다만, 임차인 자격 확인 등 임차인의 원활한 모집과 관리가 필요한 경우에 국토교통부령으로 정하는 바에 따라 일부 적용할 수 있다.
(2019.4.23 단서개정)
④ 동일한 주택단지에서 30호 이상의 민간임대주택을 건설 또는 매입한 임대사업자가 최초로 민간임대주택을 공급하는 경우에는 시장·군수·구청장에게 대통령령으로 정하는 방법에 따라 신고하여야 한다.
⑤ 시장·군수·구청장은 제4항에 따라 공공지원민간임대주택의 공급신고를 받은 경우 그 내용을 검토하여 이 법에 적합하면 신고를 수리하여야 한다.(2020.6.9 본항신설)
⑥ 시장·군수·구청장은 제4항에 따라 장기일반민간임대주택 또는 단기민간임대주택의 공급신고를 받은 날부터 7일 이내에 신고수리 여부를 신고인에게 통지하여야 한다.(2020.6.9 본항신설)
⑦ 시장·군수·구청장이 제6항에서 정한 기간 내에 신고수리 여부 또는 민원 처리 관련 법령에 따른 처리기간의 연장을 신고인에게 통지하지 아니하면 그 기간(민원 처리 관련 법령에 따라 처리기간이 연장 또는 재연장된 경우에는 해당 처리기간을 말한다)이 끝난 날의 다음 날에 신고를 수리한 것으로 본다.(2020.6.9 본항신설)
(2018.1.16 본조개정)

제42조의2【공공지원민간임대주택의 중복 입주 등의 확인】 ① 국토교통부장관 및 지방자치단체의 장은 공공지원민간임대주택과 「공공주택 특별법」 제2조제1호가목에 따른 공공임대주택(이하 "공공임대주택"이라 한다)에 중복하여 입주 또는 계약하고 있는 임차인(임대차계약 당사자를 말한다. 이하 이 조에서 같다)이 있는지를 확인할 수 있다.
② 임대사업자는 다음 각 호에 해당하는 공공지원민간임대주택 임차인에 관한 정보를 국토교통부장관이 지정·고시하는 기관(이하 이 조에서 "전산관리지정기관"이라 한다)에 통보하여야 한다.
1. 임차인의 성명
2. 임차인의 주민등록번호
3. 민간임대주택의 유형
4. 거주지 주소
5. 최초 입주일자
③ 전산관리지정기관은 제2항에 따른 정보를 전산으로 관리하여야 하며, 임차인에 관한 정보가 분실·도난·위조·변조 또는 훼손되지 아니하도록 안정성 확보에 필요한 조치를 마련하여야 한다.
④ 공공지원민간임대주택과 공공임대주택의 중복 입주 또는 계약 여부 확인 방법 및 절차, 중복 입주자 또는 계약자에 대한 조치 등에 필요한 사항은 국토교통부령으로 정한다.
(2018.1.16 본조신설)

제42조의3【임차인의 자격 확인】 임대사업자는 임차인(입주를 신청하는 자와 계약 중인 임차인을 포함한다. 이하 이 조, 제42조의4부터 제42조의6까지에서 같다) 자격 확인을 위하여 필요한 경우 임차인 및 배우자, 임차인 또는 배우자와 세대를 같이하는 세대원(이하 "임차인등"이라 한다)으로부터 소득 자료를 제출받아 확인할 수 있다.
(2019.4.23 본조개정)

제42조의4【임차인의 자격 확인 요청 등】 ① 임대사업자는 임차인 자격 확인을 위하여 필요한 경우 국토교통부장관에게 제42조의5부터 제42조의7까지의 규정에 따라 임차인의 자격을 확인하여 줄 것을 요청할 수 있다.
(2019.4.23 본항신설)
② 국토교통부장관은 제1항에 따라 임대사업자가 요청한 대로 임차인의 자격을 확인하여 주는 것이 임차인의 주거 생활 안정 등을 위하여 필요하다고 인정하는 경우 임차인등에게 다음 각 호의 정보 또는 자료를 제공받는 데 필요한 동의서면을 제출하도록 요청할 수 있다.
(2019.4.23 본문개정)
1. 「금융실명거래 및 비밀보장에 관한 법률」 제2조제2호·제3호에 따른 금융자산 및 금융거래의 내용에 대한 자료 또는 정보 중 예금·적금·저축의 잔액 또는 불입금·지급금과 유가증권 등 금융자산에 대한 증권·증서의 가액(이하 "금융정보"라 한다)
2. 「신용정보의 이용 및 보호에 관한 법률」 제2조제1호에 따른 신용정보 중 채무액과 연체정보(이하 "신용정보"라 한다)

3. 「보험업법」 제4조제1항 각 호에 따른 보험에 가입하여 납부한 보험료, 환급금 및 지급금(이하 "보험정보"라 한다)

③ 국토교통부장관이 제2항에 따라 동의서면의 제출을 요청하는 경우 임차인등은 동의서면을 제출하여야 한다. (2019.4.23 본항신설)

④ 제1항부터 제3항까지의 규정에 따른 확인 요청의 방법, 동의 방법·절차 등에 필요한 사항과 구체적인 자료 또는 정보의 내용은 대통령령으로 정한다.(2019.4.23 본항개정)

(2019.4.23 본조제목개정)

(2018.1.16 본조신설)

제42조의5【금융정보등의 제공】 ① 국토교통부장관은 제42조의4제2항에 따라 임차인의 자격을 확인하여 주는 것이 필요하다고 인정한 경우 「금융실명거래 및 비밀보장에 관한 법률」 제4조제1항과 「신용정보의 이용 및 보호에 관한 법률」 제32조제1항에도 불구하고 임차인등이 제출한 동의서면을 전자적 형태로 바꾼 문서에 의하여 금융기관등(「금융실명거래 및 비밀보장에 관한 법률」 제2조제1호에 따른 금융회사등, 「신용정보의 이용 및 보호에 관한 법률」 제25조에 따른 신용정보집중기관을 말한다. 이하 같다)의 장에게 금융정보·신용정보 또는 보험정보(이하 "금융정보등"이라 한다)의 제공을 요청할 수 있다. (2019.4.23 본항개정)

② 제1항에 따라 금융정보등의 제공을 요청받은 금융기관등의 장은 「금융실명거래 및 비밀보장에 관한 법률」 제4조제1항과 「신용정보의 이용 및 보호에 관한 법률」 제32조제1항 및 제3항에도 불구하고 명의인의 금융정보등을 제공하여야 한다.

③ 제2항에 따라 금융정보등을 제공한 금융기관등의 장은 금융정보등의 제공사실을 명의인에게 통보하여야 한다. 다만, 명의인의 동의가 있는 경우에는 「금융실명거래 및 비밀보장에 관한 법률」 제4조의2제1항과 「신용정보의 이용 및 보호에 관한 법률」 제35조에도 불구하고 통보하지 아니할 수 있다.

④ 제1항 및 제2항에 따른 금융정보등의 제공요청 및 제공은 「정보통신망 이용촉진 및 정보보호 등에 관한 법률」 제2조제1항제1호에 따른 정보통신망을 이용하여야 한다. 다만, 정보통신망의 손상 등 불가피한 사유가 있는 경우에는 그러하지 아니하다.

⑤ 제1항·제2항 및 제4항에 따른 금융정보등의 제공요청 및 제공 등에 필요한 사항은 대통령령으로 정한다.

(2018.1.16 본조신설)

제42조의6【자료요청】 ① 국토교통부장관은 제42조의4 제2항에 따라 임차인의 자격을 확인하여 주는 것이 필요하다고 인정한 경우 임차인등에 대한 다음 각 호의 자료를 관계 기관의 장에게 요청할 수 있다. 이 경우 자료의 제공을 요청받은 관계 기관의 장은 특별한 사유가 없으면 이에 따라야 한다.(2019.4.23 전단개정)

1. 「가족관계의 등록 등에 관한 법률」 제9조제1항에 따른 가족관계 등록사항 또는 「주민등록법」 제30조제1항에 따른 주민등록전산정보자료, 「출입국관리법」에 따른 외국인 등록자료
2. 국세 및 지방세에 관한 자료
3. 국민연금·공무원연금·군인연금·사립학교교직원연금·별정우체국연금·장애인연금·건강보험·고용보험·산업재해보상보험·보훈급여 등 각종 연금·보험·급여에 관한 자료
4. 「부동산등기법」 제2조제1호에 따른 등기부, 「건축법」 제38조에 따른 건축물대장, 「자동차관리법」 제5조에 따른 자동차등록원부 등 부동산 및 자동차에 관한 자료

② 제1항에 따라 국토교통부장관 또는 제62조에 따라 업무를 위임·위탁받은 기관에 제공되는 자료에 대해서는 사용료, 수수료 등을 면제한다.

(2018.1.16 본조신설)

제42조의7【자료 및 정보의 수집 등】 ① 국토교통부장관, 제42조의2에 따른 전산관리지정기관, 임대사업자 및 제62조에 따라 제42조의4부터 제42조의6까지의 업무를 위임·위탁받은 기관의 장은 민간임대주택 공급을 위하여 제42조의2부터 제42조의6까지의 규정에 따라 제공받은 자료 및 정보를 제공받은 목적의 범위에서 수집·관리·보유 또는 활용할 수 있다.(2019.4.23 본항개정)

② 국토교통부장관 및 지방자치단체의 장은 제42조의5 및 제42조의6에 따른 자료 및 정보를 확인하기 위하여 「사회복지사업법」 제6조의2제2항에 따른 정보시스템을 연계하여 사용할 수 있다.

③ 제42조의2부터 제42조의6까지의 규정에 따른 업무에 종사하거나 종사하였던 자는 제42조의2부터 제42조의6까지의 규정에 따라 제공받은 정보와 자료를 이 법에서 정한 목적 외의 다른 용도로 사용하거나 다른 사람 또는 기관에 제공하거나 누설하여서는 아니 된다.(2019.4.23 본항개정)

(2018.1.16 본조신설)

제43조【임대의무기간 및 양도 등】 ① 임대사업자는 임대사업자 등록일 등 대통령령으로 정하는 시점부터 제2조제4호 또는 제5호의 규정에 따른 기간(이하 "임대의무기간"이라 한다) 동안 민간임대주택을 계속 임대하여야 하며, 그 기간이 지나지 아니하면 이를 양도할 수 없다. (2021.9.14 본항개정)

② 제1항에도 불구하고 임대사업자는 임대의무기간 동안에도 국토교통부령으로 정하는 바에 따라 시장·군수·구청장에게 신고한 후 민간임대주택을 다른 임대사업자에게 양도할 수 있다. 이 경우 양도받는 자는 양도하는 자의 임대사업자로서의 지위를 포괄적으로 승계하며, 이러한 뜻을 양수도계약서에 명시하여야 한다.

③ 임대사업자가 임대의무기간이 지난 후 민간임대주택을 양도하려는 경우 국토교통부령으로 정하는 바에 따라 시장·군수·구청장에게 신고하여야 한다. 이 경우 양도받는 자가 임대사업자로 등록하는 경우에는 제2항 후단을 적용한다.(2020.6.9 본항개정)

④ 제1항에도 불구하고 임대사업자는 임대의무기간 중에도 다음 각 호의 어느 하나에 해당하는 경우에는 임대의무기간 내에도 계속 임대하지 아니하고 말소하거나, 대통령령으로 정하는 바에 따라 시장·군수·구청장에게 허가를 받아 임대사업자가 아닌 자에게 민간임대주택을 양도할 수 있다.

1. 부도, 파산, 그 밖의 대통령령으로 정하는 경제적 사정 등으로 임대를 계속할 수 없는 경우
2. 공공지원민간임대주택을 20년 이상 임대하기 위한 경우로서 필요한 운영비용 등을 마련하기 위하여 제21조의2제1항제4호에 따라 20년 이상 공급하기로 한 주택 중 일부를 10년 임대 이후 매각하는 경우
3. 제6조제1항제11호에 따라 말소하는 경우

(2020.8.18 본항신설)

⑤ 임대사업자가 제2항에 따라 임대의무기간 동안 다른 임대사업자에게 민간임대주택을 양도하기 위하여 신고하거나 제3항에 따라 임대의무기간이 지난 후 공공지원민간임대주택을 양도하기 위하여 신고하는 경우 시장·군수·구청장은 그 내용을 검토하여 이 법에 적합하면 신고를 수리하여야 한다.(2020.6.9 본항신설)

⑥ 임대사업자는 제3항에 따라 신고된 장기일반민간임대주택과 제5항에 따라 신고가 수리된 공공지원민간임대주택을 양도할 수 있다.(2020.8.18 본항개정)

제44조【임대료】 ① 임대사업자가 민간임대주택을 임대하는 경우에 최초 임대료(임대보증금과 월임대료를 포함한다. 이하 같다)는 다음 각 호의 임대료와 같다.

1. 공공지원민간임대주택의 경우 : 주거지원대상자 등의 주거안정을 위하여 국토교통부령으로 정하는 기준에 따라 임대사업자가 정하는 임대료
2. 장기일반민간임대주택의 경우 : 임대사업자가 정하는 임대료. 다만, 제5조에 따른 민간임대주택 등록 당시 존속 중인 임대차계약(이하 "종전임대차계약"이라 한다)이 있는 경우에는 그 종전임대차계약에 따른 임대료(2020.8.18 본문개정)

(2019.4.23 본항개정)

② 임대사업자는 임대기간 동안 임대료의 증액을 청구하는 경우에는 임대료의 5퍼센트의 범위에서 주거비 물가지수, 인근 지역의 임대료 변동률, 임대주택 세대 수 등을 고려하여 대통령령으로 정하는 증액 비율을 초과하여 청구해서는 아니 된다.(2019.4.23 본항개정)

③ 제2항에 따른 임대료 증액 청구는 임대차계약 또는 약정한 임대료의 증액이 있은 후 1년 이내에는 하지 못한다. (2018.8.14 본항신설)

④ 임대사업자가 제2항에 따라 임대료의 증액을 청구하면서 임대보증금과 월임대료를 상호 간에 전환하는 경우의 적용기준은 국토교통부령으로 정한다.(2018.1.16 본항신설)

⑤ 임대사업자는 임대료를 현금 또는 「여신전문금융업법」 제2조에 따른 신용카드, 직불카드, 선불카드를 이용한 결제로 받을 수 있다.(2018.12.18 본항신설)

제44조의2【초과 임대료의 반환 청구】 임차인은 제44조제2항에 따른 증액 비율을 초과하여 증액된 임대료를 지급한 경우 초과 지급한 임대료 상당금액의 반환을 청구할 수 있다.(2018.8.14 본조신설)

제45조【임대차계약의 해제·해지 등】 ① 임대사업자는 임차인이 의무를 위반하거나 임대차를 계속하기 어려운 경우 등 대통령령으로 정하는 사유가 발생한 때를 제외하고는 임대사업자로 등록되어 있는 기간 동안 임대차계약을 해제 또는 해지하거나 재계약을 거절할 수 없다. (2021.9.14 본항개정)

② 임차인은 시장·군수·구청장이 임대주택에 거주하기 곤란할 정도의 중대한 하자가 있다고 인정하는 경우 등 대통령령으로 정하는 경우에는 임대차계약을 해제하거나 해지할 수 있다.(2018.8.14 본항신설)

제46조【임대차계약 신고】 ① 임대사업자는 민간임대주택의 임대차기간, 임대료 및 임차인(준주택에 한정한다) 등 대통령령으로 정하는 임대차계약에 관한 사항을 임대차 계약을 체결한 날(종전임대차계약이 있는 경우 민간임대주택으로 등록한 날을 말한다) 또는 임대차 계약을 변경한 날부터 3개월 이내에 시장·군수·구청장에게 신고 또는 변경신고를 하여야 한다.(2019.4.23 본항개정)

② 제1항에도 불구하고 100세대 이상의 공동주택을 임대하는 임대사업자가 임대차계약에 관한 사항을 변경하여 신고하는 경우에는 변경예정일 1개월 전까지 신고하여야 한다.(2018.1.16 본항신설)

③ 시장·군수·구청장은 제2항에 따라 신고된 임대료가 제44조제2항에 따른 증액 비율을 초과하여 증액되었거나 해당 지역의 경제적 사정 변동 등으로 조정될 필요가 있다고 인정하는 경우에는 임대료를 조정하도록 권고할 수 있다.(2018.8.14 본항개정)

④ 제3항에 따른 조정권고를 받은 임대사업자는 권고사항을 통지받은 날부터 10일 이내에 재신고하여야 한다. (2018.1.16 본항신설)

⑤ 시장·군수·구청장은 제1항에 따른 신고 또는 제4항에 따른 재신고를 받거나 제2항에 따른 신고를 받고 조정권고하지 아니한 경우 그 내용을 검토하여 이 법에 적합하면 신고를 수리하여야 한다.(2020.6.9 본항개정)

⑥ 제1항, 제2항 및 제4항에 따른 신고의 절차 등에 필요한 사항은 대통령령으로 정한다.

(2018.1.16 본조개정)

제47조【표준임대차계약서】 ① 임대사업자가 민간임대주택에 대한 임대차계약을 체결하려는 경우에는 국토교통부령으로 정하는 표준임대차계약서를 사용하여야 한다.

② 제1항의 표준임대차계약서에는 다음 각 호의 사항이 포함되어야 한다.

1. 임대료 및 제44조에 따른 임대료 증액 제한에 관한 사항(2018.8.14 본호개정)
2. 임대차 계약기간
3. 제49조에 따른 임대보증금의 보증에 관한 사항
4. 민간임대주택의 선순위 담보권, 국세·지방세의 체납사실 등 권리관계에 관한 사항(2020.8.18 본호개정)
5. 임대사업자 및 임차인의 권리·의무에 관한 사항
6. 민간임대주택의 수선·유지 및 보수에 관한 사항
7. 임대의무기간 중 남아 있는 기간과 제45조에 따른 임대차계약의 해제·해지 등에 관한 사항(2018.8.14 본호개정)
8. 그 밖에 국토교통부령으로 정하는 사항

제48조【임대사업자의 설명의무】 ① 민간임대주택에 대한 임대차계약을 체결하거나 월임대료를 임대보증금으로 전환하는 등 계약내용을 변경하는 경우에는 임대사업자는 다음 각 호의 사항을 임차인에게 설명하고 이를 확인받아야 한다.

1. 제49조에 따른 임대보증금에 대한 보증의 보증기간 등 대통령령으로 정하는 사항
2. 민간임대주택의 선순위 담보권, 국세·지방세의 체납사실 등 권리관계에 관한 사항. 이 경우 등기부등본 및 납세증명서를 제시하여야 한다.(2020.8.18 본항개정)
3. 임대의무기간 중 남아 있는 기간과 제45조에 따른 임대차계약의 해제·해지 등에 관한 사항(2018.8.14 본호개정)
4. 제44조제2항에 따른 임대료 증액 제한에 관한 사항 (2018.1.16 본호신설)

② 민간임대주택에 둘 이상의 임대차계약이 존재하는 등 대통령령으로 정하는 사유에 해당하는 경우 임대사업자는 그 주택에 대한 임대차계약을 체결하려는 자에게 「주택임대차보호법」 제3조의6제2항에 따라 확정일자부에 기재된 주택의 차임 및 보증금 등의 정보를 제공하여야 한다.(2020.8.18 본항신설)

③ 제1항에 따른 설명 및 확인의 방법, 절차 등과 제2항에 따른 제공 정보의 범위, 정보제공의 방법 및 절차 등에 필요한 사항은 대통령령으로 정한다.(2020.8.18 본항개정)

(2019.11.26 본조제목개정)

제49조【임대보증금에 대한 보증】 ① 임대사업자(제5조제1항에 따라 임대사업자로 등록하려는 자를 포함한다. 이하 이 조에서 같다)는 다음 각 호의 어느 하나에 해당하는 민간임대주택을 임대하는 경우 임대보증금에 대한 보증에 가입하여야 한다.(2023.6.1 본문개정)

1. 민간건설임대주택
2. 제18조제6항에 따라 분양주택 전부를 우선 공급받아 임대하는 민간매입임대주택
3. 동일 주택단지에서 100호 이상으로서 대통령령으로 정하는 호수 이상의 주택을 임대하는 민간매입임대주택(제2호에 해당하는 민간매입임대주택은 제외한다)
4. 제2호와 제3호 외의 민간매입임대주택(2020.8.18 본호신설)

(2019.4.23 본항개정)

② 제1항에 따른 보증에 가입하는 경우 보증대상은 임대보증금 전액으로 한다. 다만, 임대사업자가 사용검사 전에 임차인을 모집하는 경우 임차인을 모집하는 날부터 사용검사를 받는 날까지의 보증대상액은 임대보증금 중 사용검사 이후 납부하는 임대보증금을 제외한 금액으로 한다.(2017.1.17 단서신설)

③ 제2항에도 불구하고 다음 각 호에 모두 해당하는 경우에는 담보권이 설정된 금액과 임대보증금을 합한 금액에서 주택가격의 100분의 60에 해당하는 금액을 뺀 금액 이상으로 대통령령에서 정하는 금액을 보증대상으로 할 수 있다. 이 경우 주택가격의 산정방법은 대통령령으로 정한다.(2019.4.23 본문개정)

1. 근저당권이 세대별로 분리된 경우(근저당권이 주택단지에 설정된 경우에는 근저당권의 공동담보를 해제하고, 채권최고액을 감액하는 근저당권 변경등기의 방법으로 할 수 있다)(2019.4.23 본호개정)
2. 임대사업자가 임대보증금보다 선순위인 제한물권(다만, 제1호에 따라 세대별로 분리된 근저당권은 제외한다), 압류·가압류·가처분 등을 해소한 경우(2019.4.23 본호개정)

3. 전세권이 설정된 경우 또는 임차인이 「주택임대차보호법」 제3조의2제2항에 따른 대항요건과 확정일자를 갖춘 경우(2021.9.14 본호개정)
4. 임차인이 이 항 각 호 외의 부분 전단에 따른 대통령령으로 정하는 금액을 보증대상으로 하는 데 동의한 경우(2021.9.14 본호신설)
5. 그 밖에 제1호에서 제4호까지에 준하는 경우로서 대통령령으로 정하는 경우(2021.9.14 본호개정)

④ 임대사업자는 제1항에 따른 보증에 다음 각 호의 시점 이전까지 가입하여야 하며, 제6조에 따라 임대사업자 등록이 말소되는 날(임대사업자 등록이 말소되는 날에 임대 중인 경우에는 임대차계약이 종료되는 날로 한다)까지 가입을 유지하여야 한다.(2023.6.1 본문개정)
1. 제1항제1호 및 제2호에 해당하는 민간임대주택 : 「주택법」 제49조에 따른 사용검사, 임시 사용승인 또는 「건축법」 제22조에 따른 사용승인, 임시 사용승인의 신청일. 다만, 신청일 이전에 임차인을 모집하는 경우에는 모집일로 한다.(2023.6.1 본호개정)
2. 제1호 이외의 민간임대주택 중 등록일에 존속 중인 임대차계약이 있는 경우 : 민간임대주택 등록 신청일(2023.6.1 본호개정)
3. 제1호 이외의 민간임대주택 중 등록일에 존속 중인 임대차계약이 없는 경우 : 민간임대주택 등록일 이후 최초 임대차계약 개시일(2020.8.18 본호신설)

⑤ 임대사업자는 제1항에 따른 보증의 수수료를 1년 단위로 재산정하여 분할납부할 수 있으며, 임대사업자가 보증가입 후 1년이 지났으나 재산정한 보증수수료를 보증회사에 납부하지 아니하는 경우에는 보증회사는 그 보증계약을 해지할 수 있다. 다만, 임차인이 보증수수료를 납부하는 경우에는 그러하지 아니하다.(2023.6.1 본문개정)

⑥ 제1항에 따라 임대사업자가 보증에 가입하거나 제5항에 따라 보증회사가 보증계약을 해지하는 경우 보증회사는 보증 가입 또는 보증계약 해지 사실을 시장·군수·구청장에게 알리고, 관련 자료를 제출하여야 한다. 이 경우 시장·군수·구청장은 대통령령으로 정하는 바에 따라 국토교통부장관에게 관련 자료를 제공하여야 한다.(2021.9.14 본항개정)

⑦ 제1항에도 불구하고 다음 각 호의 어느 하나에 해당하면 임대보증금에 대한 보증에 가입하지 아니할 수 있다.
1. 임대보증금이 「주택임대차보호법」 제8조제3항에 따른 금액 이하이고 임차인이 임대보증금에 대한 보증에 가입하지 아니하는 것에 동의한 경우
2. 임대사업자가 「공공주택 특별법」 제45조의2에 따라 기존주택을 임차하는 공공주택사업자와 임대차계약을 체결하는 경우로서 해당 공공주택사업자가 보증 가입 등 임대보증금 회수를 위하여 필요한 조치를 취한 경우
3. 임차인이 보증회사 및 이에 준하는 기관에서 운용하는 전세금 반환을 보장하는 보증에 가입하였고, 임대사업자가 해당 보증의 보증수수료를 임차인에게 전부 지급한 경우

(2021.9.14 본항신설)

⑧ 제1항에 따른 보증에 가입하는 경우 보증수수료의 납부방법, 소요 비용의 부담비율, 보증대상 임대보증금의 범위, 보증의 가입·유지·탈퇴 등에 필요한 사항은 대통령령으로 정한다.

제50조【준주택의 용도제한】 ① 민간임대주택으로 등록한 준주택은 주거용이 아닌 용도로 사용할 수 없다.
② 시장·군수·구청장은 민간임대주택으로 등록한 준주택이 주거용으로 사용되고 있는지를 확인하기 위하여 필요한 경우 임대사업자 및 임차인에게 필요한 서류 등의 제출을 요구할 수 있고, 소속 공무원으로 하여금 해당 준주택에 출입하여 조사하게 하거나 관계인에게 필요한 질문을 하게 할 수 있다. 이 경우 임대사업자 및 임차인은 정당한 사유가 없으면 이에 따라야 한다.

제50조의2【가정어린이집 운영에 관한 특례】 ① 민간임대주택의 임대사업자는 보육 수요 충족을 위하여 필요한 경우 해당 민간임대주택의 일부 세대를 「영유아보육법」 제10조제5호에 따른 가정어린이집을 운영하려는 자에게 임대할 수 있다.
② 임대사업자는 제1항에 따라 민간임대주택을 임대하는 경우 제42조 및 제44조제1항에도 불구하고 국토교통부령으로 정하는 바에 따라 임차인의 자격, 선정방법 및 임대료를 달리 정할 수 있다.
(2019.11.26 본조신설)

제51조【민간임대주택의 관리】 ① 민간건설임대주택 및 대통령령으로 정하는 민간매입임대주택의 회계서류 작성, 보관 등 관리에 필요한 사항은 대통령령으로 정하는 바에 따라 「공동주택관리법」을 적용한다.(2015.8.11 본항개정)
② 임대사업자는 민간임대주택이 300세대 이상의 공동주택 등 대통령령으로 정하는 규모 이상에 해당하면 「공동주택관리법」 제2조제1항제15호에 따른 주택관리업자에게 관리를 위탁하거나 자체관리하여야 한다.(2015.8.11 본항개정)
③ 임대사업자가 제2항에 따라 민간임대주택을 자체관리하려면 대통령령으로 정하는 기술인력 및 장비를 갖추고 국토교통부령으로 정하는 바에 따라 시장·군수·구청장의 인가를 받아야 한다.
④ 임대사업자(둘 이상의 임대사업자를 포함한다)가 동일한 시(특별시·광역시·특별자치시·특별자치도를 포함한다)·군 지역에서 민간임대주택을 관리하는 경우에는 대통령령으로 정하는 바에 따라 공동으로 관리할 수 있다.
⑤ 임대사업자는 국토교통부령으로 정하는 바에 따라 임차인으로부터 민간임대주택을 관리하는 데에 필요한 경비를 받을 수 있다.
⑥ 임대사업자는 민간임대주택을 관리하는 데 필요한 경비를 임차인이 최초로 납부하기 전까지 해당 민간임대주택의 유지관리 및 운영에 필요한 경비(이하 "선수관리비"라 한다)를 대통령령으로 정하는 바에 따라 부담할 수 있다.(2023.8.16 본항신설)

제52조【임차인대표회의】 ① 임대사업자가 20세대 이상의 범위에서 대통령령으로 정하는 세대 이상의 민간임대주택을 공급하는 공동주택단지에 입주하는 임차인은 임차인대표회의를 구성할 수 있다. 다만, 임대사업자가 150세대 이상의 민간임대주택을 공급하는 공동주택단지 중 대통령령으로 정하는 공동주택단지에 입주하는 임차인은 임차인대표회의를 구성하여야 한다.(2018.8.14 단서신설)
② 임대사업자는 입주예정자의 과반수가 입주한 때에는 과반수가 입주한 날부터 30일 이내에 입주현황과 임차인대표회의를 구성할 수 있다는 사실 또는 구성하여야 한다는 사실을 입주한 임차인에게 통지하여야 한다. 다만, 임대사업자가 본문에 따른 통지를 하지 아니하는 경우 시장·군수·구청장이 임차인대표회의를 구성하도록 임차인에게 통지할 수 있다.(2018.8.14 본문개정)
③ 제1항 단서에 따라 임차인대표회의를 구성하여야 하는 임차인이 임차인대표회의를 구성하지 아니한 경우 임대사업자는 임차인이 임차인대표회의를 구성할 수 있도록 대통령령으로 정하는 바에 따라 지원하여야 한다.
(2018.8.14 본항신설)
④ 제1항에 따라 임차인대표회의가 구성된 경우에는 임대사업자는 다음 각 호의 사항에 관하여 협의하여야 한다.
1. 민간임대주택 관리규약의 제정 및 개정
2. 관리비
3. 민간임대주택의 공용부분·부대시설 및 복리시설의 유지·보수
4. 임대료 증감(2018.8.14 본호신설)
5. 그 밖에 민간임대주택의 유지·보수·관리 등에 필요한 사항으로서 대통령령으로 정하는 사항
⑤ 제1항의 임차인대표회의의 구성 및 운영 등에 필요한 사항은 대통령령으로 정한다.

제53조【특별수선충당금의 적립 등】 ① 제51조제2항에 따른 민간임대주택의 임대사업자는 주요 시설을 교체하고 보수하는 데에 필요한 특별수선충당금(이하 "특별수선충당금"이라 한다)을 적립하여야 한다.(2017.1.17 본항개정)
② 임대사업자가 제51조제2항에 따른 민간임대주택을 양도하는 경우에는 특별수선충당금을 「공동주택관리법」 제14조에 따라 최초로 구성되는 입주자대표회의에 넘겨주어야 한다.(2017.1.17 본항개정)
③ 특별수선충당금의 요율, 사용 절차, 사후 관리와 적립 방법 등에 필요한 사항은 대통령령으로 정한다.
④ 제1항에 따른 주요 시설의 범위·교체 및 보수 시기·방법 등에 필요한 사항은 국토교통부령으로 정한다.

제54조【준주택에 관한 특례】 민간임대주택으로 등록한 준주택에 대하여는 제51조부터 제53조까지의 규정을 적용하지 아니한다.

제55조【임대주택분쟁조정위원회】 ① 시장·군수·구청장은 임대주택[민간임대주택 및 공공임대주택을 말한다. 이하 같다]에 관한 학식 및 경험이 풍부한 자 등으로 임대주택분쟁조정위원회(이하 "조정위원회"라 한다)를 구성한다.(2017.1.17 본항개정)
② 조정위원회는 위원장 1명을 포함하여 10명 이내로 구성하되, 조정위원회의 운영, 절차 등에 필요한 사항은 대통령령으로 정한다.(2018.8.14 본항개정)
③ 위원장은 해당 지방자치단체의 장이 된다.
④ 위원장을 제외한 위원은 다음 각 호의 어느 하나에 해당하는 사람 중에서 해당 시장·군수·구청장이 성별을 고려하여 임명하거나 위촉하되, 각 호의 사람이 각각 1명 이상 포함되어야 하고, 공무원이 아닌 위원이 6명 이상이 되어야 한다.
1. 법학, 경제학이나 부동산학 등 주택 분야와 관련된 학문을 전공한 사람으로서 「고등교육법」 제2조제1호·제2호 또는 제5호에 따른 학교에서 조교수 이상으로 1년 이상 재직한 사람
2. 변호사, 공인회계사, 감정평가사 또는 세무사로서 해당 자격과 관련된 업무에 1년 이상 종사한 사람
3. 「공동주택관리법」 제67조제2항에 따른 주택관리사가 된 후 관련 업무에 3년 이상 근무한 사람
4. 국가 또는 다른 지방자치단체에서 민간임대주택 또는 공공임대주택 사업의 인·허가 등 관련 업무를 수행하는 5급 이상 공무원으로서 해당 기관의 장이 추천한 사람 또는 해당 지방자치단체에서 민간임대주택 또는 공공임대주택 사업의 인·허가 등 관련 업무를 수행하는 5급 이상 공무원
5. 한국토지주택공사 또는 지방공사에서 민간임대주택 또는 공공임대주택 사업 관련 업무에 종사하고 있는 임직원으로서 해당 기관의 장이 추천한 사람
6. 임대주택과 관련된 시민단체 또는 소비자단체가 추천한 사람
(2018.8.14 본항신설)
⑤ 공무원이 아닌 위원의 임기는 2년으로 하며 두 차례만 연임할 수 있다.(2018.8.14 본항신설)

제56조【분쟁의 조정신청】 ① 임대사업자 또는 임차인대표회의는 다음 각 호의 어느 하나에 해당하는 분쟁에 관하여 조정위원회에 조정을 신청할 수 있다.(2020.12.22 본문개정)
1. 제44조에 따른 임대료의 증액
2. 제51조에 따른 주택관리
3. 제52조제4항 각 호의 사항(2018.8.14 본호개정)
4. 그 밖에 대통령령으로 정하는 사항
② 공공주택사업자 또는 임차인대표회의는 다음 각 호의 어느 하나에 해당하는 분쟁에 관하여 조정위원회에 조정을 신청할 수 있다.(2020.12.22 본문개정)
1. 제1항 각 호의 사항
2. 공공임대주택의 분양전환가격. 다만, 분양전환승인에 관한 사항은 제외한다.
③ 공공주택사업자, 임차인대표회의 또는 임차인은 「공공주택 특별법」 제50조의3에 따른 우선 분양전환 자격에 대한 분쟁에 관하여 조정위원회에 조정을 신청할 수 있다.
(2020.12.22 본항신설)

제57조【조정의 효력】 제56조제1항부터 제3항까지의 규정에 따른 조정의 각 당사자가 조정위원회의 조정안을 받아들이면 당사자 간에 조정조서와 같은 내용의 합의가 성립된 것으로 본다.(2020.12.22 본조개정)

제6장 보 칙

제58조【협회의 설립 등】 ① 임대사업자는 민간임대사업의 건전한 발전을 도모하기 위하여 임대사업자단체를 설립할 수 있다.
② 주택임대관리업자는 주택임대관리업의 효율적인 업무수행을 위하여 주택임대관리업자단체를 설립할 수 있다.
③ 제1항 및 제2항에 따른 단체(이하 "협회"라 한다)는 각각 법인으로 한다.
④ 협회는 그 주된 사무소의 소재지에서 설립등기를 함으로써 성립한다.
⑤ 이 법에 따라 국토교통부장관, 시·도지사 또는 시장·군수·구청장으로부터 영업의 정지처분을 받은 협회 회원의 권리·의무는 그 영업 및 자격의 정지기간 중에는 정지되며, 임대사업자 등록이 말소된 때에는 협회의 회원자격을 상실한다.

제59조【협회의 설립인가 등】 ① 협회를 설립하려면 5인 이상의 범위에서 대통령령으로 정하는 수 이상의 인원을 발기인으로 하여 정관을 마련한 후 창립총회의 의결을 거쳐 국토교통부장관의 인가를 받아야 한다.
② 국토교통부장관은 제1항에 따른 인가를 하였을 때에는 이를 지체 없이 공고하여야 한다.

제59조의2【임대사업 등의 지원】 ① 국토교통부장관 또는 지방자치단체의 장은 민간임대주택의 원활한 공급을 위하여 한국토지주택공사, 지방공사 또는 「한국부동산원법」에 따른 한국부동산원(이하 "부동산원"이라 한다)에 다음 각 호의 어느 하나에 해당하는 업무를 수행하게 할 수 있다. 다만, 부동산원이 수행할 수 있는 업무는 제1호, 제4호 및 제5호의 업무로 한정한다.(2020.6.9 본문개정)
1. 공공지원민간임대주택 사업계획의 자문 및 사업성 분석
2. 사업계획 수립 시 기반시설 설치계획 등의 자문
3. 공공지원민간임대주택의 건설 및 재원조달 등 사업 지원
4. 임차인의 모집·선정 및 명도·퇴거 지원
5. 임대료의 부과·징수 등의 업무 지원
② 한국토지주택공사, 지방공사 및 부동산원은 제1항제4호에 따라 임차인의 자격 확인이 필요한 경우 제42조의3부터 제42조의7에 따른 자료 또는 정보를 해당 기관에 요청하여 그 자료 또는 정보를 활용할 수 있다.
(2020.6.9 본항개정)
③ 한국토지주택공사, 지방공사 및 부동산원의 소속 임직원은 제2항에 따라 제공받은 자료 또는 정보를 이 법에서 정한 목적 외의 다른 용도로 사용하거나 다른 사람 또는 기관에 제공하거나 누설하여서는 아니 된다.(2020.6.9 본항개정)
(2018.1.16 본조신설)

제60조【임대주택정보체계】 ① 국토교통부장관은 임대주택에 대한 국민의 정보 접근을 쉽게 하고 관련 통계의 정확성을 제고하며 부동산 정책 등에 활용하기 위하여 임대주택정보체계(이하 "정보체계"라 한다)를 구축·운영할 수 있다.(2020.8.18 본항개정)
② 시장·군수·구청장과 공공주택사업자는 임대주택, 임대사업자(시행자를 포함한다), 임차인(공공임대주택에 한정한다), 임대차계약 등 대통령령으로 정하는 자료를 국토교통부령으로 정하는 절차 및 방법에 따라 국토교통부장관에게 제공하여야 한다.
③ 국토교통부장관은 정보체계상의 임대주택 등록자료와 임대주택 통계의 정확성을 제고하기 위하여 주민등록·국세·지방세 등 대통령령으로 정하는 자료를 관계기관의 장에게 요청할 수 있다. 이 경우 관계 기관의 장은 자료의 사용 목적·방법, 자료 사용의 안전성 등을 검토하여 정당한 이유가 없으면 요청에 따라야 한다.
(2017.12.26 본항신설)
④ 지방자치단체의 장은 임대주택을 효율적으로 관리하

기 위하여 정보체계에서 제공하는 자료를 활용할 수 있다. 이 경우 국토교통부장관은 정보체계 운영을 위하여 불가피한 사유가 있거나 개인정보 보호를 위하여 필요하다고 인정할 때에는 제공하는 정보의 종류와 내용을 제한할 수 있다.(2017.12.26 본항개정)
⑤ 제1항부터 제4항까지의 업무에 종사하고 있거나 종사하였던 자는 제2항부터 제4항까지의 규정에 따라 받은 정보 또는 자료를 이 법에서 정한 목적 외의 다른 용도로 사용하거나 다른 자 또는 기관에 제공하거나 누설하여서는 아니 된다. 다만, 다른 법률에 특별한 규정이 있는 경우에는 제2항부터 제4항까지의 규정에 따라 받은 정보 또는 자료를 제공할 수 있다.(2020.8.18 본항개정)
⑥ 국토교통부장관은 이 법에 따라 정보체계에 구축된 정보를 활용하는 경우 개인의 사생활의 비밀을 침해하지 아니하도록 정보를 보호하여야 한다.(2020.8.18 본항신설)
⑦ 정보체계의 구축·운영에 필요한 사항은 대통령령으로 정한다.

제60조의2【보증금반환채무를 이행하지 아니한 임대사업자의 공개】 ① 국토교통부장관은 시장·군수·구청장이 제6조제1항제12호에 따라 임대사업자 등록을 말소한 날부터 6개월이 경과하였음에도 불구하고 해당 임대사업자가 반환하지 아니한 보증금이 1억원 이상인 경우 3년간 다음 각 호의 사항을 국토교통부의 인터넷 홈페이지 등 「정보통신망 이용촉진 및 정보보호 등에 관한 법률」 제2조제1항제1호에 따른 정보통신망을 이용하여 공개할 수 있다. 다만, 임대사업자가 사망한 경우 등 대통령령으로 정하는 사유가 있는 경우에는 그러하지 아니하다.
1. 등록이 말소된 임대사업자의 성명 또는 명칭, 임대사업자 등록번호
2. 등록이 말소된 임대주택의 소재지
3. 임대사업자 등록 말소사유 및 말소일자
② 제6조제1항제12호에 따라 임대사업자 등록을 말소한 시장·군수·구청장은 제1항 각 호의 사항을 대통령령으로 정하는 바에 따라 국토교통부장관에게 제출하여야 한다.
③ 국토교통부장관은 제1항에 따라 임대사업자의 등록말소 사실을 정보통신망에 공개하려는 경우 해당 임대사업자에게 그 사실을 통지하여야 한다.
④ 임대사업자는 제3항에 따른 통지를 받은 후 1개월 이내에 국토교통부장관에게 서면으로 이의를 신청할 수 있다.
⑤ 제1항 각 호의 사항의 공개 여부를 심의하기 위하여 국토교통부에 임대인정보공개심의위원회를 둔다. 이 경우 임대인정보공개심의위원회의 구성·운영 등에 필요한 사항은 대통령령으로 정한다.
⑥ 국토교통부장관은 임대사업자가 보증금을 반환하는 등 대통령령으로 정하는 사유가 발생한 경우에는 제1항 각 호의 사항을 정보통신망에서 삭제하여야 한다.
⑦ 제1항에 따른 정보의 공개 절차·방법 및 관리, 제3항에 따른 통지 및 제4항에 따른 이의신청의 절차·방법, 그 밖에 필요한 사항은 대통령령으로 정한다.
(2023.3.28 본조신설)

제61조【보고·검사 등】 ① 국토교통부장관 또는 지방자치단체의 장은 필요하다고 인정할 때에는 임대사업자, 주택임대관리업자, 그 밖에 이 법에 따른 인가·승인 또는 등록을 한 자에게 필요한 보고를 하게 하거나 관계 공무원으로 하여금 사업장에 출입하여 필요한 검사를 하게 할 수 있다.
② 제1항에 따른 검사를 할 때에는 검사 7일 전까지 검사 일시, 검사 이유 및 검사 내용 등 검사계획을 검사를 받을 자에게 알려야 한다. 다만, 긴급한 경우나 사전에 통지하면 증거인멸 등으로 검사 목적을 달성할 수 없다고 인정하는 경우에는 그러하지 아니하다.
③ 제1항에 따라 검사를 하는 공무원은 그 권한을 나타내는 증표를 지니고 이를 관계인에게 내보여야 한다.
④ 지방자치단체의 장은 제5조에 따른 임대주택 등록실적, 제46조에 따른 임대조건 등 대통령령으로 정한 사항에 대하여 분기마다 그 분기가 끝나는 달의 다음 달 말일까지 국토교통부장관에게 보고하여야 한다.

제62조【권한의 위임 등】 ① 국토교통부장관은 이 법에 따른 권한의 일부를 대통령령으로 정하는 바에 따라 시·도지사에게 위임할 수 있다.(2018.8.14 본항개정)
② 제1항에 따라 권한을 위임받은 시·도지사는 그 권한의 일부를 국토교통부장관의 승인을 받아 시장(행정시의 시장을 포함한다)·군수·구청장에게 재위임할 수 있다.
③ 시·도지사는 이 법에 따른 권한의 일부를 대통령령으로 정하는 바에 따라 시장·군수·구청장 또는 시행자에게 위임 또는 위탁할 수 있다.
④ 국토교통부장관은 다음 각 호의 업무를 위임 또는 위탁할 수 있다.
1. 제42조의4에 따른 동의서 제출에 관한 업무 : 임대사업자
2. 제42조의5 및 제42조의6에 따른 관계기관의 장에 대한 자료제공 요청에 관한 업무 : 보건복지부장관 또는 지방자치단체의 장
3. 제60조에 따른 임대주택정보체계 구축·운영 : 한국토지주택공사 또는 부동산원(2020.6.9 본호개정)
(2018.1.16 본항신설)

제63조【가산금리】 ① 국토교통부장관은 다음 각 호의 어느 하나에 해당하는 임대사업자에 대하여 주택도시기금 융자금에 연 1퍼센트 포인트의 범위에서 가산금리를 부과할 수 있다.
1. 제49조에 따른 보증에 가입하지 아니하거나 보증수수료(분할납부액을 포함한다)를 납부하지 아니한 자
2. 제67조제2항제8호에 따라 과태료를 부과받은 시점부터 6개월 이상 특별수선충당금을 적립하지 아니한 자(2019.4.23 본호개정)
② 제1항에 따른 가산금리 부과의 방법 및 절차 등은 국토교통부령으로 정한다.

제64조【벌칙 적용에서 공무원 의제】 통합심의위원회의 위원 중 공무원이 아닌 사람은 「형법」 제129조부터 제132조까지의 규정을 적용할 때에는 공무원으로 본다.

제7장 벌 칙

제65조【벌칙】 ① 제42조의7제3항, 제59조의2제3항 및 제60조제5항을 위반하여 정보 또는 자료를 사용·제공 또는 누설한 자는 5년 이하의 징역이나 5천만원 이하의 벌금에 처한다.(2018.1.16 본항개정)
② 다음 각 호의 어느 하나에 해당하는 자는 2년 이하의 징역이나 2천만원 이하의 벌금에 처한다.
1. 제5조의3제1항을 위반하여 신고하지 아니하고 조합원을 모집하거나 조합원을 공개로 모집하지 아니한 자(2020.6.9 본호개정)
2. 제5조의5제1항을 위반하여 가입비등을 예치하게 하지 아니한 자(2020.6.9 본호개정)
3. 제5조의5제4항을 위반하여 가입비등의 반환을 요청하지 아니한 자(2020.6.9 본호개정)
4. 제7조에 따른 등록을 하지 아니하고 주택임대관리업을 한 자 또는 거짓이나 그 밖의 부정한 방법으로 등록한 자
5. 제10조에 따른 영업정지기간 중에 주택임대관리업을 영위한 주택임대관리업자
6. 제14조에 따른 보증상품에 가입하지 아니한 주택임대관리업자
7. 제16조제1항을 위반하여 다른 자에게 자기의 명의 또는 상호를 사용하여 이 법에서 정한 사업이나 업무를 수행하게 하거나 그 등록증을 대여한 주택임대관리업자
8. 제16조제2항을 위반하여 주택임대관리업자가 아니면서 주택임대관리업 또는 이와 유사한 명칭을 사용한 자
9. (2021.9.14 삭제)
③ 다음 각 호의 어느 하나에 해당하는 자는 1년 이하의 징역이나 1천만원 이하의 벌금에 처한다.
1. 거짓 또는 부정한 방법으로 제23조에 따른 시행자 지정 또는 변경을 받은 자(2017.1.17 본호개정)
2. 제26조제3항을 위반하여 촉진지구 내에서 시장·군수·구청장의 허가를 받지 아니하고 건축물의 건축 등의 행위를 하거나 거짓 또는 부정한 방법으로 허가를 받은 자
3. 거짓 또는 부정한 방법으로 제28조에 따른 지구계획 승인(제41조의2에 따라 준용하는 경우를 포함한다)을 받은 자(2018.1.16 본호개정)
4. 제28조제1항에 따른 지구계획의 승인 또는 변경승인(제41조의2에 따라 준용하는 경우를 포함한다)의 내용을 위반하여 사업을 시행한 자(2018.1.16 본호개정)
5. 제42조제2항을 위반하여 공공지원민간임대주택을 공급받은 자(2018.1.16 본호신설)
6. 제51조를 위반하여 민간임대주택을 관리한 자

제66조【양벌규정】 ① 법인의 대표자, 대리인, 사용인, 그 밖의 종업원이 그 법인의 업무에 관하여 제65조에 따른 위반행위를 하면 그 행위자를 벌할 뿐만 아니라 그 법인에도 해당 조문의 벌금형을 과(科)한다. 다만, 법인이 그 위반행위를 방지하기 위하여 해당 업무에 관하여 상당한 주의와 감독을 게을리하지 아니한 때에는 그러하지 아니하다.
② 개인의 대리인, 사용인, 그 밖의 종업원이 그 개인의 업무에 관하여 제65조에 따른 위반행위를 하면 그 행위자를 벌할 뿐만 아니라 그 개인에게도 해당 조문의 벌금형을 과한다. 다만, 개인이 그 위반행위를 방지하기 위하여 해당 업무에 관하여 상당한 주의와 감독을 게을리하지 아니한 때에는 그러하지 아니하다.

제67조【과태료】 ① 다음 각 호의 어느 하나에 해당하는 자에게는 3천만원 이하의 과태료를 부과한다.
1. 제43조제1항을 위반하여 임대의무기간 중에 민간임대주택을 임대하지 아니한 자
2. 제43조제4항을 위반하여 시장·군수·구청장의 허가를 받지 아니하고 임대의무기간 중에 임대사업자가 아닌 자에게 민간임대주택을 양도한 자(2020.8.18 본호개정)
3. 제44조제1항제1호를 위반하여 공공지원민간임대주택의 최초 임대료를 국토교통부령으로 정하는 기준에 따라 정하지 아니한 자(2020.6.9 본호개정)
4. 제44조제2항에 따른 임대료의 증액 비율을 초과하여 임대료의 증액을 청구한 자(2020.6.9 본호신설)
(2019.4.23 본항신설)
② 다음 각 호의 어느 하나에 해당하는 자에게는 1천만원 이하의 과태료를 부과한다.
1. 제42조제4항을 위반하여 신고를 하지 아니한 임대사업자(2018.1.16 본호개정)
2.~3. (2019.4.23 삭제)
4. 제45조를 위반하여 임대차계약을 해제·해지하거나 재계약을 거절한 임대사업자
5. 제46조에 따른 임대차계약 신고를 하지 아니하거나 거짓으로 신고한 자
6. 제47조에 따른 표준임대차계약서를 사용하지 아니한 임대사업자
7. 제50조를 위반하여 준주택을 주거용이 아닌 용도로 사용한 자
8. 제53조제1항 및 제2항에 따라 특별수선충당금을 적립하지 아니하거나 입주자대표회의에 넘겨주지 아니한 자
③ 다음 각 호의 어느 하나에 해당하는 자에게는 500만원 이하의 과태료를 부과한다.
1. 제5조의2에 따른 부기등기를 하지 아니한 자(2020.6.9 본호신설)
2. 제5조의4를 위반하여 설명하지 않거나 설명한 사항을 확인받지 아니한 자(2020.6.9 본호개정)
3. 제7조를 위반하여 등록사항 변경신고 또는 말소신고를 하지 아니한 주택임대관리업자
4. 제12조에 따른 현황 신고를 하지 아니한 주택임대관리업자
5. 제48조제1항에 따른 설명 및 확인의무를 위반하거나 제48조제2항에 따른 정보 제공 의무를 위반한 임대사업자(2020.8.18 본호개정)
6. 제50조제2항, 제60조 및 제61조에 따른 보고, 자료의 제출 또는 검사를 거부·방해 또는 기피하거나 거짓으로 보고한 자
7. 제52조제4항을 위반하여 임차인대표회의와 관리규약 제정·개정 등을 협의하지 아니한 임대사업자(2018.8.14 본호개정)
8. 제5조제7항에 따라 등록 신청 당시 임대차계약이 없는 경우 산정한 임대보증금의 상한을 추후 임대차계약에서 준수하지 아니한 임대사업자(2020.8.18 본호신설)
④ 다음 각 호의 어느 하나에 해당하는 자에게는 100만원 이하의 과태료를 부과한다.
1. (2020.6.9 삭제)
2. 제13조제1항 및 제2항에 따른 위·수탁계약서 작성·교부 및 보관의무를 게을리한 주택임대관리업자
2의2. 제43조제2항 또는 제3항을 위반하여 민간임대주택 양도신고를 하지 아니하고 민간임대주택을 양도한 자(2019.4.23 본호신설)
3. 제52조제2항을 위반하여 임차인대표회의를 구성할 수 있다는 사실 또는 구성하여야 한다는 사실을 임차인에게 통지하지 아니한 임대사업자(2018.8.14 본호개정)
⑤ 제49조를 위반하여 임대보증금에 대한 보증에 가입하지 아니한 임대사업자에게는 임대보증금의 100분의 10 이하에 상당하는 금액의 과태료를 부과한다. 이 경우 그 금액이 3천만원을 초과하는 경우에는 3천만원으로 한다.(2021.9.14 본항신설)
⑥ 이 조에 따른 과태료는 대통령령으로 정하는 바에 따라 국토교통부장관이나 시장·군수·구청장이 부과·징수한다.

부 칙

제1조【시행일】 이 법은 공포 후 4개월이 경과한 날부터 시행한다.

제2조【일반적 적용례】 ① 민간건설임대주택에 관한 이 법의 개정규정은 이 법 시행 후 최초로 사업계획의 승인을 신청하는 경우부터 적용한다.
② 민간매입임대주택에 관한 이 법의 개정규정은 이 법 시행 후 최초로 민간매입임대주택으로 등록되어 공급되는 경우부터 적용한다.

제3조【이미 등록한 임대주택에 관한 특례】 ① 이 법 시행 당시 제5조의 개정규정에 따른 임대사업자가 등록한 민간건설임대주택 및 민간매입임대주택, 준공공임대주택을 다른 법령에서 인용하는 경우 종전의 「임대주택법」 제2조제2호의3, 제3호 및 제3호의3에 따라 등록한 민간건설임대주택 및 민간매입임대주택, 준공공임대주택까지 포함한다.
② (2020.6.9 삭제)
③ 다음 각 호의 어느 하나에 해당하는 주택은 각 호의 구분에 따른 이 법의 임대주택으로 본다. 다만, 임대의무기간, 임대의무기간 이내 매각요건 및 절차, 저당권 설정 등의 제한, 임대주택의 전대 제한, 경매 시 임차인 우선매수권 부여, 특별수선충당금의 적립대상에 관하여는 종전의 「임대주택법」을 적용한다.
1. 종전의 「임대주택법」 제6조의2에 따라 등록한 준공공임대주택 : 제2조제5호에 따른 준공공임대주택
2. 종전의 「임대주택법」 제16조제1항제3호에 따라 임대차 계약기간을 10년 이상으로 정하여 신고한 민간건설임대주택 : 제2조제5호에 따른 준공공임대주택
3. 종전의 「임대주택법」 제16조제1항제4호에 따른 민간건설임대주택 또는 매입임대주택(제1호에 해당하는 임대주택은 제외한다) : 제2조제6호에 따른 단기임대주택
(2020.8.18 본항신설)

제4조【민간건설임대주택에 관한 특례】 이 법 시행 당시 종전의 「임대주택법」 제6조에 따라 등록한 임대사업자(주택도시기금이 출자한 부동산투자회사에 한정한다)가 민간건설임대주택으로 사업계획승인을 신청하였거나

받은 경우에는 제4조의 개정규정을 적용하여 주택도시기금을 지원할 수 있다.

제5조【처분 등에 관한 일반적 경과조치】 이 법 시행 당시 종전의 규정에 따른 행정기관의 행위나 행정기관에 대한 행위는 그에 해당하는 이 법에 따른 행정기관의 행위나 행정기관에 대한 행위로 본다.

제6조【공공건설임대주택에 관한 경과조치】 ① 이 법 시행 당시 「공공주택 특별법」에 따른 공공주택사업자에 해당하는 자가 건설하였거나 건설하고 있는 주택은 「공공주택 특별법」의 규정을 적용한다.

② 이 법 시행 당시 「공공주택 특별법」에 따른 공공주택사업자가 아닌 자가 건설하였거나 건설하는 주택으로서 다음 각 호의 어느 하나에 해당하는 주택에 대하여는 종전의 「임대주택법」 제2조제2호의2에 따른 공공건설임대주택으로 보아 종전의 규정을 적용한다. 다만, 임대료 증액, 임대차계약 신고·변경신고 및 조정권고에 관해서는 그러하지 아니한다.(2019.4.23 단서개정)

1. 이 법 시행 당시 국가·지방자치단체의 재정 또는 주택도시기금의 자금을 지원받아 공공건설임대주택으로 건설하였거나 건설하고 있는 주택
2. 이 법 시행 당시 공공사업으로 조성된 택지에 「주택법」 제16조에 따라 공공건설임대주택으로 사업계획승인을 받아 건설하였거나 건설하고 있는 주택
3. 이 법 시행 당시 공공사업으로 조성된 택지를 공공건설임대주택 용도로 공급받아 이 법 시행 후 건설하는 주택

제7조【토지임대부 임대주택에 관한 경과조치】 이 법 시행 당시 종전의 「임대주택법」 제2조제2호가목의 토지임대부 임대주택에 대하여는 종전의 「임대주택법」 제16조의2 및 제21조의4의 규정을 적용한다.(2020.6.9 본조개정)

제8조【부도등에 관한 경과조치】 이 법 시행 당시 종전의 「임대주택법」 제2조제8호의 부도임대주택등에 관해서는 종전의 「임대주택법」 제21조의2, 제22조부터 제25조까지 및 제30조의 규정을 적용한다. 종전의 「임대주택법」 제2조제2호의2의 공공건설임대주택 중 공공주택사업자가 아닌 자가 건설한 주택에 대하여 이 법 시행 후 같은 조 제7호의 부도등이 발생한 경우에도 같다.
(2020.6.9 본조개정)

제9조【임대사업자에 대한 경과조치】 이 법 시행 당시 종전의 「임대주택법」 제6조에 따라 등록한 임대사업자(공공주택사업자는 제외한다)는 이 법에 따른 일반형임대사업자로 본다. 이 경우 제5조제4항의 개정규정에 따른 등록기준을 충족하는 경우에는 기업형임대사업자로 등록할 수 있다.

제10조【임대주택조합에 대한 경과조치】 이 법 시행 당시 종전의 「임대주택법」 제7조에 따라 설립된 임대주택조합은 이 법에 따른 임대사업자로 보되, 종전의 「임대주택법」 제7조부터 제9조까지의 규정을 적용한다.
(2020.6.9 본조개정)

제11조【주택임대관리업 등록에 관한 경과조치 등】 ① 이 법 시행 당시 「주택법」에 따른 주택임대관리업의 등록은 이 법에 따라 등록한 것으로 본다.

② 제9조제2호의 개정규정에 따른 피성년후견인 및 피한정후견인은 법률 제10429호 민법 일부개정법률 부칙 제2조에 따라 금치산 또는 한정치산 선고의 효력이 유지되는 사람을 포함하는 것으로 본다.

③ 주택임대관리업의 등록말소에 관한 제10조의 개정규정은 이 법 시행 당시 「주택법」 제53조의2에 따라 등록한 주택임대관리업에도 적용한다.

제12조【교통영향분석·개선대책 등에 관한 경과조치】 제32조제1항제3호, 제3항제5호 및 제8항제3호의 개정규정 중 "교통영향평가" 및 "교통영향평가심의위원회"는 2016년 1월 24일까지는 각각 "교통영향분석·개선대책" 및 "교통영향분석·개선대책심의위원회"로 본다.

제13조【임대주택분쟁조정위원회에 대한 경과조치】 이 법 시행 당시 종전의 「임대주택법」 제33조에 따라 구성된 임대주택분쟁조정위원회는 이 법에 따라 구성된 것으로 본다.

제14조【벌칙이나 과태료에 관한 경과조치】 이 법 시행 전의 행위에 대하여 벌칙이나 과태료를 적용할 때에는 종전의 규정에 따른다.

제15조【다른 법률의 개정】 ①~㉕ ※(해당 법령에 가제정리 하였음)

제16조【다른 법령과의 관계】 이 법 시행 당시 다른 법령에서 종전의 「임대주택법」 또는 그 규정을 인용하고 있는 경우 이 법 중 그에 해당하는 규정이 있는 경우에는 종전의 「임대주택법」 또는 그 규정을 갈음하여 이 법 또는 이 법의 해당 조항을 인용한 것으로 본다.

부 칙 (2017.1.17 법14542호)

제1조【시행일】 이 법은 공포 후 6개월이 경과한 날부터 시행한다.

제2조【토지 등의 우선 공급에 관한 적용례】 제18조제3항 단서의 개정규정은 이 법 시행 후 최초로 공동주택용지 공급계획을 수립하는 경우부터 적용한다.

제3조【촉진지구의 지정 및 촉진지구에서의 시설 설치 특례에 관한 적용례】 제22조제2항 및 제35조제1항제1호의 개정규정은 이 법 시행 후 최초로 지구계획을 승인하는 경우부터 적용한다.

제4조【민간임대주택 공급 신고에 관한 적용례】 제42조제3항의 개정규정은 이 법 시행 후 최초로 임차인을 모집하는 경우부터 적용한다.

제5조【임대보증금에 대한 보증에 관한 적용례】 제49조의 개정규정은 이 법 시행 후 최초로 임차인을 모집하는 경우부터 적용한다.

부 칙 (2018.1.16)

제1조【시행일】 이 법은 공포 후 6개월이 경과한 날부터 시행한다.

제2조【용적률의 완화로 건설되는 주택의 공급 등에 관한 적용례】 ① 제21조의2(제21조의3 및 제35조의2에 따라 준용되는 경우를 포함한다)의 개정규정은 이 법 시행 후 최초로 「주택법」 제15조에 따른 사업계획승인을 신청하는 경우 또는 「건축법」 제11조에 따른 건축허가를 신청하는 경우부터 적용한다.

② 이 법 시행 후 제21조의2(제21조의3 및 제35조의2에 따라 준용되는 경우를 포함한다)의 개정규정에 따라 해당 지방자치단체의 조례로 정하도록 한 비율을 정하지 아니한 경우에는 같은 개정규정에서 정한 기준 비율을 적용한다.

제3조【촉진지구 통합 승인에 관한 적용례】 제33조의 개정규정은 이 법 시행 전에 촉진지구 지정과 지구계획을 함께 신청한 촉진지구에 대해서도 적용한다.

제4조【임대사업자의 설명의무에 관한 적용례】 제48조제1항제4호의 개정규정은 이 법 시행 후 임대사업자가 임차인과 임대차계약을 체결하거나 계약내용을 변경하는 경우부터 적용한다.

제5조【이미 등록한 민간임대주택등에 관한 특례】 ① 이 법 시행 후 제5조의 개정규정에 따라 임대사업자가 등록한 공공지원민간임대주택을 다른 법령에서 인용하는 경우 종전 규정에 따라 등록한 기업형임대주택을 포함한다.

② 이 법 시행 후 제5조의 개정규정에 따라 임대사업자가 등록한 장기일반민간임대주택을 다른 법령에서 인용하는 경우 종전 규정에 따라 등록한 준공공임대주택을 포함한다.

③ 이 법 시행 후 제5조의 개정규정에 따라 임대사업자가 등록한 단기민간임대주택을 다른 법령에서 인용하는 경우 종전 규정에 따라 등록한 단기임대주택을 포함한다.

④ 이 법 시행 당시 또는 이 법 시행 이후 종전 규정에 따라 등록한 기업형임대주택 또는 준공공임대주택(법률 제13499호 임대주택법 전부개정법률 부칙 제3조제3항제1호 및 제2호에 따라 준공공임대주택으로 보는 주택을 포함한다)은 이 법에 따른 장기일반민간임대주택으로 본다. 다만, 법률 제13499호 임대주택법 전부개정법률 부칙 제3조제3항제1호 및 제2호에 따라 준공공임대주택으로 보는 주택의 임대의무기간, 임대의무기간 이내 매각요건 및 절차, 저당권 설정 제한, 임대주택의 전대 제한, 경매 시 임차인 우선매수권 부여, 특별수선충당금의 적립대상에 관하여는 종전의 규정을 적용한다.(2020.8.18 본항개정)

⑤ 이 법 시행 당시 종전 규정에 따라 등록한 단기임대주택(법률 제13499호 임대주택법 전부개정법률 부칙 제3조제3항제3호에 따라 단기임대주택으로 보는 주택을 포함한다)은 이 법에 따른 단기민간임대주택으로 본다. 다만, 법률 제13499호 임대주택법 전부개정법률 부칙 제3조제3항제3호에 따라 단기임대주택으로 보는 주택의 임대의무기간, 임대의무기간 이내 매각요건 및 절차, 저당권 설정 제한, 임대주택의 전대 제한, 경매 시 임차인 우선매수권 부여, 특별수선충당금의 적립대상에 관하여는 종전의 규정을 적용한다.(2020.8.18 단서개정)

⑥ 이 법 시행 당시 종전 규정에 따라 등록한 기업형임대사업자와 일반형임대사업자는 제5조의 개정규정에 따른 임대사업자로 본다.

제6조【토지 등을 우선 공급받은 자 등에 관한 경과조치】 이 법 시행 전에 종전의 제18조에 따라 토지등을 공급받거나 공공택지를 임대주택 용도로 공급받은 자는 종전의 규정에 따른다.

제7조【「국토의 계획 및 이용에 관한 법률」 등 특례에 관한 경과조치】 이 법 시행 전에 종전의 규정에 따라 「주택법」 제15조에 따른 사업계획승인을 신청하였거나 「건축법」 제11조에 따른 건축허가를 신청한 경우에는 제21조의 개정규정에도 불구하고 종전의 규정에 따른다.

제8조【촉진지구로 지정된 지구에 관한 경과조치】 이 법 시행 당시 종전의 규정에 따라 기업형임대주택 공급촉진지구로 지정된 지구는 제22조의 개정규정에 따른 촉진지구로 본다. 다만, 부칙 제5조제4항에도 불구하고 이 법 시행 전에 종전의 규정에 따라 기업형임대주택건설 사업계획승인이 신청된 촉진지구는 종전의 규정에 따른다.

제9조【개발제한구역의 특례에 관한 경과조치】 이 법 시행 전에 촉진지구 지정을 위하여 개발제한구역 해제를 신청한 경우로서 종전의 제31조에 따라 개발제한구역 해제 절차가 진행 중이거나 해제가 완료된 경우에는 제31조의 개정규정에도 불구하고 종전의 규정에 따른다.

제10조【종전부동산 활용계획 변경에 관한 경과조치】 이 법 시행 당시 종전부동산 활용계획 변경이 진행 중인 경우에는 제37조의 개정규정에도 불구하고 종전의 규정에 따른다.

제11조【공공택지 공급에 따른 경과조치】 이 법 시행 당시 기업형임대주택 건설용으로 공공택지를 공급받기 위하여 「부동산투자회사법」 제2조에 따른 부동산투자회사(주택도시기금 또는 주택도시기금이 출자한 부동산투자회사 또는 집합투자기구가 총 지분의 50퍼센트를 초과하여 출자하는 경우로 한정한다)가 같은 법 제9조에 따른 영업인가를 신청한 경우 종전규정에 따른다.

제12조【다른 법률의 개정】 ①~⑥ ※(해당 법령에 가제정리 하였음)

제13조【다른 법률의 개정에 따른 경과조치】 부칙 제12조제1항에 따라 개정되는 「도시 및 주거환경정비법」 및 이 법의 개정규정에도 불구하고 이 법 시행 당시 종전의 「도시 및 주거환경정비법」 제9조제1항제10호에 따른 기업형임대주택 또는 임대관리 위탁주택의 건설에 관한 사항이 정비계획에 포함되어 같은 법 제16조제2항에 따라 정비구역 변경지정에 관한 고시가 된 경우 종전의 규정에 따른다.

부 칙 (2018.8.14)

제1조【시행일】 이 법은 공포 후 6개월이 경과한 날부터 시행한다. 다만, 제62조제4항제3호의 개정규정은 공포한 날부터 시행한다.

제2조【임대료 증액에 관한 적용례】 제44조제2항 및 제3항의 개정규정은 이 법 시행 후 최초로 임대사업자가 임차인과 임대차계약을 체결하거나 존속 중인 임대차계약을 갱신하는 경우부터 적용한다.

제3조【임대사업자의 설명의무에 관한 적용례】 제48조의 개정규정은 이 법 시행 후 최초로 임대사업자가 임차인과 임대차계약을 체결하거나 존속 중인 임대차계약을 갱신하는 경우부터 적용한다.

부 칙 (2019.4.23)

제1조【시행일】 이 법은 공포 후 6개월이 경과한 날부터 시행한다.

제2조【임차인의 자격에 관한 적용례】 이 법 중 임차인의 자격에 관한 개정규정은 이 법 시행 후 최초로 임대사업자가 임차인의 자격을 확인하는 민간임대주택부터 적용한다.

제3조【역세권등에서 촉진지구 지정 시 면적에 관한 적용례】 이 법 시행 후 제22조제1항에 따라 해당 지방자치단체의 조례로 정하도록 한 최소면적을 정하지 아니한 경우에는 제22조제1항제2호 본문에 따른 면적을 적용한다.

제4조【최초 임대료 및 임대차계약신고에 관한 적용례】 제44조제1항 및 제46조제1항의 개정규정은 이 법 시행 이후 최초로 등록하는 민간임대주택부터 적용한다.

제5조【임대보증금에 대한 보증에 관한 적용례】 제49조제1항제3호의 개정 규정은 이 법 시행 후 최초로 임대사업자가 제49조제1항제3호에서 정한 호수 이상의 민간매입임대주택을 등록하는 경우부터 적용한다.

부 칙 (2019.11.26)

제1조【시행일】 이 법은 공포 후 6개월이 경과한 날부터 시행한다. 다만, 제5조의3제1항제6호 및 제5조의4의 개정규정은 공포 후 1년이 경과한 날부터 시행한다.

제2조【조합원 모집신고 및 공개모집에 관한 적용례】 제5조의2의 개정규정은 이 법 시행 전에 「협동조합 기본법」에 따라 설립된 민간임대협동조합이 이 법 시행일 이후 조합원을 모집하는 경우에도 적용한다.

부 칙 (2020.3.24)

제1조【시행일】 이 법은 공포한 날부터 시행한다.(이하 생략)

부 칙 (2020.3.31)

제1조【시행일】 이 법은 공포 후 1년이 경과한 날부터 시행한다.(이하 생략)

부 칙 (2020.4.7)

제1조【시행일】 이 법은 공포 후 3개월이 경과한 날부터 시행한다.(이하 생략)

부 칙 (2020.6.9 법17452호)

제1조【시행일】 이 법은 공포 후 6개월이 경과한 날부터 시행한다.

제2조【신고·변경신고에 관한 적용례】 제5조제4항·제5항, 제7조제4항·제5항, 제42조제5항부터 제7항까지, 제43조제4항·제5항 및 제46조제5항의 개정규정은 이 법 시행 후 최초로 신고·변경신고를 하는 경우부터 적용한다.

제3조【임대료 증액, 임대차계약 신고 및 조정권고에 관한 적용례】 법률 제13499호 임대주택법 전부개정법률 부칙 제3조제3항과 법률 제15356호 민간임대주택에 관한

특별법 일부개정법률 부칙 제5조제4항 및 제5항의 개정규정은 이 법 시행 후 임대사업자가 임차인과 임대차계약을 체결하거나 존속 중인 임대차계약을 갱신하는 경우부터 적용한다.

제4조【부기등기에 관한 경과조치】 이 법 시행 전에 소유권보존등기를 한 민간임대주택의 경우에는 이 법 시행 후 2년 이내에 제5조의2의 개정규정에 따라 부기등기를 하여야 한다.

부 칙 (2020.6.9 법17453호)

이 법은 공포한 날부터 시행한다.(이하 생략)

부 칙 (2020.8.18)

제1조【시행일】 이 법은 공포한 날부터 시행한다. 다만, 제6조제1항제12호, 제48조제2항 및 법률 제17452호 민간임대주택에 관한 특별법 일부개정법률 제5조, 제5조의6, 제5조의7, 제6조, 제43조, 제67조의 개정규정은 2020년 12월 10일부터 시행한다.

제2조【결격사유에 관한 적용례】 ① 법률 제17452호 민간임대주택에 관한 특별법 일부개정법률 제5조의6제1호의 개정규정은 같은 개정규정 시행 후 임대사업자로 등록하거나 제5조제3항 본문에 따른 등록사항 변경신고를 통하여 임대주택을 변경·추가신고하는 경우부터 적용한다.

② 법률 제17452호 민간임대주택에 관한 특별법 일부개정법률 제5조의6제2호의 개정규정은 같은 개정규정 시행 후 임대사업자 등록이 전부 말소되는 경우부터 적용한다.

제3조【임대주택 추가 등록 제한에 관한 적용례】 법률 제17452호 민간임대주택에 관한 특별법 일부개정법률 제5조의7의 개정규정은 같은 개정규정 시행 후 임대사업자 등록이 일부 말소되는 경우부터 적용한다.

제4조【임대보증금 보증에 관한 적용례】 제49조의 개정규정에도 불구하고 이 법 시행 당시 등록되어 있는 민간임대주택 중 제49조제1항제1호부터 제3호까지의 어느 하나에 해당하지 아니한 경우에는 이 법 시행 1년 후 임대차계약을 체결하는 경우부터 적용한다. 이 경우 제49조제4항에 따른 보증의 가입기간의 시점은 그 임대차계약 개시일로 한다.

제5조【폐지되는 민간임대주택 종류에 관한 특례】 ① 이 법 시행 당시 종전의 규정에 따라 장기일반민간임대주택 중 아파트를 임대하는 민간매입임대주택 또는 단기민간임대주택을 등록한 임대사업자 및 그 민간임대주택은 임대사업자 및 그 민간임대주택의 등록이 말소되기 전까지 이 법에 따른 임대사업자 및 장기일반민간임대주택으로 보아 이 법을 적용한다. 다만, 임대의무기간은 종전의 규정에 따른다.

② 이 법 시행 당시 종전의 규정에 따라 등록한 단기민간임대주택은 이 법 시행 이후 장기일반민간임대주택 또는 공공지원민간임대주택으로 변경 등록할 수 없다.

제6조【임대의무기간 연장 등에 대한 특례】 ① 제2조제4호 및 제5호의 개정규정에 따른 임대의무기간의 연장 및 제43조제4항제2호의 개정규정은 이 법 시행 이후 등록하는 민간임대주택부터 적용한다.

② 제1항에도 불구하고 이 법 시행 당시 주택도시기금 출자를 위한 민간사업자를 모집 공고한 사업에서 공급하는 공공지원민간임대주택은 종전의 규정에 따른 임대의 무기간을 적용한다.

③ 제1항에도 불구하고 이 법 시행 당시 「도시 및 주거환경정비법」 제9조제1항에 따른 정비계획에 「도시 및 주거환경정비법」 제9조제1항제10호의 내용이 포함되어 있는 정비사업(「도시 및 주거환경정비법」 제2조제2호에 따른 정비사업을 말한다)에서 공급하는 공공지원임대주택의 경우에는 종전의 규정에 따른 임대의무기간을 적용한다.

제7조【자동 등록 말소 관련 경과조치】 제6조제5항의 개정규정에도 불구하고 이 법 시행일 당시 종전의 제2조제6호에 따른 단기민간임대주택 또는 제2조제5호에 따른 장기일반민간임대주택 중 아파트를 임대하는 민간매입임대주택의 임대의무기간이 이 법 시행일 전에 경과한 경우에는 이 법 시행일에 그 임대주택의 등록이 말소된 것으로 본다.

부 칙 (2020.12.22 법17738호)

제1조【시행일】 이 법은 공포 후 3개월이 경과한 날부터 시행한다.

제2조【적용례】 제23조제5항제3호의 개정규정은 이 법 시행 전 제40조제1항에 따라 지구계획 승인이 취소된 경우에 대해서도 적용한다.

부 칙 (2020.12.22 법17739호)

제1조【시행일】 이 법은 공포한 날부터 시행한다.

제2조【분쟁의 조정에 관한 적용례】 제56조 및 제57조의 개정규정은 법률 제13499호 임대주택법 전부개정법률 부칙 제6조제2항에 따라 공공건설임대주택으로 보는 주택에 대하여도 적용한다. 이 경우 "공공주택사업자"는 "임대사업자"로 본다.

부 칙 (2021.3.16 법17939호)

제1조【시행일】 이 법은 공포 후 3개월이 경과한 날부터 시행한다.(이하 생략)

부 칙 (2021.3.16 법17944호)

이 법은 공포한 날부터 시행한다. 다만, 제6조제1항제11호의 개정규정은 공포 후 2개월이 경과한 날부터 시행한다.

부 칙 (2021.9.14)

제1조【시행일】 이 법은 공포한 날부터 시행한다. 다만, 제6조제1항제14호, 제49조제6항, 제65조제2항 및 제67조의 개정규정은 공포 후 4개월이 경과한 날부터 시행한다.

제2조【결격사유 등에 관한 적용례】 제5조의6제2호 및 제5조의7의 개정규정은 이 법 시행 이후 임대사업자의 등록이 말소된 경우부터 적용한다.

제3조【임대차계약의 해제·해지 등에 관한 적용례】 제45조제1항의 개정규정은 이 법 시행 당시 등록되어 있는 임대사업자에 대하여도 적용한다.

제4조【임대보증금 보증에 관한 적용례】 제49조제3항 제3호 및 제4호의 개정규정은 이 법 시행 이후 임대차계약을 체결하는 경우부터 적용한다.

제5조【벌칙에 관한 경과조치】 제65조제2항의 개정규정 시행 전의 위반행위에 대하여 벌칙을 적용할 때에는 같은 개정규정에도 불구하고 종전의 규정에 따른다.

부 칙 (2022.1.11)

제1조【시행일】 이 법은 공포한 날부터 시행한다.(이하 생략)

부 칙 (2022.12.27)

제1조【시행일】 이 법은 공포 후 6개월이 경과한 날부터 시행한다.(이하 생략)

부 칙 (2023.3.28)

제1조【시행일】 이 법은 공포 후 6개월이 경과한 날부터 시행한다. 다만, 제5조의6제2호부터 제4호까지, 제5조의7 및 제6조제1항제16호의 개정규정은 공포한 날부터 시행한다.

제2조【외국인의 임대사업자 등록에 관한 적용례】 제5조제1항 단서의 개정규정은 같은 개정규정 시행 이후 임대사업자 등록을 신청하는 외국인부터 적용한다.

제3조【임대사업자의 결격사유에 관한 적용례】 제5조의6제3호 및 제4호의 개정규정은 같은 개정규정 시행 이후 형이 확정된 사람이 같은 개정규정 시행 이후 제5조에 따라 임대사업자로 등록하는 경우부터 적용한다.

제4조【임대사업자 등록말소에 관한 적용례】 제6조제1항제16호의 개정규정은 같은 개정규정 시행 이후 형이 확정된 경우부터 적용한다.

제5조【임대사업자 등록말소 사실 공개에 관한 적용례】 제60조의2의 개정규정은 같은 개정규정 시행 이후 임대사업자 등록이 말소되는 경우부터 적용한다.

부 칙 (2023.6.1)

제1조【시행일】 이 법은 공포 후 4개월이 경과한 날부터 시행한다. 다만, 제5조의6제2호 및 제5조의7의 개정규정은 공포한 날부터 시행한다.

제2조【임대보증금 보증 등에 관한 적용례】 제5조제7항 제1호, 제49조제1항 및 제4항의 개정규정은 이 법 시행 이후 임대사업자 등록을 신청하는 경우부터 적용한다.

제3조【결격사유 등에 관한 적용례】 제5조의6제2호 및 제5조의7의 개정규정은 같은 개정규정 시행 이후 임대사업자의 등록이 말소된 경우부터 적용한다.

부 칙 (2023.8.16)

제1조【시행일】 이 법은 공포 후 6개월이 경과한 날부터 시행한다.

제2조【지구계획 승인에 관한 적용례】 제28조제4항 및 제5항의 개정규정은 이 법 시행 이후 지구계획의 승인을 신청하는 경우부터 적용한다.

제3조【선수관리비에 관한 적용례】 제51조제6항의 개정규정은 이 법 시행 이후 임대사업자가 임차인과 임대차계약을 체결하는 경우부터 적용한다.

제4조【선수관리비의 반환에 관한 경과조치】 임대사업자는 이 법 시행 전에 관리규약 또는 표준임대차계약서에 따라 임차인으로부터 징수한 선수관리비를 이 법 시행 이후 임대차 계약기간 만료 등으로 임차인이 퇴거할 때 반환하여야 한다.

(2025년 5월 31일까지 유효)

전세사기피해자 지원 및 주거안정에 관한 특별법

(약칭 : 전세사기피해자법)

(2023년 6월 1일 법 률 제19425호)

제1장 총 칙

제1조【목적】 이 법은 전세사기로 피해를 입은 임차인에게 경·공매 절차 및 조세 징수 등에 관한 특례를 부여함으로써 전세사기피해자를 지원하고 주거안정을 도모함을 목적으로 한다.

제2조【정의】 이 법에서 사용하는 용어의 정의는 다음과 같다.

1. "주택"이란 「주택임대차보호법」 제2조에 따른 주거용 건물(공부상 주거용 건물이 아니라도 임대차계약 체결 당시 임대차목적물의 구조와 실질이 주거용 건물이고 임차인의 실제 용도가 주거용인 경우를 포함한다)을 말한다.
2. "임대인등"이란 임대인 또는 다음 각 목의 어느 하나에 해당하는 자를 말한다.
   가. 임대인의 대리인, 그 밖에 임대인을 위하여 주택의 임대에 관하여 업무를 처리하는 자
   나. 임대인의 의뢰를 받은 공인중개사(중개보조인을 포함한다)
   다. 임대인을 위하여 임차인을 모집하는 자(그 피고용인을 포함한다)
   라. 다수 임대인의 배후에 있는 동일인
   마. 라목의 동일인이 지배하거나 경제적 이익을 공유하는 조직
   바. 라목의 동일인이나 마목의 조직을 배후에 둔 다수의 임대인
3. "전세사기피해자"란 제3조의 요건을 모두 갖춘 자로서 제6조에 따른 전세사기피해지원위원회의 심의·의결을 거쳐 국토교통부장관이 결정한 임차인을 말한다.
4. "전세사기피해자등"이란 다음 각 목의 어느 하나에 해당하는 자를 말한다.
   가. 전세사기피해자
   나. 제3조제1항제1호·제3호 및 제4호의 요건을 모두 충족하는 임차인(같은 조 제2항 각 호의 어느 하나에 해당하는 경우는 제외한다)
   다. 제3조제1항제2호 및 제4호의 요건을 모두 충족하는 임차인으로서 임차주택(적법한 임대권한을 가지지 아니한 자와 임대차계약이 체결된 주택을 포함한다)을 인도(인도받았던 경우를 포함한다)받고, 「주민등록법」 제16조에 따라 전입신고를 하였으며, 그 임대차계약증서상의 확정일자를 받은 자(제3조제2항 각 호의 어느 하나에 해당하는 경우는 제외한다)
5. "전세사기피해주택"이란 전세사기피해자가 임차인인 임대차계약의 목적물인 주택(「주택임대차보호법」 제3조의3에 따라 임대차가 끝난 후 임차권등기를 마친 주택도 포함한다)을 말한다.

제3조【전세사기피해자의 요건】 ① 제14조에 따라 전세사기피해자로 결정받고자 하는 임차인(자연인에 한정한다. 이하 같다)은 다음 각 호의 요건을 모두 갖추어야 한다. 다만, 경매 또는 공매 절차가 완료된 임차인의 경우에는 제1호 및 제3호의 요건은 제외한다.

1. 「주택임대차보호법」 제3조에 따라 주택의 인도와 주민등록을 마치고(이 경우 전입신고를 한 때 주민등록을 한 것으로 본다) 같은 법 제3조의2제2항에 따라 임대차계약증서상의 확정일자(이하 "확정일자"라 한다)를 갖출 것(「주택임대차보호법」 제3조의3에 따른 임차권등기를 마친 경우도 포함한다)
2. 임차인의 임차보증금이 3억원 이하일 것. 다만, 임차보증금의 상한액은 제6조에 따른 전세사기피해지원위원회가 시·도별 여건 및 피해자의 여건 등을 고려하여 2억원의 범위에서 상향 조정할 수 있다.
3. 임대인의 파산 또는 회생절차 개시, 임차주택의 경매 또는 공매절차의 개시(국세 또는 지방세의 체납으로 인하여 임차주택이 압류된 경우도 포함한다), 임차인의 집행권원 확보 등에 해당하여 다수의 임차인에게 임차보증금반환채권의 변제를 받지 못하는 피해가 발생하였거나 발생할 것이 예상될 것
4. 임대인등에 대한 수사 개시, 임대인등의 기망, 임차보증금을 반환할 능력이 없는 자에 대한 임차주택의 양도 또는 임차보증금을 반환할 능력 없이 다수의 주택 취득·임대 등 임대인이 임차보증금반환채무를 이행하지 아니할 의도가 있었다고 의심할 만한 상당한 이유가 있을 것

② 다음 각 호의 어느 하나에 해당하는 경우는 제1항의 적용대상에서 제외한다.

1. 임차인이 임차보증금 반환을 위한 보증 또는 보험에 가입하였거나 임대인이 임차보증금 반환을 위한 보증에 가입하여 임차인에게 보증금의 전액 반환이 가능한 경우

2. 임차인의 보증금 전액이 최우선변제가 가능한 「주택임대차보호법」 제8조제1항에 따른 보증금 중 일정액에 해당하는 경우
3. 임차인이 「주택임대차보호법」에 따라 대항력 또는 우선변제권 행사를 통하여 보증금 전액을 자력으로 회수할 수 있다고 판단되는 경우

제4조【임차인보호대책의 수립】 국가 및 지방자치단체는 전세사기피해자 지원을 위하여 다음 각 호의 보호대책을 수립하여야 한다.
1. 피해사실의 조사에 필요한 대책
2. 전세사기피해주택의 매입 대책
3. 전세사기피해자에 대한 법률상담지원 대책
4. 전세사기피해자에 대한 금융지원 대책
5. 전세사기피해자에 대한 주거지원 대책
6. 그 밖에 임차인 보호를 위하여 제6조에 따른 전세사기피해지원위원회가 필요하다고 인정하는 대책

제5조【다른 법률과의 관계】 이 법은 전세사기피해자의 피해 및 주거안정 지원에 관하여 다른 법률에 우선하여 적용한다.

제2장 전세사기피해지원위원회 등

제6조【전세사기피해지원위원회】 ① 제14조에 따른 전세사기피해자등 결정에 관한 심의와 그 밖에 전세사기피해지원에 관한 중요 사항을 심의하기 위하여 국토교통부에 전세사기피해지원위원회(이하 "위원회"라 한다)를 둔다.
② 위원회는 다음 각 호의 사항을 심의·의결한다.
1. 제14조 및 제15조에 따른 전세사기피해자등 결정
2. 제17조에 따른 경매의 유예·정지, 제18조 및 제19조에 따른 압류주택의 매각 유예·정지 등에 관한 협조 요청
3. 전세사기피해지원 정책에 관한 사항
4. 그 밖에 전세사기피해지원에 관한 중요한 사항으로서 국토교통부장관이 회의에 부치는 사항
③ 위원회는 위원장 1명을 포함한 30명 이내의 위원으로 구성한다.
④ 위원은 다음 각 호의 어느 하나에 해당하는 사람 중에서 국토교통부장관이 임명하거나 위촉하되, 제5호부터 제9호까지에 해당하는 위원을 각각 1명 이상 임명하여야 한다.
1. 판사·검사·변호사의 직에 5년 이상 재직한 사람
2. 법학·경제학 또는 부동산학 등을 전공하고 주택임대차 관련 전문지식을 갖춘 사람으로서 공인된 연구기관에서 조교수 이상 또는 이에 상당하는 직에 5년 이상 재직한 사람
3. 법무사·감정평가사·공인회계사·세무사 또는 공인중개사로서 해당 분야에서 5년 이상 종사하고 주택임대차 관련 경험이 풍부한 사람
4. 주거복지·소비자보호 등 공익적 분야에 관한 학식과 경험이 풍부한 사람 중에서 해당 분야에서 5년 이상 종사한 경력이 있는 사람
5. 기획재정부에서 국세 관련 업무를 담당하는 고위공무원단에 속하는 공무원
6. 법무부에서 주택임대차 관련 업무를 담당하는 고위공무원단에 속하는 공무원
7. 행정안전부에서 지방세 관련 업무를 담당하는 고위공무원단에 속하는 공무원
8. 국토교통부에서 전세사기피해지원 관련 업무를 담당하는 고위공무원단에 속하는 공무원
9. 금융위원회에서 가계대출 관련 업무를 담당하는 고위공무원단에 속하는 공무원
10. 그 밖에 전세사기피해지원에 관한 전문지식과 경험이 풍부한 사람으로서 국토교통부장관이 필요하다고 인정하는 사람
⑤ 위원회의 위원장은 제4항제1호부터 제4호까지에 따른 위원 중 해당 경력이 10년 이상인 사람 중에서 국토교통부장관이 위촉한다.
⑥ 위원의 임기는 2년으로 한다. 다만, 공무원인 위원의 임기는 그 직위에 재직하는 기간으로 한다.
⑦ 위원회의 회의는 구성원 과반수의 출석과 출석위원 과반수의 찬성으로 의결한다. 이 경우 공무원인 위원이 부득이한 사유로 위원회의 회의에 출석하지 못할 때에는 그 바로 하위 직위에 있는 공무원이 대리로 출석하여 그 직무를 대행할 수 있다.
⑧ 제7항에도 불구하고 위원장은 심의안건의 내용이 경미하거나 그 밖에 부득이한 경우에는 서면으로 심의·의결할 수 있다.
⑨ 위원회는 업무를 효율적으로 수행하기 위하여 필요한 경우 임차인, 임대인등, 이해관계인, 참고인, 관계 행정기관, 공공기관, 법인·단체 또는 전문가에게 자료제출, 의견진술 등의 필요한 협조를 요청할 수 있다.
⑩ 위원장은 위원회의 심의·의결에 필요하다고 인정하면 관계 행정기관의 공무원, 전문가 등을 위원회 회의에 참석하게 하여 의견을 들을 수 있다.
⑪ 위원회에 출석한 위원, 참고인 및 의견을 제출한 전문가 등에게는 예산의 범위에서 수당과 여비를 지급할 수 있다. 다만, 공무원이 그 소관 업무와 직접적으로 관련하여 위원회에 출석하는 경우에는 그러하지 아니하다.
⑫ 그 밖에 위원회의 조직과 운영에 필요한 사항은 국토교통부장관이 정한다.

제7조【위원의 결격사유】 ① 다음 각 호의 어느 하나에 해당하는 사람은 위원이 될 수 없다.
1. 피성년후견인, 피한정후견인 또는 파산선고를 받고 복권되지 아니한 사람
2. 금고 이상의 실형을 선고받고 그 집행이 종료되거나(집행이 종료된 것으로 보는 경우를 포함한다) 집행이 면제된 날부터 2년이 지나지 아니한 사람
3. 금고 이상의 형의 집행유예를 선고받고 그 유예기간 중에 있는 사람
4. 벌금형을 선고받고 2년이 지나지 아니한 사람
5. 법원의 판결 또는 다른 법률에 따라 자격이 상실되거나 정지된 사람
② 위원이 제1항 각 호의 어느 하나에 해당하게 된 때에는 당연히 퇴직한다.

제8조【위원의 제척·기피·회피】 ① 위원은 본인 또는 그 배우자나 배우자이었던 자가 제12조에 따라 전세사기피해자등 결정을 신청한 임차인 또는 해당 임차인의 임대인등과 친족(「민법」 제777조에 따른 친족을 말한다) 관계에 있거나 있었던 경우에는 제14조에 따른 전세사기피해자등 결정과 관련된 사항의 심의·의결에서 제척된다.
② 임차인, 임대인등 또는 이해관계인은 위원에게 공정한 심리·의결을 기대하기 어려운 사정이 있는 경우에는 그 사유를 적어 기피 신청을 할 수 있다. 이 경우 위원장은 기피 신청에 대하여 위원회의 의결을 거치지 아니하고 기피 여부를 결정한다.
③ 위원이 제1항 또는 제2항의 사유에 해당할 때에는 스스로 해당 심의 대상 안건의 심의를 회피할 수 있다.

제9조【분과위원회】 ① 다음 각 호의 사항을 효율적으로 심의·의결하기 위하여 위원회에 분과위원회를 둘 수 있다.
1. 제14조 및 제15조에 따른 전세사기피해자등 결정
2. 제17조에 따른 경매의 유예·정지, 제18조 및 제19조에 따른 압류주택의 매각 유예·정지 등에 관한 협조 요청
3. 위원회에서 위임한 사항
② 분과위원회는 분과위원장 1명을 포함하여 4명 이상 10명 이하의 위원으로 구성한다.
③ 분과위원장과 분과위원은 위원회 위원 중에서 위원장이 지명한다.
④ 제1항제1호에 관하여 분과위원회가 심의·의결한 사항은 위원회에 의결을 요청하여야 하며, 이 경우 분과위원회의 의견을 첨부하여야 한다.
⑤ 제1항제2호 및 제3호에 대한 분과위원회의 의결은 위원회의 의결로 보며, 분과위원장은 회의의 결과를 위원회에 보고하여야 한다.
⑥ 분과위원회의 심의·의결 등 회의에 관하여는 제6조제7항부터 제11항까지 및 제8조를 준용한다. 이 경우 "위원회"는 "분과위원회"로, "위원장"은 "분과위원장"으로 본다.

제10조【전세사기피해지원단】 ① 전세사기피해지원 정책의 수립 및 전세사기피해자등 결정 등 위원회의 사무를 지원하기 위하여 국토교통부에 전세사기피해지원단(이하 "지원단"이라 한다)을 설치한다.
② 국토교통부장관은 지원단의 원활한 업무수행을 위하여 필요한 때에는 관계 중앙행정기관의 장, 지방자치단체의 장, 관계기관·법인·단체 등에 소속 공무원 또는 임직원의 파견을 요청할 수 있다.
③ 그 밖에 지원단의 구성 및 운영 등에 필요한 사항은 대통령령으로 정한다.

제11조【전세피해지원센터】 ① 다음 각 호의 자는 전세사기피해자등(제12조에 따라 전세사기피해자등 결정을 신청하려는 자를 포함한다)에 대하여 법률상담 및 금융·주거지원의 연계 등을 수행하기 위하여 전세피해지원센터(이하 "전세피해지원센터"라 한다)를 설치·운영할 수 있다.
1. 국가 또는 지방자치단체
2. 「공공기관의 운영에 관한 법률」 제4조에 따른 공공기관
3. 「지방공기업법」에 따른 지방공사
4. 그 밖에 제1호부터 제3호까지에 준하는 자로서 대통령령으로 정하는 자
② 국토교통부령으로 정하는 주택의 임차인은 제3조제1항 각 호의 요건에 해당하는지 여부와 관계없이 전세피해지원센터에 법률상담 및 금융·주거지원의 연계 등을 신청할 수 있다.
③ 그 밖에 전세피해지원센터의 설치·운영 등에 필요한 사항은 국토교통부령으로 정한다.

제3장 전세사기피해자등 결정

제12조【임차인의 신청】 ① 제14조에 따른 전세사기피해자등 결정을 받으려는 임차인은 국토교통부장관에게 신청하여야 한다.
② 그 밖에 전세사기피해자등 결정의 신청 방법 및 절차 등에 필요한 사항은 국토교통부령으로 정한다.

제13조【피해사실의 조사】 ① 국토교통부장관은 제12조제1항에 따른 신청이 있는 경우 제14조에 따른 전세사기피해자등 결정 등을 위하여 임차주택의 가격 및 실태, 임차주택의 권리관계, 임대인의 채무 등 필요한 정보나 자료를 조사할 수 있다.
② 국토교통부장관은 제1항의 조사를 수행하는 경우 다음 각 호의 어느 하나에 해당하는 조치를 할 수 있다.
1. 임차인, 임대인등, 이해관계인 및 참고인에 대한 진술서 제출 요구
2. 임차인, 임대인등, 이해관계인 및 참고인에 대한 관련 자료 제출 요구
③ 국토교통부장관은 제1항에 따른 조사를 위하여 필요한 경우에는 다음 각 호의 구분에 따라 국가기관, 공공기관, 금융기관 등에 대하여 자료 또는 정보의 제공을 요청할 수 있다. 이 경우 요청을 받은 기관의 장은 정당한 사유가 없으면 이에 따라야 한다.
1. 주택 매각 절차의 현황 및 권리관계 : 법원, 「한국자산관리공사 설립 등에 관한 법률」 제6조에 따라 설립된 한국자산관리공사(이하 "한국자산관리공사"라 한다)
2. 임대인이 보유한 주택 등의 소유 현황 : 법원, 국토교통부(제29조제1항에 따라 국토교통부장관의 권한을 위임받은 특별시장·광역시장·특별자치시장·도지사·특별자치도지사가 자료 또는 정보의 제공을 요청하는 경우에 한정한다. 이하 이 항에서 같다)
3. 임대인이 임대한 주택에 대한 「주택임대차보호법」 제3조의6제3항 및 제6항에 따른 확정일자 정보 : 국토교통부
4. 임대인등의 「부동산 거래신고 등에 관한 법률」 제3조 및 제3조의2에 따른 부동산 거래, 해제등 신고 내역 : 국토교통부
5. 「부동산 거래신고 등에 관한 법률」 제6조의2 및 제6조의3에 따른 주택 임대차계약의 신고 내역, 변경 및 해제 신고 내역 : 국토교통부
6. 임대인의 미지급 임금 등의 사항 : 「산업재해보상보험법」에 따른 근로복지공단
7. 임대인에게 부과되거나 납부의무가 발생한 국세 및 지방세의 부과·징수·납부에 관한 사항 : 국세청, 지방자치단체, 행정안전부
8. 임대인의 산업재해보상보험료, 고용보험료, 국민연금보험료, 국민건강보험료 등의 부과·징수·납부에 관한 사항 : 「산업재해보상보험법」에 따른 근로복지공단, 「국민연금법」에 따른 국민연금공단, 「국민건강보험법」에 따른 국민건강보험공단
9. 금융기관 등의 보전처분, 압류, 저당권 등 담보권의 설정 관련 권리관계 : 「금융산업의 구조개선에 관한 법률」에 따른 금융기관, 「예금자보호법」에 따른 부보금융회사 및 예금보험공사, 「한국자산관리공사 설립 등에 관한 법률」에 따른 금융회사등 및 한국자산관리공사, 「대부업 등의 등록 및 금융이용자 보호에 관한 법률」에 따른 대부업자·대부중개업자 및 그 밖의 대통령령으로 정하는 법률에 따라 금융업무 등을 하는 기관
10. 임대인등에 대한 수사 개시 여부 및 피해자 현황 : 검찰청, 경찰청
11. 임차인 및 임대인의 전세보증금반환보증 등 가입 여부 : 「주택도시기금법」 제16조에 따른 주택도시보증공사(이하 "주택도시보증공사"라 한다), 「한국주택금융공사법」에 따른 한국주택금융공사, 서울보증보험
12. 그 밖에 임차인의 임차보증금 피해조사를 위하여 필요한 국토교통부령으로 정하는 자료 및 정보 : 관련 국가기관, 공공기관, 금융기관 등
④ 제3항에 따라 제공되는 자료 또는 정보에 대하여는 사용료와 수수료 등을 면제한다.
⑤ 국토교통부장관은 제12조제1항에 따른 신청을 받은 날부터 30일 이내에 제1항에 따른 조사를 마쳐야 한다.
⑥ 그 밖에 피해사실의 조사 방법 및 절차 등에 필요한 사항은 국토교통부령으로 정한다.

제14조【전세사기피해자등 결정】 ① 국토교통부장관은 제13조제1항에 따른 조사를 마치면 다음 각 호의 자료를 첨부하여 위원회에 심의를 요청하여야 한다.
1. 제13조에 따른 피해사실의 조사 결과
2. 전세사기피해자등 결정 여부에 대한 검토의견
3. 그 밖에 위원회의 심의에 필요한 자료
② 위원회는 신청인이 제3조의 요건 등을 충족하였는지 판단하여 전세사기피해자등 결정안을 심의·의결하여야 한다.
③ 위원회는 안건이 상정된 날부터 30일 이내에 제2항에 따른 심의·의결을 마쳐야 한다. 다만, 이 기간 내에 심의를 마칠 수 없는 부득이한 사유가 있는 경우에는 15일 이내의 범위에서 한 차례만 그 기간을 연장할 수 있다.
④ 국토교통부장관은 위원회의 심의를 위하여 필요하다고 인정하는 경우 조사를 추가로 실시할 수 있다. 추가 조사에 관하여는 제13조제1항부터 제4항까지 및 같은 조 제6항을 준용한다.
⑤ 국토교통부장관은 위원회의 심의·의결에 따라 전세사기피해자등 결정을 하여야 한다.
⑥ 국토교통부장관은 결정문 정본을 국토교통부령으로 정하는 바에 따라 신청인에게 송달하여야 한다.
⑦ 국토교통부장관은 전세사기피해자등이 동의한 경우 법원행정처장, 관계 중앙행정기관의 장, 지방자치단체의 장, 공공기관의 장 등 피해지원과 관련된 기관에 전세사기피해자등의 정보를 제공할 수 있다.
⑧ 국토교통부장관은 결정의 실효성을 확보하기 위하여 필요하다고 인정하는 경우에는 위원회에 제6조제2항제2호의 심의를 요청할 수 있다.

⑨ 그 밖에 전세사기피해자등 결정의 방법 및 절차 등에 필요한 사항은 국토교통부령으로 정한다.

제15조【이의신청】 ① 제14조에 따른 전세사기피해자등 결정에 관하여 이의가 있는 신청인은 결정을 송달받은 날부터 30일 이내에 국토교통부장관에게 이의를 신청할 수 있다.

② 국토교통부장관은 제1항에 따른 이의신청을 받은 날부터 20일 이내에 결정하여야 한다. 이 경우 국토교통부장관은 위원회에 재심의를 요청하고, 위원회가 재심의하여 의결한 전세사기피해자등 결정안에 따라 전세사기피해자등 결정을 하여야 한다.

③ 제2항에 따른 재심의에 관하여는 제14조제2항·제4항 및 제6항부터 제9항까지를 준용한다.

④ 제1항부터 제3항까지에서 규정한 사항 외에 이의신청에 관한 사항은 「행정기본법」 제36조에 따른다.

제16조【정보체계의 구축·운용 등】 ① 국토교통부장관은 제14조에 따른 전세사기피해자등 결정 및 지원에 관한 업무를 효율적으로 수행하기 위하여 정보체계를 구축·운용할 수 있다.

② 국토교통부장관은 정보체계의 운용을 위하여 필요한 경우 관계 기관에 자료의 제공을 요청할 수 있다. 이 경우 요청을 받은 기관은 정당한 사유가 없으면 이에 따라야 한다.

③ 제1항에 따른 정보체계는 「부동산 거래신고 등에 관한 법률」 제25조에 따른 부동산정보체계와 전자적으로 연계하여 활용할 수 있다.

④ 그 밖에 정보체계의 구축·운용 등에 필요한 사항은 국토교통부장관이 정한다.

제4장 전세사기피해자등 지원

제17조【경매의 유예·정지】 ① 전세사기피해주택에 대하여 「민사집행법」 제78조 또는 같은 법 제264조에 따른 경매절차가 진행 중인 경우 전세사기피해자는 법원에 매각기일의 지정을 보류하거나 지정된 매각기일의 취소 및 변경 등 경매절차의 유예·정지(이하 "경매유예등"이라 한다)를 신청할 수 있다.

② 위원회가 제6조제2항제2호에 관한 사항을 심의·의결한 경우 국토교통부장관은 법원에 경매유예등의 협조를 요청할 수 있다.

③ 법원은 「민사집행법」 제104조에도 불구하고 제1항에 따른 신청이나 제2항에 따른 요청이 있고, 전세사기피해자(제12조에 따라 전세사기피해자등 결정을 신청한 자를 포함한다)가 임차보증금을 반환받지 못하여 생계나 주거안정에 지장을 줄 것이 우려되는 경우에는 채권자 및 채무자의 생활형편 등을 고려하여 경매유예등을 결정할 수 있다.

④ 제3항에 따른 경매유예등의 기간은 그 유예 또는 정지한 날의 다음 날부터 1년 이내로 한다. 다만, 법원은 제3항에 따른 경매유예등의 사유가 해소되지 아니하였다고 인정되는 경우 직권으로 또는 전세사기피해자의 신청을 받아 그 기간을 연장할 수 있다.

제18조【국세의 체납으로 인하여 압류된 주택의 매각 유예·정지】 ① 전세사기피해자는 전세사기피해주택이 「국세징수법」 제31조에 따라 압류되었거나 같은 법 제64조에 따른 매각절차가 진행 중인 경우 매각결정기일 전까지 관할 세무서장에게 매각절차의 유예 또는 정지(이하 이 조에서 "매각유예등"이라 한다)를 신청할 수 있다.

② 위원회가 제6조제2항제2호에 관한 사항을 심의·의결한 경우 국토교통부장관은 관할 세무서장에게 매각유예등에 대한 협조를 요청할 수 있다.

③ 관할 세무서장은 「국세징수법」 제88조제2항 및 같은 법 제105조제1항에도 불구하고 제1항에 따른 신청이나 제2항에 따른 요청이 있고, 전세사기피해자(제12조에 따라 전세사기피해자등 결정을 신청한 자를 포함한다)가 임차보증금을 반환받지 못하여 생계나 주거안정에 지장을 줄 것이 우려되는 경우에는 채권자 및 채무자의 생활형편 등을 고려하여 매각유예등을 할 수 있다.

④ 제3항에 따른 매각유예등의 기간은 그 유예 또는 정지한 날의 다음 날부터 1년 이내로 한다. 다만, 관할 세무서장은 제3항에 따른 매각유예등의 사유가 해소되지 아니하였다고 인정되는 경우 직권으로 또는 전세사기피해자의 신청을 받아 그 기간을 연장할 수 있다.

제19조【지방세의 체납으로 인하여 압류된 주택의 매각 유예·중지】 ① 전세사기피해자는 전세사기피해주택이 「지방세징수법」 제33조에 따라 압류되었거나 같은 법 제71조에 따른 매각절차가 진행 중인 경우 매각결정기일 전까지 지방자치단체의 장에게 매각절차의 유예 또는 중지(이하 이 조에서 "매각유예등"이라 한다)를 신청할 수 있다.

② 위원회가 제6조제2항제2호에 관한 사항을 심의·의결한 경우 국토교통부장관은 지방자치단체의 장에게 매각유예등에 대한 협조를 요청할 수 있다.

③ 지방자치단체의 장은 「지방세징수법」 제83조제1항 및 같은 법 제105조제1항에도 불구하고 제1항에 따른 신청이나 제2항에 따른 요청이 있고, 전세사기피해자(제12조에 따라 전세사기피해자등 결정을 신청한 자를 포함한다)가 임차보증금을 반환받지 못하여 생계나 주거안정에 지장을 줄 것이 우려되는 경우에는 채권자 및 채무자의 생활형편 등을 고려하여 매각유예등을 할 수 있다.

④ 제3항에 따른 매각유예등의 기간은 그 유예 또는 중지한 날의 다음 날부터 1년 이내로 한다. 다만, 지방자치단체의 장은 제3항에 따른 매각유예등의 사유가 해소되지 아니하였다고 인정되는 경우 직권으로 또는 전세사기피해자의 신청을 받아 그 기간을 연장할 수 있다.

제20조【경매절차에서의 우선매수권】 ① 전세사기피해주택을 「민사집행법」에 따라 경매하는 경우 전세사기피해자는 매각기일까지 같은 법 제113조에 따른 보증을 제공하고 최고매수신고가격과 같은 가격으로 우선매수하겠다는 신고를 할 수 있다.

② 제1항의 경우에 법원은 최고가매수신고가 있더라도 제1항의 전세사기피해자에게 매각을 허가하여야 한다.

③ 제1항에 따라 전세사기피해자가 우선매수신고를 한 경우에는 최고가매수신고인을 「민사집행법」 제114조에 따른 차순위매수신고인으로 본다.

제21조【「국세징수법」에 따른 공매절차에서의 우선매수권】 ① 전세사기피해주택이 「국세징수법」에 따라 공매되는 경우 전세사기피해자는 매각결정기일 전까지 같은 법 제71조에 따른 공매보증을 제공하고 다음 각 호의 구분에 따른 가격으로 그 주택을 우선매수하겠다는 신청을 할 수 있다.

1. 「국세징수법」 제82조에 따른 최고가 매수신청인이 있는 경우 : 최고가 매수가격
2. 「국세징수법」 제82조에 따른 최고가 매수신청인이 없는 경우 : 공매예정가격

② 관할 세무서장은 제1항에 따른 우선매수 신청이 있는 경우 「국세징수법」 제84조에도 불구하고 전세사기피해자에게 매각결정을 하여야 한다.

③ 제1항에 따라 전세사기피해자가 우선매수 신청을 한 경우 「국세징수법」 제82조에 따른 최고가 매수신청인을 같은 법 제83조에 따른 차순위 매수신청인으로 본다.

제22조【「지방세징수법」에 따른 공매절차에서의 우선매수권】 ① 전세사기피해주택이 「지방세징수법」에 따라 공매되는 경우 전세사기피해자는 매각결정기일 전까지 같은 법 제76조에 따른 공매보증금을 제공하고 다음 각 호의 구분에 따른 가격으로 그 주택을 우선매수하겠다는 신청을 할 수 있다.

1. 「지방세징수법」 제88조에 따른 최고액 입찰자가 있는 경우 : 최고액 입찰가
2. 「지방세징수법」 제88조에 따른 최고액 입찰자가 없는 경우 : 매각예정가격

② 지방자치단체의 장은 제1항에 따른 우선매수 신청이 있는 경우 「지방세징수법」 제92조에도 불구하고 전세사기피해자에게 매각결정을 하여야 한다.

③ 제1항에 따라 전세사기피해자가 우선매수 신청을 한 경우 「지방세징수법」 제88조에 따른 최고액 입찰자를 같은 법 제90조에 따른 차순위 매수신고자로 본다.

제23조【국세의 우선 징수에 대한 특례】 ① 관할 세무서장은 국세의 강제징수 또는 경매 절차 등을 통하여 임대인의 국세를 징수하려 할 때 다음 각 호의 요건을 모두 충족하는 경우에는 해당 임대인의 국세를 「국세기본법」 제35조제1항에도 불구하고 대통령령으로 정하는 기준에 따라 해당 임대인이 보유한 모든 주택에 각각의 가격비율에 따라 안분하여 징수할 수 있다. 이 경우 안분된 국세의 우선권은 「국세기본법」에 따른다.

1. 임대인이 2개 이상의 주택을 보유하고 있을 것
2. 제1호의 주택의 전부 또는 일부에 대하여 전세사기피해자 또는 제2조제4호나목에 따른 임차인의 임차권에 의하여 담보된 임차보증금반환채권 또는 「주택임대차보호법」 제2조에 따른 주거용 건물에 설정된 전세권에 의하여 담보된 채권보다 우선징수가 가능한 국세가 존재할 것
3. 전세사기피해자 또는 제2조제4호나목에 따른 임차인의 제3항에 따른 안분 적용 신청이 있을 것

② 제1항에 따라 안분하는 국세에는 「국세기본법」 제35조제3항에 따른 해당 재산에 대하여 부과된 국세는 제외한다.

③ 제1항에 따른 국세의 안분을 적용받으려는 전세사기피해자 또는 제2조제4호나목에 따른 임차인은 관할 세무서장, 경매 등을 주관하는 법원 또는 공매를 대행하는 한국자산관리공사에 안분 적용을 신청하여야 한다. 이 경우 안분 적용 신청을 받은 법원 또는 한국자산관리공사는 그 신청사실을 즉시 관할 세무서장에게 통지하여야 한다.

④ 국세청장은 제1항에 따른 안분을 하기 위하여 필요한 경우 법원행정처장 또는 국토교통부장관에게 임대인에 대한 정보 및 임대인이 보유한 주택현황에 대한 정보를 요구할 수 있다.

⑤ 그 밖에 국세의 안분 방법, 신청 등에 필요한 사항은 대통령령으로 정한다.

제24조【지방세의 우선 징수에 대한 특례】 ① 지방자치단체의 장은 지방세의 체납처분 또는 경매 절차 등을 통하여 임대인의 지방세(가산금을 포함한다. 이하 이 조에서 같다)를 징수하려 할 때 다음 각 호의 요건을 모두 충족하는 경우에는 해당 임대인의 지방세를 「지방세기본법」 제71조제1항에도 불구하고 대통령령으로 정하는 기준에 따라 해당 임대인이 보유한 모든 주택에 각각의 가격비율에 따라 안분하여 징수할 수 있다. 이 경우 안분된 지방세의 우선권은 「지방세기본법」에 따른다.

1. 임대인이 2개 이상의 주택을 보유하고 있을 것
2. 제1호의 주택의 전부 또는 일부에 대하여 전세사기피해자 또는 제2조제4호나목에 따른 임차인의 임차권에 의하여 담보된 임차보증금반환채권 또는 「주택임대차보호법」 제2조에 따른 주거용 건물에 설정된 전세권에 의하여 담보된 채권보다 우선징수가 가능한 지방세가 존재할 것
3. 전세사기피해자 또는 제2조제4호나목에 따른 임차인의 제3항에 따른 안분 적용 신청이 있을 것

② 제1항에 따라 안분하는 지방세에는 체납처분 대상 주택에 대하여 부과된 다음 각 호의 지방세는 제외한다.

1. 재산세
2. 지역자원시설세(소방분에 대한 지역자원시설세만 해당한다)
3. 지방교육세(재산세에 부가되는 지방교육세만 해당한다)

③ 제1항에 따른 지방세의 안분을 적용받으려는 전세사기피해자 또는 제2조제4호나목에 따른 임차인은 지방자치단체의 장, 경매 등을 주관하는 법원 또는 공매를 대행하는 한국자산관리공사 등에 안분 적용을 신청하여야 한다. 이 경우 안분 적용 신청을 받은 법원 또는 한국자산관리공사는 그 신청사실을 즉시 지방자치단체의 장에게 통지하여야 한다.

④ 행정안전부장관 또는 지방자치단체의 장은 제1항에 따른 안분을 하기 위하여 필요한 경우 법원행정처장 또는 국토교통부장관에게 임대인에 대한 정보 및 임대인이 보유한 주택현황에 대한 정보를 요구할 수 있다.

⑤ 그 밖에 지방세의 안분 방법, 신청 등에 필요한 사항은 대통령령으로 정한다.

제25조【공공주택사업자의 전세사기피해주택 매입】 ① 전세사기피해자는 「공공주택 특별법」 제4조제1항제2호 또는 제3호에 따른 공공주택사업자와 사전에 협의하여 전세사기피해주택의 매입을 요구할 수 있다.

② 전세사기피해자가 제1항에 따라 매입을 요청한 경우에는 제20조부터 제22조까지에 따른 우선 매수할 수 있는 권리를 공공주택사업자에게 양도한 것으로 간주한다. 이 경우 공공주택사업자는 「민사집행법」 제113조, 「국세징수법」 제71조 및 「지방세징수법」 제76조에 따른 보증의 제공 없이 우선매수 신고를 할 수 있다.

③ 제2항에 따라 우선 매수할 수 있는 권리를 양수한 공공주택사업자가 「민사집행법」에 따른 경매, 「국세징수법」 또는 「지방세징수법」에 따른 공매의 방법으로 전세사기피해주택을 취득한 경우에는 「공공주택 특별법」 제2조제1호가목에 따른 공공임대주택으로 공급하되, 해당 주택의 전세사기피해자에게 우선 공급할 수 있다.

④ 공공주택사업자는 전세사기피해주택의 매입을 위하여 필요한 경우 제14조제7항에 따라 전세사기피해자 정보의 제공을 국토교통부장관에게 요청할 수 있다.

⑤ 전세사기피해주택의 매입기준, 임대조건 등은 국토교통부장관이 정하는 바에 따른다.

제26조【경매 및 공매의 지원】 ① 주택도시보증공사는 전세사기피해자의 신청을 받아 「민사집행법」 제78조 또는 같은 법 제264조에 따른 경매나 「국세징수법」 제64조 또는 「지방세징수법」 제71조에 따른 매각절차와 관련하여 경매 및 공매의 지원서비스를 제공할 수 있다.

② 국가는 제1항에 따른 경매 및 공매의 지원서비스 제공에 필요한 비용의 일부를 「주택도시기금법」 제9조에 따라 지원할 수 있다.

제27조【금융지원 등】 ① 국가 및 지방자치단체는 전세사기피해자 및 제2조제4호다목에 따른 임차인의 긴박한 주거안정을 보호하기 위하여 필요한 자금을 융자하거나 그 밖에 필요한 지원을 할 수 있다.

② 국가는 「주택임대차보호법」 제8조에 따른 우선변제를 받지 못하여 시급한 지원이 필요하다고 인정되는 전세사기피해자에게 「주택도시기금법」에 따른 주택도시기금에서 주택의 임대차에 필요한 자금을 융자할 수 있다.

③ 「한국자산관리공사 설립 등에 관한 법률」에 따른 금융회사등은 전세사기피해자 또는 제2조제4호다목에 따른 임차인의 보증금이 모두 변제되지 아니한 경우 「신용정보의 이용 및 보호에 관한 법률」 제25조에 따른 신용정보집중기관이 같은 법 제26조의 신용정보집중관리위원회를 통하여 정한 기준에 따라 이들의 해당 전세 관련 대출에 대한 채무의 불이행 및 대위변제의 등록을 유예할 수 있다.

제28조【「긴급복지지원법」에 대한 특례】 ① 전세사기피해자, 제2조제4호다목에 따른 임차인 또는 그 임차인(전세사기피해자를 포함한다)과 생계 및 주거를 같이 하고 있는 가구의 구성원은 「긴급복지지원법」 제5조에 따른 긴급지원대상자로 본다.

② 제1항에 따른 지원의 기준·기간·종류·방법 및 절차 등에 필요한 사항은 「긴급복지지원법」에 따른다.

제5장 보 칙

제29조【권한 등의 위임·위탁】 ① 이 법에 따른 국토교통부장관의 권한 중 다음 각 호의 권한을 특별시장·광역시장·특별자치시장·도지사·특별자치도지사에게 위임한다.

1. 제12조에 따른 신청의 접수

2. 제13조에 따른 피해사실의 조사 및 그 수행에 필요한 조치
3. 그 밖에 대통령령으로 정하는 권한
② 이 법에 따른 국토교통부장관의 업무는 그 일부를 대통령령으로 정하는 바에 따라 법인, 단체 또는 기관에 위탁할 수 있다.
③ 국가는 제2항에 따라 위탁받은 법인, 단체 또는 기관에 그 위탁 업무의 처리에 드는 비용을 지원할 수 있다.
제30조【고유식별정보 등의 처리】 국토교통부장관(제29조에 따라 권한 또는 업무를 위임·위탁받은 기관을 포함한다), 주택도시보증공사 또는 제11조에 따라 전세피해지원센터를 설치·운영하는 자는 조사 및 지원 사무를 수행하기 위하여 필요한 경우 「개인정보 보호법」 제24조제1항에 따른 고유식별정보(주민등록번호를 포함한다) 등 개인정보가 포함된 자료를 수집·이용·처리할 수 있다. 이 경우 해당 정보를 「개인정보 보호법」에 따라 보호하여야 한다.
제31조【비밀준수 의무】 ① 제12조부터 제16조까지에 따른 업무에 종사하거나 종사하였던 자는 제공받은 자료 및 정보를 이 법에서 정한 목적 외의 다른 용도로 사용하거나 다른 사람 또는 기관에 제공하거나 누설하여서는 아니 된다.
② 위원회의 위원 또는 위원이었던 자, 제13조에 따른 조사 또는 제14조제4항에 따른 추가 조사(제15조제3항에서 준용하는 경우를 포함한다)에 참여하거나 업무를 수행한 전문가 또는 민간단체와 그 관계자는 직무상 비밀을 누설하거나 직무수행 이외의 목적을 위하여 이용하여서는 아니 된다.
제32조【벌칙 적용 시 공무원 의제】 다음 각 호의 어느 하나에 해당하는 사람은 「형법」 제129조부터 제132조까지를 적용할 때에는 공무원으로 본다.
1. 위원회 위원 중 공무원이 아닌 위원
2. 제29조제2항에 따라 위탁받은 업무에 종사하는 법인, 단체 또는 기관의 임직원

제6장 벌 칙

제33조【벌칙】 ① 제31조제1항을 위반하여 자료 또는 정보를 사용·제공 또는 누설한 자는 5년 이하의 징역 또는 5천만원 이하의 벌금에 처한다.
② 제31조제2항을 위반하여 직무상 비밀을 누설하거나 직무수행 이외의 목적을 위하여 이용한 자는 2년 이하의 징역 또는 2천만원 이하의 벌금에 처한다.
제34조【과태료】 제13조에 따른 조사 또는 제14조제4항에 따른 추가 조사(제15조제3항에서 준용하는 경우를 포함한다)를 정당한 사유 없이 거부·방해·기피하거나 거짓의 진술서 또는 자료를 제출한 자에게는 3천만원 이하의 과태료를 부과한다.

부 칙

제1조【시행일】 이 법은 공포한 날부터 시행한다. 다만, 제10조, 제23조 및 제24조는 공포 후 1개월이 경과한 날부터 시행한다.
제2조【유효기간】 이 법은 시행 후 2년이 경과하는 날까지 효력을 가진다.
제3조【적용례】 제3조제1항 각 호 외의 부분 단서는 이 법 시행일부터 소급하여 2년이 되는 날 이후부터 이 법 시행일 이전까지 경매 또는 공매 절차가 완료된 임차인의 경우에 한정하여 적용한다.
제4조【이 법의 유효기간 만료에 따른 경과조치】 이 법의 유효기간 만료 전에 전세사기피해자등으로 결정된 사람과 제12조에 따른 전세사기피해자등 신청을 한 사람에 대해서는 이 법의 유효기간이 만료된 이후에도 이 법을 적용한다.
제5조【존속기간】 ① 위원회는 이 법의 유효기간 만료일 이후에도 제14조에 따른 전세사기피해자등 결정에 관한 심의 등을 위하여 이 법의 유효기간 만료일 이후 6개월간 존속하며, 필요하다고 인정되는 경우 3개월의 범위에서 그 존속기간을 연장할 수 있다.
② 지원단은 위원회의 잔존사무를 처리하기 위하여 위원회 활동종료 후 6개월간 존속하며, 필요하다고 인정되는 경우 3개월의 범위에서 그 존속기간을 연장할 수 있다.

주거급여법

(2014년 1월 24일
법 률 제12333호)

개정
2014.12.30법12933호(국민기초생활)
2015. 6.22법13378호(주거기본법)
2015. 8.11법13487호
2016. 1.19법13805호(주택법)
2017.11.28법15119호
2023. 4.18법19390호
2018. 1.16법15358호

제1조【목적】 이 법은 생활이 어려운 사람에게 주거급여를 실시하여 국민의 주거안정과 주거수준 향상에 이바지함을 목적으로 한다.
제2조【정의】 이 법에서 사용하는 용어의 뜻은 다음과 같다.
1. "주거급여"란 「국민기초생활 보장법」 제7조제1항제2호의 주거급여로서 주거안정에 필요한 임차료, 수선유지비, 그 밖의 수급품을 지급하는 것을 말한다.
2. "수급권자"란 주거급여를 받을 수 있는 자격을 가진 사람을 말한다.
3. "수급자"란 주거급여를 받는 사람을 말한다.
4. "수급품"이란 이 법에 따라 수급자에게 지급하거나 대여하는 금전 또는 물품을 말한다.
5. "보장기관"이란 주거급여를 실시하는 국가 또는 지방자치단체를 말한다.
6. (2018.1.16 삭제)
7. "소득인정액"이란 「국민기초생활 보장법」 제2조제9호의 소득인정액을 말한다.(2015.8.11 본호개정)
8. "주택등"이란 「주택법」 제2조제1호의 주택 및 「주택법」 제2조제4호의 준주택을 포함하여 거주를 목적으로 하는 시설을 말하며, 그 범위와 종류는 국토교통부장관이 정한다.(2016.1.19 본호개정)
제3조【국가와 지방자치단체의 의무】 국가와 지방자치단체는 다음 각 호의 사항을 고려하여 주거급여에 관한 정책을 수립·시행하여야 한다.
1. 수급자가 쾌적하고 안전한 주거생활을 할 수 있도록 할 것
2. 주거급여에 필요한 재원을 조성할 것
제4조【다른 법률과의 관계】 주거급여에 관하여 이 법에서 정하지 아니한 사항에 대하여는 「국민기초생활 보장법」에 따른다.
제5조【수급권자의 범위】 ① 수급권자는 소득인정액이 「국민기초생활 보장법」 제20조제2항에 따른 중앙생활보장위원회의 심의·의결을 거쳐 결정하는 금액(이하 이 항에서 "주거급여 선정기준"이라 한다) 이하인 사람으로 한다. 이 경우 주거급여 선정기준은 기준 중위소득의 100분의 43 이상으로 한다.(2018.1.16 전단개정)
② (2018.1.16 삭제)
제6조【보장기관】 ① 주거급여는 수급권자 또는 수급자의 거주지를 관할하는 특별시장·광역시장·특별자치시장·도지사·특별자치도지사와 시장·군수·구청장이 실시한다.
② 수급권자나 수급자가 거주지를 변경하는 경우의 처리방법과 보장기관 간의 협조, 그 밖에 업무처리에 필요한 사항은 국토교통부령으로 정한다.
③ 보장기관은 수급권자·수급자에 대한 조사와 수급자 결정 및 급여의 실시 등 이 법에 따른 보장업무를 수행하게 하기 위하여 「사회복지사업법」 제14조에 따른 사회복지 전담공무원을 배치하여야 한다.
제7조【임차료의 지급】 ① 제2조제1호의 임차료(이하 "임차료"라 한다)는 타인의 주택등에 거주하는 사람으로서 국토교통부장관이 정하는 사람에게 지급한다.
② 임차료의 지급기준은 국토교통부장관이 수급자의 가구규모, 소득인정액, 거주형태, 임차료 부담수준 및 제3항의 지역별 기준임대료 등을 고려하여 정한다.
③ 국토교통부장관은 임차료의 지급수준을 정하기 위하여 가구규모, 「주거기본법」 제17조의 최저주거기준 등을 고려하여 지역별 기준임대료를 정할 수 있다.(2015.6.22 본항개정)
④ 임차료는 「국민기초생활 보장법」 제27조의2제1항에 따라 수급자 명의의 지정된 계좌로 지급하여야 한다. 다만, 수급자가 국가, 지방자치단체, 한국토지주택공사 또는 지방공기업이 임대하는 주택등을 임차한 경우에는 해당 수급자와 임대차계약을 체결한 임대인 명의의 지정된 계좌로 지급할 수 있으며, 국토교통부령으로 정하는 불가피한 사유가 있는 경우에는 국토교통부령으로 정하는 바에 따라 그 지급방법을 달리할 수 있다.
제7조의2【주거급여의 분리 지급】 ① 수급자의 미혼자녀 중 19세 이상 30세 미만인 자(이하 이 조에서 "청년가구원"이라 한다)가 수급자와 거주지를 달리하는 경우에는 수급자와 분리하여 별도의 임차료를 지급할 수 있다.
② 제1항에 따른 청년가구원의 범위 및 임차료의 분리 지급 기준·방법 등에 관하여 필요한 사항은 국토교통부장관이 정한다.
(2023.4.18 본조신설)
제8조【수선유지비의 지급】 ① 제2조제1호의 수선유지비(이하 "수선유지비"라 한다)는 주택등을 소유하고 그 주택등에 거주하는 사람에게 지급한다.
② 수선유지비의 지급기준은 국토교통부장관이 수급자의 가구규모, 소득인정액, 수선유지비 소요액, 주택의 노후도 등을 고려하여 정한다.
③ 수선유지비를 현금으로 지급하는 경우에는 「국민기초생활 보장법」 제27조의2제1항에 따라 수급자 명의의 지정된 계좌로 지급하여야 한다. 다만, 국토교통부령으로 정하는 불가피한 사유가 있는 경우에는 국토교통부령으로 정하는 바에 따라 그 지급방법을 달리할 수 있다.
④ 수선유지비의 지급 절차 및 방법 등에 관하여 필요한 사항은 국토교통부령으로 정한다.
제9조【주거급여의 실시】 주거급여의 신청, 결정, 변경 등 주거급여의 실시 등에 관한 사항은 제10조부터 제14조까지에서 정한 것을 제외하고는 「국민기초생활 보장법」을 준용한다.
제10조【신청조사】 ① 특별자치시장·특별자치도지사·시장·군수·구청장이 임차료의 지급 신청을 받아 「국민기초생활 보장법」 제22조제1항의 신청에 의한 조사를 하는 경우 다음 각 호의 사항을 포함하여 조사(이하 "신청조사"라 한다)할 수 있다.
1. 해당 주택등의 임대차계약에 관한 사항
2. 그 밖에 임차료의 지급에 필요한 사항으로서 국토교통부령으로 정하는 사항
② 특별자치시장·특별자치도지사·시장·군수·구청장이 수선유지비의 지급 신청을 받아 신청조사를 하는 경우 다음 각 호의 사항을 포함하여 조사할 수 있다.
1. 해당 주택등의 구조 안전성, 방수, 단열 등 물리적 상태에 관한 사항
2. 그 밖에 수선유지비의 지급에 필요한 사항으로서 국토교통부령으로 정하는 사항
제11조【확인조사】 ① 특별자치시장·특별자치도지사·시장·군수·구청장은 주거급여의 적정성을 확인하기 위하여 매년 연간 조사계획을 수립하여 다음 각 호의 사항을 조사(이하 "확인조사"라 한다)하여야 한다.
1. 제10조제1항제1호에 따른 임대차계약에 관한 사항
2. 제10조제2항제1호에 따른 주택등의 물리적 상태에 관한 사항
3. 그 밖에 주거급여의 실시에 필요한 사항으로서 국토교통부령으로 정하는 사항
② 조사의 주기 등 확인조사에 필요한 사항은 국토교통부장관이 정한다.
제12조【조사의 의뢰】 ① 특별자치시장·특별자치도지사·시장·군수·구청장은 신청조사 및 확인조사를 주택임대, 주택개량 등 주거복지 업무의 전문성과 경험을 갖춘 기관에 의뢰할 수 있다.
② 제1항에 따른 의뢰기관, 의뢰의 내용·범위 등에 관하여 필요한 사항은 국토교통부장관이 정한다.
제13조【조사의 방법·절차 등】 ① 특별자치시장·특별자치도지사·시장·군수·구청장과 제12조에 따라 신청조사 및 확인조사를 의뢰받아 수행하는 기관(이하 이 조에서 "보장기관등"이라 한다)은 신청조사 및 확인조사에 필요한 경우 수급권자·수급자, 그 밖의 관계인에게 임대차 계약을 증명하는 자료 등 국토교통부령으로 정하는 자료의 제출을 요구할 수 있다.
② 신청조사 및 확인조사를 하는 사람은 필요한 경우 수급자의 주거에 출입하여 거주 여부 및 주택등의 상태 등을 조사할 수 있다. 이 경우 신청조사 및 확인조사를 하는 사람은 그 권한을 표시하는 증표를 지니고 이를 관계인에게 보여주어야 한다.
③ 보장기관등은 신청조사 및 확인조사를 하기 위하여 토지·건물 등 관련 전산망 또는 자료를 이용하려는 경우에는 관계 기관의 장에게 협조를 요청할 수 있다. 이 경우 관계 기관의 장은 특별한 사유가 없으면 이에 따라야 한다.
④ 보장기관등은 신청조사 및 확인조사의 업무를 위하여 「개인정보 보호법」 제24조에 따른 고유식별정보 등 대통령령으로 정하는 개인정보가 포함된 자료를 처리할 수 있다.
⑤ 보장기관등의 소속 직원 또는 소속 직원이었던 사람은 제1항부터 제3항까지의 규정에 따라 얻은 정보와 자료를 이 법에서 정한 목적 외에 다른 용도로 사용하거나 다른 사람 또는 기관에 제공하거나 누설하여서는 아니된다.(2017.11.24 본항개정)
⑥ 보장기관등은 제1항부터 제3항까지의 규정에 따른 조사 결과를 대장으로 작성하여 갖추어 두어야 하며, 그 밖에 조사에 필요한 사항은 국토교통부장관이 정한다. 다만, 전산정보처리조직에 의하여 관리되는 경우에는 전산파일로 대체할 수 있다.(2017.11.28 본문개정)
⑦ 그 밖의 신청조사 및 확인조사의 방법·절차에 관하여 필요한 사항은 국토교통부장관이 정한다.
제14조【주거급여신청의 각하 및 주거급여의 중지】 ① 보장기관은 수급권자가 제13조에 따른 자료제출 요구 또는 조사를 2회 이상 거부·방해 또는 기피하면 주거급여 신청을 각하(却下)할 수 있다.
② 보장기관은 수급자가 다음 각 호의 어느 하나에 해당하는 경우에는 대통령령으로 정하는 바에 따라 그 다음 달에 속하는 주거급여일부터 주거급여의 전부 또는 일부를 중지할 수 있다.
1. 수급자가 제13조에 따른 자료제출 요구 또는 조사를 2회 이상 거부·방해 또는 기피하는 경우

2. 수급자가 지급받은 임차료를 다른 용도로 사용하여 국토교통부령으로 정하는 기간 이상으로 차임(借賃)을 연체한 경우
③ 보장기관이 제1항에 따라 주거급여신청을 각하하는 경우와 제2항에 따라 주거급여를 중지하는 경우에는 서면으로 그 이유를 구체적으로 밝혀 수급권자·수급자에게 통지하여야 한다.

제15조【금융정보등의 제공】 ① 국토교통부장관은 「금융실명거래 및 비밀보장에 관한 법률」 제4조제1항과 「신용정보의 이용 및 보호에 관한 법률」 제32조제1항에도 불구하고 수급권자가 「국민기초생활 보장법」 제21조제3항에 따라 제출한 동의 서면을 전자적 형태로 바꾼 문서에 의하여 금융기관등(「금융실명거래 및 비밀보장에 관한 법률」 제2조제1호에 따른 금융회사등, 「신용정보의 이용 및 보호에 관한 법률」 제25조에 따른 신용정보집중기관을 말한다. 이하 이 조에서 같다)의 장에게 금융정보·신용정보 또는 보험정보(이하 "금융정보등"이라 한다)의 제공을 요청할 수 있다.(2018.1.16 본항개정)
② 국토교통부장관은 「국민기초생활 보장법」 제23조에 따른 확인조사와 이 법 제11조에 따른 확인조사를 위하여 필요하다고 인정하는 경우 「금융실명거래 및 비밀보장에 관한 법률」 제4조제1항과 「신용정보의 이용 및 보호에 관한 법률」 제32조제1항에도 불구하고 대통령령으로 정하는 기준에 따라 인적사항을 적은 문서 또는 정보통신망으로 금융기관등의 장에게 수급자의 금융정보등을 제공하도록 요청할 수 있다.(2018.1.16 본항개정)
③ 제1항 및 제2항에 따라 금융정보등의 제공을 요청받은 금융기관등의 장은 「금융실명거래 및 비밀보장에 관한 법률」 제4조와 「신용정보의 이용 및 보호에 관한 법률」 제32조에도 불구하고 명의인의 금융정보등을 제공하여야 한다.
④ 제3항에 따라 금융정보등을 제공한 금융기관등의 장은 금융정보등의 제공 사실을 명의인에게 통보하여야 한다. 다만, 명의인이 동의한 경우에는 「금융실명거래 및 비밀보장에 관한 법률」 제4조의2제1항과 「신용정보의 이용 및 보호에 관한 법률」 제35조에도 불구하고 통보하지 아니할 수 있다.
⑤ 제1항부터 제3항까지의 규정에 따른 금융정보등의 제공요청 및 제공은 「정보통신망 이용촉진 및 정보보호 등에 관한 법률」 제2조제1항제1호에 따른 정보통신망을 이용하여야 한다. 다만, 정보통신망의 손상 등 불가피한 사유가 있는 경우에는 그러하지 아니하다.
⑥ 제1항부터 제3항까지의 규정에 따른 업무에 종사하고 있거나 종사하였던 사람은 업무를 수행하면서 취득한 금융정보등을 이 법에서 정한 목적 외의 다른 용도로 사용하거나 다른 사람 또는 기관에 제공하거나 누설하여서는 아니 된다.
⑦ 제1항부터 제3항까지와 제5항에 따른 금융정보등의 제공요청 및 제공 등에 필요한 사항은 대통령령으로 정한다.
⑧ 국토교통부장관은 제1항 및 제2항의 업무를 보건복지부장관에게 위탁할 수 있다.

제16조【시범사업】 ① 국토교통부장관은 임차료를 지급하는 시범사업을 실시할 수 있다. 이 경우 시범사업에 따라 임차료를 지급한 경우에는 「국민기초생활 보장법」 제7조제1항제2호의 주거급여를 실시한 것으로 본다.
② 시범사업의 대상, 지급기준 등 제1항에 따른 시범사업의 시행에 필요한 사항은 국토교통부장관이 정한다.

제17조【주거급여 지급업무의 전산화】 ① 국토교통부장관은 주거급여에 필요한 각종 자료 또는 정보의 효율적 처리와 기록·관리업무의 전산화를 위하여 정보시스템(이하 "정보시스템"이라 한다)을 구축·운영할 수 있다.
② 제1항에 따른 정보시스템은 「사회복지사업법」 제6조의2에 따른 정보시스템과 전자적으로 연계하여 활용할 수 있다.
③ 국토교통부장관은 정보시스템을 구축·운영하기 위하여 다음 각 호의 자료를 수집·관리·보유할 수 있으며, 관련 기관 및 단체에 필요한 자료의 제공을 요청할 수 있다. 이 경우 요청을 받은 기관 및 단체는 특별한 사유가 없으면 그 요청에 따라야 한다.
1. 임차료 및 수선유지비를 지급받기 위하여 수급자가 제출하는 서류(「개인정보 보호법」 제24조에 따른 고유식별정보 등 대통령령으로 정하는 개인정보를 포함한다)
2. 임차료 및 수선유지비의 지급 여부 및 지급액에 관한 자료
3. 신청조사 및 확인조사의 결과
4. 제15조에 따른 금융정보등의 자료
5. 그 밖에 임차료 및 수선유지비를 지급하는 데 필요한 자료로서 국토교통부령으로 정하는 자료
④ 국토교통부장관은 제1항에 따른 정보시스템 구축·운영 업무를 신청조사 및 확인조사와의 연계성, 정보시스템 관련 업무의 전문성 등을 고려하여 국토교통부장관이 정하는 기관에 위탁할 수 있다. 이 경우 그에 필요한 경비의 전부 또는 일부를 지원할 수 있다.
⑤ 그 밖에 정보시스템의 구축·운영에 필요한 사항은 국토교통부장관이 정한다.

제18조【지도·감독 등】 국토교통부장관은 필요한 경우에는 주거급여와 관련된 사항에 관하여 지방자치단체의 장을 지도·감독하거나 지방자치단체의 장에게 필요한 보고를 하게 할 수 있다.

제19조【주거급여의 부담】 주거급여를 실시하기 위한 비용은 국가 및 지방자치단체가 「국민기초생활 보장법」 제43조에 따라 부담한다.

제20조【비용의 징수 및 반환명령】 ① 보장기관은 속임수나 그 밖의 부정한 방법으로 주거급여를 받거나 타인으로 하여금 주거급여를 받게 한 경우에는 「국민기초생활 보장법」 제46조에 따라 비용을 징수할 수 있다.(2018.1.16 본항개정)
② 보장기관은 수급자에게 이미 지급한 수급품 중 과잉지급분이 발생한 경우, 「국민기초생활 보장법」 제27조제2항에 따라 긴급급여를 실시하였으나 조사 결과에 따라 주거급여를 실시하지 아니하기로 결정한 경우에는 「국민기초생활 보장법」 제47조에 따라 반환을 명할 수 있다.

제21조【벌칙】 제15조제6항을 위반하여 금융정보등을 사용·제공 또는 누설한 사람은 5년 이하의 징역 또는 5천만원 이하의 벌금에 처한다.(2017.11.28 본조개정)

제22조【벌칙】 정당한 접근권한이 없이 또는 허용된 접근권한을 넘어 정보시스템의 정보를 훼손·멸실·변경·위조하거나 검색·복제한 사람은 3년 이하의 징역 또는 3천만원 이하의 벌금에 처한다.

제23조【벌칙】 제13조제5항을 위반하여 정보 또는 자료를 사용·제공 또는 누설한 사람은 3년 이하의 징역 또는 3천만원 이하의 벌금에 처한다.(2017.11.28 본문개정)
1.~2. (2017.11.28 삭제)

제24조【벌칙】 속임수나 그 밖의 부정한 방법으로 주거급여를 받거나 타인으로 하여금 주거급여를 받게 한 사람은 1년 이하의 징역 또는 1천만원 이하의 벌금에 처한다.

제25조【양벌규정】 법인의 대표자나 법인 또는 개인의 대리인, 사용인, 그 밖의 종업원이 그 법인 또는 개인의 업무에 관하여 제21조부터 제24조까지의 어느 하나에 해당하는 위반행위를 하면 그 행위자를 벌하는 외에 그 법인 또는 개인에게도 해당 조문의 벌금형을 과(科)한다. 다만, 법인 또는 개인이 그 위반행위를 방지하기 위하여 해당 업무에 관하여 상당한 주의와 감독을 게을리하지 아니한 경우에는 그러하지 아니하다.

부　칙

제1조【시행일】 이 법은 2014년 10월 1일부터 시행한다. 다만, 제8조는 2015년 1월 1일부터 시행하고, 제16조는 2014년 7월 1일부터 시행한다.

제2조【법 시행을 위한 준비행위】 국가 또는 지방자치단체는 이 법 시행 전에 신청조사, 확인조사, 정보시스템의 구축 및 그 밖에 주거급여의 실시에 필요한 준비행위를 할 수 있다.

제3조【수선유지비의 지급에 관한 경과조치】 수급자 본인이 소유한 주택등에 거주하는 사람에 대한 주거급여의 실시는 제8조의 시행일 이전까지는 「국민기초생활 보장법」(법률 제11248호) 제11조에 따른다.

제4조【다른 법률의 개정】 ※(해당 법령에 가제정리 하였음)

제5조【다른 법률과의 관계】 이 법 시행에도 불구하고 「국민기초생활 보장법」 제11조에 따라 주거급여를 실시한 경우에는 이 법에 따라 주거급여를 실시한 것으로 본다. 다만, 제16조의 경우에는 그러하지 아니하다.

부　칙 (2015.8.11)

제1조【시행일】 이 법은 공포한 날부터 시행한다.

제2조【부양의무자에 대한 적용례】 제2조제6호 단서의 개정규정은 2015년 7월 1일부터 이 법 시행일 전까지 종전의 규정에 따른 부양의무자에게도 적용한다.

제3조【소득인정액에 관한 경과조치】 종전의 제2조제7호 중 "국민기초생활 보장법」 제2조제8호"는 2015년 7월 1일부터 이 법 시행일 전까지 "「국민기초생활 보장법」 제2조제9호"로 본다.

부　칙 (2023.4.18)

이 법은 공포 후 6개월이 경과한 날부터 시행한다.

주택도시기금법

(2015년 1월 6일 법률 제12989호)

개정
2015. 6.22법13379호(주택법)
2015. 8.11법13489호
2015. 8.28법13499호(민간임대주택에관한특별법)
2016. 1.19법13805호(주택법)
2017. 2. 8법14567호(도시및주거환경정비법)
2017. 2. 8법14569호(빈집및소규모주택정비에관한특례법)
2017. 8. 9법14865호　2017.11.28법15121호
2018. 3.13법15458호
2018. 3.20법15489호(국가균형발전특별법)
2018. 9.18법15782호　2019. 4.23법16392호
2019. 8.20법16499호
2020. 6. 9법17453호(법률용어정비)
2021. 7.20법18316호　2023. 3.28법19316호
2023. 6. 1법19426호
2023. 6. 9법19430호(지방자치분권및지역균형발전에관한특별법)
2024. 1.16법20047호

제1장 총　칙

제1조【목적】 이 법은 주택도시기금을 설치하고 주택도시보증공사를 설립하여 주거복지 증진과 도시재생 활성화를 지원함으로써 국민의 삶의 질 향상에 이바지함을 목적으로 한다.

제2조【정의】 ① 이 법에서 사용하는 용어의 뜻은 다음과 같다.
1. "주택"이란 「주택법」 제2조제1호에 따른 주택을 말한다.
2. "준주택"이란 「주택법」 제2조제4호에 따른 준주택을 말한다.(2016.1.19 본호개정)
3. "국민주택"이란 「주택법」 제2조제5호에 따른 국민주택 중 이 법에 따른 주택도시기금으로부터 자금을 지원받는 국민주택을 말한다.(2016.1.19 본호개정)
4. "국민주택규모"란 「주택법」 제2조제6호에 따른 국민주택규모를 말한다.(2016.1.19 본호개정)
5. "임대주택"이란 「민간임대주택에 관한 특별법」에 따른 민간임대주택 및 「공공주택 특별법」에 따른 공공임대주택을 말한다.(2015.8.28 본호개정)
6. "도시재생"이란 「도시재생 활성화 및 지원에 관한 특별법」 제2조제1항제1호에 따른 도시재생을 말한다.
7. "금융기관"이란 「금융실명거래 및 비밀보장에 관한 법률」 제2조제1호에 따른 금융회사등을 말한다.
8. "유한책임대출"이란 채무자 변제 책임을 담보물로 한정하는 대출(채무자의 거짓이나 그 밖의 부정한 방법 등에 의한 대출은 제외한다)을 말한다.(2015.8.11 본호신설)
② 이 법에서 따로 정의하지 아니한 용어는 「주택법」 및 「도시재생 활성화 및 지원에 관한 특별법」에서 정하는 바에 따른다.

제2장 주택도시기금

제3조【기금의 설치】 정부는 이 법의 목적을 달성하기 위한 자금을 확보·공급하기 위하여 주택도시기금(이하 "기금"이라 한다)을 설치한다.

제4조【계정의 구분】 기금은 주택계정 및 도시계정으로 구분하여 운용·관리한다.

제5조【기금의 재원 등】 ① 주택계정은 다음 각 호의 재원으로 조성한다.
1. 제7조에 따른 국민주택채권 발행으로 조성된 자금
2. 「주택법」 제56조제2항에 따른 입주자저축으로 조성된 자금(2016.1.19 본호개정)
3. 「복권 및 복권기금법」 제23조에 따라 배분된 복권수익금
4. 일반회계로부터의 출연금 또는 예수금
5. 「공공자금관리기금법」에 따른 공공자금관리기금으로부터의 예수금
6. 「재건축초과이익 환수에 관한 법률」에 따른 재건축부담금 중 국가 귀속분
7. 제6조에 따른 예수금
8. 주택건설사업 또는 대지조성사업을 위하여 외국으로부터 차입하는 자금
9. 주택계정의 회수금·이자수입금과 주택계정의 운용으로 생기는 수익
10. 주택계정에서 출자한 기관의 배당수익
11. 주택계정 대출자산의 매각자금
12. 주택계정 자산의 유동화로 조성한 자금
13. 국민주택사업의 시행에 따른 부대수익
14. 그 밖에 대통령령으로 정하는 수입금
② 도시계정은 다음 각 호의 재원으로 조성한다.
1. 일반회계로부터의 출연금 또는 예수금
2. 「지방자치분권 및 지역균형발전에 관한 특별법」에 따른 지역균형발전특별회계로부터의 출연금 또는 예수금(2023.6.9 본호개정)
3. 「공공자금관리기금법」에 따른 공공자금관리기금으로부터의 예수금
4. 제6조에 따른 예수금
5. 도시계정의 회수금·이자수입금과 도시계정의 운용으로 생기는 수익
6. 도시계정에서 출자한 기관의 배당수익

7. 도시계정 대출자산의 매각자금
8. 도시계정 자산의 유동화로 조성한 자금
9. 주택계정으로부터의 전입금 또는 차입금
10. 그 밖에 대통령령으로 정하는 수입금
③ 국토교통부장관은 기금을 운용하기 위하여 필요한 경우에는 기금의 부담으로 한국은행 또는 금융기관 등으로부터 자금을 차입할 수 있다.
④ 제1항제11호 및 제2항제7호의 대출자산의 매각 방법·절차 등에 필요한 사항은 대통령령으로 정한다.
⑤ 국토교통부장관은 제1항제12호 및 제2항제8호에 따라 기금의 자산에 대하여 「자산유동화에 관한 법률」에 따른 자산유동화를 할 수 있다.

제6조【자금의 기금 예탁】 ① 다음 각 호의 기금 또는 자금의 관리자나 저축자는 그 기금 또는 자금의 전부 또는 일부를 기금에 예탁할 수 있다.
1. 「국민연금법」에 따라 조성된 기금
2. 그 밖에 대통령령으로 정하는 기금 또는 자금
② 「한국토지주택공사법」에 따른 한국토지주택공사(이하 "한국토지주택공사"라 한다)는 기금에 필요하다고 인정할 때에는 「한국토지주택공사법」에도 불구하고 기금에 자금을 예탁할 수 있다.
③ 제1항에 따라 기금 또는 자금을 기금에 예탁하는 범위·방법·조건 등에 필요한 사항은 대통령령으로 정한다.

제7조【국민주택채권의 발행 등】 ① 정부는 국민주택사업에 필요한 자금을 조달하기 위하여 기금의 부담으로 국민주택채권을 발행할 수 있다.
② 제1항의 국민주택채권은 국토교통부장관의 요청에 따라 기획재정부장관이 발행한다.
③ 국민주택채권에 관하여 이 법에서 규정한 것을 제외하고는 「국채법」을 적용한다.(2020.6.9 본항개정)
④ 국민주택채권의 종류·이율, 발행의 방법·절차 및 상환과 발행사무 취급 등에 필요한 사항은 대통령령으로 정한다.

제8조【국민주택채권의 매입】 ① 다음 각 호의 어느 하나에 해당하는 자 중 대통령령으로 정하는 자는 국민주택채권을 매입하여야 한다.
1. 국가 또는 지방자치단체로부터 면허·허가·인가를 받는 자
2. 국가 또는 지방자치단체에 등기·등록을 신청하는 자
3. 국가·지방자치단체 또는 「공공기관의 운영에 관한 법률」에 따른 공공기관 중 대통령령으로 정하는 공공기관과 건설공사의 도급계약을 체결하는 자
4. 「주택법」에 따라 건설·공급하는 주택을 공급받는 자
② 제1항에 따라 국민주택채권을 매입하는 자의 매입 금액 및 절차 등에 필요한 사항은 대통령령으로 정한다.

제9조【기금의 용도】 ① 기금의 주택계정은 다음 각 호의 용도에 사용한다.
1. 다음 각 목에 대한 출자 또는 융자
 가. 국민주택의 건설
 나. 국민주택규모 이하의 주택의 구입·임차 또는 개량
 다. 준주택의 건설
 라. 준주택의 구입·임차 또는 개량
 마. 국민주택규모 이하인 주택의 리모델링
 바. 국민주택을 건설하기 위한 대지조성사업
 사. 「주택법」 제51조에 따른 공업화주택(대통령령으로 정하는 규모 이하의 주택으로 한정한다)의 건설(2016.1.19 본목개정)
 아. 주택 건축공정이 국토교통부령으로 정하는 기준에 도달한 이후 입주자를 모집하는 국민주택규모 이하인 주택의 건설(2018.3.13 본목신설)
 자. 「주택법」 제64조제2항에 따라 한국토지주택공사가 분양가상한제 적용주택을 우선 매입한 비용(2016.1.19 본목개정)
 차. 「경제자유구역의 지정 및 운영에 관한 특별법」 제4조에 따라 지정된 경제자유구역의 활성화를 위한 임대주택의 건설 및 이와 관련된 기반시설 등의 설치에 필요한 자금
2. 다음 각 목의 기관, 기금, 특별회계에 대한 출자·출연 또는 융자
 가. 제16조에 따른 주택도시보증공사(이하 "공사"라 한다)
 나. 한국토지주택공사
 다. 「한국주택금융공사법」에 따른 한국주택금융공사
 라. 「한국주택금융공사법」 제56조제3항에 따른 주택금융신용보증기금
 마. (2017.8.9 삭제)
 바. 「자산유동화에 관한 법률」 제3조제1항에 따른 유동화전문회사등
 사. 「주택법」 제84조에 따른 국민주택사업특별회계(2016.1.19 본목개정)
3. 임대주택 및 「공공주택 특별법」 제2조제1호나목의 공공분양주택의 공급을 촉진하기 위한 다음 각 목의 어느 하나에 해당하는 증권의 매입(2021.7.20 본문개정)
 가. 「부동산투자회사법」 제2조제1호에 따른 부동산투자회사가 발행하는 증권
 나. 「자본시장과 금융투자업에 관한 법률」 제229조제2호에 따른 부동산집합투자기구가 발행하는 집합투자증권
 다. 「법인세법」 제51조의2제1항제9호 각 목의 요건을 갖춘 법인이 발행하는 증권
 라. 그 밖에 임대주택의 공급과 관련된 증권으로서 대통령령으로 정하는 증권
4. 다음 각 목에 대한 원리금 상환
 가. 제5조 및 제6조에 따른 예수금, 예탁금, 차입금
 나. 제7조에 따른 국민주택채권
5. 도시계정으로의 전출 또는 융자
6. 기금의 조성·운용 및 관리를 위한 경비
7. 주택도시분야 전문가 양성을 위한 국내외 교육훈련 및 관련제도 개선을 위한 연구·조사
8. 정부시책으로 추진하는 주택사업
9. 그 밖에 주택계정의 설치목적을 달성하기 위하여 대통령령으로 정하는 사업
② 기금의 도시계정은 다음 각 호의 용도에 사용한다.
1. 다음 각 목에 대한 융자
 가. 「도시 및 주거환경정비법」 제2조제2호가목부터 다목까지의 사업, 「빈집 및 소규모주택 정비에 관한 특례법」 제2조제1항제2호 및 제3호의 사업(2017.2.8 본목개정)
 나. 「도시재정비 촉진을 위한 특별법」 제2조제7호에 따른 기반시설 중 같은 법 제29조제2항에서 정하는 기반시설의 설치에 드는 비용
2. 다음 각 목의 사업 중 대통령령으로 정하는 요건을 충족하는 사업에 필요한 비용의 출자·투자 또는 융자
 가. 「도시재생 활성화 및 지원에 관한 특별법」 제2조제1항제7호에 따른 도시재생사업의 시행에 필요한 비용
 나. 「도시재생 활성화 및 지원에 관한 특별법」 제2조제1항제5호에 따른 도시재생활성화지역 내에서 해당 지방자치단체의 장이 도시재생을 위하여 필요하다고 인정하는 건축물의 건축에 필요한 비용(토지의 매입에 필요한 비용을 포함한다)(2019.8.20 본목개정)
 다. 「산업입지 및 개발에 관한 법률」 제2조제11호에 따른 산업단지 재생사업의 시행에 필요한 비용(2018.3.13 본목신설)
2의2. 제1호가목 및 제2호가목의 사업으로 조성된 부동산을 매입하여 도시재생 활성화 목적으로 운영하는 위탁관리 부동산투자회사(「부동산투자회사법」 제2조제1호나목에 따른 위탁관리 부동산투자회사를 말한다)에 대한 출자·융자(2019.4.23 본호신설)
3. 다음 각 목의 기금, 특별회계에 대한 융자
 가. 「도시 및 주거환경정비법」 제126조에 따른 도시·주거환경정비기금(2017.2.8 본목개정)
 나. 「도시재정비 촉진을 위한 특별법」 제24조에 따른 재정비촉진특별회계
 다. 「도시재생 활성화 및 지원에 관한 특별법」 제28조에 따른 도시재생특별회계
3의2. 「도시재생 활성화 및 지원에 관한 특별법」 제2조제1항제5호에 따른 도시재생활성화지역에서 창업지원, 지역상권 활성화 등 도시재생 관련 투자를 하는 것을 목적으로 하는 투자조합에 대한 출자(2019.8.20 본호신설)
3의3. 제2호 각 목의 사업을 추진하기 위하여 설립된 부동산투자회사(「부동산투자회사법」 제2조제1호에 따른 부동산투자회사를 말한다) 및 제2호의2에 따라 설립된 부동산투자회사가 발행하는 증권의 매입(2019.8.20 본호신설)
4. 제5조 및 제6조에 따른 예수금, 예탁금, 차입금의 원리금 상환
5. 기금의 조성·운용 및 관리를 위한 경비
6. 그 밖에 도시계정의 설치목적을 달성하기 위하여 대통령령으로 정하는 사업
③ 제1항 및 제2항에서 출자·투자할 수 있는 총액의 한도는 대통령령으로 정한다.
④ 국토교통부장관은 기금에 여유자금이 있을 때에는 대통령령으로 정하는 방법으로 운용할 수 있다.
⑤ 국토교통부장관은 다음 각 호의 어느 하나에 해당할 때에는 대통령령으로 정하는 방법에 따라 기금을 유한책임대출로 운용할 수 있다.
1. 제1항제1호나목에 따른 국민주택규모 이하의 주택의 구입
2. 제1항제1호라목에 따른 준주택의 구입(2015.8.11 본항신설)
⑥ 국토교통부장관은 사업주체 또는 시공자가 영업정지를 받거나 「건설기술 진흥법」 제53조에 따른 벌점이 국토교통부령으로 정한 기준에 해당하는 경우 국토교통부령으로 정하는 바에 따라 제1항 및 제2항의 출자 또는 융자를 제한할 수 있다.(2018.3.13 본항신설)

제10조【기금의 운용·관리 등】 ① 기금은 국토교통부장관이 운용·관리한다.
② 국토교통부장관은 기금의 운용·관리에 관한 사무의 전부 또는 일부를 공사에 위탁할 수 있다.
③ 공사는 제2항에 따라 위탁받은 사무의 일부를 국토교통부장관의 승인을 받아 금융기관 등에 재위탁할 수 있다. 다만, 국토교통부장관은 필요하다고 인정하는 경우 금융기관 등에게 직접 위탁할 수 있다.
④ 공사는 대통령령으로 정하는 바에 따라 기금의 조성 및 운용 상황을 국토교통부장관에게 보고하여야 한다.
⑤ 공사 및 기금재수탁자 등(제3항에 따라 기금 사무의 일부를 재위탁 또는 위탁받은 금융기관 등을 말한다. 이하 같다)은 선량한 관리자의 주의로 위탁받은 사무를 처리하여야 한다.
⑥ 국토교통부장관은 기금의 운용에 관한 계획을 수립하려는 경우에는 미리 기획재정부장관과 협의하여야 한다.

제11조【기금 운용·관리업무의 전자화】 ① 국토교통부장관은 제10조에 따른 기금의 운용·관리 업무를 효율적으로 처리하기 위한 전자시스템을 구축·운영할 수 있다.
② 국토교통부장관, 제10조제2항 및 제3항에 따라 기금운용·관리에 관한 사무를 위탁받은 공사 및 기금재수탁자 등은 제1항에 따른 전자시스템을 「사회복지사업법」 제6조의2에 따른 정보시스템과 전자적으로 연계하여 활용할 수 있다.

제12조【기금의 회계연도 등】 기금의 회계연도·운용계획 및 결산 등에 관하여 이 법에서 규정한 것을 제외하고는 「국가재정법」을 적용한다.(2020.6.9 본조개정)

제13조【기금의 회계기관】 ① 국토교통부장관은 기금의 수입과 지출에 관한 사무를 수행하게 하기 위하여 소속 공무원 중에서 기금수입징수관, 기금재무관, 기금지출관 및 기금출납공무원을 임명하여야 한다.
② 공사 및 기금재수탁자 등은 제10조제2항 및 제3항에 따라 기금의 운용·관리에 관한 사무를 위탁받은 경우에는 공사 및 기금재수탁자 등의 임직원 중에서 다음 각 호에 해당하는 자를 임명한 후 이를 국토교통부장관에게 보고하여야 한다. 이 경우 그 임명된 자는 각각 다음 각 호의 구분에 따른 직무를 수행한다.
1. 기금수입 담당임직원 : 기금수입징수관의 직무
2. 기금지출원인행위 담당임직원 : 기금재무관의 직무
3. 기금지출직원 : 기금지출관의 직무
4. 기금출납직원 : 기금출납공무원의 직무
③ 국토교통부장관, 공사 및 기금재수탁자 등은 제1항 또는 제2항에 따라 기금수입징수관·기금재무관·기금지출관 및 기금출납공무원, 기금수입 담당임직원·기금지출원인행위 담당임직원, 기금지출직원 및 기금출납직원을 임명한 경우에는 감사원·기획재정부 및 한국은행에 통지하여야 한다.

제14조【이익금과 손실금의 처리】 ① 국토교통부장관은 매 사업연도에 기금의 결산에서 이익이 생긴 경우에는 이익금 전액을 기금에 적립하여야 한다.
② 국토교통부장관은 매 사업연도에 기금의 결산에서 손실금이 생긴 경우에는 제1항의 적립금으로 보전하되, 보전한 후에도 남는 손실액이 있는 경우에는 정부가 일반회계에서 이를 보전할 수 있다.

제15조【기금 대출채권의 상각】 ① 공사 및 기금재수탁자 등은 채무자의 무자력 등으로 인하여 기금의 대출금을 회수할 수 없는 경우에는 국토교통부령으로 정하는 바에 따라 대출채권을 상각할 수 있다. 다만, 유한책임대출의 경우에는 채무자의 자력이 있더라도 미회수 대출채권을 상각할 수 있다.(2015.8.11 단서신설)
② 공사 및 기금재수탁자 등은 제1항에 따라 상각처리된 채권의 보전이나 추심을 위한 관리업무를 수행하다가 국토교통부령으로 정하는 기간이 끝났을 때에는 그 관리업무를 정지하고 그 내용을 국토교통부장관에게 보고하여야 한다.

제3장 주택도시보증공사

제16조【설립】 이 법의 목적을 달성하기 위한 각종 보증업무 및 정책사업 수행과 기금의 효율적 운용·관리를 위하여 주택도시보증공사를 설립한다.

제17조【법인격】 공사는 법인으로 한다.

제18조【사무소】 ① 공사의 주된 사무소의 소재지는 정관으로 정한다.
② 공사는 그 업무수행을 위하여 필요한 경우에는 정관으로 정하는 바에 따라 지사 또는 출장소를 둘 수 있다.

제19조【자본금 등】 ① 공사의 자본금은 10조원으로 하고, 그 2분의 1 이상을 정부가 출자한다.(2024.1.16 본항개정)
② 공사에 대하여 국가가 출자한 주식의 주주권은 국토교통부장관이 행사한다.
③ 제1항에 따라 공사가 발행할 주식의 종류, 1주의 금액, 그 밖에 필요한 사항은 정관으로 정한다.
④ 공사가 주식을 소각하거나 병합하여 자본감소를 결의하는 경우 「상법」 제439조제2항에도 불구하고 채권자에게 10일 이상의 기간을 정하여 이의를 제출할 것을 2개 이상의 일간신문(「신문 등의 진흥에 관한 법률」 제2조제1호가목에 따른 일반일간신문을 말한다)에 공고할 수 있다. 이 경우 개별채권자에 대한 최고(催告)는 생략할 수 있다.

제20조【설립등기 및 정관】 ① 공사는 정관으로 정하는 바에 따라 주된 사무소의 소재지에서 설립등기를 함으로써 성립한다.
② 공사는 정관을 제정하거나 변경하려는 경우에는 국토교통부장관의 인가를 받아야 한다.

제21조【유사명칭의 사용금지】 이 법에 의한 공사가 아닌 자는 주택도시보증공사 또는 이와 유사한 명칭을 사용하지 못한다.

제22조【임원 및 직원】 ① 공사에 임원으로서 사장 1명, 상임이사 5명 이내 및 비상임이사 8명 이내를 둔다.(2019.4.23 본항개정)

② 임원에 결원이 있을 때에는 새로 임원을 임명하되, 그 임기는 임명된 날부터 계산한다.
③ 공사의 직원은 사장이 임면한다.
제23조【이사회】 ① 공사의 업무에 관한 중요 사항을 심의·의결하기 위하여 공사에 이사회를 둔다.
② 이사회는 사장 및 이사로 구성한다.
③ 이사회는 이사회 의장이나 재적이사 3분의 1 이상의 요구로 소집하고, 이사회 의장이 그 회의를 주재한다.
④ 이사회는 재적이사 과반수의 찬성으로 의결한다.
⑤ (2019.4.23 삭제)
제24조【대리인의 선임】 공사의 사장은 정관으로 정하는 바에 따라 공사의 직원 중에서 공사의 업무에 관한 재판상 또는 재판 외의 모든 행위를 할 수 있는 권한을 가지는 대리인을 선임할 수 있다.
제25조【비밀누설금지】 공사의 임직원 및 그 직에 있었던 자는 직무상 알게 된 비밀을 누설하여서는 아니 된다.
제26조【업무】 ① 공사는 그 목적을 달성하기 위하여 다음 각 호의 업무를 수행한다.
1. 제10조제2항에 따른 기금의 운용·관리에 관한 사무
2. 분양보증, 임대보증금보증, 하자보수보증, 전세보증금반환보증, 그 밖에 대통령령으로 정하는 보증업무
(2024.1.16 본호개정)
3. 제2호에 따른 보증을 이행하기 위한 주택의 건설 및 하자보수 등에 관한 업무와 구상권 행사를 위한 업무
4. 「자산유동화에 관한 법률」 제3조제1항에 따른 유동화전문회사등이 발행한 유동화증권에 대한 보증업무
(2017.8.9 본호개정)
5. 제4호에 따른 유동화전문회사등으로부터 「자산유동화에 관한 법률」 제10조제1항에 따라 위탁받은 유동화자산의 관리에 관한 업무
6. 부동산의 취득·관리·개량 및 처분의 수탁
7. 국가·지방자치단체·공공단체 등이 위탁하는 업무
8. 제1호부터 제7호까지의 업무와 관련된 조사 및 연구
9. 그 밖에 대통령령으로 정하는 업무
② 공사는 제1항제1호 및 제2호에 따른 업무의 수행을 위하여 부동산(건축 중인 건물을 포함한다)에 관한 권리를 신탁받을 수 있다. 이 경우 공사의 신탁의 인수에 관하여는 「자본시장과 금융투자업에 관한 법률」을 적용하지 아니한다.
③ 공사는 제1항제2호에 따른 전세보증금반환보증 업무 수행 시 해당 전세보증금반환채권에 대하여 질권 등 금융기관의 담보권이 설정되어 있는 경우에는 해당 금융기관과 공사 간 업무협약을 통하여 보증을 제공한다. 다만, 해당 주택의 담보인정비율 등 정관으로 정하는 보증 가입이 제한되는 사유에 해당하는 경우에는 그러하지 아니하다.
(2024.1.16 본항신설)
④ 제1항에 따른 업무를 수행하기 위하여 필요한 사항은 대통령령으로 정한다.
⑤ 공사는 이사회의 의결을 거쳐 제1항 각 호에 해당하는 업무 또는 이와 유사한 업무를 행하는 법인에 대하여 출자 또는 출연할 수 있다.
제27조【보증의 한도】 공사가 행할 수 있는 보증의 총액한도는 자기자본의 90배를 초과하지 아니하는 범위에서 대통령령으로 정한다.(2024.1.16 본조개정 : 2027.3.31까지 유효)
제28조【회계처리의 구분】 공사는 공사의 회계와 기금의 회계를 구분하여 회계처리하여야 한다.
제28조의2【여유자금의 운용】 공사의 여유자금은 다음 각 호의 방법으로 운용한다. 다만, 제3호 및 제4호의 경우에는 국토교통부장관의 승인을 받아야 한다.
1. 금융기관에의 예치
2. 국채·지방채의 매입과 정부·지방자치단체 또는 금융기관이 지급을 보증한 채권의 매입
3. 주식(출자증권을 포함한다)·사채 및 그 밖의 유가증권의 인수·매입
4. 그 밖에 이 법의 목적을 달성하기 위하여 필요한 방법
(2018.9.18 본조신설)
제29조【손익금의 처리】 ① 공사는 매 회계연도의 결산결과 이익이 생긴 때에는 다음 각 호의 순서에 따라 처리하여야 한다.
1. 이월손실금의 보전
2. 자본금과 같은 금액에 달할 때까지 이익금의 10분의 2 이상을 이익준비금으로 적립
3. 자본금의 2분의 1이 될 때까지 이익금의 10분의 2 이상을 보증이행준비금으로 적립
4. 이익의 배당
② 제1항제2호 및 제3호의 적립금은 결손 보전에 충당하거나 자본금에 전입하는 경우 외에는 사용하지 못한다.
③ 공사의 결산에서 손실이 생긴 때에는 제1항제3호에 따른 보증이행준비금으로 보전하고, 그 적립금으로 보전하고도 부족한 때에는 같은 항 제2호에 따른 이익준비금으로 보전하며, 그 적립금으로 보전하고도 부족한 때에는 정부가 보전할 수 있다.(2018.9.18 본항신설)
(2018.9.18 본조제목개정)
제30조【다른 법률과의 관계】 공사에 관하여 이 법과 「공공기관의 운영에 관한 법률」에 규정된 것 외에는 「상법」 중 주식회사에 관한 규정을 준용한다. 다만, 「상법」 제292조는 준용하지 아니한다.

제4장 보 칙

제31조【감독】 국토교통부장관은 공사의 업무를 감독하며 그 감독상 필요한 명령을 할 수 있다.
제32조【보고·검사 등】 ① 국토교통부장관은 필요하다고 인정할 때에는 공사에 대하여 그 업무·회계 및 재산에 관한 사항 등을 보고하게 하거나 소속 공무원으로 하여금 공사의 업무상황이나 장부·서류·시설 또는 그 밖에 필요한 물건을 검사하게 할 수 있다.
② 제1항에도 불구하고 공사의 경영건전성을 유지하기 위하여 필요한 검사는 대통령령으로 정하는 바에 따라 금융위원회가 할 수 있다. 이 경우 금융위원회는 검사 결과를 지체 없이 국토교통부장관에게 통보하여야 한다.
③ 금융위원회는 제2항에 따른 검사 결과 공사의 위법 또는 부당한 행위가 있을 때에는 국토교통부장관에게 그 시정을 요구할 수 있다.
④ 국토교통부장관은 기금을 효율적으로 운용·관리하고 기금의 건전성을 유지하기 위하여 필요한 경우 기금재수탁자 등에 대하여 소속 공무원으로 하여금 실지조사 또는 대출채권 등에 관한 자료를 제출하게 하거나 그 밖의 감독상 필요한 지시를 할 수 있다.
제33조【자료제공의 요청 등】 ① 국토교통부장관 및 기금재수탁자 등은 기금의 운용 및 관리를 위하여 국토교통부장관이 필요하다고 인정하는 경우에는 대법원 등 국가기관, 지방자치단체, 금융기관, 「국민연금법」에 따른 국민연금공단, 「국민건강보험법」에 따른 국민건강보험공단, 그 밖의 공공단체에 대하여 다음 각 호의 자료 및 정보의 제공을 요청할 수 있다. 이 경우 그 제공 기관과 자료 및 정보의 구체적인 범위는 대통령령으로 정한다.
(2019.4.23 본문개정)
1. 「가족관계의 등록 등에 관한 법률」에 따른 가족관계 등록사항, 「주민등록법」에 따른 주민등록전산정보자료, 「출입국관리법」에 따른 외국인등록사항
2. 국세 및 지방세에 관한 자료
3. 국민연금·공무원연금·군인연금·사립학교교직원연금·별정우체국연금·건강보험·고용보험·산업재해보상보험·보훈급여 등 각종 연금·보험·급여에 관한 자료
4. 「부동산등기법」에 따른 등기부, 「건축법」에 따른 건축물대장, 「공간정보의 구축 및 관리 등에 관한 법률」에 따른 토지대장, 「자동차관리법」에 따른 자동차등록원부 등 부동산 및 자동차에 관한 자료
5. 그 밖에 기금의 운용 및 관리를 위하여 필요한 자료 및 정보
(2019.4.23 1호～5호신설)
② 공사는 제26조에 따른 업무를 수행하기 위하여 필요하다고 인정하는 경우에는 제1항을 준용하여 관계 기관에 자료 및 정보의 제공을 요청할 수 있다.
③ 공사는 납세자의 인적 사항 및 사용 목적을 적은 문서로 관할 세무관서의 장 또는 지방자치단체의 장에게 과세정보 제공을 요청할 수 있다. 이 경우 과세정보 제공 요청은 제26조제1항제3호에 따른 구상권의 행사를 위하여 필요한 최소한의 범위에서 하여야 하며, 다른 목적을 위하여 남용하여서는 아니 된다.
④ 제1항부터 제3항까지에 따른 요청을 받은 자는 특별한 사유가 없으면 그 요청에 따라야 한다.
⑤ 제1항부터 제3항까지의 규정에 따라 자료를 제공받은 자(제34조의4에 따라 업무를 위탁받은 자를 포함한다)는 제공받은 자료를 제공받은 목적에 필요한 범위 외의 용도로 사용하거나 다른 사람 또는 기관에 제공하거나 누설해서는 아니 된다.(2019.4.23 본항신설)
⑥ 제1항부터 제3항까지의 규정에 따라 국토교통부장관, 공사, 기금재수탁자 등 또는 제34조의4에 따라 업무를 위탁받은 보건복지부장관에게 제공되는 자료 또는 정보에 대하여는 사용료와 수수료 등을 면제한다.(2019.4.23 본항신설)
(2019.4.23 본조제목개정)
제34조【금융정보 등의 제공 요청에 필요한 동의서의 제출】 ① 국토교통부장관은 필요하다고 인정하는 경우 기금과 관련한 대출을 신청하는 자에게 그 대출 신청자 본인 및 배우자와 관련한 다음 각 호의 자료 또는 정보를 금융기관 및 「신용정보의 이용 및 보호에 관한 법률」 제25조에 따른 신용정보집중기관(이하 "신용정보집중기관"이라 한다)으로부터 제공받는 데에 필요한 동의서면(이하 "동의서면"이라 한다)을 제출하도록 요청할 수 있다.
1. 「금융실명거래 및 비밀보장에 관한 법률」 제2조제2호·제3호에 따른 금융자산 및 금융거래의 내용에 대한 자료 또는 정보 중 예금·적금·저축의 잔액 또는 불입금·지급금과 유가증권 등 금융자산에 대한 증권·증서의 가액(이하 "금융정보"라 한다)
2. 「신용정보의 이용 및 보호에 관한 법률」 제2조제1호에 따른 신용정보 중 채무액과 연체정보(이하 "신용정보"라 한다)
3. 「보험업법」 제4조제1항 각 호에 따른 보험에 가입하여 납부한 보험료와 그 밖에 대통령령으로 정하는 보험 관련 자료 또는 정보(이하 "보험정보"라 한다)
② 국토교통부장관이 제1항에 따라 동의서면의 제출을 요청하는 경우 기금과 관련한 대출을 신청하는 자 및 그 배우자는 동의서면을 제출하여야 한다.
③ 공사는 제26조에 따른 업무를 수행하기 위하여 필요하다고 인정하는 경우에는 제1항 및 제2항을 준용하여 보증을 신청하는 자에게 동의서면을 제출하도록 요청할 수 있고, 보증을 신청하는 자는 동의서면을 제출하여야 한다.
(2024.1.16 본항신설)
④ 제1항 또는 제3항에 따른 동의 방법·절차 등에 관한 사항과 구체적인 자료 또는 정보의 내용은 대통령령으로 정한다.(2024.1.16 본항개정)
(2019.4.23 본조개정)
제34조의2【금융정보등의 제공】 ① 국토교통부장관은 「금융실명거래 및 비밀보장에 관한 법률」 제4조제1항과 「신용정보의 이용 및 보호에 관한 법률」 제32조제1항에도 불구하고 기금과 관련한 대출을 신청하는 자 및 그 배우자가 제34조제2항에 따라 제출한 동의서면을 전자적 형태로 바꾼 문서에 의하여 금융기관 및 신용정보집중기관의 장에게 금융정보·신용정보 또는 보험정보(이하 "금융정보등"이라 한다)의 제공을 요청할 수 있다.
② 공사는 「금융실명거래 및 비밀보장에 관한 법률」 제4조제1항과 「신용정보의 이용 및 보호에 관한 법률」 제32조제1항에도 불구하고 제26조에 따른 업무를 수행하기 위하여 필요하다고 인정하는 경우에 보증을 신청하는 자가 제34조제3항에 따라 제출한 동의서면을 전자적 형태로 바꾼 문서에 의하여 금융기관 및 신용정보집중기관의 장에게 금융정보등의 제공을 요청할 수 있다.(2024.1.16 본항신설)
③ 제1항 및 제2항에 따라 금융정보등의 제공을 요청받은 금융기관 및 신용정보집중기관의 장은 「금융실명거래 및 비밀보장에 관한 법률」 제4조제1항과 「신용정보의 이용 및 보호에 관한 법률」 제32조제1항 및 제3항에도 불구하고 명의인의 금융정보등을 제공하여야 한다.(2024.1.16 본항개정)
④ 제3항에 따라 금융정보등을 제공한 금융기관 및 신용정보집중기관의 장은 금융정보등의 제공사실을 명의인에게 통보하여야 한다. 다만, 명의인의 동의가 있는 경우에는 「금융실명거래 및 비밀보장에 관한 법률」 제4조의2제1항과 「신용정보의 이용 및 보호에 관한 법률」 제35조에도 불구하고 통보하지 아니할 수 있다.(2024.1.16 본항개정)
⑤ 제1항부터 제3항까지에 따른 금융정보등의 제공 요청과 제공은 「정보통신망 이용촉진 및 정보보호 등에 관한 법률」 제2조제1항제1호에 따른 정보통신망을 이용하여야 한다. 다만, 정보통신망의 손상 등 불가피한 사유가 있는 경우에는 그러하지 아니하다.(2024.1.16 본항개정)
⑥ 제1항부터 제3항까지에 따른 업무에 종사하거나 종사하였던 자는 업무를 수행하면서 취득한 금융정보등을 이 법에서 정한 목적 외의 용도로 사용하거나 다른 사람 또는 기관에 제공하거나 누설해서는 아니 된다.(2024.1.16 본항개정)
⑦ 제1항부터 제3항까지와 제5항에 따른 금융정보등의 제공 요청과 제공 등에 필요한 사항은 대통령령으로 정한다.(2024.1.16 본항개정)
(2019.4.23 본조신설)
제34조의3【자료 및 정보의 수집 등】 국토교통부장관, 공사, 기금재수탁자 등과 제34조의4에 따라 업무를 위탁받은 보건복지부장관은 제33조제1항부터 제3항까지 및 제34조의2에 따라 제공받은 자료 또는 정보를 제공받은 목적의 범위 내에서 수집·관리·보유 또는 활용할 수 있다.(2019.4.23 본조신설)
제34조의4【권한의 위탁】 국토교통부장관은 다음 각 호의 업무를 보건복지부장관에게 위탁할 수 있다.
1. 제33조에 따른 자료의 제공 요청 등에 관한 업무
2. 제34조의2에 따른 금융정보등의 제공 요청에 관한 업무
(2019.4.23 본조신설)
제34조의5【상습 채무불이행자의 성명 등 공개】 ① 국토교통부장관 또는 공사는 다음 각 호의 요건에 모두 해당하는 경우 해당 임대인(이하 "상습 채무불이행자"라 한다)에 대하여 그 성명(임대인이 법인 또는 단체인 경우에는 그 명칭 및 대표자의 성명을 말한다), 나이, 주소, 임차보증금반환채무에 관한 사항 및 공사가 보증채무를 이행함으로써 임대인이 부담하는 구상채무에 관한 사항을 국토교통부 또는 공사의 인터넷 홈페이지 등 「정보통신망 이용촉진 및 정보보호 등에 관한 법률」 제2조제1항제1호에 따른 정보통신망을 이용하여 공개할 수 있다. 다만, 임대인이 사망한 경우, 구상채무와 관련하여 민사소송이 계류 중인 경우 등 대통령령으로 정하는 사유가 있는 경우에는 그러하지 아니하다.
1. 주택임대차계약의 임대인이 임차인에게 임차보증금을 변제하지 아니하여 제26조에 따라 공사가 임대보증금보증 등 대통령령으로 정하는 보증채무를 이행함으로써 구상채무가 발생하였을 것
2. 주택임대차계약의 임대인이 제1호의 구상채무가 발생한 날 이전 3년 이내에 해당 구상채무의 발생 원인이 된 임차보증금반환채무와는 별개의 임차보증금반환채무를 정당한 사유 없이 이행하지 아니한 사실이 있을 것
3. 해당 임대인에 대한 공사의 구상채권액을 합산한 금액이 2억원 이상일 것
4. 공사가 구상채권에 기초하여 「민사집행법」에 따른 강제집행 또는 보전처분을 신청하고 그 효력이 발생하였을 것

② 제1항에 따른 임차보증금반환채무 및 구상채무에 관한 사항은 다음 각 호와 같다.
1. 임차보증금반환채무의 금액
2. 임차보증금반환채무의 이행기 및 채무불이행기간
3. 공사의 보증채무 이행일
4. 구상채무의 금액
5. 공사가 「민사집행법」에 따른 강제집행 또는 보전처분을 신청한 횟수
③ 국토교통부장관 또는 공사는 제1항에 따라 상습 채무불이행자의 성명 등을 공개하려는 경우 해당 공개대상자에게 대통령령으로 정하는 바에 따라 그 사실을 통보하고 소명할 기회를 주어야 한다.
④ 제1항에 따른 상습 채무불이행자의 성명 등의 공개 여부를 심의하기 위하여 국토교통부 또는 공사에 임대인 정보공개심의위원회(이하 이 조에서 "정보공개심의위원회"라 한다)를 둔다. 이 경우 정보공개심의위원회의 구성·운영 등에 필요한 사항은 대통령령으로 정한다.
⑤ 제1항부터 제3항까지에 따른 상습 채무불이행자의 성명 등의 공개 방법 및 공개 절차 등에 필요한 사항은 대통령령으로 정한다.
(2023.3.28 본조신설)

제5장 벌 칙

제35조【벌칙】 ① 제33조제5항 및 제34조의2제6항을 위반하여 자료 또는 정보를 사용·제공·누설한 자는 5년 이하의 징역 또는 5천만원 이하의 벌금에 처한다.
(2024.1.16 본항개정)
② 제25조를 위반하여 비밀을 누설한 자는 2년 이하의 징역 또는 2천만원 이하의 벌금에 처한다.
(2017.11.28 본조개정)
제36조【과태료】 ① 제21조를 위반하여 공사 또는 이와 유사한 명칭을 사용한 자에게는 1천만원 이하의 과태료를 부과한다.
② 제1항에 따른 과태료는 국토교통부장관이 부과·징수한다.

부 칙

제1조【시행일】 이 법은 2015년 7월 1일부터 시행한다.
제2조【국민주택기금에 관한 경과조치】 ① 이 법 시행 당시 「주택법」에 따른 국민주택기금은 이 법에 따른 주택도시기금으로 본다.
② 이 법 시행 당시 「주택법」에 따라 이루어진 국민주택기금의 출자, 출연, 융자 및 그 밖의 법률행위는 이 법의 규정에 따라 행하여진 것으로 본다.
③ 이 법 시행 당시 「주택법」에 따라 이루어진 국민주택기금의 재산 및 채권·채무는 이 법에 따른 주택도시기금의 주택계정이 이를 승계한다.
제3조【국민주택채권에 관한 경과조치】 이 법 시행 당시의 「주택법」에 따른 국민주택채권은 이 법에 따른 국민주택채권으로 본다.
제4조【대한주택보증주식회사의 명칭변경에 따른 경과조치】 ① 이 법 시행 당시 「주택법」에 따른 대한주택보증주식회사(이하 "대한주택보증"이라 한다)는 이 법에 따른 주택도시보증공사로 본다.
② 이 법 시행 당시 대한주택보증의 명의로 행한 행위, 그 밖의 법률관계에 있어서는 이를 이 법에 따른 주택도시보증공사의 명의로 행한 것으로 본다.
③ 이 법 시행 당시 등기부 그 밖의 공부상의 대한주택보증의 명의는 이 법에 따른 주택도시보증공사의 명의로 본다.
제5조【다른 법령의 개정】 ①~㉜ ※(해당 법령에 가제정리 하였음)
제6조【다른 법령과의 관계】 ① 이 법 시행 당시 다른 법령에서 「주택법」 종전의 규정을 인용하고 있는 경우 이 법 중 그에 해당하는 규정이 있는 때에는 이 법의 해당 규정을 인용한 것으로 본다.
② 이 법 시행 당시 다른 법령에서 국민주택기금, 국민주택채권 및 대한주택보증을 인용하고 있는 경우에는 이 법에 따른 기금, 국민주택채권 및 공사를 인용한 것으로 본다.

부 칙 (2018.9.18)

제1조【시행일】 이 법은 2019년 1월 1일부터 시행한다.
제2조【여유자금 운용에 관한 경과조치】 공사는 이 법 시행 당시 제28조의2제3호 및 제4호의 개정규정의 방법으로 운용하고 있는 여유자금에 대하여 이 법 시행일로부터 3개월 이내에 국토교통부장관의 승인을 받아야 한다.

부 칙 (2019.4.23)

이 법은 공포 후 3개월이 경과한 날부터 시행한다. 다만, 제9조제2항제2호의2 및 제22조제1항의 개정규정은 공포한 날부터 시행한다.

부 칙 (2019.8.20)

이 법은 공포한 날부터 시행한다.

부 칙 (2020.6.9)

이 법은 공포한 날부터 시행한다.(이하 생략)

부 칙 (2021.7.20)

이 법은 공포한 날부터 시행한다.

부 칙 (2023.3.28)

제1조【시행일】 이 법은 공포 후 6개월이 경과한 날부터 시행한다.
제2조【상습 채무불이행자의 성명 등의 공개에 관한 적용례】 제34조의5의 개정규정은 이 법 시행 이후 공사의 구상채권이 발생한 경우부터 적용한다.
제3조【상습 채무불이행자의 성명 등 공개요건에 관한 특례】 이 법 시행 전에 발생한 임대인의 임차보증금반환채무의 불이행은 제34조의5제1항제2호의 개정규정에 따른 성명 등 공개요건을 판단할 때에 포함한다.

부 칙 (2023.6.1)

이 법은 공포한 날부터 시행한다.

부 칙 (2023.6.9)

제1조【시행일】 이 법은 공포 후 1개월이 경과한 날부터 시행한다.(이하 생략)

부 칙 (2024.1.16)

제1조【시행일】 이 법은 공포 후 3개월이 경과한 날부터 시행한다. 다만, 제19조제1항 및 제27조의 개정규정은 공포한 날부터 시행한다.
제2조【유효기간】 제27조의 개정규정은 2027년 3월 31일까지 효력을 가진다.

주택도시기금법 시행령

(2015년 6월 30일
대통령령 제26369호)

개정
2015.12.11영26708호
2015.12.28영26763호(민간임대주택에관한특별법시)
2016. 8.11영27444호(주택법시)
2016. 8.11영27445호(공동주택관리법시)
2016.11. 1영27571호
2018. 2. 9영28627호(빈집및소규모주택정비에관한특례법시)
2018. 4.10영28790호 2019. 1.15영29491호
2019. 4.23영29709호
2019. 6.25영29892호(주식·사채등의전자등록에관한법시)
2019. 7.23영30004호
2020. 5.19영30683호(사회보장급여의이용·제공및수급권자발굴에관한법시)
2020. 6. 9영30760호(군인재해보상법시)
2020. 8. 4영30893호(신용정보의이용및보호에관한법시)
2020.12. 8영31240호(고용보험및산업재해보상보험의보험료징수등에관한법시)
2021. 1. 5영31380호(법령용어정비)
2021. 4. 6영31614호(5·18민주유공자예우및단체설립에관한법시)
2021.11.12영32118호
2022. 2.17영32449호(한국자산관리공사설립등에관한법시)
2022.12.27영33134호
2023. 5.16영33474호(주택저당채권유동화회사법시행령폐지령)
2023. 9.19영33730호

제1조【목적】 이 영은 「주택도시기금법」에서 위임된 사항과 그 시행에 필요한 사항을 규정함을 목적으로 한다.
제2조【주택도시기금 대출자산의 매각】 ① 「주택도시기금법」(이하 "법"이라 한다) 제3조에 따른 주택도시기금(이하 "기금"이라 한다)의 대출자산을 매각(법 제5조제1항제11호 및 제2항제7호에 따른 매각을 말한다)할 때에는 매각 당시의 금융기관의 이율을 고려하여 할인하거나 할증하여 매각할 수 있다.
② 제1항에 따른 기금 대출자산의 매각은 경쟁입찰의 방법으로 하되 7일 이상의 공고를 거쳐야 한다.
③ 제2항에도 불구하고, 다음 각 호의 어느 하나에 해당하는 경우에는 수의계약의 방법으로 매각할 수 있다.
1. 현저하게 기금에 유리한 조건으로 계약할 수 있는 경우
2. (2023.5.16 삭제)
3. 「한국주택금융공사법」에 따라 설립된 한국주택금융공사와 계약하는 경우
제3조【자금의 기금 예탁】 ① 법 제6조제1항제2호에서 "대통령령으로 정하는 기금 또는 자금"이란 다음 각 호의 기금 또는 자금을 말한다.
1. 「공무원연금법」에 따라 조성된 공무원연금기금
2. 「군인연금법」에 따라 조성된 군인연금기금
3. 「사립학교교직원 연금법」에 따라 사립학교교직원연금공단에 납부된 자금
4. 국토교통부장관이 해당 기금 또는 자금의 주무부장관 및 기획재정부장관과 협의하여 정하는 기금 또는 자금
② 법 제6조제1항제1호 또는 이 조 제1항 각 호(제4호는 제외한다)의 기금 또는 자금의 관리자가 해당 기금 또는 자금을 기금에 예탁하는 경우의 예탁금액은 현금 또는 6개월 이하의 예금으로 예치된 일상의 지급준비금을 제외한 자금의 100분의 50의 범위에서 국토교통부장관이 해당 기금 또는 자금의 주무부장관 및 기획재정부장관과 협의하여 정한다.
③ 제1항제4호의 기금 또는 자금의 관리자가 해당 기금 또는 자금을 기금에 예탁하는 경우의 예탁금액 및 예탁기간은 기획재정부장관이 해당 기금 또는 자금의 주무부장관 및 국토교통부장관과 협의하여 정한다.
④ 제2항 및 제3항에 따라 기금에 예탁된 기금 또는 자금에 대한 이율은 다른 법령에 규정된 것을 제외하고는 예탁 당시의 정기예금 금리를 기준으로 하되, 국토교통부장관이 해당 기금 또는 자금의 주무부장관 및 기획재정부장관과 협의하여 따로 정할 수 있다.
⑤ 법 제6조제2항에 따라 「한국토지주택공사법」에 따른 한국토지주택공사가 기금에 예탁하는 자금의 이율은 국토교통부장관이 기획재정부장관과 협의하여 정한다.
제4조【국민주택채권의 발행절차】 ① 국토교통부장관은 국민주택채권의 발행이 필요하다고 인정하는 경우에는 법 제7조에 따라 채권의 종류와 그 발행금액, 발행방법, 발행조건, 상환방법 및 상환절차 등 필요한 사항을 정하여 기획재정부장관에게 그 발행을 요청하여야 한다.
② 기획재정부장관은 제1항의 요청에 따라 국민주택채권을 발행하려는 경우에는 다음 각 호의 사항을 공고하여야 한다.
1. 채권의 종류
2. 채권의 만기
3. 채권의 이율
4. 원금상환의 방법과 시기
5. 이자지급의 방법과 시기
제5조【국민주택채권의 발행방법 등】 ① 국민주택채권은 다음 각 호로 구분하여 발행한다.
1. 법 제8조제1항제1호부터 제3호까지에 해당하는 자가 매입하는 제1종국민주택채권
2. 법 제8조제1항제4호에 해당하는 자가 매입하는 제2종국민주택채권
② 국민주택채권의 발행기간은 1년을 단위로 하고, 발행일은 매출한 달의 말일로 한다.
③ 국민주택채권은 증권을 발행하지 아니하고 「주식·사채 등의 전자등록에 관한 법률」 제2조제6호에 따른 전자등록기관(이하 "전자등록기관"이라 한다)에 전자등록하여 발행한다. 이 경우 채권자는 이미 전자등록된 국민주택채권에 대하여 그 증권의 교부를 청구할 수 없다.
(2019.6.25 본항개정)
④ 전자등록기관은 국민주택채권의 원리금 상환일 전 7일 이내의 기간 동안에는 국토교통부장관의 승인을 받아 권리의 이전(상속, 유증 및 강제집행의 경우는 제외한다)에 따른 국민주택채권의 등록을 정지할 수 있다. 이 경우 승인받은 내용을 인터넷 등에 공시하여야 한다.
(2019.6.25 전단개정)
⑤ 국토교통부장관은 전자등록기관에 기금의 부담으로 국토교통부령으로 정하는 수수료를 지급한다. 이 경우 국민주택채권 등록업무 수수료에 관한 국토교통부령을 제정하거나 개정하려면 미리 기획재정부장관과 협의하여야 한다.(2019.6.25 전단개정)
⑥ 제3항에 따른 등록 발행의 방법·절차, 상환 통지 및 매입 명세의 전자적 관리에 필요한 사항은 국토교통부령으로 정하며, 국민주택채권등록부의 작성·관리 등 국민주택채권의 등록업무를 처리하기 위하여 필요한 그 밖의 사항은 전자등록기관이 정하되, 국토교통부장관의 승인을 받아야 한다.(2019.6.25 전단개정)
제6조【국민주택채권의 이율 등】 ① 제1종국민주택채권의 이율은 기획재정부장관이 그 채권 발행 당시의 국채·공채 등의 금리와 기금의 수지 상황 등을 고려하여 정하되, 국토교통부장관과 협의하여야 한다.
② 제1종국민주택채권의 원리금은 발행일부터 5년이 되는 날에 상환한다.
③ 제1종국민주택채권의 이자는 그 발행일부터 상환일 전일까지 제1항에 따른 이율을 적용하여 1년 단위의 복리로 계산한다.
④ 제1종국민주택채권의 매출일부터 발행일 전일까지의 이자는 매출하는 때에 지급한다.
⑤ 제2종국민주택채권의 이율, 상환일 및 상환조건 등은 기획재정부장관이 국토교통부장관과 협의하여 정한다. 이 경우 원리금의 상환일은 채권 발행일부터 20년을 초과할 수 없다.
제7조【국민주택채권의 사무취급기관 등】 ① 국민주택채권의 매출 및 상환 업무는 국토교통부장관이 지정하는 금융기관이 취급한다.
② 제1항에 따라 지정된 금융기관(이하 "채권사무 지정취급기관"이라 한다)의 장은 국민주택채권의 매출을 촉

진하기 위하여 필요한 때에는 다른 금융기관에 국민주택채권의 매출 및 상환에 관한 업무를 위탁할 수 있다. 이 경우 기획재정부장관의 승인을 받아야 하며, 기획재정부장관은 이 승인 여부를 결정할 때에는 국토교통부장관과 협의하여야 한다.
③ 채권사무 지정취급기관의 장은 매달의 국민주택채권 매출·상환에 관한 사항을 다음 달 20일까지 기획재정부장관에게 보고하여야 한다.
제8조【국민주택채권의 매입】 ① 법 제8조제1항제3호에서 "대통령령으로 정하는 공공기관"이란 정부가 납입자본금의 100분의 50 이상을 출자한 공공기관을 말한다. 다만, 다음 각 호의 기관은 제외한다.
1. 법 제16조에 따른 주택도시보증공사(이하 "공사"라 한다)
2. 「한국산업은행법」에 따른 한국산업은행
3. 「중소기업은행법」에 따른 중소기업은행
4. 「한국수출입은행법」에 따른 한국수출입은행
5. 「은행법」 제2조에 따른 은행
6. 「인천국제공항공사법」에 따른 인천국제공항공사
7. 「한국공항공사법」에 따른 한국공항공사
② 법 제8조제1항에 따라 제1종국민주택채권을 매입하여야 하는 자와 그 매입기준은 별표와 같다.
③ 국가기관, 지방자치단체 또는 제1항에 따른 공공기관의 장은 제2항에 따라 제1종국민주택채권 매입의무자에게 제1종국민주택채권을 매입하게 하고 국토교통부령으로 정하는 바에 따라 매입사실을 확인하여야 한다.
④ 이 영에서 규정한 사항 외에 제1종국민주택채권의 매입에 필요한 사항은 국토교통부장관이 기획재정부장관과 협의하여 정한다.
⑤ 국토교통부장관은 법 제8조제1항에 따라 「주택법」 제57조에 따른 분양가상한제가 적용되는 주택(주거전용면적이 85제곱미터를 초과하는 주택으로 한정한다)을 공급받으려는 자에 대하여 제2종국민주택채권을 매입하게 할 수 있다. 이 경우 국토교통부령으로 정하는 바에 따라 매입의무자의 매입사실을 확인하여야 한다.(2016.8.11 전단개정)
⑥ 제2종국민주택채권의 매입기준, 매입절차 및 매입의 효력 등은 국토교통부령으로 정한다.
제9조【제2종국민주택채권의 분할 발행】 ① 시장·군수 또는 구청장(자치구의 구청장을 말한다)은 제8조제5항에 따라 제2종국민주택채권을 매입하는 자가 매입하여야 하는 금액이 1억원을 초과하는 경우에는 1억원을 초과하는 금액에 대하여 분할 매입하게 할 수 있다.
② 제1항에 따라 채권을 분할 매입하는 경우 채권 매입자는 주택공급계약 체결 이전에 분할 매입금액의 50퍼센트 이상에 해당하는 채권을 매입하고 나머지는 국토교통부령으로 정하는 잔금납부시기 이전에 매입할 수 있다.
제10조【국민주택채권의 중도상환】 ① 국민주택채권은 다음 각 호의 어느 하나에 해당하는 경우를 제외하고는 중도에 상환할 수 없다.
1. 해당 면허·허가·등록이 제1종국민주택채권 매입자에게 책임 없는 사유로 철회되거나 취소된 경우
2. 국가, 지방자치단체 또는 제8조제1항에 따른 공공기관과 건설공사의 도급계약을 체결한 자가 그에게 책임 없는 사유로 계약을 취소당한 경우
3. 제2종국민주택채권을 매입한 후 입주자로 선정된 지위(입주자로 선정되어 해당 주택에 입주할 수 있는 권리·자격 또는 지위를 말한다) 또는 공급계약이 무효로 되거나 취소된 경우 또는 그 공급계약이 해지된 경우
4. 국민주택채권 매입대상자가 아닌 자가 착오로 매입하였거나 법정매입금액을 초과하여 매입한 경우
② 국민주택채권을 중도에 상환 받으려는 자는 제1항 각 호의 어느 하나에 해당한다는 사실증명〔해당 사무를 취급하는 국가기관, 지방자치단체, 제8조제1항에 따른 공공기관 또는 「주택법」 제2조제10호에 따른 사업주체(이하 "사업주체"라 한다)가 발행한 것이어야 하며, 이하 이 항에서 "사실증명"이라 한다〕을 첨부하여 채권사무 취급기관(채권사무 지정취급기관 또는 제7조제2항에 따라 채권사무 지정취급기관으로부터 국민주택채권의 매출·상환업무를 위탁받은 금융기관을 말한다. 이하 같다)에 신청하여야 한다. 다만, 국토교통부령으로 정하는 바에 따라 사실증명을 전자적으로 처리하는 경우에는 사실증명을 첨부하지 아니할 수 있다.(2016.8.11 본문개정)
③ 제1항에도 불구하고 국토교통부장관은 기금의 적정한 운용을 위하여 필요하다고 인정하는 경우에는 기획재정부장관과 협의하여 제1종국민주택채권을 매입소각(買入消却)의 방법으로 중도상환하도록 채권사무 취급기관에 요청할 수 있다. 이 경우 매입소각의 구체적인 방법은 국토교통부장관이 정한다.
제11조 (2015.12.11 삭제)
제12조【임대주택의 공급과 관련된 증권】 법 제9조제1항제3호라목에서 "대통령령으로 정하는 증권"이란 임대주택사업을 단지별로 독립적으로 시행하기 위하여 설립된 「상법」에 따른 주식회사 또는 유한회사로서 다음 각 호의 요건을 모두 갖춘 회사가 발행하는 증권을 말한다.
1. 본점 외의 영업소를 설치하지 아니할 것
2. 상시 근무하는 임원을 두지 아니할 것
3. 직원을 고용하지 아니할 것
4. 「법인세법 시행령」 제86조의2제5항제2호에 따른 자산관리회사 또는 「자본시장과 금융투자업에 관한 법률」 제12조에 따라 인가를 받아 설립된 신탁업자에 관련 사무를 위탁할 것
5. 주식을 담보(주택도시기금 융자금에 대한 담보는 제외한다)로 제공하지 아니할 것
(2015.12.28 1호~5호신설)
제13조【주택계정의 용도】 법 제9조제1항제9호에서 "대통령령으로 정하는 사업"이란 다음 각 호의 사업을 말한다.
1. 법 제9조제1항제1호가목 및 바목의 사업을 위한 기자재의 구입 및 비축
2. 「민간임대주택에 관한 특별법」 제2조에 따른 민간임대주택과 「공공주택 특별법」 제2조제1호가목에 따른 공공임대주택의 공급(2018.4.10 본호개정)
3. 국민주택을 건설하기 위한 자재 및 기술의 연구·개발
4. 주택건설자재의 생산 지원
5. 주택건설 관련 비영리공익법인의 국민주택건설사업 지원
제14조【도시계정 지원대상 선정기준 등】 ① 법 제9조제2항제2호 각 목 외의 부분에서 "대통령령으로 정하는 요건"이란 다음 각 호의 요건을 말한다.
1. 해당 사업이 공공시설의 설치 및 정비를 함께 시행하거나 일부 토지 및 건축물을 공공이 이용할 수 있도록 제공하여 지역의 도시재생에 기여하는 등 공공성이 있을 것
2. 해당 사업에서 발생하는 미래의 수입으로 기금의 출자금·투자금 또는 융자금을 상환할 수 있는 등 사업성이 있을 것
3. 해당 사업의 계획이 충분히 구체적이고 실현가능성이 있을 것
② 법 제9조제2항제2호에 따른 출자·투자 또는 융자를 받으려는 자는 다음 각 호의 내용이 포함된 사업계획을 작성하여 국토교통부장관에게 제출하여야 한다.
1. 제1항 각 호의 요건을 갖추었음을 설명하는 자료
2. 사업구역의 위치 및 면적
3. 건축물 및 그 부지의 정비에 관한 사업개요
4. 기반시설 및 공공시설의 정비에 관한 사업개요
5. 사업시행에 소요되는 기간
6. 필요한 용지의 취득에 대한 계획
7. 자금조달 및 기금 활용 계획
8. 그 밖에 국토교통부장관이 정하는 사항
③ 국토교통부장관은 제2항에 따른 사업계획을 바탕으로 기금지원 여부를 결정하여야 한다.
제15조【도시계정의 용도】 법 제9조제2항제6호에서 "대통령령으로 정하는 사업"이란 다음 각 호의 사업을 말한다.
1. 도시재생 활성화를 위한 연구·조사
2. 도시재생을 효율적으로 추진하기 위한 기획 및 관리 사업
제16조【출자·투자 한도】 법 제9조제3항에 따른 계정별 출자·투자 총액한도는 계정별로 기본순자산과 적립금 및 잉여금 합계액의 0.3배의 범위에서 기금운용계획으로 정한다. 다만, 법 제9조제1항제2호가목부터 다목까지의 기관에 출자한 금액은 주택계정의 출자·투자 총액한도에 포함하지 아니한다.
제17조【기금 여유자금의 운용방법】 국토교통부장관은 기금에 여유자금이 있는 경우에는 법 제9조제4항에 따라 다음 각 호의 방법으로 운용할 수 있다.
1. 국채, 공채 및 그 밖에 「자본시장과 금융투자업에 관한 법률」 제4조에 따른 증권의 매입
2. 공사 및 기금재수탁자 등(법 제10조제3항에 따라 공사로부터 기금사무의 일부를 재위탁받거나 국토교통부장관으로부터 위탁받은 금융기관 등을 말한다. 이하 같다)에의 예치
3. 기금이 매각한 대출자산을 기초로 하여 발행된 주택저당증권 중 한국거래소에 상장되지 아니한 주택저당증권의 매입
제17조의2【유한책임대출의 운용】 법 제9조제5항에 따른 기금의 유한책임대출 운용은 다음 각 호의 기준에 따른다.
1. 대출은 무주택자를 대상으로 소득수준을 고려하여 결정할 것
2. 담보물은 다음 각 목의 심사항목에 따라 평가할 것
가. 대상주택의 노후도
나. 대상주택의 입지적 특성
다. 대상주택 가격의 적정성
3. 대출한도 및 이자율은 주택도시기금 운용계획으로 정할 것
4. 제1호 및 제2호의 세부적인 사항과 대출한도 및 이자율은 공고할 것
(2015.12.11 본조신설)
제18조【기금의 운용·관리 등】 ① 법 제10조제2항에 따른 위탁사무의 처리에 필요한 비용은 기금에서 부담한다.
② 법 제10조제3항에 따라 공사가 위탁받은 사무의 일부를 재위탁하거나 국토교통부장관이 금융기관 등에 위탁하는 경우의 위탁수수료는 기금에서 부담하되, 그 금액은 국토교통부령으로 정한다.
③ 국토교통부장관은 제2항에 따라 위탁수수료에 관한 국토교통부령을 제정 또는 개정하려는 때에는 미리 기획재정부장관과 협의하여야 한다.
④ 공사 및 기금재수탁자 등은 법 제10조제4항에 따라 매달의 기금 조성·운용 상황을 다음 달 20일까지 국토교통부장관에게 보고하여야 한다.
⑤ 기금재수탁자 등은 기금회계와 기금재수탁자 등의 다른 회계를 구분하여 회계처리하여야 한다.
⑥ 국토교통부장관은 기금의 수입과 지출을 명확히 하기 위하여 한국은행에 주택도시기금계정을 설치할 수 있다.
제19조【결산보고서의 제출】 ① 공사 및 기금재수탁자 등은 국토교통부령으로 정하는 바에 따라 회계연도마다 기금의 결산보고서를 작성하여 다음 해 2월 20일까지 국토교통부장관에게 제출하여야 한다.
② 제1항에 따른 결산보고서에는 다음 각 호의 서류를 첨부해야 한다.(2021.1.5 본문개정)
1. 기금운용계획에 대한 실적분석보고서
2. 재무상태표(2021.1.5 본호개정)
3. 손익계산서
4. 이익잉여금처분계산서 또는 결손금처리계산서
5. 그 밖에 국토교통부령으로 정하는 서류
제20조【대리인의 선임등기 등】 ① 법 제24조에 따라 공사의 사장이 대리인을 선임하였을 때에는 2주 이내에 대리인을 둔 주된 사무소, 지사 또는 출장소의 소재지에서 다음 각 호의 사항을 등기하여야 한다. 등기한 사항이 변경되었을 때에도 또한 같다.
1. 대리인의 성명, 주민등록번호 및 주소
2. 대리인을 둔 주된 사무소, 지사 또는 출장소의 명칭과 소재지
3. 대리인의 권한을 제한하였을 때에는 그 제한 내용
② 대리인을 해임하였을 때에는 2주 이내에 대리인을 둔 주된 사무소, 지사 또는 출장소의 소재지에서 그 해임한 사실을 등기하여야 한다.
제21조【보증의 종류와 보증료】 ① 법 제26조제1항제2호에 따라 공사가 할 수 있는 보증의 종류는 다음 각 호와 같다.
1. 분양보증 : 사업주체(「주택법 시행령」 제16조에 따른 공동사업주체를 포함한다)가 「주택법」 제15조제1항 본문 또는 같은 조 제3항에 따라 사업계획의 승인을 받아 건설하는 주택(부대시설 및 복리시설을 포함한다. 이하 이 조에서 같다) 또는 같은 법 시행령 제27조제4항에 따라 사업계획의 승인을 받지 아니하고 30세대 이상의 주택과 주택 외의 시설을 하나의 건축물로 건축하는 경우에 하는 다음 각 목의 보증
가. 주택분양보증 : 사업주체가 파산 등의 사유로 분양계약을 이행할 수 없게 되는 경우 해당 주택의 분양(「주택법」 제49조에 따른 사용검사 또는 「건축법」 제22조에 따른 사용승인과 소유권보존등기를 포함한다)의 이행 또는 납부한 계약금 및 중도금의 환급(해당 주택의 감리자가 확인한 실행공정률이 100분의 80 미만이고, 입주자의 3분의 2 이상이 원하는 경우로 한정한다. 이하 나목에서 같다)을 책임지는 보증
나. 주택임대보증 : 사업주체가 파산 등의 사유로 임대계약을 이행할 수 없게 되는 경우 해당 주택의 임대(「주택법」 제49조에 따른 사용검사 및 소유권보존등기를 포함한다)의 이행 또는 납부한 계약금 및 중도금의 환급을 책임지는 보증
2. 임대보증금에 대한 보증 : 「민간임대주택에 관한 특별법」 제49조제1항 및 같은 법 시행령 제38조에 따른 민간건설임대주택의 임대보증금을 책임지는 보증
(2015.12.28. 본호개정)
3. 하자보수보증 : 「공동주택관리법 시행령」 제36조제1항에 따른 하자담보책임기간에 발생한 하자의 보수에 대한 보증
4. 감리비 예치보증 : 「주택법 시행령」 제15조제2항에 따른 등록사업자가 주택건설사업을 시행하는 경우의 감리와 관련하여 감리자에게 지급하여야 할 감리비의 지급에 대한 보증
5. 조합주택 시공보증 : 「주택법」 제5조제2항에 따른 주택조합과 공동으로 사업을 시행하는 등록사업자(「주택법」 제2조제11호다목에 따른 리모델링주택조합 및 「도시 및 주거환경정비법」 제35조 또는 「빈집 및 소규모주택 정비에 관한 특례법」 제23조에 따른 정비사업조합의 경우에는 도급계약을 체결한 시공자를 말한다)가 파산 등의 사유로 해당 주택에 대한 시공책임(착공신고일부터 사용검사일까지의 공사이행 책임을 말한다)을 이행할 수 없게 되는 경우에 시공을 이행하거나 일정금액을 납부하는 보증(2018.2.9 본호개정)
6. 주택상환사채에 대한 보증 : 「주택법」 제80조제1항에 따라 주택상환사채를 발행한 사업주체가 파산 등의 사유로 상환예정일에 주택으로 사채를 상환하지 못하는 경우에 이의 상환을 책임지는 보증

7. 주택사업금융보증 : 주택을 건설·매입 또는 리모델링 하여 수요자에게 분양 또는 임대하는 사업에 지원되는 금융의 원리금 상환을 책임지는 보증(2019.7.23 본호개정)
8. 하도급계약이행 및 대금지급보증 : 「하도급거래 공정화에 관한 법률」 제13조의2에 따른 보증 중 주택건설 하도급의 계약이행 및 대금지급을 책임지는 보증
9. 도시재생사업보증 : 법 제9조제2항제2호 각 목의 어느 하나에 해당하는 사업을 지원하는 금융의 원리금 상환을 책임지는 다음 각 목의 보증
  가. 도시재생사업금융보증 : 해당 사업에서 발생하는 미래의 현금수입을 주요 상환재원으로 하는 금융의 원리금 상환을 책임지는 보증
  나. 도시재생사업특례보증 : 「사회적기업 육성법」에 따른 사회적기업 등에 대해 적립금 등 별도의 재원으로 원리금 상환을 책임지는 보증
(2019.4.23 본호개정)
10. 그 밖에 국토교통부장관이 정하는 보증
② 법 제26조제1항제4호에 따라 공사가 할 수 있는 유동화증권에 대한 보증의 종류는 다음 각 호와 같다.
1. 유동화증권의 상환을 책임지는 보증
2. 「자산유동화에 관한 법률」 제3조제1항에 따른 유동화전문회사등에 대한 금융기관 신용공여의 상환을 책임지는 보증
③ 공사를 이용하는 자로부터 받는 보증료 등은 국토교통부장관의 승인을 받아야 한다.
④ 공사는 그가 하는 각종 보증의 구체적인 내용, 책임범위 및 조건 등에 관하여 약관을 정하여 시행할 수 있다.

제22조【업무】 ① 법 제26조제1항제9호에서 "대통령령으로 정하는 업무"란 다음 각 호의 업무를 말한다.
1. 공사가 제21조제1항에 따른 분양보증, 하자보수보증 등을 하는 경우에 사업주체의 파산 등으로 인하여 부담하게 될 수 있는 보증채무를 면하거나 보증채무 이행에 수반되는 손실을 방지하기 위하여 수행하는 다음 각 목의 업무
  가. 시공 중인 주택을 일시 매입하여 임대하거나 관리하는 업무
  나. 「자산유동화에 관한 법률」 제2조제5호에 따른 유동화전문회사가 발행하는 같은 법 제2조제4호에 따른 유동화증권을 매입하는 업무
2. 「해외건설 촉진법」 제19조제3항에 따른 해외건설집합투자기구가 발행하는 유가증권의 매입(2019.7.23 본호신설)
3. 법 제26조제1항제1호부터 제7호까지 및 이 항 제2호의 업무와 관련된 해외사업(2019.7.23 본호개정)
② 공사는 법 제26조제1항 각 호의 업무를 수행하기 위하여 다음 각 호의 행위를 할 수 있다.
1. 보증 및 기금의 심사 및 이행(재산조사를 포함한다) 등을 위한 조사 및 관계인에 대한 자료제공의 요청
2. 건설공사의 감리자에 대한 시공방법, 공정현황, 사용자재 및 품질 등에 관한 자료제출의 요청
3. 「주택법」 제49조에 따른 사용검사(「건축법」 제22조에 따른 사용승인을 포함한다)의 신청 등 국토교통부령으로 정하는 보증의 이행과 관련된 업무(2016.8.11 본호개정)

제23조【보증의 한도】 ① 법 제27조에 따른 보증의 총액한도는 자기자본의 70배로 한다.(2023.9.19 본항개정)
② 금융기관, 보험회사 또는 이와 유사한 기관의 보증이나 보험에 의하여 보장을 받거나 그 밖에 담보물을 받고 하는 보증은 제1항에 따른 보증의 총액한도에 포함하지 아니한다.
③ 제1항에서 자기자본은 전년도말 결산액을 기준으로 한다. 다만, 사업연도 중에 증자를 한 경우에는 증자를 마친 때의 자기자본을 기준으로 한다.

제24조【준비금의 적립】 공사는 결산기마다 법 제26조제1항에 따른 보증의 종류별로 「보험업법」 제120조에 준하는 책임준비금을 적립하여야 한다.

제25조【공사의 경영건전성 검사】 ① 금융위원회는 법 제32조제2항에 따라 공사의 경영건전성 유지에 필요한 검사를 하는 경우에는 검사기준을 만들어 사전에 공사에 통보할 수 있다.
② 금융위원회는 제1항에 따른 검사를 위하여 필요한 경우에는 금융감독원장에게 그 소속 직원의 파견을 요청할 수 있다.
③ 공사에 대한 경영건전성 검사를 하는 자는 그 권한을 표시하는 증표를 지니고 관계인에게 보여 주어야 한다.

제25조의2【자료제공의 요청】 ① 국토교통부장관, 공사, 기금재수탁자 등 및 법 제34조의4에 따라 업무를 위탁받은 보건복지부장관이 법 제33조제1항 및 제2항에 따라 자료 및 정보의 제공을 요청할 수 있는 기관은 다음 각 호와 같다.
1. 대법원 등 국가기관
2. 지방자치단체
3. 금융기관
4. 「공무원연금법」에 따른 공무원연금공단
5. 「국민연금법」에 따른 국민연금공단
6. 「국민건강보험법」에 따른 국민건강보험공단
7. 「별정우체국법」에 따른 별정우체국 연금관리단
8. 「보험업법」에 따른 보험요율 산출기관
9. 「사립학교교직원 연금법」에 따른 사립학교교직원연금공단
10. 「사회보장급여의 이용·제공 및 수급권자 발굴에 관한 법률」에 따른 한국사회보장정보원(2020.5.19 본호개정)
11. 「산업재해보상보험법」에 따른 근로복지공단
12. 그 밖에 국토교통부장관 또는 공사가 기금의 운용 및 관리를 위해 필요하다고 인정하는 자료 또는 정보를 보유한 기관
② 국토교통부장관, 공사, 기금재수탁자 등 및 법 제34조의4에 따라 업무를 위탁받은 보건복지부장관이 법 제33조제1항 및 제2항에 따라 요청할 수 있는 자료 및 정보는 다음 각 호와 같다.
1. 법 제33조제1항제2호에 따른 다음 각 목의 국세 및 지방세에 관한 자료
  가. 「국세기본법」에 따른 과세정보인 다음의 자료
    1) 「소득세법」에 따른 종합소득, 사업소득, 근로소득 및 일용근로자의 근로소득
    2) 「조세특례제한법」에 따른 근로장려금 및 자녀장려금의 결정에 관한 자료
    3) 「부가가치세법」에 따른 사업자등록에 관한 자료(휴업·폐업정보를 포함한다)
  나. 「지방세법」에 따른 취득세, 재산세 및 자동차세에 관한 과세정보
2. 법 제33조제1항제3호에 따른 다음 각 목의 각종 연금·보험·급여에 관한 자료
  가. 「고용보험 및 산업재해보상보험의 보험료징수 등에 관한 법률」에 따른 보험가입자, 근로자 및 예술인의 월평균보수 등에 관한 자료(2020.12.8 본목개정)
  나. 「고용보험법」에 따른 다음의 자료
    1) 피보험자의 자격 등에 관한 자료
    2) 실업급여 등 급여, 보상 및 지원에 관한 자료
  다. 「국민건강보험법」에 따른 다음의 자료
    1) 가입자의 보수월액, 보험료, 자격 취득·상실 등 보험료의 부과·징수에 관한 자료
    2) 피부양자의 자격에 관한 정보
    3) 보험료를 경감 받는 대상자임을 증명하는 자료
  라. 「국민기초생활 보장법」에 따른 수급자 및 차상위계층에 해당함을 증명하는 자료
  마. 「국민연금법」에 따른 가입자 자격 및 급여 등에 관한 자료
  바. 「노인장기요양보험법」에 따른 수급자로 판정된 사람의 장기요양급여 및 장기요양기관에 관한 자료
  사. 「산업재해보상보험법」에 따른 보험급여 등 급여, 보상 및 지원에 관한 자료
  아. 「장애인복지법」에 따른 장애인 등록 여부, 장애수당 및 장애아동수당 수급 여부에 관한 자료
  자. 「장애인연금법」에 따른 장애인연금 수급 여부에 관한 자료
  차. 다음의 법률에 따른 가입자의 연금 또는 급여에 관한 자료
    1) 「공무원연금법」
    2) 「군인공제회법」
    3) 「군인연금법」, 「군인 재해보상법」(2020.6.9 개정)
    4) 「별정우체국법」
    5) 「사립학교교직원 연금법」
  카. 다음의 법률에 따라 받는 급여, 보상 및 지원에 관한 자료
    1) 「5·18민주유공자예우 및 단체설립에 관한 법률」(2021.4.6 개정)
    2) 「고엽제후유의증 등 환자지원 및 단체설립에 관한 법률」
    3) 「국가보훈 기본법」
    4) 「국가유공자 등 예우 및 지원에 관한 법률」
    5) 「독립유공자예우에 관한 법률」
    6) 「보훈보상대상자 지원에 관한 법률」
    7) 「제대군인지원에 관한 법률」
    8) 「참전유공자 예우 및 단체설립에 관한 법률」
    9) 「특수임무유공자 예우 및 단체설립에 관한 법률」
  타. 「한부모가족지원법」에 따른 지원대상자임을 증명하는 자료
3. 법 제33조제1항제4호에 따른 다음 각 목의 부동산 및 자동차에 관한 자료
  가. 부동산에 관한 다음의 자료
    1) 「건축법」에 따른 건축물대장
    2) 「공간정보의 구축 및 관리 등에 관한 법률」에 따른 지적전산자료 및 부동산종합공부
    3) 「도시 및 주거환경정비법」에 따른 분양대상자에 관한 자료
    4) 「부동산 가격공시에 관한 법률」에 따른 개별공시지가, 개별주택가격 및 공동주택가격
    5) 「부동산 거래신고 등에 관한 법률」에 따른 부동산등의 거래에 관한 자료
    6) 「주택임대차보호법」에 따른 확정일자부 중 임대차계약에 관한 자료
    7) 「주택법」에 따른 분양권에 관한 자료
  나. 자동차에 관한 다음의 자료
    1) 「자동차관리법」에 따른 자동차등록원부
    2) 「보험업법」에 따른 자동차보험의 보험요율 산출에 관한 자료
(2019.7.23 본조개정)

제25조의3【금융정보 등의 제공 요청 등】 ① 법 제34조제1항제1호 및 제2호에 따른 자료 또는 정보의 구체적인 내용은 다음 각 호와 같다.
1. 법 제34조제1항제1호에 따른 금융정보 : 다음 각 목의 자료 또는 정보
  가. 보통예금, 저축예금, 자유저축예금 등 요구불예금 : 최근 3개월 이내의 평균 잔액
  나. 정기예금, 정기적금, 정기저축 등 저축성예금 : 예금의 잔액 또는 총납입액
  다. 주식, 수익증권, 출자금, 출자지분 : 최종 시세가액. 이 경우 비상장주식은 「상속세 및 증여세법 시행령」 제54조제1항에 따라 가액을 평가한다.
  라. 채권, 어음, 수표, 채무증서, 신주인수권 증서 : 액면가액
  마. 연금저축 : 정기적으로 지급된 금액 또는 최종 잔액
2. 법 제34조제1항제2호에 따른 신용정보 : 다음 각 목의 자료 또는 정보
  가. 대출 현황과 연체 내용
  나. 신용카드 미결제금액
② 법 제34조제1항제3호에서 "대통령령으로 정하는 보험 관련 자료 또는 정보"란 다음 각 호의 자료 또는 정보를 말한다.
1. 보험증권 : 해약하는 경우 지급받게 될 환급금 또는 최근 1년 이내에 지급된 보험금
2. 연금보험 : 해약하는 경우 지급받게 될 환급금 또는 정기적으로 지급되는 금액
③ 기금과 관련한 대출을 신청하는 자 및 그 배우자(이하 "신청자등"이라 한다)는 법 제34조제2항에 따라 동의서면을 제출하는 경우 국토교통부령으로 정하는 금융정보 등의 제공 동의서면을 국토교통부장관에게 직접 제출하거나 우편·팩스 또는 정보통신망을 통하여 제출할 수 있다.
(2019.7.23 본조신설)

제25조의4【금융정보등의 제공】 ① 국토교통부장관(법 제34조의4에 따라 업무를 위탁받은 보건복지부장관을 포함한다. 이하 이 조에서 같다)은 법 제34조의2제1항에 따라 금융기관 및 「신용정보의 이용 및 보호에 관한 법률」 제25조제2항제1호에 따른 종합신용정보집중기관(이하 "신용정보집중기관"이라 한다)의 장에게 신청자등에 대한 법 제34조제1항제1호부터 제3호까지의 금융정보·신용정보 또는 보험정보(이하 "금융정보등"이라 한다)의 제공을 요청하는 경우에는 요청 내용에 다음 각 호의 사항을 포함해야 한다.(2020.8.4 본문개정)
1. 신청자등의 성명과 주민등록번호
2. 제공을 요청하는 금융정보등의 범위와 조회기준일 및 조회기간
3. 요청의 법적 근거
4. 사용 목적
5. 요청하는 기관의 담당자 및 책임자의 성명과 직책 등 인적사항
② 법 제34조의2제1항에 따라 금융정보등의 제공을 요청받은 금융기관 및 신용정보집중기관의 장이 국토교통부장관에게 해당 금융정보등을 제공하는 경우에는 제공 내용에 다음 각 호의 사항을 포함해야 한다.
1. 신청자등의 성명과 주민등록번호
2. 금융정보등을 제공하는 금융기관 및 신용정보집중기관의 명칭
3. 제공대상 금융상품명과 계좌번호
4. 금융정보등의 내용
③ 국토교통부장관은 금융기관 및 신용정보집중기관이 가입한 협회, 연합회 또는 중앙회의 정보통신망을 이용하여 해당 금융기관 및 신용정보집중기관의 장에게 금융정보등을 제공하도록 요청할 수 있다.
(2019.7.23 본조신설)

제26조【고유식별정보의 처리】 ① 국토교통부장관(법 제10조제2항 및 제3항에 따라 국토교통부장관의 업무를 위탁 또는 재위탁받은 자를 포함한다)은 다음 각 호의 사무를 수행하기 위하여 불가피한 경우 「개인정보 보호법 시행령」 제19조에 따른 주민등록번호, 여권번호 또는 외국인등록번호가 포함된 자료를 처리할 수 있다.
(2019.7.23 본문개정)
1. 법 제8조에 따른 국민주택채권의 매입에 관한 사무
(2016.11.1 본호신설)
2. 법 제9조제1항제1호가목부터 마목까지 및 사목에 따른 융자에 관한 사무(임대인 및 세대원의 정보를 포함한다)
3. 법 제9조제2항제2호에 따른 출자·투자 또는 융자에 관한 사무
4. 법 제10조에 따른 기금의 운용·관리에 관한 사무 중 「주택법」 제56조제2항의 입주자저축에 관한 사무
(2019.7.23 본호신설)

② 공사는 다음 각 호의 사무를 수행하기 위하여 불가피한 경우 「개인정보 보호법 시행령」 제19조제1호, 제2호 또는 제4호에 따른 주민등록번호, 여권번호 또는 외국인등록번호가 포함된 자료를 처리할 수 있다.
1. 법 제26조제1항제2호에 따른 보증에 관한 사무
2. 법 제26조제1항제3호에 따른 보증의 이행 및 구상권 행사에 관한 사무
3. 법 제26조제1항제4호 및 제5호에 따른 유동화증권에 대한 보증 및 유동화자산 관리에 관한 사무
4. 법 제26조제1항제6호에 따른 부동산의 취득·관리·개량 및 처분의 수탁에 관한 사무
5. 법 제26조제1항제7호에 따라 위탁받은 업무 중 보증, 보증이행 또는 융자에 관한 사무(보증, 보증이행 또는 융자 업무의 수행에 따른 채권행사에 관한 사무를 포함한다)
6. 법 제26조제2항에 따른 신탁의 인수에 관한 사무
7. 제22조제1항제1호에 따른 업무에 관한 사무

제27조【상습 채무불이행자의 성명 등 공개】 ① 법 제34조의5제1항 각 호 외의 부분 단서에서 "임대인이 사망한 경우, 구상채무와 관련하여 민사소송이 계류 중인 경우 등 대통령령으로 정하는 사유"란 다음 각 호의 어느 하나에 해당하는 사유를 말한다.
1. 법 제34조의5제1항 각 호 외의 부분 본문에 따른 임대인(이하 "상습 채무불이행자"라 한다)이 사망한 경우 또는 「민법」 제27조에 따라 실종선고를 받은 경우
2. 법 제34조의5제1항에 따른 구상채무(이하 "구상채무"라 한다)와 관련하여 민사소송이 계류 중인 경우(여러 건의 구상채무 가운데 일부만 민사소송이 계류 중인 경우로서 나머지 구상채무만으로도 같은 항에 따른 공개 요건을 갖춘 경우는 제외한다)
3. 상습 채무불이행자가 구상채무를 전부 이행한 경우
4. 상습 채무불이행자가 구상채무의 100분의 50 이상을 이행하고, 나머지 채무에 대한 이행계획 및 자금 조달 방안을 충분히 소명하여 법 제34조의5제4항에 따른 임대인정보공개심의위원회(이하 "정보공개심의위원회"라 한다)가 공개 대상에서 제외할 필요가 있다고 인정하는 경우
5. 제1호부터 제4호까지에 준하는 경우로서 정보공개심의위원회가 상습 채무불이행자의 성명 등을 공개할 실익이 없거나 공개하는 것이 부적절하다고 인정하는 경우

② 법 제34조의5제1항제1호에서 "임대보증금보증 등 대통령령으로 정하는 보증채무"란 다음 각 호의 어느 하나에 해당하는 보증채무를 말한다.
1. 제21조제1항제2호에 따른 임대보증금에 대한 보증
2. 제21조제1항제10호에 따른 국토교통부장관이 정하는 보증으로서 임대차계약 또는 전세계약의 종료에 따른 보증금의 반환을 책임지는 보증

③ 공사는 법 제34조의5제3항에 따라 성명 등의 공개대상자에게 공개대상자임을 통보하는 경우에는 구상채무의 이행을 촉구하고, 통보받은 날부터 2개월 안에 소명자료를 제출하도록 안내해야 한다.
④ 공사는 상습 채무불이행자의 성명 등을 공개한 후 공개대상자나 그 상속인 또는 법정대리인이 제1항제1호부터 제4호까지의 어느 하나에 해당하는 사유를 소명한 경우에는 정보공개심의위원회의 심의·의결을 거쳐 공개된 성명 등을 삭제한다.
⑤ 공사는 법 제34조의5제1항에 따라 성명 등을 공개한 경우 또는 이 조 제4항에 따라 공개된 성명 등을 삭제한 경우에는 지체 없이 공개대상자나 그 상속인 또는 법정대리인에게 그 사실을 알려야 한다.
⑥ 제1항부터 제5항까지에서 규정한 사항 외에 상습 채무불이행자의 성명 등의 공개 방법 및 절차 등에 관하여 필요한 사항은 공사가 정한다.
(2023.9.19 본조신설)

제28조【임대인정보공개심의위원회 구성 및 운영】 ① 법 제34조의5제1항에 따른 상습 채무불이행자의 성명 등의 공개 여부를 심의하기 위하여 공사에 정보공개심의위원회를 둔다.
② 정보공개심의위원회는 위원장 1명을 포함하여 11명의 위원으로 구성한다.
③ 정보공개심의위원회의 위원장은 위원 중에서 공사의 사장이 지명하는 사람이 되고, 위원은 공사의 사장이 임명하거나 위촉하는 다음 각 호의 사람이 된다.
1. 공사 소속 임직원 3명
2. 판사·검사 또는 변호사의 직에 5년 이상 재직하였거나 재직하고 있는 사람 3명
3. 「고등교육법」 제2조에 따른 대학에서 부동산, 금융 또는 법률 관련 학과의 부교수 이상으로 재직하였거나 재직하고 있는 사람 3명
4. 부동산, 금융 또는 법률에 관한 학식과 경험이 풍부한 사람 2명

④ 제3항제2호부터 제4호까지에 따른 위원의 임기는 2년으로 한다.
⑤ 위원장은 정보공개심의위원회를 대표하고 그 직무를 총괄한다. 다만, 위원장이 부득이한 사유로 직무를 수행할 수 없는 경우에는 위원장이 미리 지명한 위원이 그 직무를 대행한다.
⑥ 정보공개심의위원회의 회의는 구성원 과반수의 출석으로 개의하고, 출석위원 과반수의 찬성으로 의결한다.
⑦ 제1항부터 제6항까지에서 규정한 사항 외에 정보공개심의위원회의 구성 및 운영 등에 필요한 사항은 공사가 정한다.
(2023.9.19 본조신설)

제29조【위원의 제척·기피·회피】 ① 정보공개심의위원회의 위원이 다음 각 호의 어느 하나에 해당하는 경우에는 위원회의 심의·의결에서 제척된다.
1. 위원 또는 그 배우자나 배우자였던 사람이 해당 안건의 당사자(당사자가 법인·단체 등인 경우에는 그 임원을 포함한다. 이하 이 호 및 제2호에서 같다)가 되거나 그 안건의 당사자와 공동권리자 또는 공동의무자인 경우
2. 위원이 해당 안건의 당사자와 친족이거나 친족이었던 경우
3. 위원이 해당 안건에 대하여 증언, 진술, 자문, 연구, 용역 또는 감정을 한 경우
4. 위원이나 위원이 속한 법인·단체 등이 해당 안건의 당사자의 대리인이거나 대리인이었던 경우

② 당사자는 제1항에 따른 제척사유가 있거나 위원에게 공정한 심의·의결을 기대하기 어려운 사정이 있는 경우에는 정보공개심의위원회에 기피 신청을 할 수 있고, 정보공개심의위원회는 의결로 기피 여부를 결정한다. 이 경우 기피 신청의 대상인 위원은 그 의결에 참여하지 못한다.
③ 위원은 제1항 또는 제2항의 사유에 해당하는 경우에는 스스로 해당 안건의 심의·의결에서 회피(回避)하여야 한다.
(2023.9.19 본조신설)

제30조【위원의 해촉】 공사의 사장은 제28조제3항제2호부터 제4호까지의 위원이 다음 각 호의 어느 하나에 해당하는 경우에는 해당 위원을 해촉할 수 있다.
1. 심신쇠약으로 직무를 수행할 수 없게 된 경우
2. 직무와 관련된 비위사실이 있는 경우
3. 직무태만, 품위손상이나 그 밖의 사유로 위원으로 적합하지 않다고 인정되는 경우
4. 제29조제1항 또는 제2항에 해당하는 데도 불구하고 회피하지 않은 경우
5. 위원 스스로 직무를 수행하는 것이 곤란하다고 의사를 밝히는 경우

(2023.9.19 본조신설)

부　칙

제1조【시행일】 이 영은 2015년 7월 1일부터 시행한다.
제2조【대한주택보증주식회사의 보증에 관한 경과조치】 이 영 시행 당시 「주택법 시행령」 제106조제1항제9호에 따라 대한주택보증주식회사의 정관으로 정하여 운용 중인 보증은 제21조제1항제10호에 따른 보증으로 본다.
제3조【다른 법령의 개정】 ①~㉜ ※(해당 법령에 가제정리 하였음)
제4조【다른 법령과의 관계】 이 영 시행 당시 다른 법령에서 「주택법 시행령」 또는 「주택법 시행령」의 종전의 규정을 인용하고 있는 경우 이 영 중 그에 해당하는 규정이 있는 때에는 「주택법 시행령」 또는 「주택법 시행령」의 종전의 규정을 갈음하여 이 영 또는 이 영의 해당 규정을 인용한 것으로 본다.

부　칙 (2018.4.10)

제1조【시행일】 이 영은 공포한 날부터 시행한다.
제2조【국민주택채권 매입의무 면제에 관한 적용례】 별표 제3호차목의 개정규정은 이 영 시행 이후 건축허가 또는 부동산등기를 신청하는 경우부터 적용한다.

부　칙 (2019.1.15)
(2019.4.23)

이 영은 공포한 날부터 시행한다.

부　칙 (2019.6.25)

제1조【시행일】 이 영은 2019년 9월 16일부터 시행한다. (이하 생략)

부　칙 (2019.7.23)

이 영은 2019년 7월 24일부터 시행한다.

부　칙 (2020.5.19)

제1조【시행일】 이 영은 2020년 6월 4일부터 시행한다. (이하 생략)

부　칙 (2020.6.9)

제1조【시행일】 이 영은 2020년 6월 11일부터 시행한다. (이하 생략)

부　칙 (2020.8.4)

제1조【시행일】 ① 이 영은 2020년 8월 5일부터 시행한다.(이하 생략)

부　칙 (2020.12.8)

제1조【시행일】 이 영은 2020년 12월 10일부터 시행한다. (이하 생략)

부　칙 (2021.1.5)

이 영은 공포한 날부터 시행한다.(이하 생략)

부　칙 (2021.4.6)

제1조【시행일】 이 영은 2021년 4월 6일부터 시행한다. (이하 생략)

부　칙 (2021.11.12)

이 영은 공포한 날부터 시행한다.

부　칙 (2022.2.17)

제1조【시행일】 이 영은 2022년 2월 18일부터 시행한다. (이하 생략)

부　칙 (2022.12.27)

이 영은 2023년 1월 1일부터 시행한다.

부　칙 (2023.5.16)

제1조【시행일】 이 영은 공포한 날부터 시행한다.(이하 생략)

부　칙 (2023.9.19)

이 영은 2023년 9월 29일부터 시행한다. 다만, 제23조제1항의 개정규정은 공포한 날부터 시행한다.

[별표] ➡ 「法典 別册」 참조

공공주택 특별법

(2009년 3월 20일 전부개정법률 제9511호)

개정
2009. 3.25법 9552호(연안관리법)
2009. 6. 9법 9758호(농어촌정비)
2009. 6. 9법 9763호(산림보호법)
2009. 6. 9법 9770호(소음 · 진동관리법)
2009. 6. 9법 9774호(측량 · 수로지적)
2010. 1.27법 9982호(광업)
2010. 4. 5법10238호
2010. 4.15법10272호(공유수면관리및매립에관한법)
2010. 5.17법10303호(은행법)
2010. 5.31법10331호(산지관리법)
2010. 5.31법10335호(한강수계상수원수질개선및주민지원등에관한법)
2011. 4.14법10599호(국토이용)
2011. 5.19법10667호
2011. 5.30법10764호(택지개발촉진법)
2011. 7.21법10892호(환경영향평가법)
2012. 1.17법11187호
2013. 3.23법11690호(정부조직)
2013. 7.16법11926호
2014. 1.14법12248호(도로법)
2014. 1.14법12251호
2014. 6. 3법12738호(공간정보구축관리)
2014.12.31법12959호(주택법)
2015. 1. 6법12971호
2015. 1. 6법12989호(주택도시기금법)
2015. 1.20법13050호
2015. 7.24법13433호(도시교통정비촉진법)
2015. 8.11법13473호
2015. 8.11법13474호(공동주택관리법)
2015. 8.28법13498호
2016. 1.19법13797호(부동산거래신고등에관한법)
2016. 1.19법13805호(주택법)
2016.12. 2법14333호
2016.12.27법14480호(농어촌정비)
2017. 1.17법14532호(물환경보전법)
2017. 2. 8법14567호(도시및주거환경정비법)
2017. 8. 9법14851호
2017.10.24법14912호(자연재해대책법)
2017.10.24법14938호
2018. 3.13법15460호(철도의건설및철도시설유지관리에관한법)
2018. 3.20법15522호(공무원재해보상법)
2018.12.31법16137호 2019. 4.30법16417호
2019. 8.20법16488호 2019.11.26법16628호
2020. 1.29법16902호(항만법)
2020. 3.31법17171호(전기안전관리법)
2020. 6. 9법17453호(법률용어정비)
2020. 8.18법17481호
2020. 8.18법17486호(주택법)
2020.12.22법17734호
2020.12.31법17814호(정부조직)
2021. 4. 1법17986호 2021. 5.18법18183호
2021. 7.20법18310호(공간정보구축관리)
2021. 7.20법18311호 2021.10.19법18509호
2022. 1.11법18750호(수도법)
2022. 2. 3법18827호 2022.11.15법19048호
2022.12.27법19117호(산림자원조성관리)
2023. 4.18법19369호 2023.10.24법19763호
2024. 2. 6법20234호(국토이용)→2024년 8월 7일 시행

제1장 총 칙

제1조【목적】 이 법은 공공주택의 원활한 건설과 효과적인 운영을 위하여 필요한 사항을 규정함으로써 서민의 주거안정 및 주거수준 향상을 도모하여 국민의 쾌적한 주거생활에 이바지함을 목적으로 한다.(2015.8.28 본조개정)

제2조【정의】 이 법에서 사용하는 용어의 뜻은 다음과 같다.

1. "공공주택"이란 제4조제1항 각 호에 규정된 자 또는 제4조제2항에 따른 공공주택사업자가 국가 또는 지방자치단체의 재정이나 「주택도시기금법」에 따른 주택도시기금(이하 "주택도시기금"이라 한다)을 지원받아 이 법 또는 다른 법률에 따라 건설, 매입 또는 임차하여 공급하는 다음 각 목의 어느 하나에 해당하는 주택을 말한다.
  가. 임대 또는 임대한 후 분양전환을 할 목적으로 공급하는 「주택법」 제2조제1호에 따른 주택으로서 대통령령으로 정하는 주택(이하 "공공임대주택"이라 한다)
  나. 분양을 목적으로 공급하는 주택으로서 「주택법」 제2조제5호에 따른 국민주택규모 이하의 주택(이하 "공공분양주택"이라 한다)(2016.1.19 본목개정)
  (2015.8.28 본호개정)

1의2. "공공건설임대주택"이란 제4조에 따른 공공주택사업자가 직접 건설하여 공급하는 공공임대주택을 말한다.(2015.8.28 본호신설)

1의3. "공공매입임대주택"이란 제4조에 따른 공공주택사업자가 직접 건설하지 아니하고 매매 등으로 취득하여 공급하는 공공임대주택을 말한다.(2015.8.28 본호신설)

1의4. "지분적립형 분양주택"이란 제4조에 따른 공공주택사업자가 직접 건설하거나 매매 등으로 취득하여 공급하는 공공분양주택으로서 주택을 공급받은 자가 20년 이상 30년 이하의 범위에서 대통령령으로 정하는 기간 동안 공공주택사업자와 주택의 소유권을 공유하면서 대통령령으로 정하는 바에 따라 소유 지분을 적립하여 취득하는 주택을 말한다.(2021.5.18 본호신설)

1의5. "이익공유형 분양주택"이란 제4조에 따른 공공주택사업자가 직접 건설하거나 매매 등으로 취득하여 공급하는 공공분양주택으로서 주택을 공급받은 자가 해당 주택을 처분하려는 경우 공공주택사업자가 환매하되 공공주택사업자와 처분 손익을 공유하는 것을 조건으로 분양하는 주택을 말한다.(2021.7.20 본호신설)

2. "공공주택지구"란 공공주택의 공급을 위하여 공공주택이 전체주택 중 100분의 50 이상이 되고, 제6조제1항에 따라 지정·고시하는 지구를 말한다. 이 경우 제1호 각 목별 주택비율은 전단의 규정의 범위에서 대통령령으로 정한다.(2015.8.28 전단개정)

2의2. "도심 공공주택 복합지구"란 도심 내 역세권, 준공업지역, 저층주거지에서 공공주택과 업무시설, 판매시설, 산업시설 등을 복합하여 조성하는 거점으로 제40조의7에 따라 지정·고시하는 지구를 말한다. 이 경우 제1호 각 목별 주택비율은 대통령령으로 정한다.(2021.7.20 본호신설 : 2024.9.20까지 유효)

3. "공공주택사업"이란 다음 각 목에 해당하는 사업을 말한다.(2015.8.28 본문개정)
  가. 공공주택지구조성사업 : 공공주택지구를 조성하는 사업
  나. 공공주택건설사업 : 공공주택을 건설하는 사업
  다. 공공주택매입사업 : 공공주택을 공급할 목적으로 주택을 매입하거나 인수하는 사업(2015.8.28 본목개정)
  라. 공공주택관리사업 : 공공주택을 운영·관리하는 사업(2015.8.28 본목신설)
  마. 도심 공공주택 복합사업 : 도심 내 역세권, 준공업지역, 저층주거지에서 공공주택과 업무시설, 판매시설, 산업시설 등을 복합하여 건설하는 사업(2021.7.20 본목신설 : 2024.9.20까지 유효)
  (2014.1.14 본호개정)

4. "분양전환"이란 공공임대주택을 제4조제1항 각 호에 규정된 자가 아닌 자에게 매각하는 것을 말한다.(2015.8.28 본호신설)

제2조의2【준주택의 준용】 ① 제4조제1항 각 호에 규정된 자가 국가 또는 지방자치단체의 재정이나 주택도시기금을 지원받아 건설, 매입 또는 임차하여 임대를 목적으로 공급하는 「주택법」 제2조제4호에 따른 준주택으로서 대통령령으로 정하는 준주택(이하 "공공준주택"이라 한다)은 제3조, 제3조의2, 제4조, 제5조, 제35조부터 제39조까지, 제40조의2부터 제40조의5까지, 제41조, 제43조, 제43조의2, 제44조, 제45조의2, 제48조, 제48조의2부터 제48조의7까지, 제49조, 제49조의2부터 제49조의4까지, 제49조의7, 제49조의8, 제50조, 제50조의2, 제50조의3, 제53조, 제53조의2, 제54조부터 제57조까지, 제57조의2부터 제57조의7까지 및 제58조부터 제60조까지의 규정을 준용할 수 있다. 이 경우 "공공주택"은 "공공준주택"으로 본다.(2021.10.19 전단개정)
② 공공준주택의 면적은 「주거기본법」 제17조에 따라 국토교통부장관이 공고한 최저주거기준 중 1인 가구의 최소 주거면적을 만족하여야 한다.
(2015.8.28 본조신설)

제3조【공공주택 공급·관리계획】 ① 국토교통부장관과 특별시장·광역시장·특별자치시장·도지사 또는 특별자치도지사(이하 "시·도지사"라 한다)는 「주거기본법」 제5조에 따른 주거종합계획 및 같은 법 제6조에 따른 시·도 주거종합계획을 수립하는 때에는 공공주택의 공급에 관한 사항을 포함하여야 한다.(2022.11.15 본항개정)
② 국토교통부장관은 공공주택의 원활한 건설, 매입, 관리 등을 위하여 「주거기본법」 제5조에 따른 10년 단위 주거종합계획과 연계하여 5년마다 공공주택 공급·관리계획을 수립하여야 한다. 이 경우 공공주택 공급·관리계획에는 다음 각 호의 사항을 포함하여야 한다.
1. 공공주택의 지역별, 수요 계층별 공급에 관한 사항
2. 공공주택 재고의 운영 및 관리에 관한 사항(「장기공공임대주택 입주자 삶의 질 향상 지원법」 제2조제1호에 따른 장기공공임대주택의 노후화에 따른 시설개선에 관한 사항을 포함한다)(2017.10.24 본호개정)
3. 공공주택의 공급·관리 등에 필요한 비용과 그 재원의 확보에 관한 사항
4. 그 밖에 공공주택의 공급·관리를 위하여 필요하다고 국토교통부장관이 인정하는 사항

③ 제2항에 따라 공공주택 공급·관리계획을 수립하는 경우에는 공공주택의 유형 및 지역별 입주 수요량을 조사하여야 한다.
④ 국토교통부장관은 공공주택 공급·관리계획을 수립하려는 경우에는 미리 관계 중앙행정기관의 장 및 지방자치단체의 장에게 공공주택 공급·관리계획에 반영되어야 할 정책 및 사업에 관한 소관별 계획서의 제출을 요청하여야 한다. 이 경우 관계 중앙행정기관의 장 및 지방자치단체의 장은 특별한 사유가 없으면 요청에 따라야 한다.
⑤ 국토교통부장관은 제4항에 따라 받은 소관별 계획서를 기초로 공공주택 공급·관리계획을 마련하여 관계 중앙행정기관의 장 및 지방자치단체의 장과 협의 후 「주거기본법」 제8조에 따른 주거정책심의위원회를 거쳐 확정한다. 이 경우 국토교통부장관은 확정된 공공주택 공급·관리계획을 관계 중앙행정기관의 장 및 지방자치단체의 장에게 지체 없이 통보하여야 한다.(2015.8.28 본항신설)
⑥ 지방자치단체의 장은 제2항의 공공주택 공급·관리계획에 따라 관할 지역의 공공주택 공급·관리계획을 수립할 수 있다.(2015.8.28 본항신설)
⑦ 국토교통부장관은 공공주택의 공급·관리 실태를 파악하기 위하여 지방자치단체별로 공공주택의 공급·관리 수준에 대한 평가를 실시할 수 있다.(2015.8.28 본항신설)
⑧ 국토교통부장관은 제7항에 따른 평가 결과를 공공주택 공급·관리계획에 반영하여야 하며, 다른 관련된 계획의 수립이나 사업을 지원·선정하는 기준에 반영할 수 있다.(2015.8.28 본항신설)
⑨ 제7항 및 제8항에 따른 평가의 방법과 반영기준 등은 국토교통부장관이 따로 정할 수 있다.(2015.8.28 본항신설)
(2015.8.28 본조개정)

제3조의2【공공주택의 재원·세제지원 등】 ① 국가 및 지방자치단체는 매년 공공주택 건설, 매입 또는 임차에 사용되는 자금을 세출예산에 반영하도록 노력하여야 한다.
② 국가 및 지방자치단체는 청년층·장애인·고령자·신혼부부 및 저소득층 등 주거지원이 필요한 계층(이하 "주거지원필요계층"이라 한다)의 주거안정을 위하여 공공주택의 건설·취득 또는 관리와 관련한 국세 또는 지방세를 「조세특례제한법」, 「지방세특례제한법」, 그 밖에 조세 관계 법률 및 조례로 정하는 바에 따라 감면할 수 있다.
(2018.12.31 본항개정)
③ 국토교통부장관은 공공주택의 건설, 매입 또는 임차에 주택도시기금을 우선적으로 배정하여야 한다.
④ 다른 법령에 따른 개발사업을 하려는 자가 임대주택을 계획하는 경우 공공임대주택을 우선 고려하여야 하며, 임대주택건설용지를 공급할 때 임대주택 유형이 결정되지 아니한 경우 공공임대주택을 공급하려는 제4조에 따른 공공주택사업자에게 대통령령으로 정하는 방법에 따라 우선적으로 공급하여야 한다.
⑤ 국가·지방자치단체 또는 「공공기관의 운영에 관한 법률」 제5조제3항에 따른 공기업 및 준정부기관은 그가 소유한 토지를 매각하거나 임대할 때 「주택법」 제30조제1항 및 「민간임대주택에 관한 특별법」 제18조에도 불구하고 공공임대주택을 건설하려는 공공주택사업자에게 우선적으로 매각 또는 임대할 수 있다.(2016.1.19 본항개정)
(2015.8.28 본조신설)

제4조【공공주택사업자】 ① 국토교통부장관은 다음 각 호의 자 중에서 공공주택사업자를 지정한다.(2015.8.28 본문개정)
1. 국가 또는 지방자치단체
2. 「한국토지주택공사법」에 따른 한국토지주택공사
  (2010.4.5 본호개정)
3. 「지방공기업법」 제49조에 따라 주택사업을 목적으로 설립된 지방공사
4. 「공공기관의 운영에 관한 법률」 제5조에 따른 공공기관 중 대통령령으로 정하는 기관(2012.1.17 본호신설)
5. 제1호부터 제4호까지의 규정 중 어느 하나에 해당하는 자가 총지분의 100분의 50을 초과하여 출자·설립한 법인(2015.8.28 본호개정)
6. 주택도시기금 또는 제1호부터 제4호까지의 규정 중 어느 하나에 해당하는 자가 총지분의 전부(도심 공공주택 복합사업의 경우에는 100분의 50을 초과한 경우를 포함한다)를 출자(공동으로 출자한 경우를 포함한다)하여 「부동산투자회사법」에 따라 설립한 부동산투자회사
  (2021.7.20 본호개정 : 2024.9.20까지 유효)

② 국토교통부장관은 제1항제1호부터 제4호까지의 규정 중 어느 하나에 해당하는 자와 「주택법」 제4조에 따른 주택건설사업자를 공동 공공주택사업자로 지정할 수 있다.
(2016.1.19 본항개정)
③ 제1항제5호 및 제2항에 따른 공공주택사업자의 선정방법·절차 및 공동시행을 위한 협약 등에 필요한 사항은 국토교통부장관이 정하여 고시한다.(2015.8.28 본항개정)
(2015.8.28 본조제목개정)

제5조【다른 법률과의 관계】 ① 이 법은 공공주택사업에 관하여 다른 법률에 우선하여 적용한다. 다만, 다른 법률에서 이 법의 규제에 관한 특례보다 완화되는 규정이 있으면 그 법률에서 정하는 바에 따른다.(2014.1.14 본문개정)
② 공공주택의 건설·공급 및 관리에 관하여 이 법에서 정하지 아니한 사항은 「주택법」, 「건축법」 및 「주택임대차보호법」을 적용한다.(2015.8.28 본항신설)

제2장 공공주택지구의 지정 등

(2014.1.14 본장제목개정)

제6조【공공주택지구의 지정 등】 ① 국토교통부장관은 공공주택지구조성사업(이하 "지구조성사업"이라 한다)을 추진하기 위하여 필요한 지역을 공공주택지구(이하 "주택지구"라 한다)로 지정하거나 지정된 주택지구를 변경 또는 해제할 수 있다.(2014.1.14 본항개정)
② 제4조에 따른 공공주택사업자는 국토교통부장관에게 주택지구의 지정을 제안할 수 있으며, 다음 각 호의 어느 하나에 해당하는 경우 주택지구의 변경 또는 해제를 제안할 수 있다.(2019.4.30 후단삭제)
1. 주택지구의 경계선이 하나의 필지를 관통하는 경우
2. 주택지구의 지정으로 주택지구 밖의 토지나 건축물의 출입이 제한되거나 사용 가치가 감소하는 경우
3. 주택지구의 변경으로 기반시설의 설치비용이 감소하는 경우
(2014.1.14 1호~3호신설)
3의2. 사정의 변경으로 인하여 공공주택사업을 계속 추진할 필요성이 없어지거나 추진하는 것이 현저히 곤란한 경우(2015.1.20 본호신설)

4. 그 밖에 토지 이용의 합리화를 위하여 필요한 경우(2014.1.14 본호신설)
③ 국토교통부장관은 주택지구를 지정하거나 지정된 주택지구를 변경하려면 「국토의 계획 및 이용에 관한 법률」 제106조에 따른 중앙도시계획위원회의 심의를 거쳐야 하며, 이 경우 같은 법 제8조 및 제9조는 적용하지 아니한다. 다만, 대통령령으로 정하는 경미한 사항을 변경하는 경우에는 그러하지 아니하다.(2013.3.23 본문개정)
④ 제3항에 따라 중앙도시계획위원회가 심의를 하는 경우에는 60일 이내에 심의를 완료하여야 하며 같은 기간 내에 심의를 완료하지 아니한 경우에는 심의한 것으로 본다.
⑤ 국토교통부장관이 제1항에 따라 주택지구를 지정·변경·해제하거나 공공주택사업자가 제2항에 따라 주택지구의 지정·변경·해제를 제안하려는 경우, 국토교통부장관 및 공공주택사업자는 해당 지역의 주택수요, 지역여건 등을 종합적으로 검토하여야 한다. 이 경우 국토교통부장관 및 공공주택사업자는 주택지구의 지정·변경·해제 및 그 제안에 대하여 관계 중앙행정기관의 장, 관할 지방자치단체의 장, 지방공사 등 관계기관과 사전 협의할 수 있다.(2019.4.30 본항신설)
⑥ 제2항에 따른 지정·변경 또는 해제의 제안에 필요한 사항은 대통령령으로 정한다.
(2014.1.14 본조제목개정)

제6조의2【특별관리지역의 지정 등】 ① 국토교통부장관은 제6조제1항에 따라 주택지구를 해제할 때 국토교통부령으로 정하는 일정 규모 이상으로서 체계적인 관리계획을 수립하여 관리하지 아니할 경우 난개발이 우려되는 지역에 대하여 10년의 범위에서 특별관리지역으로 지정할 수 있다.
② 국토교통부장관은 특별관리지역을 지정하고자 할 경우에는 다음 각 호의 사항을 포함한 특별관리지역 관리계획(이하 이 조에서 "관리계획"이라 한다)을 수립하여야 한다. 이 경우 제4조에 따른 종전 주택지구의 공공주택사업자(이하 "종전 사업자"라 한다)는 관리계획의 입안을 제안할 수 있다.(2015.8.28 후단개정)
1. 특별관리지역의 관리기본방향에 관한 사항
2. 인구 및 주택 수용계획에 관한 사항
3. 「도시개발법」에 따른 도시개발사업 등 취락정비에 관한 사항
4. 「개발제한구역의 지정 및 관리에 관한 특별조치법」 제4조제4항에 따른 훼손지 복구계획에 따라 존치된 개발제한구역의 해제 및 관리방안에 관한 사항
5. 그 밖에 국토교통부장관이 관리에 필요하다고 인정하는 사항
③ 국토교통부장관은 관리계획 중 제2항제4호에 따라 존치된 개발제한구역을 해제하려면 「국토의 계획 및 이용에 관한 법률」 제106조에 따른 중앙도시계획위원회의 심의를 거쳐야 한다.
④ 국토교통부장관은 관리계획을 수립한 때에는 시·도지사 및 시장·군수 또는 구청장에게 관계 서류를 송부하여야 하며, 관계 서류를 받은 시장·군수 또는 구청장은 일반인이 열람할 수 있도록 시·군·구의 공보에 게재하는 방법으로 공고하여야 한다. 이 경우 해당 지방자치단체의 장은 관리계획을 반영하여 「국토의 계획 및 이용에 관한 법률」 제18조에 따라 도시·군기본계획을 변경하여야 한다.
⑤ 제2항제4호에 따라 존치된 개발제한구역의 해제를 포함하는 관리계획을 수립하여 공고한 때에는 「개발제한구역의 지정 및 관리에 관한 특별조치법」 제3조부터 제8조까지의 규정에 따라 해당 개발제한구역의 해제를 위한 도시·군관리계획(「국토의 계획 및 이용에 관한 법률」 제2조제4호에 따른 도시·군관리계획을 말한다. 이하 같다)의 결정이 있는 것으로 본다. 이 경우 「개발제한구역의 지정 및 관리에 관한 특별조치법」 제4조제4항에 따른 훼손지 복구계획 및 같은 법 제21조제1항에 따른 보전부담금 부분은 적용하지 아니한다.
(2015.1.20 본조신설)

제6조의3【특별관리지역의 관리 등】 ① 특별관리지역 안에서는 건축물의 건축 및 용도변경, 공작물의 설치, 토지의 형질변경, 죽목의 벌채, 토지의 분할, 물건을 쌓아놓는 행위를 할 수 없다. 다만, 특별관리지역의 취지에 부합하는 범위에서 대통령령으로 정하는 행위에 한정하여 시장, 군수 또는 구청장의 허가를 받아 할 수 있으며, 허가된 사항을 변경하고자 하는 경우에도 또한 같다.
② 제1항 이외의 행위제한에 관한 사항은 제11조제2항부터 제6항까지의 규정을 준용한다. 이 경우 "주택지구"는 "특별관리지역"으로 본다.
③ 제1항에도 불구하고 국토교통부장관 또는 관계 중앙행정기관의 장이나 지방자치단체의 장(이하 이 조 및 제6조의4에서 "해당 기관장"이라 한다)은 특별관리지역 안에서 대통령령으로 정하는 개발사업을 위한 지정·승인·허가·인가 등(이하 이 조 및 제6조의4에서 "지정등"이라 한다)을 할 수 있다.
④ 해당 기관장이 제3항에 따른 지정등을 하는 경우에는 미리 국토교통부장관과 협의하여야 한다.
⑤ 특별관리지역을 지정할 경우 국가 또는 지방자치단체는 다음 각 호의 사항에 대한 행정적·재정적 지원을 할 수 있다. 이 경우 국토교통부장관은 제4조에 따른 종전 사업자에게 다음 각 호의 지원사항의 전부 또는 일부를 부담하게 할 수 있다.(2015.8.28 후단개정)
1. 취락정비를 실시하기 위한 계획의 수립 등
2. 주택지구 지정으로 인하여 추진이 중단된 사회기반시설 사업의 조속한 시행
3. 제6조의2제5항에 따라 존치된 개발제한구역의 해제
4. 특별관리지역 및 종전 주택지구 내 공장 및 제조업소 등(특별관리지역 지정 당시 공장 및 제조업소 등의 용도로 사용되는 동식물 관련 시설을 포함한다)의 계획적인 이전·정비 및 개발을 위한 공업용지의 조성
5. 그 밖에 지방자치단체가 취락(제1호의 취락정비계획이 수립되지 아니하는 취락에 한정한다)의 거주환경 개선을 위하여 추진하는 사업
⑥ 종전 사업자가 제5항제1호에 따른 계획에 따라 「도시개발법」에 따른 환지(換地) 방식의 도시개발사업으로 취락정비사업을 시행하는 경우로서 해당 지방자치단체의 장의 요청이 있는 때에는 같은 법 제4조제4항에도 불구하고 같은 법 제3조에 따라 도시개발구역을 지정하는 자는 개발계획 수립 또는 변경 시 환지 방식이 적용되는 지역의 토지면적의 2분의 1 이상에 해당하는 토지 소유자와 그 지역의 토지 소유자 총수의 2분의 1 이상의 동의를 받아야 한다. 이 경우 동의자 수의 산정방법 및 동의절차 등은 「도시개발법」에 따른다.(2017.8.9 본항신설)
⑦ 해당 기관장은 제5항제4호에 따른 공업용지를 조성하기 위하여 「수도권정비계획법」 제7조에도 불구하고 같은 법 제21조에 따른 수도권정비위원회의 심의를 거쳐 특별관리지역 내 공업지역을 지정할 수 있다.
⑧ 시·도지사 및 시장·군수 또는 구청장은 특별관리지역의 관리 및 계획적인 개발을 지원하기 위하여 특별관리지역 지원센터(이하 "지원센터"라 한다)를 설치·운영할 수 있다. 이 경우 지원센터의 구성 및 운영 등에 필요한 사항은 해당 지방자치단체의 조례로 정한다.
(2015.1.20 본조신설)

제6조의4【특별관리지역의 해제】 ① 제6조의2제1항에 따른 특별관리지역의 지정기간이 만료되거나 제6조의3제3항에 따라 해당 기관장이 특별관리지역 중 전부 또는 일부에 대하여 지정등을 하여 도시·군관리계획을 수립한 경우〔수립의제(樹立擬制)된 경우를 포함한다〕에는 해당 지역은 특별관리지역에서 해제된 것으로 본다.
② 특별관리지역의 지정기간이 만료된 때에는 해당 특별시장·광역시장·특별자치시장·특별자치도지사·시장 또는 군수는 지체 없이 도시·군관리계획을 수립하여야 한다. 다만, 해당 특별시장·광역시장·특별자치시장·특별자치도지사·시장 또는 군수가 요청한 경우에는 「국토의 계획 및 이용에 관한 법률」 제24조제5항에도 불구하고 국토교통부장관이 도시·군관리계획을 직접 입안할 수 있다.
③ 제2항의 도시·군관리계획이 수립 완료될 때까지 해당 지역의 행위제한은 제6조의3제1항 및 제2항을 준용한다.
④ 제6조의3제3항에 따른 지정등을 하여 특별관리지역에서 해제된 후 해당 사업이 취소되거나 지정등이 해제된 때에는 국토교통부장관은 해당 지역을 특별관리지역으로 재지정할 수 있다.
(2015.1.20 본조신설)

제6조의5【특별관리지역의 건축물 등에 대한 조치】 ① 시장·군수 또는 구청장은 제6조의2에 따른 특별관리지역 지정 이전부터 이 법 또는 「개발제한구역의 지정 및 관리에 관한 특별조치법」에 따른 적법한 허가나 신고 등의 절차를 거치지 아니하고 설치하거나 용도변경한 건축물, 설치한 공작물, 쌓아 놓은 물건 또는 형질변경한 토지 등(이하 "건축물등"이라 한다)에 대하여 기간을 정하여 해당 법률에 따른 철거·원상복구·사용제한, 그 밖에 필요한 조치를 명(이하 "시정명령"이라 한다)할 수 있다.
② 시장·군수 또는 구청장은 시정명령을 받은 후 그 시정기간 내에 해당 시정명령의 이행을 하지 아니한 자에 대하여 이행강제금을 부과한다. 이 경우 이행강제금의 부과 기준, 절차 및 징수 등에 관하여는 「개발제한구역의 지정 및 관리에 관한 특별조치법」 제30조의2제1항부터 제6항까지 및 제9항을 준용한다.
(2016.12.2 본조개정)

제7조【중소규모 주택지구 지정 등】 ① 국토교통부장관은 「국토의 계획 및 이용에 관한 법률」 제36조제1항제1호 가목에 따른 주거지역(이하 "주거지역"이라 한다) 안에서 대통령령으로 정하는 규모 이하의 주택지구를 지정 또는 변경하는 경우에는 제6조제3항에 따른 중앙도시계획위원회의 심의를 생략할 수 있다.
② 공공주택사업자가 제1항에 따른 주택지구의 지정 또는 변경을 제안할 때에는 토지이용계획 등 대통령령으로 정하는 사항을 포함하여야 한다.
③ 국토교통부장관은 대통령령으로 정하는 규모 이하의 주택지구를 지정 또는 변경하는 경우에는 이와 동시에 제17조에 따른 지구계획을 승인할 수 있다. 이 경우 공공주택사업자는 제6조제2항에 따라 주택지구의 지정 또는 변경을 제안할 때 제16조에 따른 지구계획 승인 신청을 포함하여 할 수 있다.(2023.10.24 전단개정)
④ 도시지역으로서 대통령령으로 정하는 지역에서 제3항에 따른 주택지구 지정 또는 변경(대통령령으로 정하는 규모 이하의 주택지구를 지정 또는 변경하는 경우로 한정한다)을 위하여 제33조에 따른 공공주택통합심의위원회 심의를 거친 경우에는 제6조제3항에 따른 중앙도시계획위원회의 심의를 생략할 수 있다.(2023.10.24 본항개정)
⑤ 제1항 또는 제3항에 따라 지정되는 주택지구에 대하여는 「국토의 계획 및 이용에 관한 법률」 제8조·제9조 및 제59조를 적용하지 아니한다.
(2023.10.24 본조제목개정)
(2015.8.28 본조개정)

제7조의2【주택지구 주변지역의 정비】 ① 제7조에 따라 소규모 주택지구를 지정 또는 변경할 때 및 제35조에 따라 주택건설사업계획을 승인 또는 변경할 때 관할 지방자치단체의 장은 주택지구 또는 공공주택 주변지역의 주거환경을 개선하기 위하여 가로의 정비, 편의시설의 설치 등을 포함한 주변지역 정비계획을 수립하여 제안할 수 있다. 이 경우 공공주택사업자는 관할 지방자치단체의 계획 수립을 지원할 수 있다.(2017.10.24 전단개정)
② 국토교통부장관은 제1항에 따라 주변지역 정비계획과 함께 제안된 주택지구를 우선 지정하거나 주택건설사업계획을 우선 승인할 수 있다. 이 경우 국토교통부장관은 주택지구를 지정하거나 주택건설사업계획을 승인하기 전에 주변지역 정비계획에 포함된 사업을 담당하는 관계 중앙행정기관의 장 및 지방자치단체의 장과 협의하여야 한다.(2017.10.24 본항개정)
③ 제2항에 따라 주택지구가 지정되거나 주택건설사업계획이 승인된 경우 제1항에 따라 수립된 주변지역 정비계획에 포함된 사업을 담당하는 관계 중앙행정기관의 장 및 지방자치단체의 장은 관련 사업의 계획을 수립하거나 지원 및 추진 대상 사업을 선정할 때 제1항에 따른 사업을 우선 반영하여야 한다.(2017.10.24 본항개정)
④ 제1항부터 제3항까지에 따른 주변지역 정비계획의 수립 방법 등 필요한 사항은 국토교통부장관이 정한다.
(2015.8.28 본조신설)

제8조【주택지구의 지정 등을 위한 관계기관 협의】 ① 국토교통부장관은 주택지구를 지정 또는 변경하려면 지구개요·지정목적 및 인구수용계획 등 대통령령으로 정하는 사항을 포함한 주택지구 지정안 또는 변경안에 대하여 제10조제1항에 따른 주민 등의 의견청취 전에 국방부·농림축산식품부 등 관계 중앙행정기관의 장 및 관할 시·도지사와 협의하여야 한다. 다만, 대통령령으로 정하는 경미한 사항을 변경하는 경우에는 그러하지 아니하다.
(2019.4.30 본문개정)
② 제1항에 따른 협의기간은 20일 이내로 하되, 관계 중앙행정기관의 장 또는 관할 시·도지사의 요청이 있는 경우 등 국토교통부장관이 필요하다고 인정하는 경우에는 1회에 한하여 10일의 범위에서 그 기간을 연장할 수 있다. 다만, 협의기간 내에 협의가 완료되지 아니한 경우에는 협의를 거친 것으로 본다.(2013.3.23 본문개정)
③ 국토교통부장관은 제1항에 따라 관계 중앙행정기관의 장 및 관할 시·도지사와 협의한 내용을 반영한 조치계획을 작성하고 이를 성실히 이행하여야 한다.(2021.5.18 본항신설)
④ 국토교통부장관은 제1항에 따라 협의를 하는 경우 다음 각 호에서 정한 협의를 별도로 하여야 한다. 이 경우 협의기간은 30일 이내로 한다.(2013.3.23 전단개정)
1. 「환경영향평가법」 제16조에 따른 전략환경영향평가 협의 (「자연환경보전법」 제28조에 따른 자연경관영향 협의를 포함하며, 제9조에 따른 보안관리 등을 위하여 「환경영향평가법」 제13조에 따른 주민 등의 의견 수렴을 생략할 수 있다)(2011.7.21 본호개정)
2. 「자연재해대책법」에 따른 재해영향평가등의 협의 (2017.10.24 본호개정)
⑤ 국토교통부장관은 주택지구로 지정하고자 하는 지역이 대통령령으로 정하는 면적 이상인 경우로서 국민의 주거안정과 주거수준 향상을 위하여 국무회의의 심의가 필요하다고 인정되는 경우에는 제1항에 따른 협의 후 국무회의의 심의를 거쳐 주택지구의 지정 여부를 결정할 수 있다.(2019.4.30 본항개정)
(2019.4.30 본조제목개정)

제9조【보안관리 및 부동산투기 방지대책】 ① 국토교통부장관, 제6조제2항에 따라 주택지구의 지정을 제안하거나 제안하려는 공공주택사업자, 관계기관 협의 대상이 되는 관계 중앙행정기관의 장 및 관할 시·도지사는 제10조에 따른 주민 등의 의견청취를 위한 공고 전까지는 주택지구의 지정을 위한 조사, 관계 서류 작성, 사전협의, 관계기관 협의, 국무회의 심의 등의 과정에서 관련 정보가 누설되지 아니하도록 필요한 조치를 하여야 한다. 다만, 국토교통부장관이 제40조의2제1항에 따른 공공주택사업을 시행하기 위하여 필요하다고 인정하는 경우에는 관련 정보를 미리 공개할 수 있다.(2019.4.30 본문개정)
② 다음 각 호의 기관 또는 업체에 종사하였거나 종사하는 자는 업무 처리 중 알게 된 주택지구 지정 또는 지정 제안과 관련한 미공개정보(자산 또는 재산상 가치의 취득 여부의 판단에 중대한 영향을 미칠 수 있는 정보로서 불특정 다수인이 알 수 있도록 공개되기 전의 것을 말한다. 이하 이 조 및 제57조에서 같다)를 부동산 등의 매매, 그 밖의 거래에 사용하거나 타인에게 제공 또는 누설해서는 아니 된다.(2021.4.1 본문개정)
1. 국토교통부
2. 제4조제1항에 따른 공공주택사업자(2021.4.1 본호개정)
3. 제6조제5항 및 제8조제1항에 따라 협의하는 관계 중앙행정기관, 관할 지방자치단체, 지방공사 등 관계기관

4. 공공주택사업자가 제6조제2항 및 제6항에 따라 주택지구의 지정 제안 또는 지정에 필요한 조사, 관계서류 작성 등을 위하여 용역 계약을 체결한 업체
(2019.4.30 본항신설)
③ 국토교통부장관은 주택지구 또는 특별관리지역으로 지정하고자 하는 지역 및 주변지역이 부동산투기가 성행하거나 성행할 우려가 있다고 판단되는 경우에는 대통령령으로 정하는 바에 따라 투기방지대책을 수립하여야 한다.
(2015.1.20 본항개정)
④ 제2항 각 호의 어느 하나에 해당하는 기관 또는 업체에 종사하였거나 종사하는 자로부터 주택지구의 지정 또는 지정 제안과 관련한 미공개정보를 제공받은 자 또는 미공개정보를 부정한 방법으로 취득한 자는 그 미공개정보를 부동산 등의 매매, 그 밖의 거래에 사용하거나 타인에게 제공 또는 누설해서는 아니 된다.(2021.4.1 본항신설)
⑤ 국토교통부장관은 제2항 또는 제4항에 따른 위반행위에 대하여 매년 정기조사를 실시하고, 필요한 경우 수시로 실태조사를 실시할 수 있다.(2021.4.1 본항신설)
⑥ 국토교통부장관은 제5항에 따른 정기조사 및 실태조사를 위하여 제2항 각 호의 기관 또는 업체에 필요한 서류 등의 제출을 요구할 수 있으며, 소속 공무원으로 하여금 해당 기관 또는 업체에 출입하여 조사하게 하거나 관계인에게 필요한 질문을 하게 할 수 있다. 이 경우 서류등의 제출을 요구받거나 해당 기관 또는 업체의 출입·조사 또는 필요한 질문을 받은 자는 정당한 사유가 없으면 이에 따라야 한다.(2021.4.1 본항신설)
⑦ 국토교통부장관은 제5항에 따른 정기조사 및 실태조사를 위하여 필요한 경우 관계 중앙행정기관의 장, 지방자치단체의 장, 공공기관의 장, 그 밖의 관련 법인·단체의 장에게 필요한 자료의 제출 또는 의견의 진술 등을 요청할 수 있다. 이 경우 중앙행정기관의 장 등은 특별한 사유가 없으면 그 요청에 따라야 한다.(2021.4.1 본항신설)
⑧ 국토교통부장관은 제5항에 따른 정기조사 및 실태조사 결과를 「공직자윤리법」 제9조에 따른 공직자윤리위원회에 통보하여야 하고, 제2항 또는 제4항에 따른 위반행위를 발견한 때에는 이를 수사기관에 고발하거나 보안관리의 개선에 필요한 조치를 할 수 있다.(2021.4.1 본항신설)
⑨ 제5항에 따른 정기조사 및 실태조사의 절차·방법 등에 필요한 사항은 대통령령으로 정한다.(2021.4.1 본항신설)
제10조【주민 등의 의견청취】 ① 국토교통부장관은 주택지구를 지정 또는 변경하거나 특별관리지역을 지정하려면 공고를 하여 주민 및 관계 전문가 등의 의견을 들어야 한다. 다만, 국방을 위하여 기밀을 지켜야 할 필요가 있거나 대통령령으로 정하는 경미한 사항을 변경하는 경우에는 그러하지 아니하다.(2020.12.22 본문개정)
② 제1항에 따른 주민 및 관계 전문가 등의 의견청취에 필요한 사항은 대통령령으로 정한다.
제11조【행위제한 등】 ① 제10조제1항에 따라 주택지구의 지정·변경에 관한 주민 등의 의견청취의 공고가 있는 지역 및 주택지구 안에서 건축물의 건축, 공작물의 설치, 토지의 형질변경, 토석의 채취, 토지의 분할·합병, 물건을 쌓아놓는 행위, 죽목의 벌채 및 식재 등 대통령령으로 정하는 행위를 하고자 하는 자는 시장(특별자치도의 경우에는 특별자치도지사를 말한다. 이하 같다)·군수 또는 구청장(자치구의 구청장을 말한다. 이하 같다)의 허가를 받아야 한다. 허가받은 사항을 변경하고자 하는 때에도 같다.
② 다음 각 호의 어느 하나에 해당하는 행위는 제1항에도 불구하고 허가를 받지 아니하고 이를 할 수 있다.
1. 재해복구 또는 재난수습에 필요한 응급조치를 위하여 하는 행위
2. 그 밖에 대통령령으로 정하는 행위
③ 제1항에 따라 허가를 받아야 하는 행위로서 주택지구의 지정 및 고시 당시 이미 관계 법령에 따라 행위허가를 받았거나 허가를 받을 필요가 없는 행위에 관하여 그 공사 또는 사업에 착수한 자는 대통령령으로 정하는 바에 따라 시장·군수 또는 구청장에게 신고한 후 이를 계속 시행할 수 있다.
④ 시장·군수 또는 구청장은 제1항을 위반한 자에 대하여 원상회복을 명할 수 있다. 이 경우 명령을 받은 자가 그 의무를 이행하지 아니하는 때에는 「행정대집행법」에 따라 이를 대집행할 수 있다.
⑤ 제1항에 따른 허가에 관하여 이 법에서 규정한 것을 제외하고는 「국토의 계획 및 이용에 관한 법률」 제57조부터 제60조까지 및 제62조를 준용한다.(2020.6.9 본항개정)
⑥ 제1항에 따른 허가를 받은 경우에는 「국토의 계획 및 이용에 관한 법률」 제56조에 따라 허가를 받은 것으로 본다.
제12조【주택지구 지정 등의 고시 등】 ① 국토교통부장관은 주택지구를 지정하거나 지정된 주택지구를 변경 또는 해제하려면 주택지구의 위치·면적, 공공주택사업자, 사업의 종류, 수용 또는 사용할 「공익사업을 위한 토지 등의 취득 및 보상에 관한 법률」 제3조에서 정하는 토지·물건 및 권리(이하 "토지등"이라 한다)의 세목 등 주요 사항을 대통령령으로 정하는 바에 따라 관보에 고시하고, 관계 서류의 사본을 관계 시장·군수 또는 구청장에게 송부하여야 한다. 이 경우 지형도면의 고시는 「토지이용규제 기본법」 제8조에 따른다.(2015.8.28 전단개정)
② 국토교통부장관은 특별관리지역을 지정하거나 지정된 특별관리지역을 변경 또는 해제하려면 특별관리지역의 위치·면적 등 주요 사항을 대통령령으로 정하는 바에 따라 관보에 고시하고, 관계 서류의 사본을 관계 시장·군수 또는 구청장에게 송부하여야 한다. 이 경우 지형도면의 고시는 「토지이용규제 기본법」 제8조에 따른다.
(2015.1.20 본항신설)
③ 제1항 및 제2항에 따라 관계 서류의 사본을 송부받은 시장·군수 또는 구청장은 이를 일반인이 열람할 수 있도록 하여야 한다.(2015.1.20 본항개정)
④ 국토교통부장관이 제1항에 따라 주택지구의 지정·변경 또는 해제를 고시한 때에는 「국토의 계획 및 이용에 관한 법률」 제36조에 따른 도시지역으로의 용도지역, 같은 법 제43조에 따라 결정된 도시·군계획시설, 같은 법 제51조제1항에 따른 지구단위계획구역이 지정·변경된 것으로 보며, 주택지구의 해제를 고시한 때에는 지정 당시로 환원된 것으로 본다. 다만, 해제하는 당시 이미 사업이나 공사에 착수한 경우 등 해제 고시에서 별도로 정하는 도시·군계획시설은 그 사업이나 공사를 계속할 수 있다.(2015.8.28 본문개정)
제13조【「국토의 계획 및 이용에 관한 법률」의 적용 특례】 국토교통부장관이 주택지구를 지정, 변경 또는 해제하여 고시한 때에는 「국토의 계획 및 이용에 관한 법률」 제18조, 제22조 및 제22조의2에 따라 도시·군기본계획의 수립·변경이 확정되거나 도지사의 승인(공공주택사업자가 제출한 주택지구 외의 지역에 대한 도시·군기본계획 변경안에 대하여 국토교통부장관이 관계 중앙행정기관의 장 및 시·도지사와 협의한 후 「국토의 계획 및 이용에 관한 법률」 제106조에 따른 중앙도시계획위원회의 심의를 거친 경우만 해당하며, 이 경우 제8조제5항에 따라 국무회의의 심의를 거친 경우는 제외한다)을 받은 것으로 본다.(2021.5.18 본조개정)
제14조【「한강수계 상수원수질개선 및 주민지원 등에 관한 법률」 등의 적용 특례】 국토교통부장관이 주택지구를 지정 또는 변경하여 고시한 때에 관할 지방자치단체의 장은 「한강수계 상수원수질개선 및 주민지원 등에 관한 법률」 제8조의2 및 제8조의3, 「금강수계 물관리 및 주민지원 등에 관한 법률」·「낙동강수계 물관리 및 주민지원 등에 관한 법률」·「영산강·섬진강수계 물관리 및 주민지원 등에 관한 법률」 제10조 및 제11조에 따른 오염총량관리기본계획 및 오염총량관리시행계획에 이를 반영하여야 한다.(2013.3.23 본항개정 : 2010.5.31 법 제10335호의 개정내용에 대해서는 시행일 부칙 참조)

제3장 공공주택지구의 조성
(2014.1.14 본장제목개정)

제15조【공공주택사업자의 우선 지정 등】 ① 국토교통부장관은 제6조제2항에 따라 주택지구 지정을 제안한 자를 공공주택사업자로 우선 지정할 수 있다.
② 국토교통부장관은 공공주택사업자가 제17조제1항에 따라 공공주택지구계획(이하 "지구계획"이라 한다)의 승인을 받은 후 2년 이내에 지구조성사업에 착수하지 아니하거나 지구계획에 정하여진 기간 내에 지구조성사업을 완료하지 못하거나 완료할 가능성이 없다고 판단되는 경우에는 다른 공공주택사업자를 지정하여 해당 지구조성사업을 시행하게 할 수 있다.
(2015.8.28 본조개정)
제16조【지구계획 승인 신청 등】 ① 공공주택사업자는 주택지구가 지정·고시된 날부터 1년 이내에 지구계획을 수립하여 국토교통부장관에게 승인을 신청하여야 한다.
(2015.8.28 본항개정)
② 국토교통부장관은 공공주택사업자가 제1항에 따른 기간 이내에 승인을 신청하지 아니한 때에는 다른 공공주택사업자로 하여금 지구계획을 수립·신청하게 할 수 있다.
(2015.8.28 본항개정)
③ 지구계획의 승인 신청에 따른 절차, 구비서류, 그 밖에 필요한 사항은 대통령령으로 정한다.
제17조【지구계획 승인 등】 ① 공공주택사업자는 다음 각 호의 사항을 포함한 공공주택지구계획을 수립하여 국토교통부장관의 승인을 받아야 한다. 승인된 지구계획을 변경하는 때에도 같다. 다만, 제7조제1항에 따라 주거지역 안에서 주택지구를 지정·변경하는 경우와 대통령령으로 정하는 경미한 사항을 변경하는 경우에는 그러하지 아니하다.(2015.8.28 전단개정)
1. 지구계획의 개요
2. 토지이용계획
3. 인구·주택 수용계획
4. 교통·공공·문화체육시설 등을 포함한 기반시설 설치 계획
5. 환경보전 및 탄소저감 등 환경계획
6. 조성된 토지의 공급에 관한 계획(2015.8.28 본호신설)
7. 그 밖에 대통령령으로 정하는 사항
② 국토교통부장관은 제1항에 따라 지구계획을 승인하려면 제33조에 따른 공공주택통합심의위원회의 심의를 거쳐야 한다. 다만, 지구계획의 변경(제34조제3항제2호부터 제7호까지의 어느 하나에 해당하는 위원회의 검토나 심의를 거쳐야 하는 변경은 제외한다)이나 공공주택사업자가 요청한 경우 등 대통령령으로 정하는 경우에는 그러하지 아니하다.(2015.8.28 단서개정)
③ 국토교통부장관은 제1항에 따라 지구계획을 승인한 때에는 대통령령으로 정하는 바에 따라 고시하고, 관계 서류의 사본을 관계 시장·군수 또는 구청장에게 송부하여야 한다.(2013.3.23 본항개정)
④ 제3항에 따라 관계 서류의 사본을 송부받은 시장·군수 또는 구청장은 이를 일반인이 열람할 수 있도록 하여야 한다.
⑤ 제3항에 따라 관계 서류의 사본을 송부받은 시장·군수 또는 구청장은 관계 서류에 도시·군관리계획결정사항이 포함되어 있는 경우에는 「국토의 계획 및 이용에 관한 법률」 제32조 및 「토지이용규제 기본법」 제8조에 따라 지형도면 작성에 필요한 조치를 하여야 한다. 이 경우 공공주택사업자는 지형도면 고시에 필요한 서류를 시장·군수 또는 구청장에게 제출하여야 한다.(2015.8.28 후단개정)
제18조【다른 법률에 따른 인가·허가 등의 의제】 ① 제17조에 따른 지구계획의 승인 또는 변경승인이 있는 때에는 다음 각 호의 승인·허가·인가·결정·신고·지정·면허·협의·동의·해제·심의 등(이하 "인·허가등"이라 한다)을 받은 것으로 보며, 지구계획 승인고시가 있는 때에는 다음 각 호의 법률에 따른 인·허가등의 고시 또는 공고가 있는 것으로 본다.
1. 「건축법」 제11조에 따른 건축허가, 같은 법 제14조에 따른 건축신고, 같은 법 제16조에 따른 허가·신고사항의 변경, 같은 법 제20조에 따른 가설건축물의 허가·신고, 같은 법 제29조에 따른 건축 협의
2. 「골재채취법」 제22조에 따른 골재채취의 허가
3. 「공유수면 관리 및 매립에 관한 법률」 제8조에 따른 공유수면의 점용·사용허가, 같은 법 제10조에 따른 협의 또는 승인, 같은 법 제17조에 따른 점용·사용 실시계획의 승인 또는 신고, 같은 법 제28조에 따른 공유수면의 매립면허, 같은 법 제33조에 따른 매립면허의 고시, 같은 법 제35조에 따른 국가 등이 시행하는 매립의 협의 또는 승인 및 같은 법 제38조에 따른 공유수면매립실시계획의 승인·고시(2010.4.15 본호개정)
4. (2010.4.15 삭제)
5. 「공유재산 및 물품 관리법」 제11조에 따른 행정재산의 용도폐지, 같은 법 제20조에 따른 사용·수익허가
6. 「광업법」 제24조에 따른 광업권설정의 불허가처분, 같은 법 제34조에 따른 광업권 취소처분 또는 광구 감소처분
7. 「국유재산법」 제30조에 따른 국유재산의 사용허가, 같은 법 제40조에 따른 행정재산의 용도폐지(2014.1.14 본호개정)
8. 「국토의 계획 및 이용에 관한 법률」 제30조에 따른 도시·군관리계획의 결정, 같은 법 제50조에 따른 지구단위계획의 결정, 같은 법 제56조에 따른 개발행위의 허가, 같은 법 제86조에 따른 도시·군계획시설사업의 시행자의 지정, 같은 법 제88조에 따른 실시계획의 작성 및 인가(2020.12.22 본호개정)
9. 「낙농진흥법」 제4조제1항에 따라 지정된 낙농지구의 해제
10. 「농어촌정비법」 제23조에 따른 농업생산기반시설의 사용허가(2016.12.27 본호개정)
11. 「농지법」 제31조에 따른 농업진흥지역 변경·해제, 같은 법 제34조에 따른 농지전용(農地轉用)의 허가 또는 협의
12. 「대기환경보전법」 제23조, 「물환경보전법」 제33조, 「소음·진동관리법」 제8조에 따른 배출시설 설치의 허가 및 신고(2017.1.17 본호개정)
13. 「대중교통의 육성 및 이용촉진에 관한 법률」 제9조에 따른 개발사업계획에의 대중교통시설에 관한 사항
14. 「도시개발법」 제3조에 따른 도시개발구역의 지정, 같은 법 제4조에 따른 개발계획의 수립 및 변경, 같은 법 제11조에 따른 사업시행자의 지정, 같은 법 제17조에 따른 실시계획의 작성 및 인가, 같은 법 제26조에 따른 조성토지등의 공급계획 제출, 같은 법 제53조에 따른 조성토지등의 준공 전 사용의 허가, 같은 법 제64조제2항에 따른 타인의 토지에의 출입허가
15. 「도로법」 제36조에 따른 도로관리청이 아닌 자에 대한 도로공사 시행의 허가, 같은 법 제61조에 따른 도로의 점용 허가 및 같은 법 제107조에 따른 도로관리청과의 협의 또는 승인(2014.1.14 본호개정)
16. 「사도법」 제4조에 따른 사도(私道)의 개설허가
17. 「사방사업법」 제14조에 따른 벌채 등의 허가, 같은 법 제20조에 따른 사방지(砂防地) 지정의 해제
18. 「산업입지 및 개발에 관한 법률」 제16조에 따른 산업단지사업시행자의 지정, 같은 법 제17조 및 제18조에 따른 산업단지개발 실시계획의 승인, 같은 법 제18조의2에 따른 도시첨단산업단지개발 실시계획의 승인
19. 「산업집적활성화 및 공장설립에 관한 법률」 제13조에 따른 공장설립등의 승인
20. 「산지관리법」 제14조·제15조에 따른 산지전용허가 및 산지전용신고, 같은 법 제15조의2에 따른 산지일시사용허가·신고와 「산림자원의 조성 및 관리에 관한 법률」 제36조제1항·제5항에 따른 입목벌채등의 허가·신고 및 「산림보호법」 제9조제1항 및 제2항제1호·제2호에 따른 산림보호구역에서의 행위의 허가·신고. 다만, 「산림자원의 조성 및 관리에 관한 법률」에 따른 채종림·시험림과 「산림보호법」에 따른 산림유전자원보호구역의 경우는 제외한다.(2022.12.27 본문개정)

21. 「소하천정비법」 제6조 및 제8조에 따른 소하천정비종합계획의 수립·승인 및 소하천정비시행계획의 수립, 같은 법 제10조에 따른 소하천공사 시행의 허가, 같은 법 제14조에 따른 소하천 점용 등의 허가 또는 신고
22. 「수도법」 제17조 또는 제49조에 따른 수도사업의 인가, 같은 법 제52조 또는 제54조에 따른 전용상수도 또는 전용공업용수도의 설치 인가
23. 「에너지이용 합리화법」 제10조에 따른 에너지사용계획의 협의
24. 「임업 및 산촌 진흥촉진에 관한 법률」 제20조에 따른 임업진흥권역의 지정변경 및 해제
25. 「자연재해대책법」 제5조에 따른 개발사업의 재해영향평가등의 협의(2017.10.24 본호개정)
26. 「장사 등에 관한 법률」 제27조제1항에 따른 무연분묘의 개장허가
27. 「전기안전관리법」 제8조에 따른 자가용전기설비의 공사계획의 인가 또는 신고(2020.3.31 본호개정)
28. 「주택법」 제15조에 따른 사업계획의 승인(2016.1.19 본호개정)
29. 「공간정보의 구축 및 관리 등에 관한 법률」 제86조제1항에 따른 사업의 착수·변경 또는 완료의 신고(2014.6.3 본호개정)
30. 「집단에너지사업법」 제4조에 따른 집단에너지의 공급타당성에 관한 협의
30의2. 「철도의 건설 및 철도시설 유지관리에 관한 법률」 제9조에 따른 철도건설사업별 실시계획의 승인(2018.3.13 본호개정)
30의3. 「철도사업법」 제42조에 따른 점용허가(2014.1.14 본호신설)
31. 「체육시설의 설치·이용에 관한 법률」 제12조에 따른 사업계획의 승인
32. 「초지법」 제21조의2에 따른 토지의 형질변경 등의 허가, 같은 법 제23조에 따른 초지전용의 허가
33. 「폐기물관리법」 제29조에 따른 폐기물처리시설의 설치승인 또는 신고
34. 「하수도법」 제16조에 따른 공공하수도공사 시행의 허가, 같은 법 제24조에 따른 공공하수도의 점용허가
35. 「하천법」 제6조에 따른 하천관리청과의 협의 또는 승인, 같은 법 제25조 및 제27조에 따른 하천기본계획 및 하천공사시행계획의 변경, 같은 법 제30조에 따른 하천공사 시행의 허가 및 하천공사실시계획의 인가, 같은 법 제33조에 따른 하천의 점용허가, 같은 법 제50조에 따른 하천수의 사용허가
36. 「항만법」 제7조에 따른 항만기본계획의 변경, 같은 법 제9조제2항에 따른 항만개발사업 시행의 허가 및 같은 법 제10조제2항에 따른 항만개발사업실시계획의 승인(2020.1.29 본호개정)
37. 「부동산 거래신고 등에 관한 법률」 제11조에 따른 토지거래계약에 관한 허가(2020.12.22 본호신설)

② 국토교통부장관은 제1항 각 호의 어느 하나에 해당하는 사항이 포함되어 있는 지구계획을 승인하고자 하는 경우에는 공공주택사업자가 제출한 관계 서류를 첨부하여 미리 관계 행정기관의 장과 협의하여야 한다. 이 경우 관계 행정기관의 장은 협의요청을 받은 날부터 30일 이내에 의견을 제출하여야 하며 같은 기간 이내에 의견제출이 없는 경우에는 의견이 없는 것으로 본다.(2015.8.28 전단개정)

③ 제1항에 따라 다른 법률에 따른 인·허가등을 받은 것으로 보는 경우에는 관계 법률에 따라 부과되는 면허세·수수료 또는 사용료 등을 면제한다.

제19조【「산지관리법」의 적용 특례】 제17조에 따라 지구계획이 승인된 때에는 「산지관리법」 제6조에 따른 보전산지가 변경·해제된 것으로 본다.

제20조【「수도법」의 적용 특례】 제17조에 따라 지구계획이 승인된 때에는 국토교통부장관과 특별시장·광역시장·시장·군수(광역시의 군수는 제외한다. 이하 이 조 및 제21조에서 같다)는 이를 「수도법」 제5조에 따른 수도정비계획에 우선적으로 반영하여야 한다. 이 경우 환경부장관은 특별한 사유가 없으면 관할 특별시장·광역시장·시장·군수로부터 수도정비계획 승인 신청을 접수한 날부터 30일 이내에 수도정비계획을 승인하여야 한다.(2022.1.11 본조개정)

제21조【「하수도법」의 적용 특례】 제17조에 따라 지구계획이 승인된 때에는 특별시장·광역시장·시장·군수는 「하수도법」 제5조 및 제6조에 따른 하수도정비기본계획에 우선적으로 반영하여야 한다. 이 경우 환경부장관은 특별한 사유가 없으면 관할 특별시장·광역시장·시장·군수로부터 하수도정비기본계획 승인 신청을 접수한 날부터 40일 이내에 하수도정비기본계획을 승인하여야 한다.(2020.6.9 후단개정)

제22조【「개발제한구역의 지정 및 관리에 관한 특별조치법」의 적용 특례】 ① 국토교통부장관은 주택수급 등 지역여건을 고려하여 불가피한 경우 「개발제한구역의 지정 및 관리에 관한 특별조치법」 제3조제1항에 따라 해제할 필요가 있는 개발제한구역을 주택지구로 지정할 수 있다.(2020.6.9 본항개정)

② 국토교통부장관은 제1항에 따라 주택지구를 지정하는 경우 개발제한구역으로서 보전가치가 낮은 지역 중 대통령령으로 정하는 지역을 지정하여야 한다.

③ 국토교통부장관은 제1항에 따라 주택지구를 지정하는 경우 환경부장관과 협의하여 용적률 및 건축물의 높이 등 세부적인 기준을 별도로 정할 수 있다.

④ 국토교통부장관이 제1항에 따른 주택지구에 대하여 지구계획을 승인 또는 변경승인하여 고시한 때에는 「개발제한구역의 지정 및 관리에 관한 특별조치법」 제3조부터 제8조까지의 규정에 따른 개발제한구역의 해제를 위한 도시·군관리계획의 결정이 있는 것으로 본다.(2013.3.23 본조개정)

제23조【「환경영향평가법」의 적용 특례】 ① 「환경영향평가법」 제29조에도 불구하고 지구조성사업에 대하여 평가서의 협의를 요청받은 행정기관의 장은 평가서를 접수한 날부터 45일 이내에 국토교통부장관에게 평가협의에 대한 의견을 통보하여야 한다. 이 경우 협의기관의 장은 「환경영향평가법」 제28조제3항에 따른 환경영향평가서의 보완 또는 조정 사유에 해당하는 경우 국토교통부장관 또는 공공주택사업자에게 관련 서류의 보완을 1회에 한하여 요청할 수 있으며, 국토교통부장관 또는 공공주택사업자가 관련 서류를 보완하는 기간은 협의기간에 포함하지 아니한다.(2015.8.28 후단개정)

② 국토교통부장관은 「환경영향평가법」에 따른 환경영향평가를 실시하는 경우 해당 주택지구 등에 대한 환경영향을 협의기관의 장과 협의하여 연 2회 이하로 조사할 수 있다.
(2013.3.23 본조개정)

제24조【「대도시권 광역교통관리에 관한 특별법」의 적용 특례】 ① 제6조에 따라 지정 또는 변경된 주택지구가 「대도시권 광역교통관리에 관한 특별법」 제7조의2제1항에 따른 대규모 개발사업에 해당되는 경우에는 같은 법 제7조의2제1항에도 불구하고 국토교통부장관이 광역교통개선대책을 수립할 수 있다. 이 경우 공공주택사업자로부터 광역교통개선대책 수립에 관한 의견을 제출받을 수 있다.(2015.8.28 후단개정)

② 국토교통부장관은 제1항에 따른 광역교통개선대책을 수립할 때에는 「대도시권 광역교통관리에 관한 특별법」 제7조의2제3항에도 불구하고 시·도지사의 의견을 들은 후 제17조에 따른 지구계획 승인 이전까지 이를 확정하여 시·도지사에게 통보하여야 한다.(2013.3.23 본항개정)

③ 시·도지사는 제2항에 따른 의견을 요청받은 날부터 30일 이내에 의견을 제출하여야 하며, 같은 기간 이내에 의견제출이 없는 경우 의견이 없는 것으로 본다.

제24조의2【「수도권정비계획법」의 적용 특례】 ① 국토교통부장관 또는 시·도지사는 주택지구 전체 개발면적의 100분의 50 이상을 「개발제한구역의 지정 및 관리에 관한 특별조치법」 제3조에 따라 개발제한구역을 해제하여 지정하는 주택지구에서 지구조성사업을 시행하기 위하여 공장(「산업집적활성화 및 공장설립에 관한 법률」 제2조제1호에 따른 공장을 말한다. 이하 이 조에서 같다) 및 제조업소(「건축법」 제2조제2항제4호에 따른 제조업소를 말한다. 이하 이 조에서 같다)의 이전이 불가피한 경우 「수도권정비계획법」 제7조에도 불구하고 같은 법 제21조에 따른 수도권정비위원회의 심의를 거쳐 주택지구 또는 주택지구 외의 지역에 공업지역을 지정할 수 있다. 이 경우 지정되는 공업지역의 면적은 주택지구 지정 당시 공장과 제조업소의 부지면적을 합한 총면적을 넘어서는 아니 된다.(2014.1.14 본항개정)

② 제1항에 따른 공업지역의 지정·개발 및 공급에 필요한 사항은 국토교통부장관이 정하여 고시한다.(2014.1.14 본항신설)

제25조【간선시설의 설치 및 지원 등】 ① 공공주택사업을 시행하는 때에는 해당 간선시설의 설치 및 설치비용의 상환에 관하여 「주택법」 제28조를 준용한다. 이 경우 간선시설을 설치하는 자는 공공주택사업에 필요한 간선시설을 다른 주택건설사업이나 대지조성사업보다 우선하여 설치하여야 한다.(2016.1.19 전단개정)

② 국가 또는 지방자치단체는 공공주택사업의 원활한 시행을 위하여 도로·철도·공원 등 대통령령으로 정하는 시설을 직접 설치하거나 이를 설치하는 자에게 설치비용을 보조할 수 있다.(2015.8.28 본항개정)

③ 제2항에 따른 시설의 지원 대상·범위 등은 대통령령으로 정한다.

제26조【토지에의 출입 등】 ① 주택지구의 지정을 제안하는 자 또는 공공주택사업자는 주택지구의 지정제안 또는 지구계획의 작성을 위한 조사·측량을 하고자 하는 때와 지구조성사업의 시행을 위하여 필요한 경우에는 타인의 토지에 출입하거나 타인의 토지를 재료적치장·통로 또는 임시도로로 일시 사용할 수 있으며 죽목·토석, 그 밖의 장애물을 변경하거나 제거할 수 있다.

② 「국토의 계획 및 이용에 관한 법률」 제130조제2항부터 제9항까지 및 같은 법 제131조는 제1항의 경우에 준용한다. 이 경우 "행정청인 도시·군계획시설사업의 시행자"는 "공공주택사업자"로 본다.
(2015.8.28 본조개정)

제27조【토지등의 수용 등】 ① 공공주택사업자는 주택지구의 조성 또는 공공주택건설을 위하여 필요한 경우에는 토지등을 수용 또는 사용할 수 있다.(2020.12.22 본항개정)

② 주택지구를 지정하거나 제35조제1항에 따라 주택건설사업계획을 승인하여 고시한 때에는 「공익사업을 위한 토지 등의 취득 및 보상에 관한 법률」 제20조제1항 및 같은 법 제22조에 따른 사업인정 및 사업인정의 고시가 있는 것으로 본다.(2020.12.22 본항개정)

③ 제1항에 따른 토지등의 수용 또는 사용에 대한 재결의 신청은 「공익사업을 위한 토지 등의 취득 및 보상에 관한 법률」 제23조제1항 및 같은 법 제28조제1항에도 불구하고 지구계획 또는 제35조제1항에 따른 주택건설사업계획에서 정하는 사업의 시행기간 내에 할 수 있다.(2020.12.22 본항개정)

④ 제1항에 따른 토지등의 수용 또는 사용에 대한 재결의 관할 토지수용위원회는 중앙토지수용위원회로 한다.

⑤ 제10조제1항에 따른 주민 등의 의견청취 공고로 인하여 취득하여야 할 토지가격이 변동되었다고 인정되는 등 대통령령으로 정하는 요건에 해당하는 경우에는 「공익사업을 위한 토지 등의 취득 및 보상에 관한 법률」 제70조제1항에 따른 공시지가는 같은 법 제70조제3항부터 제5항까지의 규정에도 불구하고 제10조제1항에 따른 주민 등의 의견청취 공고일 전의 시점을 공시기준일로 하는 공시지가로서 해당 토지의 가격시점 당시 공시된 공시지가 중 같은 항에 따른 주민 등의 의견청취 공고일에 가장 가까운 시점에 공시된 공시지가로 한다.

⑥ 제1항에 따른 토지등의 수용 또는 사용에 관하여 이 법에 특별한 규정이 있는 것을 제외하고는 「공익사업을 위한 토지 등의 취득 및 보상에 관한 법률」을 적용한다.

제27조의2【건축물의 존치 등】 ① 공공주택사업자는 주택지구에 있는 기존의 건축물이나 그 밖의 시설을 이전하거나 철거하지 아니하여도 지구조성사업에 지장이 없다고 인정하여 대통령령으로 정하는 요건을 충족하는 경우에는 이를 존치하게 할 수 있다.

② 공공주택사업자는 제1항에 따라 존치하게 된 시설물의 소유자에게 도로, 공원, 상하수도, 그 밖에 대통령령으로 정하는 공공시설의 설치 등에 필요한 비용의 일부를 부담하게 할 수 있다.

③ 제2항에 따른 비용 부담의 기준·방법 등에 관하여 필요한 사항은 대통령령으로 정한다.
(2015.8.28 본조신설)

제27조의3【주택지구 주민에 대한 지원대책의 수립·시행】 시·도지사, 시장·군수·구청장 또는 공공주택사업자는 대통령령으로 정하는 규모 이상의 공공주택사업 또는 「노숙인 등의 복지 및 자립지원에 관한 법률」 제16조제1항제7호에 따른 쪽방 밀집지역(이하 "쪽방 밀집지역"이라 한다)이 포함된 공공주택사업 중 대통령령으로 정하는 사업으로 인하여 생활기반을 상실하게 되는 주택지구 안의 주민에 대하여 직업전환훈련, 소득창출사업지원, 그 밖에 주민의 재정착에 필요한 지원대책을 대통령령으로 정하는 바에 따라 수립·시행할 수 있다.
(2023.10.24 본조개정)

제27조의4【쪽방 밀집지역을 포함하는 주택지구의 토지등의 수용 등에 대한 특례】 ① 공공주택사업자는 국토교통부장관이 쪽방 밀집지역을 포함하여 지구조성사업을 제6조 및 제7조에 따라 지정하여 고시하는 주택지구의 토지 또는 건축물의 소유자(이하 "토지등소유자"라 한다)가 「공익사업을 위한 토지 등의 취득 및 보상에 관한 법률」에 따른 협의에 응하여 주택지구 내 토지등의 전부를 공공주택사업자에게 양도하는 경우로서 토지등소유자가 원하는 경우에는 사업시행으로 건설되는 건축물(건축물에 부속된 토지를 포함한다. 이하 이 조 및 제40조의10에서 같다)로 보상(이하 "현물보상"이라 한다)할 수 있다.

② 현물보상에 관하여는 제40조의10제3항·제4항 및 제7항을 준용한다. 이 경우 "복합지구"는 "공공주택지구"로, "복합사업"은 "지구조성사업"으로 본다.

③ 토지등소유자가 제1항에 따라 현물보상을 받는 경우 「공익사업을 위한 토지 등의 취득 및 보상에 관한 법률」 제63조제1항 단서를 적용하지 아니한다.

④ 제1항에 따라 현물보상으로 공급하는 주택 및 주택 이외의 건축물의 공급기준 및 분양가격 등에 관하여는 제40조의11을 준용한다.
(2023.10.24 본조신설 : 2024.9.20까지 유효)

제28조【국·공유지의 처분제한 등】 ① 주택지구 안에 있는 국가 또는 지방자치단체 소유의 토지로서 지구조성사업에 필요한 토지는 지구조성사업 외의 목적으로 매각하거나 양도할 수 없다.

② 주택지구 안에 있는 국가 또는 지방자치단체 소유의 재산은 「국유재산법」 및 「공유재산 및 물품 관리법」에도 불구하고 공공주택사업자에게 수의계약으로 양도할 수 있다. 이 경우 그 재산의 용도폐지 및 양도에 관하여는 국토교통부장관이 미리 관계 행정기관의 장과 협의하여야 한다.(2015.8.28 전단개정)

③ 제2항 후단에 따라 협의의 요청이 있는 때에는 관계 행정기관의 장은 그 요청을 받은 날부터 60일 이내에 용도폐지 및 양도, 그 밖의 필요한 조치를 하여야 한다.

④ 제2항에 따라 공공주택사업자에게 양도하고자 하는 재산 중 관리청을 알 수 없는 국유재산에 관하여는 다른 법령에도 불구하고 기획재정부장관이 이를 관리 또는 처분한다.(2015.8.28 본항개정)

제29조【공공시설 등의 귀속】 ① 공공주택사업자가 「국토의 계획 및 이용에 관한 법률」 제2조제13호에 따른 공공시설(주차장·운동장은 제외한다. 이하 이 조에서 같

다)을 새로 설치하거나 기존의 공공시설에 대체되는 시설을 설치한 경우 그 귀속에 관하여는 같은 법 제65조를 적용한다. 이 경우 "행정청"은 "공공주택사업자"로 본다. (2020.6.9 전단개정)
② 제1항에 따라 「국토의 계획 및 이용에 관한 법률」을 적용함에 있어서 관리청이 불분명한 재산 중 도로·구거(溝渠)에 대하여는 국토교통부장관을, 하천에 대하여는 환경부장관을, 그 밖의 재산에 대하여는 기획재정부장관을 관리청으로 본다.(2020.12.31)
③ 제1항에 따라 공공주택사업자가 대체공공시설 등을 설치하고자 하는 경우에는 대통령령으로 정하는 바에 따라 제16조에 따른 지구계획 승인을 신청하는 때에 이를 명시하여야 한다. 다만, 제7조에 따라 주거지역 안에서 주택지구를 지정하는 경우에는 제35조에 따라 주택건설사업계획을 승인신청하는 때에 이를 명시하여야 한다. (2015.8.28 본문개정)
④ 제1항에 따른 공공시설과 재산을 등기할 때에는 지구계획승인서, 주택건설사업계획승인서 또는 그 변경승인서와 준공확인서로서 「부동산등기법」에 따른 등기원인을 증명하는 서류를 갈음할 수 있다.(2020.6.9 본항개정)

제30조【부담금의 감면】 공공주택사업에 부과되는 다음 각 호의 어느 하나에 해당하는 부담금에 대하여는 관련 법령으로 정하는 바에 따라 이를 감면하거나 부과하지 아니할 수 있다.(2014.1.14 본문개정)
1. 「개발이익환수에 관한 법률」 제5조에 따른 개발부담금
2. 「농지법」 제38조에 따른 농지보전부담금
3. 「대도시권 광역교통관리에 관한 특별법」 제11조에 따른 광역교통시설부담금
4. 「도시교통정비 촉진법」 제36조에 따른 교통유발부담금
5. 「산지관리법」 제19조에 따른 대체산림자원조성비
6. 「초지법」 제23조에 따른 대체초지조성비

제31조【준공검사】 ① 공공주택사업자는 지구조성사업을 완료한 때에는 지체 없이 대통령령으로 정하는 바에 따라 국토교통부장관의 준공검사를 받아야 한다. (2023.10.24 본항개정)
② 국토교통부장관은 지구조성사업이 지구계획대로 완료되었다고 인정하는 경우에는 준공검사서를 공공주택사업자에게 교부하고 이를 대통령령으로 정하는 바에 따라 관보에 공고하여야 한다.
③ 공공주택사업자가 제1항에 따라 준공검사를 받은 때에는 제18조에 따라 의제되는 인가·허가 등에 따른 해당 사업의 준공검사 또는 준공인가 등을 받은 것으로 본다. (2023.10.24 본항신설)
④ 공공주택사업자는 지구조성사업을 효율적으로 시행하기 위하여 지구계획의 범위에서 주택지구 중 일부지역에 한정하여 준공검사를 신청할 수 있다.(2020.6.9 본항개정)
(2015.8.28 본조개정)

제32조【조성된 토지의 공급】 ① 주택지구로 조성된 토지를 공급하려는 자는 지구계획에서 정한 바에 따라 공급하여야 한다.
② 제1항에 따라 공급하는 토지의 용도, 공급의 절차·방법 및 대상자, 그 밖에 공급조건에 관한 사항은 대통령령으로 정한다.
③ 공공주택사업자는 「주택법」에 따른 국민주택의 건설용지로 사용할 토지를 공급할 때 그 가격을 조성원가 이하로 할 수 있다.(2015.8.28 본항신설)
(2015.8.28 본조개정)

제32조의2【조성된 토지의 조성원가 공개】 ① 제32조에 따라 토지를 공급하려는 자는 조성원가를 공시하여야 한다. 이 경우 조성원가는 다음 각 호의 항목으로 구성된다.
1. 용지비
2. 조성비
3. 직접인건비
4. 이주대책비
5. 판매비
6. 일반관리비
7. 그 밖에 국토교통부령으로 정하는 비용
② 제1항에 따른 조성원가의 산정방법과 그 밖에 필요한 사항은 국토교통부령으로 정한다.
(2015.8.28 본조신설)

제32조의3【조성된 토지의 전매행위 제한 등】 ① 주택지구로 조성된 토지에 대한 공급계약을 체결한 자(이하 "공급받은 자"라 한다)는 소유권 이전등기를 하기 전까지는 그 토지를 공급받은 용도대로 사용하지 아니한 채 그대로 전매(轉賣)(명의변경, 매매 또는 그 밖에 권리의 변동을 수반하는 모든 행위를 포함하되, 상속의 경우는 제외한다. 이하 같다)할 수 없고, 누구든지 그 토지를 전매받아서도 아니 된다. 다만, 이주대책용으로 공급하는 주택건설용지 등 대통령령으로 정하는 경우에는 그러하지 아니하다.
② 조성된 토지의 공급대상자로 선정된 자(이하 "공급대상자"라 한다)는 해당 토지를 공급받을 수 있는 권리·자격·지위 등을 전매할 수 없고, 누구든지 이를 전매받아서도 아니 된다.(2020.12.22 본항신설)
③ 토지를 공급받은 자가 제1항을 위반하여 토지를 전매한 경우 해당 법률행위를 무효로 하며, 공공주택사업자(당초의 토지 공급자를 말한다)는 이미 체결된 토지의 공급계약을 취소한다. 이 경우 공공주택사업자는 토지를 공급받은 자가 지급한 금액 중 해당 토지 공급계약에서 정한 계약보증금을 제외한 금액 및 이에 대한 이자(「은행법」에 따른 은행의 1년 만기 정기예금 평균이자율을 적용한 이자를 말한다)를 합산한 금액을 지체 없이 지급하여야 한다.
④ 공급대상자가 제2항을 위반하여 토지를 공급받을 수 있는 권리·자격·지위 등을 전매한 경우 해당 법률행위와 토지를 공급받을 수 있는 권리·자격·지위 등은 무효로 한다.(2020.12.22 본항신설)
(2020.12.22 본조개정)

제32조의4【선수금 등】 ① 공공주택사업자는 토지를 공급받을 자로부터 그 대금의 전부 또는 일부를 미리 받을 수 있다.
② 공공주택사업자는 토지를 공급받을 자에게 토지로 상환하는 채권(이하 "토지상환채권"이라 한다)을 발행할 수 있다.
③ 토지상환채권의 발행 절차·방법 및 조건 등은 「국채법」, 「지방재정법」, 「한국토지주택공사법」, 그 밖의 법률에서 정하는 바에 따른다.
④ 제1항 또는 제2항에 따라 선수금을 받거나 토지상환채권을 발행하려는 공공주택사업자는 국토교통부장관의 승인을 받아야 한다.
(2015.8.28 본조신설)

제4장 공공주택통합심의위원회
(2014.1.14 본장제목개정)

제33조【공공주택통합심의위원회의 설치 등】 ① 제17조에 따른 지구계획, 제35조에 따른 사업계획 또는 제40조의8에 따른 도심 공공주택 복합사업계획(이하 "관련계획"이라 한다)의 승인과 관련하여 도시계획·건축·환경·교통·재해 등 다음 각 호의 사항을 검토 및 심의하기 위하여 국토교통부에 공공주택통합심의위원회(이하 "통합심의위원회"라 한다)를 둔다.(2021.7.20 본문개정 : 2024.9.20까지 유효)
1. 「건축법」에 따른 건축물의 건축 및 특별건축구역의 지정 등에 관한 사항(2021.7.20 본호개정 : 2024.9.20까지 유효)
1의2. 「국토의 계획 및 이용에 관한 법률」에 따른 도시·군관리계획 관련 사항(2011.4.14 본호개정)
2. 「대도시권 광역교통관리에 관한 특별법」에 따른 광역교통개선대책
3. 「도시교통정비 촉진법」에 따른 교통영향평가서 (2015.7.24 본호개정)
4. 「산지관리법」에 따라 해당 주택지구에 속한 산지의 이용계획
5. 「에너지이용 합리화법」에 따른 에너지사용계획
6. 「자연재해대책법」에 따른 재해영향평가등(2017.10.24 본호개정)
7. 「교육환경 보호에 관한 법률」에 따른 교육환경에 대한 평가(2020.12.22 본호개정)
8. 「철도의 건설 및 철도시설 유지관리에 관한 법률」에 따른 철도건설사업(2018.3.13 본호개정)
9. 제6조제3항에 따라 중앙도시계획위원회가 심의한 사항 (2020.12.22 본호신설)
10. 그 밖에 국토교통부장관이 필요하다고 인정하여 통합심의위원회에 부치는 사항(2020.6.9 본호개정)
② 이 법에서 국토교통부장관의 권한에 속하는 사항 중 제53조제1항에 따라 시·도지사에게 위임된 사항과 관련하여 통합심의위원회의 심의 대상에 해당되는 사항과 제40조의8에 따른 도심 공공주택 복합사업계획의 승인과 관련하여 제1항 각 호의 사항을 검토 및 심의하기 위하여 시·도에 시·도공공주택통합심의위원회를 둘 수 있다. 이 경우 시·도공공주택통합심의위원회의 구성·운영 및 심의절차 등은 제3항부터 제7항까지, 제9항 및 제34조를 준용한다.(2021.7.20 전단개정 : 2024.9.20까지 유효)
③ 통합심의위원회는 위원장 1인 및 부위원장 1인을 포함하여 33인 이하의 위원으로 구성한다.(2020.12.22 본항개정)
④ 통합심의위원회의 위원은 다음 각 호의 사람이 되고, 위원장은 제2호에 해당하는 사람 중 위원들이 호선하는 사람으로 하며, 위원장은 원활한 심의를 위하여 필요한 경우 제1호의 사람 중 국토교통부 소속 공무원을 부위원장으로 임명할 수 있다.
1. 관계 중앙행정기관 및 해당 주택지구 또는 공공주택이 속한 지역을 관할하는 시·도 소속의 관계 부서의 장으로서 고위공무원단에 속하는 공무원(시·도의 경우에는 3급 이상인 공무원을 말한다)과 국토교통부에서 주택 관련 업무를 담당하는 고위공무원단에 속하는 공무원
2. 도시계획·건축·교통·환경·재해 분야 등의 전문가로서 택지개발 및 주택사업에 관한 학식과 경험이 풍부한 사람 중 국토교통부장관이 위촉한 사람
3. 「건축법」에 따른 중앙건축위원회의 위원 중 해당 위원회의 위원장이 추천한 사람
4. 「국토의 계획 및 이용에 관한 법률」에 따른 중앙도시계획위원회의 위원 중 해당 위원회의 위원장이 추천하는 사람 1인 및 해당 주택지구 및 공공주택이 속한 시·도에 설치된 시·도도시계획위원회의 위원 중 도시계획전문가·설계전문가·환경전문가 각 1인 이상을 포함하여 해당 시·도도시계획위원회의 위원장이 추천하는 사람 (2020.12.22 본호개정)
5. 「대도시권 광역교통 관리에 관한 특별법」에 따른 대도시권광역교통위원회의 위원 중 해당 위원회의 위원장이 추천하는 사람(2020.12.22 본호개정)
6. 「도시교통정비 촉진법」에 따른 국토교통부 소속의 교통영향평가심의위원회의 위원 중 해당 교통영향평가심의위원회의 위원장이 추천하는 사람
7. 「산지관리법」에 따라 해당 주택지구에 속한 산지의 이용계획에 대하여 심의권한을 가진 산지관리위원회의 위원 중 해당 산지관리위원회의 위원장이 추천하는 사람
8. 「에너지이용 합리화법」에 따른 에너지사용계획에 대하여 심의권한을 가진 위원회의 위원 중 해당 위원회의 위원장이 추천하는 사람
9. 「자연재해대책법」에 따른 재해영향평가심의위원회의 위원 중 해당 위원회의 위원장이 추천하는 사람 (2017.10.24 본호개정)
10. 「철도산업발전기본법」에 따른 철도산업위원회의 위원 중 해당 위원회의 위원장이 추천하는 사람
11. 「교육환경 보호에 관한 법률」에 따른 시·도교육환경보호위원회의 위원 중 해당 위원회의 위원장이 추천하는 사람(2020.12.22 본호개정)
(2015.8.28 본항개정)
⑤ 위원장은 제4항제3호부터 제11호까지에 해당하는 위원이 속한 위원회의 위원장에게 위원의 추천을 요청하여야 하며, 위원의 추천을 요청받은 위원장은 그 요청을 받은 날부터 7일 이내에 위원을 추천하여야 한다.(2014.1.14 본항개정)
⑥ 통합심의위원회의 회의는 재적위원 과반수의 출석으로 개의하고, 출석위원 과반수의 찬성으로 의결한다. 다만, 다음 각 호의 구분에 따라 재적위원을 다르게 운영할 수 있다.(2020.12.22 단서신설)
1. 제17조제2항에 따른 지구계획의 변경을 심의하는 경우 : 위원장과 지구계획변경사항과 관련 있는 위원으로 재적위원 계산(2020.12.22 본호신설)
2. 제35조에 따른 사업계획 또는 제40조의8에 따른 도심 공공주택 복합사업계획을 심의하는 경우 : 제4항제1호부터 제6호까지의 위원으로 재적위원 계산(2021.7.20 본호개정 : 2024.9.20까지 유효)
3. 철도시설이 포함되지 아니한 주택지구의 지구계획을 심의하는 경우 : 제4항제10호에 따른 위원은 재적위원에 포함하지 아니하고 계산(2020.12.22 본호신설)
⑦ 통합심의위원회는 회의내용을 녹취하고 회의록을 작성하여야 한다.
⑧ 통합심의위원회 및 시·도공공주택통합심의위원회의 위원 중 공무원이 아닌 위원은 「형법」 제127조 및 제129조부터 제132조까지의 규정을 적용할 때에는 공무원으로 본다.(2020.12.22 본항신설)
⑨ 제4항 각 호에서 정한 위원별 최소 구성인원 등 통합심의위원회의 구성·운영 등에 필요한 사항은 대통령령으로 정한다.(2020.12.22 본항개정)
(2014.1.14 본조제목개정)

제34조【통합심의위원회의 심의절차 등】 ① 공공주택사업자는 다음 각 호의 구분에 따라 서류를 첨부하여야 한다. 이 경우 국토교통부장관은 관련계획의 승인을 효율적으로 처리하기 위하여 필요하면 제출기한을 정하여 이에 따라 제출하도록 할 수 있다.
1. 제16조제1항에 따라 지구계획의 승인을 신청하는 경우 : 제33조제1항 각 호와 관련된 서류
2. 제35조제1항에 따라 사업계획을 승인할 때 통합심의위원회의 심의를 신청하는 경우 : 제33조제1항제1호, 제1호의2, 제2호부터 제4호까지 및 제10호와 관련된 서류
3. 제40조의8제1항에 따라 도심 공공주택 복합사업계획을 승인할 때 통합심의위원회의 심의를 신청하는 경우 : 제33조제1항 각 호와 관련된 서류
(2021.7.20 본항개정 : 2024.9.20까지 유효)
② 공공주택사업자는 통합심의위원회에 최종의견서를 제출할 수 있으며, 통합심의위원회는 관련계획의 승인과 관련된 사항, 공공주택사업자의 최종의견서, 관계 기관 의견서 등을 종합적으로 검토하여 심의하여야 한다. 이 경우 특별한 사유가 없으면 국토교통부장관은 심의 결과를 반영하여 관련계획을 승인하여야 한다.(2020.6.9 후단개정)
③ 통합심의위원회의 검토 및 심의를 거친 경우에는 다음 각 호에서 정한 위원회의 검토 및 심의를 거친 것으로 본다.(2015.8.28 본문개정)
1. 「건축법」에 따른 건축위원회(2015.8.28 본호신설)
1의2. 「국토의 계획 및 이용에 관한 법률」에 따른 시·도도시계획위원회
2. 「대도시권 광역교통 관리에 관한 특별법」에 따른 대도시권광역교통위원회(2020.12.22 본호개정)
3. 「도시교통정비 촉진법」에 따른 교통영향평가심의위원회(2015.7.24 본호개정)
4. 「산지관리법」에 따른 산지관리위원회
5. 「에너지이용 합리화법」에 따른 에너지사용계획에 대하여 심의권한을 가진 위원회
6. 「자연재해대책법」에 따른 재해영향평가심의위원회 (2017.10.24 본호개정)
7. 「교육환경 보호에 관한 법률」에 따른 시·도교육환경보호위원회(2020.12.22 본호개정)
8. 「철도산업발전기본법」에 따른 철도산업위원회 (2014.1.14 본호신설)

제5장 공공주택의 건설 등
(2014.1.14 본장제목개정)

제35조【주택건설사업계획의 승인 등】 ① 공공주택사업자는 공공주택에 대한 사업계획(부대시설 및 복리시설의 설치에 관한 계획을 포함한다)을 작성하여 국토교통부장관의 승인을 받아야 한다. 사업계획을 변경하고자 하는 경우에도 같다.(2015.8.28 전단개정)

② 국토교통부장관은 주택지구 내에서 건설되는 공공주택 외의 주택(이하 "민간분양주택등"이라 한다)을 공공주택과 동시에 건설하는 것이 불가피하다고 판단하는 경우에는 민간분양주택등의 건설에 대한 사업계획을 해당 사업의 주체로부터 직접 또는 이 법에 따른 공공주택사업자를 통하여 신청 받아 이를 승인할 수 있다. 사업계획을 변경하고자 하는 경우에도 같다.(2015.8.28 전단개정)

③ 공공주택사업자는 주택건설사업계획을 제16조제1항에 따른 지구계획 신청서에 포함하여 제출할 수 있다.(2015.8.28 본항개정)

④ 공공주택사업자가 제1항 또는 제2항에 따라 사업계획의 승인을 받은 때에는 다음 각 호의 인가·허가·결정·심의 등을 받은 것으로 보며, 사업계획의 승인고시가 있는 때에는 다음 각 호의 관계 법률에 따른 고시 또는 공고가 있는 것으로 본다.(2015.8.28 본문개정)

1. 「건축법」 제11조에 따른 건축허가, 같은 법 제14조에 따른 건축신고, 같은 법 제20조에 따른 가설건축물의 건축허가 또는 신고
2. 「공유수면 관리 및 매립에 관한 법률」 제8조에 따른 공유수면의 점용·사용허가, 같은 법 제10조에 따른 협의 또는 승인, 같은 법 제17조에 따른 점용·사용 실시계획의 승인 또는 신고, 같은 법 제28조에 따른 공유수면의 매립면허, 같은 법 제35조에 따른 국가 등이 시행하는 매립의 협의 또는 승인 및 같은 법 제38조에 따른 공유수면매립실시계획의 승인(2010.4.15 본호개정)
3. 「공유재산 및 물품 관리법」 제11조에 따른 행정재산의 용도폐지, 같은 법 제20조에 따른 사용·수익허가(2014.1.14 본호신설)
4. 「광업법」 제42조에 따른 채굴계획의 인가(2010.1.27 본호개정)
5. 「국토의 계획 및 이용에 관한 법률」 제30조에 따른 도시·군관리계획(같은 법 제2조제4호 각 목의 계획 및 제49조에 따른 지구단위계획을 말한다)의 결정, 같은 법 제56조에 따른 개발행위의 허가, 같은 법 제59조에 따른 개발행위에 대한 도시계획위원회의 심의, 같은 법 제86조에 따른 도시·군계획시설사업시행자의 지정, 같은 법 제88조에 따른 실시계획의 인가 및 같은 법 제130조제2항에 따른 타인의 토지에의 출입허가(2016.1.19 본호개정)

5의2. 「국유재산법」 제30조에 따른 국유재산의 사용허가, 같은 법 제40조에 따른 행정재산의 용도폐지(2014.1.14 본호신설)

6. 「농어촌정비법」 제23조에 따른 농업생산기반시설의 사용허가(2016.12.27 본호개정)
7. 「농지법」 제34조에 따른 농지전용의 허가 또는 협의
8. 「도로법」 제36조에 따른 도로공사 시행의 허가, 같은 법 제61조에 따른 도로점용의 허가(2014.1.14 본호개정)
9. 「도시개발법」 제3조에 따른 도시개발구역의 지정, 같은 법 제11조에 따른 시행자의 지정, 같은 법 제17조에 따른 실시계획의 인가, 같은 법 제64조제2항에 따른 타인의 토지에의 출입허가
10. 「사도법」 제4조에 따른 사도의 개설허가
11. 「사방사업법」 제14조에 따른 토지의 형질변경 등의 허가, 같은 법 제20조에 따른 사방지 지정의 해제
12. 「산지관리법」 제14조·제15조에 따른 산지전용허가 및 산지전용신고, 같은 법 제15조의2에 따른 산지일시사용허가·신고와 「산림자원의 조성 및 관리에 관한 법률」 제36조제1항·제5항에 따른 입목벌채등의 허가·신고 및 「산림보호법」 제9조제1항 및 제2항제1호·제2호에 따른 산림보호구역에서의 행위의 허가·신고. 다만, 「산림자원의 조성 및 관리에 관한 법률」에 따른 채종림·시험림과 「산림보호법」에 따른 산림유전자원보호구역의 경우는 제외한다.(2022.12.27 본문개정)
13. 「소하천정비법」 제6조에 따른 소하천정비종합계획의 승인, 같은 법 제10조에 따른 소하천공사 시행의 허가, 같은 법 제14조에 따른 소하천 점용 등의 허가 또는 신고
14. 「수도법」 제17조 또는 제49조에 따른 수도사업의 인가, 같은 법 제52조에 따른 전용상수도 설치의 인가
15. 「연안관리법」 제25조에 따른 연안정비사업실시계획의 승인(2009.3.25 본호개정)
16. 「유통산업발전법」 제8조에 따른 대규모점포의 등록
17. 「장사 등에 관한 법률」 제27조에 따른 타인의 토지 등에 설치된 분묘 등의 처리, 같은 법 제28조에 따른 무연분묘의 처리

17의2. 「주택법」 제15조에 따른 사업계획의 승인(2016.1.19 본호개정)

18. 「지하수법」 제7조 또는 제8조에 따른 지하수개발·이용의 허가 또는 신고

18의2. 「철도의 건설 및 철도시설 유지관리에 관한 법률」 제9조에 따른 철도건설사업별 실시계획의 승인(2018.3.13 본호개정)

18의3. 「철도사업법」 제42조에 따른 점용허가(2014.1.14 본호신설)

19. 「초지법」 제23조에 따른 초지전용의 허가
20. 「공간정보의 구축 및 관리 등에 관한 법률」 제15조제4항에 따른 지도등의 간행 심사(2021.7.20 본호개정)
21. 「택지개발촉진법」 제6조에 따른 행위의 허가
22. 「하수도법」 제16조에 따른 공공하수도공사 시행의 허가, 같은 법 제34조제2항에 따른 개인하수처리시설의 설치신고
23. 「하천법」 제30조에 따른 하천공사 시행의 허가 및 하천공사실시계획의 인가, 같은 법 제33조에 따른 하천의 점용허가, 같은 법 제50조에 따른 하천수의 사용허가
24. 「부동산 거래신고 등에 관한 법률」 제11조에 따른 토지거래계약에 관한 허가(2016.1.19 본호신설)

⑤ 국토교통부장관은 제1항 또는 제2항에 따라 사업계획을 승인한 때에는 이에 관한 사항을 고시하여야 하며, 사업계획승인서 및 관계 서류의 사본을 지체 없이 관할 시·도지사에게 송부하여야 한다.(2013.3.23 본항개정)

⑥ 국토교통부장관이 제1항 또는 제2항에 따라 사업계획을 승인하고자 하는 경우 그 사업계획에 제4항 각 호의 어느 하나에 해당하는 사항이 포함되어 있는 때에는 미리 관계 행정기관의 장과 협의하여야 한다. 이 경우 관계 행정기관의 장은 국토교통부장관의 협의요청을 받은 날부터 30일 이내에 의견을 제출하여야 하며, 같은 기간 이내에 의견제출이 없는 경우에는 의견이 없는 것으로 본다.(2013.3.23 전단개정)

⑦ 제1항 또는 제2항에 따른 사업계획의 승인에 대하여 신청 절차 및 구비서류, 고시의 방법 등 그 밖에 필요한 사항은 대통령령으로 정한다.(2015.8.28 본항신설)

제36조【건축위원회 심의 등에 대한 특례】 ① 국토교통부장관은 제35조제1항 또는 제2항에 따른 공공주택 또는 민간분양주택등이 「건축법」 제4조에 따른 건축위원회의 심의대상이거나 「도시교통정비 촉진법」 제15조에 따른 교통영향평가 대상사업인 때에는 「건축법」 제4조에 따른 중앙건축위원회 또는 「도시교통정비 촉진법」 제17조제1항에 따른 국토교통부 소속의 교통영향평가심의위원회의 심의를 받아야 한다. 다만, 제35조제1항 또는 제2항에 따른 공공주택 또는 민간분양주택등이 제4조에 따른 지방자치단체 또는 지방공사가 건설하는 주택으로서 「건축법」 제4조에 따라 시·도지사가 설치한 건축위원회 또는 「도시교통정비 촉진법」 제17조에 따른 승인관청 소속의 교통영향평가심의위원회의 심의를 받은 때에는 이를 생략할 수 있다.

② 제1항에 따른 중앙건축위원회 또는 국토교통부 소속의 교통영향평가심의위원회의 심의를 받은 경우 「건축법」 제4조에 따른 건축위원회 또는 「도시교통정비 촉진법」 제17조에 따른 승인관청 소속의 교통영향평가심의위원회의 심의를 받은 것으로 본다.

③ 제1항에도 불구하고 제35조제3항에 따라 사업계획이 신청되거나 국토교통부장관이 필요하다고 인정한 경우에는 통합심의위원회의 심의를 거칠 수 있으며, 통합심의위원회의 심의를 거친 경우에는 제1항의 건축위원회의 심의 및 교통영향평가심의위원회의 심의를 받은 것으로 본다. 이 경우 통합심의위원회의 재적위원은 제33조제4항제2호부터 제6호까지의 위원으로 계산한다.(2020.12.22 후단신설)

(2015.7.24 본조개정)

제37조【공공주택의 건설기준 등】 공공주택의 구조·기능 및 설비에 관한 기준과 부대·복리시설의 범위, 설치기준 등에 필요한 사항은 대통령령으로 정할 수 있다.(2014.1.14 본조개정)

제38조【「건설산업기본법」에 대한 특례】 ① 공공주택사업자(제4조제2호 및 제3호에 따른 공공주택사업자를 말한다. 이하 이 조 및 제39조부터 제45조까지에서 같다)가 이 법에 따른 주택건설사업을 하는 경우 「건설산업기본법」 제41조에도 불구하고 이를 시공할 수 있다.(2015.8.28 본항개정)

② 제1항은 제35조제1항에 따라 국토교통부장관으로부터 사업계획을 승인받는 연도별 전체 주택건설 호수(戶數)의 100분의 5의 범위에 해당하는 주택건설사업에만 적용한다.(2013.3.23 본항개정)

제39조【공사의 분할계약 등】 ① 공공주택사업자는 이 법에 따른 주택건설사업을 하는 때에 공사의 성질이나 규모 등을 고려하여 분할시공함이 효율적인 경우에는 이를 분할하여 계약할 수 있다.(2015.8.28 본항개정)

② 공공주택사업자는 이 법에 따른 주택건설사업을 시행하는 경우에 시행자의 부담이 되는 경쟁입찰에서 낙찰자를 결정할 때에는 「국가를 당사자로 하는 계약에 관한 법률」 제10조제2항을 우선 적용한다. 다만, 건설원가 절감을 통한 공공주택의 분양가 인하 등을 위하여 필요한 경우에는 대통령령으로 정하는 바에 따라 달리 계약을 체결할 수 있다.(2020.6.9 본문개정)

③ 제1항 및 제2항은 제38조제2항에 따른 주택건설사업에만 적용한다.

제40조 (2015.8.28 삭제)

제5장의2 공용재산·공공용재산인 토지 등에서의 공공주택사업
(2021.5.18 본장제목개정)

제40조의2【공용재산·공공용재산인 토지 등에서의 공공주택사업에 대한 특례】 ① 대통령령으로 정하는 공공건설임대주택을 공급하기 위하여 다음 각 호의 어느 하나에 해당하는 토지를 대통령령으로 정하는 비율 이상 포함하는 토지에서 공공주택사업을 시행하는 경우에는 「국토의 계획 및 이용에 관한 법률」 제76조에도 불구하고 「건축법」 제2조제2항에 따른 판매시설, 업무시설, 숙박시설 등 국토교통부장관이 정하여 고시하는 시설물을 공공주택과 함께 건설할 수 있다. 이 경우 제2조제2호 후단에 따른 주택비율은 적용하지 아니한다.(2015.8.28 전단개정)

1. 「국유재산법」 제6조제2항제1호·제2호 및 「공유재산 및 물품 관리법」 제5조제2항제1호·제2호에 따른 공용재산과 공공용재산(2021.5.18 본호개정)
2. 국가, 지방자치단체, 「공공기관의 운영에 관한 법률」 제5조에 따른 공공기관 또는 「지방공기업법」 제49조에 따라 설립하는 지방공사가 소유한 다음 각 목의 어느 하나에 해당하는 토지
   가. 이 법 또는 「택지개발촉진법」 등의 관계 법률에 따라 매각을 목적으로 조성하였으나 매각되지 아니한 토지
   나. 공공시설 등을 설치할 목적으로 취득하였으나 그 목적대로 사용하지 아니하는 토지
   다. 공공시설 등을 설치하여 사용하고 있으나 해당 시설의 이용에 지장이 없는 범위에서 공공주택을 건설할 수 있는 토지
3. 그 밖에 이 법 또는 「택지개발촉진법」 등의 관계 법률에 따라 조성하거나 조성된 토지로서 대통령령으로 정하는 토지

② 제1항에 따른 토지에서 공공주택과 시설물을 함께 건설하려는 공공주택사업자는 제35조 및 「건축법」 제11조 등 관계 규정에도 불구하고 시설물의 건설에 관한 사항을 포함하여 주택건설사업계획을 작성한 후 제35조에 따른 승인을 받아야 한다. 다만, 제1항에 따른 시설물을 공공주택과 별개의 동(棟)으로 건설하려는 경우 해당 시설물은 「건축법」 제11조에 따른 건축허가를 받아 건축할 수 있다.(2015.8.28 본문개정)

③ 제1항에 따른 공공주택사업의 원활한 시행을 위하여 필요한 사항은 국토교통부령으로 정한다.

(2021.5.18 본조제목개정)

(2014.1.14 본조신설)

제40조의3【「국유재산법」 등에 대한 특례】 ① 국가와 지방자치단체는 「국유재산법」, 「공유재산 및 물품 관리법」, 그 밖의 관계 법률에도 불구하고 제40조의2제1항에 따른 공공주택사업의 원활한 시행을 위하여 필요한 경우에는 그 공공주택사업자에게 수의계약의 방법으로 국유재산 또는 공유재산을 사용허가하거나 매각·대부할 수 있다. 이 경우 국가와 지방자치단체는 사용허가 및 대부의 기간을 50년 이내로 할 수 있으며, 대통령령으로 정하는 바에 따라 사용료 또는 대부료를 감면할 수 있다.

② 제1항의 국유재산은 「국유재산법」 제6조에 따른 국유재산으로서 해당 재산을 관리하는 중앙관서의 장과 협의를 거친 재산으로 한다.(2021.5.18 본항개정)

③ 제40조의2제1항에 따른 공공주택사업의 원활한 시행을 위하여 국토교통부장관은 기획재정부장관과 협의하여 국유재산을 관리하는 중앙관서의 장에게 그 소관에 속하는 국유재산을 용도 폐지하여 기획재정부장관에게 인계하도록 요청할 수 있다.(2015.8.28 본항신설)

④ 제3항에 따라 요청을 받은 중앙관서의 장은 인계요청을 받은 날부터 60일 이내에 의견을 국토교통부장관에게 통보하여야 한다.(2015.8.28 본항신설)

⑤ 국가와 지방자치단체는 「국유재산법」 및 「공유재산 및 물품 관리법」에도 불구하고 제1항에 따른 공공주택사업자에게 같은 항에 따라 사용허가나 대부를 받은 국유재산 또는 공유재산에 영구시설물을 축조하게 할 수 있다. 이 경우 해당 영구시설물의 소유권은 국가, 지방자치단체 또는 그 밖의 관계 기관과 공공주택사업자 간에 별도의 합의가 없으면 그 국유재산 또는 공유재산을 반환할 때까지 공공주택사업자에게 귀속된다.(2020.6.9 후단개정)

(2015.8.28 본조개정)

제40조의4【「철도의 건설 및 철도시설 유지관리에 관한 법률」 등에 대한 특례】 ① 「철도의 건설 및 철도시설 유지관리에 관한 법률」 제2조제6호에 따른 철도시설에서 제40조의2제1항에 따른 공공주택사업을 시행하는 공공주택사업자는 같은 법 제8조에 따른 철도건설사업의 시행자로 본다.(2018.3.13 본항개정)

② 국토교통부장관은 제40조의2제1항에 따른 공공주택사업의 원활한 시행을 위하여 필요한 경우에는 「철도사업법」 제42조 및 제44조에도 불구하고 그 공공주택사업자에 대하여 50년 이내의 범위에서 철도시설의 점용허가를 할 수 있으며, 대통령령으로 정하는 바에 따라 점용료를 감면할 수 있다.

(2018.3.13 본조제목개정)

(2015.8.28 본조개정)

제40조의5【「학교용지 확보 등에 관한 특례법」에 대한 특례】 ① 제40조의2제1항에 따른 공공주택사업의 공공주택사업자는 「학교용지 확보 등에 관한 특례법」 제3조에도 불구하고 교육감의 의견을 들어 학교용지를 개발·확보하지 아니할 수 있다.
② 제1항에 따라 공공주택사업자가 학교용지를 확보하지 아니하는 경우, 공공주택사업자는 교육감의 의견을 들어 제40조의2제1항에 따른 공공주택사업의 시행 지역과 가까운 곳에 있는 학교를 증축하기 위하여 필요한 경비 등을 부담할 수 있다.
(2015.8.28 본조개정)

제40조의6【건축기준 등에 대한 특례】 국토교통부장관은 제40조의2제1항제1호의 토지에 건설하는 공공주택사업의 원활한 시행을 위하여 필요한 경우에는 다음 각 호에 따른 관계 규정에도 불구하고 대통령령으로 정하는 범위에서 다음 각 호의 사항에 대하여 완화된 기준을 정하여 시행할 수 있다.(2021.5.18 본문개정)
1. 「국토의 계획 및 이용에 관한 법률」 제77조 및 제78조에 따른 건폐율 및 용적률의 제한
2. 「건축법」 제2조제1호, 제42조, 제43조, 제55조, 제56조, 제58조, 제60조 및 제61조에 따른 대지의 범위, 대지의 조경, 공개 공지, 대지 안의 공지, 건축물의 건폐율·용적률·높이 등 건축 제한
3. 「도시공원 및 녹지 등에 관한 법률」 제14조에 따른 도시공원 또는 녹지 확보 기준
4. 「주차장법」 제12조의3, 제19조 및 「주택법」 제35조에 따른 주차장의 설치기준(2016.1.19 본호개정)
(2014.1.14 본조신설)

제5장의3 도심 공공주택 복합사업

(2021.7.20 본장신설 : 2024.9.20까지 유효)

제40조의7【도심 공공주택 복합지구의 지정 등】 ① 국토교통부장관 또는 시·도지사(이하 “지정권자”라 한다)는 다음 각 호의 구분에 따라 도심 공공주택 복합사업(이하 “복합사업”이라 한다)을 추진하기 위하여 필요한 지역을 도심 공공주택 복합지구(이하 “복합지구”라 한다)로 지정하거나 지정된 복합지구를 변경 또는 해제할 수 있다.
1. 지방공사 또는 지방공사가 총지분의 100분의 50을 초과하여 출자·설립한 법인이 제2항에 따른 제안을 하는 경우 지정권자 : 시·도지사
2. 제1호 이외의 공공주택사업자가 제2항에 따른 제안을 하는 경우 지정권자 : 국토교통부장관
② 제4조에 따른 공공주택사업자는 지정권자에게 복합지구의 지정·변경을 제안할 수 있으며, 다음 각 호의 어느 하나에 해당하는 경우에는 해제를 제안할 수 있다.
1. 사정의 변경으로 인하여 복합사업을 계속 추진할 필요성이 없어지거나 추진하는 것이 현저히 곤란한 경우
2. 복합지구 지정 후 3년이 경과한 구역으로서 복합지구에 위치한 토지 또는 건축물의 소유자의 2분의 1 이상이 공공주택사업자에게 해제를 요청하는 경우(제40조의8에 따른 도심 공공주택 복합사업계획을 신청한 경우는 제외한다)(2023.10.24 본호개정)
③ 공공주택사업자는 대통령령으로 정하는 바에 따라 복합사업에 필요한 서류의 발급을 국가 또는 지방자치단체에 신청할 수 있으며, 국가 또는 지방자치단체는 특별한 사정이 없으면 이에 따라야 한다. 이 경우 국가나 지방자치단체는 발급하는 서류에 대하여 수수료를 부과하지 아니한다.
④ 지정권자가 제1항에 따라 복합지구를 지정·변경·해제하거나 공공주택사업자가 제2항에 따라 복합지구의 지정·변경·해제를 제안하려는 경우에는 지정권자 및 공공주택사업자는 해당 지역의 주택수요, 지역여건 등을 종합적으로 검토하여야 한다. 이 경우 지정권자 및 공공주택사업자는 복합지구의 지정·변경·해제 및 그 제안에 대하여 관계 중앙행정기관의 장, 관할 지방자치단체의 장, 지방공사 등 관계 기관과 사전 협의하여야 한다.
⑤ 지정권자가 복합지구를 지정·변경(대통령령으로 정하는 경미한 사항을 변경하는 경우는 제외한다. 이하 제6항에서 같다)하려면 공고를 하여 주민 및 관계 전문가 등의 의견을 들어야 한다. 이 경우 지정 공고한 지역은 도심 공공주택 복합사업 예정지구(이하 “예정지구”라 한다)로 지정된 것으로 본다.
⑥ 지정권자는 다음 각 호의 어느 하나에 해당하는 경우에는 제2항에 따른 복합지구 지정·변경 제안을 반려하여야 한다.
1. 공공주택사업자가 제5항에 따른 복합지구의 지정·변경에 관한 주민 등의 의견청취의 공고일부터 1년이 지날 때까지 토지등소유자 3분의 2 이상의 동의와 토지면적의 2분의 1 이상에 해당하는 토지를 확보(토지 소유권을 취득하거나 토지등소유자로부터 사용동의를 받은 것을 말한다)하지 못하는 경우
2. 사정의 변경으로 인하여 복합사업을 추진할 필요성이 없어지거나 추진하는 것이 현저히 곤란한 경우
3. 제5항에 따른 복합지구의 지정·변경에 관한 주민 등의 의견청취의 공고일부터 6개월이 지난 날 이후로 2분의 1을 초과하는 토지등소유자가 예정지구 지정 해제를 요청하는 경우
⑦ 제6항에 따라 복합지구 지정 제안이 반려된 경우 예정지구 지정은 해제된 것으로 보며 지정권자는 이를 공고하여야 한다.
⑧ 제1항부터 제7항까지에서 규정한 사항 외에 지구의 유형 및 지정기준, 제안의 방법, 동의자 수 산정방법 등 복합지구의 지정·변경 또는 해제에 필요한 사항은 대통령령으로 정한다.

제40조의8【도심 공공주택 복합사업계획의 승인 등】 ① 공공주택사업자는 다음 각 호의 사항을 포함한 도심 공공주택 복합사업계획(이하 “복합사업계획”이라 한다)을 수립하여 지정권자의 승인을 받아야 한다. 승인된 복합사업계획을 변경(대통령령으로 정하는 경미한 사항을 변경하는 경우는 제외한다)하는 때에도 또한 같다.
1. 복합사업계획의 개요
2. 토지이용계획 및 기반시설 설치 계획
3. 건축 및 주택건설계획
4. 임시거주시설을 포함한 주민이주대책
5. 세입자의 주거 및 이주대책
6. 조성된 토지의 공급에 관한 계획
7. 그 밖에 사업시행을 위하여 필요한 사항으로서 대통령령으로 정하는 사항
② 시·도지사는 제1항에 따라 복합사업계획을 승인하기 전에 국토교통부장관과 미리 협의하여야 한다.
③ 지정권자는 제1항에 따라 복합사업계획의 승인 또는 변경승인을 하려면 대통령령으로 정하는 바에 따라 공고를 하여 주민 및 관계 전문가 등의 의견을 들어야 한다.
(2023.10.24 본항신설 : 2024.9.20까지 유효)
④ 제1항에 따른 복합사업계획의 승인 또는 변경승인이 있는 때에는 다음 각 호의 인·허가등을 받은 것으로 보며, 복합사업계획 승인고시가 있는 때에는 다음 각 호의 법률에 따른 인·허가등의 고시 또는 공고가 있는 것으로 본다.
1. 이 법 제35조에 따른 주택건설사업계획의 승인
2. 「건축법」 제11조에 따른 건축허가, 같은 법 제14조에 따른 건축신고, 같은 법 제16조에 따른 허가·신고사항의 변경, 같은 법 제20조에 따른 가설건축물의 허가·신고, 같은 법 제29조에 따른 건축 협의
3. 「골재채취법」 제22조에 따른 골재채취의 허가
4. 「공간정보의 구축 및 관리 등에 관한 법률」 제15조제3항에 따른 지도등의 간행 심사, 같은 법 제86조제1항에 따른 사업의 착수·변경 또는 완료의 신고
5. 「공유수면 관리 및 매립에 관한 법률」 제8조에 따른 공유수면의 점용·사용허가, 같은 법 제10조에 따른 협의 또는 승인, 같은 법 제17조에 따른 점용·사용 실시계획의 승인 또는 신고, 같은 법 제28조에 따른 공유수면의 매립면허, 같은 법 제33조에 따른 매립면허의 고시, 같은 법 제35조에 따른 국가 등이 시행하는 매립의 협의 또는 승인 및 같은 법 제38조에 따른 공유수면매립실시계획의 승인·고시
6. 「공유재산 및 물품 관리법」 제11조에 따른 행정재산의 용도폐지, 같은 법 제20조에 따른 사용·수익허가
7. 「국유재산법」 제30조에 따른 국유재산의 사용허가, 같은 법 제40조에 따른 행정재산의 용도폐지
8. 「국토의 계획 및 이용에 관한 법률」 제30조에 따른 도시·군관리계획의 결정, 같은 법 제56조에 따른 개발행위의 허가, 같은 법 제59조에 따른 개발행위에 대한 도시계획위원회의 심의, 같은 법 제86조에 따른 도시·군계획시설사업의 시행자의 지정, 같은 법 제88조에 따른 실시계획의 작성 및 인가, 같은 법 제130조제2항에 따른 타인의 토지에의 출입허가
9. 「농지법」 제31조에 따른 농업진흥지역 변경·해제, 같은 법 제34조에 따른 농지전용의 허가 또는 협의
10. 「대기환경보전법」 제23조, 「물환경보전법」 제33조, 「소음·진동관리법」 제8조에 따른 배출시설 설치의 허가 및 신고
11. 「대중교통의 육성 및 이용촉진에 관한 법률」 제9조에 따른 개발사업계획에의 대중교통시설에 관한 사항의 반영
12. 「도로법」 제36조에 따른 도로관리청이 아닌 자에 대한 도로공사 시행의 허가, 같은 법 제61조에 따른 도로의 점용 허가 및 같은 법 제107조에 따른 도로관리청과의 협의 또는 승인
13. 「도시개발법」 제3조에 따른 도시개발구역의 지정, 같은 법 제4조에 따른 개발계획의 수립 및 변경, 같은 법 제11조에 따른 사업시행자의 지정, 같은 법 제17조에 따른 실시계획의 작성 및 인가, 같은 법 제26조에 따른 조성토지등의 공급 계획 제출, 같은 법 제53조에 따른 조성토지등의 준공 전 사용의 허가, 같은 법 제64조제2항에 따른 타인의 토지에의 출입허가
14. 「도시재정비 촉진을 위한 특별법」 제5조에 따른 재정비촉진지구의 지정, 같은 법 제12조에 따른 재정비촉진계획의 결정
15. 「부동산 거래신고 등에 관한 법률」 제11조에 따른 토지거래계약에 관한 허가
16. 「사도법」 제4조에 따른 사도의 개설허가
17. 「사방사업법」 제14조에 따른 벌채 등의 허가, 같은 법 제20조에 따른 사방지 지정의 해제
18. 「산업입지 및 개발에 관한 법률」 제16조에 따른 사업시행자의 지정, 같은 법 제17조 및 제18조에 따른 산업단지개발실시계획의 승인, 같은 법 제18조의2에 따른 도시첨단산업단지개발실시계획의 승인
19. 「산업집적활성화 및 공장설립에 관한 법률」 제13조에 따른 공장설립등의 승인
20. 「산지관리법」 제14조·제15조에 따른 산지전용허가 및 산지전용신고, 같은 법 제15조의2에 따른 산지일시사용허가·신고와 「산림자원의 조성 및 관리에 관한 법률」 제36조제1항·제5항에 따른 입목벌채등의 허가·신고 및 「산림보호법」 제9조제1항 및 같은 조 제2항제1호·제2호에 따른 산림보호구역에서의 행위의 허가·신고. 다만, 「산림자원의 조성 및 관리에 관한 법률」에 따른 채종림·시험림과 「산림보호법」에 따른 산림유전자원보호구역의 경우는 제외한다.(2022.12.27 본문개정)
21. 「소하천정비법」 제6조 및 제8조에 따른 소하천정비종합계획의 수립·승인 및 소하천정비시행계획의 수립, 같은 법 제10조에 따른 소하천공사 시행의 허가, 같은 법 제14조에 따른 소하천 점용 등의 허가 또는 신고
22. 「수도법」 제17조 또는 제49조에 따른 수도사업의 인가, 같은 법 제52조 또는 제54조에 따른 전용상수도 또는 전용공업용수도의 설치 인가
23. 「에너지이용 합리화법」 제10조에 따른 에너지사용계획의 협의
24. 「연안관리법」 제25조에 따른 연안정비사업실시계획의 승인
25. 「유통산업발전법」 제8조에 따른 대규모점포의 등록
26. 「자연재해대책법」 제5조에 따른 개발사업의 재해영향평가등의 협의
27. 「장사 등에 관한 법률」 제27조에 따른 타인의 토지 등에 설치된 분묘 등의 처리, 같은 법 제28조에 따른 무연분묘의 처리
28. 「전기안전관리법」 제8조에 따른 자가용전기설비의 공사계획의 인가 또는 신고
29. 「주택법」 제15조에 따른 사업계획의 승인
30. 「지하수법」 제7조 또는 제8조에 따른 지하수개발·이용의 허가 또는 신고
31. 「집단에너지사업법」 제4조에 따른 집단에너지의 공급 타당성에 관한 협의
32. 「철도의 건설 및 철도시설 유지관리에 관한 법률」 제9조에 따른 철도건설사업별 실시계획의 승인
33. 「철도사업법」 제42조에 따른 점용허가
34. 「체육시설의 설치·이용에 관한 법률」 제12조에 따른 사업계획의 승인
35. 「초지법」 제21조의2에 따른 토지의 형질변경 등의 허가, 같은 법 제23조에 따른 초지전용의 허가
36. 「택지개발촉진법」 제6조에 따른 행위의 허가
37. 「폐기물관리법」 제29조에 따른 폐기물처리시설의 설치승인 또는 신고
38. 「하수도법」 제16조에 따른 공공하수도공사 시행의 허가, 같은 법 제24조에 따른 공공하수도의 점용허가, 같은 법 제34조제2항에 따른 개인하수처리시설의 설치신고
39. 「하천법」 제6조에 따른 하천관리청과의 협의 또는 승인, 같은 법 제25조 및 제27조에 따른 하천기본계획 및 하천공사시행계획의 변경, 같은 법 제30조에 따른 하천공사 시행의 허가 및 하천공사실시계획의 인가, 같은 법 제33조에 따른 하천의 점용허가, 같은 법 제50조에 따른 하천수의 사용허가
40. 「항만법」 제7조에 따른 항만기본계획의 변경, 같은 법 제9조제2항에 따른 항만개발사업 시행의 허가 및 같은 법 제10조제2항에 따른 항만개발사업실시계획의 승인
⑤ 지정권자는 제4항 각 호의 어느 하나에 해당하는 사항이 포함되어 있는 복합사업계획을 승인하려는 경우에는 공공주택사업자가 제출한 관계 서류를 첨부하여 미리 관계 행정기관의 장과 협의하여야 한다. 이 경우 관계 행정기관의 장은 협의요청을 받은 날부터 30일 이내에 의견을 제출하여야 하며 같은 기간 이내에 의견제출이 없는 경우에는 의견이 없는 것으로 본다.(2023.10.24 전단개정 : 2024.9.20까지 유효)
⑥ 제4항에 따라 다른 법률에 따른 인·허가등을 받은 것으로 보는 경우에는 관계 법률에 따라 부과되는 면허세·수수료 또는 사용료 등을 면제한다.(2023.10.24 본항개정 : 2024.9.20까지 유효)
⑦ 제1항부터 제6항까지에서 규정한 사항 외에 복합사업계획 승인에 필요한 사항은 대통령령으로 정한다.
(2023.10.24 본항개정 : 2024.9.20까지 유효)

제40조의9【복합사업의 건축기준 등에 대한 특례】 ① 지정권자는 복합사업의 원활한 시행을 위하여 필요한 경우에는 다음 각 호에 따른 관계 규정에도 불구하고 대통령령으로 정하는 범위에서 다음 각 호의 사항에 대하여 완화된 기준을 정하여 시행할 수 있다.
1. 「국토의 계획 및 이용에 관한 법률」 제76조에 따른 용도지역 및 용도지구에서의 건축물 건축 제한
2. 「국토의 계획 및 이용에 관한 법률」 제77조에 따른 건폐율의 제한
3. 「국토의 계획 및 이용에 관한 법률」 제78조에 따른 용적률의 제한
4. 「도시공원 및 녹지 등에 관한 법률」 제14조에 따른 도시공원 또는 녹지 확보 기준

5. 「주차장법」 제12조의3, 제19조 및 「주택법」 제35조에 따른 주차장의 설치기준
② 제1항제5호에 따라 주차장의 설치기준을 완화하는 경우 제33조에도 불구하고 「도시교통정비 촉진법」 제17조제1항에 따른 교통영향평가심의위원회의 심의를 받아야 한다.

제40조의10【토지등의 수용 등】 ① 공공주택사업자는 복합지구에서 복합사업을 시행하기 위하여 필요한 경우에는 토지등을 수용 또는 사용할 수 있다.
② 복합지구를 지정하여 고시한 때에는 「공익사업을 위한 토지 등의 취득 및 보상에 관한 법률」 제20조제1항 및 같은 법 제22조에 따른 사업인정 및 사업인정의 고시가 있는 것으로 본다.
③ 공공주택사업자는 토지등소유자가 「공익사업을 위한 토지 등의 취득 및 보상에 관한 법률」에 따른 협의에 응하여 그가 소유하는 복합지구 내 토지등의 전부를 공공주택사업자에게 양도하는 경우로서 토지등소유자가 원하는 경우에는 다음 각 호에서 정하는 기준과 절차에 따라 현물보상을 할 수 있다. 이 경우 현물보상으로 공급하는 주택은 「주택법」 제2조제6호에 따른 국민주택규모를 초과하는 경우에도 공공주택으로 보며, 현물보상으로 공급하는 건축물은 「도시개발법」 제40조에 따라 행하여진 환지로 본다.(2023.10.24 전단개정 : 2024.9.20까지 유효)
1. 건축물로 보상받을 수 있는 자 : 그가 소유하는 복합지구 내 토지등의 전부를 공공주택사업자에게 양도한 자로서 대통령령으로 정하는 요건을 충족하는 자가 된다. 이 경우 대상자가 경합할 때에는 보상금 총액이 높은 자에게 우선하여 건축물로 보상하며, 그 밖의 우선순위 및 대상자 결정방법 등은 공공주택사업자가 정하여 공고한다.
2. 보상하는 건축물 가격의 산정 기준금액 : 제40조의11에 따른 분양가격으로 한다.
3. 보상기준 등의 공고 : 「공익사업을 위한 토지 등의 취득 및 보상에 관한 법률」 제15조에 따라 보상계획을 공고할 때 건축물로 보상하는 기준을 포함하여 공고하거나 건축물로 보상하는 기준을 따로 일간신문에 공고할 것이라는 내용을 포함하여 공고한다.
④ 제3항에도 불구하고 종교시설 및 노유자시설 등 대통령령으로 정하는 시설의 토지등의 전부를 「공익사업을 위한 토지 등의 취득 및 보상에 관한 법률」에 따른 협의에 응하여 공공주택사업자에게 양도하는 경우로서 토지등소유자가 원하는 경우에는 대통령령으로 정하는 바에 따라 해당 복합사업으로 조성되는 같은 용도의 토지로 보상할 수 있다.(2023.10.24 본항신설 : 2024.9.20까지 유효)
⑤ 제3항 또는 제4항에 따라 현물보상 또는 토지보상(이하 "현물보상등"이라 한다)을 받기로 결정된 권리는 현물보상등을 약정한 날부터 현물보상등으로 공급받는 건축물 또는 토지의 소유권이전등기를 마칠 때까지 전매(매매, 그 밖에 권리의 변동을 수반하는 모든 행위를 포함하되, 상속 및 그 밖에 대통령령으로 정하는 경우는 제외한다)할 수 없으며, 이를 위반할 때에는 공공주택사업자는 현물보상등의 약정을 취소하고 현금으로 보상할 수 있다. 이 경우 현금보상액에 대한 이자율은 「공익사업을 위한 토지 등의 취득 및 보상에 관한 법률」 제63조제9항제1호가목에 따른 이자율의 2분의 1로 한다.(2023.10.24 전단개정 : 2024.9.20까지 유효)
⑥ 제1항에 따른 토지등의 수용, 사용 또는 손실보상에 관하여 이 법에 특별한 규정이 있는 것을 제외하고는 「공익사업을 위한 토지 등의 취득 및 보상에 관한 법률」을 적용한다. 다만, 복합사업의 시행에 따른 이주대책의 수립 등 손실보상의 기준 및 절차는 대통령령으로 정할 수 있다.
⑦ 제1항에 따른 토지등의 수용 또는 사용에 대한 재결의 신청은 「공익사업을 위한 토지 등의 취득 및 보상에 관한 법률」 제23조제1항 및 같은 법 제28조제1항에도 불구하고 복합지구로 지정된 때부터 해당 복합사업의 시행기간 내에 할 수 있다.
⑧ 제3항부터 제7항까지에서 규정한 사항 외에 건축물 및 토지의 공급기준 등 현물보상등에 필요한 사항은 대통령령으로 정한다.(2023.10.24 본항개정 : 2024.9.20까지 유효)

제40조의11【주택공급 등에 관한 특례】 ① 제40조의10에 따라 현물보상으로 공급하는 주택 및 주택 이외의 건축물에 대하여는 「주택법」 제57조, 제57조의2, 제64조 및 「건축물의 분양에 관한 법률」 제6조를 적용하지 아니하고, 대통령령으로 정하는 바에 따라 공공주택사업자가 공급기준 및 분양가격 등을 따로 정할 수 있다.
② 공공주택사업자는 「주택법」 제2조제12호 각 목의 시설로 분리되어 있는 복합지구 안의 주택단지를 공동으로 관리하려는 경우에는 이를 하나의 주택단지로 복합사업을 시행할 수 있다.(2023.10.24 본항신설 : 2024.9.20까지 유효)

제40조의12【계약의 방법 및 시공자 선정 등】 ① 공공주택사업자가 시공자를 선정하는 경우 대통령령으로 정하는 바에 따라 제40조의13에 따른 주민협의체는 의결을 거쳐 경쟁입찰 또는 수의계약(2회 이상 경쟁입찰이 유찰된 경우로 한정한다)의 방법으로 시공자를 추천할 수 있다.(2023.10.24 본항개정 : 2024.9.20까지 유효)
② 제1항에 따라 토지등소유자가 시공자를 추천한 경우 공공주택사업자는 추천받은 자를 시공자로 선정하여야 한다. 이 경우 시공자와의 계약에 관하여는 「국가를 당사자로 하는 계약에 관한 법률」 제7조, 「지방자치단체를 당사자로 하는 계약에 관한 법률」 제9조, 「공공기관의 운영에 관한 법률」 제39조 또는 「지방공기업법」 제64조의2를 적용하지 아니한다.

제40조의13【주민협의체 및 주민대표회의】 ① 제40조의7제5항 전단에 따른 복합지구 지정에 관한 주민 등의 의견청취를 위하여 공고일 이후 토지등소유자 전원을 구성원으로 주민협의체(이하 "주민협의체"라 한다)를 구성한다.
② 주민협의체의 효율적인 운영을 위하여 주민협의체에 주민대표자 회의기구(이하 "주민대표회의"라 한다)를 둘 수 있다.
③ 주민대표회의는 토지등소유자의 과반수의 동의를 받아 구성하며, 국토교통부령으로 정하는 방법 및 절차에 따라 특별자치시장 · 시장 · 군수 또는 구청장의 승인을 받아야 한다.
④ 주민협의체 및 주민대표회의의 구성 · 운영 등에 필요한 사항은 대통령령으로 정한다.
(2023.10.24 본조신설 : 2024.9.20까지 유효)

제40조의14【복합사업의 토지등소유자 등에 대한 지원】 ① 공공주택사업자는 복합사업의 효율적인 추진을 위하여 총사업비의 범위에서 토지등소유자 등에 대하여 다음 각 호의 지원을 할 수 있다. 이 경우 주민협의체와 협의를 거쳐야 한다.
1. 주민협의체 및 주민대표회의의 구성 · 운영에 필요한 비용의 지원
2. 주민대표회의의 사무실 임차료 등 복합사업의 추진에 필요한 비용의 지원
3. 복합지구 지정 전에 복합지구 내에서 「도시 및 주거환경정비법」에 따른 추진위원회 구성승인 또는 조합설립인가가 취소된 경우 해당 추진위원회 또는 조합이 사용한 비용의 지원(같은 법 제21조제3항에 따라 보조받는 경우는 제외한다)
② 제1항에 따른 지원의 구체적인 범위 및 절차 등에 필요한 사항은 대통령령으로 정한다.
(2023.10.24 본조신설 : 2024.9.20까지 유효)

제40조의15【지상권 등 계약의 해지】 ① 복합사업의 시행으로 지상권 · 전세권 또는 임차권의 설정 목적을 달성할 수 없는 때에는 그 권리자는 그 지상권 및 전세권의 소멸을 청구하거나 임대차계약을 해지할 수 있다.
② 제1항에 따라 소멸을 청구하거나 계약을 해지할 수 있는 자가 가지는 전세금 · 보증금, 그 밖의 계약상의 금전의 반환청구권은 공공주택사업자에게 행사할 수 있다.
③ 제2항에 따른 금전의 반환청구권의 행사로 해당 금전을 지급한 공공주택사업자는 해당 토지등소유자에게 구상할 수 있다.
④ 공공주택사업자는 제3항에 따른 구상이 되지 아니하는 때에는 해당 토지등소유자에게 공급될 토지 또는 건축물을 압류할 수 있다. 이 경우 압류한 권리는 저당권과 동일한 효력을 가진다.
⑤ 제40조의8에 따라 복합사업계획의 승인을 받은 경우 지상권 · 전세권의 존속기간 또는 임대차계약의 계약기간은 「민법」 제280조 · 제281조 · 제312조제2항, 「주택임대차보호법」 제4조제1항, 「상가건물 임대차보호법」 제9조제1항을 적용하지 아니한다.
(2023.10.24 본조신설 : 2024.9.20까지 유효)

제40조의16【건축물 등의 사용 · 수익의 중지】 종전의 토지 또는 건축물의 지상권자 · 전세권자 · 임차권자 등 권리자는 제40조의8에 따른 복합사업계획의 승인고시가 있는 때에는 제40조의17에서 준용하는 제31조에 따른 공고일까지 종전의 토지 또는 건축물을 사용하거나 수익할 수 없다. 다만, 다음 각 호의 어느 하나에 해당하는 경우에는 그러하지 아니하다.
1. 공공주택사업자의 동의를 받은 경우
2. 「공익사업을 위한 토지 등의 취득 및 보상에 관한 법률」에 따른 손실보상이 완료되지 아니한 경우
(2023.10.24 본조신설 : 2024.9.20까지 유효)

제40조의17【도심 공공주택 복합사업에서의 준용】 ① 복합사업에 관하여는 제6조제3항 · 제4항, 제8조, 제9조, 제11조부터 제15조까지, 제17조제2항부터 제5항까지, 제19조부터 제21조까지, 제23조, 제24조, 제25조, 제26조, 제27조제4항 · 제5항, 제27조의2, 제28조부터 제32조까지, 제32조의2부터 제32조의4까지 및 제36조를 준용한다. 이 경우 "주택지구"는 "복합지구"로, "지구계획" 및 "사업계획"은 "복합사업계획"으로, "지구조성사업"은 "복합사업"으로, "국토교통부장관"은 "지정권자"(제8조제5항 및 제29조제2항을 준용하는 경우는 제외한다)로 각각 본다.
(2023.10.24 전단개정 : 2024.9.20까지 유효)
② 제1항에 따라 시 · 도지사가 지정하는 복합지구에 대하여 제6조제3항 및 제4항을 준용하는 경우 "중앙도시계획위원회"는 "지방도시계획위원회"로 본다.

제6장 공공주택의 매입

(2015.8.28 본장개정)

제41조【공공주택사업자의 부도임대주택 매입】 ① 공공주택사업자는 부도임대주택(법률 제13499호로 개정되기 전의 「임대주택법」 제2조제2호의2에 해당하는 주택 중 같은 조 제8호의 부도임대주택등을 말한다. 이하 같다) 중에 국토교통부장관이 지정 · 고시하는 주택을 매입하여 공공임대주택으로 공급할 수 있다.
② 제1항에 따라 지정 · 고시를 하기 전에 부도임대주택의 임차인이 공공주택사업자에게 매입을 동의한 경우에는 임차인에게 부여된 우선매수할 권리(법률 제13499호로 개정되기 전의 「임대주택법」 제22조에 따른 권리를 말한다)를 공공주택사업자에게 양도한 것으로 본다. 이 경우 공공주택사업자는 「민사집행법」 제113조에서 정한 보증의 제공 없이 우선매수 신고를 할 수 있다.
③ 국가 또는 지방자치단체는 공공주택사업자가 부도임대주택을 매입하는 경우 재정이나 주택도시기금에 따른 공공주택 건설자금지원 수준을 고려하여 공공주택사업자를 지원할 수 있다.(2020.6.9 본항개정)
④ 공공주택사업자가 제3항에 따라 재정이나 주택도시기금을 지원받은 경우 공공주택사업자는 지원받는 금액의 범위에서 주택 수리비 등을 제외하고 남은 금액을 임차인의 임대보증금 보전비용으로 사용할 수 있다.
⑤ 부도임대주택의 매입절차 및 공공주택사업자에 대한 재정지원에 필요한 사항은 대통령령으로 정하며, 매입기준 등은 국토교통부장관이 별도로 정하는 바에 따른다.

제42조 (2013.7.16 삭제)

제43조【공공주택사업자의 기존주택등 매입】 ① 공공주택사업자는 「주택법」 제49조에 따른 사용검사 또는 「건축법」 제22조에 따른 사용승인을 받은 건축물로서 대통령령으로 정하는 규모 및 기준의 주택 등(이하 "기존주택등"이라 한다)을 매입하여 공공매입임대주택으로 공급할 수 있다.
② 국가 또는 지방자치단체는 공공주택사업자가 제1항에 따라 기존주택등을 매입하는 경우 재정이나 주택도시기금에 따른 공공주택 건설자금지원 수준을 고려하여 공공주택사업자를 지원할 수 있다.
③ 「주택법」 제15조에 따른 사업계획승인권자 또는 「건축법」 제11조에 따른 허가권자는 주택을 건설하여 제1항에 따라 공공주택사업자에게 매도하기로 약정을 체결한 자가 「주택법」 제15조에 따른 사업계획승인을 신청하거나 「건축법」 제11조에 따른 건축허가를 신청하는 경우 「주차장법」 제12조의3, 제19조 및 「주택법」 제35조에도 불구하고 대통령령으로 정하는 주차장의 설치기준을 적용할 수 있다.(2020.8.18 본항신설)
④ 공공주택사업자는 국토교통부장관이 정하는 특별한 사정이 없으면 제3항에 따른 주차장 설치기준을 적용받아 주택을 건설한 자가 「주택법」 제49조에 따른 사용검사 또는 「건축법」 제22조에 따른 사용승인을 받은 날부터 1개월 이내에 그 주택의 매도를 요청하여야 한다.
(2020.8.18 본항신설)
⑤ 제4항에 따른 매도 요청을 받은 자는 매도 요청을 받은 날부터 2개월 이내에 그 주택을 매도하여야 한다.
(2020.8.18 본항신설)
⑥ 제4항에 따라 매도 요청을 받은 자가 제5항에 따라 매도하지 않는 경우 공공주택사업자는 「주택법」 제49조에 따른 사용검사권자 또는 「건축법」 제22조에 따른 사용승인권자에게 그 사실을 통보하여야 한다.(2020.8.18 본항신설)
⑦ 기존주택등의 매입절차 및 공공주택사업자에 대한 재정지원에 필요한 사항은 대통령령으로 정하며, 매입기준 등은 국토교통부장관이 별도로 정하는 바에 따른다.
(2020.8.18 본조개정)

제43조의2【공공매입임대주택의 용적률에 대한 특례】 ① 「주택법」 제15조에 따른 사업계획승인권자 또는 「건축법」 제11조에 따른 허가권자는 공공주택사업자가 제43조제1항에 따라 공공매입임대주택으로 공급하기 위하여 매입하였거나 매입하기로 약정을 체결한 기존주택등에 대하여 「국토의 계획 및 이용에 관한 법률」에 따라 해당 지방자치단체의 조례, 지구단위계획 또는 도시혁신계획에서 정한 용적률에도 불구하고 기존주택등의 용적률을 적용할 수 있다. 다만, 기존주택등을 철거 후 신축하는 경우에는 그러하지 아니하다.(2024.2.6 본문개정)
② 공공주택사업자는 제1항 본문에 따라 매입하기로 약정을 체결한 기존주택등을 매입하지 아니하는 경우 「주택법」 제49조에 따른 사용검사권자 또는 「건축법」 제11조에 따른 건축허가권자에게 그 사실을 통보하여야 한다.
(2021.10.19 본조신설)

제44조【공공주택사업자의 건설 중에 있는 주택 매입】 ① 공공주택사업자 외의 자는 건설 중에 있는 주택(건설을 계획하고 있는 경우를 포함한다. 이하 이 조에서 같다)으로서 대통령령으로 정하는 규모 및 기준에 해당하는 주택을 공공임대주택으로 매입하여 줄 것을 공공주택사업자에게 제안할 수 있다.
② 제1항에 따라 제안을 하려는 공공주택사업자 외의 자는 건설 중에 있는 주택에 대한 대지의 소유권을 확보하여야 한다.
③ 국가 또는 지방자치단체는 공공주택사업자가 제1항에 따라 제안을 받아 건설 중에 있는 주택을 매입하는 경우 재정이나 주택도시기금에 따른 공공주택 건설자금지원 수준을 고려하여 공공주택사업자를 지원할 수 있다.
(2020.6.9 본항개정)
④ 건설 중에 있는 주택의 매입절차 및 공공주택사업자에 대한 재정지원에 필요한 사항은 대통령령으로 정하며, 매입기준 등은 국토교통부장관이 별도로 정하는 바에 따른다.

제45조【임대주택의 인수】 ① 공공주택사업자는 「도시재정비 촉진을 위한 특별법」 제31조제3항, 「도시 및 주거환경정비법」 제55조제1항 및 제2항 또는 제79조제5항에 따른 주택을 해당 법령에도 불구하고 대통령령으로 정하는 바에 따라 우선 인수할 수 있다. 이 경우 국가 또는 지방자치단체는 재정이나 주택도시기금에 따른 공공주택 건설 자금지원 수준을 고려하여 공공주택사업자를 지원할 수 있다.(2020.6.9 후단개정)
② 제1항에 따라 공공주택사업자가 인수한 임대주택은 공공임대주택으로 공급하여야 한다.

제45조의2【기존주택의 임차】 ① 공공주택사업자는 기존주택을 임차하여 공공임대주택으로 공급할 수 있다.
② 국가 또는 지방자치단체는 공공주택사업자가 제1항에 따른 공공임대주택을 공급하는 경우 재정이나 주택도시기금으로 이를 지원할 수 있다.
③ 기존주택의 임차·전대 절차 및 공공주택사업자에 대한 지원에 필요한 사항은 대통령령으로 정하며, 임차기준 등은 국토교통부장관이 별도로 정하는 바에 따른다.
(2015.8.28 본조신설)

제7장 공공주택본부

(2015.8.28 본장개정)

제46조【공공주택본부의 설치】 ① 공공주택사업의 신속한 추진 및 효율적 지원을 위하여 국토교통부에 공공주택본부를 설치한다.
② 공공주택본부의 구성 및 운영 등에 필요한 사항은 대통령령으로 정한다.

제47조【관계 공무원 등의 파견요청】 국토교통부장관은 공공주택본부의 원활한 업무수행을 위하여 필요한 때에는 중앙행정기관 또는 지방자치단체의 장, 주택 관련 연구기관의 장, 시행자에게 소속 공무원 또는 직원의 파견을 요청할 수 있다.

제8장 공공주택의 공급 및 운영·관리

(2015.8.28 본장제목개정)

제1절 공공주택의 공급

(2015.8.28 본절제목삽입)

제48조【공공주택의 공급】 ① 공공주택의 입주자의 자격, 선정 방법 및 입주자 관리에 관한 사항은 국토교통부령으로 정한다. 이 경우 공공주택의 유형 등에 따라 달리 정할 수 있다.
② 공공주택사업자는 주거지원필요계층과 다자녀 가구에 공공주택을 우선 공급하여야 한다. 이 경우 주거지원필요계층 및 다자녀 가구의 요건, 우선 공급 비율 등 필요한 사항은 국토교통부령으로 정한다.(2018.12.31 본항개정)
(2015.8.28 본조개정)

제48조의2【공공분양주택 분양가심사위원회의 설치 등】 ① 주택지구 전체 개발면적의 100분의 50 이상을 「개발제한구역의 지정 및 관리에 관한 특별조치법」 제3조에 따라 개발제한구역을 해제하여 조성하는 주택지구에서 제4조제4호 또는 제6호에 해당하는 자가 건설하여 공급하는 공공주택의 분양가에 관한 사항을 심의하기 위하여 「주택법」 제59조에도 불구하고 제4조제1호부터 제4호까지의 규정 중 어느 하나에 해당하는 자가 분양가심사위원회를 설치·운영하여야 한다.
② 시장·군수·구청장은 「주택법」 제54조제1항제1호에 따라 공공주택의 입주자모집승인을 할 때에는 분양가심사위원회의 심사결과에 따라 승인 여부를 결정하여야 한다.
③ 제1항의 분양가심사위원회의 설치·구성 및 운영 등에 관한 구체적인 사항은 「주택법」 제59조를 준용한다.
(2016.1.19 본조개정)

제48조의3【공공임대주택의 중복 입주 등의 확인】 ① 국토교통부장관은 공공임대주택에 중복하여 입주 또는 계약하고 있는 임차인(임대차계약 당사자를 말한다. 이하 이 조에서 같다)이 있는지를 확인하여야 한다.
② 공공주택사업자는 다음 각 호에 해당하는 임차인에 관한 정보를 국토교통부장관이 지정·고시하는 기관(이하 이 조 및 제49조의7에서 "전산관리지정기관"이라 한다)에 통보하여야 한다.(2017.8.9 본문개정)
1. 임차인의 성명
2. 임차인의 주민등록번호
3. 임대주택의 유형
4. 거주지 주소
5. 최초 입주일자
③ 전산관리지정기관은 제2항에 따른 정보를 전산관리하여야 하며, 임차인에 관한 정보가 분실·도난·변조 또는 훼손되지 아니하도록 안정성 확보에 필요한 조치를 강구하여야 한다.
④ 공공임대주택 중복 입주 또는 계약 여부 확인 방법 및 절차, 중복 입주자 또는 계약자에 대한 조치 등에 필요한 사항은 국토교통부령으로 정한다.
(2015.8.28 본조신설)

제48조의4【공공주택 지원 신청자의 금융정보 등의 제공에 따른 동의서 제출】 ① 공공주택의 공급을 신청(재계약을 체결하는 경우를 포함한다. 이하 같다)하는 자는 신청자 본인 및 배우자, 그 밖에 대통령령으로 정하는 자(이하 "신청자등"이라 한다)와 관련된 다음 각 호의 자료 또는 정보를 제48조의5제1항에 따른 금융기관등으로부터 제공받는 데 필요한 동의서면을 국토교통부장관에게 제출하여야 한다.
1. 「금융실명거래 및 비밀보장에 관한 법률」 제2조제2호·제3호에 따른 금융자산 및 금융거래의 내용에 대한 자료 또는 정보 중 예금·적금·저축의 잔액 또는 불입금·지급금과 유가증권 등 금융자산에 대한 증권·증서의 가액(이하 "금융정보"라 한다)
2. 「신용정보의 이용 및 보호에 관한 법률」 제2조제1호에 따른 신용정보 중 채무액과 연체정보(이하 "신용정보"라 한다)
3. 「보험업법」 제4조제1항 각 호에 따른 보험에 가입하여 납부한 보험료, 환급금 및 지급금(이하 "보험정보"라 한다)
② 제1항에 따른 동의 방법·절차 등에 필요한 사항과 구체적인 자료 또는 정보의 내용은 대통령령으로 정한다.
(2015.8.28 본조신설)

제48조의5【금융정보등의 제공】 ① 국토교통부장관은 「금융실명거래 및 비밀보장에 관한 법률」 제4조제1항과 「신용정보의 이용 및 보호에 관한 법률」 제32조제1항에도 불구하고 공공주택의 공급을 신청하는 신청자등이 제48조의4제1항에 따라 제출한 동의서면을 전자적 형태로 바꾼 문서에 의하여 금융기관등(「금융실명거래 및 비밀보장에 관한 법률」 제2조제1호에 따른 금융회사등, 「신용정보의 이용 및 보호에 관한 법률」 제25조에 따른 신용정보집중기관을 말한다. 이하 같다)의 장에게 금융정보·신용정보 또는 보험정보(이하 "금융정보등"이라 한다)의 제공을 요청할 수 있다.
② 제1항에 따라 금융정보등의 제공을 요청받은 금융기관등의 장은 「금융실명거래 및 비밀보장에 관한 법률」 제4조제1항과 「신용정보의 이용 및 보호에 관한 법률」 제32조제1항 및 제3항에도 불구하고 명의인의 금융정보등을 제공하여야 한다.
③ 제2항에 따라 금융정보등을 제공한 금융기관등의 장은 금융정보등의 제공사실을 명의인에게 통보하여야 한다. 다만, 명의인의 동의가 있는 경우에는 「금융실명거래 및 비밀보장에 관한 법률」 제4조의2제1항과 「신용정보의 이용 및 보호에 관한 법률」 제35조에도 불구하고 통보하지 아니할 수 있다.
④ 제1항 및 제2항에 따른 금융정보등의 제공요청 및 제공은 「정보통신망 이용촉진 및 정보보호 등에 관한 법률」 제2조제1항제1호에 따른 정보통신망을 이용하여야 한다. 다만, 정보통신망의 손상 등 불가피한 사유가 있는 경우에는 그러하지 아니하다.
⑤ 제1항 및 제2항에 따른 업무에 종사하거나 종사하였던 자는 업무를 수행하면서 취득한 금융정보등을 이 법에서 정한 목적 외의 다른 용도로 사용하거나 다른 사람 또는 기관에 제공하거나 누설하여서는 아니 된다.
⑥ 제1항·제2항 및 제4항에 따른 금융정보등의 제공요청 및 제공 등에 필요한 사항은 대통령령으로 정한다.
(2015.8.28 본조신설)

제48조의6【자료요청】 ① 국토교통부장관은 공공주택의 공급을 신청하는 자의 자격을 확인 또는 제49조의7에 따른 공공주택 거주자 실태조사를 위하여 필요한 자료로서 신청자에 대한 다음 각 호의 자료를 관계 기관의 장에게 요청할 수 있다. 이 경우 자료의 제공을 요청받은 관계 기관의 장은 특별한 사유가 없으면 이에 따라야 한다.
1. 「가족관계의 등록 등에 관한 법률」 제9조제1항에 따른 가족관계 등록사항 또는 「주민등록법」 제30조제1항에 따른 주민등록전산정보자료(주민등록번호·외국인등록번호 등 고유식별번호를 포함한다)
2. 국세 및 지방세에 관한 자료
3. 국민연금·공무원연금·공무원재해보상급여·군인연금·사립학교교직원연금·별정우체국연금·장애인연금·건강보험·고용보험·산업재해보상보험·보훈급여 등 각종 연금·보험·급여에 관한 자료(2018.3.20 본호개정)
4. 「부동산등기법」 제2조제1호에 따른 등기부, 「건축법」 제38조에 따른 건축물대장, 「자동차관리법」 제5조에 따른 자동차등록원부 등 부동산 및 자동차에 관한 자료
5. 출입국 사실에 관한 자료
② 국토교통부 소속 공무원 또는 소속 공무원이었던 자와 제53조에 따라 업무를 위임·위탁받은 기관의 소속 임직원은 제1항에 따라 제공받은 정보와 자료를 이 법에서 정한 목적 외의 다른 용도로 사용하거나 다른 사람 또는 기관에 제공하거나 누설하여서는 아니 된다.
③ 제1항에 따라 국토교통부장관 또는 제53조에 따라 업무를 위임·위탁받은 기관에 제공되는 자료에 대하여는 사용료, 수수료 등을 면제한다.
(2015.8.28 본조신설)

제48조의7【자료 및 정보의 수집 등】 국토교통부장관 및 제53조에 따라 제48조의4부터 제48조의6까지의 업무를 위임·위탁받은 기관의 장은 공공주택의 공급을 위하여 제48조의5 및 제48조의6에 따라 제공받은 자료 또는 정보를 수집·관리·보유 또는 활용할 수 있다.
(2015.8.28 본조신설)

제2절 공공주택의 운영·관리

(2015.8.28 본절제목삽입)

제49조【공공임대주택의 임대조건 등】 ① 공공임대주택의 임대료(임대보증금 및 월 임대료를 말한다. 이하 같다) 등 임대조건에 관한 기준은 대통령령으로 정한다.
② 공공임대주택의 공공주택사업자가 임대료 증액을 청구하는 경우(재계약을 하는 경우를 포함한다)에는 임대료의 100분의 5 이내의 범위에서 주거비 물가지수, 인근 지역의 주택 임대료 변동률 등을 고려하여 증액하여야 한다. 이 경우 증액이 있은 후 1년 이내에는 증액하지 못한다.
③ 제2항에 따라 임대료 중 임대보증금이 증액되는 경우 임차인은 대통령령으로 정하는 바에 따라 그 증액분을 분할하여 납부할 수 있다.
④ 공공임대주택의 임대료 등 임대조건을 정하는 경우에는 임차인의 소득수준 및 공공임대주택의 규모 등을 고려하여 차등적으로 정할 수 있다. 이 경우 소득수준 등의 변화로 임대료가 변경되는 경우에는 제2항 및 제3항을 적용하지 아니한다.
⑤ 공공주택사업자가 임대보증금과 월 임대료를 상호 전환하고자 하는 경우에는 해당 주택의 건설을 위한 주택도시기금 융자금 및 저당권 등 담보물권 설정금액 등 대통령령으로 정하는 사항을 임차인에게 알려주어야 한다.
⑥ 공공주택사업자는 공공임대주택의 임대조건 등 임대차계약에 관한 사항을 시장·군수 또는 구청장에게 신고하여야 한다. 이 경우 신고 방법 등은 「민간임대주택에 관한 특별법」 제46조를 준용한다.
⑦ 공공주택사업자는 지분적립형 분양주택을 공급받은 자와 해당 주택의 소유권을 공유하는 동안 공공주택사업자가 소유한 지분에 대하여 대통령령으로 정하는 기준에 따라 산정한 임대료를 받을 수 있다.(2021.5.18 본항신설)
(2015.8.28 본조신설)

제49조의2【공공임대주택의 표준임대차계약서 등】 ① 공공임대주택에 대한 임대차계약을 체결하려는 자는 국토교통부령으로 정하는 표준임대차계약서를 사용하여야 한다.
② 제1항의 표준임대차계약서에는 다음 각 호의 사항이 포함되어야 한다.
1. 임대료 및 그 증액에 관한 사항
2. 임대차 계약기간
3. 공공주택사업자 및 임차인의 권리·의무에 관한 사항
4. 공공임대주택의 수선·유지 및 보수에 관한 사항
5. 그 밖에 국토교통부령으로 정하는 사항
③ 공공주택사업자가 임대차계약을 체결할 때 임대차 계약기간이 끝난 후 임대주택을 그 임차인에게 분양전환할 예정이면 「주택임대차보호법」 제4조제1항에도 불구하고 임대차 계약기간을 2년 이내로 할 수 있다.
④ 공공주택사업자는 임차인이 대통령령으로 정하는 공공임대주택에 입주하기 전까지 해당 공공임대주택의 세대 내 거실, 화장실 등 주거 공간의 시설 및 설비의 상태 등 국토교통부령으로 정하는 사항을 설명하고 이를 확인받아야 한다.(2019.11.26 본항신설)
⑤ 제4항에 따른 설명 및 확인의 시기, 방법 및 절차 등에 관한 사항은 대통령령으로 정한다.(2019.11.26 본항신설)
(2015.8.28 본조신설)

판례 공공임대주택의 임차인이 대출채권자에게 각서를 교부해 대출금의 상환이 지체될 경우 임대차계약을 중도 해지하고 임차주택을 인도하기로 약정했더라도 그런 약정은 공공주택사업자의 임대차계약 해제 또는 해지 사유를 제한적 열거사유로 엄격하게 규제하는 강행규정의 적용을 배제하거나 잠탈하는 내용의 약정으로서 무효이다. 공공주택 특별법 적용을 받는 공공임대주택 임차인의 해지권은 일신전속적 권리로 채권자대위권의 목적이 되지 않고, 이는 임차인이 대출금의 상환이 지체되면 임차주택을 인도하겠다는 각서를 교부한 경우에도 마찬가지이다.(대판 2022.9.7, 2022다230165)

제49조의3【재계약 거절 등】 ① 공공주택사업자는 임차인이 다음 각 호의 어느 하나에 해당하는 경우에는 임대차계약을 해제 또는 해지하거나 재계약을 거절할 수 있다.(2017.8.9 본문개정)
1. 거짓이나 그 밖의 부정한 방법으로 공공임대주택을 임대받은 경우
2. 임차인의 자산 또는 소득이 제48조에 따른 자격요건을 초과하는 범위에서 국토교통부령으로 정하는 기준을 초과하는 경우
3. 제48조의3에 따라 임차인이 공공임대주택에 중복하여 입주하거나 계약한 것으로 확인된 경우
4. 제49조의2에 따른 표준임대차계약서상의 의무를 위반한 경우
5. 제49조의4를 위반하여 공공임대주택의 임차권을 다른 사람에게 양도하거나 공공임대주택을 전대한 경우
6. 기간 내 입주의무, 임대료 납부 의무, 분납금 납부 의무 등 대통령령으로 정하는 의무를 위반한 경우
7. 공공임대주택을 고의로 파손·멸실하는 등 그 밖에 대통령령으로 정하는 경우
(2017.8.9 1호~7호신설)
② 공공임대주택에 거주 중인 임차인은 시장·군수 또는 구청장이 임대주택에 거주하기 곤란할 정도의 중대한 하자가 있다고 인정하는 경우 등 대통령령으로 정하는 바

에 따라 임대차계약을 해제 또는 해지하거나 재계약을 거절할 수 있다.
(2015.8.28 본조신설)
제49조의4【공공임대주택의 전대 제한】 공공임대주택의 임차인은 임차권을 다른 사람에게 양도(매매, 증여, 그 밖에 권리변동이 따르는 모든 행위를 포함하되, 상속의 경우는 제외한다)하거나 공공임대주택을 다른 사람에게 전대(轉貸)할 수 없다. 다만, 근무·생업·질병치료 등 대통령령으로 정하는 경우로서 공공주택사업자의 동의를 받은 경우에는 양도하거나 전대할 수 있다.
(2015.8.28 본조신설)
제49조의5【지분적립형 분양주택의 전매행위 제한 등】 ①「주택법」 제64조제1항에도 불구하고 지분적립형 분양주택의 소유 지분 또는 입주자로 선정된 지위는 10년 이내의 범위에서 대통령령으로 정하는 기간이 지나기 전에는 전매하거나 전매를 알선할 수 없다.
② 제1항에 따른 지분적립형 분양주택의 전매행위 등의 제한에 관하여 이 법에서 규정한 것을 제외하고는 「주택법」 제64조(같은 조 제1항은 제외한다) 및 제92조를 준용한다.
③ 지분적립형 분양주택을 공급받은 자가 제1항에 따른 전매제한기간이 지난 후 해당 주택의 소유권 전부를 취득하기 이전에 소유 지분을 전매하려면 공공주택사업자와 주택의 매매가격 등을 협의한 후 공공주택사업자의 동의를 받아 공공주택사업자에게 소유 지분과 함께 해당 주택의 소유권 전부를 전매하여야 한다. 다만, 해당 주택의 소유 지분을 배우자에게 증여하는 경우에는 그러하지 아니하다.
④ 제3항에 따라 지분적립형 분양주택을 전매하는 경우로서 매매가격이 대통령령으로 정하는 취득가격보다 높은 경우에는 그 차액을 공공주택사업자와 해당 주택을 공급받은 자가 전매 시점의 소유 지분 비율에 따라 나누어야 한다.
⑤ 지분적립형 분양주택을 공급받은 자와 공공주택사업자가 해당 주택의 소유권을 공유하는 동안에는 「민법」 제268조에도 불구하고 그 주택에 대하여 공유물의 분할을 청구할 수 없다.
⑥ 지분적립형 분양주택을 공급받은 자(상속받은 자는 제외한다. 이하 이 조에서 "거주의무자"라 한다)는 「주택법」 제57조의2제1항 각 호 외의 부분 본문에도 불구하고 해당 주택의 최초 입주가능일부터 5년 이내의 범위에서 대통령령으로 정하는 기간(이하 이 조에서 "거주의무기간"이라 한다) 동안 계속하여 해당 주택에 거주하여야 한다. 다만, 해외 체류 등 대통령령으로 정하는 부득이한 사유가 있는 경우 그 기간은 해당 주택에 거주한 것으로 본다.(2023.10.24 본항개정)
⑦ 거주의무자가 제6항 단서에 따른 사유 없이 거주의무기간 이내에 거주를 이전하려는 경우 거주의무자는 대통령령으로 정하는 바에 따라 공공주택사업자에게 해당 주택의 매입을 신청하여야 한다.(2023.10.24 본항개정)
⑧ 공공주택사업자는 제7항에 따라 매입신청을 받거나 거주의무자가 제6항을 위반하였다는 사실을 알게 된 경우 대통령령으로 정하는 절차에 따라 위반사실에 대한 의견청취를 거쳐 대통령령으로 정하는 특별한 사유가 없으면 해당 주택을 매입하여야 한다.(2023.10.24 본항신설)
⑨ 공공주택사업자가 제8항에 따라 주택을 매입하는 경우 거주의무자에게 그가 납부한 입주금과 그 입주금에 「은행법」에 따른 은행의 1년 만기 정기예금의 평균이자율을 적용한 이자를 합산한 금액을 지급한 때에는 그 지급한 날에 공공주택사업자가 해당 주택을 취득한 것으로 본다.(2023.10.24 본항신설)
⑩ 공공주택사업자는 거주의무자가 거주의무기간 동안 계속하여 거주하여야 함을 소유권에 관한 등기에 부기등기하여야 한다. 이 경우 부기등기는 소유권보존등기와 동시에 하여야 한다.(2023.10.24 본항신설)
⑪ 거주의무자는 거주의무기간 동안 계속 거주하고, 국토교통부장관 또는 지방자치단체의 장으로부터 이러한 사실을 확인받은 경우 제10항에 따른 부기등기 사항을 말소할 수 있다. 이 경우 사실 확인에 관한 업무를 대통령령으로 정하는 바에 따라 공공주택사업자에게 위탁할 수 있다.
(2023.10.24 본항신설)
⑫ 제10항 및 제11항에 따른 부기등기의 내용 및 말소에 관한 사항은 대통령령으로 정한다.(2023.10.24 본항신설)
⑬ 공공주택사업자는 지분적립형 분양주택을 제8항 및 제9항에 따라 취득한 경우 국토교통부령으로 정하는 바에 따라 지분적립형 분양주택으로 재공급하여야 한다.
(2023.10.24 본항개정)
⑭ 제13항에 따라 주택을 공급받은 사람은 제1항에 따른 전매제한기간 중 잔여기간 동안 그 주택을 전매할 수 없으며, 거주의무기간 중 잔여기간 동안 계속하여 그 주택에 거주하여야 한다.(2023.10.24 본항신설)
⑮ 공공주택사업자가 제8항 및 제9항에 따라 주택을 취득하거나 제13항에 따라 주택을 공급하는 경우에는 제1항을 적용하지 아니한다.(2023.10.24 본항신설)
(2021.5.18 본조신설)
제49조의6【공공분양주택의 예외적 전매 허용 시 주택의 매입 등】 ① 공공분양주택을 공급받은 자가 제49조의5제1항 또는 「주택법」 제64조제1항에 따른 전매제한기간에 같은 조 제2항 본문의 사유에 해당되어 해당 입주자로 선정된 지위 또는 주택(지분적립형 분양주택의 경우 주택의 소유 지분을 말한다. 이하 이 조에서 같다)을 전매(입주자로 선정된 지위 또는 주택의 일부를 배우자에게 증여하는 경우는 제외한다)할 수 있다고 인정되는 경우 공공분양주택을 공급받은 자는 공공주택사업자에게 입주자로 선정된 지위 또는 주택의 매입을 신청하여야 한다.
(2021.5.18 본항개정)
② 제1항에 따라 매입신청을 받은 공공주택사업자는 대통령령으로 정하는 특별한 사유가 없으면 해당 입주자로 선정된 지위 또는 주택을 매입하여야 한다.
③ 공공주택사업자가 제2항에 따라 입주자로 선정된 지위 또는 주택을 매입하는 경우 매입비용과 입주자로 선정된 지위 또는 주택의 취득에 관하여는 「주택법」 제57조의2제4항을 준용한다.(2020.8.18 본항개정)
④ 공공주택사업자는 제2항 및 제3항에 따라 취득한 입주자로 선정된 지위 또는 주택을 국토교통부령으로 정하는 바에 따라 공급하여야 한다.
(2019.11.26 본조개정)
제49조의7【공공주택의 거주실태 조사 등】 ① 국토교통부장관 또는 지방자치단체의 장은 다음 각 호의 사항을 확인하기 위하여 입주자 및 임차인에게 필요한 서류 등의 제출을 요구할 수 있으며, 소속 공무원으로 하여금 해당 주택에 출입하여 조사하게 하거나 관계인에게 필요한 질문을 하게 할 수 있다. 이 경우 서류 등의 제출을 요구받거나 해당 주택의 출입·조사 또는 필요한 질문을 받은 입주자 및 임차인은 모든 세대원의 해외출장 등 특별한 사유가 없으면 이에 따라야 한다.(2020.6.9 후단개정)
1. 임차인의 실제 거주 여부 및 임차인이 아닌 사람의 거주 상황(2019.8.20 본호개정)
2. 제49조의4에 따른 임차권의 양도 및 전대 여부 (2015.8.28 본호신설)
3. 제49조의5 및 제49조의10에 따른 거주의무자의 실제 거주 여부(2023.10.24 본호신설)
4. 임대주택이 다른 용도로 사용되고 있는지 여부 (2015.8.28 본호신설)
② 국토교통부장관 또는 지방자치단체의 장은 제1항에 따른 조사를 위하여 필요하면 관계 행정기관 및 관련 단체 등에 대하여 주민등록정보 및 실제 거주여부를 확인하기 위한 자료의 제공을 요구할 수 있다. 이 경우 자료의 제공을 요구받은 관계 행정기관 및 관련 단체 등은 특별한 사유가 없으면 이에 따라야 한다.(2020.6.9 후단개정)
③ 제1항에 따라 출입·조사·질문을 하는 자는 국토교통부령으로 정하는 증표를 지니고 이를 관계인에게 내보여야 하며, 조사자의 이름·출입시간 및 출입목적 등이 표시된 문서를 관계인에게 교부하여야 한다.(2015.8.28 본항개정)
④ 제1항 및 제2항에 따라 거주 여부 등을 확인하기 위하여 국토교통부장관 또는 지방자치단체의 장이 관계 행정기관 및 관련 단체 등에 대하여 요청할 수 있는 자료 등 필요한 사항은 대통령령으로 정한다.(2015.8.28 본항개정)
⑤ 국토교통부장관 또는 지방자치단체의 장은 제1항제2호에 따라 불법 사실이 확인된 임차인에 관한 정보를 전산관리지정기관에 통보하여야 한다.(2017.8.9 본항신설)
⑥ 전산관리지정기관은 제5항에 따른 정보를 전산관리하여야 한다.(2017.8.9 본항신설)
⑦ 국토교통부 또는 지방자치단체의 소속 공무원 또는 소속 공무원이었던 사람은 제1항·제2항 및 제4항에 따라 얻은 정보와 자료를 이 법에서 정한 목적 외의 다른 용도로 사용하거나 다른 사람 또는 기관에 제공하거나 누설하여서는 아니 된다.(2023.10.24 본항신설)
(2015.8.28 본조제목개정)
제49조의8【공공임대주택의 입주자 자격제한 등】 국토교통부장관 또는 지방자치단체의 장은 제49조의4를 위반하여 공공임대주택의 임차권을 양도하거나 공공임대주택을 전대하는 임차인에 대하여 4년의 범위에서 국토교통부령으로 정하는 바에 따라 공공임대주택의 입주 자격을 제한할 수 있다.(2017.8.9 본조신설)
제49조의9【가정어린이집 운영에 관한 공급 특례】 ① 공공주택사업자는 임차인의 보육수요 충족을 위하여 필요하다고 판단하는 경우 해당 공공임대주택의 일부 세대를 6년 이내의 범위에서 「영유아보육법」 제10조제5호에 따른 가정어린이집을 설치·운영하려는 자에게 임대할 수 있다. 이 경우 공공주택사업자는 국토교통부령으로 정하는 바에 따라 관할 시장·군수 또는 구청장과 협의하여야 한다.
② 제1항에 따라 공공주택사업자가 공공임대주택의 일부 세대를 가정어린이집을 설치·운영하려는 자에게 임대하려는 경우 공공주택사업자는 공공임대주택의 보육수요를 판단하기 위하여 필요한 자료를 관할 시장·군수 또는 구청장에게 요청할 수 있다.
③ 제1항에 따라 가정어린이집을 설치·운영하려는 자의 입주 자격, 선정방법과 임대조건 등에 필요한 사항은 국토교통부령으로 정한다.
④ 제1항에 따라 공공임대주택을 임차하여 가정어린이집을 설치·운영하는 자는 「주택법」 제57조의2제1항에도 불구하고 해당 공공임대주택에 거주하지 아니할 수 있다.
(2020.8.18 본항개정)
(2017.10.24 본조신설)
제49조의10【이익공유형 분양주택의 공급·처분 등】 ① 이익공유형 분양주택의 원활한 공급을 위하여 세부 공급유형 및 공급대상에 따라 환매조건을 부과할 수 있다. 이 경우 환매조건, 환매가격의 산정기준 및 공급가격 등 필요한 사항은 대통령령으로 정한다.
② 이익공유형 분양주택을 공급받은 자가 해당 주택〔해당 주택의 입주자로 선정된 지위(입주자로 선정되어 그 주택에 입주할 수 있는 권리·자격·지위 등을 말한다)를 포함한다〕을 처분하려는 경우에는 제1항에 따른 환매조건에 따라 공공주택사업자에게 해당 주택의 매입을 신청하여야 한다.
③ 제2항에 따라 매입신청을 받은 공공주택사업자가 이익공유형 분양주택을 환매하는 경우 해당 주택을 공급받은 자는 해당 주택의 공급가격 등을 고려하여 대통령령으로 정하는 기준에 따라 처분 손익을 공공주택사업자와 공유하여야 한다.
④ 이익공유형 분양주택을 공급받은 자가 이를 처분하려는 경우 공공주택사업자가 환매하는 주택임을 소유권에 관한 등기에 부기등기하여야 한다. 이 경우 부기등기는 주택의 소유권보존등기와 동시에 하여야 하며, 부기등기에 포함되어야 할 표기내용 등은 대통령령으로 정한다.
⑤ 이익공유형 분양주택의 전매행위 제한에 관하여는 「주택법」 제64조를 적용하지 아니한다.
⑥ 이익공유형 분양주택을 공급받은 자(상속받은 자는 제외한다)는 「주택법」 제57조의2제1항 각 호 외의 부분 본문에도 불구하고 해당 주택의 최초 입주가능일부터 최대 5년 이내에서 대통령령으로 정하는 거주의무기간 동안 계속하여 해당 주택에 거주하여야 한다. 다만, 해외 체류 등 대통령령으로 정하는 부득이한 사유가 있는 경우 그 기간은 해당 주택에 거주한 것으로 본다.(2023.10.24 단서개정)
⑦ 제6항에 따른 이익공유형 분양주택의 거주의무에 관하여는 제49조의5제7항부터 제12항까지를 준용한다.
(2023.10.24 본항개정)
⑧ 이익공유형 분양주택의 환매에 관하여는 「민법」 제591조 및 제593조부터 제595조까지의 규정을 적용하지 아니한다.
⑨ 공공주택사업자는 이익공유형 분양주택의 입주자로 선정된 지위를 환매하거나 해당 주택을 제7항에 따라 제49조의5제8항 및 제9항을 준용하여 취득한 경우 국토교통부령으로 정하는 바에 따라 이익공유형 분양주택으로 재공급하여야 한다.(2023.10.24 본항개정)
⑩ 제9항에 따라 주택을 공급받은 사람은 제6항에 따른 거주의무기간 중 잔여기간 동안 계속하여 그 주택에 거주하여야 한다.(2023.10.24 본항신설)
(2021.7.20 본조신설)
제50조【공공임대주택의 관리】 ① 주택의 관리, 임차인대표회의 및 분쟁조정위원회 등에 관하여는 「민간임대주택에 관한 특별법」 제51조, 제52조 및 제55조를 대통령령으로 정하는 바에 따라 준용한다.
② 공공주택사업자는 공공임대주택을 관리하는 데 필요한 경비를 임차인이 최초로 납부하기 전까지 해당 공공임대주택의 유지관리 및 운영에 필요한 경비(이하 "선수관리비"라 한다)를 대통령령으로 정하는 바에 따라 부담할 수 있다.(2019.4.30 본항신설)
(2015.8.28 본조개정)
제50조의2【공공임대주택의 매각제한】 ① 공공주택사업자는 공공임대주택을 5년 이상의 범위에서 대통령령으로 정한 임대의무기간이 지나지 아니하면 매각할 수 없다.
② 제1항에도 불구하고 다음 각 호의 어느 하나에 해당하는 경우에는 임대의무기간이 지나기 전에도 공공임대주택을 매각할 수 있다.
1. 국토교통부령으로 정하는 바에 따라 다른 공공주택사업자에게 매각하는 경우. 이 경우 해당 공공임대주택을 매입한 공공주택사업자는 기존 공공주택사업자의 지위를 포괄적으로 승계한다.
2. 임대의무기간의 2분의 1이 지나 공공주택사업자가 임차인과 합의한 경우 등 대통령령으로 정하는 경우로서 임차인 등에게 분양전환하는 경우
3. 공공매입임대주택이 복합지구, 「도시 및 주거환경정비법」에 따른 정비구역, 「주택법」에 따른 주택건설사업 등 국토교통부령으로 정하는 지구·구역 및 사업 등에 포함된 경우로서 공공주택사업자가 해당 지역의 공공매입임대주택 재고 유지를 위한 공공매입임대주택 공급계획, 매각 또는 교환 방법, 입주자 이주대책 등 국토교통부령으로 정하는 사항에 대하여 국토교통부장관의 승인을 받은 경우(2023.4.18 본호신설)
(2015.8.28 본조신설)
제50조의3【공공임대주택의 우선 분양전환 등】 ① 공공주택사업자는 임대 후 분양전환을 할 목적으로 건설한 공공건설임대주택을 임대의무기간이 지난 후 분양전환하는 경우에는 다음 각 호의 어느 하나에 해당하는 자에게 우선 분양전환(이하 "우선 분양전환"이라 한다)하여야 한다. 이 경우 우선 분양전환의 방법·절차 등에 관하여 필요한 사항은 대통령령으로 정한다.(2020.12.22 본문개정)
1. 분양전환 시점에 해당 임대주택에 거주하고 있는 임차인으로서 다음 각 목의 어느 하나에 해당하는 경우
가. 입주한 후부터 분양전환할 때까지 해당 임대주택에 계속하여 거주한 무주택자인 경우
나. 공공건설임대주택에 입주한 후 상속이나 판결 또는 혼인으로 다른 주택을 소유하게 되었으나 입주한 후부터 분양전환할 때까지 해당 임대주택에 계속하여

거주하면서 분양전환 이전까지 다른 주택을 처분한 무주택자인 경우
다. 제49조의4 단서에 따라 임차권을 양도받은 자로서 양도일부터 분양전환할 때까지 해당 임대주택에 거주한 무주택자인 경우
라. 선착순의 방법으로 해당 임대주택의 입주자로 선정된 자로서 입주일부터 분양전환할 때까지 계속하여 거주하면서 분양전환하는 시점에 해당 임대주택 입주시 자격요건 중 주택소유기준을 충족하고 있는 경우
마. 분양전환 당시에 거주하고 있는 해당 임대주택이 전용면적 85제곱미터를 초과하는 경우
2. 분양전환 시점에 해당 임대주택의 임차인인 국가기관이나 법인
(2020.12.22 1호~2호신설)
② 공공주택사업자는 공공건설임대주택의 임대의무기간이 지난 후 해당 주택의 임차인에게 제1항에 따른 우선 분양전환 자격, 우선 분양전환 가격 등 우선 분양전환에 관한 사항을 통보하여야 한다. 이 경우 우선 분양전환 자격이 있다고 통보받은 임차인이 우선 분양전환에 응하려는 경우에는 그 통보를 받은 후 6개월(임대의무기간이 10년인 공공건설임대주택의 경우에는 12개월을 말한다) 이내에 우선 분양전환 계약을 하여야 한다.(2020.12.22 본항신설)
③ 제1항에 따른 우선 분양전환에 응하려는 임차인은 국토교통부령으로 정하는 바에 따라 거주 여부를 확인할 수 있는 서류를 공공주택사업자에게 제출하여야 한다. 이 경우 공공주택사업자는 임차인이 제출한 서류를 국토교통부령으로 정하는 바에 따라 확인하여야 한다.(2020.12.22 본항신설)
④ 공공주택사업자는 다음 각 호의 어느 하나에 해당하는 경우 해당 임대주택을 제2항에 따라 통보한 분양전환 가격 이하의 가격으로 국토교통부령으로 정하는 바에 따라 제3자에게 매각할 수 있다.(2020.12.22 본문개정)
1. 제1항에 따른 우선 분양전환 자격을 갖춘 자가 존재하지 아니하는 경우
2. 제2항에 따라 공공주택사업자가 임차인에게 우선 분양전환에 관한 사항을 통보한 날부터 6개월(임대의무기간이 10년인 공공건설임대주택의 경우에는 12개월을 말한다) 이내에 임차인이 우선 분양전환 계약을 하지 아니한 경우
(2020.12.22 1호~2호신설)
⑤ 제1항에 따른 우선 분양전환 가격 및 제4항에 따른 매각 가격 산정을 위한 감정평가는 공공주택사업자가 비용을 부담하는 조건으로 대통령령으로 정하는 바에 따라 시장·군수·구청장이 감정평가법인을 선정하여 시행한다. 다만, 감정평가에 대하여 대통령령으로 정하는 사항에 해당하여 공공주택사업자 또는 임차인 과반수 이상의 동의를 받은 임차인(임차인대표회의가 구성된 경우 임차인대표회의를 말한다)이 이의신청을 하는 경우 시장·군수·구청장은 이의신청을 한 자가 비용을 부담하는 조건 등 대통령령으로 정하는 바에 따라 한 차례만 재평가하게 할 수 있다.(2020.12.22 본항개정)
⑥ 공공주택사업자는 제5항에도 불구하고 제4항에 따라 제3자에게 공공건설임대주택을 매각하려는 경우 그 매각 시점이 제5항에 따른 감정평가가 완료된 날부터 1년이 지난 때에는 같은 항에 따라 매각가격을 재산정할 수 있다.(2020.12.22 본항신설)
(2020.12.22 본조제목개정)
(2015.8.28 본조신설)

제50조의4【특별수선충당금의 적립 등】 ① 대통령령으로 정하는 규모에 해당하는 공공임대주택의 공공주택사업자는 주요 시설을 교체하고 보수하는 데에 필요한 특별수선충당금(이하 "특별수선충당금"이라 한다)을 적립하여야 한다.
② 공공주택사업자가 임대의무기간이 지난 공공건설임대주택을 분양전환하는 경우에는 특별수선충당금을 「공동주택관리법」 제11조에 따라 최초로 구성되는 입주자대표회의에 넘겨주어야 한다.
③ 특별수선충당금의 요율, 적립방법, 사용절차 및 사후관리 등에 필요한 사항은 대통령령으로 정한다.
④ 제1항에 따른 주요 시설의 범위·교체 및 보수 시기·방법 등에 필요한 사항은 국토교통부령으로 정한다.
(2015.8.28 본조개정)

제50조의5【분양전환 공공임대주택 매각의 신고】 ① 공공주택사업자가 분양전환 공공건설임대주택을 다른 공공주택사업자에게 매각하려는 경우 국토교통부령으로 정하는 바에 따라 해당 임대주택 소재지를 관할하는 시장·군수·구청장에게 신고하여야 한다. 이 경우 공공건설임대주택을 양도받는 공공주택사업자는 양도하는 공공주택사업자의 지위를 포괄적으로 승계한다는 뜻을 계약서에 명시하여야 한다.
② 공공주택사업자가 제1항에 따라 다른 임대사업자에게 분양전환공공임대주택을 양도하기 위하여 신고하는 경우 시장·군수·구청장은 그 내용을 검토하여 이 법에 적합하면 국토교통부령으로 정하는 바에 따라 신고를 수리하여야 한다.
(2020.12.22 본조신설)

제51조【정보체계의 구축 등】 ① 국토교통부장관은 공공주택의 원활한 공급 및 관리를 위하여 다음 각 호의 정보를 관리할 수 있는 정보체계를 구축·운영할 수 있다.
1. 공공주택의 입주자 모집 및 관리에 관한 사항
2. 공공주택사업에 관한 정보 및 자료
② 제1항에 따른 정보체계는 「사회복지사업법」 제6조의2에 따른 정보시스템과 전자적으로 연계하여 활용할 수 있다.(2015.8.28 본항신설)
③ 국토교통부장관 및 제1항에 따른 업무를 위임·위탁받은 기관의 장은 제1항에 따른 관련 정보체계를 구축·운영하기 위하여 필요한 사항에 대하여 관련 기관·단체 등에 자료를 요청할 수 있다. 이 경우 관련 기관·단체 등은 특별한 사유가 없으면 그 요청에 따라야 한다.(2020.6.9 후단개정)
④ 제1항부터 제3항까지의 정보체계 구축·운영 등에 필요한 사항은 대통령령으로 정한다.(2015.8.28 본항신설)
(2015.8.28 본조개정)

제9장 보 칙
(2015.8.28 본장제목삽입)

제52조【토지매수업무 등의 위탁】 ① 공공주택사업자는 토지매수업무·손실보상업무 및 이주대책업무 등을 「공익사업을 위한 토지 등의 취득 및 보상에 관한 법률」 제81조제1항에 따라 지방자치단체 등에 위탁할 수 있다.(2015.8.28 본항개정)
② 제1항에 따른 위탁 시 업무범위, 수수료 등에 필요한 사항은 대통령령으로 정한다.

제52조의2【주택지구 밖의 사업에 대한 준용】 주택지구 밖의 지역에서 공공주택사업과 직접 관련되는 사업으로서 대통령령으로 정하는 사업에 대해서는 제10조, 제11조, 제13조, 제14조, 제17조부터 제24조까지, 제27조, 제27조의2, 제28조부터 제32조까지, 제53조, 제53조의2, 제54조부터 제57조까지, 제57조의2부터 제57조의4까지 및 제58조부터 제60조까지의 규정을 준용한다.(2015.8.28 본조개정)

제53조【권한의 위임 또는 위탁】 ① 국토교통부장관은 이 법에 따른 권한의 일부를 대통령령으로 정하는 바에 따라 시·도지사에게 위임할 수 있다. 이 경우 중앙행정기관은 관계 행정기관으로 보며, 중앙도시계획위원회는 지방도시계획위원회로 본다.(2015.8.28 본항개정)
② 제1항에 따라 권한을 위임받은 시·도지사는 그 권한의 일부를 국토교통부장관의 승인을 받아 시장(「제주특별자치도 설치 및 국제자유도시 조성을 위한 특별법」 제10조제2항에 따른 행정시의 시장을 포함한다)·군수 또는 구청장에게 재위임할 수 있다.(2015.8.28 본항신설)
③ 국토교통부장관은 이 법에 따른 권한의 일부를 대통령령으로 정하는 바에 따라 관계 중앙행정기관의 장 또는 공공주택사업자에게 위탁할 수 있다.(2015.8.28 본항신설)

제53조의2【협조 요청】 국토교통부장관 또는 시·도지사는 관계 기관의 장에게 공공주택사업의 시행을 위해 필요한 자료의 제출 또는 그 밖에 필요한 협조를 요청할 수 있다. 이 경우 협조를 요청받은 관계 기관의 장은 특별한 사유가 없으면 협조하여야 한다.(2020.6.9 후단개정)

제54조【보고·검사 등】 ① 국토교통부장관은 이 법의 시행을 위하여 필요한 경우에는 공공주택사업자에게 필요한 보고를 하게 하거나 자료의 제출을 명할 수 있으며, 소속 공무원으로 하여금 공공주택사업자의 사무실·사업장, 그 밖에 필요한 장소에 출입하여 공공주택사업에 관한 업무를 검사하게 할 수 있다.(2015.8.28 본항개정)
② 제1항에 따른 공공주택사업에 관한 업무를 검사하는 공무원은 그 권한을 표시하는 증표를 지니고 이를 관계인에게 내보여야 한다.(2014.1.14 본항개정)
③ 제2항에 따른 증표에 필요한 사항은 국토교통부령으로 정한다.(2013.3.23 본항개정)

제55조【감독】 ① 국토교통부장관은 공공주택사업자가 다음 각 호의 어느 하나에 해당하는 경우에는 이 법에 따른 허가 또는 승인을 취소하거나 공사의 중지·변경, 시설물 또는 물건의 개축·변경 또는 이전 등을 명할 수 있다.(2015.8.28 본문개정)
1. 거짓이나 그 밖의 부정한 방법으로 이 법에 따른 허가 또는 승인을 받은 경우
2. 제17조제1항에 따른 지구계획의 승인 또는 변경승인의 내용을 위반하여 사업을 시행한 경우
3. 제35조제1항 또는 제2항에 따른 사업계획의 승인 또는 변경승인의 내용을 위반하여 사업을 시행한 경우
4. 사정의 변경으로 인하여 지구조성사업 또는 주택건설사업의 계속적인 시행이 불가능하게 된 경우
② 국토교통부장관은 제1항에 따른 처분 또는 명령을 한 때에는 대통령령으로 정하는 바에 따라 이를 고시하여야 한다.(2013.3.23 본항개정)

제56조【청문】 국토교통부장관은 이 법에 따른 허가 또는 승인을 제55조제1항에 따라 취소하려면 청문을 하여야 한다.(2013.3.23 본조개정)

제10장 벌 칙

제57조【벌칙】 ① 제9조제2항 또는 제4항을 위반하여(제40조의17에 따라 준용되는 경우를 포함한다) 주택지구의 지정 또는 지정 제안과 관련한 미공개정보를 부동산 등의 매매, 그 밖의 거래에 사용하거나 타인에게 제공 또는 누설한 자는 5년 이하의 징역 또는 그 위반행위로 얻은 재산상의 이익 또는 회피한 손실액의 3배 이상 5배 이하에 상당하는 벌금에 처한다. 다만, 그 위반행위로 얻은 이익 또는 회피한 손실액이 없거나 산정하기 곤란한 경우 또는 그 위반행위로 얻은 재산상의 이익 또는 회피한 손실액의 5배에 해당하는 금액이 10억원 이하인 경우에는 벌금의 상한액을 10억원으로 한다.(2023.10.24 본문개정)
② 제1항의 위반행위로 얻은 이익 또는 회피한 손실액이 5억원 이상인 경우에는 제1항의 징역을 다음 각 호의 구분에 따라 가중한다.
1. 이익 또는 회피한 손실액이 50억원 이상인 경우에는 무기 또는 5년 이상의 징역
2. 이익 또는 회피한 손실액이 5억원 이상 50억원 미만인 경우에는 3년 이상의 유기징역
(2021.4.1 본항신설)
③ 제1항 및 제2항에 따라 징역에 처하는 경우에는 제1항에 따른 벌금을 병과할 수 있다.(2021.4.1 본항신설)
④ 제1항의 죄를 범한 자 또는 그 정을 아는 제3자가 제1항의 죄로 인하여 취득한 재물 또는 재산상의 이익은 몰수한다. 다만, 이를 몰수할 수 없을 때에는 그 가액을 추징한다.(2021.4.1 본항신설)
⑤ 제49조의7제7항을 위반하여 정보 또는 자료를 사용·제공 또는 누설한 사람은 5년 이하의 징역 또는 5천만원 이하의 벌금에 처한다.(2023.10.24 본항개정)
⑥ 제48조의5제5항을 위반하여 금융정보등을 사용·제공 또는 누설한 자는 5년 이하의 징역 또는 3천만원 이하의 벌금에 처한다.(2015.8.28 본조개정)

제57조의2【벌칙】 다음 각 호의 어느 하나에 해당하는 자는 3년 이하의 징역 또는 1억원 이하의 벌금에 처한다.
1. 제32조의3제1항 또는 제2항을 위반하여(제40조의17에 따라 준용되는 경우를 포함한다) 토지 또는 토지를 공급받을 수 있는 권리·자격·지위 등을 전매한 자
(2023.10.24 본호개정)
2. 전매가 금지됨을 알면서 제32조의3제1항 또는 제2항을 위반하여(제40조의17에 따라 준용되는 경우를 포함한다) 토지 또는 토지를 공급받을 수 있는 권리·자격·지위 등을 전매 받은 자(2023.10.24 본호개정)
(2020.12.22 본조개정)

제57조의3【벌칙】 다음 각 호의 어느 하나에 해당하는 자는 3년 이하의 징역 또는 3천만원 이하의 벌금에 처한다. 다만, 제4호부터 제6호까지에 해당하는 자로서 그 위반행위로 얻은 이익의 3배에 해당하는 금액이 3천만원을 초과하는 자는 3년 이하의 징역 또는 그 이익의 3배에 해당하는 금액 이하의 벌금에 처한다.(2021.7.20 단서개정)
1. 거짓이나 그 밖의 부정한 방법으로 임대주택을 임대받거나 임대받게 한 자
2. 제40조의12를 위반하여 시공자를 선정한 자와 시공자로 선정된 자(2021.7.20 본호신설 : 2024.9.20까지 유효)
3. 제49조의4를 위반하여 공공임대주택의 임차권을 양도하거나 공공임대주택을 전대한 자 및 이를 알선한 자
4. 제49조의5제1항을 위반하여 입주자로 선정된 지위 또는 주택의 소유 지분을 전매하거나 이의 전매를 알선한 자
(2021.5.18 본호신설)
5. 제49조의5제3항을 위반하여 공공주택사업자의 동의를 받지 아니하고 주택의 소유 지분을 전매한 자(2021.5.18 본호신설)
6. 제49조의10제2항을 위반하여 공공주택사업자가 아닌 자에게 주택을 처분한 자(2021.7.20 본호신설)
7. 제50조의3제2항에 따라 우선 분양전환에 관한 사항을 통보한 이후 같은 조 제1항의 자격을 충족하는 자에게 우선 분양전환하지 아니한 공공주택사업자. 다만, 제50조의3제1항의 자격을 충족하는 자가 우선 분양전환 계약에 응하지 아니하는 경우는 제외한다.(2020.12.22 본호신설)
(2019.8.20 본조개정)

제57조의4【벌칙】 제48조의6제2항(제48조의5제5항을 위반한 경우는 제외한다)을 위반하여 정보 또는 자료를 사용·제공 또는 누설한 자는 3년 이하의 징역 또는 2천만원 이하의 벌금에 처한다.(2019.8.20 본조개정)

제58조【벌칙】 ① 다음 각 호의 어느 하나에 해당하는 자는 1년 이하의 징역 또는 1천만원 이하의 벌금에 처한다.
1. 제6조의3제1항 및 제11조제1항(제40조의17에 따라 준용되는 경우를 포함한다)에 따른 허가 또는 변경허가를 받지 아니하고 건축물의 건축 등의 행위를 하거나 거짓 또는 부정한 방법으로 허가를 받은 자(2023.10.24 본호개정)
2. 제49조의5제6항·제14항 및 제49조의10제6항·제10항을 위반하여 거주의무기간 중에 실제로 거주를 하지 아니하고 거주한 것으로 속인 자(2023.10.24 본호개정)
3. 제55조제1항에 따른 공사의 중지·변경 등의 명령을 위반한 자(2015.1.6 본호신설)
(2010.4.5 본항개정)
② (2015.1.6 삭제)

제59조【양벌규정】 법인의 대표자나 법인 또는 개인의 대리인, 사용인, 그 밖의 종업원이 그 법인 또는 개인의 업무에 관하여 제57조, 제57조의2부터 제57조의4까지 또는 제58조의 위반행위를 하면 그 행위자를 벌하는 외에 그 법인 또는 개인에게도 해당 조문의 벌금형을 과(科)한다. 다만, 법인 또는 개인이 그 위반행위를 방지하기 위하여 해당 업무에 관하여 상당한 주의와 감독을 게을리하지 아니한 경우에는 그러하지 아니하다.(2015.8.28 본문개정)

제60조【과태료】 ① 제50조의3제4항을 위반하여 같은 조 제2항에 따라 임차인에게 통보한 우선 분양전환 가격을 초과한 가격으로 제3자에게 매각한 자에게는 그 위반행위로 얻은 이익의 2배에 상당하는 과태료를 부과한다. 다만, 제50조의3제6항에 따른 매각가격 재산정 시의 감정평가로 인하여 매각가격이 달라지는 경우는 제외한다.(2020.12.22 본항신설)

② 다음 각 호의 어느 하나에 해당하는 자에게는 300만원 이하의 과태료를 부과한다.

1. 정당한 사유 없이 제9조제6항에 따른 서류 등의 제출을 거부하거나 거짓 서류 등을 제출하거나 해당 기관 또는 업체의 출입·조사 또는 질문을 거부·방해하거나 기피한 자(2021.4.1 본호신설)
2. 정당한 사유 없이 제26조제1항에 따른 공공주택사업자의 행위를 거부 또는 방해한 자(2015.8.28 본호개정)
3. 제54조제1항에 따른 보고 또는 자료제출을 하지 아니하거나 거짓으로 한 자
4. 제54조제1항에 따른 검사를 거부 또는 방해한 자
4의2. (2023.10.24 삭제)
5. 제49조의6제1항을 위반하여 공공주택사업자에게 입주자로 선정된 지위 또는 주택의 매입을 신청하지 아니한 자(2020.8.18 본호개정)
6. 제49조의7제1항에 따른 서류 등의 제출을 거부하거나 해당 주택의 출입·조사 또는 질문을 방해하거나 기피한 자(2015.8.28 본호개정)
7. 제49조제6항에 따른 임대차계약을 신고하지 아니하거나 거짓으로 신고한 자(2015.8.28 본호신설)
8. 제50조의3제3항을 위반하여 임차인의 거주 여부를 확인하지 아니한 자(2020.12.22 본호신설)
9. 제50조의5제1항을 위반하여 분양전환 공공건설임대주택 양도 신고를 하지 아니하고 분양전환 공공건설임대주택을 양도한 자(2020.12.22 본호신설)

③ 제1항 및 제2항에 따른 과태료는 대통령령으로 정하는 바에 따라 국토교통부장관 또는 지방자치단체의 장이 부과·징수한다.(2020.12.22 본항개정)

부 칙

제1조【시행일】 이 법은 공포 후 1개월이 경과한 날부터 시행한다. 다만, 제59조의 개정규정은 공포한 날부터, 부칙 제8조제5항은 2009년 8월 7일부터 각각 시행한다.
제2조【「건설산업기본법」에 대한 특례 등에 관한 적용례】 제38조 및 제39조의 개정규정은 이 법 시행일부터 3년이 되는 날까지 제35조제1항에 따라 사업계획 승인을 받은 주택건설사업에만 적용한다.
제3조【국민임대주택단지예정지구에 대한 적용 특례】 이 법 시행 당시 「국민임대주택건설 등에 관한 특별조치법」에 따라 국민임대주택단지예정지구로 지정된 지구 중 국토해양부장관이 고시하는 지구에 대하여는 제12조제1항에 따른 주택지구 지정의 고시가 있는 것으로 보아 이 법을 적용한다. 이 경우 「공익사업을 위한 토지 등의 취득 및 보상에 관한 법률」 제91조제1항 및 제2항에 따른 환매권 행사기간은 전단에 따라 국토해양부장관이 고시하는 날부터 기산한다.
제4조【국민임대주택건설사업 등에 관한 경과조치】 이 법 시행 당시 종전의 「국민임대주택건설 등에 관한 특별조치법」에 따라 지정·고시된 예정지구 및 예정지구 지정을 위하여 주민등의 의견청취를 위한 공고를 한 지구(부칙 제3조에 따라 제12조제1항에 따른 주택지구 지정의 고시가 있는 것으로 보는 예정지구는 제외한다), 같은 법에 따라 주택건설사업계획의 승인을 신청하였거나 주택건설사업계획의 승인을 받은 국민임대주택 및 분양주택등에 대하여는 해당 사업이 종료될 때까지 종전의 「국민임대주택건설 등에 관한 특별조치법」을 적용한다.
제5조【국민임대주택의 매입에 관한 경과조치】 이 법 시행 당시 종전의 「국민임대주택건설 등에 관한 특별조치법」에 따라 국민임대주택으로 매입 중이거나 매입한 주택 중 공급하지 아니한 주택은 이 법에 따른 보금자리주택으로 본다.
제6조【행정처분에 관한 경과조치】 이 법 시행 전의 위반행위에 대한 행정처분에 관하여는 종전의 규정에 따른다.
제7조【벌칙 등에 관한 경과조치】 이 법 시행 전의 행위에 대한 벌칙이나 과태료를 적용할 때에는 종전의 규정에 따른다.
제8조【다른 법률의 개정】 ①~⑨ ※(해당 법령에 가제정리 하였음)
제9조【다른 법령과의 관계】 이 법 시행 당시 다른 법령에서 「국민임대주택건설 등에 관한 특별조치법」 또는 그 규정을 인용한 경우로서 이 법에 그에 해당하는 규정이 있으면 종전의 규정에 갈음하여 이 법 또는 이 법의 해당 규정을 인용한 것으로 본다.

부 칙 (2010.4.5)

① **【시행일】** 이 법은 공포한 날부터 시행한다.
② **【「국토의 계획 및 이용에 관한 법률」의 적용 특례에 관한 적용례】** 제13조의 개정규정은 이 법 시행 후 최초로 제10조에 따라 주민 등의 의견청취를 위하여 공고를 하는 주택지구부터 적용한다.
③ **【입주의무 등에 관한 적용례】** 제50조의2 및 제50조의3의 개정규정은 이 법 시행 후 최초로 「주택법」 제38조에 따라 입주자 모집공고를 실시하는 주택부터 적용한다.

부 칙 (2010.5.31 법10335호)

제1조【시행일】 이 법은 공포 후 1년이 경과한 날부터 시행한다. 다만, 「한강수계 상수원수질개선 및 주민지원 등에 관한 법률」 제8조의3에 관한 부분은 다음 각 호의 구분에 따른 날부터 시행한다.
1. 서울특별시·인천광역시·경기도 : 공포 후 3년이 경과한 날
2. 강원도·충청북도 : 공포 후 10년을 넘지 아니하는 범위에서 제1호에 규정된 지역의 5년간 시행 성과를 평가하여 대통령령으로 정하는 날
<2020년 6월 1일 시행>
(이하 생략)

부 칙 (2012.1.17)

제1조【시행일】 이 법은 2012년 8월 1일부터 시행한다.
제2조【거주의무에 관한 적용례】 제50조의3의 개정규정은 법률 제10238호 보금자리주택건설 등에 관한 특별법 일부개정법률 시행 후 최초로 거주의무를 조건으로 「주택법」 제38조에 따라 입주자 모집공고를 실시한 주택부터 적용한다.
제3조【보금자리주택 분양가심사위원회에 관한 적용례】 제50조의6의 개정규정은 이 법 시행 후 최초로 입주자모집승인 신청을 하는 분부터 적용한다.

부 칙 (2014.1.14 법12251호)

제1조【시행일】 이 법은 공포한 날부터 시행한다.
제2조【보금자리주택에 관한 경과조치】 이 법 시행 당시 종전의 「보금자리주택건설 등에 관한 특별법」에 따라 공급된 보금자리주택은 이 법에 따른 공공주택으로 본다.
제3조【보금자리주택지구 등에 관한 경과조치】 이 법 시행 당시 종전의 「보금자리주택건설 등에 관한 특별법」에 따라 지정·고시된 보금자리주택지구, 같은 법에 따라 승인·고시된 보금자리주택지구계획 및 보금자리주택건설사업계획은 이 법에 따른 공공주택지구, 공공주택지구계획 및 공공주택건설사업계획으로 본다.
제4조【보금자리주택의 매입에 관한 경과조치】 이 법 시행 당시 종전의 「보금자리주택건설 등에 관한 특별법」에 따라 보금자리주택으로 매입 중이거나 매입한 주택으로서 공급하지 아니한 주택은 이 법에 따른 공공주택으로 본다.
제5조【다른 법률의 개정】 ①~⑯ ※(해당 법령에 가제정리 하였음)
제6조【다른 법령과의 관계】 이 법 시행 당시 다른 법령에서 「보금자리주택건설 등에 관한 특별법」 또는 그 규정을 인용한 경우로서 이 법에 그에 해당하는 규정이 있으면 종전의 규정에 갈음하여 이 법 또는 이 법의 해당 규정을 인용한 것으로 본다.

부 칙 (2015.1.20)

제1조【시행일】 이 법은 공포한 날부터 시행한다. 다만, 제6조의2부터 제6조의4까지 및 제58조제1항제1호의 개정규정은 공포 후 3개월이 경과한 날부터 시행한다.
제2조【특별관리지역의 지정에 관한 적용례】 제6조의2의 개정규정은 같은 개정규정 시행 후 최초로 주택지구의 해제를 고시하는 경우부터 적용한다.
제3조【주택도시기금에 관한 경과조치】 제4조제1항제6호의 개정규정 중 "주택도시기금"은 2015년 6월 30일까지는 "국민주택기금"으로 본다.
제4조【다른 법률의 개정】 ※(해당 법령에 가제정리 하였음)

부 칙 (2015.8.11 법13473호)

제1조【시행일】 이 법은 공포한 날부터 시행한다.
제2조【적용례】 제6조의5의 개정규정은 이 법 시행 전에 지정된 특별관리지역에 대하여도 적용한다. 이 경우 시장·군수 또는 구청장이 건축물등에 대하여 필요한 조치를 하여야 하는 기간은 제6조의5제1항 본문의 개정규정에도 불구하고 이 법 시행일부터 기산한다.

부 칙 (2015.8.28)

제1조【시행일】 이 법은 공포 후 4개월이 경과한 날부터 시행한다. 다만, 제40조의3의 개정규정은 "시행자"를 "공공주택사업자"로 변경하는 것을 제외하고 공포한 날부터 시행한다.
제2조【일반적 경과조치】 이 법 시행 당시 종전의 규정에 의한 처분·절차, 그 밖의 행위는 이 법의 규정에 저촉되지 아니하면 이 법의 규정에 의하여 행하여진 것으로 본다.
제3조【공공주택 정의에 관한 적용례】 제2조제1호의 개정규정은 이 법 시행 후 주택사업계획을 승인받거나 매입 또는 임차 계약을 체결하는 경우부터 적용한다.
제4조【입주예약자에 대한 경과조치】 이 법 시행 전에 입주예약자가 선정된 경우에는 입주예약자에 대한 우선 공급, 지위의 양도·양수 등과 관련하여 종전의 규정에 따른다.
제5조【입주자대표회의에 관한 경과조치】 제50조의4의 개정규정 중 "「공동주택관리법」 제11조에 따라 최초로 구성되는 입주자대표회의"는 2016년 8월 11일까지는 "「주택법」 제43조에 따라 최초로 구성되는 입주자대표회의"로 본다.
제6조【행정시에 관한 경과조치】 제53조제2항의 개정규정 중 "「제주특별자치도 설치 및 국제자유도시 조성을 위한 특별법」 제10조제2항에 따른 행정시는 2016년 1월 24일까지는 「제주특별자치도 설치 및 국제자유도시 조성을 위한 특별법」 제15조제2항에 따른 행정시"로 본다.
제7조【다른 법률의 개정】 ①~⑮ ※(해당 법령에 가제정리 하였음)

부 칙 (2016.12.2)

제1조【시행일】 이 법은 공포 후 6개월이 경과한 날부터 시행한다. 다만, 제6조의5의 개정규정은 공포한 날부터 시행한다.
제2조【주거취약계층 공공주택 우선 공급에 관한 적용례】 제48조제2항의 개정규정은 이 법 시행 후 최초로 입주자 모집공고를 하는 경우부터 적용한다.
제3조【일반적 경과조치】 이 법 시행 당시 종전의 규정에 따라 이루어진 처분, 절차, 그 밖의 행위는 이 법의 규정에 저촉되지 아니하면 이 법에 따른 행위로 본다.

부 칙 (2017.8.9)

제1조【시행일】 이 법은 공포 후 6개월이 경과한 날부터 시행한다. 다만, 제6조의3의 개정규정은 공포한 날부터 시행한다.
제2조【공공임대주택의 입주자 자격제한에 관한 적용례】 제49조의8의 개정규정은 이 법 시행 후 최초로 제49조의4를 위반하여 임차권을 양도하거나 공공임대주택을 전대한 사람(이 법 시행 당시 공공임대주택을 전대하고 있는 사람을 포함한다)부터 적용하며, 이 법 시행 후 최초로 입주자 모집공고를 하는 공공임대주택부터 적용한다.

부 칙 (2017.10.24 법14938호)

제1조【시행일】 이 법은 공포한 날부터 시행한다. 다만, 제49조의9의 개정규정은 공포 후 6개월이 경과한 날부터 시행한다.
제2조【주택지구 주변지역 정비에 관한 적용례】 제7조의2 제1항 및 제2항의 개정규정은 이 법 시행 당시 주택건설사업계획의 승인 또는 변경을 신청한 경우에도 적용한다.

부 칙 (2019.4.30)

제1조【시행일】 이 법은 공포한 날부터 시행한다. 다만, 제50조제2항의 개정규정은 공포 후 6개월이 경과한 날부터 시행한다.
제2조【선수관리비에 관한 적용례】 제50조제2항의 개정규정은 이 법 시행 후 최초로 공공주택사업자가 임차인과 임대차계약을 체결하는 경우부터 적용한다.
제3조【선수관리비의 반환에 관한 경과조치】 공공주택사업자는 이 법 시행 전에 관리규약 또는 표준임대차계약서에 따라 임차인으로부터 징수한 선수관리비를 이 법 시행 이후 임대차 계약기간 만료 등으로 임차인이 퇴거할 때 반환하여야 한다.

부 칙 (2019.8.20)

이 법은 공포 후 6개월이 경과한 날부터 시행한다.

부 칙 (2019.11.26)

제1조【시행일】 이 법은 공포 후 6개월이 경과한 날부터 시행한다.
제2조【공공분양주택 입주자로 선정된 자의 거주의무 등에 관한 적용례】 제49조의5의 개정규정은 이 법 시행 후 「수도권정비계획법」 제2조제1호에 따른 수도권에 조성된 공공택지(「주택법」 제2조에 따른 공공택지를 말한다)에서 최초로 입주자 모집공고를 하는 공공분양주택부터 적용한다.
제3조【공공분양주택의 예외적 전매 허용 시 주택의 매입 등에 관한 적용례】 제49조의6의 개정규정은 이 법 시행 후 최초로 입주자 모집공고를 하는 공공분양주택부터 적용한다.

부 칙 (2020.1.29)

제1조【시행일】 이 법은 공포 후 6개월이 경과한 날부터 시행한다.(이하 생략)

부 칙 (2020.3.31)

제1조【시행일】 이 법은 공포 후 1년이 경과한 날부터 시행한다.(이하 생략)

부 칙 (2020.6.9)

이 법은 공포한 날부터 시행한다.(이하 생략)

부 칙 (2020.8.18 법17481호)

이 법은 공포 후 2개월이 경과한 날부터 시행한다.

부 칙 (2020.8.18 법17486호)

제1조【시행일】 이 법은 공포 후 6개월이 경과한 날부터 시행한다.(이하 생략)

부 칙 (2020.12.22)

제1조【시행일】 이 법은 공포 후 6개월이 경과한 날부터 시행한다. 다만, 제50조의3 및 제50조의5, 제57조의3 및 제60조의 개정규정은 공포 후 3개월이 경과한 날부터 시행하고, 제32조의3 및 제57조의2의 개정규정은 공포한 날부터 시행한다.

제2조【주민 등의 의견 청취에 관한 적용례】 제10조제1항의 개정규정은 이 법 시행 후 최초로 특별관리지역으로 지정하는 경우부터 적용한다.

제3조【토지등의 수용 등에 관한 적용례】 제27조의 개정규정은 이 법 시행 후 최초로 주택건설사업계획이 승인된 경우부터 적용한다.

제4조【공급계약 취소 등에 관한 적용례】 ① 제32조의3제3항의 개정규정은 같은 개정규정 시행 후 토지를 전매한 경우부터 적용한다.

② 제32조의3제4항의 개정규정은 같은 개정규정 시행 후 토지의 공급대상자를 선정한 경우부터 적용한다.

제5조【공공임대주택 매각의 신고에 관한 적용례】 ① 제50조의5의 개정규정은 같은 개정규정 시행 이후 공공주택사업자가 공공건설임대주택을 다른 공공주택사업자에게 매각하는 경우부터 적용한다.

② 제50조의5의 개정규정은 법률 제13499호 임대주택법 전부개정법률 부칙 제6조제2항에 따라 공공건설임대주택으로 보는 주택에 대해서도 적용한다. 이 경우 "공공주택사업자"는 "임대사업자"로 본다.

제6조【공공주택사업자가 아닌 자의 공공건설임대주택에 대한 우선 분양전환에 관한 적용례】 ① 법률 제13499호 임대주택법 전부개정법률 부칙 제6조제2항에도 불구하고 제50조의3, 제57조의3 및 제60조의 개정규정은 분양전환이 완료되지 아니한 법률 제13499호 임대주택법 전부개정법률 부칙 제6조제2항에 따라 공공건설임대주택으로 보는 주택에 대해서도 적용한다. 이 경우 "공공주택사업자"는 "임대사업자"로 보고, "분양전환"은 "임대사업자 외의 자에게 매각하는 것"으로 보며, 제50조의3제2항 전단 중 "임대의무기간이 지난 후"는 "종전의 규정에 따라 분양전환 승인을 받은 후"로 본다.

② 제1항에도 불구하고 법률 제13499호 임대주택법 전부개정법률 부칙 제6조제2항에 따라 공공건설임대주택으로 보는 주택이 종전의 규정에 따라 분양전환 승인을 받은 경우, 임대사업자가 우선 분양전환 자격이 있다고 통보한 임차인이 제50조의3제2항의 개정규정에 따라 임차인이 분양전환 계약을 하여야 하는 기간은 종전의 규정에 따라 임대사업자가 분양전환 승인을 받은 날부터 기산한다.

제7조【소유권이전등기가 완료된 토지에 대한 특례】 공급대상자의 지위를 양수받은 자로서 이 법 시행 전 공공주택사업자로부터 소유권이전등기를 완료한 자는 종전의 제32조의3제2항에도 불구하고 공공주택사업자로부터 소유권이전등기를 완료한 때에 해당 토지에 대한 소유권을 취득한 것으로 본다.

제8조【공공건설임대주택의 우선 분양전환 등에 관한 특례】 제50조의3, 제57조의3 및 제60조의 개정규정은 이 법 시행 당시 종전의 제50조의3에 따른 분양전환이 완료되지 아니한 공공건설임대주택에 대해서도 적용한다. 이 경우 종전의 제50조의3제2항에 따른 분양전환통보는 제50조의3제2항의 개정규정에 따른 분양전환 통보로 보고, 제50조의3제2항의 개정규정에 따라 임차인이 우선 분양전환에 응하여야 하는 기간은 종전의 제50조의3제2항에 따라 공공주택사업자가 임차인에게 분양전환을 통보한 날부터 기산한다.

부 칙 (2020.12.31)

제1조【시행일】 이 법은 공포 후 1년이 경과한 날부터 시행한다.(이하 생략)

부 칙 (2021.4.1)

이 법은 공포한 날부터 시행한다. 다만, 제9조제5항부터 제9항까지 및 제60조제2항제1호의 개정규정은 공포 후 3개월이 경과한 날부터 시행한다.

부 칙 (2021.5.18)

이 법은 공포 후 3개월이 경과한 날부터 시행한다. 다만, 다음 각 호의 사항은 그 구분에 따른 날부터 시행한다.

1. 제5장의2의 제목, 제40조의2, 제40조의3제2항 및 제40조의6의 개정규정 : 공포한 날
2. 제8조제3항의 개정규정 : 공포 후 6개월이 경과한 날

부 칙 (2021.7.20 법18310호)

제1조【시행일】 이 법은 공포 후 1년이 경과한 날부터 시행한다.(이하 생략)

부 칙 (2021.7.20 법18311호)

제1조【시행일】 이 법은 공포 후 2개월이 경과한 날부터 시행한다.

제2조【도심 공공주택 복합사업에 관한 규정의 유효기간】 제2조제2호의2, 같은 조 제3호마목, 제4조제1항제6호, 제33조, 제34조제1항, 제5장의3(제40조의7부터 제40조의13까지) 및 제57조의3제2호의 개정규정은 이 법 시행일부터 3년간 효력을 가진다.

제3조【도심 공공주택 복합사업에 관한 규정의 유효기간 이후의 경과조치】 ① 부칙 제2조에 따른 유효기간 중에 제40조의7의 개정규정에 따라 복합지구의 지정·변경에 관한 주민 등의 의견청취를 위하여 공고한 경우에는 해당 유효기간이 지난 후에도 제33조, 제34조 및 제40조의7부터 제40조의13까지의 개정규정을 적용한다.

② 부칙 제2조에 따른 유효기간 만료 전의 행위에 대하여 벌칙을 적용할 때에는 행위 당시의 규정을 적용한다.

제4조【토지등소유자에 대한 현물보상에 관한 특례】 ① 제40조의10제3항의 개정규정은 이 법을 국회가 의결한 날의 다음 날부터 토지등에 대한 소유권을 취득하기 위한 등기를 마쳐 토지등소유자가 된 자에게는 적용하지 아니한다. 다만, 상속이나 이혼을 원인으로 토지등의 소유권이 변동된 경우에는 그러하지 아니하다.

② 제1항에도 불구하고 2021년 2월 4일까지 「건축법」 제2조제2항제2호에 따른 공동주택의 건축을 위한 건축허가(「주택법」 제19조에 따라 주택사업계획승인을 받아 건축허가가 의제되는 경우를 포함한다)를 받은 주택에 대하여 복합지구별로 국토교통부장관이 고시하여 정하는 날 이전에 분양계약을 체결하고 지구 지정 전까지 공동주택의 소유권을 이전받는 자는 제40조의10제3항의 개정규정에 따라 건축물로 보상을 받을 수 있다.

제5조【다른 법률의 개정】 ※(해당 법령에 가제정리 하였음)

부 칙 (2021.10.19)

제1조【시행일】 이 법은 공포한 날부터 시행한다.

제2조【공공매입임대주택의 용적률에 대한 특례에 관한 적용례】 제43조의2의 개정규정은 이 법 시행 전에 「주택법」 제15조에 따른 사업계획승인 또는 「건축법」 제11조에 따른 건축허가를 신청한 경우에 대해서도 적용한다.

부 칙 (2022.1.11)

제1조【시행일】 이 법은 공포한 날부터 시행한다.(이하 생략)

부 칙 (2022.2.3)

이 법은 공포 후 6개월이 경과한 날부터 시행한다.

부 칙 (2022.11.15)

이 법은 공포한 날부터 시행한다.

부 칙 (2022.12.27)

제1조【시행일】 이 법은 공포 후 6개월이 경과한 날부터 시행한다.(이하 생략)

부 칙 (2023.4.18)

제1조【시행일】 이 법은 공포한 날부터 시행한다. 다만, 제50조의2제2항제3호의 개정규정은 공포 후 3개월이 경과한 날부터 시행한다.

제2조【「도시개발법」 제40조에 따른 환지 간주에 관한 적용례】 제40조의10제3항 각 호 외의 부분 후단의 개정규정은 이 법 시행 전에 복합지구 내 토지등의 전부를 공공주택사업자에게 양도한 경우에도 적용한다.

제3조【공공매입임대주택의 매각에 관한 적용례】 제50조의2제2항제3호의 개정규정은 같은 개정규정 시행 당시 공공매입임대주택이 복합지구, 「도시 및 주거환경정비법」에 따른 정비구역, 「주택법」에 따른 주택건설사업 등 국토교통부령으로 정하는 지구·구역 및 사업에 포함된 경우에도 적용한다.

부 칙 (2023.10.24)

제1조【시행일】 이 법은 공포한 날부터 시행한다. 다만, 제7조, 제27조의3, 제40조의8, 제40조의10제4항부터 제8항까지, 제40조의12, 제40조의13 및 제40조의14의 개정규정은 공포 후 3개월이 경과한 날부터 시행하고, 제31조, 제49조의5, 제49조의7, 제49조의10, 제57조, 제58조 및 제60조의 개정규정은 공포 후 6개월이 경과한 날부터 시행한다.

제2조【현물보상 유효기간】 제27조의4의 개정규정은 2024년 9월 20일까지 효력을 가진다.

제3조【현물보상 유효기간 이후의 경과조치】 부칙 제2조에 따른 유효기간 중 제27조의4의 개정규정에 따라 국토교통부장관이 고시한 주택지구에 대하여는 해당 유효기간이 지난 후에도 같은 개정규정을 적용한다.

제4조【도심 공공주택 복합사업 유효기간】 제40조의8 및 제40조의10부터 제40조의17까지의 개정규정은 2024년 9월 20일까지 효력을 가진다.

제5조【도심 공공주택 복합사업 유효기간 이후의 경과조치】 부칙 제4조에 따른 유효기간 중 제40조의7에 따라 복합지구의 지정·변경에 관한 주민 등의 의견청취를 위하여 공고한 경우에는 해당 유효기간이 지난 후에도 제40조의8 및 제40조의10부터 제40조의17까지의 개정규정을 적용한다.

제6조【토지등소유자에 대한 현물보상에 관한 적용례】 ① 제27조의4의 개정규정은 이 법 시행 당시 「공익사업을 위한 토지 등의 취득 및 보상에 관한 법률」 제16조에 따라 토지등소유자와 협의 절차를 진행 중인 경우에도 적용한다.

② 제27조의4의 개정규정은 해당 주택지구가 지정·고시된 날부터 역산하여 1년이 되는 날 이후에 토지등에 대한 소유권을 취득하기 위한 등기를 마쳐 토지등소유자가 된 자에게는 적용하지 아니한다. 다만, 상속이나 이혼을 원인으로 토지등의 소유권이 변동된 경우에는 그러하지 아니하다.

제7조【복합사업계획의 승인 등에 대한 의견 수렴에 관한 적용례】 제40조의8제3항의 개정규정은 같은 개정규정 시행 이후 복합사업계획을 승인하거나 변경승인하는 경우부터 적용한다.

제8조【토지등소유자에 대한 토지보상에 관한 적용례】 제40조의10제4항의 개정규정은 2021년 6월 29일 다음 날부터 토지등의 소유권을 취득하기 위한 등기를 마쳐 토지등소유자가 된 자에게는 적용하지 아니한다. 다만, 상속이나 이혼을 원인으로 토지등의 소유권이 변동된 경우에는 그러하지 아니한다.

제9조【지상권 등 계약의 해지 및 건축물 등의 사용·수익 중지에 관한 적용례】 제40조의15 및 제40조의16의 개정규정은 이 법 시행 이후 복합사업계획을 승인하는 경우부터 적용한다.

제10조【주민협의체 구성에 관한 경과조치】 제40조의13제1항의 개정규정 시행 당시 구성·운영하고 있는 주민협의체는 같은 개정규정에 따라 구성된 것으로 본다.

제11조【주민대표회의 구성에 관한 경과조치】 제40조의13제3항의 개정규정 시행 당시 구성·운영하고 있는 주민대표회의는 같은 개정규정에 따라 구성된 것으로 본다.

부 칙 (2024.2.6)

제1조【시행일】 이 법은 공포 후 6개월이 경과한 날부터 시행한다.(이하 생략)

택지개발촉진법

(1980년 12월 31일
법 률 제3315호)

개정
1981. 1.29법 3357호(광업)
1981. 3.31법 3406호(하천법)
1982.12.31법 3642호(국토이용)
1984.12.15법 3755호(행정심판)
1986. 5.12법 3843호(한국토지개발공사법)
1991.12.14법 4429호(수도법)
1992.12. 8법 4530호(주택건설)
1994. 8. 3법 4781호(수도법)
1995.12.29법 5109호(한국토지공사법)
1997.12.13법 5453호(행정절차)
1997.12.13법 5454호(정부부처명)
1999. 1.25법 5688호
1999. 2. 8법 5893호(하천법)
1999. 2. 8법 5911호(공유수면매립법)
1999.12.28법 6068호
2002. 2. 4법 6655호(국토이용)
2002. 2. 4법 6656호(공토법)
2002.12.30법 6842호(산지관리법)
2003. 5.29법 6916호(주택법)
2005. 5.26법 7517호
2005. 8. 4법 7678호(산림자원조성관리)
2005.12. 7법 7715호(토지이용규제기본법)
2006. 3.24법 7921호
2006. 9.27법 8014호(하수도법)
2007. 4. 6법 8338호(하천법)
2007. 4.11법 8352호(농지)
2007. 4.11법 8355호(광업)
2007. 4.11법 8370호(수도법)
2007. 4.20법 8384호
2007.12.27법 8819호(공유수면관리법)
2008. 2.29법 8852호(정부조직)
2008. 3.21법 8974호(건축)
2008. 3.21법 8976호(도로법)
2008.12.26법 9174호(공유재산및물품관리법)
2009. 1.30법 9401호(국유재산)
2009. 3.20법 9511호(보금자리주택)
2009. 4. 1법 9604호 2009.12.29법 9865호
2010. 3.31법10221호(지방세)
2010. 4.15법10272호(공유수면관리및매립에관한법)
2010. 5.17법10303호(은행법)
2010. 5.31법10331호(산지관리법)
2011. 4.14법10599호(국토이용)
2011. 5.30법10764호
2013. 3.23법11690호(정부조직)
2014. 1.14법12248호(도로법)
2014. 1.14법12251호(공공주택건설등에관한특별법)
2015. 1.20법13052호
2015. 6.22법13378호(주거기본법)
2016. 1.19법13805호(주택법)
2018. 6.12법15682호 2019.11.26법16640호
2020. 6. 9법17453호(법률용어정비)
2020.12.31법17814호(정부조직)
2021. 1. 5법17875호
2022.12.27법19117호(산림자원조성관리)

제1조【목적】 이 법은 도시지역의 시급한 주택난(住宅難)을 해소하기 위하여 주택건설에 필요한 택지(宅地)의 취득·개발·공급 및 관리 등에 관하여 특례를 규정함으로써 국민 주거생활의 안정과 복지 향상에 이바지함을 목적으로 한다.(2011.5.30 본조개정)

제2조【용어의 정의】 이 법에서 사용하는 용어의 뜻은 다음과 같다.
1. "택지"란 이 법에서 정하는 바에 따라 개발·공급되는 주택건설용지 및 공공시설용지를 말한다.
2. "공공시설용지"란 「국토의 계획 및 이용에 관한 법률」 제2조제6호에서 정하는 기반시설과 대통령령으로 정하는 시설을 설치하기 위한 토지를 말한다.
3. "택지개발지구"란 택지개발사업을 시행하기 위하여 「국토의 계획 및 이용에 관한 법률」에 따른 도시지역과 그 주변지역 중 제3조에 따라 국토교통부장관 또는 특별시장·광역시장·도지사·특별자치도지사(이하 "지정권자"라 한다)가 지정·고시하는 지구를 말한다.
(2013.3.23 본호개정)
4. "택지개발사업"이란 일단(一團)의 토지를 활용하여 주택건설 및 주거생활이 가능한 택지를 조성하는 사업을 말한다.
5. "간선시설"(幹線施設)이란 「주택법」 제2조제17호에서 정하는 시설을 말한다.(2016.1.19 본호개정)
(2011.5.30 본조개정)

제3조【택지개발지구의 지정 등】 ① 특별시장·광역시장·도지사 또는 특별자치도지사(이하 "시·도지사"라 한다)는 「주거기본법」 제5조에 따른 주거종합계획 중 주택·택지의 수요·공급 및 관리에 관한 사항(이하 "택지수급계획"이라 한다)에서 정하는 바에 따라 택지를 집단적으로 개발하기 위하여 필요한 지역을 택지개발지구로 지정(지정한 택지개발지구를 변경하는 경우를 포함한다. 이하 같다)할 수 있다. 이 경우 택지개발사업이 필요하다고 인정되는 지역이 둘 이상의 특별시·광역시·도 또는 특별자치도(이하 "시·도"라 한다)에 걸치는 경우에는 관계 시·도지사가 협의하여 지정권자를 정한다.
(2015.6.22 전단개정)
② 제1항의 경우 시·도지사(특별자치도지사는 제외한다)는 택지수급계획에서 정한 해당 시·도의 계획량을 초과하여 지정하려면 국토교통부장관과 미리 협의하여야 하고, 지정하려는 택지개발지구의 면적이 대통령령으로 정하는 규모 이상인 경우에는 국토교통부장관의 승인을 받아야 한다. 이 경우 국토교통부장관이 택지개발지구의 지정을 승인하려는 때에는 미리 「주거기본법」 제8조에 따른 주거정책심의위원회의 심의를 거쳐야 한다.
(2015.6.22 후단개정)
③ 국토교통부장관은 다음 각 호의 어느 하나에 해당하는 경우에는 제1항에도 불구하고 택지를 집단적으로 개발하기 위하여 필요한 지역을 택지개발지구로 지정할 수 있다. 다만, 특별자치도에 대하여는 그러하지 아니하다.
(2013.3.23 본문개정)
1. 국가가 택지개발사업을 실시할 필요가 있는 경우
2. 관계 중앙행정기관의 장이 요청하는 경우
3. 제7조제1항제2호의 한국토지주택공사가 택지수급계획상 택지공급을 위하여 대통령령으로 정하는 규모 이상으로 택지개발지구의 지정을 제안하는 경우
4. 제1항 후단에 따른 협의가 성립되지 아니하는 경우
④ 지정권자가 제1항 또는 제3항에 따라 택지개발지구를 지정하려는 경우에는 미리 관계 중앙행정기관의 장(특별자치도지사의 경우에는 관계 행정기관의 장을 말한다)과 협의하고 해당 시장(지정권자가 국토교통부장관인 경우에는 시·도지사를 포함한다)·군수 또는 자치구의 구청장의 의견(특별자치도지사의 경우에는 제외한다)을 들은 후 「주거기본법」 제9조에 따른 시·도 주거정책심의위원회(지정권자가 국토교통부장관인 경우에는 「주거기본법」 제8조에 따른 주거정책심의위원회를 말한다)의 심의를 거쳐야 한다. 다만, 대통령령으로 정하는 경미한 사항을 변경하는 경우에는 그러하지 아니하며, 지정권자가 시·도지사인 경우로서 국토교통부장관이 제2항에 따라 주거정책심의위원회의 심의를 거친 경우에는 시·도 주거정책심의위원회의 심의를 거친 것으로 본다.(2015.6.22 본항개정)
⑤ 지정권자는 제1항 또는 제3항에 따른 택지개발지구가 제6항에 따라 고시된 날부터 3년 이내에 제9조에 따라 시행자가 택지개발사업 실시계획의 작성 또는 승인 신청을 하지 아니하는 경우에는 그 지정을 해제하여야 한다.
⑥ 지정권자가 제1항 및 제3항부터 제5항까지의 규정에 따라 택지개발지구를 지정 또는 해제하였을 때에는 택지개발지구의 명칭, 위치, 지정된 면적 및 제8조에서 규정한 택지개발계획을 관보에 고시하고, 관계 서류의 사본을 시장(지정권자가 국토교통부장관인 경우에는 특별시장과 광역시장을 포함한다. 이하 같다)·군수 또는 자치구의 구청장에게 송부하여야 한다. 이 경우 「토지이용규제 기본법」 제8조제2항에 따른 지형도면의 고시에 관하여는 같은 법 제8조에 따른다.(2018.6.12 본항개정)
⑦ 제6항에 따라 관계 서류의 사본을 송부받은 시장·군수 또는 자치구의 구청장은 이를 일반인이 열람할 수 있도록 하여야 한다. 다만, 지정권자가 특별자치도지사인 경우에는 직접 그 내용을 일반인이 열람할 수 있도록 하여야 한다.(2018.6.12 본항신설)
⑧ 제1항·제3항 또는 제5항에 따른 택지개발지구의 지정 또는 해제가 있은 때에는 「국토의 계획 및 이용에 관한 법률」 제51조에 따른 지구단위계획구역의 지정 또는 해제가 있은 것으로 본다.
(2011.5.30 본조개정)

제3조의2【택지개발지구의 지정 제안】 ① 제7조제1항제1호부터 제4호까지의 규정 중 어느 하나에 해당하는 자는 지정권자에게 택지개발지구의 지정을 제안할 수 있다.
② 택지개발지구 지정 제안에 따른 절차, 구비서류, 그 밖에 필요한 사항은 대통령령으로 정한다.
(2011.5.30 본조개정)

제3조의3【주민 등의 의견청취】 ① 지정권자가 제3조에 따라 택지개발지구를 지정하려는 경우에는 대통령령으로 정하는 바에 따라 이를 공고하여 주민 및 관계 전문가 등의 의견을 들어야 한다. 다만, 국방상 기밀 유지가 필요하거나 대통령령으로 정하는 경미한 사항을 변경하는 경우에는 그러하지 아니하다.
② 제1항에 따른 주민 및 관계 전문가의 의견청취에 필요한 사항은 대통령령으로 정한다.
(2011.5.30 본조개정)

제4조【택지개발지구의 기초조사】 ① 지정권자가 제3조에 따라 택지개발지구를 지정하려는 경우에는 미리 택지개발지구로 지정할 토지, 건축물, 그 밖에 택지개발지구 지정에 필요한 사항에 관하여 조사하여야 한다.
② 지정권자는 제1항의 경우 필요하다고 인정할 때에는 시장·군수·자치구의 구청장(특별자치도지사의 경우에는 제외한다) 또는 제7조에 따른 택지개발사업 시행자에게 조사를 명할 수 있다.
③ 제7조제1항제1호부터 제4호까지의 규정 중 어느 하나에 해당하는 자는 제3조의2에 따라 택지개발지구의 지정을 제안하려는 경우에는 제1항에 따른 조사를 할 수 있다.
(2011.5.30 본조개정)

제5조 (1982.12.31 삭제)

제6조【행위제한 등】 ① 제3조의3에 따라 택지개발지구의 지정에 관한 주민 등의 의견청취를 위한 공고가 있는 지역 및 택지개발지구에서 건축물의 건축, 공작물의 설치, 토지의 형질변경, 토석(土石)의 채취, 토지분할, 물건을 쌓아놓는 행위 등 대통령령으로 정하는 행위를 하려는 자는 특별자치도지사·시장·군수 또는 자치구의 구청장의 허가를 받아야 한다. 허가받은 사항을 변경하려는 경우에도 또한 같다.
② 다음 각 호의 어느 하나에 해당하는 행위는 제1항에도 불구하고 허가를 받지 아니하고 할 수 있다.
1. 재해 복구 또는 재난 수습에 필요한 응급조치를 위하여 하는 행위
2. 그 밖에 대통령령으로 정하는 행위
③ 제1항에 따라 허가를 받아야 하는 행위로서 택지개발지구의 지정 및 고시 당시 이미 관계 법령에 따라 행위허가를 받았거나 허가를 받을 필요가 없는 행위에 관하여 공사 또는 사업에 착수한 자는 대통령령으로 정하는 바에 따라 특별자치도지사·시장·군수 또는 자치구의 구청장에게 신고한 후 이를 계속 시행할 수 있다.
④ 특별자치도지사·시장·군수 또는 자치구의 구청장은 제1항을 위반한 자에게 원상회복을 명할 수 있다. 이 경우 명령을 받은 자가 그 의무를 이행하지 아니하면 특별자치도지사·시장·군수 또는 자치구의 구청장은 「행정대집행법」에 따라 이를 대집행(代執行)할 수 있다.
⑤ 제1항에 따른 허가에 관하여 이 법에 규정된 것을 제외하고는 「국토의 계획 및 이용에 관한 법률」 제57조부터 제60조까지 및 제62조를 준용한다.
⑥ 제1항에 따라 허가를 받은 경우에는 「국토의 계획 및 이용에 관한 법률」 제56조에 따라 허가를 받은 것으로 본다.
(2011.5.30 본조개정)

제7조【택지개발사업의 시행자 등】 ① 택지개발사업은 다음 각 호의 자 중에서 지정권자가 지정하는 자(이하 "시행자"라 한다)가 시행한다.
1. 국가·지방자치단체
2. 「한국토지주택공사법」에 따른 한국토지주택공사(이하 "한국토지주택공사"라 한다)
3. 「지방공기업법」에 따른 지방공사
4. 「주택법」 제4조에 따른 등록업자(이하 "주택건설등 사업자"라 한다)로서 지정하려는 택지개발지구의 토지면적 중 대통령령으로 정하는 비율 이상의 토지를 소유하거나 소유권 이전계약을 체결하고 도시지역의 주택난 해소를 위한 공익성 확보 등 대통령령으로 정하는 요건과 절차에 따라 제1호부터 제3호까지에 해당하는 자(이하 "공공시행자"라 한다)와 공동으로 개발사업을 시행하는 자. 이 경우 대통령령으로 정하는 비율은 다음 각 목의 구분에 따른 범위에서 정한다.(2016.1.19 전단개정)
가. 공공시행자가 공공주택건설 등 시급한 필요에 따라 주택건설등 사업자에게 공동으로 개발사업의 시행을 요청하는 경우 : 100분의 20 이상 100분의 50 미만의 범위(2014.1.14 본목개정)
나. 주택건설등 사업자가 토지 취득 또는 사업계획 승인 등의 어려움을 해소하기 위하여 공공시행자에게 공동으로 개발사업의 시행을 요청하는 경우 : 100분의 50 이상 100분의 70 미만의 범위
5. 주택건설등 사업자로서 공공시행자와 협약을 체결하여 공동으로 개발사업을 시행하는 자 또는 공공시행자와 주택건설등 사업자가 공동으로 출자하여 설립한 법인(이하 "공동출자법인"이라 한다). 이 경우 주택건설등 사업자의 투자지분은 100분의 50 미만으로 하며, 공공시행자의 주택건설등 사업자 선정 방법, 협약의 내용 및 주택건설등 사업자의 이윤율 등에 대하여는 대통령령으로 정한다.
② 공공시행자는 택지개발사업을 효율적으로 시행하기 위하여 필요한 경우에는 대통령령으로 정하는 바에 따라 설계·분양 등 택지개발사업의 일부를 주택건설등 사업자로 하여금 대행하게 할 수 있다.
③ 지정권자는 제3조의2에 따른 제안에 의하여 지정된 택지개발지구의 택지개발사업에 대하여는 그 지정을 제안한 자를 우선적으로 시행자로 지정할 수 있다.
(2011.5.30 본조개정)

제8조【택지개발계획의 수립 등】 ① 지정권자는 택지개발지구를 지정하려면 다음 각 호의 사항이 포함된 택지개발계획(이하 "개발계획"이라 한다)을 수립하여야 한다.
1. 개발계획의 개요
2. 개발기간
3. 토지이용에 관한 계획 및 주요 기반시설의 설치계획
4. 수용할 토지 등의 소재지, 지번(地番) 및 지목(地目), 면적, 소유권 및 소유권 외의 권리의 명세와 그 소유자 및 권리자의 성명·주소
5. 그 밖에 대통령령으로 정하는 사항
② 제1항에 따라 개발계획을 수립하는 절차와 그 밖에 필요한 사항은 대통령령으로 정한다.
(2011.5.30 본조개정)

제9조【택지개발사업 실시계획의 작성 및 승인 등】 ① 시행자는 대통령령으로 정하는 바에 따라 택지개발사업 실시계획(이하 "실시계획"이라 한다)을 작성하고, 지정권자가 아닌 시행자는 실시계획에 대하여 지정권자의 승인을 받아야 한다. 승인된 실시계획을 변경(대통령령으

로 정하는 경미한 사항의 변경은 제외한다)하려는 경우에도 같다.
② 실시계획에는 「국토의 계획 및 이용에 관한 법률」 제52조에 따라 작성된 제1종 지구단위계획과 택지의 공급에 관한 계획이 포함되어야 한다.
③ 지정권자가 실시계획을 작성하거나 승인하였을 때에는 이를 고시하고, 시행자 및 관할 시장·군수 또는 자치구의 구청장(특별자치도지사의 경우에는 시행자에 한정한다)에게 그 사실을 통지하여야 한다.(2020.6.9 본항개정)
④ 지정권자가 제12조제1항에 따른 토지등의 수용이 필요한 실시계획을 작성하거나 승인하였을 때에는 시행자의 성명, 사업의 종류 및 수용할 토지 등의 세목(細目)을 관보에 고시하고, 그 토지 등의 소유자 및 권리자에게 이를 통지하여야 한다. 다만, 시행자가 실시계획을 작성하거나 승인 신청을 할 때까지 토지등의 소유자 및 권리자와 미리 협의한 경우에는 그러하지 아니하다.
⑤ 시행자는 택지개발사업을 시행할 때 대통령령으로 정하는 특별한 사유가 있는 경우에는 「도시개발법」에 따른 도시개발사업을 실시할 수 있다.
(2011.5.30 본조개정)

제10조【토지에의 출입 등】 ① 시행자는 택지개발지구의 지정, 개발계획 또는 실시계획의 작성을 위한 조사·측량을 하려는 경우와 사업 시행을 위하여 필요한 경우에는 다음 각 호의 행위를 할 수 있다.
1. 타인이 점유하는 토지에 출입하는 행위
2. 타인의 토지를 재료를 쌓아 두는 장소 또는 임시 도로로 일시 사용하는 행위
3. 죽목(竹木), 토석, 그 밖의 장애물을 변경하거나 제거하는 행위
② 제3조의2에 따라 택지개발지구의 지정을 제안하는 자는 택지개발지구의 지정 제안을 위한 조사·측량을 하려는 경우와 사업 시행을 위하여 필요한 경우에는 제1항제1호의 행위를 할 수 있다.
③ 제1항의 경우에 관하여는 「국토의 계획 및 이용에 관한 법률」 제130조제2항부터 제9항까지, 같은 법 제131조 및 제144조제1항제2호·제3호를 준용한다. 이 경우 "행정청인 도시계획시설사업 시행자"는 이 법에 따른 "시행자"로 본다.
(2011.5.30 본조개정)

제11조【다른 법률과의 관계】 ① 시행자가 실시계획을 작성하거나 승인을 받았을 때에는 다음 각 호의 결정·인가·허가·협의·동의·면허·승인·처분·해제·명령 또는 지정(이하 "인·허가등"이라 한다)을 받은 것으로 보며, 지정권자가 실시계획을 작성하거나 승인한 것을 고시하였을 때에는 관계 법률에 따른 인·허가등의 고시 또는 공고가 있은 것으로 본다.
1. 「국토의 계획 및 이용에 관한 법률」 제30조에 따른 도시·군관리계획의 결정, 같은 법 제56조에 따른 개발행위의 허가, 같은 법 제86조에 따른 도시·군계획시설사업 시행자의 지정, 같은 법 제88조에 따른 실시계획의 인가
2. 「도시개발법」 제17조에 따른 실시계획의 인가
3. 「주택법」 제15조에 따른 사업계획의 승인(2016.1.19 본호개정)
4. 「수도법」 제17조 및 제49조에 따른 일반수도사업과 공업용수도사업의 인가, 같은 법 제52조 및 제54조에 따른 전용수도설치의 인가
5. 「하수도법」 제16조에 따른 공공하수도공사 시행의 허가
6. 「공유수면 관리 및 매립에 관한 법률」 제8조에 따른 공유수면의 점용·사용허가, 같은 법 제28조에 따른 공유수면의 매립면허, 같은 법 제35조에 따른 국가 등이 시행하는 매립의 협의 또는 승인 및 같은 법 제38조에 따른 공유수면매립실시계획의 승인
7. 「하천법」 제30조에 따른 하천공사 시행의 허가 및 하천공사실시계획의 인가, 같은 법 제33조에 따른 하천의 점용허가 및 같은 법 제50조에 따른 하천수의 사용허가
8. 「도로법」 제36조에 따른 도로공사 시행의 허가, 같은 법 제61조에 따른 도로점용의 허가(2014.1.14 본호개정)
9. 「농지법」 제34조에 따른 농지전용(農地轉用)의 허가·협의, 같은 법 제35조에 따른 농지의 전용신고, 같은 법 제36조에 따른 농지의 타용도 일시 사용 허가·협의, 같은 법 제40조에 따른 용도변경의 승인
10. 「산지관리법」 제14조·제15조에 따른 산지전용허가 및 산지전용신고, 같은 법 제15조의2에 따른 산지일시사용허가·신고, 「산림자원의 조성 및 관리에 관한 법률」 제36조제1항·제5항에 따른 입목벌채등의 허가·신고 및 「산림보호법」 제9조제1항 및 제2항제1호·제2호에 따른 산림보호구역(산림유전자원보호구역은 제외한다)에서의 행위의 허가·신고(2022.12.27 본호개정)
11. 「초지법」 제23조에 따른 초지전용의 허가
12. 「사방사업법」 제14조에 따른 벌채 등의 허가, 같은 법 제20조에 따른 사방지(砂防地) 지정의 해제
13. 「산업입지 및 개발에 관한 법률」 제16조에 따른 산업단지개발사업 시행자의 지정, 같은 법 제17조 및 제18조에 따른 산업단지개발실시계획의 승인
14. 「광업법」 제24조에 따른 불허가처분, 같은 법 제34조에 따른 광구감소처분 또는 광업권취소처분
15. 「건축법」 제20조에 따른 가설건축물의 허가·신고
16. 「국유재산법」 제30조에 따른 행정재산의 사용허가
17. 「공유재산 및 물품 관리법」 제20조제1항에 따른 행정재산의 사용·수익허가
18. 「장사 등에 관한 법률」 제27조에 따른 무연분묘의 개장허가
19. 「소하천정비법」 제10조에 따른 비관리청의 공사 시행 허가, 같은 법 제14조에 따른 소하천의 점용허가
20. 「공간정보의 구축 및 관리 등에 관한 법률」 제86조제1항에 따른 사업의 착수·변경 또는 완료의 신고
(2019.11.26 본호신설)
② 지정권자가 실시계획을 작성하거나 승인하려는 경우 그 계획에 제1항 각 호의 어느 하나에 해당하는 사항이 포함되어 있을 때에는 관계 기관의 장과 협의하여야 한다. 이 경우 관계 기관의 장은 지정권자의 협의 요청을 받은 날부터 대통령령으로 정하는 기간 내에 의견을 제출하여야 한다.
③ 제1항에 따라 다른 법률에 따른 인·허가등을 받은 것으로 보는 경우에는 관계 법률에 따라 부과되는 면허에 대한 등록면허세, 수수료 또는 사용료 등을 면제한다.
(2011.5.30 본조개정)

제12조【토지수용】 ① 시행자(제7조제1항제4호 및 제5호에 따라 공동으로 사업을 시행하는 경우에는 공공시행자와 공동출자법인을 말한다)는 택지개발지구에서 택지개발사업을 시행하기 위하여 필요할 때에는 「공익사업을 위한 토지 등의 취득 및 보상에 관한 법률」 제3조에서 정하는 토지·물건 또는 권리(이하 "토지등"이라 한다)를 수용하거나 사용(이하 "수용"이라 한다)할 수 있다.
② 제3조에 따른 택지개발지구의 지정·고시가 있은 때에는 「공익사업을 위한 토지 등의 취득 및 보상에 관한 법률」 제20조제1항 및 제22조에 따른 사업인정 및 사업인정의 고시가 있은 것으로 보며, 재결(裁決)의 신청은 같은 법 제23조제1항 및 제28조제1항에도 불구하고 실시계획에서 정하는 사업시행기간 내에 하여야 한다.
③ 제1항에 따른 토지등의 수용에 관한 재결의 관할 토지수용위원회는 중앙토지수용위원회로 한다.
④ 제1항에 따른 토지등의 수용에 관하여는 이 법에 특별한 규정이 있는 경우를 제외하고는 「공익사업을 위한 토지 등의 취득 및 보상에 관한 법률」을 준용한다.
⑤ 제7조제1항제4호에 따라 공동으로 사업을 시행하는 경우로서 공공시행자가 토지등을 수용한 경우에는 택지개발지구의 전체 토지면적에서 수용한 토지의 면적에 해당하는 지분의 토지를 포함하여 100분의 30 이상 100분의 80 미만의 범위에서 대통령령으로 정하는 비율 이상의 토지는 해당 토지를 수용한 공공시행자가 택지로 활용하여야 한다.
(2011.5.30 본조개정)

제12조의2【건축물의 존치 등】 ① 시행자는 택지개발지구에 있는 기존의 건축물이나 그 밖의 시설을 이전하거나 철거하지 아니하여도 택지개발사업에 지장이 없다고 인정하여 대통령령으로 정하는 요건을 충족하는 경우에는 이를 존치하게 할 수 있다.
② 시행자는 제1항에 따라 존치하게 된 시설물의 소유자에게 도로, 공원, 상하수도, 그 밖에 대통령령으로 정하는 공공시설의 설치 등에 필요한 비용의 일부를 내게 할 수 있다.
③ 제2항에 따른 비용 부담의 기준·방법 등에 관하여 필요한 사항은 대통령령으로 정한다.
(2011.5.30 본조개정)

제13조【환매권】 ① 택지개발지구의 지정 해제 또는 변경, 실시계획의 승인 취소 또는 변경, 그 밖의 사유로 수용한 토지등의 전부 또는 일부가 필요 없게 되었을 때에는 수용 당시의 토지등의 소유자 또는 그 포괄승계인[이하 "환매권자"(還買權者)라 한다]은 필요 없게 된 날부터 1년 이내에 토지등의 수용 당시 받은 보상금에 대통령령으로 정한 금액을 가산하여 시행자에게 지급하고 이를 환매할 수 있다.
② 환매권자는 환매로써 제3자에게 대항할 수 있다.
③ 환매권자의 권리의 소멸에 관하여는 「공익사업을 위한 토지 등의 취득 및 보상에 관한 법률」 제92조를 준용한다.
(2011.5.30 본조개정)

제14조【간선시설의 설치】 간선시설의 설치에 관하여는 「주택법」 제28조를 준용한다.(2016.1.19 본조개정)

제15조 (1999.12.28 삭제)

제16조【준공검사】 ① 시행자는 택지개발사업을 완료하였을 때에는 지체 없이 대통령령으로 정하는 바에 따라 지정권자로부터 준공검사를 받아야 한다.
② 시행자가 제1항에 따라 준공검사를 받았을 때에는 인·허가등에 따른 해당 사업의 준공검사 또는 준공인가를 받은 것으로 본다.
③ 특별시장·광역시장·특별자치도지사·시장 또는 군수는 택지개발사업이 준공된 지구에 대하여 제9조제3항에 따라 이미 고시된 실시계획에 포함된 지구단위계획으로 관리하여야 한다.
(2011.5.30 본조개정)

제17조【토지매수 업무 등의 위탁】 ① 지방자치단체가 아닌 시행자는 택지개발사업을 위한 토지매수 업무와 손실보상 업무를 대통령령으로 정하는 바에 따라 관할 시·도지사 또는 시장·군수에게 위탁할 수 있다.
② 시행자가 제1항에 따라 토지매수 업무와 손실보상 업무를 위탁할 때에는 토지매수 금액과 손실보상 금액의 100분의 3의 범위에서 대통령령으로 정하는 요율의 위탁수수료를 지급하여야 한다.
(2011.5.30 본조개정)

제18조【택지의 공급】 ① 택지를 공급하려는 자는 실시계획에서 정한 바에 따라 택지를 공급하여야 한다.
② 제1항에 따라 공급하는 택지의 용도, 공급의 절차·방법 및 대상자, 그 밖에 공급조건에 관한 사항은 대통령령으로 정한다.
③ 시행자는 「주택법」 제2조제5호의 국민주택 중 「주택도시기금법」에 따른 주택도시기금으로부터 자금을 지원받는 국민주택의 건설용지로 사용할 택지를 공급할 때 그 가격을 택지조성원가 이하로 할 수 있다.(2016.1.19 본항개정)
(2011.5.30 본조개정)

제18조의2【택지조성원가의 공개】 ① 제18조에 따라 택지를 공급하려는 자는 국토교통부령으로 정하는 기준에 따라 택지조성원가를 공시하여야 한다. 이 경우 택지조성원가는 다음 각 호의 항목으로 구성된다.(2013.3.23 전단개정)
1. 용지비
2. 조성비
3. 직접인건비
4. 이주대책비
5. 판매비
6. 일반관리비
7. 그 밖에 국토교통부령으로 정하는 비용(2013.3.23 본호개정)
② 제1항에 따른 택지조성원가의 산정방법과 그 밖에 필요한 사항은 국토교통부령으로 정한다.(2013.3.23 본항개정)
(2011.5.30 본조개정)

제19조【택지의 용도】 택지를 공급받은 자(국가, 지방자치단체 및 한국토지주택공사는 제외한다) 또는 그로부터 그 택지를 취득한 자는 실시계획에서 정한 용도에 따라 주택 등을 건설하여야 한다.(2011.5.30 본조개정)

제19조의2【택지의 전매행위 제한 등】 ① 이 법에 따라 조성된 택지에 대한 공급계약을 체결한 자(이하 "공급받은 자"라 한다)는 소유권 이전등기를 하기 전까지는 그 택지를 공급받은 용도대로 사용하지 아니한 채 그대로 전매(轉賣)(명의변경, 매매 또는 그 밖에 권리의 변동을 수반하는 모든 행위를 포함하되, 상속의 경우는 제외한다. 이하 같다)할 수 없고, 누구든지 그 택지를 전매받아서도 아니 된다. 다만, 이주대책용으로 공급하는 주택건설용지 등 대통령령으로 정하는 경우에는 본문을 적용하지 아니할 수 있다.
② 조성된 택지의 공급대상자로 선정된 자(이하 "공급대상자"라 한다)는 해당 택지를 공급받을 수 있는 권리·자격·지위 등을 전매할 수 없고, 누구든지 이를 전매받아서도 아니된다.
③ 공급받은 자가 제1항을 위반하여 택지를 전매한 경우 해당 법률행위는 무효로 하며, 택지개발사업의 시행자(당초의 택지공급자를 말한다)는 이미 체결된 택지의 공급계약을 취소한다. 이 경우 택지개발사업의 시행자는 공급받은 자가 지급한 금액 중 해당 택지 공급계약에서 정한 계약보증금을 제외한 금액 및 이에 대한 이자(「은행법」에 따른 은행의 1년 만기 정기예금 평균이자율을 적용한 이자를 말한다)를 합산한 금액을 지체 없이 지급하여야 한다.
④ 공급대상자가 제2항을 위반하여 택지를 공급받을 수 있는 권리·자격·지위 등을 전매한 경우 해당 법률행위와 택지를 공급받을 수 있는 권리·자격·지위 등은 무효로 한다.
(2021.1.5 본조개정)

제20조【선수금 등】 ① 시행자는 택지를 공급받을 자로부터 그 대금의 전부 또는 일부를 미리 받을 수 있다.
② 시행자는 택지를 공급받을 자에게 택지로 상환하는 채권(이하 "토지상환채권"이라 한다)을 발행할 수 있다.
③ 토지상환채권의 발행 절차·방법 및 조건 등에 관하여는 「국채법」, 「지방재정법」, 「한국토지주택공사법」, 그 밖의 법률에서 정하는 바에 따른다.
④ 제1항 또는 제2항에 따라 선수금을 받거나 토지상환채권을 발행하려는 시행자(지정권자가 시행자인 경우는 제외한다)는 지정권자의 승인을 받아야 한다.
(2011.5.30 본조개정)

제21조【서류의 열람 및 송달】 ① 시행자가 택지개발사업을 시행할 때 필요한 경우에는 등기소 또는 그 밖의 관계 행정기관의 장에게 무료로 필요한 서류의 열람·등사나 그 등본 또는 초본의 발급을 청구할 수 있다.

② 시행자는 이해관계인의 주소 또는 거소(居所)가 불분명하거나 서류를 송달할 수 없는 부득이한 사유가 있는 경우에는 대통령령으로 정하는 바에 따라 그 서류의 송달을 갈음하여 이를 공시할 수 있다.
(2011.5.30 본조개정)

제22조 【자료 제공의 요청】 ① 시행자는 관계 행정기관의 장이나 관계인에게 택지개발사업을 시행하기 위하여 필요하다고 인정하는 자료의 제공을 요청할 수 있다.
② 제1항에 따라 자료 제공을 요청받은 자는 정당한 사유가 없으면 요청에 따라야 한다.
(2011.5.30 본조개정)

제22조의2 【택지정보체계의 구축 · 운영】 ① 국토교통부장관은 택지개발업무의 효율적인 지원과 택지정보의 체계적인 관리를 위하여 택지정보체계를 구축하여 운영할 수 있다.(2013.3.23 본항개정)
② 국토교통부장관은 「주택법」 제2조제24호에 따른 공공택지에 대한 개발사업의 경우 관계 중앙행정기관의 장, 시 · 도지사 또는 시행자에게 택지정보체계의 구축과 운영에 필요한 자료 또는 정보의 제공을 요청할 수 있다. 이 경우 요청을 받은 기관의 장은 특별한 사유가 없으면 요청에 따라야 한다.(2016.1.19 전단개정)
③ 국토교통부장관은 제1항에 따른 택지정보체계의 구축 · 운영에 관한 업무를 대통령령으로 정하는 법인, 단체 또는 기관에 위탁할 수 있다. 이 경우 위탁관리에 드는 경비의 전부 또는 일부를 지원할 수 있다.(2013.3.23 전단개정)
④ 택지정보체계의 구축 및 운영에 필요한 사항은 대통령령으로 정한다.
(2011.5.30 본조신설)

제23조 【감독】 ① 지정권자는 시행자가 다음 각 호의 어느 하나에 해당하면 이 법에 따른 지정 또는 승인을 취소하거나 공사의 중지 또는 인공 구조물의 개축(改築)이나 이전 등을 명할 수 있다.
1. 제8조 · 제9조 · 제18조 · 제20조 또는 이 조에 따른 명령이나 처분을 위반한 경우
2. 속임수 또는 부정한 방법으로 이 법에 따른 지정이나 승인을 받은 경우
3. 택지개발사업을 시행할 필요가 없거나 계속 시행하는 것이 불가능하다고 인정되는 경우
4. 시행자가 실시계획에서 정한 사업시행기간에 공사에 착수하지 아니하거나 공사를 완료하지 못한 경우
② 지정권자는 제1항에 따른 처분 등을 하였을 때에는 대통령령으로 정하는 바에 따라 이를 고시하여야 한다.
(2011.5.30 본조개정)

제23조의2 【청문】 지정권자는 제23조제1항에 따라 이 법에 따른 지정 또는 승인을 취소하려면 청문을 하여야 한다.(2011.5.30 본조개정)

제24조 【보고 및 조사 등】 ① 지정권자는 대통령령으로 정하는 경우에는 시행자(지정권자가 시행자인 경우는 제외한다)로 하여금 택지개발사업에 관한 자료를 제출하게 하거나 보고를 하게 할 수 있다.
② 제1항에 따른 제출 자료 및 보고 내용을 검토한 결과 조사목적을 달성하기 어렵다고 인정되는 경우에는 관계 공무원으로 하여금 해당 사업장 등에 출입하여 조사하게 할 수 있다.
③ 제2항에 따른 조사를 하는 경우에는 조사 7일 전까지 조사 일시, 조사 이유 및 조사 내용 등의 조사계획을 시행자에게 통지하여야 한다. 다만, 긴급한 경우이거나 사전에 알리면 증거인멸 등으로 조사목적을 달성할 수 없다고 인정되는 경우에는 그러하지 아니하다.
④ 제2항에 따라 택지개발사업에 관한 업무를 검사하는 공무원은 그 권한을 표시하는 증표를 관계인에게 보여주어야 하며, 출입할 때에는 성명 · 출입시간 · 출입목적 등이 표시된 문서를 관계인에게 내주어야 한다.
⑤ 제4항에 따른 증표에 관하여 필요한 사항은 국토교통부령으로 정한다.(2013.3.23 본항개정)
(2011.5.30 본조개정)

제25조 【공공시설 등의 귀속】 ① 시행자가 택지개발사업의 시행으로 새로 공공시설(주차장, 운동장 등 대통령령으로 정하는 시설은 제외한다. 이하 이 조에서 같다)을 설치하거나 기존의 공공시설에 대체되는 시설을 설치한 경우 그 공공시설의 귀속에 관하여는 「국토의 계획 및 이용에 관한 법률」 제65조 및 제99조를 준용한다. 이 경우 같은 법 제65조제1항 및 제5항 중 "행정청"은 이 법에 따른 "시행자"로 본다.
② 제1항에 따른 공공시설과 재산의 등기를 할 때에는 실시계획서 또는 그 승인서와 준공검사서로 「부동산등기법」상의 등기원인을 증명하는 서면을 갈음할 수 있다.
③ 제1항에 따라 「국토의 계획 및 이용에 관한 법률」을 준용할 때 관리청이 불분명한 재산 중 도로 · 도랑 등에 대하여는 국토교통부장관을, 하천에 대하여는 환경부장관을, 그 외의 재산에 대하여는 기획재정부장관을 관리청으로 본다.(2020.12.31 본항개정)
(2011.5.30 본조개정)

제26조 【국유지 · 공유지의 처분 제한 등】 ① 택지개발지구에 있는 국가 또는 지방자치단체 소유의 토지로서 택지개발사업에 필요한 토지는 해당 택지개발사업 외의 목적으로는 처분할 수 없다.
② 택지개발지구에 있는 국가 또는 지방자치단체 소유의 재산은 「국유재산법」 및 「공유재산 및 물품 관리법」에도 불구하고 시행자에게 수의계약으로 양도할 수 있다. 이 경우 그 재산의 용도폐지 및 양도에 관하여는 국토교통부장관이 미리 관계 행정기관의 장과 협의하여야 한다.
(2013.3.23 후단개정)
③ 제2항 후단에 따라 협의를 요청받은 관계 행정기관의 장은 그 요청을 받은 날부터 60일 이내에 용도폐지 및 양도, 그 밖에 필요한 조치를 하여야 한다.
④ 제2항에 따라 시행자에게 양도하려는 재산 중 관리청을 알 수 없는 국유재산에 관하여는 다른 법령에도 불구하고 기획재정부장관이 관리 또는 처분한다.
(2011.5.30 본조개정)

제27조 【행정심판】 이 법에 따라 시행자가 한 처분에 대하여 이의가 있을 때에는 그 처분이 있은 것을 안 날부터 1개월 이내, 처분이 있은 날부터 3개월 이내에 지정권자에게 행정심판을 제기할 수 있다.(2011.5.30 본조개정)

제28조 【자금의 지원】 국가 또는 지방자치단체는 시행자에게 그 소요 자금의 전부 또는 일부를 보조하거나 융자할 수 있다.(2011.5.30 본조개정)

제29조 (1999.1.25 삭제)

제30조 【권한의 위임 및 위탁】 (생략)

제30조의2 【택지개발지구 밖의 사업에 대한 준용】 택지개발지구의 인근 지역에서 택지개발지구의 이용에 제공되는 기반시설을 설치하는 등 택지개발사업과 직접 관련되는 사업의 시행에 필요한 경우에는 해당 사업에 대하여 제3조, 제3조의2, 제3조의3, 제4조, 제6조부터 제12조까지, 제12조의2, 제13조, 제14조, 제16조, 제17조, 제21조, 제22조 및 제23조, 제23조의2, 제24조부터 제28조까지 및 제30조를 준용한다.(2011.5.30 본조개정)

제31조 (2009.4.1 삭제)

제31조의2 【벌칙】 다음 각 호의 어느 하나에 해당하는 자는 3년 이하의 징역 또는 1억원 이하의 벌금에 처한다.
1. 제19조의2제1항 또는 제2항을 위반하여 택지 또는 택지를 공급받을 수 있는 권리 · 자격 · 지위 등을 전매한 자
2. 전매가 금지됨을 알면서 제19조의2제1항 또는 제2항을 위반하여 택지 또는 택지를 공급받을 수 있는 권리 · 자격 · 지위 등을 전매받은 자
(2021.1.5 본조개정)

제32조 【벌칙】 다음 각 호의 어느 하나에 해당하는 자는 1년 이하의 징역 또는 1천만원 이하의 벌금에 처한다.
1. 제6조제1항에 따른 허가 또는 변경허가를 받지 아니하고 같은 항에 규정된 행위를 한 자
2. 제23조제1항에 따라 행정청이 행하는 처분 또는 명령을 위반한 자
(2015.1.20 본조개정)

제33조 (2015.1.20 삭제)

제34조 【양벌규정】 법인의 대표자나 법인 또는 개인의 대리인, 사용인, 그 밖의 종업원이 그 법인 또는 개인의 업무에 관하여 제31조의2 또는 제32조의 어느 하나에 해당하는 위반행위를 하면 그 행위자를 벌하는 외에 그 법인 또는 개인에게도 해당 조문의 벌금형을 과(科)한다. 다만, 법인 또는 개인이 그 위반행위를 방지하기 위하여 해당 업무에 관하여 상당한 주의와 감독을 게을리하지 아니한 경우에는 그러하지 아니하다.(2015.1.20 본문개정)

제35조 【과태료】 ① 다음 각 호의 어느 하나에 해당하는 자에게는 1천만원 이하의 과태료를 부과한다.
1. 제10조제1항 및 제2항에 따른 토지에의 출입 등을 방해한 자
2. 제24조제1항에 따른 자료 제출 또는 보고를 거짓으로 하거나 같은 조 제2항에 따른 조사를 거부 · 기피 또는 방해한 자
② 제1항에 따른 과태료는 대통령령으로 정하는 바에 따라 해당 택지개발지구의 지정에 관한 권한을 가진 자가 국토교통부장관인 경우에는 국토교통부장관이, 시 · 도지사인 경우에는 시 · 도지사가 부과 · 징수한다.
(2013.3.23 본항개정)
(2011.5.30 본조개정)

부　칙 (2009.12.29)

제1조 【시행일】 이 법은 공포 후 6개월이 경과한 날부터 시행한다. 다만, 제7조제1항, 제11조제1항제7호 · 제8호 · 제21호 · 제24호 및 제19조의 개정규정은 공포한 날부터 시행한다.

제2조 【택지개발계획의 수립 등에 관한 적용례】 제8조 및 제30조의2의 개정규정은 이 법 시행 후 최초로 제3조의3에 따라 주민 등의 의견청취를 위하여 공고를 하는 지구부터 적용한다.

제3조 【예정지구의 지정 등에 관한 경과조치】 이 법 시행 전에 종전의 제3조에 따라 지정된 예정지구와 종전의 제3조의2에 따라 국토해양부장관에게 지구지정을 제안한 지구에 대하여는 이 법 개정규정에도 불구하고 종전의 규정에 따른다.

제4조 【다른 법률의 개정】 ①~② ※(해당 법령에 가제정리 하였음)

부　칙 (2011.5.30)

제1조 【시행일】 이 법은 공포한 날부터 시행한다. 다만, 제7조제1항제5호 및 제12조제1항(제7조제1항제5호의 개정규정과 관련된 부분에 한정한다)의 개정규정은 공포 후 3개월이 경과한 날부터 시행한다.(이하 생략)

제2조 【택지개발사업의 시행자 등에 대한 적용례】 제7조제1항제5호의 개정규정은 이 법 시행 당시 이미 지정제안 또는 지정된 택지개발지구에 대하여도 적용한다.

제3조 【택지개발예정지구 지정 등에 관한 경과조치】 이 법 시행 전에 종전의 제3조에 따라 지정된 택지개발예정지구와 종전의 제3조의2에 따라 지정권자에게 지정을 제안한 택지개발예정지구에 대하여는 이 법의 개정규정에도 불구하고 종전의 규정에 따른다.

제4조 【다른 법률의 개정】 ①~⑳ ※(해당 법령에 가제정리 하였음)

부　칙 (2019.11.26)

제1조 【시행일】 이 법은 공포 후 6개월이 경과한 날부터 시행한다.

제2조 【다른 법률과의 관계에 관한 적용례】 제11조제1항제20호의 개정규정은 이 법 시행 후 최초로 실시계획을 승인하는 경우부터 적용한다.

부　칙 (2020.6.9)

이 법은 공포한 날부터 시행한다.(이하 생략)

부　칙 (2020.12.31)

제1조 【시행일】 이 법은 공포 후 1년이 경과한 날부터 시행한다.(이하 생략)

부　칙 (2021.1.5)

제1조 【시행일】 이 법은 공포한 날부터 시행한다.

제2조 【공급계약 취소 등에 관한 적용례】 ① 제19조의2제3항의 개정규정은 이 법 시행 후 택지를 전매한 경우부터 적용한다.
② 제19조의2제4항의 개정규정은 이 법 시행 후 택지의 공급대상자를 선정한 경우부터 적용한다.

제3조 【소유권이전등기가 완료된 택지에 대한 특례】 공급대상자의 지위를 양수받은 자로서 이 법 시행 전 사업시행자로부터 소유권이전등기를 완료한 자는 종전의 제19조의2제2항에도 불구하고 사업시행자로부터 소유권이전등기를 완료한 때에 해당 택지에 대한 소유권을 취득한 것으로 본다.

부　칙 (2022.12.27)

제1조 【시행일】 이 법은 공포 후 6개월이 경과한 날부터 시행한다.(이하 생략)

건축물의 분양에 관한 법률

(약칭 : 건축물분양법)

(2004년 10월 22일
법 률 제7244호)

개정
2007. 8. 3법 8635호(자본시장금융투자업)
2008. 2.29법 8852호(정부조직)
2008. 3.21법 8972호
2008. 3.21법 8974호(건축)
2008. 3.28법 9060호
2009.12.29법 9857호
2010. 4.12법10252호(산업활성공장설립)
2011. 3. 9법10462호
2011. 4.12법10580호(부등)
2011. 5.24법10719호(건설산업)
2012. 6. 1법11467호
2013. 3.23법11690호(정부조직)
2016. 1.19법13805호(주택법)
2017. 4.18법14791호
2019. 4.30법16415호(건설산업)
2019. 8.20법16484호
2020. 2.18법17007호(권한지방이양)
2009. 4. 1법 9593호
2017.10.24법14934호

제1조【목적】 이 법은 건축물의 분양 절차 및 방법에 관한 사항을 정함으로써 건축물 분양과정의 투명성과 거래의 안전성을 확보하여 분양받는 자를 보호하고 국민경제의 건전한 발전에 이바지함을 목적으로 한다.(2011.3.9 본조개정)

제2조【정의】 이 법에서 사용하는 용어의 뜻은 다음과 같다.
1. "건축물"이란 「건축법」 제2조제1항제2호의 건축물을 말한다.
2. "분양"이란 분양사업자가 건축하는 건축물의 전부 또는 일부를 2인 이상에게 판매하는 것을 말한다. 다만, 「건축법」 제2조제2항에 따른 건축물의 용도 중 둘 이상의 용도로 사용하기 위하여 건축하는 건축물을 판매하는 경우 어느 하나의 용도에 해당하는 부분의 바닥면적이 제3조제1항제1호에서 정한 규모 이상에 해당하고 그 부분의 전부를 1인에게 판매하는 것은 제외한다.(2012.6.1 단서신설)
3. "분양사업자"란 「건축법」 제2조제1항제12호의 건축주로서 건축물을 분양하는 자를 말한다.
4. "분양받은 자"란 제6조제3항부터 제5항까지의 규정에 따라 분양사업자와 건축물의 분양계약을 체결한 자를 말한다.

(2011.3.9 본조개정)

제3조【적용 범위】 ① 이 법은 「건축법」 제11조에 따른 건축허가를 받아 건축하여야 하는 다음 각 호의 어느 하나에 해당하는 건축물로서 같은 법 제22조에 따른 사용승인서의 교부(이하 "사용승인"이라 한다) 전에 분양하는 건축물에 대하여 적용한다.
1. 분양하는 부분의 바닥면적(「건축법」 제84조에 따른 바닥면적을 말한다)의 합계가 3천제곱미터 이상인 건축물
2. 업무시설 등 대통령령으로 정하는 용도 및 규모의 건축물

② 제1항에도 불구하고 다음 각 호의 어느 하나에 해당하는 건축물에 대하여는 이 법을 적용하지 아니한다.
1. 「주택법」에 따른 주택 및 복리시설
2. 「산업집적활성화 및 공장설립에 관한 법률」에 따른 지식산업센터
3. 「관광진흥법」에 따른 관광숙박시설
4. 「노인복지법」에 따른 노인복지시설
5. 「공공기관의 운영에 관한 법률」에 따른 공공기관이 매입하는 업무용 건축물(2012.6.1 본호신설)
6. 「지방공기업법」에 따른 지방공기업이 매입하는 업무용 건축물(2012.6.1 본호신설)

③ 제2조제2호 단서 및 제2항에도 불구하고 제2조제2호 단서에 따라 분양에 해당하지 아니하는 방법으로 매입한 건축물과 제2항제5호 및 제6호에 해당하는 건축물의 전매 또는 전매 알선에 대하여는 제6조의3제3항 및 제10조제2항제5호를 적용한다.(2012.6.1 본항신설)

(2011.3.9 본조개정)

제4조【분양 시기 등】 ① 분양사업자는 다음 각 호의 구분에 따라 건축물을 분양하여야 한다.
1. 「자본시장과 금융투자업에 관한 법률」에 따른 신탁업자와 신탁계약 및 대리사무계약을 체결한 경우 또는 금융기관 등으로부터 분양보증을 받는 경우 : 「건축법」 제21조에 따른 착공신고 후
2. 해당 건축물의 사용승인에 대하여 다른 건설업자 둘 이상의 연대보증을 받아 공증받은 경우 : 골조공사의 3분의 2 이상이 완료된 후

② 제1항제1호의 적용과 관련하여 신탁회사가 분양사업자로 되는 신탁계약이 체결된 경우에는 착공신고 후 분양을 위한 별도의 신탁계약이 필요하지 아니하다.

③ 제1항제1호에서 "분양보증"이란 분양사업자가 파산 등의 사유로 분양계약을 이행할 수 없게 되는 경우 해당 건축물의 분양(사용승인을 포함한다)의 이행이나 납부한 분양대금의 환급(분양받은 자가 원하는 경우로 한정한다)을 책임지는 보증을 말한다.

④ 제1항제1호에 따른 신탁계약·대리사무계약의 방법과 기준, 분양보증을 할 수 있는 금융기관 등의 종류 및 범위는 대통령령으로 정한다.

⑤ 제1항제2호에서 "다른 건설업자"란 「건설산업기본법」 제2조제7호에 따른 건설사업자로서 대통령령으로 정하는 건설업자를 말한다.(2019.4.30 본항개정)

⑥ 분양사업자는 건축물을 분양하려는 경우에는 건축할 대지(垈地)의 소유권을 확보하여야 한다. 다만, 건축할 대지의 소유권이 국가 또는 지방자치단체에 있거나 그 밖에 대통령령으로 정하는 경우에는 그러하지 아니하다.

⑦ 분양사업자는 제6항에 따라 소유권을 확보한 대지에 저당권, 가등기담보권, 전세권, 지상권 및 등기되어 있는 부동산임차권이 설정되어 있는 경우에는 이를 말소하여야 한다. 다만, 분양사업자가 국가 또는 지방자치단체인 경우 등 대통령령으로 정하는 경우에는 그러하지 아니하다.

(2011.3.9 본조개정)

제5조【분양신고】 ① 분양사업자는 건축물을 분양하려는 경우에는 「건축법」 제11조에 따른 허가권자(이하 "허가권자"라 한다)에게 신고하여야 한다.

② 분양사업자는 제1항에 따라 분양신고를 할 때에는 신탁계약서, 대리사무계약서, 대지의 등기사항증명서 등 대통령령으로 정하는 서류를 갖추어 허가권자에게 제출하여야 한다. 다만, 허가권자가 「전자정부법」 제36조제1항에 따라 행정정보의 공동이용을 통하여 확인한 서류의 경우에는 그러하지 아니하다.(2011.4.12 본문개정)

③ 허가권자는 분양신고의 내용을 검토하여 이 법에 적합한 경우에는 분양신고를 수리(受理)하고 그 사실을 분양사업자에게 통보하여야 한다.

(2011.3.9 본조개정)

제6조【분양방법 등】 ① 분양사업자는 제5조제3항에 따른 분양신고의 수리 사실을 통보받은 후에 분양 광고에 따라 분양받을 자를 공개모집하여야 한다. 이 경우 대통령령으로 정하는 용도 및 규모의 건축물에 대해서는 인터넷을 활용하여 분양받을 자를 공개모집하여야 한다.(2017.10.24 후단신설)

② 제1항에 따른 분양 광고에는 건축물의 위치·용도·규모 및 내진설계 등 대통령령으로 정하는 사항이 포함되어야 한다.(2017.4.18 본항개정)

③ 분양사업자는 제1항에 따른 분양 광고에 따라 분양신청을 한 자 중에서 공개추첨의 방법으로 분양받을 자를 선정하여야 한다.

④ 분양사업자는 제3항에 따라 분양받을 자로 선정된 자와 분양계약을 체결하여야 하며, 분양계약서에는 분양 건축물의 표시(공용부분의 위치·규모를 포함한다), 신탁계약·대리사무계약 또는 분양보증계약의 종류, 신탁업자 또는 분양보증기관의 명칭 등 분양계약의 체결에 영향을 줄 수 있는 사항으로서 대통령령으로 정하는 사항이 포함되어야 한다.(2019.8.20 본항개정)

⑤ 제3항에 따라 분양받을 자를 선정하고 남은 부분이 있거나 제4항에 따라 분양계약을 체결하고 남은 부분이 있는 경우에는 그 남은 부분에 대하여 분양받을 자를 선정할 때에는 대통령령으로 정하는 방법으로 한다. 이 경우 분양받을 자로 선정된 자와의 분양계약 체결에 관하여는 제4항을 적용한다.

⑥ 제1항에 따른 공개모집의 절차, 방법 등에 필요한 사항은 대통령령으로 정한다.(2017.10.24 본항신설)

(2011.3.9 본조개정)

제6조의2【거주자 우선 분양】 ① 분양사업자는 「주택법」 제63조제1항에 따라 지정된 투기과열지구 또는 같은 법 제63조의2제1항제1호에 따라 지정된 조정대상지역에서 건축물을 분양하려는 경우에는 분양분의 100분의 20의 범위에서 대통령령으로 정하는 바에 따라 분양공고일 현재 그 건축물 건설지역의 거주자(주된 사무소의 소재지가 있는 법인을 포함한다. 이하 같다)로서 분양을 신청한 자 중에서 분양받을 자를 우선 선정하여야 한다. 이 경우 분양사업자는 분양 광고에 이를 밝혀야 한다.(2017.10.24 전단개정)

② 제1항은 제6조제1항에 따라 최초 공개모집이 이루어진 경우에만 적용한다.

(2011.3.9 본조개정)

제6조의3【분양 건축물의 전매행위 제한】 ① 「주택법」 제63조제1항에 따라 지정된 투기과열지구 또는 같은 법 제63조의2제1항제1호에 따라 지정된 조정대상지역에서 대통령령으로 정하는 용도 및 규모의 건축물을 분양받은 자 또는 소유자는 분양계약을 체결한 날부터 사용승인 후 1년의 범위에서 대통령령으로 정하는 기간에는 분양받은 자의 지위 또는 건축물을 전매(매매, 증여, 그 밖에 권리가 변동되는 모든 행위를 포함하되 상속은 제외한다. 이하 같다)하거나 이의 전매를 알선할 수 없다. 이 경우 전매제한 기간은 행정구역, 「주택법」 제63조제1항에 따라 지정되는 투기과열지구 또는 같은 법 제63조의2제1항제1호에 따라 지정되는 조정대상지역 등을 고려하여 대통령령으로 다르게 정할 수 있다.(2017.10.24 본항개정)

② 제1항에 해당하지 아니하는 건축물로서 분양사업자와 분양받은 자가 제6조제4항에 따른 분양계약 체결을 한 건축물의 경우에는 사용승인 전에 2명 이상에게 전매하거나 이의 전매를 알선할 수 없다.

③ 제2조제2호 단서에 따라 분양에 해당하지 아니하는 방법으로 매입한 건축물과 제3조제2항제5호 및 제6호에 해당하는 건축물의 경우에는 사용승인 전에 2인 이상에게 전매하거나 이의 전매를 알선할 수 없다.(2012.6.1 본항신설)

(2011.3.9 본조개정)

제6조의4【분양 건축물의 계약 취소】 허가권자 또는 분양사업자는 다음 각 호의 어느 하나에 해당하는 경우에는 분양받은 자와의 계약을 취소할 수 있다.
1. 제6조의2제1항에 따른 분양을 거짓이나 그 밖의 부정한 방법으로 받은 경우
2. 제6조의3제1항 또는 제2항을 위반하여 전매한 경우

(2011.3.9 본조개정)

제7조【설계의 변경】 ① 분양사업자는 분양한 건축물에 대하여 사용승인 전에 건축물의 면적 또는 층수의 증감(增減) 등 분양받은 자의 이해관계에 중대한 영향을 줄 수 있는 설계변경으로서 대통령령으로 정하는 설계변경을 하려는 경우에는 분양받은 자 전원의 동의를 받아야 한다.

② 분양사업자는 제1항에 따른 설계변경에 해당하지 아니하는 설계변경으로서 국토교통부령으로 정하는 설계변경을 하려는 경우에는 미리 그 내용을 분양받은 자 전원에게 알려야 한다.(2013.3.23 본항개정)

③ 제1항과 제2항에 따른 동의 및 통보의 시기, 절차, 그 밖에 필요한 사항은 국토교통부령으로 정한다.(2013.3.23 본항개정)

(2011.3.9 본조개정)

제8조【분양대금의 납입】 ① 분양사업자가 분양받은 자로부터 받는 분양대금은 계약금·중도금 및 잔금으로 구분한다.

② 제1항에 따른 계약금·중도금 및 잔금의 비율과 이를 받을 수 있는 시기는 대통령령으로 정한다.

(2011.3.9 본조개정)

제9조【시정명령】 ① 허가권자는 분양사업자의 분양 광고의 내용이 제5조제3항에 따라 수리된 분양신고의 내용과 다르거나 제6조제2항에 따른 사항을 포함하지 아니하였다고 인정되는 경우에는 즉시 분양사업자에게 시정을 명하고, 그 사실을 해당 허가권자가 운영하는 정보통신망에 공표하여야 한다.

② 분양사업자는 제1항에 따른 시정명령을 받은 경우에는 시정명령을 받은 날부터 10일 이내에 시정명령을 받은 내용과 정정할 사항을 대통령령으로 정하는 방법으로 공표하여야 한다.

③ 분양사업자는 제2항에 따른 시정명령을 이행하기 전에 제6조에 따라 분양받을 자를 선정하였거나 분양계약을 체결하였을 때에는 분양받을 자로 선정된 자 또는 분양받은 자에게 제2항에 따른 공표 내용을 알려야 한다.

(2011.3.9 본조개정)

제9조의2【보고 및 감독】 ① 국토교통부장관, 특별시장, 광역시장 또는 도지사는 허가권자에게 분양사업자의 분양신고 등과 관련하여 필요한 자료 제출이나 보고를 요구할 수 있다.(2020.2.18 본항개정)

② 허가권자는 제1항에 따른 자료 제출이나 보고를 요구받은 경우에는 특별한 사유가 없으면 그 요구에 따라야 한다.

③ 국토교통부장관(특별시장, 광역시장, 특별자치시장 또는 특별자치도지사의 명령이나 처분에 한정한다), 특별시장, 광역시장 또는 도지사는 허가권자가 한 명령이나 처분이 이 법에 위반된다고 인정하는 경우에는 그 명령 또는 처분의 취소·변경이나 그 밖에 필요한 조치를 명할 수 있다.(2020.2.18 본항개정)

④ 제3항에 따른 필요한 조치명령을 받은 허가권자는 그 시정 결과 등을 국토교통부장관, 특별시장, 광역시장 또는 도지사에게 지체 없이 보고하여야 한다.(2020.2.18 본항개정)

(2011.3.9 본조개정)

제9조의3【조사 및 검사 등】 ① 국토교통부장관 또는 허가권자는 분양사업자에게 이 법의 시행에 필요한 자료의 제출과 보고를 요구할 수 있으며, 소속 공무원으로 하여금 해당 사무소에 출입하여 장부·대장, 그 밖의 서류를 조사 또는 검사하게 할 수 있다.

② 제1항에 따라 출입·검사 등을 하는 공무원은 그 권한을 표시하는 증표를 지니고 이를 관계인에게 내보여야 한다.

(2017.10.24 본조신설)

제10조【벌칙】 ① 제5조제1항에 따른 분양신고를 하지 아니하거나, 거짓이나 그 밖의 부정한 방법으로 분양신고를 하고 건축물을 분양한 자는 3년 이하의 징역 또는 3억원 이하의 벌금에 처한다.

② 다음 각 호의 어느 하나에 해당하는 자는 1년 이하의 징역 또는 1억원 이하의 벌금에 처한다.
1. 제6조제1항을 위반하여 분양신고의 수리 사실을 통보받지 아니하고 분양 광고를 하거나 공개모집이 아닌 방법으로 분양받을 자를 모집하거나 인터넷을 활용하여 모집하여야 하는 용도 및 규모의 건축물임에도 불구하고 인터넷을 활용하지 아니하고 분양받을 자를 공개모집한 자(2017.10.24 본호개정)
2. 제6조제3항을 위반하여 공개추첨의 방법에 따르지 아니하고 분양받을 자를 선정한 자
3. 제6조제4항 또는 제5항 후단을 위반하여 분양계약을 체결한 자
4. 제6조의2제1항을 위반하여 분양하거나 분양 광고를 한 분양사업자(2017.10.24 본호개정)
5. 제6조의3제1항부터 제3항까지의 규정을 위반하여 전매한 자 및 이의 전매를 알선한 자(2012.6.1 본호개정)
6. 제7조제1항 또는 제2항을 위반하여 분양받은 자 전원에게 동의를 받지 아니하거나 알리지 아니하고 설계변경을 한 자

③ (2017.10.24 삭제)
(2011.3.9 본조개정)
제11조【양벌규정】 법인의 대표자나 법인 또는 개인의 대리인, 사용인, 그 밖의 종업원이 그 법인 또는 개인의 업무에 관하여 제10조제1항 또는 제2항의 위반행위를 하면 그 행위자를 벌하는 외에 그 법인 또는 개인에게도 해당 조문의 벌금형을 과(科)한다. 다만, 법인 또는 개인이 그 위반행위를 방지하기 위하여 해당 업무에 관하여 상당한 주의와 감독을 게을리하지 아니한 경우에는 그러하지 아니하다.(2009.4.1 본조개정)
제12조【과태료】 ① 다음 각 호의 어느 하나에 해당하는 자에게는 1억원 이하의 과태료를 부과한다.
1. 제8조를 위반하여 분양대금을 받은 자
2. 제9조제2항 또는 제3항을 위반하여 공표하지 아니하거나 공표 내용을 알리지 아니한 분양사업자
② 제9조의3제1항에 따른 자료의 제출·보고를 하지 아니하거나 거짓으로 제출·보고하거나 조사 또는 검사를 거부·방해 또는 기피한 자에게는 500만원 이하의 과태료를 부과한다.(2017.10.24 본항신설)
③ 제1항 및 제2항에 따른 과태료는 대통령령으로 정하는 바에 따라 국토교통부장관 또는 허가권자가 부과·징수한다.(2017.10.24 본항개정)
(2011.3.9 본조개정)

부　칙

제1조【시행일】 이 법은 공포후 6월이 경과한 날부터 시행한다.
제2조【적용례】 이 법은 이 법 시행후 최초로 분양받을 자를 모집(공개모집의 방법에 의하지 아니하고 분양받을 자를 모집하는 경우를 포함한다)하는 건축물부터 적용한다.
제3조【다른 법률의 개정 등】 ① ※(해당 법령에 가제정리 하였음)
② 이 법 시행 당시 투기과열지구안에서 건축법 제8조의 규정에 의한 건축허가를 받아 업무와 주거를 함께 할 수 있는 건축물(20호실 이상인 경우에 한한다)을 건설·공급하기 위하여 종전의 주택법 제38조제3항의 규정에 의하여 시장·군수 또는 구청장으로부터 입주자모집승인을 얻거나 입주자모집승인을 신청한 분에 대하여는 제1항의 개정규정에 불구하고 종전의 주택법을 적용한다.

부　칙 (2017.10.24)

제1조【시행일】 이 법은 공포 후 3개월이 경과한 날부터 시행한다. 다만, 제10조제2항제4호 및 같은 조 제3항의 개정규정은 공포한 날부터 시행한다.
제2조【분양방법에 관한 적용례】 제6조제1항 후단의 개정규정은 이 법 시행 후 최초로 분양받을 자를 공개모집하는 경우부터 적용한다.
제3조【거주자 우선 분양에 관한 적용례】 제6조의2제1항의 개정규정은 이 법 시행 후 최초로 분양사업자가 제5조에 따른 분양신고를 하는 경우부터 적용한다.
제4조【분양 건축물의 전매행위 제한에 관한 적용례】 제6조의3제1항의 개정규정은 이 법 시행 후 최초로 분양사업자가 제5조에 따른 분양신고를 하는 경우부터 적용한다.

부　칙 (2019.8.20)

제1조【시행일】 이 법은 공포 후 6개월이 경과한 날부터 시행한다.
제2조【분양방법 등에 관한 적용례】 제6조제4항의 개정규정은 이 법 시행 후 최초로 분양사업자가 제5조에 따른 분양신고를 하는 경우부터 적용한다.

부　칙 (2020.2.18)

제1조【시행일】 이 법은 2021년 1월 1일부터 시행한다. (단서 생략)
제2조【사무이양을 위한 사전조치】 ① 관계 중앙행정기관의 장은 이 법에 따른 중앙행정권한 및 사무의 지방일괄 이양에 필요한 인력 및 재정 소요 사항을 지원하기 위하여 필요한 조치를 마련하여 이 법에 따른 시행일 3개월 전까지 국회 소관 상임위원회에 보고하여야 한다.
②「지방자치분권 및 지방행정체제개편에 관한 특별법」 제44조에 따른 자치분권위원회는 제1항에 따른 인력 및 재정 소요 사항을 사전에 전문적으로 조사·평가할 수 있다.
제3조【행정처분 등에 관한 일반적 경과조치】 이 법 시행 당시 종전의 규정에 따라 행정기관이 행한 처분 또는 그 밖의 행위는 이 법의 규정에 따라 행정기관이 행한 처분 또는 그 밖의 행위로 보고, 종전의 규정에 따라 행정기관에 대하여 행한 신청·신고, 그 밖의 행위는 이 법의 규정에 따라 행정기관에 대하여 행한 신청·신고, 그 밖의 행위로 본다.
제4조【다른 법률의 개정】 ※(해당 법령에 가제정리 하였음)

공동주택 분양가격의 산정 등에 관한 규칙(약칭 : 공동주택분양가규칙)

(2007년 7월 31일 건설교통부령 제575호)

개정
2008. 3.14국토해양부령 4호(정부조직법의개정에따른감정평가에관한규칙등일부개정령)
2008. 6.30국토해양부령 27호　2008.12.18국토해양부령 78호
2009. 5. 4국토해양부령 124호　2010. 3. 4국토해양부령 226호
2011. 4.14국토해양부령 352호　2011.11.14국토해양부령 401호
2012. 3. 9국토해양부령 447호
2013. 3.23국토교통부령 1호(직제시규)
2013. 6.28국토교통부령 16호(녹색건축인증에관한규칙)
2014. 1. 6국토교통부령 58호
2014. 6.30국토교통부령 103호(주택건설기준등에관한규칙)
2014.10.30국토교통부령 135호
2015.12.29국토교통부령 268호(주택공급에관한규칙)
2016. 8.12국토교통부령 353호(주택법시규)
2016. 8.31국토교통부령 357호(감정평가감정평가사시규)
2016. 8.31국토교통부령 358호(부동산가격공시에관한법시규)
2017. 8.29국토교통부령 444호　2019. 3.21국토교통부령 604호
2019. 8.22국토교통부령 648호　2019.10.29국토교통부령 667호
2020. 2.28국토교통부령 701호
2020.12.11국토교통부령 787호(한국감정원명칭변경을위한일부개정령)
2021. 8.27국토교통부령 882호(법령용어정비)
2022. 1.21국토교통부령1099호(감정평가감정평가사시규)
2022. 7.15국토교통부령1135호

제1장　총　칙

제1조【목적】 이 규칙은「주택법」제54조제1항제2호나목 및 제57조에 따라 분양가상한제 적용주택의 선택품목제도, 분양가격 산정방식, 분양가격 공시의 방법 및 절차 등에 관한 사항을 규정함을 목적으로 한다.(2016.8.12 본조개정)
제2조【적용대상】 이 규칙은 사업주체(「건축법」제11조에 따른 건축허가를 받아 주택 외의 시설과 주택을 동일건축물로「주택법」(이하 "법"이라 한다) 제15조제1항에 따른 호수 이상으로 건설·공급하는 건축주를 포함한다. 이하 같다)가 법 제54조제1항에 따라 입주자모집승인〔사업주체가 다음 각 호에 해당하는 경우에는 입주자모집공고를 말한다〕을 얻어 일반에게 공급하는 공동주택에 적용한다.(2016.8.12 본문개정)
1. 국가, 지방자치단체,「한국토지주택공사법」에 따른 한국토지주택공사(이하 "한국토지주택공사"라 한다) 또는「지방공기업법」제49조에 따라 주택건설사업을 목적으로 설립된 지방공사(이하 "지방공사"라 한다)
2. 제1호에 해당하는 자가 단독 또는 공동으로 총지분의 100분의 50을 초과하여 출자한 부동산투자회사
(2014.10.30 1호～2호신설)

제2장　선택품목 등

제3조【기본선택품목 등】 ① 법 제54조제1항제2호나목에 따라 제7조제1항에 따른 분양가격에 포함되는 품목으로서 입주자가 직접 선택하여 시공·설치할 수 있는 품목(이하 "기본선택품목"이라 한다)은 다음 각 호의 품목 외의 품목으로서 벽지, 바닥재, 주방용구, 조명기구 등 국토교통부장관이 정하여 고시하는 품목으로 한다.
(2016.8.12 본문개정)
1. 소방시설과 관련된 품목
2. 단열공사, 방수공사, 미장공사 등 기초마감과 관련된 품목
3. 전기공사, 설비공사 등에 필요한 전선, 통신선 및 배관
4. 그 밖에 건물의 구조에 영향을 줄 수 있는 품목
② 국토교통부장관은 법 제57조제4항에 따른 기본형건축비(이하 "기본형건축비"라 한다) 중 기본선택품목을 제외한 부분의 금액을 고시하여야 한다.(2016.8.12 본항개정)
③ 사업주체는「주택공급에 관한 규칙」제21조제1항에 따른 입주자모집공고(이하 "입주자모집공고"라 한다)에 다음 각 호의 사항을 포함하여 공고하여야 한다.
(2015.12.29 본문개정)
1. 기본선택품목의 종류
2. 제7조제1항에 따른 분양가격 중 기본선택품목을 제외한 부분의 분양가격
제4조【입주자모집공고에 제시되는 선택품목】 ① 제7조제1항에 따른 분양가격에 포함되지 아니하는 품목으로서 사업주체가 입주자모집공고에 제시하여 입주자에게 추가로 선택할 수 있도록 하는 품목(이하 "추가선택품목"이라 한다)은 다음 각 호로 한다.(2014.10.30 본문개정)
1. 발코니 확장(2011.11.14 본호신설)
2. 시스템 에어컨(천장에 매립하는 형태를 말한다) 설치
3. 다음 각 목의 어느 하나에 해당하는 붙박이 가전제품의 설치
가. 오븐, 쿡탑, 식기세척기, 냉장고(냉동고를 포함한다), 김치냉장고, 세탁기 및 주방 텔레비전(2019.8.22 본목개정)
나. 홈오토메이션, 홈시어터 시스템
다. 그 밖에 사업주체가 입주자모집승인 신청 전에 승인권자의 의견을 들어 정하는 품목
4. 다음 각 목의 어느 하나에 해당하는 붙박이 가구의 설치
가. 옷장, 수납장, 신발장
나. 그 밖에 사업주체가 입주자모집승인 신청 전에 승인권자의 의견을 들어 정하는 품목
(2014.10.30 2호～4호개정)
5. 기술의 진보나 주거생활의 변화에 따라 국토교통부장관이 필요하다고 인정하여 관련 업계의 의견을 들어 고시하는 품목의 설치(2014.10.30 본호신설)
② 사업주체는 제1항 각 호를 추가선택품목으로 하는 경우에는 입주자모집공고에 그에 따른 비용을 해당 주택의 분양가격과 구분하여 표시하여야 한다.
③ 추가선택품목의 설치 및 공급에 관한 세부적인 사항은 국토교통부장관이 정하여 고시한다.(2013.3.23 본항개정)
(2014.10.30 본조제목개정)
(2011.11.14 본조개정)
제5조【기본선택품목을 직접 시공·설치하는 자에 대한 주택 배정 등】 ① 사업주체는 입주자모집공고에 기본선택품목을 개별적으로 시공·설치하려는 자에게 우선적으로 공급할 주택의 동별 배정순서를 정하여 공고할 수 있다.
② 사업주체는 제1항에 따라 주택을 공급하는 경우 입주자 중 기본선택품목을 시공·설치하려는 자에게 제1항에 따른 동별 배정순서에 따라 우선적으로 동 및 세대를 추첨하여 배정하여야 한다.
제6조【기본선택품목의 시공·설치 기간 등】 기본선택품목의 시공·설치 기간, 입주자 유의사항 등 필요한 사항은 국토교통부장관이 정하여 고시한다.(2013.3.23 본조개정)

제3장　분양가격 산정방식 등

제7조【분양가상한제 적용주택의 분양가격 산정방식 등】 ① 법 제57조제1항에 따른 분양가상한제 적용주택의 분양가격 산정방식은 다음과 같다.(2016.8.12 본문개정)
분양가격＝기본형건축비＋건축비 가산비용＋택지비
② 기본형건축비는 지상층건축비와 지하층건축비로 구분한다.
③ 국토교통부장관은 공동주택 건설공사비지수(주택건설에 투입되는 건설자재 등의 가격변동을 고려하여 산정한 지수로서 주택건축비의 등락을 나타내는 지수를 말한다. 이하 같다)와 이를 반영한 기본형건축비(이하 이 조에서 "건설공사비지수등"이라 한다)를 매년 3월 1일과 9월 15일을 기준으로 고시해야 한다.(2022.7.15 본항개정)
④ 국토교통부장관은 제3항에도 불구하고 별표1의 주택건설에 투입되는 주요 건설자재의 가격이 제3항에 따라 건설공사비지수등을 고시한 후 3개월이 지난 시점에 15퍼센트 이상 변동한 경우에는 해당 자재의 가격변동을 고려하여 건설공사비지수등을 조정하여 고시해야 한다.
(2022.7.15 본항개정)
⑤ 국토교통부장관은 제3항 및 제4항에도 불구하고 같은 항에 따라 건설공사비지수등을 고시한 경우로서 다음 각 호에 해당하는 경우에는 같은 항에 따라 고시한 건설공사비지수등을 조정하여 고시할 수 있다. 이 항에 따라 건설공사비지수등을 고시한 후에도 또한 같다.
1. 별표1에 따른 건설자재 중 레미콘 및 고강도 철근 각각의 가격 변동률(제3항·제4항 및 이 항에 따라 고시한 건설공사비지수등을 산정할 당시의 가격을 기준으로 산정한 것을 말한다. 이하 제2호에서 같다)의 합이 15퍼센트 이상인 경우
2. 별표1에 따른 건설자재 중 창호유리, 강화합판 마루 및 알루미늄 거푸집 각각의 가격 변동률의 합이 30퍼센트 이상인 경우
(2022.7.15 본항신설)
제8조【공공택지의 택지 공급가격에 가산하는 비용】 ① 법 제57조제3항제1호에 따라 공공택지의 공급가격에 가산되는 택지와 관련된 비용은 다음 각 호의 비용으로 하고, 「학교용지 확보 등에 관한 특례법」제2조제3호에 따른 학교용지부담금은 제외한다.(2020.2.28 본문개정)
1. 다음 각 목의 공사비
가. 말뚝박기 공사비 : 건축물의 기초공사인 말뚝박기 공사에 드는 비용(2020.2.28 본목개정)
나. 암석지반 공사비 : 사업지구 택지에 암석지반이 있어 기본형건축비에 반영되어 있는 기초공사비로는 지하터파기가 곤란한 경우에 암석지반의 굴착을 위하여 추가로 소요되는 비용
다. 흙막이 및 차수벽(遮水壁) 공사비 : 건축물의 기초공사로 시공하는 흙막이 공사비용과 지하수, 하천 등으로 해당 택지의 토질조건이 특별하여 흙막이 공사 외에 이를 보강하기 위하여 추가로 차수벽을 설치하는데 소요되는 비용
라. 지하공사에서 특수공법 사용에 따른 공사비 : 지하층 공사를 지표면으로부터 20미터 이상의 깊이로 시행하는 경우에 사업지구 택지가 협소하거나 사업지구가 주변 구조물 등에 매우 근접하는 등의 사유로 주변 구조물 등의 침하와 변형이 우려되어 특별자치시장, 특별자치도지사, 시장, 군수 또는 구청장(구청장은 자치구의 구청장을 말하며, 이하 "시장·군수 또는 구청장"이라 한다)이 역타공법(逆打工法) 등 특수한 공법 사용이 필요하다고 인정하는 경우 특수공법 사용에 소요되는 비용. 이 경우 가목부터 다목까지의 공사비,

기본형건축비 중 지하층건축비 등 다른 공사비에 반영되어 있는 비용과 중복하여 산정할 수 없다.
(2019.10.29 전단개정)
(2008.12.18 본호개정)
2. 방음시설 설치비 : 주택의 입지, 주변 환경 등 제반여건을 고려하여 소음도를 저감하기 위하여 소요되는 비용. 다만, 택지조성원가에 포함되어 있지 아니한 경우로 한정한다.
3. 택지를 공급받기 위하여 선수금, 중도금 등 택지비의 일부 또는 전부를 납부한 경우에는 그 납부일부터 별표 1의2에 따라 산정한 택지대금에 대한 기간이자. 다만, 택지를 조성한 사업주체가 택지를 자체 공급하는 경우에는 주택건설사업 착공일을 납부일로, 택지공급가격을 택지대금으로 보아 기간이자를 계산하되, 해당 택지의 택지조성원가에 포함되는 자본비용의 산정기간은 택지조성사업의 착수일(「공익사업을 위한 토지 등의 취득 및 보상에 관한 법률」에 따라 토지 등을 협의 또는 수용에 의하여 취득하거나 사용하는 경우에는 같은 법 제15조에 따른 보상계획 공고일을 말한다)부터 주택건설사업 착공일까지로 한다.(2010.3.4 본문개정)
4. 택지의 공급에 따른 제세공과금, 등기수수료 등 필요적 경비 및 택지의 명의변경(검인계약서 등 공공기관이 인정하는 서류를 제출한 경우에 한한다)에 따른 추가비용
5. 그 밖에 시장·군수 또는 구청장이 법 제59조에 따른 분양가심사위원회(이하 "분양가심사위원회"라 한다)의 심의를 거쳐 필요하다고 인정하는 택지와 관련된 경비로서 증명서류에 의하여 확인되는 경비(2020.2.28 본호개정)
② 제1항제1호의 공사비는 다음 각 호 중에서 시장·군수 또는 구청장(사업주체가 국가, 지방자치단체, 한국토지주택공사 또는 지방공사인 경우에는 해당 기관의 장을 말한다)이 선정한 기관이나 업체가 산정한 것을 말한다.
(2010.3.4 본문개정)
1. 국가
2. 한국토지주택공사(2010.3.4 본호개정)
3. 지방공사
4. 「엔지니어링산업 진흥법」에 따라 해당 부문의 기술용역업체로 신고된 업체(해당 사업주체의 「독점규제 및 공정거래에 관한 법률」에 따른 계열회사인 업체는 제외한다)
(2020.2.28 본호개정)
5. 그 밖에 국토교통부장관이 정하여 고시하는 공공기관
(2013.3.23 본호개정)
(2008.12.18 본항신설)
③ 분양가심사위원회는 「주택법 시행령」 제63조제3호에 따라 제1항제1호에 따른 공사비의 적정성을 검토하기 위해 필요한 경우 공공택지를 공급한 자에게 지반조사에 관한 자료를 요청할 수 있다. 이 경우 요청을 받은 자는 요청을 받은 날부터 5일 이내에 해당 자료를 제출해야 한다.
(2019.8.22 본항신설)

제9조【공공택지 외의 택지의 감정평가 가액에 가산하는 비용】 ① 법 제57조제3항제2호 각 목 외의 부분 본문에 따라 공공택지 외의 택지를 감정평가한 가액에 가산되는 택지와 관련된 비용은 다음 각 호의 비용으로 한다.
(2016.8.12 본문개정)
1. 제8조제1항제1호 및 제2호에 따른 비용(2008.12.18 본호개정)
2. 법 제28조에 따라 사업주체가 부담하는 간선시설의 설치비용(2016.8.12 본호개정)
2의2. 「도시공원 및 녹지 등에 관한 법률」 제2조에 따른 도시공원의 설치비용(2011.11.14 본호신설)
3. 지장물 철거비용 : 택지 안의 구조물 등의 철거·이설이 불가피한 경우에 그 소요되는 비용
4. 진입도로의 개설로 편입되는 사유지의 가액(감정평가한 가액을 말한다)
5. 제13조제1항제1호에 따른 감정평가수수료. 다만, 제12조제2항제2호에 따른 감정평가수수료는 제외한다.
(2019.10.29 본호개정)
5의2. 제13조제1항제2호에 따른 검토수수료(2019.10.29 본호신설)
5의3. 「도시 및 주거환경정비법」에 따른 정비사업 등 공동주택을 건설하는 사업의 시행에 드는 비용으로서 다음 각 목에 해당하는 비용. 이 경우 비용의 구체적인 산정기준 및 방법은 국토교통부장관이 정하여 고시한다.
가. 「공익사업을 위한 토지 등의 취득 및 보상에 관한 법률」 제77조제1항에 따른 영업손실에 대한 보상비용과 같은 법 제78조제5항에 따른 주거 이전에 필요한 비용 및 동산의 운반에 필요한 비용
나. 택지의 취득 및 관리와 관련된 명도소송비용
다. 택지조성으로 인하여 이주하는 자의 이주비용에 대하여 발생하는 이자비용
라. 「도시 및 주거환경정비법」에 따른 조합 등이 정비사업 등의 시행(다른 사업주체와 공동으로 시행하는 경우를 포함한다) 과정에서 택지의 취득 및 관리와 관련된 의사결정을 하는 조합 총회 등의 개최에 드는 비용
(2022.7.15 본호신설)
6. 그 밖에 시장·군수 또는 구청장이 분양가심사위원회의 심의를 거쳐 필요하다고 인정하는 택지와 관련된 경비로서 증빙서류에 의하여 확인되는 경비
② 제1항제1호에 따른 비용(제8조제1항제1호의 경우에 한한다)을 산정할 경우에는 제8조제2항을 준용한다.
(2008.12.18 본항신설)

제9조의2【공공택지 외의 택지 매입가격에 가산하는 비용】 ① 법 제57조제3항제2호 각 목 외의 부분 단서에 따라 공공택지 외의 택지 매입가격에 가산되는 택지와 관련된 비용은 다음 각 호의 비용으로 한다.(2016.8.12 본문개정)
1. 제8조제1항제1호 및 제2호에 따른 비용
1의2. 제9조제1항제5호의3에 따른 비용(2022.7.15 본호신설)
2. 법 제28조에 따라 사업주체가 부담하는 간선시설의 설치비용(2016.8.12 본호개정)
2의2. 「도시공원 및 녹지 등에 관한 법률」 제2조에 따른 도시공원의 설치비용(2011.11.14 본호신설)
3. 지장물 철거비용(택지 안의 구조물 등을 철거하거나 이설하는 것이 불가피한 경우 그 철거나 이설에 소요되는 비용을 말한다)
4. 진입도로의 개설로 편입되는 사유지의 가액(감정평가한 가액의 100분의 120에 상당하는 금액 이내의 매입가격을 말한다)
5. 제13조제1항제1호에 따른 감정평가수수료. 다만, 제12조제2항제2호에 따른 감정평가수수료는 제외한다.
(2019.10.29 본호개정)
5의2. 제13조제1항제2호에 따른 검토수수료(2019.10.29 본호신설)
6. 제세공과금(보유에 따른 제세공과금의 경우에는 입주자모집승인 신청 시까지 부과된 것으로 한정하며, 최초로 부과된 때부터 3년분까지만 합산한다), 등기수수료 등 필요적 경비(2010.3.4 본호개정)
7. 그 밖에 시장·군수 또는 구청장이 분양가심사위원회의 심의를 거쳐 필요하다고 인정하는 택지와 관련된 경비로서 증명서류로 확인되는 경비
② 제1항제1호에 따른 비용(제8조제1항제1호에 따른 비용만 해당한다)을 산정하는 경우에는 제8조제2항을 준용한다.
(2009.5.4 본조신설)

제10조【공공택지 외의 택지의 감정평가 절차】 ① 사업주체는 공공택지 외의 택지에서 주택건설 사업계획승인을 신청한 후 입주자모집승인 신청일 이전에 시장·군수 또는 구청장에게 택지가격의 감정평가를 신청하여야 한다. 이 경우 감정평가에 필요한 자료를 제출하여야 한다.
② 시장·군수 또는 구청장(국가·지방자치단체·한국토지주택공사 또는 지방공사인 사업주체는 해당 기관의 장을 말하며, 이하 이 조 및 제12조에서 같다)은 「부동산 가격공시에 관한 법률」 제3조제5항 및 같은 법 시행령 제7조제5항에 따라 국토교통부장관이 고시하는 기준을 충족하는 감정평가법인등(이하 "감정평가기관"이라 한다) 2인에게 택지가격의 감정평가를 의뢰하여야 한다. 이 경우 다음 각 호의 어느 하나에 해당하는 경우에는 해당 호에서 정한 자가 추천한 감정평가기관 1인을 포함해야 한다.(2022.1.21 전단개정)
1. 시장·군수 또는 구청장(특별자치시장 및 특별자치도지사는 제외한다)의 경우 : 특별시장·광역시장 또는 도지사
2. 국가·지방자치단체·한국토지주택공사 또는 지방공사의 경우 : 해당 택지를 관할하는 특별시장·광역시장·특별자치시장·도지사 또는 특별자치도지사
(2019.10.29 1호~2호신설)
③ 제2항에 따라 감정평가를 의뢰받은 감정평가기관은 공공택지 외의 택지에 대하여 사업주체가 제1항에 따라 택지가격의 감정평가를 신청한 날(국가·지방자치단체·한국토지주택공사 또는 지방공사인 사업주체의 경우에는 해당 기관의 장이 택지가격의 감정평가를 의뢰한 날을 말하며, 이하 이 조 및 제11조에서 "신청일"이라 한다)을 기준으로 평가하여야 한다.(2010.3.4 본항개정)
④ 감정평가기관은 제2항에 따라 감정평가를 의뢰받은 날부터 20일 이내에 감정평가를 완료하여 「감정평가에 관한 규칙」에 따른 감정평가서를 제출해야 한다. 다만, 시장·군수 또는 구청장이 인정하는 부득이한 사유가 있는 경우에는 10일의 범위 내에서 이를 연장할 수 있다.
(2019.10.29 본문개정)
⑤ 시장·군수 또는 구청장은 한국부동산원(「한국부동산원법」에 따른 한국부동산원을 말한다. 이하 같다)에 제4항에 따라 제출된 감정평가가 법 제57조 및 이 규칙에 부합하게 이뤄졌는지 검토를 의뢰해야 한다.(2020.12.11 본항개정)
⑥ 제5항에 따라 감정평가서의 검토를 의뢰받은 한국부동산원은 감정평가서를 검토한 결과를 검토 의뢰를 받은 날로부터 15일 이내에 시장·군수 또는 구청장에게 제출해야 한다. 다만, 시장·군수 또는 구청장이 인정하는 부득이한 사유가 있는 경우에는 5일의 범위 내에서 이를 연장할 수 있다.(2020.12.11 본문개정)

제11조【공공택지 외의 택지의 감정평가기준 등】 ① 제10조에 따른 감정평가는 「부동산 가격공시에 관한 법률」에 따른 표준지공시지가(이하 "표준지공시지가"라 한다)를 기준으로 「감정평가에관한 규칙」 제2조제9호에 따른 공시지가기준법에 따라 평가해야 한다. 이 경우 표준지공시지가는 해당 토지의 신청일 당시 공시된 표준지공시지가 중 신청일에 가장 가까운 시점의 표준지공시지가를 기준으로 한다.(2019.10.29 본항개정)
② 감정평가기관은 제1항에 따라 감정평가한 가액을 다음 각 호에 해당하는 토지의 조성에 필요한 비용추정액을 고려하여 각각 감정평가한 가액과 비교하여 합리성을 검토해야 한다.
1. 해당 토지
2. 해당 토지와 유사한 이용가치를 지닌다고 인정되는 토지
(2019.10.29 본항신설)
③ 택지조성이 완료되지 않은 소지(素地)상태인 토지는 택지조성이 완료된 상태를 상정하고, 이용상황은 대지를 기준으로 하여 평가해야 한다. 이 경우 신청일 현재 현실화 또는 구체화되지 않은 개발이익을 반영해서는 안 된다.
(2019.10.29 본항개정)
④ 법 제57조제3항제2호 각 목 외의 부분 본문에 따른 공공택지 외의 택지를 감정평가한 가액은 감정평가기관이 평가한 택지에 대한 감정평가액을 산술평균하여 정한다.
(2016.8.12 본항개정)
⑤ 사업주체는 감정평가기관이 평가한 택지에 대한 감정평가액과 해당 감정평가기관을 입주자모집공고에 포함하여 공고하여야 한다.

제12조【공공택지 외의 택지에 대한 재평가】 ① 시장·군수 또는 구청장은 제10조제5항에 따라 한국부동산원이 검토한 결과 같은 조 제4항에 따라 제출된 감정평가서가 관계 법령에 위반하여 평가되었거나 합리적 근거 없이 비교 대상이 되는 표준지공시지가와 현저하게 차이가 나는 등 부당하게 평가되었다고 인정하는 경우에는 해당 감정평가기관에 그 사유를 명시하여 다시 평가할 것을 요구해야 한다.(2020.12.11 본항개정)
② 시장·군수 또는 구청장은 다음 각 호의 어느 하나에 해당하는 경우에는 택지가격의 재평가를 다른 감정평가기관 2인에게 의뢰해야 한다. 이 경우 감정평가기관 선정에 관하여는 제10조제2항 후단을 적용한다.
1. 감정평가기관이 평가한 택지의 감정평가액(제1항에 따라 다시 평가한 결과를 포함한다) 중 최고평가액이 최저평가액의 100분의 110을 초과하는 경우
2. 사업주체가 감정평가 결과(제1항에 따라 다시 평가한 결과를 포함한다) 에 대해 이의를 제기하는 경우
3. 제1항의 사유에 해당하는 경우로서 해당 감정평가기관에 평가를 다시 요구할 수 없는 특별한 사유가 있는 경우
③ 제2항제2호의 사유에 해당하는 택지가격의 재평가는 한 차례에 한정한다.
④ 제1항 및 제2항에 따른 감정평가의 절차 및 기준에 관하여는 제10조 및 제11조를 준용한다.
⑤ 제1항 및 제2항에 따라 택지가격의 재평가를 한 경우에는 재평가한 감정평가액을 최종적인 감정평가액으로 본다.
(2019.10.29 본조개정)

제13조【감정평가에 관한 비용】 ① 택지가격의 감정평가에 관한 다음 각 호의 비용은 모두 사업주체가 부담해야 한다.
1. 제10조제2항, 제12조제2항에 따른 감정평가에 필요한 감정평가수수료
2. 제10조제5항에 따른 검토수수료
② 제1항에 따른 수수료는 다음 각 호에 따른다.
1. 제1항제1호에 따른 감정평가수수료 : 「감정평가 및 감정평가사에 관한 법률」 제23조 및 같은 법 시행령 제22조에 따라 국토교통부장관이 공고하는 기준에 따른 금액으로 실비를 포함한다.
2. 제2호에 따른 검토수수료 : 제1호에 따른 금액의 100분의 10
(2019.10.29 본조개정)

제14조【기본형건축비와 기본형건축비에 가산되는 비용 등】 ① 법 제57조제4항에 따라 건축비를 산정할 때의 기본형건축비는 입주자모집승인 신청일(사업주체가 국가·지방자치단체·한국토지주택공사 또는 지방공사인 경우에는 입주자모집공고일을 말한다)에 가장 가까운 시점에 고시된 기본형건축비를 말한다.
② 법 제57조제4항 전단에서 "국토교통부령으로 정하는 금액을 더한 금액"이란 기본형건축비에 가산하는 비용으로서 별표1의3에 따른 항목별 내용 및 산정방법에 따라 산정된 금액을 말한다.
③ 시장·군수 또는 구청장은 법 제57조제4항 후단에 따라 해당 지역의 특성을 고려하여 기본형건축비의 100분의 95 이상 100분의 105 이하의 범위에서 기본형건축비를 따로 정하여 고시할 수 있다.(2021.8.27 본항개정)
④ 시장·군수 또는 구청장은 법 제57조제4항 후단에 따라 기본형 건축비를 따로 정하여 고시하려는 경우에는 분양가심사위원회의 심의를 거쳐야 한다. 이 경우 국토교통부장관이 고시하는 주요 자재별 기준단가와 해당 지역 자재가격과의 차이 등에 관한 객관적인 자료를 제출하여야 한다.
(2016.8.12 본조개정)

제4장 분양가격의 공시

제15조【공공택지에서 공급되는 주택의 분양가격 공시】 ① 법 제57조제5항에서 "국토교통부령으로 정하는 세분류"란 별표2에 따른 분류를 말한다.
② 법 제57조제5항제4호에서 "국토교통부령으로 정하는

비용"이란 제14조제2항에 따라 기본형건축비에 가산되는 비용을 말한다.
(2016.8.12 본조개정)

제16조【공공택지 외의 택지에서 공급되는 주택의 분양가격 공시】 ① 법 제57조제6항제1호부터 제7호까지의 규정에 따라 공공택지 외의 택지에서 공급되는 주택의 분양가격의 항목별 공시내용은 별표3과 같다.
② 법 제57조제6항제7호에서 "국토교통부령으로 정하는 비용"이란 제14조제2항에 따라 기본형건축비에 가산되는 비용을 말한다.
(2016.8.12 본조개정)

부 칙

제1조【시행일】 이 규칙은 2007년 9월 1일부터 시행한다.
제2조【유효기간】 별표1 제3호 후단은 2008년 12월 31일까지 효력을 가진다. 다만, 2008년 12월 31일까지 입주자모집승인을 신청한 경우에는 해당 규정을 적용한다.
제3조【규제의 존속기한】 감정평가기관에 관한 제10조제2항은 2008년 12월 31일까지 효력을 가진다.
제4조【선택품목 등에 관한 적용례】 ① 제3조부터 제6조까지의 규정은 이 규칙 시행 후 최초로 법 제16조에 따른 주택건설사업계획승인(「도시 및 주거환경정비법」 제28조에 따른 사업시행인가, 「건축법」 제8조에 따른 건축허가를 포함하며, 이하 "주택건설사업계획승인"이라 한다)을 신청하는 분부터 적용한다.
② 2007년 8월 31일 이전에 주택건설사업계획승인을 얻었거나 승인을 신청한 경우로서 2007년 12월 1일 이후 입주자모집승인(「도시 및 주거환경정비법」에 따라 공급하는 주택(주거환경개선사업을 제외한다)의 경우에는 「도시 및 주거환경정비법」 제48조에 따른 관리처분계획의 인가)을 신청하는 경우에는 제1항에도 불구하고 제3조부터 제6조까지의 규정을 적용한다.

부 칙 (2019.10.29)

제1조【시행일】 이 규칙은 공포한 날부터 시행한다.
제2조【공공택지 외의 택지의 감정평가 절차에 관한 적용례】 제10조제2항, 제5항 및 제6항의 개정규정은 이 규칙 시행 이후 입주자모집승인을 신청(제2조 각 호의 어느 하나에 해당하는 사업주체의 경우에는 입주자모집공고를 말한다. 이하 같다)하는 경우부터 적용한다.
제3조【공공택지 외의 택지의 감정평가기준에 관한 적용례】 제11조제2항 및 제3항의 개정규정은 이 규칙 시행 이후 입주자모집승인을 신청하는 경우부터 적용한다.
제4조【공공택지 외의 택지에 대한 재평가에 관한 적용례】 제12조제1항, 제2항, 제4항 및 제5항의 개정규정은 이 규칙 시행 이후 입주자모집승인을 신청하는 경우부터 적용한다.

부 칙 (2020.2.28)

제1조【시행일】 이 규칙은 공포한 날부터 시행한다.
제2조【공공택지의 택지 공급가격에 가산하는 비용에 관한 적용례】 제8조제1항제1호가목의 개정규정은 이 규칙 시행 이후 입주자모집승인을 신청(제2조 각 호의 어느 하나에 해당하는 사업주체의 경우에는 입주자모집공고를 말한다)하는 경우부터 적용한다.

부 칙 (2020.12.11)

이 규칙은 2020년 12월 10일부터 시행한다.

부 칙 (2021.8.27)

이 규칙은 공포한 날부터 시행한다.(이하 생략)

부 칙 (2022.1.21)

제1조【시행일】 이 규칙은 2022년 1월 21일부터 시행한다.(이하 생략)

부 칙 (2022.7.15)

제1조【시행일】 이 규칙은 공포한 날부터 시행한다.
제2조【공공택지 외의 택지를 감정평가한 가액에 가산되는 택지와 관련된 비용에 관한 적용례】 제9조제1항제5호의3의 개정규정은 이 규칙 시행 이후 입주자 모집공고(이 규칙 시행 전에 입주자 모집공고를 한 경우로서 이 규칙 시행 이후 입주자 모집 재공고를 하는 경우는 제외한다)를 하는 경우부터 적용한다.
제3조【공공택지 외의 택지 매입가격에 가산되는 택지와 관련된 비용에 관한 적용례】 제9조의2제1항제1호의2의 개정규정은 이 규칙 시행 이후 입주자 모집공고(이 규칙 시행 전에 입주자 모집공고를 한 경우로서 이 규칙 시행 이후 입주자 모집 재공고를 하는 경우는 제외한다)를 하는 경우부터 적용한다.

〔별표〕 ➡ 「法典 別冊」 참조

공동주택관리법

(2015년 8월 11일
법 률 제13474호)

개정
2015. 8.28법13499호(민간임대주택에관한특별법)
2015. 9. 1법13508호(도시및주거환경정비법)
2015.12.29법13676호
2015.12.29법13687호(주택법)
2016. 1.19법13786호
2016. 1.19법13805호(주택법)
2016. 3.22법14093호(주택법)
2017. 1.17법14545호(시설물의안전및유지관리에관한특별법)
2017. 3.21법14709호　2017. 4.18법14793호
2017. 8. 9법14853호
2017.10.31법15022호(주식회사등의외부감사에관한법)
2018. 3.13법15454호　2019. 4.23법16381호
2020. 3.24법17091호(지방행정제재·부과금의징수등에관한법)
2020. 6. 9법17447호(국토안전관리원법)
2020. 6. 9법17453호(법률용어정비)
2020.10.20법17544호　2020.12. 8법17607호
2021. 1.12법17893호(지방자치)
2021. 4.13법18043호　2021. 8.10법18385호
2022. 6.10법18937호　2023. 4.18법19368호
2023. 6.13법19469호
2023.10.24법19764호→시행일 부칙 참조

제1장 총 칙

제1조【목적】 이 법은 공동주택의 관리에 관한 사항을 정함으로써 공동주택을 투명하고 안전하며 효율적으로 관리할 수 있게 하여 국민의 주거수준 향상에 이바지함을 목적으로 한다.
제2조【정의】 ① 이 법에서 사용하는 용어의 뜻은 다음과 같다.
1. "공동주택"이란 다음 각 목의 주택 및 시설을 말한다. 이 경우 일반인에게 분양되는 복리시설은 제외한다.
가. 「주택법」 제2조제3호에 따른 공동주택(2016.1.19 본목개정)
나. 「건축법」 제11조에 따른 건축허가를 받아 주택 외의 시설과 주택을 동일 건축물로 건축하는 건축물
다. 「주택법」 제2조제13호에 따른 부대시설 및 같은 조 제14호에 따른 복리시설(2016.1.19 본목개정)
2. "의무관리대상 공동주택"이란 해당 공동주택을 전문적으로 관리하는 자를 두고 자치 의결기구를 의무적으로 구성하여야 하는 등 일정한 의무가 부과되는 공동주택으로서, 다음 각 목 중 어느 하나에 해당하는 공동주택을 말한다.(2019.4.23 본문개정)
가. 300세대 이상의 공동주택
나. 150세대 이상으로서 승강기가 설치된 공동주택
다. 150세대 이상으로서 중앙집중식 난방방식(지역난방방식을 포함한다)의 공동주택
라. 「건축법」 제11조에 따른 건축허가를 받아 주택 외의 시설과 주택을 동일 건축물로 건축한 건축물로서 주택이 150세대 이상인 건축물
마. 가목부터 라목까지에 해당하지 아니하는 공동주택 중 입주자등이 대통령령으로 정하는 기준에 따라 동의하여 정하는 공동주택
(2019.4.23 가목～마목신설)
3. "공동주택단지"란 「주택법」 제2조제12호에 따른 주택단지를 말한다.(2016.1.19 본호개정)
4. "혼합주택단지"란 분양을 목적으로 한 공동주택과 임대주택이 함께 있는 공동주택단지를 말한다.
5. "입주자"란 공동주택의 소유자 또는 그 소유자를 대리하는 배우자 및 직계존비속(直系尊卑屬)을 말한다.
6. "사용자"란 공동주택을 임차하여 사용하는 사람(임대주택의 임차인은 제외한다) 등을 말한다.(2015.12.29 본호개정)
7. "입주자등"이란 입주자와 사용자를 말한다.
8. "입주자대표회의"란 공동주택의 입주자등을 대표하여 관리에 관한 주요사항을 결정하기 위하여 제14조에 따라 구성하는 자치 의결기구를 말한다.
9. "관리규약"이란 공동주택의 입주자등을 보호하고 주거생활의 질서를 유지하기 위하여 제18조제2항에 따라 입주자등이 정하는 자치규약을 말한다.
10. "관리주체"란 공동주택을 관리하는 다음 각 목의 자를 말한다.
가. 제6조제1항에 따른 자치관리기구의 대표자인 공동주택의 관리사무소장
나. 제13조제1항에 따라 관리업무를 인계하기 전의 사업주체
다. 주택관리업자
라. 임대사업자
마. 「민간임대주택에 관한 특별법」 제2조제11호에 따른 주택임대관리업자(시설물 유지·보수·개량 및 그 밖의 주택관리 업무를 수행하는 경우에 한정한다)
(2017.4.18 본목신설)
11. "주택관리사보"란 제67조제1항에 따라 주택관리사보 합격증서를 발급받은 사람을 말한다.
12. "주택관리사"란 제67조제2항에 따라 주택관리사 자격증을 발급받은 사람을 말한다.
13. "주택관리사등"이란 주택관리사보와 주택관리사를 말한다.
14. "주택관리업"이란 공동주택을 안전하고 효율적으로 관리하기 위하여 입주자등으로부터 의무관리대상 공동주택의 관리를 위탁받아 관리하는 업(業)을 말한다.
15. "주택관리업자"란 주택관리업을 하는 자로서 제52조제1항에 따라 등록한 자를 말한다.
16.～17. (2016.1.19 삭제)
18. "장기수선계획"이란 공동주택을 오랫동안 안전하고 효율적으로 사용하기 위하여 필요한 주요 시설의 교체 및 보수 등에 관하여 제29조제1항에 따라 수립하는 장기계획을 말한다.
19. "임대주택"이란 「민간임대주택에 관한 특별법」에 따른 민간임대주택 및 「공공주택 특별법」에 따른 공공임대주택을 말한다.(2016.1.19 본호개정)
20. "임대사업자"란 「민간임대주택에 관한 특별법」 제2조제7호에 따른 임대사업자 및 「공공주택 특별법」 제4조제1항에 따른 공공주택사업자를 말한다.
21. "임차인대표회의"란 「민간임대주택에 관한 특별법」 제52조에 따른 임차인대표회의 및 「공공주택 특별법」 제50조에 따라 준용되는 임차인대표회의를 말한다.
(2016.1.19 20호～21호신설)
② 이 법에서 따로 정하지 아니한 용어의 뜻은 「주택법」에서 정한 바에 따른다.
제3조【국가 등의 의무】 ① 국가 및 지방자치단체는 공동주택의 관리에 관한 정책을 수립·시행할 때에는 다음 각 호의 사항을 위하여 노력하여야 한다.
1. 공동주택에 거주하는 입주자등이 쾌적하고 살기 좋은 주거생활을 할 수 있도록 할 것
2. 공동주택이 투명하고 체계적이며 평온하게 관리될 수 있도록 할 것
3. 공동주택의 관리와 관련한 산업이 건전한 발전을 꾀할 수 있도록 할 것
② 관리주체는 공동주택을 효율적이고 안전하게 관리하여야 한다.
③ 입주자등은 공동체 생활의 질서가 유지될 수 있도록 이웃을 배려하고 관리주체의 업무에 협조하여야 한다.
제4조【다른 법률과의 관계】 ① 공동주택의 관리에 관하여 이 법에서 정하지 아니한 사항에 대하여는 「주택법」을 적용한다.
② 임대주택의 관리에 관하여 「민간임대주택에 관한 특별법」 또는 「공공주택 특별법」에서 정하지 아니한 사항에 대하여는 이 법을 적용한다.(2015.8.28 본항개정)

제2장 공동주택의 관리방법

제5조【공동주택의 관리방법】 ① 입주자등은 의무관리대상 공동주택을 제6조제1항에 따라 자치관리하거나 제7조제1항에 따라 주택관리업자에게 위탁하여 관리하여야 한다.
② 입주자등이 공동주택의 관리방법을 정하거나 변경하는 경우에는 대통령령으로 정하는 바에 따른다.
제6조【자치관리】 ① 의무관리대상 공동주택의 입주자등이 공동주택을 자치관리할 것을 정한 경우에는 입주자대표회의는 제11조제1항에 따른 요구가 있은 날(제2조제1항제2호마목에 따라 의무관리대상 공동주택으로 전환되는 경우에는 제19조제1항제2호에 따른 입주자대표회의의 구성 신고가 수리된 날을 말한다)부터 6개월 이내에 공동주택의 관리사무소장을 자치관리기구의 대표자로 선임하고, 대통령령으로 정하는 기술인력 및 장비를 갖춘 자치관리기구를 구성하여야 한다.(2021.8.10 본항개정)
② 주택관리업자에게 위탁관리하다가 자치관리로 관리방법을 변경하는 경우 입주자대표회의는 그 위탁관리의 종료일까지 제1항에 따른 자치관리기구를 구성하여야 한다.
제7조【위탁관리】 ① 의무관리대상 공동주택의 입주자등이 공동주택을 위탁관리할 것을 정한 경우에는 입주자대표회의는 다음 각 호의 기준에 따라 주택관리업자를 선정하여야 한다.
1. 「전자문서 및 전자거래 기본법」 제2조제2호에 따른 정보처리시스템을 통하여 선정(이하 "전자입찰방식"이라 한다)할 것. 다만, 선정방법 등이 전자입찰방식을 적용하기 곤란한 경우로서 국토교통부장관이 정하여 고시하는 경우에는 전자입찰방식으로 선정하지 아니할 수 있다.
1의2. 다음 각 목의 구분에 따른 사항에 대하여 전체 입주자등의 과반수의 동의를 얻을 것
가. 경쟁입찰 : 입찰의 종류 및 방법, 낙찰방법, 참가자격 제한 등 입찰과 관련한 중요사항
나. 수의계약 : 계약상대자 선정, 계약 조건 등 계약과 관련한 중요사항
(2022.6.10 본호신설)
2. 그 밖에 입찰의 방법 등 대통령령으로 정하는 방식을 따를 것
② 입주자등은 기존 주택관리업자의 관리 서비스가 만족스럽지 못한 경우에는 대통령령으로 정하는 바에 따라 새로운 주택관리업자 선정을 위한 입찰에서 기존 주택관리업자의 참가를 제한하도록 입주자대표회의에 요구할 수 있다. 이 경우 입주자대표회의는 그 요구에 따라야 한다.
제8조【공동관리와 구분관리】 ① 입주자대표회의는 해당 공동주택의 관리에 필요하다고 인정하는 경우에는 국토교통부령으로 정하는 바에 따라 인접한 공동주택단지

(임대주택단지를 포함한다)와 공동으로 관리하거나 500세대 이상의 단위로 나누어 관리하게 할 수 있다.
② 제1항에 따른 공동관리는 단지별로 입주자등의 과반수의 서면동의를 받은 경우(임대주택단지의 경우에는 임대사업자와 임차인대표회의의 서면동의를 받은 경우를 말한다)로서 국토교통부령으로 정하는 기준에 적합한 경우에만 해당한다.
제9조【공동주택관리기구】 ① 입주자대표회의 또는 관리주체는 공동주택 공용부분의 유지·보수 및 관리 등을 위하여 공동주택관리기구(제6조제1항에 따른 자치관리기구를 포함한다)를 구성하여야 한다.
② 공동주택관리기구의 구성·기능·운영 등에 필요한 사항은 대통령령으로 정한다.
제10조【혼합주택단지의 관리】 ① 입주자대표회의와 임대사업자는 혼합주택단지의 관리에 관한 사항을 공동으로 결정하여야 한다. 이 경우 임차인대표회의가 구성된 혼합주택단지에서는 임대사업자는 「민간임대주택에 관한 특별법」 제52조제4항 각 호의 사항을 임차인대표회의와 사전에 협의하여야 한다.(2021.8.10 후단개정)
② 제1항의 공동으로 결정할 관리에 관한 사항과 공동결정의 방법 및 절차 등에 필요한 사항은 대통령령으로 정한다.
제10조의2【의무관리대상 공동주택 전환 등】 ① 제2조제1항제2호마목에 따라 의무관리대상 공동주택으로 전환되는 공동주택(이하 "의무관리대상 전환 공동주택"이라 한다)의 관리인(「집합건물의 소유 및 관리에 관한 법률」에 따른 관리인을 말하며, 관리단이 관리를 개시하기 전인 경우에는 같은 법 제9조의3제1항에 따라 공동주택을 관리하고 있는 자를 말한다. 이하 같다)은 대통령령으로 정하는 바에 따라 관할 특별자치시장·특별자치도지사·시장·군수·구청장(자치구의 구청장을 말하며 이하 같다. 이하 특별자치시장·특별자치도지사·시장·군수·구청장은 "시장·군수·구청장"이라 한다)에게 의무관리대상 공동주택 전환 신고를 하여야 한다. 다만, 관리인이 신고하지 않는 경우에는 입주자등의 10분의 1 이상이 연서하여 신고할 수 있다.
② 의무관리대상 전환 공동주택의 입주자등은 제19조제1항제1호에 따른 관리규약의 제정 신고가 수리된 날부터 3개월 이내에 입주자대표회의를 구성하여야 하며, 제19조제1항제2호에 따른 입주자대표회의의 구성 신고가 수리된 날부터 3개월 이내에 제5조에 따른 공동주택의 관리방법을 결정하여야 한다.(2021.8.10 본항개정)
③ 의무관리대상 전환 공동주택의 입주자등이 공동주택을 위탁관리할 것을 결정한 경우 입주자대표회의는 입주자대표회의의 구성 신고가 수리된 날부터 6개월 이내에 제7조제1항 각 호의 기준에 따라 주택관리업자를 선정하여야 한다.
④ 의무관리대상 전환 공동주택의 입주자등은 제2조제1항제2호마목의 기준에 따라 해당 공동주택을 의무관리대상에서 제외할 것을 정할 수 있으며, 이 경우 입주자대표회의의 회장(직무를 대행하는 경우에는 그 직무를 대행하는 사람을 포함한다. 이하 같다)은 대통령령으로 정하는 바에 따라 시장·군수·구청장에게 의무관리대상 공동주택 제외 신고를 하여야 한다.
⑤ 시장·군수·구청장은 제1항 및 제4항에 따른 신고를 받은 날부터 10일 이내에 신고수리 여부를 신고인에게 통지하여야 한다.(2021.8.10 본항신설)
⑥ 시장·군수·구청장이 제5항에서 정한 기간 내에 신고수리 여부 또는 민원 처리 관련 법령에 따른 처리기간의 연장을 신고인에게 통지하지 아니하면 그 기간(민원 처리 관련 법령에 따라 처리기간이 연장 또는 재연장된 경우에는 해당 처리기간을 말한다)이 끝난 날의 다음 날에 신고를 수리한 것으로 본다.(2021.8.10 본항신설)
(2019.4.23 본조신설)
제11조【관리의 이관】 ① 의무관리대상 공동주택을 건설한 사업주체는 입주예정자의 과반수가 입주할 때까지 그 공동주택을 관리하여야 하며, 입주예정자의 과반수가 입주하였을 때에는 입주자등에게 대통령령으로 정하는 바에 따라 그 사실을 통지하고 해당 공동주택을 관리할 것을 요구하여야 한다.
② 입주자등이 제1항에 따른 요구를 받았을 때에는 그 요구를 받은 날부터 3개월 이내에 입주자를 구성원으로 하는 입주자대표회의를 구성하여야 한다.
③ 입주자대표회의의 회장은 입주자등이 해당 공동주택의 관리방법을 결정(위탁관리하는 방법을 선택한 경우에는 그 주택관리업자의 선정을 포함한다)한 경우에는 이를 사업주체 또는 의무관리대상 전환 공동주택의 관리인에게 통지하고, 대통령령으로 정하는 바에 따라 관할 시장·군수·구청장에게 신고하여야 한다. 신고한 사항이 변경되는 경우에도 또한 같다.(2019.4.23 전단개정)
④ 시장·군수·구청장은 제3항에 따른 신고를 받은 날부터 7일 이내에 신고수리 여부를 신고인에게 통지하여야 한다.(2021.8.10 본항신설)
⑤ 시장·군수·구청장이 제4항에서 정한 기간 내에 신고수리 여부 또는 민원 처리 관련 법령에 따른 처리기간의 연장을 신고인에게 통지하지 아니하면 그 기간(민원 처리 관련 법령에 따라 처리기간이 연장 또는 재연장된 경우에는 해당 처리기간을 말한다)이 끝난 날의 다음 날에 신고를 수리한 것으로 본다.(2021.8.10 본항신설)
제12조【사업주체의 주택관리업자 선정】 사업주체는 입주자대표회의로부터 제11조제3항에 따른 통지가 없거나 입주자대표회의가 제6조제1항에 따른 자치관리기구를 구성하지 아니하는 경우에는 주택관리업자를 선정하여야 한다. 이 경우 사업주체는 입주자대표회의 및 관할 시장·군수·구청장에게 그 사실을 알려야 한다.
제13조【관리업무의 인계】 ① 사업주체 또는 의무관리대상 전환 공동주택의 관리인은 다음 각 호의 어느 하나에 해당하는 경우에는 대통령령으로 정하는 바에 따라 해당 관리주체에게 공동주택의 관리업무를 인계하여야 한다.(2019.4.23 본문개정)
1. 입주자대표회의의 회장으로부터 제11조제3항에 따라 주택관리업자의 선정을 통지받은 경우
2. 제6조제1항에 따라 자치관리기구가 구성된 경우
3. 제12조에 따라 주택관리업자가 선정된 경우
② 공동주택의 관리주체가 변경되는 경우에 기존 관리주체는 새로운 관리주체에게 제1항을 준용하여 해당 공동주택의 관리업무를 인계하여야 한다.

제3장 입주자대표회의 및 관리규약

제1절 입주자대표회의

제14조【입주자대표회의의 구성 등】 ① 입주자대표회의는 4명 이상으로 구성하되, 동별 세대수에 비례하여 관리규약으로 정한 선거구에 따라 선출된 대표자(이하 "동별 대표자"라 한다)로 구성한다. 이 경우 선거구는 2개 동 이상으로 묶거나 통로나 층별로 구획하여 정할 수 있다.
② 하나의 공동주택단지를 여러 개의 공구로 구분하여 순차적으로 건설하는 경우(임대주택은 분양전환된 경우를 말한다) 먼저 입주한 공구의 입주자등은 제1항에 따라 입주자대표회의를 구성할 수 있다. 다만, 다음 공구의 입주예정자의 과반수가 입주한 때에는 다시 입주자대표회의를 구성하여야 한다.(2021.8.10 본문개정)
③ 동별 대표자는 동별 대표자 선출공고에서 정한 각종 서류 제출 마감일(이하 이 조에서 "서류 제출 마감일"이라 한다)을 기준으로 다음 각 호의 요건을 갖춘 입주자(입주자가 법인인 경우에는 그 대표자를 말한다) 중에서 대통령령으로 정하는 바에 따라 선거구 입주자등의 보통·평등·직접·비밀선거를 통하여 선출한다. 다만, 입주자인 동별 대표자 후보자가 없는 선거구에서는 다음 각 호 및 대통령령으로 정하는 요건을 갖춘 사용자도 동별 대표자로 선출될 수 있다.(2019.4.23 단서신설)
1. 해당 공동주택단지 안에서 주민등록을 마친 후 계속하여 대통령령으로 정하는 기간 이상 거주하고 있을 것(최초의 입주자대표회의를 구성하거나 제2항 단서에 따른 입주자대표회의를 구성하기 위하여 동별 대표자를 선출하는 경우는 제외한다)
2. 해당 선거구에 주민등록을 마친 후 거주하고 있을 것
④ 서류 제출 마감일을 기준으로 다음 각 호의 어느 하나에 해당하는 사람은 동별 대표자가 될 수 없으며 그 자격을 상실한다.
1. 미성년자, 피성년후견인 또는 피한정후견인
2. 파산자로서 복권되지 아니한 사람
3. 이 법 또는 「주택법」, 「민간임대주택에 관한 특별법」, 「공공주택 특별법」, 「건축법」, 「집합건물의 소유 및 관리에 관한 법률」을 위반한 범죄로 금고 이상의 실형 선고를 받고 그 집행이 끝나거나(집행이 끝난 것으로 보는 경우를 포함한다) 집행이 면제된 날부터 2년이 지나지 아니한 사람(2015.8.28 본호개정)
4. 금고 이상의 형의 집행유예선고를 받고 그 유예기간 중에 있는 사람
5. 그 밖에 대통령령으로 정하는 사람
⑤ 동별 대표자가 임기 중에 제3항에 따른 자격요건을 충족하지 아니하게 된 경우나 제4항 각 호에 따른 결격사유에 해당하게 된 경우에는 당연히 퇴임한다.(2018.3.13 본항신설)
⑥ 입주자대표회의에는 대통령령으로 정하는 바에 따라 회장, 감사 및 이사를 임원으로 둔다.
⑦ 제6항에도 불구하고 사용자인 동별 대표자는 회장이 될 수 없다. 다만, 입주자인 동별 대표자 중에서 회장 후보자가 없는 경우로서 선출 전에 전체 입주자 과반수의 서면동의를 얻은 경우에는 그러하지 아니하다.
(2019.4.23 본항신설)
⑧ 입주자대표회의는 그 회의를 개최한 때에는 회의록을 작성하여 관리주체에게 보관하게 하여야 한다. 이 경우 입주자대표회의는 관리규약으로 정하는 바에 따라 입주자등에게 회의를 실시간 또는 녹화·녹음 등의 방식으로 중계하거나 방청하게 할 수 있다.(2023.10.24 후단신설)
⑨ 300세대 이상인 공동주택의 관리주체는 관리규약으로 정하는 범위·방법 및 절차 등에 따라 회의록을 입주자등에게 공개하여야 하며, 300세대 미만인 공동주택의 관리주체는 관리규약으로 정하는 바에 따라 회의록을 공개할 수 있다. 이 경우 관리주체는 입주자등이 회의록의 열람을 청구하거나 자기의 비용으로 복사를 요구하는 때에는 관리규약으로 정하는 바에 따라 이에 응하여야 한다.
(2022.6.10 본항신설)
⑩ 동별 대표자의 임기나 그 제한에 관한 사항, 동별 대표자 또는 입주자대표회의 임원의 선출이나 해임 방법 등 입주자대표회의의 구성 및 운영에 필요한 사항과 입주자대표회의의 의결 방법은 대통령령으로 정한다.
⑪ 입주자대표회의의 의결사항은 관리규약, 관리비, 시설의 운영에 관한 사항 등으로 하며, 그 구체적인 내용은 대통령령으로 정한다.
⑫ 제10항 및 제11항에도 불구하고 입주자대표회의의 구성원 중 사용자인 동별 대표자가 과반수인 경우에는 대통령령으로 그 의결방법 및 의결사항을 달리 정할 수 있다.
(2022.6.10 본항개정)
제15조【동별 대표자 등의 선거관리】 ① 입주자등은 동별 대표자나 입주자대표회의의 임원을 선출하거나 해임하기 위하여 선거관리위원회(이하 "선거관리위원회"라 한다)를 구성한다.
② 다음 각 호의 어느 하나에 해당하는 사람은 선거관리위원회 위원이 될 수 없으며 그 자격을 상실한다.
1. 동별 대표자 또는 그 후보자
2. 제1호에 해당하는 사람의 배우자 또는 직계존비속
3. 그 밖에 대통령령으로 정하는 사람
③ 선거관리위원회의 구성원 수, 위원장의 선출 방법, 의결의 방법 등 선거관리위원회의 구성 및 운영에 필요한 사항은 대통령령으로 정한다.
④ 선거관리위원회는 제1항에 따른 선거관리를 위하여 「선거관리위원회법」 제2조제1항제3호에 따라 해당 소재지를 관할하는 구·시·군선거관리위원회에 투표 및 개표 관리 등 선거지원을 요청할 수 있다.
제16조【동별 대표자 후보자 등에 대한 범죄경력 조회 등】 ① 선거관리위원회 위원장(선거관리위원회가 구성되지 아니하였거나 위원장이 사퇴, 해임 등으로 궐위된 경우에는 입주자대표회의의 회장을 말하며, 입주자대표회의의 회장도 궐위된 경우에는 관리사무소장을 말한다. 이하 같다)은 동별 대표자 후보자에 대하여 제14조제3항에 따른 동별 대표자의 자격요건 충족 여부와 같은 조 제4항 각 호에 따른 결격사유 해당 여부를 확인하여야 하며, 결격사유 해당 여부를 확인하는 경우에는 동별 대표자 후보자의 동의를 받아 범죄경력을 관계 기관의 장에게 확인하여야 한다.
② 선거관리위원회 위원장은 동별 대표자에 대하여 제14조제3항에 따른 자격요건 충족 여부와 같은 조 제4항 각 호에 따른 결격사유 해당 여부를 확인할 수 있으며, 결격사유 해당 여부를 확인하는 경우에는 동별 대표자의 동의를 받아 범죄경력을 관계 기관의 장에게 확인하여야 한다.(2018.3.13 본항신설)
③ 제1항 및 제2항에 따른 범죄경력 확인의 절차, 방법 등에 필요한 사항은 대통령령으로 정한다.
(2018.3.13 본조개정)
제17조【입주자대표회의의 구성원 등 교육】 ① 시장·군수·구청장은 대통령령으로 정하는 바에 따라 입주자대표회의의 구성원에게 입주자대표회의의 운영과 관련하여 필요한 교육 및 윤리교육을 실시하여야 한다. 이 경우 입주자대표회의의 구성원은 그 교육을 성실히 이수하여야 한다.
② 제1항에 따른 교육 내용에는 다음 각 호의 사항을 포함하여야 한다.
1. 공동주택의 관리에 관한 관계 법령 및 관리규약의 준칙에 관한 사항
2. 입주자대표회의의 구성원의 직무·소양 및 윤리에 관한 사항
3. 공동주택단지 공동체의 활성화에 관한 사항
4. 관리비·사용료 및 장기수선충당금에 관한 사항
4의2. 공동주택 회계처리에 관한 사항(2022.6.10 본호신설)
5. 층간소음 예방 및 입주민 간 분쟁의 조정에 관한 사항(2023.10.24 본호개정)
6. 하자 보수에 관한 사항
7. 그 밖에 입주자대표회의의 운영에 필요한 사항
③ 시장·군수·구청장은 관리주체·입주자등이 희망하는 경우에는 제1항의 교육을 관리주체·입주자등에게 실시할 수 있다.(2023.10.24 본항개정)
④ 제1항 및 제3항에 따른 교육의 시기·방법, 비용 부담 등에 필요한 사항은 대통령령으로 정한다.(2018.3.13 본항개정)
(2018.3.13 본조제목개정)

제2절 관리규약 등

제18조【관리규약】 ① 특별시장·광역시장·특별자치시장·도지사 또는 특별자치도지사(이하 "시·도지사"라 한다)는 공동주택의 입주자등을 보호하고 주거생활의 질서를 유지하기 위하여 대통령령으로 정하는 바에 따라 공동주택의 관리 또는 사용에 관하여 준거가 되는 관리규약의 준칙을 정하여야 한다.
② 입주자등은 제1항에 따른 관리규약의 준칙을 참조하여 관리규약을 정한다. 이 경우 「주택법」 제35조에 따라 공동주택에 설치하는 어린이집의 임대료 등에 관한 사항은 제1항에 따른 관리규약의 준칙, 어린이집의 안정적 운영, 보육서비스 수준의 향상 등을 고려하여 결정하여야 한다.(2021.8.10 후단개정)
③ 입주자등이 관리규약을 제정·개정하는 방법 등에 필요한 사항은 대통령령으로 정한다.(2016.1.19 본항신설)
④ 관리규약은 입주자등의 지위를 승계한 사람에 대하여

도 그 효력이 있다.
제19조【관리규약 등의 신고】 ① 입주자대표회의의 회장(관리규약의 제정의 경우에는 사업주체 또는 의무관리대상 전환 공동주택의 관리인을 말한다)은 다음 각 호의 사항을 대통령령으로 정하는 바에 따라 시장·군수·구청장에게 신고하여야 하며, 신고한 사항이 변경되는 경우에도 또한 같다. 다만, 의무관리대상 전환 공동주택의 관리인이 관리규약의 제정 신고를 하지 아니하는 경우에는 입주자등의 10분의 1 이상이 연서하여 신고할 수 있다.(2019.4.23 본문개정)
1. 관리규약의 제정·개정
2. 입주자대표회의의 구성·변경
3. 그 밖에 필요한 사항으로서 대통령령으로 정하는 사항
② 시장·군수·구청장은 제1항에 따른 신고를 받은 날부터 7일 이내에 신고수리 여부를 신고인에게 통지하여야 한다.(2021.8.10 본항신설)
③ 시장·군수·구청장이 제2항에서 정한 기간 내에 신고수리 여부 또는 민원 처리 관련 법령에 따른 처리기간의 연장을 신고인에게 통지하지 아니하면 그 기간(민원 처리 관련 법령에 따라 처리기간이 연장 또는 재연장된 경우에는 해당 처리기간을 말한다)이 끝난 날의 다음 날에 신고를 수리한 것으로 본다.(2021.8.10 본항신설)
제20조【층간소음의 방지 등】 ① 공동주택의 입주자등(임대주택의 임차인을 포함한다. 이하 이 조에서 같다)은 공동주택에서 뛰거나 걷는 동작에서 발생하는 소음이나 음향기기를 사용하는 등의 활동에서 발생하는 소음 등 층간소음[벽간소음 등 인접한 세대 간의 소음(대각선에 위치한 세대 간의 소음을 포함한다)을 포함하며, 이하 "층간소음"이라 한다]으로 인하여 다른 입주자등에게 피해를 주지 아니하도록 노력하여야 한다.(2023.10.24 본항개정)
② 제1항에 따른 층간소음으로 피해를 입은 입주자등은 관리주체에게 층간소음 발생 사실을 알리고, 관리주체가 층간소음 피해를 끼친 해당 입주자등에게 층간소음 발생을 중단하거나 소음차단 조치를 권고하도록 요청할 수 있다. 이 경우 관리주체는 사실관계 확인을 위하여 세대 내 확인 등 필요한 조사를 할 수 있다.(2020.6.9 전단개정)
③ 층간소음 피해를 끼친 입주자등은 제2항에 따른 관리주체의 조치 및 권고에 협조하여야 한다.(2017.8.9 본항개정)
④ 제2항에 따른 관리주체의 조치에도 불구하고 층간소음 발생이 계속될 경우에는 층간소음 피해를 입은 입주자등은 제71조에 따른 공동주택관리 분쟁조정위원회나 「환경분쟁 조정법」 제4조에 따른 환경분쟁조정위원회에 조정을 신청할 수 있다.

④ 제2항에 따른 관리주체의 조치에도 불구하고 층간소음 발생이 계속될 경우에는 층간소음 피해를 입은 입주자등은 제7항에 따른 공동주택 층간소음관리위원회에 조정을 신청할 수 있다.(2023.10.24 본항개정 : 2024.10.25 시행)

⑤ 공동주택 층간소음의 범위와 기준은 국토교통부와 환경부의 공동부령으로 정한다.
⑥ 관리주체는 필요한 경우 입주자등을 대상으로 층간소음의 예방, 분쟁의 조정 등을 위한 교육을 실시할 수 있다.
⑦ 입주자등은 필요한 경우 층간소음에 따른 분쟁의 예방, 조정, 교육 등을 위하여 자치적인 조직을 구성하여 운영할 수 있다.

⑦ 입주자등은 층간소음에 따른 분쟁을 예방하고 조정하기 위하여 관리규약으로 정하는 바에 따라 다음 각 호의 업무를 수행하는 공동주택 층간소음관리위원회(이하 "층간소음관리위원회"라 한다)를 구성·운영할 수 있다. 다만, 제2조제1항제2호에 따른 의무관리대상 공동주택 중 대통령령으로 정하는 규모 이상인 경우에는 층간소음관리위원회를 구성하여야 한다.(2023.10.24 본문개정 : 2024.10.25 시행)
1. 층간소음 민원의 청취 및 사실관계 확인
2. 분쟁의 자율적인 중재 및 조정
3. 층간소음 예방을 위한 홍보 및 교육
4. 그 밖에 층간소음 분쟁 방지 및 예방을 위하여 관리규약으로 정하는 업무
(2023.10.24 1호~4호신설 : 2024.10.25 시행)
⑧ 층간소음관리위원회는 다음 각 호의 사람으로 구성한다.
1. 입주자대표회의 또는 임차인대표회의의 구성원
2. 선거관리위원회 위원
3. 제21조에 따른 공동체 생활의 활성화를 위한 단체에서 추천하는 사람
4. 제64조제1항에 따른 관리사무소장
5. 그 밖에 공동주택관리 분야에 관한 전문지식과 경험을 갖춘 사람으로서 관리규약으로 정하거나 지방자치단체의 장이 추천하는 사람
(2023.10.24 본항신설 : 2024.10.25 시행)
⑨ 국토교통부장관은 층간소음의 피해 예방 및 분쟁 해결을 지원하기 위하여 다음 각 호의 업무를 수행하는 기관 또는 단체를 지정하여 고시할 수 있다.
1. 층간소음의 측정 지원
2. 피해사례의 조사·상담
3. 층간소음관리위원회의 구성원에 대한 층간소음 예방 및 분쟁 조정 교육
4. 그 밖에 국토교통부장관 또는 지방자치단체의 장이 층간소음과 관련하여 의뢰하거나 위탁하는 업무
(2023.10.24 본항신설 : 2024.10.25 시행)
⑩ 층간소음관리위원회의 구성원은 제9항에 따라 고시하는 기관 또는 단체에서 실시하는 교육을 성실히 이수하여야 한다. 이 경우 교육의 시기·방법 및 비용 부담 등에 필요한 사항은 대통령령으로 정한다.(2023.10.24 본항신설 : 2024.10.25 시행)
⑪ 층간소음 피해를 입은 입주자등은 관리주체 또는 층간소음관리위원회의 조치에도 불구하고 층간소음 발생이 계속될 경우 제71조에 따른 공동주택관리 분쟁조정위원회나 「환경분쟁 조정법」 제4조에 따른 환경분쟁조정위원회에 조정을 신청할 수 있다.(2023.10.24 본항신설 : 2024.10.25 시행)

제20조의2【간접흡연의 방지 등】 ① 공동주택의 입주자등은 발코니, 화장실 등 세대 내에서의 흡연으로 인하여 다른 입주자등에게 피해를 주지 아니하도록 노력하여야 한다.
② 간접흡연으로 피해를 입은 입주자등은 관리주체에게 간접흡연 발생 사실을 알리고, 관리주체가 간접흡연 피해를 끼친 해당 입주자등에게 일정한 장소에서 흡연을 중단하도록 권고할 것을 요청할 수 있다. 이 경우 관리주체는 사실관계 확인을 위하여 세대 내 확인 등 필요한 조사를 할 수 있다.
③ 간접흡연 피해를 끼친 입주자등은 제2항에 따른 관리주체의 권고에 협조하여야 한다.
④ 관리주체는 필요한 경우 입주자등을 대상으로 간접흡연의 예방, 분쟁의 조정 등을 위한 교육을 실시할 수 있다.
⑤ 입주자등은 필요한 경우 간접흡연에 따른 분쟁의 예방, 조정, 교육 등을 위하여 자치적인 조직을 구성하여 운영할 수 있다.
(2017.8.9 본조신설)
제21조【공동체 생활의 활성화】 ① 공동주택의 입주자등은 입주자등의 소통 및 화합 증진 등을 위하여 필요한 활동을 자율적으로 실시할 수 있고, 이를 위하여 필요한 조직을 구성하여 운영할 수 있다.
② 입주자대표회의 또는 관리주체는 공동체 생활의 활성화에 필요한 경비의 일부를 재활용품의 매각 수입 등 공동주택을 관리하면서 부수적으로 발생하는 수입에서 지원할 수 있다.
③ 제2항에 따른 경비의 지원은 관리규약으로 정하거나 관리규약에 위배되지 아니하는 범위에서 입주자대표회의의 의결로 정한다.
제22조【전자적 방법을 통한 의사결정】 ① 입주자등은 동별 대표자나 입주자대표회의의 임원을 선출하는 등 공동주택의 관리와 관련하여 의사를 결정하는 경우(서면동의에 의하여 의사를 결정하는 경우를 포함한다) 대통령령으로 정하는 바에 따라 전자적 방법(「전자문서 및 전자거래 기본법」 제2조제2호에 따른 정보처리시스템을 사용하거나 그 밖에 정보통신기술을 이용하는 방법을 말한다. 이하 같다)을 통하여 그 의사를 결정할 수 있다.(2021.4.13 본항개정)
② 의무관리대상 공동주택의 입주자대표회의, 관리주체 및 선거관리위원회는 입주자등의 참여를 확대하기 위하여 제1항에 따른 공동주택의 관리와 관련한 의사결정에 대하여 전자적 방법을 우선적으로 이용하도록 노력하여야 한다.(2021.4.13 본항신설)

제4장 관리비 및 회계운영

제23조【관리비 등의 납부 및 공개 등】 ① 의무관리대상 공동주택의 입주자등은 그 공동주택의 유지관리를 위하여 필요한 관리비를 관리주체에게 납부하여야 한다.
② 제1항에 따른 관리비의 내용 등에 필요한 사항은 대통령령으로 정한다.
③ 제1항에 따른 관리주체는 입주자등이 납부하는 대통령령으로 정하는 사용료 등을 입주자등을 대행하여 그 사용료 등을 받을 자에게 납부할 수 있다.
④ 제1항에 따른 관리주체는 다음 각 호의 내역(항목별 산출내역을 말하며, 세대별 부과내역은 제외한다)을 대통령령으로 정하는 바에 따라 해당 공동주택단지의 인터넷 홈페이지(인터넷 홈페이지가 없는 경우에는 인터넷 포털을 통하여 관리주체가 운영·통제하는 유사한 기능의 웹사이트 또는 관리사무소의 게시판을 말한다. 이하 같다) 및 동별 게시판(통로별 게시판이 설치된 경우에는 이를 포함한다. 이하 같다)과 제88조제1항에 따라 국토교통부장관이 구축·운영하는 공동주택관리정보시스템(이하 "공동주택관리정보시스템"이라 한다)에 공개하여야 한다. 다만, 공동주택관리정보시스템에 공개하기 곤란한 경우로서 대통령령으로 정하는 경우에는 해당 공동주택단지의 인터넷 홈페이지 및 동별 게시판에만 공개할 수 있다.(2019.4.23 본문개정)
1. 제2항에 따른 관리비
2. 제3항에 따른 사용료 등
3. 제30조제1항에 따른 장기수선충당금과 그 적립금액
4. 그 밖에 대통령령으로 정하는 사항
⑤ 의무관리대상이 아닌 공동주택으로서 대통령령으로 정하는 세대 수 이상인 공동주택의 관리인은 관리비 등의 내역을 제4항의 공개방법에 따라 공개하여야 한다. 이 경우 공동주택관리정보시스템 공개는 생략할 수 있으며, 구체적인 공개 내역·기한 등은 대통령령으로 정한다.(2019.4.23 본항신설)

⑤ 의무관리대상이 아닌 공동주택으로서 대통령령으로 정하는 세대 수 이상인 공동주택의 관리인은 관리비 등의 내역을 제4항의 공개방법에 따라 공개하여야 한다. 이 경우 대통령령으로 정하는 세대 수 미만의 공동주택 관리인은 공동주택관리정보시스템 공개를 생략할 수 있으며, 구체적인 공개 내역·기한 등은 대통령령으로 정한다.(2023.10.24 후단개정 : 2024.10.25 시행)

⑥ 지방자치단체의 장은 제4항에 따라 공동주택관리정보시스템에 공개된 관리비 등의 적정성을 확인하기 위하여 필요한 경우 관리비 등의 내역에 대한 점검을 대통령령으로 정하는 기관 또는 법인으로 하여금 수행하게 할 수 있다.(2023.10.24 본항신설)
⑦ 지방자치단체의 장은 제6항에 따른 점검 결과에 따라 관리비 등의 내역이 부적정하다고 판단되는 경우 공동주택의 입주자대표회의 및 관리주체에게 개선을 권고할 수 있다.(2023.10.24 본항신설)
⑧ 제6항에 따른 점검의 내용·방법·절차 및 제7항에 따른 개선 권고 등에 필요한 사항은 국토교통부령으로 정한다.(2023.10.24 본항신설)
제24조【관리비예치금】 ① 관리주체는 해당 공동주택의 공용부분의 관리 및 운영 등에 필요한 경비(이하 "관리비예치금"이라 한다)를 공동주택의 소유자로부터 징수할 수 있다.
② 관리주체는 소유자가 공동주택의 소유권을 상실한 경우에는 제1항에 따라 징수한 관리비예치금을 반환하여야 한다. 다만, 소유자가 관리비·사용료 및 장기수선충당금 등을 미납한 때에는 관리비예치금에서 정산한 후 그 잔액을 반환할 수 있다.
③ 관리비예치금의 징수·관리 및 운영 등에 필요한 사항은 대통령령으로 정한다.
제25조【관리비등의 집행을 위한 사업자 선정】 의무관리대상 공동주택의 관리주체 또는 입주자대표회의가 제23조제4항제1호부터 제3호까지의 어느 하나에 해당하는 금전 또는 제38조제1항에 따른 하자보수보증금과 그 밖에 해당 공동주택단지에서 발생하는 모든 수입에 따른 금전(이하 "관리비등"이라 한다)을 집행하기 위하여 사업자를 선정하려는 경우 다음 각 호의 기준을 따라야 한다.
1. 전자입찰방식으로 사업자를 선정할 것. 다만, 선정방법 등이 전자입찰방식을 적용하기 곤란한 경우로서 국토교통부장관이 정하여 고시하는 경우에는 전자입찰방식으로 선정하지 아니할 수 있다.
2. 그 밖에 입찰의 방법 등 대통령령으로 정하는 방식을 따를 것
제26조【회계감사】 ① 의무관리대상 공동주택의 관리주체는 대통령령으로 정하는 바에 따라 「주식회사 등의 외부감사에 관한 법률」 제2조제7호에 따른 감사인(이하 이 조에서 "감사인"이라 한다)의 회계감사를 매년 1회 이상 받아야 한다. 다만, 다음 각 호의 구분에 따른 연도에는 그러하지 아니하다.(2022.6.10 본문개정)
1. 300세대 이상인 공동주택 : 해당 연도에 회계감사를 받지 아니하기로 입주자등의 3분의 2 이상의 서면동의를 받은 경우 그 연도
2. 300세대 미만인 공동주택 : 해당 연도에 회계감사를 받지 아니하기로 입주자등의 과반수의 서면동의를 받은 경우 그 연도
(2022.6.10 1호~2호신설)
② (2022.6.10 삭제)
③ 관리주체는 제1항에 따라 회계감사를 받은 경우에는 감사보고서 등 회계감사의 결과를 제출받은 날부터 1개월 이내에 입주자대표회의에 보고하고 해당 공동주택단지의 인터넷 홈페이지 및 동별 게시판에 공개하여야 한다.(2022.6.10 본항개정)
④ 제1항에 따른 회계감사의 감사인은 입주자대표회의가 선정한다. 이 경우 입주자대표회의는 시장·군수·구청장 또는 「공인회계사법」 제41조에 따른 한국공인회계사회에 감사인의 추천을 의뢰할 수 있으며, 입주자등의 10분의 1 이상이 연서하여 감사인의 추천을 요구하는 경우 입주자대표회의는 감사인의 추천을 의뢰한 후 추천을 받은 자 중에서 감사인을 선정하여야 한다.(2022.6.10 전단개정)
⑤ 제1항에 따라 회계감사를 받는 관리주체는 다음 각 호의 어느 하나에 해당하는 행위를 하여서는 아니 된다.(2022.6.10 본문개정)
1. 정당한 사유 없이 감사인의 자료열람·등사·제출 요구 또는 조사를 거부·방해·기피하는 행위
2. 감사인에게 거짓 자료를 제출하는 등 부정한 방법으로 회계감사를 방해하는 행위
⑥ 제1항에 따른 회계감사의 감사인은 회계감사 완료일부터 1개월 이내에 회계감사 결과를 해당 공동주택을 관할하는 시장·군수·구청장에게 제출하고 공동주택관리정보시스템에 공개하여야 한다.(2022.6.10 본항개정)
⑦ 관리주체는 제1항 단서에 따라 서면동의를 받으려는 경우에는 회계감사를 받지 아니할 사유를 입주자등이 명확히 알 수 있도록 동의서에 기재하여야 한다.
(2022.6.10 본항신설)

⑧ 관리주체는 제7항에 따른 동의서를 관리규약으로 정하는 바에 따라 보관하여야 한다.(2022.6.10 본항신설)

제27조【회계서류 등의 작성·보관 및 공개 등】 ① 의무관리대상 공동주택의 관리주체는 다음 각 호의 구분에 따른 기간 동안 해당 장부 및 증빙서류를 보관하여야 한다. 이 경우 관리주체는 「전자문서 및 전자거래 기본법」 제2조제2호에 따른 정보처리시스템을 통하여 장부 및 증빙서류를 작성하거나 보관할 수 있다.(2022.6.10 전단개정)

1. 관리비등의 징수·보관·예치·집행 등 모든 거래 행위에 관하여 월별로 작성한 장부 및 그 증빙서류 : 해당 회계연도 종료일부터 5년간
2. 제7조 및 제25조에 따른 주택관리업자 및 사업자 선정 관련 증빙서류 : 해당 계약 체결일부터 5년간

(2022.6.10 1호~2호신설)

② 국토교통부장관은 제1항제1호에 따른 회계서류에 필요한 사항을 정하여 고시할 수 있다.(2022.6.10 본항개정)

③ 제1항에 따른 관리주체는 입주자등이 제1항에 따른 장부나 증빙서류, 그 밖에 대통령령으로 정하는 정보의 열람을 요구하거나 자기의 비용으로 복사를 요구하는 때에는 관리규약으로 정하는 바에 따라 이에 응하여야 한다. 다만, 다음 각 호의 정보는 제외하고 요구에 응하여야 한다.

1. 「개인정보 보호법」 제24조에 따른 고유식별정보 등 개인의 사생활의 비밀 또는 자유를 침해할 우려가 있는 정보
2. 의사결정과정 또는 내부검토과정에 있는 사항 등으로서 공개될 경우 업무의 공정한 수행에 현저한 지장을 초래할 우려가 있는 정보

(2022.6.10 본조제목개정)

제28조【계약서의 공개】 의무관리대상 공동주택의 관리주체 또는 입주자대표회의는 제7조제1항 또는 제25조에 따라 선정한 주택관리업자 또는 공사, 용역 등을 수행하는 사업자와 계약을 체결하는 경우 계약 체결일부터 1개월 이내에 그 계약서를 해당 공동주택단지의 인터넷 홈페이지 및 동별 게시판에 공개하여야 한다. 이 경우 제27조제3항제1호의 정보는 제외하고 공개하여야 한다.
(2021.8.10 후단개정)

제5장 시설관리 및 행위허가

제29조【장기수선계획】 ① 다음 각 호의 어느 하나에 해당하는 공동주택을 건설·공급하는 사업주체(「건축법」 제11조에 따른 건축허가를 받아 주택 외의 시설과 주택을 동일 건축물로 건축하는 건축주를 포함한다. 이하 이 조에서 같다) 또는 「주택법」 제66조제1항 및 제2항에 따라 리모델링을 하는 자는 대통령령으로 정하는 바에 따라 그 공동주택의 공용부분에 대한 장기수선계획을 수립하여 「주택법」 제49조에 따른 사용검사(제4호의 경우에는 「건축법」 제22조에 따른 사용승인을 말한다. 이하 이 조에서 같다)를 신청할 때에 사용검사권자에게 제출하고, 사용검사권자는 이를 그 공동주택의 관리주체에게 인계하여야 한다. 이 경우 사용검사권자는 사업주체 또는 리모델링을 하는 자에게 장기수선계획의 보완을 요구할 수 있다.(2016.1.19 전단개정)

1. 300세대 이상의 공동주택
2. 승강기가 설치된 공동주택
3. 중앙집중식 난방방식 또는 지역난방방식의 공동주택
4. 「건축법」 제11조에 따른 건축허가를 받아 주택 외의 시설과 주택을 동일 건축물로 건축한 건축물

② 입주자대표회의와 관리주체는 장기수선계획을 3년마다 검토하고, 필요한 경우 이를 국토교통부령으로 정하는 바에 따라 조정하여야 하며, 수립 또는 조정된 장기수선계획에 따라 주요시설을 교체하거나 보수하여야 한다. 이 경우 입주자대표회의와 관리주체는 장기수선계획에 대한 검토사항을 기록하고 보관하여야 한다.

③ 입주자대표회의와 관리주체는 주요시설을 신설하는 등 관리여건상 필요하여 전체 입주자 과반수의 서면동의를 받은 경우에는 3년이 지나기 전에 장기수선계획을 조정할 수 있다.(2020.6.9 본항개정)

④ 관리주체는 장기수선계획을 검토하기 전에 해당 공동주택의 관리사무소장으로 하여금 국토교통부령으로 정하는 바에 따라 시·도지사가 실시하는 장기수선계획의 비용산출 및 공사방법 등에 관한 교육을 받게 할 수 있다.

제30조【장기수선충당금의 적립】 ① 관리주체는 장기수선계획에 따라 공동주택의 주요 시설의 교체 및 보수에 필요한 장기수선충당금을 해당 주택의 소유자로부터 징수하여 적립하여야 한다.

② 장기수선충당금의 사용은 장기수선계획에 따른다. 다만, 해당 공동주택의 입주자 과반수의 서면동의가 있는 경우에는 다음 각 호의 용도로 사용할 수 있다.

1. 제45조에 따른 조정등의 비용
2. 제48조에 따른 하자진단 및 감정에 드는 비용
3. 제1호 또는 제2호의 비용을 청구하는 데 드는 비용

③ 제1항에 따른 주요 시설의 범위, 교체·보수의 시기 및 방법 등에 필요한 사항은 국토교통부령으로 정한다.

④ 장기수선충당금의 요율·산정방법·적립방법 및 사용절차와 사후관리 등에 필요한 사항은 대통령령으로 정한다.

제31조【설계도서의 보관 등】 의무관리대상 공동주택의 관리주체는 공동주택의 체계적인 유지관리를 위하여 대통령령으로 정하는 바에 따라 공동주택의 설계도서 등을 보관하고, 공동주택 시설의 교체·보수 등의 내용을 기록·보관·유지하여야 한다.

제32조【안전관리계획 및 교육 등】 ① 의무관리대상 공동주택의 관리주체는 해당 공동주택의 시설물로 인한 안전사고를 예방하기 위하여 대통령령으로 정하는 바에 따라 안전관리계획을 수립하고, 이에 따라 시설물별로 안전관리자 및 안전관리책임자를 지정하여 이를 시행하여야 한다.

② 다음 각 호의 사람은 국토교통부령으로 정하는 바에 따라 공동주택단지의 각종 안전사고의 예방과 방범을 위하여 시장·군수·구청장이 실시하는 방범교육 및 안전교육을 받아야 한다.

1. 경비업무에 종사하는 사람
2. 제1항의 안전관리계획에 따라 시설물 안전관리자 및 안전관리책임자로 선정된 사람

③ 시장·군수·구청장은 제2항에 따른 방범교육 및 안전교육을 국토교통부령으로 정하는 바에 따라 다음 각 호의 구분에 따른 기관 또는 법인에 위임하거나 위탁하여 실시할 수 있다.

1. 방범교육 : 관할 경찰서장 또는 제89조제2항에 따라 인정받은 법인
2. 소방에 관한 안전교육 : 관할 소방서장 또는 제89조제2항에 따라 인정받은 법인
3. 시설물에 관한 안전교육 : 제89조제2항에 따라 인정받은 법인

제33조【안전점검】 ① 의무관리대상 공동주택의 관리주체는 그 공동주택의 기능유지와 안전성 확보로 입주자등을 재해 및 재난 등으로부터 보호하기 위하여 「시설물의 안전 및 유지관리에 관한 특별법」 제21조에 따른 지침에서 정하는 안전점검의 실시 방법 및 절차 등에 따라 공동주택의 안전점검을 실시하여야 한다. 다만, 16층 이상의 공동주택 및 사용연수, 세대수, 안전등급, 층수 등을 고려하여 대통령령으로 정하는 15층 이하의 공동주택에 대하여는 대통령령으로 정하는 자로 하여금 안전점검을 실시하도록 하여야 한다.(2017.1.17 본문개정)

② 제1항에 따른 관리주체는 안전점검의 결과 건축물의 구조·설비의 안전도가 매우 낮아 재해 및 재난 등이 발생할 우려가 있는 경우에는 지체 없이 입주자대표회의(임대주택은 임대사업자를 말한다. 이하 이 조에서 같다)에 그 사실을 통보한 후 대통령령으로 정하는 바에 따라 시장·군수·구청장에게 그 사실을 보고하고, 해당 건축물의 이용 제한 또는 보수 등 필요한 조치를 하여야 한다.

③ 의무관리대상 공동주택의 입주자대표회의 및 관리주체는 건축물과 공중의 안전 확보를 위하여 건축물의 안전점검과 재난예방에 필요한 예산을 매년 확보하여야 한다.

④ 공동주택의 안전점검 방법, 안전점검의 실시 시기, 안전점검을 위한 보유 장비, 그 밖에 안전점검에 필요한 사항은 대통령령으로 정한다.

제34조【소규모 공동주택의 안전관리】 지방자치단체의 장은 의무관리대상 공동주택에 해당하지 아니하는 공동주택(이하 "소규모 공동주택"이라 한다)의 관리와 안전사고의 예방 등을 위하여 다음 각 호의 업무를 할 수 있다.
(2023.10.24 본문개정)

1. 제32조에 따른 시설물에 대한 안전관리계획의 수립 및 시행
2. 제33조에 따른 공동주택에 대한 안전점검
3. 그 밖에 지방자치단체의 조례로 정하는 사항

제34조의2【소규모 공동주택의 층간소음 상담 등】 ① 지방자치단체의 장은 소규모 공동주택에서 발생하는 층간소음 분쟁의 예방 및 자율적인 조정을 위하여 조례로 정하는 바에 따라 소규모 공동주택 입주자등을 대상으로 층간소음 상담·진단 및 교육 등의 지원을 할 수 있다.

② 지방자치단체의 장은 제1항에 따른 층간소음 상담·진단 및 교육 등의 지원을 위하여 필요한 경우 관계 중앙행정기관의 장 또는 지방자치단체의 장이 인정하는 기관 또는 단체에 협조를 요청할 수 있다.
(2023.10.24 본조신설)

제35조【행위허가 기준 등】 ① 공동주택(일반인에게 분양되는 복리시설을 포함한다. 이하 이 조에서 같다)의 입주자등 또는 관리주체가 다음 각 호의 어느 하나에 해당하는 행위를 하려는 경우에는 허가 또는 신고와 관련된 면적, 세대수 또는 입주자나 입주자등의 동의 비율에 관하여 대통령령으로 정하는 기준 및 절차 등에 따라 시장·군수·구청장의 허가를 받거나 시장·군수·구청장에게 신고를 하여야 한다.

1. 공동주택을 사업계획에 따른 용도 외의 용도에 사용하는 행위
2. 공동주택을 증축·개축·대수선하는 행위(「주택법」에 따른 리모델링은 제외한다)
3. 공동주택을 파손하거나 해당 시설의 전부 또는 일부를 철거하는 행위(국토교통부령으로 정하는 경미한 행위는 제외한다)(2021.8.10 본호개정)

3의2. 「주택법」 제2조제19호에 따른 세대구분형 공동주택을 설치하는 행위(2019.4.23 본호신설)

4. 그 밖에 공동주택의 효율적 관리에 지장을 주는 행위로서 대통령령으로 정하는 행위

② 시장·군수·구청장은 제1항에 따른 신고를 받은 경우 그 내용을 검토하여 이 법에 적합하면 신고를 수리하여야 한다.(2021.8.10 본항신설)

③ 제1항에 따른 행위에 관하여 시장·군수·구청장이 관계 행정기관의 장과 협의하여 허가를 하거나 신고의 수리를 한 사항에 관하여는 「주택법」 제19조를 준용하며, 「건축법」 제19조에 따른 신고의 수리를 한 것으로 본다.
(2021.8.10 본항개정)

④ 공동주택의 시공 또는 감리 업무를 수행하는 자는 공동주택의 입주자등 또는 관리주체가 허가를 받거나 신고를 하지 아니하고 제1항 각 호의 어느 하나에 해당하는 행위를 하는 경우 그 행위에 협조하여 공동주택의 시공 또는 감리 업무를 수행하여서는 아니 된다. 이 경우 공동주택의 시공 또는 감리 업무를 수행하는 자는 입주자등 또는 관리주체가 허가를 받거나 신고를 하였는지를 사전에 확인하여야 한다.

⑤ 공동주택의 입주자등 또는 관리주체가 제1항에 따른 행위에 관하여 시장·군수·구청장의 허가를 받거나 신고를 한 후 그 공사를 완료하였을 때에는 시장·군수·구청장의 사용검사를 받아야 하며, 사용검사에 관하여는 「주택법」 제49조를 준용한다.(2016.1.19 본항개정)

⑥ 시장·군수·구청장은 제1항에 해당하는 자가 거짓이나 그 밖의 부정한 방법으로 제1항부터 제3항까지에 따른 허가를 받거나 신고를 한 경우에는 그 허가나 신고의 수리를 취소할 수 있다.(2021.8.10 본항개정)

제6장 하자담보책임 및 하자분쟁조정

제1절 하자담보책임 및 하자보수

제36조【하자담보책임】 ① 다음 각 호의 사업주체(이하 이 장에서 "사업주체"라 한다)는 공동주택의 하자에 대하여 분양에 따른 담보책임(제3호 및 제4호의 시공자는 수급인의 담보책임을 말한다)을 진다.

1. 「주택법」 제2조제10호 각 목에 따른 자
2. 「건축법」 제11조에 따른 건축허가를 받아 분양을 목적으로 하는 공동주택을 건축한 건축주
3. 제35조제1항제2호에 따른 행위를 한 시공자
4. 「주택법」 제66조에 따른 리모델링을 수행한 시공자

(2017.4.18 본항개정)

② 제1항에도 불구하고 「공공주택 특별법」 제2조제1호가목에 따라 임대한 후 분양전환을 할 목적으로 공급하는 공동주택(이하 "공공임대주택"이라 한다)을 공급한 제1항제1호의 사업주체는 분양전환이 되기 전까지는 임차인에 대하여 하자보수에 대한 담보책임(제37조제2항에 따른 손해배상책임은 제외한다)을 진다.(2020.6.9 본항개정)

③ 제1항 및 제2항에 따른 담보책임의 기간(이하 "담보책임기간"이라 한다)은 하자의 중대성, 시설물의 사용 가능 햇수 및 교체 가능성 등을 고려하여 공동주택의 내력구조부별 및 시설공사별로 10년의 범위에서 대통령령으로 정한다. 이 경우 담보책임기간은 다음 각 호의 날부터 기산한다.(2020.6.9 전단개정)

1. 전유부분 : 입주자(제2항에 따른 담보책임의 경우에는 임차인)에게 인도한 날(2017.4.18 본호개정)
2. 공용부분 : 「주택법」 제49조에 따른 사용검사일(같은 법 제49조제4항 단서에 따라 공동주택의 전부에 대하여 임시 사용승인을 받은 경우에는 그 임시 사용승인일을 말하고, 같은 법 제49조제1항 단서에 따라 분할 사용검사나 동별 사용검사를 받은 경우에는 그 분할 사용검사일 또는 동별 사용검사일을 말한다) 또는 「건축법」 제22조에 따른 공동주택의 사용승인일(2016.1.19 본호개정)

④ 제1항의 하자(이하 "하자"라 한다)는 공사상 잘못으로 인하여 균열·침하(沈下)·파손·들뜸·누수 등이 발생하여 건축물 또는 시설물의 안전상·기능상 또는 미관상의 지장을 초래할 정도의 결함을 말하며, 그 구체적인 범위는 대통령령으로 정한다.

제37조【하자보수 등】 ① 사업주체(「건설산업기본법」 제28조에 따라 하자담보책임이 있는 자로서 제36조제1항에 따른 사업주체로부터 건설공사를 일괄 도급받아 건설공사를 수행한 자가 따로 있는 경우에는 그 자를 말한다. 이하 이 장에서 같다)는 담보책임기간에 하자가 발생한 경우에는 해당 공동주택의 제1호부터 제4호까지에 해당하는 자(이하 이 장에서 "입주자대표회의등"이라 한다) 또는 제5호에 해당하는 자의 청구에 따라 그 하자를 보수하여야 한다. 이 경우 하자보수의 절차 및 종료 등에 필요한 사항은 대통령령으로 정한다.(2017.4.18 전단개정)

1. 입주자
2. 입주자대표회의
3. 관리주체(하자보수청구 등에 관하여 입주자 또는 입주자대표회의를 대행하는 관리주체를 말한다)
4. 「집합건물의 소유 및 관리에 관한 법률」에 따른 관리단
5. 공공임대주택의 임차인 또는 임차인대표회의(이하 "임차인등"이라 한다)(2017.4.18 본호신설)

② 사업주체는 담보책임기간에 공동주택에 하자가 발생한 경우에는 하자 발생으로 인한 손해를 배상할 책임이 있다. 이 경우 손해배상책임에 관하여는 「민법」 제667조를 준용한다.(2017.4.18 본항개정)

③ 제1항에 따라 청구된 하자의 보수와 제2항에 따른 손해배상책임을 위하여 필요한 하자의 조사방법 및 기준,

하자 보수비용의 산정방법 등에 관하여는 제39조제4항에 따라 정하는 하자판정에 관한 기준을 준용할 수 있다. (2020.12.8 본항신설)
④ 시장·군수·구청장은 담보책임기간에 공동주택의 구조안전에 중대한 하자가 있다고 인정하는 경우에는 안전진단기관에 의뢰하여 안전진단을 할 수 있다. 이 경우 안전진단의 대상·절차 및 비용 부담에 관한 사항과 안전진단 실시기관의 범위 등에 필요한 사항은 대통령령으로 정한다.
⑤ 시장·군수·구청장은 제1항에 따라 입주자대표회의등 및 임차인등이 하자보수를 청구한 사항에 대하여 사업주체가 정당한 사유 없이 따르지 아니할 때에는 시정을 명할 수 있다.(2020.6.9 본항개정)

제38조【하자보수보증금의 예치 및 사용】 ① 사업주체는 대통령령으로 정하는 바에 따라 하자보수를 보장하기 위하여 하자보수보증금을 담보책임기간(보증기간은 공용부분을 기준으로 기산한다) 동안 예치하여야 한다. 다만, 국가·지방자치단체·한국토지주택공사 및 지방공사인 사업주체의 경우에는 그러하지 아니하다.(2017.4.18 본문개정)
② 입주자대표회의등은 제1항에 따른 하자보수보증금을 제39조에 따른 하자심사·분쟁조정위원회의 하자 여부 판정 등에 따른 하자보수비용 등 대통령령으로 정하는 용도로만 사용하여야 하며, 의무관리대상 공동주택의 경우에는 하자보수보증금의 사용 후 30일 이내에 그 사용내역을 국토교통부령으로 정하는 바에 따라 시장·군수·구청장에게 신고하여야 한다.
③ 제1항에 따른 하자보수보증금을 예치받은 자(이하 "하자보수보증금의 보증서 발급기관"이라 한다)는 하자보수보증금을 의무관리대상 공동주택의 입주자대표회의에 지급한 날부터 30일 이내에 지급 내역을 국토교통부령으로 정하는 바에 따라 관할 시장·군수·구청장에게 통보하여야 한다.(2017.4.18 본항신설)
④ 시장·군수·구청장은 제2항에 따른 하자보수보증금 사용내역과 제3항에 따른 하자보수보증금 지급 내역을 매년 국토교통부령으로 정하는 바에 따라 국토교통부장관에게 제공하여야 한다.(2020.10.20 본항신설)
⑤ 하자보수보증금의 지급을 위하여 필요한 하자의 조사방법 및 기준, 하자 보수비용의 산정방법 등에 관하여는 제39조제4항에 따라 정하는 하자판정에 관한 기준을 준용할 수 있다.(2020.12.8 본항신설)
⑥ 제1항부터 제3항까지에서 규정한 사항 외에 하자보수보증금의 예치금액·증서의 보관, 청구요건, 지급시기·기준 및 반환 등에 필요한 사항은 대통령령으로 정한다. (2020.10.20 본항개정)

제38조의2【하자보수청구 서류 등의 보관 등】 ① 하자보수청구 등에 관하여 입주자 또는 입주자대표회의를 대행하는 관리주체(제2조제1항제10호가목부터 다목까지의 규정에 따른 관리주체를 말한다. 이하 이 조에서 같다)는 하자보수 이력, 담보책임기간 준수 여부 등의 확인에 필요한 것으로서 하자보수청구 서류 등 대통령령으로 정하는 서류를 대통령령으로 정하는 바에 따라 보관하여야 한다.
② 제1항에 따라 하자보수청구 서류 등을 보관하는 관리주체는 입주자 또는 입주자대표회의가 해당 하자보수청구 서류 등의 제공을 요구하는 경우 대통령령으로 정하는 바에 따라 이를 제공하여야 한다.
③ 공동주택의 관리주체가 변경되는 경우 기존 관리주체는 새로운 관리주체에게 제13조제1항을 준용하여 해당 공동주택의 하자보수청구 서류 등을 인계하여야 한다. (2020.12.8 본조신설)

제2절 하자심사·분쟁조정 및 분쟁재정
(2020.12.8 본절제목개정)

제39조【하자심사·분쟁조정위원회의 설치 등】 ① 제36조부터 제38조까지에 따른 담보책임 및 하자보수 등과 관련한 제2항의 사무를 관장하기 위하여 국토교통부에 하자심사·분쟁조정위원회(이하 "하자분쟁조정위원회"라 한다)를 둔다.(2020.12.8 본항개정)
② 하자분쟁조정위원회의 사무는 다음 각 호와 같다.
1. 하자 여부 판정
2. 하자담보책임 및 하자보수 등에 대한 사업주체·하자보수보증금의 보증서 발급기관(이하 "사업주체등"이라 한다)과 입주자대표회의등·임차인등 간의 분쟁의 조정 및 재정(2020.12.8 본호개정)
3. 하자의 책임범위 등에 대하여 사업주체등·설계자·감리자 및 「건설산업기본법」 제2조제13호·제14호에 따른 수급인·하수급인 간에 발생하는 분쟁의 조정 및 재정(2022.6.10 본호개정)
4. 다른 법령에서 하자분쟁조정위원회의 사무로 규정된 사항
③ 하자분쟁조정위원회에 하자심사·분쟁조정 또는 분쟁재정(이하 "조정등"이라 한다)을 신청하려는 자는 국토교통부령으로 정하는 바에 따라 신청서를 제출하여야 한다.(2020.12.8 본항개정)
④ 제3항에 따라 신청된 조정등을 위하여 필요한 하자의 조사방법 및 기준, 하자 보수비용의 산정방법 등이 포함된 하자판정에 관한 기준은 대통령령으로 정한다. (2020.12.8 본항개정)
(2020.12.8 본조제목개정)

제40조【하자분쟁조정위원회의 구성 등】 ① 하자분쟁조정위원회는 위원장 1명을 포함한 60명 이내의 위원으로 구성하며, 위원장은 상임으로 한다.(2020.12.8 본항개정)
② 하자분쟁조정위원회에 하자 여부 판정, 분쟁조정 및 분쟁재정을 전문적으로 다루는 분과위원회를 둔다. (2020.12.8 본항개정)
③ 하자 여부 판정 또는 분쟁조정을 다루는 분과위원회는 하자분쟁조정위원회의 위원장(이하 "위원장"이라 한다)이 지명하는 9명 이상 15명 이하의 위원으로 구성한다. (2020.12.8 본항신설)
④ 분쟁재정을 다루는 분과위원회는 위원장이 지명하는 5명의 위원으로 구성하되, 제7항제3호에 해당하는 사람이 1명 이상 포함되어야 한다.(2020.12.8 본항신설)
⑤ 위원장 및 분과위원회의 위원장(이하 "분과위원장"이라 한다)은 국토교통부장관이 임명한다.
⑥ 위원장은 분과위원회별로 사건의 심리 등을 위하여 전문분야 등을 고려하여 3명 이상 5명 이하의 위원으로 소위원회를 구성할 수 있다. 이 경우 위원장이 해당 분과위원회 위원 중에서 소위원회의 위원장(이하 "소위원장"이라 한다)을 지명한다.
⑦ 하자분쟁조정위원회의 위원은 공동주택 하자에 관한 학식과 경험이 풍부한 사람으로서 다음 각 호의 어느 하나에 해당하는 사람 중에서 국토교통부장관이 임명 또는 위촉한다. 이 경우 제3호에 해당하는 사람이 9명 이상 포함되어야 한다.(2020.12.8 후단개정)
1. 1급부터 4급까지 상당의 공무원 또는 고위공무원단에 속하는 공무원이거나 이와 같은 직에 재직한 사람 (2017.4.18 본호개정)
2. 공인된 대학이나 연구기관에서 부교수 이상 또는 이에 상당하는 직에 재직한 사람
3. 판사·검사 또는 변호사의 직에 6년 이상 재직한 사람
4. 건설공사, 전기공사, 정보통신공사, 소방시설공사, 시설물 정밀안전진단 또는 감정평가에 관한 전문적 지식을 갖추고 그 업무에 10년 이상 종사한 사람(2017.4.18 본호개정)
5. 주택관리사로서 공동주택의 관리사무소장으로 10년 이상 근무한 사람
6. 「건축사법」 제23조제1항에 따라 신고한 건축사 또는 「기술사법」 제6조제1항에 따라 등록한 기술사로서 그 업무에 10년 이상 종사한 사람
7. (2017.4.18 삭제)
⑧ 위원장과 공무원이 아닌 위원의 임기는 2년으로 하되 연임할 수 있으며, 보궐위원의 임기는 전임자의 남은 임기로 한다.
⑨ 하자분쟁조정위원회의 위원 중 공무원이 아닌 위원은 다음 각 호에 해당하는 경우를 제외하고는 본인의 의사에 반하여 해촉되지 아니한다.
1. 신체상 또는 정신상의 장애로 직무를 수행할 수 없는 경우
2. 「국가공무원법」 제33조 각 호의 어느 하나에 해당하는 경우
3. 그 밖에 직무상의 의무 위반 등 대통령령으로 정하는 해촉 사유에 해당하는 경우
⑩ 위원장은 하자분쟁조정위원회를 대표하고 그 직무를 총괄한다. 다만, 위원장이 부득이한 사유로 직무를 수행할 수 없는 경우에는 위원장이 미리 지명한 분과위원장 순으로 그 직무를 대행한다.

제41조【위원의 제척 등】 ① 하자분쟁조정위원회의 위원이 다음 각 호의 어느 하나에 해당하는 경우에는 그 사건의 조정등에서 제척된다.
1. 위원 또는 그 배우자나 배우자였던 사람이 해당 사건의 당사자가 되거나 해당 사건에 관하여 공동의 권리자 또는 의무자의 관계에 있는 경우
2. 위원이 해당 사건의 당사자와 친족관계에 있거나 있었던 경우
3. 위원이 해당 사건에 관하여 증언이나 제48조에 따른 하자진단 또는 하자감정을 한 경우
4. 위원이 해당 사건에 관하여 당사자의 대리인으로서 관여하였거나 관여한 경우
5. 위원이 해당 사건의 원인이 된 처분 또는 부작위에 관여한 경우
6. 위원이 최근 3년 이내에 해당 사건의 당사자인 법인 또는 단체의 임원 또는 직원으로 재직하거나 재직하였던 경우(2021.8.10 본호신설)
7. 위원이 속한 법인 또는 단체(최근 3년 이내에 속하였던 경우를 포함한다)가 해당 사건에 관하여 설계, 감리, 시공, 자문, 감정 또는 조사를 수행한 경우(2021.8.10 본호신설)
8. 위원이 최근 3년 이내에 해당 사건 당사자인 법인 또는 단체가 발주한 설계, 감리, 시공, 감정 또는 조사를 수행한 경우(2021.8.10 본호신설)
② 하자분쟁조정위원회는 제척의 원인이 있는 경우에는 직권 또는 당사자의 신청에 따라 제척 결정을 하여야 한다.
③ 당사자는 위원에게 공정한 조정등을 기대하기 어려운 사정이 있는 경우에는 하자분쟁조정위원회에 기피신청을 할 수 있으며, 하자분쟁조정위원회는 기피신청이 타당하다고 인정하면 기피 결정을 하여야 한다.
④ 위원은 제1항 또는 제3항의 사유에 해당하는 경우에는 스스로 그 사건의 조정등에서 회피(回避)하여야 한다.
⑤ 하자분쟁조정위원회는 제3항에 따른 기피신청을 받으면 그 신청에 대한 결정을 할 때까지 조정등의 절차를 중지하여야 하고, 기피신청에 대한 결정을 한 경우 지체 없이 당사자에게 통지하여야 한다.(2021.8.10 본항신설)
⑥ 조정등의 절차에 관여하는 제49조제1항에 따른 하자분쟁조정위원회의 운영 및 사무처리를 위한 조직의 직원에 대하여는 제1항부터 제5항까지의 규정을 준용한다. (2021.8.10 본항개정)

제42조【하자분쟁조정위원회 회의 등】 ① 위원장은 전체위원회, 분과위원회 및 소위원회의 회의를 소집하며, 해당 회의의 의장은 다음 각 호의 구분에 따른다.
1. 전체위원회 : 위원장
2. 분과위원회 : 분과위원장. 다만, 제43조제5항에 따른 재심의 등 대통령령으로 정하는 사항을 심의하는 경우에는 위원장이 의장이 된다.
3. 소위원회 : 소위원장
② 전체위원회는 다음 각 호에 해당하는 사항을 심의·의결한다. 이 경우 회의는 재적위원 과반수의 출석으로 개의하고 그 출석위원 과반수의 찬성으로 의결한다.
1. 하자분쟁조정위원회 의사에 관한 규칙의 제정·개정 및 폐지에 관한 사항
2. 분과위원회에서 전체위원회의 심의·의결이 필요하다고 요구하는 사항
3. 그 밖에 위원장이 필요하다고 인정하는 사항
③ 분과위원회는 하자 여부 판정, 분쟁조정 및 분쟁재정 사건을 심의·의결하며, 회의는 그 구성원 과반수(분쟁재정을 다루는 분과위원회의 회의의 경우에는 그 구성원 전원을 말한다)의 출석으로 개의하고 출석위원 과반수의 찬성으로 의결한다. 이 경우 분과위원회에서 의결한 사항은 하자분쟁조정위원회에서 의결한 것으로 본다. (2020.12.8 전단개정)
④ 소위원회는 다음 각 호에 해당하는 사항을 심의·의결하거나, 소관 분과위원회의 사건에 대한 심리 등을 수행하며, 회의는 그 구성원 과반수의 출석으로 개의하고 출석위원 전원의 찬성으로 의결한다. 이 경우 소위원회에서 의결한 사항은 하자분쟁조정위원회에서 의결한 것으로 본다.
1. 1천만원 미만의 소액 사건
2. 전문분야 등을 고려하여 분과위원회에서 소위원회가 의결하도록 결정한 사건
3. 제45조제2항 후단에 따른 조정등의 신청에 대한 각하
4. 당사자 쌍방이 소위원회의 조정안을 수락하기로 합의한 사건
5. 그 밖에 대통령령으로 정하는 단순한 사건
⑤ 하자분쟁조정위원회는 분쟁조정 신청을 받으면 조정절차 계속 중에도 당사자에게 하자보수 및 손해배상 등에 관한 합의를 권고할 수 있다. 이 경우 권고는 조정절차의 진행에 영향을 미치지 아니한다.
⑥ 하자분쟁조정위원회의 의사 및 운영, 조정등의 각하 등에 필요한 사항은 대통령령으로 정한다.(2017.4.18 본항개정)

제42조의2【대리인】 ① 제39조제3항에 따라 조정등을 신청하는 자와 그 상대방은 다음 각 호의 어느 하나에 해당하는 사람을 대리인으로 선임할 수 있다.
1. 변호사
2. 제37조제1항제4호에 따른 관리단의 관리인
3. 제64조제1항에 따른 관리사무소장
4. 당사자의 배우자 또는 4촌 이내의 친족
5. 주택(전유부분에 한정한다)의 사용자
6. 당사자가 국가 또는 지방자치단체인 경우에는 그 소속 공무원
7. 당사자가 법인인 경우에는 그 법인의 임원 또는 직원
② 다음 각 호의 행위에 대하여는 위임자가 특별히 위임하는 것임을 명확히 표현하여야 대리할 수 있다.
1. 신청의 취하
2. 조정안(調停案)의 수락
3. 복대리인(復代理人)의 선임
③ 대리인의 권한은 서면으로 소명(疎明)하여야 한다. (2017.4.18 본조신설)

제43조【하자심사 등】 ① 제42조제3항에 따라 하자 여부 판정을 하는 분과위원회는 하자의 정도에 비하여 그 보수의 비용이 과다하게 소요되어 사건을 제44조에 따른 분쟁조정에 회부하는 것이 적합하다고 인정하는 경우에는 신청인의 의견을 들어 대통령령으로 정하는 바에 따라 분쟁조정을 하는 분과위원회에 송부하여 해당 사건을 조정하게 할 수 있다. 이 경우 하자심사에 소요된 기간은 제45조제1항에 따른 기간 산정에서 제외한다.(2020.6.9 후단개정)
② 하자분쟁조정위원회는 하자 여부를 판정한 때에는 대통령령으로 정하는 사항을 기재하고 위원장이 기명날인한 하자 여부 판정서 정본(正本)을 각 당사자 또는 그 대리인에게 송달하여야 한다.
③ 사업주체는 제2항에 따라 하자 여부 판정서 정본을 송달받은 경우로서 하자가 있는 것으로 판정된 경우(제7항에 따라 하자 여부 판정 결과가 변경된 경우는 제외한다)에는 하자 여부 판정서에 따라 하자를 보수하고, 그 결과를 지체 없이 대통령령으로 정하는 바에 따라 하자분쟁조정위원회에 통보하여야 한다.(2020.12.8 본항개정)
④ 제2항의 하자 여부 판정 결과에 대하여 이의가 있는 자는 하자 여부 판정서를 송달받은 날부터 30일 이내에

제48조제1항에 따른 안전진단전문기관 또는 대통령령으로 정하는 관계 전문가가 작성한 의견서를 첨부하여 국토교통부령으로 정하는 바에 따라 이의신청을 할 수 있다.
(2017.4.18 본항개정)
⑤ 하자분쟁조정위원회는 제4항의 이의신청이 있는 경우에는 제2항의 하자 여부 판정을 의결한 분과위원회가 아닌 다른 분과위원회에서 해당 사건에 대하여 재심의를 하도록 하여야 한다. 이 경우 처리기간은 제45조제1항 및 제3항을 준용한다.
⑥ 하자분쟁조정위원회는 이의신청 사건을 심리하기 위하여 필요한 경우에는 기일을 정하여 당사자 및 제4항의 의견서를 작성한 안전진단기관 또는 관계 전문가를 출석시켜 진술하게 하거나 입증자료 등을 제출하게 할 수 있다. 이 경우 안전진단기관 또는 관계 전문가는 이에 따라야 한다.(2020.6.9 후단개정)
⑦ 제5항에 따른 재심의를 하는 분과위원회가 당초의 하자 여부 판정을 변경하기 위하여는 재적위원 과반수의 출석으로 개의하고 출석위원 3분의 2 이상의 찬성으로 의결하여야 한다. 이 경우 출석위원 3분의 2 이상이 찬성하지 아니한 경우에는 당초의 판정을 하자분쟁조정위원회의 최종 판정으로 본다.
⑧ 제7항에 따라 재심의가 확정된 경우에는 하자분쟁조정위원회는 재심의 결정서 정본을 지체 없이 각 당사자 또는 그 대리인에게 송달하여야 한다.
⑨ 하자분쟁조정위원회는 다음 각 호의 사항을 시장·군수·구청장에게 통보할 수 있다.
1. 제3항에 따라 사업주체가 통보한 하자 보수 결과
2. 제3항에 따라 하자 보수 결과를 통보하지 아니한 사업주체의 현황
(2020.12.8 본항신설)
(2020.12.8 본조제목개정)

제44조【분쟁조정】 ① 하자분쟁조정위원회는 제39조제2항제2호 및 제3호에 따른 분쟁의 조정절차를 완료한 때에는 지체 없이 대통령령으로 정하는 사항을 기재한 조정안(신청인이 조정신청을 한 후 조정절차 진행 중에 피신청인과 합의를 한 경우에는 합의한 내용을 반영하되, 합의한 내용이 명확하지 아니한 것은 제외한다)을 결정하고, 각 당사자 또는 그 대리인에게 이를 제시하여야 한다.
② 제1항에 따른 조정안을 제시받은 당사자는 그 제시를 받은 날부터 30일 이내에 그 수락 여부를 하자분쟁조정위원회에 통보하여야 한다. 이 경우 수락 여부에 대한 답변이 없는 때에는 그 조정안을 수락한 것으로 본다.
③ 하자분쟁조정위원회는 각 당사자 또는 그 대리인이 제2항에 따라 조정안을 수락(대통령령으로 정하는 바에 따라 서면 또는 전자적 방법으로 수락한 경우를 말한다)하거나 기한까지 답변이 없는 때에는 위원장이 기명날인한 조정서 정본을 지체 없이 각 당사자 또는 그 대리인에게 송달하여야 한다.(2020.6.9 본항개정)
④ 제3항에 따른 조정서의 내용은 재판상 화해와 동일한 효력이 있다. 다만, 당사자가 임의로 처분할 수 없는 사항으로 대통령령으로 정하는 것은 그러하지 아니하다.

제44조의2【분쟁재정】 ① 하자분쟁조정위원회는 분쟁의 재정을 위하여 심문(審問)의 기일을 정하고 대통령령으로 정하는 바에 따라 당사자에게 의견을 진술하게 하여야 한다.
② 제1항에 따른 심문에 참여한 하자분쟁조정위원회의 위원과 하자분쟁조정위원회의 운영 및 사무처리를 위한 조직(이하 "하자분쟁조정위원회의 사무국"이라 한다)의 직원은 대통령령으로 정하는 사항을 기재한 심문조서를 작성하여야 한다.
③ 하자분쟁조정위원회는 재정 사건을 심리하기 위하여 필요한 경우에는 기일을 정하여 당사자, 참고인 또는 감정인을 출석시켜 대통령령으로 정하는 절차에 따라 진술 또는 감정하게 하거나, 당사자 또는 참고인에게 사건과 관계있는 문서 또는 물건의 제출을 요구할 수 있다.
④ 분쟁재정을 다루는 분과위원회는 재정신청된 사건을 분쟁조정에 회부하는 것이 적합하다고 인정하는 경우에는 대통령령으로 정하는 바에 따라 분쟁조정을 다루는 분과위원회에 송부하여 조정하게 할 수 있다.
⑤ 제4항에 따라 분쟁조정에 회부된 사건에 관하여 당사자 간에 합의가 이루어지지 아니하였을 때에는 재정절차를 계속 진행하고, 합의가 이루어졌을 때에는 재정의 신청은 철회된 것으로 본다.
⑥ 하자분쟁조정위원회는 재정절차를 완료한 경우에는 대통령령으로 정하는 사항을 기재하고 재정에 참여한 위원이 기명날인한 재정문서의 정본을 각 당사자 또는 그 대리인에게 송달하여야 한다.
⑦ 제6항에 따른 재정문서는 그 정본이 당사자에게 송달된 날부터 60일 이내에 당사자 양쪽 또는 어느 한쪽이 그 재정의 대상인 공동주택의 하자담보책임을 원인으로 하는 소송을 제기하지 아니하거나 그 소송을 취하한 경우 재판상 화해와 동일한 효력이 있다. 다만, 당사자가 임의로 처분할 수 없는 사항으로서 대통령령으로 정하는 사항은 그러하지 아니하다.
(2020.12.8 본조신설)

제45조【조정등의 처리기간 등】 ① 하자분쟁조정위원회는 조정등의 신청을 받은 때에는 지체 없이 조정등의 절차를 개시하여야 한다. 이 경우 하자분쟁조정위원회는 그 신청을 받은 날부터 다음 각 호의 구분에 따른 기간(제2항에 따른 흠결보정기간 및 제48조에 따른 하자감정기간은 제외한다) 이내에 그 절차를 완료하여야 한다.(2020.12.8 후단개정)
1. 하자심사 및 분쟁조정 : 60일(공용부분의 경우 90일)
2. 분쟁재정 : 150일(공용부분의 경우 180일)
(2020.12.8 1호~2호신설)
② 하자분쟁조정위원회는 신청사건의 내용에 흠이 있는 경우에는 상당한 기간을 정하여 그 흠을 바로잡도록 명할 수 있다. 이 경우 신청인이 흠을 바로잡지 아니하면 하자분쟁조정위원회의 결정으로 조정등의 신청을 각하(却下)한다.
③ 제1항에 따른 기간 이내에 조정등을 완료할 수 없는 경우에는 해당 사건을 담당하는 분과위원회 또는 소위원회의 의결로 그 기간을 한 차례만 연장할 수 있으나, 그 기간은 30일 이내로 한다. 이 경우 그 사유와 기한을 명시하여 각 당사자 또는 대리인에게 서면으로 통지하여야 한다.(2020.6.9 전단개정)
④ 하자분쟁조정위원회는 제1항에 따른 조정등의 절차 개시에 앞서 이해관계인이나 제48조제1항에 따라 하자진단을 실시한 안전진단기관 등의 의견을 들을 수 있다.
⑤ 조정등의 진행과정에서 조사·검사, 자료 분석 등에 별도의 비용이 발생하는 경우 비용 부담의 주체, 부담 방법 등에 필요한 사항은 국토교통부령으로 정한다.
(2017.4.18 본항개정)
⑥ 하자분쟁조정위원회에 조정등을 신청하는 자는 국토교통부장관이 정하여 고시하는 바에 따라 수수료를 납부해야 한다.(2017.4.18 본항신설)

제46조【조정등의 신청의 통지 등】 ① 하자분쟁조정위원회는 당사자 일방으로부터 조정등의 신청을 받은 때에는 그 신청내용을 상대방에게 통지하여야 한다.
② 제1항에 따라 통지를 받은 상대방은 신청내용에 대한 답변서를 특별한 사정이 없으면 10일 이내에 하자분쟁조정위원회에 제출하여야 한다.
③ 제1항에 따라 하자분쟁조정위원회로부터 조정등의 신청에 관한 통지를 받은 사업주체등, 설계자, 감리자, 입주자대표회의등 및 임차인등은 분쟁조정에 응하여야 한다. 다만, 조정등의 신청에 관한 통지를 받은 입주자(공공임대주택의 경우에는 임차인을 말한다)가 조정기일에 출석하지 아니한 경우에는 하자분쟁조정위원회가 직권으로 제44조제1항에 따라 조정안을 결정하고, 이를 각 당사자 또는 그 대리인에게 제시할 수 있다.(2017.4.18 본항개정)
④ 하자분쟁조정위원회의 조정등의 기일의 통지, 기피신청 절차, 당사자·참고인·감정인 및 이해관계자의 출석, 선정대표자, 조정등의 이행결과 등록 등에 필요한 사항은 대통령령으로 정한다.(2021.8.10 본항개정)

제47조【「민사조정법」 등의 준용】 ① 하자분쟁조정위원회는 분쟁의 조정등의 절차에 관하여 이 법에서 규정하지 아니한 사항 및 소멸시효의 중단에 관하여는 「민사조정법」을 준용한다.
② 조정등에 따른 서류송달에 관하여는 「민사소송법」 제174조부터 제197조까지의 규정을 준용한다.

제48조【하자진단 및 감정】 ① 사업주체등은 제37조제1항에 따른 입주자대표회의등 또는 임차인등의 하자보수 청구에 이의가 있는 경우, 입주자대표회의등 또는 임차인등과 협의하여 대통령령으로 정하는 안전진단기관에 보수책임이 있는 하자범위에 해당하는지 여부 등 하자진단을 의뢰할 수 있다. 이 경우 하자진단을 의뢰받은 안전진단기관은 지체 없이 하자진단을 실시하여 그 결과를 사업주체등과 입주자대표회의등 또는 임차인등에게 통보하여야 한다.(2017.4.18 본항개정)
② 하자분쟁조정위원회는 다음 각 호의 어느 하나에 해당하는 사건의 경우에는 대통령령으로 정하는 안전진단기관에 그에 따른 감정을 요청할 수 있다.
1. 제1항의 하자진단 결과에 대하여 다투는 사건
2. 당사자 쌍방 또는 일방이 하자감정을 요청하는 사건
3. 하자원인이 불분명한 사건
4. 그 밖에 하자분쟁조정위원회에서 하자감정이 필요하다고 결정하는 사건
③ 제1항에 따른 하자진단에 드는 비용과 제2항에 따른 감정에 드는 비용은 국토교통부령으로 정하는 바에 따라 당사자가 부담한다.

제49조【하자분쟁조정위원회의 운영 및 사무처리의 위탁】 ① 국토교통부장관은 하자분쟁조정위원회의 운영 및 사무처리를 「국토안전관리원법」에 따른 국토안전관리원(이하 "국토안전관리원"이라 한다)에 위탁할 수 있다. 이 경우 하자분쟁조정위원회의 사무국 및 인력 등에 필요한 사항은 대통령령으로 정한다.(2020.12.8 후단개정)
② 국토교통부장관은 예산의 범위에서 하자분쟁조정위원회의 운영 및 사무처리에 필요한 경비를 국토안전관리원에 출연 또는 보조할 수 있다.
(2020.6.9 본조개정)

제50조【절차의 비공개 등】 ① 하자분쟁조정위원회가 수행하는 조정등의 절차 및 의사결정과정은 공개하지 아니한다. 다만, 분과위원회 및 소위원회에서 공개할 것을 의결한 경우에는 그러하지 아니하다.
② 하자분쟁조정위원회의 위원과 하자분쟁조정위원회의 사무국 직원으로서 그 업무를 수행하거나 수행하였던 사람은 조정등의 절차에서 직무상 알게 된 비밀을 누설하여서는 아니 된다.

제51조【사실 조사·검사 등】 ① 하자분쟁조정위원회가 조정등을 신청받은 때에는 위원장은 하자분쟁조정위원회의 사무국 직원으로 하여금 조정등의 대상물 및 관련 자료를 조사·검사 및 열람하게 하거나 참고인의 진술을 들을 수 있도록 할 수 있다. 이 경우 사업주체등, 입주자대표회의등 및 임차인등은 이에 협조하여야 한다.
(2020.12.8 전단개정)
② 제1항에 따라 조사·검사 등을 하는 사람은 그 권한을 나타내는 증표를 지니고 이를 관계인에게 내보여야 한다.

제7장 공동주택의 전문관리

제1절 주택관리업

제52조【주택관리업의 등록】 ① 주택관리업을 하려는 자는 대통령령으로 정하는 바에 따라 시장·군수·구청장에게 등록하여야 하며, 등록 사항이 변경되는 경우에는 국토교통부령으로 정하는 바에 따라 변경신고를 하여야 한다.
② 제1항에 따라 등록을 한 주택관리업자가 제53조에 따라 그 등록이 말소된 후 2년이 지나지 아니한 때에는 다시 등록할 수 없다.
③ 제1항에 따른 등록은 주택관리사(임원 또는 사원의 3분의 1 이상이 주택관리사인 상사법인을 포함한다)가 신청할 수 있다. 이 경우 주택관리업을 등록하려는 자는 다음 각 호의 요건을 갖추어야 한다.
1. 자본금(법인이 아닌 경우 자산평가액을 말한다)이 2억원 이상으로서 대통령령으로 정하는 금액 이상일 것
2. 대통령령으로 정하는 인력·시설 및 장비를 보유할 것
④ 주택관리업자의 등록의 절차, 영업의 종류와 공동주택의 관리방법 및 그 업무내용 등 그 밖에 필요한 사항은 대통령령으로 정한다.
⑤ 주택관리업자가 아닌 자는 주택관리업 또는 이와 유사한 명칭을 사용하지 못한다.
⑥ 주택관리업자의 지위에 관하여 이 법에 규정이 있는 것 외에는 「민법」 중 위임에 관한 규정을 준용한다.

제53조【주택관리업의 등록말소 등】 ① 시장·군수·구청장은 주택관리업자가 다음 각 호의 어느 하나에 해당하면 그 등록을 말소하거나 1년 이내의 기간을 정하여 영업의 전부 또는 일부의 정지를 명할 수 있다. 다만, 제1호, 제2호 또는 제9호에 해당하는 경우에는 그 등록을 말소하여야 하고, 제7호 또는 제8호에 해당하는 경우에는 1년 이내의 기간을 정하여 영업의 전부 또는 일부의 정지를 명하여야 한다.
1. 거짓이나 그 밖의 부정한 방법으로 등록을 한 경우
2. 영업정지기간 중에 주택관리업을 영위한 경우 또는 최근 3년간 2회 이상의 영업정지처분을 받은 자로서 그 정지처분을 받은 기간이 합산하여 12개월을 초과한 경우
3. 고의 또는 과실로 공동주택을 잘못 관리하여 소유자 및 사용자에게 재산상의 손해를 입힌 경우
4. 공동주택 관리 실적이 대통령령으로 정하는 기준에 미달한 경우
5. 제52조제3항에 따른 등록요건에 미달하게 된 경우
6. 제52조제4항에 따른 관리방법 및 업무내용 등을 위반하여 공동주택을 관리한 경우
7. 제90조제2항을 위반하여 부정하게 재물 또는 재산상의 이익을 취득하거나 제공한 경우
8. 제90조제3항을 위반하여 관리비·사용료와 장기수선충당금을 이 법에 따른 용도 외의 목적으로 사용한 경우
9. 제90조제4항을 위반하여 다른 자에게 자기의 성명 또는 상호를 사용하여 이 법에서 정한 사업이나 업무를 수행하게 하거나 그 등록증을 대여한 경우
10. 제93조제1항에 따른 보고, 자료의 제출, 조사 또는 검사를 거부·방해 또는 기피하거나 거짓으로 보고를 한 경우
11. 제93조제3항·제4항에 따른 감사를 거부·방해 또는 기피한 경우
② 시장·군수·구청장은 주택관리업자가 제1항제3호부터 제6호까지, 제10호 및 제11호의 어느 하나에 해당하는 경우에는 대통령령으로 정하는 바에 따라 영업정지를 갈음하여 2천만원 이하의 과징금을 부과할 수 있다.
(2021.8.10 본항개정)
③ 시장·군수·구청장은 주택관리업자가 제2항에 따른 과징금을 기한까지 내지 아니하면 「지방행정제재·부과금의 징수 등에 관한 법률」에 따라 징수한다.(2020.3.24 본항개정)
④ 제1항에 따른 등록말소 및 영업정지처분에 관한 기준과 제2항에 따른 과징금을 부과하는 위반행위의 종류 및 위반 정도 등에 따른 과징금의 금액 등에 필요한 사항은 대통령령으로 정한다.

제2절 주택임대관리업

제54조~제62조 (2016.1.19 삭제)

제3절 관리주체의 업무와 주택관리사

제63조【관리주체의 업무 등】 ① 관리주체는 다음 각 호의 업무를 수행한다. 이 경우 관리주체는 필요한 범위

에서 공동주택의 공용부분을 사용할 수 있다.
1. 공동주택의 공용부분의 유지·보수 및 안전관리
2. 공동주택단지 안의 경비·청소·소독 및 쓰레기 수거
3. 관리비 및 사용료의 징수와 공과금 등의 납부대행
4. 장기수선충당금의 징수·적립 및 관리
5. 관리규약으로 정한 사항의 집행
6. 입주자대표회의에서 의결한 사항의 집행
7. 그 밖에 국토교통부령으로 정하는 사항
② 관리주체는 공동주택을 이 법 또는 이 법에 따른 명령에 따라 관리하여야 한다.
제64조【관리사무소장의 업무 등】 ① 의무관리대상 공동주택을 관리하는 다음 각 호의 어느 하나에 해당하는 자는 주택관리사를 해당 공동주택의 관리사무소장(이하 "관리사무소장"이라 한다)으로 배치하여야 한다. 다만, 대통령령으로 정하는 세대수 미만의 공동주택에는 주택관리사를 갈음하여 주택관리사보를 해당 공동주택의 관리사무소장으로 배치할 수 있다.
1. 입주자대표회의(자치관리의 경우에 한정한다)
2. 제13조제1항에 따라 관리업무를 인계하기 전의 사업주체
3. 주택관리업자
4. 임대사업자
② 관리사무소장은 공동주택을 안전하고 효율적으로 관리하여 공동주택의 입주자등의 권익을 보호하기 위하여 다음 각 호의 업무를 집행한다.
1. 입주자대표회의에서 의결하는 다음 각 목의 업무
가. 공동주택의 운영·관리·유지·보수·교체·개량
나. 가목의 업무를 집행하기 위한 관리비·장기수선충당금이나 그 밖의 경비의 청구·수령·지출 및 그 금액을 관리하는 업무(2020.6.9 본목개정)
2. 하자의 발견 및 하자보수의 청구, 장기수선계획의 조정, 시설물 안전관리계획의 수립 및 건축물의 안전점검에 관한 업무. 다만, 비용지출을 수반하는 사항에 대하여는 입주자대표회의의 의결을 거쳐야 한다.
3. 관리사무소 업무의 지휘·총괄
4. 그 밖에 공동주택관리에 관하여 국토교통부령으로 정하는 업무
③ 관리사무소장은 제2항제1호가목 및 나목과 관련하여 입주자대표회의를 대리하여 재판상 또는 재판 외의 행위를 할 수 있다.
④ 관리사무소장은 선량한 관리자의 주의로 그 직무를 수행하여야 한다.
⑤ 관리사무소장은 그 배치 내용과 업무의 집행에 사용할 직인을 국토교통부령으로 정하는 바에 따라 시장·군수·구청장에게 신고하여야 한다. 신고한 배치 내용과 직인을 변경할 때에도 또한 같다.
제65조【관리사무소장의 업무에 대한 부당 간섭 배제 등】 ① 입주자대표회의(구성원을 포함한다. 이하 이 조에서 같다) 및 입주자등은 제64조제2항에 따른 관리사무소장의 업무에 대하여 다음 각 호의 어느 하나에 해당하는 행위를 하여서는 아니 된다.
1. 이 법 또는 관계 법령에 위반되는 지시를 하거나 명령을 하는 등 부당하게 간섭하는 행위
2. 폭행, 협박 등 위력을 사용하여 정당한 업무를 방해하는 행위
(2021.8.10 본항개정)
② 관리사무소장은 입주자대표회의 또는 입주자등이 제1항을 위반한 경우 입주자대표회의 또는 입주자등에게 그 위반사실을 설명하고 해당 행위를 중단할 것을 요청하거나 부당한 지시 또는 명령의 이행을 거부할 수 있으며, 시장·군수·구청장에게 이를 보고하고, 사실 조사를 의뢰할 수 있다.(2021.8.10 본항개정)
③ 시장·군수·구청장은 제2항에 따라 사실 조사를 의뢰받은 때에는 지체 없이 조사를 마치고, 제1항을 위반한 사실이 있다고 인정하는 경우 제93조에 따라 입주자대표회의 및 입주자등에게 필요한 명령 등의 조치를 하여야 한다. 이 경우 범죄혐의가 있다고 인정될 만한 상당한 이유가 있을 때에는 수사기관에 고발할 수 있다.(2021.8.10 본항개정)
④ 시장·군수·구청장은 사실 조사 결과 또는 필요한 명령 등의 조치 결과를 지체 없이 입주자대표회의, 해당 입주자등, 주택관리업자 및 관리사무소장에게 통보하여야 한다.(2021.8.10 본항개정)
⑤ 입주자대표회의는 제2항에 따른 보고나 사실 조사 의뢰 또는 제3항에 따른 명령 등을 이유로 관리사무소장을 해임하거나 해임하도록 주택관리업자에게 요구하여서는 아니 된다.
⑥~⑦ (2020.10.20 삭제)
제65조의2【경비원 등 근로자의 업무 등】 ① 공동주택에 경비원을 배치한 경비업자(「경비업법」 제4조제1항에 따라 허가를 받은 경비업자를 말한다)는 「경비업법」 제7조제5항에도 불구하고 대통령령으로 정하는 공동주택 관리에 필요한 업무에 경비원을 종사하게 할 수 있다.
② 입주자등, 입주자대표회의 및 관리주체 등은 경비원 등 근로자에게 적정한 보수를 지급하고, 처우개선과 인권존중을 위하여 노력하여야 한다.
③ 입주자등, 입주자대표회의 및 관리주체 등은 경비원 등 근로자에게 다음 각 호의 어느 하나에 해당하는 행위를 하여서는 아니 된다.
1. 이 법 또는 관계 법령에 위반되는 지시를 하거나 명령을 하는 행위
2. 업무 이외에 부당한 지시를 하거나 명령을 하는 행위
④ 경비원 등 근로자는 입주자등에게 수준 높은 근로 서비스를 제공하여야 한다.
(2020.10.20 본조신설)
제65조의3【주택관리업자에 대한 부당간섭 배제 등】 입주자대표회의 및 입주자등은 제65조제1항 또는 제65조의2제3항의 행위를 할 목적으로 주택관리업자에게 관리사무소장 및 소속 근로자에 대한 해고, 징계 등 불이익 조치를 요구하여서는 아니 된다.(2021.8.10 본조신설)
제66조【관리사무소장의 손해배상책임】 ① 주택관리사등은 관리사무소장의 업무를 집행하면서 고의 또는 과실로 입주자등에게 재산상의 손해를 입힌 경우에는 그 손해를 배상할 책임이 있다.
② 제1항에 따른 손해배상책임을 보장하기 위하여 주택관리사등은 대통령령으로 정하는 바에 따라 보증보험 또는 제82조에 따른 공제에 가입하거나 공탁을 하여야 한다.
③ 주택관리사등은 제2항에 따른 손해배상책임을 보장하기 위한 보증보험 또는 공제에 가입하거나 공탁을 한 후 해당 공동주택의 관리사무소장으로 배치된 날에 다음 각 호의 어느 하나에 해당하는 자에게 보증보험 등에 가입한 사실을 입증하는 서류를 제출하여야 한다.
1. 입주자대표회의의 회장
2. 임대주택의 경우에는 임대사업자
3. 입주자대표회의가 없는 경우에는 시장·군수·구청장
④ 제2항에 따라 공탁한 공탁금은 주택관리사등이 해당 공동주택의 관리사무소장의 직을 사임하거나 그 직에서 해임된 날 또는 사망한 날부터 3년 이내에는 회수할 수 없다.
제67조【주택관리사등의 자격】 ① 주택관리사보가 되려는 사람은 국토교통부장관이 시행하는 자격시험에 합격한 후 시·도지사(「지방자치법」 제198조에 따른 서울특별시·광역시 및 특별자치시를 제외한 인구 50만 이상의 대도시(이하 "대도시"라 한다)의 경우에는 그 시장을 말한다. 이하 제70조까지에서 같다)로부터 합격증서를 발급받아야 한다.(2021.1.12 본항개정)
② 주택관리사는 다음 각 호의 요건을 갖추고 시·도지사로부터 주택관리사 자격증을 발급받은 사람으로 한다.
1. 제1항에 따라 주택관리사보 합격증서를 발급받았을 것
2. 대통령령으로 정하는 주택 관련 실무 경력이 있을 것
③ 제2항에 따른 주택관리사 자격증의 발급절차 등에 필요한 사항은 대통령령으로 정한다.
④ 다음 각 호의 어느 하나에 해당하는 사람은 주택관리사등이 될 수 없으며 그 자격을 상실한다.
1. 피성년후견인 또는 피한정후견인
2. 파산선고를 받은 사람으로서 복권되지 아니한 사람
3. 금고 이상의 실형을 선고받고 그 집행이 끝나거나(집행이 끝난 것으로 보는 경우를 포함한다) 집행이 면제된 날부터 2년이 지나지 아니한 사람
4. 금고 이상의 형의 집행유예를 선고받고 그 유예기간 중에 있는 사람
5. 주택관리사등의 자격이 취소된 후 3년이 지나지 아니한 사람(제1호 및 제2호에 해당하여 주택관리사등의 자격이 취소된 경우는 제외한다)
⑤ 국토교통부장관은 직전 3년간 사업계획승인을 받은 공동주택 단지 수, 직전 3년간 주택관리사보 자격시험 응시인원, 주택관리사등의 취업현황과 제68조에 따른 주택관리사보 시험위원회의 심의의견 등을 고려하여 해당 연도 주택관리사보 자격시험의 선발예정인원을 정한다. 이 경우 국토교통부장관은 선발예정인원의 범위에서 대통령령으로 정하는 합격자 결정 점수 이상을 얻은 사람으로서 전과목 총득점의 고득점자 순으로 주택관리사보 자격시험 합격자를 결정한다.(2016.3.22 본항신설)
⑥ 제1항에 따른 주택관리사보 자격시험의 응시자격, 시험과목, 시험의 일부 면제, 응시수수료, 그 밖에 시험에 필요한 사항은 대통령령으로 정한다.
제68조【주택관리사보 시험위원회】 ① 제67조제1항에 따른 주택관리사보 자격시험과 관련한 다음 각 호의 사항을 심의하기 위하여 제89조제2항제6호에 따른 자격시험의 시행기관에 주택관리사보 시험위원회를 둘 수 있다.(2017.8.9 본문개정)
1. 주택관리사보 자격시험 과목의 조정 등 시험에 관한 사항
2. 시험 선발인원 및 합격기준의 결정에 관한 사항
3. 그 밖에 주택관리사보 자격시험과 관련한 중요 사항
② 주택관리사보 시험위원회의 구성 및 운영, 위원의 선임 등에 필요한 사항은 대통령령으로 정한다.(2017.8.9 본항개정)
제69조【주택관리사등의 자격취소 등】 ① 시·도지사는 주택관리사등이 다음 각 호의 어느 하나에 해당하면 그 자격을 취소하거나 1년 이내의 기간을 정하여 그 자격을 정지시킬 수 있다. 다만, 제1호부터 제4호까지, 제7호 중 어느 하나에 해당하는 경우에는 그 자격을 취소하여야 한다.
1. 거짓이나 그 밖의 부정한 방법으로 자격을 취득한 경우
2. 공동주택의 관리업무와 관련하여 금고 이상의 형을 선고받은 경우
3. 의무관리대상 공동주택에 취업한 주택관리사등이 다른 공동주택 및 상가·오피스텔 등 주택 외의 시설에 취업한 경우(2016.1.19 본호개정)
4. 주택관리사등이 자격정지기간에 공동주택관리업무를 수행한 경우
5. 고의 또는 중대한 과실로 공동주택을 잘못 관리하여 소유자 및 사용자에게 재산상의 손해를 입힌 경우
6. 주택관리사등이 업무와 관련하여 금품수수(收受) 등 부당이득을 취한 경우(2020.6.9 본호개정)
7. 제90조제4항을 위반하여 다른 사람에게 자기의 명의를 사용하여 이 법에서 정한 업무를 수행하게 하거나 자격증을 대여한 경우
8. 제93조제1항에 따른 보고, 자료의 제출, 조사 또는 검사를 거부·방해 또는 기피하거나 거짓으로 보고를 한 경우
9. 제93조제3항·제4항에 따른 감사를 거부·방해 또는 기피한 경우
② 제1항에 따른 자격의 취소 및 정지처분에 관한 기준은 대통령령으로 정한다.
제70조【주택관리업자 등의 교육】 ① 주택관리업자(법인인 경우에는 그 대표자를 말한다)와 관리사무소장으로 배치받은 주택관리사등은 국토교통부령으로 정하는 바에 따라 시·도지사로부터 공동주택관리에 관한 교육과 윤리교육을 받아야 한다. 이 경우 관리사무소장으로 배치받으려는 주택관리사등은 국토교통부령으로 정하는 바에 따라 공동주택관리에 관한 교육과 윤리교육을 받을 수 있고, 그 교육을 받은 경우에는 관리사무소장의 교육의무를 이행한 것으로 본다.
② 관리사무소장으로 배치받으려는 주택관리사등이 배치예정일부터 직전 5년 이내에 관리사무소장·공동주택 관리기구의 직원 또는 주택관리업자의 임직원으로서 종사한 경력이 없는 경우에는 국토교통부령으로 정하는 바에 따라 시·도지사가 실시하는 공동주택관리에 관한 교육과 윤리교육을 이수하여야 관리사무소장으로 배치받을 수 있다. 이 경우 공동주택관리에 관한 교육과 윤리교육을 이수하고 관리사무소장으로 배치받은 주택관리사등에 대하여는 제1항에 따른 관리사무소장의 교육의무를 이행한 것으로 본다.
③ 공동주택의 관리사무소장으로 배치받아 근무 중인 주택관리사등은 제1항 또는 제2항에 따른 교육을 받은 후 3년마다 국토교통부령으로 정하는 바에 따라 공동주택관리에 관한 교육과 윤리교육을 받아야 한다.
④ 국토교통부장관은 제1항부터 제3항까지에 따라 시·도지사가 실시하는 교육의 전국적 균형을 유지하기 위하여 교육수준 및 교육방법 등에 필요한 지침을 마련하여 시행할 수 있다.

제8장 공동주택관리 분쟁조정

제71조【공동주택관리 분쟁조정위원회의 설치】 ① 공동주택관리 분쟁(제36조 및 제37조에 따른 공동주택의 하자담보책임 및 하자보수 등과 관련한 분쟁은 제외한다. 이하 이 장에서 같다)을 조정하기 위하여 국토교통부에 중앙 공동주택관리 분쟁조정위원회(이하 "중앙분쟁조정위원회"라 한다)를 두고, 시·군·구(자치구를 말하며, 이하 같다)에 지방 공동주택관리 분쟁조정위원회(이하 "지방분쟁조정위원회"라 한다)를 둔다. 다만, 공동주택 비율이 낮은 시·군·구로서 국토교통부장관이 인정하는 시·군·구의 경우에는 지방분쟁조정위원회를 두지 아니할 수 있다.(2020.6.9 본문개정)
② 공동주택관리 분쟁조정위원회는 다음 각 호의 사항을 심의·조정한다.
1. 입주자대표회의의 구성·운영 및 동별 대표자의 자격·선임·해임·임기에 관한 사항
2. 공동주택관리기구의 구성·운영 등에 관한 사항
3. 관리비·사용료 및 장기수선충당금 등의 징수·사용 등에 관한 사항
4. 공동주택(공용부분만 해당한다)의 유지·보수·개량 등에 관한 사항
5. 공동주택의 리모델링에 관한 사항
6. 공동주택의 층간소음에 관한 사항
7. 혼합주택단지에서의 분쟁에 관한 사항
8. 다른 법령에서 공동주택관리 분쟁조정위원회가 분쟁을 심의·조정할 수 있도록 한 사항
9. 그 밖에 공동주택의 관리와 관련하여 분쟁의 심의·조정이 필요하다고 대통령령 또는 시·군·구의 조례(지방분쟁조정위원회에 한정한다)로 정하는 사항
제72조【중앙·지방분쟁조정위원회의 업무 관할】 ① 중앙분쟁조정위원회는 제71조제2항 각 호의 사항 중 다음 각 호의 사항을 심의·조정한다.
1. 둘 이상의 시·군·구의 관할 구역에 걸친 분쟁
2. 시·군·구에 지방분쟁조정위원회가 설치되지 아니한 경우 해당 시·군·구 관할 분쟁
3. 분쟁당사자가 쌍방이 합의하여 중앙분쟁조정위원회에 조정을 신청하는 분쟁
4. 그 밖에 중앙분쟁조정위원회에서 관할하는 것이 필요하다고 대통령령으로 정하는 분쟁
② 지방분쟁조정위원회는 해당 시·군·구의 관할 구역에서 발생한 분쟁 중 제1항에 따른 중앙분쟁조정위원회의 심의·조정 대상인 분쟁 외의 분쟁을 심의·조정한다.

제73조【중앙분쟁조정위원회의 구성 등】 ① 중앙분쟁조정위원회는 위원장 1명을 포함한 15명 이내의 위원으로 구성한다.
② 중앙분쟁조정위원회의 위원은 공동주택관리에 관한 학식과 경험이 풍부한 사람으로서 다음 각 호의 어느 하나에 해당하는 사람 중에서 국토교통부장관이 임명 또는 위촉한다. 이 경우 제3호에 해당하는 사람이 3명 이상 포함되어야 한다.
1. 1급부터 4급까지 상당의 공무원 또는 고위공무원단에 속하는 공무원
2. 공인된 대학이나 연구기관에서 부교수 이상 또는 이에 상당하는 직에 재직한 사람
3. 판사·검사 또는 변호사의 직에 6년 이상 재직한 사람
4. 공인회계사·세무사·건축사·감정평가사 또는 공인노무사의 자격이 있는 사람으로서 10년 이상 근무한 사람
5. 주택관리사로서 공동주택의 관리사무소장으로 10년 이상 근무한 사람
6. 그 밖에 공동주택관리에 대한 전문적 지식을 갖춘 사람으로서 대통령령으로 정하는 사람
③ 중앙분쟁조정위원회의 위원장의 임명, 공무원이 아닌 위원의 임기 및 연임에 관한 사항, 보궐위원의 임기, 공무원이 아닌 위원이 본인의 의사에 반하여 해촉되지 아니할 권리는 제40조제5항, 제8항, 제9항을 각각 준용한다. (2020.12.8 본항개정)
④ 중앙분쟁조정위원회의 위원장의 직무나 위원장이 부득이한 사유로 직무를 수행할 수 없는 때의 직무 대행은 제40조제10항을 준용한다. 이 경우 제40조제10항 중 "분과위원장"은 "위원"으로 본다.(2020.12.8 본항개정)
⑤ 중앙분쟁조정위원회의 위원의 제척·기피·회피에 관하여는 제41조를 준용한다.
⑥ 중앙분쟁조정위원회의 회의는 재적위원 과반수의 출석으로 개의하고 출석위원 과반수의 찬성으로 의결한다.
⑦ 중앙분쟁조정위원회는 위원회의 소관 사무 처리절차와 그 밖에 위원회의 운영에 관한 규칙을 정할 수 있다.
⑧ 중앙분쟁조정위원회의 구성 및 운영 등에 필요한 사항은 대통령령으로 정한다.
제74조【분쟁조정의 신청 및 조정 등】 ① 제71조제2항 각 호의 사항에 대하여 분쟁이 발생한 때에는 중앙분쟁조정위원회에 조정을 신청할 수 있다.
② 중앙분쟁조정위원회는 제1항에 따라 조정의 신청을 받은 때에는 지체 없이 조정의 절차를 개시하여야 한다. 이 경우 중앙분쟁조정위원회는 필요하다고 인정하면 당사자나 이해관계인을 중앙분쟁조정위원회에 출석하게 하여 의견을 들을 수 있다.
③ 중앙분쟁조정위원회는 제2항에 따른 조정절차를 개시한 날부터 30일 이내에 그 절차를 완료한 후 조정안을 작성하여 지체 없이 이를 각 당사자에게 제시하여야 한다. 다만, 부득이한 사정으로 30일 이내에 조정절차를 완료할 수 없는 경우 중앙분쟁조정위원회는 그 기간을 연장할 수 있다. 이 경우 그 사유와 기한을 명시하여 당사자에게 서면으로 통지하여야 한다.
④ 조정안을 제시받은 당사자는 그 제시를 받은 날부터 30일 이내에 그 수락 여부를 중앙분쟁조정위원회에 서면으로 통보하여야 한다. 이 경우 30일 이내에 의사표시가 없는 때에는 수락한 것으로 본다.
⑤ 당사자가 조정안을 수락하거나 수락한 것으로 보는 경우 중앙분쟁조정위원회는 조정서를 작성하고, 위원장 및 각 당사자가 서명·날인한 후 조정서 정본을 지체 없이 각 당사자 또는 그 대리인에게 송달하여야 한다. 다만, 수락한 것으로 보는 경우에는 각 당사자의 서명·날인을 생략할 수 있다.
⑥ 당사자가 제5항에 따라 조정안을 수락하거나 수락한 것으로 보는 때에는 그 조정서의 내용은 재판상 화해와 동일한 효력을 갖는다. 다만, 당사자가 임의로 처분할 수 없는 사항에 관한 것은 그러하지 아니하다.
⑦ 조정의 신청절차 및 방법, 비용의 부담 등에 필요한 사항은 국토교통부령으로 정한다.
⑧ 중앙분쟁조정위원회에 조정을 신청하는 자는 국토교통부장관이 정하여 고시하는 바에 따라 수수료를 납부하여야 한다.(2021.8.10 본항신설)
제75조【분쟁조정 신청의 통지 등】 ① 중앙분쟁조정위원회의 분쟁조정 신청에 대한 상대방 통지 의무, 통지를 받은 상대방의 답변서 제출 의무는 제46조제1항, 제2항을 각각 준용한다.
② 중앙분쟁조정위원회로부터 분쟁조정 신청에 관한 통지를 받은 입주자대표회의(구성원을 포함한다)와 관리주체는 분쟁조정에 응하여야 한다.
제76조【사실 조사·검사 등】 ① 중앙분쟁조정위원회는 위원 또는 제79조제2항에 따른 중앙분쟁조정위원회의 운영 및 사무처리를 위한 조직(이하 "중앙분쟁조정위원회의 사무국"이라 한다)의 직원으로 하여금 해당 공동주택 등에 출입하여 조사·검사 및 열람하게 하거나 참고인의 진술을 들을 수 있도록 할 수 있다. 이 경우 당사자와 이해관계인은 이에 협조하여야 한다.
② 제1항에 따라 조사·검사 등을 하는 사람은 그 권한을 나타내는 증표를 지니고 이를 관계인에게 내보여야 한다.
제77조【조정의 거부와 중지】 ① 중앙분쟁조정위원회는 분쟁의 성질상 분쟁조정위원회에서 조정을 하는 것이 맞지 아니하다고 인정하거나 부정한 목적으로 신청되었다고 인정하면 그 조정을 거부할 수 있다. 이 경우 조정의 거부 사유를 신청인에게 알려야 한다.
② 중앙분쟁조정위원회는 신청된 사건의 처리 절차가 진행되는 도중에 한쪽 당사자가 소를 제기한 경우에는 조정의 처리를 중지하고 이를 당사자에게 알려야 한다.
③ 중앙분쟁조정위원회의 분쟁의 당사자에 대한 조정의 절차 중 합의 권고에 관하여는 제42조제5항을 준용한다.
제78조【「민사조정법」 등의 준용 등】 중앙분쟁조정위원회의 소멸시효의 중단 등에 관한 「민사조정법」의 준용이나 서류송달, 절차, 의사결정과정의 비공개 및 직무상 알게 된 비밀의 누설 금지에 관하여는 제47조 및 제50조를 준용한다.
제79조【중앙분쟁조정위원회의 운영 및 사무처리의 위탁】 ① 국토교통부장관은 중앙분쟁조정위원회의 운영 및 사무처리를 고시로 정하는 기관 또는 단체에 위탁할 수 있다.
② 제1항에 따른 중앙분쟁조정위원회의 운영 및 사무처리를 위한 조직 및 인력 등에 필요한 사항은 대통령령으로 정한다.
③ 국토교통부장관은 예산의 범위에서 중앙분쟁조정위원회의 운영 및 사무처리에 필요한 경비를 제1항에 따른 수탁 기관 또는 단체에 출연 또는 보조할 수 있다.
제80조【지방분쟁조정위원회】 ① 지방분쟁조정위원회의 위원 중 공무원이 아닌 위원이 본인의 의사에 반하여 해촉되지 아니할 권리, 위원의 제척·기피·회피에 관한 내용은 중앙분쟁조정위원회에 관한 규정을 준용한다.
② 분쟁당사자가 지방분쟁조정위원회의 조정결과를 수락한 경우에는 당사자 간에 조정조서(調停調書)와 같은 내용의 합의가 성립된 것으로 본다.
③ 지방분쟁조정위원회의 구성에 필요한 사항은 대통령령으로 정하며, 지방분쟁조정위원회의 회의·운영 등에 필요한 사항은 해당 시·군·구의 조례로 정한다.

제9장 협 회

제81조【협회의 설립 등】 ① 주택관리사등은 공동주택관리에 관한 기술·행정 및 법률 문제에 관한 연구와 그 업무를 효율적으로 수행하기 위하여 주택관리사단체를 설립할 수 있다.
② (2016.1.19 삭제)
③ 제1항의 단체(이하 "협회"라 한다)는 법인으로 한다. (2016.1.19 본항개정)
④ 협회는 그 주된 사무소의 소재지에서 설립등기를 함으로써 성립한다.
⑤ 이 법에 따라 국토교통부장관, 시·도지사 또는 대도시 시장으로부터 영업 및 자격의 정지처분을 받은 협회 회원의 권리·의무는 그 영업 및 자격의 정지기간 중에는 정지되며, 주택관리사등의 자격이 취소된 때에는 협회의 회원자격을 상실한다.(2016.1.19 본항개정)
⑥ 협회를 설립하려면 다음 각 호의 구분에 따른 인원수를 발기인으로 하여 정관을 마련한 후 창립총회의 의결을 거쳐 국토교통부장관의 인가를 받아야 한다. 인가받은 정관을 변경하는 경우에도 또한 같다.
1. 주택관리사단체 : 공동주택의 관리사무소장으로 배치된 자의 5분의 1 이상
2. (2016.1.19 삭제)
⑦ 국토교통부장관은 제6항에 따른 인가를 하였을 때에는 이를 지체 없이 공고하여야 한다.
제82조【공제사업】 ① 제81조제1항에 따른 주택관리사단체(이하 이 조에서 "주택관리사단체"라 한다)는 제66조에 따른 관리사무소장의 손해배상책임과 공동주택에서 발생하는 인적·물적 사고, 그 밖에 공동주택관리업무와 관련한 종사자와 사업자의 손해배상책임 등을 보장하기 위하여 공제사업을 할 수 있다.(2017.3.21 본항개정)
② 주택관리사단체는 제1항에 따른 공제사업을 하려면 공제규정을 제정하여 국토교통부장관의 승인을 받아야 한다. 공제규정을 변경하려는 경우에도 또한 같다.
③ 제2항의 공제규정에는 대통령령으로 정하는 바에 따라 공제사업의 범위, 공제계약의 내용, 공제금, 공제료, 회계기준 및 책임준비금의 적립 비율 등 공제사업의 운용에 필요한 사항이 포함되어야 한다.
④ 주택관리사단체는 공제사업을 다른 회계와 구분하여 별도의 회계로 관리하여야 하며, 책임준비금을 다른 용도로 사용하려는 경우에는 국토교통부장관의 승인을 받아야 한다.
⑤ 주택관리사단체는 대통령령으로 정하는 바에 따라 매년도의 공제사업 운용 실적을 일간신문 또는 단체의 홍보지 등을 통하여 공제계약자에게 공시하여야 한다.
⑥ 국토교통부장관은 주택관리사단체가 이 법 및 공제규정을 지키지 아니하여 공제사업의 건전성을 해칠 우려가 있다고 인정되는 경우에는 시정을 명하여야 한다.
⑦ 「금융위원회의 설치 등에 관한 법률」에 따른 금융감독원 원장은 국토교통부장관이 요청한 경우에는 주택관리사단체의 공제사업에 관하여 검사를 할 수 있다.
제83조【협회에 대한 지도·감독】 국토교통부장관은 협회를 지도·감독한다.
제84조【「민법」의 준용】 협회에 관하여 이 법에서 규정한 것 외에는 「민법」 중 사단법인에 관한 규정을 준용한다.

제10장 보 칙

제85조【관리비용 등의 지원】 ① 지방자치단체의 장은 그 지방자치단체의 조례로 정하는 바에 따라 공동주택의 관리, 층간소음 개선을 위한 층간소음의 측정·진단에 필요한 비용(경비원 등 근로자의 근무환경 개선에 필요한 냉난방 및 안전시설 등의 설치·운영 비용을 포함한다)의 일부를 지원할 수 있다.
② 국가는 공동주택의 보수·개량, 층간소음 저감재 설치 등에 필요한 비용의 일부를 주택도시기금에서 융자할 수 있다.
(2023.10.24 본조개정)
제85조의2【층간소음 실태조사】 ① 국토교통부장관 또는 지방자치단체의 장은 공동주택의 층간소음 예방을 위한 정책의 수립과 시행에 필요한 기초자료를 확보하기 위하여 대통령령으로 정하는 바에 따라 층간소음에 관한 실태조사를 단독 또는 합동으로 실시할 수 있다.
② 국토교통부장관 또는 지방자치단체의 장은 제1항에 따른 실태조사와 관련하여 관계 기관의 장 또는 관련 단체의 장에게 필요한 자료의 제출을 요청할 수 있다. 이 경우 자료제출을 요청받은 자는 정당한 사유가 없으면 이에 따라야 한다.
③ 국토교통부장관 또는 지방자치단체의 장은 제1항에 따른 층간소음에 관한 실태조사 업무를 대통령령으로 정하는 기관 또는 단체에 위탁하여 실시할 수 있다.
(2023.10.24 본조신설)
제86조【공동주택관리 지원기구】 ① 국토교통부장관은 다음 각 호의 업무를 수행할 기관 또는 단체를 공동주택관리 지원기구(이하 이 조에서 "공동주택관리 지원기구"라 한다)로 지정하여 고시할 수 있다.
1. 공동주택관리와 관련한 민원 상담 및 교육
2. 관리규약 제정·개정의 지원
3. 입주자대표회의의 구성 및 운영과 관련한 지원
4. 장기수선계획의 수립·조정 지원 또는 공사·용역의 타당성 자문 등 기술지원
5. 공동주택 관리상태 진단 및 지원
6. 공동주택 입주자등의 공동체 활성화 지원
7. 공동주택의 조사·검사 및 분쟁조정의 지원
8. 공동주택 관리실태 조사·연구
9. 국토교통부장관 또는 지방자치단체의 장이 의뢰하거나 위탁하는 업무
10. 그 밖에 공동주택 입주자등의 권익보호와 공동주택관리의 투명화 및 효율화를 위하여 대통령령으로 정하는 업무
② 국토교통부장관은 예산의 범위에서 공동주택관리 지원기구의 운영 및 사무처리에 필요한 경비를 출연 또는 보조할 수 있다.
③ 공동주택관리 지원기구는 제1항 각 호의 업무를 수행하는 데 필요한 경비의 전부 또는 일부를 관리주체 또는 입주자대표회의로부터 받을 수 있다.
제86조의2【지역공동주택관리지원센터】 ① 지방자치단체의 장은 관할 지역 내 공동주택의 효율적인 관리에 필요한 지원 및 시책을 수행하기 위하여 공동주택관리에 전문성을 가진 기관 또는 단체를 지역공동주택관리지원센터(이하 이 조에서 "지역센터"라 한다)로 지정할 수 있다.
② 지역센터는 다음 각 호의 업무를 수행한다.
1. 제86조제1항 각 호에 따른 업무
2. 소규모 공동주택에 대한 관리 지원
3. 그 밖에 지역 내 공동주택의 효율적인 관리를 위하여 지방자치단체의 조례로 정하는 업무
③ 지방자치단체는 지역센터의 운영 및 사무처리에 필요한 비용을 예산의 범위에서 출연 또는 보조할 수 있다.
④ 지역센터의 지정 및 운영 등에 필요한 사항은 지방자치단체의 조례로 정한다.
(2023.10.24 본조신설)
제87조【공동주택 우수관리단지 선정】 ① 시·도지사는 공동주택단지를 모범적으로 관리하도록 장려하기 위하여 매년 공동주택 모범관리단지를 선정할 수 있다.
② 국토교통부장관은 제1항에 따라 시·도지사가 선정한 공동주택 모범관리단지 중에서 공동주택 우수관리단지를 선정하여 표창하거나 상금을 지급할 수 있고, 그 밖에 필요한 지원을 할 수 있다.

② 시·도지사는 제1항에 따라 모범관리단지를 선정하는 경우 층간소음 예방 및 분쟁 조정 활동을 모범적으로 수행한 단지를 별도로 선정할 수 있다.(2023.10.24 본항신설 : 2024.10.25 시행)
③ 국토교통부장관은 제1항 및 제2항에 따라 시·도지사가 선정한 공동주택 모범관리단지 중에서 공동주택 우수관리단지를 선정하여 표창하거나 상금을 지급할 수 있고, 그 밖에 필요한 지원을 할 수 있다.(2023.10.24 본항개정 : 2024.10.25 시행)

④ 공동주택 모범관리단지와 공동주택 우수관리단지의 선정, 표창 및 상금 지급 등에 필요한 사항은 국토교통부장관이 정하여 고시한다.
제88조【공동주택관리정보시스템의 구축·운영 등】 ① 국토교통부장관은 공동주택관리의 투명성과 효율성을 제고하기 위하여 공동주택관리에 관한 정보를 종합적으

로 관리할 수 있는 공동주택관리정보시스템을 구축·운영할 수 있고, 이에 관한 정보를 관련 기관·단체 등에 제공할 수 있다.
② 국토교통부장관은 제1항에 따른 공동주택관리정보시스템을 구축·운영하기 위하여 필요한 자료를 관련 기관·단체 등에 요청할 수 있다. 이 경우 기관·단체 등은 특별한 사유가 없으면 그 요청에 따라야 한다.
③ 시·도지사는 공동주택관리에 관한 정보를 종합적으로 관리할 수 있고, 이에 관한 정보를 관련 기관·단체 등에 제공하거나 요청할 수 있다. 이 경우 기관·단체 등은 특별한 사유가 없으면 그 요청에 따라야 한다.
제89조【권한의 위임·위탁】 ① 이 법에 따른 국토교통부장관의 권한은 대통령령으로 정하는 바에 따라 그 일부를 시·도지사 또는 국토교통부 소속 기관의 장에게 위임할 수 있다.
② 국토교통부장관 또는 지방자치단체의 장은 이 법에 따른 권한 중 다음 각 호의 권한을 대통령령으로 정하는 바에 따라 공동주택관리의 전문화, 시설물의 안전관리 및 자격검정 등을 목적으로 설립된 법인 중 국토교통부장관 또는 지방자치단체의 장이 인정하는 자에게 위탁할 수 있다.
1. 제17조에 따른 입주자대표회의의 구성원 등 교육 (2018.3.13 본호개정)
2. 제29조에 따른 장기수선계획의 조정교육
3. 제32조에 따른 방범교육, 소방에 관한 안전교육, 시설물에 관한 안전교육
4. 제34조에 따른 소규모 공동주택의 안전관리
5. 제64조제5항에 따른 관리사무소장의 배치 내용 및 직인 신고의 접수
6. 제67조제1항에 따른 주택관리사보 자격시험의 시행
7. 제70조에 따른 주택관리업자 및 관리사무소장에 대한 교육
8. 제88조제1항에 따른 공동주택관리정보시스템의 구축·운영
제90조【부정행위 금지 등】 ① 공동주택의 관리와 관련하여 입주자대표회의(구성원을 포함한다. 이하 이 조에서 같다)와 관리사무소장은 공모(共謀)하여 부정하게 재물 또는 재산상의 이익을 취득하거나 제공하여서는 아니 된다.
② 공동주택의 관리(관리사무소장 등 근로자의 채용을 포함한다)와 관련하여 입주자등·관리주체·입주자대표회의·선거관리위원회(위원을 포함한다)는 부정하게 재물 또는 재산상의 이익을 취득하거나 제공하여서는 아니 된다.(2023.4.18 본항개정)
③ 입주자대표회의 및 관리주체는 관리비·사용료와 장기수선충당금을 이 법에 따른 용도 외의 목적으로 사용하여서는 아니 된다.
④ 주택관리업자 및 주택관리사등은 다른 자에게 자기의 성명 또는 상호를 사용하여 이 법에서 정한 사업이나 업무를 수행하게 하거나 그 등록증 또는 자격증을 빌려 주어서는 아니 된다.(2021.8.10 본항개정)
⑤ 누구든지 다른 자의 성명 또는 상호를 사용하여 주택관리업 또는 주택관리사등의 업무를 수행하거나 그 등록증 또는 자격증을 빌려서는 아니 된다.(2021.8.10 본항신설)
⑥ 누구든지 제4항이나 제5항에서 금지된 행위를 알선하여서는 아니 된다.(2021.8.10 본항신설)
제91조【체납된 장기수선충당금 등의 강제징수】 국가 또는 지방자치단체인 관리주체가 관리하는 공동주택의 장기수선충당금 또는 관리비가 체납된 경우 국가 또는 지방자치단체는 국세 또는 지방세 체납처분의 예에 따라 해당 장기수선충당금 또는 관리비를 강제징수할 수 있다.
제92조【보고·검사 등】 ① 국토교통부장관 또는 지방자치단체의 장은 필요하다고 인정할 때에는 이 법에 따라 허가를 받거나 신고·등록 등을 한 자에게 필요한 보고를 하게 하거나, 관계 공무원으로 하여금 사업장에 출입하여 필요한 검사를 하게 할 수 있다.
② 제1항에 따른 검사를 할 때에는 검사 7일 전까지 검사 일시, 검사 이유 및 검사 내용 등 검사계획을 검사를 받을 자에게 알려야 한다. 다만, 긴급한 경우나 사전에 통지하면 증거인멸 등으로 검사 목적을 달성할 수 없다고 인정하는 경우에는 그러하지 아니하다.
③ 제1항에 따라 검사를 하는 공무원은 그 권한을 나타내는 증표를 지니고 이를 관계인에게 내보여야 한다.
제93조【공동주택관리에 관한 감독】 ① 지방자치단체의 장은 공동주택관리의 효율화와 입주자등의 보호를 위하여 다음 각 호의 어느 하나에 해당하는 경우 입주자등, 입주자대표회의나 그 구성원, 관리주체(의무관리대상 공동주택이 아닌 경우에는 관리인을 말한다. 이하 이 조에서 같다), 관리사무소장 또는 선거관리위원회나 그 위원등에게 관리비등의 사용내역 등 대통령령으로 정하는 업무에 관한 사항을 보고하게 하거나 자료의 제출이나 그 밖에 필요한 명령을 할 수 있으며, 소속 공무원으로 하여금 영업소·관리사무소 등에 출입하여 공동주택의 시설·장부·서류 등을 조사 또는 검사하게 할 수 있다. 이 경우 출입·검사 등을 하는 공무원은 그 권한을 나타내는 증표를 지니고 이를 관계인에게 내보여야 한다. (2019.4.23 전단개정)
1. 제3항 또는 제4항에 따른 감사에 필요한 경우
2. 이 법 또는 이 법에 따른 명령이나 처분을 위반하여 조치가 필요한 경우
3. 공동주택단지 내 분쟁의 조정이 필요한 경우
4. 공동주택 시설물의 안전관리를 위하여 필요한 경우
5. 입주자대표회의 등이 공동주택 관리규약을 위반한 경우 (2016.1.19 본호신설)
6. 그 밖에 공동주택관리에 관한 감독을 위하여 필요한 경우
② 공동주택의 입주자등은 제1항제2호, 제3호 또는 제5호에 해당하는 경우 전체 입주자등의 10분의 2 이상의 동의를 받아 지방자치단체의 장에게 입주자대표회의나 그 구성원, 관리주체, 관리사무소장 또는 선거관리위원회나 그 위원 등의 업무에 대하여 감사를 요청할 수 있다. 이 경우 감사 요청은 그 사유를 소명하고 이를 뒷받침할 수 있는 자료를 첨부하여 서면으로 하여야 한다.(2023.10.24 전단개정)
③ 지방자치단체의 장은 제2항에 따른 감사 요청이 이유가 있다고 인정되는 경우에는 감사를 실시한 후 감사를 요청한 입주자등에게 그 결과를 통보하여야 한다.
④ 지방자치단체의 장은 제2항에 따른 감사 요청이 없더라도 공동주택관리의 효율화와 입주자등의 보호를 위하여 필요하다고 인정하는 경우에는 제2항의 감사 대상이 되는 업무에 대하여 감사를 실시할 수 있다.
⑤ 지방자치단체의 장은 제3항 또는 제4항에 따라 감사를 실시할 경우 변호사·공인회계사 등의 전문가에게 자문하거나 해당 전문가와 함께 영업소·관리사무소 등을 조사할 수 있다.
⑥ 제2항부터 제5항까지의 감사 요청 및 감사 실시에 필요한 사항은 지방자치단체의 조례로 정한다.
⑦ 지방자치단체의 장은 제1항부터 제4항까지의 규정에 따라 명령, 조사 또는 검사, 감사의 결과 등을 통보하는 경우 그 내용을 해당 공동주택의 입주자대표회의 및 관리주체에게도 통보하여야 한다.(2019.4.23 본항신설)
⑧ 관리주체는 제7항에 따라 통보받은 내용을 대통령령으로 정하는 바에 따라 해당 공동주택단지의 인터넷 홈페이지 및 동별 게시판에 공개하고 입주자등의 열람, 복사 요구에 따라야 한다.(2019.4.23 본항신설)
제93조의2【공동주택 관리비리 신고센터의 설치 등】
① 국토교통부장관은 공동주택 관리비리와 관련된 불법행위 신고의 접수·처리 등에 관한 업무를 효율적으로 수행하기 위하여 공동주택 관리비리 신고센터(이하 "신고센터"라 한다)를 설치·운영할 수 있다.
② 신고센터는 다음 각 호의 업무를 수행한다.
1. 공동주택관리의 불법행위와 관련된 신고의 상담 및 접수
2. 해당 지방자치단체의 장에게 해당 신고사항에 대한 조사 및 조치 요구
3. 신고인에게 조사 및 조치 결과의 요지 등 통보
③ 공동주택관리와 관련하여 불법행위를 인지한 자는 신고센터에 그 사실을 신고할 수 있다. 이 경우 신고를 하려는 자는 자신의 인적사항과 신고의 취지·이유·내용을 적고 서명한 문서와 함께 신고 대상 및 증거 등을 제출하여야 한다.
④ 제2항제2호에 따른 요구를 받은 지방자치단체의 장은 신속하게 해당 요구에 따른 조사 및 조치를 완료하고 완료한 날부터 10일 이내에 그 결과를 국토교통부장관에게 통보하여야 하며, 국토교통부장관은 통보를 받은 경우 즉시 신고자에게 그 결과의 요지를 알려야 한다.
⑤ 제1항부터 제4항까지에서 규정한 사항 외에 신고센터의 설치·운영·업무·신고 및 처리 등에 필요한 사항은 대통령령으로 정한다.
(2017.4.18 본조신설)
제94조【공사의 중지 등】 ① 국토교통부장관 또는 지방자치단체의 장은 사업주체등 및 공동주택의 입주자등, 관리주체, 입주자대표회의나 그 구성원이 이 법 또는 이 법에 따른 명령이나 처분을 위반한 경우에는 공사의 중지, 원상복구, 하자보수 이행 또는 그 밖에 필요한 조치를 명할 수 있다.
② 국토교통부장관 또는 지방자치단체의 장은 제1항에 따라 공사의 중지 등 필요한 조치를 명하는 경우 그 내용을 해당 공동주택의 입주자대표회의 및 관리주체에게도 통보하여야 한다.(2019.4.23 본항신설)
③ 관리주체는 제2항에 따라 통보받은 내용을 대통령령으로 정하는 바에 따라 해당 공동주택단지의 인터넷 홈페이지 및 동별 게시판에 공개하고 입주자등의 열람, 복사 요구에 따라야 한다.(2019.4.23 본항신설)
(2017.4.18 본조개정)
제95조【청문】 국토교통부장관 또는 지방자치단체의 장은 다음 각 호의 어느 하나에 해당하는 처분을 하려면 청문을 하여야 한다.
1. 제35조제6항에 따른 행위허가의 취소(2021.8.10 본호개정)
2. 제53조제1항에 따른 주택관리업의 등록말소
3. (2016.1.19 삭제)
4. 제69조제1항에 따른 주택관리사등의 자격취소
제96조【벌칙 적용에서 공무원 의제】 다음 각 호의 어느 하나에 해당하는 자는 「형법」 제129조부터 제132조까지의 규정을 적용할 때에는 공무원으로 본다.
1. 제40조제1항에 따른 하자분쟁조정위원회의 위원 또는 하자분쟁조정위원회의 사무국 직원으로서 공무원이 아닌 자
2. 제48조제1항에 따라 하자진단을 실시하는 자
3. 제71조제1항에 따른 공동주택관리 분쟁조정위원회의 위원 또는 중앙분쟁조정위원회의 사무국 직원으로서 공무원이 아닌 자

제11장 벌 칙

제97조【벌칙】 제90조제1항을 위반하여 공모하여 부정하게 재물 또는 재산상의 이익을 취득하거나 제공한 자는 3년 이하의 징역 또는 3천만원 이하의 벌금에 처한다. 다만, 그 위반행위로 얻은 이익의 100분의 50에 해당하는 금액이 3천만원을 초과하는 자는 3년 이하의 징역 또는 그 이익의 2배에 해당하는 금액 이하의 벌금에 처한다.
제98조【벌칙】 다음 각 호의 어느 하나에 해당하는 자는 2년 이하의 징역 또는 2천만원 이하의 벌금에 처한다. 다만, 제3호에 해당하는 자로서 그 위반행위로 얻은 이익의 100분의 50에 해당하는 금액이 2천만원을 초과하는 자는 2년 이하의 징역 또는 그 이익의 2배에 해당하는 금액 이하의 벌금에 처한다.
1. 제52조제1항에 따른 등록을 하지 아니하고 주택관리업을 운영한 자 또는 거짓이나 그 밖의 부정한 방법으로 등록한 자
2. (2016.1.19 삭제)
3. 제90조제2항을 위반하여 부정하게 재물 또는 재산상의 이익을 취득하거나 제공한 자
제99조【벌칙】 다음 각 호의 어느 하나에 해당하는 자는 1년 이하의 징역 또는 1천만원 이하의 벌금에 처한다.
1. 제26조제1항을 위반하여 회계감사를 받지 아니하거나 부정한 방법으로 받은 자(2022.6.10 본호개정)
1의2. 제26조제5항을 위반하여 회계감사를 방해하는 등 같은 항 각 호의 어느 하나에 해당하는 행위를 한 자
1의3. 제27조제1항을 위반하여 장부 및 증빙서류를 작성 또는 보관하지 아니하거나 거짓으로 작성한 자
(2017.3.21 1호의2~1호의3신설)
1의4. 제35조제1항 및 제4항을 위반한 자(같은 조 제1항 각 호의 행위 중 신고대상 행위를 신고하지 아니하고 행한 자는 제외한다)(2021.8.10 본호개정)
2. 제50조제2항 및 제78조를 위반하여 직무상 알게 된 비밀을 누설한 자
3. 제53조에 따른 영업정지기간에 영업을 한 자나 주택관리업의 등록이 말소된 후 영업을 한 자
4. (2016.1.19 삭제)
5. 제67조에 따라 주택관리사등의 자격을 취득하지 아니하고 관리사무소장의 업무를 수행한 자 또는 해당 자격이 없는 자에게 이를 수행하게 한 자
6. 제90조제4항부터 제6항까지를 위반하여 다음 각 목의 어느 하나에 해당하는 자
가. 다른 자에게 자기의 성명 또는 상호를 사용하여 이 법에서 정한 사업이나 업무를 수행하게 하거나 자기의 등록증 또는 자격증을 빌려준 자
나. 다른 자의 성명 또는 상호를 사용하여 주택관리업 또는 주택관리사등의 업무를 수행하거나 다른 자의 등록증 또는 자격증을 빌린 자
다. 가목 또는 나목의 행위를 알선한 자
(2021.8.10 본호개정)
7. 제92조제1항 또는 제93조제1항·제3항·제4항에 따른 조사 또는 검사나 감사를 거부·방해 또는 기피한 자
8. 제94조에 따른 공사 중지 등의 명령을 위반한 자
제100조【벌칙】 다음 각 호의 어느 하나에 해당하는 자는 1천만원 이하의 벌금에 처한다.
1. 제6조제1항에 따른 기술인력 또는 장비를 갖추지 아니하고 관리행위를 한 자
2. 제64조제1항을 위반하여 주택관리사등을 배치하지 아니한 자
제101조【양벌규정】 법인의 대표자나 법인 또는 개인의 대리인, 사용인, 그 밖의 종업원이 그 법인 또는 개인의 업무에 관하여 제97조부터 제99조까지의 어느 하나에 해당하는 위반행위를 하면 그 행위자를 벌하는 외에 그 법인 또는 개인에게도 해당 조문의 벌금형을 과(科)한다. 다만, 법인 또는 개인이 그 위반행위를 방지하기 위하여 해당 업무에 관하여 상당한 주의와 감독을 게을리하지 아니한 경우에는 그러하지 아니하다.
제102조【과태료】 ① 제38조제2항을 위반하여 하자보수보증금을 이 법에 따른 용도 외의 목적으로 사용한 자에게는 2천만원 이하의 과태료를 부과한다.
② 다음 각 호의 어느 하나에 해당하는 자에게는 1천만원 이하의 과태료를 부과한다.
1. 제13조를 위반하여 공동주택의 관리업무를 인계하지 아니한 자
2.~3. (2017.3.21 삭제)
4. 제29조제2항을 위반하여 수립되거나 조정된 장기수선계획에 따라 주요시설을 교체하거나 보수하지 아니한 자
5. 제43조제3항에 따라 판정받은 하자를 보수하지 아니한 자
6. 제52조제5항을 위반하여 유사명칭을 사용한 자 (2016.1.19 본호개정)
7. 제93조제1항에 따른 보고 또는 자료 제출 등의 명령을 위반한 자(2016.1.19 본호개정)

8. 제65조제5항을 위반하여 관리사무소장을 해임하거나 해임하도록 주택관리업자에게 요구한 자
9. 제90조제3항을 위반하여 관리비ㆍ사용료와 장기수선충당금을 이 법에 따른 용도 외의 목적으로 사용한 자
③ 다음 각 호의 어느 하나에 해당하는 자에게는 500만원 이하의 과태료를 부과한다.
1. 제6조제1항에 따른 자치관리기구를 구성하지 아니한 자
2. 제7조제1항 또는 제25조를 위반하여 주택관리업자 또는 사업자를 선정한 자
3. 제10조의2제1항 본문 및 제4항에 따른 의무관리대상 공동주택의 전환 및 제외, 제11조제3항에 따른 관리방법의 결정 및 변경, 제19조제1항에 따른 관리규약의 제정 및 개정, 입주자대표회의의 구성 및 변경 등의 신고를 하지 아니한 자(2021.8.10 본호개정)
4. 제14조제8항을 위반하여 회의록을 작성하여 보관하게 하지 아니한 자(2022.6.10 본호개정)
4의2. 제14조제9항 후단을 위반하여 회의록의 열람 청구 또는 복사 요구에 응하지 아니한 자(2022.6.10 본호신설)
5. 제23조제4항 또는 제5항을 위반하여 관리비 등의 내역을 공개하지 아니하거나 거짓으로 공개한 자(2019.4.23 본호개정)
6. 제26조제3항을 위반하여 회계감사의 결과를 보고 또는 공개하지 아니하거나 거짓으로 보고 또는 공개한 자
6의2. 제26조제6항을 위반하여 회계감사 결과를 제출 또는 공개하지 아니하거나 거짓으로 제출 또는 공개한 자(2019.4.23 본호신설)
7. (2017.3.21 삭제)
8. 제27조제3항을 위반하여 장부나 증빙서류 등의 정보에 대한 열람, 복사의 요구에 응하지 아니하거나 거짓으로 응한 자(2021.8.10 본호개정)
9. 제28조를 위반하여 계약서를 공개하지 아니하거나 거짓으로 공개한 자
10. 제29조를 위반하여 장기수선계획을 수립하지 아니하거나 검토하지 아니한 자 또는 장기수선계획에 대한 검토사항을 기록하고 보관하지 아니한 자
11. 제30조에 따른 장기수선충당금을 적립하지 아니한 자
12. 제31조에 따라 설계도서 등을 보관하지 아니하거나 시설의 교체 및 보수 등의 내용을 기록ㆍ보관ㆍ유지하지 아니한 자
13. 제32조에 따른 안전관리계획을 수립 또는 시행하지 아니하거나 교육을 받지 아니한 자
14. 제33조제1항에 따라 안전점검을 실시하지 아니하거나 같은 조 제2항에 따라 입주자대표회의 또는 시장ㆍ군수ㆍ구청장에게 통보 또는 보고하지 아니하거나 필요한 조치를 하지 아니한 자
15. 제35조제1항 각 호의 행위를 신고하지 아니하고 행한 자
15의2. 제37조제5항에 따른 하자보수에 대한 시정명령을 이행하지 아니한 자(2020.12.8 본호개정)
16. 제38조제2항에 따른 신고를 하지 아니하거나 거짓으로 신고한 자
16의2. 제38조의2제1항을 위반하여 하자보수청구 서류 등을 보관하지 아니한 자(2020.12.8 본호신설)
16의3. 제38조의2제2항을 위반하여 하자보수청구 서류 등을 제공하지 아니한 자(2020.12.8 본호신설)
16의4. 제38조의2제3항을 위반하여 공동주택의 하자보수청구 서류 등을 인계하지 아니한 자(2020.12.8 본호신설)
16의5. 제43조제6항을 위반하여 하자분쟁조정위원회의 출석요구를 따르지 아니한 안전진단기관 또는 관계 전문가(2020.6.9 본호개정)
16의6. 제44조의2제3항에 따라 하자분쟁조정위원회로부터 계속하여 2회의 출석 요구를 받고 정당한 사유 없이 출석하지 아니한 자 또는 출석하여 거짓으로 진술하거나 감정한 자(2020.12.8 본호신설)
16의7. 제44조의2제3항에 따라 제출을 요구받은 문서 또는 물건을 제출하지 아니하거나 거짓으로 제출한 자(2020.12.8 본호신설)
17. 제46조제2항에 따른 조정등에 대한 답변서를 하자분쟁조정위원회에 제출하지 아니한 자 또는 제75조제1항에 따른 분쟁조정 신청에 대한 답변서를 중앙분쟁조정위원회에 제출하지 아니한 자
18. 제46조제3항에 따른 조정등에 응하지 아니한 자(입주자 및 임차인은 제외한다) 또는 제75조제2항에 따른 분쟁조정에 응하지 아니한 자(2017.4.18 본호개정)
18의2. 제51조제1항에 따른 조사ㆍ검사 및 열람을 거부하거나 방해한 자(2017.4.18 본호신설)
19. 제52조제1항에 따른 주택관리업의 등록사항 변경신고를 하지 아니하거나 거짓으로 신고한 자(2016.1.19 본호개정)
20.~21. (2016.1.19 삭제)
22. 제63조제2항을 위반하여 공동주택을 관리한 자
23. 제64조제5항에 따른 배치 내용 및 직인의 신고 또는 변경신고를 하지 아니한 자
24. 제66조제3항에 따른 보증보험 등에 가입한 사실을 입증하는 서류를 제출하지 아니한 자
25. 제70조에 따른 교육을 받지 아니한 자
26. 제92조제1항에 따른 보고 또는 검사의 명령을 위반한 자
27. 제93조제8항 또는 제94조제3항을 위반하여 국토교통부장관 또는 지방자치단체의 장으로부터 통보받은 명령, 조사 또는 검사, 감사 결과 등의 내용을 공개하지 아니하거나 거짓으로 공개한 자 또는 열람, 복사 요구에 따르지 아니하거나 거짓으로 따른 자(2019.4.23 본호신설)
④ 제1항부터 제3항까지의 규정에 따른 과태료는 대통령령으로 정하는 바에 따라 국토교통부장관 또는 지방자치단체의 장이 부과한다.

부 칙

제1조【시행일】 이 법은 공포 후 1년이 경과한 날부터 시행한다.

제2조【동별 대표자 자격요건 기준일에 관한 적용례】 제14조제3항 및 제4항은 이 법 시행 후 최초로 동별 대표자를 선출하기 위하여 공고하는 때부터 적용한다.

제3조【설계도서의 보관 등 의무화에 관한 적용례】 ① 제31조 중 공동주택의 설계도서 등을 보관하여야 하는 의무는 이 법 시행 후 「건축법」 제22조에 따른 사용승인 또는 「주택법」 제29조에 따른 사용검사를 받은 경우부터 적용한다.
② 제31조 중 공동주택 시설의 교체 및 보수 등을 한 경우 그 내용을 기록ㆍ보관ㆍ유지하여야 하는 의무는 이 법 시행 후 최초로 공동주택 시설의 교체 및 보수 등을 한 경우부터 적용한다.

제4조【관리사무소장 등의 배치에 관한 적용례】 법률 제7757호 주택법 일부개정법률 제55조의 개정규정은 같은 개정법률의 시행일인 2006년 2월 24일 이후 최초로 관리사무소장 등을 배치하는 경우부터 적용한다.

제5조【관리사무소장 등의 배치에 관한 적용례】 법률 제8968호 주택법 일부개정법률 제55조제1항의 임대주택에 대한 주택관리사 등의 배치규정은 같은 개정법률의 시행일인 2008년 6월 22일 이후 2년이 경과한 날부터 같은 개정법률 제43조에 따라 대통령령으로 정하도록 한 의무관리대상 공동주택의 범위에 해당하는 임대주택에 적용한다.

제6조【관리사무소장의 손해배상책임에 관한 적용례】 법률 제10237호 주택법 일부개정법률 제55조의2제3항의 개정규정은 같은 개정규정의 시행일인 2010년 7월 6일 이후 최초로 관리사무소장으로 배치되는 경우부터 적용한다.

제7조【주택관리업 등록에 관한 적용례】 법률 제11061호 주택법 일부개정법률 제53조제3항의 개정규정은 같은 개정법률의 시행일인 2012년 3월 17일 이후 최초로 주택관리업의 등록을 신청하는 분부터 적용한다.

제8조【사업주체의 관리사무소장 배치에 관한 적용례】 법률 제11061호 주택법 일부개정법률 제55조제1항제3호의 개정규정은 같은 개정법률의 시행일인 2012년 3월 17일 이후 최초로 관리사무소장을 배치하는 경우부터 적용한다.

제9조【하자심사ㆍ분쟁조정위원회 위원의 임기에 관한 적용례】 법률 제11590호 주택법 일부개정법률 제46조의3제4항의 개정규정은 같은 개정규정의 시행일인 2013년 6월 19일 이후 새로이 하자심사ㆍ분쟁조정위원회를 구성하는 위원부터 적용한다.

제10조【장기수선충당금 사용에 관한 적용례】 법률 제11871호 주택법 일부개정법률 제43조의4제2항의 개정규정은 같은 개정규정의 시행일인 2013년 12월 5일 이후 최초로 장기수선충당금을 사용하는 것부터 적용한다.

제11조【하자보수보증금 사용에 관한 적용례】 법률 제11871호 주택법 일부개정법률 제46조제7항의 개정규정은 같은 개정규정의 시행일인 2013년 12월 5일 이후 최초로 하자보수보증금을 사용하는 것부터 적용한다.

제12조【주택관리업자 및 사업자의 선정에 관한 적용례】 법률 제12115호 주택법 일부개정법률 제43조제7항제1호 및 제45조제5항제1호의 개정규정은 같은 개정규정의 시행일인 2015년 1월 1일 이후, 같은 개정법률 제43조제7항제2호 및 제45조제5항제2호의 개정규정은 같은 개정규정의 시행일인 2014년 6월 25일 이후 최초로 주택관리업자 또는 사업자를 선정하기 위한 공고를 하는 경우부터 적용한다.

제13조【장기수선계획의 검토에 관한 특례】 법률 제12115호 주택법 일부개정법률 시행일인 2014년 6월 25일 당시 장기수선계획을 검토한 후 3년이 경과한 공동주택의 입주자대표회의와 관리주체는 같은 개정법률 제47조제2항의 개정규정에도 불구하고 같은 개정법률의 시행일인 2014년 6월 25일부터 3개월 이내에 장기수선계획을 검토하고 그에 대한 검토사항을 기록하고 보관하여야 한다.

제14조【관리사무소장의 교육에 관한 특례】 법률 제12115호 주택법 일부개정법률 시행일인 2014년 6월 25일 전에 「주택법」 제58조제1항 또는 제2항에 따른 교육을 받은 관리사무소장은 같은 개정법률 제58조제3항의 개정규정에도 불구하고 다음 각 호의 구분에 따른 기간 내에 같은 개정규정에 따른 주택관리에 관한 교육을 받아야 한다.
1. 같은 개정법률 시행 당시 「주택법」 제58조제1항 또는 제2항에 따른 교육을 받은 후 3년 이상이 경과한 관리사무소장 : 같은 개정법률의 시행일인 2014년 6월 25일부터 2년
2. 같은 개정법률 시행 당시 「주택법」 제58조제1항 또는 제2항에 따른 교육을 받은 후 3년 미만이 경과한 관리사무소장 : 같은 개정법률의 시행일인 2014년 6월 25일부터 3년

제15조【일반적 경과조치】 이 법 시행 당시 종전의 「주택법」(이하 "종전의 법률"이라 한다)에 따른 결정ㆍ처분ㆍ절차, 그 밖의 행위는 이 법에 따라 행하여진 것으로 본다.

제16조【공동주택관리 분쟁조정위원회에 관한 경과조치】 이 법 시행 당시 설립ㆍ운영 중인 시ㆍ군ㆍ구의 공동주택관리 분쟁조정위원회는 이 법에 따른 지방 공동주택관리 분쟁조정위원회로 본다.

제17조【담보책임 및 하자보수에 관한 경과조치】 법률 제7520호 주택법 일부개정법률의 시행일인 2005년 5월 26일 이전에 「주택법」 제29조에 따른 사용검사 또는 「건축법」 제18조에 따른 사용승인을 얻은 공동주택의 담보책임 및 하자보수에 관하여는 같은 개정법률 제46조의 개정규정에도 불구하고 종전의 규정에 따른다.

제18조【주택외의 시설과 주택을 동일건축물로 건축한 경우의 장기수선계획 및 장기수선충당금에 관한 경과조치】 ① 법률 제8383호 주택법 일부개정법률 시행 당시 장기수선계획이 수립되지 아니한 경우에는 같은 개정법률 제47조의 개정규정에도 불구하고 관리주체가 같은 개정법률의 시행일인 2007년 4월 20일부터 6개월 이내에 이를 수립하여야 한다.
② 제1항에 따라 수립된 장기수선계획에 따라 관리주체는 같은 개정법률의 시행일인 2007년 4월 20일부터 1년이 경과한 날부터 장기수선충당금을 소유자로부터 징수하여 적립하여야 한다.

제19조【사업주체의 공동주택 관리업무의 인계에 관한 경과조치】 법률 제11061호 주택법 일부개정법률 시행일인 2012년 3월 17일 당시 「주택법」 제43조제1항에 따라 공동주택을 직접 관리 중인 사업주체가 같은 개정법률 제43조제6항의 개정규정 각 호의 어느 하나에 해당하는 경우에는 같은 개정법률의 시행일인 2012년 3월 17일 이후 같은 개정법률 제43조제6항의 개정규정에 따라 공동주택의 관리업무를 해당 관리주체에게 인계하여야 한다.

제20조【조정등의 경과조치】 법률 제11590호 주택법 일부개정법률 시행일인 2012년 12월 18일 당시 종전의 규정에 따라 하자심사ㆍ분쟁조정위원회에 계류 중인 조정신청사건에 대한 조정등은 종전의 규정에 따른다.

제21조【관리비예치금에 관한 경과조치】 「주택법 시행령」 제49조제1항에 따라 해당 공동주택의 공용부분의 관리 및 운영 등에 필요한 비용으로 징수한 관리비예치금은 법률 제11871호 주택법 일부개정법률 제45조의2의 개정규정에 따라 징수한 것으로 본다.

제22조【지역난방방식의 공동주택의 장기수선계획 및 장기수선충당금의 적립에 관한 경과조치】 ① 법률 제11871호 주택법 일부개정법률 제47조제1항제3호의 개정규정의 시행일인 2013년 12월 5일 당시 장기수선계획이 수립되지 아니한 경우에는 같은 개정규정에도 불구하고 관리주체가 같은 개정규정의 시행일인 2013년 12월 5일부터 6개월 이내에 이를 수립하여야 한다.
② 관리주체는 법률 제11871호 주택법 일부개정법률 제47조제1항제3호의 개정규정의 시행일인 2013년 12월 5일 이후 1년이 경과한 날이 속하는 달부터 제1항에 따른 장기수선계획에 따라 장기수선충당금을 소유자로부터 징수하고 적립하여야 한다.

제23조【시ㆍ도지사의 대도시 시장으로의 권한 이양에 관한 경과조치】 법률 제11871호 주택법 일부개정법률의 시행일인 2013년 6월 4일 당시 종전의 규정에 따라 시ㆍ도지사로부터 주택관리사보 자격시험의 합격증서 또는 주택관리사 자격증을 발급받거나 주택관리사등의 자격취소 또는 자격정지 처분을 받거나 주택관리에 관한 교육 등을 받은 경우에 그 지역이 대도시인 경우에는 같은 개정법률 제56조제1항의 개정규정(같은 조 제2항 각 호 외의 부분, 제57조제1항 각 호 외의 부분 본문 및 제58조에서 시ㆍ도지사를 인용하는 경우를 포함한다)에 따라 대도시의 시장으로부터 주택관리사보 자격시험의 합격증서 또는 주택관리사 자격증을 발급받거나 주택관리사등의 자격취소 또는 자격정지 처분을 받거나 주택관리에 관한 교육 등을 받은 것으로 본다.

제24조【관리규약에 관한 경과조치】 이 법 시행 당시 종전의 법률에 따라 제정 또는 개정된 관리규약은 이 법에 따라 제정 또는 개정된 것으로 본다.

제25조【장기수선계획에 관한 경과조치】 이 법 시행 당시 종전의 법률에 따라 수립 또는 조정된 장기수선계획은 이 법에 따라 수립 또는 조정된 것으로 본다.

제26조【행위허가 등에 관한 경과조치】 이 법 시행 당시 종전의 법률에 따른 행위허가 또는 신고 등은 이 법에 따른 허가 또는 신고 등으로 본다.

제27조【분쟁조정위원회 위원에 대한 경과조치】 이 법 시행 당시 종전의 법률에 따라 위촉된 하자심사ㆍ분쟁조정위원회의 위원 또는 시ㆍ군ㆍ구의 공동주택관리 분쟁조정위원회의 위원은 이 법에 따라 위촉된 것으로 본다.

제28조【주택관리업자에 대한 경과조치】 이 법 시행 당시 종전의 법률에 따라 등록한 주택관리업자는 이 법에 따라 등록한 것으로 본다.(2016.1.19 본조개정)

제29조【주택관리사등에 대한 경과조치】 이 법 시행 당시 종전의 법률에 따라 합격증서 또는 자격증을 발급받

은 주택관리사등은 이 법에 따라 합격증서 또는 자격증을 발급받은 것으로 본다.

제30조【협회에 관한 경과조치】 이 법 시행 당시 설립된 협회는 이 법에 따라 설립된 협회로 본다.

제31조【행정처분 등에 관한 경과조치】 ① 이 법 시행 당시 종전의 법률에 따라 행한 등록말소, 영업정지 등 행정처분과 과태료, 과징금의 부과는 이 법에 따라 행한 행정처분 및 과태료, 과징금의 부과로 본다.
② 이 법 시행 전의 위반행위에 대하여 과태료 및 과징금을 적용할 때에는 종전의 법률에 따른다.

제32조【벌칙에 관한 경과조치】 이 법 시행 전의 위반행위에 대하여 벌칙을 적용할 때에는 종전의 법률에 따른다.

제33조【금치산자 등에 대한 경과조치】 제14조제4항제1호 및 제67조제4항제1호에 따른 피성년후견인 및 피한정후견인에는 법률 제10429호 민법 일부개정법률 부칙 제2조에 따라 금치산 또는 한정치산 선고의 효력이 유지되는 사람을 포함하는 것으로 본다.

제34조【다른 법률의 개정】 ①~⑰ ※(해당 법령에 가제정리 하였음)

제35조【다른 법령과의 관계】 이 법 시행 당시 다른 법령에서 종전의 법률 및 그 규정을 인용하고 있는 경우 이 법 중 그에 해당하는 규정이 있는 경우에는 종전의 규정을 갈음하여 이 법 또는 이 법의 해당 규정을 인용한 것으로 본다.

제36조【주택관리사보 자격시험 선발예정인원에 관한 적용례】 제67조제5항의 개정규정은 2020년 1월 1일 이후에 시행하는 시험부터 적용한다.(2016.3.22 본조신설)

부　칙 (2017.4.18)

제1조【시행일】 이 법은 공포 후 6개월이 경과한 날부터 시행한다. 다만, 제2조제1항제10호마목의 개정규정은 공포한 날부터 시행한다.

제2조【공공임대주택의 하자보수에 관한 적용례】 제36조제2항의 개정규정은 이 법 시행 후 최초로 「주택법」 제49조에 따른 사용검사(같은 법 제49조제4항 단서에 따라 공동주택의 전부에 대하여 임시 사용승인을 받은 경우에는 그 임시 사용승인을 말하고, 같은 법 제49조제1항 단서에 따라 분할 사용검사나 동별 사용검사를 받은 경우에는 그 분할 사용검사 또는 동별 사용검사를 말한다)를 받은 임대주택부터 적용한다.

제3조【과태료에 관한 경과조치】 이 법 시행 전의 위반행위에 대하여 과태료를 적용할 때에는 종전의 법률에 따른다.

제4조【다른 법률의 개정】 ※(해당 법령에 가제정리 하였음)

부　칙 (2017.8.9)

제1조【시행일】 이 법은 공포 후 6개월이 경과한 날부터 시행한다.

제2조【주택관리사보 시험위원회에 대한 경과조치】 ① 이 법 시행 당시 종전의 규정에 따라 설치된 주택관리사보 시험위원회는 제68조의 개정규정에 따라 설치된 주택관리사보 시험위원회로 본다.
② 이 법 시행 당시 종전의 주택관리사보 시험위원회의 위원은 이 법에 따라 선임된 것으로 본다. 이 경우 위원의 임기는 종전 임기의 남은 기간으로 한다.

부　칙 (2019.4.23)

제1조【시행일】 이 법은 공포 후 1년이 경과한 날부터 시행한다. 다만, 제23조제4항, 제26조제3항·제4항·제6항, 제28조, 제35조제1항제3호의2, 제93조제7항·제8항, 제94조, 제102조제3항제6호의2 및 같은 항 제27호의 개정규정은 공포 후 6개월이 경과한 날부터 시행한다.

제2조【의무관리대상 전환 공동주택의 관리비등 공개 및 회계서류 작성·보관 등에 관한 적용례】 의무관리대상 전환 공동주택에 대하여 제23조 및 제27조의 규정은 제2조제1항제2호의 개정규정 시행 후 제9조제1항에 따른 공동주택관리기구가 구성된 경우부터 적용한다.

제3조【감사인의 회계감사 결과 공개에 관한 적용례】 제26조제6항의 개정규정은 이 법 시행 후 개시되는 회계감사부터 적용한다.

부　칙 (2020.3.24)

제1조【시행일】 이 법은 공포한 날부터 시행한다.(이하 생략)

부　칙 (2020.6.9 법17447호)

제1조【시행일】 이 법은 공포 후 6개월이 경과한 날부터 시행한다.(이하 생략)

부　칙 (2020.6.9 법17453호)

이 법은 공포한 날부터 시행한다.(이하 생략)

부　칙 (2020.10.20)

이 법은 공포 후 6개월이 경과한 날부터 시행한다. 다만, 제65조의2제1항의 개정규정은 공포 후 1년이 경과한 날부터 시행한다.

부　칙 (2020.12.8)

제1조【시행일】 이 법은 공포 후 1년이 경과한 날부터 시행한다.

제2조【하자보수청구 서류 등의 보관에 관한 적용례】 제38조의2제1항의 개정규정은 이 법 시행 이후 관리주체가 입주자 또는 입주자대표회의를 대행하여 하자보수청구를 하는 경우부터 적용한다.

부　칙 (2021.1.12)

제1조【시행일】 이 법은 공포 후 1년이 경과한 날부터 시행한다.(이하 생략)

부　칙 (2021.4.13)

이 법은 공포 후 6개월이 경과한 날부터 시행한다.

부　칙 (2021.8.10)

제1조【시행일】 이 법은 공포한 날부터 시행한다. 다만, 다음 각 호의 개정규정은 각 호의 구분에 따른 날부터 시행한다.
1. 제6조제1항, 제10조의2제2항·제5항·제6항, 제11조제4항·제5항, 제19조 및 제102조제3항제3호 : 공포 후 1개월이 경과한 날
2. 제53조제2항, 제90조제5항·제6항 및 제99조제6호 : 공포 후 3개월이 경과한 날
3. 제27조제2항, 제41조제1항·제5항·제6항, 제46조제4항, 제65조 및 제65조의3 : 공포 후 6개월이 경과한 날

제2조【의무관리대상 공동주택 전환신고 및 제외신고에 관한 적용례】 제10조의2제5항 및 제6항의 개정규정은 부칙 제1조제1호에 따른 시행일 이후 의무관리대상 공동주택의 전환신고 및 제외신고를 하는 경우부터 적용한다.

제3조【공동주택의 관리방법 결정신고 및 변경신고에 관한 적용례】 제11조제4항 및 제5항의 개정규정은 부칙 제1조제1호에 따른 시행일 이후 공동주택 관리방법의 결정신고 및 변경신고를 하는 경우부터 적용한다.

제4조【관리규약의 제정 등 신고 및 변경신고에 관한 적용례】 제19조제2항 및 제3항의 개정규정은 부칙 제1조제1호에 따른 시행일 이후 관리규약의 제정 등의 신고 및 변경신고를 하는 경우부터 적용한다.

제5조【위원의 제척 등에 대한 적용례】 제41조제1항·제5항 및 제6항과 제46조제4항의 개정규정은 부칙 제1조제3호에 따른 시행일 이후 조정등의 신청을 하는 경우부터 적용한다.

제6조【과징금에 관한 경과조치】 부칙 제1조제2호에 따른 시행일 전에 제53조제1항제3호부터 제6호까지, 제10호 및 제11호의 어느 하나에 해당하는 경우에는 같은 조 제2항의 개정규정에도 불구하고 종전의 규정에 따른다.

부　칙 (2022.6.10)

제1조【시행일】 이 법은 공포 후 6개월이 경과한 날부터 시행한다. 다만, 제26조 및 제99조제1호의 개정규정은 2024년 1월 1일부터 시행한다.

제2조【입주자등의 동의에 관한 적용례】 제7조제1항제1호의2의 개정규정은 이 법 시행 이후 주택관리업자를 선정하는 경우부터 적용한다.

제3조【주택관리업자 및 사업자 선정 관련 증빙서류 보관 등에 관한 적용례】 제27조제1항제2호의 개정규정은 이 법 시행 이후 주택관리업자 또는 사업자와 계약을 체결하는 경우부터 적용한다.

제4조【하자분쟁조정위원회의 분쟁조정 등의 대상에 관한 적용례】 제39조제2항제3호의 개정규정은 이 법 시행 이후 하자분쟁조정위원회에 분쟁조정 등이 신청된 경우부터 적용한다.

부　칙 (2023.4.18)
(2023.6.13)

이 법은 공포 후 6개월이 경과한 날부터 시행한다.

부　칙 (2023.10.24)

이 법은 공포 후 6개월이 경과한 날부터 시행한다. 다만, 다음 각 호의 개정규정은 각 호의 구분에 따른 날부터 시행한다.
1. 제85조제2항 : 공포한 날
2. 제20조제4항 및 제7항부터 제11항까지, 제23조제5항 후단, 제87조 : 공포 후 1년이 경과한 날

건축법

(2008년　3월　21일
전부개정법률 제8974호)

개정
2008. 3.28법 9049호
2008. 3.28법 9071호(도시교통정비촉진법)
2008. 6. 5법 9103호
2009. 1.30법 9384호(승강기시설안전관리법)
2009. 2. 6법 9437호
2009. 4. 1법 9594호
2009. 6. 9법 9770호(소음·진동관리법)
2009. 6. 9법 9774호(측량·수로지적)
2009.12.29법 9858호
2010. 5.31법10331호(산지관리법)
2011. 4.14법10599호(국토이용)
2011. 5.30법10755호
2011. 5.30법10764호(택지개발촉진법)
2011. 7.21법10892호(환경영향평가법)
2011. 8. 4법11037호(소방시설설치·유지및안전관리에관한법)
2011. 9.16법11057호
2012. 1.17법11182호
2012. 2.22법11365호(녹색건축물조성지원법)
2012.10.22법11495호(자연재해대책법)
2012.12.18법11599호(한국토지주택공사법)
2013. 3.23법11690호(정부조직)
2013. 5.10법11763호
2013. 5.22법11794호(건설기술진흥법)
2013. 7.16법11921호
2013. 8. 6법11998호(지방세외수입금의징수등에관한법)
2014. 1.14법12246호
2014. 1.14법12248호(도로법)
2014. 5.28법12701호
2014. 6. 3법12737호(지역개발및지원에관한법)
2014. 6. 3법12738호(공간정보구축관리)
2015. 1. 6법12968호
2015. 1. 6법12989호(주택도시기금법)
2015. 5.18법13325호
2015. 7.24법13433호(도시교통정비촉진법)
2015. 8.11법13470호(건축기본법)
2015. 8.11법13471호
2015. 8.11법13474호(공동주택관리법)
2015.12.22법13601호(실내공기질관리법)
2016. 1.19법13782호(감정평가감정평가사)
2016. 1.19법13785호
2016. 1.19법13805호(주택법)
2016. 2. 3법14016호
2017. 1.17법14532호(물환경보전법)
2017. 1.17법14535호
2017. 1.17법14545호(시설물의안전및유지관리에관한특별법)
2017. 2. 8법14567호(도시및주거환경정비법)
2017. 4.18법14792호
2017. 4.18법14795호(국토이용)
2017.10.24법14935호
2017.12.26법15307호
2018. 3.27법15526호(승강기안전관리법)
2018. 4.17법15594호
2018. 8.14법15721호
2018.12.18법15992호
2019. 4.23법16380호
2019. 4.30법16415호(건설산업)
2019. 4.30법16416호(건축물관리법)
2019. 8.20법16485호
2019.11.26법16596호(문화재)
2020. 3.24법17091호(지방행정제재·부과금의징수등에관한법)
2020. 3.31법17171호(전기안전관리법)
2020. 4. 7법17219호(감정평가감정평가사)
2020. 4. 7법17223호
2020. 6. 9법17447호(국토안전관리원법)
2020. 6. 9법17453호(법률용어정비)
2020.12. 8법17606호
2020.12.22법17733호
2021. 3.16법17939호(건설기술진흥법)
2021. 3.16법17940호
2021. 7.27법18340호(건축물관리법)
2021. 7.27법18341호
2021. 8.10법18383호
2021.10.19법18508호
2022. 2. 3법18825호
2022. 6.10법18935호
2022.11.15법19045호
2023. 3.21법19251호(자연유산의보존및활용에관한법)
2023. 5.16법19409호(국가유산기본법)
2023. 8. 8법19590호(문화유산)
2023.12.26법19846호
2024. 1.16법20037호
2024. 2. 6법20194호(자연유산의보존및활용에관한법)

제1장 총　칙

제1조【목적】 이 법은 건축물의 대지·구조·설비 기준 및 용도 등을 정하여 건축물의 안전·기능·환경 및 미관을 향상시킴으로써 공공복리의 증진에 이바지하는 것을 목적으로 한다.

제2조【정의】 ① 이 법에서 사용하는 용어의 뜻은 다음과 같다.
1. "대지(垈地)"란 「공간정보의 구축 및 관리 등에 관한 법률」에 따라 각 필지(筆地)로 나눈 토지를 말한다. 다만, 대통령령으로 정하는 토지는 둘 이상의 필지를 하나의 대지로 하거나 하나 이상의 필지의 일부를 하나의 대지로 할 수 있다.(2014.6.3 본문개정)
2. "건축물"이란 토지에 정착(定着)하는 공작물 중 지붕과 기둥 또는 벽이 있는 것과 이에 딸린 시설물, 지하나 고가(高架)의 공작물에 설치하는 사무소·공연장·점포·차고·창고, 그 밖에 대통령령으로 정하는 것을 말한다.

3. "건축물의 용도"란 건축물의 종류를 유사한 구조, 이용목적 및 형태별로 묶어 분류한 것을 말한다.
4. "건축설비"란 건축물에 설치하는 전기·전화 설비, 초고속 정보통신 설비, 지능형 홈네트워크 설비, 가스·급수·배수(配水)·배수(排水)·환기·난방·냉방·소화(消火)·배연(排煙) 및 오물처리의 설비, 굴뚝, 승강기, 피뢰침, 국기 게양대, 공동시청 안테나, 유선방송 수신시설, 우편함, 저수조(貯水槽), 방범시설, 그 밖에 국토교통부령으로 정하는 설비를 말한다.(2016.1.19 본호개정)
5. "지하층"이란 건축물의 바닥이 지표면 아래에 있는 층으로서 바닥에서 지표면까지 평균높이가 해당 층 높이의 2분의 1 이상인 것을 말한다.
6. "거실"이란 건축물 안에서 거주, 집무, 작업, 집회, 오락, 그 밖에 이와 유사한 목적을 위하여 사용되는 방을 말한다.
7. "주요구조부"란 내력벽(耐力壁), 기둥, 바닥, 보, 지붕틀 및 주계단(主階段)을 말한다. 다만, 사이 기둥, 최하층 바닥, 작은 보, 차양, 옥외 계단, 그 밖에 이와 유사한 것으로 건축물의 구조상 중요하지 아니한 부분은 제외한다.
8. "건축"이란 건축물을 신축·증축·개축·재축(再築)하거나 건축물을 이전하는 것을 말한다.
8의2. "결합건축"이란 제56조에 따른 용적률을 개별 대지마다 적용하지 아니하고, 2개 이상의 대지를 대상으로 통합적용하여 건축물을 건축하는 것을 말한다.(2020.4.7 본호신설)
9. "대수선"이란 건축물의 기둥, 보, 내력벽, 주계단 등의 구조나 외부 형태를 수선·변경하거나 증설하는 것으로서 대통령령으로 정하는 것을 말한다.
10. "리모델링"이란 건축물의 노후화를 억제하거나 기능 향상 등을 위하여 대수선하거나 건축물의 일부를 증축 또는 개축하는 행위를 말한다.(2017.12.26 본호개정)
11. "도로"란 보행과 자동차 통행이 가능한 너비 4미터 이상의 도로(지형적으로 자동차 통행이 불가능한 경우와 막다른 도로의 경우에는 대통령령으로 정하는 구조와 너비의 도로)로서 다음 각 목의 어느 하나에 해당하는 도로나 그 예정도로를 말한다.
가. 「국토의 계획 및 이용에 관한 법률」, 「도로법」, 「사도법」, 그 밖의 관계 법령에 따라 신설 또는 변경에 관한 고시가 된 도로
나. 건축허가 또는 신고 시에 특별시장·광역시장·특별자치시장·도지사·특별자치도지사(이하 "시·도지사"라 한다) 또는 시장·군수·구청장(자치구의 구청장을 말한다. 이하 같다)이 위치를 지정하여 공고한 도로(2014.1.14 본목개정)
12. "건축주"란 건축물의 건축·대수선·용도변경, 건축설비의 설치 또는 공작물의 축조(이하 "건축물의 건축등"이라 한다)에 관한 공사를 발주하거나 현장 관리인을 두어 스스로 그 공사를 하는 자를 말한다.
12의2. "제조업자"란 건축물의 건축·대수선·용도변경, 건축설비의 설치 또는 공작물의 축조 등에 필요한 건축자재를 제조하는 사람을 말한다.(2016.2.3 본호신설)
12의3. "유통업자"란 건축물의 건축·대수선·용도변경, 건축설비의 설치 또는 공작물의 축조에 필요한 건축자재를 판매하거나 공사현장에 납품하는 사람을 말한다.(2016.2.3 본호신설)
13. "설계자"란 자기의 책임(보조자의 도움을 받는 경우를 포함한다)으로 설계도서를 작성하고 그 설계도서에서 의도하는 바를 해설하며, 지도하고 자문에 응하는 자를 말한다.
14. "설계도서"란 건축물의 건축등에 관한 공사용 도면, 구조 계산서, 시방서(示方書), 그 밖에 국토교통부령으로 정하는 공사에 필요한 서류를 말한다.(2013.3.23 본호개정)
15. "공사감리자"란 자기의 책임(보조자의 도움을 받는 경우를 포함한다)으로 이 법으로 정하는 바에 따라 건축물, 건축설비 또는 공작물이 설계도서의 내용대로 시공되는지를 확인하고, 품질관리·공사관리·안전관리 등에 대하여 지도·감독하는 자를 말한다.
16. "공사시공자"란 「건설산업기본법」 제2조제4호에 따른 건설공사를 하는 자를 말한다.
16의2. "건축물의 유지·관리"란 건축물의 소유자나 관리자가 사용 승인된 건축물의 대지·구조·설비 및 용도 등을 지속적으로 유지하기 위하여 건축물이 멸실될 때까지 관리하는 행위를 말한다.(2012.1.17 본호신설)
17. "관계전문기술자"란 건축물의 구조·설비 등 건축물과 관련된 전문기술자격을 보유하고 설계와 공사감리에 참여하여 설계자 및 공사감리자와 협력하는 자를 말한다.
18. "특별건축구역"이란 조화롭고 창의적인 건축물의 건축을 통하여 도시경관의 창출, 건설기술 수준향상 및 건축 관련 제도개선을 도모하기 위하여 이 법 또는 관계법령에 따라 일부 규정을 적용하지 아니하거나 완화 또는 통합하여 적용할 수 있도록 특별히 지정하는 구역을 말한다.
19. "고층건축물"이란 층수가 30층 이상이거나 높이가 120미터 이상인 건축물을 말한다.(2011.9.16 본호신설)
20. "실내건축"이란 건축물의 실내를 안전하고 쾌적하며 효율적으로 사용하기 위하여 내부 공간을 칸막이로 구획하거나 벽지, 천장재, 바닥재, 유리 등 대통령령으로 정하는 재료 또는 장식물을 설치하는 것을 말한다.(2014.5.28 본호신설)
21. "부속구조물"이란 건축물의 안전·기능·환경 등을 향상시키기 위하여 건축물에 추가적으로 설치하는 환기시설물 등 대통령령으로 정하는 구조물을 말한다.(2016.2.3 본호신설)

② 건축물의 용도는 다음과 같이 구분하되, 각 용도에 속하는 건축물의 세부 용도는 대통령령으로 정한다.
1. 단독주택
2. 공동주택
3. 제1종 근린생활시설
4. 제2종 근린생활시설
5. 문화 및 집회시설
6. 종교시설
7. 판매시설
8. 운수시설
9. 의료시설
10. 교육연구시설
11. 노유자(老幼者 : 노인 및 어린이)시설
12. 수련시설
13. 운동시설
14. 업무시설
15. 숙박시설
16. 위락(慰樂)시설
17. 공장
18. 창고시설
19. 위험물 저장 및 처리 시설
20. 자동차 관련 시설
21. 동물 및 식물 관련 시설
22. 자원순환 관련 시설(2013.7.16 본호개정)
23. 교정(矯正)시설(2022.11.15 본호개정)
24. 국방·군사시설(2022.11.15 본호신설)
25. 방송통신시설
26. 발전시설
27. 묘지 관련 시설
28. 관광 휴게시설
29. 그 밖에 대통령령으로 정하는 시설

제3조【적용 제외】 ① 다음 각 호의 어느 하나에 해당하는 건축물에는 이 법을 적용하지 아니한다.
1. 「문화유산의 보존 및 활용에 관한 법률」에 따른 지정문화유산이나 임시지정문화유산 또는 「자연유산의 보존 및 활용에 관한 법률」에 따라 지정된 천연기념물등이나 임시지정천연기념물, 임시지정명승, 임시지정시·도자연유산, 임시자연유산자료(2024.2.6 본호개정)
2. 철도나 궤도의 선로 부지(敷地)에 있는 다음 각 목의 시설
가. 운전보안시설
나. 철도 선로의 위나 아래를 가로지르는 보행시설
다. 플랫폼
라. 해당 철도 또는 궤도사업용 급수(給水)·급탄(給炭) 및 급유(給油) 시설
3. 고속도로 통행료 징수시설
4. 컨테이너를 이용한 간이창고(「산업집적활성화 및 공장설립에 관한 법률」 제2조제1호에 따른 공장의 용도로만 사용되는 건축물의 대지에 설치하는 것으로서 이동이 쉬운 것만 해당된다)
5. 「하천법」에 따른 하천구역 내의 수문조작실(2016.1.19 본호신설)

② 「국토의 계획 및 이용에 관한 법률」에 따른 도시지역 및 같은 법 제51조제3항에 따른 지구단위계획구역(이하 "지구단위계획구역"이라 한다) 외의 지역으로서 동이나 읍(동이나 읍에 속하는 섬의 경우에는 인구가 500명 이상인 경우만 해당된다)이 아닌 지역은 제44조부터 제47조까지, 제51조 및 제57조를 적용하지 아니한다.(2014.1.14 본항개정)
③ 「국토의 계획 및 이용에 관한 법률」 제47조제7항에 따른 건축물이나 공작물을 도시·군계획시설로 결정된 도로의 예정지에 건축하는 경우에는 제45조부터 제47조까지의 규정을 적용하지 아니한다.(2011.4.14 본항개정)

제4조【건축위원회】 ① 국토교통부장관, 시·도지사 및 시장·군수·구청장은 다음 각 호의 사항을 조사·심의·조정 또는 재정(이하 이 조에서 "심의등"이라 한다)하기 하여 각각 건축위원회를 두어야 한다.(2013.3.23 본문개정)
1. 이 법과 조례의 제정·개정 및 시행에 관한 중요 사항(2014.5.28 본호개정)
2. 건축물의 건축등과 관련된 분쟁의 조정 또는 재정에 관한 사항. 다만, 시·도지사 및 시장·군수·구청장이 두는 건축위원회는 제외한다.(2014.5.28 단서개정)
3. 건축물의 건축등과 관련된 민원에 관한 사항. 다만, 국토교통부장관이 두는 건축위원회는 제외한다.(2014.5.28 본호신설)
4. 건축물의 건축 또는 대수선에 관한 사항(2014.5.28 본호신설)
5. 다른 법령에서 건축위원회의 심의를 받도록 규정한 사항
② 국토교통부장관, 시·도지사 및 시장·군수·구청장은 건축위원회의 심의등을 효율적으로 수행하기 위하여 필요하면 자신이 설치하는 건축위원회에 다음 각 호의 전문위원회를 두어 운영할 수 있다.(2014.5.28 본문개정)
1. 건축분쟁전문위원회(국토교통부에 설치하는 건축위원회에 한정한다)
2. 건축민원전문위원회(시·도 및 시·군·구에 설치하는 건축위원회에 한정한다)
3. 건축계획·건축구조·건축설비 등 분야별 전문위원회(2014.5.28 1호~3호신설)
③ 제2항에 따른 전문위원회는 건축위원회가 정하는 사항에 대하여 심의등을 한다.(2014.5.28 본항개정)
④ 제3항에 따라 전문위원회의 심의등을 거친 사항은 건축위원회의 심의등을 거친 것으로 본다.(2014.5.28 본항개정)
⑤ 제1항에 따른 각 건축위원회의 조직·운영, 그 밖에 필요한 사항은 대통령령으로 정하는 바에 따라 국토교통부령이나 해당 지방자치단체의 조례(자치구의 경우에는 특별시나 광역시의 조례를 말한다. 이하 같다)로 정한다.(2013.3.23 본항개정)

제4조의2【건축위원회의 건축 심의 등】 ① 대통령령으로 정하는 건축물을 건축하거나 대수선하려는 자는 국토교통부령으로 정하는 바에 따라 시·도지사 또는 시장·군수·구청장에게 제4조에 따른 건축위원회(이하 "건축위원회"라 한다)의 심의를 신청하여야 한다.(2017.1.17 본항개정)
② 제1항에 따라 심의 신청을 받은 시·도지사 또는 시장·군수·구청장은 대통령령으로 정하는 바에 따라 건축위원회에 심의 안건을 상정하고, 심의 결과를 국토교통부령으로 정하는 바에 따라 심의를 신청한 자에게 통보하여야 한다.
③ 제2항에 따른 건축위원회의 심의 결과에 이의가 있는 자는 심의 결과를 통보받은 날부터 1개월 이내에 시·도지사 또는 시장·군수·구청장에게 건축위원회의 재심의를 신청할 수 있다.
④ 제3항에 따른 재심의 신청을 받은 시·도지사 또는 시장·군수·구청장은 그 신청을 받은 날부터 15일 이내에 대통령령으로 정하는 바에 따라 건축위원회에 재심의 안건을 상정하고, 재심의 결과를 국토교통부령으로 정하는 바에 따라 재심의를 신청한 자에게 통보하여야 한다.(2014.5.28 본조신설)

제4조의3【건축위원회 회의록의 공개】 시·도지사 또는 시장·군수·구청장은 제4조의2제1항에 따른 심의(같은 조 제3항에 따른 재심의를 포함한다. 이하 이 조에서 같다)를 신청한 자가 요청하는 경우에는 대통령령으로 정하는 바에 따라 건축위원회 심의의 일시·장소·안건·내용·결과 등이 기록된 회의록을 공개하여야 한다. 다만, 심의의 공정성을 침해할 우려가 있다고 인정되는 이름, 주민등록번호 등 대통령령으로 정하는 개인 식별 정보에 관한 부분의 경우에는 그러하지 아니하다.(2014.5.28 본조신설)

제4조의4【건축민원전문위원회】 ① 제4조제2항에 따른 건축민원전문위원회는 건축물의 건축등과 관련된 다음 각 호의 민원[특별시장·광역시장·특별자치시장·특별자치도지사 또는 시장·군수·구청장(이하 "허가권자"라 한다)의 처분이 완료되기 전의 것으로 한정하며, 이하 "질의민원"이라 한다]을 심의하며, 시·도지사가 설치하는 건축민원전문위원회(이하 "광역지방건축민원전문위원회"라 한다)와 시장·군수·구청장이 설치하는 건축민원전문위원회(이하 "기초지방건축민원전문위원회"라 한다)로 구분한다.
1. 건축법령의 운영 및 집행에 관한 민원
2. 건축물의 건축등과 복합된 사항으로서 제11조제5항 각 호에 해당하는 법률 규정의 운영 및 집행에 관한 민원
3. 그 밖에 대통령령으로 정하는 민원
② 광역지방건축민원전문위원회는 허가권자나 도지사(이하 "허가권자등"이라 한다)의 제11조에 따른 건축허가나 사전승인에 대한 질의민원을 심의하고, 기초지방건축민원전문위원회는 시장(행정시의 시장을 포함한다)·군수·구청장의 제11조 및 제14조에 따른 건축허가 또는 건축신고와 관련한 질의민원을 심의한다.
③ 건축민원전문위원회의 구성·회의·운영, 그 밖에 필요한 사항은 해당 지방자치단체의 조례로 정한다.(2014.5.28 본조신설)

제4조의5【질의민원 심의의 신청】 ① 건축물의 건축등과 관련된 질의민원의 심의를 신청하려는 자는 제4조의4 제2항에 따른 관할 건축민원전문위원회에 심의 신청서를 제출하여야 한다.
② 제1항에 따른 심의를 신청하고자 하는 자는 다음 각 호의 사항을 기재하여 문서로 신청하여야 한다. 다만, 문서에 의할 수 없는 특별한 사정이 있는 경우에는 구술로 신청할 수 있다.
1. 신청인의 이름과 주소
2. 신청의 취지·이유와 민원신청의 원인이 된 사실내용
3. 그 밖에 행정기관의 명칭 등 대통령령으로 정하는 사항
③ 건축민원전문위원회는 신청인의 질의민원을 받으면 15일 이내에 심의절차를 마쳐야 한다. 다만, 사정이 있으면 건축민원전문위원회의 의결로 15일 이내의 범위에서 기간을 연장할 수 있다.(2014.5.28 본조신설)

제4조의6【심의를 위한 조사 및 의견 청취】 ① 건축민원전문위원회는 심의에 필요하다고 인정하면 위원 또는 사무국의 소속 공무원에게 관계 서류를 열람하게 하거나

관계 사업장에 출입하여 조사하게 할 수 있다.
② 건축민원전문위원회는 필요하다고 인정하면 신청인, 허가권자의 업무담당자, 이해관계자 또는 참고인을 위원회에 출석하게 하여 의견을 들을 수 있다.
③ 민원의 심의신청을 받은 건축민원전문위원회는 심의기간 내에 심의하여 심의결정서를 작성하여야 한다.
(2014.5.28 본조신설)

제4조의7【의견의 제시 등】 ① 건축민원전문위원회는 질의민원에 대하여 관계 법령, 관계 행정기관의 유권해석, 유사판례와 현장여건 등을 충분히 검토하여 심의의견을 제시할 수 있다.
② 건축민원전문위원회는 민원심의의 결정내용을 지체 없이 신청인 및 해당 허가권자등에게 통지하여야 한다.
③ 제2항에 따라 심의 결정내용을 통지받은 허가권자등은 이를 존중하여야 하며, 통지받은 날부터 10일 이내에 그 처리결과를 해당 건축민원전문위원회에 통보하여야 한다.
④ 제2항에 따른 심의 결정내용을 시장·군수·구청장이 이행하지 아니하는 경우에는 제4조의4제2항에도 불구하고 해당 민원인은 시장·군수·구청장이 통보한 처리결과를 첨부하여 광역지방건축민원전문위원회에 심의를 신청할 수 있다.
⑤ 제3항에 따라 처리결과를 통보받은 건축민원전문위원회는 신청인에게 그 내용을 지체 없이 통보하여야 한다.
(2014.5.28 본조신설)

제4조의8【사무국】 ① 건축민원전문위원회의 사무를 처리하기 위하여 위원회에 사무국을 두어야 한다.
② 건축민원전문위원회에는 다음 각 호의 사무를 나누어 맡도록 심사관을 둔다.
1. 건축민원전문위원회의 심의·운영에 관한 사항
2. 건축물의 건축등과 관련된 민원처리에 관한 업무지원 사항
3. 그 밖에 위원장이 지정하는 사항
③ 건축민원전문위원회의 위원장은 특정 사건에 관한 전문적인 사항을 처리하기 위하여 관계 전문가를 위촉하여 제2항 각 호의 사무를 하게 할 수 있다.
(2014.5.28 본조신설)

제5조【적용의 완화】 ① 건축주, 설계자, 공사시공자 또는 공사감리자(이하 "건축관계자"라 한다)는 업무를 수행할 때 이 법을 적용하는 것이 매우 불합리하다고 인정되는 대지나 건축물로서 대통령령으로 정하는 것에 대하여는 이 법의 기준을 완화하여 적용할 것을 허가권자에게 요청할 수 있다.(2014.5.28 본항개정)
② 제1항에 따른 요청을 받은 허가권자는 건축위원회의 심의를 거쳐 완화 여부와 적용 범위를 결정하고 그 결과를 신청인에게 알려야 한다.(2014.5.28 본항개정)
③ 제1항과 제2항에 따른 요청 및 결정의 절차와 그 밖에 필요한 사항은 해당 지방자치단체의 조례로 정한다.

제6조【기존의 건축물 등에 관한 특례】 허가권자는 법령의 제정·개정이나 그 밖에 대통령령으로 정하는 사유로 대지나 건축물이 이 법에 맞지 아니하게 된 경우에는 대통령령으로 정하는 범위에서 해당 지방자치단체의 조례로 정하는 바에 따라 건축을 허가할 수 있다.

제6조의2【특수구조 건축물의 특례】 건축물의 구조, 재료, 형식, 공법 등이 특수한 대통령령으로 정하는 건축물(이하 "특수구조 건축물"이라 한다)은 제4조, 제4조의2부터 제4조의8까지, 제5조부터 제9조까지, 제11조, 제14조, 제19조, 제21조부터 제25조까지, 제40조, 제41조, 제48조, 제48조의2, 제49조, 제50조, 제50조의2, 제51조, 제52조, 제52조의2, 제52조의4, 제53조, 제62조부터 제64조까지, 제65조의2, 제67조, 제68조 및 제84조를 적용할 때 대통령령으로 정하는 바에 따라 강화 또는 변경하여 적용할 수 있다.(2019.4.30 본조개정)

제6조의3【부유식 건축물의 특례】 ①「공유수면 관리 및 매립에 관한 법률」제8조에 따른 공유수면 위에 고정된 인공대지(제2조제1항제1호의 "대지"로 본다)를 설치하고 그 위에 설치한 건축물(이하 "부유식 건축물"이라 한다)은 제40조부터 제44조까지, 제46조 및 제47조를 적용할 때 대통령령으로 정하는 바에 따라 달리 적용할 수 있다.
② 부유식 건축물의 설계, 시공 및 유지관리 등에 대하여 이 법을 적용하기 어려운 경우에는 대통령령으로 정하는 바에 따라 변경하여 적용할 수 있다.
(2016.1.19 본조신설)

제7조【통일성을 유지하기 위한 도의 조례】 도(道) 단위로 통일성을 유지할 필요가 있으면 제5조제3항, 제6조, 제17조제2항, 제20조제2항제3호, 제27조제3항, 제42조, 제57조제1항, 제58조 및 제61조에 따라 시·군의 조례로 정하여야 할 사항을 도의 조례로 정할 수 있다.
(2015.5.18 본조개정)

제8조【리모델링에 대비한 특례 등】 리모델링이 쉬운 구조의 공동주택의 건축을 촉진하기 위하여 공동주택을 대통령령으로 정하는 구조로 하여 건축허가를 신청하면 제56조, 제60조 및 제61조에 따른 기준을 100분의 120의 범위에서 대통령령으로 정하는 비율로 완화하여 적용할 수 있다.

제9조【다른 법령의 배제】 ① 건축물의 건축등을 위하여 지하를 굴착하는 경우에는「민법」제244조제1항을 적용하지 아니한다. 다만, 필요한 안전조치를 하여 위해(危害)를 방지하여야 한다.
② 건축물에 딸린 개인하수처리시설에 관한 설계의 경우에는「하수도법」제38조를 적용하지 아니한다.

제2장 건축물의 건축

제10조【건축 관련 입지와 규모의 사전결정】 ① 제11조에 따른 건축허가 대상 건축물을 건축하려는 자는 건축허가를 신청하기 전에 허가권자에게 그 건축물의 건축에 관한 다음 각 호의 사항에 대한 사전결정을 신청할 수 있다.(2015.5.18 본문개정)
1. 해당 대지에 건축하는 것이 이 법이나 관계 법령에서 허용되는지 여부
2. 이 법 또는 관계 법령에 따른 건축기준 및 건축제한, 그 완화에 관한 사항 등을 고려하여 해당 대지에 건축 가능한 건축물의 규모
3. 건축허가를 받기 위하여 신청자가 고려하여야 할 사항
(2015.5.18 1호~3호신설)
② 제1항에 따른 사전결정을 신청하는 자(이하 "사전결정신청자"라 한다)는 건축위원회 심의와「도시교통정비 촉진법」에 따른 교통영향평가서의 검토를 동시에 신청할 수 있다.(2015.7.24 본항개정)
③ 허가권자는 제1항에 따라 사전결정이 신청된 건축물의 대지면적이「환경영향평가법」제43조에 따른 소규모 환경영향평가 대상사업인 경우 환경부장관이나 지방환경관서의 장과 소규모 환경영향평가에 관한 협의를 하여야 한다.(2011.7.21 본항개정)
④ 허가권자는 제1항과 제2항에 따른 신청을 받으면 입지, 건축물의 규모, 용도 등을 사전결정한 후 사전결정 신청자에게 알려야 한다.
⑤ 제1항과 제2항에 따른 신청 절차, 신청 서류, 통지 등에 필요한 사항은 국토교통부령으로 정한다.(2013.3.23 본항개정)
⑥ 제4항에 따른 사전결정 통지를 받은 경우에는 다음 각 호의 허가를 받거나 신고 또는 협의를 한 것으로 본다.
1.「국토의 계획 및 이용에 관한 법률」제56조에 따른 개발행위허가
2.「산지관리법」제14조와 제15조에 따른 산지전용허가와 산지전용신고, 같은 법 제15조의2에 따른 산지일시사용허가·신고. 다만, 보전산지인 경우에는 도시지역만 해당된다.(2010.5.31 본문개정)
3.「농지법」제34조, 제35조 및 제43조에 따른 농지전용허가·신고 및 협의
4.「하천법」제33조에 따른 하천점용허가
⑦ 허가권자는 제6항 각 호의 어느 하나에 해당되는 내용이 포함된 사전결정을 하려면 미리 관계 행정기관의 장과 협의하여야 하며, 협의를 요청받은 관계 행정기관의 장은 요청받은 날부터 15일 이내에 의견을 제출하여야 한다.
⑧ 관계 행정기관의 장이 제7항에서 정한 기간(「민원 처리에 관한 법률」제20조제2항에 따라 회신기간을 연장한 경우에는 그 연장된 기간을 말한다) 내에 의견을 제출하지 아니하면 협의가 이루어진 것으로 본다.(2018.12.18 본항신설)
⑨ 사전결정신청자는 제4항에 따른 사전결정을 통지받은 날부터 2년 이내에 제11조에 따른 건축허가를 신청하여야 하며, 이 기간에 건축허가를 신청하지 아니하면 사전결정의 효력이 상실된다.

제11조【건축허가】 ① 건축물을 건축하거나 대수선하려는 자는 특별자치시장·특별자치도지사 또는 시장·군수·구청장의 허가를 받아야 한다. 다만, 21층 이상의 건축물 등 대통령령으로 정하는 용도 및 규모의 건축물을 특별시나 광역시에 건축하려면 특별시장이나 광역시장의 허가를 받아야 한다.(2014.1.14 본문개정)
② 시장·군수는 제1항에 따라 다음 각 호의 어느 하나에 해당하는 건축물의 건축을 허가하려면 미리 건축계획서와 국토교통부령으로 정하는 건축물의 용도, 규모 및 형태가 표시된 기본설계도서를 첨부하여 도지사의 승인을 받아야 한다.(2013.3.23 본문개정)
1. 제1항 단서에 해당하는 건축물. 다만, 도시환경, 광역교통 등을 고려하여 해당 도의 조례로 정하는 건축물은 제외한다.(2014.5.28 단서신설)
2. 자연환경이나 수질을 보호하기 위하여 도지사가 지정·공고한 구역에 건축하는 3층 이상 또는 연면적의 합계가 1천제곱미터 이상인 건축물로서 위락시설과 숙박시설 등 대통령령으로 정하는 용도에 해당하는 건축물
3. 주거환경이나 교육환경 등 주변 환경을 보호하기 위하여 필요하다고 인정하여 도지사가 지정·공고한 구역에 건축하는 위락시설 및 숙박시설에 해당하는 건축물
③ 제1항에 따라 허가를 받으려는 자는 허가신청서에 국토교통부령으로 정하는 설계도서와 제5항 각 호에 따른 허가 등을 받거나 신고를 하기 위하여 관계 법령에서 제출하도록 의무화하고 있는 신청서 및 구비서류를 첨부하여 허가권자에게 제출하여야 한다. 다만, 국토교통부장관이 관계 행정기관의 장과 협의하여 국토교통부령으로 정하는 신청서 및 구비서류는 제21조에 따른 착공신고 전까지 제출할 수 있다.(2015.5.18 본항개정)
④ 허가권자는 제1항에 따른 건축허가를 하고자 하는 때에「건축기본법」제25조에 따른 한국건축규정의 준수 여부를 확인하여야 한다. 다만, 다음 각 호의 어느 하나에 해당하는 경우에는 이 법이나 다른 법률에도 불구하고 건축위원회의 심의를 거쳐 건축허가를 하지 아니할 수 있다.(2015.8.11 본문개정)
1. 위락시설이나 숙박시설에 해당하는 건축물의 건축을 허가하는 경우 해당 대지에 건축하려는 건축물의 용도·규모 또는 형태가 주거환경이나 교육환경 등 주변 환경을 고려할 때 부적합하다고 인정되는 경우
(2012.1.17 본호신설)
2.「국토의 계획 및 이용에 관한 법률」제37조제1항제4호에 따른 방재지구(이하 "방재지구"라 한다) 및「자연재해대책법」제12조제1항에 따른 자연재해위험개선지구 등 상습적으로 침수되거나 침수가 우려되는 대통령령으로 정하는 지역에 건축하려는 건축물에 대하여 일부 공간에 거실을 설치하는 것이 부적합하다고 인정되는 경우(2023.12.26 본호개정)
⑤ 제1항에 따른 건축허가를 받으면 다음 각 호의 허가 등을 받거나 신고를 한 것으로 보며, 공장건축물의 경우에는「산업집적활성화 및 공장설립에 관한 법률」제13조의2와 제14조에 따라 관련 법률의 인·허가등이나 허가등을 받은 것으로 본다.
1. 제20조제3항에 따른 공사용 가설건축물의 축조신고
(2014.1.14 본호개정)
2. 제83조에 따른 공작물의 축조신고
3.「국토의 계획 및 이용에 관한 법률」제56조에 따른 개발행위허가
4.「국토의 계획 및 이용에 관한 법률」제86조제5항에 따른 시행자의 지정과 같은 법 제88조제2항에 따른 실시계획의 인가
5.「산지관리법」제14조와 제15조에 따른 산지전용허가와 산지전용신고, 같은 법 제15조의2에 따른 산지일시사용허가·신고. 다만, 보전산지인 경우에는 도시지역만 해당된다.(2010.5.31 본문개정)
6.「사도법」제4조에 따른 사도(私道)개설허가
7.「농지법」제34조, 제35조 및 제43조에 따른 농지전용허가·신고 및 협의
8.「도로법」제36조에 따른 도로관리청이 아닌 자에 대한 도로공사 시행의 허가, 같은 법 제52조제1항에 따른 도로와 다른 시설의 연결 허가(2014.1.14 본호개정)
9.「도로법」제61조에 따른 도로의 점용 허가(2014.1.14 본호개정)
10.「하천법」제33조에 따른 하천점용 등의 허가
11.「하수도법」제27조에 따른 배수설비(配水設備)의 설치신고
12.「하수도법」제34조제2항에 따른 개인하수처리시설의 설치신고
13.「수도법」제38조에 따라 수도사업자가 지방자치단체인 경우 그 지방자치단체가 정한 조례에 따른 상수도 공급신청
14.「전기안전관리법」제8조에 따른 자가용전기설비 공사계획의 인가 또는 신고(2020.3.31 본호개정)
15.「물환경보전법」제33조에 따른 수질오염물질 배출시설 설치의 허가나 신고(2017.1.17 본호개정)
16.「대기환경보전법」제23조에 따른 대기오염물질 배출시설설치의 허가나 신고
17.「소음·진동관리법」제8조에 따른 소음·진동 배출시설 설치의 허가나 신고(2009.6.9 본호개정)
18.「가축분뇨의 관리 및 이용에 관한 법률」제11조에 따른 배출시설 설치허가나 신고(2011.5.30 본호신설)
19.「자연공원법」제23조에 따른 행위허가(2011.5.30 본호신설)
20.「도시공원 및 녹지 등에 관한 법률」제24조에 따른 도시공원의 점용허가(2011.5.30 본호신설)
21.「토양환경보전법」제12조에 따른 특정토양오염관리대상시설의 신고(2011.5.30 본호신설)
22.「수산자원관리법」제52조제2항에 따른 행위의 허가
23.「초지법」제23조에 따른 초지전용의 허가 및 신고
(2017.1.17 22호~23호신설)
⑥ 허가권자는 제5항 각 호의 어느 하나에 해당하는 사항이 다른 행정기관의 권한에 속하면 그 행정기관의 장과 미리 협의하여야 하며, 협의 요청을 받은 관계 행정기관의 장은 요청을 받은 날부터 15일 이내에 의견을 제출하여야 한다. 이 경우 관계 행정기관의 장은 제8항에 따른 처리기준이 아닌 사유를 이유로 협의를 거부할 수 없고, 협의 요청을 받은 날부터 15일 이내에 의견을 제출하지 아니하면 협의가 이루어진 것으로 본다.(2017.1.17 후단개정)
⑦ 허가권자는 제1항에 따른 허가를 받은 자가 다음 각 호의 어느 하나에 해당하면 허가를 취소하여야 한다. 다만, 제1호에 해당하는 경우로서 정당한 사유가 있다고 인정되면 1년의 범위에서 공사의 착수기간을 연장할 수 있다.
1. 허가를 받은 날부터 2년(「산업집적활성화 및 공장설립에 관한 법률」제13조에 따라 공장의 신설·증설 또는 업종변경의 승인을 받은 공장은 3년) 이내에 공사에 착수하지 아니한 경우(2017.1.17 본호개정)
2. 제1호의 기간 이내에 공사에 착수하였으나 공사의 완료가 불가능하다고 인정되는 경우(2014.1.14 본호개정)
3. 제21조에 따른 착공신고 전에 경매 또는 공매 등으로 건축주가 대지의 소유권을 상실한 때부터 6개월이 지난 이후 공사의 착수가 불가능하다고 판단되는 경우
(2020.6.9 본호신설)
⑧ 제5항 각 호의 어느 하나에 해당하는 사항과 제12조제1항의 관계 법령을 관장하는 중앙행정기관의 장은 그 처

리기준을 국토교통부장관에게 통보하여야 한다. 처리기준을 변경한 경우에도 또한 같다.(2013.3.23 전단개정)
⑨ 국토교통부장관은 제8항에 따라 처리기준을 통보받은 때에는 이를 통합하여 고시하여야 한다.(2013.3.23 본항개정)
⑩ 제4조제1항에 따른 건축위원회의 심의를 받은 자가 심의 결과를 통지 받은 날부터 2년 이내에 건축허가를 신청하지 아니하면 건축위원회 심의의 효력이 상실된다.(2011.5.30 본항신설)
⑪ 제1항에 따라 건축허가를 받으려는 자는 해당 대지의 소유권을 확보하여야 한다. 다만, 다음 각 호의 어느 하나에 해당하는 경우에는 그러하지 아니하다.
1. 건축주가 대지의 소유권을 확보하지 못하였으나 그 대지를 사용할 수 있는 권원을 확보한 경우. 다만, 분양을 목적으로 하는 공동주택은 제외한다.
2. 건축주가 건축물의 노후화 또는 구조안전 문제 등 대통령령으로 정하는 사유로 건축물을 신축·개축·재축 및 리모델링을 하기 위하여 건축물 및 해당 대지의 공유자 수의 100분의 80 이상의 동의를 얻고 동의한 공유자의 지분 합계가 전체 지분의 100분의 80 이상인 경우
3. 건축주가 제1항에 따른 건축허가를 받아 주택과 주택 외의 시설을 동일 건축물로 건축하기 위하여 「주택법」 제21조를 준용한 대지 소유 등의 권리 관계를 증명한 경우. 다만, 「주택법」 제15조제1항 각 호 외의 부분 본문에 따른 대통령령으로 정하는 호수 이상으로 건설·공급하는 경우에 한정한다.(2017.1.17 본호신설)
4. 건축하려는 대지에 포함된 국유지 또는 공유지에 대하여 허가권자가 해당 토지의 관리청이 해당 토지를 건축주에게 매각하거나 양여할 것을 확인한 경우(2017.1.17 본호신설)
5. 건축주가 집합건물의 공용부분을 변경하기 위하여 「집합건물의 소유 및 관리에 관한 법률」 제15조제1항에 따른 결의가 있었음을 증명한 경우(2017.1.17 본호신설)
6. 건축주가 집합건물을 재건축하기 위하여 「집합건물의 소유 및 관리에 관한 법률」 제47조에 따른 결의가 있었음을 증명한 경우(2021.8.10 본호신설)
(2016.1.19 본항신설)

판례 건축허가권자는 건축허가신청이 건축법 등 관계 법규에서 정하는 어떠한 제한에 배치되지 않는 이상 당연히 같은 법조에서 정하는 건축허가를 하여야 하고, 중대한 공익상의 필요가 없는데도 관계 법령에서 정하는 제한사유 이외의 사유를 들어 요건을 갖춘 자에 대한 허가를 거부할 수는 없다.(대판 2009.9.24, 2009두8946)

제12조【건축복합민원 일괄협의회】 ① 허가권자는 제11조에 따라 허가를 하려면 해당 용도·규모 또는 형태의 건축물을 건축하려는 대지에 건축하는 것이 「국토의 계획 및 이용에 관한 법률」 제54조, 제56조부터 제62조까지 및 제76조부터 제82조까지의 규정과 그 밖에 대통령령으로 정하는 관계 법령의 규정에 맞는지를 확인하고, 제10조제6항 각 호와 같은 조 제7항 또는 제11조제5항 각 호와 같은 조 제6항의 사항을 처리하기 위하여 대통령령으로 정하는 바에 따라 건축복합민원 일괄협의회를 개최하여야 한다.
② 제1항에 따라 확인이 요구되는 법령의 관계 행정기관의 장과 제10조제7항 및 제11조제6항에 따른 관계 행정기관의 장은 소속 공무원을 제1항에 따른 건축복합민원 일괄협의회에 참석하게 하여야 한다.

제13조【건축 공사현장 안전관리 예치금 등】 ① 제11조에 따라 건축허가를 받은 자는 건축물의 건축공사를 중단하고 장기간 공사현장을 방치할 경우 공사현장의 미관 개선과 안전관리 등 필요한 조치를 하여야 한다.
② 허가권자는 연면적이 1천제곱미터 이상인 건축물(「주택도시기금법」에 따른 주택도시보증공사가 분양보증을 한 건축물, 「건축물의 분양에 관한 법률」 제4조제1항제1호에 따른 분양보증이나 신탁계약을 체결한 건축물은 제외한다)로서 해당 지방자치단체의 조례로 정하는 건축물에 대하여는 제21조에 따른 착공신고를 하는 건축주(「한국토지주택공사법」에 따른 한국토지주택공사 또는 「지방공기업법」에 따라 건축사업을 수행하기 위하여 설립된 지방공사는 제외한다)에게 장기간 건축물의 공사현장이 방치되는 것에 대비하여 미리 미관 개선과 안전관리에 필요한 비용(대통령령으로 정하는 보증서를 포함하며, 이하 "예치금"이라 한다)을 건축공사비의 1퍼센트의 범위에서 예치하게 할 수 있다.(2015.1.6 본항개정)
③ 허가권자가 예치금을 반환할 때에는 대통령령으로 정하는 이율로 산정한 이자를 포함하여 반환하여야 한다. 다만, 보증서를 예치한 경우에는 그러하지 아니하다.
④ 제2항에 따른 예치금의 산정·예치 방법, 반환 등에 관하여 필요한 사항은 해당 지방자치단체의 조례로 정한다.
⑤ 허가권자는 공사현장이 방치되어 도시미관을 저해하고 안전을 위해한다고 판단되면 건축허가를 받은 자에게 건축물 공사현장의 미관과 안전관리를 위한 다음 각 호의 개선을 명할 수 있다.(2014.5.28 본문개정)
1. 안전울타리 설치 등 안전조치(2020.6.9 본호개정)
2. 공사재개 또는 해체 등 정비(2019.4.30 본호개정)
⑥ 허가권자는 제5항에 따른 개선명령을 받은 자가 개선을 하지 아니하면 「행정대집행법」으로 정하는 바에 따라 대집행을 할 수 있다. 이 경우 제2항에 따라 건축주가 예치한 예치금을 행정대집행에 필요한 비용에 사용할 수 있으며, 행정대집행에 필요한 비용이 이미 납부한 예치금보다 많을 때에는 「행정대집행법」 제6조에 따라 그 차액을 추가로 징수할 수 있다.
⑦ 허가권자는 방치되는 공사현장의 안전관리를 위하여 긴급한 필요가 있다고 인정하는 경우에는 대통령령으로 정하는 바에 따라 건축주에게 고지한 후 제2항에 따라 건축주가 예치한 예치금을 사용하여 제5항제1호 중 대통령령으로 정하는 조치를 할 수 있다.(2014.5.28 본항신설)

제13조의2【건축물 안전영향평가】 ① 허가권자는 초고층 건축물 등 대통령령으로 정하는 주요 건축물에 대하여 제11조에 따른 건축허가를 하기 전에 건축물의 구조, 지반 및 풍환경(風環境) 등이 건축물의 구조안전과 인접 대지의 안전에 미치는 영향 등을 평가하는 건축물 안전영향평가(이하 "안전영향평가"라 한다)를 안전영향평가기관에 의뢰하여 실시하여야 한다.(2021.3.16 본항개정)
② 안전영향평가기관은 국토교통부장관이 「공공기관의 운영에 관한 법률」 제4조에 따른 공공기관으로서 건축 관련 업무를 수행하는 기관 중에서 지정하여 고시한다.
③ 안전영향평가 결과는 건축위원회의 심의를 거쳐 확정한다. 이 경우 제4조의2에 따라 건축위원회의 심의를 받아야 하는 건축물은 건축위원회 심의에 안전영향평가 결과를 포함하여 심의할 수 있다.
④ 안전영향평가 대상 건축물의 건축주는 건축허가 신청 시 제출하여야 하는 도서에 안전영향평가 결과를 반영하여야 하며, 건축물의 계획상 반영이 곤란하다고 판단되는 경우에는 그 근거 자료를 첨부하여 허가권자에게 건축위원회의 재심의를 요청할 수 있다.
⑤ 안전영향평가의 검토 항목과 건축주의 안전영향평가 의뢰, 평가 비용 납부 및 처리 절차 등 그 밖에 필요한 사항은 대통령령으로 정한다.
⑥ 허가권자는 제3항 및 제4항의 심의 결과 및 안전영향평가 내용을 국토교통부령으로 정하는 방법에 따라 즉시 공개하여야 한다.
⑦ 안전영향평가를 실시하여야 하는 건축물이 다른 법률에 따라 구조안전과 인접 대지의 안전에 미치는 영향 등을 평가 받은 경우에는 안전영향평가의 해당 항목을 평가 받은 것으로 본다.
(2016.2.3 본조신설)

제14조【건축신고】 ① 제11조에 해당하는 허가 대상 건축물이라 하더라도 다음 각 호의 어느 하나에 해당하는 경우에는 미리 특별자치시장·특별자치도지사 또는 시장·군수·구청장에게 국토교통부령으로 정하는 바에 따라 신고를 하면 건축허가를 받은 것으로 본다.(2014.1.14 본문개정)
1. 바닥면적의 합계가 85제곱미터 이내의 증축·개축 또는 재축. 다만, 3층 이상 건축물인 경우에는 증축·개축 또는 재축하려는 부분의 바닥면적의 합계가 건축물 연면적의 10분의 1 이내인 경우로 한정한다.(2014.5.28 단서신설)
2. 「국토의 계획 및 이용에 관한 법률」에 따른 관리지역, 농림지역 또는 자연환경보전지역에서 연면적이 200제곱미터 미만이고 3층 미만인 건축물의 건축. 다만, 다음 각 목의 어느 하나에 해당하는 구역에서의 건축은 제외한다.(2014.1.14 단서개정)
가. 지구단위계획구역
나. 방재지구 등 재해취약지역으로서 대통령령으로 정하는 구역
(2014.1.14 가목~나목신설)
3. 연면적이 200제곱미터 미만이고 3층 미만인 건축물의 대수선(2009.2.6 본호개정)
4. 주요구조부의 해체가 없는 등 대통령령으로 정하는 대수선(2009.2.6 본호신설)
5. 그 밖에 소규모 건축물로서 대통령령으로 정하는 건축물의 건축
② 제1항에 따른 건축신고에 관하여는 제11조제5항 및 제6항을 준용한다.(2014.5.28 본항개정)
③ 특별자치시장·특별자치도지사 또는 시장·군수·구청장은 제1항에 따른 신고를 받은 날부터 5일 이내에 신고수리 여부 또는 민원 처리 관련 법령에 따른 처리기간의 연장 여부를 신고인에게 통지하여야 한다. 다만, 이 법 또는 다른 법령에 따라 심의, 동의, 협의, 확인 등이 필요한 경우에는 20일 이내에 통지하여야 한다.(2017.4.18 본항신설)
④ 특별자치시장·특별자치도지사 또는 시장·군수·구청장은 제1항에 따른 신고가 제3항 단서에 해당하는 경우에는 신고를 받은 날부터 5일 이내에 신고인에게 그 내용을 통지하여야 한다.(2017.4.18 본항신설)
⑤ 제1항에 따라 신고를 한 자가 신고일부터 1년 이내에 공사에 착수하지 아니하면 그 신고의 효력은 없어진다. 다만, 건축주의 요청에 따라 허가권자가 정당한 사유가 있다고 인정하면 1년의 범위에서 착수기한을 연장할 수 있다.(2016.1.19 단서신설)

제15조【건축주와의 계약 등】 ① 건축관계자는 건축물이 설계도서에 따라 이 법과 이 법에 따른 명령이나 처분, 그 밖의 관계 법령에 맞게 건축되도록 업무를 성실히 수행하여야 하며, 서로 위법하거나 부당한 일을 하도록 강요하거나 이와 관련하여 어떠한 불이익도 주어서는 아니 된다.
② 건축관계자 간의 책임에 관한 내용과 그 범위는 이 법에서 규정한 것 외에는 건축주와 설계자, 건축주와 공사시공자, 건축주와 공사감리자 간의 계약으로 정한다.
③ 국토교통부장관은 제2항에 따른 계약의 체결에 필요한 표준계약서를 작성하여 보급하고 활용하게 하거나 「건축사법」 제31조에 따른 건축사협회(이하 "건축사협회"라 한다), 「건설산업기본법」 제50조에 따른 건설사업자단체로 하여금 표준계약서를 작성하여 보급하고 활용하게 할 수 있다.(2019.4.30 본항개정)

제16조【허가와 신고사항의 변경】 ① 건축주가 제11조나 제14조에 따라 허가를 받았거나 신고한 사항을 변경하려면 변경하기 전에 대통령령으로 정하는 바에 따라 허가권자의 허가를 받거나 특별자치시장·특별자치도지사 또는 시장·군수·구청장에게 신고하여야 한다. 다만, 대통령령으로 정하는 경미한 사항의 변경은 그러하지 아니하다.(2014.1.14 본문개정)
② 제1항 본문에 따른 허가나 신고사항 중 대통령령으로 정하는 사항의 변경은 제22조에 따른 사용승인을 신청할 때 허가권자에게 일괄하여 신고할 수 있다.
③ 제1항에 따른 허가 사항의 변경허가에 관하여는 제11조제5항 및 제6항을 준용한다.(2017.4.18 본항개정)
④ 제1항에 따른 신고 사항의 변경신고에 관하여는 제11조제5항·제6항 및 제14조제3항·제4항을 준용한다.(2017.4.18 본항신설)

제17조【건축허가 등의 수수료】 ① 제11조, 제14조, 제16조, 제19조, 제20조 및 제83조에 따라 허가를 신청하거나 신고를 하는 자는 허가권자나 신고수리자에게 수수료를 납부하여야 한다.
② 제1항에 따른 수수료는 국토교통부령으로 정하는 범위에서 해당 지방자치단체의 조례로 정한다.(2013.3.23 본항개정)

제17조의2【매도청구 등】 ① 제11조제11항제2호에 따라 건축허가를 받은 건축주는 해당 건축물 또는 대지의 공유자 중 동의하지 아니한 공유자에게 그 공유지분을 시가(市價)로 매도할 것을 청구할 수 있다. 이 경우 매도청구를 하기 전에 매도청구 대상이 되는 공유자와 3개월 이상 협의를 하여야 한다.
② 제1항에 따른 매도청구에 관하여는 「집합건물의 소유 및 관리에 관한 법률」 제48조를 준용한다. 이 경우 구분소유권 및 대지사용권은 매도청구의 대상이 되는 대지 또는 건축물의 공유지분으로 본다.
(2016.1.19 본조신설)

제17조의3【소유자를 확인하기 곤란한 공유지분 등에 대한 처분】 ① 제11조제11항제2호에 따라 건축허가를 받은 건축주는 해당 건축물 또는 대지의 공유자가 거주하는 곳을 확인하기가 현저히 곤란한 경우에는 전국적으로 배포되는 둘 이상의 일간신문에 두 차례 이상 공고하고, 공고한 날부터 30일 이상이 지났을 때에는 제17조의2에 따른 매도청구 대상이 되는 건축물 또는 대지로 본다.
② 건축주는 제1항에 따른 매도청구 대상 공유지분의 감정평가액에 해당하는 금액을 법원에 공탁(供託)하고 착공할 수 있다.
③ 제2항에 따른 공유지분의 감정평가액은 허가권자가 추천하는 「감정평가 및 감정평가사에 관한 법률」에 따른 감정평가법인등 2인 이상이 평가한 금액을 산술평균하여 산정한다.(2020.4.7 본항개정)
(2016.1.19 본조신설)

제18조【건축허가 제한 등】 ① 국토교통부장관은 국토관리를 위하여 특히 필요하다고 인정하거나 주무부장관이 국방, 「국가유산기본법」 제3조에 따른 국가유산의 보존, 환경보전 또는 국민경제를 위하여 특히 필요하다고 인정하여 요청하면 허가권자의 건축허가나 허가를 받은 건축물의 착공을 제한할 수 있다.(2023.5.16 본항개정)
② 특별시장·광역시장·도지사는 지역계획이나 도시·군계획에 특히 필요하다고 인정하면 시장·군수·구청장의 건축허가나 허가를 받은 건축물의 착공을 제한할 수 있다.(2014.1.14 본항개정)
③ 국토교통부장관이나 시·도지사는 제1항이나 제2항에 따라 건축허가나 건축물의 착공을 제한하려는 경우에는 「토지이용규제 기본법」 제8조에 따라 주민의견을 청취한 후 건축위원회의 심의를 거쳐야 한다.(2014.5.28 본항신설)
④ 제1항이나 제2항에 따라 건축허가나 건축물의 착공을 제한하는 경우 제한기간은 2년 이내로 한다. 다만, 1회에 한하여 1년 이내의 범위에서 제한기간을 연장할 수 있다.
⑤ 국토교통부장관이나 특별시장·광역시장·도지사는 제1항이나 제2항에 따라 건축허가나 건축물의 착공을 제한하는 경우 제한 목적·기간, 대상 건축물의 용도와 대상 구역의 위치·면적·경계 등을 상세하게 정하여 허가권자에게 통보하여야 하며, 통보를 받은 허가권자는 지체 없이 이를 공고하여야 한다.(2014.1.14 본항개정)
⑥ 특별시장·광역시장·도지사는 제2항에 따라 시장·군수·구청장의 건축허가나 건축물의 착공을 제한한 경우 즉시 국토교통부장관에게 보고하여야 하며, 보고를 받은 국토교통부장관은 제한 내용이 지나치다고 인정하면 해제를 명할 수 있다.(2014.1.14 본항개정)

제19조【용도변경】 ① 건축물의 용도변경은 변경하려는 용도의 건축기준에 맞게 하여야 한다.
② 제22조에 따라 사용승인을 받은 건축물의 용도를 변경하려는 자는 다음 각 호의 구분에 따라 국토교통부령으로 정하는 바에 따라 특별자치시장·특별자치도지사 또는 시장·군수·구청장의 허가를 받거나 신고를 하여야 한다.(2014.1.14 본문개정)
1. 허가 대상 : 제4항 각 호의 어느 하나에 해당하는 시설

군(施設群)에 속하는 건축물의 용도를 상위군(제4항 각 호의 번호가 용도변경하려는 건축물이 속하는 시설군보다 작은 시설군을 말한다)에 해당하는 용도로 변경하는 경우
2. 신고 대상 : 제4항 각 호의 어느 하나에 해당하는 시설군에 속하는 건축물의 용도를 하위군(제4항 각 호의 번호가 용도변경하려는 건축물이 속하는 시설군보다 큰 시설군을 말한다)에 해당하는 용도로 변경하는 경우
③ 제4항에 따른 시설군 중 같은 시설군 안에서 용도를 변경하려는 자는 국토교통부령으로 정하는 바에 따라 특별자치시장·특별자치도지사 또는 시장·군수·구청장에게 건축물대장 기재내용의 변경을 신청하여야 한다. 다만, 대통령령으로 정하는 변경의 경우에는 그러하지 아니하다.(2014.1.14 본문개정)
④ 시설군은 다음 각 호와 같고 각 시설군에 속하는 건축물의 세부 용도는 대통령령으로 정한다.
1. 자동차 관련 시설군
2. 산업 등의 시설군
3. 전기통신시설군
4. 문화 및 집회시설군
5. 영업시설군
6. 교육 및 복지시설군
7. 근린생활시설군
8. 주거업무시설군
9. 그 밖의 시설군
⑤ 제2항에 따른 허가나 신고 대상인 경우로서 용도변경하려는 부분의 바닥면적의 합계가 100제곱미터 이상인 경우의 사용승인에 관하여는 제22조를 준용한다. 다만, 용도변경하려는 부분의 바닥면적의 합계가 500제곱미터 미만으로서 대수선에 해당되는 공사를 수반하지 아니하는 경우에는 그러하지 아니하다.(2016.1.19 단서신설)
⑥ 제2항에 따른 허가 대상인 경우로서 용도변경하려는 부분의 바닥면적의 합계가 500제곱미터 이상인 용도변경(대통령령으로 정하는 경우는 제외한다)의 설계에 관하여는 제23조를 준용한다.
⑦ 제1항과 제2항에 따른 건축물의 용도변경에 관하여는 제3조, 제5조, 제6조, 제7조, 제11조제2항부터 제9항까지, 제12조, 제14조부터 제16조까지, 제18조, 제20조, 제27조, 제29조, 제38조, 제42조부터 제44조까지, 제48조부터 제50조까지, 제50조의2, 제51조부터 제56조까지, 제58조, 제60조부터 제64조까지, 제67조, 제68조, 제78조부터 제87조까지의 규정과 「녹색건축물 조성 지원법」 제15조 및 「국토의 계획 및 이용에 관한 법률」 제54조를 준용한다.(2019.4.30 본항개정)

제19조의2 【복수 용도의 인정】 ① 건축주는 건축물의 용도를 복수로 하여 제11조에 따른 건축허가, 제14조에 따른 건축신고 및 제19조에 따른 용도변경 허가·신고 또는 건축물대장 기재내용의 변경 신청을 할 수 있다.
② 허가권자는 제1항에 따라 신청한 복수의 용도가 이 법 및 관계 법령에서 정한 건축기준과 입지기준 등에 모두 적합한 경우에 한정하여 국토교통부령으로 정하는 바에 따라 복수 용도를 허용할 수 있다.(2020.6.9 본항개정)
(2016.1.19 본조신설)

제20조 【가설건축물】 ① 도시·군계획시설 및 도시·군계획시설예정지에서 가설건축물을 건축하려는 자는 특별자치시장·특별자치도지사 또는 시장·군수·구청장의 허가를 받아야 한다.
② 특별자치시장·특별자치도지사 또는 시장·군수·구청장은 해당 가설건축물의 건축이 다음 각 호의 어느 하나에 해당하는 경우가 아니면 제1항에 따른 허가를 하여야 한다.
1. 「국토의 계획 및 이용에 관한 법률」 제64조에 위배되는 경우
2. 4층 이상인 경우
3. 구조, 존치기간, 설치목적 및 다른 시설 설치 필요성 등에 관하여 대통령령으로 정하는 기준의 범위에서 조례로 정하는 바에 따르지 아니한 경우
4. 그 밖에 이 법 또는 다른 법령에 따른 제한규정을 위반하는 경우
(2014.1.14 본항신설)
③ 제1항에도 불구하고 재해복구, 흥행, 전람회, 공사용 가설건축물 등 대통령령으로 정하는 용도의 가설건축물을 축조하려는 자는 대통령령으로 정하는 존치 기간, 설치 기준 및 절차에 따라 특별자치시장·특별자치도지사 또는 시장·군수·구청장에게 신고한 후 착공하여야 한다.
④ 제3항에 따른 신고에 관하여는 제14조제3항 및 제4항을 준용한다.(2017.4.18 본항신설)
⑤ 제1항과 제3항에 따른 가설건축물을 건축하거나 축조할 때에는 대통령령으로 정하는 바에 따라 제25조, 제38조부터 제42조까지, 제44조부터 제50조까지, 제50조의2, 제51조부터 제64조까지, 제67조, 제68조와 「녹색건축물 조성 지원법」 제15조 및 「국토의 계획 및 이용에 관한 법률」 제76조 중 일부 규정을 적용하지 아니한다.
⑥ 특별자치시장·특별자치도지사 또는 시장·군수·구청장은 제1항부터 제3항까지의 규정에 따라 가설건축물의 건축을 허가하거나 축조신고를 받은 경우 국토교통부령으로 정하는 바에 따라 가설건축물대장에 이를 기재하여 관리하여야 한다.
⑦ 제2항 또는 제3항에 따라 가설건축물의 건축허가 신청 또는 축조신고를 받은 때에는 다른 법령에 따른 제한 규정에 대하여 확인이 필요한 경우 관계 행정기관의 장과 미리 협의하여야 하고, 협의 요청을 받은 관계 행정기관의 장은 요청을 받은 날부터 15일 이내에 의견을 제출하여야 한다. 이 경우 관계 행정기관의 장이 협의 요청을 받은 날부터 15일 이내에 의견을 제출하지 아니하면 협의가 이루어진 것으로 본다.(2017.1.17 본항신설)
(2014.1.14 본조개정)

제21조 【착공신고 등】 ① 제11조·제14조 또는 제20조제1항에 따라 허가를 받거나 신고를 한 건축물의 공사를 착수하려는 건축주는 국토교통부령으로 정하는 바에 따라 허가권자에게 공사계획을 신고하여야 한다.(2021.7.27 단서삭제)
② 제1항에 따라 공사계획을 신고하거나 변경신고를 하는 경우 해당 공사감리자(제25조제1항에 따른 공사감리자를 지정한 경우만 해당된다)와 공사시공자가 신고서에 함께 서명하여야 한다.
③ 허가권자는 제1항 본문에 따른 신고를 받은 날부터 3일 이내에 신고수리 여부 또는 민원 처리 관련 법령에 따른 처리기간의 연장 여부를 신고인에게 통지하여야 한다.
(2017.4.18 본항신설)
④ 허가권자가 제3항에서 정한 기간 내에 신고수리 여부 또는 민원 처리 관련 법령에 따른 처리기간의 연장 여부를 신고인에게 통지하지 아니하면 그 기간이 끝난 날의 다음 날에 신고를 수리한 것으로 본다.(2017.4.18 본항신설)
⑤ 건축주는 「건설산업기본법」 제41조를 위반하여 건축물의 공사를 하거나 하게 할 수 없다.
⑥ 제11조에 따라 허가를 받은 건축물의 건축주는 제1항에 따른 신고를 할 때에는 제15조제2항에 따른 각 계약서의 사본을 첨부하여야 한다.

제22조 【건축물의 사용승인】 ① 건축주가 제11조·제14조 또는 제20조제1항에 따라 허가를 받았거나 신고를 한 건축물의 건축공사를 완료〔하나의 대지에 둘 이상의 건축물을 건축하는 경우 동(棟)별 공사를 완료한 경우를 포함한다〕한 후 그 건축물을 사용하려면 제25조제6항에 따라 공사감리자가 작성한 감리완료보고서(같은 조 제1항에 따른 공사감리자를 지정한 경우만 해당된다)와 국토교통부령으로 정하는 공사완료도서를 첨부하여 허가권자에게 사용승인을 신청하여야 한다.(2016.2.3 본항개정)
② 허가권자는 제1항에 따른 사용승인신청을 받은 경우 국토교통부령으로 정하는 기간에 다음 각 호의 사항에 대한 검사를 실시하고, 검사에 합격된 건축물에 대하여는 사용승인서를 내주어야 한다. 다만, 해당 지방자치단체의 조례로 정하는 건축물은 사용승인을 위한 검사를 실시하지 아니하고 사용승인서를 내줄 수 있다.(2013.3.23 본문개정)
1. 사용승인을 신청한 건축물이 이 법에 따라 허가 또는 신고한 설계도서대로 시공되었는지의 여부
2. 감리완료보고서, 공사완료도서 등의 서류 및 도서가 적합하게 작성되었는지의 여부
③ 건축주는 제2항에 따라 사용승인을 받은 후가 아니면 건축물을 사용하거나 사용하게 할 수 없다. 다만, 다음 각 호의 어느 하나에 해당하는 경우에는 그러하지 아니하다.
1. 허가권자가 제2항에 따른 기간 내에 사용승인서를 교부하지 아니한 경우
2. 사용승인서를 교부받기 전에 공사가 완료된 부분이 건폐율, 용적률, 설비, 피난·방화 등 국토교통부령으로 정하는 기준에 적합한 경우로서 기간을 정하여 대통령령으로 정하는 바에 따라 임시로 사용의 승인을 한 경우
(2013.3.23 본호개정)
④ 건축주가 제2항에 따른 사용승인을 받은 경우에는 다음 각 호에 따른 사용승인·준공검사 또는 등록신청 등을 받거나 한 것으로 보며, 공장건축물의 경우에는 「산업집적활성화 및 공장설립에 관한 법률」 제14조의2에 따라 관련 법률의 검사 등을 받은 것으로 본다.
1. 「하수도법」 제27조에 따른 배수설비(排水設備)의 준공검사 및 같은 법 제37조에 따른 개인하수처리시설의 준공검사(2011.5.30 본호개정)
2. 「공간정보의 구축 및 관리 등에 관한 법률」 제64조에 따른 지적공부(地籍公簿)의 변동사항 등록신청(2014.6.3 본호개정)
3. 「승강기 안전관리법」 제28조에 따른 승강기 설치검사(2018.3.27 본호개정)
4. 「에너지이용 합리화법」 제39조에 따른 보일러 설치검사
5. 「전기안전관리법」 제9조에 따른 전기설비의 사용전검사(2020.3.31 본호개정)
6. 「정보통신공사업법」 제36조에 따른 정보통신공사의 사용전검사
6의2. 「기계설비법」 제15조에 따른 기계설비의 사용 전 검사(2024.1.16 본호신설)
7. 「도로법」 제62조제2항에 따른 도로점용 공사의 준공확인(2014.1.14 본호개정)
8. 「국토의 계획 및 이용에 관한 법률」 제62조에 따른 개발 행위의 준공검사
9. 「국토의 계획 및 이용에 관한 법률」 제98조에 따른 도시·군계획시설사업의 준공검사(2011.4.14 본호개정)
10. 「물환경보전법」 제37조에 따른 수질오염물질 배출시설의 가동개시의 신고(2017.1.17 본호개정)
11. 「대기환경보전법」 제30조에 따른 대기오염물질 배출시설의 가동개시의 신고
12. (2009.6.9 삭제)
⑤ 허가권자는 제2항에 따른 사용승인을 하는 경우 제4항 각 호의 어느 하나에 해당하는 내용이 포함되어 있으면 관계 행정기관의 장과 미리 협의하여야 한다.
⑥ 특별시장 또는 광역시장은 제2항에 따라 사용승인을 한 경우 지체 없이 그 사실을 군수 또는 구청장에게 알려서 건축물대장에 적게 하여야 한다. 이 경우 건축물대장에는 설계자, 대통령령으로 정하는 주요 공사의 시공자, 공사감리자를 적어야 한다.

제23조 【건축물의 설계】 ① 제11조제1항에 따라 건축허가를 받아야 하거나 제14조제1항에 따라 건축신고를 하여야 하는 건축물 또는 「주택법」 제66조제1항 또는 제2항에 따른 리모델링을 하는 건축물의 건축등을 위한 설계는 건축사가 아니면 할 수 없다. 다만, 다음 각 호의 어느 하나에 해당하는 경우에는 그러하지 아니하다.
(2016.1.19 본문개정)
1. 바닥면적의 합계가 85제곱미터 미만인 증축·개축 또는 재축
2. 연면적이 200제곱미터 미만이고 층수가 3층 미만인 건축물의 대수선
3. 그 밖에 건축물의 특수성과 용도 등을 고려하여 대통령령으로 정하는 건축물의 건축등
② 설계자는 건축물이 이 법과 이 법에 따른 명령이나 처분, 그 밖의 관계 법령에 맞고 안전·기능 및 미관에 지장이 없도록 설계하여야 하며, 국토교통부장관이 정하여 고시하는 설계도서 작성기준에 따라 설계도서를 작성하여야 한다. 다만, 해당 건축물의 공법(工法) 등이 특수한 경우로서 국토교통부령으로 정하는 바에 따라 건축위원회의 심의를 거친 때에는 그러하지 아니하다.
(2013.3.23 단서개정)
③ 제2항에 따라 설계도서를 작성한 설계자는 설계가 이 법과 이 법에 따른 명령이나 처분, 그 밖의 관계 법령에 맞게 작성되었는지를 확인한 후 설계도서에 서명날인하여야 한다.
④ 국토교통부장관이 국토교통부령으로 정하는 바에 따라 작성하거나 인정하는 표준설계도서나 특수한 공법을 적용한 설계도서에 따라 건축물을 건축하는 경우에는 제1항을 적용하지 아니한다.(2013.3.23 본항개정)

제24조 【건축시공】 ① 공사시공자는 제15조제2항에 따른 계약대로 성실하게 공사를 수행하여야 하며, 이 법과 이 법에 따른 명령이나 처분, 그 밖의 관계 법령에 맞게 건축물을 건축하여 건축주에게 인도하여야 한다.
② 공사시공자는 건축물(건축허가나 용도변경허가가 대상인 것만 해당된다)의 공사현장에 설계도서를 갖추어 두어야 한다.
③ 공사시공자는 설계도서가 이 법과 이 법에 따른 명령이나 처분, 그 밖의 관계 법령에 맞지 아니하거나 공사의 여건상 불합리하다고 인정되면 건축주와 공사감리자의 동의를 받아 서면으로 설계자에게 설계를 변경하도록 요청할 수 있다. 이 경우 설계자는 정당한 사유가 없으면 요청에 따라야 한다.
④ 공사시공자는 공사를 하는 데에 필요하다고 인정하거나 제25조제5항에 따라 공사감리자로부터 상세시공도면을 작성하도록 요청을 받으면 상세시공도면을 작성하여 공사감리자의 확인을 받아야 하며, 이에 따라 공사를 하여야 한다.(2016.2.3 본항개정)
⑤ 공사시공자는 건축허가나 용도변경허가가 필요한 건축물의 건축공사를 착수한 경우에는 해당 건축공사의 현장에 국토교통부령으로 정하는 바에 따라 건축허가 표지판을 설치하여야 한다.(2013.3.23 본항개정)
⑥ 「건설산업기본법」 제41조제1항 각 호에 해당하지 아니하는 건축물의 건축주는 공사 현장의 공정 및 안전을 관리하기 위하여 같은 법 제2조제15호에 따른 건설기술인 1명을 현장관리인으로 지정하여야 한다. 이 경우 현장관리인은 국토교통부령으로 정하는 바에 따라 공정 및 안전 관리 업무를 수행하여야 하며, 건축주의 승낙을 받지 아니하고는 정당한 사유 없이 그 공사 현장을 이탈하여서는 아니 된다.(2018.8.14 본항개정)
⑦ 공동주택, 종합병원, 관광숙박시설 등 대통령령으로 정하는 용도 및 규모의 건축물의 공사시공자는 건축주, 공사감리자 및 허가권자가 설계도서에 따라 적정하게 공사되었는지를 확인할 수 있도록 공사의 공정이 대통령령으로 정하는 진도에 다다른 때마다 사진 및 동영상을 촬영하고 보관하여야 한다. 이 경우 촬영 및 보관 등 그 밖에 필요한 사항은 국토교통부령으로 정한다.(2016.2.3 본항신설)

제25조 【건축물의 공사감리】 ① 건축주는 대통령령으로 정하는 용도·규모 및 구조의 건축물을 건축하는 경우 건축사나 대통령령으로 정하는 자를 공사감리자(공사시공자 본인 및 「독점규제 및 공정거래에 관한 법률」 제2조에 따른 계열회사는 제외한다)로 지정하여 공사감리를 하게 하여야 한다.(2016.2.3 본항개정)
② 제1항에도 불구하고 「건설산업기본법」 제41조제1항

각 호에 해당하지 아니하는 소규모 건축물로서 건축주가 직접 시공하는 건축물 및 주택으로 사용하는 건축물 중 대통령령으로 정하는 건축물의 경우에는 대통령령으로 정하는 바에 따라 허가권자가 해당 건축물의 설계에 참여하지 아니한 자 중에서 공사감리자를 지정하여야 한다. 다만, 다음 각 호의 어느 하나에 해당하는 건축물의 건축주가 국토교통부령으로 정하는 바에 따라 허가권자에게 신청하는 경우에는 해당 건축물을 설계한 자를 공사감리자로 지정할 수 있다.(2018.8.14 본문개정)

1. 「건설기술 진흥법」 제14조에 따른 신기술 중 대통령령으로 정하는 신기술을 보유한 자가 그 신기술을 적용하여 설계한 건축물(2020.4.7 본호개정)
2. 「건축서비스산업 진흥법」 제13조제4항에 따른 역량 있는 건축사로서 대통령령으로 정하는 건축사가 설계한 건축물(2020.4.7 본호개정)
3. 설계공모를 통하여 설계한 건축물

(2016.2.3 본항신설)

③ 공사감리자는 공사감리를 할 때 이 법과 이 법에 따른 명령이나 처분, 그 밖의 관계 법령에 위반된 사항을 발견하거나 공사시공자가 설계도서대로 공사를 하지 아니하면 이를 건축주에게 알린 후 공사시공자에게 시정하거나 재시공하도록 요청하여야 하며, 공사시공자가 시정이나 재시공 요청에 따르지 아니하면 서면으로 그 건축공사를 중지하도록 요청할 수 있다. 이 경우 공사중지를 요청받은 공사시공자는 정당한 사유가 없으면 즉시 공사를 중지하여야 한다.

④ 공사감리자는 제3항에 따라 공사시공자가 시정이나 재시공 요청을 받은 후 이에 따르지 아니하거나 공사중지 요청을 받고도 공사를 계속하면 국토교통부령으로 정하는 바에 따라 이를 허가권자에게 보고하여야 한다.(2016.2.3 본항개정)

⑤ 대통령령으로 정하는 용도 또는 규모의 공사의 공사감리자는 필요하다고 인정하면 공사시공자에게 상세시공도면을 작성하도록 요청할 수 있다.

⑥ 공사감리자는 국토교통부령으로 정하는 바에 따라 감리일지를 기록·유지하여야 하고, 공사의 공정(工程)이 대통령령으로 정하는 진도에 다다른 경우에는 감리중간보고서를, 공사를 완료한 경우에는 감리완료보고서를 국토교통부령으로 정하는 바에 따라 각각 작성하여 건축주에게 제출하여야 한다. 이 경우 건축주는 감리중간보고서는 제출받은 때, 감리완료보고서는 제22조에 따른 건축물의 사용승인을 신청할 때 허가권자에게 제출하여야 한다.(2020.4.7 본항개정)

⑦ 건축주나 공사시공자는 제3항과 제4항에 따라 위반사항에 대한 시정이나 재시공을 요청하거나 위반사항을 허가권자에게 보고한 공사감리자에게 이를 이유로 공사감리자의 지정을 취소하거나 보수의 지급을 거부하거나 지연시키는 등 불이익을 주어서는 아니 된다.(2016.2.3 본항개정)

⑧ 제1항에 따른 공사감리의 방법 및 범위 등은 건축물의 용도·규모 등에 따라 대통령령으로 정하되, 이에 따른 세부기준이 필요한 경우에는 국토교통부장관이 정하거나 건축사협회로 하여금 국토교통부장관의 승인을 받아 정하도록 할 수 있다.(2013.3.23 본항개정)

⑨ 국토교통부장관은 제8항에 따라 세부기준을 정하거나 승인을 한 경우 이를 고시하여야 한다.(2016.2.3 본항개정)

⑩ 「주택법」 제15조에 따른 사업계획 승인 대상과 「건설기술 진흥법」 제39조제2항에 따라 건설사업관리를 하게 하는 건축물의 공사감리는 제1항부터 제9항까지 및 제11항부터 제14항까지의 규정에도 불구하고 각각 해당 법령으로 정하는 바에 따른다.(2018.8.14 본항개정)

⑪ 제1항에 따라 건축주가 공사감리자를 지정하거나 제2항에 따라 허가권자가 공사감리자를 지정하는 건축물의 건축주는 제21조에 따른 착공신고를 하는 때에 감리비용이 명시된 감리 계약서를 허가권자에게 제출하여야 하고, 제22조에 따른 사용승인을 신청하는 때에는 감리용역 계약내용에 따라 감리비용을 지급하여야 한다. 이 경우 허가권자는 감리 계약서에 따라 감리비용이 지급되었는지를 확인한 후 사용승인을 하여야 한다.(2021.7.27 본항개정)

⑫ 제2항에 따라 허가권자가 공사감리자를 지정하는 건축물의 건축주는 설계자의 설계의도가 구현되도록 해당 건축물의 설계자를 건축과정에 참여시켜야 한다. 이 경우 「건축서비스산업 진흥법」 제22조를 준용한다.(2018.8.14 본항신설)

⑬ 제12항에 따라 설계자를 건축과정에 참여시켜야 하는 건축주는 제21조에 따른 착공신고를 하는 때에 해당 계약서 등 대통령령으로 정하는 서류를 허가권자에게 제출하여야 한다.(2018.8.14 본항신설)

⑭ 허가권자는 제2항에 따라 허가권자가 공사감리자를 지정하는 경우의 감리비용에 관한 기준을 해당 지방자치단체의 조례로 정할 수 있다.(2020.12.22 본항개정)

제25조의2【건축관계자등에 대한 업무제한】 ① 허가권자는 설계자, 공사시공자, 공사감리자 및 관계전문기술자(이하 "건축관계자등"이라 한다)가 대통령령으로 정하는 주요 건축물에 대하여 제21조에 따른 착공신고 시부터 「건설산업기본법」 제28조에 따른 하자담보책임 기간에 제40조, 제41조, 제48조, 제50조 및 제51조를 위반하거나 중대한 과실로 건축물의 기초 및 주요구조부에 중대한 손괴를 일으켜 사람을 사망하게 한 경우에는 1년 이내의 기간을 정하여 이 법에 의한 업무를 수행할 수 없도록 업무정지를 명할 수 있다.

② 허가권자는 건축관계자등이 제40조, 제41조, 제48조, 제49조, 제50조, 제50조의2, 제51조, 제52조 및 제52조의4를 위반하여 건축물의 기초 및 주요구조부에 중대한 손괴를 일으켜 대통령령으로 정하는 규모 이상의 재산상의 피해가 발생한 경우(제1항에 해당하는 위반행위는 제외한다)에는 다음 각 호에서 정하는 기간 이내의 범위에서 다중이용건축물 등 대통령령으로 정하는 주요 건축물에 대하여 이 법에 의한 업무를 수행할 수 없도록 업무정지를 명할 수 있다.(2019.4.23 본문개정)

1. 최초로 위반행위가 발생한 경우 : 업무정지일부터 6개월
2. 2년 이내에 동일한 현장에서 위반행위가 다시 발생한 경우 : 다시 업무정지를 받는 날부터 1년

③ 허가권자는 건축관계자등이 제40조, 제41조, 제48조, 제49조, 제50조, 제50조의2, 제51조, 제52조 및 제52조의4를 위반한 경우(제1항 및 제2항에 해당하는 위반행위는 제외한다)와 제28조를 위반하여 가설시설물이 붕괴된 경우에는 기간을 정하여 시정을 명하거나 필요한 지시를 할 수 있다.(2019.4.23 본항개정)

④ 허가권자는 제3항에 따른 시정명령 등에도 불구하고 특별한 이유 없이 이를 이행하지 아니한 경우에는 다음 각 호에서 정하는 기간 이내의 범위에서 이 법에 의한 업무를 수행할 수 없도록 업무정지를 명할 수 있다.

1. 최초의 위반행위가 발생하여 허가권자가 지정한 시정기간 동안 특별한 사유 없이 시정하지 아니하는 경우 : 업무정지일부터 3개월
2. 2년 이내에 제3항에 따른 위반행위가 동일한 현장에서 2차례 발생한 경우 : 업무정지일부터 3개월
3. 2년 이내에 제3항에 따른 위반행위가 동일한 현장에서 3차례 발생한 경우 : 업무정지일부터 1년

⑤ 허가권자는 제4항에 따른 업무정지처분을 갈음하여 다음 각 호의 구분에 따라 건축관계자등에게 과징금을 부과할 수 있다.

1. 제4항제1호 또는 제2호에 해당하는 경우 : 3억원 이하
2. 제4항제3호에 해당하는 경우 : 10억원 이하

⑥ 건축관계자등은 제1항, 제2항 또는 제4항에 따른 업무정지처분에도 불구하고 그 처분을 받기 전에 계약을 체결하였거나 관계 법령에 따라 허가, 인가 등을 받아 착수한 업무는 제22조에 따른 사용승인을 받은 때까지 계속 수행할 수 있다.

⑦ 제1항부터 제5항까지에 해당하는 조치는 그 소속 법인 또는 단체에게도 동일하게 적용한다. 다만, 소속 법인 또는 단체가 위반행위를 방지하기 위하여 해당 업무에 관하여 상당한 주의와 감독을 게을리하지 아니한 경우에는 그러하지 아니하다.

⑧ 제1항부터 제5항까지의 조치는 관계 법률에 따라 건축허가를 의제하는 경우의 건축관계자등에게 동일하게 적용한다.

⑨ 허가권자는 제1항부터 제5항까지의 조치를 한 경우 그 내용을 국토교통부장관에게 통보하여야 한다.

⑩ 국토교통부장관은 제9항에 따라 통보된 사항을 종합관리하고, 허가권자가 해당 건축관계자등과 그 소속 법인 또는 단체를 알 수 있도록 국토교통부령으로 정하는 바에 따라 공개하여야 한다.

⑪ 건축관계자등, 소속 법인 또는 단체에 대한 업무정지처분을 하려는 경우에는 청문을 하여야 한다.

(2016.2.3 본조신설)

제26조【허용 오차】 대지의 측량(「공간정보의 구축 및 관리 등에 관한 법률」에 따른 지적측량은 제외한다)이나 건축물의 건축 과정에서 부득이하게 발생하는 오차는 이 법을 적용할 때 국토교통부령으로 정하는 범위에서 허용한다.(2014.6.3 본조개정)

제27조【현장조사·검사 및 확인업무의 대행】 ① 허가권자는 이 법에 따른 현장조사·검사 및 확인업무를 대통령령으로 정하는 바에 따라 「건축사법」 제23조에 따라 건축사사무소개설신고를 한 자에게 대행하게 할 수 있다.(2014.5.28 본항개정)

② 제1항에 따라 업무를 대행하는 자는 현장조사·검사 또는 확인결과를 국토교통부령으로 정하는 바에 따라 허가권자에게 서면으로 보고하여야 한다.(2013.3.23 본항개정)

③ 허가권자는 제1항에 따른 자에게 업무를 대행하게 한 경우 국토교통부령으로 정하는 범위에서 해당 지방자치단체의 조례로 정하는 수수료를 지급하여야 한다.(2013.3.23 본항개정)

제28조【공사현장의 위해 방지 등】 ① 건축물의 공사시공자는 대통령령으로 정하는 바에 따라 공사현장의 위해를 방지하기 위하여 필요한 조치를 하여야 한다.

② 허가권자는 건축물의 공사와 관련하여 건축관계자간 분쟁상담 등의 필요한 조치를 하여야 한다.

제29조【공용건축물에 대한 특례】 ① 국가나 지방자치단체는 제11조, 제14조, 제19조, 제20조 및 제83조에 따른 건축물을 건축·대수선·용도변경하거나 가설건축물을 건축하거나 공작물을 축조하려는 경우에는 대통령령으로 정하는 바에 따라 미리 건축물의 소재지를 관할하는 허가권자와 협의하여야 한다.(2011.5.30 본항개정)

② 국가나 지방자치단체가 제1항에 따라 건축물의 소재지를 관할하는 허가권자와 협의한 경우에는 제11조, 제14조, 제19조, 제20조 및 제83조에 따른 허가를 받았거나 신고한 것으로 본다.(2011.5.30 본항개정)

③ 제1항에 따라 협의한 건축물에는 제22조제1항부터 제3항까지의 규정을 적용하지 아니한다. 다만, 건축물의 공사가 끝난 경우에는 지체 없이 허가권자에게 통보하여야 한다.

④ 국가나 지방자치단체가 소유한 대지의 지상 또는 지하 여유공간에 구분지상권을 설정하여 주민편의시설 등 대통령령으로 정하는 시설을 설치하고자 하는 경우 허가권자는 구분지상권자를 건축주로 보고 구분지상권이 설정된 부분을 제2조제1항제1호의 대지로 보아 건축허가를 할 수 있다. 이 경우 구분지상권 설정의 대상 및 범위, 기간 등은 「국유재산법」 및 「공유재산 및 물품 관리법」에 적합하여야 한다.(2016.1.19 본항신설)

제30조【건축통계 등】 ① 허가권자는 다음 각 호의 사항(이하 "건축통계"라 한다)을 국토교통부령으로 정하는 바에 따라 국토교통부장관이나 시·도지사에게 보고하여야 한다.(2013.3.23 본문개정)

1. 제11조에 따른 건축허가 현황
2. 제14조에 따른 건축신고 현황
3. 제19조에 따른 용도변경허가 및 신고 현황
4. 제21조에 따른 착공신고 현황
5. 제22조에 따른 사용승인 현황
6. 그 밖에 대통령령으로 정하는 사항

② 건축통계의 작성 등에 필요한 사항은 국토교통부령으로 정한다.(2013.3.23 본항개정)

제31조【건축행정 전산화】 ① 국토교통부장관은 이 법에 따른 건축행정 관련 업무를 전산처리하기 위하여 종합적인 계획을 수립·시행할 수 있다.(2013.3.23 본항개정)

② 허가권자는 제10조, 제11조, 제14조, 제16조, 제19조부터 제22조까지, 제25조, 제29조, 제30조, 제38조, 제83조 및 제92조에 따른 신청서, 신고서, 첨부서류, 통지, 보고 등을 디스켓, 디스크 또는 정보통신망 등으로 제출하게 할 수 있다.(2019.4.30 본항개정)

제32조【건축허가 업무 등의 전산처리 등】 ① 허가권자는 건축허가 업무 등의 효율적인 처리를 위하여 국토교통부령으로 정하는 바에 따라 전자정보처리 시스템을 이용하여 이 법에 규정된 업무를 처리할 수 있다.(2013.3.23 본항개정)

② 제1항에 따른 전자정보처리 시스템에 따라 처리된 자료(이하 "전산자료"라 한다)를 이용하려는 자는 대통령령으로 정하는 바에 따라 관계 중앙행정기관의 장의 심사를 거쳐 다음 각 호의 구분에 따라 국토교통부장관, 시·도지사 또는 시장·군수·구청장의 승인을 받아야 한다. 다만, 지방자치단체의 장이 승인을 신청하는 경우에는 관계 중앙행정기관의 장의 심사를 받지 아니한다.(2013.3.23 본문개정)

1. 전국 단위의 전산자료 : 국토교통부장관(2013.3.23 본호개정)
2. 특별시·광역시·특별자치시·도·특별자치도(이하 "시·도"라 한다) 단위의 전산자료 : 시·도지사(2014.1.14 본호개정)
3. 시·군 또는 구(자치구를 말한다. 이하 같다) 단위의 전산자료 : 시장·군수·구청장(2022.6.10 본호개정)

③ 국토교통부장관, 시·도지사 또는 시장·군수·구청장이 제2항에 따른 승인신청을 받은 경우에는 건축허가 업무 등의 효율적인 처리에 지장이 없고 대통령령으로 정하는 건축주 등의 개인정보 보호기준을 위반하지 아니한다고 인정되는 경우에만 승인할 수 있다. 이 경우 용도를 한정하여 승인할 수 있다.(2013.3.23 전단개정)

④ 제2항 및 제3항에도 불구하고 건축물의 소유자가 본인 소유의 건축물에 대한 소유 정보를 신청하거나 건축물의 소유자가 사망하여 그 상속인이 피상속인의 건축물에 대한 소유 정보를 신청하는 경우에는 승인 및 심사를 받지 아니할 수 있다.(2017.10.24 본항신설)

⑤ 제2항에 따른 승인을 받아 전산자료를 이용하려는 자는 사용료를 내야 한다.

⑥ 제1항부터 제5항까지의 규정에 따른 전자정보처리 시스템의 운영에 관한 사항, 전산자료의 이용 대상 범위와 심사기준, 승인절차, 사용료 등에 관하여 필요한 사항은 대통령령으로 정한다.(2017.10.24 본항개정)

제33조【전산자료의 이용자에 대한 지도·감독】 ① 국토교통부장관, 시·도지사 또는 시장·군수·구청장은 개인정보의 보호 및 전산자료의 이용목적 외 사용 방지 등을 위하여 필요하다고 인정되면 전산자료의 보유 또는 관리 등에 관한 사항에 관하여 제32조에 따라 전산자료를 이용하는 자를 지도·감독할 수 있다.(2019.8.20 본항개정)

② 제1항에 따른 지도·감독의 대상 및 절차 등에 관하여 필요한 사항은 대통령령으로 정한다.

제34조【건축종합민원실의 설치】 특별자치시장·특별자치도지사 또는 시장·군수·구청장은 대통령령으로 정하는 바에 따라 건축허가, 건축신고, 사용승인 등 건축과 관련된 민원을 종합적으로 접수하여 처리할 수 있는 민원실을 설치·운영하여야 한다.(2014.1.14 본조개정)

제3장 건축물의 유지와 관리

제35조~제36조 (2019.4.30 삭제)

제37조 【건축지도원】 ① 특별자치시장·특별자치도지사 또는 시장·군수·구청장은 이 법 또는 이 법에 따른 명령이나 처분에 위반되는 건축물의 발생을 예방하고 건축물을 적법하게 유지·관리하도록 지도하기 위하여 대통령령으로 정하는 바에 따라 건축지도원을 지정할 수 있다.(2014.1.14 본항개정)

② 제1항에 따른 건축지도원의 자격과 업무 범위 등은 대통령령으로 정한다.

제38조 【건축물대장】 ① 특별자치시장·특별자치도지사 또는 시장·군수·구청장은 건축물의 소유·이용 및 유지·관리 상태를 확인하거나 건축정책의 기초 자료로 활용하기 위하여 다음 각 호의 어느 하나에 해당하면 건축물대장에 건축물과 그 대지의 현황 및 국토교통부령으로 정하는 건축물의 구조내력(構造耐力)에 관한 정보를 적어서 보관하고 이를 지속적으로 정비하여야 한다.(2017.10.24 본문개정)

1. 제22조제2항에 따라 사용승인서를 내준 경우
2. 제11조에 따른 건축허가 대상 건축물(제14조에 따른 신고 대상 건축물을 포함한다) 외의 건축물의 공사를 끝낸 후 기재를 요청한 경우
3. (2019.4.30 삭제)
4. 그 밖에 대통령령으로 정하는 경우

② 특별자치시장·특별자치도지사 또는 시장·군수·구청장은 건축물대장의 작성·보관 및 정비를 위하여 필요한 자료나 정보의 제공을 중앙행정기관의 장 또는 지방자치단체의 장에게 요청할 수 있다. 이 경우 자료나 정보의 제공을 요청받은 기관의 장은 특별한 사유가 없으면 그 요청에 따라야 한다.(2017.10.24 본항신설)

③ 제1항 및 제2항에 따른 건축물대장의 서식, 기재 내용, 기재 절차, 그 밖에 필요한 사항은 국토교통부령으로 정한다.(2017.10.24 본항개정)

제39조 【등기촉탁】 ① 특별자치시장·특별자치도지사 또는 시장·군수·구청장은 다음 각 호의 어느 하나에 해당하는 사유로 건축물대장의 기재 내용이 변경되는 경우(제2호의 경우 신규 등록은 제외한다) 관할 등기소에 그 등기를 촉탁하여야 한다. 이 경우 제1호와 제4호의 등기촉탁은 지방자치단체가 자기를 위하여 하는 등기로 본다.(2017.1.17 전단개정)

1. 지번이나 행정구역의 명칭이 변경된 경우
2. 제22조에 따른 사용승인을 받은 건축물로서 사용승인 내용 중 건축물의 면적·구조·용도 및 층수가 변경된 경우
3. 「건축물관리법」 제30조에 따라 건축물을 해체한 경우(2019.4.30 본호개정)
4. 「건축물관리법」 제34조에 따른 건축물의 멸실 후 멸실 신고를 한 경우(2019.4.30 본호개정)

② 제1항에 따른 등기촉탁의 절차에 관하여 필요한 사항은 국토교통부령으로 정한다.(2013.3.23 본항개정)

제4장 건축물의 대지와 도로

제40조 【대지의 안전 등】 ① 대지는 인접한 도로면보다 낮아서는 아니 된다. 다만, 대지의 배수에 지장이 없거나 건축물의 용도상 방습(防濕)의 필요가 없는 경우에는 인접한 도로면보다 낮아도 된다.

② 습한 토지, 물이 나올 우려가 많은 토지, 쓰레기, 그 밖에 이와 유사한 것으로 매립된 토지에 건축물을 건축하는 경우에는 성토(盛土), 지반 개량 등 필요한 조치를 하여야 한다.

③ 대지에는 빗물과 오수를 배출하거나 처리하기 위하여 필요한 하수관, 하수구, 저수탱크, 그 밖에 이와 유사한 시설을 하여야 한다.

④ 손궤(損潰 : 무너져 내림)의 우려가 있는 토지에 대지를 조성하려면 국토교통부령으로 정하는 바에 따라 옹벽을 설치하거나 그 밖에 필요한 조치를 하여야 한다.(2013.3.23 본항개정)

제41조 【토지 굴착 부분에 대한 조치 등】 ① 공사시공자는 대지를 조성하거나 건축공사를 하기 위하여 토지를 굴착·절토(切土)·매립(埋立) 또는 성토 등을 하는 경우 그 변경 부분에는 국토교통부령으로 정하는 바에 따라 공사 중 비탈면 붕괴, 토사 유출 등 위험 발생의 방지, 환경 보존, 그 밖에 필요한 조치를 한 후 해당 공사현장에 그 사실을 게시하여야 한다.(2014.5.28 본항개정)

② 허가권자는 제1항을 위반한 자에게 의무이행에 필요한 조치를 명할 수 있다.

제42조 【대지의 조경】 ① 면적이 200제곱미터 이상인 대지에 건축을 하는 건축주는 용도지역 및 건축물의 규모에 따라 해당 지방자치단체의 조례로 정하는 기준에 따라 대지에 조경이나 그 밖에 필요한 조치를 하여야 한다. 다만, 조경이 필요하지 아니한 건축물로서 대통령령으로 정하는 건축물에 대하여는 조경 등의 조치를 하지 아니할 수 있으며, 옥상 조경 등 대통령령으로 따로 기준을 정하는 경우에는 그 기준에 따른다.

② 국토교통부장관은 식재(植栽) 기준, 조경 시설물의 종류 및 설치방법, 옥상 조경의 방법 등 조경에 필요한 사항을 정하여 고시할 수 있다.(2013.3.23 본항개정)

제43조 【공개 공지 등의 확보】 ① 다음 각 호의 어느 하나에 해당하는 지역의 환경을 쾌적하게 조성하기 위하여 대통령령으로 정하는 용도와 규모의 건축물은 일반이 사용할 수 있도록 대통령령으로 정하는 기준에 따라 소규모 휴식시설 등의 공개 공지(空地 : 공터) 또는 공개 공간(이하 "공개공지등"이라 한다)을 설치하여야 한다.(2019.4.23 본문개정)

1. 일반주거지역, 준주거지역
2. 상업지역
3. 준공업지역
4. 특별자치시장·특별자치도지사 또는 시장·군수·구청장이 도시화의 가능성이 크거나 노후 산업단지의 정비가 필요하다고 인정하여 지정·공고하는 지역(2018.8.14 본호개정)

② 제1항에 따라 공개공지등을 설치하는 경우에는 제55조, 제56조와 제60조를 대통령령으로 정하는 바에 따라 완화하여 적용할 수 있다.(2019.4.23 본항개정)

③ 시·도지사 또는 시장·군수·구청장은 관할 구역 내 공개공지등에 대한 점검 등 유지·관리에 관한 사항을 해당 지방자치단체의 조례로 정할 수 있다.(2019.4.23 본항신설)

④ 누구든지 공개공지등에 물건을 쌓아놓거나 출입을 차단하는 시설을 설치하는 등 공개공지등의 활용을 저해하는 행위를 하여서는 아니 된다.(2019.4.23 본항신설)

⑤ 제4항에 따라 제한되는 행위의 유형 또는 기준은 대통령령으로 정한다.(2019.4.23 본항신설)

제44조 【대지와 도로의 관계】 ① 건축물의 대지는 2미터 이상이 도로(자동차만의 통행에 사용되는 도로는 제외한다)에 접하여야 한다. 다만, 다음 각 호의 어느 하나에 해당하면 그러하지 아니하다.

1. 해당 건축물의 출입에 지장이 없다고 인정되는 경우
2. 건축물의 주변에 대통령령으로 정하는 공지가 있는 경우
3. 「농지법」 제2조제1호나목에 따른 농막을 건축하는 경우(2016.1.19 본호신설)

② 건축물의 대지가 접하는 도로의 너비, 대지가 도로에 접하는 부분의 길이, 그 밖에 대지와 도로의 관계에 관하여 필요한 사항은 대통령령으로 정하는 바에 따른다.

제45조 【도로의 지정·폐지 또는 변경】 ① 허가권자는 제2조제1항제11호나목에 따라 도로의 위치를 지정·공고하려면 국토교통부령으로 정하는 바에 따라 그 도로에 대한 이해관계인의 동의를 받아야 한다. 다만, 다음 각 호의 어느 하나에 해당하면 이해관계인의 동의를 받지 아니하고 건축위원회의 심의를 거쳐 도로를 지정할 수 있다.(2013.3.23 본문개정)

1. 허가권자가 이해관계인이 해외에 거주하는 등의 사유로 이해관계인의 동의를 받기가 곤란하다고 인정하는 경우
2. 주민이 오랫 동안 통행로로 이용하고 있는 사실상의 통로로서 해당 지방자치단체의 조례로 정하는 것인 경우

② 허가권자는 제1항에 따라 지정한 도로를 폐지하거나 변경하려면 그 도로에 대한 이해관계인의 동의를 받아야 한다. 그 도로에 편입된 토지의 소유자, 건축주 등이 허가권자에게 제1항에 따라 지정된 도로의 폐지나 변경을 신청하는 경우에도 또한 같다.

③ 허가권자는 제1항과 제2항에 따라 도로를 지정하거나 변경하면 국토교통부령으로 정하는 바에 따라 도로관리대장에 이를 적어서 관리하여야 한다.(2013.3.23 본항개정)

제46조 【건축선의 지정】 ① 도로와 접한 부분에 건축물을 건축할 수 있는 선[이하 "건축선(建築線)"이라 한다]은 대지와 도로의 경계선으로 한다. 다만, 제2조제1항제11호에 따른 소요 너비에 못 미치는 너비의 도로인 경우에는 그 중심선으로부터 그 소요 너비의 2분의 1의 수평거리만큼 물러난 선을 건축선으로 하되, 그 도로의 반대쪽에 경사지, 하천, 철도, 선로부지, 그 밖에 이와 유사한 것이 있는 경우에는 그 경사지 등이 있는 쪽의 도로경계선에서 소요 너비에 해당하는 수평거리의 선을 건축선으로 하며, 도로의 모퉁이에서는 대통령령으로 정하는 선을 건축선으로 한다.

② 특별자치시장·특별자치도지사 또는 시장·군수·구청장은 시가지 안에서 건축물의 위치나 환경을 정비하기 위하여 필요하다고 인정하면 제1항에도 불구하고 대통령령으로 정하는 범위에서 건축선을 따로 지정할 수 있다.(2014.1.14 본항개정)

③ 특별자치시장·특별자치도지사 또는 시장·군수·구청장은 제2항에 따라 건축선을 지정하면 지체 없이 이를 고시하여야 한다.(2014.1.14 본항개정)

제47조 【건축선에 따른 건축제한】 ① 건축물과 담장은 건축선의 수직면(垂直面)을 넘어서는 아니 된다. 다만, 지표(地表) 아래 부분은 그러하지 아니하다.

② 도로면으로부터 높이 4.5미터 이하에 있는 출입구, 창문, 그 밖에 이와 유사한 구조물은 열고 닫을 때 건축선의 수직면을 넘지 아니하는 구조로 하여야 한다.

제5장 건축물의 구조 및 재료 등

(2014.5.28 본장제목개정)

제48조 【구조내력 등】 ① 건축물은 고정하중, 적재하중(積載荷重), 적설하중(積雪荷重), 풍압(風壓), 지진, 그 밖의 진동 및 충격 등에 대하여 안전한 구조를 가져야 한다.

② 제11조제1항에 따른 건축물을 건축하거나 대수선하는 경우에는 대통령령으로 정하는 바에 따라 구조의 안전을 확인하여야 한다.

③ 지방자치단체의 장은 제2항에 따른 구조 안전 확인 대상 건축물에 대하여 허가 등을 하는 경우 내진(耐震)성능 확보 여부를 확인하여야 한다.(2011.9.16 본항신설)

④ 제1항에 따른 구조내력의 기준과 구조 계산의 방법 등에 관하여 필요한 사항은 국토교통부령으로 정한다.(2015.1.6 본항개정)

제48조의2 【건축물 내진등급의 설정】 ① 국토교통부장관은 지진으로부터 건축물의 구조 안전을 확보하기 위하여 건축물의 용도, 규모 및 설계구조의 중요도에 따라 내진등급(耐震等級)을 설정하여야 한다.

② 제1항에 따른 내진등급을 설정하기 위한 내진등급기준 등 필요한 사항은 국토교통부령으로 정한다.(2013.7.16 본조신설)

제48조의3 【건축물의 내진능력 공개】 ① 다음 각 호의 어느 하나에 해당하는 건축물을 건축하고자 하는 자는 제22조에 따른 사용승인을 받는 즉시 건축물이 지진 발생 시에 견딜 수 있는 능력(이하 "내진능력"이라 한다)을 공개하여야 한다. 다만, 제48조제2항에 따른 구조안전 확인 대상 건축물이 아니거나 내진능력 산정이 곤란한 건축물로서 대통령령으로 정하는 건축물은 공개하지 아니한다.(2017.12.26 단서신설)

1. 층수가 2층[주요구조부인 기둥과 보를 설치하는 건축물로서 그 기둥과 보가 목재인 목구조 건축물(이하 "목구조 건축물"이라 한다)의 경우에는 3층] 이상인 건축물(2017.12.26 본호개정)
2. 연면적이 200제곱미터(목구조 건축물의 경우에는 500제곱미터) 이상인 건축물(2017.12.26 본호개정)
3. 그 밖에 건축물의 규모와 중요도를 고려하여 대통령령으로 정하는 건축물

② 제1항에 따른 내진능력의 산정 기준과 공개 방법 등 세부사항은 국토교통부령으로 정한다.(2016.1.19 본조신설)

제48조의4 【부속구조물의 설치 및 관리】 건축관계자, 소유자 및 관리자는 건축물의 부속구조물을 설계·시공 및 유지·관리 등을 고려하여 국토교통부령으로 정하는 기준에 따라 설치·관리하여야 한다.(2016.2.3 본조신설)

제49조 【건축물의 피난시설 및 용도제한 등】 ① 대통령령으로 정하는 용도 및 규모의 건축물과 그 대지에는 국토교통부령으로 정하는 바에 따라 복도, 계단, 출입구, 그 밖의 피난시설과 저수조(貯水槽), 대지 안의 피난과 소화에 필요한 통로를 설치하여야 한다.(2018.4.17 본항개정)

② 대통령령으로 정하는 용도 및 규모의 건축물의 안전·위생 및 방화(防火) 등을 위하여 필요한 용도 및 구조의 제한, 방화구획(防火區劃), 화장실의 구조, 계단·출입구, 거실의 반자 높이, 거실의 채광·환기, 배연설비와 바닥의 방습 등에 관하여 필요한 사항은 국토교통부령으로 정한다. 다만, 대규모 창고시설 등 대통령령으로 정하는 용도 및 규모의 건축물에 대해서는 방화구획 등 화재 안전에 필요한 사항을 국토교통부령으로 별도로 정할 수 있다.(2021.10.19 단서신설)

③ 대통령령으로 정하는 건축물은 국토교통부령으로 정하는 기준에 따라 소방관이 진입할 수 있는 창을 설치하고, 외부에서 주야간에 식별할 수 있는 표시를 하여야 한다.(2019.4.23 본항신설)

④ 대통령령으로 정하는 용도 및 규모의 건축물에 대하여 가구·세대 등 간 소음 방지를 위하여 국토교통부령으로 정하는 바에 따라 경계벽 및 바닥을 설치하여야 한다.(2014.5.28 본항신설)

⑤ 「자연재해대책법」 제12조제1항에 따른 자연재해위험개선지구 중 침수위험지구에 국가·지방자치단체 또는 「공공기관의 운영에 관한 법률」 제4조제1항에 따른 공공기관이 건축하는 건축물은 침수 방지 및 방수를 위하여 다음 각 호의 기준에 따라야 한다.

1. 건축물의 1층 전체를 필로티(건축물을 사용하기 위한 경비실, 계단실, 승강기실, 그 밖에 이와 비슷한 것을 포함한다) 구조로 할 것
2. 국토교통부령으로 정하는 침수 방지시설을 설치할 것(2015.1.6 본항신설)

제49조의2 【피난시설 등의 유지·관리에 대한 기술지원】 국가 또는 지방자치단체는 건축물의 소유자나 관리자에게 제49조제1항 및 제2항에 따른 피난시설 등의 설치, 개량·보수 등 유지·관리에 대한 기술지원을 할 수 있다.(2018.8.14 본조신설)

제50조 【건축물의 내화구조와 방화벽】 ① 문화 및 집회시설, 의료시설, 공동주택 등 대통령령으로 정하는 건축물은 국토교통부령으로 정하는 기준에 따라 주요구조부와 지붕을 내화(耐火)구조로 하여야 한다. 다만, 막구조

등 대통령령으로 정하는 구조는 주요구조부에만 내화구조로 할 수 있다.(2018.8.14 본항개정)
② 대통령령으로 정하는 용도 및 규모의 건축물은 국토교통부령으로 정하는 기준에 따라 방화벽으로 구획하여야 한다.
(2013.3.23 본조개정)
제50조의2【고층건축물의 피난 및 안전관리】 ① 고층건축물에는 대통령령으로 정하는 바에 따라 피난안전구역을 설치하거나 대피공간을 확보한 계단을 설치하여야 한다. 이 경우 피난안전구역의 설치 기준, 계단의 설치 기준과 구조 등에 관하여 필요한 사항은 국토교통부령으로 정한다.
② 고층건축물에 설치된 피난안전구역·피난시설 또는 대피공간에는 국토교통부령으로 정하는 바에 따라 화재 등의 경우에 피난 용도로 사용되는 것임을 표시하여야 한다.(2015.1.6 본항신설)
③ 고층건축물의 화재예방 및 피해경감을 위하여 국토교통부령으로 정하는 바에 따라 제48조부터 제50조까지의 기준을 강화하여 적용할 수 있다.(2018.4.17 본항개정)
(2013.3.23 본조개정)
제51조【방화지구 안의 건축물】 ①「국토의 계획 및 이용에 관한 법률」 제37조제1항제3호에 따른 방화지구(이하 "방화지구"라 한다) 안에서는 건축물의 주요구조부와 지붕·외벽을 내화구조로 하여야 한다. 다만, 대통령령으로 정하는 경우에는 그러하지 아니하다.(2018.8.14 본문개정)
② 방화지구 안의 공작물로서 간판, 광고탑, 그 밖에 대통령령으로 정하는 공작물 중 건축물의 지붕 위에 설치하는 공작물이나 높이 3미터 이상의 공작물은 주요부를 불연(不燃)재료로 하여야 한다.
③ 방화지구 안의 지붕·방화문 및 인접 대지 경계선에 접하는 외벽은 국토교통부령으로 정하는 구조 및 재료로 하여야 한다.(2013.3.23 본항개정)
제52조【건축물의 마감재료 등】 ① 대통령령으로 정하는 용도 및 규모의 건축물의 벽, 반자, 지붕(반자가 없는 경우에 한정한다) 등 내부의 마감재료[제52조의4제1항의 복합자재의 경우 심재(心材)를 포함한다]는 방화에 지장이 없는 재료로 하되, 「실내공기질 관리법」 제5조 및 제6조에 따른 실내공기질 유지기준 및 권고기준을 고려하고 관계 중앙행정기관의 장과 협의하여 국토교통부령으로 정하는 기준에 따른 것이어야 한다.(2021.3.16 본항개정)
② 대통령령으로 정하는 건축물의 외벽에 사용하는 마감재료(두 가지 이상의 재료로 제작된 자재의 경우 각 재료를 포함한다)는 방화에 지장이 없는 재료로 하여야 한다. 이 경우 마감재료의 기준은 국토교통부령으로 정한다.
(2021.3.16 전단개정)
③ 욕실, 화장실, 목욕장 등의 바닥 마감재료는 미끄럼을 방지할 수 있도록 국토교통부령으로 정하는 기준에 적합하여야 한다.(2013.7.16 본항신설)
④ 대통령령으로 정하는 용도 및 규모에 해당하는 건축물 외벽에 설치되는 창호(窓戶)는 방화에 지장이 없도록 인접 대지와의 이격거리를 고려하여 방화성능 등이 국토교통부령으로 정하는 기준에 적합하여야 한다.
(2020.12.22 본항신설)
(2020.12.22 본조제목개정)
(2013.3.23 본조개정)
제52조의2【실내건축】 ① 대통령령으로 정하는 용도 및 규모에 해당하는 건축물의 실내건축은 방화에 지장이 없고 사용자의 안전에 문제가 없는 구조 및 재료로 시공하여야 한다.
② 실내건축의 구조·시공방법 등에 관한 기준은 국토교통부령으로 정한다.
③ 특별자치시장·특별자치도지사 또는 시장·군수·구청장은 제1항 및 제2항에 따라 실내건축이 적정하게 설치 및 시공되었는지를 검사하여야 한다. 이 경우 검사하는 대상 건축물과 주기(週期)는 건축조례로 정한다.
(2014.5.28 본조신설)
제52조의3【건축자재의 제조 및 유통 관리】 ① 제조업자 및 유통업자는 건축물의 안전과 기능 등에 지장을 주지 아니하도록 건축자재를 제조·보관 및 유통하여야 한다.
② 국토교통부장관, 시·도지사 및 시장·군수·구청장은 건축물의 구조 및 재료의 기준 등이 공사현장에서 준수되고 있는지를 확인하기 위하여 제조업자 및 유통업자에게 필요한 자료의 제출을 요구하거나 건축공사장, 제조업자의 제조현장 및 유통업자의 유통장소 등을 점검할 수 있으며 필요한 경우에는 시료를 채취하여 성능 확인을 위한 시험을 할 수 있다.
③ 국토교통부장관, 시·도지사 및 시장·군수·구청장은 제2항의 점검을 통하여 위법 사실을 확인한 경우 대통령령으로 정하는 바에 따라 공사 중단, 사용 중단 등의 조치를 하거나 관계 기관에 대하여 관계 법률에 따른 영업정지 등의 요청을 할 수 있다.
④ 국토교통부장관, 시·도지사, 시장·군수·구청장은 제2항의 점검업무를 대통령령으로 정하는 전문기관으로 하여금 대행하게 할 수 있다.
⑤ 제2항에 따른 점검에 관한 절차 등에 관하여 필요한 사항은 국토교통부령으로 정한다.
(2016.2.3 본조신설)
제52조의4【건축자재의 품질관리 등】 ① 복합자재(불연재료인 양면 철판, 석재, 콘크리트 또는 이와 유사한 재료와 불연재료가 아닌 심재로 구성된 것을 말한다)를 포함한 제52조에 따른 마감재료, 방화문 등 대통령령으로 정하는 건축자재의 제조업자, 유통업자, 공사시공자 및 공사감리자는 국토교통부령으로 정하는 사항을 기재한 품질관리서(이하 "품질관리서"라 한다)를 대통령령으로 정하는 바에 따라 허가권자에게 제출하여야 한다.
(2021.3.16 본항개정)
② 제1항에 따른 건축자재의 제조업자, 유통업자는 「과학기술분야 정부출연연구기관 등의 설립·운영 및 육성에 관한 법률」에 따른 한국건설기술연구원 등 대통령령으로 정하는 시험기관에 건축자재의 성능시험을 의뢰하여야 한다.(2019.4.23 본항개정)
③ 제2항에 따른 성능시험을 수행하는 시험기관의 장은 성능시험 결과 등 건축자재의 품질관리에 필요한 정보를 국토교통부령으로 정하는 바에 따라 기관 또는 단체에 제공하거나 공개하여야 한다.(2019.4.23 본항신설)
④ 제3항에 따라 정보를 제공받은 기관 또는 단체는 해당 건축자재의 정보를 홈페이지 등에 게시하여 일반인이 알 수 있도록 하여야 한다.(2019.4.23 본항신설)
⑤ 제1항에 따른 건축자재 중 국토교통부령으로 정하는 단열재는 국토교통부장관이 고시하는 기준에 따라 해당 건축자재에 대한 정보를 표면에 표시하여야 한다.
(2019.4.23 본항신설)
⑥ 복합자재에 대한 난연성분 분석시험, 난연성능기준, 시험수수료 등 필요한 사항은 국토교통부령으로 정한다.
(2019.4.23 본조제목개정)
(2015.1.6 본조신설)
제52조의5【건축자재등의 품질인정】 ① 방화문, 복합자재 등 대통령령으로 정하는 건축자재와 내화구조(이하 "건축자재등"이라 한다)는 방화성능, 품질관리 등 국토교통부령으로 정하는 기준에 따라 품질이 적합하다고 인정받아야 한다.
② 건축관계자등은 제1항에 따라 품질인정을 받은 건축자재등만 사용하고, 인정받은 내용대로 제조·유통·시공하여야 한다.
(2020.12.22 본조신설)
제52조의6【건축자재등 품질인정기관의 지정·운영 등】 ① 국토교통부장관은 건축 관련 업무를 수행하는 「공공기관의 운영에 관한 법률」 제4조에 따른 공공기관으로서 대통령령으로 정하는 기관을 품질인정 업무를 수행하는 기관(이하 "건축자재등 품질인정기관"이라 한다)으로 지정할 수 있다.
② 건축자재등 품질인정기관은 제52조의5제1항에 따른 건축자재등에 대한 품질인정 업무를 수행하며, 품질인정을 신청한 자에 대하여 국토교통부령으로 정하는 바에 따라 수수료를 받을 수 있다.
③ 건축자재등 품질인정기관은 제2항에 따라 품질이 적합하다고 인정받은 건축자재등(이하 "품질인정자재등"이라 한다)이 다음 각 호의 어느 하나에 해당하면 그 인정을 취소할 수 있다. 다만, 제1호에 해당하는 경우에는 그 인정을 취소하여야 한다.
1. 거짓이나 그 밖의 부정한 방법으로 인정받은 경우
2. 인정받은 내용과 다르게 제조·유통·시공하는 경우
3. 품질인정자재등이 국토교통부장관이 정하여 고시하는 품질관리기준에 적합하지 아니한 경우
4. 인정의 유효기간을 연장하기 위한 시험결과를 제출하지 아니한 경우
④ 건축자재등 품질인정기관은 제52조의5제2항에 따른 건축자재등의 품질 유지·관리 의무가 준수되고 있는지 확인하기 위하여 국토교통부령으로 정하는 바에 따라 제52조의4에 따른 건축자재 시험기관의 시험장소, 제조업자의 제조현장, 유통업자의 유통장소, 건축공사장 등을 점검하여야 한다.
⑤ 건축자재등 품질인정기관은 제4항에 따른 점검 결과 위법 사실을 발견한 경우 국토교통부장관에게 그 사실을 통보하여야 한다. 이 경우 국토교통부장관은 대통령령으로 정하는 바에 따라 공사 중단, 사용 중단 등의 조치를 하거나 관계 기관에 대하여 관계 법률에 따른 영업정지 등의 요청을 할 수 있다.
⑥ 건축자재등 품질인정기관은 건축자재등의 품질관리 상태 확인 등을 위하여 대통령령으로 정하는 바에 따라 제조업자, 유통업자, 건축관계자등에 대하여 건축자재등의 생산 및 판매실적, 시공현장별 시공실적 등의 자료를 요청할 수 있다.
⑦ 그 밖에 건축자재등 품질인정기관이 건축자재등의 품질인정을 운영하기 위한 인정절차, 품질관리 등 필요한 사항은 국토교통부장관이 정하여 고시한다.
(2020.12.22 본조신설)
제53조【지하층】 ① 건축물에 설치하는 지하층의 구조 및 설비는 국토교통부령으로 정하는 기준에 맞게 하여야 한다.
② 단독주택, 공동주택 등 대통령령으로 정하는 건축물의 지하층에는 거실을 설치할 수 없다. 다만, 다음 각 호의 사항을 고려하여 해당 지방자치단체의 조례로 정하는 경우에는 그러하지 아니하다.
1. 침수위험 정도를 비롯한 지역적 특성
2. 피난 및 대피 가능성
3. 그 밖에 주거의 안전과 관련된 사항
(2023.12.26 본항신설)
(2013.3.23 본조개정)
제53조의2【건축물의 범죄예방】 ① 국토교통부장관은 범죄를 예방하고 안전한 생활환경을 조성하기 위하여 건축물, 건축설비 및 대지에 관한 범죄예방 기준을 정하여 고시할 수 있다.
② 대통령령으로 정하는 건축물은 제1항의 범죄예방 기준에 따라 건축하여야 한다.
(2014.5.28 본조신설)

제6장 지역 및 지구의 건축물

제54조【건축물의 대지가 지역·지구 또는 구역에 걸치는 경우의 조치】 ① 대지가 이 법이나 다른 법률에 따른 지역·지구(녹지지역과 방화지구는 제외한다. 이하 이 조에서 같다) 또는 구역에 걸치는 경우에는 대통령령으로 정하는 바에 따라 그 건축물과 대지의 전부에 대하여 대지의 과반(過半)이 속하는 지역·지구 또는 구역 안의 건축물 및 대지 등에 관한 이 법의 규정을 적용한다.
(2017.4.18 단서삭제)
② 하나의 건축물이 방화지구와 그 밖의 구역에 걸치는 경우에는 그 전부에 대하여 방화지구 안의 건축물에 관한 이 법의 규정을 적용한다. 다만, 건축물의 방화지구에 속한 부분과 그 밖의 구역에 속한 부분의 경계가 방화벽으로 구획되는 경우 그 밖의 구역에 있는 부분에 대하여는 그러하지 아니하다.
③ 대지가 녹지지역과 그 밖의 지역·지구 또는 구역에 걸치는 경우에는 각 지역·지구 또는 구역 안의 건축물과 대지에 관한 이 법의 규정을 적용한다. 다만, 녹지지역 안의 건축물이 방화지구에 걸치는 경우에는 제2항에 따른다.(2017.4.18 단서개정)
④ 제1항에도 불구하고 해당 대지의 규모와 그 대지가 속한 용도지역·지구 또는 구역의 성격 등 그 대지에 관한 주변여건상 필요하다고 인정하여 해당 지방자치단체의 조례로 적용방법을 따로 정하는 경우에는 그에 따른다.
제55조【건축물의 건폐율】 대지면적에 대한 건축면적(대지에 건축물이 둘 이상 있는 경우에는 이들 건축면적의 합계로 한다)의 비율(이하 "건폐율"이라 한다)의 최대한도는 「국토의 계획 및 이용에 관한 법률」 제77조에 따른 건폐율의 기준에 따른다. 다만, 이 법에서 기준을 완화하거나 강화하여 적용하도록 규정한 경우에는 그에 따른다.
제56조【건축물의 용적률】 대지면적에 대한 연면적(대지에 건축물이 둘 이상 있는 경우에는 이들 연면적의 합계로 한다)의 비율(이하 "용적률"이라 한다)의 최대한도는 「국토의 계획 및 이용에 관한 법률」 제78조에 따른 용적률의 기준에 따른다. 다만, 이 법에서 기준을 완화하거나 강화하여 적용하도록 규정한 경우에는 그에 따른다.
제57조【대지의 분할 제한】 ① 건축물이 있는 대지는 대통령령으로 정하는 범위에서 해당 지방자치단체의 조례로 정하는 면적에 못 미치게 분할할 수 없다.
② 건축물이 있는 대지는 제44조, 제55조, 제56조, 제58조, 제60조 및 제61조에 따른 기준에 못 미치게 분할할 수 없다.
③ 제1항과 제2항에도 불구하고 제77조의6에 따라 건축협정이 인가된 경우 그 건축협정의 대상이 되는 대지는 분할할 수 있다.(2014.1.14 본항신설)
제58조【대지 안의 공지】 건축물을 건축하는 경우에는 「국토의 계획 및 이용에 관한 법률」에 따른 용도지역·용도지구, 건축물의 용도 및 규모 등에 따라 건축선 및 인접 대지경계선으로부터 6미터 이내의 범위에서 대통령령으로 정하는 바에 따라 해당 지방자치단체의 조례로 정하는 거리 이상을 띄워야 한다.(2011.5.30 본조개정)
제59조【맞벽 건축과 연결복도】 ① 다음 각 호의 어느 하나에 해당하는 경우에는 제58조, 제61조 및 「민법」 제242조를 적용하지 아니한다.
1. 대통령령으로 정하는 지역에서 도시미관 등을 위하여 둘 이상의 건축물 벽을 맞벽(대지경계선으로부터 50센티미터 이내인 경우를 말한다. 이하 같다)으로 하여 건축하는 경우
2. 대통령령으로 정하는 기준에 따라 인근 건축물과 이어지는 연결복도나 연결통로를 설치하는 경우
② 제1항 각 호에 따른 맞벽, 연결복도, 연결통로의 구조·크기 등에 관하여 필요한 사항은 대통령령으로 정한다.
제60조【건축물의 높이 제한】 ① 허가권자는 가로구역[(街路區域) : 도로로 둘러싸인 일단(一團)의 지역을 말한다. 이하 같다]을 단위로 하여 대통령령으로 정하는 기준과 절차에 따라 건축물의 높이를 지정·공고할 수 있다. 다만, 특별자치시장·특별자치도지사 또는 시장·군수·구청장은 가로구역의 높이를 완화하여 적용할 필요가 있다고 판단되는 대지에 대하여는 대통령령으로 정하는 바에 따라 건축위원회의 심의를 거쳐 높이를 완화하여 적용할 수 있다.
② 특별시장이나 광역시장은 도시의 관리를 위하여 필요하면 제1항에 따른 가로구역별 건축물의 높이를 특별시나 광역시의 조례로 정할 수 있다.
③ (2015.5.18 삭제)

④ 허가권자는 제1항 및 제2항에도 불구하고 일조(日照)·통풍 등 주변 환경 및 도시미관에 미치는 영향이 크지 않다고 인정하는 경우에는 건축위원회의 심의를 거쳐 이 법 및 다른 법률에 따른 가로구역의 높이 완화에 관한 규정을 중첩하여 적용할 수 있다.(2022.2.3 본항신설)
(2014.1.14 본조개정)

제61조【일조 등의 확보를 위한 건축물의 높이 제한】 ① 전용주거지역과 일반주거지역 안에서 건축하는 건축물의 높이는 일조 등의 확보를 위하여 정북방향(正北方向)의 인접 대지경계선으로부터의 거리에 따라 대통령령으로 정하는 높이 이하로 하여야 한다.(2022.2.3 본항개정)
② 다음 각 호의 어느 하나에 해당하는 공동주택(일반상업지역과 중심상업지역에 건축하는 것은 제외한다)은 채광(採光) 등의 확보를 위하여 대통령령으로 정하는 높이 이하로 하여야 한다.
1. 인접 대지경계선 등의 방향으로 채광을 위한 창문 등을 두는 경우
2. 하나의 대지에 두 동(棟) 이상을 건축하는 경우
(2013.5.10 본항개정)
③ 다음 각 호의 어느 하나에 해당하면 제1항에도 불구하고 건축물의 높이를 정남(正南)방향의 인접 대지경계선으로부터의 거리에 따라 대통령령으로 정하는 높이 이하로 할 수 있다.
1.「택지개발촉진법」 제3조에 따른 택지개발지구인 경우(2011.5.30 본호개정)
2.「주택법」 제15조에 따른 대지조성사업지구인 경우(2016.1.19 본호개정)
3.「지역 개발 및 지원에 관한 법률」 제11조에 따른 지역개발사업구역인 경우(2014.6.3 본호개정)
4.「산업입지 및 개발에 관한 법률」 제6조, 제7조, 제7조의2 및 제8조에 따른 국가산업단지, 일반산업단지, 도시첨단산업단지 및 농공단지인 경우(2014.1.14 본호개정)
5.「도시개발법」 제2조제1항제1호에 따른 도시개발구역인 경우
6.「도시 및 주거환경정비법」 제8조에 따른 정비구역인 경우(2017.2.8 본호개정)
7. 정북방향으로 도로, 공원, 하천 등 건축이 금지된 공지에 접하는 대지인 경우
8. 정북방향으로 접하고 있는 대지의 소유자와 합의한 경우나 그 밖에 대통령령으로 정하는 경우
④ 2층 이하로서 높이가 8미터 이하인 건축물에는 해당 지방자치단체의 조례로 정하는 바에 따라 제1항부터 제3항까지의 규정을 적용하지 아니할 수 있다.

제7장 건축설비

제62조【건축설비기준 등】 건축설비의 설치 및 구조에 관한 기준과 설계 및 공사감리에 관하여 필요한 사항은 대통령령으로 정한다.

제63조 (2015.5.18 삭제)

제64조【승강기】 ① 건축주는 6층 이상으로서 연면적이 2천제곱미터 이상인 건축물(대통령령으로 정하는 건축물은 제외한다)을 건축하려면 승강기를 설치하여야 한다. 이 경우 승강기의 규모 및 구조는 국토교통부령으로 정한다.
② 높이 31미터를 초과하는 건축물에는 대통령령으로 정하는 바에 따라 제1항에 따른 승강기뿐만 아니라 비상용승강기를 추가로 설치하여야 한다. 다만, 국토교통부령으로 정하는 건축물의 경우에는 그러하지 아니하다.
③ 고층건축물에는 제1항에 따라 건축물에 설치하는 승용승강기 중 1대 이상을 대통령령으로 정하는 바에 따라 피난용승강기로 설치하여야 한다.(2018.4.17 본항신설)
(2013.3.23 본조개정)

제64조의2 (2014.5.28 삭제)

제65조 (2012.2.22 삭제)

제65조의2【지능형건축물의 인증】 ① 국토교통부장관은 지능형건축물[Intelligent Building]의 건축을 활성화하기 위하여 지능형건축물 인증제도를 실시한다.
(2013.3.23 본항개정)
② 국토교통부장관은 제1항에 따른 지능형건축물의 인증을 위하여 인증기관을 지정할 수 있다.(2013.3.23 본항개정)
③ 지능형건축물의 인증을 받으려는 자는 제2항에 따른 인증기관에 인증을 신청하여야 한다.
④ 국토교통부장관은 건축물을 구성하는 설비 및 각종 기술을 최적으로 통합하여 건축물의 생산성과 설비 운영의 효율성을 극대화할 수 있도록 다음 각 호의 사항을 포함하여 지능형건축물 인증기준을 고시한다.(2013.3.23 본문개정)
1. 인증기준 및 절차
2. 인증표시 홍보기준
3. 유효기간
4. 수수료
5. 인증 등급 및 심사기준 등
⑤ 제2항과 제3항에 따른 인증기관의 지정 기준, 지정 절차 및 인증 신청 절차 등에 필요한 사항은 국토교통부령으로 정한다.(2013.3.23 본항개정)
⑥ 허가권자는 지능형건축물로 인증을 받은 건축물에 대하여 제42조에 따른 조경설치면적을 100분의 85까지 완화하여 적용할 수 있으며, 제56조 및 제60조에 따른 용적률 및 건축물의 높이를 100분의 115의 범위에서 완화하여 적용할 수 있다.
(2011.5.30 본조신설)

제66조~제66조의2 (2012.2.22 삭제)

제67조【관계전문기술자】 ① 설계자와 공사감리자는 제40조, 제41조, 제48조부터 제50조까지, 제50조의2, 제51조, 제52조, 제62조 및 제64조와 「녹색건축물 조성 지원법」 제15조에 따른 대지의 안전, 건축물의 구조상 안전, 부속구조물 및 건축설비의 설치 등을 위한 설계 및 공사감리를 할 때 대통령령으로 정하는 바에 따라 다음 각 호의 어느 하나의 자격을 갖춘 관계전문기술자(「기술사법」 제21조제2호에 따라 벌칙을 받은 후 대통령령으로 정하는 기간이 지나지 아니한 자는 제외한다)의 협력을 받아야 한다.(2020.6.9 본문개정)
1.「기술사법」 제6조에 따라 기술사사무소를 개설등록한 자
2.「건설기술 진흥법」 제26조에 따라 건설엔지니어링사업자로 등록한 자(2021.3.16 본호개정)
3.「엔지니어링산업 진흥법」 제21조에 따라 엔지니어링사업자의 신고를 한 자
4.「전력기술관리법」 제14조에 따라 설계업 및 감리업으로 등록한 자
(2016.2.3 본항개정)
② 관계전문기술자는 건축물이 이 법 및 이 법에 따른 명령이나 처분, 그 밖의 관계 법령에 맞고 안전·기능 및 미관에 지장이 없도록 업무를 수행하여야 한다.

제68조【기술적 기준】 ① 제40조, 제41조, 제48조부터 제50조까지, 제50조의2, 제51조, 제52조, 제52조의2, 제62조 및 제64조에 따른 대지의 안전, 건축물의 구조상의 안전, 건축설비 등에 관한 기술적 기준은 이 법에서 특별히 규정한 경우 외에는 국토교통부령으로 정하되, 이에 따른 세부기준이 필요하면 국토교통부장관이 세부기준을 정하거나 국토교통부장관이 지정하는 연구기관(시험기관·검사기관을 포함한다), 학술단체, 그 밖의 관련 전문기관 또는 단체가 국토교통부장관의 승인을 받아 정할 수 있다.
(2014.5.28 본항개정)
② 국토교통부장관은 제1항에 따라 세부기준을 정하거나 승인을 하려면 미리 건축위원회의 심의를 거쳐야 한다.
③ 국토교통부장관은 제1항에 따라 세부기준을 정하거나 승인을 한 경우 이를 고시하여야 한다.
④ 국토교통부장관은 제1항에 따른 기술적 기준 및 세부기준을 적용하기 어려운 건축설비에 관한 기술·제품이 개발된 경우, 개발한 자의 신청을 받아 그 기술·제품을 평가하여 신규성·진보성 및 현장 적용성이 있다고 판단하는 경우에는 대통령령으로 정하는 바에 따라 설치 등을 위한 기준을 건축위원회의 심의를 거쳐 인정할 수 있다.
(2020.4.7 본항신설)
(2013.3.23 본조개정)

제68조의2 (2015.8.11 삭제)

제68조의3【건축물의 구조 및 재료 등에 관한 기준의 관리】 ① 국토교통부장관은 기후 변화나 건축기술의 변화 등에 따라 제48조, 제48조의2, 제49조, 제50조, 제50조의2, 제51조, 제52조, 제52조의2, 제52조의4, 제53조의 건축물의 구조 및 재료 등에 관한 기준이 적정한지를 검토하는 모니터링(이하 이 조에서 "건축모니터링"이라 한다)을 대통령령으로 정하는 기간마다 실시하여야 한다.
(2019.4.23 본항개정)
② 국토교통부장관은 대통령령으로 정하는 전문기관을 지정하여 건축모니터링을 하게 할 수 있다.
(2015.1.6 본조신설)

제8장 특별건축구역 등
(2014.1.14 본장제목개정)

제69조【특별건축구역의 지정】 ① 국토교통부장관 또는 시·도지사는 다음 각 호의 구분에 따라 도시나 지역의 일부가 특별건축구역으로 특례 적용이 필요하다고 인정하는 경우에는 특별건축구역을 지정할 수 있다.
1. 국토교통부장관이 지정하는 경우
가. 국가가 국제행사 등을 개최하는 도시 또는 지역의 사업구역
나. 관계법령에 따른 국가정책사업으로서 대통령령으로 정하는 사업구역
2. 시·도지사가 지정하는 경우
가. 지방자치단체가 국제행사 등을 개최하는 도시 또는 지역의 사업구역
나. 관계법령에 따른 도시개발·도시재정비 및 건축문화 진흥사업으로서 건축물 또는 공간환경을 조성하기 위하여 대통령령으로 정하는 사업구역
다. 그 밖에 대통령령으로 정하는 도시 또는 지역의 사업구역
(2014.1.14 본항개정)
② 다음 각 호의 어느 하나에 해당하는 지역·구역 등에 대하여는 제1항에도 불구하고 특별건축구역으로 지정할 수 없다.
1.「개발제한구역의 지정 및 관리에 관한 특별조치법」에 따른 개발제한구역
2.「자연공원법」에 따른 자연공원
3.「도로법」에 따른 접도구역
4.「산지관리법」에 따른 보전산지
5. (2016.2.3 삭제)
③ 국토교통부장관 또는 시·도지사는 특별건축구역으로 지정하고자 하는 지역이 「군사기지 및 군사시설 보호법」에 따른 군사기지 및 군사시설 보호구역에 해당하는 경우에는 국방부장관과 사전에 협의하여야 한다.
(2016.2.3 본항신설)

제70조【특별건축구역의 건축물】 특별건축구역에서 제73조에 따라 건축기준 등의 특례사항을 적용하여 건축할 수 있는 건축물은 다음 각 호의 어느 하나에 해당되어야 한다.
1. 국가 또는 지방자치단체가 건축하는 건축물
2.「공공기관의 운영에 관한 법률」 제4조에 따른 공공기관 중 대통령령으로 정하는 공공기관이 건축하는 건축물
3. 그 밖에 대통령령으로 정하는 용도·규모의 건축물로서 도시경관의 창출, 건설기술 수준향상 및 건축 관련 제도개선을 위하여 특례 적용이 필요하다고 허가권자가 인정하는 건축물

제71조【특별건축구역의 지정절차 등】 ① 중앙행정기관의 장, 제69조제1항 각 호의 사업구역을 관할하는 시·도지사 또는 시장·군수·구청장(이하 이 장에서 "지정신청기관"이라 한다)은 특별건축구역의 지정이 필요한 경우에는 다음 각 호의 자료를 갖추어 중앙행정기관의 장 또는 시·도지사는 국토교통부장관에게, 시장·군수·구청장은 특별시장·광역시장·도지사에게 각각 특별건축구역의 지정을 신청할 수 있다.(2014.1.14 본문개정)
1. 특별건축구역의 위치·범위 및 면적 등에 관한 사항
2. 특별건축구역의 지정 목적 및 필요성
3. 특별건축구역 내 건축물의 규모 및 용도 등에 관한 사항
4. 특별건축구역의 도시·군관리계획에 관한 사항. 이 경우 도시·군관리계획의 세부 내용은 대통령령으로 정한다.(2011.4.14 본호개정)
5. 건축물의 설계, 공사감리 및 건축시공 등의 발주방법 등에 관한 사항
6. 제74조에 따라 특별건축구역 전부 또는 일부를 대상으로 통합하여 적용하는 미술작품, 부설주차장, 공원 등의 시설에 대한 운영관리 계획서. 이 경우 운영관리 계획서의 작성방법, 서식, 내용 등에 관한 사항은 국토교통부령으로 정한다.(2014.1.14 전단개정)
7. 그 밖에 특별건축구역의 지정에 필요한 대통령령으로 정하는 사항
② 제1항에 따른 지정신청기관 외의 자는 제1항 각 호의 자료를 갖추어 제69조제1항제2호의 사업구역을 관할하는 시·도지사에게 특별건축구역의 지정을 제안할 수 있다.
(2020.4.7 본항신설)
③ 제2항에 따른 특별건축구역 지정 제안의 방법 및 절차 등에 관하여 필요한 사항은 대통령령으로 정한다.
(2020.4.7 본항신설)
④ 국토교통부장관 또는 특별시장·광역시장·도지사는 제1항에 따라 지정신청이 접수된 경우에는 특별건축구역 지정의 필요성, 타당성 및 공공성 등과 피난·방재 등의 사항을 검토하고, 지정 여부를 결정하기 위하여 지정신청을 받은 날부터 30일 이내에 국토교통부장관이 지정신청을 받은 경우에는 국토교통부장관이 두는 건축위원회(이하 "중앙건축위원회"라 한다), 특별시장·광역시장·도지사가 지정신청을 받은 경우에는 각각 특별시장·광역시장·도지사가 두는 건축위원회의 심의를 거쳐야 한다.
(2014.1.14 본항개정)
⑤ 국토교통부장관 또는 특별시장·광역시장·도지사는 각각 중앙건축위원회 또는 특별시장·광역시장·도지사가 두는 건축위원회의 심의 결과를 고려하여 필요한 경우 특별건축구역의 범위, 도시·군관리계획 등에 관한 사항을 조정할 수 있다.(2014.1.14 본항개정)
⑥ 국토교통부장관 또는 시·도지사는 필요한 경우 직권으로 특별건축구역을 지정할 수 있다. 이 경우 제1항 각 호의 자료에 따라 특별건축구역 지정의 필요성, 타당성 및 공공성 등과 피난·방재 등의 사항을 검토하고 각각 중앙건축위원회 또는 시·도지사가 두는 건축위원회의 심의를 거쳐야 한다.(2014.1.14 본항개정)
⑦ 국토교통부장관 또는 시·도지사는 특별건축구역을 지정하거나 변경·해제하는 경우에는 대통령령으로 정하는 바에 따라 주요 내용을 관보(시·도지사는 공보)에 고시하고, 국토교통부장관 또는 특별시장·광역시장·도지사는 지정신청기관에 관계 서류의 사본을 송부하여야 한다.(2014.1.14 본항개정)
⑧ 제7항에 따라 관계 서류의 사본을 받은 지정신청기관은 관계 서류에 도시·군관리계획의 결정사항이 포함되어 있는 경우에는 「국토의 계획 및 이용에 관한 법률」 제32조에 따라 지형도면의 승인신청 등 필요한 조치를 취하여야 한다.(2020.4.7 본항개정)
⑨ 지정신청기관은 특별건축구역 지정 이후 변경이 있는 경우 변경지정을 받아야 한다. 이 경우 변경지정을 받아야 하는 변경의 범위, 변경지정의 절차 등 필요한 사항은 대통령령으로 정한다.
⑩ 국토교통부장관 또는 시·도지사는 다음 각 호의 어느 하나에 해당하는 경우에는 특별건축구역의 전부 또는 일부에 대하여 지정을 해제할 수 있다. 이 경우 국토교통부장관 또는 특별시장·광역시장·도지사는 지정신청기관의 의견을 청취하여야 한다.(2014.1.14 본문개정)

1. 지정신청기관의 요청이 있는 경우
2. 거짓이나 그 밖의 부정한 방법으로 지정을 받은 경우
3. 특별건축구역 지정일부터 5년 이내에 특별건축구역 지정목적에 부합하는 건축물의 착공이 이루어지지 아니하는 경우
4. 특별건축구역 지정요건 등을 위반하였으나 시정이 불가능한 경우

⑪ 특별건축구역을 지정하거나 변경한 경우에는 「국토의 계획 및 이용에 관한 법률」 제30조에 따른 도시·군관리계획의 결정(용도지역·지구·구역의 지정 및 변경은 제외한다)이 있는 것으로 본다.(2020.6.9 본항개정)

제72조【특별건축구역 내 건축물의 심의 등】 ① 특별건축구역에서 제73조에 따라 건축기준 등의 특례사항을 적용하여 건축허가를 신청하고자 하는 자(이하 이 조에서 "허가신청자"라 한다)는 다음 각 호의 사항이 포함된 특례적용계획서를 첨부하여 제11조에 따라 해당 허가권자에게 건축허가를 신청하여야 한다. 이 경우 특례적용계획서의 작성방법 및 제출서류 등은 국토교통부령으로 정한다.(2013.3.23 후단개정)
1. 제5조에 따라 기준을 완화하여 적용할 것을 요청하는 사항
2. 제71조에 따른 특별건축구역의 지정요건에 관한 사항
3. 제73조제1항의 적용배제 특례를 적용한 사유 및 예상효과 등
4. 제73조제2항의 완화적용 특례의 동등 이상의 성능에 대한 증빙내용
5. 건축물의 공사 및 유지·관리 등에 관한 계획

② 제1항에 따른 건축허가는 해당 건축물이 특별건축구역의 지정 목적에 적합한지의 여부와 특례적용계획서 등 해당 사항에 대하여 제4조제1항에 따라 시·도지사 및 시장·군수·구청장이 설치하는 건축위원회(이하 "지방건축위원회"라 한다)의 심의를 거쳐야 한다.

③ 허가신청자는 제1항에 따른 건축허가 시 「도시교통정비 촉진법」 제16조에 따른 교통영향평가서의 검토를 동시에 진행하고자 하는 경우에는 같은 법 제16조에 따른 교통영향평가서에 관한 서류를 첨부하여 허가권자에게 심의를 신청할 수 있다.(2015.7.24 본항개정)

④ 제3항에 따라 교통영향평가서에 대하여 지방건축위원회에서 통합심의한 경우에는 「도시교통정비 촉진법」 제17조에 따른 교통영향평가서의 심의를 한 것으로 본다.(2015.7.24 본항개정)

⑤ 제1항 및 제2항에 따라 심의된 내용에 대하여 대통령령으로 정하는 변경사항이 발생한 경우에는 지방건축위원회의 변경심의를 받아야 한다. 이 경우 변경심의는 제1항에서 제3항까지의 규정을 준용한다.

⑥ 국토교통부장관 또는 특별시장·광역시장·도지사는 건축제도의 개선 및 건설기술의 향상을 위하여 허가권자의 의견을 들어 특별건축구역 내에서 제1항 및 제2항에 따라 건축허가를 받은 건축물에 대하여 모니터링(특례를 적용한 건축물에 대하여 해당 건축물의 건축시공, 공사감리, 유지·관리 등의 과정을 검토하고 실제로 건축물에 구현된 기능·미관·환경 등을 분석하여 평가하는 것을 말한다. 이하 이 장에서 같다)을 실시할 수 있다.
(2016.2.3 본항개정)

⑦ 허가권자는 제1항 및 제2항에 따라 건축허가를 받은 건축물의 특례적용계획서를 심의하는 데에 필요한 국토교통부령으로 정하는 자료를 특별시장·광역시장·특별자치시장·도지사·특별자치도지사는 국토교통부장관에게, 시장·군수·구청장은 특별시장·광역시장·도지사에게 각각 제출하여야 한다.(2016.2.3 본항개정)

⑧ 제1항 및 제2항에 따라 건축허가를 받은 「건설기술 진흥법」 제2조제6호에 따른 발주청은 설계의도의 구현, 건축시공 및 공사감리의 모니터링, 그 밖에 발주청이 위탁하는 업무의 수행 등을 위하여 필요한 경우 설계자를 건축허가 이후에도 해당 건축물의 건축에 참여하게 할 수 있다. 이 경우 설계자의 업무내용 및 보수 등에 관하여는 대통령령으로 정한다.(2013.5.22 전단개정)

제73조【관계 법령의 적용 특례】 ① 특별건축구역에 건축하는 건축물에 대하여는 다음 각 호를 적용하지 아니할 수 있다.
1. 제42조, 제55조, 제56조, 제58조, 제60조 및 제61조
(2016.2.3 본호개정)
2. 「주택법」 제35조 중 대통령령으로 정하는 규정
(2016.1.19 본호개정)

② 특별건축구역에 건축하는 건축물이 제49조, 제50조, 제50조의2, 제51조부터 제53조까지, 제62조 및 제64조와 「녹색건축물 조성 지원법」 제15조에 해당할 때에는 해당 규정에서 요구하는 기준 또는 성능 등을 다른 방법으로 대신할 수 있는 것으로 지방건축위원회가 인정하는 경우에만 해당 규정의 전부 또는 일부를 완화하여 적용할 수 있다.(2014.1.14 본항개정)

③ 「소방시설 설치·유지 및 안전관리에 관한 법률」 제9조와 제11조에서 요구하는 기준 또는 성능 등을 대통령령으로 정하는 절차·심의방법 등에 따라 다른 방법으로 대신할 수 있는 경우 전부 또는 일부를 완화하여 적용할 수 있다.(2011.8.4 본항개정)

제74조【통합적용계획의 수립 및 시행】 ① 특별건축구역에서는 다음 각 호의 관계 법령의 규정에 대하여는 개별 건축물마다 적용하지 아니하고 특별건축구역 전부 또는 일부를 대상으로 통합하여 적용할 수 있다.
1. 「문화예술진흥법」 제9조에 따른 건축물에 대한 미술작품의 설치(2014.1.14 본호개정)
2. 「주차장법」 제19조에 따른 부설주차장의 설치
3. 「도시공원 및 녹지 등에 관한 법률」에 따른 공원의 설치

② 지정신청기관은 제1항에 따라 관계 법령의 규정을 통합하여 적용하려는 경우에는 특별건축구역 전부 또는 일부에 대하여 미술작품, 부설주차장, 공원 등에 대한 수요를 개별법으로 정한 기준 이상으로 산정하여 파악하고 이용자의 편의성, 쾌적성 및 안전 등을 고려한 통합적용계획을 수립하여야 한다.(2014.1.14 본항개정)

③ 지정신청기관이 제2항에 따라 통합적용계획을 수립하는 때에는 해당 구역을 관할하는 허가권자와 협의하여야 하며, 협의요청을 받은 허가권자는 요청받은 날부터 20일 이내에 지정신청기관에게 의견을 제출하여야 한다.

④ 지정신청기관은 도시·군관리계획의 변경을 수반하는 통합적용계획이 수립된 때에는 관련 서류를 「국토의 계획 및 이용에 관한 법률」 제30조에 따른 도시·군관리계획 결정권자에게 송부하여야 하며, 이 경우 해당 도시·군관리계획 결정권자는 특별한 사유가 없으면 도시·군관리계획의 변경에 필요한 조치를 취하여야 한다.
(2020.6.9 본항개정)

제75조【건축주 등의 의무】 ① 특별건축구역에서 제73조에 따라 건축기준 등의 적용 특례사항을 적용하여 건축허가를 받은 건축물의 공사감리자, 시공자, 건축주, 소유자 및 관리자는 시공 중이거나 건축물의 사용승인 이후에도 당초 허가를 받은 건축물의 형태, 재료, 색채 등이 원형을 유지하도록 필요한 조치를 하여야 한다.
(2012.1.17 본항개정)

② (2016.2.3 삭제)

제76조【허가권자 등의 의무】 ① 허가권자는 특별건축구역의 건축물에 대하여 설계자의 창의성·심미성 등의 발휘와 제도개선·기술발전 등이 유도될 수 있도록 노력하여야 한다.

② 허가권자는 제77조제2항에 따른 모니터링 결과를 국토교통부장관 또는 특별시장·광역시장·도지사에게 제출하여야 하며, 국토교통부장관 또는 특별시장·광역시장·도지사는 제77조에 따른 검사 및 모니터링 결과 등을 분석하여 필요한 경우 이 법 또는 관계 법령의 제도개선을 위하여 노력하여야 한다.(2016.2.3 본항개정)

제77조【특별건축구역 건축물의 검사 등】 ① 국토교통부장관 및 허가권자는 특별건축구역의 건축물에 대하여 제87조에 따라 검사를 할 수 있으며, 필요한 경우 제79조에 따라 시정명령 등 필요한 조치를 할 수 있다.

② 국토교통부장관 및 허가권자는 제72조제6항에 따라 모니터링을 실시하는 건축물에 대하여 직접 모니터링을 하거나 분야별 전문가 또는 전문기관에 용역을 의뢰할 수 있다. 이 경우 해당 건축물의 건축주, 소유자 또는 관리자는 특별한 사유가 없으면 모니터링에 필요한 사항에 대하여 협조하여야 한다.(2016.2.3 전단개정)
(2014.1.14 본조개정)

제77조의2【특별가로구역의 지정】 ① 국토교통부장관 및 허가권자는 도로에 인접한 건축물의 건축을 통한 조화로운 도시경관의 창출을 위하여 이 법 및 관계 법령에 따라 일부 규정을 적용하지 아니하거나 완화하여 적용할 수 있도록 다음 각 호의 어느 하나에 해당하는 지구 또는 구역에서 대통령령으로 정하는 도로에 접한 대지의 일정 구역을 특별가로구역으로 지정할 수 있다.
1. (2017.4.18 삭제)
2. 경관지구
3. 지구단위계획구역 중 미관유지를 위하여 필요하다고 인정하는 구역
(2017.1.17 본항개정)

② 국토교통부장관 및 허가권자는 제1항에 따라 특별가로구역을 지정하려는 경우에는 다음 각 호의 자료를 갖추어 국토교통부장관 또는 허가권자가 두는 건축위원회의 심의를 거쳐야 한다.
1. 특별가로구역의 위치·범위 및 면적 등에 관한 사항
2. 특별가로구역의 지정 목적 및 필요성
3. 특별가로구역 내 건축물의 규모 및 용도 등에 관한 사항
4. 그 밖에 특별가로구역의 지정에 필요한 사항으로서 대통령령으로 정하는 사항

③ 국토교통부장관 및 허가권자는 특별가로구역을 지정하거나 변경·해제하는 경우에는 국토교통부령으로 정하는 바에 따라 이를 지역 주민에게 알려야 한다.
(2014.1.14 본조신설)

제77조의3【특별가로구역의 관리 및 건축물의 건축기준 적용 특례 등】 ① 국토교통부장관 및 허가권자는 특별가로구역을 효율적으로 관리하기 위하여 국토교통부령으로 정하는 바에 따라 제77조의2제2항 각 호의 지정 내용을 작성하여 관리하여야 한다.

② 특별가로구역의 변경절차 및 해제, 특별가로구역 내 건축물에 관한 건축기준의 적용 등에 관하여는 제71조제9항·제10항(각 호 외의 부분 후단은 제외한다), 제72조제1항부터 제5항까지, 제73조제1항(제77조의2제1항제3호에 해당하는 경우에는 제55조 및 제56조는 제외한다)·제2항, 제75조제1항 및 제77조제1항을 준용한다. 이 경우 "특별건축구역"은 각각 "특별가로구역"으로, "지정신청기관", "국토교통부장관 또는 시·도지사" 및 "국토교통부장관, 시·도지사 및 허가권자"는 각각 "국토교통부장관 및 허가권자"로 본다.(2020.4.7 전단개정)

③ 특별가로구역 안의 건축물에 대하여 국토교통부장관 또는 허가권자가 배치기준을 따로 정하는 경우에는 제46조 및 「민법」 제242조를 적용하지 아니한다.(2016.1.19 본항신설)
(2014.1.14 본조신설)

제8장의2 건축협정
(2014.1.14 본장신설)

제77조의4【건축협정의 체결】 ① 토지 또는 건축물의 소유자, 지상권자 등 대통령령으로 정하는 자(이하 "소유자등"이라 한다)는 전원의 합의로 다음 각 호의 어느 하나에 해당하는 지역 또는 구역에서 건축물의 건축·대수선 또는 리모델링에 관한 협정(이하 "건축협정"이라 한다)을 체결할 수 있다.
1. 「국토의 계획 및 이용에 관한 법률」 제51조에 따라 지정된 지구단위계획구역
2. 「도시 및 주거환경정비법」 제2조제2호가목에 따른 주거환경개선사업을 시행하기 위하여 같은 법 제8조에 따라 지정·고시된 정비구역(2017.2.8 본호개정)
3. 「도시재정비 촉진을 위한 특별법」 제2조제6호에 따른 존치지역
4. 「도시재생 활성화 및 지원에 관한 특별법」 제2조제1항제5호에 따른 도시재생활성화지역(2017.4.18 본호신설)
5. 그 밖에 시·도지사 및 시장·군수·구청장(이하 "건축협정인가권자"라 한다)이 도시 및 주거환경개선이 필요하다고 인정하여 해당 지방자치단체의 조례로 정하는 구역(2016.2.3 본호개정)

② 제1항 각 호의 지역 또는 구역에서 둘 이상의 토지를 소유한 자가 1인인 경우에도 그 토지 소유자는 해당 토지의 구역을 건축협정 대상 지역으로 하는 건축협정을 정할 수 있다. 이 경우 그 토지 소유자 1인을 건축협정 체결자로 본다.

③ 소유자등은 제1항에 따라 건축협정을 체결(제2항에 따라 토지 소유자 1인이 건축협정을 정하는 경우를 포함한다. 이하 같다)하는 경우에는 다음 각 호의 사항을 준수하여야 한다.
1. 이 법 및 관계 법령을 위반하지 아니할 것
2. 「국토의 계획 및 이용에 관한 법률」 제30조에 따른 도시·군관리계획 및 이 법 제77조의11제1항에 따른 건축물의 건축·대수선 또는 리모델링에 관한 계획을 위반하지 아니할 것

④ 건축협정은 다음 각 호의 사항을 포함하여야 한다.
1. 건축물의 건축·대수선 또는 리모델링에 관한 사항
2. 건축물의 위치·용도·형태 및 부대시설에 관하여 대통령령으로 정하는 사항

⑤ 소유자등이 건축협정을 체결하는 경우에는 건축협정서를 작성하여야 하며, 건축협정서에는 다음 각 호의 사항이 명시되어야 한다.
1. 건축협정의 명칭
2. 건축협정 대상 지역의 위치 및 범위
3. 건축협정의 목적
4. 건축협정의 내용
5. 제1항 및 제2항에 따라 건축협정을 체결하는 자(이하 "협정체결자"라 한다)의 성명, 주소 및 생년월일(법인, 법인 아닌 사단이나 재단 및 외국인의 경우에는 「부동산등기법」 제49조에 따라 부여된 등록번호를 말한다. 이하 제6호에서 같다)
6. 제77조의5제1항에 따른 건축협정운영회가 구성되어 있는 경우에는 그 명칭, 대표자 성명, 주소 및 생년월일
7. 건축협정의 유효기간
8. 건축협정 위반 시 제재에 관한 사항
9. 그 밖에 건축협정에 필요한 사항으로서 해당 지방자치단체의 조례로 정하는 사항

⑥ 제1항제4호에 따라 시·도지사가 필요하다고 인정하여 조례로 구역을 정하려는 때에는 해당 시장·군수·구청장의 의견을 들어야 한다.(2016.2.3 본항신설)

제77조의5【건축협정운영회의 설립】 ① 협정체결자는 건축협정서 작성 및 건축협정 관리 등을 위하여 필요한 경우 협정체결자 간의 자율적 기구로서 운영회(이하 "건축협정운영회"라 한다)를 설립할 수 있다.

② 제1항에 따라 건축협정운영회를 설립하려면 협정체결자 과반수의 동의를 받아 건축협정운영회의 대표자를 선임하고, 국토교통부령으로 정하는 바에 따라 건축협정인가권자에게 신고하여야 한다. 다만, 제77조의6에 따른 건축협정 인가 신청 시 건축협정운영회에 관한 사항을 포함한 경우에는 그러하지 아니하다.

제77조의6【건축협정의 인가】 ① 협정체결자 또는 건축협정운영회의 대표자는 건축협정서를 작성하여 국토교통부령으로 정하는 바에 따라 해당 건축협정인가권자의 인가를 받아야 한다. 이 경우 인가신청을 받은 건축협정인가권자는 인가를 하기 전에 건축협정인가권자가 두는 건축위원회의 심의를 거쳐야 한다.

② 제1항에 따른 건축협정 체결 대상 토지가 둘 이상의 특별자치시 또는 시·군·구에 걸치는 경우 건축협정 체결 대상 토지면적의 과반(過半)이 속하는 건축협정인가권자에게 인가를 신청할 수 있다. 이 경우 인가 신청을 받은 건축협정인가권자는 건축협정을 인가하기 전에 다른 특별

자치시장 또는 시장·군수·구청장과 협의하여야 한다.
③ 건축협정인가권자는 제1항에 따라 건축협정을 인가하였을 때에는 국토교통부령으로 정하는 바에 따라 그 내용을 공고하여야 한다.

제77조의7【건축협정의 변경】 ① 협정체결자 또는 건축협정운영회의 대표자는 제77조의6제1항에 따라 인가받은 사항을 변경하려면 국토교통부령으로 정하는 바에 따라 변경인가를 받아야 한다. 다만, 대통령령으로 정하는 경미한 사항을 변경하는 경우에는 그러하지 아니하다.
② 제1항에 따른 변경인가에 관하여는 제77조의6을 준용한다.

제77조의8【건축협정의 관리】 건축협정인가권자는 제77조의6 및 제77조의7에 따라 건축협정을 인가하거나 변경인가하였을 때에는 국토교통부령으로 정하는 바에 따라 건축협정 관리대장을 작성하여 관리하여야 한다.

제77조의9【건축협정의 폐지】 ① 협정체결자 또는 건축협정운영회의 대표자는 건축협정을 폐지하려는 경우에는 협정체결자 과반수의 동의를 받아 국토교통부령으로 정하는 바에 따라 건축협정인가권자의 인가를 받아야 한다. 다만, 제77조의13에 따른 특례를 적용하여 제21조에 따른 착공신고를 한 경우에는 대통령령으로 정하는 기간이 지난 후에 건축협정의 폐지 인가를 신청할 수 있다.(2020.6.9 단서개정)
② 제1항에 따른 건축협정의 폐지에 관하여는 제77조의6제3항을 준용한다.

제77조의10【건축협정의 효력 및 승계】 ① 건축협정이 체결된 지역 또는 구역(이하 "건축협정구역"이라 한다)에서 건축물의 건축·대수선 또는 리모델링을 하거나 그 밖에 대통령령으로 정하는 행위를 하려는 소유자등은 제77조의6 및 제77조의7에 따라 인가·변경인가된 건축협정에 따라야 한다.
② 제77조의6제3항에 따라 건축협정이 공고된 후 건축협정구역에 있는 토지나 건축물 등에 관한 권리를 협정체결자인 소유자등으로부터 이전받거나 설정받은 자는 협정체결자로서의 지위를 승계한다. 다만, 건축협정에서 달리 정한 경우에는 그에 따른다.

제77조의11【건축협정에 관한 계획 수립 및 지원】 ① 건축협정인가권자는 소유자등이 건축협정을 효율적으로 체결할 수 있도록 건축협정구역에서 건축물의 건축·대수선 또는 리모델링에 관한 계획을 수립할 수 있다.
② 건축협정인가권자는 대통령령으로 정하는 바에 따라 도로 개설 및 정비 등 건축협정구역 안의 주거환경개선을 위한 사업비용의 일부를 지원할 수 있다.

제77조의12【경관협정과의 관계】 ① 소유자등은 제77조의4에 따라 건축협정을 체결할 때 「경관법」 제19조에 따른 경관협정을 함께 체결하려는 경우에는 「경관법」 제19조제3항·제4항 및 제20조에 관한 사항을 반영하여 건축협정인가권자에게 인가를 신청할 수 있다.
② 제1항에 따른 인가 신청을 받은 건축협정인가권자는 건축협정에 대한 인가를 하기 전에 건축위원회의 심의를 하는 때에 「경관법」 제29조제3항에 따라 경관위원회와 공동으로 하는 심의를 거쳐야 한다.
③ 제2항에 따른 절차를 거쳐 건축협정을 인가받은 경우에는 「경관법」 제21조에 따른 경관협정의 인가를 받은 것으로 본다.

제77조의13【건축협정에 따른 특례】 ① 제77조의4제1항에 따라 건축협정을 체결하여 제59조제1항제1호에 따라 둘 이상의 건축물 벽을 맞벽으로 하여 건축하려는 경우 맞벽으로 건축하려는 자는 공동으로 제11조에 따른 건축허가를 신청할 수 있다.
② 제1항의 경우에 제17조, 제21조, 제22조 및 제25조에 관하여는 개별 건축물마다 적용하지 아니하고 허가를 신청한 건축물 전부 또는 일부를 대상으로 통합하여 적용할 수 있다.
③ 건축협정의 인가를 받은 건축협정구역에서 연접한 대지에 대하여는 다음 각 호의 관계 법령의 규정을 개별 건축물마다 적용하지 아니하고 건축협정구역의 전부 또는 일부를 대상으로 통합하여 적용할 수 있다.(2016.1.19 본문개정)
1. 제42조에 따른 대지의 조경
2. 제44조에 따른 대지와 도로와의 관계
3. (2016.1.19 삭제)
4. 제53조에 따른 지하층의 설치
5. 제55조에 따른 건폐율(2016.1.19 본호개정)
6. 「주차장법」 제19조에 따른 부설주차장의 설치
7. (2016.1.19 삭제)
8. 「하수도법」 제34조에 따른 개인하수처리시설의 설치 (2015.5.18 본호신설)

④ 제3항에 따라 관계 법령의 규정을 적용하려는 경우에는 건축협정구역 전부 또는 일부에 대하여 조경 및 부설주차장에 대한 기준을 이 법 및 「주차장법」에서 정한 기준 이상으로 산정하여 적용하여야 한다.
⑤ 건축협정을 체결하여 둘 이상 건축물의 경계벽을 전체 또는 일부를 공유하여 건축하는 경우에는 제1항부터 제4항까지의 특례를 적용하며, 해당 대지를 하나의 대지로 보아 이 법의 기준을 개별 건축물마다 적용하지 아니하고 허가를 신청한 건축물의 전부 또는 일부를 대상으로 통합하여 적용할 수 있다.(2016.1.19 본항신설)
⑥ 건축협정구역에 건축하는 건축물에 대하여는 제42조, 제55조, 제56조, 제58조, 제60조 및 제61조와 「주택법」 제35조를 대통령령으로 정하는 바에 따라 완화하여 적용할 수 있다. 다만, 제56조를 완화하여 적용하는 경우에는 제4조에 따른 건축위원회의 심의와 「국토의 계획 및 이용에 관한 법률」 제113조에 따른 지방도시계획위원회의 심의를 통합하여 거쳐야 한다.(2016.2.3 본항신설)
⑦ 제6항 단서에 따라 통합 심의를 하는 경우 통합 심의의 방법 및 절차 등에 관한 구체적인 사항은 대통령령으로 정한다.(2016.2.3 본항신설)
⑧ 제6항 본문에 따른 건축협정구역 내의 건축물에 대한 건축기준의 적용에 관하여는 제72조제1항(제2호 및 제4호는 제외한다)부터 제5항까지를 준용한다. 이 경우 "특별건축구역"은 "건축협정구역"으로 본다.(2016.2.3 본항신설)

제77조의14【건축협정 집중구역 지정 등】 ① 건축협정인가권자는 건축협정의 효율적인 체결을 통한 도시의 기능 및 미관의 증진을 위하여 제77조의4제1항 각 호의 어느 하나에 해당하는 지역 및 구역의 전체 또는 일부를 건축협정 집중구역으로 지정할 수 있다.
② 건축협정인가권자는 제1항에 따라 건축협정 집중구역을 지정하는 경우에는 미리 다음 각 호의 사항에 대하여 건축협정인가권자가 두는 건축위원회의 심의를 거쳐야 한다.
1. 건축협정 집중구역의 위치, 범위 및 면적 등에 관한 사항
2. 건축협정 집중구역의 지정 목적 및 필요성
3. 건축협정 집중구역에서 제77조의4제4항 각 호의 사항 중 건축협정인가권자가 도시의 기능 및 미관 증진을 위하여 세부적으로 규정하는 사항
4. 건축협정 집중구역에서 제77조의13에 따른 건축협정의 특례 적용에 관하여 세부적으로 규정하는 사항

③ 제1항에 따른 건축협정 집중구역의 지정 또는 변경·해제에 관하여는 제77조의6제3항을 준용한다.
④ 건축협정 집중구역 내의 건축협정이 제2항 각 호에 관한 심의내용에 부합하는 경우에는 제77조의6제1항에 따른 건축위원회의 심의를 생략할 수 있다.
(2017.4.18 본조신설)

제8장의3 결합건축

(2016.1.19 본장신설)

제77조의15【결합건축 대상지】 ① 다음 각 호의 어느 하나에 해당하는 지역에서 대지간의 최단거리가 100미터 이내의 범위에서 대통령령으로 정하는 범위에 있는 2개의 대지의 건축주가 서로 합의한 경우 2개의 대지를 대상으로 결합건축을 할 수 있다.(2020.4.7 본문개정)
1. 「국토의 계획 및 이용에 관한 법률」 제36조에 따라 지정된 상업지역
2. 「역세권의 개발 및 이용에 관한 법률」 제4조에 따라 지정된 역세권개발구역
3. 「도시 및 주거환경정비법」 제2조에 따른 정비구역 중 주거환경개선사업의 시행을 위한 구역(2017.2.8 본호개정)
4. 그 밖에 도시 및 주거환경 개선과 효율적인 토지이용이 필요하다고 대통령령으로 정하는 지역

② 다음 각 호의 어느 하나에 해당하는 경우에는 제1항 각 호의 어느 하나에 해당하는 지역에서 대통령령으로 정하는 범위에 있는 3개 이상 대지의 건축주 등이 서로 합의한 경우 3개 이상의 대지를 대상으로 결합건축을 할 수 있다.
1. 국가·지방자치단체 또는 「공공기관의 운영에 관한 법률」 제4조제1항에 따른 공공기관이 소유 또는 관리하는 건축물과 결합건축하는 경우
2. 「빈집 및 소규모주택 정비에 관한 특례법」 제2조제1항제1호에 따른 빈집 또는 「건축물관리법」 제42조에 따른 빈 건축물을 철거하여 그 대지에 공원, 광장 등 대통령령으로 정하는 시설을 설치하는 경우
3. 그 밖에 대통령령으로 정하는 건축물과 결합건축하는 경우

(2020.4.7 본항신설)
③ 제1항 및 제2항에도 불구하고 도시경관의 형성, 기반시설 부족 등의 사유로 해당 지방자치단체의 조례로 정하는 지역 안에서는 결합건축을 할 수 없다.
(2020.4.7 본항신설)
④ 제1항 또는 제2항에 따라 결합건축을 하려는 2개 이상의 대지를 소유한 자가 1명인 경우는 제77조의4제2항을 준용한다.(2020.4.7 본항개정)

제77조의16【결합건축의 절차】 ① 결합건축을 하고자 하는 건축주는 제11조에 따라 건축허가를 신청하는 때에는 다음 각 호의 사항을 명시한 결합건축협정서를 첨부하여야 하며 국토교통부령으로 정하는 도서를 제출하여야 한다.
1. 결합건축 대상 대지의 위치 및 용도지역
2. 결합건축협정서를 체결하는 자(이하 "결합건축협정체결자"라 한다)의 성명, 주소 및 생년월일(법인, 법인 아닌 사단이나 재단 및 외국인의 경우에는 「부동산등기법」 제49조에 따라 부여된 등록번호를 말한다)
3. 「국토의 계획 및 이용에 관한 법률」 제78조에 따라 조례로 정한 용적률과 결합건축으로 조정되어 적용되는 대지별 용적률
4. 결합건축 대상 대지별 건축계획서

② 허가권자는 「국토의 계획 및 이용에 관한 법률」 제2조제11호에 따른 도시·군계획사업에 편입된 대지가 있는 경우에는 결합건축을 포함한 건축허가를 아니할 수 있다.
③ 허가권자는 제1항에 따른 건축허가를 하기 전에 건축위원회의 심의를 거쳐야 한다. 다만, 결합건축으로 조정되어 적용되는 대지별 용적률이 「국토의 계획 및 이용에 관한 법률」 제78조에 따라 해당 대지에 적용되는 도시계획조례의 용적률의 100분의 20을 초과하는 경우에는 대통령령으로 정하는 바에 따라 건축위원회 심의와 도시계획위원회 심의를 공동으로 하여 거쳐야 한다.
④ 제1항에 따른 결합건축 대상 대지가 둘 이상의 특별자치시, 특별자치도 및 시·군·구에 걸치는 경우 제77조의6제2항을 준용한다.

제77조의17【결합건축의 관리】 ① 허가권자는 결합건축을 포함하여 건축허가를 한 경우 국토교통부령으로 정하는 바에 따라 그 내용을 공고하고, 결합건축 관리대장을 작성하여 관리하여야 한다.
② 허가권자는 제77조의15제1항에 따른 결합건축과 관련된 건축물의 사용승인 신청이 있는 경우 해당 결합건축협정서상의 다른 대지에서 착공신고 또는 대통령령으로 정하는 조치가 이행되었는지를 확인한 후 사용승인을 하여야 한다.(2020.4.7 본항개정)
③ 허가권자는 결합건축을 허용한 경우 건축물대장에 국토교통부령으로 정하는 바에 따라 결합건축에 관한 내용을 명시하여야 한다.
④ 결합건축협정서에 따른 협정체결 유지기간은 최소 30년으로 한다. 다만, 결합건축협정서의 용적률 기준을 종전대로 환원하여 신축·개축·재축하는 경우에는 그러하지 아니한다.
⑤ 결합건축협정서를 폐지하려는 경우에는 결합건축협정체결자 전원이 동의하여 허가권자에게 신고하여야 하며, 허가권자는 용적률을 이전받은 건축물이 멸실된 것을 확인한 후 결합건축의 폐지를 수리하여야 한다. 이 경우 결합건축 폐지에 관하여는 제1항 및 제3항을 준용한다.
⑥ 결합건축협정의 준수 여부, 효력 및 승계에 대하여는 제77조의4제3항 및 제77조의10을 준용한다. 이 경우 "건축협정"은 각각 "결합건축협정"으로 본다.

제9장 보 칙

제78조【감독】 ① 국토교통부장관은 시·도지사 또는 시장·군수·구청장이 한 명령이나 처분이 이 법이나 이 법에 따른 명령이나 처분 또는 조례에 위반되거나 부당하다고 인정하면 그 명령 또는 처분의 취소·변경, 그 밖에 필요한 조치를 명할 수 있다.(2013.3.23 본항개정)
② 특별시장·광역시장·도지사는 시장·군수·구청장이 한 명령이나 처분이 이 법 또는 이 법에 따른 명령이나 처분 또는 조례에 위반되거나 부당하다고 인정하면 그 명령이나 처분의 취소·변경, 그 밖에 필요한 조치를 명할 수 있다.(2014.1.14 본항개정)
③ 시·도지사 또는 시장·군수·구청장이 제1항에 따라 필요한 조치명령을 받으면 그 시정 결과를 국토교통부장관에게 지체 없이 보고하여야 하며, 시장·군수·구청장이 제2항에 따라 필요한 조치명령을 받으면 그 시정 결과를 특별시장·광역시장·도지사에게 지체 없이 보고하여야 한다.(2014.1.14 본항개정)
④ 국토교통부장관 및 시·도지사는 건축허가의 적법한 운영, 위법 건축물의 관리 실태 등 건축행정의 건실한 운영을 지도·점검하기 위하여 국토교통부령으로 정하는 바에 따라 매년 지도·점검 계획을 수립·시행하여야 한다.
(2013.3.23 본항개정)
⑤ 국토교통부장관 및 시·도지사는 제4조의2에 따른 건축위원회의 심의 방법 또는 결과가 이 법 또는 이 법에 따른 명령이나 처분 또는 조례에 위반되거나 부당하다고 인정하면 그 심의 방법 또는 결과의 취소·변경, 그 밖에 필요한 조치를 할 수 있다. 이 경우 심의에 관한 조사·시정명령 및 변경절차 등에 관하여는 대통령령으로 정한다.
(2016.1.19 본항신설)

제79조【위반 건축물 등에 대한 조치 등】 ① 허가권자는 이 법 또는 이 법에 따른 명령이나 처분에 위반되는 대지나 건축물에 대하여 이 법에 따른 허가 또는 승인을 취소하거나 그 건축물의 건축주·공사시공자·현장관리인·소유자·관리자 또는 점유자(이하 "건축주등"이라 한다)에게 공사의 중지를 명하거나 상당한 기간을 정하여 그 건축물의 해체·개축·증축·수선·용도변경·사용금지·사용제한, 그 밖에 필요한 조치를 명할 수 있다.
(2019.4.30 본항개정)
② 허가권자는 제1항에 따라 허가나 승인이 취소된 건축물 또는 제1항에 따른 시정명령을 받고 이행하지 아니한 건축물에 대하여는 다른 법령에 따른 영업이나 그 밖의 행위를 허가·면허·인가·등록·지정 등을 하지 아니하도록 요청할 수 있다. 다만, 허가권자가 기간을 정하여 그 사용 또는 영업, 그 밖의 행위를 허용한 주택과 대통령령으로 정하는 경우에는 그러하지 아니하다.(2014.5.28 본문개정)
③ 제2항에 따른 요청을 받은 자는 특별한 이유가 없으면 요청에 따라야 한다.

④ 허가권자는 제1항에 따른 시정명령을 하는 경우 국토교통부령으로 정하는 바에 따라 건축물대장에 위반내용을 적어야 한다.(2016.1.19 본항개정)
⑤ 허가권자는 이 법 또는 이 법에 따른 명령이나 처분에 위반되는 대지나 건축물에 대한 실태를 파악하기 위하여 조사를 할 수 있다.(2019.4.23 본항신설)
⑥ 제5항에 따른 실태조사의 방법 및 절차에 관한 사항은 대통령령으로 정한다.(2019.4.23 본항신설)

제80조【이행강제금】 ① 허가권자는 제79조제1항에 따라 시정명령을 받은 후 시정기간 내에 시정명령을 이행하지 아니한 건축주등에 대하여는 그 시정명령의 이행에 필요한 상당한 이행기한을 정하여 그 기한까지 시정명령을 이행하지 아니하면 다음 각 호의 이행강제금을 부과한다. 다만, 연면적(공동주택의 경우에는 세대 면적을 기준으로 한다)이 60제곱미터 이하인 주거용 건축물과 제2호 중 주거용 건축물로서 대통령령으로 정하는 경우에는 다음 각 호의 어느 하나에 해당하는 금액의 2분의 1의 범위에서 해당 지방자치단체의 조례로 정하는 금액을 부과한다.(2019.4.23 단서개정)
1. 건축물이 제55조와 제56조에 따른 건폐율이나 용적률을 초과하여 건축된 경우 또는 허가를 받지 아니하거나 신고를 하지 아니하고 건축된 경우에는 「지방세법」에 따라 해당 건축물에 적용되는 1제곱미터의 시가표준액의 100분의 50에 해당하는 금액에 위반면적을 곱한 금액 이하의 범위에서 위반 내용에 따라 대통령령으로 정하는 비율을 곱한 금액(2015.8.11 본호개정)
2. 건축물이 제1호 외의 위반 건축물에 해당하는 경우에는 「지방세법」에 따라 그 건축물에 적용되는 시가표준액에 해당하는 금액의 100분의 10의 범위에서 위반내용에 따라 대통령령으로 정하는 금액
② 허가권자는 영리목적을 위한 위반이나 상습적 위반 등 대통령령으로 정하는 경우에 제1항에 따른 금액을 100분의 100의 범위에서 해당 지방자치단체의 조례로 정하는 바에 따라 가중하여야 한다.(2020.12.8 본항개정)
③ 허가권자는 제1항 및 제2항에 따른 이행강제금을 부과하기 전에 제1항에 따른 이행강제금을 부과·징수한다는 뜻을 미리 문서로써 계고(戒告)하여야 한다.(2015.8.11 본항개정)
④ 허가권자는 제1항 및 제2항에 따른 이행강제금을 부과하는 경우 금액, 부과 사유, 납부기한, 수납기관, 이의제기 방법 및 이의제기 기관 등을 구체적으로 밝힌 문서로 하여야 한다.(2015.8.11 본항개정)
⑤ 허가권자는 최초의 시정명령이 있었던 날을 기준으로 하여 1년에 2회 이내의 범위에서 해당 지방자치단체의 조례로 정하는 횟수만큼 그 시정명령이 이행될 때까지 반복하여 제1항 및 제2항에 따른 이행강제금을 부과·징수할 수 있다.(2019.4.23 단서삭제)
⑥ 허가권자는 제79조제1항에 따라 시정명령을 받은 자가 이를 이행하면 새로운 이행강제금의 부과를 즉시 중지하되, 이미 부과된 이행강제금은 징수하여야 한다.
⑦ 허가권자는 제4항에 따라 이행강제금 부과처분을 받은 자가 이행강제금을 납부기한까지 내지 아니하면 「지방행정제재·부과금의 징수 등에 관한 법률」에 따라 징수한다.(2020.3.24 본항개정)

제80조의2【이행강제금 부과에 관한 특례】 ① 허가권자는 제80조에 따른 이행강제금을 다음 각 호에서 정하는 바에 따라 감경할 수 있다. 다만, 지방자치단체의 조례로 정하는 기간까지 위반내용을 시정하지 아니한 경우는 제외한다.
1. 축사 등 농업용·어업용 시설로서 500제곱미터(「수도권정비계획법」 제2조제1호에 따른 수도권 외의 지역에서는 1천제곱미터) 이하인 경우는 5분의 1을 감경
2. 그 밖에 위반 동기, 위반 범위 및 위반 시기 등을 고려하여 대통령령으로 정하는 경우(제80조제2항에 해당하는 경우는 제외한다)에는 2분의 1의 범위에서 대통령령으로 정하는 비율을 감경
② 허가권자는 법률 제4381호 건축법개정법률의 시행일(1992년 6월 1일을 말한다) 이전에 이 법 또는 이 법에 따른 명령이나 처분을 위반한 주거용 건축물에 관하여는 대통령령으로 정하는 바에 따라 제80조에 따른 이행강제금을 감경할 수 있다.
(2015.8.11 본조신설)

제81조~제81조의3 (2019.4.30 삭제)

제82조【권한의 위임과 위탁】 ① 국토교통부장관은 이 법에 따른 권한의 일부를 대통령령으로 정하는 바에 따라 시·도지사에게 위임할 수 있다.(2013.3.23 본항개정)
② 시·도지사는 이 법에 따른 권한의 일부를 대통령령으로 정하는 바에 따라 시장(행정시의 시장을 포함하며, 이하 이 조에서 같다)·군수·구청장에게 위임할 수 있다.
③ 시장·군수·구청장은 이 법에 따른 권한의 일부를 대통령령으로 정하는 바에 따라 구청장(자치구가 아닌 구의 구청장을 말한다)·동장·읍장 또는 면장에게 위임할 수 있다.
④ 국토교통부장관은 제31조제1항과 제32조제1항에 따라 건축허가 업무 등을 효율적으로 처리하기 위하여 구축하는 전자정보처리 시스템의 운영을 대통령령으로 정하는 기관 또는 단체에 위탁할 수 있다.(2013.3.23 본항개정)

제83조【옹벽 등의 공작물에의 준용】 ① 대지를 조성하기 위한 옹벽, 굴뚝, 광고탑, 고가수조(高架水槽), 지하 대피호, 그 밖에 이와 유사한 것으로서 대통령령으로 정하는 공작물을 축조하려는 자는 대통령령으로 정하는 바에 따라 특별자치시장·특별자치도지사 또는 시장·군수·구청장에게 신고하여야 한다.(2014.1.14 본항개정)
② (2019.4.30 삭제)
③ 제14조, 제21조제5항, 제29조, 제40조제4항, 제41조, 제47조, 제48조, 제55조, 제58조, 제60조, 제61조, 제79조, 제84조, 제85조, 제87조와 「국토의 계획 및 이용에 관한 법률」 제76조는 대통령령으로 정하는 바에 따라 제1항의 경우에 준용한다.(2019.4.30 본항개정)

제84조【면적·높이 및 층수의 산정】 건축물의 대지면적, 연면적, 바닥면적, 높이, 처마, 천장, 바닥 및 층수의 산정방법은 대통령령으로 정한다.

제85조【「행정대집행법」 적용의 특례】 ① 허가권자는 제11조, 제14조, 제41조와 제79조제1항에 따라 필요한 조치를 할 때 다음 각 호의 어느 하나에 해당하는 경우로서 「행정대집행법」 제3조제1항과 제2항에 따른 절차에 의하면 그 목적을 달성하기 곤란한 때에는 해당 절차를 거치지 아니하고 대집행할 수 있다.
1. 재해가 발생할 위험이 절박한 경우
2. 건축물의 구조 안전상 심각한 문제가 있어 붕괴 등 손괴의 위험이 예상되는 경우
3. 허가권자의 공사중지명령을 받고도 따르지 아니하고 공사를 강행하는 경우(2020.6.9 본호개정)
4. 도로통행에 현저하게 지장을 주는 불법건축물인 경우
5. 그 밖에 공공의 안전 및 공익에 매우 저해되어 신속하게 실시할 필요가 있다고 인정되는 경우로서 대통령령으로 정하는 경우(2020.6.9 본호개정)
② 제1항에 따른 대집행은 건축물의 관리를 위하여 필요한 최소한도에 그쳐야 한다.
(2009.4.1 본조개정)

제86조【청문】 허가권자는 제79조에 따라 허가나 승인을 취소하려면 청문을 실시하여야 한다.

제87조【보고와 검사 등】 ① 국토교통부장관, 시·도지사, 시장·군수·구청장, 그 소속 공무원, 제27조에 따른 업무대행자 또는 제37조에 따른 건축지도원은 건축물의 건축주등, 공사감리자, 공사시공자 또는 관계전문기술자에게 필요한 자료의 제출이나 보고를 요구할 수 있으며, 건축물·대지 또는 건축공사장에 출입하여 그 건축물, 건축설비, 그 밖에 건축공사에 관련되는 물건을 검사하거나 필요한 시험을 할 수 있다.(2016.2.3 본항개정)
② 제1항에 따라 검사나 시험을 하는 자는 그 권한을 표시하는 증표를 지니고 이를 관계인에게 내보여야 한다.
③ 허가권자는 건축관계자등과의 계약 내용을 검토할 수 있으며, 검토결과 불공정 또는 불합리한 사항이 있어 부실설계·시공·감리가 될 우려가 있는 경우에는 해당 건축주에게 그 사실을 통보하고 해당 건축물의 건축공사 현장을 특별히 지도·감독하여야 한다.(2016.2.3 본항신설)

제87조의2【지역건축안전센터 설립】 ① 지방자치단체의 장은 다음 각 호의 업무를 수행하기 위하여 관할 구역에 지역건축안전센터를 설치할 수 있다.(2022.6.10 본문개정)
1. 제21조, 제22조, 제27조 및 제87조에 따른 기술적인 사항에 대한 보고·확인·검토·심사 및 점검(2020.4.7 본호개정)
1의2. 제11조, 제14조 및 제16조에 따른 허가 또는 신고에 관한 업무(2020.4.7 본호신설)
2. 제25조에 따른 공사감리에 대한 관리·감독
3. (2019.4.30 삭제)
4. 그 밖에 대통령령으로 정하는 사항
② 제1항에도 불구하고 다음 각 호의 어느 하나에 해당하는 지방자치단체의 장은 관할 구역에 지역건축안전센터를 설치하여야 한다.
1. 시·도
2. 인구 50만명 이상 시·군·구
3. 국토교통부령으로 정하는 바에 따라 산정한 건축허가 면적(직전 5년 동안의 연평균 건축허가 면적을 말한다) 또는 노후건축물 비율이 전국 지방자치단체 중 상위 30퍼센트 이내에 해당하는 인구 50만명 미만 시·군·구
(2022.6.10 본항신설)
③ 체계적이고 전문적인 업무 수행을 위하여 지역건축안전센터에 「건축사법」 제23조제1항에 따라 신고한 건축사 또는 「기술사법」 제6조제1항에 따라 등록한 기술사 등 전문인력을 배치하여야 한다.
④ 제1항부터 제3항까지의 규정에 따른 지역건축안전센터의 설치·운영 및 전문인력의 자격과 배치기준 등에 필요한 사항은 국토교통부령으로 정한다.(2022.6.10 본항개정)
(2017.4.18 본조신설)

제87조의3【건축안전특별회계의 설치】 ① 시·도지사 또는 시장·군수·구청장은 관할 구역의 지역건축안전센터 설치·운영 등을 지원하기 위하여 건축안전특별회계(이하 "특별회계"라 한다)를 설치할 수 있다.
② 특별회계는 다음 각 호의 재원으로 조성한다.
1. 일반회계로부터의 전입금
2. 제17조에 따라 납부되는 건축허가 등의 수수료 중 해당 지방자치단체의 조례로 정하는 비율의 금액
(2020.4.7 본호신설)
3. 제80조에 따라 부과·징수되는 이행강제금 중 해당 지방자치단체의 조례로 정하는 비율의 금액
4. 제113조에 따라 부과·징수되는 과태료 중 해당 지방자치단체의 조례로 정하는 비율의 금액(2020.4.7 본호신설)
5. 그 밖의 수입금
③ 특별회계는 다음 각 호의 용도로 사용한다.
1. 지역건축안전센터의 설치·운영에 필요한 경비
2. 지역건축안전센터의 전문인력 배치에 필요한 인건비
3. 제87조의2제1항 각 호의 업무 수행을 위한 조사·연구비
4. 특별회계의 조성·운용 및 관리를 위하여 필요한 경비
5. 그 밖에 건축물 안전에 관한 기술지원 및 정보제공을 위하여 해당 지방자치단체의 조례로 정하는 사업의 수행에 필요한 비용
(2017.4.18 본조신설)

제88조【건축분쟁전문위원회】 ① 건축등과 관련된 다음 각 호의 분쟁(「건설산업기본법」 제69조에 따른 조정의 대상이 되는 분쟁은 제외한다. 이하 같다)의 조정(調停) 및 재정(裁定)을 하기 위하여 국토교통부에 건축분쟁전문위원회(이하 "분쟁위원회"라 한다)를 둔다.
(2014.5.28 본문개정)
1. 건축관계자와 해당 건축물의 건축등으로 피해를 입은 인근주민(이하 "인근주민"이라 한다) 간의 분쟁
2. 관계전문기술자와 인근주민 간의 분쟁
3. 건축관계자와 관계전문기술자 간의 분쟁
4. 건축관계자 간의 분쟁
5. 인근주민 간의 분쟁
6. 관계전문기술자 간의 분쟁
7. 그 밖에 대통령령으로 정하는 사항
②~③ (2014.5.28 삭제)
(2009.4.1 본조제목개정)

제89조【분쟁위원회의 구성】 ① 분쟁위원회는 위원장과 부위원장 각 1명을 포함한 15명 이내의 위원으로 구성한다.(2014.5.28 본항개정)
② 분쟁위원회의 위원은 건축이나 법률에 관한 학식과 경험이 풍부한 자로서 다음 각 호의 어느 하나에 해당하는 자 중에서 국토교통부장관이 임명하거나 위촉한다. 이 경우 제4호에 해당하는 자가 2명 이상 포함되어야 한다.
(2014.5.28 전단개정)
1. 3급 상당 이상의 공무원으로 1년 이상 재직한 자
(2014.5.28 본호개정)
2. (2014.5.28 삭제)
3. 「고등교육법」에 따른 대학에서 건축공학이나 법률학을 가르치는 조교수 이상의 직(職)에 3년 이상 재직한 자
4. 판사, 검사 또는 변호사의 직에 6년 이상 재직한 자
5. 「국가기술자격법」에 따른 건축분야 기술사 또는 「건축사법」 제23조에 따라 건축사사무소개설신고를 하고 건축사로 6년 이상 종사한 자(2014.5.28 본호개정)
6. 건설공사나 건설업에 대한 학식과 경험이 풍부한 자로서 그 분야에 15년 이상 종사한 자
③ (2014.5.28 삭제)
④ 분쟁위원회의 위원장과 부위원장은 위원 중에서 국토교통부장관이 위촉한다.(2014.5.28 본항개정)
⑤ 공무원이 아닌 위원의 임기는 3년으로 하되, 연임할 수 있으며, 보궐위원의 임기는 전임자의 남은 임기로 한다.
⑥ 분쟁위원회의 회의는 재적위원 과반수의 출석으로 열고 출석위원 과반수의 찬성으로 의결한다.(2014.5.28 본항개정)
⑦ 다음 각 호의 어느 하나에 해당하는 자는 분쟁위원회의 위원이 될 수 없다.(2014.5.28 본문개정)
1. 피성년후견인, 피한정후견인 또는 파산선고를 받고 복권되지 아니한 자(2014.5.28 본호개정)
2. 금고 이상의 실형을 선고받고 그 집행이 끝나거나(집행이 끝난 것으로 보는 경우를 포함한다)되거나 집행이 면제된 날부터 2년이 지나지 아니한 자
3. 법원의 판결이나 법률에 따라 자격이 정지된 자
⑧ 위원의 제척·기피·회피 및 위원회의 운영, 조정 등의 거부와 중지 등 그 밖에 필요한 사항은 대통령령으로 정한다.(2014.5.28 본항신설)
(2014.5.28 본조제목개정)

제90조 (2014.5.28 삭제)

제91조【대리인】 ① 당사자는 다음 각 호에 해당하는 자를 대리인으로 선임할 수 있다.
1. 당사자의 배우자, 직계존·비속 또는 형제자매
2. 당사자인 법인의 임직원
3. 변호사
② (2014.5.28 삭제)
③ 대리인의 권한은 서면으로 소명하여야 한다.
④ 대리인은 다음 각 호의 행위를 하기 위하여는 당사자의 위임을 받아야 한다.
1. 신청의 철회
2. 조정안의 수락
3. 복대리인의 선임

제92조【조정등의 신청】 ① 건축물의 건축등과 관련된 분쟁의 조정 또는 재정(이하 "조정등"이라 한다)을 신청하려는 자는 분쟁위원회에 조정등의 신청서를 제출하여야 한다.
② 제1항에 따른 조정신청은 해당 사건의 당사자 중 1명 이상이 하며, 재정신청은 해당 사건 당사자 간의 합의로

한다. 다만, 분쟁위원회는 조정신청을 받으면 해당 사건의 모든 당사자에게 조정신청이 접수된 사실을 알려야 한다.
③ 분쟁위원회는 당사자의 조정신청을 받으면 60일 이내에, 재정신청을 받으면 120일 이내에 절차를 마쳐야 한다. 다만, 부득이한 사정이 있으면 분쟁위원회의 의결로 기간을 연장할 수 있다.
(2014.5.28 본조개정)
제93조【조정등의 신청에 따른 공사중지】 ①~② (2014.5.28 삭제)
③ 시·도지사 또는 시장·군수·구청장은 위해 방지를 위하여 긴급한 상황이거나 그 밖에 특별한 사유가 없으면 조정등의 신청이 있다는 이유만으로 해당 공사를 중지하게 하여서는 아니 된다.
(2014.5.28 본조제목개정)
제94조【조정위원회와 재정위원회】 ① 조정은 3명의 위원으로 구성되는 조정위원회에서 하고, 재정은 5명의 위원으로 구성되는 재정위원회에서 한다.
② 조정위원회의 위원(이하 "조정위원"이라 한다)과 재정위원회의 위원(이하 "재정위원"이라 한다)은 사건마다 분쟁위원회의 위원 중에서 위원장이 지명한다. 이 경우 재정위원회에는 제89조제2항제4호에 해당하는 위원이 1명 이상 포함되어야 한다.(2014.5.28 전단개정)
③ 조정위원회와 재정위원회의 회의는 구성원 전원의 출석으로 열고 과반수의 찬성으로 의결한다.
제95조【조정을 위한 조사 및 의견 청취】 ① 조정위원회는 조정에 필요하다고 인정하면 조정위원 또는 사무국의 소속 직원에게 관계 서류를 열람하게 하거나 관계 사업장에 출입하여 조사하게 할 수 있다.(2014.5.28 본항개정)
② 조정위원회는 필요하다고 인정하면 당사자나 참고인을 조정위원회에 출석하게 하여 의견을 들을 수 있다.
③ 분쟁의 조정신청을 받은 조정위원회는 조정기간 내에 심사하여 조정안을 작성하여야 한다.(2014.5.28 본항개정)
제96조【조정의 효력】 ① 조정위원회는 제95조제3항에 따라 조정안을 작성하면 지체 없이 각 당사자에게 조정안을 제시하여야 한다.
② 제1항에 따라 조정안을 제시받은 당사자는 제시를 받은 날부터 15일 이내에 수락 여부를 조정위원회에 알려야 한다.
③ 조정위원회는 당사자가 조정안을 수락하면 즉시 조정서를 작성하여야 하며, 조정위원과 각 당사자는 이에 기명날인하여야 한다.
④ 당사자가 제3항에 따라 조정안을 수락하고 조정서에 기명날인하면 조정서의 내용은 재판상 화해와 동일한 효력을 갖는다. 다만, 당사자가 임의로 처분할 수 없는 사항에 관한 것은 그러하지 아니하다.(2020.12.22 본항개정)
제97조【분쟁의 재정】 ① 재정은 문서로써 하여야 하며, 재정 문서에는 다음 각 호의 사항을 적고 재정위원이 이에 기명날인하여야 한다.
1. 사건번호와 사건명
2. 당사자, 선정대표자, 대표당사자 및 대리인의 주소·성명
3. 주문(主文)
4. 신청 취지
5. 이유
6. 재정 날짜
② 제1항제5호에 따른 이유를 적을 때에는 주문의 내용이 정당하다는 것을 인정할 수 있는 한도에서 당사자의 주장 등을 표시하여야 한다.
③ 재정위원회는 재정을 하면 지체 없이 재정 문서의 정본(正本)을 당사자나 대리인에게 송달하여야 한다.
제98조【재정을 위한 조사권 등】 ① 재정위원회는 분쟁의 재정을 위하여 필요하다고 인정하면 당사자의 신청이나 직권으로 재정위원 또는 소속 공무원에게 다음 각 호의 행위를 하게 할 수 있다.
1. 당사자나 참고인에 대한 출석 요구, 자문 및 진술 청취
2. 감정인의 출석 및 감정 요구
3. 사건과 관계있는 문서나 물건의 열람·복사·제출 요구 및 유치
4. 사건과 관계있는 장소의 출입·조사
② 당사자는 제1항에 따른 조사 등에 참여할 수 있다.
③ 재정위원회가 직권으로 제1항에 따른 조사 등을 한 경우에는 그 결과에 대하여 당사자의 의견을 들어야 한다.
④ 재정위원회는 제1항에 따라 당사자나 참고인에게 진술하게 하거나 감정인에게 감정하게 할 때에는 당사자나 참고인 또는 감정인에게 선서를 하도록 하여야 한다.
⑤ 제1항제4호의 경우에 재정위원 또는 소속 공무원은 그 권한을 나타내는 증표를 지니고 이를 관계인에게 내보여야 한다.
제99조【재정의 효력 등】 재정위원회가 재정을 한 경우 재정 문서의 정본이 당사자에게 송달된 날부터 60일 이내에 당사자 양쪽이나 어느 한쪽으로부터 그 재정의 대상인 건축물의 건축등의 분쟁을 원인으로 하는 소송이 제기되지 아니하거나 그 소송이 철회되면 그 재정 내용은 재판상 화해와 동일한 효력을 갖는다. 다만, 당사자가 임의로 처분할 수 없는 사항에 관한 것은 그러하지 아니하다.
(2020.12.22 본조개정)
제100조【시효의 중단】 당사자가 재정에 불복하여 소송을 제기한 경우 시효의 중단과 제소기간을 산정할 때에는 재정신청을 재판상의 청구로 본다.(2020.6.9 본조개정)
제101조【조정 회부】 분쟁위원회는 재정신청이 된 사건을 조정에 회부하는 것이 적합하다고 인정하면 직권으로 직접 조정할 수 있다.(2014.5.28 본조개정)
제102조【비용부담】 ① 분쟁의 조정등을 위한 감정·진단·시험 등에 드는 비용은 당사자 간의 합의로 정하는 비율에 따라 당사자가 부담하여야 한다. 다만, 당사자간에 비용부담에 대하여 합의가 되지 아니하면 조정위원회나 재정위원회에서 부담비율을 정한다.
② 조정위원회나 재정위원회는 필요하다고 인정하면 대통령령으로 정하는 바에 따라 당사자에게 제1항에 따른 비용을 예치하게 할 수 있다.
③ 제1항에 따른 비용의 범위에 관하여는 국토교통부령으로 정한다.(2014.5.28 본항개정)
제103조【분쟁위원회의 운영 및 사무처리 위탁】 ① 국토교통부장관은 분쟁위원회의 운영 및 사무처리를 「국토안전관리원법」에 따른 국토안전관리원(이하 "국토안전관리원"이라 한다)에 위탁할 수 있다.(2020.6.9 본항개정)
② 분쟁위원회의 운영 및 사무처리를 위한 조직 및 인력 등은 대통령령으로 정한다.
③ 국토교통부장관은 예산의 범위에서 분쟁위원회의 운영 및 사무처리에 필요한 경비를 국토안전관리원에 출연 또는 보조할 수 있다.(2020.6.9 본항개정)
(2014.5.28 본조개정)
제104조【조정등의 절차】 제88조부터 제103조까지의 규정에서 정한 것 외에 분쟁의 조정등의 방법·절차 등에 관하여 필요한 사항은 대통령령으로 정한다.
제104조의2【건축위원회의 사무의 정보보호】 건축위원회 또는 관계 행정기관 등은 제4조의5의 민원심의 및 제92조의 분쟁조정 신청과 관련된 정보의 유출로 인하여 신청인과 이해관계인의 이익이 침해되지 아니하도록 노력하여야 한다.(2014.5.28 본조신설)
제105조【벌칙 적용 시 공무원 의제】 다음 각 호의 어느 하나에 해당하는 사람은 공무원이 아니더라도 「형법」 제129조부터 제132조까지의 규정과 「특정범죄가중처벌 등에 관한 법률」 제2조와 제3조에 따른 벌칙을 적용할 때에는 공무원으로 본다.(2014.1.14 본문개정)
1. 제4조에 따른 건축위원회의 위원(2014.1.14 본호신설)
1의2. 제13조의2제2항에 따라 안전영향평가를 하는 자(2016.2.3 본호신설)
1의3. 제52조의3제4항에 따라 건축자재를 점검하는 자(2019.4.23 본호개정)
2. 제27조에 따라 현장조사·검사 및 확인업무를 대행하는 사람(2014.1.14 본호개정)
3. 제37조에 따른 건축지도원
4. 제82조제4항에 따른 기관 및 단체의 임직원
5. 제87조의2제3항에 따라 지역건축안전센터에 배치된 전문인력(2022.6.10 본호개정)

제10장 벌 칙

제106조【벌칙】 ① 제23조, 제24조제1항, 제25조제3항, 제52조의3제1항 및 제52조의5제2항을 위반하여 설계·시공·공사감리 및 유지·관리와 건축자재의 제조 및 유통을 함으로써 건축물이 부실하게 되어 착공 후 「건설산업기본법」 제28조에 따른 하자담보책임 기간에 건축물의 기초와 주요구조부에 중대한 손괴를 일으켜 일반인을 위험에 처하게 한 설계자·감리자·시공자·제조업자·유통업자·관계전문기술자 및 건축주는 10년 이하의 징역에 처한다.(2020.12.22 본항개정)
② 제1항의 죄를 범하여 사람을 죽거나 다치게 한 자는 무기징역이나 3년 이상의 징역에 처한다.
제107조【벌칙】 ① 업무상 과실로 제106조제1항의 죄를 범한 자는 5년 이하의 징역이나 금고 또는 5억원 이하의 벌금에 처한다.
② 업무상 과실로 제106조제2항의 죄를 범한 자는 10년 이하의 징역이나 금고 또는 10억원 이하의 벌금에 처한다.
(2016.2.3 본조개정)
제108조【벌칙】 ① 다음 각 호의 어느 하나에 해당하는 자는 3년 이하의 징역이나 5억원 이하의 벌금에 처한다.
1. 도시지역에서 제11조제1항, 제19조제1항 및 제2항, 제47조, 제55조, 제56조, 제58조, 제60조, 제61조 또는 제77조의10을 위반하여 건축물을 건축하거나 대수선 또는 용도변경을 한 건축주 및 공사시공자
2. 제52조제1항 및 제2항에 따른 방화에 지장이 없는 재료를 사용하지 아니한 공사시공자 또는 그 재료 사용에 책임이 있는 설계자나 공사감리자
3. 제52조의3제1항을 위반한 건축자재의 제조업자 및 유통업자
4. 제52조의4제1항을 위반하여 품질관리서를 제출하지 아니하거나 거짓으로 제출한 제조업자, 유통업자, 공사시공자 및 공사감리자
5. 제52조의5제1항을 위반하여 품질인정기준에 적합하지 아니함에도 품질인정을 한 자(2020.12.22 본호신설)
(2019.4.23 본항개정)
② 제1항의 경우 징역과 벌금은 병과(倂科)할 수 있다.
제109조【벌칙】 다음 각 호의 어느 하나에 해당하는 자는 2년 이하의 징역이나 2억원 이하의 벌금에 처한다.
(2017.4.18 본문개정)
1. 제27조제2항에 따른 보고를 거짓으로 한 자
2. 제87조의2제1항제1호에 따른 보고·확인·검토·심사 및 점검을 거짓으로 한 자
(2017.4.18 1호~2호신설)
제110조【벌칙】 다음 각 호의 어느 하나에 해당하는 자는 2년 이하의 징역 또는 1억원 이하의 벌금에 처한다.
(2016.2.3 본문개정)
1. 도시지역 밖에서 제11조제1항, 제19조제1항 및 제2항, 제47조, 제55조, 제56조, 제58조, 제60조, 제61조, 제77조의10을 위반하여 건축물을 건축하거나 대수선 또는 용도변경을 한 건축주 및 공사시공자(2016.1.19 본호개정)
1의2. 제13조제5항을 위반한 건축주 및 공사시공자(2016.2.3 본호신설)
2. 제16조(변경허가 사항만 해당한다), 제21조제5항, 제22조제3항 또는 제25조제7항을 위반한 건축주 및 공사시공자(2017.4.18 본호개정)
3. 제20조제1항에 따른 허가를 받지 아니하거나 제83조에 따른 신고를 하지 아니하고 가설건축물을 건축하거나 공작물을 축조한 건축주 및 공사시공자
4. 다음 각 목의 어느 하나에 해당하는 자
가. 제25조제1항을 위반하여 공사감리자를 지정하지 아니하고 공사를 하게 한 자(2016.2.3 본목개정)
나. 제25조제1항을 위반하여 공사시공자 본인 및 계열회사를 공사감리자로 지정한 자(2016.2.3 본목개정)
(2008.3.28 본호개정)
5. 제25조제3항을 위반하여 공사감리자로부터 시정 요청이나 재시공 요청을 받고 이에 따르지 아니하거나 공사중지의 요청을 받고도 공사를 계속한 공사시공자(2016.2.3 본호개정)
6. 제25조제6항을 위반하여 정당한 사유 없이 감리중간보고서나 감리완료보고서를 제출하지 아니하거나 거짓으로 작성하여 제출한 자(2016.2.3 본호개정)
6의2. 제27조제2항을 위반하여 현장조사·검사 및 확인대행 업무를 한 자(2016.2.3 본호신설)
7. (2019.4.30 삭제)
8. 제40조제4항을 위반한 건축주 및 공사시공자
8의2. 제43조제1항, 제49조, 제50조, 제51조, 제53조, 제58조, 제61조제1항·제2항 또는 제64조를 위반한 건축주, 설계자, 공사시공자 또는 공사감리자(2016.2.3 본호신설)
9. 제48조를 위반한 설계자, 공사감리자, 공사시공자 및 제67조에 따른 관계전문기술자
9의2. 제50조의2제1항을 위반한 설계자, 공사감리자 및 공사시공자(2011.9.16 본호신설)
9의3. 제48조의4를 위반한 건축주, 설계자, 공사감리자, 공사시공자 및 제67조에 따른 관계전문기술자(2016.2.3 본호신설)
10.~11. (2019.4.23 삭제)
12. 제62조를 위반한 설계자, 공사감리자, 공사시공자 및 제67조에 따른 관계전문기술자
제111조【벌칙】 다음 각 호의 어느 하나에 해당하는 자는 5천만원 이하의 벌금에 처한다.(2016.2.3 본문개정)
1. 제14조, 제16조(변경신고 사항만 해당한다), 제20조제3항, 제21조제1항, 제22조제1항 또는 제83조제1항에 따른 신고 또는 신청을 하지 아니하거나 거짓으로 신고하거나 신청한 자(2016.2.3 본호개정)
2. 제24조제3항을 위반하여 설계 변경을 요청받고도 정당한 사유 없이 따르지 아니한 설계자(2009.2.6 본호개정)
3. 제24조제4항을 위반하여 공사감리자로부터 상세시공도면을 작성하도록 요청받고도 이를 작성하지 아니하거나 시공도면에 따라 공사하지 아니한 자(2009.2.6 본호개정)
3의2. 제24조제6항을 위반하여 현장관리인을 지정하지 아니하거나 착공신고서에 이를 거짓으로 기재한 자(2016.2.3 본호신설)
3의3. (2019.4.23 삭제)
4. 제28조제1항을 위반한 공사시공자(2009.2.6 본호개정)
5. 제41조나 제42조를 위반한 건축주 및 공사시공자(2009.2.6 본호개정)
5의2. 제43조제4항을 위반하여 공개공지등의 활용을 저해하는 행위를 한 자(2019.4.23 본호신설)
6. 제52조의2를 위반하여 실내건축을 한 건축주 및 공사시공자(2014.5.28 본호신설)
6의2. 제52조의4제5항을 위반하여 건축자재에 대한 정보를 표시하지 아니하거나 거짓으로 표시한 자(2019.4.23 본호신설)
7. (2019.4.30 삭제)
8. (2009.2.6 삭제)
제112조【양벌규정】 ① 법인의 대표자, 대리인, 사용인, 그 밖의 종업원이 그 법인의 업무에 관하여 제106조의 위반행위를 하면 행위자를 벌할 뿐만 아니라 그 법인에도 10억원 이하의 벌금에 처한다. 다만, 법인이 그 위반행위를 방지하기 위하여 해당 업무에 관하여 상당한 주의와 감독을 게을리하지 아니한 때에는 그러하지 아니하다.
② 개인의 대리인, 사용인, 그 밖의 종업원이 그 개인의 업무에 관하여 제106조의 위반행위를 하면 행위자를 벌할 뿐만 아니라 그 개인에게도 10억원 이하의 벌금에 처한다. 다만, 개인이 그 위반행위를 방지하기 위하여 해당 업무에 관하여 상당한 주의와 감독을 게을리하지 아니한 때에는 그러하지 아니하다.

③ 법인의 대표자, 대리인, 사용인, 그 밖의 종업원이 그 법인의 업무에 관하여 제107조부터 제111조까지의 규정에 따른 위반행위를 하면 행위자를 벌할 뿐만 아니라 그 법인에도 해당 조문의 벌금형을 과(科)한다. 다만, 법인이 그 위반행위를 방지하기 위하여 해당 업무에 관하여 상당한 주의와 감독을 게을리하지 아니한 때에는 그러하지 아니하다.
④ 개인의 대리인, 사용인, 그 밖의 종업원이 그 개인의 업무에 관하여 제107조부터 제111조까지의 규정에 따른 위반행위를 하면 행위자를 벌할 뿐만 아니라 그 개인에게도 해당 조문의 벌금형을 과한다. 다만, 개인이 그 위반행위를 방지하기 위하여 해당 업무에 관하여 상당한 주의와 감독을 게을리하지 아니한 때에는 그러하지 아니하다.

제113조【과태료】 ① 다음 각 호의 어느 하나에 해당하는 자에게는 200만원 이하의 과태료를 부과한다.
1. 제19조제3항에 따른 건축물대장 기재내용의 변경을 신청하지 아니한 자(2014.5.28 본호신설)
2. 제24조제2항을 위반하여 공사현장에 설계도서를 갖추어 두지 아니한 자
3. 제24조제5항을 위반하여 건축허가 표지판을 설치하지 아니한 자
4. 제52조의3제2항 및 제52조의6제4항에 따른 점검을 거부·방해 또는 기피한 자(2020.12.22 본호개정)
5. 제48조의3제1항 본문에 따른 공개를 하지 아니한 자(2017.12.26 본호개정)

② 다음 각 호의 어느 하나에 해당하는 자에게는 100만원 이하의 과태료를 부과한다.(2014.5.28 본문개정)
1. 제25조제4항을 위반하여 보고를 하지 아니한 공사감리자(2016.2.3 본호개정)
2. 제27조제2항에 따른 보고를 하지 아니한 자
3~4. (2019.4.30 삭제)
5. (2016.2.3 삭제)
6. 제77조제2항을 위반하여 모니터링에 필요한 사항에 협조하지 아니한 건축주, 소유자 또는 관리자
7. (2016.1.19 삭제)
8. 제83조제2항에 따른 보고를 하지 아니한 자(2014.5.28 본호신설)
9. 제87조제1항에 따른 자료의 제출 또는 보고를 하지 아니하거나 거짓 자료를 제출하거나 거짓 보고를 한 자(2009.2.6 본항신설)

③ 제24조제6항을 위반하여 공정 및 안전 관리 업무를 수행하지 아니하거나 공사 현장을 이탈한 현장관리인에게는 50만원 이하의 과태료를 부과한다.(2018.8.14 본항개정)
④ 제1항부터 제3항까지에 따른 과태료는 대통령령으로 정하는 바에 따라 국토교통부장관, 시·도지사 또는 시장·군수·구청장이 부과·징수한다.(2016.2.3 본항개정)
⑤ (2009.2.6 삭제)
(2009.2.6 본조개정)

부 칙

제1조【시행일】 이 법은 공포한 날부터 시행한다. 다만, 부칙 제13조제62항의 개정규정은 2008년 4월 7일부터 시행하고, 부칙 제13조제43항의 개정규정은 2008년 4월 11일부터 시행하며, 부칙 제13조제5항의 개정규정은 2008년 6월 8일부터 시행하고, 부칙 제13조제70항의 개정규정은 2008년 6월 28일부터 시행하며, 제22조제4항제4호의 개정규정은 2008년 8월 28일부터 시행하고, 제69조제2항제5호의 개정규정은 2008년 9월 22일부터 시행하며, 부칙 제13조제67항, 제13조제68항 및 제13조제69항의 개정규정은 각각 2008년 12월 28일부터 시행한다.

제2조【시행일에 관한 경과조치】 부칙 제1조 단서에 따라 제22조제4항제4호 및 제69조제2항제5호의 개정규정이 시행되기 전까지는 그에 해당하는 종전의 제18조제4항제6호 및 제60조제2항제5호부터 제7호까지의 규정을 적용한다.

제3조【복합단지에서의 건축물의 높이 제한에 관한 경과조치】 이 법 시행 당시 종전의 「지역균형개발 및 지방중소기업 육성에 관한 법률」(법률 제7695호 지역균형개발및지방중소기업육성에관한법률 일부개정법률로 개정되기 전의 것을 말한다) 제2조제5호에 따른 복합단지에 대하여는 제61조제3항제3호의 개정규정에도 불구하고 종전의 규정을 적용한다.

제4조【건축기준 등에 관한 경과조치】 법률 제7696호 건축법중개정법률(이하 "종전법"이라 한다)의 시행일인 2006년 5월 9일 전에 건축허가를 받은 경우와 건축허가를 신청하거나 건축신고를 한 경우의 건축기준 등의 적용에 있어서는 종전의 규정에 따른다. 다만, 종전의 규정이 개정규정(제21조제4항은 제외한다)에 비하여 건축주·시공자 또는 공사감리자에게 불리한 경우에는 개정규정에 따른다.

제5조【건축허가 신청 등에 관한 경과조치】 종전법 시행 당시 종전의 규정에 따라 시장·군수·구청장에게 건축허가 또는 건축신고 없이 건축이 가능한 건축물을 건축 중인 경우에는 제11조제1항 또는 제14조제1항의 개정규정에 따라 건축허가를 받거나 건축신고를 한 것으로 본다.

제6조【공사현장의 안전관리 등에 관한 경과조치】 ① 허가권자는 종전법 시행 당시 건축허가를 받은 건축물로서 바닥면적의 합계가 5천제곱미터 이상인 공사현장이 1년 이상 방치되어 도시미관을 저해하고 안전에 위해하다고 판단하면 제13조제5항의 개정규정에 따라 개선을 명하여야 한다.
② 제1항의 개선명령을 이행하지 아니하면 제13조제6항의 개정규정에 따라 대집행을 하고, 대집행에 드는 비용은 제22조의 개정규정에 따른 해당 건축물의 사용검사의 신청 시 납부하도록 건축주에게 부과하여 이를 납부한 후에 사용승인서를 교부하여야 한다.

제7조【건축물의 사용승인에 관한 경과조치】 종전법 시행 당시 사용승인이 신청된 건축물에 대하여는 제22조의 개정규정에도 불구하고 종전의 규정에 따른다.

제8조【건축분쟁조정 등에 관한 경과조치】 종전법 시행 당시 신청된 건축분쟁사건은 제88조제2항의 개정규정에도 불구하고 종전의 규정에 따른 관할 건축분쟁조정위원회(종전의 규정에 따른 시·도조정위원회의 관할 사건은 제88조와 제89조의 개정규정에 따라 구성되는 지방건축분쟁조정위원회)가 처리한다. 다만, 종전의 규정에 따른 관할 건축분쟁조정위원회는 제88조제2항의 개정규정에 따른 건축분쟁조정위원회가 처리할 필요가 있으면 해당 사건을 관할 건축분쟁조정위원회에 이첩할 수 있다.

제9조【이행강제금에 관한 경과조치】 종전법 시행 당시 부과된 이행강제금의 징수와 이의절차에 관하여는 제80조의 개정규정에도 불구하고 종전법에 따라 개정되기 전의 규정에 따른다.

제10조【건축신고 등에 관한 경과조치】 ① 법률 제8219호 건축법 일부개정법률의 시행일인 2007년 7월 4일 전에 건축허가를 받은 경우와 건축허가를 신청하거나 건축신고를 한 경우의 건축기준 등을 적용할 때에는 종전의 규정에 따른다. 다만, 종전의 규정이 개정규정에 비하여 건축주·시공자 또는 공사감리자에게 불리한 경우에는 개정규정에 따른다.
② 법률 제8219호 건축법 일부개정법률의 시행일인 2007년 7월 4일 전에 건축신고를 한 건축물에 대하여는 제14조제3항의 개정규정에도 불구하고 종전의 규정에 따른다.
③ 법률 제8219호 건축법 일부개정법률 제69조의2제6항의 시행일인 2007년 1월 3일 전에 이행강제금 부과처분을 받은 자가 이행강제금을 납부기한까지 내지 아니한 경우에는 제80조제6항의 개정규정에 따라 징수할 수 있다.

제11조【처분 등에 관한 일반적 경과조치】 이 법 시행 당시 종전의 규정에 따른 행정기관의 행위나 행정기관에 대한 행위는 그에 해당하는 이 법에 따른 행정기관의 행위나 행정기관에 대한 행위로 본다.

제12조【벌칙이나 과태료에 관한 경과조치】 이 법 시행 전의 행위에 대하여 벌칙이나 과태료 규정을 적용할 때에는 종전의 규정에 따른다.

제13조【다른 법률의 개정】 ①~⑳ ※(해당 법령에 가제정리 하였음)

제14조【다른 법령과의 관계】 이 법 시행 당시 다른 법령에서 종전의 「건축법」 또는 그 규정을 인용한 경우에 이 법 가운데 그에 해당하는 규정이 있으면 종전의 규정을 갈음하여 이 법 또는 이 법의 해당 규정을 인용한 것으로 본다.

부 칙 (2014.1.14 법12246호)

제1조【시행일】 이 법은 공포한 날부터 시행한다. 다만, 제105조제1호의 개정규정은 공포 후 6개월이 경과한 날부터 시행하고, 제7조, 제11조제5항제1호, 제14조제1항제2호, 제20조(제4항은 제외한다), 제57조제3항, 제60조제3항제3호, 제69조제1항, 제71조, 제72조제6항·제7항, 제76조제2항, 제77조, 제77조의2부터 제77조의13까지 및 제111조제1호의 개정규정은 공포 후 9개월이 경과한 날부터 시행한다.

제2조【재해취약지역 내 건축허가에 관한 적용례】 제14조제1항제2호의 개정규정은 부칙 제1조 단서에 따른 시행일 후 건축허가를 신청한 경우부터 적용한다.

제3조【건축물의 높이 제한에 관한 적용례】 제60조제3항 단서 및 각 호의 개정규정은 해당 지방자치단체의 조례가 제정되거나 개정된 후 건축허가를 신청(건축허가를 신청하기 위하여 제4조에 따른 건축위원회에 심의를 신청한 경우를 포함한다)하거나 건축신고(변경신고를 포함한다)를 하는 경우부터 적용한다.

제4조【공장의 건축허가 취소에 관한 경과조치】 이 법 시행 당시 건축허가를 받은 공장의 경우에는 제11조제7항의 개정규정에도 불구하고 종전의 규정에 따른다.

제5조【다른 법률의 개정】 ①~⑦ ※(해당 법령에 가제정리 하였음)

부 칙 (2014.5.28)

제1조【시행일】 이 법은 공포한 날부터 시행한다. 다만, 제2조제1항제20호, 제4조, 제4조의2부터 제4조의8까지, 제11조제2항제1호 단서, 제13조, 제27조제1항, 제35조의2, 제41조제1항, 제49조제3항, 제52조의2, 제53조의2, 제60조제3항제4호, 제80조제4항, 제83조제2항·제3항, 제88조부터 제93조까지, 제95조, 제102조제3항, 제103조, 제104조의2, 제105조제5호, 제111조제6호·제7호, 제113조제2항제8호·제9호의 개정규정은 공포 후 6개월이 경과한 날부터 시행한다.

제2조【3층 이상으로서 건축신고 대상인 건축물의 증축·개축 또는 재축에 관한 적용례】 제14조제1항제1호 단서의 개정규정은 이 법 시행 후 건축신고를 하는 경우부터 적용한다.

제3조【건축허가의 제한 등에 관한 적용례】 제18조제3항의 개정규정은 이 법 시행 후 건축허가나 건축허가를 받은 건축물의 착공을 제한하는 경우부터 적용한다.

제4조【현장조사·검사 및 확인업무의 대행에 관한 적용례】 제27조제1항의 개정규정은 같은 개정규정 시행 후 건축신고를 하는 건축물부터 적용한다.

제5조【건축물의 경계벽 및 바닥의 소음 방지에 관한 적용례】 제49조제3항의 개정규정은 같은 개정규정 시행 후 건축허가를 신청(건축허가를 신청하기 위하여 제4조에 따른 건축위원회에 심의를 신청한 경우를 포함한다)하거나 건축신고를 하는 건축물부터 적용한다.

제6조【범죄예방 기준에 관한 적용례】 제53조의2의 개정규정은 같은 개정규정 시행 후 건축허가를 신청(건축허가를 신청하기 위하여 제4조에 따른 건축위원회에 심의를 신청한 경우를 포함한다)하거나 건축신고를 하는 건축물부터 적용한다.

제7조【금치산자 등에 대한 경과조치】 제89조제7항제1호의 개정규정에 따른 피성년후견인, 피한정후견인에는 법률 제10429호 민법 일부개정법률 부칙 제2조에 따라 금치산 또는 한정치산 선고의 효력이 유지되는 사람을 포함하는 것으로 본다.

제8조【벌칙의 과태료 전환에 관한 경과조치】 이 법 시행 전의 위반행위에 대해서는 제108조제1항, 제110조제1호 및 제113조제1항제1호의 개정규정에도 불구하고 종전의 규정에 따른다.

부 칙 (2016.1.19 법13785호)

제1조【시행일】 이 법은 공포 후 6개월이 경과한 날부터 시행한다. 다만, 제48조의3 및 제113조제1항제4호의 개정규정은 공포 후 1년이 경과한 날부터 시행한다.

제2조【내진능력 공개에 관한 적용례】 제48조의3의 개정규정은 같은 개정규정 시행 후 건축허가를 신청(건축허가를 신청하기 위하여 제4조의2에 따른 건축위원회에 심의를 신청한 경우 및 건축신고를 한 경우를 포함한다)하거나 용도변경 허가를 신청(용도변경 신고를 포함한다)하는 경우부터 적용한다.

부 칙 (2016.2.3)

제1조【시행일】 이 법은 공포 후 6개월이 경과한 날부터 시행한다. 다만, 법률 제13785호 건축법 일부개정법률 제113조제1항제4호·제5호의 개정규정은 2017년 1월 20일부터 시행하고, 제13조의2, 제24조제6항·제7항, 제25조의2, 제105조제1호의2, 제107조부터 제109조까지, 제110조(벌금액이 1천만원에서 1억원으로 상향하는 부분만 해당한다), 제111조(벌금액이 500만원에서 5천만원으로 상향하는 부분만 해당한다), 같은 조 제3호의2 및 제113조제3항·제4항의 개정규정은 공포 후 1년이 경과한 날부터 시행한다.

제2조【「주택법」 제35조에 관한 경과조치】 제77조의13제6항의 개정규정 중 "「주택법」 제35조"는 2016년 8월 11일까지는 "「주택법」 제21조"로 본다.

부 칙 (2017.1.17 법14535호)

제1조【시행일】 이 법은 공포 후 6개월이 경과한 날부터 시행한다.

제2조【건축허가 의제에 관한 적용례】 제11조제5항 및 같은 조 제6항 후단의 개정규정은 이 법 시행 후 건축허가를 신청하거나 건축신고를 하는 건축물부터 적용한다.

제3조【건축허가취소 등에 관한 적용례】 제11조제7항의 개정규정은 이 법 시행 후 건축허가를 신청하는 건축물부터 적용한다.

제4조【가설건축물 허가 등에 관한 적용례】 제20조제6항의 개정규정은 이 법 시행 후 가설건축물의 건축허가를 신청하거나 축조신고를 하는 경우부터 적용한다.

부 칙 (2017.4.18 법14792호)

제1조【시행일】 이 법은 공포 후 6개월이 경과한 날부터 시행한다. 다만, 제35조의2, 제87조의2, 제87조의3, 제105조제5호 및 제109조제2호의 개정규정은 공포 후 1년이 경과한 날부터 시행하고, 부칙 제4조의 개정규정은 2018년 2월 9일부터 시행한다.

제2조【건축신고 등의 수리여부 및 연장 통지에 관한 적용례】 제14조제3항·제4항, 제16조제4항 및 제20조제4항의 개정규정은 이 법 시행 후 신고를 하는 경우부터 적용한다.

제3조【착공신고의 수리 간주에 관한 적용례】 제21조제3항 및 제4항의 개정규정은 이 법 시행 후 착공신고를 하는 경우부터 적용한다.

제4조【다른 법률의 개정】 ※(해당 법령에 가제정리 하였음)

부　칙 (2017.12.26)

제1조【시행일】 이 법은 공포 후 6개월이 경과한 날부터 시행한다.
제2조【리모델링에 관한 적용례】 제2조제1항제10호의 개정규정은 이 법 시행 후 건축허가를 신청(건축허가를 신청하기 위하여 제4조의2에 따라 건축위원회에 심의를 신청한 경우 및 건축신고를 한 경우를 포함한다)하는 경우부터 적용한다.
제3조【내진능력 공개에 관한 적용례】 제48조의3제1항의 개정규정은 이 법 시행 후 건축허가를 신청(건축허가를 신청하기 위하여 제4조의2에 따라 건축위원회에 심의를 신청한 경우 및 건축신고를 한 경우를 포함한다)하거나 용도변경 허가를 신청(용도변경 신고를 포함한다)하는 경우부터 적용한다.

부　칙 (2018.4.17)

제1조【시행일】 이 법은 공포 후 6개월이 경과한 날부터 시행한다.
제2조【피난시설 및 승강기에 관한 적용례】 제49조제1항 및 제64조제3항의 개정규정은 이 법 시행 후 건축허가를 신청(건축허가를 신청하기 위하여 제4조에 따른 건축위원회에 심의를 신청한 경우를 포함한다)하거나 건축신고를 하는 경우부터 적용한다.

부　칙 (2018.8.14)

제1조【시행일】 이 법은 공포 후 6개월이 경과한 날부터 시행한다. 다만, 제50조제1항 및 제51조제1항의 개정규정은 공포 후 2년이 경과한 날부터 시행한다.
제2조【일반적 적용례】 이 법은 이 법 시행 후 최초로 건축허가를 신청하거나 건축신고를 하는 경우부터 적용한다.
제3조【건축물의 내화구조에 관한 적용례】 제50조제1항 및 제51조제1항의 개정규정은 같은 개정규정 시행 후 최초로 건축허가를 신청하거나 건축신고를 하는 경우부터 적용한다.

부　칙 (2018.12.18)

제1조【시행일】 이 법은 공포 후 1개월이 경과한 날부터 시행한다.
제2조【허가 등의 의제를 위한 협의에 관한 적용례】 제10조제8항의 개정규정은 이 법 시행 이후 제10조제1항에 따른 사전결정을 신청하는 경우부터 적용한다.

부　칙 (2019.4.23)

제1조【시행일】 이 법은 공포 후 6개월이 경과한 날부터 시행한다. 다만, 제80조제1항·제2항 및 제5항의 개정규정은 공포한 날부터 시행하고, 제79조제1항·제5항 및 제6항의 개정규정은 공포 후 1년이 경과한 날부터 시행한다.
제2조【소방관 진입창에 관한 적용례】 제49조제3항의 개정규정은 이 법 시행 후 최초로 건축허가를 신청하거나 건축신고를 하는 경우부터 적용한다.
제3조【이행강제금 부과에 관한 경과조치】 이 법 시행 전 종전의 규정에 따라 부과되고 있는 이행강제금에 대하여는 제80조제1항·제2항 및 제5항의 개정규정에도 불구하고 종전의 규정에 따른다.
제4조【품질관리서에 관한 경과조치】 이 법 시행 전에 제11조에 따른 건축허가·대수선허가를 신청(제4조의2제1항에 따른 건축위원회에 심의를 신청한 경우를 포함한다)하거나, 제14조에 따른 건축신고·대수선신고, 제19조에 따른 용도변경 허가를 신청(같은 조에 따른 용도변경 신고 및 건축물대장 기재내용의 변경신청을 포함한다)한 경우에는 제52조의4제1항의 개정규정에도 불구하고 종전의 규정에 따른다.

부　칙 (2019.4.30 법16415호)

제1조【시행일】 ① 이 법은 공포 후 6개월이 경과한 날부터 시행한다.(이하 생략)

부　칙 (2019.4.30 법16416호)

제1조【시행일】 이 법은 공포 후 1년이 경과한 날부터 시행한다.(이하 생략)

부　칙 (2019.8.20)

이 법은 공포한 날부터 시행한다.

부　칙 (2019.11.26)

제1조【시행일】 이 법은 공포 후 6개월이 경과한 날부터 시행한다.(이하 생략)

부　칙 (2020.3.24)

제1조【시행일】 이 법은 공포한 날부터 시행한다.(이하 생략)

부　칙 (2020.3.31)

제1조【시행일】 이 법은 공포 후 1년이 경과한 날부터 시행한다.(이하 생략)

부　칙 (2020.4.7 법17219호)

제1조【시행일】 이 법은 공포 후 3개월이 경과한 날부터 시행한다.(이하 생략)

부　칙 (2020.4.7 법17223호)

제1조【시행일】 이 법은 공포 후 9개월이 경과한 날부터 시행한다. 다만, 제25조제2항 및 제6항의 개정규정은 공포 후 6개월이 경과한 날부터 시행한다.
제2조【공사감리에 관한 적용례】 제25조제2항 및 제6항의 개정규정은 이 법 시행 후 최초로 공사감리자를 지정하는 경우부터 적용한다.

부　칙 (2020.6.9 법17447호)

제1조【시행일】 이 법은 공포 후 6개월이 경과한 날부터 시행한다.(이하 생략)

부　칙 (2020.6.9 법17453호)

이 법은 공포한 날부터 시행한다.(이하 생략)

부　칙 (2020.12.8)

제1조【시행일】 이 법은 공포 후 6개월이 경과한 날부터 시행한다.
제2조【이행강제금 부과에 관한 적용례】 ① 제80조제2항의 개정규정은 이 법 시행 이후 이행강제금을 부과하는 경우부터 적용한다.
② 이 법 시행 후 제80조제2항의 개정규정에 따라 해당 지방자치단체의 조례로 정하도록 한 가중 비율을 정하지 아니한 경우에는 제80조제2항에 따른 기준 가중 비율을 적용한다.

부　칙 (2020.12.22)

제1조【시행일】 이 법은 공포 후 6개월이 경과한 날부터 시행한다. 다만, 제52조의5 및 제52조의6의 개정규정은 공포 후 1년이 경과한 날부터 시행하고, 제87조의2제1항의 개정규정은 2022년 1월 1일부터 시행한다.
제2조【건축물의 공사감리에 관한 적용례】 제25조제11항의 개정규정은 이 법 시행 후 제21조에 따른 착공신고를 하는 경우부터 적용한다.
제3조【건축물의 마감재료에 관한 적용례】 제52조제4항의 개정규정은 이 법 시행 후 건축허가를 신청하거나 건축신고를 하는 경우부터 적용한다.

부　칙 (2021.3.16 법17939호)

제1조【시행일】 이 법은 공포 후 3개월이 경과한 날부터 시행한다.(이하 생략)

부　칙 (2021.3.16 법17940호)

제1조【시행일】 이 법은 2021년 12월 23일부터 시행한다.
제2조【건축물 내부 및 외벽의 마감재료에 관한 적용례】 제52조제1항 및 제2항의 개정규정은 이 법 시행 후 최초로 건축허가를 신청하거나 건축신고를 하는 경우부터 적용한다.

부　칙 (2021.7.27 법18340호)

제1조【시행일】 이 법은 공포 후 3개월이 경과한 날부터 시행한다.(이하 생략)

부　칙 (2021.7.27 법18341호)

이 법은 공포한 날부터 시행한다.

부　칙 (2021.8.10)

제1조【시행일】 이 법은 공포 후 3개월이 경과한 날부터 시행한다.
제2조【건축허가에 관한 적용례】 제11조제11항제6호의 개정규정은 이 법 시행 이후 건축허가를 신청하는 경우부터 적용한다.

부　칙 (2021.10.19)

제1조【시행일】 이 법은 공포 후 6개월이 경과한 날부터 시행한다.
제2조【대규모 창고시설 등의 방화구획 등에 관한 적용례】 제49조제2항의 개정규정은 이 법 시행 이후 건축허가를 신청(건축허가를 신청하기 위하여 제4조의2에 따라 건축위원회의 심의를 신청하는 경우를 포함한다)하거나 건축신고를 하는 경우부터 적용한다.

부　칙 (2022.2.3)

제1조【시행일】 이 법은 공포한 날부터 시행한다.
제2조【가로구역의 높이 완화에 관한 특례 규정의 중첩 적용에 관한 적용례】 제60조제4항의 개정규정은 이 법 시행 당시 건축허가를 신청(건축허가를 신청하기 위하여 제4조의2에 따라 건축위원회의 심의를 신청한 경우를 포함한다)하거나 건축신고를 한 경우(다른 법률에 따라 건축허가 또는 건축신고가 의제되는 허가·결정·인가·협의·승인 등을 신청한 경우를 포함한다)에도 적용한다.

부　칙 (2022.6.10)

이 법은 공포 후 1년이 경과한 날부터 시행한다.

부　칙 (2022.11.15)

제1조【시행일】 이 법은 공포 후 6개월이 경과한 날부터 시행한다.
제2조【다른 법률의 개정】 ①~③ ※(해당 법령에 가제정리 하였음)

부　칙 (2023.3.21)
(2023.5.16)

제1조【시행일】 이 법은 공포 후 1년이 경과한 날부터 시행한다.(이하 생략)

부　칙 (2023.8.8)

제1조【시행일】 이 법은 2024년 5월 17일부터 시행한다.(이하 생략)

부　칙 (2023.12.26)

제1조【시행일】 이 법은 공포 후 3개월이 경과한 날부터 시행한다.
제2조【지하층의 거실 설치 금지 등에 관한 적용례】 제11조제4항제2호 및 제53조제2항의 개정규정은 이 법 시행 이후 건축허가를 신청(건축허가를 신청하기 위하여 제4조에 따른 건축위원회에 심의를 신청한 경우를 포함한다)하거나 건축신고를 하는 경우(다른 법률에 따라 건축허가 또는 건축신고가 의제되는 허가·결정·인가·협의·승인 등을 신청한 경우를 포함한다)부터 적용한다.

부　칙 (2024.1.16)

제1조【시행일】 이 법은 공포 후 3개월이 경과한 날부터 시행한다.
제2조【사용승인에 관한 적용례】 제22조제4항제6호의2의 개정규정은 이 법 시행 이후 건축물 사용승인을 신청하는 경우부터 적용한다.

부　칙 (2024.2.6)

제1조【시행일】 이 법은 2024년 5월 17일부터 시행한다.(이하 생략)

건축법 시행령

(1992년 5월 30일
전개대통령령 제13655호)

개정
1992.12.21영13782호(식품위생시) <중략>
2014. 3.24영25273호
2014. 4.29영25339호(공공주택건설등에관한특별법시)
2014. 5.22영25358호(건설기술진흥법시)
2014. 7.14영25456호(도로법시)
2014. 7.28영25509호(지역문화진흥법시)
2014. 8.27영25578호 2014.10.14영25652호
2014.11.11영25716호 2014.11.28영25786호
2014.12. 9영25840호(규제기한정비)
2015. 4.24영26210호
2015. 6. 1영26302호(공간정보구축관리시)
2015. 7. 6영26384호
2015. 8. 3영26458호(매장문화재보호및조사에관한법시)
2015. 9.22영26542호
2015.12.28영26762호(공공주택특별법시)
2016. 1.19영26909호 2016. 2.11영26974호
2016. 5.17영27175호
2016. 6.30영27299호(행정규제정비일부개정령)
2016. 7. 6영27323호(옥외광고물등의관리와옥외광고산업진흥에관한법시)
2016. 7.19영27365호
2016. 8.11영27444호(주택법시)
2016. 8.11영27445호(공동주택관리법시)
2016. 8.31영27472호(감정평가감정평가사시)
2016.12.30영27751호(규제기한설정)
2017. 1.20영27797호
2017. 1.26영27810호(화재예방,소방시설설치・유지및안전관리에관한법)
2017. 2. 3영27830호(교육환경보호에관한법시)
2017. 2. 3영27832호
2017. 3.27영27960호(주민등록번호등의처리제한을위한일부개정령)
2017. 3.29영27972호(공항시설법시)
2017. 5. 2영28005호
2017. 6.27영28151호(매장문화재보호및조사에관한법시)
2017. 7.26영28211호(직제)
2017.10.24영28397호
2017.12.12영28471호(규제기한설정)
2017.12.29영28553호(국토이용시)
2018. 1.16영28586호(시설물의안전및유지관리에관한특별법시)
2018. 2. 9영28628호(도시및주거환경정비법시)
2018. 2.27영28686호(혁신도시조성및발전에관한특별법시)
2018. 6.26영29004호 2018. 9. 4영29136호
2018.10.16영29235호 2018.12. 4영29332호
2018.12.11영29360호(건설기술진흥법시)
2018.12.31영29457호 2019. 2.12영29548호
2019. 3.12영29617호(철도의건설및철도시설유지관리에관한법시)
2019. 8. 6영30030호 2019.10.22영30145호
2020. 1. 7영30337호(건설기술진흥법시)
2020. 2.18영30423호(건설산업시)
2020. 3. 3영30509호(규제기한해제)
2020. 4.21영30626호
2020. 4.28영30645호(건축물관리법시)
2020. 5.12영30672호(산업활성공장설립시)
2020. 9.10영31012호(국가철도공단법시)
2020.10. 8영31100호
2020.12. 1영31211호(국토안전관리원법시)
2020.12.15영31270호
2021. 1. 5영31380호(법령용어정비)
2021. 1. 8영31382호 2021. 5. 4영31668호
2021. 8.10영31941호
2021. 9.14영31986호(건설기술진흥법시)
2021.11. 2영32102호 2021.12.21영32241호
2021.12.28영32274호(독점시)
2022. 1.18영32344호(국토이용시)
2022. 2.11영32411호(주택법시)
2022. 4.29영32614호
2022. 7.26영32825호(건축사법시)
2022.11.29영33004호(소방시설설치및관리에관한법시)
2022.12. 6영33023호(도서관법시)
2023. 2.14영33249호
2023. 4.27영33435호(동물보호법시)
2023. 5.15영33466호
2023. 9.12영33717호→시행일 부칙 참조

제1장 총 칙
(2008.10.29 본장개정)

제1조【목적】 이 영은 「건축법」에서 위임된 사항과 그 시행에 필요한 사항을 규정함을 목적으로 한다.

제2조【정의】 이 영에서 사용하는 용어의 뜻은 다음과 같다.

1. "신축"이란 건축물이 없는 대지(기존 건축물이 해체되거나 멸실된 대지를 포함한다)에 새로 건축물을 축조(築造)하는 것[부속건축물만 있는 대지에 새로 주된 건축물을 축조하는 것을 포함하되, 개축(改築) 또는 재축(再築)하는 것은 제외한다]을 말한다.(2020.4.28 본호개정)
2. "증축"이란 기존 건축물이 있는 대지에서 건축물의 건축면적, 연면적, 층수 또는 높이를 늘리는 것을 말한다.
3. "개축"이란 기존 건축물의 전부 또는 일부[내력벽・기둥・보・지붕틀(제16호에 따른 한옥의 경우에는 지붕틀의 범위에서 서까래는 제외한다) 중 셋 이상이 포함되는 경우를 말한다]를 해체하고 그 대지에 종전과 같은 규모의 범위에서 건축물을 다시 축조하는 것을 말한다.(2020.4.28 본호개정)
4. "재축"이란 건축물이 천재지변이나 그 밖의 재해(災害)로 멸실된 경우 그 대지에 다음 각 목의 요건을 모두 갖추어 다시 축조하는 것을 말한다.(2016.5.17 본문개정)
   가. 연면적 합계는 종전 규모 이하로 할 것
   나. 동(棟)수, 층수 및 높이는 다음의 어느 하나에 해당할 것
      1) 동수, 층수 및 높이가 모두 종전 규모 이하일 것
      2) 동수, 층수 또는 높이의 어느 하나가 종전 규모를 초과하는 경우에는 해당 동수, 층수 및 높이가 「건축법」(이하 "법"이라 한다), 이 영 또는 건축조례(이하 "법령등"이라 한다)에 모두 적합할 것
   (2016.5.17 가목~나목신설)
5. "이전"이란 건축물의 주요구조부를 해체하지 아니하고 같은 대지의 다른 위치로 옮기는 것을 말한다.
6. "내수재료(耐水材料)"란 인조석・콘크리트 등 내수성을 가진 재료로서 국토교통부령으로 정하는 재료를 말한다.(2013.3.23 본호개정)
7. "내화구조(耐火構造)"란 화재에 견딜 수 있는 성능을 가진 구조로서 국토교통부령으로 정하는 기준에 적합한 구조를 말한다.(2013.3.23 본호개정)
8. "방화구조(防火構造)"란 화염의 확산을 막을 수 있는 성능을 가진 구조로서 국토교통부령으로 정하는 기준에 적합한 구조를 말한다.(2013.3.23 본호개정)
9. "난연재료(難燃材料)"란 불에 잘 타지 아니하는 성능을 가진 재료로서 국토교통부령으로 정하는 기준에 적합한 재료를 말한다.(2013.3.23 본호개정)
10. "불연재료(不燃材料)"란 불에 타지 아니하는 성질을 가진 재료로서 국토교통부령으로 정하는 기준에 적합한 재료를 말한다.(2013.3.23 본호개정)
11. "준불연재료"란 불연재료에 준하는 성질을 가진 재료로서 국토교통부령으로 정하는 기준에 적합한 재료를 말한다.(2013.3.23 본호개정)
12. "부속건축물"이란 같은 대지에서 주된 건축물과 분리된 부속용도의 건축물로서 주된 건축물을 이용 또는 관리하는 데에 필요한 건축물을 말한다.
13. "부속용도"란 건축물의 주된 용도의 기능에 필수적인 용도로서 다음 각 목의 어느 하나에 해당하는 용도를 말한다.
   가. 건축물의 설비, 대피, 위생, 그 밖에 이와 비슷한 시설의 용도
   나. 사무, 작업, 집회, 물품저장, 주차, 그 밖에 이와 비슷한 시설의 용도
   다. 구내식당・직장어린이집・구내운동시설 등 종업원 후생복리시설, 구내소각시설, 그 밖에 이와 비슷한 시설의 용도. 이 경우 다음의 요건을 모두 갖춘 휴게음식점(별표1 제3호의 제1종 근린생활시설 중 같은 호 나목에 따른 휴게음식점을 말한다)은 구내식당에 포함되는 것으로 본다.
      1) 구내식당 내부에 설치할 것
      2) 설치면적이 구내식당 전체 면적의 3분의 1 이하로서 50제곱미터 이하일 것
      3) 다류(茶類)를 조리・판매하는 휴게음식점일 것
   (2016.6.30 본목개정)
   라. 관계 법령에서 주된 용도의 부수시설로 설치할 수 있게 규정하고 있는 시설, 그 밖에 국토교통부장관이 이와 유사하다고 인정하여 고시하는 시설의 용도
14. "발코니"란 건축물의 내부와 외부를 연결하는 완충공간으로서 전망이나 휴식 등의 목적으로 건축물 외벽에 접하여 부가적(附加的)으로 설치되는 공간을 말한다. 이 경우 주택에 설치되는 발코니로서 국토교통부장관이 정하는 기준에 적합한 발코니는 필요에 따라 거실・침실・창고 등의 용도로 사용할 수 있다.(2013.3.23 후단개정)
15. "초고층 건축물"이란 층수가 50층 이상이거나 높이가 200미터 이상인 건축물을 말한다.(2009.7.16 본호신설)

15의2. "준초고층 건축물"이란 고층건축물 중 초고층 건축물이 아닌 것을 말한다.(2011.12.30 본호신설)

16. "한옥"이란 「한옥 등 건축자산의 진흥에 관한 법률」 제2조제2호에 따른 한옥을 말한다.(2016.1.19 본호개정)
17. "다중이용 건축물"이란 다음 각 목의 어느 하나에 해당하는 건축물을 말한다.(2018.9.4 본문개정)
   가. 다음의 어느 하나에 해당하는 용도로 쓰는 바닥면적의 합계가 5천제곱미터 이상인 건축물
      1) 문화 및 집회시설(동물원 및 식물원은 제외한다) (2015.9.22 개정)
      2) 종교시설
      3) 판매시설
      4) 운수시설 중 여객용 시설
      5) 의료시설 중 종합병원
      6) 숙박시설 중 관광숙박시설
   나. 16층 이상인 건축물
   (2014.11.11 본호신설)

17의2. "준다중이용 건축물"이란 다중이용 건축물 외의 건축물로서 다음 각 목의 어느 하나에 해당하는 용도로 쓰는 바닥면적의 합계가 1천제곱미터 이상인 건축물을 말한다.
   가. 문화 및 집회시설(동물원 및 식물원은 제외한다)
   나. 종교시설
   다. 판매시설
   라. 운수시설 중 여객용 시설
   마. 의료시설 중 종합병원
   바. 교육연구시설
   사. 노유자시설
   아. 운동시설
   자. 숙박시설 중 관광숙박시설
   차. 위락시설
   카. 관광 휴게시설
   타. 장례시설(2017.2.3 본목개정)
   (2015.9.22 본호신설)

18. "특수구조 건축물"이란 다음 각 목의 어느 하나에 해당하는 건축물을 말한다.
   가. 한쪽 끝은 고정되고 다른 끝은 지지(支持)되지 아니한 구조로 된 보・차양 등이 외벽(외벽이 없는 경우에는 외곽 기둥을 말한다)의 중심선으로부터 3미터 이상 돌출된 건축물(2018.9.4 본목개정)
   나. 기둥과 기둥 사이의 거리(기둥의 중심선 사이의 거리를 말하며, 기둥이 없는 경우에는 내력벽과 내력벽의 중심선 사이의 거리를 말한다. 이하 같다)가 20미터 이상인 건축물
   다. 특수한 설계・시공・공법 등이 필요한 건축물로서 국토교통부장관이 정하여 고시하는 구조로 된 건축물
   (2014.11.28 본호신설)
19. 법 제2조제1항제21호에서 "환기시설물 등 대통령령으로 정하는 구조물"이란 급기(給氣) 및 배기(排氣)를 위한 건축 구조물의 개구부(開口部)인 환기구를 말한다.(2016.7.19 본호신설)

제3조【대지의 범위】 ① 법 제2조제1항제1호 단서에 따라 둘 이상의 필지를 하나의 대지로 할 수 있는 토지는 다음 각 호와 같다.(2016.5.17 본문개정)

1. 하나의 건축물을 두 필지 이상에 걸쳐 건축하는 경우 : 그 건축물이 건축되는 각 필지의 토지를 합한 토지
2. 「공간정보의 구축 및 관리 등에 관한 법률」 제80조제3항에 따라 합병이 불가능한 경우 중 다음 각 목의 어느 하나에 해당하는 경우 : 그 합병이 불가능한 필지의 토지를 합한 토지. 다만, 토지의 소유자가 서로 다르거나 소유권 외의 권리관계가 서로 다른 경우는 제외한다.(2015.6.1 본문개정)
   가. 각 필지의 지번부여지역(地番附與地域)이 서로 다른 경우
   나. 각 필지의 도면의 축척이 다른 경우
   다. 서로 인접하고 있는 필지로서 각 필지의 지반(地盤)이 연속되지 아니한 경우
3. 「국토의 계획 및 이용에 관한 법률」 제2조제7호에 따른 도시・군계획시설(이하 "도시・군계획시설"이라 한다)에 해당하는 건축물을 건축하는 경우 : 그 도시・군계획시설이 설치되는 일단(一團)의 토지(2021.1.8 본호개정)
4. 「주택법」 제15조에 따른 사업계획승인을 받아 주택과 그 부대시설 및 복리시설을 건축하는 경우 : 같은 법 제2조제12호에 따른 주택단지(2016.8.11 본호개정)
5. 도로의 지표 아래에 건축하는 건축물의 경우 : 특별시장・광역시장・특별자치시장・특별자치도지사・시장・군수 또는 구청장(자치구의 구청장을 말한다. 이하 같다)이 그 건축물이 건축되는 토지로 정하는 토지(2014.10.14 본호개정)
6. 법 제22조에 따른 사용승인을 신청할 때 둘 이상의 필지를 하나의 필지로 합칠 것을 조건으로 건축허가를 하는 경우 : 그 필지가 합쳐지는 토지. 다만, 토지의 소유자가 서로 다른 경우는 제외한다.(2013.11.20 단서신설)

② 법 제2조제1항제1호 단서에 따라 하나 이상의 필지의 일부를 하나의 대지로 할 수 있는 토지는 다음 각 호와 같다.

1. 하나 이상의 필지의 일부에 대하여 도시・군계획시설이 결정・고시된 경우 : 그 결정・고시된 부분의 토지(2012.4.10 본호개정)
2. 하나 이상의 필지의 일부에 대하여 「농지법」 제34조에 따른 농지전용허가를 받은 경우 : 그 허가받은 부분의 토지
3. 하나 이상의 필지의 일부에 대하여 「산지관리법」 제14조에 따른 산지전용허가를 받은 경우 : 그 허가받은 부분의 토지
4. 하나 이상의 필지의 일부에 대하여 「국토의 계획 및 이용에 관한 법률」 제56조에 따른 개발행위허가를 받은 경우 : 그 허가받은 부분의 토지
5. 법 제22조에 따른 사용승인을 신청할 때 필지를 나눌 것을 조건으로 건축허가를 하는 경우 : 그 필지가 나누어지는 토지

제3조의2【대수선의 범위】 법 제2조제1항제9호에서 "대통령령으로 정하는 것"이란 다음 각 호의 어느 하나에 해당하는 것으로서 증축・개축 또는 재축에 해당하지 아니하는 것을 말한다.

1. 내력벽을 증설 또는 해체하거나 그 벽면적을 30제곱미터 이상 수선 또는 변경하는 것
2. 기둥을 증설 또는 해체하거나 세 개 이상 수선 또는 변경하는 것
3. 보를 증설 또는 해체하거나 세 개 이상 수선 또는 변경하는 것
4. 지붕틀(한옥의 경우에는 지붕틀의 범위에서 서까래는 제외한다)을 증설 또는 해체하거나 세 개 이상 수선 또는 변경하는 것(2010.2.18 본호개정)
5. 방화벽 또는 방화구획을 위한 바닥 또는 벽을 증설 또는 해체하거나 수선 또는 변경하는 것
6. 주계단・피난계단 또는 특별피난계단을 증설 또는 해체하거나 수선 또는 변경하는 것
7. (2019.10.22 삭제)
8. 다가구주택의 가구 간 경계벽 또는 다세대주택의 세대 간 경계벽을 증설 또는 해체하거나 수선 또는 변경하는 것

9. 건축물의 외벽에 사용하는 마감재료(법 제52조제2항에 따른 마감재료를 말한다)를 증설 또는 해체하거나 벽면적 30제곱미터 이상 수선 또는 변경하는 것
(2014.11.28 본호신설)

제3조의3【지형적 조건 등에 따른 도로의 구조와 너비】 법 제2조제1항제11호 각 목 외의 부분에서 "대통령령으로 정하는 구조와 너비의 도로"란 다음 각 호의 어느 하나에 해당하는 도로를 말한다.
1. 특별자치시장·특별자치도지사 또는 시장·군수·구청장이 지형적 조건으로 인하여 차량 통행을 위한 도로의 설치가 곤란하다고 인정하여 그 위치를 지정·공고하는 구간의 너비 3미터 이상(길이가 10미터 미만인 막다른 도로인 경우에는 너비 2미터 이상)인 도로
(2014.10.14 본호개정)
2. 제1호에 해당하지 아니하는 막다른 도로로서 그 도로의 너비가 그 길이에 따라 각각 다음 표에 정하는 기준 이상인 도로

막다른 도로의 길이	도로의 너비
10미터 미만	2미터
10미터 이상 35미터 미만	3미터
35미터 이상	6미터(도시지역이 아닌 읍·면 지역은 4미터)

제3조의4【실내건축의 재료 등】 법 제2조제1항제20호에서 "벽지, 천장재, 바닥재, 유리 등 대통령령으로 정하는 재료 또는 장식물"이란 다음 각 호의 재료를 말한다.
1. 벽, 천장, 바닥 및 반자틀의 재료
2. 실내에 설치하는 난간, 창호 및 출입문의 재료
3. 실내에 설치하는 전기·가스·급수(給水), 배수(排水)·환기시설의 재료
4. 실내에 설치하는 충돌·끼임 등 사용자의 안전사고 방지를 위한 시설의 재료
(2014.11.28 본조신설)

제3조의5【용도별 건축물의 종류】 법 제2조제2항 각 호의 용도에 속하는 건축물의 종류는 별표1과 같다.

제4조 (2005.7.18 삭제)

제5조【중앙건축위원회의 설치 등】 ① 법 제4조제1항에 따라 국토교통부에 두는 건축위원회(이하 "중앙건축위원회"라 한다)는 다음 각 호의 사항을 조사·심의·조정 또는 재정(이하 "심의등"이라 한다)한다.(2013.3.23 본문개정)
1. 법 제23조제4항에 따른 표준설계도서의 인정에 관한 사항
2. 건축물의 건축·대수선·용도변경, 건축설비의 설치 또는 공작물의 축조(이하 "건축물의 건축등"이라 한다)와 관련된 분쟁의 조정 또는 재정에 관한 사항
3. 법과 이 영의 제정·개정 및 시행에 관한 중요 사항
(2014.11.28 본호개정)
4. 다른 법령에서 중앙건축위원회의 심의를 받도록 한 경우 해당 법령에서 규정한 심의사항
5. 그 밖에 국토교통부장관이 중앙건축위원회의 심의가 필요하다고 인정하여 회의에 부치는 사항(2013.3.23 본호개정)

② 제1항에 따라 심의등을 받은 건축물이 다음 각 호의 어느 하나에 해당하는 경우에는 해당 건축물의 건축등에 관한 중앙건축위원회의 심의등을 생략할 수 있다.
1. 건축물의 규모를 변경하는 것으로서 다음 각 목의 요건을 모두 갖춘 경우
가. 건축위원회의 심의등의 결과에 위반되지 아니할 것
나. 심의등을 받은 건축물의 건축면적, 연면적, 층수 또는 높이 중 어느 하나도 10분의 1을 넘지 아니하는 범위에서 변경할 것
2. 중앙건축위원회의 심의등의 결과를 반영하기 위하여 건축물의 건축등에 관한 사항을 변경하는 경우

③ 중앙건축위원회는 위원장 및 부위원장 각 1명을 포함하여 70명 이내의 위원으로 구성한다.

④ 중앙건축위원회의 위원은 관계 공무원과 건축에 관한 학식 또는 경험이 풍부한 사람 중에서 국토교통부장관이 임명하거나 위촉한다.(2013.3.23 본항개정)

⑤ 중앙건축위원회의 위원장과 부위원장은 제4항에 따라 임명 또는 위촉된 위원 중에서 국토교통부장관이 임명하거나 위촉한다.(2013.3.23 본항개정)

⑥ 공무원이 아닌 위원의 임기는 2년으로 하며, 한 차례만 연임할 수 있다.
(2012.12.12 본조개정)

제5조의2【위원의 제척·기피·회피】 ① 중앙건축위원회의 위원(이하 이 조 및 제5조의3에서 "위원"이라 한다)이 다음 각 호의 어느 하나에 해당하는 경우에는 중앙건축위원회의 심의·의결에서 제척(除斥)된다.
1. 위원 또는 그 배우자나 배우자이었던 사람이 해당 안건의 당사자(당사자가 법인·단체 등인 경우에는 그 임원을 포함한다. 이하 이 호 및 제2호에서 같다)가 되거나 그 안건의 당사자와 공동권리자 또는 공동의무자인 경우
2. 위원이 해당 안건의 당사자와 친족이거나 친족이었던 경우
3. 위원이 해당 안건에 대하여 자문, 연구, 용역(하도급을 포함한다), 감정 또는 조사를 한 경우
4. 위원이나 위원이 속한 법인·단체 등이 해당 안건의 당사자의 대리인이거나 대리인이었던 경우
5. 위원이 임원 또는 직원으로 재직하고 있거나 최근 3년 내에 재직하였던 기업 등이 해당 안건에 관하여 자문, 연구, 용역(하도급을 포함한다), 감정 또는 조사를 한 경우

② 해당 안건의 당사자는 위원에게 공정한 심의·의결을 기대하기 어려운 사정이 있는 경우에는 중앙건축위원회에 기피 신청을 할 수 있고, 중앙건축위원회는 의결로 이를 결정한다. 이 경우 기피 신청의 대상인 위원은 그 의결에 참여하지 못한다.

③ 위원이 제1항 각 호에 따른 제척 사유에 해당하는 경우에는 스스로 해당 안건의 심의·의결에서 회피(回避)하여야 한다.
(2012.12.12 본조신설)

제5조의3【위원의 해임·해촉】 국토교통부장관은 위원이 다음 각 호의 어느 하나에 해당하는 경우에는 해당 위원을 해임하거나 해촉(解囑)할 수 있다.(2013.3.23 본문개정)
1. 심신장애로 인하여 직무를 수행할 수 없게 된 경우
2. 직무태만, 품위손상이나 그 밖의 사유로 인하여 위원으로 적합하지 아니하다고 인정되는 경우
3. 제5조의2제1항 각 호의 어느 하나에 해당하는 데에도 불구하고 회피하지 아니한 경우
(2012.12.12 본조신설)

제5조의4【운영세칙】 제5조, 제5조의2 및 제5조의3에서 규정한 사항 외에 중앙건축위원회의 운영에 관한 사항, 수당 및 여비의 지급에 관한 사항은 국토교통부령으로 정한다.(2013.3.23 본조개정)

제5조의5【지방건축위원회】 ① 법 제4조제1항에 따라 특별시·광역시·특별자치시·도·특별자치도(이하 "시·도"라 한다) 및 시·군·구(자치구를 말한다. 이하 같다)에 두는 건축위원회(이하 "지방건축위원회"라 한다)는 다음 각 호의 사항에 대한 심의등을 한다.
(2014.10.14 본문개정)
1. 법 제46조제2항에 따른 건축선(建築線)의 지정에 관한 사항
2. 법 또는 이 영에 따른 조례(해당 지방자치단체의 장이 발의하는 조례만 해당한다)의 제정·개정 및 시행에 관한 중요 사항(2014.11.28 본호개정)
3. (2014.11.11 삭제)
4. 다중이용 건축물 및 특수구조 건축물의 구조안전에 관한 사항(2014.11.28 본호신설)
5. (2016.1.19 삭제)
6. (2020.4.21 삭제)
7. 다른 법령에서 지방건축위원회의 심의를 받도록 한 경우 해당 법령에서 규정한 심의사항
8. 특별시장·광역시장·특별자치시장·도지사 또는 특별자치도지사(이하 "시·도지사"라 한다) 및 시장·군수·구청장이 도시 및 건축 환경의 체계적인 관리를 위하여 필요하다고 인정하여 지정·공고한 지역에서 건축조례로 정하는 건축물의 건축등에 관한 것으로서 시·도지사 및 시장·군수·구청장이 지방건축위원회의 심의가 필요하다고 인정한 사항. 이 경우 심의 사항은 시·도지사 및 시장·군수·구청장이 건축 계획, 구조 및 설비 등에 대해 심의 기준을 정하여 공고한 사항으로 한정한다.(2020.4.21 본호개정)

② 제1항에 따라 심의등을 받은 건축물이 제5조제2항 각 호의 어느 하나에 해당하는 경우에는 해당 건축물의 건축등에 관한 지방건축위원회의 심의등을 생략할 수 있다.

③ 제1항에 따른 지방건축위원회는 위원장 및 부위원장 각 1명을 포함하여 25명 이상 150명 이하의 위원으로 성별을 고려하여 구성한다.(2016.1.19 본항개정)

④ 지방건축위원회의 위원은 다음 각 호의 어느 하나에 해당하는 사람 중에서 시·도지사 및 시장·군수·구청장이 임명하거나 위촉한다.
1. 도시계획 및 건축 관계 공무원
2. 도시계획 및 건축 등에서 학식과 경험이 풍부한 사람

⑤ 지방건축위원회의 위원장과 부위원장은 제4항에 따라 임명 또는 위촉된 위원 중에서 시·도지사 및 시장·군수·구청장이 임명하거나 위촉한다.

⑥ 지방건축위원회 위원의 임명·위촉·제척·기피·회피·해촉·임기 등에 관한 사항, 회의 및 소위원회의 구성·운영 및 심의등에 관한 사항, 위원의 수당 및 여비 등에 관한 사항은 조례로 정하되, 다음 각 호의 기준에 따라야 한다.
1. 위원의 임명·위촉 기준 및 제척·기피·회피·해촉·임기
가. 공무원을 위원으로 임명하는 경우에는 그 수를 전체 위원 수의 4분의 1 이하로 할 것
나. 공무원이 아닌 위원은 건축 관련 학회 및 협회 등 관련 단체나 기관의 추천 또는 공모절차를 거쳐 위촉할 것
다. 다른 법령에 따라 지방건축위원회의 심의를 하는 경우에는 해당 분야의 관계 전문가가 그 심의에 위원으로 참석하는 심의위원 수의 4분의 1 이상이 되게 할 것. 이 경우 필요하면 해당 심의에만 위원으로 참석하는 관계 전문가를 임명하거나 위촉할 수 있다.
라. 위원의 제척·기피·회피·해촉에 관하여는 제5조의2 및 제5조의3을 준용할 것
마. 공무원이 아닌 위원의 임기는 3년 이내로 하며, 필요한 경우에는 한 차례만 연임할 수 있게 할 것
2. 심의등에 관한 기준
가. 「국토의 계획 및 이용에 관한 법률」 제30조제3항 단서에 따라 건축위원회와 도시계획위원회가 공동으로 심의한 사항에 대해서는 심의를 생략할 것
나. 제1항제4호에 관한 사항은 법 제21조에 따른 착공신고 전에 심의할 것. 다만, 법 제13조의2에 따라 안전영향평가 결과가 확정된 경우는 제외한다.(2020.4.21 본목신설)
다. 지방건축위원회의 위원장은 회의 개최 10일 전까지 회의 안건과 심의에 참여할 위원을 확정하고, 회의 개최 7일 전까지 회의에 부치는 안건을 각 위원에게 알릴 것. 다만, 대외적으로 기밀 유지가 필요한 사항이나 그 밖에 부득이한 사유가 있는 경우에는 그러하지 아니하다.
라. 지방건축위원회의 위원장은 다목에 따라 심의에 참여할 위원을 확정하면 심의등을 신청한 자에게 위원 명단을 알릴 것
마. (2014.11.28 삭제)
바. 지방건축위원회의 회의는 구성위원(위원장과 위원장이 다목에 따라 회의 참여를 확정한 위원을 말한다) 과반수의 출석으로 개의(開議)하고, 출석위원 과반수 찬성으로 심의등을 의결하며, 심의등을 신청한 자에게 게 심의등의 결과를 알릴 것
사. 지방건축위원회의 위원장은 업무 수행을 위하여 필요하다고 인정하는 경우에는 관계 전문가를 지방건축위원회의 회의에 출석하게 하여 발언하게 하거나 관계 기관·단체에 자료를 요구할 것
아. 건축주·설계자 및 심의등을 신청한 자가 희망하는 경우에는 회의에 참여하여 해당 안건 등에 대하여 설명할 수 있도록 할 것
자. 제1항제4호, 제7호 및 제8호에 따른 사항을 심의하는 경우 심의등을 신청한 자에게 지방건축위원회에 간략설계도서(배치도·평면도·입면도·주단면도 및 국토교통부장관이 정하여 고시하는 도서로 한정하며, 전자문서로 된 도서를 포함한다)를 제출하도록 할 것
(2020.4.21 본목개정)
차. 건축구조 분야 등 전문분야에 대해서는 분야별 해당 전문위원회에서 심의하도록 할 것(제5조의6제1항에 따라 분야별 전문위원회를 구성한 경우만 해당한다)
(2014.11.28 본목신설)
카. 지방건축위원회 심의 절차 및 방법 등에 관하여 국토교통부장관이 정하여 고시하는 기준에 따를 것
(2014.11.11 본목신설)
(2012.12.12 본조신설)

제5조의6【전문위원회의 구성 등】 ① 국토교통부장관, 시·도지사 또는 시장·군수·구청장은 법 제4조제2항에 따라 다음 각 호의 분야별로 전문위원회를 구성·운영할 수 있다.(2013.3.23 본문개정)
1. 건축계획 분야
2. 건축구조 분야
3. 건축설비 분야
4. 건축방재 분야
5. 에너지관리 등 건축환경 분야
6. 건축물 경관(景觀) 분야(공간환경 분야를 포함한다)
7. 조경 분야
8. 도시계획 및 단지계획 분야
9. 교통 및 정보기술 분야
10. 사회 및 경제 분야
11. 그 밖의 분야

② 제1항에 따른 전문위원회의 구성·운영에 관한 사항, 수당 및 여비 지급에 관한 사항은 국토교통부령 또는 건축조례로 정한다.(2013.3.23 본항개정)
(2012.12.12 본조신설)

제5조의7【지방건축위원회의 심의】 ① 법 제4조의2제1항에서 "대통령령으로 정하는 건축물"이란 제5조의5제1항 제4호, 제7호 및 제8호에 따른 심의 대상 건축물을 말한다.
(2021.5.4 본항개정)

② 시·도지사 또는 시장·군수·구청장은 법 제4조의2 제1항에 따라 건축물을 건축하거나 대수선하려는 자가 지방건축위원회의 심의를 신청한 경우에는 법 제4조의2 제2항에 따라 심의 신청 접수일부터 30일 이내에 해당 지방건축위원회에 심의 안건을 상정하여야 한다.

③ 법 제4조의2제3항에 따라 재심의 신청을 받은 시·도지사 또는 시장·군수·구청장은 지방건축위원회의 심의에 참여할 위원을 다시 확정하여 법 제4조의2제4항에 따라 해당 지방건축위원회에 재심의 안건을 상정하여야 한다.
(2014.11.28 본조신설)

제5조의8【지방건축위원회 회의록의 공개】 ① 시·도지사 또는 시장·군수·구청장은 법 제4조의3 본문에 따라 법 제4조의2제1항에 따른 심의(같은 조 제3항에 따른 재심의를 포함한다. 이하 이 조에서 같다)를 신청한 자가 지방건축위원회의 회의록 공개를 요청하는 경우에는 지방건축위원회의 심의 결과를 통보한 날부터 6개월까지 공개를 요청한 자에게 열람 또는 사본을 제공하는 방법으로 공개하여야 한다.

② 법 제4조의3 단서에서 "이름, 주민등록번호 등 대통령령으로 정하는 개인 식별 정보"란 이름, 주민등록번호, 직위 및 주소 등 특정인임을 식별할 수 있는 정보를 말한다.
(2014.11.28 본조신설)

제5조의9【건축민원전문위원회의 심의 대상】 법 제4조의4제1항제3호에서 "대통령령으로 정하는 민원"이란 다음 각 호의 어느 하나에 해당하는 민원을 말한다.
1. 건축조례의 운영 및 집행에 관한 민원
2. 그 밖에 관계 건축법령에 따른 처분기준 외의 사항을 요구하는 등 허가권자의 부당한 요구에 따른 민원
(2014.11.28 본조신설)

제5조의10【질의민원 심의의 신청】 ① 법 제4조의5제2항 각 호 외의 부분 단서에 따라 구술로 신청한 질의민원 심의의 신청을 접수한 담당 공무원은 신청인이 심의 신청서를 작성할 수 있도록 협조하여야 한다.
② 법 제4조의5제2항제3호에서 "행정기관의 명칭 등 대통령령으로 정하는 사항"이란 다음 각 호의 사항을 말한다.
1. 민원 대상 행정기관의 명칭
2. 대리인 또는 대표자의 이름과 주소(법 제4조의6제2항 및 제4조의7제2항·제5항에 따른 위원회 출석, 의견 제시, 결정내용 통지 수령 및 처리결과 통보 수령 등을 위임한 경우만 해당한다)
(2014.11.28 본조신설)

제6조【적용의 완화】 ① 법 제5조제1항에 따라 완화하여 적용하는 건축물 및 기준은 다음 각 호와 같다.
1. 수면 위에 건축하는 건축물 등 대지의 범위를 설정하기 곤란한 경우 : 법 제40조부터 제47조까지, 법 제55조부터 제57조까지, 법 제60조 및 법 제61조에 따른 기준
2. 거실이 없는 통신시설 및 기계·설비시설인 경우 : 법 제44조부터 법 제46조까지의 규정에 따른 기준
3. 31층 이상인 건축물(건축물 전부가 공동주택의 용도로 쓰이는 경우는 제외한다)과 발전소, 제철소, 「산업집적활성화 및 공장설립에 관한 법률 시행령」 별표1의2 제2호마목에 따라 산업통상자원부령으로 정하는 업종의 제조시설, 운동시설 등 특수 용도의 건축물인 경우 : 법 제43조, 제49조부터 제52조까지, 제62조, 제64조, 제67조 및 제68조에 따른 기준(2020.5.12 본호개정)
4. 전통사찰, 전통한옥 등 전통문화의 보존을 위하여 시·도의 건축조례로 정하는 지역의 건축물인 경우 : 법 제2조제1항제11호, 제44조, 제46조 및 제60조제3항에 따른 기준(2010.2.18 본호개정)
5. 경사진 대지에 계단식으로 건축하는 공동주택으로서 지면에서 직접 각 세대가 있는 층으로의 출입이 가능하고, 위층 세대가 아래층 세대의 지붕을 정원 등으로 활용하는 것이 가능한 형태의 건축물과 초고층 건축물인 경우 : 법 제55조에 따른 기준(2009.7.16 본호개정)
6. 다음 각 목의 어느 하나에 해당하는 건축물인 경우 : 법 제42조, 제43조, 제46조, 제55조, 제56조, 제58조, 제60조, 제61조제2항에 따른 기준
 가. 허가권자가 리모델링 활성화가 필요하다고 인정하여 지정·공고한 구역(이하 "리모델링 활성화 구역"이라 한다) 안의 건축물
 나. 사용승인을 받은 후 15년 이상이 되어 리모델링이 필요한 건축물
 다. 기존 건축물을 건축(증축, 일부 개축 또는 일부 재축으로 한정한다. 이하 이 목 및 제32조제3항에서 같다)하거나 대수선하는 경우로서 다음의 요건을 모두 갖춘 건축물
  1) 기존 건축물이 건축 또는 대수선 당시의 법령상 건축물 전체에 대하여 다음의 구분에 따른 확인 또는 확인 서류 제출을 하여야 하는 건축물에 해당하지 아니할 것
   가) 2009년 7월 16일 대통령령 제21629호 건축법 시행령 일부개정령으로 개정되기 전의 제32조에 따른 지진에 대한 안전여부의 확인
   나) 2009년 7월 16일 대통령령 제21629호 건축법 시행령 일부개정령으로 개정된 이후부터 2014년 11월 28일 대통령령 제25786호 건축법 시행령 일부개정령으로 개정되기 전까지의 제32조에 따른 구조 안전의 확인
   다) 2014년 11월 28일 대통령령 제25786호 건축법 시행령 일부개정령으로 개정된 이후의 제32조에 따른 구조 안전의 확인 서류 제출
  2) 제32조제3항에 따라 기존 건축물을 건축 또는 대수선하기 전과 후의 건축물 전체에 대한 구조 안전의 확인 서류를 제출할 것. 다만, 기존 건축물을 일부 재축하는 경우에는 재축 후의 건축물에 대한 구조 안전의 확인 서류만 제출한다.
  (2017.2.3 본목신설)
 (2016.7.19 본호개정)
7. 기존 건축물에 「장애인·노인·임산부 등의 편의증진 보장에 관한 법률」 제8조에 따른 편의시설을 설치하면 법 제55조 또는 법 제56조에 따른 기준에 적합하지 아니하게 되는 경우 : 법 제55조 및 법 제56조에 따른 기준
7의2. 「국토의 계획 및 이용에 관한 법률」에 따른 도시지역 및 지구단위계획구역 외의 지역 중 동이나 읍에 해당하는 지역에 건축하는 건축물로서 건축조례로 정하는 건축물인 경우 : 법 제2조제1항제11호 및 제44조에 따른 기준(2012.4.10 본호개정)
8. 다음 각 목의 어느 하나에 해당하는 대지에 건축하는 건축물로서 재해예방을 위한 조치가 필요한 경우 : 법 제55조, 법 제56조, 법 제60조 및 법 제61조에 따른 기준(2012.12.12 본문개정)
 가. 「국토의 계획 및 이용에 관한 법률」 제37조에 따라 지정된 방재지구(防災地區)(2012.12.12 본목신설)
 나. 「급경사지 재해예방에 관한 법률」 제6조에 따라 지정된 붕괴위험지역(2012.12.12 본목신설)
9. 조화롭고 창의적인 건축을 통하여 아름다운 도시경관을 창출한다고 법 제11조에 따른 특별시장·광역시장·특별자치시장·특별자치도지사 또는 시장·군수·구청장(이하 "허가권자"라 한다)가 인정하는 건축물과 「주택법 시행령」 제10조제1항에 따른 도시형 생활주택(아파트는 제외한다)인 경우 : 법 제60조 및 제61조에 따른 기준(2016.8.11 본호개정)
10. 「공공주택 특별법」 제2조제1호에 따른 공공주택인 경우 : 법 제61조제2항에 따른 기준(2015.12.28 본호개정)
11. 다음 각 목의 어느 하나에 해당하는 공동주택에 「주택건설 기준 등에 관한 규정」 제2조제3호에 따른 주민공동시설(주택소유자가 공유하는 시설로서 영리를 목적으로 하지 아니하고 주택의 부속용도로 사용하는 시설만 해당하며, 이하 "주민공동시설"이라 한다)을 설치하는 경우 : 법 제56조에 따른 기준
 가. 「주택법」 제15조에 따라 사업계획 승인을 받아 건축하는 공동주택(2016.8.11 본목개정)
 나. 상업지역 또는 준주거지역에서 법 제11조에 따라 건축허가를 받아 건축하는 200세대 이상 300세대 미만인 공동주택
 다. 법 제11조에 따라 건축허가를 받아 건축하는 「주택법 시행령」 제10조에 따른 도시형 생활주택(2016.8.11 본목개정)
 (2012.12.12 본호신설)
12. 법 제77조의4제1항에 따라 건축협정을 체결하여 건축물의 건축·대수선 또는 리모델링을 하려는 경우 : 법 제55조 및 제56조에 따른 기준(2014.10.14 본호신설)
② 허가권자는 법 제5조제2항에 따라 완화 여부 및 적용 범위를 결정할 때에는 다음 각 호의 기준을 지켜야 한다.
1. 제1항제1호부터 제5호까지, 제7호·제7호의2 및 제9호의 경우(2009.7.16 본호개정)
 가. 공공의 이익을 해치지 아니하고, 주변의 대지 및 건축물에 지나친 불이익을 주지 아니할 것
 나. 도시의 미관이나 환경을 지나치게 해치지 아니할 것
2. 제1항제6호의 경우
 가. 제1호 각 목의 기준에 적합할 것
 나. 증축은 기능향상 등을 고려하여 국토교통부령으로 정하는 규모와 범위에서 할 것(2013.3.23 본목개정)
 다. 「주택법」 제15조에 따른 사업계획승인 대상인 공동주택의 리모델링은 복리시설을 분양하기 위한 것이 아닐 것(2016.8.11 본목개정)
3. 제1항제8호의 경우
 가. 제1호 각 목의 기준에 적합할 것
 나. 해당 지역에 적용되는 법 제55조, 법 제56조, 법 제60조 및 법 제61조에 따른 기준을 100분의 140 이하의 범위에서 건축조례로 정하는 비율을 적용할 것
4. 제1항제10호의 경우
 가. 제1호 각 목의 기준에 적합할 것
 나. 기준이 완화되는 범위는 외벽의 중심선에서 발코니 끝부분까지의 길이 중 1.5미터를 초과하는 발코니 부분에 한정될 것. 이 경우 완화되는 범위는 최대 1미터로 제한하며, 완화되는 부분에 창호를 설치해서는 아니 된다.
 (2010.12.13 본호신설)
5. 제1항제11호의 경우
 가. 제1호 각 목의 기준에 적합할 것
 나. 법 제56조에 따른 용적률의 기준은 해당 지역에 적용되는 용적률에 주민공동시설에 해당하는 용적률을 가산한 범위에서 건축조례로 정하는 용적률을 적용할 것
 (2012.12.12 본호신설)
6. 제1항제12호의 경우
 가. 제1호 각 목의 기준에 적합할 것
 나. 법 제55조 및 제56조에 따른 건폐율 또는 용적률의 기준은 법 제77조의4제1항에 따라 건축협정이 체결된 지역 또는 구역(이하 "건축협정구역"이라 한다) 안에서 연접한 둘 이상의 대지에서 건축허가를 동시에 신청하는 경우 둘 이상의 대지를 하나의 대지로 보아 적용할 것
 (2014.10.14 본호신설)

제6조의2【기존의 건축물 등에 대한 특례】 ① 법 제6조에서 "그 밖에 대통령령으로 정하는 사유"란 다음 각 호의 어느 하나에 해당하는 경우를 말한다.
1. 도시·군관리계획의 결정·변경 또는 행정구역의 변경이 있는 경우(2012.4.10 본호개정)
2. 도시·군계획시설의 설치, 도시개발사업의 시행 또는 「도로법」에 따른 도로의 설치가 있는 경우(2012.4.10 본호개정)
3. 그 밖에 제1호 및 제2호와 비슷한 경우로서 국토교통부령으로 정하는 경우(2013.3.23 본호개정)
② 허가권자는 기존 건축물 및 대지가 법령의 제정·개정이나 제1항 각 호의 사유로 법령등에 부적합하더라도 다음 각 호의 어느 하나에 해당하는 경우에는 건축을 허가할 수 있다.(2016.5.17 본문개정)
1. 기존 건축물을 재축하는 경우
2. 증축하거나 개축하려는 부분이 법령등에 적합한 경우
3. 기존 건축물의 대지가 도시·군계획시설의 설치 또는 「도로법」에 따른 도로의 설치로 법 제57조에 따라 해당 지방자치단체가 정하는 면적에 미달되는 경우로서 그 기존 건축물을 연면적 합계의 범위에서 증축하거나 개축하는 경우(2012.4.10 본호개정)
4. 기존 건축물이 도시·군계획시설 또는 「도로법」에 따른 도로의 설치로 법 제55조 또는 법 제56조에 부적합하게 된 경우로서 화장실·계단·승강기의 설치 등 그 건축물의 기능을 유지하기 위하여 그 기존 건축물의 연면적 합계의 범위에서 증축하는 경우(2012.4.10 본호개정)
5. 법률 제7696호 건축법 일부개정법률 제50조의 개정규정에 따라 최초로 개정한 해당 지방자치단체의 조례 시행일 이전에 건축된 기존 건축물의 건축선 및 인접 대지 경계선으로부터의 거리가 그 조례로 정하는 거리에 미달되는 경우로서 그 기존 건축물을 건축 당시의 법령에 위반되지 않는 범위에서 수직으로 증축하는 경우(2021.11.2 본호개정)
6. 기존 한옥을 개축하는 경우(2014.10.14 본호개정)
7. 건축물 대지의 전부 또는 일부가 「자연재해대책법」 제12조에 따른 자연재해위험개선지구에 포함되고 법 제22조에 따른 사용승인 후 20년이 지난 기존 건축물을 재해로 인한 피해 예방을 위하여 연면적의 합계 범위에서 개축하는 경우(2016.1.19 본호신설)
③ 허가권자는 「국토의 계획 및 이용에 관한 법률 시행령」 제84조의2 또는 제93조의3에 따라 기존 공장을 증축하는 경우에는 다음 각 호의 기준을 적용하여 해당 공장(이하 "기존 공장"이라 한다)의 증축을 허가할 수 있다.
(2022.1.18 본문개정)
1. 제3조의3제2호에도 불구하고 도시지역에서의 길이 35미터 이상인 막다른 도로의 너비기준은 4미터 이상으로 한다.
2. 제28조제2항에도 불구하고 연면적 합계가 3천제곱미터 미만인 기존 공장이 증축으로 3천제곱미터 이상이 되는 경우 해당 대지가 접하여야 하는 도로의 너비는 4미터 이상으로 하고, 해당 대지가 도로에 접하여야 하는 길이는 2미터 이상으로 한다.
(2016.1.19 본항신설)

제6조의3【특수구조 건축물 구조 안전의 확인에 관한 특례】 ① 법 제6조의2에서 "대통령령으로 정하는 건축물"이란 제2조제18호에 따른 특수구조 건축물을 말한다.
② 특수구조 건축물을 건축하거나 대수선하려는 건축주는 법 제21조에 따른 착공신고를 하기 전에 국토교통부령으로 정하는 바에 따라 허가권자에게 해당 건축물의 구조 안전에 관하여 지방건축위원회의 심의를 신청하여야 한다. 이 경우 건축주는 설계자로부터 미리 법 제48조제2항에 따른 구조 안전 확인을 받아야 한다.
③ 제2항에 따른 신청을 받은 허가권자는 심의 신청 접수일부터 15일 이내에 제5조의6제1항제2호에 따른 건축구조 분야 전문위원회에 심의 안건을 상정하고, 심의 결과를 심의를 신청한 자에게 통보하여야 한다.
④ 제3항에 따른 심의 결과에 이의가 있는 자는 심의 결과를 통보받은 날부터 1개월 이내에 허가권자에게 재심의를 신청할 수 있다.
⑤ 제3항에 따른 심의 결과 또는 제4항에 따른 재심의 결과를 통보받은 건축주는 법 제21조에 따른 착공신고를 할 때 그 결과를 반영하여야 한다.
⑥ 제3항에 따른 심의 결과의 통보, 제4항에 따른 재심의의 방법 및 결과 통보에 관하여는 법 제4조의2제2항 및 제4항을 준용한다.
(2015.7.6 본조신설)

제6조의4【부유식 건축물의 특례】 ① 법 제6조의3제1항에 따라 같은 항에 따른 부유식 건축물(이하 "부유식 건축물"이라 한다)에 대해서는 다음 각 호의 구분기준에 따라 법 제40조부터 제44조까지, 제46조 및 제47조를 적용한다.
1. 법 제40조에 따른 대지의 안전 기준의 경우 : 같은 조 제3항에 따른 오수의 배출 및 처리에 관한 부분만 적용
2. 법 제41조부터 제44조까지, 제46조 및 제47조의 경우 : 미적용. 다만, 법 제44조는 부유식 건축물의 출입에 지장이 없다고 인정하는 경우에만 적용하지 아니한다.
② 제1항에도 불구하고 건축조례에서 지역별 특성 등을 고려하여 그 기준을 달리 정한 경우에는 그 기준에 따른다. 이 경우 그 기준은 법 제40조부터 제44조까지, 제46조 및 제47조에 따른 기준의 범위에서 정하여야 한다.
(2016.7.19 본조신설)

제6조의5【리모델링이 쉬운 구조 등】 ① 법 제8조에서 "대통령령으로 정하는 구조"란 다음 각 호의 요건에 적합한 구조를 말한다. 이 경우 다음 각 호의 요건에 적합한지에 관한 세부적인 판단 기준은 국토교통부장관이 정하여 고시한다.(2013.3.23 후단개정)
1. 각 세대는 인접한 세대와 수직 또는 수평 방향으로 통합하거나 분할할 수 있을 것(2009.7.16 본호개정)
2. 구조체에서 건축설비, 내부 마감재료 및 외부 마감재료를 분리할 수 있을 것(2009.7.16 본호개정)
3. 개별 세대 안에서 구획된 실(室)의 크기, 개수 또는 위치 등을 변경할 수 있을 것(2009.7.16 본호개정)
② 법 제8조에서 "대통령령으로 정하는 비율"이란 100분의 120을 말한다. 다만, 건축조례에서 지역별 특성 등을 고려하여 그 비율을 강화한 경우에는 건축조례로 정하는 기준에 따른다.

제2장 건축물의 건축
(2008.10.29 본장개정)

제7조 (1995.12.30 삭제)
제8조 【건축허가】 ① 법 제11조제1항 단서에 따라 특별시장 또는 광역시장의 허가를 받아야 하는 건축물의 건축은 층수가 21층 이상이거나 연면적의 합계가 10만 제곱미터 이상인 건축물의 건축(연면적의 10분의 3 이상을 증축하여 층수가 21층 이상으로 되거나 연면적의 합계가 10만 제곱미터 이상으로 되는 경우를 포함한다)을 말한다. 다만, 다음 각 호의 어느 하나에 해당하는 건축물의 건축은 제외한다.(2010.12.13 본문개정)
1. 공장(2010.12.13 본호신설)
2. 창고(2010.12.13 본호신설)
3. 지방건축위원회의 심의를 거친 건축물(특별시 또는 광역시의 건축조례로 정하는 바에 따라 해당 지방건축위원회의 심의사항으로 할 수 있는 건축물에 한정하며, 초고층 건축물은 제외한다)(2014.11.28 본호신설)

② (2006.5.8 삭제)
③ 법 제11조제2항제2호에서 "위락시설과 숙박시설 등 대통령령으로 정하는 용도에 해당하는건축물"이란 다음 각 호의 건축물을 말한다.
1. 공동주택
2. 제2종 근린생활시설(일반음식점만 해당한다)
3. 업무시설(일반업무시설만 해당한다)
4. 숙박시설
5. 위락시설

④~⑤ (2006.5.8 삭제)
⑥ 법 제11조제2항에 따른 승인신청에 필요한 신청서류 및 절차 등에 관하여 필요한 사항은 국토교통부령으로 정한다.(2013.3.23 본항개정)
제9조 【건축허가 등의 신청】 ① 법 제11조제1항에 따라 건축물의 건축 또는 대수선의 허가를 받으려는 자는 국토교통부령으로 정하는 바에 따라 허가신청서에 관계 서류를 첨부하여 허가권자에게 제출하여야 한다. 다만, 「방위사업법」에 따른 방위산업시설의 건축 또는 대수선의 허가를 받으려는 경우에는 건축 관계 법령에 적합한지 여부에 관한 설계자의 확인으로 관계 서류를 갈음할 수 있다.
② 허가권자는 법 제11조제1항에 따라 허가를 하였으면 국토교통부령으로 정하는 바에 따라 허가서를 신청인에게 발급하여야 한다.
(2018.9.4 본조개정)
제9조의2 【건축허가 신청 시 소유권 확보 예외 사유】 ① 법 제11조제11항제2호에서 "건축물의 노후화 또는 구조안전 문제 등 대통령령으로 정하는 사유"란 건축물이 다음 각 호의 어느 하나에 해당하는 경우를 말한다.
1. 급수·배수·오수 설비 등의 설비 또는 지붕·벽 등의 노후화나 손상으로 그 기능 유지가 곤란할 것으로 우려되는 경우
2. 건축물의 노후화로 내구성에 영향을 주는 기능적 결함이나 구조적 결함이 있는 경우
3. 건축물이 훼손되거나 일부가 멸실되어 붕괴 등 그 밖의 안전사고가 우려되는 경우
4. 천재지변이나 그 밖의 재해로 붕괴되어 다시 신축하거나 재축하려는 경우

② 허가권자는 건축주가 제1항제1호부터 제3호까지의 어느 하나에 해당하는 사유로 법 제11조제11항제2호의 동의요건을 갖추어 같은 조 제1항에 따른 건축허가를 신청한 경우에는 그 사유 해당 여부를 확인하기 위하여 현지조사를 하여야 한다. 이 경우 필요한 경우에는 건축주에게 다음 각 호의 어느 하나에 해당하는 자로부터 안전진단을 받고 그 결과를 제출하도록 할 수 있다.
1. 건축사
2. 「기술사법」 제5조의7에 따라 등록한 건축구조기술사(이하 "건축구조기술사"라 한다)
3. 「시설물의 안전 및 유지관리에 관한 특별법」 제28조제1항에 따라 등록한 건축 분야 안전진단전문기관 (2018.1.16 본호개정)

(2016.7.19 본조신설)
제10조 【건축복합민원 일괄협의회】 ① 법 제12조제1항에서 "대통령령으로 정하는 관계 법령의 규정"이란 다음 각 호의 규정을 말한다.(2010.2.18 본문개정)
1. 「군사기지 및 군사시설보호법」 제13조
2. 「자연공원법」 제23조(2012.12.12 본호개정)
3. 「수도권정비계획법」 제7조부터 제9조까지
4. 「택지개발촉진법」 제6조
5. 「도시공원 및 녹지 등에 관한 법률」 제24조 및 제38조
6. 「공항시설법」 제34조(2017.3.29 본호개정)
7. 「교육환경 보호에 관한 법률」 제9조(2017.2.3 본호개정)
8. 「산지관리법」 제8조, 제10조, 제12조, 제14조 및 제18조
9. 「산림자원의 조성 및 관리에 관한 법률」 제36조 및 「산림보호법」 제9조(2010.3.9 본호개정)
10. 「도로법」 제40조 및 제61조(2014.7.14 본호개정)
11. 「주차장법」 제19조, 제19조의2 및 제19조의4
12. 「환경정책기본법」 제38조(2021.5.4 본호개정)
13. 「자연환경보전법」 제15조
14. 「수도법」 제7조 및 제15조(2016.5.17 본호개정)
15. 「도시교통정비 촉진법」 제34조 및 제36조
16. 「문화재보호법」 제35조(2010.12.29 본호개정)
17. 「전통사찰의 보존 및 지원에 관한 법률」 제10조 (2009.6.9 본호개정)
18. 「개발제한구역의 지정 및 관리에 관한 특별조치법」 제12조제1항, 제13조 및 제15조
19. 「농지법」 제32조 및 제34조(2009.7.16 본호개정)
20. 「고도 보존 및 육성에 관한 특별법」 제11조 (2012.7.26 본호개정)
21. 「소방시설 설치 및 관리에 관한 법률」 제6조 (2022.11.29 본호개정)

② 허가권자는 법 제12조에 따른 건축복합민원 일괄협의회(이하 "협의회"라 한다)의 회의를 법 제10조제1항에 따른 사전결정 신청일 또는 법 제11조제1항에 따른 건축허가 신청일부터 10일 이내에 개최하여야 한다.
③ 허가권자는 협의회의 회의를 개최하기 3일 전까지 회의 개최 사실을 관계 행정기관 및 관계 부서에 통보하여야 한다.
④ 협의회의 회의에 참석하는 관계 공무원은 회의에서 관계 법령에 관한 의견을 발표하여야 한다.
⑤ 사전결정 또는 건축허가를 하는 관계 행정기관 및 관계 부서는 그 협의회의 회의를 개최한 날부터 5일 이내에 동의 또는 부동의 의견을 허가권자에게 제출하여야 한다.
⑥ 이 영에서 규정한 사항 외에 협의회의 운영 등에 필요한 사항은 건축조례로 정한다.
제10조의2 【건축 공사현장 안전관리 예치금】 ① 법 제13조제2항에서 "대통령령으로 정하는 보증서"란 다음 각 호의 어느 하나에 해당하는 보증서를 말한다.
1. 「보험업법」에 따른 보험회사가 발행한 보증보험증권
2. 「은행법」에 따른 은행이 발행한 지급보증서(2010.11.15 본호개정)
3. 「건설산업기본법」에 따른 공제조합이 발행한 채무액 등의 지급을 보증하는 보증서
4. 「자본시장과 금융투자업에 관한 법률 시행령」 제192조제2항에 따른 상장증권(2012.12.12 본호개정)
5. 그 밖에 국토교통부령으로 정하는 보증서(2013.3.23 본호개정)

② 법 제13조제3항 본문에서 "대통령령으로 정하는 이율"이란 법 제13조제2항에 따른 안전관리 예치금을 「국고금관리법 시행령」 제11조에서 정한 금융기관에 예치한 경우의 안전관리 예치금에 대하여 적용하는 이자율을 말한다.
③ 법 제13조제7항에 따라 허가권자는 착공신고 이후 건축 중에 공사가 중단된 건축물로서 공사 중단 기간이 2년을 경과한 경우에는 건축주에게 서면으로 알린 후 법 제13조제2항에 따른 예치금을 사용하여 공사현장의 미관과 안전관리 개선을 위한 다음 각 호의 조치를 할 수 있다. (2021.1.5 본문개정)
1. 공사현장 안전울타리의 설치(2021.1.5 본호개정)
2. 대지 및 건축물의 붕괴 방지 조치
3. 공사현장의 미관 개선을 위한 조경 또는 시설물 등의 설치
4. 그 밖에 공사현장의 미관 개선 또는 대지 및 건축물에 대한 안전관리 개선 조치가 필요하여 건축조례로 정하는 사항

(2014.11.28 본항신설)
제10조의3 【건축물 안전영향평가】 ① 법 제13조의2제1항에서 "초고층 건축물 등 대통령령으로 정하는 주요 건축물"이란 다음 각 호의 어느 하나에 해당하는 건축물을 말한다.
1. 초고층 건축물
2. 다음 각 목의 요건을 모두 충족하는 건축물
   가. 연면적(하나의 대지에 둘 이상의 건축물을 건축하는 경우에는 각각의 건축물의 연면적을 말한다)이 10만 제곱미터 이상일 것
   나. 16층 이상일 것

(2017.10.24 본호개정)
② 제1항 각 호의 건축물을 건축하려는 자는 법 제11조에 따른 건축허가를 신청하기 전에 다음 각 호의 자료를 첨부하여 허가권자에게 법 제13조의2제1항에 따른 건축물 안전영향평가(이하 "안전영향평가"라 한다)를 의뢰하여야 한다.
1. 건축계획서 및 기본설계도서 등 국토교통부령으로 정하는 도서
2. 인접 대지에 설치된 상수도·하수도 등 국토교통부장관이 정하여 고시하는 지하시설물의 현황도
3. 그 밖에 국토교통부장관이 정하여 고시하는 자료

③ 법 제13조의2제1항에 따라 허가권자로부터 안전영향평가를 의뢰받은 기관(같은 조 제2항에 따라 지정·고시된 기관을 말하며, 이하 "안전영향평가기관"이라 한다)은 다음 각 호의 항목을 검토하여야 한다.
1. 해당 건축물에 적용된 설계 기준 및 하중의 적정성
2. 해당 건축물의 하중저항시스템의 해석 및 설계의 적정성
3. 지반조사 방법 및 지내력(地耐力) 산정결과의 적정성
4. 굴착공사에 따른 지하수위 변화 및 지반 안전성에 관한 사항
5. 그 밖에 건축물의 안전영향평가를 위하여 국토교통부장관이 필요하다고 인정하는 사항

④ 안전영향평가기관은 안전영향평가를 의뢰받은 날부터 30일 이내에 안전영향평가 결과를 허가권자에게 제출하여야 한다. 다만, 부득이한 경우에는 20일의 범위에서 그 기간을 한 차례만 연장할 수 있다.
⑤ 제2항에 따라 안전영향평가를 의뢰한 자가 보완하는 기간 및 공휴일·토요일은 제4항에 따른 기간의 산정에서 제외한다.
⑥ 허가권자는 제4항에 따라 안전영향평가 결과를 제출받은 경우에는 지체 없이 제2항에 따라 안전영향평가를 의뢰한 자에게 그 내용을 통보하여야 한다.
⑦ 안전영향평가에 드는 비용은 제2항에 따라 안전영향평가를 의뢰한 자가 부담한다.
⑧ 제1항부터 제7항까지에서 규정한 사항 외에 안전영향평가에 관하여 필요한 사항은 국토교통부장관이 정하여 고시한다.
(2017.2.3 본조신설)
제11조 【건축신고】 ① 법 제14조제1항제2호나목에서 "방재지구 등 재해취약지역으로서 대통령령으로 정하는 구역"이란 다음 각 호의 어느 하나에 해당하는 지구 또는 지역을 말한다.
1. 「국토의 계획 및 이용에 관한 법률」 제37조에 따라 지정된 방재지구(防災地區)
2. 「급경사지 재해예방에 관한 법률」 제6조에 따라 지정된 붕괴위험지역

(2014.10.14 본항신설)
② 법 제14조제1항제4호에서 "주요구조부의 해체가 없는 등 대통령령으로 정하는 대수선"이란 다음 각 호의 어느 하나에 해당하는 대수선을 말한다.
1. 내력벽의 면적을 30제곱미터 이상 수선하는 것
2. 기둥을 세 개 이상 수선하는 것
3. 보를 세 개 이상 수선하는 것
4. 지붕틀을 세 개 이상 수선하는 것
5. 방화벽 또는 방화구획을 위한 바닥 또는 벽을 수선하는 것
6. 주계단·피난계단 또는 특별피난계단을 수선하는 것

(2009.8.5 본항신설)
③ 법 제14조제1항제5호에서 "대통령령으로 정하는 건축물"이란 다음 각 호의 어느 하나에 해당하는 건축물을 말한다.(2009.8.5 본문개정)
1. 연면적의 합계가 100제곱미터 이하인 건축물
2. 건축물의 높이를 3미터 이하의 범위에서 증축하는 건축물
3. 법 제23조제4항에 따른 표준설계도서(이하 "표준설계도서"라 한다)에 따라 건축하는 건축물로서 그 용도 및 규모가 주위환경이나 미관에 지장이 없다고 인정하여 건축조례로 정하는 건축물
4. 「국토의 계획 및 이용에 관한 법률」 제36조제1항제1호다목에 따른 공업지역, 같은 법 제51조제3항에 따른 지구단위계획구역(같은 법 시행령 제48조제10호에 따른 산업·유통형만 해당한다) 및 「산업입지 및 개발에 관한 법률」에 따른 산업단지에서 건축하는 2층 이하인 건축물로서 연면적 합계 500제곱미터 이하인 공장(별표1 제4호너목에 따른 제조업소 등 물품의 제조·가공을 위한 시설을 포함한다)(2014.11.11 본호개정)
5. 농업이나 수산업을 경영하기 위하여 읍·면지역(특별자치시장·특별자치도지사·시장·군수가 지역계획 또는 도시·군계획에 지장이 있다고 지정·공고한 구역은 제외한다)에서 건축하는 연면적 200제곱미터 이하의 창고 및 연면적 400제곱미터 이하의 축사, 작물재배사(作物栽培舍), 종묘배양시설, 화초 및 분재 등의 온실 (2016.6.30 본호개정)

④ 법 제14조에 따른 건축신고에 관하여는 제9조제1항을 준용한다.
제12조 【허가·신고사항의 변경 등】 ① 법 제16조제1항에 따라 허가를 받았거나 신고한 사항을 변경하려면 다음 각 호의 구분에 따라 허가권자의 허가를 받거나 특별자치시장·특별자치도지사 또는 시장·군수·구청장에게 신고하여야 한다.(2014.10.14 본문개정)
1. 바닥면적의 합계가 85제곱미터를 초과하는 부분에 대한 신축·증축·개축에 해당하는 변경인 경우에는 허가를 받고, 그 밖의 경우에는 신고할 것(2018.9.4 본호개정)
2. 법 제14조제1항제2호 또는 제5호에 따라 신고로써 허가를 갈음하는 건축물에 대하여는 변경 후 건축물의 연면적을 각각 신고로써 허가를 갈음할 수 있는 규모에서 변경하는 경우에는 제1호에도 불구하고 신고할 것 (2009.8.5 본호개정)
3. 건축주·설계자·공사시공자 또는 공사감리자(이하 "건축관계자"라 한다)를 변경하는 경우에는 신고할 것 (2017.1.20 본호개정)

② 법 제16조제1항 단서에서 "대통령령으로 정하는 경미한 사항의 변경"이란 신축·증축·개축·재축·이전·대수선 또는 용도변경에 해당하지 아니하는 변경을 말한다. (2012.12.12 본항개정)
③ 법 제16조제2항에서 "대통령령으로 정하는 사항"이란 다음 각 호의 어느 하나에 해당하는 사항을 말한다.
1. 건축물의 동수나 층수를 변경하지 아니하면서 변경되는 부분의 바닥면적의 합계가 50제곱미터 이하인 경우로서 다음 각 목의 요건을 모두 갖춘 경우
   가. 변경되는 부분의 높이가 1미터 이하이거나 전체 높이의 10분의 1 이하일 것

나. 허가를 받거나 신고를 하고 건축 중인 부분의 위치 변경범위가 1미터 이내일 것
다. 법 제14조제1항에 따라 신고를 하면 법 제11조에 따른 건축허가를 받은 것으로 보는 규모에서 건축허가를 받아야 하는 규모로의 변경이 아닐 것
(2016.1.19 본호개정)
2. 건축물의 동수나 층수를 변경하지 아니하면서 변경되는 부분이 연면적 합계의 10분의 1 이하인 경우(연면적이 5천 제곱미터 이상인 건축물은 각 층의 바닥면적이 50제곱미터 이하의 범위에서 변경되는 경우만 해당한다). 다만, 제4호 본문 및 제5호 본문에 따른 범위의 변경인 경우만 해당한다.
3. 대수선에 해당하는 경우
4. 건축물의 층수를 변경하지 아니하면서 변경되는 부분의 높이가 1미터 이하이거나 전체 높이의 10분의 1 이하인 경우. 다만, 변경되는 부분이 제1호 본문, 제2호 본문 및 제5호 본문에 따른 범위의 변경인 경우만 해당한다.
5. 허가를 받거나 신고를 하고 건축 중인 부분의 위치가 1미터 이내에서 변경되는 경우. 다만, 변경되는 부분이 제1호 본문, 제2호 본문 및 제4호 본문에 따른 범위의 변경인 경우만 해당한다.
④ 제1항에 따른 허가나 신고사항의 변경에 관하여는 제9조를 준용한다.(2018.9.4 본항개정)

제13조 (2005.7.18 삭제)

제14조【용도변경】 ①~② (2006.5.8 삭제)
③ 국토교통부장관은 법 제19조제1항에 따른 용도변경을 할 때 적용되는 건축기준을 고시할 수 있다. 이 경우 다른 행정기관의 권한에 속하는 건축기준에 대하여는 미리 관계 행정기관의 장과 협의하여야 한다.(2013.3.23 전단개정)
④ 법 제19조제3항 단서에서 "대통령령으로 정하는 변경"이란 다음 각 호의 어느 하나에 해당하는 건축물 상호 간의 용도변경을 말한다. 다만, 별표1 제3호다목(목욕장만 해당한다)·라목, 같은 표 제4호가목·사목·카목·파목(골프연습장, 놀이형시설만 해당한다)·더목·러목, 같은 표 제7호다목2), 같은 표 제15호가목(생활숙박시설만 해당한다) 및 같은 표 제16호가목·나목에 해당하는 용도로 변경하는 경우는 제외한다.(2021.11.2 단서개정)
1. 별표1의 같은 호에 속하는 건축물 상호 간의 용도변경
(2014.3.24 본호개정)
2. 「국토의 계획 및 이용에 관한 법률」이나 그 밖의 관계 법령에서 정하는 용도제한에 적합한 범위에서 제1종 근린생활시설과 제2종 근린생활시설 상호 간의 용도변경
(2014.3.24 단서삭제)
(2009.6.30 본항개정)
⑤ 법 제19조제4항 각 호의 시설군에 속하는 건축물의 용도는 다음 각 호와 같다.
1. 자동차 관련 시설군
자동차 관련 시설
2. 산업 등 시설군
가. 운수시설
나. 창고시설
다. 공장
라. 위험물저장 및 처리시설
마. 자원순환 관련 시설(2014.3.24 본목개정)
바. 묘지 관련 시설
사. 장례시설(2017.2.3 본목개정)
3. 전기통신시설군
가. 방송통신시설
나. 발전시설
4. 문화집회시설군
가. 문화 및 집회시설
나. 종교시설
다. 위락시설
라. 관광휴게시설
5. 영업시설군
가. 판매시설
나. 운동시설
다. 숙박시설
라. 제2종 근린생활시설 중 다중생활시설(2014.3.24 본목개정)
6. 교육 및 복지시설군
가. 의료시설
나. 교육연구시설
다. 노유자시설(老幼者施設)
라. 수련시설
마. 야영장 시설(2016.2.11 본목신설)
7. 근린생활시설군
가. 제1종 근린생활시설
나. 제2종 근린생활시설(다중생활시설은 제외한다)
(2014.3.24 본목개정)
8. 주거업무시설군
가. 단독주택
나. 공동주택
다. 업무시설
라. 교정시설(2023.5.15 본목개정)
마. 국방·군사시설(2023.5.15 본목신설)
9. 그 밖의 시설군
가. 동물 및 식물 관련 시설
나. (2010.12.13 삭제)
⑥ 기존의 건축물 또는 대지가 법령의 제정·개정이나 제6조의2제1항 각 호의 사유로 법령 등에 부적합하게 된 경우에는 건축조례로 정하는 바에 따라 용도변경을 할 수 있다.
⑦ 법 제19조제6항에서 "대통령령으로 정하는 경우"란 1층인 축사를 공장으로 용도변경하는 경우로서 증축·개축 또는 대수선이 수반되지 아니하고 구조 안전이나 피난 등에 지장이 없는 경우를 말한다.

제15조【가설건축물】 ① 법 제20조제2항제3호에서 "대통령령으로 정하는 기준"이란 다음 각 호의 기준을 말한다.(2014.10.14 본문개정)
1. 철근콘크리트조 또는 철골철근콘크리트조가 아닐 것
2. 존치기간은 3년 이내일 것. 다만, 도시·군계획사업이 시행될 때까지 그 기간을 연장할 수 있다.(2012.4.10 단서개정)
3. 전기·수도·가스 등 새로운 간선 공급설비의 설치를 필요로 하지 아니할 것
4. 공동주택·판매시설·운수시설 등으로서 분양을 목적으로 건축하는 건축물이 아닐 것
② 제1항에 따른 가설건축물에 대하여는 법 제38조를 적용하지 아니한다.
③ 제1항에 따른 가설건축물 중 시장의 공지 또는 도로에 설치하는 차양시설에 대하여는 법 제46조 및 법 제55조를 적용하지 아니한다.
④ 제1항에 따른 가설건축물을 도시·군계획 예정 도로에 건축하는 경우에는 법 제45조부터 제47조를 적용하지 아니한다.(2012.4.10 본항개정)
⑤ 법 제20조제3항에서 "재해복구, 흥행, 전람회, 공사용 가설건축물 등 대통령령으로 정하는 용도의 가설건축물"이란 다음 각 호의 어느 하나에 해당하는 것을 말한다.
(2014.10.14 본문개정)
1. 재해가 발생한 구역 또는 그 인접구역으로서 특별자치시장·특별자치도지사 또는 시장·군수·구청장이 지정하는 구역에서 일시사용을 위하여 건축하는 것
(2014.10.14 본호개정)
2. 특별자치시장·특별자치도지사 또는 시장·군수·구청장이 도시미관이나 교통소통에 지장이 없다고 인정하는 가설흥행장, 가설전람회장, 농·수·축산물 직거래용 가설점포, 그 밖에 이와 비슷한 것(2014.10.14 본호개정)
3. 공사에 필요한 규모의 공사용 가설건축물 및 공작물
4. 전시를 위한 견본주택이나 그 밖에 이와 비슷한 것
5. 특별자치시장·특별자치도지사 또는 시장·군수·구청장이 도로변 등의 미관정비를 위하여 지정·공고하는 구역에서 축조하는 가설점포(물건 등의 판매를 목적으로 하는 것을 말한다)로서 안전·방화 및 위생에 지장이 없는 것(2014.10.14 본호개정)
6. 조립식 구조로 된 경비용으로 쓰는 가설건축물로서 연면적이 10제곱미터 이하인 것
7. 조립식 경량구조로 된 외벽이 없는 임시 자동차 차고
8. 컨테이너 또는 이와 비슷한 것으로 된 가설건축물로서 임시사무실·임시창고 또는 임시숙소로 사용되는 것(건축물의 옥상에 축조하는 것은 제외한다. 다만, 2009년 7월 1일부터 2015년 6월 30일까지 및 2016년 7월 1일부터 2019년 6월 30일까지 공장의 옥상에 축조하는 것은 포함한다)(2016.6.30 본호개정)
9. 도시지역 중 주거지역·상업지역 또는 공업지역에 설치하는 농업·어업용 비닐하우스로서 연면적이 100제곱미터 이상인 것
10. 연면적이 100제곱미터 이상인 간이축사용, 가축분뇨처리용, 가축운동용, 가축의 비가림용 비닐하우스 또는 천막(벽 또는 지붕이 합성수지 재질로 된 것과 지붕 면적의 2분의 1 이하가 합성강판으로 된 것을 포함한다) 구조 건축물(2015.4.24 본호개정)
11. 농업·어업용 고정식 온실 및 간이작업장, 가축양육실(2014.11.11 본호개정)
12. 물품저장용, 간이포장용, 간이수선작업용 등으로 쓰기 위하여 공장 또는 창고시설에 설치하거나 인접 대지에 설치하는 천막(벽 또는 지붕이 합성수지 재질로 된 것을 포함한다), 그 밖에 이와 비슷한 것(2014.11.11 본호개정)
13. 유원지, 종합휴양업 사업지역 등에서 한시적인 관광·문화행사 등을 목적으로 천막 또는 경량구조로 설치하는 것
14. 야외전시시설 및 촬영시설(2016.1.19 본호개정)
15. 야외흡연실 용도로 쓰는 가설건축물로서 연면적이 50제곱미터 이하인 것(2016.1.19 본호신설)
16. 그 밖에 제1호부터 제14호까지의 규정에 해당하는 것과 비슷한 것으로서 건축조례로 정하는 건축물
(2010.2.18 본호개정)
⑥ 법 제20조제5항에 따라 가설건축물을 축조하는 경우에는 다음 각 호의 구분에 따라 관련 규정을 적용하지 않는다.(2019.10.22 본문개정)
1. 제5항 각 호(제4호는 제외한다)의 가설건축물을 축조하는 경우에는 법 제25조, 제38조부터 제42조까지, 제44조부터 제47조까지, 제48조, 제48조의2, 제49조, 제50조, 제50조의2, 제51조, 제52조, 제52조의2, 제52조의4, 제53조, 제53조의2, 제54조부터 제58조까지, 제60조부터 제62조까지, 제64조, 제67조 및 제68조와 「국토의 계획 및 이용에 관한 법률」 제76조를 적용하지 않는다. 다만, 법 제48조, 제49조 및 제61조는 다음 각 목에 따른 경우에만 적용하지 않는다.(2019.10.22 본문개정)
가. 법 제48조 및 제49조를 적용하지 않는 경우 : 다음의 어느 하나에 해당하는 경우
1) 1층 또는 2층인 가설건축물(제5항제2호 및 제14호의 경우에는 1층인 가설건축물만 해당한다)을 건축하는 경우
2) 3층 이상인 가설건축물(제5항제2호 및 제14호의 경우에는 2층 이상인 가설건축물을 말한다)을 건축하는 경우로서 지방건축위원회의 심의 결과 구조 및 피난에 관한 안전성이 인정된 경우. 다만, 구조 및 피난에 관한 안전성을 인정할 수 있는 서류로서 국토교통부령으로 정하는 서류를 특별자치시장·특별자치도지사 또는 시장·군수·구청장에게 제출하는 경우에는 지방건축위원회의 심의를 생략할 수 있다.(2023.9.12 단서신설)
(2020.10.8 본목개정)
나. 법 제61조를 적용하지 아니하는 경우 : 정북방향으로 접하고 있는 대지의 소유자와 합의한 경우
2. 제5항제4호의 가설건축물을 축조하는 경우에는 법 제25조, 제38조, 제39조, 제42조, 제45조, 제50조의2, 제53조, 제54조부터 제57조까지, 제60조, 제61조 및 제68조와 「국토의 계획 및 이용에 관한 법률」 제76조만을 적용하지 아니한다.
(2015.9.22 본항개정)
⑦ 법 제20조제3항에 따라 신고해야 하는 가설건축물의 존치기간은 3년 이내로 하며, 존치기간의 연장이 필요한 경우에는 횟수별 3년의 범위에서 제5항 각 호의 가설건축물별로 건축조례로 정하는 횟수만큼 존치기간을 연장할 수 있다. 다만, 제5항제3호의 공사용 가설건축물 및 공작물의 경우에는 해당 공사의 완료일까지의 기간으로 한다.
(2021.11.2 본항개정)
⑧ 법 제20조제1항 또는 제3항에 따라 가설건축물의 건축허가를 받거나 축조신고를 하려는 자는 국토교통부령으로 정하는 가설건축물 건축허가신청서 또는 가설건축물 축조신고서에 관계 서류를 첨부하여 특별자치시장·특별자치도지사 또는 시장·군수·구청장에게 제출하여야 한다. 다만, 건축물의 건축허가를 신청할 때 건축물의 건축에 관한 사항과 함께 공사용 가설건축물의 건축에 관한 사항을 제출한 경우에는 가설건축물 축조신고서의 제출을 생략한다.(2018.9.4 본문개정)
⑨ 제8항 본문에 따라 가설건축물 건축허가신청서 또는 가설건축물 축조신고서를 제출받은 특별자치시장·특별자치도지사 또는 시장·군수·구청장은 그 내용을 확인한 후 신청인 또는 신고인에게 국토교통부령으로 정하는 바에 따라 가설건축물 건축허가서 또는 가설건축물 축조신고필증을 주어야 한다.(2018.9.4 본항개정)
⑩ (2010.2.18 삭제)

제15조의2【가설건축물의 존치기간 연장】 ① 특별자치시장·특별자치도지사 또는 시장·군수·구청장은 법 제20조에 따른 가설건축물의 존치기간 만료일 30일 전까지 해당 가설건축물의 건축주에게 다음 각 호의 사항을 알려야 한다.(2014.10.14 본문개정)
1. 존치기간 만료일
2. 존치기간 연장 가능 여부
3. 제15조의3에 따라 존치기간이 연장될 수 있다는 사실(같은 조 제1호 각 목의 어느 하나에 해당하는 가설건축물에 한정한다)(2016.6.30 본호개정)
② 존치기간을 연장하려는 가설건축물의 건축주는 다음 각 호의 구분에 따라 특별자치시장·특별자치도지사 또는 시장·군수·구청장에게 허가를 신청하거나 신고하여야 한다.(2014.10.14 본문개정)
1. 허가 대상 가설건축물 : 존치기간 만료일 14일 전까지 허가 신청
2. 신고 대상 가설건축물 : 존치기간 만료일 7일 전까지 신고
③ 제2항에 따른 존치기간 연장허가신청 또는 존치기간 연장신고에 관하여는 제15조제8항 본문 및 같은 조 제9항을 준용한다. 이 경우 "건축허가"는 "존치기간 연장허가"로, "축조신고"는 "존치기간 연장신고"로 본다.
(2018.9.4 본항개정)
(2010.2.18 본조신설)

제15조의3【공장에 설치한 가설건축물 등의 존치기간 연장】 제15조의2제2항에도 불구하고 다음 각 호의 요건을 모두 충족하는 가설건축물로서 건축주가 같은 항의 구분에 따른 기간까지 특별자치시장·특별자치도지사 또는 시장·군수·구청장에게 그 존치기간의 연장을 원하지 않는다는 사실을 통지하지 않는 경우에는 기존 가설건축물과 동일한 기간(제1호다목의 경우에는 「국토의 계획 및 이용에 관한 법률」 제2조제10호의 도시·군계획시설사업이 시행되기 전까지의 기간으로 한정한다)으로 존치기간을 연장한 것으로 본다.(2021.1.8 본문개정)
1. 다음 각 목의 어느 하나에 해당하는 가설건축물일 것
가. 공장에 설치한 가설건축물
나. 제15조제5항제11호에 따른 가설건축물(「국토의 계획 및 이용에 관한 법률」 제36조제1항제3호에 따른 농림지역에 설치한 것만 해당한다)
다. 도시·군계획시설 예정지에 설치한 가설건축물
(2021.1.8 본목신설)
(2016.6.30 본호개정)

2. 존치기간 연장이 가능한 가설건축물일 것
(2016.6.30 본조제목개정)
(2010.2.18 본조신설)

제16조 (1995.12.30 삭제)

제17조【건축물의 사용승인】 ① (2006.5.8 삭제)

② 건축주는 법 제22조제3항제2호에 따라 사용승인서를 받기 전에 공사가 완료된 부분에 대한 임시사용의 승인을 받으려는 경우에는 국토교통부령으로 정하는 바에 따라 임시사용승인신청서를 허가권자에게 제출(전자문서에 의한 제출을 포함한다)하여야 한다.(2013.3.23 본항개정)

③ 허가권자는 제2항의 신청서를 접수한 경우에는 공사가 완료된 부분이 법 제22조제3항제2호에 따른 기준에 적합한 경우에만 임시사용을 승인할 수 있으며, 식수 등 조경에 필요한 조치를 하기에 부적합한 시기에 건축공사가 완료된 건축물은 허가권자가 지정하는 시기까지 식수(植樹) 등 조경에 필요한 조치를 할 것을 조건으로 임시사용을 승인할 수 있다.

④ 임시사용승인의 기간은 2년 이내로 한다. 다만, 허가권자는 대형 건축물 또는 암반공사 등으로 인하여 공사기간이 긴 건축물에 대하여는 그 기간을 연장할 수 있다.

⑤ 법 제22조제6항 후단에서 "대통령령으로 정하는 주요 공사의 시공자"란 다음 각 호의 어느 하나에 해당하는 자를 말한다.

1. 「건설산업기본법」 제9조에 따라 종합공사 또는 전문공사를 시공하는 업종을 등록한 자로서 발주자로부터 건설공사를 도급받은 건설사업자(2023.9.12 본호개정)
2. 「전기공사업법」·「소방시설공사업법」 또는 「정보통신공사업법」에 따라 공사를 수행하는 시공자

제18조【설계도서의 작성】 법 제23조제1항제3호에서 "대통령령으로 정하는 건축물"이란 다음 각 호의 어느 하나에 해당하는 건축물을 말한다.

1. 읍·면지역(시장 또는 군수가 지역계획 또는 도시·군계획에 지장이 있다고 인정하여 지정·공고한 구역은 제외한다)에서 건축하는 건축물 중 연면적이 200제곱미터 이하인 창고 및 농막(「농지법」에 따른 농막을 말한다)과 연면적 400제곱미터 이하인 축사, 작물재배사, 종묘배양시설, 화초 및 분재 등의 온실(2016.6.30 본호개정)
2. 제15조제5항 각 호의 어느 하나에 해당하는 가설건축물로서 건축조례로 정하는 가설건축물

(2009.7.16 본조개정)

제18조의2【사진 및 동영상 촬영 대상 건축물 등】 ① 법 제24조제7항 전단에서 "공동주택, 종합병원, 관광숙박시설 등 대통령령으로 정하는 용도 및 규모의 건축물"이란 다음 각 호의 어느 하나에 해당하는 건축물을 말한다.

1. 다중이용 건축물
2. 특수구조 건축물
3. 건축물의 하층부가 필로티나 그 밖에 이와 비슷한 구조(벽면적의 2분의 1 이상이 그 층의 바닥면에서 위층 바닥 아래면까지 공간으로 된 것만 해당한다)로서 상층부와 다른 구조형식으로 설계된 건축물(이하 "필로티형식 건축물"이라 한다) 중 3층 이상인 건축물

② 법 제24조제7항 전단에서 "대통령령으로 정하는 진도에 다다른 때"란 다음 각 호의 구분에 따른 단계에 다다른 경우를 말한다.

1. 다중이용 건축물 : 제19조제3항제1호부터 제3호까지의 구분에 따른 단계(2019.8.6 본호개정)
2. 특수구조 건축물 : 다음 각 목의 어느 하나에 해당하는 단계
   가. 매 층마다 상부 슬래브배근을 완료한 경우
   나. 매 층마다 주요구조부의 조립을 완료한 경우
3. 3층 이상의 필로티형식 건축물 : 다음 각 목의 어느 하나에 해당하는 단계
   가. 기초공사 시 철근배치를 완료한 경우
   나. 건축물 상층부의 하중이 상층부와 다른 구조형식의 하층부로 전달되는 다음의 어느 하나에 해당하는 부재(部材)의 철근배치를 완료한 경우
      1) 기둥 또는 벽체 중 하나
      2) 보 또는 슬래브 중 하나

(2018.12.4 2호~3호신설)
(2018.12.4 본조개정)

제19조【공사감리】 ① 법 제25조제1항에 따라 공사감리자를 지정하여 공사감리를 하게 하는 경우에는 다음 각 호의 구분에 따른 자를 공사감리자로 지정하여야 한다.

1. 다음 각 목의 어느 하나에 해당하는 경우 : 건축사
   가. 법 제11조에 따라 건축허가를 받아야 하는 건축물(법 제14조에 따른 건축신고 대상 건축물은 제외한다)을 건축하는 경우
   나. 제6조제1항제6호에 따른 건축물을 리모델링하는 경우
2. 다중이용 건축물을 건축하는 경우 : 「건설기술 진흥법」에 따른 건설엔지니어링사업자(공사시공자 본인이거나 「독점규제 및 공정거래에 관한 법률」 제2조제12호에 따른 계열회사인 건설엔지니어링사업자는 제외한다) 또는 건축사(「건설기술 진흥법 시행령」 제60조에 따라 건설사업관리기술인을 배치하는 경우만 해당한다)
(2021.12.28 본호개정)

(2009.7.16 본항개정)

② 제1항에 따라 다중이용 건축물의 공사감리자를 지정하는 경우 감리원의 배치기준 및 감리대가는 「건설기술 진흥법」에서 정하는 바에 따른다.(2014.5.22 본항개정)

③ 법 제25조제6항에서 "공사의 공정이 대통령령으로 정하는 진도에 다다른 경우"란 공사(하나의 대지에 둘 이상의 건축물을 건축하는 경우에는 각각의 건축물에 대한 공사를 말한다)의 공정이 다음 각 호의 구분에 따른 단계에 다다른 경우를 말한다.(2019.8.6 본문개정)

1. 해당 건축물의 구조가 철근콘크리트조·철골철근콘크리트조·조적조 또는 보강콘크리트블럭조인 경우 : 다음 각 목의 어느 하나에 해당하는 단계(2019.8.6 본문개정)
   가. 기초공사 시 철근배치를 완료한 경우
   나. 지붕슬래브배근을 완료한 경우
   다. 지상 5개 층마다 상부 슬래브배근을 완료한 경우(2016.5.17 단서삭제)
2. 해당 건축물의 구조가 철골조인 경우 : 다음 각 목의 어느 하나에 해당하는 단계(2019.8.6 본문개정)
   가. 기초공사 시 철근배치를 완료한 경우
   나. 지붕철골 조립을 완료한 경우
   다. 지상 3개 층마다 또는 높이 20미터마다 주요구조부의 조립을 완료한 경우
   (2016.5.17 본호신설)
3. 해당 건축물의 구조가 제1호 또는 제2호 외의 구조인 경우 : 기초공사에서 거푸집 또는 주춧돌의 설치를 완료한 단계(2019.8.6 본호개정)
4. 제1호부터 제3호까지에 해당하는 건축물이 3층 이상의 필로티형식 건축물인 경우 : 다음 각 목의 어느 하나에 해당하는 단계
   가. 해당 건축물의 구조에 따라 제1호부터 제3호까지의 어느 하나에 해당하는 경우
   나. 제18조의2제2항제3호나목에 해당하는 경우
   (2019.8.6 본호신설)

④ 법 제25조제5항에서 "대통령령으로 정하는 용도 또는 규모의 공사"란 연면적의 합계가 5천 제곱미터 이상인 건축공사를 말한다.(2017.2.3 본항개정)

⑤ 공사감리자는 수시로 또는 필요할 때 공사현장에서 감리업무를 수행해야 하며, 다음 각 호의 건축공사를 감리하는 경우에는 「건축사법」 제2조제2호에 따른 건축사보(「기술사법」 제6조에 따른 기술사사무소 또는 「건축사법」 제23조제9항 각 호의 건설엔지니어링사업자 등에 소속되어 있는 사람으로서 「국가기술자격법」에 따른 해당 분야 기술계 자격을 취득한 사람과 「건설기술 진흥법 시행령」 제4조에 따른 건설사업관리를 수행할 자격이 있는 사람을 포함한다. 이하 같다) 중 건축 분야의 건축사보 한 명 이상을 전체 공사기간 동안, 토목·전기 또는 기계 분야의 건축사보 한 명 이상을 각 분야별 해당 공사기간 동안 각각 공사현장에서 감리업무를 수행하게 해야 한다. 이 경우 건축사보는 해당 분야의 건축공사의 설계·시공·시험·검사·공사감독 또는 감리업무 등에 2년 이상 종사한 경력이 있는 사람이어야 한다.(2021.9.14 전단개정)

1. 바닥면적의 합계가 5천 제곱미터 이상인 건축공사. 다만, 축사 또는 작물 재배사의 건축공사는 제외한다.
(2009.7.16 단서신설)
2. 연속된 5개 층(지하층을 포함한다) 이상으로서 바닥면적의 합계가 3천 제곱미터 이상인 건축공사
3. 아파트 건축공사
4. 준다중이용 건축물 건축공사(2015.9.22 본호신설)

⑥ 공사감리자는 제5항 각 호에 해당하지 않는 건축공사로서 깊이 10미터 이상의 토지 굴착공사 또는 높이 5미터 이상의 옹벽 등의 공사(「산업집적활성화 및 공장설립에 관한 법률」 제2조제14호에 따른 산업단지에서 바닥면적 합계가 2천제곱미터 이하인 공장을 건축하는 경우는 제외한다)를 감리하는 경우에는 건축사보 중 건축 또는 토목 분야의 건축사보 한 명 이상을 해당 공사기간 동안 공사현장에서 감리업무를 수행하게 해야 한다. 이 경우 건축사보는 건축공사의 시공·공사감독 또는 감리업무 등에 2년 이상 종사한 경력이 있는 사람이어야 한다.
(2023.9.12 후단개정)

⑦ 공사감리자는 제61조제1항제4호에 해당하는 건축물의 마감재료 설치공사를 감리하는 경우로서 국토교통부령으로 정하는 경우에는 건축 또는 안전관리 분야의 건축사보 한 명 이상이 마감재료 설치공사기간 동안 그 공사현장에서 감리업무를 수행하게 해야 한다. 이 경우 건축사보는 건축공사의 설계·시공·시험·검사·공사감독 또는 감리업무 등에 2년 이상 종사한 경력이 있는 사람이어야 한다.(2021.8.10 본항신설)

⑧ 공사감리자는 제5항부터 제7항까지의 규정에 따라 건축사보로 하여금 감리업무를 수행하게 하는 경우 다른 공사현장이나 공정의 감리업무를 수행하고 있지 않는 건축사보가 감리업무를 수행하게 해야 한다.(2021.8.10 본항신설)

⑨ 공사감리자가 수행하여야 하는 감리업무는 다음과 같다.

1. 공사시공자가 설계도서에 따라 적합하게 시공하는지 여부의 확인
2. 공사시공자가 사용하는 건축자재가 관계 법령에 따른 기준에적합한 건축자재인지 여부의 확인
3. 그 밖에 공사감리에 관한 사항으로서 국토교통부령으로 정하는 사항(2013.3.23 본호개정)

⑩ 제5항부터 제7항까지의 규정에 따라 공사현장에 건축사보를 두는 공사감리자는 다음 각 호의 구분에 따른 기간에 국토교통부령으로 정하는 바에 따라 건축사보의 배치현황을 허가권자에게 제출해야 한다.(2021.8.10 본문개정)

1. 최초로 건축사보를 배치하는 경우에는 착공 예정일(제6항 또는 제7항에 따라 배치하는 경우에는 배치일을 말한다)부터 7일(2021.8.10 본호개정)
2. 건축사보의 배치가 변경된 경우에는 변경된 날부터 7일
3. 건축사보가 철수한 경우에는 철수한 날부터 7일

(2014.11.28 본항신설)

⑪ 허가권자는 제10항에 따라 공사감리자로부터 건축사보의 배치현황을 받으면 지체 없이 건축사보가 이중으로 배치되어 있는지 여부 등 국토교통부령으로 정하는 내용을 확인한 후 「전자정부법」 제37조에 따른 행정정보 공동이용센터를 통해 그 배치현황을 「건축사법」 제31조에 따른 대한건축사협회에 보내야 한다.(2023.9.12 본항개정)

⑫ 제11항에 따라 건축사보의 배치현황을 받은 대한건축사협회는 이를 관리해야 하며, 건축사보가 이중으로 배치된 사실 등을 확인한 경우에는 지체 없이 그 사실 등을 관계 시·도지사, 허가권자 및 그 밖에 국토교통부령으로 정하는 자에게 알려야 한다.(2023.9.12 본항개정)

⑬ 제12항에서 규정한 사항 외에 건축사보의 배치현황 관리 등에 필요한 사항은 국토교통부령으로 정한다.
(2023.9.12 본항신설)

제19조의2【허가권자가 공사감리자를 지정하는 건축물 등】 ① 법 제25조제2항 각 호 외의 부분 본문에서 "대통령령으로 정하는 건축물"이란 다음 각 호의 건축물을 말한다.

1. 「건설산업기본법」 제41조제1항 각 호에 해당하지 아니하는 건축물 중 다음 각 목의 어느 하나에 해당하지 아니하는 건축물
   가. 별표1 제1호가목의 단독주택
   나. 농업·임업·축산업 또는 어업용으로 설치하는 창고·저장고·작업장·퇴비사·축사·양어장 및 그 밖에 이와 유사한 용도의 건축물
   다. 해당 건축물의 건설공사가 「건설산업기본법 시행령」 제8조제1항 각 호의 어느 하나에 해당하는 경미한 건설공사인 경우
   (2017.10.24 본호개정)
2. 주택으로 사용하는 다음 각 목의 어느 하나에 해당하는 건축물(각 목에 해당하는 건축물과 그 외의 건축물이 하나의 건축물로 복합된 경우를 포함한다)(2019.2.12 본문개정)
   가. 아파트
   나. 연립주택
   다. 다세대주택
   라. 다중주택(2019.2.12 본목신설)
   마. 다가구주택(2019.2.12 본목신설)
3. (2019.2.12 삭제)

② 시·도지사는 법 제25조제2항 각 호 외의 부분 본문에 따라 공사감리자를 지정하기 위하여 다음 각 호의 구분에 따른 자를 대상으로 모집공고를 거쳐 공사감리자의 명부를 작성하고 관리해야 한다. 이 경우 시·도지사는 미리 관할 시장·군수·구청장과 협의해야 한다.

1. 다중이용 건축물의 경우 : 「건축사법」 제23조제1항에 따라 건축사사무소의 개설신고를 한 건축사 및 「건설기술 진흥법」에 따른 건설엔지니어링사업자(2021.9.14 본호개정)
2. 그 밖의 경우 : 「건축사법」 제23조제1항에 따라 건축사사무소의 개설신고를 한 건축사

(2020.4.21 본항개정)

③ 제1항 각 호의 어느 하나에 해당하는 건축물의 건축주는 법 제21조에 따른 착공신고를 하기 전에 국토교통부령으로 정하는 바에 따라 허가권자에게 공사감리자의 지정을 신청하여야 한다.

④ 허가권자는 제2항에 따른 명부에서 공사감리자를 지정하여야 한다.

⑤ 제3항 및 제4항에서 규정한 사항 외에 공사감리자 모집공고, 명부작성 방법 및 공사감리자 지정 방법 등에 관한 세부적인 사항은 시·도의 조례로 정한다.

⑥ 법 제25조제2항제1호에서 "대통령령으로 정하는 신기술"이란 건축물의 주요구조부 및 주요구조부에 사용하는 마감재료에 적용하는 신기술을 말한다.(2020.10.8 본항신설)

⑦ 법 제25조제2항제2호에서 "대통령령으로 정하는 건축사"란 건축주가 같은 항 각 호 외의 부분 단서에 따라 허가권자에게 공사감리 지정을 신청한 날부터 최근 10년간 「건축서비스산업 진흥법 시행령」 제11조제1항 각 호의 어느 하나에 해당하는 설계공모 또는 대회에서 당선되거나 최우수 건축 작품으로 수상한 실적이 있는 건축사를 말한다.(2020.10.8 본항신설)

⑧ 법 제25조제13항에서 "해당 계약서 등 대통령령으로 정하는 서류"란 다음 각 호의 서류를 말한다.

1. 설계자의 건축과정 참여에 관한 계획서
2. 건축주와 설계자와의 계약서

(2019.2.12 본항신설)
(2016.7.19 본조신설)

제19조의3【업무제한 대상 건축물 등】 ① 법 제25조의2 제1항에서 "대통령령으로 정하는 주요 건축물"이란 다음 각 호의 건축물을 말한다.

1. 다중이용 건축물
2. 준다중이용 건축물
② 법 제25조의2제2항 각 호 외의 부분에서 "대통령령으로 정하는 규모 이상의 재산상의 피해"란 도급 또는 하도급받은 금액의 100분의 10 이상으로서 그 금액이 1억원 이상인 재산상의 피해를 말한다.
③ 법 제25조의2제2항 각 호 외의 부분에서 "다중이용건축물 등 대통령령으로 정하는 주요 건축물"이란 다음 각 호의 건축물을 말한다.
1. 다중이용 건축물
2. 준다중이용 건축물
(2017.2.3 본조신설)
제20조【현장조사·검사 및 확인업무의 대행】 ① 허가권자는 법 제27조제1항에 따라 건축조례로 정하는 건축물의 건축허가, 건축신고, 사용승인 및 임시사용승인과 관련되는 현장조사·검사 및 확인업무를 건축사로 하여금 대행하게 할 수 있다. 이 경우 허가권자는 건축물의 사용승인 및 임시사용승인과 관련된 현장조사·검사 및 확인업무를 대행할 건축사를 다음 각 호의 기준에 따라 선정하여야 한다.(2014.11.28 전단개정)
1. 해당 건축물의 설계자 또는 공사감리자가 아닐 것
2. 건축주의 추천을 받지 아니하고 직접 선정할 것
② 시·도지사는 법 제27조제1항에 따라 현장조사·검사 및 확인업무를 대행하게 하는 건축사(이하 이 조에서 "업무대행건축사"라 한다)의 명부를 모집공고를 거쳐 작성·관리해야 한다. 이 경우 시·도지사는 미리 관할 시장·군수·구청장과 협의해야 한다.(2021.1.8 본항개정)
③ 허가권자는 제2항에 따른 명부에서 업무대행건축사를 지정해야 한다.(2021.1.8 본항신설)
④ 제2항 및 제3항에 따른 업무대행건축사 모집공고, 명부 작성·관리 및 지정에 필요한 사항은 시·도의 조례로 정한다.(2021.1.8 본항신설)
제21조【공사현장의 위해 방지】 건축물의 시공 또는 해체에 따른 유해·위험의 방지에 관한 사항은 산업안전보건에 관한 법령에서 정하는 바에 따른다.(2020.4.28 본조개정)
제22조【공용건축물에 대한 특례】 ① 국가 또는 지방자치단체가 법 제29조에 따라 건축물을 건축하려면 해당 건축공사를 시행하는 행정기관의 장 또는 그 위임을 받은 자는 건축공사에 착수하기 전에 그 공사에 관한 설계도서와 국토교통부령으로 정하는 관계 서류를 허가권자에게 제출(전자문서에 의한 제출을 포함한다)하여야 한다. 다만, 국가안보상 중요하거나 국가기밀에 속하는 건축물을 건축하는 경우에는 설계도서의 제출을 생략할 수 있다.(2013.3.23 본문개정)
② 허가권자는 제1항 본문에 따라 제출된 설계도서와 관계 서류를 심사한 후 그 결과를 해당 행정기관의 장 또는 그 위임을 받은 자에게 통지(해당 행정기관의 장 또는 그 위임을 받은 자가 원하거나 전자문서로 제1항에 따른 설계도서 등을 제출한 경우에는 전자문서로 알리는 것을 포함한다)하여야 한다.
③ 국가 또는 지방자치단체는 법 제29조제3항 단서에 따라 건축물의 공사가 완료되었음을 허가권자에게 통보하는 경우에는 국토교통부령으로 정하는 관계 서류를 첨부하여야 한다.(2013.3.23 본항개정)
④ 법 제29조제4항 전단에서 "주민편의시설 등 대통령령으로 정하는 시설"이란 다음 각 호의 시설을 말한다.
1. 제1종 근린생활시설
2. 제2종 근린생활시설(총포판매소, 장의사, 다중생활시설, 제조업소, 단란주점, 안마시술소 및 노래연습장은 제외한다)
3. 문화 및 집회시설(공연장 및 전시장으로 한정한다)
4. 의료시설
5. 교육연구시설
6. 노유자시설
7. 운동시설
8. 업무시설(오피스텔은 제외한다)
(2016.7.19 본항신설)
제22조의2【건축 허가업무 등의 전산처리 등】 ① 법 제32조제2항 각 호 외의 부분 본문에 따라 같은 조 제1항에 따른 전자정보처리 시스템으로 처리된 자료(이하 "전산자료"라 한다)를 이용하려는 자는 관계 중앙행정기관의 장의 심사를 받기 위하여 다음 각 호의 사항을 적은 신청서를 관계 중앙행정기관의 장에게 제출하여야 한다.
1. 전산자료의 이용 목적 및 근거
2. 전산자료의 범위 및 내용
3. 전산자료를 제공받는 방식
4. 전산자료의 보관방법 및 안전관리대책 등
② 제1항에 따라 전산자료를 이용하려는 자는 전산자료의 이용목적에 맞는 최소한의 범위에서 신청하여야 한다.
③ 제1항에 따른 신청을 받은 관계 중앙행정기관의 장은 다음 각 호의 사항을 심사한 후 신청받은 날부터 15일 이내에 그 심사결과를 신청인에게 알려야 한다.
1. 제1항 각 호의 사항에 대한 타당성·적합성 및 공익성
2. 법 제32조제3항에 따른 개인정보 보호기준에의 적합 여부
3. 전산자료의 이용목적 외 사용방지 대책의 수립 여부
④ 법 제32조제2항에 따라 전산자료 이용의 승인을 받으려는 자는 국토교통부령으로 정하는 건축행정 전산자료 이용승인 신청서에 제3항에 따른 심사결과를 첨부하여 국토교통부장관, 시·도지사 또는 시장·군수·구청장에게 제출하여야 한다. 다만, 중앙행정기관의 장 또는 지방자치단체의 장이 전산자료를 이용하려는 경우에는 전산자료 이용의 근거·목적 및 안전관리대책 등을 적은 문서로 승인을 신청할 수 있다.(2013.3.23 본문개정)
⑤ 법 제32조제3항 전단에서 "대통령령으로 정하는 건축주 등의 개인정보 보호기준"이란 다음 각 호의 기준을 말한다.
1. 신청한 전산자료는 그 자료에 포함되어 있는 성명·주민등록번호 등의 사항에 따라 특정 개인임을 알 수 있는 정보(해당 정보만으로는 특정개인을 식별할 수 없더라도 다른 정보와 쉽게 결합하여 식별할 수 있는 정보를 포함한다), 그 밖에 개인의 사생활을 침해할 우려가 있는 정보가 아닐 것. 다만, 개인의 동의가 있거나 다른 법률에 근거가 있는 경우에는 이용하게 할 수 있다.
2. 제1호 단서에 따라 개인정보가 포함된 전산자료를 이용하는 경우에는 전산자료의 이용목적 외의 사용 또는 외부로의 누출·분실·도난 등을 방지할 수 있는 안전관리대책이 마련되어 있을 것
⑥ 국토교통부장관, 시·도지사 또는 시장·군수·구청장은 법 제32조제3항에 따라 전산자료의 이용을 승인하였으면 그 승인한 내용을 기록·관리하여야 한다.(2013.3.23 본항개정)
제22조의3【전산자료의 이용자에 대한 지도·감독의 대상 등】 ① 법 제33조제1항에 따라 전산자료를 이용하는 자에 대하여 그 보유 또는 관리 등에 관한 사항을 지도·감독하는 대상은 다음 각 호의 구분에 따른 전산자료(다른 법령에 따라 제공받은 전산자료를 포함한다)를 이용하는 자료로 한다. 다만, 국가 및 지방자치단체는 제외한다.
1. 국토교통부장관 : 연간 50만 건 이상 전국 단위의 전산자료를 이용하는 자(2013.3.23 본호개정)
2. 시·도지사 : 연간 10만 건 이상 시·도 단위의 전산자료를 이용하는 자
3. 시장·군수·구청장 : 연간 5만 건 이상 시·군·구 단위의 전산자료를 이용하는 자
② 국토교통부장관, 시·도지사 또는 시장·군수·구청장은 법 제33조제1항에 따른 지도·감독을 위하여 필요한 경우에는 제1항에 따른 지도·감독 대상에 해당하는 자에 대하여 다음 각 호의 자료를 제출하도록 요구할 수 있다.(2013.3.23 본문개정)
1. 전산자료의 이용실태에 관한 자료
2. 전산자료의 이용에 따른 안전관리대책에 관한 자료
③ 제2항에 따라 자료제출을 요구받은 자는 정당한 사유가 있는 경우를 제외하고는 15일 이내에 관련 자료를 제출하여야 한다.
④ 국토교통부장관, 시·도지사 또는 시장·군수·구청장은 법 제33조제1항에 따라 전산자료의 이용실태에 관한 현지조사를 하려면 조사대상자에게 조사 목적·내용, 조사자의 인적사항, 조사 일시 등을 7일 전까지 알려야 한다.(2019.8.6 본항개정)
⑤ 국토교통부장관, 시·도지사 또는 시장·군수·구청장은 제4항에 따른 현지조사 결과를 조사대상자에게 알려야 하며, 조사 결과 필요한 경우에는 시정을 요구할 수 있다.(2013.3.23 본항개정)
제22조의4【건축에 관한 종합민원실】 ① 법 제34조에 따라 특별자치시·특별자치도 또는 시·군·구에 설치하는 민원실은 다음 각 호의 업무를 처리한다.(2014.10.14 본문개정)
1. 법 제22조에 따른 사용승인에 관한 업무
2. 법 제27조제1항에 따라 건축사가 현장조사·검사 및 확인업무를 대행하는 건축물의 건축허가와 사용승인 및 임시사용승인에 관한 업무
3. 건축물대장의 작성 및 관리에 관한 업무
4. 복합민원의 처리에 관한 업무
5. 건축허가·건축신고 또는 용도변경에 관한 상담 업무
6. 건축관계자 사이의 분쟁에 대한 상담
7. 그 밖에 특별자치시장·특별자치도지사 또는 시장·군수·구청장이 주민의 편익을 위하여 필요하다고 인정하는 업무(2014.10.14 본호개정)
② 제1항에 따른 민원실은 민원인의 이용에 편리한 곳에 설치하고, 그 조직 및 기능에 관하여는 특별자치시·특별자치도 또는 시·군·구의 규칙으로 정한다.(2014.10.14 본항개정)

제3장 건축물의 유지와 관리
(2008.10.29 본장개정)

제23조~제23조의7 (2020.4.28 삭제)
제23조의8 (2019.8.6 삭제)
제24조【건축지도원】 ① 법 제37조에 따른 건축지도원(이하 "건축지도원"이라 한다)은 특별자치시장·특별자치도지사 또는 시장·군수·구청장이 특별자치시·특별자치도 또는 시·군·구에 근무하는 건축직렬의 공무원과 건축에 관한 학식이 풍부한 자로서 건축조례로 정하는 자격을 갖춘 자 중에서 지정한다.(2014.10.14 본항개정)
② 건축지도원의 업무는 다음 각 호와 같다.
1. 건축신고를 하고 건축 중에 있는 건축물의 시공 지도와 위법 시공 여부의 확인·지도 및 단속
2. 건축물의 대지, 높이 및 형태, 구조 안전 및 화재 안전, 건축설비 등이 법령등에 적합하게 유지·관리되고 있는지의 확인·지도 및 단속
3. 허가를 받지 아니하거나 신고를 하지 아니하고 건축하거나 용도변경한 건축물의 단속
③ 건축지도원은 제2항의 업무를 수행할 때에는 권한을 나타내는 증표를 지니고 관계인에게 내보여야 한다.
④ 건축지도원의 지정 절차, 보수 기준 등에 관하여 필요한 사항은 건축조례로 정한다.
제25조【건축물대장】 법 제38조제1항제4호에서 "대통령령으로 정하는 경우"란 다음 각 호의 어느 하나에 해당하는 경우를 말한다.(2012.7.19 본문개정)
1. 「집합건물의 소유 및 관리에 관한 법률」 제56조 및 제57조에 따른 건축물대장의 신규등록 및 변경등록의 신청이 있는 경우
2. 법 시행일 전에 법령등에 적합하게 건축되고 유지·관리된 건축물의 소유자가 그 건축물의 건축물관리대장이나 그 밖에 이와 비슷한 공부(公簿)를 법 제38조에 따른 건축물대장에 옮겨 적을 것을 신청한 경우
3. 그 밖에 기재내용의 변경 등이 필요한 경우로서 국토교통부령으로 정하는 경우(2013.3.23 본호개정)

제4장 건축물의 대지 및 도로
(2008.10.29 본장개정)

제26조 (1999.4.30 삭제)
제27조【대지의 조경】 ① 법 제42조제1항 단서에 따라 다음 각 호의 어느 하나에 해당하는 건축물에 대하여는 조경 등의 조치를 하지 아니할 수 있다.
1. 녹지지역에 건축하는 건축물(2010.12.13 본호개정)
2. 면적 5천 제곱미터 미만인 대지에 건축하는 공장
3. 연면적의 합계가 1천500제곱미터 미만인 공장
4. 「산업집적활성화 및 공장설립에 관한 법률」 제2조제14호에 따른 산업단지의 공장(2012.12.12 본호개정)
5. 대지에 염분이 함유되어 있는 경우 또는 건축물 용도의 특성상 조경 등의 조치를 하기가 곤란하거나 조경 등의 조치를 하는 것이 불합리한 경우로서 건축조례로 정하는 건축물
6. 축사
7. 법 제20조제1항에 따른 가설건축물
8. 연면적의 합계가 1천500제곱미터 미만인 물류시설(주거지역 또는 상업지역에 건축하는 것은 제외한다)로서 국토교통부령으로 정하는 것(2013.3.23 본호개정)
9. 「국토의 계획 및 이용에 관한 법률」에 따라 지정된 자연환경보전지역·농림지역 또는 관리지역(지구단위계획구역으로 지정된 지역은 제외한다)의 건축물(2012.4.10 본호개정)
10. 다음 각 목의 어느 하나에 해당하는 건축물 중 건축조례로 정하는 건축물
가. 「관광진흥법」 제2조제6호에 따른 관광지 또는 같은 조 제7호에 따른 관광단지에 설치하는 관광시설
나. 「관광진흥법 시행령」 제2조제1항제3호가목에 따른 전문휴양업의 시설 또는 같은 호 나목에 따른 종합휴양업의 시설
다. 「국토의 계획 및 이용에 관한 법률 시행령」 제48조제10호에 따른 관광·휴양형 지구단위계획구역에 설치하는 관광시설
라. 「체육시설의 설치·이용에 관한 법률 시행령」 별표1에 따른 골프장
(2009.7.16 본호신설)
② 법 제42조제1항 단서에 따른 조경 등의 조치에 관한 기준은 다음 각 호와 같다. 다만, 건축조례로 다음 각 호의 기준보다 더 완화된 기준을 정한 경우에는 그 기준에 따른다.
1. 공장(제1항제2호부터 제4호까지의 규정에 해당하는 공장은 제외한다) 및 물류시설(제1항제8호에 해당하는 물류시설과 주거지역 또는 상업지역에 건축하는 물류시설은 제외한다)
가. 연면적의 합계가 2천 제곱미터 이상인 경우 : 대지면적의 10퍼센트 이상
나. 연면적의 합계가 1천500 제곱미터 이상 2천 제곱미터 미만인 경우 : 대지면적의 5퍼센트 이상
2. 「공항시설법」 제2조제7호에 따른 공항시설 : 대지면적(활주로·유도로·계류장·착륙대 등 항공기의 이륙 및 착륙시설로 쓰는 면적은 제외한다)의 10퍼센트 이상(2017.3.29 본호개정)
3. 「철도의 건설 및 철도시설 유지관리에 관한 법률」 제2조제1호에 따른 철도 중 역시설 : 대지면적(선로·승강장 등 철도운행에 이용되는 시설의 면적은 제외한다)의 10퍼센트 이상(2019.3.12 본호개정)
4. 그 밖에 면적 200제곱미터 이상 300제곱미터 미만인 대지에 건축하는 건축물 : 대지면적의 10퍼센트 이상
③ 건축물의 옥상에 법 제42조제2항에 따라 국토교통부장관이 고시하는 기준에 따라 조경이나 그 밖에 필요한 조치를 하는 경우에는 옥상부분 조경면적의 3분의 2에 해당하는 면적을 법 제42조제1항에 따른 대지의 조경면적으로 산정할 수 있다. 이 경우 조경면적으로 산정하는 면적은 법 제42조제1항에 따른 조경면적의 100분의 50을 초과할 수 없다.(2013.3.23 전단개정)

제27조의2【공개 공지 등의 확보】 ① 법 제43조제1항에 따라 다음 각 호의 어느 하나에 해당하는 건축물의 대지에는 공개 공지 또는 공개 공간(이하 이 조에서 "공개공지등"이라 한다)을 설치해야 한다. 이 경우 공개 공지는 필로티의 구조로 설치할 수 있다.(2019.10.22 본문개정)

1. 문화 및 집회시설, 종교시설, 판매시설(「농수산물 유통 및 가격안정에 관한 법률」에 따른 농수산물유통시설은 제외한다), 운수시설(여객용 시설만 해당한다), 업무시설 및 숙박시설로서 해당 용도로 쓰는 바닥면적의 합계가 5천 제곱미터 이상인 건축물(2013.11.20 본호개정)
2. 그 밖에 다중이 이용하는 시설로서 건축조례로 정하는 건축물

② 공개공지등의 면적은 대지면적의 100분의 10 이하의 범위에서 건축조례로 정한다. 이 경우 법 제42조에 따른 조경면적과 「매장문화재 보호 및 조사에 관한 법률」 제14조제1항제1호에 따른 매장문화재의 현지보존 조치 면적을 공개공지등의 면적으로 할 수 있다.(2017.6.27 후단개정)

③ 제1항에 따라 공개공지등을 설치할 때에는 모든 사람들이 환경친화적으로 편리하게 이용할 수 있도록 긴 의자 또는 조경시설 등 건축조례로 정하는 시설을 설치해야 한다.(2019.10.22 본항개정)

④ 제1항에 따른 건축물(제1항에 따른 건축물과 제1항에 해당되지 아니하는 건축물이 하나의 건축물로 복합된 경우를 포함한다)에 공개공지등을 설치하는 경우에는 법 제43조제2항에 따라 다음 각 호의 범위에서 대지면적에 대한 공개공지등 면적 비율에 따라 법 제56조 및 제60조를 완화하여 적용한다. 다만, 다음 각 호의 범위에서 건축조례로 정한 기준이 완화 비율보다 큰 경우에는 해당 건축조례로 정하는 바에 따른다.(2014.11.11 본문개정)

1. 법 제56조에 따른 용적률은 해당 지역에 적용하는 용적률의 1.2배 이하
2. 법 제60조에 따른 높이 제한은 해당 건축물에 적용하는 높이기준의 1.2배 이하

⑤ 제1항에 따른 공개공지등의 설치대상이 아닌 건축물(「주택법」 제15조제1항에 따른 사업계획승인 대상인 공동주택 중 주택 외의 시설과 주택을 동일 건축물로 건축하는 것 외의 공동주택은 제외한다)의 대지에 법 제43조제4항, 이 조 제2항 및 제3항에 적합한 공개 공지를 설치하는 경우에는 제4항을 준용한다.(2019.10.22 본항개정)

⑥ 공개공지등에는 연간 60일 이내의 기간 동안 건축조례로 정하는 바에 따라 주민들을 위한 문화행사를 열거나 판촉활동을 할 수 있다. 다만, 울타리를 설치하는 등 공중이 해당 공개공지등을 이용하는데 지장을 주는 행위를 해서는 아니 된다.(2009.6.30 본항신설)

⑦ 법 제43조제4항에 따라 제한되는 행위는 다음 각 호와 같다.

1. 공개공지등의 일정 공간을 점유하여 영업을 하는 행위
2. 공개공지등의 이용에 방해가 되는 행위로서 다음 각 목의 행위
   가. 공개공지등에 제3항에 따른 시설 외의 시설물을 설치하는 행위
   나. 공개공지등에 물건을 쌓아 놓는 행위
3. 울타리나 담장 등의 시설을 설치하거나 출입구를 폐쇄하는 등 공개공지등의 출입을 차단하는 행위
4. 공개공지등과 그에 설치된 편의시설을 훼손하는 행위
5. 그 밖에 제1호부터 제4호까지의 행위와 유사한 행위로서 건축조례로 정하는 행위

(2020.4.21 본항신설)

제28조【대지와 도로의 관계】 ① 법 제44조제1항제2호에서 "대통령령으로 정하는 공지"란 광장, 공원, 유원지, 그 밖에 관계 법령에 따라 건축이 금지되고 공중의 통행에 지장이 없는 공지로서 허가권자가 인정한 것을 말한다.

② 법 제44조제2항에 따라 연면적의 합계가 2천 제곱미터(공장인 경우에는 3천 제곱미터)이상인 건축물(축사, 작물 재배사, 그 밖에 이와 비슷한 건축물로서 건축조례로 정하는 규모의 건축물은 제외한다)의 대지는 너비 6미터 이상의 도로에 4미터 이상 접하여야 한다.(2009.7.16 본항개정)

제29조～제30조 (1999.4.30 삭제)

제31조【건축선】 ① 법 제46조제1항에 따라 너비 8미터 미만인 도로의 모퉁이에 위치한 대지의 도로모퉁이 부분의 건축선은 그 대지에 접한 도로경계선의 교차점으로부터 도로경계선에 따라 다음의 표에 따른 거리를 각각 후퇴한 두 점을 연결한 선으로 한다.

(단위 : 미터)

도로의 교차각	해당 도로의 너비		교차되는 도로의 너비
	6 이상 8 미만	4 이상 6 미만	
90° 미만	4	3	6 이상 8 미만
	3	2	4 이상 6 미만
90° 이상 120° 미만	3	2	6 이상 8 미만
	2	2	4 이상 6 미만

② 특별자치시장ㆍ특별자치도지사 또는 시장ㆍ군수ㆍ구청장은 법 제46조제2항에 따라 「국토의 계획 및 이용에 관한 법률」 제36조제1항제1호에 따른 도시지역에는 4미터 이하의 범위에서 건축선을 따로 지정할 수 있다.(2014.10.14 본항개정)

③ 특별자치시장ㆍ특별자치도지사 또는 시장ㆍ군수ㆍ구청장은 제2항에 따라 건축선을 지정하려면 미리 그 내용을 해당 지방자치단체의 공보(公報), 일간신문 또는 인터넷 홈페이지 등에 30일 이상 공고하여야 하며, 공고한 내용에 대하여 의견이 있는 자는 공고기간에 특별자치시장ㆍ특별자치도지사 또는 시장ㆍ군수ㆍ구청장에게 의견을 제출(전자문서에 의한 제출을 포함한다)할 수 있다.(2014.10.14 본항개정)

제5장 건축물의 구조 및 재료 등

(2014.11.28 본장제목개정)

제32조【구조 안전의 확인】 ① 법 제48조제2항에 따라 법 제11조제1항에 따른 건축물을 건축하거나 대수선하는 경우 해당 건축물의 설계자는 국토교통부령으로 정하는 구조기준 등에 따라 그 구조의 안전을 확인하여야 한다.

1.～7. (2014.11.28 삭제)

② 제1항에 따라 구조 안전을 확인한 건축물 중 다음 각 호의 어느 하나에 해당하는 건축물의 건축주는 해당 건축물의 설계자로부터 구조 안전의 확인 서류를 받아 법 제21조에 따른 착공신고를 하는 때에 그 확인 서류를 허가권자에게 제출하여야 한다. 다만, 표준설계도서에 따라 건축하는 건축물은 제외한다.(2018.12.4 단서신설)

1. 층수가 2층〔주요구조부인 기둥과 보를 설치하는 건축물로서 그 기둥과 보가 목재인 목구조 건축물(이하 "목구조 건축물"이라 한다)의 경우에는 3층〕 이상인 건축물(2017.10.24 본호개정)
2. 연면적이 200제곱미터(목구조 건축물의 경우에는 500제곱미터) 이상인 건축물. 다만, 창고, 축사, 작물 재배사는 제외한다.(2018.12.4 단서개정)
3. 높이가 13미터 이상인 건축물
4. 처마높이가 9미터 이상인 건축물
5. 기둥과 기둥 사이의 거리가 10미터 이상인 건축물
6. 건축물의 용도 및 규모를 고려한 중요도가 높은 건축물로서 국토교통부령으로 정하는 건축물(2017.10.24 본호개정)
7. 국가적 문화유산으로 보존할 가치가 있는 건축물로서 국토교통부령으로 정하는 것
8. 제2조제18호가목 및 다목의 건축물
9. 별표1 제1호의 단독주택 및 같은 표 제2호의 공동주택(2017.10.24 본호신설)

③ 제6조제1항제6호다목에 따라 기존 건축물을 건축 또는 대수선하려는 건축주는 법 제5조제1항에 따라 적용의 완화를 요청할 때 구조 안전의 확인 서류를 허가권자에게 제출하여야 한다.(2017.2.3 본항신설)

(2014.11.28 본조개정)

제32조의2【건축물의 내진능력 공개】 ① 법 제48조의3 제1항 각 호 외의 부분 단서에서 "대통령령으로 정하는 건축물"이란 다음 각 호의 어느 하나에 해당하는 건축물을 말한다.

1. 창고, 축사, 작물 재배사 및 표준설계도서에 따라 건축하는 건축물로서 제32조제2항제1호 및 제3호부터 제9호까지의 어느 하나에도 해당하지 아니하는 건축물
2. 제32조제1항에 따른 구조기준 중 국토교통부령으로 정하는 소규모건축구조기준을 적용한 건축물

② 법 제48조의3제1항제3호에서 "대통령령으로 정하는 건축물"이란 제32조제2항제3호부터 제9호까지의 어느 하나에 해당하는 건축물을 말한다.

(2018.6.26 본조신설)

제33조 (1999.4.30 삭제)

제34조【직통계단의 설치】 ① 건축물의 피난층(직접 지상으로 통하는 출입구가 있는 층 및 제3항과 제4항에 따른 피난안전구역을 말한다. 이하 같다) 외의 층에서는 피난층 또는 지상으로 통하는 직통계단(경사로를 포함한다. 이하 같다)을 거실의 각 부분으로부터 계단(거실로부터 가장 가까운 거리에 있는 1개소의 계단을 말한다)에 이르는 보행거리가 30미터 이하가 되도록 설치해야 한다. 다만, 건축물(지하층에 설치하는 것으로서 바닥면적의 합계가 300제곱미터 이상인 공연장ㆍ집회장ㆍ관람장 및 전시장은 제외한다)의 주요구조부가 내화구조 또는 불연재료로 된 건축물은 그 보행거리가 50미터(층수가 16층 이상인 공동주택의 경우 16층 이상인 층에 대해서는 40미터) 이하가 되도록 설치할 수 있으며, 자동화 생산시설에 스프링클러 등 자동식 소화설비를 설치한 공장으로서 국토교통부령으로 정하는 공장인 경우에는 그 보행거리가 75미터(무인화 공장인 경우에는 100미터) 이하가 되도록 설치할 수 있다.(2020.10.8 단서개정)

② 법 제49조제1항에 따라 피난층 외의 층이 다음 각 호의 어느 하나에 해당하는 용도 및 규모의 건축물에는 국토교통부령으로 정하는 기준에 따라 피난층 또는 지상으로 통하는 직통계단을 2개소 이상 설치하여야 한다.

(2013.3.23 본문개정)

1. 제2종 근린생활시설 중 공연장ㆍ종교집회장, 문화 및 집회시설(전시장 및 동ㆍ식물원은 제외한다), 종교시설, 위락시설 중 주점영업 또는 장례시설의 용도로 쓰는 층으로서 그 층에서 해당 용도로 쓰는 바닥면적의 합계가 200제곱미터(제2종 근린생활시설 중 공연장ㆍ종교집회장은 각각 300제곱미터) 이상인 것(2017.2.3 본호개정)
2. 단독주택 중 다중주택ㆍ다가구주택, 제1종 근린생활시설 중 정신과의원(입원실이 있는 경우로 한정한다), 제2종 근린생활시설 중 인터넷컴퓨터게임시설제공업소(해당 용도로 쓰는 바닥면적의 합계가 300제곱미터 이상인 경우만 해당한다)ㆍ학원ㆍ독서실, 판매시설, 운수시설(여객용 시설만 해당한다), 의료시설(입원실이 없는 치과병원은 제외한다), 교육연구시설 중 학원, 노유자시설 중 아동 관련 시설ㆍ노인복지시설ㆍ장애인 거주시설(「장애인복지법」 제58조제1항제1호에 따른 장애인 거주시설 중 국토교통부령으로 정하는 시설을 말한다. 이하 같다) 및 「장애인복지법」 제58조제1항제4호에 따른 장애인 의료재활시설(이하 "장애인 의료재활시설"이라 한다), 수련시설 중 유스호스텔 또는 숙박시설의 용도로 쓰는 3층 이상의 층으로서 그 층의 해당 용도로 쓰는 거실의 바닥면적의 합계가 200제곱미터 이상인 것(2015.9.22 본호개정)
3. 공동주택(층당 4세대 이하인 것은 제외한다) 또는 업무시설 중 오피스텔의 용도로 쓰는 층으로서 그 층의 해당 용도로 쓰는 거실의 바닥면적의 합계가 300제곱미터 이상인 것
4. 제1호부터 제3호까지의 용도로 쓰지 아니하는 3층 이상의 층으로서 그 층 거실의 바닥면적의 합계가 400제곱미터 이상인 것
5. 지하층으로서 그 층 거실의 바닥면적의 합계가 200제곱미터 이상인 것

③ 초고층 건축물에는 피난층 또는 지상으로 통하는 직통계단과 직접 연결되는 피난안전구역(건축물의 피난ㆍ안전을 위하여 건축물 중간층에 설치하는 대피공간을 말한다. 이하 같다)을 지상층으로부터 최대 30개 층마다 1개소 이상 설치하여야 한다.(2011.12.30 본항개정)

④ 준초고층 건축물에는 피난층 또는 지상으로 통하는 직통계단과 직접 연결되는 피난안전구역을 해당 건축물 전체 층수의 2분의 1에 해당하는 층으로부터 상하 5개층 이내에 1개소 이상 설치하여야 한다. 다만, 국토교통부령으로 정하는 기준에 따라 피난층 또는 지상으로 통하는 직통계단을 설치하는 경우에는 그러하지 아니하다.

(2013.3.23 단서개정)

⑤ 제3항 및 제4항에 따른 피난안전구역의 규모와 설치기준은 국토교통부령으로 정한다.(2013.3.23 본항개정)

(2008.10.29 본조개정)

제35조【피난계단의 설치】 ① 법 제49조제1항에 따라 5층 이상 또는 지하 2층 이하인 층에 설치하는 직통계단은 국토교통부령으로 정하는 기준에 따라 피난계단 또는 특별피난계단으로 설치하여야 한다. 다만, 건축물의 주요구조부가 내화구조 또는 불연재료로 되어 있는 경우로서 다음 각 호의 어느 하나에 해당하는 경우에는 그러하지 아니하다.(2013.3.23 본문개정)

1. 5층 이상인 층의 바닥면적의 합계가 200제곱미터 이하인 경우
2. 5층 이상인 층의 바닥면적 200제곱미터 이내마다 방화구획이 되어 있는 경우

② 건축물(갓복도식 공동주택은 제외한다)의 11층(공동주택의 경우에는 16층) 이상인 층(바닥면적이 400제곱미터 미만인 층은 제외한다) 또는 지하 3층 이하인 층(바닥면적이 400제곱미터 미만인 층은 제외한다)으로부터 피난층 또는 지상으로 통하는 직통계단은 제1항에도 불구하고 특별피난계단으로 설치하여야 한다.

③ 제1항에서 판매시설의 용도로 쓰는 층으로부터의 직통계단은 그 중 1개소 이상을 특별피난계단으로 설치하여야 한다.

④ (1995.12.30 삭제)

⑤ 건축물의 5층 이상인 층으로서 문화 및 집회시설 중 전시장 또는 동ㆍ식물원, 판매시설, 운수시설(여객용 시설만 해당한다), 운동시설, 위락시설, 관광휴게시설(다중이 이용하는 시설만 해당한다) 또는 수련시설 중 생활권 수련시설의 용도로 쓰는 층에는 제34조에 따른 직통계단 외에 그 층의 해당 용도로 쓰는 바닥면적의 합계가 2천제곱미터를 넘는 경우에는 그 넘는 2천제곱미터 이내마다 1개소의 피난계단 또는 특별피난계단(4층 이하의 층에는 쓰지 아니하는 피난계단 또는 특별피난계단만 해당한다)을 설치하여야 한다.(2009.7.16 본항개정)

⑥ (1999.4.30 삭제)

(2008.10.29 본조개정)

제36조【옥외 피난계단의 설치】 건축물의 3층 이상인 층(피난층은 제외한다)으로서 다음 각 호의 어느 하나에 해당하는 용도로 쓰는 층에는 제34조에 따른 직통계단 외에 그 층으로부터 지상으로 통하는 옥외피난계단을 따로 설치하여야 한다.

1. 제2종 근린생활시설 중 공연장(해당 용도로 쓰는 바닥면적의 합계가 300제곱미터 이상인 경우만 해당한다), 문화 및 집회시설 중 공연장이나 위락시설 중 주점영업의 용도로 쓰는 층으로서 그 층 거실의 바닥면적의 합계가 300제곱미터 이상인 것(2014.3.24 본호개정)
2. 문화 및 집회시설 중 집회장의 용도로 쓰는 층으로서 그 층 거실의 바닥면적의 합계가 1천 제곱미터 이상인 것

(2008.10.29 본조개정)

제37조【지하층과 피난층 사이의 개방공간 설치】 바닥면적의 합계가 3천제곱미터 이상인 공연장ㆍ집회장ㆍ관람장 또는 전시장을 지하층에 설치하는 경우에는 각 실에

있는 자가 지하층 각 층에서 건축물 밖으로 피난하여 옥외 계단 또는 경사로 등을 이용하여 피난층으로 대피할 수 있도록 천장이 개방된 외부 공간을 설치하여야 한다.
(2008.10.29 본조개정)

제38조【관람실 등으로부터의 출구 설치】 법 제49조제1항에 따라 다음 각 호의 어느 하나에 해당하는 건축물에는 국토교통부령으로 정하는 기준에 따라 관람실 또는 집회실로부터의 출구를 설치해야 한다.(2019.8.6 본문개정)
1. 제2종 근린생활시설 중 공연장·종교집회장(해당 용도로 쓰는 바닥면적의 합계가 각각 300제곱미터 이상인 경우만 해당한다)(2014.3.24 본호신설)
2. 문화 및 집회시설(전시장 및 동·식물원은 제외한다)
3. 종교시설
4. 위락시설
5. 장례시설(2017.2.3 본호개정)
(2019.8.6 본조제목개정)
(2008.10.29 본조개정)

제39조【건축물 바깥쪽으로의 출구 설치】 ① 법 제49조제1항에 따라 다음 각 호의 어느 하나에 해당하는 건축물에는 국토교통부령으로 정하는 기준에 따라 그건축물로부터 바깥쪽으로 나가는 출구를 설치하여야 한다.
(2013.3.23 본문개정)
1. 제2종 근린생활시설 중 공연장·종교집회장·인터넷컴퓨터게임시설제공업소(해당 용도로 쓰는 바닥면적의 합계가 각각 300제곱미터 이상인 경우만 해당한다)
(2014.3.24 본호신설)
2. 문화 및 집회시설(전시장 및 동·식물원은 제외한다)
3. 종교시설
4. 판매시설
5. 업무시설 중 국가 또는 지방자치단체의 청사
6. 위락시설
7. 연면적이 5천 제곱미터 이상인 창고시설
8. 교육연구시설 중 학교
9. 장례시설(2017.2.3 본호개정)
10. 승강기를 설치하여야 하는 건축물

② 법 제49조제1항에 따라 건축물의 출입구에 설치하는 회전문은 국토교통부령으로 정하는 기준에 적합하여야 한다.(2013.3.23 본항개정)
(2008.10.29 본조개정)

제40조【옥상광장 등의 설치】 ① 옥상광장 또는 2층 이상인 층에 있는 노대등〔노대(露臺)나 그 밖에 이와 비슷한 것을 말한다. 이하 같다〕의 주위에는 높이 1.2미터 이상의 난간을 설치하여야 한다. 다만, 그 노대등에 출입할 수 없는 구조인 경우에는 그러하지 아니하다.(2018.9.4 본항개정)

② 5층 이상인 층이 제2종 근린생활시설 중 공연장·종교집회장·인터넷컴퓨터게임시설제공업소(해당 용도로 쓰는 바닥면적의 합계가 각각 300제곱미터 이상인 경우만 해당한다), 문화 및 집회시설(전시장 및 동·식물원은 제외한다), 종교시설, 판매시설, 위락시설 중 주점영업 또는 장례시설의 용도로 쓰는 경우에는 피난 용도로 쓸 수 있는 광장을 옥상에 설치하여야 한다.(2017.2.3 본항개정)

③ 다음 각 호의 어느 하나에 해당하는 건축물은 옥상으로 통하는 출입문에 「소방시설 설치 및 관리에 관한 법률」 제40조제1항에 따른 성능인증 및 같은 조 제2항에 따른 제품검사를 받은 비상문자동개폐장치(화재 등 비상시에 소방시스템과 연동되어 잠김 상태가 자동으로 풀리는 장치를 말한다)를 설치해야 한다.(2022.11.29 본문개정)
1. 제2항에 따라 피난 용도로 쓸 수 있는 광장을 옥상에 설치해야 하는 건축물
2. 피난 용도로 쓸 수 있는 광장을 옥상에 설치하는 다음 각 목의 건축물
   가. 다중이용 건축물
   나. 연면적 1천제곱미터 이상인 공동주택
(2021.1.8 본항신설)

④ 층수가 11층 이상인 건축물로서 11층 이상인 층의 바닥면적의 합계가 1만제곱미터 이상인 건축물의 옥상에는 다음 각 호의 구분에 따른 공간을 확보하여야 한다.
(2011.12.30 본문개정)
1. 건축물의 지붕을 평지붕으로 하는 경우 : 헬리포트를 설치하거나 헬리콥터를 통하여 인명 등을 구조할 수 있는 공간
2. 건축물의 지붕을 경사지붕으로 하는 경우 : 경사지붕 아래에 설치하는 대피공간
(2010.12.30 1호~2호신설)

⑤ 제4항에 따른 헬리포트를 설치하거나 헬리콥터를 통하여 인명 등을 구조할 수 있는 공간 및 경사지붕 아래에 설치하는 대피공간의 설치기준은 국토교통부령으로 정한다.(2021.1.8 본항개정)

제41조【대지 안의 피난 및 소화에 필요한 통로 설치】
① 건축물의 대지 안에는 그 건축물 바깥쪽으로 통하는 주된 출구와 지상으로 통하는 피난계단 및 특별피난계단으로부터 도로 또는 공지(공원, 광장, 그 밖에 이와 비슷한 것으로서 피난 및 소화를 위하여 해당 대지의 출입에 지장이 없는 것을 말한다. 이하 이 조에서 같다)로 통하는 통로를 다음 각 호의 기준에 따라 설치하여야 한다.
(2010.12.13 본문개정)
1. 통로의 너비는 다음 각 목의 구분에 따른 기준에 따라 확보할 것
   가. 단독주택 : 유효 너비 0.9미터 이상
   나. 바닥면적의 합계가 500제곱미터 이상인 문화 및 집회시설, 종교시설, 의료시설, 위락시설 또는 장례시설 : 유효 너비 3미터 이상(2017.2.3 본목개정)
   다. 그 밖의 용도로 쓰는 건축물 : 유효 너비 1.5미터 이상
(2015.9.22 본호개정)
2. 필로티 내 통로의 길이가 2미터 이상인 경우에는 피난 및 소화활동에 장애가 발생하지 아니하도록 자동차 진입억제용 말뚝 등 통로 보호시설을 설치하거나 통로에 단차(段差)를 둘 것(2016.5.17 본호개정)

② 제1항에도 불구하고 다중이용 건축물, 준다중이용 건축물 또는 층수가 11층 이상인 건축물이 건축되는 대지에는 그 안의 모든 다중이용 건축물, 준다중이용 건축물 또는 층수가 11층 이상인 건축물에 「소방기본법」 제21조에 따른 소방자동차(이하 “소방자동차”라 한다)의 접근이 가능한 통로를 설치하여야 한다. 다만, 모든 다중이용 건축물, 준다중이용 건축물 또는 층수가 11층 이상인 건축물이 소방자동차의 접근이 가능한 도로 또는 공지에 직접 접하여 건축되는 경우로서 소방자동차가 도로 또는 공지에서 직접 소방활동이 가능한 경우에는 그러하지 아니하다.(2015.9.22 본항개정)

제42조~제43조 (1999.4.30 삭제)

제44조【피난 규정의 적용례】 건축물이 창문, 출입구, 그 밖의 개구부(開口部)(이하 “창문등”이라 한다)가 없는 내화구조의 바닥 또는 벽으로 구획되어 있는 경우에는 그 구획된 각 부분을 각각 별개의 건축물로 보아 제34조부터 제41조까지 및 제48조를 적용한다.(2018.9.4 본조개정)

제45조 (1999.4.30 삭제)

제46조【방화구획 등의 설치】 ① 법 제49조제2항 본문에 따라 주요구조부가 내화구조 또는 불연재료로 된 건축물로서 연면적이 1천 제곱미터를 넘는 것은 국토교통부령으로 정하는 기준에 따라 다음 각 호의 구조물로 구획(이하 “방화구획”이라 한다)을 해야 한다. 다만, 「원자력안전법」 제2조제8호 및 제10호에 따른 원자로 및 관계시설은 같은 법에서 정하는 바에 따른다.(2022.4.29 본문개정)
1. 내화구조로 된 바닥 및 벽
2. 제64조제1항제1호·제2호에 따른 방화문 또는 자동방화셔터(국토교통부령으로 정하는 기준에 적합한 것을 말한다. 이하 같다)
(2020.10.8 본항개정)

② 다음 각 호에 해당하는 건축물의 부분에는 제1항을 적용하지 않거나 그 사용에 지장이 없는 범위에서 제1항을 완화하여 적용할 수 있다.(2022.4.29 본문개정)
1. 문화 및 집회시설(동·식물원은 제외한다), 종교시설, 운동시설 또는 장례시설의 용도로 쓰는 거실로서 시선 및 활동공간의 확보를 위하여 불가피한 부분(2017.2.3 본호개정)
2. 물품의 제조·가공 및 운반 등(보관은 제외한다)에 필요한 고정식 대형 기기(器機) 또는 설비의 설치를 위하여 불가피한 부분. 다만, 지하층인 경우에는 지하층의 외벽 한쪽 면(지하층의 바닥면에서 지상층 바닥 아래면까지의 외벽 면적 중 4분의 1 이상이 되는 면을 말한다) 전체가 건물 밖으로 개방되어 보행과 자동차의 진입·출입이 가능한 경우로 한정한다.(2022.4.29 본호개정)
3. 계단실·복도 또는 승강기의 승강장 및 승강로로서 그 건축물의 다른 부분과 방화구획으로 구획된 부분. 다만, 해당 부분에 위치하는 설비배관 등이 바닥을 관통하는 부분은 제외한다.(2020.10.8 본호개정)
4. 건축물의 최상층 또는 피난층으로서 대규모 회의장·강당·스카이라운지·로비 또는 피난안전구역 등의 용도로 쓰는 부분으로서 그 용도로 사용하기 위하여 불가피한 부분(2010.2.18 본호개정)
5. 복층형 공동주택의 세대별 층간 바닥 부분
6. 주요구조부가 내화구조 또는 불연재료로 된 주차장
7. 단독주택, 동물 및 식물 관련 시설 또는 국방·군사시설(집회, 체육, 창고 등의 용도로 사용되는 시설만 해당한다)로 쓰는 건축물(2023.5.15 본호개정)
8. 건축물의 1층과 2층의 일부를 동일한 용도로 사용하며 그 건축물의 다른 부분과 방화구획으로 구획된 부분(바닥면적의 합계가 500제곱미터 이하인 경우로 한정한다)
(2019.8.6 본호신설)

③ 건축물 일부의 주요구조부를 내화구조로 하거나 제2항에 따라 건축물의 일부에 제1항을 완화하여 적용한 경우에는 내화구조로 한 부분 또는 제1항을 완화하여 적용한 부분과 그 밖의 부분을 방화구획으로 구획하여야 한다.
(2018.9.4 본항개정)

④ 공동주택 중 아파트로서 4층 이상인 층의 각 세대가 2개 이상의 직통계단을 사용할 수 없는 경우에는 발코니(발코니의 외부에 접하는 경우를 포함한다)에 인접 세대와 공동으로 또는 각 세대별로 다음 각 호의 요건을 모두 갖춘 대피공간을 하나 이상 설치해야 한다. 이 경우 인접 세대와 공동으로 설치하는 대피공간은 인접 세대를 통하여 2개 이상의 직통계단을 쓸 수 있는 위치에 우선 설치되어야 한다.(2023.9.12 전단개정)
1. 대피공간은 바깥의 공기와 접할 것
2. 대피공간은 실내의 다른 부분과 방화구획으로 구획될 것
3. 대피공간의 바닥면적은 인접 세대와 공동으로 설치하는 경우에는 3제곱미터 이상, 각 세대별로 설치하는 경우에는 2제곱미터 이상일 것
4. 대피공간으로 통하는 출입문에는 제64조제1항제1호에 따른 60분+ 방화문을 설치할 것(2020.10.8 본호신설)
5. 국토교통부장관이 정하는 기준에 적합할 것

⑤ 제4항에도 불구하고 아파트의 4층 이상인 층에서 발코니(제4호의 경우에는 발코니의 외부에 접하는 경우를 포함한다)에 다음 각 호의 어느 하나에 해당하는 구조 또는 시설을 갖춘 경우에는 대피공간을 설치하지 않을 수 있다.
(2023.9.12 본문개정)
1. 발코니와 인접 세대와의 경계벽이 파괴하기 쉬운 경량구조 등인 경우(2021.8.10 본호개정)
2. 발코니의 경계벽에 피난구를 설치한 경우(2021.8.10 본호개정)
3. 발코니의 바닥에 국토교통부령으로 정하는 하향식 피난구를 설치한 경우(2013.3.23 본호개정)
4. 국토교통부장관이 제4항에 따른 대피공간과 동일하거나 그 이상의 성능이 있다고 인정하여 고시하는 구조 또는 시설(이하 이 호에서 “대체시설”이라 한다)을 갖춘 경우. 이 경우 국토교통부장관은 대체시설의 성능에 대해 미리 「과학기술분야 정부출연연구기관 등의 설립·운영 및 육성에 관한 법률」 제8조제1항에 따라 설립된 한국건설기술연구원(이하 “한국건설기술연구원”이라 한다)의 기술검토를 받은 후 고시해야 한다.
(2021.8.10 본호개정)

⑥ 요양병원, 정신병원, 「노인복지법」 제34조제1항제1호에 따른 노인요양시설(이하 “노인요양시설”이라 한다), 장애인 거주시설 및 장애인 의료재활시설의 피난층 외의 층에는 다음 각 호의 어느 하나에 해당하는 시설을 설치하여야 한다.
1. 각 층마다 별도로 방화구획된 대피공간
2. 거실에 접하여 설치된 노대등(2018.9.4 본호개정)
3. 계단을 이용하지 아니하고 건물 외부의 지상으로 통하는 경사로 또는 인접 건축물로 피난할 수 있도록 설치하는 연결복도 또는 연결통로(2018.9.4 본호개정)
(2015.9.22 본항신설)

⑦ 법 제49조제2항 단서에서 “대규모 창고시설 등 대통령령으로 정하는 용도 및 규모의 건축물”이란 제2항제2호에 해당하여 제1항을 적용하지 않거나 완화하여 적용하는 부분이 포함된 창고시설을 말한다.(2022.4.29 본항신설)
(2015.9.22 본조제목개정)
(2008.10.29 본조개정)

제47조【방화에 장애가 되는 용도의 제한】 ① 법 제49조제2항 본문에 따라 의료시설, 노유자시설(아동 관련 시설 및 노인복지시설만 해당한다), 공동주택, 장례시설 또는 제1종 근린생활시설(산후조리원만 해당한다)과 위락시설, 위험물저장 및 처리시설, 공장 또는 자동차 관련시설(정비공장만 해당한다)은 같은 건축물에 함께 설치할 수 없다. 다만, 다음 각 호에 해당하는 경우로서 국토교통부령으로 정하는 경우에는 같은 건축물에 함께 설치할 수 있다.(2022.4.29 본문개정)
1. 공동주택(기숙사만 해당한다)과 공장이 같은 건축물에 있는 경우
2. 중심상업지역·일반상업지역 또는 근린상업지역에서 「도시 및 주거환경정비법」에 따른 재개발사업을 시행하는 경우(2018.2.9 본호개정)
3. 공동주택과 위락시설이 같은 초고층 건축물에 있는 경우. 다만, 사생활을 보호하고 방범·방화 등 주거 안전을 보장하며 소음·악취 등으로부터 주거환경을 보호할 수 있도록 주택의 출입구·계단 및 승강기 등을 주택 외의 시설과 분리된 구조로 하여야 한다.(2009.7.16 본호신설)
4. 「산업집적활성화 및 공장설립에 관한 법률」 제2조제13호에 따른 지식산업센터와 「영유아보육법」 제10조제4호에 따른 직장어린이집이 같은 건축물에 있는 경우
(2016.1.19 본호신설)

② 법 제49조제2항 본문에 따라 다음 각 호에 해당하는 용도의 시설은 같은 건축물에 함께 설치할 수 없다.
(2022.4.29 본문개정)
1. 노유자시설 중 아동 관련 시설 또는 노인복지시설과 판매시설 중 도매시장 또는 소매시장
2. 단독주택(다중주택, 다가구주택에 한정한다), 공동주택, 제1종 근린생활시설 중 조산원 또는 산후조리원과 제2종 근린생활시설 중 다중생활시설(2014.3.24 본호개정)
(2009.7.16 본항개정)
(2008.10.29 본조개정)

제48조【계단·복도 및 출입구의 설치】 ① 법 제49조제2항 본문에 따라 연면적 200제곱미터를 초과하는 건축물에 설치하는 계단 및 복도는 국토교통부령으로 정하는 기준에 적합해야 한다.

② 법 제49조제2항 본문에 따라 제39조제1항 각 호에 해당하는 건축물의 출입구는 국토교통부령으로 정하는 기준에 적합해야 한다.
(2022.4.29 본조개정)

제49조 (1995.12.30 삭제)

제50조【거실반자의 설치】 법 제49조제2항 본문에 따라 공장, 창고시설, 위험물저장 및 처리시설, 동물 및 식물 관련 시설, 자원순환 관련 시설 또는 묘지 관련시설 외의 용도로 쓰는 건축물 거실의 반자(반자가 없는 경우에는

보 또는 바로 위층의 바닥판의 밑면, 그 밖에 이와 비슷한 것을 말한다)는 국토교통부령으로 정하는 기준에 적합해야 한다.(2022.4.29 본조개정)

제51조【거실의 채광 등】 ① 법 제49조제2항 본문에 따라 단독주택 및 공동주택의 거실, 교육연구시설 중 학교의 교실, 의료시설의 병실 및 숙박시설의 객실에는 국토교통부령으로 정하는 기준에 따라 채광 및 환기를 위한 창문등이나 설비를 설치해야 한다.(2022.4.29 본항개정)

② 법 제49조제2항 본문에 따라 다음 각 호에 해당하는 건축물의 거실(피난층의 거실은 제외한다)에는 배연설비를 해야 한다.(2022.4.29 본문개정)

1. 6층 이상인 건축물로서 다음 각 목에 해당하는 용도로 쓰는 건축물(2022.4.29 본문개정)
   가. 제2종 근린생활시설 중 공연장, 종교집회장, 인터넷컴퓨터게임시설제공업소 및 다중생활시설(공연장, 종교집회장 및 인터넷컴퓨터게임시설제공업소는 해당 용도로 쓰는 바닥면적의 합계가 각각 300제곱미터 이상인 경우만 해당한다)
   나. 문화 및 집회시설
   다. 종교시설
   라. 판매시설
   마. 운수시설
   바. 의료시설(요양병원 및 정신병원은 제외한다)
   사. 교육연구시설 중 연구소
   아. 노유자시설 중 아동 관련 시설, 노인복지시설(노인요양시설은 제외한다)
   자. 수련시설 중 유스호스텔
   차. 운동시설
   카. 업무시설
   타. 숙박시설
   파. 위락시설
   하. 관광휴게시설
   거. 장례시설(2017.2.3 본목개정)
2. 다음 각 목에 해당하는 용도로 쓰는 건축물(2022.4.29 본문개정)
   가. 의료시설 중 요양병원 및 정신병원
   나. 노유자시설 중 노인요양시설·장애인 거주시설 및 장애인 의료재활시설
   다. 제1종 근린생활시설 중 산후조리원(2020.10.8 본목신설)

(2015.9.22 본항개정)

③ 법 제49조제2항 본문에 따라 오피스텔에 거실 바닥으로부터 높이 1.2미터 이하 부분에 여닫을 수 있는 창문을 설치하는 경우에는 국토교통부령으로 정하는 기준에 따라 추락방지를 위한 안전시설을 설치해야 한다.(2022.4.29 본항개정)

④ 법 제49조제3항에 따라 건축물의 11층 이하의 층에는 소방관이 진입할 수 있는 창을 설치하고, 외부에서 주야간에 식별할 수 있는 표시를 해야 한다. 다만, 다음 각 호의 어느 하나에 해당하는 아파트는 제외한다.

1. 제46조제4항 및 제5항에 따라 대피공간 등을 설치한 아파트
2. 「주택건설기준 등에 관한 규정」 제15조제2항에 따라 비상용승강기를 설치한 아파트

(2019.10.22 본항개정)

(2013.3.23 본조개정)

제52조【거실 등의 방습】 법 제49조제2항 본문에 따라 다음 각 호에 해당하는 거실·욕실 또는 조리장의 바닥 부분에는 국토교통부령으로 정하는 기준에 따라 방습을 위한 조치를 해야 한다.(2022.4.29 본문개정)

1. 건축물의 최하층에 있는 거실(바닥이 목조인 경우만 해당한다)
2. 제1종 근린생활시설 중 목욕장의 욕실과 휴게음식점 및 제과점의 조리장
3. 제2종 근린생활시설 중 일반음식점, 휴게음식점 및 제과점의 조리장과 숙박시설의 욕실

(2008.10.29 본조개정)

제53조【경계벽 등의 설치】 ① 법 제49조제4항에 따라 다음 각 호의 어느 하나에 해당하는 건축물의 경계벽은 국토교통부령으로 정하는 기준에 따라 설치해야 한다.(2019.10.22 본문개정)

1. 단독주택 중 다가구주택의 각 가구 간 또는 공동주택(기숙사는 제외한다)의 각 세대 간 경계벽(제2조제14호 후단에 따라 거실·침실 등의 용도로 쓰지 아니하는 발코니 부분은 제외한다)
2. 공동주택 중 기숙사의 침실, 의료시설의 병실, 교육연구시설 중 학교의 교실 또는 숙박시설의 객실 간 경계벽(2014.11.28 본호개정)
3. 제1종 근린생활시설 중 산후조리원의 다음 각 호의 어느 하나에 해당하는 경계벽
   가. 임산부실 간 경계벽
   나. 신생아실 간 경계벽
   다. 임산부실과 신생아실 간 경계벽

   (2020.10.8 본호신설)
4. 제2종 근린생활시설 중 다중생활시설의 호실 간 경계벽(2014.11.28 본호개정)
5. 노유자시설 중 「노인복지법」 제32조제1항제3호에 따른 노인복지주택(이하 "노인복지주택"이라 한다)의 각 세대 간 경계벽(2010.8.17 본호신설)
6. 노유자시설 중 노인요양시설의 호실 간 경계벽(2015.9.22 본호신설)

② 법 제49조제4항에 따라 다음 각 호의 어느 하나에 해당하는 건축물의 층간바닥(화장실의 바닥은 제외한다)은 국토교통부령으로 정하는 기준에 따라 설치해야 한다.(2019.10.22 본문개정)

1. 단독주택 중 다가구주택
2. 공동주택(「주택법」 제15조에 따른 주택건설사업계획승인 대상은 제외한다)(2016.8.11 본호개정)
3. 업무시설 중 오피스텔
4. 제2종 근린생활시설 중 다중생활시설
5. 숙박시설 중 다중생활시설(2014.11.28 본항신설)

(2014.11.28 본조제목개정)

제54조【건축물에 설치하는 굴뚝】 건축물에 설치하는 굴뚝은 국토교통부령으로 정하는 기준에 따라 설치하여야 한다.(2013.3.23 본조개정)

제55조【창문 등의 차면시설】 인접 대지경계선으로부터 직선거리 2미터 이내에 이웃 주택의 내부가 보이는 창문 등을 설치하는 경우에는 차면시설(遮面施設)을 설치하여야 한다.(2008.10.29 본조개정)

제56조【건축물의 내화구조】 ① 법 제50조제1항 본문에 따라 다음 각 호의 어느 하나에 해당하는 건축물(제5호에 해당하는 건축물로서 2층 이하인 건축물은 지하층 부분만 해당한다)의 주요구조부와 지붕은 내화구조로 해야 한다. 다만, 연면적이 50제곱미터 이하인 단층의 부속건축물로서 외벽 및 처마 밑면을 방화구조로 한 것과 무대의 바닥은 그렇지 않다.(2019.10.22 본문개정)

1. 제2종 근린생활시설 중 공연장·종교집회장(해당 용도로 쓰는 바닥면적의 합계가 각각 300제곱미터 이상인 경우만 해당한다), 문화 및 집회시설(전시장 및 동·식물원은 제외한다), 종교시설, 위락시설 중 주점영업 및 장례시설의 용도로 쓰는 건축물로서 관람실 또는 집회실의 바닥면적의 합계가 200제곱미터(옥외관람석의 경우에는 1천제곱미터) 이상인 건축물(2019.8.6 본호개정)
2. 문화 및 집회시설 중 전시장 또는 동·식물원, 판매시설, 운수시설, 교육연구시설에 설치하는 체육관·강당, 수련시설, 운동시설 중 체육관·운동장, 위락시설(주점영업의 용도로 쓰는 것은 제외한다), 창고시설, 위험물저장 및 처리시설, 자동차 관련 시설, 방송통신시설 중 방송국·전신전화국·촬영소, 묘지 관련 시설 중 화장시설·동물화장시설 또는 관광휴게시설의 용도로 쓰는 건축물로서 그 용도로 쓰는 바닥면적의 합계가 500제곱미터 이상인 건축물(2017.2.3 본호개정)
3. 공장의 용도로 쓰는 건축물로서 그 용도로 쓰는 바닥면적의 합계가 2천제곱미터 이상인 건축물. 다만, 화재의 위험이 적은 공장으로서 국토교통부령으로 정하는 공장은 제외한다.(2013.3.23 단서개정)
4. 건축물의 2층이 단독주택 중 다중주택 및 다가구주택, 공동주택, 제1종 근린생활시설(의료의 용도로 쓰는 시설만 해당한다), 제2종 근린생활시설 중 다중생활시설, 의료시설, 노유자시설 중 아동 관련 시설 및 노인복지시설, 수련시설 중 유스호스텔, 업무시설 중 오피스텔, 숙박시설 또는 장례시설의 용도로 쓰는 건축물로서 그 용도로 쓰는 바닥면적의 합계가 400제곱미터 이상인 건축물(2017.2.3 본호개정)
5. 3층 이상인 건축물 및 지하층이 있는 건축물. 다만, 단독주택(다중주택 및 다가구주택은 제외한다), 동물 및 식물 관련 시설, 발전시설(발전소의 부속용도로 쓰는 시설은 제외한다), 교도소·소년원 또는 묘지 관련 시설(화장시설 및 동물화장시설은 제외한다)의 용도로 쓰는 건축물과 철강 관련 업종의 공장 중 제어실로 사용하기 위하여 연면적 50제곱미터 이하로 증축하는 부분은 제외한다.(2021.1.5 단서개정)

② 법 제50조제1항 단서에 따라 막구조의 건축물은 주요구조부에만 내화구조로 할 수 있다.(2019.10.22 본항개정)

(2008.10.29 본조개정)

제57조【대규모 건축물의 방화벽 등】 ① 법 제50조제2항에 따라 연면적 1천제곱미터 이상인 건축물은 방화벽으로 구획하되, 각 구획된 바닥면적의 합계는 1천제곱미터 미만이어야 한다. 다만, 주요구조부가 내화구조이거나 불연재료인 건축물과 제56조제1항제5호 단서에 따른 건축물 또는 내부설비의 구조상 방화벽으로 구획할 수 없는 창고시설의 경우에는 그러하지 아니하다.

② 제1항에 따른 방화벽의 구조에 관하여 필요한 사항은 국토교통부령으로 정한다.(2013.3.23 본항개정)

③ 연면적 1천제곱미터 이상인 목조 건축물의 구조는 국토교통부령으로 정하는 바에 따라 방화구조로 하거나 불연재료로 하여야 한다.(2013.3.23 본항개정)

(2008.10.29 본조개정)

제58조【방화지구의 건축물】 법 제51조제1항에 따라 그 주요구조부 및 외벽을 내화구조로 하지 아니할 수 있는 건축물은 다음 각 호와 같다.

1. 연면적 30제곱미터 미만인 단층 부속건축물로서 외벽 및 처마면이 내화구조 또는 불연재료로 된 것
2. 도매시장의 용도로 쓰는 건축물로서 그 주요구조부가 불연재료로 된 것

(2008.10.29 본조개정)

제59조~제60조 (1999.4.30 삭제)

제61조【건축물의 마감재료 등】 ① 법 제52조제1항에서 "대통령령으로 정하는 용도 및 규모의 건축물"이란 다음 각 호의 어느 하나에 해당하는 건축물을 말한다. 다만, 제1호, 제1호의2, 제2호부터 제7호까지의 어느 하나에 해당하는 건축물(제8호에 해당하는 건축물은 제외한다)의 주요구조부가 내화구조 또는 불연재료로 되어 있고 그 거실의 바닥면적(스프링클러나 그 밖에 이와 비슷한 자동식 소화설비를 설치한 바닥면적을 뺀 면적으로 한다. 이하 이 조에서 같다) 200제곱미터 이내마다 방화구획이 되어 있는 건축물은 제외한다.(2020.10.8 단서개정)

1. 단독주택 중 다중주택·다가구주택(2015.9.22 본호개정)

1의2. 공동주택(2015.9.22 본호신설)

2. 제2종 근린생활시설 중 공연장·종교집회장·인터넷컴퓨터게임시설제공업소·학원·독서실·당구장·다중생활시설의 용도로 쓰는 건축물(2015.9.22 본호개정)
3. 발전시설, 방송통신시설(방송국·촬영소의 용도로 쓰는 건축물로 한정한다)(2021.8.10 본호개정)
4. 공장, 창고시설, 위험물 저장 및 처리 시설(자가난방과 자가발전 등의 용도로 쓰는 시설을 포함한다), 자동차 관련 시설의 용도로 쓰는 건축물(2021.8.10 본호개정)
5. 5층 이상인 층 거실의 바닥면적의 합계가 500제곱미터 이상인 건축물
6. 문화 및 집회시설, 종교시설, 판매시설, 운수시설, 의료시설, 교육연구시설 중 학교·학원, 노유자시설, 수련시설, 업무시설 중 오피스텔, 숙박시설, 위락시설, 장례시설(2020.10.8 본호개정)
7. (2021.8.10 삭제)
8. 「다중이용업소의 안전관리에 관한 특별법 시행령」 제2조에 따른 다중이용업의 용도로 쓰는 건축물(2020.10.8 본호신설)

② 법 제52조제2항에서 "대통령령으로 정하는 건축물"이란 다음 각 호의 건축물을 말한다.(2021.8.10 본문개정)

1. 상업지역(근린상업지역은 제외한다)의 건축물로서 다음 각 목의 어느 하나에 해당하는 것
   가. 제1종 근린생활시설, 제2종 근린생활시설, 문화 및 집회시설, 종교시설, 판매시설, 운동시설 및 위락시설의 용도로 쓰는 건축물로서 그 용도로 쓰는 바닥면적의 합계가 2천제곱미터 이상인 건축물(2019.8.6 본목개정)
   나. 공장(국토교통부령으로 정하는 화재 위험이 적은 공장은 제외한다)의 용도로 쓰는 건축물로부터 6미터 이내에 위치한 건축물(2013.3.23 본목개정)
2. 의료시설, 교육연구시설, 노유자시설 및 수련시설의 용도로 쓰는 건축물(2019.8.6 본호신설)
3. 3층 이상 또는 높이 9미터 이상인 건축물(2019.8.6 본호개정)
4. 1층의 전부 또는 일부를 필로티 구조로 설치하여 주차장으로 쓰는 건축물(2019.8.6 본호신설)
5. 제1항제4호에 해당하는 건축물(2021.8.10 본호신설)

(2011.12.30 본항개정)

③ 법 제52조제4항에서 "대통령령으로 정하는 용도 및 규모에 해당하는 건축물"이란 제2항 각 호의 건축물을 말한다.(2021.5.4 본항신설)

(2021.5.4 본조제목개정)

(2008.10.29 본조개정)

제61조의2【실내건축】 법 제52조의2제1항에서 "대통령령으로 정하는 용도 및 규모에 해당하는 건축물"이란 다음 각 호의 어느 하나에 해당하는 건축물을 말한다.

1. 다중이용 건축물
2. 「건축물의 분양에 관한 법률」 제3조에 따른 건축물
3. 별표1 제3호나목 및 같은 표 제4호아목에 따른 건축물(칸막이로 거실의 일부를 가로로 구획하거나 가로 및 세로로 구획하는 경우만 해당한다)(2020.4.21 본호신설)

(2014.11.28 본조신설)

제61조의3【건축자재 제조 및 유통에 관한 위법 사실의 점검 및 조치】 ① 국토교통부장관, 시·도지사 및 시장·군수·구청장은 법 제52조의3제2항에 따른 점검을 통하여 위법 사실을 확인한 경우에는 같은 조 제3항에 따라 해당 건축관계자 및 제조업자·유통업자에게 위법 사실을 통보해야 하며, 해당 건축관계자 및 제조업자·유통업자에 대하여 다음 각 호의 구분에 따른 조치를 할 수 있다.(2019.10.22 본문개정)

1. 건축관계자에 대한 조치
   가. 해당 건축자재를 사용하여 시공한 부분이 있는 경우 : 시공부분의 시정, 해당 공정에 대한 공사 중단 및 해당 건축자재의 사용 중단 명령
   나. 해당 건축자재가 공사현장에 반입 및 보관되어 있는 경우 : 해당 건축자재의 사용 중단 명령
2. 제조업자 및 유통업자에 대한 조치 : 관계 행정기관의 장에게 관계 법률에 따른 해당 제조업자 및 유통업자에 대한 영업정지 등의 요청

② 건축관계자 및 제조업자·유통업자는 제1항에 따라 위법 사실을 통보받거나 같은 항 제1호의 명령을 받은 경우에는 그 날부터 7일 이내에 조치계획을 수립하여 국토교통부장관, 시·도지사 및 시장·군수·구청장에게 제출하여야 한다.

③ 국토교통부장관, 시·도지사 및 시장·군수·구청장은 제2항에 따른 조치계획(제1항제1호가목의 명령에 따른 조치계획만 해당한다)에 따른 개선조치가 이루어졌다

고 인정되면 공사 중단 명령을 해제하여야 한다.
(2016.7.19 본조신설)

제61조의4【위법 사실의 점검업무 대행 전문기관】 ① 법 제52조의3제4항에서 "대통령령으로 정하는 전문기관"이란 다음 각 호의 기관을 말한다.(2019.10.22 본문개정)
1. 한국건설기술연구원(2021.8.10 본호개정)
2. 「국토안전관리원법」에 따른 국토안전관리원(이하 "국토안전관리원"이라 한다)(2020.12.1 본호개정)
3. 「한국토지주택공사법」에 따른 한국토지주택공사
4. 제63조제2호에 따른 자 및 같은 조 제3호에 따른 시험·검사기관(2021.12.21 본호신설)
5. 그 밖에 점검업무를 수행할 수 있다고 인정하여 국토교통부장관이 지정하여 고시하는 기관

② 법 제52조의3제4항에 따라 위법 사실의 점검업무를 대행하는 기관의 직원은 그 권한을 나타내는 증표를 지니고 관계인에게 내보여야 한다.(2019.10.22 본항개정)
(2016.7.19 본조신설)

제62조【건축자재의 품질관리 등】 ① 법 제52조의4제1항에서 "복합자재[불연재료인 양면 철판, 석재, 콘크리트 또는 이와 유사한 재료와 불연재료가 아닌 심재(心材)로 구성된 것을 말한다]를 포함한 제52조에 따른 마감재료, 방화문 등 대통령령으로 정하는 건축자재"란 다음 각 호의 어느 하나에 해당하는 것을 말한다.
1. 법 제52조의4제1항에 따른 복합자재
2. 건축물의 외벽에 사용하는 마감재료로서 단열재
3. 제64조제1항제1호부터 제3호까지의 규정에 따른 방화문(2020.10.8 본호개정)
4. 그 밖에 방화와 관련된 건축자재로서 국토교통부령으로 정하는 건축자재

② 법 제52조의4제1항에 따른 건축자재의 제조업자는 같은 항에 따른 품질관리서(이하 "품질관리서"라 한다)를 건축자재 유통업자에게 제출해야 하며, 건축자재 유통업자는 품질관리서와 건축자재의 일치 여부 등을 확인하여 품질관리서를 공사시공자에게 전달해야 한다.
(2019.10.22 본항신설)

③ 제2항에 따라 품질관리서를 제출받은 공사시공자는 품질관리서와 건축자재의 일치 여부를 확인한 후 해당 건축물에서 사용된 건축자재 품질관리서 전체를 공사감리자에게 제출해야 한다.

④ 공사감리자는 제3항에 따라 제출받은 품질관리서를 공사감리완료보고서에 첨부하여 법 제25조제6항에 따라 건축주에게 제출해야 하며, 건축주는 법 제22조에 따른 건축물의 사용승인을 신청할 때에 이를 허가권자에게 제출해야 한다.
(2019.10.22 본조개정)

제63조【건축자재 성능 시험기관】 법 제52조의4제2항에서 "「과학기술분야 정부출연연구기관 등의 설립·운영 및 육성에 관한 법률」에 따른 한국건설기술연구원 등 대통령령으로 정하는 시험기관"이란 다음 각 호의 기관을 말한다.
1. 한국건설기술연구원(2021.8.10 본호개정)
2. 「건설기술 진흥법」에 따른 건설엔지니어링사업자로서 건축 관련 품질시험의 수행능력이 국토교통부장관이 정하여 고시하는 기준에 해당하는 자(2021.9.14 본호개정)
3. 「국가표준기본법」 제23조에 따라 인정받은 시험·검사기관
(2019.10.22 본조신설)

제63조의2【품질인정 대상 건축자재 등】 법 제52조의5제1항에서 "방화문, 복합자재 등 대통령령으로 정하는 건축자재와 내화구조"란 다음 각 호의 건축자재와 내화구조(이하 제63조의4 및 제63조의5에서 "건축자재등"이라 한다)를 말한다.
1. 법 제52조의4제1항에 따른 복합자재 중 국토교통부령으로 정하는 강판과 심재로 이루어진 복합자재
2. 주요구조부가 내화구조 또는 불연재료로 된 건축물의 방화구획에 사용되는 다음 각 목의 건축자재와 내화구조
가. 자동방화셔터
나. 제62조제1항제4호에 따라 국토교통부령으로 정하는 건축자재 중 내화채움성능이 인정된 구조
3. 제64조제1항 각 호의 방화문
4. 그 밖에 건축물의 안전·화재예방 등을 위하여 품질인정이 필요한 건축자재와 내화구조로서 국토교통부령으로 정하는 건축자재와 내화구조
(2021.12.21 본조신설)

제63조의3【건축자재등 품질인정기관】 법 제52조의6제1항에서 "대통령령으로 정하는 기관"이란 한국건설기술연구원을 말한다.(2021.12.21 본조신설)

제63조의4【건축자재등 품질 유지·관리 의무 위반에 따른 조치】 ① 국토교통부장관은 법 제52조의6제5항 전단에 따른 통보를 받은 경우 같은 항 후단에 따라 같은 조 제3항에 따른 품질인정자재등(이하 이 조 및 제63조의5에서 "품질인정자재등"이라 한다)의 제조업자, 유통업자 및 법 제25조의2제1항에 따른 건축관계자등(이하 이 조 및 제63조의5에서 "제조업자등"이라 한다)에게 위법 사실을 통보해야 하며, 제조업자등에게 다음 각 호의 구분에 따른 조치를 할 수 있다.
1. 법 제25조의2제1항에 따른 건축관계자등 : 다음 각 목의 구분에 따른 조치
가. 품질인정자재등을 사용하지 않거나 인정받은 내용대로 시공하지 않은 부분이 있는 경우 : 시공부분의 시정, 해당 공정에 대한 공사 중단과 품질인정을 받지 않은 건축자재등의 사용 중단 명령
나. 품질인정을 받지 않은 건축자재등이 공사현장에 반입되어 있거나 보관되어 있는 경우 : 해당 건축자재등의 사용 중단 명령
2. 제조업자 및 유통업자 : 관계 기관에 대한 관계 법률에 따른 영업정지 등의 요청

② 제1항에 따른 국토교통부장관의 조치에 관하여는 제61조의3제2항 및 제3항을 준용한다. 이 경우 "건축관계자 및 제조업자·유통업자"는 "제조업자등"으로, "국토교통부장관, 시·도지사 및 시장·군수·구청장"은 "국토교통부장관"으로 본다.
(2021.12.21 본조신설)

제63조의5【제조업자등에 대한 자료요청】 법 제52조의6제7항 및 이 영 제63조의3에 따라 건축자재등 품질인정기관으로 지정된 한국건설기술연구원은 법 제52조의6제6항에 따라 제조업자등에게 다음 각 호의 자료를 요청할 수 있다.
1. 건축자재등 및 품질인정자재등의 생산 및 판매 실적
2. 시공현장별 건축자재등 및 품질인정자재등의 시공 실적
3. 품질관리서
4. 그 밖에 제조공정에 관한 기록 등 품질인정자재등에 대한 품질관리의 적정성을 확인할 수 있는 자료로서 국토교통부장관이 정하여 고시하는 자료
(2021.12.21 본조신설)

제63조의6【건축물의 범죄예방】 법 제53조의2제2항에서 "대통령령으로 정하는 건축물"이란 다음 각 호의 어느 하나에 해당하는 건축물을 말한다.
1. 다가구주택, 아파트, 연립주택 및 다세대주택(2018.12.31 본호개정)
2. 제1종 근린생활시설 중 일용품을 판매하는 소매점
3. 제2종 근린생활시설 중 다중생활시설
4. 문화 및 집회시설(동·식물원은 제외한다)
5. 교육연구시설(연구소 및 도서관은 제외한다)
6. 노유자시설
7. 수련시설
8. 업무시설 중 오피스텔
9. 숙박시설 중 다중생활시설
(2014.11.28 본조신설)

제64조【방화문의 구분】 ① 방화문은 다음 각 호와 같이 구분한다.
1. 60분+ 방화문 : 연기 및 불꽃을 차단할 수 있는 시간이 60분 이상이고, 열을 차단할 수 있는 시간이 30분 이상인 방화문
2. 60분 방화문 : 연기 및 불꽃을 차단할 수 있는 시간이 60분 이상인 방화문
3. 30분 방화문 : 연기 및 불꽃을 차단할 수 있는 시간이 30분 이상 60분 미만인 방화문

② 제1항 각 호의 구분에 따른 방화문 인정 기준은 국토교통부령으로 정한다.
(2020.10.8 본조개정)

제6장 지역 및 지구의 건축물
(2008.10.29 본장개정)

제65조 (2000.6.27 삭제)
제66조~제67조 (1999.4.30 삭제)
제68조 (2000.6.27 삭제)
제69조~제72조 (1999.4.30 삭제)
제73조 (2000.6.27 삭제)
제74조~제75조 (1999.4.30 삭제)
제76조 (2000.6.27 삭제)

제77조【건축물의 대지가 지역·지구 또는 구역에 걸치는 경우】 법 제54조제1항에 따라 대지가 지역·지구 또는 구역에 걸치는 경우 그 대지의 과반이 속하는 지역·지구 또는 구역의 건축물 및 대지 등에 관한 규정을 그 대지의 전부에 대하여 적용 받으려는 자는 해당 대지의 지역·지구 또는 구역별 면적과 적용 받으려는 지역·지구 또는 구역에 관한 사항을 허가권자에게 제출(전자문서에 의한 제출을 포함한다)하여야 한다.

제78조~제79조 (2002.12.26 삭제)

제80조【건축물이 있는 대지의 분할제한】 법 제57조제1항에서 "대통령령으로 정하는 범위"란 다음 각 호의 어느 하나에 해당하는 규모 이상을 말한다.
1. 주거지역 : 60제곱미터
2. 상업지역 : 150제곱미터
3. 공업지역 : 150제곱미터
4. 녹지지역 : 200제곱미터
5. 제1호부터 제4호까지의 규정에 해당하지 아니하는 지역 : 60제곱미터

제80조의2【대지 안의 공지】 법 제58조에 따라 건축선(법 제46조제1항에 따른 건축선을 말한다. 이하 같다) 및 인접 대지경계선(대지와 대지 사이에 공원, 철도, 하천, 광장, 공공공지, 녹지, 그 밖에 건축이 허용되지 아니하는 공지가 있는 경우에는 그 반대편의 경계선을 말한다)으로부터 건축물의 각 부분까지 띄어야 하는 거리의 기준은 별표2와 같다.(2014.10.14 본조개정)

제81조【맞벽건축 및 연결복도】 ① 법 제59조제1항제1호에서 "대통령령으로 정하는 지역"이란 다음 각 호의 어느 하나에 해당하는 지역을 말한다.
1. 상업지역(다중이용 건축물 및 공동주택은 스프링클러나 그 밖에 이와 비슷한 자동식 소화설비를 설치한 경우로 한정한다)(2015.9.22 본호개정)
2. 주거지역(건축물 및 토지의 소유자 간 맞벽건축을 합의한 경우에 한정한다)(2012.12.12 본호신설)
3. 허가권자가 도시미관 또는 한옥 보전·진흥을 위하여 건축조례로 정하는 구역(2012.12.12 본호개정)
4. 건축협정구역(2014.10.14 본호신설)

② (2006.5.8 삭제)

③ 법 제59조제1항제1호에 따른 맞벽은 다음 각 호의 기준에 적합하여야 한다.(2014.10.14 본문개정)
1. 주요구조부가 내화구조일 것
2. 마감재료가 불연재료일 것
(2014.10.14 1호~2호신설)

④ 제1항에 따른 지역(건축협정구역은 제외한다)에서 맞벽건축을 할 때 맞벽 대상 건축물의 용도, 맞벽 건축물의 수 및 층수 등 맞벽에 필요한 사항은 건축조례로 정한다.
(2014.10.14 본항개정)

⑤ 법 제59조제1항제2호에서 "대통령령으로 정하는 기준"이란 다음 각 호의 기준을 말한다.
1. 주요구조부가 내화구조일 것
2. 마감재료가 불연재료일 것
3. 밀폐된 구조인 경우 벽면적의 10분의 1 이상에 해당하는 면적의 창문을 설치할 것. 다만, 지하층으로서 환기설비를 설치하는 경우에는 그러하지 아니하다.
4. 너비 및 높이가 각각 5미터 이하일 것. 다만, 허가권자가 건축물의 용도나 규모 등을 고려할 때 원활한 통행을 위하여 필요하다고 인정하면 지방건축위원회의 심의를 거쳐 그 기준을 완화하여 적용할 수 있다.
5. 건축물과 복도 또는 통로의 연결부분에 자동방화셔터 또는 방화문을 설치할 것(2019.8.6 본호개정)
6. 연결복도가 설치된 대지 면적의 합계가 「국토의 계획 및 이용에 관한 법률 시행령」 제55조에 따른 개발행위의 최대 규모 이하일 것. 다만, 지구단위계획구역에서는 그러하지 아니하다.

⑥ 법 제59조제1항제2호에 따른 연결복도나 연결통로는 건축사 또는 건축구조기술사로부터 안전에 관한 확인을 받아야 한다.(2016.7.19 본항개정)

제82조【건축물의 높이 제한】 ① 허가권자는 법 제60조제1항에 따라 가로구역별로 건축물의 높이를 지정·공고할 때에는 다음 각 호의 사항을 고려하여야 한다.
(2014.10.14 본문개정)
1. 도시·군관리계획 등의 토지이용계획(2012.4.10 본호개정)
2. 해당 가로구역이 접하는 도로의 너비
3. 해당 가로구역의 상·하수도 등 간선시설의 수용능력
4. 도시미관 및 경관계획
5. 해당 도시의 장래 발전계획

② 허가권자는 제1항에 따라 가로구역별 건축물의 높이를 지정하려면 지방건축위원회의 심의를 거쳐야 한다. 이 경우 주민의 의견청취 절차 등은 「토지이용규제 기본법」 제8조에 따른다.(2014.10.14 전단개정)

③ 허가권자는 같은 가로구역에서 건축물의 용도 및 형태에 따라 건축물의 높이를 다르게 정할 수 있다.

④ 법 제60조제1항 단서에 따라 가로구역의 높이를 완화하여 적용하는 경우에 대한 구체적인 완화기준은 제1항 각 호의 사항을 고려하여 건축조례로 정한다.(2014.10.14 본항개정)

제83조~제85조 (1999.4.30 삭제)

제86조【일조 등의 확보를 위한 건축물의 높이 제한】 ① 전용주거지역이나 일반주거지역에서 건축물을 건축하는 경우에는 법 제61조제1항에 따라 건축물의 각 부분을 정북(正北) 방향으로의 인접 대지경계선으로부터 다음 각 호의 범위에서 건축조례로 정하는 거리 이상을 띄어 건축하여야 한다.
1. 높이 10미터 이하인 부분 : 인접 대지경계선으로부터 1.5미터 이상(2023.9.12 본호개정)
2. 높이 10미터를 초과하는 부분 : 인접 대지경계선으로부터 해당 건축물 각 부분 높이의 2분의 1 이상
(2023.9.12 본호개정)
(2015.7.6 본항개정)

② 다음 각 호의 어느 하나에 해당하는 경우에는 제1항을 적용하지 아니한다.
1. 다음 각 목의 어느 하나에 해당하는 구역 안의 대지 상호간에 건축하는 건축물로서 해당 대지가 너비 20미터 이상의 도로(자동차·보행자·자전거 전용도로를 포함하며, 도로에 공공공지, 녹지, 광장, 그 밖에 건축미관에 지장이 없는 도시·군계획시설이 접한 경우 해당 시설을 포함한다)에 접한 경우(2016.7.19 본문개정)
가. 「국토의 계획 및 이용에 관한 법률」 제51조에 따른 지구단위계획구역, 같은 법 제37조제1항제1호에 따른 경관지구(2017.12.29 본목개정)
나. 「경관법」 제9조제1항제4호에 따른 중점경관관리구역
다. 법 제77조의2제1항에 따른 특별가로구역
라. 도시미관 향상을 위하여 허가권자가 지정·공고하는 구역

2. 건축협정구역 안에서 대지 상호간에 건축하는 건축물(법 제77조의4제1항에 따른 건축협정에 일정 거리 이상을 띄어 건축하는 내용이 포함된 경우만 해당한다)의 경우
3. 건축물의 정북 방향의 인접 대지가 전용주거지역이나 일반주거지역이 아닌 용도지역에 해당하는 경우
(2015.7.6 본항신설)
③ 법 제61조제2항에 따라 공동주택은 다음 각 호의 기준을 충족해야 한다. 다만, 채광을 위한 창문 등이 있는 벽면에서 직각 방향으로 인접 대지경계선까지의 수평거리가 1미터 이상으로서 건축조례로 정하는 거리 이상인 다세대주택은 제1호를 적용하지 않는다.(2021.11.2 본문개정)
1. 건축물(기숙사는 제외한다)의 각 부분의 높이는 그 부분으로부터 채광을 위한 창문 등이 있는 벽면에서 직각 방향으로 인접 대지경계선까지의 수평거리의 2배(근린상업지역 또는 준주거지역의 건축물은 4배) 이하로 할 것
2. 같은 대지에서 두 동(棟) 이상의 건축물이 서로 마주보고 있는 경우(한 동의 건축물 각 부분이 서로 마주보고 있는 경우를 포함한다)에 건축물 각 부분 사이의 거리는 다음 각 목의 거리 이상을 띄어 건축할 것. 다만, 그 대지의 모든 세대가 동지(冬至)를 기준으로 9시에서 15시 사이에 2시간 이상을 계속하여 일조(日照)를 확보할 수 있는 거리 이상으로 할 수 있다.
가. 채광을 위한 창문 등이 있는 벽면으로부터 직각방향으로 건축물 각 부분 높이의 0.5배(도시형 생활주택의 경우에는 0.25배) 이상의 범위에서 건축조례로 정하는 거리 이상(2009.7.16 본목개정)
나. 가목에도 불구하고 서로 마주보는 건축물 중 높은 건축물(높은 건축물을 중심으로 마주보는 두 동의 축이 시계방향으로 정동에서 정서 방향인 경우만 해당한다)의 주된 개구부(거실과 주된 침실이 있는 부분의 개구부를 말한다)의 방향이 낮은 건축물을 향하는 경우에는 10미터 이상으로서 낮은 건축물 각 부분의 높이의 0.5배(도시형 생활주택의 경우에는 0.25배) 이상의 범위에서 건축조례로 정하는 거리 이상(2021.11.2 본목개정)
다. 가목에도 불구하고 건축물과 부대시설 또는 복리시설이 서로 마주보고 있는 경우에는 부대시설 또는 복리시설 각 부분 높이의 1배 이상(2009.7.16 본목신설)
라. 채광창(창넓이가 0.5제곱미터 이상인 창을 말한다)이 없는 벽면과 측벽이 마주보는 경우에는 8미터 이상
마. 측벽과 측벽이 마주보는 경우[마주보는 측벽 중 하나의 측벽에 채광을 위한 창문 등이 설치되어 있지 아니한 바닥면적 3제곱미터 이하의 발코니(출입을 위한 개구부를 포함한다)를 설치하는 경우를 포함한다]에는 4미터 이상
3. 제3조제1항제4호에 따른 주택단지에 두 동 이상의 건축물이 법 제2조제1항제11호에 따른 도로를 사이에 두고 서로 마주보고 있는 경우에는 제2호가목부터 다목까지의 규정을 적용하지 아니하되, 해당 도로의 중심선을 인접 대지경계선으로 보아 제1호를 적용한다.
(2009.7.16 본호개정)
④ 법 제61조제3항 각 호 외의 부분에서 "대통령령으로 정하는 높이"란 제1항에 따른 높이의 범위에서 특별자치시장·특별자치도지사 또는 시장·군수·구청장이 정하여 고시하는 높이를 말한다.(2014.10.14 본항개정)
⑤ 특별자치시장·특별자치도지사 또는 시장·군수·구청장은 제4항에 따라 건축물의 높이를 고시하려면 국토교통부령으로 정하는 바에 따라 미리 해당 지역주민의 의견을 들어야 한다. 다만, 법 제61조제3항제1호부터 제6호까지의 어느 하나에 해당하는 지역인 경우로서 건축위원회의 심의를 거친 경우에는 그러하지 아니하다.
(2016.5.17 본문개정)
⑥ 제1항부터 제5항까지를 적용할 때 건축물을 건축하려는 대지와 다른 대지 사이에 다음 각 호의 시설 또는 부지가 있는 경우에는 그 반대편의 대지경계선(공동주택은 인접 대지경계선과 그 반대편 대지경계선의 중심선)을 인접 대지경계선으로 한다.(2016.5.17 본문개정)
1. 공원(「도시공원 및 녹지 등에 관한 법률」 제2조제3호에 따른 도시공원 중 지방건축위원회의 심의를 거쳐 허가권자가 공원의 일조 등을 확보할 필요가 있다고 인정하는 공원은 제외한다), 도로, 철도, 하천, 광장, 공공공지, 녹지, 유수지, 자동차 전용도로, 유원지
2. 다음 각 목에 해당하는 대지(건축물이 없는 경우로 한정한다)(2021.11.2 본문개정)
가. 너비(대지경계선에서 가장 가까운 거리를 말한다)가 2미터 이하인 대지
나. 면적이 제80조 각 호에 따른 분할제한 기준 이하인 대지
3. 제1호 및 제2호 외에 건축이 허용되지 아니하는 공지
(2014.11.11 1호~3호신설)
⑦ 제1항부터 제5항까지의 규정을 적용할 때 건축물(공동주택으로 한정한다)을 건축하려는 하나의 대지 사이에 제6항 각 호의 시설 또는 부지가 있는 경우에는 지방건축위원회의 심의를 거쳐 제6항 각 호의 시설 또는 부지를 기준으로 마주하고 있는 해당 대지의 경계선의 중심선을 인접 대지경계선으로 할 수 있다.(2018.9.4 본항신설)
제86조의2 (2006.5.8 삭제)

제7장 건축물의 설비 등
(2008.10.29 본장개정)

제87조 【건축설비 설치의 원칙】 ① 건축설비는 건축물의 안전·방화, 위생, 에너지 및 정보통신의 합리적 이용에 지장이 없도록 설치하여야 하고, 배관피트 및 닥트의 단면적과 수선구의 크기를 해당 설비의 수선에 지장이 없도록 하는 등 설비의 유지·관리가 쉽게 설치하여야 한다.
② 건축물에 설치하는 급수·배수·냉방·난방·환기·피뢰 등 건축설비의 설치에 관한 기술적 기준은 국토교통부령으로 정하되, 에너지 이용 합리화와 관련한 건축설비의 기술적 기준에 관하여는 산업통상자원부장관과 협의하여 정한다.(2013.3.23 본항개정)
③ 건축물에 설치하여야 하는 장애인 관련 시설 및 설비는 「장애인·노인·임산부 등의 편의증진보장에 관한 법률」 제14조에 따라 작성하여 보급하는 편의시설 상세표준도에 따른다.(2012.12.12 본항개정)
④ 건축물에는 방송수신에 지장이 없도록 공동시청 안테나, 유선방송 수신시설, 위성방송 수신설비, 에프엠(FM)라디오방송 수신설비 또는 방송 공동수신설비를 설치할 수 있다. 다만, 다음 각 호의 건축물에는 방송 공동수신설비를 설치하여야 한다.
1. 공동주택(2012.12.12 본호개정)
2. 바닥면적의 합계가 5천제곱미터 이상으로서 업무시설이나 숙박시설의 용도로 쓰는 건축물
(2009.7.16 본항개정)
⑤ 제4항에 따른 방송 수신설비의 설치기준은 과학기술정보통신부장관이 정하여 고시하는 바에 따른다.
(2017.7.26 본항개정)
⑥ 연면적이 500제곱미터 이상인 건축물의 대지에는 국토교통부령으로 정하는 바에 따라 「전기사업법」 제2조제2호에 따른 전기사업자가 전기를 배전(配電)하는 데 필요한 전기설비를 설치할 수 있는 공간을 확보하여야 한다.
(2013.3.23 본항개정)
⑦ 해풍이나 염분 등으로 인하여 건축물의 재료 및 기계설비 등에 조기 부식과 같은 피해 발생이 우려되는 지역에서는 해당 지방자치단체는 이를 방지하기 위하여 다음 각 호의 사항을 조례로 정할 수 있다.
1. 해풍이나 염분 등에 대한 내구성 설계기준
2. 해풍이나 염분 등에 대한 내구성 허용기준
3. 그 밖에 해풍이나 염분 등에 따른 피해를 막기 위하여 필요한 사항
(2010.2.18 본항신설)
⑧ 건축물에 설치하여야 하는 우편수취함은 「우편법」 제37조의2의 기준에 따른다.(2014.10.14 본항신설)
제88조 (1995.12.30 삭제)
제89조 【승용 승강기의 설치】 법 제64조제1항 전단에서 "대통령령으로 정하는 건축물"이란 층수가 6층인 건축물로서 각 층 거실의 바닥면적 300제곱미터 이내마다 1개소 이상의 직통계단을 설치한 건축물을 말한다.
제90조 【비상용 승강기의 설치】 ① 법 제64조제2항에 따라 높이 31미터를 넘는 건축물에는 다음 각 호의 기준에 따른 대수 이상의 비상용 승강기(비상용 승강기의 승강장 및 승강로를 포함한다. 이하 이 조에서 같다)를 설치하여야 한다. 다만, 법 제64조제1항에 따라 설치되는 승강기를 비상용 승강기의 구조로 하는 경우에는 그러하지 아니하다.
1. 높이 31미터를 넘는 각 층의 바닥면적 중 최대 바닥면적이 1천500제곱미터 이하인 건축물 : 1대 이상
2. 높이 31미터를 넘는 각 층의 바닥면적 중 최대 바닥면적이 1천500제곱미터를 넘는 건축물 : 1대에 1천500제곱미터를 넘는 3천 제곱미터 이내마다 1대씩 더한 대수 이상
② 제1항에 따라 2대 이상의 비상용 승강기를 설치하는 경우에는 화재가 났을 때 소화에 지장이 없도록 일정한 간격을 두고 설치하여야 한다.
③ 건축물에 설치하는 비상용 승강기의 구조 등에 관하여 필요한 사항은 국토교통부령으로 정한다.(2013.3.23 본항개정)
제91조 【피난용승강기의 설치】 법 제64조제3항에 따른 피난용승강기(피난용승강기의 승강장 및 승강로를 포함한다. 이하 이 조에서 같다)는 다음 각 호의 기준에 맞게 설치하여야 한다.
1. 승강장의 바닥면적은 승강기 1대당 6제곱미터 이상으로 할 것
2. 각 층으로부터 피난층까지 이르는 승강로를 단일구조로 연결하여 설치할 것
3. 예비전원으로 작동하는 조명설비를 설치할 것
4. 승강장의 출입구 부근의 잘 보이는 곳에 해당 승강기가 피난용승강기임을 알리는 표지를 설치할 것
5. 그 밖에 화재예방 및 피해경감을 위하여 국토교통부령으로 정하는 구조 및 설비 등의 기준에 맞을 것
(2018.10.16 본조신설)
제91조의2 (2013.2.20 삭제)
제91조의3 【관계전문기술자와의 협력】 ① 다음 각 호의 어느 하나에 해당하는 건축물의 설계자는 제32조제1항에 따라 해당 건축물에 대한 구조의 안전을 확인하는 경우에는 건축구조기술사의 협력을 받아야 한다.
(2014.11.28 본문개정)
1. 6층 이상인 건축물(2009.7.16 본호개정)
2. 특수구조 건축물(2014.11.28 본호개정)
3. 다중이용 건축물
4. 준다중이용 건축물(2015.9.22 본호신설)
5. 3층 이상의 필로티형식 건축물(2018.12.4 본호신설)
6. 제32조제2항제6호에 해당하는 건축물 중 국토교통부령으로 정하는 건축물(2014.11.28 본호개정)
② 연면적 1만제곱미터 이상인 건축물(창고시설은 제외한다) 또는 에너지를 대량으로 소비하는 건축물로서 국토교통부령으로 정하는 건축물에 건축설비를 설치하는 경우에는 국토교통부령으로 정하는 바에 따라 다음 각 호의 구분에 따른 관계전문기술자의 협력을 받아야 한다.
(2013.3.23 본문개정)
1. 전기, 승강기(전기 분야만 해당한다) 및 피뢰침 : 「기술사법」에 따라 등록한 건축전기설비기술사 또는 발송배전기술사(2016.5.17 본호개정)
2. 급수·배수(配水)·배수(排水)·환기·난방·소화·배연·오물처리 설비 및 승강기(기계 분야만 해당한다) : 「기술사법」에 따라 등록한 건축기계설비기술사 또는 공조냉동기계기술사(2017.5.2 본호개정)
3. 가스설비 : 「기술사법」에 따라 등록한 건축기계설비기술사, 공조냉동기계기술사 또는 가스기술사(2017.5.2 본호개정)
③ 깊이 10미터 이상의 토지 굴착공사 또는 높이 5미터 이상의 옹벽 등의 공사를 수반하는 건축물의 설계자 및 공사감리자는 토지 굴착 등에 관하여 국토교통부령으로 정하는 바에 따라 「기술사법」에 따라 등록한 토목 분야 기술사 또는 국토개발 분야의 지질 및 기반 기술사의 협력을 받아야 한다.(2016.5.17 본항개정)
④ 설계자 및 공사감리자는 안전상 필요하다고 인정하는 경우, 관계 법령에서 정하는 경우 및 설계계약 또는 감리계약에 따라 건축주가 요청하는 경우에는 관계전문기술자의 협력을 받아야 한다.
⑤ 특수구조 건축물 및 고층건축물의 공사감리자는 제19조제3항제1호 각 목 및 제2호 각 목에 해당하는 공정에 다다를 때 건축구조기술사의 협력을 받아야 한다.
(2016.5.17 본항개정)
⑥ 3층 이상인 필로티형식 건축물의 공사감리자는 법 제48조에 따른 건축물의 구조상 안전을 위한 공사감리를 할 때 공사가 제18조의2제2항제3호나목에 따른 단계에 다다른 경우마다 법 제67조제1항제1호부터 제3호까지의 규정에 따른 관계전문기술자의 협력을 받아야 한다. 이 경우 관계전문기술자는 「건설기술 진흥법 시행령」 별표1 제3호라목1)에 따른 건축구조 분야의 특급 또는 고급기술자의 자격요건을 갖춘 소속 기술자로 하여금 업무를 수행하게 할 수 있다.(2018.12.4 본항신설)
⑦ 제1항부터 제6항까지의 규정에 따라 설계자 또는 공사감리자에게 협력한 관계전문기술자는 공사 현장을 확인하고, 그가 작성한 설계도서 또는 감리중간보고서 및 감리완료보고서에 설계자 또는 공사감리자와 함께 서명날인하여야 한다.(2018.12.4 본항개정)
⑧ 제32조제1항에 따른 구조 안전의 확인에 관하여 설계자에게 협력한 건축구조기술사는 구조의 안전을 확인한 건축물의 구조도 등 구조 관련 서류에 설계자와 함께 서명날인하여야 한다.(2014.11.28 본항개정)
⑨ 법 제67조제1항 각 호 외의 부분에서 "대통령령으로 정하는 기간"이란 2년을 말한다.(2016.7.19 본항신설)
제91조의4 【신기술·신제품인 건축설비의 기술적 기준】 ① 법 제68조제4항에 따라 기술적 기준을 인정받으려는 자는 국토교통부령으로 정하는 서류를 국토교통부장관에게 제출해야 한다.
② 국토교통부장관은 제1항에 따른 서류를 제출받으면 한국건설기술연구원에 그 기술·제품이 신규성·진보성 및 현장 적용성이 있는지 여부에 대해 검토를 요청할 수 있다.(2021.8.10 본항개정)
③ 국토교통부장관은 제1항에 따라 기술적 기준의 인정 요청을 받은 기술·제품이 신규성·진보성 및 현장 적용성이 있다고 판단되면 그 기술적 기준을 중앙건축위원회의 심의를 거쳐 인정할 수 있다.
④ 국토교통부장관은 제3항에 따라 기술적 기준을 인정할 때 5년의 범위에서 유효기간을 정할 수 있다. 이 경우 유효기간은 국토교통부령으로 정하는 바에 따라 연장할 수 있다.
⑤ 국토교통부장관은 제3항 및 제4항에 따라 기술적 기준을 인정하면 그 기준과 유효기간을 관보에 고시하고, 인터넷 홈페이지에 게재해야 한다.
⑥ 제1항부터 제5항까지에서 정한 사항 외에 법 제68조제4항에 따른 건축설비 기술·제품의 평가 및 그 기술적 기준 인정에 관하여 필요한 세부 사항은 국토교통부장관이 정하여 고시할 수 있다.
(2021.1.8 본조신설)
제92조 【건축모니터링의 운영】 ① 법 제68조의3제1항에서 "대통령령으로 정하는 기간"이란 3년을 말한다.
② 국토교통부장관은 법 제68조의3제2항에 따라 다음 각 호의 인력 및 조직을 갖춘 자를 건축모니터링 전문기관으로 지정할 수 있다.
1. 인력 : 「국가기술자격법」에 따른 건축분야 기사 이상의 자격을 갖춘 인력 5명 이상

2. 조직 : 건축모니터링을 수행할 수 있는 전담조직
(2015.7.6 본조신설)
제93조～제96조 (1999.4.30 삭제)
제97조 (1997.9.9 삭제)
제98조～제103조 (1999.4.30 삭제)
제104조 (1995.12.30 삭제)

제8장 특별건축구역 등
(2014.10.14 본장제목개정)

제105조【특별건축구역의 지정】 ① 법 제69조제1항제1호나목에서 "대통령령으로 정하는 사업구역"이란 다음 각 호의 어느 하나에 해당하는 구역을 말한다.(2014.10.14 본문개정)
1. 「신행정수도 후속대책을 위한 연기·공주지역 행정중심복합도시 건설을 위한 특별법」에 따른 행정중심복합도시의 사업구역
2. 「혁신도시 조성 및 발전에 관한 특별법」에 따른 혁신도시의 사업구역(2018.2.27 본호개정)
3. 「경제자유구역의 지정 및 운영에 관한 특별법」 제4조에 따라 지정된 경제자유구역(2009.7.30 본호개정)
4. 「택지개발촉진법」에 따른 택지개발사업구역
5. 「공공주택 특별법」 제2조제2호에 따른 공공주택지구(2015.12.28 본호개정)
6. (2014.10.14 삭제)
7. 「도시개발법」에 따른 도시개발구역
8.～9. (2014.10.14 삭제)
10. 「아시아문화중심도시 조성에 관한 특별법」에 따른 국립아시아문화전당 건설사업구역
11. 「국토의 계획 및 이용에 관한 법률」 제51조에 따른 지구단위계획구역 중 현상설계(懸賞設計) 등에 따른 창의적 개발을 위한 특별계획구역(2012.12.12 본호신설)
12.～13. (2014.10.14 삭제)

② 법 제69조제1항제2호나목에서 "대통령령으로 정하는 사업구역"이란 다음 각 호의 어느 하나에 해당하는 구역을 말한다.
1. 「경제자유구역의 지정 및 운영에 관한 특별법」 제4조에 따라 지정된 경제자유구역
2. 「택지개발촉진법」에 따른 택지개발사업구역
3. 「도시 및 주거환경정비법」에 따른 정비구역
4. 「도시개발법」에 따른 도시개발구역
5. 「도시재정비 촉진을 위한 특별법」에 따른 재정비촉진구역
6. 「제주특별자치도 설치 및 국제자유도시 조성을 위한 특별법」에 따른 국제자유도시의 사업구역
7. 「국토의 계획 및 이용에 관한 법률」 제51조에 따른 지구단위계획구역 중 현상설계(懸賞設計) 등에 따른 창의적 개발을 위한 특별계획구역
8. 「관광진흥법」 제52조 및 제70조에 따른 관광지, 관광단지 또는 관광특구
9. 「지역문화진흥법」 제18조에 따른 문화지구
(2014.10.14 본항신설)

③ 법 제69조제1항제2호다목에서 "대통령령으로 정하는 도시 또는 지역"이란 다음 각 호의 어느 하나에 해당하는 도시 또는 지역을 말한다.(2014.10.14 본문개정)
1. (2014.10.14 삭제)
2. 건축문화 진흥을 위하여 국토교통부령으로 정하는 건축물 또는 공간환경을 조성하는 지역(2013.3.23 본호개정)
2의2. 주거, 상업, 업무 등 다양한 기능을 결합하는 복합적인 토지 이용을 증진시킬 필요가 있는 지역으로서 다음 각 목의 요건을 모두 갖춘 지역
  가. 도시지역일 것
  나. 「국토의 계획 및 이용에 관한 법률 시행령」 제71조에 따른 용도지역 안에서의 건축제한 적용을 배제할 필요가 있을 것
(2010.12.13 본호신설)
3. 그 밖에 도시경관의 창출, 건설기술 수준향상 및 건축 관련 제도개선을 도모하기 위하여 특별건축구역으로 지정할 필요가 있다고 시·도지사가 인정하는 도시 또는 지역(2014.10.14 본호개정)
(2008.10.29 본조개정)

제106조【특별건축구역의 건축물】 ① 법 제70조제2호에서 "대통령령으로 정하는 공공기관"이란 다음 각 호의 공공기관을 말한다.
1. 「한국토지주택공사법」에 따른 한국토지주택공사(2009.9.21 본호개정)
2. 「한국수자원공사법」에 따른 한국수자원공사
3. 「한국도로공사법」에 따른 한국도로공사
4. (2009.9.21 삭제)
5. 「한국철도공사법」에 따른 한국철도공사
6. 「국가철도공단법」 에 따른 국가철도공단(2020.9.10 본호개정)
7. 「한국관광공사법」에 따른 한국관광공사
8. 「한국농어촌공사 및 농지관리기금법」에 따른 한국농어촌공사(2009.6.26 본호개정)

② 법 제70조제3호에서 "대통령령으로 정하는 용도·규모의 건축물"이란 별표3과 같다.
(2008.10.29 본조개정)

제107조【특별건축구역의 지정 절차 등】 ① 법 제71조제1항제4호에 따른 도시·군관리계획의 세부 내용은 다음 각 호와 같다.(2012.4.10 본문개정)
1. 「국토의 계획 및 이용에 관한 법률」 제36조부터 제38조까지, 제38조의2, 제39조, 제40조 및 같은 법 시행령 제30조부터 제32조까지의 규정에 따른 용도지역, 용도지구 및 용도구역에 관한 사항
2. 「국토의 계획 및 이용에 관한 법률」 제43조에 따라 도시·군관리계획으로 결정되었거나 설치된 도시·군계획시설의 현황 및 도시·군계획시설의 신설·변경 등에 관한 사항(2012.4.10 본호개정)
3. 「국토의 계획 및 이용에 관한 법률」 제50조부터 제52조까지 및 같은 법 시행령 제43조부터 제47조까지의 규정에 따른 지구단위계획구역의 지정, 지구단위계획의 내용 및 지구단위계획의 수립·변경 등에 관한 사항

② 법 제71조제1항제7호에서 "대통령령으로 정하는 사항"이란 다음 각 호의 사항을 말한다.(2010.12.13 본문개정)
1. 특별건축구역의 주변지역에 「국토의 계획 및 이용에 관한 법률」 제43조에 따라 도시·군관리계획으로 결정되었거나 설치된 도시·군계획시설에 관한 사항(2012.4.10 본호개정)
2. 특별건축구역의 주변지역에 대한 지구단위계획구역의 지정 및 지구단위계획의 내용 등에 관한 사항
2의2. 「건축기본법」 제21조에 따른 건축디자인 기준의 반영에 관한 사항(2010.12.13 본호신설)
3. 「건축기본법」 제23조에 따라 민간전문가를 위촉한 경우 그에 관한 사항
4. 제105조제3항제2호의2에 따른 복합적인 토지 이용에 관한 사항(제105조제3항제2호의2에 해당하는 지역을 지정하기 위한 신청의 경우로 한정한다)(2014.10.14 본호개정)

③ 국토교통부장관 또는 시·도지사는 법 제71조제7항에 따라 특별건축구역을 지정하거나 변경·해제하는 경우에는 다음 각 호의 사항을 즉시 관보(시·도지사의 경우에는 공보)에 고시해야 한다.(2021.1.8 본문개정)
1. 지정·변경 또는 해제의 목적
2. 특별건축구역의 위치, 범위 및 면적
3. 특별건축구역 내 건축물의 규모 및 용도 등에 관한 주요 사항
4. 건축물의 설계, 공사감리 및 건축시공 등 발주방법에 관한 사항
5. 도시·군계획시설의 신설·변경 및 지구단위계획의 수립·변경 등에 관한 사항(2012.4.10 본호개정)
6. 그 밖에 국토교통부장관 또는 시·도지사가 필요하다고 인정하는 사항(2014.10.14 본호개정)

④ 특별건축구역의 지정신청기관이 다음 각 호의 어느 하나에 해당하여 법 제71조제9항에 따라 특별건축구역의 변경지정을 받으려는 경우에는 국토교통부령으로 정하는 자료를 갖추어 국토교통부장관 또는 특별시장·광역시장·도지사에게 변경지정 신청을 해야 한다. 이 경우 특별건축구역의 변경지정에 관하여는 법 제71조제4항 및 제5항을 준용한다.(2021.1.8 본문개정)
1. 특별건축구역의 범위가 10분의 1(특별건축구역의 면적이 10만 제곱미터 미만인 경우에는 20분의 1) 이상 증가하거나 감소하는 경우
2. 특별건축구역의 도시·군관리계획에 관한 사항이 변경되는 경우(2012.4.10 본호개정)
3. 건축물의 설계, 공사감리 및 건축시공 등 발주방법이 변경되는 경우
4. 그 밖에 특별건축구역의 지정 목적이 변경되는 등 국토교통부령으로 정하는 경우(2013.3.23 본호개정)

⑤ 제1항부터 제4항까지에서 규정한 사항 외에 특별건축구역의 지정에 필요한 세부 사항은 국토교통부장관이 정하여 고시한다.(2013.3.23 본항개정)
(2008.10.29 본조개정)

제107조의2【특별건축구역의 지정 제안 절차 등】 ① 법 제71조제2항에 따라 특별건축구역 지정을 제안하려는 자는 같은 조 제1항의 자료를 갖추어 시장·군수·구청장에게 의견을 요청할 수 있다.
② 시장·군수·구청장은 제1항에 따라 의견 요청을 받으면 특별건축구역 지정의 필요성, 타당성, 공공성 등과 피난·방재 등의 사항을 검토하여 의견을 통보해야 한다. 이 경우 「건축기본법」 제23조에 따라 시장·군수·구청장이 위촉한 민간전문가의 자문을 받을 수 있다.
③ 법 제71조제2항에 따라 특별건축구역 지정을 제안하려는 자는 시·도지사에게 제안하기 전에 다음 각 호에 해당하는 자의 서면 동의를 받아야 한다. 이 경우 토지소유자의 서면 동의 방법은 국토교통부령으로 정한다.
1. 대상 토지 면적(국유지·공유지의 면적은 제외한다)의 3분의 2 이상에 해당하는 토지소유자
2. 국유지 또는 공유지의 재산관리청(국유지 또는 공유지가 포함되어 있는 경우로 한정한다)
④ 법 제71조제2항에 따라 특별건축구역 지정을 제안하려는 자는 다음 각 호의 서류를 시·도지사에게 제출해야 한다.
1. 법 제71조제1항 각 호의 자료
2. 제2항에 따른 시장·군수·구청장의 의견(의견을 요청한 경우로 한정한다)
3. 제3항에 따른 토지소유자 및 재산관리청의 서면 동의서
⑤ 시·도지사는 제4항에 따른 서류를 받은 날부터 45일 이내에 특별건축구역 지정의 필요성, 타당성, 공공성 등과 피난·방재 등의 사항을 검토하여 특별건축구역 지정 여부를 결정해야 한다. 이 경우 관할 시장·군수·구청장의 의견을 청취(제4항제2호의 의견서를 제출받은 경우는 제외한다)한 후 시·도지사가 두는 건축위원회의 심의를 거쳐야 한다.
⑥ 시·도지사는 제5항에 따라 지정여부를 결정한 날부터 14일 이내에 특별건축구역 지정을 제안한 자에게 그 결과를 통보해야 한다.
⑦ 제5항에 따라 지정된 특별건축구역에 대한 변경지정의 제안에 관하여는 제1항부터 제6항까지의 규정을 준용한다.
⑧ 제1항부터 제7항까지에서 규정한 사항 외에 특별건축구역의 지정에 필요한 세부 사항은 국토교통부장관이 정하여 고시한다.
(2021.1.8 본조신설)

제108조【특별건축구역 내 건축물의 심의 등】 ① 법 제72조제5항에 따라 지방건축위원회의 변경심의를 받아야 하는 경우는 다음 각 호와 같다.
1. 법 제16조에 따라 변경허가를 받아야 하는 경우
2. 법 제19조제2항에 따라 변경허가를 받거나 변경신고를 하여야 하는 경우
3. 건축물 외부의 디자인, 형태 또는 색채를 변경하는 경우
4. 그 밖에 법 제72조제1항 각 호의 사항 중 국토교통부령으로 정하는 사항을 변경하는 경우(2013.3.23 본호개정)
② 법 제72조제8항 전단에 따라 설계자가 해당 건축물의 건축에 참여하는 경우 공사시공자 및 공사감리자는 특별한 사유가 있는 경우를 제외하고는 설계자의 자문 의견을 반영하도록 하여야 한다.
③ 법 제72조제8항 후단에 따른 설계자의 업무내용은 다음 각 호와 같다.
1. 법 제72조제6항에 따른 모니터링
2. 설계변경에 대한 자문
3. 건축디자인 및 도시경관 등에 관한 설계의도의 구현을 위한 자문
4. 그 밖에 발주청이 위탁하는 업무
④ 제3항에 따른 설계자의 업무내용에 대한 보수는 「엔지니어링산업 진흥법」 제31조에 따른 엔지니어링사업대가의 기준의 범위에서 국토교통부장관이 정하여 고시한다.
(2013.3.23 본항개정)
⑤ 제1항부터 제4항까지에서 규정한 사항 외에 특별건축구역 내 건축물의 심의 및 건축허가 이후 해당 건축물의 건축에 대한 설계자의 참여에 관한 세부 사항은 국토교통부장관이 정하여 고시한다.(2013.3.23 본항개정)
(2008.10.29 본조개정)

제109조【관계 법령의 적용 특례】 ① 법 제73조제1항제2호에서 "대통령령으로 정하는 규정"이란 「주택건설기준 등에 관한 규정」 제10조, 제13조, 제29조, 제35조, 제37조, 제50조 및 제52조를 말한다.(2013.6.17 본항개정)
② 허가권자가 법 제73조제3항에 따라 「소방시설 설치 및 관리에 관한 법률」 제12조 및 제13조에 따른 기준 또는 성능 등을 완화하여 적용하려면 「소방시설공사업법」 제30조제2항에 따른 지방소방기술심의위원회의 심의를 거치거나 소방본부장 또는 소방서장과 협의를 하여야 한다.
(2022.11.29 본항개정)

제110조 (2016.7.19 삭제)

제110조의2【특별가로구역의 지정】 ① 법 제77조의2제1항에서 "대통령령으로 정하는 도로"란 다음 각 호의 어느 하나에 해당하는 도로를 말한다.
1. 건축선을 후퇴한 대지에 접한 도로로서 허가권자(허가권자가 구청장인 경우에는 특별시장이나 광역시장을 말한다. 이하 이 조에서 같다)가 건축조례로 정하는 도로
2. 허가권자가 리모델링 활성화가 필요하다고 인정하여 지정·공고한 지역 안의 도로
3. 보행자전용도로로서 도시미관 개선을 위하여 허가권자가 건축조례로 정하는 도로
4. 「지역문화진흥법」 제18조에 따른 문화지구 안의 도로
5. 그 밖에 조화로운 도시경관 창출을 위하여 필요하다고 인정하여 국토교통부장관이 고시하거나 허가권자가 건축조례로 정하는 도로
② 법 제77조의2제2항제4호에서 "대통령령으로 정하는 사항"이란 다음 각 호의 사항을 말한다.
1. 특별가로구역에서 이 법 또는 관계 법령의 규정을 적용하지 아니하거나 완화하여 적용하는 경우에 해당 규정과 완화 등의 범위에 관한 사항
2. 건축물의 지붕 및 외벽의 형태나 색채 등에 관한 사항
3. 건축물의 배치, 대지의 출입구 및 조경의 위치에 관한 사항
4. 건축선 후퇴 공간 및 공개공지등의 관리에 관한 사항
5. 그 밖에 특별가로구역의 지정에 필요하다고 인정하여 국토교통부장관이 고시하거나 허가권자가 건축조례로 정하는 사항
(2014.10.14 본조신설)

제8장의2 건축협정
(2014.10.14 본장신설)

제110조의3【건축협정의 체결】 ① 법 제77조의4제1항

각 호 외의 부분에서 "토지 또는 건축물의 소유자, 지상권자 등 대통령령으로 정하는 자"란 다음 각 호의 자를 말한다.
1. 토지 또는 건축물의 소유자(공유자를 포함한다. 이하 이 항에서 같다)
2. 토지 또는 건축물의 지상권자
3. 그 밖에 해당 토지 또는 건축물에 이해관계가 있는 자로서 건축조례로 정하는 자 중 그 토지 또는 건축물 소유자의 동의를 받은 자
② 법 제77조의4제4항제2호에서 "대통령령으로 정하는 사항"이란 다음 각 호의 사항을 말한다.
1. 건축선
2. 건축물 및 건축설비의 위치
3. 건축물의 용도, 높이 및 층수
4. 건축물의 지붕 및 외벽의 형태
5. 건폐율 및 용적률
6. 담장, 대문, 조경, 주차장 등 부대시설의 위치 및 형태
7. 차양시설, 차면시설 등 건축물에 부착하는 시설물의 형태
8. 법 제59조제1항제1호에 따른 맞벽 건축의 구조 및 형태
9. 그 밖에 건축물의 위치, 용도, 형태 또는 부대시설에 관하여 건축조례로 정하는 사항

제110조의4【건축협정의 폐지 제한 기간】 ① 법 제77조의9제1항 단서에서 "대통령령으로 정하는 기간"이란 착공신고를 한 날부터 20년을 말한다.
② 제1항에도 불구하고 다음 각 호의 요건을 모두 갖춘 경우에는 제1항에 따른 기간이 지난 것으로 본다.
1. 법 제57조제3항에 따라 분할된 대지를 같은 조 제1항 및 제2항의 기준에 적합하게 할 것
2. 법 제77조의13에 따른 특례를 적용받지 아니하는 내용으로 건축협정 변경인가를 받고 그에 따라 건축허가를 받을 것. 다만, 법 제77조의13에 따른 특례적용을 받은 내용대로 사용승인을 받은 경우에는 특례를 적용받지 아니하는 내용으로 건축협정 변경인가를 받고 그에 따라 건축허가를 받은 후 해당 건축물의 사용승인을 받아야 한다.
3. 법 제77조의11제2항에 따라 지원받은 사업비용을 반환할 것
(2016.5.17 본조신설)

제110조의5【건축협정에 따라야 하는 행위】 법 제77조의10제1항에서 "대통령령으로 정하는 행위"란 제110조의3제2항 각 호의 사항에 관한 행위를 말한다.

제110조의6【건축협정에 관한 지원】 법 제77조의4제1항제4호에 따른 건축협정인가권자가 법 제77조의11제2항에 따라 건축협정구역 안의 주거환경개선을 위한 사업비용을 지원하려는 경우에는 법 제77조의4제1항 및 제2항에 따라 건축협정을 체결한 자(이하 "협정체결자"라 한다) 또는 법 제77조의5제1항에 따른 건축협정운영회(이하 "건축협정운영회"라 한다)의 대표자에게 다음 각 호의 사항이 포함된 사업계획서를 요구할 수 있다.
1. 주거환경개선사업의 목표
2. 협정체결자 또는 건축협정운영회 대표자의 성명
3. 주거환경개선사업의 내용 및 추진방법
4. 주거환경개선사업의 비용
5. 그 밖에 건축조례로 정하는 사항

제110조의7【건축협정에 따른 특례】 ① 건축협정구역에서 건축하는 건축물에 대해서는 법 제77조의13제6항에 따라 법 제42조, 제55조, 제56조, 제60조 및 제61조를 다음 각 호의 구분에 따라 완화하여 적용할 수 있다.
1. 법 제42조에 따른 대지의 조경 면적 : 대지의 조경을 도로에 면하여 통합적으로 조성하는 건축협정구역에 한정하여 해당 지역에 적용하는 조경 면적기준의 100분의 20의 범위에서 완화
2. 법 제55조에 따른 건폐율 : 해당 지역에 적용하는 건폐율의 100분의 20의 범위에서 완화. 이 경우 「국토의 계획 및 이용에 관한 법률」 제77조에 따른 건폐율의 최대한도를 초과할 수 없다.
3. 법 제56조에 따른 용적률 : 해당 지역에 적용하는 용적률의 100분의 20의 범위에서 완화. 이 경우 「국토의 계획 및 이용에 관한 법률」 제78조에 따른 용적률의 최대한도를 초과할 수 없다.
4. 법 제60조에 따른 높이 제한 : 너비 6미터 이상의 도로에 접한 건축협정구역에 한정하여 해당 건축물에 적용하는 높이 기준의 100분의 20의 범위에서 완화
5. 법 제61조에 따른 일조 등의 확보를 위한 건축물의 높이 제한 : 건축협정구역 안에서 대지 상호간에 건축하는 공동주택에 한정하여 제86조제3항제1호에 따른 기준의 100분의 20의 범위에서 완화
② 허가권자는 법 제77조의13제6항 단서에 따라 법 제4조에 따른 건축위원회의 심의와 「국토의 계획 및 이용에 관한 법률」 제113조에 따른 지방도시계획위원회의 심의를 통합하여 하려는 경우에는 다음 각 호의 기준에 따라 통합심의위원회(이하 "통합심의위원회"라 한다)를 구성하여야 한다.
1. 통합심의위원회 위원은 법 제4조에 따른 건축위원회 및 「국토의 계획 및 이용에 관한 법률」 제113조에 따른 지방도시계획위원회의 위원 중에서 시 · 도지사 또는 시장 · 군수 · 구청장이 임명 또는 위촉할 것
2. 통합심의위원회의 위원 수는 15명 이내로 할 것
3. 통합심의위원회의 위원 중 법 제4조에 따른 건축위원회의 위원이 2분의 1 이상이 되도록 할 것
4. 통합심의위원회의 위원장은 위원 중에서 시 · 도지사 또는 시장 · 군수 · 구청장이 임명 또는 위촉할 것
③ 제2항에 따른 통합심의위원회는 다음 각 호의 사항을 검토한다.
1. 해당 대지의 토지이용 현황 및 용적률 완화 범위의 적정성
2. 건축협정으로 완화되는 용적률이 주변 경관 및 환경에 미치는 영향
(2016.7.19 본조신설)

제8장의3 결합건축
(2016.7.19 본장신설)

제111조【결합건축 대상지】 ① 법 제77조의15제1항 각 호 외의 부분에서 "대통령령으로 정하는 범위에 있는 2개의 대지"란 다음 각 호의 요건을 모두 충족하는 2개의 대지를 말한다.(2021.1.8 본문개정)
1. 2개의 대지 모두가 법 제77조의15제1항 각 호의 지역 중 동일한 지역에 속할 것(2019.10.22 본호개정)
2. 2개의 대지 모두가 너비 12미터 이상인 도로로 둘러싸인 하나의 구역 안에 있을 것. 이 경우 그 구역 안에 너비 12미터 이상인 도로로 둘러싸인 더 작은 구역이 있어서는 아니 된다.
② 법 제77조의15제1항제4호에서 "대통령령으로 정하는 지역"이란 다음 각 호의 지역을 말한다.(2019.10.22 본문개정)
1. 건축협정구역
2. 특별건축구역
3. 리모델링 활성화 구역
4. 「도시재생 활성화 및 지원에 관한 특별법」 제2조제1항제5호에 따른 도시재생활성화지역
5. 「한옥 등 건축자산의 진흥에 관한 법률」 제17조제1항에 따른 건축자산 진흥구역
③ 법 제77조의15제2항 각 호 외의 부분 본문에서 "대통령령으로 정하는 범위에 있는 3개 이상의 대지"란 다음 각 호의 요건을 모두 충족하는 3개 이상의 대지를 말한다.
1. 대지 모두가 법 제77조의15제1항 각 호의 지역 중 같은 지역에 속할 것
2. 모든 대지 간 최단거리가 500미터 이내일 것
(2021.1.8 본항신설)
④ 법 제77조의15제2항제2호에서 "공원, 광장 등 대통령령으로 정하는 시설"이란 다음 각 호의 어느 하나에 해당하는 시설을 말한다.
1. 공원, 녹지, 광장, 정원, 공지, 주차장, 놀이터 등 공동이용시설
2. 그 밖에 제1호의 시설과 비슷한 것으로서 건축조례로 정하는 시설
(2021.1.8 본항신설)
⑤ 법 제77조의15제2항제3호에서 "대통령령으로 정하는 건축물"이란 다음 각 호의 건축물을 말한다.
1. 마을회관, 마을공동작업소, 마을도서관, 어린이집 등 공동이용건축물
2. 공동주택 중 「민간임대주택에 관한 특별법」 제2조제1호의 민간임대주택
3. 그 밖에 제1호 및 제2호의 건축물과 비슷한 것으로서 건축조례로 정하는 건축물
(2021.1.8 본항신설)

제111조의2【건축위원회 및 도시계획위원회의 공동 심의】 허가권자는 법 제77조의16제3항 단서에 따라 건축위원회의 심의와 도시계획위원회의 심의를 공동으로 하려는 경우에는 제110조의7제2항 각 호의 기준에 따라 공동위원회를 구성하여야 한다.(2019.10.22 본조개정)

제111조의3【결합건축 건축물의 사용승인】 법 제77조의17제2항에서 "대통령령으로 정하는 조치"란 다음 각 호의 어느 하나에 해당하는 조치를 말한다.(2019.10.22 본문개정)
1. 법 제11조제7항 각 호 외의 부분 단서에 따른 공사의 착수기간 연장 신청. 다만, 착공이 지연된 것에 건축주의 귀책사유가 없고 착공 지연에 따른 건축허가 취소의 가능성이 없다고 인정하는 경우로 한정한다.
2. 「국토의 계획 및 이용에 관한 법률」에 따른 도시 · 군계획시설의 결정

제9장 보 칙
(2008.10.29 본장개정)

제112조【건축위원회 심의 방법 및 결과 조사 등】 ① 국토교통부장관은 법 제78조제5항에 따라 지방건축위원회 심의 방법 또는 결과에 대한 조사가 필요하다고 인정하면 시 · 도지사 또는 시장 · 군수 · 구청장에게 관련 서류를 요구하거나 직접 방문하여 조사를 할 수 있다.
② 시 · 도지사는 법 제78조제5항에 따라 시장 · 군수 · 구청장이 설치하는 지방건축위원회의 심의 방법 또는 결과에 대한 조사가 필요하다고 인정하면 시장 · 군수 · 구청장에게 관련 서류를 요구하거나 직접 방문하여 조사를 할 수 있다.
③ 국토교통부장관 및 시 · 도지사는 제1항 또는 제2항에 따른 조사 과정에서 필요하면 법 제4조의2에 따른 심의의 신청인 및 건축관계자 등의 의견을 들을 수 있다.
(2016.7.19 본조신설)

제113조【위법 · 부당한 건축위원회의 심의에 대한 조치】 ① 국토교통부장관 및 시 · 도지사는 제112조에 따른 조사 및 의견청취 후 건축위원회의 심의 방법 또는 결과가 법 또는 법에 따른 명령이나 처분 또는 조례(이하 이 조에서 "건축법규등"이라 한다)에 위반되거나 부당하다고 인정하면 다음 각 호의 구분에 따라 시 · 도지사 또는 시장 · 군수 · 구청장에게 시정명령을 할 수 있다.
1. 심의대상이 아닌 건축물을 심의하거나 심의내용이 건축법규등에 위반된 경우 : 심의결과 취소
2. 건축법규등의 위반은 아니나 심의현황 및 건축여건을 고려하여 특별히 과도한 기준을 적용하거나 이행이 어려운 조건을 제시한 것으로 인정되는 경우 : 심의결과 조정 또는 재심의
3. 심의 절차에 문제가 있다고 인정되는 경우 : 재심의
4. 건축관계자에게 심의개최 통지를 하지 아니하고 심의를 하거나 건축법규등에서 정한 범위를 넘어 과도한 도서의 제출을 요구한 것으로 인정되는 경우 : 심의절차 및 기준의 개선 권고
② 제1항에 따른 시정명령을 받은 시 · 도지사 또는 시장 · 군수 · 구청장은 특별한 사유가 없으면 이에 따라야 한다. 이 경우 제1항제2호 또는 제3호에 따라 재심의 명령을 받은 경우에는 해당 명령을 받은 날부터 15일 이내에 건축위원회의 심의를 하여야 한다.
③ 시 · 도지사 또는 시장 · 군수 · 구청장은 제1항에 따른 시정명령에 이의가 있는 경우에는 해당 심의에 참여한 위원으로 구성된 지방건축위원회의 심의를 거쳐 국토교통부장관 또는 시 · 도지사에게 이의신청을 할 수 있다.
④ 제3항에 따라 이의신청을 받은 국토교통부장관 및 시 · 도지사는 제112조에 따른 조사를 다시 실시한 후 그 결과를 시 · 도지사 또는 시장 · 군수 · 구청장에게 통지하여야 한다.
(2016.7.19 본조신설)

제114조【위반 건축물에 대한 사용 및 영업행위의 허용 등】 법 제79조제2항 단서에서 "대통령령으로 정하는 경우"란 바닥면적의 합계가 400제곱미터 미만인 축사와 바닥면적의 합계가 400제곱미터 미만인 농업용 · 임업용 · 축산업용 및 수산업용 창고를 말한다.(2016.1.19 본조개정)

제115조【위반 건축물 등에 대한 실태조사 및 정비】 ① 허가권자는 법 제79조제5항에 따른 실태조사를 매년 정기적으로 하며, 위반행위의 예방 또는 확인을 위하여 수시로 실태조사를 할 수 있다.
② 허가권자는 제1항에 따른 조사를 하려는 경우에는 조사 목적 · 기간 · 대상 및 방법 등이 포함된 실태조사 계획을 수립해야 한다.
③ 제1항에 따른 조사는 서면 또는 현장조사의 방법으로 실시할 수 있다.
④ 허가권자는 제1항에 따른 조사를 한 경우 법 제79조에 따른 시정조치를 하기 위하여 정비계획을 수립 · 시행해야 하며, 그 결과를 시 · 도지사(특별자치시장 및 특별자치도지사는 제외한다)에게 보고해야 한다.
⑤ 허가권자는 위반 건축물의 체계적인 사후 관리와 정비를 위하여 국토교통부령으로 정하는 바에 따라 위반건축물 관리대장을 작성 · 관리해야 한다. 이 경우 전자적 처리가 불가능한 특별한 사유가 없으면 법 제32조제1항에 따른 전자정보처리 시스템을 이용하여 작성 · 관리해야 한다.(2021.11.2 후단개정)
⑥ 제1항부터 제4항까지에서 규정한 사항 외에 실태조사의 방법 · 절차에 필요한 세부적인 사항은 건축조례로 정할 수 있다.
(2020.4.21 본조개정)

제115조의2【이행강제금의 부과 및 징수】 ① 법 제80조제1항 각 호 외의 부분 단서에서 "대통령령으로 정하는 경우"란 다음 각 호의 경우를 말한다.
1. 법 제22조에 따른 사용승인을 받지 아니하고 건축물을 사용한 경우
2. 법 제42조에 따른 대지의 조경에 관한 사항을 위반한 경우
3. 법 제60조에 따른 건축물의 높이 제한을 위반한 경우
4. 법 제61조에 따른 일조 등의 확보를 위한 건축물의 높이 제한을 위반한 경우
5. 그 밖에 법 또는 법에 따른 명령이나 처분을 위반한 경우(별표15 위반 건축물란의 제1호의2, 제4호부터 제9호까지의 규정에 해당하는 경우는 제외한다)로서 건축조례로 정하는 경우(2020.10.8 본호개정)
② 법 제80조제1항제2호에 따른 이행강제금의 산정기준은 별표15와 같다.
③ 이행강제금의 부과 및 징수 절차는 국토교통부령으로 정한다.(2013.3.23 본항개정)

제115조의3【이행강제금의 탄력적 운영】 ① 법 제80조제1항제1호에서 "대통령령으로 정하는 비율"이란 다음 각 호의 구분에 따른 비율을 말한다. 다만, 건축조례로 다음 각 호의 비율을 낮추어 정할 수 있되, 낮추는 경우에도 그 비율은 100분의 60 이상이어야 한다.
1. 건폐율을 초과하여 건축한 경우 : 100분의 80
2. 용적률을 초과하여 건축한 경우 : 100분의 90

3. 허가를 받지 아니하고 건축한 경우 : 100분의 100
4. 신고를 하지 아니하고 건축한 경우 : 100분의 70
② 법 제80조제2항에서 "영리목적을 위한 위반이나 상습적 위반 등 대통령령으로 정하는 경우"란 다음 각 호의 어느 하나에 해당하는 경우를 말한다. 다만, 위반행위 후 소유권이 변경된 경우는 제외한다.
1. 임대 등 영리를 목적으로 법 제19조를 위반하여 용도변경을 한 경우(위반면적이 50제곱미터를 초과하는 경우로 한정한다)
2. 임대 등 영리를 목적으로 허가나 신고 없이 신축 또는 증축한 경우(위반면적이 50제곱미터를 초과하는 경우로 한정한다)
3. 임대 등 영리를 목적으로 허가나 신고 없이 다세대주택의 세대수 또는 다가구주택의 가구수를 증가시킨 경우(5세대 또는 5가구 이상 증가시킨 경우로 한정한다)
4. 동일인이 최근 3년 내에 2회 이상 법 또는 법에 따른 명령이나 처분을 위반한 경우
5. 제1호부터 제4호까지의 규정과 비슷한 경우로서 건축조례로 정하는 경우
(2016.2.11 본조신설)

제115조의4【이행강제금의 감경】 ① 법 제80조의2제1항제2호에서 "대통령령으로 정하는 경우"란 다음 각 호의 어느 하나에 해당하는 경우를 말한다. 다만, 법 제80조제1항 각 호 외의 부분 단서에 해당하는 경우는 제외한다.
1. 위반행위 후 소유권이 변경된 경우
2. 임차인이 있어 현실적으로 임대기간 중에 위반내용을 시정하기 어려운 경우(법 제79조제1항에 따른 최초의 시정명령 전에 이미 임대차계약을 체결한 경우로서 해당 계약이 종료되거나 갱신되는 경우는 제외한다) 등 상황의 특수성이 인정되는 경우
3. 위반면적이 30제곱미터 이하인 경우(별표1 제1호부터 제4호까지의 규정에 따른 건축물로 한정하며, 「집합건물의 소유 및 관리에 관한 법률」의 적용을 받는 집합건축물은 제외한다)
4. 「집합건물의 소유 및 관리에 관한 법률」의 적용을 받는 집합건축물의 구분소유자가 위반한 면적이 5제곱미터 이하인 경우(별표1 제2호부터 제4호까지의 규정에 따른 건축물로 한정한다)
5. 법 제22조에 따른 사용승인 당시 존재하던 위반사항으로서 사용승인 이후 확인된 경우
6. 법률 제12516호 가축분뇨의 관리 및 이용에 관한 법률 일부개정법률 부칙 제9조에 따라 같은 조 제1항 각 호에 따른 기간(같은 조 제3항에 따른 환경부령으로 정하는 규모 미만의 시설의 경우 같은 항에 따른 환경부령으로 정하는 기한을 말한다) 내에 「가축분뇨의 관리 및 이용에 관한 법률」 제11조에 따른 허가 또는 변경허가를 받거나 신고 또는 변경신고를 하려는 배출시설(처리시설을 포함한다)의 경우(2018.9.4 본호개정)
6의2. 법률 제12516호 가축분뇨의 관리 및 이용에 관한 법률 일부개정법률 부칙 제10조의2에 따라 같은 조 제1항에 따른 기한까지 환경부장관이 정하는 바에 따라 허가신청을 하였거나 신고한 배출시설(개 사육시설은 제외하되, 처리시설은 포함한다)의 경우(2018.9.4 본호신설)
7. 그 밖에 위반행위의 정도와 위반 동기 및 공중에 미치는 영향 등을 고려하여 감경이 필요한 경우로서 건축조례로 정하는 경우
② 법 제80조의2제1항제2호에서 "대통령령으로 정하는 비율"이란 다음 각 호의 구분에 따른 비율을 말한다.
1. 제1항제1호부터 제6호까지 및 제6호의2의 경우 : 100분의 50(2018.9.4 본호개정)
2. 제1항제7호의 경우 : 건축조례로 정하는 비율
③ 법 제80조의2제2항에 따른 이행강제금의 감경 비율은 다음 각 호와 같다.
1. 연면적 85제곱미터 이하 주거용 건축물의 경우 : 100분의 80
2. 연면적 85제곱미터 초과 주거용 건축물의 경우 : 100분의 60
(2016.2.11 본조신설)

제115조의5~제116조의3 (2020.4.28 삭제)

제117조【권한의 위임·위탁】 ① 국토교통부장관은 법 제82조제1항에 따라 법 제69조 및 제71조(제6항은 제외한다)에 따른 특별건축구역의 지정, 변경 및 해제에 관한 권한을 시·도지사에게 위임한다.(2021.1.8 본항개정)
② (1999.4.30 삭제)
③ 법 제82조제3항에 따라 구청장(자치구가 아닌 구의 구청장을 말한다) 또는 동장·읍장·면장(「지방자치단체의 행정기구와 정원기준 등에 관한 규정」 별표3 제2호 비고 제2호에 따라 행정안전부장관이 시장·군수·구청장과 협의하여 정하는 동장·읍장·면장으로 한정한다)에게 위임할 수 있는 권한은 다음 각 호와 같다.(2017.7.26 본문개정)
1. 6층 이하로서 연면적 2천제곱미터 이하인 건축물의 건축·대수선 및 용도변경에 관한 권한
2. 기존 건축물 연면적의 10분의 3 미만의 범위에서 하는 증축에 관한 권한
(2009.7.16 본항개정)
④ 법 제82조제3항에 따라 동장·읍장 또는 면장에게 위임할 수 있는 권한은 다음 각 호와 같다.
1. 법 제14조에 따른 건축물의 건축 및 대수선에 관한 권한(2018.9.4 본호개정)
2. 법 제20조제3항에 따른 가설건축물의 축조 및 이 영 제15조의2에 따른 가설건축물의 존치기간 연장에 관한 권한(2018.9.4 본호개정)
3. (2018.9.4 삭제)
4. 법 제83조에 따른 옹벽 등의 공작물 축조에 관한 권한(2018.9.4 본호개정)
(2009.7.16 본항신설)
⑤ 법 제82조제4항에서 "대통령령으로 정하는 기관 또는 단체"란 다음 각 호의 기관 또는 단체 중 국토교통부장관이 정하여 고시하는 기관 또는 단체를 말한다.(2013.11.20 본문개정)
1. 「공공기관의 운영에 관한 법률」 제5조에 따른 공기업
2. 「정부출연연구기관 등의 설립·운영 및 육성에 관한 법률」 및 「과학기술분야 정부출연연구기관 등의 설립·운영 및 육성에 관한 법률」에 따른 연구기관

제118조【옹벽 등의 공작물에의 준용】 ① 법 제83조제1항에 따라 공작물을 축조(건축물과 분리하여 축조하는 것을 말한다. 이하 이 조에서 같다)할 때 특별자치시장·특별자치도지사 또는 시장·군수·구청장에게 신고를 해야 하는 공작물은 다음 각 호와 같다.(2020.12.15 본문개정)
1. 높이 6미터를 넘는 굴뚝
2. (2020.12.15 삭제)
3. 높이 4미터를 넘는 장식탑, 기념탑, 첨탑, 광고탑, 광고판, 그 밖에 이와 비슷한 것(2020.12.15 본호개정)
4. 높이 8미터를 넘는 고가수조나 그 밖에 이와 비슷한 것
5. 높이 2미터를 넘는 옹벽 또는 담장
6. 바닥면적 30제곱미터를 넘는 지하대피호
7. 높이 6미터를 넘는 골프연습장 등의 운동시설을 위한 철탑, 주거지역·상업지역에 설치하는 통신용 철탑, 그 밖에 이와 비슷한 것
8. 높이 8미터(위험을 방지하기 위한 난간의 높이는 제외한다) 이하의 기계식 주차장 및 철골 조립식 주차장(바닥면이 조립식이 아닌 것을 포함한다)으로서 외벽이 없는 것
9. 건축조례로 정하는 제조시설, 저장시설(시멘트사일로를 포함한다), 유희시설, 그 밖에 이와 비슷한 것
10. 건축물의 구조에 심대한 영향을 줄 수 있는 중량물로서 건축조례로 정하는 것
11. 높이 5미터를 넘는 「신에너지 및 재생에너지 개발·이용·보급 촉진법」 제2조제2호가목에 따른 태양에너지를 이용하는 발전설비와 그 밖에 이와 비슷한 것(2016.1.19 본호신설)
② 제1항 각 호의 어느 하나에 해당하는 공작물을 축조하려는 자는 공작물 축조신고서와 국토교통부령으로 정하는 설계도서를 특별자치시장·특별자치도지사 또는 시장·군수·구청장에게 제출(전자문서에 의한 제출을 포함한다)하여야 한다.(2014.10.14 본항개정)
③ 제1항 각 호의 공작물에 관하여는 법 제83조제3항에 따라 법 제14조, 제21조제5항, 제29조, 제40조제4항, 제41조, 제47조, 제48조, 제55조, 제58조, 제60조, 제61조, 제79조, 제84조, 제85조, 제87조 및 「국토의 계획 및 이용에 관한 법률」 제76조를 준용한다. 다만, 제1항제3호의 공작물로서 「옥외광고물 등의 관리와 옥외광고산업 진흥에 관한 법률」에 따라 허가를 받거나 신고를 한 공작물에 관하여는 법 제14조를 준용하지 않고, 제1항제5호의 공작물에 관하여는 법 제58조를 준용하지 않으며, 제1항제8호의 공작물에 관하여는 법 제55조를 준용하지 않고, 제1항제3호·제8호의 공작물에 대해서만 법 제61조를 준용한다.(2021.5.4 본항개정)
④ 제3항 본문에 따라 법 제48조를 준용하는 경우 해당 공작물에 대한 구조 안전 확인의 내용 및 방법 등은 국토교통부령으로 정한다.(2013.11.20 본항신설)
⑤ 특별자치시장·특별자치도지사 또는 시장·군수·구청장은 제1항에 따라 공작물 축조신고를 받았으면 국토교통부령으로 정하는 바에 따라 공작물 관리대장에 그 내용을 작성하고 관리하여야 한다.(2014.10.14 본항개정)
⑥ 제5항에 따른 공작물 관리대장은 전자적 처리가 불가능한 특별한 사유가 없으면 전자적 처리가 가능한 방법으로 작성하고 관리하여야 한다.(2013.11.20 본항개정)

제119조【면적 등의 산정방법】 ① 법 제84조에 따라 건축물의 면적·높이 및 층수 등은 다음 각 호의 방법에 따라 산정한다.
1. 대지면적 : 대지의 수평투영면적으로 한다. 다만, 다음 각 목의 어느 하나에 해당하는 면적은 제외한다.
가. 법 제46조제1항 단서에 따라 대지에 건축선이 정하여진 경우 : 그 건축선과 도로 사이의 대지면적
나. 대지에 도시·군계획시설인 도로·공원 등이 있는 경우 : 그 도시·군계획시설에 포함되는 대지(「국토의 계획 및 이용에 관한 법률」 제47조제7항에 따라 건축물 또는 공작물을 설치하는 도시·군계획시설의 부지는 제외한다)면적(2013.11.20 본목개정)
2. 건축면적 : 건축물의 외벽(외벽이 없는 경우에는 외곽 부분의 기둥으로 한다. 이하 이 호에서 같다)의 중심선으로 둘러싸인 부분의 수평투영면적으로 한다. 다만, 다음 각 목의 어느 하나에 해당하는 경우에는 해당 목에서 정하는 기준에 따라 산정한다.(2021.11.2 본문개정)
가. 처마, 차양, 부연(附椽), 그 밖에 이와 비슷한 것으로서 그 외벽의 중심선으로부터 수평거리 1미터 이상 돌출된 부분이 있는 건축물의 건축면적은 그 돌출된 끝부분으로부터 다음의 구분에 따른 수평거리를 후퇴한 선으로 둘러싸인 부분의 수평투영면적으로 한다.
1) 「전통사찰의 보존 및 지원에 관한 법률」 제2조제1호에 따른 전통사찰 : 4미터 이하의 범위에서 외벽의 중심선까지의 거리(2012.12.12 개정)
2) 사료 투여, 가축 이동 및 가축 분뇨 유출 방지 등을 위하여 처마, 차양, 부연, 그 밖에 이와 비슷한 것이 설치된 축사 : 3미터 이하의 범위에서 외벽의 중심선까지의 거리(두 동의 축사가 하나의 차양으로 연결된 경우에는 6미터 이하의 범위에서 축사 양 외벽의 중심선까지의 거리를 말한다)(2020.10.8 개정)
3) 한옥 : 2미터 이하의 범위에서 외벽의 중심선까지의 거리
4) 「환경친화적자동차의 개발 및 보급 촉진에 관한 법률 시행령」 제18조의5에 따른 충전시설(그에 딸린 충전 전용 주차구획을 포함한다)의 설치를 목적으로 처마, 차양, 부연, 그 밖에 이와 비슷한 것이 설치된 공동주택(「주택법」 제15조에 따른 사업계획승인 대상으로 한정한다) : 2미터 이하의 범위에서 외벽의 중심선까지의 거리(2017.5.2 신설)
5) 「신에너지 및 재생에너지 개발·이용·보급 촉진법」 제2조제3호에 따른 신·재생에너지 설비(신·재생에너지를 생산하거나 이용하기 위한 것만 해당한다)를 설치하기 위하여 처마, 차양, 부연, 그 밖에 이와 비슷한 것이 설치된 건축물로서 「녹색건축물 조성 지원법」 제17조에 따른 제로에너지건축물 인증을 받은 건축물 : 2미터 이하의 범위에서 외벽의 중심선까지의 거리(2020.10.8 신설)
6) 「환경친화적 자동차의 개발 및 보급 촉진에 관한 법률」 제2조제9호의 수소연료공급시설을 설치하기 위하여 처마, 차양, 부연 그 밖에 이와 비슷한 것이 설치된 별표1 제19호가목의 주유소, 같은 호 나목의 액화석유가스 충전소 또는 같은 호 바목의 고압가스 충전소 : 2미터 이하의 범위에서 외벽의 중심선까지의 거리(2021.11.2 신설)
7) 그 밖의 건축물 : 1미터
나. 다음의 건축물의 건축면적은 국토교통부령으로 정하는 바에 따라 산정한다.(2013.3.23 본문개정)
1) 태양열을 주된 에너지원으로 이용하는 주택
2) 창고 또는 공장 중 물품을 입출고하는 부위의 상부에 한쪽 끝은 고정되고 다른 쪽 끝은 지지되지 않는 구조로 설치된 돌출차양(2020.10.8 개정)
3) 단열재를 구조체의 외기측에 설치하는 단열공법으로 건축된 건축물(2011.6.29 신설)
다. 다음의 경우에는 건축면적에 산입하지 않는다. (2020.10.8 본문개정)
1) 지표면으로부터 1미터 이하에 있는 부분(창고 중 물품을 입출고하기 위하여 차량을 접안시키는 부분의 경우에는 지표면으로부터 1.5미터 이하에 있는 부분)
2) 「다중이용업소의 안전관리에 관한 특별법 시행령」 제9조에 따라 기존의 다중이용업소(2004년 5월 29일 이전의 것만 해당한다)의 비상구에 연결하여 설치하는 폭 2미터 이하의 옥외 피난계단(기존 건축물에 옥외 피난계단을 설치함으로써 법 제55조에 따른 건폐율의 기준에 적합하지 아니하게 된 경우만 해당한다)
3) 건축물 지상층에 일반인이나 차량이 통행할 수 있도록 설치한 보행통로나 차량통로
4) 지하주차장의 경사로
5) 건축물 지하층의 출입구 상부(출입구 너비에 상당하는 규모의 부분을 말한다)
6) 생활폐기물 보관시설(음식물쓰레기, 의류 등의 수거시설을 말한다. 이하 같다)(2020.10.8 개정)
7) 「영유아보육법」 제15조에 따른 어린이집(2005년 1월 29일 이전에 설치된 것만 해당한다)의 비상구에 연결하여 설치하는 폭 2미터 이하의 영유아용 대피용 미끄럼대 또는 비상계단(기존 건축물에 영유아용 대피용 미끄럼대 또는 비상계단을 설치함으로써 법 제55조에 따른 건폐율 기준에 적합하지 아니하게 된 경우만 해당한다)(2011.12.8 개정)
8) 「장애인·노인·임산부 등의 편의증진 보장에 관한 법률 시행령」 별표2의 기준에 따라 설치하는 장애인용 승강기, 장애인용 에스컬레이터, 휠체어리프트 또는 경사로(2016.7.19 개정)
9) 「가축전염병 예방법」 제17조제1항제1호에 따른 소독설비를 갖추기 위하여 같은 호에 따른 가축사육시설(2015년 4월 27일 전에 건축되거나 설치된 가축사육시설로 한정한다)에서 설치하는 시설(2015.4.24 신설)
10) 「매장문화재 보호 및 조사에 관한 법률」 제14조제1항제1호 및 제2호에 따른 현지보존 및 이전보존을 위하여 매장문화재 보호 및 전시에 전용되는 부분(2017.6.27 개정)
11) 「가축분뇨의 관리 및 이용에 관한 법률」 제12조제1항에 따른 처리시설(법률 제12516호 가축분뇨의 관리 및 이용에 관한 법률 일부개정법률 부칙 제9조에 해당하는 배출시설의 처리시설로 한정한다)(2016.1.19 신설)

12)「영유아보육법」 제15조에 따른 설치기준에 따라 직통계단 1개소를 갈음하여 건축물의 외부에 설치하는 비상계단(같은 조에 따른 어린이집이 2011년 4월 6일 이전에 설치된 경우로서 기존 건축물에 비상계단을 설치함으로써 법 제55조에 따른 건폐율 기준에 적합하지 않게 된 경우만 해당한다)
(2019.10.22 신설)
(2009.6.30 본호개정)
3. 바닥면적 : 건축물의 각 층 또는 그 일부로서 벽, 기둥, 그 밖에 이와 비슷한 구획의 중심선으로 둘러싸인 부분의 수평투영면적으로 한다. 다만, 다음 각 목의 어느 하나에 해당하는 경우에는 각 목에서 정하는 바에 따른다.
가. 벽·기둥의 구획이 없는 건축물은 그 지붕 끝부분으로부터 수평거리 1미터를 후퇴한 선으로 둘러싸인 수평투영면적으로 한다.
나. 건축물의 노대등의 바닥은 난간 등의 설치 여부에 관계없이 노대등의 면적(외벽의 중심선으로부터 노대등의 끝부분까지의 면적을 말한다)에서 노대등이 접한 가장 긴 외벽에 접한 길이에 1.5미터를 곱한 값을 뺀 면적을 바닥면적에 산입한다.(2018.9.4 본목개정)
다. 필로티나 그 밖에 이와 비슷한 구조(벽면적의 2분의 1 이상이 그 층의 바닥면에서 위층 바닥 아래면까지 공간으로 된 것만 해당한다)의 부분은 그 부분이 공중의 통행이나 차량의 통행 또는 주차에 전용되는 경우와 공동주택의 경우에는 바닥면적에 산입하지 아니한다.
라. 승강기탑(옥상 출입용 승강장을 포함한다), 계단탑, 장식탑, 다락[층고(層高)가 1.5미터(경사진 형태의 지붕인 경우에는 1.8미터) 이하인 것만 해당한다], 건축물의 내부에 설치하는 냉방설비 배기장치 전용 설치공간(각 세대나 실별로 외부 공기에 직접 닿는 곳에 설치하는 경우로서 1제곱미터 이하로 한정한다), 건축물의 외부 또는 내부에 설치하는 굴뚝, 더스트슈트, 설비덕트, 그 밖에 이와 비슷한 것과 옥상·옥외 또는 지하에 설치하는 물탱크, 기름탱크, 냉각탑, 정화조, 도시가스 정압기, 그 밖에 이와 비슷한 것을 설치하기 위한 구조물과 건축물 간에 화물의 이동에 이용되는 컨베이어벨트만을 설치하기 위한 구조물은 바닥면적에 산입하지 않는다.(2021.1.8 본목개정)
마. 공동주택으로서 지상층에 설치한 기계실, 전기실, 어린이놀이터, 조경시설 및 생활폐기물 보관시설의 면적은 바닥면적에 산입하지 않는다.(2020.10.8 본목개정)
바.「다중이용업소의 안전관리에 관한 특별법 시행령」 제9조에 따라 기존의 다중이용업소(2004년 5월 29일 이전의 것만 해당한다)의 비상구에 연결하여 설치하는 폭 1.5미터 이하의 옥외 피난계단(기존 건축물에 옥외 피난계단을 설치함으로써 법 제56조에 따른 용적률에 적합하지 아니하게 된 경우만 해당한다)은 바닥면적에 산입하지 아니한다.
사. 제6조제1항제6호에 따른 건축물을 리모델링하는 경우로서 미관 향상, 열의 손실 방지 등을 위하여 외벽에 부가하여 마감재 등을 설치하는 부분은 바닥면적에 산입하지 아니한다.(2010.2.18 본목신설)
아. 제1항제2호나목3)의 건축물의 경우에는 단열재가 설치된 외벽 중 내측 내력벽의 중심선을 기준으로 산정한 면적을 바닥면적으로 한다.(2011.6.29 본목신설)
자.「영유아보육법」 제15조에 따른 어린이집(2005년 1월 29일 이전에 설치된 것만 해당한다)의 비상구에 연결하여 설치하는 폭 2미터 이하의 영유아용 대피용 미끄럼대 또는 비상계단의 면적은 바닥면적(기존 건축물에 영유아용 대피용 미끄럼대 또는 비상계단을 설치함으로써 법 제56조에 따른 용적률 기준에 적합하지 아니하게 된 경우만 해당한다)에 산입하지 아니한다.
(2011.12.8 본목개정)
차.「장애인·노인·임산부 등의 편의증진 보장에 관한 법률 시행령」 별표2의 기준에 따라 설치하는 장애인용 승강기, 장애인용 에스컬레이터, 휠체어리프트 또는 경사로는 바닥면적에 산입하지 아니한다.
(2016.7.19 본목개정)
카.「가축전염병 예방법」 제17조제1항제1호에 따른 소독설비를 갖추기 위하여 같은 호에 따른 가축사육시설(2015년 4월 27일 전에 건축되거나 설치된 가축사육시설로 한정한다)에서 설치하는 시설은 바닥면적에 산입하지 아니한다.(2015.4.24 본목신설)
타.「매장문화재 보호 및 조사에 관한 법률」 제14조제1항제1호 및 제2호에 따른 현지보존 및 이전보존을 위하여 매장문화재 보호 및 전시에 전용되는 부분은 바닥면적에 산입하지 아니한다.(2017.6.27 본목개정)
파.「영유아보육법」 제15조에 따른 설치기준에 따라 직통계단 1개소를 갈음하여 건축물의 외부에 설치하는 비상계단의 면적은 바닥면적(같은 조에 따른 어린이집이 2011년 4월 6일 이전에 설치된 경우로서 기존 건축물에 비상계단을 설치함으로써 법 제56조에 따른 용적률 기준에 적합하지 않게 된 경우만 해당한다)에 산입하지 않는다.(2019.10.22 본목신설)
하. 지하주차장의 경사로(지상층에서 지하 1층으로 내려가는 부분으로 한정한다)는 바닥면적에 산입하지 않는다.(2021.5.4 본목개정)
거. 제46조제4항제3호에 따른 대피공간의 바닥면적은 건축물의 각 층 또는 그 일부로서 벽의 내부선으로 둘러싸인 부분의 수평투영면적으로 한다.(2023.9.12 본목신설 : 2024.9.13 시행)
너. 제46조제5항제3호 또는 제4호에 따른 구조 또는 시설(해당 세대 밖으로 대피할 수 있는 구조 또는 시설만 해당한다)을 같은 조 제4항에 따른 대피공간에 설치하는 경우 또는 같은 조 제5항제4호에 따른 대체시설을 발코니(발코니의 외부에 접하는 경우를 포함한다. 이하 같다)에 설치하는 경우에는 해당 구조 또는 시설이 설치되는 대피공간 또는 발코니의 면적 중 다음의 구분에 따른 면적까지를 바닥면적에 산입하지 않는다.
1) 인접세대와 공동으로 설치하는 경우 : 4제곱미터
2) 각 세대별로 설치하는 경우 : 3제곱미터
(2023.9.12 본목신설)
4. 연면적 : 하나의 건축물 각 층의 바닥면적의 합계로 하되, 용적률을 산정할 때에는 다음 각 목에 해당하는 면적은 제외한다.
가. 지하층의 면적
나. 지상층의 주차용(해당 건축물의 부속용도인 경우만 해당한다)으로 쓰는 면적
다.~라. (2012.12.12 삭제)
마. 제34조제3항 및 제4항에 따라 초고층 건축물과 준초고층 건축물에 설치하는 피난안전구역의 면적
(2011.12.30 본목개정)
바. 제40조제4항제2호에 따라 건축물의 경사지붕 아래에 설치하는 대피공간의 면적(2021.1.8 본목개정)
5. 건축물의 높이 : 지표면으로부터 그 건축물의 상단까지의 높이[건축물의 1층 전체에 필로티(건축물을 사용하기 위한 경비실, 계단실, 승강기실, 그 밖에 이와 비슷한 것을 포함한다)가 설치되어 있는 경우에는 법 제60조 및 법 제61조제2항을 적용할 때 필로티의 층고를 제외한 높이]로 한다. 다만, 다음 각 목의 어느 하나에 해당하는 경우에는 각 목에서 정하는 바에 따른다.
가. 법 제60조에 따른 건축물의 높이는 전면도로의 중심선으로부터의 높이로 산정한다. 다만, 전면도로가 다음의 어느 하나에 해당하는 경우에는 그에 따라 산정한다.
1) 건축물의 대지에 접하는 전면도로의 노면에 고저차가 있는 경우에는 그 건축물이 접하는 범위의 전면도로부분의 수평거리에 따라 가중평균한 높이의 수평면을 전면도로면으로 본다.
2) 건축물의 대지의 지표면이 전면도로보다 높은 경우에는 그 고저차의 2분의 1의 높이만큼 올라온 위치에 그 전면도로의 면이 있는 것으로 본다.
나. 법 제61조에 따른 건축물 높이를 산정할 때 건축물 대지의 지표면과 인접 대지의 지표면 간에 고저차가 있는 경우에는 그 지표면의 평균 수평면을 지표면으로 본다. 다만, 법 제61조제2항에 따른 높이를 산정할 때 해당 대지가 인접 대지의 높이보다 낮은 경우에는 해당 대지의 지표면을 지표면으로 보고, 공동주택을 다른 용도와 복합하여 건축하는 경우에는 공동주택의 가장 낮은 부분을 그 건축물의 지표면으로 본다.
(2016.7.19 본목개정)
다. 건축물의 옥상에 설치되는 승강기탑·계단탑·망루·장식탑·옥탑 등으로서 그 수평투영면적의 합계가 해당 건축물 건축면적의 8분의 1(「주택법」 제15조제1항에 따른 사업계획승인 대상인 공동주택 중 세대별 전용면적이 85제곱미터 이하인 경우에는 6분의 1) 이하인 경우로서 그 부분의 높이가 12미터를 넘는 경우에는 그 넘는 부분만 해당 건축물의 높이에 산입한다.
(2016.8.11 본목개정)
라. 지붕마루장식·굴뚝·방화벽의 옥상돌출부나 그 밖에 이와 비슷한 옥상돌출물과 난간벽(그 벽면적의 2분의 1 이상이 공간으로 되어 있는 것만 해당한다)은 그 건축물의 높이에 산입하지 아니한다.
6. 처마높이 : 지표면으로부터 건축물의 지붕틀 또는 이와 비슷한 수평재를 지지하는 벽·깔도리 또는 기둥의 상단까지의 높이로 한다.
7. 반자높이 : 방의 바닥면으로부터 반자까지의 높이로 한다. 다만, 한 방에서 반자높이가 다른 부분이 있는 경우에는 그 각 부분의 반자면적에 따라 가중평균한 높이로 한다.
8. 층고 : 방의 바닥구조체 윗면으로부터 위층 바닥구조체의 윗면까지의 높이로 한다. 다만, 한 방에서 층의 높이가 다른 부분이 있는 경우에는 그 각 부분 높이에 따른 면적에 따라 가중평균한 높이로 한다.
9. 층수 : 승강기탑(옥상 출입용 승강장을 포함한다), 계단탑, 망루, 장식탑, 옥탑, 그 밖에 이와 비슷한 건축물의 옥상 부분으로서 그 수평투영면적의 합계가 해당 건축물 건축면적의 8분의 1(「주택법」 제15조제1항에 따른 사업계획승인 대상인 공동주택 중 세대별 전용면적이 85제곱미터 이하인 경우에는 6분의 1) 이하인 것과 지하층은 건축물의 층수에 산입하지 아니하고, 층의 구분이 명확하지 아니한 건축물은 그 건축물의 높이 4미터마다 하나의 층으로 보고 그 층수를 산정하며, 건축물이 부분에 따라 그 층수가 다른 경우에는 그 중 가장 많은 층수를 그 건축물의 층수로 본다.(2016.8.11 본호개정)
10. 지하층의 지표면 : 법 제2조제1항제5호에 따른 지하층의 지표면은 각 층의 주위가 접하는 각 지표면 부분의 높이를 그 지표면 부분의 수평거리에 따라 가중평균한 높이의 수평면을 지표면으로 산정한다.
② 제1항 각 호(제10호는 제외한다)에 따른 기준에 따라 건축물의 면적·높이 및 층수 등을 산정할 때 지표면에 고저차가 있는 경우에는 건축물의 주위가 접하는 각 지표면 부분의 높이를 그 지표면 부분의 수평거리에 따라 가중평균한 높이의 수평면을 지표면으로 본다. 이 경우 그 고저차가 3미터를 넘는 경우에는 그 고저차 3미터 이내의 부분마다 그 지표면을 정한다.
③ 다음 각 호의 요건을 모두 갖춘 건축물의 건폐율을 산정할 때에는 제1항제2호에도 불구하고 지방건축위원회의 심의를 통해 제2호에 따른 개방 부분의 상부에 해당하는 면적을 건축면적에서 제외할 수 있다.
1. 다음 각 목의 어느 하나에 해당하는 시설로서 해당 용도로 쓰는 바닥면적의 합계가 1천제곱미터 이상일 것
가. 문화 및 집회시설(공연장·관람장·전시장만 해당한다)
나. 교육연구시설(학교·연구소·도서관만 해당한다)
다. 수련시설 중 생활권 수련시설, 업무시설 중 공공업무시설
2. 지면과 접하는 저층의 일부를 높이 8미터 이상으로 개방하여 보행통로나 공지 등으로 활용할 수 있는 구조·형태일 것
(2020.4.21 본항신설)
④ 제1항제5호다목 또는 제1항제9호에 따른 수평투영면적의 산정은 제1항제2호에 따른 건축면적의 산정방법에 따른다.
⑤ 국토교통부장관은 제1항부터 제4항까지에서 규정한 건축물의 면적, 높이 및 층수 등의 산정방법에 관한 구체적인 적용사례 및 적용방법 등을 작성하여 공개할 수 있다.
(2021.5.4 본항신설)

제119조의2【「행정대집행법」 적용의 특례】 법 제85조제1항제5호에서 "대통령령으로 정하는 경우"란 「대기환경보전법」에 따른 대기오염물질 또는 「물환경보전법」에 따른 수질오염물질을 배출하는 건축물로서 주변 환경을 심각하게 오염시킬 우려가 있는 경우를 말한다.
(2019.10.22 본조개정)

제119조의3【지역건축안전센터의 업무】 법 제87조의2제1항제4호에서 "대통령령으로 정하는 사항"이란 관할 구역 내 건축물의 안전에 관한 사항으로서 해당 지방자치단체의 조례로 정하는 사항을 말한다.(2018.6.26 본조신설)

제119조의4【분쟁조정】 ① 법 제88조에 따라 분쟁의 조정 또는 재정(이하 "조정등"이라 한다)을 받으려는 자는 국토교통부령으로 정하는 바에 따라 신청 취지와 신청사건의 내용을 분명하게 밝힌 조정등의 신청서를 국토교통부에 설치된 건축분쟁전문위원회(이하 "분쟁위원회"라 한다)에 제출(전자문서에 의한 제출을 포함한다)하여야 한다.(2014.11.28 본항개정)
② 조정위원회는 법 제95조제2항에 따라 당사자나 참고인을 조정위원회에 출석하게 하여 의견을 들으려면 회의 개최 5일 전에 서면(당사자 또는 참고인이 원하는 경우에는 전자문서를 포함한다)으로 출석을 요청하여야 하며, 출석을 요청받은 당사자 또는 참고인은 조정위원회의 회의에 출석할 수 없는 부득이한 사유가 있는 경우에는 미리 서면 또는 전자문서로 의견을 제출할 수 있다.
③ 법 제88조, 제89조 및 제91조부터 제104조까지의 규정에 따른 분쟁의 조정등을 할 때 서류의 송달에 관하여는 「민사소송법」 제174조부터 제197조까지를 준용한다.
(2014.11.28 본항개정)
④ 조정위원회 또는 재정위원회는 법 제102조제1항에 따라 당사자가 분쟁의 조정등을 위한 감정·진단·시험 등에 드는 비용을 내지 아니한 경우에는 그 분쟁에 대한 조정등을 보류할 수 있다.(2009.8.5 본항개정)
⑤ (2014.11.28 삭제)

제119조의5【선정대표자】 ① 여러 사람이 공동으로 조정등의 당사자가 될 때에는 그 중에서 3명 이하의 대표자를 선정할 수 있다.
② 분쟁위원회는 당사자가 제1항에 따라 대표자를 선정하지 아니한 경우 필요하다고 인정하면 당사자에게 대표자를 선정할 것을 권고할 수 있다.(2014.11.28 본항개정)
③ 제1항 또는 제2항에 따라 선정된 대표자(이하 "선정대표자"라 한다)는 다른 신청인 또는 피신청인을 위하여 그 사건의 조정등에 관한 모든 행위를 할 수 있다. 다만, 신청을 철회하거나 조정안을 수락하려는 경우에는 서면으로 다른 신청인 또는 피신청인의 동의를 받아야 한다.
④ 대표자가 선정된 경우에는 다른 신청인 또는 피신청인은 그 선정대표자를 통해서만 그 사건에 관한 행위를 할 수 있다.
⑤ 대표자를 선정한 당사자는 필요하다고 인정하면 선정대표자를 해임하거나 변경할 수 있다. 이 경우 당사자는 그 사실을 지체 없이 분쟁위원회에 통지하여야 한다.
(2014.11.28 후단개정)

제119조의6【절차의 비공개】 분쟁위원회가 행하는 조정등의 절차는 법 또는 이 영에 특별한 규정이 있는 경우를 제외하고는 공개하지 아니한다.(2014.11.28 본조개정)

제119조의7【위원의 제척 등】 ① 법 제89조제8항에 따라 분쟁위원회의 위원이 다음 각 호의 어느 하나에 해당하면 그 직무의 집행에서 제외된다.

1. 위원 또는 그 배우자나 배우자였던 자가 해당 분쟁사건(이하 "사건"이라 한다)의 당사자가 되거나 그 사건에 관하여 당사자와 공동권리자 또는 의무자의 관계에 있는 경우
2. 위원이 해당 사건의 당사자와 친족이거나 친족이었던 경우
3. 위원이 해당 사건에 관하여 진술이나 감정을 한 경우
4. 위원이 해당 사건에 당사자의 대리인으로서 관여하였거나 관여한 경우
5. 위원이 해당 사건의 원인이 된 처분이나 부작위에 관여한 경우

② 분쟁위원회는 제척 원인이 있는 경우 직권이나 당사자의 신청에 따라 제척의 결정을 한다.

③ 당사자는 위원에게 공정한 직무집행을 기대하기 어려운 사정이 있으면 분쟁위원회에 기피신청을 할 수 있으며, 분쟁위원회는 기피신청이 타당하다고 인정하면 기피의 결정을 하여야 한다.

④ 위원은 제1항이나 제3항의 사유에 해당하면 스스로 그 사건의 직무집행을 회피할 수 있다.

(2014.11.28 본조신설)

제119조의8【조정등의 거부와 중지】 ① 법 제89조제8항에 따라 분쟁위원회는 분쟁의 성질상 분쟁위원회에서 조정등을 하는 것이 맞지 아니하다고 인정하거나 부정한 목적으로 신청하였다고 인정되면 그 조정등을 거부할 수 있다. 이 경우 조정등의 거부 사유를 신청인에게 알려야 한다.

② 분쟁위원회는 신청된 사건의 처리 절차가 진행되는 도중에 한쪽 당사자가 소(訴)를 제기한 경우에는 조정등의 처리를 중지하고 이를 당사자에게 알려야 한다.

(2014.11.28 본조신설)

제119조의9【조정등의 비용 예치】 법 제102조제2항에 따라 조정위원회 또는 재정위원회는 조정등을 위한 비용을 예치할 금융기관을 지정하고 예치기간을 정하여 당사자로 하여금 비용을 예치하게 할 수 있다.

(2014.11.28 본조신설)

제119조의10【분쟁위원회의 운영 및 사무처리】 ① 국토교통부장관은 법 제103조제1항에 따라 분쟁위원회의 운영 및 사무처리를 국토안전관리원에 위탁한다.

② 제1항에 따라 위탁을 받은 국토안전관리원은 그 소속으로 분쟁위원회 사무국을 두어야 한다.

(2020.12.1 본조개정)

제119조의11【고유식별정보의 처리】 국토교통부장관(법 제82조에 따라 국토교통부장관의 권한을 위임받거나 업무를 위탁받은 자를 포함한다), 시·도지사, 시장, 군수, 구청장(해당 권한이 위임·위탁된 경우에는 그 권한을 위임·위탁받은 자를 포함한다)은 다음 각 호의 사무를 수행하기 위하여 불가피한 경우 「개인정보 보호법 시행령」 제19조에 따른 주민등록번호 또는 외국인등록번호가 포함된 자료를 처리할 수 있다.

1. 법 제11조에 따른 건축허가에 관한 사무
2. 법 제14조에 따른 건축신고에 관한 사무
3. 법 제16조에 따른 허가와 신고사항의 변경에 관한 사무
4. 법 제19조에 따른 용도변경에 관한 사무
5. 법 제20조에 따른 가설건축물의 건축허가 또는 축조신고에 관한 사무
6. 법 제21조에 따른 착공신고에 관한 사무
7. 법 제22조에 따른 건축물의 사용승인에 관한 사무
8. 법 제31조에 따른 건축행정 전산화에 관한 사무
9. 법 제32조에 따른 건축허가 업무 등의 전산처리에 관한 사무
10. 법 제33조에 따른 전산자료의 이용자에 대한 지도·감독에 관한 사무
11. 법 제38조에 따른 건축물대장의 작성·보관에 관한 사무
12. 법 제39조에 따른 등기촉탁에 관한 사무
13. 법 제71조제2항 및 이 영 제107조의2에 따른 특별건축구역의 지정 제안에 관한 사무(2021.1.8 본호신설)

(2017.3.27 본조신설)

제120조 (2020.3.3 삭제)

제10장 벌 칙

(2013.5.31 본장신설)

제121조【과태료의 부과기준】 법 제113조제1항부터 제3항까지의 규정에 따른 과태료의 부과기준은 별표16과 같다.(2017.2.3 본조개정)

제122조 (2005.7.18 삭제)

부 칙 (2006.5.8)

제1조【시행일】 이 영은 2006년 5월 9일부터 시행한다.

제2조【일반적 경과조치】 이 영 시행당시 다음 각 호의 어느 하나에 해당하는 경우에는 건축기준 등의 적용(제10조의2 및 제17조제5항을 적용하는 경우를 제외한다)에 있어서는 종전의 규정에 따른다. 다만, 종전의 규정이 개정규정에 비하여 건축주·시공자 또는 공사감리자에게 불리한 경우에는 개정규정에 의한다.

1. 건축허가를 신청한 경우와 건축허가를 받거나 건축신고를 한 경우
2. 건축허가를 신청하기 위하여 제5조에 따라 건축위원회의 심의를 신청한 경우
3. 건축하고자 하는 대지에 「국토의 계획 및 이용에 관한 법률」 제30조제6항에 따라 지구단위계획에 관한 도시관리계획의 결정고시(다른 법률에 따라 의제되는 경우를 포함한다)가 있는 경우. 다만, 지구단위계획에 포함된 건축기준에 한하여 종전의 규정을 적용할 수 있다.

제3조【건축조례에 위임된 사항에 관한 경과조치】 이 영에 따라 건축조례에 위임된 사항은 당해 건축조례가 제정 또는 개정될 때까지 종전의 규정에 따른다.

제4조【기존 건축물의 용도분류에 대한 경과조치】 이 영 시행당시의 건축물 중 다음 표의 왼쪽란에 해당하는 건축물은 동표의 오른쪽란의 용도에 해당하는 것으로 본다.

대상 건축물	개정된 용 도
문화 및 집회시설 중 다음 각 목의 어느 하나에 해당하는 것 가. 종교집회장(교회·성당·사찰·기도원·수도원·수녀원·제실·사당, 그 밖에 이와 유사한 것으로서 제2종 근린생활시설에 해당하지 아니하는 것을 말한다) 나. 종교집회장 안에 설치하는 납골당으로서 제2종 근린생활시설에 해당하지 아니하는 것	종교시설
제2종 근린생활시설 중 다음에 해당하는 것 게임제공업소, 멀티미디어문화컨텐츠설비제공업소, 복합유통·제공업소(「음반·비디오물 및 게임물에 관한 법률」 제2조제9호·제10호 및 제12호에 따른 시설을 말한다)로서 동일한 건축물 안에서 그 용도에 쓰이는 바닥면적의 합계가 150제곱미터 이상에서 500제곱미터 미만인 것	판매시설
판매 및 영업시설 중 다음 각 목의 어느 하나에 해당하는 것 가. 도매시장(도매시장에 소재한 근린생활시설을 포함한다) 나. 소매시장(「유통산업발전법」에 의한 시장·대형점·백화점 및 쇼핑센터 그 밖에 이와 유사한 것을 말하며 그에 소재한 근린생활시설을 포함한다) 다. 상점(상점에 소재한 근린생활시설을 포함한다) (1) 별표1 제3호가목에 해당하는 용도로서 그 용도에 쓰이는 바닥면적의 합계가 1천제곱미터 이상인 것 (2) 별표1 제4호아목에 해당하는 용도로서 그 용도에 쓰이는 바닥면적의 합계가 500제곱미터 이상인 것	판매시설
판매 및 영업시설 중 다음 각 목의 어느 하나에 해당하는 것 가. 여객자동차터미널 및 화물터미널 나. 철도역사 다. 공항시설 라. 항만시설 및 종합여객시설	운수시설
교육연구 및 복지시설 중 다음 각 목의 어느 하나에 해당하는 것 가. 학교(초등학교·중학교·고등학교·전문대학·대학·대학교, 그 밖에 이에 준하는 각종 학교를 말한다) 나. 교육원(연수원, 그 밖에 이와 유사한 것을 포함한다) 다. 직업훈련소(동일한 건축물 안에서 그 용도에 쓰이는 바닥면적의 합계가 500제곱미터 이상인 것을 말하되, 운전·정비관련 직업훈련소를 제외한다) 라. 학원(자동차학원 및 무도학원을 제외한다) 마. 연구소(연구소에 준하는 시험소와 계측계량소를 포함한다) 바. 도서관	교육 연구시설
교육연구 및 복지시설 중 다음 각 목의 어느 하나에 해당하는 것 가. 아동 관련 시설(영유아보육시설·아동복지시설·유치원, 그 밖에 이와 유사한 것을 말한다) 나. 노인복지시설 다. 그 밖에 다른 용도로 분류되지 아니한 사회복지시설 및 근로복지시설	노유자 시설
교육연구 및 복지시설 중 다음 각 목의 어느 하나에 해당하는 것 가. 생활권수련시설(청소년수련관·청소년문화의집·유스호스텔, 그 밖에 이와 유사한 것을 말한다) 나. 자연권수련시설(청소년수련원·청소년야영장, 그 밖에 이와 유사한 것을 말한다)	수련시설
교육연구 및 복지시설 중 다음에 해당하는 것 지역아동센터	제1종 근린 생활시설
교육연구 및 복지시설 중 다음에 해당하는 것 직업훈련소(동일한 건축물 안에서 그 용도에 쓰이는 바닥면적의 합계가 500제곱미터 미만인 것을 말하되, 운전·정비 관련 직업훈련소를 제외한다)	제2종 근린 생활시설
교육연구 및 복지시설 중 다음에 해당하는 것 운전·정비관련 직업훈련소	자동차 관련시설
공공용시설 중 다음에 해당하는 것 발전소(집단에너지공급시설을 포함한다)로 사용되는 건축물로서 제1종 근린생활시설로 따로 분류되지 아니한 것	발전시설
공공용시설 중 다음 각 목의 어느 하나에 해당하는 것 가. 교도소(구치소·소년원 및 소년분류심사원을 포함한다) 나. 감화원, 그 밖에 범죄자의 갱생·보육·교육·보건 등의 용도에 쓰이는 시설 다. 군사시설	교정 및 군사시설
공공용시설 중 다음 각 목의 어느 하나에 해당하는 것 가. 방송국(방송프로그램 제작시설 및 송신·수신·중계시설을 포함한다) 나. 전신전화국 다. 촬영소, 그 밖에 이와 유사한 것 라. 통신용시설	방송 통신 시설

제5조【다른 법령의 개정】 ※(해당 법령에 가제정리 하였음)

부 칙 (2008.5.15)

제1조【시행일】 이 영은 공포한 날부터 시행한다.

제2조【기존 건축물의 용도 분류에 대한 경과조치】 이 영 시행 당시의 건축물 중 다음 표의 왼쪽란에 해당하는 건축물은 같은 표의 오른쪽란의 용도에 해당하는 것으로 본다.

대상 건축물	개정된 용 도
제1종 근린생활시설 중 다음에 해당하는 것 「철도건설법」 제2조제6호에 따른 역시설에 포함된 것	운수 시설
제2종 근린생활시설 중 다음에 해당하는 것 「철도건설법」 제2조제6호에 따른 역시설에 포함된 것	운수 시설
판매시설 중 다음 각 목의 어느 하나에 해당하는 것 가. 서점 나. 「게임산업진흥에 관한 법률」 제2조제6호의2가목에 따른 청소년게임제공업의 시설 및 같은 조 제8호에 따른 복합유통게임제공업의 시설(청소년이용불가게임물을 제공하는 경우는 제외한다)로서 같은 건축물 안에서 그 용도에 쓰이는 바닥면적의 합계가 150제곱미터 이상 500제곱미터 미만인 것 다. 「게임산업진흥에 관한 법률」 제2조제7호에 따른 인터넷컴퓨터게임시설제공업의 시설로서 같은 건축물 안에서 그 용도에 쓰이는 바닥면적의 합계가 150제곱미터 이상 300제곱미터 미만인 것	제2종 근린 생활 시설
위락시설 중 다음에 해당하는 것 물놀이형시설로서 같은 건축물 안에서 그 용도에 쓰이는 바닥면적의 합계가 500제곱미터 미만인 것	제2종 근린 생활 시설
위락시설 중 다음에 해당하는 것 물놀이형시설로서 같은 건축물 안에서 그 용도에 쓰이는 바닥면적의 합계가 500제곱미터 이상인 것	운동 시설

부 칙 (2010.2.18)

제1조【시행일】 이 영은 공포한 날부터 시행한다.

제2조【가설건축물에 관한 적용례 등】 ① 제15조의2 및 제15조의3의 개정규정은 이 영 시행 후 최초로 건축허가를 받거나 축조신고를 한 가설건축물(제2항에 따라 존치기간 연장 허가를 받거나 신고를 한 가설건축물을 포함한다)부터 적용한다.

② 이 영 시행 전에 설치한 가설건축물이 이 영 시행 후 최초로 존치기간이 만료되는 경우에는 제15조의2 및 제15조의3의 개정규정에도 불구하고 종전의 규정에 따라 연장허가를 받거나 신고를 하여야 한다.

제3조【일반적 경과조치】 이 영 시행 당시 다음 각 호의 어느 하나에 해당하는 경우에는 건축기준 등을 적용할 때에는 종전의 규정에 따른다. 다만, 종전의 규정이 개정규정에 비하여 건축주, 시공자 또는 공사감리자에게 불리한 경우에는 개정규정에 따른다.

1. 건축허가를 받은 경우
2. 건축허가를 신청한 경우나 건축허가를 신청하기 위하여 제5조에 따른 건축위원회의 심의를 신청한 경우
3. 건축하려는 대지에 「국토의 계획 및 이용에 관한 법률」 제30조제6항에 따라 지구단위계획에 관한 도시관리계획 결정의 고시(다른 법률에 따라 의제되는 경우를 포함한다)가 있는 경우. 다만, 지구단위계획에 포함된 건축기준에 대해서만 종전의 규정을 적용할 수 있다.

제4조【건축조례에 위임된 사항에 관한 경과조치】 이 영의 개정규정에 따라 건축조례에 위임된 사항은 해당 건축조례가 제정 또는 개정될 때까지 종전의 규정에 따른다.

부 칙 (2010.8.17)

제1조【시행일】 이 영은 공포한 날부터 시행한다.

제2조【일반적 경과조치】 이 영 시행 당시 다음 각 호의 어느 하나에 해당하는 경우 건축기준 등을 적용할 때에는 종전의 규정에 따른다. 다만, 종전의 규정이 개정규정에 비하여 건축주, 시공자 또는 공사감리자에게 불리한 경우에는 개정규정에 따른다.

1. 건축허가를 받은 경우
2. 건축허가를 신청한 경우나 건축허가를 신청하기 위하여 제5조에 따른 건축위원회의 심의를 신청한 경우
3. 건축하려는 대지에 「국토의 계획 및 이용에 관한 법률」 제30조제6항에 따라 지구단위계획에 관한 도시관리계획 결정의 고시(다른 법률에 따라 의제되는 경우를 포함한다)가 있는 경우. 다만, 지구단위계획에 포함된 건축기준에 대해서만 종전의 규정을 적용할 수 있다.

부　칙 (2010.12.13 영22526호)

제1조【시행일】 이 영은 공포한 날부터 시행한다. 다만, 제61조제2항의 개정규정은 2010년 12월 30일부터 적용한다.
제2조【장례식장 용도변경에 관한 적용례】 제14조제5항의 개정규정은 이 영 시행 후 최초로 용도변경 허가를 신청하거나 신고하는 경우부터 적용한다.
제3조【가설건축물에 관한 적용례】 제15조제6항의 개정규정은 이 영 시행 후 최초로 건축허가를 받거나 축조신고를 하는 가설건축물부터 적용한다.
제4조【다중이용 건축물이 건축되는 대지에서의 소방자동차 접근 통로 개설에 관한 적용례】 제41조제2항의 개정규정은 이 영 시행 후 최초로 건축허가를 신청하거나 건축위원회의 심의를 신청(건축허가를 신청하기 전에 심의를 신청한 경우로 한정한다)하는 경우부터 적용한다.
제5조【건축물의 외부 마감재료에 관한 적용례】 제61조제2항의 개정규정은 부칙 제1조 단서에 따른 제61조제2항의 개정규정 시행 후 최초로 건축허가를 신청하거나 건축위원회의 심의를 신청(건축허가를 신청하기 전에 심의를 신청한 경우로 한정한다)하는 경우부터 적용한다.
제6조【특별건축구역의 지정에 관한 적용례】 제107조제2항제2호의2·제4호 및 제117조제1항의 개정규정은 이 영 시행 후 최초로 특별건축구역의 지정을 신청하는 경우부터 적용한다.
제7조【건축허가 등에 관한 경과조치】 이 영 시행 당시 이미 건축허가를 신청(건축위원회 심의를 신청한 경우를 포함한다)한 경우에는 제8조제1항의 개정규정에도 불구하고 종전의 규정에 따른다.

부　칙 (2011.4.4)

제1조【시행일】 이 영은 공포한 날부터 시행한다.
제2조【「건축법 시행령」의 개정에 따른 용적률 산정에 관한 적용례】 「건축법 시행령」 제119조제1항제4호라목의 개정규정은 이 영 시행 후 최초로 건축허가를 받는 것부터 적용한다.
제3조 (생략)
제4조【과징금 또는 과태료에 관한 경과조치】 ① 이 영 시행 전의 위반행위에 대하여 과징금 또는 과태료의 부과기준을 적용할 때에는 종전의 규정에 따른다.
② 이 영 시행 전의 위반행위로 받은 과징금 또는 과태료 부과처분은 이 영의 개정규정에 따른 위반행위의 횟수 산정에 포함하지 아니한다.

부　칙 (2011.6.29)

제1조【시행일】 이 영은 공포한 날부터 시행한다. 다만, 제14조제4항 및 별표1 제4호파목의 개정규정은 공포 후 3개월이 경과한 날부터 시행한다.
제2조【고시원의 용도변경에 관한 적용례】 제14조제5항의 개정규정은 이 영 시행 후 최초로 용도변경 허가를 신청하거나 신고하는 경우부터 적용한다.
제3조【면적 등의 산정방법에 관한 적용례】 제119조제1항제2호나목 및 제3호아목의 개정규정은 이 영 시행 후 최초로 건축허가를 신청(건축허가를 신청하기 위하여 제5조에 따른 건축위원회의 심의를 신청한 경우를 포함한다)하거나 신고하는 경우부터 적용한다.
제4조【일반적 경과조치】 이 영 시행 당시 다음 각 호의 어느 하나에 해당하는 경우 용도분류나 건축기준 등을 적용할 때에는 종전의 규정에 따른다. 다만, 종전의 규정이 개정규정에 비하여 건축주, 시공자 또는 공사감리자에게 불리한 경우에는 개정규정에 따른다.
1. 건축허가를 받은 경우나 건축신고를 한 경우
2. 건축허가를 신청한 경우나 건축허가를 신청하기 위하여 제5조에 따른 건축위원회의 심의를 신청한 경우
3. 건축하려는 대지에 「국토의 계획 및 이용에 관한 법률」 제30조제6항에 따라 지구단위계획에 관한 도시관리계획 결정의 고시(다른 법률에 따라 의제되는 경우를 포함한다)가 있는 경우. 다만, 지구단위계획에 포함된 건축기준에 대해서만 종전의 규정을 적용할 수 있다.

부　칙 (2011.11.30)

제1조【시행일】 이 영은 2011년 12월 1일부터 시행한다.
제2조【일반적 경과조치】 이 영 시행 당시 다음 각 호의 어느 하나에 해당하는 경우 건축기준 등을 적용할 때에는 종전의 규정에 따른다. 다만, 종전의 규정이 개정규정에 비하여 건축주, 시공자 또는 공사감리자에게 불리한 경우에는 제91조의 개정규정에 따른다.
1. 건축허가를 받은 경우
2. 건축허가를 신청한 경우나 건축허가를 신청하기 위하여 제5조에 따른 건축위원회의 심의를 신청한 경우
3. 건축하려는 대지에 「국토의 계획 및 이용에 관한 법률」 제30조제6항에 따라 지구단위계획에 관한 도시관리계획 결정의 고시(다른 법률에 따라 의제되는 경우를 포함한다)가 있는 경우. 다만, 지구단위계획에 포함된 건축기준에 대해서만 종전의 규정을 적용할 수 있다.

부　칙 (2011.12.30)

제1조【시행일】 이 영은 2012년 3월 17일부터 시행한다.
제2조【건축물의 옥상 공간 확보에 관한 적용례】 제40조의 개정규정은 이 영 시행 후 최초로 건축허가를 신청(건축허가를 신청하기 위하여 제5조에 따른 건축위원회에 심의를 신청한 경우를 포함한다)하는 경우부터 적용한다.
제3조【건축물의 소방자동차 접근 통로 확보에 관한 적용례】 제41조제2항의 개정규정은 이 영 시행 후 최초로 건축허가를 신청(건축허가를 신청하기 위하여 제5조에 따른 건축위원회에 심의를 신청한 경우를 포함한다)하는 경우부터 적용한다.
제4조【건축물의 소방관 진입가능 식별표시에 관한 적용례】 제51조제4항의 개정규정은 이 영 시행 후 최초로 건축허가를 신청(건축허가를 신청하기 위하여 제5조에 따른 건축위원회에 심의를 신청한 경우를 포함한다)하는 경우부터 적용한다.
제5조【건축물의 마감재료 사용에 관한 적용례】 제61조제2항제2호의 개정규정은 이 영 시행 후 최초로 건축허가를 신청(건축허가를 신청하기 위하여 제5조에 따른 건축위원회에 심의를 신청한 경우를 포함한다)하는 경우부터 적용한다.
제6조【이행강제금의 부과에 관한 경과조치】 이 영 시행 당시 신고를 하지 아니하고 증설 또는 해체로 대수선을 한 건축물에 대해서는 별표15 제1호의 개정규정에도 불구하고 종전의 규정에 따른다.

부　칙 (2012.7.19)

제1조【시행일】 이 영은 공포한 날부터 시행한다.
제2조【정기점검 대상 건축물 등에 관한 적용례】 제23조의2제1항제3호 및 같은 조 제5항의 개정규정에 따라 특별자치도 또는 시·군·구의 건축조례에 위임된 사항은 해당 조례가 제정되거나 개정된 후 실시하는 정기점검이나 수시점검부터 적용한다.
제3조【점검 결과의 보고 등에 관한 적용례】 제23조의5의 개정규정은 이 영 시행 후 실시하는 정기점검부터 적용한다.
제4조【기존 건축물의 정기점검의 실시에 관한 경과조치】 ① 이 영 시행 당시 사용승인을 받은 건축물로서 제23조의2제1항 각 호의 개정규정 중 어느 하나에 해당하는 건축물은 다음 각 호의 구분에 따른 기간 이내에 제23조의2의 개정규정에 따른 정기점검을 실시하고, 제23조의5의 개정규정에 따라 점검 결과를 보고하여야 한다.
1. 사용승인일부터 20년 이상의 기간이 지난 건축물 : 이 영 시행 후 2년 이내
2. 사용승인일부터 10년 이상 20년 미만의 기간이 지난 건축물 : 이 영 시행 후 2년 6개월 이내
② 제1항 각 호의 어느 하나에 해당하는 건축물의 소유자나 관리자가 제1항에 따른 정기점검을 실시하기 전에 제23조의2제5항의 개정규정에 따른 수시점검을 실시하고 그 결과를 보고한 경우에는 제1항에 따른 정기점검을 실시하고 그 결과를 보고한 것으로 본다.
③ 제1항에 따라 정기점검을 실시한 건축물(제2항에 따라 제1항의 정기점검을 실시한 것으로 보는 건축물을 포함한다)의 다음 정기점검기간은 제1항 각 호의 구분에 따른 기간이 종료하는 날부터 기산한다.

부　칙 (2012.12.12)

제1조【시행일】 이 법은 공포한 날부터 시행한다. 다만, 제47조제2항제2호의 개정규정은 공포 후 3개월이 경과한 날부터 시행하고, 제6조제1항제3호 및 제15조제6항의 개정규정은 2013년 2월 23일부터 시행한다.
제2조【지방건축위원회의 심의 등에 관한 적용례】 ① 제5조의5제1항제4호 및 제6항의 개정규정에 따라 지방자치단체의 건축조례에 위임된 사항은 해당 건축조례가 제정되거나 개정된 후 개최하는 지방건축위원회부터 적용한다.
② 제5조의6제2항의 개정규정에 따라 지방자치단체의 건축조례에 위임된 사항은 해당 건축조례가 제정되거나 개정된 후 개최하는 전문위원회부터 적용한다.
제3조【건축기준 적용 완화 등에 관한 적용례】 제6조제1항제8호·제11호, 제6조제2항제5호 및 제119조제1항제4호다목 및 라목의 개정규정은 이 영 시행 후 건축허가를 신청(건축허가를 신청하기 위하여 제5조 또는 제5조의5에 따른 건축위원회에 심의를 신청한 경우를 포함한다)하는 경우부터 적용한다.
제4조【용도변경에 관한 적용례】 제14조제4항제2호의 개정규정은 이 영 시행 후 건축물대장 기재내용의 변경을 신청하는 경우부터 적용한다.
제5조【방화에 장애가 되는 용도의 제한에 관한 적용례】 제47조제2항제2호의 개정규정은 부칙 제1조 단서에 따른 시행일 이후 건축허가를 신청(건축허가를 신청하기 위하여 제5조 또는 제5조의5에 따른 건축위원회에 심의를 신청한 경우를 포함한다)하거나 용도변경을 신청(용도변경 신고 및 건축물대장 기재내용의 변경 신청을 포함한다)하는 경우부터 적용한다.
제6조【일조 등의 확보를 위한 건축물의 높이 제한에 관한 적용례】 제86조제1항의 개정규정은 해당 건축조례가 제정되거나 개정된 후 건축허가를 신청(건축허가를 신청하기 위하여 제5조 또는 제5조의5에 따른 건축위원회에 심의를 신청한 경우 및 변경허가를 신청하는 경우를 포함한다)하거나 건축신고(변경신고를 포함한다)를 하는 경우부터 적용한다.
제7조【방송 공동수신설비 설치에 관한 적용례】 제87조제4항제1호의 개정규정은 이 영 시행 후 건축허가를 신청(건축허가를 신청하기 위하여 제5조 또는 제5조의5에 따른 건축위원회에 심의를 신청한 경우를 포함한다)하는 경우부터 적용한다.
제8조【건축위원회 위원의 임기에 관한 경과조치】 이 영 시행 당시 위촉된 중앙건축위원회 및 지방건축위원회의 위원에 대해서는 제5조제6항 및 제5조의5제6항제1호 마목의 개정규정에도 불구하고 그 임기 만료일까지 해당 건축위원회의 위원으로 본다.
제9조【이행강제금의 부과에 관한 경과조치】 이 영 시행 당시 허가를 받지 아니하고 증설 또는 해체로 대수선을 한 건축물에 대해서는 별표15 제1호의 개정규정에도 불구하고 종전의 규정에 따른다.
제10조【다른 법령의 개정】 ※(해당 법령에 가제정리 하였음)

부　칙 (2013.5.31)

제1조【시행일】 이 영은 공포한 날부터 시행한다. 다만, 제6조제2항제2호다목 및 제91조의3제5항의 개정규정은 공포 후 6개월이 경과한 날부터 시행한다.
제2조【리모델링 대상 건축물에 대한 건축기준 완화에 관한 적용례】 제6조제1항제6호의 개정규정은 이 영 시행 후 「주택법」 제16조에 따른 사업계획의 승인 또는 법 제11조에 따른 건축허가·대수선허가를 신청(「주택법」 제16조에 따른 사업계획의 승인 또는 법 제11조에 따른 건축허가·대수선허가를 신청하기 위하여 제5조 또는 제5조의5에 따른 건축위원회에 심의를 신청한 경우를 포함한다)하거나 법 제14조에 따른 건축신고·대수선신고를 하는 경우부터 적용한다.
제3조【리모델링 시 건축기준 완화 기준에 관한 적용례】 제6조제2항제2호다목의 개정규정은 부칙 제1조 단서에 따른 시행일 이후 「주택법」 제16조에 따른 사업계획의 승인 또는 법 제11조에 따른 건축허가·대수선허가를 신청(「주택법」 제16조에 따른 사업계획의 승인 또는 법 제11조에 따른 건축허가·대수선허가를 신청하기 위하여 제5조 또는 제5조의5에 따른 건축위원회에 심의를 신청한 경우를 포함한다)하거나 법 제14조에 따른 건축신고·대수선신고를 하는 경우부터 적용한다.
제4조【건축물을 대수선하는 경우 지진에 대한 안전 확인 생략에 관한 적용례】 제32조제2항의 개정규정은 이 영 시행 후 「주택법」 제16조에 따른 사업계획의 승인 또는 법 제11조에 따른 대수선허가를 신청(「주택법」 제16조에 따른 사업계획의 승인 또는 법 제11조에 따른 대수선허가를 신청하기 위하여 제5조 또는 제5조의5에 따른 건축위원회에 심의를 신청한 경우를 포함한다)하거나 법 제14조에 따른 대수선신고를 하는 경우부터 적용한다.
제5조【건축구조기술사의 협력에 관한 적용례】 제91조의3제5항의 개정규정은 부칙 제1조 단서에 따른 시행일 이후 「주택법」 제16조에 따른 사업계획의 승인 또는 법 제11조에 따른 건축허가를 신청(건축허가를 신청하기 위하여 제5조 또는 제5조의5에 따른 건축위원회에 심의를 신청한 경우를 포함한다)하는 경우부터 적용한다.
제6조【과태료의 부과에 관한 적용례】 ① 제121조 및 별표16의 개정규정은 이 영 시행 후 과태료를 부과·징수하는 경우부터 적용한다.
② 이 영 시행 전의 위반행위로 받은 과태료 부과처분은 별표16의 개정규정에 따른 위반행위의 횟수 산정에 포함하지 아니한다.

부　칙 (2013.11.20)

제1조【시행일】 이 영은 공포한 날부터 시행한다. 다만, 제118조제4항의 개정규정은 공포 후 1년이 경과한 날부터 시행한다.
제2조【공작물에 대한 구조 안전 확인에 관한 적용례】 제118조제4항의 개정규정은 부칙 제1조 단서에 따른 시행일 이후 공작물 축조 신고를 하는 경우부터 적용한다.

부　칙 (2014.3.24)

제1조【시행일】 이 영은 공포한 날부터 시행한다. 다만, 부칙 제4조제2항(대통령령 제25090호 국토의 계획 및 이용에 관한 법률 시행령 일부개정령 별표20 제2호라목의 개정규정에 한정한다)은 2014년 7월 15일부터 시행한다.
제2조【용도별 건축물의 종류에 관한 적용례】 별표1의 개정규정은 이 영 시행 후 법 제11조에 따른 건축허가·대수선허가를 신청(법 제11조에 따른 건축허가·대수선허가를 신청하기 위하여 제5조 또는 제5조의5에 따른 건축위원회에 심의를 신청한 경우를 포함한다)하거나 법 제14조에 따른 건축신고·대수선신고를 하는 경우부터 적용한다.

제3조【용도별 건축물의 종류에 관한 경과조치】 이 영 시행 당시 종전의 별표1에 따라 다음 표의 왼쪽란에 해당하는 용도의 건축물은 별표1의 개정규정에 따라 다음 표의 오른쪽란에 해당하는 용도의 건축물로 본다.

별표1 제3호아목 중 대피소, 공중화장실	별표1 제3호사목 중 공중화장실, 대피소
별표1 제3호자목	별표1 제3호사목 중 지역아동센터
별표1 제3호차목	별표1 제3호아목 중 도시가스배관시설
별표1 제4호가목 중 일반음식점	별표1 제4호자목
별표1 제4호가목 중 기원	별표1 제4호타목 중 기원
별표1 제4호나목	별표1 제4호아목
별표1 제4호다목	별표1 제4호라목
별표1 제4호라목	별표1 제4호파목
별표1 제4호마목 중 공연장	별표1 제4호가목
별표1 제4호마목 중 종교집회장	별표1 제4호나목
별표1 제4호바목	별표1 제4호하목
별표1 제4호사목	별표1 제4호너목
별표1 제4호아목	별표1 제4호사목
별표1 제4호자목 중 사진관, 표구점	별표1 제4호바목
별표1 제4호자목 중 학원, 직업훈련소	별표1 제4호카목
별표1 제4호자목 중 장의사, 동물병원	별표1 제4호차목
별표1 제4호자목 중 독서실	별표1 제4호타목 중 독서실
별표1 제4호자목 중 총포판매사	별표1 제4호마목
별표1 제4호차목	별표1 제4호더목
별표1 제4호카목 중 자동차영업소	별표1 제4호다목
별표1 제4호타목	별표1 제4호러목
별표1 제4호파목	별표1 제4호거목
별표1 제5호가목에 따른 공연장으로서 같은 건축물에 해당 용도로 쓰는 바닥면적의 합계가 300제곱미터 이상 500제곱미터 미만인 것	별표1 제4호가목
별표1 제6호가목에 따른 종교집회장으로서 같은 건축물에 해당 용도로 쓰는 바닥면적의 합계가 300제곱미터 이상 500제곱미터 미만인 것	별표1 제4호나목
별표1 제7호다목2) 중 인터넷컴퓨터게임시설제공업의 시설로서 같은 건축물에 해당 용도로 쓰는 바닥면적의 합계가 300제곱미터 이상 500제곱미터 미만인 것	별표1 제4호사목
별표1 제13호	별표1 제13호
별표1 제15호	별표1 제15호
별표1 제22호	별표1 제22호

제4조【다른 법령의 개정】 ①~⑬ ※(해당 법령에 가제정리 하였음)
제5조【다른 법령과의 관계】 이 영 시행 당시 다른 법령에서 종전의 별표1의 규정을 인용한 경우 이 영 가운데 그에 해당하는 규정이 있을 때에는 종전의 규정을 갈음하여 별표1의 개정규정을 인용한 것으로 본다.

부 칙 (2014.8.27)

제1조【시행일】 이 영은 공포 후 9개월이 경과한 날부터 시행한다. 다만, 제46조제5항의 개정규정은 공포한 날부터 시행한다.
제2조【창고의 마감재료 사용에 관한 경과조치】 이 영 시행 전에 법 제11조에 따른 건축허가·대수선허가를 받았거나 신청(법 제11조에 따른 건축허가 또는 대수선허가를 신청하기 위하여 제5조 또는 제5조의5에 따른 건축위원회에 심의를 신청한 경우를 포함한다)한 경우 또는 법 제14조에 따른 건축신고·대수선신고를 한 경우에 대해서는 제61조제1항제7호 본문의 개정규정에도 불구하고 종전의 규정에 따른다.

부 칙 (2014.10.14)

제1조【시행일】 이 영은 공포한 날부터 시행한다. 다만, 다음 각 호의 개정규정은 해당 각 호의 구분에 따른 날부터 시행한다.
1. 제6조제1항제12호 및 같은 조 제2항제6호, 제11조제1항, 제15조(제5항 및 제8항 중 특별자치시장을 추가한 부분과 제9항은 제외한다), 제81조제1항·제4항, 제105조, 제107조, 제110조의2부터 제110조의5까지, 제117조제4항의 개정규정 : 2014년 10월 15일
2. 별표1 제4호거목의 개정규정 : 공포 후 9개월이 경과한 날

제2조【통신용 시설의 건축물의 종류에 관한 경과조치】 이 영 시행 당시 별표1 제24호라목에 따른 방송통신시설에 해당하는 통신용 시설로서 해당 용도로 쓰는 바닥면적의 합계가 1천 제곱미터 미만인 것은 별표1 제3호아목의 개정규정에 따른 용도의 건축물로 본다.
제3조【다중생활시설의 기준에 관한 경과조치】 부칙 제1조제2호에 따른 시행일 전에 별표1 제4호거목에 따른 다중생활시설로 건축허가·대수선허가를 받았거나 신청(법 제11조에 따른 건축허가·대수선허가를 신청하기 위하여 제5조 또는 제5조의5에 따른 건축위원회에 심의를 신청한 경우를 포함한다)한 경우 또는 법 제14조에 따라 건축신고·대수선신고를 한 경우에는 별표1 제4호거목의 개정규정에도 불구하고 종전의 규정에 따른다.
제4조【다른 법령의 개정】 ①~③ ※(해당 법령에 가제정리 하였음)

부 칙 (2014.11.11)

제1조【시행일】 이 영은 공포한 날부터 시행한다. 다만, 제5조의5제1항제3호의 개정규정은 2014년 11월 29일부터 시행한다.
제2조【가설건축물의 존치기간에 관한 경과조치】 이 영 시행 전에 법 제20조제3항에 따라 축조신고(제15조의2제2항에 따른 존치기간의 연장 신고를 포함한다)를 한 가설건축물에 대해서는 제15조제7항의 개정규정에도 불구하고 종전의 규정에 따른다.
제3조【일조등의 확보를 위한 높이제한 기준에 관한 경과조치】 이 영 시행 전에 법 제11조에 따른 건축허가·대수선허가를 신청(건축허가·대수선허가를 신청하기 위하여 제5조 또는 제5조의5에 따른 건축위원회에 심의를 신청한 경우 및 변경허가를 신청한 경우를 포함한다)하였거나 법 제14조에 따른 건축신고·대수선신고(변경신고를 포함한다)를 한 경우에 대해서는 제86조제1항 각 호 외의 부분 단서의 개정규정(도로에 접한 대지 상호간에 건축하는 건축물의 경우만 해당한다)에도 불구하고 종전의 규정에 따른다. 다만, 제86조제1항 각 호 외의 부분 단서의 개정규정(도로에 접한 대지 상호간에 건축하는 건축물의 경우만 해당한다)에 종전의 규정보다 완화된 부분이 있는 경우에는 개정규정에 따른다.
제4조【다른 법령의 개정】 ①~② ※(해당 법령에 가제정리 하였음)

부 칙 (2014.11.28)

제1조【시행일】 이 영은 2014년 11월 29일부터 시행한다.
제2조【대수선의 범위에 관한 적용례】 제3조의2제9호의 개정규정은 이 영 시행 이후 법 제11조에 따른 대수선허가를 신청(대수선허가를 신청하기 위하여 제5조 또는 제5조의5에 따른 건축위원회에 심의를 신청하는 경우를 포함한다)하거나 법 제14조에 따른 대수선신고를 하는 경우부터 적용한다.
제3조【철골조 구조의 건축물에 대한 공사감리에 관한 적용례】 제19조제3항제1호다목 단서의 개정규정은 이 영 시행 이후 주요구조부의 조립을 완료하는 경우부터 적용한다.
제4조【특수구조 건축물 및 고층건축물의 공사감리자의 건축구조기술사와의 협력 의무에 관한 적용례 등】 ① 제91조의3제5항의 개정규정은 이 영 시행 이후 법 제11조에 따른 건축허가·대수선허가를 신청(건축허가·대수선허가를 신청하기 위하여 제5조의5에 따른 건축위원회에 심의를 신청하는 경우를 포함한다)하는 특수구조 건축물부터 적용한다.
② 이 영 시행 전에 법 제11조에 따른 건축허가·대수선허가를 신청(건축허가·대수선허가를 신청하기 위하여 제5조의5에 따른 건축위원회에 심의를 신청한 경우를 포함한다)한 고층건축물에 대해서는 제91조의3제5항의 개정규정에도 불구하고 종전의 규정에 따른다.
제5조【구조 안전의 확인 서류 제출에 관한 경과조치】 이 영 시행 전에 법 제11조에 따른 건축허가·대수선허가를 신청(건축허가·대수선허가를 신청하기 위하여 제5조의5에 따른 건축위원회에 심의를 신청한 경우를 포함한다)한 건축물에 대해서는 제32조제1항 및 제2항의 개정규정에도 불구하고 종전의 규정에 따른다.
제6조【특수구조 건축물 설계자의 건축구조기술사와의 협력 의무에 관한 경과조치】 이 영 시행 전에 법 제11조에 따른 건축허가·대수선허가를 신청(건축허가·대수선허가를 신청하기 위하여 제5조의5에 따른 건축위원회에 심의를 신청한 경우를 포함한다)한 특수구조 건축물에 대해서는 제91조의3제1항의 개정규정에도 불구하고 종전의 규정에 따른다.
제7조【다른 법령의 개정】 ①~③ ※(해당 법령에 가제정리 하였음)

부 칙 (2015.9.22)

제1조【시행일】 이 영은 공포한 날부터 시행한다. 다만, 제61조의4의 개정규정은 2015년 10월 7일부터 시행하고, 제19조제5항제4호의 개정규정은 공포 후 1년이 경과한 날부터 시행한다.
제2조【건축기준 등의 변경에 관한 적용례】 다음 각 호의 개정규정은 이 영 시행 이후 법 제11조에 따른 건축허가를 신청(건축허가를 신청하기 위하여 법 제4조의2에 따른 건축위원회에 심의를 신청한 경우 및 법 제14조에 따른 건축신고를 한 경우를 포함한다)하거나 법 제19조에 따른 용도변경 허가를 신청(용도변경 신고 및 건축물대장 기재내용의 변경 신청을 포함한다)하는 경우부터 적용한다.
1. 다중이용 건축물 중 전시장에 관한 제2조제17호가목1)의 개정규정
2. 직통계단 설치에 관한 제34조제2항제2호의 개정규정
3. 피난 및 소화를 위한 통로 설치에 관한 제41조제1항의 개정규정
4. 소방자동차 접근을 위한 통로 설치에 관한 제41조제2항의 개정규정
5. 방화구획된 대피공간 등의 설치에 관한 제46조제6항의 개정규정
6. 배연설비 설치에 관한 제51조제2항의 개정규정
7. 노인요양시설의 호실 간 경계벽 설치에 관한 제53조제1항제5호의 개정규정
8. 건축물의 마감재료 기준에 관한 제61조제1항 및 제2항의 개정규정
9. 맞벽건축에 관한 제81조제1항제1호의 개정규정
10. 대지의 공지 기준에 관한 별표2 제2호라목 및 마목의 개정규정

제3조【견본주택 등에 관한 적용례】 제15조제6항의 개정규정은 이 영 시행 이후 법 제20조제3항에 따른 축조신고를 하는 경우부터 적용한다.
제4조【준다중이용 건축물 건축공사 공사감리에 관한 적용례】 제19조제5항제4호의 개정규정은 부칙 제1조 단서에 따른 시행일 이후 법 제21조에 따라 착공신고를 하는 경우부터 적용한다.
제5조【준다중이용 건축물 설계자의 건축구조기술사와의 협력 의무에 관한 적용례】 제91조의3제1항의 개정규정은 이 영 시행 이후 법 제11조에 따른 건축허가 또는 대수선허가를 신청(건축허가 또는 대수선허가를 신청하기 위하여 법 제4조의2에 따른 건축위원회에 심의를 신청한 경우를 포함한다)한 경우부터 적용한다.
제6조【기존 건축물의 정기점검에 관한 경과조치】 ① 이 영 시행 당시 사용승인을 받은 건축물로서 제23조의2제1항제4호의 개정규정에 해당하는 준다중이용 건축물 중 특수구조 건축물의 소유자나 관리자는 다음 각 호의 구분에 따른 기간 이내에 제23조의2제1항의 개정규정에 따른 정기점검을 실시하고, 제23조의5제1항에 따라 점검결과를 보고하여야 한다.
1. 사용승인일부터 20년 이상의 기간이 지난 건축물 : 이 영 시행 이후 2년 이내
2. 사용승인일부터 10년 이상 20년 미만의 기간이 지난 건축물 : 이 영 시행 이후 2년 6개월 이내
② 제1항 각 호의 어느 하나에 해당하는 건축물의 소유자나 관리자가 제1항에 따른 정기점검을 실시하기 전에 제23조의2제5항에 따른 수시점검을 실시하고 그 결과를 보고한 경우에는 제1항에 따른 정기점검을 실시하고 그 결과를 보고한 것으로 본다.
③ 제1항에 따라 정기점검을 실시한 건축물(제2항에 따라 제1항의 정기점검을 실시한 것으로 보는 건축물을 포함한다)의 다음 정기점검기간은 제1항 각 호의 구분에 따른 기간이 종료하는 날부터 기산한다.
제7조【구조 안전의 확인 서류 제출에 관한 경과조치】 이 영 시행 전에 법 제11조에 따른 건축허가 또는 대수선허가를 신청(건축허가 또는 대수선허가를 신청하기 위하여 법 제4조의2에 따른 건축위원회에 심의를 신청한 경우를 포함한다)한 건축물에 대해서는 제32조제2항제2호의 개정규정에도 불구하고 종전의 규정에 따른다.

부 칙 (2016.1.19)

제1조【시행일】 이 영은 공포한 날부터 시행한다.
제2조【공작물 축조 신고에 관한 적용례】 제118조제1항제11호의 개정 규정은 이 영 시행 이후 법 제83조에 따른 신고를 하는 경우부터 적용한다.
제3조【건축면적, 바닥면적 및 층수산정에 관한 경과조치】 이 영 시행 전에 법 제11조에 따른 건축허가를 신청(건축허가를 신청하기 위하여 법 제4조의2에 따른 건축위원회 심의를 신청한 경우를 포함한다)하거나 법 제14조에 따른 건축신고(변경신고를 포함한다)를 한 공동주택의 장애인 등 편의시설에 대한 건축면적 및 바닥면적 산정방법과 옥상 승강장에 대한 바닥면적 및 층수 산정방법에 대해서는 제119조제1항제2호다목8), 같은 항 제3호라목·차목 및 같은 항 제9호의 개정규정에도 불구하고 종전의 규정에 따른다.

부 칙 (2016.5.17)

제1조【시행일】 이 영은 공포한 날부터 시행한다. 다만, 제110조의4의 개정규정은 2016년 5월 19일부터 시행하고, 제91조의3제2항제2호 및 제3호의 개정규정은 공포 후 6개월이 경과한 날부터 시행한다.
제2조【건축허가 시 확인하여야 하는 규정에 관한 적용례】 제10조제1항제14호의 개정규정은 이 영 시행 이후 법 제11조에 따른 건축허가 또는 대수선허가를 신청(건축허가 또는 대수선허가를 신청하기 위하여 법 제4조의2에 따른 건축위원회에 심의를 신청한 경우 및 변경허가를 신청한 경우를 포함한다)하는 경우부터 적용한다.
제3조【가스배관 및 그 부속설비에 대한 관계전문기술자의 협력에 관한 경과조치】 제91조의3제2항제2호 및 제3호의 개정규정에도 불구하고 다음 각 호의 어느 하나에 해당하는 경우의 관계전문기술자의 협력에 대해서는 종전의 규정에 따른다.

1. 부칙 제1조 단서에 따른 시행일 전에 법 제11조에 따른 건축허가 또는 대수선허가를 받은 경우
2. 부칙 제1조 단서에 따른 시행일 전에 법 제11조에 따른 건축허가 또는 대수선허가를 신청(법 제11조에 따른 건축허가 또는 대수선허가를 신청하기 위하여 법 제4조의2에 따른 건축위원회에 심의를 신청한 경우를 포함한다)한 경우
3. 부칙 제1조 단서에 따른 시행일 이후 제1호 또는 제2호에 따라 받은 건축허가 또는 대수선허가에 대하여 변경허가를 받은 경우

제4조【특수구조 건축물 및 고층건축물에 대한 건축구조기술사의 협력에 관한 경과조치】 제91조의3제5항의 개정규정에도 불구하고 다음 각 호의 어느 하나에 해당하는 경우의 건축구조기술사의 협력에 대해서는 종전의 규정에 따른다.
1. 이 영 시행 전에 법 제11조에 따른 건축허가 또는 대수선허가를 받은 경우
2. 이 영 시행 전에 법 제11조에 따른 건축허가 또는 대수선허가를 신청(법 제11조에 따른 건축허가 또는 대수선허가를 신청하기 위하여 법 제4조의2에 따른 건축위원회에 심의를 신청한 경우를 포함한다)한 경우
3. 이 영 시행 이후 제1호 또는 제2호에 따라 받은 건축허가 또는 대수선허가에 대하여 변경허가를 받은 경우

부 칙 (2016.6.30)

제1조【시행일】 이 영은 2016년 7월 1일부터 시행한다. (단서 생략)
제2조【「건축법 시행령」 개정에 관한 적용례】 「건축법 시행령」 제15조의3제1호나목의 개정규정은 이 영 시행 전에 제15조의2제1항에 따라 통지를 받은 가설건축물로서 이 영 시행 당시 같은 조 제2항제2호에 따른 존치기간 연장 신고 기간이 도래하지 아니한 가설건축물에 대해서도 적용한다.(이하 생략)

부 칙 (2016.7.19)

제1조【시행일】 이 영은 2016년 7월 20일부터 시행한다. 다만, 제2조제19호, 제18조의2, 제18조의3, 제19조의2, 제23조의6, 제23조의7, 제23조의8, 제91조의3제8항, 제110조, 제110조의7 및 별표16 제2호(차목의 개정규정은 제외한다)의 개정규정은 2016년 8월 4일부터 시행한다.
제2조【허가권자의 공사감리자 지정에 관한 특례】 허가권자는 제19조의2제2항부터 제5항까지의 개정규정에도 불구하고 2016년 12월 31일까지는 「건축사법」 제23조제1항 또는 같은 조 제8항 단서에 따라 신고한 건축사 또는 같은 조 제2항에 따라 건축사사무소에 소속된 건축사 중에서 공사감리자를 지정할 수 있다.
제3조【산후조리원에 관한 경과조치】 제47조제1항의 개정규정에도 불구하고 산후조리원이 다음 각 호의 어느 하나에 해당하는 경우 해당 산후조리원에 대해서는 종전의 규정에 따른다.
1. 이 영 시행 전에 법 제11조에 따른 건축허가를 받았거나 신청(건축허가를 신청하기 위하여 법 제4조의2에 따른 건축위원회에 심의를 신청한 경우를 포함한다)한 경우
2. 이 영 시행 전에 법 제14조에 따라 건축신고를 한 경우
3. 이 영 시행 전에 법 제19조에 따라 용도변경 허가(같은 조에 따른 용도변경 신고 및 건축물대장 기재내용의 변경신청을 포함한다)를 받았거나 신청한 경우
4. 이 영 시행 이후 제1호부터 제3호까지에 따라 설치된 산후조리원에 대하여 변경허가를 받거나 변경신고를 하는 경우

제4조【관계전문기술자의 협력에 관한 경과조치】 부칙 제1조 단서에 따른 시행일 당시 설계자 또는 공사감리자와 계약을 체결하여 제91조의3제2항부터 제7항까지의 규정에 따른 협력 업무를 수행 중인 관계전문기술자는 같은 조 제8항의 개정규정에도 불구하고 그 협력 업무가 끝날 때까지는 그 업무를 계속 수행할 수 있다.
제5조【단란주점 용도의 바닥면적 산정에 관한 경과조치】 별표1 비고 제2호가목의 개정규정에도 불구하고 별표1 제4호더목에 따른 단란주점이 다음 각 호의 어느 하나에 해당하는 경우 해당 단란주점에 대한 바닥면적의 산정에 대해서는 종전의 규정에 따른다.
1. 이 영 시행 전에 법 제11조에 따른 건축허가를 받았거나 신청(건축허가를 신청하기 위하여 법 제4조의2에 따른 건축위원회에 심의를 신청한 경우를 포함한다)한 경우
2. 이 영 시행 전에 법 제14조에 따라 건축신고를 한 경우
3. 이 영 시행 전에 법 제19조에 따라 용도변경 허가(같은 조에 따른 용도변경 신고 및 건축물대장 기재내용의 변경신청을 포함한다)를 받았거나 신청한 경우
4. 이 영 시행 이후 제1호부터 제3호까지에 따라 설치된 단란주점에 대하여 변경허가를 받거나 변경신고를 하는 경우

부 칙 (2017.2.3 영27832호)

제1조【시행일】 이 영은 2017년 2월 4일부터 시행한다.
제2조【건축기준 완화에 관한 적용례】 제6조제1항제6호다목의 개정규정은 이 영 시행 이후 법 제11조에 따른 건축허가 또는 대수선허가를 신청(건축허가 또는 대수선허가를 신청하기 위하여 법 제4조의2에 따른 건축위원회에 심의를 신청한 경우를 포함한다)하거나 법 제14조에 따른 건축신고를 하는 경우부터 적용한다.
제3조【구조 안전의 확인 서류 제출에 관한 경과조치】 다음 각 호의 어느 하나에 해당하는 경우의 해당 건축, 대수선 또는 용도변경에 대한 구조 안전의 확인 서류 제출에 관하여는 제32조제2항제1호의 개정규정에도 불구하고 종전의 규정에 따른다.
1. 이 영 시행 전에 법 제11조에 따른 건축허가·대수선허가, 법 제14조에 따른 건축신고 또는 법 제19조에 따른 용도변경 허가·신고를 받거나 수리된 경우
2. 이 영 시행 전에 법 제11조에 따른 건축허가·대수선허가의 신청(법 제11조에 따른 건축허가 또는 대수선허가를 신청하기 위하여 법 제4조의2에 따른 건축위원회 심의를 신청한 경우를 포함한다), 법 제14조에 따른 건축신고, 법 제19조에 따른 용도변경 허가의 신청 또는 같은 조에 따른 용도변경 신고를 한 경우
3. 이 영 시행 이후 제1호 및 제2호에 따라 받거나 수리된 건축허가, 대수선허가 또는 건축신고에 대하여 변경허가를 받거나 변경신고를 하는 경우

제4조【다른 법령의 개정】 ①~③ ※(해당 법령에 가제정리 하였음)

부 칙 (2017.10.24)

제1조【시행일】 이 영은 공포한 날부터 시행한다. 다만, 제32조제2항의 개정규정은 2017년 12월 1일부터 시행한다.
제2조【구조 안전의 확인 서류 제출에 관한 경과조치】 부칙 제1조 단서에 따른 시행일 전에 법 제11조에 따른 건축허가 또는 대수선허가의 신청(건축허가 또는 대수선허가를 신청하기 위하여 법 제4조의2제1항에 따라 건축위원회에 심의를 신청한 경우를 포함한다), 법 제14조에 따른 건축신고, 법 제19조에 따른 용도변경 허가의 신청 또는 용도변경 신고를 한 경우에는 제32조제2항의 개정규정에도 불구하고 종전의 규정에 따른다.

부 칙 (2018.6.26)

제1조【시행일】 이 영은 2018년 6월 27일부터 시행한다. 다만, 제119조의3부터 제119조의11까지의 개정규정은 공포한 날부터 시행한다.
제2조【내진능력 공개에 관한 적용례】 제32조의2제2항의 개정규정은 이 영 시행 이후 법 제11조에 따라 건축허가를 신청(건축허가를 신청하기 위하여 법 제4조의2에 따라 건축위원회에 심의를 신청하는 경우를 포함한다)하거나 법 제14조에 따라 건축신고(건축신고를 하기 위하여 법 제4조의2에 따라 건축위원회에 심의를 신청하는 경우를 포함한다)를 하는 경우부터 적용한다.

부 칙 (2018.12.4)

제1조【시행일】 이 영은 공포한 날부터 시행한다.
제2조【사진 및 동영상 촬영 대상 건축물 등에 관한 적용례】 제18조의2제1항 및 제2항의 개정규정은 이 영 시행 이후 법 제21조에 따른 착공신고를 하는 건축물부터 적용한다.
제3조【구조 안전의 확인 서류 제출 제외대상에 관한 적용례】 제32조제2항 각 호 외의 부분 단서의 개정규정은 이 영 시행 이후 법 제23조제4항에 따라 국토교통부장관으로부터 표준설계도서의 인정을 받은 경우부터 적용한다.
제4조【관계전문기술자와의 협력에 관한 적용례】 제91조의3제1항제5호 또는 같은 조 제6항의 개정규정은 2018년 12월 4일 이후에 법 제11조 및 제16조에 따른 허가 또는 변경허가를 신청(허가를 신청하기 위해 법 제4조의2제1항에 따라 건축위원회에 심의를 신청하는 경우를 포함한다)하는 건축물부터 적용한다.(2018.12.31 본조개정)

부 칙 (2018.12.31)

제1조【시행일】 이 영은 공포 후 6개월이 경과한 날부터 시행한다. 다만, 대통령령 제29332호 건축법 시행령 일부개정령 부칙 제4조의 개정규정은 공포한 날부터 시행한다.
제2조【건축물의 범죄예방에 관한 적용례】 제61조의3제1호의 개정규정은 이 영 시행 이후 법 제11조에 따른 건축허가를 신청(건축허가를 신청하기 위해 법 제4조의2제1항에 따라 건축위원회에 심의를 신청하는 경우를 포함한다)하거나 법 제14조에 따른 건축신고를 하는 경우부터 적용한다.

부 칙 (2019.8.6)

제1조【시행일】 이 영은 공포한 날부터 시행한다. 다만, 다음 각 호의 개정규정은 다음 각 호의 구분에 따른 날부터 시행한다.
1. 제34조제1항 본문, 제46조제2항제8호, 제61조제1항제6호 및 같은 조 제2항의 개정규정 : 공포 후 3개월이 경과한 날
2. 제46조제1항 본문 및 제81조제5항제5호의 개정규정 : 공포 후 2년이 경과한 날

제2조【공사감리자의 감리중간보고서 작성·제출에 관한 적용례】 제19조제3항제4호의 개정규정은 이 영 시행 이후 법 제11조에 따른 건축허가를 신청(허가를 신청하기 위해 법 제4조의2제1항에 따라 건축위원회에 심의를 신청하는 경우를 포함한다)하거나 법 제14조에 따른 건축신고를 하는 경우부터 적용한다.
제3조【자동방화셔터에 관한 적용례】 제46조제1항 본문 및 제81조제5항제5호의 개정규정은 부칙 제1조제2호에 따른 시행일 이후 법 제11조에 따른 건축허가 또는 대수선허가를 신청(건축허가 또는 대수선허가를 신청하기 위해 법 제4조의2제1항에 따라 건축위원회에 심의를 신청하는 경우를 포함한다)하거나 법 제14조에 따른 건축신고를 하는 경우부터 적용한다.
제4조【건축물 내부의 마감재료에 관한 적용례】 제61조제1항제6호의 개정규정은 부칙 제1조제1호에 따른 시행일 이후 법 제11조에 따른 건축허가 또는 대수선허가의 신청(건축허가 또는 대수선허가를 신청하기 위해 법 제4조의2제1항에 따라 건축위원회에 심의를 신청하는 경우를 포함한다), 법 제14조에 따른 건축신고 및 법 제19조에 따른 용도변경 허가(같은 조에 따른 용도변경 신고 또는 건축물대장 기재내용의 변경신청을 포함한다)의 신청을 하는 경우부터 적용한다.
제5조【건축물 외벽의 마감재료에 관한 적용례】 제61조제2항의 개정규정은 부칙 제1조제1호에 따른 시행일 이후 법 제11조에 따른 건축허가 또는 대수선허가를 신청(건축허가 또는 대수선허가를 신청하기 위해 법 제4조의2제1항에 따라 건축위원회에 심의를 신청하는 경우를 포함한다)하거나 법 제14조에 따른 건축신고를 하는 경우부터 적용한다.

부 칙 (2019.10.22)

제1조【시행일】 이 영은 2019년 10월 24일부터 시행한다. 다만, 다음 각 호의 개정규정은 다음 각 호의 구분에 따른 날부터 시행한다.
1. 제14조제4항의 개정규정 : 공포 후 3개월이 경과한 날
2. 제56조제1항 각 호 외의 부분 및 같은 조 제2항의 개정규정 : 2020년 8월 15일

제2조【용도변경에 관한 적용례】 제14조제4항 각 호 외의 부분 단서의 개정규정은 부칙 제1조제1호에 따른 시행일 이후 건축물대장 기재내용의 변경을 신청하는 경우부터 적용한다.
제3조【주요구조부 등의 내화구조에 관한 경과조치】 부칙 제1조제2호에 따른 시행일 전에 법 제11조에 따른 건축허가 또는 대수선허가의 신청(건축허가 또는 대수선허가를 신청하기 위해 법 제4조의2제1항에 따라 건축위원회에 심의를 신청한 경우를 포함한다), 법 제14조에 따른 건축신고, 법 제19조에 따른 용도변경 허가의 신청 또는 용도변경 신고를 한 경우에는 제56조제2항의 개정규정에도 불구하고 종전의 규정에 따른다.

부 칙 (2020.1.7)

제1조【시행일】 이 영은 공포한 날부터 시행한다.(이하 생략)

부 칙 (2020.2.18)

제1조【시행일】 이 영은 공포한 날부터 시행한다.(이하 생략)

부 칙 (2020.3.3)

이 영은 공포한 날부터 시행한다.

부 칙 (2020.4.21)

제1조【시행일】 이 영은 공포 후 6개월이 경과한 날부터 시행한다. 다만, 제115조의 개정규정은 2020년 4월 24일부터 시행한다.
제2조【공사감리에 관한 적용례】 제19조제6항의 개정규정은 이 영 시행 이후 법 제21조에 따라 착공신고를 하는 경우부터 적용한다.
제3조【실내건축에 관한 적용례】 제61조의2제3호의 개정규정은 이 영 시행 전에 실내건축을 설치·시공한 건축물에 대해서도 적용한다. 이 경우 이 영 시행일부터 1년 이내에 법 제52조의2제2항에 따른 실내건축의 구조·시공방법 등에 관한 기준에 적합하도록 해야 한다.
제4조【건폐율 산정에 관한 적용례】 제119조제3항의 개정규정은 이 영 시행 이후 법 제11조에 따른 건축허가를 신청(허가를 신청하기 위하여 법 제4조의2제1항에 따라 건축위원회에 심의를 신청하는 경우를 포함한다)하거나 법 제14조에 따른 건축신고를 하는 경우부터 적용한다.
제5조【지방건축위원회 심의에 관한 경과조치】 이 영 시행 전에 법 제4조의2제1항에 따라 지방건축위원회에 심의를 신청한 경우에는 제5조의5제1항제6호, 제8호 및 같은 조 제6항제2호자목의 개정규정에도 불구하고 종전의 규정에 따른다.

부　칙 (2020.4.28)

제1조【시행일】 이 영은 2020년 5월 1일부터 시행한다.(이하 생략)

부　칙 (2020.5.12)

제1조【시행일】 이 영은 공포한 날부터 시행한다.(이하 생략)

부　칙 (2020.9.10)

제1조【시행일】 이 영은 2020년 9월 10일부터 시행한다.(이하 생략)

부　칙 (2020.10.8)

제1조【시행일】 이 영은 2020년 10월 8일부터 시행한다. 다만, 다음 각 호의 개정규정은 각 호의 구분에 따른 날부터 시행한다.
1. 제15조제6항제1호가목, 제46조제2항제3호, 제51조제2항제2호다목 및 제53조제1항제3호부터 제6호까지의 개정규정 : 공포 후 6개월이 경과한 날
2. 대통령령 제30030호 건축법 시행령 일부개정령 제46조제1항, 제46조제4항제4호 · 제5호, 제62조제1항제3호, 제64조의 개정규정 및 부칙 제5조 : 2021년 8월 7일
3. 제61조제1항의 개정규정(같은 항 제3호는 제외한다) : 공포 후 3개월이 경과한 날

제2조【건축기준 등의 강화에 관한 적용례】 다음 각 호의 개정규정은 각 호의 구분에 따른 시행일 이후 법 제11조에 따른 건축허가의 신청(건축허가를 신청하기 위하여 법 제4조의2제1항에 따라 건축위원회에 심의를 신청하는 경우를 포함한다), 법 제14조에 따른 건축신고 또는 법 제19조에 따른 용도변경 허가(같은 조에 따른 용도변경 신고 또는 건축물대장 기재내용의 변경신청을 포함한다)의 신청을 하는 경우부터 적용한다.
1. 방화문 구분에 관한 대통령령 제30030호 건축법 시행령 일부개정령 제46조제1항, 제46조제4항제4호, 제62조제1항제3호 및 제64조의 개정규정 : 부칙 제1조제2호에 따른 시행일
2. 방화구획에 관한 제46조제2항제3호의 개정규정 : 부칙 제1조제1호에 따른 시행일
3. 산후조리원에 관한 제51조제2항제2호다목 및 제53조제1항제3호의 개정규정 : 부칙 제1조제1호에 따른 시행일
4. 건축물 내부 마감재료에 관한 제61조제1항의 개정규정(같은 항 제3호는 제외한다) : 부칙 제1조제3호에 따른 시행일

제3조【가설건축물 축조에 관한 적용례】 제15조제6항제1호가목의 개정규정은 부칙 제1조제1호에 따른 시행일 이후 제15조제5항제2호 또는 제14호에 따른 가설건축물에 대해 법 제20조에 따른 건축허가의 신청 또는 축조신고를 하는 경우부터 적용한다.

제4조【과태료 부과기준에 관한 경과조치】 이 영 시행 전에 받은 과태료 부과처분은 별표16 제2호라목의 개정규정에 따른 위반행위의 횟수 산정에 포함한다.

제5조【다른 법령의 개정】 ※(해당 법령에 가제정리 하였음)

부　칙 (2020.12.1)

제1조【시행일】 이 영은 2020년 12월 10일부터 시행한다.(이하 생략)

부　칙 (2020.12.15)

제1조【시행일】 이 영은 공포 후 6개월이 경과한 날부터 시행한다. 다만, 제118조제1항제2호 및 제3호의 개정규정은 공포 후 3개월이 경과한 날부터 시행한다.

제2조【공작물 축조신고에 관한 적용례】 제118조제1항제2호 및 제3호의 개정규정은 부칙 제1조 단서에 따른 시행일 이후 법 제83조제1항에 따른 공작물 축조신고를 하는 경우부터 적용한다.

제3조【다중주택 및 다중생활시설의 요건에 관한 적용례】 별표1 제1호나목 및 같은 표 제4호거목의 개정규정은 이 영 시행 이후 법 제11조에 따른 건축허가의 신청(건축허가를 신청하기 위하여 법 제4조의2제1항에 따라 건축위원회에 심의를 신청하는 경우를 포함한다), 법 제14조에 따른 건축신고 또는 법 제19조에 따른 용도변경 허가(같은 조에 따른 용도변경 신고 또는 건축물대장 기재내용의 변경신청을 포함한다)의 신청을 하거나 같은 조 제3항 단서에 따른 용도변경을 하는 경우부터 적용한다.

부　칙 (2021.1.5)

이 영은 공포한 날부터 시행한다.(이하 생략)

부　칙 (2021.1.8)

제1조【시행일】 이 영은 2021년 1월 8일부터 시행한다. 다만, 다음 각 호의 개정규정은 각 호의 구분에 따른 날부터 시행한다.
1. 제20조의 개정규정 : 공포 후 6개월이 경과한 날
2. 제40조제3항의 개정규정 : 공포 후 3개월이 경과한 날

제2조【가설건축물의 존치기간 연장에 관한 적용례】 제15조의3의 개정규정은 이 영 시행 전에 법 제20조에 따라 건축허가를 받거나 축조신고의 수리가 된 가설건축물에 대해서도 적용한다.

제3조【옥상 출입문 비상문자동개폐장치에 관한 적용례】 제40조제3항의 개정규정은 부칙 제1조제2호에 따른 시행일 이후 법 제11조에 따른 건축허가의 신청(건축허가를 신청하기 위하여 법 제4조의2제1항에 따라 건축위원회에 심의를 신청하는 경우를 포함한다), 법 제14조에 따른 건축신고 또는 법 제19조에 따른 용도변경 허가(같은 조에 따른 용도변경 신고 또는 건축물대장 기재내용의 변경신청을 포함한다)의 신청을 하는 경우부터 적용한다.

제4조【특별건축구역의 특례사항 적용 대상 건축물에 관한 적용례】 별표3의 개정규정은 이 영 시행 전에 법 제71조에 따라 지정된 특별건축구역에 대해서도 적용한다.

부　칙 (2021.5.4)

제1조【시행일】 이 영은 공포한 날부터 시행한다. 다만, 제61조제3항의 개정규정은 2021년 6월 23일부터 시행한다.

제2조【건축기준 강화 등에 따른 적용례】 다음 각 호의 개정규정은 각 호의 구분에 따른 날 이후 법 제11조에 따른 건축허가의 신청(건축허가를 신청하기 위하여 법 제4조의2제1항에 따라 건축위원회에 심의를 신청하는 경우를 포함한다), 법 제14조에 따른 건축신고 또는 법 제19조에 따른 용도변경 허가의 신청(같은 조에 따른 용도변경 신고 또는 건축물대장 기재내용의 변경신청을 포함한다)을 하는 경우부터 적용한다.
1. 방화성능을 갖춘 창호를 설치해야 하는 건축물에 관한 제61조제3항의 개정규정 : 2021년 6월 23일
2. 제1종 근린생활시설에 관한 별표1 제3호차목 및 같은 표 제20호자목의 개정규정 : 공포한 날
3. 제2종 근린생활시설에 관한 별표1 제4호너목2)의 개정규정 : 공포한 날

부　칙 (2021.8.10)

제1조【시행일】 이 영은 공포 후 6개월이 경과한 날부터 시행한다. 다만, 제46조제5항제4호의 개정규정은 공포 후 1개월이 경과한 날부터 시행한다.

제2조【마감재료 설치공사에서의 건축사보 배치에 관한 적용례】 제19조제7항의 개정규정은 이 영 시행 이후 다음 각 호의 신청이나 신고를 하는 건축물의 마감재료 설치공사를 감리하는 경우부터 적용한다.
1. 법 제11조에 따른 건축허가(법 제16조에 따른 변경허가 및 변경신고는 제외한다)의 신청(건축허가를 신청하기 위해 법 제4조의2제1항에 따라 건축위원회에 심의를 신청하는 경우를 포함한다)
2. 법 제14조에 따른 건축신고(법 제16조에 따른 변경허가 및 변경신고는 제외한다)
3. 법 제19조에 따른 용도변경 허가의 신청(같은 조에 따른 용도변경 신고 또는 건축물대장 기재내용의 변경신청을 포함한다)

제3조【방화에 지장이 없는 내부 마감재료를 사용해야 하는 건축물에 관한 적용례】 제61조제1항제4호의 개정규정은 이 영 시행 이후 부칙 제2조 각 호에 따른 신청이나 신고를 하는 건축물의 내부 마감재료 설치공사를 하는 경우부터 적용한다.

제4조【외벽에 방화에 지장이 없는 마감재료를 사용해야 하는 건축물에 관한 적용례】 제61조제2항제5호의 개정규정은 이 영 시행 이후 부칙 제2조 각 호에 따른 신청이나 신고를 하는 건축물의 외벽 마감재료 설치공사를 하는 경우부터 적용한다.

제5조【다른 법령의 개정】 ※(해당 법령에 가제정리 하였음)

부　칙 (2021.9.14)

제1조【시행일】 이 영은 공포한 날부터 시행한다.(이하 생략)

부　칙 (2021.11.2)

제1조【시행일】 이 영은 공포한 날부터 시행한다. 다만, 제15조제7항의 개정규정은 공포 후 6개월이 경과한 날부터 시행한다.

제2조【건축면적 산정방법에 관한 적용례】 제119조제1항제2호가목6)의 개정규정은 이 영 시행 이후 다음 각 호의 신청이나 신고를 하는 건축물부터 적용한다.
1. 법 제11조에 따른 건축허가(법 제16조에 따른 변경허가 및 변경신고를 포함한다)의 신청(건축허가를 신청하기 위하여 법 제4조의2제1항에 따라 건축위원회에 심의를 신청하는 경우를 포함한다)
2. 법 제14조에 따른 건축신고(법 제16조에 따른 변경허가 및 변경신고를 포함한다)
3. 법 제19조에 따른 용도변경 허가의 신청(같은 조에 따른 용도변경 신고 또는 건축물대장 기재내용의 변경신청을 포함한다)

제3조【생활숙박시설의 요건에 관한 적용례】 별표1 제15호가목의 개정규정은 이 영 시행 이후 부칙 제2조 각 호의 신청이나 신고를 하는 생활숙박시설부터 적용한다.

제4조【가설건축물 존치기간 연장에 관한 경과조치】 이 영 시행 전에 법 제20조제3항에 따라 축조신고를 한 가설건축물의 존치기간 연장에 관하여는 제15조제7항의 개정규정에도 불구하고 종전의 규정에 따른다.

제5조【공동주택의 채광 확보 거리에 관한 경과조치】
① 지방자치단체는 이 영 시행일부터 6개월이 되는 날까지 제86조제3항제2호나목의 개정규정에 따라 건축조례를 제정하거나 개정해야 한다.
② 제1항에 따라 건축조례가 제정되거나 개정되기 전까지는 종전의 건축조례를 적용한다.
③ 제1항에 따른 기한까지 건축조례가 제정되거나 개정되지 않은 경우의 공동주택 채광 확보 거리에 관하여는 제86조제3항제2호나목의 개정규정에 따른 거리기준(건축조례로 정하는 거리의 하한을 말한다)을 적용한다.

부　칙 (2021.12.21)

이 영은 2021년 12월 23일부터 시행한다.

부　칙 (2021.12.28)

제1조【시행일】 이 영은 2021년 12월 30일부터 시행한다.(이하 생략)

부　칙 (2022.1.18)
(2022.2.11)

제1조【시행일】 이 영은 공포한 날부터 시행한다.(이하 생략)

부　칙 (2022.4.29)

제1조【시행일】 이 영은 공포한 날부터 시행한다.

제2조【방화구획으로 구획하지 않을 수 있는 건축물의 부분에 관한 경과조치】 다음 각 호에 해당하는 건축물의 부분에 대한 방화구획 설치의무에 관하여는 제46조제2항제2호의 개정규정에도 불구하고 종전의 규정에 따른다.
1. 이 영 시행 전에 법 제11조에 따른 건축허가 또는 대수선허가(법 제16조에 따른 변경허가 및 변경신고를 포함한다)를 받았거나 신청(건축허가 또는 대수선허가를 신청하기 위하여 법 제4조의2제1항에 따라 건축위원회에 심의를 신청한 경우를 포함한다)한 건축물
2. 이 영 시행 전에 법 제14조에 따라 건축신고(법 제16조에 따른 변경허가 및 변경신고를 포함한다)를 한 건축물
3. 이 영 시행 전에 법 제19조에 따라 용도변경 허가(같은 조에 따른 용도변경 신고 및 건축물대장 기재내용의 변경신청을 포함한다)를 받았거나 신청한 건축물

부　칙 (2022.7.26)

제1조【시행일】 이 영은 2022년 8월 4일부터 시행한다.(이하 생략)

부　칙 (2022.11.29)

제1조【시행일】 이 영은 2022년 12월 1일부터 시행한다.(이하 생략)

부　칙 (2022.12.6)

제1조【시행일】 이 영은 2022년 12월 8일부터 시행한다.(이하 생략)

부　칙 (2023.2.14)

제1조【시행일】 이 영은 공포한 날부터 시행한다.

제2조【기숙사의 요건에 관한 적용례】 별표1 제2호라목1) · 2) 외의 부분의 개정규정은 이 영 시행 이후 다음 각 호의 신청이나 신고를 하는 경우부터 적용한다.
1. 법 제11조에 따른 건축허가의 신청(건축허가를 신청하기 위해 법 제4조의2제1항에 따라 건축위원회에 심의를 신청하는 경우를 포함한다)
2. 법 제14조에 따른 건축신고
3. 법 제19조에 따른 용도변경허가의 신청(같은 조에 따른 용도변경신고 또는 건축물대장 기재내용의 변경신청을 포함한다)
4. 제1호부터 제3호까지의 규정에 따른 허가나 신고가 의제되는 다른 법률에 따른 허가 · 인가 · 승인 등의 신청 또는 신고

제3조【기존 기숙사 등의 용도분류에 관한 경과조치】 ① 이 영 시행 당시 종전의 별표1 제2호라목에 따른 기숙사에 해당하는 용도의 건축물은 별표1 제2호라목1)의 개정규정에 따른 일반기숙사에 해당하는 용도의 건축물로 본다.

② 이 영 시행 전에 종전의 별표1 제2호라목에 따른 기숙사의 용도로 사용하기 위하여 부칙 제2조 각 호의 신청이나 신고를 한 경우에는 별표1 제2호라목1)의 개정규정에 따른 일반기숙사의 용도로 사용하기 위하여 신청이나 신고를 한 것으로 본다.

부 칙 (2023.4.27)

제1조【시행일】 이 영은 공포한 날부터 시행한다.(이하 생략)

부 칙 (2023.5.15)

제1조【시행일】 이 영은 2023년 5월 16일부터 시행한다.
제2조【기존 교정 및 군사 시설의 용도분류에 관한 경과조치】 ① 이 영 시행 당시 종전의 별표1 제23호(라목은 제외한다)에 따른 교정 및 군사 시설에 해당하는 용도의 건축물은 별표1 제23호의 개정규정에 따른 교정시설에 해당하는 용도의 건축물로 본다.
② 이 영 시행 당시 종전의 별표1 제23호라목에 따른 국방·군사시설에 해당하는 용도의 건축물은 별표1 제23호의2의 개정규정에 따른 국방·군사시설에 해당하는 용도의 건축물로 본다.
제3조【다른 법령의 개정】 ①~⑩ ※(해당 법령에 가제정리 하였음)

부 칙 (2023.9.12)

제1조【시행일】 이 영은 공포한 날부터 시행한다. 다만, 다음 각 호의 사항은 각 호의 구분에 따른 날부터 시행한다.
1. 제19조제11항부터 제13항까지의 개정규정 : 공포 후 6개월이 경과한 날
2. 제119조제1항제3호거목의 개정규정 : 공포 후 1년이 경과한 날

제2조【대피공간의 설치 등에 관한 적용례】 제46조제4항 및 제5항의 개정규정은 이 영 시행 이후 다음 각 호의 신청이나 신고를 하는 경우부터 적용한다.
1. 법 제11조에 따른 건축허가(법 제16조에 따른 변경허가 및 변경신고를 포함한다)의 신청(건축허가를 신청하기 위해 법 제4조의2제1항에 따라 건축위원회에 심의를 신청하는 경우를 포함한다)
2. 법 제14조에 따른 건축신고(법 제16조에 따른 변경허가 및 변경신고를 포함한다)
3. 제1호 및 제2호에 따른 허가나 신고가 의제되는 다른 법률에 따른 허가·인가·승인 등의 신청 또는 신고

제3조【일조 등의 확보를 위한 건축물의 높이 제한에 관한 적용례】 제86조제1항 각 호의 개정규정은 같은 항 각 호 외의 부분에 따른 건축조례가 제정되거나 개정된 이후 부칙 제2조 각 호의 신청이나 신고를 하는 경우부터 적용한다.
제4조【대피공간의 바닥면적 산정 기준에 관한 적용례】 제119조제1항제3호거목의 개정규정은 부칙 제1조제2호에 따른 시행일 이후 다음 각 호의 신청이나 신고를 하는 경우부터 적용한다.
1. 법 제11조에 따른 건축허가(법 제16조에 따른 변경허가 및 변경신고는 제외한다)의 신청(건축허가를 신청하기 위해 법 제4조의2제1항에 따라 건축위원회에 심의를 신청하는 경우를 포함한다)
2. 법 제14조에 따른 건축신고(법 제16조에 따른 변경허가 및 변경신고는 제외한다)
3. 제1호 및 제2호에 따른 허가나 신고가 의제되는 다른 법률에 따른 허가·인가·승인 등의 신청 또는 신고

제5조【바닥면적의 산입 제외에 관한 적용례】 제119조제1항제3호너목의 개정규정은 이 영 시행 이후 부칙 제2조 각 호의 신청이나 신고를 하는 경우부터 적용한다.
제6조【동물병원 등의 용도분류에 관한 적용례】 별표1 제3호카목 및 같은 표 제4호차목의 개정규정은 이 영 시행 이후 다음 각 호의 신청이나 신고를 하는 경우부터 적용한다.
1. 법 제11조에 따른 건축허가(법 제16조에 따른 변경허가 및 변경신고는 제외한다)의 신청(건축허가를 신청하기 위해 법 제4조의2제1항에 따라 건축위원회에 심의를 신청하는 경우를 포함한다)
2. 법 제14조에 따른 건축신고(법 제16조에 따른 변경허가 및 변경신고는 제외한다)
3. 법 제19조에 따른 용도변경허가의 신청(같은 조에 따른 용도변경신고 또는 건축물대장 기재내용의 변경신청을 포함한다)
4. 제1호 및 제2호에 따른 허가나 신고가 의제되는 다른 법률에 따른 허가·인가·승인 등의 신청 또는 신고

〔별표〕➡「法典 別册」참조

건축물의 설비기준 등에 관한 규칙(약칭 : 건축물설비기준규칙)

(1992년 6월 1일 건설부령 제506호)

개정
1996. 2. 9건설교통부령 51호
1999. 5.11건설교통부령188호
2001. 1.17건설교통부령270호
2002. 8.31건설교통부령328호
2006. 2.13건설교통부령497호
2006. 5.12건설교통부령512호(건축시규)
2008. 3.14국토해양부령 4호(정부조직법의개정에따른감정평가에관한규칙등일부개정령)
2008. 7.10국토해양부령 33호
2009. 6.24국토해양부령140호(규제일몰제적용시규)
2009.12.31국토해양부령205호
2010.11. 5국토해양부령306호
2011.11.30국토해양부령408호
2012. 4.30국토해양부령458호
2013. 2.22국토해양부령570호(녹색건축물조성지원법시규)
2013. 3.23국토교통부령 1호(직제시규)
2013. 9. 2국토교통부령 23호
2013.12.27국토교통부령 52호
2013.12.30국토교통부령 54호(행정규제재검토에따른일부개정령)
2015. 7. 9국토교통부령219호
2017. 5. 2국토교통부령420호
2017.12. 4국토교통부령467호
2020. 3. 2국토교통부령704호(건설산업시규)
2020. 4. 9국토교통부령715호
2021. 8.27국토교통부령882호(법령용어정비)

제1조【목적】 이 규칙은 「건축법」 제49조, 제62조, 제64조, 제67조 및 제68조와 같은 법 시행령 제87조, 제89조, 제90조 및 제91조의3에 따른 건축설비의 설치에 관한 기술적 기준 등에 필요한 사항을 규정함을 목적으로 한다.(2020.4.9 본조개정)
제2조【관계전문기술자의 협력을 받아야 하는 건축물】 「건축법 시행령」(이하 "영"이라 한다) 제91조의3제2항 각 호 외의 부분에서 "국토교통부령으로 정하는 건축물"이란 다음 각 호의 건축물을 말한다.(2020.4.9 본문개정)
1. 냉동냉장시설·항온항습시설(온도와 습도를 일정하게 유지시키는 특수설비가 설치되어 있는 시설을 말한다) 또는 특수청정시설(세균 또는 먼지 등을 제거하는 특수설비가 설치되어 있는 시설을 말한다)로서 당해 용도에 사용되는 바닥면적의 합계가 5백제곱미터 이상인 건축물(1999.5.11 본호개정)
2. 영 별표1 제2호가목 및 나목에 따른 아파트 및 연립주택(2013.9.2 본호신설)
3. 다음 각 목의 어느 하나에 해당하는 건축물로서 해당 용도에 사용되는 바닥면적의 합계가 5백제곱미터 이상인 건축물
 가. 영 별표1 제3호다목에 따른 목욕장
 나. 영 별표1 제13호가목에 따른 물놀이형 시설(실내에 설치된 경우로 한정한다) 및 같은 호 다목에 따른 수영장(실내에 설치된 경우로 한정한다)
(2013.9.2 본호신설)
4. 다음 각 목의 어느 하나에 해당하는 건축물로서 해당 용도에 사용되는 바닥면적의 합계가 2천제곱미터 이상인 건축물
 가. 영 별표1 제2호라목에 따른 기숙사
 나. 영 별표1 제9호에 따른 의료시설
 다. 영 별표1 제12호다목에 따른 유스호스텔
 라. 영 별표1 제15호에 따른 숙박시설
(2013.9.2 본호개정)
5. 다음 각 목의 어느 하나에 해당하는 건축물로서 해당 용도에 사용되는 바닥면적의 합계가 3천제곱미터 이상인 건축물
 가. 영 별표1 제7호에 따른 판매시설
 나. 영 별표1 제10호마목에 따른 연구소
 다. 영 별표1 제14호에 따른 업무시설
6. 다음 각 목의 어느 하나에 해당하는 건축물로서 해당 용도에 사용되는 바닥면적의 합계가 1만제곱미터 이상인 건축물
 가. 영 별표1 제5호가목부터 라목까지에 해당하는 문화 및 집회시설
 나. 영 별표1 제6호에 따른 종교시설
 다. 영 별표1 제10호에 따른 교육연구시설(연구소는 제외한다)
 라. 영 별표1 제28호에 따른 장례식장
(2013.9.2 5호~6호신설)

제3조【관계전문기술자의 협력사항】 ① 영 제91조의3제2항에 따른 건축물에 전기, 승강기, 피뢰침, 가스, 급수, 배수(配水), 배수(排水), 환기, 난방, 소화, 배연(排煙) 및 오물처리설비를 설치하는 경우에는 건축사가 해당 건축물의 설계를 총괄하고, 「기술사법」에 따라 등록한 건축전기설비기술사, 발송배전(發送配電)기술사, 건축기계설비기술사, 공조냉동기계기술사 또는 가스기술사(이하 "기술사"라 한다)가 건축사와 협력하여 해당 건축설비를 설계하여야 한다.(2017.5.2 본항개정)
② 영 제91조의3제2항에 따라 건축물에 건축설비를 설치한 경우에는 해당 분야의 기술사가 그 설치상태를 확인한 후 건축주 및 공사감리자에게 별지 제1호서식의 건축설비설치확인서를 제출하여야 한다.
(2010.11.5 본조개정)
제4조 → 제12조로 이동
제5조【승용승강기의 설치기준】 「건축법」(이하 "법"이라 한다) 제64조제1항에 따라 건축물에 설치하는 승용승강기의 설치기준은 별표1의2와 같다. 다만, 승용승강기가 설치되어 있는 건축물에 1개층을 증축하는 경우에는 승용승강기의 승강로를 연장하여 설치하지 아니할 수 있다.
(2015.7.9 본문개정)
제6조【승강기의 구조】 법 제64조에 따라 건축물에 설치하는 승강기·에스컬레이터 및 비상용승강기의 구조는 「승강기시설 안전관리법」이 정하는 바에 따른다.
(2010.11.5 본조개정)
제7조~제8조 (1996.2.9 삭제)
제9조【비상용승강기를 설치하지 아니할 수 있는 건축물】 법 제64조제2항 단서에서 "국토교통부령이 정하는 건축물"이라 함은 다음 각 호의 건축물을 말한다.
(2013.3.23 본문개정)
1. 높이 31미터를 넘는 각층을 거실외의 용도로 쓰는 건축물(2006.5.12 본호개정)
2. 높이 31미터를 넘는 각층의 바닥면적의 합계가 500제곱미터 이하인 건축물(2006.5.12 본호개정)
3. 높이 31미터를 넘는 층수가 4개층 이하로서 당해 각층의 바닥면적의 합계 200제곱미터(벽 및 반자가 실내에 접하는 부분의 마감을 불연재료로 한 경우에는 500제곱미터) 이내마다 방화구획(영 제46조제1항 본문에 따른 방화구획을 말한다. 이하 같다)으로 구획된 건축물
(2017.12.4 본호개정)
제10조【비상용승강기의 승강장 및 승강로의 구조】 법 제64조제2항에 따른 비상용승강기의 승강장 및 승강로의 구조는 다음 각 호의 기준에 적합하여야 한다.(2008.7.10 본문개정)
1. (1996.2.9 삭제)
2. 비상용승강기 승강장의 구조
 가. 승강장의 창문·출입구 기타 개구부를 제외한 부분은 당해 건축물의 다른 부분과 내화구조의 바닥 및 벽으로 구획할 것. 다만, 공동주택의 경우에는 승강장과 특별피난계단(「건축물의 피난·방화구조 등의 기준에 관한 규칙」 제9조의 규정에 의한 특별피난계단을 말한다. 이하 같다)의 부속실과의 겸용부분을 특별피난계단의 계단실과 별도로 구획하는 때에는 승강장을 특별피난계단의 부속실과 겸용할 수 있다.
 (2006.2.13 단서개정)
 나. 승강장은 각층의 내부와 연결될 수 있도록 하되, 그 출입구(승강로의 출입구를 제외한다)에는 갑종방화문을 설치할 것. 다만, 피난층에는 갑종방화문을 설치하지 아니할 수 있다.(2002.8.31 본목개정)
 다. 노대 또는 외부를 향하여 열 수 있는 창문이나 제14조제2항의 규정에 의한 배연설비를 설치할 것
 라. 벽 및 반자가 실내에 접하는 부분의 마감재료(마감을 위한 바탕을 포함한다)는 불연재료로 할 것
 마. 채광이 되는 창문이 있거나 예비전원에 의한 조명설비를 할 것
 바. 승강장의 바닥면적은 비상용승강기 1대에 대하여 6제곱미터 이상으로 할 것. 다만, 옥외에 승강장을 설치하는 경우에는 그러하지 아니하다.
 사. 피난층이 있는 승강장의 출입구(승강장이 없는 경우에는 승강로의 출입구)로부터 도로 또는 공지(공원·광장 기타 이와 유사한 것으로서 피난 및 소화를 위한 당해 대지에의 출입에 지장이 없는 것을 말한다)에 이르는 거리가 30미터 이하일 것
 아. 승강장 출입구 부근의 잘 보이는 곳에 당해 승강기가 비상용승강기임을 알 수 있는 표지를 할 것
3. 비상용승강기의 승강로의 구조
 가. 승강로는 당해 건축물의 다른 부분과 내화구조로 구획할 것
 나. 각층으로부터 피난층까지 이르는 승강로를 단일구조로 연결하여 설치할 것(2002.8.31 본목개정)
(1996.2.9 본호신설)

제11조【공동주택 및 다중이용시설의 환기설비기준 등】
① 영 제87조제2항의 규정에 따라 신축 또는 리모델링하는 다음 각 호의 어느 하나에 해당하는 주택 또는 건축물(이하 "신축공동주택등"이라 한다)은 시간당 0.5회 이상의 환기가 이루어질 수 있도록 자연환기설비 또는 기계환기설비를 설치해야 한다.
1. 30세대 이상의 공동주택
2. 주택을 주택 외의 시설과 동일건축물로 건축하는 경우로서 주택이 30세대 이상인 건축물
(2020.4.9 본항개정)
② 신축공동주택등에 자연환기설비를 설치하는 경우에는 자연환기설비가 제1항에 따른 환기횟수를 충족하는지에 대하여 법 제4조에 따른 지방건축위원회의 심의를 받아야 한다. 다만, 신축공동주택등에 「산업표준화법」에 따른 한국산업표준(이하 "한국산업표준"이라 한다)의 자연환기설비 환기성능 시험방법(KSF 2921)에 따라 성능시험을 거친 자연환기설비를 별표1의3에 따른 자연환기설비 설치 길이 이상으로 설치하는 경우는 제외한다.
(2015.7.9 본문개정)
③ 신축공동주택등에 자연환기설비 또는 기계환기설비를 설치하는 경우에는 별표1의4 또는 별표1의5의 기준에 적합하여야 한다.(2009.12.31 본항개정)
④ 특별시장·광역시장·특별자치시장·특별자치도지사 또는 시장·군수·구청장(자치구의 구청장을 말하며, 이하 "허가권자"라 한다)은 30세대 미만인 공동주택과 주

택을 주택 외의 시설과 동일 건축물로 건축하는 경우로서 주택이 30세대 미만인 건축물 및 단독주택에 대해 시간당 0.5회 이상의 환기가 이루어질 수 있도록 자연환기설비 또는 기계환기설비의 설치를 권장할 수 있다.(2020.4.9 본항신설)

⑤ 다중이용시설을 신축하는 경우에 기계환기설비를 설치해야 하는 다중이용시설 및 각 시설의 필요 환기량은 별표1의6과 같으며, 설치해야 하는 기계환기설비의 구조 및 설치는 다음 각 호의 기준에 적합해야 한다.(2020.4.9 본문개정)

1. 다중이용시설의 기계환기설비 용량기준은 시설이용 인원 당 환기량을 원칙으로 산정할 것
2. 기계환기설비는 다중이용시설로 공급되는 공기의 분포를 최대한 균등하게 하여 실내 기류의 편차가 최소화될 수 있도록 할 것
3. 공기공급체계·공기배출체계 또는 공기흡입구·배기구 등에 설치되는 송풍기는 외부의 기류로 인하여 송풍능력이 떨어지는 구조가 아닐 것
4. 바깥공기를 공급하는 공기공급체계 또는 바깥공기가 도입되는 공기흡입구는 다음 각 목의 요건을 모두 갖춘 공기여과기 또는 집진기(集塵機) 등을 갖출 것
   가. 입자형·가스형 오염물질을 제거 또는 여과하는 성능이 일정 수준 이상일 것
   나. 여과장치 등의 청소 및 교환 등 유지관리가 쉬운 구조일 것
   다. 공기여과기의 경우 한국산업표준(KS B 6141)에 따른 입자 포집률이 계수법으로 측정하여 60퍼센트 이상일 것
   (2020.4.9 본호개정)
5. 공기배출체계 및 배기구는 배출되는 공기가 공기공급체계 및 공기흡입구로 직접 들어가지 아니하는 위치에 설치할 것
6. 기계환기설비를 구성하는 설비·기기·장치 및 제품 등의 효율과 성능 등을 판정하는데 있어 이 규칙에서 정하지 아니한 사항에 대하여는 해당 항목에 대한 한국산업표준에 적합할 것(2010.11.5 본호개정)

(2006.2.13 본조신설)

제11조의2【환기구의 안전 기준】 ① 영 제87조제2항에 따라 환기구[건축물의 환기설비에 부속된 급기(給氣) 및 배기(排氣)를 위한 건축구조물의 개구부(開口部)를 말한다. 이하 같다]는 보행자 및 건축물 이용자의 안전이 확보되도록 바닥으로부터 2미터 이상의 높이에 설치해야 한다. 다만, 다음 각 호의 어느 하나에 해당하는 경우에는 예외로 한다.(2021.8.27 본문개정)

1. 환기구를 벽면에 설치하는 등 사람이 올라설 수 없는 구조로 설치하는 경우. 이 경우 배기를 위한 환기구는 배출되는 공기가 보행자 및 건축물 이용자에게 직접 닿지 아니하도록 설치되어야 한다.
2. 안전울타리 또는 조경 등을 이용하여 접근을 차단하는 구조로 하는 경우(2021.8.27 본호개정)

② 모든 환기구에는 국토교통부장관이 정하여 고시하는 강도(强度) 이상의 덮개와 덮개 걸침턱 등 추락방지시설을 설치하여야 한다.

(2015.7.9 본조신설)

제12조【온돌의 설치기준】 ① 영 제87조제2항에 따라 건축물에 온돌을 설치하는 경우에는 그 구조상 열에너지가 효율적으로 관리되고 화재의 위험을 방지하기 위하여 별표1의7의 기준에 적합하여야 한다.

② 제1항에 따라 건축물에 온돌을 시공하는 자는 시공을 끝낸 후 별지 제2호서식의 온돌 설치확인서를 공사감리자에게 제출하여야 한다. 다만, 제3조제2항에 따른 건축설비설치확인서를 제출한 경우와 공사감리자가 직접 온돌의 설치를 확인한 경우에는 그러하지 아니하다.

(2015.7.9 본조개정)

제13조【개별난방설비 등】 ① 영 제87조제2항의 규정에 의하여 공동주택과 오피스텔의 난방설비를 개별난방방식으로 하는 경우에는 다음 각호의 기준에 적합하여야 한다.(2001.1.17 본문개정)

1. 보일러는 거실외의 곳에 설치하되, 보일러를 설치하는 곳과 거실사이의 경계벽은 출입구를 제외하고는 내화구조의 벽으로 구획할 것
2. 보일러실의 윗부분에는 그 면적이 0.5제곱미터 이상인 환기창을 설치하고, 보일러실의 윗부분과 아랫부분에는 각각 지름 10센티미터 이상의 공기흡입구 및 배기구를 항상 열려있는 상태로 바깥공기에 접하도록 설치할 것. 다만, 전기보일러의 경우에는 그러하지 아니하다.
3. (1999.5.11 삭제)
4. 보일러실과 거실사이의 출입구는 그 출입구가 닫힌 경우에는 보일러가스가 거실에 들어갈 수 없는 구조로 할 것
5. 기름보일러를 설치하는 경우에는 기름저장소를 보일러실외의 다른 곳에 설치할 것
6. 오피스텔의 경우에는 난방구획을 방화구획으로 구획할 것(2017.12.4 본호개정)
7. 보일러의 연도는 내화구조로서 공동연도로 설치할 것 (1996.2.9 본호신설)

② 가스보일러에 의한 난방설비를 설치하고 가스를 중앙집중공급방식으로 공급하는 경우에는 제1항의 규정에 불구하고 가스관계법령이 정하는 기준에 의하되, 오피스텔의 경우에는 난방구획마다 내화구조로 된 벽·바닥과 갑종방화문으로 된 출입문으로 구획하여야 한다.(1999.5.11 본항신설)

③ 허가권자는 개별 보일러를 설치하는 건축물의 경우 소방청장이 정하여 고시하는 기준에 따라 일산화탄소 경보기를 설치하도록 권장할 수 있다.(2020.4.9 본항신설)

(2020.4.9 본조제목개정)

제14조【배연설비】 ① 법 제49조제2항에 따라 배연설비를 설치해야 하는 건축물에는 다음 각 호의 기준에 적합하게 배연설비를 설치하여야 한다. 다만, 피난층인 경우에는 그렇지 않다.(2020.4.9 본문개정)

1. 영 제46조제1항에 따라 건축물이 방화구획으로 구획된 경우에는 그 구획마다 1개소 이상의 배연창을 설치하되, 배연창의 상변과 천장 또는 반자로부터 수직거리가 0.9미터 이내일 것. 다만, 반자높이가 바닥으로부터 3미터 이상인 경우에는 배연창의 하변이 바닥으로부터 2.1미터 이상의 위치에 놓이도록 설치하여야 한다. (2017.12.4 전단개정)
2. 배연창의 유효면적은 별표2의 산정기준에 의하여 산정된 면적이 1제곱미터 이상으로서 그 면적의 합계가 당해 건축물의 바닥면적(영 제46조제1항 또는 제3항의 규정에 의하여 방화구획이 설치된 경우에는 그 구획된 부분의 바닥면적을 말한다)의 100분의 1 이상일 것. 이 경우 바닥면적의 산정에 있어서 거실바닥면적의 20분의 1 이상으로 환기창을 설치한 거실의 면적은 이에 산입하지 아니한다.(2002.8.31 본호개정)
3. 배연구는 연기감지기 또는 열감지기에 의하여 자동으로 열 수 있는 구조로 하되, 손으로도 열고 닫을 수 있도록 할 것
4. 배연구는 예비전원에 의하여 열 수 있도록 할 것
5. 기계식 배연설비를 하는 경우에는 제1호 내지 제4호의 규정에 불구하고 소방관계법령의 규정에 적합하도록 할 것

② 특별피난계단 및 영 제90조제3항의 규정에 의한 비상용승강기의 승강장에 설치하는 배연설비의 구조는 다음 각호의 기준에 적합하여야 한다.(1999.5.11 본문개정)

1. 배연구 및 배연풍도는 불연재료로 하고, 화재가 발생한 경우 원활하게 배연시킬 수 있는 규모로서 외기 또는 평상시에 사용하지 아니하는 굴뚝에 연결할 것
2. 배연구에 설치하는 수동개방장치 또는 자동개방장치(열감지기 또는 연기감지기에 의한 것을 말한다)는 손으로도 열고 닫을 수 있도록 할 것(1996.2.9 본호개정)
3. 배연구는 평상시에는 닫힌 상태를 유지하고, 연 경우에는 배연에 의한 기류로 인하여 닫히지 아니하도록 할 것
4. 배연구가 외기에 접하지 아니하는 경우에는 배연기를 설치할 것
5. 배연기는 배연구의 열림에 따라 자동적으로 작동하고, 충분한 공기배출 또는 가압능력이 있을 것
6. 배연기에는 예비전원을 설치할 것
7. 공기유입방식을 급기가압방식 또는 급·배기방식으로 하는 경우에는 제1호 내지 제6호의 규정에 불구하고 소방관계법령의 규정에 적합하게 할 것(1996.2.9 본호신설)

제15조 (1996.2.9 삭제)

제16조 (1999.5.11 삭제)

제17조【배관설비】 ① 건축물에 설치하는 급수·배수 등의 용도로 쓰는 배관설비의 설치 및 구조는 다음 각호의 기준에 적합하여야 한다.

1. 배관설비를 콘크리트에 묻는 경우 부식의 우려가 있는 재료는 부식방지조치를 할 것
2. 건축물의 주요부분을 관통하여 배관하는 경우에는 건축물의 구조내력에 지장이 없도록 할 것
3. 승강기의 승강로안에는 승강기의 운행에 필요한 배관설비외의 배관설비를 설치하지 아니할 것
4. 압력탱크 및 급탕설비에는 폭발등의 위험을 막을 수 있는 시설을 설치할 것

② 제1항의 규정에 의한 배관설비로서 배수용으로 쓰이는 배관설비는 제1항 각호의 기준외에 다음 각호의 기준에 적합하여야 한다.

1. 배출시키는 빗물 또는 오수의 양 및 수질에 따라 그에 적당한 용량 및 경사를 지게 하거나 그에 적합한 재질을 사용할 것
2. 배관설비에는 배수트랩·통기관을 설치하는 등 위생에 지장이 없도록 할 것
3. 배관설비의 오수에 접하는 부분은 내수재료를 사용할 것
4. 지하실 등 공공하수도로 자연배수를 할 수 없는 곳에는 배수용량에 맞는 강제배수시설을 설치할 것
5. 우수관과 오수관은 분리하여 배관할 것(1996.2.9 본호신설)
6. 콘크리트구조체에 배관을 매설하거나 배관이 콘크리트구조체를 관통할 경우에는 구조체에 덧관을 미리 매설하는 등 배관의 부식을 방지하고 그 수선 및 교체가 용이하도록 할 것(1996.2.9 본호신설)

③ (1996.2.9 삭제)

제17조의2【물막이설비】 ① 다음 각 호의 어느 하나에 해당하는 지역에서 연면적 1만제곱미터 이상의 건축물을 건축하려는 자는 빗물 등의 유입으로 건축물이 침수되지 않도록 해당 건축물의 지하층 및 1층의 출입구(주차장의 출입구를 포함한다)에 물막이판 등 해당 건축물의 침수를 방지할 수 있는 설비(이하 "물막이설비"라 한다)를 설치해야 한다. 다만, 허가권자가 침수의 우려가 없다고 인정하는 경우에는 그렇지 않다.(2021.8.27 본문개정)

1. 「국토의 계획 및 이용에 관한 법률」 제37조제1항제5호에 따른 방재지구
2. 「자연재해대책법」 제12조제1항에 따른 자연재해위험지구

② 제1항에 따라 설치되는 물막이설비는 다음 각 호의 기준에 적합해야 한다.(2021.8.27 본문개정)

1. 건축물의 이용 및 피난에 지장이 없는 구조일 것
2. 그 밖에 국토교통부장관이 정하여 고시하는 기준에 적합하게 설치할 것(2013.3.23 본호개정)

(2021.8.27 본조제목개정)

(2012.4.30 본조신설)

제18조【먹는물용 배관설비】 영 제87조제2항에 따라 건축물에 설치하는 먹는물용 배관설비의 설치 및 구조는 다음 각 호의 기준에 적합해야 한다.(2021.8.27 본문개정)

1. 제17조제1항 각호의 기준에 적합할 것
2. 먹는물용 배관설비는 다른 용도의 배관설비와 직접 연결하지 않을 것(2021.8.27 본호개정)
3. 급수관 및 수도계량기는 얼어서 깨지지 아니하도록 별표3의2의 규정에 의한 기준에 적합하게 설치할 것 (2002.8.31 본호신설)
4. 제3호에서 정한 기준외에 급수관 및 수도계량기가 얼어서 깨지지 아니하도록 하기 위하여 지역실정에 따라 당해 지방자치단체의 조례로 기준을 정한 경우에는 동기준에 적합하게 설치할 것(2002.8.31 본호개정)
5. 급수 및 저수탱크는 「수도시설의 청소 및 위생관리 등에 관한 규칙」 별표1의 규정에 의한 저수조설치기준에 적합한 구조로 할 것(2006.2.13 본호개정)
6. 먹는물의 급수관의 지름은 건축물의 용도 및 규모에 적정한 규격이상으로 할 것. 다만, 주거용 건축물은 해당 배관에 의하여 급수되는 가구수 또는 바닥면적의 합계에 따라 별표3의 기준에 적합한 지름의 관으로 배관해야 한다.(2021.8.27 본호개정)
7. 먹는물용 급수관은 「수도법 시행규칙」 제10조 및 별표4에 따른 위생안전기준에 적합한 수도용 자재 및 제품을 사용할 것(2021.8.27 본호개정)

(2021.8.27 본조제목개정)

제19조 (1999.5.11 삭제)

제20조【피뢰설비】 영 제87조제2항에 따라 낙뢰의 우려가 있는 건축물, 높이 20미터 이상의 건축물 또는 영 제118조제1항에 따른 공작물로서 높이 20미터 이상의 공작물(건축물에 영 제118조제1항에 따른 공작물을 설치하여 그 전체 높이가 20미터 이상인 것을 포함한다)에는 다음 각 호의 기준에 적합하게 피뢰설비를 설치해야 한다. (2021.8.27 본문개정)

1. 피뢰설비는 한국산업표준이 정하는 피뢰레벨 등급에 적합한 피뢰설비일 것. 다만, 위험물저장 및 처리시설에 설치하는 피뢰설비는 한국산업표준이 정하는 피뢰시스템레벨Ⅱ 이상이어야 한다.(2010.11.5 본호개정)
2. 돌침은 건축물의 맨 윗부분으로부터 25센티미터 이상 돌출시켜 설치하되, 「건축물의 구조기준 등에 관한 규칙」 제9조에 따른 설계하중에 견딜 수 있는 구조일 것 (2010.11.5 본호개정)
3. 피뢰설비의 재료는 최소 단면적이 피복이 없는 동선(銅線)을 기준으로 수뢰부, 인하도선 및 접지극은 50제곱밀리미터 이상이거나 이와 동등 이상의 성능을 갖출 것 (2021.8.27 본호개정)
4. 피뢰설비의 인하도선을 대신하여 철골조의 철골구조물과 철근콘크리트조의 철근구조체 등을 사용하는 경우에는 전기적 연속성이 보장될 것. 이 경우 전기적 연속성이 있다고 판단되기 위하여는 건축물 금속 구조체의 최상단부와 지표레벨 사이의 전기저항이 0.2옴 이하이어야 한다.(2010.11.5 후단개정)
5. 측면 낙뢰를 방지하기 위하여 높이가 60미터를 초과하는 건축물 등에는 지면에서 건축물 높이의 5분의 4가 되는 지점부터 최상단부분까지의 측면에 수뢰부를 설치하여야 하며, 지표레벨에서 최상단부의 높이가 150미터를 초과하는 건축물은 120미터 지점부터 최상단부분까지의 측면에 수뢰부를 설치할 것. 다만, 건축물의 외벽이 금속부재(部材)로 마감되고, 금속부재 상호간에 제4호 후단에 적합한 전기적 연속성이 보장되며 피뢰시스템레벨 등급에 적합하게 설치하여 인하도선에 연결한 경우에는 측면 수뢰부가 설치된 것으로 본다. (2010.11.5 본호개정)
6. 접지(接地)는 환경오염을 일으킬 수 있는 시공방법이나 화학 첨가물 등을 사용하지 아니할 것
7. 급수·급탕·난방·가스 등을 공급하기 위하여 건축물에 설치하는 금속배관 및 금속재 설비는 전위(電位)가 균등하게 이루어지도록 전기적으로 접속할 것
8. 전기설비의 접지계통과 건축물의 피뢰설비 및 통신설비 등의 접지극을 공용하는 통합접지공사를 하는 경우에는 낙뢰 등으로 인한 과전압으로부터 전기설비 등을 보호하기 위하여 한국산업표준에 적합한 서지보호장치 [서지(surge：전류·전압 등의 과도 파형을 말한다)로부터 각종 설비를 보호하기 위한 장치를 말한다]를 설치할 것(2021.8.27 본호개정)
9. 그 밖에 피뢰설비와 관련된 사항은 한국산업규격에 적합하게 설치할 것

(2006.2.13 본조개정)

제20조의2【전기설비 설치공간 기준】 영 제87조제6항에 따른 건축물에 전기를 배전(配電)하려는 경우에는 별표3의3에 따른 공간을 확보하여야 한다.(2010.11.5 본조신설)
제21조 (2013.9.2 삭제)
제22조 (2013.2.22 삭제)
제23조【건축물의 냉방설비 등】 ① (1999.5.11 삭제)
② 제2조제3호부터 제6호까지의 규정에 해당하는 건축물 중 산업통상자원부장관이 국토교통부장관과 협의하여 고시하는 건축물에 중앙집중냉방설비를 설치하는 경우에는 산업통상자원부장관이 국토교통부장관과 협의하여 정하는 바에 따라 축냉식 또는 가스를 이용한 중앙집중 냉방방식으로 하여야 한다.(2013.9.2 본항개정)
③ 상업지역 및 주거지역에서 건축물에 설치하는 냉방시설 및 환기시설의 배기구와 배기장치의 설치는 다음 각 호의 기준에 모두 적합하여야 한다.
1. 배기구는 도로면으로부터 2미터 이상의 높이에 설치할 것
2. 배기장치에서 나오는 열기가 인근 건축물의 거주자나 보행자에게 직접 닿지 아니하도록 할 것
3. 건축물의 외벽에 배기구 또는 배기장치를 설치할 때에는 외벽 또는 다음 각 목의 기준에 적합한 지지대 등 보호장치와 분리되지 아니하도록 견고하게 연결하여 배기구 또는 배기장치가 떨어지는 것을 방지할 수 있도록 할 것
 가. 배기구 또는 배기장치를 지탱할 수 있는 구조일 것
 나. 부식을 방지할 수 있는 자재를 사용하거나 도장(塗裝)할 것
 (2013.12.27 본호신설)
(2012.4.30 본조개정)
제24조 (2020.4.9 삭제)

부 칙 (2013.12.27)

제1조【시행일】 이 규칙은 공포한 날부터 시행한다.
제2조【건축물의 외벽에 배기구 또는 배기장치를 설치하는 경우의 기준에 관한 적용례】 제23조제3항제3호의 개정규정은 이 규칙 시행 후 건축물의 외벽에 배기구 또는 배기장치를 설치하는 경우부터 적용한다.
제3조【공동주택 및 다중이용시설의 환기설비기준 등에 관한 경과조치】 이 규칙 시행 당시 다음 각 호의 어느 하나에 해당하는 경우에는 건축물의 설비기준 등을 적용할 때 제11조제1항제1호 및 별표1의6의 개정규정에도 불구하고 종전의 규정에 따른다.
1. 건축허가를 받은 경우 또는 건축신고를 한 경우
2. 건축허가를 신청한 경우 또는 건축허가를 신청하기 위하여 법 제4조에 따른 건축위원회의 심의를 신청한 경우

부 칙 (2020.3.2)

제1조【시행일】 이 규칙은 공포한 날부터 시행한다.(이하 생략)

부 칙 (2020.4.9)

제1조【시행일】 이 규칙은 공포 후 6개월이 경과한 날부터 시행한다.
제2조【환기설비를 설치해야 하는 신축 공동주택 등에 관한 경과조치】 이 규칙 시행 전에 법 제11조에 따른 건축허가를 신청(건축허가를 신청하기 위해 법 제4조의2제1항에 따라 건축위원회의 심의를 신청한 경우를 포함한다)하거나 법 제14조에 따른 건축신고를 한 경우에는 제11조제1항제1호 및 제2호의 개정규정에도 불구하고 종전의 규정에 따른다.
제3조【공기여과기의 입자 포집률에 관한 경과조치】 이 규칙 시행 전에 법 제11조에 따른 건축허가를 신청(건축허가를 신청하기 위해 법 제4조의2제1항에 따라 건축위원회의 심의를 신청한 경우를 포함한다)하거나 법 제14조에 따른 건축신고를 한 경우에는 제11조제5항제4호다목, 별표1의4 제5호나목, 별표1의5 제8호다목의 개정규정에도 불구하고 종전의 규정에 따른다.
제4조【기계환기설비를 설치해야 하는 시설에 관한 경과조치】 이 규칙 시행 전에 법 제11조에 따른 건축허가를 신청(건축허가를 신청하기 위해 법 제4조의2제1항에 따라 건축위원회의 심의를 신청한 경우를 포함한다)하거나 법 제14조에 따른 건축신고를 한 경우에는 별표1의6 제1호나목, 사목, 아목 및 카목의 개정규정에도 불구하고 종전의 규정에 따른다.

부 칙 (2021.8.27)

이 규칙은 공포한 날부터 시행한다.(이하 생략)

〔별표〕 ➡ 「法典 別册」 참조

〔별지서식〕 ➡ 「www.hyeonamsa.com」 참조

감정평가 및 감정평가사에 관한 법률(약칭 : 감정평가법)

(2016년 1월 19일 법 률 제13782호)

개정
2017.10.31법15022호(주식회사등의외부감사에관한법)
2017.11.28법15111호 2018. 3.20법15514호
2019. 8.20법16481호 2020. 4. 7법17219호
2020. 6. 9법17453호(법률용어정비)
2020. 6. 9법17459호(한국부동산원법)
2021. 7.20법18309호 2023. 5. 9법19403호

제1장 총 칙

제1조【목적】 이 법은 감정평가 및 감정평가사에 관한 제도를 확립하여 공정한 감정평가를 도모함으로써 국민의 재산권을 보호하고 국가경제 발전에 기여함을 목적으로 한다.
제2조【정의】 이 법에서 사용하는 용어의 뜻은 다음과 같다.
1. "토지등"이란 토지 및 그 정착물, 동산, 그 밖에 대통령령으로 정하는 재산과 이들에 관한 소유권 외의 권리를 말한다.
2. "감정평가"란 토지등의 경제적 가치를 판정하여 그 결과를 가액(價額)으로 표시하는 것을 말한다.
3. "감정평가업"이란 타인의 의뢰에 따라 일정한 보수를 받고 토지등의 감정평가를 업(業)으로 행하는 것을 말한다.
4. "감정평가법인등"이란 제21조에 따라 사무소를 개설한 감정평가사와 제29조에 따라 인가를 받은 감정평가법인을 말한다.(2021.7.20 본호개정)

제2장 감정평가

제3조【기준】 ① 감정평가법인등이 토지를 감정평가하는 경우에는 그 토지와 이용가치가 비슷하다고 인정되는 「부동산 가격공시에 관한 법률」에 따른 표준지공시지가를 기준으로 하여야 한다. 다만, 적정한 실거래가가 있는 경우에는 이를 기준으로 할 수 있다.
② 제1항에도 불구하고 감정평가법인등이 「주식회사 등의 외부감사에 관한 법률」에 따른 재무제표 작성 등 기업의 재무제표 작성에 필요한 감정평가와 담보권의 설정·경매 등 대통령령으로 정하는 감정평가를 할 때에는 해당 토지의 임대료, 조성비용 등을 고려하여 감정평가를 할 수 있다.
③ 감정평가의 공정성과 합리성을 보장하기 위하여 감정평가법인등(소속 감정평가사를 포함한다. 이하 이 조에서 같다)이 준수하여야 할 원칙과 기준은 국토교통부령으로 정한다.(2021.7.20 본항개정)
④ 국토교통부장관은 감정평가법인등이 감정평가를 할 때 필요한 세부적인 기준(이하 "실무기준"이라 한다)의 제정 등에 관한 업무를 수행하기 위하여 대통령령으로 정하는 바에 따라 전문성을 갖춘 민간법인 또는 단체(이하 "기준제정기관"이라 한다)를 지정할 수 있다.
(2021.7.20 본항신설)
⑤ 국토교통부장관은 필요하다고 인정되는 경우 제40조에 따른 감정평가관리·징계위원회의 심의를 거쳐 기준제정기관에 실무기준의 내용을 변경하도록 요구할 수 있다. 이 경우 기준제정기관은 정당한 사유가 없으면 이에 따라야 한다.(2021.7.20 본항신설)
⑥ 국가는 기준제정기관의 설립 및 운영에 필요한 비용의 일부 또는 전부를 지원할 수 있다.(2021.7.20 본항신설)
(2020.4.7 본조개정)
제4조【직무】 ① 감정평가사는 타인의 의뢰를 받아 토지등을 감정평가하는 것을 그 직무로 한다.
② 감정평가사는 공공성을 지닌 가치평가 전문직으로서 공정하고 객관적으로 그 직무를 수행한다.(2021.7.20 본항신설)
제5조【감정평가의 의뢰】 ① 국가, 지방자치단체, 「공공기관의 운영에 관한 법률」에 따른 공공기관 또는 그 밖에 대통령령으로 정하는 공공단체(이하 "국가등"이라 한다)가 토지등의 관리·매입·매각·경매·재평가 등을 위하여 토지등을 감정평가하려는 경우에는 감정평가법인등에 의뢰하여야 한다.(2020.4.7 본항개정)
② 금융기관·보험회사·신탁회사 또는 그 밖에 대통령령으로 정하는 기관이 대출, 자산의 매입·매각·관리 또는 「주식회사 등의 외부감사에 관한 법률」에 따른 재무제표 작성을 포함한 기업의 재무제표 작성 등과 관련하여 토지등의 감정평가를 하려는 경우에는 감정평가법인등에 의뢰하여야 한다.(2020.4.7 본항개정)
③ 제1항 또는 제2항에 따라 감정평가를 의뢰하려는 자는 제33조에 따른 한국감정평가사협회에 요청하여 추천받은 감정평가법인등에 감정평가를 의뢰할 수 있다.
(2020.4.7 본항개정)
④ 제1항 및 제2항에 따른 의뢰의 절차와 방법 및 제3항에 따른 추천의 기준 등에 필요한 사항은 대통령령으로 정한다.
제6조【감정평가서】 ① 감정평가법인등은 감정평가를 의뢰받은 때에는 지체 없이 감정평가를 실시한 후 국토교통부령으로 정하는 바에 따라 감정평가 의뢰인에게 감정평가서(「전자문서 및 전자거래기본법」 제2조에 따른 전자문서로 된 감정평가서를 포함한다)를 발급하여야 한다.
(2021.7.20 본항개정)
② 감정평가서에는 감정평가법인등의 사무소 또는 법인의 명칭을 적고, 감정평가를 한 감정평가사가 그 자격을 표시한 후 서명과 날인을 하여야 한다. 이 경우 감정평가법인의 경우에는 그 대표사원 또는 대표이사도 서명이나 날인을 하여야 한다.
③ 감정평가법인등은 감정평가서의 원본과 그 관련 서류를 국토교통부령으로 정하는 기간 이상 보존하여야 하며, 해산하거나 폐업하는 경우에도 대통령령으로 정하는 바에 따라 보존하여야 한다. 이 경우 감정평가법인등은 감정평가서의 원본과 그 관련 서류를 이동식 저장장치 등 전자적 기록매체에 수록하여 보존할 수 있다.(2021.7.20 후단신설)
(2020.4.7 본조개정)
제7조【감정평가서의 심사 등】 ① 감정평가법인은 제6조에 따라 감정평가서를 의뢰인에게 발급하기 전에 감정평가를 한 소속 감정평가사가 작성한 감정평가서의 적정성을 같은 법인 소속의 다른 감정평가사에게 심사하게 하고, 그 적정성을 심사한 감정평가사로 하여금 감정평가서에 그 심사사실을 표시하고 서명과 날인을 하게 하여야 한다.
② 제1항에 따라 감정평가서의 적정성을 심사하는 감정평가사는 감정평가서가 제3조에 따른 원칙과 기준을 준수하여 작성되었는지 여부를 신의와 성실로써 공정하게 심사하여야 한다.(2021.7.20 본항개정)
③ 감정평가 의뢰인 및 관계 기관 등 대통령령으로 정하는 자는 발급된 감정평가서의 적정성에 대한 검토를 대통령령으로 정하는 기준을 충족하는 감정평가법인등(해당 감정평가서를 발급한 감정평가법인등은 제외한다)에게 의뢰할 수 있다.(2021.7.20 본항신설)
④ 제1항에 따른 심사대상·절차·기준 및 제3항에 따른 검토절차·기준 등에 관하여 필요한 사항은 대통령령으로 정한다.(2021.7.20 본항신설)
(2021.7.20 본조제목개정)
제8조【감정평가 타당성조사 등】 ① 국토교통부장관은 제6조에 따라 감정평가서가 발급된 후 해당 감정평가가 이 법 또는 다른 법률에서 정하는 절차와 방법 등에 따라 타당하게 이루어졌는지를 직권으로 또는 관계 기관 등의 요청에 따라 조사할 수 있다.
② 제1항에 따른 타당성조사를 할 경우에는 해당 감정평가법인등 및 대통령령으로 정하는 이해관계인에게 의견진술기회를 주어야 한다.(2020.4.7 본항개정)
③ 제1항 및 제2항에 따른 타당성조사의 절차 등에 필요한 사항은 대통령령으로 정한다.
④ 국토교통부장관은 감정평가 제도를 개선하기 위하여 대통령령으로 정하는 바에 따라 제6조제1항에 따라 발급된 감정평가서에 대한 표본조사를 실시할 수 있다.
(2021.7.20 본항신설)
(2021.7.20 본조제목개정)
제9조【감정평가 정보체계의 구축·운용 등】 ① 국토교통부장관은 국가등이 의뢰하는 감정평가와 관련된 정보 및 자료를 효율적이고 체계적으로 관리하기 위하여 감정평가 정보체계(이하 "감정평가 정보체계"라 한다)를 구축·운영할 수 있다.
② 「공익사업을 위한 토지 등의 취득 및 보상에 관한 법률」에 따른 감정평가 등 국토교통부령으로 정하는 감정평가를 의뢰받은 감정평가법인등은 감정평가 결과를 감정평가 정보체계에 등록하여야 한다. 다만, 개인정보 보호 등 국토교통부장관이 정하는 정당한 사유가 있는 경우에는 그러하지 아니하다.(2020.4.7 본문개정)
③ 감정평가법인등은 제2항에 따른 감정평가 정보체계 등록 대상인 감정평가에 대해서는 제6조제1항에 따른 감정평가서를 발급할 때 해당 의뢰인에게 그 등록에 대한 사실을 알려야 한다.(2021.7.20 본항신설)
④ 국토교통부장관은 감정평가 정보체계의 운용을 위하여 필요한 경우 관계 기관에 자료제공을 요청할 수 있다. 이 경우 이를 요청받은 기관은 정당한 사유가 없으면 그 요청을 따라야 한다.(2020.6.9 후단개정)
⑤ 제1항 및 제2항에 따른 정보 및 자료의 종류, 감정평가 정보체계의 구축·운영방법 등에 필요한 사항은 국토교통부령으로 정한다.

제3장 감정평가사

제1절 업무와 자격

제10조【감정평가법인등의 업무】 감정평가법인등은 다음 각 호의 업무를 행한다.(2020.4.7 본문개정)

1.「부동산 가격공시에 관한 법률」에 따라 감정평가법인등이 수행하는 업무(2020.4.7 본호개정)
2.「부동산 가격공시에 관한 법률」 제8조제2호에 따른 목적을 위한 토지등의 감정평가
3.「자산재평가법」에 따른 토지등의 감정평가
4. 법원에 계속 중인 소송 또는 경매를 위한 토지등의 감정평가
5. 금융기관·보험회사·신탁회사 등 타인의 의뢰에 따른 토지등의 감정평가
6. 감정평가와 관련된 상담 및 자문
7. 토지등의 이용 및 개발 등에 대한 조언이나 정보 등의 제공
8. 다른 법령에 따라 감정평가법인등이 할 수 있는 토지등의 감정평가(2020.4.7 본호개정)
9. 제1호부터 제8호까지의 업무에 부수되는 업무
(2020.4.7 본조제목개정)

제11조【자격】 제14조에 따른 감정평가사시험에 합격한 사람은 감정평가사의 자격이 있다.

제12조【결격사유】 ① 다음 각 호의 어느 하나에 해당하는 사람은 감정평가사가 될 수 없다.
1. (2021.7.20 삭제)
2. 파산선고를 받은 사람으로서 복권되지 아니한 사람
3. 금고 이상의 실형을 선고받고 그 집행이 종료(집행이 종료된 것으로 보는 경우를 포함한다)되거나 그 집행이 면제된 날부터 3년이 지나지 아니한 사람
4. 금고 이상의 형의 집행유예를 받고 그 유예기간이 만료된 날부터 1년이 지나지 아니한 사람
5. 금고 이상의 형의 선고유예를 받고 그 선고유예기간 중에 있는 사람
6. 제13조에 따라 감정평가사 자격이 취소된 후 3년이 지나지 아니한 사람. 다만, 제7호에 해당하는 사람은 제외한다.(2023.5.9 단서신설)
7. 제39조제1항제11호 및 제12호에 따라 자격이 취소된 후 5년이 지나지 아니한 사람(2020.6.9 본호개정)

② 국토교통부장관은 감정평가사가 제1항제2호부터 제5호까지의 어느 하나에 해당하는지 여부를 확인하기 위하여 관계 기관에 자료를 요청할 수 있다. 이 경우 관계 기관은 특별한 사정이 없으면 그 자료를 제공하여야 한다.
(2021.7.20 본항신설)

제13조【자격의 취소】 ① 국토교통부장관은 감정평가사가 다음 각 호의 어느 하나에 해당하는 경우에는 그 자격을 취소하여야 한다.(2021.7.20 본문개정)
1. 부정한 방법으로 감정평가사의 자격을 받은 경우
2. 제39조제2항제1호에 해당하는 징계를 받은 경우
(2021.7.20 1호~2호신설)

② 국토교통부장관은 제1항에 따라 감정평가사의 자격을 취소한 경우에는 국토교통부령으로 정하는 바에 따라 그 사실을 공고하여야 한다.

③ 제1항에 따라 감정평가사의 자격이 취소된 사람은 자격증(제17조에 따라 등록한 경우에는 등록증을 포함한다)을 국토교통부장관에게 반납하여야 한다.

제2절 시 험

제14조【감정평가사시험】 ① 감정평가사시험(이하 "시험"이라 한다)은 국토교통부장관이 실시하며, 제1차 시험과 제2차 시험으로 이루어진다.

② 시험의 최종 합격 발표일을 기준으로 제12조에 따른 결격사유에 해당하는 사람은 시험에 응시할 수 없다.

③ 국토교통부장관은 제2항에 따라 시험에 응시할 수 없음에도 불구하고 시험에 응시하여 최종 합격한 사람에 대해서는 합격결정을 취소하여야 한다.

④ 시험과목, 시험공고 등 시험의 절차·방법 등에 필요한 사항은 대통령령으로 정한다.

⑤ 시험에 응시하려는 사람은 실비의 범위에서 대통령령으로 정하는 수수료를 내야 한다. 이 경우 수수료의 납부방법, 반환 등에 필요한 사항은 대통령령으로 정한다.

제15조【시험의 일부면제】 ① 감정평가법인 등 대통령령으로 정하는 기관에서 5년 이상 감정평가와 관련된 업무에 종사한 사람에 대해서는 시험 중 제1차 시험을 면제한다.

② 제1차 시험에 합격한 사람에 대해서는 다음 회의 시험에 한정하여 제1차 시험을 면제한다.

제16조【부정행위자에 대한 제재】 ① 국토교통부장관은 다음 각 호의 어느 하나에 해당하는 사람에 대해서는 해당 시험을 정지시키거나 무효로 한다.
1. 부정한 방법으로 시험에 응시한 사람
2. 시험에서 부정한 행위를 한 사람
3. 제15조제1항에 따른 시험의 일부 면제를 위한 관련 서류를 거짓 또는 부정한 방법으로 제출한 사람

② 제1항에 따라 처분을 받은 사람은 그 처분을 받은 날부터 5년간 시험에 응시할 수 없다.

제3절 등 록

제17조【등록 및 갱신등록】 ① 제11조에 따른 감정평가사 자격이 있는 사람이 제10조에 따른 업무를 하려는 경우에는 대통령령으로 정하는 바에 따라 실무수습 또는 교육연수를 마치고 국토교통부장관에게 등록하여야 한다.
(2021.7.20 본항개정)

② 제1항에 따라 등록한 감정평가사는 대통령령으로 정하는 바에 따라 등록을 갱신하여야 한다. 이 경우 갱신기간은 3년 이상으로 한다.

③ 제1항에 따른 실무수습 또는 교육연수는 제33조에 따른 한국감정평가사협회가 국토교통부장관의 승인을 받아 실시·관리한다.(2021.7.20 본항개정)

④ 제1항에 따른 실무수습·교육연수의 대상·방법·기간 등과 제1항에 따른 등록 및 제2항에 따른 갱신등록을 위하여 필요한 신청절차, 구비서류 및 그 밖에 필요한 사항은 대통령령으로 정한다.(2021.7.20 본항개정)

제18조【등록 및 갱신등록의 거부】 ① 국토교통부장관은 제17조에 따른 등록 또는 갱신등록을 신청한 사람이 다음 각 호의 어느 하나에 해당하는 경우에는 그 등록을 거부하여야 한다.
1. 제12조 각 호의 어느 하나에 해당하는 경우
2. 제17조제1항에 따른 실무수습 또는 교육연수를 받지 아니한 경우(2021.7.20 본호개정)
3. 제39조에 따라 등록이 취소된 후 3년이 지나지 아니한 경우(2021.7.20 본호개정)
4. 제39조에 따라 업무가 정지된 감정평가사로서 그 업무정지 기간이 지나지 아니한 경우
5. 미성년자 또는 피성년후견인·피한정후견인
(2021.7.20 본호신설)

② 국토교통부장관은 제1항에 따라 등록 또는 갱신등록을 거부한 경우에는 그 사실을 관보에 공고하고, 정보통신망 등을 이용하여 일반인에게 알려야 한다.

③ 제2항에 따른 공고의 방법, 내용 및 그 밖에 필요한 사항은 국토교통부령으로 정한다.

④ 국토교통부장관은 감정평가사가 제1항제1호 및 제5호에 해당하는지 여부를 확인하기 위하여 관계 기관에 관련 자료를 요청할 수 있다. 이 경우 관계 기관은 특별한 사정이 없으면 그 자료를 제공하여야 한다.(2021.7.20 본항신설)

제19조【등록의 취소】 ① 국토교통부장관은 제17조에 따라 등록한 감정평가사가 다음 각 호의 어느 하나에 해당하는 경우에는 그 등록을 취소하여야 한다.
1. 제12조 각 호의 어느 하나에 해당하는 경우
2. 사망한 경우
3. 등록취소를 신청한 경우
4. 제39조제2항제2호에 해당하는 징계를 받은 경우
(2021.7.20 본호신설)

② 국토교통부장관은 제1항에 따라 등록을 취소한 경우에는 그 사실을 관보에 공고하고, 정보통신망 등을 이용하여 일반인에게 알려야 한다.

③ 제1항에 따라 등록이 취소된 사람은 등록증을 국토교통부장관에게 반납하여야 한다.

④ 제2항에 따른 공고의 방법, 내용 및 그 밖에 필요한 사항은 국토교통부령으로 정한다.

⑤ 국토교통부장관은 감정평가사가 제1항제1호에 해당하는지 여부를 확인하기 위하여 관계 기관에 관련 자료를 요청할 수 있다. 이 경우 관계 기관은 특별한 사정이 없으면 그 자료를 제공하여야 한다.(2021.7.20 본항신설)

제20조【외국감정평가사】 ① 외국의 감정평가사 자격을 가진 사람으로서 제12조에 따른 결격사유에 해당하지 아니하는 사람은 그 본국에서 대한민국정부가 부여한 감정평가사 자격을 인정하는 경우에 한정하여 국토교통부장관의 인가를 받아 제10조 각 호의 업무를 수행할 수 있다.

② 국토교통부장관은 제1항에 따른 인가를 하는 경우 필요하다고 인정하는 때에는 그 업무의 일부를 제한할 수 있다.

③ 제1항 및 제2항에 규정된 것 외에 외국감정평가사에 필요한 사항은 대통령령으로 정한다.

제4절 권리와 의무

제21조【사무소 개설 등】 ① 제17조에 따라 등록을 한 감정평가사가 감정평가업을 하려는 경우에는 감정평가사사무소를 개설할 수 있다.(2021.7.20 본항개정)

② 다음 각 호의 어느 하나에 해당하는 사람은 제1항에 따른 개설을 할 수 없다.(2021.7.20 본문개정)
1. 제18조제1항 각 호의 어느 하나에 해당하는 사람
2. 제32조제1항(제1호, 제7호 및 제15호는 제외한다)에 따라 설립인가가 취소되거나 업무가 정지된 감정평가법인의 설립인가가 취소된 후 1년이 지나지 아니하였거나 업무정지 기간이 지나지 아니한 경우 그 감정평가법인의 사원 또는 이사였던 사람
3. 제32조제1항(제1호 및 제7호는 제외한다)에 따라 업무가 정지된 감정평가사로서 업무정지 기간이 지나지 아니한 사람

③ 감정평가사는 그 업무를 효율적으로 수행하고 공신력을 높이기 위하여 합동사무소를 대통령령으로 정하는 바에 따라 설치할 수 있다. 이 경우 합동사무소는 대통령령으로 정하는 수 이상의 감정평가사를 두어야 한다.
(2021.7.20 본항개정)

④ 감정평가사는 감정평가업을 하기 위하여 1개의 사무소만을 설치할 수 있다.

⑤ 감정평가사사무소에는 소속 감정평가사를 둘 수 있다. 이 경우 소속 감정평가사는 제18조제1항 각 호의 어느 하나에 해당하는 사람이 아니어야 하며, 감정평가사사무소를 개설한 감정평가사는 소속 감정평가사가 아닌 사람에게 제10조에 따른 업무를 하게 하여서는 아니 된다.
(2021.7.20 후단개정)

⑥ (2021.7.20 삭제)
(2021.7.20 본조제목개정)

제21조의2【고용인의 신고】 감정평가법인등은 소속 감정평가사 또는 제24조에 따른 사무직원을 고용하거나 고용관계가 종료된 때에는 국토교통부령으로 정하는 바에 따라 국토교통부장관에게 신고하여야 한다.(2020.4.7 본조개정)

제22조【사무소의 명칭 등】 ① 제21조에 따라 사무소를 개설한 감정평가법인등은 그 사무소의 명칭에 "감정평가사사무소"라는 용어를 사용하여야 하며, 제29조에 따른 법인은 그 명칭에 "감정평가법인"이라는 용어를 사용하여야 한다.(2021.7.20 본항개정)

② 이 법에 따른 감정평가사가 아닌 사람은 "감정평가사" 또는 이와 비슷한 명칭을 사용할 수 없으며, 이 법에 따른 감정평가법인등이 아닌 자는 "감정평가사사무소", "감정평가법인" 또는 이와 비슷한 명칭을 사용할 수 없다.
(2020.4.7 본조개정)

제23조【수수료 등】 ① 감정평가법인등은 의뢰인으로부터 업무수행에 따른 수수료와 그에 필요한 실비를 받을 수 있다.(2020.4.7 본항개정)

② 제1항에 따른 수수료의 요율 및 실비의 범위는 국토교통부장관이 제40조에 따른 감정평가관리·징계위원회의 심의를 거쳐 결정한다.

③ 감정평가법인등과 의뢰인은 제2항에 따른 수수료의 요율 및 실비에 관한 기준을 준수하여야 한다.(2021.7.20 본항개정)

제24조【사무직원】 ① 감정평가법인등은 그 직무의 수행을 보조하기 위하여 사무직원을 둘 수 있다. 다만, 다음 각 호의 어느 하나에 해당하는 사람은 사무직원이 될 수 없다.(2020.4.7 본문개정)
1. 미성년자 또는 피성년후견인·피한정후견인
(2019.8.20 본호신설)
2. 이 법 또는 「형법」 제129조부터 제132조까지, 「특정범죄 가중처벌 등에 관한 법률」 제2조 또는 제3조, 그 밖에 대통령령으로 정하는 법률에 따라 유죄 판결을 받은 사람으로서 다음 각 목의 어느 하나에 해당하는 사람
  가. 징역 이상의 형을 선고받고 그 집행이 끝나거나 그 집행을 받지 아니하기로 확정된 후 3년이 지나지 아니한 사람
  나. 징역형의 집행유예를 선고받고 그 유예기간이 지난 후 1년이 지나지 아니한 사람
  다. 징역형의 선고유예를 받고 그 유예기간 중에 있는 사람
(2019.8.20 본호신설)
3. 제13조에 따라 감정평가사 자격이 취소된 후 1년이 경과되지 아니한 사람. 다만, 제4호 또는 제5호에 해당하는 사람은 제외한다.(2023.5.9 단서신설)
4. 제39조제1항제11호에 따라 자격이 취소된 후 5년이 경과되지 아니한 사람(2023.5.9 본호개정)
5. 제39조제1항제12호에 따라 자격이 취소된 후 3년이 경과되지 아니한 사람(2023.5.9 본호신설)
6. 제39조에 따라 업무가 정지된 감정평가사로서 그 업무정지 기간이 지나지 아니한 사람(2023.5.9 본호신설)

② 감정평가법인등은 사무직원을 지도·감독할 책임이 있다.(2020.4.7 본항개정)

③ 국토교통부장관은 사무직원이 제1항제1호부터 제6호까지의 어느 하나에 해당하는지 여부를 확인하기 위하여 관계 기관에 관련 자료를 요청할 수 있다. 이 경우 관계 기관은 특별한 사정이 없으면 그 자료를 제공하여야 한다.
(2023.5.9 전단개정)

제25조【성실의무 등】 ① 감정평가법인등(감정평가법인 또는 감정평가사사무소의 소속 감정평가사를 포함한다. 이하 이 조에서 같다)은 제10조에 따른 업무를 하는 경우 품위를 유지하여야 하고, 신의와 성실로써 공정하게 하여야 하며, 고의 또는 중대한 과실로 업무를 잘못하여서는 아니 된다.(2021.7.20 본항개정)

② 감정평가법인등은 자기 또는 친족 소유, 그 밖에 불공정하게 제10조에 따른 업무를 수행할 우려가 있다고 인정되는 토지등에 대해서는 그 업무를 수행하여서는 아니 된다.(2021.7.20 본항개정)

③ 감정평가법인등은 토지등의 매매업을 직접 하여서는 아니 된다.(2020.4.7 본항개정)

④ 감정평가법인등이나 그 사무직원은 제23조에 따른 수수료와 실비 외에는 어떠한 명목으로도 그 업무와 관련

된 대가를 받아서는 아니 되며, 감정평가 수주의 대가로 금품 또는 재산상의 이익을 제공하거나 제공하기로 약속하여서는 아니 된다.(2020.4.7 본항개정)
⑤ 감정평가사, 감정평가사가 아닌 사원 또는 이사 및 사무직원은 둘 이상의 감정평가법인(같은 법인의 주·분사무소를 포함한다) 또는 감정평가사사무소에 소속될 수 없으며, 소속된 감정평가법인 이외의 다른 감정평가법인의 주식을 소유할 수 없다.(2021.7.20 본항개정)
⑥ 감정평가법인등이나 사무직원은 제28조의2에서 정하는 유도 또는 요구에 따라서는 아니 된다.(2021.7.20 본항신설)

제26조【비밀엄수】 감정평가법인등(감정평가법인 또는 감정평가사사무소의 소속 감정평가사를 포함한다. 이하 이 조에서 같다)이나 그 사무직원 또는 감정평가법인등이었거나 그 사무직원이었던 사람은 업무상 알게 된 비밀을 누설하여서는 아니 된다. 다만, 다른 법령에 특별한 규정이 있는 경우에는 그러하지 아니하다.(2020.4.7 본문개정)

제27조【명의대여 등의 금지】 ① 감정평가사 또는 감정평가법인등은 다른 사람에게 자기의 성명 또는 상호를 사용하여 제10조에 따른 업무를 수행하게 하거나 자격증·등록증 또는 인가증을 양도·대여하거나 이를 부당하게 행사하여서는 아니 된다.(2020.4.7 본항개정)
② 누구든지 제1항의 행위를 알선해서는 아니 된다.
(2020.4.7 본항신설)

제28조【손해배상책임】 ① 감정평가법인등이 감정평가를 하면서 고의 또는 과실로 감정평가 당시의 적정가격과 현저한 차이가 있게 감정평가를 하거나 감정평가 서류에 거짓을 기록함으로써 감정평가 의뢰인이나 선의의 제3자에게 손해를 발생하게 하였을 때에는 감정평가법인등은 그 손해를 배상할 책임이 있다.
② 감정평가법인등은 제1항에 따른 손해배상책임을 보장하기 위하여 대통령령으로 정하는 바에 따라 보험에 가입하거나 제33조에 따른 한국감정평가사협회가 운영하는 공제사업에 가입하는 등 필요한 조치를 하여야 한다.
③ 감정평가법인등은 제1항에 따라 감정평가 의뢰인이나 선의의 제3자에게 법원의 확정판결을 통한 손해배상이 결정된 경우에는 국토교통부령으로 정하는 바에 따라 그 사실을 국토교통부장관에게 알려야 한다.(2021.7.20 본항신설)
④ 국토교통부장관은 감정평가 의뢰인이나 선의의 제3자를 보호하기 위하여 감정평가법인등이 갖추어야 하는 손해배상능력 등에 대한 기준을 국토교통부령으로 정할 수 있다.(2021.7.20 본항신설)
(2020.4.7 본조개정)

제28조의2【감정평가 유도·요구 금지】 누구든지 감정평가법인등(감정평가법인 또는 감정평가사사무소의 소속 감정평가사를 포함한다)과 그 사무직원에게 토지등에 대하여 특정한 가액으로 감정평가를 유도 또는 요구하는 행위를 하여서는 아니 된다.(2021.7.20 본조신설)

제5절 감정평가법인

제29조【설립 등】 ① 감정평가사는 제10조에 따른 업무를 조직적으로 수행하기 위하여 감정평가법인을 설립할 수 있다.
② 감정평가법인은 전체 사원 또는 이사의 100분의 70이 넘는 범위에서 대통령령으로 정하는 비율 이상을 감정평가사로 두어야 한다. 이 경우 감정평가사가 아닌 사원 또는 이사는 토지등에 대한 전문성 등 대통령령으로 정하는 자격을 갖춘 자로서 제18조제1항제1호 또는 제5호에 해당하는 사람이 아니어야 한다.(2021.7.20 본항개정)
③ 감정평가법인의 대표사원 또는 대표이사는 감정평가사여야 한다.(2021.7.20 본항신설)
④ 감정평가법인과 그 주사무소(主事務所) 및 분사무소(分事務所)에는 대통령령으로 정하는 수 이상의 감정평가사를 두어야 한다. 이 경우 감정평가법인의 소속 감정평가사는 제18조제1항 각 호의 어느 하나 및 제21조제2항제2호에 해당하는 사람이 아니어야 한다.(2021.7.20 후단개정)
⑤ 감정평가법인을 설립하려는 경우에는 사원이 될 사람 또는 감정평가사인 발기인이 공동으로 다음 각 호의 사항을 포함한 정관을 작성하여 대통령령으로 정하는 바에 따라 국토교통부장관의 인가를 받아야 하며, 정관을 변경할 때에도 또한 같다. 다만, 대통령령으로 정하는 경미한 사항의 변경은 신고할 수 있다.
1. 목적
2. 명칭
3. 주사무소 및 분사무소의 소재지
4. 사원(주식회사의 경우에는 발기인)의 성명, 주민등록번호 및 주소
5. 사원의 출자(주식회사의 경우에는 주식의 발행)에 관한 사항
6. 업무에 관한 사항
⑥ 국토교통부장관은 제5항에 따른 인가의 신청을 받은 날부터 20일 이내에 인가 여부를 신청인에게 통지하여야 한다.(2021.7.20 본항개정)
⑦ 국토교통부장관이 제6항에 따른 기간 내에 인가 여부를 통지할 수 없을 때에는 그 기간이 끝나는 날의 다음 날부터 기산(起算)하여 20일의 범위에서 기간을 연장할 수 있다. 이 경우 국토교통부장관은 연장된 사실과 연장 사유를 신청인에게 지체 없이 문서(전자문서를 포함한다)로 통지하여야 한다.(2021.7.20 전단개정)
⑧ 감정평가법인은 사원 전원의 동의 또는 주주총회의 의결이 있는 때에는 국토교통부장관의 인가를 받아 다른 감정평가법인과 합병할 수 있다.
⑨ 감정평가법인은 해당 법인의 소속 감정평가사 외의 사람에게 제10조에 따른 업무를 하게 하여서는 아니 된다.
⑩ 감정평가법인은 「주식회사 등의 외부감사에 관한 법률」 제5조에 따른 회계처리 기준에 따라 회계처리를 하여야 한다.(2017.10.31 본항개정)
⑪ 감정평가법인은 「주식회사 등의 외부감사에 관한 법률」 제2조제2호에 따른 재무제표를 작성하여 매 사업연도가 끝난 후 3개월 이내에 국토교통부장관이 정하는 바에 따라 국토교통부장관에게 제출하여야 한다.
(2017.10.31 본항개정)
⑫ 국토교통부장관은 필요한 경우 제11항에 따른 재무제표가 적정하게 작성되었는지를 검사할 수 있다.
(2021.7.20 본항개정)
⑬ 감정평가법인에 관하여 이 법에서 정한 사항을 제외하고는 「상법」 중 회사에 관한 규정을 준용한다.
(2020.6.9 본항개정)

제30조【해산】 ① 감정평가법인은 다음 각 호의 어느 하나에 해당하는 경우에는 해산한다.
1. 정관으로 정한 해산 사유의 발생
2. 사원총회 또는 주주총회의 결의
3. 합병
4. 설립인가의 취소
5. 파산
6. 법원의 명령 또는 판결
② 감정평가법인이 해산한 때에는 국토교통부령으로 정하는 바에 따라 이를 국토교통부장관에게 신고하여야 한다.

제31조【자본금 등】 ① 감정평가법인의 자본금은 2억원 이상이어야 한다.
② 감정평가법인은 직전 사업연도 말 재무상태표의 자산총액에서 부채총액을 차감한 금액이 2억원에 미달하면 미달한 금액을 매 사업연도가 끝난 후 6개월 이내에 사원의 증여로 보전(補塡)하거나 증자(增資)하여야 한다.
③ 제2항에 따라 증여받은 금액은 특별이익으로 계상(計上)한다.
④ (2021.7.20 삭제)

제32조【인가취소 등】 ① 국토교통부장관은 감정평가법인등이 다음 각 호의 어느 하나에 해당하는 경우에는 그 설립인가를 취소(제29조에 따른 감정평가법인에 한정한다)하거나 2년 이내의 범위에서 기간을 정하여 업무의 정지를 명할 수 있다. 다만, 제2호 또는 제7호에 해당하는 경우에는 그 설립인가를 취소하여야 한다.(2020.4.7 본문개정)
1. 감정평가법인이 설립인가의 취소를 신청한 경우
2. 감정평가법인등이 업무정지처분 기간 중에 제10조에 따른 업무를 한 경우(2020.4.7 본호개정)
3. 감정평가법인등이 업무정지처분을 받은 소속 감정평가사에게 업무정지처분 기간 중에 제10조에 따른 업무를 하게 한 경우(2020.4.7 본호개정)
4. 제3조제1항을 위반하여 감정평가를 한 경우
5. 제3조제3항에 따른 원칙과 기준을 위반하여 감정평가를 한 경우(2021.7.20 본호개정)
6. 제6조에 따른 감정평가서의 작성·발급 등에 관한 사항을 위반한 경우
7. 감정평가법인등이 제21조제3항이나 제29조제4항에 따른 감정평가사의 수에 미달한 날부터 3개월 이내에 감정평가사를 보충하지 아니한 경우(2021.7.20 본호개정)
8. 제21조제4항을 위반하여 둘 이상의 감정평가사사무소를 설치한 경우
9. 제21조제5항이나 제29조제9항을 위반하여 해당 감정평가사 외의 사람에게 제10조에 따른 업무를 하게 한 경우(2021.7.20 본호개정)
10. 제23조제3항을 위반하여 수수료의 요율 및 실비에 관한 기준을 지키지 아니한 경우
11. 제25조, 제26조 또는 제27조를 위반한 경우. 다만, 소속 감정평가사나 그 사무직원이 제25조제4항을 위반한 경우로서 그 위반행위를 방지하기 위하여 해당 업무에 관하여 상당한 주의와 감독을 게을리하지 아니한 경우는 제외한다.(2019.8.20 단서개정)
12. 제28조제2항을 위반하여 보험 또는 한국감정평가사협회가 운영하는 공제사업에 가입하지 아니한 경우
13. 정관을 거짓으로 작성하는 등 부정한 방법으로 제29조에 따른 인가를 받은 경우
14. 제29조제10항에 따른 회계처리를 하지 아니하거나 같은 조 제11항에 따른 재무제표를 작성하여 제출하지 아니한 경우(2021.7.20 본호개정)
15. 제31조제2항에 따라 기간 내에 미달한 금액을 보전하거나 증자하지 아니한 경우(2021.7.20 본호개정)
16. 제47조에 따른 지도와 감독 등에 관하여 다음 각 목의 어느 하나에 해당하는 경우
가. 업무에 관한 사항의 보고 또는 자료의 제출을 하지 아니하거나 거짓으로 보고 또는 제출한 경우
나. 장부나 서류 등의 검사를 거부, 방해 또는 기피한 경우
17. 제29조제5항 각 호의 사항을 인가받은 정관에 따라 운영하지 아니하는 경우(2021.7.20 본호신설)
② 제33조에 따른 한국감정평가사협회는 감정평가법인등에 제1항 각 호의 어느 하나에 해당하는 사유가 있다고 인정하는 경우에는 그 증거서류를 첨부하여 국토교통부장관에게 그 설립인가를 취소하거나 업무정지처분을 하여 줄 것을 요청할 수 있다.(2020.4.7 본항개정)
③ 국토교통부장관은 제1항에 따라 설립인가를 취소하거나 업무정지를 한 경우에는 그 사실을 관보에 공고하고, 정보통신망 등을 이용하여 일반인에게 알려야 한다.
④ 제1항에 따른 설립인가의 취소 및 업무정지처분은 위반 사유가 발생한 날부터 5년이 지나면 할 수 없다.
⑤ 제1항에 따른 설립인가의 취소와 업무정지에 관한 기준은 대통령령으로 정하고, 제3항에 따른 공고의 방법, 내용 및 그 밖에 필요한 사항은 국토교통부령으로 정한다.

제4장 한국감정평가사협회

제33조【목적 및 설립】 ① 감정평가사의 품위 유지와 직무의 개선·발전을 도모하고, 회원의 관리 및 지도에 관한 사무를 하도록 하기 위하여 한국감정평가사협회(이하 "협회"라 한다)를 둔다.
② 협회는 법인으로 한다.
③ 협회는 국토교통부장관의 인가를 받아 주된 사무소의 소재지에서 설립등기를 함으로써 성립한다.
④ 협회는 회칙으로 정하는 바에 따라 공제사업을 운영할 수 있다.
⑤ 협회의 조직 및 그 밖에 필요한 사항은 대통령령으로 정한다.
⑥ 협회에 관하여 이 법에 규정된 것 외에는 「민법」 중 사단법인에 관한 규정을 준용한다.

제34조【회칙】 ① 협회는 회칙을 정하여 국토교통부장관의 인가를 받아야 한다. 회칙을 변경할 때에도 또한 같다.
② 제1항에 따른 회칙에는 다음 각 호의 사항이 포함되어야 한다.
1. 명칭과 사무소 소재지
2. 회원가입 및 탈퇴에 관한 사항
3. 임원 구성에 관한 사항
4. 회원의 권리 및 의무에 관한 사항
5. 회원의 지도 및 관리에 관한 사항
6. 자산과 회계에 관한 사항
7. 그 밖에 필요한 사항

제35조【회원가입 의무 등】 ① 감정평가법인등과 그 소속 감정평가사는 협회에 회원으로 가입하여야 하며, 그 밖의 감정평가사는 협회의 회원으로 가입할 수 있다.
② 협회에 회원으로 가입한 감정평가법인등과 감정평가사는 제34조에 따른 회칙을 준수하여야 한다.
(2020.4.7 본조개정)

제36조【윤리규정】 ① 협회는 회원이 직무를 수행할 때 지켜야 할 직업윤리에 관한 규정을 제정하여야 한다.
② 회원은 제1항에 따른 직업윤리에 관한 규정을 준수하여야 한다.

제37조【자문 등】 ① 국가등은 제4조에 따른 감정평가사의 직무에 관한 사항에 대하여 협회에 업무의 자문을 요청하거나 협회의 임원·회원 또는 직원을 전문분야에 위촉하기 위하여 추천을 요청할 수 있다.(2021.7.20 본항개정)
② 협회는 제1항에 따라 자문 또는 추천을 요청받은 경우 그 회원으로 하여금 요청받은 업무를 수행하게 할 수 있다.
(2021.7.20 본항개정)
③ 협회는 국가등에 대하여 필요한 경우 감정평가의 관리·감독·의뢰 등과 관련한 업무의 개선을 건의할 수 있다.

제38조【회원에 대한 교육·연수 등】 ① 협회는 다음 각 호의 사람에 대하여 교육·연수를 실시하고 회원의 자체적인 교육·연수활동을 지도·관리한다.
1. 회원
2. 제17조에 따라 등록을 하려는 감정평가사
3. 제24조에 따른 사무직원(2019.8.20 본호신설)
② 제1항에 따른 교육·연수를 실시하기 위하여 협회에 연수원을 둘 수 있다.
③ 제1항에 따른 교육·연수 및 지도·관리에 필요한 사항은 협회가 국토교통부장관의 승인을 얻어 정한다.

제5장 징 계

제39조【징계】 ① 국토교통부장관은 감정평가사가 다음 각 호의 어느 하나에 해당하는 경우에는 제40조에 따

른 감정평가관리·징계위원회의 의결에 따라 제2항 각 호의 어느 하나에 해당하는 징계를 할 수 있다. 다만, 제2항제1호에 따른 징계는 제11호, 제12호에 해당하는 경우 및 제27조를 위반하여 다른 사람에게 자격증·등록증 또는 인가증을 양도 또는 대여한 경우에만 할 수 있다. (2023.5.9 단서개정)
1. 제3조제1항을 위반하여 감정평가를 한 경우
2. 제3조제3항에 따른 원칙과 기준을 위반하여 감정평가를 한 경우(2021.7.20 본호개정)
3. 제6조에 따른 감정평가서의 작성·발급 등에 관한 사항을 위반한 경우
3의2. 제7조제2항을 위반하여 고의 또는 중대한 과실로 잘못 심사한 경우(2021.7.20 본호신설)
4. 업무정지처분 기간에 제10조에 따른 업무를 하거나 업무정지처분을 받은 소속 감정평가사에게 업무정지처분 기간에 제10조에 따른 업무를 하게 한 경우
5. 제17조제1항 또는 제2항에 따른 등록이나 갱신등록을 하지 아니하고 제10조에 따른 업무를 수행한 경우
6. 구비서류를 거짓으로 작성하는 등 부정한 방법으로 제17조제1항 또는 제2항에 따른 등록이나 갱신등록을 한 경우
7. 제21조를 위반하여 감정평가업을 한 경우
8. 제23조제3항을 위반하여 수수료의 요율 및 실비에 관한 기준을 지키지 아니한 경우
9. 제25조, 제26조 또는 제27조를 위반한 경우
10. 제47조에 따른 지도와 감독 등에 관하여 다음 각 목의 어느 하나에 해당하는 경우
가. 업무에 관한 사항의 보고 또는 자료의 제출을 하지 아니하거나 거짓으로 보고 또는 제출한 경우
나. 장부나 서류 등의 검사를 거부 또는 방해하거나 기피한 경우
11. 감정평가사의 직무와 관련하여 금고 이상의 형을 선고받아(집행유예를 선고받은 경우를 포함한다) 그 형이 확정된 경우.(2023.5.9 본호개정)
12. 이 법에 따라 업무정지 1년 이상의 징계처분을 2회 이상 받은 후 다시 제1항에 따른 징계사유가 있는 사람으로서 감정평가사의 직무를 수행하는 것이 현저히 부적당하다고 인정되는 경우
② 감정평가사에 대한 징계의 종류는 다음과 같다.
1. 자격의 취소
2. 등록의 취소
3. 2년 이하의 업무정지
4. 견책
③ 협회는 감정평가사에게 제1항 각 호의 어느 하나에 해당하는 징계사유가 있다고 인정하는 경우에는 그 증거서류를 첨부하여 국토교통부장관에게 징계를 요청할 수 있다.
④ 제1항과 제2항에 따라 자격이 취소된 사람은 자격증과 등록증을 국토교통부장관에게 반납하여야 하며, 등록이 취소되거나 업무가 정지된 사람은 등록증을 국토교통부장관에게 반납하여야 한다.
⑤ 제1항 및 제2항에 따라 업무가 정지된 자로서 등록증을 국토교통부장관에게 반납한 자 중 제17조에 따른 교육연수 대상에 해당하는 자가 등록갱신기간이 도래하기 전에 업무정지기간이 도과하여 등록증을 다시 교부받으려는 경우 제17조제1항에 따른 교육연수를 이수하여야 한다. (2021.7.20 본항신설)
⑥ 제19조제2항·제4항은 제1항과 제2항에 따라 자격 취소 또는 등록 취소를 하는 경우에 준용한다.
⑦ 제1항에 따른 징계의결은 국토교통부장관의 요구에 따라 하며, 징계의결의 요구는 위반사유가 발생한 날부터 5년이 지나면 할 수 없다.
제39조의2【징계의 공고】 ① 국토교통부장관은 제39조제1항 및 제2항에 따라 징계를 한 때에는 지체 없이 그 구체적인 사유를 해당 감정평가사, 감정평가법인등 및 협회에 각각 알리고, 그 내용을 대통령령으로 정하는 바에 따라 관보 또는 인터넷 홈페이지 등에 게시 또는 공고하여야 한다.
② 협회는 제1항에 따라 통보받은 내용을 협회가 운영하는 인터넷홈페이지에 3개월 이상 게재하는 방법으로 공개하여야 한다.
③ 협회는 감정평가를 의뢰하려는 자가 해당 감정평가사에 대한 징계 사실을 확인하기 위하여 징계 정보의 열람을 신청하는 경우에는 그 정보를 제공하여야 한다.
④ 제1항부터 제3항까지에 따른 조치 또는 징계 정보의 공개 범위, 시행·열람의 방법 및 절차 등에 관하여 필요한 사항은 대통령령으로 정한다.
(2021.7.20 본조신설)
제40조【감정평가관리·징계위원회】 ① 다음 각 호의 사항을 심의 또는 의결하기 위하여 국토교통부에 감정평가관리·징계위원회(이하 "위원회"라 한다)를 둔다.
1. 감정평가 관계 법령의 제정·개정에 관한 사항 중 국토교통부장관이 회의에 부치는 사항(2020.6.9 본호개정)
1의2. 제3조제5항에 따른 실무기준의 변경에 관한 사항 (2021.7.20 본호신설)
2. 제14조에 따른 감정평가사시험에 관한 사항
3. 제23조에 따른 수수료의 요율 및 실비의 범위에 관한 사항
4. 제39조에 따른 징계에 관한 사항
5. 그 밖에 감정평가와 관련하여 국토교통부장관이 회의에 부치는 사항(2020.6.9 본호개정)
② 그 밖에 위원회의 구성과 운영 등에 필요한 사항은 대통령령으로 정한다.

제6장 과징금

제41조【과징금의 부과】 ① 국토교통부장관은 감정평가법인등이 제32조제1항 각 호의 어느 하나에 해당하게 되어 업무정지처분을 하여야 하는 경우로서 그 업무정지처분이 「부동산 가격공시에 관한 법률」 제3조에 따른 표준지공시지가의 공시 등의 업무를 정상적으로 수행하는 데에 지장을 초래하는 등 공익을 해칠 우려가 있는 경우에는 업무정지처분을 갈음하여 5천만원(감정평가법인인 경우는 5억원) 이하의 과징금을 부과할 수 있다. (2020.4.7 본항개정)
② 국토교통부장관은 제1항에 따른 과징금을 부과하는 경우에는 다음 각 호의 사항을 고려하여야 한다.
1. 위반행위의 내용과 정도
2. 위반행위의 기간과 위반횟수
3. 위반행위로 취득한 이익의 규모
③ 국토교통부장관은 이 법을 위반한 감정평가법인이 합병을 하는 경우 그 감정평가법인이 행한 위반행위는 합병 후 존속하거나 합병으로 신설된 감정평가법인이 행한 행위로 보아 과징금을 부과·징수할 수 있다.
④ 제1항부터 제3항까지에 따른 과징금의 부과기준 등에 필요한 사항은 대통령령으로 정한다.
제42조【이의신청】 ① 제41조에 따른 과징금의 부과에 이의가 있는 자는 이를 통보받은 날부터 30일 이내에 사유서를 갖추어 국토교통부장관에게 이의를 신청할 수 있다.
② 국토교통부장관은 제1항에 따른 이의신청에 대하여 30일 이내에 결정을 하여야 한다. 다만, 부득이한 사정으로 그 기간에 결정을 할 수 없을 때에는 30일의 범위에서 기간을 연장할 수 있다.
③ 제2항에 따른 결정에 이의가 있는 자는 「행정심판법」에 따라 행정심판을 청구할 수 있다.
제43조【과징금 납부기한의 연장과 분할납부】 ① 국토교통부장관은 과징금을 부과받은 자(이하 "과징금납부의무자"라 한다)가 다음 각 호의 어느 하나에 해당하는 사유로 과징금의 전액을 일시에 납부하기 어렵다고 인정될 때에는 그 납부기한을 연장하거나 분할납부하게 할 수 있다. 이 경우 필요하다고 인정할 때에는 담보를 제공하게 할 수 있다.
1. 재해 등으로 재산에 큰 손실을 입은 경우
2. 과징금을 일시에 납부할 경우 자금사정에 큰 어려움이 예상되는 경우
3. 그 밖에 제1호나 제2호에 준하는 사유가 있는 경우
② 과징금납부의무자가 제1항에 따라 과징금 납부기한을 연장받거나 분할납부를 하려면 납부기한 10일 전까지 국토교통부장관에게 신청하여야 한다.
③ 국토교통부장관은 제1항에 따라 납부기한이 연장되거나 분할납부가 허용된 과징금납부의무자가 다음 각 호의 어느 하나에 해당할 때에는 납부기한 연장이나 분할납부 결정을 취소하고 과징금을 일시에 징수할 수 있다.
1. 분할납부가 결정된 과징금을 그 납부기한까지 납부하지 아니하였을 때(2020.6.9 본호개정)
2. 담보의 변경이나 담보 보전에 필요한 국토교통부장관의 명령을 이행하지 아니하였을 때
3. 강제집행, 경매의 개시, 파산선고, 법인의 해산, 국세나 지방세의 체납처분을 받는 등 과징금의 전부나 나머지를 징수할 수 없다고 인정될 때
4. 그 밖에 제1호부터 제3호까지에 준하는 사유가 있을 때
④ 제1항부터 제3항까지에 따른 과징금 납부기한의 연장, 분할납부, 담보의 제공 등에 필요한 사항은 대통령령으로 정한다.
제44조【과징금의 징수와 체납처분】 ① 국토교통부장관은 과징금납부의무자가 납부기한까지 과징금을 납부하지 아니한 경우에는 납부기한의 다음 날부터 과징금을 납부한 날의 전날까지의 기간에 대하여 대통령령으로 정하는 가산금을 징수할 수 있다.(2020.6.9 본항개정)
② 국토교통부장관은 과징금납부의무자가 납부기한까지 과징금을 납부하지 아니하였을 때에는 기간을 정하여 독촉을 하고, 그 지정한 기간 내에 과징금이나 제1항에 따른 가산금을 납부하지 아니하였을 때에는 국세 체납처분의 예에 따라 징수할 수 있다.(2020.6.9 본항개정)
③ 제1항 및 제2항에 따른 과징금의 징수와 체납처분 절차 등에 필요한 사항은 대통령령으로 정한다.

제7장 보 칙

제45조【청문】 국토교통부장관은 다음 각 호의 어느 하나에 해당하는 처분을 하려는 경우에는 청문을 실시하여야 한다.
1. 제13조제1항제1호에 따른 감정평가사 자격의 취소 (2021.7.20 본호개정)
2. 제32조제1항에 따른 감정평가법인의 설립인가 취소
제46조【업무의 위탁】 ① 이 법에 따른 국토교통부장관의 업무 중 다음 각 호의 업무는 「한국부동산원법」에 따른 한국부동산원, 「한국산업인력공단법」에 따른 한국산업인력공단 또는 협회에 위탁할 수 있다. 다만, 제3호 및 제4호에 따른 업무는 협회에만 위탁할 수 있다.(2020.6.9 본문개정)
1. 제8조제1항에 따른 감정평가 타당성조사 및 같은 조 제4항에 따른 감정평가서에 대한 표본조사와 관련하여 대통령령으로 정하는 업무(2021.7.20 본호개정)
2. 제14조에 따른 감정평가사시험의 관리
3. 제17조에 따른 감정평가사 등록 및 등록 갱신
4. 제21조의2에 따른 소속 감정평가사 또는 사무직원의 신고(2019.8.20 본호신설)
5. 그 밖에 대통령령으로 정하는 업무
② 제1항에 따라 그 업무를 위탁할 때에는 예산의 범위에서 필요한 경비를 보조할 수 있다.
제47조【지도·감독】 ① 국토교통부장관은 감정평가법인등 및 협회를 감독하기 위하여 필요할 때에는 그 업무에 관한 보고 또는 자료의 제출, 그 밖에 필요한 명령을 할 수 있으며, 소속 공무원으로 하여금 그 사무소에 출입하여 장부·서류 등을 검사하게 할 수 있다.(2020.6.9 본항개정)
② 제1항에 따라 출입·검사를 하는 공무원은 그 권한을 표시하는 증표를 지니고 이를 관계인에게 내보여야 한다.
제48조【벌칙 적용에서 공무원 의제】 다음 각 호의 어느 하나에 해당하는 사람은 「형법」 제129조부터 제132조까지의 규정을 적용할 때에는 공무원으로 본다.
1. 제10조제1호 및 제2호의 업무를 수행하는 감정평가사
2. 제40조에 따른 위원회의 위원 중 공무원이 아닌 위원
3. 제46조에 따른 위탁업무에 종사하는 협회의 임직원

제8장 벌 칙

제49조【벌칙】 다음 각 호의 어느 하나에 해당하는 자는 3년 이하의 징역 또는 3천만원 이하의 벌금에 처한다. (2017.11.28 본문개정)
1. 부정한 방법으로 감정평가사의 자격을 취득한 사람
2. 감정평가법인등이 아닌 자로서 감정평가업을 한 자 (2020.4.7 본호개정)
3. 구비서류를 거짓으로 작성하는 등 부정한 방법으로 제17조에 따른 등록이나 갱신등록을 한 사람
4. 제18조에 따라 등록 또는 갱신등록이 거부되거나 제13조, 제19조 또는 제39조에 따라 자격 또는 등록이 취소된 사람으로서 제10조의 업무를 한 사람
5. 제25조제1항을 위반하여 고의로 업무를 잘못하거나 같은 조 제6항을 위반하여 제28조의2에서 정하는 유도 또는 요구에 따른 자(2021.7.20 본호개정)
6. 제25조제4항을 위반하여 업무와 관련된 대가를 받거나 감정평가 수주의 대가로 금품 또는 재산상의 이익을 제공하거나 제공하기로 약속한 자
6의2. 제28조의2를 위반하여 특정한 가액으로 감정평가를 유도 또는 요구하는 행위를 한 자(2021.7.20 본호신설)
7. 정관을 거짓으로 작성하는 등 부정한 방법으로 제29조에 따른 인가를 받은 자
제50조【벌칙】 다음 각 호의 어느 하나에 해당하는 자는 1년 이하의 징역 또는 1천만원 이하의 벌금에 처한다.
1. 제21조제4항을 위반하여 둘 이상의 사무소를 설치한 사람
2. 제21조제5항 또는 제29조제9항을 위반하여 소속 감정평가사 외의 사람에게 제10조의 업무를 하게 한 자 (2021.7.20 본호개정)
3. 제25조제3항, 제5항 또는 제26조를 위반한 자
4. 제27조제1항을 위반하여 감정평가사의 자격증·등록증 또는 감정평가법인의 인가증을 다른 사람에게 양도 또는 대여한 자와 이를 양수 또는 대여받은 자 (2020.4.7 본호개정)
5. 제27조제2항을 위반하여 같은 조 제1항의 행위를 알선한 자(2020.4.7 본호신설)
제50조의2【몰수·추징】 제49조제6호 및 제50조제4호의 죄를 지은 자가 받은 금품이나 그 밖의 이익은 몰수한다. 이를 몰수할 수 없을 때에는 그 가액을 추징한다. (2018.3.20 본조신설)
제51조【양벌규정】 법인의 대표자나 법인 또는 개인의 대리인, 사용인, 그 밖의 종업원이 그 법인 또는 개인의 업무에 관하여 제49조 또는 제50조의 위반행위를 하면 그 행위자를 벌하는 외에 그 법인 또는 개인에게도 해당 조문의 벌금형을 부과한다. 다만, 법인 또는 개인이 그 위반행위를 방지하기 위하여 해당 업무에 상당한 주의와 감독을 게을리하지 아니한 경우에는 그러하지 아니하다.
제52조【과태료】 ① 제24조제1항을 위반하여 사무직원을 둔 자에게는 500만원 이하의 과태료를 부과한다. (2021.7.20 본항신설)

② 다음 각 호의 어느 하나에 해당하는 자에게는 400만원 이하의 과태료를 부과한다.(2021.7.20 본문개정)

1.~4. (2021.7.20 삭제)

5. 제28조제2항을 위반하여 보험 또는 협회가 운영하는 공제사업에의 가입 등 필요한 조치를 하지 아니한 사람 (2021.7.20 본호개정)

6.~6의2. (2021.7.20 삭제)

7. 제47조에 따른 업무에 관한 보고, 자료 제출, 명령 또는 검사를 거부·방해 또는 기피하거나 국토교통부장관에게 거짓으로 보고한 자

③ 다음 각 호의 어느 하나에 해당하는 자에게는 300만원 이하의 과태료를 부과한다.

1. 제6조제3항을 위반하여 감정평가서의 원본과 그 관련 서류를 보존하지 아니한 자
2. 제22조제1항을 위반하여 "감정평가사사무소" 또는 "감정평가법인"이라는 용어를 사용하지 아니하거나 같은 조 제2항을 위반하여 "감정평가사", "감정평가사사무소", "감정평가법인" 또는 이와 유사한 명칭을 사용한 자

(2021.7.20 본항신설)

④ 다음 각 호의 어느 하나에 해당하는 자에게는 150만원 이하의 과태료를 부과한다.

1. 제9조제2항을 위반하여 감정평가 결과를 감정평가 정보체계에 등록하지 아니한 자
2. 제13조제3항, 제19조제3항 및 제39조제4항을 위반하여 자격증 또는 등록증을 반납하지 아니한 사람
3. 제28조제3항을 위반하여 같은 조 제1항에 따른 손해배상사실을 국토교통부장관에게 알리지 아니한 자

(2021.7.20 본항신설)

⑤ 제1항부터 제4항까지에 따른 과태료는 대통령령으로 정하는 바에 따라 국토교통부장관이 부과·징수한다. (2021.7.20 본항개정)

부 칙

제1조【시행일】 이 법은 2016년 9월 1일부터 시행한다.

제2조【일반적 경과조치】 이 법 시행 당시 종전의 「부동산 가격공시 및 감정평가에 관한 법률」에 따른 처분·절차와 그 밖의 행위로서 이 법에 그에 해당하는 규정이 있는 경우에는 이 법에 따라 한 것으로 본다.

제3조【금치산자 등에 대한 경과조치】 제12조제1호에 따른 피성년후견인 또는 피한정후견인에는 법률 제10429호 민법 일부개정법률 부칙 제2조에 따라 금치산 또는 한정치산 선고의 효력이 유지되는 사람을 포함하는 것으로 본다.

제4조【감정평가사, 감정평가사사무소, 감정평가법인에 관한 경과조치】 ① 이 법 시행 당시 종전의 「부동산 가격공시 및 감정평가에 관한 법률」에 따른 감정평가사는 이 법에 따른 감정평가사로 본다.

② 이 법 시행 당시 종전의 「부동산 가격공시 및 감정평가에 관한 법률」에 따라 등록한 감정평가사는 이 법에 따라 등록한 것으로 본다.

③ 이 법 시행 당시 종전의 「부동산 가격공시 및 감정평가에 관한 법률」에 따라 감정평가사사무소 개설신고를 한 자는 이 법에 따라 감정평가사사무소의 개설신고를 한 것으로 본다.

④ 이 법 시행 당시 종전의 「부동산 가격공시 및 감정평가에 관한 법률」에 따라 인가를 받은 감정평가법인은 이 법에 따른 감정평가법인으로 본다. 다만, 종전의 법률 제7335호 지가공시및토지등의평가에관한법률개정법률 부칙 제8조에 따라 감정평가법인으로 의제된 법인은 감정평가법인으로 보지 아니한다.

제5조【시험에 관한 경과조치】 이 법 시행 당시 종전의 「부동산 가격공시 및 감정평가에 관한 법률」에 따라 시행한 감정평가사 제1차 시험에 합격한 사람에 대해서는 이 법에 따라 같은 해의 감정평가사 제1차 시험에 합격한 것으로 본다.

제6조【감정평가협회에 대한 경과조치】 이 법 시행 당시 종전의 「부동산 가격공시 및 감정평가에 관한 법률」 제40조에 따라 설립인가를 받아 설립된 감정평가협회는 이 법에 따라 설립된 한국감정평가사협회로 본다.

제7조【다른 법률의 개정】 ①~㉕ ※(해당 법령에 가제정리 하였음)

제8조【다른 법률과의 관계】 이 법 시행 당시 다른 법령에서 「부동산 가격공시 및 감정평가에 관한 법률」 또는 그 규정을 인용하고 있는 경우로서 이 법 가운데 그에 해당하는 규정이 있을 때에는 종전의 「부동산 가격공시 및 감정평가에 관한 법률」 또는 그 규정을 갈음하여 이 법 또는 이 법의 해당 규정을 인용한 것으로 본다.

부 칙 (2018.3.20)

제1조【시행일】 이 법은 공포한 날부터 시행한다.

제2조【감정평가법인 설립 등의 인가에 관한 적용례】 제29조제5항 및 제6항의 개정규정은 이 법 시행 이후 인가를 신청하는 경우부터 적용한다.

제3조【다른 법률의 개정】 ※(해당 법령에 가제정리 하였음)

부 칙 (2019.8.20)

제1조【시행일】 이 법은 공포 후 6개월이 경과한 날부터 시행한다.

제2조【고용인의 신고에 관한 적용례】 제21조의2의 개정규정은 이 법 시행 후 최초로 소속 감정평가사 또는 사무직원을 고용하거나 고용관계가 종료된 경우부터 적용한다.

제3조【고용인의 신고에 관한 특례】 이 법 시행 당시 소속 감정평가사 또는 사무직원을 고용하고 있는 감정평가업자는 이 법 시행 후 6개월 이내에 제21조의2의 개정규정에 따라 국토교통부장관에게 신고하여야 한다.

제4조【결격사유에 관한 경과조치】 이 법 시행 전에 발생한 사유로 인하여 제24조제1항의 개정규정에 따른 결격사유에 해당하게 된 경우에는 같은 개정규정에도 불구하고 종전의 규정에 따른다.

부 칙 (2020.4.7)

제1조【시행일】 이 법은 공포 후 3개월이 경과한 날부터 시행한다.

제2조【다른 법률의 개정】 ①~㉕ ※(해당 법령에 가제정리 하였음)

제3조【다른 법령과의 관계】 이 법 시행 당시 다른 법령에서 "감정평가업자"를 인용한 경우에는 종전의 규정을 갈음하여 이 법의 "감정평가법인등"을 인용한 것으로 본다.

부 칙 (2020.6.9 법17453호)

이 법은 공포한 날부터 시행한다.(이하 생략)

부 칙 (2020.6.9 법17459호)

제1조【시행일】 이 법은 공포 후 6개월이 경과한 날부터 시행한다.(이하 생략)

부 칙 (2021.7.20)

제1조【시행일】 이 법은 공포 후 6개월이 경과한 날부터 시행한다. 다만, 제25조제5항의 개정규정은 이 법 공포 후 1년이 경과한 날부터 시행한다.

제2조【감정평가법인의 대표이사에 관한 적용례】 제29조제3항의 개정규정은 이 법 시행 이후 대표사원 또는 대표이사를 정하거나 변경하는 경우부터 적용한다.

부 칙 (2023.5.9)

제1조【시행일】 이 법은 공포 후 3개월이 경과한 날부터 시행한다.

제2조【사무직원의 결격사유에 관한 적용례】 제24조제1항제4호 및 제6호의 개정규정은 이 법 시행 이후 발생하는 사유로 제39조제1항제11호의 개정규정에 따라 자격취소의 징계처분을 받거나 제39조의 개정규정에 따라 업무정지의 징계처분을 받은 경우부터 적용한다.

제3조【징계에 관한 경과조치】 이 법 시행 전의 위반행위로 인한 징계에 관하여는 제39조제1항제11호의 개정규정에도 불구하고 종전의 규정에 따른다.

건축사법

(1963년 12월 16일 법 률 제1536호)

개정
1977.12.31법 3074호　1980. 1. 4법 3242호
1982. 4. 3법 3559호　1984.12.31법 3767호
1989. 4. 1법 4116호
1991. 5.31법 4381호(건축)
1992.11.25법 4501호(엔지니어링)
1995. 1. 5법 4918호　1996.12.30법 5238호
1997.12.13법 5453호(행정절차)
1997.12.13법 5454호(정부부처명)
1999. 1.29법 5735호
1999. 2. 5법 5815호(독점적외)
2000. 1.28법 6244호　2001. 8.14법 6503호
2005. 7.13법 7593호　2007.12.21법 8784호
2008. 2.29법 8852호(정부조직)
2008. 3.21법 8974호(건축)
2008.12.26법 9187호
2010. 4.12법10250호(엔지니어링산업진흥법)
2010. 7.23법10392호
2011. 5.24법10719호(건설산업)
2011. 5.30법10756호
2013. 3.23법11690호(정부조직)
2013. 5.22법11794호(건설기술진흥법)
2015. 1. 6법12969호　2015. 8.11법13472호
2017.12.26법15308호　2018. 4.17법15595호
2018.12.18법15993호
2019. 4.30법16414호(건설기술진흥법)
2019. 4.30법16415호(건설산업)
2019. 4.30법16416호(건축물관리법)
2019. 8.20법16486호　2019.11.26법16626호
2020. 2.18법17007호(권한지방이양)
2020. 6. 9법17453호(법률용어정비)
2020.12.29법17799호(독점)
2021. 3.16법17939호(건설기술진흥법)
2022. 2. 3법18826호

제1장 총 칙

(2011.5.30 본장개정)

제1조【목적】 이 법은 건축사의 자격과 그 업무에 관한 사항을 규정함으로써 건축물과 공간 환경의 질적 향상을 도모하고 건축문화 발전에 이바지함을 목적으로 한다.

제2조【정의】 이 법에서 사용하는 용어의 뜻은 다음 각 호와 같다.

1. "건축사"란 국토교통부장관이 시행하는 자격시험에 합격한 사람으로서 건축물의 설계와 공사감리(工事監理) 등 제19조에 따른 업무를 수행하는 사람을 말한다. (2013.3.23 본호개정)
2. "건축사보"란 제23조에 따른 건축사사무소에 소속되어 제19조에 따른 업무를 보조하는 사람 중 다음 각 목의 어느 하나에 해당하는 사람으로서 국토교통부장관에게 신고한 사람을 말한다.(2013.3.23 본문개정)
   가. 제13조에 따른 실무수련을 받고 있거나 받은 사람
   나. 「국가기술자격법」에 따라 건설, 전기·전자, 기계, 화학, 재료, 정보통신, 환경·에너지, 안전관리, 그 밖에 대통령령으로 정하는 분야의 기사(技士) 또는 산업기사 자격을 취득한 사람
   다. 4년제 이상 대학 건축 관련 학과 졸업 또는 이와 동등한 자격으로서 대통령령으로 정하는 학력 및 경력을 가진 사람(2015.8.11 본목신설)
3. "설계"란 자기 책임 아래(보조자의 도움을 받는 경우를 포함한다) 건축물의 건축, 대수선(大修繕), 용도변경, 리모델링, 건축설비의 설치 또는 공작물(工作物)의 축조(築造)를 위한 다음 각 목의 행위를 말한다.
   가. 건축물, 건축설비, 공작물 및 공간환경을 조사하고 건축 등을 기획하는 행위
   나. 도면, 구조계획서, 공사 설계설명서, 그 밖에 국토교통부령으로 정하는 공사에 필요한 서류[이하 "설계도서"(設計圖書)라 한다]를 작성하는 행위(2013.3.23 본목개정)
   다. 설계도서에서 의도한 바를 해설·조언하는 행위
4. "공사감리"란 자기 책임 아래(보조자의 도움을 받는 경우를 포함한다) 「건축법」에서 정하는 바에 따라 건축물, 건축설비 또는 공작물이 설계도서의 내용대로 시공되는지 확인하고 품질관리, 공사관리 및 안전관리 등에 대하여 지도·감독하는 행위를 말한다.
5. "건축사업"(建築士業)이란 다른 사람의 의뢰에 따라 일정한 보수를 받고 제19조에 따른 업무를 업(業)으로 하는 것을 말한다.

제3조 (1977.12.31 삭제)

제4조【설계 또는 공사감리 등】 ① 「건축법」 제23조제1항에 따른 건축물의 건축등을 위한 설계는 제23조제1항 또는 제9항 단서에 따라 신고를 한 건축사 또는 같은 조 제4항에 따라 건축사사무소에 소속된 건축사가 아니면 할 수 없다.

② 「건축법」 제25조제1항에 따라 건축사를 공사감리자로 지정하는 건축물의 건축 등에 대한 공사감리는 제23조제1항 또는 제9항 단서에 따라 신고를 한 건축사 또는 같은 조 제4항에 따라 건축사사무소에 소속된 건축사가 아니면 할 수 없다.

(2018.12.18 본조개정)

제5조 (2011.5.30 삭제)

제2장 자 격
(2011.5.30 본장개정)

제6조 (1977.12.31 삭제)

제7조【건축사 자격 등의 취득】 ① 건축사가 되려는 사람은 제14조에 따른 건축사 자격시험에 합격하여야 한다.
② 건축사보가 되려는 사람은 국토교통부령으로 정하는 바에 따라 국토교통부장관에게 신고하여야 한다.
(2013.3.23 본항개정)

제8조【자격】 ① 국토교통부장관은 제14조에 따른 건축사 자격시험에 합격한 사람에게 국토교통부령으로 정하는 바에 따라 자격증을 발급하여야 한다.(2013.3.23 본항개정)
② (1977.12.31 삭제)
③ (2015.8.11 삭제)
④ (1995.1.5 삭제)

제9조【결격사유】 다음 각 호의 어느 하나에 해당하는 사람은 건축사 자격을 취득할 수 없다.
1. 피성년후견인 또는 피한정후견인(2015.8.11 본호개정)
2. 이 법 또는 「건축법」에 따른 죄를 범하여 금고 이상의 형을 선고받고 그 집행이 끝나거나 집행을 받지 아니하기로 확정된 후 3년이 지나지 아니한 사람
3. 제2호에 따른 죄를 범하여 형의 집행유예를 선고받고 그 유예기간 중에 있는 사람
4. 건축사 자격의 취소처분(제1호에 해당하여 자격이 취소된 경우는 제외한다)을 받고 그 취소된 날부터 2년이 지나지 아니한 사람(2015.8.11 본호개정)

제10조【자격증의 명의 대여 등의 금지】 ① 건축사는 다른 사람에게 자기의 성명을 사용하여 제19조에 따른 업무(이하 "건축사업무"라 한다)를 수행하게 하거나 자격증을 빌려주어서는 아니 된다.
② 누구든지 다른 사람의 성명을 사용하여 건축사업무를 수행하거나 다른 사람의 건축사 자격증을 빌려서는 아니 된다.(2019.8.20 본항신설)
③ 누구든지 제1항이나 제2항에서 금지된 행위를 알선해서는 아니 된다.(2019.8.20 본항신설)

판례 건축사법이 금지하고 있는 '면허증 대여'의 의미 : 건축사법이 금지하고 있는 '면허증 대여'라 함은 타인이 그 면허증을 이용하여 건축사로 행세하면서 건축물의 설계 및 공사감리의 업무를 행하려는 것을 알면서도 면허증 자체를 빌려주는 것을 말하므로, 건축사가 무자격자인 제3자가 자금을 투자하여 시설을 갖추고 그 건축사명의로 건축사사무소의 등록신고를 하는 데에 자신의 면허증을 이용하도록 하였다고 하더라도 그 등록후 건축사 자신이 그 건축사 사무소에서 건축물의 설계 및 공사감리 등 업무를 계속 수행하여 왔으며 무자격자가 건축사의 업무를 수행한 바 없다면 면허증을 대여한 것으로 볼 수 없다.(대판 2000.5.12, 99도1129)

제11조【자격의 취소 등】 ① 국토교통부장관은 건축사가 다음 각 호의 어느 하나에 해당하는 경우에는 그 자격을 취소하여야 한다.(2013.3.23 본문개정)
1. 거짓이나 그 밖의 부정한 방법으로 자격을 취득한 사실이 드러난 경우
2. 제9조제1호부터 제3호까지의 결격사유 중 어느 하나에 해당하게 된 경우
3. 제10조제1항을 위반하여 다른 사람에게 자기의 성명을 사용하여 건축사업무를 수행하게 하거나 자격증을 빌려준 경우(2019.8.20 본호개정)
4. 제28조에 따른 건축사사무소개설신고의 효력상실처분을 받고도 계속하여 건축사업을 한 경우
5. 해당 건축사에게 책임을 돌릴 수 있는 사유로 제28조에 따른 건축사사무소개설신고의 효력상실처분을 세 차례 받은 경우
6. 고의 또는 중대한 과실로 「건축법」 제23조 또는 제25조를 위반하여 설계 또는 공사감리를 함으로써 공사가 부실하게 되어 착공 후 「건설산업기본법」 제28조에 따른 하자담보책임기간에 대통령령으로 정하는 구조상 주요 부분에 중대한 손괴[(損壞) : 무너져 내림]를 일으켜 사람을 죽거나 다치게 한 경우
② (1995.1.5 삭제)
③ 제1항에 따라 자격이 취소된 사람은 취소된 날부터 15일 내에 자격증을 국토교통부장관에게 반납하여야 한다.
(2013.3.23 본항개정)

제12조【유사명칭의 사용 금지】 건축사가 아닌 사람은 건축사 또는 이와 비슷한 명칭을 사용하지 못한다.

제3장 건축사 자격시험 등
(2011.5.30 본장개정)

제13조【실무수련】 ① 건축사 자격시험에 응시하려면 대통령령으로 정하는 건축사사무소에서 3년 이상 대통령령으로 정하는 바에 따라 실무수련을 받아야 한다. 다만, 외국에서 건축사 면허를 받거나 자격을 취득한 사람 중 이 법에 따른 건축사의 자격과 같은 자격이 있다고 국토교통부장관이 인정하는 사람으로서 통틀어 5년 이상 건축에 관한 실무경력이 있는 사람은 실무수련을 받지 아니하고도 건축사 자격시험에 응시할 수 있다.(2013.3.23 단서개정)
② 제1항에 따른 실무수련은 다음 각 호의 어느 하나에 해당하는 사람만 받을 수 있다.
1. 5년 이상의 건축학 학위과정이 개설된 대학(「민법」 제32조에 따라 국토교통부장관의 허가를 받아 설립된 비영리법인으로서 「고등교육법」 제11조의2에 따라 교육부장관으로부터 인정받은 기관이 인증한 건축학 학위과정이 개설된 대학을 말한다)에서 해당 과정을 8학기 이상 이수한 사람(2013.3.23 본호개정)
2. 제1호에 따른 기관이 인증한 건축학 학위과정이 개설된 대학원에서 해당 과정을 대통령령으로 정하는 학기 이상 이수한 사람
3. 그 밖에 제1호나 제2호에 준하는 교육과정으로서 대통령령으로 정하는 교육과정을 이수한 사람
③ 제1항에 따라 실무수련을 받으려는 사람은 국토교통부령으로 정하는 바에 따라 국토교통부장관에게 신고하여야 한다.(2013.3.23 본항개정)
④ 실무수련의 과목과 절차, 평가기준, 그 밖에 실무수련에 필요한 사항은 대통령령으로 정한다.

제14조【건축사 자격시험】 ① 건축사업무 수행에 필요한 지식과 기술을 검증하기 위하여 건축사 자격시험을 실시한다.
② 국토교통부장관은 건축사 자격시험을 매년 1회 이상 시행한다.(2013.3.23 본항개정)
③ 제13조제1항 단서에 해당하는 사람에 대하여는 대통령령으로 정하는 바에 따라 건축사 자격시험과목의 일부를 면제할 수 있다.
④ 건축사 자격시험의 최종 합격 발표일을 기준으로 제9조의 결격사유에 해당하는 사람은 건축사 자격시험에 응시할 수 없다.(2019.11.26 본항신설)

제15조 (2011.5.30 삭제)

제15조의2【부정행위자에 대한 제재】 국토교통부장관은 건축사 자격시험에서 부정행위를 한 응시자에 대하여는 그 시험을 정지시키거나 무효로 하고, 해당 시험 시행일부터 3년간 시험 응시자격을 정지한다.(2013.3.23 본조개정)

제16조【시험과목 등】 건축사 자격시험의 시험과목, 시험방법, 그 밖에 필요한 사항은 대통령령으로 정한다.

제16조의2 (2011.5.30 삭제)

제17조【수수료】 다음 각 호의 어느 하나에 해당하는 사람은 국토교통부령으로 정하는 바에 따라 국토교통부장관 또는 특별시장·광역시장·특별자치시장·도지사·특별자치도지사(이하 "시·도지사"라 한다)에게 수수료를 납부하여야 한다.(2020.2.18 본문개정)
1. 제7조제2항에 따른 건축사보의 신고를 하는 사람
2. 제13조제3항에 따른 실무수련의 신고를 하는 사람
3. 제14조에 따른 건축사 자격시험에 응시하려는 사람
4. 제18조에 따른 자격등록 또는 갱신등록을 하는 사람
5. 제23조제1항에 따라 건축사사무소의 개설신고를 하는 사람
6. 제23조제5항에 따라 국내의 건축사사무소개설자와 공동으로 건축사업을 하기 위하여 신고를 하는 사람
7. 제23조제9항 단서에 따라 신고를 하는 사람
(2018.12.18 6호~7호개정)

제3장의2 자격등록 등
(2011.5.30 본장신설)

제18조【자격등록 및 갱신등록】 ① 제14조에 따른 건축사 자격시험에 합격한 사람이 건축사업무를 수행하려면 국토교통부장관에게 등록하여야 한다.(2013.3.23 본항개정)
② 제1항에 따른 등록을 신청한 사람은 대통령령으로 정하는 바에 따라 건축사 윤리선언을 하여야 한다.
③ 국토교통부장관은 제1항에 따라 등록한 건축사에게 국토교통부령으로 정하는 바에 따라 등록증을 발급하여야 한다.(2013.3.23 본항개정)
④ 제3항에 따라 등록증을 발급받은 건축사는 다른 사람에게 그 등록증을 빌려주어서는 아니 된다.
⑤ 누구든지 다른 사람의 건축사 등록증을 빌려서는 아니 된다.(2019.8.20 본항신설)
⑥ 누구든지 제4항이나 제5항에서 금지된 행위를 알선해서는 아니 된다.(2019.8.20 본항신설)
⑦ 제1항에 따라 등록한 건축사는 3년 이상의 범위에서 대통령령으로 정하는 바에 따라 등록을 갱신하여야 한다.
⑧ 제1항에 따른 자격등록 및 제7항에 따른 갱신등록의 절차, 구비서류, 그 밖의 사항은 대통령령으로 정한다.
(2019.8.20 본항개정)

제18조의2【자격등록 및 갱신등록의 거부】 ① 국토교통부장관은 제18조에 따른 자격등록 또는 갱신등록을 신청한 사람이 다음 각 호의 어느 하나에 해당하는 경우에는 등록을 거부하여야 한다.(2013.3.23 본문개정)
1. 제11조제1항 각 호의 어느 하나에 해당하는 경우
2. 제18조의3에 따라 자격등록이 취소(제9조제1호에 해당하여 자격등록이 취소된 경우는 제외한다)된 날부터 2년이 지나지 아니한 경우(2018.4.17 본호개정)
3. 제30조의2에 따른 실무교육을 받지 아니한 경우
4. 제30조의3제2항제2호에 따른 징계를 받아 업무가 정지된 건축사로서 업무정지 기간이 지나지 아니한 경우
② 국토교통부장관은 제1항에 따라 자격등록 또는 갱신등록을 거부한 경우에는 지체 없이 그 사유를 구체적으로 밝혀 신청인에게 알려야 한다.(2013.3.23 본항개정)

제18조의3【자격등록의 취소】 ① 국토교통부장관은 제18조에 따른 자격등록을 한 건축사가 다음 각 호의 어느 하나에 해당하는 경우에는 그 등록을 취소하여야 한다.
(2013.3.23 본문개정)
1. 제11조제1항 각 호의 어느 하나에 해당하는 경우
2. 제30조의3제2항제1호에 따른 자격등록 취소처분을 받은 경우
3. 자격등록취소의 신청을 한 경우
② (2015.8.11 삭제)
③ 제1항에 따라 등록이 취소된 사람은 취소된 날부터 2년이 지날 때까지는 제18조에 따른 자격등록을 신청할 수 없다.

제4장 업 무
(2011.5.30 본장개정)

제19조【업무 내용】 ① 건축사는 건축물의 설계와 공사감리에 관한 업무를 수행한다.
② 건축사는 제1항의 업무 외에 다음 각 호의 업무를 수행할 수 있다.
1. 건축물의 조사 또는 감정(鑑定)에 관한 사항
2. 「건축법」 제27조에 따른 건축물에 대한 현장조사, 검사 및 확인에 관한 사항
3. 「건축물관리법」 제12조에 따른 건축물의 유지·관리 및 「건설산업기본법」 제2조제8호에 따른 건설사업관리에 관한 사항(2019.4.30 본호개정)
4. 「건축법」 제75조에 따른 특별건축구역의 건축물에 대한 모니터링 및 보고서 작성 등에 관한 사항
5. 이 법 또는 「건축법」과 이 법 또는 「건축법」에 따른 명령이나 기준 등에서 건축사의 업무로 규정한 사항
6. 「건축서비스산업 진흥법」 제23조에 따른 사업계획서의 작성 및 공공건축 사업의 기획 등에 관한 사항
(2017.12.26 본호신설)
7. 「건축법」 제2조제1항제12호의 건축주가 건축물의 건축 등을 하려는 경우 인가·허가·승인·신청 등 업무 대행에 관한 사항(2017.12.26 본호신설)
8. 그 밖에 다른 법령에서 건축사의 업무로 규정한 사항

제19조의2【업무 실적의 관리 등】 ① 건축사는 건축주 등이 설계·공사감리 실적을 확인·평가할 수 있도록 본인이 수행한 업무 실적 등을 국토교통부장관에게 제출할 수 있다.
② 국토교통부장관은 건축사가 제출한 업무 실적 등에 관한 기록을 유지·관리하여야 하고, 그 기록이 필요한 자에게 제공(증명서의 발급을 포함한다)하여야 한다.(2020.6.9 본항개정)
③ 제1항과 제2항에 따른 업무 실적의 제출·관리 및 제공 등에 필요한 사항은 국토교통부령으로 정한다.
(2013.3.23 본조개정)

제19조의3【공공발주사업 등에 대한 건축사의 업무범위 및 대가기준】 ① 건축사의 건전한 육성과 설계 및 공사감리의 품질을 보장하기 위하여 다음 각 호의 어느 하나에 해당하는 자는 건축사의 업무에 대하여 제3항에 따라 고시한 대가 기준을 적용하여 발주하여야 한다.(2017.12.26 본문개정)
1. 국가
2. 지방자치단체
3. 「공공기관의 운영에 관한 법률」에 따른 공공기관
4. 그 밖에 대통령령으로 정하는 기관 또는 단체
② 제1항 각 호에 해당하지 아니하는 자는 제1항에서 정한 목적을 달성하기 위하여 제3항에 따라 고시한 대가기준을 활용하거나 참고할 수 있다.(2017.12.26 본항신설)
③ 국토교통부장관은 제1항에 따른 건축사의 업무범위 및 그 대가에 관한 기준을 기획재정부장관 및 산업통상자원부장관과 협의하여 정하고 고시하여야 한다.
(2013.3.23 본항개정)
(2017.12.26 본조제목개정)

제20조【업무상의 성실 의무 등】 ① 건축사는 이 법, 「건축법」 또는 그 밖의 관계 법령의 규정을 지키고, 건축물의 안전·기능 및 미관에 지장이 없도록 업무를 성실하게 수행하여야 한다.
② 건축사가 업무를 수행할 때 고의 또는 과실로 건축주에게 재산상의 손해를 입힌 경우에는 그 손해를 배상할 책임이 있다.
③ 건축사는 제2항에 따른 손해배상책임을 보장하기 위하여 보험 또는 공제에 가입하여야 한다. 이 경우 제19조의3제1항 각 호의 어느 하나에 해당하는 자는 보험 또는 공제 가입에 따른 비용을 용역비용에 계상하여야 한다.
④ 제3항에 따른 보험 또는 공제의 기간·종류·대상 및 방법 등에 필요한 사항은 대통령령으로 정한다.
⑤ 건축사보는 건축사의 업무를 보조할 때 이 법 또는 「건축법」에 맞도록 그 업무를 성실히 수행하여야 한다.
⑥ 건축사는 직무상 알게 된 비밀을 누설하거나 다른 용도로 사용하여서는 아니 된다.
⑦ 건축사는 건축사업무를 수행할 때 품위를 손상하는 행위를 하여서는 아니 된다.

판례 건축주로부터 공사감리를 의뢰받은 건축사가 당해 건축물에 대하여 위 검사를 행하는 경우에는 그것은 감리행위의 연장이 아니라 그와는 별도로 건축물의 준공검사를 위한 행정청의 검사업무를 법령에 의하여 대행하는 것이라 그의 잘못이 있는 때에는 그로 인하여 건축주뿐 아니라 그 밖의 다른 사람이 입은 손해에 대하여도 이를 배상할 책임이 있다고 할 것이다.(대판 1989.3.14, 86다카2237)

제21조【설계도서등의 서명날인】 건축사는 건축사업무의 품질을 보증하기 위하여 자신이 작성한 설계도서, 공

사감리보고서, 그 밖에 관계 법령에서 건축사가 작성하도록 규정한 서류(이하 이 조에서 "설계도서등"이라 한다)에 서명날인(署名捺印)을 하여야 한다. 설계도서등의 일부를 변경한 경우에도 같다.

제22조 (2000.1.28 삭제)

제22조의2【자격의 취소 등에 따른 건축사의 업무계속】 ① 다음 각 호의 어느 하나에 해당하는 처분 또는 명령을 받은 건축사는 그 처분 또는 명령을 받기 전에 계약을 체결한 업무는 계속하여 수행할 수 있다. 이 경우 국토교통부장관 또는 시·도지사는 그 처분 또는 명령의 내용을 지체 없이 해당 건축주에게 알려야 한다.(2020.2.18 후단개정)
1. 제11조에 따른 자격취소
2. 제18조의3에 따른 자격등록의 취소
3. 제28조에 따른 건축사사무소개설신고의 효력상실 또는 업무정지
4. 제30조의3제2항제2호에 따른 업무정지

② 제1항에 따른 건축사는 그 업무를 완성할 때까지 이 법에 따른 건축사로 본다.

제5장 건축사사무소 등
(2011.5.30 본장개정)

제23조【건축사사무소개설신고 등】 ① 제18조에 따른 자격등록을 한 건축사가 건축사업을 하려면 대통령령으로 정하는 바에 따라 시·도지사에게 건축사사무소의 개설신고(이하 "건축사사무소개설신고"라 한다)를 하여야 한다.(2020.2.18 본항개정)
② 시·도지사는 제1항에 따른 신고를 받은 날부터 5일 이내에 신고수리 여부를 신고인에게 통지하여야 한다.(2020.2.18 본항개정)
③ 시·도지사가 제2항에서 정한 기간 내에 신고수리 여부 또는 민원 처리 관련 법령에 따른 처리기간의 연장을 신고인에게 통지하지 아니하면 그 기간이 끝난 날의 다음 날에 신고를 수리한 것으로 본다.(2020.2.18 본항개정)
④ 건축사사무소에는 건축사사무소개설신고를 한 건축사(이하 "건축사사무소개설자"라 한다)의 업무를 보조하는 소속 건축사, 건축사보 및 실무수련자(제13조에 따른 실무수련을 받고 있는 사람을 말한다. 이하 같다)를 둘 수 있다. 이 경우 소속 건축사는 제18조에 따른 자격등록을 한 사람이어야 하고, 건축사사무소개설자는 소속 건축사가 아닌 사람으로 하여금 건축사업무를 보조하게 하여서는 아니 된다.
⑤ 외국의 건축사 면허 또는 자격을 가진 사람은 대통령령으로 정하는 바에 따라 건축사사무소개설자와 공동으로 건축물의 설계·공사감리 업무를 수임(受任)하는 경우에만 건축사업을 할 수 있다. 이 경우 외국의 건축사 면허 또는 자격을 가진 사람은 국토교통부령으로 정하는 바에 따라 국토교통부장관에게 신고하여야 한다.(2013.3.23 후단개정)
⑥ 건축사사무소의 명칭에는 "건축사사무소"라는 용어를 사용하여야 한다.
⑦ 건축사사무소개설자는 1개의 사무소만 설치할 수 있고, 건축사, 건축사보 및 실무수련자는 1개의 건축사사무소에만 소속될 수 있다.(2011.5.30 본항신설)
⑧ 건축사사무소개설신고의 절차와 그 밖에 필요한 사항은 대통령령으로 정한다.
⑨ 다음 각 호의 어느 하나에 해당하는 업무를 수행하려는 건축사는 건축사사무소개설신고를 하거나 그 신고를 한 건축사사무소에 소속되지 아니하고도 업무를 수행할 수 있다. 다만, 제2호나 제4호의 경우에는 그 업무에 관한 사항을 미리 국토교통부령으로 정하는 바에 따라 국토교통부장관에게 신고하여야 한다.(2013.3.23 단서개정)
1. 「건설기술 진흥법」 제26조에 따른 건설엔지니어링사업자에게 소속된 건축사가 같은 법 제39조제2항에 따라 수행하는 건설사업관리(2021.3.16 본호개정)
2. 「엔지니어링산업 진흥법」 제21조제1항에 따라 신고한 엔지니어링사업자에 소속된 건축사로서 국토교통부령으로 정하는 특수건축물 또는 특수구조물에 대하여 수행하는 설계 또는 공사감리(2013.3.23 본호개정)
3. 국가, 지방자치단체, 「공공기관의 운영에 관한 법률」에 따른 공공기관 및 「지방공기업법」에 따른 지방공기업 등으로서 대통령령으로 정하는 기관의 건축 관련 부서에 소속된 건축사가 각각 해당기관이 시행하는 공사에 대하여 수행하는 설계 또는 공사감리
4. 「건설산업기본법」 제2조제7호에 따른 건설사업자에게 소속된 건축사가 그 건설사업자 또는 그 건설사업자의 계열회사(「독점규제 및 공정거래에 관한 법률」 제2조제12호에 따른 계열회사를 말한다)의 건축물로서 국토교통부령으로 정하는 건축물에 대하여 수행하는 설계(2020.12.29 본호개정)

⑩ 제9항제4호에 따른 건축물의 공사감리는 해당 건설사업자에게 소속된 건축사가 하여서는 아니 된다.(2019.4.30 본항개정)

제23조의2 (1995.1.5 삭제)

제24조【신고의 제한】 다음 각 호의 어느 하나에 해당하는 사람은 건축사사무소개설신고 및 제23조제9항 단서에 따른 신고를 할 수 없다.(2018.12.18 본문개정)
1. 제18조의2제1항 각 호의 어느 하나에 해당하는 사람
2. 제28조제1항에 따른 건축사사무소개설신고의 효력상실처분을 받고 그 처분을 받은 날부터 2년이 지나지 아니한 사람
3. 제28조제1항에 따른 업무정지명령을 받고 그 기간이 끝나지 아니한 사람
4. 이 법 또는 「건축법」을 위반하여 벌금형을 선고받고 1년이 지나지 아니한 사람
5. 둘 이상의 건축사사무소를 개설하려는 사람
6. 파산선고를 받고 복권되지 아니한 사람

제25조 (1995.1.5 삭제)

제26조 (1999.2.5 삭제)

제27조【건축사사무소개설신고사항의 변경 또는 휴업·폐업 등의 신고】 건축사사무소개설자가 성명, 건축사사무소 소재지, 그 밖에 대통령령으로 정하는 건축사사무소개설신고사항을 변경하거나 휴업 또는 폐업한 경우에는 그 사실을 시·도지사에게 신고하여야 한다.(2020.2.18 본조개정)

제28조【건축사사무소개설신고의 효력상실처분 등】 ① 시·도지사는 건축사사무소개설자 또는 그 소속 건축사가 다음 각 호의 어느 하나에 해당하는 경우에는 건축사사무소개설신고의 효력상실처분을 하거나 1년 이내의 기간을 정하여 그 업무정지를 명할 수 있다. 다만, 제1호, 제2호, 제4호 및 제5호에 해당하는 경우에는 건축사사무소개설신고의 효력상실처분을 하여야 한다.(2020.2.18 본문개정)
1. 거짓이나 그 밖의 부정한 방법으로 건축사사무소개설신고를 한 사실이 드러난 경우
2. 제18조의3에 따라 건축사사무소개설자의 자격등록이 취소된 경우
3. 제19조에 따른 업무범위를 위반하여 건축사업을 한 경우
4. 건축물의 구조상 안전에 관한 규정을 위반하여 설계 또는 공사감리를 함으로써 사람을 죽거나 다치게 한 경우
5. 연 2회 이상 업무정지명령을 받고 그 정지기간이 통틀어 1년을 초과하는 경우
6. 제23조제7항을 위반하여 둘 이상의 건축사사무소를 개설한 경우(2018.12.18 본호개정)
7. 제27조에 따른 건축사사무소개설신고사항의 변경 등을 거짓으로 신고한 경우
8. 제30조제1항에 따른 보고를 하지 아니하거나 거짓으로 보고를 한 경우 또는 검사를 거부·방해하거나 기피한 경우

② 시·도지사는 제1항에 따른 건축사사무소개설신고의 효력상실처분 또는 업무정지명령이 소속 건축사보 또는 실무수련자의 업무보조 잘못으로 인한 경우에는 그 소속 건축사보 또는 실무수련자에게 1년 이내의 기간을 정하여 업무정지를 명할 수 있다.(2020.2.18 본항개정)
③ 제1항에 따른 건축사사무소개설신고의 효력상실처분 또는 업무정지명령 및 제2항에 따른 업무정지명령의 기준, 절차, 그 밖에 필요한 사항은 대통령령으로 정한다.

제28조의2【청문】 국토교통부장관 또는 시·도지사는 다음 각 호의 어느 하나에 해당하는 처분을 하려면 청문을 하여야 한다.(2020.2.18 본문개정)
1. 제11조에 따른 건축사 자격의 취소
2. 제18조의3에 따른 자격등록의 취소
3. 제28조에 따른 건축사사무소개설신고의 효력상실처분

제29조【건축사사무소개설신고부의 정리】 시·도지사는 다음 각 호의 어느 하나에 해당하는 경우에는 건축사사무소개설신고부에 해당 건축사사무소에 관한 신고사항을 정리하여야 한다.(2020.2.18 본문개정)
1. 제28조에 따른 건축사사무소개설신고의 효력상실처분을 한 경우
2. 제27조에 따른 변경 등의 신고를 받은 경우(2015.8.11 본호개정)
3. 그 밖에 대통령령으로 정하는 사유가 있는 경우

제30조【보고·조사 등】 ① 국토교통부장관 또는 시·도지사는 다음 각 호의 어느 하나에 해당하는 경우에는 건축사사무소개설자에게 필요한 사항을 보고하게 하거나 자료의 제출을 요구할 수 있으며, 소속 공무원으로 하여금 업무 상황 또는 회계 상황을 조사하게 하거나 장부 또는 그 밖의 서류를 검사하게 할 수 있다.(2020.2.18 본문개정)
1. 이 법의 위반 여부에 대한 확인이 필요한 경우
2. 건축사업무 수행과 관련하여 건축주 등 이해관계를 가지는 자와 분쟁이 발생한 경우

② 제1항에 따라 국토교통부장관 또는 시·도지사가 보고 또는 자료의 제출을 요구하거나 조사 또는 검사를 하고자 하는 경우 「행정조사기본법」 제17조에 따른 사전통지를 하여야 하고, 사무소 등에 출입하여 조사 또는 검사를 하는 공무원은 그 권한을 표시하는 증표를 지니고 이를 관계인에게 보여주어야 한다.(2020.2.18 본항개정)
(2019.11.26 본조개정)

제30조의2【건축사의 실무교육】 ① 건축사는 건축사 업무 수행에 필요한 전문 지식과 기술적 능력을 높이기 위하여 제18조제7항에 따른 갱신등록을 하기 전에 대통령령으로 정하는 바에 따라 국토교통부장관이 실시하는 실무교육을 받아야 한다.(2019.8.20 본항개정)
② 다음 각 호의 어느 하나에 해당하는 건축사가 제18조에 따른 자격등록을 하려면 대통령령으로 정하는 바에 따라 국토교통부장관이 실시하는 실무교육을 받아야 한다.(2013.3.23 본문개정)
1. 제18조제7항에 따른 갱신등록을 하지 아니하여 자격등록의 효력이 상실된 건축사(2019.8.20 본호개정)
2. 제18조의3에 따라 자격등록이 취소된 후 3년이 지난 건축사
3. 제18조제1항에 따라 건축사 자격을 취득한 후 3년 이내에 등록하지 아니한 자

제5장의2 징 계
(2011.5.30 본장신설)

제30조의3【징계】 ① 국토교통부장관은 건축사가 다음 각 호의 어느 하나에 해당하는 경우에는 제30조의4에 따른 건축사징계위원회의 의결에 따라 제2항에서 정하는 징계를 할 수 있다. 다만, 제1호나 제10호에 해당하는 경우에는 제2항제1호에 따른 자격등록 취소를 하여야 한다.(2022.2.3 본문개정)
1. 거짓이나 그 밖의 부정한 방법으로 제18조에 따른 자격등록 또는 갱신등록을 한 경우
2. 제18조제2항에 따른 건축사 윤리선언을 위반한 경우
3. 제19조에 따른 업무범위를 위반하여 업무를 수행한 경우
4. 제19조의2제1항에 따른 업무 실적 등을 거짓으로 제출한 경우
5. 제20조제1항을 위반하여 건축사업무를 성실하게 수행하지 아니한 경우
6. 제20조제6항을 위반하여 직무상 알게 된 비밀을 누설하거나 다른 용도로 사용한 경우
7. 제20조제7항을 위반하여 건축사업무를 수행할 때 품위를 손상하는 행위를 한 경우
8. 제23조제7항을 위반하여 둘 이상의 건축사사무소를 개설하거나 둘 이상의 건축사사무소에 소속된 경우(2018.12.18 본호개정)
9. 제31조의4에 따른 윤리규정을 위반한 경우(2022.2.3 본호신설)
10. 제2항제2호에 따른 징계를 받아 업무가 정지된 후에도 계속하여 그 업무를 수행한 경우

② 건축사에 대한 징계의 종류는 다음 각 호와 같다.
1. 자격등록취소
2. 2년 이하의 업무정지
3. 견책

③ 시·도지사 및 제31조에 따른 대한건축사협회는 건축사가 제1항 각 호의 어느 하나에 해당하는 징계사유가 있다고 인정되면 그 증거서류를 첨부하여 국토교통부장관에게 해당 건축사의 징계를 요청할 수 있다.(2022.2.3 본항개정)
④ (2015.8.11 삭제)
⑤ 제1항에 따른 징계의결은 국토교통부장관의 요구에 따라 한다. 다만, 위반사유가 발생한 날부터 3년이 지나면 징계의결의 요구를 할 수 없다.(2013.3.23 본문개정)

제30조의4【건축사징계위원회】 ① 건축사징계위원회(이하 "징계위원회"라 한다)는 국토교통부에 둔다.(2013.3.23 본항개정)
② 징계위원회는 위원장 1명을 포함한 9명의 위원으로 구성한다.
③ 징계위원회의 위원장은 국토교통부의 고위공무원단에 속하는 일반직공무원 중에서 국토교통부장관이 지명하는 사람으로 하고, 그 밖의 위원은 국토교통부 소속 공무원, 건축사 또는 「고등교육법」 제2조에 따른 대학에서 건축에 관한 과목을 가르치는 조교수 이상의 직에 있는 사람 중에서 국토교통부장관이 임명 또는 위촉하는 사람으로 한다.(2013.3.23 본항개정)
④ 제1항부터 제3항까지에서 규정한 사항 외에 징계위원회의 구성·운영 등에 필요한 사항은 대통령령으로 정한다.

제6장 대한건축사협회
(2022.2.3 본장제목개정)

제31조【대한건축사협회】 ① 건축사의 품위 유지, 업무개선, 건축기술의 연구·개발을 통한 건축물의 질적 향상 및 안전 증진과 건축문화의 발전을 위하여 대한건축사협회(이하 "건축사협회"라 한다)를 둔다.(2022.2.3 본항개정)
② 건축사협회는 법인으로 한다.
③ 건축사협회는 주된 사무소의 소재지에서 설립등기를 함으로써 성립한다.
④ 건축사협회의 임원, 조직과 그 밖에 필요한 사항은 대통령령으로 정한다.(2022.2.3 본항신설)
(2022.2.3 본조제목개정)
(2011.5.30 본조개정)

제31조의2【사업】 건축사협회는 제31조에 따른 목적을 달성하기 위하여 다음 각 호의 사업을 할 수 있다.
1. 건축물에 관한 조사·연구
2. 건축물의 품질 및 시공 기술의 향상을 위한 지도
3. 건축사업무의 개선·발전
4. 회원의 품위 유지 및 윤리 확립
5. 건축사와 건축사보의 자질 향상을 위한 연수
6. 회원의 복지 향상 및 연금제도 운영
7. 그 밖에 건축사협회의 설립 목적을 달성하기 위하여 필요한 사업

(2015.8.11 본조개정)

제31조의3【건축사협회의 가입의무】 제23조제1항에 따라 건축사사무소개설신고를 한 건축사는 건축사협회 정관으로 정하는 절차에 따라 건축사협회에 가입하여야 한다.
(2022.2.3 본조신설)
제31조의4【윤리규정】 ① 건축사협회는 회원이 업무를 수행할 때 지켜야 할 직업윤리에 관한 윤리규정을 국토교통부장관의 승인을 얻어 제정하여야 한다.
② 건축사협회의 회원은 제1항에 따른 직업윤리에 관한 윤리규정을 준수하여야 한다.
(2022.2.3 본조신설)
제32조【주사무소와 지부】 건축사협회는 정관으로 정하는 바에 따라 주사무소를 설치하고 필요한 곳에 지부(支部)를 둘 수 있다.(2011.5.30 본조개정)
제33조~제34조 (2011.5.30 삭제)
제35조【정관】 ① 건축사협회는 정관을 작성한 때에는 국토교통부장관의 인가를 받아야 한다. 정관을 변경하려는 경우에도 또한 같다.
② 건축사협회의 정관에 포함되어야 할 사항과 사업 종목에 관한 사항은 대통령령으로 정한다.
(2022.2.3 본조개정)
제36조【「민법」의 적용】 건축사협회에 관하여는 이 법에 규정된 사항을 제외하고는 「민법」 중 사단법인에 관한 규정을 적용한다.(2011.5.30 본조개정)
제37조 (2001.8.14 삭제)
제38조 (2022.2.3 삭제)
제38조의2【보고·조사 등】 국토교통부장관은 다음 각 호의 어느 하나에 해당하는 경우 건축사협회에 대하여 그 업무에 관한 사항을 보고하게 하거나 자료의 제출을 요구할 수 있으며, 소속 공무원으로 하여금 업무 상황을 조사하게 하거나 장부 또는 그 밖의 서류를 검사하게 할 수 있다. 이 경우 제30조제2항을 준용한다.
1. 제38조의11제2항에 따라 위탁한 업무에 대한 관리·감독이 필요한 경우
2. 그 밖에 건축사 관련 정책 수립을 위하여 필요한 경우
(2019.11.26 본조개정)

제6장의2 건축사공제조합
(2015.8.11 본장신설)

제38조의3【건축사공제조합의 설립 등】 ① 건축사는 상호 간의 협동조직을 통하여 자율적인 경제활동을 도모하고 건축사업 수행에 필요한 손해배상책임의 보장, 각종 보증 및 자금의 융자 등을 위하여 국토교통부장관의 인가를 받아 건축사공제조합(이하 "공제조합"이라 한다)을 설립할 수 있다.
② 공제조합은 법인으로 하며, 주된 사무소의 소재지에서 설립등기를 함으로써 성립한다.
③ 공제조합 조합원의 자격, 임원에 관한 사항, 출자에 관한 사항 및 공제조합 운영 등에 관한 사항은 정관으로 정한다.
④ 공제조합 정관의 기재사항, 보증대상 및 보증한도 등은 대통령령으로 정하며, 정관을 변경하려면 이사회 의결을 거쳐 국토교통부장관의 인가를 받아야 한다.
제38조의4【공제조합의 설립인가】 ① 공제조합을 설립하려면 조합원 자격이 있는 자 5명 이상이 발기하고 조합원 자격이 있는 자 20명 이상의 동의를 받아 창립총회에서 정관을 작성한 후 국토교통부장관에게 인가를 신청하여야 한다.
② 국토교통부장관은 제1항에 따라 설립인가를 한 경우 이를 공고하여야 한다.
제38조의5【공제조합의 사업】 공제조합은 다음 각 호의 사업을 한다.
1. 조합원의 업무수행에 따른 입찰, 계약, 선급금지급, 하자보수 등의 보증
2. 조합원에 대한 자금의 융자
3. 조합원의 업무수행에 따른 손해배상책임을 보장하는 공제사업 및 조합원에 고용된 사람의 복지향상과 업무상 재해로 인한 손실을 보상하는 공제사업
4. 건축사업무 관련 기술의 개선·향상과 관련한 연구 및 교육에 관한 사업
5. 조합원을 위한 공동이용시설의 설치·운영 및 조합원의 편익증진을 위한 사업
6. 조합원의 업무수행에 필요한 기자재의 구매알선
7. 조합원의 목적 달성에 필요한 투자 등의 수익사업
8. 제1호에서 제7호까지에 부대되는 사업으로서 정관으로 정하는 사업
제38조의6【보증규정】 ① 공제조합은 제38조의5제1호에 따른 보증사업을 하려면 보증규정을 정하여야 하고, 보증규정을 제정하거나 변경하려는 경우에는 국토교통부장관에게 보고하여야 한다.
② 제1항의 보증규정에는 보증사업의 범위, 보증계약의 내용, 보증수수료, 보증에 충당하기 위한 책임준비금 등 보증사업의 운영에 필요한 사항이 포함되어야 한다.
제38조의7【공제규정】 ① 공제조합은 제38조의5제3호에 따른 공제사업을 하려면 공제규정을 정하여야 하고, 공제규정을 제정하거나 변경하려는 경우에는 국토교통부장관에게 보고하여야 한다.
② 제1항의 공제규정에는 공제사업의 범위, 공제계약의 내용, 공제료, 공제금, 공제금에 충당하기 위한 책임준비금 등 공제사업의 운영에 필요한 사항이 포함되어야 한다.
제38조의8【보고·조사 등】 ① 국토교통부장관은 다음 각 호의 어느 하나에 해당하는 경우 공제조합에 대하여 그 업무에 관한 사항을 보고하게 하거나 자료의 제출을 요구할 수 있으며, 소속 공무원으로 하여금 공제조합의 업무 상황 또는 회계 상황을 조사하게 하거나 장부 또는 그 밖의 서류를 검사하게 할 수 있다. 이 경우 제30조제2항을 준용한다.(2019.11.26 본문개정)
1. 이 법의 위반 여부에 대한 확인이 필요한 경우
2. 그 밖에 공제조합의 재무건전성 유지 등을 위하여 필요한 경우
(2019.11.26 1호~2호신설)
② 제38조의5제3호에 따른 공제사업에 대하여는 대통령령으로 정하는 바에 따라 금융위원회가 제1항에 따른 조사 또는 검사를 할 수 있다.
③ 국토교통부장관은 제38조의5제1호에 따른 보증사업의 건전한 육성과 계약자 보호를 위하여 보증사업의 감독에 필요한 기준을 정하여 고시하여야 한다.
④ 국토교통부장관은 제38조의5제3호에 따른 공제사업의 건전한 육성과 계약자의 보호를 위하여 금융위원회 위원장과 협의하여 감독에 필요한 기준을 정하여 고시하여야 한다.
(2019.11.26 본조제목개정)
제38조의9【공제조합의 책임】 ① 공제조합은 보증한 사항에 관하여 법령이나 그 밖의 계약서 등에서 정하는 바에 따라 보증금을 지급할 사유가 발생하였을 때에는 그 보증금을 보증채권자에게 지급하여야 한다.
② 제1항에 따라 보증채권자가 공제조합에 대하여 가지는 보증금에 관한 권리는 보증기간 만료일부터 2년간 행사하지 아니하면 시효의 완성으로 소멸한다.
제38조의10【다른 법률의 준용】 공제조합에 관하여는 이 법에서 규정한 사항 외에는 「민법」 중 사단법인에 관한 규정과 「상법」 중 주식회사의 회계에 관한 규정을 준용한다.

제6장의3 보 칙
(2011.5.30 본장신설)

제38조의11【권한의 위임 및 위탁】 ① 국토교통부장관은 대통령령으로 정하는 바에 따라 이 법에 따른 권한의 일부를 시·도지사에게 위임할 수 있다.(2013.3.23 본항개정)
② 국토교통부장관은 대통령령으로 정하는 바에 따라 다음 각 호의 업무를 건축사협회에 위탁할 수 있다.
(2013.3.23 본문개정)
1. 실무수련자의 관리
2. 제7조제2항에 따른 건축사보 신고의 접수
3. 제14조에 따른 건축사 자격시험의 관리
4. 제18조에 따른 등록의 접수, 등록증 발급 및 반납
(2015.8.11 본호개정)
5. 제19조의2에 따른 건축사 업무 실적의 관리 등
6. 제30조의2에 따른 실무교육
③ 국토교통부장관은 대통령령으로 정하는 바에 따라 제30조의3에 따른 건축사 징계에 관한 업무를 시·도지사에게 위임할 수 있다.(2013.3.23 본항개정)
④ 시·도지사의 징계 결정에 불복하는 사람은 그 결정통지를 받은 날부터 30일 이내에 국토교통부장관에게 이의신청을 할 수 있다. 이의신청을 받은 국토교통부장관은 신청에 이유가 있다고 인정하면 시·도지사의 징계 결정을 취소하고 스스로 징계 결정을 하여야 한다.
(2013.3.23 본항개정)
⑤ 제4항에 따른 이의신청의 절차 등에 필요한 사항은 대통령령으로 정한다.
제38조의12【벌칙 적용 시의 공무원 의제】 다음 각 호에 해당하는 사람은 「형법」 제127조 및 제129조부터 제132조까지의 규정을 적용할 때에는 공무원으로 본다.
1. 제38조의11제2항에 따라 위탁받은 업무에 종사하는 사람(2015.8.11 본호개정)
2. 징계위원회의 위원

제7장 벌 칙
(2011.5.30 본장개정)

제39조【벌칙】 건축사업무의 수행과 관련하여 다음 각 호의 어느 하나에 해당하는 행위를 한 건축사, 건축사보 또는 실무수련자는 2년 이하의 징역이나 2천만원 이하의 벌금에 처한다.
1. 부당하게 금품을 주고받거나 요구하는 행위
2. 제3자에게 부당한 금품을 제공하게 하거나 제공을 요구하는 행위
(2015.1.6 본조신설)
제39조의2【벌칙】 다음 각 호의 어느 하나에 해당하는 사람은 2년 이하의 징역이나 2천만원 이하의 벌금에 처한다.
1. 제10조를 위반한 다음 각 목의 어느 하나에 해당하는 사람
가. 다른 사람에게 자기의 성명을 사용하여 건축사업무를 수행하게 하거나 자신의 건축사 자격증을 빌려 준 사람
나. 다른 사람의 성명을 사용하여 건축사업무를 수행하거나 다른 사람의 건축사 자격증을 빌린 사람
다. 가목 및 나목의 행위를 알선한 사람
2. 제18조를 위반한 다음 각 목의 어느 하나에 해당하는 사람
가. 다른 사람에게 자신의 건축사 등록증을 빌려 준 사람
나. 다른 사람의 건축사 등록증을 빌린 사람
다. 가목 및 나목의 행위를 알선한 사람
(2019.8.20 본조신설)
제39조의3【벌칙】 다음 각 호의 어느 하나에 해당하는 사람은 1년 이하의 징역이나 1천만원 이하의 벌금에 처한다.
1. 거짓이나 그 밖의 부정한 방법으로 건축사 자격을 취득하거나 제18조에 따른 자격등록 또는 갱신등록을 한 사람
2. 제4조를 위반하여 건축물의 설계 또는 공사감리를 한 사람
3. (2019.8.20 삭제)
4. 제18조의2에 따라 자격등록 또는 갱신등록이 거부되거나 제18조의3에 따라 자격등록이 취소된 사람으로서 건축사업무를 수행한 사람
5. 제20조제6항을 위반하여 직무상 알게 된 비밀을 누설하거나 다른 용도로 사용한 사람
6. 거짓이나 그 밖의 부정한 방법으로 건축사사무소개설신고를 한 사람
7. 제23조를 위반하여 건축사사무소개설신고를 하지 아니하고 건축사업을 한 사람
8. 제30조의3제2항제2호에 따른 징계를 받아 업무가 정지된 후에도 계속하여 그 업무를 수행한 사람
9. (2015.1.6 삭제)
제39조의4【몰수·추징】 제39조의2의 죄를 지은 자 또는 그 사정을 아는 제3자가 받은 금품이나 그 밖의 이익은 몰수한다. 이를 몰수할 수 없을 때에는 그 가액을 추징한다.(2019.8.20 전단개정)
제40조【양벌규정】 건축사사무소개설자의 대리인, 사용인, 그 밖의 종업원이 그 건축사사무소개설자의 업무에 관하여 제39조, 제39조의2 또는 제39조의3의 위반행위를 하면 그 행위자를 벌하는 외에 그 건축사사무소개설자에게도 해당 조문의 벌금형을 과(科)한다. 다만, 건축사사무소개설자가 그 위반행위를 방지하기 위하여 해당 업무에 관하여 상당한 주의와 감독을 게을리하지 아니한 경우에는 그러하지 아니하다.(2019.8.20 본문개정)
제41조【과태료】 ① 다음 각 호의 어느 하나에 해당하는 사람에게는 100만원 이하의 과태료를 부과한다.
1. 제12조를 위반하여 건축사 또는 이와 비슷한 명칭을 사용한 사람
2. 제30조제1항에 따른 보고를 하지 아니하거나 거짓으로 보고한 사람 또는 검사를 거부·방해하거나 기피한 사람
② 다음 각 호의 어느 하나에 해당하는 사람에게는 50만원 이하의 과태료를 부과한다.
1. (2015.8.11 삭제)
2. 제11조제3항을 위반하여 자격증을 반납하지 아니한 사람
3. 제27조를 위반하여 변경 등의 신고를 하지 아니한 사람
4. (2015.8.11 삭제)
③ 제1항과 제2항에 따른 과태료는 국토교통부장관 또는 시·도지사가 부과·징수한다.(2020.2.18 본항개정)
제42조 → 제40조로 이동
제43조 (1984.12.31 삭제)

부 칙 (2011.5.30)

제1조【시행일】 이 법은 공포 후 1년이 경과한 날부터 시행한다. 다만, 제12조, 제33조, 제34조, 제40조의 개정규정 및 부칙 제5조제2항은 공포한 날부터 시행하고, 제15조의 개정규정은 2020년 1월 1일부터 시행한다.
제2조【실무수련 자격 인정 등에 관한 특례】 ① 이 법 시행 전에 제13조제2항의 개정규정에 따른 교육과정에 상응하는 교육과정으로서 대통령령으로 정하는 교육과정을 이수한 사람은 같은 항의 개정규정에 따른 교육과정을 이수한 것으로 본다.
② 이 법 시행 전에 제1항에 해당하는 사람이 건축에 관한 실무경력 중 대통령령으로 정하는 경력을 쌓은 경우에는 제13조의 개정규정에 따른 실무수련을 받은 것으로 본다.
제3조【이 법 시행 당시 건축사예비시험에 합격한 사람에 관한 특례】 ① 2019년 12월 31일까지 종전의 제15조에 따른 건축사예비시험에 합격한 사람으로서 건축사예비시험의 응시자격을 취득한 날부터 5년 이상(제13조제2항제1호의 개정규정에 따른 5년 이상의 건축학 학위과정을 이수하고 그 학위를 취득한 사람은 4년 이상) 건축에 관한 실무경력을 쌓은 사람은 2026년 12월 31일까지 대통령령으로 정하는 바에 따라 실시하는 건축사 자격시험 특별전형에 응시할 수 있고, 건축사 자격시험 특별전형에 합격한 사람은 제14조의 개정규정에 따른 건축사 자격시험에 합격한 사람으로 본다.
② 제1항에 따른 건축에 관한 실무경력은 종전의 제16조에 따라 산정한다.
③ 제1항에 따른 건축사 자격시험 특별전형에서 부정행위를 한 응시자에 대하여는 제15조의2의 개정규정을 준용한다.

제4조【건축사보의 신고에 관한 경과조치】 제2조제2호의 개정규정에도 불구하고 2019년 12월 31일까지 종전의 제15조에 따른 건축사예비시험에 합격한 사람은 2019년 12월 31일까지 제7조제2항의 개정규정에 따라 건축사보의 신고를 할 수 있다.
제5조【건축사예비시험의 시행 등에 관한 경과조치】 ① 2019년 12월 31일까지 실시되는 건축사예비시험에 관한 다음 각 호의 사항은 해당 각 호에서 정하는 규정에 따른다.
1. 시험의 내용과 시행에 관한 사항 : 종전의 제13조
2. 부정행위자에 대한 제재 : 종전의 제15조의2
3. 시험과목, 시험방법, 합격기준 등에 관한 사항 : 종전의 제16조
4. 응시 수수료 : 종전의 제17조
5. 거짓이나 그 밖의 부정한 방법으로 합격한 자에 대한 벌칙의 적용에 관한 사항 : 종전의 제39조

② 다음 각 호의 어느 하나에 해당하는 사람은 종전의 제15조에도 불구하고 2019년 12월 31일까지 실시되는 건축사예비시험에 응시할 수 있다.
1. 대학원에서 건축에 관한 소정의 과정을 이수하고 졸업한 자 및 졸업예정자 또는 「고등교육법」에 의하여 이와 동등 이상의 학력이 있다고 인정되는 자
2. 「국가기술자격법」에 따른 건축분야 기술사 자격을 취득한 자
3. 「국가기술자격법」에 따른 건축분야 기사 자격을 취득하고 자격취득 전후를 통산하여 3년 이상 건축에 관한 실무경력이 있는 자
4. 「국가기술자격법」에 따른 건축분야 산업기사 자격을 취득하고 자격취득 전후를 통산하여 5년 이상 건축에 관한 실무경력이 있는 자

제6조【건축사 자격등록에 관한 경과조치】 ① 이 법 시행 당시 종전의 규정에 따라 건축사 자격시험에 합격하여 건축사 자격을 취득한 사람은 제18조제1항의 개정규정에도 불구하고 이 법에 따라 등록한 건축사로 본다. 다만, 이 법 시행 후 1년 이내에 제18조의 개정규정에 따라 자격등록을 하여야 한다.
② 제1항 단서에 따른 기한 안에 자격등록을 하지 아니하는 경우에는 제30조의2의 개정규정에 따른 실무교육을 받아야 자격등록을 할 수 있다.
제7조【건축사사무소개설신고에 관한 경과조치】 이 법 시행 당시 건축사업무신고를 한 건축사사무소개설자는 제23조의 개정규정에 따라 건축사사무소개설신고를 한 것으로 본다.
제8조【행정제재처분에 관한 경과조치】 이 법 시행 전의 위반행위에 대한 행정제재처분에 관하여는 종전의 규정에 따른다.

부 칙 (2015.8.11)

제1조【시행일】 이 법은 공포 후 6개월이 경과한 날부터 시행한다. 다만, 제8조제3항, 제9조제1호 및 제4호, 제18조의3제2항, 제29조제2호, 제30조의3제4항, 제38조의11제2항제4호, 제38조의12제1호, 제41조제2항제1호 및 제4호의 개정규정은 공포한 날부터 시행한다.
제2조【금치산자 등에 대한 경과조치】 제9조제1호의 개정규정에 따른 피성년후견인 또는 피한정후견인에는 법률 제10429호 민법 일부개정 법률 부칙 제2조에 따른 금치산 또는 한정치산 선고의 효력이 유지되는 사람을 포함하는 것으로 본다.
제3조【건축사협회가 수행하는 공제사업에 관한 경과조치】 ① 이 법 시행 당시 종전의 규정에 따른 건축사협회는 제38조의3제1항의 개정규정에 따른 공제조합이 설립되기 전까지는 같은 개정규정에 따른 공제조합으로 본다. 이 경우 이 법 시행 후 6개월 이내에 제38조의4제1항의 개정규정에 따라 국토교통부장관에게 공제조합 설립인가를 받아야 한다.
② 이 법 시행 당시 종전의 규정과 제1항 전단에 따라 건축사협회가 수행하는 공제사업과 관련된 모든 재산과 권리·의무는 제38조의3제1항의 개정규정에 따라 설립되는 공제조합이 승계한다.
③ 건축사협회의 공제사업과 관련하여 건축사협회에 대하여 한 행위 및 건축사협회가 한 행위는 각각 제38조의3제1항의 개정규정에 따라 설립되는 공제조합에 대한 행위와 공제조합의 행위로 본다.
④ 공제사업과 관련하여 건축사협회에 출자한 회원은 제38조의3제1항의 개정규정에 따라 설립되는 공제조합에 출자한 조합원으로 본다.
⑤ 공제사업과 관련하여 건축사협회에 납부된 출자금은 제38조의3제1항의 개정규정에 따라 설립되는 공제조합에 납부된 출자금으로 본다.
제4조【과태료에 관한 경과조치】 제41조제2항제1호 및 제4호의 개정규정 시행 전의 행위에 대하여 과태료 규정을 적용할 때에는 종전의 규정에 따른다.

부 칙 (2017.12.26)

제1조【시행일】 이 법은 공포한 날부터 시행한다.
제2조【공공발주사업에 대한 건축사의 대가 기준에 관한 적용례】 제19조의3제1항의 개정규정은 이 법 시행 후 최초로 발주하는 설계 또는 공사감리 용역계약부터 적용한다.

부 칙 (2018.12.18)

제1조【시행일】 이 법은 공포 후 1개월이 경과한 날부터 시행한다.
제2조【건축사사무소개설신고에 관한 적용례】 제23조제2항 및 제3항의 개정규정은 이 법 시행 이후 신고를 하는 경우부터 적용한다.

부 칙 (2019.4.30 법16415호)

제1조【시행일】 ① 이 법은 공포 후 6개월이 경과한 날부터 시행한다.(이하 생략)

부 칙 (2019.4.30 법16416호)

제1조【시행일】 이 법은 공포 후 1년이 경과한 날부터 시행한다.(이하 생략)

부 칙 (2019.8.20)

이 법은 공포 후 6개월이 경과한 날부터 시행한다.

부 칙 (2019.11.26)

제1조【시행일】 이 법은 공포한 날부터 시행한다.
제2조【건축사 자격시험에 관한 적용례】 제14조제4항의 개정규정은 이 법 시행 후 최초로 공고하는 건축사 자격시험부터 적용한다.

부 칙 (2020.2.18)

제1조【시행일】 이 법은 2021년 1월 1일부터 시행한다.(이하 생략)
제2조【사무이양을 위한 사전조치】 ① 관계 중앙행정기관의 장은 이 법에 따른 중앙행정권한 및 사무의 지방일괄 이양에 필요한 인력 및 재정 소요 사항을 지원하기 위하여 필요한 조치를 마련하여 이 법에 따른 시행일 3개월 전까지 국회 소관 상임위원회에 보고하여야 한다.
② 「지방자치분권 및 지방행정체제개편에 관한 특별법」 제44조에 따른 자치분권위원회는 제1항에 따른 인력 및 재정 소요 사항을 사전에 전문적으로 조사·평가할 수 있다.
제3조【행정처분 등에 관한 일반적 경과조치】 이 법 시행 당시 종전의 규정에 따라 행정기관이 행한 처분 또는 그 밖의 행위는 이 법의 규정에 따라 행정기관이 행한 처분 또는 그 밖의 행위로 보고, 종전의 규정에 따라 행정기관에 대하여 행한 신청·신고, 그 밖의 행위는 이 법의 규정에 따라 행정기관에 대하여 행한 신청·신고, 그 밖의 행위로 본다.
제4조【다른 법률의 개정】 (생략)

부 칙 (2020.6.9)

이 법은 공포한 날부터 시행한다.(이하 생략)

부 칙 (2020.12.29)

제1조【시행일】 이 법은 공포 후 1년이 경과한 날부터 시행한다.(이하 생략)

부 칙 (2021.3.16)

제1조【시행일】 이 법은 공포 후 3개월이 경과한 날부터 시행한다.(이하 생략)

부 칙 (2022.2.3)

제1조【시행일】 이 법은 공포 후 6개월이 경과한 날부터 시행한다.
제2조【대한건축사협회에 대한 경과조치】 이 법 시행 당시 종전의 규정에 따라 설립된 대한건축사협회는 이 법에 따른 대한건축사협회로 본다.
제3조【건축사협회 가입에 관한 경과조치 등】 ① 이 법 시행 당시 제23조제1항에 따라 건축사사무소개설신고가 되어 있는 건축사로서 건축사협회에 회원으로 가입되어 있지 아니한 건축사는 이 법 시행 이후 1년 이내에 건축사협회에 가입하여야 한다.
② 건축사협회는 이 법 시행 전에 제31조의3의 개정규정을 시행하기 위하여 제35조의 개정규정에 따른 정관을 작성하여 국토교통부장관의 인가를 받아야 한다.

(舊 : 공인중개사의 업무 및 부동산 거래신고에 관한 법률)

공인중개사법

(2005년 7월 29일 전부개정법률 제7638호)

개정
2005.12. 7법 7710호 2006.12.28법 8120호
2007. 8. 3법 8635호(자본시장금융투자업)
2008. 2.29법 8852호(정부조직)
2008. 2.29법 8863호(금융위원회의설치등에관한법)
2008. 6.13법 9127호 2009. 4. 1법 9596호
2011. 4.12법10580호(부등)
2011. 5.19법10663호
2013. 3.23법11690호(정부조직)
2013. 6. 4법11866호
2013. 7.17법11943호(측량·수로지적)
2014. 1.28법12374호 2014. 5.21법12635호
2016. 1. 6법13726호(옥외광고물등의관리와옥외광고산업진흥에관한법)
2016.12. 2법14334호 2018. 4.17법15597호
2018. 8.14법15724호 2019. 8.20법16489호
2020. 6. 9법17453호(법률용어정비)
2020.12. 8법17608호
2020.12.29법17799호(독점)
2023. 4.18법19371호 2023. 6. 1법19423호
2023.12.26법19841호(주민등록)→2024년 12월 27일 시행이므로 「法典別冊」 보유편 수록

제1장 총 칙

제1조【목적】 이 법은 공인중개사의 업무 등에 관한 사항을 정하여 그 전문성을 제고하고 부동산중개업을 건전하게 육성하여 국민경제에 이바지함을 목적으로 한다. (2014.1.28 본조개정)
판례 「공인중개사법」(舊 : 공인중개사의 업무 및 부동산 거래신고에 관한 법률)의 목적, 중개업자의 자격요건·기본윤리 등이 엄격하게 규정되어 있는 점, 위 법이 중개업자로 하여금 중개가 완성된 때에 거래계약서 등을 작성·교부하도록 정하고 있는 점 등을 고려하면, 중개업자는 중개가 완성된 때에만 거래계약서 등을 작성·교부하여야 하고 중개를 하지 아니하였음에도 함부로 거래계약서 등을 작성·교부하여서는 아니 된다.
(대판 2010.5.13, 2009다78863,78870)
제2조【정의】 이 법에서 사용하는 용어의 정의는 다음과 같다.
1. "중개"라 함은 제3조에 따른 중개대상물에 대하여 거래당사자간의 매매·교환·임대차 그 밖의 권리의 득실변경에 관한 행위를 알선하는 것을 말한다.(2020.6.9 본호개정)
2. "공인중개사"라 함은 이 법에 의한 공인중개사자격을 취득한 자를 말한다.
3. "중개업"이라 함은 다른 사람의 의뢰에 의하여 일정한 보수를 받고 중개를 업으로 행하는 것을 말한다.
4. "개업공인중개사"라 함은 이 법에 의하여 중개사무소의 개설등록을 한 자를 말한다.
5. "소속공인중개사"라 함은 개업공인중개사에 소속된 공인중개사(개업공인중개사인 법인의 사원 또는 임원으로서 공인중개사인 자를 포함한다)로서 중개업무를 수행하거나 개업공인중개사의 중개업무를 보조하는 자를 말한다.
6. "중개보조원"이라 함은 공인중개사가 아닌 자로서 개업공인중개사에 소속되어 중개대상물에 대한 현장안내 및 일반서무 등 개업공인중개사의 중개업무와 관련된 단순한 업무를 보조하는 자를 말한다.

(2014.1.28 4호~6호개정)
제2조의2【공인중개사 정책심의위원회】 ① 공인중개사의 업무에 관한 다음 각 호의 사항을 심의하기 위하여 국토교통부에 공인중개사 정책심의위원회를 둘 수 있다.
1. 공인중개사의 시험 등 공인중개사의 자격취득에 관한 사항
2. 부동산 중개업의 육성에 관한 사항
3. 중개보수 변경에 관한 사항
4. 손해배상책임의 보장 등에 관한 사항

② 공인중개사 정책심의위원회의 구성 및 운영 등에 관하여 필요한 사항은 대통령령으로 정한다.
③ 제1항에 따라 공인중개사 정책심의위원회에서 심의한 사항 중 제1호의 경우에는 특별시장·광역시장·도지사·특별자치도지사(이하 "시·도지사"라 한다)는 이에 따라야 한다.
(2014.1.28 본조신설)
제3조【중개대상물의 범위】 이 법에 의한 중개대상물은 다음 각 호와 같다.
1. 토지
2. 건축물 그 밖의 토지의 정착물
3. 그 밖에 대통령령으로 정하는 재산권 및 물건(2020.6.9 본호개정)

제2장 공인중개사

제4조【자격시험】 ① 공인중개사가 되려는 자는 시·도지사가 시행하는 공인중개사자격시험에 합격하여야 한다. (2014.1.28 본항개정)
② 국토교통부장관은 공인중개사자격시험 수준의 균형유지 등을 위하여 필요하다고 인정하는 때에는 대통령령으로 정하는 바에 따라 직접 시험문제를 출제하거나 시험을 시행할 수 있다.(2020.6.9 본항개정)

③ 공인중개사자격시험의 시험과목·시험방법 및 시험의 일부면제 그 밖에 시험에 관하여 필요한 사항은 대통령령으로 정한다.

제4조의2 (2014.1.28 삭제)

제4조의3【부정행위자에 대한 제재】 제4조제1항 및 제2항에 따라 시험을 시행하는 시·도지사 또는 국토교통부장관(이하 "시험시행기관장"이라 한다)은 시험에서 부정한 행위를 한 응시자에 대하여는 그 시험을 무효로 하고, 그 처분이 있은 날부터 5년간 시험응시자격을 정지한다. 이 경우 시험시행기관장은 지체 없이 이를 다른 시험시행기관장에게 통보하여야 한다.(2013.3.23 전단개정)

제5조【자격증의 교부 등】 ① 제4조제1항 및 제2항에 따라 공인중개사자격시험을 시행하는 시험시행기관의 장은 공인중개사자격시험의 합격자가 결정된 때에는 이를 공고하여야 한다.

② 시·도지사는 제1항에 따른 합격자에게 국토교통부령으로 정하는 바에 따라 공인중개사자격증을 교부하여야 한다.

③ 제2항에 따라 공인중개사자격증을 교부받은 자는 공인중개사자격증을 잃어버리거나 못쓰게 된 경우에는 국토교통부령으로 정하는 바에 따라 시·도지사에게 재교부를 신청할 수 있다.

(2020.6.9 본조개정)

제6조【결격사유】 제35조제1항에 따라 공인중개사의 자격이 취소된 후 3년이 지나지 아니한 자는 공인중개사가 될 수 없다.(2020.6.9 본조개정)

제7조【자격증 대여 등의 금지】 ① 공인중개사는 다른 사람에게 자기의 성명을 사용하여 중개업무를 하게 하거나 자기의 공인중개사자격증을 양도 또는 대여하여서는 아니된다.

② 누구든지 다른 사람의 공인중개사자격증을 양수하거나 대여받아 이를 사용하여서는 아니된다.

③ 누구든지 제1항 및 제2항에서 금지한 행위를 알선하여서는 아니 된다.(2023.6.1 본항신설)

제8조【유사명칭의 사용금지】 공인중개사가 아닌 자는 공인중개사 또는 이와 유사한 명칭을 사용하지 못한다.

제3장 중개업 등

제9조【중개사무소의 개설등록】 ① 중개업을 영위하려는 자는 국토교통부령으로 정하는 바에 따라 중개사무소(법인의 경우에는 주된 중개사무소를 말한다)를 두려는 지역을 관할하는 시장(구가 설치되지 아니한 시의 시장과 특별자치도 행정시의 시장을 말한다. 이하 같다)·군수 또는 구청장(이하 "등록관청"이라 한다)에게 중개사무소의 개설등록을 하여야 한다.

② 공인중개사(소속공인중개사는 제외한다) 또는 법인이 아닌 자는 제1항에 따라 중개사무소의 개설등록을 신청할 수 없다.

③ 제1항에 따라 중개사무소 개설등록의 기준은 대통령령으로 정한다.

(2020.6.9 본조개정)

제10조【등록의 결격사유 등】 ① 다음 각 호의 어느 하나에 해당하는 자는 중개사무소의 개설등록을 할 수 없다.

1. 미성년자
2. 피성년후견인 또는 피한정후견인(2018.4.17 본호개정)
3. 파산선고를 받고 복권되지 아니한 자
4. 금고 이상의 실형의 선고를 받고 그 집행이 종료(집행이 종료된 것으로 보는 경우를 포함한다)되거나 집행이 면제된 날부터 3년이 지나지 아니한 자(2020.6.9 본호개정)
5. 금고 이상의 형의 집행유예를 받고 그 유예기간이 만료된 날부터 2년이 지나지 아니한 자(2023.4.18 본호개정)
6. 제35조제1항에 따라 공인중개사의 자격이 취소된 후 3년이 지나지 아니한 자
7. 제36조제1항에 따라 공인중개사의 자격이 정지된 자로서 자격정지기간 중에 있는 자
8. 제38조제1항제2호·제4호부터 제8호까지, 같은 조 제2항제2호부터 제11호까지에 해당하는 사유로 중개사무소의 개설등록이 취소된 후 3년(제40조제3항에 따라 등록이 취소된 경우에는 3년에서 같은 항 제1호에 따른 폐업기간을 공제한 기간을 말한다)이 지나지 아니한 자
9. 제39조에 따라 업무정지처분을 받고 제21조에 따른 폐업신고를 한 자로서 업무정지기간(폐업에도 불구하고 진행되는 것으로 본다)이 지나지 아니한 자
10. 제39조에 따라 업무정지처분을 받은 개업공인중개사인 법인의 업무정지의 사유가 발생한 당시의 사원 또는 임원이었던 자로서 해당 개업공인중개사에 대한 업무정지기간이 지나지 아니한 자
11. 이 법을 위반하여 300만원 이상의 벌금형의 선고를 받고 3년이 지나지 아니한 자
12. 사원 또는 임원 중 제1호부터 제11호까지의 어느 하나에 해당하는 자가 있는 법인

(2020.6.9 6호~12호개정)

② 제1항제1호부터 제11호까지의 어느 하나에 해당하는 자는 소속공인중개사 또는 중개보조원이 될 수 없다.

(2020.6.9 본항개정)

③ 등록관청은 개업공인중개사·소속공인중개사·중개보조원 및 개업공인중개사인 법인의 사원·임원(이하 "개업공인중개사등"이라 한다)이 제1항제1호부터 제11호까지의 어느 하나에 해당하는지 여부를 확인하기 위하여 관계 기관에 조회할 수 있다.(2014.1.28 본항개정)

제10조의2【벌금형의 분리 선고】 「형법」 제38조에도 불구하고 제48조 및 제49조에 규정된 죄와 다른 죄의 경합범(競合犯)에 대하여 벌금형을 선고하는 경우에는 이를 분리 선고하여야 한다.(2014.1.28 본조신설)

제11조【등록증의 교부 등】 ① 등록관청은 제9조에 따라 중개사무소의 개설등록을 한 자에 대하여 국토교통부령으로 정하는 바에 따라 중개사무소등록증을 교부하여야 한다.(2020.6.9 본항개정)

② 제5조제3항의 규정은 중개사무소등록증의 재교부에 관하여 이를 준용한다.

제12조【이중등록의 금지 등】 ① 개업공인중개사는 이중으로 중개사무소의 개설등록을 하여 중개업을 할 수 없다.

② 개업공인중개사등은 다른 개업공인중개사의 소속공인중개사·중개보조원 또는 개업공인중개사인 법인의 사원·임원이 될 수 없다.

(2014.1.28 본조개정)

제13조【중개사무소의 설치기준】 ① 개업공인중개사는 그 등록관청의 관할 구역 안에 중개사무소를 두되, 1개의 중개사무소만을 둘 수 있다.(2014.1.28 본항개정)

② 개업공인중개사는 천막 그 밖에 이동이 용이한 임시 중개시설물을 설치하여서는 아니된다.(2014.1.28 본항개정)

③ 제1항에도 불구하고 법인인 개업공인중개사는 대통령령으로 정하는 기준과 절차에 따라 등록관청에 신고하고 그 관할 구역 외의 지역에 분사무소를 둘 수 있다.

(2020.6.9 본항개정)

④ 제3항에 따라 분사무소 설치신고를 받은 등록관청은 그 신고내용이 적합한 경우에는 국토교통부령으로 정하는 신고확인서를 교부하고 지체 없이 그 분사무소 설치예정지역을 관할하는 시장·군수 또는 구청장에게 이를 통보하여야 한다.(2020.6.9 본항개정)

⑤ 제5조제3항은 제4항에 따른 신고확인서의 재교부에 관하여 이를 준용한다.(2020.6.9 본항개정)

⑥ 개업공인중개사는 그 업무의 효율적인 수행을 위하여 다른 개업공인중개사와 중개사무소를 공동으로 사용할 수 있다. 다만, 개업공인중개사가 제39조제1항에 따른 업무의 정지기간 중에 있는 경우로서 대통령령으로 정하는 때에는 그러하지 아니하다.(2014.1.28 본항개정)

⑦ 중개사무소의 설치기준 및 운영 등에 관하여 필요한 사항은 대통령령으로 정한다.

제14조【개업공인중개사의 겸업제한 등】 ① 법인인 개업공인중개사는 다른 법률에 규정된 경우를 제외하고는 중개업 및 다음 각 호에 규정된 업무와 제2항에 규정된 업무 외에 다른 업무를 함께 할 수 없다.(2014.1.28 본문개정)

1. 상업용 건축물 및 주택의 임대관리 등 부동산의 관리대행
2. 부동산의 이용·개발 및 거래에 관한 상담
3. 개업공인중개사를 대상으로 한 중개업의 경영기법 및 경영정보의 제공(2014.1.28 본호개정)
4. 상업용 건축물 및 주택의 분양대행(2009.4.1 본호개정)
5. 그 밖에 중개업에 부수되는 업무로서 대통령령으로 정하는 업무(2020.6.9 본호개정)

② 개업공인중개사는 「민사집행법」에 의한 경매 및 「국세징수법」 그 밖의 법령에 의한 공매대상 부동산에 대한 권리분석 및 취득의 알선과 매수신청 또는 입찰신청의 대리를 할 수 있다.(2014.1.28 본항개정)

③ 개업공인중개사가 제2항의 규정에 따라 「민사집행법」에 의한 경매대상 부동산의 매수신청 또는 입찰신청의 대리를 하고자 하는 때에는 대법원규칙으로 정하는 요건을 갖추어 법원에 등록을 하고 그 감독을 받아야 한다.

(2020.6.9 본항개정)

(2014.1.28 본조제목개정)

제15조【개업공인중개사의 고용인의 신고 등】 ① 개업공인중개사는 소속공인중개사 또는 중개보조원을 고용하거나 고용관계가 종료된 때에는 국토교통부령으로 정하는 바에 따라 등록관청에 신고하여야 한다.

② 소속공인중개사 또는 중개보조원의 업무상 행위는 그를 고용한 개업공인중개사의 행위로 본다.

③ 개업공인중개사가 고용할 수 있는 중개보조원의 수는 개업공인중개사와 소속공인중개사를 합한 수의 5배를 초과하여서는 아니 된다.(2023.4.18 본항신설)

(2014.1.28 본조개정)

판례 부동산중개업자가 고용한 중개보조원이 고의 또는 과실로 거래당사자에게 재산상 손해를 입힌 경우에 중개보조원은 불법행위자로서 거래당사자가 입은 손해를 배상할 책임을 지는 것이고, 그 중개보조원의 업무상 행위를 그를 고용한 중개업자의 행위로 본다고 정함으로써 중개업자 역시 거래당사자에게 손해를 배상할 책임을 지도록 하는 규정이다. 따라서 위 조항이 중개보조원이 고의 또는 과실로 거래당사자에게 손해를 입힌 경우에 그 중개보조원을 고용한 중개업자만이 손해배상책임을 지도록 하고 중개보조원에게는 손해배상책임을 지우지 않는다는 취지를 규정한 것은 아니다.(대판 2006.9.14, 2006다29945)

제16조【인장의 등록】 ① 개업공인중개사 및 소속공인중개사는 국토교통부령으로 정하는 바에 따라 중개행위에 사용할 인장을 등록관청에 등록하여야 한다. 등록한 인장을 변경한 경우에도 또한 같다.

② 개업공인중개사 및 소속공인중개사는 중개행위를 하는 경우 제1항에 따라 등록한 인장을 사용하여야 한다.

(2020.6.9 본조개정)

제17조【중개사무소등록증 등의 게시】 개업공인중개사는 중개사무소등록증·중개보수표 그 밖에 국토교통부령으로 정하는 사항을 해당 중개사무소 안의 보기 쉬운 곳에 게시하여야 한다.(2020.6.9 본조개정)

제18조【명칭】 ① 개업공인중개사는 그 사무소의 명칭에 "공인중개사사무소" 또는 "부동산중개"라는 문자를 사용하여야 한다.(2014.1.28 본항개정)

② 개업공인중개사가 아닌 자는 "공인중개사사무소", "부동산중개" 또는 이와 유사한 명칭을 사용하여서는 아니된다.(2014.1.28 본항개정)

③ 개업공인중개사가 「옥외광고물 등의 관리와 옥외광고산업 진흥에 관한 법률」 제2조제1호에 따른 옥외광고물을 설치하는 경우 중개사무소등록증에 표기된 개업공인중개사(법인의 경우에는 대표자, 법인 분사무소의 경우에는 제13조제4항의 규정에 따른 신고확인서에 기재된 책임자를 말한다)의 성명을 표기하여야 한다.(2020.6.9 본항개정)

④ 제3항의 규정에 따른 개업공인중개사 성명의 표기방법 등에 관하여 필요한 사항은 국토교통부령으로 정한다.

(2014.1.28 본항개정)

⑤ 등록관청은 제1항부터 제3항까지의 규정을 위반한 사무소의 간판 등에 대하여 철거를 명할 수 있다. 이 경우 그 명령을 받은 자가 철거를 이행하지 아니하는 경우에는 「행정대집행법」에 의하여 대집행을 할 수 있다.

(2020.6.9 전단개정)

제18조의2【중개대상물의 표시·광고】 ① 개업공인중개사가 의뢰받은 중개대상물에 대하여 표시·광고(「표시·광고의 공정화에 관한 법률」 제2조에 따른 표시·광고를 말한다. 이하 같다)를 하려면 중개사무소, 개업공인중개사에 관한 사항으로서 대통령령으로 정하는 사항을 명시하여야 하며, 중개보조원에 관한 사항은 명시해서는 아니 된다.(2019.8.20 본항개정)

② 개업공인중개사가 인터넷을 이용하여 중개대상물에 대한 표시·광고를 하는 때에는 제1항에서 정하는 사항 외에 중개대상물의 종류별로 대통령령으로 정하는 소재지, 면적, 가격 등의 사항을 명시하여야 한다.(2019.8.20 본항신설)

③ 개업공인중개사가 아닌 자는 중개대상물에 대한 표시·광고를 하여서는 아니 된다.

④ 개업공인중개사는 중개대상물에 대하여 다음 각 호의 어느 하나에 해당하는 부당한 표시·광고를 하여서는 아니 된다.

1. 중개대상물이 존재하지 않아서 실제로 거래를 할 수 없는 중개대상물에 대한 표시·광고
2. 중개대상물의 가격 등 내용을 사실과 다르게 거짓으로 표시·광고하거나 사실을 과장되게 하는 표시·광고
3. 그 밖에 표시·광고의 내용이 부동산거래질서를 해치거나 중개의뢰인에게 피해를 줄 우려가 있는 것으로서 대통령령으로 정하는 내용의 표시·광고

(2019.8.20 본항신설)

⑤ 제4항에 따른 부당한 표시·광고의 세부적인 유형 및 기준 등에 관한 사항은 국토교통부장관이 정하여 고시한다.(2019.8.20 본항신설)

(2014.1.28 본조개정)

제18조의3【인터넷 표시·광고 모니터링】 ① 국토교통부장관은 인터넷을 이용한 중개대상물에 대한 표시·광고가 제18조의2의 규정을 준수하는지 여부를 모니터링할 수 있다.

② 국토교통부장관은 제1항에 따른 모니터링을 위하여 필요한 때에는 정보통신서비스 제공자(「정보통신망 이용촉진 및 정보보호 등에 관한 법률」 제2조제1항제3호에 따른 정보통신서비스 제공자를 말한다. 이하 이 조에서 같다)에게 관련 자료의 제출을 요구할 수 있다. 이 경우 관련 자료의 제출을 요구받은 정보통신서비스 제공자는 정당한 사유가 없으면 이에 따라야 한다.

③ 국토교통부장관은 제1항에 따른 모니터링 결과에 따라 정보통신서비스 제공자에게 이 법 위반이 의심되는 표시·광고에 대한 확인 또는 추가정보의 게재 등 필요한 조치를 요구할 수 있다. 이 경우 필요한 조치를 요구받은 정보통신서비스 제공자는 정당한 사유가 없으면 이에 따라야 한다.

④ 국토교통부장관은 제1항에 따른 모니터링 업무를 대통령령으로 정하는 기관에 위탁할 수 있다.

⑤ 국토교통부장관은 제4항에 따른 업무위탁기관에 예산의 범위에서 위탁업무 수행에 필요한 예산을 지원할 수 있다.

⑥ 모니터링의 내용, 방법, 절차 등에 관한 사항은 국토교통부령으로 정한다.

(2019.8.20 본조신설)

제18조의4【중개보조원의 고지의무】 중개보조원은 현장안내 등 중개업무를 보조하는 경우 중개의뢰인에게 본인이 중개보조원이라는 사실을 미리 알려야 한다.
(2023.4.18 본조신설)

제19조【중개사무소등록증 대여 등의 금지】 ① 개업공인중개사는 다른 사람에게 자기의 성명 또는 상호를 사용하여 중개업무를 하게 하거나 자기의 중개사무소등록증을 양도 또는 대여하는 행위를 하여서는 아니된다.
(2014.1.28 본항개정)
② 누구든지 다른 사람의 성명 또는 상호를 사용하여 중개업무를 하거나 다른 사람의 중개사무소등록증을 양수 또는 대여받아 이를 사용하는 행위를 하여서는 아니된다.
③ 누구든지 제1항 및 제2항에서 금지한 행위를 알선하여서는 아니 된다.(2023.6.1 본항신설)

제20조【중개사무소의 이전신고】 ① 개업공인중개사는 중개사무소를 이전한 때에는 이전한 날부터 10일 이내에 국토교통부령으로 정하는 바에 따라 등록관청에 이전사실을 신고하여야 한다. 다만, 중개사무소를 등록관청의 관할 지역 외의 지역으로 이전한 경우에는 이전 후의 중개사무소를 관할하는 시장·군수 또는 구청장(이하 이 조에서 "이전 후 등록관청"이라 한다)에게 신고하여야 한다.
② 제1항 단서에 따라 신고를 받은 이전후 등록관청은 종전의 등록관청에 관련 서류를 송부하여 줄 것을 요청하여야 한다. 이 경우 종전의 등록관청은 지체 없이 관련 서류를 이전후 등록관청에 송부하여야 한다.
③ 제1항 단서에 따른 신고 전에 발생한 사유로 인한 개업공인중개사에 대한 행정처분은 이전후 등록관청이 이를 행한다.
(2020.6.9 본조개정)

제21조【휴업 또는 폐업의 신고】 ① 개업공인중개사는 3개월을 초과하는 휴업(중개사무소의 개설등록 후 업무를 개시하지 아니하는 경우를 포함한다. 이하 같다), 폐업 또는 휴업한 중개업을 재개하고자 하는 때에는 등록관청에 그 사실을 신고하여야 한다. 휴업기간을 변경하고자 하는 때에도 또한 같다.
② 제1항에 따른 휴업은 6개월을 초과할 수 없다. 다만, 질병으로 인한 요양 등 대통령령으로 정하는 부득이한 사유가 있는 경우에는 그러하지 아니하다.
③ 제1항에 따른 신고의 절차 등에 관하여 필요한 사항은 대통령령으로 정한다.
(2020.6.9 본조개정)

제21조의2【간판의 철거】 ① 개업공인중개사는 다음 각 호의 어느 하나에 해당하는 경우에는 지체 없이 사무소의 간판을 철거하여야 한다.(2014.1.28 본문개정)
1. 제20조제1항에 따라 등록관청에 중개사무소의 이전사실을 신고한 경우
2. 제21조제1항에 따라 등록관청에 폐업사실을 신고한 경우
3. 제38조제1항 또는 제2항에 따라 중개사무소의 개설등록 취소처분을 받은 경우
② 등록관청은 제1항에 따른 간판의 철거를 개업공인중개사가 이행하지 아니하는 경우에는 「행정대집행법」에 따라 대집행을 할 수 있다.(2014.1.28 본항개정)
(2013.6.4 본조신설)

제22조【일반중개계약】 중개의뢰인은 중개의뢰내용을 명확하게 하기 위하여 필요한 경우에는 개업공인중개사에게 다음 각 호의 사항을 기재한 일반중개계약서의 작성을 요청할 수 있다.(2014.1.28 본문개정)
1. 중개대상물의 위치 및 규모
2. 거래예정가격
3. 거래예정가격에 대하여 제32조에 따라 정한 중개보수 (2020.6.9 본호개정)
4. 그 밖에 개업공인중개사와 중개의뢰인이 준수하여야 할 사항(2014.1.28 본호개정)

제23조【전속중개계약】 ① 중개의뢰인은 중개대상물의 중개를 의뢰하는 경우 특정한 개업공인중개사를 정하여 그 개업공인중개사에 한정하여 해당 중개대상물을 중개하도록 하는 계약(이하 "전속중개계약"이라 한다)을 체결할 수 있다.(2020.6.9 본항개정)
② 제1항에 따른 전속중개계약은 국토교통부령으로 정하는 계약서에 의하여야 하며, 개업공인중개사는 전속중개계약을 체결한 때에는 해당 계약서를 국토교통부령으로 정하는 기간 동안 보존하여야 한다.(2020.6.9 본항개정)
③ 개업공인중개사는 전속중개계약을 체결한 때에는 제24조에 따른 부동산거래정보망 또는 일간신문에 해당 중개대상물에 관한 정보를 공개하여야 한다. 다만, 중개의뢰인이 비공개를 요청한 경우에는 이를 공개하여서는 아니된다.(2020.6.9 본문개정)
④ 전속중개계약의 유효기간, 공개하여야 할 정보의 내용 그 밖에 필요한 사항은 대통령령으로 정한다.

제24조【부동산거래정보망의 지정 및 이용】 ① 국토교통부장관은 개업공인중개사 상호간에 부동산매매 등에 관한 정보의 공개와 유통을 촉진하고 공정한 부동산거래질서를 확립하기 위하여 부동산거래정보망을 설치·운영할 자를 지정할 수 있다.(2014.1.28 본항개정)
② 제1항에 따라 지정을 받을 수 있는 자는 「전기통신사업법」의 규정에 의한 부가통신사업자로서 국토교통부령으로 정하는 요건을 갖춘 자로 한다.(2020.6.9 본항개정)
③ 제1항에 따라 지정을 받은 자(이하 "거래정보사업자"라 한다)는 지정받은 날부터 3개월 이내에 부동산거래정보망의 이용 및 정보제공방법 등에 관한 운영규정(이하 "운영규정"이라 한다)을 정하여 국토교통부장관의 승인을 얻어야 한다. 이를 변경하고자 하는 때에도 또한 같다.
(2020.6.9 전단개정)
④ 거래정보사업자는 개업공인중개사로부터 공개를 의뢰받은 중개대상물의 정보에 한정하여 이를 부동산거래정보망에 공개하여야 하며, 의뢰받은 내용과 다르게 정보를 공개하거나 어떠한 방법으로든지 개업공인중개사에 따라 정보가 차별적으로 공개되도록 하여서는 아니된다.
(2020.6.9 본항개정)
⑤ 국토교통부장관은 거래정보사업자가 다음 각 호의 어느 하나에 해당하는 경우에는 그 지정을 취소할 수 있다.
(2013.3.23 본문개정)
1. 거짓이나 그 밖의 부정한 방법으로 지정을 받은 경우 (2020.6.9 본호개정)
2. 제3항의 규정을 위반하여 운영규정의 승인 또는 변경승인을 받지 아니하거나 운영규정을 위반하여 부동산거래정보망을 운영한 경우
3. 제4항의 규정을 위반하여 정보를 공개한 경우
4. 정당한 사유 없이 지정받은 날부터 1년 이내에 부동산거래정보망을 설치·운영하지 아니한 경우
5. 개인인 거래정보사업자의 사망 또는 법인인 거래정보사업자의 해산 그 밖의 사유로 부동산거래정보망의 계속적인 운영이 불가능한 경우
⑥ 국토교통부장관은 제5항제1호부터 제4호까지의 규정에 의하여 거래정보사업자 지정을 취소하고자 하는 경우에는 청문을 실시하여야 한다.(2020.6.9 본항개정)
⑦ 개업공인중개사는 부동산거래정보망에 중개대상물에 관한 정보를 거짓으로 공개하여서는 아니되며, 해당 중개대상물의 거래가 완성된 때에는 지체 없이 이를 해당 거래정보사업자에게 통보하여야 한다.(2020.6.9 본항개정)
⑧ 거래정보사업자의 지정절차, 운영규정에 정할 내용 그 밖에 필요한 사항은 국토교통부령으로 정한다.(2013.3.23 본항개정)

제25조【중개대상물의 확인·설명】 ① 개업공인중개사는 중개를 의뢰받은 경우에는 중개가 완성되기 전에 다음 각 호의 사항을 확인하여 이를 해당 중개대상물에 관한 권리를 취득하고자 하는 중개의뢰인에게 성실·정확하게 설명하고, 토지대장 등본 또는 부동산종합증명서, 등기사항증명서 등 설명의 근거자료를 제시하여야 한다.
(2020.6.9 본문개정)
1. 해당 중개대상물의 상태·입지 및 권리관계(2020.6.9 본호개정)
2. 법령의 규정에 의한 거래 또는 이용제한사항
3. 그 밖에 대통령령으로 정하는 사항(2020.6.9 본호개정)
② 개업공인중개사는 제1항에 따른 확인·설명을 위하여 필요한 경우에는 중개대상물의 매도의뢰인·임대의뢰인 등에게 해당 중개대상물의 상태에 관한 자료를 요구할 수 있다.(2020.6.9 본항개정)
③ 개업공인중개사는 중개가 완성되어 거래계약서를 작성하는 때에는 제1항에 따른 확인·설명사항을 대통령령으로 정하는 바에 따라 서면으로 작성하여 거래당사자에게 교부하고 대통령령으로 정하는 기간 동안 그 원본, 사본 또는 전자문서를 보존하여야 한다. 다만, 확인·설명사항이 「전자문서 및 전자거래 기본법」 제2조제9호에 따른 공인전자문서센터(이하 "공인전자문서센터"라 한다)에 보관된 경우에는 그러하지 아니하다.(2020.6.9 본문개정)
④ 제3항에 따른 확인·설명서에는 개업공인중개사(법인인 경우에는 대표자를 말하며, 법인에 분사무소가 설치되어 있는 경우에는 분사무소의 책임자를 말한다)가 서명 및 날인하되, 해당 중개행위를 한 소속공인중개사가 있는 경우에는 소속공인중개사가 함께 서명 및 날인하여야 한다.(2020.6.9 본항개정)

제25조의2【소유자 등의 확인】 개업공인중개사는 중개업무의 수행을 위하여 필요한 경우에는 중개의뢰인에게 주민등록증 등 신분을 확인할 수 있는 증표를 제시할 것을 요구할 수 있다.(2014.1.28 본조개정)

제25조의3【임대차 중개 시의 설명의무】 개업공인중개사는 주택의 임대차계약을 체결하려는 중개의뢰인에게 다음 각 호의 사항을 설명하여야 한다.
1. 「주택임대차보호법」 제3조의6제4항에 따라 확정일자 부여기관에 정보제공을 요청할 수 있다는 사항
2. 「국세징수법」 제109조제1항·제2항 및 「지방세징수법」 제6조제1항·제3항에 따라 임대인이 납부하지 아니한 국세 및 지방세의 열람을 신청할 수 있다는 사항
(2023.4.18 본조신설)

제26조【거래계약서의 작성 등】 ① 개업공인중개사는 중개대상물에 관하여 중개가 완성된 때에는 대통령령으로 정하는 바에 따라 거래계약서를 작성하여 거래당사자에게 교부하고 대통령령으로 정하는 기간 동안 그 원본, 사본 또는 전자문서를 보존하여야 한다. 다만, 거래계약서가 공인전자문서센터에 보관된 경우에는 그러하지 아니하다.
② 제25조제4항의 규정은 제1항에 따른 거래계약서의 작성에 관하여 이를 준용한다.
③ 개업공인중개사는 제1항에 따라 거래계약서를 작성하는 때에는 거래금액 등 거래내용을 거짓으로 기재하거나 서로 다른 둘 이상의 거래계약서를 작성하여서는 아니된다.
(2020.6.9 본조개정)

제27조~제28조 (2014.1.28 삭제)

제29조【개업공인중개사등의 기본윤리】 ① 개업공인중개사 및 소속공인중개사는 전문직업인으로서 지녀야 할 품위를 유지하고 신의와 성실로써 공정하게 중개 관련 업무를 수행하여야 한다.(2020.6.9 본항개정)
② 개업공인중개사등은 이 법 및 다른 법률에 특별한 규정이 있는 경우를 제외하고는 그 업무상 알게 된 비밀을 누설하여서는 아니된다. 개업공인중개사등이 그 업무를 떠난 후에도 또한 같다.
(2014.1.28 본조개정)

판례 부동산중개업자는 당해 중개대상물의 권리관계 등을 확인하여 중개의뢰인에게 설명할 의무가고 하더라도 부동산중개업자의 개입을 신뢰하여 거래를 하기에 이른 거래 상대방에 대하여도 신의성실의 원칙상 목적부동산의 하자, 권리자의 진위, 대리관계의 적법성 등에 대하여 각별한 주의를 기울여야 할 업무상의 일반적인 주의의무를 부담한다.(대판 2008.3.13, 2007다73611)

제30조【손해배상책임의 보장】 ① 개업공인중개사는 중개행위를 하는 경우 고의 또는 과실로 인하여 거래당사자에게 재산상의 손해를 발생하게 한 때에는 그 손해를 배상할 책임이 있다.(2020.6.9 본항개정)
② 개업공인중개사는 자기의 중개사무소를 다른 사람의 중개행위의 장소로 제공함으로써 거래당사자에게 재산상의 손해를 발생하게 한 때에는 그 손해를 배상할 책임이 있다.(2014.1.28 본항개정)
③ 개업공인중개사는 업무를 개시하기 전에 제1항 및 제2항에 따른 손해배상책임을 보장하기 위하여 대통령령으로 정하는 바에 따라 보증보험 또는 제42조에 따른 공제에 가입하거나 공탁을 하여야 한다.(2020.6.9 본항개정)
④ 제3항에 따라 공탁한 공탁금은 개업공인중개사가 폐업 또는 사망한 날부터 3년 이내에는 이를 회수할 수 없다.
(2020.6.9 본항개정)
⑤ 개업공인중개사는 중개가 완성된 때에는 거래당사자에게 손해배상책임의 보장에 관한 다음 각 호의 사항을 설명하고 관계 증서의 사본을 교부하거나 관계 증서에 관한 전자문서를 제공하여야 한다.(2014.1.28 본문개정)
1. 보장금액
2. 보증보험회사, 공제사업을 행하는 자, 공탁기관 및 그 소재지
3. 보장기간

제31조【계약금 등의 반환채무이행의 보장】 ① 개업공인중개사는 거래의 안전을 보장하기 위하여 필요하다고 인정하는 경우에는 거래계약의 이행이 완료될 때까지 계약금·중도금 또는 잔금(이하 이 조에서 "계약금등"이라 한다)을 개업공인중개사 또는 대통령령으로 정하는 자의 명의로 금융기관, 제42조에 따라 공제사업을 하는 자 또는 「자본시장과 금융투자업에 관한 법률」에 따른 신탁업자 등에 예치하도록 거래당사자에게 권고할 수 있다.
② 제1항에 따라 계약금등을 예치한 경우 매도인·임대인등 계약금등을 수령할 수 있는 권리가 있는 자는 해당 계약을 해제한 때에 계약금 등의 반환을 보장하는 내용의 금융기관 또는 보증보험회사가 발행하는 보증서를 계약금등의 예치명의자에게 교부하고 계약금 등을 미리 수령할 수 있다.
③ 제1항에 따라 예치한 계약금등의 관리·인출 및 반환절차 등에 관하여 필요한 사항은 대통령령으로 정한다.
(2020.6.9 본조개정)

제32조【중개보수 등】 ① 개업공인중개사는 중개업무에 관하여 중개의뢰인으로부터 소정의 보수를 받는다. 다만, 개업공인중개사의 고의 또는 과실로 인하여 중개의뢰인간의 거래행위가 무효·취소 또는 해제된 경우에는 그러하지 아니하다.
② 개업공인중개사는 중개의뢰인으로부터 제25조제1항에 따른 중개대상물의 권리관계 등의 확인 또는 제31조에 따른 계약금 등의 반환채무이행 보장에 소요되는 실비를 받을 수 있다.(2020.6.9 본항개정)
③ 제1항에 따른 보수의 지급시기는 대통령령으로 정한다.
(2014.1.28 본항신설)
④ 주택(부속토지를 포함한다. 이하 이 항에서 같다)의 중개에 대한 보수와 제2항에 따른 실비의 한도 등에 관하여 필요한 사항은 국토교통부령으로 정하는 범위 안에서 특별시·광역시·도 또는 특별자치도(이하 "시·도"라 한다)의 조례로 정하고, 주택 외의 중개대상물의 중개에 대한 보수는 국토교통부령으로 정한다.(2020.6.9 본항개정)
(2014.1.28 본조개정)

제33조【금지행위】 ① 개업공인중개사등은 다음 각 호의 행위를 하여서는 아니된다.(2014.1.28 본문개정)
1. 제3조에 따른 중개대상물의 매매를 업으로 하는 행위 (2020.6.9 본호개정)
2. 제9조에 따른 중개사무소의 개설등록을 하지 아니하고 중개업을 영위하는 자인 사실을 알면서 그를 통하여 중개를 의뢰받거나 그에게 자기의 명의를 이용하게 하는 행위(2020.6.9 본호개정)

3. 사례·증여 그 밖의 어떠한 명목으로도 제32조에 따른 보수 또는 실비를 초과하여 금품을 받는 행위(2014.1.28 본호개정)
4. 해당 중개대상물의 거래상의 중요사항에 관하여 거짓된 언행 그 밖의 방법으로 중개의뢰인의 판단을 그르치게 하는 행위(2020.6.9 본호개정)
5. 관계 법령에서 양도·알선 등이 금지된 부동산의 분양·임대 등과 관련 있는 증서 등의 매매·교환 등을 중개하거나 그 매매를 업으로 하는 행위
6. 중개의뢰인과 직접 거래를 하거나 거래당사자 쌍방을 대리하는 행위
7. 탈세 등 관계 법령을 위반할 목적으로 소유권보존등기 또는 이전등기를 하지 아니한 부동산이나 관계 법령의 규정에 의하여 전매 등 권리의 변동이 제한된 부동산의 매매를 중개하는 등 부동산투기를 조장하는 행위
8. 부당한 이익을 얻거나 제3자에게 부당한 이익을 얻게 할 목적으로 거짓으로 거래가 완료된 것처럼 꾸미는 등 중개대상물의 시세에 부당한 영향을 주거나 줄 우려가 있는 행위(2019.8.20 본호신설)
9. 단체를 구성하여 특정 중개대상물에 대하여 중개를 제한하거나 단체 구성원 이외의 자와 공동중개를 제한하는 행위(2019.8.20 본호신설)

② 누구든지 시세에 부당한 영향을 줄 목적으로 다음 각 호의 어느 하나의 방법으로 개업공인중개사등의 업무를 방해해서는 아니 된다.
1. 안내문, 온라인 커뮤니티 등을 이용하여 특정 개업공인중개사등에 대한 중개의뢰를 제한하거나 제한을 유도하는 행위
2. 안내문, 온라인 커뮤니티 등을 이용하여 중개대상물에 대하여 시세보다 현저하게 높게 표시·광고 또는 중개하는 특정 개업공인중개사등에게만 중개의뢰를 하도록 유도함으로써 다른 개업공인중개사등을 부당하게 차별하는 행위
3. 안내문, 온라인 커뮤니티 등을 이용하여 특정 가격 이하로 중개를 의뢰하지 아니하도록 유도하는 행위
4. 정당한 사유 없이 개업공인중개사등의 중개대상물에 대한 정당한 표시·광고 행위를 방해하는 행위
5. 개업공인중개사등에게 중개대상물을 시세보다 현저하게 높게 표시·광고하도록 강요하거나 대가를 약속하고 시세보다 현저하게 높게 표시·광고하도록 유도하는 행위

(2019.8.20 본항신설)

판례 공인중개사가 집주인이 전세 매물로 내놓은 아파트를 남편 명의로 계약하는 것은 '직접거래금지' 위반이다. 전세계약서상 명의자는 비록 해당 공인중개사의 남편이지만 이들은 부부관계로서 경제적 공동체 관계이고, 해당 공인중개사가 그 아파트에 실제로 거주했으며, 집주인에게 자신이 중개하는 임차인이 남편이라는 사실을 알리지 않았다. 또한 해당 공인중개사가 집주인으로부터 중개를 의뢰받고 집주인이 전임차인의 전세금을 빨리 반환해줘야 하기 때문에 희망하는 금액보다 적은 금액으로 새로운 임차인을 구한다는 사정을 알고 자신이 직접 시세보다 저렴한 금액으로 임차하는 이익을 얻었기에 직접거래 금지 규정의 취지를 정면으로 위배했다고 보아야 한다.(대판 2021.9.3, 2021도6910)

제34조【개업공인중개사등의 교육】 ① 제9조에 따라 중개사무소의 개설등록을 신청하려는 자(법인의 경우에는 사원·임원을 말하며, 제13조제3항에 따라 분사무소의 설치신고를 하려는 경우에는 분사무소의 책임자를 말한다)는 등록신청일(분사무소 설치신고의 경우에는 신고일을 말한다)전 1년 이내에 시·도지사가 실시하는 실무교육(실무수습을 포함한다)을 받아야 한다. 다만, 다음 각 호의 어느 하나에 해당하는 자는 그러하지 아니하다.
(2020.6.9 본문개정)
1. 폐업신고 후 1년 이내에 중개사무소의 개설등록을 다시 신청하려는 자
2. 소속공인중개사로서 고용관계 종료 신고 후 1년 이내에 중개사무소의 개설등록을 신청하려는 자

② 소속공인중개사는 제15조제1항에 따른 고용 신고일 전 1년 이내에 시·도지사가 실시하는 실무교육을 받아야 한다. 다만, 다음 각 호의 어느 하나에 해당하는 자는 그러하지 아니하다.(2014.5.21 단서개정)
1. 고용관계 종료 신고 후 1년 이내에 고용 신고를 다시 하려는 자
2. 개업공인중개사로서 폐업신고를 한 후 1년 이내에 소속공인중개사로 고용 신고를 하려는 자

(2014.5.21 1호~2호신설)

③ 중개보조원은 제15조제1항에 따른 고용 신고일 전 1년 이내에 시·도지사 또는 등록관청이 실시하는 직무교육을 받아야 한다. 다만, 고용관계 종료 신고 후 1년 이내에 고용 신고를 다시 하려는 자는 그러하지 아니하다.
(2014.5.21 본문개정)

④ 제1항 및 제2항에 따른 실무교육을 받은 개업공인중개사 및 소속공인중개사는 실무교육을 받은 후 2년마다 시·도지사가 실시하는 연수교육을 받아야 한다.
(2014.1.28 본항개정)

⑤ 국토교통부장관은 제1항부터 제4항까지의 규정에 따라 시·도지사가 실시하는 실무교육, 직무교육 및 연수교육의 전국적인 균형유지를 위하여 필요하다고 인정하면 해당 교육의 지침을 마련하여 시행할 수 있다.

⑥ 제1항부터 제5항까지의 규정에 따른 교육 및 교육지침에 관하여 필요한 사항은 대통령령으로 정한다.
(2014.1.28 본조제목개정)
(2013.6.4 본조개정)

제34조의2【개업공인중개사등에 대한 교육비 지원 등】 ① 국토교통부장관, 시·도지사 및 등록관청은 개업공인중개사등이 부동산거래사고 예방 등을 위하여 교육을 받는 경우에는 대통령령으로 정하는 바에 따라 필요한 비용을 지원할 수 있다.

② 국토교통부장관, 시·도지사 및 등록관청은 필요하다고 인정하면 대통령령으로 정하는 바에 따라 개업공인중개사등의 부동산거래사고 예방을 위한 교육을 실시할 수 있다.(2014.5.21 본항개정)
(2014.1.28 본조신설)

제4장 지도·감독

제35조【자격의 취소】 ① 시·도지사는 공인중개사가 다음 각 호의 어느 하나에 해당하는 경우에는 그 자격을 취소하여야 한다.
1. 부정한 방법으로 공인중개사의 자격을 취득한 경우
2. 제7조제1항의 규정을 위반하여 다른 사람에게 자기의 성명을 사용하여 중개업무를 하게 하거나 공인중개사자격증을 양도 또는 대여한 경우
3. 제36조에 따른 자격정지처분을 받고 그 자격정지기간 중에 중개업무를 행한 경우(다른 개업공인중개사의 소속공인중개사·중개보조원 또는 법인인 개업공인중개사의 사원·임원이 되는 경우를 포함한다)(2020.6.9 본호개정)
4. 이 법 또는 공인중개사의 직무와 관련하여 「형법」 제114조, 제231조, 제234조, 제347조, 제355조 또는 제356조를 위반하여 금고 이상의 형(집행유예를 포함한다)을 선고받은 경우(2023.6.1 본호개정)

② 시·도지사는 제1항에 따라 공인중개사의 자격을 취소하고자 하는 경우에는 청문을 실시하여야 한다.
(2020.6.9 본항개정)

③ 제1항에 따라 공인중개사의 자격이 취소된 자는 국토교통부령으로 정하는 바에 따라 공인중개사자격증을 시·도지사에게 반납하여야 한다.(2020.6.9 본항개정)

④ 분실 등의 사유로 인하여 제3항에 따라 공인중개사자격증을 반납할 수 없는 자는 제3항에도 불구하고 자격증 반납을 대신하여 그 이유를 기재한 사유서를 시·도지사에게 제출하여야 한다.(2020.6.9 본항개정)

제36조【자격의 정지】 ① 시·도지사는 공인중개사가 소속공인중개사로서 업무를 수행하는 기간 중에 다음 각 호의 어느 하나에 해당하는 경우에는 6개월의 범위 안에서 기간을 정하여 그 자격을 정지할 수 있다.(2020.6.9 본문개정)
1. 제12조제2항의 규정을 위반하여 둘 이상의 중개사무소에 소속된 경우(2020.6.9 본호개정)
2. 제16조의 규정을 위반하여 인장등록을 하지 아니하거나 등록하지 아니한 인장을 사용한 경우
3. 제25조제1항의 규정을 위반하여 성실·정확하게 중개대상물의 확인·설명을 하지 아니하거나 설명의 근거자료를 제시하지 아니한 경우
4. 제25조제4항의 규정을 위반하여 중개대상물확인·설명서에 서명 및 날인을 하지 아니한 경우(2009.4.1 본호개정)
5. 제26조제2항의 규정을 위반하여 거래계약서에 서명 및 날인을 하지 아니한 경우(2009.4.1 본호개정)
6. 제26조제3항의 규정을 위반하여 거래계약서에 거래금액 등 거래내용을 거짓으로 기재하거나 서로 다른 둘 이상의 거래계약서를 작성한 경우(2020.6.9 본호개정)
7. 제33조제1항 각 호에 규정된 금지행위를 한 경우
(2019.8.20 본호개정)

② 등록관청은 공인중개사가 제1항 각 호의 어느 하나에 해당하는 사실을 알게 된 때에는 지체 없이 그 사실을 시·도지사에게 통보하여야 한다.

③ 제1항에 따른 자격정지의 기준은 국토교통부령으로 정한다.(2020.6.9 본항개정)

제37조【감독상의 명령 등】 ① 국토교통부장관, 시·도지사 및 등록관청(법인인 개업공인중개사의 분사무소 소재지의 시장·군수 또는 구청장을 포함한다. 이하 이 조에서 같다)은 다음 각 호의 어느 하나의 경우에는 개업공인중개사 또는 거래정보사업자에 대하여 그 업무에 관한 사항을 보고하게 하거나 자료의 제출 그 밖에 필요한 명령을 할 수 있으며, 소속 공무원으로 하여금 중개사무소(제9조에 따른 중개사무소의 개설등록을 하지 아니하고 중개업을 하는 자의 사무소를 포함한다)에 출입하여 장부·서류 등을 조사 또는 검사하게 할 수 있다.(2020.6.9 본문개정)
1.~2. (2009.4.1 삭제)
3. 부동산투기 등 거래동향의 파악을 위하여 필요한 경우
4. 이 법 위반행위의 확인, 공인중개사의 자격취소·정지 및 개업공인중개사에 대한 등록취소·업무정지 등 행정처분을 위하여 필요한 경우(2014.1.28 본호개정)

② 제1항에 따라 출입·검사 등을 하는 공무원은 국토교통부령으로 정하는 증표를 지니고 상대방에게 이를 내보여야 한다.(2013.3.23 본항개정)

③ 국토교통부장관, 시·도지사 및 등록관청은 불법 중개행위 등에 대한 단속을 하는 경우 필요한 때에는 제41조에 따른 공인중개사협회 및 관계 기관에 협조를 요청할 수 있다. 이 경우 공인중개사협회는 특별한 사정이 없으면 이에 따라야 한다.(2020.6.9 본항개정)

제38조【등록의 취소】 ① 등록관청은 개업공인중개사가 다음 각 호의 어느 하나에 해당하는 경우에는 중개사무소의 개설등록을 취소하여야 한다.(2014.1.28 본문개정)
1. 개인인 개업공인중개사가 사망하거나 개업공인중개사인 법인이 해산한 경우(2014.1.28 본호개정)
2. 거짓이나 그 밖의 부정한 방법으로 중개사무소의 개설등록을 한 경우(2020.6.9 본호개정)
3. 제10조제1항제2호부터 제6호까지 또는 같은 항 제11호·제12호에 따른 결격사유에 해당하게 된 경우. 다만, 같은 항 제12호에 따른 결격사유에 해당하는 경우로서 그 사유가 발생한 날부터 2개월 이내에 그 사유를 해소한 경우에는 그러하지 아니하다.(2020.6.9 본호개정)
4. 제12조제1항의 규정을 위반하여 이중으로 중개사무소의 개설등록을 한 경우
5. 제12조제2항의 규정을 위반하여 다른 개업공인중개사의 소속공인중개사·중개보조원 또는 개업공인중개사인 법인의 사원·임원이 된 경우(2014.1.28 본호개정)
5의2. 제15조제3항을 위반하여 중개보조원을 고용한 경우
(2023.4.18 본호신설)
6. 제19조제1항의 규정을 위반하여 다른 사람에게 자기의 성명 또는 상호를 사용하여 중개업무를 하게 하거나 중개사무소등록증을 양도 또는 대여한 경우
7. 업무정지기간 중에 중개업무를 하거나 자격정지처분을 받은 소속공인중개사로 하여금 자격정지기간 중에 중개업무를 하게 한 경우
8. 최근 1년 이내에 이 법에 의하여 2회 이상 업무정지처분을 받고 다시 업무정지처분에 해당하는 행위를 한 경우

② 등록관청은 개업공인중개사가 다음 각 호의 어느 하나에 해당하는 경우에는 중개사무소의 개설등록을 취소할 수 있다.(2014.1.28 본문개정)
1. 제9조제3항에 따른 등록기준에 미달하게 된 경우
(2020.6.9 본호개정)
2. 제13조제1항의 규정을 위반하여 둘 이상의 중개사무소를 둔 경우(2020.6.9 본호개정)
3. 제13조제2항의 규정을 위반하여 임시 중개시설물을 설치한 경우
4. 제14조제1항의 규정을 위반하여 겸업을 한 경우
5. 제21조제2항의 규정을 위반하여 계속하여 6개월을 초과하여 휴업한 경우(2020.6.9 본호개정)
6. 제23조제3항의 규정을 위반하여 중개대상물에 관한 정보를 공개하지 아니하거나 중개의뢰인의 비공개요청에도 불구하고 정보를 공개한 경우
7. 제26조제3항의 규정을 위반하여 거래계약서에 거래금액 등 거래내용을 거짓으로 기재하거나 서로 다른 둘 이상의 거래계약서를 작성한 경우(2020.6.9 본호개정)
8. 제30조제3항에 따른 손해배상책임을 보장하기 위한 조치를 이행하지 아니하고 업무를 개시한 경우(2020.6.9 본호개정)
9. 제33조제1항 각 호에 규정된 금지행위를 한 경우
(2019.8.20 본호개정)
10. 최근 1년 이내에 이 법에 의하여 3회 이상 업무정지 또는 과태료의 처분을 받고 다시 업무정지 또는 과태료의 처분에 해당하는 행위를 한 경우(제1항제8호에 해당하는 경우는 제외한다)(2020.6.9 본호개정)
11. 개업공인중개사가 조직한 사업자단체(「독점규제 및 공정거래에 관한 법률」 제2조제2호의 사업자단체를 말한다. 이하 같다) 또는 그 구성원인 개업공인중개사가 「독점규제 및 공정거래에 관한 법률」 제51조를 위반하여 같은 법 제52조 또는 제53조에 따른 처분을 최근 2년 이내에 2회 이상 받은 경우(2020.12.29 본호개정)

③ 등록관청은 제1항제2호부터 제8호까지 및 제2항 각 호의 사유로 중개사무소의 개설등록을 취소하고자 하는 경우에는 청문을 실시하여야 한다.(2020.6.9 본항개정)

④ 제1항 또는 제2항에 따라 중개사무소의 개설등록이 취소된 자는 국토교통부령으로 정하는 바에 따라 중개사무소등록증을 등록관청에 반납하여야 한다.(2020.6.9 본항개정)

제39조【업무의 정지】 ① 등록관청은 개업공인중개사가 다음 각 호의 어느 하나에 해당하는 경우에는 6개월의 범위 안에서 기간을 정하여 업무의 정지를 명할 수 있다. 이 경우 법인인 개업공인중개사에 대하여는 법인 또는 분사무소별로 업무의 정지를 명할 수 있다.(2020.6.9 본문개정)
1. 제10조제2항의 규정을 위반하여 같은 조 제1항제1호부터 제11호까지의 어느 하나에 해당하는 자를 소속공인중개사 또는 중개보조원으로 둔 경우. 다만, 그 사유가 발생한 날부터 2개월 이내에 그 사유를 해소한 경우에는 그러하지 아니하다.(2020.6.9 본호개정)
2. 제16조의 규정을 위반하여 인장등록을 하지 아니하거나 등록하지 아니한 인장을 사용한 경우
3. 제23조제2항의 규정을 위반하여 국토교통부령으로 정하는 전속중개계약서에 의하지 아니하고 전속중개계약을 체결하거나 계약서를 보존하지 아니한 경우
(2020.6.9 본호개정)

4. 제24조제7항의 규정을 위반하여 중개대상물에 관한 정보를 거짓으로 공개하거나 거래정보사업자에게 공개를 의뢰한 중개대상물의 거래가 완성된 사실을 해당 거래정보사업자에게 통보하지 아니한 경우(2020.6.9 본호개정)
5. (2014.1.28 삭제)
6. 제25조제3항의 규정을 위반하여 중개대상물확인·설명서를 교부하지 아니하거나 보존하지 아니한 경우
7. 제25조제4항의 규정을 위반하여 중개대상물확인·설명서에 서명 및 날인을 하지 아니한 경우(2009.4.1 본호개정)
8. 제26조제1항의 규정을 위반하여 적정하게 거래계약서를 작성·교부하지 아니하거나 보존하지 아니한 경우
9. 제26조제2항의 규정을 위반하여 거래계약서에 서명 및 날인을 하지 아니한 경우(2009.4.1 본호개정)
10. 제37조제1항에 따른 보고, 자료의 제출, 조사 또는 검사를 거부·방해 또는 기피하거나 그 밖의 명령을 이행하지 아니하거나 거짓으로 보고 또는 자료제출을 한 경우(2020.6.9 본호개정)
11. 제38조제2항 각 호의 어느 하나에 해당하는 경우
12. 최근 1년 이내에 이 법에 의하여 2회 이상 업무정지 또는 과태료의 처분을 받고 다시 과태료의 처분에 해당하는 행위를 한 경우
13. 개업공인중개사가 조직한 사업자단체 또는 그 구성원인 개업공인중개사가 「독점규제 및 공정거래에 관한 법률」 제51조를 위반하여 같은 법 제52조 또는 제53조에 따른 처분을 받은 경우(2020.12.29 본호개정)
14. 그 밖에 이 법 또는 이 법에 의한 명령이나 처분에 위반한 경우

② 제1항에 따른 업무의 정지에 관한 기준은 국토교통부령으로 정한다.(2020.6.9 본항개정)

③ 제1항의 규정에 따른 업무정지처분은 같은 항 각 호의 어느 하나에 해당하는 사유가 발생한 날부터 3년이 지난 때에는 이를 할 수 없다.(2020.6.9 본항개정)

제39조의2【자료제공의 요청】 국토교통부장관, 시·도지사 및 등록관청은 제38조제2항제11호 또는 제39조제1항제13호에 따라 처분하고자 하는 경우에는 미리 공정거래위원회에 처분과 관련된 자료의 제공을 요청할 수 있으며 공정거래위원회는 특별한 사유가 없으면 이에 따라야 한다.(2013.3.23 본조개정)

제40조【행정제재처분효과의 승계 등】 ① 개업공인중개사가 제21조에 따른 폐업신고 후 제9조에 따라 다시 중개사무소의 개설등록을 한 때에는 폐업신고 전의 개업공인중개사의 지위를 승계한다.(2020.6.9 본항개정)

② 제1항의 경우 폐업신고 전의 개업공인중개사에 대하여 제39조제1항 각 호, 제51조제1항 각 호, 같은 조 제2항 각 호 및 같은 조 제3항 각 호의 위반행위를 사유로 행한 행정처분의 효과는 그 처분일부터 1년간 다시 중개사무소의 개설등록을 한 자(이하 이 조에서 "재등록 개업공인중개사"라 한다)에게 승계된다.(2020.6.9 본항개정)

③ 제1항의 경우 재등록 개업공인중개사에 대하여 폐업신고전의 제38조제1항 각 호, 같은 조 제2항 각 호 및 제39조제1항 각 호의 위반행위에 대한 행정처분을 할 수 있다. 다만, 다음 각 호의 어느 하나에 해당하는 경우는 제외한다.(2020.6.9 본문개정)
1. 폐업신고를 한 날부터 다시 중개사무소의 개설등록을 한 날까지의 기간(이하 제2호에서 "폐업기간"이라 한다)이 3년을 초과한 경우
2. 폐업신고 전의 위반행위에 대한 행정처분이 업무정지에 해당하는 경우로서 폐업기간이 1년을 초과한 경우

④ 제3항에 따라 행정처분을 하는 경우에는 폐업기간과 폐업의 사유 등을 고려하여야 한다.(2020.6.9 본항개정)

⑤ 개업공인중개사인 법인의 대표자에 관하여는 제1항부터 제4항까지를 준용한다. 이 경우 "개업공인중개사"는 "법인의 대표자"로 본다.(2014.5.21 본항신설)

제5장 공인중개사협회

제41조【협회의 설립】 ① 개업공인중개사인 공인중개사(부칙 제6조제2항에 따라 이 법에 의한 중개사무소의 개설등록을 한 것으로 보는 자를 포함한다)는 그 자질향상 및 품위유지와 중개업에 관한 제도의 개선 및 운용에 관한 업무를 효율적으로 수행하기 위하여 공인중개사협회(이하 "협회"라 한다)를 설립할 수 있다.(2020.6.9 본항개정)

② 협회는 법인으로 한다.

③ 협회는 회원 300인 이상이 발기인이 되어 정관을 작성하여 창립총회의 의결을 거친 후 국토교통부장관의 인가를 받아 그 주된 사무소의 소재지에서 설립등기를 함으로써 성립한다.(2013.3.23 본항개정)

④ 협회는 정관으로 정하는 바에 따라 시·도에 지부를, 시(구가 설치되지 아니한 시와 특별자치도의 행정시를 말한다)·군·구에 지회를 둘 수 있다.(2013.6.4 본항개정)

⑤ 협회의 설립 및 설립인가의 신청 등에 관하여 필요한 사항은 대통령령으로 정한다.

제42조【공제사업】 ① 협회는 제30조에 따른 개업공인중개사의 손해배상책임을 보장하기 위하여 공제사업을 할 수 있다.(2020.6.9 본항개정)

② 협회는 제1항에 따른 공제사업을 하고자 하는 때에는 공제규정을 제정하여 국토교통부장관의 승인을 얻어야 한다. 공제규정을 변경하고자 하는 때에도 또한 같다.(2020.6.9 전단개정)

③ 제2항의 공제규정에는 대통령령으로 정하는 바에 따라 공제사업의 범위, 공제계약의 내용, 공제금, 공제료, 회계기준 및 책임준비금의 적립비율 등 공제사업의 운용에 관하여 필요한 사항을 정하여야 한다.(2020.6.9 본항개정)

④ 협회는 공제사업을 다른 회계와 구분하여 별도의 회계로 관리하여야 하며, 책임준비금을 다른 용도로 사용하고자 하는 경우에는 국토교통부장관의 승인을 얻어야 한다.(2013.3.23 본항개정)

⑤ 협회는 대통령령으로 정하는 바에 따라 매년도의 공제사업 운용실적을 일간신문·협회보 등을 통하여 공제계약자에게 공시하여야 한다.(2020.6.9 본항개정)

⑥~⑦ (2013.6.4 삭제)

제42조의2【운영위원회】 ① 제42조제1항에 따른 공제사업에 관한 사항을 심의하고 그 업무집행을 감독하기 위하여 협회에 운영위원회를 둔다.

② 운영위원회의 위원은 협회의 임원, 중개업·법률·회계·금융·보험·부동산 분야 전문가, 관계 공무원 및 그 밖에 중개업 관련 이해관계자로 구성하되, 그 수는 19명 이내로 한다.

③ 운영위원회의 구성과 운영에 필요한 세부 사항은 대통령령으로 정한다.

(2013.6.4 본조신설)

제42조의3【조사 또는 검사】 「금융위원회의 설치 등에 관한 법률」에 따른 금융감독원의 원장은 국토교통부장관의 요청이 있는 경우에는 공제사업에 관하여 조사 또는 검사를 할 수 있다.(2013.6.4 본조신설)

제42조의4【공제사업 운영의 개선명령】 국토교통부장관은 협회의 공제사업 운영이 적정하지 아니하거나 자산상황이 불량하여 중개사고 피해자 및 공제 가입자 등의 권익을 해칠 우려가 있다고 인정하면 다음 각 호의 조치를 명할 수 있다.
1. 업무집행방법의 변경
2. 자산예탁기관의 변경
3. 자산의 장부가격의 변경
4. 불건전한 자산에 대한 적립금의 보유
5. 가치가 없다고 인정되는 자산의 손실 처리
6. 그 밖에 이 법 및 공제규정을 준수하지 아니하여 공제사업의 건전성을 해할 우려가 있는 경우 이에 대한 개선명령

(2013.6.4 본조신설)

제42조의5【임원에 대한 제재 등】 국토교통부장관은 협회의 임원이 다음 각 호의 어느 하나에 해당하여 공제사업을 건전하게 운영하지 못할 우려가 있는 경우 그 임원에 대한 징계·해임을 요구하거나 해당 위반행위를 시정하도록 명할 수 있다.
1. 제42조제2항에 따른 공제규정을 위반하여 업무를 처리한 경우
2. 제42조의4에 따른 개선명령을 이행하지 아니한 경우
3. 제42조의6에 따른 재무건전성 기준을 지키지 아니한 경우

(2013.6.4 본조신설)

제42조의6【재무건전성의 유지】 협회는 공제금 지급능력과 경영의 건전성을 확보하기 위하여 다음 각 호의 사항에 관하여 대통령령으로 정하는 재무건전성 기준을 지켜야 한다.
1. 자본의 적정성에 관한 사항
2. 자산의 건전성에 관한 사항
3. 유동성의 확보에 관한 사항

(2013.6.4 본조신설)

제43조【민법의 준용】 협회에 관하여 이 법에 규정된 것 외에는 「민법」 중 사단법인에 관한 규정을 적용한다.

제44조【지도·감독 등】 ① 국토교통부장관은 협회와 그 지부 및 지회를 지도·감독하기 위하여 필요한 때에는 그 업무에 관한 사항을 보고하게 하거나 자료의 제출 그 밖에 필요한 명령을 할 수 있으며, 소속 공무원으로 하여금 그 사무소에 출입하여 장부·서류 등을 조사 또는 검사하게 할 수 있다.

② 제1항에 따라 출입·검사 등을 하는 공무원은 국토교통부령으로 정하는 증표를 지니고 상대방에게 이를 내보여야 한다.

(2020.6.9 본조개정)

제6장 보 칙

제45조【업무위탁】 국토교통부장관, 시·도지사 또는 등록관청은 대통령령으로 정하는 바에 따라 그 업무의 일부를 협회 또는 대통령령으로 정하는 기관에 위탁할 수 있다.(2020.6.9 본조개정)

제46조【포상금】 ① 등록관청은 다음 각 호의 어느 하나에 해당하는 자를 등록관청, 수사기관이나 제47조의2에 따른 부동산거래질서교란행위 신고센터에 신고 또는 고발한 자에 대하여 대통령령으로 정하는 바에 따라 포상금을 지급할 수 있다.(2020.12.8 본문개정)
1. 제9조에 따른 중개사무소의 개설등록을 하지 아니하고 중개업을 한 자(2020.6.9 본호개정)
2. 거짓이나 그 밖의 부정한 방법으로 중개사무소의 개설등록을 한 자(2020.6.9 본호개정)
3. 중개사무소등록증 또는 공인중개사자격증을 다른 사람에게 양도·대여하거나 다른 사람으로부터 양수·대여받은 자
4. 제18조의2제3항을 위반하여 표시·광고를 한 자
5. 제33조제1항제8호 또는 제9호에 따른 행위를 한 자
6. 제33조제2항을 위반하여 개업공인중개사등의 업무를 방해한 자

(2020.12.8 4호~6호신설)

② 제1항에 따른 포상금의 지급에 소요되는 비용은 대통령령으로 정하는 바에 따라 그 일부를 국고에서 보조할 수 있다.(2020.6.9 본항개정)

제47조【수수료】 ① 다음 각 호의 어느 하나에 해당하는 자는 해당 지방자치단체의 조례로 정하는 바에 따라 수수료를 납부하여야 한다. 다만, 공인중개사자격시험을 제4조제2항의 규정에 따라 국토교통부장관이 시행하는 경우 제1호에 해당하는 자는 국토교통부장관이 결정·공고하는 수수료를 납부하여야 한다.
1. 제4조에 따른 공인중개사자격시험에 응시하는 자
2. 제5조제3항에 따라 공인중개사자격증의 재교부를 신청하는 자
3. 제9조제1항에 따라 중개사무소의 개설등록을 신청하는 자
4. 제11조제2항에 따라 중개사무소등록증의 재교부를 신청하는 자
5. 제13조제3항에 따라 분사무소설치의 신고를 하는 자
6. 제13조제5항에 따라 분사무소설치신고확인서의 재교부를 신청하는 자

② 제4조에 따른 공인중개사자격시험 또는 제5조제3항에 따른 공인중개사자격증 재교부업무를 제45조의 규정에 따라 위탁한 경우에는 해당 업무를 위탁받은 자가 위탁한 자의 승인을 얻어 결정·공고하는 수수료를 각각 납부하여야 한다.

(2020.6.9 본조개정)

제47조의2【부동산거래질서교란행위 신고센터의 설치·운영】 ① 국토교통부장관은 부동산 시장의 건전한 거래질서를 조성하기 위하여 부동산거래질서교란행위 신고센터(이하 이 조에서 "신고센터"라 한다)를 설치·운영할 수 있다.(2023.6.1 본항개정)

② 누구든지 부동산중개업 및 부동산 시장의 건전한 거래질서를 해치는 다음 각 호의 어느 하나에 해당하는 행위(이하 이 조에서 "부동산거래질서교란행위"라 한다)를 발견하는 경우 그 사실을 신고센터에 신고할 수 있다.
1. 제7조부터 제9조까지, 제18조의4 또는 제33조제2항을 위반하는 행위
2. 제48조제2호에 해당하는 행위
3. 개업공인중개사가 제12조제1항, 제13조제1항·제2항, 제14조제1항, 제15조제3항, 제17조, 제18조, 제19조, 제25조제1항, 제25조의3 또는 제26조제3항을 위반하는 행위
4. 개업공인중개사등이 제12조제2항, 제29조제2항 또는 제33조제1항을 위반하는 행위
5. 「부동산 거래신고 등에 관한 법률」 제3조, 제3조의2 또는 제4조를 위반하는 행위

(2023.6.1 본항신설)

③ 신고센터는 다음 각 호의 업무를 수행한다.
1. 부동산거래질서교란행위 신고의 접수 및 상담
2. 신고사항에 대한 확인 또는 시·도지사 및 등록관청 등에 신고사항에 대한 조사 및 조치 요구
3. 신고인에 대한 신고사항 처리 결과 통보

④ 국토교통부장관은 제2항에 따른 신고센터의 업무를 대통령령으로 정하는 기관에 위탁할 수 있다.

⑤ 제1항에 따라 설치된 신고센터의 운영 및 신고방법 등에 관한 사항은 대통령령으로 정한다.

(2019.8.20 본조신설)

제7장 벌 칙

제48조【벌칙】 다음 각 호의 어느 하나에 해당하는 자는 3년 이하의 징역 또는 3천만원 이하의 벌금에 처한다.(2016.12.2 본문개정)
1. 제9조에 따른 중개사무소의 개설등록을 하지 아니하고 중개업을 한 자(2020.6.9 본호개정)
2. 거짓이나 그 밖의 부정한 방법으로 중개사무소의 개설등록을 한 자(2020.6.9 본호개정)
3. 제33조제1항제5호부터 제9호까지의 규정을 위반한 자(2019.8.20 본호개정)
4. 제33조제2항 각 호의 규정을 위반한 자(2019.8.20 본호신설)

제49조【벌칙】 ① 다음 각 호의 어느 하나에 해당하는 자는 1년 이하의 징역 또는 1천만원 이하의 벌금에 처한다.
1. 제7조제1항 또는 제2항을 위반하여 다른 사람에게 자기의 성명을 사용하여 중개업무를 하게 하거나 공인중개사자격증을 양도·대여한 자 또는 다른 사람의 공인중개사자격증을 양수·대여받은 자(2023.6.1 본호개정)

1의2. 제7조제3항을 위반하여 같은 조 제1항 및 제2항에서 금지한 행위를 알선한 자(2023.6.1 본호신설)
2. 제8조의 규정을 위반하여 공인중개사가 아닌 자로서 공인중개사 또는 이와 유사한 명칭을 사용한 자

3. 제12조의 규정을 위반하여 이중으로 중개사무소의 개설등록을 하거나 둘 이상의 중개사무소에 소속된 자(2020.6.9 본호개정)
4. 제13조제1항의 규정을 위반하여 둘 이상의 중개사무소를 둔 자(2020.6.9 본호개정)
5. 제13조제2항의 규정을 위반하여 임시 중개시설물을 설치한 자
5의2. 제15조제3항을 위반하여 중개보조원을 고용한 자(2023.4.18 본호신설)
6. 제18조제2항의 규정을 위반하여 개업공인중개사가 아닌 자로서 "공인중개사사무소", "부동산중개" 또는 이와 유사한 명칭을 사용한 자(2014.1.28 본호개정)
6의2. 제18조의2제3항을 위반하여 개업공인중개사가 아닌 자로서 중개업을 하기 위하여 중개대상물에 대한 표시·광고를 한 자(2019.8.20 본호개정)
7. 제19조제1항 또는 제2항을 위반하여 다른 사람에게 자기의 성명 또는 상호를 사용하여 중개업무를 하게 하거나 중개사무소등록증을 다른 사람에게 양도·대여한 자 또는 다른 사람의 성명·상호를 사용하여 중개업무를 하거나 중개사무소등록증을 양수·대여받은 자(2023.6.1 본호개정)
7의2. 제19조제3항을 위반하여 같은 조 제1항 및 제2항에서 금지한 행위를 알선한 자(2023.6.1 본호신설)
8. 제24조제4항의 규정을 위반하여 정보를 공개한 자
9. 제29조제2항의 규정을 위반하여 업무상 비밀을 누설한 자
10. 제33조제1항제1호부터 제4호까지의 규정을 위반한 자(2019.8.20 본호개정)
② 제29조제2항의 규정에 위반한 자는 피해자의 명시한 의사에 반하여 벌하지 아니한다.
제50조【양벌규정】 소속공인중개사·중개보조원 또는 개업공인중개사인 법인의 사원·임원이 중개업무에 관하여 제48조 또는 제49조의 규정에 해당하는 위반행위를 한 때에는 그 행위자를 벌하는 외에 그 개업공인중개사에 대하여도 해당 조에 규정된 벌금형을 과한다. 다만, 그 개업공인중개사가 그 위반행위를 방지하기 위하여 해당 업무에 관하여 상당한 주의와 감독을 게을리하지 아니한 경우에는 그러하지 아니하다.(2014.1.28 본조개정)
제51조【과태료】 ① (2014.1.28 삭제)
② 다음 각 호의 어느 하나에 해당하는 자에게는 500만원 이하의 과태료를 부과한다.
1. 제18조의2제4항 각 호를 위반하여 부당한 표시·광고를 한 자
1의2. 정당한 사유 없이 제18조의3제2항의 요구에 따르지 아니하여 관련 자료를 제출하지 아니한 자
1의3. 정당한 사유 없이 제18조의3제3항의 요구에 따르지 아니하여 필요한 조치를 하지 아니한 자
(2019.8.20 1호~1호의3신설)
1의4. 제18조의4를 위반하여 중개의뢰인에게 본인이 중개보조원이라는 사실을 미리 알리지 아니한 사람 및 그가 소속된 개업공인중개사. 다만, 개업공인중개사가 그 위반행위를 방지하기 위하여 해당 업무에 관하여 상당한 주의와 감독을 게을리하지 아니한 경우는 제외한다.(2023.4.18 본호신설)
1의5. 제24조제3항을 위반하여 운영규정의 승인 또는 변경승인을 얻지 아니하거나 운영규정의 내용을 위반하여 부동산거래정보망을 운영한 자
1의6. 제25조제1항을 위반하여 성실·정확하게 중개대상물의 확인·설명을 하지 아니하거나 설명의 근거자료를 제시하지 아니한 자(2014.5.21 본호신설)
2.~5. (2014.1.28 삭제)
5의2. 제34조제4항에 따른 연수교육을 정당한 사유 없이 받지 아니한 자(2013.6.4 본호신설)
6. 제37조제1항에 따른 보고, 자료의 제출, 조사 또는 검사를 거부·방해 또는 기피하거나 그 밖의 명령을 이행하지 아니하거나 거짓으로 보고 또는 자료제출을 한 거래정보사업자
7. 제42조제5항을 위반하여 공제사업 운용실적을 공시하지 아니한 자
8. 제42조의4에 따른 공제업무의 개선명령을 이행하지 아니한 자(2013.6.4 본호개정)
8의2. 제42조의5에 따른 임원에 대한 징계·해임의 요구를 이행하지 아니하거나 시정명령을 이행하지 아니한 자(2013.6.4 본호신설)
9. 제42조의3 또는 제44조제1항에 따른 보고, 자료의 제출, 조사 또는 검사를 거부·방해 또는 기피하거나 그 밖의 명령을 이행하지 아니하거나 거짓으로 보고 또는 자료제출을 한 자(2013.6.4 본호개정)
10. (2014.1.28 삭제)
③ 다음 각 호의 어느 하나에 해당하는 자에게는 100만원 이하의 과태료를 부과한다.
1. 제17조를 위반하여 중개사무소등록증 등을 게시하지 아니한 자
2. 제18조제1항 또는 제3항을 위반하여 사무소의 명칭에 "공인중개사사무소", "부동산중개"라는 문자를 사용하지 아니한 자 또는 옥외 광고물에 성명을 표기하지 아니하거나 거짓으로 표기한 자
2의2. 제18조의2제1항 또는 제2항을 위반하여 중개대상물의 중개에 관한 표시·광고를 한 자(2019.8.20 본호개정)
3. 제20조제1항을 위반하여 중개사무소의 이전신고를 하지 아니한 자
4. 제21조제1항을 위반하여 휴업, 폐업, 휴업한 중개업의 재개 또는 휴업기간의 변경 신고를 하지 아니한 자
5. 제30조제5항을 위반하여 손해배상책임에 관한 사항을 설명하지 아니하거나 관계 증서의 사본 또는 관계 증서에 관한 전자문서를 교부하지 아니한 자
6. 제35조제3항 또는 제4항을 위반하여 공인중개사자격증을 반납하지 아니하거나 공인중개사자격증을 반납할 수 없는 사유서를 제출하지 아니한 자 또는 거짓으로 공인중개사자격증을 반납할 수 없는 사유서를 제출한 자
7. 제38조제4항을 위반하여 중개사무소등록증을 반납하지 아니한 자
④ (2014.1.28 삭제)
⑤ 제2항 및 제3항에 따른 과태료는 대통령령으로 정하는 바에 따라 다음 각 호의 자가 각각 부과·징수한다.(2014.1.28 본문개정)
1. 제2항제1호의2·제1호의3·제1호의5, 제6호부터 제8호까지, 제8호의2 및 제9호의 경우 : 국토교통부장관(2023.4.18 본호개정)
2. 제2항제5호의2 및 제3항제6호의 경우 : 시·도지사
3. (2014.1.28 삭제)
4. 제2항제1호·제1호의4·제1호의6, 제3항제1호·제2호·제2호의2, 제3호부터 제5호까지 및 제7호의 경우 : 등록관청(2023.4.18 본호개정)
(2013.6.4 본항개정)
⑥~⑨ (2009.4.1 삭제)
⑩ (2014.1.28 삭제)
(2008.6.13 본조개정)

부 칙 (2008.6.13)

제1조【시행일】 이 법은 공포 후 3개월이 경과한 날부터 시행한다. 다만, 제51조제5항의 개정규정은 공포한 날부터 시행한다.
제2조【주택거래신고지역의 주택에 대한 중개업자의 부동산거래의 신고에 관한 적용례】 제27조제6항의 개정규정은 이 법 시행 후 중개업자가 최초로 주택거래계약서를 작성하여 교부하는 분부터 적용한다.
제3조【과태료 부과에 따른 경과조치】 ① 부칙 제1조 본문에 따른 시행일 당시 종전의 제27조의2에 따라 자료제출을 요구 중인 신고사항에 대하여 제51조제1항 또는 같은 조 제2항제5호의 개정규정을 위반한 자에 대한 과태료 처분은 개정규정에도 불구하고 종전의 규정에 따른다.
② 부칙 제1조 단서에 따른 시행일 당시 종전의 제51조제1항 및 제3항에 따른 부동산거래 신고의무를 위반하여 등록관청 등에서 과태료 부과가 예고 중인 자의 과태료는 등록관청 등에서 부과·징수한다.

부 칙 (2011.5.19)

제1조【시행일】 이 법은 공포 후 3개월이 경과한 날부터 시행한다.
제2조【적용례】 제38조제2항제11호 및 제39조제1항제13호의 개정규정은 이 법 시행 후 「독점규제 및 공정거래에 관한 법률」 제27조 또는 제28조에 따른 처분이 있는 경우부터 적용한다.

부 칙 (2013.6.4)

제1조【시행일】 이 법은 공포한 날부터 시행한다. 다만, 제13조제6항 단서, 제18조의2, 제21조의2, 제25조의2, 제27조제5항, 제42조, 제42조의2부터 제42조의6까지, 제49조제1항제6호의2, 제51조제1항, 같은 조 제2항제3호·제2항제10호·제3항제2호의2 및 같은 조 제4항·제5항의 개정규정은 공포 후 6개월이 경과한 날부터 시행하고, 제34조제2항부터 제6항까지, 제51조제2항제5호의2의 개정규정은 공포 후 1년이 경과한 날부터 시행한다.
제2조【소속공인중개사 및 중개보조원의 교육에 관한 경과조치】 종전의 제15조제1항에 따라 신고된 소속공인중개사 및 중개보조원은 제34조제2항 및 제3항의 개정규정 시행 후 1년 이내에 같은 개정규정에 따라 교육을 이수하여야 하며, 교육을 이수하지 아니할 경우 신고의 효력이 상실된 것으로 본다.
제3조【과태료에 관한 경과조치】 이 법 시행 전의 행위에 대하여 과태료를 부과할 때에는 종전의 규정에 따른다.

부 칙 (2014.1.28)

제1조【시행일】 이 법은 공포 후 6개월이 경과한 날부터 시행한다. 다만, 제34조제1항의 개정규정은 공포 후 2년이 경과한 날부터 시행한다.
제2조【벌금형의 분리 선고에 관한 적용례】 제10조의2의 개정규정은 이 법 시행 후 발생한 범죄행위로 형벌을 받는 사람부터 적용한다.
제3조【개업공인중개사에 관한 규정의 준용】 법률 제7638호 不動産仲介業法 전부개정법률 부칙 제6조제1항에 따라 중개사무소의 개설등록을 한 것으로 보는 자가 중개업을 하는 경우 그 성질에 어긋나지 아니하면 개업공인중개사에 관한 규정을 준용하되, 같은 조 제2항부터 제7항까지의 규정을 적용한다.

부 칙 (2014.5.21)

제1조【시행일】 이 법은 2014년 7월 29일부터 시행한다.
제2조【행정제재처분의 속행에 관한 적용례】 제40조의 개정규정은 이 법 시행 후 행정처분의 대상이 되는 위반행위를 하는 자부터 적용한다.
제3조【과태료에 관한 경과조치】 이 법 시행 당시 개업공인중개사가 이 법 시행 전에 발생한 사유로 인하여 제51조제2항제1호의2의 개정규정에 해당되는 경우에는 종전의 규정에 따른다.

부 칙 (2016.12.2)

제1조【시행일】 이 법은 공포한 날부터 시행한다. 다만, 제48조의 개정규정은 공포 후 6개월이 경과한 날부터 시행한다.
제2조【벌칙에 관한 경과조치】 제48조의 개정규정 시행 전의 행위에 대하여 벌칙을 적용할 때에는 종전의 규정에 따른다.

부 칙 (2018.4.17)

제1조【시행일】 이 법은 공포한 날부터 시행한다.
제2조【금치산자 등의 결격사유에 관한 경과조치】 제10조제1항제2호의 개정규정에 따른 피성년후견인 또는 피한정후견인에는 법률 제10429호 민법 일부개정법률 부칙 제2조에 따라 금치산 또는 한정치산 선고의 효력이 유지되는 사람을 포함하는 것으로 본다.

부 칙 (2019.8.20)

제1조【시행일】 이 법은 공포 후 1년이 경과한 날부터 시행한다. 다만, 제33조제1항제8호 및 제9호, 제33조제2항, 제36조제1항제7호, 제38조제2항제9호, 제47조의2, 제48조제3호·제4호 및 제49조제1항제10호의 개정규정은 공포 후 6개월이 경과한 날부터 시행한다.
제2조【공인중개사 자격의 정지에 관한 경과조치】 이 법 시행 전의 위반행위에 대한 자격의 정지 처분에 관하여는 종전의 규정에 따른다.
제3조【중개업 등록취소에 관한 경과조치】 이 법 시행 전의 위반행위에 대한 등록취소 처분에 관하여는 종전의 규정에 따른다.

부 칙 (2020.6.9)

이 법은 공포한 날부터 시행한다.(이하 생략)

부 칙 (2020.12.8)

이 법은 공포 후 3개월이 경과한 날부터 시행한다.

부 칙 (2020.12.29)

제1조【시행일】 이 법은 공포 후 1년이 경과한 날부터 시행한다.(이하 생략)

부 칙 (2023.4.18)

제1조【시행일】 이 법은 공포 후 6개월이 경과한 날부터 시행한다.
제2조【임대차 중개 시 설명의무에 관한 적용례】 제25조의3의 개정규정은 이 법 시행 이후 주택의 임대차계약을 체결하는 경우부터 적용한다.
제3조【결격사유에 관한 경과조치】 이 법 시행 전의 행위로 제10조제1항제5호의 개정규정에 따른 결격사유에 해당하게 된 경우에는 같은 개정규정에도 불구하고 종전의 규정에 따른다.
제4조【중개보조원 수의 제한에 관한 경과조치】 이 법 시행 당시 개업공인중개사와 소속공인중개사를 합한 수의 5배를 초과하여 중개보조원을 고용하고 있는 개업공인중개사는 제15조제3항의 개정규정에도 불구하고 이 법 시행일부터 3년 이내에 같은 개정규정에 적합하도록 하여야 한다.

부 칙 (2023.6.1)

이 법은 공포 후 1개월이 경과한 날부터 시행한다. 다만, 제47조의2제2항의 개정규정은 공포한 날부터 시행하고, 같은 항 제1호 및 제3호의 개정규정 중 제15조제3항, 제18조의4 및 제25조의3에 관한 부분은 2023년 10월 19일부터 시행한다.

공인중개사법 시행령

(2005년 12월 30일 전부개정대통령령 제19248호)

개정
2006. 6.12영19507호(행정정보이용감축개정령)
2007. 6.26영20109호
2008. 2.29영20722호(직제)
2008. 7.29영20947호(자본시장금융투자업시)
2008. 9.10영21001호
2008.12. 3영21148호(잡지등정기간행물의진흥에관한법시)
2008.12. 9영21159호(주택법시)
2009. 7. 1영21609호
2009.12.14영21881호(측량·수로지적시)
2010. 1.27영22003호(신문등의진흥에관한법시)
2010. 5. 4영22151호(전자정부법시)
2010.11. 2영22467호(행정정보이용감축개정령)
2010.11.15영22493호(은행법시)
2010.12.20영22539호 2011. 3.15영22711호
2011. 8.19영23086호
2012. 5. 1영23759호(수험생편의제공일부개정령)
2012. 6.29영23918호
2013. 3.23영24443호(직제)
2013.12. 4영24912호
2013.12.30영25050호(행정규제재검토에따른일부개정령)
2014. 6. 3영25372호 2014. 7.28영25522호
2014.10.14영25652호(건축시)
2015. 6. 1영26302호(공간정보구축관리시)
2016. 1.12영26892호
2016.12.30영27751호(규제기한설정)
2017. 1.17영27793호(부동산거래신고등에관한법시)
2020. 2.18영30427호
2020. 3. 3영30509호(규제기한해제)
2020. 8.21영30962호
2020.11.24영31169호(공공기관의운영에관한법시)
2020.11.24영31176호(법정공고방식확대)
2020.12. 8영31243호(한국부동산원법시)
2021. 1. 5영31380호(법령용어정비)
2021. 2.17영31445호(부가세시)
2021.12.31영32306호
2023. 3. 7영33321호(규제기한정비)
2023.10.18영33821호
2023.11.16영33858호(자치입법권강화및지방자율성제고를위한일부개정령)

제1장 총 칙

제1조【목적】 이 영은 「공인중개사법」에서 위임된 사항과 그 시행에 필요한 사항을 규정함을 목적으로 한다. (2014.7.28 본조개정)

제1조의2【공인중개사 정책심의위원회의 구성】 ① 「공인중개사법」(이하 "법"이라 한다) 제2조의2제1항에 따른 공인중개사 정책심의위원회(이하 "심의위원회"라 한다)는 위원장 1명을 포함하여 7명 이상 11명 이내의 위원으로 구성한다.
② 심의위원회 위원장은 국토교통부 제1차관이 되고, 위원은 다음 각 호의 어느 하나에 해당하는 사람 중에서 국토교통부장관이 임명하거나 위촉한다.
1. 국토교통부의 4급 이상 또는 이에 상당하는 공무원이나 고위공무원단에 속하는 일반직공무원
2. 「고등교육법」 제2조에 따른 학교에서 부교수 이상의 직(職)에 재직하고 있는 사람
3. 변호사 또는 공인회계사의 자격이 있는 사람
4. 법 제41조에 따른 공인중개사협회에서 추천하는 사람
5. 법 제45조에 따라 법 제4조에 따른 공인중개사자격시험(이하 "시험"이라 한다)의 시행에 관한 업무를 위탁받은 기관의 장이 추천하는 사람
6. 「비영리민간단체 지원법」 제4조에 따라 등록한 비영리민간단체에서 추천한 사람
7. 「소비자 기본법」 제29조에 따라 등록한 소비자단체 또는 같은 법 제33조에 따른 한국소비자원의 임직원으로 재직하고 있는 사람
8. 그 밖에 부동산·금융 관련 분야에 학식과 경험이 풍부한 사람
③ 제2항제2호부터 제8호까지의 규정에 따른 위원의 임기는 2년으로 하되, 위원의 사임 등으로 새로 위촉된 위원의 임기는 전임위원 임기의 남은 기간으로 한다.
(2014.7.28 본조신설)

제1조의3【위원의 제척·기피·회피 등】 ① 심의위원회의 위원이 다음 각 호의 어느 하나에 해당하는 경우에는 심의위원회의 심의·의결에서 제척(除斥)된다.
1. 위원 또는 그 배우자나 배우자이었던 사람이 해당 안건의 당사자(당사자가 법인·단체 등인 경우에는 그 임원을 포함한다. 이하 이 호 및 제2호에서 같다)가 되거나 그 안건의 당사자와 공동권리자 또는 공동의무자인 경우
2. 위원이 해당 안건의 당사자와 친족이거나 친족이었던 경우
3. 위원이 해당 안건에 대하여 증언, 진술, 자문, 조사, 연구, 용역 또는 감정을 한 경우
4. 위원이나 위원이 속한 법인·단체 등이 해당 안건의 당사자의 대리인이거나 대리인이었던 경우
② 해당 안건의 당사자는 위원에게 공정한 심의·의결을 기대하기 어려운 사정이 있는 경우에는 심의위원회에 기피 신청을 할 수 있고, 심의위원회는 의결로 이를 결정한다. 이 경우 기피 신청의 대상인 위원은 그 의결에 참여하지 못한다.
③ 위원 본인이 제1항 각 호에 따른 제척 사유에 해당하는 경우에는 스스로 해당 안건의 심의·의결에서 회피(回避)하여야 한다.
④ 국토교통부장관은 위원이 제1항 각 호의 어느 하나에 해당하는 데에도 불구하고 회피하지 아니한 경우에는 해당 위원을 해촉(解囑)할 수 있다.
(2014.7.28 본조신설)

제1조의4【위원장의 직무】 ① 위원장은 심의위원회를 대표하고, 심의위원회의 업무를 총괄한다.
② 위원장이 부득이한 사유로 직무를 수행할 수 없을 때에는 위원장이 미리 지명한 위원이 그 직무를 대행한다.
(2014.7.28 본조신설)

제1조의5【심의위원회의 운영】 ① 위원장은 심의위원회의 회의를 소집하고, 그 의장이 된다.
② 심의위원회의 회의는 재적위원 과반수의 출석으로 개의(開議)하고, 출석위원 과반수의 찬성으로 의결한다.
③ 위원장은 심의위원회의 회의를 소집하려면 회의 개최 7일 전까지 회의의 일시, 장소 및 안건을 각 위원에게 통보하여야 한다. 다만, 긴급하게 개최하여야 하거나 부득이한 사유가 있는 경우에는 회의 개최 전날까지 통보할 수 있다.
④ 위원장은 심의에 필요하다고 인정하는 경우 관계 전문가를 출석하게 하여 의견을 듣거나 의견 제출을 요청할 수 있다.
(2014.7.28 본조신설)

제1조의6【간사】 ① 심의위원회에 심의위원회의 사무를 처리할 간사 1명을 둔다.
② 간사는 심의위원회의 위원장이 국토교통부 소속 공무원 중에서 지명한다.
(2014.7.28 본조신설)

제1조의7【수당 등】 심의위원회에 출석한 위원 및 관계 전문가에게는 예산의 범위에서 수당과 여비를 지급할 수 있다. 다만, 공무원인 위원이 그 소관 업무와 직접적으로 관련되어 심의위원회에 출석하는 경우에는 그러하지 아니하다.(2014.7.28 본조신설)

제1조의8【운영세칙】 이 영에서 규정한 사항 외에 심의위원회의 운영 등에 필요한 사항은 심의위원회 의결을 거쳐 위원장이 정한다.(2014.7.28 본조신설)

제2조【중개대상물의 범위】 법 제3조제3호에 따른 중개대상물은 다음 각 호와 같다.(2014.7.28 본문개정)
1. 「입목에 관한 법률」에 따른 입목
2. 「공장 및 광업재단 저당법」에 따른 공장재단 및 광업재단(2011.3.15 본호개정)
3. (2011.3.15 삭제)

제2장 공인중개사

제3조【국토교통부장관이 시행하는 자격시험】 국토교통부장관이 법 제4조제2항에 따라 직접 시험문제를 출제하거나 시험을 시행하려는 경우에는 심의위원회의 의결을 미리 거쳐야 한다.(2014.7.28 본조개정)

제4조 (2014.7.28 삭제)

제5조【시험방법 및 시험의 일부면제】 ① 시험은 제1차 시험 및 제2차시험으로 구분하여 시행한다. 이 경우 제2차시험은 제1차시험에 합격한 자를 대상으로 시행한다.
② 제1항에도 불구하고 법 제4조제1항 또는 같은 조 제2항에 따라 시험을 시행하는 특별시장·광역시장·도지사·특별자치도지사(이하 "시·도지사"라 한다) 또는 국토교통부장관(이하 "시험시행기관장"이라 한다)이 필요하다고 인정하는 경우에는 제1차시험과 제2차시험을 구분하되 동시에 시행할 수 있으며, 이 경우 제2차시험의 시험방법은 제4항에 따른다.(2013.3.23 본항개정)
③ 제2항의 규정에 따라 제1차시험과 제2차시험을 동시에 시행하는 경우에는 제1차시험에 불합격한 자의 제2차시험은 무효로 한다.
④ 제1차시험은 선택형으로 출제하는 것을 원칙으로 하되, 주관식 단답형 또는 기입형을 가미할 수 있다.
⑤ 제2차시험은 논문형으로 출제하는 것을 원칙으로 하되, 주관식 단답형 또는 기입형을 가미할 수 있다.
⑥ 제1차시험에 합격한 자에 대하여는 다음 회의 시험에 한하여 제1차시험을 면제한다.

제6조【시험과목】 제1차시험 및 제2차시험의 시험과목은 별표1과 같다.

제7조【시험의 시행·공고】 ① 시험은 매년 1회 이상 시행한다. 다만, 시험시행기관장은 시험을 시행하기 어려운 부득이한 사정이 있는 경우에는 심의위원회의 의결을 거쳐 당해연도의 시험을 시행하지 아니할 수 있다.
(2014.7.28 단서개정)
② 시험시행기관장은 법 제4조에 따라 시험을 시행하려는 때에는 예정 시험일시·시험방법 등 시험시행에 관한 개략적인 사항을 매년 2월 말일까지 「신문 등의 진흥에 관한 법률」 제2조제1호가목에 따른 일반일간신문(이하 "일간신문"이라 한다), 관보, 방송 중 하나 이상에 공고하고, 인터넷 홈페이지 등에도 이를 공고해야 한다.
(2020.11.24 본항개정)
③ 시험시행기관장은 제2항에 따른 공고 후 시험을 시행하려는 때에는 시험일시, 시험장소, 시험방법, 합격자 결정방법 및 응시수수료의 반환에 관한 사항 등 시험의 시행에 필요한 사항을 시험시행일 90일 전까지 일간신문, 관보, 방송 중 하나 이상에 공고하고, 인터넷 홈페이지 등에도 이를 공고해야 한다.(2020.11.24 본항개정)

제8조【응시원서 등】 ① 시험에 응시하고자 하는 자는 국토교통부령이 정하는 바에 따라 응시원서를 제출하여야 한다.
② 시험시행기관장은 응시수수료를 납부한 자가 다음 각 호의 어느 하나에 해당하는 경우에는 국토교통부령으로 정하는 바에 따라 응시수수료의 전부 또는 일부를 반환하여야 한다.(2013.12.4 본문개정)
1. 수수료를 과오납(過誤納)한 경우
2. 시험시행기관의 귀책사유로 시험에 응하지 못한 경우
3. 시험시행일 10일 전까지 응시원서 접수를 취소하는 경우
(2013.12.4 1호~3호신설)
(2013.3.23 본조개정)

제9조【시험의 출제 및 채점】 ① 시험시행기관장은 부동산중개업무 및 관련 분야에 관한 학식과 경험이 풍부한 자 중에서 시험문제의 출제·선정·검토 및 채점을 담당할 자(이하 이 조 및 제11조에서 "출제위원"이라 한다)를 임명 또는 위촉한다.
② 제1항의 규정에 따라 출제위원으로 임명 또는 위촉된 자는 시험시행기관장이 요구하는 시험문제의 출제·선정·검토 또는 채점상의 유의사항 및 준수사항을 성실히 이행하여야 한다.
③ 시험시행기관장은 제2항의 규정을 위반함으로써 시험의 신뢰도를 크게 떨어뜨리는 행위를 한 출제위원이 있는 때에는 그 명단을 다른 시험시행기관장 및 그 출제위원이 소속하고 있는 기관의 장에게 통보하여야 한다.
④ 국토교통부장관 또는 시·도지사는 제3항의 규정에 따라 시험시행기관장이 명단을 통보한 출제위원에 대하여는 그 명단을 통보한 날부터 5년간 시험의 출제위원으로 위촉하여서는 아니 된다.(2013.3.23 본항개정)

제10조【시험의 합격자 결정】 ① 제1차시험에 있어서는 매과목 100점을 만점으로 하여 매과목 40점 이상, 전과목 평균 60점 이상 득점한 자를 합격자로 한다.
② 제2차시험에 있어서는 매과목 100점을 만점으로 하여 매과목 40점 이상, 전과목 평균 60점 이상 득점한 자를 합격자로 한다. 다만, 시험시행기관장이 공인중개사의 수급상 필요하다고 인정하여 심의위원회의 의결을 거쳐 선발예정인원을 미리 공고한 경우에는 매과목 40점 이상인 자 중에서 선발예정인원의 범위 안에서 전과목 총득점의 고득점자순으로 합격자를 결정한다.(2014.7.28 단서개정)
③ 제2항 단서 및 제5항의 규정에 따라 합격자를 결정함에 있어서 동점자로 인하여 선발예정인원을 초과하는 경우에는 그 동점자 모두를 합격자로 한다.
④ 시험시행기관장은 응시생의 형평성 확보 등을 위하여 필요하다고 인정하는 경우에는 심의위원회의 의결을 거쳐 최소선발인원 또는 응시자 대비 최소선발비율을 미리 공고할 수 있다.(2014.7.28 본항개정)
⑤ 제4항의 규정에 따라 최소선발인원 또는 최소선발비율을 공고한 경우 제2차시험에서 매과목 40점 이상, 전과목 평균 60점 이상 득점한 자가 최소선발인원 또는 최소선발비율에 미달되는 경우에는 매과목 40점 이상인 자 중에서 최소선발인원 또는 최소선발비율의 범위 안에서 전과목 총득점의 고득점자순으로 합격자를 결정한다.

제11조【시험수당 등의 지급】 출제위원 및 시험시행업무 등에 종사하는 자에 대하여는 예산의 범위 안에서 수당 및 여비를 지급할 수 있다.

제12조 (2011.8.19 삭제)

제3장 중개업 등

제13조【중개사무소 개설등록의 기준 등】 ① 법 제9조제3항에 따른 중개사무소 개설등록의 기준은 다음 각 호와 같다. 다만, 다른 법률의 규정에 따라 부동산중개업을 할 수 있는 경우에는 다음 각 호의 기준을 적용하지 아니한다.(2008.9.10 본문개정)
1. 공인중개사가 중개사무소를 개설하고자 하는 경우
가. 법 제34조제1항의 규정에 따른 실무교육을 받았을 것
나. 건축물대장(「건축법」 제20조제5항에 따른 가설건축물대장은 제외한다. 이하 같다)에 기재된 건물(준공검사, 준공인가, 사용승인, 사용검사 등을 받은 건물로서 건축물대장에 기재되기 전의 건물을 포함한다. 이하 같다)에 중개사무소를 확보(소유·전세·임대차 또는 사용대차 등의 방법에 의하여 사용권을 확보하여야 한다)할 것(2014.10.14 본목개정)
2. 법인이 중개사무소를 개설하려는 경우(2008.9.10 본문개정)
가. 「상법」상 회사 또는 「협동조합 기본법」 제2조제1호에 따른 협동조합(같은 조 제3호에 따른 사회적협동조합은 제외한다)으로서 자본금이 5천만원 이상일 것
(2016.1.12 본목개정)
나. 법 제14조에 규정된 업무만을 영위할 목적으로 설립된 법인일 것
다. 대표자는 공인중개사이어야 하며, 대표자를 제외한 임원 또는 사원(합명회사 또는 합자회사의 무한책임사원을 말한다. 이하 이 조에서 같다)의 3분의 1 이상은 공인중개사일 것(2009.7.1 본목개정)
라. 대표자, 임원 또는 사원 전원 및 분사무소의 책임자(법 제13조제3항에 따라 분사무소를 설치하려는 경우에만 해당한다)가 법 제34조제1항에 따른 실무교육을 받았을 것(2008.9.10 본목개정)

마. 건축물대장에 기재된 건물에 중개사무소를 확보(소유·전세·임대차 또는 사용대차 등의 방법에 의하여 사용권을 확보하여야 한다)할 것
② 시장(구가 설치되지 아니한 시의 시장과 특별자치도의 행정시장을 말한다. 이하 같다)·군수 또는 구청장(이하 "등록관청"이라 한다)은 법 제9조에 따른 개설등록 신청이 다음 각 호의 어느 하나에 해당하는 경우를 제외하고는 개설등록을 해 주어야 한다.
1. 공인중개사 또는 법인이 아닌 자가 중개사무소의 개설등록을 신청한 경우
2. 중개사무소의 개설등록을 신청한 자가 법 제10조제1항 각 호의 어느 하나에 해당하는 경우
3. 제1항의 개설등록 기준에 적합하지 아니한 경우
4. 그 밖에 이 법 또는 다른 법령에 따른 제한에 위반되는 경우
(2011.8.19 본항신설)

제14조 【등록사항 등의 통보】 등록관청은 다음 각 호의 어느 하나에 해당하는 때에는 그 사실을 국토교통부령이 정하는 바에 따라 법 제41조의 규정에 따른 공인중개사협회에 통보하여야 한다.(2013.3.23 본문개정)
1. 법 제11조제1항의 규정에 따라 중개사무소등록증을 교부한 때
2. 법 제13조제3항·법 제20조제1항 또는 법 제21조제1항의 규정에 따른 신고를 받은 때
3. 법 제15조제1항에 따라 소속공인중개사 또는 중개보조원의 고용이나 고용관계 종료의 신고를 받은 때
(2014.7.28 본호개정)
4. 법 제38조 또는 법 제39조에 따른 행정처분을 한 때

제15조 【분사무소의 설치】 ① 법 제13조제3항의 규정에 따른 분사무소는 주된 사무소의 소재지가 속한 시(구가 설치되지 아니한 시를 말한다. 이하 이 조에서 같다)·군·구를 제외한 시·군·구별로 설치하되, 시·군·구별로 1개소를 초과할 수 없다.
② 제1항의 규정에 따른 분사무소에는 공인중개사를 책임자로 두어야 한다. 다만, 다른 법률의 규정에 따라 중개업을 할 수 있는 법인의 분사무소인 경우에는 그러하지 아니하다.
③ 법 제13조제3항에 따라 분사무소의 설치신고를 하려는 자는 국토교통부령으로 정하는 분사무소설치신고서에 다음 각 호의 서류를 첨부하여 주된 사무소의 소재지를 관할하는 등록관청에 제출하여야 한다. 이 경우 등록관청은 법 제5조제2항에 따라 공인중개사 자격증을 발급한 시·도지사에게 분사무소 책임자의 공인중개사 자격 확인을 요청하여야 하고, 「전자정부법」 제36조제1항에 따른 행정정보의 공동이용을 통하여 법인 등기사항증명서를 확인하여야 한다.(2013.3.23 전단개정)
1. (2012.6.29 삭제)
2. (2006.6.12 삭제)
3. 분사무소 책임자의 법 제34조제1항의 규정에 따른 실무교육의 수료확인증 사본
4. 제25조의 규정에 따른 보증의 설정을 증명할 수 있는 서류
5. 건축물대장에 기재된 건물에 분사무소를 확보(소유·전세·임대차 또는 사용대차 등의 방법에 의하여 사용권을 확보하여야 한다)하였음을 증명하는 서류. 다만, 건축물대장에 기재되지 아니한 건물에 분사무소를 확보하였을 경우에는 건축물대장 기재가 지연되는 사유를 적은 서류도 함께 내야 한다.(2011.3.15 단서신설)

제16조 【중개사무소의 공동사용】 ① 법 제13조제6항 본문에 따라 중개사무소를 공동으로 사용하려는 개업공인중개사는 법 제9조에 따른 중개사무소의 개설등록 또는 법 제20조에 따른 중개사무소의 이전신고를 하는 때에 그 중개사무소를 사용할 권리가 있는 다른 개업공인중개사의 승낙서를 첨부하여야 한다.
② 법 제39조에 따른 업무의 정지기간 중에 있는 개업공인중개사는 법 제13조제6항 단서에 따라 다음 각 호의 어느 하나에 해당하는 방법으로 다른 개업공인중개사와 중개사무소를 공동으로 사용할 수 없다.
1. 법 제39조에 따른 업무의 정지기간 중에 있는 개업공인중개사가 다른 개업공인중개사에게 중개사무소의 공동사용을 위하여 제1항에 따른 승낙서를 주는 방법. 다만, 법 제39조에 따른 업무의 정지기간 중에 있는 개업공인중개사가 영업정지 처분을 받기 전부터 중개사무소를 공동사용 중인 다른 개업공인중개사는 제외한다.
2. 법 제39조에 따른 업무의 정지기간 중에 있는 개업공인중개사가 다른 개업공인중개사의 중개사무소를 공동으로 사용하기 위하여 중개사무소의 이전신고를 하는 방법
(2014.7.28 본조개정)

제17조 【법인인 개업공인중개사의 업무】 ① (2009.7.1 삭제)
② 법 제14조제1항제5호에서 "대통령령이 정하는 업무"라 함은 중개의뢰인의 의뢰에 따른 도배·이사업체의 소개 등 주거이전에 부수되는 용역의 알선을 말한다.
(2014.7.28 본조제목개정)

제17조의2 【중개대상물의 표시·광고】 ① 법 제18조의2 제1항에서 "대통령령으로 정하는 사항"이란 다음 각 호의 사항을 말한다.
1. 중개사무소의 명칭, 소재지, 연락처 및 등록번호
(2020.8.21 본호개정)
2. 개업공인중개사의 성명(법인인 경우에는 대표자의 성명)(2014.7.28 본호개정)
② 법 제18조의2제2항에서 "대통령령으로 정하는 소재지, 면적, 가격 등의 사항"이란 다음 각 호의 사항을 말한다.
1. 소재지
2. 면적
3. 가격
4. 중개대상물 종류
5. 거래 형태
6. 건축물 및 그 밖의 토지의 정착물인 경우 다음 각 목의 사항
가. 총 층수
나. 「건축법」 또는 「주택법」 등 관련 법률에 따른 사용승인·사용검사·준공검사 등을 받은 날
다. 해당 건축물의 방향, 방의 개수, 욕실의 개수, 입주가능일, 주차대수 및 관리비
(2020.8.21 본항신설)
③ 중개대상물에 대한 제1항 및 제2항에 따른 사항의 구체적인 표시·광고(「표시·광고의 공정화에 관한 법률」 제2조제1호 및 제2호에 따른 표시·광고를 말한다. 이하 같다) 방법에 대해서는 국토교통부장관이 정하여 고시한다.
(2020.8.21 본항신설)
④ 법 제18조의2제4항제3호에서 "대통령령으로 정하는 내용의 표시·광고"란 다음 각 호의 사항을 말한다.
1. 중개대상물이 존재하지만 실제로 중개의 대상이 될 수 없는 중개대상물에 대한 표시·광고
2. 중개대상물이 존재하지만 실제로 중개할 의사가 없는 중개대상물에 대한 표시·광고
3. 중개대상물의 입지조건, 생활여건, 가격 및 거래조건 등 중개대상물 선택에 중요한 영향을 미칠 수 있는 사실을 빠뜨리거나 은폐·축소하는 등의 방법으로 소비자를 속이는 표시·광고
(2020.8.21 본항신설)
(2013.12.4 본조신설)

제17조의3 【인터넷 표시·광고 모니터링 업무의 위탁】 ① 국토교통부장관은 법 제18조의3제4항에 따라 다음 각 호의 어느 하나에 해당하는 기관에 같은 조 제1항에 따른 모니터링 업무를 위탁할 수 있다.
1. 「공공기관의 운영에 관한 법률」 제4조에 따른 공공기관
2. 「정부출연연구기관 등의 설립·운영 및 육성에 관한 법률」 제2조에 따른 정부출연연구기관
3. 「민법」 제32조에 따라 설립된 비영리법인으로서 인터넷 표시·광고 모니터링 또는 인터넷 광고 시장 감시와 관련된 업무를 수행하는 법인
4. 그 밖에 인터넷 표시·광고 모니터링 업무 수행에 필요한 전문인력과 전담조직을 갖췄다고 국토교통부장관이 인정하는 기관 또는 단체
② 국토교통부장관은 제1항에 따라 업무를 위탁하는 경우에는 위탁받는 기관 및 위탁업무의 내용을 고시해야 한다.
(2020.8.21 본조신설)

제18조 【휴업 또는 폐업의 신고 등】 ① 개업공인중개사는 법 제21조제1항에 따라 다음 각 호의 어느 하나에 해당하는 경우에는 국토교통부령으로 정하는 신고서에 중개사무소등록증을 첨부(제1호 및 제2호의 경우만 해당한다)하여 등록관청에 미리 신고(제3호 및 제4호에 해당하여 신고하는 경우에는 전자문서에 의한 신고를 포함한다)해야 한다.
1. 3개월을 초과하여 휴업(법 제9조에 따른 중개사무소 개설등록 후 업무를 개시하지 않는 경우를 포함한다. 이하 이 조에서 같다)하려는 경우
2. 폐업하려는 경우
3. 3개월을 초과하여 휴업한 부동산중개업을 재개하려는 경우
4. 신고한 휴업기간을 변경하려는 경우
(2021.12.31 본항개정)
② 법인인 개업공인중개사는 제1항에도 불구하고 법 제13조제3항에 따라 분사무소를 둔 경우에는 제1항에 따른 신고를 분사무소별로 할 수 있다. 이 경우 법 제13조제4항에 따른 신고확인서를 첨부(제1항제1호 및 제2호의 경우만 해당한다)해야 한다.(2021.12.31 본항신설)
③ 제1항 또는 제2항에 따라 신고하려는 자가 「부가가치세법」 제8조제8항에 따른 신고를 같이 하려는 경우에는 제1항의 신고서에 같은 법 시행령 제13조제1항에 따른 신고서를 함께 제출해야 한다. 이 경우 등록관청은 함께 제출받은 신고서를 지체 없이 관할 세무서장에게 송부(정보통신망을 이용한 송부를 포함한다. 이하 이 조에서 같다)해야 한다.(2021.12.31 전단개정)
④ 관할 세무서장이 「부가가치세법 시행령」 제13조제5항에 따라 제1항의 신고서를 받아 해당 등록관청에 송부한 경우에는 제1항의 신고서가 제출된 것으로 본다.
(2020.2.18 본항신설)
⑤ 제1항 또는 제2항에 따른 중개사무소재개신고를 받은 등록관청은 반납받은 중개사무소등록증 또는 신고확인서를 즉시 반환해야 한다.(2021.12.31 본항개정)
⑥ 법 제21조제2항에서 "대통령령으로 정하는 부득이한 사유"란 다음 각 호의 어느 하나에 해당하는 사유를 말한다.(2021.12.31 본문개정)
1. 질병으로 인한 요양
2. 징집으로 인한 입영
3. 취학
4. 임신 또는 출산(2021.12.31 본호신설)
5. 그 밖에 제1호부터 제4호까지의 규정에 준하는 부득이한 사유로서 국토교통부장관이 정하여 고시하는 사유
(2021.12.31 본호개정)

제19조 【일반중개계약】 국토교통부장관은 법 제22조의 규정에 따른 일반중개계약의 표준이 되는 서식을 정하여 그 사용을 권장할 수 있다.(2013.3.23 본조개정)

제20조 【전속중개계약】 ① 법 제23조제1항의 규정에 따른 전속중개계약의 유효기간은 3월로 한다. 다만, 당사자간에 다른 약정이 있는 경우에는 그 약정에 따른다.
② 전속중개계약을 체결한 개업공인중개사가 법 제23조제3항의 규정에 따라 공개하여야 할 중개대상물에 관한 정보의 내용은 다음 각 호와 같다.(2014.7.28 본문개정)
1. 중개대상물의 종류, 소재지, 지목 및 면적, 건축물의 용도·구조 및 건축연도 등 중개대상물을 특정하기 위하여 필요한 사항
2. 벽면 및 도배의 상태
3. 수도·전기·가스·소방·열공급·승강기 설비, 오수·폐수·쓰레기 처리시설 등의 상태
4. 도로 및 대중교통수단과의 연계성, 시장·학교 등과의 근접성, 지형 등 입지조건, 일조(日照)·소음·진동 등 환경조건
5. 소유권·전세권·저당권·지상권 및 임차권 등 중개대상물의 권리관계에 관한 사항. 다만, 각 권리자의 주소·성명 등 인적 사항에 관한 정보는 공개하여서는 아니 된다.
6. 공법상의 이용제한 및 거래규제에 관한 사항
7. 중개대상물의 거래예정금액 및 공시지가. 다만, 임대차의 경우에는 공시지가를 공개하지 아니할 수 있다.

제21조 【중개대상물의 확인·설명】 ① 법 제25조제1항에 따라 개업공인중개사가 확인·설명해야 하는 사항은 다음 각 호와 같다.(2021.12.31 본문개정)
1. 중개대상물의 종류·소재지·지번·지목·면적·용도·구조 및 건축연도 등 중개대상물에 관한 기본적인 사항
2. 소유권·전세권·저당권·지상권 및 임차권 등 중개대상물의 권리관계에 관한 사항
3. 거래예정금액·중개보수 및 실비의 금액과 그 산출내역
(2014.7.28 본호개정)
4. 토지이용계획, 공법상의 거래규제 및 이용제한에 관한 사항
5. 수도·전기·가스·소방·열공급·승강기 및 배수 등 시설물의 상태
6. 벽면·바닥면 및 도배의 상태(2021.12.31 본호개정)
7. 일조·소음·진동 등 환경조건
8. 도로 및 대중교통수단과의 연계성, 시장·학교와의 근접성 등 입지조건
9. 중개대상물에 대한 권리를 취득함에 따라 부담하여야 할 조세의 종류 및 세율
② 개업공인중개사는 매도의뢰인·임대의뢰인 등이 법 제25조제2항의 규정에 따른 중개대상물의 상태에 관한 자료요구에 불응한 경우에는 그 사실을 매수의뢰인·임차의뢰인 등에게 설명하고, 제3항의 규정에 따른 중개대상물확인·설명서에 기재하여야 한다.(2014.7.28 본항개정)
③ 개업공인중개사는 법 제25조제3항 본문에 따라 국토교통부령으로 정하는 중개대상물 확인·설명서에 제1항 각 호의 사항을 적어 거래당사자에게 발급해야 한다.
(2020.2.18 본항개정)
④ 법 제25조제3항 본문에서 "대통령령이 정하는 기간"이란 3년을 말한다.(2020.2.18 본항신설)

제22조 【거래계약서 등】 ① 법 제26조제1항의 규정에 따른 거래계약서에는 다음 각 호의 사항을 기재하여야 한다.
1. 거래당사자의 인적 사항
2. 물건의 표시
3. 계약일
4. 거래금액·계약금액 및 그 지급일자 등 지급에 관한 사항
5. 물건의 인도일시
6. 권리이전의 내용
7. 계약의 조건이나 기한이 있는 경우에는 그 조건 또는 기한
8. 중개대상물확인·설명서 교부일자
9. 그 밖의 약정내용
② 법 제26조제1항에서 "대통령령이 정하는 기간"이라 함은 5년을 말한다.
③ 국토교통부장관은 개업공인중개사가 작성하는 거래계약서의 표준이 되는 서식을 정하여 그 사용을 권장할 수 있다.(2014.7.28 본항개정)

제23조～제23조의3 (2014.7.28 삭제)

제24조 【손해배상책임의 보장】 ① 개업공인중개사는 법 제30조제3항에 따라 다음 각 호의 구분에 따른 금액을 보장하는 보증보험 또는 공제에 가입하거나 공탁을 해야 한다.

1. 법인인 개업공인중개사 : 4억원 이상. 다만, 분사무소를 두는 경우에는 분사무소마다 2억원 이상을 추가로 설정해야 한다.
2. 법인이 아닌 개업공인중개사 : 2억원 이상
(2021.12.31 본항개정)
② 개업공인중개사는 중개사무소 개설등록을 한 때에는 업무를 시작하기 전에 제1항의 규정에 따른 손해배상책임을 보장하기 위한 조치(이하 이 조 및 제25조에서 "보증"이라 한다)를 한 후 그 증명서류를 갖추어 등록관청에 신고하여야 한다. 다만, 보증보험회사·공제사업자 또는 공탁기관(이하 "보증기관"이라 한다)이 보증사실을 등록관청에 직접 통보한 경우에는 신고를 생략할 수 있다.
(2014.7.28 본문개정)
③ 다른 법률에 따라 부동산중개업을 할 수 있는 자가 부동산중개업을 하려는 경우에는 중개업무를 개시하기 전에 보장금액 2천만원 이상의 보증을 보증기관에 설정하고 그 증명서류를 갖추어 등록관청에 신고해야 한다.
(2021.12.31 본항개정)

제25조【보증의 변경】 ① 제24조의 규정에 따라 보증을 설정한 개업공인중개사는 그 보증을 다른 보증으로 변경하고자 하는 경우에는 이미 설정한 보증의 효력이 있는 기간 중에 다른 보증을 설정하고 그 증명서류를 갖추어 등록관청에 신고하여야 한다.(2014.7.28 본항개정)
② 보증보험 또는 공제에 가입한 개업공인중개사로서 보증기간이 만료되어 다시 보증을 설정하고자 하는 자는 그 보증기간 만료일까지 다시 보증을 설정하고 그 증명서류를 갖추어 등록관청에 신고하여야 한다.(2014.7.28 본항개정)
③ 제24조제2항 단서의 규정은 제1항 또는 제2항의 규정에 따른 신고에 관하여 이를 준용한다.

제26조【보증보험금의 지급 등】 ① 중개의뢰인이 손해배상금으로 보증보험금·공제금 또는 공탁금을 지급받고자 하는 경우에는 그 중개의뢰인과 개업공인중개사간의 손해배상합의서·화해조서 또는 확정된 법원의 판결문 사본 그 밖에 이에 준하는 효력이 있는 서류를 첨부하여 보증기관에 손해배상금의 지급을 청구하여야 한다.
② 개업공인중개사는 보증보험금·공제금 또는 공탁금으로 손해배상을 한 때에는 15일 이내에 보증보험 또는 공제에 다시 가입하거나 공탁금 중 부족하게 된 금액을 보전하여야 한다.
(2014.7.28 본조개정)

제27조【계약금등의 예치·관리 등】 ① 법 제31조제1항에서 "대통령령이 정하는 자"라 함은 다음 각 호의 자를 말한다.
1. 「은행법」에 따른 은행(2010.11.2 본호개정)
2. 「보험업법」에 따른 보험회사
3. 「자본시장과 금융투자업에 관한 법률」에 따른 신탁업자
(2008.7.29 본호개정)
4. 「우체국예금·보험에 관한 법률」에 따른 체신관서
5. 법 제42조의 규정에 따라 공제사업을 하는 자
6. 부동산 거래계약의 이행을 보장하기 위하여 계약금·중도금 또는 잔금(이하 이 조에서 "계약금등"이라 한다) 및 계약 관련 서류를 관리하는 업무를 수행하는 전문회사
② 개업공인중개사는 거래당사자가 법 제31조제1항의 규정에 따라 계약금등을 개업공인중개사의 명의로 금융기관 등에 예치할 것을 의뢰하는 경우에는 계약이행의 완료 또는 계약해제 등의 사유로 인한 계약금등의 인출에 대한 거래당사자의 동의 방법, 법 제32조제3항의 규정에 따른 반환채무이행 보장에 소요되는 실비 그 밖에 거래안전을 위하여 필요한 사항을 약정하여야 한다.
(2014.7.28 본항개정)
③ 개업공인중개사는 제2항의 규정에 따라 거래계약과 관련된 계약금등을 자기 명의로 금융기관 등에 예치하는 경우에는 자기 소유의 예치금과 분리하여 관리될 수 있도록 하여야 하며, 예치된 계약금등은 거래당사자의 동의 없이 인출하여서는 아니 된다.(2014.7.28 본항개정)
④ 개업공인중개사는 제2항의 규정에 따라 계약금등을 자기 명의로 금융기관 등에 예치하는 경우에는 그 계약금등을 거래당사자에게 지급할 것을 보장하기 위하여 예치대상이 되는 계약금등에 해당하는 금액을 보장하는 보증보험 또는 법 제42조의 규정에 따른 공제에 가입하거나 공탁을 하여야 하며, 거래당사자에게 관계 증서의 사본을 교부하거나 관계 증서에 관한 전자문서를 제공하여야 한다.
(2014.7.28 본항개정)

제27조의2【중개보수의 지급시기】 법 제32조제3항에 따른 중개보수의 지급시기는 개업공인중개사와 중개의뢰인간의 약정에 따르되, 약정이 없을 때에는 중개대상물의 거래대금 지급이 완료된 날로 한다.(2014.7.28 본조신설)

제28조【개업공인중개사 등의 교육 등】 ① 법 제34조제1항 및 제2항에 따른 실무교육의 내용 및 시간은 다음 각 호와 같다.
1. 교육내용 : 개업공인중개사 및 소속공인중개사의 직무수행에 필요한 법률지식, 부동산 중개 및 경영 실무, 직업윤리 등(2014.7.28 본호개정)
2. 교육시간 : 28시간 이상 32시간 이하
② 법 제34조제3항에 따른 직무교육의 내용 및 시간은 다음 각 호와 같다.
1. 교육내용 : 중개보조원의 직무수행에 필요한 직업윤리 등
2. 교육시간 : 3시간 이상 4시간 이하
③ 법 제34조제4항에 따른 연수교육의 내용 및 시간은 다음 각 호와 같다.
1. 교육내용 : 부동산중개 관련 법·제도의 변경사항, 부동산 중개 및 경영 실무, 직업윤리 등
2. 교육시간 : 12시간 이상 16시간 이하
④ 시·도지사는 법 제34조제4항에 따른 연수교육을 실시하려는 경우 실무교육 또는 연수교육을 받은 후 2년이 되기 2개월 전까지 연수교육의 일시·장소·내용 등을 대상자에게 통지하여야 한다.(2014.7.28 본항개정)
⑤ 법 제34조제5항에 따른 교육지침에는 다음 각 호의 사항이 포함되어야 한다.
1. 교육의 목적
2. 교육대상
3. 교육과목 및 교육시간
4. 강사의 자격
5. 수강료
6. 수강신청, 출결(出缺) 확인, 교육평가, 교육수료증 발급 등 학사 운영 및 관리
7. 그 밖에 균형있는 교육의 실시에 필요한 기준과 절차
(2014.7.28 본조제목개정)
(2014.6.3 본조개정)

제28조의2【개업공인중개사 등 교육비 지원 등】 ① 법 제34조의2제1항에 따라 개업공인중개사 등에 대한 부동산거래사고 예방 등의 교육을 위하여 지원할 수 있는 비용은 다음 각 호와 같다.
1. 교육시설 및 장비의 설치에 필요한 비용
2. 교육자료의 개발 및 보급에 필요한 비용
3. 교육 관련 조사 및 연구에 필요한 비용
4. 교육 실시에 따른 강사비
② 국토교통부장관, 시·도지사 및 등록관청은 부동산 거래질서를 확립하고, 부동산거래사고로 인한 피해를 방지하기 위하여 법 제34조의2제2항에 따른 부동산거래사고 예방을 위한 교육을 실시하려는 경우에는 교육일 10일 전까지 교육일시·교육장소 및 교육내용, 그 밖에 교육에 필요한 사항을 공고하거나 교육대상자에게 통지하여야 한다.
(2014.7.28 본조신설)

제4장 지도·감독

제29조【공인중개사의 자격취소 또는 자격정지】 ① 법 제35조의 규정에 따른 공인중개사의 자격취소처분 및 법 제36조의 규정에 따른 자격정지처분은 그 공인중개사자격증(이하 "자격증"이라 한다)을 교부한 시·도지사가 행한다.
② 자격증을 교부한 시·도지사와 공인중개사 사무소의 소재지를 관할하는 시·도지사가 서로 다른 경우에는 공인중개사 사무소의 소재지를 관할하는 시·도지사가 자격취소처분 또는 자격정지처분에 필요한 절차를 모두 이행한 후 자격증을 교부한 시·도지사에게 통보하여야 한다.
③ 시·도지사는 공인중개사의 자격취소처분을 한 때에는 5일 이내에 이를 국토교통부장관과 다른 시·도지사에게 통보해야 한다.(2023.11.16 본항개정)

제5장 공인중개사협회

제30조【협회의 설립】 ① 법 제41조제1항의 규정에 따른 공인중개사협회(이하 "협회"라 한다)를 설립하고자 하는 때에는 발기인이 작성하여 서명·날인한 정관에 대하여 회원 600인 이상이 출석한 창립총회에서 출석한 회원 과반수의 동의를 얻어 국토교통부장관의 설립인가를 받아야 한다.(2013.3.23 본항개정)
② 제1항에 따른 창립총회에는 서울특별시에서는 100인 이상, 광역시·도 및 특별자치도에서는 각각 20인 이상의 회원이 참여하여야 한다.(2008.9.10 본항개정)
③ 협회의 설립인가신청에 필요한 서류는 국토교통부령으로 정한다.(2013.3.23 본항개정)

제31조【협회의 업무】 협회는 법 제41조제1항의 규정에 따른 목적을 달성하기 위하여 다음 각 호의 업무를 수행할 수 있다.
1. 회원의 품위유지를 위한 업무
2. 부동산중개제도의 연구·개선에 관한 업무
3. 회원의 자질향상을 위한 지도 및 교육·연수에 관한 업무
4. 회원의 윤리헌장 제정 및 그 실천에 관한 업무
5. 부동산 정보제공에 관한 업무
6. 법 제42조의 규정에 따른 공제사업. 이 경우 공제사업은 비영리사업으로서 회원간의 상호부조를 목적으로 한다.
7. 그 밖에 협회의 설립목적 달성을 위하여 필요한 업무

제32조【협회의 보고의무】 ① 협회는 총회의 의결내용을 지체 없이 국토교통부장관에게 보고하여야 한다.
(2013.3.23 본항개정)
② 협회가 그 지부 또는 지회를 설치한 때에는 그 지부는 시·도지사에게, 지회는 등록관청에 신고하여야 한다.

제33조【공제사업의 범위】 법 제42조제1항의 규정에 따라 협회가 할 수 있는 공제사업의 범위는 다음 각 호와 같다.
1. 법 제30조의 규정에 따른 손해배상책임을 보장하기 위한 공제기금의 조성 및 공제금의 지급에 관한 사업
2. 공제사업의 부대업무로서 공제규정으로 정하는 사업

제34조【공제규정】 법 제42조제3항의 규정에 따라 공제규정에는 다음 각 호의 사항을 정하여야 한다.
1. 공제계약의 내용 : 협회의 공제책임, 공제금, 공제료, 공제기간, 공제금의 청구와 지급절차, 구상 및 대위권, 공제계약의 실효 그 밖에 공제계약에 필요한 사항을 정한다. 이 경우 공제료는 공제사고 발생률, 보증보험료 등을 종합적으로 고려하여 결정한 금액으로 한다.
2. 회계기준 : 공제사업을 손해배상기금과 복지기금으로 구분하여 각 기금별 목적 및 회계원칙에 부합되는 세부기준을 정한다.
3. 책임준비금의 적립비율 : 공제사고 발생률 및 공제금 지급액 등을 종합적으로 고려하여 정하되, 공제료 수입액의 100분의 10 이상으로 정한다.

제35조【공제사업 운용실적의 공시】 협회는 법 제42조제5항에 따라 다음 각 호의 사항을 매 회계연도 종료 후 3개월 이내에 일간신문 또는 협회보에 공시하고 협회의 인터넷 홈페이지에 게시해야 한다.(2021.1.5 본문개정)
1. 결산서인 요약 재무상태표, 손익계산서 및 감사보고서
(2021.1.5 본호개정)
2. 공제료 수입액, 공제금 지급액, 책임준비금 적립액
3. 그 밖에 공제사업의 운용과 관련된 참고사항

제35조의2【운영위원회】 ① 법 제42조의2에 따른 운영위원회(이하 "운영위원회"라 한다)는 공제사업에 관하여 다음 각 호의 사항을 심의하며 그 업무집행을 감독한다.
1. 사업계획·운영 및 관리에 관한 기본 방침
2. 예산 및 결산에 관한 사항
3. 차입금에 관한 사항
4. 주요 예산집행에 관한 사항
5. 공제약관·공제규정의 변경과 공제와 관련된 내부규정의 제정·개정 및 폐지에 관한 사항
6. 공제금, 공제가입금, 공제료 및 그 요율에 관한 사항
7. 정관으로 정하는 사항
8. 그 밖에 위원장이 필요하다고 인정하여 회의에 부치는 사항
② 운영위원회는 성별을 고려하여 다음 각 호의 사람으로 구성한다. 이 경우 제2호 및 제3호에 해당하는 위원의 수는 전체 위원 수의 3분의 1 미만으로 한다.
1. 국토교통부장관이 소속 공무원 중에서 지명하는 사람 1명
2. 협회의 회장
3. 협회 이사회가 협회의 임원 중에서 선임하는 사람
4. 다음 각 목의 어느 하나에 해당하는 사람으로서 협회의 회장이 추천하여 국토교통부장관의 승인을 받아 위촉하는 사람
   가. 대학 또는 정부출연연구기관에서 부교수 또는 책임연구원 이상으로 재직하고 있거나 재직하였던 사람으로서 부동산 분야 또는 법률·회계·금융·보험 분야를 전공한 사람
   나. 변호사·공인회계사 또는 공인중개사의 자격이 있는 사람
   다. 금융감독원 또는 금융기관에서 임원 이상의 직에 있거나 있었던 사람
   라. 공제조합 관련 업무에 관한 학식과 경험이 풍부한 사람으로서 해당 업무에 5년 이상 종사한 사람
   마. 「소비자기본법」 제29조에 따라 등록한 소비자단체 및 같은 법 제33조에 따른 한국소비자원의 임원으로 재직 중인 사람
③ 제2항제3호 및 제4호에 따른 위원의 임기는 2년으로 하되 1회에 한하여 연임할 수 있으며, 보궐위원의 임기는 전임자 임기의 남은 기간으로 한다.
④ 운영위원회에는 위원장과 부위원장 각각 1명을 두되, 위원장 및 부위원장은 위원 중에서 각각 호선(互選)한다.
⑤ 운영위원회의 위원장은 운영위원회의 회의를 소집하며 그 의장이 된다.
⑥ 운영위원회의 부위원장은 위원장을 보좌하며, 위원장이 부득이한 사유로 그 직무를 수행할 수 없을 때에는 그 직무를 대행한다.
⑦ 운영위원회의 회의는 재적위원 과반수의 출석으로 개의(開議)하고, 출석위원 과반수의 찬성으로 심의사항을 의결한다.
⑧ 운영위원회의 사무를 처리하기 위하여 간사 및 서기를 두되, 간사 및 서기는 공제업무를 담당하는 협회의 직원 중에서 위원장이 임명한다.
⑨ 간사는 회의 때마다 회의록을 작성하여 다음 회의에 보고하고 이를 보관하여야 한다.
⑩ 제1항부터 제9항까지에 규정된 사항 외에 운영위원회의 운영에 필요한 사항은 운영위원회의 심의를 거쳐 위원장이 정한다.
(2013.12.4 본조신설)

제35조의3【재무건전성 기준】 ① 법 제42조의6에 따라 협회는 다음 각 호의 재무건전성기준을 모두 준수하여야 한다.
1. 지급여력비율은 100분의 100이상을 유지할 것
2. 구상채권 등 보유자산의 건전성을 정기적으로 분류하고 대손충당금을 적립할 것

② 제1항제1호에 따른 지급여력비율은 제1호에 따른 지급여력금액을 제2호에 따른 지급여력기준금액으로 나눈 비율로 하며, 지급여력금액과 지급여력기준금액은 다음 각 호와 같다.
1. 지급여력금액 : 자본금, 대손충당금, 이익잉여금, 그 밖에 이에 준하는 것으로서 국토교통부장관이 정하는 금액을 합산한 금액에서 영업권, 선급비용 등 국토교통부장관이 정하는 자를 뺀 금액
2. 지급여력기준금액 : 공제사업을 운영함에 따라 발생하게 되는 위험을 국토교통부장관이 정하는 방법에 따라 금액으로 환산한 것
③ 국토교통부장관은 제1항 및 제2항에 따른 재무건전성 기준에 관하여 필요한 세부기준을 정할 수 있다.
(2013.12.4 본조신설)

제6장 보 칙

제36조【업무의 위탁】 ① 시·도지사는 법 제45조에 따라 법 제34조제1항부터 제4항까지의 규정에 따른 실무교육, 직무교육 및 연수교육에 관한 업무를 위탁하는 때에는 다음 각 호의 기관 또는 단체 중 국토교통부령으로 정하는 인력 및 시설을 갖춘 기관 또는 단체를 지정하여 위탁하여야 한다.(2014.6.3 본문개정)
1. 부동산 관련 학과가 개설된 「고등교육법」 제2조에 따른 학교(2014.7.28 본호개정)
2. 협회
3. 「공공기관의 운영에 관한 법률」 제5조제4항에 따른 공기업 또는 준정부기관(2020.11.24 본호개정)
② 시험시행기관장은 법 제45조에 따라 법 제4조에 따른 시험의 시행에 관한 업무를 「공공기관의 운영에 관한 법률」 제5조제4항에 따른 공기업, 준정부기관 또는 협회에 위탁할 수 있다.(2020.11.24 본항개정)
③ 시·도지사 또는 시험시행기관장은 제1항 및 제2항에 따라 업무를 위탁한 때에는 위탁받은 기관의 명칭·대표자 및 소재지와 위탁업무의 내용 등을 관보에 고시하여야 한다.(2008.9.10 본항개정)
제36조의2【포상금】 ① 법 제46조제1항의 규정에 따른 포상금은 1건당 50만원으로 한다.
② 제1항의 규정에 따른 포상금은 법 제46조제1항 각 호의 어느 하나에 해당하는 자가 행정기관에 의하여 발각되기 전에 등록관청이나 수사기관에 신고 또는 고발한 자에게 그 신고 또는 고발사건에 대하여 검사가 공소제기 또는 기소유예의 결정을 한 경우에 한하여 지급한다.
③ 법 제46조제2항의 규정에 따라 포상금의 지급에 소요되는 비용 중 국고에서 보조할 수 있는 비율은 100분의 50 이내로 한다.
④ 그 밖에 포상금의 지급방법 및 절차 등에 관하여 필요한 사항은 국토교통부령으로 정한다.(2013.3.23 본항개정)
제37조【부동산거래질서교란행위 신고센터의 설치·운영】 ① 법 제47조의2제1항에 따른 부동산거래질서교란행위 신고센터(이하 "신고센터"라 한다)에 같은 조 제2항에 따른 부동산거래질서교란행위(이하 "부동산거래질서교란행위"라 한다)를 신고하려는 자는 다음 각 호의 사항을 서면(전자문서를 포함한다)으로 제출해야 한다.
(2023.10.18 본문개정)
1. 신고인 및 피신고인의 인적사항
2. 부동산거래질서교란행위의 발생일시·장소 및 그 내용
3. 신고 내용을 증명할 수 있는 증거자료 또는 참고인의 인적사항
4. 그 밖에 신고 처리에 필요한 사항
② 신고센터는 제1항에 따라 신고받은 사항에 대해 보완이 필요한 경우 기간을 정하여 신고인에게 보완을 요청할 수 있다.
③ 신고센터는 제1항에 따라 제출받은 신고사항에 대해 시·도지사 및 등록관청 등에 조사 및 조치를 요구해야 한다. 다만, 다음 각 호의 어느 하나에 해당하는 경우에는 국토교통부장관의 승인을 받아 접수된 신고사항의 처리를 종결할 수 있다.
1. 신고내용이 명백히 거짓인 경우
2. 신고인이 제2항에 따른 보완을 하지 않은 경우
3. 제5항에 따라 신고사항의 처리결과를 통보받은 사항에 대하여 정당한 사유 없이 다시 신고한 경우로서 새로운 사실이나 증거자료가 없는 경우
4. 신고내용이 이미 수사기관에서 수사 중이거나 재판이 계속 중이거나 법원의 판결에 의해 확정된 경우
(2021.1.5 본호개정)
④ 제3항 본문에 따른 요구를 받은 시·도지사 및 등록관청 등은 신속하게 조사 및 조치를 완료하고, 완료한 날부터 10일 이내에 그 결과를 신고센터에 통보해야 한다.
⑤ 신고센터는 제4항에 따라 시·도지사 및 등록관청 등으로부터 처리 결과를 통보받은 경우 신고인에게 신고사항 처리 결과를 통보해야 한다.
⑥ 신고센터는 매월 10일까지 직전 달의 신고사항 접수 및 처리 결과 등을 국토교통부장관에게 제출해야 한다.
⑦ 국토교통부장관은 법 제47조의2제4항에 따라 같은 조 제3항에 따른 신고센터의 업무를 「한국부동산원법」에 따른 한국부동산원(이하 "한국부동산원"이라 한다)에 위탁한다.(2023.10.18 본항개정)
⑧ 한국부동산원은 신고센터의 업무 처리 방법, 절차 등에 관한 운영규정을 정하여 국토교통부장관의 승인을 받아야 한다. 이를 변경하려는 경우에도 또한 같다.
(2020.12.8 전단개정)
(2020.2.18 본조신설)
제37조의2【고유식별정보의 처리】 국토교통부장관, 시·도지사 또는 등록관청(법 제45조 및 제47조의2제4항에 따라 국토교통부장관, 시·도지사 또는 등록관청의 업무를 위탁받은 자를 포함한다)은 다음 각 호의 사무를 수행하기 위하여 불가피한 경우 「개인정보 보호법 시행령」 제19조제1호 또는 제4호에 따른 주민등록번호 또는 외국인등록번호가 포함된 자료를 처리할 수 있다.(2023.10.18 본문개정)
1. 법 제4조 및 이 영 제8조에 따른 공인중개사 응시원서 접수에 관한 사무
2. 법 제5조에 따른 자격증의 교부에 관한 사무
3. 법 제9조에 따른 중개사무소의 개설등록에 관한 사무
4. 법 제10조에 따른 등록의 결격사유에 관한 사무
5. 법 제11조에 따른 등록증의 교부에 관한 사무
6. 법 제13조에 따른 분사무소의 설치신고에 관한 사무
7. 법 제15조에 따른 개업공인중개사의 고용인의 신고에 관한 사무(2014.7.28 본호개정)
8. 법 제16조에 따른 인장의 등록에 관한 사무
9. 법 제24조에 따른 부동산거래정보망의 설치·운영자 지정 및 부동산거래정보망의 이용 등에 관한 운영규정의 승인에 관한 사무
10. (2014.7.28 삭제)
11. 다음 각 호의 사항과 관련된 법 제37조에 따른 감독상의 명령 등에 관한 사무
가. 법 제22조에 따른 일반중개계약
나. 법 제23조에 따른 전속중개계약
다. 법 제25조에 따른 중개대상물 확인·설명
라. 법 제26조에 따른 거래계약서의 작성
마. 법 제30조에 따른 손해배상책임의 보장
12. 법 제46조에 따른 포상금에 관한 사무
13. 법 제47조의2에 따른 부동산거래질서교란행위 신고센터의 업무에 관한 사무(2020.2.18 본호신설)
(2013.12.4 본조신설)
제37조의3【규제의 재검토】 국토교통부장관은 다음 각 호의 사항에 대하여 다음 각 호의 기준일을 기준으로 3년마다(매 3년이 되는 해의 기준일과 같은 날 전까지를 말한다) 그 타당성을 검토하여 개선 등의 조치를 해야 한다.
1. 제17조에 따른 중개업에 부수되는 업무 : 2023년 1월 1일
2. 제28조제1항부터 제3항까지에 따른 교육의 내용 및 시간 : 2023년 1월 1일
(2023.3.7 본조개정)

제7장 벌 칙

제38조【과태료의 부과·징수】 ① 법 제51조제2항·제3항 및 법 제7638호 부칙 제6조제5항에 따른 과태료의 부과기준은 별표2와 같다.(2014.7.28 본항개정)
② (2014.7.28 삭제)

부 칙 (2013.12.4)

제1조【시행일】 이 영은 2013년 12월 5일부터 시행한다.
제2조【중개사무소의 공동사용 제한에 관한 적용례】 제16조제2항의 개정규정은 이 영 시행 후 법 제39조제1항에 따른 업무의 정지를 받은 중개업자부터 적용한다.
제3조【중개대상물의 표시·광고에 관한 적용례】 제17조의2의 개정규정은 이 영 시행 후 중개대상물에 대하여 표시·광고를 하는 경우부터 적용한다.

부 칙 (2014.6.3)

제1조【시행일】 이 영은 2014년 6월 5일부터 시행한다.
제2조【연수교육에 관한 경과조치】 이 영 시행 전에 법 제34조제1항에 따라 실무교육을 받은 중개업자(법인인 경우에는 사원·임원을 말하며, 법 제13조제3항에 따라 분사무소의 설치신고를 하려는 경우에는 분사무소의 책임자를 말한다)는 이 영 시행 후 2년 이내에 법 제34조제4항에 따른 연수교육을 이수하여야 한다.

부 칙 (2014.7.28)

제1조【시행일】 이 영은 2014년 7월 29일부터 시행한다.
제2조【다른 법령의 개정】 ①~⑦ ※(해당 법령에 가제정리 하였음)
제3조【다른 법령과의 관계】 이 영 시행 당시 다른 법령에서 종전의 「공인중개사의 업무 및 부동산 거래신고에 관한 법률 시행령」 또는 그 규정을 인용하고 있는 경우(종전의 「공인중개사의 업무 및 부동산 거래신고에 관한 법률 시행령」 제23조, 제23조의2 또는 제23조의3을 인용하고 있는 경우는 제외한다)에는 종전의 규정을 갈음하여 이 영 또는 이 영의 해당 규정을 인용한 것으로 본다.

부 칙 (2020.2.18)

이 영은 2020년 2월 21일부터 시행한다.

부 칙 (2020.3.3)

이 영은 공포한 날부터 시행한다.

부 칙 (2020.8.21)

제1조【시행일】 이 영은 2020년 8월 21일부터 시행한다.
제2조【중개대상물의 표시·광고에 관한 적용례】 제17조의2제1항제1호 및 같은 조 제2항·제4항의 개정규정은 이 영 시행 이후 중개대상물에 대하여 표시·광고를 하는 경우부터 적용한다.

부 칙 (2020.11.24 영31169호)

제1조【시행일】 이 영은 2021년 1월 1일부터 시행한다.
(이하 생략)

부 칙 (2020.11.24 영31176호)

제1조【시행일】 이 영은 공포한 날부터 시행한다.
제2조【공고 등의 방법에 관한 일반적 적용례】 이 영은 이 영 시행 이후 실시하는 공고, 공표, 공시 또는 고시부터 적용한다.

부 칙 (2020.12.8)

제1조【시행일】 이 영은 2020년 12월 10일부터 시행한다.
(이하 생략)

부 칙 (2021.1.5)

이 영은 공포한 날부터 시행한다.(이하 생략)

부 칙 (2021.2.17)

제1조【시행일】 이 영은 공포한 날부터 시행한다.(이하 생략)

부 칙 (2021.12.31)

제1조【시행일】 이 영은 공포한 날부터 시행한다. 다만, 제24조제1항 및 제3항의 개정규정은 2023년 1월 1일부터 시행한다.
제2조【보증보험 등의 보장금액 변경에 따른 경과조치】 이 영 시행 전에 종전의 제24조제1항 및 제3항에 따라 보증보험 또는 공제에 가입하거나 공탁한 개업공인중개사는 부칙 제1조 단서에 따른 시행일 전까지 제24조제1항 및 제3항의 개정규정에 적합하도록 보증보험 또는 공제 계약을 변경하거나 추가로 공탁하는 등의 조치를 해야 한다.

부 칙 (2023.3.7)

이 영은 공포한 날부터 시행한다.

부 칙 (2023.10.18)

이 영은 공포한 날부터 시행한다. 다만, 별표2 제2호가목 및 라목부터 서목까지의 개정규정은 2023년 10월 19일부터 시행한다.

부 칙 (2023.11.16)

이 영은 공포한 날부터 시행한다.

〔별표〕 ➡ 「法典 別冊」 참조

(舊 : 서울특별시 주택 중개수수료 등에 관한 조례)

서울특별시 주택 중개보수 등에 관한 조례

(2007년 5월 29일 전부개정서울특별시조례 제4531호)

개정
2015. 4.14조례5858호
2017. 1. 5조례6386호(서울특별시자치법규일괄정비를위한조례)
2020. 1. 9조례7479호 2021.12.30조례8296호
2022.12.30조례8585호

제1조【목적】 이 조례는 「공인중개사법」에서 위임된 사항과 개업공인중개사 등의 교육에 필요한 사항을 규정함을 목적으로 한다.(2020.1.9 본조개정)

제2조【중개보수】 ① 「공인중개사법」(이하 "법"이라 한다) 제32조제4항의 규정에 의한 주택의 중개에 대한 보수(이하 "중개보수"라 한다)의 한도는 별표1과 같다.
② 중개보수는 별표1의 한도 내에서 중개의뢰인과 개업공인중개사가 중개계약으로 정한 금액으로 한다.
③ (2015.4.14 삭제)
(2015.4.14 본조개정)

제3조【실비】 ① 법 제32조제4항에 따른 중개대상물의 권리관계 등의 확인에 소요되는 실비와 계약금 등의 반환채무이행 보장에 소요되는 실비의 한도는 각각 별표2와 같다.
② 실비의 지급 시기는 다음 각 호의 구분에 따른다.
1. 중개대상물의 권리관계 등의 확인에 소요되는 실비 : 중개대상물에 대한 확인·설명을 마친 때
2. 계약금 등의 반환채무이행 보장에 소요되는 실비 : 계약금 등을 지급하거나 반환하는 때
(2017.1.5 본조개정)

제4조【개업공인중개사 등의 교육】 ① 서울특별시장(이하 "시장"이라 한다)은 법 제34조에 따라 개업공인중개사 등을 대상으로 실무교육, 직무교육 및 연수교육을 실시하거나 법 제45조에 따라 관계 협회 및 기관에 위탁할 수 있다.(2022.12.30 본항개정)
② 제1항의 연수교육에서 법 제34조의2에 따른 부동산거래사고 예방 등의 교육을 통합하여 실시할 경우에는 시장이 교육 비용의 일부를 예산의 범위 내에서 지원할 수 있다.
(2020.1.9 본조신설)

제5조【중개보수표의 제작·지원】 시장은 법령이나 조례의 개정에 따라 중개보수의 한도가 변경된 경우 이를 반영한 중개보수표를 제작하여 공인중개사 등을 대상으로 배포할 수 있다.(2022.12.30 본조신설)

부 칙

① **【시행일】** 이 조례는 공포한 날부터 시행한다.
② **【계약금 등의 반환보장에 따른 실비청구에 관한 적용례】** 제3조제1항의 개정규정에 의한 계약금 등의 지급·반환채무 이행 보장에 소요되는 실비의 청구는 이 조례 시행이후 최초로 의뢰받는 중개업무 분부터 적용한다.
③ **【중개수수료 요율에 관한 경과조치】** 이 조례 시행당시 종전의 규정에 의하여 체결된 중개계약의 중개수수료 요율에 관하여는 종전의 규정에 의한다.

부 칙 (2015.4.14)

제1조【시행일】 이 조례는 공포한 날부터 시행한다.
제2조【중개보수 요율에 관한 경과조치】 이 조례 시행 전 체결된 중개계약의 중개보수 요율에 관해서는 별표1의 개정규정에도 불구하고 종전의 규정에 따른다.

부 칙 (2017.1.5)
(2020.1.9)
(2021.12.30)
(2022.12.30)

이 조례는 공포한 날부터 시행한다.

〔별표〕 ➡ 「法典 別冊」 참조

하천법

(2007년 4월 6일 전부개정법률 제8338호)

개정
2007.12.21법 8733호(군사기지및군사시설보호법)
2007.12.27법 8820호(공유수면매립법)
2008. 2.29법 8852호(정부조직)
2008. 3.21법 8974호(건축)
2008. 3.21법 8976호(도로법)
2008.12.31법 9313호(자연공원법)
2009. 4. 1법 9605호
2009. 6. 9법 9758호(농어촌정비)
2009. 6. 9법 9763호(산림보호법)
2010. 4.15법10272호(공유수면관리및매립에관한법)
2010. 5.31법10331호(산지관리법)
2011. 4.14법10599호(국토이용)
2012. 1.17법11194호
2013. 3.23법11690호(정부조직)
2013. 7.16법11931호
2014. 1.14법12248호(도로법)
2015. 1. 6법12994호
2015. 1.28법13084호(산업표준화법)
2015. 8.11법13493호 2015.12.29법13689호
2016. 1.19법13796호(부동산가격공시에관한법)
2016. 1.19법13808호
2017. 1.17법14544호(수자원의조사·계획및관리에관한법)
2017. 3.21법14722호 2018. 2.21법15405호
2018. 6. 8법15624호(정부조직)
2018. 6.12법15684호 2018. 8.14법15742호
2018.12.24법16057호(문화재)
2020. 5.26법17326호(법률용어정비)
2020. 6. 9법17453호(법률용어정비)
2020.12.22법17732호
2020.12.31법17814호(정부조직)
2021. 7.27법18352호 2022. 6.10법18915호
2022.12.27법19117호(산림자원조성관리)
2023. 1. 3법19171호
2023. 8. 8법19590호(문화유산)
2023. 8.16법19667호
2023. 9.14법19702호(근현대문화유산의보존및활용에관한법)→2024년 9월 15일 시행이므로 추후 수록
2024. 1.30법20172호(행정법제혁신을위한일부개정법령등)

제1장 총 칙

제1조【목적】 이 법은 하천사용의 이익을 증진하고 수생태환경을 고려하여 하천을 자연친화적으로 정비·보전하며 기후변화 등으로 인한 수재해를 예방하기 위하여 하천의 지정·관리·사용 및 보전 등에 관한 사항을 규정함으로써 하천을 적정하게 관리하고 공공복리의 증진에 이바지함을 목적으로 한다.(2023.1.3 본조개정)

제2조【정의】 이 법에서 사용하는 용어의 정의는 다음과 같다.
1. "하천"이라 함은 지표면에 내린 빗물 등이 모여 흐르는 물길로서 공공의 이해에 밀접한 관계가 있어 제7조제2항 및 제3항에 따라 국가하천 또는 지방하천으로 지정된 것을 말하며, 하천구역과 하천시설을 포함한다.(2020.6.9 본호개정)
2. "하천구역"이라 함은 제10조제1항에 따라 결정된 토지의 구역을 말한다.
3. "하천시설"이라 함은 하천의 기능을 보전하고 효용을 증진하며 홍수피해를 줄이기 위하여 설치하는 다음 각 목의 시설을 말한다. 다만, 하천관리청이 아닌 자가 설치한 시설에 관하여는 하천관리청이 해당 시설을 하천시설로 관리하기 위하여 그 시설을 설치한 자의 동의를 얻은 것에 한정한다.(2020.6.9 단서개정)
가. 제방·호안(護岸)·수제(水制) 등 물길의 안정을 위한 시설
나. 댐·하구둑(「방조제관리법」에 따라 설치한 방조제를 포함한다)·홍수조절지·저류지·지하하천·방수로·배수펌프장(「농어촌정비법」에 따른 농업생산기반시설인 배수장과 「하수도법」에 따른 하수를 배제(排除)하기 위하여 설치한 펌프장은 제외한다)·수문(水門) 등 하천수위의 조절을 위한 시설(2020.6.9 본목개정)
다. 운하·안벽(岸壁)·물양장(物揚場)·선착장·갑문 등 선박의 운항과 관련된 시설
라. 그 밖에 대통령령으로 정하는 시설
4. "하천관리청"이라 함은 하천에 관한 계획의 수립과 하천의 지정·사용 및 보전 등을 하는 환경부장관, 특별시장·광역시장·특별자치시장·도지사·특별자치도지사(이하 "시·도지사"라 한다)를 말한다.(2020.12.31 본호개정)
5. "하천공사"라 함은 하천의 기능을 높이거나 자연성을 보전·회복하기 위하여 하천의 신설·증설·개량·보수 및 복원 등을 하는 공사를 말한다.(2023.1.3 본호개정)
6. "유지·보수"라 함은 하천의 기능이 정상적으로 유지될 수 있도록 실시하는 점검·정비 등의 활동을 말한다.
7. (2017.1.17 삭제)
8. "하천수"라 함은 하천의 지표면에 흐르거나 하천 바닥에 스며들어 흐르는 물 또는 하천에 저장되어 있는 물을 말한다.

제3조【국가 등의 책무】 ① 국가는 하천을 효율적으로 이용·관리하고 하천을 자연친화적으로 보전·정비하며 기후변화 등으로 인한 수재해에 효과적으로 대응하기 위하여 하천에 관한 종합적인 계획을 수립하고 합리적인 시책을 마련할 책무를 진다.(2023.1.3 본항개정)
② 지방자치단체는 국가의 시책에 따라 필요한 조치를 하고 그 관할구역의 특성에 맞는 계획을 수립·시행하여야 한다.
③ 국민은 국가 및 지방자치단체의 하천관리시책에 적극 협력하고 하천의 보전과 오염방지를 위하여 노력하여야 한다.

제4조【하천관리의 원칙】 ① 하천 및 하천수는 공적 자원으로서 국가는 공공이익의 증진에 적합한 방향으로 적절히 관리하여야 한다.
② 하천을 구성하는 토지와 그 밖의 하천시설에 대하여는 사권(私權)을 행사할 수 없다. 다만, 다음 각 호의 어느 하나에 해당하는 경우에는 그러하지 아니하다.
1. 소유권을 이전하는 경우
2. 저당권을 설정하는 경우
3. 제33조에 따른 하천점용허가(소유권자 외의 자는 소유권자의 동의를 얻은 경우에 한정한다)를 받아 그 허가받은 목적대로 사용하는 경우(2020.6.9 본호개정)
③ 하천 및 하천수는 기후변화에 대한 과학적 예측과 분석에 기반하여 관리하여야 한다.(2023.1.3 본항신설)

제5조【권리·의무의 승계 등】 ① 이 법에 따른 허가 또는 승인으로 발생한 권리·의무를 가진 자가 사망하거나 그 권리·의무를 양도한 때 또는 그 권리·의무를 가진 법인의 합병이 있는 때에는 그 상속인, 권리·의무를 양수한 자 또는 합병 후 존속하는 법인이나 합병에 의하여 설립되는 법인이 그 지위를 승계한다.
② 제1항에 따라 권리·의무를 승계한 자는 환경부령으로 정하는 바에 따라 하천관리청에 신고하여야 한다.
(2020.12.31 본항개정)
③ 하천관리청은 제2항에 따른 신고를 받은 날부터 7일 이내에 신고수리 여부를 신고인에게 통지하여야 한다.
(2020.12.31 본항개정)
④ 하천관리청이 제3항에서 정한 기간 내에 신고수리 여부 또는 민원 처리 관련 법령에 따른 처리기간의 연장을 신고인에게 통지하지 아니하면 그 기간(민원 처리 관련 법령에 따라 처리기간이 연장 또는 재연장된 경우에는 해당 처리기간을 말한다)이 끝난 날의 다음 날에 신고를 수리한 것으로 본다.(2020.12.31 본항개정)

제6조【다른 국가사업 등과의 관계】 ① 국가 또는 지방자치단체가 이 법에 따라 하천관리청의 허가를 받아야 할 사항에 관한 사업을 하려는 경우 그 사업을 시행하는 행정청은 대통령령으로 정하는 바에 따라 미리 하천관리청과 협의하거나 그 승인을 얻어야 한다.
② 행정기관의 장이 다른 법률에 따라 하천구역 안에서 권리를 설정하거나 그 밖의 처분을 하려는 때에는 미리 하천관리청과 협의하거나 그 승인을 얻어야 한다.
(2020.12.31 본조개정)

제2장 하천의 지정 등

제7조【하천의 구분 및 지정】 ① 하천은 국가하천과 지방하천으로 구분한다.
② 국가하천은 국토보전상 또는 국민경제상 중요한 하천으로서 다음 각 호의 어느 하나에 해당하여 환경부장관이 그 명칭과 구간을 지정하는 하천을 말한다.(2020.12.31 본문개정)
1. 유역면적 합계가 200제곱킬로미터 이상인 하천
2. 다목적댐의 하류 및 댐 저수지로 인한 배수영향이 미치는 상류의 하천
3. 유역면적 합계가 50제곱킬로미터 이상이면서 200제곱킬로미터 미만인 하천으로서 다음 각 목의 어느 하나에 해당하는 하천
가. 인구 20만명 이상의 도시를 관류(貫流)하거나 범람구역 안의 인구가 1만명 이상인 지역을 지나는 하천
나. 다목적댐, 하구둑 등 저수량 500만세제곱미터 이상의 저류지를 갖추고 국가적 물 이용이 이루어지는 하천
다. 상수원보호구역, 국립공원, 유네스코생물권보전지역, 문화유산보호구역 및 자연유산보호구역, 생태·습지보호지역을 관류하는 하천(2023.8.8 본목개정)
라. (2018.8.14 삭제)
4. 범람으로 인한 피해, 하천시설 또는 하천공작물의 안전도 등을 고려하여 대통령령으로 정하는 하천(2018.8.14 본호신설)
③ 지방하천은 지방의 공공이해와 밀접한 관계가 있는 하천으로서 시·도지사가 그 명칭과 구간을 지정하는 하천을 말한다.

④ 환경부장관은 제2항에 따라 국가하천을 지정하려는 경우에는 관계 중앙행정기관의 장과 협의한 후 「수자원의 조사·계획 및 관리에 관한 법률」 제29조에 따른 국가수자원관리위원회(이하 "국가수자원관리위원회"라 한다)의 심의를, 시·도지사가 제3항에 따라 지방하천을 지정하려는 경우에는 같은 법 제32조에 따른 지역수자원관리위원회(이하 "지역수자원관리위원회"라 한다)의 심의를 거쳐야 한다. 지정을 변경하거나 해제하는 경우에도 또한 같다.(2020.12.31 전단개정)
⑤ 환경부장관이 지방하천을 국가하천으로 지정한 때에는 지방하천의 지정은 그 효력을 잃는다.(2020.12.31 본항개정)
⑥ 환경부장관 또는 시·도지사가 제2항 또는 제3항에 따라 국가하천 또는 지방하천으로 지정하거나 지정을 변경 또는 해제하는 경우에는 환경부령으로 정하는 바에 따라 이를 고시하고, 관계 서류를 관계 시장·군수 또는 구청장(자치구의 구청장을 말한다. 이하 같다)에게 보내야 하며, 시장·군수 또는 구청장은 관계 서류를 일반인이 볼 수 있도록 하여야 한다.(2020.12.31 본항개정)
⑦ 둘 이상의 하천이 합류되거나 분기되는 지점에서의 하천 구간의 경계는 하천관리청이 정하되, 하천관리청이 서로 다른 경우에는 관계 하천관리청이 협의하여 정한다.(2020.6.9 본항개정)
⑧ 시·도지사는 지방하천이 제2항 각 호의 어느 하나에 해당한다고 판단하는 경우에는 지역수자원관리위원회의 심의를 거쳐 환경부장관에게 국가하천으로 지정하여 줄 것을 요청할 수 있다.(2023.1.3 본항신설)

제8조【하천관리청】 ① 국가하천은 환경부장관이 관리한다.(2020.12.31 본항개정)
② 지방하천은 그 관할 구역의 시·도지사가 관리한다.

제9조【경계하천의 관리】 ① 지방하천으로서 특별시·광역시·특별자치시·도·특별자치도(이하 "시·도"라 한다)의 경계에 위치한 하천은 관계 시·도지사의 협의에 따라 그 하천의 관리청 및 관리방법을 따로 정하여야 한다.(2012.1.17 본항개정)
② 제1항에 따른 협의가 성립되지 아니한 때에는 환경부장관은 관계 시·도지사의 의견을 들어 국가수자원관리위원회의 심의를 거쳐 관계 시·도지사에게 하천의 관리청 및 관리방법을 정하여 통보할 수 있다.(2020.12.31 본항개정)
③ 관계 시·도지사는 제1항에 따라 협의가 성립된 경우에는 협의내용을, 제2항에 따라 환경부장관으로부터 통보를 받은 경우에는 통보된 내용을 고시하여야 한다. 이를 변경한 때에도 또한 같다.(2020.12.31 전단개정)
④ 관계 시·도지사는 제3항에 따른 고시내용을 환경부장관에게 통보하여야 한다.(2020.12.31 본항개정)

제10조【하천구역의 결정 등】 ① 하천관리청은 제7조제6항에 따라 하천의 명칭 및 구간의 지정 또는 지정의 변경·해제의 고시가 있는 때에는 다음 각 호의 어느 하나에 해당하는 지역을 하천구역으로 결정 또는 변경하거나 하천구역을 폐지하여야 한다.
1. 제25조에 따른 하천기본계획(이하 "하천기본계획"이라 한다)에 완성제방(하천시설의 설치계획을 수립할 때에 기준이 되는 홍수량만큼의 물이 소통하는데 필요한 단면을 가지고 있어서 구조적 안정성이 이미 확보된 제방을 말한다)이 있는 곳은 그 완성제방의 부지 및 그 완성제방으로부터 하심측(河心側)의 토지(2020.6.9 본호개정)
2. 하천기본계획에 계획제방(제방을 보강하거나 새로이 축조하도록 계획된 제방을 말한다)이 있는 곳은 그 계획제방의 부지 및 그 계획제방으로부터 하심측의 토지
3. 하천기본계획에 제방의 설치계획이 없는 구간에서는 계획하폭(하천시설의 설치계획을 수립할 때에 기준이 되는 홍수량만큼의 물이 소통하는데 필요한 양안 사이의 폭을 말한다)에 해당하는 토지(2020.6.9 본호개정)
4. 댐·하구둑·홍수조절지·저류지의 계획홍수위(하천시설의 설치계획을 수립할 때에 기준이 되는 홍수량만큼의 물이 소통하는 경우 그 수위를 말한다. 이하 같다) 아래에 해당하는 토지(2020.6.9 본호개정)
5. 철도·도로 등 선형 공작물이 제방의 역할을 하는 곳에서는 선형 공작물의 하천측 비탈머리를 제방의 비탈머리로 보아 그로부터 하심측에 해당하는 토지(2020.6.9 본호개정)
6. 하천기본계획이 수립되지 아니한 하천에서는 하천에 물이 계속하여 흐르고 있는 토지 및 지형, 그 토지 주변에서 풀과 나무가 자라는 지형의 상황, 홍수흔적, 그 밖의 상황을 기초로 대통령령으로 정하는 방법에 따라 평균하여 매년 1회 이상 물이 흐를 것으로 판단되는 수면 아래에 있는 토지(2020.6.9 본호개정)
② 하천관리청이 제1항에 따라 하천구역을 결정하려는 때에는 국가수자원관리위원회 또는 지역수자원관리위원회(이하 "수자원관리위원회"라 한다)의 심의를 거쳐야 한다. 하천구역을 변경 또는 폐지하려는 때에도 또한 같다.(2017.1.17 전단개정)
③ 제7조제6항은 제1항에 따른 하천구역의 결정·변경 및 폐지에 관하여 준용한다. 이 경우 하천관리청은 하천구역의 결정·변경 또는 폐지의 사실 및 그 내용을 해당 지역을 주된 보급지역으로 하는 일간신문 및 해당 기관과 관계 시·군·구(자치구를 말한다. 이하 같다)의 인터넷 홈페이지에 공고하도록 하여야 한다.(2023.1.3 후단신설)
④ 하천관리청은 제1항에 따라 하천구역을 결정·변경 또는 폐지하려는 경우 지역주민 등의 의견을 청취하여야 하며, 제3항에 따라 하천구역의 결정·변경 또는 폐지의 고시를 하는 때에는 환경부령으로 정하는 바에 따라 지형도면을 작성하여 함께 고시하여야 한다.(2020.12.31 본항개정)
⑤ 하천구역의 결정·변경 또는 폐지는 제3항에 따른 고시가 있는 날부터 그 효력이 발생한다.
⑥ 국가 및 지방자치단체는 제1항에 따라 하천구역으로 된 때에는 국가하천인 경우 「국유재산법」에 따른 국유재산으로, 지방하천인 경우 「공유재산 및 물품 관리법」에 따른 공유재산으로 확보되도록 노력하여야 한다.

제11조 (2015.8.11 삭제)

제12조【홍수관리구역】 ① 하천관리청은 하천을 보전하고 홍수로 인한 피해를 예방하기 위하여 필요하다고 인정되는 경우에는 다음 각 호의 어느 하나에 해당하는 지역을 홍수관리구역으로 지정할 수 있다.
1. 하천기본계획이 수립된 하천의 경우 계획홍수위 아래에 있는 토지로서 하천관리청이 하천구역으로 결정한 토지(제10조제1항제1호부터 제3호까지의 어느 하나에 해당하는 지역을 하천구역으로 결정한 토지를 말한다)를 제외한 지역(2020.6.9 본호개정)
2. 하천기본계획이 수립되지 아니한 하천에서 홍수범람의 우려가 있는 지역 중 하천관리청이 제10조제1항제6호에 해당하는 지역을 하천구역으로 결정한 하천구역의 경계선부터 대통령령으로 정하는 일정한 범위 안의 지역
② 하천관리청이 제1항에 따라 홍수관리구역을 지정하려는 때에는 수자원관리위원회의 심의를 거쳐야 한다. 이를 변경 또는 폐지하려는 때에도 또한 같다.(2017.1.17 전단개정)
③ 제7조제6항, 제10조제3항 후단 및 제10조제4항은 홍수관리구역의 지정·변경 또는 폐지에 관하여 준용한다.(2023.1.3 본항개정)

제13조【하천의 구조·시설 및 유지·보수 등의 기준】 ① 하천의 구조·시설과 하천의 유지·보수 및 안전점검은 환경부령으로 정하는 기준에 따른다.
② 환경부장관이 제1항에 따른 기준을 정하려는 때에는 하천공사로 생태계가 훼손되는 것을 최소화하고 하천의 구조·수위·유량·지형 및 지질, 그 밖의 하천상황과 자중(自重)·수압 외에 예상된 하중을 고려하여 안전을 확보할 수 있도록 하여야 한다.
(2020.12.31 본조개정)

제14조【하천시설의 관리규정】 ① 하천시설 중 댐·보·수문 등 대통령령으로 정하는 하천시설을 설치한 자는 환경부령으로 정하는 바에 따라 하천시설의 관리규정을 정하여야 한다.(2020.12.31 본항개정)
② 하천관리청이 아닌 자가 제1항에 따라 하천시설의 관리규정을 정하는 때에는 하천관리청의 승인을 얻어야 한다. 이를 변경하는 때에도 또한 같다.
③ 하천관리청이 제1항에 따라 관리규정을 정하거나 이를 변경하려는 경우 또는 제2항에 따른 승인 또는 변경승인을 하려는 경우에는 국가하천은 관계 시·도지사, 지방하천은 관계 시장·군수·구청장의 의견을 들어야 한다.(2020.6.9 본항개정)
④ 환경부장관은 홍수로 인한 재해의 방지와 수자원의 효율적인 운영을 위하여 필요한 경우에는 둘 이상의 하천시설 간의 유기적인 연계운영에 관한 관리규정을 정할 수 있다. 이 경우 환경부장관은 미리 관계 중앙행정기관의 장 및 관계 시·도지사의 의견을 들어야 한다.(2020.6.9 전단개정)
⑤ 환경부장관은 제4항에 따른 관리규정에 근거하여 홍수방지 등을 위하여 필요한 조치를 명할 수 있다. 이 경우 하천시설 관리자는 이에 따라야 한다.(2018.6.8 전단개정)

제15조【하천시설에 대한 관리대장 등】 ① 하천관리청은 그가 관리하는 하천시설에 대한 관리대장을 작성하여 보관하여야 한다.
② 제1항에 따른 관리대장의 작성 및 보관 등에 필요한 사항은 환경부령으로 정한다.(2020.12.31 본항개정)
③ (2017.1.17 삭제)

제3장 정보화 및 계획 수립
(2017.1.17 본장제목개정)

제16조~제21조 (2017.1.17 삭제)

제21조의2【하상변동조사의 실시】 ① 하천관리청은 하상(河床)의 세굴(洗掘) 및 퇴적 등이 하천의 소통능력, 하천시설의 안전이나 고유기능에 미치는 영향을 파악하기 위하여 하상변동조사를 정기적으로 실시하여야 한다.
② 다음 각 호의 어느 하나에 해당하는 사항은 대통령령으로 정한다.
1. 하상변동조사의 방법
2. 하상변동조사의 실시 시기 및 주기
3. 하상변동조사 자료의 처리 및 활용
4. 하상변동조사 실시를 위한 종사자에 대한 교육 및 훈련
5. 그 밖에 하상변동조사와 관련한 사항
(2016.1.19 본조신설)

제22조【하천관리 자료의 정보화】 ① 환경부장관은 하천관리에 필요한 자료의 효율적인 활용을 위하여 하천관리 정보체계를 구축·운영하여야 한다.(2020.12.31 본항개정)
② 환경부장관은 제1항에 따른 하천관리 정보체계를 구축할 경우 최신의 정보통신기술을 활용하도록 노력하여야 한다.(2023.1.3 본항신설)
③ 환경부장관은 제1항에 따른 하천관리 정보체계의 구축을 위하여 중앙행정기관·지방자치단체·정부투자기관 또는 정부출연기관 등 관계 기관의 장에게 필요한 자료의 제출을 요청할 수 있다. 이 경우 자료 제출의 요청을 받은 관계 기관의 장은 특별한 사유가 없으면 그 요청을 따라야 한다.(2020.12.31 전단개정)
④ 제1항에 따른 하천관리 정보체계의 구축범위 및 운영절차, 그 밖에 필요한 사항은 대통령령으로 정한다.
(2017.1.17 본조개정)

제23조~제24조 (2017.1.17 삭제)

제25조【하천기본계획】 ① 하천관리청은 그가 관리하는 하천에 대하여 하천의 치수·이수·수생태환경 및 지역적 특성을 종합적으로 고려하여 대통령령으로 정하는 바에 따라 하천의 이용, 주민친화적 활용, 자연친화적 관리·보전 및 기후변화에 따른 하천관리 취약성 대응에 필요한 기본적인 사항 등을 내용으로 하는 10년 단위의 하천기본계획을 수립하여야 한다. 이 경우 도시지역을 관통하여 흐르거나 인접하여 흐르는 하천에 대해서는 탄소흡수원 확충 방안을 하천기본계획에 포함하여야 한다.(2023.1.3 본항개정)
② 제1항에도 불구하고 환경부장관은 「수자원의 조사·계획 및 관리에 관한 법률」 제18조에 따른 하천유역수자원관리계획 및 같은 법 제20조에 따른 특정하천유역치수계획 등과의 연계가 필요하다고 인정되는 경우에는 시·도지사가 하천관리청인 하천에 대하여 하천기본계획을 수립할 수 있다. 이 경우 미리 관계 하천관리청과 협의하여야 한다.(2023.1.3 전단개정)
③ 하천관리청은 하천기본계획이 수립된 날부터 5년마다 그 타당성을 검토하여 필요한 경우에는 그 계획을 변경하여야 한다.(2020.6.9 본항개정)
④ 하천기본계획에 포함되어야 하는 사항은 대통령령으로 정한다.
⑤ 환경부장관 또는 하천관리청은 하천기본계획을 수립하거나 변경하려는 때에는 미리 관계 행정기관의 장과 협의한 후 수자원관리위원회의 심의를 거쳐야 한다. 다만, 대통령령으로 정하는 경미한 사항을 변경하려는 때에는 그러하지 아니하다.(2020.12.31 본문개정)
⑥ 제9조는 둘 이상의 시·도에 걸치는 지방하천에 대하여 시·도지사가 하천기본계획을 수립하는 경우에 준용한다.(2020.6.9 본항개정)
⑦ 제7조제6항은 하천기본계획의 수립 및 변경에 관하여 준용한다.
⑧ 하천기본계획의 수립 기준·절차·방법 등에 필요한 사항은 대통령령으로 정한다.(2016.1.19 본항신설)

제26조【하천시설의 비상대처계획】 ① 댐 등 대통령령으로 정하는 하천시설을 설치하는 자는 하천시설의 붕괴 등의 비상상황으로 발생할 수 있는 국민의 생명·재산상 피해를 예방하거나 줄이기 위한 비상대처계획을 수립하여야 한다. 다만, 다른 법률에 따라 비상대처계획을 수립하는 경우에는 그러하지 아니하다.
② 제1항에 따라 비상대처계획을 수립하려는 때에는 미리 관계 행정기관의 장과 협의하여야 하며, 비상대처계획을 수립한 때에는 지체 없이 관계 행정기관의 장에게 수립된 비상대처계획을 통지하여야 한다. 이 경우 그 통지를 받은 관계 행정기관의 장은 비상대처계획에 따른 대처에 필요한 조치를 하여야 한다.
③ 제2항은 수립된 비상대처계획의 변경에 관하여 준용한다.
④ 비상대처계획에 포함되어야 하는 사항, 그 밖에 비상대처계획의 수립에 관한 세부적인 사항은 대통령령으로 정한다.

제4장 하천공사 등의 시행

제27조【하천관리청의 하천공사 및 유지·보수】 ① 하천관리청(제28조제1항에 따라 환경부장관이 하천공사를 대행하는 경우 환경부장관을 포함한다. 이하 이 조에서 같다)이 하천공사를 시행하려는 때에는 대통령령으로 정하는 바에 따라 하천공사의 시행에 관한 계획(이하 "하천공사시행계획"이라 한다)을 수립하여야 한다. 다만, 대통령령으로 정하는 경미한 하천공사를 시행하려는 때에는 그러하지 아니하다.(2020.12.31 본문개정)
② 하천공사시행계획은 하천기본계획의 범위 안에서 수립되어야 한다.
③ 하천관리청은 하천공사시행계획을 수립하거나 변경한 때에는 대통령령으로 정하는 바에 따라 이를 고시하여야 한다.
④ 국가하천을 관리하는 하천관리청은 침수피해를 방지하기 위하여 필요한 경우에 한정하여 국가하천 배수영향구간(국가하천의 수위 상승으로 배수영향을 받는 지방하천 내 구간으로서 환경부장관이 고시하는 구간을 말한다. 이하 같다)에 대한 하천공사를 시행할 수 있다. 이 경우 국가하천 배수영향구간에 대한 하천공사는 제30조에도

불구하고 하천관리청이 아닌 자의 하천공사로 보지 아니한다.(2023.8.16 본항개정)
⑤ 환경부장관은 국가하천 배수영향구간을 고시하려는 경우에는 관계 중앙행정기관의 장과 미리 협의하여야 한다.(2023.8.16 본항신설)
⑥ 하천공사와 하천의 유지·보수는 이 법에 특별한 규정이 있는 경우를 제외하고는 하천관리청이 시행한다. 다만, 국가하천의 유지·보수는 홍수로 인한 재해의 방지와 수자원의 효율적인 운영을 위하여 다음 각 호의 어느 하나에 해당하는 경우로서 환경부장관이 고시하는 국가하천의 시설 및 구간을 제외하고는 시·도지사가 시행한다.(2020.12.31 본문개정)
1. 제방(호안 및 배수시설을 포함한다)
2. 저수로
3. 보
4. 그 밖에 제1호부터 제3호까지의 시설과 연계하여 관리할 필요가 있는 시설로서 대통령령으로 정하는 시설(2012.1.17 1호~4호신설)
⑦ 하천관리청은 다음 각 호의 어느 하나에 해당하는 경우에는 대통령령으로 정하는 바에 따라 하천공사나 하천의 유지·보수를 할 수 있다.
1. 하천시설의 효용을 겸하는 다른 공작물의 공사 및 유지·보수
2. 하천공사로 필요하게 된 다른 공사 또는 하천공사를 시행하기 위하여 필요하게 된 다른 공사를 하천공사와 함께 시행하는 경우
⑧ 하천관리청은 제6항 및 제7항에 따른 공사를 준공한 때에는 대통령령으로 정하는 바에 따라 그 내용을 고시하여야 한다.(2023.8.16 본항개정)
⑨ 제8항에 따라 하천공사를 준공고시한 하천시설에 대하여는 고시한 다음날부터 제6항에 따라 이를 유지·보수하여야 한다.(2023.8.16 본항개정)
⑩ 제9조는 제6항 단서의 경우에 준용한다.(2023.8.16 본항개정)
⑪ 환경부장관은 제6항에 따라 국가하천의 유지·보수를 시행하고자 하는 때에는 미리 해당 시·도지사의 의견을 들어야 한다.(2023.8.16 본항개정)

제28조【하천공사의 대행】 ① 환경부장관은 필요하다고 인정하는 때에는 시·도지사가 시행할 하천공사를 대행할 수 있다.(2020.12.31 본항개정)
② 환경부장관은 필요하다고 인정하는 때에는 시·도지사 또는 대통령령으로 정하는 정부투자기관으로 하여금 환경부장관이 시행할 하천공사를 대행하게 할 수 있다. 이 경우 제1항에 따라 대행하는 하천공사를 대통령령으로 정하는 정부투자기관으로 하여금 대행하게 하는 때에는 미리 해당 시·도지사와 협의하여야 한다.(2020.12.31 전단개정)
③ 제1항 및 제2항에 따른 공사대행의 범위 등에 필요한 사항은 대통령령으로 정한다.
④ 제1항부터 제3항까지에 따른 공사를 준공한 자는 대통령령으로 정하는 바에 따라 그 내용을 고시하여야 한다.
⑤ 제4항에 따라 하천공사를 준공고시한 하천시설에 대하여는 고시한 다음날부터 제27조제6항에 따라 이를 유지·보수하여야 한다.(2023.8.16 본항개정)

제29조【공사원인자의 공사 시행】 ① 하천관리청은 다음 각 호의 어느 하나에 해당하는 공사 또는 행위로 필요하게 된 하천공사 또는 하천의 유지·보수(이하 이 조에서 "하천공사등"이라 한다)를 하천공사 외의 공사의 시행자 또는 하천을 훼손하거나 하천의 현상을 변경시키는 행위를 한 자에게 그의 비용부담으로 하천공사등을 시행하게 할 수 있다.
1. 하천공사 외의 공사
2. 하천을 훼손하거나 하천의 현상을 변경시키는 행위
② 하천관리청은 제1항에도 불구하고 하천공사등의 원인행위를 제공한 자가 따로 있는 경우에는 그에게 하천공사등의 비용의 전부 또는 일부를 부담하게 할 수 있다.

제30조【하천관리청이 아닌 자의 하천공사】 ① 하천관리청이 아닌 자는 제6조·제9조 및 제28조에 따른 경우를 제외하고는 대통령령으로 정하는 바에 따라 하천관리청의 허가를 받아 하천공사나 하천의 유지·보수를 할 수 있다. 다만, 대통령령으로 정하는 경미한 사항에 대하여는 그러하지 아니하다.(2020.6.9 단서개정)
② 하천관리청은 제1항에 따른 허가를 하려는 때에는 그 허가사항이 하천기본계획에 적합한지 여부를 검토하여야 한다. 이 경우 하천관리청은 미리 관계 행정기관의 장과 협의하여야 한다.
③ 환경부장관은 제1항에 따른 허가를 한 때에는 지체 없이 그 지역을 관할하는 시·도지사에게 통지하여야 한다.(2020.12.31 본항개정)
④ 하천관리청은 제1항에 따른 허가를 함에 있어서 특히 필요하다고 인정되는 때에는 대통령령으로 정하는 바에 따라 필요한 공사비의 전부 또는 일부를 예치하게 할 수 있다.
⑤ 제1항에 따라 허가를 받은 자는 대통령령으로 정하는 바에 따라 하천공사실시계획을 작성하여 하천관리청의 인가를 받아야 한다. 인가받은 내용 중 대통령령으로 정하는 사항을 변경하는 때에도 또한 같다.
⑥ 하천관리청은 제5항에 따른 인가 또는 변경인가 신청을 받은 날부터 20일 이내에 인가 또는 변경인가 여부를 신청인에게 통지하여야 한다.(2020.12.22 본항신설)
⑦ 하천관리청은 제5항에 따른 인가를 한 때에는 환경부령으로 정하는 바에 따라 그 내용을 고시하여야 한다.(2020.12.31 본항개정)
⑧ 하천관리청이 아닌 자는 하천에 관한 공사를 완료한 때에는 지체 없이 하천관리청에 공사준공보고서를 제출하고 준공인가를 받아야 한다. 이 경우 준공인가 신청을 받은 하천관리청은 관계 중앙행정기관, 지방자치단체 또는 대통령령으로 정하는 정부투자기관의 장에게 준공인가에 필요한 검사를 의뢰할 수 있다.
⑨ 하천관리청은 제8항에 따른 준공인가의 신청을 받은 경우 그 공사가 제5항에 따라 인가받은 하천공사실시계획의 내용대로 시행되었다고 인정되는 때에는 준공인가를 하여야 한다.(2020.12.22 본항개정)
⑩ 제9항에 따라 준공인가된 하천시설에 대하여는 준공인가 다음날부터 제27조제6항에 따라 이를 유지·보수하여야 한다.(2023.8.16 본항개정)
⑪ 제1항에 따른 허가사항이 제33조제1항 또는 제50조제1항에 따른 허가사항과 둘 이상 서로 중복되거나 관련되는 경우에는 허가권자와 그 밖의 허가절차 등에 필요한 사항은 대통령령으로 정한다.(2020.6.9 본항개정)

제31조 (2017.1.17 삭제)

제32조【다른 법률에 따른 인·허가등의 의제】 ① 하천관리청이 제27조에 따라 하천공사시행계획을 수립·고시한 경우 또는 하천관리청이 아닌 자가 제30조제5항에 따라 하천공사실시계획의 인가를 받은 경우에 다음 각 호의 허가·인가·면허·승인·결정·해제·심의·신고·협의 또는 처분 등(이하 이 조에서 "인·허가등"이라 한다)에 관하여 제3항에 따라 환경부장관 또는 하천관리청이 관계 행정기관의 장과 협의한 사항에 대해서는 그 인·허가등을 받은 것으로 보며, 하천공사시행계획의 고시 또는 하천관리청이 아닌 자의 하천공사실시계획 인가의 고시를 한 때에는 다음 각 호의 관계 법률에 따른 인·허가등의 고시 또는 공고를 한 것으로 본다.(2020.12.31 본문개정)
1. 「건축법」 제4조에 따른 건축위원회의 심의, 같은 법 제11조에 따른 건축허가, 같은 법 제14조에 따른 건축신고, 같은 법 제20조제1항에 따른 가설건축물의 건축허가 및 같은 법 제29조에 따른 건축협의(2008.3.21 본호개정)
2. 「골재채취법」 제22조에 따른 골재채취허가
3. 「공유수면 관리 및 매립에 관한 법률」 제8조에 따른 공유수면의 점용·사용허가, 같은 법 제10조에 따른 협의 또는 승인, 같은 법 제17조에 따른 점용·사용 실시계획의 승인, 같은 법 제28조에 따른 공유수면의 매립면허, 같은 법 제35조에 따른 국가 등이 시행하는 매립의 협의 또는 승인 및 같은 법 제38조에 따른 공유수면매립실시계획의 승인(2010.4.15 본호개정)
4. (2010.4.15 삭제)
5. 「국토의 계획 및 이용에 관한 법률」 제30조에 따른 도시·군관리계획의 결정(같은 법 제2조제6호의 기반시설에 한정한다), 같은 법 제56조에 따른 개발행위의 허가, 같은 법 제86조에 따른 도시·군계획시설사업의 시행자의 지정 및 같은 법 제88조에 따른 실시계획의 인가(2020.6.9 본호개정)
6. 「군사기지 및 군사시설 보호법」 제9조제1항제1호에 따른 통제보호구역 등에의 출입허가 및 같은 법 제13조에 따른 행정기관의 허가등에 관한 협의(2007.12.21 본호개정)
7. 「농어촌정비법」 제111조에 따른 토지의 형질변경 등의 허가(2009.6.9 본호개정)
8. 「농지법」 제34조에 따른 농지전용의 허가 또는 협의 및 같은 법 제36조에 따른 농지의 일시사용허가
9. 「도로법」 제25조에 따른 도로구역의 결정, 같은 법 제36조에 따른 도로관리청이 아닌 자에 대한 도로공사 시행의 허가, 같은 법 제61조에 따른 도로의 점용 허가 및 같은 법 제107조에 따른 도로관리청과의 협의 또는 승인(2014.1.14 본호개정)
10. 「도시공원 및 녹지 등에 관한 법률」 제24조에 따른 도시공원의 점용허가, 같은 법 제27조에 따른 도시자연공원구역에서의 행위허가 및 같은 법 제38조에 따른 녹지의 점용허가
11. 「문화유산의 보존 및 활용에 관한 법률」 제56조에 따른 국가등록문화유산의 현상변경신고(2023.8.8 본호개정)
12. 「사도법」 제4조에 따른 사도개설허가
13. 「사방사업법」 제14조에 따른 벌채 등의 허가 및 같은 법 제20조에 따른 사방지 지정의 해제
14. 「산림자원의 조성 및 관리에 관한 법률」 제36조제1항·제5항에 따른 입목벌채등의 허가·신고 및 「산림보호법」 제9조제1항 및 제2항제1호·제2호에 따른 산림보호구역(산림유전자원보호구역은 제외한다)에서의 행위의 허가·신고와 같은 법 제11조제1항제1호에 따른 산림보호구역의 지정해제(2022.12.27 본호개정)
15. 「산지관리법」 제14조·제15조에 따른 산지전용허가·산지전용신고, 같은 법 제15조의2에 따른 산지일시사용허가·신고 및 같은 법 제25조에 따른 토석채취허가(석재에 한정한다)(2020.6.9 본호개정)
16. 「수도법」 제52조에 따른 전용상수도인가 및 같은 법 제54조에 따른 전용공업용수도의 인가
17. 「자연공원법」 제23조제1항에 따른 공원구역에서의 행위허가(2008.12.31 본호개정)
18. 「장사 등에 관한 법률」 제23조제1항에 따른 분묘의 개장허가
19. 「지하수법」 제7조에 따른 개발·이용의 허가
20. 「초지법」 제23조에 따른 초지의 전용허가·신고 또는 협의
21. 「하수도법」 제16조에 따른 공공하수도공사시행의 허가 및 같은 법 제24조에 따른 공공하수도의 점용허가
② (2024.1.30 삭제)
③ 환경부장관 또는 하천관리청은 제27조제1항에 따라 하천공사시행계획을 수립하려는 경우 또는 제30조제5항에 따라 하천관리청이 아닌 자의 하천공사실시계획을 인가하려는 경우에 제1항 각 호의 사항이 포함되어 있을 때에는 미리 관계 행정기관의 장과 협의하여야 한다.(2020.12.31 본항개정)
④ 다음 각 호의 어느 하나에 해당하는 때에는 환경부장관 또는 하천관리청이 제1항에 따라 의제되는 인·허가등에 따른 준공검사·준공인가 등에 관하여 제6항에 따라 관계 행정기관의 장과 협의한 사항에 대하여는 그 준공검사·준공인가와 그에 따른 고시가 있은 것으로 본다.(2020.12.31 본문개정)
1. 제27조제8항 및 제28조제4항에 따라 하천공사의 준공을 고시한 때(2023.8.16 본호개정)
2. 제30조제9항에 따라 하천공사의 준공을 인가한 때(2020.12.22 본호개정)
3. (2017.1.17 삭제)
⑤ 하천관리청이 아닌 자는 제4항에 따른 준공검사·준공인가 등의 의제를 받고자 하는 경우에는 제30조제8항에 따라 준공인가를 신청하는 때에 그 법률에서 정하는 관련 서류를 함께 제출하여야 한다.(2020.12.22 본항개정)
⑥ 환경부장관 또는 하천관리청은 제27조제8항·제28조제4항·제30조제9항에 따른 준공 또는 준공인가를 하는 경우 그 내용에 제1항에 따라 의제되는 인·허가등에 따른 준공검사·준공인가 등에 해당하는 사항이 있는 때에는 미리 관계 행정기관의 장과 협의하여야 한다.(2023.8.16 본항개정)
⑦ 제1항·제3항·제4항·제6항에서 규정한 사항 외에 인·허가등 의제의 기준 및 효과 등에 관하여는 「행정기본법」 제24조부터 제26조까지를 준용한다. 이 경우 같은 법 제24조제4항 전단 중 "20일"은 "15일"로 본다.(2024.1.30 본항신설)

제5장 하천의 점용 등

제33조【하천의 점용허가 등】 ① 하천구역 안에서 다음 각 호의 어느 하나에 해당하는 행위를 하려는 자는 대통령령으로 정하는 바에 따라 하천관리청의 허가를 받아야 한다. 허가받은 사항 중 대통령령으로 정하는 중요한 사항을 변경하려는 경우에도 또한 같다.
1. 토지의 점용
2. 하천시설의 점용
3. 공작물의 신축·개축·변경
4. 토지의 굴착·성토·절토, 그 밖의 토지의 형질변경
5. 토석·모래·자갈의 채취
6. 그 밖에 하천의 보전·관리에 장애가 될 수 있는 행위로서 대통령령으로 정하는 행위
② 제1항에 따른 허가(이하 "하천점용허가"라 한다)에는 하천의 오염으로 인한 공해, 그 밖의 보건위생상 위해를 방지함에 필요한 부관을 붙일 수 있다.
③ 하천관리청이 하천점용허가를 하고자 할 경우에는 다음 각 호의 사항을 고려하여야 한다.
1. 제13조에 따른 하천의 구조·시설 기준에의 적합 여부
2. 하천기본계획에의 적합 여부
3. 공작물의 설치로 인근 지대에 침수가 발생하지 아니하도록 하는 배수시설의 설치 여부
4. 하천수 사용 및 공작물 설치 등으로 하천시설에 미치는 영향(2017.1.17 본호개정)
④ 하천관리청은 하천점용허가를 할 때 다음 각 호의 어느 하나에 해당하는 행위를 하기 위한 경우에는 이를 허가하여서는 아니 된다.(2020.6.9 본문개정)
1. 대통령령으로 정하는 농약 또는 비료를 사용하여 농작물을 경작하는 행위
2. 대통령령으로 정하는 골재채취 등 하천 및 하천시설을 훼손하거나 훼손할 우려가 있는 행위
3. 가축을 방목하거나 사육하는 행위(「동물보호법」 제2조제8호에 따른 등록대상동물을 위한 운동·휴식 시설을 설치하는 경우는 제외한다)(2023.1.3 본호개정)
4. 콘크리트 등의 재료를 사용하여 고정구조물을 설치하는 행위. 다만, 하천의 관리에 지장을 주지 아니하는 경우로서 대통령령으로 정하는 행위는 그러하지 아니하다.
5. 그 밖에 하천의 보전 및 관리에 지장을 주는 행위로서 대통령령으로 정하는 행위
⑤ 하천점용허가를 받은 자는 해당 허가를 받아 점용하고 있는 토지 또는 시설을 다른 사람에게 임대하거나 전대(轉貸)해서는 아니 된다. 다만, 환경부령으로 정하는 사유에 해당하는 경우에는 하천관리청의 승인을 받아 임대하거나 전대할 수 있다.(2020.12.31 본항개정)
⑥ 제30조제10항은 제1항에 따른 허가사항이 제30조제1항 또는 제50조제1항에 따른 허가사항과 중복되거나 관

련되는 경우에 준용한다.(2020.12.22 본항개정)
⑦ 하천관리청은 하천점용허가를 한 때에는 대통령령으로 정하는 바에 따라 이를 고시하여야 한다.
⑧ 하천점용허가의 유효기간 및 세부적인 기준 등에 필요한 사항은 환경부령으로 정한다.(2020.12.31 본항개정)
⑨ 제30조제3항은 하천점용허가에 관하여 준용하고, 제30조제5항부터 제9항까지의 규정은 제1항제3호(하천관리에 영향을 미치지 아니하는 경우로서 환경부령으로 정하는 경우는 제외한다) 또는 제4호에 따른 점용허가에 관하여 준용한다.(2020.12.31 본항개정)

제34조【기득하천사용자의 보호】 ① 하천관리청은 하천점용허가를 할 때 이미 하천점용허가를 받은 자 등 대통령령으로 정하는 하천에 관한 권리를 가진 자[이하 "기득하천사용자(旣得河川使用者)"라 한다]가 그 허가로 인하여 진출입 제한, 환경 피해 등이 생겨 기존의 하천에 관한 권리행사가 현저히 곤란해지는 등 손실을 받게 됨이 명백한 경우에는 해당 신청인으로 하여금 기득하천사용자의 동의를 얻도록 하여야 한다. 다만, 다음 각 호의 어느 하나에 해당하는 경우에는 그러하지 아니하다.
(2020.6.9 본문개정)
1. 그 하천점용에 관한 사업이 기득하천사용자의 하천사용에 관한 사업에 비하여 공익성이 뚜렷하게 큰 경우
2. 손실을 방지하기 위한 시설을 설치하여 기득하천사용자의 하천사용에 관한 사업의 시행에 지장이 없다고 인정되는 경우
② 제1항에 따른 기득하천사용자의 동의를 받아야 하는 경우와 동의 방법 및 절차 등에 대하여는 대통령령으로 정한다.(2017.3.21 본항신설)

제35조【하천점용에 대한 손실보상의 협의 등】 ① 하천점용허가로 손실을 받은 기득하천사용자가 있는 때에는 그 하천점용허가를 받은 자가 그 손실을 보상하여야 한다.
② 제1항에 따른 손실의 보상에 관하여는 하천점용허가를 받은 자와 기득하천사용자가 협의하여야 한다.
③ 제2항에 따른 협의가 성립되지 아니하거나 협의를 할 수 없는 때에는 당사자는 대통령령으로 정하는 바에 따라 관할 토지수용위원회에 재결을 신청할 수 있다.
④ 제1항부터 제3항까지에 따라 손실보상을 하는 경우 이 법에서 규정한 것을 제외하고는 「공익사업을 위한 토지 등의 취득 및 보상에 관한 법률」을 준용한다.(2020.6.9 본항개정)

제36조【하천점용공사의 대행】 ① 하천관리청은 하천의 보전을 위하여 특히 필요하다고 인정되는 경우에는 제30조 또는 제33조에 따른 허가를 받은 자의 신청에 따라 하천점용에 관한 공사를 대행할 수 있다.
② 하천관리청이 제1항에 따라 공사를 시행하려는 때에는 하천의 점용자에게 미리 공사시행의 기간을 통지하여야 한다.
③ 제1항 및 제2항에 따라 하천관리청이 시행하는 하천점용에 관한 공사는 하천공사로 본다.

제37조【점용료등의 징수 및 감면】 ① 하천관리청은 하천점용허가를 받은 자로부터 토지의 점용료, 그 밖의 하천사용료(이하 "점용료등"이라 한다)를 징수할 수 있다. 다만, 사유(私有)로 되어 있는 하천구역 안에서 제33조제1항제1호·제3호부터 제6호까지의 하천점용행위를 하는 경우에는 그러하지 아니하다.
② 제1항에 따른 점용료등의 징수에 관하여 국가하천의 경우 제27조제6항 단서에 따라 시·도지사가 그 하천을 유지·보수하는 때에는 해당 시·도지사를 그 국가하천의 하천관리청으로 본다.(2023.8.16 본항개정)
③ 하천관리청은 하천점용허가를 받지 아니하고 하천을 점용 또는 사용한 자에 대하여는 그 점용료등의 100분의 120에 상당하는 금액을 변상금으로 징수할 수 있다.
④ 제1항부터 제3항까지에 따른 점용료등과 변상금의 금액 및 징수방법 등은 대통령령으로 정하는 범위 안에서 그 하천관리청이 속하는 시·도의 조례로 정한다.
⑤ 하천관리청은 하천점용허가를 하는 때에 제33조제1항 각 호에 따른 점용 또는 사용이 다음 각 호의 어느 하나에 해당하는 경우에는 대통령령으로 정하는 바에 따라 점용료등을 감면할 수 있다.
1. 공용·공공용, 그 밖의 공익을 목적으로 하는 비영리사업인 경우
2. 국민경제에 중대한 영향을 미치는 공익사업으로서 대통령령으로 정하는 사업인 경우
3. 재해나 그 밖의 특별한 사정으로 본래의 하천점용 목적을 달성할 수 없는 경우

제38조【홍수관리구역 안에서의 행위제한】 ① 제12조제3항에 따라 고시된 홍수관리구역 안에서 다음 각 호의 행위를 하려는 자는 대통령령으로 정하는 바에 따라 하천관리청의 허가를 받아야 한다. 다만, 대통령령으로 정하는 경미한 행위에 대하여는 그러하지 아니하다.
(2015.8.11 본문개정)
1. 공작물의 신축 또는 개축
2. 토지의 굴착·성토·절토, 그 밖에 토지의 형질변경
3. (2018.8.14 삭제)
② 제12조제3항에 따라 고시된 홍수관리구역 안(제12조제1항제1호에 해당하는 구역에 한정한다)에서는 제1항 각 호의 어느 하나에 해당하는 행위를 하려는 경우에는 하천기본계획상 계획홍수위보다 높게 하여 이를 행할 수 있다.(2020.6.9 본항개정)
③ 제1항에 따른 허가의 부관·제한 및 세부적인 기준 등에 관하여는 제33조제2항부터 제4항까지, 제6항부터 제8항까지의 규정을 준용한다.(2018.2.21 본항개정)
④ 제30조제5항부터 제9항까지의 규정은 제1항제1호의 경우에 준용한다.(2020.12.22 본항개정)
(2015.8.11 본조제목개정)

제39조【댐등 설치자 또는 관리자의 재해방지시설의 설치 등】 ① 다음 각 호의 어느 하나에 해당하는 댐 또는 하구둑 등(이하 "댐등"이라 한다)의 설치자 또는 관리자는 대통령령으로 정하는 바에 따라 그 댐등으로 인한 재해발생을 방지하거나 줄이는 데 필요한 시설을 설치하고 그 밖에 필요한 조치를 하여야 한다.(2018.8.14 본문개정)
1. 하천의 유수를 저류(貯溜)하거나 취수(取水)하기 위하여 설치한 댐으로서 기초지반부터 댐마루까지의 높이가 15미터 이상이거나 총 저수용량이 2천만세제곱미터 이상인 댐. 다만, 높이가 15미터 이상인 농업용 댐 중 유역면적이 25제곱킬로미터 미만이거나 총 저수용량이 5백만세제곱미터 미만인 댐은 제외한다.(2020.6.9 단서개정)
2. 하구둑
3. 하구 부근의 해수면에서 하천의 유수를 저류하는 공작물(2020.6.9 본호개정)
4. 운하
② 댐등의 설치자 또는 관리자는 그 댐등의 적정한 관리를 위하여 환경부령으로 정하는 자격을 가진 관리기술자를 두어야 한다.(2020.12.31 본항개정)
③ 댐등의 설치자 또는 관리자는 환경부령으로 정하는 바에 따라 댐등의 관리 및 수문에 관한 기록을 작성하여 비치하고, 하천관리청의 요구가 있는 때에는 지체 없이 이를 제출하여야 한다.(2020.12.31 본항개정)
(2018.8.14 본조제목개정)

제40조 (2017.1.17 삭제)

제41조【홍수조절을 위한 조치】 ① 댐등의 설치자 또는 관리자는 홍수에 대비하여 댐의 저수를 방류하려는 때에는 대통령령으로 정하는 바에 따라 환경부장관의 승인을 얻어야 한다.(2018.8.14 본항개정)
② 하천관리청은 홍수로 인한 재해의 발생을 방지하거나 줄이기 위하여 긴급한 조치가 필요한 때에는 그 수계에 관한 하천의 상황을 종합적으로 고려하여 댐등의 설치자 또는 관리자에 대하여 필요한 조치를 명할 수 있다. 다만, 환경부장관은 미리 하천관리청인 시·도지사와 협의한 경우에는 시·도지사가 할 조치명령을 직접 할 수 있다.
(2020.12.31 본문개정)
③ 환경부장관 또는 하천관리청은 제2항에 따른 조치명령을 한 때에는 그 내용을 「재난 및 안전 관리기본법」에 따른 중앙재난안전대책본부장에게 통지하여야 한다.
(2018.6.8 본조개정)

제42조 (2017.1.17 삭제)

제6장 하천환경의 보전·관리

제43조【자연친화적인 공법의 사용 등】 ① 하천관리청 또는 하천관리청이 아닌 자는 제27조부터 제30조까지에 따른 하천공사 등을 시행하는 경우에는 자연친화적인 공법을 사용하여야 한다.
② 환경부장관은 제1항에 따른 자연친화적인 공법에 관하여 필요한 기법을 관계 중앙행정기관의 장과 협의하여 개발·보급하여야 한다.(2020.12.31 본항개정)

제44조【자연친화적 하천조성을 위한 보전지구 등의 지정】 ① 하천관리청은 하천기본계획을 수립하는 경우에 하천구역 안에서 하천환경 등의 보전 또는 복원이나 하천공간의 활용 등을 위하여 필요한 경우에는 보전지구·복원지구 및 친수지구를 지정할 수 있다.
② 제1항에 따른 보전지구·복원지구 및 친수지구의 지정기준 및 절차 등에 필요한 사항은 대통령령으로 정한다.

제45조【보전지구 등의 관리】 하천관리청은 제44조제1항에 따라 지정된 보전지구와 복원지구 안에서는 환경부령으로 정하는 바에 따라 하천환경 등을 보전하거나 복원하는 사업을 시행할 수 있다.(2020.12.31 본조개정)

제46조【하천 안에서의 금지행위】 누구든지 정당한 사유 없이 하천에서 다음 각 호의 어느 하나에 해당하는 행위를 하여서는 아니 된다.
1. 하천의 유수를 가두어 두거나 그 방향을 변경하는 행위
2. 하천시설을 망가뜨리거나 망가뜨릴 우려가 있는 행위
3. 토석 또는 벌목된 나무토막 등을 버리는 행위
4. 하천의 흐름에 영향을 미치는 부유물이나 장애물을 버리는 행위
5. 하천을 복개하는 행위. 다만, 하천기본계획에서 정하는 경우로서 도로의 교량을 설치하는 경우는 제외한다.
(2020.6.9 단서개정)
6. 하천의 이용목적 및 수질상황 등을 고려하여 대통령령으로 정하는 바에 따라 시·도지사가 지정·고시하는 지역에서 행하는 다음 각 목의 어느 하나에 해당하는 행위
가. 야영행위 또는 취사행위
나. 떡밥·생선가루 등 미끼를 사용하여 하천을 오염시키는 낚시행위(2021.7.27 본목개정)
7. 그 밖에 하천의 흐름에 지장을 주거나 하천을 오염시키는 행위로서 대통령령으로 정하는 행위

제47조【하천의 사용금지 등】 ① 하천관리청은 하천공사, 하천의 보전 및 하천환경 등을 고려하여 필요하다고 인정되는 때에는 대통령령으로 정하는 바에 따라 구간을 정하여 하천의 사용을 금지하거나 제한할 수 있다.
② 하천관리청이 제1항에 따라 하천의 사용을 금지하거나 제한하려는 때에는 그 대상·구간·기간 및 이유를 명시한 표지를 설치하고 이를 공고하여야 한다. 이를 변경 또는 취소하려는 때에도 또한 같다.

제48조【원상회복의무】 ① 제30조 또는 제33조에 따라 하천을 점용 또는 사용하는 자 및 제50조에 따라 하천수를 사용하는 자는 그 허가가 실효되거나 점용 또는 사용을 폐지한 때에는 하천을 원상으로 회복시켜야 한다. 다만, 하천관리청은 원상회복을 할 수 없거나 원상회복의 필요가 없다고 인정되는 때에는 허가를 받은 자의 신청에 따라 또는 직권으로 원상회복의무를 면제할 수 있다.
② 하천관리청은 제1항 단서에 따라 허가를 받은 자의 신청이 있는 경우 신청을 받은 날부터 15일 이내에 면제 여부를 통지하여야 한다.
③ 하천관리청은 제1항 단서에 따라 원상회복의무를 면제한 때에는 그 공작물 또는 그 밖의 물건을 무상으로 국유화 또는 공유화할 수 있다.
④ 하천관리청은 제1항에 따른 원상회복의 의무이행을 보증하기 위하여 필요하다고 인정되는 때에는 대통령령으로 정하는 바에 따라 원상회복에 드는 비용에 상당하는 금액을 하천관리청에 예치하게 할 수 있다.

제7장 하천수의 사용 및 분쟁조정

제49조【하천수 사용 및 배분의 원칙】 ① 하천수는 타인의 권리와 공공의 이익을 침해하지 아니하고 물 관리에 지장이 없는 범위 안에서 사용되어야 하며, 모든 국민이 그 혜택을 고루 향유할 수 있도록 배분되어야 한다.
② 제53조제1항제2호에 해당하는 때의 용수배분의 우선순위는 대통령령으로 정한다.

제50조【하천수의 사용허가 등】 ① 생활·공업·농업·환경개선·발전·주운(舟運) 등의 용도로 하천수를 사용하려는 자는 대통령령으로 정하는 바에 따라 환경부장관의 허가를 받아야 한다. 허가받은 사항 중 대통령령으로 정하는 중요한 사항을 변경하려는 경우에도 또한 같다.
(2018.6.8 전단개정)
② 환경부장관은 제1항에 따라 허가를 한 때에는 그 내용을 관할 시·도지사에게 통보하여야 한다.(2018.6.8 본항개정)
③ 환경부장관은 다음 각 호의 어느 하나에 해당되는 경우에는 제1항에 따른 허가를 하지 아니하거나 취수량을 제한할 수 있다.(2018.6.8 본문개정)
1. 하천수를 오염시키거나 유량감소를 유발하여 자연생태계를 해칠 우려가 있는 경우
2. 하천수의 적정관리 또는 도시·군관리계획, 그 밖에 공공사업에 지장을 주는 등 다른 공익을 해할 우려가 있는 경우(2011.4.14 본호개정)
3. 하천수의 취수로 인근 지역의 시설물의 안전을 해칠 우려가 있는 경우
4. 그 밖에 하천수의 보전을 위하여 필요하다고 인정되는 경우로서 대통령령으로 정하는 경우
④ 환경부장관은 제1항에 따라 허가 또는 변경허가를 하려는 경우 기후변화에 효과적으로 대비하고 제49조에 따른 하천수 사용·관리에 지장이 없도록 하천수 취수시설[(取水施設) : 하천에서 필요한 물을 끌어오는 시설을 말한다. 이하 같다]의 설치·개선 등에 관하여 조건을 붙일 수 있다.(2022.6.10 본항신설)
⑤ 환경부장관은 제4항에 따른 하천수 취수시설의 설치·개선 등의 대상이 다음 각 호의 어느 하나에 해당하는 경우에는 그 시설의 개선에 필요한 비용의 전부 또는 일부를 지원할 수 있다.
1. 지방자치단체가 설치·관리하는 시설
2. 「공공기관의 운영에 관한 법률」 제4조에 따른 공공기관이 설치·관리하는 시설
3. 그 밖에 대통령령으로 정하는 바에 따라 공익상 필요하다고 인정되는 경우
(2022.6.10 본항신설)
⑥ 제1항에 따른 허가의 유효기간 및 세부적인 기준 등에 필요한 사항은 환경부령으로 정한다.(2018.6.8 본항개정)
⑦ 시·도지사는 제1항에 따라 하천수 사용허가를 받은 자에게 사용료를 징수할 수 있다.
⑧ 하천의 인근에서 지하수를 채취할 경우 「지하수법」 제7조에 따른 지하수영향조사 결과 하천의 수량에 영향을 미치는 것으로 인정되는 때에는 하천관리청은 그 지하수를 채취하는 자로부터 제7항에 따른 하천수 사용료를 징수할 수 있다.(2022.6.10 본항개정)
⑨ 제30조제10항은 제1항에 따른 허가사항이 제30조제1항 또는 제33조제1항에 따른 허가사항과 중복되거나 관련되는 경우에 준용한다.(2020.12.22 본항개정)
⑩ 기득하천사용자의 보호 및 손실보상에 관하여는 제34조 및 제35조를 준용한다.
⑪ 제7항 및 제8항에 따른 하천수 사용료의 징수 및 감면에 관하여는 제37조제3항부터 제5항까지의 규정을 준용한다.(2022.6.10 본항개정)

제50조의2【일시적 하천수의 사용신고 등】 ① 제50조의 하천수 사용허가 대상 중 소방·청소·비산먼지 제거·가뭄 시 농업용수 공급 등의 일시적 작업용도로 하

천수를 사용하려는 자는 대통령령으로 정하는 바에 따라 미리 환경부장관에게 신고하고 하천수를 사용할 수 있다. 신고한 사항 중 제50조제1항의 대통령령으로 정한 중요한 사항을 변경하려는 경우에도 또한 같다.(2018.6.8 전단개정)

② 환경부장관은 제1항에 따른 신고 또는 변경신고를 받은 날부터 5일 이내에 신고수리 여부를 신고인에게 통지하여야 한다.(2020.12.22 본항신설)

③ 환경부장관이 제2항에서 정한 기간 내에 신고수리 여부 또는 민원 처리 관련 법령에 따른 처리기간의 연장을 신고인에게 통지하지 아니하면 그 기간(민원 처리 관련 법령에 따라 처리기간이 연장 또는 재연장된 경우에는 해당 처리기간을 말한다)이 끝난 날의 다음 날에 신고를 수리한 것으로 본다.(2020.12.22 본항신설)

④ 환경부장관은 제50조제3항 각 호의 어느 하나에 해당하는 경우에 취수량과 기간 제한, 취수지점의 조정, 사용중지 등 필요한 조치를 할 수 있다.(2018.6.8 본항개정)

⑤ 제1항에 따라 신고한 사항에 관하여는 제50조제2항, 하천수사용료의 징수와 감면에 관하여는 제50조제7항 및 제11항, 기득하천사용자의 보호 및 손실보상에 관하여는 제50조제10항을 준용한다.(2022.6.10 본항개정)

(2015.12.29 본조신설)

제51조【하천유지유량】 ① 환경부장관은 제50조제1항에 따른 생활·공업·농업·환경개선·발전·주운 등의 하천수 사용을 고려하여 하천의 정상적인 기능 및 상태를 유지하기 위하여 필요한 최소한의 유량(이하 "하천유지유량"이라 한다)을 정하여 국가수자원관리위원회의 심의를 거쳐 이를 고시하여야 한다.(2018.6.8 본항개정)

② 환경부장관은 하천유수의 상황을 대표할 수 있는 주요 지점(이하 "기준지점"이라 한다)을 하천별로 선정하여 기준지점별로 하천유지유량을 정하여야 한다.

(2018.6.8 본항개정)

③ 하천관리청은 하천유지유량의 확보를 위하여 노력하여야 한다.(2020.12.31 본항개정)

④ 제2항에 따른 기준지점의 선정 및 하천유지유량의 산정방법 등에 필요한 사항은 대통령령으로 정한다.

제52조【하천수의 사용 및 관리】 ① 대통령령으로 정하는 하천수 사용자는 그 사용량을 확인할 수 있는 계측시설을 설치하고 환경부령으로 정하는 사항을 기록하여 보관하여야 한다.

② 환경부장관은 하천관리에 필요한 경우 「하수도법」 제19조제1항에 따라 공공하수도를 운영·관리하는 자에게 하천으로 방류하는 방류수량에 관한 자료의 제출을 요청할 수 있다.

③ 제1항에 따른 하천수 사용자는 그 사용계획 및 사용실적을 환경부장관에게 통보하여야 한다.

④ 제1항에 따른 계측시설의 설치, 제2항에 따른 하천에 방류하는 방류수량 자료의 제출, 제3항에 따른 하천수의 사용계획 및 사용실적의 통보 등에 필요한 사항은 환경부령으로 정한다.

⑤ 환경부장관은 제3항의 사용실적을 평가하여 제53조에 따른 하천수 사용조정에 활용하여야 한다.

(2018.6.8 본조개정)

제53조【하천수 사용의 조정】 ① 환경부장관은 하천수의 상태가 다음 각 호의 어느 하나에 해당하여 하천수의 적정관리에 지장을 줄 경우에는 하천수 사용자의 사용을 제한하거나 제50조에 따른 허가수량을 조정하는 등 필요한 조치를 할 수 있다.(2018.6.8 본문개정)

1. 기준지점에서의 하천유지유량 확보가 곤란한 경우
2. 가뭄의 장기화 등으로 하천수 사용 허가수량을 조정하지 아니하면 공공의 이익에 해를 끼칠 우려가 있는 경우
3. 하천수의 사용자가 유효기간 안에 이를 사용하지 아니하거나 허가수량보다 환경부령으로 정하는 비율 이하로 사용한 경우(2018.6.8 본호개정)
4. 그 밖에 허가된 하천수의 사용이 곤란하게 된 경우

② 환경부장관은 제1항에 따라 허가수량을 조정하려는 경우(제1항제3호에 해당하는 경우는 제외한다)에는 국가수자원관리위원회의 심의를 거쳐야 한다.(2018.6.8 본항개정)

③ 환경부장관은 제1항에 따라 허가수량을 조정하기 전에 지역주민 등의 의견을 반영하기 위하여 대통령령으로 정하는 바에 따라 하천수조정협의회를 구성·운영할 수 있다.(2018.6.8 본항개정)

④ 환경부장관은 제1항에 따라 허가수량을 조정한 경우에는 하천수 사용허가를 받은 자 및 댐등의 설치자 또는 관리자에게 이를 통보하여야 한다.(2018.8.14 본항개정)

제54조【하천수 분쟁조정의 신청 등】 ① 다음 각 호의 어느 하나에 해당하는 자는 하천수의 사용에 관한 분쟁이 있는 경우 대통령령으로 정하는 바에 따라 국가수자원관리위원회에 조정을 신청할 수 있다.(2017.1.17 본문개정)

1. 제39조에 따른 댐등의 설치자 또는 관리자(2018.8.14 본호개정)
2. 제50조에 따라 하천수의 사용허가를 받은 자
3. 기득하천사용자
4. 하천수의 사용에 이해관계가 있는 지방자치단체

② 제1항에도 불구하고 제53조에 따라 환경부장관이 국가수자원관리위원회의 심의를 거쳐 하천수 사용을 조정한 경우에는 하천수 분쟁조정의 신청을 할 수 없다.

(2018.6.8 본항개정)

③ 국가수자원관리위원회는 제1항에 따라 조정신청을 받은 때에는 지체 없이 그 신청내용을 상대방에게 통지하여야 한다.(2017.1.17 본항개정)

④ 제3항에 따라 통지를 받은 상대방은 특별한 사정이 없으면 국가수자원관리위원회의 회의에 참석하여야 한다. 다만, 부득이한 사정으로 참석할 수 없는 경우에는 서면으로 의견을 제출할 수 있다.(2020.5.26 본문개정)

⑤ 국가수자원관리위원회는 조정신청을 받은 날부터 90일 이내에 이를 심사하여 조정안을 작성하여야 한다. 다만, 부득이한 사정이 있는 경우에는 국가수자원관리위원회의 의결로써 60일의 범위 내에서 그 기간을 연장할 수 있다.(2017.1.17 본항개정)

⑥ 국가수자원관리위원회는 제5항 단서에 따라 기간을 연장한 때에는 기간연장의 내용 및 사유 등을 당사자에게 통지하여야 한다.(2017.1.17 본항개정)

⑦ 국가수자원관리위원회는 분쟁조정에 필요하다고 인정되는 때에는 환경부 소속 공무원으로 하여금 관계 서류를 열람하게 하거나 관계 사업장에 출입하여 조사하게 할 수 있으며 당사자 또는 관계 전문가로 하여금 국가수자원관리위원회의 회의에 출석하게 하여 그 의견을 진술하게 할 수 있다.(2018.6.8 본항개정)

⑧ 제7항에 따라 열람 또는 조사를 하는 공무원은 그 권한을 표시하는 증표를 지니고 이를 관계인에게 내보여야 한다.

⑨ 제7항에 따른 관계 서류의 열람 및 관계 사업장에의 출입 조사에 필요한 사항은 환경부령으로 정한다.

(2018.6.8 본항개정)

제55조【하천수 분쟁조정의 거부 및 중지】 ① 국가수자원관리위원회는 분쟁의 성질상 국가수자원관리위원회에서 조정하는 것이 적합하지 아니하다고 인정되거나 부정한 목적으로 조정을 신청한 것으로 인정되는 때에는 조정을 하지 아니할 수 있다. 이 경우 조정을 하지 아니하는 사유 등을 신청인에게 통지하여야 한다.

② 국가수자원관리위원회는 분쟁 당사자 중 어느 한쪽이 조정을 거부한 때에는 조정경위 및 조정거부 이유 등을 상대방에게 서면으로 통지하여야 한다.

③ 분쟁조정 중에 어느 한쪽의 당사자가 소를 제기한 경우 그 당사자는 국가수자원관리위원회에 분쟁조정의 중지를 요청할 수 있다. 이 경우 국가수자원관리위원회는 지체 없이 분쟁조정을 중지하여야 한다.

(2017.1.17 본조개정)

제56조【하천수 분쟁조정의 효력 등】 ① 국가수자원관리위원회는 조정안을 작성한 때에는 지체 없이 각 당사자에게 이를 제시하여야 한다.(2017.1.17 본항개정)

② 제1항에 따라 조정안을 제시받은 당사자는 제시받은 날부터 15일 이내에 그 수락 여부를 국가수자원관리위원회에 통지하여야 한다.(2017.1.17 본항개정)

③ 각 당사자가 조정안을 수락한 때에는 국가수자원관리위원회는 즉시 조정조서를 작성하여야 하며, 국가수자원관리위원회의 위원장 및 각 당사자는 이에 기명날인하여야 한다.(2017.1.17 본항개정)

④ 각 당사자가 조정안을 수락한 때에는 당사자 간에 조정조서와 동일한 내용의 합의가 성립된 것으로 본다.

제57조【하천수 분쟁조정비용의 부담】 ① 분쟁조정을 위한 조사·용역 등에 든 비용은 신청인이 부담한다. 다만, 조정이 성립된 경우로서 특약이 없는 때에는 당사자가 균등하게 부담한다.

② 국가수자원관리위원회는 필요하다고 인정되는 경우에는 당사자로 하여금 제1항에 따른 비용을 대통령령으로 정하는 바에 따라 예치하게 할 수 있다.(2017.1.17 본항개정)

제8장 하천에 관한 비용과 수익

제58조【비용과 수익의 범위】 이 법에 따른 하천공사 및 하천의 유지·보수 등에 관한 비용과 하천으로부터 생기는 수익의 범위는 대통령령으로 정한다.

제59조【비용부담의 원칙】 ① 하천에 관한 비용은 이 법 또는 다른 법률에 특별한 규정이 있는 경우를 제외하고는 국가하천에 관한 것은 국고의 부담으로 하고, 지방하천에 관한 것은 해당 시·도의 부담으로 한다. 다만, 제27조제6항 단서에 따라 시·도지사가 국가하천의 유지·보수를 하는 경우에 필요한 비용은 해당 시·도의 부담으로 한다.(2023.8.16 단서개정)

② 제1항에도 불구하고 제27조제4항에 따른 국가하천 배수영향구간의 하천공사에 관한 비용은 국고의 부담으로 한다.(2023.8.16 본항신설)

제60조【대행공사 등의 비용】 ① 환경부장관이 제28조에 따라 하천공사를 대행하는 경우와 시·도지사 또는 정부투자기관으로 하여금 하천공사를 대행하게 하는 경우 이에 드는 비용은 국고의 부담으로 한다.(2020.12.31 본항개정)

② 제9조제1항(제27조제10항에 따라 준용되는 경우를 포함한다)에 따라 하천관리청 및 관리방법을 따로 정한 경우에는 부담대상 및 부담비율 등은 환경부령으로 정한다. 제9조제2항은 부담대상 및 부담비율 등을 정하는 경우에 준용한다.(2023.8.16 전단개정)

③ 제36조제1항에 따라 하천관리청이 시행하는 하천점용에 관한 공사에 필요한 비용은 그 하천을 점용하는 자의 부담으로 한다.

제61조【지방자치단체의 비용부담】 ① 환경부장관은 국가가 부담하여야 하는 하천에 관한 비용의 일부를 대통령령으로 정하는 바에 따라 해당 하천공사나 하천의 유지·보수로 이익을 받는 시·도에 부담시킬 수 있다.

(2020.12.31 본항개정)

② 환경부장관은 시·도지사가 시행하는 하천공사나 하천의 유지·보수로 다른 시·도가 이익을 받는 경우에는 대통령령으로 정하는 바에 따라 해당 하천공사 또는 하천의 유지·보수에 필요한 비용의 일부를 그 이익을 받는 다른 시·도에 부담시킬 수 있다.(2020.12.31 본항개정)

③ 제1항 및 제2항에 따라 부담명령을 받은 시·도지사는 해당 하천공사나 하천의 유지·보수로 특히 이익을 받는 시·군·구가 있는 때에는 그 부담금의 전부 또는 일부를 해당 시·군·구에 부담시킬 수 있다.(2023.1.3 본항개정)

제62조【겸용 공작물에 대한 하천관리청의 부담】 하천관리청이 아닌 자가 시행하는 하천시설의 효용을 겸한 다른 공작물에 관한 공사 또는 그 유지·보수에 필요한 비용의 일부는 제59조에 따른 구분에 따라 비용을 부담하는 국고 또는 시·도가 그 이익을 받는 범위 안에서 부담할 수 있다.

제63조【의무이행에 필요한 비용】 이 법 또는 이 법에 따라 발하는 명령이나 조례 또는 이에 따른 처분으로 생기는 의무의 이행에 필요한 비용은 이 법에 특별한 규정이 있는 경우를 제외하고는 그 의무자의 부담으로 한다.

제64조【비용보조】 환경부장관은 다음 각 호의 어느 하나에 해당하는 경우에는 그 비용의 일부를 시·도에 보조할 수 있다.(2020.12.31 본문개정)

1. 국가하천의 유지·보수
2. 대통령령으로 정하는 하천공사
3. 그 밖에 대통령령으로 정하는 사항

제65조【부담금의 귀속】 ① 하천에 관한 비용의 부담금은 환경부장관이 부담하게 한 경우에는 국고의 수입으로 하고, 시·도지사가 부담하게 한 경우에는 해당 시·도의 수입으로 한다. 다만, 제61조제2항 및 제3항에 따른 부담금은 해당 하천공사나 하천의 유지·보수를 한 시·도의 수입으로 하고, 제62조에 따른 부담금은 해당 다른 공작물의 관리자의 수입으로 한다.(2020.12.31 본문개정)

② 제37조 및 제50조제7항에 따라 징수하는 점용료·사용료 등은 해당 시·도의 수입으로 하고, 그 밖에 하천에서 생기는 수입은 국가하천에 관한 것은 국고의 수입으로, 지방하천에 관한 것은 시·도의 수입으로 한다.

(2022.6.10 본항개정)

제66조【수입금의 사용제한】 지방자치단체는 하천에서 생기는 부담금·점용료·사용료 및 변상금, 제85조에 따라 양여받은 폐천부지 등으로 인한 수입금과 그 밖의 수입을 대통령령으로 정하는 기준에 따라 하천의 유지·보수에 관한 비용에 사용하여야 한다.

제67조【부담금 등의 강제징수】 ① 이 법 또는 이 법에 따라 발하는 명령이나 조례 또는 이에 따른 처분으로 생기는 부담금·점용료·사용료 및 변상금, 그 밖의 납부금을 납부하여야 하는 자가 이를 납부하지 아니하는 때에는 가산금을 징수한다.

② 「국세징수법」 제21조 및 제22조는 제1항에 따른 가산금에 관하여 준용한다.

③ 부담금·점용료·사용료 및 변상금, 그 밖의 납부금을 납부하여야 하는 자가 그 납부기한까지 납부하지 아니한 때에는 국세 또는 지방세 체납처분의 예에 따라 징수한다.

제68조【잘못 납부된 부담금 등의 반환】 하천관리청은 잘못 납부된 부담금·점용료·사용료 및 변상금, 그 밖의 납부금을 반환할 경우 잘못 납부된 날(분할 납부시에는 최종 납부한 날을 말한다)의 다음날부터 반환하는 날까지의 기간에 대하여 대통령령으로 정하는 이자를 가산하여 반환하여야 한다.(2020.12.31 본조개정)

제9장 감 독

제69조【법령위반자 등에 대한 처분 등】 ① 하천관리청(제46조제6호에 따른 금지행위 위반에 관한 처분 등의 경우에는 시·도지사를 말한다. 이하 제95조제10호에서 같다)은 다음 각 호의 어느 하나에 해당하는 경우에는 이 법에 따른 허가 또는 승인의 취소·변경, 그 효력의 정지, 공사 및 그 밖의 행위의 중지, 공작물 또는 물건의 개축·변경·이전·제거의 조치를 명하거나 그 밖에 필요한 처분을 할 수 있다.(2020.12.31 본문개정)

1. 제6조·제14조·제30조·제33조·제38조·제43조·제46조부터 제48조까지·제50조·제52조·제53조 또는 같은 조에 따른 명령이나 이에 따른 처분을 위반한 경우
2. 거짓이나 그 밖의 부정한 방법으로 이 법에 따른 허가를 받거나 승인을 얻은 경우
3. 이 법에 따른 허가 또는 승인에 따라 사업을 영위하기 위하여 다른 법령에 따라 받아야 하는 관계 행정기관의 허가·인가, 그 밖의 처분을 받지 못하거나 이를 받은 후 취소 또는 실효된 경우
4. 허가 또는 승인과 관계되는 공사, 그 밖의 행위 또는 이와 관계되는 사업의 전부나 일부가 폐지된 경우

(2020.6.9 본호개정)

② 환경부장관은 제1항에 따른 처분 등을 한 때에는 지체 없이 그 지역을 관할하는 시·도지사에게 통지하여야 한다.(2020.12.31 본항개정)

제70조【공익을 위한 처분 등】 ① 하천관리청은 다음 각 호의 어느 하나에 해당하는 경우에는 이 법에 따른 허가를 받거나 승인을 얻은 자에 대하여 제69조제1항에 따른 처분을 하거나 조치를 명할 수 있다.(2020.12.31 본문개정)
1. 하천수량의 부족 또는 하천상황의 변경으로 부득이한 경우
2. 하천의 보전 및 재해 예방 등 공익에 대한 피해를 없애거나 줄이기 위하여 필요한 경우(2018.8.14 본호개정)
3. 하천공사를 하기 위하여 필요한 경우
4. 「공익사업을 위한 토지 등의 취득 및 보상에 관한 법률」 제4조에 따른 공익사업을 위하여 필요한 경우 (2018.8.14 본호개정)

② 환경부장관은 제1항에 따른 처분 등을 한 때에는 지체 없이 그 지역을 관할하는 시·도지사에게 통지하여야 한다.(2020.12.31 본항개정)

제71조【하천관리청에 대한 감독 등】 ① 환경부장관은 다음 각 호의 어느 하나에 해당하는 경우에는 하천관리청이 행한 처분의 취소·변경, 공사의 시행중지·변경 또는 하천의 유지·보수 및 관리를 위하여 필요한 조치를 명할 수 있다.(2020.12.31 본문개정)
1. 하천관리청이 행한 처분이나 공사가 이 법 또는 이 법에 따른 명령이나 이에 따른 감독관청의 처분을 위반한 경우
2. 하천의 보전, 공해의 제거 또는 예방을 위하여 필요하다고 인정되는 경우

② 환경부장관은 이 법에 따른 업무의 효율적인 수행을 위하여 필요하다고 인정되는 때에는 하천관리청에 대하여 필요한 사항을 보고하게 하거나 자료 등의 제출을 요청할 수 있다.(2020.12.31 본항개정)

제72조【하천관리원】 ① 시·도지사 또는 환경부장관은 하천의 효율적인 관리 및 하천의 감시, 하천의 안전을 위하여 필요한 때에는 그 소속 공무원 중에서 하천관리원을 임명할 수 있다.(2020.12.31 본항개정)

② 하천관리원은 다음 각 호에 해당되는 자에 대하여 공사의 중지를 명하거나, 공작물이나 그 밖의 물건의 개축·이전·제거 또는 그 공작물이나 물건으로 생길 위해를 예방하기 위하여 필요한 조치를 하게 할 수 있다.
1. 제30조·제33조·제38조·제46조부터 제48조까지 및 제50조를 위반한 자
2. 제69조 및 제70조에 따른 처분을 위반한 자

③ 제2항에 따라 공사의 중지를 명하거나 하천의 감시, 하천의 안전 등을 위한 조치를 하려는 자는 그 권한을 표시하는 증표를 지니고 이를 관계인에게 내보여야 한다.

④ 제3항에 따른 증표에 필요한 사항은 환경부령으로 정한다.(2020.12.31 본항개정)

⑤ 제2항에도 불구하고 하천관리원이 제2항에 따른 조치를 게을리 하는 경우 환경부장관은 시·도지사에게 기간을 정하여 그 조치를 철저히 할 것을 명령할 수 있고, 해당 명령이 기간 내에 이행되지 아니한 때에는 환경부장관이 직접 필요한 조치를 할 수 있다.(2020.12.31 본항개정)

제73조【행정대집행의 적용 특례】 ① 하천관리청은 수해방지 등을 위하여 긴급한 실시가 필요한 경우로서 「행정대집행법」 제3조제1항 및 제2항에 따른 절차에 따르면 그 목적을 달성하기가 곤란한 경우에는 해당 절차를 거치지 아니하고 점용물등의 제거, 그 밖에 필요한 조치를 할 수 있다.

② 제1항에 따른 점용물 등의 제거, 그 밖의 필요한 조치는 하천관리를 위하여 필요한 최소한도에 그쳐야 한다.

③ 제1항 및 제2항에 따른 대집행으로 제거된 점용물 등의 보관 및 처리에 필요한 사항은 대통령령으로 정한다.

제74조【하천관리상황의 점검 등】 ① 하천관리청은 하천시설의 관리상황과 하천의 점용상황 등에 대한 점검을 실시하여 하천시설의 유지·보수 또는 불법행위에 대한 시정 등을 위하여 필요한 조치를 하여야 한다.

② 제1항에 따른 점검의 내용·방법 및 점검사항에 대한 조치결과의 통지 등에 필요한 사항은 대통령령으로 정한다.

제10장 보 칙

제75조【타인의 토지에의 출입 등】 ① 환경부장관, 하천관리청, 환경부장관·하천관리청으로부터 명령이나 위임·위탁을 받은 자 또는 환경부장관·하천관리청의 하천공사를 대행하는 자는 하천공사, 하천에 관한 조사·측량, 그 밖에 하천관리를 위하여 필요한 경우에는 타인의 토지에 출입하거나 특별한 용도로 이용되지 아니하고 있는 타인의 토지를 재료적치장·통로 또는 임시도로로 일시 사용할 수 있으며 부득이한 경우에는 죽목·토석, 그 밖의 장애물을 변경하거나 제거할 수 있다.(2020.12.31 본항개정)

② 제1항에 따라 타인의 토지에 출입하려는 자는 출입할 날의 3일 전까지 그 토지의 소유자 또는 점유자나 관리인에게 그 일시와 장소를 통지하여야 한다.

③ 타인의 토지를 재료적치장·통로 또는 임시도로로 일시 사용하거나 죽목·토석, 그 밖의 장애물을 변경 또는 제거하려는 자는 미리 그 소유자 또는 점유자나 관리인의 동의를 얻어야 한다. 다만, 그 소유자 또는 점유자나 관리인의 주소 또는 거소를 알 수 없거나 동의를 얻을 수 없는 때에는 관할 시장·군수·구청장의 허가를 받아야 한다.

④ 일출 전·일몰 후에는 그 토지의 점유자의 승낙 없이 택지 또는 울타리나 담장으로 둘러싸인 타인의 토지에 출입하여서는 아니 된다.

⑤ 제1항에 따라 타인의 토지에 출입하려는 자는 그 권한을 나타내는 증표를 지니고 이를 관계인에게 내보여야 한다.

⑥ 제5항에 따른 증표에 필요한 사항은 환경부령으로 정한다.(2020.12.31 본항개정)

제76조【공용부담 등으로 인한 손실보상】 ① 제75조에 따른 처분이나 제한으로 손실을 입은 자가 있거나 하천관리청이 시행하는 하천공사로 손실을 입은 자가 있는 때에는 환경부장관이 행한 처분이나 공사로 인한 것은 국고에서, 시·도지사가 행한 처분이나 공사로 인한 것은 해당 시·도에서 그 손실을 보상하여야 한다.(2020.12.31 본항개정)

② 환경부장관, 시·도지사는 제1항에 따른 손실을 보상하는 경우에는 손실을 입은 자와 협의하여야 한다. (2020.12.31 본항개정)

③ 제2항에 따른 협의가 성립되지 아니하거나 협의를 할 수 없는 때에는 대통령령으로 정하는 바에 따라 관할 토지수용위원회에 재결을 신청할 수 있다.

④ 제1항부터 제3항까지에 따라 손실보상을 하는 경우 이 법에 규정된 것을 제외하고는 「공익사업을 위한 토지 등의 취득 및 보상에 관한 법률」을 준용한다.(2020.6.9 본항개정)

제77조【감독처분으로 인한 손실보상】 ① 제76조는 제70조에 따른 하천관리청의 처분으로 생긴 손실과 제71조에 따른 환경부장관의 처분으로 생긴 손실 또는 환경부장관의 명령에 따라 하천관리청이 그 처분을 취소 또는 변경함으로 생긴 손실의 보상에 관하여 준용한다.

② 제1항의 경우 해당 손실이 제70조제1항제2호 및 제4호에 따른 처분으로 생긴 것인 때에는 하천관리청은 그 공사 또는 사업에 관한 비용을 부담하는 자에 대하여 그 손실의 전부 또는 일부를 보상하게 할 수 있다. (2020.12.31 본조개정)

제78조【토지 등의 수용·사용】 ① 다음 각 호의 어느 하나에 해당하는 자는 하천공사에 필요한 때에는 「공익사업을 위한 토지 등의 취득 및 보상에 관한 법률」 제3조에 따른 토지·물건 또는 권리를 수용 또는 사용할 수 있다.(2017.1.17 본문개정)
1. 제27조에 따라 하천공사를 하는 하천관리청
2. 제28조에 따라 하천공사를 대행하는 자
3. 제30조에 따라 하천공사허가를 받은 하천관리청이 아닌 자(행정기관·정부투자기관 또는 지방공기업에 한정한다)(2020.6.9 본호개정)
4. (2017.1.17 삭제)

② 제1항에 따라 토지·물건 또는 권리를 수용 또는 사용하는 경우에는 이 법에 특별한 규정이 있는 경우를 제외하고는 「공익사업을 위한 토지 등의 취득 및 보상에 관한 법률」을 준용한다.(2016.1.19 본항개정)

③ 제2항에 따라 「공익사업을 위한 토지 등의 취득 및 보상에 관한 법률」을 준용할 때 다음 각 호의 어느 하나에 해당하는 경우에는 「공익사업을 위한 토지 등의 취득 및 보상에 관한 법률」 제20조제1항 및 제22조에 따른 사업인정과 사업인정의 고시가 있는 것으로 보며, 재결신청은 같은 법 제23조제1항 및 제28조제1항에도 불구하고 해당 하천공사의 사업기간 내에 하여야 한다.(2020.6.9 본문개정)
1. 제27조에 따라 하천공사시행계획을 수립·고시한 경우
2. 제30조에 따라 하천공사실시계획을 수립·고시한 경우
3. (2017.1.17 삭제)

(2016.1.19 본조제목개정)

제79조【토지등의 매수청구】 ① 하천구역(지방하천의 하천구역은 제외한다)의 결정 또는 변경으로 그 구역 안의 토지, 건축물, 그 밖에 그 토지에 정착된 물건(이하 "토지등"이라 한다)을 종래의 용도로 사용할 수 없어 그 효용이 현저하게 감소한 토지등 또는 그 토지등의 사용 및 수익이 사실상 불가능한 토지등(이하 "매수대상토지등"이라 한다)의 소유자로서 다음 각 호의 어느 하나에 해당하는 자는 하천관리청에게 그 토지등의 매수를 청구할 수 있다. (2020.6.9 본문개정)
1. 하천구역의 결정 당시(법률 제5893호 하천법개정법률 제2조제1항제2호가목부터 다목까지의 규정에 따른 하천구역을 이 법에 따른 하천구역으로 결정하는 경우에는 2008년 4월 7일을 말한다) 또는 변경 당시부터 해당 토지등을 계속 소유한 자
2. 토지등의 사용·수익이 불가능하게 되기 전에 그 토지등을 취득하여 계속 소유한 자
3. (2016.1.19 삭제)
4. 제1호 또는 제2호의 자로부터 그 토지등을 상속받아 계속 소유한 자

② 하천관리청은 제1항에 따라 매수청구를 받은 토지등이 제3항에 따른 기준에 해당하면 그 토지등을 매수하여야 한다.(2016.1.19 본항신설)

③ 제1항에서 종래의 용도로 사용할 수 없어 그 효용이 현저하게 감소한 토지등 또는 그 토지등의 사용 및 수익이 사실상 불가능한 토지등의 구체적인 판정기준은 대통령령으로 정한다.

(2016.1.19 본조개정)

제80조【매수청구의 절차 등】 ① 하천관리청은 제79조제1항에 따라 토지등의 매수청구를 받은 날부터 6월 이내에 매수대상 여부 및 매수예상가격 등을 매수청구인에게 통보하여야 한다.

② 하천관리청은 제1항에 따라 매수대상토지등으로 통보를 한 토지등에 대해서는 5년의 범위에서 대통령령으로 정하는 기간 이내에 매수계획을 수립하여 그 매수대상토지등을 매수하여야 한다.

③ 매수대상토지등을 매수하려는 경우 매수대상토지등의 매수가격(이하 "매수가격"이라 한다)의 산정 기준, 방법 및 시기 등에 관하여는 「공익사업을 위한 토지 등의 취득 및 보상에 관한 법률」을 준용한다.

④ 제1항부터 제3항까지의 규정에 따라 매수한 토지등은 국가에 귀속된다.

⑤ 제1항부터 제3항까지의 규정에 따라 토지등을 매수하는 경우의 매수절차와 그 밖에 필요한 사항은 대통령령으로 정한다.

(2016.1.19 본조개정)

제81조【매수청구토지등에 관한 비용】 ① 하천관리청은 매수가격의 산정을 위한 감정평가 등에 드는 비용을 부담한다.(2016.1.19 본항개정)

② 하천관리청은 제1항에도 불구하고 매수청구인이 정당한 사유 없이 매수청구를 철회하는 경우에는 대통령령으로 정하는 바에 따라 감정평가에 따르는 비용의 전부 또는 일부를 매수청구인에게 부담하게 할 수 있다. 다만, 다음 각 호의 어느 하나에 해당하는 경우에는 그러하지 아니하다.(2016.1.19 단서개정)
1. 매수예상 가격에 비하여 매수가격이 대통령령으로 정하는 비율 이상 떨어진 경우
2. 법령의 개정·폐지 등으로 인하여 매수청구의 사유가 소멸된 경우

(2016.1.19 1호~2호신설)

③ 매수청구인이 제2항 본문에 따라 부담하여야 하는 비용을 납부하지 아니한 경우에는 국세 체납처분의 예에 따라 징수한다.

(2016.1.19 본조제목개정)

제82조【손실보상업무 등의 위임 또는 위탁】 ① 환경부장관은 하천공사로 인한 손실보상업무와 토지등의 매수청구업무를 대통령령으로 정하는 바에 따라 관할 지방자치단체의 장에게 위임하거나 대통령령으로 정하는 정부투자기관의 장에게 위탁할 수 있다.

② 환경부장관은 제1항에 따라 손실보상업무 및 매수청구업무를 위임 또는 위탁하는 경우에는 손실보상금액 및 매수금액의 100분의 2의 범위 안에서 대통령령으로 정하는 요율의 수수료를 그 업무를 위임 또는 위탁받은 지방자치단체의 장 또는 정부투자기관의 장에게 지급하여야 한다.

(2020.12.31 본조개정)

제83조【하천표지】 ① 하천관리청은 하천 구조의 보전 등을 위하여 필요한 장소에 하천표지를 설치·관리하여야 한다.

② 제1항에 따른 하천표지의 종류·표시방법, 그 밖에 필요한 사항은 환경부령으로 정한다.(2020.12.31 본항개정)

제84조【폐천부지등의 관리】 ① 하천관리청은 하천공사 또는 홍수, 그 밖의 자연현상으로 하천의 유로가 변경되어 하천구역에서 제외된 토지(국유 또는 공유인 토지에 한정하며, 이하 "폐천부지등"이라 한다)가 발생한 경우에는 환경부령으로 정하는 바에 따라 폐천부지등의 발생일부터 3년 이내에 이를 고시하여야 한다.(2020.12.31 본항개정)

② 제1항에 따라 발생한 폐천부지등은 치수 및 하천환경보전 등의 목적에 우선적으로 활용하여야 한다.

제85조【폐천부지등의 교환·양여】 ① 하천관리청은 폐천부지등이 다음 각 호의 요건에 해당하는 경우에는 그 폐천부지등을 대통령령으로 정하는 순위 및 기준에 따라 새로이 하천구역으로 된 타인의 토지 또는 하천구역에 이미 편입된 타인의 토지와 교환하거나, 하천으로 편입되기 전의 당초의 소유자, 제28조에 따라 하천공사를 대행한 자, 제30조제1항에 따라 하천공사를 시행한 하천관리청이 아닌 자 또는 관할 시·도지사에게 양여할 수 있다.
1. 치수 및 하천환경보전 등의 목적으로 활용할 필요가 없을 것
2. 국유재산 또는 공유재산으로 둘 필요가 없을 것

② 제1항에 따라 폐천부지등을 양여받은 시·도지사는 「공유재산 및 물품 관리법」 제10조 및 제28조에 불구하고 이를 처분할 수 있다.

제86조【폐천부지등에 관한 비용 등】 폐천부지등의 교환·양여에 필요한 비용 또는 그로부터의 수입은 환경부장관이 행하는 경우에는 국고의, 시·도지사가 행하는 경우에는 해당 시·도의 부담 또는 수입으로 한다. (2020.12.31 본조개정)

제87조 (2017.1.17 삭제)

제88조【협회의 설립】 ① 하천 관련 학계·연구기관·시공업체 및 용역업체 등에 종사하는 자, 그 밖에 대통령

령으로 정하는 자는 하천 및 하천환경에 관한 조사연구·기술개발·교육·홍보, 그 밖에 하천의 활용 및 보존을 위하여 협회를 설립할 수 있다.
② 제1항에 따른 협회(이하 "협회"라 한다)는 법인으로 한다.
③ 협회는 환경부장관의 인가를 받아 주된 사무소의 소재지에서 설립등기를 함으로써 성립한다.(2020.12.31 본항개정)
④ 협회의 회원자격에 관한 사항은 정관으로 정한다.
⑤ 협회의 정관의 기재사항과 협회의 감독에 필요한 사항 등은 대통령령으로 정한다.
⑥ 국가 또는 지방자치단체가 그 업무를 협회에 위탁하는 경우에는 위탁업무의 수행에 드는 경비의 전부 또는 일부를 예산의 범위 안에서 지원할 수 있다.
⑦ 협회에 관하여 이 법에 규정된 사항을 제외하고는 「민법」 중 사단법인에 관한 규정을 준용한다.
제89조 (2016.1.19 삭제)
제90조【보고 및 출입 등】 ① 하천관리청은 이 법에 따라 허가를 받거나 승인을 얻은 자에게 하천관리에 필요한 보고를 하게 하거나 이 법에 따른 권한을 행사하기 위하여 필요한 범위 안에서 소속 공무원으로 하여금 그 허가를 받거나 승인을 얻은 자의 사무실·사업장 그 밖의 필요한 장소에 출입하여 공사상황, 공작물·설계도서, 그 밖의 필요한 물건 및 서류를 검사하게 할 수 있다.(2020.12.31 본항개정)
② 제72조제3항 및 제4항은 제1항에 따라 출입·검사를 하는 공무원에게 준용한다.
제91조【청문】 하천관리청은 제69조 및 제70조에 따라 이 법에 따른 허가 또는 승인을 취소하는 경우에는 청문을 실시하여야 한다.(2020.12.31 본조개정)
제92조【권한의 위임·위탁 등】 ① 이 법에 따른 환경부장관의 권한은 그 일부를 대통령령으로 정하는 바에 따라 시·도지사 또는 소속 기관의 장에게 위임할 수 있다.(2020.12.31 본항개정)
② 시·도지사는 제1항에 따라 위임받은 권한의 일부를 환경부장관의 승인을 얻어 시장·군수·구청장에게 재위임할 수 있다.(2020.12.31 본항개정)
③ 이 법에 따른 환경부장관의 업무 중 다음 각 호의 업무는 대통령령으로 정하는 바에 따라 하천과 관련된 기관 또는 단체에 위탁할 수 있다.(2020.12.31 본문개정)
1.~5. (2017.1.17 삭제)
6. 제22조에 따른 하천관리 자료의 정보화 업무(2017.1.17 본호개정)
6의2. 제27조제6항에 따라 환경부장관이 시행하는 국가하천 시설 및 구간의 유지·보수 업무(2023.8.16 본호개정)
7. (2017.1.17 삭제)
8. 제21조의2에 따른 하상변동조사를 위한 종사자의 교육·훈련 업무(2018.8.14 본호신설)
④ (2016.1.19 삭제)
제92조의2【벌칙 적용에서 공무원 의제】 제82조제1항 또는 제92조제3항에 따라 위탁업무를 수행하는 기관 또는 단체의 임직원은 「형법」 제129조부터 제132조까지의 규정을 적용할 때에는 공무원으로 본다.
(2016.1.19 본조신설)

제11장 벌 칙

제93조【벌칙】 정당한 사유 없이 하천시설을 이전 또는 손괴하여 공공의 피해를 발생시키거나 치수에 장해를 일으킨 자는 10년 이하의 징역 또는 1억원 이하의 벌금에 처한다.(2015.1.6 본조개정)
제94조【벌칙】 다음 각 호의 어느 하나에 해당하는 자는 5년 이하의 징역 또는 5천만원 이하의 벌금에 처한다.(2015.1.6 본문개정)
1. 제14조제5항에 따른 환경부장관의 조치명령을 이행하지 아니한 자(2018.6.8 본호개정)
2. 제33조제1항제5호를 위반하여 토석·모래·자갈을 채취하게 하거나 채취한 자
3. 제39조제1항에 따른 시설을 설치하지 아니한 자
제95조【벌칙】 다음 각 호의 어느 하나에 해당하는 자는 2년 이하의 징역 또는 2천만원 이하의 벌금에 처한다.(2015.1.6 본문개정)
1. 제14조제2항에 따른 관리규정의 승인을 얻지 아니하고 하천시설의 운영을 개시한 자
2. (2017.1.17 삭제)
3. 제30조제1항 본문을 위반하여 허가를 받지 아니하고 하천공사를 하거나 하천의 유지·보수를 한 자
4. 거짓이나 그 밖의 부정한 방법으로 제30조제1항 본문, 제33조제1항 또는 제50조제1항에 따른 허가를 받은 자
5. 제33조제1항(제5호는 제외한다)을 위반하여 허가를 받지 아니하고 하천을 점용한 자(2020.6.9 본호개정)
6. 제39조제2항에 따른 관리기술자를 두지 아니한 자
7. (2017.1.17 삭제)
8. 제46조(제6호 및 제7호는 제외한다)를 위반하여 하천에 관한 금지행위를 한 자(2020.6.9 본호개정)
9. 제50조제1항을 위반하여 허가를 받지 아니하고 하천수를 사용한 자
10. 제69조 또는 제70조에 따른 하천관리청의 명령을 위반한 자
제96조【벌칙】 다음 각 호의 어느 하나에 해당하는 자는 1년 이하의 징역 또는 1천만원 이하의 벌금에 처한다.(2015.1.6 본문개정)
1. 하천점용허가를 받아 점용하고 있는 토지 또는 시설을 제33조제5항에 따른 하천관리청의 승인을 받지 아니하고 다른 사람에게 임대하거나 전대한 자(2018.2.21 본호신설)
2. 제38조제1항 본문에 따른 허가를 받지 아니하고 같은 항 각 호의 어느 하나를 행한 자
3. 거짓이나 그 밖의 부정한 방법으로 제38조제1항 또는 제75조제3항 단서에 따른 허가를 받은 자
4. 제41조제2항에 따른 환경부장관 또는 하천관리청의 명령을 위반한 자(2018.6.8 본호개정)
5. 제47조제1항에 따른 하천의 사용금지 또는 사용제한을 위반하여 하천을 사용한 자
6. 제72조제2항에 따른 하천관리원의 명령에 위반한 자
7. (2009.4.1 삭제)
8. 관할 시장·군수 또는 구청장의 허가를 받지 아니하고 제75조제3항 본문에 따른 행위를 한 자
제97조【양벌규정】 법인의 대표자나 법인 또는 개인의 대리인·사용인 그 밖의 종업원이 그 법인 또는 개인의 업무에 관하여 제93조부터 제96조까지의 위반행위를 한 때에는 행위자를 벌하는 외에 그 법인 또는 개인에 대하여도 각 해당 조의 벌금형을 과(科)한다. 다만, 법인 또는 개인이 그 위반행위를 방지하기 위하여 그 업무에 관하여 상당한 주의와 감독을 게을리하지 아니한 때에는 그러하지 아니하다.
제98조【과태료】 ① 제75조제2항을 위반하여 통지를 하지 아니하고 타인의 토지에 출입한 자에게는 500만원 이하의 과태료를 부과한다.
② 제46조제6호 및 제7호를 위반하여 하천에 관한 금지행위를 한 자에게는 300만원 이하의 과태료를 부과한다.
③ 다음 각 호의 어느 하나에 해당하는 자에게는 100만원 이하의 과태료를 부과한다.
1. 제5조제2항을 위반하여 신고를 하지 아니한 자
2. (2017.1.17 삭제)
3. 제39조제3항을 위반하여 댐등의 관리 및 수문에 관한 기록을 작성·비치하지 아니하거나 그 기록의 제출을 거부한 자 또는 거짓 기록을 제출한 자
4. (2017.1.17 삭제)
5. 제52조제1항을 위반하여 하천수의 사용량을 기록·보관하지 아니하거나, 같은 조 제2항에 따른 방류수량에 관한 자료의 제출을 거부하거나 거짓 자료를 제공하거나, 같은 조 제3항을 위반하여 하천수의 사용계획 또는 사용실적을 통보하지 아니하거나 거짓 자료를 통보한 자
6. 정당한 사유 없이 제75조제1항에 따른 토지의 출입·일시사용 또는 죽목·토석, 그 밖의 장애물의 변경이나 제거를 거부하거나 방해한 자
7. 제90조제1항에 따른 보고를 하지 아니하거나 거짓 보고를 한 자 또는 검사를 방해 또는 기피한 자
④ 제1항부터 제3항까지의 규정에 따른 과태료는 대통령령으로 정하는 바에 따라 환경부장관 또는 하천관리청(제2항 중 제46조제6호에 따른 금지행위 위반에 관한 과태료를 부과·징수하는 경우에는 시·도지사를 말한다)이 부과·징수한다.(2020.12.31 본항개정)
(2009.4.1 본조개정)

부 칙

제1조【시행일】 이 법은 공포 후 1년이 경과한 날부터 시행한다.
제2조【하천의 귀속 및 보상에 관한 경과조치】 ① 이 법 시행 당시 종전의 규정에 따라 국유로 된 국가하천 및 지방1급하천의 귀속 및 보상에 관하여는 종전의 규정에 따른다.
② 제1항에도 불구하고 이 법 시행 당시 法律 第892號 河川法 제4조, 法律 第2292號 河川法改正法律 제3조 및 法律 第5893號 河川法改正法律 제3조의 규정에 따라 하천구역에 편입되었으나 보상이 되지 않은 토지로서 하천구역에서 제외된 등기부상 사유 토지는 이를 국유로 보지 아니한다.
제3조【국가하천 및 지방하천의 지정 등에 관한 경과조치】 이 법 시행 당시 국가하천은 이 법에 따른 국가하천으로, 이 법 시행 당시 지방1급하천·지방2급하천은 이 법에 따른 지방하천으로, 이 법 시행 당시 하천구역은 이 법에 따른 하천구역으로 본다.
제4조【하천시설에 관한 경과조치】 이 법 시행 당시 종전의 규정에 따른 하천부속물은 제2조제3호의 개정규정에 따른 하천시설로 본다.
제5조【하천예정지에 관한 경과조치】 이 법 시행 당시 지정된 하천예정지는 제11조의 개정규정에 따른 하천예정지로 본다.
제6조【홍수관리구역의 지정에 관한 경과조치】 이 법 시행 당시 종전의 규정에 따라 지정된 연안구역은 제12조의 개정규정에 따른 홍수관리구역으로 본다.
제7조【하천부속물의 관리규정에 관한 경과조치】 이 법 시행 당시 종전의 규정에 따른 하천부속물의 관리규정은 제14조의 개정규정에 따른 하천시설의 관리규정으로 본다.
제8조【수자원장기종합계획 등의 수립에 관한 경과조치】 이 법 시행 당시 종전의 규정에 따른 수자원장기종합계획, 하천유역종합치수계획, 하천정비기본계획, 하천부속물의 비상대처계획 및 하천정비시행계획은 각각 제23조의 개정규정에 따른 수자원장기종합계획, 제24조의 개정규정에 따른 유역종합치수계획, 제25조의 개정규정에 따른 하천기본계획, 제26조의 개정규정에 따른 하천시설의 비상대처계획 및 제27조의 개정규정에 따른 하천공사시행계획으로 본다.
제9조【하천수 사용허가에 관한 경과조치】 이 법 시행 당시 종전의 규정에 따른 하천점용허가(유수사용 목적의 점용허가에 한한다)는 제50조의 개정규정에 따른 하천수 사용허가로 본다.
제10조【하천수 분쟁조정에 관한 경과조치】 이 법 시행 당시 종전의 제41조에 따라 지방하천관리위원회에 신청된 유수 사용에 관한 분쟁조정에 관하여는 지방하천관리위원회가 종전의 규정에 따라 조정한다.
제11조【하천관리원에 관한 경과조치】 이 법 시행 당시 종전의 규정에 따라 임명된 하천감시원은 제72조의 개정규정에 따른 하천관리원으로 본다.
제12조【하천표지에 관한 경과조치】 이 법 시행 당시 이미 설치되어 있는 하천표지는 제83조의 개정규정에 따른 하천표지로 본다.
제13조【폐천부지등의 관리에 관한 경과조치】 제84조 제1항에도 불구하고 이 법 시행 전에 발생한 폐천부지등에 대해서는 이 법 시행일부터 3년 이내에 이를 고시하여야 한다.
제14조【하천관리위원회의 구성에 관한 경과조치】 ① 국토해양부장관 및 시·도지사는 이 법 시행 후 제87조의 개정규정에 따라 하천관리위원회를 새로이 구성하여야 한다.(2009.4.1 본항개정)
② 제1항에 따라 하천관리위원회가 새로이 구성될 때까지는 종전의 규정에 따른 하천관리위원회가 그 기능을 수행한다.
제15조【벌칙 및 과태료에 관한 경과조치】 이 법 시행 전의 행위에 대한 벌칙 및 과태료의 적용에 있어서는 종전의 규정에 따른다.
제16조【다른 법률의 개정】 ①~㊽ ※(해당 법령에 가제정리 하였음)
제17조【다른 법령과의 관계】 이 법 시행 당시 다른 법령에서 종전의 「하천법」 또는 「하천법」의 규정을 인용하고 있는 경우 이 법 중 그에 해당하는 규정이 있는 때에는 종전의 규정을 갈음하여 이 법 또는 이 법의 해당 규정을 인용한 것으로 본다.

부 칙 (2015.8.11)

제1조【시행일】 이 법은 공포한 날부터 시행한다.
제2조【하천예정지에 관한 특례】 ① 하천관리청은 이 법 시행 당시 종전의 제11조에 따라 지정·고시된 하천예정지를 이 법 시행 후 6개월 이내에 폐지하거나 하천구역으로 결정하여야 한다.
② 제1항에 따른 기간 이내에 폐지되거나 하천구역으로 결정되지 아니한 하천예정지는 제1항에 따른 기간의 만료로 그 지정의 효력을 잃는다.

부 칙 (2016.1.19 법13808호)

제1조【시행일】 이 법은 공포 후 6개월이 경과한 날부터 시행한다.
제2조【매수청구 대상 확대에 관한 적용례】 제79조부터 제82조까지의 개정규정은 이 법 시행 당시 매수청구 절차가 진행 중인 하천구역 안의 건축물, 그 밖에 토지에 정착된 물건에 대해서도 적용한다.
제3조【허가수수료 폐지에 관한 적용례】 제89조의 개정규정은 이 법 시행 후 최초로 제30조, 제33조, 제38조 또는 제50조에 따른 허가를 하는 경우부터 적용한다.

부 칙 (2017.3.21)

제1조【시행일】 이 법은 공포한 날부터 시행한다. 다만, 제33조제8항 및 제34조의 개정규정은 공포 후 6개월이 경과한 날부터 시행한다.
제2조【소규모 공작물 설치를 위한 점용허가에 관한 적용례】 제33조제8항의 개정규정은 같은 개정규정 시행 후 최초로 공작물 설치를 위한 점용허가를 신청하는 경우부터 적용한다.

부 칙 (2018.2.21)

제1조【시행일】 이 법은 공포 후 1년이 경과한 날부터 시행한다. 다만, 제10조제4항의 개정규정은 공포한 날부터 시행하고, 제14조제4항의 개정규정은 공포 후 6개월이 경과한 날부터 시행한다.
제2조【하천구역 내 토지 또는 시설의 임대·전대에 관한 경과조치】 이 법 시행 전에 하천점용허가를 받아 점용하고 있는 토지 또는 시설을 다른 사람에게 임대하거나 전대한 경우에 대하여는 제33조제5항의 개정규정에도 불구하고 종전의 예에 따른다.

부　칙 (2020.5.26)
(2020.6.9)

이 법은 공포한 날부터 시행한다.(이하 생략)

부　칙 (2020.12.22)

제1조【시행일】 이 법은 공포 후 1개월이 경과한 날부터 시행한다.
제2조【권리·의무의 승계신고 및 일시적 하천수의 사용신고·변경신고에 관한 적용례】 제5조제3항·제4항 및 제50조의2제2항·제3항의 개정규정은 이 법 시행 이후 권리·의무의 승계신고 또는 일시적 하천수의 사용신고·변경신고를 하는 경우부터 적용한다.
제3조【하천공사실시계획 인가에 관한 적용례】 제30조제6항의 개정규정(제33조제9항 및 제38조제4항의 개정규정에 따라 준용되는 경우를 포함한다)은 이 법 시행 이후 하천공사실시계획의 인가 또는 변경인가를 신청하는 경우부터 적용한다.

부　칙 (2020.12.31)

제1조【시행일】 이 법은 공포 후 1년이 경과한 날부터 시행한다.(이하 생략)

부　칙 (2021.7.27)

이 법은 공포 후 6개월이 경과한 날부터 시행한다.

부　칙 (2022.6.10)

제1조【시행일】 이 법은 공포 후 1년이 경과한 날부터 시행한다.
제2조【하천수의 사용허가조건 등에 관한 적용례】 제50조제4항·제5항의 개정규정은 이 법 시행 이후 제50조제1항에 따라 허가 또는 변경허가를 하는 경우부터 적용한다.

부　칙 (2022.12.27)

제1조【시행일】 이 법은 공포 후 6개월이 경과한 날부터 시행한다.(이하 생략)

부　칙 (2023.1.3)

제1조【시행일】 이 법은 공포 후 6개월이 경과한 날부터 시행한다.
제2조【하천구역의 결정 또는 홍수관리구역의 지정 등의 내용 공고에 관한 적용례】 제10조제3항의 개정규정(제12조제3항에서 준용하는 경우를 포함한다)은 이 법 시행 이후 하천구역을 결정·변경 또는 폐지하거나 홍수관리구역을 지정·변경 또는 폐지하는 경우부터 적용한다.
제3조【하천기본계획에 관한 적용례】 제25조제1항의 개정규정은 이 법 시행 이후 수립하는 하천기본계획부터 적용한다.
제4조【하천의 점용허가에 관한 적용례】 제33조제4항제3호의 개정규정은 이 법 시행 이후 하천점용허가를 하는 경우부터 적용한다.

부　칙 (2023.8.8)

제1조【시행일】 이 법은 2024년 5월 17일부터 시행한다.(이하 생략)

부　칙 (2023.8.16)

제1조【시행일】 이 법은 공포한 날부터 시행한다.
제2조【다른 법률의 개정】 ※(해당 법령에 가제정리 하였음)

부　칙 (2024.1.30)

제1조【시행일】 이 법은 공포한 날부터 시행한다.
제2조【이의신청에 관한 적용례】 이의신청에 관한 개정규정은 이 법 시행 이후 하는 처분부터 적용한다.(이하 생략)

지하수법

(1997년 1월 13일 전개법률 제5286호)

개정
1997.12.13법 5453호(행정절차)
1999. 3.31법 5955호　2001. 1.16법 6368호
2002. 2. 4법 6655호(국토이용)
2002. 2. 4법 6656호(공토법)
2005. 3.31법 7459호(수질환경)
2005. 5.31법 7569호
2006. 2.21법 7849호(제주자치법)
2006. 3.24법 7924호
2006. 9.27법 8014호(하수도법)
2007. 4.11법 8370호(수도법)
2007. 5.17법 8466호(수질수생태계보전)
2008. 2.29법 8852호(정부조직)
2008. 3.28법 9058호
2009. 5.27법 9717호(농어업·농어촌및식품산업기본법)
2010. 3.22법10154호(먹는물관리법)
2010. 3.31법10219호(지방세기본법)
2011. 4.14법10599호(국토이용)
2011. 5.30법10763호　2012. 1.17법11192호
2013. 3.23법11690호(정부조직)
2013. 5.22법11803호
2013. 6. 4법11862호(화학물질관리법)
2013. 8. 6법11998호(지방세외수입금의징수등에관한법)
2014.11.19법12844호(정부조직)
2015. 1. 6법12990호
2015. 6.22법13383호(수산업·어촌발전기본법)
2016.12.27법14476호(지방세징수법)
2017. 1.17법14532호(물환경보전법)
2017. 4.18법14801호
2017. 7.26법14839호(정부조직)
2018. 2.21법15403호
2018. 6. 8법15624호(정부조직)
2020. 3.24법17091호(지방행정제재·부과금의징수등에관한법)
2020. 5.26법17326호(법률용어정비)
2020.12. 8법17618호(양식산업발전법)
2020.12.31법17814호(정부조직)
2021. 1. 5법17850호　2023. 1. 3법19170호
2024. 1.23법20120호→2025년 1월 24일 시행이므로 「法典 別冊」 보유편 수록
2024. 2. 6법20231호(화학물질관리법)→2025년 8월 7일 시행이므로 「法典 別冊」 보유편 수록

제1장　총　칙
(2011.5.30 본장개정)

제1조【목적】 이 법은 지하수의 적절한 개발·이용과 효율적인 보전·관리에 관한 사항을 정함으로써 적정한 지하수개발·이용을 도모하고 지하수오염을 예방하여 공공의 복리증진과 국민경제의 발전에 이바지함을 목적으로 한다.
제2조【정의】 이 법에서 사용하는 용어의 뜻은 다음과 같다.
1. "지하수"란 지하의 지층(地層)이나 암석 사이의 빈틈을 채우고 있거나 흐르는 물을 말한다.
1의2. "유출지하수"란 지하시설물 또는 건축물의 공사 등 인위적인 행위로 인하여 자연히 흘러나오는 지하수를 말한다.(2023.1.3 본호신설)
2. "지하수영향조사"란 지하수의 개발·이용이 주변지역에 미치는 영향을 분석·예측하는 조사를 말한다.
3. "지하수보전구역"이란 지하수의 수량(水量)이나 수질을 보전하기 위하여 필요한 구역으로서 제12조에 따라 지정된 구역을 말한다.
4. "지하수개발·이용시공업"이란 지하수개발·이용을 위한 시설(이하 "지하수개발·이용시설"이라 한다)을 시공하는 사업을 말한다.
4의2. "유출지하수 이용시설"이란 유출지하수를 이용할 수 있도록 처리하는 시설을 말한다.(2023.1.3 본호신설)
5. "지하수정화업"이란 지하수에 들어있는 오염물질을 제거·분해 또는 희석하여 지하수의 수질을 개선하는 사업을 말한다.(2020.5.26 본호개정)
6. "원상복구"란 원상복구 대상인 시설 또는 토지에 오염물질의 유입을 막고 사람의 보건 및 안전에 위험을 주지 아니하도록 해당 시설을 해체하거나 해당 토지를 적절하게 되메우는 것을 말한다.
제2조의2【지하수관리의 기본원칙】 ① 지하수는 현재와 미래 세대를 위한 공적 자원으로서 공공이익의 증진에 적합하도록 보전·관리되어야 하며, 그에 따른 혜택은 모든 국민이 골고루 누릴 수 있도록 배분되어야 한다.
② 지하수는 물순환을 통하여 지표수(地表水)를 포함한 모든 형상의 수자원과 긴밀하게 연관되는 특성을 고려하여 상호 균형을 이루도록 통합적으로 관리되어야 한다.
③ 지하수는 수질보전, 수량확보뿐만 아니라, 사회·경제·자연환경 등을 종합적으로 고려하여 관리되어야 한다.
(2021.1.5 본조신설)
제3조【국가 등의 책무】 ① 국가는 공적 자원인 지하수를 효율적으로 보전·관리함으로써 모든 국민이 양질의 지하수를 이용할 수 있도록 지하수에 관한 종합적인 계획을 수립하고 합리적인 시책을 마련할 책무를 진다.
② 국가와 지방자치단체는 지하수 오염물질 및 지하수 오염원의 원천적인 감소를 통한 사전예방적 오염관리에 우선적인 노력을 기울여야 하며, 지하수를 개발·이용하는 자로 하여금 지하수 오염을 예방하기 위하여 스스로 노력하도록 촉진하기 위한 시책을 마련하여야 한다.
(2021.1.5 본항신설)
③ 국민은 국가의 지하수 보전·관리시책에 협력하고, 지하수 보전과 오염 방지를 위하여 노력하여야 한다.
④ 자기의 행위 또는 사업활동으로 지하수 오염 또는 훼손의 원인을 발생시킨 자는 그 오염·훼손을 방지하고 오염·훼손된 지하수를 회복·복원할 책임을 지며, 지하수 오염 또는 훼손으로 인한 피해의 구제에 드는 비용을 부담함을 원칙으로 한다.(2021.1.5 본항신설)
제4조【다른 법률과의 관계】 지하수의 조사, 개발·이용 및 보전·관리에 관하여 다른 법률에 특별한 규정이 있는 경우에는 그 법률에서 정하는 바에 따른다. 다만, 제14조부터 제16조까지의 규정은 그러하지 아니하다.

제2장　지하수의 조사 및 개발·이용
(2011.5.30 본장개정)

제5조【지하수의 조사】 ① 환경부장관은 대통령령으로 정하는 바에 따라 전국의 지하수에 대하여 부존(賦存) 특성, 개발 가능량, 수질 특성 및 지하수개발·이용시설 등에 관한 기초적인 조사를 실시하고 그 결과를 환경부령으로 정하는 바에 따라 공표하여야 한다.(2021.1.5 본항개정)
② 환경부장관은 대통령령으로 정하는 바에 따라 제1항에 따른 기초적인 조사를 완료한 지역에 대하여 10년마다 보완조사를 실시하여야 한다.(2018.6.8 본항개정)
③ 관계 중앙행정기관의 장이나 특별시장·광역시장·특별자치시장·도지사 또는 특별자치도지사(이하 "시·도지사"라 한다) 및 시장·군수·구청장(자치구의 구청장을 말한다. 이하 같다)은 지하수와 관련된 소관 업무의 수행을 위하여 필요할 때에는 지하수의 개발·이용 및 보전·관리를 위한 조사를 할 수 있다.(2013.5.22 본항개정)
④ 관계 중앙행정기관의 장, 시·도지사, 시장·군수·구청장은 제3항의 조사를 하려면 대통령령으로 정하는 바에 따라 미리 환경부장관과 협의하거나 환경부장관에게 통보하여야 하며, 조사를 마쳤을 때에는 그 결과를 환경부장관에게 통보하여야 한다. 다만, 대통령령으로 정하는 긴급한 사유가 있는 경우에는 그러하지 아니하다.
(2018.6.8 본문개정)
⑤ 환경부장관, 관계 중앙행정기관의 장, 시·도지사, 시장·군수·구청장은 대통령령으로 정하는 바에 따라 제1항부터 제3항까지의 조사업무를 지하수 관련 조사전문기관(이하 "지하수조사전문기관"이라 한다)이 대행하게 할 수 있다.(2018.6.8 본항개정)
⑥ 환경부장관, 관계 중앙행정기관의 장, 시·도지사, 시장·군수·구청장은 지하수와 관련된 소관 업무의 수행을 위하여 필요하다고 인정할 때에는 대통령령으로 정하는 바에 따라 관계 기관에 제1항부터 제3항까지 및 제5항의 조사자료를 요구하거나 협조를 요청할 수 있다.
(2018.6.8 본항개정)
⑦ 환경부장관은 대통령령으로 정하는 바에 따라 제1항부터 제3항까지 및 제5항의 조사자료를 종합관리하고, 관계 기관 또는 지하수를 개발·이용하는 자가 활용할 수 있도록 하여야 한다.(2018.6.8 본항개정)
⑧ 시장·군수·구청장은 제4항에 따른 협의를 하려면 미리 시·도지사와의 협의를 거쳐야 한다.(2012.1.17 본항개정)
⑨ 시장·군수·구청장은 대통령령으로 정하는 바에 따라 관할구역의 지하수의 수량·수질 등 이용실태를 조사하여 환경부장관 및 관계 시·도지사에게 보고하여야 한다. 다만, 특별자치시장이 지하수의 이용실태를 조사한 때에는 환경부장관에게만 보고하여야 한다.(2021.1.5 본항신설)
⑩ 관계 중앙행정기관의 장 또는 지방자치단체의 장이 관계 법률에 따라 지하수개발·이용을 허가 또는 인가하거나 신고를 받았을 때에는 제9항에 따른 지하수의 이용실태 조사를 위하여 환경부령으로 정하는 바에 따라 관계 시장·군수·구청장에게 이를 통보하여야 한다.
(2021.1.5 본항신설)
제5조의2【지하수정보체계의 구축·운영】 ① 환경부장관, 시·도지사 및 시장·군수·구청장은 제5조에 따른 지하수 조사자료와 그 밖에 지하수보전·관리에 필요한 자료를 효율적으로 활용하기 위하여 지하수정보체계를 구축·운영할 수 있다.(2018.6.8 본항개정)
② 환경부장관은 제1항에 따른 지하수정보체계를 구축하기 위하여 필요한 경우 물관리 정책과 관련된 중앙행정기관의 장에게 자료를 요구하거나 협조를 요청할 수 있다.
(2021.1.5 본항신설)
③ 시·도지사 및 시장·군수·구청장이 지하수정보체계를 구축하려면 미리 환경부장관과 협의하여야 한다.
(2018.6.8 본항개정)
④ 제1항에 따른 지하수정보체계의 구축 범위, 운영절차 등에 관하여 필요한 사항은 대통령령으로 정한다.
⑤ 환경부장관, 시·도지사 및 시장·군수·구청장은 제1항에 따른 지하수정보체계의 구축·운영에 관한 업무를 지하수조사전문기관이 대행하게 할 수 있다.(2018.6.8 본항개정)
(2021.1.5 본조제목개정)
제5조의3【국가지하수정보센터의 설치·운영】 ① 환경부장관은 제5조의2에 따른 지하수정보체계의 구축·운영을 위하여 국가지하수정보센터(이하 "지하수센터"라 한다)를 설치·운영할 수 있다.
② 지하수센터는 다음 각 호의 업무를 수행한다.
1. 지하수와 관련된 정보의 생산, 관리, 분석 및 제공

2. 지하수 정보 관리를 위한 시스템의 개발 및 유지·관리
3. 지하수와 관련된 정책 수립의 지원
4. 그 밖에 지하수 정보 관리를 위하여 환경부령으로 정하는 업무
③ 지하수센터의 설치·운영, 그 밖에 필요한 사항은 대통령령으로 정한다.
(2021.1.5 본조신설)

제6조【지하수관리기본계획의 수립】 ① 환경부장관은 지하수의 체계적인 개발·이용 및 효율적인 보전·관리를 위하여 다음 각 호의 사항이 포함된 10년 단위의 지하수관리기본계획(이하 "기본계획"이라 한다)을 수립하여야 한다.(2018.6.8 본문개정)
1. 지하수의 부존 특성 및 개발 가능량
2. 지하수의 이용실태
3. 지하수의 이용계획
3의2. 유출지하수의 관리 및 이용계획(2023.1.3 본호신설)
4. 지하수의 보전계획
5. 지하수의 수질관리 및 정화계획
6. 그 밖에 지하수의 관리에 관한 사항
② 환경부장관은 기본계획이 수립된 날부터 5년마다 그 타당성을 검토하여 필요한 경우에는 이를 변경하여야 한다.(2018.6.8 본항개정)
③ (2018.6.8 삭제)
④ 기본계획에는 「온천법」에 따른 온천수, 「농어촌정비법」에 따른 농어촌용수(지하수만 해당한다), 「먹는물관리법」에 따른 먹는샘물·먹는염지하수 및 「제주특별자치도 설치 및 국제자유도시 조성을 위한 특별법」에 따른 제주특별자치도지역 지하수에 관한 사항이 포함되어야 한다. 이 경우 행정안전부장관·농림축산식품부장관은 각각 관계 법률에 따른 지하수 관리의 실태 및 계획 등을 미리 환경부장관에게 통보하여야 한다.(2018.6.8 후단개정)
⑤ 환경부장관은 제1항에 따라 기본계획을 수립하려면 미리 시·도지사의 의견을 듣고 관계 중앙행정기관의 장과 협의하여야 한다. 수립한 기본계획을 변경하려는 경우에도 또한 같다. 다만, 대통령령으로 정하는 경미한 사항을 변경하려는 경우에는 그러하지 아니하다.(2018.6.8 전단개정)
⑥ 환경부장관은 기본계획을 수립하였을 때에는 대통령령으로 정하는 바에 따라 지체 없이 이를 공고하고 관계 기관에 통보하여야 한다. 수립한 기본계획을 변경(제5항 단서에 따른 경미한 사항의 변경은 제외한다)하는 경우에도 또한 같다.(2018.6.8 전단개정)
⑦ 관계 중앙행정기관의 장은 관계 법률에 따라 지하수의 개발·이용 및 보전·관리를 할 때 기본계획에 적합하도록 하여야 한다.
⑧ 기본계획의 수립절차 등에 관하여 필요한 사항은 대통령령으로 정한다.

제6조의2【지역지하수관리계획의 수립·시행】 ① 시·도지사는 기본계획에 따라 관할구역의 지역지하수관리계획(이하 "지역관리계획"이라 한다)을 수립하여 환경부장관의 승인을 받아야 한다. 수립한 지역관리계획을 변경하려는 경우에도 또한 같다. 다만, 대통령령으로 정하는 경미한 사항을 변경하려는 경우에는 그러하지 아니하다.
(2018.6.8 전단개정)
② 시장·군수·구청장은 관할구역에서 지하수의 수위저하(水位低下), 수질오염 등 대통령령으로 정하는 지하수 장해가 발생하는 경우 시·도지사와 협의한 후 지역관리계획을 수립하여 환경부장관에게 승인을 요청할 수 있다.(2018.6.8 본항개정)
③ (2018.6.8 삭제)
④ 시·도지사 또는 시장·군수·구청장은 제1항 또는 제2항에 따라 지역관리계획의 승인을 받았을 때에는 대통령령으로 정하는 바에 따라 지체 없이 이를 공고하고 시·도지사는 관계 행정기관의 장 및 시장·군수·구청장에게, 시장·군수·구청장은 시·도지사에게 이를 통보하여야 한다. 수립된 지역관리계획을 변경(제1항 단서에 따른 경미한 사항의 변경은 제외한다)하는 경우에도 또한 같다.
⑤ 지역관리계획에는 제6조제1항 각 호의 사항과 관할지역 지하수의 수량관리를 위한 사항이 포함되어야 한다.
⑥ 지역관리계획의 수립절차 등에 관하여 필요한 사항은 대통령령으로 정한다.
⑦ 시·도지사 또는 시장·군수·구청장은 지역관리계획의 수립에 관한 업무를 지하수조사전문기관이 대행하게 할 수 있다.

제7조【지하수개발·이용의 허가】 ① 지하수를 개발·이용하려는 자는 대통령령으로 정하는 바에 따라 미리 시장(특별자치시장을 포함한다. 이하 같다)·군수·구청장의 허가를 받아야 한다. 다만, 다음 각 호의 어느 하나에 해당하는 경우에는 그러하지 아니하다.(2013.5.22 본문개정)
1. 자연히 흘러나오는 지하수 또는 다른 법률에 따른 허가·인가 등을 받거나 신고를 하고 시행하는 사업 등으로 인하여 부수적으로 발생하는 지하수를 이용하는 경우
2. 동력장치를 사용하지 아니하고 가정용 우물 또는 공동우물을 개발·이용하는 경우
3. 제13조제1항제1호에 따른 허가를 받은 경우
② 제1항에 따른 허가를 신청하려는 자는 제27조에 따른 지하수영향조사기관이 실시하는 지하수영향조사를 받은 후 지하수영향조사기관이 작성한 지하수영향조사서를 제출하여야 하며, 시장·군수·구청장은 대통령령으로 정하는 바에 따라 지하수영향조사서를 심사하여 그 결과를 허가 내용에 반영하여야 한다. 이 경우 시장·군수·구청장은 기본계획 및 지역관리계획을 고려하여 심사하여야 한다.
③ 시장·군수·구청장은 다음 각 호의 어느 하나의 경우에는 제1항에 따른 허가를 하지 아니하거나 취수량을 제한할 수 있다.
1. 지하수 채취로 인하여 인근 지역의 수원(水源)의 고갈 또는 지반의 침하를 가져올 우려가 있거나 주변 시설물의 안전을 해칠 우려가 있는 경우
2. 지하수를 오염시키거나 자연생태계를 해칠 우려가 있는 경우
3. 지하수의 적정 관리 또는 「국토의 계획 및 이용에 관한 법률」에 따른 도시·군관리계획, 그 밖에 공공사업에 지장을 줄 우려가 있는 경우
4. 그 밖에 지하수를 보전하기 위하여 필요하다고 인정되는 경우로서 대통령령으로 정하는 경우
④ 시장·군수·구청장은 제3항에 따라 허가를 하지 아니하는 경우에는 신청인에게 그 사유를 서면으로 알려야 한다.
⑤ (2011.5.30 삭제)
⑥ 허가받은 사항 중 대통령령으로 정하는 사항을 변경하려는 경우에는 제1항부터 제4항까지의 규정을 준용한다. 다만, 허가받은 사항의 변경으로 인하여 해당 지하수개발·이용이 제8조제1항제2호 또는 제5호에 해당하는 경우에는 같은 항 각 호 외의 부분에 따라 시장·군수·구청장에게 신고하고 같은 조 제3항에 따라 신고가 수리된 경우에 지하수를 계속 이용할 수 있다.(2021.1.5 단서개정)
⑦ (2013.5.22 삭제)
⑧ 제2항에 따른 지하수영향조사의 항목·조사방법·평가기준, 지하수영향조사서의 작성지침·작성내용, 그 밖에 필요한 사항은 대통령령으로 정한다.

제7조의2【하천 인근에서의 지하수개발·이용허가】 ① 시장·군수·구청장은 제7조제1항에 따른 허가를 할 때 「하천법」 제2조제2호에 따른 하천구역의 경계로부터 대통령령으로 정하는 범위 내의 지역에서 지하수를 개발·이용하는 경우에는 제7조제2항에 따라 지하수영향조사서를 첨부하여 환경부장관과 미리 협의하여야 한다.
② 환경부장관은 제1항에 따른 지하수개발·이용이 하천의 수량에 영향을 미친다고 인정하는 경우에는 취수량·취수기간의 제한 및 취수 금지 등을 요청할 수 있으며, 시장·군수·구청장은 특별한 사유가 없으면 요청에 따라야 한다. 이 경우 환경부장관은 해당 허가로 인하여 「하천법」 제34조에 따른 기득하천사용자(旣得河川使用者)가 손실을 받을 것이 명백한 경우에는 허가를 신청한 자가 기득하천사용자로부터 동의를 받도록 하여야 한다.(2020.12.31 본항개정)
(2018.6.8 본조개정)

제7조의3【지하수개발·이용허가의 유효기간】 ① 제7조제1항에 따른 지하수개발·이용허가의 유효기간은 5년으로 한다.
② 시장·군수·구청장은 지하수개발·이용허가를 받은 자가 신청하면 유효기간의 연장을 허가할 수 있다. 이 경우 그 연장기간은 5년으로 한다.
③ 제2항에 따른 유효기간의 연장신청절차 등에 관하여 필요한 사항은 대통령령으로 정한다.

제8조【지하수개발·이용의 신고】 ① 다음 각 호의 어느 하나에 해당하는 경우에는 제7조에도 불구하고 대통령령으로 정하는 바에 따라 미리 시장·군수·구청장에게 신고하고 지하수를 개발·이용할 수 있다.
1. 「국방·군사시설 사업에 관한 법률」 제2조에 따른 국방·군사시설사업에 의하여 설치된 시설에서 지하수를 개발·이용하는 경우
2. 「농업·농촌 및 식품산업 기본법」 제3조제1호에 따른 농업과 「수산업·어촌 발전 기본법」 제3조제1호가목에 따른 어업 및 같은 호 마목에 따른 양식업을 영위할 목적으로 대통령령으로 정하는 규모 이하로 지하수를 개발·이용하는 경우(2020.12.8 본호개정)
3. 재해나 그 밖의 천재지변으로 인하여 긴급히 지하수를 개발·이용할 필요가 있다고 시장·군수·구청장이 인정하는 경우
4. 전쟁이나 그 밖의 비상사태 발생에 대비하여 국가 또는 지방자치단체가 비상급수용(非常給水用)으로 지하수를 개발·이용하는 경우
5. 제1호부터 제4호까지의 규정 외의 경우로서 대통령령으로 정하는 규모 이하로 지하수를 개발·이용하는 경우
② 제1항에 따라 신고한 사항 중 대통령령으로 정하는 중요한 사항을 변경할 때에는 시장·군수·구청장에게 신고하여야 한다. 다만, 신고한 사항의 변경으로 인하여 해당 지하수개발·이용이 제1항 각 호의 어느 하나에 해당되지 아니하는 경우에는 제7조에 따라 시장·군수·구청장의 허가를 받아야 한다.
③ 시장·군수·구청장은 제1항 또는 제2항 본문에 따른 신고 또는 변경신고를 받은 경우 그 내용을 검토하여 이 법에 적합하면 신고를 수리하여야 한다.(2021.1.5 본항신설)
④ 시장·군수·구청장은 제1항에 따른 지하수개발·이용이 제7조제3항 각 호의 어느 하나에 해당되는 경우에는 제27조에 따른 지하수영향조사기관이 실시한 지하수영향조사를 받아 그 결과를 토대로 취수량 및 취수기간을 제한할 수 있고, 대통령령으로 정하는 바에 따라 시정명령·이용중지명령 또는 공동이용명령 등 필요한 조치를 할 수 있으며, 정당한 사유 없이 이를 이행하지 아니한 자에게는 해당 개발·이용시설의 폐쇄를 명할 수 있다.

제8조의2【신고의 효력 상실】 제8조에 따른 지하수개발·이용의 신고는 다음 각 호의 어느 하나에 해당하는 경우에 그 효력을 잃는다. 이 경우 시장·군수·구청장은 신고인에게 신고의 효력 상실에 관한 사항을 지체 없이 알려야 한다.
1. 신고한 자가 지하수를 개발·이용할 의사가 없음을 시장·군수·구청장에게 알리거나 시장·군수·구청장이 이를 확인한 경우
2. 신고한 날부터 3개월 이내에 정당한 사유 없이 공사를 시작하지 아니하거나 공사 시작 후 계속하여 3개월 이상 공사를 중지한 경우

제9조【준공신고】 ① 제7조에 따라 허가를 받거나 제8조에 따라 신고한 자가 그 공사를 준공하였을 때에는 대통령령으로 정하는 바에 따라 시장·군수·구청장에게 신고하여야 한다.
② 시장·군수·구청장은 제1항에 따른 신고를 받은 경우 그 내용을 검토하여 이 법에 적합하면 신고를 수리하여야 한다.(2021.1.5 본항신설)
③ 시장·군수·구청장은 제1항에 따라 신고한 내용 중 지하수개발·이용시설의 위치 등 대통령령으로 정하는 사항이 제7조에 따라 허가를 받거나 제8조에 따라 신고한 내용과 다르게 준공된 경우에는 대통령령으로 정하는 바에 따라 그 시정을 명하거나 필요한 조치를 할 수 있으며, 정당한 사유 없이 이를 이행하지 아니하는 자에게는 해당 개발·이용시설의 폐쇄를 명할 수 있다.

제9조의2【유출지하수의 이용 등】 ① 다음 각 호의 시설물 또는 건축물을 설치하려는 자는 환경부령으로 정하는 기준 이상으로 유출지하수가 발생하는 경우 환경부령으로 정하는 바에 따라 시장·군수·구청장에게 그 발생현황을 신고하여야 한다.(2023.1.3 본문개정)
1. 지하철·터널 등 지하시설물
2. 환경부령으로 정하는 규모 이상의 건축물이나 그 밖의 시설물
3. 그 밖에 유출지하수 관리를 위하여 시(특별자치시를 포함한다)·군 또는 자치구의 조례로 정한 시설물
② 제1항 각 호에 해당하는 시설물 또는 건축물 등의 지하층 공사를 완료한 후 환경부령으로 정하는 기준 이상으로 유출지하수가 발생하는 경우에는 환경부령으로 정하는 바에 따라 이를 대통령령으로 정하는 용도로 이용할 수 있도록 유출지하수 이용시설의 설치·운영에 관한 사항을 포함한 이용계획을 수립하여 시장·군수·구청장에게 신고하여야 한다.(2023.1.3 본항개정)
③ 시장·군수·구청장은 제1항 또는 제2항에 따른 신고를 받은 경우 그 내용을 검토하여 이 법에 적합하면 신고를 수리하여야 한다.(2021.1.5 본항신설)
④ 시장·군수·구청장은 제2항에 따른 유출지하수의 이용계획을 시행하지 아니하거나 이용률이 현저히 낮다고 인정되는 자 또는 제6항에 따라 환경부령으로 정하는 유출지하수 이용시설의 시설·관리기준을 준수하지 아니한 자에게는 환경부령으로 정하는 바에 따라 기간을 정하여 그 개선을 명하여야 한다.(2023.1.3 본항개정)
⑤ 시장·군수·구청장은 제1항에 따른 발생현황 및 제2항에 따른 이용계획을 매년 환경부령에 따라 시·도지사에게, 시·도지사는 환경부장관에게 보고하여야 한다. 다만, 특별자치시장은 환경부장관에게만 보고하여야 한다.
(2021.1.5 본항신설)
⑥ 제2항에 따른 지하층 공사의 완료 기준과 유출지하수 이용시설의 시설·관리기준 및 그 밖에 필요한 사항은 환경부령으로 정한다.(2023.1.3 본항개정)
⑦ 환경부장관은 유출지하수 이용 촉진 등을 위하여 필요한 경우 지방자치단체의 장에게 행정적·기술적·재정적 지원을 하거나 제2항에 따른 유출지하수 이용시설의 설치·운영자에게 기술적 지원을 할 수 있다.
(2023.1.3 본항신설)
⑧ 지방자치단체의 장은 제2항에 따른 유출지하수 이용시설의 설치·운영자에게 필요한 행정적·기술적·재정적 지원을 할 수 있다.(2023.1.3 본항신설)
⑨ 지방자치단체는 유출지하수 이용시설을 설치·운영하는 시설물의 소유자 또는 관리자에 대하여 조례로 정하는 바에 따라 하수도사용료를 경감할 수 있다.
(2023.1.3 본항신설)
(2021.1.5 본조개정)

제9조의3【지하수개발·이용의 종료신고】 ① 이 법 또는 다른 법률에 따른 허가·인가 등을 받거나 신고를 하고 지하수를 개발·이용하는 자는 제15조제1항제3호부터 제5호까지의 어느 하나에 해당되는 경우에는 환경부령으로 정하는 바에 따라 이에 관한 사항을 시장·군수·구청장에게 신고하여야 한다.
② 시장·군수·구청장은 제1항에 따른 신고를 받은 경우 그 내용을 검토하여 이 법에 적합하면 신고를 수리하여야 한다.(2021.1.5 본항신설)
(2018.6.8 본조개정)

제9조의4【지하수에 영향을 미치는 굴착행위의 신고 등】 ① 다음 각 호의 어느 하나에 해당하는 행위를 하기 위하여 토지를 굴착하려는 자는 환경부령으로 정하는 바에 따라 그 내용을 미리 시장·군수·구청장에게 신고하여야 한다. 신고한 사항 중 대통령령으로 정하는 중요한 사항을 변경하려 하거나 해당 행위를 종료한 경우에도 또한 같다.(2018.6.8 전단개정)
1. 제5조에 따른 지하수의 조사
2. 제7조제2항에 따른 지하수영향조사
3. 제8조제1항에 따른 지하수개발·이용(2021.1.5 본호신설)
4.. 제16조의2제1항에 따른 수질측정
5. 그 밖에 지하수의 수량 또는 수질에 영향을 미치는 행위로서 대통령령으로 정하는 행위

② 시장·군수·구청장은 제1항에 따른 신고를 받은 경우 그 내용을 검토하여 이 법에 적합하면 신고를 수리하여야 한다.(2021.1.5 본항신설)
③ 시장·군수·구청장은 제1항에 따라 신고를 한 자에게 토지의 굴착에 따른 지질·수량, 그 밖에 지하수 관리에 필요한 자료를 요청할 수 있으며, 그 요청을 받은 자는 특별한 사유가 없으면 요청에 따라야 한다.
④ 시장·군수·구청장은 제1항에 따른 굴착행위로 인하여 대통령령으로 정하는 정도로 지하수의 수량 또는 수질에 영향을 미치거나 미칠 우려가 있는 경우에는 시설의 개선을 명하거나 필요한 조치를 할 수 있다.
⑤ 제1항에 따른 토지의 굴착신고, 제3항에 따른 지하수관리에 필요한 자료의 제공절차 등에 관하여 필요한 사항은 환경부령으로 정한다.(2021.1.5 본항개정)

제9조의5【지하수개발·이용시설의 사후관리 등】 ① 이 법 또는 다른 법률에 따른 허가·인가 등을 받거나 신고를 하고 지하수를 개발·이용하는 자(이하 "지하수개발·이용자"라 한다)는 지하수 수질보전 등을 위하여 지하수개발·이용시설의 정비 등 사후관리를 하여야 한다.(2013.5.22 본항개정)
② 지하수개발·이용자가 제1항에 따른 사후관리를 이행하려는 때에는 환경부령으로 정하는 바에 따라 시장·군수·구청장에게 신고하여야 한다. 해당 행위를 종료한 때에도 또한 같다.(2018.6.8 전단개정)
③ 시장·군수·구청장은 제2항에 따른 신고를 받은 경우 그 내용을 검토하여 이 법에 적합하면 신고를 수리하여야 한다.(2021.1.5 본항신설)
④ 시장·군수·구청장은 사후관리를 이행하지 아니하거나 거짓으로 신고한 자에게는 대통령령으로 정하는 바에 따라 시정명령 또는 이용중지 등 필요한 조치를 할 수 있다.
⑤ 제1항에 따른 사후관리 대상 시설, 용도, 검사주기, 그 밖에 필요한 사항은 대통령령으로 정한다.

제9조의6【지하수자원확보시설의 설치 등】 ① 환경부장관 및 지방자치단체의 장은 안정적인 수자원의 확보와 가뭄 등에 대비하여 다음 각 호의 어느 하나에 해당하는 지역에 지하수자원확보시설(국가 또는 지방자치단체가 지하수자원을 확보하기 위하여 설치·관리하는 지하수댐, 지하수 함양시설 등을 말한다)을 설치 및 관리할 수 있다.(2018.6.8 본문개정)
1. 안정적인 수자원의 확보가 어려운 도서·해안지역
2. 가뭄 등에 취약하여 비상시에 대비한 수자원의 확보가 필요한 지역
3. 그 밖에 지하수 수위가 불안정하거나 대체수원이 필요한 경우 등 지하수자원의 확보를 위하여 대통령령으로 정하는 지역(2020.5.26 본호개정)

② 제1항의 지하수자원확보시설의 설치는 환경부장관의 경우 기본계획, 지방자치단체의 장의 경우 지역관리계획의 범위에서 하여야 한다.(2018.6.8 본항개정)
③ 제1항에 따른 지하수자원확보시설의 설치·관리에 관한 기준 등에 관하여는 환경부령으로 정한다.(2018.6.8 본항개정)
④ 환경부장관 또는 지방자치단체의 장은 제1항에 따른 지하수자원확보시설의 설치·관리에 관한 업무를 대통령령으로 정하는 기관에 대행하게 할 수 있다.(2018.6.8 본항개정)
(2012.1.17 본조신설)

제9조의7【지하수의 냉난방에너지원으로 이용 등】 ① 환경부장관은 지하수를 냉난방에너지원으로 이용하는 데 필요한 지하수의 적정한 개발·이용 및 보전·관리를 위한 시책을 강구하여야 한다.
② 환경부장관은 제1항에 따른 시책을 이행하기 위하여 필요한 경우 시장·군수·구청장에 대하여 기술적·재정적 지원을 할 수 있다.
③ 환경부장관은 지하수를 냉난방에너지원으로 이용하기 위한 시설에 대한 설치기준을 환경부령으로 정한다.
(2018.6.8 본조개정)

제9조의8【물 공급 취약지역 등에 대한 지원】 ① 환경부장관, 시·도지사 또는 시장·군수·구청장은 환경부령으로 정하는 물 공급 취약지역에 대하여 다음 각 호의 지원을 할 수 있다.
1. 지하수개발·이용시설의 설치
2. 지하수개발·이용시설의 주변 환경개선
3. 지하수개발·이용시설의 진단 및 개선
4. 제20조제1항의 수질검사
5. 그 밖에 지하수개발·이용시설의 유지관리, 개선 및 개발을 위하여 필요한 사항

② 환경부장관은 제1항에 따른 지원을 이행하기 위하여 필요한 경우 시·도지사 또는 시장·군수·구청장에게 기술적·재정적 지원을 할 수 있다.
③ 제1항에 따른 지원업무는 지하수조사전문기관이 대행하게 할 수 있다.
(2021.1.5 본조신설)

제10조【허가의 취소 등】 ① 시장·군수·구청장은 제7조에 따라 허가를 받은 자가 다음 각 호의 어느 하나에 해당하는 경우에는 그 허가를 취소할 수 있다. 다만, 제1호·제7호·제8호 및 제8호의2에 해당하는 경우에는 허가를 취소하여야 한다.(2012.1.17 단서개정)
1. 부정한 방법으로 지하수개발·이용의 허가를 받은 경우
2. 제7조제3항 각 호의 어느 하나에 해당하는 경우
3. 제9조제1항에 따른 준공신고를 하지 아니하거나 거짓으로 신고한 경우
4. 허가를 받은 날부터 3개월 이내에 정당한 사유 없이 공사를 시작하지 아니하거나 공사 시작 후 계속하여 3개월 이상 공사를 중지한 경우
5. 지하수의 개발·이용을 위하여 굴착한 장소에서 지하수가 채취되지 아니한 경우
6. 수질불량으로 지하수를 개발·이용할 수 없는 경우
7. 허가를 받은 목적에 따른 개발·이용이 불가능하게 된 경우
8. 지하수의 개발·이용을 종료한 경우
8의2. 제17조제1항 또는 제2항에 따른 지하수의 변동실태 조사 결과 지하수의 수위가 지속적으로 낮아지거나 수질이 지속적으로 나빠지는 지역으로서 환경부장관이 대통령령으로 정하는 바에 따라 정밀조사한 결과 지하수의 개발·이용을 제한할 필요가 있어 시장·군수·구청장에게 허가의 취소를 요청한 경우(2021.1.5 본호개정)
9. 제20조제2항에 따른 지하수의 이용중지 또는 수질개선 등의 조치명령을 위반한 경우

② 제1항제6호에 따른 수질불량의 정도에 관하여는 대통령령으로 정한다.
③ 시장·군수·구청장은 제1항에 따라 허가를 취소하기 전에 대통령령으로 정하는 바에 따라 기간을 정하여 그 시정을 명하거나 필요한 조치를 할 수 있다. 다만, 제1항 제1호·제7호·제8호 및 제8호의2의 경우에는 그러하지 아니하다.(2012.1.17 단서개정)
④ 시장·군수·구청장은 제1항에 따라 허가를 취소하는 경우에는 허가를 받은 자에게 그 사유를 서면으로 알려야 한다.

제11조【권리·의무의 승계 등】 ① 지하수개발·이용자가 지하수개발·이용시설을 양도하거나 사망한 경우 또는 다른 법인과 합병한 경우에 그 양수인·상속인 또는 합병으로 설립되거나 합병 후 존속하는 법인이 종전 허가·변경허가·신고 또는 변경신고에 따른 지하수개발·이용자의 권리·의무를 승계하려는 경우에는 그 양도일, 상속일 또는 합병일부터 30일 이내에 환경부령으로 정하는 바에 따라 그 사실을 시장·군수·구청장에게 신고하여야 한다.(2021.1.5 본항개정)
② 다음 각 호의 어느 하나에 해당하는 절차에 따라 지하수개발·이용자의 지하수개발·이용시설을 인수한 자는 인수한 날부터 30일 이내에 환경부령으로 정하는 바에 따라 시장·군수·구청장에게 신고하여야 한다.
(2021.1.5 본문개정)
1. 「민사집행법」에 따른 경매
2. 「채무자 회생 및 파산에 관한 법률」에 따른 환가(換價)
3. 「국세징수법」, 「관세법」 또는 「지방세징수법」에 따른 압류재산의 매각(2016.12.27 본호개정)
4. 그 밖에 제1호부터 제3호까지의 규정에 준하는 절차

③ 시장·군수·구청장은 제1항 또는 제2항에 따른 신고를 받은 경우 그 내용을 검토하여 이 법에 적합하면 신고를 수리하고, 신고수리 여부를 신고인에게 통지하여야 한다.(2021.1.5 본항개정)
④ 제1항 또는 제2항에 따른 신고가 수리된 경우 양수인, 상속인, 합병으로 설립되거나 합병 후 존속하는 법인 또는 인수인은 그 양수일, 상속일, 합병일 또는 인수일부터 종전 허가·변경허가·신고 또는 변경신고에 따른 권리·의무를 승계한다.(2021.1.5 본항신설)
(2013.5.22 본조신설)

제3장 지하수의 보전·관리
(2011.5.30 본장개정)

제12조【지하수보전구역의 지정】 ① 시·도지사는 지하수의 보전·관리를 위하여 필요한 경우에는 다음 각 호의 어느 하나에 해당하는 지역을 지하수보전구역으로 지정할 수 있다.
1. 지하수를 이용하는 하류지역과 수리적으로 연결된 지하수의 공급원이 되는 상류지역
2. 주된 용수공급원이 되는 지하수가 상당히 부존된 지층이 있는 지역
3. 대통령령으로 정하는 공공급수용 지하수개발·이용시설의 중심에서 대통령령으로 정하는 반지름 이내에 제13조제1항제2호에 따른 시설이 설치되어 수질의 저하가 우려되는 지역
4. 지하수개발·이용량이 기본계획 또는 지역관리계획에서 정한 지하수개발 가능량에 비하여 현저하게 높다고 판단되는 지역
5. 지하수의 지나친 개발·이용으로 인하여 지하수의 고갈현상, 지반침하 또는 하천이 마르는 현상이 발생하거나 발생할 우려가 있는 지역
6. 지하수의 개발·이용으로 인하여 주변 생태계에 심각한 악영향을 미치거나 미칠 우려가 있는 지역
7. 그 밖에 지하수의 수량이나 수질을 보전하기 위하여 필요한 지역으로서 대통령령으로 정하는 지역

② 시·도지사는 제1항에 따라 지하수보전구역을 지정하거나 그 지정을 변경하려면 관계 행정기관의 장과 협의하여야 한다. 다만, 대통령령으로 정하는 경미한 사항을 변경하려는 경우에는 그러하지 아니하다.
③ 둘 이상의 특별시·광역시·특별자치시 또는 도의 행정구역에 걸쳐 지하수보전구역을 지정할 필요가 있는 경우에는 관계 시·도지사는 협의하여 이를 공동으로 지정하거나 지정할 자를 정한다.(2013.5.22 본항개정)
④ 환경부장관은 제3항에 따른 협의가 성립되지 아니한 경우에는 관계 중앙행정기관의 장과 협의하여 지정할 자를 지정하고, 이를 고시하여야 한다.(2018.6.8 본항개정)
⑤ 시·도지사는 제1항에 따라 지하수보전구역을 지정하거나 그 지정을 변경하였을 때에는 지체 없이 이를 고시하고, 환경부장관에게 보고하여야 하며, 시장(특별자치시장은 제외한다)·군수·구청장에게 알려야 한다.
(2018.6.8 본항개정)
⑥ 시장·군수·구청장은 지하수보전구역의 지정 또는 지정 변경 사실 및 그 내용을 일반인이 열람할 수 있도록 하여야 한다.(2013.5.22 본항신설)
⑦ 환경부장관은 제1항 각 호의 어느 하나에 해당하는 지역이 다음 각 호의 어느 하나에 해당하는 경우에는 시·도지사에게 지하수보전구역의 지정을 명할 수 있다.
(2018.6.8 본문개정)
1. 지하수의 보전·관리를 위하여 지하수보전구역을 지정할 필요가 있는데도 지정을 하지 아니하여 지하수의 보전·관리에 지장을 초래할 우려가 있다고 판단되는 지역
2. 수질보전을 위하여 필요하다고 인정되는 지역
(2018.6.8 본호개정)
3. 그 밖에 지하수의 보전·관리에 필요하다고 인정되는 경우로서 대통령령으로 정하는 지역

⑧ 시·도지사는 지하수보전구역이 지정된 경우에는 그 지역의 지하수를 보전·관리하기 위한 대책을 수립·시행하여야 한다.
⑨ 환경부장관은 제1항 각 호에 해당하는 경우 그 지역의 안정적인 지하수자원 확보를 위하여 필요하다고 인정하는 경우에는 미리 시·도지사의 의견을 듣고 지하수를 보전·관리하기 위한 대책을 수립·시행할 수 있다.
(2018.6.8 본항개정)
⑩ 지하수보전구역의 지정 범위, 절차, 그 밖에 필요한 사항은 대통령령으로 정한다.

제12조의2【주민의 의견 청취】 ① 시·도지사는 제12조에 따라 지하수보전구역을 지정하거나 그 지정을 변경하려면 주민의 의견을 들어야 하며, 그 의견이 타당하다고 인정할 때에는 이를 반영하여야 한다. 다만, 국방 또는 국가안전보장을 위하여 기밀을 지켜야 할 필요가 있는 사항(관계 중앙행정기관의 장이 요청하는 것으로 한정한다)이거나 대통령령으로 정하는 경미한 사항인 경우에는 그러하지 아니하다.(2020.5.26 단서개정)
② 제1항에 따른 주민의 의견 청취에 필요한 사항은 대통령령으로 정하는 기준에 따라 해당 특별시·광역시·특별자치시·도 또는 특별자치도의 조례로 정한다.
(2013.5.22 본항개정)

제13조【지하수보전구역에서의 행위 제한】 ① 지하수보전구역에서 다음 각 호의 어느 하나에 해당하는 행위를 하려는 자는 시장·군수·구청장의 허가를 받아야 한다. 다만, 관계 법률에 따라 승인을 받거나 허가를 받아 제2호의 시설을 설치한 경우에는 허가를 받은 것으로 본다.
1. 제8조제1항제5호에 따라 신고하도록 되어 있는 규모의 범위에서 대통령령으로 정하는 규모 이상의 지하수를 개발·이용하는 행위
2. 다음 각 목의 어느 하나에 해당하는 물질을 배출·제조 또는 저장하는 시설로서 대통령령으로 정하는 시설의 설치
   가. 「물환경보전법」 제2조제8호에 따른 특정수질유해물질(2017.1.17 본목개정)
   나. 「폐기물관리법」 제2조제1호에 따른 폐기물
   다. 「하수도법」 제2조제1호·제2호에 따른 오수·분뇨 및 「가축분뇨의 관리 및 이용에 관한 법률」 제2조제2호에 따른 가축분뇨
   라. 「화학물질관리법」 제2조제7호에 따른 유해화학물질(2013.6.4 본목개정)
   마. 「토양환경보전법」 제2조제2호에 따른 토양오염물질
3. 지하수의 수위저하·수질오염 또는 지반침하 등 명백한 위험을 가져오는 행위로서 대통령령으로 정하는 행위

② 시장·군수·구청장은 대통령령으로 정하는 바에 따라 지하수보전구역에서 새로운 지하수의 개발·이용을 금지할 수 있다.

③ 제1항에 따른 허가에 관하여는 제7조, 제9조, 제9조의2부터 제9조의7까지, 제10조 및 제11조를 준용한다.
(2013.5.22 본항개정)

제14조【이행보증금의 예치】 ① 이 법 또는 다른 법률에 따른 허가·인가 등을 받거나 신고를 하고 지하수를 개발·이용하는 자 또는 제9조의4에 따라 굴착행위 신고를 하고 토지를 굴착하는 자는 원상복구의 이행을 담보하기 위하여 이행보증금을 예치하여야 한다. 다만, 다음 각 호의 어느 하나에 해당하는 경우에는 그러하지 아니하다.
1. 국가·지방자치단체 또는 「공공기관의 운영에 관한 법률」에 따른 공공기관이 지하수를 개발·이용하는 경우 또는 제9조의4에 따라 굴착행위신고를 하고 토지를 굴착하는 경우
2. 그 밖에 원상복구가 확실시되는 경우로서 대통령령으로 정하는 경우

② 제1항에 따른 이행보증금의 금액, 예치의 시기·방법·절차 및 이행보증금의 반환 등에 관하여 필요한 사항은 대통령령으로 정한다.

제15조【원상복구 등】 ① 이 법 또는 다른 법률에 따른 허가·인가 등을 받거나 신고를 하고 지하수를 개발·이용하는 자(제13조에 따른 허가를 받고 같은 조 제1항 각 호의 어느 하나에 해당하는 행위를 하는 자를 포함한다)가 다음 각 호의 어느 하나에 해당하는 경우에는 해당 시설 및 토지를 원상복구하여야 한다. 다만, 원상복구할 필요가 없는 경우로서 대통령령으로 정하는 경우에는 그러하지 아니하다.
1. 이 법 또는 다른 법률에 따른 허가·인가 등이 취소된 경우
2. 이 법 또는 다른 법률에 따른 허가·인가 등에 의한 개발·이용기간이 끝난 경우
3. 지하수의 개발·이용을 위하여 굴착한 장소에서 지하수가 채취되지 아니한 경우
4. 수질불량으로 지하수를 개발·이용할 수 없는 경우
5. 지하수의 개발·이용을 종료한 경우
6. 제8조의2에 따라 신고의 효력이 상실된 경우
7. 제9조의4에 따라 신고를 하고 토지를 굴착한 경우로서 같은 조 제1항 각 호의 어느 하나에 해당하는 행위를 종료한 경우
8. 그 밖에 원상복구가 필요한 경우로서 대통령령으로 정하는 경우

② 시장·군수·구청장은 제1항에 따라 원상복구를 하여야 하는 자가 정당한 사유 없이 그 의무를 이행하지 아니하는 경우에는 일정한 기간을 정하여 원상복구를 명하여야 한다.

③ 시장·군수·구청장은 다음 각 호의 어느 하나에 해당하는 자에게 일정한 기간을 정하여 원상복구를 명하여야 한다.
1. 이 법 또는 다른 법률에 따라 지하수의 개발·이용에 관한 허가·인가 등을 받아야 하는 경우 그 허가·인가 등을 받지 아니하고 지하수를 개발·이용하는 자
2. 이 법 또는 다른 법률에 따라 지하수의 개발·이용에 관한 신고를 하여야 하는 경우 그 신고를 하지 아니하거나 거짓으로 신고하고 지하수를 개발·이용하는 자. 다만, 원상복구명령을 하기 전에 계속하여 지하수를 이용하기 위하여 이 법에 따라 신고한 자는 제외한다.

④ 시장·군수·구청장은 다음 각 호의 어느 하나에 해당되는 경우에는 대통령령으로 정하는 바에 따라 원상복구 의무자를 대신하여 직접 해당 시설 및 토지를 원상복구하여야 한다. 이 경우 제1호에 따른 원상복구를 위하여 제14조에 따른 이행보증금을 사용할 수 있다.
1. 원상복구 의무자가 제2항에 따른 원상복구명령을 이행하지 아니하여 시급한 원상복구가 요청되는 경우
2. 원상복구 의무자가 불분명하여 지하수개발·이용시설 또는 토지의 굴착시설 등이 방치된 경우

⑤ 제1항부터 제4항까지의 규정에 따른 원상복구의 기준·방법·기간 등에 필요한 사항은 대통령령으로 정한다.

제16조【지하수 오염방지명령 등】 ① 이 법 또는 다른 법률에 따라 허가·인가 등을 받거나 신고를 하고 지하수를 개발·이용하는 자(제13조에 따른 허가를 받고 같은 조 제1항 각 호의 어느 하나에 해당하는 행위를 하는 자를 포함한다)는 대통령령으로 정하는 바에 따라 지하수 오염방지를 위한 시설의 설치 등 필요한 조치를 하여야 한다.

② 환경부장관 또는 시장·군수·구청장은 지하수 오염방지를 위하여 특히 필요하다고 인정할 때에는 대통령령으로 정하는 바에 따라 지하수를 오염시키거나 현저하게 오염시킬 우려가 있는 시설의 설치자 또는 관리자에게 지하수 오염방지를 위한 조치를 하도록 명할 수 있다.

③ 환경부장관 또는 시장·군수·구청장은 지하수를 오염시킨 시설의 설치자 또는 관리자가 제2항에 따른 명령을 이행하지 아니하거나 이행 후 해당 부지와 그 주변지역의 지하수오염 정도가 환경부령으로 정하는 오염지하수 정화기준 이내로 감소되지 아니할 경우에는 해당 시설의 운영 및 사용을 중지하게 하거나 폐쇄·철거 또는 이전을 명할 수 있다.(2021.1.5 본항신설)

④ 시장·군수·구청장은 지하수 오염의 원인을 제공한 시설의 설치자 또는 관리자가 불분명하거나 지하수 오염의 원인을 제공한 시설의 설치자 또는 관리자에 의한 정화작업이 곤란하다고 인정하는 경우에는 직접 해당 정화작업을 할 수 있다. 이 경우 지하수 정화작업에 소요된 비용은 해당 설치자 또는 관리자가 부담하며, 그 징수에 관하여는 「행정대집행법」 제5조 및 제6조를 준용한다.
(2021.1.5 본항신설)

제16조의2【지하수오염유발시설의 오염방지 등】 ① 지하수를 오염시키거나 현저하게 오염시킬 우려가 있는 시설로서 다음 각 호의 어느 하나에 해당하는 시설(이하 "지하수오염유발시설"이라 한다)의 설치자 또는 관리자(이하 "지하수오염유발시설관리자"라 한다)는 대통령령으로 정하는 바에 따라 지하수 오염방지를 위한 조치를 하고, 지하수 오염 관측정(觀測井)을 설치하여 수질측정을 하여야 하며, 그 측정 결과를 시장·군수·구청장에게 보고하여야 한다.
1. 지하수보전구역에 설치된 환경부령으로 정하는 시설
2. 지하수의 오염방지를 위하여 오염 여부에 대한 지속적인 관측이 필요하다고 인정되는 시설로서 환경부령으로 정하는 시설

② 지하수오염유발시설관리자는 해당 시설을 운영하는 과정에서 대통령령으로 정하는 지하수오염이 우려되거나 지하수오염이 발생하였을 때에는 지체 없이 적절한 조치를 하고 이를 시장·군수·구청장에게 신고하여야 한다. 이 경우 시장·군수·구청장은 신고 내용을 조사·확인하여 오염방지 등 적절한 대책을 마련하여야 한다.

제16조의3【지하수오염유발시설관리자에 대한 조치】
① 환경부장관 또는 시장·군수·구청장은 제16조의2제1항에 따른 수질측정 결과 지하수의 수질이 환경부령으로 정한 기준에 적합하지 아니하게 된 경우에는 대통령령으로 정하는 바에 따라 그 오염의 원인을 제공한 지하수오염유발시설관리자에게 지하수의 수질을 복원할 수 있는 정화작업과 그 밖에 필요한 조치를 하도록 명하여야 한다.

② 환경부장관 또는 시장·군수·구청장은 지하수오염유발시설관리자가 제1항에 따른 명령을 이행하지 아니하거나 이행 후 해당 부지와 그 주변지역의 지하수오염 정도가 환경부령으로 정하는 오염지하수 정화기준 이내로 감소되지 아니할 경우에는 해당 지하수오염유발시설의 운영 및 사용을 중지하게 하거나 지하수오염유발시설의 폐쇄·철거 또는 이전을 명할 수 있다.

③ 제1항에 따른 지하수오염유발시설관리자에 대한 명령절차 등에 관하여 필요한 사항은 대통령령으로 정한다.

④ 시장·군수·구청장은 지하수 오염의 원인을 제공한 지하수오염유발시설관리자가 불분명하거나 지하수 오염의 원인을 제공한 지하수오염유발시설관리자에 의한 정화작업이 곤란하다고 인정하는 경우에는 직접 해당 정화작업을 할 수 있다. 이 경우 정화작업에 소요된 비용은 해당 설치자 또는 관리자가 부담하며, 그 징수에 관하여는 「행정대집행법」 제5조 및 제6조를 준용한다.(2021.1.5 후단신설)

제16조의4【오염지하수 정화계획의 승인 등】 ① 지하수오염유발시설관리자는 제16조의2제2항에 따라 오염된 지하수를 정화하거나 제16조의3제1항에 따른 정화명령을 받았을 때에는 환경부령으로 정하는 오염지하수 정화기준에 맞도록 하여야 하며, 대통령령으로 정하는 바에 따라 오염지하수 정화계획을 작성한 후 시장·군수·구청장에게 제출하여 승인을 받아야 한다. 승인을 받은 사항 중 환경부령으로 정하는 중요한 사항을 변경하려는 경우에도 또한 같다.

② 시장·군수·구청장이 제1항에 따라 승인을 하는 경우에는 정화사업의 시행기간을 명시하여야 한다.

제17조【지하수의 측정 등】 ① 환경부장관은 전국적인 지하수측정시설(이하 "국가측정망"이라 한다)을 설치하여 대통령령으로 정하는 바에 따라 지하수의 변동실태를 조사하여야 한다.

② 시장·군수·구청장은 관할구역의 지하수의 변동실태를 파악·분석하기 위하여 국가측정망을 보완하는 지역 지하수측정시설(이하 "보조측정망"이라 한다)을 설치하고 대통령령으로 정하는 바에 따라 지하수의 변동실태를 조사하여 그 결과를 환경부장관에게 보고하여야 한다.

③ 시장·군수·구청장이 제2항에 따라 보조측정망을 설치하려면 측정망의 위치, 구조도, 측정 장비 등이 포함된 보조측정망 설치계획을 수립하여 환경부장관 및 시·도지사에게 통보하여야 한다. 다만, 특별자치시장이 보조측정망을 설치할 때에는 환경부장관에게만 통보하여야 한다.

④ 환경부장관 및 시장·군수·구청장은 제1항 및 제2항에 따른 측정망의 위치 및 구조도, 측정 항목 등을 명시한 측정망 설치계획을 결정하여 고시(기본계획에 측정망 설치계획을 포함하여 공고한 경우에는 측정망 설치계획을 고시한 것으로 본다)하고, 일반인이 이를 열람할 수 있게 하여야 한다. 측정망 설치계획을 변경하려는 경우에도 또한 같다.

⑤ 환경부장관 및 시장·군수·구청장은 제1항 및 제2항에 따른 지하수의 변동실태 조사 결과 제6조의2제2항에 따른 지하수 장해가 발생한 경우에는 대통령령으로 정하는 바에 따라 필요한 조치를 하여야 한다.

⑥ 환경부장관 및 시장·군수·구청장은 제1항 및 제2항에 따른 지하수의 변동실태 조사에 관한 업무를 지하수조사전문기관에 대행하게 할 수 있다.

⑦ 제1항부터 제3항까지의 규정에 따른 측정망의 설치기준, 측정망의 수, 측정방법 등에 관하여 필요한 사항은 환경부령으로 정한다.

⑧~⑨ (2021.1.5 삭제)
(2021.1.5 본조개정)

제18조 (2021.1.5 삭제)

제18조의2【토지 등의 수용 및 사용】 ① 환경부장관 또는 시장·군수·구청장은 제17조에 따른 국가측정망 또는 보조측정망의 설치를 위하여 필요한 경우에는 해당 지역의 토지 또는 그 토지에 정착된 물건을 수용하거나 사용할 수 있다.(2021.1.5 본항개정)

② 제1항에 따른 수용 또는 사용의 절차와 손실보상 등에 관하여는 「공익사업을 위한 토지 등의 취득 및 보상에 관한 법률」에서 정하는 바에 따른다.

제19조 (2001.1.16 삭제)

제20조【수질검사 등】 ① 제7조 또는 제13조에 따라 허가를 받거나 제8조에 따라 신고하고 지하수를 개발·이용하는 자로서 대통령령으로 정하는 자는 정기적으로 지하수 관련 검사전문기관의 수질검사를 받아야 한다.

② 환경부장관 또는 시장·군수·구청장은 제1항에 따른 수질검사 결과 그 수질이 환경부령으로 정하는 수질기준에 적합하지 아니한 경우에는 대통령령으로 정하는 바에 따라 지하수의 이용중지 또는 수질개선 등 필요한 조치를 명할 수 있다.

③ 수질검사의 항목·기준·절차 및 검사전문기관 등에 관하여 필요한 사항은 대통령령으로 정한다.

④ 제1항에 따라 수질검사를 받은 자는 검사결과서를 갖추어 두어야 한다.

제21조【출입조사 등】 ① 시장·군수·구청장은 제7조 또는 제13조에 따라 허가를 받거나 제8조에 따라 신고하고 지하수를 개발·이용하는 자와 지하수오염유발시설관리자로 하여금 1개월 이내의 기간을 정하여 제20조에 따른 수질검사 이행 여부, 수질검사결과서, 지하수개발·이용상황 또는 제16조의2에 따른 지하수 오염방지 조치상황 등에 대한 자료를 제출하게 하거나 보고하게 할 수 있다.

② 제1항에 따른 제출 자료 및 보고 내용을 검토한 결과 조사 목적을 달성하기 어려운 경우에는 관계 공무원이 해당 사업장 등에 출입하여 해당 사항을 조사하게 할 수 있다.

③ 제2항에 따른 조사를 하는 경우에는 조사 7일 전까지 조사 일시, 조사 이유 및 조사 내용 등에 대한 조사계획을 조사대상자에게 알려야 한다. 다만, 긴급한 경우이거나 사전에 알리면 증거인멸 등으로 조사 목적을 달성할 수 없다고 인정하는 경우에는 그러하지 아니할 수 있다.

④ 제2항에 따라 검사를 하는 공무원은 그 신분을 나타내는 증표를 관계인에게 보여 주어야 하며, 출입 시 성명, 출입시간, 출입 목적 등이 표시된 문서를 관계인에게 발급하여야 한다.

제4장 지하수개발·이용시공업(施工業)

(2011.5.30 본장개정)

제22조【지하수개발·이용시공업의 등록 등】 ① 지하수개발·이용시공업을 하려는 자는 대통령령으로 정하는 자본금, 기술능력, 시설 등을 갖추어 주된 사무소의 소재지를 관할하는 시장·군수·구청장에게 등록하여야 한다. 등록한 사항 중 상호 또는 명칭 등 대통령령으로 정하는 사항을 변경하려는 경우에도 또한 같다.

② 지하수개발·이용시공업자가 아니면 지하수개발·이용시설의 공사 및 제9조의5에 따른 사후관리를 할 수 없다. 다만, 다음 각 호의 공사의 경우에는 그러하지 아니하다.
1. 제7조제1항제2호에 해당하는 공사
2. 그 밖에 대통령령으로 정하는 경미한 공사

③ 지하수개발·이용시공업자는 이 법 또는 다른 법률에 따라 허가·인가 등을 받지 아니하였거나 신고하지 아니한 지하수개발·이용시설의 공사를 하여서는 아니 된다.

제23조【결격사유】 다음 각 호의 어느 하나에 해당하는 자는 지하수개발·이용시공업의 등록을 할 수 없다.
1. 피성년후견인 및 피한정후견인(2017.4.18 본호개정)
2. 파산선고를 받고 복권되지 아니한 자
3. 이 법을 위반하여 징역 이상의 실형을 선고받고 그 집행이 끝나거나(집행이 끝난 것으로 보는 경우를 포함한다) 집행이 면제된 날부터 2년이 지나지 아니한 사람
4. 이 법을 위반하여 금고 이상의 형의 집행유예를 선고받고 그 유예기간 중에 있는 사람
5. 제25조제1항에 따라 지하수개발·이용시공업의 등록이 취소(제1호 또는 제2호에 해당하여 등록이 취소된 경우는 제외한다)된 후 2년이 지나지 아니한 자
(2017.4.18 본호개정)
6. 임원 중에 제1호부터 제5호까지의 어느 하나에 해당하는 사람이 있는 법인

제24조【지하수개발·이용시공업의 양도·양수】 ① 지하수개발·이용시공업자가 지하수개발·이용시공업을 양도·양수하거나 다른 법인과 합병한 경우에는 양도일·양수일 또는 합병일부터 1개월 이내에 대통령령으로 정하는 바에 따라 시장·군수·구청장에게 신고하여야 한다.

② 지하수개발·이용시공업자가 사망한 경우 상속인이 지하수개발·이용시공업을 계속하려면 피상속인이 사망한 날부터 3개월 이내에 대통령령으로 정하는 바에 따라 시장·군수·구청장에게 신고하여야 한다.

③ 시장·군수·구청장은 제1항 또는 제2항에 따른 신고를 받은 경우 지하수개발·이용시공업을 승계하려는 자가 제23조 각 호의 어느 하나의 결격사유에 해당하면 신고를 수리해서는 아니 된다.
④ 시장·군수·구청장은 제1항 또는 제2항에 따른 신고를 받은 날부터 7일 이내에 신고수리 여부를 신고인에게 통지하여야 한다.
⑤ 시장·군수·구청장이 제4항에서 정한 기간 내에 신고수리 여부 또는 민원 처리 관련 법령에 따른 처리기간의 연장을 신고인에게 통지하지 아니하면 그 기간(민원 처리 관련 법령에 따라 처리기간이 연장 또는 재연장된 경우에는 해당 처리기간을 말한다)이 끝난 날의 다음 날에 신고를 수리한 것으로 본다.(2021.1.5 본항신설)
⑥ 제1항에 따른 신고가 수리된 경우(제5항에 따라 신고를 수리한 것으로 보는 경우를 포함한다)에는 양수인 또는 합병으로 설립되거나 합병 후 존속하는 법인은 그 양수일 또는 합병일부터 종전의 지하수개발·이용시공업자의 지위를 승계한다.(2021.1.5 본항신설)
⑦ 제2항에 따른 신고가 수리된 때에는 상속인은 피상속인의 지하수개발·이용시공업자로서의 지위를 승계하며, 피상속인이 사망한 날부터 신고가 수리된 날까지의 기간 동안은 피상속인에 대한 지하수개발·이용시공업 등록을 상속인에 대한 지하수개발·이용시공업 등록으로 본다.(2021.1.5 본항신설)
(2021.1.5 본조개정)

제25조【등록의 취소 등】 ① 시장·군수·구청장은 지하수개발·이용시공업자가 다음 각 호의 어느 하나에 해당하는 경우에는 지하수개발·이용시공업의 등록을 취소할 수 있다. 다만, 제1호·제4호·제5호 및 제7호에 해당하는 경우에는 등록을 취소하여야 한다.
1. 부정한 방법으로 제22조제1항에 따른 등록을 한 경우
2. 제22조제1항에 따른 등록기준에 미치지 못하게 된 경우
3. 제22조제1항에 따른 변경등록을 하지 아니하거나 부정한 방법으로 변경등록을 한 경우
4. 제23조 각 호의 어느 하나에 해당하게 된 경우. 다만, 법인의 임원 중에 제23조제1호부터 제5호까지의 어느 하나에 해당하는 사람이 있는 경우 3개월 이내에 해당 임원을 교체 임명하였을 때에는 그러하지 아니하다.
5. 제26조를 위반하여 다른 자에게 자기의 상호 또는 명칭을 사용하여 지하수개발·이용시공업을 하게 하거나 등록증을 대여한 경우
6. 계속하여 2년 이상 영업을 하지 아니한 경우
7. 고의 또는 중대한 과실로 지하수개발·이용시설의 공사를 부실하게 한 경우
8. 「국세징수법」, 「지방세징수법」 등 관계 법률에 따라 국가 또는 지방자치단체가 요구하는 경우(2016.12.27 본호개정)
② 제1항에 따라 등록의 취소처분을 받은 지하수개발·이용시공업자는 그 처분이 있기 전에 시작한 공사에 대하여는 대통령령으로 정하는 바에 따라 시공을 계속할 수 있다.
③ 제1항에 따른 등록취소의 절차 등에 관하여 필요한 사항은 대통령령으로 정한다.

제26조【명의 대여의 금지 등】 지하수개발·이용시공업자는 다른 자에게 자기의 상호 또는 명칭을 사용하여 지하수개발·이용시공업을 하게 하거나 그 등록증을 대여하여서는 아니 된다.

제26조의2【사업자단체의 설립】 ① 지하수개발·이용 등과 관련한 업체 및 관련 전문가 등은 지하수개발·이용과 관련한 기술의 개발, 제도의 개선, 그 밖에 업계의 건전한 발전을 위하여 단체(이하 "협회"라 한다)를 설립할 수 있다.
② 협회는 법인으로 한다.
③ 협회를 설립하려면 지하수개발·이용 등과 관련한 업계 및 관련 전문가 10인 이상이 발기하고 창립총회에서 정관을 작성한 후 환경부장관에게 인가를 신청하여야 한다.(2018.6.8 본항개정)
④ 환경부장관은 제3항에 따른 신청을 인가하였을 때에는 이를 공고하여야 한다.(2018.6.8 본항개정)
⑤ 협회는 다음의 각 호의 업무를 수행한다.
1. 지하수개발·이용에 관한 조사 및 연구
2. 지하수개발·이용 및 수질 보전에 관한 기술개발 및 교육
3. 지하수개발·이용에 관한 각종 간행물의 발간
4. 환경부장관으로부터 위탁받은 업무(2018.6.8 본호개정)
5. 지하수의 보전·관리 및 환경의식의 고취를 위한 대국민 홍보
6. 그 밖에 협회의 설립 목적을 달성하기 위하여 필요한 사업
⑥ 협회의 정관 또는 지도·감독 등에 필요한 사항은 환경부령으로 정한다.(2018.6.8 본항개정)
⑦ 협회에 관하여 이 법에서 정한 내용을 제외하고는 「민법」 중 사단법인에 관한 규정을 준용한다.

제5장 지하수영향조사기관
(2011.5.30 본장개정)

제27조【지하수영향조사기관의 등록】 ① 제7조 또는 제13조에 따른 허가의 신청에 필요한 지하수영향조사업무를 하려는 자는 대통령령으로 정하는 바에 따라 주된 사무소의 소재지를 관할하는 시장·군수·구청장에게 등록하여야 한다. 등록한 사항 중 상호 또는 명칭 등 대통령령으로 정하는 사항을 변경하려는 경우에도 또한 같다.
② 제1항에 따른 등록의 기준 및 절차 등에 관하여 필요한 사항은 대통령령으로 정한다.

제28조【지하수영향조사기관의 결격사유】 다음 각 호의 어느 하나에 해당하는 자는 제27조제1항에 따른 등록을 신청할 수 없다.
1. 제23조제1호부터 제4호까지의 어느 하나에 해당하는 자
2. 제29조제1항에 따라 지하수영향조사기관의 등록이 취소(제23조제1호 또는 제2호에 해당하여 등록이 취소된 경우는 제외한다)된 후 2년이 지나지 아니한 자(2017.4.18 본호개정)
3. 임원 중에 제1호 또는 제2호의 어느 하나에 해당하는 사람이 있는 법인

제29조【지하수영향조사기관의 등록취소 등】 ① 시장·군수·구청장은 제27조제1항에 따른 등록을 한 자(이하 "지하수영향조사기관"이라 한다)가 다음 각 호의 어느 하나에 해당하는 경우에는 그 등록을 취소할 수 있다. 다만, 제1호·제4호·제5호 또는 제7호에 해당하는 경우에는 그 등록을 취소하여야 한다.
1. 부정한 방법으로 등록을 한 경우
2. 제27조제1항에 따른 변경등록을 하지 아니하거나 부정한 방법으로 변경등록을 한 경우
3. 제27조제2항에 따른 등록기준을 충족하지 못하게 된 경우
4. 제28조 각 호의 어느 하나에 해당하는 경우. 다만, 법인의 임원 중에 제28조제1호 또는 제2호의 어느 하나에 해당하는 사람이 있는 경우 3개월 이내에 해당 임원을 교체 임명하였을 때에는 그러하지 아니하다.
5. 제30조를 위반하여 다른 자에게 자기의 상호 또는 명칭을 사용하여 지하수영향조사를 하게 하거나 등록증을 대여한 경우
6. 지하수영향조사업무의 전부를 하도급한 경우
7. 고의 또는 중대한 과실로 지하수영향조사를 부실하게 한 경우
② 제1항에 따른 등록취소의 절차 등에 관하여 필요한 사항은 대통령령으로 정한다.

제29조의2【지하수정화업의 등록】 ① 지하수정화업을 하려는 자는 대통령령으로 정하는 자본금, 기술능력, 시설 등을 갖추어 주된 사무소의 소재지를 관할하는 시장·군수·구청장에게 등록하여야 한다. 등록한 사항 중 상호 또는 명칭 등 대통령령으로 정하는 사항을 변경하려는 경우에도 또한 같다.
② 지하수정화업의 등록을 한 자가 아니면 지하수정화업무를 할 수 없다. 다만, 대통령령으로 정하는 경미한 정화작업의 경우에는 그러하지 아니하다.
③ 지하수정화업에 관하여는 제23조부터 제26조까지의 규정을 준용한다. 이 경우 "지하수개발·이용시공업"은 "지하수정화업"으로, "지하수개발·이용시공업자"는 "지하수정화업자"로 본다.

제30조【명의 대여의 금지 등】 지하수영향조사기관은 다른 사람에게 자기의 상호 또는 명칭을 사용하여 지하수영향조사를 하게 하거나 그 등록증을 대여하여서는 아니 된다.

제5장의2 재원의 확보 및 관리
(2011.5.30 본장개정)

제30조의2【지하수관리특별회계의 설치 등】 ① 시(특별자치시를 포함한다. 이하 같다)·군 또는 자치구는 관할구역 지하수의 적정한 개발·이용과 보전·관리에 필요한 사업비 등을 조달하기 위하여 지하수관리특별회계(이하 "특별회계"라 한다)를 설치할 수 있다.(2013.5.22 본항개정)
② 특별회계는 다음 각 호의 재원(財源)으로 조성한다.
1. 특별시·광역시 또는 도의 보조금
2. 제30조의3에 따른 지하수이용부담금
3. 일반회계 및 다른 특별회계로부터의 전입금
4. 차입금
5. 제1호부터 제4호까지의 자금을 운용하여 발생되는 수익금
6. 제3항에 따른 이행보증금 예탁금
7. 제39조 및 제40조에 따른 과태료
③ 제14조에 따라 예치된 이행보증금이 현금인 경우에는 특별회계에 예탁한다.
④ 특별회계는 다음 각 호의 용도로 사용한다.
1. 제5조에 따른 지하수의 조사 및 이용실태 조사(2021.1.5 본호개정)
2. 지역관리계획의 수립 및 시행
3. 지하수보전구역의 운영
4. 제15조에 따른 원상복구
5. 제16조의3에 따른 오염지하수의 정화작업
6. 제17조에 따른 보조측정망의 설치·운영(2021.1.5 본호개정)
7. 제2항제4호에 따른 차입금의 상환
8. 제3항에 따른 이행보증금 예탁금의 상환
9. 제33조제2항에 따른 수질검사 수수료의 보전
10. 그 밖에 지하수의 보전·관리를 위하여 필요한 사업으로서 대통령령으로 정하는 용도
⑤ 특별회계의 예산편성·결산 및 운용에 필요한 사항은 시·군 또는 자치구의 조례로 정한다.
⑥ 시장·군수·구청장은 매년 특별회계 운용계획을 수립하거나 수립한 특별회계 운용계획을 변경(대통령령으로 정하는 경미한 사항의 변경은 제외한다)한 경우에는 대통령령으로 정하는 바에 따라 환경부장관 및 시·도지사에게 보고하여야 한다. 다만, 특별자치시장은 환경부장관에게만 보고하여야 한다.(2018.6.8 본항개정)

제30조의3【지하수이용부담금의 부과·징수】 ① 시장·군수·구청장은 지하수의 적정한 개발·이용과 보전·관리에 필요한 재원을 조성하기 위하여 제7조에 따라 허가를 받거나 제8조에 따라 신고하고 지하수를 개발·이용하는 자에게 지하수이용부담금을 부과·징수할 수 있다. 다만, 다음 각 호의 어느 하나에 해당되는 경우에는 대통령령으로 정하는 바에 따라 지하수이용부담금을 감면할 수 있다.(2021.1.5 단서개정)
1. 제8조제1항제1호·제3호 및 제4호에 해당되는 경우
2. 「농업·농촌 및 식품산업 기본법」 제3조제1호에 따른 농업과 「수산업·어촌 발전 기본법」 제3조제1호가목에 따른 어업 및 같은 호 마목에 따른 양식업을 영위할 목적으로 지하수를 개발·이용하는 경우(2020.12.8 본호개정)
3. 「수도법」 제3조제19호에 따른 일반수도사업을 할 목적으로 지하수를 개발·이용하는 경우
4. 「하천법」 제50조제6항에 따라 하천수 사용료가 부과된 경우
5. 제1호부터 제4호까지의 규정 외의 경우로서 대통령령으로 정하는 용도와 규모로 지하수를 개발·이용하는 경우
② 제1항에 따른 지하수이용부담금은 「한강수계 상수원수질개선 및 주민지원 등에 관한 법률」 제19조에 따른 물이용부담금 상당액의 100분의 50의 범위에서 지하수 취수량, 용도 등을 고려하여 시·군 또는 자치구의 조례로 정한다.(2013.5.22 본항개정)
③ 제1항 및 제2항에 따른 지하수이용부담금의 세부적인 산정방법, 부과·징수 방법 및 납입절차 등에 관하여 필요한 사항은 시·군 또는 자치구의 조례로 정한다.
④ 시장·군수·구청장은 제1항에 따라 지하수이용부담금을 내야 할 자가 납부기한까지 지하수이용부담금을 내지 아니하면 가산금을 징수한다. 이 경우 가산금에 관하여는 「지방세징수법」 제14조 및 제30조를 준용한다.(2016.12.27 후단개정)
⑤ 시장·군수·구청장은 제1항에 따른 지하수이용부담금이나 제4항에 따른 가산금을 내야 할 자가 납부기한까지 내지 아니하면 「지방행정제재·부과금의 징수 등에 관한 법률」에 따라 징수한다.(2020.3.24 본항개정)
⑥ 제1항에 따라 부과·징수된 지하수이용부담금은 제30조의2제4항 각 호의 용도로 사용하여야 한다.(2021.1.5 본항신설)

제6장 보 칙
(2011.5.30 본장개정)

제31조【타인 토지에의 출입 등】 ① 관계 행정기관의 장, 지하수조사전문기관, 지하수영향조사기관 또는 지하수정화업자는 제5조·제7조(제13조제3항에 따라 준용하는 경우를 포함한다)·제16조의4·제17조에 따른 조사·정화 또는 측정을 위하여 필요한 때에는 타인의 토지에 출입하거나 타인의 토지를 일시 사용할 수 있으며, 특히 필요한 경우에는 죽목(竹木)·토석(土石) 또는 그 밖의 장애물을 변경하거나 제거할 수 있다.(2021.1.5 본항개정)
② 지하수조사전문기관, 지하수영향조사기관 또는 지하수정화업자는 제1항에 따라 타인의 토지에 출입하려면 시장·군수·구청장의 허가를 받아 출입하려는 날의 3일 전까지 해당 토지의 소유자·점유자 또는 관리인에게 그 일시와 장소를 알려야 한다.
③ 관계 행정기관의 장, 지하수조사전문기관, 지하수영향조사기관 또는 지하수정화업자가 제1항에 따라 타인의 토지를 일시 사용하려는 경우나 죽목·토석 또는 그 밖의 장애물을 변경하거나 제거하려는 경우에는 토지의 소유자 또는 점유자나 관리인의 동의를 받아야 한다. 다만, 토지 또는 장애물의 소유자 또는 점유자나 관리인이 현장에 없거나 주소 또는 거소(居所)가 분명하지 아니하여 동의를 받을 수 없을 때에는 시장·군수·구청장의 허가를 받아 타인의 토지를 일시 사용할 수 있으며 장애물을 변경하거나 제거할 수 있다.
④ 해 뜨기 전이나 해가 진 후에는 토지 점유자의 승낙 없이 담장이나 울타리로 둘러싸인 타인의 토지에 출입할 수 없다.
⑤ 제1항에 따른 행위를 하려는 자는 그 권한을 표시하는 증표 또는 허가증을 관계인에게 보여 주어야 한다.

제32조【손실보상】 ① 제31조제1항에 따른 행위를 한 자는 토지에의 출입, 토지의 일시 사용 또는 장애물의 변경·제거로 인하여 타인에게 손실을 입혔을 때에는 정당한 보상을 하여야 한다.
② 제1항에 따른 손실보상에 관하여는 그 손실을 보상할 자와 손실을 받은 자가 협의하여야 한다.

③ 제2항에 따른 협의가 성립되지 아니하거나 협의를 할 수 없을 경우에는 관할 토지수용위원회에 재결(裁決)을 신청할 수 있다.

제33조【수수료】 ① 다음 각 호의 어느 하나에 해당하는 허가·검사·등록을 신청하려는 자는 환경부령으로 정하는 바에 따라 수수료를 시장·군수·구청장(제3호의 경우 제20조제1항에 따른 지하수 관련 검사전문기관)에게 내야 한다.(2018.6.8 본문개정)

1. 제7조제1항 또는 제6항에 따른 지하수개발·이용의 허가 또는 변경허가
2. 제13조제1항제1호에 따른 지하수개발·이용행위의 허가
3. 제20조제1항에 따른 수질검사
4. 제22조제1항에 따른 지하수개발·이용시공업의 등록 또는 변경등록
5. 제27조제1항에 따른 지하수영향조사기관의 등록 또는 변경등록
6. 제29조의2에 따른 지하수정화업의 등록 또는 변경등록

② 제1항에도 불구하고 다음 각 호의 어느 하나에 해당하는 경우에는 같은 항에 따른 수수료를 감면할 수 있다. 다만, 제1항제3호의 수수료는 지방자치단체의 조례로 정하는 바에 따라 감면할 수 있되, 해당 지방자치단체는 제30조의2에 따른 지하수관리특별회계를 활용하여 수수료 감면에 따른 수질검사 비용의 차액을 지하수 관련 검사전문기관에게 보전하여야 한다.

1. 제1항 각 호의 허가·검사·등록을 신청하고자 하는 자가 국가 또는 지방자치단체인 경우
2. 제1항제3호의 검사를 신청하고자 하는 자가 상수도 미보급지역에서 가정용 등 일상생활에 먹는물로 사용하는 경우(2020.5.26 본호개정)

제34조【보고·조사 등】 ① 시장·군수·구청장은 등록요건 및 법령 위반 여부의 확인이 필요하거나 민원 등이 발생한 경우에는 지하수개발·이용시공업자, 지하수영향조사기관 또는 지하수정화업자로 하여금 1개월 이내의 기간을 정하여 필요한 자료를 제출하게 하거나 보고하게 할 수 있다.

② 제1항에 따른 제출 자료 및 보고 내용을 검토한 결과 조사 목적을 달성하기 어려운 경우에는 관계 공무원이 해당 사업장 등에 출입하여 해당 사항을 조사하게 할 수 있다.

③ 제2항에 따른 조사를 하는 경우에는 조사 7일 전까지 조사 일시, 조사 이유 및 조사 내용 등에 대한 조사계획을 조사대상자에게 알려야 한다. 다만, 긴급한 경우나 사전에 알리면 증거인멸 등으로 조사 목적을 달성할 수 없다고 인정하는 경우에는 그러하지 아니할 수 있다.

④ 제2항에 따라 검사를 하는 공무원은 그 신분을 나타내는 증표를 관계인에게 보여 주어야 하며, 출입 시 성명, 출입 시간, 출입 목적 등이 표시된 문서를 관계인에게 발급하여야 한다.

제34조의2【교육 등】 ① 환경부장관은 지하수개발·이용 관련 기술인력의 효율적 활용과 기술능력 향상을 위하여 필요한 경우 기술자의 교육훈련 등에 관한 시책을 수립하여 추진할 수 있다.

② 지하수개발·이용 관련 업계 종사자 및 기술인력은 환경부장관이 실시하는 교육훈련을 받아야 하며, 교육 대상과 내용 및 교육기관 등에 관하여 필요한 사항은 대통령령으로 정한다.

③ 환경부장관은 제1항 및 제2항에 따른 교육훈련업무를 대통령령으로 정하는 기관 또는 단체에 위탁할 수 있다.

(2018.6.8 본조개정)

제34조의3【영업실적 등의 보고】 ① 다음 각 호의 어느 하나에 해당하는 자는 환경부령으로 정하는 바에 따라 2년마다 영업실적, 기술능력·시설·장비 보유현황 및 기술인력의 교육 이수현황 등을 시장·군수·구청장에게 보고하여야 한다.

1. 제22조제1항에 따라 지하수개발·이용시공업의 등록을 한 자
2. 제27조제1항에 따라 지하수영향조사기관의 등록을 한 자
3. 제29조의2제1항에 따라 지하수정화업의 등록을 한 자

② 시장·군수·구청장은 제1항에 따라 제출받은 자료를 종합하여 환경부장관 및 시·도지사에게 보고하여야 한다. 다만, 특별자치시장은 환경부장관에게만 보고하여야 한다.

(2021.1.5 본조신설)

제35조【청문】 시장·군수·구청장은 다음 각 호의 어느 하나에 해당하는 처분을 하려면 청문을 하여야 한다.

1. 제10조제1항(제13조제3항에 따라 준용하는 경우를 포함한다)에 따른 지하수개발·이용허가의 취소
2. 제25조제1항(제29조의2제3항에 따라 준용하는 경우를 포함한다)에 따른 지하수개발·이용시공업의 등록취소
3. 제29조제1항에 따른 지하수영향조사기관의 등록취소

제36조【권한의 위임】 ① 이 법에 따른 환경부장관의 권한은 그 일부를 대통령령으로 정하는 바에 따라 소속 기관의 장 또는 시·도지사에게 위임할 수 있다.

(2018.6.8 본항개정)

② 이 법에 따른 시·도지사의 권한은 그 일부를 시장·군수·구청장에게 위임할 수 있다.

제36조의2【대집행】 환경부장관 또는 시장·군수·구청장은 제8조제4항 및 제9조제3항(제13조제3항에 따라 준용하는 경우를 포함한다)에 따른 시설의 폐쇄명령, 제15조제3항에 따른 원상복구명령, 제16조제2항·제3항에 따른 오염방지명령, 제16조의3제1항 및 제2항에 따른 정화작업 등의 명령을 받은 자가 그 명령을 이행하지 아니하는 경우에는 「행정대집행법」에서 정하는 바에 따라 대집행(代執行)을 하고, 그 비용을 명령 위반자로부터 징수할 수 있다.(2021.1.5 본조개정)

제7장 벌 칙

(2011.5.30 본장개정)

제37조【벌칙】 다음 각 호의 어느 하나에 해당하는 자는 3년 이하의 징역 또는 3천만원 이하의 벌금에 처한다.

(2015.1.6 본문개정)

1. 제7조제1항에 따른 허가를 받지 아니하거나 부정한 방법으로 허가를 받아 지하수를 개발·이용하는 자
2. 제13조제1항에 따른 허가를 받지 아니하거나 부정한 방법으로 허가를 받아 같은 항 각 호의 어느 하나에 해당하는 행위를 하는 자
3. 제16조제2항에 따른 지하수 오염방지명령을 위반한 자

3의2. 제16조제3항에 따른 지하수를 오염시킨 시설의 운영 및 사용의 중지, 폐쇄·철거 또는 이전의 명령을 이행하지 아니한 자(2021.1.5 본호신설)

4. 제16조의3제1항 또는 제2항에 따른 지하수오염물질의 정화, 지하수오염유발시설의 운영 및 사용의 중지, 지하수오염유발시설의 폐쇄·철거 또는 이전의 명령을 이행하지 아니한 자
5. 제22조제1항·제27조제1항 또는 제29조의2제1항에 따른 등록을 하지 아니하거나 부정한 방법으로 등록을 하고 지하수개발·이용시공업, 지하수영향조사업무 또는 지하수정화업을 한 자
6. 제22조제3항을 위반하여 허가·인가 등을 받지 아니하고 지하수개발·이용시설의 공사를 한 지하수개발·이용시공업자

제37조의2【벌칙】 다음 각 호의 어느 하나에 해당하는 자는 2년 이하의 징역 또는 2천만원 이하의 벌금에 처한다.

(2015.1.6 본문개정)

1. 제7조제2항에 따른 지하수영향조사서를 거짓으로 작성한 지하수영향조사기관
2. 제16조제1항에 따른 지하수 오염방지조치를 하지 아니한 자
3. 제16조의2제1항에 따른 오염방지조치 또는 관측정의 설치를 하지 아니하거나 수질측정을 하지 아니한 자
4. 제16조의2제2항에 따른 오염발생 신고를 하지 아니하거나 오염방지조치를 하지 아니한 자

제37조의3【벌칙】 다음 각 호의 어느 하나에 해당하는 자는 1년 이하의 징역 또는 1천만원 이하의 벌금에 처한다.

(2015.1.6 본문개정)

1. 제7조제3항에 따른 취수량의 제한을 준수하지 아니한 자
2. 제7조제6항(제13조제3항에 따라 준용되는 경우를 포함한다)에 따른 변경허가를 받지 아니하거나 부정한 방법으로 변경허가를 받아 지하수를 개발·이용하는 자
3. 제8조제4항에 따른 취수량 및 취수기간의 제한을 준수하지 아니하거나 시정명령·이용중지명령·공동이용명령 또는 폐쇄명령을 이행하지 아니한 자(2021.1.5 본호개정)
4. 제9조제3항(제13조제3항에 따라 준용하는 경우를 포함한다)에 따른 폐쇄명령을 이행하지 아니한 자

(2021.1.5 본호개정)

5. 제9조의2제2항에 따른 유출지하수 이용계획을 수립·시행하지 아니하거나 같은 조 제4항에 따른 개선명령을 이행하지 아니한 자(2021.1.5 본호개정)
6. 제9조의4제4항에 따른 시설개선명령 또는 필요한 조치를 이행하지 아니한 자(2021.1.5 본호개정)
7. 제16조의4제1항에 따른 정화계획의 승인 또는 변경승인을 받지 아니하고 정화를 실시한 자
8. 제22조제1항·제27조제1항 또는 제29조의2제1항에 따른 변경등록을 하지 아니하거나 부정한 방법으로 변경등록을 하고 지하수개발·이용시공업, 지하수영향조사업무 또는 지하수정화업을 한 자
9. 제26조(제29조의2제3항에 따라 준용하는 경우를 포함한다) 또는 제30조를 위반한 지하수개발·이용시공업자, 지하수영향조사기관 또는 지하수정화업자와 명의대여 또는 등록증 대여의 상대방

제38조【양벌규정】 법인의 대표자나 법인 또는 개인의 대리인, 사용인, 그 밖의 종업원이 그 법인 또는 개인의 업무에 관하여 제37조, 제37조의2 또는 제37조의3의 위반행위를 하면 그 행위자를 벌하는 외에 그 법인 또는 개인에게도 해당 조문의 벌금형을 과(科)한다. 다만, 법인 또는 개인이 그 위반행위를 방지하기 위하여 해당 업무에 관하여 상당한 주의와 감독을 게을리하지 아니한 경우에는 그러하지 아니하다.

제38조의2 (2001.1.16 삭제)

제39조【과태료】 다음 각 호의 어느 하나에 해당하는 자에게는 500만원 이하의 과태료를 부과한다.

1. 제8조제1항을 위반하여 지하수개발·이용의 신고를 하지 아니하거나 거짓으로 신고한 자
2. 제9조의4제1항 각 호 외의 부분 전단을 위반하여 굴착신고를 하지 아니하고 토지를 굴착한 자
3. 제9조의5제4항에 따른 시장·군수·구청장의 시정명령 또는 이용중지 등 필요한 조치를 이행하지 아니한 자
4. 제15조제1항을 위반하여 원상복구를 하지 아니하거나 같은 조 제2항 또는 제3항에 따른 원상복구명령을 이행하지 아니한 자
5. 제16조의2제1항을 위반하여 수질측정 결과보고를 하지 아니하거나 거짓으로 보고한 지하수오염유발시설관리자
6. 제20조제2항에 따른 지하수의 이용중지 또는 수질개선 등의 조치명령을 이행하지 아니한 자
7. 제21조제2항 또는 제34조제2항에 따른 조사를 거부·방해 또는 기피한 자
8. 제22조제3항을 위반하여 신고하지 아니하고 지하수개발·이용시설의 공사를 한 지하수개발·이용시공업자

(2021.1.5 본조개정)

제40조【과태료】 다음 각 호의 어느 하나에 해당하는 자에게는 300만원 이하의 과태료를 부과한다.

1. 제8조제2항을 위반하여 변경신고를 하지 아니하거나 거짓으로 변경신고한 자
2. 제9조제1항(제13조제3항에 따라 준용되는 경우를 포함한다)을 위반하여 준공신고를 하지 아니한 자
3. 제9조의2제1항을 위반하여 지하수 유출 발생현황의 신고를 하지 아니한 자
4. 제9조의2제2항을 위반하여 유출지하수 이용계획 신고를 하지 아니한 자
5. 제9조의3제1항을 위반하여 지하수개발·이용의 종료신고를 하지 아니한 자
6. 제9조의4제1항 각 호 외의 부분 후단을 위반하여 변경신고 또는 종료신고를 하지 아니한 자
7. 제11조제1항 또는 제2항을 위반하여 승계사실을 신고하지 아니하거나 거짓으로 신고한 자
8. 제14조제1항을 위반하여 이행보증금을 예치하지 아니한 자
9. 제20조제1항을 위반하여 수질검사를 받지 아니한 자
10. 제21조제1항 또는 제34조제1항에 따른 보고 또는 자료 제출을 하지 아니하거나 거짓으로 보고하거나 거짓 자료를 제출한 자
11. 제24조제1항 또는 제2항(제29조의2제3항에 따라 준용되는 경우를 포함한다)을 위반하여 지하수개발·이용시공업 또는 지하수정화업의 승계신고를 하지 아니하거나 거짓으로 신고한 자
12. 제31조제1항에 따른 출입 등을 거부·방해 또는 기피한 자
13. 제31조제2항을 위반하여 허가를 받지 아니하거나 미리 알리지 아니하고 같은 조 제1항에 따른 행위를 한 자
14. 제31조제3항을 위반하여 동의 또는 시장·군수·구청장의 허가를 받지 아니하고 같은 조 제1항에 따른 행위를 한 자

(2021.1.5 본조개정)

제40조의2【과태료】 다음 각 호의 어느 하나에 해당하는 자에게는 30만원 이하의 과태료를 부과한다.

1. 제9조의5제2항 후단을 위반하여 사후관리 이행종료신고를 거짓으로 신고한 자
2. 제20조제4항을 위반하여 수질검사결과서를 갖추어 두지 아니한 자

(2021.1.5 본조신설)

제41조【과태료의 부과·징수절차】 제39조·제40조 및 제40조의2에 따른 과태료는 대통령령으로 정하는 바에 따라 시장·군수·구청장이 부과·징수한다.(2021.1.5 본조개정)

부 칙 (2013.5.22)

제1조【시행일】 이 법은 공포 후 6개월이 경과한 날부터 시행한다.

제2조【지하수 유출감소대책 신고에 관한 적용례】 제9조의2제1항의 개정규정은 이 법 시행 후 지하수 유출감소대책을 수립하는 경우부터 적용한다.

제3조【가산금에 관한 적용례】 제30조의3제4항 및 제5항의 개정규정은 이 법 시행 후 지하수이용부담금을 부과하는 경우부터 적용한다.

부 칙 (2017.4.18)

제1조【시행일】 이 법은 공포한 날부터 시행한다.

제2조【지하수개발·이용시공업 및 지하수영향조사기관의 결격사유에 관한 적용례】 제23조제5호 및 제28조제2호의 개정규정은 이 법 시행 후 지하수개발·이용시공업 또는 지하수영향조사기관의 등록을 신청하는 자부터 적용한다.

제3조【금치산자 등에 대한 경과조치】 제23조제1호의 개정규정에 따른 피성년후견인 또는 피한정후견인에는 법률 제10429호 민법 일부개정법률 부칙 제2조에 따라 금치산 또는 한정치산 선고의 효력이 유지되는 사람을 포함하는 것으로 본다.

부　칙 (2020.3.24)

제1조【시행일】 이 법은 공포한 날부터 시행한다.(이하 생략)

부　칙 (2020.5.26)

이 법은 공포한 날부터 시행한다.(이하 생략)

부　칙 (2020.12.8)

제1조【시행일】 이 법률은 공포한 날부터 시행한다.(이하 생략)

부　칙 (2020.12.31)

제1조【시행일】 이 법은 공포 후 1년이 경과한 날부터 시행한다.(이하 생략)

부　칙 (2021.1.5)

제1조【시행일】 이 법은 공포 후 1년이 경과한 날부터 시행한다.
제2조【유출지하수 이용계획 신고에 관한 적용례】 제9조의2제2항의 개정규정은 이 법 시행 후 지하층 공사를 완료한 경우부터 적용한다.
제3조【굴착행위의 신고 등에 관한 적용례】 제9조의4제1항의 개정규정은 이 법 시행 후 지하수개발 · 이용을 위하여 토지 굴착행위를 하는 경우부터 적용한다.
제4조【지하수개발 · 이용자의 권리승계신고 등에 관한 적용례】 제11조제3항 및 제24조제4항 · 제5항의 개정규정은 이 법 시행 이후 지하수개발 · 이용자의 권리승계신고, 지하수개발 · 이용시공업의 양도 · 양수 또는 합병 신고를 하는 경우부터 적용한다.
제5조【지하수이용부담금 부과에 관한 적용례】 제30조의3제1항의 개정규정은 이 법 시행 후 지하수이용부담금을 부과하는 경우부터 적용한다.
제6조【유출지하수 감소대책 개선명령에 관한 경과조치】 이 법 시행 당시 종전의 제9조의2제3항에 따라 유출지하수 감소대책을 시행하지 아니하여 시장 · 군수 · 구청장이 개선을 명한 경우에는 종전의 규정을 따른다.
제7조【지하수 오염방지명령 등에 관한 경과조치】 이 법 시행 당시 종전의 제16조제2항에 따라 환경부장관 또는 시장 · 군수 · 구청장이 지하수 오염방지를 위한 조치를 명한 경우에는 제16조제3항의 개정규정을 적용한다.
제8조【벌칙이나 과태료에 관한 경과조치】 이 법 시행 전의 행위에 대하여 벌칙이나 과태료 규정을 적용할 때에는 종전의 규정에 따른다.
제9조【다른 법률의 개정】 ※(해당 법령에 가제정리 하였음)

부　칙 (2023.1.3)

이 법은 공포 후 6개월이 경과한 날부터 시행한다.

소하천정비법

(1995년 1월 5일 법 률 제4873호)

개정
1997.12.13법 5453호(행정절차)
1999. 8.31법 6000호
2001.12.31법 6563호
2002. 2. 4법 6656호(공토법)
2002.12.30법 6841호(산지관리법)
2003.12.31법 7058호(부담금관리기본법)
2004. 3.11법 7186호(정부조직)
2005. 8. 4법 7678호(산림자원조성관리)
2006. 3.24법 7905호
2006. 9.27법 8014호(하수도법)
2007. 4.11법 8351호(농어촌정비)
2007. 4.11법 8352호(농지)
2007. 4.11법 8370호(수도법)
2007.12.27법 8819호(공유수면관리법)
2007.12.27법 8820호(공유수면매립법)
2008. 2.29법 8852호(정부조직)
2008. 3.21법 8976호(도로법)
2008.12.26법 9200호
2008.12.31법 9313호(자연공원법)
2009. 6. 9법 9758호(농어촌정비)
2010. 3.31법 10223호
2010. 4.15법 10272호(공유수면관리및매립에관한법)
2010. 5.31법 10331호(산지관리법)
2011. 5.30법 10752호
2012. 3.21법 11405호
2013. 3.23법 11690호(정부조직)
2014. 1.14법 12248호(도로법)
2014.11.19법 12844호(정부조직)
2015. 1.20법 13063호
2016. 1.27법 13919호
2017. 7.26법 14839호(정부조직)
2019.12.10법 16772호
2020.12.31법 17814호(정부조직)
2022.12.27법 19117호(산림자원조성관리)
2024. 1.16법 20027호
2024년 1월 25일 제412회 국회 본회의 통과→「法典 別册」 보유편 수록

제1장 총　칙
(2010.3.31 본장개정)

제1조【목적】 이 법은 소하천(小河川)의 정비 · 이용 · 관리 및 보전에 관한 사항을 규정함으로써 재해를 예방하고 생활환경을 개선하는 데에 이바지함을 목적으로 한다.
제2조【정의】 이 법에서 사용하는 용어의 뜻은 다음과 같다.
1. "소하천"이란 「하천법」의 적용 또는 준용을 받지 아니하는 하천으로서 제3조에 따라 그 명칭과 구간이 지정 · 고시된 하천을 말한다.
2. "소하천구역"이란 제3조의3에 따라 결정 · 고시된 구역을 말한다.
3. "소하천시설"이란 소하천의 이용 · 관리를 위하여 설치하는 다음 각 목의 시설을 말한다.
　가. 제방(堤防), 호안(護岸) 등 물길의 안정을 위한 시설
　나. 보(洑), 수문(水門), 배수펌프장[제방에 수문 등이 설치되어 소하천과 일체(一體)로 관리할 필요가 있는 시설만을 말한다], 저수지, 저류지 등 소하천 수위의 조절을 위한 시설
　다. 그 밖에 대통령령으로 정하는 시설
4. "소하천등 정비"란 다음 각 목의 어느 하나에 해당하는 것의 신설 · 개축 또는 준설(浚渫) · 보수 등에 관한 공사를 말한다.
　가. 소하천
　나. 소하천구역
　다. 소하천시설
　라. 제4조에 따라 지정 · 고시된 소하천 예정지(이하 "소하천 예정지"라 한다)
(2016.1.27 2호~4호개정)
제3조【소하천의 지정 및 관리청】 ① 소하천(소하천시설을 포함한다. 이하 이 조에서 같다)은 특별자치시장 · 시장(「제주특별자치도 설치 및 국제자유도시 조성을 위한 특별법」 제11조제1항에 따른 행정시의 시장을 포함한다. 이하 같다) · 군수 또는 구청장(자치구의 구청장을 말한다. 이하 같다)이 지정하거나 그 지정을 변경 또는 폐지한다.
② 특별자치시장 · 시장 · 군수 또는 구청장은 제1항에 따라 소하천을 지정하거나 그 지정을 변경 또는 폐지하려는 경우에는 관계 특별시장 · 광역시장 · 도지사 · 특별자치도지사(이하 "시 · 도지사"라 한다)와 협의한 후 제26조제1항에 따른 기초소하천관리위원회 또는 광역소하천관리위원회의 심의를 거쳐야 한다.
③ 특별자치시장 · 시장 · 군수 또는 구청장은 제3조의2제1항에 따른 경계소하천을 지정하거나 그 지정을 변경 또는 폐지하려는 경우에는 제2항에 따른 관계 시 · 도지사와의 협의 외에 관계 특별자치시장 · 시장 · 군수 또는 구청장과도 협의하여야 한다.
④ 특별자치시장 · 시장 · 군수 또는 구청장은 제1항부터 제3항까지의 규정에 따라 소하천을 지정하거나 그 지정을 변경 또는 폐지하려는 경우에는 행정안전부령으로 정하는 바에 따라 그 명칭과 구간을 고시하고, 일반인이 관계 서류를 열람할 수 있도록 하여야 한다.
⑤ 제1항부터 제4항까지의 규정에 따라 지정 · 고시된 소하천에 대하여 시 · 도지사 또는 특별자치시장이 「하천법」 제7조에 따라 지방하천으로 지정하면 그 소하천의 지정은 효력을 잃는다.
⑥ 소하천등 정비와 그 유지관리는 이 법 또는 다른 법률에 특별한 규정이 있는 경우를 제외하고는 소하천을 지정한 특별자치시장 · 시장 · 군수 또는 구청장(이하 "관리청"이라 한다)이 관장한다.
(2019.12.10 본조개정)
제3조의2【경계소하천의 관리】 ① 소하천, 소하천구역, 소하천시설 및 소하천 예정지(이하 "소하천등"이라 한다) 중 특별자치시 · 시(「제주특별자치도 설치 및 국제자유도시 조성을 위한 특별법」 제10조제2항에 따른 행정시를 포함한다. 이하 같다) · 군 또는 자치구의 경계에 위치한 소하천등(이하 "경계소하천"이라 한다)은 관계 관리청이 협의하여 관리방법을 따로 정하여야 한다.
(2019.12.10 본항개정)
② 제1항에 따른 협의가 성립되지 아니한 경우에는 관계 시 · 도지사가 관리방법을 정하여 관계 관리청에 통보할 수 있다.(2016.1.27 본항개정)
③ 관계 관리청은 제1항에 따라 협의가 성립된 경우에는 협의된 내용을, 제2항에 따라 시 · 도지사로부터 통보를 받은 경우에는 통보된 내용을 고시하여야 한다. 그 내용을 변경하는 경우에도 또한 같다.
④ 관계 관리청은 제3항에 따른 고시내용을 시 · 도지사에게 통지하여야 한다.
(2012.3.21 본조신설)
제3조의3【소하천구역의 결정】 ① 관리청은 제3조제4항에 따른 소하천(소하천시설을 포함한다)의 지정 · 변경 또는 폐지의 고시가 있는 때에는 다음 각 호의 어느 하나에 해당하는 구역을 소하천구역으로 결정하거나 소하천구역을 변경 또는 폐지하여야 한다.
1. 소하천의 형상과 기능을 유지하고 있는 토지의 구역
2. 소하천시설이 설치된 토지의 구역
3. 제방이 있는 곳은 그 제방으로부터 물이 흐르는 쪽의 토지의 구역
② 관리청이 제1항에 따라 소하천구역을 결정 · 변경 또는 폐지하려는 경우에는 관계 관리청과 협의한 후 제26조제1항에 따른 기초소하천관리위원회 또는 광역소하천관리위원회의 심의를 거쳐야 한다.
③ 관리청은 제1항에 따라 소하천구역을 결정 · 변경 또는 폐지하려는 경우에는 행정안전부령으로 정하는 바에 따라 그 내용을 고시하고, 일반인이 관계 서류를 열람할 수 있도록 하여야 한다.(2017.7.26 본항개정)
④ 관리청이 제3항에 따라 소하천구역의 결정 · 변경 또는 폐지의 고시를 할 때에는 행정안전부령으로 정하는 바에 따라 지형도면을 작성하여 함께 고시하여야 한다.
(2017.7.26 본항개정)
(2016.1.27 본조신설)
제4조【소하천 예정지의 고시】 ① 관리청은 제6조부터 제8조까지의 규정에 따른 소하천등 정비에 관한 계획이나 다른 법률에 따른 각종 공사계획 등으로 인하여 새로 소하천구역으로 편입될 토지가 있을 때에는 그 토지를 소하천 예정지로 지정할 수 있다.(2016.1.27 본항개정)
② 관리청은 제1항에 따라 소하천 예정지로 지정된 토지가 제6조부터 제8조까지의 규정에 따른 소하천등 정비에 관한 계획이나 다른 법률에 따른 각종 공사계획 등으로 인하여 변경되거나 그 계획에서 제외된 경우에는 그 소하천 예정지를 변경하거나 폐지할 수 있다.(2016.1.27 본항개정)
③ 소하천 예정지의 지정이나 변경 또는 폐지에 관한 협의 · 고시 등에 관하여는 제3조의3제2항부터 제4항까지의 규정을 준용한다.(2016.1.27 본항신설)
④ 제1항 및 제2항에 따라 지정 · 고시된 소하천 예정지는 지정 · 고시된 날부터 3년 이내에 그 소하천에 관한 사업이 착수되지 아니하는 경우에는 그 지정의 효력을 잃는다.
(2012.3.21 본항신설)
⑤ 관리청은 제1항 및 제2항에 따라 소하천 예정지로 지정 · 고시된 토지에 대하여 소하천등 정비가 완료된 경우에는 제3조의3에 따라 소하천구역으로 결정 · 고시하여야 한다.(2016.1.27 본항개정)
제4조의2【권리 · 의무의 승계 등】 ① 제10조에 따른 소하천등 정비 허가나 제14조에 따른 점용 · 사용 허가를 받은 자가 허가에 따른 권리 · 의무를 양도하거나 사망한 경우 또는 다른 법인과 합병한 경우에 그 양수인 · 상속인 또는 합병으로 설립되거나 합병 후 존속하는 법인이 종전 허가에 따른 권리 · 의무를 승계하려는 경우에는 그 양도일, 상속일 또는 합병일부터 30일 이내에 행정안전부령으로 정하는 바에 따라 그 사실을 관리청에 신고하여야 한다.
② 관리청은 제1항에 따른 신고를 받은 날부터 20일 이내에 신고수리 여부를 신고인에게 통지하여야 한다.
③ 관리청이 제2항에서 정한 기간 내에 신고수리 여부 또는 민원 처리 관련 법령에 따른 처리기간의 연장을 신고인에게 통지하지 아니하면 그 기간(민원 처리 관련 법령에 따라 처리기간이 연장 또는 재연장된 경우에는 해당 처리기간을 말한다)이 끝난 날의 다음 날에 신고를 수리한 것으로 본다.

④ 제1항에 따른 신고가 수리된 경우(제3항에 따라 신고를 수리된 것으로 보는 경우를 포함한다) 양수인, 상속인 또는 합병으로 설립되거나 합병 후 존속하는 법인은 그 양수일, 상속일 또는 합병일부터 종전 허가에 따른 권리·의무를 승계한다.
(2019.12.10 본조개정)

제4조의3【소하천의 구조·시설 및 유지·보수 등의 기준】 ① 소하천의 구조·시설과 소하천의 유지·보수 및 안전점검은 행정안전부령으로 정하는 기준(이하 이 조에서 "소하천 관리기준"이라 한다)에 따른다.
② 행정안전부장관은 제1항에 따른 소하천 관리기준을 정하거나 이를 변경하는 때에는 특별시장·광역시장·특별자치시장·도지사 또는 특별자치도지사의 의견을 들어야 한다.
③ 행정안전부장관이 제1항에 따른 소하천 관리기준을 정하려는 때에는 소하천등 정비로 생태계가 훼손되는 것을 최소화하고 소하천의 구조·수위·유량·지형 및 지질 등을 고려하여 안전을 확보할 수 있도록 하여야 한다.
(2017.7.26 본조개정)

제4조의4【소하천등 설계기준】 ① 행정안전부장관은 소하천등 정비의 품질과 안전을 확보하고 관련 기술의 향상을 도모하기 위하여 소하천등 정비의 조사·계획·설계 등에 필요한 기준을 정하여 고시하여야 한다.
② 행정안전부장관은 대통령령으로 정하는 자에게 제1항에 따른 설계기준에 관한 도서(圖書) 등을 작성하여 보급하게 할 수 있다.
(2019.12.10 본조신설)

제5조【다른 법률과의 관계 등】 ① 다른 법률에 따라 소하천구역에서 권리를 설정하거나 그 밖의 처분을 하려는 때에는 해당 처분청은 미리 관리청과 협의하여야 한다.
② 국가나 지방자치단체가 이 법에 따라 관리청의 허가를 받아야 하는 행위를 수반하는 사업을 시행하려는 때에는 미리 관리청과 협의하여야 한다.

제2장 소하천등 정비
(2016.1.27 본장제목개정)

제6조【소하천정비종합계획의 수립】 ① 관리청은 행정안전부령으로 정하는 바에 따라 소하천등 정비 방향의 지침이 될 소하천정비종합계획(이하 "종합계획"이라 한다)을 10년마다 수립하여 시·도지사의 승인(관리청이 특별자치시장인 경우는 제외한다)을 받아야 한다.
(2019.12.10 본항개정)
② 종합계획에는 다음 각 호의 사항이 포함되어야 한다.
1. 소하천등 정비에 관한 기본 방침(2016.1.27 본호개정)
2. 수계별(水系別) 소하천망(小河川網)의 구성
3. 재해 예방 및 환경 개선과 수질 보전에 관한 사항
4. 소하천등의 다목적 이용과 주민의 소득 증대에 관한 사항(2016.1.27 본호개정)
5. 그 밖에 대통령령으로 정하는 사항
③ 관리청은 종합계획이 수립된 연도부터 5년마다 그 타당성을 검토하고, 필요한 경우에는 종합계획을 변경하여 시·도지사의 승인(관리청이 특별자치시장인 경우는 제외한다)을 받아야 한다. 다만, 대통령령으로 정하는 경미한 사항을 변경하는 경우에는 그러하지 아니하다.
(2019.12.10 본항개정)
④ 관리청이 종합계획을 수립하려는 때에는 미리 대통령령으로 정하는 지방환경관서의 장 등 관계 행정기관의 장과 협의하여야 한다.(2016.1.27 본항개정)
⑤ 시·도지사가 제1항 또는 제3항에 따라 종합계획을 승인 또는 변경승인하거나, 관리청인 특별자치시장이 제1항 또는 제3항에 따라 종합계획을 수립 또는 변경하려는 경우에는 다른 법률에 따라 수립된 그 지역에 관한 개발계획과의 관련성 등을 검토한 후 제26조제1항에 따른 광역소하천관리위원회의 심의를 거쳐야 한다.(2019.12.10 본항개정)
(2010.3.31 본조개정)

제7조【소하천정비중기계획의 수립】 ① 관리청은 행정안전부령으로 정하는 바에 따라 5년마다 종합계획에 따른 소하천정비중기계획(이하 "중기계획"이라 한다)을 시·도지사와 협의(관리청이 특별자치시장인 경우는 제외한다)하여 수립하여야 한다.(2024.1.16 본항개정)
② 중기계획에는 연도별 소하천등 정비에 관한 사항 등 대통령령으로 정하는 사항이 포함되어야 한다.(2016.1.27 본항개정)

제8조【소하천정비시행계획의 수립】 ① 관리청은 중기계획에 따라 소하천등 정비를 시행하려면 소하천정비시행계획(이하 "시행계획"이라 한다)을 수립하여야 한다. 다만, 대통령령으로 정하는 경미한 소하천등 정비를 시행하려는 경우에는 그러하지 아니하다.(2016.1.27 본항개정)
② 관리청은 시행계획을 수립한 때에는 행정안전부령으로 정하는 바에 따라 이를 공고하여야 한다.(2017.7.26 본항개정)
③ 관리청이 시행계획을 수립하려는 때에는 미리 지방환경관서의 장 등 관계 행정기관의 장과 협의하여야 한다.
(2016.1.27 본항개정)
④ 관리청은 제1항에 따라 수립한 시행계획의 추진에 필요한 사업비를 예산에 반영하도록 노력하여야 한다.
(2024.1.16 본항신설)
⑤ 시행계획의 변경에 관하여는 제1항과 제2항을 준용한다.
⑥ 관리청은 시행계획에 따라 소하천등 정비를 완료한 경우에는 대통령령으로 정하는 바에 따라 그 내용을 고시하여야 한다.(2016.1.27 본항신설)
(2010.3.31 본조개정)

제8조의2【업무의 대행】 ① 관리청은 종합계획·중기계획 및 시행계획의 수립에 관한 업무 중 기초·타당성 조사 및 분석, 기본·실시 설계 등 전문성이 요구되는 사항에 대하여 「자연재해대책법」 제2조제14호에 따른 방재관리대책대행자(이하 "대행자"라 한다)로 하여금 대행하게 할 수 있다.
② 대행자의 선정 절차·방법 등에 필요한 사항은 대통령령으로 정한다.
③ 관리청이 대행자로 하여금 업무를 대행시키는 경우 업무 대행 비용의 산정기준, 대행자 등록의 결격사유, 대행자의 준수사항, 업무의 휴업 또는 폐업, 대행자 실태점검, 대행자의 등록취소, 청문, 등록취소 또는 업무정지된 대행자의 업무 계속 등에 관하여는 「자연재해대책법」 제38조제2항, 제38조의2, 제39조부터 제41조까지, 제41조의2 및 제42조부터 제44조까지의 규정을 준용한다.
(2019.12.10 본조신설)

제9조【소하천대장】 ① 관리청은 제3조에 따라 소하천을 지정한 때에는 소하천대장(小河川臺帳)을 작성하여야 한다. 제4조에 따라 소하천 예정지를 고시한 때에도 또한 같다.
② 소하천대장의 작성·관리 등에 필요한 사항은 행정안전부령으로 정한다.(2017.7.26 본항개정)
(2010.3.31 본조개정)

제10조【관리청이 아닌 자의 소하천등 정비】 ① 관리청이 아닌 자(국가와 지방자치단체는 제외한다)는 관리청의 허가를 받아 소하천등 정비를 할 수 있다. 다만, 대통령령으로 정하는 경미한 소하천등 정비의 경우에는 허가를 받을 필요가 없다.(2016.1.27 본항개정)
② 관리청은 제1항에 따른 허가를 하려는 때에는 다음 각 호의 사항을 검토하여야 한다.
1. 해당 공사가 종합계획·중기계획 및 시행계획에 지장을 주는지 여부
2. 제14조에 따른 허가를 받은 자(이하 "권리자"라 한다)에게 손실이 발생하는 경우에는 권리자가 해당 공사의 시행에 동의하였는지 여부
3. 공사비와 공사기간이 적정한지 여부
4. 소하천에 설치하려는 인공구조물이 관계 설계기준에 적합한지 여부
③ 관리청은 제1항에 따른 소하천등 정비 허가의 신청을 받은 날부터 20일 이내에 허가 여부 또는 허가 처리 지연 사유를 통지하여야 한다. 이 경우 그 기간 내에 허가 여부 또는 허가 처리 지연 사유를 통지하지 아니한 경우에는 그 기간이 끝난 날의 다음 날에 허가를 한 것으로 본다.
(2019.12.10 본항신설)
④ 관리청이 제3항에 따라 허가 처리 지연 사유를 통지하는 경우에는 제3항에 따른 허가 처리 기간을 10일 이내에서 연장할 수 있다.(2019.12.10 본항신설)
⑤ 관리청은 제1항에 따라 소하천등 정비 허가를 한 경우에는 대통령령으로 정하는 바에 따라 그 내용을 고시하여야 한다.(2016.1.27 본항신설)
⑥ 제1항에 따라 소하천등 정비를 하는 자는 그 정비가 완료되면 지체 없이 관리청의 준공검사를 받아야 한다.
(2016.1.27 본항개정)
⑦ 관리청은 제6항에 따른 준공검사가 완료된 경우에는 대통령령으로 정하는 바에 따라 그 내용을 고시하여야 한다.(2019.12.10 본항개정)
⑧ 관리청은 제1항에 따른 허가를 할 때에 특히 필요하다고 인정하면 허가를 신청한 자로 하여금 공사비의 전부 또는 일부를 예치(豫置)하게 할 수 있다.
⑨ 제8항에 따라 공사비를 예치하게 할 수 있는 공사의 범위, 예치금의 기준과 예치 시기, 그 밖에 필요한 사항은 대통령령으로 정한다.(2019.12.10 본항개정)
(2016.1.27 본조제목개정)
(2010.3.31 본조개정)

제10조의2【다른 법률에 따른 인가·허가 등의 의제】
① 관리청이 제8조제2항 또는 제5항에 따라 시행계획을 수립 또는 변경하여 공고하거나 관리청이 아닌 자가 제10조제1항 및 제2항에 따라 소하천등 정비 허가를 받았을 때에는 다음 각 호의 허가·인가·면허·승인·신고·결정·협의 또는 지정 등(이하 이 조에서 "인·허가등"이라 한다)에 관하여 관리청이 제3항에 따라 관계 행정기관의 장과 협의한 사항에 대해서는 그 인·허가등을 받은 것으로 보며, 제8조제2항 또는 제5항에 따라 시행계획을 공고하거나 제10조제5항에 따라 소하천등 정비 허가를 고시하였을 때에는 해당 인·허가등의 고시·공고를 한 것으로 본다.(2024.1.16 본문개정)
1. 「국토의 계획 및 이용에 관한 법률」 제30조에 따른 도시·군관리계획의 결정, 같은 법 제56조에 따른 개발행위의 허가, 같은 법 제86조에 따른 도시계획시설사업의 시행자 지정 및 같은 법 제88조에 따른 실시계획의 작성 및 인가(2019.12.10 본호개정)
2. 「농지법」 제34조에 따른 농지전용의 허가 또는 협의, 같은 법 제35조에 따른 농지의 전용신고 및 같은 법 제36조에 따른 농지의 일시사용허가
3. 「초지법」 제23조에 따른 초지의 전용허가·신고 또는 협의
4. 「농어촌정비법」 제111조에 따른 토지의 형질변경 등의 허가
5. 「산지관리법」 제14조에 따른 산지전용허가 및 같은 법 제15조에 따른 산지전용신고, 같은 법 제15조의2에 따른 산지일시사용허가·신고와 「산림자원의 조성 및 관리에 관한 법률」 제36조제1항 및 제5항에 따른 입목벌채등의 허가·신고(2022.12.27 본호개정)
6. 「산림보호법」 제9조제2항제1호에 따른 행위의 허가, 같은 항 제2호에 따른 산림보호구역(산림유전자원 보호구역은 제외한다)에서의 행위의 신고
7. 「사방사업법」 제14조에 따른 벌채 등의 허가
8. 「수도법」 제52조에 따른 전용상수도의 인가 및 같은 법 제54조에 따른 전용공업용수도의 인가
9. 「하수도법」 제16조에 따른 공공하수도공사 시행의 허가 및 같은 법 제24조에 따른 공공하수도의 점용허가
10. 「지하수법」 제7조에 따른 지하수 개발·이용의 허가
11. 「자연공원법」 제23조에 따른 공원구역에서의 행위허가
12. 「장사 등에 관한 법률」 제27조에 따른 분묘개장허가
13. 「도로법」 제25조에 따른 도로구역의 결정, 같은 법 제36조에 따른 도로관리청이 아닌 자에 대한 도로공사 시행의 허가, 같은 법 제61조에 따른 도로의 점용 허가 및 같은 법 제107조에 따른 도로관리청과의 협의 또는 승인(2014.1.14 본호개정)
14. 「사도법」 제4조에 따른 사도 개설허가
15. 「골재채취법」 제22조에 따른 골재채취의 허가
16. 「공유수면 관리 및 매립에 관한 법률」 제8조에 따른 공유수면의 점용·사용허가, 같은 법 제17조에 따른 점용·사용 실시계획의 승인, 같은 법 제22조에 따른 매립기본계획의 수립, 같은 법 제27조에 따른 매립기본계획의 변경, 같은 법 제28조에 따른 공유수면의 매립면허, 같은 법 제35조에 따른 국가 등이 시행하는 매립의 협의 또는 승인 및 같은 법 제38조에 따른 공유수면매립실시계획의 승인(2010.4.15 본호개정)
17. (2010.4.15 삭제)
② 관리청이 아닌 자는 제1항에 따라 인·허가등의 의제를 받으려는 경우에는 제10조에 따른 소하천등 정비 허가를 신청할 때에 해당 법률에서 정하는 관련 서류를 함께 제출하여야 한다.(2016.1.27 본항신설)
③ 관리청은 제8조에 따라 시행계획을 수립·변경하거나, 제10조에 따라 관리청이 아닌 자의 소하천등 정비 허가를 하려는 경우 제1항 각 호의 어느 하나에 해당하는 사항이 포함되어 있으면 미리 관계 행정기관의 장과 협의하여야 한다.(2016.1.27 본항개정)
④ 관계 행정기관의 장은 제3항에 따른 협의를 요청받은 날부터 30일 이내에 의견을 제출하여야 한다.
(2019.12.10 본항신설)
(2010.3.31 본조개정)

제10조의3【소하천등 정비 준공검사·준공인가 등의 의제】 ① 다음 각 호의 어느 하나에 해당하는 경우에는 관리청이 제10조의2제1항에 따라 의제되는 인·허가등에 따른 준공검사·준공인가 등에 관하여 제3항에 따라 관계 행정기관의 장과 협의한 사항은 해당 준공검사·준공인가와 그에 따른 고시를 한 것으로 본다.
1. 제8조제6항에 따라 소하천등 정비를 완료하였음을 고시한 경우(2024.1.16 본호개정)
2. 제10조제7항에 따라 준공검사가 완료되었음을 고시한 경우(2019.12.10 본호개정)
② 관리청이 아닌 자는 제1항에 따라 준공검사·준공인가 등의 의제를 받으려는 경우에는 제10조제6항에 따른 준공검사를 신청할 때에 해당 법률에서 정하는 관련 서류를 함께 제출하여야 한다.(2019.12.10 본항개정)
③ 관리청은 제8조제6항에 따라 소하천등 정비를 완료하거나 제10조제6항에 따라 준공검사를 하는 경우로서 그 내용에 제10조의2제1항에 따라 의제되는 인·허가등에 따른 준공검사·준공인가 등에 해당하는 사항이 있는 경우에는 미리 관계 행정기관의 장과 협의하여야 한다.
(2024.1.16 본항개정)
(2016.1.27 본조신설)

제11조【주민 의견의 청취 등】 관리청은 제3조에 따른 소하천(소하천시설을 포함한다)의 지정이나 소하천등 정비 등에 관하여 대통령령으로 정하는 사항에 관하여는 미리 관계 전문가 및 해당 지역 주민의 의견을 들어야 한다.(2016.1.27 본조개정)

제12조【토지 등의 수용】 ① 관리청은 시행계획에 따라 소하천등 정비를 시행하기 위하여 필요하면 그 시행계획

이 실시되는 구역에 있는 토지·건축물 또는 그 토지에 정착(定着)된 물건의 소유권이나 그 토지·건축물 또는 물건에 관한 소유권 외의 권리를 수용(收用)하거나 사용할 수 있다.(2016.1.27 본항개정)
② 제8조제2항에 따라 시행계획이 공고되면「공익사업을 위한 토지 등의 취득 및 보상에 관한 법률」제20조제1항 및 제22조에 따른 사업인정 및 고시가 있는 것으로 보며, 재결(裁決)의 신청은 같은 법 제23조제1항 및 제28조제1항에도 불구하고 그 시행계획의 사업기간 내에 할 수 있다.(2016.1.27 본항개정)
③ 제1항에 따른 수용 또는 사용에 관하여는 이 법에 특별한 규정이 있는 경우를 제외하고는「공익사업을 위한 토지 등의 취득 및 보상에 관한 법률」을 준용한다.(2010.3.31 본조개정)
제13조【비용 보조】 관계 중앙행정기관의 장과 시·도지사는 소하천등 정비 등에 드는 비용의 일부를 관리청에 보조할 수 있다.(2016.1.27 본조개정)

제3장 소하천의 보전
(2010.3.31 본장개정)

제14조【소하천등의 점용 등】 ① 소하천등(소하천 예정지는 제외한다. 이하 이 조에서 같다)에서 다음 각 호의 어느 하나에 해당하는 행위를 하려는 자는 행정안전부령으로 정하는 바에 따라 관리청의 허가를 받아야 한다. 다만, 대통령령으로 정하는 경우에는 그러하지 아니하다.(2017.7.26 본문개정)
1. 유수(流水)의 점용
2. 토지의 점용
3. 소하천시설의 점용·신축·개축·변경 또는 제거(2016.1.27 본호개정)
4. 그 밖의 인공구조물의 신축·개축 또는 변경
5. 토지의 굴착·성토(盛土) 또는 절토(切土), 그 밖에 토지의 형상 변경
6. 토석(土石)·모래·자갈·죽목(竹木), 그 밖의 소하천등 산출물의 채취(2016.1.27 본호개정)
7. 그 밖에 소하천등의 형상과 기능에 지장을 줄 수 있는 행위(2016.1.27 본호개정)
② 관리청은 제1항에 따른 허가를 하려는 때에는 제10조제2항 각 호의 사항을 검토하여야 한다.
③ 관리청은「하천법」에 따른 국가하천 또는 지방하천으로 유입되는 소하천등에 대하여 제1항에 따른 허가를 한 때에는 그 내용을「하천법」제8조에 따른 관할 하천관리청에 통보하여야 한다. 이 경우 제1항제1호의 허가는 환경부장관에게도 통보하여야 한다.(2020.12.31 후단개정)
④ 제5조제1항 또는 제2항에 따라 관리청과 미리 협의한 경우에는 그 협의된 범위에서 제1항을 적용하지 아니하고, 제10조에 따라 소하천등 정비 허가를 받은 경우에는 그 허가받은 범위에서 제1항을 적용하지 아니한다.(2016.1.27 본항개정)
⑤ 제3조의3에 따른 소하천구역의 결정·고시 당시 그 소하천구역에서 소하천시설이나 그 밖의 인공구조물을 설치하였거나 점용하고 있는 자는 그 소하천구역의 결정·고시가 있었던 날부터 1년 이내에 관리청에 신고하여야 하며, 해당 신고가 수리된 경우(수리된 것으로 보는 경우를 포함한다)에는 제1항에 따른 허가를 받은 것으로 본다. 이 경우 신고수리 등에 관하여는 제4조의2제2항 및 제3항을 준용한다.(2019.12.10 본항개정)
⑥ 관리청은 제1항에 따른 허가신청을 받은 날부터 20일 이내에 허가 여부 또는 허가 처리 지연 사유를 통지하여야 한다. 이 경우 그 기한 내에 허가 여부 또는 허가 처리 지연 사유를 통지하지 아니한 경우에는 그 기한이 지난 날의 다음 날에 허가한 것으로 본다.(2011.5.30 본항신설)
⑦ 관리청이 제6항에 따라 허가 처리 지연 사유를 통지하는 경우에는 제6항의 허가 처리 기간을 10일 이내에서 연장할 수 있다.(2011.5.30 본항신설)
⑧ 제1항에 따른 허가의 유효기간 및 제2항부터 제7항까지의 규정에 따른 업무 처리의 세부기준 등 필요한 사항은 행정안전부령으로 정한다.(2019.12.10 본항신설)
(2016.1.27 본조제목개정)
제15조【허가의 제한 등】 관리청은 재해 발생의 위험이 있거나 소하천등 정비 및 보전을 위하여 특히 필요하다고 인정하면 제14조제1항 또는 제5항에 따른 허가 또는 부고수리를 하여서는 아니 되며, 제4조제3항에 따라 고시된 소하천 예정지에서는 인공구조물의 설치를 제한할 수 있다.(2019.12.10 본조개정)
제16조【원상회복 의무】 ① 제10조에 따라 소하천등 정비 허가를 받거나 제14조에 따라 점용·사용 허가를 받은 자는 그 허가가 실효(失效)되거나 점용 또는 사용을 폐지한 경우에는 그 소하천등을 원상으로 회복시켜야 한다. 다만, 관리청은 원상회복을 할 수 없거나 원상회복의 필요가 없는 등 대통령령으로 정하는 사유에 해당하면 허가를 받은 자의 신청이나 관리청의 직권(職權)에 의하여 원상회복 의무를 면제할 수 있다.(2019.12.10 단서개정)
② 제1항 단서에 따라 원상회복 의무가 면제된 경우에 그 인공구조물이나 그 밖의 물건은 해당 지방자치단체에 무상(無償)으로 귀속된다.
제17조【법령 위반자 등에 대한 처분】 관리청은 다음 각 호의 어느 하나에 해당하는 경우에는 제10조에 따른 소하천등 정비 허가 또는 제14조에 따른 점용·사용 허가를 취소하거나, 해당 인공구조물 또는 그 밖의 물건의 이전·제거나 그 밖에 필요한 조치를 명할 수 있다. 다만, 제1호에 해당하는 경우에는 그 허가를 취소하여야 한다.(2019.12.10 단서신설)
1. 거짓이나 그 밖의 부정한 방법으로 제10조에 따른 소하천등 정비 허가나 제14조에 따른 점용·사용 허가를 받은 경우(2016.1.27 본호개정)
2. 제10조제1항을 위반하여 허가를 받지 아니하고 소하천등 정비를 한 경우(2016.1.27 본호개정)
3. 제10조제6항을 위반하여 준공검사를 받지 아니한 경우(2019.12.10 본호개정)
4. 제14조제1항을 위반하여 허가를 받지 아니하고 유수의 점용 등을 한 경우
5. 제14조제5항을 위반하여 점용 등의 신고를 하지 아니한 경우(2016.1.27 본호개정)
6. 제15조에 따른 소하천 예정지에서의 인공구조물 설치 제한을 위반한 경우
7. 제16조제1항 본문을 위반하여 원상회복 의무를 이행하지 아니한 경우
8. 다른 법령에 따라 관계 행정청의 허가·인가 또는 그 밖의 처분을 받아야 할 경우에 이를 받지 못하거나 이를 받은 후 취소되었거나 그 효력이 실효되어 이 법에 따른 허가가 필요 없게 된 경우
9. 허가에 관계되는 공사나 그 밖의 행위 또는 이와 관계되는 사업의 전부 또는 일부가 폐지된 경우
제18조【공익을 위한 처분】 관리청은 다음 각 호의 어느 하나에 해당하는 경우에는 제10조에 따른 소하천등 정비 허가 또는 제14조에 따른 점용·사용 허가를 받은 자에 대하여 제17조에 따른 처분을 하거나 필요한 조치를 명할 수 있다.(2016.1.27 본문개정)
1. 소하천등 정비를 위하여 필요한 경우(2016.1.27 본호개정)
2. 소하천의 보전 및 재해 예방 등 공익(公益)상의 피해를 제거하거나 줄이기 위하여 필요한 경우
3.「공익사업을 위한 토지 등의 취득 및 보상에 관한 법률」제4조에 따른 공익사업을 위하여 필요한 경우
제18조의2【청문】 관리청은 제17조나 제18조에 따라 허가를 취소하려면 청문을 하여야 한다.
제18조의3【행정대집행의 적용 특례】 ① 관리청은 수해방지 등을 위하여 긴급한 실시가 필요한 경우로서「행정대집행법」제3조제1항 및 제2항에 따른 절차에 따르면 그 목적을 달성하기가 곤란한 경우에는 해당 절차를 거치지 아니하고 점용물 등의 제거, 그 밖에 필요한 조치를 할 수 있다.
② 제1항에 따른 점용물 등의 제거, 그 밖의 필요한 조치는 소하천 관리를 위하여 필요한 최소한도에 그쳐야 한다.
③ 제1항 및 제2항에 따른 대집행으로 제거된 점용물 등의 보관 및 처리에 필요한 사항은 대통령령으로 정한다.(2024.1.16 본조신설)
제19조【관리청에 대한 감독】 ① 시·도지사는 소하천등 정비·보전과 관련하여 관리청을 지도·감독할 수 있다.(2016.1.27 본항개정)
② 시·도지사는 소하천의 보전과 재해의 예방, 공해의 예방 또는 제거를 위하여 필요하다고 인정하면 관리청이 한 처분이나 시행하는 공사에 대하여 취소 또는 변경이나 그 밖에 필요한 조치를 명할 수 있다.
제20조【허가의 실효】 관리청이 제10조에 따른 소하천등 정비 허가 또는 제14조에 따른 점용·사용 허가를 하면서 공사착수기한이나 준공기한을 정한 경우에, 그 지정된 날까지 공사를 착수하지 아니하거나 준공을 하지 아니하였을 때에는 그 허가는 효력을 상실한다. 다만, 관리청은 효력이 상실된 날부터 3개월 이내에 효력의 회복을 신청받은 경우 허가를 받은 자의 귀책사유가 아닌 천재지변이나 불가항력 등으로 공사착수기한이나 준공기한을 지키지 못하였다고 인정되는 경우에는 그 효력을 소급하여 회복시킬 수 있다.(2019.12.10 단서개정)

제4장 보칙
(2010.3.31 본장개정)

제21조【수익과 비용의 범위 등】 소하천등으로부터 생기는 수익 및 소하천등 정비 등에 관한 비용의 범위와 수익금의 사용기준은 대통령령으로 정한다.(2016.1.27 본조개정)
제22조【점용료 등의 징수】 ① 관리청은 제14조에 따른 소하천등(소하천 예정지는 제외한다. 이하 이 조에서 같다)의 점용·사용 허가를 받은 자로부터 유수 및 토지의 점용료, 토석·모래·자갈 등 소하천등 산출물의 채취료 등(이하 "점용료등"이라 한다)을 징수할 수 있다. 다만, 점용 또는 사용 대상인 재산에 관한 권리가 국가나 지방자치단체에 속하지 아니하는 경우에는 그러하지 아니하다.(2016.1.27 본문개정)
② 관리청은 제14조를 위반하여 허가를 받지 아니하고 소하천을 점용하거나 사용한 자로부터 그 점용료등의 100분의 120에 상당하는 금액을 변상금으로 징수할 수 있다. 다만, 점용 또는 사용 대상인 재산에 관한 권리가 국가나 지방자치단체에 속하지 아니하는 경우에는 그러하지 아니하다.(2024.1.16 본문개정)
③ 제10조에 따른 소하천등 정비 허가 또는 제14조에 따른 점용·사용 허가를 받으려는 자는 수수료를 내야 한다.(2016.1.27 본항개정)
④ 관리청은 제10조에 따른 소하천등 정비 허가 또는 제14조에 따른 점용·사용 허가를 하는 경우로서 다음 각 호의 어느 하나에 해당하는 경우에는 점용료등 또는 수수료를 감면할 수 있다. 이 경우 점용료등의 감면 비율은 대통령령으로 정하고, 수수료의 감면 비율은 해당 지방자치단체의 조례로 정한다.(2019.12.10 후단신설)
1. 공용·공공용 사업 또는 그 밖의 공익을 목적으로 하는 비영리사업으로서 대통령령으로 정하는 사업인 경우(2019.12.10 본호개정)
2. 국민경제에 중대한 영향을 미치는 공익사업으로서 대통령령으로 정하는 사업인 경우
3. 재해나 그 밖의 특별한 사정으로 본래의 점용 목적을 달성할 수 없는 경우
⑤ 제1항부터 제3항까지의 규정에 따른 점용료등, 변상금 및 수수료는 해당 지방자치단체의 수입으로 하며, 그 금액과 징수방법 등은 해당 지방자치단체의 조례로 정한다.(2019.12.10 본항개정)
제23조【점용료등의 강제징수】 관리청은 제22조제1항에 따른 점용료등 및 같은 조 제2항에 따른 변상금을 내지 아니한 자가 있으면 지방세 체납처분의 예에 따라 징수한다.
제23조의2【타인의 토지에의 출입 등】 ① 관리청은 소하천등 정비, 소하천등에 관한 조사·측량, 그 밖에 소하천등의 관리를 위하여 필요한 경우에는 타인의 토지에 출입하거나 특별한 용도로 이용되지 아니하고 있는 타인의 토지를 재료적치장·통로 또는 임시도로로 일시 사용할 수 있으며, 부득이한 경우에는 죽목·토석, 그 밖의 장애물을 변경하거나 제거할 수 있다.
② 제1항에 따라 타인의 토지에 출입하려는 자는 출입할 날의 3일 전까지 그 토지의 소유자·점유자 또는 관리인에게 그 일시와 장소를 통지하여야 한다. 다만, 사전에 통지하기 곤란한 경우에는 대통령령으로 정하는 통지방법에 따른다.
③ 타인의 토지를 재료적치장·통로 또는 임시도로로 일시 사용하거나 죽목·토석, 그 밖의 장애물을 변경 또는 제거하려는 자는 미리 그 소유자·점유자 또는 관리인의 동의를 받아야 한다. 다만, 그 소유자·점유자 또는 관리인의 주소 또는 거소를 알 수 없거나 동의를 받을 수 없을 때에는 관할 관리청의 허가를 받아야 한다.
④ 일출 전·일몰 후에는 그 토지의 점유자의 승낙 없이 택지 또는 울타리나 담장으로 둘러싸인 타인의 토지에 출입해서는 아니 된다.
⑤ 토지의 소유자·점유자 또는 관리인은 정당한 사유 없이 제1항에 따른 토지의 출입·일시 사용 또는 죽목·토석, 그 밖의 장애물의 변경이나 제거를 거부하거나 방해해서는 아니 된다.
⑥ 제1항에 따라 타인의 토지에 출입하려는 자는 그 권한을 나타내는 증표를 지니고 이를 관계인에게 보여주어야 한다.
⑦ 제6항에 따른 증표에 관하여 필요한 사항은 행정안전부령으로 정한다.
(2019.12.10 본조신설)
제24조【공용부담 등으로 인한 손실보상】 ① 관리청은 시행계획에 따른 소하천등 정비, 제18조에 따른 관리청의 처분 또는 명령, 제19조제2항에 따른 시·도지사의 처분 또는 명령 및 제23조의2제1항에 따른 관리청의 행위로 인하여 손실을 입은 자가 있으면 그 손실을 보상하여야 한다.(2019.12.10 본항개정)
② 관리청은 제1항에 따라 손실을 보상하려는 경우에는 손실을 입은 자와 협의하여야 한다.
③ 관리청은 제2항에 따른 협의가 성립되지 아니하거나 협의를 할 수 없는 경우에는 대통령령으로 정하는 바에 따라 관할 토지수용위원회에 재결(裁決)을 신청할 수 있다.
④ 제1항부터 제3항까지의 규정에 따른 손실보상에 관하여는 이 법에 규정된 것을 제외하고는「공익사업을 위한 토지 등의 취득 및 보상에 관한 법률」을 준용한다.
⑤ 관리청은 제1항의 손실이 제18조제3호의 사유로 발생한 것이면 그 사업을 시행하는 자로 하여금 그 손실의 전부 또는 일부를 보상하게 할 수 있다.
제24조의2【폐천부지등의 관리】 ① 관리청은 소하천등 정비, 홍수 또는 그 밖의 자연현상으로 소하천의 유로가 변경되어 소하천구역에서 제외된 토지(국유 또는 공유인 토지만 해당하며, 이하 "폐천부지등"이라 한다)가 발생한 경우에는 행정안전부령으로 정하는 바에 따라 폐천부지

등의 발생일부터 3년 이내에 이를 고시하여야 한다.
(2017.7.26 본항개정)
② 제1항에 따라 발생한 폐천부지등은 행정안전부령으로 정하는 바에 따라 치수·이수·친수 및 소하천환경보전의 목적으로 우선적으로 활용하여야 한다.
(2019.12.10 본항개정)

제25조【폐천부지등의 교환·유상양여】 관리청은 폐천부지등이 다음 각 호의 요건에 모두 해당하는 경우에는 그 폐천부지등을 대통령령으로 정하는 순위 및 기준에 따라 새로이 소하천구역으로 된 타인의 토지 또는 소하천구역에 이미 편입된 타인의 토지와 교환하거나 소하천등으로 편입되기 전의 원래의 소유자 또는 제10조제1항에 따라 소하천등 정비를 시행한 관리청이 아닌 자에게 유상으로 양여할 수 있다.(2016.1.27 본문개정)
1. 치수·이수·친수 및 소하천환경보전의 목적으로 활용할 필요가 없을 것
2. 국유재산 또는 공유재산으로 둘 필요가 없을 것
(2012.3.21 본조개정)

제26조【소하천관리위원회의 설치 등】 ① 소하천등 정비사업 및 유지·관리 등에 관한 사항을 심의하기 위하여 시·도지사 소속으로 광역소하천관리위원회를, 관리청 소속으로 기초소하천관리위원회를 둔다. 다만, 특별자치시장의 경우에는 광역소하천관리위원회를 두되, 광역소하천관리위원회에서 기초소하천관리위원회의 심의사항도 함께 심의한다.(2019.12.10 단서개정)
② 광역소하천관리위원회는 다음 각 호의 사항을 심의한다.
1. 종합계획 승인에 관한 사항
2. 소하천등 정비사업 대상 선정에 관한 사항(2016.1.27 본호개정)
3. 경계소하천의 관리방법에 관한 사항
4. 소하천정비사업 추진 및 점검 결과 등에 관한 사항
5. 그 밖에 소하천 관리에 관한 사항으로 대통령령으로 정하는 사항
③ 기초소하천관리위원회는 다음 각 호의 사항을 심의한다.
1. 종합계획 및 중기계획에 관한 사항
2. 관리청이 아닌 자의 소하천등 정비 허가 및 준공에 관한 사항(2016.1.27 본호개정)
3. 소하천(소하천시설을 포함한다)의 지정·변경 및 폐지에 관한 사항(2016.1.27 본호개정)
4. 폐천부지등의 교환·양여에 관한 사항
5. 그 밖에 소하천등의 관리에 관한 사항으로 대통령령으로 정하는 사항(2016.1.27 본호개정)
④ 제1항부터 제3항까지에서 규정한 사항 외에 광역소하천관리위원회 및 기초소하천관리위원회의 구성 및 운영에 필요한 사항은 대통령령으로 정한다.
(2012.3.21 본조신설)

제26조의2【소하천 관리실태 점검 등】 ① 관리청은 소하천시설의 관리상황과 하천의 점용상황 등에 대한 점검을 실시하여 하천시설의 유지·보수 또는 불법행위에 대한 시정 등을 위하여 필요한 조치를 하고, 조치결과를 행정안전부장관에게 통지하여야 한다.(2017.7.26 본항개정)
② 제1항에 따른 점검의 내용·방법 및 점검사항에 대한 조치결과의 통지 등에 필요한 사항은 대통령령으로 정한다.
(2012.3.21 본조신설)

제26조의3【소하천 재해경감 등을 위한 연구개발사업의 육성】 ① 행정안전부장관, 시·도지사 및 관리청은 소하천등에서 발생하는 재해를 경감하기 위하여 연구개발사업 및 관련 사업을 육성하여야 한다.(2017.7.26 본항개정)
② 행정안전부장관, 시·도지사 및 관리청은 연구개발사업 및 관련 사업을 육성하기 위하여 필요한 지원을 할 수 있다.(2017.7.26 본항개정)
③ 제2항에 따른 지원에 필요한 세부적인 사항은 대통령령으로 정한다.
(2012.3.21 본조신설)

제26조의4【소하천 정보체계의 구축】 ① 행정안전부장관은 소하천등을 효율적으로 관리하기 위하여 소하천 정보체계를 구축·운영하여야 한다.(2017.7.26 본항개정)
② 행정안전부장관은 제1항에 따른 소하천 정보체계 구축을 위하여 중앙행정기관, 지방자치단체 및 「공공기관의 운영에 관한 법률」 제4조에 따른 공공기관의 장(이하 이 조에서 "관계기관의 장"이라 한다)에게 필요한 자료의 제출을 요청할 수 있다. 이 경우 자료 제출의 요청을 받은 관계기관의 장은 특별한 사유가 없으면 이에 따라야 한다.
(2017.7.26 전단개정)
③ 제1항에 따른 소하천 정보체계의 구축범위 및 운영절차 그 밖에 필요한 사항은 대통령령으로 정한다.
(2016.1.27 본조신설)

제5장 벌 칙
(2010.3.31 본장제목개정)

제27조【벌칙】 다음 각 호의 어느 하나에 해당하는 자는 1년 이하의 징역 또는 1천만원 이하의 벌금에 처한다.
1. 정당한 사유 없이 소하천시설을 이전하거나 파손하여 공공의 피해를 발생하게 하거나 유수에 지장을 초래하게 한 자
2. 제8조의2제3항에 따라 준용되는 「자연재해대책법」 제38조제2항에 따른 대행자 등록을 하지 아니하고 업무를 대행한 자
3. 제10조를 위반하여 허가를 받지 아니하고 소하천등 정비를 한 자
4. 제14조를 위반하여 허가를 받지 아니하고 유수의 점용 등을 한 자
5. 제17조 또는 제18조에 따른 관리청의 명령을 위반한 자
(2024.1.16 본조개정)

제28조【양벌규정】 법인의 대표자나 법인 또는 개인의 대리인, 사용인, 그 밖의 종업원이 그 법인 또는 개인의 업무에 관하여 제27조의 위반행위를 하면 그 행위자를 벌하는 외에 그 법인 또는 개인에게도 해당 조문의 벌금형을 과(科)한다. 다만, 법인 또는 개인이 그 위반행위를 방지하기 위하여 해당 업무에 관하여 상당한 주의와 감독을 게을리 하지 아니한 경우에는 그러하지 아니하다.
(2008.12.26 본조개정)

제29조【과태료】 ① 제23조의2제2항을 위반하여 통지를 하지 아니하고 타인의 토지에 출입한 자에게는 300만원 이하의 과태료를 부과한다.
② 제23조의2제5항을 위반하여 정당한 사유 없이 토지의 출입·일시사용 또는 죽목·토석, 그 밖의 장애물의 변경이나 제거를 거부하거나 방해한 자에게는 100만원 이하의 과태료를 부과한다.
③ 제1항 및 제2항에 따른 과태료는 대통령령으로 정하는 바에 따라 관리청이 부과·징수한다.
(2019.12.10 본조신설)

부 칙 (2012.3.21)

제1조【시행일】 이 법은 공포 후 6개월이 경과한 날부터 시행한다.

제2조【종합계획 수립에 관한 특례】 이 법 시행 후 최초의 종합계획은 제6조제1항의 개정규정에도 불구하고 이 법 시행일이 속하는 연도의 다음 연도를 계획기간의 개시연도로 하여 수립한다.

제3조【소하천 예정지의 지정 효력 상실에 관한 경과조치】 이 법 시행 당시 소하천 예정지로 지정·고시된 토지에 관한 소하천 예정지 지정의 효력상실의 기산일은 제4조제3항의 개정규정에도 불구하고 이 법 시행일로 한다.

제4조【폐천부지등의 관리에 관한 경과조치】 이 법 시행 전에 발생한 폐천부지등으로서 그 발생일부터 3년이 경과한 폐천부지등에 대하여는 제24조의2의 개정규정에도 불구하고 이 법 시행 후 3개월 이내에 고시하여야 한다.

부 칙 (2016.1.27)

제1조【시행일】 이 법은 공포 후 6개월이 경과한 날부터 시행한다.

제2조【재결의 신청에 관한 적용례】 제12조제2항의 개정규정은 이 법 시행 후 최초로 공고된 시행계획부터 적용한다.

제3조【기존 소하천구역에 관한 경과조치】 ① 이 법 시행 당시 종전의 제2조제2호에 따른 소하천구역에 해당하는 구역으로서 종전의 제3조제2항에 따라 소하천으로 고시되거나 「토지이용규제 기본법」 제8조제2항에 따라 소하천구역으로 고시된 구역은 제3조의3의 개정규정에 따라 결정·고시된 소하천구역으로 본다.
② 관리청은 이 법 시행 당시 종전의 제2조제2호에 따른 소하천구역에 해당하는 구역으로서 종전의 제3조제2항 또는 「토지이용규제 기본법」 제8조제2항에 따라 소하천 또는 소하천구역으로 고시되지 아니한 구역에 대하여는 이 법 시행일부터 5년 이내에 제3조의3의 개정규정에 따라 소하천구역으로 결정·고시하여야 한다.

제4조【소하천부속물에 관한 경과조치】 이 법 시행 당시 종전의 제2조제3호에 따른 소하천부속물은 제2조제3호의 개정규정에 따른 소하천시설로 본다.

제5조【소하천의 정비가 완료된 소하천 예정지에 관한 경과조치】 이 법 시행 전에 소하천 예정지로 지정·고시된 후 소하천의 정비가 완료되어 종전의 제4조제4항에 따라 소하천으로 지정·고시된 토지는 제4조제5항의 개정규정에 따라 결정·고시된 소하천구역으로 본다.

제6조【소하천공사 허가 명칭의 변경에 따른 경과조치】 이 법 시행 전에 종전의 제10조제1항 본문에 따라 소하천공사의 허가를 받은 경우에는 제10조제1항의 개정규정에 따라 소하천등 정비 허가를 받은 것으로 본다.

부 칙 (2019.12.10)

제1조【시행일】 이 법은 공포 후 6개월이 경과한 날부터 시행한다. 다만, 제4조의2, 제14조제5항 및 제15조의 개정규정은 공포 후 1개월이 경과한 날부터 시행하고, 제22조제4항 각 호 외의 부분 후단, 같은 항 제1호 및 같은 조 제5항의 개정규정은 공포 후 1년이 경과한 날부터 시행한다.

제2조【권리·의무 승계신고 등에 관한 적용례】 ① 제4조의2 및 제14조제5항의 개정규정은 같은 개정규정 시행 이후 신고를 하는 경우부터 적용한다.
② 제15조의 개정규정은 같은 개정규정 시행 전에 종전의 제14조제5항에 따라 신고를 한 경우에도 적용한다.

제3조【관리청이 아닌 자의 소하천등 정비에 관한 적용례】 제10조제3항 및 제4항의 개정규정은 이 법 시행 이후 소하천등 정비 허가를 신청하는 경우부터 적용한다.

제4조【관계 행정기관의 장과의 협의에 관한 적용례】 제10조의2제4항의 개정규정은 이 법 시행 이후 관계 행정기관의 장에게 협의를 요청하는 경우부터 적용한다.

제5조【점용료 등의 감면에 관한 적용례】 제22조제4항 각 호 외의 부분 후단, 같은 항 제1호 및 같은 조 제5항의 개정규정은 같은 개정규정 시행 이후 제10조에 따른 소하천등 정비 허가 또는 제14조에 따른 점용·사용 허가를 하거나 갱신하는 경우부터 적용한다.

제6조【일반적 경과조치】 ① 이 법 시행 전에 종전의 규정에 따라 제주특별자치도지사가 「제주특별자치도 설치 및 국제자유도시 조성을 위한 특별법」 제10조제2항에 따른 행정시(이하 이 조에서 "행정시"라 한다)의 구역에 관하여 관리청으로서 행한 처분과 그 밖의 행위는 이 법에 따라 관리청인 해당 행정시의 시장이 행한 처분과 그 밖의 행위로 본다.
② 이 법 시행 전에 종전의 규정에 따라 행정시의 구역에 관하여 관리청인 제주특별자치도지사에게 행한 신청·신고와 그 밖의 행위는 이 법에 따라 관리청인 해당 행정시의 시장에게 행한 신청·신고와 그 밖의 행위로 본다.

제7조【법령 위반자 등에 대한 처분에 관한 경과조치】 이 법 시행 전에 거짓이나 그 밖의 부정한 방법으로 제10조에 따른 소하천등 정비 허가나 제14조에 따른 점용·사용 허가를 받은 자에 대해서는 제17조 각 호 외의 부분 단서의 개정규정에도 불구하고 종전의 규정에 따른다.

부 칙 (2020.12.31)

제1조【시행일】 이 법은 공포 후 1년이 경과한 날부터 시행한다.(이하 생략)

부 칙 (2022.12.27)

제1조【시행일】 이 법은 공포 후 6개월이 경과한 날부터 시행한다.(이하 생략)

부 칙 (2024.1.16)

제1조【시행일】 이 법은 공포한 날부터 시행한다.

제2조【변상금 징수에 관한 경과조치】 이 법 시행 전에 허가를 받지 아니하고 소하천을 점용하거나 사용한 자에게 변상금을 징수하는 경우에는 제22조제2항 본문의 개정규정에도 불구하고 종전의 규정에 따른다.

(舊 : 댐건설 및 주변지역지원 등에 관한 법률)

댐건설·관리 및 주변지역지원 등에 관한 법률(약칭 : 댐건설관리법)

(1999년 9월 7일 법 률 제6021호)

개정
2001.12.31법 6587호
2002. 2. 4법 6655호(국토이용)
2002. 2. 4법 6656호(공토법)
2002.12.30법 6841호(산지관리법)
2003. 5.29법 6916호(주택법)
2004. 1.29법 7158호
2005. 8. 4법 7678호(산림자원조성관리)
2005.12. 7법 7715호(토지이용규제기본법)
2006. 9.27법 8014호(하수도법)
2007. 1.26법 8283호(산지관리법)
2007. 4. 6법 8338호(하천법)
2007. 4.11법 8351호(농어촌정비)
2007. 4.11법 8352호(농지)
2007. 4.11법 8371호(폐기물관리법)
2007. 5.17법 8466호(수질수생태계보전)
2007.10.17법 8659호
2007.12.21법 8733호(군사기지및군사시설보호법)
2007.12.27법 8820호(공유수면매립법)
2008. 2.29법 8852호(정부조직)
2008. 3.21법 8976호(도로법)
2008. 3.28법 9037호(환경영향평가법)
2009. 4. 1법 9597호
2009. 6. 9법 9758호(농어촌정비)
2010. 4.15법10272호(공유수면관리및매립에관한법)
2010. 5.31법10331호(산지관리법)
2011. 4.12법10580호(부등)
2011. 4.14법10599호(국토이용)
2011. 5.30법10760호
2011. 7.21법10892호(환경영향평가법)
2012. 1.17법11185호
2013. 3.23법11690호(정부조직)
2014. 1.14법12248호(도로법)
2015. 1. 6법12989호(주택도시기금법)
2016.12. 2법14337호
2016.12.27법14480호(농어촌정비)
2017. 1.17법14532호(물환경보전법)
2017. 1.17법14544호(수자원의조사·계획및관리에관한법)
2018. 6. 8법15624호(정부조직)
2019. 8.27법16568호(양식산업발전법)
2020. 3.31법17175호 2021. 6.15법18284호
2022.12.27법19117호(산림자원조성관리)
2024. 1.30법20172호(행정법제혁신을위한일부개정법령등)

제1장 총 칙
(2011.5.30 본장개정)

제1조【목적】 이 법은 댐의 건설·관리, 댐건설 비용의 회전활용, 댐건설에 따른 환경대책, 지역주민에 대한 지원 등을 규정함으로써 수자원을 합리적으로 개발·이용하여 국민경제의 발전을 도모함을 목적으로 한다.

제2조【정의】 이 법에서 사용하는 용어의 뜻은 다음과 같다.
1. "댐"이란 하천의 흐름을 막아 그 저수(貯水)를 생활용수, 공업용수, 농업용수, 환경개선용수, 발전(發電), 홍수 조절, 주운(舟運), 그 밖의 용도(이하 "특정용도"라 한다)로 이용하기 위한 높이 15미터 이상의 공작물을 말하며, 여수로(餘水路)·보조댐과 그 밖에 해당 댐과 일체가 되어 그 효용을 다하게 하는 시설이나 공작물을 포함한다.
2. "다목적댐"이란 환경부장관이 건설하는 댐으로서 특정용도 중 둘 이상의 용도로 이용하는 것[특정용도에 전용(專用)되는 시설이나 공작물은 제외한다]을 말한다. (2018.6.8 본호개정)
3. "댐사용권"이란 다목적댐에 의한 일정량의 저수를 일정한 지역에 확보하고 특정용도에 사용할 수 있는 권리를 말한다.
4. "댐관리"란 이 법의 적용을 받는 댐을 총체적으로 유지·관리하는 모든 활동을 말한다.(2021.6.15 본호신설)
5. "수몰이주민"이란 댐건설사업의 시행으로 생활의 근거를 상실하게 되는 사람으로 「공익사업을 위한 토지 등의 취득 및 보상에 관한 법률」 제78조제1항에 따른 이주대책대상자를 말한다.

제3조【적용범위】 ① 이 법은 다목적댐과 다음 각 호의 어느 하나에 해당하는 자가 생활용수·공업용수 또는 환경개선용수의 공급이나 홍수 조절을 위하여 건설하는 댐에 적용한다.(2021.6.15 단서삭제)
1. 환경부장관(2018.6.8 본호개정)
2. 특별시장·광역시장·특별자치시장·도지사 또는 특별자치도지사(이하 "시·도지사"라 한다)(2016.12.2 본호개정)
3. 시장·군수
4. 그 밖에 대통령령으로 정하는 자

② 제1항에도 불구하고 제4조 및 제4조의2는 다음 각 호의 댐에 적용한다.
1. 제1항 각 호의 어느 하나에 해당하는 자가 건설하는 댐
2. 「전원개발촉진법」 제4조에 따른 전원개발사업추진위원회의 심의를 거친 발전용 댐

(2021.6.15 본항신설)

제2장 댐의 건설과 관리
(2011.5.30 본장개정)

제1절 댐의 관리 등
(2021.6.15 본절제목개정)

제4조【댐관리기본계획】 ① 환경부장관은 댐관리 및 그 주변지역의 보전을 위하여 10년마다 다음 각 호의 사항이 포함된 댐관리기본계획(이하 "댐관리기본계획"이라 한다)을 수립하여야 한다.
1. 댐관리의 기본방침
2. 댐시설의 관리 계획
3. 댐 저수 운영 및 물환경(「물환경보전법」 제2조제1호에 따른 물환경을 말한다. 이하 같다) 보전 계획
4. 댐 주변지역 보전 방안(제3조제2항제1호에 해당하는 댐에 한정한다)
5. 그 밖에 효율적인 댐관리를 위하여 대통령령으로 정하는 사항

② 환경부장관은 댐관리기본계획이 수립된 날부터 5년마다 그 타당성을 검토하여 필요한 경우에는 해당 계획을 변경하여야 한다.

③ 환경부장관은 제1항 및 제2항에 따라 댐관리기본계획을 수립하거나 변경하려는 경우에는 미리 관계 중앙행정기관의 장으로 하여금 소관별로 댐관리에 관한 기본계획을 수립하거나 변경하여 제출하게 하고 이를 댐관리기본계획에 반영하여야 한다.

④ 환경부장관은 관계 중앙행정기관의 장 및 제3조제2항 각 호의 댐을 관리하는 자(해당 댐의 관리를 위탁받은 자를 포함한다)에게 댐관리기본계획의 수립·변경에 필요한 자료의 제출을 요청할 수 있다. 이 경우 요청을 받은 자는 특별한 사유가 없으면 그 요청에 따라야 한다.

⑤ 환경부장관은 제1항 및 제2항에 따라 댐관리기본계획을 수립하거나 변경하려는 경우에는 관할 시·도지사의 의견을 듣고 관계 중앙행정기관의 장과 협의한 후 「수자원의 조사·계획 및 관리에 관한 법률」 제29조에 따른 국가수자원관리위원회의 심의를 거쳐야 한다.

⑥ 환경부장관은 제1항 및 제2항에 따라 댐관리기본계획을 수립하거나 변경하였을 때에는 지체 없이 이를 국회에 제출하고 관계 중앙행정기관의 장과 관할 시·도지사에게 통보하여야 한다.

⑦ 제1항부터 제6항까지의 규정에 따른 댐관리기본계획 수립·변경 등에 필요한 사항은 대통령령으로 정한다.

(2021.6.15 본조신설)

제4조의2【댐관리세부시행계획】 ① 제3조제2항 각 호의 댐을 관리하는 자는 댐관리기본계획에 따라 관할 댐에 대한 댐관리세부시행계획(이하 "세부시행계획"이라 한다)을 수립하여야 한다.

② 제3조제2항제1호의 댐을 관리하는 자가 제1항에 따라 세부시행계획을 수립하거나 수립한 세부시행계획을 변경하려는 경우에는 미리 환경부장관의 승인을 받아야 한다. 다만, 대통령령으로 정하는 경미한 사항을 변경하려는 경우에는 그러하지 아니하다.

③ 제3조제2항제2호의 댐을 관리하는 자가 제1항에 따라 세부시행계획을 수립하거나 수립한 세부시행계획을 변경하려는 경우에는 미리 소관 중앙행정기관의 장과 협의하고, 환경부장관에게 이를 통보하여야 한다. 다만, 대통령령으로 정하는 경미한 사항을 변경하려는 경우에는 그러하지 아니하다.

④ 제1항부터 제3항까지의 규정에 따라 세부시행계획을 수립하거나 변경한 경우에는 그 내용을 공개하여야 한다.

⑤ 제1항부터 제3항까지의 규정에 따른 세부시행계획의 수립·변경 절차와 방법 및 제4항에 따른 세부시행계획의 공개에 필요한 사항은 대통령령으로 정한다.

(2021.6.15 본조신설)

제5조【댐관리청과 댐수탁관리자】 ① 댐은 환경부장관이 관리한다. 다만, 시·도지사 또는 시장·군수가 건설한 댐은 해당 시·도지사 또는 시장·군수가 관리한다. (2018.6.8 본문개정)

② 제1항에 따라 댐을 관리하는 환경부장관, 시·도지사 또는 시장·군수(이하 "댐관리청"이라 한다)는 댐의 관리를 위하여 필요한 때에는 댐사용권을 설정받은 자(이하 "댐사용권자"라 한다) 또는 댐의 설치·운영에 관한 업무를 수행하는 「공공기관의 운영에 관한 법률」에 따른 공공기관에 댐의 관리를 위탁할 수 있다.(2018.6.8 본항개정)

③ 제2항에 따른 댐관리의 위탁에 필요한 사항은 대통령령으로 정한다.

제6조【댐관리의 기본원칙】 댐의 관리는 홍수·가뭄의 예방, 댐의 저수로 인한 공익의 증진, 피해의 제거 또는 경감에 유의하고 댐사용권을 침해하지 아니하도록 적정하게 하여야 한다.(2021.6.15 본조개정)

제7조【댐관리규정】 ① 댐관리청은 제6조에 따른 댐관리의 기본원칙에 따라 대통령령으로 정하는 바에 따라 댐관리규정을 정하여야 한다.(2021.6.15 본항개정)

② 제5조제2항에 따라 댐의 관리를 위탁받은 자(이하 "댐수탁관리자"라 한다)는 댐관리규정을 작성하여 댐관리청의 승인을 받아야 한다. 댐관리규정을 변경하려는 경우에도 또한 같다.(2021.6.15 전단개정)

③ 댐관리청은 제1항이나 제2항에 따라 댐관리규정을 정하거나 승인하려는 경우에는 미리 관계 중앙행정기관의 장과 협의하여야 하며, 댐사용권설정예정자나 댐사용권자의 의견을 들어야 한다. 댐관리규정을 변경하려는 경우에도 또한 같다.

④ 댐관리청은 수자원의 효율적 관리를 위하여 필요한 경우에는 댐수탁관리자에게 제2항에 따른 댐관리규정을 변경하도록 명할 수 있으며, 댐의 관리에 관하여 필요한 보고를 하게 하거나 지시를 할 수 있다.

제8조【위해방지를 위한 조치】 댐관리청이나 댐수탁관리자는 댐의 저수를 방류(放流)함으로써 하류에 현저한 변화를 가져올 것이라고 인정하는 경우에는 이로 인한 위해(危害)를 방지하기 위하여 대통령령으로 정하는 바에 따라 미리 관계 시·도지사에게 통지하여야 하며, 일반에게 알리기 위하여 필요한 조치를 하여야 한다.

제9조【댐의 관리를 위한 사업】 댐관리청이나 댐수탁관리자는 댐을 적정하게 관리하기 위하여 필요한 경우에는 대통령령으로 정하는 바에 따라 다음 각 호의 사업을 시행할 수 있다.
1. 댐으로 인하여 발생하는 침수피해, 교통불편 등을 제거하거나 경감하기 위한 사업
2. 휴식공간의 조성, 체육시설의 설치 등 댐의 효용증진을 위한 사업
3. 댐의 수질을 개선하기 위한 댐 상류지역의 물환경 관리 사업(2021.6.15 본호개정)

제9조의2【댐의 평가】 ① 환경부장관은 댐의 활용도를 높이고 수자원을 효율적으로 관리하기 위하여 댐관리청으로 하여금 댐의 용수 공급능력, 홍수 조절능력 등을 주기적으로 평가하게 하고 그 결과를 「물관리기본법」 제27조에 따른 국가물관리기본계획 등 수자원 관련 계획의 수립에 활용할 수 있다.(2021.6.15 본항개정)

② 제1항에 따른 평가 및 그 밖에 필요한 사항은 대통령령으로 정한다.

(2016.12.2 본조신설)

제10조【댐건설의 적정성 검토】 ① 제3조제1항 각 호의 어느 하나에 해당하는 자가 댐을 건설하려는 경우에는 다음 각 호의 사항이 포함된 댐건설에 관한 계획을 수립하여야 하며, 같은 항 제2호부터 제4호까지의 규정에 해당하는 자는 이를 환경부장관에게 제출하여야 한다.
1. 사업명
2. 사업목적 및 필요성
3. 댐 후보지의 위치 및 위치도
4. 댐 규모 및 형식
5. 수몰지역, 수몰면적 및 수몰세대수
6. 개략사업비
7. 사업효과
8. 그 밖에 대통령령으로 정하는 사항

(2021.6.15 본항개정)

② 환경부장관은 제1항에 따라 수립·제출된 댐건설에 관한 계획의 적정성을 검토하고, 해당 지역에 댐건설이 예정되는 등 댐건설과 이해관계가 있다고 인정되는 지역주민의 의견을 수렴하여 「수자원의 조사·계획 및 관리에 관한 법률」 제18조에 따른 하천유역수자원관리계획(이하 "하천유역수자원관리계획"이라 한다)에 반영하여야 한다.(2021.6.15 본항개정)

③ 환경부장관은 제2항에 따른 지역주민의 의견 수렴 결과와 하천유역수자원관리계획에의 반영 결과를 공개하여야 한다.(2021.6.15 본항개정)

④ 환경부장관은 제2항에 따라 댐건설에 관한 계획의 적정성을 검토하기 위하여 다음 각 호의 사항을 검토하는 사전검토협의회를 설치할 수 있다.(2021.6.15 본문개정)
1. 댐 사업의 목적 및 필요성
2. 댐 이외의 대안 및 그 실행가능성
3. 댐 사업에 대한 해당 지역의 수용가능성
4. 그 밖에 댐 사업의 추진 여부 결정에 필요하다고 인정되는 사항(2021.6.15 본호개정)

(2016.12.2 본항신설)

⑤ 제2항에 따른 적정성 검토의 방법·절차, 제3항에 따른 결과 공개의 방법, 제4항에 따른 사전검토협의회의 구성 및 운영 등에 필요한 사항은 대통령령으로 정한다.

(2021.6.15 본항개정)

(2021.6.15 본조제목개정)

제11조【기본계획】 ① 댐을 건설하려는 자(이하 "댐건설사업시행자"라 한다)는 다음 각 호의 사항이 포함된 댐건설기본계획(이하 "기본계획"이라 한다)을 수립하여야 한다. 다만, 제12호의 사항은 제41조제1항에 따라 대통령령으로 정하는 기준 이상의 댐의 경우에만 포함한다.

(2016.12.2 본문개정)
1. 건설의 목적
2. 사업의 명칭과 사업시행지의 위치·면적
3. 규모와 형식
4. 저수량과 저수의 용도별 배분에 관한 사항
5. 댐사용권을 설정받기로 예정된 자(이하 "댐사용권설정예정자"라 한다)의 성명 또는 명칭과 댐사용권의 내용
6. 댐건설비용(제42조에 따라 댐건설사업시행자가 부담하는 댐주변지역정비사업비를 포함한다)과 그 부담에 관한 사항
7. 댐건설사업시행자
8. 사업기간

9. 수용·사용할 토지·건물과 그 밖에 물건이나 권리가 있는 경우 그 세목(細目)
10. 댐건설에 따라 예상되는 환경피해 및 이의 감소방안과 댐의 수질보전에 관한 사항
11. 댐 주변지역의 사회·문화 발전과 경제발전에 이바지할 수 있는 사업으로서 댐의 효용증진을 위한 사업에 관한 사항
12. 제13조제1항에 따라 「지역 개발 및 지원에 관한 법률」에 따른 지역개발사업구역(이하 "지역개발사업구역"이라 한다)으로 지정되는 것으로 보는 지역의 위치 및 면적(제41조제4항에 따른 댐 주변지역의 범위 내로 한정한다)(2024.1.30 본호개정)
13. 그 밖에 댐건설에 관한 기본적인 사항

② 환경부장관 또는 시·도지사가 아닌 댐건설사업시행자는 제1항에 따라 기본계획을 수립하려는 경우에는 미리 환경부장관(시장·군수가 기본계획을 수립하는 경우에는 시·도지사를 말한다)의 승인을 받아야 한다.(2018.6.8 본항개정)

③ 환경부장관이나 시·도지사는 제1항 또는 제2항에 따라 기본계획을 수립하거나 승인하려는 경우에는 미리 관계 행정기관의 장과 협의하여야 하며, 댐사용권설정예정자의 의견을 들어야 한다.(2018.6.8 본항개정)

④ 환경부장관이나 시·도지사는 기본계획을 수립하거나 승인하였을 때에는 대통령령으로 정하는 바에 따라 고시하여야 한다.(2018.6.8 본항개정)

⑤ 기본계획을 변경(대통령령으로 정하는 경미한 사항의 변경은 제외한다)하거나 폐지하는 경우에는 제1항부터 제4항까지의 규정을 준용한다.

제12조【실시계획】 ① 댐건설사업시행자는 기본계획을 수립한 후 대통령령으로 정하는 바에 따라 댐건설에 관한 실시계획(이하 "실시계획"이라 한다)을 수립하여야 한다.

② 환경부장관 또는 시·도지사가 아닌 댐건설사업시행자는 실시계획을 수립하려는 경우에는 미리 환경부장관(시장·군수가 실시계획을 수립하는 경우에는 시·도지사를 말한다)의 승인을 받아야 한다.(2018.6.8 본항개정)

③ 환경부장관이나 시·도지사는 제1항 또는 제2항에 따라 실시계획을 수립하거나 승인한 때에는 지체 없이 그 내용을 고시하고 관계 행정기관의 장과 댐사용권설정예정자에게 통지하여야 한다.(2018.6.8 본항개정)

④ 실시계획을 변경(대통령령으로 정하는 경미한 사항의 변경은 제외한다)하거나 폐지하는 경우에는 제1항부터 제3항까지의 규정을 준용한다.

제13조【다른 법률에 따른 인·허가등의 의제】 ① 환경부장관이나 시·도지사가 제11조제1항, 제2항 및 제5항에 따라 기본계획을 수립·변경하거나 승인한 때 관계 행정기관의 장과 미리 협의한 경우에는 같은 조 제1항제12호의 지역은 「지역 개발 및 지원에 관한 법률」 제11조에 따라 지역개발사업구역으로 지정된 것으로 보며, 제11조제4항에 따라 기본계획이 고시된 때에는 지역개발사업구역 지정이 고시된 것으로 본다. 이 경우 지역개발사업구역에 관하여는 이 법에 특별한 규정이 있는 경우를 제외하고는 「지역 개발 및 지원에 관한 법률」에서 정하는 바에 따른다.(2024.1.30 본항개정)

② 환경부장관이나 시·도지사가 제12조제1항, 제2항 및 제4항에 따라 실시계획을 수립·변경하거나 승인한 때에는 다음 각 호의 허가·신고·해제·협의·승인·인가·지정 등(이하 "인·허가등"이라 한다)에 관하여 관계 행정기관의 장과 미리 협의한 사항에 대해서는 해당 인·허가등이 있은 것으로 보며, 같은 조 제3항에 따라 실시계획이 고시된 때에는 다음 각 호의 인·허가등의 고시나 공고가 있은 것으로 본다.(2024.1.30 본문개정)
1. 「공유수면 관리 및 매립에 관한 법률」 제8조에 따른 공유수면의 점용·사용허가, 같은 법 제28조에 따른 공유수면의 매립면허 및 같은 법 제38조에 따른 공유수면매립실시계획의 승인
2. 「국토의 계획 및 이용에 관한 법률」 제30조에 따른 도시관리계획의 결정(「국토의 계획 및 이용에 관한 법률」 제2조제6호의 시설만 해당한다), 같은 법 제56조에 따른 개발행위의 허가, 같은 법 제86조에 따른 도시계획시설사업의 시행자 지정 및 같은 법 제88조에 따른 실시계획의 인가
3. 「군사기지 및 군사시설 보호법」 제13조에 따른 행정기관의 허가등에 관한 협의
3의2. 「농어촌도로 정비법」 제5조에 따른 도로의 정비허가, 같은 법 제18조에 따른 도로의 점용허가(2016.12.2 본호신설)
4. 「농어촌정비법」 제23조에 따른 농업생산기반시설의 사용허가(2016.12.27 본호개정)
5. 「농지법」 제34조에 따른 농지전용의 허가나 협의
6. 「도로법」 제36조에 따른 도로공사의 시행허가, 같은 법 제61조에 따른 도로점용의 허가(2014.1.14 본호개정)
7. 「사도법」 제4조에 따른 사도개설의 허가
8. 「사방사업법」 제14조에 따른 벌채 등의 허가, 같은 법 제20조에 따른 사방지(砂防地) 지정의 해제
9. 「산지관리법」 제14조·제15조에 따른 산지전용허가 및 산지전용신고, 같은 법 제15조의2에 따른 산지일시사용허가·신고, 같은 법 제25조에 따른 토석채취허가(석재만 해당한다) 및 「산림자원의 조성 및 관리에 관한 법률」 제36조제1항·제5항에 따른 입목벌채등의 허가·신고 및 「산림보호법」 제9조제1항 및 제2항제1호·제2호에 따른 산림보호구역(산림유전자원보호구역은 제외한다)에서의 행위의 허가·신고(2022.12.27 본호개정)
10. 「소하천정비법」 제14조에 따른 점용허가
11. 「자연공원법」 제23조에 따른 행위허가
12. 「장사 등에 관한 법률」 제27조제1항에 따른 분묘의 개장허가
13. 「초지법」 제5조에 따른 초지조성의 허가, 같은 법 제23조에 따른 초지전용허가
14. 「폐기물관리법」 제29조에 따른 폐기물처리시설의 설치승인 및 신고
15. 「하수도법」 제11조에 따른 공공하수도(분뇨처리시설만 해당한다)의 설치인가, 같은 법 제16조에 따른 공공하수도공사 시행허가 및 같은 법 제24조에 따른 점용허가
16. 「하천법」 제6조에 따른 하천관리청의 허가사항에 관한 협의나 승인, 같은 법 제30조에 따른 하천공사 시행의 허가, 같은 법 제33조에 따른 하천의 점용허가 및 같은 법 제50조에 따른 하천수의 사용허가

③ 환경부장관이나 시·도지사는 제11조제1항제12호에 관한 내용이 포함되어 있는 기본계획 또는 제2항 각 호의 어느 하나에 해당하는 내용이 포함되어 있는 실시계획을 수립·변경하거나 승인하려는 경우에는 미리 관계 행정기관의 장과 협의하여야 한다.(2024.1.30 후단삭제)

④ 제1항부터 제3항까지에서 규정한 사항 외에 이 조에 따른 의제의 기준 및 효과 등에 관하여는 「행정기본법」 제24조부터 제26조까지를 준용한다.(2024.1.30 본항신설)

제13조의2【인·허가등 의제를 위한 일괄협의회】 ① 환경부장관 또는 시·도지사는 제13조제3항에 따라 관계 행정기관의 장과 인·허가등 의제를 협의하기 위하여 대통령령으로 정하는 바에 따라 해당 관계 행정기관 모두로 구성된 일괄협의회를 개최할 수 있다.

② 제13조제3항에 따른 관계 행정기관의 장은 소속 공무원을 제1항에 따른 일괄협의회에 참석하게 하여야 한다.
(2021.6.15 본조개정)

제14조【토지의 출입 등】 ① 댐건설사업시행자는 댐건설에 관한 조사·측량이나 댐건설을 위하여 필요한 때에는 타인의 토지에 출입하거나 타인의 토지를 일시사용할 수 있으며, 특히 필요한 때에는 나무, 토석(土石) 또는 그 밖의 장애물을 변경하거나 제거할 수 있다.

② 댐건설사업시행자는 제1항에 따라 타인의 토지에 출입하려는 경우에는 출입하려는 날의 7일 전까지 해당 토지의 소유자·점유자 또는 관리인에게 그 일시와 장소를 통지하여야 한다. 다만, 그 토지의 소유자·점유자 또는 관리인의 주소나 거소를 알 수 없는 경우에는 그 내용을 시장(특별자치시의 경우에는 특별자치시장을, 특별자치도의 경우에는 특별자치도지사를 말한다. 이하 같다)·군수 또는 구청장(이하 "시장·군수 또는 구청장"이라 한다)에게 통지하여야 한다.

③ 행정청이 아닌 댐건설사업시행자는 제1항에 따라 타인의 토지에 출입하려는 경우에는 미리 시장·군수 또는 구청장의 허가를 받아야 한다.(2012.1.17 본항신설)

④ 댐건설사업시행자는 제1항에 따라 나무, 토석과 그 밖의 장애물을 변경하거나 제거하려는 경우에는 미리 해당 장애물의 소유자·점유자 또는 관리인의 동의를 받아야 한다.

⑤ 댐건설사업시행자는 장애물의 소유자·점유자 또는 관리인의 주소나 거소가 분명하지 아니하여 제4항에 따른 동의를 받을 수 없을 때에는 그 내용을 시장·군수 또는 구청장에게 통지하고 장애물을 변경하거나 제거할 수 있다. 다만, 댐건설사업시행자가 행정청이 아닌 경우에는 미리 시장·군수 또는 구청장의 허가를 받아야 한다.
(2012.1.17 본항개정)

⑥ 제4항에 따라 장애물을 변경하거나 제거하려는 자는 장애물을 변경하거나 제거하려는 날의 3일 전까지 그 장애물의 소유자·점유자 또는 관리인에게 통지하여야 한다. 다만, 제5항의 경우에는 그러하지 아니하다.
(2012.1.17 본항개정)

⑦ 해가 뜨기 전이나 해가 진 후에는 토지점유자의 승낙 없이는 택지나 담장 또는 울타리로 둘러싸인 타인의 토지에 출입할 수 없다.

⑧ 토지의 점유자는 정당한 이유 없이 제1항에 규정된 댐건설사업시행자의 행위를 방해하거나 거부하지 못한다.

⑨ 제1항에 따른 행위를 하려는 자는 환경부령으로 정하는 바에 따라 그 신분을 표시하는 증표를 지니고 이를 관계인에게 보여주어야 한다.(2018.6.8 본항개정)

⑩ 제1항에 따른 행위로 손실을 입은 자가 있을 때에는 댐건설사업시행자는 그 손실을 보상하여야 한다.

⑪ 제10항에 따른 손실보상에 관하여는 댐건설사업시행자와 손실을 입은 자가 협의하여야 한다.(2012.1.17 본항개정)

⑫ 댐건설사업시행자나 손실을 입은 자는 제11항에 따른 협의가 성립되지 아니하거나 협의할 수 없는 경우에는 관할 토지수용위원회에 재결(裁決)을 신청할 수 있다.
(2012.1.17 본항개정)

제15조【토지등의 수용과 사용】 ① 댐건설사업시행자는 댐의 건설에 필요한 토지, 건물, 그 밖에 토지에 정착한 물건과 이에 관한 소유권 외의 권리, 광업권, 어업권, 양식업권 및 물의 사용에 관한 권리(이하 "토지등"이라 한다)를 수용하거나 사용할 수 있다.(2019.8.27 본항개정)

② 제1항을 적용하는 경우 제11조제4항에 따른 기본계획의 고시가 있은 때에는 「공익사업을 위한 토지 등의 취득 및 보상에 관한 법률」 제20조제1항 및 제22조에 따른 사업인정 및 사업인정의 고시가 있은 것으로 보며, 재결의 신청은 같은 법 제23조제1항 및 제28조제1항에도 불구하고 기본계획에서 정하는 사업기간에 하여야 한다.
(2021.6.15 본항개정)

③ 제1항에 따른 토지등의 수용이나 사용에 관하여는 이 법에 특별한 규정이 있는 경우를 제외하고는 「공익사업을 위한 토지 등의 취득 및 보상에 관한 법률」을 준용한다.

제16조【댐건설 완료의 고시】 ① 환경부장관이나 시·도지사는 댐건설을 완료하였을 때에는 지체 없이 다음 각 호의 사항을 고시하여야 한다.(2018.6.8 본문개정)
1. 댐건설을 완료하였다는 뜻
2. 댐건설지역 중 「하천법」 제2조제2호에 따른 하천구역
3. 해당 댐이 「하천법」 제2조제3호에 따른 하천시설이라는 뜻

② 환경부장관 또는 시·도지사가 아닌 댐건설사업시행자는 댐건설을 완료하였을 때에는 지체 없이 대통령령으로 정하는 바에 따라 환경부장관(시장·군수가 댐건설사업시행자인 경우에는 시·도지사를 말한다. 이하 이 조에서 같다)에게 준공인가를 신청하여야 하며, 환경부장관은 댐이 실시계획대로 건설되었다고 인정하는 때에는 준공인가 증명서를 발급하고 제1항 각 호의 사항을 고시하여야 한다.(2018.6.8 본항개정)

③ 제1항 또는 제2항에 따른 고시가 있은 때에는 「하천법」 제2조제3호 각 목 외의 부분 단서에 따른 동의를 받은 것으로 보며, 같은 법 제10조제3항에 따른 하천구역의 결정·고시가 있은 것으로 본다.

④ 제1항 또는 제2항에 따른 고시가 있은 때에는 제13조제2항에 따라 의제되는 인·허가등에 따른 해당 공사 또는 사업의 준공검사, 준공인가와 그에 따른 고시가 있은 것으로 본다.(2021.6.15 본항개정)

제16조의2【댐건설 완료의 고시 전 댐의 사용】 ① 댐건설사업시행자는 댐건설 완료의 고시가 이루어진 후가 아니면 댐을 사용할 수 없다.

② 댐건설사업시행자는 제1항에도 불구하고 긴급한 용수공급, 홍수 조절 등이 필요하다고 인정하는 경우에는 댐건설 완료의 고시 전이라도 해당 댐을 사용할 수 있다. 다만, 환경부장관 또는 시·도지사가 아닌 댐건설사업시행자는 환경부장관(시장·군수가 댐건설사업시행자인 경우에는 시·도지사를 말한다)의 승인을 받은 경우로 한정한다.(2018.6.8 단서개정)
(2016.12.2 본조신설)

제17조【공공시설 등의 귀속】 ① 댐건설사업시행자가 댐건설사업으로 새로 공공시설을 설치하거나 기존의 공공시설을 대체하는 공공시설을 설치한 경우에는 「국유재산법」과 「공유재산 및 물품 관리법」에도 불구하고 종래의 공공시설은 댐건설사업시행자에게 무상(無償)으로 귀속되고, 새로 설치된 공공시설은 그 시설을 관리할 국가나 지방자치단체에 무상으로 귀속된다.

② 환경부장관이나 시·도지사는 제1항에 따른 공공시설의 귀속에 관한 사항이 포함된 실시계획을 수립·변경하거나 승인하려는 경우에는 미리 그 공공시설의 관리청의 의견을 들어야 한다. 다만, 관리청이 지정되지 아니한 경우에는 관리청이 지정된 후 준공인가를 받기 전에 관리청의 의견을 들어야 한다.(2018.6.8 본문개정)

③ 댐건설사업시행자는 그에게 귀속되거나 국가나 지방자치단체에 귀속될 공공시설은 댐건설을 완료하기 전에 그 종류와 세목을 해당 관리청에 통지하여야 하며, 해당 공공시설은 제16조에 따른 댐건설 완료 고시가 있은 날에 제1항에 규정된 자에게 각각 귀속된다.(2021.6.15 본항개정)

④ 제1항부터 제3항까지의 규정에 따른 공공시설과 토지를 등기할 때에는 제12조에 따른 실시계획 고시와 제16조에 따른 댐건설 완료 고시로 「부동산등기법」에 따른 등기원인을 증명하는 서면을 갈음한다.(2021.6.15 본항개정)

⑤ 제1항부터 제4항까지에 규정된 공공시설의 범위는 대통령령으로 정한다.

제18조【국유·공유 재산의 처분】 ① 사업시행지에 있는 국가나 지방자치단체 소유의 재산은 「국유재산법」이나 「공유재산 및 물품 관리법」에도 불구하고 댐건설사업시행자에게 수의계약으로 대부하거나 양도할 수 있다.

② 환경부장관이나 시·도지사는 제1항에 따른 국유·공유 재산을 처분하는 사항을 포함하는 실시계획을 수립·변경하거나 승인하려는 경우에는 미리 해당 재산의 관리청과 협의하여야 한다.(2018.6.8 본항개정)

③ 제1항에 따라 댐건설사업시행자에게 대부하거나 양도하려는 국유재산 중 관리청이 분명하지 아니한 재산에 대하여는 기획재정부장관을 그 관리청으로 본다.

제2절 다목적댐의 건설과 관리에 관한 특례
(2021.6.15 본절제목개정)

제19조【댐사용권설정예정자】 ① 댐사용권설정예정자는 댐사용권의 설정을 신청한 자로서 제25조의 요건을 갖춘 자이어야 한다.

② 상속인, 합병으로 설립된 법인 또는 그 밖에 댐사용권설정예정자의 포괄승계인은 댐사용권설정예정자가 가지는 이 법에 따른 지위를 승계한다.

제20조【다목적댐건설비용의 부담】 ① 댐사용권설정예정자는 다목적댐의 건설비용 중 대통령령으로 정하는 바에 따라 산출한 비용을 부담하여야 한다.
② 제1항에 따른 부담금은 다음 각 호의 금액을 고려하여 산출하여야 한다.
1. 댐사용권을 설정하려는 용도에 다목적댐의 저수를 사용하여 얻어지는 효용에서 산정되는 추정투자액
2. 댐사용권을 설정하려는 용도에 전용되는 공작물로 그 효용과 같은 수준의 효용을 가지는 공작물의 설치에 필요한 추정비용액
③ 다목적댐의 건설비용에서 제1항에 따른 부담금을 뺀 금액은 국고의 부담으로 한다.
④ 국가는 댐사용권설정예정자가 댐사용권을 설정받지 못하면 제1항에 따라 납부한 부담금을 댐사용권설정예정자에게 반환하여야 한다. 다만, 기본계획을 폐지하는 경우를 제외하고는 새로운 댐사용권설정예정자가 정하여질 때까지 부담금의 반환을 정지할 수 있다.
⑤ 국가는 제4항 단서에 따라 부담금의 반환을 정지하는 경우에는 그 정지기간 동안 대통령령으로 정하는 바에 따라 이자를 지급하여야 한다.
⑥ 다목적댐의 건설에 필요한 비용의 범위, 부담금의 납부방법 및 납부기한, 부담금의 반환 등에 필요한 사항은 대통령령으로 정한다.
제21조【국가에 의한 선행투자】 환경부장관은 홍수 조절이나 그 밖에 특별한 필요가 있을 때에는 댐사용권설정예정자를 정하지 아니하고 다목적댐을 건설할 수 있다. 이 경우 댐사용권설정예정자나 댐사용권자에 관한 규정은 댐사용권설정예정자나 댐사용권자가 정하여지는 때부터 적용한다.(2018.6.8 전단개정)
제22조【지방자치단체의 비용부담】 환경부장관은 다목적댐의 건설에 필요한 비용 중 제20조제3항에 따라 국고로 부담하여야 하는 비용의 일부를 대통령령으로 정하는 바에 따라 해당 댐의 건설로 현저한 이익을 받는 지방자치단체(댐건설지역을 관할하는 지방자치단체는 제외한다)에 부담하게 할 수 있다.(2018.6.8 본조개정)
제23조【수익자부담금 등】 ① 환경부장관은 제16조제1항에 따른 댐건설 완료의 고시 당시 해당 다목적댐이 건설될 하천의 유수(流水)를 이용하여 발전사업(「전기사업법」 제2조제3호에 따른 발전사업을 말한다)을 하려는 자에게 해당 다목적댐의 건설로 인하여 증가되는 각 발전사업자의 예상 수익(댐건설 완료 후 댐건설기간에 상응하는 기간 동안의 예상 증가수익을 말한다. 이하 이 조 및 제23조의2에서 같다)의 범위에서 납부기한을 정하여 해당 다목적댐의 건설에 필요한 비용의 일부를 수익자부담금으로 결정·부과할 수 있다.(2021.6.15 본항개정)
② 환경부장관은 제1항에 따라 수익자부담금을 납부하여야 하는 자가 납부기한을 지키지 아니하였을 때에는 그 납부기한이 지난 날부터 체납된 수익자부담금의 100분의3에 상당하는 가산금을 징수한다.(2018.6.8 본항개정)
③ 제1항 및 제2항에서 규정한 사항 외에 수익자부담금 또는 가산금의 산출방법과 징수방법 등에 관하여는 대통령령으로 정한다.
(2016.12.2 본조개정)
제23조의2【수익자부담금 등 결정·부과의 취소·변경 및 반환】 ① 환경부장관은 제23조에 따라 수익자부담금 또는 가산금(이하 이 조에서 "수익자부담금등"이라 한다)이 결정·부과된 후 다음 각 호의 어느 하나의 사유가 발생하였을 때에는 그 결정·부과를 취소하여야 한다.
1. 기본계획이 폐지되었을 때(2018.6.8 본문개정)
2. 기본계획이 변경되어 수익자부담금등을 부담할 자가 해당 다목적댐의 건설로 인한 이익을 받을 수 없게 되었을 때
3. 댐건설 완료의 고시 당시 해당 수익자가 그 사업에 관한 허가 또는 인가 등이 취소되거나 변경되어 해당 다목적댐의 건설로 인한 이익을 받을 수 없게 되었을 때
② 환경부장관은 기본계획의 변경으로 인하여 제23조에 따라 수익자부담금등을 부담할 자의 예상 수익이 변경된 경우에는 수익자부담금등의 결정·부과를 변경하여야 한다.(2018.6.8 본항개정)
③ 환경부장관은 다음 각 호의 어느 하나에 해당하는 경우에는 수익자부담금등을 낸 자에게 그에 상당하는 수익자부담금등과 대통령령으로 정하는 이자를 가산하여 반환하여야 한다.(2018.6.8 본문개정)
1. 과오납(過誤納)된 수익자부담금등이 있는 경우
2. 제1항에 따라 수익자부담금등의 결정·부과가 취소된 경우
3. 제2항에 따라 수익자부담금등의 결정·부과가 변경되어 수익자부담금등이 감소한 경우
(2016.12.2 본조신설)
제23조의3【수익자부담금 부과처분에 대한 이의신청 특례】 ① 제23조에 따른 수익자부담금을 부담하는 자가 부과받은 사항에 대하여 이의가 있는 경우에는 부과받은 날부터 60일 이내에 이의를 신청할 수 있다.(2016.12.2 본항개정)
② 환경부장관은 제1항에 따른 이의신청이 있는 때에는 그 신청을 받은 날부터 30일 이내에 결정하여 그 결과를 신청인에게 지체 없이 서면으로 통지하여야 한다.
(2018.6.8 본항개정)
③ 제1항 및 제2항에서 규정한 사항 외에 이의신청에 관한 사항은 「행정기본법」 제36조(같은 조 제2항 단서는 제외한다)에 따른다.(2024.1.30 본항개정)
(2024.1.30 본조제목개정)
제24조【댐사용권의 설정】 ① 환경부장관은 다목적댐의 저수를 특정용도에 사용하려는 자의 신청을 받아 환경부장관이 설정한다.(2018.6.8 본항개정)
② 환경부장관은 제1항에 따라 댐사용권을 설정할 때에는 다음 각 호의 사항을 명백히 하여야 한다.(2018.6.8 본문개정)
1. 설정목적
2. 댐사용권에 따라 확보될 저수의 최고·최저 수위(水位)와 저수량
③ 제2항제2호의 사항은 해당 댐의 효용이 제대로 발휘될 수 있도록 정하여야 한다.
④ 환경부장관은 제16조에 따라 댐건설 완료 고시를 하였을 때에는 지체 없이 해당 댐사용권설정예정자에게 댐사용권을 설정하여 주어야 한다.(2021.6.15 본항개정)
⑤ 댐사용권설정예정자는 제1항에 따라 댐사용권을 설정받기 전이라도 환경부장관의 허가를 받아 다목적댐의 저수를 특정용도에 사용할 수 있다.(2018.6.8 본항개정)
제25조【댐사용권의 설정요건】 환경부장관은 신청인이 다음 각 호의 요건을 갖춘 경우에만 댐사용권을 설정하여야 한다.(2018.6.8 본문개정)
1. 댐사용권을 설정하려는 용도에 다목적댐의 저수를 사용하는 것이 기본계획에 적합한 경우
2. 다목적댐의 저수를 이용하려는 사업을 하는 데에 필요한 허가·인가 등을 받은 경우
제26조【특정용도를 위한 하천점용의 제한】 다목적댐의 저수를 특정용도에 사용하려는 자는 「하천법」 제33조에 따른 하천의 점용허가와 같은 법 제50조에 따른 하천수의 사용허가를 받고 제24조에 따른 댐사용권을 설정받아야 한다.
제27조【댐사용권설정의 거부】 ① 환경부장관은 기본계획에 댐사용권설정예정자로 정하여진 자가 아닌 자에 대하여는 댐사용권의 설정을 거부할 수 있다.(2018.6.8 본항개정)
② 환경부장관은 다음 각 호의 어느 하나에 해당하는 경우에는 댐사용권설정예정자에 대한 댐사용권설정을 거부하여야 한다.(2018.6.8 본문개정)
1. 댐사용권설정예정자가 제25조의 요건에 적합하지 아니한 경우
2. 제20조제1항에 따른 부담금을 납부하지 아니한 경우
제28조【저수가 확보될 지역】 댐사용권에 따라 저수가 확보될 지역은 제24조제2항제2호에 따른 저수의 최고수위면이 토지에 접속되는 선으로 둘러싸인 지역으로 한다.
제29조【댐사용권의 성질】 댐사용권은 물권(物權)으로 보며, 이 법에 특별한 규정이 있는 경우를 제외하고는 부동산에 관한 규정을 준용한다.
제30조【댐사용권의 처분제한】 ① 댐사용권은 상속, 법인의 합병 또는 그 밖의 포괄승계, 양도, 체납처분, 강제집행 및 저당권의 목적이 되는 외에 다른 권리의 목적으로 할 수 없다.
② 저당권설정등록이 된 댐사용권은 그 저당권자의 동의가 없으면 분할·병합 또는 포기하거나 그 설정목적을 변경할 수 없다.
제31조【댐사용권에 대한 취소 등】 ① 환경부장관은 댐사용권자에 대하여 「하천법」 제33조에 따른 하천의 점용허가와 같은 법 제50조에 따른 하천수의 사용허가의 전부 또는 일부를 취소하는 경우에 해당 댐사용권자 외의 자에 대하여는 종전과 같은 하천수 사용을 인정할 수 없을 때에는 댐사용권자에 대한 점용허가 등의 취소에 상응하여 그 댐사용권을 취소하거나 변경하도록 하여야 한다.
(2018.6.8 본항개정)
② 환경부장관은 댐사용권자에 대하여 「하천법」 제33조에 따른 하천의 점용허가와 같은 법 제50조에 따른 하천수의 사용허가의 전부 또는 일부를 취소하는 경우에 해당 댐사용권자 외의 자에 대하여 새로 하천수 사용을 인정할 필요가 있을 때에는 해당 댐사용권자에게 적절한 기간을 정하여 댐사용권의 전부 또는 일부를 다른 자에게 양도하도록 명할 수 있다.(2018.6.8 본항개정)
③ 환경부장관은 제2항에 따른 기간에 댐사용권자가 그 댐사용권을 양도하지 아니할 때에는 해당 댐사용권자 외의 자가 댐사용권자에 대한 하천수의 사용허가와 같은 내용의 하천수의 사용허가를 받을 수 있는 경우에만 해당 댐사용권의 전부 또는 일부를 취소할 수 있다.
(2018.6.8 본항개정)
④ 환경부장관은 다음 각 호의 어느 하나에 해당하는 경우로 댐사용권을 그대로 유지하는 것이 곤란한 경우에는 댐사용권에 대한 취소 또는 변경의 처분을 할 수 있다. 이 경우 미리 댐사용권자의 의견을 들어야 한다.
(2018.6.8 전단개정)
1. 댐의 증축·개축 등으로 저수용량이 변경된 경우
2. 댐의 저수 이용상황 등이 변경된 경우
⑤ 환경부장관은 제4항에 따라 댐사용권에 대한 취소나 변경의 처분을 하는 경우에는 제11조제4항에 따라 고시된 기본계획 중 저수의 용도별 배분에 관한 사항을 변경하여 고시하여야 한다.(2021.6.15 본항개정)
제32조【등록】 ① 댐사용권과 댐사용권을 목적으로 하는 저당권의 설정·변경·이전·소멸과 처분의 제한은 환경부에 갖추어 두는 댐사용권등록부에 등록하지 아니하면 그 효력이 없다.(2018.6.8 본항개정)
② 제1항에서 규정한 사항 외에 댐사용권과 댐사용권을 목적으로 하는 저당권의 등록에 필요한 사항은 대통령령으로 정한다.
제33조【납부금】 댐사용권자는 제24조제4항에 따라 댐사용권을 설정받은 경우를 제외하고는 대통령령으로 정하는 바에 따라 산출한 금액의 납부금을 국고에 납부하여야 한다. 이 경우 납부금을 산출할 때에는 제20조제2항제1호에 따라 산정한 추정투자액을 고려하여야 한다.
제34조【부담금 등의 반환】 ① 국가는 제31조에 따라 댐사용권에 대하여 취소 또는 변경의 처분을 하였을 때에는 제20조제1항에 따라 납부된 부담금이나 제33조에 따라 납부된 납부금의 일부를 반환하여야 한다.
② 제1항에 따라 반환할 금액은 해당 부담금이나 납부금의 산출방법과 동일한 방법으로 산출하되, 제24조제4항에 따라 댐사용권을 설정받은 자에게 반환할 금액은 제20조제1항에 따른 부담금에서 대통령령으로 정하는 바에 따라 산정한 상각액을 뺀 금액을 초과하여서는 아니 된다.
③ 국가는 제31조에 따른 취소나 변경의 처분으로 소멸한 댐사용권에 저당권설정등록이 되어 있을 때에는 그 저당권자가승낙한 경우를 제외하고는 제1항에 따른 반환금을 공탁하여야 한다. 이 경우 댐사용권에 대한 저당권자는 공탁된 반환금에 대하여 권리를 행사할 수 있다.
제35조【사용료의 수납 등】 ① 댐사용권자나 댐사용권설정예정자는 해당 댐의 저수를 사용하는 자로부터 사용료를 받을 수 있다. 다만, 댐건설 이전에 「하천법」 제50조에 따른 하천수의 사용허가를 받아 하천의 물을 사용하는 경우에는 사용료를 받지 아니한다.
② 제1항에 따른 사용료는 댐사용권자나 댐사용권설정예정자가 제20조제1항에 따라 부담한 금액이나 제33조에 따라 납부한 금액의 범위에서 댐의 저수를 사용하는 자가 사용하는 수량 등을 고려하여 정하여야 한다.
③ 댐사용권자나 댐사용권설정예정자는 제1항에 따라 사용료를 받으려는 경우에는 그 산출방법과 수납방법 및 수납기한 등을 정하여 미리 환경부장관의 승인을 받아야 한다.(2018.6.8 본항개정)
제36조【다목적댐관리비용의 부담】 ① 다목적댐의 유지, 수리 또는 그 밖의 관리에 필요한 비용은 국고·댐사용권자 또는 댐수탁관리자의 부담으로 한다. 이 경우 댐수탁관리자가 부담하는 비용은 해당 댐의 수탁관리에 따른 수입의 범위이어야 한다.
② 제1항에 따른 비용의 부담에 필요한 사항은 대통령령으로 정한다.
제37조【부담금 등의 강제징수】 ① 환경부장관은 다음 각 호의 어느 하나에 해당하는 부담금·가산금 또는 납부금을 납부하지 아니한 자가 있을 때에는 납부기한을 정하여 서면으로 독촉하여야 한다.(2018.6.8 본문개정)
1. 제20조제1항에 따른 부담금
2. 제23조에 따른 수익자부담금 또는 가산금(2016.12.2 본호개정)
3. 제33조에 따른 납부금
4. 제36조에 따른 댐사용권자의 부담금
② 환경부장관은 제1항에 따른 독촉을 받은 자가 그 납부기한까지 부담금·가산금 및 납부금을 납부하지 아니할 때에는 국세 체납처분의 예에 따라 징수할 수 있다.
(2018.6.8 본항개정)
③ 제1항에 따른 부담금·가산금과 납부금을 징수할 권리는 5년간 행사하지 아니하면 시효로 소멸한다.
(2016.12.2 본항개정)
제38조【다목적댐의 인정 등】 ① 환경부장관은 환경부장관 외의 자가 건설한 댐으로 다목적댐으로서의 효용이 큰 댐에 대하여는 해당 댐을 건설한 자와 협의하여 정당한 보상을 하고 해당 댐을 이 법에 따른 다목적댐으로 할 수 있다. 이 경우 환경부장관은 대통령령으로 정하는 바에 따라 해당 댐을 건설한 자에게 댐사용권을 설정하여 줄 수 있다.(2018.6.8 본항개정)
② 환경부장관은 제1항에 따라 다목적댐이 아닌 댐을 다목적댐으로 한 경우에는 대통령령으로 정하는 바에 따라 지체 없이 다음 각 호의 사항을 고시하여야 한다.
(2018.6.8 본문개정)
1. 다목적댐 인정 사유
2. 제11조제1항제2호부터 제4호까지의 사항(2021.6.15 본호개정)
3. 해당 댐을 건설한 자에 대한 보상에 관한 사항
③ 국가는 환경부장관 외의 자가 건설하는 댐으로 다목적댐으로서의 효용이 큰 댐에 대하여는 해당 댐을 건설하는 자에게 건설에 필요한 비용의 일부를 보조하거나 대출을 알선할 수 있다.(2018.6.8 본항개정)
④ 환경부장관은 제3항에 따라 보조를 하거나 대출을 알선하였을 때에는 그 보조나 대출을 받은 자에게 해당 댐건설에 관한 지시를 하거나 건설의 목적인 해당 댐의 시설을 검사하거나 보고하게 할 수 있다.((2018.6.8 본항개정)

제3장 댐건설 지역주민에 대한 지원
(2011.5.30 본장개정)

제39조【이주정착지 미이주자 등에 대한 지원】 댐건설사업시행자는 수몰이주민 중 이주정착지에 이주하지 아니하는 자와 그 밖에 대통령령으로 정하는 자에게 댐건설로 인한 실향 및 생활기반 상실 등을 고려하여 대통령

령으로 정하는 바에 따라 지원을 할 수 있다.(2021.6.15 본조개정)

제40조【수몰이주민에 대한 지원】 ① 환경부장관은 수몰이주민이 원활하게 이주하여 정착할 수 있도록 주택의 신축 등 생활기반을 조성하기 위하여 필요한 경우 「주택도시기금법」에 따른 주택도시기금을 우선하여 지원하도록 국토교통부장관에게 요청할 수 있다.(2018.6.8 본항개정)

② 댐건설사업시행자는 수몰이주민의 생활기반조성을 위하여 필요한 때에는 환경부장관에게 「주택도시기금법」에 따른 주택도시기금의 우선지원을 요청할 수 있다.(2018.6.8 본항개정)

③ 댐건설지역을 관할하거나 댐건설에 따라 용수(用水)의 혜택을 받는 지역을 관할하는 지방자치단체의 장과 댐수탁관리예정자는 대통령령으로 정하는 바에 따라 직업훈련의 실시 등 수몰이주민의 생계지원을 위하여 필요한 조치를 할 수 있다.

제41조【댐주변지역정비사업】 ① 대통령령으로 정하는 기준 이상의 댐의 주변지역을 관할하는 시장·군수 또는 구청장은 해당 댐의 건설로 여건이 변할 것을 고려하여 해당 댐 주변지역의 경제를 진흥하고 생활환경을 개선하기 위하여 댐건설기간에 정비사업(이하 "댐주변지역정비사업"이라 한다)을 시행하여야 한다.

② 제1항의 기준에 해당하는 댐의 기본계획이 고시된 경우에는 댐의 본체가 있는 지역을 관할하는 시·도지사는 지체 없이 댐주변지역정비사업에 관한 계획을 수립하여 환경부장관의 승인을 받아야 한다. 다만, 시·도지사 또는 시장·군수가 건설하는 댐인 경우에는 환경부장관의 승인을 필요로 하지 아니한다.(2018.6.8 본항개정)

③ 시·도지사는 제2항에 따라 댐주변지역정비사업에 관한 계획을 수립하려는 경우에는 미리 댐건설사업시행자 및 관할 시장·군수 또는 구청장과 협의하여야 한다.

④ 제1항에 따른 댐 주변지역의 범위와 댐주변지역정비사업의 구체적인 내용에 관한 사항은 대통령령으로 정한다.

제42조【댐주변지역정비사업의 재원】 ① 댐주변지역정비사업은 다음 각 호의 총저수용량에 따른 기초금액과 저수면적, 총저수용량, 수몰세대와 지역특성에 따른 개발수요 등을 고려하여 대통령령으로 정하는 방법에 따라 산정한 추가금액을 합한 기준금액의 범위에서 시행한다.(2012.1.17 본문개정)

1. 20백만세제곱미터 이상 150백만세제곱미터 미만 : 300억원(2012.1.17 본호신설)
2. 150백만세제곱미터 이상 : 400억원(2012.1.17 본호신설)

② 댐주변지역정비사업에 드는 재원은 댐건설사업시행자와 관할 시장·군수 또는 구청장이 부담한다.

③ 제2항에 따른 댐주변지역정비사업의 재원의 구체적인 부담기준과 관리에 관한 사항은 대통령령으로 정한다.

제43조【댐주변지역지원사업】 ① 댐관리청이나 댐수탁관리자는 댐건설이 완료된 후 대통령령으로 정하는 댐 주변지역의 주민소득 증대와 복지 증진 등을 도모하기 위하여 매년 대통령령으로 정하는 바에 따라 댐 주변지역의 지원사업(이하 "댐주변지역지원사업"이라 한다)에 관한 계획을 수립하여야 한다.

② 댐관리청이나 댐수탁관리자는 제1항에 따라 댐주변지역지원사업에 관한 계획을 수립하려는 경우에는 미리 댐 주변지역을 관할하는 시장·군수 또는 구청장과 협의하여야 한다.

③ 댐수탁관리자는 제1항에 따라 댐주변지역지원사업에 관한 계획을 수립하였을 때에는 이를 댐관리청에 제출하여야 한다.

④ 댐주변지역지원사업은 대통령령으로 정하는 바에 따라 다음 각 호의 어느 하나에 해당하는 자가 시행한다.

1. 댐관리청 또는 댐수탁관리자
2. 댐 주변지역을 관할하는 시장·군수 또는 구청장

⑤ 제1항에 따른 댐주변지역지원사업에 관한 계획을 수립하여야 하는 지역의 범위는 대통령령으로 정한다.

제44조【댐주변지역지원사업의 재원】 ① 댐주변지역지원사업에 필요한 재원은 다음 각 호의 자금으로 조성한다. 다만, 제1호와 제2호의 출연금은 제43조에 따른 댐주변지역지원사업의 대상 댐으로 한정한다.

1. 댐관리청이나 댐사용권자의 출연금
2. 생활용수댐·공업용수댐의 수도사업자의 출연금
3. 차입금
4. 조성된 자금의 운용으로 생기는 수익금

② 댐관리청, 댐사용권자나 생활용수댐·공업용수댐의 수도사업자는 다음 각 호에 해당하는 비율의 금액을 제1항제1호와 제2호의 출연금으로 출연하여야 한다.

1. 전전년도 발전판매(發電販賣) 수입금의 100분의 6 이내
2. 전전년도 생활용수·공업용수 판매량에 전전년도 「한국수자원공사법」에 따른 한국수자원공사의 댐용수요금 단가를 곱한 금액의 100분의 22 이내(2021.6.15 본호개정)

③ 제1항에 따라 조성된 댐주변지역지원사업의 재원은 댐관리청이나 댐수탁관리자가 운영한다. 이 경우 댐관리청이나 댐수탁관리자는 제1항에 따른 댐주변지역지원사업의 재원을 별도의 회계로 구분하여 관리하여야 한다.

제44조의2【댐 주변지역의 친환경공간 조성】 ① 제41조와 제43조에 따른 다목적댐 주변지역을 관할하는 시장·군수 또는 구청장은 댐 주변지역의 발전을 도모하기 위하여 「물환경보전법」 등 관계 법률에 따른 오염총량관리에 지장이 없는 범위에서 대통령령으로 정하는 바에 따라 댐의 호수·늪 및 주변경관을 활용한 자연학습장, 생태공원, 수상체육시설 등 휴양·문화·여가활동 등을 위한 공간(이하 "친환경공간"이라 한다)을 조성하기 위한 사업을 시행할 수 있다.(2017.1.17 본항개정)

② 시장·군수 또는 구청장은 제1항에 따른 댐 주변지역의 친환경공간 조성을 위한 사업을 시행하려는 경우에는 미리 댐관리청과 협의하여야 한다.

제44조의3【공공시설 등의 우선설치】 중앙행정기관의 장 및 관할 시장·군수 또는 구청장은 댐 주변지역의 경제 진흥 및 생활환경 개선을 위하여 도로, 다리, 수도 등 공공시설의 설치 및 그 밖에 대통령령으로 정하는 사업을 우선적으로 시행할 수 있다.

제44조의4【공공하수도의 설치】 ① 댐건설사업시행자는 「환경영향평가법」 제27조부터 제31조까지의 규정에 따른 협의내용(「환경영향평가법」 제21조에 따라 재협의된 내용과 같은 법 제33조에 따른 환경보전방안을 포함한다)을 이행하기 위하여 필요한 경우에는 「하수도법」 제74조제3항에 따라 공공하수도관리청으로부터 댐건설기간 중에 공공하수도의 설치를 위탁받아 설치할 수 있다.(2011.7.21 본항개정)

② 다음 각 호의 어느 하나에 해당하는 자는 제1항에 따른 공공하수도의 설치에 드는 비용 중 지방비 부담분의 전부 또는 일부를 부담할 수 있다.

1. 다목적댐의 경우에는 댐의 저수를 생활용수와 공업용수로 이용할 댐사용권설정예정자
2. 생활용수댐·공업용수댐의 경우에는 수도사업자

제4장 보 칙

(2011.5.30 본장개정)

제45조【환경부장관 등의 권한】 ① 환경부장관은 댐건설에 관한 기본계획이 고시된 경우에는 「하천법」과 「골재채취법」에도 불구하고 사업시행지와 제16조제1항 및 제2항에 따라 고시된 하천구역에서의 다음 각 호의 처분 등을 한다. 다만, 시·도지사 또는 시장·군수가 건설하는 댐의 경우에는 해당 시·도지사 또는 시장·군수가 다음 각 호의 처분 등을 하며, 제5조제2항에 따라 댐의 관리를 위탁한 경우 그 위탁의 범위에 속하는 처분 등은 대통령령으로 정하는 바에 따라 댐수탁관리자가 한다.(2021.6.15 본문개정)

1. 「하천법」 제30조에 따른 하천공사 시행의 허가, 같은 법 제33조에 따른 하천의 점용허가 및 같은 법 제50조에 따른 하천수의 사용허가
2. 제1호의 허가를 받은 자에 대한 「하천법」 제5조제2항에 따른 권리·의무 승계 신고의 수리
3. 「하천법」 제46조제6호에 따른 야영, 취사와 떡밥·생선가루 등 미끼를 사용하여 하천을 오염시키는 낚시행위를 금지하는 지역의 지정(2021.6.15 본호개정)
4. 「골재채취법」 제22조에 따른 골재채취의 허가
5. 제1호부터 제4호까지의 처분 등과 관련한 다음 각 목의 처분
   가. 「하천법」 제69조 또는 제70조에 따른 허가의 취소, 공사의 중지 등의 처분
   나. 「골재채취법」 제31조에 따른 골재채취허가의 취소 또는 골재채취의 중지와 같은 법 제33조에 따른 원상복구 등의 명령

② 환경부장관, 시·도지사, 시장·군수 또는 댐수탁관리자는 제1항에 따른 처분 등을 하려는 경우에는 미리 관계 행정기관의 장과 협의하여야 한다.(2018.6.8 본항개정)

③ 환경부장관, 시·도지사 또는 시장·군수는 제1항에 따른 처분 등을 하려는 경우에는 미리 댐수탁관리자의 의견을 들어야 한다.(2018.6.8 본항개정)

④ 댐수탁관리자는 「하천법」 제37조제1항부터 제4항까지의 규정에도 불구하고 제1항제1호 및 제4호에 따라 허가를 받은 자로부터 점용료나 사용료를 징수하여 댐의 관리비용으로 사용할 수 있다.

(2018.6.8 본조제목개정)

제46조【「하천법」과의 관계】 이 법에서 정한 사항 외에 댐의 건설과 관리에 필요한 사항은 「하천법」을 적용한다.

제47조【청문】 댐관리청은 다음 각 호의 어느 하나에 해당하는 처분을 할 때에는 미리 청문을 하여야 한다.

1. 제31조제2항에 따른 댐사용권의 양도명령
2. 제45조제1항제5호에 따른 허가의 취소

제48조【권한의 위임 등】 ① 이 법에 따른 환경부장관의 권한은 대통령령으로 정하는 바에 따라 그 일부를 소속 기관의 장 또는 시·도지사에게 위임할 수 있다.

② 환경부장관, 시·도지사 또는 시장·군수는 이 법에 따른 조사·연구 및 댐건설 등의 업무의 일부를 대통령령으로 정하는 바에 따라 댐 관련 법인·단체 또는 기관에 위탁 또는 대행하게 할 수 있다.

(2018.6.8 본조개정)

제48조의2【댐건설비용의 지원】 국가나 시·도지사는 예산의 범위에서 지방자치단체인 댐건설사업시행자에게 댐건설사업에 필요한 비용의 전부 또는 일부를 보조할 수 있다.(2011.5.30 본조신설)

제5장 벌 칙

(2011.5.30 본장제목개정)

제49조【벌칙】 제8조를 위반하여 공공의 피해를 발생시키거나 치수(治水)에 장해를 일으킨 댐수탁관리자의 임직원은 5년 이하의 징역 또는 3천만원 이하의 벌금에 처한다.(2021.6.15 본조개정)

제50조 (2005.12.7 삭제)

제51조【벌칙】 행정청이 아닌 자로서 제14조제3항부터 제5항까지의 규정에 따른 허가나 동의를 받지 아니하고 같은 조 제1항에 따른 행위를 한 자는 6개월 이하의 징역 또는 300만원 이하의 벌금에 처한다.(2021.6.15 본조개정)

제52조【양벌규정】 법인의 대표자나 법인 또는 개인의 대리인, 사용인, 그 밖의 종업원이 그 법인 또는 개인의 업무에 관하여 제49조 또는 제51조의 위반행위를 하면 그 행위자를 벌하는 외에 그 법인 또는 개인에게도 해당 조문의 벌금형을 과(科)한다. 다만, 법인 또는 개인이 그 위반행위를 방지하기 위하여 해당 업무에 관하여 상당한 주의와 감독을 게을리하지 아니한 경우에는 그러하지 아니하다.(2009.4.1 본조개정)

제53조【과태료】 ① 정당한 사유 없이 제14조제1항에 따른 행위를 방해하거나 거부한 자에게는 300만원 이하의 과태료를 부과한다.(2021.6.15 본항개정)

② 제1항에 따른 과태료는 대통령령으로 정하는 바에 따라 환경부장관이나 시·도지사(시·도지사가 건설하는 댐과 관련한 위반행위에 대한 과태료만 해당한다)가 부과·징수한다.(2018.6.8 본항개정)

부 칙 (2016.12.2)

제1조【시행일】 이 법은 공포 후 6개월이 경과한 날부터 시행한다.

제2조【댐건설에 관한 적정성 검토 및 지역주민 의견 수렴에 관한 적용례】 제4조의 개정규정은 이 법 시행 이후 댐건설장기계획을 수립하거나 변경하려는 경우부터 적용한다.

제3조【수익자부담금의 가산금에 관한 적용례】 ① 제23조제2항 및 제23조의2제1항·제2항(가산금에 관한 부분으로 한정한다)의 개정규정은 이 법 시행 이후 결정·부과하는 수익자부담금에 대한 가산금부터 적용한다.

② 제37조의 개정규정은 이 법 시행 이후 가산금을 강제징수하는 경우부터 적용한다.

제4조【수익자부담금등의 반환에 관한 적용례】 제23조의2제3항의 개정규정은 이 법 시행 전에 과오납된 수익자부담금등이 있거나 수익자부담금등의 결정·부과가 취소된 경우 또는 수익자부담금등의 결정·부과가 변경되어 수익자부담금등이 감소된 경우에 대해서도 적용한다.

부 칙 (2019.8.27)

제1조【시행일】 이 법은 공포 후 1년이 경과한 날부터 시행한다.(이하 생략)

부 칙 (2020.3.31)

이 법은 공포 후 6개월이 경과한 날부터 시행한다.

부 칙 (2021.6.15)

제1조【시행일】 이 법은 공포 후 1년이 경과한 날부터 시행한다. 다만, 제39조 및 제45조제1항제3호의 개정규정은 공포한 날부터 시행하고, 제44조제2항의 개정규정은 공포 후 6개월이 경과한 날부터 시행한다.

제2조【댐건설의 적정성 검토에 관한 적용례】 제10조의 개정규정은 이 법 시행 이후 제3조제1항 각 호의 어느 하나에 해당하는 자가 댐을 건설하려는 경우부터 적용한다.

제3조【댐주변지역지원사업의 재원에 관한 적용례】 제44조의 개정규정은 같은 개정규정 시행 이후 댐관리청, 댐사용권자 또는 생활용수댐·공업용수댐의 수도사업자가 댐주변지역지원사업의 재원을 조성하기 위하여 출연하는 분부터 적용한다.

제4조【다른 법률의 개정】 ①~㉑ ※(해당 법령에 가제정리 하였음)

제5조【다른 법령과의 관계】 이 법 시행 당시 다른 법령에서 종전의 「댐건설 및 주변지역지원 등에 관한 법률」 또는 그 규정을 인용한 경우 이 법 가운데 그에 해당하는 규정이 있으면 종전의 「댐건설 및 주변지역지원 등에 관한 법률」 또는 그 규정을 갈음하여 이 법 또는 이 법의 해당 규정을 인용한 것으로 본다.

부 칙 (2022.12.27)

제1조【시행일】 이 법은 공포 후 6개월이 경과한 날부터 시행한다.(이하 생략)

부 칙 (2024.1.30)

제1조【시행일】 이 법은 공포한 날부터 시행한다.

제2조【이의신청에 관한 적용례】 이의신청에 관한 개정규정은 이 법 시행 이후 하는 처분부터 적용한다.(이하 생략)

交 通 編

高麗 銅鏡(紋樣)

교통안전법

(2006년 12월 28일 전부개정법률 제8121호)

개정
2008. 2.29법 8852호(정부조직)
2008. 3.21법 8980호(여객자동차운수사업법)
2008. 3.28법 9071호(도시교통정비촉진법)
2009. 4.22법 9635호
2009. 4.22법 9636호(궤도운송법)
2009. 6. 9법 9772호(국가통합교통체계효율화법)
2009.12.29법 9866호
2011. 5.19법10664호
2011. 6.15법10801호(해사안전법)
2012. 6. 1법11469호
2013. 3.23법11690호(정부조직)
2015. 7.24법13426호(제주자치법)
2015.12.29법13678호
2016. 1.19법13788호
2016. 3.29법14116호(항공안전법)
2017. 1.17법14538호
2017. 3.21법14712호
2017.10.24법14940호
2017.12.26법15311호
2018. 3.27법15530호(도로교통)
2018. 8.14법15726호
2019.11.26법16629호
2020. 6. 9법17445호
2020. 6. 9법17453호(법률용어정비)
2021. 7.27법18343호
2023. 4.18법19374호
2023. 7.25법19572호(해사안전기본법)
2023. 8.16법19673호→2024년 2월 17일 및 2024년 8월 17일 시행
2024. 1.23법20122호→2024년 7월 24일 시행

제1장 총 칙

제1조【목적】 이 법은 교통안전에 관한 국가 또는 지방자치단체의 의무·추진체계 및 시책 등을 규정하고 이를 종합적·계획적으로 추진함으로써 교통안전 증진에 이바지함을 목적으로 한다.

제2조【정의】 이 법에서 사용하는 용어의 뜻은 다음과 같다.(2017.1.17 본문개정)

1. "교통수단"이라 함은 사람이 이동하거나 화물을 운송하는데 이용되는 것으로서 다음 각 목의 어느 하나에 해당하는 운송수단을 말한다.
   가. 「도로교통법」에 의한 차마 또는 노면전차, 「철도산업발전 기본법」에 의한 철도차량(도시철도를 포함한다) 또는 「궤도운송법」에 따른 궤도에 의하여 교통용으로 사용되는 용구 등 육상교통용으로 사용되는 모든 운송수단(이하 "차량"이라 한다)(2018.3.27 본목개정)
   나. 「해사안전기본법」에 의한 선박 등 수상 또는 수중의 항행에 사용되는 모든 운송수단(이하 "선박"이라 한다)(2023.7.25 본목개정)
   다. 「항공안전법」에 의한 항공기 등 항공교통에 사용되는 모든 운송수단(이하 "항공기"라 한다)(2016.3.29 본목개정)
2. "교통시설"이라 함은 도로·철도·궤도·항만·어항·수로·공항·비행장 등 교통수단의 운행·운항 또는 항행에 필요한 시설과 그 시설에 부속되어 사람의 이동 또는 교통수단의 원활하고 안전한 운행·운항 또는 항행을 보조하는 교통안전표지·교통관제시설·항행안전시설 등의 시설 또는 공작물을 말한다.
3. "교통체계"라 함은 사람 또는 화물의 이동·운송과 관련된 활동을 수행하기 위하여 개별적으로 또는 서로 유기적으로 연계되어 있는 교통수단 및 교통시설의 이용·관리·운영체계 또는 이와 관련된 산업 및 제도 등을 말한다.
4. "교통사업자"라 함은 교통수단·교통시설 또는 교통체계를 운행·운항·설치·관리 또는 운영 등을 하는 자로서 다음 각 목의 어느 하나에 해당하는 자를 말한다.
   가. 여객자동차운수사업자, 화물자동차운수사업자, 철도사업자, 항공운송사업자, 해운업자 등 교통수단을 이용하여 운송 관련 사업을 영위하는 자(이하 "교통수단운영자"라 한다)
   나. 교통시설을 설치·관리 또는 운영하는 자(이하 "교통시설설치·관리자"라 한다)
   다. 교통수단운영자 및 교통시설설치·관리자 외에 교통수단 제조사업자, 교통관련 교육·연구·조사기관 등 교통수단·교통시설 또는 교통체계와 관련된 영리적·비영리적 활동을 수행하는 자
5. "지정행정기관"이라 함은 교통수단·교통시설 또는 교통체계의 운행·운항·설치 또는 운영 등에 관하여 지도·감독을 행하거나 관련 법령·제도를 관장하는 「정부조직법」에 의한 중앙행정기관으로서 대통령령으로 정하는 행정기관을 말한다.(2020.6.9 본호개정)
6. "교통행정기관"이라 함은 법령에 의하여 교통수단·교통시설 또는 교통체계의 운행·운항·설치 또는 운영 등에 관하여 교통사업자에 대한 지도·감독을 행하는 지정행정기관의 장, 특별시장·광역시장·도지사·특별자치도지사(이하 "시·도지사"라 한다) 또는 시장·군수·구청장(자치구의 구청장을 말한다. 이하 같다)을 말한다.
7. "교통사고"라 함은 교통수단의 운행·항행·운항과 관련된 사람의 사상 또는 물건의 손괴를 말한다.
8. "교통수단안전점검"이란 교통행정기관이 이 법 또는 관계 법령에 따라 소관 교통수단에 대하여 교통안전에 관한 위험요인을 조사·점검 및 평가하는 모든 활동을 말한다.(2017.1.17 본호개정)
9. "교통시설안전진단"이란 육상교통·해상교통 또는 항공교통의 안전(이하 "교통안전"이라 한다)과 관련된 조사·측정·평가업무를 전문적으로 수행하는 교통안전진단기관이 교통시설에 대하여 교통안전에 관한 위험요인을 조사·측정 및 평가하는 모든 활동을 말한다.(2017.1.17 본호개정)
10. "단지내도로"란 「공동주택관리법」 제2조제1항제3호에 따른 공동주택단지, 「고등교육법」 제2조에 따른 학교 등에 설치되는 통행로로서 「도로교통법」 제2조제1호에 따른 도로가 아닌 것을 말하며, 그 종류와 범위는 대통령령으로 정한다.(2023.8.16 본호개정)

제3조【국가 등의 의무】 ① 국가는 국민의 생명·신체 및 재산을 보호하기 위하여 교통안전에 관한 종합적인 시책을 수립하고 이를 시행하여야 한다.
② 지방자치단체는 주민의 생명·신체 및 재산을 보호하기 위하여 그 관할구역 내의 교통안전에 관한 시책을 해당 지역의 실정에 맞게 수립하고 이를 시행하여야 한다.(2020.6.9 본항개정)
③ 국가 및 지방자치단체(이하 "국가등"이라 한다)는 제1항 및 제2항의 규정에 의한 교통안전에 관한 시책을 수립·시행하는 것 외에 지역개발·교육·문화 및 법무 등에 관한 계획 및 정책을 수립하는 경우에는 교통안전에 관한 사항을 배려하여야 한다.

제4조【교통시설설치·관리자의 의무】 교통시설설치·관리자는 해당 교통시설을 설치 또는 관리하는 경우 교통안전표지 그 밖의 교통안전시설을 확충·정비하는 등 교통안전을 확보하기 위한 필요한 조치를 강구하여야 한다.(2020.6.9 본조개정)

제5조【교통수단 제조사업자의 의무】 교통수단 제조사업자는 법령에서 정하는 바에 따라 그가 제조하는 교통수단의 구조·설비 및 장치의 안전성이 향상되도록 노력하여야 한다.(2020.6.9 본조개정)

제6조【교통수단운영자의 의무】 교통수단운영자는 법령에서 정하는 바에 따라 그가 운영하는 교통수단의 안전한 운행·항행·운항 등을 확보하기 위하여 필요한 노력을 하여야 한다.(2020.6.9 본조개정)

제7조【차량 운전자 등의 의무】 ① 차량을 운전하는 자 등은 법령에서 정하는 바에 따라 해당 차량이 안전운행에 지장이 없는지를 점검하고 보행자와 자전거이용자에게 위험과 피해를 주지 아니하도록 안전하게 운전하여야 한다.
② 선박에 승선하여 항행업무 등에 종사하는 자(「도선법」에 의한 도선사를 포함하며, 이하 "선박승무원등"이라 한다)는 법령에서 정하는 바에 따라 해당 선박이 출항하기 전에 검사를 행하여야 하며, 기상조건·해상조건·항로표지 및 사고의 통보 등을 확인하고 안전운항을 하여야 한다.
③ 항공기에 탑승하여 그 운항업무 등에 종사하는 자(이하 "항공승무원등"이라 한다)는 법령에서 정하는 바에 따라 해당 항공기의 운항전 확인 및 항행안전시설의 기능장애에 관한 보고 등을 행하고 안전운항을 하여야 한다.
(2020.6.9 본조개정)

제8조【보행자의 의무】 보행자는 도로를 통행할 때 법령을 준수하여야 하고, 육상교통에 위험과 피해를 주지 아니하도록 노력하여야 한다.(2020.6.9 본조개정)

제9조【재정 및 금융조치】 ① 국가등은 교통안전에 관한 시책의 원활한 실시를 위하여 예산의 확보, 재정지원 등 재정·금융상의 필요한 조치를 강구하여야 한다.
② 국가등은 이 법에 따라 다음 각 호의 어느 하나에 해당하는 자에게 교통안전장치 장착을 의무화할 경우 이에 따른 비용을 대통령령으로 정하는 바에 따라 지원할 수 있다.
1. 「여객자동차 운수사업법」에 따른 여객자동차운송사업자
2. 「화물자동차 운수사업법」에 따른 화물자동차 운송사업자 또는 화물자동차 운송가맹사업자
3. 「도로교통법」 제52조에 따른 어린이통학버스(제55조제1항제1호에 따라 운행기록장치를 장착한 차량은 제외한다) 운영자(2020.6.9 본호신설)
(2011.5.19 본항신설)

제10조【국회에 대한 보고】 정부는 매년 국회에 정기국회 개회 전까지 교통사고 상황, 제15조에 따른 국가교통안전기본계획 및 제16조에 따른 국가교통안전시행계획의 추진 상황 등에 관한 보고서를 제출하여야 한다.
(2020.6.9 본조개정)

제11조【다른 법률과의 관계】 ① 교통안전에 관하여 다른 법률을 제정하거나 개정하는 경우에는 이 법의 목적에 부합되도록 하여야 한다.
② 교통안전에 관하여 다른 법률에 특별한 규정이 있는 경우를 제외하고는 이 법에서 정하는 바에 따른다.
(2020.6.9 본항개정)

제2장 교통안전정책심의기구
(2009.4.22 본장제목개정)

제12조【교통안전에 관한 주요 정책 등 심의】 교통안전에 관한 주요 정책과 제15조에 따른 국가교통안전기본계획 등은 「국가통합교통체계효율화법」 제106조에 따른 국가교통위원회(이하 "국가교통위원회"라 한다)에서 심의한다.(2009.6.9 본조개정)

제13조【지역별 교통안전에 관한 주요 정책 심의】 ① 지역별 교통안전에 관한 주요 정책과 제17조에 따른 지역교통안전기본계획은 「국가통합교통체계효율화법」 제110조에 따른 지방교통위원회(이하 "지방교통위원회"라 한다) 및 시장·군수·구청장 소속으로 설치하는 시·군·구교통안전정책심의위원회(이하 "시·군·구교통안전위원회"라 한다)에서 심의한다.
② 시·군·구교통안전위원회의 위원장은 시장·군수·구청장이 된다.
③ 시·군·구교통안전위원회의 구성 및 운영 등에 관하여 필요한 사항은 대통령령으로 정하는 바에 따라 해당 지방자치단체의 조례로 정한다.
(2012.6.1 본조개정)

제14조【관계 행정기관 등에 대한 협력요청】 ① 국가교통위원회, 지방교통위원회 또는 시·군·구교통안전위원회는 안건의 심의를 위하여 필요하다고 인정하는 때에는 관계 행정기관의 장, 공공기관의 장 그 밖의 관계인에 대하여 자료의 제출, 의견의 진술 그 밖의 필요한 협력을 요청할 수 있다.(2012.6.1 본항개정)
② 제1항에 따른 요청을 받은 자는 특별한 사유가 없으면 그 요청을 따라야 한다.(2020.6.9 본항개정)

제3장 국가교통안전기본계획 등

제15조【국가교통안전기본계획】 ① 국토교통부장관은 국가의 전반적인 교통안전수준의 향상을 도모하기 위하여 교통안전에 관한 기본계획(이하 "국가교통안전기본계획"이라 한다)을 5년 단위로 수립하여야 한다.
(2013.3.23 본항개정)
② 국가교통안전기본계획에는 다음 각 호의 사항이 포함되어야 한다.
1. 교통안전에 관한 중·장기 종합정책방향
2. 육상교통·해상교통·항공교통 등 부문별 교통사고의 발생현황과 원인의 분석
3. 교통수단·교통시설별 교통사고 감소목표
4. 교통안전지식의 보급 및 교통문화 향상목표
5. 교통안전정책의 추진성과에 대한 분석·평가
6. 교통안전정책의 목표달성을 위한 부문별 추진전략
6의2. 고령자, 어린이 등 「교통약자의 이동편의 증진법」 제2조제1호에 따른 교통약자의 교통사고 예방에 관한 사항(2023.8.16 본호신설)
7. 부문별·기관별·연차별 세부 추진계획 및 투자계획
8. 교통안전표지·교통관제시설·항행안전시설 등 교통안전시설의 정비·확충에 관한 계획
9. 교통안전 전문인력의 양성
10. 교통안전과 관련된 투자사업계획 및 우선순위
11. 지정행정기관별 교통안전대책에 대한 연계와 집행력 보완방안
12. 그 밖에 교통안전수준의 향상을 위한 교통안전시책에 관한 사항

③ 국토교통부장관은 국가교통안전기본계획의 수립을 위하여 지정행정기관별로 추진할 교통안전에 관한 주요 계획 또는 시책에 관한 사항이 포함된 지침을 작성하여 지정행정기관의 장에게 통보하여야 하며, 지정행정기관의 장은 통보받은 지침에 따라 소관별 교통안전에 관한 계획안을 국토교통부장관에게 제출하여야 한다.
(2013.3.23 본항개정)
④ 국토교통부장관은 제3항에 따라 제출받은 소관별 교통안전에 관한 계획안을 종합·조정하여 국가교통안전기본계획안을 작성한 후 국가교통위원회의 심의를 거쳐 이를 확정한다.(2020.6.9 본항개정)
⑤ 국토교통부장관은 제4항의 규정에 따라 확정된 국가교통안전기본계획을 지정행정기관의 장과 시·도지사에게 통보하고, 이를 공고(인터넷 게재를 포함한다. 이하 같다)하여야 한다.(2013.3.23 본항개정)
⑥ 제3항부터 제5항까지의 규정은 확정된 국가교통안전기본계획을 변경하는 경우에 이를 준용한다. 다만, 대통령령으로 정하는 경미한 사항을 변경하는 경우에는 그러하지 아니하다.(2020.6.9 본항개정)
⑦ 제1항부터 제6항까지의 규정에 따른 국가교통안전기본계획의 수립 및 변경 등에 관하여 필요한 사항은 대통령령으로 정한다.(2020.6.9 본항개정)

제16조【국가교통안전시행계획】 ① 지정행정기관의 장은 국가교통안전기본계획을 집행하기 위하여 매년 소관별 교통안전시행계획안을 수립하여 이를 국토교통부장관에게 제출하여야 한다.(2013.3.23 본항개정)
② 국토교통부장관은 제1항의 규정에 따라 제출받은 소관별 교통안전시행계획안을 국가교통안전기본계획에 따라 종합·조정하여 국가교통안전시행계획안을 작성한 후 국가교통위원회의 심의를 거쳐 이를 확정한다.
(2013.3.23 본항개정)
③ 국토교통부장관은 제2항의 규정에 따라 확정된 국가교통안전시행계획을 지정행정기관의 장과 시·도지사에게 통보하고, 이를 공고하여야 한다.(2013.3.23 본항개정)
④ 제1항부터 제3항까지의 규정은 국가교통안전시행계획을 변경하는 경우에 이를 준용한다. 다만, 대통령령으로 정하는 경미한 사항을 변경하는 경우에는 그러하지 아니하다.(2020.6.9 본항개정)

⑤ 제1항부터 제4항까지의 규정에 따른 국가교통안전시행계획의 수립 및 변경 등에 관하여 필요한 사항은 대통령령으로 정한다.(2020.6.9 본항개정)

제17조【지역교통안전기본계획】 ① 시·도지사는 국가교통안전기본계획에 따라 시·도의 교통안전에 관한 기본계획(이하 "시·도교통안전기본계획"이라 한다)을 5년 단위로 수립하여야 하며, 시장·군수·구청장은 시·도교통안전기본계획에 따라 시·군·구의 교통안전에 관한 기본계획(이하 "시·군·구교통안전기본계획"이라 한다)을 5년 단위로 수립하여야 한다.

② 국토교통부장관 또는 시·도지사는 시·도교통안전기본계획 또는 시·군·구교통안전기본계획(이하 "지역교통안전기본계획"이라 한다)의 수립에 관한 지침을 작성하여 시·도지사 및 시장·군수·구청장에게 통보할 수 있다.(2017.1.17 본항개정)

③ 시·도지사가 시·도교통안전기본계획을 수립한 때에는 지방교통위원회의 심의를 거쳐 이를 확정하고, 시장·군수·구청장이 시·군·구교통안전기본계획을 수립한 때에는 시·군·구교통안전위원회의 심의를 거쳐 이를 확정한다.(2012.6.1 본항개정)

④ 시·도지사는 제3항의 규정에 따라 시·도교통안전기본계획을 확정한 때에는 국토교통부장관에게 제출한 후 이를 공고하여야 하며, 시장·군수·구청장은 제3항의 규정에 따라 시·군·구교통안전기본계획을 확정한 때에는 시·도지사에게 제출한 후 이를 공고하여야 한다.
(2013.3.23 본항개정)

⑤ 제3항 및 제4항의 규정은 지역교통안전기본계획의 변경에 관하여 이를 준용한다. 다만, 국토교통부령으로 정하는 경미한 사항을 변경하는 경우에는 그러하지 아니하다.(2020.6.9 단서개정)

⑥ 시·도지사 또는 시장·군수·구청장은 제1항 또는 제5항에 따라 시·도교통안전기본계획 또는 시·군·구교통안전기본계획을 수립하거나 변경하고자 할 때에는 지방교통위원회 또는 시·군·구교통안전위원회의 심의 전에 주민 및 관계 전문가로부터 의견을 들어야 한다. 다만, 국토교통부령으로 정하는 경미한 사항을 변경하고자 하는 경우에는 그러하지 아니하다.(2024.1.23 본항신설)

⑦ 제1항부터 제6항까지의 규정에 따른 지역교통안전기본계획의 수립, 변경 및 주민·관계 전문가 의견 청취 절차 등에 관하여 필요한 사항은 대통령령으로 정한다.
(2024.1.23 본항개정)

제18조【지역교통안전시행계획】 ① 시·도지사 및 시장·군수·구청장은 소관 지역교통안전기본계획을 집행하기 위하여 시·도교통안전시행계획과 시·군·구교통안전시행계획(이하 "지역교통안전시행계획"이라 한다)을 매년 수립·시행하여야 한다.

② 시·도지사는 시·도교통안전시행계획을 수립한 때에는 국토교통부장관에게 제출한 후 이를 공고하여야 하며, 시장·군수·구청장은 시·군·구교통안전시행계획을 수립한 때에는 시·도지사에게 제출한 후 이를 공고하여야 한다.(2013.3.23 본항개정)

③ 제1항의 규정에 따른 지역교통안전시행계획의 수립 등에 관하여 필요한 사항은 대통령령으로 정한다.

제19조【지역교통안전기본계획 등의 조정】 ① 국토교통부장관은 시·도교통안전기본계획 또는 시·도교통안전시행계획이 국가교통안전기본계획 또는 국가교통안전시행계획에 위배되는 경우에는 해당 시·도지사에게 시·도교통안전기본계획 또는 시·도교통안전시행계획의 변경을 요구할 수 있다.(2013.3.23 본항개정)

② 시·도지사는 시·군·구교통안전기본계획 또는 시·군·구교통안전시행계획이 시·도교통안전기본계획 또는 시·도교통안전시행계획에 위배되는 경우에는 해당 시장·군수·구청장에게 시·군·구교통안전기본계획 또는 시·군·구교통안전시행계획의 변경을 요구할 수 있다.
(2020.6.9 본조개정)

제20조【계획수립의 협력 요청】 ① 국토교통부장관, 지정행정기관의 장, 시·도지사 및 시장·군수·구청장은 국가교통안전기본계획 또는 국가교통안전시행계획, 지역교통안전기본계획 또는 지역교통안전시행계획의 수립·시행을 위하여 필요하다고 인정하는 때에는 관계 행정기관의 장, 공공기관의 장 그 밖의 관계인에 대하여 자료의 제출 그 밖의 필요한 협력을 요청할 수 있다.
(2013.3.23 본항개정)

② 제1항의 규정에 따른 요청을 받은 자는 특별한 사유가 없으면 그 요청을 따라야 한다.(2020.6.9 본항개정)

제21조【교통시설설치·관리자등의 교통안전관리규정】 ① 대통령령으로 정하는 교통시설설치·관리자 및 교통수단운영자(이하 이 조에서 "교통시설설치·관리자등"이라 한다)는 그가 설치·관리하거나 운영하는 교통시설 또는 교통수단과 관련된 교통안전을 확보하기 위하여 다음 각 호의 사항을 포함한 규정(이하 "교통안전관리규정"이라 한다)을 정하여 관할 교통행정기관에 제출하여야 한다. 이를 변경한 때에도 또한 같다.(2017.12.26 전단개정)

1. 교통안전의 경영지침에 관한 사항
2. 교통안전목표 수립에 관한 사항
3. 교통안전 관련 조직에 관한 사항
4. 제54조의2에 따른 교통안전담당자 지정에 관한 사항
(2017.12.26 본호개정)
5. 안전관리대책의 수립 및 추진에 관한 사항
6. 그 밖에 교통안전에 관한 중요 사항으로서 대통령령으로 정하는 사항(2020.6.9 본호개정)

② 교통시설설치·관리자등은 교통안전관리규정을 준수하여야 한다.

③ 교통행정기관은 국토교통부령으로 정하는 바에 따라 교통시설설치·관리자등이 교통안전관리규정을 준수하고 있는지의 여부를 확인하고 이를 평가하여야 한다.
(2020.6.9 본항개정)

④ 교통행정기관은 교통안전을 확보하기 위하여 필요하다고 인정하는 때에는 교통안전관리규정의 변경을 명할 수 있다. 이 경우 변경명령을 받은 교통시설설치·관리자등은 특별한 사유가 없으면 그 명령을 따라야 한다.
(2020.6.9 후단개정)

⑤ 교통안전관리규정의 제출시기, 교통안전관리규정의 수립 절차 및 방법 등에 관하여 필요한 사항은 대통령령으로 정한다.

제4장 교통안전에 관한 기본시책

제22조【교통시설의 정비 등】 ① 국가등은 안전한 교통환경을 조성하기 위하여 교통시설의 정비(교통안전표지 그 밖의 교통안전시설에 대한 정비를 포함한다), 교통규제 및 관제의 합리화, 공유수면 사용의 적정화 등 필요한 시책을 강구하여야 한다.

② 국가등은 주거지·학교지역 및 상점가에 대하여 제1항의 규정에 따른 시책을 강구할 때에 특히 보행자와 자전거이용자가 보호되도록 배려하여야 한다.(2020.6.9 본항개정)

제23조【교통안전지식의 보급 등】 ① 국가등은 교통안전에 관한 지식을 보급하고 교통안전에 관한 의식을 제고하기 위하여 학교 그 밖의 교육기관을 통하여 교통안전교육의 진흥과 교통안전에 관한 홍보활동의 충실을 도모하는 등 필요한 시책을 강구하여야 한다.(2020.6.9 본항개정)

② 국가등은 교통안전에 관한 국민의 건전하고 자주적인 조직 활동이 촉진되도록 필요한 시책을 강구하여야 한다.

③ 국가등은 어린이, 노인 및 장애인의 교통안전 체험을 위한 교육시설을 설치할 수 있다. 이 경우 해당 교육시설을 설치하고자 하는 교통행정기관의 장은 관계 행정기관의 장과 협의하여야 한다.(2016.1.19 전단개정)

④ 국가등은 어린이, 노인 및 장애인의 교통안전 체험을 위한 교육시설 설치를 지원하기 위하여 예산의 범위에서 재정적 지원을 할 수 있다.(2016.1.19 본항개정)

⑤ 제3항에 따른 교육시설의 설치 기준·방법 등에 관하여 필요한 사항은 대통령령으로 정한다.(2009.4.22 본항신설)

제24조【교통수단의 안전운행 등의 확보】 ① 국가등은 차량의 운전자, 선박승무원등 및 항공승무원등(이하 "운전자등"이라 한다)이 해당 교통수단을 안전하게 운행할 수 있도록 필요한 교육을 받도록 하여야 한다.(2020.6.9 본항개정)

② 국가등은 운전자등의 자격에 관한 제도의 합리화, 교통수단 운행체계의 개선, 운전자등의 근무조건의 적정화와 복지향상 등을 위하여 필요한 시책을 강구하여야 한다.

제25조【교통안전에 관한 정보의 수집·전파】 국가등은 기상정보 등 교통안전에 관한 정보를 신속하게 수집·전파하기 위하여 기상관측망과 통신시설의 정비 및 확충 등 필요한 시책을 강구하여야 한다.

제26조【교통수단의 안전성 향상】 국가등은 교통수단의 안전성을 향상시키기 위하여 교통수단의 구조·설비 및 장비 등에 관한 안전상의 기술적 기준을 개선하고 교통수단에 대한 검사의 정확성을 확보하는 등 필요한 시책을 강구하여야 한다.

제27조【교통질서의 유지】 국가등은 교통질서를 유지하기 위하여 교통질서 위반자에 대한 단속 등 필요한 시책을 강구하여야 한다.

제28조【위험물의 안전운송】 국가등은 위험물의 안전운송을 위하여 운송 시설 및 장비의 확보와 그 운송에 관한 제반기준의 제정 등 필요한 시책을 강구하여야 한다.

제29조【긴급 시의 구조체제의 정비 등】 ① 국가등은 교통사고 부상자에 대한 응급조치 및 의료의 충실을 도모하기 위하여 구조체제의 정비 및 응급의료시설의 확충 등 필요한 시책을 강구하여야 한다.

② 국가등은 해양사고 구조의 충실을 도모하기 위하여 해양사고 발생정보의 수집체제 및 해양사고 구조체제의 정비 등 필요한 시책을 강구하여야 한다.
(2020.6.9 본조개정)

제30조【손해배상의 적정화】 국가등은 교통사고로 인한 피해자(그 유족을 포함한다)에 대한 손해배상의 적정화를 위하여 손해배상보장제도의 충실 등 필요한 시책을 강구하여야 한다.

제31조【과학기술의 진흥 등】 ① 국가등은 교통안전에 관한 과학기술의 진흥을 위한 시험연구체제를 정비하고 연구·개발을 추진하며 그 성과의 보급 등 필요한 시책을 강구하여야 한다.

② 국가등은 교통사고 원인을 과학적으로 규명하기 위하여 교통체계등에 관한 종합적인 연구·조사의 실시 등 필요한 시책을 강구하여야 한다.

제32조【교통안전에 관한 시책 강구 상의 배려】 국가등은 교통안전에 관한 시책을 강구할 때 국민생활을 부당하게 침해하지 아니하도록 배려하여야 한다.(2020.6.9 본조개정)

제5장 교통안전에 관한 세부시책

제33조【교통수단안전점검】 ① 교통행정기관은 소관 교통수단에 대한 교통안전 실태를 파악하기 위하여 주기적으로 또는 수시로 교통수단안전점검을 실시할 수 있다.

② 교통행정기관은 제1항에 따른 교통수단안전점검을 실시한 결과 교통안전을 저해하는 요인이 발견된 경우 그 개선대책을 수립·시행하여야 하며, 교통수단운영자에게 개선사항을 권고할 수 있다.

③ 교통행정기관은 교통수단안전점검을 효율적으로 실시하기 위하여 관련 교통수단운영자로 하여금 필요한 보고를 하게 하거나 관련 자료를 제출하게 할 수 있으며, 필요한 경우 소속 공무원으로 하여금 교통수단운영자의 사업장 등에 출입하여 교통수단 또는 장부·서류나 그 밖의 물건을 검사하게 하거나 관계인에게 질문하게 할 수 있다.

④ 제3항에 따라 사업장을 출입하여 검사하려는 경우에는 출입·검사 7일 전까지 검사일시·검사이유 및 검사내용 등을 포함한 검사계획을 교통수단운영자에게 통지하여야 한다. 다만, 증거인멸 등으로 검사의 목적을 달성할 수 없다고 판단되는 경우에는 검사일에 검사계획을 통지할 수 있다.

⑤ 제3항에 따라 출입·검사를 하는 공무원은 그 권한을 표시하는 증표를 내보이고 성명·출입시간 및 출입목적 등이 표시된 문서를 교부하여야 한다.

⑥ 제1항에도 불구하고 국토교통부장관은 대통령령으로 정하는 교통수단과 관련하여 대통령령으로 정하는 기준 이상의 교통사고가 발생한 경우 해당 교통수단에 대하여 교통수단안전점검을 실시하여야 한다.

⑦ 국토교통부장관은 제6항에 따른 교통수단안전점검을 실시한 결과 교통안전을 저해하는 요인이 발견된 경우에는 그 결과를 소관 교통행정기관에 통보하여야 한다.

⑧ 제7항에 따라 교통수단안전점검 결과를 통보받은 교통행정기관은 교통안전 저해요인을 제거하기 위하여 필요한 조치를 하고 국토교통부장관에게 그 조치의 내용을 통보하여야 한다.

⑨ 제1항 및 제6항에 따른 교통수단안전점검에 필요한 대상·기준·시기 및 항목 등에 관하여 필요한 사항은 대통령령으로 정한다.
(2017.1.17 본조개정)

제33조의2【교통안전 특별실태조사의 실시 등】 ① 지정행정기관의 장은 교통사고가 자주 발생하는 등 교통안전이 취약한 시(「제주특별자치도 설치 및 국제자유도시 조성을 위한 특별법」 제10조제2항에 따른 행정시를 포함한다. 이하 이 항에서 같다)·군·구에 대하여 필요하다고 인정하는 경우 해당 시·군·구의 교통체계에 대한 특별실태조사(이하 "특별실태조사"라 한다)를 실시할 수 있다.(2015.7.24 본항개정)

② 지정행정기관의 장은 제1항에 따라 특별실태조사를 실시한 결과 교통안전의 확보를 위하여 필요하다고 인정하는 경우에는 관할 교통행정기관에 대하여 교통시설 등의 교통체계를 개선할 것을 권고할 수 있다. 이 경우 지정행정기관의 장은 관할 교통행정기관에 개선권고의 이행에 필요한 행정적 지원을 할 수 있다.(2017.10.24 후단신설)

③ 제2항에 따라 지정행정기관의 장의 개선권고를 받은 관할 교통행정기관은 이행계획서를 작성하여 지정행정기관의 장에게 제출하여야 하고, 지정행정기관의 장은 이를 이행하는지 확인 또는 점검하여야 한다.(2017.10.24 본항개정)

④ 제3항에 따라 이행계획서를 제출한 관할 교통행정기관은 대통령령으로 정하는 바에 따라 이행결과보고서를 지정행정기관의 장에게 제출하여야 한다.(2017.10.24 본항신설)

⑤ 지정행정기관의 장은 예산의 범위에서 제2항에 따른 개선권고의 이행에 필요한 재원의 전부 또는 일부를 지원할 수 있다.

⑥ 특별실태조사의 구체적인 대상, 절차, 방법 등에 관하여 필요한 사항은 국토교통부령으로 정한다.(2013.3.23 본항개정)
(2011.5.19 본조신설)

제34조【교통시설안전진단】 ① 대통령령으로 정하는 일정 규모 이상의 도로·철도·공항의 교통시설을 설치하려는 자(이하 이 조에서 "교통시설설치자"라 한다)는 해당 교통시설의 설치 전에 제39조제1항에 따라 등록한 교통안전진단기관(이하 "교통안전진단기관"이라 한다)에 의뢰하여 교통시설안전진단을 받아야 한다.

② 제1항에 따라 교통시설안전진단을 받은 교통시설설치자는 해당 교통시설에 대한 공사계획 또는 사업계획 등에 대한 승인·인가·허가·면허 또는 결정 등(이하 "승인등"이라 한다)을 받아야 하거나 신고 등을 하여야 하는 경우에는 대통령령으로 정하는 바에 따라 교통안전진단기관이 작성·교부한 교통시설안전진단보고서를 관련 서류와 함께 관할 교통행정기관에 제출하여야 한다.

③ 대통령령으로 정하는 교통시설의 교통시설설치·관리자는 해당 교통시설의 사용 개시(開始) 전에 교통안전진단기관에 의뢰하여 교통시설안전진단을 받아야 한다.
(2017.1.17 본항신설)

文通

④ 제3항에 따라 교통시설안전진단을 받은 교통시설설치·관리자는 해당 교통시설의 사용 개시 전에 대통령령으로 정하는 바에 따라 교통안전진단기관이 작성·교부한 교통시설안전진단보고서를 관할 교통행정기관에 제출하여야 한다.(2017.1.17 본항신설)
⑤ 교통행정기관은 대통령령으로 정하는 기준 이상의 교통사고가 발생한 경우에는 교통시설설치·관리자로 하여금 해당 교통시설 및 발생 원인과 관련된 교통시설에 대하여 교통안전진단기관에 의뢰하여 교통시설안전진단을 받을 것을 명할 수 있다.(2017.1.17 본항신설)
⑥ 제5항에 따라 교통시설안전진단을 받은 교통시설설치·관리자는 교통안전진단기관이 작성·교부한 교통시설안전진단보고서를 관할 교통행정기관에 제출하여야 한다.(2017.1.17 본항신설)
⑦ 제1항, 제3항 및 제5항에 따른 교통시설안전진단의 대상·기준 및 시기 등에 관하여 필요한 사항은 대통령령으로 정한다.(2017.1.17 본항신설)
(2017.1.17 본조개정)
제35조 (2012.6.1 삭제)
제35조의2【교통안전 우수사업자 지정 등】 ① 국토교통부장관은 교통안전수준을 높이고 교통사고 감소에 기여한 교통수단운영자를 교통안전 우수사업자로 지정할 수 있다.(2013.3.23 본항개정)
② 교통행정기관은 제1항에 따라 지정을 받은 자에 대하여 교통수단안전점검을 면제하는 등 국토교통부령으로 정하는 지원을 할 수 있다.(2017.1.17 본항개정)
③ 국토교통부장관은 제1항에 따라 지정을 받은 자가 다음 각 호의 어느 하나에 해당하는 경우에는 지정을 취소할 수 있다. 다만, 제1호에 해당하는 경우에는 지정을 취소하여야 한다.(2013.3.23 본문개정)
1. 거짓이나 그 밖의 부정한 방법으로 제1항에 따른 지정을 받은 경우
2. 국토교통부령으로 정하는 기준 이상의 교통사고를 일으킨 경우(2013.3.23 본호개정)
④ 제1항에 따른 교통안전 우수사업자 지정의 대상, 기준, 유효기간, 절차, 방법 등에 관하여 필요한 사항은 국토교통부령으로 정한다.(2013.3.23 본항개정)
(2011.5.19 본조신설)
제36조 (2017.1.17 삭제)
제37조【교통시설안전진단 결과의 처리】 ① 교통행정기관은 제34조제1항, 제3항 및 제5항에 따른 교통시설안전진단을 받은 자가 제출한 교통시설안전진단보고서를 검토한 후 교통안전의 확보를 위하여 필요하다고 인정되는 경우에는 해당 교통시설안전진단을 받은 자에 대하여 다음 각 호의 어느 하나에 해당하는 사항을 권고하거나 관계 법령에 따른 필요한 조치(이하 "권고등"이라 한다)를 할 수 있다. 이 경우 교통행정기관은 교통시설안전진단을 받은 자가 권고사항을 이행하기 위하여 필요한 자료 제공 및 기술지원을 할 수 있다.(2017.1.17 본문개정)
1. 교통시설에 대한 공사계획 또는 사업계획 등의 시정 또는 보완
2. 교통시설의 개선·보완 및 이용제한(2017.1.17 본호개정)
3. 교통시설의 관리·운영 등과 관련된 절차·방법 등의 개선·보완(2017.1.17 본호개정)
4. (2017.1.17 삭제)
5. 그 밖에 교통안전에 관한 업무의 개선
② 교통행정기관은 제1항에 따라 권고등을 받은 자가 권고등을 이행하는지를 점검할 수 있다.(2011.5.19 본항신설)
③ 교통행정기관은 제2항에 따른 점검을 위하여 필요하다고 인정하는 경우에는 제1항에 따라 권고등을 받은 자에게 권고등의 이행실적을 제출할 것을 요청할 수 있다.(2011.5.19 본항신설)
(2017.1.17 본조제목개정)
제38조【교통시설안전진단지침】 ① 국토교통부장관은 교통시설안전진단의 체계적이고 효율적인 실시를 위하여 대통령령으로 정하는 바에 따라 교통시설안전진단의 실시 항목·방법 및 절차, 교통시설안전진단을 실시하는 자의 자격 및 구성, 교통시설안전진단보고서의 작성 및 교통시설안전진단 결과의 사후 관리 등의 내용을 포함한 교통시설안전진단지침을 작성하여 이를 관보에 고시하여야 한다.
② 국토교통부장관은 제1항에 따른 교통시설안전진단지침을 작성하려면 미리 관계 지정행정기관의 장과 협의하여야 한다.
③ 교통안전진단기관은 제34조제1항, 제3항 및 제5항에 따른 교통시설안전진단을 실시하는 경우에는 제1항에 따른 교통시설안전진단지침에 따라야 한다.
(2017.1.17 본조개정)
제39조【교통안전진단기관의 등록 등】 ① 교통시설안전진단을 실시하려는 자는 시·도지사에게 등록하여야 한다. 이 경우 시·도지사는 국토교통부령으로 정하는 바에 따라 교통안전진단기관등록증을 발급하여야 한다.
(2017.1.17 전단개정)
② 제1항의 규정에 따른 등록의 기준 및 절차 등에 관하여 필요한 사항은 대통령령으로 정한다.
(2017.1.17 본조제목개정)
제40조【변경사항의 신고 등】 ① 교통안전진단기관은 등록사항 중 대통령령으로 정하는 사항이 변경된 때에는 국토교통부령으로 정하는 바에 따라 그 사실을 시·도지사에게 신고하여야 한다.
② 교통안전진단기관은 계속하여 6개월 이상 휴업하거나 재개업 또는 폐업하고자 하는 때에는 국토교통부령으로 정하는 바에 따라 시·도지사에게 신고하여야 하며, 시·도지사는 폐업신고를 받은 때에는 그 등록을 말소하여야 한다.(2020.6.9 본항개정)
(2017.1.17 본조개정)
제41조【결격사유】 다음 각 호의 어느 하나에 해당하는 자는 교통안전진단기관으로 등록할 수 없다.(2017.1.17 본문개정)
1. 피성년후견인 또는 피한정후견인(2017.1.17 본호개정)
2. 파산선고를 받고 복권되지 아니한 자
3. 이 법을 위반하여 징역형의 실형을 선고받고 그 집행이 종료(집행이 종료된 것으로 보는 경우를 포함한다)되거나 집행이 면제된 날부터 2년이 지나지 아니한 자
(2020.6.9 본호개정)
4. 이 법을 위반하여 징역형의 집행유예를 선고받고 그 유예기간 중에 있는 자(2020.6.9 본호개정)
5. 제43조에 따라 교통안전진단기관의 등록이 취소된 후 2년이 지나지 아니한 자. 다만, 제43조제3호 중 제41조제1호 및 제2호에 해당하여 등록이 취소된 경우는 제외한다.(2020.6.9 본문개정)
6. 임원 중에 제1호부터 제5호까지의 어느 하나에 해당하는 자가 있는 법인(2020.6.9 본호개정)
제42조【명의대여의 금지 등】 교통안전진단기관은 타인에게 자기의 명칭 또는 상호를 사용하여 교통시설안전진단 업무를 영위하게 하거나 교통안전진단기관등록증을 대여하여서는 아니 된다.(2017.1.17 본조개정)
제43조【등록의 취소 등】 ① 시·도지사는 교통안전진단기관이 다음 각 호의 어느 하나에 해당하는 때에는 그 등록을 취소하거나 1년 이내의 기간을 정하여 영업의 정지를 명할 수 있다. 다만, 제1호부터 제5호까지의 어느 하나에 해당하는 때에는 그 등록을 취소하여야 한다.
(2017.1.17 본문개정)
1. 거짓이나 그 밖의 부정한 방법으로 등록을 한 때
(2020.6.9 본호개정)
2. 최근 2년간 2회의 영업정지처분을 받고 새로이 영업정지처분에 해당하는 사유가 발생한 때
3. 제41조 각 호의 어느 하나에 해당하게 된 때. 다만, 법인의 임원 중에 같은 조 제1호부터 제5호까지의 어느 하나에 해당하는 자가 있는 경우 6개월 이내에 해당 임원을 개임한 때에는 그러하지 아니하다.(2020.6.9 단서개정)
4. 제42조의 규정을 위반하여 타인에게 자기의 명칭 또는 상호를 사용하게 하거나 교통안전진단기관등록증을 대여한 때
5. 영업정지처분을 받고 영업정지처분기간 중에 새로이 교통시설안전진단 업무를 실시한 때(2017.1.17 본호개정)
6. 제39조제2항의 규정에 따른 등록기준에 미달하게 된 때
7. 교통시설안전진단을 실시할 자격이 없는 자로 하여금 교통시설안전진단을 수행하게 한 때(2017.1.17 본호개정)
8. 제45조에 따라 교통시설안전진단의 실시결과를 평가한 결과 안전의 상태를 사실과 다르게 진단하는 등 교통시설안전진단 업무를 부실하게 수행한 것으로 평가된 때(2017.1.17 본호개정)
② 제1항에 따른 행정처분의 세부기준과 그 밖에 필요한 사항은 국토교통부령으로 정한다.(2017.3.21 본항신설)
제44조【행정처분 후의 업무수행】 ① 제43조에 따라 등록의 취소 또는 영업정지처분을 받은 교통안전진단기관은 그 처분 당시에 이미 착수한 교통시설안전진단 업무는 이를 계속할 수 있다. 이 경우 교통안전진단기관은 그 처분 받은 내용을 지체 없이 교통시설안전진단 실시를 의뢰한 자에게 통지하여야 한다.
② 제1항 전단에 따라 업무를 계속하는 자는 업무를 완료할 때까지 해당 업무에 관하여는 교통안전진단기관으로 본다.
(2017.1.17 본조개정)
제45조【교통시설안전진단 실시결과의 평가 등】 ① 국토교통부장관은 교통시설안전진단의 기술수준을 향상시키고 부실진단을 방지하기 위하여 교통안전진단기관이 수행한 교통시설안전진단의 실시결과를 평가하여야 한다.(2017.1.17 본항개정)
② 국토교통부장관은 관련 교통시설설치·관리자, 교통안전진단기관에 대하여 제1항에 따른 평가를 위하여 필요한 관련 자료의 제출을 요청할 수 있다. 이 경우 자료제출 요청을 받은 자는 특별한 사정이 없으면 그 요청에 따라야 한다.(2017.1.17 본항개정)
③ 제1항의 규정에 따른 평가의 대상·방법 등에 관하여 필요한 사항은 대통령령으로 정한다.
(2017.1.17 본조제목개정)
제46조【교통시설안전진단 비용의 부담】 ① 제34조제1항, 제3항 및 제5항에 따른 교통시설안전진단에 드는 비용은 교통시설안전진단을 받는 자가 부담한다.
② 제1항에 따른 교통시설안전진단 비용의 산정기준은 국토교통부장관이 정하여 고시한다.
(2017.1.17 본조개정)
제47조【교통안전진단기관에 대한 지도·감독】 ① 시·도지사는 교통안전진단기관이 교통시설안전진단 업무를 적절하게 수행하고 있는지의 여부 등을 확인하기 위하여 교통안전진단기관으로 하여금 필요한 보고를 하게 하거나 관련 자료를 제출하게 할 수 있으며, 필요한 경우 소속 공무원으로 하여금 관련 서류 그 밖의 물건을 점검·검사하게 하거나 관계인에게 질문을 하게 할 수 있다.
(2017.1.17 본항개정)
② 제1항에 의하여 출입·검사를 하는 경우에는 검사일 7일 전까지 검사일시·검사이유 및 검사내용 등을 포함한 검사계획을 교통안전진단기관에 통지하여야 한다. 다만, 증거인멸 등으로 검사의 목적을 달성할 수 없거나 긴급한 사정이 있는 경우에는 검사일에 검사계획을 통지할 수 있다.(2020.6.9 단서개정)
③ 제1항의 규정에 따라 출입·검사를 하는 공무원은 관계인에게 자신의 권한을 나타내는 증표를 내보이고 성명·출입시간 및 출입목적 등이 표시된 문서를 교부하여야 한다.
제48조【교통안전사업에의 투자 등】 ① 국가등은 그가 설치·관리 또는 운영하는 교통시설에 대하여 그 설치·관리 또는 운영에 소요되는 비용 외에 교통안전 확보를 위한 투자비 등을 미리 확보하여야 한다.
② 지정행정기관의 장은 제1항의 규정에 따른 교통안전 투자 등의 효과를 높일 수 있도록 대통령령으로 정하는 바에 따라 교통안전분야에 대한 투자우선순위 조정 등에 관한 사항이 포함된 교통안전분야투자지침을 작성하여 이를 고시하여야 한다.(2020.6.9 본항개정)
제49조【교통사고의 조사 등】 ① 교통사고가 발생한 경우 법령에 의하여 해당 교통사고를 조사·처리하는 권한을 가진 교통행정기관, 위원회 또는 관계 공무원 등은 법령에 따라 정확하고 신속하게 교통사고의 원인을 규명하여야 한다.(2020.6.9 본항개정)
② 제1항의 규정에 따라 교통사고의 원인을 조사·처리한 교통행정기관 등은 교통사고의 재발방지를 위한 대책을 수립·시행하거나 관계 행정기관에 교통사고재발방지대책을 수립·시행할 것을 권고할 수 있다. 이 경우 교통행정기관 등은 관계행정기관에 권고 이행에 필요한 행정적·기술적 지원을 할 수 있다.(2019.11.26 후단신설)
③ 제2항에 따른 권고를 받은 관계행정기관의 장은 권고를 받은 날부터 30일 이내에 이행계획서를 작성하여 교통행정기관 등에 제출하여야 한다.(2019.11.26 본항신설)
④ 제3항에 따라 이행계획서를 제출한 관계행정기관의 장은 대통령령으로 정하는 바에 따라 이행결과보고서를 교통행정기관 등에 제출하여야 한다.(2019.11.26 본항신설)
⑤ 제3항에도 불구하고 제2항에 따른 권고를 받은 관계행정기관의 장은 권고 내용을 이행할 필요가 없다고 판단하는 경우에는 권고를 받은 날부터 30일 이내에 그 이유를 교통행정기관 등에 문서로 통보하여야 한다.
(2019.11.26 본항신설)
제50조【교통시설을 관리하는 행정기관 등의 교통사고 원인조사】 ① 교통시설을 관리하는 행정기관, 교통시설설치·관리자를 지도·감독하는 교통행정기관은 소관 교통시설 안에서 대통령령으로 정하는 중대한 교통사고가 발생한 경우에는 해당 교통시설의 결함, 교통안전표지 등 교통안전시설의 미비 등으로 인하여 교통사고가 발생하였는지의 여부 등 교통사고의 원인을 조사하여야 한다.
(2020.6.9 본항개정)
② 교통수단의 안전기준을 관장하는 지정행정기관의 장은 대통령령으로 정하는 중대한 교통사고가 발생한 때에는 교통수단의 제작상의 결함 등으로 인하여 교통사고가 발생하였는지의 여부에 대하여 조사할 수 있다.(2020.6.9 본항개정)
③ 제1항의 규정에 따라 교통사고의 원인을 조사하여야 하는 지방자치단체의 장은 그 결과를 소관 지정행정기관의 장에게 제출하여야 한다.
④ 제1항 및 제2항의 규정에 따른 교통사고조사의 구체적인 대상·방법 등에 관하여 필요한 사항은 대통령령으로 정한다.
제51조【교통사고관련자료 등의 보관·관리】 ① 제49조 및 제50조의 규정에 따라 교통사고 또는 그 원인을 조사·처리한 교통행정기관 등은 교통사고조사와 관련된 자료·통계 또는 정보(이하 "교통사고관련자료등"이라 한다)를 대통령령으로 정하는 바에 따라 보관·관리하여야 한다.
② 「여객자동차 운수사업법」 제19조·제55조·제64조 및 「보험업법」 제167조 등 관계 법령에 따라 교통사고와 관련된 자료 또는 정보를 조사·취득·분석하는 자 중 대통령령으로 정하는 자는 그가 조사·취득·분석한 교통사고관련자료등을 대통령령이 정하는 바에 따라 보관·관리하여야 한다.
③ 제2항의 규정에 따라 교통사고관련자료등을 보관·관리하는 자는 관계 교통행정기관이 해당 교통사고관련자료등의 제출을 요구하는 때에는 특별한 사유가 없으면 그 요구를 따라야 한다.
(2020.6.9 본조개정)

제52조【교통안전정보관리체계의 구축 등】① 교통행정기관의 장은 교통시설·교통수단 및 교통체계의 안전과 관련된 제반 교통안전에 관한 정보와 교통사고관련자료등을 통합적으로 유지·관리할 수 있도록 교통안전정보관리체계를 구축·관리하여야 한다.
② 교통행정기관의 장은 교통안전정책에 효과적으로 활용하기 위하여 제1항의 규정에 따른 교통안전정보관리체계를 서로 공유할 수 있도록 하여야 한다.
③ 제1항의 규정에 따른 교통안전정보관리체계의 구축·관리와 제2항의 규정에 따른 교통안전정보관리체계의 공유 절차·방법 등에 관하여 필요한 사항은 대통령령으로 정한다.

제53조【교통안전관리자 자격의 취득 등】① 국토교통부장관은 교통수단의 운행·운항·항행 또는 교통시설의 운영·관리와 관련된 기술적인 사항을 점검·관리하는 교통안전관리자 자격 제도를 운영하여야 한다.
(2017.12.26 본항개정)
② 교통안전관리자 자격을 취득하려는 사람은 국토교통부장관이 실시하는 시험에 합격하여야 하며, 국토교통부장관은 시험에 합격한 사람에 대하여는 교통안전관리자 자격증명서를 교부한다.(2017.12.26 본항개정)
③ 다음 각 호의 어느 하나에 해당하는 자는 교통안전관리자가 될 수 없다.
1. 피성년후견인 또는 피한정후견인(2017.1.17 본호개정)
2. 금고 이상의 실형을 선고받고 그 집행이 종료(집행이 종료된 것으로 보는 경우를 포함한다)되거나 집행이 면제된 날부터 2년이 지나지 아니한 자(2020.6.9 본호개정)
3. 금고 이상의 형의 집행유예를 선고받고 그 유예기간 중에 있는 자(2020.6.9 본호개정)
4. 제54조의 규정에 따라 교통안전관리자 자격의 취소처분을 받은 날부터 2년이 지나지 아니한 자. 다만, 제54조제1항제1호 중 제53조제3항제1호에 해당하여 자격이 취소된 경우는 제외한다.(2020.6.9 본문개정)
④ 국토교통부장관은 다음 각 호의 어느 하나에 해당하는 자에 대하여는 대통령령으로 정하는 바에 따라 제2항의 규정에 따른 시험의 일부를 면제할 수 있다.(2020.6.9 본문개정)
1. 「국가기술자격법」 또는 다른 법률에 따라 교통안전분야와 관련이 있는 분야의 자격을 받은 자(2012.6.1 본호개정)
2. 교통안전분야에 관하여 대통령령으로 정하는 실무경험이 있는 자로서 국토교통부령으로 정하는 교육 및 훈련 과정을 마친 자(2013.3.23 본호개정)
3. 석사학위 이상의 학위를 취득한 자(2012.6.1 본호신설)
⑤ 교통안전관리자 자격의 종류 및 시험의 실시 등에 필요한 사항은 대통령령으로 정한다.(2017.12.26 본항개정)
(2017.12.26 본조제목개정)

제53조의2【부정행위자에 대한 제재】① 국토교통부장관은 부정한 방법으로 제53조제2항에 따른 시험에 응시한 사람 또는 시험에서 부정행위를 한 사람에 대하여는 그 시험을 정지시키거나 무효로 한다.
② 제1항에 따라 시험이 정지되거나 무효로 된 사람은 그 처분이 있은 날부터 2년간 제53조제2항에 따른 시험에 응시할 수 없다.
(2021.7.27 본조신설)

제54조【교통안전관리자 자격의 취소 등】① 시·도지사는 교통안전관리자가 다음 제1호 및 제2호의 어느 하나에 해당하는 때에는 그 자격을 취소하여야 하며, 제3호에 해당하는 때에는 교통안전관리자의 자격을 취소하거나 1년 이내의 기간을 정하여 해당 자격의 정지를 명할 수 있다.(2012.6.1 본문개정)
1. 제53조제3항 각 호의 어느 하나에 해당하게 된 때
2. 거짓이나 그 밖의 부정한 방법으로 교통안전관리자 자격을 취득한 때(2020.6.9 본호개정)
3. 교통안전관리자가 직무를 행하면서 고의 또는 중대한 과실로 인하여 교통사고를 발생하게 한 때(2020.6.9 본호개정)
② 시·도지사는 제1항에 따라 자격의 취소 또는 정지처분을 한 때에는 국토교통부령으로 정하는 바에 따라 해당 교통안전관리자에게 이를 통지하여야 한다.(2013.3.23 본항개정)
③ 제1항의 규정에 따른 행정처분의 세부기준 및 절차는 그 위반행위의 유형과 위반의 정도에 따라 국토교통부령으로 정한다.(2013.3.23 본항개정)

제54조의2【교통안전담당자의 지정 등】① 대통령령으로 정하는 교통시설설치·관리자 및 교통수단운영자는 다음 각 호의 어느 하나에 해당하는 사람을 교통안전담당자로 지정하여 직무를 수행하게 하여야 한다.
1. 제53조에 따라 교통안전관리자 자격을 취득한 사람
2. 대통령령으로 정하는 자격을 갖춘 사람
② 제1항에 따른 교통시설설치·관리자 및 교통수단운영자는 교통안전담당자로 하여금 교통안전에 관한 전문지식과 기술능력을 향상시키기 위하여 교육을 받도록 하여야 한다.
③ 교통안전담당자의 직무, 지정 방법 및 교통안전담당자에 대한 교육에 필요한 사항은 대통령령으로 정한다.
(2017.12.26 본조신설)

제55조【운행기록장치의 장착 및 운행기록의 활용 등】① 다음 각 호의 어느 하나에 해당하는 자는 그 운행하는 차량에 국토교통부령으로 정하는 기준에 적합한 운행기록장치를 장착하여야 한다. 다만, 소형 화물차량 등 국토교통부령으로 정하는 차량은 그러하지 아니하다.
(2013.3.23 본문개정)
1. 「여객자동차 운수사업법」에 따른 여객자동차 운송사업자
2. 「화물자동차 운수사업법」에 따른 화물자동차 운송사업자 및 화물자동차 운송가맹사업자
3. 「도로교통법」 제52조에 따른 어린이통학버스(제1호에 따라 운행기록장치를 장착한 차량은 제외한다) 운영자
(2020.6.9 본호신설)
② 제1항에 따라 운행기록장치를 장착하여야 하는 자(이하 "운행기록장치 장착의무자"라 한다)는 운행기록장치에 기록된 운행기록을 대통령령으로 정하는 기간 동안 보관하여야 하며, 교통행정기관이 제출을 요청하는 경우 이에 따라야 한다. 다만, 대통령령으로 정하는 운행기록장치 장착의무자는 교통행정기관의 제출 요청과 관계없이 운행기록을 주기적으로 제출하여야 한다. 이 경우 운행기록장치 장착의무자는 운행기록장치에 기록된 운행기록을 임의로 조작하여서는 아니 된다.(2020.6.9 단서개정)
③ 교통행정기관은 제2항에 따라 제출받은 운행기록을 점검·분석하여 그 결과를 해당 운행기록장치 장착의무자 및 차량운전자에게 제공하여야 한다.
④ 교통행정기관은 다음 각 호의 조치를 제외하고는 제3항에 따른 분석결과를 이용하여 운행기록장치 장착의무자 및 차량운전자에게 이 법 또는 다른 법률에 따른 허가·등록의 취소 등 어떠한 불리한 제재나 처벌을 하여서는 아니 된다.
1. 제33조제1항 및 제6항에 따른 교통수단안전점검
(2017.1.17 본호개정)
2. (2012.6.1 삭제)
3. 교통수단 및 교통수단운영체계의 개선 권고
4. 최소휴게시간, 연속근무시간 및 속도제한장치 무단해제 확인(2017.1.17 본호신설)
⑤ 운행기록의 보관·제출방법·분석·활용 등에 필요한 사항은 국토교통부령으로 정한다.(2013.3.23 본항개정)
(2009.12.29 본조개정)

제55조의2【차로이탈경고장치의 장착】제55조제1항제1호 또는 제2호에 따른 차량 중 국토교통부령으로 정하는 차량은 국토교통부령으로 정하는 기준에 적합한 차로이탈경고장치를 장착하여야 한다.(2017.1.17 본조신설)

제55조의3【운행기록장치 등의 장착 여부에 관한 조사】① 국토교통부장관 또는 교통행정기관은 다음 각 호의 어느 하나에 해당하는 사항을 확인하기 위하여 관계공무원, 「자동차관리법」 제73조의2제1항에 따른 자동차안전단속원 또는 「도로법」 제77조제4항에 따른 운행제한단속원(이하 이 조에서 "관계공무원등"이라 한다)으로 하여금 운행 중인 자동차를 조사하게 할 수 있다.
1. 제55조제1항을 위반하여 운행기록장치를 장착하지 아니하였거나 기준에 적합하지 아니한 운행기록장치를 장착하였는지 여부
2. 제55조의2를 위반하여 차로이탈경고장치를 장착하지 아니하였거나 기준에 적합하지 아니한 차로이탈경고장치를 장착하였는지 여부
② 운행 중인 자동차의 소유자나 운전자는 정당한 사유 없이 제1항에 따른 조사를 거부·방해 또는 기피하여서는 아니 된다.
③ 제1항에 따라 조사를 하는 관계공무원등은 그 권한을 표시하는 증표를 지니고 이를 관계인에게 내보여야 한다.
(2021.7.27 본조신설)

제56조【교통안전체험에 관한 연구·교육시설의 설치 등】① 교통행정기관의 장은 교통수단을 운전·운행하는 자의 교통안전의식과 안전운전능력을 효과적으로 향상시키고 이를 현장에서 적극적으로 실천할 수 있도록 교통안전체험에 관한 연구·교육시설을 설치·운영할 수 있다.(2020.6.9 본항개정)
② 제1항의 규정에 따른 교통안전체험에 관한 연구·교육시설의 설치·운영 등에 관하여 필요한 사항은 대통령령으로 정한다.

제56조의2【중대 교통사고자에 대한 교육실시】① 제55조제1항제1호 또는 제2호에 따른 차량의 운전자가 중대 교통사고를 일으킨 경우에는 국토교통부령으로 정하는 교육을 받아야 한다. 이 경우 교육의 내용에는 운전자의 안전운전능력을 효과적으로 향상시킬 수 있는 교통안전 체험교육이 포함되어야 한다.(2020.6.9 후단개정)
② 제1항에 따른 중대 교통사고의 기준 및 교육실시에 필요한 사항은 국토교통부령으로 정한다.
(2013.3.23 본조개정)

제56조의3【교통안전 전문교육의 실시】① 다음 각 호의 어느 하나에 해당하는 사람은 교통안전에 관한 전문성 및 직무능력 향상을 위하여 국토교통부장관이 실시하는 교통안전 전문교육을 정기적으로 받아야 한다.
1. 국토교통부령으로 정하는 교통행정기관에서 교통안전에 관한 업무를 담당하는 공무원
2. 교통시설설치·관리자의 직원
3. 「도로법」 제77조제4항에 따른 운행제한단속원
② 제54조의2제2항에 따라 교육을 받은 사람에게는 제1항에 따른 교육의 전부 또는 일부를 면제할 수 있다.
③ 국토교통부장관은 제1항에 따른 교통안전 전문교육을 대통령령으로 정하는 전문인력과 시설을 갖춘 기관 또는 단체에 위탁할 수 있다.
④ 교통안전 전문교육의 종류·대상 및 교육 면제, 그 밖에 교통안전 전문교육의 실시에 필요한 사항은 국토교통부령으로 정한다.
(2023.4.18 본조신설)

제57조【교통문화지수의 조사 및 활용】① 지정행정기관의 장은 소관 분야와 관련된 국민의 교통안전의식의 수준 또는 교통문화의 수준을 객관적으로 측정하기 위한 지수(이하 "교통문화지수"라 한다)를 개발·조사·작성하여 그 결과를 공표할 수 있다.
② 제1항에 따라 교통문화지수가 공표된 경우, 교통행정기관은 교통문화지수의 결과를 활용하여 교통시설 개선 및 교통문화 향상을 위한 사업을 실시할 수 있다.
(2018.8.14 본항신설)
③ 교통문화지수의 조사 항목 및 방법 등에 관하여 필요한 사항은 대통령령으로 정한다.
(2018.8.14 본조제목개정)

제57조의2【교통안전 시범도시의 지정 및 지원】① 지정행정기관의 장은 교통안전에 대한 지역 주민들의 관심을 높이고 효율적인 교통사고 예방대책의 도입 및 확산을 위하여 교통안전 시범도시를 지정할 수 있다.
② 지정행정기관의 장은 제1항에 따라 지정된 교통안전 시범도시에 대하여 예산의 범위에서 교통안전시설의 개선사업 등 관련 사업비의 일부를 지원할 수 있다.
③ 제1항에 따른 교통안전 시범도시의 지정 기준, 절차 및 그 밖의 필요한 사항은 국토교통부령으로 정한다.
(2013.3.23 본항개정)
(2011.5.19 본조신설)

제57조의3【단지내도로의 교통안전】① 단지내도로를 설치·관리하는 자로서 대통령령으로 정하는 자(이하 "단지내도로설치·관리자"라 한다)는 단지내도로에서의 자동차의 통행방법을 정하여야 한다.
② 단지내도로설치·관리자는 제1항에 따라 정해진 통행방법을 단지내도로를 이용하는 자동차 운전자가 쉽게 알아볼 수 있도록 게시하여야 한다.
③ 단지내도로설치·관리자는 자동차의 안전운전 및 보행자 등의 안전을 위하여 대통령령으로 정하는 안전시설물(이하 "단지내교통안전시설"이라 한다)을 설치·관리하여야 한다.
④ 시장·군수·구청장은 단지내도로에서의 교통안전을 확보하기 위하여 관계공무원으로 하여금 교통안전 실태점검(이하 이 조에서 "실태점검"이라 한다)을 실시하게 할 수 있다. 이 경우 단지내도로에 접속되는 「도로교통법」 제2조제1호에 따른 도로의 일부 구간(이하 "접속구간"이라 한다)을 실태점검의 범위에 포함시킬 수 있다.
(2024.1.23 전단개정)
⑤ 단지내도로설치·관리자는 시장·군수·구청장에게 실태점검의 실시를 요청할 수 있다. 이 경우 「공동주택관리법」 제2조제1항제3호에 따른 공동주택단지의 단지내도로설치·관리자는 같은 항 제8호에 따른 입주자대표회의의 의결을 거치거나 대통령령으로 정하는 요건을 갖춘 일정비율 이상 입주민의 동의를 받아야 한다.(2024.1.23 본항신설)
⑥ 시장·군수·구청장은 제4항에 따라 타인의 토지를 출입하여 점검하려는 때에는 점검 1개월 전까지 점검일시·점검이유 등을 포함한 점검계획을 통지하여야 하며, 출입·점검을 하는 공무원(제59조제3항에 따라 실태점검 업무를 위탁한 경우 해당 교통안전 전문기관·단체의 점검수행자를 포함한다)은 그 권한을 표시하는 증표를 내보이고 성명·출입시간 및 출입목적 등이 표시된 문서를 교부하여야 한다.(2024.1.23 본항개정)
⑦ 시장·군수·구청장은 실태점검을 실시하고 필요한 경우에는 다음 각 호의 조치를 취할 수 있다. 이 경우 미리 단지내도로설치·관리자의 의견을 들어야 한다.
(2024.1.23 전단개정)
1. 단지내도로설치·관리자에 대한 단지내도로에서의 통행방법의 내용, 게시 장소·방법의 개선 및 단지내교통안전시설의 설치·보완 등 권고
2. 접속구간의 개선 또는 관할 교통행정기관에 대한 접속구간의 개선 요청
⑧ 국가등은 단지내도로의 교통안전에 관한 시책을 강구하여야 하며, 필요한 경우 예산의 범위에서 단지내교통안전시설의 설치 또는 보완에 필요한 비용의 일부를 지원할 수 있다.
⑨ 단지내도로설치·관리자는 단지내도로에서 자동차로 인하여 발생한 사고로서 대통령령으로 정하는 중대한 사고가 발생한 경우에는 이를 시장·군수·구청장에게 통보하여야 한다.
⑩ 시장·군수·구청장은 제9항에 따른 중대한 사고에 대하여 관할 경찰서장에게 관련 자료를 요청할 수 있다. 이 경우 요청을 받은 관할 경찰서장은 「공공기관의 정보공개에 관한 법률」 제9조제1항제4호 및 제6호에 해당하는 정보 등 정당한 사유가 있는 경우를 제외하고는 이에 따라야 한다.(2024.1.23 본항신설)

⑪ 제1항부터 제9항까지의 규정에 따른 통행방법의 기준, 게시 장소·방법, 단지내교통안전시설의 설치·관리 기준, 실태점검의 대상·절차·방법·항목, 실태점검의 요청 방법·절차, 의견청취 절차 및 중대한 사고의 통보절차는 국토교통부령으로 정한다.(2024.1.23 본항개정)
(2019.11.26 본조신설)

제6장 보 칙

제58조【비밀유지 등】 다음 각 호의 어느 하나에 해당하는 업무에 종사하는 자 또는 종사하였던 자는 그 직무상 알게 된 비밀을 타인에게 누설하거나 직무상 목적 외에 이를 사용하여서는 아니 된다. 다만, 다른 법령에 특별한 규정이 있는 경우에는 그러하지 아니하다.
1. 제33조제1항 및 제6항에 따른 교통수단안전점검 업무(2017.1.17 본호개정)
2. 제34조제1항, 제3항 및 제5항에 따른 교통시설안전진단 업무(2017.1.17 본호개정)
3. 제50조의 규정에 따른 교통사고원인조사업무
4. 제51조의 규정에 따른 교통사고관련자료등의 보관·관리업무
5. 제55조에 따른 운행기록 관련 업무(2009.12.29 본호신설)

제59조【권한의 위임 및 업무의 위탁】 ① 국토교통부장관 또는 지정행정기관의 장은 이 법에 따른 권한의 일부를 대통령령으로 정하는 바에 따라 소속 기관의 장 또는 시·도지사에게 위임할 수 있다.(2020.6.9 본항개정)
② 시·도지사는 제1항의 규정에 따라 국토교통부장관 또는 지정행정기관의 장으로부터 위임받은 권한의 일부를 국토교통부장관 또는 지정행정기관의 장의 승인을 얻어 시장·군수·구청장에게 재위임할 수 있다.
③ 국토교통부장관, 교통행정기관 또는 시장·군수·구청장은 이 법에 따른 업무의 일부를 대통령령으로 정하는 바에 따라 교통안전과 관련된 전문기관·단체에 위탁할 수 있다.(2020.6.9 본항개정)
(2013.3.23 본조개정)

제60조【수수료】 이 법의 규정에 따른 교통안전진단기관의 등록(변경등록을 포함한다), 교통안전관리자 자격시험의 응시, 교통안전관리자자격증의 교부(재교부를 포함한다)를 받고자 하는 자는 국토교통부령으로 정하는 바에 따라 수수료를 납부하여야 한다.(2020.6.9 본조개정)

제61조【청문】 시·도지사는 다음 각 호의 어느 하나에 해당하는 처분을 하고자 하는 경우에는 청문을 실시하여야 한다.(2012.6.1 본문개정)
1. 제43조에 따른 교통안전진단기관 등록의 취소(2017.1.17 본호개정)
2. 제54조제1항의 규정에 따른 교통안전관리자 자격의 취소

제62조【벌칙 적용에서의 공무원 의제】 다음 각 호의 어느 하나에 해당하는 사람은 「형법」 제129조부터 제132조까지의 규정을 적용할 때에는 이를 공무원으로 본다.(2021.7.27 본문개정)
1. 제34조제1항, 제3항 및 제5항에 따라 교통시설안전진단을 실시하는 교통안전진단기관의 임직원
2. 제55조의3제1항에 따라 조사를 수행하는 「자동차관리법」 제73조의2제1항에 따른 자동차안전단속원 및 「도로법」 제77조제4항에 따른 운행제한단속원
3. 제59조제3항에 따라 위탁받은 업무에 종사하는 교통안전과 관련된 전문기관·단체의 임직원
(2021.7.27 1호~3호신설)

제7장 벌 칙

제63조【벌칙】 다음 각 호의 어느 하나에 해당하는 자는 2년 이하의 징역 또는 2천만원 이하의 벌금에 처한다.
1. 제39조제1항을 위반하여 등록을 하지 아니하고 교통시설안전진단 업무를 수행한 자(2017.1.17 본호개정)
2. 거짓이나 그 밖의 부정한 방법으로 제39조제1항의 규정에 따른 등록을 한 자(2020.6.9 본호개정)
3. 제42조의 규정을 위반하여 타인에게 자기의 명칭 또는 상호를 사용하게 하거나 교통안전진단기관등록증을 대여한 자 및 교통안전진단기관의 명칭 또는 상호를 사용하거나 교통안전진단기관등록증을 대여받은 자
4. 제43조에 따라 영업정지처분을 받고 그 영업정지 기간 중에 새로이 교통시설안전진단 업무를 수행한 자(2017.1.17 본호개정)
5. 제58조의 규정을 위반하여 직무상 알게 된 비밀을 타인에게 누설하거나 직무상 목적 외에 이를 사용한 자

제64조【양벌규정】 법인의 대표자나 법인 또는 개인의 대리인, 사용인, 그 밖의 종업원이 그 법인 또는 개인의 업무에 관하여 제63조의 위반행위를 하면 그 행위자를 벌하는 외에 그 법인 또는 개인에게도 해당 조문의 벌금형을 과(科)한다. 다만, 법인 또는 개인이 그 위반행위를 방지하기 위하여 해당 업무에 관하여 상당한 주의와 감독을 게을리하지 아니한 경우에는 그러하지 아니하다.
(2009.4.22 본조개정)

제65조【과태료】 ① 다음 각 호의 어느 하나에 해당하는 자에게는 1천만원 이하의 과태료를 부과한다.(2020.6.9 본문개정)
1. (2012.6.1 삭제)
2. 제34조제5항에 따른 교통시설안전진단을 받지 아니하거나 교통시설안전진단보고서를 거짓으로 제출한 자(2017.1.17 본호개정)
3. 제55조제1항에 따른 운행기록장치를 장착하지 아니한 자(2009.12.29 본호신설)
3의2. 제55조제2항 후단을 위반하여 운행기록장치에 기록된 운행기록을 임의로 조작한 자(2017.3.21 본호신설)
4. 제55조의2에 따른 차로이탈경고장치를 장착하지 아니한 자(2017.1.17 본호신설)
② 다음 각 호의 어느 하나에 해당하는 자에게는 500만원 이하의 과태료를 부과한다.(2020.6.9 본문개정)
1. 제21조제1항부터 제3항까지의 규정을 위반하여 교통안전관리규정을 제출하지 아니하거나 이를 준수하지 아니하는 자 또는 변경명령에 따르지 아니하는 자(2020.6.9 본호개정)
2. 제33조제1항 또는 제6항에 따른 교통수단안전점검을 거부·방해 또는 기피한 자(2017.1.17 본호개정)
3. 제33조제3항을 위반하여 보고를 하지 아니하거나 거짓으로 보고를 한 자 또는 자료제출요청을 거부·기피·방해하거나 관계 공무원의 질문에 대하여 거짓으로 진술한 자(2017.1.17 본호개정)
4. 제40조제1항의 규정에 따른 신고를 하지 아니하거나 거짓으로 신고한 자
5. 제40조제2항에 따른 신고를 하지 아니하고 교통시설안전진단 업무를 휴업·재개업 또는 폐업하거나 거짓으로 신고한 자(2017.1.17 본호개정)
6. 제47조제1항의 규정을 위반하여 보고를 하지 아니하거나 거짓으로 보고한 자 또는 자료제출요청을 거부·기피·방해한 자
7. 제47조제1항의 규정에 따른 점검·검사를 거부·기피·방해하거나 질문에 대하여 거짓으로 진술한 자
8. 제51조제2항의 규정을 위반하여 교통사고관련자료등을 보관·관리하지 아니한 자
9. 제51조제3항의 규정을 위반하여 교통사고관련자료등을 제공하지 아니한 자
9의2. 제54조의2제1항을 위반하여 교통안전담당자를 지정하지 아니한 자(2017.12.26 본호신설)
9의3. 제54조의2제2항을 위반하여 교육을 받게 하지 아니한 자(2017.12.26 본호신설)
10. 제55조제2항을 위반하여 운행기록을 보관하지 아니하거나 교통행정기관에 제출하지 아니한 자(2009.12.29 본호개정)
10의2. 제55조의3제2항을 위반하여 조사를 거부·방해 또는 기피한 자(2021.7.27 본호신설)
11. 제56조의2제1항을 위반하여 교육을 받지 아니한 자(2017.1.17 본호신설)
12. 제57조의3제2항을 위반하여 통행방법을 게시하지 아니한 자(2019.11.26 본호신설)
13. 제57조의3제9항을 위반하여 중대한 사고를 통보하지 아니한 자(2024.1.23 본호개정)
③ 제1항 및 제2항의 규정에 의한 과태료는 대통령령으로 정하는 바에 따라 국토교통부장관, 교통행정기관 또는 시장·군수·구청장이 부과·징수한다.(2020.6.9 본항개정)
④~⑥ (2009.4.22 삭제)

부 칙 (2017.1.17)

제1조【시행일】 이 법은 공포 후 1년이 경과한 날부터 시행한다. 다만, 제17조제2항의 개정규정은 공포한 날부터 시행하고, 제41조제1호 및 제53조제3항제1호의 개정규정은 법률 제14712호 교통안전법 일부개정법률의 공포일부터 시행하며, 제55조제4항제4호, 제55조의2 및 제65조제2항제11호의 개정규정은 공포 후 6개월이 경과한 날부터 시행하고, 제65조제1항제4호의 개정규정은 2020년 1월 1일부터 시행한다.(2017.3.21 단서개정)

제2조【사용 개시 전 교통시설의 교통시설안전진단에 관한 적용례】 제34조제3항의 개정규정은 이 법 시행 이후 해당 교통시설에 대하여 같은 조 제1항의 개정규정에 따른 교통시설안전진단을 받는 경우부터 적용한다.

제3조【교통안전진단 등에 관한 경과조치】 이 법 시행 당시 종전의 제34조 및 제36조에 따라 진행 중인 교통안전진단 및 특별교통안전진단에 관하여는 제34조, 제36조 및 제37조의 개정규정에도 불구하고 종전의 규정에 따른다.

제4조【일반교통안전진단기관에 대한 경과조치】 이 법 시행 당시 종전의 제39조제1항에 따라 등록한 일반교통안전진단기관은 제39조제1항의 개정규정에 따라 등록한 교통안전진단기관으로 본다.

제5조【금치산자 등에 대한 경과조치】 제41조제1호 및 제53조제3항제1호의 개정규정에 따른 피성년후견인 또는 피한정후견인에는 법률 제10429호 민법 일부개정법률 부칙 제2조에 따라 금치산 또는 한정치산 선고의 효력이 유지되는 사람을 포함하는 것으로 본다.

제6조【차로이탈경고장치 장착에 관한 경과조치】 제55조의2의 개정규정 시행 당시 이미 판매되어 운행 중인 차량에 차로이탈경고장치가 설치되어 있지 아니하거나 설치 기준에 부적합한 경우에 제55조제1항제1호 및 제2호에 해당하는 자는 2019년 12월 31일까지 같은 개정규정에 따른 차로이탈경고장치의 장착을 완료하거나 장착 기준에 부합하도록 개선하여야 한다.

부 칙 (2019.11.26)

제1조【시행일】 이 법은 공포 후 1년이 경과한 날부터 시행한다. 다만, 제49조의 개정규정은 공포 후 6개월이 경과한 날부터 시행하고, 제65조제2항제12호의 개정규정은 공포 후 3년이 경과한 날부터 시행한다.

제2조【단지내교통안전시설 설치·관리에 관한 적용례】 제57조의3제3항의 개정규정은 이 법 시행 이후 최초로 설치되거나 다시 설치되는 단지내도로부터 적용한다.

부 칙 (2020.6.9 법17445호)

제1조【시행일】 이 법은 2021년 1월 1일부터 시행한다.

제2조【운행기록장치 장착에 관한 경과조치】 이 법 시행 당시 이미 운영 중인 어린이통학버스의 운영자는 2022년 12월 31일까지 제55조제1항 본문에 따라 국토교통부령으로 정하는 기준에 적합한 운행기록장치의 장착을 완료하여야 한다.

부 칙 (2020.6.9 법17453호)

이 법은 공포한 날부터 시행한다.(이하 생략)

부 칙 (2021.7.27)

제1조【시행일】 이 법은 공포 후 6개월이 경과한 날부터 시행한다. 다만, 제53조의2의 개정규정은 공포 후 3개월이 경과한 날부터 시행한다.

제2조【부정행위자에 대한 제재에 관한 적용례】 제53조의2의 개정규정은 같은 개정규정 시행 이후 제53조제2항에 따른 시험을 실시하는 경우부터 적용한다.

부 칙 (2023.4.18)

이 법은 공포 후 1년이 경과한 날부터 시행한다.

부 칙 (2023.7.25)

제1조【시행일】 이 법은 공포 후 6개월이 경과한 날부터 시행한다.(이하 생략)

부 칙 (2023.8.16)

제1조【시행일】 이 법은 공포 후 6개월이 경과한 날부터 시행한다. 다만, 제2조제10호의 개정규정은 공포 후 1년이 경과한 날부터 시행한다.

제2조【국가교통안전기본계획에 관한 적용례】 제15조제2항제6호의2의 개정규정은 이 법 시행 이후 국가교통안전기본계획을 수립하거나 변경하는 경우부터 적용한다.

제3조【단지내교통안전시설 설치 등에 관한 경과조치】 제2조제10호의 개정규정 시행 당시 같은 개정규정에 따라 통행방법 게시 및 단지내교통안전시설 설치 등을 하여야 할 단지내도로설치·관리자는 같은 개정규정 시행 이후 6개월 이내에 통행방법 게시 등을 하여야 한다.

부 칙 (2024.1.23)

제1조【시행일】 이 법은 공포 후 6개월이 경과한 날부터 시행한다.

제2조【지역교통안전기본계획에 관한 적용례】 제17조제6항의 개정규정은 이 법 시행 이후 시·도교통안전기본계획 또는 시·군·구교통안전기본계획을 수립 또는 변경하는 경우부터 적용한다.

도시교통정비 촉진법

(약칭 : 도시교통정비법)

(2002년 1월 26일
전개법률 제6642호)

개정
2002. 2. 4법 6655호(국토이용)
2002. 2. 4법 6656호(공토법)
2003. 7.25법 6940호 2005.11. 8법 7693호
2008. 2.29법 8852호(정부조직)
2008. 3.21법 8976호(도로법)
2008. 3.28법 9071호 2009. 6. 9법 9775호
2010. 3.31법10219호(지방세기본법)
2011. 4.14법10599호(국토이용)
2011. 5.19법10665호
2013. 3.23법11690호(정부조직)
2013. 5.22법11801호
2013. 8. 6법11998호(지방세외수입금의징수등에관한법)
2013. 8. 6법12016호
2014. 1. 7법12216호(도시철도법)
2014. 1.14법12248호(도로법)
2014. 1.14법12250호 2014. 5.21법12642호
2014.11.19법12844호(정부조직)
2015. 7.24법13433호
2017. 7.26법14839호(정부조직)
2017. 8. 9법14858호 2017.10.24법14944호
2018.12.18법15996호(대도시권광역교통관리에관한특별법)
2019. 4.23법16384호 2019. 8.27법16561호
2020. 3.24법17091호(지방행정제재·부과금의징수등에관한법)
2020. 6. 9법17453호(법률용어정비)
2021. 1. 5법17871호 2021. 3.23법17975호
2022.11.15법19052호 2023. 8.16법19678호
2024. 1. 9법19974호→2025년 1월 10일 시행

제1장 총 칙
(2008.3.28 본장개정)

제1조【목적】 이 법은 교통시설의 정비를 촉진하고 교통수단과 교통체계를 효율적이고 환경친화적으로 운영·관리하여 도시교통의 원활한 소통과 교통편의 증진에 이바지함을 목적으로 한다.(2021.1.5 본조개정)

제2조【정의】 이 법에서 사용하는 용어의 뜻은 다음과 같다.

1. "교통수단"이란 사람이나 물건을 한 지점에서 다른 지점으로 이동하는 데에 이용되는 버스·열차(도시철도의 열차를 포함한다), 자전거, 그 밖에 대통령령으로 정하는 운반수단을 말한다.(2015.7.24 본호개정)

1의2. "개인형 교통수단"이란 전기를 동력으로 하는 1인용 이동보조기구를 말한다.(2019.8.27 본호신설)

2. "교통시설"이란 교통수단의 운행에 필요한 도로·주차장·여객자동차터미널·화물터미널·철도·도시철도·공항·항만 및 환승시설 등을 말한다.

3. "환승시설"이란 교통수단의 이용자가 다른 교통수단을 편리하게 이용할 수 있게 하기 위하여 철도역·도시철도역·정류소·여객자동차터미널 및 화물터미널 등의 기능을 복합적으로 제공하는 시설을 말한다.

4. "교통체계관리"란 교통시설의 효율을 극대화하기 위하여 행하는 모든 행위를 말한다.

5. "교통영향평가"란 해당 사업의 시행에 따라 발생하는 교통량·교통흐름의 변화 및 교통안전에 미치는 영향(이하 "교통영향"이라 한다)을 조사·예측·평가하고 그와 관련된 각종 문제점을 최소화할 수 있는 방안을 마련하는 행위를 말한다.(2015.7.24 본호개정)

5의2. "교통영향평가기술자"란 교통영향평가에 관한 업무를 수행하는 사람으로서 제32조의2에 따라 국토교통부장관으로부터 인정을 받은 사람을 말한다.
(2021.3.23 본호신설)

6. "시설물"이란 「건축법」 제2조제1항제2호에 따른 건축물과 골프연습장·옥외관람시설 등 대통령령으로 정하는 구축물(構築物)을 말한다.

7. "교통수요관리"란 교통혼잡을 완화(緩和)하기 위하여 교통혼잡 발생의 주요 원인이 되는 자동차의 통행을 줄이거나 통행 유형을 시간적·공간적으로 분산하거나 교통수단 이용자에게 다른 교통수단으로 전환하도록 유도하여 통행량을 분산시키거나 감소시키는 것을 말한다.

8. "혼잡통행료"란 교통혼잡을 완화하기 위하여 교통혼잡이 심한 도로나 지역을 통행하는 차량이용자에게 통행수단 및 통행경로·시간 등의 변경을 유도하기 위하여 부과하는 경제적 부담을 말한다.

9. "교통유발부담금(交通誘發負擔金)"이란 교통혼잡을 완화하기 위하여 원인자 부담의 원칙에 따라 혼잡을 유발하는 시설물에 부과하는 경제적 부담을 말한다.

10. "보행·자전거·대중교통 통합교통체계"란 대중교통의 접근성 보완을 위하여 보행·자전거·버스·열차(도시철도의 열차를 포함한다)와 토지이용 등이 통합적으로 운영·관리되어 대중교통의 접근성과 편의성이 강화되는 교통체계를 말한다.(2015.7.24 본호신설)

제2장 도시교통정비계획
(2008.3.28 본장개정)

제3조【도시교통정비지역의 지정·고시】 ① 국토교통부장관은 도시교통의 원활한 소통과 교통편의의 증진 및 환경친화적 보전·관리를 위하여 다음 각 호의 지역을 도시교통정비지역으로 지정·고시할 수 있다.(2021.1.5 본문개정)

1. 인구 10만명 이상의 도시(도농복합형태의 시는 읍·면지역을 제외한 지역의 인구가 10만명 이상인 경우를 말한다)
2. 제1호 외의 지역으로서 국토교통부장관이 직접 또는 관계 시장·군수의 요청에 따라 도시교통을 개선하기 위하여 필요하다고 인정하는 지역(2013.3.23 본호개정)

② 국토교통부장관은 제1항제2호의 지역을 도시교통정비지역으로 지정하려면 행정안전부장관과 미리 협의한 후 「국가통합교통체계효율화법」 제106조에 따른 국가교통위원회(이하 "위원회"라 한다)의 심의를 거쳐야 한다.
(2017.7.26 본항개정)

제4조【교통권역의 지정·고시】 ① 국토교통부장관은 제3조제1항에 따른 도시교통정비지역(이하 "도시교통정비지역"이라 한다) 중 같은 교통생활권에 있는 둘 이상의 인접한 도시교통정비지역 간에 연계(連繫)된 교통 관련 계획을 수립할 수 있도록 교통권역(交通圈域)을 지정·고시할 수 있다.

② 국토교통부장관은 교통권역을 지정하려면 행정안전부장관과 미리 협의한 후 위원회의 심의를 거쳐야 한다.
(2017.7.26 본항개정)
(2013.3.23 본조개정)

제5조【도시교통정비 기본계획의 수립】 ① 제3조에 따라 도시교통정비지역으로 지정된 행정구역을 관할하는 시장(특별시장·광역시장·특별자치시장 및 특별자치도지사를 포함한다. 이하 같다)이나 군수는 대통령령으로 정하는 바에 따라 20년 단위의 도시교통정비 기본계획(이하 "기본계획"이라 한다)을 수립하여야 한다.
(2013.5.22 본항개정)

② 기본계획에는 다음 각 호의 사항이 포함되어야 한다. 이 경우 교통권역 안의 다른 도시교통정비지역 또는 인근지역과의 관계를 고려하여야 한다.

1. 도시교통의 현황 및 전망
2. 다음 사항이 포함되는 부문별 계획
 가. 유출입(流出入) 교통대책 및 도로·철도·도시철도 등 광역교통체계의 개선
 나. 교통시설의 개선
 다. 대중교통체계의 개선
 라. 교통체계 관리 및 교통소통의 개선
 마. 주차장의 건설 및 운영
 바. 보행·자전거·대중교통 통합교통체계의 구축
 (2015.7.24 본목개정)
 사. 「지속가능 교통물류 발전법」 제2조제13호에 따른 온실가스의 배출량 감축 등을 통한 환경친화적 교통체계의 구축(2021.1.5 본목개정)
3. 투자사업 계획 및 재원조달 방안

③ 시장이나 군수는 제1항에 따라 기본계획을 수립할 때에는 「국토의 계획 및 이용에 관한 법률」 제19조에 따른 도시·군기본계획(이하 "도시·군기본계획"이라 한다)에 맞도록 하여야 하며, 도로는 「도로법」 제6조에 따른 도로건설·관리계획(이하 "도로건설·관리계획"이라 한다)이 있는 경우에는 이에 따라야 한다.(2014.1.14 본항개정)

④ 시장이나 군수는 그 교통권역의 관계 시장 또는 군수에게 기본계획의 수립에 필요한 자료를 제출하도록 요청할 수 있다. 이 경우 요청받은 시장이나 군수는 특별한 사유가 없으면 자료를 제출하여야 한다.

⑤ 시장이나 군수는 기본계획을 수립하려면 해당 교통시설의 관리청 및 같은 교통권역의 관계 시장이나 군수와 협의하여야 한다.

⑥ 제5항에 따른 협의가 성립되지 아니한 경우에는 다음 각 호의 구분에 따른 자가 직권으로 조정할 수 있다. 다만, 도로에 관한 협의가 성립되지 아니한 경우에는 「도로법」 제24조를 준용한다.(2014.1.14 단서개정)

1. 대상지역이 같은 도에 있는 경우 : 관할 도지사
2. 대상지역이 둘 이상의 특별시·광역시·특별자치시·도에 걸쳐 있는 경우 : 국토교통부장관
(2013.5.22 본항개정)

⑦ 국토교통부장관은 제6항에 따른 조정을 하려면 미리 행정안전부장관과 협의하여야 한다.(2017.7.26 본항개정)

⑧ 시장이나 군수는 기본계획을 입안하려면 기본계획안을 「국가통합교통체계효율화법」 제110조에 따른 지방교통위원회(이하 "지방교통위원회"라 한다)의 심의와 대통령령으로 정하는 공고 절차를 거쳐 주민과 관계 전문가의 의견을 듣고 그 의견이 타당하다고 인정되면 반영하여야 한다.(2013.5.22 본항개정)

제6조【기본계획의 확정】 ① 시장이나 군수는 제5조에 따라 기본계획을 입안하면 대통령령으로 정하는 바에 따라 국토교통부장관이나 도지사에게 제출하여야 한다.
(2013.3.23 본항개정)

② 국토교통부장관이나 도지사는 제1항에 따라 기본계획을 제출받으면 위원회나 지방교통위원회의 심의를 거쳐 해당 시장이나 군수에게 의견을 제시할 수 있다. 이 경우 국토교통부장관은 관계 중앙행정기관의 장과 협의하여야 한다.(2013.5.22 전단개정)

③ 시장이나 군수는 제2항에 따라 의견을 제시받으면 특별한 사유가 없으면 그 의견을 반영하여 기본계획을 확정하고 고시하여야 한다.

제6조의2【도시·군기본계획 등과의 관계】 시장이나 군수는 도시·군기본계획이나 도로건설·관리계획의 수립권자로부터 그 계획의 수립 또는 변경을 위한 협의를 요청받은 때에는 지체 없이 지방교통위원회(위원회가 해당 기관에 설치되어 있는 경우에만 해당한다)의 심의를 거친 후 그 의견을 도시·군기본계획이나 도로건설·관리계획의 수립권자 및 승인권자에게 통보하는 등 기본계획과 도시·군기본계획 또는 도로건설·관리계획 간의 연계성이 확보될 수 있도록 하여야 한다.(2014.1.14 본조개정)

제7조【기본계획의 변경】 ① 시장이나 군수는 다음 각 호의 어느 하나에 해당하는 경우에는 기본계획을 변경할 수 있다. 다만, 제1호의 경우에는 기본계획을 변경하여야 한다.

1. 도시·군기본계획이나 도로건설·관리계획이 변경됨에 따라 기본계획과 맞지 아니하게 된 경우(2014.1.14 본호개정)
2. 관할 구역의 교통여건이 변화되거나 기본계획에 포함된 사항을 변경하여야 할 필요가 있는 경우

② 기본계획의 변경에 관하여는 제5조제5항부터 제8항까지 및 제6조를 준용한다. 다만, 이미 수립된 도시·군기본계획이나 도로건설·관리계획의 변경으로 인한 기본계획의 변경과 대통령령으로 정하는 경미한 사항의 변경에 관하여는 제6조제1항만을 준용한다.(2014.1.14 단서개정)

③ 제2항 단서에 따라 준용되는 제6조제1항에 따라 변경된 기본계획을 제출받은 국토교통부장관은 그 기본계획을 관계 중앙행정기관의 장에게 알려야 한다.(2013.3.23 본항개정)

제8조【도시교통정비 중기계획】 ① 시장이나 군수는 기본계획을 수립한 경우 대통령령으로 정하는 바에 따라 기본계획을 구체화하여 5년 단위의 도시교통정비 중기계획(이하 "중기계획"이라 한다)을 수립하여야 한다.
(2013.5.22 본항개정)

② 중기계획에는 다음 각 호의 사항이 포함되어야 한다.

1. 기본계획의 부문별 계획에 대한 구체적인 추진방안
2. 기본계획으로 정한 투자사업계획 및 재원조달 방안에 관한 세부 사항
3. 시장이나 군수가 다른 법률에 따른 지방교통계획을 중기계획에 반영하고자 하는 경우 그 법률에 따라 해당 지방교통계획에 포함되어야 할 사항(2013.5.22 본호신설)
4. 그 밖에 기본계획을 이행하기 위하여 필요한 사항

③ 중기계획의 수립·확정 및 변경에 관하여는 제5조제3항부터 제8항까지, 제6조 및 제7조를 준용한다.

제9조【기초 조사】 ① 시장이나 군수는 대통령령으로 정하는 바에 따라 기본계획 및 중기계획의 수립을 위하여 필요한 사항을 조사할 수 있다. 이 경우 「국가통합교통체계효율화법」 제12조에 따른 국가교통조사와 중복되지 아니하도록 하여야 한다.(2013.5.22 후단개정)

② 시장이나 군수는 대통령령으로 정하는 바에 따라 교통과 관련된 사항을 조사·분석하여 국토교통부장관이나 도지사에게 보고하여야 한다. 이 경우 보고받은 국토교통부장관은 행정안전부장관에게 보고받은 내용을 알려야 한다.(2017.7.26 후단개정)

제10조【연차별 시행계획】 ① 시장이나 군수는 대통령령으로 정하는 바에 따라 중기계획의 단계적 시행에 필요한 연차별 시행계획(이하 "시행계획"이라 한다)을 수립하여 국토교통부장관이나 도지사에게 제출하고 지체 없이 이를 고시하여야 한다.(2013.5.22 후단삭제)

② 시행계획 중 도시·군계획시설에 관한 것은 「국토의 계획 및 이용에 관한 법률」 제85조에 따른 단계별 집행계획에 따라야 한다.(2013.5.22 본항개정)

③ 시장이나 군수는 시행계획을 수립하는 때에는 제16조에 따른 교통영향평가서(제20조제1항 및 제3항에 따라 사업계획등에 반영된 것을 포함한다)를 충분히 고려하여야 한다.(2015.7.24 본항개정)

④ (2015.7.24 삭제)

제11조【다른 계획과의 관계】 도시교통정비지역에서 다음 각 호의 계획을 수립하거나 변경하는 경우에는 기본계획·중기계획 및 시행계획과 적절한 조화를 이루도록 하여야 한다.

1. 「도시철도법」 제5조에 따른 도시철도망구축계획
(2014.1.7 본호개정)
2. 도시·군기본계획(2011.4.14 본호개정)
3. 도로건설·관리계획(2014.1.14 본호개정)

제12조【수용 및 사용】 ① 시장 또는 군수는 시행계획의 시행을 위하여 필요한 경우에는 관할 도시교통정비지역의 특정 토지·건축물, 그 밖의 토지의 정착물이나 그에 대한 소유권 외의 권리를 수용(收用)하거나 사용할 수 있다.

② 제1항에 따른 수용 또는 사용에 관하여 이 법에 특별한 규정이 있는 경우를 제외하고는 「공익사업을 위한 토지 등의 취득 및 보상에 관한 법률」을 적용한다.

③ 제2항에 따라 「공익사업을 위한 토지 등의 취득 및 보상에 관한 법률」을 적용할 때 시행계획의 수립은 같은 법 제20조제1항에 따른 사업인정으로 보고, 시행계획의 고시는 같은 법 제22조제1항에 따른 고시로 보며, 재결신청의 기한은 같은 법 제23조제1항 및 제28조제1항에도 불구하고 시행계획에서 정한 시행기간의 종료일로 한다.

제13조【도시교통의 개선명령】 ① 국토교통부장관은 도시교통정비지역에서 도시교통의 개선을 위하여 필요

한 경우 해당 지역을 관할하는 특별시장·광역시장·특별자치시장·도지사 또는 특별자치도지사(이하 "시·도지사"라 한다)에게 다음 각 호의 사항을 명할 수 있다. (2013.5.22 본문개정)
1. 둘 이상의 지방자치단체 간의 버스노선의 신설 및 변경 운영
2. 버스 공동배차제의 실시
3. 교통산업 종사원의 근로환경 개선
4. 여객자동차터미널·화물터미널·정류소 및 환승시설의 설치·운영
5. 교통수단간 환승요금제의 실시
6. 택시 사업구역의 확대 또는 축소
7. 교통시설의 확충(해당 시·도지사가 관할하는 교통시설에만 해당한다)
8. 제16조에 따른 교통영향평가서(제20조제1항 및 제3항에 따라 사업계획등에 반영된 것을 포함한다)의 이행(시·도지사가 사업시행자이거나 교통시설의 관리청인 경우만 해당한다)(2015.7.24 본호개정)
9. 그 밖에 도시교통의 원활한 소통을 위하여 필요한 사항
② 제1항에 따른 명령을 받은 시·도지사는 실시계획을 수립하여 대통령령으로 정하는 바에 따라 국토교통부장관에게 제출하여야 한다. 이 경우 제5조제3항 및 제5항을 준용한다.(2013.3.23 전단개정)
③ 시장이나 군수는 대중교통의 운영개선을 위하여 필요하면 대중교통수단을 운영하는 자에게 제1항 각 호의 사항을 명할 수 있다. 이 경우 명령의 내용이 제4조에 따른 교통권역의 다른 행정구역과 관련되는 경우에는 시장이나 군수는 대통령령으로 정하는 바에 따라 그 교통권역을 관할하는 도지사·시장·군수 또는 해당 교통시설의 관리청과 협의하여야 한다.

제14조【명령의 승계인에 대한 효력】 제13조제3항에 따른 명령은 해당 사업을 넘겨받은 자에게도 그 효력을 가진다.

제3장 교통영향평가

(2015.7.24 본장제목개정)

제15조【교통영향평가의 실시대상 지역 및 사업】 ① 도시교통정비지역 또는 도시교통정비지역의 교통권역에서 다음 각 호의 사업(이하 "대상사업"이라 한다)을 하려는 자(국가와 지방자치단체를 포함하며, 이하 "사업자"라 한다)는 교통영향평가를 실시하여야 한다.(2015.7.24 본문개정)
1. 도시의 개발
2. 산업입지와 산업단지의 조성
3. 에너지 개발
4. 항만의 건설
5. 도로의 건설
6. 철도(도시철도를 포함한다)의 건설
7. 공항의 건설
8. 관광단지의 개발
9. 특정지역의 개발
10. 체육시설의 설치
11. 「건축법」에 따른 건축물 중 대통령령으로 정하는 건축물의 건축, 대수선, 리모델링 및 용도변경
12. 그 밖에 교통에 영향을 미치는 사업으로서 대통령령으로 정하는 사업
② 제1항에도 불구하고 다음 각 호의 어느 하나에 해당하는 사업에 대하여는 교통영향평가를 실시하지 아니할 수 있다.(2015.7.24 본문개정)
1. 「재난 및 안전 관리기본법」 제37조에 따른 응급조치를 위한 사업
2. 국방부장관이 군사상의 기밀보호가 필요하거나 군사작전의 긴급한 수행을 위하여 필요하다고 인정하여 국토교통부장관과 협의한 사업(2013.3.23 본호개정)
3. 국가정보원장이 국가안보를 위하여 필요하다고 인정하여 국토교통부장관과 협의한 사업(2013.3.23 본호개정)
③ 대상사업의 구체적 범위, 교통영향평가의 평가항목 및 내용 등 세부기준과 그 밖에 필요한 사항은 대통령령으로 정한다.(2015.7.24 본항개정)
④ 특별시·광역시·특별자치시·도 또는 특별자치도(이하 "시·도"라 한다)는 도시교통정비지역 또는 도시교통정비지역의 교통권역에서 제1항이나 제3항에 따른 대상사업 또는 그 범위 기준에 해당하지 아니하는 경우에도 지역의 특수성 등을 고려하여 교통영향평가를 실시하게 할 필요가 있는 때에는 대통령령으로 정하는 범위에서 해당 시·도의 조례로 대상사업 또는 그 범위를 달리 정할 수 있다.(2015.7.24 본항개정)

④ 특별시·광역시·특별자치시·도·특별자치도(이하 "시·도"라 한다) 또는 「지방자치법」 제198조제1항에 따른 서울특별시·광역시 및 특별자치시를 제외한 인구 50만 이상 대도시(이하 "대도시"라 한다)는 도시교통정비지역 또는 도시교통정비지역의 교통권역에서 제1항이나 제3항에 따른 대상사업 또는 그 범위 기준에 해당하지 아니하는 경우에도 지역의 특수성 등을 고려하여 교통영향평가를 실시하게 할 필요가 있는 때에는 대통령령으로 정하는 범위에서 해당 시·도 또는 대도시의 조례로 대상사업 또는 그 범위를 달리 정할 수 있다. 다만, 대도시의 경우에는 그 지역을 관할하는 도 또는 특별자치도가 교통영향평가의 실시에 관한 조례를 정하지 아니한 경우에만 그러하다.
(2024.1.9 본항개정 : 2025.1.10 시행)

(2015.7.24 본조제목개정)
(2008.3.28 본조신설)

제16조【교통영향평가서의 제출·검토 등】 ① 사업자는 대상사업 또는 그 사업계획(이하 "사업계획등"이라 한다)에 대한 승인·인가·허가 또는 결정 등(이하 "승인등"이라 한다)을 받아야 하는 경우에는 그 승인등을 하는 기관의 장(이하 "승인관청"이라 한다)에게 대통령령으로 정하는 시기까지 교통영향평가 결과를 정리한 서류(이하 "교통영향평가서"라 한다)를 제출하여야 한다.
(2015.7.24 본항개정)
② 승인관청은 교통영향평가서가 제15조제3항에 따른 세부기준에 맞지 아니한 경우에는 보완하게 할 수 있다.
(2015.7.24 본항개정)
③ 승인관청은 교통영향평가서의 검토를 위하여 필요한 경우에는 관련 전문기관 또는 전문가의 의견을 들을 수 있으며, 교통분야의 전문성을 보유한 기관으로서 대통령령으로 정하는 기관의 장에게 검토를 대행하게 하거나 소속 전문가의 파견 또는 그 밖의 필요한 협조를 요청할 수 있다.(2015.7.24 본항개정)
④ 승인관청은 교통영향평가서를 검토한 결과 다음 각 호에 해당하는 사항(이하 "개선필요사항등"이라 한다)이 있는 경우에는 국토교통부령으로 정하는 바에 따라 해당 사업자에게 통보하여야 한다.(2015.7.24 본문개정)
1. 교통영향평가서의 개선이 필요한 사항
2. 사업계획등의 조정·보완
(2015.7.24 1호~2호개정)
3. 그 밖에 해당 사업의 시행에 따른 교통영향을 최소화하기 위하여 필요한 조치
⑤ 제4항에 따른 통보는 교통영향평가서를 접수한 때부터 3개월 이내에 하여야 한다. 이 경우 관계 기관과의 협의에 걸리는 기간은 제외한다.(2020.6.9 후단개정)
(2015.7.24 본조제목개정)
(2008.3.28 본조신설)

제17조【교통영향평가서의 심의】 ① 승인관청은 제16조제1항에 따라 제출된 교통영향평가서를 검토할 때에는 제19조에 따른 승인관청 소속의 교통영향평가심의위원회의 심의를 거쳐야 한다.(2015.7.24 본항개정)
② 승인관청은 제1항에도 불구하고 제15조제1항제11호에 따른 건축물로서 「건축법」 제4조에 따른 건축위원회(이하 "건축위원회"라 한다)의 건축심의 대상인 건축물의 교통영향평가서를 검토할 때에는 참석위원의 4분의 1 이상이 대통령령으로 정하는 교통분야의 관계 전문가로 구성된 건축위원회의 심의를 거쳐야 한다. 다만, 다음 각 호의 어느 하나에 해당하는 경우에는 제1항에 따른 심의를 거칠 수 있다.(2017.8.9 단서개정)
1. 많은 교통수요를 유발할 우려가 있어 교통분야에 대한 심층적인 심의가 요구될 경우
2. 다른 분야보다 교통분야의 심의를 우선하여 진행할 필요가 있다고 인정되는 경우
3. 교통혼잡이 우려되는 지역에 위치하고 교통유발량이 많을 것으로 예상되는 건축물로서 대통령령으로 정하는 규모, 용도 또는 종류에 해당하는 경우
(2017.8.9 1호~3호신설)
③ 승인관청이 중앙행정기관의 장(그 소속 기관의 장을 포함한다) 또는 시·도지사인 때에는 관할 시장·군수·구청장(자치구의 구청장을 말한다. 이하 같다)의 의견을 들어야 한다.(2014.1.14 본항신설)
④ 승인관청은 다음 각 호의 어느 하나에 해당하는 경우로서 그 승인관청이 중앙행정기관의 장(그 소속 기관의 장을 포함한다) 또는 시·도지사인 때에는 국토교통부장관 소속의 교통영향평가심의위원회에, 승인관청이 시장·군수·구청장인 경우에는 시·도지사 소속의 교통영향평가심의위원회에 그 사유를 첨부하여 지체 없이 교통영향평가서의 심의를 요청하여야 한다.
1. 대상사업이 둘 이상의 승인관청의 관할 구역에 걸치거나 대상사업의 시행으로 인하여 교통에 미치는 영향 범위 및 교통영향평가가 필요한 지역적 범위가 해당 승인관청의 관할 구역을 벗어나는 등 대통령령으로 정하는 요건에 해당하는 경우
2. 승인관청이 국토교통부장관 또는 시·도지사와 미리 협의하여 국토교통부장관 또는 시·도지사 소속의 교통영향평가심의위원회에서 교통영향평가서를 심의하도록 한 경우
3. 교통영향평가서의 심의를 요청받은 날부터 1개월이 지날 때까지 교통영향평가심의위원회를 구성하지 못하거나 건축위원회가 제2항 본문의 요건을 충족하지 못하는 경우
(2015.7.24 본항개정)
(2015.7.24 본조제목개정)

제17조의2【이의신청】 ① 사업자는 제16조제4항에 따라 통보받은 개선필요사항등에 대하여 이의가 있는 경우 대통령령으로 정하는 절차에 따라 승인관청에 이의신청을 할 수 있다.
② 제1항에 따른 이의신청을 접수한 승인관청은 대통령령으로 정하는 절차에 따라 이의신청 내용의 타당성을 검토하고 그 결과를 신청인에게 통보하여야 한다.
(2015.7.24 본조신설)

제18조【승인등을 받지 아니하는 사업자의 교통영향평가서의 심의】 ① 승인등을 받지 아니하여도 되는 사업자는 제25조제1항에 따른 교통영향평가대행자에게 작성을 대행하게 한 교통영향평가서에 대하여 대통령령으로 정하는 시기까지 제19조에 따른 사업자 소속의 교통영향평가심의위원회의 심의를 거쳐야 한다.
② 승인등을 받지 아니하여도 되는 사업자는 효율적인 교통영향평가서의 심의를 위하여 필요하다고 인정되면 제1항에도 불구하고 다음 각 호의 구분에 따른 교통영향평가심의위원회의 심의를 거칠 수 있다.
1. 사업자가 지방자치단체 또는 지방자치단체의 소속 기관인 경우 : 시·도지사 소속의 교통영향평가심의위원회
2. 사업자가 중앙행정기관 또는 중앙행정기관의 소속 기관인 경우 : 국토교통부장관 소속의 교통영향평가심의위원회
(2015.7.24 본조개정)

제19조【교통영향평가심의위원회의 설치】 ① 승인관청이나 승인등을 받지 아니하여도 되는 사업자는 교통영향평가서를 심의하기 위하여 그 소속으로 교통영향평가심의위원회를 둔다.
② 교통영향평가심의위원회의 구성과 운영에 필요한 사항은 대통령령으로 정한다.
(2015.7.24 본조개정)

제20조【개선필요사항등의 반영 및 확인 등】 ① 승인등을 받아야 하는 사업자는 제16조제4항에 따라 개선필요사항등을 통보받은 경우에는 그 내용을 반영한 사업계획등을 승인관청에 제출하여야 한다.
② 승인관청은 사업계획등에 대하여 승인등을 하는 경우에는 개선필요사항등이 반영되었는지를 확인하여야 한다.
③ 승인등을 받지 아니하여도 되는 사업자는 교통영향평가심의위원회의 심의 결과를 고려하여 사업계획등을 확정하여야 한다.(2015.7.24 본항개정)
(2008.3.28 본조신설)

제21조【교통영향평가서의 변경】 ① 승인등을 받아야 하는 사업자는 개선필요사항등을 통보받은 후 대통령령으로 정하는 기간 이내에 사업을 착공하지 아니하거나 대통령령으로 정하는 사유가 발생하여 개선필요사항등에 따라 사업계획등을 시행하는 것이 부적합하게 된 경우에는 해당 개선필요사항등에 관련된 교통영향평가서의 내용을 변경하여 승인관청에 제출하여야 한다.
② 제1항에 따른 교통영향평가서의 변경에 관하여는 제16조·제17조 및 제20조를 준용한다. 다만, 제17조제2항에 따라 건축위원회의 심의를 거친 건축물 중 제1항에 따른 변경사항이 대통령령으로 정하는 교통 관련 사항인 경우에는 해당 건축위원회의 교통 관련 전문위원회(해당 전문위원회가 설치된 경우에 한정한다) 또는 제17조제1항 또는 제4항에 따른 교통영향평가심의위원회에서 심의할 수 있다.(2020.6.9 단서개정)
③ 승인등을 받지 아니하여도 되는 사업자는 사업계획을 확정한 후 대통령령으로 정하는 기간 이내에 사업을 착공하지 아니하거나 대통령령으로 정하는 사유가 발생하여 교통영향평가심의위원회의 심의결과에 따라 사업계획등을 시행하는 것이 부적합하게 된 경우에는 그 심의결과와 관련된 교통영향평가서의 내용을 변경하여 사업자 소속의 교통영향평가심의위원회의 심의를 거쳐야 한다. 이 경우 제18조제2항 및 제20조제3항을 준용한다.
(2015.7.24 본조개정)

제22조【교통영향평가의 이행】 ① 사업자는 대상사업을 시행할 때 교통영향평가 결과 해당 사업계획등에 반영된 이행의무사항(이하 "이행의무사항"이라 한다)을 이행하여야 한다.(2015.7.24 본항개정)
② 사업자는 이행의무사항을 성실히 이행하기 위하여 공사현장에 국토교통부령으로 정하는 바에 따라 이행의무사항을 적은 관리대장을 비치 및 관리하고, 이행의무사항의 이행을 점검·보고하는 관리책임자(이하 "관리책임자"라 한다)를 지정하여야 한다.(2015.7.24 본항개정)
③ 관리책임자의 자격기준, 준수사항, 그 밖에 필요한 사항은 국토교통부령으로 정한다.(2013.3.23 본항개정)
④ 사업자가 변경되는 경우에는 제1항과 제2항에 따른 사업자의 의무는 변경된 사업자에게 승계된다. 이 경우 승계받은 사업자는 국토교통부령으로 정하는 바에 따라 승계내용 등을 승인관청에 통보하여야 한다.(2013.3.23 후단개정)
(2015.7.24 본조제목개정)

제23조【이행의무사항의 이행 여부 확인】 ① 승인관청은 승인등을 받아야 하는 사업자에 대하여 이행의무사항의 이행 여부를 확인하여야 한다.(2015.7.24 본항개정)
② 승인관청은 제1항에 따른 확인을 위하여 해당 사업자에게 이행의무사항의 이행 확인에 필요한 자료(이하 "이행의무사항 확인자료"라 한다)를 제출하게 하거나 소속 공무원으로 하여금 해당 사업장에 출입하여 조사·확인하게 할 수 있다. 이 경우 자료의 제출을 요구받은 사업자는 특별한 사유가 없으면 이에 따라야 한다.(2015.7.24 본항개정)
③ 제2항에 따라 조사·확인을 하는 경우에는 조사 7일 전까지 조사일시, 조사목적 및 조사내용 등을 적은 조사

계획을 조사대상자에게 알려야 하며, 조사·확인 후 즉시 국토교통부령으로 정하는 바에 따라 조사·확인결과보고서를 작성하여야 한다.(2013.3.23 본항개정)
④ 제2항에 따른 조사·확인업무를 수행하는 관계 공무원은 해당 사업장 출입 시에 그 신분과 권한을 표시하는 증명서를 지니고 이를 관계인에게 내보여야 한다.
(2015.7.24 본항개정)
⑤ (2015.7.24 삭제)
⑥ 제2항에 따라 이행의무사항 확인자료를 요구받은 사업자는 제26조제1항에 따른 교통영향평가대행자에게 자료의 작성을 대행하게 할 수 있다. 이 경우 해당 교통영향평가를 대행한 자가 아닌 자에게 대행하게 하여야 한다.
(2015.7.24 본항신설)
(2015.7.24 본조제목개정)

제24조【이행조치명령 등】 ① 승인관청은 승인등을 받아야 하는 사업자가 이행의무사항을 이행하지 아니한 경우에는 그 이행을 위하여 필요한 조치를 명하여야 한다.
(2015.7.24 본항개정)
② 승인관청은 승인등을 받아야 하는 사업자가 제1항에 따른 조치명령을 이행하지 아니하여 교통에 중대한 영향을 미치는 것으로 판단되는 경우에는 해당 사업에 대하여 이행이 완료될 때까지 공사중지를 명하여야 한다.
(2008.3.28 본조신설)

제24조의2【사후관리】 ① 이행의무사항에 따라 준공된 시설물의 소유자 및 관리자는 해당 이행의무사항에 적합하도록 시설물을 유지·관리·운영하여야 한다.
② 제1항에 따른 시설물의 소유자 및 관리자는 주변 교통환경의 변화 등에 따라 해당 시설물 또는 그 유지·관리·운영 방법을 변경할 필요가 있을 때에는 변경하려는 내용을 사전에 승인관청에 신고하여야 한다.(2019.4.23 후단삭제)
③ 승인관청은 제2항에 따른 변경신고를 받은 날부터 180일 이내에 국토교통부령으로 정하는 바에 따라 신고수리 여부를 결정하고, 그 여부를 신고인에게 통지하여야 한다.(2019.4.23 본항신설)
④ 승인관청이 제3항에서 정한 기간 내에 신고수리 여부 또는 민원 처리 관련 법령에 따른 처리기간의 연장을 신고인에게 통지하지 아니하면 그 기간(민원 처리 관련 법령에 따라 처리기간이 연장 또는 재연장된 경우에는 해당 처리기간을 말한다)이 끝난 날의 다음 날에 신고를 수리한 것으로 본다.(2019.4.23 본항신설)
(2015.7.24 본조신설)

제25조【교통영향평가의 대행】 ① 사업자는 교통영향평가를 실시하거나 변경할 때에는 제26조에 따라 등록한 자(이하 "교통영향평가대행자"라 한다)에게 이를 대행하게 할 수 있다.
② 제1항에 따라 사업자가 교통영향평가의 실시 또는 변경을 대행하게 하기 위하여 계약을 체결하는 경우에는 대상사업의 공사에 관한 설계 등 다른 계약과 분리하여 별도로 계약을 체결하여야 한다.
(2015.7.24 본조개정)

제26조【교통영향평가대행자의 등록】 ① 교통영향평가의 실시·변경 또는 이행의무사항 확인자료의 작성을 대행하려는 자는 국토교통부령으로 정하는 기술능력을 갖추어 국토교통부장관에게 교통영향평가대행자로 등록하여야 한다.(2015.7.24 본항개정)
② 제1항에 따라 등록한 사항 중 국토교통부령으로 정하는 중요 사항을 변경하는 경우에는 변경등록을 하여야 한다.(2013.3.23 본항개정)
③ 다음 각 호의 어느 하나에 해당하는 자는 교통영향평가대행자로 등록할 수 없다.(2015.7.24 본문개정)
1. 피성년후견인 또는 피한정후견인(2013.5.22 본호개정)
2. 제29조에 따라 등록이 취소(제1호에 해당하여 등록이 취소된 경우는 제외한다)된 날부터 2년이 지나지 아니한 자(2019.4.23 본호개정)
3. 이 법을 위반하여 징역 이상의 실형(實刑)을 선고받고 그 집행이 끝나거나(끝난 것으로 보는 경우를 포함한다) 집행이 면제된 날부터 2년이 지나지 아니한 자
4. 법인의 대표자가 제1호에 해당하는 법인(2013.5.22 본호신설)
5. 임원 중 제2호 또는 제3호에 해당하는 사람이 있는 법인(2013.5.22 본호개정)
(2015.7.24 본조제목개정)
(2008.3.28 본조신설)

제27조【사업자 및 교통영향평가대행자의 준수사항】 ① 사업자는 교통영향평가대행자에게 교통영향평가를 대행하도록 하면서 다음 각 호의 사항을 지켜야 한다.
1. 교통영향평가대행자가 제23조제6항 및 제25조제1항에 따라 교통영향평가를 대행하는 업무(이하 "대행업무"라 한다)를 수행하는 경우 대상사업에 관한 정보 및 자료를 제공할 것(2021.3.23 본호신설)
2. 교통영향평가대행자가 대행업무를 제대로 수행할 수 있도록 제32조에 따른 비용 산정기준에 따라 적정한 대가를 제공할 것
3. 교통영향평가대행자가 교통영향평가서, 이행의무사항 확인자료 및 그 작성의 기초가 되는 자료(이하 "교통영향평가서등"이라 한다)를 거짓으로 또는 부실하게 작성하도록 요구하지 아니할 것(2021.3.23 본호신설)
4. 교통영향평가서 및 그 작성의 기초가 되는 자료를 국토교통부령으로 정하는 바에 따라 제52조제2항에 따른 교통영향평가정보지원시스템에 등록할 것. 다만, 국가안보, 영업비밀, 사업추진에 현저한 지장을 줄 수 있어 공개가 곤란한 자료는 승인관청의 승인을 받아 등록하지 아니하고 국토교통부령으로 정하는 기간까지 보존할 것
5. 대행업무와 관련하여 부당한 청탁이나 금품·향응을 교통영향평가대행자에게 제공하거나 교통영향평가대행자로부터 받지 아니할 것(2021.3.23 본호신설)
(2021.3.23 본항개정)
② 교통영향평가대행자는 대행업무를 수행하면서 다음 각 호의 사항을 지켜야 한다.(2021.3.23 본문개정)
1. 교통영향평가서등을 거짓으로 또는 부실하게 작성하지 아니할 것(2021.3.23 본호개정)
2. 등록증이나 명의를 다른 사람에게 대여하지 아니할 것
3. 도급받은 대행업무를 하도급하지 아니할 것. 다만, 국토교통부령으로 정하는 경미한 사항은 그러하지 아니하다.(2015.7.24 본문개정)
4. 다른 교통영향평가서의 내용을 복제하여 교통영향평가서를 작성하지 아니할 것(2015.7.24 본호개정)
5. 대행업무 수행과 관련하여 부당한 청탁이나 금품·향응을 사업자에게 제공하거나 사업자로부터 받지 아니할 것(2021.3.23 본호신설)
6. 교통영향평가기술자가 아닌 자(제32조의3제1항에 따라 교통영향평가기술자의 인정이 정지된 자를 포함한다. 이하 제32조의2제4항에서 같다)에게 교통영향평가서 또는 이행의무사항 확인자료의 작성을 맡기지 아니할 것(2021.3.23 본호신설)
③ 제1항제3호 및 제2항제1호에 따른 거짓 또는 부실 작성의 구체적인 판단기준은 국토교통부령으로 정한다.
(2021.3.23 본항신설)
(2015.7.24 본조제목개정)
(2008.3.28 본조신설)

제28조【업무의 폐업】 교통영향평가대행자는 폐업하려는 경우에는 국토교통부령으로 정하는 바에 따라 국토교통부장관에게 신고하여야 한다.(2015.7.24 본조개정)

제29조【교통영향평가대행자의 등록취소 또는 업무정지 등】 ① 국토교통부장관은 교통영향평가대행자가 다음 각 호의 어느 하나에 해당하는 경우에는 그 등록을 취소하거나 6개월 이내의 기간을 정하여 업무의 전부 또는 일부의 정지를 명할 수 있다. 다만, 제1호·제2호·제6호 또는 제8호에 해당하는 경우에는 그 등록을 취소하여야 한다.(2015.7.24 본문개정)
1. 거짓이나 그 밖의 부정한 방법으로 등록한 경우
2. 최근 1년 이내에 2회의 업무정지처분을 받고 다시 업무정지처분 사유에 해당하는 행위를 한 경우
3. 등록 후 2년 이내에 대행업무를 시작하지 아니하거나 계속하여 2년 이상 대행업무의 실적이 없는 경우
(2015.7.24 본호개정)
4. 제26조제1항에 따른 교통영향평가대행자의 기술능력에 미달하게 된 경우(2015.7.24 본호개정)
5. 제26조제2항을 위반하여 국토교통부령으로 정하는 중요한 사항에 대한 변경등록을 하지 아니하고 변경한 경우(2013.3.23 본호개정)
6. 제26조제3항 각 호의 어느 하나에 해당하는 경우. 다만, 법인의 임원 중 그 사유에 해당하는 자가 있는 경우로서 3개월 이내에 그 임원을 개임(改任)한 경우에는 그러하지 아니하다.
7. 제27조제2항제1호부터 제6호까지의 준수사항을 위반한 경우(2021.3.23 본호개정)
8. 이 조에 따른 업무정지명령을 위반하여 업무정지기간 중 신규로 대행업무를 담당하는 계약(이하 "대행계약"이라 한다)을 체결한 경우(2015.7.24 본호개정)
② 제1항에 따른 행정처분의 세부기준과 그 밖에 필요한 사항은 국토교통부령으로 정한다.(2013.3.23 본항개정)
(2015.7.24 본조제목개정)
(2008.3.28 본조신설)

제30조【등록취소 또는 업무정지처분을 받은 교통영향평가대행자의 업무 계속】 ① 제29조에 따라 등록취소 또는 업무정지의 처분을 받은 자는 그 처분 전에 체결한 대행계약에 대하여만 그 업무를 계속할 수 있다.
② 제1항에 따라 대행업무를 계속하는 자는 그 업무를 완료할 때까지 이 법에 따른 교통영향평가대행자로 본다.
(2015.7.24 본조개정)

제31조【교통영향평가대행자의 행정처분 공고】 ① (2015.7.24 삭제)
② 국토교통부장관은 매년 1회 이상 국토교통부령으로 정하는 바에 따라 교통영향평가대행자에 대한 행정처분 내용을 공고하여야 한다.
(2015.7.24 본조개정)

제32조【대행업무의 비용 산정기준】 국토교통부장관은 대행업무에 대한 비용의 산정기준을 정하여 고시하여야 한다.(2015.7.24 본조개정)

제32조의2【교통영향평가기술자의 인정 등】 ① 교통영향평가기술자로 인정을 받으려는 사람은 교통영향평가에 관한 자격·경력 및 학력 등에 관하여 국토교통부장관에게 교통영향평가기술자 인정을 신청하여야 한다.
② 국토교통부장관은 제1항에 따른 신청인의 자격·경력 및 학력 등이 대통령령으로 정하는 교통영향평가기술자의 인정기준에 해당하는 경우에는 그 신청인을 교통영향평가기술자로 인정하여야 한다. 이 경우 국토교통부장관은 교통영향평가기술자의 등급을 정할 수 있다.
③ 국토교통부장관은 제1항에 따른 신청인을 교통영향평가기술자로 인정하면 교통영향평가기술자로서의 등급 및 경력 등에 관한 증명서(이하 "교통영향평가기술자증명서"라 한다)를 그 교통영향평가기술자에게 발급하여야 한다.
④ 교통영향평가기술자가 아닌 자는 교통영향평가서 또는 이행의무사항 확인자료를 작성하여서는 아니 된다.
⑤ 제1항에 따른 교통영향평가기술자의 인정 신청 및 제3항에 따른 교통영향평가기술자증명서의 발급·관리 등에 필요한 사항은 국토교통부령으로 정한다.
(2021.3.23 본조신설)

제32조의3【교통영향평가기술자의 인정취소 등】 ① 국토교통부장관은 교통영향평가기술자가 다음 각 호의 어느 하나에 해당하는 경우에는 그 인정을 취소하거나 3년의 범위에서 인정을 정지할 수 있다. 다만, 제1호, 제2호 또는 제5호에 해당하는 경우에는 그 인정을 취소하여야 한다.
1. 거짓이나 그 밖의 부정한 방법으로 교통영향평가기술자로 인정을 받은 경우
2. 교통영향평가기술자로 인정을 받은 사람이 「국가기술자격법」 제16조에 따라 교통영향평가기술자 인정기준에 해당하는 국가기술자격이 취소된 경우
3. 교통영향평가기술자로 인정을 받은 사람이 「국가기술자격법」 제16조에 따라 교통영향평가기술자 인정기준에 해당하는 국가기술자격이 정지된 경우
4. 제32조의4에 따른 교육·훈련을 정당한 사유 없이 받지 아니한 경우
5. 다른 사람에게 교통영향평가기술자증명서를 빌려 주거나 다른 사람에게 자기의 이름으로 교통영향평가기술자의 업무를 하게 한 경우
6. 다른 교통영향평가서등의 내용을 복제하여 교통영향평가서등을 작성한 경우
7. 고의 또는 중대한 과실로 교통영향평가서등을 거짓으로 작성하는 경우
8. 중요한 자료를 누락하는 등 교통영향평가서등을 부실하게 작성하는 경우
9. 다른 행정기관이 법령에 따라 업무정지를 요청한 경우
10. 교통영향평가기술자의 인정이 정지된 기간 중 교통영향평가서 또는 이행의무사항 확인자료를 작성한 경우
② 국토교통부장관은 제1항에 따라 인정이 취소된 교통영향평가기술자를 그 인정이 취소된 날부터 3년 이내에 다시 교통영향평가기술자로 인정을 하여서는 아니 된다.
③ 사업자 및 승인관청의 장은 교통영향평가기술자가 제1항 각 호의 어느 하나에 해당하는 경우에는 그 사실을 국토교통부장관에게 통보하여야 한다.
④ 국토교통부장관은 제1항에 따라 교통영향평가기술자 인정을 취소하거나 정지한 경우 그 처분내용을 공개하여야 한다.
⑤ 제1항에 따라 교통영향평가기술자 인정이 취소되거나 정지된 교통영향평가기술자는 지체 없이 교통영향평가기술자증명서를 국토교통부장관에게 반납하여야 하며, 국토교통부장관은 자격·경력 등에 관한 기록의 수정 또는 말소 등 필요한 조치를 하여야 한다.
⑥ 제1항에 따른 처분의 세부기준과 제4항에 따른 처분내용의 공개 등 그 밖에 필요한 사항은 국토교통부령으로 정한다.
(2021.3.23 본조신설)

제32조의4【교통영향평가교육훈련】 ① 교통영향평가기술자는 업무 수행에 필요한 소양과 지식을 습득하기 위하여 대통령령으로 정하는 바에 따라 국토교통부장관이 실시하는 교통영향평가에 관한 교육·훈련(이하 "교통영향평가교육훈련"이라 한다)을 받아야 한다.
② 국토교통부장관은 교통영향평가교육훈련을 실시하기 위하여 교통영향평가에 관한 교육훈련기관(이하 "교통영향평가교육훈련기관"이라 한다)을 지정하여 교통영향평가교육훈련을 실시하게 할 수 있다.
③ 교통영향평가교육훈련기관은 정당한 사유 없이 교통영향평가교육훈련 업무를 거부하여서는 아니 되고, 거짓이나 그 밖의 부정한 방법으로 교통영향평가교육훈련 수료증을 발급하여서는 아니 된다.
④ 교통영향평가교육훈련기관의 지정기준 및 운영 등에 관하여 필요한 사항은 대통령령으로 정한다.
(2021.3.23 본조신설)

제32조의5【교통영향평가교육훈련기관의 지정취소 등】
① 국토교통부장관은 교통영향평가교육훈련기관이 다음 각 호의 어느 하나에 해당하는 경우에는 지정을 취소하거나 6개월 이내의 기간을 정하여 업무의 정지를 명할 수 있다. 다만, 제1호 또는 제2호에 해당하는 경우에는 지정을 취소하여야 한다.
1. 거짓이나 그 밖의 부정한 방법으로 지정을 받은 경우
2. 업무정지 명령을 위반하여 그 정지기간 중 교통영향평가교육훈련 업무를 수행한 경우
3. 제32조의4제3항을 위반하여 거짓이나 그 밖의 부정한 방법으로 교통영향평가교육훈련 수료증을 발급한 경우
4. 제32조의4제4항에 따른 지정기준에 맞지 아니하게 된 경우

② 국토교통부장관은 제1항에 따라 지정이 취소된 교통영향평가교육훈련기관을 그 지정이 취소된 날부터 2년 이내에 다시 교통영향평가교육훈련기관으로 지정할 수 없다.
③ 제26조제3항 각 호의 어느 하나에 해당하는 자는 교통영향평가교육훈련기관의 설립·운영자, 임원 또는 교통영향평가교육훈련 업무를 직접 수행하는 직원이 될 수 없다.
④ 제1항에 따른 지정취소 및 업무정지의 세부기준 등에 관하여 필요한 사항은 국토교통부령으로 정한다.
(2021.3.23 본조신설)

제4장 교통수요관리
(2008.3.28 본장개정)

제33조【교통수요관리의 시행】 ① 시장은 도시교통의 소통을 원활하게 하고 대기오염을 개선하며 교통시설을 효율적으로 이용할 수 있도록 하기 위하여 관할 지역 안의 일정한 지역에서 다음 각 호의 교통수요관리를 할 수 있다. 이 경우 제1호와 제2호의 사항에 관하여는 지방교통위원회의 심의를 거쳐야 한다.(2013.5.22 본문개정)
1. 제34조에 따른 자동차의 운행제한에 관한 사항
1의2. 제34조의2에 따른 승용차부제에 관한 사항
(2009.6.9 본호신설)
2. 제35조에 따른 혼잡통행료의 부과·징수에 관한 사항
3. 주차수요관리
4. 승용차공동이용 지원(2011.5.19 본호신설)
5. 자가용 승용자동차 함께 타기
6. 원격(遠隔) 근무와 재택(在宅) 근무 지원
7. 보행·자전거·개인형 교통수단·대중교통 통합교통체계의 구축(2019.8.27 본호개정)
8. 개인형 교통수단 활성화(2019.8.27 본호신설)
9. 그 밖에 통행량의 분산 또는 감소를 위하여 대통령령으로 정하는 사항
② 시장은 제1항에 따른 교통수요관리를 시행하려면 공청회 등을 거쳐 충분히 의견을 수렴하여야 한다.
③ 제1항에 따른 교통수요관리에 관하여는 이 법으로 정한 사항을 제외하고는 조례로 정하는 바에 따른다.
제34조【자동차의 운행제한】 ① 시장은 도시교통정비지역 안의 일정한 지역에서 자동차의 운행을 억제하여야 할 필요가 있다고 인정되면 1회에 30일 이내의 기간을 정하여 자동차의 운행을 제한할 수 있다.
② 시장은 제1항에 따라 자동차의 운행을 제한하려면 미리 그 목적, 기간, 대상지역, 자동차의 종류·용도·사용목적, 그 밖에 필요한 사항을 고시하여야 한다.
제34조의2【승용차부제】 ① 시장은 도시교통의 원활한 소통과 대기오염의 개선을 위하여 관할하는 전체지역 또는 일부지역에서 주민이 스스로 정한 요일 등 특정한 날에 승용자동차를 운행하지 아니하는 시민실천운동(이하 "승용차부제"라 한다)을 장려할 수 있다.
② 국가 또는 지방자치단체는 승용차부제에 참여하는 주민 또는 참여주민에게 혜택을 제공하는 등 승용차부제 활성화에 기여하는 사업자에 대하여 필요한 행정적·재정적 지원을 할 수 있다.
③ 국가 또는 지방자치단체는 제2항에 따라 행정적·재정적 지원을 하는 경우에는 승용차부제에 참여하는 주민의 준수 여부를 확인하기 위하여 「도로교통법」 제4조의2에 따른 무인 교통단속용 장비를 활용할 수 있다.
(2015.7.24 본항신설)
(2009.6.9 본조신설)
제35조【혼잡통행료의 부과·징수 등】 ① 시장은 통행속도 또는 교차로 지체시간 등을 고려하여 대통령령으로 정하는 바에 따라 혼잡통행료 부과지역을 지정하고, 일정 시간대에 혼잡통행료 부과지역으로 들어가는 자동차에 대하여 혼잡통행료를 부과·징수할 수 있다.
② 시장은 제1항에 따른 혼잡통행료 부과지역의 지정 목적을 달성하면 그 지정을 해제하여야 한다.
③ 「자동차관리법」에 따른 배기량 1천시시 미만의 승용자동차는 혼잡통행료의 100분의 50을 감면한다.
④ 「환경친화적 자동차의 개발 및 보급촉진에 관한 법률」 제2조제2호의 환경친화적자동차는 혼잡통행료의 100분의 50 이상을 감면하되, 구체적인 감면율은 조례로 정한다.(2011.5.19 본항신설)
⑤ 제1항과 제2항에 따른 혼잡통행료의 기본적인 부과기준과 부과방법 등은 국토교통부령으로 정하고, 혼잡통행료의 부과시간대, 부과대상 자동차의 종류·용도 등 시행에 관하여 필요한 사항은 조례로 정한다.(2023.8.16 본항개정)
제35조의2【인접한 지역에서의 혼잡통행료 부과지역 지정】 ① 시장은 제35조에 따라 혼잡통행료 부과지역으로 지정하려는 지역(이하 이 조에서 "혼잡통행료 부과예정지역"이라 한다)이 인접한 시·도 또는 시·군과 교통이 연계된 지역(이하 이 조에서 "연계교통지역"이라 한다)인 경우에는 그 지역을 혼잡통행료 부과지역으로 지정하는 것에 관하여 관계 지방자치단체의 장과 협의하여야 한다.
② 제1항에 따른 협의가 성립되지 아니하였을 때에는 혼잡통행료 부과예정지역이 같은 도에 있는 행정구역 간 연계교통지역인 경우에는 관할 도지사가 「국가통합교통체계효율화법」 제110조에 따른 지방교통위원회의 심의를 거쳐 지정 여부를 조정하며, 혼잡통행료 부과예정지역이 둘 이상의 시·도의 행정구역 간 연계교통지역인 경우에는 국토교통부장관이 「국가통합교통체계효율화법」 제106조에 따른 국가교통위원회의 심의를 거쳐 지정 여부를 조정한다.
③ 시장 및 관계 지방자치단체의 장은 국토교통부장관 또는 도지사가 제2항에 따른 조정을 하였을 때에는 그 조정에 따라야 한다.
(2015.7.24 본조신설)
제36조【교통유발부담금의 부과·징수】 ① 시장은 도시교통정비지역에서 교통혼잡의 원인이 되는 시설물의 소유자로부터 매년 교통유발부담금(이하 "부담금"이라 한다)을 부과·징수할 수 있다.
② 부담금의 부과대상은 제3조제1항제1호에 해당하는 지역에 있는 시설물로서 해당 시설물의 각 층 바닥면적을 합한 면적(제8항에 따라 부담금을 부과하지 아니하는 시설물에 해당하는 면적을 포함한다)이 대통령령으로 정하는 규모 이상의 것으로 한다.(2014.5.21 본항개정)
③ 부담금의 부과대상자는 부담금의 부과기준일 당시 제2항에 따른 부담금의 부과대상 시설물(이하 "부과대상 시설물"이라 한다)의 소유자로 한다.(2013.8.6 본항신설)
④ 부담금 부과기간 중에 부과대상 시설물의 철거·멸실(滅失) 등으로 부담금의 부과기준일 당시 부과대상자가 없는 경우에는 그 부과기간 중 최종 소유자를 부과대상자로 한다.(2013.8.6 본항신설)
⑤ 부과대상 시설물을 공동으로 또는 분할하여 소유하고 있는 자에게는 각각 그 소유지분에 따라 부담금을 부과한다. 다만, 그 부과대상 시설물 중 소유지분의 면적의 기준은 대통령령으로 정하되, 기준 면적 미만인 경우에는 부담금을 부과하지 아니한다.(2013.8.6 본항신설)
⑥ 시장은 제2항에 따라 대통령령으로 정하는 범위에서 그 위치·규모·특성 등을 고려하여 해당 지방자치단체의 조례로 정하는 규모 이상의 시설물에 대하여는 제5항 단서에도 불구하고 소유지분의 면적의 기준을 100분의 50의 범위에서 축소할 수 있다.(2014.5.21 본항신설)
⑦ 시장은 제2항에도 불구하고 시설물의 위치·규모·특성 등을 고려하여 부과대상 시설물의 규모를 해당 지방자치단체의 조례로 정하는 바에 따라 100분의 50의 범위에서 확대하거나 축소할 수 있다.(2013.5.22 본항신설)
⑧ 제2항에도 불구하고 다음 각 호의 어느 하나에 해당하는 시설물에는 부담금을 부과하지 아니한다. 다만, 다음 각 호의 시설물을 그 시설물의 목적 외에 사용하는 경우에는 그러하지 아니한다.
1. 주한 외국 정부기관, 주한 국제기구 및 외국 원조단체 소유의 시설물
2. 주거용 건물(복합용도 시설물의 주거용 부분을 포함한다)
3. 그 밖에 교통유발량(交通誘發量)이 현저히 적거나 공익상 불가피한 사유로 부담금 부과가 적절하지 아니한 시설물 또는 「국가유공자 등 단체설립에 관한 법률」에 따른 국가유공자단체 등 비영리공공단체가 직접 업무에 사용하는 시설물로서 대통령령으로 정하는 시설물
⑨ 부담금의 부과·징수의 방법·절차 등에 관하여 필요한 사항은 대통령령으로 정한다.
제37조【부담금의 산정기준】 ① 시설물에 대한 부담금은 다음 계산식에 따라 계산한 금액으로 한다. 이 경우 시설물이 복합용도일 때 그 바닥면적의 계산방법은 대통령령으로 정한다.(2013.5.22 본문개정)

부담금 = 시설물의 각 층 바닥면적의 합계 × 단위부담금 × 교통유발계수

② 제1항에 따른 단위부담금과 교통유발계수는 이용자수, 매출액, 교통혼잡 정도 또는 시설물의 용도 등을 고려하여 국토교통부령으로 정하되, 시장은 해당 지방자치단체의 조례로 정하는 바에 따라 시설물의 위치·규모·특성 등을 고려하여 단위부담금과 교통유발계수를 100분의 100의 범위에서 상향하거나 100분의 50의 범위에서 하향조정할 수 있다.(2017.10.24 본항개정)
제38조【부담금의 경감】 시장은 다음 각 호의 어느 하나에 해당하는 경우에는 대통령령으로 정하는 바에 따라 부담금을 경감(輕減)할 수 있다.
1. 시설물의 소유자가 휴업 등 특별한 사유로 30일 이상 그 시설물을 사용하지 아니한 경우
2. 시설물의 소유자 또는 제44조에 따른 조합이 시설물을 출입하는 교통량을 줄이기 위한 프로그램을 실시하는 경우
3. 그 밖에 공익상 불가피하거나 교통수요관리의 촉진을 위하여 필요한 경우
제39조【분할 납부】 시장은 부담금이 300만원을 넘으면 대통령령으로 정하는 바에 따라 부담금을 분할 납부하게 할 수 있다.(2023.8.16 본조개정)
제40조【가산금 및 독촉】 ① 시장은 부담금을 내야 할 자가 납부기한까지 그 부담금을 내지 아니하면 납부기한이 지난 날부터 20일 이내에 15일 이내의 기간을 정하여 독촉장을 발급하여야 한다.(2022.11.15 본항개정)
② 시장은 제1항에 따른 부담금 납부의무자가 납부기한까지 부담금을 납부하지 아니한 때에는 체납된 부담금의 100분의 1에 해당하는 가산금을 징수한다.(2022.11.15 본항신설)
③ 시장은 부담금 납부의무자가 체납된 부담금을 납부하지 아니한 때에는 체납된 부담금에 납부기한의 다음 날부터 납부일 전일까지의 기간과 금융회사 등이 연체대출금에 대하여 적용하는 이자율 등을 고려하여 대통령령으로 정하는 이자율을 곱한 금액을 제2항에 따른 가산금에 더하여 징수한다. 이 경우 가산금의 총액은 체납된 부담금의 100분의 3을 초과할 수 없다.(2022.11.15 본항신설)
④ 제1항에 따라 독촉을 받은 자가 그 기간에 부담금을 내지 아니하면 「지방행정제재·부과금의 징수 등에 관한 법률」에 따라 징수할 수 있다.(2020.3.24 본항개정)
⑤ 시장은 부담금을 부과·징수한 후 과소 또는 과다 부과·징수된 사실을 발견한 경우에는 이를 조사하여 그 차액(差額)을 추징하거나 환급하여야 한다.
⑥ 제5항에 따른 과오납금(過誤納金)의 처리는 「지방세기본법」을 준용한다.(2022.11.15 본항개정)
제41조【제척기간 및 소멸시효】 ① 시장은 부담금을 부과할 수 있는 날부터 5년간 부과하지 아니한 경우에는 부과할 수 없다.
② 부담금의 소멸시효에 관하여는 「지방세기본법」 제39조 및 제40조를 준용한다.(2010.3.31 본항개정)
제42조【교통혼잡 특별관리구역지정 등】 ① 시장은 도시교통의 원활한 소통과 교통편의의 증진을 위하여 필요하다고 인정하면 도시교통정비지역 안의 일정지역을 교통혼잡 특별관리구역(이하 "특별관리구역"이라 한다)으로 지정하여 특별관리구역에 있는 대통령령으로 정하는 규모 이상의 시설물(주거용 시설물은 제외하며, 이하 "특별관리구역시설물"이라 한다) 및 특별관리구역에 들어가는 차량에 대하여 제43조에 따른 교통수요관리 조치를 시행할 수 있다.
② 시장은 주변 간선도로에 심각한 교통혼잡을 유발하는 대통령령으로 정하는 규모 이상의 시설물(주거용시설물은 제외한다)을 교통혼잡 특별관리시설물(이하 "특별관리시설물"이라 한다)로 지정하여 제43조에 따른 교통수요관리 조치를 시행할 수 있다.
③ 국토교통부장관은 필요하다고 인정하면 해당 시장에게 도시교통정비지역의 일정지역 또는 시설물을 제1항과 제2항에 따른 특별관리구역 또는 특별관리시설물로 지정하도록 명할 수 있다.(2013.3.23 본항개정)
④ 제3항에 따라 명령을 받은 시장은 대상지역 또는 대상시설물 주변지역의 교통상황을 조사하여야 하며, 조사결과가 제5항에 따른 지정기준에 해당하면 그 구역 또는 시설물을 특별관리구역 또는 특별관리시설물로 지정하여야 한다.
⑤ 특별관리구역과 특별관리시설물의 지정기준은 대통령령으로 정한다. 다만, 시장은 해당 지역의 여건과 교통상황을 고려하여 필요하다고 인정하는 경우 특별관리구역과 특별관리시설물의 지정기준을 대통령령으로 정하는 범위에서 해당 지방자치단체의 조례로 달리 정할 수 있다.(2015.7.24 단서신설)
제43조【교통수요관리 조치의 내용】 시장은 특별관리구역의 교통혼잡이나 특별관리시설물에 따른 교통혼잡을 완화하기 위하여 다음 각 호의 조치를 시행할 수 있다.
1. 제35조에 따른 혼잡통행료의 부과·징수
2. 제37조제2항에 따라 조례로 상향 조정한 교통유발부담금의 부과·징수
3. 제48조에 따른 부설주차장의 이용제한 명령
4. 자전거 및 개인형 교통수단 등 자동차 대체 교통수단의 이용 제고(2019.8.27 본호신설)
5. 그 밖에 일방통행제의 실시, 신호체계의 개선 등 대통령령으로 정하는 통행여건 개선 및 대중교통 이용촉진을 위한 시책의 실시
제44조【교통수요관리의 공동수행】 ① 특별관리구역에 시설물을 소유한 자는 제43조에 따라 시장이 시행하는 교통수요관리 조치에 대응하여 특별관리구역에 출입하는 교통량을 줄이기 위한 계획을 공동으로 수행하기 위하여 조합을 구성할 수 있다.
② 시장은 제1항에 따른 조합의 결성과 조합의 교통량 감축계획 시행을 지원할 수 있다.
제45조【특별관리구역 등의 지정절차 등】 ① 시장은 특별관리구역 또는 특별관리시설물을 지정하려면 대통령령으로 정하는 바에 따라 그 지역과 주변지역의 주차여건 개선 등을 포함하는 특별관리구역 지정계획 또는 특별관리시설물 지정계획(이하 "지정계획"이라 한다)을 수립하고, 공청회를 개최하여 시설물 소유자 및 관계 전문가 등의 의견을 들은 후 지방교통위원회의 심의를 거쳐 지정계획을 확정하고 이를 고시하여야 한다.(2023.8.16 본항개정)
② 시장은 제1항에 따라 지정계획을 수립하려는 경우에는 다음 각 호의 구분에 따른 관리청과 협의하여야 한다.
1. 특별관리구역 지정계획의 경우 : 특별관리구역 및 대통령령으로 정하는 주변지역 내에 있는 교통시설의 관리청
2. 특별관리시설물 지정계획의 경우 : 특별관리시설물(국가 또는 지방자치단체가 소유·관리하는 경우에 한정한다)의 관리청 및 대통령령으로 정하는 주변지역 내에 있는 교통시설의 관리청
(2023.8.16 본항신설)
③ 국토교통부장관은 제42조제3항에 따라 시장에게 특별관리구역 또는 특별관리시설물의 지정을 명하려면 위원회의 심의를 거쳐야 한다.(2023.8.16 본항개정)
④ 제1항에 따른 공청회 개최에 필요한 사항은 대통령령으로 정한다.

제46조【목표 관리】 ① 시장은 특별관리구역이나 특별관리시설물을 지정한 경우에는 관리 목표를 설정하고 정기적인 개선효과 분석 등을 실시하여야 한다.
② 시장은 제1항에 따른 분석 결과 필요하다고 인정되면 지정계획에 포함된 교통수요관리 조치의 내용을 강화하거나 당초 지정계획에 포함되지 아니한 교통수요관리 조치를 채택하는 등 지정계획을 변경하여 교통수요관리를 할 수 있다.(2023.8.16 본항개정)
③ 제2항에 따른 지정계획의 변경에 관하여는 제45조를 준용한다.(2023.8.16 본항개정)
④ 시장은 제1항에 따른 개선효과 분석 등을 위하여 필요한 경우에는 특별관리시설물의 소유자 또는 제44조제1항에 따른 조합에게 관련 자료의 제출을 요구할 수 있다. 이 경우 자료의 제출을 요구받은 자는 특별한 사유가 없으면 이에 따라야 한다.(2015.7.24 본항신설)
제47조【특별관리구역 등의 해제】 시장은 제46조제1항에 따른 분석 결과 대통령령으로 정하는 바에 따라 다음 각 호의 어느 하나에 해당하는 경우에는 그 지정을 해제하여야 한다.
1. 특별관리구역 또는 특별관리시설물의 지정목적이 달성된 경우
2. 특별관리시설물의 용도변경 등 특별관리구역 또는 특별관리시설물의 지정을 해제하여야 할 명확한 사유가 발생한 경우
제48조【부설주차장의 이용제한 명령】 ① 시장은 특별관리구역의 교통혼잡 또는 특별관리시설물에 따른 교통혼잡을 완화하기 위하여 특히 필요하다고 인정되면 특별관리구역시설물이나 특별관리시설물의 소유자에 대하여 「주차장법」 제2조제1호다목에 따른 부설주차장의 유료화 또는 주차부제(駐車部制)의 실시 등 필요한 조치를 명할 수 있다.
② 제1항에 따른 조치의 세부적인 내용, 실시방법 등에 관하여 필요한 사항은 조례로 정한다.
(2015.7.24 본조개정)
제49조【지방도시교통사업특별회계의 설치】 ① 기본계획의 시행 및 도시교통의 개선에 필요한 재원을 확보하고, 효율적으로 운용·관리하기 위하여 도시교통정비지역에 소재하는 특별시·광역시·특별자치시·특별자치도 및 시에 지방도시교통사업특별회계(이하 "특별회계"라 한다)를 설치할 수 있다.(2013.5.22 본항개정)
② 특별회계는 다음 각 호의 수입을 세입으로 한다.
1. 제35조에 따른 혼잡통행료
2. 제36조에 따른 교통유발부담금
3. 제60조제1항제3호에 따른 과태료
4. 그 밖에 일반회계로부터의 전입금 및 도시교통과 관련한 수입
③ 특별회계의 수입금은 다음 각 호의 사업에 사용하여야 한다. 다만, 제2항제1호부터 제3호까지의 수입금 중 국토교통부령으로 정하는 일정비율 이상은 제33조제1항제4호부터 제9호까지의 규정에 따른 시책의 실시에 사용하여야 한다.(2019.8.27 단서개정)
1. 교통시설의 확충과 운영개선을 위한 사업
2. 도시교통 관련 조사 및 연구사업
3. 교통수단의 서비스개선과 대중교통업체의 경영개선을 위한 사업
4. 제33조와 제43조에 따른 교통수요관리와 교통수요관리 조치의 시행
5. 도로시설과 교통안전시설의 개선에 관한 사업
④ 특별회계의 운용·관리에 필요한 사항은 조례로 정한다.
제50조【기본계획 등의 심의】 ① 다음 각 호에 관한 사항 중 국토교통부장관 소관 사항은 위원회에서, 시·도지사 소관 사항은 지방교통위원회에서 심의한다.(2013.5.22 본문개정)
1. 기본계획
2. 「도시철도법」 제5조에 따른 도시철도망구축계획 및 같은 법 제6조에 따른 노선별 도시철도기본계획(위원회의 경우만 해당한다)(2014.1.7 본호개정)
3. 그 밖에 도시교통에 관련된 주요 정책으로서 대통령령으로 정하는 사항
② (2013.5.22 삭제)
(2009.6.9 본조개정)

제5장 보 칙

제51조【교통영향평가에 관한 기초자료 연구·조사 등】
① 국토교통부장관 및 시·도지사는 교통영향평가의 효율적인 시행을 위하여 필요한 연구와 기초자료로 활용하기 위하여 다음 각 호의 사항에 대한 연구·조사를 하여야 한다.(2015.7.24 본문개정)
1. 교통영향평가에 필요한 각종 지표의 수립·보완
2. 교통영향평가 기법의 적정 여부 검토 및 개발
(2015.7.24 1호~2호개정)
3. 도시별 시설물의 교통유발량 실태조사 등
4. 각종 교통영향평가의 효과 분석 연구
5. 그 밖에 교통영향평가의 효율적인 실시를 위하여 필요한 사항
(2015.7.24 4호~5호개정)
② 제1항에 따른 기초자료 연구·조사 등 그 밖에 필요한 사항은 국토교통부령으로 정한다.(2013.3.23 본항개정)
③ 국토교통부장관 및 시·도지사는 제1항에 따른 연구·조사결과를 제52조제2항에 따른 교통영향평가정보지원시스템에 등록하고, 관련 사업자 및 교통영향평가대행자 등이 활용할 수 있도록 제공하여야 한다.(2021.3.23 본항개정)
④ 제3항에 따른 연구·조사 자료를 사업자 등이 활용하는 경우에는 국토교통부장관은 국토교통부령으로 정하는 바에 따라, 시·도지사는 시·도의 조례로 정하는 바에 따라 각각 사용료를 징수할 수 있다.(2013.3.23 본항개정)
(2015.7.24 본조제목개정)
(2008.3.28 본조신설)
제51조의2【교통영향평가 대행실적 보고 및 관리】 ① 교통영향평가대행자는 교통영향평가서등의 작성에 관한 대행계약 체결 등 국토교통부령으로 정하는 교통영향평가 대행실적(이하 "대행실적"이라 한다)을 대행계약 체결 등이 있은 날부터 30일 이내에 국토교통부장관에게 보고하여야 한다.
② 국토교통부장관은 교통영향평가에 관한 업무를 체계적으로 육성하기 위하여 제1항에 따라 보고된 대행실적을 관리·공고하여야 한다.
③ 대행실적의 보고·관리·공고 및 그 밖에 필요한 사항은 국토교통부령으로 정한다.
(2021.3.23 본조신설)
제52조【교통영향평가정보지원시스템의 구축·운영 및 전문인력 육성】 ① 국토교통부장관은 교통영향평가의 전문성, 객관성 및 예측 가능성 등을 높이기 위하여 교통영향평가에 관련된 정보를 수집하여 보급하고, 전문인력의 육성방안을 강구하여야 한다.
② 국토교통부장관은 다음 각 호의 업무를 수행하기 위하여 국토교통부령으로 정하는 바에 따라 교통영향평가에 관한 정보지원시스템(이하 "교통영향평가정보지원시스템"이라 한다)을 구축·운영할 수 있다.
1. 제1항에 따른 정보의 수집·보급
2. 제27조제1항제4호에 따른 교통영향평가서 및 그 작성의 기초가 되는 자료의 등록
3. 제32조의3제4항에 따른 처분내용의 공개
4. 그 밖에 국토교통부령으로 정하는 사항
(2021.3.23 본항신설)
(2021.3.23 본조개정)
제53조【교통영향평가에 관한 협회】 ① 교통영향평가대행자 및 교통영향평가에 관한 업무에 종사하는 자는 관련 제도의 개선 및 업무의 건전한 발전을 도모하기 위하여 교통영향평가에 관한 협회(이하 "협회"라 한다)를 설립할 수 있다.(2015.7.24 본항개정)
② 협회는 법인으로 한다.
③ 협회는 정관을 수립하여 국토교통부장관의 인가를 받아야 한다. 이를 변경하려는 경우에도 또한 같다.
(2013.3.23 전단개정)
④ 국토교통부장관은 협회의 운영이 법령 또는 정관에 위배된다고 인정하는 경우에는 그 정관 또는 사업계획의 변경이나 임원의 개임을 명할 수 있다.(2013.3.23 본항개정)
⑤ 협회에 관하여 이 법에 규정되지 아니한 사항은 「민법」 중 사단법인에 관한 규정을 준용한다.
(2015.7.24 본조제목개정)
(2008.3.28 본조신설)
제53조의2【보고 및 자료제출 등】 ① 국토교통부장관은 교통영향평가 업무가 적정하게 수행되는지 확인하기 위하여 필요한 경우에는 사업자, 교통영향평가대행자 및 승인관청에 대하여 그 업무에 해당하는 사항을 보고하게 하거나 자료의 제출을 요청할 수 있다.
② 국토교통부장관은 제1항에 따른 보고 또는 제출자료를 검토한 결과 교통영향평가 업무의 건전한 발전을 위하여 필요한 경우 사업자, 교통영향평가대행자 및 승인관청에 대하여 필요한 조치 또는 제도 개선을 요청할 수 있다.
③ 제1항에 따른 보고 및 자료제출, 제2항에 따른 필요한 조치 또는 제도 개선 및 그 밖에 필요한 사항은 대통령령으로 정한다.
(2021.3.23 본조신설)
제54조【청문】 국토교통부장관은 다음 각 호의 어느 하나에 해당하는 처분을 하려면 청문을 하여야 한다.
1. 제29조제1항에 따른 교통영향평가대행자의 등록취소
2. 제32조의3제1항에 따른 교통영향평가기술자의 인정취소
3. 제32조의5제1항에 따른 교통영향평가교육훈련기관의 지정취소
(2021.3.23 본조개정)
제55조【권한의 위임·위탁】 ① 국토교통부장관은 이 법에 따른 권한의 일부를 대통령령으로 정하는 바에 따라 「대도시권 광역교통 관리에 관한 특별법」 제9조의2에 따른 대도시권광역교통위원장 또는 도지사·시장·군수·구청장에게 위임할 수 있다.(2018.12.18 본항개정)
② 국토교통부장관은 이 법에 따른 교통영향평가 업무 중 일부를 대통령령으로 정하는 바에 따라 협회에 위탁할 수 있다.(2021.3.23 본항개정)
③ 국토교통부장관은 제51조제1항에 따른 조사·연구에 관한 업무를 효율적으로 추진하기 위하여 필요하다고 인정하는 때에는 협회 또는 「정부출연연구기관 등의 설립·운영 및 육성에 관한 법률」에 따라 설립된 한국교통연구원·국토연구원에 위탁할 수 있다.(2013.3.23 본항개정)
④ 국토교통부장관은 예산의 범위에서 제2항과 제3항에 따라 위탁한 업무의 처리에 필요한 비용의 전부 또는 일부를 지원할 수 있다.(2013.3.23 본항개정)
(2008.3.28 본조개정)
제56조【벌칙 적용에서의 공무원 의제】 다음 각 호의 어느 하나에 해당하는 자는 「형법」 제129조부터 제132조까지의 규정에 따른 벌칙의 적용에서는 공무원으로 본다.
1. 제19조제1항에 따른 교통영향평가심의위원회의 위원 중 공무원이 아닌 자(2015.7.24 본호개정)
2. (2015.7.24 삭제)
3. 제55조제2항에 따라 업무를 위탁받은 협회에 소속되어 그 위탁업무를 수행하는 자
(2008.3.28 본조신설)

제6장 벌 칙
(2008.3.28 본장신설)

제57조【벌칙】 제24조제2항에 따른 공사중지명령을 위반한 사업자는 3년 이하의 징역 또는 5천만원 이하의 벌금에 처한다.(2014.5.21 본조개정)
제58조【벌칙】 ① 다음 각 호의 어느 하나에 해당하는 자는 2년 이하의 징역 또는 2천만원 이하의 벌금에 처한다.
1. (2015.7.24 삭제)
1의2. 제24조의2제1항을 위반하여 이행의무사항에 따라 시설물을 유지·관리·운영하지 아니한 자 또는 같은 조 제2항을 위반하여 변경신고를 하지 아니하고 시설물 또는 그 유지·관리·운영 방법을 변경한 자
(2015.7.24 본호신설)
1의3. 제25조제1항을 위반하여 교통영향평가대행자가 아닌 자에게 교통영향평가를 대행하게 한 사업자
(2021.3.23 본호신설)
2. 제26조에 따른 등록을 하지 아니하고 대행업무를 수행한 자(제29조에 따른 업무정지명령을 위반하여 업무정지기간 중에 신규로 대행계약을 체결한 자를 포함하며, 제30조제1항에 해당하는 자는 제외한다)
3. 거짓이나 부정한 방법으로 제26조에 따른 등록을 한 자
(2015.7.24 2호~3호개정)
4. 제27조제1항제3호를 위반하여 교통영향평가대행자가 교통영향평가서등을 거짓으로 또는 부실하게 작성하도록 요구한 사업자(2021.3.23 본호신설)
5. 제27조제1항제5호를 위반하여 대행업무와 관련하여 부당한 청탁이나 금품·향응을 교통영향평가대행자에게 제공하거나 교통영향평가대행자로부터 받은 사업자
(2021.3.23 본호신설)
6. 제27조제2항제1호를 위반하여 교통영향평가서등을 거짓으로 작성한 교통영향평가대행자(2021.3.23 본호개정)
7. 제27조제2항제3호를 위반하여 대행업무를 하도급한 교통영향평가대행자(2021.3.23 본호신설)
8. 제27조제2항제4호를 위반하여 다른 교통영향평가서를 무단으로 복제하여 교통영향평가서를 만든 교통영향평가대행자(2015.7.24 본호개정)
9. 제27조제2항제5호를 위반하여 대행업무 수행과 관련하여 부당한 청탁이나 금품·향응을 사업자에게 제공하거나 사업자로부터 받은 교통영향평가대행자
(2021.3.23 본호신설)
② 다음 각 호의 어느 하나에 해당하는 자는 1년 이하의 징역 또는 1천만원 이하의 벌금에 처한다.
1. 제27조제2항제2호를 위반하여 등록증이나 명의를 다른 사람에게 대여한 자
2. 제27조제2항제6호를 위반하여 교통영향평가기술자가 아닌 자에게 교통영향평가서 또는 이행의무사항 확인자료의 작성을 맡긴 자
3. 제32조의2에 따른 교통영향평가기술자 인정을 받지 아니하고 교통영향평가서 또는 이행의무사항 확인자료를 작성한 자
4. 거짓이나 그 밖의 부정한 방법으로 제32조의2에 따른 교통영향평가기술자 인정을 받은 자
5. 제32조의3제1항에 따라 교통영향평가기술자 인정이 취소된 후 또는 인정이 정지된 기간 중에 교통영향평가서 또는 이행의무사항 확인자료를 작성한 자
(2021.3.23 1호~5호개정)
제59조【양벌규정】 ① 법인의 대표자, 대리인, 사용인, 그 밖의 종업원이 그 법인의 업무에 관하여 제57조나 제58조의 위반행위를 하면 그 행위자를 벌할 뿐만 아니라 그 법인에도 해당 조문의 벌금형을 과(科)한다. 다만, 법인이 그 위반행위를 방지하기 위하여 해당 업무에 관하여 상당한 주의와 감독을 게을리하지 아니한 때에는 그러하지 아니하다.
② 개인의 대리인, 사용인, 그 밖의 종업원이 그 개인의 업무에 관하여 제57조나 제58조의 위반행위를 하면 그 행위자를 벌할 뿐만 아니라 그 개인에게도 해당 조문의 벌금형을 과한다. 다만, 개인이 그 위반행위를 방지하기 위하여 해당 업무에 관하여 상당한 주의와 감독을 게을리하지 아니한 때에는 그러하지 아니하다.
제60조【과태료】 ① 다음 각 호의 어느 하나에 해당하는 자에게는 1천만원 이하의 과태료를 부과한다.
1. 제23조제2항 후단을 위반하여 자료제출 요구에 따르지 아니한 자(2015.7.24 본호신설)
2. 제24조제1항에 따른 조치명령을 받고 이를 이행하지 아니한 사업자

3. 제25조제2항을 위반하여 별도로 다른 계약과 분리하지 아니하고 교통영향평가의 실시·변경에 관한 대행계약을 체결한 사업자(2015.7.24 본호개정)
4. 제27조제1항제4호를 위반하여 교통영향평가정보지원시스템에 교통영향평가서 및 그 작성의 기초가 되는 자료를 등록하지 아니하거나 국토교통부령으로 정하는 기간까지 보존하지 아니한 사업자
5. 제27조제2항제1호를 위반하여 교통영향평가서등을 부실하게 작성한 교통영향평가대행자
(2021.3.23 4호~5호신설)
6. 제48조에 따른 조치명령을 위반한 자(2015.7.24 본호개정)
7. 정당한 사유 없이 제53조의2에 따른 보고 또는 자료제출 요청에 따르지 아니한 자(2021.3.23 본호신설)
② 다음 각 호의 어느 하나에 해당하는 자에게는 500만원 이하의 과태료를 부과한다.
1. 제22조제2항을 위반하여 관리대장을 비치 또는 관리하지 아니하거나 관리책임자를 지정하지 아니한 사업자
2. 제51조의2제1항을 위반하여 대행실적을 정하여진 기한까지 보고하지 아니한 교통영향평가대행자
(2021.3.23 본호개정)
③ 제34조에 따른 자동차의 운행제한을 위반한 자에게는 10만원 이하의 과태료를 부과한다.
④ 제35조제5항에 따라 국토교통부령으로 정하는 납부기간 이내에 같은 조에 따른 혼잡통행료를 납부하지 아니한 자에게는 5만원 이하의 과태료를 부과한다.
(2015.7.24 본항신설)
⑤ 제1항부터 제4항까지의 규정에 따른 과태료는 대통령령으로 정하는 바에 따라 국토교통부장관·시장 또는 승인관청이 부과·징수한다.(2015.7.24 본항개정)
⑥~⑦ (2013.5.22 삭제)

부 칙 (2019.4.23)

제1조【시행일】 이 법은 공포 후 1개월이 경과한 날부터 시행한다.
제2조【시설물 또는 시설물의 유지·관리·운영 방법의 변경신고에 관한 적용례】 제24조의2제3항 및 제4항의 개정규정은 이 법 시행 이후 시설물 또는 시설물의 유지·관리·운영 방법의 변경신고를 하는 경우부터 적용한다.

부 칙 (2019.8.27)

이 법은 공포한 날부터 시행한다.

부 칙 (2020.3.24)

제1조【시행일】 이 법은 공포한 날부터 시행한다.(이하 생략)

부 칙 (2020.6.9)

이 법은 공포한 날부터 시행한다.(이하 생략)

부 칙 (2021.1.5)

제1조【시행일】 이 법은 공포 후 6개월이 경과한 날부터 시행한다.
제2조【도시교통정비 기본계획에 관한 적용례】 제5조제2항의 개정규정은 이 법 시행 후 도시교통정비 기본계획을 수립하거나 변경하는 경우부터 적용한다.

부 칙 (2021.3.23)

제1조【시행일】 이 법은 공포 후 1년이 경과한 날부터 시행한다.
제2조【일반적 경과조치】 이 법 시행 당시 종전의 규정에 따른 처분, 절차의 진행 및 그 밖의 행위는 이 법의 해당 규정에 따라 행하여진 것으로 본다.
제3조【교통영향평가기술자의 인정에 관한 경과조치】 이 법 시행 당시 교통영향평가 업무에 종사하고 있는 사람은 이 법 시행일부터 1년까지는 제32조의2의 개정규정에 따른 인정을 받지 아니하고 교통영향평가서 또는 이행의무사항 확인자료의 작성 업무를 수행할 수 있다.
제4조【다른 법령과의 관계】 이 법 시행 당시 다른 법령에서 종전의 「도시교통정비 촉진법」의 규정을 인용하고 있는 경우 이 법 가운데 그에 해당하는 규정이 있는 때에는 종전의 규정을 갈음하여 이 법의 해당 규정을 인용한 것으로 본다.

부 칙 (2022.11.15)

제1조【시행일】 이 법은 공포 후 6개월이 경과한 날부터 시행한다.
제2조【교통유발부담금의 가산금에 관한 적용례】 제40조제1항부터 제3항까지의 개정규정은 이 법 시행일 이후 교통유발부담금을 결정·부과하는 경우부터 적용한다.

부 칙 (2023.8.16)

제1조【시행일】 이 법은 공포 후 6개월이 경과한 날부터 시행한다.
제2조【부담금의 분할 납부에 관한 적용례】 제39조의 개정규정은 이 법 시행 이후 교통유발부담금을 부과하는 경우부터 적용한다.
제3조【특별관리구역 등의 지정절차에 관한 적용례】 제45조제1항 및 제2항의 개정규정(제46조제3항에서 준용하는 경우를 포함한다)은 이 법 시행 이후 지정계획을 수립하거나 변경하는 경우부터 적용한다.

부 칙 (2024.1.9)

이 법은 공포 후 1년이 경과한 날부터 시행한다.

교통약자의 이동편의 증진법

(약칭 : 교통약자법)

(2005년 1월 27일 법 률 제7382호)

개정
2008. 2.29법 8852호(정부조직)
2008. 3.21법 8976호(도로법)
2008. 3.21법 8980호(여객자동차운수사업법)
2008. 3.28법 9071호(도시교통정비촉진법)
2009. 4. 1법 9606호
2009. 6. 9법 9772호(국가통합교통체계효율화법)
2009. 6. 9법 9773호(항만법)
2009. 6. 9법 9780호(항공법)
2009.12.29법 9868호 2012. 6. 1법11470호
2013. 3.22법11649호
2013. 3.23법11690호(정부조직)
2013. 8. 6법11998호(지방세외수입금의징수등에관한법)
2014. 1. 7법12216호(도시철도법)
2014. 1.14법12248호(도로법)
2014. 5.21법12638호
2015. 1.28법13109호(장애인·노인·임산부등의편의증진보장에관한법)
2016. 2. 3법13978호(한국수화언어법)
2016. 3.29법14113호(공항시설법)
2016. 3.29법14115호(항공사업법)
2016. 3.29법14116호(항공안전법)
2017.10.24법14941호 2017.12.26법15312호
2018. 2.21법15400호 2018. 6.12법15669호
2019. 4.23법16382호
2020. 3.24법17091호(지방행정제재·부과금의징수등에관한법)
2020. 6. 9법17453호(법률용어정비)
2020.10.20법17545호
2020.12.22법17689호(국가자치경찰)
2020.12.22법17735호 2022. 1.18법18784호
2023. 5.16법19414호
2023. 8.16법19674호→2024년 2월 17일 및 2025년 2월 17일 시행
2023. 9.14법19723호→2024년 9월 15일 시행
2024. 1.16법20038호→2025년 1월 17일 및 2025년 7월 17일 시행이므로 「法典 別冊」 보유편 수록

제1장 총 칙

(2012.6.1 본장개정)

제1조【목적】 이 법은 교통약자(交通弱者)가 안전하고 편리하게 이동할 수 있도록 교통수단, 여객시설 및 도로에 이동편의시설을 확충하고 보행환경을 개선하여 사람중심의 교통체계를 구축함으로써 교통약자의 사회 참여와 복지 증진에 이바지함을 목적으로 한다.
제2조【정의】 이 법에서 사용하는 용어의 뜻은 다음과 같다.
1. "교통약자"란 장애인, 고령자, 임산부, 영유아를 동반한 사람, 어린이 등 일상생활에서 이동에 불편을 느끼는 사람을 말한다.
2. "교통수단"이란 사람을 운송하는 데 이용되는 것으로서 다음 각 목의 어느 하나에 해당하는 운송수단을 말한다.
가. 「여객자동차 운수사업법」 제3조제1항제1호에 따른 노선 여객자동차운송사업에 사용되는 승합자동차(이하 "버스"라 한다)
나. 「도시철도법」 제2조제2호에 따른 도시철도의 운행에 사용되는 차량(2014.1.7 본목개정)
다. 「철도산업발전기본법」 제3조제4호에 따른 철도차량 중 여객을 운송하기 위한 철도차량
라. 「궤도운송법」 제2조제3호나목의 궤도차량 중 사람을 운송하는 궤도차량(2022.1.18 본목신설)
마. 「항공안전법」 제2조제1호에 따른 항공기 중 민간항공에 사용되는 비행기(2016.3.29 본목개정)
바. 「해운법」 제2조제2호에 따른 해상여객운송사업에 사용되는 선박
사. 그 밖에 대통령령으로 정하는 운송수단
3. "여객시설"이란 다음 각 목의 어느 하나에 해당하는 시설로서 여객의 교통수단 이용을 위하여 제공되는 시설 또는 인공구조물을 말한다.
가. 「여객자동차 운수사업법」 제2조제5호에 따른 여객자동차터미널 및 같은 법 제3조제1항제1호에 따른 노선 여객자동차운송사업에 사용되는 정류장
나. 「도시철도법」 제2조제2호에 따른 도시철도 중 차량을 제외한 도시철도시설(2014.1.7 본목개정)
다. 「철도산업발전기본법」 제3조제2호에 따른 철도시설
라. 「궤도운송법」 제2조제3호에 따른 궤도시설 중 궤도차량을 제외한 시설(2022.1.18 본목신설)
마. 「도시교통정비 촉진법」 제2조제3호에 따른 환승시설
바. 「공항시설법」 제2조제3호 및 제7호에 따른 공항 및 공항시설(2016.3.29 본목개정)
사. 「항만법」 제2조제2호에 따른 무역항 및 같은 조 3호에 따른 연안항에 설치되어 있는 항만시설
(2020.12.22 본목개정)
아. 그 밖에 대통령령으로 정하는 시설 또는 인공구조물
4. "도로"란 「도로법」 제2조제1호에 따른 도로(「도로법」 제2조제2호에 따른 도로의 부속물을 포함한다) 및 같은 법 제108조에 따라 같은 법이 준용되는 도로를 말한다.
(2014.1.14 본호개정)
5. "교통사업자"란 「여객자동차 운수사업법」, 「도시철도법」, 「철도사업법」, 「궤도운송법」, 「항공사업법」, 「공항시설법」, 「항만법」, 「해운법」 등의 관계 법령에 따라 교통행정기관으로부터 면허·허가·인가·위탁 등을 받거나 교통행정기관에 등록·신고 등을 하고 교통수단을 운행·운항하거나 여객시설을 설치·운영하는 자를 말한다.(2022.1.18 본호개정)
6. "교통행정기관"이란 교통수단의 운행·운항 또는 여객시설의 설치·운영에 관하여 교통사업자를 지도·감독하는 중앙행정기관의 장, 특별시장·광역시장·특별자치시장·도지사·특별자치도지사(이하 "시·도지사"라 한다) 또는 시장·군수·구청장(자치구의 구청장을 말한다. 이하 같다)을 말한다.
7. "이동편의시설"이란 휠체어 탑승설비, 장애인용 승강기, 장애인을 위한 보도(步道), 임산부가 모유수유를 할 수 있는 휴게시설 등 교통약자가 교통수단, 여객시설 또는 도로를 이용할 때 편리하게 이동할 수 있도록 하기 위한 시설과 설비를 말한다.

7. "이동편의시설"이란 휠체어 탑승설비, 장애인용 승강기, 점자블록 등 장애인을 위한 보도(步道), 임산부가 모유수유를 할 수 있는 휴게시설 등 교통약자가 교통수단, 여객시설 또는 도로를 이용할 때 편리하게 이동할 수 있도록 하기 위한 시설과 설비를 말한다.
(2023.9.14 본호개정 : 2024.9.15 시행)

8. "특별교통수단"이란 이동에 심한 불편을 느끼는 교통약자의 이동을 지원하기 위하여 휠체어 탑승설비 등을 장착한 차량을 말한다.
제3조【이동권】 교통약자는 인간으로서의 존엄과 가치 및 행복을 추구할 권리를 보장받기 위하여 교통약자가 아닌 사람들이 이용하는 모든 교통수단, 여객시설 및 도로를 차별 없이 안전하고 편리하게 이용하여 이동할 수 있는 권리를 가진다.
제4조【국가 등의 책무】 국가와 지방자치단체는 교통약자가 안전하고 편리하게 이동할 수 있도록 교통수단과 여객시설의 이용편의 및 보행환경 개선을 위한 정책을 수립하고 시행하여야 한다.
제5조【교통사업자 등의 의무】 ① 교통사업자는 교통약자의 이동편의 증진을 위하여 이 법에서 정하는 이동편의시설 설치기준을 준수하고 교통약자에 대한 서비스 개선을 위하여 지속적으로 노력하여야 한다.
② 교통수단을 제작하는 사업자는 교통약자가 편리하게 이동할 수 있는 구조·설비 또는 장치를 갖춘 교통수단을 개발·제조하기 위하여 노력하여야 한다.

제2장 교통약자 이동편의 증진계획

(2012.6.1 본장개정)

제6조【교통약자 이동편의 증진계획의 수립 등】 ① 국토교통부장관은 교통약자의 이동편의 증진을 위한 5년 단위의 계획(이하 "교통약자 이동편의 증진계획"이라 한다)을 수립하여야 한다.(2013.3.23 본항개정)
② 교통약자 이동편의 증진계획에는 다음 각 호의 사항이 포함되어야 한다.
1. 교통약자 이동편의 증진정책의 기본방향 및 목표에 관한 사항
2. 이동편의시설의 설치 및 관리 실태
3. 보행환경 실태
4. 이동편의시설의 개선과 확충에 관한 사항
5. 저상(底床)버스 및 휠체어 탑승설비를 장착한 버스의 도입에 관한 사항(2018.2.21 본호개정)
6. 보행환경 개선에 관한 사항
7. 특별교통수단 도입에 관한 사항
7의2. 특별교통수단 운영의 지역 간 연계 등 교통약자의 이동권 확대에 관한 사항
8. 교통약자 이동편의 증진계획의 추진 재원(財源) 조달 방안
9. 그 밖에 교통약자의 이동편의 증진을 위하여 대통령령으로 정하는 사항
③ 국토교통부장관은 교통약자 이동편의 증진계획을 수립할 때에는 미리 관계 중앙행정기관의 장과 시·도지사의 의견을 들은 후 「국가통합교통체계효율화법」 제106조에 따른 국가교통위원회(이하 "국가교통위원회"라 한다)의 심의를 거쳐야 한다. 수립된 교통약자 이동편의 증진계

획을 변경할 때에도 또한 같다. 다만, 대통령령으로 정하는 경미한 사항을 변경하는 경우에는 그러하지 아니하다. (2013.3.23 전단개정)
④ 국토교통부장관은 관계 중앙행정기관의 장과 시·도지사에게 교통약자 이동편의 증진계획의 수립 또는 변경을 위하여 필요한 자료의 제출을 요구할 수 있다. 이 경우 관계 중앙행정기관의 장과 시·도지사는 특별한 사유가 없으면 요구에 따라야 한다.(2013.3.23 전단개정)
⑤ 국토교통부장관은 제3항에 따라 수립 또는 변경된 교통약자 이동편의 증진계획을 대통령령으로 정하는 바에 따라 고시하고 관계 중앙행정기관의 장과 시·도지사에게 알려야 한다.(2013.3.23 본항개정)
제7조【지방교통약자 이동편의 증진계획의 수립 등】 ① 특별시장·광역시장·특별자치시장·특별자치도지사·시장(이하 "시장"이라 한다) 이나 군수(광역시에 있는 군의 군수는 제외한다. 이하 같다)는 교통약자 이동편의 증진계획에 따라 관할 지역에 있는 교통약자의 이동편의 증진을 촉진하기 위하여 대통령령으로 정하는 바에 따라 주민과 관계 전문가의 의견을 들어 5년 단위의 지방교통약자 이동편의 증진계획(이하 "지방교통약자 이동편의 증진계획"이라 한다)을 수립하여야 한다. 다만, 시장이나 군수가 지방교통약자 이동편의 증진계획의 내용을 다른 교통 관련 계획에 반영하여 수립한 경우에는 국토교통부장관의 승인을 받아 해당 지방교통약자 이동편의 증진계획을 따로 수립하지 아니할 수 있다.(2013.3.23 단서개정)
② 지방교통약자 이동편의 증진계획에는 제6조제2항 각 호의 사항과 관할 지방자치단체의 지역적 특성을 고려한 교통약자의 이동편의 증진에 관한 사항이 포함되어야 한다.
③ 시장이나 군수가 지방교통약자 이동편의 증진계획을 수립할 때에는 미리 관계 교통행정기관과 협의하여야 한다.
④ 특별시장·광역시장·특별자치시장 또는 특별자치도지사는 지방교통약자 이동편의 증진계획을 수립하려면 「국가통합교통체계효율화법」 제110조에 따른 지방교통위원회(이하 "지방교통위원회"라 한다)의 심의를 받아야 한다.
⑤ 시장이나 군수가 제3항 및 제4항에 따라 지방교통약자 이동편의 증진계획을 수립하였을 때에는 대통령령으로 정하는 바에 따라 특별시장·광역시장·특별자치시장 또는 특별자치도지사는 국토교통부장관에게, 시장(특별시장·광역시장·특별자치시장 또는 특별자치도지사는 제외한다) 또는 군수는 도지사에게 각각 이를 제출하여야 한다.(2013.3.23 본항개정)
⑥ 국토교통부장관이나 도지사는 제5항에 따라 지방교통약자 이동편의 증진계획을 받으면 교통약자 이동편의 증진계획에 부합하는지 등을 검토한 후 부합하지 아니한 내용이 있거나 지방교통약자 이동편의 증진계획 간의 연계성 및 통합성을 유지하기 위하여 필요하다고 판단되는 내용이 있을 때에는 국가교통위원회 또는 지방교통위원회의 심의를 거쳐 해당 시장이나 군수에게 지방교통약자 이동편의 증진계획의 수정·보완을 요청할 수 있다.
(2013.3.23 본항개정)
⑦ 시장이나 군수는 제6항에 따른 요청이 없으면 제5항에 따라 제출한 지방교통약자 이동편의 증진계획을 확정하며, 제6항에 따른 요청을 받았을 때에는 특별한 사유가 없으면 요청받은 내용을 반영하여 지방교통약자 이동편의 증진계획을 확정하여야 한다.
⑧ 시장이나 군수는 제7항에 따라 지방교통약자 이동편의 증진계획을 확정한 경우에는 대통령령으로 정하는 바에 따라 그 내용을 고시하고 일반인이 열람할 수 있도록 하여야 한다.
⑨ 시장이나 군수는 교통약자 이동편의 증진계획이 변경되거나 지방교통약자 이동편의 증진계획에 포함된 사항을 변경할 필요가 있는 경우에는 지방교통약자 이동편의 증진계획을 변경할 수 있다.
⑩ 지방교통약자 이동편의 증진계획의 변경에 관하여는 제3항부터 제8항까지의 규정을 준용한다. 다만, 대통령령으로 정하는 경미한 사항을 변경하는 경우에는 그러하지 아니하다.
제7조의2【교통약자 이동편의 증진 지원계획의 수립 등】 ① 도지사는 교통약자 이동편의 증진계획 및 지방교통약자 이동편의 증진계획의 실시를 지원하기 위하여 대통령령으로 정하는 바에 따라 5년 단위의 교통약자 이동편의 증진 지원계획(이하 "교통약자 이동편의 증진 지원계획"이라 한다)을 수립하여야 한다.
② 교통약자 이동편의 증진 지원계획에는 다음 각 호의 사항이 포함되어야 한다.
1. 관할 행정구역 내 시·군의 교통약자이동편의시설 설치·관리 지원에 관한 사항 및 시·군 간 균형적 지원에 관한 사항
2. 특별교통수단 도입·확충 지원에 관한 사항
3. 광역이동지원센터 운영 등 특별교통수단의 광역적 이용을 위한 협력체계 구축 방안
③ 도지사가 교통약자 이동편의 증진 지원계획을 수립하고자 하는 때에는 미리 국토교통부장관 및 관할하는 행정구역 내의 시장·군수와 협의하여야 한다. 수립된 교통약자 이동편의 증진 지원계획을 변경하고자 하는 때에도 또한 같다.(2013.3.23 전단개정)
(2012.6.1 본조신설)
제8조【연차별 시행계획의 수립】 ① 시장이나 군수는 지방교통약자 이동편의 증진계획을 집행하기 위한 연차별 시행계획을 수립하여야 한다.
② 제1항에 따른 연차별 시행계획의 수립·변경·시행 등에 필요한 사항은 대통령령으로 정한다.

제3장 이동편의시설 설치기준 등

제9조【이동편의시설의 설치 대상】 이동편의시설의 설치 대상(이하 "대상시설"이라 한다)은 다음 각 호의 어느 하나에 해당하는 것으로서 대통령령으로 정하는 것으로 한다.
1. 교통수단
2. 여객시설
3. 도로
(2012.6.1 본조개정)
제10조【이동편의시설의 설치기준】 ① 대상시설별로 설치하여야 하는 이동편의시설의 종류는 대상시설의 규모와 용도 등을 고려하여 대통령령으로 정한다.
② 대상시설별로 설치하여야 하는 이동편의시설의 구조·재질 등에 관한 세부기준은 국토교통부령으로 정한다.
(2013.3.23 본항개정)
③ 이동편의시설에 관하여 이 법에서 특별히 규정한 사항을 제외하고는 「장애인·노인·임산부 등의 편의증진 보장에 관한 법률」 등 다른 법률에서 정하는 바에 따른다.
(2012.6.1 본조개정)
제11조【이동편의시설의 설치 등】 ① 교통사업자 또는 도로관리청 등 대상시설을 설치·관리하는 자(이하 "설치·관리자"라 한다)는 대상시설을 설치하거나 대통령령으로 정하는 주요 부분을 변경할 때에는 제10조에 따른 설치기준에 맞게 이동편의시설을 설치하고 이를 유지·관리하여야 한다.
② 누구든지 장애인을 위한 보도에 물건을 쌓거나 공작물을 설치하는 등 그 이용을 방해하거나 장애인을 위한 보도를 훼손하여서는 아니 된다.(2023.9.14 본항신설 : 2024.9.15 시행)
(2020.10.20 본조개정)
제12조【기준적합성 심사】 ① 교통행정기관은 교통수단과 여객시설에 대한 면허·허가·인가 등을 하는 경우 교통수단과 여객시설에 설치된 이동편의시설이 제10조에 따른 설치기준에 맞는지를 심사하여야 한다.
② 교통행정기관은 제1항에 따른 심사를 하는 경우 미리 대통령령으로 정하는 바에 따라 장애인 등 교통약자 관련 법인 또는 단체의 의견을 들을 수 있다.(2020.12.22 본항신설)
③ 교통행정기관은 제1항에 따른 심사 결과 교통수단과 여객시설에 설치된 이동편의시설이 제10조에 따른 설치기준에 맞지 아니한 경우에는 상당한 기간을 정하여 교통사업자에게 보완을 요구하여야 한다.(2020.12.22 본항신설)
④ 제1항에 따른 이동편의시설 설치의 기준적합성 심사에 필요한 사항은 국토교통부령으로 정한다.(2020.12.22 본항신설)
(2012.6.1 본조개정)
제13조【교통사업자 등에 대한 교육】 ① 교통사업자는 시·도지사 또는 시장·군수·구청장이 실시하는 이동편의시설의 설치 및 관리 등에 관한 교육을 받아야 한다.
② 특별교통수단을 운행하는 운전자는 시·도지사 또는 시장·군수·구청장이 실시하는 교통약자서비스에 관한 교육을 받아야 한다.
③ 시·도지사 또는 시장·군수·구청장은 교육수요의 부족 등으로 인하여 교육의 실시가 곤란한 경우에는 다른 지방자치단체의 장과의 협의를 통하여 제1항에 따른 교육 실시에 관한 사무를 다른 지방자치단체의 장에게 위탁할 수 있다.
④ 제1항 및 제2항에 따른 교육의 방법, 내용 및 경비 등에 관하여 필요한 사항은 해당 지방자치단체의 조례로 정한다.
(2012.6.1 본조개정)
제13조의2【승무원 등에 대한 교육】 ① 다음 각 호의 어느 하나에 해당하는 사람을 고용하는 자는 해당 종사자에 대하여 교통약자서비스에 관한 교육을 실시하여야 한다.
1. 「항공안전법」 제2조제17호에 따른 객실승무원
2. 「철도안전법」 제2조제10호다목에 따른 여객승무원
3. 그 밖에 대통령령으로 정하는 사람
② 제1항 각 호의 어느 하나에 해당하는 사람은 같은 항에 따라 실시하는 교통약자서비스에 관한 교육을 받아야 한다.
③ 제1항에 따른 교육의 방법 및 내용 등에 관하여 필요한 사항은 국토교통부령으로 정한다.
(2019.4.23 본조신설)
제14조【노선버스의 이용 보장 등】 ① 「여객자동차 운수사업법」 제3조제1항제1호에 따른 노선 여객자동차운송사업을 경영하는 자(이하 "노선버스 운송사업자"라 한다)는 교통약자가 안전하고 편리하게 버스를 이용할 수 있도록 다음 각 호의 사항을 준수하여야 한다.(2018.2.21 본문개정)
1. 교통약자에게 승하차 시간을 충분히 줄 것
2. 교통약자에게 승하차 편의를 제공할 것
3. 저상버스 및 휠체어 탑승설비를 장착한 버스 등 교통약자가 편리하고 안전하게 이용할 수 있는 구조를 가진 버스(이하 "저상버스등"이라 한다)를 보유하고 있는 경우 일반버스와 저상버스등의 배차순서를 적절히 편성할 것
(2018.2.21 1호~3호신설)
② 국토교통부장관 또는 시·도지사는 「여객자동차 운수사업법」 제4조에 따른 여객자동차운송사업 면허를 할 때에는 같은 법 제5조에 따른 면허기준을 갖추고 저상버스등을 대통령령으로 정하는 대수(臺數) 이상 운행하려는 자에게 우선적으로 노선 여객자동차운송사업 면허를 할 수 있다.(2018.2.21 본항개정)
③ 시장·군수가 지방교통약자 이동편의 증진계획을 수립하거나 도지사가 교통약자 이동편의 증진 지원계획을 수립할 때에는 저상버스등의 도입, 저상버스등의 운행 및 교통약자의 접근성을 고려한 버스정류장과 도로 등 시설물의 정비 계획을 반영하고, 이에 따라 저상버스등을 도입하여야 한다.(2020.10.20 본항개정)
④ 국가와 지방자치단체는 제3항에 따라 저상버스등을 도입(휠체어 탑승설비를 기존 버스에 장착하는 경우를 포함한다)할 경우 대통령령으로 정하는 노선버스 운송사업자에게 예산의 범위에서 재정지원을 하여야 한다. 이 경우 국가와 지방자치단체의 부담비율은 교통약자의 인구현황과 국가 및 지방자치단체의 재정여건 등을 고려하여 대통령령으로 정한다.(2018.2.21 전단개정)
⑤ 도로관리청은 저상버스등의 원활한 운행 및 교통약자의 접근성 개선을 위하여 필요한 경우에는 버스정류장과 도로를 정비하는 등 필요한 조치를 하여야 한다.
(2020.10.20 본항개정)
⑥ 국가는 제5항에 따른 버스정류장의 정비 등 필요한 조치에 소요되는 비용의 일부를 지원할 수 있다.
⑦ 노선버스 운송사업자가 대통령령으로 정하는 운행형태에 사용되는 버스를 「여객자동차 운수사업법」 제84조 제2항에 따라 대폐차하는 경우에는 저상버스로 도입하여야 한다. 다만, 도로의 구조·시설 등이 저상버스의 운행에 적합하지 아니하여 해당 노선의 노선버스 운송사업자가 국토교통부령으로 정하는 바에 따라 소관 교통행정기관의 승인을 받은 경우에는 그러하지 아니하다.
(2022.1.18 본항신설)
⑧ 노선버스 운송사업자가 제7항 본문에 따라 저상버스를 도입하는 경우에는 「환경친화적 자동차의 개발 및 보급 촉진에 관한 법률」 제2조제2호에 따른 환경친화적 자동차를 우선 도입하도록 노력하여야 한다.(2022.1.18 본항신설)
(2012.6.1 본조개정)
제14조의2【전세버스의 이용 보장 등】 ① 「여객자동차 운수사업법」 제3조제1항제2호에 따른 구역 여객자동차운송사업 중 전세버스운송사업(운행계통을 정하지 아니하고 전국을 사업구역으로 정하여 1개의 운송계약에 따라 자동차를 사용하여 여객을 운송하는 사업으로서 대통령령으로 정하는 사업을 말한다)을 경영하는 자(이하 이 조에서 "전세버스 운송사업자"라 한다)는 교통약자가 안전하고 편리하게 버스를 이용할 수 있도록 휠체어 탑승설비 등 이동편의시설을 설치할 수 있다.
② 국가와 지방자치단체는 제1항에 따라 이동편의시설을 설치할 경우 전세버스 운송사업자에게 예산의 범위에서 대통령령으로 정하는 바에 따라 필요한 비용을 지원할 수 있다.
(2023.8.16 본조신설)
제14조의3【휠체어 탑승설비의 장착 등】 제14조제4항 및 제14조의2에 따라 버스에 장착되는 휠체어 탑승설비의 구조·재질 및 성능 등에 관한 규격 및 기준은 국토교통부령으로 정한다.(2023.8.16 본조신설)
제15조【도시철도의 이용 보장】 ① 「도시철도법」 제26조에 따라 도시철도운송사업의 면허를 받은 자는 도시철도사업에 사용되는 차량의 10분의 1 이상에 해당하는 부분을 교통약자 전용구역으로 배정하여야 한다.
(2014.1.7 본항개정)
② 제1항에 따른 교통약자 전용구역의 시설기준, 운영방법 등에 관하여 필요한 사항은 국토교통부령으로 정한다.
(2013.3.23 본항개정)
제16조【특별교통수단의 운행 등】 ① 시장이나 군수는 이동에 심한 불편을 느끼는 교통약자의 이동편의를 위하여 국토교통부령으로 정하는 대수 이상의 특별교통수단을 운행하여야 한다.(2013.3.23 본항개정)
② 시장이나 군수는 특별교통수단을 이용하려는 교통약자와 특별교통수단을 운행하는 자를 통신수단 등을 통하여 연결하여 주는 이동지원센터를 설치하여야 한다. 다만, 도지사가 특별교통수단의 효과적 운영을 위하여 관할 행정구역 내의 시장·군수와 협의하여 이동지원센터를 제3항에 따른 광역이동지원센터와 통합하여 운영하는 경우에는 그러하지 아니하다.(2022.1.18 본항개정)
③ 도지사는 특별교통수단의 효과적 운영 및 관할 행정구역 내 시·군 간 특별교통수단의 원활한 환승·연계를 지원하기 위하여 광역이동지원센터를 설치하여야 한다.
(2022.1.18 본항개정)
④ 특별교통수단(특별교통수단을 이용할 수 있는 교통약자가 탑승하지 아니한 경우는 제외한다)이나 「장애인·노인·임산부 등의 편의증진 보장에 관한 법률」 제17조 제2항에 따른 장애인전용주차구역 주차표지를 붙인 자동차(장애인전용주차구역 주차표지를 발급받은 보행에 장

交通

애가 있는 사람이 탑승하지 아니한 경우는 제외한다) 외에는 제9조제2호 및 제3호의 시설에 설치된 장애인전용주차구역에 주차하여서는 아니 된다.(2020.6.9 본항개정)
⑤ 특별교통수단을 운행하는 자는 교통약자의 거주지를 이유로 이용을 제한하여서는 아니 된다.(2023.5.16 단서삭제)
⑥ 지방자치단체는 제5항에도 불구하고 특별교통수단의 운행 대수, 운행 횟수 등을 고려하여 그 운영의 범위를 인근 특별시·광역시·도 등으로 하며, 구체적인 운영의 범위 및 운영방법 등은 대통령령으로 정하는 바에 따라 해당 지방자치단체의 조례로 정한다.(2023.5.16 본항신설)
⑦ 시·도지사는 인근 특별시·광역시·특별자치시·도·특별자치도와의 특별교통수단 환승·연계 체계 구축을 위하여 관계 시·도지사와 상호 협력하여야 한다.(2022.1.18 본항신설)
⑧ 국가 또는 도(道)는 제1항에 따른 특별교통수단의 확보 또는 제2항에 따른 이동지원센터 및 제3항에 따른 광역이동지원센터의 설치·운영에 소요되는 자금의 일부를 대통령령으로 정하는 바에 따라 지원할 수 있다.(2022.1.18 본항개정)
⑨ 특별교통수단을 이용할 수 있는 교통약자의 범위, 특별교통수단으로 운행되는 차량의 종류, 특별교통수단에 장착하여야 하는 탑승설비의 구조·재질 및 성능 등에 관한 규격 및 기준은 국토교통부령으로 정한다.(2019.4.23 본항개정)
⑩ 시장이나 군수는 특별교통수단을 배정할 때에는 휠체어를 이용하는 교통약자를 우선적으로 고려하여야 한다.(2023.5.16 본항신설)
⑪ 시장, 군수 또는 도지사는 제2항에 따른 이동지원센터 및 제3항에 따른 광역이동지원센터의 운영을 대통령령으로 정하는 기관 또는 단체에 위탁할 수 있다.(2022.1.18 본항신설)
⑫ 특별교통수단과 제2항에 따른 이동지원센터 및 제3항에 따른 광역이동지원센터의 운영 등에 필요한 사항은 대통령령으로 정하는 바에 따라 해당 지방자치단체의 조례로 정한다.(2022.1.18 본항개정)
(2012.6.1 본조개정)
제16조의2【교통약자의 이동 지원】 ① 시·도지사 또는 시장·군수·구청장은 교통약자의 이동편의를 증진하기 위하여 특별교통수단 외의 차량을 운행하거나 교통약자가 「택시운송사업의 발전에 관한 법률」 제2조제1호에 따른 택시운송사업에 사용되는 자동차를 이용하는 데에 소요되는 비용을 지원할 수 있다. 다만, 구청장이 이동지원을 하는 경우에는 관계 특별시장·광역시장과 사전에 협의하여야 한다.(2022.1.18 본문개정)
② 제1항에 따른 차량의 운행 또는 비용의 지원에 필요한 사항은 해당 지방자치단체의 조례로 정한다.(2018.6.12 본조신설)
제17조【교통이용편의서비스의 제공】 ① 교통사업자는 대통령령으로 정하는 바에 따라 교통약자 등이 편리하고 안전하게 교통수단, 여객시설 또는 이동편의시설을 이용할 수 있도록 안내정보 등 교통이용에 관한 정보와 한국수어·통역 서비스, 탑승보조 서비스 등 교통이용과 관련된 편의(이하 "교통이용편의서비스"라 한다)를 제공하여야 한다.
② 국가는 교통사업자가 교통이용편의서비스를 효율적으로 제공할 수 있도록 정보통신기술을 기반으로 한 교통이용 정보체제를 구축하는 등 필요한 지원을 할 수 있다.
③ 교통이용편의서비스의 제공방법, 운영기준 등에 관하여 필요한 사항은 국토교통부령으로 정한다.
(2019.4.23 본조개정)
제17조의2【교통수단 등 인증】 ① 국토교통부장관은 교통약자가 안전하고 편리하게 이동할 수 있도록 이동편의시설을 설치한 교통수단·여객시설 및 도로에 장애물 없는 생활환경 인증(이하 "인증"이라 한다)을 할 수 있다.
② 국토교통부장관은 교통약자의 안전하고 편리한 이동을 위하여 교통수단·여객시설 및 도로를 계획 또는 정비한 시·군·구(자치구를 말한다. 이하 같다) 및 대통령령으로 정하는 지역에 대하여 인증을 할 수 있다.
③ 제1항에 따라 대상시설에 대하여 인증을 받으려는 설치·관리자는 국토교통부장관에게 인증을 신청하여야 한다. 이 경우 대상시설 설치·관리자는 인증 신청 전에 대상시설의 설치계획 또는 설계도서 등에 반영된 내용을 대상으로 예비인증을 신청할 수 있다.(2020.10.20 본항신설)
④ 다음 각 호의 어느 하나에 해당하는 자가 설치하는 대상시설로서 대통령령으로 정하는 시설의 경우에는 의무적으로 인증(제3항 후단에 따른 예비인증을 포함한다)을 받아야 한다.
1. 국가·지방자치단체
2. 「공공기관의 운영에 관한 법률」 제4조에 따른 공공기관
3. 「지방공기업법」에 따른 지방공기업
4. 「사회기반시설에 대한 민간투자법」 제2조제8호에 따른 사업시행자
(2020.10.20 본항신설)
⑤ 국토교통부장관은 제1항부터 제4항까지의 규정에 따른 인증업무를 효과적으로 수행하기 위하여 인증기관을 지정할 수 있다.(2020.10.20 본항개정)
⑥ 국토교통부장관은 필요하다고 인정하면 제1항부터 제4항까지의 규정에 따른 인증 및 제5항에 따른 인증기관의 지정을 보건복지부장관과 공동으로 할 수 있다.
(2020.10.20 본항개정)
⑦ 제1항부터 제4항까지의 규정에 따른 인증의 신청과 인증 기준 및 절차, 제5항에 따른 인증기관의 지정, 그 밖에 인증제도의 실시에 필요한 사항은 국토교통부령(제6항의 경우 보건복지부와의 공동부령)으로 정한다.
(2020.10.20 본항개정)
(2013.3.23 본조개정)
제17조의3【인증 표시 등】 ① 제17조의2제1항·제4항에 따라 인증을 받은 교통수단·여객시설·도로(이하 "인증시설물"이라 한다)의 설치·관리자와 같은 조 제2항에 따라 인증을 받은 시·군·구 및 지역(이하 "인증지역"이라 한다)의 지방자치단체의 장은 인증시설물과 인증지역에 대통령령으로 정하는 바에 따라 인증의 표시를 할 수 있다.
② 인증시설물의 설치·관리자와 인증지역의 지방자치단체의 장이 아닌 자는 인증 표시 또는 이와 유사한 표시를 하여서는 아니 된다.
(2020.10.20 본조개정)
제17조의4【인증의 유효기간】 ① 인증의 유효기간은 인증을 받은 날부터 10년으로 한다.
② 인증의 유효기간을 연장받으려는 자는 유효기간이 끝나기 전에 국토교통부령으로 정하는 바에 따라 연장신청을 하여야 한다.
(2020.10.20 본조신설)
제17조의5【인증의 사후관리】 ① 국토교통부장관은 인증시설물 또는 인증지역이 제17조의2제7항에 따른 인증기준에 적합하게 유지·관리되고 있는지 여부를 조사할 수 있다.
② 국토교통부장관은 제1항에 따른 조사 결과 인증 기준에 적합하지 아니하게 유지·관리되고 있는 인증시설물 또는 인증지역에 대하여 그 내용을 인증시설물의 설치·관리자 또는 인증지역의 지방자치단체의 장에게 통보하고 기간을 정하여 시정을 명하는 등 필요한 조치를 할 수 있다.
③ 제1항에 따른 조사의 절차·방법 등에 관하여 필요한 사항은 국토교통부령으로 정한다.
(2020.10.20 본조신설)
제17조의6【인증의 취소】 국토교통부장관은 다음 각 호의 어느 하나에 해당하는 경우에는 인증을 취소하여야 한다.
1. 거짓이나 그 밖의 부정한 방법으로 인증을 받은 경우
2. 정당한 사유 없이 제17조의5제2항에 따른 조치를 이행하지 아니하여 제17조의2제7항에 따른 인증 기준에 적합하지 아니하게 된 경우
(2020.10.20 본조신설)
제17조의7【청문】 국토교통부장관은 제17조의6에 따라 인증을 취소하려는 경우에는 청문을 실시하여야 한다.
(2020.10.20 본조신설)

제4장 보행우선구역 및 보행안전시설물의 설치 등
(2012.6.1 본장개정)

제18조【보행우선구역의 지정】 ① 시장이나 군수는 교통약자를 포함한 보행자의 안전하고 편리한 보행환경을 위하여 필요하다고 인정할 때에는 도로의 일정 구간을 보행우선구역으로 지정할 수 있다.
② 시장이나 군수는 제1항에 따라 보행우선구역을 지정하려면 보행우선구역의 지정 및 유지·관리를 위한 계획(이하 "지정계획"이라 한다)을 수립하여야 한다.
③ 지정계획에는 해당 보행우선구역의 위치·면적, 그 밖에 국토교통부령으로 정하는 사항이 포함되어야 한다.
(2013.3.23 본항개정)
④ 시장이나 군수는 지정계획을 수립할 때에는 미리 해당 지역을 관할하는 시·도경찰청장 또는 경찰서장 등 관계 행정기관의 장과 협의한 후 해당 지역주민 및 관계 전문가의 의견을 들어 지정계획을 확정·고시하여야 한다.
(2020.12.22 본항개정)
⑤ 시장이나 군수는 지정계획의 수립 과정에서 제4항에 따른 의견청취를 위하여 필요한 경우 해당 지역주민 및 관계 전문가 등으로 구성된 협의체(이하 이 조에서 "보행우선구역지정협의체"라 한다)를 설치할 수 있다.
(2017.10.24 본항신설)
⑥ 보행우선구역의 지정기준, 의견청취 절차, 보행우선구역지정협의체의 구성·운영 등에 필요한 사항은 대통령령으로 정한다.(2017.10.24 본항개정)
⑦ 국가는 시장 또는 군수가 지정계획을 수립한 경우 예산의 범위에서 보행우선구역 정비에 필요한 비용의 전부 또는 일부를 지원할 수 있다.
제19조【보행우선구역에서의 조치】 ① 시장이나 군수는 보행우선구역에서 보행자의 안전 또는 편의를 도모하기 위하여 시·도경찰청장이나 경찰서장에게 다음 각 호의 조치를 요청할 수 있다.(2020.12.22 본문개정)
1. 자동차의 일방통행 등 통행 제한
2. 자동차 운행속도 제한
3. 자동차의 정차나 주차의 금지
② 제1항에 따른 요청을 받은 시·도경찰청장이나 경찰서장은 특별한 사유가 없으면 요청에 따라야 한다.
(2020.12.22 본항개정)
제20조【보행우선구역의 지정 해제 등】 ① 시장이나 군수는 제18조제1항에 따라 보행우선구역을 지정한 목적이 상실되거나 보행우선구역의 규모를 변경할 필요가 있을 때에는 보행우선구역의 지정을 해제하거나 변경할 수 있다.
② 보행우선구역의 지정을 해제하거나 변경하는 방법·절차 등에 관하여 필요한 사항은 대통령령으로 정한다.
제21조【보행안전시설물의 설치】 ① 시장이나 군수는 보행우선구역에서 보행자가 안전하고 편리하게 보행할 수 있도록 다음 각 호의 보행안전시설물을 설치할 수 있다.
1. 속도저감시설
2. 횡단시설
3. 대중교통정보 알림시설 등 교통안내시설
4. 보행자 우선통행을 위한 교통신호기
5. 자동차 진입억제용 말뚝
6. 교통약자를 위한 음향신호기 등 보행경로 안내장치
(2017.12.26 본호신설)
7. 그 밖에 보행자의 안전과 이동편의를 위하여 대통령령으로 정하는 시설
② 시장이나 군수는 보행자의 편리한 보행과 안전을 위하여 필요하다고 인정하는 경우에는 보행우선구역 외의 지역에 제1항제5호의 자동차 진입억제용 말뚝을 설치할 수 있다.
③ 제1항에 따른 보행안전시설물의 구조, 시설기준 등에 관하여 필요한 사항은 국토교통부령으로 정한다.
(2013.3.23 본항개정)
제22조【도로 점용물의 이설 등】 ① 시장이나 군수는 제21조에 따른 보행안전시설물을 설치하기 위하여 필요한 경우에는 「도로법」 제61조에 따라 도로 점용허가를 받은 자에게 도로 점용물을 옮길 것을 명할 수 있다. 이 경우 시장이나 군수가 그 도로의 관리청이 아닌 경우에는 그 도로의 관리청에 대하여 도로 점용허가를 받은 자에게 도로 점용물을 옮길 것을 명하여 줄 것을 요청할 수 있다.(2014.1.14 전단개정)
② 제1항 후단에 따른 요청을 받은 도로관리청은 특별한 사유가 없으면 요청에 따라야 한다.
③ 제1항에 따라 도로 점용물을 옮기는 데 드는 비용 부담 또는 손실보상 등에 관한 사항은 「도로법」의 관계 규정에서 정하는 바에 따른다.
제23조【불법시설물의 정비】 ① 시장이나 군수는 보행우선구역에서 「도로법」 제61조에 따른 도로 점용허가를 받지 아니하고 설치되어 보행안전시설물의 설치 또는 보행에 장애를 주는 노상적치물(路上積置物) 등 관계 법령에 따라 적법하게 설치되지 아니한 시설물(이하 "불법시설물"이라 한다)을 「도로법」 등 관계 법령에서 정하는 바에 따라 정비하여야 한다.(2014.1.14 본항개정)
② 시장이나 군수는 불법시설물 정비를 위하여 필요하면 관계 행정기관의 장에게 협조 또는 지원을 요청할 수 있다. 이 경우 요청을 받은 관계 행정기관의 장은 특별한 사유가 없으면 요청에 따라야 한다.
제24조【보행우선구역 관리대장의 작성·보관】 시장이나 군수는 국토교통부령으로 정하는 바에 따라 보행우선구역 관리대장을 작성·보관하여야 한다.(2013.3.23 본조개정)
제24조의2【보행교통연구센터의 지정】 ① 국토교통부장관은 보행우선구역 사업의 전국적인 확산을 촉진하고 보행환경을 개선하기 위하여 「공공기관의 운영에 관한 법률」 제4조제1항의 어느 하나에 해당하는 공공기관을 보행교통연구센터로 지정하여 운영할 수 있다.
(2013.3.23 본항개정)
② 제1항에 따른 보행교통연구센터는 다음 각 호의 업무를 수행한다.
1. 보행우선구역 사업의 중장기 추진계획 수립
2. 보행우선구역 지정 지역의 현장조사, 설계자문 등 사업지원
3. 보행우선구역 사업 시행의 효과 평가
4. 보행우선구역 지정 지역의 사후 관리
5. 보행우선구역 활성화 지원 등 보행환경 개선을 위한 연구
6. 보행문화 형성을 위한 교육 및 홍보
7. 그 밖에 보행우선구역의 활성화를 위하여 필요한 사항으로서 국토교통부령으로 정하는 사항(2013.3.23 본호개정)
③ 제1항에 따른 보행교통연구센터의 지정·운영 등에 관하여 필요한 사항은 대통령령으로 정한다.
(2012.6.1 본조신설)

제5장 보 칙
(2012.6.1 본장개정)

제25조【실태조사】 ① 국토교통부장관은 교통약자의 이동편의 증진을 위한 정책을 효과적으로 수립하는 데 필요한 기초자료로 활용하기 위하여 다음 각 호의 사항을 조사하여야 한다.(2013.3.23 본문개정)
1. 교통약자의 숫자 등 현황
2. 교통약자의 이동 실태
2의2. 특별교통수단의 환승·연계 체계 구축 현황
(2023.5.16 본호신설)
3. 이동편의시설의 설치 및 관리 현황
4. 보행환경 실태

5. 교통수단, 여객시설, 이동편의시설 및 보행환경에 대한 교통약자의 만족도(2013.3.22 본호신설)
5의2. 제17조제1항에 따른 교통이용편의서비스의 제공 현황(2019.4.23 본호신설)
6. 그 밖에 교통약자의 이동편의 증진을 위하여 필요한 사항
② 시장 또는 군수는 지방교통약자 이동편의 증진계획의 효과적인 수립에 필요한 기초자료로 활용하기 위하여 제1항 각 호의 사항을 조사할 수 있다.
③ 제1항에 따른 조사의 시기·방법 등에 관하여 필요한 사항은 국토교통부령으로 정하고, 제2항에 따른 조사의 시기·방법 등에 관하여 필요한 사항은 해당 지방자치단체의 조례로 정한다.(2013.3.23 본항개정)
④ 국토교통부장관, 시장 또는 군수는 제1항 및 제2항에 따른 조사를 위하여 관계 행정기관과 교통사업자에 대하여 필요한 자료의 제출 또는 지원을 요청할 수 있다.
(2013.3.23 본항개정)

제25조의2【교통복지지표의 조사 및 활용】 ① 국토교통부장관은 교통약자의 교통수단·여객시설 및 도로의 이동편의와 보행환경 수준을 객관적으로 측정하기 위한 지표(이하 "교통복지지표"라 한다)를 개발할 수 있다.
② 국토교통부장관은 교통복지지표를 활용하여 교통약자의 교통복지 수준에 관하여 조사하고 그 결과를 공표할 수 있다.
③ 교통행정기관은 제2항에 따라 공표된 교통복지지표의 결과를 활용하여 교통복지수준 향상을 위한 사업을 실시할 수 있다.
④ 교통복지지표의 조사 항목 및 방법 등에 관하여 필요한 사항은 대통령령으로 정한다.
(2023.8.16 본조신설 : 2025.2.17 시행)

제26조【연구·개발의 촉진 등】 ① 국토교통부장관은 교통약자의 이동편의 증진을 위하여 다음 각 호에 관한 연구·개발 사업을 추진하여야 한다.(2013.3.23 본문개정)
1. 교통약자의 이동편의를 위한 교통수단, 여객시설 및 이동편의시설의 기준에 관한 사항
2. 저상버스 및 휠체어 탑승설비를 장착한 버스의 표준모델 개발(2018.2.21 본호개정)
3. 장애인이나 고령자가 직접 운전하는 데에 필요한 운전장치 또는 차량의 개발
4. 특별교통수단으로 이용할 수 있는 차량의 개발
4의2. 특별교통수단에 장착되는 휠체어 탑승설비의 표준모델 개발(2019.4.23 본호신설)
5. 보행환경의 개선
6. 그 밖에 교통약자의 이동편의 증진을 위하여 대통령령으로 정하는 사항
② 국토교통부장관은 제1항에 따른 연구·개발의 결과를 지방자치단체와 교통사업자 등에게 보급하여 교통약자의 이동편의를 촉진할 수 있도록 노력하여야 한다.
(2013.3.23 본항개정)
③ 국토교통부장관은 제1항제2호에 따른 저상버스 표준모델의 개발을 위하여 차량 크기, 편의시설 등 저상버스 표준모델의 세부기준을 정하여 고시할 수 있다.
(2013.3.23 본항개정)

제27조【장애인 등의 자가운전 지원 등】 ① 국가와 지방자치단체는 장애인이나 고령자가 직접 운전하여 안전하고 편리하게 이동할 수 있도록 운전면허제도를 정비하는 등 필요한 시책을 마련하여야 한다.
② 교통사업자는 장애인의 경제적 부담을 덜어 주기 위하여 관계 법령에서 정하는 바에 따라 운임이나 요금을 감면할 수 있다.

제28조【보고·검사 등】 ① 교통행정기관은 필요하다고 인정할 때에는 교통사업자에 대하여 이동편의시설의 설치 또는 유지·관리와 관련되는 사항에 관하여 보고하게 하거나 관련 자료를 제출하게 할 수 있다.
② 국토교통부장관은 제1항에 따라 교통사업자로부터 제출받은 자료를 대통령령으로 정하는 바에 따라 다른 교통행정기관이 공유·활용할 수 있도록 하여야 한다.
(2014.5.21 본항신설)
③ 교통행정기관은 필요하다고 인정할 때에는 소속 공무원으로 하여금 이동편의시설이 제10조에 따른 설치기준에 맞게 설치되거나 유지·관리되는지에 관하여 검사하게 하거나 관계인에게 질문하게 할 수 있다.
④ 제3항에 따른 검사 또는 질문을 하는 공무원은 그 권한을 표시하는 증표를 지니고 이를 관계인에게 보여주어야 한다.(2014.5.21 본항개정)

제29조【시정명령】 교통행정기관은 제11조를 위반하여 대상시설에 이동편의시설을 설치하지 아니하거나 설치한 이동편의시설을 제10조에 따른 설치기준에 맞지 아니하게 유지·관리한 교통사업자에 대하여 대통령령으로 정하는 바에 따라 1년 이내의 기간을 정하여 이동편의시설을 설치하도록 명하거나 제10조에 따른 설치기준에 맞게 이동편의시설을 개선할 것을 명할 수 있다.

제29조【시정명령】 교통행정기관은 제11조제1항을 위반하여 대상시설에 이동편의시설을 설치하지 아니하거나 설치한 이동편의시설을 제10조에 따른 설치기준에 맞지 아니하게 유지·관리한 교통사업자에 대하여 대통령령으로 정하는 바에 따라 1년 이내의 기간을 정하여 이동편의시설을 설치하도록 명하거나 제10조에 따른 설치기준에 맞게 이동편의시설을 개선할 것을 명할 수 있다.(2023.9.14 본조개정 : 2024.9.15 시행)

제29조의2【이행강제금】 ① 교통행정기관은 제29조에 따라 시정명령을 받은 후 시정기간 이내에 이행하지 아니한 자에게는 이동편의시설의 설치 비용을 고려하여 3천만원 이하의 이행강제금을 부과한다.
② 제1항에 따라 이행강제금을 부과하는 위반행위의 종류, 위반 정도에 따른 금액 및 그 밖에 필요한 사항은 대통령령으로 정한다.
③ 교통행정기관은 제1항에 따른 이행강제금을 부과하기 전에 제1항에 따른 이행강제금을 부과·징수한다는 뜻을 미리 문서로 계고(戒告)하여야 한다.
④ 교통행정기관은 제1항에 따른 이행강제금을 부과할 때에는 이행강제금의 금액, 부과 사유, 납부기한, 납부기관, 이의제기 방법 및 기간 등을 구체적으로 밝힌 문서로 하여야 한다.
⑤ 교통행정기관은 최초의 시정명령을 한 날을 기준으로 하여 매년 1회 그 시정명령이 이행될 때까지 반복하여 제1항에 따른 이행강제금을 부과·징수할 수 있다.
⑥ 교통행정기관은 제29조에 따라 시정명령을 받은 자가 시정명령을 이행하면 새로운 이행강제금 부과를 즉시 중지하되 이미 부과된 이행강제금은 징수하여야 한다.
⑦ 교통행정기관은 제4항에 따라 이행강제금 부과처분을 받은 자가 납부기한까지 이행강제금을 내지 아니하면 국세 체납처분의 예 또는 「지방행정제재·부과금의 징수 등에 관한 법률」에 따라 징수한다.(2020.3.24 본항개정)
(2012.6.1 본조신설)

제30조【권한의 위임 또는 위탁】 ① 이 법에 따른 중앙행정기관의 장의 권한은 그 일부를 대통령령으로 정하는 바에 따라 시·도지사 또는 시장·군수·구청장에게 위임할 수 있다.
② 중앙행정기관의 장은 이 법에 따른 업무의 일부를 대통령령으로 정하는 바에 따라 교통 관련 업무를 주업무로 하는 기관이나 단체에 위탁할 수 있다.
(2019.4.23 본조개정)

제6장 벌 칙

제31조【벌칙】 제11조를 위반한 자로서 제29조에 따른 시정명령을 받고 그 시정기간 이내에 이행하지 아니한 자는 1천만원 이하의 벌금에 처한다.(2012.6.1 본조개정)

제31조【벌칙】 제11조제1항을 위반한 자로서 제29조에 따른 시정명령을 받고 그 시정기간 이내에 이행하지 아니한 자는 1천만원 이하의 벌금에 처한다.(2023.9.14 본조개정 : 2024.9.15 시행)

제32조【양벌규정】 법인의 대표자나 법인 또는 개인의 대리인, 사용인, 그 밖의 종업원이 그 법인 또는 개인의 업무에 관하여 제31조의 위반행위를 하면 그 행위자를 벌하는 외에 그 법인 또는 개인에게도 해당 조문의 벌금형을 과(科)한다. 다만, 법인 또는 개인이 그 위반행위를 방지하기 위하여 해당 업무에 관하여 상당한 주의와 감독을 게을리하지 아니한 경우에는 그러하지 아니하다.
(2009.4.1 본조개정)

제33조【과태료】 ① 다음 각 호의 어느 하나에 해당하는 자에게는 200만원 이하의 과태료를 부과한다.
1. 거짓이나 부정한 방법으로 인증을 받거나 제17조의2제4항을 위반하여 인증을 받지 아니한 자(2020.10.20 본호신설)
2. 제17조의3제2항을 위반하여 인증 표시 또는 이와 유사한 표시를 한 자
3. 제28조제1항에 따른 보고 또는 자료 제출의 요구에 따르지 아니하거나 거짓으로 보고 또는 자료 제출을 한 자
4. 제28조제3항에 따른 검사를 거부·방해 또는 기피한 자(2014.5.21 본호개정)
② 제16조제4항을 위반하여 장애인전용주차구역에 주차한 사람에게는 20만원 이하의 과태료를 부과한다.
③ 제1항과 제2항에 따른 과태료는 대통령령으로 정하는 바에 따라 교통행정기관이 부과·징수한다.

② 제11조제2항을 위반하여 장애인을 위한 보도의 이용을 방해하거나 이를 훼손한 자에게는 100만원 이하의 과태료를 부과한다.(2023.9.14 본항신설 : 2024.9.15 시행)
③ 제16조제4항을 위반하여 장애인전용주차구역에 주차한 사람에게는 20만원 이하의 과태료를 부과한다.
④ 제1항부터 제3항까지에 따른 과태료는 대통령령으로 정하는 바에 따라 교통행정기관이 부과·징수한다.
(2023.9.14 본항개정 : 2024.9.15 시행)

(2012.6.1 본조개정)

제34조 (2012.6.1 삭제)

부 칙

제1조【시행일】 이 법은 공포 후 1년이 경과한 날부터 시행한다.

제2조【이동편의시설 설치에 관한 경과조치】 ① 이 법 시행 당시 대상시설에 이동편의시설을 설치 또는 변경하기 위하여 건축허가신청 등 행정절차가 진행중이거나 시공중인 이동편의시설의 설치에 관하여는 종전의 장애인·노인·임산부등의편의증진보장에관한법률 제8조의 규정에 의한다.
② 다음 각 호의 어느 하나에 해당하는 이동편의시설은 이 법 제10조의 규정에 의한 설치기준에 적합한 것으로 본다.
1. 제1항의 규정에 의하여 설치되는 이동편의시설
2. 이 법 시행 당시 종전의 장애인·노인·임산부등의편의증진보장에관한법률 제9조의 규정에 의하여 설치된 이동편의시설

제3조【시정명령 및 이행강제금에 관한 경과조치】 이 법 시행전의 행위에 대한 시정명령 및 그에 따른 이행강제금의 부과에 관하여는 종전의 장애인·노인·임산부등의편의증진보장에관한법률의 규정에 의한다.

제4조【벌칙 및 과태료에 관한 경과조치】 이 법 시행전의 행위에 대한 벌칙 및 과태료 규정의 적용에 있어서는 종전의 장애인·노인·임산부등의편의증진보장에관한법률의 규정에 의한다.

제5조【다른 법률의 개정】 ※(해당 법령에 가제정리 하였음)

부 칙 (2017.10.24)

제1조【시행일】 이 법은 공포 후 6개월이 경과한 날부터 시행한다.

제2조【보행우선구역지정협의체의 설치에 관한 적용례】 제18조제5항의 개정규정은 이 법 시행 후 최초로 시장이나 군수가 보행우선구역을 지정하는 경우부터 적용한다.

부 칙 (2020.3.24)

제1조【시행일】 이 법은 공포한 날부터 시행한다.(이하 생략)

부 칙 (2020.6.9)

이 법은 공포한 날부터 시행한다.(이하 생략)

부 칙 (2020.10.20)

제1조【시행일】 이 법은 공포 후 2년이 경과한 날부터 시행한다. 다만, 제14조제3항 및 제5항의 개정규정은 공포 후 3개월이 경과한 날부터 시행하고, 제16조의2제1항의 개정규정은 공포 후 6개월이 경과한 날부터 시행한다.

제2조【교통수단 등의 인증에 관한 적용례】 제17조의2제4항의 개정규정은 이 법 시행 후 최초로 설계(「건설기술 진흥법」에 따른 설계를 말한다) 또는 구매 계약을 체결하거나 「건축법」 등 관계 법령에 따라 건축허가를 신청하는 경우부터 적용한다.

제3조【인증의 유효기간에 관한 적용례】 제17조의4의 개정규정은 이 법 시행 당시 종전의 규정에 따라 인증을 받고 유효기간이 끝나지 아니한 인증시설물 및 인증지역에 대하여도 적용한다.

부 칙 (2020.12.22 법17689호)

제1조【시행일】 이 법은 2021년 1월 1일부터 시행한다.(이하 생략)

부 칙 (2020.12.22 법17735호)

이 법은 공포 후 6개월이 경과한 날부터 시행한다.

부 칙 (2022.1.18)

제1조【시행일】 이 법은 공포 후 1년이 경과한 날부터 시행한다. 다만, 제2조의 개정규정은 공포 후 2년이 경과한 날부터 시행하고, 제16조의 개정규정은 공포 후 1년 6개월이 경과한 날부터 시행한다.

제2조【이동지원센터 및 광역이동지원센터 운영의 위탁에 관한 경과조치】 제16조제9항의 개정규정 시행 당시 이동지원센터 및 광역이동지원센터의 운영을 위탁받은 기관 또는 단체는 해당 위탁계약 기간이 만료될 때까지 같은 개정규정에 따라 위탁받은 기관 또는 단체로 본다.

부 칙 (2023.5.16)

이 법은 공포 후 6개월이 경과한 날부터 시행한다.

부 칙 (2023.8.16)

이 법은 공포 후 6개월이 경과한 날부터 시행한다. 다만, 제25조의2의 개정규정은 공포 후 1년 6개월이 경과한 날부터 시행한다.

부 칙 (2023.9.14)

이 법은 공포 후 1년이 경과한 날부터 시행한다.

철도안전법

(2004년 10월 22일 법 률 제7245호)

개정
2005. 3.31법 7428호(채무자회생파산)
2005.11. 8법 7692호(항공ㆍ철도사고조사에관한법)
2005.12.29법 7796호(국가공무원)
2007. 5.25법 8486호(산업표준화법)
2008. 2.29법 8852호(정부조직)
2009. 4. 1법 9610호 2012. 1.17법11193호
2012. 6. 1법11476호 2012.12.18법11591호
2013. 3.23법11690호(정부조직)
2013. 8. 6법12024호
2014. 1. 7법12216호(도시철도법)
2014. 5.21법12648호 2015. 1. 6법12992호
2015. 7.24법13436호 2016. 1.19법13807호
2017. 1.17법14548호 2017. 8. 9법14868호
2017.10.24법14953호 2018. 2.21법15404호
2018. 3.13법15460호(철도의건설및철도시설유지관리에관한법)
2018. 6.12법15683호 2018. 8.14법15740호
2019. 4.23법16395호 2019.11.26법16638호
2020. 4. 7법17239호
2020. 6. 9법17453호(법률용어정비)
2020. 6. 9법17457호 2020.12.22법17746호
2022. 1.18법18786호 2022.11.15법19057호
2023. 4.18법19392호
2023. 8.16법19687호→2024년 8월 17일 시행
2024. 1. 9법19984호
2024. 1.16법20049호→2024년 7월 17일 시행
2024. 2. 6법20231호(화학물질관리법)→2025년 8월 7일 시행이므로 「法典 別冊」 보유편 수록

제1장 총 칙
(2012.6.1 본장개정)

제1조【목적】 이 법은 철도안전을 확보하기 위하여 필요한 사항을 규정하고 철도안전 관리체계를 확립함으로써 공공복리의 증진에 이바지함을 목적으로 한다.

제2조【정의】 이 법에서 사용하는 용어의 뜻은 다음과 같다.
1. "철도"란 「철도산업발전기본법」(이하 "기본법"이라 한다) 제3조제1호에 따른 철도를 말한다.
2. "전용철도"란 「철도사업법」 제2조제5호에 따른 전용철도를 말한다.
3. "철도시설"이란 기본법 제3조제2호에 따른 철도시설을 말한다.
4. "철도운영"이란 기본법 제3조제3호에 따른 철도운영을 말한다.
5. "철도차량"이란 기본법 제3조제4호에 따른 철도차량을 말한다.

5의2. "철도용품"이란 철도시설 및 철도차량 등에 사용되는 부품ㆍ기기ㆍ장치 등을 말한다.(2012.12.18 본호신설)

6. "열차"란 선로를 운행할 목적으로 철도운영자가 편성하여 열차번호를 부여한 철도차량을 말한다.
7. "선로"란 철도차량을 운행하기 위한 궤도와 이를 받치는 노반(路盤) 또는 인공구조물로 구성된 시설을 말한다.
8. "철도운영자"란 철도운영에 관한 업무를 수행하는 자를 말한다.
9. "철도시설관리자"란 철도시설의 건설 또는 관리에 관한 업무를 수행하는 자를 말한다.
10. "철도종사자"란 다음 각 목의 어느 하나에 해당하는 사람을 말한다.
    가. 철도차량의 운전업무에 종사하는 사람(이하 "운전업무종사자"라 한다)
    나. 철도차량의 운행을 집중 제어ㆍ통제ㆍ감시하는 업무(이하 "관제업무"라 한다)에 종사하는 사람
    다. 여객에게 승무(乘務) 서비스를 제공하는 사람(이하 "여객승무원"이라 한다)(2015.7.24 본목개정)
    라. 여객에게 역무(驛務) 서비스를 제공하는 사람(이하 "여객역무원"이라 한다)(2018.6.12 본목개정)
    마. 철도차량의 운행선로 또는 그 인근에서 철도시설의 건설 또는 관리와 관련한 작업의 협의ㆍ지휘ㆍ감독ㆍ안전관리 등의 업무에 종사하도록 철도운영자 또는 철도시설관리자가 지정한 사람(이하 "작업책임자"라 한다)(2018.6.12 본목신설)
    바. 철도차량의 운행선로 또는 그 인근에서 철도시설의 건설 또는 관리와 관련한 작업의 일정을 조정하고 해당 선로를 운행하는 열차의 운행일정을 조정하는 사람(이하 "철도운행안전관리자"라 한다)(2018.6.12 본목신설)
    사. 그 밖에 철도운영 및 철도시설관리와 관련하여 철도차량의 안전운행 및 질서유지와 철도차량 및 철도시설의 점검ㆍ정비 등에 관한 업무에 종사하는 사람으로서 대통령령으로 정하는 사람(2012.12.18 본목개정)
11. "철도사고"란 철도운영 또는 철도시설관리와 관련하여 사람이 죽거나 다치거나 물건이 파손되는 사고로 국토교통부령으로 정하는 것을 말한다.(2020.4.7 본호개정)
12. "철도준사고"란 철도안전에 중대한 위해를 끼쳐 철도사고로 이어질 수 있었던 것으로 국토교통부령으로 정하는 것을 말한다.(2020.4.7 본호신설)
13. "운행장애"란 철도사고 및 철도준사고 외에 철도차량의 운행에 지장을 주는 것으로서 국토교통부령으로 정하는 것을 말한다.(2020.4.7 본호개정)
14. "철도차량정비"란 철도차량(철도차량을 구성하는 부품ㆍ기기ㆍ장치를 포함한다)을 점검ㆍ검사, 교환 및 수리하는 행위를 말한다.(2018.6.12 본호신설)
15. "철도차량정비기술자"란 철도차량정비에 관한 자격, 경력 및 학력 등을 갖추어 제24조의2에 따라 국토교통부장관의 인정을 받은 사람을 말한다.(2018.6.12 본호신설)

제3조【다른 법률과의 관계】 철도안전에 관하여 다른 법률에 특별한 규정이 있는 경우를 제외하고는 이 법에서 정하는 바에 따른다.

제3조의2【조약과의 관계】 국제철도(대한민국을 포함한 둘 이상의 국가에 걸쳐 운행되는 철도를 말한다)를 이용한 화물 및 여객 운송에 관하여 대한민국과 외국 간 체결된 조약에 이 법과 다른 규정이 있는 때에는 그 조약의 규정에 따른다. 다만, 이 법의 규정내용이 조약의 안전기준보다 강화된 기준을 포함하는 때에는 그러하지 아니하다.(2022.11.15 본조신설)

제4조【국가 등의 책무】 ① 국가와 지방자치단체는 국민의 생명ㆍ신체 및 재산을 보호하기 위하여 철도안전시책을 마련하여 성실히 추진하여야 한다.
② 철도운영자 및 철도시설관리자(이하 "철도운영자등"이라 한다)는 철도운영이나 철도시설관리를 할 때에는 법령에서 정하는 바에 따라 철도안전을 위하여 필요한 조치를 하고, 국가나 지방자치단체가 시행하는 철도안전 시책에 적극 협조하여야 한다.

제2장 철도안전 관리체계
(2012.6.1 본장개정)

제5조【철도안전 종합계획】 ① 국토교통부장관은 5년마다 철도안전에 관한 종합계획(이하 "철도안전 종합계획"이라 한다)을 수립하여야 한다.(2013.3.23 본항개정)
② 철도안전 종합계획에는 다음 각 호의 사항이 포함되어야 한다.
1. 철도안전 종합계획의 추진 목표 및 방향
2. 철도안전에 관한 시설의 확충, 개량 및 점검 등에 관한 사항
3. 철도차량의 정비 및 점검 등에 관한 사항
4. 철도안전 관계 법령의 정비 등 제도개선에 관한 사항
5. 철도안전 관련 전문 인력의 양성 및 수급관리에 관한 사항
6. 철도종사자의 안전 및 근무환경 향상에 관한 사항(2020.12.22 본호신설)
7. 철도안전 관련 교육훈련에 관한 사항
8. 철도안전 관련 연구 및 기술개발에 관한 사항
9. 그 밖에 철도안전에 관한 사항으로서 국토교통부장관이 필요하다고 인정하는 사항(2013.3.23 본호개정)

③ 국토교통부장관은 철도안전 종합계획을 수립할 때에는 미리 관계 중앙행정기관의 장 및 철도운영자등과 협의한 후 기본법 제6조제1항에 따른 철도산업위원회의 심의를 거쳐야 한다. 수립된 철도안전 종합계획을 변경(대통령령으로 정하는 경미한 사항의 변경은 제외한다)할 때에도 또한 같다.(2013.3.23 전단개정)
④ 국토교통부장관은 철도안전 종합계획을 수립하거나 변경하기 위하여 필요하다고 인정하면 관계 중앙행정기관의 장 또는 특별시장ㆍ광역시장ㆍ특별자치시장ㆍ도지사ㆍ특별자치도지사(이하 "시ㆍ도지사"라 한다)에게 관련 자료의 제출을 요구할 수 있다. 자료 제출 요구를 받은 관계 중앙행정기관의 장 또는 시ㆍ도지사는 특별한 사유가 없으면 이에 따라야 한다.(2013.3.23 전단개정)
⑤ 국토교통부장관은 제3항에 따라 철도안전 종합계획을 수립하거나 변경하였을 때에는 이를 관보에 고시하여야 한다.(2013.3.23 본항개정)

제6조【시행계획】 ① 국토교통부장관, 시ㆍ도지사 및 철도운영자등은 철도안전 종합계획에 따라 소관별로 철도안전 종합계획의 단계적 시행에 필요한 연차별 시행계획(이하 "시행계획"이라 한다)을 수립ㆍ추진하여야 한다.(2013.3.23 본항개정)
② 시행계획의 수립 및 시행절차 등에 관하여 필요한 사항은 대통령령으로 정한다.

제6조의2【철도안전투자의 공시】 ① 철도운영자는 철도차량의 교체, 철도시설의 개량 등 철도안전 분야에 투자(이하 이 조에서 "철도안전투자"라 한다)하는 예산 규모를 매년 공시하여야 한다.
② 제1항에 따른 철도안전투자의 공시 기준, 항목, 절차 등에 필요한 사항은 국토교통부령으로 정한다.
(2018.6.12 본조신설)

제7조【안전관리체계의 승인】 ① 철도운영자등(전용철도의 운영자는 제외한다. 이하 이 조 및 제8조에서 같다)은 철도운영을 하거나 철도시설을 관리하려는 경우에는 인력, 시설, 차량, 장비, 운영절차, 교육훈련 및 비상대응계획 등 철도 및 철도시설의 안전관리에 관한 유기적 체계(이하 "안전관리체계"라 한다)를 갖추어 국토교통부장관의 승인을 받아야 한다.(2015.1.6 본항개정)
② 전용철도의 운영자는 자체적으로 안전관리체계를 갖추고 지속적으로 유지하여야 한다.
③ 철도운영자등은 제1항에 따라 승인받은 안전관리체계를 변경(제5항에 따른 안전관리기준의 변경에 따른 안전관리체계의 변경을 포함한다. 이하 이 조에서 같다)하려는 경우에는 국토교통부장관의 변경승인을 받아야 한다. 다만, 국토교통부령으로 정하는 경미한 사항을 변경하려는 경우에는 국토교통부장관에게 신고하여야 한다.(2013.3.23 본항개정)
④ 국토교통부장관은 제1항 또는 제3항 본문에 따른 안전관리체계의 승인 또는 변경승인의 신청을 받은 경우에는 해당 안전관리체계가 제5항에 따른 안전관리기준에 적합한지를 검사한 후 승인 여부를 결정하여야 한다.(2013.3.23 본항개정)
⑤ 국토교통부장관은 철도안전경영, 위험관리, 사고 조사 및 보고, 내부점검, 비상대응계획, 비상대응훈련, 교육훈련, 안전정보관리, 운행안전관리, 차량ㆍ시설의 유지관리(차량의 기대수명에 관한 사항을 포함한다) 등 철도운영 및 철도시설의 안전관리에 필요한 기술기준을 정하여 고시하여야 한다.(2015.1.6 본항개정)
⑥ 제1항부터 제5항까지의 규정에 따른 승인절차, 승인방법, 검사기준, 검사방법, 신고절차 및 고시방법 등에 관하여 필요한 사항은 국토교통부령으로 정한다.(2013.3.23 본항개정)
(2012.12.18 본조개정)

제8조【안전관리체계의 유지 등】 ① 철도운영자등은 철도운영을 하거나 철도시설을 관리하는 경우에는 제7조에 따라 승인받은 안전관리체계를 지속적으로 유지하여야 한다.
② 국토교통부장관은 안전관리체계 위반 여부 확인 및 철도사고 예방 등을 위하여 철도운영자등이 제1항에 따른 안전관리체계를 지속적으로 유지하는지 다음 각 호의 검사를 통해 국토교통부령으로 정하는 바에 따라 점검ㆍ확인할 수 있다.
1. 정기검사 : 철도운영자등이 국토교통부장관으로부터 승인 또는 변경승인 받은 안전관리체계를 지속적으로 유지하는지를 점검ㆍ확인하기 위하여 정기적으로 실시하는 검사
2. 수시검사 : 철도운영자등이 철도사고 및 운행장애 등을 발생시키거나 발생시킬 우려가 있는 경우에 안전관리체계 위반사항 확인 및 안전관리체계 위해요인 사전예방을 위해 수행하는 검사

(2020.6.9 본항개정)
③ 국토교통부장관은 제2항에 따른 검사 결과 안전관리체계가 지속적으로 유지되지 아니하거나 그 밖에 철도안전을 위하여 필요하다고 인정하는 경우에는 국토교통부령으로 정하는 바에 따라 시정조치를 명할 수 있다.(2020.6.9 본항개정)
(2012.12.18 본조개정)

제9조【승인의 취소 등】 ① 국토교통부장관은 안전관리체계의 승인을 받은 철도운영자등이 다음 각 호의 어느 하나에 해당하는 경우에는 그 승인을 취소하거나 6개월 이내의 기간을 정하여 업무의 제한이나 정지를 명할 수 있다. 다만, 제1호에 해당하는 경우에는 그 승인을 취소하여야 한다.(2013.3.23 본문개정)
1. 거짓이나 그 밖의 부정한 방법으로 승인을 받은 경우
2. 제7조제3항을 위반하여 변경승인을 받지 아니하거나 변경신고를 하지 아니하고 안전관리체계를 변경한 경우
3. 제8조제1항을 위반하여 안전관리체계를 지속적으로 유지하지 아니하여 철도운영이나 철도시설의 관리에 중대한 지장을 초래한 경우
4. 제8조제3항에 따른 시정조치명령을 정당한 사유 없이 이행하지 아니한 경우

② 제1항에 따른 승인 취소, 업무의 제한 또는 정지의 기준 및 절차 등에 관하여 필요한 사항은 국토교통부령으로 정한다.(2013.3.23 본항개정)
(2012.12.18 본조개정)

제9조의2【과징금】 ① 국토교통부장관은 제9조제1항에 따라 철도운영자등에 대하여 업무의 제한이나 정지를 명하여야 하는 경우로서 그 업무의 제한이나 정지가 철도 이용자 등에게 심한 불편을 주거나 그 밖에 공익을 해할 우려가 있는 경우에는 업무의 제한이나 정지를 갈음하여 30억원 이하의 과징금을 부과할 수 있다.(2013.3.23 본항개정)
② 제1항에 따라 과징금을 부과하는 위반행위의 종류, 과징금의 부과기준 및 징수방법, 그 밖에 필요한 사항은 대통령령으로 정한다.
③ 국토교통부장관은 제1항에 따른 과징금을 내야 할 자가 납부기한까지 과징금을 내지 아니하는 경우에는 국세 체납처분의 예에 따라 징수한다.(2013.3.23 본항개정)
(2012.12.18 본조신설)

제9조의3【철도운영자등에 대한 안전관리 수준평가】 ① 국토교통부장관은 철도운영자등의 자발적인 안전관리를 통한 철도안전 수준의 향상을 위하여 철도운영자등의 안전관리 수준에 대한 평가를 실시할 수 있다.
② 국토교통부장관은 제1항에 따른 안전관리 수준평가를 실시한 결과 그 평가결과가 미흡한 철도운영자등에 대하여 제8조제2항에 따른 검사를 시행하거나 같은 조 제3항에 따른 시정조치 등 개선을 위하여 필요한 조치를 명할 수 있다.
③ 제1항에 따른 안전관리 수준평가의 대상, 기준, 방법, 절차 등에 필요한 사항은 국토교통부령으로 정한다.
(2018.6.12 본조신설)

제9조의4【철도안전 우수운영자 지정】 ① 국토교통부장관은 제9조의3에 따른 안전관리 수준평가 결과에 따라 철도운영자등을 대상으로 철도안전 우수운영자를 지정할 수 있다.

② 제1항에 따른 철도안전 우수운영자로 지정을 받은 자는 철도차량, 철도시설이나 관련 문서 등에 철도안전 우수운영자로 지정되었음을 나타내는 표시를 할 수 있다.
③ 제1항에 따른 지정을 받은 자가 아니면 철도차량, 철도시설이나 관련 문서 등에 우수운영자로 지정되었음을 나타내는 표시를 하거나 이와 유사한 표시를 하여서는 아니 된다.
④ 국토교통부장관은 제3항을 위반하여 우수운영자로 지정되었음을 나타내는 표시를 하거나 이와 유사한 표시를 한 자에 대하여 해당 표시를 제거하게 하는 등 필요한 시정조치를 명할 수 있다.
⑤ 제1항에 따른 철도안전 우수운영자 지정의 대상, 기준, 방법, 절차 등에 필요한 사항은 국토교통부령으로 정한다.
(2018.6.12 본조신설)

제9조의5【우수운영자 지정의 취소】 국토교통부장관은 제9조의4에 따라 철도안전 우수운영자 지정을 받은 자가 다음 각 호의 어느 하나에 해당하는 경우에는 그 지정을 취소할 수 있다. 다만, 제1호 또는 제2호에 해당하는 경우에는 지정을 취소하여야 한다.
1. 거짓이나 그 밖의 부정한 방법으로 철도안전 우수운영자 지정을 받은 경우
2. 제9조에 따라 안전관리체계의 승인이 취소된 경우
3. 제9조의4제5항에 따른 지정기준에 부적합하게 되는 등 그 밖에 국토교통부령으로 정하는 사유가 발생한 경우
(2018.6.12 본조신설)

제3장 철도종사자의 안전관리
(2012.6.1 본장개정)

제10조【철도차량 운전면허】 ① 철도차량을 운전하려는 사람은 국토교통부장관으로부터 철도차량 운전면허(이하 "운전면허"라 한다)를 받아야 한다. 다만, 제16조에 따른 교육훈련 또는 제17조에 따른 운전면허시험을 위하여 철도차량을 운전하는 경우 등 대통령령으로 정하는 경우에는 그러하지 아니하다.(2013.3.23 본문개정)
② 「도시철도법」 제2조제2호에 따른 노면전차를 운전하려는 사람은 제1항에 따른 운전면허 외에 「도로교통법」 제80조에 따른 운전면허를 받아야 한다.(2018.2.21 본항신설)
③ 제1항에 따른 운전면허는 대통령령으로 정하는 바에 따라 철도차량의 종류별로 받아야 한다.(2018.2.21 본항개정)

제11조【운전면허의 결격사유 등】 ① 다음 각 호의 어느 하나에 해당하는 사람은 운전면허를 받을 수 없다.
1. 19세 미만인 사람(2014.5.21 본호개정)
2. 철도차량 운전상의 위험과 장해를 일으킬 수 있는 정신질환자 또는 뇌전증환자로서 대통령령으로 정하는 사람
3. 철도차량 운전상의 위험과 장해를 일으킬 수 있는 약물(「마약류 관리에 관한 법률」 제2조제1호에 따른 마약류 및 「화학물질관리법」 제22조제1항에 따른 환각물질을 말한다. 이하 같다) 또는 알코올 중독자로서 대통령령으로 정하는 사람(2017.8.9 본호개정)
4. 두 귀의 청력 또는 두 눈의 시력을 완전히 상실한 사람(2020.6.9 본호개정)
5. 운전면허가 취소된 날부터 2년이 지나지 아니하였거나 운전면허의 효력정지기간 중인 사람
② 국토교통부장관은 제1항에 따른 결격사유의 확인을 위하여 개인정보를 보유하고 있는 기관의 장에게 해당 정보의 제공을 요청할 수 있다. 이 경우 요청을 받은 기관의 장은 특별한 사유가 없으면 이에 따라야 한다.
(2024.1.16 본항신설)
③ 제2항에 따라 요청하는 대상기관과 개인정보의 내용 및 제공방법 등에 필요한 사항은 대통령령으로 정한다.
(2024.1.16 본항신설)
(2024.1.16 본조제목개정)

제12조【운전면허의 신체검사】 ① 운전면허를 받으려는 사람은 철도차량 운전에 적합한 신체상태를 갖추고 있는지를 판정받기 위하여 국토교통부장관이 실시하는 신체검사에 합격하여야 한다.
② 국토교통부장관은 제1항에 따른 신체검사를 제13조에 따른 의료기관에서 실시하게 할 수 있다.
③ 제1항에 따른 신체검사의 합격기준, 검사방법 및 절차 등에 관하여 필요한 사항은 국토교통부령으로 정한다.
(2015.7.24 본조제목개정)
(2013.3.23 본조개정)

제13조【신체검사 실시 의료기관】 제12조제1항에 따른 신체검사를 실시할 수 있는 의료기관은 다음 각 호와 같다.
1. 「의료법」 제3조제2항제1호가목의 의원
2. 「의료법」 제3조제2항제3호가목의 병원
3. 「의료법」 제3조제2항제3호마목의 종합병원

제14조 (2012.6.1 삭제)

제15조【운전적성검사】 ① 운전면허를 받으려는 사람은 철도차량 운전에 적합한 적성을 갖추고 있는지를 판정받기 위하여 국토교통부장관이 실시하는 적성검사(이하 "운전적성검사"라 한다)에 합격하여야 한다.
② 운전적성검사에 불합격한 사람 또는 적성검사과정에서 부정행위를 한 사람은 다음 각 호의 구분에 따른 기간 동안 운전적성검사를 받을 수 없다.
1. 운전적성검사에 불합격한 사람 : 검사일부터 3개월
2. 운전적성검사 과정에서 부정행위를 한 사람 : 검사일부터 1년
③ 운전적성검사의 합격기준, 검사의 방법 및 절차 등에 관하여 필요한 사항은 국토교통부령으로 정한다.
④ 국토교통부장관은 운전적성검사에 관한 전문기관(이하 "운전적성검사기관"이라 한다)을 지정하여 운전적성검사를 하게 할 수 있다.
⑤ 운전적성검사기관의 지정기준, 지정절차 등에 관하여 필요한 사항은 대통령령으로 정한다.
⑥ 운전적성검사기관은 정당한 사유 없이 운전적성검사 업무를 거부하여서는 아니 되고, 거짓이나 그 밖의 부정한 방법으로 운전적성검사 판정서를 발급하여서는 아니 된다.
(2015.7.24 본조개정)

제15조의2【운전적성검사기관의 지정취소 및 업무정지】 ① 국토교통부장관은 운전적성검사기관이 다음 각 호의 어느 하나에 해당할 때에는 지정을 취소하거나 6개월 이내의 기간을 정하여 업무의 정지를 명할 수 있다. 다만, 제1호 및 제2호에 해당할 때에는 지정을 취소하여야 한다.(2015.7.24 본문개정)
1. 거짓이나 그 밖의 부정한 방법으로 지정을 받았을 때
2. 업무정지 명령을 위반하여 그 정지기간 중 운전적성검사 업무를 하였을 때(2015.7.24 본호개정)
3. 제15조제5항에 따른 지정기준에 맞지 아니하게 되었을 때
4. 제15조제6항을 위반하여 정당한 사유 없이 운전적성검사 업무를 거부하였을 때(2015.7.24 본호개정)
5. 제15조제6항을 위반하여 거짓이나 그 밖의 부정한 방법으로 운전적성검사 판정서를 발급하였을 때
(2015.7.24 본호개정)
② 제1항에 따른 지정취소 및 업무정지의 세부기준 등에 관하여 필요한 사항은 국토교통부령으로 정한다.
(2013.3.23 본항개정)
③ 국토교통부장관은 제1항에 따라 지정이 취소된 운전적성검사기관이나 그 기관의 설립·운영자 및 임원이 그 지정이 취소된 날부터 2년이 지나지 아니하고 설립·운영하는 검사기관을 운전적성검사기관으로 지정하여서는 아니 된다.(2015.7.24 본항개정)
(2015.7.24 본조제목개정)
(2012.6.1 본조신설)

제16조【운전교육훈련】 ① 운전면허를 받으려는 사람은 철도차량의 안전한 운행을 위하여 국토교통부장관이 실시하는 운전에 필요한 지식과 능력을 습득할 수 있는 교육훈련(이하 "운전교육훈련"이라 한다)을 받아야 한다.
② 운전교육훈련의 기간, 방법 등에 관하여 필요한 사항은 국토교통부령으로 정한다.
③ 국토교통부장관은 철도차량 운전에 관한 전문 교육훈련기관(이하 "운전교육훈련기관"이라 한다)을 지정하여 운전교육훈련을 실시하게 할 수 있다.
④ 운전교육훈련기관의 지정기준, 지정절차 등에 관하여 필요한 사항은 대통령령으로 정한다.
⑤ 운전교육훈련기관의 지정취소 및 업무정지 등에 관하여는 제15조제6항 및 제15조의2를 준용한다. 이 경우 "운전적성검사기관"은 "운전교육훈련기관"으로, "운전적성검사 업무"는 "운전교육훈련업무"로, "제15조제5항"은 "제16조제4항"으로, "운전적성검사 판정서"는 "운전교육훈련 수료증"으로 본다.
(2015.7.24 본조개정)

제17조【운전면허시험】 ① 운전면허를 받으려는 사람은 국토교통부장관이 실시하는 철도차량 운전면허시험(이하 "운전면허시험"이라 한다)에 합격하여야 한다.
(2013.3.23 본항개정)
② 운전면허시험에 응시하려는 사람은 제12조에 따른 신체검사 및 운전적성검사에 합격한 후 운전교육훈련을 받아야 한다.(2015.7.24 본항개정)
③ 운전면허시험의 과목, 절차 등에 관하여 필요한 사항은 국토교통부령으로 정한다.(2013.3.23 본항개정)

제18조【운전면허증의 발급 등】 ① 국토교통부장관은 운전면허시험에 합격하여 운전면허를 받은 사람에게 국토교통부령으로 정하는 바에 따라 철도차량 운전면허증(이하 "운전면허증"이라 한다)을 발급하여야 한다.
② 제1항에 따라 운전면허를 받은 사람(이하 "운전면허 취득자"라 한다)이 운전면허증을 잃어버렸거나 운전면허증이 헐어서 쓸 수 없게 되었을 때 또는 운전면허증의 기재사항이 변경되었을 때에는 국토교통부령으로 정하는 바에 따라 운전면허증의 재발급이나 기재사항의 변경을 신청할 수 있다.
(2013.3.23 본조개정)

제19조【운전면허의 갱신】 ① 운전면허의 유효기간은 10년으로 한다.(2013.8.6 본항개정)
② 운전면허 취득자로서 제1항에 따른 유효기간 이후에도 그 운전면허의 효력을 유지하려는 사람은 운전면허의 유효기간 만료 전에 국토교통부령으로 정하는 바에 따라 운전면허의 갱신을 받아야 한다.(2013.3.23 본항개정)
③ 국토교통부장관은 제2항 및 제5항에 따라 운전면허의 갱신을 신청한 사람이 다음 각 호의 어느 하나에 해당하는 경우에는 운전면허증을 갱신하여 발급하여야 한다.
(2013.3.23 본문개정)
1. 운전면허의 갱신을 신청하는 날 전 10년 이내에 국토교통부령으로 정하는 철도차량의 운전업무에 종사한 경력이 있거나 국토교통부령으로 정하는 바에 따라 이와 같은 수준 이상의 경력이 있다고 인정되는 경우
(2013.8.6 본호개정)
2. 국토교통부령으로 정하는 교육훈련을 받은 경우
(2013.3.23 본호개정)
④ 운전면허 취득자가 제2항에 따른 운전면허의 갱신을 받지 아니하면 그 운전면허의 유효기간이 만료되는 날의 다음 날부터 그 운전면허의 효력이 정지된다.
⑤ 제4항에 따라 운전면허의 효력이 정지된 사람이 6개월의 범위에서 대통령령으로 정하는 기간 내에 운전면허의 갱신을 신청하여 운전면허의 갱신을 받지 아니하면 그 기간이 만료되는 날의 다음 날부터 그 운전면허는 효력을 잃는다.
⑥ 국토교통부장관은 운전면허 취득자에게 그 운전면허의 유효기간이 만료되기 전에 국토교통부령으로 정하는 바에 따라 운전면허의 갱신에 관한 내용을 통지하여야 한다.(2013.3.23 본항개정)
⑦ 국토교통부장관은 제5항에 따라 운전면허의 효력이 실효된 사람이 운전면허를 다시 받으려는 경우 대통령령으로 정하는 바에 따라 그 절차의 일부를 면제할 수 있다.
(2013.3.23 본항개정)

제19조의2【운전면허증의 대여 등 금지】 누구든지 운전면허증을 다른 사람에게 빌려주거나 빌리거나 이를 알선하여서는 아니 된다.(2020.12.22 본조개정)

제20조【운전면허의 취소·정지 등】 ① 국토교통부장관은 운전면허 취득자가 다음 각 호의 어느 하나에 해당할 때에는 운전면허를 취소하거나 1년 이내의 기간을 정하여 운전면허의 효력을 정지시킬 수 있다. 다만, 제1호부터 제4호까지의 규정에 해당할 때에는 운전면허를 취소하여야 한다.(2013.3.23 본문개정)
1. 거짓이나 그 밖의 부정한 방법으로 운전면허를 받았을 때
2. 제11조제1항제2호부터 제4호까지의 규정에 해당하게 되었을 때(2024.1.16 본호개정)
3. 운전면허의 효력정지기간 중 철도차량을 운전하였을 때
4. 제19조의2를 위반하여 운전면허증을 다른 사람에게 빌려주었을 때(2020.12.22 본호개정)
5. 철도차량을 운전 중 고의 또는 중과실로 철도사고를 일으켰을 때
5의2. 제40조의2제1항 또는 제5항을 위반하였을 때
(2018.6.12 본호개정)
6. 제41조제1항을 위반하여 술을 마시거나 약물을 사용한 상태에서 철도차량을 운전하였을 때
7. 제41조제2항을 위반하여 술을 마시거나 약물을 사용한 상태에서 업무를 하였다고 인정할 만한 상당한 이유가 있음에도 불구하고 국토교통부장관 또는 시·도지사의 확인 또는 검사를 거부하였을 때(2015.7.24 본호개정)
8. 이 법 또는 이 법에 따라 철도의 안전 및 보호와 질서유지를 위하여 한 명령·처분을 위반하였을 때
② 국토교통부장관이 제1항에 따라 운전면허의 취소 및 효력정지 처분을 하였을 때에는 국토교통부령으로 정하는 바에 따라 그 내용을 해당 운전면허 취득자와 운전면허 취득자를 고용하고 있는 철도운영자등에게 통지하여야 한다.(2013.3.23 본항개정)
③ 제2항에 따른 운전면허의 취소 또는 효력정지 통지를 받은 운전면허 취득자는 그 통지를 받은 날부터 15일 이내에 운전면허증을 국토교통부장관에게 반납하여야 한다.(2013.3.23 본항개정)
④ 국토교통부장관은 제3항에 따라 운전면허의 효력이 정지된 사람으로부터 운전면허증을 반납받았을 때에는 보관하였다가 정지기간이 끝나면 즉시 돌려주어야 한다.
(2013.3.23 본항개정)
⑤ 제1항에 따른 취소 및 효력정지 처분의 세부기준 및 절차는 그 위반의 유형 및 정도에 따라 국토교통부령으로 정한다.(2013.3.23 본항개정)
⑥ 국토교통부장관은 국토교통부령으로 정하는 바에 따라 운전면허의 발급, 갱신, 취소 등에 관한 자료를 유지·관리하여야 한다.(2013.3.23 본항개정)

제21조【운전업무 실무수습】 철도차량의 운전업무에 종사하려는 사람은 국토교통부령으로 정하는 바에 따라 실무수습을 이수하여야 한다.(2015.7.24 본조개정)

제21조의2【무자격자의 운전업무 금지 등】 철도운영자등은 운전면허를 받지 아니하거나(제20조에 따라 운전면허가 취소되거나 그 효력이 정지된 경우를 포함한다) 제21조에 따른 실무수습을 이수하지 아니한 사람을 철도차량의 운전업무에 종사하게 하여서는 아니 된다.
(2015.7.24 본조신설)

제21조의3【관제자격증명】 ① 관제업무에 종사하려는 사람은 국토교통부장관으로부터 철도교통관제사 자격증명(이하 "관제자격증명"이라 한다)을 받아야 한다.
② 관제자격증명은 대통령령으로 정하는 바에 따라 관제업무의 종류별로 받아야 한다.(2022.1.18 본항신설)
(2015.7.24 본조신설)

제21조의4【관제자격증명의 결격사유】 관제자격증명의 결격사유에 관하여는 제11조를 준용한다. 이 경우 "운전면허"는 "관제자격증명"으로, "철도차량 운전"은 "관제업무"로 본다.(2015.7.24 본조신설)

제21조의5【관제자격증명의 신체검사】 ① 관제자격증명을 받으려는 사람은 관제업무에 적합한 신체상태를 갖추고 있는지 판정받기 위하여 국토교통부장관이 실시하는 신체검사에 합격하여야 한다.
② 제1항에 따른 신체검사의 방법 및 절차 등에 관하여는

交通

제12조 및 제13조를 준용한다. 이 경우 "운전면허"는 "관제자격증명"으로, "철도차량 운전"은 "관제업무"로 본다.
(2015.7.24 본조신설)

제21조의6【관제적성검사】 ① 관제자격증명을 받으려는 사람은 관제업무에 적합한 적성을 갖추고 있는지 판정받기 위하여 국토교통부장관이 실시하는 적성검사(이하 "관제적성검사"라 한다)에 합격하여야 한다.
② 관제적성검사의 방법 및 절차 등에 관하여는 제15조제2항 및 제3항을 준용한다. 이 경우 "운전적성검사"는 "관제적성검사"로 본다.
③ 국토교통부장관은 관제적성검사에 관한 전문기관(이하 "관제적성검사기관"이라 한다)을 지정하여 관제적성검사를 하게 할 수 있다.
④ 관제적성검사기관의 지정기준 및 지정절차 등에 필요한 사항은 대통령령으로 정한다.
⑤ 관제적성검사기관의 지정취소 및 업무정지 등에 관하여는 제15조제6항 및 제15조의2를 준용한다. 이 경우 "운전적성검사기관"은 "관제적성검사기관"으로, "운전적성검사"는 "관제적성검사"로, "제15조제5항"은 "제21조의6제4항"으로 본다.
(2015.7.24 본조신설)

제21조의7【관제교육훈련】 ① 관제자격증명을 받으려는 사람은 관제업무의 안전한 수행을 위하여 국토교통부장관이 실시하는 관제업무에 필요한 지식과 능력을 습득할 수 있는 교육훈련(이하 "관제교육훈련"이라 한다)을 받아야 한다. 다만, 다음 각 호의 어느 하나에 해당하는 사람에게는 국토교통부령으로 정하는 바에 따라 관제교육훈련의 일부를 면제할 수 있다.
1. 「고등교육법」 제2조에 따른 학교에서 국토교통부령으로 정하는 관제업무 관련 교과목을 이수한 사람
2. 다음 각 목의 어느 하나에 해당하는 업무에 대하여 5년 이상의 경력을 취득한 사람
 가. 철도차량의 운전업무
 나. 철도신호기·선로전환기·조작판의 취급업무
3. 관제자격증명을 받은 후 제21조의3제2항에 따른 다른 종류의 관제자격증명을 받으려는 사람(2022.1.18 본호신설)
② 관제교육훈련의 기간 및 방법 등에 필요한 사항은 국토교통부령으로 정한다.
③ 국토교통부장관은 관제업무에 관한 전문 교육훈련기관(이하 "관제교육훈련기관"이라 한다)을 지정하여 관제교육훈련을 실시하게 할 수 있다.
④ 관제교육훈련기관의 지정기준 및 지정절차 등에 필요한 사항은 대통령령으로 정한다.
⑤ 관제교육훈련기관의 지정취소 및 업무정지 등에 관하여는 제15조제6항 및 제15조의2를 준용한다. 이 경우 "운전적성검사기관"은 "관제교육훈련기관"으로, "운전적성검사"는 "관제교육훈련"으로, "제15조제5항"은 "제21조의7제4항"으로, "운전적성검사 판정서"는 "관제교육훈련 수료증"으로 본다.
(2015.7.24 본조신설)

제21조의8【관제자격증명시험】 ① 관제자격증명을 받으려는 사람은 관제업무에 필요한 지식 및 실무역량에 관하여 국토교통부장관이 실시하는 학과시험 및 실기시험(이하 "관제자격증명시험"이라 한다)에 합격하여야 한다.
② 관제자격증명시험에 응시하려는 사람은 제21조의5제1항에 따른 신체검사와 관제적성검사에 합격한 후 관제교육훈련을 받아야 한다.
③ 국토교통부장관은 다음 각 호의 어느 하나에 해당하는 사람에게는 국토교통부령으로 정하는 바에 따라 관제자격증명시험의 일부를 면제할 수 있다.
1. 운전면허를 받은 사람
2. (2022.1.18 삭제)
3. 관제자격증명을 받은 후 제21조의3제2항에 따른 다른 종류의 관제자격증명에 필요한 시험에 응시하려는 사람(2022.1.18 본호신설)
④ 관제자격증명시험의 과목, 방법 및 절차 등에 필요한 사항은 국토교통부령으로 정한다.
(2015.7.24 본조신설)

제21조의9【관제자격증명서의 발급 및 관제자격증명의 갱신 등】 관제자격증명서의 발급 및 관제자격증명의 갱신 등에 관하여는 제18조 및 제19조를 준용한다. 이 경우 "운전면허시험"은 "관제자격증명시험"으로, "운전면허"는 "관제자격증명"으로, "운전면허증"은 "관제자격증명서"로, "철도차량의 운전업무"는 "관제업무"로 본다.
(2015.7.24 본조신설)

제21조의10【관제자격증명서의 대여 등 금지】 누구든지 관제자격증명서를 다른 사람에게 빌려주거나 빌리거나 이를 알선하여서는 아니 된다.(2020.12.22 본조개정)

제21조의11【관제자격증명의 취소·정지 등】 ① 국토교통부장관은 관제자격증명을 받은 사람이 다음 각 호의 어느 하나에 해당할 때에는 관제자격증명을 취소하거나 1년 이내의 기간을 정하여 관제자격증명의 효력을 정지시킬 수 있다. 다만, 제1호부터 제4호까지의 어느 하나에 해당할 때에는 관제자격증명을 취소하여야 한다.
1. 거짓이나 그 밖의 부정한 방법으로 관제자격증명을 취득하였을 때
2. 제21조의4에서 준용하는 제11조제1항제2호부터 제4호까지의 어느 하나에 해당하게 되었을 때(2024.1.16 본호개정)
3. 관제자격증명의 효력정지 기간 중에 관제업무를 수행하였을 때
4. 제21조의10을 위반하여 관제자격증명서를 다른 사람에게 빌려주었을 때(2020.12.22 본호개정)
5. 관제업무 수행 중 고의 또는 중과실로 철도사고의 원인을 제공하였을 때
6. 제40조의2제2항을 위반하였을 때
7. 제41조제1항을 위반하여 술을 마시거나 약물을 사용한 상태에서 관제업무를 수행하였을 때
8. 제41조제2항을 위반하여 술을 마시거나 약물을 사용한 상태에서 관제업무를 하였다고 인정할 만한 상당한 이유가 있음에도 불구하고 국토교통부장관 또는 시·도지사의 확인 또는 검사를 거부하였을 때
② 제1항에 따른 관제자격증명의 취소 또는 효력정지의 기준 및 절차 등에 관하여는 제20조제2항부터 제6항까지를 준용한다. 이 경우 "운전면허"는 "관제자격증명"으로, "운전면허증"은 "관제자격증명서"로 본다.
(2015.7.24 본조신설)

제22조【관제업무 실무수습】 관제업무에 종사하려는 사람은 국토교통부령으로 정하는 바에 따라 실무수습을 이수하여야 한다.(2015.7.24 본조개정)

제22조의2【무자격자의 관제업무 금지 등】 철도운영자등은 관제자격증명을 받지 아니하거나(제21조의11에 따라 관제자격증명이 취소되거나 그 효력이 정지된 경우를 포함한다) 제22조에 따른 실무수습을 이수하지 아니한 사람을 관제업무에 종사하게 하여서는 아니 된다.
(2015.7.24 본조신설)

제23조【운전업무종사자 등의 관리】 ① 철도차량 운전·관제업무 등 대통령령으로 정하는 업무에 종사하는 철도종사자는 정기적으로 신체검사와 적성검사를 받아야 한다.
② 제1항에 따른 신체검사·적성검사의 시기, 방법 및 합격기준 등에 관하여 필요한 사항은 국토교통부령으로 정한다.(2013.3.23 본항개정)
③ 철도운영자등은 제1항에 따른 업무에 종사하는 철도종사자가 같은 항에 따른 신체검사·적성검사에 불합격하였을 때에는 그 업무에 종사하게 하여서는 아니 된다.
④ 제1항에 따른 업무에 종사하는 철도종사자로서 적성검사에 불합격한 사람 또는 적성검사 과정에서 부정행위를 한 사람은 제15조제2항 각 호의 구분에 따른 기간 동안 적성검사를 받을 수 없다.(2020.6.9 본항신설)
⑤ 철도운영자등은 제1항에 따른 신체검사와 적성검사를 제13조에 따른 신체검사 실시 의료기관 및 운전적성검사기관·관제적성검사기관에 각각 위탁할 수 있다.
(2020.6.9 본항개정)

제24조【철도종사자에 대한 안전 및 직무교육】 ① 철도운영자등 또는 철도운영자등과의 계약에 따라 철도운영이나 철도시설 등의 업무에 종사하는 사업주(이하 이 조에서 "사업주"라 한다)는 자신이 고용하고 있는 철도종사자에 대하여 정기적으로 철도안전에 관한 교육을 실시하여야 한다.(2020.6.9 본항개정)
② 철도운영자등은 자신이 고용하고 있는 철도종사자가 적정한 직무수행을 할 수 있도록 정기적으로 직무교육을 실시하여야 한다.(2020.4.7 본항개정)
③ 철도운영자등은 제1항에 따른 사업주의 안전교육 실시 여부를 확인하여야 하고, 확인 결과 사업주가 안전교육을 실시하지 아니한 경우 안전교육을 실시하도록 조치하여야 한다.(2020.6.9 본항신설)
④ 제1항 및 제2항에 따라 철도운영자등 및 사업주가 실시하여야 하는 교육의 대상, 내용 및 그 밖에 필요한 사항은 국토교통부령으로 정한다.(2020.6.9 본항개정)
(2020.4.7 본조제목개정)

제24조의2【철도차량정비기술자의 인정 등】 ① 철도차량정비기술자로 인정을 받으려는 사람은 국토교통부장관에게 자격 인정을 신청하여야 한다.
② 국토교통부장관은 제1항에 따른 신청인이 대통령령으로 정하는 자격, 경력 및 학력 등 철도차량정비기술자의 인정 기준에 해당하는 경우에는 철도차량정비기술자로 인정하여야 한다.
③ 국토교통부장관은 제1항에 따른 신청인을 철도차량정비기술자로 인정하면 철도차량정비기술자로서의 등급 및 경력 등에 관한 증명서(이하 "철도차량정비경력증"이라 한다)를 그 철도차량정비기술자에게 발급하여야 한다.
④ 제1항부터 제3항까지의 규정에 따른 인정의 신청, 철도차량정비경력증의 발급 및 관리 등에 필요한 사항은 국토교통부령으로 정한다.
(2018.6.12 본조신설)

제24조의3【철도차량정비기술자의 명의 대여금지 등】
① 철도차량정비기술자는 자기의 성명을 사용하여 다른 사람에게 철도차량정비 업무를 수행하게 하거나 철도차량정비경력증을 빌려 주어서는 아니 된다.
② 누구든지 다른 사람의 성명을 사용하여 철도차량정비 업무를 수행하거나 다른 사람의 철도차량정비경력증을 빌려서는 아니 된다.
③ 누구든지 제1항이나 제2항에서 금지된 행위를 알선해서는 아니 된다.
(2018.6.12 본조신설)

제24조의4【철도차량정비기술교육훈련】 ① 철도차량정비기술자는 업무 수행에 필요한 소양과 지식을 습득하기 위하여 대통령령으로 정하는 바에 따라 국토교통부장관이 실시하는 교육·훈련(이하 "정비교육훈련"이라 한다)을 받아야 한다.
② 국토교통부장관은 철도차량정비기술자를 육성하기 위하여 철도차량정비 기술에 관한 전문 교육훈련기관(이하 "정비교육훈련기관"이라 한다)을 지정하여 정비교육훈련을 실시하게 할 수 있다.
③ 정비교육훈련기관의 지정기준 및 절차 등에 필요한 사항은 대통령령으로 정한다.
④ 정비교육훈련기관은 정당한 사유 없이 정비교육훈련 업무를 거부하여서는 아니 되고, 거짓이나 그 밖의 부정한 방법으로 정비교육훈련 수료증을 발급하여서는 아니 된다.
⑤ 정비교육훈련기관의 지정취소 및 업무정지 등에 관하여는 제15조의2를 준용한다. 이 경우 "운전적성검사기관"은 "정비교육훈련기관"으로, "운전적성검사 업무"는 "정비교육훈련 업무"로, "제15조제5항"은 "제24조의4제3항"으로, "제15조제6항"은 "제24조의4제4항"으로, "운전적성검사 판정서"는 "정비교육훈련 수료증"으로 본다.
(2018.6.12 본조신설)

제24조의5【철도차량정비기술자의 인정취소 등】 ① 국토교통부장관은 철도차량정비기술자가 다음 각 호의 어느 하나에 해당하는 경우 그 인정을 취소하여야 한다.
1. 거짓이나 그 밖의 부정한 방법으로 철도차량정비기술자로 인정받은 경우
2. 제24조의2제2항에 따른 자격기준에 해당하지 아니하게 된 경우
3. 철도차량정비 업무 수행 중 고의로 철도사고의 원인을 제공한 경우
② 국토교통부장관은 철도차량정비기술자가 다음 각 호의 어느 하나에 해당하는 경우 1년의 범위에서 철도차량정비기술자의 인정을 정지시킬 수 있다.
1. 다른 사람에게 철도차량정비경력증을 빌려 준 경우
2. 철도차량정비 업무 수행 중 중과실로 철도사고의 원인을 제공한 경우
(2018.6.12 본조신설)

제4장 철도시설 및 철도차량의 안전관리

제25조 (2018.3.13 삭제)

제25조의2【승하차용 출입문 설비의 설치】 철도시설관리자는 선로로부터의 수직거리가 국토교통부령으로 정하는 기준 이상인 승강장에 열차의 출입문과 연동되어 열리고 닫히는 승하차용 출입문 설비를 설치하여야 한다. 다만, 여러 종류의 철도차량이 함께 사용하는 승강장 등 국토교통부령으로 정하는 승강장의 경우에는 그러하지 아니하다.(2018.8.14 본조신설)

제26조【철도차량 형식승인】 ① 국내에서 운행하는 철도차량을 제작하거나 수입하려는 자는 국토교통부령으로 정하는 바에 따라 해당 철도차량의 설계에 관하여 국토교통부장관의 형식승인을 받아야 한다.(2013.3.23 본항개정)
② 제1항에 따라 형식승인을 받은 자가 승인받은 사항을 변경하려는 경우에는 국토교통부장관의 변경승인을 받아야 한다. 다만, 국토교통부령으로 정하는 경미한 사항을 변경하려는 경우에는 국토교통부장관에게 신고하여야 한다.(2013.3.23 본항개정)
③ 국토교통부장관은 제1항에 따른 형식승인 또는 제2항 본문에 따른 변경승인을 하는 경우에는 해당 철도차량이 국토교통부장관이 정하여 고시하는 철도차량의 기술기준에 적합한지에 대하여 형식승인검사를 하여야 한다.
(2013.3.23 본항개정)
④ 국토교통부장관은 제3항에도 불구하고 다음 각 호의 어느 하나에 해당하는 경우에는 형식승인검사의 전부 또는 일부를 면제할 수 있다.(2013.3.23 본문개정)
1. 시험·연구·개발 목적으로 제작 또는 수입되는 철도차량으로서 대통령령으로 정하는 철도차량에 해당하는 경우
2. 수출 목적으로 제작 또는 수입되는 철도차량으로서 대통령령으로 정하는 철도차량에 해당하는 경우
3. 대한민국이 체결한 협정 또는 대한민국이 가입한 협약에 따라 형식승인검사가 면제되는 철도차량의 경우
4. 그 밖에 철도시설의 유지·보수 또는 철도차량의 사고복구 등 특수한 목적을 위하여 제작 또는 수입되는 철도차량으로서 국토교통부장관이 정하여 고시하는 경우
(2013.3.23 본호개정)
⑤ 누구든지 제1항에 따른 형식승인을 받지 아니한 철도차량을 운행하여서는 아니 된다.
⑥ 제1항부터 제4항까지의 규정에 따른 승인절차, 승인방법, 신고절차, 검사절차, 검사방법 및 면제절차 등에 관하여 필요한 사항은 국토교통부령으로 정한다.(2013.3.23 본항개정)
(2012.12.18 본조신설)

제26조의2【형식승인의 취소 등】 ① 국토교통부장관은 제26조에 따라 형식승인을 받은 자가 다음 각 호의 어느 하나에 해당하는 경우에는 그 형식승인을 취소할 수 있다. 다만, 제1호에 해당하는 경우에는 그 형식승인을 취소하여야 한다.(2013.3.23 본문개정)
1. 거짓이나 그 밖의 부정한 방법으로 형식승인을 받은 경우

2. 제26조제3항에 따른 기술기준에 중대하게 위반되는 경우
3. 제2항에 따른 변경승인명령을 이행하지 아니한 경우
② 국토교통부장관은 제26조제1항에 따른 형식승인이 같은 조 제3항에 따른 기술기준에 위반(이 조 제1항제2호에 해당하는 경우는 제외한다)된다고 인정하는 경우에는 그 형식승인을 받은 자에게 국토교통부령으로 정하는 바에 따라 변경승인을 받을 것을 명하여야 한다.(2013.3.23 본항개정)
③ 제1항제1호에 해당되는 사유로 형식승인이 취소된 경우에는 그 취소된 날부터 2년간 동일한 형식의 철도차량에 대하여 새로 형식승인을 받을 수 없다.
(2012.12.18 본조신설)

제26조의3【철도차량 제작자승인】 ① 제26조에 따라 형식승인을 받은 철도차량을 제작(외국에서 대한민국에 수출할 목적으로 제작하는 경우를 포함한다)하려는 자는 국토교통부령으로 정하는 바에 따라 철도차량의 제작을 위한 인력, 설비, 장비, 기술 및 제작검사 등 철도차량의 적합한 제작을 위한 유기적 체계(이하 "철도차량 품질관리체계"라 한다)를 갖추고 있는지에 대하여 국토교통부장관의 제작자승인을 받아야 한다.
② 국토교통부장관은 제1항에 따른 제작자승인을 하는 경우에는 해당 철도차량 품질관리체계가 국토교통부장관이 정하여 고시하는 철도차량의 제작관리 및 품질유지에 필요한 기술기준에 적합한지에 대하여 국토교통부령으로 정하는 바에 따라 제작자승인검사를 하여야 한다.
③ 국토교통부장관은 제1항 및 제2항에도 불구하고 대한민국이 체결한 협정 또는 대한민국이 가입한 협약에 따라 제작자승인이 면제되는 경우 등 대통령령으로 정하는 경우에는 제작자승인 대상에서 제외하거나 제작자승인 검사의 전부 또는 일부를 면제할 수 있다.
(2013.3.23 본조개정)

제26조의4【결격사유】 다음 각 호의 어느 하나에 해당하는 자는 철도차량 제작자승인을 받을 수 없다.
1. 피성년후견인
2. 파산선고를 받고 복권되지 아니한 사람
3. 이 법 또는 대통령령으로 정하는 철도 관계 법령을 위반하여 징역형의 실형을 선고받고 그 집행이 종료(집행이 종료된 것으로 보는 경우를 포함한다)되거나 집행이 면제된 날부터 2년이 지나지 아니한 사람
4. 이 법 또는 대통령령으로 정하는 철도 관계 법령을 위반하여 징역형의 집행유예를 선고받고 그 유예기간 중에 있는 사람
5. 제작자승인이 취소된 후 2년이 지나지 아니한 자
(2020.6.9 3호~5호개정)
6. 임원 중에 제1호부터 제5호까지의 어느 하나에 해당하는 사람이 있는 법인
(2012.12.18 본조신설)

제26조의5【승계】 ① 제26조의3에 따라 철도차량 제작자승인을 받은 자가 그 사업을 양도하거나 사망한 때 또는 법인의 합병이 있는 때에는 양수인, 상속인 또는 합병 후 존속하는 법인이나 합병에 의하여 설립되는 법인은 제작자승인을 받은 자의 지위를 승계한다.
② 제1항에 따라 철도차량 제작자승인의 지위를 승계하는 자는 승계일부터 1개월 이내에 국토교통부령으로 정하는 바에 따라 그 승계사실을 국토교통부장관에게 신고하여야 한다.(2013.3.23 본항개정)
③ 제1항에 따라 제작자승인의 지위를 승계하는 자에 대하여는 제26조의4를 준용한다. 다만, 제26조의4 각 호의 어느 하나에 해당하는 상속인이 피상속인이 사망한 날부터 3개월 이내에 그 사업을 다른 사람에게 양도한 경우에는 피상속인의 사망일부터 양도일까지의 기간 동안 피상속인의 제작자승인은 상속인의 제작자승인으로 본다.
(2012.12.18 본조신설)

제26조의6【철도차량 완성검사】 ① 제26조의3에 따라 철도차량 제작자승인을 받은 자는 제작한 철도차량을 판매하기 전에 해당 철도차량이 제26조에 따른 형식승인을 받은대로 제작되었는지를 확인하기 위하여 국토교통부장관이 시행하는 완성검사를 받아야 한다.
② 국토교통부장관은 철도차량이 제1항에 따른 완성검사에 합격한 경우에는 철도차량제작자에게 국토교통부령으로 정하는 완성검사증명서를 발급하여야 한다.
(2020.6.9 본항개정)
③ 제1항에 따른 철도차량 완성검사의 절차 및 방법 등에 관하여 필요한 사항은 국토교통부령으로 정한다.
(2013.3.23 본조개정)

제26조의7【철도차량 제작자승인의 취소 등】 ① 국토교통부장관은 제26조의3에 따라 철도차량 제작자승인을 받은 자가 다음 각 호의 어느 하나에 해당하는 경우에는 그 승인을 취소하거나 6개월 이내의 기간을 정하여 업무의 제한이나 정지를 명할 수 있다. 다만, 제1호 또는 제5호에 해당하는 경우에는 제작자승인을 취소하여야 한다.
(2013.3.23 본문개정)
1. 거짓이나 그 밖의 부정한 방법으로 제작자승인을 받은 경우
2. 제26조의8에서 준용하는 제7조제3항을 위반하여 변경승인을 받지 아니하거나 변경신고를 하지 아니하고 철도차량을 제작한 경우
3. 제26조의8에서 준용하는 제8조제3항에 따른 시정조치명령을 정당한 사유 없이 이행하지 아니한 경우
4. 제32조제1항에 따른 명령을 이행하지 아니하는 경우
5. 업무정지 기간 중에 철도차량을 제작한 경우
② 제1항에 따른 철도차량 제작자승인의 취소, 업무의 제한 또는 정지의 기준 및 절차 등에 관하여 필요한 사항은 국토교통부령으로 정한다.(2013.3.23 본항개정)
(2012.12.18 본조신설)

제26조의8【준용규정】 철도차량 제작자승인의 변경, 철도차량 품질관리체계의 유지·검사 및 시정조치, 과징금의 부과·징수 등에 관하여는 제7조제3항, 제8조, 제9조 및 제9조의2를 준용한다. 이 경우 "안전관리체계"는 "철도차량 품질관리체계"로 본다.(2012.12.18 본조신설)

제27조【철도용품 형식승인】 ① 국토교통부장관이 정하여 고시하는 철도용품을 제작하거나 수입하려는 자는 국토교통부령으로 정하는 바에 따라 해당 철도용품의 설계에 대하여 국토교통부장관의 형식승인을 받아야 한다.
(2013.3.23 본항개정)
② 국토교통부장관은 제1항에 따른 형식승인을 하는 경우에는 해당 철도용품이 국토교통부장관이 정하여 고시하는 철도용품의 기술기준에 적합한지에 대하여 국토교통부령으로 정하는 바에 따라 형식승인검사를 하여야 한다.(2013.3.23 본항개정)
③ 누구든지 제1항에 따라 형식승인을 받지 아니한 철도용품(국토교통부장관이 정하여 고시하는 철도용품만 해당한다)을 철도시설 및 철도차량 등에 사용하여서는 아니 된다.(2013.3.23 본항개정)
④ 철도용품 형식승인의 변경, 형식승인검사의 면제, 형식승인의 취소, 변경승인명령 및 형식승인의 금지기간 등에 관하여는 제26조제2항·제4항·제6항 및 제26조의2를 준용한다. 이 경우 "철도차량"은 "철도용품"으로 본다.
(2012.12.18 본조개정)

제27조의2【철도용품 제작자승인】 ① 제27조에 따라 형식승인을 받은 철도용품을 제작(외국에서 대한민국에 수출할 목적으로 제작하는 경우를 포함한다)하려는 자는 국토교통부령으로 정하는 바에 따라 철도용품의 제작을 위한 인력, 설비, 장비, 기술 및 제작검사 등 철도용품의 적합한 제작을 위한 유기적 체계(이하 "철도용품 품질관리체계"라 한다)를 갖추고 있는지에 대하여 국토교통부장관으로부터 제작자승인을 받아야 한다.(2013.3.23 본항개정)
② 국토교통부장관은 제1항에 따른 제작자승인을 하는 경우에는 해당 철도용품 품질관리체계가 국토교통부장관이 정하여 고시하는 철도용품의 제작관리 및 품질유지에 필요한 기술기준에 적합한지에 대하여 국토교통부령으로 정하는 바에 따라 철도용품 제작자승인검사를 하여야 한다.(2013.3.23 본항개정)
③ 제1항에 따라 제작자승인을 받은 자는 해당 철도용품에 대하여 국토교통부령으로 정하는 바에 따라 형식승인을 받은 철도용품임을 나타내는 형식승인표시를 하여야 한다.(2013.3.23 본항개정)
④ 제1항에 따른 철도용품 제작자승인의 변경, 철도용품 품질관리체계의 유지·검사 및 시정조치, 과징금의 부과·징수, 제작자승인 등의 면제, 제작자승인의 결격사유 및 지위승계, 제작자승인의 취소, 업무의 제한·정지 등에 관하여는 제7조제3항, 제8조, 제9조, 제9조의2, 제26조의3제3항, 제26조의4, 제26조의5 및 제26조의7을 준용한다. 이 경우 "안전관리체계"는 "철도용품 품질관리체계"로, "철도차량"은 "철도용품"으로 본다.
(2012.12.18 본조신설)

제27조의3【검사 업무의 위탁】 국토교통부장관은 다음 각 호의 업무를 대통령령으로 정하는 바에 따라 관련 기관 또는 단체에 위탁할 수 있다.
1. 제26조제3항에 따른 철도차량 형식승인검사
2. 제26조의3제2항에 따른 철도차량 제작자승인검사
3. 제26조의6제1항에 따른 철도차량 완성검사
4. 제27조제2항에 따른 철도용품 형식승인검사
5. 제27조의2제2항에 따른 철도용품 제작자승인검사
(2020.6.9 본조신설)

제28조~제30조 (2012.12.18 삭제)

제31조【형식승인 등의 사후관리】 ① 국토교통부장관은 제26조 또는 제27조에 따라 형식승인을 받은 철도차량 또는 철도용품의 안전 및 품질의 확인·점검을 위하여 필요하다고 인정하는 경우에는 소속 공무원으로 하여금 다음 각 호의 조치를 하게 할 수 있다.(2013.3.23 본문개정)
1. 철도차량 또는 철도용품이 제26조제3항 또는 제27조제2항에 따른 기술기준에 적합한지에 대한 조사
2. 철도차량 또는 철도용품 형식승인 및 제작자승인을 받은 자의 관계 장부 또는 서류의 열람·제출
3. 철도차량 또는 철도용품에 대한 수거·검사
4. 철도차량 또는 철도용품의 안전 및 품질에 대한 전문연구기관에의 시험·분석 의뢰
5. 그 밖에 철도차량 또는 철도용품의 안전 및 품질에 대한 긴급한 조사를 위하여 국토교통부령으로 정하는 사항
(2013.3.23 본호개정)
② 철도차량 또는 철도용품의 형식승인 및 제작자승인을 받은 자와 철도차량 또는 철도용품의 소유자·점유자·관리인 등은 정당한 사유 없이 제1항에 따른 조사·열람·수거 등을 거부·방해·기피하여서는 아니 된다.
③ 제1항에 따라 조사·열람 또는 검사 등을 하는 공무원은 그 권한을 표시하는 증표를 지니고 관계인에게 내보여야 한다. 이 경우 그 증표에 관하여 필요한 사항은 국토교통부령으로 정한다.(2013.3.23 본항개정)
④ 제26조의6제1항에 따라 철도차량 완성검사를 받은 자가 해당 철도차량을 판매하는 경우 다음 각 호의 조치를 하여야 한다.
1. 철도차량정비에 필요한 부품을 공급할 것
2. 철도차량을 구매한 자에게 철도차량정비에 필요한 기술지도·교육과 정비매뉴얼 등 정비 관련 자료를 제공할 것
(2018.6.12 본항신설)
⑤ 제4항 각 호에 따른 정비에 필요한 부품의 종류 및 공급하여야 하는 기간, 기술지도·교육 대상과 방법, 철도차량정비 관련 자료의 종류 및 제공 방법 등에 필요한 사항은 국토교통부령으로 정한다.(2018.6.12 본항신설)
⑥ 국토교통부장관은 제26조의6제1항에 따라 철도차량 완성검사를 받아 해당 철도차량을 판매한 자가 제4항에 따른 조치를 이행하지 아니한 경우에는 그 이행을 명할 수 있다.(2018.6.12 본항신설)
(2012.12.18 본조개정)

제32조【제작 또는 판매 중지 등】 ① 국토교통부장관은 제26조 및 제27조에 따라 형식승인을 받은 철도차량 또는 철도용품이 다음 각 호의 어느 하나에 해당하는 경우에는 그 철도차량 또는 철도용품의 제작·수입·판매 또는 사용의 중지를 명할 수 있다. 다만, 제1호에 해당하는 경우에는 제작·수입·판매 또는 사용의 중지를 명하여야 한다.(2013.3.23 본문개정)
1. 제26조의2제1항(제27조제4항에서 준용하는 경우를 포함한다)에 따라 형식승인이 취소된 경우
2. 제26조의2제2항(제27조제4항에서 준용하는 경우를 포함한다)에 따른 변경승인 이행명령을 받은 경우
3. 제26조의6에 따른 완성검사를 받지 아니한 철도차량을 판매한 경우(판매 또는 사용의 중지명령만 해당한다)
4. 형식승인을 받은 내용과 다르게 철도차량 또는 철도용품을 제작·수입·판매한 경우
② 제1항에 따른 중지명령을 받은 철도차량 또는 철도용품의 제작자는 국토교통부령으로 정하는 바에 따라 해당 철도차량 또는 철도용품의 회수 및 환불 등에 관한 시정조치계획을 작성하여 국토교통부장관에게 제출하고 이 계획에 따른 시정조치를 하여야 한다. 다만, 제1항제2호 및 제3호에 해당하는 경우로서 그 위반경위, 위반정도 및 위반효과 등이 국토교통부령으로 정하는 경미한 경우에는 그러하지 아니하다.(2013.3.23 본항개정)
③ 제2항 단서에 따라 시정조치의 면제를 받으려는 제작자는 대통령령으로 정하는 바에 따라 국토교통부장관에게 그 시정조치의 면제를 신청하여야 한다.(2013.3.23 본항개정)
④ 철도차량 또는 철도용품의 제작자는 제2항 본문에 따라 시정조치를 하는 경우에는 국토교통부령으로 정하는 바에 따라 해당 시정조치의 진행 상황을 국토교통부장관에게 보고하여야 한다.(2013.3.23 본항개정)
(2012.12.18 본조개정)

제33조 (2012.12.18 삭제)

제34조【표준화】 ① 국토교통부장관은 철도의 안전과 호환성의 확보 등을 위하여 철도차량 및 철도용품의 표준규격을 정하여 철도운영자등 또는 철도차량을 제작·조립 또는 수입하려는 자 등(이하 "차량제작자등"이라 한다)에게 권고할 수 있다. 다만, 「산업표준화법」에 따른 한국산업표준이 제정되어 있는 사항에 대하여는 그 표준에 따른다.
② 제1항에 따른 표준규격의 제정·개정 등에 필요한 사항은 국토교통부령으로 정한다.
(2013.3.23 본조개정)

제35조~제37조 (2012.12.18 삭제)

제38조【종합시험운행】 ① 철도운영자등은 철도노선을 새로 건설하거나 기존노선을 개량하여 운영하려는 경우에는 정상운행을 하기 전에 종합시험운행을 실시한 후 그 결과를 국토교통부장관에게 보고하여야 한다.
② 국토교통부장관은 제1항에 따른 보고를 받은 경우에는 「철도의 건설 및 철도시설 유지관리에 관한 법률」 제19조제1항에 따른 기술기준에의 적합 여부, 철도시설 및 열차운행체계의 안전성 여부, 정상운행 준비의 적절성 여부 등을 검토하여 필요하다고 인정하는 경우에는 개선·시정할 것을 명할 수 있다.(2018.3.13 본항개정)
③ 제1항 및 제2항에 따른 종합시험운행의 실시 시기·방법·기준과 개선·시정 명령 등에 필요한 사항은 국토교통부령으로 정한다.
(2013.3.23 본조개정)

제38조의2【철도차량의 개조 등】 ① 철도차량을 소유하거나 운영하는 자(이하 "소유자등"이라 한다)는 철도차량 최초 제작 당시와 다르게 구조, 부품, 장치 또는 차량성능 등에 대한 개량 및 변경 등(이하 "개조"라 한다)을 임의로 하고 운행하여서는 아니 된다.
② 소유자등이 철도차량을 개조하여 운행하려면 제26조제3항에 따른 철도차량의 기술기준에 적합한지에 대하여 국토교통부령으로 정하는 바에 따라 국토교통부장관의 승인(이하 "개조승인"이라 한다)을 받아야 한다. 다만, 국토교통부령으로 정하는 경미한 사항을 개조하는 경우에

는 국토교통부장관에게 신고(이하 "개조신고"라 한다)하여야 한다.
③ 소유자등이 철도차량을 개조하여 개조승인을 받으려는 경우에는 국토교통부령으로 정하는 바에 따라 적정 개조능력이 있다고 인정되는 자가 개조 작업을 수행하도록 하여야 한다.
④ 국토교통부장관은 개조승인을 하려는 경우에는 해당 철도차량이 제26조제3항에 따라 고시하는 철도차량의 기술기준에 적합한지에 대하여 개조승인검사를 하여야 한다.
⑤ 제2항 및 제4항에 따른 개조승인절차, 개조신고절차, 승인방법, 검사기준, 검사방법 등에 대하여 필요한 사항은 국토교통부령으로 정한다.
(2017.10.24 본조신설)

제38조의3【철도차량의 운행제한】 ① 국토교통부장관은 다음 각 호의 어느 하나에 해당하는 사유가 있다고 인정되면 소유자등에게 철도차량의 운행제한을 명할 수 있다.
1. 소유자등이 개조승인을 받지 아니하고 임의로 철도차량을 개조하여 운행하는 경우
2. 철도차량이 제26조제3항에 따른 철도차량의 기술기준에 적합하지 아니한 경우
② 국토교통부장관은 제1항에 따라 운행제한을 명하는 경우 사전에 그 목적, 기간, 지역, 제한내용 및 대상 철도차량의 종류와 그 밖에 필요한 사항을 해당 소유자등에게 통보하여야 한다.
(2017.10.24 본조신설)

제38조의4【준용규정】 철도차량 운행제한에 대한 과징금의 부과·징수에 관하여는 제9조의2를 준용한다. 이 경우 "철도운영자등"은 "소유자등"으로, "업무의 제한이나 정지"는 "철도차량의 운행제한"으로 본다.(2017.10.24 본조신설)

제38조의5【철도차량의 이력관리】 ① 소유자등은 보유 또는 운영하고 있는 철도차량과 관련한 제작, 운용, 철도차량정비 및 폐차 등 이력을 관리하여야 한다.
② 제1항에 따라 이력을 관리하여야 할 철도차량, 이력관리 항목, 전산망 등 관리체계, 방법 및 절차 등에 필요한 사항은 국토교통부장관이 정하여 고시한다.
③ 누구든지 제1항에 따라 관리하여야 할 철도차량의 이력에 대하여 다음 각 호의 행위를 하여서는 아니 된다.
1. 이력사항을 고의 또는 과실로 입력하지 아니하는 행위
2. 이력사항을 위조·변조하거나 고의로 훼손하는 행위
3. 이력사항을 무단으로 외부에 제공하는 행위
④ 소유자등은 제1항의 이력을 국토교통부장관에게 정기적으로 보고하여야 한다.
⑤ 국토교통부장관은 제4항에 따라 보고된 철도차량과 관련한 제작, 운용, 철도차량정비 및 폐차 등 이력을 체계적으로 관리하여야 한다.
(2018.6.12 본조신설)

제38조의6【철도차량정비 등】 ① 철도운영자등은 운행하려는 철도차량의 부품, 장치 및 차량성능 등이 안전한 상태로 유지될 수 있도록 철도차량정비가 된 철도차량을 운행하여야 한다.
② 국토교통부장관은 제1항에 따른 철도차량을 운행하기 위하여 철도차량을 정비하는 때에 준수하여야 할 항목, 주기, 방법 및 절차 등에 관한 기술기준(이하 "철도차량정비기술기준"이라 한다)을 정하여 고시하여야 한다.
③ 국토교통부장관은 철도차량이 다음 각 호의 어느 하나에 해당하는 경우에 철도운영자등에게 해당 철도차량에 대하여 국토교통부령으로 정하는 바에 따라 철도차량 정비 또는 원상복구를 명할 수 있다. 다만, 제2호 또는 제3호에 해당하는 경우에는 국토교통부장관은 철도운영자등에게 철도차량 정비 또는 원상복구를 명하여야 한다.
1. 철도차량정비기술기준에 적합하지 아니하거나 안전운행에 지장이 있다고 인정되는 경우
2. 소유자등이 개조승인을 받지 아니하고 철도차량을 개조한 경우
3. 국토교통부령으로 정하는 철도사고 또는 운행장애 등이 발생한 경우
(2018.6.12 본조신설)

제38조의7【철도차량 정비조직인증】 ① 철도차량정비를 하려는 자는 철도차량정비에 필요한 인력, 설비 및 검사체계 등에 관한 기준(이하 "정비조직인증기준"이라 한다)을 갖추어 국토교통부장관으로부터 인증을 받아야 한다. 다만, 국토교통부령으로 정하는 경미한 사항의 경우에는 그러하지 아니하다.
② 제1항에 따라 정비조직의 인증을 받은 자(이하 "인증정비조직"이라 한다)가 인증받은 사항을 변경하려는 경우에는 국토교통부장관의 변경인증을 받아야 한다. 다만, 국토교통부령으로 정하는 경미한 사항을 변경하는 경우에는 국토교통부장관에게 신고하여야 한다.
③ 국토교통부장관은 정비조직을 인증하려는 경우에는 국토교통부령으로 정하는 바에 따라 철도차량정비의 종류·범위·방법 및 품질관리절차 등을 정한 세부 운영기준(이하 "정비조직운영기준"이라 한다)을 해당 정비조직에 발급하여야 한다.
④ 제1항부터 제3항까지에 따른 정비조직인증기준, 인증절차, 변경인증절차 및 정비조직운영기준 등에 필요한 사항은 국토교통부령으로 정한다.
(2018.6.12 본조신설)

제38조의8【결격사유】 다음 각 호의 어느 하나에 해당하는 자는 정비조직의 인증을 받을 수 없다. 법인인 경우에는 임원 중 다음 각 호의 어느 하나에 해당하는 사람이 있는 경우에도 또한 같다.
1. 피성년후견인 및 피한정후견인
2. 파산선고를 받은 자로서 복권되지 아니한 자
3. 제38조의10에 따라 정비조직의 인증이 취소(제38조의10제1항제4호에 따라 제1호 및 제2호에 해당되어 인증이 취소된 경우는 제외한다)된 후 2년이 지나지 아니한 자
4. 이 법을 위반하여 징역 이상의 실형을 선고받고 그 집행이 끝나거나 그 집행이 면제된 날부터 2년이 지나지 아니한 사람
5. 이 법을 위반하여 징역 이상의 형의 집행유예를 선고받고 그 유예기간 중에 있는 사람
(2018.6.12 본조신설)

제38조의9【인증정비조직의 준수사항】 인증정비조직은 다음 각 호의 사항을 준수하여야 한다.
1. 철도차량정비기술기준을 준수할 것
2. 정비조직인증기준에 적합하도록 유지할 것
3. 정비조직운영기준을 지속적으로 유지할 것
4. 중고 부품을 사용하여 철도차량정비를 할 경우 그 적정성 및 이상 여부를 확인할 것
5. 철도차량정비가 완료되지 않은 철도차량은 운행할 수 없도록 관리할 것
(2018.6.12 본조신설)

제38조의10【인증정비조직의 인증 취소 등】 ① 국토교통부장관은 인증정비조직이 다음 각 호의 어느 하나에 해당하면 인증을 취소하거나 6개월 이내의 기간을 정하여 업무의 제한이나 정지를 명할 수 있다. 다만, 제1호, 제2호(고의에 의한 경우로 한정한다) 및 제4호에 해당하는 경우에는 그 인증을 취소하여야 한다.
1. 거짓이나 그 밖의 부정한 방법으로 인증을 받은 경우
2. 고의 또는 중대한 과실로 국토교통부령으로 정하는 철도사고 및 중대한 운행장애를 발생시킨 경우
3. 제38조의7제2항을 위반하여 변경인증을 받지 아니하거나 변경신고를 하지 아니하고 인증받은 사항을 변경한 경우
4. 제38조의8제1호 및 제2호에 따른 결격사유에 해당하게 된 경우
5. 제38조의9에 따른 준수사항을 위반한 경우
② 제1항에 따른 정비조직인증의 취소, 업무의 제한 또는 정지의 기준 및 절차 등에 필요한 사항은 국토교통부령으로 정한다.
(2018.6.12 본조신설)

제38조의11【준용규정】 인증정비조직에 대한 과징금의 부과·징수에 관하여는 제9조의2를 준용한다. 이 경우 "제9조제1항"은 "제38조의10제1항"으로, "철도운영자등"은 "인증정비조직"으로 본다.(2018.6.12 본조신설)

제38조의12【철도차량 정밀안전진단】 ① 소유자등은 철도차량이 제작된 시점(제26조의6제2항에 따라 완성검사증명서를 발급받은 날부터 기산한다)부터 국토교통부령으로 정하는 일정기간 또는 일정주행거리가 지나 노후된 철도차량을 운행하려는 경우 일정기간마다 물리적 사용가능 여부 및 안전성능 등에 대한 진단(이하 "정밀안전진단"이라 한다)을 받아야 한다.(2020.6.9 본항개정)
② 국토교통부장관은 철도사고 및 중대한 운행장애 등이 발생된 철도차량에 대하여는 소유자등에게 정밀안전진단을 받을 것을 명할 수 있다. 이 경우 소유자등은 특별한 사유가 없으면 이에 따라야 한다.
③ 국토교통부장관은 제1항 및 제2항에 따른 정밀안전진단 대상이 특정 시기에 집중되는 경우나 그 밖의 부득이한 사유로 소유자등이 정밀안전진단을 받을 수 없다고 인정될 때에는 그 기간을 연장하거나 유예(猶豫)할 수 있다.
④ 소유자등은 정밀안전진단 대상이 제1항 및 제2항에 따른 정밀안전진단을 받지 아니하거나 정밀안전진단 결과 또는 제38조의14제1항에 따른 정밀안전진단 결과에 대한 평가 결과 계속 사용이 적합하지 아니하다고 인정되는 경우에는 해당 철도차량을 운행해서는 아니 된다.
(2022.1.18 본항개정)
⑤ 소유자등은 제38조의13제1항에 따른 정밀안전진단기관으로부터 정밀안전진단을 받아야 한다.(2022.1.18 본항개정)
⑥ 제1항부터 제3항까지의 정밀안전진단 등의 기준·방법·절차 등에 필요한 사항은 국토교통부령으로 정한다.
(2018.6.12 본조신설)

제38조의13【정밀안전진단기관의 지정 등】 ① 국토교통부장관은 원활한 정밀안전진단 업무 수행을 위하여 철도차량 정밀안전진단기관(이하 "정밀안전진단기관"이라 한다)을 지정하여야 한다.(2022.1.18 본항개정)
② 정밀안전진단기관의 지정기준, 지정절차 등에 필요한 사항은 국토교통부령으로 정한다.
③ 국토교통부장관은 정밀안전진단기관이 다음 각 호의 어느 하나에 해당하는 경우에 그 지정을 취소하거나 6개월 이내의 기간을 정하여 그 업무의 전부 또는 일부의 정지를 명할 수 있다. 다만, 제1호부터 제3호까지의 어느 하나에 해당하는 경우에는 그 지정을 취소하여야 한다.
1. 거짓이나 그 밖의 부정한 방법으로 지정을 받은 경우
2. 이 조에 따른 업무정지명령을 위반하여 업무정지 기간 중에 정밀안전진단 업무를 한 경우
3. 정밀안전진단 업무와 관련하여 부정한 금품을 수수(收受)하거나 그 밖의 부정한 행위를 한 경우(2020.6.9 본호개정)
4. 정밀안전진단 결과를 조작한 경우
5. 정밀안전진단 결과를 거짓으로 기록하거나 고의로 결과를 기록하지 아니한 경우
6. 성능검사 등을 받지 아니한 검사용 기계·기구를 사용하여 정밀안전진단을 한 경우
7. 제38조의14제1항에 따라 정밀안전진단 결과를 평가한 결과 고의 또는 중대한 과실로 사실과 다르게 진단하는 등 정밀안전진단 업무를 부실하게 수행한 것으로 평가된 경우(2022.1.18 본호신설)
④ 제3항에 따른 처분의 세부기준과 그 밖에 필요한 사항은 국토교통부령으로 정한다.(2022.1.18 본항신설)
(2018.6.12 본조신설)

제38조의14【정밀안전진단 결과의 평가】 ① 국토교통부장관은 정밀안전진단기관의 부실 진단을 방지하기 위하여 제38조의12제1항 및 제2항에 따라 소유자등이 정밀안전진단을 받은 경우 정밀안전진단기관이 수행한 해당 정밀안전진단의 결과를 평가할 수 있다.
② 국토교통부장관은 정밀안전진단기관 또는 소유자등에게 제1항에 따른 평가에 필요한 자료를 제출하도록 요구할 수 있다. 이 경우 자료의 제출을 요구받은 자는 특별한 사유가 없으면 이에 따라야 한다.
③ 제1항에 따른 평가의 대상, 방법, 절차 등에 필요한 사항은 국토교통부령으로 정한다.
(2022.1.18 본조신설)

제38조의15【준용규정】 정밀안전진단기관에 대한 과징금의 부과·징수에 관하여는 제9조의2를 준용한다. 이 경우 "제9조제1항"은 "제38조의13제3항"으로, "철도운영자등"은 "정밀안전진단기관"으로 본다.(2018.6.12 본조신설)

제5장 철도차량 운행안전 및 철도 보호
(2012.6.1 본장개정)

제39조【철도차량의 운행】 열차의 편성, 철도차량 운전 및 신호방식 등 철도차량의 안전운행에 필요한 사항은 국토교통부령으로 정한다.(2013.3.23 본조개정)

제39조의2【철도교통관제】 ① 철도차량을 운행하는 자는 국토교통부장관이 지시하는 이동·출발·정지 등의 명령과 운행 기준·방법·절차 및 순서 등에 따라야 한다.
② 국토교통부장관은 철도차량의 안전하고 효율적인 운행을 위하여 철도시설의 운용상태 등 철도차량의 운행과 관련된 조언과 정보를 철도종사자 또는 철도운영자등에게 제공할 수 있다.
③ 국토교통부장관은 철도차량의 안전한 운행을 위하여 철도시설 내에서 사람, 자동차 및 철도차량의 운행제한 등 필요한 안전조치를 취할 수 있다.
④ 제1항부터 제3항까지의 규정에 따라 국토교통부장관이 행하는 업무의 대상, 내용 및 절차 등에 관하여 필요한 사항은 국토교통부령으로 정한다.
(2013.3.23 본조개정)

제39조의3【영상기록장치의 설치·운영 등】 ① 철도운영등은 철도차량의 운행상황 기록, 교통사고 상황 파악, 안전사고 방지, 범죄 예방 등을 위하여 다음 각 호의 철도차량 또는 철도시설에 영상기록장치를 설치·운영하여야 한다. 이 경우 영상기록장치의 설치 기준, 방법 등은 대통령령으로 정한다.(2020.12.22 본문개정)
1. 철도차량 중 대통령령으로 정하는 동력차 및 객차 (2020.12.22 본호개정)
2. 승강장 등 대통령령으로 정하는 안전사고의 우려가 있는 역 구내
3. 대통령령으로 정하는 차량정비기지
4. 변전소 등 대통령령으로 정하는 안전확보가 필요한 철도시설
(2019.11.26 2호~4호신설)
5. 「건널목 개량촉진법」 제2조제3호에 따른 건널목으로서 대통령령으로 정하는 안전확보가 필요한 건널목 (2023.8.16 본호신설)
② 철도운영자등은 제1항에 따라 영상기록장치를 설치하는 경우 운전업무종사자, 여객 등이 쉽게 인식할 수 있도록 대통령령으로 정하는 바에 따라 안내판 설치 등 필요한 조치를 하여야 한다.(2020.12.22 본항개정)
③ 철도운영자등은 설치 목적과 다른 목적으로 영상기록장치를 임의로 조작하거나 다른 곳을 비추어서는 아니 되며, 운행기간 외에는 영상기록(음성기록을 포함한다. 이하 같다)을 하여서는 아니 된다.(2019.11.26 본항개정)
④ 철도운영자등은 다음 각 호의 어느 하나에 해당하는 경우 외에는 영상기록을 이용하거나 다른 자에게 제공하여서는 아니 된다.(2019.11.26 본문개정)
1. 교통사고 상황 파악을 위하여 필요한 경우
2. 범죄의 수사와 공소의 제기 및 유지에 필요한 경우
3. 법원의 재판업무수행을 위하여 필요한 경우
⑤ 철도운영자등은 영상기록장치에 기록된 영상이 분실·도난·유출·변조 또는 훼손되지 아니하도록 대통령령으로 정하는 바에 따라 영상기록장치의 운영·관리 지침을 마련하여야 한다.(2019.11.26 본항개정)
⑥ 영상기록장치의 설치·관리 및 영상기록의 이용·제공 등은 「개인정보 보호법」에 따라야 한다.

⑦ 제4항에 따른 영상기록의 제공과 그 밖에 영상기록의 보관 기준 및 보관 기간 등에 필요한 사항은 국토교통부령으로 정한다.(2020.12.22 본항개정)
(2019.11.26 본조제목개정)
(2016.1.19 본조신설)

제40조【열차운행의 일시 중지】 ① 철도운영자는 다음 각 호의 어느 하나에 해당하는 경우로서 열차의 안전운행에 지장이 있다고 인정하는 경우에는 열차운행을 일시 중지할 수 있다.
1. 지진, 태풍, 폭우, 폭설 등 천재지변 또는 악천후로 인하여 재해가 발생하였거나 재해가 발생할 것으로 예상되는 경우
2. 그 밖에 열차운행에 중대한 장애가 발생하였거나 발생할 것으로 예상되는 경우
② 철도종사자는 철도사고 및 운행장애의 징후가 발견되거나 발생 위험이 높다고 판단되는 경우에는 관제업무종사자에게 열차운행을 일시 중지할 것을 요청할 수 있다. 이 경우 요청을 받은 관제업무종사자는 특별한 사유가 없으면 즉시 열차운행을 중지하여야 한다.(2020.4.7 본항신설)
③ 철도종사자는 제2항에 따른 열차운행의 중지 요청과 관련하여 고의 또는 중대한 과실이 없는 경우에는 민사상 책임을 지지 아니한다.(2020.4.7 본항신설)
④ 누구든지 제2항에 따라 열차운행의 중지를 요청한 철도종사자에게 이를 이유로 불이익한 조치를 하여서는 아니 된다.(2020.4.7 본항신설)

제40조의2【철도종사자의 준수사항】 ① 운전업무종사자는 철도차량의 운전업무 수행 중 다음 각 호의 사항을 준수하여야 한다.
1. 철도차량 출발 전 국토교통부령으로 정하는 조치 사항을 이행할 것
2. 국토교통부령으로 정하는 철도차량 운행에 관한 안전 수칙을 준수할 것
② 관제업무종사자는 관제업무 수행 중 다음 각 호의 사항을 준수하여야 한다.
1. 국토교통부령으로 정하는 바에 따라 운전업무종사자 등에게 열차 운행에 관한 정보를 제공할 것
2. 철도사고, 철도준사고 및 운행장애(이하 "철도사고등"이라 한다) 발생 시 국토교통부령으로 정하는 조치 사항을 이행할 것(2020.4.7 본호개정)
③ 작업책임자는 철도차량의 운행선로 또는 그 인근에서 철도시설의 건설 또는 관리와 관련된 작업 수행 중 다음 각 호의 사항을 준수하여야 한다.
1. 국토교통부령으로 정하는 바에 따라 작업 수행 전에 작업원을 대상으로 안전교육을 실시할 것
2. 국토교통부령으로 정하는 작업안전에 관한 조치 사항을 이행할 것
(2018.6.12 본항신설)
④ 철도운행안전관리자는 철도차량의 운행선로 또는 그 인근에서 철도시설의 건설 또는 관리와 관련된 작업 수행 중 다음 각 호의 사항을 준수하여야 한다.
1. 작업일정 및 열차의 운행일정을 작업수행 전에 조정할 것
2. 제1호의 작업일정 및 열차의 운행일정을 작업과 관련하여 관할 역의 관리책임자(정거장에서 철도신호기·선로전환기 또는 조작판 등을 취급하는 사람을 포함한다. 이하 이 조에서 같다) 및 관제업무종사자와 협의하여 조정할 것(2024.1.9 본호개정)
3. 국토교통부령으로 정하는 열차운행 및 작업안전에 관한 조치 사항을 이행할 것
(2018.6.12 본항신설)
⑤ 철도사고등이 발생하는 경우 해당 철도차량의 운전업무종사자와 여객승무원은 철도사고등의 현장을 이탈하여서는 아니 되며, 철도차량 내 안전 및 질서유지를 위하여 승객 구호조치 등 국토교통부령으로 정하는 후속조치를 이행하여야 한다. 다만, 의료기관으로의 이송이 필요한 경우 등 국토교통부령으로 정하는 경우에는 그러하지 아니하다.(2019.4.23 본문개정)
⑥ 철도운행안전관리자와 관할 역의 관리책임자 및 관제업무종사자는 제4항제2호에 따른 협의를 거친 경우에는 그 협의 내용을 국토교통부령으로 정하는 바에 따라 작성·보관하여야 한다.(2024.1.9 본항신설)
(2015.7.24 본조신설)

제40조의3【철도종사자의 흡연 금지】 철도종사자(제21조에 따른 운전업무 실무수습을 하는 사람을 포함한다)는 업무에 종사하는 동안에는 열차 내에서 흡연을 하여서는 아니 된다.(2023.4.18 본조신설)

제41조【철도종사자의 음주 제한 등】 ① 다음 각 호의 어느 하나에 해당하는 철도종사자(실무수습 중인 사람을 포함한다)는 술(「주세법」 제3조제1호에 따른 주류를 말한다. 이하 같다)을 마시거나 약물을 사용한 상태에서 업무를 하여서는 아니 된다.(2017.8.9 본문개정)
1. 운전업무종사자
2. 관제업무종사자
3. 여객승무원
(2017.8.9 1호~3호신설)
4. 작업책임자(2018.6.12 본호개정)
5. 철도운행안전관리자(2018.6.12 본호신설)
6. 정거장에서 철도신호기·선로전환기 및 조작판 등을 취급하거나 열차의 조성(組成 : 철도차량을 연결하거나 분리하는 작업을 말한다)업무를 수행하는 사람
(2017.8.9 본호신설)
7. 철도차량 및 철도시설의 점검·정비 업무에 종사하는 사람(2017.8.9 본호신설)
② 국토교통부장관 또는 시·도지사(「도시철도법」 제3조제2호에 따른 도시철도 및 같은 법 제24조에 따라 지방자치단체로부터 도시철도의 건설과 운영의 위탁을 받은 법인이 건설·운영하는 도시철도만 해당한다. 이하 이 조, 제42조, 제45조, 제46조 및 제82조제6항에서 같다)는 철도안전과 위험방지를 위하여 필요하다고 인정하거나 제1항에 따른 철도종사자가 술을 마시거나 약물을 사용한 상태에서 업무를 하였다고 인정할 만한 상당한 이유가 있을 때에는 철도종사자에 대하여 술을 마셨거나 약물을 사용하였는지 확인 또는 검사할 수 있다. 이 경우 그 철도종사자는 국토교통부장관 또는 시·도지사의 확인 또는 검사를 거부하여서는 아니 된다.(2020.6.9 전단개정)
③ 제2항에 따른 확인 또는 검사 결과 철도종사자가 술을 마시거나 약물을 사용하였다고 판단하는 기준은 다음 각 호의 구분과 같다.
1. 술 : 혈중 알코올농도가 0.02퍼센트(제1항제4호부터 제6호까지의 철도종사자는 0.03퍼센트) 이상인 경우
(2017.8.9 본호개정)
2. 약물 : 양성으로 판정된 경우
(2014.5.21 본항신설)
④ 제2항에 따른 확인 또는 검사의 방법·절차 등에 관하여 필요한 사항은 대통령령으로 정한다.(2014.5.21 본항개정)

제42조【위해물품의 휴대 금지】 ① 누구든지 무기, 화약류, 유해화학물질 또는 인화성이 높은 물질 등 공중(公衆)이나 여객에게 위해를 끼치거나 끼칠 우려가 있는 물건 또는 물질(이하 "위해물품"이라 한다)을 열차에서 휴대하거나 적재(積載)할 수 없다. 다만, 국토교통부장관 또는 시·도지사의 허가를 받은 경우 또는 국토교통부령으로 정하는 특정한 직무를 수행하기 위한 경우에는 그러하지 아니하다.
② 위해물품의 종류, 휴대 또는 적재 허가를 받은 경우의 안전조치 등에 관하여 필요한 세부사항은 국토교통부령으로 정한다.
(2013.3.23 본조개정)

제43조【위험물의 운송위탁 및 운송 금지】 누구든지 점화류(點火類) 또는 점폭약류(點爆藥類)를 붙인 폭약, 니트로글리세린, 건조한 기폭약(起爆藥), 뇌홍질화연(雷汞窒化鉛)에 속하는 것 등 대통령령으로 정하는 위험물의 운송을 위탁할 수 없으며, 철도운영자는 이를 철도로 운송할 수 없다.(2020.6.9 본조개정)

제44조【위험물의 운송 등】 ① 대통령령으로 정하는 위험물(이하 "위험물"이라 한다)의 운송을 위탁하여 철도로 운송하려는 자와 이를 운송하는 철도운영자(이하 "위험물취급자"라 한다)는 국토교통부령으로 정하는 바에 따라 철도운행상의 위험 방지 및 인명(人命) 보호를 위하여 위험물을 안전하게 포장·적재·관리·운송(이하 "위험물취급"이라 한다)하여야 한다.(2023.4.18 본항개정)
② 위험물의 운송을 위탁하여 철도로 운송하려는 자는 위험물을 안전하게 운송하기 위하여 철도운영자의 안전조치 등에 따라야 한다.(2020.6.9 본항개정)
(2023.4.18 본조제목개정)

제44조의2【위험물 포장 및 용기의 검사 등】 ① 위험물을 철도로 운송하는 데 사용되는 포장 및 용기(부속품을 포함한다. 이하 이 조에서 같다)를 제조·수입하여 판매하려는 자 또는 이를 소유하거나 임차하여 사용하는 자는 국토교통부장관이 실시하는 포장 및 용기의 안전성에 관한 검사에 합격하여야 한다.
② 제1항에 따른 위험물 포장 및 용기의 검사의 합격기준·방법 및 절차 등에 필요한 사항은 국토교통부령으로 정한다.
③ 국토교통부장관은 제1항에도 불구하고 다음 각 호의 어느 하나에 해당하는 경우에는 국토교통부령으로 정하는 바에 따라 위험물 포장 및 용기의 안전성에 관한 검사의 전부 또는 일부를 면제할 수 있다.
1. 「고압가스 안전관리법」 제17조에 따른 검사에 합격하거나 검사가 생략된 경우
2. 「선박안전법」 제41조제2항에 따른 검사에 합격한 경우
3. 「항공안전법」 제71조제1항에 따른 검사에 합격한 경우
4. 대한민국이 체결한 협정 또는 대한민국이 가입한 협약에 따라 검사하여 외국 정부 등이 발행한 증명서가 있는 경우
5. 그 밖에 국토교통부령으로 정하는 경우
④ 국토교통부장관은 위험물 포장 및 용기에 관한 전문검사기관(이하 "위험물 포장·용기검사기관"이라 한다)을 지정하여 제1항에 따른 검사를 하게 할 수 있다.
⑤ 위험물 포장·용기검사기관의 지정 기준·절차 등에 필요한 사항은 국토교통부령으로 정한다.
⑥ 국토교통부장관은 위험물 포장·용기검사기관이 다음 각 호의 어느 하나에 해당하는 경우에는 그 지정을 취소하거나 6개월 이내의 기간을 정하여 그 업무의 전부 또는 일부의 정지를 명할 수 있다. 다만, 제1호 또는 제2호에 해당하는 경우에는 그 지정을 취소하여야 한다.
1. 거짓이나 그 밖의 부정한 방법으로 위험물 포장·용기검사기관으로 지정받은 경우
2. 업무정지 기간 중에 제1항에 따른 검사 업무를 수행한 경우
3. 제2항에 따른 포장 및 용기의 검사방법·합격기준 등을 위반하여 제1항에 따른 검사를 한 경우
4. 제5항에 따른 지정기준에 맞지 아니하게 된 경우
⑦ 제6항에 따른 처분의 세부기준 등에 필요한 사항은 국토교통부령으로 정한다.
(2023.4.18 본조신설)

제44조의3【위험물취급에 관한 교육 등】 ① 위험물취급자는 자신이 고용하고 있는 종사자(철도로 운송하는 위험물을 취급하는 종사자에 한정한다)가 위험물취급에 관하여 국토교통부장관이 실시하는 교육(이하 "위험물취급안전교육"이라 한다)을 받도록 하여야 한다. 다만, 종사자가 다음 각 호의 어느 하나에 해당하는 경우에는 위험물취급안전교육의 전부 또는 일부를 면제할 수 있다.
1. 제24조제1항에 따른 철도안전에 관한 교육을 통하여 위험물취급에 관한 교육을 이수한 철도종사자
2. 「화학물질관리법」 제33조에 따른 유해화학물질 안전교육을 이수한 유해화학물질 취급 담당자
3. 「위험물안전관리법」 제28조에 따른 안전교육을 이수한 위험물의 안전관리와 관련된 업무를 수행하는 자
4. 「고압가스 안전관리법」 제23조에 따른 안전교육을 이수한 운반책임자
5. 그 밖에 국토교통부령으로 정하는 경우
② 제1항에 따른 교육의 대상·내용·방법·시기 등 위험물취급안전교육에 필요한 사항은 국토교통부령으로 정한다.
③ 국토교통부장관은 제1항에 따른 교육을 효율적으로 하기 위하여 위험물취급안전교육을 수행하는 전문교육기관(이하 "위험물취급전문교육기관"이라 한다)을 지정하여 위험물취급안전교육을 실시하게 할 수 있다.
④ 교육시설·장비 및 인력 등 위험물취급전문교육기관의 지정기준 및 운영 등에 필요한 사항은 국토교통부령으로 정한다.
⑤ 국토교통부장관은 위험물취급전문교육기관이 다음 각 호의 어느 하나에 해당하는 경우에는 그 지정을 취소하거나 6개월 이내의 기간을 정하여 그 업무의 전부 또는 일부의 정지를 명할 수 있다. 다만, 제1호 또는 제2호에 해당하는 경우에는 그 지정을 취소하여야 한다.
1. 거짓이나 그 밖의 부정한 방법으로 위험물취급전문교육기관으로 지정받은 경우
2. 업무정지 기간 중에 위험물취급안전교육을 수행한 경우
3. 제4항에 따른 지정기준에 맞지 아니하게 된 경우
⑥ 제5항에 따른 처분의 세부기준 및 절차 등에 필요한 사항은 국토교통부령으로 정한다.
(2023.4.18 본조신설)

제45조【철도보호지구에서의 행위제한 등】 ① 철도경계선(가장 바깥쪽 궤도의 끝선을 말한다)으로부터 30미터 이내[「도시철도법」 제2조제2호에 따른 도시철도 중 노면전차(이하 "노면전차"라 한다)의 경우에는 10미터 이내]의 지역(이하 "철도보호지구"라 한다)에서 다음 각 호의 어느 하나에 해당하는 행위를 하려는 자는 대통령령으로 정하는 바에 따라 국토교통부장관 또는 시·도지사에게 신고하여야 한다.(2017.1.17 본문개정)
1. 토지의 형질변경 및 굴착(掘鑿)
2. 토석, 자갈 및 모래의 채취
3. 건축물의 신축·개축(改築)·증축 또는 인공구조물의 설치
4. 나무의 식재(대통령령으로 정하는 경우만 해당한다)
5. 그 밖에 철도시설을 파손하거나 철도차량의 안전운행을 방해할 우려가 있는 행위로서 대통령령으로 정하는 행위
② 노면전차 철도보호지구의 바깥쪽 경계선으로부터 20미터 이내의 지역에서 굴착, 인공구조물의 설치 등 철도시설을 파손하거나 철도차량의 안전운행을 방해할 우려가 있는 행위로서 대통령령으로 정하는 행위를 하려는 자는 대통령령으로 정하는 바에 따라 국토교통부장관 또는 시·도지사에게 신고하여야 한다.(2017.1.17 본항신설)
③ 국토교통부장관 또는 시·도지사는 철도차량의 안전운행 및 철도 보호를 위하여 필요하다고 인정할 때에는 제1항 또는 제2항의 행위를 하는 자에게 그 행위의 금지 또는 제한을 명령하거나 대통령령으로 정하는 필요한 조치를 하도록 명령할 수 있다.(2017.1.17 본항개정)
④ 국토교통부장관 또는 시·도지사는 철도차량의 안전운행 및 철도 보호를 위하여 필요하다고 인정할 때에는 토지, 나무, 시설, 건축물, 그 밖의 공작물(이하 "시설등"이라 한다)의 소유자나 점유자에게 다음 각 호의 조치를 하도록 명령할 수 있다.
1. 시설등이 시야에 장애를 주면 그 장애물을 제거할 것
2. 시설등이 붕괴하여 철도에 위해(危害)를 끼치거나 끼칠 우려가 있으면 그 위해를 제거하고 필요하면 방지시설을 할 것
3. 철도에 토사 등이 쌓이거나 쌓일 우려가 있으면 그 토사 등을 제거하거나 방지시설을 할 것
(2014.5.21 본항신설)
⑤ 철도운영자등은 철도차량의 안전운행 및 철도 보호를 위하여 필요한 경우 국토교통부장관 또는 시·도지사에게 제3항 또는 제4항에 따른 해당 행위 금지·제한 또는 조치 명령을 할 것을 요청할 수 있다.(2017.1.17 본항개정)
(2014.5.21 본조제목개정)

제46조【손실보상】 ① 국토교통부장관, 시·도지사 또는 철도운영자등은 제45조제3항 또는 제4항에 따른 행위의 금지·제한 또는 조치 명령으로 인하여 손실을 입은 자가 있을 때에는 그 손실을 보상하여야 한다.
(2017.1.17 본항개정)
② 제1항에 따른 손실의 보상에 관하여는 국토교통부장관, 시·도지사 또는 철도운영자등이 그 손실을 입은 자와 협의하여야 한다.(2013.3.23 본항개정)
③ 제2항에 따른 협의가 성립되지 아니하거나 협의를 할 수 없을 때에는 대통령령으로 정하는 바에 따라 「공익사업을 위한 토지 등의 취득 및 보상에 관한 법률」에 따른 관할 토지수용위원회에 재결(裁決)을 신청할 수 있다.
④ 제3항의 재결에 대한 이의신청에 관하여는 「공익사업을 위한 토지 등의 취득 및 보상에 관한 법률」 제83조부터 제86조까지의 규정을 준용한다.

제47조【여객열차에서의 금지행위】 ① 여객은 여객열차에서 다음 각 호의 어느 하나에 해당하는 행위를 하여서는 아니 된다.
1. 정당한 사유 없이 국토교통부령으로 정하는 여객출입 금지장소에 출입하는 행위(2013.3.23 본호개정)
2. 정당한 사유 없이 운행 중에 비상정지버튼을 누르거나 철도차량의 옆면에 있는 승강용 출입문을 여는 등 철도차량의 장치 또는 기구 등을 조작하는 행위
3. 여객열차 밖에 있는 사람을 위험하게 할 우려가 있는 물건을 여객열차 밖으로 던지는 행위
4. 흡연하는 행위
5. 철도종사자와 여객 등에게 성적(性的) 수치심을 일으키는 행위
6. 술을 마시거나 약물을 복용하고 다른 사람에게 위해를 주는 행위(2017.8.9 본호신설)
7. 그 밖에 공중이나 여객에게 위해를 끼치는 행위로서 국토교통부령으로 정하는 행위(2013.3.23 본호개정)

② 운전업무종사자, 여객승무원 또는 여객역무원은 제1항의 금지행위를 한 사람에 대하여 필요한 경우 다음 각 호의 조치를 할 수 있다.
1. 금지행위의 제지
2. 금지행위의 녹음·녹화 또는 촬영
(2018.6.12 본항신설)
③ 철도운영자는 국토교통부령으로 정하는 바에 따라 제1항 각 호에 따른 여객열차에서의 금지행위에 관한 사항을 여객에게 안내하여야 한다.(2020.12.22 본항신설)

제48조【철도 보호 및 질서유지를 위한 금지행위】 누구든지 정당한 사유 없이 철도 보호 및 질서유지를 해치는 다음 각 호의 어느 하나에 해당하는 행위를 하여서는 아니 된다.
1. 철도시설 또는 철도차량을 파손하여 철도차량 운행에 위험을 발생하게 하는 행위
2. 철도차량을 향하여 돌이나 그 밖의 위험한 물건을 던져 철도차량 운행에 위험을 발생하게 하는 행위
3. 궤도의 중심으로부터 양측으로 폭 3미터 이내의 장소에 철도차량의 안전 운행에 지장을 주는 물건을 방치하는 행위
4. 철도교량 등 국토교통부령으로 정하는 시설 또는 구역에 국토교통부령으로 정하는 폭발물 또는 인화성이 높은 물건 등을 쌓아 놓는 행위(2013.3.23 본호개정)
5. 선로(철도와 교차된 도로는 제외한다) 또는 국토교통부령으로 정하는 철도시설에 철도운영자등의 승낙 없이 출입하거나 통행하는 행위(2013.3.23 본호개정)
6. 역시설 등 공중이 이용하는 철도시설 또는 철도차량에서 폭언 또는 고성방가 등 소란을 피우는 행위
7. 철도시설에 국토교통부령으로 정하는 유해물 또는 열차운행에 지장을 줄 수 있는 오물을 버리는 행위
(2013.3.23 본호개정)
8. 역시설 또는 철도차량에서 노숙(露宿)하는 행위
9. 열차운행 중에 타고 내리거나 정당한 사유 없이 승강용 출입문의 개폐를 방해하여 열차운행에 지장을 주는 행위
10. 정당한 사유 없이 열차 승강장의 비상정지버튼을 작동시켜 열차운행에 지장을 주는 행위
11. 그 밖에 철도시설 또는 철도차량에서 공중의 안전을 위하여 질서유지가 필요하다고 인정되어 국토교통부령으로 정하는 금지행위(2013.3.23 본호개정)

제48조의2【여객 등의 안전 및 보안】 ① 국토교통부장관은 철도차량의 안전운행 및 철도시설의 보호를 위하여 필요한 경우에는 「사법경찰관리의 직무를 수행할 자와 그 직무범위에 관한 법률」 제5조제11호에 규정된 사람(이하 "철도특별사법경찰관리"라 한다)으로 하여금 여객열차에 승차하는 사람의 신체·휴대물품 및 수하물에 대한 보안검색을 실시하게 할 수 있다.(2013.3.23 본항개정)
② 국토교통부장관은 제1항의 보안검색 정보 및 그 밖의 철도보안·치안 관리에 필요한 정보를 효율적으로 활용하기 위하여 철도보안정보체계를 구축·운영하여야 한다.(2018.6.12 본항개정)
③ 국토교통부장관은 철도보안·치안을 위하여 필요하다고 인정하는 경우에는 차량 운행정보 등을 철도운영자에게 요구할 수 있고, 철도운영자는 정당한 사유 없이 그 요구를 거절할 수 없다.(2018.6.12 본항개정)
④ 국토교통부장관은 철도보안정보체계를 운영하기 위하여 철도차량의 안전운행 및 철도시설의 보호에 필요한 최소한의 정보만 수집·관리하여야 한다.(2018.6.12 본항신설)
⑤ 제1항에 따른 보안검색의 실시방법과 절차 및 보안검색장비 종류 등에 필요한 사항과 제2항에 따른 철도보안정보체계 및 제3항에 따른 정보 확인 등에 필요한 사항은 국토교통부령으로 정한다.(2019.4.23 본항개정)

제48조의3【보안검색장비의 성능인증 등】 ① 제48조의2 제1항에 따른 보안검색을 하는 경우에는 국토교통부장관으로부터 성능인증을 받은 보안검색장비를 사용하여야 한다.
② 제1항에 따른 성능인증을 위한 기준·방법·절차 등 운영에 필요한 사항은 국토교통부령으로 정한다.
③ 국토교통부장관은 제1항에 따른 성능인증을 받은 보안검색장비의 운영, 유지관리 등에 관한 기준을 정하여 고시하여야 한다.
④ 국토교통부장관은 제1항에 따라 성능인증을 받은 보안검색장비가 운영 중에 계속하여 성능을 유지하고 있는지를 확인하기 위하여 국토교통부령으로 정하는 바에 따라 정기적으로 또는 수시로 점검을 실시하여야 한다.
⑤ 국토교통부장관은 제1항에 따른 성능인증을 받은 보안검색장비가 다음 각 호의 어느 하나에 해당하는 경우에는 그 인증을 취소할 수 있다. 다만, 제1호에 해당하는 때에는 그 인증을 취소하여야 한다.
1. 거짓이나 그 밖의 부정한 방법으로 인증을 받은 경우
2. 보안검색장비가 제2항에 따른 성능인증 기준에 적합하지 아니하게 된 경우
(2019.4.23 본조신설)

제48조의4【시험기관의 지정 등】 ① 국토교통부장관은 제48조의3에 따른 성능인증을 위하여 보안검색장비의 성능을 평가하는 시험(이하 "성능시험"이라 한다)을 실시하는 기관(이하 "시험기관"이라 한다)을 지정할 수 있다.
② 제1항에 따라 시험기관의 지정을 받으려는 법인이나 단체는 국토교통부령으로 정하는 지정기준을 갖추어 국토교통부장관에게 지정신청을 하여야 한다.
③ 국토교통부장관은 제1항에 따라 시험기관으로 지정받은 법인이나 단체가 다음 각 호의 어느 하나에 해당하는 경우에는 그 지정을 취소하거나 1년 이내의 기간을 정하여 그 업무의 전부 또는 일부의 정지를 명할 수 있다. 다만, 제1호 또는 제2호에 해당하는 때에는 그 지정을 취소하여야 한다.
1. 거짓이나 그 밖의 부정한 방법을 사용하여 시험기관으로 지정을 받은 경우
2. 업무정지 명령을 받은 후 그 업무정지 기간에 성능시험을 실시한 경우
3. 정당한 사유 없이 성능시험을 실시하지 아니한 경우
4. 제48조의3제2항에 따른 기준·방법·절차 등을 위반하여 성능시험을 실시한 경우
5. 제48조의4제2항에 따른 시험기관 지정기준을 충족하지 못하게 된 경우
6. 성능시험 결과를 거짓으로 조작하여 수행한 경우
④ 국토교통부장관은 인증업무의 전문성과 신뢰성을 확보하기 위하여 제48조의3에 따른 보안검색장비의 성능 인증 및 점검 업무를 대통령령으로 정하는 기관(이하 "인증기관"이라 한다)에 위탁할 수 있다.
(2019.4.23 본조신설)

제48조의5【직무장비의 휴대 및 사용 등】 ① 철도특별사법경찰관리는 이 법 및 「사법경찰관리의 직무를 수행할 자와 그 직무범위에 관한 법률」 제6조제9호에 따른 직무를 수행하기 위하여 필요하다고 인정되는 상당한 이유가 있을 때에는 합리적으로 판단하여 필요한 한도에서 직무장비를 사용할 수 있다.
② 제1항에서의 "직무장비"란 철도특별사법경찰관리가 휴대하여 범인검거와 피의자 호송 등의 직무수행에 사용하는 수갑, 포승, 가스분사기, 전자충격기, 경비봉을 말한다.
③ 철도특별사법경찰관리가 제1항에 따라 직무수행 중 직무장비를 사용할 때 사람의 생명이나 신체에 위해를 끼칠 수 있는 직무장비(전자충격기 및 가스분사기를 말한다)를 사용하는 경우에는 사전에 필요한 안전교육과 안전검사를 받은 후 사용하여야 한다.(2020.6.9 본항개정)
(2018.6.12 본조신설)

제49조【철도종사자의 직무상 지시 준수】 ① 열차 또는 철도시설을 이용하는 사람은 이 법에 따라 철도의 안전·보호와 질서유지를 위하여 하는 철도종사자의 직무상 지시에 따라야 한다.
② 누구든지 폭행·협박으로 철도종사자의 직무집행을 방해하여서는 아니 된다.

제50조【사람 또는 물건에 대한 퇴거 조치 등】 철도종사자는 다음 각 호의 어느 하나에 해당하는 사람 또는 물건을 열차 밖이나 대통령령으로 정하는 지역 밖으로 퇴거시키거나 철거할 수 있다.
1. 제42조를 위반하여 여객열차에서 위해물품을 휴대한 사람 및 그 위해물품
2. 제43조를 위반하여 운송 금지 위험물을 운송위탁하거나 운송하는 자 및 그 위험물(2020.6.9 본호개정)
3. 제45조제3항 또는 제4항에 따른 행위 금지·제한 또는 조치 명령에 따르지 아니하는 사람 및 그 물건
(2017.1.17 본호개정)
4. 제47조제1항을 위반하여 금지행위를 한 사람 및 그 물건(2018.6.12 본호개정)
5. 제48조를 위반하여 금지행위를 한 사람 및 그 물건
6. 제48조의2에 따른 보안검색에 따르지 아니한 사람
7. 제49조를 위반하여 철도종사자의 직무상 지시를 따르지 아니하거나 직무집행을 방해하는 사람

제6장 철도사고조사·처리
(2012.6.1 본장개정)

제51조~제59조 (2005.11.8 삭제)

제60조【철도사고등의 발생 시 조치】 ① 철도운영자등은 철도사고등이 발생하였을 때에는 사상자 구호, 유류품(遺留品) 관리, 여객 수송 및 철도시설 복구 등 인명피해 및 재산피해를 최소화하고 열차를 정상적으로 운행할 수 있도록 필요한 조치를 하여야 한다.(2015.7.24 본항개정)
② 철도사고등이 발생하였을 때의 사상자 구호, 여객 수송 및 철도시설 복구 등에 필요한 사항은 대통령령으로 정한다.
③ 국토교통부장관은 제61조에 따라 사고 보고를 받은 후 필요하다고 인정하는 경우에는 철도운영자등에게 사고 수습 등에 관하여 필요한 지시를 할 수 있다. 이 경우 지시를 받은 철도운영자등은 특별한 사유가 없으면 지시에 따라야 한다.(2013.3.23 전단개정)

제61조【철도사고등 의무보고】 ① 철도운영자등은 사상자가 많은 사고 등 대통령령으로 정하는 철도사고등이 발생하였을 때에는 국토교통부령으로 정하는 바에 따라 즉시 국토교통부장관에게 보고하여야 한다.
② 철도운영자등은 제1항에 따른 철도사고등을 제외한 철도사고등이 발생하였을 때에는 국토교통부령으로 정하는 바에 따라 사고 내용을 조사하여 그 결과를 국토교통부장관에게 보고하여야 한다.
(2020.4.7 본조제목개정)
(2013.3.23 본조개정)

제61조의2【철도차량 등에 발생한 고장 등 보고 의무】 ① 제26조 또는 제27조에 따라 철도차량 또는 철도용품에 대하여 형식승인을 받거나 제26조의3 또는 제27조의2에 따라 철도차량 또는 철도용품에 대하여 제작자승인을 받은 자는 그 승인받은 철도차량 또는 철도용품이 설계 또는 제작의 결함으로 인하여 국토교통부령으로 정하는 고장, 결함 또는 기능장애가 발생한 것을 알게 된 경우에는 국토교통부령으로 정하는 바에 따라 국토교통부장관에게 그 사실을 보고하여야 한다.
② 제38조의7에 따라 철도차량 정비조직인증을 받은 자가 철도차량을 운영하거나 정비하는 중에 국토교통부령으로 정하는 고장, 결함 또는 기능장애가 발생한 것을 알게 된 경우에는 국토교통부령으로 정하는 바에 따라 국토교통부장관에게 그 사실을 보고하여야 한다.
(2020.4.7 본조신설)

제61조의3【철도안전 자율보고】 ① 철도안전을 해치거나 해칠 우려가 있는 사건·상황·상태 등(이하 "철도안전위험요인"이라 한다)을 발생시켰거나 철도안전위험요인이 발생한 것을 안 사람 또는 철도안전위험요인이 발생할 것이 예상된다고 판단하는 사람은 국토교통부장관에게 그 사실을 보고할 수 있다.
② 국토교통부장관은 제1항에 따른 보고(이하 "철도안전 자율보고"라 한다)를 한 사람의 의사에 반하여 보고자의 신분을 공개해서는 아니 되며, 철도안전 자율보고를 사고 예방 및 철도안전 확보 목적 외의 다른 목적으로 사용해서는 아니 된다.
③ 누구든지 철도안전 자율보고를 한 사람에 대하여 이를 이유로 신분이나 처우와 관련하여 불이익한 조치를 하여서는 아니 된다.
④ 제1항부터 제3항까지에서 규정한 사항 외에 철도안전 자율보고에 포함되어야 할 사항, 보고 방법 및 절차는 국토교통부령으로 정한다.
(2020.4.7 본조신설)

제62조~제67조 (2005.11.8 삭제)

제7장 철도안전기반 구축

제68조【철도안전기술의 진흥】 국토교통부장관은 철도안전에 관한 기술의 진흥을 위하여 연구·개발의 촉진 및 그 성과의 보급 등 필요한 시책을 마련하여 추진하여야 한다.(2013.3.23 본조개정)

제69조【철도안전 전문기관 등의 육성】 ① 국토교통부장관은 철도안전에 관한 전문기관 또는 단체를 지도·육성하여야 한다.(2013.3.23 본항개정)
② 국토교통부장관은 철도시설의 건설, 운영 및 관리와 관련된 안전점검업무 등 대통령령으로 정하는 철도안전업무에 종사하는 전문인력(이하 "철도안전 전문인력"이라 한다)을 원활하게 확보할 수 있도록 시책을 마련하여 추진하여야 한다.(2013.3.23 본항개정)
③ 국토교통부장관은 철도안전 전문인력의 분야별 자격을 다음 각 호와 같이 구분하여 부여할 수 있다.
(2013.3.23 본문개정)
1. 철도운행안전관리자
2. 철도안전전문기술자
④ 철도안전 전문인력의 분야별 자격기준, 자격부여 절차

및 자격을 받기 위한 안전교육훈련 등에 관하여 필요한 사항은 대통령령으로 정한다.
⑤ 국토교통부장관은 철도안전에 관한 전문기관(이하 "안전전문기관"이라 한다)을 지정하여 철도안전 전문인력의 양성 및 자격관리 등의 업무를 수행하게 할 수 있다.
(2013.3.23 본항개정)
⑥ 안전전문기관의 지정기준, 지정절차 등에 관하여 필요한 사항은 대통령령으로 정한다.
⑦ 안전전문기관의 지정취소 및 업무정지 등에 관하여는 제15조제6항 및 제15조의2를 준용한다. 이 경우 "운전적성검사기관"은 "안전전문기관"으로, "운전적성검사 업무"는 "안전교육훈련 업무"로, "제15조제5항"은 "제69조제6항"으로, "운전적성검사 판정서"는 "안전교육훈련 수료증 또는 자격증명서"로 본다.(2015.7.24 후단개정)
(2012.6.1 본조개정)

제69조의2【철도운행안전관리자의 배치 등】 ① 철도운영자등은 철도차량의 운행선로 또는 그 인근에서 철도시설의 건설 또는 관리와 관련한 작업을 시행할 경우 철도운행안전관리자를 배치하여야 한다. 다만, 철도운영자등이 자체적으로 작업 또는 공사 등을 시행하는 경우 등 대통령령으로 정하는 경우에는 그러하지 아니하다.
② 제1항에 따른 철도운행안전관리자의 배치기준, 방법 등에 관하여 필요한 사항은 국토교통부령으로 정한다.
(2019.4.23 본조신설)

제69조의3【철도안전 전문인력의 정기교육】 ① 제69조에 따라 철도안전 전문인력의 분야별 자격을 부여받은 사람은 직무 수행의 적정성 등을 유지할 수 있도록 정기적으로 교육을 받아야 한다.
② 철도운영자등은 제1항에 따른 정기교육을 받지 아니한 사람을 관련 업무에 종사하게 하여서는 아니 된다.
③ 제1항에 따른 철도안전 전문인력에 대한 정기교육의 주기, 교육 내용, 교육 절차 등에 관하여 필요한 사항은 국토교통부령으로 정한다.
(2019.4.23 본조신설)

제69조의4【철도안전 전문인력 분야별 자격의 대여 등 금지】 누구든지 제69조제3항에 따른 철도안전 전문인력 분야별 자격을 다른 사람에게 빌려주거나 빌리거나 이를 알선하여서는 아니 된다.(2020.12.22 본조신설)

제69조의5【철도안전 전문인력 분야별 자격의 취소·정지】 ① 국토교통부장관은 철도운행안전관리자가 다음 각 호의 어느 하나에 해당할 때에는 철도운행안전관리자 자격을 취소하거나 1년 이내의 기간을 정하여 철도운행안전관리자 자격을 정지시킬 수 있다. 다만, 제1호부터 제3호까지의 규정에 해당할 때에는 철도운행안전관리자 자격을 취소하여야 한다.
1. 거짓이나 그 밖의 부정한 방법으로 철도운행안전관리자 자격을 받았을 때
2. 철도운행안전관리자 자격의 효력정지기간 중에 철도운행안전관리자 업무를 수행하였을 때
3. 제69조의4를 위반하여 철도운행안전관리자 자격을 다른 사람에게 빌려주었을 때(2020.12.22 본호개정)
4. 철도운행안전관리자의 업무 수행 중 고의 또는 중과실로 인한 철도사고가 일어났을 때
5. 제41조제1항을 위반하여 술을 마시거나 약물을 사용한 상태에서 철도운행안전관리자 업무를 하였을 때
6. 제41조제2항을 위반하여 술을 마시거나 약물을 사용한 상태에서 업무를 하였다고 인정할 만한 상당한 이유가 있음에도 불구하고 국토교통부장관 또는 시·도지사의 확인 또는 검사를 거부하였을 때
② 국토교통부장관은 철도안전전문기술자가 제69조의4를 위반하여 철도안전전문기술자 자격을 다른 사람에게 빌려주었을 때에는 그 자격을 취소하여야 한다.
(2020.12.22 본항신설)
③ 제1항에 따른 철도운행안전관리자 자격의 취소 또는 효력정지의 기준 및 절차 등에 관하여는 제20조제2항부터 제6항까지를 준용한다. 이 경우 "운전면허"는 "철도운행안전관리자 자격"으로, "운전면허증"은 "철도운행안전관리자 자격증명서"로 본다.
(2020.12.22 본조제목개정)
(2019.4.23 본조신설)

제70조【철도안전 지식의 보급 등】 국토교통부장관은 철도안전에 관한 지식의 보급과 철도안전의식을 고취하기 위하여 필요한 시책을 마련하여 추진하여야 한다.
(2013.3.23 본조개정)

제71조【철도안전 정보의 종합관리 등】 ① 국토교통부장관은 이 법에 따른 철도안전시책을 효율적으로 추진하기 위하여 철도안전에 관한 정보를 종합관리하고, 관계 지방자치단체의 장 또는 철도운영자등, 운전적성검사기관, 관제적성검사기관, 운전교육훈련기관, 관제교육훈련기관, 인증기관, 시험기관, 안전전문기관, 위험물 포장·용기검사기관, 위험물취급전문교육기관 및 제77조제2항에 따라 업무를 위탁받은 기관 또는 단체(이하 "철도관계기관등"이라 한다)에 그 정보를 제공할 수 있다.
(2023.4.18 본항개정)
② 국토교통부장관은 제1항에 따른 정보의 종합관리를 위하여 관계 지방자치단체의 장 또는 철도관계기관등에 필요한 자료의 제출을 요청할 수 있다. 이 경우 요청을 받은 자는 특별한 이유가 없으면 요청을 따라야 한다.
(2020.6.9 후단개정)

제72조【재정지원】 정부는 다음 각 호의 기관 또는 단체에 보조 등 재정적 지원을 할 수 있다.
1. 운전적성검사기관, 관제적성검사기관 또는 정밀안전진단기관(2018.6.12 본호개정)
2. 운전교육훈련기관, 관제교육훈련기관 또는 정비교육훈련기관(2018.6.12 본호개정)
3. 인증기관, 시험기관, 안전전문기관 및 철도안전에 관한 단체(2019.4.23 본호개정)
4. 제77조제2항에 따라 업무를 위탁받은 기관 또는 단체
(2012.12.18 본호개정)
(2012.6.1 본조개정)

제72조의2【철도횡단교량 개축·개량 지원】 ① 국가는 철도의 안전을 위하여 철도횡단교량의 개축 또는 개량에 필요한 비용의 일부를 지원할 수 있다.
② 제1항에 따른 개축 또는 개량의 지원대상, 지원조건 및 지원비율 등에 관하여 필요한 사항은 대통령령으로 정한다.
(2012.1.17 본조신설)

제8장 보 칙

제73조【보고 및 검사】 ① 국토교통부장관이나 관계 지방자치단체는 다음 각 호의 어느 하나에 해당하는 경우 대통령령으로 정하는 바에 따라 철도관계기관등에 대하여 필요한 사항을 보고하게 하거나 자료의 제출을 명할 수 있다.(2015.7.24 본문개정)
1. 철도안전 종합계획 또는 시행계획의 수립 또는 추진을 위하여 필요한 경우(2015.7.24 본호신설)
1의2. 제6조의2제1항에 따른 철도안전투자의 공시가 적정한지를 확인하려는 경우(2018.6.12 본호신설)
2. 제8조제2항에 따른 점검·확인을 위하여 필요한 경우 (2015.7.24 본호신설)
2의2. 제9조의3제1항에 따른 안전관리 수준평가를 위하여 필요한 경우(2018.6.12 본호신설)
3. 운전적성검사기관, 관제적성검사기관, 운전교육훈련기관, 관제교육훈련기관, 안전전문기관, 정비교육훈련기관, 정밀안전진단기관, 인증기관, 시험기관, 위험물 포장·용기검사기관 및 위험물취급전문교육기관의 업무 수행 또는 지정기준 부합 여부에 대한 확인이 필요한 경우(2023.4.18 본호개정)
4. 철도운영자등의 제21조의2, 제22조의2 또는 제23조제3항에 따른 철도종사자 관리의무 준수 여부에 대한 확인이 필요한 경우(2015.7.24 본호신설)
4의2. 제31조제4항에 따른 조치의무 준수 여부를 확인하려는 경우(2018.6.12 본호신설)
5. 제38조제2항에 따른 검토를 위하여 필요한 경우 (2015.7.24 본호신설)
5의2. 제38조의9에 따른 준수사항 이행 여부를 확인하려는 경우(2018.6.12 본호신설)
6. 제40조에 따라 철도운영자가 열차운행을 일시 중지한 경우로서 그 결정 근거 등의 적정성에 대한 확인이 필요한 경우
7. 제44조제2항에 따른 철도운영자의 안전조치 등이 적정한지에 대한 확인이 필요한 경우
7의2. 제44조의2제1항에 따라 위험물 포장 및 용기의 안전성에 대한 확인이 필요한 경우(2023.4.18 본호신설)
7의3. 제44조의3제1항에 따른 철도로 운송하는 위험물을 취급하는 종사자의 위험물취급안전교육 이수 여부에 대한 확인이 필요한 경우(2023.4.18 본호신설)
8. 제61조에 따른 보고와 관련하여 사실 확인 등이 필요한 경우
9. 제68조, 제69조제2항 또는 제70조에 따른 시책을 마련하기 위하여 필요한 경우
10. 제72조의2제1항에 따른 비용의 지원을 결정하기 위하여 필요한 경우
(2015.7.24 6호~10호신설)
② 국토교통부장관이나 관계 지방자치단체는 제1항 각 호의 어느 하나에 해당하는 경우 소속 공무원으로 하여금 철도관계기관등의 사무소 또는 사업장에 출입하여 관계인에게 질문하게 하거나 서류를 검사하게 할 수 있다.
(2015.7.24 본항개정)
③ 제2항에 따라 출입·검사를 하는 공무원은 국토교통부령으로 정하는 바에 따라 그 권한을 표시하는 증표를 지니고 이를 관계인에게 보여주어야 한다.
④ 제3항에 따른 증표에 관하여 필요한 사항은 국토교통부령으로 정한다.
(2013.3.23 본조개정)

제74조【수수료】 ① 이 법에 따른 교육훈련, 면허, 검사, 진단, 성능인증 및 성능시험 등을 신청하는 자는 국토교통부령으로 정하는 수수료를 내야 한다. 다만, 이 법에 따라 국토교통부장관의 지정을 받은 운전적성검사기관, 관제적성검사기관, 운전교육훈련기관, 관제교육훈련기관, 정비교육훈련기관, 정밀안전진단기관, 인증기관, 시험기관, 안전전문기관, 위험물 포장·용기검사기관 및 위험물취급전문교육기관(이하 이 조에서 "대행기관"이라 한다) 또는 제77조제2항에 따라 업무를 위탁받은 기관(이하 이 조에서 "수탁기관"이라 한다)의 경우에는 대행기관 또는 수탁기관이 정하는 수수료를 대행기관 또는 수탁기관에 내야 한다.(2023.4.18 단서개정)
② 제1항 단서에 따라 수수료를 정하려는 대행기관 또는 수탁기관은 그 기준을 정하여 국토교통부장관의 승인을 받아야 한다. 승인받은 사항을 변경하려는 경우에도 또한 같다.
(2013.3.23 본조개정)

제75조【청문】 국토교통부장관은 다음 각 호의 어느 하나에 해당하는 처분을 하는 경우에는 청문을 하여야 한다.
(2013.3.23 본문개정)
1. 제9조제1항에 따른 안전관리체계의 승인 취소
2. 제15조의2에 따른 운전적성검사기관의 지정취소(제16조제5항, 제21조의6제5항, 제21조의7제5항, 제24조의4제5항 또는 제69조제7항에서 준용하는 경우를 포함한다)(2018.6.12 본호개정)
3. (2015.7.24 삭제)
4. 제20조제1항에 따른 운전면허의 취소 및 효력정지
4의2. 제21조의11제1항에 따른 관제자격증명의 취소 또는 효력정지(2015.7.24 본호신설)
4의3. 제24조의5제1항에 따른 철도차량정비기술자의 인정 취소(2018.6.12 본호신설)
5. 제26조의2제1항(제27조제4항에서 준용하는 경우를 포함한다)에 따른 형식승인의 취소
6. 제26조의7(제27조의2제4항에서 준용하는 경우를 포함한다)에 따른 제작자승인의 취소
7. 제38조의10제1항에 따른 인증정비조직의 인증 취소
(2018.6.12 본호신설)
8. 제38조의13제3항에 따른 정밀안전진단기관의 지정 취소(2018.6.12 본호신설)
8의2. 제44조의2제6항에 따른 위험물 포장·용기검사기관의 지정 취소 또는 업무정지(2023.4.18 본호신설)
8의3. 제44조의3제5항에 따른 위험물취급전문교육기관의 지정 취소 또는 업무정지(2023.4.18 본호신설)
9. 제48조의4제3항에 따른 시험기관의 지정 취소
(2019.4.23 본호신설)
10. 제69조의5제1항에 따른 철도운행안전관리자의 자격취소(2020.12.22 본호신설)
11. 제69조의5제2항에 따른 철도안전전문기술자의 자격취소(2020.12.22 본호신설)
(2012.12.18 본조개정)

제75조의2【통보 및 징계권고】 ① 국토교통부장관은 이 법 등 철도안전과 관련된 법규의 위반에 따른 범죄혐의가 있다고 인정할 만한 상당한 이유가 있을 때에는 관할 수사기관에 그 내용을 통보할 수 있다.
② 국토교통부장관은 이 법 등 철도안전과 관련된 법규의 위반에 따라 사고가 발생했다고 인정할 만한 상당한 이유가 있을 때에는 사고에 책임이 있는 사람을 징계할 것을 해당 철도운영자등에게 권고할 수 있다. 이 경우 권고를 받은 철도운영자등은 이를 존중하여야 하며 그 결과를 국토교통부장관에게 통보하여야 한다.
(2020.4.7 본조신설)

제76조【벌칙 적용에서 공무원 의제】 다음 각 호의 어느 하나에 해당하는 사람은 「형법」 제129조부터 제132조까지의 규정을 적용할 때에는 공무원으로 본다.
1. 운전적성검사 업무에 종사하는 운전적성검사기관의 임직원 또는 관제적성검사 업무에 종사하는 관제적성검사기관의 임직원(2015.7.24 본호개정)
2. 운전교육훈련 업무에 종사하는 운전교육훈련기관의 임직원 또는 관제교육훈련 업무에 종사하는 관제교육훈련기관의 임직원(2015.7.24 본호개정)
2의2. 정비교육훈련 업무에 종사하는 정비교육훈련기관의 임직원(2018.6.12 본호신설)
2의3. 정밀안전진단 업무에 종사하는 정밀안전진단기관의 임직원(2018.6.12 본호신설)
2의4. 제27조의3에 따라 위탁받은 검사 업무에 종사하는 기관 또는 단체의 임직원(2020.6.9 본호신설)
2의5. 제48조의4에 따른 성능시험 업무에 종사하는 시험기관의 임직원 및 성능인증·점검 업무에 종사하는 인증기관의 임직원(2019.4.23 본호신설)
2의6. 제69조제5항에 따른 철도안전 전문인력의 양성 및 자격관리 업무에 종사하는 안전전문기관의 임직원
(2015.7.24 본호신설)
2의7. 제44조의2제4항에 따른 위험물 포장·용기검사 업무에 종사하는 위험물 포장·용기검사기관의 임직원
2의8. 제44조의3제3항에 따른 위험물취급안전교육 업무에 종사하는 위험물취급전문교육기관의 임직원
(2023.4.18 2호의7~2호의8신설)
3. 제77조제2항에 따라 위탁업무에 종사하는 철도안전 관련 기관 또는 단체의 임직원
(2018.6.12 본조제목개정)
(2012.12.18 본조개정)

제77조【권한의 위임·위탁】 ① 국토교통부장관은 이 법에 따른 권한의 일부를 대통령령으로 정하는 바에 따라 소속 기관의 장 또는 시·도지사에게 위임할 수 있다.
② 국토교통부장관은 이 법에 따른 업무의 일부를 대통령령으로 정하는 바에 따라 철도안전 관련 기관 또는 단체에 위탁할 수 있다.
(2013.3.23 본조개정)

제9장 벌 칙

제78조【벌칙】 ① 다음 각 호의 어느 하나에 해당하는 사람은 무기징역 또는 5년 이상의 징역에 처한다.

1. 사람이 탑승하여 운행 중인 철도차량에 불을 놓아 소훼(燒燬)한 사람
2. 사람이 탑승하여 운행 중인 철도차량을 탈선 또는 충돌하게 하거나 파괴한 사람
② 제48조제1호를 위반하여 철도시설 또는 철도차량을 파손하여 철도차량 운행에 위험을 발생하게 한 사람은 10년 이하의 징역 또는 1억원 이하의 벌금에 처한다.
③ 과실로 제1항의 죄를 지은 사람은 1년 이하의 징역 또는 1천만원 이하의 벌금에 처한다.
④ 과실로 제2항의 죄를 지은 사람은 1천만원 이하의 벌금에 처한다.
⑤ 업무상 과실이나 중대한 과실로 제1항의 죄를 지은 사람은 3년 이하의 징역 또는 3천만원 이하의 벌금에 처한다.
⑥ 업무상 과실이나 중대한 과실로 제2항의 죄를 지은 사람은 2년 이하의 징역 또는 2천만원 이하의 벌금에 처한다.
⑦ 제1항 및 제2항의 미수범은 처벌한다.
(2020.4.7 본조신설)

제79조【벌칙】 ① 제49조제2항을 위반하여 폭행·협박으로 철도종사자의 직무집행을 방해한 자는 5년 이하의 징역 또는 5천만원 이하의 벌금에 처한다.
② 다음 각 호의 어느 하나에 해당하는 자는 3년 이하의 징역 또는 3천만원 이하의 벌금에 처한다.
1. 제7조제1항을 위반하여 안전관리체계의 승인을 받지 아니하고 철도운영을 하거나 철도시설을 관리한 자
2. 제26조의3제1항을 위반하여 철도차량 제작자승인을 받지 아니하고 철도차량을 제작한 자
3. 제27조의2제1항을 위반하여 철도용품 제작자승인을 받지 아니하고 철도용품을 제작한 자
3의2. 제38조의2제2항을 위반하여 개조승인을 받지 아니하고 철도차량을 임의로 개조하여 운행한 자
3의3. 제38조의2제3항을 위반하여 적정 개조능력이 있다고 인정되지 아니한 자에게 철도차량 개조 작업을 수행하게 한 자
3의4. 제38조의3제1항을 위반하여 국토교통부장관의 운행제한 명령을 따르지 아니하고 철도차량을 운행한 자
(2017.10.24 3호의2~3호의4신설)
4. 철도사고등 발생 시 제40조의2제2항제2호 또는 제5항을 위반하여 사람을 사상(死傷)에 이르게 하거나 철도차량 또는 철도시설을 파손에 이르게 한 자(2018.6.12 본호개정)
5. 제41조제1항을 위반하여 술을 마시거나 약물을 사용한 상태에서 업무를 한 사람(2017.8.9 본호신설)
6. 제43조를 위반하여 운송 금지 위험물의 운송을 위탁하거나 그 위험물을 운송한 자(2020.6.9 본호개정)
7. 제44조제1항을 위반하여 위험물을 운송한 자
8. 제48조제2호부터 제4호까지의 규정에 따른 금지행위를 한 자(2020.4.7 본호개정)
(2012.12.18 본항개정)
③ 다음 각 호의 어느 하나에 해당하는 자는 2년 이하의 징역 또는 2천만원 이하의 벌금에 처한다.
1. 거짓이나 그 밖의 부정한 방법으로 제7조제1항에 따른 안전관리체계의 승인을 받은 자
2. 제8조제1항을 위반하여 철도운영이나 철도시설의 관리에 중대하고 명백한 지장을 초래한 자
3. 거짓이나 그 밖의 부정한 방법으로 제15조제4항, 제16조제3항, 제21조의6제3항, 제21조의7제3항, 제24조의4제2항, 제38조의13제1항 또는 제69조제5항에 따른 지정을 받은 자(2018.6.12 본호개정)
4. 제15조의2(제16조제5항, 제21조의6제5항, 제21조의7제5항, 제24조의4제5항 또는 제69조제7항에서 준용하는 경우를 포함한다)에 따른 업무정지 기간 중에 해당업무를 한 자(2018.6.12 본호개정)
5. 거짓이나 그 밖의 부정한 방법으로 제26조제1항 또는 제27조제1항에 따른 형식승인을 받은 자
6. 제26조제5항을 위반하여 형식승인을 받지 아니한 철도차량을 운행한 자
7. 거짓이나 그 밖의 부정한 방법으로 제26조의3제1항 또는 제27조의2제1항에 따른 제작자승인을 받은 자
8. 거짓이나 그 밖의 부정한 방법으로 제26조의3제3항(제27조의2제4항에서 준용하는 경우를 포함한다)에 따른 제작자승인의 면제를 받은 자
9. 제26조의6제1항을 위반하여 완성검사를 받지 아니하고 철도차량을 판매한 자
10. 제26조의7제1항제5호(제27조의2제4항에서 준용하는 경우를 포함한다)에 따른 업무정지 기간 중에 철도차량 또는 철도용품을 제작한 자
11. 제27조제3항을 위반하여 형식승인을 받지 아니한 철도용품을 철도시설 또는 철도차량 등에 사용한 자
11의2. 거짓이나 그 밖의 부정한 방법으로 제27조의3에 따라 위탁받은 검사 업무를 수행한 자(2020.6.9 본호신설)
12. 제32조제1항에 따른 중지명령에 따르지 아니한 자
13. 제38조제1항을 위반하여 종합시험운행을 실시하지 아니하거나 실시한 결과를 국토교통부장관에게 보고하지 아니하고 철도노선을 정상운행한 자(2013.3.23 본호개정)
13의2. 제38조의6제1항을 위반하여 철도차량정비가 되지 않은 철도차량임을 알면서 운행한 자
13의3. 제38조의6제3항에 따른 철도차량정비 또는 원상복구 명령에 따르지 아니한 자
13의4. 거짓이나 그 밖의 부정한 방법으로 제38조의7제1항에 따른 철도차량 정비조직의 인증을 받은 자
13의5. 제38조의10제1항제2호에 해당하는 경우로서 고의 또는 중대한 과실로 철도사고 또는 중대한 운행장애를 발생시킨 자
(2018.6.12 13호의2~13호의5신설)
13의6. 제38조의12제4항을 위반하여 정밀안전진단을 받지 아니하거나 정밀안전진단 결과 또는 정밀안전진단 결과에 대한 평가 결과 계속 사용이 적합하지 아니하다고 인정된 철도차량을 운행한 자(2022.1.18 본호개정)
13의7. 제40조제2항 후단을 위반하여 특별한 사유 없이 열차운행을 중지하지 아니한 자(2020.4.7 본호신설)
13의8. 제40조제4항을 위반하여 철도종사자에게 불이익한 조치를 한 자(2020.4.7 본호신설)
14. (2017.8.9 삭제)
15. 제41조제2항에 따른 확인 또는 검사에 불응한 자
16. 정당한 사유 없이 제42조제1항을 위반하여 위해물품을 휴대하거나 적재한 사람
17. 제45조제1항 및 제2항에 따른 신고를 하지 아니하거나 같은 조 제3항에 따른 명령에 따르지 아니한 자
(2017.1.17 본호개정)
18. 제47조제1항제2호를 위반하여 운행 중 비상정지버튼을 누르거나 승강용 출입문을 여는 행위를 한 사람
(2018.6.12 본호개정)
19. 제61조의3제3항을 위반하여 철도안전 자율보고를 한 사람에게 불이익한 조치를 한 자(2020.4.7 본호신설)
(2012.12.18 본항개정)
④ 다음 각 호의 어느 하나에 해당하는 자는 1년 이하의 징역 또는 1천만원 이하의 벌금에 처한다.
1. 제10조제1항을 위반하여 운전면허를 받지 아니하고(제20조에 따라 운전면허가 취소되거나 그 효력이 정지된 경우를 포함한다) 철도차량을 운전한 사람
(2015.7.24 본호개정)
2. 거짓이나 그 밖의 부정한 방법으로 운전면허를 받은 사람
2의2. 거짓이나 그 밖의 부정한 방법으로 관제자격증명을 받은 사람(2018.6.12 본호신설)
2의3. 거짓이나 그 밖의 부정한 방법으로 철도차량정비기술자로 인정받은 사람(2018.6.12 본호신설)
2의4. 제19조의2를 위반하여 운전면허증을 다른 사람에게 빌려주거나 빌리거나 이를 알선한 사람(2020.12.22 본호신설)
3. 제21조를 위반하여 실무수습을 이수하지 아니하고 철도차량의 운전업무에 종사한 사람(2015.7.24 본호개정)
3의2. 제21조의2를 위반하여 운전면허를 받지 아니하거나(제20조에 따라 운전면허가 취소되거나 그 효력이 정지된 경우를 포함한다) 실무수습을 이수하지 아니한 사람을 철도차량의 운전업무에 종사하게 한 철도운영자등
3의3. 제21조의3을 위반하여 관제자격증명을 받지 아니하고(제21조의11에 따라 관제자격증명이 취소되거나 그 효력이 정지된 경우를 포함한다) 관제업무에 종사한 사람
(2015.7.24 3호의2~3호의3신설)
3의4. 제21조의10을 위반하여 관제자격증명서를 다른 사람에게 빌려주거나 빌리거나 이를 알선한 사람
(2020.12.22 본호신설)
4. 제22조를 위반하여 실무수습을 이수하지 아니하고 관제업무에 종사한 사람(2015.7.24 본호개정)
4의2. 제22조의2를 위반하여 관제자격증명을 받지 아니하거나(제21조의11에 따라 관제자격증명이 취소되거나 그 효력이 정지된 경우를 포함한다) 실무수습을 이수하지 아니한 사람을 관제업무에 종사하게 한 철도운영자등(2015.7.24 본호신설)
5. 제23조제1항을 위반하여 신체검사와 적성검사를 받지 아니하거나 같은 조 제3항을 위반하여 신체검사와 적성검사에 합격하지 아니하고 같은 조 제1항에 따른 업무를 한 사람 및 그로 하여금 그 업무에 종사하게 한 자
5의2. 제24조의3을 위반한 다음 각 목의 어느 하나에 해당하는 사람
가. 다른 사람에게 자기의 성명을 사용하여 철도차량정비 업무를 수행하게 하거나 자신의 철도차량정비경력증을 빌려 준 사람
나. 다른 사람의 성명을 사용하여 철도차량정비 업무를 수행하거나 다른 사람의 철도차량정비경력증을 빌린 사람
다. 가목 및 나목의 행위를 알선한 사람
(2018.6.12 본호신설)
6. 제26조제1항 또는 제27조제1항에 따른 형식승인을 받지 아니한 철도차량 또는 철도용품을 판매한 자
(2012.12.18 본호개정)
6의2. 제31조제6항에 따른 이행 명령에 따르지 아니한 자
(2018.6.12 본호신설)
7. 제38조제1항을 위반하여 종합시험운행 결과를 허위로 보고한 자(2012.12.18 본호개정)
7의2. 제38조의7제1항을 위반하여 정비조직의 인증을 받지 아니하고 철도차량정비를 한 자(2018.6.12 본호신설)
8. 제39조의2제1항에 따른 지시를 따르지 아니한 자
(2012.12.18 본호개정)
9. 제39조의3제3항을 위반하여 설치 목적과 다른 목적으로 영상기록장치를 임의로 조작하거나 다른 곳을 비추는 자 또는 운행기간 외에 영상기록을 한 자
10. 제39조의3제4항을 위반하여 영상기록을 목적 외의 용도로 이용하거나 다른 자에게 제공한 자
11. 제39조의3제5항을 위반하여 안전성 확보에 필요한 조치를 하지 아니하여 영상기록장치에 기록된 영상정보를 분실·도난·유출·변조 또는 훼손당한 자
(2016.1.19 9호~11호신설)
12. 제47조제6호를 위반하여 술을 마시거나 약물을 복용하고 다른 사람에게 위해를 주는 행위를 한 사람
(2017.8.9 본호신설)
13. 거짓이나 부정한 방법으로 철도운행안전관리자 자격을 받은 사람(2019.4.23 본호신설)
14. 제69조의2제1항을 위반하여 철도운행안전관리자를 배치하지 아니하고 철도시설의 건설 또는 관리와 관련한 작업을 시행한 철도운영자(2019.4.23 본호신설)
15. 제69조의3제1항 및 제2항을 위반하여 정기교육을 받지 아니하고 업무를 한 사람 및 그로 하여금 그 업무에 종사하게 한 자(2019.4.23 본호신설)
16. 제69조의4를 위반하여 철도안전 전문인력의 분야별 자격을 다른 사람에게 빌려주거나 빌리거나 이를 알선한 사람(2020.12.22 본호신설)
⑤ 제47조제1항제5호를 위반한 자는 500만원 이하의 벌금에 처한다.(2018.6.12 본항개정)
(2012.6.1 본조개정)

제80조【형의 가중】 ① 제78조제1항의 죄를 지어 사람을 사망에 이르게 한 자는 사형, 무기징역 또는 7년 이상의 징역에 처한다.(2020.4.7 본항신설)
② 제79조제1항, 제3항제16호 또는 제17호의 죄를 범하여 열차운행에 지장을 준 자는 그 죄에 규정된 형의 2분의 1까지 가중한다.
③ 제79조제3항제16호 또는 제17호의 죄를 범하여 사람을 사상에 이르게 한 자는 5년 이하의 징역 또는 5천만원 이하의 벌금에 처한다.
(2020.4.7 본조개정)

제81조【양벌규정】 법인의 대표자나 법인 또는 개인의 대리인, 사용인, 그 밖의 종업원이 그 법인 또는 개인의 업무에 관하여 제79조제2항, 같은 조 제3항(제16호는 제외한다) 및 제4항(제2호는 제외한다) 또는 제80조(제79조제3항제17호의 가중죄를 범한 경우만 해당한다)의 어느 하나에 해당하는 위반행위를 하면 그 행위자를 벌하는 외에 그 법인 또는 개인에게도 해당 조문의 벌금형을 과(科)한다. 다만, 법인 또는 개인이 그 위반행위를 방지하기 위하여 해당 업무에 관하여 상당한 주의와 감독을 게을리하지 아니한 경우에는 그러하지 아니하다.
(2020.4.7 본문개정)

제82조【과태료】 ① 다음 각 호의 어느 하나에 해당하는 자에게는 1천만원 이하의 과태료를 부과한다.
1. 제7조제3항(제26조의8 및 제27조의2제4항에서 준용하는 경우를 포함한다)을 위반하여 안전관리체계의 변경승인을 받지 아니하고 안전관리체계를 변경한 자
2. 제8조제3항(제26조의8 및 제27조의2제4항에서 준용하는 경우를 포함한다)을 위반하여 정당한 사유 없이 시정조치 명령에 따르지 아니한 자
(2012.12.18 1호~2호개정)
2의2. 제9조의4제4항을 위반하여 시정조치 명령을 따르지 아니한 자(2020.6.9 본호신설)
3. (2020.6.9 삭제)
4. 제26조제2항(제27조제4항에서 준용하는 경우를 포함한다)을 위반하여 변경승인을 받지 아니한 자
5. 제26조의5제2항(제27조의2제4항에서 준용하는 경우를 포함한다)에 따른 신고를 하지 아니한 자
6. 제27조의2제3항을 위반하여 형식승인표시를 하지 아니한 자
7. 제31조제2항을 위반하여 조사·열람·수거 등을 거부, 방해 또는 기피한 자
8. 제32조제2항 또는 제4항을 위반하여 시정조치계획을 제출하지 아니하거나 시정조치의 진행 상황을 보고하지 아니한 자
9. 제38조제2항에 따른 개선·시정 명령을 따르지 아니한 자
(2012.12.18 4호~9호개정)
9의2. 제38조의5제3항을 위반한 다음 각 목의 어느 하나에 해당하는 자
가. 이력사항을 고의로 입력하지 아니한 자
나. 이력사항을 위조·변조하거나 고의로 훼손한 자
다. 이력사항을 무단으로 외부에 제공한 자
(2018.6.12 본호신설)
9의3. 제38조의7제2항을 위반하여 변경인증을 받지 아니한 자(2020.6.9 본호개정)
9의4. 제38조의9에 따른 준수사항을 지키지 아니한 자
(2018.6.12 본호신설)
9의5. 제38조의12제2항에 따른 정밀안전진단 명령을 따르지 아니한 자(2018.6.12 본호신설)
9의6. 제38조의14제2항 후단을 위반하여 특별한 사유 없이 자료를 제출하지 아니하거나 거짓으로 제출한 자
(2022.1.18 본호신설)

10. 제39조의2제3항에 따른 안전조치를 따르지 아니한 자(2012.12.18 본호개정)
10의2. 제39조의3제1항을 위반하여 영상기록장치를 설치·운영하지 아니한 자(2019.11.26 본호신설)
11.~13. (2020.6.9 삭제)
13의2. 제48조의3제1항을 위반하여 국토교통부장관의 성능인증을 받은 보안검색장비를 사용하지 아니한 자(2019.4.23 본호신설)
13의3. (2020.6.9 삭제)
14. 제49조제1항을 위반하여 철도종사자의 직무상 지시에 따르지 아니한 사람(2012.12.18 본호개정)
15. 제61조제1항 및 제61조의2제1항·제2항에 따른 보고를 하지 아니하거나 거짓으로 보고한 자(2020.6.9 본호개정)
15의2. (2020.6.9 삭제)
16. 제73조제1항에 따른 보고를 하지 아니하거나 거짓으로 보고한 자(2012.12.18 본호개정)
17. 제73조제1항에 따른 자료제출을 거부, 방해 또는 기피한 자(2012.12.18 본호개정)
18. 제73조제2항에 따른 소속 공무원의 출입·검사를 거부, 방해 또는 기피한 자(2012.12.18 본호개정)
② 다음 각 호의 어느 하나에 해당하는 자에게는 500만원 이하의 과태료를 부과한다.
1. 제7조제3항(제26조의8 및 제27조의2제4항에서 준용하는 경우를 포함한다)을 위반하여 안전관리체계의 변경신고를 하지 아니하고 안전관리체계를 변경한 자
2. 제24조제1항을 위반하여 안전교육을 실시하지 아니한 자 또는 제24조제2항을 위반하여 직무교육을 실시하지 아니한 자(2020.4.7 본호개정)
2의2. 제24조제3항을 위반하여 안전교육 실시 여부를 확인하지 아니하거나 안전교육을 실시하도록 조치하지 아니한 철도운영자등(2020.6.9 본호신설)
3. 제26조제2항(제27조제4항에서 준용하는 경우를 포함한다)을 위반하여 변경신고를 하지 아니한 자
4. 제38조의2제2항 단서를 위반하여 개조신고를 하지 아니하고 개조한 철도차량을 운행한 자(2017.10.24 본호신설)
5. 제38조의5제3항제1호를 위반하여 이력사항을 과실로 입력하지 아니한 자(2020.6.9 본호개정)
6. 제38조의7제2항을 위반하여 변경신고를 하지 아니한 자(2020.6.9 본호신설)
7. 제40조의2에 따른 준수사항을 위반한 자(2020.6.9 본호신설)
7의2. 제44조제1항에 따른 위험물취급의 방법, 절차 등을 따르지 아니하고 위험물취급을 한 자(위험물을 철도로 운송한 자는 제외한다)(2023.4.18 본호신설)
7의3. 제44조의2제1항에 따른 검사를 받지 아니하고 포장 및 용기를 판매 또는 사용한 자(2023.4.18 본호신설)
7의4. 제44조의3제1항을 위반하여 자신이 고용하고 있는 종사자가 위험물취급안전교육을 받도록 하지 아니한 위험물취급자(2023.4.18 본호신설)
8. 제47조제1항제1호 또는 제3호를 위반하여 여객출입 금지장소에 출입하거나 물건을 여객열차 밖으로 던지는 행위를 한 사람(2020.6.9 본호신설)
8의2. 제47조제3항을 위반하여 여객열차에서의 금지행위에 관한 사항을 안내하지 아니한 자(2020.12.22 본호신설)
9. 제48조제5호를 위반하여 철도시설(선로는 제외한다)에 승낙 없이 출입하거나 통행한 사람
10. 제48조제7호·제9호 또는 제10호를 위반하여 철도시설에 유해물 또는 오물을 버리거나 열차운행에 지장을 준 사람
11. 제48조의3제2항에 따른 보안검색장비의 성능인증을 위한 기준·방법·절차 등을 위반한 인증기관 및 시험기관
12. 제61조제2항에 따른 보고를 하지 아니하거나 거짓으로 보고한 자
(2020.6.9 9호~12호신설)
(2015.7.24 본항신설)
③ 다음 각 호의 어느 하나에 해당하는 자에게는 300만원 이하의 과태료를 부과한다.
1. 제9조의4제3항을 위반하여 우수운영자로 지정되었음을 나타내는 표시를 하거나 이와 유사한 표시를 한 자
2.~3. (2020.6.9 삭제)
4. 제20조제3항(제21조의11제2항에서 준용하는 경우를 포함한다)을 위반하여 운전면허증을 반납하지 아니한 사람(2020.6.9 본호신설)
(2018.6.12 본항개정)
④ 다음 각 호의 어느 하나에 해당하는 자에게는 100만원 이하의 과태료를 부과한다.
1. 제40조의3을 위반하여 업무에 종사하는 동안에 열차 내에서 흡연을 한 사람(2023.4.18 본호신설)
2. 제47조제1항제4호를 위반하여 여객열차에서 흡연을 한 사람
3. 제48조제5호를 위반하여 선로에 승낙 없이 출입하거나 통행한 사람
(2020.6.9 본항개정)
⑤ 다음 각 호의 어느 하나에 해당하는 자에게는 50만원 이하의 과태료를 부과한다.
1. 제45조제4항을 위반하여 조치명령을 따르지 아니한 자
2. 제47조제1항제7호를 위반하여 공중이나 여객에게 위해를 끼치는 행위를 한 사람
(2020.6.9 본항신설)
⑥ 제1항부터 제5항까지에 따른 과태료는 대통령령으로 정하는 바에 따라 국토교통부장관 또는 시·도지사(이 조 제1항제14호·제16호 및 제17호, 제2항제8호부터 제10호까지, 제4항제1호·제2호 및 제5항제1호·제2호만 해당한다)가 부과·징수한다.(2020.6.9 본항개정)
(2012.6.1 본조개정)
제83조【과태료 규정의 적용 특례】 제82조의 과태료에 관한 규정을 적용할 때 제9조의2(제26조의8, 제27조의2제4항, 제38조의4, 제38조의11 및 제38조의15에서 준용하는 경우를 포함한다)에 따라 과징금을 부과한 행위에 대해서는 과태료를 부과할 수 없다.(2022.1.18 본조개정)

부 칙 (2018.6.12)

제1조【시행일】 이 법은 공포 후 6개월이 경과한 날부터 시행한다. 다만, 제2조제13호·제14호, 제24조의2부터 제24조의5까지, 제31조제4항부터 제6항까지, 제38조의5부터 제38조의14까지, 제72조제1호·제2호, 제73조제1항제3호·제4호의2·제5호의2, 제74조제1항, 제75조제2호·제4호의3·제7호·제8호, 제76조제2호의2·제2호의3, 제78조제3항제3호·제4호 및 제13호의2부터 제13호의6까지, 제78조제4항제2호의3·제5호의2·제6호의2·제7호의2, 제81조제1항제9호의2부터 제9호의5까지, 같은 조 제2항제5호 및 부칙 제6조의 개정규정은 공포 후 1년이 경과한 날부터 시행한다.
제2조【형식승인 등의 사후관리에 관한 적용례】 제31조제4항부터 제6항까지의 개정규정은 이 법 시행 후 최초로 발주하는 철도차량 구매계약부터 적용한다.
제3조【정밀안전진단에 관한 적용례】 제38조의12의 개정규정에 따른 정밀안전진단은 이 법 시행 후 최초로 계약이 이루어진 정밀안전진단부터 적용한다.
제4조【철도차량정비기술자에 관한 경과조치】 이 법 시행 당시 철도차량정비 경력 또는 철도차량정비 관련 교육의 이수 등 대통령령으로 정하는 요건을 갖춘 자는 제24조의2의 개정규정에 따라 철도차량정비기술자의 인정을 받은 것으로 본다. 이 경우 철도차량정비기술자의 인정을 받은 것으로 보는 자는 이 법 시행 후 1년 이내에 같은 조 제2항의 개정규정에 따른 자격기준을 갖추어 국토교통부장관에게 철도차량정비기술자 인정의 신청을 하여야 한다.
제5조【철도차량 정비조직인증에 관한 경과조치】 이 법 시행 당시 철도차량을 정비하고 있는 자는 제38조의7의 개정규정에 따른 정비조직의 인증을 받은 것으로 본다. 이 경우 정비조직의 인증을 받은 것으로 보는 자는 이 법 시행 후 1년 이내에 정비조직인증기준을 갖추어 국토교통부장관에게 철도차량 정비조직인증의 신청을 하여야 한다.
제6조【다른 법률의 개정】 ※(해당 법령에 가제정리 하였음)

부 칙 (2019.4.23)

제1조【시행일】 이 법은 공포 후 6개월이 경과한 날부터 시행한다.
제2조【보안검색장비의 성능인증에 관한 경과조치】 ① 이 법 시행 당시 종전의 규정에 따라 보안검색에 사용되고 있는 장비는 제48조의3의 개정규정에 따른 보안검색장비의 성능인증을 받은 것으로 본다.
② 제48조의3제1항의 개정규정에도 불구하고 국토교통부장관으로부터 성능인증을 받고 생산 중인 보안검색장비가 각기 다른 제작사의 장비로서 종류별로 2종 이상이 인증되기 이전까지는 제작국가 등의 인증 공인기관으로부터 성능을 인증받은 장비를 사용할 수 있다.
제3조【철도운행안전관리자에 대한 경과조치】 이 법 시행 당시 철도운행안전관리자 자격을 부여받은 사람 중 관제업무에 종사한 경력이 2년 이상인 사람에 해당하여 자격을 부여받은 사람은 이 법 시행 후 1년 이내에 제69조의3제1항에 따른 정기교육을 받아야 한다.

부 칙 (2019.11.26)

이 법은 공포 후 6개월이 경과한 날부터 시행한다. 다만, 제81조제1항제10호의2의 개정규정은 공포 후 2년 6개월이 경과한 날부터 시행한다.

부 칙 (2020.4.7)

이 법은 공포 후 6개월이 경과한 날부터 시행한다.

부 칙 (2020.6.9 법17453호)

이 법은 공포한 날부터 시행한다.(이하 생략)

부 칙 (2020.6.9 법17457호)

제1조【시행일】 이 법은 공포 후 6개월이 경과한 날부터 시행한다. 다만, 법률 제17239호 철도안전법 일부개정법률 제24조제1항·제3항 및 제4항, 제41조제2항, 제79조제3항, 제82조 및 제83조의 개정규정은 2020년 10월 8일부터 시행한다.
제2조【적성검사 응시 제한기간에 관한 적용례】 제23조제4항의 개정규정은 이 법 시행 후 최초로 적성검사에 불합격하거나 적성검사 과정에서 부정행위를 한 철도종사자부터 적용한다.
제3조【과태료 규정의 적용 특례에 관한 적용례】 법률 제17239호 철도안전법 일부개정법률 제83조의 개정규정은 이 법 시행 이후 제9조의2(제26조의8, 제27조의2제4항, 제38조의4, 제38조의11 및 제38조의14에서 준용하는 경우를 포함한다)에 따라 과징금을 부과하는 경우부터 적용한다.
제4조【과태료에 관한 경과조치】 법률 제17239호 철도안전법 일부개정법률 제82조 및 제83조의 개정규정 시행 전의 행위에 대하여 과태료 규정을 적용할 때에는 종전의 규정에 따른다.

부 칙 (2020.12.22)

제1조【시행일】 이 법은 공포 후 6개월이 경과한 날부터 시행한다. 다만, 제5조제2항의 개정규정은 공포한 날부터 시행한다.
제2조【철도안전 종합계획에 관한 적용례】 제5조제2항의 개정규정은 이 법 시행 이후 철도안전 종합계획을 수립하거나 변경하는 경우부터 적용한다.
제3조【객차 내 영상기록장치 설치에 관한 경과조치】 철도운영자는 이 법 시행 당시 운행 중인 철도차량에 대해서는 이 법 시행 후 3년 이내에 제39조의3제1항의 개정규정에 따라 객차에 영상기록장치를 설치하여야 한다.

부 칙 (2022.1.18)

제1조【시행일】 이 법은 공포 후 1년이 경과한 날부터 시행한다.
제2조【관제자격증명에 관한 경과조치】 이 법 시행 당시 종전의 규정에 따라 관제자격증명을 받은 사람은 제21조의3제2항의 개정규정에 따라 대통령령으로 정하는 관제자격증명 중 모든 종류의 관제업무 수행에 필요한 관제자격증명을 받은 것으로 본다.

부 칙 (2022.11.15)

이 법은 공포한 날부터 시행한다.

부 칙 (2023.4.18)

제1조【시행일】 이 법은 공포 후 1년이 경과한 날부터 시행한다. 다만, 제40조의3 및 제82조제4항제1호의 개정규정은 공포 후 3개월이 경과한 날부터 시행한다.
제2조【위험물 포장 및 용기의 검사 등에 대한 적용례】 제44조의2의 개정규정은 이 법 시행 이후 제조·수입하여 판매하거나 사용하려는 포장 및 용기부터 적용한다.
제3조【위험물취급안전교육에 관한 경과조치】 위험물취급자는 이 법 시행 이후 1년 이내에 제44조의3제1항의 개정규정에 따른 위험물취급안전교육을 자신이 고용하고 있는 종사자(철도로 운송하는 위험물을 취급하는 종사자에 한정한다)에게 받도록 하여야 한다.

부 칙 (2023.8.16)

제1조【시행일】 이 법은 공포 후 1년이 경과한 날부터 시행한다.
제2조【건널목 영상기록장치 설치에 관한 경과조치】 철도운영자등은 이 법 시행 당시 제39조의3제1항제5호의 개정규정에 해당하는 건널목에 대해서는 이 법 시행 후 1년 이내에 영상기록장치를 설치하여야 한다.

부 칙 (2024.1.9)

제1조【시행일】 이 법은 공포 후 3개월이 경과한 날부터 시행한다.
제2조【철도종사자의 준수사항에 관한 적용례】 제40조의2제6항의 개정규정은 이 법 시행 이후 같은 조 제4항제2호에 따른 협의를 거치는 경우부터 적용한다.

부 칙 (2024.1.16)

이 법은 공포 후 6개월이 경과한 날부터 시행한다.

도시철도법

(2014년 1월 7일 전부개정법률 제12216호)

개정
2014. 1.14법12248호(도로법)
2014. 5.21법12643호
2014.11.19법12844호(정부조직)
2015. 2. 3법13183호
2015.12.29법13688호(철도사업법)
2016. 1. 6법13726호(옥외광고물등의관리와옥외광고산업진흥에관한법)
2016. 3.22법14090호　　2016.12. 2법14339호
2016.12.27법14476호(지방세징수법)
2017. 1.17법14532호(물환경보전법)
2017. 7.26법14839호(정부조직)
2017.12.26법15318호
2018.12.18법15996호(대도시권광역교통관리에관한특별법)
2018.12.31법16146호(철도사업법)
2020. 3.31법17171호(전기안전관리법)
2020. 6. 9법17450호　　2021. 1.12법17899호
2021.11.30법18522호(소방시설설치및관리에관한법)
2022. 6.10법18943호
2022.12.27법19117호(산림자원조성관리)
2024. 1. 9법19975호
2024. 1. 9법19987호(행정법제혁신을위한일부개정법령등)

제1장 총 칙

제1조【목적】 이 법은 도시교통권역의 원활한 교통 소통을 위하여 도시철도의 건설을 촉진하고 그 운영을 합리화하며 도시철도차량 등을 효율적으로 관리함으로써 도시교통의 발전과 도시교통 이용자의 안전 및 편의 증진에 이바지함을 목적으로 한다.

제2조【정의】 이 법에서 사용하는 용어의 뜻은 다음과 같다.
1. "도시교통권역"이란 「도시교통정비 촉진법」 제4조에 따라 지정·고시된 교통권역(交通圈域)을 말한다.
2. "도시철도"란 도시교통의 원활한 소통을 위하여 도시교통권역에서 건설·운영하는 철도·모노레일·노면전차(路面電車)·선형유도전동기(線形誘導電動機)·자기부상열차(磁氣浮上列車) 등 궤도(軌道)에 의한 교통시설 및 교통수단을 말한다.
3. "도시철도시설"이란 다음 각 목의 어느 하나에 해당하는 시설(부지를 포함한다)을 말한다.
  가. 도시철도의 선로(線路), 역사(驛舍) 및 역 시설(물류시설, 환승시설 및 역사와 같은 건물에 있는 판매시설·업무시설·근린생활시설·숙박시설·문화 및 집회시설 등을 포함한다)
  나. 선로 및 도시철도차량을 보수·정비하기 위한 선로보수기지, 차량정비기지, 차량유치시설, 창고시설 및 기지시설
  다. 도시철도의 전철전력설비, 정보통신설비, 신호 및 열차제어설비
  라. 도시철도 기술의 개발·시험 및 연구를 위한 시설
  마. 도시철도 경영연수 및 철도전문인력을 양성하기 위한 교육훈련시설
  바. 그 밖에 도시철도의 건설, 유지보수 및 운영을 위한 시설로서 대통령령으로 정하는 시설
4. "도시철도사업"이란 도시철도건설사업, 도시철도운송사업 및 도시철도부대사업을 말한다.(2014.5.21 본호개정)
5. "도시철도건설사업"이란 새로운 도시철도시설의 건설, 기존 도시철도시설의 성능 및 기능 향상을 위한 개량, 도시철도시설의 증설 및 도시철도시설의 건설 시 수반되는 용역 업무 등에 해당하는 사업을 말한다.
6. "도시철도운송사업"이란 도시철도와 관련된 다음 각 목의 어느 하나에 해당하는 사업을 말한다.
  가. 도시철도시설을 이용한 여객 및 화물 운송
  나. 도시철도차량의 정비 및 열차의 운행 관리
  다. (2014.5.21 삭제)

6의2. "도시철도부대사업"이란 도시철도시설·도시철도차량·도시철도부지 등을 활용한 다음 각 목의 어느 하나에 해당하는 사업을 말한다.
  가. 도시철도와 다른 교통수단의 연계운송사업
  나. 도시철도 차량·장비와 도시철도용품의 제작·판매·정비 및 임대사업
  다. 도시철도시설의 유지·보수 등 국가·지방자치단체 또는 공공법인 등으로부터 위탁받은 사업
  라. 역세권 및 도시철도시설·부지를 활용한 개발·운영 사업으로서 대통령령으로 정하는 사업
  마. 「국가통합교통체계효율화법」에 따른 복합환승센터 개발사업으로서 대통령령으로 정하는 사업
  바. 「물류정책기본법」에 따른 물류사업으로서 대통령령으로 정하는 사업
  사. 「관광진흥법」에 따른 관광사업으로서 대통령령으로 정하는 사업
  아. 「옥외광고물 등의 관리와 옥외광고산업 진흥에 관한 법률」에 따른 옥외광고사업으로서 대통령령으로 정하는 사업(2016.1.6 본목개정)
  자. 가목부터 아목까지의 사업과 관련한 조사·연구, 정보화, 기술 개발 및 인력 양성에 관한 사업
  차. 가목부터 자목까지의 사업에 딸린 사업으로서 대통령령으로 정하는 사업

(2014.5.21 본호신설)
7. "도시철도건설자"란 도시철도건설사업을 하는 자로서 제7조제1항에 따라 도시철도사업계획의 승인을 받은 자를 말한다.
8. "도시철도운영자"란 도시철도운송사업을 하는 자로서 국가, 지방자치단체 및 제26조에 따라 도시철도운송사업 면허를 받은 자(제11호에 따른 민자도시철도운영자를 포함한다)를 말한다.(2024.1.9 본호개정)
9. "도시철도종사자"란 도시철도차량의 운전·운행관리 및 정비 업무, 도시철도 이용자를 상대로 하는 승무 및 역무서비스 업무, 도시철도시설의 유지보수 업무, 그 밖에 도시철도차량의 안전운행 또는 질서유지에 관한 업무에 종사하는 자를 말한다.
10. "민자도시철도"란 「사회기반시설에 대한 민간투자법」 제2조제6호에 따른 민간투자사업으로 건설하는 도시철도를 말한다.(2024.1.9 본호신설)
11. "민자도시철도운영자"란 민자도시철도에 대하여 「사회기반시설에 대한 민간투자법」 제26조제1항에 따라 관리운영권을 설정받은 자를 말한다.(2024.1.9 본호신설)

제3조【적용 범위】 이 법은 다음 각 호에 따른 도시철도에 대하여 적용한다.
1. 국가가 이 법에 따라 건설 또는 운영하는 도시철도
2. 제7조제1항에 따라 도시철도사업계획의 승인을 받은 지방자치단체, 도시철도사업을 위하여 「지방공기업법」에 따라 설립된 지방공사(이하 "도시철도공사"라 한다) 또는 다른 법인이 이 법에 따라 건설 또는 운영하는 도시철도
3. 제24조 또는 제42조에 따라 국가나 지방자치단체로부터 도시철도건설사업 또는 도시철도운송사업을 위탁받은 법인이 건설 또는 운영하는 도시철도

제3조의2【국가 및 지방자치단체의 책무】 국가 및 지방자치단체는 도시철도 이용자의 권익보호를 위하여 다음 각 호의 시책을 강구하여야 한다.
1. 도시철도 이용자의 권익보호를 위한 홍보·교육 및 연구
2. 도시철도 이용자의 생명·신체 및 재산상의 위해 방지
3. 도시철도 이용자의 불만 및 피해에 대한 신속·공정한 구제조치
4. 그 밖에 도시철도 이용자 보호와 관련된 사항

(2021.1.12 본조신설)

제4조【다른 법률과의 관계】 도시철도의 안전에 관하여는 「철도안전법」을 적용한다.

제2장 도시철도의 건설

제5조【도시철도망구축계획의 수립 등】 ① 특별시장·광역시장·특별자치시장·도지사 및 특별자치도지사(이하 "시·도지사"라 한다)는 관할 도시교통권역에서 도시철도를 건설·운영하려면 관계 시·도지사와 협의하여 10년 단위의 도시철도망구축계획(이하 "도시철도망계획"이라 한다)을 수립하여야 한다. 이를 변경하려는 경우에도 또한 같다.
② 도시철도망계획에는 다음 각 호의 사항이 포함되어야 한다.
1. 해당 도시교통권역의 특성·교통상황 및 장래의 교통수요 예측
2. 도시철도망의 중기·장기 건설계획
3. 다른 교통수단과 연계한 교통체계의 구축
4. 필요한 재원(財源)의 조달방안과 투자 우선순위
5. 그 밖에 체계적인 도시철도망 구축을 위하여 필요한 사항으로서 국토교통부령으로 정하는 사항

③ 도시철도망계획은 다음 각 호의 계획과 조화를 이루도록 수립되어야 한다.
1. 「국가통합교통체계효율화법」 제4조에 따른 국가기간교통망계획
2. 「국가통합교통체계효율화법」 제6조에 따른 중기 교통시설투자계획
3. 「대도시권 광역교통 관리에 관한 특별법」 제3조에 따른 대도시권 광역교통기본계획
4. 「대도시권 광역교통 관리에 관한 특별법」 제3조의2에 따른 대도시권 광역교통시행계획
5. 「도시교통정비 촉진법」 제5조에 따른 도시교통정비 기본계획
6. 「도시교통정비 촉진법」 제8조에 따른 도시교통정비 중기계획
7. 「대중교통의 육성 및 이용촉진에 관한 법률」 제5조에 따른 대중교통기본계획

④ 시·도지사는 도시철도망계획을 수립하거나 변경하려면 국토교통부장관의 승인을 받아야 한다.
⑤ 국토교통부장관은 도시철도망계획의 내용 중 필요한 사항을 조정하여 관계 행정기관의 장과 협의한 후 「국가통합교통체계효율화법」 제106조에 따른 국가교통위원회의 심의를 거쳐 승인하고, 이를 관보에 고시하여야 한다. 다만, 대통령령으로 정하는 경미한 사항의 변경을 승인하는 경우에는 국가교통위원회의 심의 및 관보에의 고시를 생략한다.
⑥ 시·도지사는 도시철도망계획이 수립된 날부터 5년마다 도시철도망계획의 타당성 여부를 재검토하여 필요한 경우 이를 변경하여야 한다.

제6조【노선별 도시철도기본계획의 수립 등】 ① 시·도지사는 도시철도망계획에 포함된 도시철도 노선 중 건설을 추진하려는 노선에 대해서는 관계 시·도지사와 협의하여 노선별 도시철도기본계획(이하 "기본계획"이라 한다)을 수립하여야 한다. 이를 변경하려는 경우에도 또한 같다. 다만, 민자도시철도의 경우에는 시·도지사가 국토교통부장관과 협의하여 기본계획의 수립을 생략할 수 있다.(2024.1.9 단서개정)
② 기본계획에는 다음 각 호의 사항이 포함되어야 한다.
1. 해당 도시교통권역의 특성·교통상황 및 장래의 교통수요 예측
2. 도시철도의 건설 및 운영의 경제성·재무성 분석과 그 밖의 타당성의 평가
3. 노선명(路線名), 노선 연장, 기점(起點)·종점(終點), 정거장 위치, 차량기지 등 개략적인 노선망(路線網)
4. 사업기간 및 총사업비
5. 지방자치단체의 재원 분담비율을 포함한 자금의 조달방안 및 운용계획
6. 건설기간 중 도시철도건설사업 지역의 도로교통대책
7. 다른 교통수단과의 연계 수송체계 구축에 관한 사항
8. 그 밖에 필요한 사항으로서 국토교통부령으로 정하는 사항

③ 시·도지사는 기본계획의 내용 중 대통령령으로 정하는 주요 사항에 대하여는 국토교통부장관과 협의한 후 공청회를 열어 주민 및 관계 전문가 등으로부터 의견을 듣고 해당 지방의회의 의견을 들어 기본계획을 국토교통부장관에게 제출하여야 한다. 다만, 대통령령으로 정하는 경미한 사항을 변경하려는 경우에는 사전협의, 공청회, 지방의회 의견청취의 절차를 생략할 수 있다.
④ 국토교통부장관은 제3항에 따라 기본계획을 제출받으면 건설 노선, 사업기간, 총사업비, 지방자치단체의 재원 분담비율을 포함한 자금의 조달방안 등 필요한 사항을 조정하여 관계 행정기관의 장과 협의를 거쳐 기본계획을 승인하여야 한다.
⑤ 국토교통부장관은 제4항에 따라 기본계획을 승인하면 이를 관보에 고시하여야 한다. 다만, 대통령령으로 정하는 경미한 사항의 변경을 승인하는 경우에는 그러하지 아니하다.

제7조【사업계획의 승인 등】 ① 기본계획에 따라 도시철도를 건설하려는 자는 대통령령으로 정하는 바에 따라 도시철도사업계획(이하 "사업계획"이라 한다)을 수립하여 국토교통부장관의 승인을 받아야 한다. 이를 변경하려는 경우에도 또한 같다.
② 기본계획에 따라 도시철도를 건설하려는 자가 제1항에 따라 사업계획의 승인을 신청할 때에는 미리 그 뜻을 공고(公告)하고 관계 서류의 사본을 20일 이상 일반인이 열람할 수 있게 하여야 한다. 이 경우 도시철도시설 부지에 편입되는 토지의 소유자 및 「공익사업을 위한 토지 등의 취득 및 보상에 관한 법률」 제2조제5호에 따른 관계인(이하 "소유자등"이라 한다)에게 그 사실을 통보하여야 한다. 다만, 소유자등을 알 수 없거나 주소 불명(不明) 등 대통령령으로 정하는 경우에는 통보하지 아니할 수 있다.
③ 소유자등은 사업계획의 승인을 신청하는 자에게 제2항에 따른 열람 기간에 의견서를 제출할 수 있다.
④ 사업계획의 승인을 신청하는 자는 제3항에 따라 제출된 의견이 타당하다고 인정하면 사업계획 승인신청 내용에 이를 반영하여야 하고, 반영하지 아니한 의견은 신청서에 첨부하여야 한다.
⑤ 국토교통부장관은 사업계획을 승인할 때 제4항에 따라 첨부된 의견이 타당하다고 인정할 때에는 이를 반영하여야 한다.
⑥ 국토교통부장관은 제1항에 따라 사업계획을 승인하면 이를 관보에 고시하여야 한다.
⑦ 지방자치단체의 장은 제1항에 따른 사업계획 승인 내용 중 도시관리계획 결정사항이 포함되어 있는 경우에는 「국토의 계획 및 이용에 관한 법률」 제32조 및 「토지이용규제 기본법」 제8조에 따라 지형도면의 고시 등 필요한 조치를 하여야 한다.
⑧ 제6조제1항 후단에 따라 기본계획 중 사업기간 또는 사업비에 관한 사항을 변경한 경우에는 제1항에 따른 사업계획의 변경승인을 받은 것으로 본다.

제8조【다른 법률에 따른 인가·허가등의 의제】 ① 도시철도를 건설하려는 자가 제7조제1항에 따라 사업계획의 승인 또는 변경승인을 받은 경우에는 다음 각 호의 협의·승인·허가·인가·동의·해제·결정·신고·지정·면허·심의 등(이하 "인가·허가등"이라 한다)에 관하여 국토교통부장관이 인가·허가등의 관계 행정기관의 장과 미리 협의한 사항에 대해서는 해당 인가·허가등이 있는 것으로 보고, 제7조제6항에 따른 사업계획의 승인 또는 변경승인 고시를 한 경우에는 관계 법률에 따른 인가·허가등의 고시 또는 공고가 있는 것으로 본다.
(2024.1.9 본문개정)
1. 「건설기술관리법」 제5조에 따른 건설기술심의위원회의 심의
2. 「건축법」 제4조에 따른 건축위원회의 심의, 같은 법 제11조에 따른 건축허가, 같은 법 제14조에 따른 건축신고, 같은 법 제20조에 따른 가설건축물(假設建築物)의 건축허가, 같은 법 제29조에 따른 공용건축물의 건축 협의

3.「공유수면 관리 및 매립에 관한 법률」 제8조에 따른 공유수면의 점용·사용허가, 같은 법 제10조에 따른 협의 또는 승인, 같은 법 제17조에 따른 점용·사용 실시계획의 승인 또는 신고, 같은 법 제28조에 따른 매립면허, 같은 법 제35조에 따른 협의 또는 승인, 같은 법 제38조에 따른 매립실시계획의 승인
4.「국토의 계획 및 이용에 관한 법률」 제30조에 따른 도시·군관리계획의 결정(같은 법 제2조제6호에 따른 기반시설의 경우만 해당한다), 같은 법 제86조에 따른 도시·군계획시설사업 시행자의 지정, 같은 법 제88조에 따른 도시·군계획시설사업 실시계획의 인가
5.「군사기지 및 군사시설 보호법」 제9조제1항제1호에 따른 통제보호구역 등에의 출입허가, 같은 법 제13조에 따른 행정기관의 허가등에 관한 협의
6.「농지법」 제34조에 따른 농지전용의 허가 또는 협의
7.「도로법」 제36조에 따른 도로공사 시행의 허가, 같은 법 제61조에 따른 도로 점용허가(2014.1.14 본호개정)
8.「대기환경보전법」 제23조,「물환경보전법」 제33조 및「소음·진동관리법」 제8조에 따른 배출시설의 설치 허가 또는 신고(2017.1.17 본호개정)
9.「사도법」 제4조에 따른 사도(私道) 개설의 허가
10.「사방사업법」 제14조에 따른 사방지에서의 벌채 등의 허가, 같은 법 제20조에 따른 사방지 지정의 해제
11.「산업집적활성화 및 공장설립에 관한 법률」 제13조에 따른 공장설립 등의 승인(철도건설사업에 직접 필요한 공사용 시설로서 건설기간에 설치되는 공장만 해당한다)
12.「산지관리법」 제14조에 따른 산지전용허가, 같은 법 제15조에 따른 산지전용신고, 같은 법 제15조의2에 따른 산지일시사용허가·신고,「산림자원의 조성 및 관리에 관한 법률」 제36조제1항 및 제5항에 따른 입목벌채등의 허가 및 신고(2022.12.27 본호개정)
13.「소방시설 설치 및 관리에 관한 법률」 제6조제1항에 따른 건축허가등의 동의(2021.11.30 본호개정)
14.「수도법」 제52조에 따른 전용상수도 인가, 같은 법 제54조에 따른 전용공업용수도 인가
15.「자연공원법」 제71조제1항에 따른 공원관리청과의 협의(같은 법 제23조에 따른 공원구역에서의 행위허가에 관한 것만 해당한다)
16.「장사 등에 관한 법률」 제27조제1항에 따른 무연분묘(無緣墳墓)의 개장(改葬) 허가
17.「전기사업법」 제61조에 따른 전기사업용전기설비 공사계획의 인가 또는 신고,「전기안전관리법」 제8조에 따른 자가용전기설비 공사계획의 인가 또는 신고(2020.3.31 본호개정)
18.「초지법」 제21조의2에 따른 초지에서의 형질변경 등 같은 조 각 호의 행위에 대한 허가, 같은 법 제23조에 따른 초지전용의 허가 또는 협의
19.「폐기물관리법」 제29조에 따른 폐기물처리시설 설치의 승인 또는 신고
20.「하수도법」 제16조에 따른 공공하수도 사업의 허가, 같은 법 제24조에 따른 공공하수도의 점용허가
21.「하천법」 제30조에 따른 하천공사 시행의 허가, 같은 법 제33조에 따른 하천의 점용허가, 같은 법 제50조에 따른 하천수의 사용허가
② 국토교통부장관이 제7조제1항에 따라 사업계획을 승인 또는 변경승인할 때에는 제1항 각 호에 해당하는 내용이 있는 경우 관계 행정기관의 장과 미리 협의하여야 한다.(2024.1.9 본항개정)
③ (2024.1.9 삭제)
④ 국토교통부장관 또는 시·도지사는 제2항에 따른 협의를 위하여 대통령령으로 정하는 바에 따라 일괄협의회를 개최하여야 한다. 이 경우 관계 행정기관의 장은 소속 공무원을 일괄협의회에 참석하게 하여야 한다.
⑤ 제1항·제2항 및 제4항에서 규정한 사항 외에 인가·허가등 의제의 기준 및 효과 등에 관하여는「행정기본법」 제24조부터 제26조까지를 준용한다.(2024.1.9 본항신설)
제9조 【지하부분에 대한 보상 등】 ① 도시철도건설자가 도시철도건설사업을 위하여 타인 토지의 지하부분을 사용하려는 경우에는 그 토지의 이용 가치, 지하의 깊이 및 토지 이용을 방해하는 정도 등을 고려하여 보상한다.
② 제1항에 따른 지하부분 사용에 대한 구체적인 보상의 기준 및 방법에 관한 사항은 대통령령으로 정한다.
제10조 【토지 등의 수용 또는 사용】 ① 도시철도건설자는 도시철도건설사업을 위하여 필요하면「공익사업을 위한 토지 등의 취득 및 보상에 관한 법률」 제3조에 따른 토지·물건 및 권리(이하 "토지등"이라 한다)를 수용 또는 사용할 수 있다.
② 제7조제1항에 따른 사업계획의 승인과 같은 조 제6항에 따른 고시는「공익사업을 위한 토지 등의 취득 및 보상에 관한 법률」 제20조제1항 및 제22조에 따른 사업인정 및 사업인정고시로 보며, 재결신청(裁決申請)의 기한은 같은 법 제23조제1항 및 제28조제1항에도 불구하고 제7조제1항에 따라 승인을 받은 사업계획에서 정한 도시철도사업기간의 종료일로 한다.
③ 토지등의 수용 또는 사용에 관하여는 이 법에 규정이 있는 경우를 제외하고는「공익사업을 위한 토지 등의 취득 및 보상에 관한 법률」을 준용한다.
제11조 【국유지·공유지의 처분 제한 등】 ① 국가나 지방자치단체 소유의 토지로서 도시철도건설사업에 필요한 토지는 도시철도건설사업 목적 외의 목적으로 매각하거나 양여(讓與)할 수 없다.
② 제1항에 따른 토지는「국유재산법」 제33조, 제39조 및 제44조와「공유재산 및 물품 관리법」 제29조 및 제36조에도 불구하고 도시철도건설자에게 무상양여(無償讓與)하거나 수의계약으로 매각할 수 있다.
제12조 【구분지상권의 설정등기 등】 ① 도시철도건설자는 토지의 지하부분 사용이 필요한 경우에는 해당 부분에 대하여 구분지상권(區分地上權)을 설정하거나 이전하여야 한다.
② 도시철도건설자는「공익사업을 위한 토지 등의 취득 및 보상에 관한 법률」에 따라 구분지상권을 설정하거나 이전하는 내용으로 수용 또는 사용의 재결을 받은 경우에는「부동산등기법」 제99조를 준용하여 단독으로 그 구분지상권의 설정등기 또는 이전등기를 신청할 수 있다.
③ 토지의 지하부분 사용에 관한 구분지상권의 등기절차에 관하여 필요한 사항은 대법원규칙으로 정한다.
④ 제1항과 제2항에 따른 구분지상권의 존속기간은「민법」 제281조에도 불구하고 도시철도시설이 존속하는 날까지로 한다.
제13조 【행위 제한】 도시철도건설자가 지하부분 사용에 대하여 보상을 한 후에는 소유자등은 보상받은 지하부분의 범위에서 도시철도시설의 안전을 해칠 우려가 있는 다음 각 호의 행위를 할 수 없다.
1. 인공구조물의 신축(新築)·개축(改築) 또는 증축(增築)
2. 땅을 파거나 뚫는 행위
제14조 【토지에의 출입 등】 ① 도시철도건설자는 도시철도건설사업을 위하여 필요하면 다음 각 호에 해당하는 행위를 할 수 있다.
1. 타인의 토지에 출입하는 행위
2. 타인의 토지를 일시 사용하는 행위
3. 나무·흙·돌 또는 그 밖의 장애물을 변경하거나 제거하는 행위
② 제1항의 경우에는「국토의 계획 및 이용에 관한 법률」 제130조 및 제131조를 준용한다.
제15조 【공사장애물의 이전 등에 관한 협의 등】 ① 도시철도건설자는 도시철도건설사업에 지장을 주는 장애물을 이전함으로써 생기는 손실이나 그 밖에 공사를 시행함으로써 생기는 손실의 보상에 대하여 소유자등과 협의하여야 한다.
② 제1항에 따른 협의를 할 수 없거나 협의가 성립되지 아니한 경우에는 그 소유자등 및 도시철도건설자는「공익사업을 위한 토지 등의 취득 및 보상에 관한 법률」 제51조에 따라 관할 토지수용위원회에 재결을 신청할 수 있다.
③ 도시철도건설자는 제2항에 따른 재결이 있는 경우에는 그 공사장애물의 이전 등에 대한 보상금을 공탁(供託)하고 공사장애물 이전 등을 할 수 있다.
제16조 【이주대책 등】 도시철도건설사업의 시행에 필요한 토지 등을 제공함으로써 생활근거를 잃게 되는 자를 위한 이주대책(移住對策) 등에 관하여는「공익사업을 위한 토지 등의 취득 및 보상에 관한 법률」에서 정하는 바에 따른다.
제17조 【피해 건축물의 개축 시 주차장의 설치기준】 도시철도건설사업으로 피해를 입은 건축물을 개축하는 경우에는 기존 건축물에 설치되었던 규모와 같은 크기의 주차장을 설치하는 경우 이를「주차장법」 제19조에 따른 부설주차장 설치기준에 적합한 것으로 본다.
제18조 【도시철도의 건설 및 운전】 도시철도의 건설 및 운전에 관한 사항은 국토교통부령으로 정한다.
제18조의2 【노면전차의 건설·운전 및 전용로의 설치 등】 ① 도시철도건설자는 노면전차를 도로에 건설하는 경우 다음 각 호의 노면전차 전용도로 또는 전용차로를 설치하여야 한다.
1. 노면전차 전용도로 : 노면전차만이 통행할 수 있도록 분리대, 연석, 그 밖에 이와 유사한 시설물에 의하여 차도 및 보도와 구분하여 설치한 노면전차도로
2. 노면전차 전용차로 : 차도의 일정 부분을 노면전차만 통행하도록 안전표지 등으로 다른 자동차 등이 통행하는 차로와 구분한 차로
② 제1항에도 불구하고 노면전차 전용도로 또는 전용차로의 설치로 인하여 도로 교통이 현저하게 혼잡해질 우려가 있는 등 국토교통부령으로 정하는 사유에 해당하는 경우에는 노면전차와 다른 자동차 등이 함께 통행하는 혼용차로를 설치할 수 있다.
③ 제1항에 따른 노면전차 전용도로와 전용차로 및 제2항에 따른 혼용차로의 설치와 노면전차의 건설·운전 등에 필요한 사항은 국토교통부령으로 정한다.
(2016.12.2 본조신설)
제19조 【도시철도의 건설 및 운영을 위한 자금조달】 도시철도의 건설 및 운영에 필요한 자금은 다음 각 호의 재원 및 방법으로 조달한다.
1. 도시철도건설자 또는 도시철도운영자의 자기자금(自己資金)
2. 도시철도를 건설·운영하여 생긴 수익금
3. 제20조에 따른 도시철도채권의 발행
4. 국가 또는 지방자치단체로부터의 차입 및 보조
5. 국가 및 지방자치단체 외의 자(외국 정부 및 외국인을 포함한다)로부터의 차입·출자 및 기부
6.「역세권의 개발 및 이용에 관한 법률」에 따른 역세권개발사업으로 생긴 수익금
7. 도시철도부대사업으로 발생하는 수익금(2014.5.21 본호신설)
제20조 【도시철도채권의 발행】 ① 국가, 지방자치단체 및 도시철도공사는 도시철도채권을 발행할 수 있다.
② 지방자치단체의 장은 제1항에 따른 도시철도채권을 발행하기 위하여 행정안전부장관의 승인을 받으려는 경우에는 미리 국토교통부장관과 협의하여야 한다.
(2017.7.26 본항개정)
③ 도시철도공사는 도시철도채권을 발행하려면 관련 지방자치단체의 장 및 국토교통부장관과 협의하여야 한다.
④ 도시철도채권의 원금 및 이자의 소멸시효(消滅時效)는 상환일(償還日)부터 기산(起算)하여 5년으로 한다.
⑤ 도시철도채권은 기본계획이 확정된 해부터 그 연도의 도시철도 운영수입금이 그 연도의 도시철도 운영비용(원리금 상환액을 포함한다)을 최초로 초과하는 연도까지 발행할 수 있다.
제21조 【도시철도채권의 매입】 ① 다음 각 호의 자 중 대통령령으로 정하는 자는 도시철도채권을 매입하여야 한다.
1. 국가나 지방자치단체로부터 면허·허가·인가를 받는 자
2. 국가나 지방자치단체에 등기·등록을 신청하는 자. 다만,「자동차관리법」 제3조에 따른 자동차로서 국토교통부령으로 정하는 경형자동차(이륜자동차는 제외한다)의 등록을 신청하는 자는 제외한다.
3. 국가, 지방자치단체 또는「공공기관의 운영에 관한 법률」 제4조에 따른 공공기관과 건설도급계약(建設都給契約)을 체결하는 자
4. 도시철도건설자 또는 도시철도운영자와 도시철도건설·운영에 필요한 건설도급계약, 용역계약 또는 물품구매계약을 체결하는 자
② 제1항에 따른 도시철도채권의 매입 금액과 절차 등에 관하여 필요한 사항은 대통령령으로 정한다.
제22조 【정부 지원 등】 ① 정부는 지방자치단체나 도시철도공사가 시행하는 도시철도건설사업을 위하여 재정적 지원이 필요하다고 인정되면 소요자금(所要資金)의 일부를 보조하거나 융자할 수 있다.
② 정부는 제3조제3호에 따른 법인이 시행하는 도시철도건설사업을 위하여 필요하다고 인정되면 소요자금의 일부를 융자할 수 있다.
③ 정부는 도시철도기술의 발전을 위하여 대통령령으로 정하는 도시철도기술을 연구하는 기관 또는 단체(이하 "연구기관등"이라 한다)에 보조 등 재정적 지원을 할 수 있다.
④ 지방자치단체는 제1항에 따라 정부의 지원을 받은 경우 도시철도기술의 발전을 위하여 대통령령으로 정하는 바에 따라 연구기관등에 보조하거나 출연(出捐)할 수 있다.
⑤ 정부는 지방자치단체, 도시철도공사 또는 제3조제3호에 따른 법인이 건설·운영하고 있는 도시철도의 승강장에 전동차 출입문과 연동되어 열리고 닫히는 승하차용 출입문 설비를 설치하기 위한 소요자금의 일부를 보조할 수 있다.(2015.2.3 본항신설)
⑥ 정부는 민자도시철도로 인한 지방자치단체의 재정상 부담을 경감할 수 있도록 행정적 지원을 할 수 있다.
(2024.1.9 본항개정)
⑦ 정부는 도시철도 이용자의 안전을 위하여 도시철도운영자가 국토교통부령으로 정하는 노후화된 도시철도차량을 교체하는 경우 필요한 소요자금의 일부를 보조할 수 있다.(2021.1.12 본항신설)
제23조 【지원자금의 목적 외 사용금지 등】 ① 도시철도건설자는 제22조에 따라 지급받은 지원자금을 그 지원목적 외의 목적으로 사용하지 못한다.
② 정부는 도시철도건설자가 지급받은 지원자금을 그 지원 목적 외의 용도로 사용하거나 부정한 방법으로 제22조에 따른 지원자금을 지급받은 경우에는 지급받은 지원자금을 회수한다.
제24조 【도시철도건설사업의 위탁】 ① 국가나 지방자치단체가 도시철도건설자인 경우에는 도시철도건설사업을 법인에 위탁할 수 있다. 이 경우 지방자치단체인 도시철도건설자는 국토교통부장관의 승인을 받아야 한다.
② 제1항의 위탁에 필요한 사항은 대통령령으로 정한다.
③ 제1항에 따라 수탁자가 건설한 도시철도의 시설물(도시철도의 차량·기계·기구 등을 포함한다. 이하 같다)은 위탁한 국가 또는 지방자치단체에 귀속(歸屬)한다.
④ 제3항에 따른 도시철도 시설물의 귀속절차는 대통령령으로 정한다.
⑤ 제1항에 따라 도시철도건설사업을 수탁한 자는 그 건설에 관하여 책임을 진다.
제25조 【도시철도의 연계망 구축】 ① 지방자치단체는 도시철도 노선망이 유기적인 기능을 발휘할 수 있도록 도시철도 노선 간 또는 도시철도 노선과 철도 노선 간 연계망 구축을 위하여 노력하여야 한다.
② 국가는 필요한 경우 지방자치단체 간의 도시철도 연계망 구축에 필요한 재원의 일부를 예산의 범위에서 지원할 수 있다.

제3장 도시철도운송사업 등

제26조【면허 등】 ① 국가 또는 지방자치단체가 아닌 법인으로서 도시철도운송사업을 하려는 자는 국토교통부령으로 정하는 바에 따라 도시철도운송사업계획을 제출하여 시·도지사에게 면허를 받아야 한다.
② 도시철도운송사업의 사업구간이 인접한 시·도에 걸쳐있는 경우에는 해당 시·도지사 간 협의에 따라 면허를 줄 시·도지사를 정하되 협의가 성립되지 아니한 경우에는 국토교통부장관이 조정할 수 있다. 이 경우 시·도지사는 특별한 사유가 없으면 국토교통부장관의 조정에 따라야 한다.
③ 시·도지사는 제1항에 따라 면허를 주기 전 도시철도운송사업계획에 대하여 국토교통부장관과 미리 협의하여야 한다.
④ 시·도지사는 제1항에 따라 면허를 줄 때에는 도시교통의 원활화와 이용자의 안전 및 편의 증진을 위하여 필요한 조건을 붙일 수 있다.

제27조【면허의 기준】 도시철도운송사업의 면허기준은 다음 각 호와 같다.
1. 해당 사업이 도시교통의 수송수요에 적합할 것
2. 해당 사업을 수행하는 데 필요한 도시철도차량 및 운영인력 등이 국토교통부령으로 정하는 기준에 맞을 것

제28조【결격사유】 ① 임원 중에 다음 각 호의 어느 하나에 해당하는 사람이 있는 법인은 도시철도운송사업의 면허를 받을 수 없다.
1. 피성년후견인 또는 피한정후견인
2. 파산선고를 받고 복권되지 아니한 사람
3. 이 법 또는 대통령령으로 정하는 철도 및 도시철도 관계 법령을 위반하여 금고 이상의 실형을 선고받고 그 집행이 끝나거나(끝난 것으로 보는 경우를 포함한다) 면제된 날부터 2년이 지나지 아니한 사람
4. 이 법 또는 대통령령으로 정하는 철도 및 도시철도 관계 법령을 위반하여 금고 이상의 형의 집행유예를 선고받고 그 유예기간 중에 있는 사람
② 이 법에 따라 도시철도운송사업의 면허가 취소된 후 그 취소일부터 2년이 지나지 아니한 법인은 도시철도운송사업의 면허를 받을 수 없다. 다만, 제1항제1호 및 제2호에 해당하여 제37조제1항제3호에 따라 도시철도운송사업의 면허가 취소된 경우는 제외한다.(2017.12.26 단서신설)

제28조의2【도시철도부대사업의 승인 등】 ① 도시철도운영자는 도시철도의 건설 및 운영에 드는 자금을 충당하기 위하여 시·도지사의 승인을 받아 도시철도부대사업을 할 수 있다.
② 제1항에 따른 승인의 절차 등에 필요한 사항은 국토교통부령으로 정한다.
(2014.5.21 본조신설)

제29조【도시철도공사의 설립 등 협의】 지방자치단체가 「지방공기업법」 제49조에 따라 도시철도공사를 설립하려는 경우에는 미리 국토교통부장관과 협의하여야 한다.

제30조【운송개시의 의무】 ① 제26조제1항에 따라 도시철도운송사업의 면허를 받은 자(이하 "도시철도운송사업자"라 한다)는 시·도지사가 정하는 날짜 또는 기간 내에 운송을 개시하여야 한다. 다만, 천재지변이나 그 밖의 불가피한 사유로 시·도지사가 정하는 날짜 또는 기간 내에 운송을 개시할 수 없는 경우에는 시·도지사의 승인을 받아 날짜를 연기하거나 기간을 연장할 수 있다.
② 시·도지사가 제1항 단서에 따라 운송개시 변경의 승인을 할 때에는 국토교통부장관과 미리 협의하여야 한다.

제31조【운임의 신고 등】 ① 도시철도운송사업자는 도시철도의 운임을 정하거나 변경하는 경우에는 원가(原價)와 버스 등 다른 교통수단 운임과의 형평성 등을 고려하여 시·도지사가 정한 범위에서 운임을 정하여 시·도지사에게 신고하여야 하며, 신고를 받은 시·도지사는 그 내용을 검토하여 이 법에 적합하면 신고를 받은 날부터 국토교통부령으로 정하는 기간 이내에 신고를 수리하여야 한다.(2020.6.9 본항개정)
② 도시철도운영자는 도시철도의 운임을 정하거나 변경하는 경우 그 사항을 시행 1주일 이전에 예고하는 등 도시철도 이용자에게 불편이 없도록 필요한 조치를 하여야 한다.

제32조【도시철도운송약관】 도시철도운영자는 도시철도운송약관을 정하여야 하고, 도시철도운송사업자인 도시철도운영자는 이를 시·도지사에게 신고하여야 하며, 신고를 받은 시·도지사는 그 내용을 검토하여 이 법에 적합하면 신고를 받은 날부터 국토교통부령으로 정하는 기간 이내에 신고를 수리하여야 한다. 이를 변경하려는 경우에도 또한 같다.(2020.6.9 전단개정)

제33조【도시철도운송사업계획의 변경】 ① 도시철도운송사업자는 도시철도운송사업계획을 변경하려는 경우에는 시·도지사에게 신고하여야 하며, 신고를 받은 시·도지사는 그 내용을 검토하여 이 법에 적합하면 신고를 받은 날부터 국토교통부령으로 정하는 기간 이내에 신고를 수리하여야 한다.(2020.6.9 본항개정)
② 시·도지사는 도시철도운송사업자로부터 도시철도운송사업계획에 대한 변경신고를 받거나 소관 도시철도운송사업계획을 변경한 경우에는 지체 없이 국토교통부장관에게 알려야 한다.

제34조【연락운송】 ① 도시철도운영자가 다른 도시철도운영자 또는 「철도사업법」 제2조제8호에 따른 철도사업자(이하 이 조에서 "철도사업자"라 한다)와 연계하여 운송을 하는 경우 노선의 연결, 도시철도시설 운영의 분담, 운임수입의 배분, 승객의 갈아타기 등에 관한 사항은 당사자 간의 협의로 정한다.(2022.6.10 본항개정)
② 제1항에 따른 협의가 성립되지 아니하거나 협의 결과를 해석하는 데 분쟁이 있을 때에는 당사자의 신청을 받아 국토교통부장관이 결정한다.
③ 도시철도운영자 또는 철도사업자는 운임수입의 배분에 관한 사항에 대하여 해당 운임수입이 발생한 날이 속하는 연도의 다음 연도 12월 31일까지 제1항에 따른 협의를 완료하거나 제2항에 따른 결정을 신청하여야 한다. 다만, 운임수입의 배분과 관련되는 모든 도시철도운영자 및 철도사업자가 동의하는 경우에는 1회에 한하여 6개월의 범위에서 그 기간을 연장할 수 있다.(2022.6.10 본항신설)
④ 도시철도운영자 또는 철도사업자가 운임수입을 배분하는 경우에는 제1항에 따른 협의가 완료된 날(국토교통부장관이 제2항에 따라 운임수입의 배분을 결정한 경우에는 그 결정이 있은 날을 말한다)에서 30일이 경과한 날부터 운임수입을 배분하는 날까지의 기간에 대하여 배분하여야 하는 운임수입에 대한 이자를 가산하여 지급하여야 한다.(2022.6.10 본항신설)

제35조【사업의 양도·양수 등】 ① 도시철도운송사업자가 도시철도운송사업을 양도·양수하거나 합병하려는 경우에는 시·도지사의 인가를 받아야 한다.
② 시·도지사는 제1항에 따라 인가를 하려면 미리 국토교통부장관과 협의하여야 한다.
③ 제1항에 따른 인가가 있는 때에는 도시철도운송사업을 양수한 자는 도시철도운송사업을 양도한 자의 도시철도운송사업자로서의 지위를 승계하며, 합병으로 설립되거나 존속하는 법인은 합병으로 소멸되는 법인의 도시철도운송사업자로서의 지위를 승계한다.

제36조【사업의 휴업·폐업】 ① 도시철도운송사업자가 사업의 전부 또는 일부를 휴업 또는 폐업하려면 국토교통부령으로 정하는 바에 따라 시·도지사의 허가를 받아야 한다. 다만, 선로 또는 교량의 파괴, 도시철도시설의 개량, 그 밖의 정당한 사유로 인한 휴업의 경우에는 국토교통부령으로 정하는 바에 따라 시·도지사에게 신고하여야 하며, 신고를 받은 시·도지사는 그 내용을 검토하여 이 법에 적합하면 신고를 받은 날부터 국토교통부령으로 정하는 기간 이내에 신고를 수리하여야 한다.
(2020.6.9 단서개정)
② 시·도지사가 제1항 본문에 따라 허가하려는 경우에는 미리 국토교통부장관과 협의하여야 한다.
③ 제1항에 따른 휴업기간은 6개월을 넘지 못한다. 다만, 제1항 단서에 따른 휴업의 경우에는 해당 사유가 소멸할 때까지 휴업할 수 있다.
④ 제1항에 따라 허가를 받거나 신고한 휴업기간 중이라도 휴업 사유가 소멸되었을 때에는 시·도지사에게 신고하고 사업을 재개(再開)할 수 있다. 이 경우 신고를 받은 시·도지사는 그 내용을 검토하여 이 법에 적합하면 신고를 받은 날부터 국토교통부령으로 정하는 기간 이내에 신고를 수리하여야 한다.(2020.6.9 후단신설)
⑤ 도시철도운영자는 도시철도운송사업의 전부 또는 일부를 휴업 또는 폐업하려는 경우에는 대통령령으로 정하는 바에 따라 휴업 또는 폐업하는 사업의 내용과 기간 등을 인터넷 홈페이지, 역 등 일반인이 보기 쉬운 곳에 게시하여야 한다.

제37조【면허의 취소 등】 ① 시·도지사는 도시철도운송사업자가 다음 각 호의 어느 하나에 해당하는 경우에는 그 면허를 취소하거나 6개월 이내의 기간을 정하여 그 사업의 정지를 명할 수 있다. 다만, 제1호에 해당하는 경우에는 그 면허를 취소하여야 한다.
1. 거짓이나 그 밖의 부정한 방법으로 제26조에 따른 도시철도운송사업 면허를 받은 경우
2. 제27조에 따른 도시철도운송사업의 면허기준을 위반한 경우
3. 도시철도운송사업자가 제28조의 결격사유에 해당하는 경우. 다만, 법인의 임원 중에 그 사유에 해당하는 사람이 있는 경우로서 3개월 이내에 그 임원을 개임(改任)하였을 때에는 제외한다.
4. 제30조제1항을 위반하여 시·도지사가 정한 날짜 또는 기간 내에 운송을 개시하지 아니한 경우
5. 제35조에 따른 인가를 받지 아니하고 양도·양수하거나 합병한 경우
6. 제36조제1항에 따른 허가를 받지 아니하거나 신고를 하지 아니하고 도시철도운송사업을 휴업 또는 폐업하거나 같은 조 제3항에 따른 휴업기간이 지난 후에도 도시철도운송사업을 재개하지 아니한 경우
7. 제39조의 사업개선명령을 따르지 아니한 경우
8. 제41조제1항을 위반하여 도시철도차량에 폐쇄회로 텔레비전을 설치하지 아니한 경우(2021.1.12 본호신설)
9. 사업경영의 불확실 또는 자산상태의 현저한 불량이나 그 밖의 사유로 사업을 계속함이 적합하지 아니한 경우
② 제1항에 따른 행정처분의 세부기준은 위반행위의 종류와 위반 정도 등을 고려하여 국토교통부령으로 정한다.
③ 시·도지사는 제1항에 따라 도시철도운송사업의 면허를 취소하거나 사업의 정지를 명할 때에는 청문을 하여야 한다.

제38조【과징금의 부과】 ① 시·도지사는 도시철도운송사업자가 제37조제1항 각 호의 어느 하나에 해당하여 사업정지처분을 하여야 할 경우로서 해당 사업의 정지가 그 사업의 이용자 등에게 심한 불편을 주거나 공익을 해칠 우려가 있을 때에는 대통령령으로 정하는 바에 따라 사업정지처분에 갈음하여 2천만원 이하의 과징금을 부과할 수 있다.
② 제1항에 따른 과징금을 내야 할 자가 납부기한까지 과징금을 내지 아니하면 「지방세징수법」에 따른 지방세 체납처분의 예에 따라 징수한다.(2016.12.27 본항개정)
③ 제1항과 제2항에 따라 징수한 과징금은 다음 각 호의 용도로만 사용하여야 한다.
1. 도시철도 관련 시설의 확충 및 정비
2. 도시철도기술의 연구개발
3. 도시철도 이용자의 서비스 개선사업
4. 도시철도종사자의 양성·교육훈련이나 그 밖에 자질 향상을 위한 교육훈련시설의 건설 및 운영
5. 도시철도운송사업자의 경영개선이나 그 밖에 도시철도운송사업의 발전을 위하여 필요한 사항
④ 제1항에 따른 과징금을 부과하는 위반행위의 종류, 위반 정도 등에 따른 과징금의 금액, 그 밖에 필요한 사항은 대통령령으로 정한다.

제39조【사업개선명령】 시·도지사는 도시교통의 원활화와 도시철도 이용자의 안전 및 편의 증진을 위하여 필요하다고 인정하면 도시철도운송사업자에게 다음 각 호의 사항을 명할 수 있다.
1. 도시철도운송사업계획 및 도시철도운송약관의 변경
2. 운임의 조정
3. 도시철도차량이나 그 밖의 시설의 개선
4. 도시철도 노선의 연락운송
5. 도시철도차량 및 도시철도 사고에 관한 손해배상을 위한 보험에의 가입
6. 안전운송의 확보 및 서비스의 향상을 위하여 필요한 조치
7. 도시철도종사자의 양성 및 자질 향상을 위한 교육

제40조【명의대여의 금지】 도시철도운영자는 타인에게 자신의 상호를 사용하여 도시철도운송사업을 경영하게 하여서는 아니 된다.

제41조【폐쇄회로 텔레비전의 설치·운영】 ① 도시철도운영자는 범죄 예방 및 교통사고 상황 파악을 위하여 도시철도차량에 대통령령으로 정하는 기준에 따라 폐쇄회로 텔레비전을 설치하여야 한다.
② 도시철도운영자는 승객이 폐쇄회로 텔레비전 설치를 쉽게 인식할 수 있도록 대통령령으로 정하는 바에 따라 안내판 설치 등 필요한 조치를 하여야 한다.
③ 도시철도운영자는 설치 목적과 다른 목적으로 폐쇄회로 텔레비전을 임의로 조작하거나 다른 곳을 비춰서는 아니 되며, 녹음기능은 사용할 수 없다.
④ 도시철도운영자는 다음 각 호의 어느 하나에 해당하는 경우 외에는 폐쇄회로 텔레비전으로 촬영한 영상기록을 이용하거나 다른 자에게 제공하여서는 아니 된다.
1. 범죄 예방 및 교통사고 상황 파악을 위하여 필요한 경우
2. 범죄의 수사와 공소의 제기 및 유지에 필요한 경우
3. 법원의 재판업무수행을 위하여 필요한 경우
⑤ 도시철도운영자는 폐쇄회로 텔레비전 운영으로 얻은 영상기록이 분실·도난·유출·변조 또는 훼손되지 아니하도록 폐쇄회로 텔레비전의 운영·관리 지침을 마련하여야 한다.

제41조의2【보안요원의 배치·운영】 도시철도운영자는 승객의 안전 확보와 편의 증진을 위하여 역사 및 도시철도차량에 보안요원을 배치하여 운영할 수 있다.
(2021.1.12 본조신설)

제42조【도시철도운송사업의 위탁】 ① 국가나 지방자치단체가 도시철도운영자인 경우에는 도시철도운송사업을 법인에 위탁할 수 있다.
② 제1항에 따라 제2조제6호가목 또는 나목의 사업을 위탁받은 법인은 제26조에 따라 도시철도운송사업 면허를 받아야 한다.
③ 제1항의 위탁에 필요한 사항은 대통령령으로 정한다.

제43조【「철도사업법」의 준용】 ① 도시철도운영자의 준수사항, 도시철도종사자의 준수사항, 도시철도차량 관리에 대한 책임, 도시철도 서비스 향상 등에 관하여는 「철도사업법」 제10조, 제20조, 제22조 및 제26조부터 제33조까지의 규정을 준용한다. 이 경우 "철도"는 "도시철도"로, "철도사업자"는 "도시철도운영자"로, "철도사업약관"은 "도시철도운송약관"으로, "철도운수종사자"는 "도시철도종사자"로, "철도차량"은 "도시철도차량"으로 본다.
(2024.1.9 전단개정)
② 민자도시철도의 관리에 관하여는 「철도사업법」 제25조 및 제25조의2부터 제25조의6까지를 준용한다. 이 경우 "국토교통부장관"은 "지방자치단체의 장"으로, "민자철도"는 "민자도시철도"로, "민자철도사업자"는 "민자도시철도운영자"로, "국세강제징수의 예"는 "「지방세징수법」에 따른 지방세 체납처분의 예"로, "철도사업"은 "도시철도사업"으로, "국가"는 "지방자치단체"로, "국회 소관 상임위원회"는 "지방의회"로 본다.(2024.1.9 본항신설)

제4장 보 칙

제44조【감독 등】 ① 국토교통부장관은 도시철도건설자 및 도시철도운영자(국가는 제외한다. 이하 이 조 및 제45조에서 같다)를 감독한다.
② 국토교통부장관은 필요하다고 인정하면 도시철도건설자 및 도시철도운영자에게 업무에 관하여 감독상 필요한 명령을 할 수 있다.
③ 시·도지사는 국가·지방자치단체나 도시철도공사가 아닌 도시철도건설자 및 도시철도운영자에 대하여 제1항 및 제2항의 감독 및 명령을 할 수 있다.
제45조【보고 및 검사】 ① 국토교통부장관은 필요하다고 인정하면 도시철도건설자 및 도시철도운영자로 하여금 그 업무 및 자산 상태에 관하여 보고를 하게 하거나 소속 공무원에게 도시철도건설자 및 도시철도운영자의 사무소나 그 밖의 사업소에 출입하여 업무 상황 또는 장부·서류나 그 밖에 필요한 물건을 검사하게 할 수 있다.
② 국가·지방자치단체나 도시철도공사가 아닌 도시철도건설자 및 도시철도운영자에 대한 경우에는 시·도지사가 도시철도건설자 및 도시철도운영자로 하여금 보고를 하게 하거나 도시철도건설자 및 도시철도운영자를 검사할 수 있다.
③ 제1항 및 제2항에 따라 사무소나 그 밖의 사업소에 출입하여 검사를 하는 공무원은 그 권한을 표시하는 증표를 지니고 관계인에게 보여주어야 한다.
제46조【권한의 위임】 이 법에 따른 국토교통부장관의 권한은 대통령령으로 정하는 바에 따라 그 일부를 「대도시권 광역교통 관리에 관한 특별법」 제9조의2에 따른 대도시권광역교통위원장 또는 시·도지사에게 위임할 수 있다.(2018.12.18 본조개정)

제5장 벌 칙

제47조【벌칙】 ① 다음 각 호의 어느 하나에 해당하는 자는 2년 이하의 징역 또는 2천만원 이하의 벌금에 처한다.
1. 제26조에 따른 면허를 받지 아니하고 도시철도운송사업을 경영한 자
2. 거짓이나 그 밖의 부정한 방법으로 제26조에 따른 도시철도운송사업의 면허를 받은 자
3. 제37조에 따른 사업정지 기간에 도시철도운송사업을 경영한 자
4. 제40조를 위반하여 타인에게 자신의 상호를 대여한 자
5. 제43조에 따라 준용되는 「철도사업법」 제31조를 위반하여 도시철도운영자의 공동활용에 관한 요청을 정당한 사유 없이 거부한 자

② 다음 각 호의 어느 하나에 해당하는 자는 1년 이하의 징역 또는 1천만원 이하의 벌금에 처한다.
1. 제41조제3항을 위반하여 설치 목적과 다른 목적으로 폐쇄회로 텔레비전을 임의로 조작하거나 다른 곳을 비춘 자 또는 녹음기능을 사용한 자
2. 제41조제4항을 위반하여 영상기록을 목적 외의 용도로 이용하거나 다른 자에게 제공한 자

③ 다음 각 호의 어느 하나에 해당하는 자는 1천만원 이하의 벌금에 처한다.
1. 제39조에 따른 사업개선명령을 위반한 자
2. 제43조에 따라 준용되는 「철도사업법」 제28조제3항을 위반하여 우수서비스마크 또는 이와 유사한 표지를 철도차량 등에 붙이거나 인증사실을 홍보한 자
3. 제44조제2항에 따른 감독상 필요한 명령을 위반한 자

제48조【양벌규정】 법인의 대표자나 법인 또는 개인의 대리인, 사용인, 그 밖의 종업원이 그 법인 또는 개인의 업무에 관하여 제47조의 어느 하나에 해당하는 위반행위를 하면 그 행위자를 벌하는 외에 그 법인 또는 개인에게도 해당 조문의 벌금형을 과(科)한다. 다만, 법인 또는 개인이 그 위반행위를 방지하기 위하여 해당 업무에 관하여 상당한 주의와 감독을 게을리하지 아니한 경우에는 그러하지 아니하다.
제49조【과태료】 ① 제43조에 따라 준용되는 「철도사업법」 제32조제1항 또는 제2항을 위반하여 회계를 구분하여 경리하지 아니한 자에게는 500만원 이하의 과태료를 부과한다.(2015.12.29 본항개정)
② 제41조제1항을 위반하여 도시철도차량에 폐쇄회로 텔레비전을 설치하지 아니한 자에게는 300만원 이하의 과태료를 부과한다.(2021.1.12 본항신설)
③ 다음 각 호에 해당하는 자에게는 100만원 이하의 과태료를 부과한다.
1. 제43조에 따라 준용되는 「철도사업법」 제20조제2항부터 제4항까지에 따른 준수사항을 위반한 자
2. 제43조에 따라 준용되는 「철도사업법」 제25조제2항을 위반하여 도시철도차량의 점검·정비에 관한 책임자를 선임하지 아니한 자

④ 제43조에 따라 준용되는 「철도사업법」 제22조를 위반한 도시철도종사자 및 그가 소속된 도시철도운영자에게는 50만원 이하의 과태료를 부과한다.
제50조【과태료 규정의 적용 특례】 제49조의 과태료에 관한 규정을 적용할 때 제38조에 따라 과징금을 부과한 행위에 대해서는 과태료를 부과할 수 없다.(2021.1.12 본조신설)

부 칙

제1조【시행일】 이 법은 공포 후 6개월이 경과한 날부터 시행한다.
제2조【폐쇄회로 텔레비전의 설치·운영에 관한 적용례】 제41조의 개정규정은 이 법 시행 후 최초로 구매하는 도시철도차량부터 적용한다.
제3조【처분 등에 관한 일반적 경과조치】 이 법 시행 당시 종전의 규정에 따른 행정기관의 행위나 행정기관에 대한 행위는 그에 해당하는 이 법에 따른 행정기관의 행위나 행정기관에 대한 행위로 본다.
제4조【도시철도운송사업 면허에 관한 경과조치】 이 법 시행 당시 종전의 규정에 따라 도시철도운송사업에 해당하는 사업을 실제로 영위하고 있는 자는 이 법에 따른 도시철도운송사업 면허를 받은 것으로 본다.
제5조【다른 법률의 개정】 ①~⑫ ※(해당 법령에 가제정리 하였음)
제6조【다른 법률과의 관계】 이 법 시행 당시 다른 법률에서 종전의 「도시철도법」 또는 그 규정을 인용한 경우에 이 법 가운데 그에 해당하는 규정이 있으면 종전의 규정을 갈음하여 이 법 또는 이 법의 해당 규정을 인용한 것으로 본다.

부 칙 (2020.6.9)

이 법은 공포 후 3개월이 경과한 날부터 시행한다.

부 칙 (2021.1.12)

이 법은 공포 후 6개월이 경과한 날부터 시행한다.

부 칙 (2021.11.30)

제1조【시행일】 이 법은 공포 후 1년이 경과한 날부터 시행한다.(이하 생략)

부 칙 (2022.6.10)

제1조【시행일】 이 법은 공포 후 3개월이 경과한 날부터 시행한다.
제2조【운임수입의 배분에 관한 적용례】 제34조의 개정규정은 이 법 시행 이후 운임수입이 발생한 경우부터 적용한다.

부 칙 (2022.12.27)

제1조【시행일】 이 법은 공포 후 6개월이 경과한 날부터 시행한다.(이하 생략)

부 칙 (2024.1.9 법19975호)

이 법은 공포한 날부터 시행한다.

부 칙 (2024.1.9 법19987호)

제1조【시행일】 이 법은 공포한 날부터 시행한다.
제2조【이의신청에 관한 일반적 적용례】 이의신청에 관한 개정규정은 이 법 시행 이후 하는 처분부터 적용한다.
제3조부터 **제7조**까지 생략

자동차관리법

(1995년 12월 29일
전개법률 제5104호)

개정
1997.12.13법 5453호(행정절차) <중략>
2011. 5.24법10721호　2012. 1.17법11190호
2012. 5.23법11449호　2012.12.18법11588호
2013. 3.23법11690호(정부조직)
2013. 7.16법11929호
2013. 8. 6법11998호(지방세외수입금의징수등에관한법)
2013.12.30법12146호　2014. 1. 7법12217호
2014. 3.18법12472호　2015. 1. 6법12986호
2015. 1.28법13089호(액화석유가스의안전관리및사업법)
2015. 8.11법13486호　2015.12.29법13686호
2016. 1.28법13933호
2016.12.27법14476호(지방세징수법)
2017. 1.17법14532호(물환경보전법)
2017. 1.17법14546호　2017. 8. 9법14864호
2017.10.24법14939호(한국교통안전공단법)
2017.10.24법14950호　2017.12.26법15321호
2018. 2.21법15402호　2018. 6.12법15681호
2018. 8.14법15736호
2018.12.31법16101호(부가세)
2019. 4. 2법16305호(대기관리권역의대기환경개선에관한특별법)
2019. 8.27법16564호　2019.11.26법16634호
2019.11.26법16652호(자산관리)
2020. 2. 4법16950호
2020. 3.24법17091호(지방행정제재·부과금의징수등에관한법)
2020. 3.31법17171호(전기안전관리법)
2020. 4. 7법17235호
2020. 6. 9법17453호(법률용어정비)
2020.10.20법17553호
2020.12.22법17653호(부가세)
2021. 4.13법18051호
2021.11.30법18522호(소방시설설치및관리에관한법)
2021.12. 7법18559호
2022. 1.11법18744호(전자정부법)
2022. 6.10법18949호　2022.11.15법19054호
2023. 3.28법19315호
2023. 8.16법19685호→2024년 2월 17일 시행하는 부분은 가제 수록하였고 2025년 2월 17일 시행하는 부분은 「法典 別冊」 보유편 수록
2023. 9.14법19724호→2025년 3월 15일 시행이므로 「法典 別冊」 보유편 수록
2024. 1. 9법19980호→시행일 부칙 참조. 2025년 1월 10일 및 2025년 3월 15일 시행하는 부분은 「法典 別冊」 보유편 수록
2024. 1. 9법19987호(행정법제혁신을위한일부개정법령등)
2024. 1.16법20045호→2024년 7월 17일 시행
2024. 1.30법20176호→2024년 7월 31일 시행하는 부분은 가제 수록하였고 2025년 1월 31일, 2025년 2월 17일 및 2025년 3월 15일 시행하는 부분은 「法典 別冊」 보유편 수록
2024년 1월 25일 제412회 국회 본회의 통과→「法典 別冊」 보유편 수록

제1장 총 칙
(2009.2.6 본장개정)

제1조【목적】 이 법은 자동차의 등록, 안전기준, 자기인증, 제작결함 시정, 점검, 정비, 검사 및 자동차관리사업 등에 관한 사항을 정하여 자동차를 효율적으로 관리하고 자동차의 성능 및 안전을 확보함으로써 공공의 복리를 증진함을 목적으로 한다.
제2조【정의】 이 법에서 사용하는 용어의 뜻은 다음과 같다.
1. "자동차"란 원동기에 의하여 육상에서 이동할 목적으로 제작한 용구 또는 이에 견인되어 육상을 이동할 목적으로 제작한 용구(이하 "피견인자동차"라 한다)를 말한다. 다만, 대통령령으로 정하는 것은 제외한다.

1의2. "원동기"란 자동차의 구동을 주목적으로 하는 내연기관이나 전동기 등 동력발생장치를 말한다.(2011.5.24 본호신설)
1의3. "자율주행자동차"란 운전자 또는 승객의 조작 없이 자동차 스스로 운행이 가능한 자동차를 말한다.(2015.8.11 본호신설)
1의4. "미완성자동차"란 차대 등 국토교통부령으로 정하는 최소한의 구조·장치를 갖춘 자동차로서 용법에 따라 사용이 가능하도록 추가적인 제작·조립 공정이 필요한 자동차를 말한다.(2015.12.29 본호신설)
1의5. "단계제작자동차"란 미완성자동차를 이용하여 제2호에 따른 운행(용법에 따라 사용이 가능하도록 하는 것을 말한다)이 가능하도록 단계별로 제작된 자동차를 말한다.(2015.12.29 본호신설)
2. "운행"이란 사람 또는 화물의 운송 여부와 관계없이 자동차를 그 용법(用法)에 따라 사용하는 것을 말한다.(2020.6.9 본호개정)

3. "자동차사용자"란 자동차 소유자 또는 자동차 소유자로부터 자동차의 운행 등에 관한 사항을 위탁받은 자를 말한다.
4. "형식"이란 자동차의 구조와 장치에 관한 형상, 규격 및 성능 등을 말한다.
4의2. "내압용기"란 「고압가스 안전관리법」 제3조제2호에 따른 용기로서 고압가스를 연료로 사용하기 위하여 자동차에 장착하거나 장착할 목적으로 제작된 용기(용기밸브와 용기안전장치를 포함한다)를 말한다.
(2011.5.24 본호신설)
5. "폐차"란 자동차를 해체하여 국토교통부령으로 정하는 자동차의 장치를 그 성능을 유지할 수 없도록 압축·파쇄(破碎) 또는 절단하거나 자동차를 해체하지 아니하고 바로 압축·파쇄하는 것을 말한다.(2013.3.23 본호개정)
6. "자동차관리사업"이란 자동차매매업·자동차정비업 및 자동차해체재활용업을 말한다.
7. "자동차매매업"이란 자동차[신조차(新造車)와 이륜자동차는 제외한다]의 매매 또는 매매 알선 및 그 등록 신청의 대행을 업(業)으로 하는 것을 말한다.
8. "자동차정비업"이란 자동차(이륜자동차는 제외한다)의 점검작업, 정비작업 또는 튜닝작업을 업으로 하는 것을 말한다. 다만, 국토교통부령으로 정하는 작업은 제외한다.(2014.1.7 본호개정)
9. "자동차해체재활용업"이란 폐차 요청된 자동차(이륜자동차는 제외한다)의 인수(引受), 재사용 가능한 부품의 회수, 폐차 및 그 말소등록신청의 대행을 업으로 하는 것을 말한다.
10. "사고기록장치"란 자동차의 충돌 등 국토교통부령으로 정하는 사고 전후 일정한 시간 동안 자동차의 운행정보를 저장하고 저장된 정보를 확인할 수 있는 장치 또는 기능을 말한다.(2013.3.23 본호개정)
11. "자동차의 튜닝"이란 자동차의 구조·장치의 일부를 변경하거나 자동차에 부착물을 추가하는 것을 말한다.
(2014.1.7 본호신설)
12. "표준정비시간"이란 자동차정비사업자 단체가 정하여 공개하고 사용하는 정비작업별 평균 정비시간을 말한다.(2014.1.7 본호신설)
13. "전손(全損) 처리 자동차"란 피보험자동차가 완전히 파손, 멸실 또는 오손되어 수리할 수 없는 상태이거나 피보험자동차에 생긴 손해액과 보험금액이 부담하기로 한 비용의 합산액이 보험가액 이상인 자동차로서 「보험업법」 제2조에 따른 보험회사(이하 "보험회사"라 한다)가 다음 각 목으로 분류 처리한 경우를 말한다.
가. 도난 또는 분실 자동차로 분류한 경우
나. 수리가 가능한 자동차로 분류한 경우
다. 수리가 불가능하여 폐차하기로 분류한 경우
(2015.8.11 본호신설)
14. "자동차경매"란 제60조에 따라 경매장을 개설하여 자동차(신조차와 이륜자동차는 제외한다)를 경매(競賣)의 방식(「전자문서 및 전자거래 기본법」 제2조제5호에 따른 전자거래를 통한 경매를 포함한다)으로 처리하는 것을 말한다.(2016.1.28 본호신설)

판례 자동차관리법상 자동차정비업의 의미 : 피고인들이 관할 관청에 등록하지 아니하고 자동차 엔진룸 내 흡기호스에 공기와류장치인 '무동력 터보' 제품을 삽입하는 작업을 하여 자동차관리법 위반으로 기소된 사안에서, 위 작업이 자동차관리법에서 규정한 튜닝작업이라고 하여도 자동차관리법 시행규칙 제132조 본문 각 호에서 규정한 정비업의 제외사항이 되는 작업인지 심사를 하여야 하고, 만약 정비업의 제외사항이 되는 작업에 해당하지 않는다면 위 작업이 튜닝승인대상인 작업에 해당하는지와 무관하게 이를 업으로 하는 것은 자동차관리법상 '자동차정비업'에 해당한다.
(대판 2023.3.30, 2022도4793)

판례 특별한 사정이 없는 한, 전기공급원으로부터 충전받은 전기에너지를 동력원으로 사용하는 전기자동차도 '원동기에 의하여 육상에서 이동할 목적으로 제작한 용구'로서 자동차관리법이 정한 자동차에 해당한다.(대판 2009.8.20, 2008도8034)

제3조【자동차의 종류】 ① 자동차는 다음 각 호와 같이 구분한다.
1. 승용자동차 : 10인 이하를 운송하기에 적합하게 제작된 자동차
2. 승합자동차 : 11인 이상을 운송하기에 적합하게 제작된 자동차. 다만, 다음 각 목의 어느 하나에 해당하는 자동차는 승차인원과 관계없이 이를 승합자동차로 본다.
(2020.6.9 본문개정)
가. 내부의 특수한 설비로 인하여 승차인원이 10인 이하로 된 자동차
나. 국토교통부령으로 정하는 경형자동차로서 승차인원이 10인 이하인 전방조종자동차(2013.3.23 본목개정)
다. (2019.8.27 삭제)
3. 화물자동차 : 화물을 운송하기에 적합한 화물적재공간을 갖추고, 화물적재공간의 총적재화물의 무게가 운전자를 제외한 승객이 승차공간에 모두 탑승했을 때의 승객의 무게보다 많은 자동차
4. 특수자동차 : 다른 자동차를 견인하거나 구난작업 또는 특수한 용도로 사용하기에 적합하게 제작된 자동차로서 승용자동차·승합자동차 또는 화물자동차가 아닌 자동차(2019.8.27 본호개정)
5. 이륜자동차 : 총배기량 또는 정격출력의 크기와 관계없이 1인 또는 2인의 사람을 운송하기에 적합하게 제작된 이륜의 자동차 및 그와 유사한 구조로 되어 있는 자동차
(2011.5.24 본항개정)
② 제1항에 따른 구분의 세부기준은 자동차의 크기·구조, 원동기의 종류, 총배기량 또는 정격출력 등에 따라 국토교통부령으로 정한다.(2013.3.23 본항개정)
③ 제1항에 따른 자동차의 종류는 국토교통부령으로 정하는 바에 따라 세분할 수 있다.(2013.3.23 본항개정)

제4조【자동차관리 사무의 지도·감독】 국토교통부장관은 자동차관리에 관한 적절하고 효율적인 제도를 확립하고, 자동차관리 행정의 합리적인 발전을 도모하기 위하여 이 법에서 특별시장·광역시장·특별자치시장·도지사·특별자치도지사(이하 "시·도지사"라 한다), 특별자치시장·특별자치도지사·시장·군수 및 구청장(자치구의 구청장을 말한다. 이하 "시장·군수·구청장"이라 한다)의 권한으로 규정한 자동차관리에 관한 사무를 지도·감독한다.(2017.10.24 본조개정)

제4조의2【자동차정책기본계획의 수립】 ① 국토교통부장관은 자동차를 효율적으로 관리하고 안전도를 높이기 위하여 자동차정책기본계획(이하 "기본계획"이라 한다)을 5년마다 수립·시행하여야 한다.(2013.3.23 본항개정)
② 기본계획에는 다음 각 호의 사항이 포함되어야 한다.
1. 자동차 관련 기술발전 전망과 자동차 안전 및 관리 정책의 추진방향
2. 제29조에 따른 자동차안전기준 등의 연구개발·기반조성 및 국제조화에 관한 사항
3. 자동차 안전도 향상에 관한 사항
4. 자동차 관리제도 및 소비자 보호에 관한 사항
4의2. 신기술이 적용된 자동차의 자동차검사기준 마련 및 자동차검사 관련 기술·기기의 연구·개발·보급에 관한 사항(2020.10.20 본호신설)
5. 그 밖에 자동차 안전 및 관리를 위하여 필요한 사항
③ 국토교통부장관은 제1항에 따라 기본계획을 수립하려는 경우에는 관계 중앙행정기관의 장 및 시·도지사의 의견을 들은 후 「국가통합교통체계효율화법」 제106조에 따른 국가교통위원회의 심의를 거쳐 확정한다. 수립된 기본계획을 변경(대통령령으로 정하는 경미한 변경은 제외한다)하려는 경우에도 또한 같다.(2013.3.23 전단개정)
④ 국토교통부장관은 기본계획이 확정된 때에는 관계 중앙행정기관의 장 및 시·도지사에게 통보하고, 이를 공고(인터넷 게재를 포함한다)하여야 한다.(2013.3.23 본항개정)
⑤ 제1항부터 제4항까지의 기본계획의 수립 및 변경 등에 관하여 필요한 사항은 대통령령으로 정한다.
(2011.5.24 본조신설)

제2장 자동차의 등록
(2009.2.6 본장개정)

제5조【등록】 자동차(이륜자동차는 제외한다. 이하 이 조부터 제47조의12까지의 규정에서 같다)는 자동차등록원부(이하 "등록원부"라 한다)에 등록한 후가 아니면 이를 운행할 수 없다. 다만, 제27조제1항에 따른 임시운행허가를 받아 허가 기간 내에 운행하는 경우에는 그러하지 아니하다.(2020.2.4 본문개정)

제6조【자동차 소유권 변동의 효력】 자동차 소유권의 득실변경(得失變更)은 등록을 하여야 그 효력이 생긴다.

제7조【자동차등록원부】 ① 시·도지사는 등록원부를 비치(備置)·관리하여야 한다.(2015.1.6 본항개정)
② 시·도지사는 등록원부의 전부 또는 일부가 멸실된 경우에는 대통령령으로 정하는 바에 따라 등록원부를 복구하기 위하여 필요한 조치를 하여야 한다.
③ 국토교통부장관이나 시·도지사는 등록원부 및 그 기재 사항의 멸실(滅失)·훼손이나 그 밖의 부정한 유출 등을 방지하고 이를 보존하기 위하여 필요한 조치를 하여야 한다.(2013.3.23 본항개정)
④ 등록원부의 열람이나 그 등본 또는 초본을 발급받으려는 자는 국토교통부령으로 정하는 바에 따라 시·도지사에게 신청하여야 한다.(2013.3.23 본항개정)
⑤ 시·도지사는 제4항에 따라 등록원부를 열람하게 하거나 그 등본 또는 초본을 발급하는 경우 개인정보의 유출을 방지하기 위하여 국토교통부령으로 정하는 바에 따라 그 내용의 일부를 표시하지 아니할 수 있다.
(2013.3.23 본항개정)
⑥ 등록원부에는 등록번호, 차대번호, 차명, 사용본거지, 자동차 소유자, 원동기형식, 차종, 용도, 세부유형, 구조장치 변경사항, 검사유효기간, 자동차저당권에 관한 사항과 그 밖에 공시할 필요가 있는 사항을 기재하여야 한다. 이 경우 세부 기재사항, 서식 및 기재방법은 대통령령으로 정한다.(2015.1.6 본항신설)

제8조【신규등록】 ① 신규로 자동차에 관한 등록을 하려는 자는 대통령령으로 정하는 바에 따라 시·도지사에게 신규자동차등록(이하 "신규등록"이라 한다)을 신청하여야 한다.
② 시·도지사는 신규등록 신청을 받으면 등록원부에 필요한 사항을 적고 자동차등록증을 발급하여야 한다.
③ 자동차를 제작·조립 또는 수입하는 자(이들로부터 자동차의 판매위탁을 받은 자를 포함하며, 이하 "자동차제작·판매자등"이라 한다)가 자동차를 판매한 경우에는 국토교통부령으로 정하는 바에 따라 등록원부 작성에 필요한 자동차 제작증 정보를 제69조에 따른 전산정보처리조직에 즉시 전송하여야 하며 산 사람을 갈음하여 지체 없이 신규등록을 신청하여야 한다. 다만, 국토교통부령으로 정하는 바에 따라 산 사람이 직접 신규등록을 신청하는 경우에는 그러하지 아니하다.(2013.3.23 본항개정)
④ 자동차제작·판매자등이 제1항에 따라 신규등록을 신청하는 경우에는 국토교통부령으로 정하는 바에 따라 자동차를 산 사람으로부터 수수료를 받을 수 있다.
(2013.3.23 본항개정)

제8조의2【자동차제작·판매자등의 고지의무】 ① 자동차제작·판매자등은 제13조제1항제2호에 따라 반품으로 말소등록된 자동차를 판매하는 경우에는 해당 자동차가 반품된 자동차라는 사실을 구매자에게 고지하여야 한다.
② 자동차제작·판매자등은 자동차를 판매할 때 제작사의 공장 출고일(제작일을 말한다) 이후 인도 이전에 발생한 고장 또는 흠집 등 하자에 대한 수리 여부와 상태 등에 대하여 구매자에게 고지하여야 한다. 다만, 제47조의2의 교환 또는 환불 요구에 따라 반품된 자동차의 경우에는 그 사유를 포함하여 고지하여야 하며, 자동차 제작증에도 그 사유를 기재하여야 한다.(2017.10.24 단서신설)
(2012.12.18 본조신설)

제9조【신규등록의 거부】 시·도지사는 다음 각 호의 어느 하나에 해당하는 경우에는 신규등록을 거부하여야 한다.
1. 해당 자동차의 취득에 관한 정당한 원인행위가 없거나 등록 신청 사항에 거짓이 있는 경우
2. 제22조에 따른 자동차의 차대번호(車臺番號) 또는 원동기형식의 표기가 없거나 이들 표기가 제30조제4항에 따른 자동차자기인증표시 또는 제43조제3항에 따른 신규검사증명서에 적힌 것과 다른 경우
3. 「여객자동차 운수사업법」에 따른 여객자동차 운수사업 및 「화물자동차 운수사업법」에 따른 화물자동차 운수사업의 면허·등록·인가 또는 신고 내용과 다르게 사업용 자동차로 등록하려는 경우
4. 「액화석유가스의 안전관리 및 사업법」 제28조에 따른 액화석유가스의 연료사용제한 규정을 위반하여 등록하려는 경우(2015.1.28 본호개정)
5. 「대기환경보전법」 제48조 및 「소음·진동관리법」 제31조에 따른 제작차 인증을 받지 아니한 자동차 또는 제동장치에 석면을 사용한 자동차를 등록하려는 경우
(2009.6.9 본호개정)
6. 미완성자동차(2015.12.29 본호신설)

제10조【자동차등록번호판】 ① 시·도지사는 국토교통부령으로 정하는 바에 따라 자동차등록번호판(이하 "등록번호판"이라 한다)을 붙이고 봉인을 하여야 한다. 다만, 자동차 소유자 또는 제8조제3항 본문 및 제12조제2항 본문에 따라 자동차 소유자를 갈음하여 등록을 신청하는 자가 직접 등록번호판의 부착 및 봉인을 하려는 경우에는 국토교통부령으로 정하는 바에 따라 등록번호판의 부착 및 봉인을 직접 하게 할 수 있다.(2013.3.23 본항개정)
② 제1항에 따라 붙인 등록번호판 및 봉인은 다음 각 호의 어느 하나에 해당하는 경우를 제외하고는 떼지 못한다.(2022.11.15 본문개정)
1. 시·도지사의 허가를 받은 경우
2. 제53조에 따라 등록한 자동차정비업자가 정비를 위하여 사업장 내에서 국토교통부령으로 정하는 바에 따라 일시적으로 뗀 경우
3. 다른 법률에 특별한 규정이 있는 경우
(2022.11.15 1호~3호신설)
③ 자동차 소유자는 등록번호판이나 봉인이 떨어지거나 알아보기 어렵게 된 경우에는 시·도지사에게 제1항에 따른 등록번호판의 부착 및 봉인을 다시 신청하여야 한다.
④ 제1항과 제3항에 따른 등록번호판의 부착 또는 봉인을 하지 아니한 자동차는 운행하지 못한다. 다만, 제27조제2항에 따른 임시운행허가번호판을 붙인 경우에는 그러하지 아니하다.
⑤ 누구든지 등록번호판을 가리거나 알아보기 곤란하게 하여서는 아니 되며, 그러한 자동차를 운행하여서도 아니 된다.
⑥ 누구든지 등록번호판을 가리거나 알아보기 곤란하게 하기 위한 장치를 제조·수입하거나 판매·공여하여서는 아니 된다.(2011.5.24 본항신설)
⑦ 자동차 소유자는 자전거 운반용 부착장치 등 국토교통부령으로 정하는 외부장치를 자동차에 붙여 등록번호판이 가려지게 되는 경우에는 시·도지사에게 국토교통부령으로 정하는 바에 따라 외부장치용 등록번호판의 부착을 신청하여야 한다. 외부장치용 등록번호판에 대하여는 제1항부터 제6항까지를 준용한다.(2020.6.9 전단개정)
⑧ 시·도지사는 등록번호판 및 그 봉인을 회수한 경우에는 다시 사용할 수 없는 상태로 폐기하여야 한다.
⑨ 누구든지 등록번호판 영치업무를 방해할 목적으로 제1항에 따른 등록번호판의 부착 및 봉인 이외의 방법으로 등록번호판을 붙이거나 봉인하여서는 아니 되며, 그러한 자동차를 운행하여서도 아니 된다.(2020.6.9 본항개정)

제11조【변경등록】 ① 자동차 소유자는 등록원부의 기재 사항이 변경(제12조에 따른 이전등록 및 제13조에 따른 말소등록에 해당되는 경우는 제외한다)된 경우에는 대통령령으로 정하는 바에 따라 시·도지사에게 변경등록(이하 "변경등록"이라 한다)을 신청하여야 한다. 다만, 대통령령으로 정하는 경미한 등록 사항을 변경하는 경우에는 그러하지 아니하다.
② 변경등록에 관하여는 제9조제3호 및 제4호를 준용한다.

제12조【이전등록】 ① 등록된 자동차를 양수받는 자는 대통령령으로 정하는 바에 따라 시·도지사에게 자동차 소유권의 이전등록(이하 "이전등록"이라 한다)을 신청하여야 한다.
② 제53조에 따라 자동차매매업을 등록한 자(이하 "자동차매매업자"라 한다)는 자동차의 매도 또는 매매의 알선을 한 경우에는 산 사람을 갈음하여 제1항에 따른 이전등록 신청을 하여야 한다. 다만, 자동차매매업자 사이에 매매 또는 매매의 알선을 한 경우와 국토교통부령으로 정하는 바에 따라 산 사람이 직접 이전등록 신청을 하는 경우에는 그러하지 아니하다.(2013.3.23 단서개정)
③ 자동차를 양수한 자가 다시 제3자에게 양도하려는 경우에는 양도 전에 자기 명의로 제1항에 따른 이전등록을 하여야 한다.
④ 자동차를 양수한 자가 제1항에 따른 이전등록을 신청하지 아니한 경우에는 대통령령으로 정하는 바에 따라 그 양수인을 갈음하여 양도자(이전등록을 신청할 당시 등록원부에 적힌 소유자를 말한다)가 신청할 수 있다.
⑤ 제4항에 따라 이전등록 신청을 받은 시·도지사는 대통령령으로 정하는 바에 따라 등록을 수리(受理)하여야 한다.
⑥ 시·도지사는 보험회사가 전손 처리한 자동차에 대하여 이전등록 신청을 받은 경우 제43조제1항제5호에 따른 수리검사를 받은 경우에 한정하여 수리(受理)하여야 한다.(2015.8.11 본항신설)
⑦ 제1항과 제4항에 따른 이전등록에 관하여는 제9조제1호·제3호 및 제4호를 준용한다.

제12조의2【이해관계인의 등록원부 발급신청】 등록원부에 기재된 이해관계인은 해당 자동차의 이전등록이 있는 경우 시·도지사에게 등록원부 또는 초본을 열람 또는 발급 신청을 할 수 있으며 신청을 받은 시·도지사는 이에 응하여야 한다.(2011.5.24 본조신설)

제13조【말소등록】 ① 자동차 소유자(재산관리인 및 상속인을 포함한다. 이하 이 조에서 같다)는 등록된 자동차가 다음 각 호의 어느 하나의 사유에 해당하는 경우에는 대통령령으로 정하는 바에 따라 자동차등록증, 등록번호판 및 봉인을 반납하고 시·도지사에게 말소등록(이하 "말소등록"이라 한다)을 신청하여야 한다. 다만, 제7호 및 제8호의 사유에 해당되는 경우에는 말소등록을 신청할 수 있다.
1. 제53조에 따라 자동차해체재활용업을 등록한 자(이하 "자동차해체재활용업자"라 한다)에게 폐차를 요청한 경우
2. 자동차제작·판매자등에게 반품한 경우(제47조의2의 교환 또는 환불 요구에 따라 반품된 경우를 포함한다)(2017.10.24 본호개정)
3. 「여객자동차 운수사업법」에 따른 차령(車齡)이 초과된 경우
4. 「여객자동차 운수사업법」 및 「화물자동차 운수사업법」에 따라 면허·등록·인가 또는 신고가 실효(失效)되거나 취소된 경우
5. 천재지변·교통사고 또는 화재로 자동차 본래의 기능을 회복할 수 없게 되거나 멸실된 경우
6. 자동차를 수출하는 경우
7. 제14조의 압류등록을 한 후에도 환가(換價) 절차 등 후속 강제집행 절차가 진행되고 있지 아니하는 차량 중 차령 등 대통령령으로 정하는 기준에 따라 환가가치가 남아 있지 아니하다고 인정되는 경우. 이 경우 시·도지사가 해당 자동차 소유자로부터 말소등록 신청을 접수하였을 때에는 즉시 그 사실을 압류등록을 촉탁(囑託)한 법원 또는 행정관청과 등록원부에 적힌 이해관계인에게 알려야 한다.
8. 자동차를 교육·연구의 목적으로 사용하는 등 대통령령으로 정하는 사유에 해당하는 경우
② 제1항제1호에 해당하는 경우에는 자동차해체재활용업자가, 제1항제6호에 해당되는 경우에는 자동차를 수출하는 자가 해당 자동차 소유자를 갈음하여 제1항에 따른 말소등록을 신청하여야 한다. 다만, 국토교통부령으로 정하는 바에 따라 자동차 소유자가 직접 말소등록을 신청하는 경우에는 그러하지 아니하다.(2013.3.23 단서개정)
③ 시·도지사는 다음 각 호의 어느 하나에 해당하는 경우에는 직권으로 말소등록을 할 수 있다.
1. 제1항과 제2항에 따라 말소등록을 신청하여야 할 자가 신청하지 아니한 경우
2. 자동차의 차대〔차대가 없는 자동차의 경우에는 차체(車體)를 말한다. 이하 같다〕가 등록원부상의 차대와 다른 경우
3. 제24조의2제2항 또는 제37조제3항에 따른 자동차 운행 정지 명령에도 불구하고 해당 자동차를 계속 운행하는 경우(2021.4.13 본호개정)
4. 제26조에 따라 자동차를 폐차한 경우
5. 속임수나 그 밖의 부정한 방법으로 등록된 경우
6. 「자동차손해배상 보장법」 제6조제3항에 따른 의무보험 가입명령을 이행하지 아니한 지 1년 이상 경과한 경우(2021.12.7 본호신설)
④ 시·도지사는 제3항에 따라 직권으로 말소등록을 하려는 경우에는 그 사유 및 말소등록 예정일을 명시하여 그 1개월 전까지 등록원부에 적힌 자동차 소유자 및 이해관계인에게 알려야 한다. 다만, 그 자동차 소유자 및 이해관계인이 자동차의 말소등록에 동의한 경우와 제1항제3호·제5호 또는 제3항제4호에 해당되는 경우에는 그러하지 아니하다.(2015.8.11 단서개정)
⑤ 시·도지사는 제3항에 따라 자동차를 직권으로 말소등록한 경우에는 그 자동차를 소유하여 온 자에게 알려야 한다. 이 경우 통지를 받은 상대방은 국토교통부령으로 정하는 부득이한 사유 등이 있는 경우를 제외하고는 지체 없이 그 자동차의 자동차등록증·등록번호판 및 봉인을 반납하여야 한다.(2013.3.23 후단개정)
⑥ 시·도지사는 제3항에 따라 직권으로 등록말소를 하는 경우에는 제4항에 따른 통지를 한 후 해당 자동차의 자동차등록증·등록번호판 및 봉인을 영치(領置)하거나 폐기할 수 있다.
⑦ 자동차 소유자는 다음 각 호의 어느 하나에 해당하는 경우에는 대통령령으로 정하는 바에 따라 시·도지사에게 말소등록을 신청할 수 있다.(2015.12.29 본문개정)
1. 본인이 소유하는 자동차를 도난당한 경우(2015.12.29 본호신설)
2. 본인이 소유하는 자동차를 횡령 또는 편취당한 경우(2019.8.27 본호개정)
⑧ 제1항제6호에 따라 말소등록을 신청한 자(자동차소유자가 수출하지 아니하는 경우에는 제2항에 따라 말소등록을 신청한 자를 말한다)는 대통령령으로 정하는 바에 따라 시·도지사에게 수출의 이행 여부를 신고하여야 한다. 이 경우 해당 자동차 수출을 이행하지 못한 경우에는 자동차해체재활용업자에게 폐차를 요청하거나 제8조에 따라 신규등록을 신청할 수 있다.(2011.5.24 전단개정)
⑨ 말소등록된 자동차에 대하여 이해관계가 있는 자는 시·도지사에게 자동차 말소사실증명서의 발급을 신청할 수 있다.
⑩ 말소등록된 자동차를 다시 등록하려는 경우에는 대통령령으로 정하는 바에 따라 신규등록을 신청하여야 한다. 이 경우 말소등록 당시 등록원부에 저당권 등이 설정되어 있었던 경우에는 해당 권리관계가 소멸되었음을 국토교통부령으로 정하는 바에 따라 증명하여야 한다.(2020.6.9 후단개정)
⑪ 시·도지사가 제69조에 따른 전산정보처리조직 또는 「전자정부법」 제36조제1항에 따른 행정정보의 공동이용을 통하여 자동차 수출의 이행 여부를 확인할 수 있는 경우에는 제8항에 따라 말소등록을 신청한 자가 시·도지사에게 수출의 이행 여부를 신고한 것으로 본다.(2016.1.28 본항신설)

제14조【압류등록】 시·도지사는 다음 각 호의 어느 하나의 경우에는 해당 자동차의 등록원부에 국토교통부령으로 정하는 바에 따라 압류등록을 하여야 한다.(2013.3.23 본문개정)
1. 「민사집행법」에 따라 법원으로부터 압류등록의 촉탁이 있는 경우
2. 「국세징수법」 또는 「지방세징수법」에 따라 행정관청으로부터 압류등록의 촉탁이 있는 경우(2016.12.27 본호개정)
3. 「공공기관의 운영에 관한 법률」 제4조에 따른 공공기관(이하 "공공기관"이라 한다)으로부터 압류등록의 촉탁이 있는 경우(2015.1.6 본호신설)

제14조의2【압류의 해제에 필요한 사무의 처리】 ① 제14조제2호 또는 제3호에 따라 압류등록을 촉탁한 행정관청이나 공공기관(이하 "압류등록 촉탁기관"이라 한다)은 국세, 지방세 및 과태료 등의 체납금에 대한 수납·정산, 압류해제의 촉탁 등 압류의 해제에 필요한 사무를 국토교통부장관에게 대행하게 할 수 있다.
② 국토교통부장관은 압류등록 해제 조치를 한 경우 대통령령으로 정하는 바에 따라 압류등록 촉탁기관 및 시·도지사에게 그 사실을 통지한다.(2015.1.6 본조신설)

제14조의3【압류등록의 해제】 제14조의2제2항에 따른 통지를 받은 시·도지사는 국토교통부령으로 정하는 바에 따라 해당 자동차에 대한 압류등록을 해제하여야 한다.(2015.1.6 본조신설)

제15조 (1999.4.15 삭제)

제16조【자동차등록번호의 부여】 시·도지사는 자동차를 신규등록한 경우에는 그 자동차의 등록번호(이하 "등록번호"라 한다)를 부여하고, 용도변경 등 대통령령으로 정하는 사유가 발생한 경우에는 그 등록번호를 변경하여 부여한다.

제17조 (1999.4.15 삭제)

제18조【자동차등록증의 비치 등】 ① (2015.8.11 삭제)
② 자동차 소유자는 자동차등록증이 없어지거나 알아보기 곤란하게 된 경우에는 재발급 신청을 하여야 한다.

제19조【등록번호판의 발급 등】 제10조에 따른 등록번호판의 제작·발급 및 봉인방법 등은 국토교통부령으로 정한다.(2013.3.23 본조개정)

제20조【등록번호판발급대행자의 지정 등】 ① 시·도지사는 필요하다고 인정하면 국토교통부령으로 정하는 바에 따라 제19조에 따른 등록번호판의 제작·발급 및 봉인 업무를 대행하는 자(이하 "등록번호판발급대행자"를 지정할 수 있다. 이 경우 그 지정방법 및 대행기간은 해당 지방자치단체의 조례로 정할 수 있다.(2013.3.23 전단개정)
② 등록번호판발급대행자가 갖추어야 할 시설, 장비 등의 기준 및 지정 절차 등에 관하여 필요한 사항은 국토교통부령으로 정한다.(2013.3.23 본항개정)
③ 등록번호판발급대행자는 국토교통부령으로 정하는 바에 따라 등록번호판의 발급 및 봉인 수수료를 받을 수 있다.(2013.3.23 본항개정)
④ 등록번호판발급대행자는 자동차 등록번호판 제작용 철형(凸形)을 관리하는 경우 도난되지 아니하도록 필요한 안전조치를 하여야 하며, 유출(流出)하여서는 아니 된다.

제21조【등록번호판발급대행자에 대한 지정의 취소 등】 ① 시·도지사는 등록번호판발급대행자가 다음 각 호의 어느 하나에 해당되는 경우에는 그 지정을 취소하거나 6개월 이내의 기간을 정하여 사업의 정지를 명할 수 있다. 다만, 제1호 및 제10호에 해당하는 경우에는 그 지정을 취소하여야 한다.
1. 거짓이나 그 밖의 부정한 방법으로 지정을 받은 경우
2. 제20조제2항에 따른 시설·장비 등의 기준에 미달한 경우
3. 제20조제4항을 위반하여 자동차 등록번호판 제작용 철형을 도난 당하거나 유출한 경우
4. 제72조제1항에 따른 보고를 하지 아니하거나 거짓으로 보고를 한 경우
5. 제72조제2항에 따른 검사를 거부·방해 또는 기피하거나, 질문에 응하지 아니하거나 거짓으로 답변한 경우
6. 업무와 관련하여 부정한 금품을 수수(收受)하거나 그 밖의 부정한 행위를 한 경우
7. 자산상태 불량 등의 사유로 그 업무를 계속 수행할 수 없다고 인정될 경우
8. 등록번호판의 발급 또는 봉인을 정당한 사유 없이 거부한 경우
9. 국토교통부장관이 등록번호판의 규격·재질·색상 등 제식(制式)에 관하여 고시한 기준에 위반되게 제작·발급한 경우(2013.3.23 본호개정)
10. 이 조에 따른 사업정지명령을 위반하여 사업정지기간 중에 사업을 경영한 경우
② 제1항에 따른 처분의 세부기준과 절차, 그 밖에 필요한 사항은 국토교통부령으로 정한다.(2013.3.23 본항개정)

제22조【차대번호 등의 표기】 ① 자동차에는 국토교통부령으로 정하는 바에 따라 차대번호와 원동기형식의 표기를 하여야 한다.
② 자동차나 원동기를 제작·조립하는 것을 업으로 하는 자와 국토교통부장관이 지정하는 자가 아니면 자동차의 차대번호 또는 원동기형식의 표기를 하여서는 아니 된다.(2013.3.23 본조개정)

제23조【표기를 지우는 행위 등의 금지 등】 ① 누구든지 자동차의 차대번호 또는 원동기형식의 표기를 지우거나 그 밖에 이를 알아보기 곤란하게 하는 행위를 하여서는 아니 된다. 다만, 부득이한 사유로 국토교통부장관의 인정을 받은 경우와 제2항에 따른 명령을 받은 경우에는 그러하지 아니하다.(2013.3.23 단서개정)
② 국토교통부장관은 자동차가 다음 각 호의 어느 하나에 해당되는 경우에는 그 소유자에게 차대번호 또는 원동기형식의 표기를 지우거나 표기를 받을 것을 명할 수 있다.(2013.3.23 본문개정)
1. 자동차에 차대번호 또는 원동기형식의 표기가 없거나 그 표기 방법 및 체계 등이 제22조제1항에 적합하지 아니한 경우
2. 자동차의 차대번호 또는 원동기형식의 표기가 다른 자동차와 유사한 경우
3. 차대번호 또는 원동기형식의 표기가 지워져 있거나 알아보기 곤란한 경우
③ 제1항 단서와 제2항에 따라 표기를 지우거나 표기를 받으려는 자는 국토교통부령으로 정하는 바에 따라 자동차 또는 원동기의 제작·조립을 업으로 하는 자 또는 국토교통부장관이 지정하는 자에게 신청을 하여야 한다. 이 경우 이에 들어간 비용은 국토교통부령으로 정하는 바에 따라 자동차의 소유자로부터 징수할 수 있다.(2013.3.23 본항개정)
④ 제1항 단서와 제2항에 따른 인정 및 명령에 관하여 필요한 절차 등은 국토교통부령으로 정한다.(2013.3.23 본항개정)

제24조 (1999.4.15 삭제)

제24조의2【자동차의 운행정지 등】 ① 자동차는 제2조제3호에 따른 자동차사용자가 운행하여야 한다.
② 시·도지사 또는 시장·군수·구청장은 제1항의 요건에 해당하지 아니한 자가 정당한 사유 없이 자동차를 운행하는 경우 다음 각 호의 어느 하나에 따라 해당 자동차의 운행정지를 명할 수 있다.(2018.2.21 본문개정)
1. 자동차 소유자의 동의 또는 요청
2. 수사기관의 장의 요청. 다만, 수사기관의 장이 제2조제3호에 따른 자동차사용자가 아닌 자가 자동차를 운행하는 사실을 확인한 경우로 한정한다.
(2018.2.21 1호~2호신설)
③ 시·도지사 또는 시장·군수·구청장은 제2항에 따른 운행정지를 명하는 경우 다음 각 호의 사항을 이행하여야 한다.
1. 해당 자동차에 대한 운행정지 처분사실을 등록원부에 기재
2. 해당 자동차의 운행을 방지·단속할 수 있도록 자동차 등록번호와 차량 제원 등 필요한 정보를 경찰청장에게 제공

3. 필요한 경우 등록번호판을 영치하고, 영치 사실을 시·도지사 또는 시장·군수·구청장과 자동차 소유자에게 통보
4. 자동차등록번호, 운행정지 사유 및 자동차 제원 등을 공보 및 홈페이지에 공고
④ 시·도지사 또는 시장·군수·구청장은 제2항에 따라 운행정지를 명한 자동차에 대하여 필요한 경우 체납된 징수금 환수를 위하여 공매할 수 있다.
⑤ 시·도지사 또는 시장·군수·구청장은 제4항에 따른 공매에 대하여 전문지식이 필요하거나 그 밖에 특수한 사정으로 직접 공매하는 것이 적당하지 아니하다고 인정하는 경우에는 「한국자산관리공사 설립 등에 관한 법률」에 따라 설립된 한국자산관리공사에 공매를 대행하게 할 수 있다. 이 경우 공매는 시·도지사 또는 시장·군수·구청장이 한 것으로 본다.(2019.11.26 본항개정)
⑥ 제2항 및 제3항에 따른 운행정지 동의 또는 요청·명령 및 등록번호판의 영치 방법 등에 관하여 필요한 사항은 국토교통부령으로 정한다.
(2015.8.11 본조신설)

제25조【자동차의 운행 제한】 ① 국토교통부장관은 다음 각 호의 어느 하나에 해당하는 사유가 있다고 인정되면 미리 경찰청장과 협의하여 자동차의 운행 제한을 명할 수 있다.(2013.3.23 본문개정)
1. 전시·사변 또는 이에 준하는 비상사태의 대처
2. 극심한 교통체증 지역의 발생 예방 또는 해소
2의2. 제31조제1항에 따른 결함이 있는 자동차의 운행으로 인한 화재사고가 반복적으로 발생하여 공중(公衆)의 안전에 심각한 위해를 끼칠 수 있는 경우(2020.2.4 본호신설)
3. 대기오염 방지나 그 밖에 대통령령으로 정하는 사유
② 국토교통부장관은 제1항에 따라 운행을 제한하려면 미리 그 목적, 기간, 지역, 제한 내용 및 대상 자동차의 종류와 그 밖에 필요한 사항을 국무회의의 심의를 거쳐 공고하여야 한다.(2015.12.29 본항개정)
③ 제30조제3항에 따른 자동차제작자등이나 제30조의2 제1항에 따른 부품제작자등은 국토교통부장관이 제1항 제2호의2에 따라 운행 제한을 명할 경우에는 국토교통부령으로 정하는 바에 따라 자동차 소유자를 보호하기 위한 대책을 마련하여 우편발송, 휴대전화를 이용한 문자메시지 전송 등을 통해 자동차 소유자에게 그 대책을 공개하고 이행하여야 한다.(2020.2.4 본항신설)

제26조【자동차의 강제 처리】 ① 자동차(자동차와 유사한 외관 형태를 갖춘 것을 포함한다. 이하 이 조에서 같다)의 소유자 또는 점유자는 다음 각 호의 어느 하나에 해당하는 행위를 하여서는 아니 된다.
1. 자동차를 일정한 장소에 고정시켜 운행 외의 용도로 사용하는 행위
2. 자동차를 도로에 계속하여 방치하는 행위
3. 정당한 사유 없이 자동차를 타인의 토지에 대통령령으로 정하는 기간 이상 방치하는 행위(2019.8.27 본호개정)
② 시장·군수·구청장은 제1항 각 호의 어느 하나에 해당된다고 판단되면 해당 자동차를 일정한 곳으로 옮긴 후 국토교통부령으로 정하는 바에 따라 그 자동차의 소유자 또는 점유자에게 폐차 요청이나 그 밖의 처분 등을 하거나, 그 자동차를 찾아가는 등의 방법으로 본인이 적절한 조치를 취할 것을 명하여야 한다.(2013.3.23 본항개정)
③ 시장·군수·구청장은 자동차의 소유자 또는 점유자가 제2항에 따른 명령을 이행하지 아니하거나 해당 자동차의 소유자 또는 점유자를 알 수 없을 경우에는 대통령령으로 정하는 바에 따라 그 자동차를 매각하거나 폐차할 수 있다. 이 경우 매각 또는 폐차에 든 비용은 그 소유자 또는 점유자로부터 징수할 수 있다.
④ 제3항에 따라 자동차를 매각 또는 폐차한 경우 그에 들어간 비용을 충당하고 남은 금액이 있을 때에는 그 자동차의 소유자 또는 점유자에게 잔액을 지급하여야 한다. 다만, 자동차의 소유자 또는 점유자를 알 수 없는 경우에는 「공탁법」에 따라 잔액을 공탁(供託)하여야 한다.

제26조의2【침수로 인한 전손 처리 자동차의 폐차 처리】 ① 침수로 인한 전손 처리 자동차의 소유자는 국토교통부령으로 정하는 기간 내에 해당 자동차를 자동차해체재활용업자에게 폐차 요청하여야 한다.
② 누구든지 침수로 인한 전손 처리 자동차 또는 해당 자동차에 장착된 장치로서 국토교통부령으로 정하는 자동차의 안전운행에 직접 관련된 장치를 수출하거나 수출하는 자에게 판매할 수 없다.(2022.11.15 본항신설)
(2021.4.13 본조신설)

제27조【임시운행의 허가】 ① 자동차를 등록하지 아니하고 일시 운행을 하려는 자는 대통령령으로 정하는 바에 따라 국토교통부장관 또는 시·도지사의 임시운행허가(이하 "임시운행허가"라 한다)를 받아야 한다. 다만, 자율주행자동차를 시험·연구 목적으로 운행하려는 자는 허가대상, 고장감지 및 경고장치, 기능해제장치, 운행구역, 운전자 준수 사항 등과 관련하여 국토교통부령으로 정하는 안전운행요건을 갖추어 국토교통부장관의 임시운행허가를 받아야 한다.(2015.8.11 단서신설)
② 국토교통부장관 또는 시·도지사는 임시운행허가의 신청을 받은 경우에는 국토교통부령으로 정하는 바에 따라 이를 허가하고 임시운행허가증 및 임시운행허가번호판을 발급하여야 한다. 다만, 수출목적으로 운행구간을 정하여 임시운행 허가기간을 1일로 신청한 자의 요청이 있는 경우로서 임시운행허가번호판을 붙이지 아니하고 운행할 필요가 있다고 인정되는 때에는 이를 발급하지 아니할 수 있다.(2020.6.9 단서개정)
③ 임시운행허가를 받은 자동차는 그 허가 목적 및 기간의 범위에서 임시운행허가증 및 임시운행허가번호판(제2항 단서의 경우는 제외한다)을 붙여 운행하여야 한다.
(2020.6.9 본항개정)
④ 임시운행허가를 받은 자는 제3항의 기간이 만료된 경우에는 국토교통부령으로 정하는 기간 내에 임시운행허가증 및 임시운행허가번호판을 반납하여야 한다.
(2013.3.23 본항개정)
⑤ 제1항 단서에 따라 임시운행허가를 받은 자는 자율주행자동차의 안전한 운행을 위하여 주요 장치 및 기능의 변경 사항, 운행기록 등 운행에 관한 정보 및 교통사고와 관련한 정보 등 국토교통부령으로 정하는 사항을 국토교통부령으로 정하는 바에 따라 국토교통부장관에게 보고하여야 한다.(2017.10.24 본항신설)
⑥ 국토교통부장관은 제5항에 따른 보고사항에 대하여 확인이 필요한 경우에는 제32조제3항에 따라 성능시험을 대행하도록 지정된 자에게 이에 대한 조사를 하게 할 수 있다.(2017.10.24 본항신설)
⑦ 국토교통부장관은 제6항에 따른 조사 결과 제1항 단서에 따른 안전운행요건에 부적합하거나 교통사고를 유발할 가능성이 높다고 판단되는 경우에는 시정조치 및 운행의 일시정지를 명할 수 있다. 다만, 자율주행자동차의 운행 중 교통사고가 발생하여 안전운행에 지장이 있다고 판단되는 경우에는 즉시 운행의 일시정지를 명할 수 있다.(2017.10.24 본항신설)

제28조【자동차 등록에 대한 이의신청 특례】 ① 시·도지사가 수행한 자동차 등록에 관하여 이의가 있는 자는 언제든지 국토교통부령으로 정하는 바에 따라 이의신청을 할 수 있다.(2024.1.9 본항개정)
② 시·도지사는 제1항에 따른 이의신청을 받고 이유가 있다고 인정할 때에는 이를 즉시 시정하여야 한다.
③ 시·도지사는 제2항에 따른 시정을 하거나 이의신청이 이유가 없다고 인정할 때에는 지체 없이 그 뜻을 신청인과 등록원부에 적힌 이해관계인에게 알려야 한다.
④ 자동차의 등록에 관하여 이의가 있는 자는 제1항에 따른 이의신청 여부와 관계없이 「행정심판법」에 따른 행정심판청구 또는 「행정소송법」에 따른 행정소송을 제기할 수 있다.
(2024.1.9 본조제목개정)

제3장 자동차의 안전기준 및 자기인증
(2009.2.6 본장개정)

제29조【자동차의 구조 및 장치 등】 ① 자동차는 대통령령으로 정하는 구조 및 장치가 안전 운행에 필요한 성능과 기준(이하 "자동차안전기준"이라 한다)에 적합하지 아니하면 운행하지 못한다.
② 자동차에 장착되거나 사용되는 부품·장치 또는 보호장구(保護裝具)로서 대통령령으로 정하는 부품·장치 또는 보호장구(이하 "자동차부품"이라 한다)는 안전운행에 필요한 성능과 기준(이하 "부품안전기준"이라 한다)에 적합하여야 한다.
③ 국토교통부령으로 정하는 캠핑용자동차 안에 취사 및 야영을 목적으로 설치하는 액화석유가스의 저장시설, 가스설비, 배관시설 및 그 밖의 사용시설은 「액화석유가스의 안전관리 및 사업법」에 적합하여야 하며, 전기설비 및 캠핑설비는 국토교통부령으로 정하는 안전기준에 적합하여야 한다.(2019.8.27 본항개정)
④ 자동차안전기준과 부품안전기준은 국토교통부령으로 정한다.(2013.3.23 본항개정)

제29조의2【안전기준 관련 연구·개발 등】 ① 국토교통부장관은 제29조제1항 및 제2항에 따른 자동차안전기준, 부품안전기준, 제35조의5제1항에 따른 내압용기안전기준 또는 안전 관련 기술의 연구·개발 및 데이터베이스 구축·운영이 필요한 경우에는 제32조제3항에 따라 성능시험을 대행하는 자로 지정된 자(이하 "성능시험대행자"라 한다)에게 이를 수행하게 할 수 있다. 이 경우 국토교통부장관은 예산의 범위에서 연구·개발 및 데이터베이스 구축·운영에 드는 비용을 지원하여야 한다.
(2017.12.26 본항개정)
② (2011.5.24 삭제)

제29조의3【사고기록장치의 장착 및 정보제공】 ① 자동차제작·판매자등이 사고기록장치를 장착할 경우에는 국토교통부령으로 정하는 바에 따라 장착하여야 한다.
(2013.3.23 본항개정)
② 자동차제작·판매자등이 제1항에 따라 사고기록장치가 장착된 자동차를 판매하는 경우에는 사고기록장치가 장착되어 있음을 구매자에게 알려야 한다.
③ 제1항에 따라 사고기록장치를 장착한 자동차제작·판매자등은 자동차 소유자 등 국토교통부령으로 정하는 자가 기록내용을 요구할 경우 다음 각 호의 정보를 제공하여야 한다.(2016.1.28 본문개정)
1. 해당 자동차의 사고기록장치에 기록된 내용
2. 이 법 또는 관계 법령에 따라 제1호의 내용을 분석한 경우 그 결과보고서
(2016.1.28 1호~2호신설)
④ 제1항부터 제3항까지의 규정에 따른 사고기록장치의 장착기준, 장착사실의 통지, 기록정보 및 결과보고서의 제공방법 등 필요한 사항은 국토교통부령으로 정한다.
(2016.1.28 본항개정)
(2012.12.18 본조신설)

제30조【자동차의 자기인증 등】 ① 자동차(미완성자동차, 단계제작자동차를 포함한다. 이하 이 조, 제30조의2부터 제30조의5까지, 제31조, 제31조의2, 제32조, 제32조의2 및 제33조에서 같다)를 제작·조립 또는 수입(이하 "제작등"이라 한다)하려는 자는 국토교통부령으로 정하는 바에 따라 그 자동차의 형식이 자동차안전기준(미완성자동차, 단계제작자동차의 경우 해당 제작등이 된 상태에서 적용되는 자동차안전기준을 말한다)에 적합함을 스스로 인증(이하 "자동차자기인증"이라 한다)하여야 한다.
(2015.12.29 본항개정)
② 자동차자기인증을 하려는 자는 국토교통부령으로 정하는 바에 따라 자동차의 제작·시험·검사시설 등을 국토교통부장관에게 등록하여야 한다. 등록한 사항 중 국토교통부령으로 정하는 중요한 사항을 변경할 때에도 또한 같다.
③ 제2항에 따라 등록을 한 자(이하 "자동차제작자등"이라 한다) 중 생산 규모, 안전검사시설 및 성능시험시설 등 국토교통부령으로 정하는 자기인증능력 요건을 충족하지 못한 자동차제작자등은 자동차의 안전운행에 직접 관련되는 사항으로서 국토교통부령으로 정하는 사항에 대하여 성능시험대행자로부터 기술검토 및 안전검사를 받아 자동차자기인증을 하여야 한다. 다만, 자기인증능력 요건 중 안전검사시설을 갖춘 자동차제작자등은 국토교통부령으로 정하는 바에 따라 직접 안전검사를 할 수 있다.
④ 자동차제작자등이 제1항 또는 제3항에 따라 자동차자기인증을 한 경우에는 국토교통부령으로 정하는 바에 따라 성능시험대행자에게 자동차의 제원(諸元)을 통보하고 그 자동차에는 자동차자기인증의 표시(자동차 제작연월을 포함한다)를 하여야 한다.(2019.8.27 본항개정)
⑤ 자동차제작·조립자는 국토교통부령으로 정하는 생산대수 이하로 제작·조립되는 자동차에 대하여 제1항에 따른 자동차안전기준에도 불구하고 국토교통부령으로 정하는 바에 따라 유사한 수준의 안전도 확인방법으로 자동차자기인증을 할 수 있다. 이 경우 제3항에 따른 기술검토 및 안전검사를 받아 자동차자기인증을 하여야 한다.
(2015.12.29 본항신설)
⑥ 국토교통부장관은 제2항에 따라 등록한 제작·시험·검사시설 등을 확인한 결과 등록한 내용과 다른 경우에는 그 등록을 취소하거나 등록 사항을 변경할 것을 명할 수 있다.
(2013.3.23 본조개정)

제30조의2【자동차부품의 자기인증 등】 ① 자동차부품을 제작·조립 또는 수입하는 자(이하 "부품제작자등"이라 한다)는 국토교통부령으로 정하는 바에 따라 그 자동차부품이 부품안전기준에 적합함을 스스로 인증(이하 "부품자기인증"이라 한다)하여야 한다.(2013.3.23 본항개정)
② 부품제작자등은 국토교통부령으로 정하는 바에 따라 부품 제작자명, 자동차부품의 종류 등을 국토교통부장관에게 등록하여야 한다. 등록한 사항 중 국토교통부령으로 정하는 중요한 사항을 변경할 때에도 또한 같다.
(2013.3.23 본항개정)
③ 부품제작자등이 부품자기인증을 한 경우에는 국토교통부령으로 정하는 바에 따라 성능시험대행자에게 자동차부품의 제원을 통보하고 그 자동차부품에 부품자기인증 표시를 하여야 한다.(2013.3.23 본항개정)
④ 국토교통부장관은 제2항에 따라 등록한 부품제작자명, 자동차부품의 종류 등을 확인한 결과 등록한 내용과 다른 경우에는 그 등록을 취소하거나 등록 사항을 변경할 것을 명할 수 있다.(2013.3.23 본항개정)
⑤ 자동차제작자등이 제30조제1항에 따라 자동차자기인증을 한 경우에는 그 자동차에 장착된 자동차부품에 대하여는 부품자기인증을 한 것으로 본다.

제30조의3【자동차 또는 자동차부품의 제작 또는 판매 등의 중지 등】 ① 국토교통부장관은 자동차제작자등, 부품제작자등 또는 제30조의5제3항 및 제34조의3제2항에 따라 성능 및 품질을 인증받은 대체부품 또는 튜닝부품의 제작사 등이 다음 각 호의 어느 하나에 해당되는 경우에는 그 자동차 또는 자동차부품의 제작·조립·수입 또는 판매의 중지를 명할 수 있다. 다만, 제1호에 해당하는 경우에는 제작·조립·수입 또는 판매를 중지하여야 한다.(2023.8.16 본문개정)
1. 거짓이나 그 밖의 부정한 방법으로 자동차자기인증·부품자기인증을 하거나 대체부품·튜닝부품의 성능·품질을 인증받은 경우(2023.8.16 본호개정)
1의2. 제25조제1항제2호의2에 따른 운행 제한 사유에 해당하는 경우(2020.2.4 본호신설)
2. 제30조를 위반하여 자동차안전기준에 적합하지 아니하게 자동차자기인증을 한 경우
3. 제30조의2제1항을 위반하여 부품안전기준에 적합하지 아니하게 부품자기인증을 한 경우(2014.1.7 본호개정)
3의2. 제30조의2제2항을 위반하여 부품 제작자명, 자동차부품의 종류 등을 등록하지 아니하고 자동차부품을 제작·조립 또는 수입하는 경우(2014.1.7 본호신설)
3의3. 제30조의5제5항에 따른 대체부품의 성능 및 품질 인증기준에 적합하지 아니한 경우(2014.1.7 본호신설)

3의4. 제34조의3제4항에 따른 튜닝부품인증기준에 적합하지 아니한 경우(2023.8.16 본호신설)
4. 제31조제3항 본문에 따른 시정명령을 이행하지 아니한 경우(2011.5.24 본호개정)
5. 자동차자기인증의 내용과 다르게 제작등을 한 자동차를 판매한 경우
6. 부품자기인증의 내용과 다르게 자동차부품을 판매한 경우
7. 대체부품의 인증 내용과 다른 대체부품을 판매한 경우(2014.1.7 본호신설)
8. 제34조의3에 따른 튜닝부품인증 내용과 다른 튜닝부품을 판매한 경우(2023.8.16 본호신설)
② 국토교통부장관은 자동차제작자등이나 부품제작자등이 제1항 각 호의 어느 하나에 해당하는지를 확인하기 위하여 성능시험대행자로 하여금 이에 대한 조사를 하게 할 수 있다. 이 경우 국토교통부장관은 조사에 드는 비용을 지원하여야 한다.(2013.3.23 본항개정)
(2017.10.24 본조제목개정)

제30조의4【자동차자기인증의 면제 등】 국토교통부장관은 다음 각 호의 어느 하나에 해당하는 경우에 대하여는 국토교통부령으로 정하는 바에 따라 자동차자기인증을 면제할 수 있다.(2013.3.23 본문개정)
1. 이삿짐으로 반입하여 수입되는 자동차로서 「대외무역법」에 따라 수입승인이 면제되는 경우
2. 제70조제1호부터 제3호까지의 규정 중 어느 하나에 해당하는 자동차로서 국내에서 운행한 자동차를 수입하는 경우
3. 「대한민국과 아메리카합중국 간의 상호방위조약 제4조에 의한 시설과 구역 및 대한민국에서의 합중국군대의 지위에 관한 협정의 실시에 따른 관세법 등의 임시특례에 관한 법률」에 따라 대한민국에 주재하는 아메리카합중국 군대에서 사용하는 자동차를 수입하는 경우
4. 정부, 지방자치단체, 자동차 제작자 또는 시험연구기관이 시험 · 연구의 목적으로 제작등을 하거나 그 밖에 국토교통부령으로 정하는 사유에 해당하는 경우(2013.3.23 본호개정)

제30조의5【대체부품의 성능 · 품질 인증 등】 ① 대체부품은 자동차제작사에서 출고된 자동차에 장착된 부품을 대체하여 사용할 수 있는 부품을 말한다.(2017.10.24 본항개정)
② (2022.6.10 삭제)
③ 국토교통부장관은 국토교통부령으로 정하는 기준에 적합한 자를 지정하여 대체부품의 성능 및 품질을 인증하게 할 수 있다.(2017.10.24 본항개정)
④ 제3항에 따라 대체부품의 성능 및 품질을 인증하도록 지정된 자(이하 "대체부품인증기관"이라 한다)로부터 성능 및 품질을 인증받은 대체부품(이하 "인증대체부품"이라 한다)의 제작사 등은 인증받은 사실을 해당 부품에 표시 할 수 있다.(2018.6.12 본항개정)
⑤ 제3항에 따른 대체부품인증기관의 지정 절차 및 제4항에 따른 대체부품 성능 · 품질의 인증기준 · 인증방법 및 인증표시 등에 관한 사항은 국토교통부령으로 정한다.(2017.10.24 본항개정)
(2014.1.7 본조신설)

제30조의6【대체부품인증기관의 지정 취소 등】 ① 국토교통부장관은 대체부품인증기관이 다음 각 호의 어느 하나에 해당하는 경우에는 그 지정을 취소하거나 6개월 이내의 기간을 정하여 업무의 정지를 명할 수 있다. 다만, 제1호 및 제2호에 해당하는 경우에는 그 지정을 취소하여야 한다.
1. 거짓이나 그 밖의 부정한 방법으로 대체부품인증기관 지정을 받은 경우
2. 거짓이나 그 밖의 부정한 방법으로 대체부품의 성능 · 품질 인증을 한 경우
3. 제30조의5제3항에 따른 대체부품인증기관의 지정기준을 충족하지 못하게 된 경우
4. 제30조의5제5항에 따라 국토교통부령으로 정하는 성능 · 품질의 인증기준에 부적합하게 대체부품을 인증한 경우
5. 제72조제1항에 따른 보고를 하지 아니하거나 거짓으로 보고한 경우
6. 제72조제2항에 따른 검사를 거부 · 방해 또는 기피하거나 질문에 응하지 아니하거나 거짓으로 답변한 경우
7. 그 밖에 대체부품의 인증과 관련하여 국토교통부령으로 정하는 사항을 준수하지 아니한 경우
② 제1항에 따른 처분의 세부기준과 절차 등에 필요한 사항은 국토교통부령으로 정한다.
(2017.10.24 본조신설)

제31조【제작 결함의 시정 등】 ① 자동차제작자등이나 부품제작자등(자동차와 별도로 자동차부품을 판매하는 경우만 해당한다. 이하 이 조, 제31조의2부터 제31조의4까지 및 제33조에서 같다)은 제작등을 한 자동차 또는 자동차부품이 자동차안전기준 또는 부품안전기준에 적합하지 아니하거나 설계, 제조 또는 성능상의 문제로 안전에 지장을 주는 등 국토교통부령으로 정하는 결함이 있는 경우에는 그 사실을 안 날부터 자동차 소유자가 그 사실과 그에 따른 시정조치 계획(제작 결함의 내용과 부품 수급 계획 및 전용 작업 공간 확보 등 시정조치 계획 이행방안을 포함한다. 이하 이 조에서 같다)을 명확히 알 수 있도록 우편발송, 휴대전화를 이용한 문자메시지 전송 등 국토교통부령으로 정하는 바에 따라 지체 없이 그 사실을 공개하고 시정조치를 하여야 한다. 다만, 자동차안전기준 또는 부품안전기준 중 다음 각 호의 어느 하나에 해당하는 결함에 대하여는 시정조치를 갈음하여 경제적 보상을 할 수 있다.(2024.1.16 본문개정)
1. 연료소비율의 과다 표시(2015.1.6 본호신설)
2. 원동기 출력의 과다 표시(2015.1.6 본호신설)
3. 그 밖에 제1호 및 제2호와 유사한 경우로서 국토교통부령으로 정하는 결함(2015.1.6 본호신설)
② 제1항 단서에 따라 시정조치를 갈음하는 경제적 보상을 하려는 해당 자동차제작자등이나 부품제작자등은 국토교통부장관에게 경제적 보상 계획을 제출하여야 한다.(2017.1.17 본항개정)
③ 국토교통부장관은 제1항 본문에 따른 결함 사실의 공개 또는 시정조치를 하지 아니하는 자동차제작자등이나 부품제작자등에게는 국토교통부령으로 정하는 바에 따라 시정을 명하여야 한다. 다만, 제2항에 따라 경제적 보상 계획을 제출하는 경우로서 자동차안전기준 또는 부품안전기준에 적합하지 아니한 사항이 제1항 단서에 따른 결함에 해당한다고 인정되는 때에는 국토교통부령으로 정하는 바에 따라 시정을 명하지 아니할 수 있다.
(2017.1.17 단서개정)
④ 국토교통부장관은 제작등을 한 자동차 또는 자동차부품에 결함이 있는지 여부를 확인하기 위하여 필요한 경우에는 성능시험대행자에게 이에 대한 조사를 하게 할 수 있다. 이 경우 국토교통부장관은 조사에 필요한 시설, 장비 및 조사 등에 드는 비용을 지원하여야 한다.
⑤ 성능시험대행자는 제4항에 따라 조사를 하는 경우 조사 대상 및 내용 등을 국토교통부령으로 정하는 바에 따라 자동차제작자등이나 부품제작자등에게 미리 통보하여야 하고, 자동차제작자등이나 부품제작자등은 국토교통부령으로 정하는 기간 내에 제4항에 따른 결함조사에 필요한 자료를 성능시험대행자에게 제출하여야 한다. 다만, 그 기간 내에 제8항에 따른 시정조치 계획 또는 경제적 보상 계획을 보고한 경우에는 그러하지 아니하다.
(2020.2.4 본항신설)
⑥ 같은 종류의 자동차에서 화재가 반복적으로 발생하는 등 대통령령으로 정하는 요건에 해당함에도 불구하고 자동차제작자등이나 부품제작자등이 제5항에 따라 자료를 제출하지 아니한 경우에는 제1항에 따른 결함이 있는 것으로 추정한다.(2020.6.9 본항개정)
⑦ 국토교통부장관은 제4항에 따른 조사를 위하여 필요한 때에는 자동차제작자등이나 부품제작자등에게 해당 자동차 또는 부품의 제공을 명할 수 있다. 이 경우 국토교통부장관은 자동차제작자등이나 부품제작자등에게 국토교통부령으로 정하는 바에 따라 정당한 대가를 지급하여야 한다.(2020.2.4 본항신설)
⑧ 자동차제작자등이나 부품제작자등은 제1항 또는 제3항에 따라 시정조치 또는 경제적 보상을 하는 경우에는 국토교통부령으로 정하는 바에 따라 시정조치 계획 또는 경제적 보상 계획(이하 "시정조치계획등"이라 한다)과 진행 상황을 국토교통부장관에게 보고하여야 한다.
(2020.2.4 본항개정)
⑨ 국토교통부장관은 제8항에 따른 보고를 받은 경우 성능시험대행자에게 시정조치계획등의 적정성 여부에 대해 조사하게 할 수 있고, 국토교통부장관은 그 조사 결과를 자동차제작자등이나 부품제작자등에게 통보하여야 한다. 다만, 국토교통부장관은 제4항에 따른 조사를 개시한 이후에 시정조치계획등이 보고된 경우 성능시험대행자에게 시정조치계획등의 적정성 여부를 조사하게 하여야 한다.(2020.2.4 본항신설)
⑩ 자동차제작자등이나 부품제작자등은 제1항에 따라 결함 사실과 그 시정조치 계획을 자동차 소유자에게 통지하는 경우에는 성능시험대행자에게 이를 대행하게 하여야 한다. 이 경우 자동차제작자등이나 부품제작자등은 통지에 드는 실비를 부담하여야 한다.(2017.1.17 본항신설)
⑪ 성능시험대행자는 제10항에 따라 자동차 소유자에 대한 통지를 대행하는 경우 국토교통부장관에게 자동차 소유자에 대한 정보를 제공하여 줄 것을 요청할 수 있다.
(2020.2.4 본항개정)
⑫ 국토교통부장관은 자동차제작자등이나 부품제작자등이 제8항에 따라 보고한 시정조치 또는 경제적 보상의 진행 상황이 국토교통부령으로 정하는 기준에 미달한 경우에는 자동차제작자등이나 부품제작자등에게 제1항에 따른 결함 사실과 그에 따른 시정조치계획등을 국토교통부령으로 정하는 바에 따라 다시 공개하도록 명할 수 있다.
(2020.2.4 본항신설)
⑬ 국토교통부장관은 환경부장관에게 대통령령으로 정하는 바에 따라 「대기환경보전법」 제51조제1항에 따른 결함확인검사 자료, 같은 법 제51조제5항에 따른 결함시정에 관한 계획, 같은 법 제53조제1항에 따른 결함시정 현황 및 부품결함 현황 등의 자료를 제공하여 줄 것을 요청할 수 있다. 이 경우 환경부장관은 정당한 사유가 없으면 요청받은 자료를 제공하여야 한다.(2020.2.4 본항신설)
(2017.1.17 본조제목개정)
(2013.3.23 본조개정)

제31조의2【자체 시정한 자동차 소유자에 대한 보상】
① 자동차제작자등이나 부품제작자등은 다음 각 호의 어느 하나에 해당하는 자가 있는 경우에는 시정 비용을 보상하여야 한다.
1. 자동차제작자등이나 부품제작자등이 제31조제1항 본문 또는 제3항 본문에 따라 결함 사실을 공개하기 전 1년이 되는 날과 제30조의3제2항 또는 제31조제4항에 따른 조사를 시작한 날 중 빠른 날 이후에 그 결함을 시정한 자동차 소유자(자동차 소유자였던 자로서 소유 기간 중에 그 결함을 시정한 자를 포함한다)(2017.1.17 본호개정)
2. 자동차제작자등이나 부품제작자등이 제31조제1항 본문 또는 제3항 본문에 따라 결함 사실을 공개한 이후에 그 결함을 시정한 자동차 소유자(2011.5.24 본호개정)
② 제1항에 따른 보상 금액의 산정기준, 보상금의 지급기한, 보상금의 지급 청구 절차, 그 밖에 보상금의 지급에 필요한 사항은 국토교통부령으로 정한다.(2013.3.23 본항개정)

제31조의3【자동차 사고조사】 ① 성능시험대행자는 화재 등 국토교통부령으로 정하는 자동차사고가 제31조제1항에 따른 결함으로 인하여 발생한 것으로 의심되는 경우에는 사고의 원인을 규명하기 위한 조사(이하 "사고조사"라 한다)를 할 수 있다. 이 경우 국토교통부장관은 사고조사에 필요한 시설, 장비 및 조사에 드는 비용을 지원하여야 한다.
② 성능시험대행자는 사고조사를 위하여 필요한 경우에는 소유자, 운전자, 보관자 및 그 밖의 관계인에게 질문을 하거나 자료 제출, 해당 자동차 또는 부품의 보존, 대여 또는 매입을 요청할 수 있다.
③ 제2항에 따른 요청을 받은 자가 자동차 또는 부품의 보존, 대여 또는 매입에 응하는 경우 성능시험대행자는 국토교통부령으로 정하는 기준에 따라 정당한 대가를 지급하여야 한다.
④ 성능시험대행자는 사고조사를 신속하고 원활하게 수행하기 위하여 경찰청, 소방청 등 관계 기관의 장에게 사고현장 출입, 자동차 또는 부품의 보존 등 사고조사에 필요한 협조를 요청할 수 있다. 이 경우 관계 기관의 장은 정당한 사유가 없으면 이에 응하여야 한다.
⑤ 성능시험대행자는 사고조사를 하는 경우 지방자치단체, 경찰청, 소방청, 「보험업법」에 따른 보험회사 및 보험요율 산출기관, 그 밖의 관계 기관 등에 대통령령으로 정하는 자료를 제공하여 줄 것을 요청할 수 있다. 이 경우 자료의 제공을 요청받은 자는 정당한 사유가 없으면 이에 응하여야 한다.
(2020.2.4 본조신설)

제31조의4【판매 전 결함시정 등】 ① 자동차제작자등이나 부품제작자등은 제31조제1항 본문에 따라 결함 사실을 공개하고 시정조치를 하여야 하는 경우에는 판매 전인 자동차 또는 자동차부품도 시정조치한 후 판매하여야 한다.
② 자동차제작 · 판매자등이나 부품제작자등은 제1항에 따라 시정조치한 자동차 또는 자동차부품을 판매하는 경우 그 사실을 구매자에게 고지하여야 한다.
(2021.4.13 본조신설)

제32조【부품등의 국가간 상호인증 등】 ① 국토교통부장관은 자동차제작자등 및 부품제작자등이 국가간 상호인증 등을 위하여 자동차에 사용되는 부품 또는 장치의 인증을 신청하는 경우에는 그 부품 또는 장치에 대하여 안전 및 성능에 관한 시험(이하 "성능시험"이라 한다)을 한 후 이를 인증할 수 있다.(2013.3.23 본항개정)
② 국토교통부장관은 제1항에 따라 인증한 자동차의 부품 또는 장치가 국가간 상호인증협약으로 정하는 기준에 적합하지 아니하거나 인증할 때의 성능에 적합하지 아니하게 된 경우에는 그 인증을 취소하여야 한다.(2013.3.23 본항개정)
③ 국토교통부장관은 국토교통부령으로 정하는 지정기준에 적합한 자로서 국토교통부장관이 지정하는 자로 하여금 성능시험을 대행하게 할 수 있다.(2013.3.23 본항개정)
④ 성능시험대행자는 성능시험을 한 경우에는 그 평가서를 작성하여 국토교통부장관에게 제출하여야 한다.
(2013.3.23 본항개정)
⑤ 자동차에 사용되는 부품 또는 장치의 인증과 관련하여 국가간 상호인증협약에서 그 인증 절차 등에 관하여 달리 정하고 있는 경우에는 제1항부터 제4항까지의 규정에도 불구하고 그 협약에서 정하는 바에 따른다.

제32조의2【자기인증을 한 자동차에 대한 사후관리 등】
① 자동차제작자등은 자기인증을 하여 자동차를 판매한 경우에는 국토교통부령으로 정하는 바에 따라 필요한 시설 및 기술인력을 확보하고 다음 각 호의 조치(이하 이 조에서 "사후관리"라 한다)를 하여야 한다.(2013.3.23 본문개정)
1. 국토교통부령으로 정하는 기간 또는 주행거리 이내에 발생한 하자(瑕疵)에 대한 무상수리(2013.3.23 본호개정)
2. 국토교통부령으로 정하는 기간까지 자동차의 정비에 필요한 부품의 공급(2013.3.23 본호개정)
3. 제53조에 따라 등록한 자동차정비업자에게 자동차의 점검 · 정비 및 검사에 필요한 기술지도 · 교육과 고장진단기 · 정비매뉴얼 등 정비관련 장비 및 자료의 제공. 이 경우 기술지도 · 교육의 대상 및 방법, 정비 장비 · 자료의 종류 및 제공 방법 등 필요한 사항은 국토교통부령으로 정한다.(2015.1.6 본호개정)
3의2. 「한국교통안전공단법」에 따라 설립된 한국교통안전공단(이하 "한국교통안전공단"이라 한다)에 정비매뉴얼, 고장진단기 제작을 위한 자료 등 제43조에 따른

자동차검사, 제43조의2에 따른 자동차종합검사 및 제73조의2에 따른 자동차안전기준 적합 여부에 대한 조사에 필요한 자료의 무상 제공. 이 경우 무상으로 제공하여야 하는 자료의 종류는 국토교통부령으로 정한다.
(2021.4.13 전단개정)
4. 인터넷 홈페이지 등을 통한 자동차부품 가격 자료의 공개. 이 경우 공개 대상 등 자동차부품 가격 자료의 공개에 필요한 사항은 국토교통부령으로 정한다.
(2013.7.16 본호개정)
② 자동차제작자등은 제53조에 따른 자동차관리사업 중 자동차정비업을 등록한 자로서 국토교통부령으로 정하는 자에게 제1항제1호의 무상수리를 대행하게 할 수 있다.
(2013.3.23 본항개정)
③ 자동차제작자등이 제1항제1호에 따라 무상수리를 하는 경우 인증대체부품과 제34조의3에 따라 인증받은 튜닝용 부품 사용을 이유로 수리를 거부하여서는 아니 된다. 다만, 자동차제작자등이 대체부품과 튜닝용 부품의 사용이 고장 원인임을 입증하는 경우에는 그러하지 아니하다.(2023.8.16 본문개정)
④ 자동차제작자등은 제작등의 과정에서 유래한 하자 등 국토교통부령으로 정하는 사유로 인하여 제1항제1호에 따른 무상수리를 하는 경우에는 자동차 소유자가 하자의 내용과 무상수리 계획을 알 수 있도록 국토교통부령으로 정하는 바에 따라 우편발송 및 휴대전화를 이용한 문자메시지 전송 등의 방법으로 자동차 소유자에게 알려야 한다.(2020.10.20 본항개정)
⑤ 국토교통부장관은 자동차제작자등이 사후관리에 관한 의무를 이행하지 아니한 경우(제2항에 따라 무상수리를 대행하는 자가 무상수리의무를 이행하지 아니한 경우를 포함한다)에는 자동차제작자등에게 그 이행을 명할 수 있다.(2013.3.23 본항개정)
⑥ 국토교통부장관은 제47조의7에 따른 자동차안전·하자심의위원회(이하 "자동차안전·하자심의위원회"라 한다)의 제작 결함의 시정 등과 관련한 사항의 심의·의결에 따라 소비자 보호를 위하여 필요한 경우에는 자동차제작자등에게 무상수리 등 필요한 조치를 권고할 수 있다.(2022.6.10 본항신설)

제33조【자동차 또는 자동차부품의 자료 제공 등】 ① 자동차제작자등이나 부품제작자등은 자동차 또는 자동차부품을 판매할 때에는 국토교통부령으로 정하는 바에 따라 그 자동차 또는 자동차부품의 형식 및 사용 등에 관한 자료를 구매자에게 제공하여야 한다.
② 자동차제작자등이나 부품제작자등은 국토교통부령으로 정하는 바에 따라 제30조의3제2항에 따른 조사 또는 제31조제1항 본문, 제3항 본문 및 제4항의 규정에 따른 결함의 시정에 필요한 구매자 명세 등에 관한 자료를 기록하고 보존하여야 한다.
③ 자동차제작자등이나 부품제작자등은 다음 각 호의 자료를 국토교통부령으로 정하는 바에 따라 국토교통부장관에게 제출하여야 한다.(2013.7.16 본문개정)
1. 수출한 자동차 또는 자동차부품의 제작 결함 시정 내용
(2013.7.16 본호신설)
2. 수입된 자동차 또는 자동차부품과 같은 종류의 자동차 또는 자동차부품에 대한 외국에서의 제작 결함 시정 내용(2020.6.9 본호개정)
3. 자동차 소유자에게 시행한 자체 무상점검 및 수리 내용(2017.1.17 본호개정)
4. 자동차 또는 자동차부품의 결함 또는 하자와 관련하여 교환 또는 무상수리 등의 목적으로 제53조에 따라 등록한 자동차정비업자와 주고받은 기술정보자료
(2017.1.17 본호신설)
5. 자체적으로 또는 외부 요청으로 조사한 자동차 화재 및 사고 관련 기술분석자료(2017.1.17 본호신설)
④ 성능시험대행자는 자동차제작자등이나 부품제작자등에게 다음 각 호의 조사에 필요한 자료의 제출을 요구할 수 있으며, 자료 제출을 요구받은 자동차제작자등이나 부품제작자등은 국토교통부령으로 정하는 바에 따라 해당 자료를 성능시험대행자에게 제출하여야 한다.
1. 제30조의3제2항에 따른 조사
2. 제31조제4항에 따른 조사
3. 제31조제9항에 따른 조사
4. 제31조의3제1항에 따른 사고조사
(2020.2.4 본항신설)
⑤ 자동차제작자등이 미완성자동차를 판매할 때에는 국토교통부령으로 정하는 바에 따라 해당 자동차를 구매하는 자동차제작자등에게 미완성자동차의 안전기준 적합 여부 등에 대한 정보를 제공하여야 한다.(2015.12.29 본항신설)
(2013.3.23 본조개정)

제33조의2【자동차의 안전도 평가】 ① 국토교통부장관은 소비자에게 자동차의 안전도에 대한 정보를 제공하고 안전도가 높은 자동차를 제작하도록 유도하기 위하여 국토교통부령으로 정하는 바에 따라 자동차제작자등이 판매한 자동차의 안전도를 평가하여 그 결과를 공표(公表)하여야 한다.
② 국토교통부장관은 성능시험대행자로 하여금 제1항의 평가를 대행하게 할 수 있다. 이 경우 국토교통부장관은 평가를 위한 시설, 장비 및 시험 등에 드는 비용을 지원하여야 한다.
(2013.3.23 본조개정)

제33조의3【신규제작자동차의 실내공기질 관리】 ① 국토교통부장관은 자동차제작·판매자등이 판매한 신규제작자동차에 대한 실내공기질 관리 지침 등 필요한 사항을 정하여 고시할 수 있다.
② 국토교통부장관은 제1항에 따라 신규제작자동차의 실내공기질을 조사하여 공표하고, 그 결과에 대하여 자동차제작·판매자등에게 관리에 필요한 사항을 권고할 수 있다.
③ 국토교통부장관은 신규제작자동차의 실내공기질 관리를 위하여 필요하다고 인정하는 때에는 자동차제작·판매자등에게 필요한 보고 또는 자료의 제출을 요구할 수 있다.
(2013.3.23 본조개정)

제33조의4【자동차결함정보시스템의 구축·운영】 국토교통부장관은 제33조제3항 및 제4항에 따른 자료를 수집·분석하고 관리·제공하기 위하여 대통령령으로 정하는 바에 따라 자동차결함정보시스템을 구축·운영할 수 있다.(2020.2.4 본조신설)

제34조【자동차의 튜닝】 ① 자동차소유자가 국토교통부령으로 정하는 항목에 대하여 튜닝을 하려는 경우에는 시장·군수·구청장의 승인을 받아야 한다.
② 제1항에 따라 튜닝 승인을 받은 자는 자동차정비업자 또는 국토교통부령으로 정하는 자동차제작자등으로부터 튜닝 작업을 받아야 한다. 이 경우 자동차제작자등의 튜닝 작업 범위는 국토교통부령으로 정한다.(2015.8.11 본항신설)
③ 제1항에도 불구하고 자동차소유자가 「공직선거법」 제79조제3항에 따른 공개장소에서의 연설·대담을 위하여 사용하는 자동차 등 국토교통부령으로 정하는 자동차에 대하여 일시적으로 튜닝(이하 "일시적튜닝"이라 한다)을 하려는 경우에는 시장·군수·구청장으로부터 일시적튜닝에 대한 승인을 받을 수 있다. 이 경우 제43조제1항제3호에 따른 튜닝검사를 받은 것으로 본다.(2024.1.16 본항개정)
④ 제1항에 따른 승인 대상 항목에 대한 승인기준 및 승인절차와 제3항에 따른 일시적튜닝에 대한 승인의 기준·절차 및 유효기간에 관한 사항은 국토교통부령으로 정한다.(2024.1.16 본항신설)
(2014.1.7 본조개정)

제34조의2【튜닝 자동차의 안전성 확보】 ① 국토교통부장관은 자동차의 튜닝에 따른 안전성 확보를 위하여 다음 각 호를 시행할 수 있다.
1. 자동차의 튜닝에 따른 안전성 확보를 위한 조사·연구 및 장비개발
1의2. 자동차 튜닝 분야의 전문적인 기술 또는 기능을 보유한 인력(이하 "자동차 튜닝전문인력"이라 한다)의 양성 및 튜닝 관련 교육 프로그램의 개발·보급
(2020.4.7 본호신설)
2. (2023.8.16 삭제)
3. 그 밖에 국토교통부장관이 필요하다고 인정하는 사항
② (2023.8.16 삭제)
(2014.1.7 본조신설)

제34조의3【자동차 튜닝부품인증 등】 ① 국토교통부장관은 자동차 튜닝용 부품(이하 "튜닝부품"이라 한다)의 성능 및 품질에 관한 인증(이하 "튜닝부품인증"이라 한다)을 할 수 있다.
② 국토교통부장관은 튜닝에 관한 전문성을 갖춘 기관·법인 또는 단체를 인증기관(이하 "튜닝부품인증기관"이라 한다)으로 지정하여 튜닝부품인증을 하게 할 수 있다.
③ 튜닝부품의 제작사 등은 제2항에 따라 튜닝부품인증기관으로부터 튜닝부품인증을 받은 사실을 튜닝부품에 표시할 수 있다.
④ 제1항부터 제3항까지에 따른 튜닝부품인증기준·인증방법 및 인증표시, 튜닝부품인증기관의 지정절차·지정기준 등에 관한 사항은 국토교통부령으로 정한다.
(2023.8.16 본조신설)

제34조의4【튜닝부품인증기관의 지정 취소 등】 ① 국토교통부장관은 튜닝부품인증기관이 다음 각 호의 어느 하나에 해당하는 경우에는 그 지정을 취소하거나 6개월 이내의 기간을 정하여 업무의 정지를 명할 수 있다. 다만, 제1호 및 제2호에 해당하는 경우에는 그 지정을 취소하여야 한다.
1. 거짓이나 그 밖의 부정한 방법으로 튜닝부품인증을 한 경우
2. 거짓이나 그 밖의 부정한 방법으로 튜닝부품인증기관 지정을 받은 경우
3. 제34조의3제4항에 따라 국토교통부령으로 정하는 튜닝부품인증기준에 부적합하게 튜닝부품을 인증한 경우
4. 제34조의3제4항에 따른 튜닝부품인증기관의 지정기준을 충족하지 못하게 된 경우
5. 제72조제1항에 따른 보고를 하지 아니하거나 거짓으로 보고한 경우
6. 제72조제2항에 따른 검사를 거부·방해 또는 기피하거나 질문에 응하지 아니하거나 거짓으로 답변한 경우
7. 그 밖에 튜닝부품인증과 관련하여 국토교통부령으로 정하는 사항을 준수하지 아니한 경우
② 국토교통부장관은 제1항에 따라 튜닝부품인증기관의 지정을 취소하거나 업무의 정지를 명하는 경우에는 국토교통부령으로 정하는 바에 따라 성능시험대행자에게 튜닝부품인증업무를 대행하게 할 수 있다.
③ 제1항에 따른 행정처분의 세부기준과 절차 등에 필요한 사항은 국토교통부령으로 정한다.
(2023.8.16 본조신설)

제35조【자동차의 무단 해체·조작 금지】 누구든지 다음 각 호의 어느 하나에 해당하는 경우를 제외하고는 자동차에서 국토교통부령으로 정하는 장치를 자동차에서 해체하거나 조작[자동차의 최고속도를 제한하는 장치 또는 운전자를 지원하는 조향장치(이동방향의 결정을 주로 담당하는 조향장치에 추가되어 운전자의 조향을 보조해 주는 장치를 말한다. 이하 같다)를 조작(造作)하는 경우에 한정한다]하여서는 아니 된다.(2024.1.9 본문개정)
1. 자동차의 점검·정비 또는 튜닝을 하려는 경우
(2014.1.7 본호개정)
2. 폐차하는 경우
3. 교육·연구의 목적으로 사용하는 등 국토교통부령으로 정하는 사유에 해당되는 경우(2013.3.23 본호개정)
(2017.12.26 본조제목개정)

제3장의2 저속전기자동차에 대한 특례
(2009.12.29 본장신설)

제35조의2【저속전기자동차의 안전기준】 국토교통부장관은 전기에너지를 동력원으로 사용하는 전기자동차 중 국토교통부령으로 정하는 최고속도 및 차량중량 이하의 자동차(이하 "저속전기자동차"라 한다)에 대하여 제29조제1항의 자동차안전기준을 달리 정할 수 있다.
(2013.3.23 본조개정)

제35조의3【저속전기자동차의 운행구역 지정 등】 ① 시장·군수·구청장은 직접 또는 저속전기자동차를 운행하려는 자의 신청에 따라 최고속도가 시속 60킬로미터 이하인 도로 중에서 교통안전 및 교통흐름 등을 고려하여 관할 경찰서장과 협의한 후 저속전기자동차의 운행구역(이하 "운행구역"이라 한다)을 지정하거나 변경 또는 해제할 수 있다. 다만, 저속전기자동차의 진행방향을 고려하여 최고속도가 시속 60킬로미터 초과인 도로를 통과하지 아니하고는 통행이 불가능한 구간이 생긴다고 인정되는 경우에는 최고속도가 시속 80킬로미터 이하인 도로 중 해당 단절구간 통행에 필요한 최단거리에 한정하여 운행구역으로 지정할 수 있다.(2015.8.11 단서신설)
② 저속전기자동차는 운행구역 외의 도로에서 운행하지 못한다. 다만, 저속전기자동차의 점검·검사 등 국토교통부령으로 정하는 경우에는 시장·군수·구청장의 허가를 받아 운행할 수 있다.(2013.3.23 단서개정)
③ 저속전기자동차의 운행구역 지정 및 운행 신청에 관하여 필요한 사항은 국토교통부령으로 정한다.(2013.3.23 본항개정)

제35조의4【운행구역의 고시 등】 ① 운행구역을 지정, 변경 또는 해제하는 시장·군수·구청장(이하 "지정권자"라 한다)은 다음 각 호의 사항을 고시하여야 하며, 이 경우 사전에 관련 내용을 주민에게 공람하여야 한다. 운행구역을 해제하는 경우에는 제1호에 한정한다.
(2020.6.9 본문개정)
1. 운행구역의 위치 및 도로 구간
2. 안전표지판 설치 등 교통안전에 관한 사항
3. 그 밖에 국토교통부령으로 정하는 사항(2013.3.23 본호개정)
② 지정권자가 운행구역을 고시하는 경우에는 국토교통부장관에게 그 내용을 통보하여야 한다.(2013.3.23 본항개정)
③ 지정권자는 운전자가 운행구역을 쉽게 알 수 있도록 다음 각 호의 시설물을 설치할 수 있다.
1. 운행구역 또는 운행제한구역 표지판
2. 그 밖에 안전운행을 위하여 국토교통부령으로 정하는 시설(2013.3.23 본호개정)
④ 지정권자가 운행구역 지정을 해제하려는 경우에는 지정해제일부터 90일 전에 이를 고시하여야 한다.
⑤ 운행구역의 고시 및 공람 등에 필요한 절차는 국토교통부령으로 정한다.(2013.3.23 본항개정)

제3장의3 내압용기의 안전관리
(2011.5.24 본장신설)

제35조의5【내압용기의 안전기준】 ① 내압용기는 자동차의 안전운행에 필요한 성능과 기준(이하 "내압용기안전기준"이라 한다)에 적합하여야 한다.
② 내압용기안전기준은 국토교통부령으로 정한다.
(2013.3.23 본항개정)

제35조의6【내압용기의 검사】 ① 내압용기를 제조·수리 또는 수입한 자(이하 "내압용기제조자등"이라 한다)는 그 내압용기를 판매하거나 사용하기 전에 국토교통부장관이 실시하는 검사(이하 "내압용기검사"라 한다)를 받아야 한다. 다만, 대통령령으로 정하는 내압용기에 대하여는 내압용기검사의 전부 또는 일부를 생략할 수 있다.(2013.3.23 본문개정)
② 국토교통부장관은 내압용기검사에 불합격한 내압용기를 국토교통부령으로 정하는 바에 따라 파기(破棄)하여야 한다.(2013.3.23 본항개정)
③ 국토교통부장관은 내압용기검사에 합격한 내압용기에 국토교통부령으로 정하는 바에 따라 필요한 사항을 각인(刻印)하거나 표시하여야 한다.(2013.3.23 본항개정)

④ 자동차제작자등은 제30조제1항에 따라 자동차자기인증을 하려는 경우에는 내압용기검사에 합격한 내압용기를 사용하여야 한다.
⑤ 누구든지 제1항 본문에 따라 내압용기검사를 받아야 할 내압용기로서 내압용기검사를 받지 아니한 내압용기를 양도·임대 또는 사용하거나 판매할 목적으로 진열하여서는 아니 된다.
⑥ 제1항 단서에 따라 내압용기검사의 전부가 생략되는 내압용기를 제조·수리 또는 수입한 자는 국토교통부령으로 정하는 바에 따라 국토교통부장관에게 그 사실을 알려야 한다.(2013.3.23 본항개정)
⑦ 내압용기검사의 종류, 그 밖에 필요한 사항은 국토교통부령으로 정한다.(2013.3.23 본항개정)
제35조의7【내압용기의 장착검사 등】① 자동차제작자등은 제35조의6제1항에 따라 내압용기검사를 받은 내압용기를 자동차에 장착하려면 자동차자기인증을 하기 전에 내압용기와 그 연결에 필요한 가스설비에 대하여 성능시험대행자로부터 장착의 안전성에 대한 검사(이하 "내압용기장착검사"라 한다)를 받아야 한다. 다만, 액화석유가스를 연료로 사용하는 자동차의 경우에는 내압용기검사를 받은 내압용기를 자동차에 장착하여 자동차자기인증을 함으로써 내압용기장착검사를 갈음한다.
② 성능시험대행자는 내압용기장착검사를 실시하여 내압용기장착검사기준에 적합하면 국토교통부령으로 정하는 내압용기장착검사증을 발급하여야 한다.(2013.3.23 본항개정)
③ 내압용기장착검사의 기준과 방법, 절차, 그 밖에 필요한 사항은 국토교통부령으로 정한다.(2013.3.23 본항개정)
제35조의8【내압용기의 재검사】① 내압용기가 장착된 자동차의 소유자는 제34조 및 제43조제1항제3호에 따라 내압용기 장착에 대한 튜닝을 마친 후 또는 제35조의7제1항 본문에 따라 내압용기장착검사를 받거나 같은 항 단서에 따라 자동차자기인증을 한 후 다음 각 호의 구분에 따라 그 내압용기에 대하여 국토교통부장관이 실시하는 검사(이하 "내압용기재검사"라 한다)를 제44조제1항에 따라 자동차검사를 대행하는 자(이하 "자동차검사대행자"라 한다)에게 받아야 한다. 다만, 액화석유가스를 연료로 사용하는 자동차의 경우에는 제43조제1항제2호에 따른 정기검사 또는 제43조의2제1항에 따른 종합검사로 내압용기재검사를 갈음한다.(2014.1.7 본문개정)
1. 내압용기 정기검사 : 국토교통부령으로 정하는 기간이 지날 때마다 실시하는 검사(2020.6.9 본호개정)
2. 내압용기 수시검사 : 손상의 발생, 내압용기검사 각인 또는 표시의 훼손, 충전할 고압가스 종류의 변경, 그 밖에 국토교통부령으로 정하는 사유가 발생한 경우에 실시하는 검사
(2013.3.23 본항개정)
② 자동차검사대행자는 내압용기재검사에 불합격한 내압용기를 국토교통부령으로 정하는 바에 따라 파기하여야 한다.(2013.3.23 본항개정)
③ 자동차검사대행자는 내압용기재검사에 합격한 내압용기에 국토교통부령으로 정하는 바에 따라 필요한 사항을 각인하거나 표시하여야 한다.(2013.3.23 본항개정)
④ 누구든지 제1항에 따라 내압용기재검사를 받아야 할 자동차로서 내압용기재검사를 받지 아니한 자동차를 양도·임대 또는 사용하거나 판매할 목적으로 진열하여서는 아니 된다.
⑤ 국토교통부장관은 내압용기재검사에 필요한 시설의 설치 및 장비의 구입 등에 드는 비용을 대통령령으로 정하는 바에 따라 자동차검사대행자에게 지원할 수 있다.
(2013.3.23 본항개정)
⑥ 내압용기재검사의 기준과 기간, 절차, 그 밖에 필요한 사항은 국토교통부령으로 정한다.(2013.3.23 본항개정)
제35조의9【내압용기의 제조 또는 판매의 중지】① 국토교통부장관은 내압용기제조자등이 다음 각 호의 어느 하나에 해당하면 그 내압용기의 제조·수입 또는 판매의 중지를 명할 수 있다. 다만, 제1호에 해당하는 경우에는 제조·수입 또는 판매를 중지하여야 한다.(2013.3.23 본문개정)
1. 거짓이나 그 밖의 부정한 방법으로 내압용기검사를 받은 경우
2. 제35조의10제2항 및 제3항에 따른 명령을 이행하지 아니한 경우
② 국토교통부장관은 내압용기제조자등이 제1항 각 호의 어느 하나에 해당하는지를 확인하기 위하여 성능시험대행자로 하여금 이에 대한 조사를 하게 할 수 있다. 이 경우 국토교통부장관은 조사에 드는 비용을 지원하여야 한다.(2013.3.23 본항개정)
제35조의10【내압용기에 대한 위해방지 조치】① 국토교통부장관은 내압용기의 안전관리를 위하여 필요하다고 인정하면 성능시험대행자로 하여금 내압용기를 수집하여 검사하게 할 수 있다. 이 경우 국토교통부장관은 성능시험대행자에게 조사에 드는 비용을 지원하여야 한다.
② 국토교통부장관은 제1항에 따른 검사 결과 내압용기 내 가스유출 등 대통령령으로 정하는 중대한 결함이 있다고 인정하면 그 내압용기제조자등에게 회수·교환·환불 및 그 사실의 공표(이하 "회수등"이라 한다)를 명할 수 있다.
③ 국토교통부장관은 제2항에도 불구하고 내압용기에서 공공의 안전에 위해를 일으킬 수 있는 폭발사고 등 대통령령으로 정하는 중대하고 명백한 결함이 발견되어 긴급하게 내압용기에 대한 회수등의 조치가 필요한 경우 제1항에 따른 검사를 하지 아니하고 그 내압용기제조자등에게 회수등을 명할 수 있다.
④ 국토교통부장관은 제2항 또는 제3항에 따라 내압용기로 인하여 위해가 발생하였거나 발생할 우려가 있다고 인정하면 그 내압용기가 장착된 자동차의 사용 정지 또는 제한을 명하거나 그 내압용기 안에 있는 고압가스의 폐기를 명할 수 있다.
⑤ 국토교통부장관은 제4항에 따른 명령이 자동차 소유권 및 사용에 관한 권리를 가진 자의 귀책사유 없이 공공의 안전유지를 위하여 이루어진 경우에는 그 손실에 대하여 대통령령으로 정하는 바에 따라 정당한 보상을 하여야 한다. 다만, 천재지변이나 전쟁, 그 밖에 불가항력의 사유로 인한 경우에는 그러하지 아니하다.
⑥ 제1항부터 제4항까지의 규정에 따른 내압용기의 수집 방법, 회수등의 절차 및 방법, 자동차의 사용 정지·제한의 절차 등은 국토교통부령으로 정한다.
(2013.3.23 본조개정)
제35조의11【내압용기의 자료 제공 등】① 내압용기제조자등은 내압용기를 판매할 때에는 국토교통부령으로 정하는 바에 따라 그 내압용기의 형식 및 사용 등에 관한 자료를 구매자에게 제공하여야 한다.
② 내압용기제조자등은 국토교통부령으로 정하는 바에 따라 제35조의9제2항에 따른 조사 또는 제35조의10제2항부터 제4항까지의 규정에 따른 명령에 필요한 구매자 명세 등에 관한 자료를 기록하고 보존하여야 한다.
③ 내압용기제조자등은 국토교통부령으로 정하는 바에 따라 수출한 내압용기의 제작 결함 시정 사례와 소유자에게 알려 시행한 자체 무상점검 및 수리 내용 등에 관한 자료를 국토교통부장관에게 제출하여야 한다.
(2013.3.23 본조개정)
제35조의12【다른 법률과의 관계】내압용기의 등록, 안전관리, 검사, 재검사, 보험가입 등에 관하여 이 법에서 규정하지 아니한 사항에 대하여는 「고압가스 안전관리법」, 「액화석유가스의 안전관리 및 사업법」 및 「도시가스사업법」을 적용한다. 다만, 다음 각 호의 규정은 적용하지 아니한다.
1. 「고압가스 안전관리법」 제17조, 제18조, 제20조, 제24조, 제40조, 제42조 및 제43조
2. 「액화석유가스의 안전관리 및 사업법」 제44조 및 제73조(2015.1.28 본호개정)
3. 「도시가스사업법」 제15조 및 제50조

제4장 자동차의 점검 및 정비
(2009.2.6 본장개정)

제36조【자동차의 정비】자동차사용자가 자동차를 정비하려는 경우에는 국토교통부령으로 정하는 범위에서 정비를 하여야 한다.(2013.3.23 본조개정)
제37조【점검 및 정비 명령 등】① 시장·군수·구청장은 다음 각 호의 어느 하나에 해당하는 자동차 소유자에게 국토교통부령으로 정하는 바에 따라 점검·정비·검사 또는 원상복구를 명할 수 있다. 다만, 제2호에 해당하는 경우에는 원상복구 및 제43조제1항제4호에 따른 임시검사를, 제3호에 해당하는 경우에는 제43조제1항제2호에 따른 정기검사 또는 제43조의2에 따른 종합검사를, 제4호 또는 제5호에 해당하는 경우에는 제43조제1항제4호에 따른 임시검사를 각각 명하여야 한다.(2023.3.28 단서개정)
1. 자동차안전기준에 적합하지 아니하거나 안전운행에 지장이 있다고 인정되는 자동차
2. 제34조에 따른 승인을 받지 아니하고 튜닝한 자동차(2014.1.7 본호개정)
3. 제43조제1항제2호에 따른 정기검사 또는 제43조의2에 따른 자동차종합검사를 받지 아니한 자동차
4. 「여객자동차 운수사업법」 제19조제2항 또는 「화물자동차 운수사업법」 제19조제1항제11호 및 제32조제1항제12호에 따른 중대한 교통사고가 발생한 사업용 자동차
5. 천재지변·화재 또는 침수로 인하여 국토교통부령으로 정하는 기준에 따라 안전운행에 지장이 있다고 인정되는 자동차(2023.3.28 본호신설)
② 시장·군수·구청장은 제1항에 따라 점검·정비·검사 또는 원상복구를 명하려는 경우 국토교통부령으로 정하는 바에 따라 기간을 정하여야 한다. 이 경우 해당 자동차의 운행정지를 함께 명할 수 있다.(2017.1.17 후단개정)
③ 시장·군수·구청장은 제1항제3호에 해당하는 자동차 소유자가 제1항에 따른 검사 명령을 이행하지 아니한 지 1년 이상 경과한 경우에는 해당 자동차의 운행정지를 명하여야 한다. 이 경우 시장·군수·구청장이 이행하여야 하는 사항에 관하여는 제24조의2제3항부터 제5항까지를 준용한다.(2021.4.13 본항개정)
④ 제3항 전단에 따른 운행정지 명령 및 같은 항 후단에 따른 이행 사항 등에 관하여 필요한 사항은 국토교통부령으로 정한다.(2021.4.13 본항개정)
제38조~제39조 (1999.4.15 삭제)
제40조【기계·기구의 정밀도검사】① 자동차의 점검·정비 또는 검사에 사용하는 기계·기구를 제작·조립 또는 수입하여 판매하는 자와 이를 사용하는 자(이하 "기계·기구제작자등"이라 한다)는 국토교통부장관이 실시하는 정밀도검사를 받아야 한다. 기계·기구의 구조 또는 장치를 변경하려는 경우에도 또한 같다.
② 제1항에 따른 정밀도검사를 받아야 하는 기계, 기구, 검사의 기준 및 절차 등에 관하여 필요한 사항은 국토교통부령으로 정한다.
(2013.3.23 본조개정)
제41조~제42조 (1999.4.15 삭제)

제5장 자동차의 검사
(2009.2.6 본장개정)

제43조【자동차검사】① 자동차 소유자(제1호의 경우에는 신규등록 예정자를 말한다)는 해당 자동차에 대하여 다음 각 호의 구분에 따라 국토교통부령으로 정하는 바에 따라 국토교통부장관이 실시하는 검사를 받아야 한다.(2013.3.23 본문개정)
1. 신규검사 : 신규등록을 하려는 경우 실시하는 검사
2. 정기검사 : 신규등록 후 일정 기간마다 정기적으로 실시하는 검사
3. 튜닝검사 : 제34조에 따라 자동차를 튜닝한 경우에 실시하는 검사(2014.1.7 본호개정)
4. 임시검사 : 이 법 또는 이 법에 따른 명령이나 자동차 소유자의 신청을 받아 비정기적으로 실시하는 검사
5. 수리검사 : 전손 처리 자동차를 수리한 후 운행하려는 경우에 실시하는 검사(2015.8.11 본호신설)
② 국토교통부장관은 제1항에 따라 자동차검사(이하 "자동차검사"라 한다)를 할 때에는 해당 자동차의 구조 및 장치가 국토교통부령으로 정하는 검사기준(이하 "자동차검사기준"이라 한다)에 적합한지 여부와 차대번호 및 원동기형식이 제69조에 따른 전산정보처리조직에 기록된 자료의 내용과 동일한지 여부를 확인하여야 하며, 자동차검사를 실시한 후 그 결과를 국토교통부령으로 정하는 바에 따라 자동차 소유자에게 통지하여야 한다. 이 경우 자동차검사기준은 사업용 자동차와 비사업용 자동차를 구분하여 정하여야 한다.(2021.4.13 전단개정)
③ 국토교통부장관은 제2항에 따라 검사하여 합격한 자동차에 대하여는 다음 각 호의 구분에 따른 조치를 하여야 한다.(2013.3.23 본문개정)
1. 신규검사 : 신규검사증명서의 발급
2. 정기검사·튜닝검사·임시검사 또는 수리검사 : 검사한 사실을 등록원부에 기록(2021.4.13 본호개정)
④ 국토교통부장관은 자동차 소유자가 천재지변이나 그 밖의 부득이한 사유로 제1항제2호부터 제4호까지의 검사를 받을 수 없다고 인정될 때에는 국토교통부령으로 정하는 바에 따라 그 기간을 연장하거나 자동차검사를 유예(猶豫)할 수 있다.(2013.3.23 본항개정)
⑤ 제30조제4항에 따라 자동차자기인증의 표시가 된 자동차를 신규등록(말소등록 후 다시 신규등록을 하는 경우는 제외한다)하는 경우에는 제1항제1호에 따른 신규검사를 받은 것으로 본다.
⑥ 국토교통부장관은 제1항제2호에 따른 정기검사(이하 "정기검사"라 한다)를 한 경우에는 검사 장면 및 결과를 제69조의 전산정보처리조직에 국토교통부령으로 정하는 기간까지 기록하고 보관하여야 한다.(2013.3.23 본항개정)
⑦ 누구든지 자동차검사에 사용하는 기계·기구에 설정된 자동차검사기준의 값 또는 기계·기구를 통하여 측정된 값을 조작(造作)·변경하거나 조작·변경하게 하여서는 아니 된다.(2017.12.26 본항신설)
제43조의2【자동차종합검사】① 「대기환경보전법」 제63조제1항에 따른 운행차 배출가스 정밀검사 시행지역에 등록한 자동차 소유자 및 「대기관리권역의 대기환경개선에 관한 특별법」 제26조제1항에 따라 특정경유자동차 소유자는 정기검사와 「대기환경보전법」 제63조제1항에 따라 실시하는 배출가스 정밀검사(이하 "정밀검사"라 한다) 또는 「대기관리권역의 대기환경개선에 관한 특별법」 제26조제2항에 따른 특정경유자동차 배출가스 검사(이하 "특정경유자동차검사"라 한다)를 통합하여 국토교통부장관과 환경부장관이 공동으로 다음 각 호에 대하여 실시하는 자동차종합검사(이하 "종합검사"라 한다)를 받아야 한다. 종합검사를 받은 경우에는 정기검사, 정밀검사 및 특정경유자동차검사를 받은 것으로 본다.
(2019.4.2 전단개정)
1. 자동차의 동일성 확인 및 배출가스 관련 장치 등의 작동 상태 확인을 관능검사(官能檢査, 사람의 감각기관으로 자동차의 상태를 확인하는 검사) 및 기능검사로 하는 공통 분야
2. 자동차 안전검사 분야
3. 자동차 배출가스 정밀검사 분야
② 종합검사의 검사 절차, 검사 대상, 검사 유효기간 및 검사 유예 등에 관하여 필요한 사항은 국토교통부와 환경부의 공동부령(이하 "공동부령"이라 한다)으로 정한다.
(2013.3.23 본항개정)
③ 종합검사 업무에 관하여는 제43조제2항·제3항·제4항·제6항·제7항, 제76조 각 호 외의 부분 단서 및 같은 조 제12호를 준용한다.(2017.12.26 본항개정)
제43조의3【자동차검사 관련 연구·개발 등】① 국토교통부장관은 환경친화적 자동차(「환경친화적 자동차의

개발 및 보급 촉진에 관한 법률」 제2조제2호의 환경친화적 자동차를 말한다) 및 자율주행자동차 등 신기술이 적용된 자동차의 자동차검사기준 마련을 위한 자동차검사 관련 기술·기기의 연구·개발 또는 자동차검사 관련 기술·기기의 보급이 필요한 경우 제44조에 따른 자동차검사대행자에게 이를 수행하게 할 수 있다.

② 국토교통부장관은 제1항에 따른 연구·개발·보급을 수행하게 하는 경우 예산의 범위에서 그 비용의 전부 또는 일부를 지원할 수 있다.
(2020.10.20 본조신설)

제44조【자동차검사대행자의 지정 등】 ① 국토교통부장관은 한국교통안전공단을 자동차검사를 대행하는 자로 지정하여 자동차검사와 그 결과의 통지를 대행하게 할 수 있다.(2017.10.24 본항개정)

② 자동차검사대행자의 시설·장비 등의 기준 및 지정 절차 등에 관하여 필요한 사항은 국토교통부령으로 정한다.
(2013.3.23 본조개정)

제44조의2【자동차 종합검사대행자의 지정 등】 ① 국토교통부장관은 한국교통안전공단을 종합검사를 대행하는 자(이하 "종합검사대행자"라 한다)로 지정하여 종합검사 업무(그 결과의 통지를 포함한다)를 대행하게 할 수 있다.
(2017.10.24 본항개정)

② 종합검사대행자의 시설, 장비, 인력기준 및 업무 범위 등에 필요한 사항은 공동부령으로 정한다.

제45조【지정정비사업자의 지정 등】 ① 국토교통부장관은 정기검사를 효율적으로 하기 위하여 필요하다고 인정하면 자동차정비업자 중 일정한 시설과 기술인력을 확보한 자를 지정정비사업자로 지정하여 정기검사 업무(그 결과의 통지를 포함한다)를 수행하게 할 수 있다. 다만, 「대기환경보전법」 제63조제1항 각 호에 따른 정밀검사 시행 지역에서는 지정정비사업자를 지정하지 아니하고, 제45조의2에 따른 종합검사지정정비사업자에게 정기검사를 하게 할 수 있다.(2013.3.23 본문개정)

② 제1항에 따른 지정정비사업자(이하 "지정정비사업자"라 한다)로 지정 받으려는 자동차정비업자는 국토교통부령으로 정하는 시설 및 기술인력기준을 갖추어 국토교통부장관에게 지정을 신청하여야 한다. 지정 받은 사항 중 국토교통부령으로 정하는 중요한 사항을 변경할 때에도 또한 같다. 다만, 국토교통부령으로 정하는 중요한 사항을 제외한 사항을 변경할 때에는 국토교통부장관에게 신고하여야 한다.(2019.8.27 후단신설)

③ 지정정비사업자의 시설, 기술인력기준, 지정 절차 및 검사업무의 범위 등에 관하여 필요한 사항은 국토교통부령으로 정한다.(2013.3.23 본항개정)

④ 지정정비사업자에 관하여는 제76조 각 호 외의 부분 단서 및 같은 조 제12호를 준용한다.

⑤ 제45조의3제1항에 따라 지정정비사업자의 지정취소 처분을 받은 지정정비사업자 또는 그 사업장에서 지정정비사업자의 지정을 신청하는 자는 그 지정이 취소된 날부터 5년이 지나지 아니한 경우에는 지정정비사업자로 지정을 받을 수 없다.(2021.4.13 본항개정)

⑥ 지정정비사업자는 자동차소유자로부터 정기검사의 신청을 받으면 해당 자동차가 제43조제2항에 따른 자동차검사기준 등에 적합한지를 확인하여야 한다.

⑦ 지정정비사업자는 다른 사람에게 자신의 명의로 정기검사를 하게 하여서는 아니 된다.

⑧ 지정정비사업자는 그 사업의 전부 또는 일부를 휴업하거나 폐업한 경우에는 국토교통부령으로 정하는 바에 따라 국토교통부장관에게 신고하여야 한다. 다만, 제55조제4항에 따라 자동차관리사업의 휴업 또는 폐업 신고를 한 경우에는 그러하지 아니하다.(2013.3.23 본문개정)

제45조의2【종합검사 지정정비사업자의 지정 등】 ① 국토교통부장관은 종합검사를 효율적으로 하기 위하여 필요하다고 인정하면 환경부장관과 협의하여 자동차정비업자 중 일정한 시설과 기술인력을 확보한 자를 자동차종합검사 지정정비사업자(이하 "종합검사지정정비사업자"라 한다)로 지정하여 종합검사(그 결과의 통지를 포함한다)를 하게 할 수 있다.(2013.3.23 본항개정)

② 종합검사지정정비사업자로 지정 받으려는 자동차정비업자는 공동부령으로 정하는 바에 따라 국토교통부장관에게 지정을 신청하여야 한다. 지정 받은 사항 중 공동부령으로 정하는 중요한 사항을 변경할 때에도 또한 같다. 다만, 공동부령으로 정하는 중요한 사항을 제외한 사항을 변경할 때에는 국토교통부장관에게 신고하여야 한다.(2019.8.27 본항신설)

③ 종합검사지정정비사업자가 갖추어야 할 시설, 장비, 인력기준, 지정 절차 및 검사업무의 범위 등에 필요한 사항은 공동부령으로 정한다.

④ 종합검사지정정비사업자에 관하여는 제45조제4항부터 제8항까지를 준용한다.

제45조의3【지정의 취소 등】 ① 국토교통부장관은 자동차검사대행자, 종합검사대행자, 지정정비사업자 또는 종합검사지정정비사업자가 다음 각 호의 어느 하나에 해당하는 경우에는 그 지정을 취소하거나 6개월 이내의 기간을 정하여 그 업무의 전부 또는 일부의 정지를 명할 수 있다. 다만, 종합검사대행자나 종합검사지정정비사업자의 지정을 취소하거나 업무정지를 명할 경우에는 환경부장관과 협의하여야 하며, 제1호·제15호 및 제18호에 해당하는 경우에는 그 지정을 취소하여야 한다.
(2013.3.23 본문개정)

1. 거짓이나 그 밖의 부정한 방법으로 지정을 받은 경우
2. 업무와 관련하여 부정한 금품을 수수하거나 그 밖의 부정한 행위를 한 경우
3. 자산상태의 불량 등의 사유로 그 업무를 계속하는 것이 적합하지 아니하다고 인정될 경우
4. 검사를 실시하지 아니하고 거짓으로 자동차검사표를 작성하거나, 검사 결과와 다르게 자동차검사표를 작성한 경우
5. 제40조제1항에 따른 정밀도검사를 받지 아니한 검사용 기계·기구로 검사를 하거나, 정확성이 확인되지 아니한 검사용기계·기구를 사용하여 검사를 한 경우
6. 제43조제2항 또는 제43조의2제3항에 따른 자동차의 구조 및 장치의 검사에 필요한 검사 항목 중 일부를 생략하여 검사한 경우
7. 제43조제3항(제43조의2제3항에서 준용되는 경우를 포함한다)에 따른 검사 결과에 대한 조치를 하지 아니한 경우
8. 제43조제6항(제43조의2제3항에서 준용되는 경우를 포함한다)을 위반하여 검사 장면 및 결과를 기록하지 아니하거나 거짓으로 기록한 경우(등록번호판이 포함된 자동차의 앞면 및 뒷면 전체를 촬영하지 아니하거나, 자동차의 일부를 가리고 촬영하는 경우를 포함한다)
(2015.1.6 본호개정)

8의2. 제43조제7항(제43조의2제3항에서 준용하는 경우를 포함한다)을 위반하여 자동차검사에 사용하는 기계·기구에 설정된 자동차검사기준의 값 또는 기계·기구를 통하여 측정된 값을 조작·변경하거나 조작·변경하게 한 경우(2017.12.26 본호신설)
9. 제45조제1항 또는 제45조의2제1항에 따라 지정된 검사시설이 아닌 곳에서 검사를 한 경우
10. 제45조제2항이나 제45조의2제3항에 따른 시설·장비 등의 지정기준에 미달한 경우(2019.8.27 본호개정)
10의2. 제45조제2항 후단에 따른 변경 지정을 신청하지 아니하거나 같은 항 단서를 위반하여 신고하지 아니한 경우(2019.8.27 본호신설)
11. 제45조제3항이나 제45조의2제3항에 따른 검사업무 범위 및 기술인력에 따른 검사능력을 벗어나 검사를 한 경우(2019.8.27 본호개정)
12. 제45조제7항(제45조의2제4항에서 준용되는 경우를 포함한다)을 위반하여 다른 사람에게 자신의 명의로 검사업무를 하게 한 경우(2019.8.27 본호개정)
12의2. 제45조의2제2항 후단에 따른 변경 지정을 신청하지 아니하거나 같은 항 단서를 위반하여 신고하지 아니한 경우(2019.8.27 본호신설)
13. 제46조제1항에 따른 기술인력이 아닌 자로 하여금 검사를 하게 한 경우
14. 제46조제2항에 따른 기술인력의 해임 또는 직무정지 명령을 이행하지 아니한 경우
15. 제66조에 따라 자동차관리사업의 등록이 취소된 경우
16. 제72조제1항에 따른 보고를 하지 아니하거나 거짓 보고를 한 경우
17. 제72조제2항에 따른 검사를 거부·방해 또는 기피하거나, 질문에 응하지 아니하거나 거짓으로 답변한 경우
18. 이 조에 따른 업무정지명령을 위반하여 업무정지기간 중에 검사업무를 한 경우

② 국토교통부장관은 제1항에 따라 자동차검사대행자, 종합검사대행자, 지정정비사업자 등에 대한 자동차검사업무 대행을 취소 또는 정지 처분한 경우, 그 현황을 제69조에 따른 전산정보처리조직에 기록하여 관리하도록 한다.
(2015.1.6 본항신설)

③ 시·도지사 또는 시장·군수·구청장은 제1항 각 호의 사유 중 국토교통부령으로 정하는 사유에 따라 지정정비사업자 또는 종합검사지정정비사업자의 지정이 취소된 경우 그 취소사실을 국토교통부령으로 정하는 바에 따라 정기검사 또는 종합검사를 받은 지 6개월이 지나지 아니한 자동차 소유자에게 알려야 한다.(2017.12.26 본항신설)

④ 제1항 및 제2항에 따른 처분의 세부 기준과 절차, 관리 방법, 그 밖에 필요한 사항은 국토교통부령(종합검사대행자와 종합검사지정정비사업자의 경우에는 공동부령을 말한다. 이하 제46조 및 제46조의2에서 같다)으로 정한다.(2021.4.13 본항개정)
(2009.2.6 본조신설)

제46조【기술인력의 직무 등】 ① 제44조제1항, 제44조의2제1항, 제45조제1항 및 제45조의2제1항에 따라 지정받는 자동차검사대행자, 종합검사대행자, 지정정비사업자 및 종합검사지정정비사업자가 갖추어야 할 기술인력의 구분 및 직무 등에 관하여 필요한 사항은 국토교통부령으로 정한다.(2013.3.23 본항개정)

② 국토교통부장관은 제1항에 따른 기술인력이 다음 각 호의 어느 하나에 해당하는 경우에는 해당 자동차검사대행자, 종합검사대행자, 지정정비사업자 또는 종합검사지정정비사업자에게 국토교통부령으로 정하는 바에 따라 그 해임을 명하거나 일정기간 그 직무를 정지하게 할 수 있다. 다만, 종합검사대행자나 종합검사지정정비사업자에게 그 기술인력의 해임 또는 직무를 정지하게 하는 경우에는 환경부장관과 협의하여야 한다.(2013.3.23 본문개정)

1. 업무와 관련하여 부정한 금품을 수수하거나 그 밖의 부정한 행위를 한 경우
2. 검사를 실시하지 아니하고 거짓으로 자동차검사표를 작성하거나, 검사 결과와 다르게 자동차검사표를 작성한 경우
3. 제40조제1항에 따른 정밀도검사를 받지 아니한 검사용 기계·기구로 검사를 하거나, 정확성이 확인되지 아니한 검사용기계·기구를 사용하여 검사를 한 경우
4. 제43조제2항 또는 제43조의2제3항에 따른 자동차의 구조 및 장치의 검사에 필요한 검사 항목 중 일부를 생략하여 검사한 경우
5. 제43조제3항(제43조의2제3항에서 준용되는 경우를 포함한다)에 따른 검사 결과에 대한 조치를 하지 아니한 경우
6. 제43조제6항(제43조의2제3항에서 준용되는 경우를 포함한다)을 위반하여 검사 장면 및 결과를 기록하지 아니하거나 거짓으로 기록한 경우
7. 제45조제1항 또는 제45조의2제1항에 따라 지정된 검사시설이 아닌 곳에서 검사를 한 경우
8. 제45조제3항이나 제45조의2제3항에 따른 검사업무 범위 및 기술인력에 따른 검사능력을 벗어나 검사를 한 경우(2019.8.27 본호개정)
9. 제46조의2제1항을 위반하여 정당한 사유 없이 자동차검사에 관한 교육을 받지 아니한 경우(2021.4.13 본호신설)

③ 제2항에 따라 해임처분을 받은 기술인력은 그 해임처분을 받은 날부터 1년이 지나지 아니하고는 제1항에 따른 기술인력으로 선임될 수 없다.(2021.4.13 본항개정)

④ 국토교통부장관은 제2항에 따라 해임 또는 직무 정지 등의 처분을 받은 기술인력의 현황을 제69조에 따른 전산정보처리조직으로 하여금 관리하도록 한다.(2015.1.6 본항신설)

⑤ 제2항 및 제4항에 따른 명령의 세부 기준과 절차, 관리 방법, 그 밖에 필요한 사항은 국토교통부령으로 정한다.
(2015.1.6 본항개정)

제46조의2【기술인력의 교육 등】 ① 제44조제1항, 제44조의2제1항, 제45조제1항 및 제45조의2제1항에 따라 지정받는 자동차검사대행자, 종합검사대행자, 지정정비사업자 및 종합검사지정정비사업자가 갖추어야 하는 기술인력은 주기적으로 그 구분에 따라 각각 국토교통부장관이 실시하는 자동차검사에 관한 교육(이하 "검사원교육"이라 한다)을 일정시간 이상 받아야 한다.

② 국토교통부장관은 검사원교육에 대한 기술인력의 이수 여부 등을 제69조에 따른 전산정보처리조직에 기록하여 관리하도록 한다.

③ 국토교통부장관은 검사원교육을 위하여 필요한 경우 전문교육기관을 지정할 수 있다.

④ 검사원교육의 대상·내용·방법·주기 및 실시 시기와 제3항에 따른 전문교육기관의 지정 기준·절차 및 지정해제 등에 필요한 사항은 국토교통부령으로 정한다.
(2021.4.13 본조신설)

제47조【택시미터의 검정 등】 ① 택시요금미터(이하 "택시미터"라 한다)를 제작·수리·수입 또는 사용하는 자는 그 택시미터에 대하여 국토교통부령으로 정하는 바에 따라 국토교통부장관의 검정을 받아야 한다.
(2013.3.23 본항개정)

② 국토교통부장관은 필요하다고 인정하면 국토교통부령으로 정하는 바에 따라 택시미터를 검정할 수 있는 전문검정기관(이하 "택시미터전문검정기관"이라 한다)을 지정하여 제1항에 따른 검정을 대행하게 할 수 있다.
(2013.3.23 본항개정)

③ 누구든지 제1항 또는 제2항에 따른 검정을 받지 아니하고는 택시미터를 제작·수리·수입 또는 사용하거나, 이를 매매 또는 매매 알선을 하여서는 아니 된다.

④ 택시미터전문검정기관에 관하여는 제40조 및 제45조제2항·제3항을 준용한다.

⑤ 국토교통부장관은 택시미터전문검정기관이 다음 각 호의 어느 하나에 해당하는 경우에는 그 지정을 취소하거나 6개월 이내의 기간을 정하여 그 업무의 전부 또는 일부의 정지를 명할 수 있다. 다만, 제1호 및 제8호에 해당하는 경우에는 그 지정을 취소하여야 한다.(2013.3.23 본문개정)

1. 거짓이나 그 밖의 부정한 방법으로 지정을 받은 경우
2. 업무와 관련하여 부정한 금품을 수수하거나 그 밖의 부정한 행위를 한 경우
3. 자산상태의 불량 등의 사유로 그 업무를 계속하는 것이 적합하지 아니하다고 인정될 경우
4. 제4항에서 준용되는 제45조제2항에 따른 시설·장비 등의 지정기준에 미달한 경우
5. 제40조제1항에 따른 정밀도검사를 받지 아니한 검정용 기계·기구로 검사를 한 경우 및 정확성이 확인되지 아니한 검정용기계·기구를 사용하여 검정을 한 경우
6. 제72조제1항에 따른 보고를 하지 아니하거나 거짓으로 보고한 경우
7. 제72조제2항에 따른 검사를 거부·방해 또는 기피하거나, 질문에 응하지 아니하거나 거짓으로 답변한 경우
8. 이 조에 따른 업무정지명령을 위반하여 업무정지기간 중에 검정업무를 한 경우

⑥ 제5항에 따른 처분의 세부 기준과 절차, 그 밖에 필요한 사항은 국토교통부령으로 정한다.(2013.3.23 본항개정)

제5장의2 자동차의 교환 또는 환불
(2017.10.24 본장신설)

제47조의2【자동차의 교환 또는 환불 요건】 ① 자동차제작자등이 국내에서 자동차자기인증을 하여 판매한 자동차가 다음 각 호의 요건을 모두 충족하는 경우 해당 자동차의 소유자(「여객자동차 운수사업법」 또는 「화물자동차 운수사업법」에 따른 운수사업자로서 소유한 사업용 자동차가 2대 이상인 자는 제외한다)는 인도된 날부터 2년 이내에 자동차제작자등에게 신차로의 교환 또는 환불을 요구할 수 있다.
1. 하자발생 시 신차로의 교환 또는 환불 보장 등 국토교통부령으로 정하는 사항이 포함된 서면계약에 따라 판매된 자동차
2. 제29조제1항에 따른 구조나 장치의 하자로 인하여 안전이 우려되거나 경제적 가치가 현저하게 훼손되거나 사용이 곤란한 자동차
3. 자동차 소유자에게 인도된 후 1년 이내(주행거리가 2만 킬로미터를 초과한 경우 이 기간이 지난 것으로 본다)인 자동차로서 다음 각 목의 어느 하나에 해당하는 자동차
 가. 원동기·동력전달장치·조향장치·제동장치 등 국토교통부령으로 정하는 구조 및 장치에서 발생한 같은 증상의 하자(이하 "중대한 하자"라 한다)로 인하여 자동차제작자등(자동차제작자등으로부터 수리를 위임받은 자를 포함한다)이 2회 이상 수리하였으나, 그 하자가 재발한 자동차. 다만, 1회 이상 수리한 경우로서 누적 수리기간이 총 30일을 초과한 자동차를 포함한다.
 나. 가목에서 정한 구조 및 장치 외에 다른 구조 및 장치에서 발생한 같은 증상의 하자를 자동차제작자등(자동차제작자등으로부터 수리를 위임받은 자를 포함한다)이 3회 이상 수리하였으나, 그 하자가 재발한 자동차. 다만, 1회 이상 수리한 경우로서 누적 수리기간이 총 30일을 초과한 자동차를 포함한다.

② 제1항에 해당하는 자동차의 소유자(이하 "하자차량소유자"라 한다)는 제1항제3호가목의 경우에는 1회, 같은 호 나목의 경우에는 2회를 수리한 이후 같은 증상의 하자가 재발한 경우에는 그 사실을 자동차제작자등에게 국토교통부령으로 정하는 바에 따라 통보하여야 한다.

제47조의3【하자의 추정】 제47조의2제1항에 해당하는 자동차가 하자차량소유자에게 인도된 날부터 6개월 이내에 발견된 하자는 인도된 때부터 존재하였던 것으로 추정한다.

제47조의4【교환 또는 환불을 위한 중재 신청 등】 ① 자동차안전·하자심의위원회는 다음 각 호의 요건을 모두 충족하는 경우 하자차량소유자의 신청에 따라 교환 또는 환불을 위한 중재(이하 "교환·환불중재"라 한다) 절차를 개시하여야 한다. 이 경우 교환·환불중재의 신청방법 등에 필요한 사항은 국토교통부령으로 정한다.
(2022.6.10 전단개정)
1. 자동차제작자등이 국토교통부령으로 정하는 바에 따라 사전에 제47조의7제2항제1호나목에 따른 교환·환불중재 규정(이하 "교환·환불중재 규정"이라 한다)을 수락한 경우
2. 하자차량소유자가 매매계약을 체결할 때 또는 교환·환불중재를 신청할 때 국토교통부령으로 정하는 바에 따라 교환·환불중재 규정을 수락한 경우

② 교환·환불중재 규정을 사전에 수락한 자동차제작자등은 자동차를 판매할 때 교환·환불중재 규정을 수락한 사실을 구매자에게 안내하여야 한다.
③ 하자차량소유자 또는 자동차제작자등은 다음 각 호의 어느 하나에 해당하는 사람을 대리인으로 선임할 수 있다. 이 경우 대리인의 권한은 서면으로 소명하여야 한다.
1. 하자차량소유자 또는 자동차제작자등이 법인(「국세기본법」 제13조제2항에 따른 단체 등을 포함한다)인 경우에는 그 임직원
2. 하자차량소유자의 법정대리인, 배우자, 직계존비속 또는 형제자매
3. 하자차량소유자가 「여신전문금융업법」에 따른 시설대여업자인 경우에는 해당 자동차의 대여시설이용자
4. 변호사
(2022.6.10 본항신설)
④ 자동차안전·하자심의위원회는 제1항에 따른 교환·환불중재 신청이 적법하지 아니한 경우에는 상당한 기간을 정하여 신청인에게 흠을 보정하도록 명하여야 한다. 신청인이 그 기간 내에 흠을 보정하지 아니한 때에는 자동차안전·하자심의위원회는 신청을 각하하여야 한다.
⑤ 자동차안전·하자심의위원회는 교환·환불중재 판정을 위하여 필요하다고 인정하는 경우 자동차제작자등과 하자차량소유자에게 다음 각 호의 사항을 요구할 수 있고, 성능시험대행자에게 하자의 유무에 대한 사실조사를 의뢰할 수 있다. 이 경우 사실조사에 필요한 사항은 국토교통부령으로 정한다.(2022.6.10 전단개정)
1. 중재에 필요한 자료의 제출
2. 하자차량소유자의 하자차량 제시
3. 그 밖에 교환·환불중재 판정을 위하여 제47조의9에 따른 중재부가 필요하다고 인정하는 사항
(2022.6.10 1호~3호신설)

제47조의5【중재 판정의 효력 등】 ① 교환·환불중재 판정은 자동차제작자등과 하자차량소유자에 대하여 확정판결과 동일한 효력이 있다.
② 교환·환불중재 판정에 대한 불복과 교환·환불중재 판정의 취소에 관하여는 「중재법」 제36조를 준용한다.
③ 교환·환불중재에 관련된 절차에 관하여는 이 법에 특별한 규정이 있는 경우를 제외하고는 「중재법」을 준용한다.

제47조의6【중재 판정에 따른 교환 또는 환불 방법】 ① 자동차제작자등은 교환·환불중재 판정에 따라 하자차량소유자에게 신차로 교환하는 경우 하자차량의 소유와 운행 등으로 얻은 이익의 반환을 하자차량소유자에게 요구하여서는 아니 된다.
② 교환·환불중재 판정에 따라 신차로 교환하는 경우 해당 차량에 대한 취득세 등 대통령령으로 정하는 각종 세금과 공과금은 하자차량소유자가 처음 하자가 있는 자동차를 구입하였을 때 납부한 것으로 본다.(2020.6.9 본항개정)
③ 자동차제작자등은 교환·환불중재 판정에 따라 환불하는 경우 국토교통부령으로 정하는 기준에 따라 하자차량소유자에게 환불을 하여야 한다.
④ 자동차제작자등은 하자차량소유자에게 교환·환불중재 판정에 따라 신차로 교환하는 경우라도 생산 종료 또는 이에 준하는 사유로 그 교환이 불가능한 경우 등 국토교통부령으로 정하는 사유가 있으면 환불을 선택할 수 있다.

제47조의7【자동차안전·하자심의위원회의 설치 등】
① 교환·환불중재 등의 업무를 수행하고 제작 결함의 시정 등과 관련한 사항의 심의 등을 하기 위하여 국토교통부에 자동차안전·하자심의위원회를 둔다.
② 자동차안전·하자심의위원회의 업무는 다음 각 호와 같다.
1. 자동차의 교환·환불중재와 관련하여 다음 각 목에 해당하는 사항
 가. 교환·환불중재
 나. 교환·환불중재 규정의 제정 및 개정
2. 제작 결함의 시정 등과 관련하여 다음 각 목에 해당하는 사항에 대한 심의
 가. 제30조의3제1항에 따른 자동차의 제작·조립·수입 또는 판매의 중지명령에 관한 사항
 나. 제30조의3제2항에 따른 자기인증 등에 대한 조사에 관한 사항
 다. 제31조제3항에 따른 시정조치의 갈음 및 시정명령에 관한 사항
 라. 제31조제4항에 따른 제작 결함에 대한 조사에 관한 사항
 마. 제31조의2에 따른 자체 시정한 자동차 소유자에 대한 보상에 관한 사항
 바. 제33조의2에 따른 자동차의 안전도 평가에 관한 사항
 사. 그 밖에 제작 결함의 시정, 하자에 대한 무상수리 등과 관련한 업무로서 대통령령으로 정하는 사항
3. 자동차안전·하자심의위원회 운영 등에 관한 규칙의 제정·개정 및 폐지
③ 자동차안전·하자심의위원회는 제2항 각 호의 업무를 효율적으로 수행하기 위하여 대통령령으로 정하는 바에 따라 분과위원회 또는 소위원회를 둘 수 있다. 이 경우 분과위원회 또는 소위원회의 의결은 자동차안전·하자심의위원회의 의결로 본다.(2022.6.10 본항신설)

제47조의8【자동차안전·하자심의위원회 구성 및 운영 등】 ① 자동차안전·하자심의위원회는 위원장 1명을 포함한 100명 이내의 위원으로 구성하며, 위원은 다음 각 호의 어느 하나에 해당하는 사람 중에서 국토교통부장관이 임명하거나 위촉한다.(2022.6.10 본문개정)
1. 판사·검사 또는 변호사의 직에 10년 이상 있거나 있었던 사람
2. 법학을 전공하고 대학에서 부교수 이상의 직에 있거나 있었던 사람
3. 대학이나 공인된 연구기관에서 부교수 이상 또는 이에 상당하는 직에 있거나 있었던 사람으로서 자동차 관련 분야를 전공한 사람
4. 4급 이상 공무원의 직에 있거나 있었던 사람으로서 자동차와 관련된 업무에 실무경험이 있는 사람
5. 「공공기관의 운영에 관한 법률」 제4조에 따른 공공기관에서 10년 이상 직에 있거나 있었던 사람으로서 자동차와 관련된 업무에 실무경험이 있는 사람
6. 「국가기술자격법」 제10조에 따라 자격을 취득한 기술사 또는 기능장으로서 10년 이상 자동차 관련 업무에 종사한 사람
7. 「공공기관의 운영에 관한 법률」 제4조에 따른 공공기관 또는 소비자보호기관에서 10년 이상 소비자보호 업무에 종사한 사람
8. 「소비자기본법」 제29조에 따라 등록된 소비자단체의 임원의 직에 있거나 있었던 사람
9. 자동차 제작등과 관련된 사업자 또는 사업자단체의 임원의 직에 있거나 있었던 사람
② 위원의 임기는 2년으로 하되, 연임할 수 있다.
③ 위원 중 공무원이 아닌 위원은 다음 각 호의 어느 하나에 해당하는 경우를 제외하고는 본인의 의사에 반하여 해촉되지 아니한다.
1. 제47조의10제1항에 해당하는 경우
1의2. 제47조의10제2항 각 호의 제척 사유에 해당함에도 같은 조 제5항에 따라 회피하지 아니하는 경우
(2022.6.10 본호신설)
2. 장기간의 심신쇠약 등으로 직무를 수행하는 것이 현저히 부적당하다고 인정되는 경우
3. 그 밖에 직무상의 의무 위반 등 대통령령으로 정하는 해촉 사유에 해당하는 경우
④ 위원장은 위원 중에서 국토교통부장관이 임명한다.
⑤ 자동차안전·하자심의위원회는 재적위원 과반수의 출석과 출석위원 과반수의 찬성으로 의결한다.
⑥ 자동차안전·하자심의위원회는 다음 각 호의 사항을 적은 회의록을 작성하여야 한다. 이 경우 필요하다고 인정하면 속기나 녹음 또는 녹화를 할 수 있다.
1. 회의 일시 및 장소
2. 출석위원
3. 심의내용 및 의결사항
(2020.2.4 본항신설)
⑦ 제6항에 따라 작성된 회의록(제47조의9에 따른 중재부의 회의록은 제외한다)은 공개하여야 한다. 다만, 자동차제작자등이나 부품제작자등의 영업비밀, 「개인정보 보호법」 제2조제1호에 따른 개인정보 등 대통령령으로 정하는 요건에 해당하는 정보는 공개하지 아니할 수 있다.
(2020.2.4 본항신설)
⑧ 그 밖에 자동차안전·하자심의위원회의 구성 및 운영 등에 필요한 사항은 대통령령으로 정한다.

제47조의9【중재부의 구성 및 운영 등】 ① 자동차안전·하자심의위원회의 중재는 3명의 위원으로 구성된 중재부에서 한다.
② 중재부의 위원(이하 "중재위원"이라 한다)은 사건마다 자동차안전·하자심의위원회의 위원 중에서 위원장이 지명하되, 당사자가 합의하여 위원을 선정한 경우에는 그 위원을 지명한다.
③ 중재위원은 중재절차가 신속·공정하고 경제적으로 진행되도록 노력하여야 하며, 중재절차에 참여하는 분쟁당사자들은 상호 신뢰와 이해를 바탕으로 성실하게 절차에 임하여야 한다.
④ 중재부의 장은 중재위원의 합의로 선정한다.
⑤ 중재부의 회의는 중재부의 장이 소집하며, 중재부의 장은 해당 사건의 첫 회의 개최 7일 전까지 다음 각 호의 사항을 포함하여 당사자에게 회의의 개최사실을 통지하여야 한다. 다만, 긴급하게 회의를 소집하여야 하거나 부득이한 사유가 있는 경우에는 회의 개최 전날까지 통지할 수 있다.(2022.6.10 본문개정)
1. 회의의 일시 및 장소
2. 회의에 참석하는 위원의 주요 이력
3. 기피신청, 대리인 선임 및 분쟁 관련 자료의 제출 등에 관한 절차
(2022.6.10 1호~3호신설)
⑥ 중재부의 회의는 중재위원 전원의 출석으로 개의하고, 중재위원 과반수의 찬성으로 의결한다.

제47조의10【자동차안전·하자심의위원회 위원의 결격사유 등】 ① 「국가공무원법」 제33조 각 호의 어느 하나에 해당하는 사람은 자동차안전·하자심의위원회의 위원이 될 수 없다.
② 자동차안전·하자심의위원회의 위원이 다음 각 호의 어느 하나에 해당하는 경우 그 직무의 집행에서 제척된다.
1. 위원이나 그 배우자 또는 배우자였던 사람이 해당 분쟁사건(이하 이 조에서 "사건"이라 한다)의 당사자가 되거나 그 사건에 관하여 당사자와 공동권리자 또는 공동의무자의 관계에 있는 경우
2. 위원이 해당 사건의 당사자와 친족이거나 친족이었던 경우
3. 위원이 해당 사건에 관하여 진술이나 감정(鑑定)을 한 경우
4. 위원이 해당 사건에 당사자의 대리인으로서 관여하고 있거나 관여하였던 경우
5. 위원이 해당 사건의 원인이 된 처분 또는 부작위(不作爲)에 관여한 경우
6. 위원이 해당 사건이 발생한 자동차제작자등에 종사하거나 종사하였던 경우
7. 위원이 속한 법인 등(최근 3년 이내에 속하였던 경우를 포함한다)이 해당 사건에 관하여 자문, 연구 또는 용역 등을 수행한 경우(2020.2.4 본호신설)
8. 최근 2년 이내에 위원이 해당 사건이 발생한 자동차제작자등과 관련된 자문, 연구 또는 용역 등을 수행한 경우(2020.2.4 본호신설)
9. 최근 2년 이내에 위원 또는 위원이 속한 법인 등이 해당 사건이 발생한 자동차제작자등과 판매위탁계약, 부품공급계약 또는 제32조의2제2항에 따른 무상수리 대행계약 등을 체결한 경우(2022.6.10 본호신설)
10. 최근 2년 이내에 위원이 속한 법인 등과 해당 사건이 발생한 자동차제작자등이 「독점규제 및 공정거래에 관한 법률」에 따른 동일한 기업집단에 속하거나 「상법」에 따른 모자회사의 관계에 있는 경우(2022.6.10 본호신설)
③ 제척의 원인이 있으면 위원장은 직권으로 또는 당사자의 신청에 의하여 제척의 결정을 한다.(2022.6.10 본항개정)

④ 당사자는 위원에게 공정한 직무집행을 기대하기 어려운 사정이 있는 경우에는 위원장에게 기피신청을 할 수 있으며, 위원장은 기피신청이 타당하다고 인정하면 자동차안전·하자심의위원회의 의결을 거치지 아니하고 기피의 결정을 한다. 다만, 위원장에게 공정한 직무집행을 기대하기 어려운 사정이 있는 경우 등 위원장이 결정하는 것이 타당하지 아니한 경우에는 자동차안전·하자심의위원회의 의결로 결정한다.(2022.6.10 본항개정)
⑤ 위원은 제2항 각 호의 제척 사유에 해당하는 경우에는 스스로 그 사건의 직무집행을 회피하여야 하고, 제4항의 사유에 해당하는 경우에는 스스로 그 사건의 직무집행을 회피할 수 있다.(2022.6.10 본항개정)
⑥ 중재절차에 관여하는 자동차안전·하자심의위원회의 운영 및 사무처리를 위한 조직의 직원에 대하여는 제1항부터 제5항까지의 규정을 준용한다.
⑦ 중재부는 제4항에 따른 기피신청을 받으면 그 신청에 대한 결정을 할 때까지 중재절차를 중지하여야 한다.

제47조의11【자동차안전·하자심의위원회의 심의결과에 대한 재심의】 ① 자동차안전·하자심의위원회는 제47조의7제2항제2호에 따른 제작 결함의 시정 등과 관련한 심의·의결에 대하여 다음 각 호에 해당하는 경우 재심의를 실시할 수 있다.
1. 당사자, 이해관계자 및 공익신고자 등이 객관적인 사실에 근거하여 요청하는 경우
2. 위원장이 심의내용에 영향을 미칠 중요한 사항이 누락되었거나 조사 결과에 중대한 하자가 있다고 인정하는 경우
3. 국토교통부장관이 중요한 사항으로 판단하여 요청하는 경우

② 제1항에 따라 재심의를 하는 자동차안전·하자심의위원회가 당초의 심의·의결 결과를 변경하기 위하여는 재적위원 과반수의 출석과 출석위원 3분의 2 이상의 찬성으로 의결하여야 한다. 이 경우 출석위원 3분의 2 이상이 찬성하지 아니한 경우에는 당초의 심의·의결이 자동차안전·하자심의위원회의 최종 심의 결정으로 확정된다.
③ 제1항 및 제2항에서 규정한 사항 외에 자동차안전·하자심의위원회의 재심의 절차·방법 및 결과 통보에 필요한 사항은 대통령령으로 정한다.
(2020.2.4 본조신설)

제47조의12【자동차안전·하자심의위원회의 운영 및 사무처리의 위탁】 ① 국토교통부장관은 자동차안전·하자심의위원회의 운영 및 사무처리에 관한 사무의 일부를 대통령령으로 정하는 바에 따라 한국교통안전공단에 위탁할 수 있다. 이 경우 국토교통부장관이 위탁한 자동차안전·하자심의위원회의 사무를 처리하기 위한 조직 및 인력 등은 대통령령으로 정한다.
② 제1항에 따라 사무의 일부를 위탁하는 경우 국토교통부장관은 예산의 범위에서 자동차안전·하자심의위원회의 운영 및 사무처리에 필요한 경비를 한국교통안전공단에 출연할 수 있다.
(2017.10.24 본조개정)

제6장 이륜자동차의 관리
(2009.2.6 본장개정)

제48조【이륜자동차의 사용 신고 등】 ① 국토교통부령으로 정하는 이륜자동차(이하 "이륜자동차"라 한다)를 취득하여 사용하려는 자는 국토교통부령으로 정하는 바에 따라 시장·군수·구청장에게 사용 신고를 하고 이륜자동차 번호의 지정을 받아야 한다.
② 이륜자동차의 소유자는 제1항에 따른 신고 사항 중 국토교통부령으로 정하는 변경 사항이 있거나 이륜자동차 사용을 폐지한 경우에는 시장·군수·구청장에게 신고하여야 한다.
③ 제1항에 따라 신고된 이륜자동차의 소유권을 이전받은 자는 국토교통부령으로 정하는 바에 따라 시장·군수·구청장에게 이륜자동차 소유권 이전에 관한 신고를 하여야 한다. 다만, 이륜자동차를 양수한 소유자가 이륜자동차 소유권 이전에 관한 신고를 하지 아니한 경우에는 이를 양도한 자가 국토교통부령으로 정하는 바에 따라 그 소유자를 갈음하여 신고할 수 있다.
(2013.3.23 본조개정)

제49조【이륜자동차번호판의 부착의무】 ① 이륜자동차는 그 후면의 보기 쉬운 곳에 국토교통부령으로 정하는 이륜자동차번호판을 붙이지 아니하고는 운행하지 못한다.(2020.6.9 본항개정)
② 시장·군수·구청장은 제48조제1항에 따른 사용 신고를 받으면 국토교통부령으로 정하는 바에 따라 해당 이륜자동차에 이륜자동차번호판을 붙이고 봉인을 하여야 한다. 다만, 이륜자동차의 사용 신고를 하는 자가 직접 이륜자동차번호판의 부착 및 봉인을 하려는 경우에는 국토교통부령으로 정하는 바에 따라 직접 하게 할 수 있다.
(2013.3.23 본조개정)

제50조【이륜자동차의 구조 및 장치】 ① 이륜자동차는 주요 구조 및 장치가 안전기준에 적합하지 아니하면 운행하지 못한다.
② 제1항에 따른 주요 구조 및 장치의 범위와 그 안전기준에 관하여 필요한 사항은 국토교통부령으로 정한다.
(2013.3.23 본항개정)

제51조 (2002.8.26 삭제)

제52조【이륜자동차에 대한 준용】 이륜자동차에 관하여는 제7조, 제9조, 제10조제5항(제10조제7항에서 준용하는 경우를 포함한다), 제13조제3항부터 제7항까지, 제18조, 제20조, 제22조, 제23조, 제26조, 제28조, 제29조, 제30조, 제30조의2부터 제30조의6까지, 제31조, 제31조의2부터 제31조의4까지, 제32조, 제32조의2제1항제4호, 제32조의2제5항(같은 조 제1항제4호에 따른 사후관리에 관한 의무를 이행하지 아니한 경우에 한정한다) 및 제6항, 제33조, 제33조의2, 제34조 및 제37조를 준용한다. 이 경우 "시·도지사"는 "시장·군수·구청장"으로, "등록"은 "신고"로, "자동차"는 "이륜자동차"로, "자동차안전기준"은 "이륜자동차의 안전기준"으로, "부품안전기준"은 "이륜자동차의 부품안전기준"으로, "자동차자기인증"은 "이륜자동차의 자기인증"으로, "부품자기인증"은 "이륜자동차의 부품자기인증"으로, "자동차제작자등"은 "이륜자동차의 제작자등"으로, "부품제작자등"은 "이륜자동차의 부품제작자등"으로, "자동차 기술검토 및 안전검사"는 "이륜자동차 실측확인"으로 본다.(2024.1.9 전단개정)

제52조【이륜자동차에 대한 준용】 이륜자동차에 관하여는 제7조(제6항에 따른 구동축전지 식별번호 기재에 관한 사항은 제외한다), 제9조, 제10조제5항(제10조제7항에서 준용하는 경우를 포함한다), 제13조제3항부터 제7항까지, 제18조, 제20조, 제22조, 제23조, 제26조, 제28조, 제29조, 제30조, 제30조의2부터 제30조의8까지, 제31조, 제31조의2부터 제31조의4까지, 제32조, 제32조의2제1항제4호, 제32조의2제5항(같은 조 제1항제4호에 따른 사후관리에 관한 의무를 이행하지 아니한 경우에 한정한다) 및 제6항, 제33조, 제33조의2, 제34조, 제34조의3, 제34조의4 및 제37조를 준용한다. 이 경우 "시·도지사"는 "시장·군수·구청장"으로, "등록"은 "신고"로, "자동차"는 "이륜자동차"로, "자동차안전기준"은 "이륜자동차의 안전기준"으로, "부품안전기준"은 "이륜자동차의 부품안전기준"으로, "자동차자기인증"은 "이륜자동차의 자기인증"으로, "부품자기인증"은 "이륜자동차의 부품자기인증"으로, "자동차제작자등"은 "이륜자동차의 제작자등"으로, "부품제작자등"은 "이륜자동차의 부품제작자등"으로, "자동차 기술검토 및 안전검사"는 "이륜자동차 실측확인"으로 본다.
(2024.1.9 전단개정 : 2023.8.16 법19980호 개정 부분은 2025.2.17 시행. 다만, 튜닝부품인증에 관한 부분은 2024.2.17 시행)

제7장 자동차관리사업 등
(2017.10.24 본장제목개정)

제53조【자동차관리사업의 등록 등】 ① 자동차관리사업을 하려는 자는 국토교통부령으로 정하는 바에 따라 시장·군수·구청장에게 등록하여야 한다. 등록 사항을 변경하려는 경우에도 또한 같다. 다만, 대통령령으로 정하는 경미한 등록 사항을 변경하는 경우에는 그러하지 아니하다.(2013.3.23 전단개정)
② 제1항에 따른 자동차관리사업은 대통령령으로 정하는 바에 따라 세분할 수 있다.
③ 제1항에 따른 자동차관리사업 등록의 기준 및 절차 등에 관하여 필요한 사항은 국토교통부령으로 정하는 범위에서 특별시·광역시·특별자치시·도(특별자치도를 포함한다) 또는 인구 50만명 이상의 시의 조례로 정한다. 이 경우 특별시 및 광역시 중 인구 50만 이상의 자치구에서 자동차매매업을 영위하고자 하는 자는 국토교통부령으로 정하는 등록기준을 갖추어야 한다.(2015.8.11 본항개정)
④ 제3항에 따른 조례를 정하는 경우 교통, 환경오염, 주변여건 등 지역적 특성을 고려할 수 있다.(2015.8.11 본항개정)

제53조의2【포상금의 지급】 특별시장·광역시장·특별자치시장·특별자치도지사 또는 시장·군수·구청장은 제79조제13호·제14호의2, 제80조제1호, 제80조제5호의3, 제81조제2호, 제81조제7호의2 또는 제84조제4항제20호에 해당하는 자를 신고하거나 고발한 자에게 해당 지방자치단체의 조례로 정하는 바에 따라 포상금을 지급(제80조제1호, 제81조제2호 및 제81조제7호의2의 경우 자동차 소유자가 신고한 때에는 제외한다)할 수 있다.
(2021.12.7 본조개정)

제54조【결격사유】 ① 다음 각 호의 어느 하나에 해당하는 자는 자동차관리사업을 할 수 없다. 법인인 경우에는 임원 중 다음 각 호의 어느 하나에 해당하는 사람이 있는 경우에도 또한 같다.
1. 피성년후견인 또는 피한정후견인(2015.8.11 본호개정)
2. 파산선고를 받은 자로서 복권되지 아니한 자
3. 이 법에 따른 자동차관리사업의 등록이 취소(제1호 및 제2호에 해당하여 등록이 취소된 경우는 제외한다)된 후 1년이 지나지 아니한 자(2016.1.28 본호개정)
4. 이 법을 위반하여 징역 이상의 실형을 선고받고 그 집행이 끝나거나 그 집행이 면제된 날부터 2년이 지나지 아니한 사람
5. 이 법을 위반하여 징역 이상의 형의 집행유예를 선고받고 그 유예기간 중에 있는 사람

② 시장·군수·구청장은 제53조에 따라 자동차관리사업의 등록을 한 자(이하 "자동차관리사업자"라 한다)가 제1항의 사유에 해당된 경우에는 그 등록을 취소하여야 한다. 다만, 법인의 임원 중 그 사유에 해당된 사람이 있는 경우 3개월 이내에 그 임원을 바꾸어 임명한 경우에는 그러하지 아니한다.

제55조【자동차관리사업의 양도·양수 등의 신고】 ① 자동차관리사업을 양도·양수하려는 자는 국토교통부령으로 정하는 바에 따라 시장·군수·구청장에게 신고하여야 한다.(2013.3.23 본항개정)
② 자동차관리사업을 하는 법인이 합병하려는 경우에는 시장·군수·구청장에게 신고하여야 한다.
③ 자동차관리사업을 양수하는 자 또는 합병 후 존속하는 법인은 자동차관리사업자의 권리·의무를 승계한다.
④ 자동차관리사업자가 그 사업의 전부 또는 일부를 휴업하거나 폐업한 경우에는 시장·군수·구청장에게 신고하여야 한다.
⑤ 제4항에 따른 신고를 한 자동차관리사업자가 지정정비사업자 또는 종합검사지정정비사업자로 지정받은 자인 경우에는 해당 지정사업의 휴업이나 폐업을 신고한 것으로 본다. 이 경우 시장·군수 또는 구청장은 이를 국토교통부장관에게 통보하여야 한다.(2013.3.23 후단개정)

제56조【사업의 개선명령】 ① 시장·군수·구청장은 자동차관리사업의 건전한 발전을 위하여 필요하다고 인정되면 대통령령으로 정하는 바에 따라 자동차관리사업자에게 다음 각 호의 사항을 명할 수 있다.
1. 사업장의 이전
2. 시설 또는 운영의 개선
3. 수수료 또는 요금의 조정
4. 자동차관리사업의 건전한 발전을 위하여 국토교통부령으로 정하는 사항(2013.3.23 본호개정)

② 시장·군수·구청장은 제65조의2제1항에 따라 등록한 온라인 자동차 매매정보제공자에 대하여 자동차매매업자 및 자동차 소유자의 피해예방을 위하여 필요한 경우 대통령령으로 정하는 바에 따라 다음 각 호의 사항을 명할 수 있다.
1. 사업장, 전산설비 또는 운영의 개선
2. 이용약관의 개선
3. 그 밖에 자동차매매업자 및 자동차 소유자의 피해예방을 위하여 국토교통부령으로 정하는 사항
(2017.10.24 본항신설)

제57조【자동차관리사업자 등의 금지 행위】 ① 자동차관리사업자는 다음 각 호의 행위를 하여서는 아니 된다.
1. 다른 사람에게 자신의 명의로 사업을 하게 하는 행위(사업의 전부 또는 일부에 대하여 위탁·위임·도급 등의 형태로 용역을 주는 행위를 포함한다)
(2012.12.18 본호개정)
2. 사업장의 전부 또는 일부를 다른 사람에게 임대하거나 점용하게 하는 행위
3. 해당 사업과 관련한 부정한 금품의 수수 또는 그 밖의 부정한 행위
4. 해당 사업에 관하여 이용자의 요청을 정당한 사유 없이 거부하는 행위
5. 해당 사업에 관하여 이용자가 요청하지 아니한 상품 또는 서비스를 강매하는 행위나 이용자가 요청하지 아니한 일을 하고 그 대가를 요구하는 행위 또는 영업을 목적으로 손님을 부르는 행위(2012.12.18 본호신설)

② 자동차정비업자 또는 제34조제2항에 따른 자동차제작자등은 제34조(제52조에서 준용하는 경우를 포함한다)에 따라 시장·군수·구청장의 승인을 받은 경우 외에는 자동차를 튜닝하거나 승인을 받은 내용과 다르게 튜닝하여서는 아니 된다.(2015.8.11 본항개정)
③ 자동차매매업자(그 사용인 및 종사원을 포함한다)는 다음 각 호의 행위를 하여서는 아니 된다.(2022.6.10 본문개정)
1. 등록원부상의 소유자가 아닌 자로부터 자동차의 매매 알선을 의뢰받아 그 자동차의 매매를 알선하는 행위. 다만, 등록원부상의 소유자에게서 그 자동차의 매도에 관한 행위를 위임받은 자로부터 매매 알선을 의뢰받은 경우에는 그러하지 아니하다.
2. 매도 또는 매매를 알선하려는 자동차에 대하여 다음 각 목의 어느 하나에 해당하는 부당한 표시·광고를 하는 행위
   가. 매도 또는 매매를 알선하려는 자동차가 존재하지 아니하여 실제로는 거래가 불가능한 자동차에 대한 표시·광고
   나. 매도 또는 매매를 알선하려는 자동차의 이력이나 가격 등 내용을 사실과 다르게 거짓으로 표시·광고하거나 사실을 과장되게 하는 표시·광고
   다. 그 밖에 표시·광고의 내용이 자동차매매업의 질서를 해치거나 자동차 매수인에게 피해를 줄 우려가 있는 것으로서 대통령령으로 정하는 내용의 표시·광고
   (2022.6.10 본호개정)
(2013.12.30 본항개정)
(2015.8.11 본조제목개정)

제57조의2【폐차 수집·알선 등의 금지】 ① 자동차해체재활용업자가 아닌 자는 다음 각 호의 어느 하나에 해당하는 행위를 하여서는 아니 된다.(2022.11.15 본문개정)
1. 영업을 목적으로 폐차 대상 자동차를 수집 또는 매집하거나 그 자동차를 자동차해체재활용업자에게 알선하는 행위(2022.11.15 본호신설)

2. 제1호에 해당하는 행위에 대한 표시 · 광고를 하는 행위(2022.11.15 본호신설)
② 자동차매매업자가 아닌 자는 영업을 목적으로 매매용 자동차 또는 매매를 알선하려는 자동차에 대한 표시 · 광고를 하여서는 아니 된다.(2022.6.10 본항신설)

제58조【자동차관리사업자 등의 고지 및 관리의 의무 등】 ① 자동차매매업자가 자동차를 매도 또는 매매의 알선을 하는 경우에는 국토교통부령으로 정하는 바에 따라 다음 각 호의 사항을 매매 계약을 체결하기 전에 그 자동차의 매수인에게 서면으로 고지하여야 한다.(2013.3.23 본문개정)
1. 국토교통부령으로 정하는 자가 해당 자동차의 구조 · 장치 등의 성능 · 상태를 점검(이하 "자동차성능 · 상태점검"이라 한다)한 내용(점검 장면을 촬영한 사진을 포함하며, 점검일부터 120일 이내의 것)(2017.12.26 본호개정)
2. 압류 및 저당권의 등록 여부
3. 제65조제1항에 따라 받는 수수료 또는 요금(2013.12.30 본호신설)
4. 매수인이 원하는 경우에 자동차가격을 조사 · 산정한 내용(2015.1.6 본호신설)
② 자동차성능 · 상태점검을 하려는 자는 사업장별로 국토교통부령으로 정하는 시설 · 장비 및 자격기준을 갖추어 국토교통부령으로 정하는 바에 따라 시장 · 군수 · 구청장에게 신고하여야 한다. 신고한 사항 중 국토교통부령으로 정하는 중요한 사항을 변경하거나 사업장을 폐쇄하려는 경우에도 또한 같다.(2022.11.15 본항개정)
③ 시장 · 군수 · 구청장은 제2항 전단에 따른 신고 또는 같은 항 후단에 따른 변경신고를 받은 경우 그 내용을 검토하여 이 법에 적합하면 신고를 수리하여야 한다.(2022.11.15 본항신설)
④ 자동차매매업자(그 사용인 및 종사원을 포함한다)가 인터넷을 통하여 자동차의 광고를 하는 때에는 자동차이력 및 판매자정보 등 국토교통부령으로 정하는 사항을 게재하여야 한다.(2022.6.10 본항개정)
⑤ 자동차정비업자는 다음 각 호의 사항을 준수하여야 한다.
1. (2015.1.6 삭제)
2. 정비에 필요한 신부품(新部品), 중고품, 재생품 또는 제30조의5에 따른 대체부품 등을 정비 의뢰자가 선택할 수 있도록 알려 줄 것(2016.1.28 본호개정)
3. 중고품 또는 재생품을 사용하여 정비할 경우 그 이상 여부를 확인할 것
4. 표준정비시간을 인터넷과 인쇄물 등 국토교통부령으로 정하는 방법에 따라 공개할 것(2014.1.7 본호신설)
5. 국토교통부령으로 정하는 주요 정비 작업에 대해서는 시간당 공임 및 표준정비시간을 정비의뢰자가 잘 볼 수 있도록 사업장 내에 게시할 것(2014.1.7 본호신설)
6. 정비를 의뢰한 자에게 국토교통부령으로 정하는 바에 따라 점검 · 정비견적서와 점검 · 정비명세서를 발급하고 사후관리 내용을 고지할 것(2013.3.23 본호개정)
7. 국토교통부령으로 정하는 바에 따라 사후관리를 할 것(2013.3.23 본호개정)
8. 거짓으로 점검 · 정비견적서와 점검 · 정비명세서를 작성하여 발급하지 아니할 것(2012.5.23 본호신설)
⑥ 자동차해체재활용업자는 다음 각 호의 사항을 준수하여야 한다.
1. 자동차 소유자 또는 시장 · 군수 · 구청장으로부터 폐차 요청을 받은 경우에는 그 자동차 · 자동차등록증 · 등록번호판 및 봉인을 인수하고 국토교통부령으로 정하는 바에 따라 그 사실을 증명하는 서류를 발급할 것
1의2. 폐차 요청을 받은 경우에는 해당 자동차 또는 국토교통부령으로 정하는 장치를 수출하거나 수출하는 자에게 판매하는 경우 외에는 폐차할 것(2022.11.15 본호신설)
2. 폐차 요청을 받은 경우에는 해당 자동차의 자동차등록증 · 등록번호판 및 봉인은 다시 사용할 수 없는 상태로 폐기할 것(2022.11.15 본호개정)
3. 자동차해체재활용업의 종사원에게 국토교통부령으로 정하는 바에 따라 그 신분을 표시하도록 할 것(2024.1.30 본호신설)
4. 자동차해체재활용업의 종사원에게 국토교통부령으로 정하는 바에 따라 자동차해체재활용 관련 준수사항 등에 관한 교육을 받도록 할 것(2024.1.30 본호신설)
5. 그 밖에 자동차의 해체재활용을 위하여 국토교통부령으로 정하는 사항
(2016.1.28 본항개정)
⑦ (2016.1.28 삭제)
⑧ 제2항에 따라 자동차성능 · 상태점검을 하는 자(이하 "자동차성능 · 상태점검자"라 한다)는 다음 각 호의 사항을 준수하여야 한다.
1. 자동차성능 · 상태점검을 의뢰한 자에게 국토교통부령으로 정하는 바에 따라 성능 · 상태점검의 내용(점검 장면을 촬영한 사진을 포함한다)을 제공할 것
2. 거짓으로 자동차성능 · 상태점검을 하거나 실제 점검한 내용과 다른 내용을 제공하지 말 것
3. 국토교통부령으로 정하는 바에 따라 주기적으로 자동차성능 · 상태점검에 관한 교육을 이수할 것
(2022.11.15 본항신설)
⑨ 자동차관리사업자(자동차성능 · 상태점검자를 포함한다. 이하 이 조에서 같다)가 제1항, 제5항, 제6항 및 제8항에 따른 업무를 수행한 경우에는 국토교통부령으로 정하는 바에 따라 기록 · 관리하며 보존하여야 한다.
(2022.11.15 본항개정)
⑩ 자동차관리사업자는 제9항에 따라 기록 · 관리 및 보존하는 내용 중 국토교통부령으로 정하는 사항을 제69조에 따른 전산정보처리조직에 국토교통부령으로 정하는 바에 따라 전송하여야 한다.(2022.11.15 본항개정)
(2022.11.15 본조제목개정)

제58조의2【모범사업자】 ① 시장 · 군수 · 구청장은 국토교통부령으로 정하는 지정기준에 따라 사업 내용이 우수한 자동차관리사업자를 모범사업자로 지정할 수 있다.(2013.3.23 본항개정)
② 시장 · 군수 · 구청장은 제1항에 따라 모범사업자로 지정된 자가 그 지정기준에 미달하게 되거나 제66조에 따른 행정처분을 받게 된 경우에는 지체 없이 그 지정을 취소하여야 한다.
③ 제1항과 제2항에 따른 모범사업자 지정의 절차 및 취소에 관한 사항은 국토교통부령으로 정한다.(2013.3.23 본항개정)

제58조의3【자동차관리사업자의 손해배상책임】 ① 자동차매매업자가 자동차를 매도하거나 매매의 알선을 하는 때에 제58조제1항 각 호의 고지를 하지 아니하거나 거짓으로 고지함으로써 자동차 매수인에게 재산상의 손해가 발생한 경우에는 그 손해를 배상하여야 한다. 이 경우 자동차성능 · 상태점검자가 자동차매매업자에게 거짓 또는 오류가 있는 성능 · 상태점검 내용을 제공함으로써 매수인에게 재산상의 손해가 발생한 경우에는 자동차매매업자는 자동차성능 · 상태점검자에게 구상할 수 있다.(2022.11.15 본항개정)
② 자동차매매업자는 업무를 개시하기 전에 제1항에 따른 손해배상책임을 보장하기 위하여 대통령령으로 정하는 바에 따라 보증보험 또는 제68조의17에 따른 공제에 가입하거나 공탁하여야 한다.(2023.3.28 본항개정)
③ 제2항에 따라 공탁한 공탁금은 자동차매매업자가 폐업 또는 사망한 날부터 1년 이내에는 회수할 수 없다.
④ 자동차매매업자는 매도 또는 매매의 알선이 완성된 경우에는 거래 당사자에게 손해배상책임의 보장에 관한 다음 각 호의 사항을 설명하고 관계 증서(제58조의4제2항에 따른 자동차성능 · 상태점검자의 보증 책임에 관한 관계 증서를 포함한다. 이하 이 조 및 제84조제4항제23호에서 같다)의 사본을 발급하거나 관계 증서에 관한 전자문서를 제공하여야 한다.(2020.10.20 본문개정)
1. 보장 금액
2. 보험회사, 공제사업을 행하는 자, 공탁기관 및 그 소재지(2023.3.28 본호개정)
3. 보장 기간

제58조의4【자동차성능 · 상태점검자의 보증 책임】 ① 자동차성능 · 상태점검자는 국토교통부령으로 정하는 바에 따라 성능 · 상태점검 내용에 대하여 보증하여야 한다.
② 자동차성능 · 상태점검자는 제1항에 따른 보증에 책임을 지는 보험에 가입하여야 한다.
③ 제2항에 따른 보험의 종류, 보장범위, 절차 등 필요한 사항은 대통령령으로 정한다.
(2017.10.24 본조신설)

제58조의5【자동차가격 조사 · 산정자의 자격 요건】 제58조제1항제4호에 따른 자동차가격의 조사 · 산정은 다음 각 호의 자가 할 수 있다.
1. 대통령령으로 정하는 자동차가격 조사 · 산정 교육을 이수한 「기술사법」 제3조에 따른 기계분야 차량기술사
2. 자동차정비기능사 이상의 자격을 취득한 자로서 「자격기본법」 제2조에 따라 국토교통부장관으로부터 공인받은 자동차 진단 평가에 관한 자격증을 소지한 자
(2015.1.6 본조신설)

제58조의6【매매 계약의 해제 등】 ① 자동차매매업자의 매매 또는 매매 알선으로 매매 계약을 맺은 자동차 매수인은 해당 자동차가 제1호 또는 제2호에 해당하는 경우에는 자동차인도일부터 30일 이내에, 제3호에 해당하는 경우에는 자동차인도일부터 90일 이내에 해당 매매 계약을 해제할 수 있다.
1. 해당 자동차의 주행거리, 사고 사실이 제58조제1항제1호의 고지 내용과 다른 경우
2. 제58조제1항제1호에 따른 사항(침수 사실은 제외한다) 또는 같은 항 제2호에 따른 사항을 거짓으로 고지하거나 고지하지 아니한 경우
3. 해당 자동차의 침수 사실이 제58조제1항제1호의 고지 내용과 다른 경우 또는 제58조제1항제1호에 따른 사항 중 침수 사실을 거짓으로 고지하거나 고지하지 아니한 경우(2023.3.28 본호신설)
(2023.3.28 본항개정)
② 자동차 매수인은 제1항에 따라 매매 계약을 해제한 경우에는 해당 자동차를 즉시 자동차매매업자에게 반환하여야 한다.
③ 자동차매매업자는 제2항에 따른 자동차의 반환과 동시에 이미 지급받은 매매금액을 자동차 매수인에게 반환하여야 한다.
(2016.1.28 본조신설)

제59조【매매용 자동차의 관리】 ① 자동차매매업자는 다음 각 호의 어느 하나에 해당되는 경우에는 국토교통부령으로 정하는 바에 따라 시장 · 군수 · 구청장에게 신고하여야 한다. 다만, 제60조에 따른 경매장에 출품된 자동차의 경우에는 그러하지 아니하다.(2013.3.23 본문개정)
1. 매매용 자동차가 사업장에 제시된 경우
2. 매매용 자동차가 팔린 경우
3. 매매용 자동차가 팔리지 아니하고 그 소유자에게 반환된 경우
② 자동차매매업자는 다음 각 호의 사항을 지켜야 한다.
1. 사업장에 제시되는 매매용 자동차를 국토교통부령으로 정하는 바에 따라 관리할 것(2013.3.23 본호개정)
2. 자동차매매 관리대장을 작성 · 비치하고 국토교통부령으로 정하는 기간까지 보관할 것(2013.3.23 본호개정)
3. 자동차매매업의 종사원에게 국토교통부령으로 정하는 바에 따라 그 신분을 표시하도록 할 것(2017.12.26 본호개정)
4. 자동차매매업의 종사원에게 국토교통부령으로 정하는 바에 따라 자동차매매 관련 준수사항 등에 관한 교육을 받도록 할 것(2017.12.26 본호신설)
5. 그 밖에 자동차 매수인의 권익을 보호하기 위하여 국토교통부령으로 정하는 사항(2013.3.23 본호개정)
③ 자동차매매업자는 자동차성능 · 상태점검자에게 해당 자동차의 구조 · 장치 등의 성능 · 상태를 거짓으로 점검하도록 요구하여서는 아니 된다.(2017.10.24 본항신설)

제60조【자동차경매장의 개설 · 운영 등】 ① 자동차매매업자 또는 제67조에 따라 자동차매매업자로 구성되는 조합은 매매용 자동차의 적정한 가격 형성, 합리적인 수급 조절, 자동차관리사업의 육성 · 발전 및 매매 질서의 확립을 위하여 필요한 경우에는 자동차경매를 위하여 일정한 시설기준 및 인력기준 등을 갖추어 시 · 도지사의 승인을 받아 자동차경매장(이하 "경매장"이라 한다)을 개설하여 운영할 수 있다. 승인 사항을 변경하려는 경우에도 또한 같다. 다만, 국토교통부령으로 정하는 경미한 사항을 변경하려는 경우에는 그러하지 아니하다.
(2016.1.28 전단개정)
② 제1항에 따른 경매장의 시설기준 및 인력기준 등의 승인기준 및 승인절차 등에 관하여 필요한 사항은 국토교통부령으로 정한다.(2013.3.23 본항개정)
③ 경매장을 개설 · 운영하는 자(이하 "개설자"라 한다)는 다음 각 호의 사항을 준수하여야 한다.
1. 경매 대상 자동차의 등록 사항과 안전 및 성능 상태 등을 점검 · 검사하고 그 결과를 경매에 참가하려는 자에게 고지할 것
2. 이 법 또는 이 법에 따른 명령이나 처분을 위반하지 아니할 것
④ 제3항제1호에 따른 경매 대상 자동차에 대한 점검 · 검사의 기준 및 검사 결과의 고지 방법 등에 관하여 필요한 사항은 국토교통부령으로 정한다.(2013.3.23 본항개정)
⑤ 이 법에 따른 경매장에 대하여는 다른 법률의 경매장 또는 시장에 관한 규정을 적용하지 아니한다.

제61조 (1999.4.15 삭제)

제62조【경매 거래의 참가】 경매 참가인은 경락(競落)을 받은 자동차의 경락금 지급을 담보하기 위하여 국토교통부령으로 정하는 바에 따라 개설자에게 보증금을 내야 한다.(2013.3.23 본조개정)

제63조【경락 자동차의 인수 거부 등】 ① 개설자는 경락인이 정당한 사유 없이 약정한 기간 내에 경락받은 자동차의 인수를 거부하거나 이를 게을리한 경우에는 그 경락인의 부담으로 자동차를 일정 기간 보관하거나 인수를 독촉하여야 한다.
② 개설자는 제1항에 따라 경락받은 자동차를 일정 기간 보관하거나 경락인에게 인수를 독촉한 후에도 경락인이 이를 인수하지 아니하거나 그 밖의 부득이한 사유가 있는 경우에는 다시 경매에 붙일 수 있다.
③ 제2항에 따른 재경매 등에 따라 발생한 손해는 제1항에 따른 경락인이 부담한다.

제64조【점검 · 정비책임자의 선임 등】 ① 자동차정비사업자는 자동차 점검 · 정비에 관한 사항을 담당할 점검 · 정비책임자(이하 "정비책임자"라 한다)를 선임하고 시장 · 군수 · 구청장에게 신고하여야 한다. 이를 해임한 경우에도 또한 같다.
② 시장 · 군수 · 구청장은 정비책임자가 이 법 또는 이 법에 따른 명령이나 처분을 위반한 경우에는 해당 자동차정비사업자에게 정비책임자의 해임을 명할 수 있다. 이 경우 해임된 자는 그날부터 6개월이 지나지 아니하면 정비책임자로 다시 선임될 수 없다.
③ 제1항에 따른 정비책임자의 자격 · 직무 및 교육 등에 관하여 필요한 사항은 국토교통부령으로 정한다.
(2013.3.23 본항개정)

제65조【자동차관리사업자의 수수료 등】 ① 자동차관리사업자는 국토교통부령으로 정하는 바에 따라 수수료 또는 요금을 받을 수 있다.
② 자동차해체재활용업자는 국토교통부령으로 정하는 바에 따라 폐차하려는 자동차의 평가액에서 폐차에 드는 비용을 빼고 남은 금액을 그 자동차 소유자에게 지급하여야 한다. 다만, 폐차에 드는 비용이 폐차하는 자동차의 평가액을 초과하는 경우에는 국토교통부령으로 정하는 바에 따라 초과하는 비용을 징수할 수 있다.
③ 자동차매매업자는 제12조제2항 본문에 따른 이전등록 신청을 위하여 자동차를 양수한 자로부터 미리 받은 수

수료 또는 요금과 이전등록 신청에 소요된 실제비용 간에 차액이 있는 경우에는 이전등록 신청일로부터 30일 이내에 양수인에게 그 사실을 통지하고 차액을 전액 반환하여야 한다.(2013.12.30 본항신설)
(2013.3.23 본조개정)

제65조의2【온라인 자동차 매매정보제공의 등록】 ① 자동차매매업자가 자동차 소유자(법인은 제외한다. 이하 이 조에서 같다)로부터 자동차를 매입할 수 있도록 하기 위하여 인터넷 홈페이지(휴대전화에서 사용되는 응용프로그램을 포함한다. 이하 이 조에서 같다)를 통하여 자동차매매업자에게 제3항 각 호에 따른 자동차 매매정보를 제공(이하 "온라인 자동차 매매정보제공"이라 한다)하려는 자는 대통령령으로 정하는 등록기준을 갖추어 시장·군수·구청장에게 등록하여야 한다. 등록한 사항 중 대통령령으로 정하는 중요 사항을 변경할 때에도 또한 같다.
② 제1항에 따라 등록을 하려는 자는 국토교통부령으로 정하는 바에 따라 시장·군수·구청장에게 신청하여야 한다.
③ 제1항에 따라 등록을 한 자(이하 "온라인 자동차 매매정보제공자"라 한다)는 인터넷 홈페이지를 통하여 다음 각 호의 자동차 매매정보를 제공하여야 한다.
1. 해당 자동차의 주행거리
2. 국토교통부령으로 정하는 바에 따라 촬영된 자동차의 내·외관 사진
3. 제69조의2에 따른 자동차이력관리 정보 중 국토교통부령으로 정하는 정보
4. 해당 자동차에 대한 자동차매매업자의 매입희망가격 및 인수방법
④ 온라인 자동차 매매정보제공자는 자동차의 주행거리, 자동차등록번호, 자동차매매업자의 매입희망가격, 최종 매입가격 및 자동차매매업자의 자동차관리사업 등록번호를 국토교통부령으로 정하는 바에 따라 보관하여야 한다.
⑤ 온라인 자동차 매매정보제공자는 자동차매매업자가 아닌 자에게 온라인 자동차 매매정보제공을 하여서는 아니 된다.
⑥ 온라인 자동차 매매정보제공자의 결격사유에 관하여는 제54조를 준용한다. 이 경우 "자동차관리사업"은 "온라인 자동차 매매정보제공"으로, "제53조"는 "제65조의2"로, "자동차관리사업의 등록을 한 자(이하 "자동차관리사업자"라 한다)"는 "온라인 자동차 매매정보제공자"로 본다.
(2017.10.24 본조신설)

제66조【사업의 취소·정지】 ① 시장·군수·구청장은 자동차관리사업자가 다음 각 호의 어느 하나에 해당하는 경우에는 등록을 취소하거나 6개월 이내의 기간을 정하여 그 사업의 전부 또는 일부의 정지를 명할 수 있다. 다만, 제1호, 제15호 또는 제16호에 해당하는 경우에는 그 등록을 취소하여야 한다.(2015.8.11 단서개정)
1. 거짓이나 그 밖의 부정한 방법으로 등록을 한 경우
2. 등록을 한 후 6개월 이내에 사업을 시작하지 아니하거나 등록을 한 사업자가 1년 이상 휴업한 경우
3. 제53조제1항 후단을 위반하여 등록 사항을 변경등록하지 아니하고 변경한 경우
4. 제53조제3항에 따른 등록기준에 미달하거나 같은 조 제4항에 따른 조건을 이행하지 아니한 경우
5. 제55조제1항을 위반하여 등록한 자동차관리사업을 신고 없이 양도·양수 또는 합병한 경우
6. 제56조제1항에 따른 사업의 개선명령을 이행하지 아니한 경우(2017.10.24 본호개정)
7. 제57조제1항 각 호의 어느 하나를 위반한 경우
8. 제58조제9항을 위반하여 기록·관리 및 보존을 하지 아니한 경우(2022.11.15 본호개정)
9. 제58조의3제2항을 위반하여 보증보험에 가입하지 아니하거나, 공탁을 하지 아니하고 자동차매매업의 업무를 시작한 경우
10. 제65조제1항을 위반하여 국토교통부령으로 정하는 수수료 또는 요금을 초과하여 받은 경우(2013.3.23 본호개정)
11. 현저한 사업경영의 부실 또는 재무구조의 악화, 그 밖의 사유로 그 사업을 계속하는 것이 적합하지 아니하다고 인정될 경우
12. 자동차매매업자가 다음 각 목의 어느 하나에 해당하는 경우
가. 제12조제2항을 위반하여 자동차를 매도하거나 매매를 알선하고 이전등록의 신청을 하지 아니한 경우
나. 제57조제3항제1호를 위반하여 등록원부상의 소유자가 아닌 자로부터 자동차의 매매 알선을 의뢰받아 매매 알선을 한 경우(2013.12.30 본목신설)
다. 제57조제3항제2호를 위반하여 부당한 표시·광고를 한 경우(2022.6.10 본목개정)
라. 제58조제1항제1호 또는 제2호를 위반하여 고지하지 아니하거나 거짓으로 고지한 경우(2013.12.30 본목개정)
마. 제58조제2항을 위반하여 시설·장비 및 자격을 갖추지 아니한 자에게 같은 조 제1항의 성능·상태의 점검을 받은 경우
바. 제58조의6제3항을 위반하여 매매금액을 자동차 매수인에게 반환하지 아니한 경우(2017.10.24 본목개정)
사. 제59조제1항을 위반하여 신고를 하지 아니하거나 거짓으로 신고를 한 경우
아. 제59조제2항에 따른 준수사항을 이행하지 아니한 경우
13. 자동차정비업자가 다음 각 목의 어느 하나에 해당하는 경우
가. (2012.12.18 삭제)
나. 제40조제1항을 위반하여 정밀도검사를 받지 아니한 기계·기구를 자동차의 점검작업 또는 정비작업에 사용한 경우
다. 제53조제1항에 따라 등록된 사업장 외의 장소에서 점검작업 또는 정비작업을 한 경우. 다만, 고장으로 운행할 수 없는 자동차의 응급조치와 육지와 연결되지 아니한 섬 지역으로서 자동차정비업자가 없는 지역에서의 점검 및 정비 작업의 경우는 제외한다.
(2015.1.6 단서개정)
라. 제53조제2항을 위반하여 세분된 자동차정비업의 업무 범위를 초과하여 자동차를 정비한 경우
마. 제57조제2항을 위반하여 제34조(제52조에서 준용하는 경우를 포함한다)에 따른 승인을 받지 아니하고 자동차 튜닝 작업을 하거나, 승인을 받은 내용과 다르게 자동차를 튜닝한 경우(2014.1.7 본목개정)
바. (2022.11.15 삭제)
사. 제58조제5항에 따른 준수 사항을 이행하지 아니한 경우(2022.11.15 본목개정)
아. 제64조제1항을 위반하여 정비책임자를 두지 아니하거나 정비책임자의 선임 또는 해임 신고를 하지 아니한 경우
자. 제64조제2항을 위반하여 정비책임자의 해임명령을 이행하지 아니한 경우
14. 자동차해체재활용업자가 다음 각 목의 어느 하나에 해당하는 경우
가. 제13조제2항을 위반하여 폐차 요청을 받은 자동차에 대한 말소등록 신청을 하지 아니한 경우
나. 제53조제1항에 따라 등록한 폐차사업장 외의 장소에서 자동차를 폐차한 경우
다. 제58조제6항제1호에 따라 폐차 요청된 자동차의 차대번호 등이 자동차등록증에 기재된 내용과 다른 자동차를 폐차한 경우(2022.11.15 본목개정)
라. 제58조제6항제1호의2를 위반하여 폐차 요청을 받은 자동차를 폐차하지 아니한 경우(2022.11.15 본목신설)
마. 제58조제6항제2호를 위반하여 폐차 요청을 받은 자동차의 자동차등록증·등록번호판 및 봉인을 다시 사용할 수 없는 상태로 폐기하지 아니한 경우
(2022.11.15 본목개정)
바. 제65조제2항을 위반하여 폐차된 자동차의 폐차 비용을 빼고 남은 금액을 해당 자동차 소유자에게 지급하지 아니한 경우
15. 이 조에 따른 사업정지명령을 위반하여 사업정지기간 중에 사업을 경영한 경우
16. 자동차관리사업자가 관할 세무서장에게 폐업신고하거나 「부가가치세법」 제8조제9항, 「소득세법」 제168조 또는 「법인세법」 제111조에 따른 사업자등록이 말소된 경우(2020.12.22 본호개정)
② 국토교통부장관은 제34조제2항에 따른 자동차제작자등이 제57조제2항을 위반하여 제34조에 따른 승인을 받지 아니한 자동차를 튜닝하거나 승인을 받은 내용과 다르게 자동차를 튜닝한 경우에는 등록을 취소하거나 6개월 이내의 기간을 정하여 그 사업의 전부 또는 일부의 정지를 명할 수 있다.(2015.8.11 본항신설)
③ 시장·군수·구청장은 자동차관리사업자가 제1항제16호에 따른 등록취소 요건에 해당하는지를 확인하기 위하여 필요한 경우 관할 세무서장에게 자동차관리사업자의 폐업 여부에 대한 정보 제공을 요청할 수 있다. 이 경우 요청을 받은 관할 세무서장은 「전자정부법」 제36조제1항에 따라 자동차관리사업자의 폐업 여부에 대한 정보를 제공한다.(2017.8.9 본항신설)
④ 시장·군수·구청장은 온라인 자동차 매매정보제공자가 다음 각 호의 어느 하나에 해당하는 경우에는 등록을 취소하거나 6개월 이내의 기간을 정하여 그 사업의 전부 또는 일부의 정지를 명할 수 있다. 다만, 제1호에 해당하는 경우에는 그 등록을 취소하여야 한다.
1. 거짓이나 그 밖의 부정한 방법으로 등록을 한 경우
2. 제56조제2항에 따른 개선명령을 이행하지 아니한 경우
3. 제65조의2제1항에 따른 등록기준을 충족하지 못하게 된 경우
4. 제65조의2제4항을 위반하여 자동차의 주행거리, 자동차등록번호, 자동차매매업자의 매입희망가격, 최종 매입가격 및 자동차매매업자의 자동차관리사업 등록번호를 보관하지 아니한 경우
5. 제65조의2제5항을 위반하여 자동차매매업자가 아닌 자에게 온라인 자동차 매매정보제공을 한 경우
(2017.10.24 본항신설)
⑤ 시장·군수·구청장은 자동차성능·상태점검자가 다음 각 호의 어느 하나에 해당하는 경우에는 사업장의 폐쇄를 명하거나 6개월 이내의 기간을 정하여 사업장별로 그 사업의 전부 또는 일부의 정지를 명할 수 있다. 다만, 제1호 또는 제2호에 해당하는 경우에는 사업장의 폐쇄를 명하여야 한다.
1. 거짓이나 그 밖의 부정한 방법으로 신고를 한 경우
2. 사업정지 명령을 위반하여 사업정지기간 중에 사업을 경영한 경우
3. 시장·군수·구청장이 신고를 수리한 후 6개월 이내에 사업을 시작하지 아니하거나 신고를 한 자가 1년 이상 휴업한 경우
4. 제58조제2항에 따른 신고기준에 미달한 경우
5. 제58조제8항에 따른 준수 사항을 이행하지 아니한 경우
6. 제58조제9항을 위반하여 기록·관리 및 보존을 하지 아니한 경우
7. 제58조의4제1항을 위반하여 성능·상태점검의 내용에 대하여 보증 책임을 이행하지 아니하는 경우
8. 제58조의4제2항을 위반하여 보험에 가입하지 아니하고 자동차성능·상태점검을 한 경우
(2022.11.15 본항신설)
⑥ 제1항, 제2항, 제4항 및 제5항에 따른 행정처분의 기준 및 절차에 관하여 필요한 사항은 국토교통부령으로 정한다.(2022.11.15 본항개정)

제67조【사업자단체의 설립】 ① 자동차관리사업자는 자동차관리사업의 건전한 발전과 질서 확립을 도모하기 위하여 필요하면 국토교통부장관 또는 시·도지사의 인가를 받아 국토교통부령으로 정하는 구분에 따른 자동차관리사업자로 구성하는 조합 또는 협회(이하 "조합등"이라 한다)를 설립할 수 있다.(2013.3.23 본항개정)
② 조합등은 법인으로 한다.
③ 조합등을 설립하려면 그 조합등의 조합원 또는 회원이 될 자격이 있는 자의 5분의 1 이상이 발기(發起)하고 조합원 또는 회원이 될 자격이 있는 자의 3분의 1 이상의 동의를 받아 창립총회에서 정관을 작성한 후 인가를 신청하여야 한다.(2012.1.17 본항개정)
④ 조합등은 다음의 업무를 수행한다.
1.~3. (2011.5.24 삭제)
4. 자동차관리사업자에 대한 자율 지도
5. 국토교통부장관 또는 시·도지사로부터 위탁받은 업무 및 지시사항의 처리(2013.3.23 본호개정)
6. 소속 자동차관리사업자의 공동발전에 필요한 업무
(2011.5.24 본호개정)
⑤ 조합등의 정관 또는 지도·감독 등에 관하여 필요한 사항은 국토교통부령 또는 조례로 정한다.(2013.3.23 본항개정)
⑥ 조합등에 관하여 이 법에서 정한 것을 제외하고는 「민법」 중 사단법인에 관한 규정을 준용한다.(2020.6.9 본항개정)

제68조【연합회】 ① 조합등은 그 공동 목적을 달성하기 위하여 국토교통부령으로 정하는 바에 따라 국토교통부장관의 인가를 받아 연합회를 설립할 수 있다.(2013.3.23 본항개정)
② 연합회는 다음 각 호의 업무를 수행한다. 다만, 제2호의 업무는 연합회가 설립되지 아니한 경우 조합등이 수행한다.(2024.1.30 단서신설)
1. 자동차관리사업에 관한 설비의 개량 및 기술의 향상·발전을 위한 조사·연구
2. 경영자 및 종사원의 교육·훈련
3. 요금 및 수수료 체계의 조사·연구
4. 국토교통부장관으로부터 위탁받은 업무 및 지시사항의 처리(2013.3.23 본호개정)
5. 조합등의 업무수행 관리·감독
6. 자동차관리사업의 육성에 필요한 업무
(2011.5.24 본항신설)
③ 제1항의 연합회에 관하여는 제67조제2항·제3항·제5항 및 제6항을 준용한다.
(2011.5.24 본조개정)

제7장의2 자동차안전기준 등의 국제조화
(2011.5.24 본장신설)

제68조의2【자동차안전기준 등의 국제조화】 ① 국내(國內)의 자동차안전기준, 부품안전기준 및 내압용기안전기준의 국제기준과의 조화(이하 "자동차안전기준 등의 국제조화"라 한다)를 위하여 국토교통부장관은 국제기준을 조사·분석하고, 관련 정보 및 기술의 국제협력 등에 관한 시책을 수립·시행하여야 한다.
② 국토교통부장관은 자동차안전기준, 부품안전기준 및 내압용기안전기준 관련 기업·기관·단체의 국제협력활동에 대한 행정적·재정적 지원을 하여야 한다.
(2013.3.23 본조개정)

제68조의3【국제조화 기본계획의 수립】 ① 국토교통부장관은 자동차안전기준 등의 국제조화 기본계획(이하 "국제조화기본계획"이라 한다)을 수립·시행하여야 한다.(2013.3.23 본항개정)
② 국제조화기본계획에는 다음 각 호의 사항이 포함되어야 한다.
1. 자동차안전기준 등의 국제조화 현황 및 여건
2. 자동차안전기준 등의 국제조화 목표 및 단계별 추진전략
3. 자동차안전기준 등의 국제조화 연구·개발에 관한 사항
4. 자동차안전기준 등의 국제조화에 필요한 재원의 조달과 운영에 관한 사항
5. 자동차안전기준 등의 국제조화 추진·협력체계에 관한 사항
6. 그 밖에 자동차안전기준 등의 국제조화를 위하여 필요한 사항

③ 국토교통부장관은 국제조화기본계획을 수립하려는 경우에는 관계 중앙행정기관의 장의 의견을 들은 후 「국가통합교통체계효율화법」 제106조에 따른 국가교통위원회의 심의를 거쳐 확정한다. 수립된 기본계획을 변경(대통령령으로 정하는 경미한 사항의 변경은 제외한다)하려는 경우에도 또한 같다.(2013.3.23 전단개정)

제68조의4【전담기관의 지정 및 운영】 ① 국토교통부장관은 자동차안전기준 등의 국제조화에 필요한 전문적인 기술검토와 개선방안 마련을 효율적으로 추진하기 위하여 전담기관을 지정할 수 있다.(2013.3.23 본항개정)

② 제1항의 전담기관은 다음 각 호의 업무를 수행한다.
1. 자동차안전기준 등의 선진화 및 실효성 확보를 위한 조사·분석 업무
2. 국내·외 자동차안전기준 등과 관련된 제도 및 정책의 조사·분석 업무
3. 자동차안전기준 등의 국제조화에 필요한 기술적 타당성 및 안전도 검토 업무
4. 자동차 안전 관련 국제기준 대응을 위한 국제협력 지원 및 국외사무소 운영
5. 자동차안전기준 등의 국제조화를 위한 전문가 양성
6. 그 밖에 자동차안전기준 등의 국제조화를 위하여 국토교통부장관이 필요하다고 인정하는 업무

(2021.4.13 본항개정)

③ 국토교통부장관은 예산의 범위에서 제1항의 전담기관에 대하여 제2항 각 호의 업무를 수행하는데 필요한 비용을 출연하거나 지원할 수 있다.(2021.4.13 본항신설)

④ 국토교통부장관은 제1항에 따라 지정받은 자가 다음 각 호의 어느 하나에 해당하는 경우에는 전담기관의 지정을 취소하거나 6개월의 범위에서 기간을 정하여 업무의 전부 또는 일부를 정지할 수 있다. 다만, 제1호에 해당하는 경우에는 지정을 취소하여야 한다.
1. 거짓이나 그 밖의 부정한 방법으로 지정을 받은 경우
2. 제5항에 따른 지정기준에 적합하지 아니하게 된 경우

(2021.4.13 본항신설)

⑤ 제1항에 따른 전담기관의 지정 및 제4항에 따른 지정취소·업무정지의 기준 및 절차 등에 관하여 필요한 사항은 대통령령으로 정한다.(2021.4.13 본항신설)

(2021.4.13 본조제목개정)

제68조의5【자동차안전기준 등의 국제조화 관련 연구·개발】 ① 국토교통부장관은 자동차안전기준 등의 국제조화를 위하여 다음 각 호의 사업을 추진할 수 있다.(2013.3.23 본문개정)
1. 자동차안전기준 등의 국제조화를 위한 기술의 연구·개발 및 이전·보급
2. 자동차안전기준 등의 국제조화와 관련된 국내 자동차안전기준의 제정·개정
3. 자동차안전기준 등의 국제조화를 위한 국제 협력 및 교류
4. 자동차안전기준 등의 국제조화를 위한 중소기업 등의 기술경쟁력 강화 지원

② 국토교통부장관은 다음 각 호의 자에게 제1항의 사업을 추진하게 할 수 있다. 이 경우 국토교통부장관은 예산의 범위에서 연구·개발에 드는 비용을 지원하여야 한다.(2013.3.23 본문개정)
1. 「정부출연연구기관 등의 설립·운영 및 육성에 관한 법률」에 따른 정부출연연구기관
2. 자동차제작자등 및 부품제작자등
3. 성능시험대행자
4. 「민법」 또는 다른 법률에 따라 설립된 법인으로서 자동차 관련 연구기관
5. 「고등교육법」 또는 「경제자유구역 및 제주국제자유도시의 외국교육기관 설립·운영에 관한 특별법」에 따라 설립된 대학이나 대학원
6. 그 밖에 대통령령으로 정하는 자동차 관련 연구기관

제68조의6【신기술 등이 적용된 자동차 등의 관리】 국토교통부장관은 신기술 또는 새로운 특성을 포함하여 제작등을 한 자동차 또는 자동차부품 및 장치의 수출입에 대하여 국가 간 상호인증협약 또는 자유무역협정 등에서 정하는 바에 따라 필요한 조치를 할 수 있다.(2013.3.23 본조개정)

제68조의7【전문인력의 양성】 ① 국토교통부장관은 자동차의 기술개발에 필요한 전문인력을 체계적으로 양성하기 위하여 다음 각 호의 어느 하나의 사업을 하는 자에게 행정적·재정적 지원을 할 수 있다.(2013.3.23 본문개정)
1. 기계, 전기, 전자 등 자동차 관련 전문인력의 양성
2. 자동차 관련 교육프로그램의 개발 및 보급
3. 그 밖에 자동차 관련 전문인력의 양성을 위하여 국토교통부령으로 정하는 사업(2013.3.23 본호개정)

② 국토교통부장관은 제1항에 따른 사업을 지원하기 위하여 필요한 경우에는 자동차 전문인력의 양성과 관련이 있는 기관 또는 단체 등을 협력기관으로 지정할 수 있다.(2013.3.23 본항개정)

제68조의8【시범사업】 ① 국토교통부장관은 자동차기술의 연구·개발 및 이용·보급을 촉진하기 위하여 필요하다고 인정할 때에는 대통령령으로 정하는 바에 따라 시범사업을 할 수 있다.

② 국토교통부장관은 제1항에 따른 시범사업에 참여하는 자에 대하여 행정적·재정적 및 기술적 지원을 할 수 있다.(2013.3.23 본조개정)

제7장의3 자동차서비스복합단지의 조성 등
(2015.1.6 본장신설)

제68조의9【자동차서비스복합단지 개발에 관한 국가기본계획 수립】 ① 국토교통부장관은 자동차의 등록, 매매, 검사, 정비, 부품유통, 전시 및 홍보 등 자동차 관련 시설과 상업·문화 시설 등을 집단적으로 설치·육성하기 위한 자동차관련서비스산업복합단지(이하 "자동차서비스복합단지"라 한다) 개발에 관한 국가 기본계획을 수립할 수 있다.

② 제1항에 따른 자동차서비스복합단지 개발에 관한 국가 기본계획에는 다음 각 호의 사항이 포함되어야 한다.
1. 효율적인 자동차서비스복합단지 개발을 위한 추진방향
2. 주요 자동차서비스 관련 시설 현황의 조사 및 분석
3. 자동차서비스복합단지의 개발 수요 및 입지 분석
4. 자동차서비스복합단지의 구축에 따른 개략적인 사업비 추정
5. 그 밖에 자동차서비스복합단지 개발 및 활성화를 위하여 대통령령으로 정하는 사항

③ 제1항에 따른 자동차서비스복합단지 개발에 관한 국가 기본계획의 수립 및 변경 절차 등에 관하여 필요한 사항은 대통령령으로 정한다.

제68조의10【자동차서비스복합단지의 지정 및 개발】 ① 시·도지사는 자동차 관련 서비스 이용자의 편의를 제고하고 자동차 연관 사업의 건전한 발전을 지원하기 위하여 자동차서비스복합단지를 지정할 수 있다. 이 경우 시·도지사는 시장·군수·구청장이 자동차서비스복합단지의 지정이 필요하다고 요청하는 경우에도 지정할 수 있다.

② 자동차서비스복합단지의 개발계획의 수립, 지정 및 해제절차에 관하여는 「도시개발법」 제4조·제5조 및 제7조부터 제10조까지를, 자동차서비스복합단지 개발사업의 위탁시행에 관하여는 「도시개발법」 제12조를, 자동차서비스복합단지 실시계획의 작성, 인가, 고시 및 실시계획 작성·인가 시 관련 인·허가 등의 의제에 관하여는 「도시개발법」 제17조부터 제19조까지를, 자동차서비스복합단지 사업을 환지방식으로 시행하는 경우에는 「도시개발법」 제28조부터 제32조까지, 제32조의2, 제32조의3, 제33조부터 제36조까지, 제36조의2, 제37조부터 제49조까지를 준용한다. 이 경우 "도시개발구역"은 "자동차서비스복합단지"로, "도시개발구역 개발계획"은 "자동차서비스복합단지 개발계획"으로, "도시개발사업 실시계획"은 "자동차서비스복합단지 실시계획"으로, "도시개발사업 시행"은 "자동차서비스복합단지 사업시행"으로 각각 본다.

③ 자동차서비스복합단지 개발사업의 준공검사, 공사완료의 공고 및 공사완료에 따른 관련 인·허가 등의 의제에 관하여는 「도시개발법」 제50조부터 제52조까지를, 자동차서비스복합단지 개발사업의 비용부담, 보조 또는 융자 및 조세와 부담금 등의 감면에 관하여는 「도시개발법」 제54조, 제59조 및 제71조를, 자동차서비스복합단지 건설을 위한 타인 토지의 출입 및 그에 따른 손실보상 등에 관하여는 「도시개발법」 제64조 및 제65조를, 자동차서비스복합단지의 개발 부지에 있는 국공유지의 처분제한과 개발사업에 따른 공공시설의 귀속에 대하여는 「도시개발법」 제66조 및 제68조를, 자동차서비스복합단지의 사업시행자가 법률 등을 위반한 경우 행정처분에 대하여는 「도시개발법」 제75조를 준용한다. 이 경우 "도시개발구역"은 "자동차서비스복합단지"로, "도시개발구역 개발계획"은 "자동차서비스복합단지 개발계획"으로, "도시개발사업 실시계획"은 "자동차서비스복합단지 실시계획"으로, "도시개발사업 시행"은 "자동차서비스복합단지 사업시행"으로 각각 본다.

제68조의11【자동차서비스복합단지 개발사업의 시행자】 「도시개발법」 제11조에도 불구하고 자동차서비스복합단지 개발사업의 시행자로 지정받을 수 있는 자는 다음 각 호의 자로 한다.
1. 국가 또는 지방자치단체
2. 「공공기관의 운영에 관한 법률」에 따른 공공기관 중 대통령령으로 정하는 기관
3. 「지방공기업법」에 따른 지방공사
4. 특별법에 따라 설립된 법인
5. 자동차서비스복합단지 대상지역의 토지소유자(「공유수면 관리 및 매립에 관한 법률」 제28조에 따라 매립면허를 받은 자를 해당 공유수면을 소유한 자로 보고 그 공유수면을 토지로 보며, 「도시개발법」 제21조에 따른 수용 또는 사용 방식의 경우에는 자동차서비스복합단지구역의 국공유지를 제외한 토지면적의 3분의 2 이상을 소유한 자를 말한다)
6. 제1호부터 5호까지에 해당하는 자가 자동차서비스복합단지 개발사업을 시행할 목적으로 출자에 참여하여 설립한 법인으로서 대통령령으로 정하는 요건에 해당하는 법인

제68조의12【토지 등의 수용·사용】 「도시개발법」 제22조에도 불구하고 사업에 필요한 토지 등을 수용하거나 사용할 수 있는 자는 제68조의11제1호부터 제4호까지에 해당하는 사업시행자 또는 제6호에 해당하는 사업시행자로서 제1호부터 제4호까지에 해당하는 자가 100분의 50을 초과하여 출자한 경우로 한다.

제68조의13【자동차서비스복합단지 등의 건축허가 및 사용승인】 ① 자동차서비스복합단지 안에 자동차관련시설 또는 자동차서비스 지원시설을 건축하려는 자가 「건축법」 제11조에 따른 건축허가를 받았을 때에는 다음 각 호의 인·허가등을 받은 것으로 본다.
1. 「건축법」 제20조제1항·제3항에 따른 가설건축물의 건축허가 또는 축조신고, 같은 법 제83조에 따른 공작물의 축조신고
2. 「고압가스 안전관리법」 제4조제3항에 따른 고압가스 저장소 설치의 허가
3. 「국토의 계획 및 이용에 관한 법률」 제56조제1항제1호에 따른 개발행위의 허가, 같은 법 제86조에 따른 도시·군계획시설사업시행자의 지정, 같은 법 제88조에 따른 실시계획의 인가
4. 「대기환경보전법」 제23조, 「물환경보전법」 제33조 및 「소음·진동관리법」 제8조에 따른 배출시설 설치의 허가 또는 신고(2017.1.17 본호개정)
5. 「도로법」 제61조에 따른 도로점용허가
6. 「소방시설 설치 및 관리에 관한 법률」 제6조제1항에 따른 건축허가등의 동의, 「소방시설공사업법」 제13조제1항에 따른 소방시설공사의 신고, 「위험물안전관리법」 제6조제1항에 따른 제조소등의 설치허가

(2021.11.30 본호개정)
7. 「액화석유가스의 안전관리 및 사업법」 제6조제1항에 따른 액화석유가스 저장소 설치의 허가
8. 「전기안전관리법」 제8조에 따른 자가용전기설비 공사계획의 인가 또는 신고(2020.3.31 본호개정)
9. 「공간정보의 구축 및 관리 등에 관한 법률」 제64조제2항에 따른 토지이동의 등록신청
10. 「총포·도검·화약류 등 단속법」 제25조제1항에 따른 화약류간이저장소 설치의 허가
11. 「토양환경보전법」 제12조에 따른 특정토양오염관리대상시설 설치의 신고
12. 「하수도법」 제24조에 따른 점용허가, 같은 법 제27조제3항에 따른 배수설비의 설치신고, 같은 법 제34조제2항에 따른 개인하수처리시설의 설치신고

② 제1항 각 호의 어느 하나에 해당하는 사항이 해당 시·도지사 또는 시장·군수·구청장 외의 다른 행정기관의 권한에 속하는 경우에는 해당 시·도지사 또는 시장·군수·구청장은 미리 그 다른 행정기관의 장과 협의를 하여야 한다.

③ 제1항에 따라 자동차서비스복합단지 안에 자동차관련시설 또는 자동차서비스 지원시설을 건축한 자 또는 「도시개발법」 제17조의 실시계획의 인가에 따라 건축허가의 의제를 받고 자동차관련시설 또는 자동차서비스 지원시설을 건축한 자가 해당 시설에 대하여 「건축법」 제22조에 따른 사용승인을 받았을 때에는 다음 각 호의 검사·신고 등을 받은 것으로 본다.
1. 「고압가스 안전관리법」 제16조제3항에 따른 고압가스의 제조·저장·판매·수입 시설이나 용기등의 제조시설 설치공사의 완성검사, 같은 법 제20조에 따른 특정고압가스 사용시설의 완성검사
2. 「국토의 계획 및 이용에 관한 법률」 제62조제1항에 따른 준공검사, 같은 법 제98조제1항에 따른 준공검사
3. 「대기환경보전법」 제30조 및 「물환경보전법」 제37조에 따른 배출시설과 방지시설의 가동개시 신고 (2017.1.17 본호개정)
4. 「소방시설공사업법」 제14조에 따른 완공검사, 「위험물안전관리법」 제9조에 따른 제조소등의 완공검사
5. 「액화석유가스의 안전관리 및 사업법」 제18조제2항에 따른 저장시설 또는 가스용품 제조시설의 완성검사
6. 「전기안전관리법」 제9조에 따른 자가용전기설비의 사용전검사(2020.3.31 본호개정)
7. 「정보통신공사업법」 제36조에 따른 사용전검사
8. 「총포·도검·화약류 등 단속법」 제43조에 따른 완성검사
9. 「하수도법」 제37조에 따른 개인하수처리시설의 준공검사

④ 제1항 각 호의 어느 하나에 해당하는 사항의 관계 법령을 관장하는 중앙행정기관의 장은 그 처리기준을 국토교통부장관에게 통보하여야 한다. 이를 변경한 때에도 또한 같다.

⑤ 국토교통부장관은 제4항에 따라 처리기준을 통보받으면 이를 통합하여 고시하여야 한다. 고시한 처리기준의 변경통보를 받은 때에도 또한 같다.

제7장의4 자동차매매업 공제조합
(2023.3.28 본장신설)

제68조의14【공제조합의 설립 등】 ① 자동차매매업자는 상호 간의 협동조직을 통하여 자율적인 경제활동을 도모하고 자동차매매업 운영에 필요한 각종 보증과 자금융자 및 자동차매매 관련 손해배상 등을 위하여 국토교통부장관의 인가를 받아 공제조합(이하 "공제조합"이라 한다)을 설립할 수 있다.

② 공제조합은 법인으로 하고, 주된 사무소의 소재지에서 설립등기를 함으로써 성립한다.

③ 자동차매매업자는 공제조합의 정관으로 정하는 바에 따라 공제조합에 가입할 수 있다.

④ 공제조합의 조합원 자격, 임원, 출자, 융자 및 운영 등에 필요한 사항은 정관으로 정한다.
⑤ 공제조합의 설립인가 기준·절차, 정관 기재사항 및 감독 등에 필요한 사항은 대통령령으로 정한다.
제68조의15【공제조합의 운영위원회】 ① 공제조합은 제68조의17에 따른 사업에 관한 사항을 심의·의결하고 그 업무 집행을 감독하기 위하여 운영위원회를 둔다.
② 운영위원회 위원은 조합원, 자동차매매업·금융·보험·회계·법률 분야 전문가, 관계 공무원 및 그 밖에 자동차매매업 관련 이해관계자로 구성하되, 그 수는 25명 이내로 한다.
③ 운영위원회의 구성, 기능 및 운영에 필요한 사항은 대통령령으로 정한다.
제68조의16【운영위원회 위원의 결격사유】 ① 다음 각 호의 어느 하나에 해당하는 사람은 제68조의15제2항에 따른 위원이 될 수 없다.
1. 미성년자, 피성년후견인 또는 피한정후견인
2. 파산선고를 받고 복권되지 아니한 사람
3. 이 법 또는 「보험업법」 등 대통령령으로 정하는 금융 관계 법령(외국의 금융 관계 법령을 포함한다)을 위반하여 금고 이상의 실형을 선고받고 그 집행이 끝나거나(집행이 끝난 것으로 보는 경우를 포함한다) 집행이 면제된 날부터 5년이 지나지 아니한 사람
4. 이 법 또는 「보험업법」 등 대통령령으로 정하는 금융 관계 법령(외국의 금융 관계 법령을 포함한다)을 위반하여 금고 이상의 형의 집행유예를 선고받고 그 유예기간 중에 있는 사람
5. 이 법에 따른 공제조합의 업무와 관련하여 벌금 이상의 형을 선고받고 그 집행이 끝나거나(집행이 끝난 것으로 보는 경우를 포함한다) 집행이 면제된 날부터 5년이 지나지 아니한 사람
6. 이 법에 따른 공제조합의 업무와 관련하여 벌금 이상의 형의 집행유예를 선고받고 그 유예기간 중에 있는 사람
7. 제68조의23에 따른 징계·해임의 처분을 받은 후 3년이 지나지 아니한 사람
② 제68조의15제2항에 따른 위원이 제1항 각 호의 어느 하나에 해당하게 된 때에는 그 날로 위원의 자격을 잃는다.
③ 국토교통부장관은 제1항제3호부터 제6호까지의 범죄경력자료의 조회를 경찰청장에게 요청하여 공제조합에 제공할 수 있다.
제68조의17【공제조합의 사업】 ① 공제조합은 다음 각 호의 사업을 한다.
1. 조합원이 자동차매매업을 운영할 때 필요한 입찰보증, 계약보증, 손해배상보증, 선급금보증, 대출보증과 그 밖에 대통령령으로 정하는 보증
2. 조합원에 고용된 자의 복지 향상과 업무상 재해로 인한 손실을 보상하는 공제사업
3. 조합원이 운영하는 사업에 필요한 자동차매매 손해공제사업
4. 조합원이 자동차매매업을 운영할 때 필요한 자금의 융자 및 알선
5. 자동차매매업과 관련한 연구 및 교육
6. 조합원이 공동 이용하는 시설의 설치·운영 및 조합원의 편익 증진을 위한 사업
7. 조합원이 수행하는 자동차매매사업에 관한 정보의 처리
8. 국가, 지방자치단체 또는 정관으로 정하는 공공단체가 위탁하는 사업
9. 제1호부터 제8호까지의 사업에 따르는 사업으로서 정관으로 정하는 사업
② 제1항제2호 및 제3호에서 규정하는 공제조합의 사업에 대하여는 「보험업법」(제193조는 제외한다)을 적용하지 아니한다.
제68조의18【보증규정 및 공제규정】 ① 공제조합은 제68조의17제1항제1호에 따른 보증사업, 같은 항 제2호 및 제3호에 따른 공제사업을 하려면 사업에 필요한 보증규정 및 공제규정을 정하여 국토교통부장관의 인가를 받아야 한다. 인가받은 사항을 변경하려는 경우에도 또한 같다.
② 제1항의 보증규정 및 공제규정에 포함하여야 하는 사항은 대통령령으로 정한다.
제68조의19【공제조합의 지분양도 등】 ① 조합원 또는 조합원이었던 자는 대통령령으로 정하는 바에 따라 그 지분을 다른 조합원 또는 조합원이 되려는 자에게 양도할 수 있다.
② 제1항에 따라 지분을 양수한 자는 그 지분에 관한 양도인의 권리 및 의무를 승계한다.
③ 지분의 양도 및 질권 설정은 「상법」에 따른 주식의 양도 및 질권 설정의 방법에 따른다.
④ 민사집행 절차나 국세 등의 강제징수 또는 체납처분 절차에 따른 지분의 가압류 또는 압류는 「민사집행법」 제233조에 따른 지시채권의 가압류 또는 압류의 방법으로 한다.
제68조의20【공제조합의 지분 취득 등】 ① 공제조합은 다음 각 호의 어느 하나에 해당하는 사유가 있을 때에는 조합원 또는 조합원이었던 자의 지분을 취득할 수 있다. 다만, 제1호 또는 제3호에 해당하는 때에는 그 지분을 취득하여야 한다.
1. 출자금을 감소하려는 경우
2. 조합원에 대하여 가지는 담보권을 실행하기 위하여 필요한 경우
3. 공제조합에 출자한 자가 자기 출자액을 회수하기 위하여 공제조합에 지분의 양수를 요구한 경우
4. 준비금의 출자전입(出資轉入) 시 단좌(端坐)가 발생한 경우
5. 조합원이 탈퇴한 후 2년이 지난 경우
② 공제조합이 제1항에 따라 지분을 취득한 때에는 지체 없이 다음 각 호의 조치를 이행하여야 한다.
1. 제1항제1호의 사유로 지분을 취득한 경우 : 출자금의 감소절차
2. 제1항제2호부터 제5호까지의 사유로 지분을 취득한 경우 : 다른 조합원 또는 조합원이 되고자 하는 자에게 처분. 다만, 처분되지 아니한 지분은 정관으로 정하는 바에 따라 출자금을 감소시킬 수 있다.
③ 조합원의 지분은 공제조합에 대한 채무의 담보로 제공되는 경우를 제외하고는 질권의 대상이 될 수 없다.
④ 공제조합은 제1항에 따라 지분을 취득한 경우 조합원 또는 조합원이었던 자에게 지급하여야 할 금액을 지체 없이 지급하여야 한다.
⑤ 제1항에 따라 공제조합이 지분을 취득한 경우 조합원 또는 조합원이었던 자가 가지는 청산금(淸算金) 청구권은 그 지분을 취득한 날부터 5년간 행사하지 아니하면 시효로 인하여 소멸한다.
제68조의21【재무건전성의 유지】 ① 공제조합은 공제금 지급능력과 경영의 건전성을 확보하기 위하여 다음 각 호의 사항에 관하여 대통령령으로 정하는 재무건전성 기준을 지켜야 한다.
1. 자본의 적정성에 관한 사항
2. 자산의 건전성에 관한 사항
3. 유동성의 확보에 관한 사항
② 국토교통부장관은 공제조합이 제1항의 기준을 지키지 아니하여 경영의 건전성을 해칠 우려가 있다고 인정하면 대통령령으로 정하는 바에 따라 자본금의 증액을 명하거나 주식 등 위험자산의 소유를 제한하는 조치를 취할 수 있다.
제68조의22【공제조합 업무의 개선명령】 국토교통부장관은 공제조합의 업무 운영이 적정하지 아니하거나 자산상황이 불량하여 공제 가입자 및 자동차 매수인 등의 권익을 침해할 우려가 있다고 인정하면 다음 각 호의 조치를 명할 수 있다.
1. 업무집행 방법의 변경
2. 자산예탁기관의 변경
3. 자산의 장부가격의 변경
4. 불건전한 자산에 대한 적립금의 보유
5. 가치가 없다고 인정되는 자산의 손실 처리
제68조의23【공제조합 임직원에 대한 제재 등】 국토교통부장관은 공제조합의 임직원이 다음 각 호의 어느 하나에 해당하여 공제사업 등을 건전하게 운영하지 못하거나 자동차 매수인 등의 권익을 침해할 우려가 있다고 인정하면 임직원에 대한 징계·해임을 요구하거나 해당 위반행위를 시정하도록 명할 수 있다.
1. 제68조의18에 따른 보증규정 또는 공제규정을 위반하여 업무를 처리한 경우
2. 제68조의21에 따른 재무건전성 기준을 지키지 아니한 경우
3. 제68조의22에 따른 개선명령을 이행하지 아니한 경우
제68조의24【조사 및 검사 등】 ① 국토교통부장관은 공제조합의 재무건전성 유지, 자동차 매수인 등의 권익 보호 등을 위하여 필요하다고 인정하면 공제조합에 대하여 그 업무에 관한 사항을 보고하게 하거나 자료의 제출을 명할 수 있으며, 소속 공무원으로 하여금 공제조합의 업무 상황 또는 회계 상황을 조사하게 하거나 장부 또는 그 밖의 서류를 검사하게 할 수 있다.
② 국토교통부장관은 제1항에 따른 조사나 검사를 하려면 조사 또는 검사 7일 전에 조사 또는 검사할 내용, 일시, 이유 등 조사 또는 검사 계획을 미리 공제조합에 알려야 한다. 다만, 긴급한 경우 또는 사전통지를 하면 증거인멸 등으로 조사목적을 달성할 수 없다고 인정하는 경우에는 그러하지 아니하다.
③ 제1항에 따라 조사 또는 검사를 하는 공무원은 그 권한을 표시하는 증표를 지니고 관계인에게 보여주어야 한다.
④ 국토교통부장관은 공제사업에 관하여 「금융위원회의 설치 등에 관한 법률」에 따른 금융감독원의 원장에게 조사 또는 검사를 요청할 수 있다.
⑤ 국토교통부장관은 제68조의17제1항제1호부터 제3호까지의 보증사업 및 공제사업의 건전한 육성과 계약자 보호를 위하여 금융위원회 위원장과 협의하여 감독에 필요한 기준을 정하여 고시하여야 한다.
제68조의25【다른 법률의 준용】 공제조합에 관하여는 이 법에서 규정한 사항을 제외하고는 「민법」 중 사단법인에 관한 규정과 「상법」 중 주식회사의 회계에 관한 규정을 준용한다.

제8장 보 칙
(2009.2.6 본장개정)

제69조【자동차관리업무의 전산 처리】 ① 국토교통부장관은 자동차를 효율적으로 관리하기 위하여 필요한 경우에는 국토교통부령으로 정하는 바에 따라 전산정보처리조직을 이용하여 이 법에 규정된 업무를 처리할 수 있다.
② 제1항에 따른 전산정보처리조직에 의하여 처리된 자료(이하 "전산자료"라 한다)를 이용하려는 자는 대통령령으로 정하는 바에 따라 관계 중앙행정기관의 장의 심의를 거쳐 국토교통부장관의 승인을 받아야 한다.
③ 국토교통부장관은 제2항에 따른 승인 요청을 받으면 자동차관리업무를 효율적으로 수행하는 데 지장이 없고, 자동차 소유자 등의 사생활의 비밀과 자유를 침해하지 아니한다고 인정되는 경우에만 이를 승인할 수 있다. 이 경우 국토교통부장관은 그 용도를 제한하여 승인할 수 있다.
④ 제2항과 제3항에 따른 전산 자료의 이용 대상 범위와 심의 및 승인 기준 등에 관하여 필요한 사항은 국토교통부령으로 정한다.
(2013.3.23 본조개정)
제69조의2【자동차이력관리 정보의 제공】 ① 국토교통부장관은 자동차의 제작, 등록, 검사, 정비 및 폐차 등 자동차관련 통합이력(이하 "자동차이력관리 정보"라 한다)을 자동차소유자 등에게 제공할 수 있다.
② 제1항에 따라 자동차이력관리 정보를 제공받으려는 자는 「민원 처리에 관한 법률」 제12조의2제2항에 따른 전자민원창구를 이용하여 국토교통부령으로 정하는 바에 따라 국토교통부장관에게 정보 제공을 신청하여야 한다.(2022.1.11 본항개정)
③ 국토교통부장관은 제2항에 따라 자동차소유자 외의 자에게 정보를 제공할 때에는 자동차소유자의 동의 등 개인정보 보호를 위한 조치를 하여야 한다.
④ 제3항에 따른 개인정보 보호 조치에 필요한 사항, 제공 가능 정보의 내용, 제공 대상 및 제공 방법 등은 대통령령으로 정한다.
(2015.1.6 본조신설)
제69조의3【자동차정비 전문인력의 육성 및 관리】 ① 국토교통부장관 또는 시·도지사는 자동차정비 분야의 전문적인 기술 또는 기능을 보유한 인력(이하 "정비전문인력"이라 한다)의 육성 및 관리를 위한 시책을 수립·추진할 수 있다.
② 제1항에 따라 수립하는 시책에는 다음 각 호의 사항이 포함되어야 한다.
1. 정비전문인력의 수급 및 활용에 관한 사항
2. 정비전문인력의 육성 및 교육훈련에 관한 사항
3. 정비전문인력의 경력관리와 경력인증에 관한 사항
4. 그 밖에 정비전문인력의 육성 및 관리에 필요한 사항으로서 대통령령으로 정하는 사항
③ 국토교통부장관 또는 시·도지사는 제1항에 따른 시책을 추진할 때 필요한 경우에는 대통령령으로 정하는 바에 따라 정비전문인력 관련 단체·조합등 및 대학 등을 지원할 수 있다.
④ 제1항부터 제3항까지의 규정에 따른 정비전문인력의 육성 및 관리와 지원에 필요한 사항은 대통령령으로 정한다.
(2019.11.26 본조신설)
제69조의4【자동차 인터넷 표시·광고의 모니터링】 ① 국토교통부장관은 인터넷을 통하여 이루어지는 자동차에 대한 표시·광고가 제57조제3항제2호, 제57조의2제2항 및 제58조제4항을 준수하는지 여부를 모니터링할 수 있다.(2022.11.15 본항개정)
② 국토교통부장관은 제1항에 따른 모니터링을 위하여 필요한 때에는 정보통신서비스 제공자(「정보통신망 이용촉진 및 정보보호 등에 관한 법률」 제2조제1항제3호에 따른 정보통신서비스 제공자를 말한다. 이하 이 조에서 같다)에게 관련 자료의 제출을 요구할 수 있다. 이 경우 관련 자료의 제출을 요구받은 정보통신서비스 제공자는 정당한 사유가 없으면 이에 따라야 한다.
③ 국토교통부장관은 제1항에 따른 모니터링 결과에 따라 정보통신서비스 제공자에게 이 법 위반이 의심되는 표시·광고에 대한 확인 또는 추가정보의 게재 등 필요한 조치를 요구할 수 있다. 이 경우 필요한 조치를 요구받은 정보통신서비스 제공자는 정당한 사유가 없으면 이에 따라야 한다.
④ 국토교통부장관은 제1항에 따른 모니터링 업무를 대통령령으로 정하는 기관에 위탁할 수 있다.
⑤ 국토교통부장관은 제4항에 따른 업무위탁기관에 예산의 범위에서 위탁업무 수행에 필요한 비용을 지원할 수 있다.
⑥ 제1항에 따른 모니터링의 내용, 방법 및 절차 등에 필요한 사항은 국토교통부령으로 정한다.
(2022.6.10 본조신설)
제70조【자동차관리의 특례】 다음 각 호의 자동차에 대한 등록(이륜자동차의 경우에는 사용신고를 말한다)·자동차자기인증·부품자기인증·점검·정비·검사·폐차·등록번호판(이륜자동차의 경우에는 이륜자동차번호판을 말한다) 및 봉인에 관하여는 이 법의 규정에도 불구

하고 국토교통부령으로 정하는 바에 따른다.(2013.3.23 본문개정)
1. 대한민국 주재 외교관이 소유하는 자동차
2. 대한민국 주재 미합중국 군대의 구성원·군무원 또는 그들의 가족이 사적 용도로 사용하는 자동차
3. 국제연합 또는 이에 준하는 국제기구의 직원이 소유하는 자동차
4. 도로교통에 관한 협약의 당사국 국민(내국인은 제외한다)이 소유하는 자동차 중 국내에서 운행하는 자동차 및 우리나라에 등록된 자동차 중 도로교통에 관한 협약의 당사국(우리나라는 제외한다)에서 운행하는 자동차
5. 「관세법」에 따라 다시 수출할 것을 조건으로 일시 수입되는 자동차
6. 국가 안보 및 치안 유지를 위하여 특히 필요하다고 인정하여 국토교통부령으로 정하는 자동차(2013.3.23 본호개정)
7. 도로(「도로법」에 따른 도로와 그 밖에 일반 교통에 사용하는 구역을 말한다) 외의 장소에서만 사용하는 자동차
8. 수출용으로 제작·조립한 자동차

제71조【부정사용 금지 등】 ① 누구든지 이 법에 따른 자동차등록증, 폐차사실 증명서류, 등록번호판, 임시운행허가증, 임시운행허가번호판, 자동차자기인증표시, 부품자기인증표시, 내압용기검사 각인 또는 표시, 내압용기재검사 각인 또는 표시, 신규검사증명서, 이륜자동차번호판, 차대표기 및 원동기형식 표기를 위조·변조 또는 부정사용하거나 위조 또는 변조한 것을 매매, 매매 알선, 수수(收受) 또는 사용하여서는 아니 된다.(2011.5.24 본항개정)
② 누구든지 자동차의 주행거리를 변경하여서는 아니 된다. 다만, 고장 또는 파손 등 대통령령으로 정하는 불가피한 사유로 변경하는 경우에는 그러하지 아니하다.

제72조【보고·검사】 ① 국토교통부장관, 환경부장관(종합검사와 관련된 업무에만 해당한다), 시·도지사, 시장·군수·구청장은 자동차의 관리업무를 위하여 필요하다고 인정하면 다음 각 호의 자에게 그 관리 또는 업무에 관한 보고를 하게 할 수 있다.(2013.3.23 본문개정)
1. 자동차사용자
2. 등록번호판발급대행자
3. 제22조(제52조에서 준용하는 경우를 포함한다)에 따라 자동차의 차대번호 및 원동기형식을 표기하는 자
4. 자동차제작자등
5. 부품제작자등
5의2. 내압용기제조자등(2011.5.24 본호신설)
6. 기계·기구제작자등
7. 자동차검사대행자
8. 종합검사대행자
9. 지정정비사업자
10. 종합검사지정정비사업자
11. 택시미터전문검정기관
12. 자동차관리사업자
13. 대체부품인증기관(2017.10.24 본호신설)
13의2. 튜닝부품인증기관(2023.8.16 본호신설)
14. 온라인 자동차 매매정보제공자(2017.10.24 본호신설)
15. 제77조제8항에 따라 자동차의 튜닝 승인에 관한 권한을 위탁받은 자(2018.6.12 본호신설)
16. 자동차성능·상태점검자(2022.11.15 본호신설)
② 국토교통부장관, 환경부장관(종합검사와 관련된 업무에만 해당한다), 시·도지사, 시장·군수·구청장은 필요하다고 인정하면 소속 공무원으로 하여금 제1항 각 호의 자의 시설·장비·자동차·사업장 또는 사무소에 출입하여 관련 자동차·장부·서류 또는 그 밖의 물건을 검사하거나 관계인에게 질문하게 할 수 있다. 이 경우 환경부장관은 종합검사를 시행하는 자에 대한 출입·검사가 합동으로 실시되도록 하여야 한다.(2013.3.23 전단개정)
③ 제2항에 따라 검사를 할 때에는 검사 7일 전까지 검사 일시, 검사 목적 및 검사 내용 등을 기재한 검사 계획을 검사 대상자에게 알려야 한다. 다만, 긴급히 검사해야 하거나 사전에 검사 계획이 알려지면 검사 목적을 달성할 수 없다고 인정되는 경우에는 사전에 알리지 아니할 수 있으며, 검사 후 즉시 사후결과보고서를 작성하여야 한다.
④ 제2항에 따라 출입·검사를 하는 공무원은 그 권한을 표시하는 증표를 지니고 이를 관계인에게 내보여야 한다.

제72조의2【자료의 요청】 ① 국토교통부장관 또는 시·도지사(제77조제1항부터 제4항까지 및 제9항에 따라 그 권한을 위임·재위임 또는 위탁받은 자를 포함한다)는 자동차(이륜자동차 포함) 검사 및 관리업무의 효율적인 운영을 위하여 필요하면 국가기관, 지방자치단체, 「공공기관의 운영에 관한 법률」에 따른 공공기관, 「보험업법」에 따른 보험회사 및 보험료율 산출기관, 그 밖의 관계 기관 등에게 필요한 자료의 제출을 요청할 수 있다.
② 제1항에 따라 자료의 제공을 요청받은 자는 정당한 사유가 없으면 요청받은 자료를 제공하여야 한다.
(2015.8.11 본조신설)

제73조【위반행위에 대한 금지조치 등】 ① 국토교통부장관, 시·도지사, 시장·군수·구청장은 다음 각 호의 어느 하나에 해당하는 위반행위가 있을 때에는 관계 공무원으로 하여금 그 위반행위의 금지를 명하게 하거나 그에 사용된 기기 또는 시설물의 조사·확인이나 그 밖의 필요한 처분(이하 "단속"이라 한다)을 하게 할 수 있다.(2013.3.23 본문개정)
1. 제35조를 위반하여 자동차에서 장치를 무단으로 해체하거나 조작하는 경우(2017.12.26 본호개정)
2. 제36조를 위반하여 자동차를 정비하는 경우(2012.12.18 본호개정)
3. 제53조제1항을 위반하여 등록하지 아니하고 자동차관리사업을 하는 경우
4. 제58조제2항을 위반하여 신고하지 아니하고 자동차성능·상태점검을 하는 경우(2022.11.15 본호신설)
② 제1항에 따라 관계 공무원이 단속을 한 경우에는 즉시 단속을 받은 자에게 단속 내용을 적은 문서를 발급하여야 한다.
③ 국토교통부장관, 시·도지사, 시장·군수·구청장은 제1항에 따른 단속을 할 때 필요하면 제67조에 따른 조합 등과 제68조에 따른 연합회에 협조를 요청할 수 있다.(2013.3.23 본항개정)
④ 제1항에 따라 단속을 하는 관계 공무원에 관하여는 제72조제4항을 준용한다.

제73조의2【자동차안전기준 적합 여부에 대한 조사】 ① 국토교통부장관은 제29조제1항을 위반하여 자동차안전기준에 적합하지 아니한 자동차를 운행하는지 여부를 확인하기 위하여 관계 공무원 또는 자동차안전단속원(교통안전공단의 임직원 중에서 자동차안전 관리 업무를 담당하는 사람을 말한다. 이하 같다)으로 하여금 운행 중인 자동차를 조사하게 할 수 있다.
② 운행 중인 자동차의 소유자나 운전자는 정당한 사유 없이 제1항에 따른 조사를 거부·방해 또는 기피하여서는 아니 된다.
③ 제1항에 따라 조사를 하는 관계 공무원 또는 자동차안전단속원에 관하여는 제72조제4항을 준용한다.
(2017.12.26 본조신설)

제74조【과징금의 부과】 ① 국토교통부장관, 시·도지사, 시장·군수·구청장은 제21조, 제45조의3제1항, 제47조제5항 또는 제66조제1항에 해당되어 해당 등록번호판발급대행자, 자동차검사대행자, 종합검사대행자, 택시미터전문검정기관 또는 자동차관리사업자에 대한 업무 또는 사업정지처분(이하 "정지처분"이라 한다)을 하여야 하는 경우로서 그 정지처분이 일반 이용자 등에게 심한 불편을 주거나 그 밖에 공익을 해칠 우려가 있을 때에는 대통령령으로 정하는 바에 따라 정지처분을 갈음하여 1천만원 이하의 과징금을 부과할 수 있다. 다만, 종합검사와 관련된 종합검사대행자의 정지처분을 갈음하는 경우에는 5천만원 이하의 과징금을 부과할 수 있다.
(2013.3.23 본문개정)
② 국토교통부장관은 제31조제1항(제52조에서 준용하는 경우를 포함한다)을 위반하여 결함을 은폐, 축소 또는 거짓으로 공개하거나 결함을 안 날부터 지체 없이 시정하지 아니한 자에게 그 자동차 또는 자동차부품 매출액의 100분의 3을 초과하지 아니하는 범위에서 과징금을 부과할 수 있다.(2020.2.4 본항신설)
③ 국토교통부장관은 다음 각 호의 어느 하나에 해당하는 자에게 그 자동차 또는 자동차부품 매출액의 100분의 2(100억원을 초과하는 경우에는 100억원으로 한다)를 초과하지 아니하는 범위에서 과징금을 부과할 수 있다.
(2020.2.4 본문개정)
1. 제30조제1항(제52조에서 준용하는 경우를 포함한다)을 위반하여 자동차안전기준에 적합하지 아니한 자동차를 판매한 자
2. 제30조의2제1항(제52조에서 준용하는 경우를 포함한다)을 위반하여 부품안전기준에 적합하지 아니한 자동차부품을 판매한 자
3.~4. (2020.2.4 삭제)
5. 제31조의4제1항(제52조에서 준용하는 경우를 포함한다)을 위반하여 결함을 시정하지 아니한 자동차 또는 자동차부품을 판매한 자(제1호 또는 제2호에 해당되는 경우는 제외한다)(2021.4.13 본호신설)
④ 국토교통부장관은 제35조의6제1항을 위반하여 내압용기검사에 합격하지 아니한 내압용기를 판매한 자에게 그 내압용기 매출액의 100분의 1(100억원을 초과하는 경우에는 100억원으로 한다)을 초과하지 아니하는 범위에서 과징금을 부과할 수 있다.(2020.2.4 본항개정)
⑤ 제1항부터 제4항까지의 규정에 따라 과징금을 부과하는 위반행위의 종류, 위반 정도 등에 따른 과징금의 금액, 그 밖에 필요한 사항은 대통령령으로 정한다.(2020.2.4 본항개정)
⑥ 국토교통부장관, 시·도지사, 시장·군수·구청장은 제1항부터 제4항까지의 규정에 따른 과징금을 내야 할 자가 납부 기한까지 과징금을 내지 아니하면 대통령령으로 정하는 바에 따라 국세 체납처분의 예 또는 「지방행정제재·부과금의 징수 등에 관한 법률」에 따라 징수한다.
(2020.3.24 본항개정)

제74조의2【손해배상】 ① 제31조제1항에 따른 결함으로 발생한 생명, 신체 및 재산상의 손해(해당 자동차 또는 자동차부품에 대하여만 발생한 손해는 제외한다)에 대하여는 자동차제작자등이나 부품제작자등이 손해배상의 책임이 있다.
② 제1항에도 불구하고 자동차제작자등이나 부품제작자등이 결함을 알면서도 이를 은폐·축소 또는 거짓으로 공개하거나 제31조제1항에 따라 지체 없이 시정하지 아니하여 생명, 신체 및 재산에 중대한 손해를 입은 자가 있는 경우에는 그 자에게 발생한 손해의 5배를 넘지 아니하는 범위에서 배상책임을 진다.(2020.2.4 본항신설)
③ 제1항 또는 제2항의 손해를 입은 자가 다음 각 호의 사실을 증명한 경우에는 해당 자동차 또는 자동차부품에 제31조제1항에 따른 결함이 있었고, 그 결함으로 인하여 손해가 발생한 것으로 추정한다.
1. 해당 자동차나 자동차부품이 정상적으로 사용되는 상태에서 제1항 및 제2항의 손해가 발생하였다는 사실
2. 제1호의 손해가 자동차제작자등이나 부품제작자등의 실질적인 지배영역에 속한 원인으로부터 초래되었다는 사실
3. 제1호의 손해가 해당 자동차나 자동차부품의 결함 없이는 통상적으로 발생하지 아니한다는 사실
(2020.2.4 본항신설)
④ 법원은 제2항의 배상액을 정할 때에는 다음 각 호의 사항을 고려하여야 한다.
1. 고의성의 정도
2. 해당 결함으로 인하여 발생한 손해의 정도
3. 해당 자동차나 자동차부품을 판매하여 취득한 경제적 이익
4. 해당 결함으로 인하여 자동차제작자등이나 부품제작자등이 형사처벌 또는 행정처분을 받은 경우 그 형사처벌 또는 행정처분의 정도
5. 해당 자동차나 자동차부품의 공급이 지속된 기간 및 공급규모
6. 자동차제작자등이나 부품제작자등의 재산상태
7. 자동차제작자등이나 부품제작자등이 피해구제를 위하여 노력한 정도
(2020.2.4 본항신설)
⑤ 제1항 또는 제2항에 따라 손해배상청구의 소를 제기한 자는 성능시험대행자에게 제30조의3제2항, 제31조제4항 및 제31조의3제1항에 따른 조사에 대한 정보를 제공하여 줄 것을 요청할 수 있다. 이 경우 성능시험대행자는 정당한 사유가 없으면 이에 응하여야 한다.(2020.2.4 본항신설)
⑥ 제1항 또는 제2항에 따라 손해배상청구의 소가 제기된 때에는 법원은 필요한 경우 성능시험대행자에 대하여 제30조의3제2항, 제31조제4항 및 제31조의3제1항에 따른 조사 결과의 송부를 요구할 수 있다.(2020.2.4 본항신설)
⑦ 연대책임, 면책특약의 제한에 관하여는 「제조물 책임법」 제5조 및 제6조를 준용한다.(2020.2.4 본항신설)
(2020.2.4 본조개정)

제75조【청문】 국토교통부장관, 시·도지사, 시장·군수·구청장은 다음 각 호의 어느 하나에 해당하는 처분을 하려면 청문을 하여야 한다.(2013.3.23 본문개정)
1. 제21조, 제30조의6제1항, 제45조의3제1항 및 제47조제5항에 따른 지정취소(2017.10.24 본호개정)
2. 제30조제6항 또는 제30조의2제4항에 따른 등록의 취소(2015.12.29 본호개정)
3. 제30조의3제1항(제52조에서 준용하는 경우를 포함한다)에 따른 제작·조립·수입 또는 판매의 중지명령
4. 제31조제3항 본문(제52조에서 준용하는 경우를 포함한다)에 따른 자동차 또는 자동차부품의 결함에 대한 시정명령(2011.5.24 본호개정)
5. 제32조제2항에 따른 인증의 취소
5의2. 제35조의9제1항에 따른 제조·수입 또는 판매의 중지명령(제35조의9제1항제2호 중 제35조의10제3항의 경우는 제외한다)(2011.5.24 본호신설)
5의3. 제35조의10제2항에 따른 내압용기 회수등의 명령(2011.5.24 본호신설)
6. 제54조제2항(제65조의2제6항에서 준용하는 경우를 포함한다) 및 제66조에 따른 등록취소(2017.10.24 본호개정)
6의2. 제66조제5항에 따른 사업장의 폐쇄(2022.11.15 본호신설)
7. 제74조제2항부터 제4항까지의 규정에 따른 과징금의 부과(2020.2.4 본호개정)

제76조【수수료】 다음 각 호의 어느 하나에 해당하는 자는 국토교통부령(종합검사지정정비사업자 지정신청 또는 종합검사의 신청의 경우에는 공동부령을 말한다)으로 정하는 바에 따라 국토교통부장관, 시·도지사, 시장·군수·구청장, 성능시험대행자에게 수수료를 내야 한다. 다만, 국토교통부장관, 시·도지사 또는 시장·군수·구청장이 제30조제3항(제52조에서 준용하는 경우를 포함한다)에 따른 자동차의 기술검토 및 안전검사, 제32조제3항(제52조에서 준용하는 경우를 포함한다)에 따른 자동차의 부품 또는 장치의 성능시험, 제35조의6제1항에 따른 내압용기검사, 제35조의7제1항에 따른 내압용기장착검사, 제35조의8에 따른 내압용기재검사, 제44조제1항에 따른 자동차검사, 제44조의2제1항에 따른 종합검사, 제45조제1항에 따른 정기검사, 제45조의2제1항에 따른 종합검사, 제47조제2항에 따른 택시미터의 검정, 제77조제6항에 따른 압류의 해제에 필요한 사무의 대행에 관한 업무, 자기인증의 면제, 기계·기구의 정밀도검사 및 자동차이력관리 정보의 제공, 제77조제7항에 따른 전자적 방법(「전자정부법」에 따른 전자문서와 전자화문서를 포함한다. 이하 같다)으로 신청받은 등록에 관한 사무, 제77조제8항에 따른 자동차 튜닝에 관한 승인, 제77조제10항에 따른 전산정보처리조직의 설치·운영에 관한 업무를

대행 또는 위탁한 경우에는 그 업무를 대행 또는 위탁받은 자가 정하는 수수료를 그 대행 또는 위탁받은 자에게 내야 한다.(2015.1.6 단서개정)

1. 제7조제4항에 따라 등록원부의 열람이나 그 등본 또는 초본의 발급을 신청하는 자
2. 제8조제1항, 제11조제1항, 제12조제1항 및 제13조제1항에 따라 등록 신청을 하는 자

2의2. 제14조의2에 따라 압류해제에 필요한 사무의 처리를 요청한 자 및 압류등록을 해제하려는 자(2015.1.6 본호신설)

3. 제18조제2항에 따라 자동차등록증의 재발급을 신청하는 자
4. 제19조 및 제49조에 따라 등록번호판 또는 이륜자동차 번호판의 발급 또는 봉인을 받는 자
5. 제20조, 제44조, 제44조의2, 제45조, 제45조의2 또는 제47조에 따라 등록번호판발급대행자, 자동차검사대행자, 종합검사대행자, 지정정비사업자, 종합검사지정정비사업자 또는 택시미터전문검정기관의 지정을 신청하는 자
6. 제27조에 따라 자동차의 임시운행허가를 신청하는 자
7. 제30조제3항(제52조에서 준용하는 경우를 포함한다)에 따라 자동차의 기술검토 및 안전검사를 신청하는 자(2011.5.24 본호개정)
8. 제30조의4(제52조에서 준용하는 경우를 포함한다)에 따라 자기인증의 면제를 신청하는 자
9. 제32조(제52조에서 준용하는 경우를 포함한다)에 따라 자동차에 사용되는 부품 또는 장치의 성능시험을 받는 자
10. 제34조(제52조에서 준용하는 경우를 포함한다)에 따라 자동차 또는 이륜자동차의 튜닝 승인을 신청하는 자(2014.1.7 본호개정)

10의2. 제35조의6제1항에 따라 내압용기검사를 신청하는 자(2011.5.24 본호신설)

10의3. 제35조의7제1항에 따라 내압용기장착검사를 신청하는 자(2011.5.24 본호신설)

10의4. 제35조의8제1항에 따라 내압용기재검사를 신청하는 자(2011.5.24 본호신설)

11. 제40조에 따라 기계·기구의 정밀도검사를 신청하는 자
12. 제43조 또는 제43조의2에 따라 자동차검사 또는 종합검사를 신청하는 자
13. 제47조에 따라 택시미터의 검정을 신청하는 자
14. 제53조에 따라 자동차관리사업의 등록 또는 변경 등록을 신청하는 자
15. 제55조제1항 및 제2항에 따라 자동차관리사업의 양도·양수 또는 합병의 신고를 하는 자
16. 제60조제1항에 따라 경매장 개설의 승인을 신청하는 자
17. 제69조제2항에 따라 전산자료의 이용을 신청하는 자
18. 제69조의2제2항에 따라 자동차이력관리 정보 제공을 신청하는 자(2015.1.6 본호신설)

제77조【권한의 위임 및 위탁】 ① 이 법에 따른 국토교통부장관의 권한은 대통령령으로 정하는 바에 따라 그 일부를 시·도지사에게 위임할 수 있다.(2013.3.23 본항개정)

② 이 법에 따라 국토교통부장관 및 환경부장관이 공동으로 실시하는 종합검사에 관한 권한은 대통령령으로 정하는 바에 따라 그 일부를 시·도지사에게 위임할 수 있다.(2013.3.23 본항개정)

③ 시·도지사는 제1항 또는 제2항에 따라 위임받은 권한의 일부를 국토교통부장관(제2항의 경우에는 국토교통부장관 및 환경부장관을 말한다)의 승인을 받아 시장·군수·구청장(특별자치도지사는 제외한다)에게 재위임할 수 있다.(2013.3.23 본항개정)

④ 이 법에 따른 시·도지사의 권한은 대통령령으로 정하는 바에 따라 그 일부를 시장·군수·구청장(특별자치도지사는 제외한다)에게 위임할 수 있다.(2020.6.9 본항개정)

⑤ 국토교통부장관은 다음 각 호의 업무를 대통령령으로 정하는 바에 따라 자동차검사대행자에게 위탁할 수 있다.(2013.3.23 본문개정)

1. 제23조제1항 단서(제52조에서 준용하는 경우를 포함한다)에 따른 표기를 지우는 행위 등의 인정에 관한 업무
2. 제23조제2항(제52조에서 준용하는 경우를 포함한다)에 따른 표기를 지우거나 표기를 받을 것을 명하는 것에 관한 업무

⑥ 국토교통부장관은 다음 각 호의 업무를 대통령령으로 정하는 바에 따라 한국교통안전공단에 위탁할 수 있다.(2017.10.24 본문개정)

1. 제14조의2제1항에 따른 압류해제에 필요한 사무의 대행에 관한 업무(2015.1.6 본호신설)
2. 제30조의4(제52조에서 준용하는 경우를 포함한다)에 따른 자기인증의 면제에 관한 업무

2의2. 제34조의2제1항제1호에 따른 자동차 튜닝의 안전성 조사·연구 및 장비개발에 관한 업무(2020.4.7 본호신설)

2의3. 제34조의2제1항제1호의2에 따른 자동차 튜닝전문인력의 양성 및 튜닝 관련 교육프로그램의 개발·보급 업무(2020.4.7 본호신설)

3. 제40조제1항(제47조제4항에서 준용하는 경우를 포함한다)에 따른 기계·기구의 정밀도 검사에 관한 업무
4. 제69조의2제1항에 따른 자동차이력관리 정보의 제공에 관한 업무(2015.1.6 본호신설)

⑦ 시·도지사는 제69조에 따른 전산정보처리조직을 이용하여 전자적 방법으로 신청받은 제7조부터 제8조까지, 제9조부터 제12조까지, 제12조의2, 제13조, 제14조, 제14조의3, 제16조 및 제27조의 등록에 관한 사무를 대통령령으로 정하는 바에 따라 한국교통안전공단에 위탁할 수 있다.(2017.10.24 본항개정)

⑧ 시장·군수·구청장은 제34조(제52조에서 준용하는 경우를 포함한다)에 따른 승인에 관한 권한, 제59조제1항 및 제64조제1항에 따른 신고의 수리에 관한 권한을 대통령령으로 정하는 바에 따라 한국교통안전공단, 조합등 또는 제68조에 따른 연합회에 위탁할 수 있다.(2017.10.24 본항개정)

⑨ 시장·군수·구청장의 권한 중 이륜자동차에 관한 사무는 읍장·면장·동장 또는 출장소장에게 위임할 수 있다.

⑩ 국토교통부장관은 제69조에 따른 전산정보처리조직의 설치·운영에 관한 권한을 대통령령으로 정하는 바에 따라 한국교통안전공단에 위탁할 수 있다.(2017.10.24 본항개정)

⑪ 국토교통부장관은 다음 각 호의 업무를 대통령령으로 정하는 바에 따라 「고압가스 안전관리법」 제28조에 따른 한국가스안전공사에 위탁할 수 있다.(2013.3.23 본문개정)

1. 제35조의6제1항에 따른 내압용기검사에 관한 업무
2. 제35조의6제2항에 따른 내압용기 파기에 관한 업무
3. 제35조의6제3항에 따른 내압용기에 대한 각인 또는 표시에 관한 업무

(2011.5.24 본항신설)

⑫ 국토교통부장관은 제33조의4에 따른 자동차결함정보시스템의 구축·운영에 관한 권한을 대통령령으로 정하는 바에 따라 성능시험대행자에게 위탁할 수 있다.(2020.2.4 본항신설)

제77조의2【벌칙 적용에서 공무원 의제】 다음 각 호의 어느 하나에 해당하는 업무에 종사하는 자는 「형법」 제129조부터 제132조까지를 적용할 때에는 공무원으로 본다.

1. 제20조제1항(제52조에서 준용하는 경우를 포함한다)에 따른 등록번호판발급 등의 대행업무
2. 제30조제3항(제52조에서 준용하는 경우를 포함한다)에 따른 자기인증능력 요건의 충족여부에 대한 기술검토 및 안전검사 업무(2011.5.24 본호개정)

2의2. 제30조의3제2항(제52조에서 준용하는 경우를 포함한다), 제31조제4항·제9항(제52조에서 준용하는 경우를 포함한다)에 따른 조사 업무(2020.2.4 본호신설)

2의3. 제31조의3제1항(제52조에서 준용하는 경우를 포함한다)에 따른 사고조사 업무(2020.2.4 본호신설)

3. 제32조제3항(제52조에서 준용하는 경우를 포함한다)에 따른 성능시험대행업무

3의2. 제35조의6에 따른 내압용기검사업무

3의3. 제35조의7에 따른 내압용기장착검사업무

3의4. 제35조의8에 따른 내압용기재검사업무

(2011.5.24 3호의2~3호의4신설)

4. 제44조와 제44조의2에 따른 자동차검사대행업무와 종합검사대행업무
5. 제45조에 따른 정기검사업무
6. 제45조의2에 따른 종합검사업무
7. 제47조에 따른 택시미터검정대행업무

7의2. 제47조의7제2항에 따른 자동차안전·하자심의위원회의 업무 또는 제47조의12제1항에 따른 자동차안전·하자심의위원회의 운영 및 사무처리 업무(2020.2.4 본호개정)

8. 제73조의2에 따른 자동차안전기준 적합 여부에 대한 조사업무(2017.12.26 본호신설)
9. 제77조제5항부터 제8항까지의 규정에 따라 위탁받은 업무(2015.1.6 본호개정)

(2017.12.26 본조제목개정)

제77조의3【규제의 재검토】 ① 정부는 자동차에 자기인증 표시를 하도록 한 제30조제4항에 대하여 2008년 12월 31일을 기준으로 매 4년이 되는 시점마다 자기인증 표시의 폐지, 완화 또는 유지 등의 타당성을 검토하여야 한다.

② 정부는 자동차사업장의 전부 또는 일부를 다른 사람에게 임대하거나 점용할 수 없도록 하는 제57조제1항제2호에 대하여 2008년 12월 31일을 기준으로 매 4년이 되는 시점마다 금지행위의 폐지, 완화 또는 유지 등의 타당성을 검토하여야 한다.

(2011.5.24 본조신설)

제9장 벌 칙

(2009.2.6 본장개정)

제78조【벌칙】 다음 각 호의 어느 하나에 해당하는 자는 10년 이하의 징역 또는 1억원 이하의 벌금에 처한다.(2015.12.29 본문개정)

1. 제31조제1항(제52조에서 준용하는 경우를 포함한다)을 위반하여 결함을 은폐·축소 또는 거짓으로 공개하거나 결함사실을 안 날부터 지체 없이 그 결함을 시정하지 아니한 자(2015.12.29 본호개정)
2. 제71조제1항을 위반하여 자동차등록증 등을 위조·변조한 자 또는 부정사용한 자와 위조·변조 된 것을 매매, 매매 알선, 수수(收受) 또는 사용한 자(2015.1.6 본호개정)

제78조의2【벌칙】 다음 각 호의 어느 하나에 해당하는 자는 5년 이하의 징역 또는 5천만원 이하의 벌금에 처한다.(2016.1.28 본문개정)

1. 제44조의2 또는 제45조의2에 따른 지정을 받지 아니하고 자동차종합검사를 한 자(2016.1.28 본호신설)
2. 제30조에 따라 자동차자기인증을 한 자동차의 전기·전자장치를 훼손할 목적으로 프로그램을 개발하거나 유포한 자(2016.1.28 본호신설)

제79조【벌칙】 다음 각 호의 어느 하나에 해당하는 자는 3년 이하의 징역 또는 3천만원 이하의 벌금에 처한다.(2015.12.29 본문개정)

1. 제20조·제44조·제45조 및 제47조에 따른 국토교통부장관의 지정을 받지 아니하고 등록번호판의 발급, 자동차검사 또는 택시미터의 검정을 한 자(2013.3.23 본호개정)
2. 제29조의3제1항을 위반한 자동차제작·판매자등(판매위탁을 받은 자는 제외한다)
3. 제29조의3제2항을 위반하여 사고기록장치가 장착되어 있음을 구매자에게 알리지 아니한 자

(2012.12.18 2호~3호개정)

4. 제29조의3제3항을 위반하여 같은 항 제1호에 따른 정보 또는 제2호에 따른 결과보고서를 제공하지 아니하거나 거짓으로 제공한 자(2016.1.28 본호개정)
5. 거짓이나 그 밖의 부정한 방법으로 제30조에 따른 자동차자기인증 또는 제30조의2에 따른 부품자기인증을 한 자(2012.12.18 본호개정)

5의2. 제35조를 위반하여 자동차의 최고속도를 제한하는 장치 또는 운전자를 지원하는 조향장치를 무단으로 해체하거나 조작한 자(2024.1.9 본호개정)

6. 거짓이나 그 밖의 부정한 방법으로 제35조의6제1항에 따른 내압용기검사를 받은 자
7. 제35조의6제4항을 위반하여 내압용기검사에 합격하지 아니한 내압용기를 사용한 자
8. 제35조의6제5항을 위반하여 내압용기를 양도·임대 또는 사용한 자
9. 제35조의7제1항에 따른 내압용기장착검사를 받지 아니한 자
10. 제35조의8제1항을 위반하여 내압용기재검사를 받지 아니한 자
11. 제35조의8제4항을 위반하여 내압용기를 양도·임대 또는 사용한 자
12. 제47조에 따라 검정을 받은 택시미터를 무단으로 변조하거나 변조된 택시미터를 사용한 자 또는 검정을 받지 아니하고 택시미터를 제작·수리·수입하거나 이를 매매 또는 매매 알선한 자
13. 제53조제1항을 위반하여 시장·군수·구청장에게 등록을 하지 아니하고 자동차관리사업을 한 자

(2012.12.18 6호~13호개정)

14. 제57조제3항제1호를 위반하여 등록원부상의 소유자가 아닌 자로부터 자동차의 매매 알선을 의뢰받아 매매 알선을 한 자(2013.12.30 본호개정)

14의2. 제57조의2제1항제1호를 위반하여 자동차해체재활용업자가 아닌 자가 영업을 목적으로 폐차 대상 자동차를 수집 또는 매집하거나 그 자동차를 자동차해체재활용업자에게 알선하는 행위를 한 자(2022.11.15 본호개정)

14의3. 제58조제2항을 위반하여 시장·군수·구청장에게 신고하지 아니하고 자동차성능·상태점검을 한 자(2022.11.15 본호신설)

15. 제60조제1항을 위반하여 승인을 받지 아니하고 경매장을 개설·운영한 자(2012.12.18 본호개정)

15의2. 제60조에 따른 경매장을 개설하지 아니하고 자동차경매를 한 자(2016.1.28 본호신설)

16. 제71조제2항을 위반하여 자동차의 주행거리를 변경한 자(2012.12.18 본호개정)
17. 거짓이나 그 밖의 부정한 방법으로 제68조의10제2항에 따라 준용되는 「도시개발법」 제17조에 따른 실시계획의 인가를 받은 자
18. 거짓이나 그 밖의 부정한 방법으로 제68조의10제3항에 따라 준용되는 「도시개발법」 제50조에 따른 준공검사를 받은 자
19. 거짓이나 그 밖의 부정한 방법으로 제68조의11에 따른 사업시행자 지정을 받은 자

(2015.1.6 17호~19호신설)

제80조【벌칙】 다음 각 호의 어느 하나에 해당하는 자는 2년 이하의 징역 또는 2천만원 이하의 벌금에 처한다.(2015.12.29 본문개정)

1. 제5조를 위반하여 등록하지 아니하고 자동차를 운행한 자
2. 제12조제3항을 위반하여 자기 명의로 이전 등록을 하지 아니하고 다시 제3자에게 양도한 자
3. 제32조제3항, 제44조제1항, 제44조의2제1항, 제45조제1항, 제45조의2제1항 및 제47조제2항에 따른 성능시험대행자, 자동차검사대행자, 종합검사대행자, 지정정비사업자, 종합검사지정정비사업자 또는 택시미터전문검

정기관이나 그 종사원으로서 부정하게 자동차의 확인, 자동차검사, 정기검사, 종합검사 또는 택시미터검정을 한 자와 이들에게 재물이나 그 밖의 이익을 제공하거나 제공 의사를 표시하고 부정한 확인·검사 또는 검정을 받은 자
4. 제35조를 위반하여 자동차에서 장치를 무단으로 해체한 자(제79조제5호의2에 해당하는 경우는 제외한다) (2017.12.26 본호개정)
5. 제57조제1항(제5호에 해당하는 경우는 제외한다) 및 제2항을 위반하여 금지행위를 한 자동차관리사업자 (2012.12.18 본호개정)
5의2. 제57조제2항을 위반하여 제34조에 따른 승인을 받지 아니한 자동차를 튜닝하거나 승인을 받은 내용과 다르게 자동차를 튜닝한 자동차제작자등(2015.8.11 본호신설)
5의3. 제57조제3항제2호를 위반하여 부당한 표시·광고를 한 자(2022.6.10 본호개정)
5의4. 제57조의2제2항을 위반하여 자동차매매업자가 아닌 자로서 영업을 목적으로 매매용 자동차 또는 매매를 알선하려는 자동차에 대한 표시·광고를 한 자 (2022.6.10 본호신설)
6. 제58조제1항을 위반하여 자동차의 구조·장치 등의 성능·상태를 점검한 내용 또는 압류 및 저당권의 등록 여부를 고지하지 아니한 자
7. 제58조제1항을 위반하여 자동차의 구조·장치 등의 성능·상태를 점검한 내용 또는 압류·저당권의 등록 여부를 거짓으로 고지한 자(2022.11.15 본호개정)
7의2. 제58조제4항을 위반하여 자동차이력 및 판매자정보를 허위로 제공한 자(2022.11.15 본호개정)
8. 제58조제6항제1호를 위반하여 폐차 요청 사실을 증명하는 서류의 발급을 거부하거나 이를 거짓으로 발급한 자(2022.11.15 본호개정)
8의2. 제58조제6항제1호의2를 위반하여 폐차 요청을 받은 자동차를 폐차하지 아니한 자(2022.11.15 본호신설)
9. 제58조제6항제2호를 위반하여 폐차 요청을 받은 자동차의 자동차등록증·등록번호판 및 봉인을 폐기하지 아니한 자(2022.11.15 본호개정)
9의2. 제58조제8항제2호를 위반하여 거짓으로 자동차성능·상태점검을 하거나 실제 점검한 내용과 다른 내용을 제공한 자(2022.11.15 본호신설)
10. 제59조제3항을 위반하여 자동차성능·상태점검자에게 거짓으로 성능·상태점검을 하도록 요구한 자 (2017.10.24 본호신설)

제81조【벌칙】 다음 각 호의 어느 하나에 해당하는 자는 1년 이하의 징역 또는 1천만원 이하의 벌금에 처한다. (2015.12.29 본문개정)
1. 제10조제2항(제10조제7항에서 준용하는 경우를 포함한다)을 위반하여 등록번호판 또는 그 봉인을 뗀 자
1의2. 제10조제5항(제10조제7항 및 제52조에서 준용하는 경우를 포함한다)을 위반하여 고의로 등록번호판을 가리거나 알아보기 곤란하게 한 자
1의3. 제10조제6항(제10조제7항에서 준용하는 경우를 포함한다)을 위반하여 등록번호판을 가리거나 알아보기 곤란하게 하기 위한 장치를 제조·수입하거나 판매·공여한 자
(2012.5.23 1호~1호의3개정)
2. 제12조제1항을 위반하여 정당한 사유 없이 자동차 소유권의 이전등록을 신청하지 아니한 자
3. 제12조제2항을 위반하여 자동차 소유권의 이전등록을 신청하지 아니한 자
4. 제21조에 따른 정지 명령을 위반한 자
5. 제22조제2항(제52조에서 준용하는 경우를 포함한다)을 위반하여 자동차의 차대번호 또는 원동기형식의 표기를 한 자
6. 제23조제1항(제52조에서 준용하는 경우를 포함한다)을 위반하여 자동차의 차대번호 또는 원동기형식의 표기를 지우거나 그 밖에 이를 알아보기 곤란하게 하는 행위를 한 자
7. 제23조제2항(제52조에서 준용하는 경우를 포함한다)에 따른 표기에 관한 명령을 위반한 자
7의2. 제24조의2제1항을 위반하여 자동차를 운행한 자 (2015.8.11 본호신설)
7의3. 제25조제3항을 위반하여 자동차 소유자를 보호하기 위한 대책을 공개하지 아니하거나 그 대책을 이행하지 아니한 자(2020.2.4 본호신설)
8. 제26조제1항(제52조에서 준용하는 경우를 포함한다)을 위반하여 같은 항 각 호의 어느 하나에 해당하는 금지행위를 한 자
9. 제30조제1항(제52조에서 준용하는 경우를 포함하며, 제74조제2항 및 제3항에 해당하는 경우는 제외한다)을 위반하여 자동차안전기준에 적합하지 아니하게 자동차자기인증을 한 자(2020.2.4 본호개정)
10. 제30조제2항(제52조에서 준용하는 경우를 포함한다)을 위반하여 자동차의 제작·시험·검사 시설 등을 등록하지 아니하고 자동차자기인증을 한 자
11. 제30조제3항(제52조에서 준용하는 경우를 포함한다)을 위반하여 성능시험대행자로부터 확인을 받지 아니하고 자동차자기인증을 한 자
12. 제30조제4항(제52조에서 준용하는 경우를 포함한다)을 위반하여 성능시험대행자에게 자동차 제원을 통보하지 아니하고 자동차자기인증의 표시를 한 자
12의2. 제30조제4항(제52조에서 준용하는 경우를 포함한다)을 위반하여 자동차자기인증의 표시를 하지 아니하거나 거짓으로 표시한 자(2019.8.27 본호신설)
13. 제30조의2제1항(제52조에서 준용하는 경우를 포함하며, 제74조제2항 및 제3항에 해당하는 경우는 제외한다)을 위반하여 부품안전기준에 적합하지 아니하게 부품자기인증을 한 자(2020.2.4 본호개정)
14. 제30조의2제2항 및 제3항(제52조에서 준용하는 경우를 포함한다)을 위반하여 부품제작자명·자동차부품의 종류 등을 등록하지 아니하고 부품자기인증을 한 자
15. 제30조의2제3항(제52조에서 준용하는 경우를 포함한다)을 위반하여 자동차부품의 성능시험대행자에게 제원을 통보하지 아니하고 부품자기인증의 표시를 한 자
15의2. 제30조의2제3항에 따른 부품자기인증 표시를 위조한 자 또는 부품자기인증 표시가 없는 자동차부품을 유통·판매하거나 영업에 사용한 자(2015.12.29 본호신설)
16. 제30조의3제1항(제52조에서 준용하는 경우를 포함한다)에 따른 자동차 또는 자동차부품·대체부품 및 튜닝부품의 제작·조립·수입 또는 판매의 중지명령을 위반한 자(2023.8.16 본호개정)
17. 제32조의2제5항(제52조에서 준용하는 경우를 포함한다)에 따른 이행명령을 위반한 자(2024.1.9 본호개정)
18. 제33조제2항(제52조에서 준용하는 경우를 포함한다)을 위반하여 구매자 명세 등에 관한 자료를 기록·보존하지 아니한 자
19. 제34조(제52조에서 준용하는 경우를 포함한다)를 위반하여 시장·군수·구청장의 승인을 받지 아니하고 자동차에 튜닝을 한 자(2014.1.7 본호개정)
20. 제34조(제52조에서 준용하는 경우를 포함한다)를 위반하여 튜닝된 자동차인 것을 알면서 이를 운행한 자 (2014.1.7 본호개정)
20의2. 제35조를 위반하여 자동차의 최고속도를 제한하는 장치 또는 운전자를 지원하는 조향장치가 무단으로 해체되거나 조작된 자동차인 것을 알면서 이를 운행하거나 운행하게 한 자(2024.1.9 본호개정)
20의3. 제35조의6제5항을 위반하여 내압용기를 판매할 목적으로 진열한 자(2011.5.24 본호신설)
20의4. 제35조의8제4항을 위반하여 내압용기를 판매할 목적으로 진열한 자(2011.5.24 본호신설)
20의5. 제35조의9제1항에 따른 내압용기의 제조·수입 또는 판매의 중지명령을 위반한 자(2011.5.24 본호신설)
20의6. 제35조의10제2항 및 제3항에 따른 내압용기 회수 등의 명령을 위반한 자(2011.5.24 본호신설)
20의7. 제35조의11제2항을 위반하여 구매자 명세 등에 관한 자료를 기록·보존하지 아니한 자(2011.5.24 본호신설)
21. 제36조를 위반하여 자동차를 정비한 자(2012.12.18 본호개정)
22. 제37조제1항(제52조에서 준용하는 경우를 포함한다)에 따른 점검·정비·검사 또는 원상복구 명령을 위반한 자(2021.4.13 본호개정)
22의2. 제37조제3항을 위반하여 자동차를 운행한 자 (2021.4.13 본호신설)
22의3. 제43조제7항(제43조의2제3항에서 준용하는 경우를 포함한다)을 위반하여 자동차검사에 사용하는 기계·기구에 설정된 자동차검사기준의 값 또는 기계·기구를 통하여 측정된 값을 조작·변경하거나 조작·변경하게 한 자(2017.12.26 본호신설)
23. 제45조의3제1항에 따른 자동차검사대행자 업무의 전부 또는 일부의 정지명령을 위반한 자
24. 제46조제2항에 따른 해임 또는 직무정지 명령을 위반한 자
25. 제47조제5항에 따른 업무의 전부 또는 일부의 정지명령을 위반한 자
25의2. 제57조의2제1항제2호를 위반하여 표시·광고를 한 자(2022.11.15 본호신설)
25의3. 제58조의4제1항을 위반하여 성능·상태점검 내용에 대하여 보증 책임을 이행하지 아니하는 자동차성능·상태점검자(2017.10.24 본호신설)
25의4. 제58조의4제2항을 위반하여 보험에 가입하지 아니하고 자동차의 성능·상태점검을 한 자동차성능·상태점검자(2017.10.24 본호신설)
26. 제59조제1항을 위반하여 신고를 하지 아니한 자
27. 제60조제3항을 위반하여 준수 사항을 이행하지 아니한 자
27의2. 제65조제3항을 위반하여 차액을 전액 반환하지 아니한 자(2013.12.30 본호신설)
27의3. 제65조의2제1항을 위반하여 시장·군수·구청장에게 등록을 하지 아니하고 온라인 자동차 매매정보제공을 한 자(2017.10.24 본호신설)
28. 제66조에 따른 사업의 전부 또는 일부의 정지명령을 위반한 자

제82조【벌칙】 다음 각 호의 어느 하나에 해당하는 자는 100만원 이하의 벌금에 처한다.
1. (2011.5.24 삭제)
1의2. 제10조제9항을 위반하여 등록번호판을 부착 또는 봉인하거나, 그러한 자동차를 운행한 자(2015.1.6 본호신설)
2. 제13조제1항 또는 제5항을 위반하여 정당한 사유 없이 등록번호판 및 봉인을 반납하지 아니한 자
2의2. 제24조의2제2항에 따른 운행정지명령을 위반하여 운행한 자(2015.8.11 본호신설)
3. 제40조제1항을 위반하여 기계·기구의 정밀도검사를 받지 아니한 자
4. 제43조제1항제3호를 위반하여 자동차의 튜닝검사를 받지 아니한 자(2014.1.7 본호개정)
4의2. 제43조제1항제4호를 위반하여 자동차의 임시검사를 받지 아니한 자
5. 제43조제1항제5호를 위반하여 자동차의 수리검사를 받지 아니한 자(2015.8.11 본호신설)
5의2. 제46조제3항을 위반하여 기간이 지나지 아니한 자를 기술인력으로 선임한 자(2020.6.9 본호개정)
6. 제64조제1항을 위반하여 정비책임자를 신고하지 아니한 자
7. 제64조제2항에 따른 정비책임자의 해임명령을 받고 이행하지 아니한 자

제83조【양벌규정】 법인의 대표자나 법인 또는 개인의 대리인, 사용인, 그 밖의 종업원이 그 법인 또는 개인의 업무에 관하여 제78조, 제78조의2 및 제79조부터 제82조까지의 어느 하나에 해당하는 위반행위를 하면 그 행위자를 벌하는 외에 그 법인 또는 개인에게도 해당 조문의 벌금형을 과(科)한다. 다만, 법인 또는 개인이 그 위반 행위를 방지하기 위하여 해당 업무에 관하여 상당한 주의와 감독을 게을리하지 아니한 경우에는 그러하지 아니하다.

제84조【과태료】 ① 다음 각 호의 어느 하나에 해당하는 자에게는 2천만원 이하의 과태료를 부과한다.
1. 제27조제5항을 위반하여 자율주행자동차의 운행 및 교통사고 등에 관한 정보를 국토교통부장관에게 보고하지 아니하거나 거짓으로 보고한 자
2. 제31조제8항에 따른 보고를 하지 아니하거나 거짓으로 보고를 한 자
3. 제33조제3항 및 제4항(제52조에서 준용하는 경우를 포함한다)을 위반하여 자료를 제출하지 아니하거나 거짓으로 제출한 자
(2020.2.4 본항신설)
② 다음 각 호의 어느 하나에 해당하는 자에게는 1천만원 이하의 과태료를 부과한다.
1.~2. (2020.2.4 삭제)
2의2. 제31조제12항을 위반하여 결함 사실과 그에 따른 시정조치계획등을 다시 공개하지 아니한 자(2020.2.4 본호신설)
3. 제32조의2제4항을 위반하여 자동차 소유자에게 하자의 내용과 무상수리 계획을 알리지 아니한 자 (2017.12.26 본호신설)
4. 제35조의10제4항에 따른 내압용기가 장착된 자동차의 사용정지 또는 제한 및 고압가스의 폐기 명령을 위반한 자
4의2. 제68조의22에 따른 개선명령을 따르지 아니한 자
4의3. 제68조의23에 따른 임직원에 대한 징계·해임의 요구에 따르지 아니하거나 시정명령을 따르지 아니한 자
(2023.3.28 4호의2~4호의3신설)
5. 제69조의4제2항을 위반하여 정당한 사유 없이 관련 자료를 제출하지 아니한 자(2022.6.10 본호신설)
6. 제69조의4제3항을 위반하여 정당한 사유 없이 필요한 조치를 하지 아니한 자(2022.6.10 본호신설)
(2017.10.24 본항개정)
③ 다음 각 호의 어느 하나에 해당하는 자에게는 300만원 이하의 과태료를 부과한다.
1. 제10조제4항(제10조제7항에서 준용하는 경우를 포함한다)을 위반하여 자동차등록번호판을 부착 또는 봉인하지 아니한 자동차를 운행한 자(제27조제2항에 따른 임시운행허가번호판을 붙인 경우는 제외한다)
2. 제10조제5항(제10조제7항 및 제52조에서 준용하는 경우를 포함한다)을 위반하여 등록번호판을 가리거나 알아보기 곤란하게 하거나 그러한 자동차를 운행한 자(제81조제1호의2에 해당되는 자의 경우는 제외한다)
3. 제22조제1항(제52조에서 준용하는 경우를 포함한다)에 따른 차대번호와 원동기형식의 표기를 하지 아니한 자
4. 제26조의2제1항을 위반하여 폐차 요청을 하지 아니한 자(2022.11.15 본호개정)
5. 제26조의2제2항을 위반하여 전손 처리 자동차 또는 해당 자동차에 장착된 장치로서 국토교통부령으로 정하는 자동차의 안전운행에 직접 관련된 장치를 수출하거나 수출하는 자에게 판매한 자(2022.11.15 본호개정)
6. 제27조제1항에 따른 임시운행허가의 목적 외로 운행한 자
7. 제27조제3항을 위반하여 임시운행허가증 및 임시운행허가번호판을 붙이지 아니하고 운행한 자(2020.6.9 본호개정)
8. 제58조제6항제3호 및 제4호에 따른 준수사항을 이행하지 아니한 자(2024.1.30 본호신설)
(2017.10.24 본항신설)

④ 다음 각 호의 어느 하나에 해당하는 자에게는 100만원 이하의 과태료를 부과한다.
1. 제8조제3항을 위반하여 신규등록 신청을 하지 아니한 자
1의2. 제8조의2를 위반하여 반품된 자동차라는 사실(제47조의2의 교환 또는 환불 요구에 따라 반품된 자동차의 경우 그 사실을 포함한다) 또는 인도 이전에 발생한 하자에 대한 수리 여부와 상태 등을 구매자에게 고지하지 아니하고 판매한 자(2017.10.24 본호개정)
2. 제10조제1항 단서(제10조제7항에서 준용하는 경우를 포함한다)에 따른 자동차등록번호판의 부착 또는 봉인을 하지 아니한 자
3. 제10조제3항(제10조제7항에서 준용하는 경우를 포함한다)을 위반하여 자동차등록번호판의 부착 및 봉인의 재신청을 하지 아니한 자(2012.5.23 본호개정)
4. (2017.10.24 삭제)
5. 제13조제2항을 위반하여 자동차의 말소등록 신청을 하지 아니한 자
6. 제13조제8항을 위반하여 수출의 이행 여부 신고를 하지 아니한 자
7. 제13조제10항을 위반하여 말소등록 된 자동차를 다시 등록하려는 경우에 제8조에 따른 신규등록을 신청하지 아니한 자
8. (2015.8.11 삭제)
9. (2017.10.24 삭제)
10. 제25조제1항에 따른 운행제한 명령을 위반하여 자동차를 운행한 자
11. (2017.10.24 삭제)
12. 제27조제4항을 위반하여 임시운행허가증 및 임시운행허가번호판을 반납하지 아니한 자
13. 제29조를 위반하여 자동차안전기준, 부품안전기준, 액화석유가스안전기준 또는 전기설비안전기준에 적합하지 아니한 자동차를 운행하거나 운행하게 한 자(2015.8.11 본호개정)
13의2. 제35조의5를 위반하여 내압용기안전기준에 적합하지 아니한 내압용기가 장착된 자동차를 운행하거나 운행하게 한 자(2011.5.24 본호신설)
13의3. 제30조의5에 따른 대체부품의 성능 및 품질 인증을 거짓으로 한 것을 알면서도 이를 판매한 자(2014.1.7 본호신설)
13의4. 제34조의3(제52조에서 준용하는 경우를 포함한다)에 따른 튜닝부품인증을 거짓으로 한 것을 알면서도 이를 판매한 자(2023.8.16 본호신설)
14. 제30조의3제2항(제52조에서 준용하는 경우를 포함한다), 제31조제4항(제52조에서 준용하는 경우를 포함한다), 제72조제2항, 제73조제1항 및 제73조의2제2항을 위반하여 확인·조사·보고·검사 또는 단속을 거부·방해 또는 기피하거나 질문에 대하여 거짓으로 진술한 자(2020.2.4 본호개정)
15. 제31조의2제1항(제52조에서 준용하는 경우를 포함한다)을 위반하여 보상을 하지 아니한 자
15의2. 제31조의4제2항(제52조에서 준용하는 경우를 포함한다)을 위반하여 시정조치 사실을 구매자에게 고지하지 아니하고 판매한 자(2021.4.13 본호신설)
15의3. 제35조의3제2항을 위반하여 저속전기자동차를 운행한 자(2009.12.29 본호신설)
15의4. 제43조제1항제2호에 따른 정기검사를 받지 아니한 자. 다만, 제15호의5에 해당하는 자는 제외한다.(2021.4.13 본호신설)
15의5. 제43조의2제1항에 따른 종합검사를 받지 아니한 자(2021.4.13 본호신설)
16. 제45조제8항(제45조의2제4항에서 준용하는 경우를 포함한다)을 위반하여 휴업 또는 폐업 신고를 하지 아니한 자(2019.8.27 본호개정)
17. 제47조제1항을 위반하여 택시미터의 검정을 받지 아니하고 사용한 자
18. 제48조제1항을 위반하여 사용 신고를 하지 아니하고 이륜자동차를 운행한 자
18의2. 제49조제1항을 위반하여 이륜자동차번호판을 붙이지 아니하고 이륜자동차를 운행한 자(2020.6.9 본호개정)
18의3. 제49조제2항 단서를 위반하여 이륜자동차번호판의 부착 또는 봉인을 하지 아니한 자(2018.8.14 본호신설)
19. 제50조를 위반하여 이륜자동차의 안전기준 또는 부품안전기준에 적합하지 아니한 이륜자동차를 운행하거나 운행하게 한 자
20. 제53조제1항을 위반하여 변경등록을 하지 아니하고 자동차관리사업을 한 자
21. 제55조를 위반하여 자동차관리사업의 양도·양수, 합병(법인인 경우만 해당한다) 또는 휴업·폐업 신고를 하지 아니한 자
21의2. 제58조제1항제3호를 위반하여 수수료 또는 요금을 고지하지 아니하거나 거짓으로 고지한 자(2013.12.30 본호신설)
22. 제58조제5항 각 호의 어느 하나를 위반한 자동차정비업자(2022.11.15 본호개정)
22의2. 제58조제8항제1호를 위반하여 성능·상태점검의 내용을 제공하지 아니한 자(2022.11.15 본호신설)
22의3. 제58조제8항제3호를 위반하여 정당한 사유 없이 자동차성능·상태점검에 관한 교육을 이수하지 아니한 자(2022.11.15 본호신설)
23. 제58조의3제4항을 위반하여 손해배상책임에 관한 설명을 하지 아니하거나 관계 증서의 사본 또는 관계 증서에 관한 전자문서를 발급하지 아니한 자
24. 제65조제3항을 위반하여 차액이 있다는 사실을 통지하지 아니하거나 거짓으로 통지한 자(2013.12.30 본호신설)
⑤ 다음 각 호의 어느 하나에 해당하는 자에게는 50만원 이하의 과태료를 부과한다.
1. (2017.10.24 삭제)
2. 제11조를 위반하여 변경등록 신청을 하지 아니한 자(2018.8.14 본호개정)
2의2. 제13조제1항을 위반하여 말소등록 신청을 하지 아니한 자(2018.8.14 본호신설)
3. 자동차를 산 사람에게 제33조제1항·제5항(제52조에서 준용하는 경우를 포함한다)에 따른 자료 제공을 하지 아니한 자(2020.2.4 본호개정)
4. (2012.12.18 삭제)
5.~6. (2021.4.13 삭제)
6의2. 제48조제2항을 위반하여 이륜자동차의 변경 사항이나 사용 폐지를 신고하지 아니한 자(2018.8.14 본호신설)
7. (2018.8.14 삭제)
7의2. 제8조제3항 또는 제58조제10항을 위반하여 전산정보처리조직에 전송하지 아니한 자(2022.11.15 본호개정)
8. 제72조제1항에 따른 보고를 하지 아니하거나 거짓으로 보고를 한 자
9. 제53조의2에 따른 포상금을 지급받기 위하여 거짓으로 신고한 자(2015.8.11 본호신설)
⑥ 제1항부터 제5항까지의 규정에 따른 과태료는 대통령령으로 정하는 바에 따라 국토교통부장관, 시·도지사, 시장·군수·구청장이 부과·징수한다.(2021.4.13 본항개정)

제10장 범칙행위에 관한 처리의 특례
(2009.2.6 본장개정)

제85조【통칙】 ① 이 장에서 "범칙행위"란 제79조제13호(자동차정비업자가 제53조제1항에 따라 등록한 범위를 경미하게 위반하여 점검·정비를 하는 경우만 해당한다) 또는 제81조제2호·제8호의 죄에 해당하는 위반행위를 뜻하며, 그 구체적인 범위는 대통령령으로 정한다.(2015.1.6 본항개정)
② 이 장에서 "범칙자"란 범칙행위를 한 사람으로서 다음 각 호의 어느 하나에 해당하지 아니하는 사람을 뜻한다.
1. 범칙행위를 한 날부터 1년 이내에 동일한 위반행위를 한 사람
2. 도난자동차 또는 제34조를 위반한 자동차에 대하여 튜닝을 한 자동차정비업자(2014.1.7 본호개정)
3. 자동차등록번호판을 제거하거나 차대번호를 훼손하여 자동차를 방치한 사람
4. 그 밖에 죄를 범한 동기, 수단 및 결과 등을 헤아려 통고처분을 하는 것이 타당하지 아니하다고 인정되는 사람
③ 이 장에서 "범칙금"이란 범칙자가 제86조에 따라 통고처분을 받아 시·군 또는 구의 금고에 내야 할 금전을 뜻한다.
④ 범칙행위에 대한 수사는 검사, 사법경찰관리 또는 「사법경찰관리의 직무를 행할 자와 그 직무범위에 관한 법률」 제5조제35호에 따라 지명을 받은 공무원(이하 "특별사법경찰관리"라 한다)이 한다.(2015.8.11 본항개정)
제86조【통고처분】 ① 시·도지사(제77조제4항에 따라 제12조의 이전등록에 관한 권한을 위임한 시·도지사는 제외한다. 이하 같다), 특별자치시장·시장·군수·구청장 또는 경찰서장은 범칙자로 인정되는 사람에 대하여 그 이유를 명시한 범칙금납부통고서로 범칙금을 납부할 것을 통고할 수 있다. 다만, 다음 각 호의 어느 하나에 해당하는 사람에 대하여는 그러하지 아니하다.(2015.12.29 본문개정)
1. 성명 또는 주소가 확실하지 아니한 사람
2. 범칙금납부통고서를 받기를 거부한 사람
② 제1항에 따라 통고할 범칙금의 액수는 범칙행위의 종류와 위반 정도에 따라 그 위반행위에 대하여 이 법에서 정하는 벌금의 범위에서 대통령령으로 정한다.
제87조【범칙금의 납부】 ① 제86조에 따라 범칙금납부통고서를 받은 사람은 10일 이내에 시·도지사, 특별자치시장·시장·군수·구청장 또는 경찰서장이 지정하는 수납기관에 범칙금을 내야 한다. 다만, 천재지변이나 그 밖의 부득이한 사유로 그 기간 이내에 범칙금을 납부할 수 없는 경우에는 그 부득이한 사유가 없어지게 된 날부터 5일 이내에 내야 한다.
② 제1항에 따른 범칙금납부통고서에 불복하는 사람은 그 납부 기간 이내에 시·도지사, 특별자치시장·시장·군수·구청장 또는 경찰서장에게 이의를 제기할 수 있다.(2015.12.29 본조개정)
제88조【통고처분의 효과】 ① 제87조제1항에 따라 범칙금을 낸 사람은 그 범칙행위에 대하여 다시 벌 받지 아니한다.
② 사법경찰관리 또는 특별사법경찰관리는 다음 각 호의 어느 하나에 해당하는 경우에는 지체 없이 관할 지방검찰청 또는 지방검찰청지청에 사건을 송치하여야 한다.(2015.8.11 본문개정)
1. 제85조제2항 각 호의 어느 하나에 해당하는 경우
2. 제86조제1항 각 호의 어느 하나에 해당하는 경우
3. 제87조제1항에 따른 납부 기간 이내에 범칙금을 내지 아니한 경우
4. 제87조제2항에 따라 이의를 제기한 경우

부 칙 (2017.1.17 법14546호)

제1조【시행일】 이 법은 공포 후 6개월이 경과한 날부터 시행한다. 다만, 제31조의2제1항제1호의 개정규정은 공포 후 3개월이 경과한 날부터 시행하고, 제31조제1항 각 호 외의 부분 단서, 같은 조 제2항·제3항 및 제5항의 개정규정은 공포 후 1년이 경과한 날부터 시행한다.
제2조【시정조치 등의 통지에 관한 적용례】 제31조제1항 각 호 외의 부분 본문 및 같은 조 제6항의 개정규정은 이 법 시행 후 최초로 결함 사실과 그 시정조치 계획을 자동차 소유자에게 통지하는 경우부터 적용한다.
제3조【경제적 보상에 관한 적용례】 제31조제1항 각 호 외의 부분 단서 및 같은 조 제2항의 개정규정은 같은 개정규정 시행 후 최초로 자기인증을 하여 판매하는 자동차부터 적용한다.
제4조【자체 시정한 자동차 소유자에 대한 보상에 관한 적용례】 제31조의2제1항제1호의 개정규정은 같은 개정규정 시행 후 최초로 자동차제작자등이나 부품제작자등이 제31조제1항 각 호 외의 부분 본문 또는 같은 조 제3항 본문에 따라 결함 사실을 공개하는 경우부터 적용한다.

부 칙 (2017.10.24 법14950호)

제1조【시행일】 이 법은 공포 후 6개월이 경과한 날부터 시행한다. 다만, 제56조, 제58조의3제1항·제4항, 제58조의4부터 제58조의6까지, 제65조의2, 제66조제1항·제4항·제5항, 제72조제1항제14호, 제75조제6호 및 제81조제25호의2·제25호의3·제27호의3의 개정규정은 공포 후 1년이 경과한 날부터 시행하고, 제5조 본문, 제8조의2제2항 단서, 제13조제1항제2호, 제5장의2(제47조의2부터 제47조의11까지), 제77조의2제7호의2 및 제84조제3항제1호의2의 개정규정은 2019년 1월 1일부터 시행한다.
제2조【온라인 자동차 매매정보제공의 등록에 관한 특례】 제65조의2의 개정규정 시행 당시 온라인 자동차 매매정보제공을 하고 있는 자는 같은 개정규정 시행 후 3개월까지는 제65조의2제1항의 개정규정에도 불구하고 등록을 하지 아니하고 온라인 자동차 매매정보제공을 할 수 있다.
제3조【대체부품인증기관의 지정에 관한 경과조치】 이 법 시행 당시 종전의 규정에 따른 자동차부품 성능·품질인증기관은 제30조의5의 개정규정에 따라 대체부품인증기관으로 지정된 것으로 본다.

부 칙 (2017.12.26)

제1조【시행일】 이 법은 공포 후 6개월이 경과한 날부터 시행한다.
제2조【하자의 내용과 무상수리 계획의 고지에 관한 적용례】 제32조의2제4항의 개정규정은 이 법 시행 후 최초로 자동차제작자등이 무상수리를 실시하는 경우부터 적용한다.

부 칙 (2020.2.4)

제1조【시행일】 이 법은 공포 후 1년이 경과한 날부터 시행한다.
제2조【결함조사에 필요한 자료의 제출에 관한 적용례】 제31조제5항의 개정규정은 같은 개정규정 시행 당시 성능시험대행자가 제31조제4항에 따라 조사를 진행 중인 경우에도 적용한다.
제3조【결함 사실의 재공개에 관한 적용례】 제31조제12항의 개정규정은 이 법 시행 후 최초로 제31조제1항에 따라 결함 사실을 공개하는 경우부터 적용한다.
제4조【과징금의 부과에 관한 적용례】 제74조제2항 및 제3항의 개정규정은 이 법 시행 후 제30조제4항에 따른 제원이 통보된 자동차부터 적용한다.
제5조【손해배상에 관한 적용례】 제74조의2제1항의 개정규정은 이 법 시행 후 제30조제4항에 따른 제원이 통보된 자동차부터 적용한다.
제6조【손해배상에 관한 적용례】 제74조의2제2항의 개정규정은 이 법 시행 후 자동차제작자등이나 부품제작자등이 결함을 알면서도 이를 은폐·축소 또는 거짓으로 공개하거나 제31조제1항에 따라 지체 없이 시정하지 아니하여 손해가 발생한 경우부터 적용한다.

부 칙 (2020.6.9)

이 법은 공포한 날부터 시행한다. 다만, 제56조 중 법률 제16950호 자동차관리법 일부개정법률 제31조제6항의 개정규정은 2021년 2월 5일부터 시행한다.

부 칙 (2020.10.20)

제1조【시행일】 이 법은 공포 후 6개월이 경과한 날부터 시행한다. 다만, 제4조의2제2항제4호의2 및 제43조의3의 개정규정은 공포 후 3개월이 경과한 날부터 시행한다.
제2조【무상수리 등의 통지에 관한 적용례】 제32조의2제4항의 개정규정은 이 법 시행 후 최초로 하자의 내용과 무상수리 계획을 자동차 소유자에게 통지하는 경우부터 적용한다.

부 칙 (2020.12.22)

제1조【시행일】 이 법은 2021년 1월 1일부터 시행한다. (이하 생략)

부 칙 (2021.4.13)

제1조【시행일】 이 법은 공포 후 6개월이 경과한 날부터 시행한다. 다만, 제13조제3항, 제37조제3항·제4항, 제81조, 제84조제4항제15호의4·제15호의5 및 같은 조 제5항의 개정규정은 공포 후 1년이 경과한 날부터 시행하고, 제32조의2제1항 및 제68조의4의 개정규정은 공포 후 3개월이 경과한 날부터 시행하며, 제84조제6항의 개정규정은 공포한 날부터 시행한다.
제2조【말소등록에 관한 적용례】 제13조제3항제3호의 개정규정은 같은 개정규정 시행 이후 제37조제3항에 따른 자동차의 운행정지 명령을 받은 경우부터 적용한다.
제3조【운행정지 명령에 관한 적용례】 제37조제3항의 개정규정은 같은 개정규정 시행 이후 같은 조 제1항에 따른 검사명령을 받은 경우부터 적용한다.
제4조【지정정비사업자·종합검사지정정비사업자의 지정 및 기술인력의 선임에 관한 경과조치】 이 법 시행 전에 발생한 사유로 인하여 지정취소 처분을 받은 지정정비사업자 및 종합검사지정정비사업자와 해임처분을 받은 기술인력에 대해서는 제45조제5항 및 제46조제3항의 개정규정에도 불구하고 종전의 규정에 따른다.

부 칙 (2021.11.30)

제1조【시행일】 이 법은 공포 후 1년이 경과한 날부터 시행한다.(이하 생략)

부 칙 (2021.12.7)

제1조【시행일】 이 법은 공포 후 6개월이 경과한 날부터 시행한다.
제2조【말소등록에 관한 적용례】 제13조제3항제6호의 개정규정은 이 법 시행 이후 「자동차손해배상 보장법」 제6조제3항에 따른 의무보험 가입명령을 받은 경우부터 적용한다.

부 칙 (2022.1.11)

제1조【시행일】 이 법은 공포 후 6개월이 경과한 날부터 시행한다.(이하 생략)

부 칙 (2022.6.10)

제1조【시행일】 이 법은 공포 후 6개월이 경과한 날부터 시행한다. 다만, 제57조제3항 각 호 외의 부분 및 제58조제3항의 개정규정은 공포한 날부터 시행하고, 제30조의5의 개정규정은 공포 후 1개월이 경과한 날부터 시행하며, 제57조의2, 제69조의4, 제79조제14호의2, 제80조제5호의4 및 제84조제2항제5호·제6호의 개정규정은 공포 후 1년이 경과한 날부터 시행한다.
제2조【중재부 회의 통지에 관한 적용례】 제47조의9제5항의 개정규정은 같은 개정규정 시행 이후 7일이 경과한 후에 개최되는 회의부터 적용한다.

부 칙 (2022.11.15)

제1조【시행일】 이 법은 2023년 6월 11일부터 시행한다.
제2조【사업장이 2곳 이상인 자동차성능·상태점검자에 관한 경과조치】 이 법 시행 당시 2곳 이상의 사업장에서 자동차성능·상태점검을 하고 있는 자는 이 법 시행 이후 6개월 이내에 제58조제2항의 개정규정에 따라 사업장별로 같은 항의 기준을 갖추어 각각 신고하여야 한다.

부 칙 (2023.3.28)

제1조【시행일】 이 법은 공포 후 6개월이 경과한 날부터 시행한다. 다만, 제37조제1항 및 제58조의6제1항의 개정규정은 공포 후 3개월이 경과한 날부터 시행한다.
제2조【매매 계약의 해제 등에 관한 적용례】 제58조의6제1항의 개정규정은 같은 개정규정 시행 이후 자동차매매업자의 매매 또는 매매 알선으로 체결한 매매 계약부터 적용한다.

부 칙 (2023.8.16)

제1조【시행일】 이 법은 공포 후 1년 6개월이 경과한 날부터 시행한다. 다만, 제30조의3제1항, 제32조의2제3항, 제34조의2, 제34조의3, 제34조의4, 제52조의 개정규정 중 튜닝부품인증에 관한 부분, 제72조제1항, 제81조제16호 및 제84조제4항의 개정규정은 공포 후 6개월이 경과한 날부터 시행한다.
제2조【자동차등록원부에 관한 적용례】 제7조의 개정규정은 이 법 시행 이후 제작등을 한 자동차를 신규등록하는 경우부터 적용한다.
제3조【안전성인증에 관한 적용례】 제30조의7(제52조에서 준용하는 경우를 포함한다) 및 제30조의8(제52조에서 준용하는 경우를 포함한다)의 개정규정은 이 법 시행 이후 제작등을 하여 판매하는 자동차 및 핵심장치등부터 적용한다.
제4조【안전성인증에 관한 특례】 ① 자동차 및 부품제작자등은 제30조의7(제52조에서 준용하는 경우를 포함한다) 및 제30조의8(제52조에서 준용하는 경우를 포함한다)의 개정규정에도 불구하고 이 법 시행일부터 1년이 경과하기 전까지는 종전의 규정을 적용할 수 있다.
② 제1항에 따라 종전의 규정을 적용한 핵심장치등에 대해서는 이 법 시행일부터 1년이 경과한 날부터는 제30조의7(제52조에서 준용하는 경우를 포함한다) 및 제30조의8(제52조에서 준용하는 경우를 포함한다)의 개정규정에 따른 안전성인증을 받은 것으로 본다.
제5조【안전성인증에 관한 경과조치】 이 법 시행 당시 제30조(제52조에서 준용하는 경우를 포함한다) 또는 제30조의2(제52조에서 준용하는 경우를 포함한다)에 따라 자기인증한 핵심장치등에 대해서는 제30조의7(제52조에서 준용하는 경우를 포함한다) 및 제30조의8(제52조에서 준용하는 경우를 포함한다)의 개정규정에 따른 안전성인증을 받은 것으로 본다.
제6조【튜닝부품인증에 관한 경과조치】 제34조의3의 개정규정 시행 당시 종전의 규정에 따라 튜닝부품인증을 받은 튜닝부품은 같은 개정규정에 따른 튜닝부품인증을 받은 것으로 본다.
제7조【튜닝부품인증기관의 지정에 관한 경과조치】 제34조의3의 개정규정 시행 당시 종전의 규정에 따른 튜닝부품인증기관은 같은 개정규정에 따라 튜닝부품인증기관으로 지정된 것으로 본다.

부 칙 (2024.1.9 법19980호)

제1조【시행일】 이 법은 공포 후 6개월이 경과한 날부터 시행한다. 다만, 제8조, 제8조의2, 제84조의 개정규정은 공포 후 1년이 경과한 날부터 시행하고, 법률 제19724호 자동차관리법 일부개정법률 제84조의 개정규정은 2025년 3월 15일부터 시행한다.
제2조【이륜자동차에 대한 준용에 관한 적용례】 제52조의 개정규정은 이 법 시행 이후 제30조제4항에 따른 제원이 통보된 이륜자동차부터 적용한다.

부 칙 (2024.1.9 법19987호)

제1조【시행일】 이 법은 공포한 날부터 시행한다.
제2조【이의신청에 관한 일반적 적용례】 이의신청에 관한 개정규정은 이 법 시행 이후 하는 처분부터 적용한다.
제3조부터 **제7조**까지 생략

부 칙 (2024.1.16)

제1조【시행일】 이 법은 공포 후 6개월이 경과한 날부터 시행한다.
제2조【시정조치 계획의 공개에 관한 적용례】 제31조제1항의 개정규정은 이 법 시행 이후 제작 결함의 시정조치 계획을 공개하는 경우부터 적용한다.

부 칙 (2024.1.30)

이 법은 공포 후 1년이 경과한 날부터 시행한다. 다만, 제58조제6항, 제68조제2항, 제84조제3항의 개정규정은 공포 후 6개월이 경과한 날부터 시행하고, 법률 제19685호 자동차관리법 일부개정법률 제84조제3항의 개정규정은 2025년 2월 17일부터 시행하며, 법률 제19724호 자동차관리법 일부개정법률 제52조 및 제84조제3항의 개정규정은 2025년 3월 15일부터 시행한다.

자동차관리법 시행령

(1996년 11월 6일 전개대통령령 제15166호)

개정
1997.12.20영15544호
1997.12.31영15598호(행정절시)
1998.12.31영16066호 1999. 7.29영16498호
2001. 3.17영17152호
2001. 6.29영17260호(도로교통시)
2001. 6.30영17286호 2002.12.31영17874호
2006. 5.30영19493호(도로교통시)
2007. 3.22영19947호 2007. 7.19영20178호
2007.12.31영20506호(전자업무활성화)
2008. 2.29영20722호(직제)
2008. 9.25영21035호
2008.12.31영21214호(직제)
2009. 3.27영21376호 2010. 2. 5영22021호
2010. 3.23영22083호 2011.11.25영23319호
2013. 3.23영24443호(직제)
2013. 6.17영24620호 2014. 7. 7영25449호
2014. 8. 6영25532호(민감정보고유식별정보)
2015. 4.29영26219호 2015. 5. 1영26224호
2015.10. 6영26579호 2015.10.13영26588호
2015.12.10영26706호 2016. 1. 6영26869호
2016. 2. 3영26942호 2016. 6.28영27283호
2017. 3.27영27960호(주민등록번호처리제한일부개정령)
2017. 5. 8영28033호 2018. 4.24영28831호
2018. 6.19영28985호 2018.10.23영29254호
2019. 2. 8영29519호
2019. 4. 2영29677호(중소기업진흥에관한법시)
2019. 5.21영29780호 2020. 1.29영30379호
2020. 2.25영30486호 2020. 5.26영30713호
2020. 9.10영31012호(국가철도공단법시)
2020. 9.22영31035호
2020.12. 8영31222호(전자서명법시)
2021. 2. 2영31428호 2021. 7.13영31893호
2021. 9.24영32014호(행정기본법시)
2021.10.14영32056호
2022. 2.17영32449호(한국자산관리공사설립등에관한법시)
2022. 3. 8영32526호
2022. 7.11영32790호(전자정부법시)
2022.12. 9영33049호 2023. 6. 9영33526호
2023. 9.26영33766호
2023.12.12영33913호(행정법제혁신을위한일부개정법령등)
2024. 1. 9영34118호

제1조【목적】 이 영은 「자동차관리법」에서 위임된 사항과 그 시행에 필요한 사항을 규정함을 목적으로 한다. (2008.9.25 본조개정)
제2조【적용이 제외되는 자동차】 「자동차관리법」(이하 "법"이라 한다) 제2조제1호 단서에서 "대통령령으로 정하는 것"이라 함은 다음 각호의 것을 말한다.(2010.2.5 본문개정)
1. 「건설기계관리법」에 따른 건설기계(2008.9.25 본호개정)
2. 「농업기계화 촉진법」에 따른 농업기계(2011.11.25 본호개정)
3. 「군수품관리법」에 따른 차량(2008.9.25 본호개정)
4. 궤도 또는 공중선에 의하여 운행되는 차량
5. 「의료기기법」에 따른 의료기기(2011.11.25 본호신설)

제3조【자동차의 차령기산일】 자동차의 차령기산일은 다음 각호의 구분에 의한다.
1. 제작연도에 등록된 자동차 : 최초의 신규등록일
2. 제작연도에 등록되지 아니한 자동차 : 제작연도의 말일
(2001.3.17 본조개정)

제4조【자동차정책기본계획의 변경 등】 ① 법 제4조의2제3항 후단에서 "대통령령으로 정하는 경미한 변경"이란 다음 각 호의 어느 하나에 해당하는 경우를 말한다.
1. 법 제4조의2제1항에 따른 자동차정책기본계획(이하 이 조에서 "기본계획"이라 한다)에서 정한 부문별 사업비용을 100분의 15 이내의 범위에서 변경하는 경우
2. 기본계획에서 정한 부문별 사업기간을 1년 이내의 범위에서 변경하는 경우
3. 관계 법령 또는 관련 계획의 변경에 따라 기본계획의 내용 변경이 부득이한 경우
4. 계산착오, 오기, 누락 또는 이에 준하는 사유로서 그 변경근거가 분명한 사항을 변경하는 경우
5. 그 밖에 기본계획의 목적 및 방향에 영향을 미치지 아니하는 것으로서 국토교통부장관이 정하여 고시하는 사항을 변경하는 경우(2013.3.23 본호개정)

② 국토교통부장관은 법 제4조의2제4항에 따라 기본계획을 수립하거나 변경한 날부터 20일 이내에 관계 중앙행정기관의 장 및 특별시장·광역시장·특별자치시장·도지사 또는 특별자치도지사(이하 "시·도지사"라 한다)에게 해당 기본계획을 통보하여야 한다.(2018.10.23 본항개정)
(2011.11.25 본조신설)

제5조 (2016.2.3 삭제)

제6조【자동차의 강제처리】 ① 법 제26조제1항제3호에서 "대통령령으로 정하는 기간"이란 2개월(자동차가 분해·파손되어 운행이 불가능한 경우에는 15일)을 말한다.
(2020.2.25 본항신설)
② 특별자치시장·특별자치도지사·시장·군수 또는 구청장(구청장은 자치구의 구청장을 말한다. 이하 "시장·군수 또는 구청장"이라 한다)은 자동차에 대하여 법 제26조제2항에 따른 처분등 또는 명령을 하고자 하는 때에는 해당 자동차가 법 제26조제1항 각 호의 어느 하나에 해당하는 자동차(이하 "방치자동차"라 한다)임을 확인하여야 한다. 이 경우 방치자동차인지 여부는 해당 자동차의 상태, 발견장소, 방치기간, 인근주민의 진술 또는 신고내용

기타 제반정황을 종합하여 판단하여야 한다.(2018.10.23 전단개정)

③ 시장·군수 또는 구청장은 법 제26조제3항의 규정에 의하여 방치자동차를 폐차 또는 매각하고자 하는 때에는 그 뜻을 자동차등록원부에 기재된 소유자와 이해관계인 또는 점유자에게 서면으로 통지하여야 한다. 다만, 자동차의 소유자 또는 점유자를 알 수 없는 경우에는 7일 이상 공고하여야 한다.(1999.7.29 본항개정)

④ 시장·군수 또는 구청장이 법 제26조제3항에 따라 방치자동차를 폐차 또는 매각할 수 있는 시기는 다음 각 호와 같다.(2020.2.25 본문개정)

1. 제3항에 따른 통지를 한 경우에는 통지를 한 날부터 20일이 경과한 때(2020.2.25 본호개정)
2. 해당 방치자동차의 소유자 또는 점유자를 알 수 없는 경우에는 제3항에 따른 공고기간이 만료된 때 (2020.2.25 본호개정)
3. 방치자동차의 소유자·점유자 및 이해관계인이 그 권리를 포기한다는 의사표시를 한 경우에는 의사표시가 있는 때

⑤ 시장·군수 또는 구청장은 방치자동차중 다음 각호의 1에 해당하는 자동차는 이를 폐차할 수 있다. (1999.7.29 본문개정)

1. 자동차등록원부에 등록되어 있지 아니한 자동차(법 제27조의 규정에 의하여 임시운행허가를 받은 자동차는 등록된 자동차로 본다)
2. 장소의 이전이나 견인이 곤란한 상태의 자동차
3. 구조·장치의 대부분이 분해·파손되어 정비·수리가 곤란한 자동차
4. 매각비용의 과다등으로 인하여 특히 폐차할 필요가 있는 자동차

⑥ 시장·군수 또는 구청장은 등록된 자동차를 제5항에 따라 폐차한 때에는 지체없이 그 등록을 한 시·도지사에게 해당 폐차사실을 통보하여야 한다.(2020.2.25 본항개정)

⑦ 시·도지사는 제6항에 따라 폐차사실을 통보받은 때에는 지체없이 법 제13조제3항제4호에 따라 해당 자동차의 등록을 말소하여야 한다.(2020.2.25 본항개정)

제7조【임시운행의 허가 등】 ① 시·도지사는 다음 각호의 어느 하나에 해당하는 경우에는 법 제27조제1항에 따른 임시운행허가를 할 수 있다.(2009.3.27 본문개정)

1. 법 제8조 및 제13조제8항·제10항에 따른 신규등록신청을 위하여 자동차를 운행하려는 경우
2. 법 제13조제1항제6호에 따라 수출하기 위하여 말소등록한 자동차를 점검·정비하거나 선적하기 위하여 운행하려는 경우
3. 법 제23조제3항에 따라 자동차의 차대번호 또는 원동기형식의 표기를 지우거나 그 표기를 받기 위하여 자동차를 운행하려는 경우
4. 법 제30조제1항 및 제3항에 따른 자동차자기인증에 필요한 시험 또는 확인을 받기 위하여 자동차를 운행하려는 경우

(2010.2.5 1호~4호개정)

5.~6. (2002.12.31 삭제)

7. 법 제43조제1항에 따른 신규검사 또는 임시검사를 받기 위하여 자동차를 운행하려는 경우(2010.2.5 본호개정)
8. 자동차를 제작·조립·수입 또는 판매하는 자가 판매사업장·하치장 또는 전시장에 자동차를 보관·전시(展示)하기 위하여 운행하려는 경우(2021.10.14 본호개정)
9. 자동차를 제작·조립·수입 또는 판매하는 자가 판매한 자동차를 환수하기 위하여 운행하려는 경우
10. 자동차를 제작·조립 또는 수입하는 자가 자동차에 특수한 설비를 설치하기 위하여 다른 제작 또는 조립장소로 자동차를 운행하려는 경우

(2010.2.5 9호~10호개정)

11. 다음 각 목의 자가 시험·연구의 목적으로 자동차를 운행하려는 경우
    가. 법 제30조제2항에 따라 등록을 한 자
    나. 법 제32조제3항에 따라 성능시험을 대행할 수 있도록 지정된 자(이하 "성능시험대행자"라 한다) (2021.2.2 본목개정)
    다. 자동차 연구개발 목적의 기업부설연구소를 보유한 자
    라. 해외자동차업체나 국내에서 자동차를 제작 또는 조립하는 자와 계약을 체결하여 부품개발 등의 개발업무를 수행하는 자(2015.5.1 본목개정)
    마. 전기자동차 등 친환경·첨단미래형 자동차의 개발·보급을 위하여 필요하다고 국토교통부장관이 인정하는 자(2013.3.23 본목개정)

    (2009.3.27 본호개정)
12. 「도로교통법」 제99조 및 제104조에 따른 자동차운전학원 및 자동차운전전문학원을 설립·운영하는 자가 검사를 받기 위하여 같은 법 시행령 제63조제2항 및 제67조제3항에 따른 기능교육용 자동차를 운행하려는 경우(2010.2.5 본호개정)
13. 자동차를 제작·조립 또는 수입하는 자가 광고 촬영이나 전시를 위하여 자동차(법 제30조제4항에 따라 제원을 최초로 통보하려거나 통보한 제원을 변경하려는 자동차로 한정한다)를 운행하려는 경우(2021.10.14 본호신설)

② 제1항에 따른 임시운행허가기간은 다음 각 호의 구분에 따른다.(2010.2.5 본문개정)

1. 제1항제1호·제3호·제7호부터 제9호까지 및 제12호에 해당하는 경우 : 10일 이내(2010.2.5 본호개정)

1의2. 제1항제2호에 해당하는 경우 : 20일 이내(2010.2.5 본호개정)

2. 제1항제4호·제10호 및 제13호에 해당하는 경우 : 40일 이내(2021.10.14 본호개정)
3. (2002.12.31 삭제)
4. 제1항제11호에 해당하는 경우 : 2년(제1항제11호마목의 경우에는 5년)의 범위에서 해당 시험·연구에 소요되는 기간(2015.5.1 본호개정)

③ 국토교통부장관은 정치·외교·문화·예술 및 체육 등의 행사에 제공하기 위하여 임시운행허가를 하려는 경우에는 신청에 의하여 6개월 이내의 기간을 정하여 이를 허가할 수 있다.(2013.3.23 본항개정)

④ 법 제27조제1항 단서에 따라 자율주행자동차를 시험·연구 목적으로 운행하려는 경우 임시운행허가의 기간은 5년 이내로 한다.(2016.1.6 본항신설)

⑤ 시·도지사는 임시운행허가를 받은 자가 법 제27조제4항에 따라 임시운행허가증 및 임시운행허가번호판을 반납하지 아니하는 경우에는 이를 회수하여야 한다. (2010.2.5 본항개정)

(2010.2.5 본조제목개정)

제8조【자동차의 구조 및 장치】 ① 다음 각호의 1에 해당하는 사항과 관련된 자동차의 구조는 법 제29조제1항의 규정에 의한 안전기준에 적합하여야 한다.

1. 길이·너비 및 높이
2. 최저지상고
3. 총중량
4. 중량분포
5. 최대안전경사각도
6. 최소회전반경
7. 접지부분 및 접지압력

② 다음 각호의 자동차의 장치는 법 제29조제1항의 규정에 의한 안전기준에 적합하여야 한다.

1. 원동기(동력발생장치) 및 동력전달장치
2. 주행장치
3. 조종장치
4. 조향장치
5. 제동장치
6. 완충장치
7. 연료장치 및 전기·전자장치
8. 차체 및 차대
9. 연결장치 및 견인장치
10. 승차장치 및 물품적재장치
11. 창유리
12. 소음방지장치
13. 배기가스발산방지장치
14. 전조등, 번호등, 후미등, 제동등, 차폭등, 후퇴등 및 그 밖의 등화장치
15. 경음기 및 그 밖의 경보장치
16. 방향지시등 및 그 밖의 지시장치
17. 후사경, 창닦이기 및 그 밖에 시야를 확보하는 장치 (2024.1.9 14호~17호개정)

17의2. 후방 영상장치 및 후진경고음 발생장치 (2015.10.13 본호신설)

18. 속도계, 주행거리계 및 그 밖의 계기
19. 소화기 및 그 밖의 방화장치 (2024.1.9 18호~19호개정)
20. 내압용기 및 그 부속장치
21. 그 밖에 자동차의 안전운행에 필요한 장치로서 국토교통부령으로 정하는 장치(2024.1.9 본호개정)

제8조의2【자동차부품】 법 제29조제2항에서 "대통령령으로 정하는 부품·장치 또는 보호장구"(이하 "자동차부품"이라 한다)란 다음 각 호의 것을 말한다.

1. 브레이크호스
2. 좌석안전띠
3. 국토교통부령으로 정하는 등화장치(2013.3.23 본호개정)
4. 후부반사기
5. 후부안전판
6. 창유리
7. 안전삼각대
8. 후부반사판
9. 후부반사지
10. 브레이크라이닝
11. 휠
12. 반사띠
13. 저속차량용 후부표시판

(2015.10.13 6호~13호신설)

(2011.11.25 본조신설)

제8조의3【자동차 및 자동차부품의 결함의 추정 요건 등】 ① 법 제30조제2항에 따른 자동차제작자등(이하 "자동차제작자등"이라 한다) 또는 자동차부품을 제작·조립 또는 수입하는 자(이하 "부품제작자등"이라 한다)가 제작·조립 또는 수입하는 자동차 또는 부품이 다음 각 호의 어느 하나에 해당함에도 법 제31조제5항에 따라 자료를 제출하지 않은 경우에는 같은 조 제6항에 따라 자동차 또는 부품에 결함이 있는 것으로 추정한다.

1. 다음 각 목의 모두에 해당하는 화재사고가 반복적으로 발생하는 경우
    가. 화재가 발생한 자동차 또는 부품은 같은 종류 및 같은 구조의 자동차 또는 부품일 것
    나. 화재가 같은 자동차 장치에서 발생하였을 것
2. 다음 각 목의 모두에 해당하는 교통사고(사망 또는 부상 등의 인명피해가 발생한 교통사고로 한정한다. 이하 이 호에서 같다)가 반복적으로 발생하는 경우
    가. 교통사고가 발생한 자동차 또는 부품은 같은 종류 및 같은 구조의 자동차 또는 부품일 것
    나. 교통사고가 같은 자동차 장치로 인하여 발생하였을 상당한 개연성이 있을 것

② 국토교통부장관은 법 제30조의3제2항, 제31조제4항 및 같은 조 제9항에 따른 조사를 성능시험대행자에게 실시하게 하는 경우로서 그 조사를 위하여 같은 조 제13항 전단에 따른 자료를 성능시험대행자에게 제공할 필요가 있다고 인정하면 환경부장관에게 해당 자료의 제공을 요청할 수 있다.

(2021.2.2 본조신설)

제8조의4【자동차 사고조사를 위한 제공요청 대상 자료의 범위】 ① 성능시험대행자는 법 제31조의3제1항에 따른 사고조사를 하는 경우 같은 조 제5항에 따라 다음 각 호의 구분에 따른 자료의 제공을 요청할 수 있다.

1. 지방자치단체가 보유한 지방자치단체가 설치·운영하는 영상정보처리기기로 촬영된 자동차 사고 영상
2. 경찰청이 보유한 교통사고 조사 결과
3. 소방청이 보유한 「소방기본법」 제29조에 따른 화재조사 결과(자동차 관련 화재만 해당한다)
4. 「보험업법」에 따른 보험회사가 작성·보유한 자동차 사고 조사자료 및 보험처리 이력에 관한 자료
5. 환경부가 보유한 「대기환경보전법」 제51조제1항에 따른 결함확인검사 자료, 같은 법 제51조제5항에 따른 결함시정에 관한 계획, 같은 법 제53조제1항에 따른 결함시정 현황 및 부품결함 현황 등의 자료
6. 그 밖에 교통사고에 관련된 자료로서 자동차 사고조사를 위해 필요한 자료

② 성능시험대행자는 법 제31조의3제5항에 따라 자료의 제공을 요청하려면 미리 교통사고가 발생한 자동차의 소유자 또는 운전자(사망 또는 부상으로 의사표시를 할 수 없는 경우에는 그 배우자·직계존속 또는 직계비속)의 동의를 받아야 한다.

(2021.2.2 본조신설)

제8조의5【자동차결함정보시스템의 구축·운영】 ① 국토교통부장관은 법 제33조의4에 따른 자동차결함정보시스템(이하 "자동차결함정보시스템"이라 한다)에 저장된 자동차 결함정보에 대한 전자적 침해행위로 자동차 결함정보가 유출되지 않도록 방화벽 설치 등 필요한 조치를 해야 한다.

② 제1항에서 규정한 사항 외에 자동차결함정보시스템의 구축 및 운영에 관하여 필요한 사항은 국토교통부장관이 정한다.

(2021.2.2 본조신설)

제9조【내압용기검사의 생략】 법 제35조의6제1항 단서에 따라 다음 각 호의 어느 하나에 해당하는 내압용기에 대해서는 법 제35조의6제1항 본문에 따른 내압용기검사(이하 "내압용기검사"라 한다)의 전부를 생략할 수 있다. 다만, 제1호다목의 경우에는 국토교통부령으로 정하는 바에 따라 그 일부를 생략한다.(2013.3.23 단서개정)

1. 다음 각 목의 구분에 따라 제조하는 내압용기
    가. 수출용으로 제조하는 내압용기
    나. 정부·지방자치단체·자동차제작자·내압용기제조자 또는 국토교통부장관이 지정하는 시험연구기관이 시험용 또는 연구개발용으로 제조하는 내압용기 (2013.3.23 본목개정)
    다. 「고압가스 안전관리법」 제5조의2에 따라 외국용기등의 제조등록을 한 자가 제조하는 내압용기
2. 다음 각 목의 구분에 따라 수리하는 내압용기
    가. 내압용기제조자가 용기밸브 또는 용기안전장치의 부품을 교체하는 내압용기
    나. 자동차정비업자(내압용기 내의 잔류가스를 회수할 수 있는 장치를 갖춘 자만 해당한다)가 용기밸브 또는 용기안전장치를 교체·수리하는 내압용기(액화석유가스용 내압용기만 해당한다)
3. 다음 각 목의 구분에 따라 수입하는 내압용기
    가. 시험용 또는 연구개발용으로 수입하는 내압용기
    나. 주한(駐韓) 외국기관에서 사용하기 위하여 수입하는 것으로서 외국에서 내압용기검사에 준하는 검사를 받은 내압용기
    다. 내압용기를 제조 또는 수입하는 자가 견본으로 수입하는 내압용기
    라. 수출할 목적으로 수입하는 내압용기

(2011.11.25 본조신설)

제9조의2【내압용기재검사 비용의 지원】 ① 국토교통부장관은 법 제35조의8제5항에 따라 다음 각 호의 비용을 법 제44조제1항에 따라 자동차검사를 대행하는 자(이하 "자동차검사대행자"라 한다)에게 지원할 수 있다. (2013.3.23 본문개정)

1. 법 제35조의8제1항 본문에 따른 내압용기재검사(이하 "내압용기재검사"라 한다)에 필요한 시설, 장비 및 인력에 드는 비용
2. 내압용기재검사와 관련된 조사, 연구 및 전산 관련 시설에 드는 비용
3. 내압용기의 파기 및 각인에 드는 비용
4. 그 밖에 내압용기재검사의 효율적 수행 및 관리를 위하여 국토교통부장관이 필요하다고 인정하는 비용 (2013.3.23 본호개정)

② 자동차검사대행자가 제1항에 따른 지원을 받으려는 경우에는 내압용기재검사 비용지원 신청서에 다음 각 호의 서류를 첨부하여 국토교통부장관에게 제출하여야 한다.(2013.3.23 본문개정)
1. 사업추진계획서
2. 소요비용 산정내역
3. 자금집행계획
4. 그 밖에 내압용기재검사의 비용지원을 위하여 국토교통부장관이 필요하다고 인정하는 서류(2013.3.23 본호개정)

③ 제1항 및 제2항에 따른 지원범위 및 지원절차 등에 관하여 필요한 세부사항은 국토교통부장관이 정하여 고시한다.(2013.3.23 본항개정)
(2011.11.25 본조신설)

제9조의3 【내압용기에 대한 위해방지 조치】 ① 법 제35조의10제2항에서 "가스유출 등 대통령령으로 정하는 중대한 결함"이란 다음 각 호의 어느 하나에 해당하는 결함을 말한다.
1. 내압용기 내의 가스유출
2. 용기밸브 및 용기안전장치의 중대한 손상

② 법 제35조의10제3항에서 "폭발사고 등 대통령령으로 정하는 중대하고 명백한 결함"이란 다음 각 호의 어느 하나에 해당하는 결함을 말한다.
1. 내압용기의 폭발로 인한 내압용기의 파손사고
2. 내압용기의 압력으로 인한 내압용기의 파열사고

③ 제1항 및 제2항에 따른 결함의 유형 및 종류 등에 관하여 필요한 세부사항은 국토교통부장관이 정하여 고시한다.(2013.3.23 본항개정)
(2011.11.25 본조신설)

제9조의4 【손실보상】 ① 법 제35조의10제5항 본문에 따른 손실보상은 국토교통부장관과 손실을 입은 자(자동차 소유권 및 사용에 관한 권리를 가진 자를 말한다)와의 상호 협의에 따라 정한다.

② 국토교통부장관은 제1항에 따른 손실보상을 위하여 필요하다고 인정하는 경우에는 손실보상 또는 내압용기 관련 전문가 및 전문기관에 대하여 자문 및 의견제출 등을 요청할 수 있다.

③ 제1항 및 제2항에 따른 손실보상의 협의, 자문 및 의견제출 등의 절차 및 방법 등에 관하여 필요한 세부사항은 국토교통부장관이 정하여 고시한다.
(2013.3.23 본조개정)

제9조의5 【제세공과금】 법 제47조의6제2항에서 "취득세 등 대통령령으로 정하는 제세공과금"이란 「지방세법」에 따른 취득세를 말한다.(2018.10.23 본조신설)

제9조의6 【자동차안전 · 하자심의위원회의 구성 및 운영】 ① 국토교통부장관은 법 제47조의7제1항에 따른 자동차안전 · 하자심의위원회(이하 "위원회"라 한다)의 위원을 임명하거나 위촉하는 경우에는 법 제47조의8제1항제3호부터 제6호까지의 어느 하나에 해당하는 위원의 수가 전체 위원 수의 2분의 1 이상이 되도록 하여야 한다.

② 위원회의 위원장(이하 이 조에서 "위원장"이라 한다)은 위원회의 회의를 소집하고 그 회의의 의장이 되며, 위원회의 사무를 총괄한다.(2022.12.9 본항개정)

③ 위원장이 부득이한 사유로 직무를 수행할 수 없을 때에는 위원장이 미리 지명한 위원이 그 직무를 대행한다.

④ 위원장은 회의를 소집하려면 회의의 일시, 장소 및 안건을 회의 개최 5일 전까지 각 위원들에게 알려야 한다. 다만, 긴급을 요하는 경우에는 그러하지 아니하다.

⑤ 위원회는 심의를 위하여 필요한 경우 관계 전문가 또는 이해관계인 등을 위원회에 출석하게 하여 의견을 들을 수 있다.

⑥ 위원회에 출석한 위원 및 관계 전문가 등에게 예산의 범위에서 수당 및 여비와 그 밖에 필요한 경비를 지급할 수 있다.

⑦ 제1항부터 제6항까지에서 규정한 사항 외에 위원회의 운영 등에 필요한 사항은 위원회 규칙으로 정한다.
(2018.10.23 본조신설)

제9조의7 【위원회의 심의대상】 법 제47조의7제2항제2호사목에서 "대통령령으로 정하는 사항"이란 다음 각 호의 어느 하나에 해당하는 경우로서 국토교통부장관이 심의를 요청하는 사항을 말한다.
1. 법 제31조제8항에 따른 자동차제작자등이나 부품제작자등의 시정조치 계획 및 경제적 보상 계획의 적정성에 관한 사항(2021.2.2 본호개정)
2. 법 제32조의2제5항에 따른 무상수리의무 이행 명령에 관한 사항
(2018.10.23 본조신설)

제9조의8 【분과위원회의 구성 등】 ① 법 제47조의7제3항에 따라 같은 조 제2항제2호 각 목의 사항에 대한 심의를 효율적으로 수행하기 위하여 위원회에 제작결함분과위원회(이하 "분과위원회"라 한다)를 둔다.

② 분과위원회는 위원장 1명을 포함하여 30명 이내의 위원으로 구성한다.

③ 분과위원회의 위원장은 위원회의 위원장이 겸임한다.

④ 분과위원회의 위원은 위원회의 위원 중에서 국토교통부장관이 지명한다. 이 경우 국토교통부장관은 법 제47조의8제1항제3호부터 제6호까지의 위원의 수가 분과위원회 총 위원 수의 3분의 2 이상이 되도록 해야 한다.

⑤ 분과위원회는 재적위원 과반수의 출석과 출석위원 과반수의 찬성으로 의결한다.

⑥ 제1항부터 제5항까지에서 규정한 사항 외에 분과위원회의 운영 등에 필요한 사항은 위원회 규칙으로 정한다.
(2022.12.9 본조신설)

제9조의9 【소위원회의 구성 등】 ① 법 제47조의7제3항에 따라 법 제47조의11제1항제1호에 따른 재심의 요청사항을 효율적으로 심의하기 위하여 위원회에 소위원회를 둔다.

② 소위원회는 위원장 1명을 포함하여 10명 이내의 위원으로 구성한다.

③ 소위원회의 위원장과 위원은 위원회의 위원 중에서 위원회의 위원장이 지명한다.

④ 소위원회는 소위원회 재적위원 과반수의 출석과 출석위원 과반수의 찬성으로 의결한다.

⑤ 제1항부터 제4항까지에서 규정한 사항 외에 소위원회의 운영 등에 필요한 사항은 위원회 규칙으로 정한다.
(2022.12.9 본조신설)

제9조의10 【위원회 위원의 해촉 사유】 법 제47조의8제3항제3호에서 "직무상의 의무 위반 등 대통령령으로 정하는 해촉 사유"란 다음 각 호의 어느 하나에 해당하는 경우를 말한다.
1. 이 법에 따른 직무와 관련하여 비위사실이 발견된 경우
2. 직무태만, 품위손상이나 그 밖의 사유로 인하여 위원으로 적합하지 아니하다고 인정되는 경우
(2018.10.23 본조신설)

제9조의11 【위원회 회의록의 비공개】 법 제47조의8제7항 단서에 따라 공개하지 않을 수 있는 정보는 다음 각 호의 어느 하나에 해당하는 정보로 한다.
1. 회의록에 포함되어 있는 성명, 주민등록번호 등 「개인정보 보호법」 제2조제1호에 따른 개인정보로서 공개할 경우 재산상의 이익이나 사생활의 비밀 또는 자유를 침해할 우려가 있다고 인정되는 정보
2. 위원회에서 심의가 진행 중인 안건에 관한 정보로서 공개할 경우 공정한 심의에 영향을 줄 수 있다고 인정되는 정보
3. 특정 차종의 설계변경 이력이나 조립공정 등 자동차제작자등의 경영상 · 영업상 비밀에 해당하는 정보
4. 개별 교환 · 환불중재와 관련된 정보
5. 그 밖에 공개할 경우 위원회 심의의 공정성을 크게 저해할 우려가 있다고 인정되는 정보
(2021.2.2 본조신설)

제9조의12 【위원회 심의결과에 대한 재심의절차 등】 ① 법 제47조의11제1항제1호에 따라 재심의를 요청하려는 자는 법 제47조의7제2항제2호에 따른 심의결과를 통보받은 날부터 15일 이내에 재심의요청서에 재심의사유를 증명할 수 있는 자료를 첨부하여 위원회에 제출해야 한다.(2022.12.9 본항개정)

② 위원회는 법 제47조의11제2항에 따른 의견이 있는 날부터 10일 이내에 재심의 결과를 재심의를 요청한 자와 국토교통부장관에게 통보해야 한다.
(2021.2.2 본조신설)

제9조의13 【위원회 운영의 위탁 등】 ① 국토교통부장관은 법 제47조의12제1항에 따라 다음 각 호의 업무를 「한국교통안전공단법」에 따른 한국교통안전공단(이하 "한국교통안전공단"이라 한다)에 위탁한다.(2021.2.2 본문개정)
1. 법 제47조의4에 따른 교환 · 환불중재 신청의 접수 및 절차의 개시에 관한 업무
2. 법 제47조의8에 따른 위원회 운영에 관한 업무
3. 법 제47조의9에 따른 중재부 구성 및 운영에 관한 업무

② 제1항에 따라 위탁받은 사무를 처리하기 위하여 한국교통안전공단에 위원회 사무국(이하 "사무국"이라 한다)을 둔다.

③ 사무국에 사무국장 1명과 제1항 각 호의 업무처리를 위하여 필요한 조직과 직원을 둔다.

④ 사무국장은 위원장의 명을 받아 사무를 처리하고, 소속 직원을 지휘 · 감독하며, 위원회에 출석하여 발언할 수 있다.

⑤ 사무국은 사무의 원활한 처리를 위하여 특별시 · 광역시 · 특별자치시 · 도 및 특별자치도에 분사무소를 설치할 수 있다.

⑥ 사무국의 조직 및 정원은 한국교통안전공단 이사장이 국토교통부장관의 승인을 받아 정한다.
(2018.10.23 본조신설)

제10조 【이륜자동차대장의 비치 · 관리 등】 ① 시장 · 군수 또는 구청장은 법 제48조제1항의 규정에 의하여 사용신고를 받은 이륜자동차별로 이륜자동차대장(전자문서를 포함한다. 이하 같다)을 비치 · 관리하여야 한다.

② 제1항에 따른 이륜자동차대장 및 법 제48조에 따른 신고와 관련된 서류의 보존기간은 다음 각 호의 구분에 따른다.
1. 이륜자동차대장 : 해당 이륜자동차대장을 폐쇄한 날부터 10년
2. 신고서 및 그 첨부서류 : 신고를 받은 날부터 3년(사용신고의 경우 5년)
(2015.4.29 본항신설)
(2015.4.29 본조개정)

제11조 【경미한 등록사항의 변경】 법 제53조제1항 단서에서 "대통령령으로 정하는 경미한 등록 사항을 변경하는 경우"란 다음 각 호의 변경을 말한다.(2011.11.25 본문개정)
1. 임원(대표자를 포함한다)의 주소변경(2011.11.25 본호개정)
2. 자동차관리사업으로 등록한 사업장의 대지면적 또는 건물면적의 100분의 30이하의 변경 또는 증 · 개축(등록기준에 미달되게 하는 경우를 제외한다)

제12조 【자동차정비업의 세분】 ① 법 제53조제2항에 따른 자동차정비업의 종류는 다음 각 호와 같이 세분한다.(2013.6.17 본문개정)
1. 자동차종합정비업
2. 소형자동차종합정비업(2015.12.10 본호개정)
3. 자동차전문정비업(2013.6.17 본호개정)
4. 원동기전문정비업

② 제1항에 따라 세분된 자동차정비업의 종류별 정비작업의 범위는 국토교통부령으로 정한다.(2013.6.17 본항개정)

제13조 【사업의 개선명령】 ① 시장 · 군수 또는 구청장은 법 제56조제1항 및 제2항에 따라 개선명령을 하고자 하는 때에는 그 사유와 이행기간을 명시한 서면으로 하여야 한다.

② 시장 · 군수 또는 구청장은 제1항에 따른 개선명령을 받은 자동차관리사업자 또는 온라인 자동차 매매정보제공자에 대하여 정당한 사유가 있는 때에는 개선명령의 이행기간을 1차에 한하여 연장할 수 있다. 이 경우 자동차관리사업자 또는 온라인 자동차 매매정보제공자는 그 사유를 증명하는 서면을 시장 · 군수 또는 구청장에게 제출(전자문서에 의한 제출을 포함한다)하여야 한다.

③~④ (1999.7.29 삭제)
(2018.10.23 본조개정)

제13조의2 【자동차매매업자의 금지 행위】 법 제57조제3항제2호다목에서 "대통령령으로 정하는 내용의 표시 · 광고"란 다음 각 호의 표시 · 광고를 말한다.
1. 매도 또는 매매를 알선하려는 자동차가 존재하지만 실제로 거래의 대상이 될 수 없는 자동차에 대한 표시 · 광고
2. 매도 또는 매매를 알선하려는 자동차가 존재하지만 실제로 거래할 의사가 없는 자동차에 대한 표시 · 광고
3. 매도 또는 매매를 알선하려는 자동차의 판매자 정보 및 거래조건 등 자동차 거래 여부에 중요한 영향을 미치는 사실을 빠뜨리거나 은폐 · 축소하는 표시 · 광고
(2022.12.9 본조신설)

제13조의3 【자동차매매업자의 손해배상책임 등】 ① 법 제53조에 따라 자동차매매업을 등록한 자(이하 "자동차매매업자"라 한다)는 법 제58조의3제2항에 따라 다음 각 호에 해당하는 금액을 보장하는 보증보험 또는 법 제68조의17에 따른 공제(이하 이 조에서 "공제"라 한다)에 가입하거나 해당 금액을 공탁하여야 한다.(2023.9.26 본문개정)
1. 법인인 경우 : 2천만원 이상
2. 법인이 아닌 경우 : 1천만원 이상

② 자동차매매업자는 자동차매매업을 등록을 한 때에는 업무를 시작하기 전에 제1항에 따른 손해배상책임을 위한 조치(이하 이 조에서 "보증"이라 한다)를 한 후 그 증명서류를 갖추어 시장 · 군수 또는 구청장에게 신고하여야 한다.

③ 제1항에 따라 보증을 설정한 자동차매매업자는 그 보증을 다른 보증으로 변경할 때에는 이미 설정한 보증의 효력이 있는 기간 중에 다른 보증을 설정하고 그 증명서류를 갖추어 시장 · 군수 또는 구청장에게 신고하여야 한다.

④ 제1항에 따라 보증보험 또는 공제에 가입한 자동차매매업자는 보증기간이 만료되어 다시 보증을 설정할 때에는 그 보증기간 만료일까지 다시 보증을 설정하고 그 증명서류를 갖추어 시장 · 군수 · 구청장에게 신고하여야 한다.(2023.9.26 본항개정)

⑤ 자동차매수인이 손해배상금으로 보증보험금 · 공제금 또는 공탁금을 지급받으려는 경우에는 그 자동차매수인과 자동차매매업자 간의 손해배상합의서(공정증서로 한정한다) · 화해조서 또는 법원의 확정된 판결문 사본, 그 밖에 이에 준하는 효력이 있는 서류를 첨부하여 보증보험회사, 법 제68조의14제1항에 따른 공제조합 또는 공탁기관에 손해배상금의 지급을 청구하여야 한다.(2023.9.26 본항개정)

⑥ 자동차매매업자는 보증보험금 · 공제금 또는 공탁금으로 손해배상을 한 때에는 5일 이내에 보증보험 또는 공제에 다시 가입하거나 공탁금 중 부족하게 된 금액을 보전하여야 한다.(2023.9.26 본항개정)
(2009.3.27 본조신설)

제13조의4 【자동차성능 · 상태점검 보험 등】 ① 법 제58조제8항에 따른 자동차성능 · 상태점검자는 법 제58조의4제2항에 따라 「보험업법」 제2조제1호나목 및 같은 법

시행령 제1조의2제3항제6호에 따른 책임보험계약(이하 "자동차성능 · 상태점검책임보험"이라 한다)에 가입해야 한다.(2023.6.9 본항개정)

② 자동차성능 · 상태점검책임보험은 다음 각 호의 기준을 충족하여야 한다.

1. 법 제58조제1항제1호에 따른 자동차성능 · 상태점검에 포함되는 사항 중 자동차 종합상태, 사고 · 교환 · 수리 등 이력 및 자동차 세부상태에 관한 사항으로서 국토교통부장관이 정하여 고시하는 사항이 보장범위에 포함되도록 할 것
2. 고의에 의한 사고 및 주행거리 · 연식 기준 등 보상제외 대상, 자기부담금에 관한 사항 및 보상한도액에 관한 사항을 명확히 할 것

③「보험업법」에 따른 보험회사(이하 이 조에서 "보험회사"라 한다)가 자동차성능 · 상태점검책임보험 사업을 하기 위하여 제2항제2호에 따른 사항을 정하려는 경우 국토교통부장관과 미리 협의할 수 있다.

④ 보험회사는 자동차성능 · 상태점검책임보험 사업의 효율적인 운영을 위하여 필요한 경우 제19조제9항에 따라 전산정보처리조직의 설치 · 운영에 관한 권한을 위탁받은 한국교통안전공단 및「보험업법」제176조에 따른 보험요율 산출기관(이하 "보험요율 산출기관"이라 한다)에 다음 각 호의 자료의 제출을 요청할 수 있다.

1. 한국교통안전공단 : 자동차성능 · 상태점검기록부 및 관련 자료
2. 보험요율 산출기관 : 자동차성능 · 상태점검책임보험 가입자의 보험사고 발생이력 및 관련 자료

(2018.10.23 본조신설)

제13조의5【자동차가격 조사 · 산정 교육 등】 ① 법 제58조의5제1호에 따른 자동차가격 조사 · 산정 교육에는 다음 각 호의 교육내용이 포함되어야 한다.(2018.10.23 본문개정)

1. 자동차가격 조사 · 산정 방법
2. 자동차가격 조사 · 산정 관련 법령
3. 자동차가격 조사 · 산정 실무
4. 직무윤리

② 제1항에 따른 교육의 교육시간은 16시간 이상으로 한다.

③ 제1항에 따른 교육의 실시기관은 다음 각 호와 같다.

1.「고등교육법」제2조 각 호에 따른 학교 중 자동차 관련 교육과정을 개설 · 운영하는 학교
2. 한국교통안전공단(2018.10.23 본호개정)
3.「기술사법」제14조에 따라 설립된 기술사회

④ 제3항에 따른 교육 실시기관은 제1항에 따른 교육을 수료한 자에게 수료증을 발급하여야 한다.

(2015.12.10 본조신설)

제13조의6【온라인 자동차 매매정보제공의 등록기준 등】 ① 법 제65조의2제1항 전단에서 "대통령령으로 정하는 등록기준"이란 다음 각 호의 기준을 말한다.

1. 호스트서버의 용량 : 10기가바이트 이상일 것
2. 호스트서버의 이용계약 기간 : 1년 이상일 것
3. 이용약관 : 온라인 자동차 매매정보제공을 이용하는 과정에서 발생할 수 있는 이용자의 피해에 대한 보상방안과 거래 신뢰도 확보 방안을 모두 포함할 것
4. 이용자 불만 접수 창구개설 : 자동차 소유자 및 자동차매매업자가 자동차 매매정보를 이용하는 과정에서 발생할 수 있는 불만사항을 인터넷 홈페이지(휴대전화에서 사용되는 응용프로그램을 포함한다. 이하 이 조에서 같다)와 유선전화를 통하여 온라인 자동차 매매정보제공자에게 직접 제기할 수 있는 창구를 개설할 것

② 법 제65조의2제1항 후단에서 "대통령령으로 정하는 중요 사항"이란 등록한 사항 중 다음 각 호의 사항을 말한다.

1. 대표자 및 임원의 성명
2. 상호 및 서비스 명칭
3. 인터넷 홈페이지
4. 전자우편주소 및 전화번호
5. 호스트서버의 소재지 및 용량(호스트서버의 용량을 늘리는 경우는 제외한다)

(2018.10.23 본조신설)

제13조의7【국제조화기본계획의 변경】 법 제68조의3제3항 후단에서 "대통령령으로 정하는 경미한 사항의 변경"이란 다음 각 호의 어느 하나에 해당하는 경우를 말한다.

1. 법 제68조의3제1항에 따른 자동차안전기준 등의 국제조화 기본계획(이하 이 조에서 "국제조화기본계획"이라 한다)에서 정한 부문별 사업비용을 100분의 15 이내의 범위에서 변경하는 경우
2. 국제조화기본계획에서 정한 부문별 사업기간을 1년 이내의 범위에서 변경하는 경우
3. 관계 법령 또는 관련 계획의 변경에 따라 국제조화기본계획의 내용 변경이 부득이한 경우
4. 계산착오, 오기, 누락 또는 이에 준하는 사유로서 그 변경근거가 분명한 사항을 변경하는 경우
5. 그 밖에 국제조화기본계획의 목적 및 방향에 영향을 미치지 아니하는 것으로서 국토교통부장관이 정하여 고시하는 사항을 변경하는 경우(2013.3.23 본호개정)

(2011.11.25 본조신설)

제13조의8【전담기관의 지정기준 등】 ① 법 제68조의4제1항에 따른 전담기관(이하 "전담기관"이라 한다)의 지정기준은 다음 각 호와 같다.

1. 법 제68조의4제2항제1호부터 제6호까지의 업무(이하 이 조에서 "전담기관업무"라 한다)를 수행할 수 있는 업무관리체계 및 재정능력을 갖출 것
2. 전담기관업무를 수행할 수 있는 상설 조직 및 전문인력을 갖출 것
3. 전담기관업무 수행에 필요한 시설 및 장비를 갖출 것
4. 전담기관의 조직 · 인력 및 시설 · 장비 운용 등에 관한 내부 규정을 갖출 것

② 전담기관의 지정을 받으려는 자는 국토교통부령으로 정하는 전담기관지정신청서(전자문서를 포함한다)에 다음 각 호의 서류(전자문서를 포함한다)를 첨부하여 국토교통부장관에게 제출해야 한다.

1. 전담기관의 조직 · 인력 및 시설 · 장비 현황에 관한 서류
2. 정관 또는 이에 준하는 내부운영규정
3. 사업추진계획서
4. 자금조달 및 집행계획서

③ 국토교통부장관은 제2항에 따라 전담기관의 지정을 신청한 자가 법인인 경우에는「전자정부법」제36조제1항에 따른 행정정보의 공동이용을 통하여 법인 등기사항증명서를 확인해야 한다.

④ 법 제68조의4제4항에 따른 전담기관의 지정취소 · 업무정지의 기준은 별표1과 같다.

⑤ 국토교통부장관은 법 제68조의4제1항에 따라 전담기관을 지정하거나 같은 조 제4항에 따라 전담기관의 지정취소 또는 업무정지를 명한 경우에는 그 사실을 인터넷 홈페이지에 공고해야 한다.

(2021.7.13 본조개정)

제13조의9【시범사업】 ① 국토교통부장관은 법 제68조의8제1항에 따른 시범사업(이하 이 조에서 "시범사업"이라 한다)의 시행을 위하여 다음 각 호의 사항이 포함된 시범사업기본계획을 수립하여야 한다.(2013.3.23 본문개정)

1. 시범사업의 목표, 전략 및 추진체계에 관한 사항
2. 시범사업에 적용되는 자동차기술에 관한 사항
3. 시범사업의 시행에 필요한 재원의 조달에 관한 사항
4. 그 밖에 시범사업의 원활한 시행을 위하여 국토교통부장관이 필요하다고 인정하는 사항(2013.3.23 본호개정)

② 국토교통부장관은 제1항에 따른 시범사업을 실시하려는 경우에는 직접 또는 신청으로 시범사업의 대상 또는 지역을 지정할 수 있다. 이 경우 시범사업의 지정을 신청하려는 자는 국토교통부령으로 정하는 시범사업 지정신청서(전자문서를 포함한다)에 다음 각 호의 서류(전자문서를 포함한다)를 첨부하여 국토교통부장관에게 제출하여야 한다.(2013.3.23 본문개정)

1. 제3항에 따른 지정기준에 적합함을 입증할 수 있는 서류
2. 시범사업의 실시에 필요한 비용, 인력 및 시설 등에 관한 서류
3. 시범사업의 대상 및 지역에 관한 설명자료
4. 그 밖에 제1호부터 제3호까지와 유사한 것으로서 국토교통부장관이 시범사업의 효율적 실시를 위하여 필요하다고 인정하는 서류(2013.3.23 본호개정)

③ 시범사업의 지정기준은 다음 각 호와 같다.

1. 시범사업기본계획에 적합할 것
2. 시범사업의 실시에 대한 재원조달계획이 적정하고 실현 가능할 것
3. 자동차기술의 연구 · 개발 및 이용 · 보급의 촉진에 이바지할 수 있을 것

④ 제1항부터 제3항까지의 규정에 따른 시범사업기본계획의 수립절차, 시범사업의 지정절차 및 방법, 시범사업의 지정기준 등에 관하여 필요한 세부사항은 국토교통부장관이 정하여 고시한다.(2013.3.23 본항개정)

(2011.11.25 본조신설)

제13조의10【자동차서비스복합단지 개발에 관한 국가기본계획 수립 및 변경 등】 ① 법 제68조의9제2항제5호에서 "대통령령으로 정하는 사항"이란 다음 각 호의 사항을 말한다.

1. 법 제68조의9제1항에 따른 자동차서비스복합단지(이하 "자동차서비스복합단지"라 한다)의 주요 시설의 규모, 비율 및 배치 등에 관한 사항
2. 자동차 관련 기반시설의 설치 및 운영에 관한 사항
3. 자동차서비스복합단지 개발 및 활성화를 위한 시범사업 실시에 관한 사항
4. 지역경제 활성화 및 친환경적 개발을 위하여 필요한 사항
5. 그 밖에 자동차서비스복합단지 개발 및 관리에 관한 사항

② 국토교통부장관은 법 제68조의9제1항에 따른 자동차서비스복합단지 개발에 관한 국가 기본계획(이하 이 조에서 "기본계획"이라 한다)을 수립하려는 경우에는 관계 중앙행정기관의 장 및 시 · 도지사의 의견을 들어야 한다. 수립된 기본계획을 변경하려는 경우에도 또한 같다.

③ 국토교통부장관은 관계 중앙행정기관의 장 및 시 · 도지사에게 기본계획을 수립하거나 변경하는 데 필요한 자료의 제출을 요청할 수 있다. 이 경우 자료의 제출 요청을 받은 기관은 특별한 사유가 없으면 이에 따라야 한다.

④ 국토교통부장관은 기본계획을 수립한 경우에는 관계 중앙행정기관의 장 및 시 · 도지사에게 통보하여야 한다.

⑤ 국토교통부장관은 5년마다 수립된 기본계획의 타당성을 검토하여야 한다.

(2016.1.6 본조신설)

제13조의11【자동차서비스복합단지 개발사업의 시행자】 ① 법 제68조의11제2호에서 "대통령령으로 정하는 기관"이란 다음 각 호의 기관을 말한다.

1.「한국토지주택공사법」에 따른 한국토지주택공사
2.「한국수자원공사법」에 따른 한국수자원공사
3.「한국도로공사법」에 따른 한국도로공사
4.「한국철도공사법」에 따른 한국철도공사
5.「국가철도공단법」에 따른 국가철도공단(2020.9.10 본호개정)
6.「한국공항공사법」에 따른 한국공항공사
7.「인천국제공항공사법」에 따른 인천국제공항공사
8.「항만공사법」에 따른 항만공사
9. 한국교통안전공단(2018.10.23 본호개정)
10.「제주특별자치도 설치 및 국제자유도시 조성을 위한 특별법」에 따른 제주국제자유도시 개발센터
11.「중소기업진흥에 관한 법률」에 따른 중소벤처기업진흥공단(2019.4.2 본호개정)

② 법 제68조의11제6호에서 "대통령령으로 정하는 요건에 해당하는 법인"이란 법 제68조의11제1호부터 제5호까지의 규정에 해당하는 자의 출자비율이 100분의 50을 초과하는 법인을 말한다.

(2016.1.6 본조신설)

제13조의12【공제조합의 설립 등】 ① 법 제68조의14제1항에 따른 공제조합(이하 "공제조합"이라 한다)을 설립하려면 공제조합의 조합원 자격이 있는 자의 10분의 1 이상이 발기하고, 조합원 자격이 있는 자 200인 이상의 동의를 받아 창립총회의 의결을 거친 후 국토교통부장관에게 인가를 신청해야 한다.

② 제1항에 따라 공제조합의 설립인가를 신청하려는 자는 인가신청서에 다음 각 호의 서류를 첨부하여 국토교통부장관에게 제출해야 한다.

1. 정관
2. 사업계획서
3. 수입 · 지출 계산서
4. 창립총회의 회의록

③ 법 제68조의14제4항에 따른 공제조합의 정관에 포함되어야 하는 사항은 다음 각 호와 같다.

1. 목적
2. 명칭
3. 주된 사무소의 소재지
4. 사업에 관한 사항
5. 조합원의 자격 및 가입 · 탈퇴에 관한 사항
6. 자산과 회계에 관한 사항
7. 총회에 관한 사항
8. 법 제68조의15제1항에 따른 운영위원회에 관한 사항
9. 임직원에 관한 사항
10. 정관의 변경에 관한 사항
11. 해산과 남은 재산의 처리에 관한 사항

④ 국토교통부장관은 법 제68조의14제1항에 따른 인가를 한 경우에는 그 사실을 국토교통부의 인터넷 홈페이지에 공고해야 한다.

⑤ 공제조합은 설립인가를 받으면 주된 사무소의 소재지에서 다음 각 호의 사항을 등기해야 한다.

1. 목적
2. 명칭
3. 사업
4. 주된 사무소의 소재지
5. 설립 인가 연월일
6. 출자금의 총액
7. 출자방법 및 출자 1좌의 금액
8. 출자증권 양도의 제한에 관한 사항
9. 임원의 성명 및 주민등록번호(이사장의 경우에는 주소를 포함한다)
10. 대표권 제한에 관한 사항
11. 대리인에 관한 사항
12. 공고의 방법

⑥ 공제조합은 제5항 각 호의 등기사항에 변경이 있는 경우에는 그 변경이 발생한 날부터 3주 이내에 해당 사항에 대한 변경등기를 해야 한다. 다만, 제5항제6호에 따른 출자금의 총액에 관한 변경등기는 매 사업연도 말을 기준으로 사업연도 종료 후에 변경등기를 해야 한다.

(2023.9.26 본조신설)

제13조의13【예산과 결산의 제출】 ① 공제조합은 매 사업연도의 총수입과 총지출을 예산으로 편성하여 사업연도가 시작되기 1개월 전까지 국토교통부장관에게 제출해야 한다.

② 공제조합은 매 사업연도가 끝난 후 2개월 이내에 결산을 완료하고 결산보고서에 재무상태표와 손익계산서를 첨부하여 국토교통부장관에게 제출해야 한다.

③ 공제조합은 제2항에 따라 국토교통부장관에게 제출한 재무상태표와 손익계산서를 주된 사무소와 지부에 갖추어 두어야 한다.

(2023.9.26 본조신설)

제13조의14【운영위원회의 구성 및 운영 등】 ① 법 제68조의15제1항에 따른 운영위원회(이하 "운영위원회"라

한다)는 공제사업에 관하여 다음 각 호의 사항을 심의·의결하며 그 업무집행을 감독한다.
1. 사업계획·운영 및 관리에 관한 기본 방침에 관한 사항
2. 예산 및 결산에 관한 사항
3. 차입금에 관한 사항
4. 주요 예산집행에 관한 사항
5. 임원의 임면(任免)에 관한 사항
6. 공제약관·공제규정의 변경과 각종 내부규정의 제정·개정 및 폐지에 관한 사항
7. 공제금, 공제 가입금, 분담금 및 그 요율(料率)에 관한 사항
8. 정관으로 정하는 사항
9. 그 밖에 운영위원회의 위원장이 필요하다고 인정하여 회의에 부치는 사항
② 운영위원회는 위원장과 부위원장 각 1명을 포함하여 25명 이내의 위원으로 구성한다.
③ 운영위원회의 위원장 및 부위원장은 위원 중에서 각각 호선(互選)하되, 위원장과 부위원장 중 1명은 제4항제2호에 해당하는 사람으로 한다.
④ 운영위원회의 위원은 다음 각 호의 어느 하나에 해당하는 사람으로 한다. 이 경우 제3호와 제4호에 해당하는 위원의 수는 전체 위원 수의 2분의 1 미만으로 한다.
1. 국토교통부장관이 그 소속 공무원 중에서 지명하는 사람 1명
2. 다음 각 목의 어느 하나에 해당하는 사람으로서 공제조합의 이사장이 국토교통부장관의 승인을 받아 위촉하는 6명 이상 12명 이내의 사람
가. 금융·보험·회계 분야를 전공한 사람으로서 대학에서 부교수 이상으로 재직하고 있거나 재직하였던 사람
나. 변호사·공인회계사 또는 손해사정사의 자격이 있는 사람
다. 「보험업법」 제2조제6호에 따른 보험회사나 「소비자기본법」 제29조에 따라 등록한 소비자단체 또는 같은 법 제33조에 따른 한국소비자원에서 10년 이상 재직하고 있거나 재직하였던 사람
라. 교통 분야 정책 또는 연구 업무에 10년 이상 종사한 경력이 있는 사람
마. 자동차매매업과 관련된 사업자단체에서 10년 이상 재직하고 있거나 재직하였던 사람
3. 총회가 조합원(법인인 경우에는 그 대표자를 말한다) 중에서 선임하는 5명 이상 11명 이내의 사람
4. 해당 공제조합의 이사장
⑤ 제4항제2호 및 제3호에 해당하는 위원의 임기는 3년으로 한다. 다만, 보궐위원의 임기는 전임(前任)위원 임기의 남은 기간으로 한다.
⑥ 운영위원회의 위원장은 운영위원회의 회의를 소집하며, 그 의장이 된다.
⑦ 운영위원회의 부위원장은 위원장을 보좌하며, 위원장이 부득이한 사유로 그 직무를 수행할 수 없을 때에는 그 직무를 대행한다.
⑧ 운영위원회의 회의는 재적위원 과반수의 출석으로 개의하고, 출석위원 과반수의 찬성으로 의결한다. 다만, 제1항제6호 및 제7호의 사항은 출석위원 3분의 2 이상의 찬성으로 의결한다.
⑨ 제1항부터 제8항까지에서 규정한 사항 외에 운영위원회의 운영에 필요한 사항은 운영위원회의 의결을 거쳐 위원장이 정한다.
(2023.9.26 본조신설)

제13조의15【운영위원회 위원의 결격사유】 법 제68조의16제1항제3호 및 제4호에서 "대통령령으로 정하는 금융 관계 법령(외국의 금융 관계 법령을 포함한다)"이란 각각 별표1의4에서 정하는 법령을 말한다.(2023.9.26 본조신설)

제13조의16【보증의 종류】 법 제68조의17제1항제1호에서 "대통령령으로 정하는 보증"이란 다음 각 호의 보증을 말한다.
1. 이행보증
2. 지급보증
3. 그 밖에 정관으로 정하는 보증
(2023.9.26 본조신설)

제13조의17【보증규정 및 공제규정】 ① 법 제68조의18 제1항에 따른 보증규정에 포함되어야 하는 사항은 다음 각 호와 같다.
1. 보증사업의 범위
2. 보증계약의 내용
3. 보증수수료
4. 보증에 충당하기 위한 책임준비금
② 법 제68조의18제1항에 따른 공제규정에 포함되어야 하는 사항은 다음 각 호와 같다.
1. 공제사업의 범위
2. 공제계약의 내용
3. 공제료 및 공제금
4. 공제금에 충당하기 위한 책임준비금
(2023.9.26 본조신설)

제13조의18【출자증권의 명의 기재변경】 ① 조합원 또는 조합원이었던 자는 법 제68조의19제1항에 따라 그 지분을 양도하려는 경우에는 정관으로 정하는 바에 따라 공제조합으로부터 출자증권에 명의 기재변경을 받아야 한다.
② 공제조합이 법 제68조의20제1항제2호부터 제5호까지의 규정에 해당하는 사유로 취득한 지분을 처분하는 경우에는 해당 출자증권을 공제조합의 명의로 기재변경한 후 처분해야 한다.
(2023.9.26 본조신설)

제13조의19【재무건전성 기준】 ① 공제조합이 법 제68조의21제1항에 따라 지켜야 하는 재무건전성 기준은 다음 각 호와 같다.
1. 다음 계산식에 따른 지급여력비율을 100분의 100 이상으로 유지할 것

$$지급여력비율 = \frac{A}{B}$$

A : 지급여력금액(자본금, 대손충당금, 이익잉여금과 그 밖에 이에 준하는 것으로서 국토교통부장관이 정하여 고시하는 금액을 합산한 금액에서 영업권 및 선급비용 등 국토교통부장관이 정하여 고시하는 금액을 뺀 것)
B : 지급여력기준금액(공제사업을 운영함에 따라 발생하게 되는 위험을 국토교통부장관이 정하여 고시하는 방법에 따라 금액으로 환산한 것)

2. 구상채권 등 보유자산의 건전성을 정기적으로 분류하고 대손충당금을 적립할 것
3. 결산기마다 그 사업의 종류에 따라 책임준비금 및 지급준비금을 계상하고 이를 적립할 것
4. 유동성 관리에 관하여 국토교통부장관이 정하여 고시하는 기준을 충족할 것
② 국토교통부장관은 법 제68조의21제2항에 따라 공제조합에 대하여 자본금의 증액을 명하거나 주식 등 위험자산의 소유를 제한하는 조치를 하려는 경우에는 다음 각 호의 사항을 고려해야 한다.
1. 해당 조치가 공제계약자의 보호를 위하여 적정한지 여부
2. 해당 조치가 공제조합의 부실화를 예방하고 건전한 경영을 유도하기 위하여 필요한지 여부
③ 국토교통부장관은 제1항에 따른 재무건전성 기준에 필요한 세부 기준을 정할 수 있다.
(2023.9.26 본조신설)

제14조【전산자료의 이용】 ① 법 제69조제2항의 규정에 의한 전산자료중 자동차소유자의 인적사항등 개인정보가 포함된 자료를 이용하고자 하는 자(관계중앙행정기관의 장을 제외한다)는 다음 각호의 사항을 기재한 신청서를 관계중앙행정기관의 장에게 제출하여야 한다. 이 경우 신청할 수 있는 전산자료는 필요한 최소한의 범위에 한하여야 하며, 자동차등록원부를 그 공부의 형태대로 복제하거나 전산자료 자체의 제공을 신청할 수 없다.
1. 자료이용의 목적 및 근거
2. 자료의 범위
3. 자료의 제공방식·보관기관 및 안전관리대책 등
② 제1항의 규정에 의한 신청을 받은 관계중앙행정기관의 장은 다음 각호의 사항을 심사한 후 그 심사결과를 신청을 받은 날부터 30일이내에 신청인에게 통보하여야 한다.
1. 신청내용의 타당성·적합성 및 공익성
2. 개인의 사생활 침해여부
3. 자료의 목적외 사용방지 및 안전관리대책
③ 전산자료를 이용하고자 하는 자는 제2항의 규정에 의한 심사결과를 첨부하여 국토교통부령이 정하는 바에 의하여 국토교통부장관에게 승인신청을 하여야 한다.
(2013.3.23 본항개정)
④ 관계중앙행정기관의 장은 법 제69조제2항의 규정에 의하여 전산자료를 이용하고자 하는 경우에는 제1항 각호 및 제2항 각호의 사항에 관한 검토결과를 작성하여 국토교통부장관에게 승인신청을 하여야 한다.(2013.3.23 본항개정)
⑤ 제3항 및 제4항의 규정에 의한 승인신청을 받은 국토교통부장관은 다음 각호의 사항을 심사하여야 한다.
(2013.3.23 본문개정)
1. 제2항 각호의 사항
2. 신청한 사항이 전산정보처리조직으로 그 처리가 가능한지의 여부
3. 신청한 사항의 처리가 자동차관리업무의 효율적 수행에 지장이 있는지 여부
⑥ 국토교통부장관은 제5항의 규정에 의한 심사결과 이를 승인한 때에는 국토교통부령이 정하는 바에 의하여 그 승인내용을 기록·관리하여야 한다.(2013.3.23 본항개정)
⑦ 전산자료중 승인신청당시 이미 공표된 통계자료는 해당 통계자료를 보유한 기관에서 제1항부터 제6항까지의 규정에도 불구하고 이를 직접 이용하게 할 수 있다.
(2020.2.25 본항개정)

제14조의2【정보 제공 대상 및 제공 방법】 ① 국토교통부장관은 법 제69조의2제1항에 따라 자동차소유자에게 자동차의 제작, 등록, 검사, 정비 및 폐차 등 자동차관련 통합이력(이하 "자동차이력관리 정보"라 한다)을 제공하는 경우에는 제14조의3제1호 및 같은 조 제2호가목 및 다목에 따른 정보를 제공하여야 한다.
② 국토교통부장관은 법 제69조의2제1항에 따라 자동차소유자 외의 자에게 자동차이력관리 정보를 제공하는 경우에는 제14조의3제2호에 따른 정보를 제공하여야 한다. 다만, 제14조의4제1항 단서에 따라 자동차소유자의 동의가 필요하지 아니한 경우 또는 자동차소유자가 제14조의4 제2항에 따라 동의한 경우에는 제14조의3제1호 및 같은 조 제2호가목 및 다목에 따른 정보를 제공하여야 한다.
(2017.5.8 단서개정)
③ 자동차이력관리 정보의 제공 기간은 해당 자동차가 신규등록된 날부터 말소등록 후 2년이 되는 날까지로 한다.
④ 국토교통부장관은 제1항 및 제2항에 따라 정보를 제공할 때에는 「민원 처리에 관한 법률」 제12조의2제2항에 따른 전자민원창구를 이용하여야 한다.(2022.7.11 본항개정)
(2015.10.6 본조신설)

제14조의3【제공 가능 정보】 법 제69조의2제1항에 따라 자동차소유자 등에게 제공할 수 있는 자동차이력관리 정보의 내용은 다음 각 호와 같다.
1. 자동차소유자의 동의가 필요한 정보
가. 법 제14조에 따른 압류등록 및 「자동차 등 특정동산 저당법」에 따른 저당권등록 정보
나. 「지방세법」에 따른 자동차세 체납 정보
다. 「자동차손해배상보장법」 제5조에 따른 보험 등의 가입 정보
라. 정비이력 정보(자동차정비업자가 법 제58조제10항에 따라 법 제69조에 따른 전산정보처리조직에 전송하는 사항을 말한다)(2023.6.9 본목개정)
마. 중고자동차 성능·상태 점검 정보(자동차매매업자가 법 제58조제10항에 따라 법 제69조에 따른 전산정보처리조직에 전송하는 사항을 말한다)(2023.6.9 본목개정)
바. 폐차 정보(자동차해체재활용업자가 법 제58조제10항에 따라 법 제69조에 따른 전산정보처리조직에 전송하는 사항을 말한다)(2023.6.9 본목개정)
사. 그 밖에 법 제7조에 따른 자동차등록원부의 기재사항 중 국토교통부장관이 필요하다고 인정하는 사항
2. 자동차소유자의 동의가 필요하지 아니한 정보
가. 자동차등록번호, 차명, 차종, 용도, 양도연월일 및 최초등록일자(2017.5.8 본목개정)
나. 법 제14조에 따른 압류등록 및 「자동차 등 특정동산 저당법」에 따른 저당권등록 건수
다. 법 제43조에 따른 자동차검사 및 법 제43조의2에 따른 자동차종합검사의 이력
라. 「지방세법」에 따른 자동차세 체납 횟수
마. 「자동차손해배상보장법」 제5조에 따른 보험 등의 가입 여부
바. 자동차 정비 횟수
사. 중고자동차 성능·상태 점검 횟수
아. 폐차 여부
(2015.10.6 본조신설)

제14조의4【개인정보 보호 조치】 ① 국토교통부장관은 법 제69조의2제3항에 따라 자동차소유자 외의 자에게 제14조의3제1호의 정보를 제공할 때에는 미리 자동차소유자의 동의를 받아야 한다. 다만, 자동차매매업자가 소유한 자동차로서 법 제59조제1항제1호에 따라 신고된 매매용 자동차의 경우에는 자동차소유자의 동의를 받지 아니하고 제14조의3제1호의 정보를 제공할 수 있다.
(2017.5.8 단서신설)
② 국토교통부장관은 제1항에 따라 자동차소유자의 동의를 받으려는 경우에는 인터넷 홈페이지 등에 동의 내용을 게재하고 자동차소유자가 동의 여부를 표시하도록 하여야 한다.
③ 자동차소유자는 제2항에 따라 동의를 하는 경우에는 다음 각 호의 어느 하나에 해당하는 방법으로 본인확인을 거쳐야 한다.
1. 휴대전화를 통한 본인인증 등 「정보통신망 이용촉진 및 정보보호 등에 관한 법률」 제23조의3에 따른 본인확인기관에서 제공하는 본인확인의 방법
2. 「전자서명법」 제2조제2호에 따른 전자서명 또는 같은 조 제6호에 따른 인증서를 통한 본인확인의 방법
(2020.12.8 본호개정)
(2015.10.6 본조신설)

제14조의5【자동차정비 전문인력의 육성 및 관리】 ① 법 제69조의3제2항제4호에서 "대통령령으로 정하는 사항"이란 정비전문인력 양성기관에 관한 사항을 말한다.
② 법 제69조의3제3항에 따른 지원을 받으려는 정비전문인력 관련 단체, 법 제67조제1항에 따른 조합등(이하 "조합등"이라 한다) 및 대학 등은 다음 각 호의 사항이 포함된 서류를 국토교통부장관 또는 시·도지사에게 제출해야 한다.
1. 정비전문인력 양성을 위한 교육훈련 프로그램에 관한 사항
2. 지원 내용 및 방법에 관한 사항
③ 국토교통부장관 또는 시·도지사는 법 제69조의3제4항에 따라 정비전문인력 관련 단체·조합등 및 대학 등에 정비전문인력의 육성 및 관리 등에 필요한 자료를 제출할 것을 요청할 수 있다.
(2020.5.26 본조신설)

제14조의6【자동차 인터넷 표시·광고의 모니터링 업무의 위탁】 ① 국토교통부장관은 법 제69조의4제4항에 따라 다음 각 호의 어느 하나에 해당하는 기관 또는 법인·단체에 같은 조 제1항에 따른 모니터링 업무를 위탁할 수 있다.
1. 「공공기관의 운영에 관한 법률」 제4조에 따른 공공기관
2. 「정부출연연구기관 등의 설립·운영 및 육성에 관한 법률」 제8조에 따른 연구기관

3. 「민법」 제32조에 따라 설립된 비영리법인으로서 인터넷 표시·광고 모니터링 또는 인터넷 광고 시장 감시와 관련된 업무를 수행하는 법인
4. 그 밖에 인터넷 표시·광고 모니터링 업무 수행에 필요한 전문인력과 전담조직을 갖췄다고 국토교통부장관이 인정하는 기관 또는 법인·단체
② 국토교통부장관은 제1항에 따라 업무를 위탁하는 경우에는 위탁받는 기관 또는 법인·단체와 위탁업무의 내용을 고시해야 한다.
(2023.6.9 본조신설)

제14조의7 【주행거리 변경 사유】 법 제71조제2항 단서에서 "고장 또는 파손 등 대통령령으로 정하는 불가피한 사유"란 다음 각 호의 어느 하나에 해당하는 경우를 말한다.(2010.2.5 본문개정)
1. 교통사고로 주행거리계가 고장나거나 파손된 경우(경찰서 또는 보험회사에서 발급하는 교통사고 사실에 관한 증명서가 있는 경우에 한한다)
2. 침수·낙뢰 등 자연재해로 주행거리계가 고장나거나 파손된 경우(「자연재해대책법」 제74조제1항에 따른 관련 행정기관의 사실확인이 있는 경우에 한한다)
3. 다음 각 목의 어느 하나에 해당하는 경우로서 자동차검사대행자의 확인을 받은 경우(2011.11.25 본문개정)
가. 주행거리계와 분리할 수 없는 일체형으로 구성된 연료계 또는 속도계 등이 고장나거나 파손되어 해당 장치를 교체하려는 경우
나. 제1호 또는 제2호 외의 사유로 주행거리계가 고장나거나 파손된 경우
(2007.7.19 본조신설)

제14조의8 【고유식별정보의 처리】 ① 국토교통부장관, 시·도지사, 시장·군수 또는 구청장(해당 권한이 위임·위탁된 경우에는 그 권한을 위임·위탁받은 자를 포함한다), 등록번호판발급대행자, 「한국자산관리공사 설립 등에 관한 법률」에 따른 한국자산관리공사, 자동차검사대행자, 종합검사대행자, 성능시험대행자, 위원회 및 자동차해체재활용업자는 다음 각 호의 사무를 수행하기 위하여 불가피한 경우 「개인정보 보호법 시행령」 제19조에 따른 주민등록번호, 여권번호, 운전면허의 면허번호 또는 외국인등록번호가 포함된 자료를 처리할 수 있다.(2022.2.17 본문개정)
1. 법 제7조에 따른 등록원부의 복구 및 등록원부의 열람, 그 등본 또는 초본의 발급에 관한 사무
2. 법 제8조에 따른 신규등록에 관한 사무
3. 법 제10조에 따른 등록번호판(같은 조 제7항에 따른 외부장치용 등록번호판을 포함한다)의 부착, 봉인에 관한 사무
4. 법 제11조에 따른 변경등록에 관한 사무
5. 법 제12조에 따른 이전등록에 관한 사무
6. 법 제12조의2에 따른 등록원부 또는 초본의 열람 또는 발급에 관한 사무
7. 법 제13조에 따른 말소등록에 관한 사무
8. 법 제18조에 따른 자동차등록증 재발급에 관한 사무
9. 법 제20조에 따른 등록번호판발급대행자의 지정에 관한 사무
10. 법 제21조에 따른 등록번호판발급대행자에 대한 지정의 취소에 관한 사무
11. 법 제22조에 따른 차대번호 등의 표기에 관한 사무
12. 법 제24조의2에 따른 자동차의 운행정지 명령 및 공매에 관한 사무
13. 법 제27조에 따른 임시운행허가에 관한 사무
14. 법 제28조에 따른 이의신청에 관한 사무
15. 법 제30조제2항에 따른 자동차의 제작·시험·검사시설 등의 등록에 관한 사무
16. 법 제34조에 따른 튜닝 승인에 관한 사무
17. 법 제43조에 따른 자동차검사에 관한 사무
18. 법 제43조의2에 따른 자동차종합검사에 관한 사무
19. 법 제46조에 따른 기술인력의 해임 또는 직무 정지에 관한 사무
20. 법 제47조의4에 따른 교환·환불중재에 관한 사무(2021.2.2 본호신설)
21. 법 제48조에 따른 이륜자동차의 사용 신고 등에 관한 사무
22. 법 제53조에 따른 자동차관리사업의 등록 등에 관한 사무
23. 법 제53조의2에 따른 포상금 지급에 관한 사무
24. 법 제55조에 따른 자동차관리사업의 양도·양수 신고 및 합병 신고에 관한 사무
25. 법 제58조제6항제1호에 따른 폐차 인수의 증명에 관한 사무(2023.6.9 본호개정)
26. 법 제60조에 따른 자동차경매장의 승인 또는 변경승인에 관한 사무
27. 법 제65조의2에 따른 온라인 자동차 매매정보제공의 등록 등에 관한 사무(2018.10.23 본호신설)
28. 법 제66조에 따른 다음 각 목에 관한 사무
가. 법 제66조제1항에 따른 자동차관리사업자에 대한 등록의 취소 또는 사업의 정지
나. 법 제66조제2항에 따른 자동차제작자등에 대한 등록의 취소 또는 사업의 정지
다. 법 제66조제4항에 따른 온라인 자동차 매매정보제공자에 대한 등록의 취소 또는 사업의 정지
라. 법 제66조제5항에 따른 자동차성능·상태점검자에 대한 사업장의 폐쇄 또는 사업장별 사업의 정지(2023.6.9 본호개정)
28의2. 법 제68조의23에 따른 공제조합 임직원에 대한 징계·해임 요구 및 시정명령에 관한 사무(2023.9.26 본호신설)
29. 법 제69조에 따른 전산자료 이용 승인에 관한 사무
30. 법 제69조의2에 따른 자동차이력관리 정보의 제공에 관한 사무
31. 법 제76조제12호에 해당하는 자에 대한 수수료 감면 등에 관한 사무
32. 법 제85조부터 제88조까지의 규정에 따른 범칙행위에 관한 사무
② 공제조합은 법 제68조의17에 따른 공제조합의 사업에 관한 사무를 수행하기 위하여 불가피한 경우 「개인정보 보호법 시행령」 제19조에 따른 주민등록번호, 여권번호, 운전면허의 면허번호 또는 외국인등록번호가 포함된 자료를 처리할 수 있다.(2023.9.26 본항신설)
(2017.3.27 본조개정)

제15조 【과징금의 부과·징수】 ① 국토교통부장관, 시·도지사, 시장·군수 또는 구청장은 법 제74조제1항부터 제4항까지의 규정에 따라 과징금을 부과하려는 때에는 위반행위의 종별과 해당 과징금의 금액을 명시하여 이를 납부할 것을 서면으로 통지(과징금부과 대상자가 원하는 경우에는 전자문서에 의한 통지를 포함한다)해야 한다.(2021.2.2 본항개정)
② 제1항에 따른 통지를 받은 자는 국토교통부장관, 시·도지사, 시장·군수 또는 구청장이 지정하는 수납기관에 납부통지일부터 20일 이내에 과징금을 납부해야 한다.(2023.12.12 본항개정)
③ 제2항의 규정에 의하여 과징금을 납부받은 수납기관은 과징금을 납부한 자에게 과징금영수증을 교부하고 국토교통부장관, 시·도지사, 시장·군수 또는 구청장에게 영수필통지서를 송부하여야 한다.(2013.3.23 본항개정)
④ 법 제74조제1항에 따라 과징금을 부과하는 위반행위의 종류와 위반 정도에 따른 과징금의 금액은 별표1의2와 같다.(2021.7.13 본항개정)
⑤ 법 제74조제2항부터 제4항까지의 규정에 따라 과징금을 부과하는 위반행위의 종류와 위반 정도에 따른 과징금의 금액은 별표1의3과 같다.(2021.7.13 본항개정)
⑥ (2021.9.24 삭제)

제16조 (1997.12.31 삭제)

제17조 【권한의 위임】 ① 국토교통부장관은 법 제77조제1항에 따라 다음 각 호의 사항에 관한 권한을 시·도지사에게 위임한다.(2013.3.23 본문개정)
1. 법 제27조제2항 및 제4항에 따른 임시운행허가번호판의 발급 및 반납에 관한 업무(2016.2.3 본호신설)
1의2. 법 제35조의8제1항에 따른 내압용기재검사에 관한 업무(자동차검사대행자가 행하는 검사 업무는 제외한다)(2011.11.25 본호신설)
2. 법 제43조의 규정에 의한 자동차의 검사(자동차검사대행자 및 법 제45조제2항의 규정에 의한 지정정비사업자가 법 제44조 및 법 제45조의 규정에 의하여 행하는 검사를 제외한다)에 관한 업무(2011.11.25 본호개정)
3. 법 제45조제1항의 규정에 의한 지정정비사업자의 지정
4. 법 제45조의3제1항에 따른 지정정비사업자에 대한 지정취소 및 업무정지명령(2010.2.5 본호개정)
4의2. 법 제45조의2제1항에 따른 종합검사지정정비사업자의 지정
4의3. 법 제45조의3제1항에 따른 종합검사지정정비사업자에 대한 지정취소 및 업무정지명령
(2009.3.27 4호의2~4호의3신설)
5. 법 제46조제2항에 따른 지정정비사업자 및 종합검사지정정비사업자에 대한 기술인력의 해임 및 직무정지명령(2009.3.27 본호개정)
6. 법 제47조제1항에 따른 택시요금미터 중 작동방식, 적용기술 등을 고려하여 국토교통부령으로 정하는 택시요금미터의 수리 및 사용에 관한 검정(2022.3.8 본호개정)
7. 법 제47조제2항에 따른 택시미터전문검정기관 중 제6호에 따른 검정을 위한 택시미터전문검정기관의 같은 항에 따른 지정과 같은 조 제5항에 따른 지정취소 및 업무정지명령(2022.3.8 본호개정)
8. 법 제69조의 규정에 의한 전산자료의 이용승인(2이상의 시·도에 해당하는 전산자료를 동시에 제공받고자 하는 경우를 제외한다)
8의2. 법 제75조 각호의 권한중 위임된 권한에 관한 청문(1997.12.31 본호신설)
9. 법 제84조에 따른 과태료의 부과 및 징수(같은 조 제1항제1호부터 제3호까지, 같은 조 제2항제2호의2·제3호, 같은 조 제4항제13호의3·제14호·제15호·제15호의2 및 같은 조 제5항제3호·제8호에 따른 국토교통부장관의 명령·처분 등에 위반한 자에 대한 과태료의 부과 및 징수는 제외한다)(2021.10.14 본호개정)
10. 법 제74조의 규정에 의한 과징금의 부과 및 징수(제7호의 규정에 의하여 권한이 위임된 경우에 한한다)(1999.7.29 본호개정)
② 국토교통부장관 및 환경부장관은 법 제77조제2항에 따라 법 제43조의2에 따른 자동차종합검사(법 제44조의2제1항에 따른 종합검사대행자 및 법 제45조의2제1항에 따른 종합검사지정정비사업자가 법 제44조의2 및 제45조의2에 따라 수행하는 검사는 제외한다)에 관한 권한을 시·도지사에게 위임한다.(2013.3.23 본항개정)
③ 시·도지사는 법 제77조제4항에 따라 다음 각 호의 사항에 관한 권한을 해당 시·도의 조례로 정하는 바에 따라 시장·군수 또는 구청장(특별자치도지사는 제외한다. 이하 이 조 및 제18조에서 같다)에게 위임할 수 있다.(2011.11.25 본문개정)
1. 법 제7조의 규정에 의한 자동차등록원부의 비치·관리, 자동차등록원부가 멸실된 경우의 조치, 자동차등록원부 및 그 기재사항의 멸실·훼손 기타 부정한 유출등의 방지와 보존을 위한 조치 및 자동차등록원부의 등본 또는 초본의 발급이나 열람신청의 처리
2. 법 제8조의 규정에 의한 신규등록 및 자동차등록증의 발급(법 제18조제2항의 규정에 의한 재발급을 포함한다)
(2010.2.5 1호~2호개정)
3. 법 제9조에 따른 신규등록의 거부(법 제11조제2항 및 제12조제7항에 따라 준용하는 경우를 포함한다)(2016.1.6 본호개정)
4. 법 제10조제2항의 규정에 의한 등록번호판 및 봉인을 떼는 허가
5. 법 제11조의 규정에 의한 변경등록의 처리
6. 법 제12조의 규정에 의한 이전등록의 처리
7. 법 제13조(동조제8항 및 제9항을 제외한다)의 규정에 의한 말소등록의 처리와 자동차등록증·등록번호판 및 봉인의 수납·영치 및 폐기
8. 법 제13조제8항의 규정에 의한 수출이행여부의 신고의 처리
9. 법 제13조제9항의 규정에 의한 말소사실증명서의 발급(2010.2.5 본호개정)
10. 법 제14조의 규정에 의한 압류등록의 처리
11. 법 제16조의 규정에 의한 자동차등록번호의 부여
12. (1999.7.29 삭제)
13. 법 제20조의 규정에 의한 등록번호판발급대행자의 지정(2010.2.5 본호개정)
14. 법 제21조의 규정에 의한 등록번호발급대행자에 대한 지정취소 및 사업정지명령(2010.2.5 본호개정)
15.~16. (1999.7.29 삭제)
17. 법 제27조의 규정에 의한 임시운행허가 및 임시운행허가증과 임시운행허가번호판의 발급과 반납의 처리(2010.2.5 본호개정)
18. 법 제28조의 규정에 의한 등록에 관한 이의신청의 처리
19.~23. (1999.7.29 삭제)
24. (2011.11.25 삭제)
25.~32. (1999.7.29 삭제)
33. 법 제74조의 규정에 의한 과징금의 부과 및 징수(제14조의 규정에 의하여 권한이 위임된 경우에 한한다)(1999.7.29 본호개정)
34. 법 제75조의 규정에 의한 청문(시장·군수 또는 구청장에게 법 제75조 각호의 1에 해당하는 업무에 관한 권한이 위임된 경우에 한한다)
35. 법 제84조의 규정에 의한 과태료의 부과 및 징수(법 제72조제1항·제2항 및 법 제73조제1항의 규정에 의한 시·도지사의 명령·처분 등에 위반한 자에 대한 과태료의 부과 및 징수를 제외한다)(1999.7.29 본호개정)
④ 시·도지사는 제3항에 따라 시장·군수 또는 구청장에게 권한을 위임하는 조례를 제정 또는 개정한 때에는 지체없이 이를 국토교통부장관에게 통보하여야 한다.(2013.3.23 본항개정)

제18조 【권한의 재위임】 ① 시·도지사는 법 제77조제3항에 따라 국토교통부장관으로부터 위임받은 권한의 일부를 시장·군수 또는 구청장에게 재위임하고자 하는 때에는 업무내용 및 수임기관의 기구·인원·업무처리능력 등을 충분히 고려하여야 하며, 권한을 재위임한 때에는 이를 고시하여야 한다.(2013.3.23 본항개정)
② 제1항에 따라 권한을 재위임받은 시장·군수 또는 구청장은 해당 업무의 처리상황을 시·도지사에게 보고하여야 한다.(2020.2.25 본항개정)
③ (1999.7.29 삭제)

제19조 【업무의 위탁】 ① 국토교통부장관은 법 제77조제5항에 따라 법 제23조제1항 단서(법 제52조에서 준용하는 경우를 포함한다) 및 제23조제2항(법 제52조에서 준용하는 경우를 포함한다)에 따른 업무를 법 제44조제1항에 따라 자동차검사대행자로 지정받은 한국교통안전공단에 위탁한다.(2018.10.23 본항개정)
② (2002.12.31 삭제)
③ 국토교통부장관은 법 제77조제6항에 따라 다음 각 호의 업무를 한국교통안전공단에 위탁한다.(2018.10.23 본문개정)
1. 법 제14조의2제1항에 따른 압류해제에 필요한 사무의 대행에 관한 업무
2. 법 제30조의4(법 제52조에서 준용하는 경우를 포함한다)에 따른 자기인증의 면제에 관한 업무
2의2. 법 제34조의2제1항제1호에 따른 자동차 튜닝의 안전성 조사·연구 및 장비개발에 관한 업무(2020.9.22 본호신설)
2의3. 법 제34조의2제1항제1호의2에 따른 자동차 튜닝전문인력의 양성 및 튜닝 관련 교육 프로그램의 개발·보급 업무(2020.9.22 본호신설)

3. 법 제40조제1항(법제47조제4항에서 준용하는 경우를 포함한다)에 따른 기계·기구의 정밀도 검사에 관한 업무
4. 법 제69조의2제1항에 따른 자동차이력관리 정보의 제공에 관한 업무
(2015.10.6 본항개정)
④ 시·도지사는 법 제77조제7항에 따라 법 제69조에 따른 전산정보처리조직을 이용하여 전자적 방법(「전자정부법」에 따른 전자문서와 전자화문서를 포함한다)으로 신청받은 법 제7조, 제8조, 제9조부터 제12조까지, 제12조의2, 제13조, 제14조, 제14조의3 및 제16조의 등록에 관한 사무를 한국교통안전공단에 위탁할 수 있다. 이 경우 사무를 위탁한 시·도지사는 그 위탁사실을 고시하여야 한다.
(2018.10.23 본항개정)
⑤ 시장·군수 또는 구청장은 법 제77조제8항에 따라 법 제34조(법 제52조에서 준용하는 경우를 포함한다)에 따른 자동차 튜닝 승인에 관한 권한을 한국교통안전공단에 위탁한다.(2024.1.9 본항개정)
⑥ 시장·군수 또는 구청장은 법 제77조제8항에 따라 법 제59조제1항에 따른 매매용 자동차의 신고처리에 관한 권한을 법 제67조에 따라 설립된 자동차매매업에 관한 사업자단체에 위탁한다.(2015.10.6 본항개정)
⑦ 시장·군수 또는 구청장은 법 제77조제8항에 따라 법 제64조제1항에 따른 정비책임자의 선임 및 해임신고의 처리에 관한 권한을 법 제67조에 따라 설립된 자동차정비업에 관한 사업자단체에 위탁한다.(2015.10.6 본항개정)
⑧ 제6항 및 제7항에 따라 권한을 위탁받은 사업자단체는 시장·군수 또는 구청장에게 매월 위탁받은 업무의 처리상황을 보고하여야 한다.(2015.10.6 본항개정)
⑨ 국토교통부장관은 법 제77조제10항에 따라 법 제69조에 따른 전산정보처리조직의 설치·운영에 관한 권한을 한국교통안전공단에 위탁한다.(2018.10.23 본항개정)
⑩ 국토교통부장관은 법 제77조제11항에 따라 다음 각 호의 업무를 「고압가스 안전관리법」 제28조에 따른 한국가스안전공사에 위탁한다.(2015.10.6 본문개정)
1. 법 제35조의6제1항에 따른 내압용기검사에 관한 업무
2. 법 제35조의6제2항에 따른 내압용기 파기에 관한 업무
3. 법 제35조의6제3항에 따른 내압용기에 대한 각인 또는 표시에 관한 업무
(2011.11.25 본항신설)
⑪ 국토교통부장관은 법 제77조제12항에 따라 자동차결함정보시스템 구축·운영에 관한 권한을 성능시험대행자에게 위탁한다.(2021.2.2 본항신설)
(2020.9.22 본조제목개정)
제20조【과태료의 부과】 법 제84조제1항부터 제5항까지의 규정에 따른 과태료의 부과기준은 별표2와 같다.
(2021.2.2 본조개정)
제21조【범칙행위의 범위 및 범칙금액】 ① 법 제85조제1항 및 제86조제2항의 규정에 의한 범칙행위의 구체적인 범위와 범칙금액은 별표3과 같다.
② 범칙금은 이를 분할하여 납부할 수 없다.
(2001.6.30 본조신설)
제22조【통고처분의 절차】 ① 시장·군수 또는 구청장은 법 제86조제1항의 규정에 의하여 통고처분을 하는 때에는 범칙금납부통고서를 작성하여야 한다.
② 제1항의 규정에 의한 범칙금납부통고서에는 통고처분을 받을 자의 인적사항·범칙금액·위반내용·적용법조·납부장소·납부기간 및 통고처분 연월일을 기재하고 시장·군수 또는 구청장이 기명·날인하여야 한다.
③ 이 영에 규정한 것 외에 범칙금의 납부 등에 관하여 필요한 사항은 국토교통부령으로 정한다.(2013.3.23 본항개정)
(2001.6.30 본조신설)

부 칙 (2018.4.24)

제1조【시행일】 이 영은 2018년 4월 25일부터 시행한다.
제2조【과태료 부과에 관한 경과조치】 ① 이 영 시행 전의 위반행위에 대하여 과태료의 부과기준을 적용할 때에는 별표2의 개정규정에도 불구하고 종전의 규정에 따른다.
② 이 영 시행 전의 위반행위로 받은 과태료 부과처분은 별표2 제2호 바목·사목·타목 및 거목의 개정규정에 따른 위반행위의 횟수 산정에 포함하지 아니한다.

부 칙 (2019.2.8)

제1조【시행일】 이 영은 2019년 2월 15일부터 시행한다.
제2조【과태료 부과에 관한 경과조치】 ① 이 영 시행 전의 위반행위에 대하여 과태료의 부과기준을 적용할 때에는 별표2 제2호모목 및 보목의 개정규정에도 불구하고 종전의 규정에 따른다.
② 이 영 시행 전의 위반행위로 받은 과태료 부과처분은 별표2 제2호모목 및 보목의 개정규정에 따른 위반행위의 횟수 산정에 포함하지 않는다.

부 칙 (2019.5.21)

제1조【시행일】 이 영은 공포한 날부터 시행한다.
제2조【과징금 부과에 관한 경과조치】 ① 이 영 시행 전의 위반행위에 대하여 과징금을 부과할 경우에는 별표1의 개정규정에도 불구하고 종전의 규정에 따른다.
② 이 영 시행 전의 위반행위에 대한 과징금 부과처분은 별표1의 개정규정에 따른 위반행위의 횟수 산정에 포함하지 않는다.

부 칙 (2021.2.2)

제1조【시행일】 이 영은 2021년 2월 5일부터 시행한다.
제2조【과징금 산정기준에 관한 경과조치】 이 영 시행 전의 위반행위에 대하여 과징금을 줄여서 부과할 때에는 별표1의2 제1호나목부터 라목까지의 개정규정에도 불구하고 종전의 별표1의2 제1호나목 및 다목에 따라 과징금을 산정한다.

부 칙 (2021.7.13)

이 영은 2021년 7월 14일부터 시행한다.

부 칙 (2021.9.24)

제1조【시행일】 이 영은 공포한 날부터 시행한다.(이하 생략)

부 칙 (2021.10.14)

이 영은 2021년 10월 14일부터 시행한다. 다만, 제7조제1항제13호 및 같은 조 제2항제2호의 개정규정은 공포한 날부터 시행하고, 별표2 제2호로목의 개정규정은 2022년 4월 14일부터 시행한다.

부 칙 (2022.2.17)

제1조【시행일】 이 영은 2022년 2월 18일부터 시행한다.(이하 생략)

부 칙 (2022.3.8)

제1조【시행일】 이 영은 공포한 날부터 시행한다.
제2조【과태료 부과기준에 관한 경과조치】 이 영 시행 전의 위반행위에 대하여 과태료 부과기준을 적용할 때에는 별표2 제2호오목의 개정규정에도 불구하고 종전의 규정에 따른다.

부 칙 (2022.7.11)

제1조【시행일】 이 영은 2022년 7월 12일부터 시행한다.(이하 생략)

부 칙 (2022.12.9)

이 영은 2022년 12월 11일부터 시행한다.

부 칙 (2023.6.9)

이 영은 2023년 6월 11일부터 시행한다.

부 칙 (2023.9.26)

이 영은 2023년 9월 29일부터 시행한다.

부 칙 (2023.12.12)

이 영은 공포한 날부터 시행한다.

부 칙 (2024.1.9)

이 영은 2024년 2월 17일부터 시행한다.

〔별표〕 ➡ 「法典 別册」 참조

자율주행자동차 상용화 촉진 및 지원에 관한 법률

(약칭 : 자율주행자동차법)

(2019년 4월 30일 법 률 제16421호)

개정
2020. 6. 9법17453호(법률용어정비)
2020.12.22법17689호(국가자치경찰)
2021. 7.27법18348호
2024. 1. 9법19982호→2024년 1월 9일 및 2024년 7월 10일 시행
2024. 1. 9법19986호(행정기관정비일부개정법령등)→2024년 7월 10일 시행

제1장 총 칙

(2021.7.27 본장제목삽입)

제1조【목적】 이 법은 자율주행자동차의 도입·확산과 안전한 운행을 위한 운행기반 조성 및 지원 등에 필요한 사항을 규정하여 자율주행자동차의 상용화를 촉진하고 지원함으로써 국민의 생활환경 개선과 국가경제의 발전에 이바지함을 목적으로 한다.
제2조【정의】 ① 이 법에서 사용하는 용어의 뜻은 다음과 같다.
1. "자율주행자동차"란 「자동차관리법」 제2조제1호의3에 따른 운전자 또는 승객의 조작 없이 자동차 스스로 운행이 가능한 자동차를 말한다.
2. "자율주행시스템"이란 운전자 또는 승객의 조작 없이 주변상황과 도로 정보 등을 스스로 인지하고 판단하여 자동차를 운행할 수 있게 하는 자동화 장비, 소프트웨어 및 이와 관련한 모든 장치를 말한다.(2020.6.9 본호개정)
3. "자율협력주행시스템"이란 「도로교통법」 제2조제15호에 따른 신호기, 같은 조 제16호에 따른 안전표지, 「국가통합교통체계효율화법」 제2조제4호에 따른 교통시설 등을 활용하여 국토교통부령으로 정하는 바에 따라 자율주행기능을 지원·보완하여 효율성과 안전성을 향상시키는 「국가통합교통체계효율화법」 제2조제16호에 따른 지능형교통체계를 말한다.(2021.7.27 본호개정)
4. "정밀도로지도"란 「공간정보의 구축 및 관리 등에 관한 법률」 제2조제8호에 따른 측량성과로서 국토교통부령으로 정하는 바에 따라 자율주행자동차의 운행에 활용 가능하도록 도로 등의 위치정보 등이 포함된 정밀전자지도를 말한다.
5. "자율주행자동차 시범운행지구"란 자율주행자동차의 연구·시범운행을 촉진하기 위하여 규제특례가 적용되는 구역으로서 제7조에 따라 지정되는 구역을 말한다.
6. "규제특례"란 규제를 완화 또는 배제하거나 규제권한을 이양하는 것으로서 제9조부터 제13조까지 규정된 사항을 말한다.
7. "자율협력주행 인증"이란 자율협력주행 과정에서 일어나는 통신 등의 안전성 및 신뢰성을 확보하기 위하여 자동차, 노변기지국 등 도로교통의 구성요소들을 식별하고 증명하는 행위를 말한다.
8. "인증서"란 자율협력주행 인증을 위한 전자적 정보를 말한다.
9. "자율협력주행 인증업무"란 자율협력주행 인증, 인증서의 발급·관리 및 폐지 등 자율협력주행 인증서비스를 제공하는 업무를 말한다.
10. "인증기관"이란 자율협력주행 인증업무를 수행하는 기관으로서 제28조제1항에 따라 지정받은 자를 말한다.
11. "가입자"란 인증기관으로부터 인증서를 발급받은 자동차, 노변기지국 등의 소유자 또는 관리자를 말한다.
(2021.7.27 7호~11호신설)
② 자율주행자동차의 종류는 다음 각 호와 같이 구분하되, 그 종류는 국토교통부령으로 정하는 바에 따라 세분할 수 있다.
1. 부분 자율주행자동차 : 제한된 조건에서 자율주행시스템으로 운행할 수 있으나 작동한계상황 등 필요한 경우 운전자의 개입을 요구하는 자율주행자동차(2024.1.9 본호개정)
2. 완전 자율주행자동차 : 자율주행시스템만으로 운행할 수 있어 운전자가 없거나 운전자 또는 승객의 개입이 필요하지 아니한 자율주행자동차
③ 제1항에 규정된 것 외의 용어에 관하여는 이 법에서 특별히 정하는 경우를 제외하고는 「자동차관리법」 제2조 및 「도로법」 제2조에 따른 용어의 예에 따른다.
제3조【다른 법률과의 관계】 이 법은 제7조에 따른 자율주행자동차 시범운행지구에서의 규제특례에 관하여 다른 법률에 우선하여 적용한다. 다만, 다른 법률에 이 법의 규제특례보다 완화된 규정이 있으면 그 법률에서 정하는 바에 따른다.

제2장 자율주행자동차의 이용촉진

(2021.7.27 본장제목삽입)

제4조【기본계획의 수립】 ① 국토교통부장관은 자율주행자동차의 도입·확산과 자율주행 기반 교통물류체계의 발전을 위하여 다음 각 호의 사항이 포함된 자율주행 교통물류 기본계획(이하 "기본계획"이라 한다)을 5년마다 수립하여야 한다.

1. 자율주행 기반 교통물류체계 지원정책에 관한 기본방향 및 목표에 관한 사항
2. 자율주행자동차의 안전, 운행 지원을 위한 인프라 및 자율주행 기반 교통물류체계의 연구개발 계획에 관한 사항
3. 자율협력주행시스템과 정밀도로지도의 구축에 관한 사항(2021.7.27 본호개정)
4. 자율주행자동차의 안전, 운행 지원을 위한 인프라 및 자율주행 기반 교통물류체계와 관련된 국제협력에 관한 사항
5. 그 밖에 자율주행 기반 교통물류체계와 관련하여 대통령령으로 정하는 사항

② 국토교통부장관은 제1항에 따라 기본계획을 수립하려는 경우에는 미리 관계 중앙행정기관의 장 및 특별시장·광역시장·특별자치시장·도지사·특별자치도지사(이하 "시·도지사"라 한다)의 의견을 들어야 한다. 수립된 기본계획을 변경(대통령령으로 정하는 경미한 변경은 제외한다)하려는 경우에도 또한 같다.(2020.6.9 후단개정)

③ 국토교통부장관은 기본계획의 수립을 위하여 관계 중앙행정기관의 장, 지방자치단체의 장 또는 공공기관(「공공기관의 운영에 관한 법률」 제4조에 따른 공공기관을 말한다. 이하 같다), 관계기관 및 단체의 장 등에게 필요한 자료 및 정보의 제공을 요청할 수 있다. 이 경우 요청을 받은 기관·단체의 장은 특별한 사유가 없으면 이에 따라야 한다.

④ 국토교통부장관은 제1항의 기본계획에 따라 연도별 시행계획을 수립·시행할 수 있다.

⑤ 제1항에 따른 기본계획 및 제4항에 따른 연도별 시행계획의 수립, 변경 등에 필요한 사항은 대통령령으로 정한다.

제5조【자율주행자동차 관련 현황조사】 ① 국토교통부장관은 자율주행 기반 교통물류 정책의 효과적인 수립·시행을 위하여 자율주행 기반 교통물류체계, 자율협력주행시스템 등의 연구개발·운영 및 활용 등에 대하여 국토교통부령으로 정하는 바에 따라 매년 현황조사를 실시할 수 있다.(2021.7.27 본항개정)

② 국토교통부장관은 제1항에 따른 현황조사를 위하여 필요한 경우 관계 공공기관의 장 및 자율주행자동차와 관련된 기관 또는 단체의 장에게 자료의 제출을 요청할 수 있다.

③ 제1항에 따른 현황조사의 방법 및 대상 등에 관하여 필요한 사항은 대통령령으로 정한다.

제6조【자율주행 안전구간의 지정】 ① 국토교통부장관은 자율주행자동차의 운행 지원을 위한 인프라 등을 고려하여 「도로법」 제48조제1항에 따른 자동차전용도로 중 안전하게 자율주행 할 수 있는 구간(이하 "자율주행 안전구간"이라 한다)을 국토교통부령으로 정하는 바에 따라 지정할 수 있다.

② 국토교통부장관은 제1항에 따른 자율주행 안전구간을 지정하는 경우 해당 구간을 관할하는 도로관리청과 시·도경찰청 등 관계기관의 장 및 이 구간을 통행하는 자율주행자동차의 운전자 등에게 국토교통부령으로 정하는 바에 따라 그 지정 사실을 통보하거나 고지하여야 한다. 지정을 변경하거나 해제하는 경우에도 또한 같다.
(2020.12.22 전단개정)

③ 국토교통부장관은 자율주행 안전구간의 확대 및 신뢰도 확보 등을 위하여 국토교통부령으로 정하는 바에 따라 도로시설의 개선 및 유지·보수, 자율협력주행시스템의 우선 구축 등 필요한 조치를 하거나 해당 구간의 도로관리청 및 시·도경찰청 등 관계기관의 장에게 필요한 조치를 하도록 요구할 수 있다.(2021.7.27 본항개정)

④ 자율주행자동차를 제작·조립·수입 또는 관리하는 자는 자율주행시스템에 자율주행 안전구간 지정 현황을 반영하여야 한다.

제7조【시범운행지구의 지정 등】 ① 국토교통부장관은 자율주행자동차 시범운행지구를 운영하려는 시·도지사의 신청을 받아 제16조에 따른 자율주행자동차 시범운행지구 위원회의 심의·의결을 거쳐 자율주행자동차 시범운행지구(이하 "시범운행지구"라 한다)를 지정할 수 있다. 시범운행지구의 지정을 변경 또는 해제하는 경우에도 또한 같다.

② 제1항에 따라 시범운행지구의 지정·변경 또는 해제를 신청하려는 시범운행지구가 둘 이상의 특별시·광역시·특별자치시·도 또는 특별자치도(이하 "시·도"라 한다)에 걸쳐있을 경우 관할 시·도지사가 공동으로 지정·변경 또는 해제를 신청하여야 한다.(2024.1.9 본항신설)

③ 제1항에도 불구하고 국토교통부장관이 둘 이상의 시·도에 걸친 구역을 시범운행지구로 지정할 필요가 있다고 인정하는 경우에는 관할 시·도지사와의 협의 및 자율주행자동차 시범운행지구 위원회의 심의·의결을 거쳐 시범운행지구를 지정할 수 있다. 시범운행지구를 변경 또는 해제하는 경우에도 또한 같다.(2024.1.9 본항신설)

④ 제1항 및 제3항에도 불구하고 대통령령으로 정하는 경미한 사항을 변경하는 경우에는 자율주행자동차 시범운행지구 위원회의 심의·의결을 거치지 아니할 수 있다.
(2024.1.9 본항신설)

⑤ 국토교통부장관은 제1항 및 제3항에 따라 시범운행지구를 지정·변경 또는 해제한 경우 대통령령으로 정하는 바에 따라 그 내용을 관보에 고시하고, 이를 신청하거나 협의한 관할 시·도지사에게 통보하여야 한다.

⑥ 제1항부터 제5항까지 규정한 사항 외에 시범운행지구의 지정·변경 또는 해제에 관하여 필요한 사항은 대통령령으로 정한다.
(2024.1.9 본조개정)

제8조【시범운행지구의 운영 및 관리 등】 ① 시범운행지구로 지정·고시된 구역을 관할하는 시·도는 제7조제1항에 따라 지정·고시된 시범운행지구의 운영에 필요한 사항을 조례로 정할 수 있다.(2024.1.9 본항개정)

② 국토교통부장관은 지정된 시범운행지구를 지원·관리하기 위하여 관할 시·도지사와 도로관리청, 시·도경찰청장 등으로 구성된 시범운행지구 협의체를 구성하여 운영할 수 있다. 이 경우 협의체의 구성 및 운영 등에 필요한 사항은 대통령령으로 정한다.(2020.12.22 전단개정)

제9조【여객의 유상운송에 관한 특례】 ① 「여객자동차 운수사업법」 제81조에도 불구하고 사업용 자동차가 아닌 자율주행자동차를 활용하여 시범운행지구에서 유상으로 여객의 운송용으로 제공하거나 임대할 수 있다.

② 제1항에 따라 시범운행지구에서 자율주행자동차를 활용하여 유상운송을 하려는 자는 대통령령으로 정하는 바에 따라 시범운행지구 관할 시·도지사의 허가를 받아야 한다. 이 경우 시범운행지구 관할 시·도지사는 국토교통부장관과 협의를 거쳐야 한다.(2024.1.9 본항개정)

③ 제2항에도 불구하고 다음 각 호의 어느 하나에 해당하는 경우에는 국토교통부장관이 관할 시·도지사와 협의를 거쳐 허가한다.
1. 국토교통부장관이 지정한 둘 이상의 시·도에 걸친 하나의 시범운행지구를 대상으로 한 유상운송 허가
2. 둘 이상의 시범운행지구에 걸친 구역을 대상으로 한 유상운송 허가
(2024.1.9 본항신설)

④ 제2항 또는 제3항에 따라 유상운송 허가를 하려는 자는 교통안전 확보 및 운송질서 유지 등에 필요한 조건을 붙일 수 있다.(2024.1.9 본항신설)

⑤ 국토교통부장관 또는 시범운행지구를 관할하는 시·도지사는 「여객자동차 운수사업법」 제4조에도 불구하고 시범운행지구에서 자율주행자동차를 활용하여 노선의 운행을 하려는 자에 대하여 대통령령으로 정하는 바에 따라 한정운수면허를 발급할 수 있다.

⑥ 국토교통부장관 또는 시범운행지구를 관할하는 시·도지사는 제5항에 따른 한정운수면허를 발급하는 요건, 절차 및 그 밖에 필요한 사항을 정하여 미리 공고하여야 한다.(2024.1.9 본항개정)

제10조【화물자동차 운송사업에 관한 특례】 시범운행지구에서 자율주행자동차를 활용하여 유상으로 화물을 운송하려는 자는 대통령령으로 정하는 바에 따라 국토교통부장관의 허가를 받아야 한다. 이 경우 「화물자동차 운수사업법」 제3조는 적용하지 아니한다.

제11조【자동차 안전기준에 관한 특례】 조향장치, 제동장치, 좌석 등 국토교통부령으로 정하는 구조적 특성으로 인하여 「자동차관리법」 제29조제1항 및 제2항에 따른 자동차안전기준, 부품안전기준을 충족하기 어려운 자율주행자동차는 대통령령으로 정하는 바에 따라 국토교통부장관의 승인을 받아 시범운행지구에서 운행할 수 있다. 이 경우 국토교통부장관은 안전 확보 등에 필요한 조건을 붙일 수 있다.

제12조【지능형교통체계 표준에 관한 특례】 시범운행지구에서 「국가통합교통체계효율화법」 제77조제1항에 따른 교통체계지능화사업을 하는 자는 같은 법 제82조에 따른 지능형교통체계표준으로 제정·고시되지 아니한 신기술을 사용할 수 있다.

제13조【도로시설에 관한 특례】 ① 「도로법」 제31조제1항에도 불구하고 시범운행지구에서 자율주행에 필요한 도로공사와 도로의 유지·관리는 도로관리청이 아닌 자가 수행할 수 있다. 이 경우 대통령령으로 정하는 바에 따라 도로관리청의 허가를 받아야 한다.

② 제1항의 자율주행에 필요한 도로공사와 도로의 유지·관리의 유형은 국토교통부령으로 정한다.

제14조【규제 신속확인】 ① 시범운행지구에서 자율주행자동차를 운행하려는 자는 이를 규제하는 법령의 적용 여부 및 해석 등의 확인(이하 "규제확인"이라 한다)을 국토교통부장관에게 요청할 수 있다.

② 제1항에 따라 규제확인 요청을 받은 국토교통부장관은 권한의 범위 내에서 규제확인을 할 수 있다. 이 경우 요청을 받은 날부터 30일 이내에 회신하여야 한다.

③ 국토교통부장관은 제1항에 따른 요청이 다른 행정기관의 소관사항인 경우 해당 행정기관의 장에게 통보하여야 한다.

④ 해당 행정기관의 장은 제3항에 따른 통보를 받은 날부터 30일 이내에 검토하여 이를 요청한 자와 국토교통부장관에게 회신하여야 한다.

⑤ 제2항 및 제4항에 따른 규제확인에 관한 사항을 검토하기 위하여 규제확인을 요청한 자에게 자료보완을 요구한 경우에 걸린 기간은 해당 기간에서 제외한다.(2020.6.9 본항개정)

⑥ 제1항부터 제5항까지에서 규정한 사항 외에 규제확인에 관하여 필요한 사항은 대통령령으로 정한다.

제15조【규제특례 적용의 배제】 국토교통부장관은 시범운행지구에서 규제특례를 적용받은 자가 다음 각 호의 어느 하나에 해당하는 경우 제16조에 따른 자율주행자동차 시범운행지구 위원회의 심의·의결을 거쳐 해당 규제특례의 적용을 배제할 수 있다. 다만, 제1호에 해당하는 경우에는 해당 규제특례의 적용을 배제하여야 한다.
1. 거짓 또는 그 밖의 부정한 방법으로 제9조부터 제13조에 따른 허가 또는 승인을 받은 경우
2. 자율주행자동차의 연구 또는 시범운행으로 인해 다른 사람에게 위해를 끼치거나 교통상의 위험을 발생시키는 경우

제16조【위원회의 구성 등】 ① 국토교통부장관은 자율주행자동차 시범운행지구에 관한 정책 및 중요 사항을 심의·의결하기 위하여 필요한 경우 자율주행자동차 시범운행지구 위원회(이하 "위원회"라 한다)를 구성·운영할 수 있다.(2024.1.9 본항개정)

② 위원회는 다음 각 호의 사항을 심의·의결한다.
1. 시범운행지구에 관한 기본정책과 제도에 관한 사항
2. 시범운행지구의 지정·변경 및 해제에 관한 사항
3. 제15조에 따른 규제특례 적용의 배제에 관한 사항
4. 제17조에 따른 시범운행지구의 운영에 대한 평가에 관한 사항
5. 시범운행지구와 관련한 중앙행정기관의 장 및 지방자치단체의 장 간의 의견 조정에 관한 사항
6. 그 밖에 시범운행지구의 지정 및 운영 등에 필요한 사항으로서 대통령령으로 정하는 사항

③ 위원회는 위원장 2명을 포함하여 20명 이내의 위원으로 구성한다.

④ 위원장 1명은 국토교통부장관이 되고, 다른 위원장 1명은 제1호의 민간위원 중에서 호선하며, 위원은 다음 각 호의 자가 된다.
1. 민간위원 : 자율주행자동차 분야에 관한 학식과 경험이 풍부한 사람 중에서 국토교통부장관이 위촉하는 사람
2. 정부위원 : 대통령령으로 정하는 관계 중앙행정기관의 차관 또는 차관급 공무원

⑤ 국토교통부장관은 시범운행지구에서 자율주행자동차의 연구·시범운행과 관련된 시·도의 조례가 현저히 불합리하다고 인정하는 경우에는 그 조례의 개정 또는 폐지 등에 관한 의견을 지방의회에 제출할 수 있다.
(2024.1.9 본항개정)

⑥ 국토교통부장관은 위원회의 구성 목적을 달성하였다고 인정하는 경우에는 위원회를 해산할 수 있다.(2024.1.9 본항신설)

⑦ 이 법에서 규정한 사항 외에 위원회의 구성 및 운영 등에 필요한 사항은 대통령령으로 정한다.

제3장 자율주행자동차의 이용환경 조성
(2021.7.27 본장제목삽입)

제17조【시범운행지구의 운영에 대한 평가】 ① 국토교통부장관은 시범운행지구의 운영에 대하여 정기적으로 또는 수시로 평가할 수 있다.

② 국토교통부장관은 제1항에 따른 평가를 위하여 필요한 경우 관할 시·도지사에게 관련 자료의 제출을 요청할 수 있다. 이 경우 관할 시·도지사는 특별한 사유가 없으면 요청에 따라야 한다.

③ 국토교통부장관은 위원회의 심의·의결을 거쳐 확정된 평가 결과를 관할 시·도지사에게 통보하여야 하며, 평가 결과에 따라 개선 조치를 권고할 수 있다. 이 경우 관할 시·도지사는 특별한 사유가 없으면 개선 조치를 취하여야 한다.(2020.6.9 후단개정)

④ 제1항부터 제3항까지에서 규정한 사항 이외에 시범운행지구의 운영에 대한 평가 기준·방법 및 절차 등에 관하여 필요한 사항은 대통령령으로 정한다.

제18조【시설 관리 의무】 시범운행지구를 관할하는 시·도지사는 자율주행자동차의 원활한 운행을 위하여 시·도의 조례로 정하는 바에 따라 시범운행지구 내의 도로, 신호기 등 자율주행자동차 연구·시범운행과 관련된 시설을 유지·관리하여야 한다.

제19조【보험 가입 의무】 시범운행지구에서 자율주행자동차에 관한 연구·시범운행을 하는 자는 연구·시범운행으로 인해 발생할 수 있는 인적·물적 손해를 배상하기 위하여 대통령령으로 정하는 보험(이하 "책임보험"이라 한다)에 가입하여야 한다.

제20조【익명처리된 개인정보 등의 활용에 대한 다른 법령의 배제】 자율주행자동차를 운행하는 과정에서 수집한 다음 각 호의 정보의 전부 또는 일부를 삭제하거나 대체하여 다른 정보와 결합하는 경우에도 더 이상 특정 개인을 알아볼 수 없도록 익명처리하여 정보를 활용하는 경우에는 「개인정보 보호법」, 「위치정보의 보호 및 이용 등에 관한 법률」 및 「정보통신망 이용촉진 및 정보보호 등에 관한 법률」의 적용을 받지 아니한다.
1. 「개인정보 보호법」 제2조제1호에 따른 개인정보
2. 「위치정보의 보호 및 이용 등에 관한 법률」 제2조제2호에 따른 개인위치정보
3. 제1호 및 제2호에 준하는 정보로서 대통령령으로 정하는 정보

제21조【자율협력주행시스템의 구축】 국토교통부장관은 자율주행 안전구간 및 시범운행지구에서 자율주행자동차의 원활한 운행을 위하여 자율협력주행시스템을 대통령령으로 정하는 바에 따라 구축·운영할 수 있다.
(2021.7.27 본조개정)

제22조【정밀도로지도의 구축 및 갱신】 ① 국토교통부장관은 자율주행자동차의 상용화를 위하여 정밀도로지도를 대통령령으로 정하는 바에 따라 구축하고 갱신할 수 있다.

② 국토교통부장관은 제1항에 따라 구축된 정밀도로지도를 민간 활용이 촉진될 수 있도록 무상으로 제공할 수 있다.
③ 도로관리청은 관할 구역에서 도로노선의 변경 등 정밀도로지도의 갱신이 필요한 경우로서 대통령령으로 정하는 사항이 변경된 경우에는 국토교통부령으로 정하는 바에 따라 국토교통부장관에게 통보하여야 한다.

제23조【행정적·재정적 지원 등】 국토교통부장관은 자율주행자동차의 도입·확산과 자율주행 기반 교통물류체계의 발전을 위하여 다음 각 호의 사업을 하는 지방자치단체, 기관, 사업자단체 또는 사업자 등에게 대통령령으로 정하는 바에 따라 필요한 행정적·재정적·기술적 지원이나 금융 관련 법률에 따른 자금 융자 등의 지원을 할 수 있다.
1. 자율주행자동차의 안전, 운행 지원을 위한 인프라 및 자율주행 기반 교통물류체계에 관한 연구개발 사업
2. 자율주행자동차의 운행에 필요한 시설의 설치·운영 사업
3. 자율주행자동차의 안전, 운행 지원을 위한 인프라 및 자율주행 기반 교통물류체계 관련 산업의 육성에 필요한 사업
4. 그 밖에 자율주행 기반 교통물류체계 발전을 위하여 필요한 사업으로서 국토교통부령으로 정하는 사업

제24조【기술개발을 위한 지원시책】 ① 국토교통부장관은 자율주행자동차의 안전, 운행 지원을 위한 인프라 및 자율주행 기반 교통물류체계 관련 기술개발을 촉진하기 위하여 다음 각 호의 사항에 관한 지원시책을 수립하여 추진할 수 있다.
1. 자율주행자동차의 안전, 운행 지원을 위한 인프라 및 자율주행 기반 교통물류체계 관련 국내외 기술개발 정보의 수집 및 제공
2. 자율주행자동차의 안전, 운행 지원을 위한 인프라 및 자율주행 기반 교통물류체계 관련 핵심기술에 관한 연구개발 등
② 국토교통부장관은 제1항에 따른 기술개발을 추진하기 위하여 다음 각 호의 어느 하나에 해당하는 자로 하여금 연구개발사업을 하게 할 수 있다.
1. 국공립 연구기관
2. 「과학기술분야 정부출연연구기관 등의 설립·운영 및 육성에 관한 법률」 제8조에 따라 설립된 연구기관
3. 「특정연구기관 육성법」 제2조에 따른 특정연구기관
4. 「산업기술혁신 촉진법」 제42조에 따른 전문생산기술연구소
5. 「산업기술연구조합 육성법」에 따른 산업기술연구조합
6. 「고등교육법」 제2조에 따른 대학, 산업대학, 전문대학 또는 기술대학
7. 「기초연구진흥 및 기술개발지원에 관한 법률」 제14조의2제1항에 따라 인정받은 기업부설연구소
8. 자율주행자동차와 관련된 기관·단체 또는 사업자로서 대통령령으로 정하는 자

제25조【전문인력의 양성】 ① 국토교통부장관은 자율주행자동차의 안전, 운행 지원을 위한 인프라 및 자율주행 기반 교통물류체계의 발전에 필요한 전문인력을 양성하는 데 노력하여야 한다.
② 국토교통부장관은 제1항에 따른 전문인력의 양성을 위하여 「고등교육법」 제2조에 따른 대학, 산업대학, 전문대학 또는 기술대학, 자율주행자동차에 관한 연구 활동 등을 목적으로 설립된 연구소·기관 또는 단체를 전문인력 양성기관으로 지정하여 교육 및 훈련을 실시하게 할 수 있다.
③ 국토교통부장관은 제2항에 따라 전문인력 양성기관으로 지정된 자가 다음 각 호의 어느 하나에 해당하는 경우에는 그 지정을 취소할 수 있다. 다만, 제1호에 해당하면 그 지정을 취소하여야 한다.
1. 거짓이나 그 밖의 부정한 방법으로 지정을 받은 경우
2. 지정요건에 적합하지 아니하게 된 경우
3. 정당한 사유 없이 1년 이상 전문인력 양성업무를 하지 아니한 경우
④ 국토교통부장관은 제2항에 따라 지정된 전문인력 양성기관에 대하여 대통령령으로 정하는 바에 따라 예산의 범위에서 필요한 지원을 할 수 있다.
⑤ 제2항에 따른 전문인력 양성기관의 지정 기준·절차 등에 관하여 필요한 사항은 국토교통부령으로 정한다.

제26조【해외진출 및 국제협력】 ① 국토교통부장관은 자율주행자동차의 안전, 운행 지원을 위한 인프라 및 자율주행 기반 교통물류체계 관련 국제협력 및 해외시장 진출을 위하여 관련 기술 및 인력의 국제교류, 국제전시회 참가, 국제표준화, 국제공동연구개발 등의 사업을 지원할 수 있다.
② 국토교통부장관은 대통령령으로 정하는 기관이나 단체로 하여금 제1항의 사업을 수행하게 할 수 있으며 필요한 예산을 지원할 수 있다.

제4장 자율주행자동차의 안전성 확보를 위한 자율협력주행 인증
(2021.7.27 본장신설)

제27조【자율협력주행 인증관리센터의 설치·운영 등】
① 국토교통부장관은 자율협력주행 인증의 안전성 및 신뢰성을 확보하기 위하여 다음 각 호의 업무를 수행한다.
1. 제28조에 따라 지정받은 인증기관 및 제29조에 따라 지정받은 검증기관에 대한 관리·감독
2. 제34조제1항에 따른 안전조치 이행에 대한 점검
3. 자율협력주행 인증 관련 기술 개발·보급 및 표준화 연구
4. 자율협력주행 인증 관련 제도 연구 및 국제협력 지원
5. 그 밖에 자율협력주행 인증 관리업무를 위하여 필요한 사항
② 국토교통부장관은 제1항에 따른 업무를 효율적으로 수행하기 위하여 자율협력주행 인증관리센터(이하 "인증관리센터"라 한다)를 설치·운영할 수 있다.
③ 국토교통부장관은 인증관리센터의 설치·운영을 「한국교통안전공단법」에 따른 한국교통안전공단에 위탁할 수 있다.
④ 인증관리센터의 설치·운영 등에 필요한 사항은 대통령령으로 정한다.

제28조【인증기관의 지정 등】 ① 국토교통부장관은 자율협력주행 인증업무를 안전하고 신뢰성 있게 수행할 능력이 있다고 인정되는 자를 대통령령으로 정하는 바에 따라 인증기관으로 지정할 수 있다.
② 인증기관으로 지정받을 수 있는 자는 지방자치단체, 공공기관 또는 법인에 한정한다. 다만, 다음 각 호의 어느 하나에 해당하는 자는 인증기관으로 지정받을 수 없다.
1. 임원 중 다음 각 목의 어느 하나에 해당하는 사람이 있는 법인
   가. 금고 이상의 실형을 선고받고 그 집행이 끝나거나(집행이 끝난 것으로 보는 경우를 포함한다) 집행이 면제된 날부터 2년이 지나지 아니한 사람
   나. 금고 이상의 형의 집행유예를 선고받고 그 집행유예 기간 중에 있는 사람
   다. 법원의 판결 또는 다른 법률에 따라 자격이 상실 또는 정지된 사람
   라. 제32조에 따라 지정이 취소된 법인의 지정취소 당시 임원이었던 사람으로서 그 법인의 지정이 취소된 후 2년이 지나지 아니한 사람
2. 제32조에 따라 지정이 취소된 후 2년이 지나지 아니한 법인
③ 인증기관으로 지정을 받으려는 자는 기술능력·재정능력·시설 및 장비 등 대통령령으로 정하는 지정기준을 갖추어야 한다.
④ 인증기관은 제30조에 따른 인증관리기준에서 정하는 바에 따라 인증과 관련한 수수료를 받을 수 있다.
⑤ 제4항에 따라 징수된 수수료 중 제30조에 따른 인증관리기준에서 정하는 비율에 해당하는 금액은 제27조제3항에 따라 위탁받은 기관과 제29조에 따른 검증기관에 각각 귀속되고, 이를 제외한 나머지 금액은 인증기관에 귀속된다.

제29조【검증기관의 지정 등】 ① 국토교통부장관은 자율협력주행 과정에서 발생하는 정보의 이상 유무를 탐지·판단하여 관리할 수 있다고 인정되는 자를 검증기관으로 지정할 수 있다.
② 검증기관에 관하여는 제28조제2항, 제30조제3호, 제31조제1항제3호·제4호·제6호·제7호, 같은 조 제2항부터 제5항까지, 제32조제1항, 제33조제1호부터 제4호까지, 제34조, 제35조, 제38조 및 제40조제2호를 준용한다.
③ 검증기관의 지정 기준·절차, 검증방법 등 업무수행방법, 정보의 이상 유무에 대한 검증 기준·절차, 그 밖에 필요한 사항은 대통령령으로 정한다.

제30조【자율협력주행 인증관리기준】 국토교통부장관은 자율협력주행 인증업무의 안전성 및 신뢰성을 확보하기 위하여 다음 각 호의 사항이 포함된 자율협력주행 인증관리기준(이하 "인증관리기준"이라 한다)을 정하여 고시하여야 한다.
1. 자율협력주행 인증업무의 방법 및 절차에 관한 사항
2. 인증서의 유효기간에 관한 사항
3. 인증기관 시설기준 및 정보의 관리방법에 관한 사항
4. 수수료의 종류·요율·금액 등에 관한 사항
5. 그 밖에 인증서의 운영·관리 및 자율협력주행 인증업무에 관한 사항

제31조【자율협력주행 인증업무준칙 등】 ① 인증기관은 자율협력주행 인증업무를 개시하기 전에 인증관리기준에 따라 다음 각 호의 사항이 포함된 자율협력주행 인증업무준칙(이하 "인증업무준칙"이라 한다)을 작성하여 국토교통부장관에게 신고하여야 하며, 인증업무준칙에서 정한 사항을 준수하여야 한다.
1. 인증서의 종류
2. 자율협력주행 인증업무의 방법 및 절차
3. 자율협력주행 인증업무 관련 정보의 관리 및 공고방법
4. 자율협력주행 인증업무에 관한 시설·장비의 기준 및 보호방법
5. 제39조제2항에 따른 보험·공제 가입 또는 준비금 적립 등의 조치방법 및 손해배상책임에 관한 사항
6. 가입자의 개인정보 보호에 관한 사항
7. 그 밖에 자율협력주행 인증업무 수행에 필요한 사항
② 인증기관은 제1항에 따라 신고한 사항을 변경하는 경우 국토교통부령으로 정하는 기간 내에 이를 국토교통부장관에게 변경신고하여야 한다.
③ 국토교통부장관은 제1항에 따른 신고 또는 제2항에 따른 변경신고를 받은 경우 그 내용을 검토하여 인증관리기준에 적합하면 신고 또는 변경신고를 수리하여야 한다.
④ 국토교통부장관은 제1항에 따라 신고한 인증업무준칙의 내용이 인증관리기준에 위반되는 경우 해당 인증기관에 국토교통부령으로 정하는 기간 내에 인증업무준칙을 변경하도록 명할 수 있다.
⑤ 인증업무준칙의 신고 및 변경신고의 절차와 방법 등에 필요한 사항은 대통령령으로 정한다.

제32조【자율협력주행 인증업무의 정지 및 지정취소 등】 ① 국토교통부장관은 인증기관이 다음 각 호의 어느 하나에 해당하는 경우에는 그 지정을 취소하거나 6개월 이내의 기간을 정하여 자율협력주행 인증업무의 전부 또는 일부의 정지를 명할 수 있다. 다만, 제1호부터 제4호까지 및 제8호의 경우에는 지정을 취소하여야 한다.
1. 거짓 또는 그 밖의 부정한 방법으로 제28조에 따른 지정을 받은 경우
2. 이 조에 따른 업무정지명령을 위반하여 업무정지 기간 중 자율협력주행 인증업무를 한 경우
3. 제28조제3항에 따른 기준을 갖추지 아니한 경우(기준을 갖추지 아니한 날부터 6개월 이내에 기준을 충족시킨 경우는 제외한다)
4. 임원 중 제28조제2항제1호 각 목의 어느 하나에 해당하는 사람이 있는 경우(결격사유에 해당된 날부터 6개월 이내에 그 임원을 바꾸어 임명한 경우는 제외한다)
5. 제28조에 따른 지정을 받은 날부터 3개월 이내에 자율협력주행 인증업무를 개시하지 아니하거나 3개월 이상 계속하여 자율협력주행 인증업무를 하지 아니한 경우
6. 제31조제4항에 따른 인증업무준칙 변경명령을 위반한 경우
7. 제33조에 따른 시정명령을 정당한 사유 없이 이행하지 아니한 경우
8. 인증기관이 스스로 지정취소를 신청하는 경우
② 제1항에 따라 지정이 취소된 인증기관은 가입자의 동의를 받아 제36조제2호에 따라 효력이 소멸되는 인증서에 관련된 정보를 국토교통부장관이 지정하는 인증기관 또는 인증관리센터에 인계하여야 한다.
③ 제1항에 따른 처분의 기준과 절차는 대통령령으로 정하고, 제2항에 따른 인계에 필요한 사항은 국토교통부령으로 정한다.

제33조【시정명령】 국토교통부장관은 인증기관이 다음 각 호의 어느 하나에 해당하는 경우에는 대통령령으로 정하는 바에 따라 기간을 정하여 시정조치를 명할 수 있다.
1. 인증관리기준에서 정한 사항을 준수하지 아니한 경우
2. 제31조에 따른 신고 또는 변경신고를 하지 아니하거나 신고수리한 인증업무준칙을 준수하지 아니한 경우
3. 제34조제1항에 따른 안전조치를 이행하지 아니하거나 안전조치가 미흡한 경우
4. 제35조제1항에 따른 장애예방·대응계획을 수립하지 아니하거나 같은 조 제4항에 따른 장애발생 신고를 하지 아니한 경우
5. 제37조제1항 각 호에 따른 사유가 발생하였음에도 불구하고 해당 인증서를 폐지하지 아니하거나 같은 조 제2항에 따라 그 사실을 확인할 수 있는 조치를 취하지 아니한 경우
6. 제39조제2항에 따른 보험 또는 공제에 가입하지 아니하거나 준비금을 적립하는 등 필요한 조치를 하지 아니한 경우

제34조【시설 및 장비에 대한 안전조치 이행 의무】 ① 인증기관은 자율협력주행 인증업무에 관한 시설 및 장비의 안정성 확보를 위하여 국토교통부령으로 정하는 바에 따라 기술적·관리적 및 물리적 조치(이하 "안전조치"라 한다)를 하여야 한다.
② 인증기관은 제1항에 따른 안전조치에 관하여 매년 정기적으로 점검하고, 그 결과를 국토교통부장관에게 보고하여야 한다.
③ 국토교통부장관은 인증기관의 안전조치 이행 여부를 확인하기 위하여 필요하다고 인정하는 때에는 해당 인증기관에 대하여 관련 자료를 제출하게 하거나 관계 공무원으로 하여금 인증기관의 사무실·사업장, 그 밖에 필요한 장소에 출입하여 그 시설 및 장비와 장부·서류, 그 밖의 물건을 검사하게 할 수 있다.
④ 제3항에 따른 검사를 하려는 공무원은 검사를 개시하기 7일 전까지 일시·목적 및 내용 등을 포함한 검사계획을 해당 인증기관에 통지하여야 한다. 다만, 긴급히 검사하여야 하거나 사전에 알리면 검사목적을 달성할 수 없다고 인정하는 경우에는 그러하지 아니하다.
⑤ 제2항에 따른 점검 결과보고의 절차·방법, 제3항에 따른 자료 제출과 검사의 절차·방법 및 제4항에 따른 검사계획의 통지 등에 필요한 사항은 국토교통부령으로 정한다.

제35조【자율협력주행 인증업무의 장애예방·대응계획 등】 ① 인증기관은 자율협력주행 인증업무를 안정적으로 수행하기 위하여 위험 탐지 및 관리방안 등이 포함된 장애예방·대응계획을 수립하여야 한다.
② 제1항에 따라 장애예방·대응계획을 수립한 인증기관은 지체 없이 국토교통부장관에게 수립된 계획을 제출하여야 한다.
③ 국토교통부장관은 제2항에 따라 제출된 장애예방·대응계획을 검토한 결과 이를 수정·보완할 필요가 있는 경우에는 해당 인증기관에 수정·보완을 요청할 수 있다. 이 경우 요청을 받은 인증기관은 특별한 사유가 없으면 장애예방·대응계획을 수정·보완하여 국토교통부장관에게 제출하여야 한다.

④ 인증기관은 자율협력주행 인증업무에 장애가 발생한 경우에는 지체 없이 그 사실을 국토교통부장관에게 신고하고 신속히 장애를 복구할 수 있는 대책을 마련하여야 한다.
⑤ 그 밖에 자율협력주행 인증업무의 장애예방·대응계획의 수립, 장애발생 신고 및 복구의 방법·절차 등 필요한 사항은 대통령령으로 정한다.

제36조【인증서 효력의 소멸 등】 인증서는 다음 각 호의 어느 하나에 해당하는 사유가 발생한 때에는 그 효력이 소멸된다.
1. 인증서의 유효기간이 경과한 경우
2. 제32조제1항에 따라 인증서를 발급한 인증기관의 지정이 취소된 경우
3. 제37조제1항에 따라 인증서가 폐지된 경우

제37조【인증서의 폐지】 ① 인증기관은 다음 각 호의 어느 하나에 해당하는 사유가 발생한 경우에는 인증서를 폐지하여야 한다.
1. 검증기관이 검증한 결과 인증서를 폐지하여야 한다고 판단한 경우
2. 인증기관이 인증서의 신뢰성이나 유효성을 보장할 수 없는 사유가 발생한 사실을 인지한 경우
② 인증기관은 제1항에 따라 인증서가 폐지된 경우 그 사실을 확인할 수 있도록 대통령령으로 정하는 바에 따라 지체 없이 필요한 조치를 취하여야 한다.

제38조【과징금의 부과】 ① 국토교통부장관은 인증기관이 제32조제1항 각 호의 어느 하나에 해당하여 업무정지 처분을 하여야 하는 경우 그 업무정지 처분이 가입자에게 심한 불편을 주거나 그 밖에 공익을 해칠 우려가 있는 때에는 그 업무정지 처분을 갈음하여 2천만원 이하의 과징금을 부과·징수할 수 있다.
② 제1항에 따라 과징금을 부과하는 위반행위의 종류·정도 등에 따른 과징금의 금액, 그 밖에 필요한 사항은 대통령령으로 정한다.
③ 국토교통부장관은 제1항에 따라 과징금 부과처분을 받은 자가 과징금을 기한까지 내지 아니하는 경우 국세 강제징수의 예에 따라 징수한다.

제39조【배상책임 및 보험가입】 ① 인증기관은 자율협력주행 인증업무 수행으로 인하여 가입자 또는 제3자에게 인적·물적 손해를 발생하게 한 때에는 그 손해를 배상할 책임이 있다. 다만, 인증기관이 그 업무수행과 관련하여 고의 또는 과실이 없음을 입증하는 경우에는 그러하지 아니하다.
② 인증기관은 제1항에 따른 손해배상책임의 이행을 보장하기 위하여 대통령령으로 정하는 바에 따라 보험 또는 공제에 가입하거나 준비금을 적립하는 등 필요한 조치를 하여야 한다.

제5장 보 칙
(2021.7.27 본장제목삽입)

제40조【청문】 국토교통부장관은 다음 각 호의 어느 하나에 해당하는 처분을 하려는 경우에는 청문을 하여야 한다.
1. 제25조제3항에 따른 전문인력 양성기관의 지정취소
2. 제32조제1항(같은 항 제8호는 제외한다)에 따른 인증기관의 지정취소
(2021.7.27 본조신설)

제41조【권한의 위임 및 업무의 위탁】 ① 이 법에 따른 국토교통부장관의 권한은 대통령령으로 정하는 바에 따라 그 일부를 시·도지사 또는 소속기관의 장에게 위임할 수 있다.
② 이 법에 따른 국토교통부장관의 업무는 대통령령으로 정하는 바에 따라 그 일부를 위탁업무를 수행하는 데에 필요한 인력과 장비를 갖춘 기관에 위탁할 수 있다.

제42조【벌칙 적용에서 공무원 의제】 위원회의 위원 중 공무원이 아닌 위원은 「형법」 제129조부터 제132조까지의 규정에 따른 벌칙을 적용할 때에는 공무원으로 본다.

제6장 벌 칙
(2021.7.27 본장제목삽입)

제43조【벌칙】 제19조를 위반하여 책임보험에 가입하지 아니한 자는 2년 이하의 징역 또는 2천만원 이하의 벌금에 처한다.

제44조【과태료】 ① 다음 각 호의 어느 하나에 해당하는 자에게는 500만원 이하의 과태료를 부과한다.
1. 제32조제2항을 위반하여 정당한 사유 없이 제36조제2호에 따라 효력이 소멸되는 인증서에 관련된 정보를 인계하지 아니한 자
2. 제34조제3항(제29조제2항에서 준용하는 경우를 포함한다)을 위반하여 자료를 제출하지 아니하거나 거짓으로 자료를 제출한 자 또는 관계 공무원의 출입·검사를 거부·방해 또는 기피한 자
3. 제35조제1항(제29조제2항에서 준용하는 경우를 포함한다)을 위반하여 자율협력주행 인증업무의 장애예방·대응계획을 수립하지 아니한 자
4. 제35조제4항(제29조제2항에서 준용하는 경우를 포함한다)을 위반하여 자율협력주행 인증업무의 장애발생 신고를 하지 아니한 자
5. 제39조를 위반하여 보험 또는 공제에 가입하지 아니하거나 준비금을 적립하는 등 필요한 조치를 취하지 아니한 자
② 제1항에 따른 과태료는 대통령령으로 정하는 바에 따라 국토교통부장관이 부과·징수한다.
(2021.7.27 본조신설)

부 칙

이 법은 공포 후 1년이 경과한 날부터 시행한다.

부 칙 (2020.6.9)

이 법은 공포한 날부터 시행한다.(이하 생략)

부 칙 (2020.12.22)

제1조【시행일】 이 법은 2021년 1월 1일부터 시행한다.(이하 생략)

부 칙 (2021.7.27)

이 법은 공포 후 6개월이 경과한 날부터 시행한다.

부 칙 (2024.1.9 법19982호)

제1조【시행일】 이 법은 공포 후 6개월이 경과한 날부터 시행한다. 다만, 제2조제2항제1호의 개정규정은 공포한 날부터 시행한다.

제2조【여객의 유상운송에 관한 특례에 관한 적용례】 제9조의 개정규정은 이 법 시행 이후 유상운송 허가를 신청하는 자부터 적용한다.

부 칙 (2024.1.9 법19986호)

제1조【시행일】 이 법은 공포 후 6개월이 경과한 날부터 시행한다.(이하 생략)

화물자동차 운수사업법

(약칭 : 화물자동차법)

(2008년 3월 21일 전부개정법률 제8979호)

개정
2008. 3.21법 8980호(여객자동차운수사업법)
2010. 3.31법10221호(지방세)
2011. 6.15법10804호
2011. 9.16법11064호
2012. 6. 1법11481호
2013. 3.23법11690호(정부조직)
2013. 5.22법11804호
2013. 7.16법11933호
2014. 1.14법12248호(도로법)
2014. 1.14법12258호
2014. 3.18법12475호
2014. 5.28법12707호
2014. 6. 3법12738호(공간정보구축관리)
2015. 1. 6법12997호
2015. 6.22법13374호(물류정책기본법)
2015. 6.22법13382호
2015.12.29법13694호
2016. 1.19법13812호
2016. 1.27법13879호(수질수생태계보전)
2016.12.27법14480호(농어촌정비)
2017. 1.17법14532호(물환경보전법)
2017. 1.17법14552호
2017. 3.21법14725호
2017. 8. 9법14873호
2017.10.24법14939호(한국교통안전공단법)
2017.11.28법15127호
2018. 3.20법15516호
2018. 4.17법15602호
2018. 8.14법15743호
2018.12.31법16133호(환경친화적자동차의개발및보급촉진에관한법)
2020. 1.29법16902호(항만법)
2020. 4. 7법17241호
2020. 6. 9법17453호(법률용어정비)
2020. 6. 9법17464호
2021. 1.26법17911호(생활물류서비스산업발전법)
2021. 4.13법18054호
2021. 7.27법18355호
2021.12. 7법18568호
2024. 1. 9법19986호(행정기관정비일부개정법령등)→2024년 7월 10일 시행
2024. 1. 9법19987호(행정법제혁신을위한일부개정법령등)
2024. 1. 9법19988호→2024년 7월 10일 시행

제1장 총 칙

제1조【목적】 이 법은 화물자동차 운수사업을 효율적으로 관리하고 건전하게 육성하여 화물의 원활한 운송을 도모함으로써 공공복리의 증진에 기여함을 목적으로 한다.

제2조【정의】 이 법에서 사용하는 용어의 뜻은 다음과 같다.
1. "화물자동차"란 「자동차관리법」 제3조에 따른 화물자동차 및 특수자동차로서 국토교통부령으로 정하는 자동차를 말한다.(2013.3.23 본호개정)
2. "화물자동차 운수사업"이란 화물자동차 운송사업, 화물자동차 운송주선사업 및 화물자동차 운송가맹사업을 말한다.
3. "화물자동차 운송사업"이란 다른 사람의 요구에 응하여 화물자동차를 사용하여 화물을 유상으로 운송하는 사업을 말한다. 이 경우 화주(貨主)가 화물자동차에 함께 탈 때의 화물은 중량, 용적, 형상 등이 여객자동차 운송사업용 자동차에 싣기 부적합한 것으로서 그 기준과 대상차량 등은 국토교통부령으로 정한다.(2013.3.23 후단개정)
4. "화물자동차 운송주선사업"이란 다른 사람의 요구에 응하여 유상으로 화물운송계약을 중개·대리하거나 화물자동차 운송사업 또는 화물자동차 운송가맹사업을 경영하는 자의 화물 운송수단을 이용하여 자기 명의와 계산으로 화물을 운송하는 사업(화물이 이사화물인 경우에는 포장 및 보관 등 부대서비스를 함께 제공하는 사업을 포함한다)을 말한다.(2018.4.17 본호개정)
5. "화물자동차 운송가맹사업"이란 다른 사람의 요구에 응하여 자기 화물자동차를 사용하여 유상으로 화물을 운송하거나 화물정보망(인터넷 홈페이지 및 이동통신단말장치에서 사용되는 응용프로그램을 포함한다. 이하 같다)을 통하여 소속 화물자동차 운송가맹점(제3조제3항에 따른 운송사업자 및 제40조제1항에 따라 화물자동차 운송사업의 경영의 일부를 위탁받은 사람인 운송가맹점만을 말한다)에 의뢰하여 화물을 운송하게 하는 사업을 말한다.(2018.4.17 본호개정)
6. "화물자동차 운송가맹사업자"란 제29조제1항에 따라 화물자동차 운송가맹사업의 허가를 받은 자를 말한다.
7. "화물자동차 운송가맹점"이란 화물자동차 운송가맹사업자(이하 "운송가맹사업자"라 한다)의 운송가맹점으로 가입한 자로서 다음 각 목의 어느 하나에 해당하는 자를 말한다.
   가. 운송가맹사업자의 화물정보망을 이용하여 운송 화물을 배정받아 화물을 운송하는 제3조제3항에 따른 운송사업자
   나. 운송가맹사업자의 화물운송계약을 중개·대리하는 제24조제2항에 따른 운송주선사업자
   다. 운송가맹사업자의 화물정보망을 이용하여 운송 화물을 배정받아 화물을 운송하는 자로서 제40조제1항에 따라 화물자동차 운송사업의 경영의 일부를 위탁받은 사람. 다만, 경영의 일부를 위탁한 운송사업자가 화물자동차 운송가맹점으로 가입한 경우는 제외한다.
   (2018.4.17 본호개정)

7의2. "영업소"란 주사무소 외의 장소에서 다음 각 목의 어느 하나에 해당하는 사업을 영위하는 곳을 말한다.
   가. 제3조제1항에 따라 화물자동차 운송사업의 허가를 받은 자 또는 화물자동차 운송가맹사업자가 화물자동차를 배치하여 그 지역의 화물을 운송하는 사업
   나. 제24조제1항에 따라 화물자동차 운송주선사업의 허가를 받은 자가 화물 운송을 주선하는 사업
   (2014.3.18 본호신설)
8. "운수종사자"란 화물자동차의 운전자, 화물의 운송 또는 운송주선에 관한 사무를 취급하는 사무원 및 이를 보조하는 보조원, 그 밖에 화물자동차 운수사업에 종사하는 자를 말한다.
9. "공영차고지"란 화물자동차 운수사업에 제공되는 차고지로서 다음 각 목의 어느 하나에 해당하는 자가 설치한 것을 말한다.(2018.4.17 본문개정)
   가. 특별시장·광역시장·특별자치시장·도지사·특별자치도지사(이하 "시·도지사"라 한다)
   나. 시장·군수·구청장(자치구의 구청장을 말한다. 이하 같다)
   다. 「공공기관의 운영에 관한 법률」에 따른 공공기관 중 대통령령으로 정하는 공공기관
   라. 「지방공기업법」에 따른 지방공사
   (2018.4.17 가목~라목신설)
10. "화물자동차 휴게소"란 화물자동차의 운전자가 화물의 운송 중 휴식을 취하거나 화물의 하역(荷役)을 위하여 대기할 수 있도록 「도로법」에 따른 도로 등 화물의 운송경로나 「물류시설의 개발 및 운영에 관한 법률」에 따른 물류시설 등 물류거점에 휴게시설과 차량의 주차·정비·주유(注油) 등 화물운송에 필요한 기능을 제공하기 위하여 건설하는 시설물을 말한다.(2011.6.15 본호신설)
11. "화물차주"란 화물을 직접 운송하는 자로서 다음 각 목의 어느 하나에 해당하는 자를 말한다.
   가. 제3조제1항제2호에 따라 개인화물자동차 운송사업의 허가를 받은 자(이하 "개인 운송사업자"라 한다)
   나. 제40조제1항에 따라 경영의 일부를 위탁받은 사람(이하 "위·수탁차주"라 한다)
12. "화물자동차 안전운송원가"란 화물차주에 대한 적정한 운임의 보장을 통하여 과로, 과속, 과적 운행을 방지하는 등 교통안전을 확보하기 위하여 화주, 운송사업자, 운송주선사업자 등이 화물운송의 운임을 산정할 때에 참고할 수 있는 운송원가로서 제5조의2에 따른 화물자동차 안전운임위원회의 심의·의결을 거쳐 제5조의4에 따라 국토교통부장관이 공표한 원가를 말한다.
13. "화물자동차 안전운임"이란 화물차주에 대한 적정한 운임의 보장을 통하여 과로, 과속, 과적 운행을 방지하는 등 교통안전을 확보하기 위하여 필요한 최소한의 운임으로서 제12호에 따른 화물자동차 안전운송원가에 적정 이윤을 더하여 제5조의2에 따른 화물자동차 안전운임위원회의 심의·의결을 거쳐 제5조의4에 따라 국토교통부장관이 공표한 운임을 말하며 다음 각 목으로 구분한다.
   가. 화물자동차 안전운송운임 : 화주가 제3조제3항에 따른 운송사업자, 제24조제2항에 따른 운송주선사업자 및 운송가맹사업자(이하 "운수사업자"라 한다) 또는 화물차주에게 지급하여야 하는 최소한의 운임
   나. 화물자동차 안전위탁운임 : 운수사업자가 화물차주에게 지급하여야 하는 최소한의 운임
(2018.4.17 11호~13호신설)

제2장 화물자동차 운송사업

제3조【화물자동차 운송사업의 허가 등】 ① 화물자동차 운송사업을 경영하려는 자는 각 호의 구분에 따라 국토교통부장관의 허가를 받아야 한다.(2018.4.17 본문개정)
1. 일반화물자동차 운송사업 : 20대 이상의 범위에서 대통령령으로 정하는 대수 이상의 화물자동차를 사용하여 화물을 운송하는 사업
2. 개인화물자동차 운송사업 : 화물자동차 1대를 사용하여 화물을 운송하는 사업으로서 대통령령으로 정하는 사업
(2018.4.17 1호~2호신설)

② 제29조제1항에 따라 화물자동차 운송가맹사업의 허가를 받은 자는 제1항에 따른 허가를 받지 아니한다.
③ 제1항에 따라 화물자동차 운송사업의 허가를 받은 자(이하 "운송사업자"라 한다)가 허가사항을 변경하려면 국토교통부령으로 정하는 바에 따라 국토교통부장관의 변경허가를 받아야 한다. 다만, 대통령령으로 정하는 경미한 사항을 변경하려면 국토교통부령으로 정하는 바에 따라 국토교통부장관에게 신고하여야 한다.(2013.3.23 본항개정)
④ 국토교통부장관은 제3항 단서에 따른 변경신고를 받은 날부터 3일 이내에 신고수리 여부를 신고인에게 통지하여야 한다.(2017.3.21 본항신설)
⑤ 국토교통부장관이 제4항에서 정한 기간 내에 신고수리 여부 또는 민원 처리 관련 법령에 따른 처리기간의 연장 여부를 신고인에게 통지하지 아니하면 그 기간이 끝난 날의 다음 날에 신고를 수리한 것으로 본다.
(2017.3.21 본항신설)
⑥ 제1항에 따른 허가의 신청방법 및 절차 등에 필요한 사항은 국토교통부령으로 정한다.(2018.4.17 본항개정)
⑦ 제1항 및 제3항 본문에 따른 화물자동차 운송사업의 허가 또는 증차(增車)를 수반하는 변경허가의 기준은 다음 각 호와 같다.
1. 국토교통부장관이 화물의 운송 수요를 고려하여 제6항에 따라 업종별로 고시하는 공급기준에 맞을 것. 다만, 다음 각 목의 어느 하나에 해당하는 경우는 제외한다.(2018.3.20 단서개정)
   가. 제12항에 따라 6개월 이내로 기간을 한정하여 허가를 하는 경우(2018.3.20 본목신설)
   나. 제13항에 따라 허가를 신청하는 경우(2018.3.20 본목신설)
   다. 「환경친화적 자동차의 개발 및 보급 촉진에 관한 법률」 제2조에 따른 전기자동차 또는 수소전기자동차로서 국토교통부령으로 정하는 최대 적재량 이하인 화물자동차에 대하여 해당 차량과 그 경영을 다른 사람에게 위탁하지 아니하는 것을 조건으로 변경허가를 신청하는 경우(2021.4.13 본목개정)
2. 화물자동차의 대수, 차고지 등 운송시설(이하 "운송시설"이라 한다), 그 밖에 국토교통부령으로 정하는 기준에 맞을 것(2018.4.17 본호개정)

⑧ 운송사업자는 다음 각 호의 어느 하나에 해당하면 증차를 수반하는 허가사항을 변경할 수 없다.
1. 제13조에 따른 개선명령을 받고 이를 이행하지 아니한 경우
2. 제19조제1항에 따른 감차(減車) 조치 명령을 받은 후 1년이 지나지 아니한 경우

⑨ 운송사업자는 제1항에 따라 허가받은 날부터 5년의 범위에서 대통령령으로 정하는 기간마다 국토교통부령으로 정하는 바에 따라 제5항에 따른 허가기준에 관한 사항을 국토교통부장관에게 신고하여야 한다.
(2015.12.29 본항개정)
⑩ 제9항에 따른 신고가 신고서의 기재사항 및 첨부서류에 흠이 없고, 법령 등에 규정된 형식상의 요건을 충족하는 경우에는 신고서가 접수기관에 도달된 때에 신고 의무가 이행된 것으로 본다.(2017.3.21 본항신설)
⑪ 운송사업자는 주사무소 외의 장소에서 상주(常住)하여 영업하려면 국토교통부령으로 정하는 바에 따라 국토교통부장관의 허가를 받아 영업소를 설치하여야 한다. 다만, 개인 운송사업자의 경우에는 그러하지 아니하다.
(2018.4.17 단서개정)
⑫ 국토교통부장관은 제40조의3제3항에 따라 해지된 위·수탁계약의 위·수탁차주였던 자가 허가취소 또는 감차 조치가 있는 날부터 3개월 내에 제1항에 따른 허가를 신청하는 경우 6개월 이내로 기간을 한정하여 허가(이하 "임시허가"라 한다)를 할 수 있다. 다만, 운송사업자의 허가취소 또는 감차 조치의 사유와 직접 관련이 있는 화물자동차의 위·수탁차주였던 자는 제외한다.(2020.6.9 본문개정)
⑬ 제12항에 따라 임시허가를 받은 자가 허가 기간 내에 다른 운송사업자와 위·수탁계약을 체결하지 못하고 임시허가 기간이 만료된 경우 3개월 내에 제1항에 따른 허가를 신청할 수 있다.(2017.3.21 본항개정)
⑭ 국토교통부장관은 화물자동차 운수사업의 질서를 확립하기 위하여 화물자동차 운송사업의 허가 또는 증차를 수반하는 변경허가에 조건 또는 기한을 붙일 수 있다.
(2015.6.22 본항개정)
⑮ 국토교통부장관은 운송사업자가 사업정지처분을 받은 경우에는 주사무소를 이전하는 변경허가를 하여서는 아니 된다.(2018.3.20 본항신설)

제4조【결격사유】 다음 각 호의 어느 하나에 해당하는 자는 제3조제1항에 따른 화물자동차 운송사업의 허가를 받을 수 없다. 법인의 경우 그 임원 중 다음 각 호의 어느 하나에 해당하는 자가 있는 경우에도 또한 같다.
1. 피성년후견인 또는 피한정후견인(2015.6.22 본호개정)
2. 파산선고를 받고 복권되지 아니한 자
3. 이 법을 위반하여 징역 이상의 실형(實刑)을 선고받고 그 집행이 끝나거나(집행이 끝난 것으로 보는 경우를 포함한다) 집행이 면제된 날부터 2년이 지나지 아니한 자
4. 이 법을 위반하여 징역 이상의 형(刑)의 집행유예를 선고받고 그 유예기간 중에 있는 자
5. 제19조제1항(제1호 및 제2호는 제외한다)에 따라 허가가 취소(제4조제1호 또는 제2호에 해당하여 제19조제1항제5호에 따라 허가가 취소된 경우는 제외한다)된 후 2년이 지나지 아니한 자(2018.3.20 본호개정)
6. 제19조제1항제1호 또는 제2호에 해당하여 허가가 취소된 후 5년이 지나지 아니한 자(2018.3.20 본호신설)

제5조【운임 및 요금 등】 ① 운송사업자는 운임과 요금을 정하여 미리 국토교통부장관에게 신고하여야 한다. 이를 변경하려는 때에도 또한 같다.
② 제1항에 따라 운임과 요금을 신고하여야 하는 운송사업자의 범위는 대통령령으로 정한다.
③ 국토교통부장관은 제1항에 따른 신고 또는 변경신고를 받은 날부터 14일 이내에 신고수리 여부를 신고인에게 통지하여야 한다.(2017.3.21 본항신설)
④ 국토교통부장관이 제3항에서 정한 기간 내에 신고수리 여부 또는 민원 처리 관련 법령에 따른 처리기간의 연장 여부를 신고인에게 통지하지 아니하면 그 기간이 끝난 날의 다음 날에 신고를 수리한 것으로 본다.
(2017.3.21 본항신설)
⑤ 제1항에 따른 운임 및 요금의 신고절차 등에 필요한 사항은 국토교통부령으로 정한다.
(2013.5.22 본조신설)

제5조의2【화물자동차 안전운임위원회의 설치 등】 ① 다음 각 호의 사항을 심의·의결하기 위하여 국토교통부장관 소속으로 화물자동차 안전운임위원회(이하 "위원회"라 한다)를 둔다.
1. 화물자동차 안전운송원가 및 화물자동차 안전운임의 결정 및 조정에 관한 사항
2. 화물자동차 안전운송원가 및 화물자동차 안전운임이 적용되는 운송품목 및 차량의 종류 등에 관한 사항
3. 화물자동차 안전운임제도의 발전을 위한 연구 및 건의에 관한 사항
4. 그 밖에 화물자동차 안전운임에 관한 중요 사항으로서 국토교통부장관이 회의에 부치는 사항

② 위원회는 위원장을 포함하여 15명 이내의 범위에서 다음 각 호의 위원으로 구성하며, 위원장은 공익을 대표하는 위원 중에서 위원회가 선출한다.
1. 화물차주를 대표하는 위원
2. 운수사업자를 대표하는 위원
3. 화주를 대표하는 위원
4. 공익을 대표하는 위원

③ 위원회에는 제2항 각 호의 위원 외에 관계 행정기관의 공무원으로 구성된 3명 이내의 특별위원을 둘 수 있고, 특별위원은 위원회의 회의에 출석하여 발언할 수 있다.
④ 화물자동차 안전운송원가 산정 등 위원회 업무에 관한 자문이나 위원회 심의·의결사항에 관한 사전검토 등을 위하여 위원회에 해당 분야 전문가로 구성된 전문위원회를 둔다. 이 경우 위원회는 전문위원회에 위원회 사무 중 일부를 위임할 수 있다.
⑤ 제1항부터 제4항까지에서 규정한 사항 외에 위원회의 구성 및 운영, 특별위원의 자격 및 위촉, 전문위원회의 구성 및 운영 등에 필요한 사항은 대통령령으로 정한다.
(2018.4.17 본조신설 : 화물자동차 안전운임에 관한 부분은 2022.12.31까지 유효)

제5조의3【화물자동차 안전운송원가 및 화물자동차 안전운임의 심의기준】 ① 위원회는 다음 각 호의 사항을 고려하여 화물자동차 안전운송원가를 심의·의결한다.
1. 인건비, 감가상각비 등 고정비용
2. 유류비, 부품비 등 변동비용
3. 그 밖에 상·하차 대기료, 운송사업자의 운송서비스 수준 등 평균적인 영업조건을 고려하여 대통령령으로 정하는 사항(2020.6.9 본호개정)

② 위원회는 화물자동차 안전운송원가에 적정 이윤을 더하여 화물자동차 안전운임을 심의·의결한다. 이 경우 적정 이윤의 산정에 필요한 사항은 대통령령으로 정한다.
(2018.4.17 본조신설 : 화물자동차 안전운임에 관한 부분은 2022.12.31까지 유효)

제5조의4【화물자동차 안전운송원가 및 화물자동차 안전운임의 공표】 ① 국토교통부장관은 매년 10월 31일까지 위원회의 심의·의결을 거쳐 대통령령으로 정하는 운송품목에 대하여 다음 연도에 적용할 화물자동차 안전운송원가를 공표하여야 한다.
② 국토교통부장관은 매년 10월 31일까지 위원회의 심의·의결을 거쳐 다음 각 호의 운송품목에 대하여 다음 연도에 적용할 화물자동차 안전운임을 공표하여야 한다.
1. 「자동차관리법」 제3조에 따른 특수자동차로 운송되는 수출입 컨테이너
2. 「자동차관리법」 제3조에 따른 특수자동차로 운송되는 시멘트

③ 화물자동차 안전운송원가 및 화물자동차 안전운임의 공표 방법 및 절차 등에 필요한 사항은 대통령령으로 정한다.
(2018.4.17 본조신설 : 화물자동차 안전운임에 관한 부분은 2022.12.31까지 유효)

제5조의5【화물자동차 안전운임의 효력】 ① 화주는 운수사업자 또는 화물차주에게 화물자동차 안전운송운임 이상의 운임을 지급하여야 한다.
② 운수사업자는 화물차주에게 화물자동차 안전위탁운임 이상의 운임을 지급하여야 한다.
③ 화물운송계약 중 화물자동차 안전운임에 미치지 못하는 금액을 운임으로 정한 부분은 무효로 하며, 해당 부분은 화물자동차 안전운임과 동일한 운임을 지급하기로 한 것으로 본다.
④ 화주와 운수사업자·화물차주는 제1항에 따른 운임 지급과 관련하여 서로 부정한 금품을 주고받아서는 아니 된다.
(2018.4.17 본조신설 : 2022.12.31까지 유효)

제5조의6【화물자동차 안전운임의 주지 의무】 화물자동차 안전운임의 적용을 받는 화주와 운수사업자는 대통령령으로 정하는 바에 따라 해당 화물자동차 안전운임을 게시하거나 그 밖에 적당한 방법으로 운수사업자와 화물차주에게 알려야 한다.(2018.4.17 본조신설 : 2022.12.31까지 유효)

제5조의7【화물자동차 안전운임신고센터】 ① 국토교통부장관은 화물자동차 안전운임에 미치지 못하는 운임의 지급에 대한 신고를 위하여 화물자동차 안전운임신고센터를 설치·운영하여야 한다.
② 화물자동차 안전운임신고센터의 설치 및 운영에 필요한 사항은 대통령령으로 정한다.
(2018.4.17 본조신설 : 2022.12.31까지 유효)

제5조의8【운송비용 등 조사】 ① 국토교통부장관은 화물자동차 안전운송원가 및 화물자동차 안전운임의 효율적인 심의를 위하여 화물운송에 소요되는 비용 등을 주기적으로 조사하여야 한다.
② 제1항의 조사 방법 및 주기 등은 국토교통부령으로 정한다.
(2018.4.17 본조신설 : 화물자동차 안전운임에 관한 부분은 2022.12.31까지 유효)

제6조【운송약관】 ① 운송사업자는 운송약관을 정하여 국토교통부장관에게 신고하여야 한다. 이를 변경하려는 때에도 또한 같다.(2013.3.23 전단개정)
② 국토교통부장관은 제1항에 따른 신고 또는 변경신고를 받은 날부터 3일 이내에 신고수리 여부를 신고인에게 통지하여야 한다.(2017.3.21 본항신설)
③ 국토교통부장관이 제2항에서 정한 기간 내에 신고수리 여부 또는 민원 처리 관련 법령에 따른 처리기간의 연장 여부를 신고인에게 통지하지 아니하면 그 기간이 끝난 날의 다음 날에 신고를 수리한 것으로 본다.
(2017.3.21 본항신설)
④ 국토교통부장관은 제48조 또는 제50조에 따라 설립된 협회 또는 연합회가 작성한 것으로서 「약관의 규제에 관한 법률」 제19조의2에 따라 공정거래위원회의 심사를 거친 화물운송에 관한 표준이 되는 약관(이하 "표준약관"이라 한다)이 있으면 운송사업자에게 그 사용을 권장할 수 있다.(2013.3.23 본항개정)
⑤ 운송사업자가 제3조에 따른 화물자동차 운송사업의 허가(변경허가를 포함한다)를 받는 때에 표준약관의 사용에 동의하면 제1항에 따라 신고한 것으로 본다.

제7조【운송사업자의 책임】 ① 화물의 멸실(滅失)·훼손(毁損) 또는 인도(引渡)의 지연(이하 "적재물사고"라 한다)으로 발생한 운송사업자의 손해배상 책임에 관하여는 「상법」 제135조를 준용한다.
② 제1항을 적용할 때 화물이 인도기한이 지난 후 3개월 이내에 인도되지 아니하면 그 화물은 멸실된 것으로 본다.
③ 국토교통부장관은 제1항에 따른 손해배상에 관하여 화주가 요청하면 국토교통부령으로 정하는 바에 따라 이에 관한 분쟁을 조정(調停)할 수 있다.(2013.3.23 본항개정)
④ 국토교통부장관은 화주가 제3항에 따라 분쟁조정을 요청하면 지체 없이 그 사실을 확인하고 손해내용을 조사한 후 조정안을 작성하여야 한다.(2013.3.23 본항개정)
⑤ 당사자 쌍방이 제4항에 따른 조정안을 수락하면 당사자 간에 조정안과 동일한 합의가 성립된 것으로 본다.
⑥ 국토교통부장관은 제3항 및 제4항에 따른 분쟁조정 업무를 「소비자기본법」 제33조제1항에 따른 한국소비자원 또는 같은 법 제29조제1항에 따라 등록한 소비자단체에 위탁할 수 있다.(2013.3.23 본항개정)

제8조【화물자동차 운수사업의 운전업무 종사자격 등】 ① 화물자동차 운수사업의 운전업무에 종사하려는 자는 제1호 및 제2호의 요건을 갖춘 후 제3호 또는 제4호의 요건을 갖추어야 한다.(2012.6.1 본문개정)
1. 국토교통부령으로 정하는 연령·운전경력 등 운전업무에 필요한 요건을 갖출 것
2. 국토교통부령으로 정하는 운전적성에 대한 정밀검사기준에 맞을 것. 이 경우 운전적성에 대한 정밀검사는 국토교통부장관이 시행한다.
3. 화물자동차 운수사업법령, 화물취급요령 등에 관하여 국토교통부장관이 시행하는 시험에 합격하고 정하여진 교육을 받을 것
4. 「교통안전법」 제56조에 따른 교통안전체험에 관한 연

구 · 교육시설에서 교통안전체험, 화물취급요령 및 화물자동차 운수사업법령 등에 관하여 국토교통부장관이 실시하는 이론 및 실기 교육을 이수할 것
(2013.3.23 1호~4호개정)
② 국토교통부장관은 제1항에 따른 요건을 갖춘 자에게 화물자동차 운수사업의 운전업무에 종사할 수 있음을 표시하는 자격증(이하 "화물운송 종사자격증"이라 한다)을 내주어야 한다.(2013.3.23 본항개정)
③ 제2항에 따라 화물운송 종사자격증을 받은 사람은 다른 사람에게 그 자격증을 빌려주어서는 아니 된다.
(2021.4.13 본항신설)
④ 누구든지 다른 사람의 화물운송 종사자격증을 빌려서는 아니 된다.(2021.4.13 본항신설)
⑤ 누구든지 제3항 또는 제4항에서 금지한 행위를 알선하여서는 아니 된다.(2021.4.13 본항신설)
⑥ 제1항과 제2항에 따른 시험 · 교육 · 자격증의 교부 등에 필요한 사항은 국토교통부령으로 정한다.
(2013.3.23 본항개정)
(2021.4.13 본조제목개정)

제9조【결격사유】 다음 각 호의 어느 하나에 해당하는 자는 제8조에 따른 화물운송 종사자격을 취득할 수 없다.
1. 제4조제3호 또는 제4호에 해당하는 자(2020.4.7 본호개정)
2. 제23조제1항(제7호는 제외한다)에 따라 화물운송 종사자격이 취소(화물운송 종사자격을 취득한 자가 제4조제1호에 해당하여 제23조제1항제1호에 따라 허가가 취소된 경우는 제외한다)된 날부터 2년이 지나지 아니한 자(2015.6.22 본호개정)
3. 제8조제1항제3호에 따른 시험일 전 또는 같은 항 제4호에 따른 교육일 전 5년간 다음 각 목의 어느 하나에 해당하는 사람(2017.1.17 본문개정)
   가. 「도로교통법」 제93조제1항제1호부터 제4호까지에 해당하여 운전면허가 취소된 사람
   나. 「도로교통법」 제43조를 위반하여 운전면허를 받지 아니하거나 운전면허의 효력이 정지된 상태로 같은 법 제2조제21호에 따른 자동차등을 운전하여 벌금형 이상의 형을 선고받거나 같은 법 제93조제1항제19호에 따라 운전면허가 취소된 사람
   다. 운전 중 고의 또는 과실로 3명 이상이 사망(사고발생일부터 30일 이내에 사망한 경우를 포함한다)하거나 20명 이상의 사상자가 발생한 교통사고를 일으켜 「도로교통법」 제93조제1항제10호에 따라 운전면허가 취소된 사람
   (2017.1.17 가목~다목신설)
4. 제8조제1항제3호에 따른 시험일 전 또는 같은 항 제4호에 따른 교육일 전 3년간 「도로교통법」 제93조제1항제5호 및 제5호의2에 해당하여 운전면허가 취소된 사람
(2017.1.17 본호신설)

제9조의2【화물자동차 운수사업의 운전업무 종사의 제한】 ① 다음 각 호의 어느 하나에 해당하는 사람은 제8조에 따른 화물운송 종사자격의 취득에도 불구하고 「생활물류서비스산업발전법」 제2조제3호가목에 따른 택배서비스사업의 운전업무에는 종사할 수 없다.(2021.1.26 본문개정)
1. 다음 각 목의 어느 하나에 해당하는 죄를 범하여 금고(禁錮) 이상의 실형을 선고받고 그 집행이 끝나거나(집행이 끝난 것으로 보는 경우를 포함한다) 면제된 날부터 최대 20년의 범위에서 범죄의 종류, 죄질, 형기의 장단 및 재범위험성 등을 고려하여 대통령령으로 정하는 기간이 지나지 아니한 사람
   가. 「특정강력범죄의 처벌에 관한 특례법」 제2조제1항 각 호에 따른 죄
   나. 「특정범죄 가중처벌 등에 관한 법률」 제5조의2, 제5조의4, 제5조의5, 제5조의9 및 제11조에 따른 죄
   다. 「마약류 관리에 관한 법률」에 따른 죄
   라. 「성폭력범죄의 처벌 등에 관한 특례법」 제2조제1항제2호부터 제4호까지, 제3조부터 제9조까지 및 제15조(제14조의 미수범은 제외한다)에 따른 죄
   마. 「아동 · 청소년의 성보호에 관한 법률」 제2조제2호에 따른 죄
2. 제1호에 따른 죄를 범하여 금고 이상의 형의 집행유예를 선고받고 그 유예기간 중에 있는 사람
② 국토교통부장관 또는 시 · 도지사는 제1항에 따른 범죄경력을 확인하기 위하여 필요한 정보에 한정하여 경찰청장에게 범죄경력자료의 조회를 요청할 수 있다.
(2018.8.14 본조신설)

제10조【화물자동차 운전자 채용 기록의 관리】 ① 운송사업자는 화물자동차의 운전자를 채용할 때에는 근무기간 등 운전경력증명서의 발급을 위하여 필요한 사항을 기록 · 관리하여야 한다.
② 제48조 및 제50조에 따라 설립된 협회 및 연합회(이하 "사업자단체"라 한다)는 제1항에 따른 근무기간 등을 기록 · 관리하는 일 등에 필요한 업무를 국토교통부령으로 정하는 바에 따라 행할 수 있다.(2013.3.23 본항개정)

제10조의2【화물자동차 운전자의 교통안전 기록 · 관리】 ① 국토교통부장관은 화물자동차의 안전운전을 확보하기 위하여 화물자동차 운전자의 교통사고, 교통법규 위반사항 및 제9조의2제1항에 따른 범죄경력을 기록 · 관리하여야 한다. 이 경우 국토교통부장관은 경찰청장에게 필요한 자료의 제공 등 협조를 요청할 수 있다.(2018.8.14 전단개정)
② 제1항에 따라 협조요청을 받은 경찰청장은 특별한 사정이 없으면 그 요청에 따라야 한다.
③ 국토교통부장관은 국토교통부령으로 정하는 화물자동차 운전자의 인명사상사고 및 교통법규 위반사항에 대하여는 해당 시 · 도지사 및 사업자단체에 그 내용을 제공하여야 한다. 다만, 제9조의2제1항에 따른 범죄경력에 대하여는 필요한 경우에 한정하여 시 · 도지사에게 그 내용을 제공할 수 있다.(2020.6.9 본문개정)
④ 국토교통부장관은 제1항에 따른 기록 · 관리를 위하여 사업자단체 또는 운송사업자에게 제10조에 따라 기록 · 관리하는 자료를 요청할 수 있다. 이 경우 사업자단체 또는 운송사업자는 특별한 사유가 없으면 지체 없이 자료를 제공하여야 한다.(2013.3.23 전단개정)
(2011.9.16 본조신설)

제11조【운송사업자의 준수사항】 ① 운송사업자는 허가받은 사항의 범위에서 사업을 성실하게 수행하여야 하며, 부당한 운송조건을 제시하거나 정당한 사유 없이 운송계약의 인수를 거부하거나 그 밖에 화물운송 질서를 현저하게 해치는 행위를 하여서는 아니 된다.
② 운송사업자는 화물자동차 운전자의 과로를 방지하고 안전운행을 확보하기 위하여 운전자를 과도하게 승차근무하게 하여서는 아니 된다.
③ 운송사업자는 제2조제3호 후단에 따른 화물의 기준에 맞지 아니하는 화물을 운송하여서는 아니 된다.
④ 운송사업자는 고장 및 사고차량 등 화물의 운송과 관련하여 「자동차관리법」에 따른 자동차관리사업자(이하 "자동차관리사업자"라 한다)와 부정한 금품을 주고받아서는 아니 된다.(2016.1.19 본항개정)
⑤ 운송사업자는 해당 화물자동차 운송사업에 종사하는 운수종사자가 제12조에 따른 준수사항을 성실히 이행하도록 지도 · 감독하여야 한다.
⑥ 운송사업자는 화물운송의 대가로 받은 운임 및 요금의 전부 또는 일부에 해당하는 금액을 부당하게 화주, 다른 운송사업자 또는 화물자동차 운송주선사업을 경영하는 자에게 되돌려주는 행위를 하여서는 아니 된다.
⑦ 운송사업자는 택시(「여객자동차 운수사업법」 제3조제1항제2호에 따른 구역 여객자동차운송사업에 사용되는 승용자동차를 말한다. 이하 같다) 요금미터기의 장착 등 국토교통부령으로 정하는 택시 유사표시행위를 하여서는 아니 된다.(2013.7.16 본항신설)
⑧ 운송사업자는 운임 및 요금과 운송약관을 영업소 또는 화물자동차에 갖추어 두고 이용자가 요구하면 이를 내보여야 한다.
⑨~⑫ (2018.4.17 삭제)
⑬ 위 · 수탁차주나 개인 운송사업자에게 화물운송을 위탁한 운송사업자는 해당 위 · 수탁차주나 개인 운송사업자가 요구하면 화물적재요청자와 화물의 종류 · 중량 및 운임 등 국토교통부령으로 정하는 사항을 적은 화물위탁증을 내주어야 한다. 다만, 운송사업자가 최대 적재량 1.5톤 이상의 「자동차관리법」에 따른 화물자동차를 소유한 위 · 수탁차주나 개인 운송사업자에게 화물운송을 위탁하는 경우 국토교통부령으로 정하는 화물을 제외하고는 화물위탁증을 발급하여야 하며, 위 · 수탁차주나 개인 운송사업자는 화물위탁증을 수령하여야 한다.(2018.4.17 본항개정)
⑭ 운송사업자는 제16조제1항에 따라 화물자동차 운송사업을 양도 · 양수하는 경우에는 양도 · 양수에 소요되는 비용을 위 · 수탁차주에게 부담시켜서는 아니 된다.
(2014.5.28 본항신설)
⑮ 운송사업자는 위 · 수탁차주가 현물출자한 차량을 위 · 수탁차주의 동의 없이 타인에게 매도하거나 저당권을 설정하여서는 아니 된다. 다만, 보험료 납부, 차량 할부금 상환 등 위 · 수탁차주가 이행하여야 하는 차량관리 의무의 해태로 인하여 운송사업자의 채무가 발생하였을 경우에는 위 · 수탁차주에게 저당권을 설정한다는 사실을 사전에 통지하고 그 채무액을 넘지 아니하는 범위에서 저당권을 설정할 수 있다.(2014.5.28 본항신설)
⑯ 운송사업자는 제40조제3항에 따른 위 · 수탁계약으로 차량을 현물출자 받은 경우에는 위 · 수탁차주를 「자동차관리법」에 따른 자동차등록원부에 현물출자자로 기재하여야 한다.(2014.5.28 본항신설)
⑰ 운송사업자는 위 · 수탁차주가 다른 운송사업자와 동시에 1년 이상의 운송계약을 체결하는 것을 제한하거나 이를 이유로 불이익을 주어서는 아니 된다.(2014.5.28 본항신설)
⑱ 운송사업자는 제11조의2에 따라 화물운송을 위탁하는 경우 「도로법」 제77조 또는 「도로교통법」 제39조에 따른 기준을 위반하는 화물의 운송을 위탁하여서는 아니 된다.(2015.6.22 본항신설)
⑲ 운송사업자는 제11조의2제5항에 따라 운송가맹사업자의 화물정보망이나 「물류정책기본법」 제38조에 따라 인증 받은 화물정보망을 이용하여 위탁 받은 물량을 재위탁하는 등 화물운송질서를 문란하게 하는 행위를 하여서는 아니 된다.(2015.12.29 본항신설)
⑳ 운송사업자는 적재된 화물이 떨어지지 아니하도록 국토교통부령으로 정하는 기준 및 방법에 따라 덮개 · 포장 · 고정장치 등 필요한 조치를 하여야 한다.(2017.11.28 본항신설)
㉑ 제3조제7항제1호다목에 따라 같은 조 제1항의 허가 또는 같은 조 제3항의 변경허가를 받은 운송사업자는 허가 또는 변경허가의 조건을 위반하여 다른 사람에게 차량이나 그 경영을 위탁하여서는 아니 된다.(2018.3.20 본항신설)
㉒ 운송사업자는 제59조제1항에 따라 화물자동차의 운전업무에 종사하는 운수종사자가 교육을 받는 데에 필요한 조치를 하여야 하며, 그 교육을 받지 아니한 화물자동차의 운전업무에 종사하는 운수종사자를 화물자동차 운수사업에 종사하게 하여서는 아니 된다.(2018.8.14 본항신설)
㉓ 운송사업자는 「자동차관리법」 제35조를 위반하여 전기 · 전자장치(최고속도제한장치에 한정한다)를 무단으로 해체하거나 조작해서는 아니 된다.(2018.8.14 본항신설)
㉔ 국토교통부장관은 제1항부터 제23항까지의 준수사항 외에 다음 각 호의 사항을 국토교통부령으로 정할 수 있다.
(2018.8.14 본문개정)
1. 화물자동차 운송사업의 차고지 이용과 운송시설에 관한 사항(2011.6.15 본호개정)
2. 그 밖에 수송의 안전과 화주의 편의를 도모하기 위하여 운송사업자가 지켜야 할 사항

제11조의2【운송사업자의 직접운송 의무 등】 ① 국토교통부령으로 정하는 운송사업자는 화주와 운송계약을 체결한 화물에 대하여 국토교통부령으로 정하는 비율 이상을 해당 운송사업자에게 소속된 차량으로 직접 운송하여야 한다. 다만, 국토교통부령으로 정하는 차량으로 운송하는 경우에는 이를 직접 운송한 것으로 본다.
(2013.3.23 본항개정)
② 운송사업자는 제1항에 따라 직접 운송하는 화물 이외의 화물에 대하여 다음 각 호의 자 외의 자에게 운송을 위탁하여서는 아니 된다.
1. 다른 운송사업자
2. 다른 운송사업자에게 소속된 위 · 수탁차주
③ 다른 운송사업자나 운송주선사업자로부터 화물운송을 위탁받은 운송사업자와 운송가맹사업자로부터 화물운송을 위탁받은 운송사업자(운송가맹점인 운송사업자만 해당한다)는 해당 운송사업자에게 소속된 차량으로 직접 화물을 운송하여야 한다. 다만, 다른 운송사업자나 운송주선사업자로부터 화물운송을 위탁받은 운송사업자가 제1항 단서에 따른 국토교통부령으로 정하는 차량으로 운송하는 경우에는 이를 직접 운송한 것으로 본다.
(2014.5.28 단서신설)
④ 운송사업자가 운송주선사업을 동시에 영위하는 경우에도 제1항 본문에 따른 직접운송 규정을 적용한다.
⑤ 운송사업자(제3항에 따른 다른 운송사업자나 운송주선사업자로부터 화물운송을 위탁받은 운송사업자를 포함한다)가 국토교통부령으로 정하는 바에 따라 운송가맹사업자의 화물정보망이나 「물류정책기본법」 제38조에 따라 인증 받은 화물정보망을 이용하여 운송을 위탁하면 직접 운송한 것으로 본다.(2015.6.22 본항개정)
(2011.6.15 본조신설)

제11조의3 (2017.3.21 삭제)

제12조【운수종사자의 준수사항】 ① 화물자동차 운송사업에 종사하는 운수종사자는 다음 각 호의 어느 하나에 해당하는 행위를 하여서는 아니 된다.
1. 정당한 사유 없이 화물을 중도에서 내리게 하는 행위
2. 정당한 사유 없이 화물의 운송을 거부하는 행위
3. 부당한 운임 또는 요금을 요구하거나 받는 행위
4. 고장 및 사고차량 등 화물의 운송과 관련하여 자동차관리사업자와 부정한 금품을 주고받는 행위(2016.1.19 본호개정)
5. 일정한 장소에 오랜 시간 정차하여 화주를 호객(呼客)하는 행위(2011.6.15 본호신설)
6. 문을 완전히 닫지 아니한 상태에서 자동차를 출발시키거나 운행하는 행위(2011.6.15 본호신설)
7. 택시 요금미터기의 장착 등 국토교통부령으로 정하는 택시 유사표시행위(2013.7.16 본호신설)
8. 제11조제20항에 따른 조치를 하지 아니하고 화물자동차를 운행하는 행위(2017.11.28 본호신설)
9. 「자동차관리법」 제35조를 위반하여 전기 · 전자장치(최고속도제한장치에 한정한다)를 무단으로 해체하거나 조작하는 행위(2018.8.14 본호신설)
② 국토교통부장관은 제1항에 따른 준수사항 외에 안전운행을 확보하고 화주의 편의를 도모하기 위하여 운수종사자가 지켜야 할 사항을 국토교통부령으로 정할 수 있다.
(2013.3.23 본항개정)

제12조의2【운행 중인 화물자동차에 대한 조사 등】 ① 국토교통부장관은 공공의 안전 유지 및 교통사고의 예방을 위하여 필요하다고 인정되는 경우에는 다음 각 호의 사항을 확인하기 위하여 관계 공무원, 「자동차관리법」 제73조의2제1항에 따른 자동차안전단속원 또는 「도로법」 제77조제4항에 따른 운행제한단속원(이하 이 조에서 "관계공무원등"이라 한다)에게 운행 중인 화물자동차를 조사하게 할 수 있다.
1. 제11조제20항 또는 제12조제1항제8호를 위반하여 덮개 · 포장 · 고정장치 등 필요한 조치를 하지 아니하였는지 여부
2. 제11조제23항 또는 제12조제1항제9호를 위반하여 전기 · 전자장치(최고속도제한장치에 한정한다)를 무단으로 해체하거나 조작했는지 여부
② 운행 중인 화물자동차를 소유한 운송사업자 또는 해당 차량을 운전하는 운수종사자는 정당한 사유 없이 제1항에 따른 조사를 거부 · 방해 또는 기피하여서는 아니 된다.

③ 제1항에 따라 조사를 하는 관계공무원등은 그 권한을 표시하는 증표를 지니고 이를 운행 중인 화물자동차를 소유한 운송사업자 또는 해당 차량을 운전하는 운수종사자에게 보여주어야 한다.
④ 그 밖에 제1항에 따른 조사에 필요한 사항은 국토교통부령으로 정한다.
(2021.7.27 본조신설)

제13조【개선명령】 국토교통부장관은 안전운행을 확보하고, 운송 질서를 확립하며, 화주의 편의를 도모하기 위하여 필요하다고 인정되면 운송사업자에게 다음 각 호의 사항을 명할 수 있다.(2013.3.23 본문개정)
1. 운송약관의 변경
2. 화물자동차의 구조변경 및 운송시설의 개선
3. 화물의 안전운송을 위한 조치
4. 제35조에 따른 적재물배상보험등의 가입과 「자동차손해배상 보장법」에 따라 운송사업자가 의무적으로 가입하여야 하는 보험·공제에 가입
5. 제40조제3항에 따른 위·수탁계약에 따라 운송사업자 명의로 등록된 차량의 자동차등록번호판이 훼손 또는 분실된 경우 위·수탁차주의 요청을 받은 즉시 「자동차관리법」 제10조제3항에 따른 등록번호판의 부착 및 봉인을 신청하는 등 운행이 가능하도록 조치
6. 제40조제3항에 따른 위·수탁계약에 따라 운송사업자 명의로 등록된 차량의 노후, 교통사고 등으로 대폐차가 필요한 경우 위·수탁차주의 요청을 받은 즉시 운송사업자가 대폐차 신고 등 절차를 진행하도록 조치
7. 제40조제3항에 따른 위·수탁계약에 따라 운송사업자 명의로 등록된 차량의 사용본거지를 다른 시·도로 변경하는 경우 즉시 자동차등록번호판의 교체 및 봉인을 신청하는 등 운행이 가능하도록 조치
(2014.5.28 5호~7호신설)
8. 그 밖에 화물자동차 운송사업의 개선을 위하여 필요한 사항으로 대통령령으로 정하는 사항

제14조【업무개시 명령】 ① 국토교통부장관은 운송사업자나 운수종사자가 정당한 사유 없이 집단으로 화물운송을 거부하여 화물운송에 커다란 지장을 주어 국가경제에 매우 심각한 위기를 초래하거나 초래할 우려가 있다고 인정할 만한 상당한 이유가 있으면 그 운송사업자 또는 운수종사자에게 업무개시를 명할 수 있다.(2013.3.23 본항개정)
② 국토교통부장관은 제1항에 따라 운송사업자 또는 운수종사자에게 업무개시를 명하려면 국무회의의 심의를 거쳐야 한다.(2013.3.23 본항개정)
③ 국토교통부장관은 제1항에 따라 업무개시를 명한 때에는 구체적 이유 및 향후 대책을 국회 소관 상임위원회에 보고하여야 한다.(2013.5.22 본항신설)
④ 운송사업자 또는 운수종사자는 정당한 사유 없이 제1항에 따른 명령을 거부할 수 없다.

제15조~제15조의2 (2015.6.22 삭제)

제16조【화물자동차 운송사업의 양도와 양수 등】 ① 화물자동차 운송사업을 양도·양수하려는 경우에는 국토교통부령으로 정하는 바에 따라 양수인은 국토교통부장관에게 신고하여야 한다.(2013.3.23 본항개정)
② 운송사업자인 법인이 서로 합병하려는 경우(운송사업자인 법인이 운송사업자가 아닌 법인을 흡수 합병하는 경우는 제외한다)에는 국토교통부령으로 정하는 바에 따라 합병으로 존속하거나 신설되는 법인은 국토교통부장관에게 신고하여야 한다.(2013.3.23 본항개정)
③ 국토교통부장관은 제1항 또는 제2항에 따른 신고를 받은 날부터 5일 이내에 신고수리 여부를 신고인에게 통지하여야 한다.(2017.3.21 본항신설)
④ 국토교통부장관이 제3항에서 정한 기간 내에 신고수리 여부 또는 민원 처리 관련 법령에 따른 처리기간의 연장 여부를 신고인에게 통지하지 아니하면 그 기간이 끝난 날의 다음 날에 신고를 수리한 것으로 본다.
(2017.3.21 본항신설)
⑤ 국토교통부장관은 화물자동차의 지역 간 수급균형과 화물운송시장의 안정과 질서유지를 위하여 국토교통부령으로 정하는 바에 따라 제1항과 제2항에 따른 화물자동차 운송사업의 양도·양수와 합병을 제한할 수 있다.
(2013.3.23 본항개정)
⑥ 제1항 또는 제2항에 따른 신고가 있으면 화물자동차 운송사업을 양수한 자는 화물자동차 운송사업을 양도한 자의 운송사업자로서의 지위를 승계(承繼)하며, 합병으로 설립되거나 존속되는 법인은 합병으로 소멸되는 법인의 운송사업자로서의 지위를 승계한다.
⑦ 제1항 또는 제2항의 양수인, 합병으로 존속하거나 신설되는 법인의 결격사유에 관하여는 제4조를 준용한다.
⑧ 제1항 또는 제2항에 따른 신고가 있으면 화물자동차 운송사업을 양도한 자와 위·수탁계약을 체결한 위·수탁차주는 그 동일한 내용의 위·수탁계약을 화물자동차 운송사업을 양수한 자와 체결한 것으로 보며, 합병으로 소멸되는 법인과 위·수탁계약을 체결한 위·수탁차주는 그 동일한 내용의 위·수탁계약을 합병으로 존속하거나 신설되는 법인과 체결한 것으로 본다.(2014.5.28 본항신설)
⑨ 다음 각 호의 어느 하나에 해당하는 운송사업자는 그 사업을 양도할 수 없다.(2018.3.20 본문개정)
1. 제3조제7항제1호나목에 따라 같은 조 제1항의 허가를 받은 운송사업자
2. 제3조제7항제1호다목에 따라 같은 조 제1항의 허가 또는 같은 조 제3항에 따른 변경허가를 받은 운송사업자
(2018.3.20 1호~2호신설)

제17조【화물자동차 운송사업의 상속】 ① 운송사업자가 사망한 경우 상속인이 그 화물자동차 운송사업을 계속하려면 피상속인이 사망한 후 90일 이내에 국토교통부장관에게 신고하여야 한다.(2013.7.16 본항개정)
② 국토교통부장관은 제1항에 따른 신고를 받은 날부터 5일 이내에 신고수리 여부를 신고인에게 통지하여야 한다.(2017.3.21 본항신설)
③ 국토교통부장관이 제2항에서 정한 기간 내에 신고수리 여부 또는 민원 처리 관련 법령에 따른 처리기간의 연장 여부를 신고인에게 통지하지 아니하면 그 기간이 끝난 날의 다음 날에 신고를 수리한 것으로 본다.
(2017.3.21 본항신설)
④ 상속인이 제1항의 신고를 하면 피상속인이 사망한 날부터 신고한 날까지 피상속인에 대한 화물자동차 운송사업의 허가는 상속인에 대한 허가로 본다.
⑤ 제1항에 따라 신고한 상속인은 피상속인의 운송사업자로서의 지위를 승계한다.
⑥ 제1항의 상속인의 결격사유에 관하여는 제4조를 준용한다. 다만, 상속인이 피상속인의 사망일부터 3개월 이내에 그 화물자동차 운송사업을 다른 사람에게 양도하면 피상속인의 사망일부터 양도일까지 피상속인에 대한 화물자동차 운송사업의 허가는 상속인에 대한 허가로 본다.

제18조【화물자동차 운송사업의 휴업 및 폐업 신고】 ① 운송사업자가 화물자동차 운송사업의 전부 또는 일부를 휴업하거나 화물자동차 운송사업의 전부를 폐업하려면 국토교통부령으로 정하는 바에 따라 미리 국토교통부장관에게 신고하여야 한다.(2013.3.23 본항개정)
② 제1항에 따른 신고가 신고서의 기재사항 및 첨부서류에 흠이 없고, 법령 등에 규정된 형식상의 요건을 충족하는 경우에는 신고서가 접수기관에 도달된 때에 신고 의무가 이행된 것으로 본다.(2017.3.21 본항신설)
③ 운송사업자가 화물자동차 운송사업의 전부 또는 일부를 휴업하거나 화물자동차 운송사업의 전부를 폐업하려면 미리 그 취지를 영업소나 그 밖에 일반 공중(公衆)이 보기 쉬운 곳에 게시하여야 한다.

제19조【화물자동차 운송사업의 허가취소 등】 ① 국토교통부장관은 운송사업자가 다음 각 호의 어느 하나에 해당하면 그 허가를 취소하거나 6개월 이내의 기간을 정하여 그 사업의 전부 또는 일부의 정지를 명령하거나 감차 조치를 명할 수 있다. 다만, 제1호·제5호 또는 제13호의 경우에는 그 허가를 취소하여야 한다.(2014.3.18 단서개정)
1. 부정한 방법으로 제3조제1항에 따른 허가를 받은 경우
1의2. 허가를 받은 후 6개월간의 운송실적이 국토교통부령으로 정하는 기준에 미달한 경우(2013.3.23 본호개정)
2. 부정한 방법으로 제3조제3항에 따른 변경허가를 받거나, 변경허가를 받지 아니하고 허가사항을 변경한 경우
(2011.6.15 본호개정)
3. 제3조제7항에 따른 기준을 충족하지 못하게 된 경우
4. 제3조제9항에 따른 신고를 하지 아니하였거나 거짓으로 신고한 경우
4의2. 화물자동차 소유 대수가 2대 이상인 운송사업자가 제3조제11항에 따른 영업소 설치 허가를 받지 아니하고 주사무소 외의 장소에서 상주하여 영업한 경우
4의3. 제3조제14항에 따른 조건 또는 기한을 위반한 경우
(2017.3.21 3호~4호의3개정)
5. 제4조 각 호의 어느 하나에 해당하게 된 경우. 다만, 법인의 임원 중 제4조 각 호의 어느 하나에 해당하는 자가 있는 경우에 3개월 이내에 그 임원을 개임(改任)하면 허가를 취소하지 아니한다.
6. 화물운송 종사자격이 없는 자에게 화물을 운송하게 한 경우
7. 제11조에 따른 준수사항을 위반한 경우(2015.1.6 본호개정)
7의2. 제11조의2에 따른 직접운송 의무 등을 위반한 경우
(2011.6.15 본호신설)
7의3. (2017.3.21 삭제)
7의4. 1대의 화물자동차를 본인이 직접 운전하는 운송사업자, 운송사업자가 채용한 운수종사자 또는 위·수탁차주가 제12조제1항제5호를 위반하여 제70조에 따른 과태료 처분을 1년 동안 3회 이상 받은 경우(2011.6.15 본호신설)
8. 정당한 사유 없이 제13조에 따른 개선명령을 이행하지 아니한 경우
9. 정당한 사유 없이 제14조에 따른 업무개시 명령을 이행하지 아니한 경우
9의2. 제16조제9항을 위반하여 사업을 양도한 경우
(2017.3.21 본호개정)
10. 이 조에 따른 사업정지처분 또는 감차 조치 명령을 위반한 경우
11. 중대한 교통사고 또는 빈번한 교통사고로 1명 이상의 사상자를 발생하게 한 경우(2014.3.18 본호개정)
12. 제44조의2제1항에 따라 보조금의 지급이 정지된 자가 그 날부터 5년 이내에 다시 같은 항 각 호의 어느 하나에 해당하게 된 경우(2011.6.15 본호개정)
12의2. 제47조의2제1항에 따른 신고를 하지 아니하였거나 거짓으로 신고한 경우(2011.6.15 본호신설)
12의3. 제47조의2제2항에 따른 기준을 충족하지 못하게 된 경우(2011.6.15 본호신설)
13. 화물자동차 교통사고와 관련하여 거짓이나 그 밖의 부정한 방법으로 보험금을 청구하여 금고 이상의 형을 선고받고 그 형이 확정된 경우(2014.3.18 본호신설)
14. 대통령령으로 정하는 연한 이상의 화물자동차를 「자동차관리법」 제43조제1항제2호에 따른 정기검사 또는 같은 법 제43조의2에 따른 자동차종합검사를 받지 아니한 상태로 운행하거나 운행하게 한 경우(2021.4.13 본호신설)
② 제1항제11호에 따른 중대한 교통사고와 빈번한 교통사고의 범위는 대통령령으로 정한다.
③ 제1항에 따른 허가취소·사업정지 처분 또는 감차 조치 명령의 기준과 절차, 그 밖에 필요한 사항은 대통령령으로 정한다.
(2014.3.18 본조제목개정)

제20조【자동차 사용의 정지】 ① 운송사업자는 다음 각 호의 어느 하나에 해당하면 해당 화물자동차의 자동차등록증과 자동차등록번호판을 국토교통부장관에게 반납하여야 한다.(2013.3.23 본문개정)
1. 제18조제1항에 따라 화물자동차 운송사업의 휴업·폐업신고를 한 경우
2. 제19조제1항에 따라 허가취소 또는 사업정지처분을 받은 경우
3. 감차를 목적으로 허가사항을 변경한 경우(제19조제1항에 따른 감차 조치 명령에 따른 경우를 포함한다)
4. 제3조제12항에 따른 임시허가 기간이 만료된 경우
(2017.3.21 본호개정)
② 국토교통부장관은 다음 각 호의 어느 하나에 해당하면 제1항에 따라 반납받은 자동차등록증과 자동차등록번호판을 해당 운송사업자에게 되돌려 주어야 한다.
(2013.3.23 본문개정)
1. 제18조제1항에 따라 신고한 휴업기간이 끝난 때
2. 제19조제1항에 따른 사업정지기간이 끝난 때
③ 제2항에 따라 자동차등록번호판을 되돌려 받은 운송사업자는 이를 해당 화물자동차에 달고 시·도지사의 봉인(封印)을 받아야 한다.

제21조【과징금의 부과】 ① 국토교통부장관은 운송사업자가 제19조제1항 각 호의 어느 하나에 해당하여 사업정지처분을 하여야 하는 경우로서 그 사업정지처분이 해당 화물자동차 운송사업의 이용자에게 심한 불편을 주거나 그 밖에 공익을 해칠 우려가 있으면 대통령령으로 정하는 바에 따라 사업정지처분을 갈음하여 2천만원 이하의 과징금을 부과·징수할 수 있다.(2013.3.23 본항개정)
② 제1항에 따라 과징금을 부과하는 위반행위의 종류·정도 등에 따른 과징금의 금액과 그 밖에 필요한 사항은 대통령령으로 정한다.
③ 국토교통부장관은 제1항에 따라 과징금 부과처분을 받은 자가 과징금을 정한 기한에 내지 아니하면 국세 체납처분의 예에 따라 징수한다.(2013.3.23 본항개정)
④ 제1항에 따라 징수한 과징금은 다음 각 호 외의 용도로는 사용(보조 또는 융자를 포함한다)할 수 없다.
1. 화물 터미널의 건설과 확충
2. 공동차고지(사업자단체, 운송사업자 또는 운송가맹사업자가 운송사업자 또는 운송가맹사업자에게 공동으로 제공하기 위하여 설치하거나 임차한 차고지를 말한다. 이하 같다)의 건설과 확충
3. 경영개선이나 그 밖에 화물에 대한 정보 제공사업 등 화물자동차 운수사업의 발전을 위하여 필요한 사업
4. 제60조의2제1항에 따른 신고포상금의 지급(2011.6.15 본호신설)
⑤ 국토교통부장관은 국토교통부령으로 정하는 바에 따라 과징금으로 징수한 금액의 운용계획을 수립·시행하여야 한다.(2013.3.23 본항개정)

제22조【청문】 국토교통부장관은 다음 각 호의 어느 하나에 해당하는 처분을 하려면 청문을 하여야 한다.
(2013.3.23 본문개정)
1. (2015.6.22 삭제)
2. 제19조제1항에 따른 화물자동차 운송사업의 허가 취소
3. 제23조제1항(같은 항 제7호의 사유에 따른 취소는 제외한다)에 따른 화물운송 종사자격의 취소(2021.4.13 본호신설)
4. 제27조에 따른 화물자동차 운송주선사업의 허가 취소
5. 제32조에 따른 화물자동차 운송가맹사업의 허가 취소
(2011.6.15 본조개정)

제23조【화물운송 종사자격의 취소】 ① 국토교통부장관은 화물운송 종사자격을 취득한 자가 다음 각 호의 어느 하나에 해당하면 그 자격을 취소하거나 6개월 이내의 기간을 정하여 그 자격의 효력을 정지시킬 수 있다. 다만, 제1호·제2호·제5호·제6호·제7호·제9호 및 제10호의 경우에는 그 자격을 취소하여야 한다.(2018.8.14 단서개정)
1. 제9조제1호에서 준용하는 제4조 각 호의 어느 하나에 해당하게 된 경우
2. 거짓이나 그 밖의 부정한 방법으로 화물운송 종사자격을 취득한 경우
3. 제14조제4항을 위반한 경우(2013.5.22 본호개정)
4. 화물운송 중에 고의나 과실로 교통사고를 일으켜 사람을 사망하게 하거나 다치게 한 경우
5. 제8조제3항을 위반하여 화물운송 종사자격증을 다른 사람에게 빌려준 경우(2021.4.13 본호개정)
6. 화물운송 종사자격 정지기간 중에 화물자동차 운수사업의 운전 업무에 종사한 경우

7. 화물자동차를 운전할 수 있는 「도로교통법」에 따른 운전면허가 취소된 경우
7의2. 「도로교통법」 제46조의3을 위반하여 같은 법 제93조제1항제5호의2에 따라 화물자동차를 운전할 수 있는 운전면허가 정지된 경우(2017.8.9 본호신설)
8. 제12조제1항제3호·제7호 및 제9호를 위반한 경우(2018.8.14 본호개정)
9. 화물자동차 교통사고와 관련하여 거짓이나 그 밖의 부정한 방법으로 보험금을 청구하여 금고 이상의 형을 선고받고 그 형이 확정된 경우(2014.3.18 본호신설)
10. 제9조의2제1항을 위반한 경우(2018.8.14 본호신설)
② 제1항에 따른 처분의 기준 및 절차에 필요한 사항은 국토교통부령으로 정한다.(2013.3.23 본항개정)
③ (2021.4.13 삭제)

제3장 화물자동차 운송주선사업

제24조【화물자동차 운송주선사업의 허가 등】 ① 화물자동차 운송주선사업을 경영하려는 자는 국토교통부령으로 정하는 바에 따라 국토교통부장관의 허가를 받아야 한다. 다만, 제29조제1항에 따라 화물자동차 운송가맹사업의 허가를 받은 자는 허가를 받지 아니한다.(2013.3.23 본문개정)
② 제1항 본문에 따라 화물자동차 운송주선사업의 허가를 받은 자(이하 "운송주선사업자"라 한다)가 허가사항을 변경하려면 국토교통부령으로 정하는 바에 따라 국토교통부장관에게 신고하여야 한다.(2013.3.23 본항개정)
③ 국토교통부장관은 제2항에 따른 변경신고를 받은 날부터 5일 이내에 신고수리 여부를 신고인에게 통지하여야 한다.(2017.3.21 본항신설)
④ 국토교통부장관이 제3항에서 정한 기간 내에 신고수리 여부 또는 민원 처리 관련 법령에 따른 처리기간의 연장 여부를 신고인에게 통지하지 아니하면 그 기간이 끝난 날의 다음 날에 신고를 수리한 것으로 본다.(2017.3.21 본항신설)
⑤ (2018.4.17 삭제)
⑥ 제1항에 따른 화물자동차 운송주선사업의 허가기준은 다음과 같다.
1. 국토교통부장관이 화물의 운송주선 수요를 고려하여 고시하는 공급기준에 맞을 것(2020.6.9 본호개정)
2. 사무실의 면적 등 국토교통부령으로 정하는 기준에 맞을 것(2018.4.17 본호개정)
⑦ 운송주선사업자의 허가기준에 관한 사항의 신고에 관하여는 제3조제9항을 준용한다.(2017.3.21 본항개정)
⑧ 운송주선사업자는 주사무소 외의 장소에서 상주하여 영업하려면 국토교통부령으로 정하는 바에 따라 국토교통부장관의 허가를 받아 영업소를 설치하여야 한다.(2014.3.18 본항신설)
제25조【운송주선사업자의 명의이용 금지】 운송주선사업자는 자기 명의로 다른 사람에게 화물자동차 운송주선사업을 경영하게 할 수 없다.
제26조【운송주선사업자의 준수사항】 ① 운송주선사업자는 자기의 명의로 운송계약을 체결한 화물에 대하여 그 계약금액 중 일부를 제외한 나머지 금액으로 다른 운송주선사업자와 재계약하여 이를 운송하도록 하여서는 아니된다. 다만, 화물운송을 효율적으로 수행할 수 있도록 위·수탁차주나 개인 운송사업자에게 화물운송을 직접 위탁하기 위하여 다른 운송주선사업자에게 중개 또는 대리를 의뢰하는 때에는 그러하지 아니하다.(2018.4.17 단서개정)
② 운송주선사업자는 화주로부터 중개 또는 대리를 의뢰받은 화물에 대하여 다른 운송주선사업자에게 수수료나 그 밖의 대가를 받고 중개 또는 대리를 의뢰하여서는 아니 된다.
③ 운송주선사업자는 제28조에 따라 준용하여 신고하는 운송주선약관에 중개·대리서비스의 수수료 부과 기준 등 국토교통부령으로 정하는 사항을 포함하여야 한다.(2024.1.9 본항신설)
④ 운송주선사업자는 운송사업자에게 화물의 종류·무게 및 부피 등을 거짓으로 통보하거나 「도로법」 제77조 또는 「도로교통법」 제39조에 따른 기준을 위반하는 화물의 운송을 주선하여서는 아니 된다.(2015.6.22 본항개정)
⑤ (2018.4.17 삭제)
⑥ 운송주선사업자가 운송가맹사업자에게 화물의 운송을 주선하는 행위는 제1항 및 제2항에 따른 재계약·중개 또는 대리로 보지 아니한다.
⑦ 제1항부터 제4항까지에서 규정한 사항 외에 화물운송질서의 확립 및 화주의 편의를 위하여 운송주선사업자가 지켜야 할 사항은 국토교통부령으로 정한다.(2024.1.9 본항개정)
제26조의2【국제물류주선업자에 대한 운송주선사업자의 준수사항 등 적용】 「물류정책기본법」 제43조제1항에 따라 국제물류주선업을 등록한 자가 수출입화물의 국내운송을 위하여 화물자동차 운송을 주선하는 때에는 운송주선사업자의 준수사항에 관하여 제26조를 적용한다.(2015.12.29 본조개정)
제27조【화물자동차 운송주선사업의 허가취소 등】 ① 국토교통부장관은 운송주선사업자가 다음 각 호의 어느 하나에 해당하면 그 허가를 취소하거나 6개월 이내의 기간을 정하여 그 사업의 정지를 명할 수 있다. 다만, 제1호·제2호 및 제9호의 경우에는 그 허가를 취소하여야 한다.(2013.3.23 본문개정)
1. 제28조에서 준용하는 제4조 각 호의 어느 하나에 해당하게 된 경우. 다만, 법인의 임원 중 제4조 각 호의 어느 하나에 해당하는 자가 있는 경우 3개월 이내에 그 임원을 개임한 경우에는 취소하지 아니한다.
2. 거짓이나 그 밖의 부정한 방법으로 제24조제1항에 따른 허가를 받은 경우
3. 제24조제6항에 따른 허가기준을 충족하지 못하게 된 경우(2017.3.21 본호개정)
4. 제24조제7항에 따른 신고를 하지 아니하거나 거짓으로 신고한 경우(2017.3.21 본호개정)
4의2. 제24조제8항에 따른 영업소 설치 허가를 받지 아니하고 주사무소 외의 장소에서 상주하여 영업한 경우(2017.3.21 본호개정)
5. 제25조를 위반한 경우
6. 제26조에 따른 준수사항을 위반한 경우
7. 제28조에서 준용하는 제11조(같은 조 제3항·제4항·제7항·제14항부터 제18항까지 및 제20항부터 제24항까지는 제외한다)에 따른 준수사항을 위반한 경우(2018.8.14 본호개정)
7의2. (2017.3.21 삭제)
8. 제28조에서 준용하는 제13조(같은 조 제2호 및 제5호부터 제7호까지는 제외한다)에 따른 개선명령을 이행하지 아니한 경우(2015.6.22 본호개정)
8의2. 제47조의2제1항에 따른 신고를 하지 아니하였거나 거짓으로 신고한 경우(2011.6.15 본호신설)
9. 이 조에 따른 사업정지명령을 위반하여 그 사업정지기간 중에 사업을 한 경우
10. (2015.12.29 삭제)
② 제1항에 따른 허가취소 또는 사업정지처분의 기준·절차, 그 밖에 필요한 사항은 대통령령으로 정한다.
제28조【준용 규정】 화물자동차 운송주선사업에 관하여는 제4조, 제6조, 제7조, 제11조(같은 조 제3항·제4항·제7항·제10항·제14항부터 제18항까지 및 제20항부터 제24항까지는 제외한다), 제12조(같은 조 제1항제4호는 제외한다), 제13조(같은 조 제2호 및 제5호부터 제7호까지는 제외한다), 제16조부터 제18조까지 및 제21조를 준용한다. 이 경우 "운송약관"은 "운송주선약관"으로, "운송사업자"는 "운송주선사업자"로 본다.(2018.8.14 전단개정)

제4장 화물자동차 운송가맹사업 및 화물정보망
(2011.6.15 본장제목개정)

제29조【화물자동차 운송가맹사업의 허가 등】 ① 화물자동차 운송가맹사업을 경영하려는 자는 국토교통부령으로 정하는 바에 따라 국토교통부장관에게 허가를 받아야 한다.(2013.3.23 본항개정)
② 제1항에 따라 허가를 받은 운송가맹사업자는 허가사항을 변경하려면 국토교통부령으로 정하는 바에 따라 국토교통부장관의 변경허가를 받아야 한다. 다만, 대통령령으로 정하는 경미한 사항을 변경하려면 국토교통부령으로 정하는 바에 따라 국토교통부장관에게 신고하여야 한다.(2013.3.23 본항개정)
③ 제1항 및 제2항 본문에 따른 화물자동차 운송가맹사업의 허가 또는 증차를 수반하는 변경허가의 기준은 다음과 같다.
1. 국토교통부장관이 화물의 운송수요를 고려하여 고시하는 공급기준에 맞을 것(2013.3.23 본호개정)
2. 화물자동차의 대수(운송가맹점이 보유하는 화물자동차의 대수를 포함한다), 운송시설, 그 밖에 국토교통부령으로 정하는 기준에 맞을 것(2018.4.17 본호개정)
④ 운송가맹사업자의 허가기준에 관한 사항의 신고에 관하여는 제3조제9항을 준용한다.(2017.3.21 본항개정)
⑤ 운송가맹사업자는 주사무소 외의 장소에서 상주하여 영업하려면 국토교통부령으로 정하는 바에 따라 국토교통부장관의 허가를 받아 영업소를 설치하여야 한다.(2014.3.18 본항신설)
⑥ 국토교통부장관은 제1항, 제2항 또는 제5항에 따른 허가·변경허가의 신청을 받거나 변경신고를 받은 날부터 20일 이내에 허가 또는 신고수리 여부를 신청인에게 통지하여야 한다.(2017.3.21 본항신설)
⑦ 국토교통부장관이 제6항에서 정한 기간 내에 허가 또는 신고수리 여부나 민원 처리 관련 법령에 따른 처리기간의 연장 여부를 신청인에게 통지하지 아니하면 그 기간이 끝난 날의 다음 날에 허가 또는 신고수리를 한 것으로 본다.(2017.3.21 본항신설)
제30조【운송가맹사업자 및 운송가맹점의 역할 등】 ① 운송가맹사업자는 화물자동차 운송가맹사업의 원활한 수행을 위하여 다음 각 호의 사항을 성실히 이행하여야 한다.
1. 운송가맹사업자의 직접운송물량과 운송가맹점의 운송물량의 공정한 배정
2. 효율적인 운송기법의 개발과 보급
3. 화물의 원활한 운송을 위한 화물정보망의 설치·운영(2018.4.17 본호개정)
② 운송가맹점은 화물자동차 운송가맹사업의 원활한 수행을 위하여 다음 각 호의 사항을 성실히 이행하여야 한다.
1. 운송가맹사업자가 정한 기준에 맞는 운송서비스의 제공(운송사업자 및 위·수탁차주인 운송가맹점만 해당된다)(2018.4.17 본호개정)
2. 화물의 원활한 운송을 위한 차량 위치의 통지(운송사업자 및 위·수탁차주인 운송가맹점만 해당된다)(2018.4.17 본호개정)
3. 운송가맹사업자에 대한 운송화물의 확보·공급(운송주선사업자인 운송가맹점만 해당된다)
③ 운송가맹사업자와 운송가맹점 간의 분쟁조정에 관하여는 제7조제3항부터 제6항까지의 규정을 준용한다. 이 경우 "화주"를 "운송가맹사업자 또는 운송가맹점"으로 본다.
제31조【개선명령】 국토교통부장관은 안전운행의 확보, 운송질서의 확립 및 화주의 편의를 도모하기 위하여 필요하다고 인정하면 운송가맹사업자에게 다음 각 호의 사항을 명할 수 있다.(2013.3.23 본문개정)
1. 운송약관의 변경
2. 화물자동차의 구조변경 및 운송시설의 개선
3. 화물의 안전운송을 위한 조치
4. 제34조에서 준용하는 「가맹사업거래의 공정화에 관한 법률」 제7조·제10조·제11조 및 제13조에 따른 정보공개서의 제공의무 등, 가맹금의 반환, 가맹계약서의 기재사항 등, 가맹계약의 갱신 등의 통지
5. 제35조에 따른 적재물배상보험등과 「자동차손해배상 보장법」에 따라 운송가맹사업자가 의무적으로 가입하여야 하는 보험·공제의 가입
6. 그 밖에 화물자동차 운송가맹사업의 개선을 위하여 필요한 사항으로 대통령령으로 정하는 사항
제32조【화물자동차 운송가맹사업의 허가취소 등】 ① 국토교통부장관은 운송가맹사업자가 다음 각 호의 어느 하나에 해당하면 그 허가를 취소하거나 6개월 이내의 기간을 정하여 그 사업의 전부 또는 일부의 정지를 명하거나 감차 조치를 명할 수 있다. 다만, 제1호 및 제4호의 경우에는 그 허가를 취소하여야 한다.(2013.3.23 본문개정)
1. 제33조에서 준용하는 제4조 각 호의 어느 하나에 해당하게 된 경우. 다만, 법인의 임원 중 제4조 각 호의 어느 하나에 해당하는 자가 있는 경우 3개월 이내에 그 임원을 개임하면 취소하지 아니한다.
2. 화물운송 종사자격이 없는 자에게 화물을 운송하게 한 경우
3. 제33조에서 준용하는 제14조에 따른 업무개시 명령을 정당한 사유 없이 이행하지 아니한 경우
4. 거짓이나 그 밖의 부정한 방법으로 제29조제1항에 따른 허가를 받은 경우
5. 거짓이나 그 밖의 부정한 방법으로 제29조제2항에 따른 변경허가를 받은 경우
6. 제29조제3항에 따른 허가 또는 변경허가의 기준을 충족하지 못하게 된 경우
7. 제29조제4항에 따른 신고를 하지 아니하였거나 거짓으로 신고한 경우
7의2. 제29조제5항에 따른 영업소 설치 허가를 받지 아니하고 주사무소 외의 장소에서 상주하여 영업한 경우(2014.3.18 본호신설)
8. 정당한 사유 없이 제31조에 따른 개선명령을 이행하지 아니한 경우
9. 제33조에서 준용하는 제11조 및 제25조(소속 운송가맹점에 자기의 영업표지를 사용하게 하는 경우는 제외한다)를 위반한 경우(2018.4.17 본호개정)
9의2. (2017.3.21 삭제)
10. 제34조에서 준용하는 「가맹사업거래의 공정화에 관한 법률」 제7조, 제9조부터 제11조까지, 제13조 및 제14조를 위반한 경우(제31조에 따라 개선명령을 받은 경우는 제외한다)
11. 이 조에 따른 사업정지명령 또는 감차 조치 명령을 위반한 경우
12. 중대한 교통사고 또는 빈번한 교통사고로 1명 이상의 사상자를 발생하게 한 경우(2014.3.18 본호개정)
13. 제44조의2제1항에 따라 보조금의 지급이 정지된 자가 그 날부터 5년 이내에 다시 같은 항 각 호의 어느 하나에 해당하게 된 경우(2011.6.15 본호개정)
13의2. 제47조의2제1항에 따른 신고를 하지 아니하였거나 거짓으로 신고한 경우(2011.6.15 본호신설)
14. 대통령령으로 정하는 연한 이상의 화물자동차를 「자동차관리법」 제43조제1항제2호에 따른 정기검사 또는 같은 법 제43조의2에 따른 자동차종합검사를 받지 아니한 상태로 운행하거나 운행하게 한 경우(2021.4.13 본호신설)
② 제1항제12호에 따른 중대한 교통사고와 빈번한 교통사고의 범위는 대통령령으로 정한다.
③ 제1항에 따른 허가취소·사업정지 처분 또는 감차 조치 명령의 기준·절차, 그 밖에 필요한 사항은 대통령령으로 정한다.
제33조【준용 규정】 화물자동차 운송가맹사업에 관하여는 제4조, 제5조, 제6조, 제7조, 제10조, 제10조의2, 제11조, 제11조의2, 제12조, 제12조의2, 제13조, 제14조, 제16조부터 제18조까지, 제20조, 제21조 및 제25조(소속 운송가맹점에 자기의 영업표지를 사용하게 하는 경우는 제외한다)를 준용한다. 이 경우 "운송약관"은 "운송가맹약관"으로, "운송사업자"는 "운송가맹사업자"로 본다.(2021.7.27 전단개정)
제34조【「가맹사업거래의 공정화에 관한 법률」의 준용】 운송가맹사업자와 운송가맹점 간의 정보의 제공, 가맹금의 반환, 가맹계약 등에 관해서는 「가맹사업거래의 공정

화에 관한 법률」 제7조, 제9조부터 제11조까지, 제13조 및 제14조를 준용한다. 이 경우 "가맹희망자"를 "운송가맹점으로 가입하려는 자"로, "가맹점사업자"를 "운송가맹점"으로 보고, "가맹본부", 같은 법 제7조제1항의 "가맹본부(가맹지역본부 또는 가맹중개인이 가맹점사업자를 모집하는 경우도 포함한다. 이하 같다)" 및 같은 법 제7조제3항의 "가맹본부 또는 가맹본부로 구성된 사업자단체"를 각각 "운송가맹사업자"로 보며, 같은 법 제10조제1항에 따른 "제2조제6호가목 및 나목의 가맹금"을 "명칭이나 지급형태를 가리지 않고 운송가맹점으로 가입할 때 영업표지 사용허가의 대가로 운송가맹사업자에게 지급한 금전"으로 본다.

제34조의2~제34조의3 (2015.6.22 삭제)

제34조의4【화물정보망 등의 이용】 ① 운송사업자가 다른 운송사업자나 다른 운송사업자에게 소속된 위·수탁차주에게 화물운송을 위탁하는 경우에는 운송가맹사업자의 화물정보망이나 「물류정책기본법」 제38조에 따라 인증 받은 화물정보망을 이용할 수 있다.
② 운송주선사업자가 운송사업자나 위·수탁차주에게 화물운송을 위탁하는 경우에는 운송가맹사업자의 화물정보망이나 「물류정책기본법」 제38조에 따라 인증 받은 화물정보망을 이용할 수 있다.
(2015.6.22 본조개정)

제5장 적재물배상보험등의 가입 등

제35조【적재물배상보험등의 의무 가입】 다음 각 호의 어느 하나에 해당하는 자는 제7조제1항에 따른 손해배상 책임을 이행하기 위하여 대통령령으로 정하는 바에 따라 적재물배상 책임보험 또는 공제(이하 "적재물배상보험등"이라 한다)에 가입하여야 한다.
1. 최대 적재량이 5톤 이상이거나 총 중량이 10톤 이상인 화물자동차 중 국토교통부령으로 정하는 화물자동차를 소유하고 있는 운송사업자(2013.3.23 본호개정)
2. 국토교통부령으로 정하는 화물을 취급하는 운송주선사업자(2013.3.23 본호개정)
3. 운송가맹사업자

제36조【적재물배상보험등 계약의 체결 의무】 ① 「보험업법」에 따른 보험회사(적재물배상책임 공제사업을 하는 자를 포함한다. 이하 "보험회사등"이라 한다)는 적재물배상보험등에 가입하여야 하는 자(이하 "보험등 의무가입자"라 한다)가 적재물배상보험등에 가입하려고 하면 대통령령으로 정하는 사유가 있는 경우 외에는 적재물배상보험등의 계약(이하 "책임보험계약등"이라 한다)의 체결을 거부할 수 없다.
② 보험등 의무가입자가 적재물사고를 일으킬 개연성이 높은 경우 등 국토교통부령으로 정하는 사유에 해당하면 제1항에도 불구하고 다수의 보험회사등이 공동으로 책임보험계약등을 체결할 수 있다.(2013.3.23 본항개정)

제37조【책임보험계약등의 해제】 보험등 의무가입자 및 보험회사등은 다음 각 호의 어느 하나에 해당하는 경우 외에는 책임보험계약등의 전부 또는 일부를 해제하거나 해지하여서는 아니 된다.
1. 제3조제3항 본문에 따라 화물자동차 운송사업의 허가사항이 변경(감차만을 말한다)된 경우
2. 제18조제1항(제28조 및 제33조에서 준용하는 경우를 포함한다)에 따라 화물자동차 운송사업을 휴업하거나 폐업한 경우
3. 제19조제1항에 따라 화물자동차 운송사업의 허가가 취소되거나 감차 조치 명령을 받은 경우
4. 제27조제1항에 따라 화물자동차 운송주선사업의 허가가 취소된 경우
5. 제29조제2항 본문에 따라 화물자동차 운송가맹사업의 허가사항이 변경(감차만을 말한다)된 경우
6. 제32조제1항에 따라 화물자동차 운송가맹사업의 허가가 취소되거나 감차 조치 명령을 받은 경우
7. 적재물배상보험등에 이중으로 가입되어 하나의 책임보험계약등을 해제하거나 해지하려는 경우
8. 보험회사등이 파산 등의 사유로 영업을 계속할 수 없는 경우
9. 그 밖에 제1호부터 제8호까지의 규정에 준하는 경우로서 대통령령으로 정하는 경우

제38조【책임보험계약등의 계약 종료일 통지 등】 ① 보험회사등은 자기와 책임보험계약등을 체결하고 있는 보험등 의무가입자에게 그 계약종료일 30일 전까지 그 계약이 끝난다는 사실을 알려야 한다.
② 보험회사등은 자기와 책임보험계약등을 체결한 보험등 의무가입자가 그 계약이 끝난 후 새로운 계약을 체결하지 아니하면 그 사실을 지체 없이 국토교통부장관에게 알려야 한다.(2013.3.23 본항개정)
③ 제1항 및 제2항에 따른 통지의 방법·절차에 필요한 사항은 국토교통부령으로 정한다.(2013.3.23 본항개정)

제6장 경영의 합리화

제39조【경영합리화 등의 노력】 운수사업자는 화물운송 질서의 확립, 경영관리의 건전화, 화물운송 기법의 개발 등 경영합리화와 수송서비스 향상을 위하여 노력하여야 한다.(2018.4.17 본조개정)

제40조【경영의 위탁】 ① 운송사업자는 화물자동차 운송사업의 효율적인 수행을 위하여 필요하면 다른 사람(운송사업자를 제외한 개인을 말한다)에게 차량과 그 경영의 일부를 위탁하거나 차량을 현물출자한 사람에게 그 경영의 일부를 위탁할 수 있다.(2011.6.15 본항개정)
② 국토교통부장관은 화물운송시장의 질서유지 및 운송사업자의 운송서비스 향상을 유도하기 위하여 필요한 경우 제1항에도 불구하고 제3조제14항에 따라 경영의 위탁을 제한할 수 있다.(2017.3.21 본항개정)
③ 운송사업자와 위·수탁차주는 대등한 입장에서 합의에 따라 공정하게 위·수탁계약을 체결하고, 신의에 따라 성실하게 계약을 이행하여야 한다.(2011.6.15 본항신설)
④ 제3항에 따른 계약의 당사자는 그 계약을 체결하는 경우 차량소유자·계약기간, 그 밖에 국토교통부령으로 정하는 사항을 계약서에 명시하여야 하며, 서명날인한 계약서를 서로 교부하여 보관하여야 한다. 이 경우 국토교통부장관은 건전한 거래질서의 확립과 공정한 계약의 정착을 위하여 표준 위·수탁계약서를 고시하여야 하고, 이를 우선적으로 사용하도록 권고할 수 있다.(2020.6.9 전단개정)
⑤ 제3항에 따른 위·수탁계약의 기간은 2년 이상으로 하여야 한다.(2014.5.28 본항신설)
⑥ 시·도지사는 제3항에 따른 위·수탁계약의 체결·이행으로 발생하는 분쟁의 해결을 지원하기 위하여 대통령령으로 정하는 바에 따라 화물운송사업분쟁조정협의회를 설치·운영할 수 있다.(2011.6.15 본항신설)
⑦ 제3항에 따른 위·수탁계약의 내용이 당사자 일방에게 현저하게 불공정한 경우로서 다음 각 호의 어느 하나에 해당하는 경우에는 그 부분에 한정하여 무효로 한다.
1. 운송계약의 형태·내용 등 관련된 모든 사정에 비추어 계약체결 당시 예상하기 어려운 내용에 대하여 상대방에게 책임을 떠넘기는 경우(2020.6.9 본호개정)
2. 계약내용에 대하여 구체적인 정함이 없거나 당사자 간 이견이 있는 경우 계약내용을 일방의 의사에 따라 정함으로써 상대방의 정당한 이익을 침해한 경우
3. 계약불이행에 따른 당사자의 손해배상책임을 과도하게 경감하거나 가중하여 정함으로써 상대방의 정당한 이익을 침해한 경우
4. 「민법」 및 이 법 등 관계 법령에서 인정하고 있는 상대방의 권리를 상당한 이유 없이 배제하거나 제한하는 경우
5. 그 밖에 위·수탁계약의 내용 중 일부가 당사자 일방에게 현저하게 불공정하여 해당 부분을 무효로 할 필요가 있는 경우로서 대통령령으로 정하는 경우
(2015.6.22 본항신설)

제40조의2【위·수탁계약의 갱신 등】 ① 운송사업자는 위·수탁차주가 위·수탁계약기간 만료 전 150일부터 60일까지 사이에 위·수탁계약의 갱신을 요구하는 때에는 다음 각 호의 어느 하나에 해당하는 경우를 제외하고는 이를 거절할 수 없다.
1. 최초 위·수탁계약기간을 포함한 전체 위·수탁계약 기간이 6년 이하인 경우로서 다음 각 목의어느 하나에 해당하는 경우
가. 위·수탁차주가 거짓이나 그 밖의 부정한 방법으로 위·수탁계약을 체결한 경우
나. 그 밖에 운송사업자가 위·수탁계약을 갱신하기 어려운 중대한 사유로서 대통령령으로 정하는 사유에 해당하는 경우
2. 최초 위·수탁계약기간을 포함한 전체 위·수탁계약 기간이 6년을 초과하는 경우로서 다음 각 목의 어느 하나에 해당하는 경우
가. 제1호 각 목의 어느 하나에 해당하는 경우
나. 위·수탁차주가 운송사업자에게 지급하기로 한 위·수탁계약상의 월지급액(월 2회 이상 지급하는 것으로 계약한 경우에는 해당 월에 지급하기로 한 금액의 합을 말한다)을 6회 이상 지급하지 아니한 경우(위·수탁계약상의 월지급액이 같은 업종의 통상적인 월지급액보다 뚜렷하게 높은 경우는 제외한다)
다. 제40조제4항 후단에 따른 표준 위·수탁계약서에 기재된 계약 조건을 위·수탁차주가 준수하지 아니한 경우
라. 그 밖에 운송사업자가 운송사업의 경영을 정상적으로 유지하기 어려운 사유로서 대통령령으로 정하는 사유에 해당하는 경우
(2018.4.17 본항개정)
② 운송사업자가 제1항에 따른 갱신 요구를 거절하는 경우에는 그 요구를 받은 날부터 15일 이내에 위·수탁차주에게 거절 사유를 적어 서면으로 통지하여야 한다.
③ 운송사업자가 제2항의 거절 통지를 하지 아니하거나 위·수탁계약기간 만료 전 150일부터 60일까지 사이에 위·수탁차주에게 계약 조건의 변경에 대한 통지나 위·수탁계약을 갱신하지 아니한다는 사실의 통지를 서면으로 하지 아니한 경우에는 계약 만료 전의 위·수탁계약과 같은 조건으로 다시 위·수탁계약을 체결한 것으로 본다. 다만, 위·수탁차주가 계약이 만료되는 날부터 30일 전까지 이의를 제기하거나 운송사업자나 위·수탁차주에게 천재지변이나 그 밖에 대통령령으로 정하는 부득이한 사유가 있는 경우에는 그러하지 아니하다.
(2014.5.28 본조신설)

제40조의3【위·수탁계약의 해지 등】 ① 운송사업자는 위·수탁계약을 해지하려는 경우에는 위·수탁차주에게 2개월 이상의 유예기간을 두고 계약의 위반 사실을 구체적으로 밝히고 이를 시정하지 아니하면 그 계약을 해지한다는 사실을 서면으로 2회 이상 통지하여야 한다. 다만, 대통령령으로 정하는 바에 따라 위·수탁계약을 지속하기 어려운 중대한 사유가 있는 경우에는 그러하지 아니하다.
② 제1항에 따른 절차를 거치지 아니한 위·수탁계약의 해지는 그 효력이 없다.
③ 운송사업자가 다음 각 호의 어느 하나에 해당하는 사유로 제19조제1항에 따른 허가취소 또는 감차 조치(위·수탁차주의 화물자동차가 감차 조치의 대상이 된 경우에만 해당한다)를 받은 경우 해당 운송사업자와 위·수탁차주의 위·수탁계약은 해지된 것으로 본다.
1. 제19조제1항제1호·제2호·제3호 또는 제5호
2. 그 밖에 운송사업자의 귀책사유(위·수탁차주의 고의에 의하여 허가취소 또는 감차 조치될 수 있는 경우는 제외한다)로 허가취소 또는 감차 조치되는 경우로서 대통령령으로 정하는 경우
(2015.6.22 본항신설)
④ 국토교통부장관 또는 연합회는 제3항에 따라 해지된 위·수탁계약의 위·수탁차주였던 자가 다른 운송사업자와 위·수탁계약을 체결할 수 있도록 지원하여야 한다. 이 경우 해당 위·수탁차주였던 자와 위·수탁계약을 체결한 운송사업자는 위·수탁계약의 체결을 명목으로 부당한 금전지급을 요구하여서는 아니 된다.(2015.6.22 본항신설)
(2015.6.22 본조제목개정)
(2014.5.28 본조신설)

제40조의4【위·수탁계약의 양도·양수】 ① 위·수탁차주는 운송사업자의 동의를 받아 제40조제3항에 따른 위·수탁계약상의 지위를 타인에게 양도할 수 있다. 다만, 다음 각 호의 어느 하나의 해당하는 사유가 발생하는 경우에는 운송사업자는 양수인이 제8조에 따른 화물운송 종사자격을 갖추지 못한 경우 등 대통령령으로 정하는 경우를 제외하고는 위·수탁계약의 양도에 대한 동의를 거절할 수 없다.
1. 업무상 부상 또는 질병의 발생 등으로 자신이 위탁받은 경영의 일부를 수행할 수 없는 경우
2. 그 밖에 위·수탁차주에게 부득이한 사유가 발생하는 경우로서 대통령령으로 정하는 경우
② 제1항에 따라 위·수탁계약상의 지위를 양수한 자는 양도인의 위·수탁계약상 권리와 의무를 승계한다.
③ 제1항 단서에 따라 위·수탁계약상의 지위를 양도하는 경우 위·수탁차주는 운송사업자에게 양도 사실을 서면으로 통지하여야 한다.
④ 제3항의 통지가 있은 날부터 1개월 이내에 운송사업자가 양도에 대한 동의를 거절하지 아니하는 경우에는 운송사업자가 양도에 동의한 것으로 본다.
(2015.6.22 본조신설)

제40조의5【위·수탁계약의 실태조사 등】 ① 국토교통부장관 또는 시·도지사는 정기적으로 제40조제3항에 따른 위·수탁계약서의 작성 여부에 대한 실태조사를 할 수 있다.
② 국토교통부장관 또는 시·도지사는 제40조제3항에 따른 위·수탁계약의 당사자에게 계약과 관련된 자료를 요청할 수 있다. 이 경우 자료를 요청받은 계약의 당사자는 특별한 사정이 없으면 요청에 따라야 한다.
③ 제1항에 따른 실태조사의 시기·범위 및 방법 등에 필요한 사항은 대통령령으로 정한다.
(2015.6.22 본조신설)

제41조【경영 지도】 ① 국토교통부장관 또는 시·도지사는 화물자동차 운수사업의 경영개선 또는 운송서비스의 향상을 위하여 다음 각 호의 어느 하나에 해당하는 경우 운수사업자를 지도할 수 있다.(2021.12.7 본문개정)
1. 제11조(제33조에서 준용하는 경우를 포함한다), 제26조 등에 따른 운수사업자의 준수사항에 대한 지도가 필요한 경우(2021.12.7 본호신설)
2. 과로, 과속, 과적 운행의 예방 등 안전한 수송을 위한 지도가 필요한 경우(2021.12.7 본호신설)
3. 그 밖에 화물자동차의 운송에 따른 안전 확보 및 운송서비스 향상에 필요한 경우(2021.12.7 본호신설)
② 국토교통부장관 또는 시·도지사는 재무관리 및 사업관리 등 경영실태가 부실하다고 인정되는 운수사업자에게는 경영개선에 관한 권고를 할 수 있으며, 필요하면 경영개선에 관한 중·장기 또는 연차별 계획 등을 제출하게 할 수 있다.
③ 국토교통부장관 또는 시·도지사는 제2항에 따라 운수사업자가 제출한 경영개선에 관한 계획 등이 불합리하다고 인정되면 변경할 것을 권고할 수 있다.
(2013.7.16 본조개정)

제42조【경영자 연수교육】 시·도지사는 운수사업자의 경영능력 향상을 위하여 필요하다고 인정하면 경영을 담당하는 임원(개인인 경우에는 운수사업자를 말한다)에게 경영자 연수교육을 실시할 수 있다.(2013.7.16 본조개정)

제43조【재정지원】 ① 국가는 지방자치단체, 「공공기관의 운영에 관한 법률」에 따른 공공기관 중 대통령령으로 정하는 공공기관, 「지방공기업법」에 따른 지방공사, 사업자단체 또는 운수사업자가 다음 각 호의 어느 하나에 해당하는 사업을 수행하는 경우로서 재정적 지원이 필요하다

고 인정되면 대통령령으로 정하는 바에 따라 소요자금의 일부를 보조하거나 융자할 수 있다.(2020.6.9 본문개정)
1. 공동차고지 및 공영차고지 건설(2011.6.15 본호개정)
2. 화물자동차 운수사업의 정보화(2011.6.15 본호개정)
3. 낡은 차량의 대체
4. 연료비가 절감되거나 환경친화적인 화물자동차 등으로의 전환 및 이를 위한 시설·장비의 투자(2011.6.15 본호신설)
5. 화물자동차 휴게소의 건설(2011.6.15 본호신설)
6. 화물자동차 운수사업의 서비스 향상을 위한 시설·장비의 확충과 개선
7. 그 밖에 화물자동차 운수사업의 경영합리화를 위한 사항으로서 국토교통부령으로 정하는 사항(2013.3.23 본호개정)

② 특별시장·광역시장·특별자치시장·특별자치도지사·시장 또는 군수(광역시의 군수를 포함한다. 이하 이 조, 제44조, 제44조의2 및 제60조의2에서 같다)는 운송사업자, 운송가맹사업자 및 제40조제1항에 따라 화물자동차 운송사업을 위탁받은 자(이하 이 조, 제44조 및 제44조의2에서 "운송사업자등"이라 한다)에게 유류(油類)에 부과되는 다음 각 호의 세액 등의 인상액에 상당하는 금액의 전부 또는 일부를 대통령령으로 정하는 바에 따라 보조할 수 있다.(2021.4.13 본문개정)
1. 「교육세법」 제5조제1항, 「교통·에너지·환경세법」 제2조제1항제2호, 「지방세법」 제136조제1항에 따라 경유에 각각 부과되는 교육세, 교통·에너지·환경세, 자동차세(2010.3.31 본호개정)
2. 「개별소비세법」 제1조제2항제4호바목, 「교육세법」 제5조제1항, 「석유 및 석유대체연료 사업법」 제18조제2항제1호에 따라 석유가스 중 부탄에 각각 부과되는 개별소비세·교육세·부과금

③ 특별시장·광역시장·특별자치시장·특별자치도지사·시장 또는 군수는 운송사업자등이 「환경친화적 자동차의 개발 및 보급 촉진에 관한 법률」 제2조제6호에 따른 수소전기자동차를 운행하기 위하여 수소를 구매하는 경우 그 비용의 전부 또는 일부를 대통령령으로 정하는 바에 따라 보조할 수 있다.(2021.4.13 본항신설)

제44조 【보조금의 사용 등】 ① 제43조제1항에 따라 보조 또는 융자받은 자는 그 자금을 보조 또는 융자받은 목적 외의 용도로 사용하여서는 아니 된다.

② 국토교통부장관·특별시장·광역시장·특별자치시장·특별자치도지사·시장 또는 군수는 제43조제1항에 따라 보조 또는 융자를 받은 자가 그 자금을 적정하게 사용하도록 지도·감독하여야 한다.(2013.3.23 본항개정)

③ 국토교통부장관·특별시장·광역시장·특별자치시장·특별자치도지사·시장 또는 군수는 거짓이나 부정한 방법으로 제43조제1항부터 제3항까지의 규정에 따라 보조금이나 융자금을 교부받은 사업자단체 또는 운송사업자등에게 보조금이나 융자금의 반환을 명하여야 하며, 이에 따르지 아니하면 국세 또는 지방세 체납처분의 예에 따라 회수할 수 있다.(2021.4.13 본항개정)

제44조의2 【보조금의 지급 정지 등】 ① 특별시장·광역시장·특별자치시장·특별자치도지사·시장 또는 군수는 운송사업자등이 다음 각 호의 어느 하나에 해당하면 대통령령으로 정하는 바에 따라 5년의 범위에서 제43조제2항 또는 제3항에 따른 보조금의 지급을 정지하여야 한다.(2021.7.27 본문개정)
1. 「석유 및 석유대체연료 사업법」 제2조제9호에 따른 석유판매업자, 「액화석유가스의 안전관리 및 사업법」 제2조제5호에 따른 액화석유가스 충전사업자 또는 「수소경제 육성 및 수소 안전관리에 관한 법률」 제50조제1항에 따른 수소판매사업자(이하 "주유업자등"이라 한다)로부터 「부가가치세법」 제32조에 따른 세금계산서를 거짓으로 발급받아 보조금을 지급받은 경우(2021.4.13 본호개정)
2. 주유업자등으로부터 유류 또는 수소의 구매를 가장하거나 실제 구매금액을 초과하여 「여신전문금융업법」 제2조에 따른 신용카드, 직불카드, 선불카드 등으로서 보조금의 신청에 사용되는 카드(이하 "유류구매카드"라 한다)로 거래를 하거나 이를 대행하게 하여 보조금을 지급받은 경우(2021.4.13 본호개정)
3. 화물자동차 운수사업이 아닌 다른 목적에 사용한 유류분 또는 수소 구매분에 대하여 보조금을 지급받은 경우(2021.4.13 본호개정)
4. 다른 운송사업자등이 구입한 유류 또는 수소 사용량을 자기가 사용한 것으로 위장하여 보조금을 지급받은 경우(2021.4.13 본호개정)
5. 그 밖에 제43조제2항 또는 제3항에 따라 대통령령으로 정하는 사항을 위반하여 거짓이나 부정한 방법으로 보조금을 지급받은 경우(2021.4.13 본호개정)
6. 제3항에 따른 소명서 및 증거자료의 제출요구에 따르지 아니하거나, 같은 항에 따른 검사나 조사를 거부·기피 또는 방해한 경우(2015.6.22 본호개정)

② 특별시장·광역시장·특별자치시장·특별자치도지사·시장 또는 군수는 주유업자등이 제1항 각 호의 어느 하나에 해당하는 행위에 가담하였거나 이를 공모한 경우 대통령령으로 정하는 바에 따라 5년의 범위에서 해당 사업소에 대한 유류구매카드의 거래기능을 정지하여야 한다. 다만, 주유업자등이 유류구매카드의 거래기능이 정지된 날부터 5년 이내에 다시 제1항 각 호의 어느 하나에 해당하는 행위에 가담하였거나 이를 공모한 경우에는 유류구매카드의 거래기능을 영구적으로 정지하여야 한다.(2021.7.27 본항개정)

③ 특별시장·광역시장·특별자치시장·특별자치도지사·시장 또는 군수는 다음 각 호의 어느 하나에 해당하는 사항을 확인하기 위하여 운송사업자등으로 하여금 소명서 또는 거래내역을 입증할 수 있는 증거자료를 제출하게 할 수 있으며, 필요하면 소속 공무원이 운송사업자등의 사업장에 출입하여 장부·서류, 그 밖의 물건을 검사하게 하거나 관계인에게 질문하게 할 수 있다.
1. 운송사업자등이 제1항제1호부터 제5호까지의 어느 하나에 해당하는 행위를 하였는지 여부
2. 주유업자등이 제1항제1호부터 제5호까지의 어느 하나에 해당하는 행위에 가담하였거나 이를 공모하였는지 여부
(2015.6.22 본항개정)

④ 제3항에 따른 조사나 검사를 하려면 조사 또는 검사 7일 전에 조사 또는 검사할 내용, 일시, 이유 등에 대한 계획서를 운송사업자등에게 알려야 한다. 다만, 긴급한 경우 또는 사전통지를 하면 증거인멸 등으로 조사목적을 달성할 수 없다고 인정하는 경우에는 그러하지 아니하다.(2015.6.22 본문개정)

⑤ 제3항에 따라 조사나 검사를 하는 공무원은 그 권한을 표시하는 증표를 지니고 이를 관계인에게 내보여야 하며, 출입할 때에는 출입자의 성명, 출입시간, 출입목적 등이 표시된 문서를 관계인에게 내주어야 한다.(2015.6.22 본항개정)
(2011.6.15 본조신설)

제45조 【공영차고지의 설치】 ① 제2조제9호 각 목의 어느 하나에 해당하는 자는 공영차고지(公營車庫地)를 설치하여 직접 운영하거나 다음 각 호의 어느 하나에 해당하는 자에게 임대(운영의 위탁을 포함한다)할 수 있다.
1. 사업자단체
2. 운송사업자
3. 운송가맹사업자
4. 운송사업자로 구성된 「협동조합 기본법」 제2조제1호에 따른 협동조합
(2018.4.17 1호~4호신설)

② 제1항에 따라 공영차고지를 설치한 자(이하 "차고지설치자"라 한다)는 공영차고지를 설치하려면 공영차고지의 설치·운영에 관한 계획(이하 "설치·운영계획"이라 한다)을 수립하여야 한다.

③ 제2항에 따라 시·도지사를 제외한 차고지설치자가 설치·운영계획을 수립하는 경우에는 미리 시·도지사의 인가를 받아야 한다. 인가받은 계획을 변경하려는 경우에도 또한 같다

④ 차고지설치자는 제2항 또는 제3항에 따라 설치·운영계획을 수립·변경하거나 인가·변경인가를 받은 때에는 이를 공보에 고시하거나 일간신문 등에 게재하여야 한다.(2018.4.17 본항신설)

⑤ 시·도지사가 제2항 및 제3항에 따라 설치·운영계획을 수립하거나 시·도지사를 제외한 차고지설치자의 설치·운영계획을 인가하는 경우에 그에 관련된 각종 인가·허가 등에 관하여는 제46조의4를 준용한다.

⑥ 차고지설치자가 제2항 또는 제3항에 따라 설치·운영계획을 수립·변경하는 경우 공영차고지의 설치·변경이 학생의 통학안전에 미치는 영향에 대하여 특별시·광역시·특별자치시·도·특별자치도(이하 "시·도"라 한다)의 교육감과 협의하여야 한다.(2021.12.7 본항신설)
(2018.4.17 본조개정)

제46조 (2015.6.22 삭제)

제46조의2 【화물자동차 휴게소의 확충】 ① 국토교통부장관은 화물자동차 운전자의 근로 여건을 개선하고 화물의 원활한 운송을 도모하기 위하여 운송경로 및 주요 물류거점에 화물자동차 휴게소를 확충하기 위한 종합계획(이하 "휴게소 종합계획"이라 한다)을 5년 단위로 수립하여야 한다.(2013.3.23 본항개정)

② 휴게소 종합계획에는 다음 각 호의 사항이 포함되어야 한다.
1. 화물자동차 휴게소의 현황 및 장래수요에 관한 사항
2. 화물자동차 휴게소의 계획적 공급에 관한 사항
3. 화물자동차 휴게소의 연도별·지역별 배치에 관한 사항
4. 화물자동차 휴게소의 기능 개선 및 효율화에 관한 사항
5. 그 밖에 화물자동차 휴게소 확충과 관련된 사항으로서 국토교통부령으로 정하는 사항(2013.3.23 본호개정)

③ 국토교통부장관은 휴게소 종합계획을 수립하거나 국토교통부령으로 정하는 사항을 변경하려는 경우 미리 시·도지사의 의견을 듣고 관계 중앙행정기관의 장과 협의하여야 한다.(2013.3.23 본항개정)

④ 국토교통부장관은 휴게소 종합계획을 제1항에 따라 수립하거나 제3항에 따라 변경한 때에는 이를 관보에 고시하여야 한다.(2013.3.23 본항개정)

⑤ 제46조의3제2항에 따른 사업시행자는 필요한 경우 국토교통부장관에게 휴게소 종합계획을 변경하도록 요청할 수 있다.(2013.3.23 본항개정)

⑥ 국토교통부장관 또는 시·도지사는 제46조의3제6항 및 제7항에 따라 건설계획의 승인 또는 변경승인을 할 때에는 휴게소 종합계획과 상충하거나 중복되지 아니하도록 하여야 한다.(2013.3.23 본항개정)

⑦ 휴게소 종합계획의 수립 등에 필요한 사항은 대통령령으로 정한다.
(2011.6.15 본조신설)

제46조의3 【화물자동차 휴게소의 건설사업 시행 등】 ① 화물자동차 휴게소 건설사업을 할 수 있는 자는 다음 각 호의 어느 하나에 해당하는 자로 한다.
1. 국가 또는 지방자치단체
2. 「공공기관의 운영에 관한 법률」에 따른 공공기관 중 대통령령으로 정하는 공공기관
3. 「지방공기업법」에 따른 지방공사
4. 대통령령으로 정하는 바에 따라 제1호부터 제3호까지의 자로부터 지정을 받은 법인

② 제1항에 따라 화물자동차 휴게소 건설사업을 시행하려는 자(이하 "사업시행자"라 한다)는 사업의 명칭·목적, 사업을 시행하려는 위치와 면적 등 대통령령으로 정하는 사항이 포함된 화물자동차 휴게소 건설에 관한 계획(이하 "건설계획"이라 한다)을 수립하여야 한다.

③ 화물자동차 휴게소의 건설 대상지역 및 시설기준은 국토교통부령으로 정한다.(2013.3.23 본항개정)

④ 사업시행자는 제2항에 따라 건설계획을 수립한 때에는 대통령령으로 정하는 바에 따라 이를 공고하고, 관계 서류의 사본을 20일 이상 일반인이 열람할 수 있도록 하여야 한다.

⑤ 화물자동차 휴게소 건설사업의 이해관계인은 제4항에 따른 열람기간에 사업시행자에게 건설계획에 대한 의견서를 제출할 수 있으며, 사업시행자는 제출된 의견이 타당하다고 인정하는 경우에는 이를 건설계획에 반영하여야 한다.

⑥ 사업시행자는 제4항에 따른 공고 및 열람을 마친 후 그 건설계획에 대하여 시·도지사의 승인을 받아야 한다. 다만, 국가, 제1항제2호의 사업시행자 및 국가 또는 제1항 제2호의 사업시행자로부터 지정을 받은 자는 국토교통부장관의 승인을 받아야 한다.(2013.3.23 본항개정)

⑦ 제6항에 따라 승인을 받은 사업시행자는 승인받은 건설계획 중 사업을 시행하려는 위치와 면적 등 대통령령으로 정하는 사항을 변경하려면 해당 승인권자의 변경승인을 받아야 한다.

⑧ 국토교통부장관 또는 시·도지사는 제6항 또는 제7항에 따른 건설계획의 승인 또는 변경승인의 신청을 받은 경우에는 특별한 사유가 없으면 승인 또는 변경승인 신청을 받은 날부터 60일 이내에 승인 또는 변경승인 여부를 결정하여야 하며, 건설계획의 승인 또는 변경승인을 한 경우에는 이를 고시하여야 한다.(2014.3.18 본항개정)

⑨ 국토교통부장관 또는 시·도지사가 제6항 또는 제7항에 따른 건설계획의 승인 또는 변경승인 신청을 받은 날부터 60일 이내에 승인 또는 변경승인 여부를 결정하지 아니하였을 때에는 승인 또는 변경승인을 한 것으로 본다.(2014.3.18 본항신설)

⑩ 국토교통부장관 또는 시·도지사는 사업시행자가 다음 각 호의 어느 하나에 해당하는 경우에는 건설계획의 승인을 취소 또는 변경하거나 그 밖에 필요한 조치를 명할 수 있다. 다만, 제1호에 해당하는 경우에는 건설계획의 승인을 취소하여야 한다.
1. 거짓 또는 그 밖의 부정한 방법으로 제6항에 따른 건설계획의 승인을 받은 경우
2. 제7항에 따른 변경승인을 받지 아니하고 건설계획을 변경하여 사업을 진행한 경우
(2014.3.18 본항신설)
(2011.6.15 본조신설)

제46조의4 【인·허가등의 의제】 ① 국토교통부장관 또는 시·도지사는 제46조의3제6항 또는 제7항에 따라 건설계획의 승인 또는 변경승인을 하는 경우에 그 건설계획에 대한 다음 각 호의 인가·허가·승인 또는 결정 등(이하 "인·허가등"이라 한다)에 관하여 제2항에 따라 관계 행정기관의 장과 협의한 사항에 대하여는 해당 사업시행자가 해당 인·허가등을 받은 것으로 보며, 제46조의3제8항에 따라 고시된 때에는 다음 각 호의 법률에 따른 해당 인·허가등이 고시 또는 공고된 것으로 본다.(2013.3.23 본문개정)
1. 「건축법」 제11조에 따른 건축허가, 같은 법 제14조에 따른 건축신고, 같은 법 제16조에 따른 건축허가·신고사항의 변경, 같은 법 제20조에 따른 가설건축물의 건축허가·신고 및 같은 법 제29조에 따른 건축협의
2. 「골재채취법」 제22조에 따른 골재채취의 허가
3. 「공유수면 관리 및 매립에 관한 법률」 제8조에 따른 공유수면의 점용·사용허가, 같은 법 제17조에 따른 실시계획의 승인이나 신고, 같은 법 제28조에 따른 매립면허 및 같은 법 제38조에 따른 공유수면매립실시계획의 승인
4. 「공유재산 및 물품 관리법」 제11조에 따른 행정재산의 용도폐지 및 같은 법 제20조제1항에 따른 행정재산의 사용·수익의 허가
5. 「국유재산법」 제30조에 따른 행정재산의 사용허가 및 같은 법 제40조에 따른 행정재산의 용도폐지
6. 「국토의 계획 및 이용에 관한 법률」 제30조에 따른 도시관리계획의 결정(「국토의 계획 및 이용에 관한 법률」 제2조제4호다목만 해당한다), 같은 법 제56조제1항에

따른 개발행위의 허가, 같은 법 제86조에 따른 도시계획시설사업 시행자의 지정 및 같은 법 제88조에 따른 실시계획의 인가
7. 「농어촌정비법」 제23조에 따른 농업생산기반시설의 사용허가(2016.12.27 본호개정)
8. 「농지법」 제34조에 따른 농지전용의 허가 및 협의
9. 「대기환경보전법」 제23조, 「물환경보전법」 제33조 및 「소음·진동관리법」 제8조에 따른 배출시설 설치의 허가 또는 신고(2017.1.17 본호개정)
10. 「도로법」 제36조에 따른 도로공사시행의 허가 및 같은 법 제61조에 따른 도로의 점용허가(2014.1.14 본호개정)
11. 「도시개발법」 제11조에 따른 사업시행자의 지정 및 같은 법 제17조에 따른 실시계획의 인가
12. 「사도법」 제4조에 따른 사도의 개설허가
13. 「사방사업법」 제14조에 따른 벌채 등의 허가 및 같은 법 제20조에 따른 사방지의 지정해제
14. 「산지관리법」 제14조 및 제15조에 따른 산지전용허가 및 산지전용신고
15. 「산림자원의 조성 및 관리에 관한 법률」 제36조에 따른 입목벌채등의 허가·신고, 「산림보호법」 제9조제2항제1호·제2호에 따른 산림보호구역에서의 행위의 허가 및 신고
16. 「산업입지 및 개발에 관한 법률」 제16조제1항에 따른 사업시행자의 지정 및 같은 법 제17조제1항·제18조제1항 및 제19조제1항에 따른 실시계획의 승인
17. 「석유 및 석유대체연료 사업법」 제10조에 따른 석유판매업 중 대통령령으로 정하는 석유판매업의 등록
18. 「소하천정비법」 제10조에 따른 소하천공사 시행의 허가 및 같은 법 제14조에 따른 소하천 점용의 허가
19. 「수도법」 제17조 및 제49조에 따른 수도사업의 인가, 같은 법 제52조 및 제54조에 따른 전용수도 설치의 인가
20. 「물환경보전법」 제49조에 따른 공공폐수처리시설 기본계획의 승인(2017.1.17 본호개정)
21. 「에너지이용 합리화법」 제10조에 따른 에너지사용계획의 협의
22. 「자동차관리법」 제53조에 따른 자동차관리사업 중 자동차매매업 및 자동차정비업의 등록
23. 「장사 등에 관한 법률」 제27조에 따른 타인의 토지 등에 설치된 분묘의 처리허가
24. 「집단에너지사업법」 제4조에 따른 집단에너지의 공급타당성에 관한 협의
25. 「초지법」 제23조에 따른 초지의 전용허가
26. 「공간정보의 구축 및 관리 등에 관한 법률」 제15조에 따른 측량성과의 사용심사 및 같은 법 제86조에 따른 사업의 착수, 변경 또는 완료의 신고(2014.6.3 본호개정)
27. 「폐기물관리법」 제29조에 따른 폐기물처리시설의 설치 승인 또는 신고
28. 「하수도법」 제16조에 따른 공공하수도 공사의 시행허가 및 같은 법 제24조에 따른 공공하수도의 점용 허가
29. 「하천법」 제30조에 따른 하천공사 시행의 허가, 하천공사실시계획의 인가 및 같은 법 제33조에 따른 하천의 점용허가
30. 「항만법」 제9조제2항에 따른 항만개발사업 시행의 허가 및 같은 법 제10조제2항에 따른 항만개발사업실시계획의 승인(2020.1.29 본호개정)

② 국토교통부장관 또는 시·도지사는 제46조의3제6항 또는 제7항에 따라 건설계획의 승인 또는 변경승인을 할 때 그 건설계획에 제1항 각 호의 사항이 포함되어 있는 경우에는 관계 행정기관의 장과 미리 협의하여야 한다.
(2024.1.9 후단삭제)
③ 제1항 및 제2항에서 규정한 사항 외에 인·허가등 의제의 기준 및 효과 등에 관하여는 「행정기본법」 제24조부터 제26조까지를 준용한다.(2024.1.9 본항개정)
(2011.6.15 본조신설)

제46조의5 【수용 및 사용】 ① 다음 각 호의 어느 하나에 해당하는 사업을 시행하는 자는 필요한 경우 「공익사업을 위한 토지 등의 취득 및 보상에 관한 법률」 제2조제1호에 따른 토지등(이하 "토지등"이라 한다)을 수용 또는 사용할 수 있다.
1. 제45조에 따른 공영차고지의 설치
2. 제46조의3에 따른 화물자동차 휴게소 건설사업
(2015.6.22 본항개정)
② 다음 각 호의 어느 하나에 해당하는 인·허가 및 고시 등이 있는 경우에는 각각 「공익사업을 위한 토지 등의 취득 및 보상에 관한 법률」 제20조제1항에 따른 사업인정 및 같은 법 제22조에 따른 사업인정의 고시가 있는 것으로 본다.(2018.4.17 본문개정)
1. 설치·운영계획의 수립·인가 및 제45조제4항에 따른 고시 또는 게재(2018.4.17 본호개정)
2. 건설계획의 승인 및 제46조의3제8항에 따른 고시
(2015.6.22 본항개정)
③ 제1항에 따른 토지등의 수용 또는 사용에 관한 재결의 신청은 「공익사업을 위한 토지 등의 취득 및 보상에 관한 법률」 제23조제1항 및 제28조제1항에도 불구하고 설치·운영계획 또는 건설계획에서 정한 사업의 시행기간 내에 할 수 있다.(2015.6.22 본항개정)
④ 제1항에 따른 수용 또는 사용에 관하여는 이 법에 특별한 규정이 있는 경우를 제외하고는 「공익사업을 위한 토지 등의 취득 및 보상에 관한 법률」을 준용한다.
(2014.3.18 본항신설)

제46조의6 【화물자동차 휴게소 운영의 위탁】 ① 사업시행자는 화물자동차 휴게소의 운영을 사업자단체 등 대통령령으로 정하는 자에게 위탁할 수 있다.
② 제1항에 따른 화물자동차 휴게소 운영의 위탁 기간 및 위탁 방법 등에 필요한 사항은 국토교통부령으로 정한다.(2013.3.23 본항개정)
(2011.6.15 본조신설)

제47조 (2015.6.22 삭제)

제47조의2 【실적 신고 및 관리 등】 ① 운송사업자(개인 운송사업자는 제외한다), 운송주선사업자 및 운송가맹사업자는 국토교통부령으로 정하는 바에 따라 운송 또는 주선 실적을 관리하고 이를 국토교통부장관에게 신고하여야 한다.(2018.4.17 본항개정)
② 제11조의2제1항에 따른 직접운송 의무가 있는 운송사업자는 국토교통부령으로 정하는 기준 이상으로 화물을 운송하여야 한다. 이 경우 기준내역에 관하여는 국토교통부령으로 정한다.(2015.6.22 전단개정)
③ 국토교통부장관은 제1항의 운송 또는 주선 실적 등 화물운송정보를 체계적으로 관리하기 위한 화물운송실적관리시스템(이하 "화물운송실적관리시스템"이라 한다)을 구축·운영할 수 있다.
④ 국토교통부장관은 화물운송실적관리시스템의 운영을 국토교통부령으로 정하는 자에게 위탁할 수 있으며, 필요한 비용을 지원할 수 있다.
⑤ 화물운송실적관리시스템의 운영방식 및 활용방법 등에 필요한 사항은 국토교통부령으로 정한다.
(2013.3.23 본조개정)

제47조의3 (2015.6.22 삭제)

제47조의4 【화물운송실적관리시스템의 보안대책】 화물운송실적관리시스템의 관리자는 화물운송실적관리시스템에 대한 제3자의 불법적인 접근, 입력된 정보의 변경, 훼손, 파괴, 해킹, 유출 등에 대비한 기술적·물리적·관리적 보안대책을 세워야 한다.(2015.12.29 본조신설)

제47조의5 【화물운송실적관리자료의 비밀유지】 다음 각 호의 어느 하나에 해당하였던 자는 그 직무와 관련하여 알게 된 화물운송실적관리자료를 다른 사람에게 제공 또는 누설하거나 그 목적 외의 용도로 사용하여서는 아니 된다.
1. 국토교통부 소속 공무원
2. 지방자치단체 소속 공무원
3. 제64조에 따라 화물운송실적관리와 관련한 업무를 위탁받은 자
(2015.12.29 본조신설)

제47조의6 【화물운송서비스평가 등】 ① 국토교통부장관은 화물운송서비스 증진과 이용자의 권익보호를 위하여 화물운수사업자가 제공하는 화물운송서비스에 대한 평가를 할 수 있다.
② 제1항에 따른 화물운송서비스에 대한 평가의 기준은 다음 각 호와 같다.
1. 화물운송서비스의 이용자 만족도
2. 화물운송서비스의 신속성 및 정확성
3. 화물운송서비스의 안전성
4. 그 밖에 제1호부터 제3호까지에 준하는 사항으로서 국토교통부령으로 정하는 사항
③ 제1항에 따른 화물운송서비스에 대한 평가는 이용자에 대한 설문조사를 포함하여야 하며, 세부 평가방법 및 절차 등에 필요한 사항은 국토교통부령으로 정한다.
④ 국토교통부장관은 제1항에 따른 화물운송서비스의 평가를 한 후 평가 항목별 평가 결과, 서비스 품질 등 세부사항을 대통령령으로 정하는 바에 따라 공표하여야 한다.
⑤ 국토교통부장관은 화물운송서비스의 평가를 할 경우 운수사업자에게 관련 자료 및 의견 제출 등을 요구하거나 서비스에 대한 실지조사를 할 수 있다.
⑥ 제5항에 따른 자료 또는 의견 제출 등을 요구받은 운수사업자는 특별한 사유가 없으면 이에 따라야 한다.
(2015.12.29 본조신설)

제7장 사업자단체

제48조 【협회의 설립】 ① 운수사업자는 화물자동차 운수사업의 건전한 발전과 운수사업자의 공동이익을 도모하기 위하여 국토교통부장관의 인가를 받아 화물자동차 운송사업, 화물자동차 운송주선사업 및 화물자동차 운송가맹사업의 종류별 또는 시·도별로 협회를 설립할 수 있다.(2021.12.7 본항개정)
② 협회는 법인으로 한다.
③ 협회는 주된 사무소의 소재지에서 설립등기를 함으로써 성립한다.
④ 협회를 설립하려면 해당 협회의 회원 자격이 있는 자의 5분의 1 이상이 발기하고, 회원 자격이 있는 자의 3분의 1 이상의 동의를 받아 창립총회에서 정관을 작성한 후 국토교통부장관에게 인가를 신청하여야 한다.
(2013.3.23 본항개정)
⑤ 운수사업자는 정관으로 정하는 바에 따라 협회에 가입할 수 있다.
⑥ 회원의 자격, 임원의 정수(定數) 및 선출방법, 그 밖에 협회의 운영에 필요한 사항은 정관으로 정한다.
⑦ 정관을 변경하려면 국토교통부장관의 인가를 받아야 한다.(2013.3.23 본항개정)
⑧ 협회의 정관의 기재사항과 감독에 필요한 사항은 국토교통부령으로 정한다.(2013.3.23 본항개정)
⑨ 협회에 관하여는 이 법에 규정된 사항 외에는 「민법」 중 사단법인에 관한 규정을 준용한다.

제49조 【협회의 사업】 협회는 다음 각 호의 사업을 한다.
1. 화물자동차 운수사업의 건전한 발전과 운수사업자의 공동이익을 도모하는 사업
2. 화물자동차 운수사업의 진흥 및 발전에 필요한 통계의 작성 및 관리, 외국 자료의 수집·조사 및 연구사업
3. 경영자와 운수종사자의 교육훈련
4. 화물자동차 운수사업의 경영개선을 위한 지도
5. 이 법에서 협회의 업무로 정한 사항
6. 국가나 지방자치단체로부터 위탁받은 업무
7. 제1호부터 제5호까지의 사업에 따르는 업무

제50조 【연합회】 ① 운송사업자로 구성된 협회, 운송주선사업자로 구성된 협회 및 운송가맹사업자로 구성된 협회는 그 공동목적을 달성하기 위하여 국토교통부령으로 정하는 바에 따라 각각 연합회를 설립할 수 있다. 이 경우 운송사업자로 구성된 협회, 운송주선사업자로 구성된 협회 및 운송가맹사업자로 구성된 협회는 각각 그 연합회의 회원이 된다.(2013.3.23 전단개정)
② 연합회의 설립 및 사업에 관하여는 제48조와 제49조를 준용한다.

제51조 【공제사업】 ① 운수사업자가 설립한 협회의 연합회는 대통령령으로 정하는 바에 따라 국토교통부장관의 허가를 받아 운수사업자의 자동차 사고로 인한 손해배상 책임의 보장사업 및 적재물배상 공제사업 등을 할 수 있다.(2013.3.23 본항개정)
② 제1항에 따른 공제사업의 분담금, 운영위원회, 공제사업의 범위, 공제규정(共濟規程), 보고·검사, 개선명령, 공제사업을 관리·운영하는 연합회의 임직원에 대한 제재, 재무건전성의 유지 등에 관하여는 제51조의2제5항, 제51조의4부터 제51조의10까지의 규정을 준용한다.
(2011.6.15 본항개정)
③~⑤ (2011.6.15 삭제)

제51조의2 【공제조합의 설립 등】 ① 운수사업자는 상호간의 협동조직을 통하여 조합원이 자주적인 경제 활동을 영위할 수 있도록 지원하고 조합원의 자동차 사고로 인한 손해배상책임의 보장사업 및 적재물배상 공제사업을 하기 위하여 대통령령으로 정하는 바에 따라 국토교통부장관의 인가를 받아 공제조합(이하 "공제조합"이라 한다)을 설립할 수 있다.(2018.4.17 본항개정)
② 공제조합은 법인으로 한다.
③ 공제조합은 주된 사무소의 소재지에 설립등기를 함으로써 성립된다.
④ 운수사업자는 정관으로 정하는 바에 따라 공제조합에 가입할 수 있다.
⑤ 공제조합의 조합원은 공제사업에 필요한 분담금을 부담하여야 한다.
⑥ 조합원의 자격과 임원에 관한 사항, 그 밖에 공제조합의 운영에 필요한 사항은 정관으로 정한다.
⑦ 정관의 기재 사항, 그 밖에 공제조합의 감독에 필요한 사항은 대통령령으로 정한다.
(2011.6.15 본조신설)

제51조의3 【공제조합의 설립인가 절차 등】 ① 공제조합을 설립하려면 공제조합의 조합원 자격이 있는 자의 10분의 1 이상이 발기하고, 조합원 자격이 있는 자 200인 이상의 동의를 받아 창립총회에서 정관을 작성한 후 국토교통부장관에게 인가를 신청하여야 한다.
② 국토교통부장관은 제1항에 따른 인가를 한 경우 이를 공고하여야 한다.
(2013.3.23 본조개정)

제51조의4 【공제조합의 운영위원회】 ① 공제조합은 제51조의6에 따른 공제사업에 관한 사항을 심의·의결하고 그 업무집행을 감독하기 위하여 운영위원회를 둔다.
② 운영위원회 위원은 조합원, 운수사업·금융·보험·회계·법률 분야 전문가, 관계 공무원 및 그 밖에 화물자동차 운수사업 관련 이해관계자로 구성하되, 그 수는 25명 이내로 한다. 다만, 제51조에 따라 연합회가 공제사업을 하는 경우의 운영위원회 위원은 시·도별 협회의 대표 전원을 포함하여 37명 이내로 한다.(2014.1.14 단서신설)
③ 이 법에서 규정한 사항 외에 운영위원회의 구성과 운영에 필요한 사항은 대통령령으로 정한다.
(2011.6.15 본조신설)

제51조의5 【운영위원회 위원의 결격 사유】 ① 다음 각 호의 어느 하나에 해당하는 사람은 제51조의4제2항에 따른 위원이 될 수 없다.
1. 미성년자, 피성년후견인 또는 피한정후견인
(2015.6.22 본호개정)
2. 파산선고를 받고 복권되지 아니한 사람
3. 이 법 또는 「보험업법」 등 대통령령으로 정하는 금융 관련 법률을 위반하여 금고 이상의 형의 집행유예를 선고받고 그 유예기간 중에 있는 사람(2021.7.27 본호개정)

4. 이 법 또는 「보험업법」 등 대통령령으로 정하는 금융 관련 법률을 위반하여 벌금 이상의 형을 선고받고 그 집행이 끝나거나(집행이 끝난 것으로 보는 경우를 포함한다) 집행이 면제된 날부터 5년이 지나지 아니한 사람(2021.7.27 본호개정)
5. 이 법에 따른 공제조합의 업무와 관련하여 벌금 이상의 형을 선고받고 그 집행이 끝나거나(집행이 끝난 것으로 보는 경우를 포함한다) 집행이 면제된 날부터 5년이 지나지 아니한 사람(2021.7.27 본호개정)
6. 제51조의9에 따른 징계·해임의 요구 중에 있거나 징계·해임의 처분을 받은 후 3년이 지나지 아니한 사람(2014.1.14 본호개정)

② 제51조의4제2항에 따른 위원이 제1항 각 호의 어느 하나에 해당하게 된 때에는 그 날로 위원자격을 잃는다.
③ 국토교통부장관은 제1항제3호부터 제5호까지의 범죄경력자료의 조회를 경찰청장에게 요청하여 공제조합에 제공할 수 있다.(2014.1.14 본항신설)
(2011.6.15 본조신설)

제51조의6【공제조합사업】 ① 공제조합은 다음 각 호의 사업을 한다.
1. 조합원의 사업용 자동차의 사고로 생긴 배상 책임 및 적재물배상에 대한 공제
2. 조합원이 사업용 자동차를 소유·사용·관리하는 동안 발생한 사고로 그 자동차에 생긴 손해에 대한 공제
3. 운수종사자가 조합원의 사업용 자동차를 소유·사용·관리하는 동안에 발생한 사고로 입은 자기 신체의 손해에 대한 공제
4. 공제조합에 고용된 자의 업무상 재해로 인한 손실을 보상하기 위한 공제
5. 공동이용시설의 설치·운영 및 관리, 그 밖에 조합원의 편의 및 복지 증진을 위한 사업
6. 화물자동차 운수사업의 경영 개선을 위한 조사·연구 사업
7. 제1호부터 제6호까지의 사업에 딸린 사업으로서 정관으로 정하는 사업

② 공제조합은 제1항제1호부터 제4호까지의 규정에 따른 공제사업을 하려면 공제규정을 정하여 국토교통부장관의 인가를 받아야 한다. 인가받은 사항을 변경하려는 경우에도 또한 같다.(2013.3.23 전단개정)
③ 제2항의 공제규정에는 공제사업의 범위, 공제계약의 내용과 분담금, 공제금, 공제금에 충당하기 위한 책임준비금, 지급준비금의 계상 및 적립 등 공제사업의 운영에 필요한 사항이 포함되어야 한다.
④ 공제조합은 결산기(決算期)마다 그 사업의 종류에 따라 제3항의 책임준비금 및 지급준비금을 계상하고 이를 적립하여야 한다.
⑤ 제1항제1호부터 제4호까지의 규정에 따른 공제사업에는 「보험업법」(「보험업법」 제193조는 제외한다)을 적용하지 아니한다.
(2011.6.15 본조신설)

제51조의7【보고서의 제출 명령 등】 ① 국토교통부장관은 필요하다고 인정하면 공제조합에 대하여 다음 각 호의 조치를 할 수 있다.(2013.3.23 본문개정)
1. 교통사고 피해자에 대한 피해보상에 관한 보고서의 제출 명령
2. 공제자금의 운용이나 그 밖에 공제사업과 관련된 사항에 관한 보고서의 제출 명령
3. 소속 공무원에게 공제조합의 업무 또는 회계의 상황을 조사하게 하는 조치
4. 소속 공무원에게 공제조합의 장부나 그 밖의 서류를 검사하게 하는 조치

② 제1항에 따른 조사나 검사를 하려면 조사 또는 검사 7일 전에 조사 또는 검사할 내용, 일시, 이유 등에 대한 계획서를 공제조합에 알려야 한다. 다만, 긴급한 경우 또는 사전통지를 하면 증거인멸 등으로 조사목적을 달성할 수 없다고 인정하는 경우에는 그러하지 아니하다.
③ 제1항에 따라 조사나 검사를 하는 공무원은 그 권한을 표시하는 증표를 지니고 이를 관계인에게 내보여야 하며, 출입할 때에는 출입자의 성명, 출입시간, 출입목적 등이 표시된 문서를 관계인에게 내주어야 한다.
(2011.6.15 본조신설)

제51조의8【공제조합업무의 개선명령】 국토교통부장관은 공제조합의 업무 운영이 적정하지 아니하거나 자산상황이 불량하여 교통사고 피해자 및 공제 가입자 등의 권익을 해칠 우려가 있다고 인정하면 다음 각 호의 조치를 명할 수 있다.(2013.3.23 본문개정)
1. 업무집행방법의 변경
2. 자산예탁기관의 변경
3. 자산의 장부가격의 변경
4. 불건전한 자산에 대한 적립금의 보유
5. 가치가 없다고 인정되는 자산의 손실 처리
(2011.6.15 본조신설)

제51조의9【공제조합 임직원에 대한 제재 등】 국토교통부장관은 공제조합의 임직원이 다음 각 호의 어느 하나에 해당하여 공제사업을 건전하게 운영하지 못할 우려가 있다고 인정하면 임직원에 대한 징계·해임을 요구하거나 해당 위반행위를 시정하도록 명할 수 있다.
(2013.3.23 본문개정)
1. 제51조의6제2항에 따른 공제규정을 위반하여 업무를 처리한 경우
2. 제51조의8에 따른 개선명령을 이행하지 아니한 경우
3. 제51조의10에 따른 재무건전성 기준을 지키지 아니한 경우
(2011.6.15 본조신설)

제51조의10【재무건전성의 유지】 ① 공제조합은 공제금 지급능력과 경영의 건전성을 확보하기 위하여 다음 각 호의 사항에 관하여 대통령령으로 정하는 재무건전성 기준을 지켜야 한다.
1. 자본의 적정성에 관한 사항
2. 자산의 건전성에 관한 사항
3. 유동성의 확보에 관한 사항

② 국토교통부장관은 공제조합이 제1항의 기준을 지키지 아니하여 경영의 건전성을 해칠 우려가 있다고 인정하면 대통령령으로 정하는 바에 따라 자본금의 증액을 명하거나 주식 등 위험자산의 소유를 제한하는 조치를 취할 수 있다.(2013.3.23 본항개정)
(2011.6.15 본조신설)

제51조의11【감독 기준】 국토교통부장관은 제51조의6제1항제1호부터 제4호까지의 규정에 따른 공제사업의 건전한 육성과 공제 가입자의 보호를 위하여 금융위원회 위원장과 협의하여 감독에 필요한 기준을 정하고 이를 고시하여야 한다.(2021.4.13 본조신설)

제51조의12【다른 법률과의 관계】 공제조합에 관하여 이 법에 규정된 사항 외에는 「민법」 중 사단법인에 관한 규정과 「상법」 제3편제4장제7절을 준용한다.
(2011.6.15 본조신설)

제52조【분쟁조정의 신청】 제51조에 따른 공제사업을 할 때 공제계약 및 공제금의 지급 등에 관하여 분쟁이 있으면 분쟁 당사자는 「자동차손해배상 보장법」 제23조의3에 따른 자동차손해배상보장위원회에 조정(調停)을 신청할 수 있다.(2024.1.9 본조개정)

제53조 (2011.6.15 삭제)

제54조【감독】 ① 국토교통부장관은 협회 및 연합회를 지도·감독한다.(2013.3.23 본항개정)
② 국토교통부장관은 다음 각 호의 어느 하나에 해당하는 경우 협회 및 연합회에 대하여 업무(제49조 및 제50조에 따른 협회 및 연합회의 업무만 해당한다. 이하 이 조에서 같다)에 관한 보고서의 제출이나 그 밖에 필요한 조치를 명하거나 소속 공무원에게 업무상황이나 회계상황을 조사하게 하거나 장부를 비롯한 서류를 검사하게 할 수 있다.
(2021.12.7 본문개정)
1. 이 법의 위반 여부에 대한 확인이 필요하거나 민원 등이 발생한 경우
2. 이 법에 따른 허가·신고·인가 또는 승인 등의 업무를 적정하게 수행하기 위하여 필요한 경우
3. 그 밖에 화물자동차 운수사업과 관련된 정책수립을 위하여 필요한 경우
(2021.12.7 1호~3호신설)

③ 제2항에 따라 조사 또는 검사를 하는 공무원은 그 권한을 표시하는 증표를 지니고 이를 관계인에게 내보여야 한다.

제8장 자가용 화물자동차의 사용

제55조【자가용 화물자동차 사용신고】 ① 화물자동차 운송사업과 화물자동차 운송가맹사업에 이용되지 아니하고 자가용으로 사용되는 화물자동차(이하 "자가용 화물자동차"라 한다)로서 대통령령으로 정하는 화물자동차로 사용하려는 자는 국토교통부령으로 정하는 사항을 시·도지사에게 신고하여야 한다. 신고한 사항을 변경하려는 때에도 또한 같다.(2013.3.23 전단개정)
② 시·도지사는 제1항에 따른 신고 또는 변경신고를 받은 날부터 10일 이내에 신고수리 여부를 신고인에게 통지하여야 한다.(2017.3.21 본항신설)
③ 시·도지사가 제2항에서 정한 기간 내에 신고수리 여부 또는 민원 처리 관련 법령에 따른 처리기간의 연장 여부를 신고인에게 통지하지 아니하면 그 기간이 끝난 날의 다음 날에 신고를 수리한 것으로 본다.(2017.3.21 본항신설)

제56조【유상운송의 금지】 자가용 화물자동차의 소유자 또는 사용자는 자가용 화물자동차를 유상(그 자동차의 운행에 필요한 경비를 포함한다)으로 화물운송용으로 제공하거나 임대하여서는 아니 된다. 다만, 국토교통부령으로 정하는 사유에 해당되는 경우로서 시·도지사의 허가를 받으면 화물운송용으로 제공하거나 임대할 수 있다.
(2013.3.23 단서개정)

제56조의2【자가용 화물자동차 사용의 제한 또는 금지】 ① 시·도지사는 자가용 화물자동차의 소유자 또는 사용자가 다음 각 호의 어느 하나에 해당하면 6개월 이내의 기간을 정하여 그 자동차의 사용을 제한하거나 금지할 수 있다.
1. 자가용 화물자동차를 사용하여 화물자동차 운송사업을 경영한 경우
2. 제56조 단서에 따른 허가를 받지 아니하고 자가용 화물자동차를 유상으로 운송에 제공하거나 임대한 경우

② 시·도지사가 제1항에 따라 자가용 화물자동차의 사용을 금지한 경우에는 제20조를 준용한다.
(2011.6.15 본조신설)

제57조【차량충당조건】 ① 화물자동차 운송사업 및 화물자동차 운송가맹사업의 신규등록, 증차 또는 대폐차(代廢車 : 차령이 만료된 차량 등을 다른 차량으로 대체하는 것을 말한다)에 충당되는 화물자동차는 차령이 3년의 범위에서 대통령령으로 정하는 연한 이내여야 한다. 다만, 국토교통부령으로 정하는 차량은 차량충당조건을 달리 할 수 있다.
② 제1항에 따른 대폐차의 대상, 기한, 절차 및 방법 등에 필요한 사항은 국토교통부령으로 정한다.
(2013.3.23 본조개정)

제9장 보 칙

제58조【압류금지】 제40조제3항에 따른 계약으로 운송사업자에게 현물출자된 차량 및 제43조제2항 또는 제3항에 따라 지급된 금품과 이를 받을 권리는 압류하지 못한다. 다만, 현물출자된 차량에 대한 세금 또는 벌금·과태료 미납 및 저당권의 설정(운송사업자가 설정한 저당권은 제11조제15항 단서에 따라 설정된 것에 한정한다)으로 인하여 해당 차량을 압류하는 경우에는 그러하지 아니하다.(2021.7.27 단서개정)

제59조【운수종사자의 교육 등】 ① 화물자동차의 운전업무에 종사하는 운수종사자는 국토교통부령으로 정하는 바에 따라 시·도지사가 실시하는 다음 각 호의 사항에 관한 교육을 매년 1회 이상 받아야 한다.
1. 화물자동차 운수사업 관계 법령 및 도로교통 관계 법령
2. 교통안전에 관한 사항
3. 화물운수와 관련한 업무수행에 필요한 사항
4. 그 밖에 화물운수 서비스 증진 등을 위하여 필요한 사항
(2018.8.14 본항개정)

② 시·도지사는 제1항에 따른 교육을 효율적으로 실시하기 위하여 필요하면 그 시·도의 조례로 정하는 바에 따라 운수종사자 연수기관을 직접 설립·운영하거나 이를 지정할 수 있으며, 운수종사자 연수기관의 운영에 필요한 비용을 지원할 수 있다.
③ 제2항에 따른 운수종사자 연수기관은 제1항에 따른 교육을 받은 운수종사자의 현황을 시·도지사에게 제출하여야 하고, 시·도지사는 이를 취합하여 매년 국토교통부장관에게 제출하여야 한다.(2020.4.7 본항신설)
④ 제3항에 따른 교육현황의 제출 시기·방법에 관하여 필요한 사항은 국토교통부령으로 정한다.(2020.4.7 본항신설)

제60조【화물자동차 운수사업의 지도·감독】 국토교통부장관은 화물자동차 운수사업의 합리적인 발전을 도모하기 위하여 이 법에서 시·도지사의 권한으로 정한 사무를 지도·감독한다.(2013.3.23 본조개정)

제60조의2【신고포상금 지급 등】 ① 시·도지사(제3호의 경우에는 특별시장·광역시장·특별자치시장·특별자치도지사·시장 또는 군수를 말한다. 이하 이 항에서 같다)는 다음 각 호의 어느 하나에 해당하는 자를 시·도지사나 수사기관에 신고 또는 고발한 자에 대하여 대통령령으로 정하는 바에 따라 포상금을 지급할 수 있다.
(2021.4.13 본문개정)
1. 제56조를 위반하여 자가용 화물자동차를 유상으로 화물운송용으로 제공하거나 임대한 자
1의2. 제11조제4항 또는 제12조제1항제4호를 위반하여 고장 및 사고차량의 운송과 관련하여 자동차관리사업자와 부정한 금품을 주고 받은 운송사업자 또는 운수종사자(2016.1.19 본호신설)
1의3. 제11조제20항(제33조에서 준용하는 경우를 포함한다)을 위반하여 덮개·포장·고정장치 등 필요한 조치를 하지 아니한 운송사업자(2021.7.27 본호신설)
2. 제11조의2제3항, 제26조제1항 본문 또는 제2항을 위반한 자
2의2. 제12조제1항제8호(제33조에서 준용하는 경우를 포함한다)를 위반하여 제11조제20항에 따른 조치를 하지 아니하고 화물자동차를 운행한 운수종사자(2021.7.27 본호신설)
3. 거짓이나 부정한 방법으로 제43조제2항 또는 제3항에 따른 보조금을 지급받은 자(2021.4.13 본호개정)
4. 제3조제1항 또는 제3항에 따른 허가 또는 변경허가를 받지 아니하거나 거짓이나 그 밖의 부정한 방법으로 허가 또는 변경허가를 받고 화물자동차 운송사업을 경영한 자(2018.3.20 본호신설)

② 제1항에 따른 포상금의 지급에 소요되는 비용은 시·도 또는 시·군·구의 재원으로 충당한다.
(2011.6.15 본조신설)

제61조【보고와 검사】 ① 국토교통부장관 또는 시·도지사는 다음 각 호의 어느 하나에 해당하는 경우에는 운수사업자나 화물자동차의 소유자 또는 사용자에 대하여 그 사업 및 운임에 관한 사항이나 그 화물자동차의 소유 또는 사용에 관하여 보고하게 하거나 서류를 제출하게 할 수 있으며, 필요하면 소속 공무원에게 운수사업자의 사업장에 출입하여 장부·서류, 그 밖의 물건을 검사하거나 관계인에게 질문을 하게 할 수 있다.(2018.4.17 본문개정)
1. 제3조제7항, 제24조제6항 또는 제29조제3항에 따른 허가기준에 맞는지를 확인하기 위하여 필요한 경우
(2017.3.21 본호개정)

2. 화물운송질서 등의 문란행위를 파악하기 위하여 필요한 경우
3. 운수사업자의 위법행위 확인 및 운수사업자에 대한 허가취소 등 행정 처분을 위하여 필요한 경우

② 제1항에 따라 출입하거나 검사하는 공무원은 그 권한을 나타내는 증표를 지니고 이를 관계인에게 내보여야 하며, 국토교통부령으로 정하는 바에 따라 자신의 성명, 소속 기관, 출입의 목적 및 일시 등을 적은 서류를 상대방에게 내주거나 관계 장부에 적어야 한다.(2013.3.23 본항개정)

제62조【자료 제공 요청】 ① 국토교통부장관은 화물운송 종사자격에 관한 관리를 효율적으로 하기 위하여 경찰청장에게 제8조제1항제3호에 따른 자격시험 응시자와 같은 항 제4호에 따른 이론 및 실기 교육 참가자의 자격 확인과 제23조에 따른 화물운송 종사자격의 취소나 정지 등에 필요한 자료를 제공하여 줄 것을 요청할 수 있다. (2013.3.23 본항개정)

② 국토교통부장관 및 특별시장·광역시장·특별자치시장·특별자치도지사·시장 또는 군수(광역시의 군수를 포함한다)는 제43조제2항 및 제3항에 따른 보조금 지급 업무의 효율적 운영을 위하여 국가기관, 지방자치단체, 「공공기관의 운영에 관한 법률」에 따른 공공기관, 이 법에 따른 공제조합, 「보험업법」에 따른 보험회사 및 보험요율 산출기관, 그 밖의 관계 기관 등에 대통령령으로 정하는 자료를 제공하여 줄 것을 요청할 수 있다.(2021.4.13 본항개정)

③ 제1항 및 제2항에 따라 자료의 제공을 요청받은 자는 정당한 사유가 없으면 요청받은 자료를 제공하여야 한다. (2018.8.14 본항신설)

제62조의2【화물차주 등의 협조의무 등】 ① 위원회는 화물자동차 안전운송원가 산정과 관련하여 필요한 경우에는 화물차주, 운수사업자 및 화주에 대하여 자료의 제출이나 의견의 진술 등을 요청할 수 있다. 이 경우 요청을 받은 화물차주 등은 특별한 사정이 없으면 이에 따라야 한다.

② 제1항에 따라 제출된 자료 등을 열람·검토한 자는 업무상 알게 된 비밀을 누설하여서는 아니 된다. (2018.4.17 본조신설)

제63조【권한의 위임】 ① 국토교통부장관은 이 법에 따른 권한의 일부를 대통령령으로 정하는 바에 따라 시·도지사에게 위임할 수 있다.(2013.3.23 본항개정)

② 시·도지사는 제1항에 따라 국토교통부장관으로부터 위임받은 권한의 일부를 국토교통부장관의 승인을 받아 시장·군수 또는 구청장에게 재위임할 수 있다. (2013.3.23 본항개정)

③ 시·도지사는 이 법에 따른 권한의 일부를 시·도의 조례로 정하는 바에 따라 시장·군수 또는 구청장에게 위임할 수 있다.

제64조【권한의 위탁 등】 ① 국토교통부장관 또는 시·도지사는 이 법에 따른 권한의 일부를 대통령령 또는 시·도의 조례로 정하는 바에 따라 협회·연합회, 「한국교통안전공단법」에 따른 한국교통안전공단, 「자동차손해배상 보장법」에 따른 자동차손해배상진흥원 또는 대통령령으로 정하는 전문기관에 위탁할 수 있다. 이 경우 시·도지사가 업무를 위탁하는 경우에는 미리 국토교통부장관의 승인을 받아야 한다.

② 제1항에 따라 위탁받은 업무에 종사하는 협회·연합회, 「한국교통안전공단법」에 따른 한국교통안전공단, 「자동차손해배상 보장법」에 따른 자동차손해배상진흥원 또는 전문기관의 임원과 직원은 「형법」 제129조부터 제132조까지의 규정에 따른 벌칙을 적용할 때에는 공무원으로 본다. (2021.4.13 본조개정)

제65조【수수료】 ① 이 법에 따라 허가·인가 등을 신청하거나 신고하려는 자는 국토교통부령 및 해당 지방자치단체의 조례로 정하는 수수료를 내야 한다. 다만, 제64조제1항에 따라 권한이 위탁된 경우에는 해당 수탁기관이 정하는 수수료를 그 수탁기관에 내야 한다.

② 제1항 단서에 따른 수수료는 위탁업무의 종류별로 국토교통부령으로 정하는 기준에 따라 수탁기관이 자율적으로 정한다. (2013.3.23 본조개정)

제65조의2【규제의 재검토】 국토교통부장관은 다음 각 호의 사항에 대하여 2014년 1월 1일을 기준으로 3년마다(매 3년이 되는 해의 기준일과 같은 날 전까지를 말한다) 그 타당성을 검토하여 개선 등의 조치를 하여야 한다.

1. 제3조제1항·제3항 및 제7항에 따른 화물자동차 운송사업의 허가·변경허가 및 기준(2017.3.21 본호개정)
2. 제8조에 따른 화물자동차 운수사업의 운전업무 종사자격
3. 제9조의2제1항에 따른 화물자동차 운수사업의 운전업무 종사의 제한(2018.8.14 본호신설)
4. 제13조에 따른 운송사업자에 대한 개선명령(제28조에 따라 운송주선사업자에 대하여 준용하는 경우를 포함한다)
5. 제24조제1항 및 제6항에 따른 화물자동차 운송주선사업의 허가 및 허가기준(2017.3.21 본호개정)
6. 제29조제1항부터 제3항까지에 따른 화물자동차 운송가맹사업의 허가·변경허가 및 기준
7. 제31조에 따른 운송가맹사업자에 대한 개선명령
8. 제57조에 따른 차량충당조건

(2015.1.6 본조신설)

제65조의3【벌칙 적용에서 공무원 의제】 제12조의2에 따라 조사를 수행하는 「자동차관리법」 제73조의2제1항에 따른 자동차안전단속원 및 「도로법」 제77조제4항에 따른 운행제한단속원은 「형법」 제129조부터 제132조까지의 규정을 적용할 때에는 공무원으로 본다.(2021.7.27 본조신설)

제10장 벌 칙

제66조【벌칙】 다음 각 호의 어느 하나에 해당하는 자는 5년 이하의 징역 또는 2천만원 이하의 벌금에 처한다.

1. 제11조제20항(제33조에서 준용하는 경우를 포함한다)에 따른 필요한 조치를 하지 아니하여 사람을 상해(傷害) 또는 사망에 이르게 한 운송사업자
2. 제12조제1항제8호(제33조에서 준용하는 경우를 포함한다)를 위반하여 제11조제20항에 따른 조치를 하지 아니하고 화물자동차를 운행하여 사람을 상해(傷害) 또는 사망에 이르게 한 운수종사자

(2021.7.27 본조신설)

제66조의2【벌칙】 다음 각 호의 어느 하나에 해당하는 자는 3년 이하의 징역 또는 3천만원 이하의 벌금에 처한다. (2021.7.27 본문개정)

1. 제14조제4항(제33조에서 준용하는 경우를 포함한다)을 위반한 자
2. 거짓이나 부정한 방법으로 제43조제2항 또는 제3항에 따른 보조금을 교부받은 자
3. 제44조의2제1항제1호부터 제5호까지의 어느 하나에 해당하는 행위에 가담하였거나 이를 공모한 주유업자등

(2021.7.27 1호～3호신설)

제67조【벌칙】 다음 각 호의 어느 하나에 해당하는 자는 2년 이하의 징역 또는 2천만원 이하의 벌금에 처한다.

1. 제3조제1항 또는 제3항에 따른 허가를 받지 아니하거나 거짓이나 그 밖의 부정한 방법으로 허가를 받고 화물자동차 운송사업을 경영한 자

1의2. 제5조의5제4항을 위반하여 서로 부정한 금품을 주고받은 자(2018.4.17 본호신설 : 2022.12.31까지 유효)

2. 제11조제4항(제33조에서 준용하는 경우를 포함한다)을 위반하여 자동차관리사업자와 부정한 금품을 주고받은 운송사업자(2014.5.28 본호신설)
3. 제12조제1항제4호(제33조에서 준용하는 경우를 포함한다)를 위반하여 자동차관리사업자와 부정한 금품을 주고 받은 운수종사자(2014.5.28 본호신설)

3의2. 제13조제5호 및 제7호에 따른 개선명령을 이행하지 아니한 자(2018.4.17 본호신설)

3의3. 제16조제9항을 위반하여 사업을 양도한 자 (2017.3.21 본호개정)

4. 제24조제1항에 따른 허가를 받지 아니하거나 거짓이나 그 밖의 부정한 방법으로 허가를 받고 화물자동차 운송주선사업을 경영한 자
5. 제25조(제33조에서 준용하는 경우를 포함한다)에 따른 명의이용 금지 의무를 위반한 자
6. 제29조제1항 또는 제2항에 따른 허가를 받지 아니하거나 거짓이나 그 밖의 부정한 방법으로 허가를 받고 화물자동차 운송가맹사업을 경영한 자

6의2. 제47조의4에 따른 화물운송실적관리시스템의 정보를 변경, 삭제하거나 그 밖의 방법으로 이용할 수 없게 한 자 또는 권한 없이 정보를 검색, 복제하거나 그 밖의 방법으로 이용한 자(2015.12.29 본호신설)

6의3. 제47조의5를 위반하여 직무와 관련하여 알게 된 화물운송실적관리자료를 다른 사람에게 제공 또는 누설하거나 그 목적 외의 용도로 사용한 자(2015.12.29 본호신설)

7. 제56조를 위반하여 자가용 화물자동차를 유상으로 화물운송용으로 제공하거나 임대한 자

제68조【벌칙】 다음 각 호의 어느 하나에 해당하는 자는 1년 이하의 징역 또는 1천만원 이하의 벌금에 처한다. (2021.4.13 본문개정)

1. 제8조제3항을 위반하여 다른 사람에게 자신의 화물운송 종사자격증을 빌려 준 사람
2. 제8조제4항을 위반하여 다른 사람의 화물운송 종사자격증을 빌린 사람
3. 제8조제5항을 위반하여 같은 조 제3항 또는 제4항에서 금지하는 행위를 알선한 사람

(2021.4.13 1호～3호신설)

4. (2021.7.27 삭제)

제69조【양벌규정】 ① 법인의 대표자, 대리인, 사용인, 그 밖의 종업원이 그 법인의 업무에 관하여 제67조의 위반행위를 하면 그 행위자를 벌할 뿐만 아니라 그 법인에도 해당 조문의 벌금형을 과(科)한다. 다만, 법인이 그 위반행위를 방지하기 위하여 해당 업무에 관하여 상당한 주의와 감독을 게을리하지 아니한 때에는 그러하지 아니하다.

② 개인의 대리인, 사용인, 그 밖의 종업원이 그 개인의 업무에 관하여 제67조의 위반행위를 하면 그 행위자를 벌할 뿐만 아니라 그 개인에게도 해당 조문의 벌금형을 과한다. 다만, 개인이 그 위반행위를 방지하기 위하여 해당 업무에 관하여 상당한 주의와 감독을 게을리하지 아니한 때에는 그러하지 아니하다.

제70조【과태료】 ① 다음 각 호의 어느 하나에 해당하는 자에게는 1천만원 이하의 과태료를 부과한다.

1. 제5조의5제1항 또는 제2항을 위반하여 국토교통부장관이 공표한 화물자동차 안전운임보다 적은 운임을 지급한 자(2018.4.17 본호신설 : 2022.12.31까지 유효)
2. 제51조의8(제51조제2항에서 준용하는 경우를 포함한다)에 따른 개선명령을 따르지 아니한 자
3. 제51조의9(제51조제2항에서 준용하는 경우를 포함한다)에 따른 임직원에 대한 징계·해임의 요구에 따르지 아니하거나 시정명령을 따르지 아니한 자

(2011.6.15 본항신설)

② 다음 각 호의 어느 하나에 해당하는 자에게는 500만원 이하의 과태료를 부과한다.

1. 제3조제3항 단서에 따른 허가사항 변경신고를 하지 아니한 자
2. 제5조제1항(제33조에서 준용하는 경우를 포함한다)에 따른 운임 및 요금에 관한 신고를 하지 아니한 자 (2013.5.22 본호개정)
3. 제6조(제28조 및 제33조에서 준용하는 경우를 포함한다)에 따른 약관의 신고를 하지 아니한 자

3의2. 화물운송 종사자격증을 받지 아니하고 화물자동차 운수사업의 운전 업무에 종사한 자(2011.9.16 본호신설)

3의3. 거짓이나 그 밖의 부정한 방법으로 화물운송 종사자격을 취득한 자(2011.9.16 본호신설)

4. 제10조를 위반한 자

4의2. 제10조의2제4항을 위반하여 자료를 제공하지 아니하거나 거짓으로 제공한 자(2011.9.16 본호신설)

5. 제11조(같은 조 제3항 및 제4항은 제외하며, 제28조 및 제33조에서 준용하는 경우를 포함한다)에 따른 준수사항을 위반한 운송사업자(제66조제1호에 따라 형벌을 받은 자는 제외한다)(2021.7.27 본호개정)
6. 제12조(같은 조 제1항제4호는 제외하며, 제28조 및 제33조에서 준용하는 경우를 포함한다)에 따른 준수사항을 위반한 운수종사자(제66조제2호에 따라 형벌을 받은 자는 제외한다)(2021.7.27 본호개정)

6의2. 제12조의2제2항을 위반하여 조사를 거부·방해 또는 기피한 자(2021.7.27 본호신설)

7. 제13조에 따른 개선명령(같은 조 제5호 및 제7호에 따른 개선명령은 제외한다)을 이행하지 아니한 자(제28조에서 준용하는 경우를 포함한다)(2018.4.17 본호개정)

7의2.～7의3. (2015.6.22 삭제)

8. 제16조제1항·제2항 또는 제17조제1항(제28조 및 제33조에서 준용하는 경우를 포함한다)에 따른 양도·양수, 합병 또는 상속의 신고를 하지 아니한 자
9. 제18조제1항(제28조 및 제33조에서 준용하는 경우를 포함한다)에 따른 휴업·폐업신고를 하지 아니한 자
10. 제20조제1항(제33조에서 준용하는 경우를 포함한다)을 위반하여 자동차등록증 또는 자동차등록번호판을 반납하지 아니한 자
11. 제24조제2항에 따른 허가사항 변경신고를 하지 아니한 자
12. 제26조제1항, 제2항, 제4항 및 제6항의 준수사항을 위반한 운송주선사업자(2018.4.17 본호개정)

12의2. 제26조의2에서 적용하는 운송주선사업자의 준수사항을 위반한 국제물류주선업자(2015.12.29 본호개정)

13. 제29조제2항 단서에 따른 허가사항 변경신고를 하지 아니한 자
14. 제31조에 따른 개선명령을 이행하지 아니한 자
15. 제35조에 따른 적재물배상보험등에 가입하지 아니한 자
16. 제36조를 위반하여 책임보험계약등의 체결을 거부한 보험회사등
17. 제37조를 위반하여 책임보험계약등을 해제하거나 해지한 보험등 의무가입자 또는 보험회사등
18. 제38조제1항 및 제2항을 위반하여 해당 사항을 알리지 아니한 보험회사등

18의2. 제40조제4항에 따라 서명날인한 계약서를 위·수탁차주에게 교부하지 아니한 운송사업자(2014.3.18 본호신설)

18의3. 제40조의3제4항을 위반하여 위·수탁계약의 체결을 명목으로 부당한 금전지급을 요구한 운송사업자 (2015.6.22 본호신설)

19. 제44조제1항을 위반하여 보조금 또는 융자금을 보조받거나 융자받은 목적 외의 용도로 사용한 자

20.～21. (2015.6.22 삭제)

21의2. 제47조의6에 따른 화물운송서비스평가를 위한 자료제출 등의 요구 또는 실지조사를 거부하거나 거짓으로 자료제출 등을 한 자(2015.12.29 본호신설)

22. 제54조제2항에 따른 조치명령을 이행하지 아니하거나 조사 또는 검사를 거부·방해 또는 기피한 자
23. 제55조에 따른 자가용 화물자동차의 사용을 신고하지 아니한 자

23의2. 제56조의2에 따른 자가용 화물자동차의 사용 제한 또는 금지에 관한 명령을 위반한 자(2011.6.15 본호신설)

23의3. 제59조제1항에 따른 교육을 받지 아니한 자 (2018.8.14 본호신설)

24. 제61조제1항에 따른 보고를 하지 아니하거나 거짓으로 보고한 자
25. 제61조제1항에 따른 서류를 제출하지 아니하거나 거짓 서류를 제출한 자

26. 제61조제1항에 따른 검사를 거부·방해 또는 기피한 자
27. 제62조의2에 따른 화물자동차 안전운송원가의 산정을 위한 자료 제출 또는 의견 진술의 요구를 거부하거나 거짓으로 자료 제출 또는 의견을 진술한 자(2018.4.17 본호신설)

③ 제1항 및 제2항에 따른 과태료는 대통령령으로 정하는 바에 따라 국토교통부장관 또는 시·도지사가 부과·징수한다.(2013.3.23 본항개정)

④~⑤ (2011.6.15 삭제)

제71조【과태료 규정 적용에 관한 특례】 제70조의 과태료에 관한 규정을 적용할 경우 제19조제1항, 제23조제1항, 제27조제1항 또는 제32조제1항에 따라 허가 또는 종사자격을 취소하거나 사업 또는 종사자격의 정지, 감차 조치를 명하는 행위 및 제21조제1항(제28조 및 제33조에서 준용하는 경우를 포함한다)에 따라 과징금을 부과한 행위에 대하여는 과태료를 부과할 수 없다.(2014.3.18 본조개정)

부 칙 (2018.3.20)

제1조【시행일】 이 법은 2018년 11월 29일부터 시행한다. 다만, 제3조제15항, 제4조제5호·제6호 및 제60조의2제1항제4호의 개정규정은 공포 후 6개월이 경과한 날부터 시행한다.

제2조【사업정지처분을 받은 운송사업자의 주사무소 변경에 관한 적용례】 제3조제15항의 개정규정은 같은 개정규정 시행 후 최초로 운송사업자가 사업정지처분을 받은 경우부터 적용한다.

제3조【화물자동차 운송사업의 허가 결격사유에 관한 적용례】 제4조제6호의 개정규정은 같은 개정규정 시행 후 최초로 제19조제1항제1호 또는 제2호에 해당하여 허가가 취소된 경우부터 적용한다.

부 칙 (2018.4.17)

제1조【시행일】 이 법은 2019년 7월 1일부터 시행한다. 다만, 제5조의5부터 제5조의7까지, 제67조제1호의2 및 제70조제1항제1호의 개정규정은 2020년 1월 1일부터 시행한다.

제2조【유효기간】 제5조의2부터 제5조의4까지 및 제5조의8 중 화물자동차 안전운임에 관한 부분, 제5조의5부터 제5조의7까지, 제67조제1호의2 및 제70조제1항제1호는 2022년 12월 31일까지 효력을 가진다.

제3조【이 법 시행을 위한 준비행위】 국토교통부장관은 이 법 시행 전에 제5조의2의 개정규정에 따른 화물자동차 안전운임위원회의 구성 및 운영, 제5조의7의 개정규정에 따른 화물자동차 안전운임신고센터의 설치에 관하여 필요한 준비행위를 할 수 있다.

제4조【위·수탁계약 갱신 거절사유에 관한 적용례】 제40조의2제1항제2호나목의 개정규정은 이 법 시행 후 최초로 위·수탁차주가 운송사업자에게 지급하기로 한 위·수탁계약상의 월지급액(월 2회 이상 지급하는 것으로 계약한 경우에는 해당 월에 지급하기로 한 금액의 합을 말한다)을 지급하지 아니하는 경우부터 적용한다.

제5조【벌칙 등에 관한 경과조치】 부칙 제2조에 따른 유효기간 만료 전의 행위에 대한 벌칙 및 과태료의 적용에 있어서는 행위 당시의 규정을 적용한다.

제6조【화물자동차 운송사업의 허가에 관한 경과조치】

① 이 법 시행 당시 종전의 규정에 따라 화물자동차 운송사업의 허가를 받은 자는 제3조제1항의 개정규정에 불구하고 이 법에 따라 화물자동차 운송사업의 허가를 받은 것으로 본다.

② 이 법 시행 당시 화물자동차 소유 대수가 2대 이상인 운송사업자는 제3조제1항제1호의 개정규정에 따른 일반화물자동차 운송사업의 허가를 받은 것으로 본다.

③ 이 법 시행 당시 화물자동차 소유 대수가 1대인 운송사업자 중 최대 적재량 5톤 미만의 「자동차관리법」에 따른 화물자동차를 소유한 운송사업자와 같은 법에 따른 경형 및 소형, 중형 특수자동차를 소유한 운송사업자는 제3조제1항제2호의 개정규정에 따른 개인화물자동차 운송사업의 허가를 받은 것으로 본다.

④ 이 법 시행 당시 화물자동차 소유 대수가 1대인 운송사업자 중 최대 적재량 5톤 이상의 「자동차관리법」에 따른 화물자동차를 소유한 운송사업자와 같은 법에 따른 대형 특수자동차를 소유한 운송사업자는 제3조제1항제1호의 개정규정에 따른 일반화물자동차 운송사업의 허가를 받은 것으로 본다. 다만, 제3조제11항, 제11조제13항, 제11조의2, 제19조제1항제7호의4, 제26조제1항 및 제47조의2를 적용할 때에는 제3조제1항제2호의 개정규정에 따른 개인화물자동차 운송사업의 허가를 받은 것으로 본다.

⑤ 이 법 시행 당시 화물자동차 소유 대수가 1대인 운송사업자 중 최대 적재량 5톤 이상의 「자동차관리법」에 따른 화물자동차와 같은 법에 따른 대형 특수자동차를 소유한 운송사업자는 이 법 시행일부터 5년 이내에 제3조제1항제2호의 개정규정에 따른 개인화물자동차 운송사업의 허가를 신청할 수 있으며, 이 법 시행일부터 5년이 경과한 후에도 소유 대수가 1대인 경우에는 개인화물자동차 운송사업의 허가를 받은 것으로 본다.

제7조【화물자동차 운송주선사업의 허가에 관한 경과조치】 이 법 시행 당시 종전의 규정에 따라 화물자동차 운송주선사업의 허가를 받은 자는 제24조제5항 및 제6항의 개정규정에 불구하고 이 법에 따라 화물자동차 운송주선사업의 허가를 받은 것으로 본다.

제8조【화물자동차 운송가맹사업의 허가에 관한 경과조치】 이 법 시행 당시 종전의 규정에 따라 화물자동차 운송가맹사업의 허가를 받은 자는 제29조제3항의 개정규정에 불구하고 이 법에 따라 화물자동차 운송가맹사업의 허가를 받은 것으로 본다.

제9조【협회 등에 대한 경과조치】 이 법 시행 당시 종전의 규정에 따른 사업의 종류별로 설립인가를 받은 화물자동차 운송사업, 화물자동차 운송주선사업의 협회 및 연합회에 대해서는 제3조제1항 및 제24조제5항의 개정규정에 불구하고 종전의 규정에 따른다. 다만, 이 법 시행일부터 2년 이내에 제3조제1항제2호 및 제24조제5항의 개정규정에 따라 변경된 사업의 종류별로 국토교통부장관의 인가를 받고 주된 사무소의 소재지에서 설립등기를 하여야 한다.

부 칙 (2021.4.13)

제1조【시행일】 이 법은 공포 후 6개월이 경과한 날부터 시행한다. 다만, 제8조, 제22조, 제23조 및 제68조(제4호 중 제43조제3항에 관한 부분은 제외한다)의 개정규정은 공포한 날부터 시행하고, 제3조제7항제1호다목, 제19조제1항제14호 및 제32조제1항제14호의 개정규정은 공포 후 1년이 경과한 날부터 시행한다.

제2조【화물자동차 운송사업의 허가에 관한 경과조치】 제3조제7항의 개정규정 시행 전에 종전의 규정에 따라 화물자동차 운송사업의 허가를 받은 경우(허가를 신청한 경우를 포함한다)에는 같은 개정규정에도 불구하고 종전의 규정에 따른다.

부 칙 (2021.7.27)

제1조【시행일】 이 법은 공포 후 6개월이 경과한 날부터 시행한다.

제2조【차량의 압류에 관한 적용례】 제58조 단서의 개정규정은 이 법 시행 전에 설정된 저당권에 대하여도 적용한다.

제3조【보조금의 지급 정지에 관한 경과조치】 이 법 시행 전의 행위에 대한 보조금의 지급 정지에 관하여는 제44조의2제1항의 개정규정에도 불구하고 종전의 규정에 따른다.

제4조【공제조합 운영위원회 위원의 결격사유에 관한 경과조치】 이 법 시행 당시 운영위원회 위원인 사람이 이 법 시행 전에 발생한 사유로 제51조의5제1항제3호부터 제5호까지의 개정규정에 따른 결격사유에 해당하게 된 경우에는 같은 개정규정에도 불구하고 종전의 규정에 따른다.

부 칙 (2021.12.7)

제1조【시행일】 이 법은 공포한 날부터 시행한다. 다만, 제45조제6항 및 제48조제1항의 개정규정은 공포 후 6개월이 경과한 날부터 시행한다.

제2조【관할 교육감과의 협의에 관한 적용례】 제45조제6항의 개정규정은 같은 개정규정 시행 이후 수립·변경하는 공영차고지의 설치·운영에 관한 계획부터 적용한다.

부 칙 (2024.1.9 법19986호)

제1조【시행일】 이 법은 공포 후 6개월이 경과한 날부터 시행한다.(이하 생략)

부 칙 (2024.1.9 법19987호)

제1조【시행일】 이 법은 공포한 날부터 시행한다.

제2조【이의신청에 관한 일반적 적용례】 이의신청에 관한 개정규정은 이 법 시행 이후 하는 처분부터 적용한다.

제3조부터 **제6조**까지 생략

제7조【「화물자동차 운수사업법」의 개정에 관한 적용례】 인·허가등의 의제를 위한 행정청 간 협의 간주에 관한 사항은 이 법 시행 이후 인·허가등의 의제에 관한 협의를 요청하는 경우부터 적용한다.

부 칙 (2024.1.9 법19988호)

제1조【시행일】 이 법은 공포 후 6개월이 경과한 날부터 시행한다.

제2조【운송주선사업자의 운송주선약관 신고에 관한 경과조치】 이 법 시행 당시 종전의 규정에 따라 운송주선약관을 신고한 운송주선사업자는 이 법 시행 이후 3개월 이내에 제26조제3항의 개정규정에 따라 운송주선약관을 변경신고하여야 한다.

여객자동차 운수사업법

(약칭 : 여객자동차법)

(2008년 3월 21일 전부개정법률 제8980호)

개정
2008. 3.28법 9070호
2009. 2. 6법 9432호(식품위생)
2009. 5.27법 9733호
2011. 4.14법10599호(국토이용)
2011. 5.19법10673호
2011. 6. 7법10789호(영유아보육법)
2012. 2. 1법11295호　2012. 5.23법11447호
2012.12.18법11556호(성폭력범죄의처벌등에관한특례법)
2013. 3.23법11690호(정부조직)
2013. 8. 6법11998호(지방세외수입금의징수등에관한법)
2013. 8. 6법12020호
2014. 1.14법12248호(도로법)
2014. 1.28법12377호　2014. 5.21법12645호
2015. 1. 6법12982호　2015. 6.22법13376호
2015. 6.22법13383호(수산업·어촌발전기본법)
2015. 8.11법13485호
2016. 1. 6법13717호(특정범죄가중)
2016. 1.19법13800호
2016. 3.29법14113호(공항시설법)
2016.12. 2법14342호　2017. 3.21법14716호
2017. 8. 9법14861호
2017.10.24법14939호(한국교통안전공단법)
2017.10.24법14949호　2017.12.26법15320호
2018. 3.13법15460호(철도의건설및철도시설유지관리에관한법)
2018. 8.14법15735호　2018. 9.18법15781호
2018.12.18법15996호(대도시권광역교통관리에관한특별법)
2018.12.31법16133호(환경친화적자동차의개발및보급촉진에관한법)
2018.12.31법16143호　2019. 4.23법16389호
2019. 8.27법16563호　2019.11.26법16632호
2020. 2.18법17007호(권한지방이양)
2020. 3.24법17091호(지방행정제재·부과금의징수등에관한법)
2020. 4. 7법17234호　2020. 5.19법17288호
2020. 6. 9법17453호(법률용어정비)
2020. 6. 9법17455호　2020.10.20법17552호
2020.12.22법17689호(국가자치경찰)
2021. 1.26법17911호(생활물류서비스산업발전법)
2021. 3.23법17976호　2021. 7.27법18346호
2021.12. 7법18558호　2023. 4.18법19387호
2024. 1. 9법19978호→2024년 7월 10일 시행
2024. 1. 9법19986호(행정기관정비일부개정법령등)→2024년 7월 10일 시행
2024. 1.30법20175호→2024년 7월 31일 시행
2024년 1월 25일 제412회 국회 본회의 통과→「法典 別冊」 보유편 수록

제1장 총 칙

제1조【목적】 이 법은 여객자동차 운수사업에 관한 질서를 확립하고 여객의 원활한 운송과 여객자동차 운수사업의 종합적인 발달을 도모하여 공공복리를 증진하는 것을 목적으로 한다.

제2조【정의】 이 법에서 사용하는 용어의 뜻은 다음과 같다.
1. "자동차"란 「자동차관리법」 제3조에 따른 승용자동차, 승합자동차 및 특수자동차(「자동차관리법」 제29조제3항에 따른 캠핑용자동차를 말하며, 제4호에 따른 자동차대여사업에 한정한다)를 말한다.(2021.3.23 본호개정)
2. "여객자동차 운수사업"이란 여객자동차운송사업, 자동차대여사업, 여객자동차터미널사업 및 여객자동차운송플랫폼사업을 말한다.(2020.4.7 본호개정)
3. "여객자동차운송사업"이란 다른 사람의 수요에 응하여 자동차를 사용하여 유상(有償)으로 여객을 운송하는 사업을 말한다.
4. "자동차대여사업"이란 다른 사람의 수요에 응하여 유상으로 자동차를 대여(貸與)하는 사업을 말한다.
5. "여객자동차터미널"이란 다음 각 목의 어느 하나에 해당하는 장소가 아닌 곳으로서 승합자동차를 정류(停留)시키거나 여객을 승하차(乘下車)시키기 위하여 제36조에 따라 설치된 시설과 장소를 말하며, 그 종류는 국토교통부령으로 정한다.(2014.1.28 본문개정)
   가. 도로의 노면(路面)
   나. 그 밖에 일반교통에 사용되는 장소
6. "여객자동차터미널사업"이란 여객자동차터미널을 여객자동차운송사업에 사용하게 하는 사업을 말한다.
7. "여객자동차운송플랫폼사업"이란 여객의 운송과 관련한 다른 사람의 수요에 응하여 이동통신단말장치, 인터넷 홈페이지 등에서 사용되는 응용프로그램(이하 "운송플랫폼"이라 한다)을 제공하는 사업을 말한다.(2020.4.7 본호개정)
8.~9. (2020.4.7 삭제)

제2장 여객자동차운송사업

제3조【여객자동차운송사업의 종류】 ① 여객자동차운송사업의 종류는 다음 각 호와 같다.
1. 노선(路線) 여객자동차운송사업 : 자동차를 정기적으로 운행하려는 구간(이하 "노선"이라 한다)을 정하여 여객을 운송하는 사업
2. 구역(區域) 여객자동차운송사업 : 사업구역을 정하여 그 사업 구역 안에서 여객을 운송하는 사업
3. 수요응답형 여객자동차운송사업 : 다음 각 목의 어느 하나에 해당하는 경우로서 운행계통·운행시간·운행횟수를 여객의 요청에 따라 탄력적으로 운영하여 여객을 운송하는 사업

가. 「농업·농촌 및 식품산업 기본법」 제3조제5호에 따른 농촌과 「수산업·어촌 발전 기본법」 제3조제6호에 따른 어촌을 기점 또는 종점으로 하는 경우
나. 신도시, 심야시간대 등 대중교통수단이 부족하여 교통불편이 발생하는 경우로서 대통령령으로 정하는 경우(2023.4.18 본목개정)
다. 「스마트도시 조성 및 산업진흥 등에 관한 법률」이나 그 밖에 다른 법률에 따라 수요응답형 여객자동차운송사업 면허의 규제특례를 받아 운행 등 실증과정을 거친 지역에서 특별시장·광역시장·특별자치시장·도지사·특별자치도지사(이하 "시·도지사"라 한다)가 필요하다고 인정하는 경우(2023.4.18 본목신설)

(2017.12.26 본호개정)

② 제1항제1호 및 제2호의 여객자동차운송사업은 대통령령으로 정하는 바에 따라 세분할 수 있다.

제3조의2~제3조의4 (2024.1.9 삭제)

제4조【면허 등】 ① 여객자동차운송사업을 경영하려는 자는 사업계획을 작성하여 국토교통부령으로 정하는 바에 따라 국토교통부장관의 면허를 받아야 한다. 다만, 대통령령으로 정하는 여객자동차운송사업을 경영하려는 자는 사업계획을 작성하여 국토교통부령으로 정하는 바에 따라 시·도지사의 면허를 받거나 시·도지사에게 등록하여야 한다.(2023.4.18 단서개정)

② 제1항에 따른 면허나 등록을 하는 경우에는 제3조에 따른 여객자동차운송사업의 종류별로 노선이나 사업구역을 정하여야 한다.

③ 국토교통부장관 또는 시·도지사는 제1항에 따라 면허나 대통령령으로 정하는 여객자동차운송사업을 등록하는 경우에 필요하다고 인정하면 국토교통부령으로 정하는 바에 따라 운송할 여객 등에 관한 업무의 범위나 기간을 한정하여 면허(이하 "한정면허"라 한다)를 하거나 여객자동차운송사업의 질서를 확립하기 위하여 필요한 조건을 붙일 수 있다.(2013.3.23 본항개정)

④ 운송사업자(제1항에 따라 여객자동차운송사업의 면허를 받거나 등록을 한 자를 말한다. 이하 같다) 중 대통령령으로 정하는 운송사업자는 제2항에도 불구하고 다음 각 호의 어느 하나에 해당하는 교통시설(이하 "주요교통시설"이라 한다)이 같은 항에 따라 정하여진 사업구역(이하 "소속 사업구역"이라 한다)과 인접(국토교통부령으로 정하는 범위로 한정한다)하고 소속 사업구역에서 승차한 여객을 그 주요교통시설에 하차시킨 경우에는 제5항에 따른 승차대를 이용하여 소속 사업구역으로 가는 여객을 운송할 수 있다.(2024.1.9 본문개정)
1. 「철도의 건설 및 철도시설 유지관리에 관한 법률」 제2조제2호에 따른 고속철도의 역 시설(2018.3.13 본호개정)
2. 국제 정기편 운항이 이루어지는 「공항시설법」 제2조제3호에 따른 공항(2016.3.29 본호개정)
3. 여객이용시설이 설치된 「항만법」 제2조제2호에 따른 무역항
4. 그 밖에 제1호부터 제3호까지에 준하는 교통시설로서 대통령령으로 정하는 교통시설

(2016.12.2 본항신설)

⑤ 주요교통시설의 사업시행자는 그 주요교통시설을 이용하는 여객의 연계수송 편의 제고를 위하여 대통령령으로 정하는 여객자동차운송사업의 사업구역을 표시한 승차대를 설치하여야 한다. 이 경우 승차대의 설치·운영 등에 필요한 사항은 국토교통부령으로 정한다.(2016.12.2 본항신설)

제5조【면허 등의 기준】 ① 여객자동차운송사업의 면허기준은 다음 각 호와 같다.
1. 사업계획이 해당 노선이나 사업구역의 수송 수요와 수송력 공급에 적합할 것
2. 최저 면허기준 대수(臺數), 보유 차고 면적, 부대시설, 그 밖에 국토교통부령으로 정하는 기준에 적합할 것 (2013.3.23 본호개정)
3. 대통령령으로 정하는 여객자동차운송사업인 경우에는 운전 경력, 교통사고 유무, 거주지 등 국토교통부령으로 정하는 기준에 적합할 것(2013.3.23 본호개정)

② 국토교통부장관은 제1항제1호의 수송력 공급에 관한 산정기준(대통령령으로 정하는 여객자동차운송사업의 경우로 한정한다)을 정하여 시·도지사에게 통보할 수 있다.(2013.3.23 본항개정)

③ 제2항에 따라 수송력 공급에 관한 산정기준을 통보받은 시·도지사는 5년마다 수송력 공급계획을 수립·공고하고, 이를 국토교통부장관에게 보고하여야 한다.
(2013.3.23 본항개정)

④ 시·도지사는 「택시운송사업의 발전에 관한 법률」 제9조에 따라 사업구역별 택시 총량의 산정 또는 재산정이 있거나 수송 수요의 급격한 변화 등 국토교통부령으로 정하는 사유로 제3항의 수송력 공급계획을 변경할 필요가 있는 경우에는 국토교통부장관의 승인을 받아 이를 변경할 수 있다. 다만, 사업구역별 택시 총량의 재산정으로 인하여 공급계획을 변경하는 경우에는 국토교통부장관의 승인을 받지 아니하고 수송력 공급계획을 변경할 수 있다.(2014.1.28 본항개정)

⑤ 여객자동차운송사업의 등록기준이 되는 최저 등록기준 대수, 보유 차고 면적, 부대시설, 수송력 공급계획의 수립·공고, 그 밖에 필요한 사항은 국토교통부령으로 정한다.(2013.3.23 본항개정)

제5조의2【여객자동차운송사업 수급계획의 수립 등】 ① 국토교통부장관은 제4조제1항 단서에도 불구하고 대통령령으로 정하는 여객자동차운송사업의 수급조절을 위하여 필요한 경우 제2항에 따른 여객자동차운송사업 수급조절위원회의 심의를 거쳐 여객자동차운송사업 수급계획을 수립할 수 있다.

② 국토교통부장관은 제1항에 따른 수급계획을 심의하기 위하여 여객자동차운송사업 수급조절위원회(이하 이 조에서 "수급조절위원회"라 한다)를 둔다. 이 경우 수급조절위원회의 구성 및 운영, 그 밖에 필요한 사항은 대통령령으로 정한다.

③ 국토교통부장관은 제1항에 따른 수급계획에 따라 대통령령으로 정하는 여객자동차운송사업의 등록을 3년의 범위에서 일정 기간 제한할 수 있다. 다만, 필요한 경우 동일한 절차를 거쳐 2년 단위로 제한을 연장할 수 있다.

④ 국토교통부장관은 제3항에 따라 대통령령으로 정하는 여객자동차운송사업의 등록을 제한하려는 경우 이를 관보에 고시하고 시·도지사에 통보하여야 한다. 등록 제한을 해제하려는 경우에도 또한 같다.

⑤ 여객자동차운송사업 수급계획 및 수급조절 절차 등에 관하여 필요한 사항은 대통령령으로 정한다.
(2014.1.28 본조신설)

제6조【결격사유】 다음 각 호의 어느 하나에 해당하는 자는 여객자동차운송사업의 면허를 받거나 등록을 할 수 없다. 법인의 경우 그 임원 중에 다음 각 호의 어느 하나에 해당하는 자가 있는 경우에도 또한 같다.
1. 피성년후견인(2014.1.28 본호개정)
2. 파산선고를 받고 복권(復權)되지 아니한 자
3. 이 법을 위반하여 징역 이상의 실형(實刑)을 선고받고 그 집행이 끝나거나(집행이 끝난 것으로 보는 경우를 포함한다) 면제된 날부터 2년이 지나지 아니한 자
4. 이 법을 위반하여 징역 이상의 형(刑)의 집행유예를 선고받고 그 집행유예 기간 중에 있는 자
5. 여객자동차운송사업의 면허나 등록이 취소된 후 그 취소일부터 2년이 지나지 아니한 자. 다만, 제1호 또는 제2호에 해당하여 제85조제1항제8호에 따라 여객자동차운송사업의 면허나 등록이 취소된 경우는 제외한다.
(2017.12.26 단서신설)

제7조【운송 개시】 제4조제1항에 따라 여객자동차운송사업의 면허를 받은 자는 국토교통부장관 또는 시·도지사가 지정하는 기일 또는 기간 안에 사업계획에 따른 수송시설을 확인받고 운송을 시작하여야 한다. 다만, 국토교통부장관 또는 시·도지사는 천재지변이나 그 밖의 부득이한 사유로 여객자동차운송사업의 면허를 받은 자가 국토교통부장관 또는 시·도지사가 지정하는 기일 또는 기간 안에 운송을 시작할 수 없는 경우에는 그 면허를 받은 자의 신청에 따라 기일을 늦추거나 기간을 늘릴 수 있다.(2013.3.23 본조개정)

제8조【운임·요금의 신고 등】 ① 제4조제1항에 따라 여객자동차운송사업의 면허를 받은 자는 국토교통부장관 또는 시·도지사가 정하는 기준과 요율의 범위에서 운임이나 요금을 정하여 국토교통부장관 또는 시·도지사에게 신고하여야 한다.(2013.3.23 본항개정)

② 제4조제1항에 따라 여객자동차운송사업의 면허나 등록을 받은 자로서 대통령령으로 정하는 자는 제1항에도 불구하고 운임이나 요금을 정하려는 때에는 시·도지사에게 신고하여야 한다. 운임이나 요금을 변경하려는 때에도 또한 같다.

③ 국토교통부장관 또는 시·도지사는 제1항 또는 제2항에 따른 신고 또는 변경신고를 받은 날부터 국토교통부령으로 정하는 기간 내에 신고수리 여부를 신고인에게 통지하여야 한다.(2017.3.21 본항신설)

④ 국토교통부장관 또는 시·도지사가 제3항에서 정한 기간 내에 신고수리 여부 또는 민원 처리 관련 법령에 따른 처리기간의 연장 여부를 신고인에게 통지하지 아니하면 그 기간이 끝난 날의 다음 날에 신고를 수리한 것으로 본다.(2017.3.21 본항신설)

⑤ 제1항의 운임·요금의 기준과 요율의 결정에 필요한 사항은 국토교통부령으로 정한다.(2013.3.23 본항개정)

⑥ 노선 여객자동차운송사업자는 여객이 동반하는 6세 미만인 어린아이 1명은 운임이나 요금을 받지 아니하고 운송하여야 한다. 다만, 어린아이의 좌석을 따로 배정받기를 원하는 경우에는 운임이나 요금을 받고 운송할 수 있다.

제9조【운송약관】 ① 운송사업자는 운송약관을 정하여 국토교통부장관 또는 시·도지사에게 신고하여야 한다. 운송약관을 변경하려는 때에도 또한 같다.(2016.1.19 전단개정)

② 국토교통부장관 또는 시·도지사는 제1항에 따른 신고 또는 변경신고를 받은 날부터 국토교통부령으로 정하는 기간 내에 신고수리 여부를 신고인에게 통지하여야 한다.(2017.3.21 본항신설)

③ 국토교통부장관 또는 시·도지사가 제2항에서 정한 기간 내에 신고수리 여부 또는 민원 처리 관련 법령에 따른 처리기간의 연장 여부를 신고인에게 통지하지 아니하면 그 기간이 끝난 날의 다음 날에 신고를 수리한 것으로 본다.(2017.3.21 본항신설)

④ 제1항의 운송약관에 포함되어야 할 내용, 그 밖에 필요한 사항은 국토교통부령으로 정한다.
(2013.3.23 본조개정)

제10조【사업계획의 변경】 ① 제4조제1항에 따라 여객자동차운송사업의 면허를 받은 자가 사업계획을 변경하려는 때에는 국토교통부장관 또는 시·도지사의 인가를 받아야 한다. 다만, 국토교통부령으로 정하는 경미한 사항을 변경하려는 때에는 국토교통부장관 또는 시·도지사에게 신고하여야 한다.(2013.3.23 본항개정)

② 제4조제1항 단서에 따라 여객자동차운송사업을 등록한 자가 사업계획을 변경하려는 때에는 시·도지사에게 등록하여야 한다. 다만, 국토교통부령으로 정하는 경미한 사항을 변경하려는 때에는 시·도지사에게 신고하여야 한다.(2013.3.23 단서개정)

③ 국토교통부장관 또는 시·도지사는 제1항 단서 또는 제2항 단서에 따른 변경신고를 받은 날부터 국토교통부령으로 정하는 기간 내에 신고수리 여부를 신고인에게 통지하여야 한다.(2017.3.21 본항신설)

④ 국토교통부장관 또는 시·도지사가 제3항에서 정한 기간 내에 신고수리 여부 또는 민원 처리 관련 법령에 따른 처리기간의 연장 여부를 신고인에게 통지하지 아니하면 그 기간이 끝난 날의 다음 날에 신고를 수리한 것으로 본다.(2017.3.21 본항신설)

⑤ 국토교통부장관 또는 시·도지사는 운송사업자가 다음 각 호의 어느 하나에 해당하는 경우 제1항과 제2항에 따른 사업계획의 변경을 제한할 수 있다.(2013.3.23 본문개정)
1. 제7조에 따른 운송 개시의 기일이나 기간 안에 운송을 시작하지 아니한 경우
2. 제23조에 따른 개선명령을 받고 이행하지 아니한 경우
3. 제85조제1항에 따라 노선폐지(路線廢止)나 감차(減車) 등이 따르는 사업계획 변경명령을 받은 후 1년이 지나지 아니한 경우
4. 교통사고의 규모나 발생 빈도가 대통령령으로 정하는 기준 이상인 경우
5. 제5조의2제3항에 따라 국토교통부장관이 여객자동차운송사업의 등록을 제한한 경우(2014.1.28 본호신설)

⑥ 제1항부터 제5항까지의 규정에 따른 사업계획 변경의 절차, 기준, 그 밖에 필요한 사항은 국토교통부령으로 정한다.(2017.3.21 본항개정)

제11조【공동운수협정】 운송사업자가 여객의 원활한 운송과 서비스 개선을 위하여 다른 운송사업자와 공동 경영에 관한 계약이나 그 밖의 운수(運輸)에 관한 협정(이하 "공동운수협정"이라 한다)을 체결하려는 때에는 대통령령으로 정하는 바에 따라야 한다. 공동운수협정을 변경하려는 때에도 또한 같다.

제12조【명의이용 금지 등】 ① 운송사업자는 다른 운송사업자나 운송사업자가 아닌 자로 하여금 유상이나 무상으로 그 사업용 자동차의 전부 또는 일부를 사용하여 여객자동차운송사업을 경영하게 할 수 없다. 이 경우 운송사업자가 다른 운송사업자나 운송사업자가 아닌 자에게 그 사업과 관련되는 지시를 하는 경우에도 또한 같다.

② 운송사업자는 자기나 다른 사람의 명의(名義)로 다른 운송사업자의 사업용 자동차의 전부 또는 일부를 사용하여 여객자동차운송사업을 경영할 수 없다. 이 경우 운송사업자가 다른 운송사업자로부터 그 사업과 관련되는 지시를 받는 경우에도 또한 같다.

③ 운송사업자가 아닌 자는 자기나 다른 사람의 명의로 운송사업자의 사업용 자동차의 전부 또는 일부를 사용하여 여객자동차운송사업을 경영할 수 없다. 이 경우 운송사업자가 아닌 자가 운송사업자로부터 그 사업과 관련된 지시를 받는 경우에도 또한 같다.

제13조【사업관리의 위탁】 ① 운송사업자는 여객자동차운송사업의 관리를 위탁하려는 경우 국토교통부장관 또는 시·도지사에게 신고하여야 한다.(2013.3.23 본항개정)

② 국토교통부장관 또는 시·도지사는 제1항에 따른 신고를 받은 날부터 국토교통부령으로 정하는 기간 내에 신고수리 여부를 신고인에게 통지하여야 한다.(2017.3.21 본항신설)

③ 국토교통부장관 또는 시·도지사가 제2항에서 정한 기간 내에 신고수리 여부 또는 민원 처리 관련 법령에 따른 처리기간의 연장 여부를 신고인에게 통지하지 아니하면 그 기간이 끝난 날의 다음 날에 신고를 수리한 것으로 본다.(2017.3.21 본항신설)

④ 제1항에 따른 관리 위탁은 운송사업자가 아닌 자에게는 하지 못한다.

제14조【사업의 양도·양수 등】 ① 여객자동차운송사업을 양도·양수하려는 자는 국토교통부령으로 정하는 바에 따라 국토교통부장관 또는 시·도지사에게 신고하여야 한다. 이 경우 국토교통부장관 또는 시·도지사는 대통령령으로 정하는 여객자동차운송사업의 질서를 확립하기 위하여 필요하다고 인정될 때에는 국토교통부령으로 정하는 바에 따라 양도·양수의 지역적 범위를 한정할 수 있다.(2014.1.28 후단신설)

② 대통령령으로 정하는 여객자동차운송사업을 양도·양수하려면 제1항에도 불구하고 국토교통부령으로 정하는 바에 따라 국토교통부장관 또는 시·도지사의 인가를 받아야 한다. 이 경우 국토교통부장관 또는 시·도지사는 국토교통부령으로 정하는 일정 기간 동안 여객자동차운송사업의 양도·양수를 제한할 수 있다.(2013.3.23 본항개정)
③ 제2항에 따라 인가를 받아야 하는 운송사업자 중에서 대통령령으로 정하는 자는 그 사업을 양도할 수 없다. 다만, 사업구역별로 사업면허의 수요·공급 등을 고려하여 관할 지방자치단체의 조례로 달리 정하는 경우에는 그러하지 아니하다.(2015.6.22 단서신설)
④ 운송사업자인 법인이 합병하려는 경우(운송사업자인 법인이 운송사업자가 아닌 법인을 흡수합병하는 경우는 제외한다)에는 국토교통부령으로 정하는 바에 따라 국토교통부장관 또는 시·도지사에게 신고하여야 한다.
(2013.3.23 본항개정)
⑤ 국토교통부장관 또는 시·도지사는 제1항 또는 제4항에 따른 신고를 받은 날부터 국토교통부령으로 정하는 기간 내에 신고수리 여부를 신고인에게 통지하여야 한다.(2017.3.21 본항신설)
⑥ 국토교통부장관 또는 시·도지사가 제5항에서 정한 기간 내에 신고수리 여부 또는 민원 처리 관련 법령에 따른 처리기간의 연장 여부를 신고인에게 통지하지 아니하면 그 기간이 끝난 날의 다음 날에 신고를 수리한 것으로 본다.(2017.3.21 본항신설)
⑦ 국토교통부장관 또는 시·도지사는 제2항에 따른 인가의 신청을 받은 날부터 20일 이내에 인가 여부를 신청인에게 통지하여야 한다.(2017.3.21 본항신설)
⑧ 국토교통부장관 또는 시·도지사가 제7항에서 정한 기간 내에 인가 여부 또는 민원 처리 관련 법령에 따른 처리기간의 연장 여부를 신청인에게 통지하지 아니하면 그 기간이 끝난 날의 다음 날에 인가를 한 것으로 본다.
(2017.3.21 본항신설)
⑨ 제1항, 제2항 및 제4항에 따른 신고를 하거나 인가를 받은 경우 여객자동차운송사업을 양수한 자는 여객자동차운송사업을 양도한 자의 운송사업자로서의 지위를 승계하며, 합병에 따라 설립되거나 존속되는 법인은 합병에 따라 소멸되는 법인의 운송사업자로서의 지위를 승계한다.(2009.5.27 본항개정)
⑩ 제1항, 제2항 및 제4항에 따른 신고를 하거나 인가를 받는 자의 결격사유에 관하여는 제6조를 준용한다.
(2009.5.27 본항개정)

제15조【여객자동차운송사업의 상속】 ① 운송사업자가 사망한 경우 상속인이 그 여객자동차운송사업을 계속하려면 피상속인이 사망한 날부터 90일 이내에 국토교통부장관 또는 시·도지사에게 신고하여야 한다.
(2015.6.22 단서삭제)
② 국토교통부장관 또는 시·도지사는 제1항에 따른 신고를 받은 날부터 국토교통부령으로 정하는 기간 내에 신고수리 여부를 신고인에게 통지하여야 한다.(2017.3.21 본항신설)
③ 국토교통부장관 또는 시·도지사가 제2항에서 정한 기간 내에 신고수리 여부 또는 민원 처리 관련 법령에 따른 처리기간의 연장 여부를 신고인에게 통지하지 아니하면 그 기간이 끝난 날의 다음 날에 신고를 수리한 것으로 본다.(2017.3.21 본항신설)
④ 제1항에도 불구하고 대통령령으로 정하는 운송사업자가 사망한 경우에는 상속인이 그 여객자동차운송사업을 계속할 수 없다. 다만, 사업구역별로 사업면허의 수요·공급 등을 고려하여 관할 지방자치단체의 조례로 달리 정하는 경우에는 그러하지 아니하다.(2015.6.22 본항신설)
⑤ 상속인이 제1항에 따른 신고를 한 경우 피상속인이 사망한 날부터 신고를 한 날까지의 기간 동안 피상속인에 대한 여객자동차운송사업의 면허나 등록은 상속인에 대한 면허나 등록으로 본다.
⑥ 제1항에 따라 신고를 한 상속인은 피상속인이 지니고 있던 운송사업자로서의 지위를 승계한다.
⑦ 제1항에 따른 신고를 한 자의 결격사유에 관하여는 제6조를 준용한다. 다만, 피상속인이 사망한 날부터 90일 이내에 상속인이 그 여객자동차운송사업을 다른 사람에게 양도한 경우에는 피상속인의 사망일부터 양도일까지의 기간 동안 피상속인에 대한 여객자동차운송사업의 면허나 등록은 상속인에 대한 면허나 등록으로 본다.

제16조【여객자동차운송사업의 휴업·폐업】 ① 제4조제1항에 따라 여객자동차운송사업의 면허를 받은 자는 그 사업의 전부 또는 일부를 휴업하거나 그 사업의 전부를 폐업하려면 국토교통부령으로 정하는 바에 따라 국토교통부장관 또는 시·도지사의 허가를 받아야 한다. 다만, 도로나 다리가 파괴되거나 그 밖에 정당한 사유가 있는 경우에는 그러하지 아니하다.(2013.3.23 본문개정)
② 제4조제1항 단서에 따라 여객자동차운송사업의 등록을 한 자는 그 사업의 전부 또는 일부를 휴업하거나 그 사업의 전부를 폐업하려면 국토교통부령으로 정하는 바에 따라 시·도지사에게 신고하여야 한다.(2013.3.23 본항개정)
③ 국토교통부장관 또는 시·도지사는 제2항에 따른 신고를 받은 날부터 국토교통부령으로 정하는 기간 내에 신고수리 여부를 신고인에게 통지하여야 한다.(2017.3.21 본항신설)
④ 국토교통부장관 또는 시·도지사가 제3항에서 정한 기간 내에 신고수리 여부 또는 민원 처리 관련 법령에 따른 처리기간의 연장 여부를 신고인에게 통지하지 아니하면 그 기간이 끝난 날의 다음 날에 신고를 수리한 것으로 본다.(2017.3.21 본항신설)
⑤ 제1항과 제2항의 휴업 기간은 1년을 넘지 못한다.
⑥ 운송사업자는 그 사업의 전부 또는 일부를 휴업하거나 그 사업의 전부를 폐업하려면 미리 그 취지를 영업소와 일반 사람들이 보기 쉬운 곳에 게시하여야 한다.

제17조【자동차 표시】 운송사업자는 여객자동차운송사업에 사용되는 자동차의 바깥쪽에 운송사업자의 명칭, 기호, 그 밖에 국토교통부령으로 정하는 사항을 표시하여야 한다.(2013.3.23 본조개정)

제18조【우편물 등의 운송】 ① 노선 여객자동차운송사업자는 여객 운송에 덧붙여 우편물, 신문, 여객의 휴대 화물, 그 밖에 신속한 운송이 필요한 것으로서 국토교통부령으로 정하는 소화물을 운송할 수 있다.(2014.1.28 본항개정)
② 제1항에 따라 노선 여객자동차운송사업자가 운송할 수 있는 소화물의 부피, 무게 및 그 밖에 필요한 사항은 국토교통부령으로 정한다.(2014.1.28 본항신설)
③ 국토교통부장관 또는 시·도지사는 제1항에도 불구하고 여객의 안전을 위하여 필요하다고 인정하는 경우 노선 여객자동차운송사업자에게 소화물 운송의 금지를 명할 수 있다.(2014.1.28 본항신설)

제19조【사고 시의 조치 등】 ① 운송사업자는 사업용 자동차의 고장, 교통사고 또는 천재지변으로 다음 각 호의 어느 하나에 해당하는 상황이 발생하는 경우 국토교통부령으로 정하는 바에 따라 같은 호에 따른 조치를 하여야 한다.(2015.8.11 본문개정)
1. 사상자(死傷者)가 발생하는 경우 : 신속하게 유류품(遺留品)을 관리할 것(2015.8.11 본호신설)
2. 사업용 자동차의 운행을 재개할 수 없는 경우 : 대체 운송수단을 확보하여 여객에게 제공하는 등 필요한 조치를 할 것. 다만, 여객이 동의하는 경우에는 그러하지 아니하다.(2015.8.11 본호신설)
② 운송사업자는 그 사업용 자동차에 다음 각 호의 어느 하나에 해당하는 사고(이하 "중대한 교통사고"라 한다)가 발생한 경우 국토교통부령으로 정하는 바에 따라 지체 없이 국토교통부장관 또는 시·도지사에게 보고하여야 한다.(2013.3.23 본문개정)
1. 전복(顚覆) 사고
2. 화재가 발생한 사고
3. 대통령령으로 정하는 수(數) 이상의 사람이 죽거나 다친 사고

제20조【여객자동차 운수사업자에 대한 경영 및 서비스 평가】 ① 국토교통부장관 또는 시·도지사는 여객자동차 운수사업을 체계적으로 지원·육성하고 서비스를 개선하기 위하여 여객자동차 운수사업자의 경영 상태와 여객자동차 운수사업을 경영하는 자(이하 "여객자동차 운수사업자"라 한다)가 제공하는 서비스에 대하여 평가를 할 수 있다.
② 국토교통부장관 또는 시·도지사는 제1항에 따른 경영 및 서비스 평가 결과(경영 평가 결과는 제외한다)를 국토교통부령으로 정하는 바에 따라 공표할 수 있다.
③ 국토교통부장관 또는 시·도지사는 제1항에 따른 경영 및 서비스 평가 결과가 우수한 자에게 국토교통부령으로 정하는 바에 따라 포상, 우수 인증서 발급 등을 실시하고 제50조에 따른 재정지원 등을 우선적으로 할 수 있다.
④ 국토교통부장관 또는 시·도지사는 여객자동차 운수사업자에게 제1항에 따른 경영 및 서비스 평가에 필요한 자료를 제출하도록 요구할 수 있다.
⑤ 제1항에 따라 국토교통부장관 또는 시·도지사가 실시하는 경영 및 서비스 평가의 대상·기준·방법 및 절차 등에 관하여 필요한 사항은 국토교통부령으로 정한다.
(2013.3.23 본조개정)

제20조의2【여객자동차 운수사업자와 관련된 교통안전정보의 공시】 ① 국토교통부장관은 여객자동차 운수사업용 자동차를 이용하려는 자에게 여객자동차 운수사업자와 관련된 교통안전정보를 공시할 수 있다.
② 제1항에 따른 교통안전정보의 대상 및 기준, 공시의 방법 및 절차 등에 필요한 사항은 국토교통부령으로 정한다.
(2017.12.26 본조신설)

제21조【운송사업자의 준수 사항】 ① 대통령령으로 정하는 운송사업자는 운수종사자(제24조에 따른 운전업무 종사자격을 갖추고 여객자동차운송사업의 운전업무에 종사하고 있는 자를 말한다. 이하 같다)가 이용자에게서 받은 운임이나 요금(이하 "운송수입금"이라 한다)의 전액에 대하여 다음 각 호의 사항을 준수하여야 한다.
(2024.1.9 본문개정)
1. 1일 근무시간 동안 택시요금미터(운송수입금 관리를 위하여 설치한 확인 장치를 포함한다. 이하 같다)에 기록된 운송수입금의 전액을 운수종사자의 근무종료 당일 수납할 것
2. 일정금액의 운송수입금 기준액을 정하여 수납하지 않을 것
3. 차량 운행에 필요한 제반경비(주유비, 세차비, 차량수리비, 사고처리비 등을 포함한다)를 운수종사자에게 운송수입금이나 그 밖의 금전으로 충당하지 않을 것
4. 운송수입금 확인기능을 갖춘 운송기록출력장치를 갖추고 운송수입금 자료를 보관(보관기간은 1년으로 한다)할 것
5. 운송수입금 수납 및 운송기록을 허위로 작성하지 않을 것
(2019.8.27 본항개정)
② 운송사업자는 제24조에 따른 운수종사자의 요건을 갖춘 자만 운전업무에 종사하게 하여야 한다.
③~⑤ (2020.4.7 삭제)
⑥ 운송사업자는 제27조의2에 따라 여객이 착용하는 좌석안전띠가 정상적으로 작동될 수 있는 상태를 유지(여객이 6세 미만의 유아인 경우에는 유아보호용 장구를 장착할 수 있는 상태를 포함한다)하여야 한다.(2017.10.24 본항개정)
⑦ 운송사업자는 운수종사자에게 여객의 좌석안전띠 착용에 관한 교육을 하여야 한다. 이 경우 교육의 방법, 내용, 시기 및 주기, 그 밖에 필요한 사항은 국토교통부령으로 정한다.(2013.3.23 후단개정)
⑧ 구역 여객자동차운송사업 중 대통령령으로 정하는 여객자동차운송사업에 사용되는 자동차에 대하여는 국토교통부령으로 정하는 바에 따라 운전석 및 그 옆 좌석에 에어백을 설치하여야 한다.(2013.8.6 본항신설)
⑨ 구역 여객자동차운송사업 중 대통령령으로 정하는 여객자동차운송사업을 영위하는 운송사업자는 이용자의 요청이 있거나 이용자와 운송계약을 체결하는 경우 해당 차량 및 운전자에 관한 다음 각 호의 교통안전정보를 제공하여야 한다.(2015.6.22 본문개정)
1. 제24조에 따른 운전업무 종사자격 취득 여부
2. 제84조에 따른 차령 및 운행거리 기준 준수 여부
3. 「자동차손해배상 보장법」에 따른 의무보험 가입 여부
4. 그 밖에 이용자의 교통안전과 관련된 정보로서 국토교통부령으로 정하는 정보
(2014.5.21 본항신설)
⑩ 구역 여객자동차운송사업 중 대통령령으로 정하는 여객자동차운송사업을 영위하는 운송사업자는 사업용 자동차를 운행하려면 다음 각 호의 운행정보를 시·도지사에게 신고한 후 운행기록증을 발부받아 해당 자동차에 붙여야 한다. 이 경우 운행정보 신고 및 운행기록증 발부·부착의 절차·방법 등에 필요한 사항은 국토교통부령으로 정한다.(2020.6.9 전단개정)
1. 운행 일시·목적 및 경로
2. 운수종사자의 이름 및 운전자격
3. 그 밖에 국토교통부령으로 정하는 정보
(2015.1.6 본항신설)
⑪ 운송사업자는 운수종사자에게 안전운전에 필요한 충분한 휴식시간(이하 "휴식시간"이라 한다)을 보장하여야 한다. 이 경우 운송수단별 휴식시간에 관한 사항은 국토교통부령으로 정한다.(2017.10.24 본항신설)
⑫ 운송사업자(자동차 1대를 운송사업자가 직접 운전하는 특수여객자동차운송사업 및 개인택시운송사업자는 제외한다)는 사업용 자동차를 운행하기 전에 대통령령으로 정하는 바에 따라 운수종사자의 음주 여부를 확인하고 이를 기록하여야 한다. 확인한 결과 운수종사자가 음주로 안전한 운전을 할 수 없다고 판단되는 경우에는 해당 운수종사자가 차량을 운행하도록 하여서는 아니 된다.
(2018.8.14 본항신설)
⑬ 제1항부터 제12항까지 외에 안전운행과 여객의 편의 또는 서비스 개선 등을 위한 지도·확인에 대하여 운송사업자가 지켜야 할 사항은 국토교통부령으로 정한다.
(2018.8.14 본항개정)

제22조【운수종사자 등의 현황 통보】 ① 운송사업자(자동차 1대로 운송사업자가 직접 운전하는 여객자동차운송사업의 경우는 제외한다)는 운수종사자에 대한 다음 각 호의 사항을 각각의 기준에 따라 시·도지사에게 알려야 한다.
1. 신규 채용하거나 퇴직한 운수종사자의 명단(신규 채용한 운수종사자의 경우에는 보유하고 있는 운전면허의 종류와 취득 일자를 포함한다) : 신규 채용일이나 퇴직일부터 7일 이내
2. 전월 말일 현재의 운수종사자 현황 : 매월 10일까지
3. 전월 각 운수종사자에 대한 휴식시간 보장내역 : 매월 10일까지
(2017.12.26 본항개정)
② 제1항 각 호의 사항을 통보받은 시·도지사는 지체 없이 국토교통부장관에게 보고하여야 한다.(2013.3.23 본항개정)
③ 제24조제1항제3호에 따른 시험을 시행한 시·도지사는 자격을 취득한 사람의 현황을 지체 없이 국토교통부령으로 정하는 바에 따라 국토교통부장관에게 보고하여야 한다.(2017.12.26 본항개정)
④ 제25조제1항에 따른 운수종사자 교육을 실시한 운수종사자 연수기관 등은 교육을 받은 운수종사자 현황을 매월 10일까지 국토교통부장관에게 보고하여야 한다.
(2014.1.28 본항신설)
(2014.1.28 본조제목개정)

제22조의2【운수종사자 관리업무의 전산처리】 ① 국토교통부장관은 운수종사자 현황을 효율적으로 관리하기 위하여 운수종사자 현황 등 국토교통부령으로 정하는 정보를 수집·관리하는 시스템(이하 이 조에서 "운수종사자 관리시스템"이라 한다)을 구축·운영할 수 있다.
② 국토교통부장관은 운수종사자의 효율적 관리, 교통사고 예방 등 공공의 목적을 위하여 필요한 경우 운수종사자 관리시스템에 의하여 처리된 자료를 국토교통부령으로 정하는 바에 따라 시·도 및 제53조에 따른 조합 등과 공동으로 이용하게 할 수 있다.
(2014.1.28 본조신설)

제23조【여객자동차운송사업의 개선명령 등】 ① 국토교통부장관 또는 시·도지사(제10호의 경우 대통령령으로 정하는 운송사업에 대하여는 시장·군수를 말한다)는 여객을 원활히 운송하고 서비스를 개선하기 위하여 필요하다고 인정하면 운송사업자에게 다음 각 호의 사항을 명할 수 있다.(2013.3.23 본문개정)
1. 사업계획의 변경(제85조제1항에 따른 노선폐지나 감차 등의 결과가 따르는 사업계획의 변경은 제외한다)
2. 노선의 연장·단축 또는 변경
3. 운임 또는 요금의 조정
4. 운송약관의 변경
5. 자동차 또는 운송시설의 개선
6. 운임 또는 요금 징수 방식의 개선
7. 공동운수협정의 체결
8. 자동차 손해배상을 위한 보험 또는 공제에의 가입
9. 안전운송의 확보와 서비스의 향상을 위하여 필요한 조치
10. 벽지노선(僻地路線)이나 수익성(收益性)이 없는 노선의 운행
② 국토교통부장관 또는 시·도지사는 천재지변 등의 사유로 노선 여객자동차나 도시철도 등의 운행이 곤란한 지역이나 노선에 긴급하게 수송력 공급을 증대시킬 필요가 있으면 운송사업자에게 노선의 연장·변경, 임시노선의 운행 등 대체교통수단으로서 여객자동차의 운행을 명할 수 있다.(2013.3.23 본항개정)
③ 국토교통부장관, 시·도지사 또는 시장·군수는 운송사업자가 제1항제10호의 개선명령과 제2항의 운행명령을 이행하면서 손실을 입은 경우 대통령령으로 정하는 바에 따라 그 손실을 보상(補償)하여야 한다.(2013.3.23 본항개정)

제24조【여객자동차운송사업의 운전업무 종사자격】 ① 여객자동차운송사업의 운전업무에 종사하려는 사람은 제1호 및 제2호의 요건을 모두 갖추고, 제3호 또는 제4호(국토교통부령으로 정하는 여객자동차운송사업에 한정한다)의 요건을 갖추어야 한다.(2014.5.21 본문개정)
1. 국토교통부령으로 정하는 나이와 운전경력 등 운전업무에 필요한 요건을 갖출 것(2013.3.23 본호개정)
2. 국토교통부령으로 정하는 바에 따라 국토교통부장관이 시행하는 운전 적성(適性)에 대한 정밀검사 기준에 맞을 것(2013.3.23 본호개정)
3. 국토교통부장관 또는 시·도지사가 시행하는 여객자동차 운수 관계 법령과 지리 숙지도(熟知度) 등에 관한 시험에 합격한 후 국토교통부장관 또는 시·도지사로부터 자격을 취득할 것(2014.5.21 본호개정)
4. 국토교통부장관이 「교통안전법」 제56조에 따른 교통안전체험에 관한 연구·교육시설에서 교통안전체험, 교통사고 대응요령 및 여객자동차 운수사업법령 등에 관하여 실시하는 이론 및 실기 교육을 이수하고 자격을 취득할 것(2014.5.21 본호신설)
② 제1항제3호 및 제4호에 따른 시험의 실시, 교육의 이수 및 자격의 취득 등에 필요한 사항은 국토교통부령으로 정한다.(2014.5.21 본항개정)
③ 여객자동차운송사업의 운전자격을 취득하려는 사람이 다음 각 호의 어느 하나에 해당하는 경우 제1항에 따른 자격을 취득할 수 없다.
1. 다음 각 목의 어느 하나에 해당하는 죄를 범하여 금고(禁錮) 이상의 실형을 선고받고 그 집행이 끝나거나(집행이 끝난 것으로 보는 경우를 포함한다) 면제된 날부터 2년이 지나지 아니한 사람
가. 「특정강력범죄의 처벌에 관한 특례법」 제2조제1항 각 호에 따른 죄
나. 「특정범죄 가중처벌 등에 관한 법률」 제5조의2부터 제5조의5까지, 제5조의8, 제5조의9 및 제11조에 따른 죄
다. 「마약류 관리에 관한 법률」에 따른 죄
라. 「형법」 제332조(제329조부터 제331조까지의 상습범으로 한정한다), 제341조에 따른 죄 또는 그 각 미수죄, 제363조에 따른 죄(2016.1.6 본목신설)
2. 제1호 각 목의 어느 하나에 해당하는 죄를 범하여 금고 이상의 형의 집행유예를 선고받고 그 집행유예기간 중에 있는 사람
3. 제2항에 따른 자격시험일 전 5년간 다음 각 목의 어느 하나에 해당하는 사람
가. 「도로교통법」 제93조제1항제1호부터 제4호까지에 해당하여 운전면허가 취소된 사람
나. 「도로교통법」 제43조를 위반하여 운전면허를 받지 아니하거나 운전면허의 효력이 정지된 상태로 같은 법 제2조제21호에 따른 자동차등을 운전하여 벌금형 이상의 형을 선고받거나 같은 법 제93조제1항제19호에 따라 운전면허가 취소된 사람
다. 운전 중 고의 또는 과실로 3명 이상이 사망(사고발생일부터 30일 이내에 사망한 경우를 포함한다)하거나 20명 이상의 사상자가 발생한 교통사고를 일으켜 「도로교통법」 제93조제1항제10호에 따라 운전면허가 취소된 사람
(2016.12.2 본호개정)
4. 제2항에 따른 자격시험일 전 3년간 다음 각 목의 어느 하나에 해당하는 처분을 받은 사람(2021.7.27 본문개정)
가. 「도로교통법」 제93조제1항제1호에 해당하여 행하여진 운전면허효력 정지처분
나. 「도로교통법」 제93조제1항제5호 및 제5호의2에 해당하여 행하여진 운전면허 취소처분
(2021.7.27 가목~나목신설)
④ 구역 여객자동차운송사업 중 대통령령으로 정하는 여객자동차운송사업의 운전자격을 취득하려는 사람이 다음 각 호의 어느 하나에 해당하는 경우 제3항에도 불구하고 제1항에 따른 자격을 취득할 수 없다.
1. 다음 각 목의 어느 하나에 해당하는 죄를 범하여 금고 이상의 실형을 선고받고 그 집행이 끝나거나(집행이 끝난 것으로 보는 경우를 포함한다) 면제된 날부터 최대 20년의 범위에서 범죄의 종류·죄질, 형기의 장단 및 재범위험성 등을 고려하여 대통령령으로 정하는 기간이 지나지 아니한 사람(2016.12.2 본문개정)
가. 제3항제1호 각 목에 따른 죄
나. 「성폭력범죄의 처벌 등에 관한 특례법」 제2조제1항제2호부터 제4호까지, 제3조부터 제9조까지, 제14조, 제14조의2, 제14조의3 및 제15조에 따른 죄
(2021.7.27 본목개정)
다. 「아동·청소년의 성보호에 관한 법률」 제2조제2호에 따른 죄
2. 제1호에 따른 죄를 범하여 금고 이상의 형의 집행유예를 선고받고 그 집행유예기간 중에 있는 사람
⑤ 국토교통부장관 또는 시·도지사는 제1항제1호에 따른 운전경력 및 제3항과 제4항에 따른 범죄경력을 확인하기 위하여 필요한 정보에 한정하여 경찰청장에게 운전경력 및 범죄경력자료의 조회를 요청할 수 있다.(2020.6.9 본항개정)
(2012.2.1 본조개정)

제24조의2【운전자격증명의 게시 등】 ① 여객자동차운송사업의 운수종사자(운송사업자의 질병 등 국토교통부령으로 사유로 다른 사람에게 운전업무를 대신하게 하는 경우에는 해당 운전자를 말한다)는 제24조에 따른 운전업무 종사자격을 증명하는 증표를 발급받아 해당 사업용 자동차 안에 항상 게시하여야 한다.
② 제1항에도 불구하고 구역 여객자동차운송사업의 운수종사자 중 대통령령으로 정하는 운수종사자는 운전자격증명을 전자적 매체·기기 등을 통한 방법으로 게시할 수 있다.
③ 제1항에 따른 증표의 발급·관리 및 게시에 필요한 사항은 국토교통부령으로 정한다.
(2015.8.11 본조신설)

제25조【운수종사자의 교육 등】 ① 운수종사자는 국토교통부령으로 정하는 바에 따라 운전업무를 시작하기 전에 다음 각 호의 사항에 관한 교육을 받아야 한다.
1. 여객자동차 운수사업 관계 법령 및 도로교통 관계 법령
2. 서비스의 자세 및 운송질서의 확립
3. 교통안전수칙
4. 응급처치의 방법
4의2. 차량용 소화기 사용법 등 차량화재 발생 시 대응방법(2019.11.26 본호신설)
5. 「지속가능 교통물류 발전법」 제2조제15호에 따른 경제운전(2017.8.9 본호신설)
6. 그 밖에 운전업무에 필요한 사항
(2015.8.11 본항개정)
② 운송사업자는 제1항에 따라 운수종사자가 교육을 받는 데에 필요한 조치를 하여야 하며, 그 교육을 받지 아니한 운수종사자를 운전업무에 종사하게 하여서는 아니 된다.
③ 시·도지사는 제1항에 따른 교육을 효율적으로 실시하기 위하여 필요하면 특별시·광역시·특별자치시·도·특별자치도(이하 "시·도"라 한다)의 조례로 정하는 바에 따라 운수종사자 연수기관을 직접 설립하여 운영하거나 지정할 수 있으며, 그 운영에 필요한 비용을 지원할 수 있다.(2012.5.23 본항개정)

판례 '보수교육'은 근로자인 운전종사자와 사용자인 운송사업자 모두에게 부과된 법령상 의무로서, 운전종사자의 적법한 근로 제공 및 운송사업자의 운전업무에 종사할 근로자 채용·결정에 관한 필수적인 전제조건이기도 하여 근로 제공과의 밀접한 관련성이 인정된다. 또한 운송사업자가 운수종사자의 교육에 필요한 조치를 하지 아니한 경우에는 상당한 정도의 불이익이 규정되어 있는 점(여객자동차 운수사업법 제85조제1항제23호) 등을 종합하면, 비록 교육의 주체가 사용자가 아닐지라도 운수종사자에 대한 보수교육시간은 근로시간에 포함된다.(대판 2022.5.12, 2022다203798)

제26조【운수종사자의 준수 사항】 ① 운수종사자는 다음 각 호의 어느 하나에 해당하는 행위를 하여서는 아니 된다.
1. 정당한 사유 없이 여객의 승차(제3조제1항제3호의 수요응답형 여객자동차운송사업의 경우 여객의 승차예약을 포함한다)를 거부하거나 여객을 중도에서 내리게 하는 행위(구역 여객자동차운송사업 중 대통령령으로 정하는 여객자동차운송사업은 제외한다)
2. 부당한 운임 또는 요금을 받는 행위(구역 여객자동차운송사업 중 대통령령으로 정하는 여객자동차운송사업은 제외한다)
(2014.1.28 1호~2호개정)
3. 일정한 장소에 오랜 시간 정차하여 여객을 유치(誘致)하는 행위
4. (2014.1.28 삭제)
5. 문을 완전히 닫지 아니한 상태에서 자동차를 출발시키거나 운행하는 행위
6. 여객이 승하차하기 전에 자동차를 출발시키거나 승하차할 여객이 있는데도 정차하지 아니하고 정류소를 지나치는 행위
7. 안내방송을 하지 아니하는 행위(국토교통부령으로 정하는 자동차 안내방송 시설이 설치되어 있는 경우만 해당한다)(2013.3.23 본호개정)
7의2. 여객자동차운송사업용 자동차 안에서 흡연하는 행위(2014.1.28 본호신설)
7의3. 휴식시간을 준수하지 아니하고 운행하는 행위(2017.10.24 본호신설)
7의4. 운전 중에 방송 등 영상물을 수신하거나 재생하는 장치(휴대전화 등 운전자가 휴대하는 것을 포함하며, 이하 "영상표시장치"라 한다)를 이용하여 영상물 등을 시청하는 행위. 다만, 다음 각 목의 어느 하나에 해당하는 경우에는 그러하지 아니하다.
가. 지리안내 영상 또는 교통정보안내 영상
나. 국가비상사태·재난상황 등 긴급한 상황을 안내하는 영상
다. 운전 시 자동차의 좌우 또는 전후방을 볼 수 있도록 도움을 주는 영상
(2024.1.9 본호신설)
8. 택시요금미터를 임의로 조작 또는 훼손하는 행위(2019.8.27 본호신설)
9. 그 밖에 안전운행과 여객의 편의를 위하여 운수종사자가 지키도록 국토교통부령으로 정하는 사항을 위반하는 행위(2013.3.23 본호개정)
② 제21조제1항에 따른 운송사업자의 운수종사자는 운송수입금의 전액에 대하여 다음 각 호의 사항을 준수하여야 한다.
1. 1일 근무시간 동안 택시요금미터에 기록된 운송수입금의 전액을 운수종사자의 근무종료 당일 운송사업자에게 납부할 것
2. 일정금액의 운송수입금 기준액을 정하여 납부하지 않을 것
(2019.8.27 본항개정)
③ 운수종사자는 차량의 출발 전에 제27조의2에 따라 여객이 좌석안전띠를 착용하도록 안내하여야 한다. 이 경우 안내의 방법, 시기, 그 밖에 필요한 사항은 국토교통부령으로 정한다.(2013.3.23 후단개정)
④ 제21조제10항에 따라 운행기록증을 붙여야 하는 자동차를 운행하는 운수종사자는 같은 항에 따라 신고된 운행기간 중 해당 운행기록증을 식별하기 어렵게 하거나, 그러한 자동차를 운행하여서는 아니 된다.(2020.6.9 본항개정)

제27조【사고기록의 유지관리 등】 ① 국토교통부장관은 운수종사자의 사상사고(死傷事故) 현황과 교통법규 위반사항 및 제24조제3항·제4항에 따른 범죄경력을 경찰청장에게 확인하여 그 기록을 유지·관리하여야 한다.
② 국토교통부장관은 운수종사자의 운전면허가 취소 또는 정지되었거나 여객자동차의 안전운전을 확보하기 위하여 국토교통부령으로 정하는 기준에 해당하는 자가 있을 때에는 해당 시·도지사 및 운송사업자(자동차 1대로 운송사업자가 직접 운전하는 여객자동차운송사업의 경우는 제외한다)에게 그 사실을 알려야 한다.
(2013.3.23 본조개정)

제27조의2【여객의 준수 사항】 ① 최고속도, 도로의 여건 등을 고려하여 대통령령으로 정하는 도로에서 운행되는 대통령령으로 정하는 여객자동차운송사업용 자동차에 탑승하는 여객은 좌석안전띠를 착용하여야 한다. 다만, 환자·임산부 등 대통령령으로 정하는 여객은 그러하지 아니하다.
② 여객은 여객자동차운송사업용 자동차 안에서 흡연하여서는 아니 된다.(2014.1.28 본항신설)
③ 여객은 여객자동차운송사업용 자동차 안에서 술을 마시거나 약물을 복용하고 다른 사람에게 위해를 주는 행위를 하여서는 아니 된다.(2021.3.23 본항신설)
④ 운전자는 제2항 또는 제3항을 위반하여 금지행위를 한 사람을 자동차 밖으로 내리게 하거나 금지행위를 유발한 물건을 수거 또는 폐기할 수 있다.(2021.3.23 본항신설)
(2014.1.28 본조제목개정)
(2012.5.23 본조신설)

제27조의3【영상기록장치의 설치 등】 ① 운송사업자는 여객자동차운송사업에 사용되는 차량의 운행상황 기록, 교통사고 상황 파악, 차량 내 범죄예방을 위하여 대통령령으로 정하는 여객자동차운송사업의 사업용 자동차에 영상기록장치를 설치하여야 한다. 다만, 「교통안전법」 제55조제1항에 따른 운행기록장치가 영상기록장치의 기능을 가지고 있는 때에는 영상기록장치를 설치한 것으로 본다.
② 운송사업자는 제1항에 따라 영상기록장치를 설치하는 경우 운수종사자, 승객 등이 쉽게 인식할 수 있도록 대통령령으로 정하는 바에 따라 안내판 설치 등 필요한 조치를 하여야 한다.
③ 운송사업자는 영상기록장치와 관련하여 다음 각 호의 행위를 하여서는 아니 된다.
1. 설치 목적과 다른 목적으로 영상기록장치를 임의로 조작하거나 다른 곳을 비추는 행위
2. 운행기간 외에 영상기록을 하는 행위
3. 녹음기능을 사용하여 음성기록을 하는 행위
④ 운송사업자는 다음 각 호의 어느 하나에 해당하는 경우 외에는 영상기록을 이용하거나 다른 자에게 제공해서는 아니 된다.
1. 교통사고 상황 파악을 위하여 필요한 경우
2. 범죄의 수사와 공소의 제기 및 유지에 필요한 경우
3. 법원의 재판업무 수행을 위하여 필요한 경우
⑤ 영상기록장치의 설치·관리 및 영상기록의 이용·제공 등은 「개인정보 보호법」에 따라야 한다.
⑥ 운송사업자는 영상기록장치에 기록된 영상이 분실·도난·유출·변조 또는 훼손되지 아니하도록 안전성 확보에 필요한 조치를 하여야 한다.
⑦ 운송사업자는 대통령령으로 정하는 바에 따라 영상기록장치의 운영·관리 지침을 마련하여야 한다.
⑧ 제1항에 따른 영상기록장치의 설치 기준·방법, 제4항에 따른 영상기록의 제공 및 그 밖에 영상기록의 보관 등에 필요한 사항은 국토교통부령으로 정한다.
(2018.9.18 본조신설)

제3장 자동차대여사업

제28조【등록】 ① 자동차대여사업을 경영하려는 자는 사업계획을 작성하여 국토교통부령으로 정하는 바에 따라 시·도지사에게 등록하여야 한다.(2013.3.23 본항개정)
② 제1항에 따른 자동차대여사업의 결격사유에 관하여는 제6조를 준용한다.
제29조【등록기준】 자동차대여사업의 등록기준이 되는 자동차 대수, 보유 차고 면적, 영업소, 그 밖에 필요한 사항은 국토교통부령으로 정한다.(2013.3.23 본조개정)
제30조【대여사업용 자동차의 종류】 자동차대여사업에 사용할 수 있는 자동차의 종류는 국토교통부령으로 정한다.(2013.3.23 본조개정)
제31조【자동차 대여약관】 ① 제28조제1항에 따라 자동차대여사업을 등록한 자(이하 "자동차대여사업자"라 한다)는 대여약관을 정하여 자동차대여사업을 시작하기 전까지 시·도지사에게 신고하여야 한다. 대여약관을 변경하는 때에도 또한 같다.
② 시·도지사는 제1항에 따른 신고 또는 변경신고를 받은 날부터 국토교통부령으로 정하는 기간 내에 신고수리 여부를 신고인에게 통지하여야 한다.(2017.3.21 본항신설)
③ 시·도지사가 제2항에서 정한 기간 내에 신고수리 여부 또는 민원 처리 관련 법령에 따른 처리기간의 연장 여부를 신고인에게 통지하지 아니하면 그 기간이 끝난 날의 다음 날에 신고를 수리한 것으로 본다.(2017.3.21 본항신설)
④ 제1항의 대여약관에 포함되어야 할 내용 등에 필요한 사항은 국토교통부령으로 정한다.(2013.3.23 본항개정)
제32조【자동차대여사업의 관리위탁】 ① 자동차대여사업자는 자동차대여사업의 관리를 위탁하려면 시·도지사의 허가를 받아야 한다.
② 자동차대여사업자가 아닌 자에게는 제1항에 따른 관리위탁을 하지 못한다.
제33조【자동차대여사업의 개선명령】 시·도지사는 자동차 임차인의 보호, 안전운행의 확보, 서비스의 향상과 자동차대여사업의 적절한 관리를 위하여 필요하다고 인정하면 자동차대여사업자에게 다음 각 호의 사항을 명할 수 있다.
1. 사업계획의 변경
2. 대여약관의 변경
3. 시설의 개선과 변경
제34조【유상운송의 금지 등】 ① 자동차대여사업자의 사업용 자동차를 임차한 자는 그 자동차를 유상(有償)으로 운송에 사용하거나 다시 남에게 대여하여서는 아니 되며, 누구든지 이를 알선(斡旋)하여서는 아니 된다.
② 누구든지 자동차대여사업자의 사업용 자동차를 임차한 자에게 운전자를 알선하여서는 아니 된다. 다만, 다음 각 호의 어느 하나에 해당하는 경우에는 운전자를 알선할 수 있다.(2020.4.7 본문개정)
1. 자동차대여사업자가 다음 각 목의 어느 하나에 해당하는 자동차 임차인에게 운전자를 알선하는 경우
가. 외국인
나. 「장애인복지법」 제32조에 따라 등록된 장애인
다. 65세 이상인 사람
라. 국가 또는 지방자치단체
마. 자동차를 6개월 이상 장기간 임차하는 법인
바. 관광을 목적으로 승차정원 11인승 이상 15인승 이하인 승합자동차를 임차하는 사람. 이 경우 대여시간이 6시간 이상이거나, 대여 또는 반납 장소가 공항 또는 항만인 경우로 한정한다.
사. 본인의 결혼식 및 그 부대행사에 이용하는 경우로서 본인이 직접 승차할 목적으로 배기량 3천시시 이상인 승용자동차를 임차하는 사람
2. 자동차 임차인이 임차 후 임대차계약서상의 운전자(제1호에 따라 운전자를 알선할 경우에는 해당 운전자를 말한다)가 주취, 신체부상 등의 사유로 직접 운전이 불가능하여 「소득세법」 제173조제1항에 따라 대리운전용역제공자에게 용역 제공과 관련된 사업장을 제공하는 자가 자동차 임차인에게 운전자를 알선하는 경우
(2020.4.7 1호~2호신설)
③ 자동차대여사업자는 다른 사람의 수요에 응하여 사업용자동차를 사용하여 유상으로 여객을 운송하여서는 아니 되며, 누구든지 이를 알선하여서는 아니 된다.
(2015.6.22 본조개정)
제34조의2【자동차대여사업자의 준수사항】 ① 자동차대여사업자는 고장 및 사고로 인한 자동차대여와 관련하여 「자동차관리법」에 따른 자동차관리사업자 또는 「화물자동차 운수사업법」에 따른 운송사업자 및 운수종사자와 부정한 금품을 주고받아서는 아니 된다.
② 자동차대여사업자는 대여사업용 자동차를 대여할 때 임대차계약서상의 운전자(제34조제2항에 따라 운전자를 알선하는 경우에는 해당 운전자를 말한다. 이하 같다)에 대하여 제34조의3제1항에 따른 운전자격확인시스템을 이용하여 운전자격을 확인하고, 해당 운전자가 다음 각 호의 어느 하나에 해당하는 경우에는 자동차를 대여하여서는 아니 된다. 다만, 대여사업용 자동차의 임차인이 법인 또는 「근로기준법」 제11조에 따른 상시 5명 이상의 근로자를 사용하는 개인사업자인 경우로서 임대차계약서에 운전자를 지정하지 아니하는 경우에는 그러하지 아니하다.(2021.12.7 본문개정)
1. 「도로교통법」 제80조제1항에 따라 시·도경찰청장으로부터 운전면허를 받지 아니하거나 운전면허의 효력이 정지된 경우(2020.12.22 본호개정)
2. 대여하는 자동차가 임대차계약서상의 운전자가 보유한 운전면허의 범위(「도로교통법」 제80조제2항에 따른 운전면허의 범위를 말한다)에 따라 운전할 수 있는 자동차의 종류에 해당하지 아니하는 경우
(2016.12.2 본항신설)
③ 자동차대여사업자는 「자동차관리법」 제31조제1항 본문에 따라 대여사업용 자동차의 결함 사실이 공개된 경우 같은 법 같은 조에 따른 시정조치를 받지 아니하고는 이를 신규로 대여해서는 아니 된다.(2020.4.7 본항신설)
④ 자동차대여사업자는 「자동차관리법」 제31조제1항 본문에 따라 결함 사실이 공개된 자동차가 공개 당시 이미 대여 중인 경우에는 국토교통부령으로 정하는 바에 따라 차량의 임차인에게 결함 사실을 통보하여야 한다. 이 경우 차량의 임차인은 정당한 사유가 없으면 시정조치를 받도록 협조하여야 한다.(2020.4.7 본항신설)
(2014.1.28 본조신설)
제34조의3【운전자격확인시스템 구축】 ① 국토교통부장관은 제34조의2제2항에 따라 운전자의 운전자격을 확인하는 데 필요한 시스템(이하 "운전자격확인시스템"이라 한다)을 구축하여야 하고, 자동차대여사업자가 해당 시스템을 이용할 수 있도록 하여야 한다.
② 국토교통부장관은 운전자격확인시스템의 구축·운영을 위하여 경찰청장에게 「전자정부법」 제36조제1항에 따른 행정정보의 공동이용을 통하여 제34조의2제2항 각 호에 해당하는지의 여부에 관한 정보의 조회를 요청할 수 있다. 이 경우 요청을 받은 경찰청장은 정당한 사유가 없으면 이에 따라야 한다.
(2016.12.2 본조신설)
제34조의4【명의대여의 금지】 누구든지 자동차대여사업자의 사업용 자동차를 임차하기 위하여 다른 사람에게 명의를 빌려주거나 다른 사람의 명의를 빌려서는 아니 되며, 대여를 알선하여서도 아니 된다.(2020.10.20 본조신설)
제34조의5【제3자의 운전 방지의무】 자동차대여사업자의 사업용 자동차를 임차한 자는 임대차계약서에 운전자로 열거되지 아니한 자가 임차한 자동차를 운전하게 하여서는 아니 된다. 다만, 다음 각 호의 어느 하나에 해당하는 경우에는 그러하지 아니하다.
1. 임차한 자가 법인 또는 「근로기준법」 제11조제1항에 따른 상시 5명 이상의 근로자를 사용하는 개인사업자인 경우로서 임대차계약서에 운전자를 지정하지 아니하는 경우
2. 제34조제2항제2호에 따라 자동차 임차인에게 운전자를 알선하는 경우
3. 그 밖에 임대차계약서에 지정하지 아니한 운전자의 운전이 불가피한 경우로서 대통령령으로 정하는 경우
(2021.7.27 본조신설)
제35조【준용 규정】 자동차대여사업의 사업계획 변경, 사업계획의 변경제한, 공동운수협정, 명의이용 금지, 사업의 양도·양수 및 법인의 합병, 상속, 사업의 휴업·폐업, 사고 시의 조치 등에 관하여는 제10조제2항부터 제6항까지, 제11조, 제12조, 제14조(제2항은 제외한다), 제15조, 제16조(제1항은 제외한다) 및 제19조(제1항은 제외한다)를 준용한다.(2021.7.27 본조개정)

제4장 여객자동차터미널사업

제36조【여객자동차터미널사업의 면허】 ① 여객자동차터미널사업(이하 "터미널사업"이라 한다)을 경영하려는 자는 국토교통부령으로 정하는 바에 따라 시·도지사의 면허를 받아야 한다.(2013.3.23 본항개정)
② 터미널사업의 결격사유에 관하여는 제6조를 준용한다.
제37조【면허기준】 터미널사업의 면허기준은 다음 각 호와 같다.
1. 여객자동차터미널(이하 "터미널"이라 한다)의 위치가 여객이 이용하기 편리하고 다른 교통수단과 쉽게 연계될 것
2. 터미널의 규모가 그 지역의 장기적인 수송 수요에 적합할 것
3. 그 사업을 개시하는 것이 터미널 이용객의 편의를 증진하고 그 지역의 여객자동차운송사업 발전에 도움이 될 것
제38조【공사시행 인가 등】 ① 제36조제1항에 따라 터미널사업의 면허를 받은 자(이하 "터미널사업자"라 한다)는 시설하려는 터미널의 공사계획을 수립하여 특별자치시장·특별자치도지사·시장·군수·자치구의 구청장(이하 "시장·군수·구청장"이라 한다)이 정하는 기간까지 공사시행 인가를 받아야 한다. 인가받은 사항 중 대통령령으로 정하는 사항을 변경하려는 경우에도 또한 같다.
② 시장·군수·구청장은 제1항의 공사계획이 국토교통부령으로 정하는 구조와 설비기준 등에 적합하다고 인정하면 공사시행을 인가하여야 한다.
③ 시장·군수·구청장은 터미널사업자가 천재지변이나 그 밖의 부득이한 사유로 제1항에 따른 기간까지 인가를 신청할 수 없으면 터미널사업자의 신청에 따라 그 기간을 연장할 수 있다.
④ 터미널사업자는 제1항에 따라 인가받은 공사를 끝낸 경우 시장·군수·구청장의 시설 확인을 받아야 한다.
(2020.2.18 본조개정)
제39조【사용 개시】 터미널사업자는 제38조제4항의 시설 확인을 받은 후 시장·군수·구청장이 지정한 기간까지 터미널 사용을 시작하여야 한다. 다만, 정당한 사유가 있는 경우에는 시장·군수·구청장에게 사용 개시일을 연장하여 줄 것을 신청할 수 있다.(2020.2.18 본조개정)
제40조【사용약관】 ① 터미널사업자는 사용약관을 정하여 시·도지사에게 신고하여야 한다. 사용약관을 변경하는 경우에도 또한 같다.
② 시·도지사는 제1항에 따른 신고 또는 변경신고를 받은 날부터 국토교통부령으로 정하는 기간 내에 신고수리 여부를 신고인에게 통지하여야 한다.(2017.3.21 본항신설)
③ 시·도지사가 제2항에서 정한 기간 내에 신고수리 여부 또는 민원 처리 관련 법령에 따른 처리기간의 연장 여부를 신고인에게 통지하지 아니하면 그 기간이 끝난 날의 다음 날에 신고를 수리한 것으로 본다.(2017.3.21 본항신설)
④ 제1항의 사용약관에 포함되어야 할 내용 등에 필요한 사항은 국토교통부령으로 정한다.(2013.3.23 본항개정)
제41조【시설 사용료】 ① 터미널사업자는 그 터미널을 사용하는 운송사업자(이하 "터미널사용자"라 한다)에게서 시설 사용료를 받으려면 시·도지사의 인가를 받아야 한다. 시설 사용료를 변경하려는 경우에도 또한 같다.
② 시·도지사는 제1항에 따른 인가 또는 변경인가의 신청을 받은 날부터 30일 이내에 인가 여부를 신청인에게 통지하여야 한다.(2018.12.31 본항신설)
③ 시·도지사가 제2항에서 정한 기간 내에 인가 여부 또는 민원 처리 관련 법령에 따른 처리기간의 연장을 신청인에게 통지하지 아니하면 그 기간(민원 처리 관련 법령에 따라 처리기간이 연장 또는 재연장된 경우에는 해당 처리기간을 말한다)이 끝난 날의 다음 날에 인가를 한 것으로 본다.(2018.12.31 본항신설)
④ 제1항에 따른 시설 사용료의 인가기준 등 시설 사용료에 필요한 사항은 국토교통부령으로 정한다.(2013.3.23 본항개정)
제42조【터미널사업자의 준수 사항 등】 ① 터미널사업자는 다음 각 호의 사항을 지켜야 한다.
1. 부당하게 터미널 시설의 사용을 제한하지 아니할 것
2. 터미널 사용료를 부당하게 차별하지 아니할 것
3. 대기실·화장실 등 부대시설을 터미널사용자 및 터미널 이용객이 편리하게 사용할 수 있도록 유지·관리할 것
(2021.7.27 본호개정)
② 터미널사업자는 터미널의 구조와 설비를 제38조제2항의 기준에 맞게 유지·관리하여야 한다.

③ 시장·군수·구청장은 터미널사업자가 제1항에 해당하는 금지행위를 한 경우 그 행위를 중지할 것을 명하여야 하며, 제2항에 따른 유지·관리를 하지 아니한 경우 그것을 시정(是正)하도록 명하여야 한다.(2020.2.18 본항개정)

제43조【위치·규모와 구조·설비의 변경 등】 ① 터미널사업자는 터미널의 위치·규모 및 구조·설비 등을 변경하려면 다음 각 호의 구분에 따라 변경인가를 받아야 한다. 다만, 국토교통부령으로 정하는 경미한 사항을 변경하는 경우에는 그러하지 아니하다.(2020.2.18 본문개정)
1. 터미널의 위치의 변경 : 시·도지사
2. 터미널의 규모 및 구조·설비 등의 변경 : 시장·군수·구청장

(2020.2.18 1호~2호신설)

② 제1항의 인가에 관하여는 제37조부터 제39조까지의 규정을 준용한다.

제44조【터미널사업의 개선명령】 시장·군수·구청장은 터미널사용자 및 터미널 이용객의 교통 편익을 해치거나 터미널사업을 개선하기 위하여 필요하다고 인정되면 그 터미널사업자에게 다음 각 호의 사항을 명할 수 있다.(2020.2.18 본문개정)
1. 터미널의 규모 및 구조의 변경과 설비의 개선·변경
2. 사용약관·시설사용료 또는 승차권 위탁판매 수수료의 변경
3. 터미널사용자와 터미널 이용객에 대한 서비스 개선, 질서 유지, 안전 확보를 위한 조치
4. 교육 등 종사원의 자질 향상을 위한 조치
5. 휴일이 이어지는 등 수송 수요가 수송 능력을 현저히 초과하는 경우 원활한 수송에 필요한 조치
6. 터미널사업자가 경영부실 등으로 승차권을 판매할 수 없는 경우 승차권 판매에 필요한 조치

제45조【사용명령】 ① 시·도지사는 터미널이 있는 주변 지역에 노선을 정하여 여객자동차운송사업을 경영하고 있는 자가 자동차를 정류시키거나 여객을 승하차시키는 데에 그 터미널을 사용하고 있지 아니하면, 공중(公衆)의 편의와 여객자동차운송사업의 운송망(運送網) 정비를 위하여 그 운송사업자에게 그 터미널 사용을 명할 수 있다.

② 제1항에 따라 시·도지사가 터미널 사용을 명하는 기준은 국토교통부령으로 정한다.(2013.3.23 본항개정)

제46조【승차권 판매 위탁】 ① 터미널사용자는 터미널사업자에게 승차권 판매를 위탁하여야 한다. 다만, 여객의 편의를 위하여 필요하다고 인정하면 국토교통부령으로 정하는 바에 따라 운송사업자가 직접 판매하거나 터미널사업자가 아닌 자에게 승차권 판매를 위탁할 수 있다.(2013.3.23 단서개정)

② 제1항에 따라 승차권 판매를 위탁하는 경우 그 위탁판매 수수료는 운송사업자와 승차권 판매를 위탁받는 자가 서로 협의하여 정한다.

제47조【다른 법률과의 관계】 ① 터미널사업자가 제38조의 공사시행 인가를 받은 경우 다음 각 호의 허가 또는 인가 등에 관하여 제3항에 따라 시장·군수·구청장이 관계 행정기관의 장과 협의한 사항은 그 허가 또는 인가 등을 받은 것으로 본다.(2020.2.18 본문개정)
1. 「국토의 계획 및 이용에 관한 법률」 제56조에 따른 개발행위의 허가
2. 「국토의 계획 및 이용에 관한 법률」 제81조에 따른 시가화조정구역 안에서의 행위허가
3. 「국토의 계획 및 이용에 관한 법률」 제86조에 따른 도시·군계획시설사업 시행자의 지정(2011.4.14 본호개정)
4. 「국토의 계획 및 이용에 관한 법률」 제88조에 따른 실시계획의 인가
5. 「도로법」 제36조에 따른 도로공사의 시행허가, 같은 법 제61조에 따른 도로의 점용허가(2014.1.14 본호개정)
6. 「사도법」 제4조에 따른 사도개설(私道開設)의 허가
7. 「장사 등에 관한 법률」 제27조제1항에 따른 개장허가(改葬許可)
8. 「하수도법」 제16조에 따른 공공하수도공사의 허가

② 터미널사업자가 다음 각 호의 사업을 직접 경영하기 위하여 제38조제4항의 시설확인을 받은 경우에는 그 사업에 대한 다음 각 호의 허가를 받았거나 신고 또는 등록을 한 것으로 본다.
1. 「유통산업발전법」 제8조에 따른 대규모점포의 개설등록
2. 「식품위생법」 제37조에 따른 식품접객업(단란주점 및 유흥주점 영업은 제외한다)의 허가(2009.2.6 본호개정)
3. 「석유 및 석유대체연료 사업법」 제10조에 따른 석유판매업 중 주유소의 등록
4. 「체육시설의 설치·이용에 관한 법률」 제20조에 따른 체육시설업의 신고
5. 「공연법」 제9조에 따른 공연장업의 등록

③ 시장·군수·구청장은 제38조제1항에 따라 공사시행을 인가하거나 같은 조 제4항에 따른 시설확인을 하려면 제2항 각 호의 관계 법령에 적합한지에 관하여 관계 행정기관의 장과 미리 협의하여야 한다.(2020.2.18 본항개정)

④ 시장·군수·구청장은 제38조제1항에 따라 공사시행을 인가하거나 같은 조 제4항에 따라 시설확인을 한 경우 공사시행을 인가하거나 시설확인을 한 날부터 15일 이내에 제2항 각 호의 관계 법령에 따른 관계 행정기관의 장에게 그 내용을 통보하여야 한다.(2020.2.18 본항개정)

제48조【준용규정】 터미널사업의 양도·양수 및 법인의 합병, 상속, 사업의 휴업·폐업 등에 관하여는 제14조(제2항은 제외한다), 제15조 및 제16조(제2항은 제외한다)를 준용한다.

제49조【공영터미널의 설치·운영】 ① 특별시장·광역시장·특별자치시장·특별자치도지사 또는 시장·군수는 터미널사업을 경영하려는 자가 없는 경우 제36조에도 불구하고 직접 터미널을 설치·운영할 수 있다.

② 제1항에 따라 특별시장·광역시장·특별자치시장·특별자치도지사 또는 시장·군수가 직접 설치하는 터미널을 관리·운영 등을 하는 데에 필요한 사항은 해당 지방자치단체의 조례로 정한다.

(2012.5.23 본조개정)

제4장의2 여객자동차운송플랫폼사업
(2020.4.7 본장제목개정)

제49조의2【여객자동차운송플랫폼사업의 종류】 여객자동차운송플랫폼사업의 종류는 다음 각 호와 같다.
1. 여객자동차플랫폼운송사업 : 운송플랫폼과 자동차를 확보(자동차대여사업자의 대여사업용 자동차를 임차한 경우를 포함하며, 이 경우 제34조제1항은 적용하지 아니한다)하여 다른 사람의 수요에 응하여 유상으로 여객을 운송(운송플랫폼을 통해 여객과 운송계약을 체결하는 경우에 한정한다)하거나 운송에 부가되는 서비스를 제공하는 사업
2. 여객자동차플랫폼운송가맹사업 : 운송플랫폼을 확보하여 다른 사람의 수요에 응하여 제49조의11에 따른 소속 여객자동차플랫폼운송가맹점에 의뢰하여 여객을 운송하게 하거나 운송에 부가되는 서비스를 제공하는 사업
3. 여객자동차플랫폼운송중개사업 : 다른 사람의 수요에 응하여 운송플랫폼을 통하여 자동차를 사용한 여객운송을 중개하는 사업

(2020.4.7 본조개정)

제49조의3【여객자동차플랫폼운송사업의 허가 등】 ① 여객자동차플랫폼운송사업(이하 "플랫폼운송사업"이라 한다)을 경영하려는 자는 사업계획을 작성하여 국토교통부령으로 정하는 바에 따라 국토교통부장관의 허가를 받아야 한다.

② 국토교통부장관은 제1항에 따라 플랫폼운송사업을 허가하는 경우 30년의 범위에서 대통령령으로 정하는 기간을 한정하여 허가하거나, 플랫폼운송사업의 질서를 확립하기 위하여 필요한 조건을 붙일 수 있다.

③ 제1항에 따른 플랫폼운송사업의 허가기준은 다음 각 호와 같다.
1. 사업계획이 수송 수요와 택시 총량 등을 고려한 수송력 공급에 적합할 것
2. 사업계획이 새로운 운송수요를 창출할 수 있고, 대통령령으로 정하는 여객자동차운송사업과 차별화된 서비스를 제공할 수 있는 내용을 포함하고 있을 것
3. 최저 허가기준 대수, 차고지 등 운송시설, 보험가입, 그 밖에 국토교통부령으로 정하는 기준에 적합할 것

④ 국토교통부장관은 제1항에 따라 플랫폼운송사업을 허가하려는 경우 제49조의4에 따른 플랫폼운송사업심의위원회의 심의를 거쳐야 한다.

⑤ 국토교통부장관은 여객 수요, 「택시운송사업의 발전에 관한 법률」에 따른 택시 감차(減車)의 실적 추이, 국민편의 등을 고려하여 플랫폼운송사업의 총 허가대수를 관리할 수 있으며, 필요한 경우 허가대수를 배분하는 방식으로 허가할 수 있다.

⑥ 제1항에 따라 플랫폼운송사업의 허가를 받은 자(이하 "플랫폼운송사업자"라 한다)가 사업계획을 변경하고자 하는 때에는 국토교통부령으로 정하는 바에 따라 국토교통부장관의 인가를 받아야 한다. 다만, 국토교통부령으로 정하는 경미한 사항을 변경하는 경우에는 국토교통부령으로 정하는 바에 따라 국토교통부장관에게 신고하여야 한다.

⑦ 국토교통부장관은 제6항 단서에 따른 변경신고를 받은 날부터 5일 이내에 신고수리 여부를 신고인에게 통지하여야 한다.

⑧ 국토교통부장관이 제7항에서 정한 기간 내에 신고수리 여부 또는 민원 처리 관련 법령에 따른 처리기간의 연장 여부를 신고인에게 통지하지 아니하면 그 기간이 끝난 날의 다음 날에 신고를 수리한 것으로 본다.

⑨ 제2항에 따른 허가기간이 만료된 후 계속하여 플랫폼운송사업을 경영하고자 하는 자는 국토교통부령으로 정하는 바에 따라 허가를 갱신하여야 한다.

(2020.4.7 본조개정)

제49조의4【플랫폼운송사업심의위원회】 ① 플랫폼운송사업 허가에 관한 사항을 심의하기 위하여 국토교통부장관 소속으로 플랫폼운송사업심의위원회(이하 이 조에서 "위원회"라 한다)를 둔다.

② 위원회는 위원장 1명을 포함하여 10명 이내의 위원으로 구성한다.

③ 위원회의 위원장은 국토교통부장관이 되고, 위원은 여객자동차운송플랫폼사업에 관하여 학식과 경험이 풍부한 자 등을 국토교통부장관이 임명 또는 위촉한다.

④ 위원의 임기는 3년으로 하고, 연임할 수 있다.

⑤ 이 법에서 규정한 사항 외에 위원회의 구성·운영에 필요한 사항은 대통령령으로 정한다.

(2020.4.7 본조개정)

제49조의5【기여금의 납부 등】 ① 플랫폼운송사업자는 허가대수 또는 운행횟수 등을 고려하여 대통령령으로 정하는 여객자동차운송시장안정기여금(이하 "기여금"이라 한다)을 국토교통부장관에게 납부하여야 한다.

② 국토교통부장관은 기여금을 「택시운송사업의 발전에 관한 법률」에 따른 택시 감차, 택시운수종사자의 근로여건 개선 등의 목적으로 사용할 수 있다.

③ 플랫폼운송사업자는 기여금을 납부기한까지 납부하지 아니한 경우에는 대통령령으로 정하는 비율로 계산한 연체료를 납부하여야 한다.

④ 국토교통부장관은 기여금 및 연체료 수납 업무, 기여금의 집행 업무를 국토교통부령으로 정하는 기관에 위탁할 수 있다.

⑤ 국토교통부장관은 플랫폼운송사업자가 대통령령으로 정하는 기간 동안 기여금(연체료를 포함한다)을 납부하지 아니한 경우 국토교통부령으로 정하는 바에 따라 허가를 취소하거나 6개월 이내의 기간을 정하여 사업의 전부 또는 일부를 정지하도록 명할 수 있다.

⑥ 기여금의 납부 주기, 납부 방법 및 그 밖에 기여금의 납부에 필요한 사항은 대통령령으로 정한다.

(2020.4.7 본조개정)

제49조의6【플랫폼운송사업 운임·요금의 신고 등】 ① 플랫폼운송사업자는 운임이나 요금을 정하려는 때에는 국토교통부령으로 정하는 바에 따라 국토교통부장관에게 신고하여야 한다. 운임이나 요금을 변경하려는 때에도 또한 같다.

② 국토교통부장관은 제1항에 따른 신고 또는 변경신고를 받은 날부터 국토교통부령으로 정하는 기간 내에 신고수리 여부를 신고인에게 통지하여야 한다.

③ 국토교통부장관이 제2항에서 정한 기간 내에 신고수리 여부 또는 민원 처리 관련 법령에 따른 처리기간의 연장 여부를 신고인에게 통지하지 아니하면 그 기간이 끝난 날의 다음 날에 신고를 수리한 것으로 본다.

④ 플랫폼운송사업자는 운송플랫폼을 통해 여객과 운송계약을 체결할 때 제1항에 따라 신고된 운임이나 요금의 범위 내에서 여객에게 받을 운임이나 요금을 고지하여야 한다.

(2020.4.7 본조개정)

제49조의7【플랫폼운송사업의 개선명령】 국토교통부장관은 안전하고 원활한 여객운송, 운송질서의 확립 및 서비스 개선을 도모하기 위하여 필요하다고 인정하는 때에는 플랫폼운송사업자에게 다음 각 호의 사항을 명할 수 있다.
1. 사업계획의 변경
2. 운임 또는 요금(여객운송 외에 부가적으로 제공하는 서비스에 대한 요금을 포함한다)의 조정
3. 제49조의9에서 준용하는 제9조에 따라 신고된 플랫폼운송약관의 변경
4. 자동차 또는 운송시설의 개선
5. 운임 또는 요금 징수 방식의 개선
6. 자동차 손해배상을 위한 보험에의 가입
7. 플랫폼운송사업의 운전업무에 종사하는 자(이하 "플랫폼운수종사자"라 한다)에 대한 주기적 교육(이 법에 따른 준수사항 및 그 밖에 교통 관련 법령 등에 관한 교육을 말한다)
8. 그 밖에 안전운송의 확보와 서비스의 향상을 위하여 필요한 조치

(2020.4.7 본조개정)

제49조의8【플랫폼운수종사자의 준수사항】 ① 플랫폼운수종사자는 다음 각 호의 어느 하나에 해당하는 행위를 하여서는 아니 된다.
1. 정당한 사유 없이 여객을 중도에서 내리게 하는 행위
2. 제49조의6에 따른 운임 또는 요금이 아닌 부당한 운임 또는 요금을 받거나 요구하는 행위
3. 일정한 장소에 오랜 시간 정차하거나 배회하면서 여객을 유치하는 행위
4. 여객의 요구에도 불구하고 영수증 발급 또는 신용카드 결제에 응하지 않는 행위
5. 문을 완전히 닫지 아니한 상태 또는 여객이 승하차하기 전에 자동차를 출발시키는 행위
6. 자동차 안에서 흡연하는 행위

6의2. 운전 중에 영상표시장치를 이용하여 영상물 등을 시청하는 행위. 다만, 다음 각 목의 어느 하나에 해당하는 경우에는 그러하지 아니하다.
  가. 지리안내 영상 또는 교통정보안내 영상
  나. 국가비상사태·재난상황 등 긴급한 상황을 안내하는 영상
  다. 운전 시 자동차의 좌우 또는 전후방을 볼 수 있도록 도움을 주는 영상

  (2024.1.9 본호신설)

7. 그 밖에 안전운행과 여객의 편의를 위하여 플랫폼운수종사자가 지키도록 국토교통부령으로 정하는 사항을 위반하는 행위

② 플랫폼운수종사자는 제24조에 따른 여객자동차운송사업(대통령령으로 정하는 여객자동차운송사업에 한정한다)의 운전업무 종사자격을 취득하여야 한다.
③ 플랫폼운수종사자는 제2항에 따른 운전업무 종사자격을 증명하는 증표를 발급받아 해당 사업용 자동차 안의 여객이 쉽게 볼 수 있는 위치에 항상 게시하거나 전자적 매체·기기 등을 통한 방법으로 게시하여야 한다.
④ 제3항에 따른 증표의 발급·관리 및 게시에 필요한 사항은 제24조의2제3항을 준용한다.
⑤ 플랫폼운수종사자는 차량의 출발 전에 제27조의2에 따라 여객이 좌석안전띠를 착용하도록 안내하여야 한다. 이 경우 안내의 방법, 시기, 그 밖에 필요한 사항은 제26조제3항을 준용한다.
(2020.4.7 본조개정)

제49조의9【플랫폼운송사업에 대한 준용규정】 플랫폼운송사업의 결격사유, 플랫폼운송약관, 명의이용 금지, 사업의 양도·양수 및 법인의 합병, 사업의 휴업·폐업, 사고 시의 조치, 플랫폼운송사업자의 준수사항, 플랫폼운수종사자 교육, 사고기록의 유지관리, 여객의 준수사항, 과징금의 부과 등에 관하여는 제6조, 제9조, 제12조, 제14조(제1항 전단, 제4항부터 제6항까지, 제9항 및 제10항만 해당하며, 국토교통부장관에게 신고하는 경우에 한정한다), 제16조(제2항부터 제4항까지는 제외한다), 제19조, 제21조(제2항, 제6항부터 제8항까지, 제12항 및 제13항만 해당한다), 제25조제1항 및 제2항, 제27조제1항, 제27조의2 및 제88조를 준용한다.(2020.4.7 본조신설)

제49조의10【여객자동차플랫폼운송가맹사업의 면허 등】 ① 여객자동차플랫폼운송가맹사업(이하 "플랫폼가맹사업"이라 한다)을 경영하려는 자는 사업계획을 작성하여 국토교통부령으로 정하는 바에 따라 시·도지사에게 면허를 받아야 한다. 다만, 플랫폼가맹사업이 2개 이상의 시·도에 걸치는 경우에는 국토교통부장관에게 면허를 받아야 한다.
② 제1항에 따라 플랫폼가맹사업의 면허를 받은 자(이하 "플랫폼가맹사업자"라 한다)가 사업계획을 변경하고자 하는 때에는 국토교통부령으로 정하는 바에 따라 국토교통부장관 또는 시·도지사의 인가를 받아야 한다. 다만, 국토교통부령으로 정하는 경미한 사항을 변경하는 경우에는 국토교통부령으로 정하는 바에 따라 국토교통부장관 또는 시·도지사에게 신고하여야 한다.
③ 국토교통부장관 또는 시·도지사는 제2항 본문에 따른 변경인가의 신청을 받거나 같은 항 단서에 따른 변경신고를 받은 날부터 국토교통부령으로 정하는 기간 내에 변경인가 또는 신고수리 여부를 신청인 또는 신고인에게 통지하여야 한다.
④ 국토교통부장관 또는 시·도지사가 제3항에서 정한 기간 내에 변경인가 또는 신고수리 여부나 민원 처리 법령에 따른 처리기간의 연장을 신청인 또는 신고인에게 통지하지 아니하면 그 기간이 끝난 날의 다음 날에 변경인가 또는 신고수리를 한 것으로 본다.
⑤ 제1항에 따른 플랫폼가맹사업의 면허 또는 제2항 본문에 따른 사업계획의 변경은 면허기준 대수 등 국토교통부령으로 정하는 기준에 적합한 경우로 한다.
(2020.4.7 본조신설)

제49조의11【여객자동차플랫폼운송가맹점】 ① 대통령령으로 정하는 운송사업자는 플랫폼가맹사업자의 여객자동차플랫폼운송가맹점(이하 "운송가맹점"이라 한다)으로 가입하여 그 영업표지(상호와 상표 등을 포함한다. 이하 같다)의 사용권을 부여받아 플랫폼가맹사업자로부터 운송 여객을 배정받아 여객을 운송하거나 운송에 부가되는 서비스를 제공할 수 있다.
② 운송사업자는 동일한 차량으로 둘 이상의 운송가맹점에 가입해서는 아니 된다.(2021.7.27 본항개정)
③ 운송가맹점으로 가입한 운송사업자(자동차 1대로 운송사업자가 직접 운전하는 여객자동차운송사업의 경우에 한정한다)는 자기의 상호를 소속 플랫폼가맹사업자의 운송가맹점으로 변경하여 국토교통부령으로 정하는 바에 따라 시·도지사에게 신고하여야 한다.
④ 제3항에 따른 신고가 신고서의 기재사항 및 첨부서류에 흠이 없고, 법령 등에 규정된 형식상의 요건을 충족하는 경우에는 신고서가 접수기관에 도달된 때에 신고 의무가 이행된 것으로 본다.
(2020.4.7 본조신설)

제49조의12【플랫폼가맹사업자 및 운송가맹점의 역할 등】 ① 플랫폼가맹사업자는 플랫폼가맹사업의 원활한 수행을 위하여 다음 각 호의 사항을 성실히 이행하여야 한다.
1. 운송가맹점에 대한 여객의 공정한 배정
2. 효율적인 여객 배정기법의 개발 및 보급
3. 여객의 원활한 운송을 위한 공동전산망의 설치·운영
4. 여객운송 부가서비스의 신규 개발
② 운송가맹점은 플랫폼가맹사업의 원활한 수행을 위하여 다음 각 호의 사항을 성실히 이행하여야 한다.
1. 플랫폼가맹사업자가 정한 기준에 적합한 운송서비스 및 운송부가서비스의 제공
2. 여객의 원활한 운송을 위한 차량위치의 통지
(2020.4.7 본조신설)

제49조의13【플랫폼가맹사업의 운임·요금】 ① 제8조제1항 및 제2항에도 불구하고 운송가맹점(플랫폼가맹사업자가 확보한 운송플랫폼을 통해서만 여객과 운송계약을 체결하는 경우에 한정한다)이 운임이나 요금을 정하려는 때에는 다음 각 호의 구분에 따라 신고하여야 한다. 운임이나 요금을 변경하려는 때에도 또한 같다.
1. 플랫폼가맹사업이 2개 이상의 시·도에 걸치는 경우 : 국토교통부장관에게 신고
2. 제1호 외의 경우 : 시·도지사에게 신고
② 국토교통부장관 또는 시·도지사는 제1항에 따른 신고 또는 변경신고를 받은 날부터 국토교통부령으로 정하는 기간 내에 신고수리 여부를 신고인에게 통지하여야 한다.
③ 국토교통부장관 또는 시·도지사가 제2항에서 정한 기간 내에 신고수리 여부 또는 민원 처리 관련 법령에 따른 처리기간의 연장 여부를 신고인에게 통지하지 아니하면 그 기간이 끝난 날의 다음 날에 신고를 수리한 것으로 본다.
④ 제1항에 따른 신고는 플랫폼가맹사업자가 대행할 수 있다.
⑤ 국토교통부장관은 제1항에 따라 신고를 수리한 경우 운송가맹점이 소재하는 시·도지사에게 그 내용을 통보하여야 한다.
⑥ 운송가맹점(플랫폼가맹사업자가 확보한 운송플랫폼을 통해서만 여객과 운송계약을 체결하는 경우에 한정한다)은 운송플랫폼을 통해 여객과 운송계약을 체결할 때 제1항에 따라 신고된 운임이나 요금의 범위 내에서 여객에게 받을 운임이나 요금을 고지하여야 한다.
(2020.4.7 본조신설)

제49조의14【플랫폼가맹사업의 개선명령】 국토교통부장관 및 시·도지사는 안전운행의 확보, 운송질서의 확립 및 여객의 편의를 도모하기 위하여 필요하다고 인정하는 때에는 플랫폼가맹사업자에게 다음 각 호의 사항을 명할 수 있다.
1. 제49조의16에서 준용하는 제9조에 따라 신고된 플랫폼가맹약관의 변경
2. 여객의 안전운송을 위한 조치
3. 운송가맹점이 받는 운임 또는 요금(여객운송 외에 부가적으로 제공하는 서비스에 대한 요금을 포함한다)의 조정
4. 제49조의17에서 준용하는 「가맹사업거래의 공정화에 관한 법률」 제7조·제10조·제11조 및 제13조에 따른 정보공개서의 제공의무 등, 가맹금의 반환, 가맹계약서의 기재사항 등 및 가맹계약의 갱신 등의 통지
5. 그 밖에 플랫폼가맹사업의 서비스 개선을 위하여 필요한 사항으로서 대통령령으로 정하는 사항
(2020.4.7 본조신설)

제49조의15【플랫폼가맹사업의 면허취소 등】 ① 국토교통부장관 또는 시·도지사는 플랫폼가맹사업자가 다음 각 호의 어느 하나에 해당하는 때에는 그 면허를 취소하거나 6개월 이내의 기간을 정하여 그 사업의 전부 또는 일부의 정지를 명할 수 있다. 다만, 제2호 및 제7호의 경우에는 그 면허를 취소하여야 한다.
1. 제24조에 따른 여객자동차운송사업의 운전업무 종사자격이 없는 자에게 여객을 운송하게 한 경우
2. 거짓이나 그 밖의 부정한 방법으로 제49조의10제1항에 따른 면허를 받은 경우
3. 거짓이나 그 밖의 부정한 방법으로 제49조의10제2항에 따른 사업계획의 변경인가를 받은 경우
4. 제49조의10제2항을 위반하여 사업계획의 변경인가를 받지 아니하거나 변경신고를 하지 아니한 경우
5. 제49조의10제5항에 따른 면허의 기준을 충족하지 못하게 된 경우. 다만, 3개월 이내에 그 기준을 충족시킨 경우에는 그러하지 아니하다.
6. 정당한 사유 없이 제49조의14에 따른 개선명령을 이행하지 아니한 경우
7. 제49조의16에서 준용하는 제6조 각 호의 어느 하나에 해당하게 된 경우. 다만, 법인의 임원 중 제6조 각 호의 어느 하나에 해당하는 자가 있는 경우 3개월 이내에 그 임원을 개임하면 취소하지 아니한다.
8. 제49조의16에서 준용하는 제9조를 위반하여 플랫폼가맹약관의 신고 또는 변경신고를 하지 아니한 경우
9. 제49조의16에서 준용하는 제12조를 위반하여 같은 조에 따른 명의이용 금지 의무를 위반한 경우
10. 제49조의16에서 준용하는 제14조 또는 제15조를 위반하여 양도·양수, 합병 또는 상속의 신고를 하지 아니한 경우
11. 제49조의16에서 준용하는 제16조를 위반하여 휴업 또는 폐업 신고를 하지 아니한 경우
12. 제49조의16에서 준용하는 「가맹사업거래의 공정화에 관한 법률」 제7조, 제9조부터 제11조까지, 제13조 및 제14조를 위반한 경우(제49조의14에 따라 개선명령을 받은 경우는 제외한다)
13. 이 조에 따른 사업정지 명령을 위반한 경우
② 제1항에 따른 면허취소·사업정지 명령의 기준·절차, 그 밖에 필요한 사항은 대통령령으로 정한다.
(2020.4.7 본조신설)

제49조의16【플랫폼가맹사업에 대한 준용규정】 플랫폼가맹사업의 결격사유, 플랫폼가맹약관, 명의이용 금지, 사업의 양도·양수 및 법인의 합병, 사업의 상속, 사업의 휴업·폐업 및 과징금의 부과 등에 관하여는 제6조, 제9조, 제12조, 제14조(제2항은 제외한다), 제15조, 제16조(제1항은 제외한다) 및 제88조를 준용한다.(2020.4.7 본조신설)

제49조의17【「가맹사업거래의 공정화에 관한 법률」의 준용】 플랫폼가맹사업자와 운송가맹점 간의 정보의 제공, 가맹금의 반환, 가맹계약 등에 관하여는 「가맹사업거래의 공정화에 관한 법률」 제7조, 제9조부터 제11조까지, 제13조 및 제14조를 준용한다. 이 경우 "가맹희망자"는 "운송가맹점으로 가입하려는 자"로, "가맹점사업자"는 "운송가맹점"으로 보고, "가맹본부", 같은 법 제7조제1항의 "가맹본부(가맹지역본부 또는 가맹중개인이 가맹점사업자를 모집하는 경우를 포함한다. 이하 같다)" 및 같은 조 제4항의 "가맹본부 또는 가맹본부로 구성된 사업자단체"는 각각 "플랫폼가맹사업자"로 보며, 같은 법 제10조제1항에 따른 "가맹금"은 "명칭이나 지급형태를 가리지 아니하고 운송가맹점으로 가입할 때 영업표지 사용허가의 대가로 플랫폼가맹사업자에게 지급한 금전"으로 본다.
(2020.4.7 본조신설)

제49조의18【여객자동차플랫폼운송중개사업의 등록】 ① 여객자동차플랫폼운송중개사업(이하 "플랫폼중개사업"이라 한다)을 경영하려는 자는 국토교통부령으로 정하는 바에 따라 국토교통부장관에게 등록할 수 있다.
② 제1항에 따라 등록한 자가 그 등록한 사항을 변경하거나 말소하고자 할 경우 국토교통부장관에게 신고하여야 한다.
③ 국토교통부장관은 제2항에 따른 신고를 받은 날부터 국토교통부령으로 정하는 기간 내에 신고수리 여부를 신고인에게 통지하여야 한다.
④ 국토교통부장관이 제3항에서 정한 기간 내에 신고수리 여부 또는 민원 처리 관련 법령에 따른 처리기간의 연장 여부를 신고인에게 통지하지 아니하면 그 기간이 끝난 날의 다음 날에 신고를 수리한 것으로 본다.
⑤ 제1항 및 제2항에 따른 등록 및 신고의 기준과 절차 등에 관하여 필요한 사항은 국토교통부령으로 정한다.
⑥ 제1항에 따른 플랫폼중개사업 등록의 결격사유에 관하여는 제6조를 준용한다.
(2020.4.7 본조신설)

제49조의19【플랫폼운송중개요금】 ① 제49조의18제1항에 따라 플랫폼중개사업의 등록을 한 자(이하 "플랫폼중개사업자"라 한다)는 운송플랫폼 이용자에게 운송플랫폼 이용에 따른 요금을 받을 수 있다.
② 플랫폼중개사업자가 제1항에 따른 요금을 정하려는 때에는 국토교통부장관에게 신고하여야 한다.
(2020.4.7 본조신설)

제5장 여객자동차 운수사업의 진흥

제50조【재정 지원】 ① 국가는 여객자동차 운수사업자가 다음 각 호의 어느 하나에 해당하는 사업을 수행하는 경우에 재정적 지원이 필요하다고 인정하면 대통령령으로 정하는 바에 따라 그 여객자동차 운수사업자에게 필요한 자금의 일부를 보조하거나 융자할 수 있다.
1. 자동차의 고급화나 터미널의 현대화
2. 수익성이 없는 노선의 운행
3. 공동시설이나 안전관리시설의 확충과 개선
4. 낡은 차량의 대체(代替)
5. 터미널의 이전이나 규모·구조·설비의 확충·개선
6. 여객자동차 운수사업의 서비스 향상을 위한 시설·장비의 확충 또는 개선
7. 여객자동차운송플랫폼사업을 위하여 필요한 시설·설비의 설치 및 개선(2020.4.7 본호개정)
8. 경제적·환경친화적 안전운전 및 관리를 지원하는 시설·장비의 확충과 개선(2009.5.27 본호신설)
9. 그 밖에 여객자동차 운수사업을 진흥하기 위한 것으로서 국토교통부령으로 정하는 사항(2013.3.23 본호개정)
② 시·도는 다음 각 호의 어느 하나에 해당하는 사유가 있으면 여객자동차 운수사업자에게 필요한 자금의 일부를 보조하거나 융자할 수 있다. 이 경우 보조 또는 융자의 대상 및 방법과 보조금 또는 융자금의 상환 등에 관하여 필요한 사항은 해당 시·도의 조례로 정한다.
1. 여객자동차 운수사업자가 제1항 각 호의 어느 하나에 해당하는 사업을 수행하는 경우
2. 여객의 안전을 위한 교통안전시설을 확충하기 위하여 필요한 경우
3. 대중교통을 활성화하기 위하여 버스교통체계를 개선하는 경우
4. 터미널이용객의 편의를 증진하기 위하여 경영이 어려운 터미널사업을 계속하게 할 필요가 있는 경우
5. 여객자동차운송사업(대통령령으로 정하는 여객자동차운송사업인 경우만 해당한다)의 폐업 또는 감차를 통한 구조조정이 필요할 경우(2009.5.27 본호신설)
6. 제3조제1항제3호에 따른 수요응답형 여객자동차운송사업을 운영하는 경우(2014.1.28 본호신설)
7. 운수종사자의 휴식에 필요한 시설을 설치·개선하는 경우(2017.10.24 본호신설)

8. 운수종사자의 근로여건 및 처우개선을 위하여 필요한 경우(2019.4.23 본호신설)
③ 시·군 또는 구(자치구를 말한다. 이하 같다)는 제1항 제2호의 수익성이 없는 노선을 운행하는 여객자동차 운수사업자에게 필요한 자금의 일부를 보조하거나 융자할 수 있다. 이 경우 보조 또는 융자의 대상 및 방법과 보조금 또는 융자금의 상환 등에 필요한 사항은 해당 시·군 또는 구의 조례로 정한다.(2020.5.19 본항신설)
④ 국가는 지방자치단체가 다음 각 호에 해당하는 사업을 하는 경우 대통령령으로 정하는 바에 따라 이에 소요되는 비용의 일부를 지원할 수 있다.
1. 제5조제3항의 지역별 수송력 공급계획을 초과하는 차량에 대하여 감차보상을 하는 경우
2. 제50조제2항제7호에 따라 운수종사자의 휴식에 필요한 시설을 설치·개선하는 경우
(2017.10.24 본항개정)
⑤ 특별시장·광역시장·특별자치시장·특별자치도지사 또는 시장·군수는 대통령령으로 정하는 운송사업자에게 유류(油類)에 부과되는 다음 각 호에 따른 세금 등의 인상액에 상당한 금액의 전부 또는 일부를 보조할 수 있다. 이 경우 보조금의 지급기준·지급방법 및 지급절차는 대통령령으로 정한다.(2021.3.23 본문개정)
1. 「교육세법」 제5조제1항, 「교통·에너지·환경세법」 제2조제1항제2호, 「지방세법」 제136조제1항에 따라 경유에 각각 부과되는 교육세, 교통·에너지·환경세, 자동차 주행에 대한 자동차세
2. 「개별소비세법」 제1조제2항제4호바목, 「교육세법」 제5조제1항, 「석유 및 석유대체연료 사업법」 제18조제2항제1호에 따라 석유가스 중 부탄에 각각 부과되는 개별소비세·교육세·부과금
(2012.2.1 본항신설)
⑥ 특별시장·광역시장·특별자치시장·특별자치도지사 또는 시장·군수는 대통령령으로 정하는 운송사업자에게 천연가스에 부과되는 다음 각 호에 따른 세금 등에 상당한 금액의 전부 또는 일부를 보조할 수 있다. 이 경우 보조금의 지급기준·지급방법 및 지급절차는 대통령령으로 정한다.(2021.3.23 본문개정)
1. 「개별소비세법」 제1조제2항제4호사목에 따라 부과되는 개별소비세
2. 「석유 및 석유대체연료 사업법」 제18조제2항제1호에 따라 부과되는 수입·판매 부과금
3. 「관세법」 제14조, 제49조 및 제50조제1항에 따라 부과되는 관세
4. 「부가가치세법」 제4조에 따라 부과되는 부가가치세
(2016.12.2 본항신설)
⑦ 특별시장·광역시장·특별자치시장·특별자치도지사 또는 시장·군수는 대통령령으로 정하는 운송사업자가 「환경친화적 자동차의 개발 및 보급 촉진에 관한 법률」 제2조제6호에 따른 수소전기자동차를 운행하기 위하여 수소를 충전하는 경우 그 비용의 전부 또는 일부를 보조할 수 있다. 이 경우 보조금의 지급기준·지급방법 및 지급절차는 대통령령으로 정한다.(2021.3.23 본항신설)
⑧ 국토교통부장관, 특별시장·광역시장·특별자치시장·특별자치도지사 또는 시장·군수는 제5항부터 제7항까지의 규정에 따른 보조금 지급업무의 효율적 운영을 위하여 국가기관, 지방자치단체, 「공공기관의 운영에 관한 법률」에 따른 공공기관, 이 법에 따른 공제조합, 「보험업법」에 따른 보험회사 및 보험요율 산출기관, 그 밖의 관계 기관 등에 대통령령으로 정하는 필요한 자료의 제출을 요청할 수 있다. 이 경우 자료의 제출을 요청받은 자는 정당한 사유가 없으면 이에 따라야 한다.(2021.3.23 본항신설)
⑨ 국가 또는 시·도는 안정적 교통서비스 제공 및 교통안전서비스 향상을 위하여 운수종사자가 되기를 희망하는 사람에게 대통령령 또는 조례로 정하는 바에 따라 인력양성에 소요되는 비용의 일부를 지원할 수 있다.
(2020.6.9 본항신설)
제51조【보조금의 사용 등】 ① 제50조에 따라 보조 또는 융자를 받은 자는 그 자금을 보조받거나 융자받은 목적이 아닌 용도로 사용하지 못한다.
② 국토교통부장관, 시·도지사 또는 시장·군수는 제50조에 따라 보조 또는 융자를 받은 자가 그 자금을 적정하게 사용하도록 감독하여야 한다.(2013.3.23 본항개정)
③ 국토교통부장관, 시·도지사 또는 시장·군수는 여객자동차 운수사업자가 거짓이나 부정한 방법으로 제50조에 따른 보조금 또는 융자금을 받은 경우 여객자동차 운수사업자에게 보조금 또는 융자금을 반환할 것을 명하여야 하며, 그 여객자동차 운수사업자가 이에 따르지 아니하면 국세 또는 지방세 체납처분의 예에 따라 보조금 또는 융자금을 회수할 수 있다.(2013.3.23 본항개정)
제51조의2【유가보조금의 지급정지】 특별시장·광역시장·특별자치시장·특별자치도지사 또는 시장·군수는 운송사업자가 다음 각 호의 어느 하나에 해당하는 경우 1년의 범위에서 제50조제5항에 따른 보조금(이하 "유가보조금"이라 한다)의 지급을 정지하여야 한다.
(2021.3.23 본문개정)
1. 실제로 운행한 거리 또는 연료의 사용량보다 부풀려서 유가보조금을 청구하여 지급받은 경우
2. 여객자동차운송사업이 아닌 다른 목적에 사용한 유류분에 대하여 유가보조금을 지급받은 경우
3. 실제 주유·충전한 유종(油種)과 다른 유종의 단가를 적용하여 유가보조금을 지급받은 경우
4. 유가보조금의 지급과 직접 관련하여 행하는 제79조에 따른 서류제출 명령에 따르지 아니하거나 검사나 질문을 거부·기피 또는 방해하는 경우
5. 제1호부터 제4호까지에서 규정한 사항 외에 대통령령으로 정하는 사항(2021.3.23 본호개정)
(2012.2.1 본조신설)
제51조의3【천연가스 연료보조금의 지급정지】 특별시장·광역시장·특별자치시장·특별자치도지사 또는 시장·군수는 운송사업자가 다음 각 호의 어느 하나에 해당하는 경우 1년의 범위에서 제50조제6항에 따른 보조금(이하 "천연가스 연료보조금"이라 한다)의 지급을 정지하여야 한다.(2021.3.23 본문개정)
1. 실제로 운행한 거리 또는 연료의 사용량보다 부풀려서 천연가스 연료보조금을 청구하여 지급받은 경우
2. 여객자동차운송사업이 아닌 다른 목적에 사용한 천연가스 사용분에 대하여 천연가스 연료보조금을 지급받은 경우
3. 실제 충전한 천연가스와 다른 종류의 천연가스 또는 유종의 단가를 적용하여 천연가스 연료보조금을 지급받은 경우
4. 천연가스 연료보조금의 지급과 직접 관련하여 행하는 제79조에 따른 서류제출 명령에 따르지 아니하거나 검사나 질문을 거부·기피 또는 방해하는 경우
5. 제1호부터 제4호까지에서 규정한 사항 외에 대통령령으로 정하는 사항(2021.3.23 본호개정)
(2016.12.2 본조신설)
제51조의4【수소 연료보조금의 지급정지】 ① 특별시장·광역시장·특별자치시장·특별자치도지사 또는 시장·군수는 운송사업자가 다음 각 호의 어느 하나에 해당하는 경우 1년의 범위에서 제50조제7항에 따른 보조금(이하 "수소 연료보조금"이라 한다) 지급을 정지하여야 한다.
1. 실제로 운행한 거리 또는 수소의 사용량보다 부풀려서 수소 연료보조금을 청구하여 지급받은 경우
2. 여객자동차운송사업이 아닌 다른 목적에 사용한 수소 사용분에 대하여 수소 연료보조금을 지급받은 경우
3. 실제 충전한 수소와 다른 유종 또는 연료의 단가를 적용하여 수소 연료보조금을 지급받은 경우
4. 수소 연료보조금의 지급과 직접 관련하여 행하는 제79조에 따른 서류제출 명령에 따르지 아니하거나 검사나 질문을 거부·기피 또는 방해하는 경우
5. 그 밖에 제50조제7항에 따라 대통령령으로 정하는 사항을 위반하여 거짓이나 부정한 방법으로 보조금을 지급받은 경우
② 특별시장·광역시장·특별자치시장·특별자치도지사 또는 시장·군수는 「수소경제 육성 및 수소 안전관리에 관한 법률」 제50조제1항에 따른 수소판매사업자가 제1항 각 호의 어느 하나에 해당하는 행위에 가담하였거나 이를 공모한 경우 대통령령으로 정하는 바에 따라 해당 사업소에서 충전된 수소에 대하여 수소 연료보조금의 지급을 정지할 수 있다.
(2021.3.23 본조신설)
제51조의5【포상금의 지급】 특별시장·광역시장·특별자치시장·특별자치도지사 또는 시장·군수는 제51조의2제1호부터 제3호까지 및 제5호, 제51조의3제1호부터 제3호까지 및 제5호, 제51조의4제1호부터 제3호까지 및 제5호 중 어느 하나에 해당하는 자를 신고하거나 고발한 자에 대하여 해당 지방자치단체의 조례로 정하는 바에 따라 포상금을 지급할 수 있다.(2021.3.23 본조개정)
제52조【조세 감면】 국가는 여객을 원활히 운송하고 여객자동차 운수사업을 진흥하기 위하여 「조세특례제한법」으로 정하는 바에 따라 조세를 감면한다.

제6장 여객자동차 운수사업자단체

제53조【조합의 설립】 ① 여객자동차 운수사업자는 여객자동차 운수사업의 건전한 발전과 여객자동차 운수사업자의 지위 향상을 위하여 시·도지사의 인가를 받아 조합(이하 "조합"이라 한다)을 설립할 수 있다.
② 조합은 법인으로 한다.
③ 조합은 주된 사무소의 소재지에서 설립등기를 함으로써 성립된다.
④ 조합을 설립하려면 그 조합의 조합원이 될 자격이 있는 자의 5분의 1 이상이 발기(發起)하고, 조합원이 될 자격이 있는 자의 2분의 1 이상의 동의를 받아 창립총회에서 정관을 작성한 후 시·도지사에게 인가를 신청하여야 한다.
⑤ 시·도지사는 제4항에 따른 인가의 신청을 받은 날부터 14일 이내에 인가 여부를 신청인에게 통지하여야 한다.(2017.3.21 본항신설)
⑥ 시·도지사가 제5항에서 정한 기간 내에 인가 여부 또는 민원 처리 관련 법령에 따른 처리기간의 연장 여부를 신청인에게 통지하지 아니하면 그 기간이 끝난 날의 다음 날에 인가를 한 것으로 본다.(2017.3.21 본항신설)
⑦ 여객자동차 운수사업자는 정관으로 정하는 바에 따라 조합에 가입할 수 있다.
⑧ 조합에 관하여 이 법에 규정된 사항 외에는 「민법」 중 사단법인에 관한 규정을 준용한다.
제54조【정관】 ① 조합의 정관에는 다음 각 호의 사항이 모두 포함되어야 한다.
1. 목적
2. 명칭
3. 사무소의 소재지
4. 조합원의 자격에 관한 사항
5. 총회에 관한 사항
6. 임원에 관한 사항
7. 업무에 관한 사항
8. 회계에 관한 사항
9. 해산에 관한 사항
10. 그 밖에 조합 운영에 관한 중요 사항
② 조합의 정관을 변경하려면 시·도지사의 인가를 받아야 한다.
제55조【사업】 조합은 다음 각 호의 사업을 행한다.
1. 여객자동차 운수사업의 건전한 발전과 여객자동차 운수사업자의 공동 이익을 도모하는 사업
2. 여객자동차 운수사업의 진흥과 발전에 필요한 통계의 작성·관리, 외국 자료의 수집 및 조사·연구 사업
3. 경영자 및 종사원의 교육훈련
4. 여객자동차 운수사업자의 경영 개선을 위한 지도에 관한 사항
5. 국가 또는 지방자치단체로부터 위탁받은 업무의 처리
6. 제1호부터 제4호까지의 사업에 따르는 사업
제56조【정관변경 등의 명령】 시·도지사는 조합이 제55조 각 호의 사업을 적정하게 수행하지 아니한다고 인정하면 다음 각 호의 조치 등 필요한 조치를 하도록 조합에 명할 수 있다.
1. 정관의 변경
2. 임원의 개선
3. 조합의 해산
제57조【감독】 조합의 사업은 시·도지사가 감독한다.
제58조【대의원회】 ① 조합원의 수가 1천명을 넘는 조합은 정관으로 정하는 바에 따라 총회를 갈음하는 대의원회를 둘 수 있다.
② 대의원은 조합원이어야 한다.
③ 대의원회의 구성 및 운영에 관하여 필요한 사항은 대통령령으로 정한다.
제59조【연합회】 ① 조합은 국토교통부령으로 정하는 바에 따라 공동 목적을 달성하기 위하여 국토교통부장관의 인가를 받아 연합회(이하 "연합회"라 한다)를 설립할 수 있다.
② 연합회의 설립, 정관, 사업, 정관변경 등의 명령 및 감독 등에 관하여는 제53조제2항부터 제8항까지 및 제54조부터 제57조까지의 규정을 준용한다. 이 경우 "시·도지사"는 "국토교통부장관"으로 본다.(2017.3.21 전단개정)
(2013.3.23 본조개정)
제60조【조합 및 연합회의 공제사업】 ① 조합과 연합회는 대통령령으로 정하는 바에 따라 국토교통부장관의 허가를 받아 공제사업을 할 수 있다.(2013.3.23 본항개정)
② 제1항에 따른 공제사업의 분담금, 운영위원회, 공제사업의 범위, 공제규정(共濟規程), 보고·검사, 개선명령, 공제사업을 관리·운영하는 조합 및 연합회의 임직원에 대한 제재, 재무건전성의 유지 등에 관하여는 제61조제5항, 제63조, 제63조의2, 제64조(제1항제7호는 제외한다), 제65조부터 제68조까지 및 제68조의2를 준용한다.
(2021.7.27 본항개정)

제7장 공제조합

제61조【공제조합의 설립 등】 ① 여객자동차 운수사업자(터미널사업자는 제외한다. 이하 이 조에서 같다)는 상호 간의 협동조직을 통하여 조합원이 자주적인 경제 활동을 영위할 수 있도록 지원하고 조합원의 자동차 사고로 생긴 손해를 배상(賠償)하기 위하여 대통령령으로 정하는 바에 따라 국토교통부장관의 인가를 받아 업종별로 공제조합(이하 "공제조합"이라 한다)을 설립할 수 있다.
(2013.3.23 본항개정)
② 공제조합은 법인으로 한다.
③ 공제조합은 주된 사무소의 소재지에 설립등기를 함으로써 성립된다.
④ 여객자동차 운수사업자는 정관으로 정하는 바에 따라 공제조합에 가입할 수 있다.
⑤ 공제조합의 조합원은 공제사업에 필요한 분담금을 부담하여야 한다.
⑥ 조합원의 자격과 임원에 관한 사항, 그 밖에 공제조합의 운영에 필요한 사항은 정관으로 정한다.
⑦ 정관의 기재 사항, 그 밖에 공제조합의 감독에 필요한 사항은 대통령령으로 정한다.
제62조【공제조합의 설립인가 절차 등】 ① 공제조합을 설립하려면 공제조합의 조합원 자격이 있는 자의 10분의 1 이상이 발기하고, 조합원 자격이 있는 자 200명 이상의 동의를 받아 창립총회에서 정관을 작성한 후 국토교통부장관에게 인가를 신청하여야 한다.

② 국토교통부장관은 제1항에 따른 인가를 한 경우 이를 공고하여야 한다.
(2013.3.23 본조개정)

제63조【공제조합의 운영위원회】 ① 공제조합은 제64조에 따른 공제사업에 관한 사항을 심의·의결하고 그 업무집행을 감독하기 위하여 운영위원회를 둔다.
② 운영위원회 위원은 조합원, 운수사업·금융·보험·회계·법률 분야 전문가, 관계 공무원 및 그 밖에 여객자동차 운수사업 관련 이해관계자로 구성하되, 그 수는 25명 이내로 한다. 다만, 제60조에 따라 연합회가 공제사업을 하는 경우의 운영위원회 위원은 시·도 조합대표 전원을 포함하는 35명 이내로 한다.(2011.5.19 단서신설)
③ 그 밖에 운영위원회의 구성과 운영에 필요한 사항은 대통령령으로 정한다.

제63조의2【운영위원회 위원의 결격사유】 ① 다음 각 호의 어느 하나에 해당하는 사람은 제63조제2항에 따른 위원이 될 수 없다.
1. 미성년자, 피성년후견인 또는 피한정후견인(2015.8.11 본호개정)
2. 파산선고를 받고 복권되지 아니한 사람
3. 이 법 또는 「보험업법」 등 대통령령으로 정하는 금융 관계 법령(외국의 금융 관계 법령을 포함한다)을 위반하여 금고 이상의 형의 집행유예를 선고받고 그 유예기간 중에 있는 사람
4. 이 법 또는 「보험업법」 등 대통령령으로 정하는 금융 관계 법령(외국의 금융 관계 법령을 포함한다)을 위반하여 벌금 이상의 형을 선고받고 그 집행이 끝나거나(집행이 끝난 것으로 보는 경우를 포함한다) 집행이 면제된 날부터 5년이 지나지 아니한 사람
5. 이 법에 따른 공제조합의 업무와 관련하여 벌금 이상의 형을 선고받고 그 집행이 끝나거나(집행이 끝난 것으로 보는 경우를 포함한다) 집행이 면제된 날부터 5년이 지나지 아니한 사람
(2021.7.27 3호~5호개정)
6. 제67조에 따른 징계·해임의 처분을 받은 후 3년이 지나지 아니한 사람
② 제63조제2항에 따른 위원이 제1항 각 호의 어느 하나에 해당하게 된 때에는 그 날로 위원의 자격을 잃는다.
③ 국토교통부장관은 제1항제3호부터 제5호까지의 범죄경력 자료의 조회를 경찰청장에게 요청하여 공제조합에 제공할 수 있다.(2013.3.23 본항개정)
(2012.5.23 본조신설)

제64조【공제사업】 ① 공제조합은 다음 각 호의 사업을 한다.
1. 조합원의 사업용자동차의 사고로 생긴 배상 책임에 대한 공제
2. 조합원이 사업용자동차를 소유·사용·관리하는 동안 발생한 사고로 그 자동차에 생긴 손해에 대한 공제
3. 운수종사자가 조합원의 사업용자동차를 소유·사용·관리하는 동안에 발생한 사고로 입은 자기 신체의 손해에 대한 공제
4. 공제조합에 고용된 자의 업무상 재해로 인한 손실을 보상하기 위한 공제
5. 공동이용시설의 설치·운영 및 관리, 그 밖에 조합원의 편의 및 복지 증진을 위한 사업
6. 여객자동차 운수사업의 경영 개선을 위한 조사·연구 사업
7. 제1호부터 제6호까지의 사업에 따르는 사업으로서 정관으로 정하는 사업
② 공제조합은 제1항제1호부터 제4호까지의 규정에 따른 공제사업을 하려면 공제규정을 정하여 국토교통부장관의 인가를 받아야 한다. 인가받은 사항을 변경하려는 경우에도 또한 같다.(2013.3.23 전단개정)
③ 제2항의 공제규정에는 공제사업의 범위, 공제계약의 내용과 분담금·공제금·공제금에 충당하기 위한 책임준비금·지급준비금의 계상(計上) 및 적립 등 공제사업의 운영에 필요한 사항이 포함되어야 한다.
④ 공제조합은 결산기(決算期)마다 그 사업의 종류에 따라 제3항의 책임준비금 및 지급준비금을 계상하고 이를 적립하여야 한다.
⑤ 제1항제1호부터 제4호까지의 규정에 따른 공제사업에는 「보험업법」(제208조는 제외한다)을 적용하지 아니한다.

제65조【보고서의 제출 등】 ① 국토교통부장관은 필요하다고 인정하면 공제조합에 대하여 다음 각 호의 조치를 할 수 있다.(2013.3.23 본문개정)
1. 교통사고 피해자에 대한 피해보상 명령
2. 공제자금의 운용이나 그 밖에 공제사업과 관련된 사항에 관한 보고서의 제출 명령
3. 소속 공무원에게 공제조합의 업무 또는 회계의 상황을 조사하게 하는 조치
4. 소속 공무원에게 공제조합의 장부나 그 밖의 서류를 검사하게 하는 조치
② 제1항에 따른 조사나 검사를 하려면 조사 또는 검사 7일 전에 조사 또는 검사할 내용, 일시, 이유 등에 대한 계획서를 공제조합에 알려야 한다. 다만, 긴급한 경우 또는 사전통지를 하면 증거인멸 등으로 조사목적을 달성할 수 없다고 인정하는 경우에는 그러하지 아니하다.
③ 제1항에 따라 조사나 검사를 하는 공무원은 그 권한을 표시하는 증표를 지니고 이를 관계인에게 내보여야 하며, 출입할 때에는 출입자의 성명, 출입시간, 출입목적 등이 표시된 문서를 관계인에게 내주어야 한다.

제66조【공제조합업무의 개선명령】 국토교통부장관은 공제조합의 업무 운영이 적정하지 아니하거나 자산상황이 불량하여 교통사고 피해자 및 공제 가입자 등의 권익을 해칠 우려가 있다고 인정되면 다음 각 호의 조치를 명할 수 있다.(2013.3.23 본문개정)
1. 업무집행방법의 변경
2. 자산예탁기관의 변경
3. 자산의 장부가격의 변경
4. 불건전한 자산에 대한 적립금의 보유
5. 가치가 없다고 인정되는 자산의 손실 처리

제67조【공제조합 임직원에 대한 제재 등】 국토교통부장관은 공제조합의 임직원이 다음 각 호의 어느 하나에 해당하여 공제사업을 건전하게 운영하지 못할 우려가 있다고 인정되면 임직원에 대한 징계·해임을 요구하거나 해당 위반행위를 시정하도록 명할 수 있다.(2013.3.23 본문개정)
1. 제64조제2항에 따른 공제규정을 위반하여 업무를 처리한 경우
2. 제66조에 따른 개선명령을 이행하지 아니한 경우
3. 제68조에 따른 재무건전성 기준을 지키지 아니한 경우

제68조【재무건전성의 유지】 ① 공제조합은 공제금 지급능력과 경영의 건전성을 확보하기 위하여 다음 각 호의 사항에 관하여 대통령령으로 정하는 재무건전성 기준을 지켜야 한다.
1. 자본의 적정성에 관한 사항
2. 자산의 건전성에 관한 사항
3. 유동성의 확보에 관한 사항
② 국토교통부장관은 공제조합이 제1항의 기준을 지키지 아니하여 경영의 건전성을 해칠 우려가 있다고 인정되면 대통령령으로 정하는 바에 따라 자본금의 증액을 명하거나 주식 등 위험자산의 소유를 제한하는 조치를 취할 수 있다.(2013.3.23 본항개정)

제68조의2【감독 기준】 국토교통부장관은 제64조제1항제1호부터 제4호까지의 규정에 따른 공제사업의 건전한 육성과 공제 가입자의 보호를 위하여 금융위원회 위원장과 협의하여 감독에 필요한 기준을 정하고 이를 고시하여야 한다.(2021.3.23 본조신설)

제69조【다른 법률과의 관계】 공제조합에 관하여 이 법에 규정된 사항 외에는 「민법」 중 사단법인에 관한 규정과 「상법」 제3편제4장제7절(주식회사의 계산)의 규정을 준용한다.

제8장 공제에 관한 분쟁의 조정

제70조【공제분쟁조정】 다음 각 호의 조합 및 연합회와 자동차사고 피해자나 그 밖의 이해관계인 사이에 공제계약 및 공제금의 지급 등에 관하여 분쟁이 있으면 분쟁당사자는 「자동차손해배상 보장법」 제23조의3에 따른 자동차손해배상보장위원회에 조정(調停)을 신청할 수 있다.
1. 제60조에 따라 공제사업을 하는 조합 및 연합회
2. 공제조합
(2024.1.9 본조개정)

제71조~제74조 (2024.1.9 삭제)

제9장 보 칙

제75조【권한의 위임】 ① 국토교통부장관은 이 법에 따른 권한의 일부를 대통령령으로 정하는 바에 따라 「대도시권 광역교통 관리에 관한 특별법」 제9조의2에 따른 대도시권광역교통위원장 또는 시·도지사에게 위임할 수 있다.(2018.12.18 본항개정)
② 시·도지사는 제1항에 따라 국토교통부장관으로부터 위임받은 권한의 일부를 국토교통부장관의 승인을 받아 시장·군수 또는 구청장에게 다시 위임할 수 있다.
(2013.3.23 본조개정)

제76조【권한의 위탁 등】 ① 국토교통부장관 또는 시·도지사는 이 법에 따른 권한의 일부를 대통령령으로 정하는 바에 따라 조합, 연합회, 공제조합, 「한국교통안전공단법」에 따른 한국교통안전공단, 자동차손해배상진흥원 또는 대통령령으로 정하는 전문 검사기관에 위탁할 수 있다.
② 제1항에 따라 위탁받은 업무에 종사하는 조합, 연합회, 공제조합, 「한국교통안전공단법」에 따른 한국교통안전공단, 자동차손해배상진흥원 또는 전문 검사기관의 임원 및 직원은 「형법」 제129조부터 제132조까지의 규정에 따른 벌칙을 적용하는 경우 공무원으로 본다.
(2021.3.23 본조개정)

제77조【운임·요금의 기준과 요율 등에 관한 협의】 제75조제1항에 따라 국토교통부장관으로부터 제8조의 운임·요금의 기준 및 요율의 결정에 관한 권한을 위임받은 시·도지사가 운임·요금의 기준 및 요율을 정한 경우에는 「물가안정에 관한 법률」 제4조제2항에 따라 기획재정부장관과 협의한 것으로 본다.(2013.3.23 본조개정)

제78조【협의·조정 등】 ① 시·도지사는 여객자동차 운송사업의 사업계획변경, 개선명령, 사업구역조정 등이 둘 이상의 시·도에 걸칠 경우 국토교통부령으로 정하는 바에 따라 관계 시·도지사와 협의하여야 한다. 이 경우 시·도지사는 협의가 성립되지 아니하면 국토교통부장관에게 조정(調整)을 신청하여야 한다.(2014.1.28 전단개정)
② 국토교통부장관은 제1항에 따른 신청을 받으면 국토교통부령으로 정하는 바에 따라 조정한 후 관계 시·도지사에게 통보하여야 하며, 관계 시·도지사가 조정된 내용대로 따르지 아니하면 조정된 내용대로 직접 처분할 수 있다.
③ 제1항의 조정을 신청하는 절차 등에 필요한 사항은 국토교통부령으로 정한다.
(2013.3.23 본조개정)

제79조【보고·검사 등】 ① 국토교통부장관, 시·도지사 또는 시장·군수는 다음 각 호의 어느 하나에 해당하는 경우 여객자동차 운수사업자에게 그 사업에 관한 사항이나 자동차의 소유 또는 사용에 관한 사항에 대하여 보고하거나 서류를 제출하도록 명할 수 있다.(2021.3.23 본문개정)
1. 이 법의 위반 여부에 대한 확인이 필요하거나 민원 등이 발생한 경우
2. 이 법에 따른 허가·신고·인가 또는 승인 등의 업무를 적정하게 수행하기 위하여 필요한 경우
3. 제23조, 제33조, 제44조, 제49조의7, 제49조의14에 따른 개선명령을 하기 위하여 필요한 경우(2020.4.7 본호개정)
4. 제51조제2항에 따라 보조 또는 융자를 받은 자가 그 자금을 적정하게 사용하는지의 여부에 대하여 확인이 필요한 경우
5. 제51조의2부터 제51조의4까지에 따른 유가보조금, 천연가스 연료보조금 및 수소 연료보조금의 지급과 관련하여 확인이 필요한 경우(2021.3.23 본호개정)
6. 제78조에 따른 협의·조정 시 적정성을 확인하기 위하여 필요한 경우(2020.6.9 본호개정)
7. 교통사고 대응 및 예방 또는 이용자의 교통안전을 위하여 필요한 경우
8. 그 밖에 여객자동차 운수사업 관련 정책수립을 위하여 필요한 경우
(2018.8.14 본항개정)
② 국토교통부장관, 시·도지사 또는 시장·군수는 필요하다고 인정하면 소속 공무원으로 하여금 여객자동차 운수사업자 또는 운수종사자의 장부·서류, 그 밖의 물건을 검사하게 하거나 관계인에게 질문하게 할 수 있다.
(2021.3.23 본항개정)
③ 제2항의 경우에 그 공무원은 그 권한을 표시하는 증표를 지니고 이를 관계인에게 내보여야 한다.

제80조【수수료】 이 법에 따라 면허·등록·허가·인가 등을 신청하거나 신고를 하려는 자는 국토교통부령으로 정하는 수수료를 내야 한다. 다만, 국토교통부장관이 제76조제1항에 따라 권한을 위탁한 경우에는 그 수탁 기관이 정하는 수수료를 해당 수탁 기관에 내야 한다.
(2013.3.23 본조개정)

제81조【자가용 자동차의 유상운송 금지】 ① 사업용 자동차가 아닌 자동차(이하 "자가용자동차"라 한다)를 유상(자동차 운행에 필요한 경비를 포함한다. 이하 이 조에서 같다)으로 운송용으로 제공하거나 임대하여서는 아니 되며, 누구든지 이를 알선하여서는 아니 된다. 다만, 다음 각 호의 어느 하나에 해당하는 경우에는 유상으로 운송용으로 제공 또는 임대하거나 이를 알선할 수 있다.
(2015.6.22 본문개정)
1. 출·퇴근시간대(오전 7시부터 오전 9시까지 및 오후 6시부터 오후 8시까지를 말하며, 토요일, 일요일 및 공휴일인 경우는 제외한다) 승용자동차를 함께 타는 경우
(2019.8.27 본호개정)
2. 천재지변, 긴급 수송, 교육 목적을 위한 운행, 그 밖에 국토교통부령으로 정하는 사유에 해당되는 경우로서 시장·군수·구청장의 허가를 받은 경우(2020.2.18 본호개정)
② 시장·군수·구청장은 제1항제2호에 따른 허가의 신청을 받은 날부터 10일 이내에 허가 여부를 신청인에게 통지하여야 한다.(2020.2.18 본항개정)
③ 시장·군수·구청장이 제2항에서 정한 기간 내에 허가 여부 또는 민원 처리 관련 법령에 따른 처리기간의 연장 여부를 신청인에게 통지하지 아니하면 그 기간이 끝난 날의 다음 날에 허가를 한 것으로 본다.(2020.2.18 본항개정)
④ 제1항제2호의 유상운송 허가의 대상 및 기간 등은 국토교통부령으로 정한다.(2013.3.23 본항개정)

제82조【자가용자동차의 노선운행 금지】 ① 누구든지 고객을 유치할 목적으로 노선을 정하여 자가용자동차를 운행하거나 이를 알선하여서는 아니 된다. 다만, 다음 각 호의 어느 하나에 해당하는 경우에는 노선을 정하여 운행하거나 이를 알선할 수 있다.(2015.6.22 본문개정)
1. 학교, 학원, 유치원, 「영유아보육법」에 따른 어린이집, 호텔, 교육·문화·예술·체육시설(「유통산업발전법」 제2조제3호에 따른 대규모점포에 부설된 시설은 제외한다), 종교시설, 금융기관 또는 병원 이용자를 위하여 운행하는 경우(2011.6.7 본호개정)

2. 대중교통수단이 없는 지역 등 대통령령으로 정하는 사유에 해당하는 경우로서 시장・군수・구청장의 허가를 받은 경우(2020.2.18 본호개정)
② 제1항제2호의 허가의 대상 및 조건 등에 관하여 필요한 사항은 국토교통부령으로 정한다.(2013.3.23 본항개정)
제83조【자가용자동차 사용의 제한 또는 금지】 ① 시장・군수・구청장은 자가용자동차를 사용하는 자가 다음 각 호의 어느 하나에 해당하면 6개월 이내의 기간을 정하여 그 자동차의 사용을 제한하거나 금지할 수 있다.(2020.2.18 본문개정)
1. 자가용자동차를 사용하여 여객자동차운송사업을 경영한 경우
2. 제81조제1항제2호에 따른 허가를 받지 아니하고 자가용자동차를 유상으로 운송에 사용하거나 임대한 경우
② 시장・군수・구청장이 제1항에 따라 자가용자동차의 사용을 금지한 경우에는 제89조를 준용한다.(2020.2.18 본항개정)
제84조【자동차의 차령 제한 등】 ① 여객자동차 운수사업에 사용되는 자동차는 자동차의 종류와 여객자동차 운수사업의 종류에 따라 대통령령으로 정하는 연한[이하 "차령(車齡)"이라 한다] 및 운행거리를 넘겨 운행하지 못한다. 다만, 시・도지사는 해당 시・도의 여객자동차 운수사업용 자동차의 운행여건 등을 고려하여 대통령령으로 정하는 안전성 요건이 충족되는 경우에는 2년의 범위에서 차령을 연장할 수 있다.(2014.5.21 본문개정)
② 여객자동차 운수사업의 면허, 허가, 등록, 증차 또는 대폐차(代廢車 : 차령이 만료되거나 운행거리를 초과한 차량 등을 다른 차량으로 대체하는 것을 말한다)에 충당되는 자동차는 자동차의 종류와 여객자동차 운수사업의 종류에 따라 3년을 넘지 아니하는 범위에서 대통령령으로 정하는 연한(이하 "차량충당연한"이라 한다) 이내로 하여야 한다. 다만, 다음 각 호의 어느 하나에 해당하는 경우에는 그러하지 아니하다.(2020.4.7 본문개정)
1. 노선 여객자동차운송사업의 면허를 받거나 등록을 한 자가 보유 차량으로 노선 여객자동차운송사업 범위에서 업종 변경을 위하여 면허를 받거나 등록을 하는 경우
2. 대통령령으로 정하는 여객자동차운송사업자가 대폐차하는 경우로서 노선 여객자동차운송사업용 자동차를 차령이 6년 이내인 여객자동차운송사업용 자동차로 충당하거나 구역 여객자동차운송사업용 자동차를 차령이 8년 이내인 여객자동차운송사업용 자동차로 충당하는 경우(2024.1.30 본호개정)
3. 여객자동차 운수사업에 사용되었던 자동차로서 「자동차관리법」 제13조제7항 각 호의 어느 하나에 해당하는 사유로 말소등록이 된 자동차를 여객자동차 운수사업자가 「자동차관리법」 제43조제1항제4호에 따른 임시검사에 합격한 후 다시 등록하는 경우. 다만, 차령을 초과한 자동차는 제외한다.(2017.10.24 본문개정)
4. 「환경친화적 자동차의 개발 및 보급 촉진에 관한 법률」 제2조제3호에 따른 전기자동차 또는 같은 법 제2조제6호에 따른 수소전기자동차의 배터리를 신규로 교체한 경우. 다만, 차령을 초과한 자동차는 제외한다.(2018.12.31 본문개정)
③ 시・도지사는 자동차의 제작・조립이 중단되거나 출고가 지연되는 등 부득이한 사유로 자동차를 공급하는 것이 현저히 곤란하다고 인정하면 6개월의 범위에서 제1항에 따른 차령을 초과하여 운행하게 할 수 있다.(2014.1.28 본항개정)
④ 제1항에 따른 차령과 그 연장요건, 제2항에 따른 차량충당연한의 기산일(起算日) 및 계산 방법 등에 관하여 필요한 사항은 대통령령으로 정한다.
제85조【면허취소 등】 ① 국토교통부장관, 시・도지사(터미널사업・자동차대여사업 및 대통령령으로 정하는 여객자동차운송사업에 한정한다) 또는 시장・군수・구청장(터미널사업에 한정한다)은 여객자동차 운수사업자가 다음 각 호의 어느 하나에 해당하면 면허・허가・인가 또는 등록을 취소하거나 6개월 이내의 기간을 정하여 사업의 전부 또는 일부를 정지하도록 명하거나 노선폐지 또는 감차 등이 따르는 사업계획 변경을 명할 수 있다. 다만, 제5호・제8호・제39호 및 제41호의 경우에는 면허, 허가 또는 등록을 취소하여야 한다.(2020.4.7 단서개정)
1. 면허・허가 또는 인가를 받거나 등록한 사항을 정당한 사유 없이 실시하지 아니한 경우
2. 사업경영의 불확실, 자산상태의 현저한 불량, 그 밖의 사유로 사업을 계속하는 것이 적합하지 아니하여 국민의 교통편의를 해치는 경우
3. 중대한 교통사고 또는 빈번한 교통사고로 많은 사람을 죽거나 다치게 한 경우
4. 제4조에 따른 면허를 받거나 등록한 여객자동차운송사업용 자동차 또는 제49조의3에 따라 허가를 받은 플랫폼운송사업용 자동차를 타인에게 대여한 경우
5. 거짓이나 그 밖의 부정한 방법으로 제4조・제28조・제36조・제49조의3 또는 제49조의18에 따른 여객자동차운송사업・자동차대여사업・터미널사업・플랫폼운송사업 또는 플랫폼중개사업의 면허(변경면허를 포함한다) 또는 허가를 받거나 등록을 한 경우
6. 제4조・제28조・제36조 또는 제49조의3에 따라 면허 또는 허가를 받거나 등록한 업종의 범위・노선・운행계통・사업구역・업무범위 및 면허・허가기간(여객자동차운송사업 한정면허와 플랫폼운송사업 허가의 경우에만 해당한다) 등을 위반하여 사업을 한 경우
7. 제5조・제29조・제37조・제49조의3 또는 제49조의18에 따른 여객자동차운송사업・자동차대여사업・터미널사업・플랫폼운송사업 또는 플랫폼중개사업의 면허 또는 허가기준이나 등록기준을 충족하지 못하게 된 경우. 다만, 3개월 이내에 그 기준을 충족시킨 경우에는 그러하지 아니하다.
8. 운송사업자・자동차대여사업자・터미널사업자・플랫폼운송사업자 또는 플랫폼중개사업자가 제6조 각 호의 어느 하나에 해당하게 된 경우. 다만, 법인의 임원 중 그 사유에 해당하는 자가 있는 경우로서 3개월 이내에 그 임원을 개임(改任)한 경우와 피상속인이 사망한 날부터 60일 이내에 상속인이 여객자동차 운수사업을 다른 사람에게 양도한 경우(플랫폼운송사업 및 플랫폼중개사업은 제외한다)에는 그러하지 아니하다.
(2020.4.7 4호~8호개정)
9. 제7조를 위반하여 국토교통부장관 또는 시・도지사가 지정한 기일 또는 기간 내에 운송을 시작하지 아니한 경우(2013.3.23 본호개정)
10. 제8조, 제49조의6 또는 제49조의13을 위반하여 운임・요금의 신고 또는 변경신고를 하지 아니하거나 부당한 요금을 받은 경우 또는 1년에 3회 이상 6세 미만인 아이의 무상운송을 거절한 경우
11. 제9조(제49조의9에서 준용하는 경우를 포함한다) 또는 제31조를 위반하여 운송약관・대여약관 또는 플랫폼운송약관의 신고 또는 변경신고를 하지 아니하거나 신고한 약관을 이행하지 아니한 경우
12. 제10조(제35조에서 준용하는 경우를 포함한다) 또는 제49조의3제6항을 위반하여 인가・등록 또는 신고를 하지 아니하고 사업계획을 변경한 경우
13. 제12조(제35조 및 제49조의9에서 준용하는 경우를 포함한다)에 따른 명의이용 금지를 위반한 경우
(2020.4.7 10호~13호개정)
14. 제13조를 위반하여 신고하지 아니하고 여객자동차운송사업을 관리위탁하거나 운송사업자가 아닌 자에게 관리위탁한 경우
15. 제14조(제35조・제48조 및 제49조의9에서 준용하는 경우를 포함한다)를 위반하여 인가를 받지 아니하거나 신고를 하지 아니하고 여객자동차운송사업을 양도・양수하거나 법인을 합병한 경우(2020.4.7 본호개정)
16. 제16조(제35조・제48조 및 제49조의9에서 준용하는 경우를 포함한다)를 위반하여 허가를 받지 아니하거나 신고를 하지 아니하고 여객자동차운송사업을 휴업 또는 폐업하거나 휴업기간이 지난 후에도 사업을 재개(再開)하지 아니한 경우(2020.4.7 본호개정)
17. 제17조를 위반하여 1년에 3회 이상 사업용자동차의 표시를 하지 아니한 경우(2012.2.1 본호개정)
18. 제18조제1항 및 제2항에 따라 운송할 수 있는 소화물이 아닌 소화물을 운송하거나, 같은 조 제3항에 따른 소화물 운송의 금지명령을 따르지 아니한 자(2014.1.28 본호신설)
19. 제21조제1항에 따른 준수 사항을 위반하여 과태료 처분을 받은 날부터 1년 이내에 다시 3회 이상 위반한 경우
20. 제21조제2항(제49조의9에서 준용하는 경우를 포함한다)을 위반하여 운수종사자의 자격요건을 갖추지 아니한 자를 운전업무에 종사하게 한 경우(2020.4.7 본호개정)
20의2.～20의3. (2020.4.7 삭제)
20의4. 제21조제8항(제49조의9에서 준용하는 경우를 포함한다)을 위반하여 자동차의 운전석 및 그 옆 좌석에 에어백을 설치하지 아니한 경우(2020.4.7 본호개정)
20의5. 제21조제10항을 위반하여 운행정보를 신고하지 아니하거나 운행기록증을 붙이지 아니하고 사업용 자동차를 운행한 경우(2020.6.9 본호개정)
20의6. 제21조제11항을 위반하여 휴식시간을 보장하지 아니한 경우(2017.10.24 본호신설)
20의7. 제21조제12항 전단(제49조의9에서 준용하는 경우를 포함한다)을 위반하여 운수종사자의 음주 여부를 확인하지 아니한 경우(2020.4.7 본호개정)
20의8. 제21조제12항 후단(제49조의9에서 준용하는 경우를 포함한다)을 위반하여 운수종사자가 음주로 안전한 운전을 할 수 없다고 판단됨에도 사업용 자동차를 운행하게 한 경우(2020.4.7 본호개정)
21. 제21조제13항(제49조의9에서 준용하는 경우를 포함한다)에 따른 준수 사항을 위반한 경우(2020.4.7 본호개정)
22. 제23조・제33조・제44조 또는 제49조의7에 따른 개선명령 또는 운행명령을 이행하지 아니한 경우(2020.4.7 본호개정)
23. 제25조제2항(제49조의9에서 준용하는 경우를 포함한다)에 따른 운수종사자의 교육에 필요한 조치를 하지 아니한 경우(2020.4.7 본호개정)
23의2. 제27조의3제1항을 위반하여 영상기록장치를 설치하지 않은 경우(2018.9.18 본호신설)
23의3. 제27조의3제7항을 위반하여 영상기록장치의 운영・관리 지침을 마련하지 않은 경우(2018.9.18 본호신설)
24. 제28조에 따른 등록 시 부여한 유예기간 내에 제29조에 따른 등록기준을 충족하지 아니하거나 사업을 시작하지 아니한 경우
25. 제32조를 위반하여 관리위탁 허가를 받지 아니하고 자동차대여사업을 관리위탁하거나 자동차대여사업자가 아닌 자에게 관리위탁한 경우
26. 제34조제3항을 위반하여 자동차대여사업자가 사업용자동차를 사용하여 유상으로 여객을 운송하거나 이를 알선한 경우
26의2. 제34조의2제2항을 위반하여 같은 항 각 호의 어느 하나에 해당하는 운전자에게 자동차를 대여한 경우(2021.7.27 본호신설)
27. 제38조제1항에 따른 공사시행의 인가(변경인가를 포함한다)를 받지 아니하고 터미널 시설에 관한 공사를 하거나 지정된 기간까지 공사를 마치지 아니한 경우
28. 제39조를 위반하여 제38조제4항에 따른 시설확인을 받지 아니하고 터미널의 사용을 시작한 경우
29. 정당한 사유 없이 제39조를 위반하여 시・도지사가 정한 기간 내에 터미널의 사용을 시작하지 아니한 경우
30. 제40조를 위반하여 신고 또는 변경신고를 하지 아니하고 터미널사용약관을 시행한 경우
31. 제42조제1항에 따른 터미널사업자의 준수 사항을 위반한 경우 또는 같은 조 제3항에 따른 중지명령이나 시정명령을 이행하지 아니한 경우
32. 제43조에 따른 변경인가를 받지 아니하고 터미널의 위치・규모 또는 구조・설비를 변경한 경우
32의2. 제49조의3제2항에 따른 조건을 이행하지 아니한 경우
32의3. 제49조의6제4항 또는 제49조의13제6항을 위반하여 운송플랫폼을 통해 여객과 운송계약을 체결할 때 여객에게 받을 운임이나 요금을 고지하지 아니한 경우
(2020.4.7 32호의2～32호의3신설)
32의4. 제49조의11제2항을 위반하여 동일한 차량으로 둘 이상의 운송가맹점으로 가입한 경우(2021.7.27 본호개정)
32의5. 제49조의11제3항을 위반하여 상호를 변경하지 아니하거나 상호변경 신고를 하지 아니한 경우(2020.4.7 본호신설)
32의6. 제50조에 따른 보조금 또는 융자금을 보조 또는 융자받은 목적 외의 용도로 사용한 경우(2013.8.6 본호신설)
33. 1년에 3회 이상 제79조제1항에 따른 보고나 서류제출을 하지 아니하거나 거짓으로 한 경우(2012.2.1 본호개정)
34. 제79조제2항에 따른 검사를 거부・방해 또는 기피하거나 질문에 응하지 아니하거나 거짓으로 진술을 한 경우
35. 제83조에 따른 자가용자동차의 사용제한 또는 사용금지를 위반한 경우
36. 제84조에 따른 차령 또는 운행거리를 초과하여 운행한 경우. 다만, 같은 조 제3항에 따라 차령을 초과하여 운행하는 경우는 제외한다.(2014.5.21 본문개정)
37. 대통령령으로 정하는 여객자동차운송사업의 경우 운수종사자의 운전면허가 취소되거나 제87조제1항제2호 또는 제3호에 해당되어 운수종사자의 자격이 취소된 경우
38. 이 법에 따른 면허・허가 또는 인가 등에 붙인 조건을 위반한 경우
39. 이 조에 따른 사업정지명령을 위반하여 사업정지기간 중에 사업을 경영한 경우
40. 이 조에 따른 노선폐지・감차 등을 수반하는 사업계획의 변경명령을 이행하지 아니한 경우
41. 운송사업자(자동차 1대로 운송사업자가 직접 운전하는 여객자동차운송사업으로 한정한다)가 교통사고와 관련하여 거짓이나 그 밖의 부정한 방법으로 보험금을 청구하여 금고 이상의 형을 선고받고 그 형이 확정된 경우(2014.1.28 본호신설)
② 제1항제3호에 따른 중대한 교통사고는 1건의 교통사고로 대통령령으로 정하는 수 이상의 사상자가 발생한 경우를 말하고, 빈번한 교통사고는 사상자가 발생한 교통사고가 대통령령으로 정하는 교통사고건수 또는 교통사고지수(교통사고건수를 여객자동차 운수사업자가 소유한 자동차의 대수로 나눈 비율을 말한다)에 해당하게 된 경우를 말한다.
③ 제1항에 따른 처분의 기준 및 절차, 그 밖에 필요한 사항은 대통령령으로 정한다.
④ 시・도지사는 대통령령으로 정하는 운송사업자가 다음 각 호의 어느 하나에 해당하는 경우 대통령령으로 정하는 바에 따라 그 위반의 내용 및 정도 등에 따라 벌점을 부과할 수 있으며, 그 벌점이 대통령령으로 정하는 기간 동안 일정한 점수를 초과하는 경우에는 대통령령으로 정하는 바에 따라 면허를 취소하거나 감차 등을 수반하는 사업계획의 변경을 명할 수 있다.(2014.1.28 본문개정)
1. 제21조를 위반하여 이 법에 따른 처분을 받은 경우
2. 1대의 자동차를 본인이 직접 운전하는 운송사업자가 제26조를 위반하여 이 법에 따른 처분을 받은 경우
3. 운송사업자가 채용한 운수종사자가 제26조를 위반하여 이 법에 따른 처분을 받은 경우
(2009.5.27 본항신설)

제86조【청문】 국토교통부장관 또는 시·도지사는 제49조의15 또는 제85조제1항에 따라 제4조, 제28조, 제36조, 제49조의3, 제49조의10 또는 제49조의18에 따른 여객자동차운송사업, 자동차대여사업, 터미널사업, 플랫폼운송사업, 플랫폼가맹사업 또는 플랫폼중개사업의 면허, 허가 또는 등록을 취소하려면 청문을 하여야 한다.
(2020.4.7 본조개정)

제87조【운수종사자의 자격 취소 등】 ① 국토교통부장관 또는 시·도지사는 제24조제1항의 자격을 취득한 자가 다음 각 호의 어느 하나에 해당하면 그 자격을 취소하거나 6개월 이내의 기간을 정하여 그 자격의 효력을 정지시킬 수 있다. 다만, 제3호 및 제6호의2에 해당하는 경우에는 그 자격을 취소하여야 한다.(2014.1.28 단서개정)
1. 제6조제1호부터 제4호까지의 규정 중 어느 하나에 해당하는 경우
2. 부정한 방법으로 제24조제1항의 자격을 취득한 경우
(2012.2.1 본호개정)
3. 제24조제3항 또는 제4항에 해당하게 된 경우(집행유예기간이 만료된 날부터 2년이 지나지 아니한 사람을 포함한다)(2020.5.19 본호개정)
4. 제26조제1항 또는 제49조의8제1항에 따른 준수 사항을 지키지 아니한 경우(2020.4.7 본호개정)
5. 제26조제2항에 따른 준수 사항을 위반하여 과태료 처분을 받은 날부터 1년 이내에 다시 3회 이상 위반한 경우
5의2. 제26조제4항을 위반하여 운행기록증을 식별하기 어렵게 하거나, 그러한 자동차를 운행한 경우
(2015.1.6 본호신설)
6. 교통사고로 대통령령으로 정하는 수 이상으로 사람을 죽거나 다치게 한 경우
6의2. 교통사고와 관련하여 거짓이나 그 밖의 부정한 방법으로 보험금을 청구하여 금고 이상의 형을 선고받고 그 형이 확정된 경우(2014.1.28 본호신설)
7. 운전업무와 관련하여 부정이나 비위(非違) 사실이 있는 경우
8. 이 법이나 이 법에 따른 명령 또는 처분을 위반한 경우
② 제1항에 따른 처분의 기준과 절차 등에 관하여 필요한 사항은 국토교통부령으로 정한다.(2013.3.23 본항개정)
③ 국토교통부장관 또는 시·도지사는 제1항에 따른 자격의 취소나 정지에 필요한 정보에 한정하여 경찰청장에게 운전경력 및 범죄경력자료의 조회를 요청할 수 있다.
(2021.7.27 본항신설)

제88조【과징금 처분】 ① 국토교통부장관, 시·도지사 또는 시장·군수·구청장은 여객자동차 운수사업자가 제49조의15제1항 또는 제85조제1항 각 호의 어느 하나에 해당하여 사업정지 처분을 하여야 하는 경우에 그 사업정지 처분이 그 여객자동차 운수사업을 이용하는 사람들에게 심한 불편을 주거나 공익을 해칠 우려가 있는 때에는 그 사업정지 처분을 갈음하여 5천만원 이하의 과징금을 부과·징수할 수 있다.(2020.4.7 본항개정)
② 제1항에 따라 과징금을 부과하는 위반행위의 종류·정도 등에 따른 과징금의 액수, 그 밖에 필요한 사항은 대통령령으로 정한다.
③ 국토교통부장관, 시·도지사 또는 시장·군수·구청장은 제1항에 따라 과징금 부과 처분을 받은 자가 과징금을 기한까지 내지 아니하는 경우 국세 체납처분의 예 또는 「지방행정제재·부과금의 징수 등에 관한 법률」에 따라 징수한다.(2020.6.9 본항개정)
④ 제1항에 따라 징수한 과징금은 다음 각 호 외의 용도로는 사용할 수 없다.
1. 벽지노선이나 그 밖에 수익성이 없는 노선으로서 대통령령으로 정하는 노선을 운행하여서 생긴 손실의 보전(補塡)
2. 운수종사자의 양성, 교육훈련, 그 밖의 자질 향상을 위한 시설과 운수종사자에 대한 지도 업무를 수행하기 위한 시설의 건설 및 운영
3. 지방자치단체가 설치하는 터미널을 건설하는 데에 필요한 자금의 지원
4. 터미널 시설의 정비·확충
5. 여객자동차 운수사업의 경영 개선이나 그 밖에 여객자동차 운수사업의 발전을 위하여 필요한 사업
6. 제1호부터 제5호까지의 규정 중 어느 하나의 목적을 위한 보조나 융자
7. 이 법을 위반하는 행위를 예방 또는 근절하기 위하여 지방자치단체가 추진하는 사업(2009.5.27 본호신설)
⑤ 시·도지사 또는 시장·군수·구청장은 국토교통부령으로 정하는 바에 따라 과징금으로 징수한 금액의 운용계획을 수립하여 시행하여야 한다.(2020.2.18 본항개정)
⑥ 제4항과 제5항에 따른 과징금 사용의 절차·대상, 운용 계획의 수립·시행, 그 밖에 필요한 사항은 대통령령으로 정한다.

제89조【자동차의 사용정지】 ① 운송사업자 또는 플랫폼운송사업자는 다음 각 호의 어느 하나에 해당하면 그 자동차의 자동차 등록증과 자동차 등록번호판을 시·도지사에게 반납하여야 한다.(2021.3.23 단서삭제)
1. 운송사업자가 제4조제3항에 따라 면허 기간을 정하여 받은 한정면허의 면허 기간이 끝난 경우 또는 플랫폼운송사업자가 제49조의3제2항에 따라 허가를 받은 기간이 끝난 경우(2020.4.7 본호개정)
2. 제16조제1항(제49조의9에서 준용하는 경우를 포함한다) 및 제2항(제35조에서 준용하는 경우를 포함한다)에 따라 휴업·폐업의 허가를 받거나 신고를 한 경우
(2020.4.7 본호개정)
3. 제85조제1항에 따라 면허·등록·허가 또는 인가의 취소, 사업정지 처분이나 감차가 따르는 사업계획 변경명령을 받은 경우
② 제1항에도 불구하고 다음 각 호의 어느 하나에 해당하는 경우에는 시·도지사에게 자동차 등록증과 자동차 등록번호판을 반납하지 아니할 수 있다.
1. 노선 여객자동차운송사업자가 제16조제1항 및 제2항에 따라 휴업·폐업의 허가를 받거나 신고를 한 경우
2. 구역 여객자동차운송사업자 중 국토교통부령으로 정하는 여객자동차운송사업자가 제16조제1항 및 제2항에 따라 10일 이내의 휴업 허가를 받거나 신고를 한 경우
(2021.3.23 본항신설)
③ 시·도지사는 운송사업자 또는 플랫폼운송사업자가 제1항을 이행하지 아니하는 경우에는 그 자동차의 자동차 등록증과 자동차 등록번호판을 영치(領置)하여야 한다.(2020.4.7 본항개정)
④ 시·도지사는 다음 각 호의 어느 하나에 해당하는 경우 제1항에 따라 반납 받은 자동차 등록증과 자동차 등록번호판을 그 운송사업자 또는 플랫폼운송사업자에게 되돌려 주어야 한다.(2020.4.7 본문개정)
1. 제16조(제35조 및 제49조의9에서 준용하는 경우를 포함한다)에 따른 휴업 기간이 끝난 경우(2020.4.7 본호개정)
2. 제85조제1항에 따른 사업정지 처분 기간이 끝난 경우
⑤ 제3항에 따라 자동차 등록번호판을 되돌려 받은 운송사업자 또는 플랫폼운송사업자는 이를 그 자동차에 달고 시·도지사의 봉인(封印)을 받아야 한다.(2020.4.7 본항개정)

제89조의2【규제의 재검토】 국토교통부장관은 다음 각 호의 사항에 대하여 2014년 1월 1일을 기준으로 3년마다(매 3년이 되는 해의 기준일과 같은 날 전날까지를 말한다)마다 그 타당성을 검토하여 개선 등의 조치를 하여야 한다.
1. 제4조에 따른 여객자동차운송사업의 면허
2. 제6조에 따른 결격사유
3. 제10조제5항에 따른 사업계획의 변경 제한(2017.3.21 본호개정)
4. 제16조제1항에 따른 여객자동차운송사업의 휴업·폐업의 허가
5. 제16조제5항에 따른 여객자동차운송사업의 휴업 기간(2017.3.21 본호개정)
6. 제24조제1항에 따른 운수종사자의 자격
7. 제24조제4항에 따른 운전자격의 취득 제한
8. 제36조에 따른 여객자동차터미널사업의 면허
9. 제49조의3에 따른 플랫폼운송사업의 허가(2020.4.7 본호개정)
9의2. 제49조의10에 따른 플랫폼가맹사업의 면허
(2020.4.7 본호신설)
10. 제53조에 따른 조합의 설립 인가
11. 제59조에 따른 연합회의 설립 인가
12. 제60조에 따른 조합 및 연합회의 공제사업 허가
13. 제61조에 따른 공제조합의 설립 인가
14. 제84조에 따른 자동차의 차령 제한
(2015.1.6 본조신설)

제89조의3【신고포상금의 지급】 제75조 또는 관계 규정에 따라 제4조제1항에 따른 면허의 권한을 위임받은 지방자치단체의 장은 같은 항에 따른 면허를 받지 아니하고 대통령령으로 정하는 여객자동차운송사업을 경영한 자를 신고하거나 고발한 자에 대하여 해당 지방자치단체의 조례로 정하는 바에 따라 포상금을 지급할 수 있다.(2015.6.22 본조신설)

제10장 벌 칙

제90조【벌칙】 다음 각 호의 어느 하나에 해당하는 자는 2년 이하의 징역 또는 2천만원 이하의 벌금에 처한다.
1. 제4조제1항에 따른 면허를 받지 아니하거나 등록을 하지 아니하고 여객자동차운송사업을 경영한 자 또는 제2조에서 정한 자동차 이외의 자동차(「자동차관리법」 제3조에 따른 화물자동차·특수자동차·이륜자동차를 말한다)를 사용하여 여객자동차운송사업 형태의 행위를 한 자(2008.3.28 본호개정)
2. 부정한 방법으로 제4조제1항에 따른 여객자동차운송사업의 면허를 받거나 등록을 한 자
3. 제12조(제35조·제49조의9 및 제49조의16에서 준용하는 경우를 포함한다)에 따른 명의이용 금지를 위반한 자(2020.4.7 본호개정)
3의2. 거짓이나 부정한 방법으로 제23조제3항의 손실보상금, 제50조의 보조금 또는 융자금을 교부받은 자
(2014.1.28 본호신설)
4. 제28조제1항에 따른 등록을 하지 아니하고 자동차대여사업을 경영한 자
5. 부정한 방법으로 제28조제1항에 따른 자동차대여사업을 등록한 자
6. 제32조제1항에 따른 관리위탁 허가를 받지 아니하거나 부정한 방법으로 관리위탁 허가를 받아 자동차대여사업을 관리위탁한 자와 이 자로부터 관리위탁을 받은 자
6의2. 제34조제1항을 위반하여 임차한 자동차를 유상 운송에 사용하거나 다시 남에게 대여한 자 또는 이를 알선한 자
6의3. 제34조제2항을 위반하여 운전자를 알선한 자
(2015.6.22 6호의2~6호의3신설)
7. 제34조제3항을 위반하여 사업용자동차를 사용하여 유상으로 여객을 운송하거나 이를 알선한 자(2015.6.22 본호개정)
7의2. 제49조의3제1항에 따른 허가를 받지 아니하고 플랫폼운송사업을 경영한 자 또는 제2조에서 정한 자동차 이외의 자동차(「자동차관리법」 제3조에 따른 화물자동차·특수자동차·이륜자동차를 말한다)를 사용하여 플랫폼운송사업 형태의 행위를 한 자(2020.4.7 본호신설)
7의3. 부정한 방법으로 제49조의3제1항에 따른 허가를 받은 자(2020.4.7 본호신설)
8. 제81조를 위반하여 자가용자동차를 유상으로 운송용으로 제공 또는 임대하거나 이를 알선한 자
9. 제82조제1항을 위반하여 고객을 유치할 목적으로 노선을 정하여 자가용자동차를 운행하거나 이를 알선한 자
(2015.6.22 8호~9호개정)
10. 제85조제1항에 따른 사업정지 처분 기간 중에 여객자동차 운수사업을 경영한 자

제91조【벌칙】 다음 각 호의 어느 하나에 해당하는 자는 1년 이하의 징역 또는 1천만원 이하의 벌금에 처한다.
1. 제27조의2제3항을 위반하여 술을 마시거나 약물을 복용하고 다른 사람에게 위해를 주는 행위를 한 자
(2021.3.23 본호신설)
2. 제27조의3제3항을 위반하여 설치 목적과 다른 목적으로 영상기록장치를 임의로 조작하거나 다른 곳을 비춘 자, 운행기간 외에 영상기록을 한 자 또는 녹음기능을 사용하여 음성기록을 한 자
3. 제27조의3제4항을 위반하여 영상기록을 목적 외의 용도로 이용하거나 다른 자에게 제공한 자
4. 제27조의3제6항을 위반하여 안전성 확보에 필요한 조치를 하지 아니하여 영상기록장치에 기록된 영상정보를 분실·도난·유출·변조 또는 훼손당한 자
(2018.9.18 2호~4호신설)
5. 제34조의2제1항을 위반한 자동차대여사업자
(2016.12.2 본호개정)
6. 제34조의4를 위반하여 다른 사람에게 명의를 빌려주거나 다른 사람의 명의를 빌린 사람 또는 대여를 알선한 사람(2020.10.20 본호신설)
7. 제36조에 따른 면허(변경면허를 포함한다)를 받지 아니하고 터미널사업을 경영하거나 부정한 방법으로 면허(변경면허를 포함한다)를 받은 자
(2014.1.28 본조개정)

제92조【벌칙】 다음 각 호의 어느 하나에 해당하는 자는 1천만원 이하의 벌금에 처한다.
1. (2009.5.27 삭제)
2. 제9조제1항(제49조의9 및 제49조의16에서 준용하는 경우를 포함한다)에 따른 운송약관을 신고하지 아니하거나 신고한 운송약관을 이행하지 아니한 자(2020.4.7 본호개정)
3. 제10조(제35조에서 준용하는 경우를 포함한다)·제49조의3제6항 또는 제49조의10제2항에 따른 인가를 받지 아니하거나 등록 또는 신고를 하지 아니하고 사업계획을 변경한 자(2020.4.7 본호개정)
4. 제11조(제35조에서 준용하는 경우를 포함한다)를 위반하여 공동운수협정을 체결하거나 변경한 자
5. 제13조제1항에 따른 관리위탁 신고를 하지 아니하거나 거짓 신고를 하고 여객자동차운송사업을 관리위탁한 자
6. 제14조(제35조·제48조·제49조의9 및 제49조의16에서 준용하는 경우를 포함한다)에 따른 인가를 받지 아니하거나 신고를 하지 아니하고 여객자동차 운수사업을 양도·양수하거나 법인을 합병한 자(2020.4.7 본호개정)
7. (2009.5.27 삭제)
8. 제16조(제35조·제48조·제49조의9 및 제49조의16에서 준용하는 경우를 포함한다)에 따른 허가를 받지 아니하거나 신고를 하지 아니하고 여객자동차 운수사업을 휴업하거나 폐업한 자(2020.4.7 본호개정)
9. 제21조제2항(제49조의9에서 준용하는 경우를 포함한다)을 위반하여 운수종사자의 자격요건을 갖추지 아니한 사람을 운전업무에 종사하게 한 자(2020.4.7 본호개정)
10. 자동차대여사업을 시작하기 전까지 제31조제1항에 따른 대여약관을 신고하지 아니하거나 신고한 대여약관을 이행하지 아니한 자
10의2. 제34조의2제3항을 위반하여 결함 사실이 공개된 대여사업용 자동차를 시정조치 받지 아니하고 신규로 대여한 자(2020.4.7 본호신설)
10의3. 제34조의2제4항을 위반하여 차량의 임차인에게 결함 사실을 통보하지 아니한 자(2020.4.7 본호신설)
11.~12. (2015.6.22 삭제)
13. 제38조제4항을 위반하여 시설확인을 받지 아니하고 터미널 사용을 시작한 자

14. 제40조제1항에 따른 사용약관을 신고하지 아니하거나 신고한 사용약관을 위반한 자
15. 제41조에 따라 시설사용료에 관한 인가를 받지 아니한 자
16. 제43조에 따른 인가를 받지 아니하고 터미널의 위치·규모와 구조·설비 등을 변경한 자

제93조【양벌규정】 법인의 대표자나 법인 또는 개인의 대리인, 사용인, 그 밖의 종업원이 그 법인 또는 개인의 업무에 관하여 제90조부터 제92조까지의 어느 하나에 해당하는 위반행위를 하면 그 행위자를 벌하는 외에 그 법인 또는 개인에게도 해당 조문의 벌금형을 과(科)한다. 다만, 법인 또는 개인이 그 위반행위를 방지하기 위하여 해당 업무에 관하여 상당한 주의와 감독을 게을리하지 아니한 경우에는 그러하지 아니하다.(2009.5.27 본조개정)

제94조【과태료】 ① 다음 각 호의 어느 하나에 해당하는 자에게는 1천만원 이하의 과태료를 부과한다.
1. 제8조·제49조의6제1항 또는 제49조의13제1항을 위반하여 운임·요금을 신고하지 아니한 자(2020.4.7 본호개정)
2. 제15조제1항(제35조와 제48조에서 준용하는 경우를 포함한다)에 따른 상속 신고를 하지 아니한 자 (2009.5.27 본호신설)
3. 제21조제1항에 따른 운송수입금의 전액에 대한 준수사항을 위반한 자(2020.4.7 본호개정)
3의2. 제21조제11항을 위반하여 휴식시간을 보장하지 아니한 자(2017.10.24 본호신설)
3의3. 제21조제12항 전단(제49조의9에서 준용하는 경우를 포함한다)을 위반하여 운수종사자의 음주 여부를 확인하지 아니한 자(2020.4.7 본호개정)
3의4. 제21조제12항 후단(제49조의9에서 준용하는 경우를 포함한다)을 위반하여 운수종사자가 음주로 안전한 운전을 할 수 없다고 판단됨에도 사업용 자동차를 운행하게 한 자(2020.4.7 본호개정)
3의5. 제49조의6제4항 또는 제49조의13제6항을 위반하여 운송플랫폼을 통하여 여객과 운송계약을 체결할 때 여객에게 받을 운임이나 요금을 고지하지 아니한 자
3의6. 제49조의18제1항에 따라 플랫폼중개사업자로 등록하지 아니하고 제49조의19제1항에 따른 요금을 받은 자 또는 제49조의19제2항을 위반하여 요금을 신고하지 아니하고 제49조의19제1항에 따른 요금을 받은 자 (2020.4.7 3호의5~3호의6신설)
4. 제66조(제60조제2항에서 준용하는 경우를 포함한다)에 따른 개선명령을 따르지 아니한 자
5. 제67조(제60조제2항에서 준용하는 경우를 포함한다)에 따른 임직원에 대한 징계·해임의 요구에 따르지 아니하거나 시정명령을 따르지 아니한 자

② 다음 각 호의 어느 하나에 해당하는 자에게는 500만원 이하의 과태료를 부과한다.
1. 제8조제6항을 위반하여 어린아이의 운임을 받은 자. 다만, 제85조제1항제10호에 따라 처분을 받은 자에 대하여는 해당 위반행위에 대한 과태료를 부과하지 아니한다.(2017.3.21 본문개정)
2. 제17조를 위반하여 사업용 자동차의 표시를 하지 아니한 자. 다만, 제85조제1항제17호에 따라 처분을 받은 자에 대하여는 해당 위반행위에 대한 과태료를 부과하지 아니한다.(2012.2.1 단서신설)
3. 제19조(제49조의9에서 준용하는 경우를 포함한다)에 따른 사고 시의 조치 또는 보고를 하지 아니하거나 거짓 보고를 한 자(2020.4.7 본호개정)
4. 제22조제1항제1호 및 제2호를 위반하여 운수종사자 취업현황을 알리지 아니하거나 거짓으로 알린 자 (2017.10.24 본호개정)
5. 제22조제1항제3호를 위반하여 휴식시간 보장내역을 알리지 아니하거나 거짓으로 알린 자(2017.10.24 본호신설)
6. 제24조제1항의 운수종사자의 요건을 갖추지 아니하고 여객자동차운송사업 또는 플랫폼운송사업의 운전업무에 종사한 자(2020.4.7 본호개정)
6의2. 제26조제1항제7호의4 또는 제49조의8제1항제6호의2를 위반하여 영상물 등을 시청한 운수종사자 또는 플랫폼운수종사자(2024.1.9 본호신설)
6의3. 제34조의2제2항을 위반한 자동차대여사업자 (2016.12.2 본호신설)
6의4. 제34조의5를 위반한 자(제90조제6호의2에 해당하는 경우는 제외한다)(2021.7.27 본호신설)
7.~8. (2012.2.1 삭제)
9. 제45조에 따른 터미널 사용명령을 위반한 자
10. 제56조에 따른 정관변경 등의 명령을 따르지 아니한 자
11. 제65조제1항(제60조제2항에서 준용하는 경우를 포함한다)에 따른 보고서를 제출하지 아니하거나 거짓 보고서를 제출한 자 또는 조사나 검사를 거부·방해 또는 기피한 자
12. 제79조제1항에 따른 보고를 하지 아니하거나 거짓으로 보고한 자. 다만, 제85조제1항제33호에 따라 처분을 받은 자에 대하여는 해당 위반행위에 대한 과태료를 부과하지 아니한다.(2012.2.1 단서신설)
13. 제79조제1항에 따른 서류 제출을 하지 아니하거나 거짓 서류를 제출한 자. 다만, 제85조제1항제33호에 따라 처분을 받은 자에 대하여는 해당 위반행위에 대한 과태료를 부과하지 아니한다.(2012.2.1 단서신설)
14. 정당한 사유 없이 제79조제2항에 따른 검사 또는 질문에 불응하거나 이를 방해 또는 기피한 자
15. 제83조에 따른 자가용자동차의 사용 제한 또는 금지에 관한 명령을 위반한 자
16. 제89조제1항을 위반하여 자동차 등록증과 자동차 등록번호판을 반납하지 아니한 자

③ 다음 각 호의 어느 하나에 해당하는 자에게는 50만원 이하의 과태료를 부과한다.
1. 제21조제6항(제49조의9에서 준용하는 경우를 포함한다)을 위반하여 좌석안전띠가 정상적으로 작동될 수 있는 상태를 유지하지 아니한 자(2020.4.7 본호개정)
2. 제21조제7항(제49조의9에서 준용하는 경우를 포함한다)을 위반하여 운수종사자에게 여객의 좌석안전띠 착용에 관한 교육을 하지 아니한 자(2020.4.7 본호개정)
3. 정당한 사유 없이 제21조제9항을 위반하여 교통안전정보의 제공을 거부하거나 거짓의 정보를 제공한 자 (2017.3.21 본호개정)
3의2. 제24조의2제1항 또는 제2항을 위반하여 같은 항에 따른 증표를 게시하지 아니한 자(2015.8.11 본호신설)
4. 제26조제1항(같은 항 제7호의4는 제외한다) 또는 제2항을 위반한 자(2024.1.9 본호개정)
5. 제49조의8제1항(같은 항 제6호의2는 제외한다), 제2항 또는 제3항을 위반한 자(2024.1.9 본호개정) (2012.5.23 본항개정)

④ 제26조제3항 또는 제49조의8제5항을 위반한 자에게는 10만원 이하의 과태료를 부과한다. 다만, 「도로교통법」 제160조제2항제2호에 따라 과태료 처분을 받은 경우에는 그러하지 아니하다.(2020.4.7 본항개정)
⑤ 제1항부터 제4항까지의 규정에 따른 과태료는 대통령령으로 정하는 바에 따라 국토교통부장관 또는 시·도지사가 부과·징수한다.(2013.3.23 본항개정)
⑥~⑦ (2009.5.27 삭제)

제95조【과태료 규정의 적용 특례】 제94조의 과태료 규정을 적용할 때 제88조에 따라 과징금을 부과 받은 자에게는 그 위반행위에 대하여 과태료를 부과할 수 없다.

부　칙 (2018.8.14)

제1조【시행일】 이 법은 공포 후 6개월이 경과한 날부터 시행한다. 다만, 제79조제1항의 개정규정은 공포한 날부터 시행한다.
제2조【면허취소 등에 관한 경과조치】 이 법 시행 전의 행위에 대하여 면허취소 등의 규정을 적용할 때에는 종전의 규정에 따른다.
제3조【과태료에 관한 경과조치】 이 법 시행 전 위반행위에 대한 과태료에 관하여는 종전의 규정에 따른다.

부　칙 (2018.12.31 법16143호)

제1조【시행일】 이 법은 공포 후 1개월이 경과한 날부터 시행한다.
제2조【터미널사업자의 터미널시설 사용료 인가 등에 관한 적용례】 제41조제2항·제3항, 제49조의2제3항·제4항의 개정규정은 이 법 시행 후 인가, 변경인가 또는 허가를 신청하는 경우부터 적용한다.

부　칙 (2019.8.27)

제1조【시행일】 이 법은 2020년 1월 1일부터 시행한다. 다만 제81조제1항제1호의 개정규정은 공포한 날부터 시행한다.
제2조【자가용 자동차의 유상운송 금지에 관한 적용례】 제81조제1항제1호의 개정규정은 이 법 시행 후 최초로 자가용 자동차를 유상으로 운송용으로 제공 또는 임대하거나 이를 알선하는 경우부터 적용한다.

부　칙 (2019.11.26)

이 법은 공포 후 6개월이 경과한 날부터 시행한다.

부　칙 (2020.2.18)

제1조【시행일】 이 법은 2021년 1월 1일부터 시행한다. (단서 생략)
제2조【사무이양을 위한 사전조치】 ① 관계 중앙행정기관의 장은 이 법에 따른 중앙행정권한 및 사무의 지방일괄 이양에 필요한 인력 및 재정 소요 사항을 지원하기 위하여 필요한 조치를 마련하여 이 법에 따른 시행일 3개월 전까지 국회 소관 상임위원회에 보고하여야 한다.
② 「지방자치분권 및 지방행정체제개편에 관한 특별법」 제44조에 따른 자치분권위원회는 제1항에 따른 인력 및 재정 소요 사항을 사전에 전문적으로 조사·평가할 수 있다.
제3조【행정처분 등에 관한 일반적 경과조치】 이 법 시행 당시 종전의 규정에 따라 행정기관이 행한 처분 또는 그 밖의 행위는 이 법의 규정에 따라 행정기관이 행한 처분 또는 그 밖의 행위로 보고, 종전의 규정에 따라 행정기관에 대하여 행한 신청·신고, 그 밖의 행위는 이 법의 규정에 따라 행정기관에 대하여 행한 신청·신고, 그 밖의 행위로 본다.
제4조【다른 법률의 개정】 ※(해당 법령에 가제정리 하였음)

부　칙 (2020.4.7)

제1조【시행일】 이 법은 공포 후 1년이 경과한 날부터 시행한다. 다만, 제34조제2항의 개정규정은 공포 후 1년 6개월이 경과한 날부터 시행하고, 제34조의2제3항·제4항 및 제92조제10호의2·제10호의3의 개정규정은 공포 후 6개월이 경과한 날부터 시행한다.
제2조【자동차대여사업자의 준수사항에 관한 적용례】 제34조의2제3항 및 제4항의 개정규정은 이 법 시행 이후 대여사업용 자동차의 결함 사실이 공개된 경우부터 적용한다.
제3조【자동차대여사업자의 준수사항에 관한 경과조치】 이 법 시행 전에 「자동차관리법」 제31조제1항 본문에 따라 결함 사실이 공개된 대여사업용 자동차 중 시정조치를 받지 아니한 자동차를 계속하여 대여하려는 자동차대여사업자는 이 법 시행 후 3개월 이내에 같은 법 같은 조에 따른 시정조치를 받거나 결함 사실을 차량의 임차인에게 지체 없이 통보하여야 한다.
제4조【플랫폼가맹사업 면허에 관한 경과조치】 이 법 시행 당시 종전의 제49조의2제1항에 따라 여객자동차운송가맹사업 면허를 받은 자는 제49조의10제1항의 개정규정에 따른 플랫폼가맹사업 면허를 받은 것으로 본다.

부　칙 (2020.5.19)

이 법은 공포한 날부터 시행한다.

부　칙 (2020.6.9 법17453호)

이 법은 공포한 날부터 시행한다.(이하 생략)

부　칙 (2020.6.9 법17455호)

이 법은 공포 후 6개월이 경과한 날부터 시행한다.

부　칙 (2020.10.20)

이 법은 공포 후 3개월이 경과한 날부터 시행한다.

부　칙 (2020.12.22)

제1조【시행일】 이 법은 2021년 1월 1일부터 시행한다. (이하 생략)

부　칙 (2021.1.26)

제1조【시행일】 이 법은 공포 후 6개월이 경과한 날부터 시행한다.(이하 생략)

부　칙 (2021.3.23)

제1조【시행일】 이 법은 공포 후 6개월이 경과한 날부터 시행한다.
제2조【자동차 등록증과 자동차 등록번호판의 반납에 관한 적용례】 제89조제2항제2호의 개정규정은 이 법 시행 이후 휴업허가를 신청하거나 신고하는 경우부터 적용한다.

부　칙 (2021.7.27)

제1조【시행일】 이 법은 공포 후 6개월이 경과한 날부터 시행한다. 다만, 제42조제1항제3호의 개정규정은 공포한 날부터 시행한다.
제2조【여객자동차운송사업의 운전업무 종사자격에 관한 적용례】 ① 제24조제3항제4호가목의 개정규정은 이 법 시행 이후 「도로교통법」 제93조제1항제1호에 해당하여 운전면허효력 정지처분을 받은 경우부터 적용한다.
② 제24조제4항제1호나목의 개정규정은 이 법 시행 이후 「성폭력범죄의 처벌 등에 관한 특례법」 제14조, 제14조의2 및 제14조의3에 해당하여 금고 이상의 실형을 선고받은 경우부터 적용한다.
제3조【공제조합 운영위원회 위원의 결격사유에 관한 경과조치】 이 법 시행 당시 운영위원회 위원인 사람이 이 법 시행 전에 발생한 사유로 인하여 제63조의2제1항제3호부터 제5호까지의 개정규정에 따른 결격사유에 해당하게 된 경우에는 같은 개정규정에도 불구하고 종전의 규정에 따른다.

부 칙 (2021.12.7)

제1조【시행일】 이 법은 공포 후 1년 6개월이 경과한 날부터 시행한다.
제2조【운전자격확인시스템 이용에 관한 적용례】 제34조의2제2항의 개정규정은 이 법 시행 이후 운전자격을 확인하는 경우부터 적용한다.

부 칙 (2023.4.18)
(2024.1.9 법19978호)

이 법은 공포 후 6개월이 경과한 날부터 시행한다.

부 칙 (2024.1.9 법19986호)

제1조【시행일】 이 법은 공포 후 6개월이 경과한 날부터 시행한다.
제2조 생략
제3조【「여객자동차 운수사업법」 및 「자동차손해배상 보장법」의 개정에 관한 경과조치】 ① 이 법 시행 당시 종전의 「여객자동차 운수사업법」 제70조에 따른 공제분쟁조정위원회, 종전의 「자동차손해배상 보장법」 제34조에 따른 재활시설운영심의위원회 및 같은 법 제39조의2에 따른 자동차손해배상보장사업 채권정리위원회(이하 이 조에서 "종전위원회"라 한다)의 위원으로 위촉되거나 지명된 위원은 「자동차손해배상 보장법」 제23조의3의 개정규정에 따른 자동차손해배상보장위원회의 위원으로 위촉되거나 지명된 것으로 본다. 이 경우 위촉위원의 임기는 종전 임기의 남은 기간으로 한다.
② 이 법 시행 전에 종전위원회에 심의·의결 또는 조정 요청된 사항은 「자동차손해배상 보장법」 제23조의3의 개정규정에 따른 자동차손해배상보장위원회에 심의·의결 또는 조정 요청된 것으로 본다.
③ 이 법 시행 전의 행위에 대하여 벌칙을 적용할 때 다음 각 호에 따른 위원회 위원 중 공무원이 아닌 위원의 공무원 의제에 관하여는 「여객자동차 운수사업법」 제71조제5항 및 「자동차손해배상 보장법」 제45조의4제1호의 개정 규정에도 불구하고 종전의 규정에 따른다.
1. 종전의 「여객자동차 운수사업법」 제70조제1항에 따른 공제분쟁조정위원회
2. 종전의 「자동차손해배상 보장법」 제34조제1항에 따른 재활시설운영심의위원회

부 칙 (2024.1.30)

제1조【시행일】 이 법은 공포 후 6개월이 경과한 날부터 시행한다.
제2조【대폐차 차량충당연한에 관한 적용례】 제84조제2항제2호의 개정 규정은 이 법 시행 이후 대폐차를 하는 구역 여객자동차운송사업자부터 적용한다.

주차장법

(1979년 4월 17일
법 률 제3165호)

개정
1983.12.31법 3708호
<중략>
2008. 2.29법 8852호(정부조직)
2008. 3.21법 8974호(건축)
2008. 3.28법 9069호
2009. 1. 7법 9341호
2010. 3.22법10159호
2010. 3.31법10221호(지방세)
2011. 4.14법10599호(국토이용)
2011. 6. 8법10790호(도로교통)
2012. 1.17법11191호
2013. 3.23법11690호(정부조직)
2013. 8. 6법11998호(지방세외수입금의징수등에관한법)
2014. 3.18법12473호
2015. 8.11법13488호
2016. 1.19법13804호
2016.12. 2법14343호
2017. 3.21법14720호
2017.10.24법14939호(한국교통안전공단법)
2017.10.24법14952호
2018. 8.14법15737호
2018.12.18법16005호
2019.11.26법16636호
2019.12.24법16831호
2020. 2. 4법16951호
2020. 3.24법17091호(지방행정제재·부과금의징수등에관한법)
2020. 6. 9법17453호(법률용어정비)
2020.10.20법17554호
2021. 1.12법17900호
2021.12. 7법18562호
2023. 8.16법19686호→시행일 부칙 참조
2024. 1. 9법19983호→2024년 7월 10일 시행

제1장 총 칙
(2010.3.22 본장개정)

제1조【목적】 이 법은 주차장의 설치·정비 및 관리에 필요한 사항을 규정함으로써 자동차교통을 원활하게 하여 공중(公衆)의 편의와 안전을 도모함을 목적으로 한다. (2019.12.24 본조개정)

판례 주차장법상 부설주차장의 규모를 결정하는 기준으로서 '시설면적이나 세대 수'라 함은 건축법 등 관계 법령에 비추어 적법하게 건축된 면적이나 세대 수만을 의미하는 것으로 볼 수 없고, 위법하게 건축된 면적이나 세대 수까지 포함하여 현실적으로 건축 또는 설치된 시설물의 전체 면적 및 세대 수를 뜻하는 것으로 이해함이 상당하다.(대판 2004.5.13, 2003도8081)

제2조【정의】 이 법에서 사용하는 용어의 뜻은 다음과 같다.
1. "주차장"이란 자동차의 주차를 위한 시설로서 다음 각 목의 어느 하나에 해당하는 종류의 것을 말한다.
가. 노상주차장(路上駐車場) : 도로의 노면 또는 교통광장(교차점광장만 해당한다. 이하 같다)의 일정한 구역에 설치된 주차장으로서 일반(一般)의 이용에 제공되는 것
나. 노외주차장(路外駐車場) : 도로의 노면 및 교통광장 외의 장소에 설치된 주차장으로서 일반의 이용에 제공되는 것
다. 부설주차장 : 제19조에 따라 건축물, 골프연습장, 그 밖에 주차수요를 유발하는 시설에 부대(附帶)하여 설치된 주차장으로서 해당 건축물·시설의 이용자 또는 일반의 이용에 제공되는 것
2. "기계식주차장치"란 노외주차장 및 부설주차장에 설치하는 주차설비로서 기계장치에 의하여 자동차를 주차할 장소로 이동시키는 설비를 말한다.
3. "기계식주차장"이란 기계식주차장치를 설치한 노외주차장 및 부설주차장을 말한다.
4. "도로"란 「건축법」 제2조제1항제11호에 따른 도로로서 자동차가 통행할 수 있는 도로를 말한다.
5. "자동차"란 「도로교통법」 제2조제18호에 따른 자동차 및 같은 법 제2조제19호에 따른 원동기장치자전거를 말한다.(2012.1.17 본호개정)
6. "주차"란 「도로교통법」 제2조제24호에 따른 주차를 말한다.(2011.6.8 본호개정)
7. "주차단위구획"이란 자동차 1대를 주차할 수 있는 구획을 말한다.
8. "주차구획"이란 하나 이상의 주차단위구획으로 이루어진 구획 전체를 말한다.
9. "전용주차구획"이란 제6조제1항에 따른 경형자동차(輕型自動車) 등 일정한 자동차에 한정하여 주차가 허용되는 주차구획을 말한다.
10. "건축물"이란 「건축법」 제2조제1항제2호에 따른 건축물을 말한다.
11. "주차전용건축물"이란 건축물의 연면적 중 대통령령으로 정하는 비율 이상이 주차장으로 사용되는 건축물을 말한다.
12. "건축"이란 「건축법」 제2조제1항제8호 및 제9호에 따른 건축 및 대수선(같은 법 제19조에 따른 용도변경을 포함한다)을 말한다.(2016.1.19 본호개정)
13. "기계식주차장치 보수업"이란 기계식주차장치의 고장을 수리하거나 고장을 예방하기 위하여 정비를 하는 사업을 말한다.

제3조【주차장 수급 및 안전관리 실태조사】 ① 특별자치시장·특별자치도지사·시장·군수 또는 구청장(구청장은 자치구의 구청장을 말한다. 이하 "시장·군수 또는 구청장"이라 한다)은 주차장의 설치 및 관리를 위한 기초자료로 활용하기 위하여 행정구역·용도지역·용도지구 등을 종합적으로 고려한 조사구역(이하 "조사구역"이라 한다)을 정하여 정기적으로 조사구역별 주차장 수급(需給) 실태를 조사(이하 "수급실태조사"라 한다)하여야 한다.
② 시장·군수 또는 구청장은 주차장의 안전사고 예방을 위하여 정기적으로 조사구역 내 설치된 주차장의 경사도 등 이용자의 안전에 위해가 되는 요소를 점검하고 그에 따른 안전 관리 실태를 조사(이하 "안전관리실태조사"라 한다)하여야 한다.(2019.12.24 본항신설)
③ 수급실태조사와 안전관리실태조사의 방법·주기 및 조사구역 설정방법 등에 관하여 필요한 사항은 국토교통부령으로 정한다.
(2019.12.24 본조개정)

제4조【주차환경개선지구의 지정】 ① 시장·군수 또는 구청장은 다음 각 호의 지역에 있는 조사구역으로서 실태조사 결과 주차장 확보율(주차단위구획의 수를 자동차의 등록대수로 나눈 비율을 말한다. 이 경우 다른 법령에서 일정한 자동차에 대하여 따로 차고를 확보하도록 하고 있는 경우 그 자동차의 등록대수 및 차고의 수는 비율을 계산할 때 제외한다)이 해당 지방자치단체의 조례로 정하는 비율 이하인 조사구역은 주차난 완화와 교통의 원활한 소통을 위하여 주차환경개선지구로 지정할 수 있다.(2020.6.9 본문개정)
1. 「국토의 계획 및 이용에 관한 법률」 제36조제1항제1호 가목에 따른 주거지역
2. 제1호에 따른 주거지역과 인접한 지역으로서 해당 지방자치단체의 조례로 정하는 지역
② 제1항에 따라 주차환경개선지구를 지정할 때에는 시장·군수 또는 구청장이 주차환경개선지구 지정·관리계획을 수립하여 결정한다.
③ 시장·군수 또는 구청장은 제2항에 따라 주차환경개선지구를 지정하였을 때에는 그 관리에 관한 연차별 목표를 정하고, 매년 주차장 수급 실태의 개선 효과를 분석하여야 한다.

제4조의2【주차환경개선지구 지정·관리계획】 ① 제4조제2항에 따른 주차환경개선지구 지정·관리계획에는 다음 각 호의 사항이 포함되어야 한다.
1. 주차환경개선지구의 지정구역 및 지정의 필요성
2. 주차환경개선지구의 관리 목표 및 방법
3. 주차장의 수급 실태 및 이용 특성
4. 장기·단기 주차수요에 대한 예측
5. 연차별 주차장 확충 및 재원 조달계획
6. 노외주차장 우선 공급 등 주차환경개선지구의 지정 목적을 달성하기 위하여 필요한 조치
② 시장·군수 또는 구청장은 제4조제2항에 따른 주차환경개선지구 지정·관리계획을 수립할 때에는 미리 공청회를 열어 지역 주민, 관계 전문가 등의 의견을 들어야 한다. 대통령령으로 정하는 중요한 사항을 변경하려는 경우에도 또한 같다.
③ 시장·군수 또는 구청장은 제2항에 따라 주차환경개선지구 지정·관리계획을 수립하거나 변경한 때에는 그 사실을 고시하여야 한다.

제4조의3【주차환경개선지구 지정의 해제】 시장·군수 또는 구청장은 제4조제1항에 따른 주차환경개선지구의 지정 목적을 달성하였다고 인정하는 경우에는 그 지정을 해제하고, 그 사실을 고시하여야 한다.

제5조【권한의 위임】 이 법에 따른 국토교통부장관의 권한은 그 일부를 대통령령으로 정하는 바에 따라 특별시장·광역시장·특별자치시장·도지사 또는 특별자치도지사에게 위임할 수 있다.(2018.12.18 본조개정)

제6조【주차장설비기준 등】 ① 주차장의 구조·설비 및 안전기준 등에 관하여 필요한 사항은 국토교통부령으로 정한다. 이 경우 다음 각 호의 자동차에 대하여는 전용주차구획(제2호에 따른 자동차의 경우에는 충전시설을 포함한다)을 일정 비율 이상 정할 수 있다.
1. 「자동차관리법」에 따른 배기량 1천시시 미만의 자동차(이하 "경형자동차"라 한다)
2. 「환경친화적 자동차의 개발 및 보급 촉진에 관한 법률」 제2조제2호에 따른 환경친화적 자동차(이하 "환경친화적 자동차"라 한다)
3. 「여객자동차 운수사업법」 제31조제1항에 따른 자동차대여사업자가 제공하는 자동차로서 승용차공동이용 서비스를 이용하는 회원이 자동차가 필요할 때 시간단위로 예약하여 이용할 수 있는 자동차(이하 "승용차공동이용 자동차"라 한다)
(2024.1.9 본항개정)
② 특별시·광역시·특별자치시·특별자치도·시·군 또는 자치구는 해당 지역의 주차장 실태 등을 고려하여 필요하다고 인정하는 경우에는 제1항 전단에도 불구하고 주차장의 구조·설비 및 안전기준 등에 관하여 필요한 사항을 해당 지방자치단체의 조례로 달리 정할 수 있다. (2019.12.24 본항개정)
③ 국토교통부령으로 정하는 경사진 곳에 주차장을 설치하려는 자는 국토교통부령으로 정하는 바에 따라 고임목 등 주차된 차량이 미끄러지는 것을 방지하는 시설과 미끄럼 주의 안내표지를 갖추어야 한다.(2019.12.24 본항신설)
④ 특별시장·광역시장, 시장·군수 또는 구청장은 노상주차장 또는 노외주차장을 설치하는 경우에는 도시·군관리계획과 「도시교통정비 촉진법」에 따른 도시교통정비 기본계획에 따라야 하며, 노상주차장을 설치하는 경우에는 미리 관할 경찰서장과 소방서장의 의견을 들어야 한다.(2017.10.24 본항개정)

제6조의2【이륜자동차 주차관리대상구역 지정 등】 ① 특별시장·광역시장·시장·군수 또는 구청장은 이륜자동차(「도로교통법」 제2조제18호가목에 따른 이륜자동차

및 같은 법 제2조제19호에 따른 원동기장치자전거를 말한다. 이하 이 조에서 같다)의 주차 관리가 필요한 지역을 이륜자동차 주차관리대상구역으로 지정할 수 있다.
② 특별시장·광역시장·시장·군수 또는 구청장은 제1항에 따라 이륜자동차 주차관리대상구역을 지정할 때 해당 지역 주차장의 이륜자동차 전용주차구획을 일정 비율 이상 정하여야 한다.
③ 특별시장·광역시장·시장·군수 또는 구청장은 제1항에 따라 주차관리대상구역을 지정한 때에는 그 사실을 고시하여야 한다.
(2012.1.17 본조신설)
제6조의3【협회의 설립】 ① 주차장 사업을 경영하거나 이와 관련된 업무에 종사하는 자는 관련 제도의 개선 및 사업의 건전한 발전을 위하여 주차장 사업자단체(이하 "협회"라 한다)를 설립할 수 있다.
② 협회는 법인으로 한다.
③ 협회는 국토교통부장관의 인가를 받아 주된 사무소의 소재지에서 설립등기를 함으로써 성립한다.
④ 협회 회원의 자격과 임원에 관한 사항, 협회의 업무 등은 정관으로 정한다.
⑤ 협회에 관하여 이 법에 규정된 사항 외에는 「민법」 중 사단법인에 관한 규정을 준용한다.
(2016.1.19 본조신설)

제2장 주차장정비계획등(1995.12.29 삭제)

제3장 노상주차장
(2010.3.22 본장개정)

제7조【노상주차장의 설치 및 폐지】 ① 노상주차장은 특별시장·광역시장, 시장·군수 또는 구청장이 설치한다. 이 경우 「국토의 계획 및 이용에 관한 법률」 제43조제1항은 적용하지 아니한다.
② (1995.12.29 삭제)
③ 특별시장·광역시장, 시장·군수 또는 구청장은 다음 각 호의 어느 하나에 해당하는 경우에는 지체 없이 해당 노상주차장을 폐지하여야 한다.
1. 노상주차장에의 주차로 인하여 대중교통수단의 운행이나 그 밖의 교통소통에 장애를 주는 경우
2. 노상주차장을 대신하는 노외주차장의 설치 등으로 인하여 노상주차장이 필요 없게 된 경우
3. 「도로교통법」 제12조에 따라 어린이 보호구역으로 지정된 경우(2021.1.12 본호신설)
④ 특별시장·광역시장, 시장·군수 또는 구청장은 노상주차장 중 해당 지역의 교통 여건을 고려하여 화물의 하역(荷役)을 위한 주차구획(이하 "하역주차구획"이라 한다)을 지정할 수 있다. 이 경우 특별시장·광역시장, 시장·군수 또는 구청장은 해당 지방자치단체의 조례로 정하는 바에 따라 하역주차구획에 화물자동차 외의 자동차(「도로교통법」 제2조제22호에 따른 긴급자동차는 제외한다)의 주차를 금지할 수 있다.(2011.6.8 후단개정)
제8조【노상주차장의 관리】 ① 노상주차장은 제7조제1항에 따라 해당 주차장을 설치한 특별시장·광역시장, 시장·군수 또는 구청장이 관리하거나 특별시장·광역시장, 시장·군수 또는 구청장으로부터 그 관리를 위탁받은 자(이하 "노상주차장관리 수탁자"라 한다)가 관리한다.
② 노상주차장관리 수탁자의 자격과 그 밖에 노상주차장의 관리에 관하여 필요한 사항은 해당 지방자치단체의 조례로 정한다.
③ 노상주차장관리 수탁자와 그 관리를 직접 담당하는 사람은 「형법」 제129조부터 제132조까지의 규정을 적용할 때에는 공무원으로 본다.
제8조의2【노상주차장에서의 주차행위 제한 등】 ① 특별시장·광역시장, 시장·군수 또는 구청장은 다음 각 호의 어느 하나에 해당하는 경우에는 해당 자동차의 운전자 또는 관리책임이 있는 자에게 주차방법을 변경하거나 자동차를 그 곳으로부터 다른 장소로 이동시킬 것을 명할 수 있다. 다만, 「도로교통법」 제2조제22호에 따른 긴급자동차의 경우에는 그러하지 아니하다.(2011.6.8 단서개정)
1. 제7조제4항에 따른 하역주차구획에 화물자동차가 아닌 자동차를 주차하는 경우
2. 정당한 사유 없이 제9조제1항에 따른 주차요금을 내지 아니하고 주차하는 경우
3. 제10조제1항 각 호의 제한조치를 위반하여 주차하는 경우
4. 주차장의 지정된 주차구획 외의 곳에 주차하는 경우
5. 주차장을 주차장 외의 목적으로 이용하는 경우
6. 주차요금이 징수되지 아니하는 노상주차장에 정당한 사유 없이 대통령령으로 정하는 기간 이상 계속하여 고정적으로 주차하는 경우(2024.1.9 본호신설)
② 특별시장·광역시장, 시장·군수 또는 구청장은 제1항 각 호의 어느 하나에 해당하는 경우 해당 자동차의 운전자 또는 관리책임이 있는 자가 현장에 없을 때에는 주차장의 효율적인 이용 및 주차장 이용자의 안전과 도로의 원활한 소통을 위하여 필요한 범위에서 스스로 그 자동차의 주차방법을 변경하거나 변경에 필요한 조치를 할 수 있으며, 부득이한 경우에는 미리 지정한 다른 장소로 그 자동차를 이동시키거나 그 자동차에 이동을 제한하는 장치를 설치할 수 있다.(2019.12.24 본항개정)
③ 제2항에 따라 자동차를 이동시키는 경우에는 「도로교통법」 제35조제3항부터 제7항까지 및 제36조를 준용한다.
제9조【노상주차장의 주차요금 징수 등】 ① 제8조제1항에 따라 노상주차장을 관리하는 특별시장·광역시장, 시장·군수 또는 구청장이나 노상주차장관리 수탁자(이하 이들을 합하여 "노상주차장관리자"라 한다)는 주차장에 자동차를 주차하는 사람으로부터 주차요금을 받을 수 있다. 다만, 「도로교통법」 제2조제22호에 따른 긴급자동차에 대하여는 주차요금을 받지 아니하고, 경형자동차 및 환경친화적 자동차에 대하여는 주차요금의 100분의 50 이상을 감면한다.(2016.1.19 단서개정)
② 제1항에 따른 주차요금의 요율 및 징수방법 등은 해당 지방자치단체의 조례로 정한다. 이 경우 노상주차장의 효율적인 이용을 위하여 필요한 경우에는 주차요금을 그 이용시간 등에 따라 달리 정할 수 있다.
③ 노상주차장관리자는 제8조의2제1항 각 호의 어느 하나에 해당하는 경우 해당 자동차의 운전자 또는 관리책임이 있는 자로부터 제1항에 따른 주차요금 외에 해당 지방자치단체의 조례로 정하는 바에 따라 그 주차요금의 4배 이내의 금액에 해당하는 가산금을 받을 수 있다.
④ 특별시장·광역시장, 시장·군수 또는 구청장인 노상주차장관리자는 제1항에 따른 주차요금이나 제3항에 따른 가산금(이하 "주차요금등"이라 한다)을 내지 아니한 자에 대하여는 지방세 체납처분의 예에 따라 그 주차요금등을 징수할 수 있다.
⑤ 노상주차장관리 수탁자인 노상주차장관리자는 주차요금등을 내지 아니한 자에 대한 주차요금등의 징수를 특별시장·광역시장, 시장·군수 또는 구청장에게 위탁할 수 있으며, 특별시장·광역시장, 시장·군수 또는 구청장은 그 징수를 위탁받은 경우에는 제4항에 준하여 그 주차요금등을 징수할 수 있다.
제10조【노상주차장의 사용 제한 등】 ① 특별시장·광역시장, 시장·군수 또는 구청장은 교통의 원활한 소통과 노상주차장의 효율적인 이용을 위하여 필요한 경우에는 다음 각 호의 제한조치를 할 수 있다. 다만, 「도로교통법」 제2조제22호에 따른 긴급자동차는 제한조치와 관계없이 주차할 수 있다.(2020.6.9 단서개정)
1. 노상주차장의 전부나 일부에 대한 일시적인 사용 제한
2. 자동차별 주차시간의 제한
3. 노상주차장의 일부에 대하여 국토교통부령으로 정하는 자동차와 경형자동차, 환경친화적 자동차 및 승용차공동이용 자동차를 위한 전용주차구획의 지정
(2024.1.9 본호개정)
② 제1항에 따른 제한조치를 하려는 경우에는 그 내용을 미리 공고하거나 게시하여야 한다.
③ 특별시장·광역시장, 시장·군수 또는 구청장이 지역별 주차환경 등을 고려하여 제1항제3호에 따라 전용주차구획을 지정하는 경우 그 지정구역의 규모, 지정의 방법 및 절차 등은 해당 지방자치단체의 조례로 정한다.
(2024.1.9 본항신설)
제10조의2【노상주차장관리자의 책임】 ① 노상주차장관리자는 해당 지방자치단체의 조례로 정하는 바에 따라 주차장을 성실히 관리·운영하여야 하며, 주차장 이용자의 안전과 시설의 적정한 유지관리를 위하여 노력하여야 한다.(2019.12.24 본항개정)
② 노상주차장관리자는 해당 주차장에 주차하는 자동차에 대하여 선량한 관리자의 주의의무를 게을리하지 아니하였음을 증명한 경우를 제외하고는 그 자동차의 멸실 또는 훼손으로 인한 손해배상의 책임을 면하지 못한다. 다만, 노상주차장관리자가 상주(常駐)하지 아니하는 노상주차장의 경우는 그러하지 아니하다.
제11조【노상주차장의 표지】 ① 노상주차장관리자는 노상주차장에 주차장 표지(전용주차구획의 표지를 포함한다)와 구획선을 설치하여야 한다.
② 노상주차장관리자는 제1항에 따른 표지 외에 해당 지방자치단체의 조례로 정하는 바에 따라 주차요금과 그 밖에 노상주차장의 이용에 관한 표지를 설치하여야 한다.

제4장 노외주차장
(2010.3.22 본장개정)

제12조【노외주차장의 설치 등】 ① 노외주차장을 설치 또는 폐지한 자는 국토교통부령으로 정하는 바에 따라 시장·군수 또는 구청장에게 통보하여야 한다. 설치 통보한 사항이 변경된 경우에도 또한 같다.(2013.3.23 전단개정)
② 특별시장·광역시장, 시장·군수 또는 구청장은 노외주차장을 설치한 경우, 해당 노외주차장에 화물자동차 또는 승용차공동이용 자동차의 주차공간이 필요하다고 인정하면 지방자치단체의 조례로 정하는 바에 따라 화물자동차 또는 승용차공동이용 자동차의 주차를 위한 구역을 지정할 수 있다. 이 경우 그 지정구역의 규모, 지정의 방법 및 절차 등은 해당 지방자치단체의 조례로 정한다.
(2024.1.9 전단개정)
③~⑤ (1999.2.8 삭제)
⑥ 특별시장·광역시장·특별자치시장·특별자치도지사 또는 시장은 노외주차장을 설치하면 교통 혼잡이 가중될 우려가 있는 지역에 대하여는 노외주차장의 설치를 제한할 수 있다. 이 경우 제한지역의 지정 및 설치 제한의 기준은 국토교통부령으로 정하는 바에 따라 해당 지방자치단체의 조례로 정한다.(2018.12.18 전단개정)
제12조의2【다른 법률과의 관계】 노외주차장인 주차전용건축물의 건폐율, 용적률, 대지면적의 최소한도 및 높이 제한 등 건축 제한에 대하여는 「국토의 계획 및 이용에 관한 법률」 제76조부터 제78조까지, 「건축법」 제57조 및 제60조에도 불구하고 다음 각 호의 기준에 따른다.
1. 건폐율 : 100분의 90 이하
2. 용적률 : 1천500퍼센트 이하
3. 대지면적의 최소한도 : 45제곱미터 이상
4. 높이 제한 : 다음 각 목의 배율 이하
가. 대지가 너비 12미터 미만의 도로에 접하는 경우 : 건축물의 각 부분의 높이는 그 부분으로부터 대지에 접한 도로(대지가 둘 이상의 도로에 접하는 경우에는 가장 넓은 도로를 말한다. 이하 이 호에서 같다)의 반대쪽 경계선까지의 수평거리의 3배
나. 대지가 너비 12미터 이상의 도로에 접하는 경우 : 건축물의 각 부분의 높이는 그 부분으로부터 대지에 접한 도로의 반대쪽 경계선까지의 수평거리의 $\frac{36}{\text{도로의 너비(미터를 단위로 한다)}}$배. 다만, 배율이 1.8배 미만인 경우에는 1.8배로 한다.
제12조의3【단지조성사업등에 따른 노외주차장】 ① 택지개발사업, 산업단지개발사업, 항만배후단지개발사업, 도시재개발사업, 도시철도건설사업, 그 밖에 단지 조성 등을 목적으로 하는 사업(이하 "단지조성사업등"이라 한다)을 시행할 때에는 일정 규모 이상의 노외주차장을 설치하여야 한다.(2021.12.7 본항개정)
② 단지조성사업등의 종류와 규모, 노외주차장의 규모와 관리방법은 해당 지방자치단체의 조례로 정한다.
③ 제1항에 따라 단지조성사업등으로 설치되는 노외주차장에는 경형자동차 및 환경친화적 자동차를 위한 전용주차구획을 대통령령으로 정하는 비율 이상 설치하여야 한다.(2016.1.19 본항개정)
제13조【노외주차장의 관리】 ① 노외주차장은 그 노외주차장을 설치한 자가 관리한다.
② 특별시장·광역시장, 시장·군수 또는 구청장은 노외주차장을 설치한 경우 그 관리를 특별시장·광역시장, 시장·군수 또는 구청장 외의 자에게 위탁할 수 있다.
③ 제2항에 따라 특별시장·광역시장, 시장·군수 또는 구청장의 위탁을 받아 노외주차장을 관리할 수 있는 자의 자격은 해당 지방자치단체의 조례로 정한다.
④ 제2항에 따라 노외주차장관리를 위탁받은 자에 대하여는 제8조제3항을 준용한다. 이 경우 "노상주차장관리 수탁자"는 "노외주차장관리를 위탁받은 자"로 본다.
제14조【노외주차장의 주차요금 징수 등】 ① 제13조에 따라 노외주차장을 관리하는 자(이하 "노외주차장관리자"라 한다)는 주차장에 자동차를 주차하는 사람으로부터 주차요금을 받을 수 있다.
② 특별시장·광역시장, 시장·군수 또는 구청장이 설치한 노외주차장의 주차요금의 요율과 징수방법에 관하여 필요한 사항은 해당 지방자치단체의 조례로 정한다. 다만, 경형자동차 및 환경친화적 자동차에 대하여는 주차요금의 100분의 50 이상을 감면한다.(2016.1.19 단서개정)
③ 특별시장·광역시장, 시장·군수 또는 구청장인 노외주차장관리자는 제15조제2항 각 호의 경우에 주차요금등을 강제징수할 수 있다. 이 경우 제9조제3항 및 제4항을 준용한다.(2016.1.19 본항신설)
제15조【관리방법】 ① 특별시장·광역시장, 시장·군수 또는 구청장이 설치한 노외주차장의 관리·운영에 필요한 사항은 해당 지방자치단체의 조례로 정한다.
② 다음 각 호의 경우에는 제8조의2제2항 및 제3항을 준용한다.(2016.1.19 본문개정)
1. 정당한 사유 없이 제14조제1항에 따른 주차요금을 내지 아니하고 주차하는 경우
2. 노외주차장을 주차장 외의 목적으로 이용하는 경우
3. 노외주차장의 지정된 주차구획 외의 곳에 주차하는 경우
(2016.1.19 1호~3호신설)
4. 주차요금이 징수되지 아니하는 노외주차장에 정당한 사유 없이 대통령령으로 정하는 기간 이상 계속하여 고정적으로 주차하는 경우(2024.1.9 본호신설)
제16조 (1999.2.8 삭제)
제17조【노외주차장관리자의 책임 등】 ① 노외주차장관리자는 조례로 정하는 바에 따라 주차장을 성실히 관리·운영하여야 하며, 주차장 이용자의 안전과 시설의 적정한 유지관리를 위하여 노력하여야 한다.(2019.12.24 본항개정)
② 노외주차장관리자는 주차장의 공용기간(供用期間)에 정당한 사유 없이 그 이용을 거절할 수 없다.
③ 노외주차장관리자는 주차장에 주차하는 자동차의 보관에 관하여 선량한 관리자의 주의의무를 게을리하지 아니하였음을 증명한 경우를 제외하고는 그 자동차의 멸실 또는 훼손으로 인한 손해배상의 책임을 면하지 못한다.
[판례] 노외주차장 관리자가 그 이용자에게 주차권의 의미로 발행·교부한 '차고회비합의서'의 뒷면에 부동문자로 기재된 "차량의 파손 및 도난은 본 차고에 민·형사상의 책임이 없다"라는 문구는 고객에 대하여 부당하게 불리한 약관이거나, 주차장 관리자가 고의 또는 중대한 과실로 선량한 관리자의 주의의무를 다하지 않음으로써 발생한 손해에 대한 배상까지도 정당한 이유 없이 배제하는 약관으로서 무효이다.(대판 2006.4.14, 2003다41746)

제18조【노외주차장의 표지】 ① 노외주차장관리자는 주차장 이용자의 편의를 도모하기 위하여 필요한 표지(전용주차구획의 표지를 포함한다)를 설치하여야 한다.
(2016.12.2 본항개정)
② 제1항에 따른 표지의 종류·서식과 그 밖에 표지의 설치에 필요한 사항은 해당 지방자치단체의 조례로 정한다.

제5장 부설주차장
(2010.3.22 본장개정)

제19조【부설주차장의 설치·지정】 ① 「국토의 계획 및 이용에 관한 법률」에 따른 도시지역, 같은 법 제51조제3항에 따른 지구단위계획구역 및 지방자치단체의 조례로 정하는 관리지역에서 건축물, 골프연습장, 그 밖에 주차수요를 유발하는 시설(이하 "시설물"이라 한다)을 건축하거나 설치하려는 자는 그 시설물의 내부 또는 그 부지에 부설주차장(화물의 하역과 그 밖의 사업 수행을 위한 주차장을 포함한다. 이하 같다)을 설치하여야 한다.
(2011.4.14 본항개정)
② 부설주차장은 해당 시설물의 이용자 또는 일반의 이용에 제공할 수 있다.
③ 제1항에 따른 시설물의 종류와 부설주차장의 설치기준은 대통령령으로 정한다.
④ 제1항의 경우에 부설주차장이 대통령령으로 정하는 규모 이하이면 같은 항에도 불구하고 시설물의 부지 인근에 단독 또는 공동으로 부설주차장을 설치할 수 있다. 이 경우 시설물의 부지 인근의 범위는 대통령령으로 정하는 범위에서 지방자치단체의 조례로 정한다.
⑤ 제1항의 경우에 시설물의 위치·용도·규모 및 부설주차장의 규모 등이 대통령령으로 정하는 기준에 해당할 때에는 해당 주차장의 설치에 드는 비용을 시장·군수 또는 구청장에게 납부하는 것으로 부설주차장의 설치를 갈음할 수 있다. 이 경우 부설주차장의 설치를 갈음하여 납부된 비용은 노외주차장의 설치 외의 목적으로 사용할 수 없다.
⑥ 시장·군수 또는 구청장은 제5항에 따라 주차장의 설치비용을 납부한 자에게 대통령령으로 정하는 바에 따라 납부한 설치비용에 상응하는 범위에서 노외주차장(특별시장·광역시장, 시장·군수 또는 구청장이 설치한 노외주차장만 해당한다)을 무상으로 사용할 수 있는 권리(이하 이 조에서 "노외주차장 무상사용권"이라 한다)를 주어야 한다. 다만, 시설물의 부지로부터 제4항 후단에 따른 범위에 노외주차장 무상사용권을 줄 수 있는 노외주차장이 없는 경우에는 그러하지 아니하다.
⑦ 시장·군수 또는 구청장은 제6항 단서에 따라 노외주차장 무상사용권을 줄 수 없는 경우에는 제5항에 따른 주차장 설치비용을 줄여 줄 수 있다.
⑧ 시설물의 소유자가 변경되는 경우에는 노외주차장 무상사용권은 새로운 소유자가 승계한다.
⑨ 제5항과 제7항에 따른 설치비용의 산정기준 및 감액기준 등에 관하여 필요한 사항은 해당 지방자치단체의 조례로 정한다.
⑩ 특별시장·광역시장·특별자치시장·특별자치도지사 또는 시장은 부설주차장을 설치하면 교통 혼잡이 가중될 우려가 있는 지역에 대하여는 제1항 및 제3항에도 불구하고 부설주차장의 설치를 제한할 수 있다. 이 경우 제한지역의 지정 및 설치 제한의 기준은 국토교통부령으로 정하는 바에 따라 해당 지방자치단체의 조례로 정한다.
(2018.12.18 전단개정)
⑪ 시장·군수 또는 구청장은 설치기준에 적합한 부설주차장이 제3항에 따른 부설주차장 설치기준의 개정으로 인하여 설치기준에 미달하게 된 기존 시설물 중 대통령령으로 정하는 시설물에 대하여는 그 소유자에게 개정된 설치기준에 맞게 부설주차장을 설치하도록 권고할 수 있다.
⑫ 시장·군수 또는 구청장은 제11항에 따라 부설주차장의 설치권고를 받은 자가 부설주차장을 설치하려는 경우 제21조의2제6항에 따라 부설주차장의 설치비용을 우선적으로 보조할 수 있다.
⑬ 시장·군수 또는 구청장은 주차난을 해소하기 위하여 필요한 경우 공공기관, 그 밖에 대통령령으로 정하는 시설물의 부설주차장을 일반이 이용할 수 있는 개방주차장(이하 "개방주차장"이라 한다)으로 지정할 수 있다.
(2020.2.4 본항신설)
⑭ 시장·군수 또는 구청장은 개방주차장을 지정하기 위하여 그 시설물을 관리하는 자에게 협조를 요청할 수 있다. 이 경우 요청을 받은 자는 특별한 사정이 없으면 이에 따라야 한다.(2020.2.4 본항신설)
⑮ 시장·군수 또는 구청장은 제13항에 따라 지정된 개방주차장의 위치, 개방시간 및 주차요금 등 국토교통부령으로 정하는 사항을 인터넷 홈페이지에 게재하는 등의 방법으로 홍보하여야 한다.(2023.8.16 본항신설)
⑯ 개방주차장의 지정에 필요한 절차, 개방시간, 보조금의 지원, 시설물 관리 및 운영에 대한 손해배상책임 등에 관하여 필요한 사항은 해당 지방자치단체의 조례로 정한다.(2020.2.4 본항신설)
(2020.2.4 본조제목개정)

제19조의2【부설주차장 설치계획서】 부설주차장을 설치하는 자는 시설물의 건축 또는 설치에 관한 허가를 신청하거나 신고를 할 때에는 국토교통부령으로 정하는 바에 따라 부설주차장 설치계획서를 제출하여야 한다. 다만, 시설물의 용도변경으로 인하여 부설주차장을 설치하여야 하는 경우에는 용도변경을 신고하는 때(용도변경 신고의 대상이 아닌 경우에는 그 용도변경을 하기 전을 말한다)에 부설주차장 설치계획서를 제출하여야 한다.
(2013.3.23 본문개정)

제19조의3【부설주차장의 관리방법 등】 ① 부설주차장을 관리하는 자는 주차장에 자동차를 주차하는 사람으로부터 주차요금을 받을 수 있다.
② 제1항에 따른 부설주차장의 관리자에 대하여는 제17조를 준용한다.
③ 시장·군수 또는 구청장은 다음 각 호의 어느 하나에 해당하는 경우에는 제8조의2제2항에 따른 조치를 취할 수 있다.
1. 개방주차장의 지정된 주차구획 외의 곳에 주차하는 경우
2. 개방주차장의 지정된 개방시간을 위반하여 주차하는 경우
3. 국가기관의 장 또는 지방자치단체의 장이 설치한 부설주차장 중 개방주차장이 아닌 주차장에 정당한 사유 없이 대통령령으로 정하는 기간 이상 계속하여 고정적으로 주차하는 경우(2024.1.9 본호신설)
(2020.2.4 본항신설)
④ 제3항에 따라 자동차를 이동시키는 경우에는 「도로교통법」 제35조제3항부터 제7항까지 및 제36조를 준용한다.
(2020.2.4 본항신설)
(2020.2.4 본조제목개정)

제19조의4【부설주차장의 용도변경 금지 등】 ① 부설주차장은 주차장 외의 용도로 사용할 수 없다. 다만, 다음 각 호의 어느 하나에 해당하는 경우에는 그러하지 아니하다.(2014.3.18 단서개정)
1. 시설물의 내부 또는 그 부지(제19조제4항에 따라 해당 시설물의 부지 인근에 부설주차장을 설치하는 경우에는 그 인근 부지를 말한다) 안에서 주차장의 위치를 변경하는 경우로서 시장·군수 또는 구청장이 주차장의 이용에 지장이 없다고 인정하는 경우
2. 시설물의 내부에 설치된 주차장을 추후 확보된 인근 부지로 위치를 변경하는 경우로서 시장·군수 또는 구청장이 주차장의 이용에 지장이 없다고 인정하는 경우
3. 그 밖에 대통령령으로 정하는 기준에 해당하는 경우
(2014.3.18 1호~3호신설)
② 시설물의 소유자 또는 부설주차장의 관리책임이 있는 자는 해당 시설물의 이용자가 부설주차장을 이용하는 데에 지장이 없도록 부설주차장 본래의 기능을 유지하여야 한다. 다만, 대통령령으로 정하는 기준에 해당하는 경우에는 그러하지 아니하다.
③ 시장·군수 또는 구청장은 제1항 또는 제2항을 위반하여 부설주차장을 다른 용도로 사용하거나 부설주차장 본래의 기능을 유지하지 아니하는 경우에는 해당 시설물의 소유자 또는 부설주차장의 관리책임이 있는 자에게 지체 없이 원상회복을 명하여야 한다. 이 경우 시설물의 소유자 또는 부설주차장의 관리책임이 있는 자가 그 명령에 따르지 아니할 때에는 「행정대집행법」에 따라 원상회복을 대집행(代執行)할 수 있다.
④ 제1항 및 제2항을 위반하여 부설주차장을 다른 용도로 사용하거나 부설주차장 본래의 기능을 유지하지 아니하는 경우에는 해당 시설물을 「건축법」 제79조제1항에 따른 위반 건축물로 보아 같은 조 제2항 본문을 적용한다.
판례 '부설주차장의 관리책임이 있는 자'의 범위에는 동일인 소유에 속하던 시설물과 부설주차장 중 부설주차장의 소유권만을 취득한 자도 포함된다.(대판 2003.12.26, 2003도3771)

제5장의2 기계식주차장
(2010.3.22 본장개정)

제19조의5【기계식주차장의 설치기준 등】 ① 기계식주차장의 설치기준은 국토교통부령으로 정한다.
② 특별시·광역시·특별자치도·시·군 또는 자치구는 지역실정이 고려된 구역을 정하여 다음 각 호의 사항을 지방자치단체의 조례로 정할 수 있다.
1. 기계식주차장치의 설치대수
2. 기계식주차장치의 종류
3. 부설주차장의 주차대수 중 기계식주차장치의 비율
(2018.8.14 본항신설)
(2018.8.14 본조제목개정)

제19조의6【기계식주차장치의 안전도인증】 ① 기계식주차장치를 제작·조립 또는 수입하여 양도·대여 또는 설치하려는 자(이하 "제작자등"이라 한다)는 대통령령으로 정하는 바에 따라 그 기계식주차장치의 안전도(安全度)에 관하여 국토교통부장관의 인증(이하 "안전도인증"이라 한다)을 받아야 한다. 이를 변경하려는 경우(대통령령으로 정하는 경미한 사항을 변경하는 경우는 제외한다)에도 또한 같다.(2023.8.16 전단개정)
② 제1항에 따라 안전도인증을 받으려는 자는 미리 해당 기계식주차장치의 조립도(組立圖), 안전장치의 도면(圖面), 그 밖에 국토교통부령으로 정하는 서류를 국토교통부장관이 지정하는 검사기관에 제출하여 안전도에 대한 심사를 받아야 한다.(2013.3.23 본항개정)

제19조의7【안전도인증서의 발급】 국토교통부장관은 기계식주차장치가 국토교통부령으로 정하는 안전기준에 적합하다고 인정되는 경우에는 제작자등에게 국토교통부령으로 정하는 바에 따라 기계식주차장치의 안전도인증서를 발급하여야 한다.(2023.8.16 본조개정)

제19조의8【안전도인증의 취소】 ① 국토교통부장관은 제작자등이 다음 각 호의 어느 하나에 해당하는 경우에는 안전도인증을 취소할 수 있다.(2023.8.16 본문개정)
1. 거짓이나 그 밖의 부정한 방법으로 안전도인증을 받은 경우
2. 안전도인증을 받은 내용과 다른 기계식주차장치를 제작·조립 또는 수입하여 양도·대여 또는 설치한 경우
3. 제19조의7에 따른 안전기준에 적합하지 아니하게 된 경우
② 제작자등은 안전도인증이 취소된 경우에는 제19조의7에 따른 안전도인증서를 반납하여야 한다.

제19조의9【기계식주차장의 사용검사 등】 ① 기계식주차장을 설치하려는 경우에는 안전도인증을 받은 기계식주차장치를 사용하여야 한다.
② 제1항에 따라 기계식주차장을 설치한 자 또는 해당 기계식주차장의 관리자(이하 "기계식주차장관리자등"이라 한다)는 그 기계식주차장에 대하여 국토교통부령으로 정하는 바에 따라 시장·군수 또는 구청장이 실시하는 다음 각 호의 검사를 받아야 한다. 다만, 시장·군수 또는 구청장은 대통령령으로 정하는 부득이한 사유가 있을 때에는 검사를 연기할 수 있다.(2013.3.23 본문개정)
1. 사용검사 : 기계식주차장의 설치를 마치고 이를 사용하기 전에 실시하는 검사
2. 정기검사 : 사용검사의 유효기간이 지난 후 계속하여 사용하려는 경우에 주기적으로 실시하는 검사
3. 수시검사 : 다음 각 목의 어느 하나에 해당하는 경우에 실시하는 검사
가. 기계식주차장치의 주요구동부의 부품변경, 운반기 및 철골을 변경한 경우
나. 시장·군수 또는 구청장이 해당 기계식주차장치의 오작동 등에 따른 안전상의 문제가 있어 점검이 필요하다고 판단하는 경우
다. 기계식주차장관리자등이 요청하는 경우
(2023.8.16 본호신설)
③ 사용검사, 정기검사, 수시검사(이하 "안전검사"라 한다)의 유효기간, 연기 절차, 검사시기 등 검사에 필요한 사항은 대통령령으로 정한다.(2023.8.16 본항개정)

제19조의10【검사확인증의 발급 등】 ① 시장·군수 또는 구청장은 제19조의9제2항에 따른 검사에 합격한 자에게는 검사확인증을 발급하고, 불합격한 자에게는 사용을 금지하는 표지를 내주어야 한다.
② 기계식주차장관리자등은 제1항에 따라 받은 검사확인증이나 기계식주차장의 사용을 금지하는 표지를 국토교통부령으로 정하는 바에 따라 기계식주차장에 붙여야 한다.(2020.6.9 본항개정)
③ 제19조의9제2항에 따른 검사에 불합격한 기계식주차장은 사용할 수 없다.

제19조의11【검사비용 등의 납부】 제19조의6에 따른 안전도인증 또는 제19조의9제2항 각 호에 따른 검사를 받으려는 자는 국토교통부령으로 정하는 바에 따라 안전도인증 또는 검사에 드는 비용을 내야 한다.(2013.3.23 본조개정)

제19조의12【안전도인증 및 검사업무의 대행】 ① 국토교통부장관은 제19조의6 및 제19조의7에 따른 기계식주차장치의 안전도인증 및 안전도인증서의 발급업무를 대통령령으로 정하는 바에 따라 국토교통부장관이 지정하는 전문기관(이하 "지정인증기관"이라 한다)으로 하여금 대행하게 할 수 있다.
② 시장·군수 또는 구청장은 제19조의9 및 제19조의10에 따른 기계식주차장의 검사에 관한 업무를 대통령령으로 정하는 바에 따라 국토교통부장관이 지정하는 전문검사기관(이하 "전문검사기관"이라 한다)으로 하여금 대행하게 할 수 있다.
③ 국토교통부장관 또는 시장·군수·구청장은 제1항, 제2항 및 제19조의23제4항에 따라 기계식주차장치 안전도인증 및 기계식주차장의 검사업무를 대행하는 자에 대하여 기계식주차장의 안전성을 확보하기 위하여 필요한 범위에서 지도·감독 및 지원을 할 수 있다.
④ 국토교통부장관은 제1항 또는 제2항에 따른 지정인증기관 및 전문검사기관이 다음 각 호의 어느 하나에 해당하는 경우에는 지정을 취소하거나 1년 이내의 기간을 정하여 업무정지를 명할 수 있다. 다만, 제1호 또는 제2호의 어느 하나에 해당하는 경우에는 지정을 취소하여야 한다.
1. 거짓이나 그 밖의 부정한 방법으로 지정인증기관 또는 전문검사기관으로 지정을 받은 경우
2. 업무정지명령을 받은 후 그 업무정지기간에 기계식주차장치 안전도인증 또는 기계식주차장 안전검사를 한 경우
3. 정당한 사유 없이 기계식주차장치 안전도인증 또는 기계식주차장 안전검사를 거부하거나 실시하지 아니한 경우
4. 제1항 또는 제2항에 따른 지정기준에 맞지 아니하게 된 경우
5. 기계식주차장치 안전도인증업무 및 기계식주차장 안전검사업무를 게을리한 경우
(2023.8.16 본조개정)

제19조의13【기계식주차장치의 철거】 ① 기계식주차장관리자등은 부설주차장에 설치된 기계식주차장치가 다음 각 호의 어느 하나에 해당하면 철거할 수 있다.
1. 기계식주차장치가 노후(老朽)·고장 등의 이유로 작동이 불가능한 경우(기계식주차장치를 설치한 날부터 5년 이상으로서 대통령령으로 정하는 기간이 지난 경우로 한정한다)
2. 시설물의 구조상 또는 안전상 철거가 불가피한 경우
② 부설주차장을 설치하여야 할 시설물의 소유자는 제1항에 따라 기계식주차장치를 철거함으로써 제19조제3항에 따른 부설주차장의 설치기준에 미달하게 되는 경우에는 같은 조 제4항에 따라 시설물의 부지 인근에 부설주차장을 설치하거나, 같은 조 제5항에 따라 주차장의 설치에 드는 비용을 내야 한다. 이 경우 기계식주차장치가 설치되었던 바닥면적에 해당하는 주차장을 해당 시설물 또는 그 부지에 확보하여야 한다.
③ 제1항에 따라 기계식주차장치를 철거하려는 자는 국토교통부령으로 정하는 바에 따라 시장·군수 또는 구청장에게 신고하여야 한다.(2013.3.23 본항개정)
④ 시장·군수 또는 구청장은 제3항에 따른 신고를 받은 날부터 7일 이내에 신고수리 여부를 신고인에게 통지하여야 한다.(2018.12.18 본항신설)
⑤ 시장·군수 또는 구청장이 제4항에서 정한 기간 내에 신고수리 여부 또는 민원 처리 관련 법령에 따른 처리기간의 연장을 신고인에게 통지하지 아니하면 그 기간(민원 처리 관련 법령에 따라 처리기간이 연장 또는 재연장된 경우에는 해당 처리기간을 말한다)이 끝난 날의 다음 날에 신고를 수리한 것으로 본다.(2018.12.18 본항신설)
⑥ 특별시·광역시·특별자치시·특별자치도·시·군 또는 자치구는 기계식주차장치의 철거를 위하여 필요한 경우 제19조제3항에 따른 부설주차장 설치기준을 2분의 1의 범위에서 대통령령으로 정하는 바에 따라 해당 지방자치단체의 조례로 완화할 수 있다.(2018.12.18 본항개정)

제19조의14【기계식주차장치 보수업의 등록 등】 ① 기계식주차장치 보수업(이하 "보수업"이라 한다)을 하려는 자는 국토교통부령으로 정하는 바에 따라 시장·군수 또는 구청장에게 등록하여야 한다.(2013.3.23 본항개정)
② 제1항에 따라 보수업의 등록을 하려는 자는 대통령령으로 정하는 기술인력과 설비를 갖추어야 한다.
③ 제1항에 따라 보수업의 등록을 한 자(이하 "보수업자"라 한다)는 기계식주차장치를 보수하는 보수원의 사고를 예방하기 위하여 소속 보수원으로 하여금 국토교통부장관이 정하는 기계식주차장치 안전관리에 관한 교육(이하 "보수원 안전교육"이라 한다)을 받도록 하여야 한다.
(2023.8.16 본항신설)
④ 보수업자는 고용하고 있는 보수원이 보수원 안전교육을 받는 데 필요한 경비를 부담하며, 이를 이유로 해당 보수원에게 불리한 처분을 하여서는 아니 된다.
(2023.8.16 본항신설)
⑤ 제3항 및 제4항에 따른 보수원 안전교육의 시간·내용·방법 및 주기 등에 필요한 사항은 국토교통부령으로 정한다.(2023.8.16 본항신설)
(2023.8.16 본조제목개정)

제19조의15【결격사유】 다음 각 호의 어느 하나에 해당하는 자는 보수업의 등록을 할 수 없다.
1. 피성년후견인(2014.3.18 본호개정)
2. 파산선고를 받고 복권되지 아니한 자
3. 이 법을 위반하여 징역 이상의 실형을 선고받고 그 집행이 끝나거나(집행이 끝난 것으로 보는 경우를 포함한다) 집행이 면제된 날부터 2년이 지나지 아니한 사람
4. 이 법을 위반하여 징역 이상의 형의 집행유예를 선고받고 그 유예기간이 지나지 아니한 사람
5. 제19조의19에 따라 등록이 취소된 후 2년이 지나지 아니한 자(제19조의15제1호 및 제2호에 해당하여 등록이 취소된 경우는 제외한다)(2016.1.19 본호개정)
6. 임원 중에 제1호부터 제5호까지의 어느 하나에 해당하는 사람이 있는 법인

제19조의16【보험 가입】 ① 제19조의14제1항에 따라 보수업의 등록을 한 자(이하 "보수업자"라 한다)는 그 업무를 수행하면서 고의 또는 과실로 타인에게 손해를 입힐 경우 그 손해에 대한 배상을 보장하기 위하여 보험에 가입하여야 한다.
② 대통령령으로 정하는 일정 규모 이상의 기계식주차장치를 운영하는 기계식주차장관리자등은 기계식주차장의 사고로 이용자 등 다른 사람의 생명·신체 또는 재산상의 손해를 발생하게 하는 경우 그 손해에 대한 배상을 보장하기 위하여 보험에 가입하여야 한다.(2023.8.16 본항신설)
③ 제1항 및 제2항에 따른 보험의 종류, 가입 절차, 그 밖에 필요한 사항은 대통령령으로 정한다.(2023.8.16 본항개정)
④ 보험회사는 보수업자 또는 기계식주차장관리자등이 제1항 및 제2항에 따른 보험에 가입하려는 때에는 대통령령으로 정하는 사유가 있는 경우 외에는 계약의 체결을 거부할 수 없다.(2023.8.16 본항신설)
⑤ 이 법에 따른 보험금을 받을 권리는 압류할 수 없다.
(2023.8.16 본항신설)

제19조의17【등록사항의 변경 등의 신고】 보수업자는 다음 각 호의 어느 하나에 해당하는 경우에는 국토교통부령으로 정하는 바에 따라 시장·군수 또는 구청장에게 신고하여야 한다.(2023.8.16 본문개정)
1. 제19조의14제1항에 따라 등록한 사항 중 상호명, 주소, 보수원 등 기술인력, 사업자등록번호 등 중요 사항을 변경한 경우
2. 그 영업을 휴업·폐업 또는 재개업(再開業)한 경우
3. 그 밖에 국토교통부령으로 정하는 경우
(2023.8.16 1호~3호신설)

제19조의18【시정명령】 시장·군수 또는 구청장은 보수업자가 다음 각 호의 어느 하나에 해당하는 경우에는 기간을 정하여 그 시정을 명할 수 있다.
1. 제19조의14제2항에 따른 보수업의 등록기준에 미달하게 된 경우
2. 제19조의16에 따른 보험에 가입하지 아니한 경우

제19조의19【등록의 취소 등】 ① 시장·군수 또는 구청장은 보수업자가 다음 각 호의 어느 하나에 해당하는 경우에는 보수업의 등록을 취소하거나 6개월 이내의 기간을 정하여 그 영업의 정지를 명할 수 있다. 다만, 제1호·제2호·제4호 및 제6호에 해당하는 경우에는 그 등록을 취소하여야 한다.
1. 거짓이나 그 밖의 부정한 방법으로 보수업의 등록을 한 경우
2. 제19조의15 각 호의 어느 하나에 해당하는 경우(같은 조 제6호에 해당하는 법인이 그에 해당하게 된 날부터 3개월 이내에 해당 임원을 바꾸어 임명한 경우는 제외한다)
3. 제19조의17에 따른 신고를 하지 아니한 경우
4. 제19조의18에 따른 시정명령을 이행하지 아니한 경우
5. 보수의 흠으로 인하여 기계식주차장치의 이용자를 사망하게 하거나 다치게 한 경우 또는 자동차를 파손시킨 경우
6. 영업정지명령을 위반하여 그 영업정지기간에 영업을 한 경우
② 제1항에 따른 등록취소 및 영업정지의 기준은 대통령령으로 정한다.

제19조의20【기계식주차장치 관리인의 배치 및 교육 등】 ① 기계식주차장관리자등은 대통령령으로 정하는 일정 규모 이상의 기계식주차장치가 설치된 때에는 주차장 이용자의 안전을 위하여 기계식주차장치 관리인을 두어야 한다.
② 기계식주차장관리자등은 주차장 관련 법령, 사고 시 응급처치 방법 등 국토교통부령이 정하는 기계식주차장치의 관리에 필요한 교육(이하 "기계식주차장치 관리인 교육"이라 한다)을 받은 사람을 제1항에 따른 기계식주차장치 관리인으로 선임 또는 변경하여야 한다. 이 경우 기계식주차장관리자등은 선임 또는 변경된 기계식주차장치 관리인으로 하여금 국토교통부령으로 정하는 보수교육을 받도록 하여야 한다.(2023.8.16 본항신설)
③ 기계식주차장관리자등은 제1항에 따른 기계식주차장치 관리인을 선임 또는 변경한 경우에는 선임 또는 변경 후 14일 이내에 시장·군수 또는 구청장에게 통보하여야 한다. 기계식주차장치를 직접 관리하는 기계식주차장관리자등이 변경되었을 때에도 또한 같다.(2023.8.16 본항개정)
④ 제1항에서 규정하는 일정 규모 이상의 기계식주차장치가 설치되지 않아 직접 기계식주차장치를 관리하는 기계식주차장관리자등은 관리 시작 전에 국토교통부령으로 정하는 기계식주차장치 안전관리교육을 받아야 하며, 관리 시작 이후에는 정기적으로 보수교육을 받아야 한다.
(2023.8.16 본항신설)
⑤ 기계식주차장관리자등은 주차장 이용자가 확인하기 쉬운 위치에 기계식주차장의 이용 방법을 설명하는 안내문을 붙여야 한다.(2020.6.9 본항개정)
⑥ 제1항 및 제5항에 따른 기계식주차장치 관리인의 임무, 안내문의 부착 위치와 세부 내용 등에 필요한 사항은 국토교통부령으로 정한다.(2023.8.16 본항개정)
⑦ 기계식주차장관리자등은 제19조의5제1항에 따라 국토교통부령으로 정한 규격·무게 등 기계식주차장의 설치 기준에 맞는 자동차를 주차하도록 관리하여야 한다.(2023.8.16 본항신설 : 2025.8.17 시행)
⑧ 기계식주차장관리자등은 주차장치 운행의 안전에 관한 점검(이하 "자체점검"이라 한다)을 월 1회 이상 실시하고 그 점검기록을 제19조의21에 따른 기계식주차장 정보망에 입력하여야 한다.(2023.8.16 본항신설)
⑨ 기계식주차장관리자등은 제8항에 따른 자체점검 결과 해당 기계식주차장치에 결함이 있다는 사실을 알았을 경우에는 즉시 보수하여야 하며, 보수가 끝날 때까지 운행을 중지하여야 한다.(2023.8.16 본항신설)
⑩ 기계식주차장관리자등은 기계식주차장치에 대한 자체점검을 보수업자에게 대행하도록 할 수 있다.
(2023.8.16 본항신설)
⑪ 제8항 및 제10항에 따른 자체점검의 항목, 방법, 그 밖에 필요한 사항은 국토교통부령으로 정한다.(2023.8.16 본항신설)
(2023.8.16 본조제목개정)
(2015.8.11 본조신설)

제19조의21【기계식주차장 정보망 구축·운영】 ① 국토교통부장관은 기계식주차장의 안전과 관련된 다음 각 호의 정보를 종합적으로 관리하기 위한 기계식주차장 정보망을 구축·운영할 수 있다.
1. 제19조의9에 따른 검사의 이력정보
2. 제19조의14부터 제19조의19까지에 따른 보수업에 관한 사항
2의2. 제19조의16에 따른 보험 가입 현황(2023.8.16 본호신설)
2의3. 제19조의20제8항에 따른 기계식주차장의 자체점검 기록(2023.8.16 본호신설)
2의4. 제19조의22제1항에 따른 중대한 사고에 관한 정보(2017.10.24 본호신설)
2의5. 제19조의23에 따른 정밀안전검사의 결과에 관한 정보(2017.10.24 본호개정)
3. 제25조에 따른 보고, 자료의 제출 및 검사에 관한 정보
4. 그 밖에 기계식주차장의 안전과 관련되는 사항으로서 국토교통부령으로 정하는 정보
② 국토교통부장관은 제1항에 따라 수집된 정보를 제19조의12에 따른 전문검사기관, 제19조의14에 따른 보수업등록업자, 제25조에 따른 행정기관에 제공하거나 필요시 정보의 일부를 일반에게 공개할 수 있다.(2017.10.24 본항개정)
③ 국토교통부장관은 제1항에 따른 기계식주차장 정보망의 구축·운영에 관한 업무를 대통령령으로 정하는 기관에 위탁할 수 있다. 이 경우 그에 필요한 경비의 전부 또는 일부를 지원할 수 있다.
(2016.1.19 본조신설)

제19조의22【사고 보고 의무 및 사고 조사】 ① 기계식주차장관리자등은 그가 관리하는 기계식주차장으로 인하여 이용자가 사망하거나 다치는 사고, 자동차 추락 등 국토교통부령으로 정하는 중대한 사고가 발생한 경우에는 즉시 국토교통부령으로 정하는 바에 따라 관할 시장·군수 또는 구청장과 「한국교통안전공단법」에 따른 한국교통안전공단의 장에게 통보하여야 한다. 이 경우 「한국교통안전공단법」에 따른 한국교통안전공단의 장은 통보받은 사항 중 중대한 사고에 관한 내용을 국토교통부장관, 제6항에 따른 사고조사위원회에 보고하여야 한다.
(2023.8.16 후단개정)
② 기계식주차장관리자등은 제1항 전단에 따른 중대한 사고가 발생한 경우에는 사고현장 또는 중대한 사고와 관련되는 물건을 이동시키거나 변경 또는 훼손하여서는 아니 된다. 다만, 인명구조 등 긴급한 사유가 있는 경우에는 그러하지 아니하다.
③ 제1항에 따라 통보받은 「한국교통안전공단법」에 따른 한국교통안전공단의 장은 기계식주차장 사고의 재발 방지 및 예방을 위하여 필요하다고 인정하면 기계식주차장 사고의 원인 및 경위 등에 관한 조사를 할 수 있다.
④ 시장·군수 또는 구청장은 한국교통안전공단의 사고조사가 원활히 진행될 수 있도록 사고조사에 참여하여야 하고, 사고조사에 따른 행정처리 등에 적극 협조하여야 한다.(2023.8.16 본항신설)
⑤ 「한국교통안전공단법」에 따른 한국교통안전공단의 장은 기계식주차장 사고의 효율적인 조사를 위하여 사고조사반을 둘 수 있으며, 사고조사반의 구성 및 운영 등에 관한 사항은 국토교통부령으로 정한다.
⑥ 국토교통부장관은 제3항에 따라 「한국교통안전공단법」에 따른 한국교통안전공단이 조사한 기계식주차장 사고의 원인 등을 조사하고, 재발 방지 방안을 마련하기 위하여 필요한 경우 사고조사위원회를 구성·운영할 수 있다.(2023.8.16 본항개정)
⑦ 사고조사위원회는 기계식주차장 사고의 원인 등을 조사하여 원인과 조사한 결과를 국토교통부에 보고하여야 한다.(2023.8.16 본항개정)
⑧ 국토교통부장관은 사고조사위원회의 구성 목적을 달성하였다고 인정하는 경우에는 사고조사위원회를 해산할 수 있다.(2023.8.16 본항신설)
⑨ 사고조사위원회는 한국교통안전공단의 조사결과 등을 검토하여 사고 원인을 조사하고, 재발 방지 방안을 마련하여 국토교통부장관에게 보고하여야 한다.(2023.8.16 본항신설)
⑩ 국토교통부장관은 필요한 경우 사고조사위원회의 재발 방지 방안을 관할 시장·군수 또는 구청장 및 제작자등에게 통보하여 재발 방지 방안의 이행을 권고할 수 있다.(2023.8.16 본항신설)
⑪ 사고조사위원회의 구성 및 운영과 그 밖에 필요한 사항은 대통령령으로 정한다.(2023.8.16 본항개정)
(2017.10.24 본조신설)

제19조의23【기계식주차장의 정밀안전검사】 ① 기계식주차장관리자등은 해당 기계식주차장치가 다음 각 호의 어느 하나에 해당하는 경우에는 시장·군수 또는 구청장이 실시하는 정밀안전검사를 받아야 한다. 이 경우 제3호에 해당하는 때에는 정밀안전검사를 받은 날부터 4년마다 정기적으로 정밀안전검사를 받아야 한다.
1. 제19조의9제2항에 따른 검사 결과 결함원인이 불명확하여 사고예방과 안전성 확보를 위하여 정밀안전검사가 필요하다고 인정된 경우
2. 기계식주차장의 이용자가 죽거나 다치는 등 국토교통부령으로 정하는 중대한 사고가 발생한 경우. 다만, 시장·군수·구청장이 사고조사반의 조사 등을 검토한 결과 사고의 원인이 기계식주차장치의 결함에 의한 것이 아닌 경우로서 구동부의 부품, 운반기 등 주요 주차장치의 파손이 없고, 안전에 문제가 없다고 판단하는

경우 등 국토교통부령으로 정하는 사항에 해당하는 경우에는 제외한다.(2023.8.16 단서신설)
3. 기계식주차장이 설치된 날부터 10년이 지난 경우
4. 그 밖에 기계식주차장치의 성능 저하로 인하여 이용자의 안전을 침해할 우려가 있는 것으로 국토교통부장관이 정한 경우
② 기계식주차장관리자등은 제1항에 따른 정밀안전검사에 불합격한 기계식주차장을 운영할 수 없으며, 다시 운영하기 위해서는 정밀안전검사를 다시 받아야 한다.
③ 제1항에 따라 정밀안전검사를 받은 경우 또는 정밀안전검사를 받아야 하는 경우에는 제19조의9제2항제2호에 따른 해당 연도의 정기검사를 면제한다.
④ 시장·군수 또는 구청장은 제1항에 따른 정밀안전검사에 관한 업무를 「한국교통안전공단법」에 따라 설립된 한국교통안전공단에 대행하게 할 수 있다.(2017.10.24 본항개정)
⑤ 정밀안전검사에 관해서는 제19조의10제1항·제2항 및 제19조의11을 준용한다. 이 경우 "제19조의9제2항에 따른 검사", "제19조의9제2항 각 호에 따른 검사"는 "제19조의23제1항에 따른 정밀안전검사"로 본다.(2017.10.24 후단개정)
⑥ 제1항에 따른 정밀안전검사의 기준·항목·방법 및 실시시기 등에 필요한 사항은 대통령령으로 정한다.
(2017.3.21 본조신설)

제19조의24【기계식주차장치 운행중지명령 등】 ① 시장·군수 또는 구청장은 기계식주차장치가 다음 각 호의 어느 하나에 해당하는 경우에는 그 사유가 없어질 때까지 해당 기계식주차장치의 운행중지를 명할 수 있다. 다만, 제1호 또는 제2호에 해당하는 경우에는 기계식주차장치의 운행중지를 명하여야 한다.
1. 안전검사 및 정밀안전검사를 받지 아니한 경우
2. 안전검사 및 정밀안전검사 불합격 기계식주차장치의 운행을 중지하지 아니하는 경우
3. 안전검사 및 정밀안전검사가 연기된 경우
4. 노후화, 사고발생 등으로 인하여 중대한 위해가 발생하였거나 발생 우려가 있는 경우
5. 제19조의20에 따른 기계식주차장치 관리인을 두지 아니한 경우
6. 그 밖에 현장조사 또는 안전검사 시 이용자 등에게 위해가 발생할 우려가 있다고 판단되는 경우
② 시장·군수 또는 구청장은 제1항에 따라 기계식주차장치의 운행중지를 명할 때에는 기계식주차장관리자등에게 국토교통부령으로 정하는 바에 따라 운행중지 표지를 발급하여야 한다.
③ 기계식주차장관리자등은 제2항에 따라 발급받은 표지를 국토교통부령으로 정하는 바에 따라 이용자가 보기 쉬운 곳에 즉시 게시하고 훼손되지 않도록 관리하여야 한다.
④ 제1항에 따른 운행중지 명령에 따라 기계식주차장의 운행을 중지한 기계식주차장관리자등이 기계식주차장을 다시 운행하고자 할 경우에는 시장·군수·구청장으로부터 운행중지 사유 등이 해소되었음을 확인받은 후에 운행하여야 한다.
⑤ 제1항에 따른 운행중지 명령에 따라 운행을 중지한 기계식주차장이 제12조의3제1항에 따른 노외주차장 또는 제19조제1항에 따른 부설주차장에 해당하는 경우, 시장·군수 또는 구청장은 해당 기계식주차장관리자등에게 운행중지 사유 해소 시까지 대통령령으로 정하는 바에 따라 제12조의3제2항 또는 제19조제3항의 기준에 미달하는 주차대수 만큼 인근(제19조제4항 후단에 따른 시설물 부지 인근을 말한다. 이하 이 항에서 같다) 주차장을 확보하게 하거나 해당 기간동안 인근 주차장의 확보에 드는 비용을 납부하게 할 수 있다.
(2023.8.16 본조신설)

제6장 보 칙

(2017.10.24 본장제목삽입)

제19조의25【부기등기】 ① 제19조제4항에 따라 시설물 부지 인근에 설치된 부설주차장 및 제19조의4제1항에 따라 위치 변경된 부설주차장은 「부동산등기법」에 따라 시설물과 그에 부대하여 설치된 부설주차장 관계임을 표시하는 내용을 각각 부기등기하여야 한다.
② 제19조제4항에 따라 시설물 부지 인근에 설치된 부설주차장은 제19조의4제1항에 따라 용도변경이 인정되어 부설주차장으로서 의무가 면제되지 아니한 경우에는 부기등기를 말소할 수 없다.
③ 제1항에 따른 부기등기의 내용 및 말소에 관한 사항은 대통령령으로 정한다.
(2014.3.18 본조신설)

제20조【국유재산·공유재산의 처분 제한】 ① 국가 또는 지방자치단체 소유의 토지로서 노외주차장 설치계획에 따라 노외주차장을 설치하는 데에 필요한 토지는 다른 목적으로 매각(賣却)하거나 양도할 수 없으며, 관계 행정청은 노외주차장의 설치에 적극 협조하여야 한다.
② 도로, 광장, 공원, 그 밖에 대통령령으로 정하는 학교 등 공공시설의 지하에 노외주차장을 설치하기 위하여 「국토의 계획 및 이용에 관한 법률」 제88조에 따른 도시·군계획시설사업의 실시계획인가를 받은 경우에는 「도로법」, 「도시공원 및 녹지 등에 관한 법률」, 「학교시설사업 촉진법」, 그 밖에 대통령령으로 정하는 관계 법령에 따른 점용허가를 받거나 토지형질변경에 대한 협의 등을 한 것으로 보며, 노외주차장으로 사용되는 토지 및 시설물에 대하여는 대통령령으로 정하는 바에 따라 그 점용료 및 사용료를 감면할 수 있다.(2011.4.14 본항개정)
③ 대통령령으로 정하는 공공시설의 지상에 노외주차장을 설치하는 경우에도 제2항을 준용한다.

제21조【보조 또는 융자】 ① 국가 또는 지방자치단체는 노외주차장의 설치를 촉진하기 위하여 특히 필요하다고 인정하는 경우에는 대통령령으로 정하는 바에 따라 노외주차장의 설치에 관한 비용의 전부 또는 일부를 보조할 수 있다.
② 국가 또는 지방자치단체는 노외주차장 또는 부설주차장의 설치를 위하여 필요한 경우에는 노외주차장 또는 부설주차장의 설치에 필요한 자금의 융자를 알선할 수 있다.
③ 국가 또는 지방자치단체는 도시환경의 개선 등을 위하여 필요한 경우에는 대통령령 또는 해당 지방자치단체의 조례로 정하는 바에 따라 주차장 환경개선사업의 추진에 필요한 비용의 일부를 보조할 수 있다.(2020.10.20 본항신설)

제21조의2【주차장특별회계의 설치 등】 ① 특별시장·광역시장, 시장·군수 또는 구청장은 주차장을 효율적으로 설치 및 관리·운영하기 위하여 주차장특별회계를 설치할 수 있다.
② 제1항에 따라 특별시장·광역시장·특별자치시장·특별자치도지사·시장 또는 군수가 설치하는 주차장특별회계는 다음 각 호의 재원(財源)으로 조성한다.
(2018.12.18 본문개정)
1. 제9조제1항 및 제3항, 제14조제1항에 따른 주차요금 등의 수입금과 제19조제5항에 따른 노외주차장 설치를 위한 비용의 납부금
2. 제24조의2에 따른 과징금의 징수금
3. 해당 지방자치단체의 일반회계로부터의 전입금
4. 정부의 보조금
5. 「지방세법」 제112조(같은 조 제1항제1호는 제외한다)에 따른 재산세 징수액 중 대통령령으로 정하는 일정 비율에 해당하는 금액(2010.3.31 본호개정)
6. 「도로교통법」 제161조제1항제2호 및 제3호에 따라 제주특별자치도지사 또는 시장등이 부과·징수한 과태료
7. 제32조에 따른 이행강제금의 징수금
8. 「지방세기본법」 제8조제1항제1호에 따른 보통세 징수액의 100분의 1의 범위에서 광역시의 조례로 정하는 비율에 해당하는 금액(광역시에 한정한다)(2020.6.9 본호개정)
9. 광역시의 보조금(2021.1.12 본호신설)
③ 제1항에 따라 구청장이 설치하는 주차장특별회계는 다음 각 호의 재원으로 조성한다.
1. 제2항제1호의 수입금 및 납부금 중 해당 구청장이 설치·관리하는 노상주차장 및 노외주차장의 주차요금과 대통령령으로 정하는 납부금
2. 제24조의2에 따른 과징금의 징수금
3. 해당 지방자치단체의 일반회계로부터의 전입금
4. 특별시 또는 광역시의 보조금
5. 「도로교통법」 제161조제1항제3호에 따라 시장등이 부과·징수한 과태료
6. 제32조에 따른 이행강제금의 징수금
④ 제1항에 따른 주차장특별회계는 다음 각 호의 용도로 사용한다.
1. 주차환경개선 사업 : 주차장조성 및 유지관리, 주차장 수급실태조사 및 주차환경개선지구 지정·관리, 주차장 정보구축, 주차공유 지원사업 등 주차환경개선을 위한 사업
2. 주차질서유지사업 : 주차질서 홍보 및 교육, 주차단속 활동 및 단속장비구입, 단속시스템 구축 등 주차이용 활성화를 위한 사업
3. 주차장특별회계의 조성·운용 및 관리를 위하여 필요한 경비
(2021.1.12 본항신설)
⑤ 제1항에 따른 주차장특별회계의 설치 및 운용·관리에 필요한 사항은 해당 지방자치단체의 조례로 정한다.
⑥ 특별시장·광역시장, 시장·군수 또는 구청장은 노상주차장 또는 노외주차장의 관리를 위탁한 경우 그 위탁을 받은 자에게 위탁수수료 외에 노상주차장 또는 노외주차장의 관리·운영비용의 일부를 보조할 수 있다. 다만, 주차장특별회계가 설치된 경우에는 그 회계로부터 보조할 수 있다.
⑦ 특별시장·광역시장, 시장·군수 또는 구청장은 노외주차장 또는 부설주차장의 설치자에게 주차장특별회계로부터 노외주차장 또는 부설주차장의 설치비용의 일부를 보조하거나 융자할 수 있다. 이 경우 보조 또는 융자의 대상·방법 및 융자금의 상환 등에 관하여 필요한 사항은 해당 지방자치단체의 조례로 정한다.
⑧ 특별시장·광역시장·특별자치시장·특별자치도지사 또는 시장은 해당 지방자치단체에 「도시교통정비 촉진법」에 따른 지방도시교통사업특별회계가 설치되어 있는 경우에는 그 회계에 이 법에 따른 주차장특별회계를 통합하여 운용할 수 있다. 이 경우 계정(計定)은 분리하여야 한다.(2018.12.18 전단개정)

제21조의3【주차관리 전담기구의 설치】 특별시장·광역시장, 시장·군수 또는 구청장은 주차장의 설치 및 효율적인 관리·운영을 위하여 필요한 경우에는 「지방공기업법」에 따른 지방공기업을 설치·경영할 수 있다.

제21조의4【주차장 정보망 구축·운영】 ① 국토교통부장관은 주차장과 관련된 다음 각 호의 업무를 효율적으로 관리하기 위하여 주차장 정보망을 구축·운영할 수 있다.
1. 다음 각 목에 따른 노상주차장에 관한 사항
 가. 제7조에 따른 노상주차장의 설치 및 폐지에 관한 사항
 나. 제8조에 따른 노상주차장의 관리에 관한 사항
 다. 제9조 및 제10조에 따른 노상주차장의 주차요금 징수 및 사용 제한에 관한 사항
2. 다음 각 목에 따른 노외주차장에 관한 사항
 가. 제12조, 제12조의2 및 제12조의3에 따른 노외주차장의 설치에 관한 사항
 나. 제13조 및 제14조에 따른 노외주차장의 관리 및 주차요금 징수에 관한 사항
3. 다음 각 목에 따른 부설주차장에 관한 사항
 가. 제19조에 따른 부설주차장의 설치에 관한 사항
 나. 제19조의3 및 제19조의4에 따른 부설주차장의 주차요금 징수 및 용도변경에 관한 사항
4. 그 밖에 주차장과 관련되는 사항으로서 국토교통부령으로 정하는 정보
② 국토교통부장관은 제1항에 따른 주차장 정보망에 필요한 정보를 수집하기 위하여 다음 각 호의 자에게 주차장 운영과 관련된 정보를 요청할 수 있으며, 정보제공을 요청 받은 자는 특별한 사정이 없으면 이에 따라야 한다.
1. 제7조에 따른 특별시장·광역시장, 시장·군수 또는 구청장
2. 제12조에 따른 노외주차장을 설치한 자
3. 제19조에 따른 시설물을 건축하거나 설치하려는 자
③ 특별시장·광역시장, 시장·군수 또는 구청장은 제1항에 따른 주차장 정보망을 공동으로 이용할 수 있다.
④ 국토교통부장관은 제1항에 따른 주차장 정보망의 구축·운영 및 제2항에 따른 정보의 수집에 관한 업무를 「한국교통안전공단법」에 따른 한국교통안전공단에 위탁할 수 있다. 이 경우 그에 필요한 경비의 전부 또는 일부를 지원할 수 있다.
⑤ 제1항 및 제4항에 따른 주차장 정보망의 구축·운영에 필요한 사항은 국토교통부령으로 정한다.
(2019.11.26 본조신설)

제22조【주차요금 등의 사용 제한】 특별시장·광역시장, 시장·군수 또는 구청장이 제9조제1항 및 제3항과 제14조제1항에 따라 받는 주차요금 등은 주차장의 설치·관리 및 운영 외의 용도에 사용할 수 없다.

제22조의2【자료의 요청】 ① 국토교통부장관은 주차장의 구조·설치기준 등의 제정, 기계식주차장치의 안전기준의 제정, 그 밖에 주차장의 설치·정비 및 관리에 관한 정책의 수립을 위하여 필요한 경우에는 노상주차장관리자·노외주차장관리자·기계식주차장관리자 등에게 노상주차장·노외주차장·부설주차장의 설치 현황 및 운영 실태 등에 관한 자료를 요청할 수 있다.(2013.3.23 본항개정)
② 제1항에 따른 자료 요청을 받은 자는 특별한 사유가 없으면 이에 따라야 한다.

제23조【감독】 ① (2009.1.7 삭제)
② 특별시장·광역시장 또는 도지사는 주차장이 공익상 현저히 유해하거나 자동차교통에 현저한 지장을 준다고 인정할 때에는 시장·군수 또는 구청장(특별자치시장 및 특별자치도지사는 제외한다. 이하 이 항에서 같다)에게 해당 주차장에 대한 시설의 개선, 공용의 제한 등 필요한 조치를 할 것을 명할 수 있으며, 그 명령을 받은 시장·군수 또는 구청장은 필요한 조치를 하여야 한다.(2018.12.18 본항개정)
③ 시장·군수 또는 구청장은 노외주차장이 공익상 현저히 유해하거나 자동차교통에 현저한 지장을 준다고 인정할 때에는 해당 노외주차장관리자에게 대통령령으로 정하는 바에 따라 시설의 개선, 공용의 제한 등 필요한 조치를 할 것을 명할 수 있다.

제24조【영업정지 등】 시장·군수 또는 구청장은 노외주차장관리자 또는 제19조의3에 따른 부설주차장의 관리자가 다음 각 호의 어느 하나에 해당하는 경우에는 6개월 이내의 기간을 정하여 해당 주차장을 일반의 이용에 제공하는 것을 금지하거나 1천만원 이하의 과징금을 부과할 수 있다.(2021.1.12 본문개정)
1. 제6조제1항·제2항 또는 제6조의2제2항에 따른 주차장의 구조·설비 및 안전기준 등을 위반한 경우
(2019.12.24 본호개정)
2. 제6조제3항에 따른 미끄럼 방지시설과 미끄럼 주의 안내표지를 갖추지 않은 경우(2019.12.24 본호신설)
3. 제17조제2항(제19조의3에서 준용되는 경우를 포함한다)을 위반하여 주차장에 대한 일반의 이용을 거절한 경우
4. 제23조제3항에 따른 시장·군수 또는 구청장의 명령에 따르지 아니한 경우(노외주차장관리자만 해당한다)
5. 제25조제1항에 따른 검사를 거부·기피 또는 방해한 경우(노외주차장관리자만 해당한다)

제24조의2【과징금처분】 ① 제24조에 따른 과징금을 부과하는 위반행위의 종류 및 위반 정도에 따른 과징금

의 금액과 그 밖에 필요한 사항은 대통령령으로 정한다.
② 제24조에 따른 과징금은 시장·군수 또는 구청장이 조례로 정하는 바에 따라 지방세 징수의 예에 따라 징수한다.

제24조의3【청문】 시장·군수 또는 구청장은 다음 각 호의 어느 하나에 해당하는 처분을 하려면 청문을 하여야 한다.
1. 제19조의8제1항에 따른 안전도인증의 취소
2. 제19조의19에 따른 보수업 등록의 취소

제25조【보고 및 검사】 ① 특별시장·광역시장, 시장·군수 또는 구청장은 필요하다고 인정하는 경우에는 노외주차장관리자 또는 제19조의12에 따른 전문검사기관을 감독하기 위하여 필요한 보고를 하게 하거나 자료의 제출을 명할 수 있으며, 소속 공무원으로 하여금 주차장·검사장 또는 그 업무와 관계있는 장소에서 주차시설·검사시설 또는 그 업무에 관하여 검사를 하게 할 수 있다.(2020.6.9 본항개정)
② 제1항에 따라 검사를 하는 공무원은 그 권한을 표시하는 증표를 지니고 이를 관계인에게 보여주어야 한다.
③ 제2항에 따른 증표에 관하여 필요한 사항은 국토교통부령으로 정한다.(2013.3.23 본항개정)

제26조【수수료】 제19조의14제1항에 따른 등록신청을 하는 자는 국토교통부령으로 정하는 바에 따라 수수료를 관할 시장·군수 또는 구청장에게 내야 한다.(2013.3.23 본조개정)

제27조【벌칙 적용에서 공무원 의제】 다음 각 호의 어느 하나에 해당하는 사람은 「형법」 제129조부터 제132조까지의 규정을 적용할 때에는 공무원으로 본다.
1. 제19조의12제1항에 따른 지정인증기관의 임직원
2. 제19조의12제2항에 따른 전문검사기관의 임직원
3. 제19조의23제4항에 따른 정밀안전검사 대행기관의 임직원
(2023.8.16 본조신설)

제28조 (2010.3.22 삭제)

제7장 벌 칙
(2010.3.22 본장제목개정)

제29조【벌칙】 ① 다음 각 호의 어느 하나에 해당하는 자는 3년 이하의 징역 또는 5천만원 이하의 벌금에 처한다.
1. 제19조제1항 및 제3항을 위반하여 부설주차장을 설치하지 아니하고 시설물을 건축하거나 설치한 자
2. 제19조의4제1항을 위반하여 부설주차장을 주차장 외의 용도로 사용한 자
3. 제19조의23제2항을 위반하여 정밀안전검사에 불합격한 기계식주차장을 사용에 제공한 자(2017.10.24 본호개정)
4. 제19조의24제1항에 따른 운행중지명령을 위반한 자(2023.8.16 본호신설)
② 다음 각 호의 어느 하나에 해당하는 자는 1년 이하의 징역 또는 1천만원 이하의 벌금에 처한다.
1. 노외주차장인 주차전용건축물을 제2조제11호에 따른 주차장 사용 비율을 위반하여 사용한 자
2. 제19조의4제2항을 위반하여 정당한 사유 없이 부설주차장 본래의 기능을 유지하지 아니한 자
3. 거짓이나 그 밖의 부정한 방법으로 제19조의6제1항에 따른 안전도인증을 받은 자
4. 제19조의6제1항에 따른 안전도인증을 받지 아니하고 기계식주차장치를 제작·조립 또는 수입하여 양도·대여 또는 설치한 자
5. 제19조의6제2항에 따라 기계식주차장치의 안전도에 대한 심사를 하는 자로서 부정한 심사를 한 자
6. 거짓이나 그 밖의 부정한 방법으로 제19조의9제2항 각 호 또는 제19조의23제1항의 검사를 받은 자(2017.10.24 본호개정)
7. 제19조의9제2항 각 호에 따른 검사를 받지 아니하고 기계식주차장을 사용에 제공한 자
8. 제19조의10제3항을 위반하여 검사에 불합격한 기계식주차장을 사용에 제공한 자
9. 제19조의12 또는 제19조의23제4항에 따라 기계식주차장의 검사대행을 지정받은 자 또는 그 종사원으로서 부정한 검사를 한 자(2017.10.24 본호개정)
10. 제19조의14제1항을 위반하여 등록을 하지 아니하고 보수업을 한 자
11. 거짓이나 그 밖의 부정한 방법으로 제19조의14제1항에 따른 보수업의 등록을 한 자
11의2. 제19조의20제1항을 위반하여 기계식주차장치 관리인을 두지 아니한 자(2015.8.11 본호신설)
11의3. 제19조의23제1항에 따른 정밀안전검사를 받지 아니하고 기계식주차장을 사용에 제공한 자(2017.10.24 본호개정)
12. 제24조에 따른 금지기간에 주차장을 일반의 이용에 제공한 자
(2010.3.22 본조개정)

판례 '부설주차장을 주차장 외의 용도로 사용'한 행위의 위반이 계속범인지의 여부 : 주차장법 제29조 제1항 제2호 위반의 죄는 이른바 계속범으로서, 종전에 용도외 사용행위에 대하여 처벌받은 일이 있다고 하더라도 그 후에도 계속하여 용도외 사용을 하고 있는 이상 종전 재판 후의 사용에 대하여 다시 처벌할 수 있는 것이다.(대판 2006.1.26, 2005도7283)

제30조【과태료】 ① 다음 각 호의 어느 하나에 해당하는 자에게는 500만원 이하의 과태료를 부과한다.
1. 제19조의16제1항 또는 제2항을 위반하여 배상보험에 가입하지 아니한 자(2023.8.16 본호신설)
2. 제19조의22제1항을 위반하여 통보를 하지 아니하거나 거짓으로 통보한 자
3. 제19조의22제2항을 위반하여 중대한 사고의 현장 또는 중대한 사고와 관련되는 물건을 이동시키거나 변경 또는 훼손한 자
(2017.10.24 본항신설)
② 다음 각 호의 어느 하나에 해당하는 자에게는 100만원 이하의 과태료를 부과한다.
1. 제17조제2항(제19조의3에서 준용되는 경우를 포함한다)을 위반하여 주차장에 대한 일반의 이용을 거절한 자
2. 제19조의9제3항에 따른 사용검사 또는 정기검사의 유효기간이 지난 후 검사를 받지 아니한 자(제29조제2항 제7호에 따라 벌칙을 부과받은 경우는 제외한다)
2의2. 제19조의14제3항을 위반하여 보수인원 안전교육을 받도록 하지 아니한 보수업자(2023.8.16 본호신설)
3. 제19조의17을 위반하여 신고를 하지 아니한 자
4. 제19조의20제2항을 위반하여 기계식주차장치 관리인 교육을 받지 아니한 사람을 기계식주차장치 관리인으로 선임 또는 변경하거나 보수교육을 받게 하지 아니한 자(2023.8.16 본호개정)
4의2. 제19조의20제4항을 위반하여 기계식주차장치 안전관리교육 또는 보수교육을 받지 아니한 자
4의3. 제19조의20제7항을 위반하여 기계식주차장의 설치 기준에 맞지 아니하는 자동차를 주차시킨 기계식주차장관리자등(2025.8.17 시행)
4의4. 제19조의20제8항을 위반하여 자체점검을 하지 아니한 자
4의5. 제19조의20제8항을 위반하여 자체점검 결과를 기계식주차장 정보망에 입력하지 아니하거나 거짓으로 입력한 자
4의6. 제19조의20제9항을 위반하여 기계식주차장 운행을 중지하지 아니한 자 또는 운행의 중지를 방해한 자
(2023.8.16 4호의2～4호의6신설)
5. 제19조의23제1항 후단에 따른 정기적 정밀안전검사를 받지 아니한 자(제29조제2항제11호의3에 따라 벌칙을 부과받은 경우는 제외한다)
5의2. 제19조의24제3항을 위반하여 운행중지 표지를 붙이지 아니하거나 잘 볼 수 없는 곳에 붙이거나 훼손되게 관리한 자(2023.8.16 본호신설)
6. 제25조제1항에 따른 검사를 거부·기피 또는 방해한 자
(2021.1.12 본항개정)
③ 다음 각 호의 어느 하나에 해당하는 자에게는 50만원 이하의 과태료를 부과한다.
1. 제19조의10제2항(제19조의23제5항에서 준용되는 경우를 포함한다)을 위반하여 검사확인증이나 기계식주차장의 사용을 금지하는 표지를 부착하지 아니한 자
2. 제19조의20제3항을 위반하여 기계식주차장치 관리인의 선임 또는 변경 통보를 하지 아니한 자(2023.8.16 본호신설)
3. 제19조의20제5항을 위반하여 안내문을 부착하지 아니한 자(2023.8.16 본호개정)
(2021.1.12 본항신설)
④ 제1항부터 제3항까지에 따른 과태료는 대통령령으로 정하는 바에 따라 시장·군수 또는 구청장이 부과·징수한다.(2021.1.12 본항개정)
⑤～⑥ (2009.1.7 삭제)

제31조【양벌규정】 법인의 대표자나 법인 또는 개인의 대리인, 사용인, 그 밖의 종업원이 그 법인 또는 개인의 업무에 관하여 제29조의 위반행위를 하면 그 행위자를 벌하는 외에 그 법인 또는 개인에게도 해당 조문의 벌금형을 과(科)한다. 다만, 법인 또는 개인이 그 위반행위를 방지하기 위하여 해당 업무에 관하여 상당한 주의와 감독을 게을리하지 아니한 경우에는 그러하지 아니하다.(2009.1.7 본조개정)

제32조【이행강제금】 ① 시장·군수 또는 구청장은 제19조의4제3항 전단에 따른 원상회복명령을 받은 후 그 시정기간 이내에 그 원상회복명령을 이행하지 아니한 시설물의 소유자 또는 부설주차장의 관리책임이 있는 자에게 다음 각 호의 한도에서 이행강제금을 부과할 수 있다.
1. 제19조의4제1항을 위반하여 부설주차장을 주차장 외의 용도로 사용하는 경우 : 제19조제9항에 따라 산정된 위반 주차구획의 설치비용의 20퍼센트
2. 제19조의4제2항을 위반하여 부설주차장 본래의 기능을 유지하지 아니하는 경우 : 제19조제9항에 따라 산정된 위반 주차구획의 설치비용의 10퍼센트
② 시장·군수 또는 구청장은 제1항에 따른 이행강제금을 부과하기 전에 상당한 이행기간을 정하여 해당 명령이 그 기한까지 이행되지 아니한 경우에는 이행강제금을 부과·징수한다는 뜻을 미리 문서로 계고(戒告)하여야 한다.
③ 시장·군수 또는 구청장은 제1항에 따른 이행강제금을 부과할 때에는 이행강제금의 금액, 부과 사유, 납부기한, 수납기관, 이의제기방법 및 이의제기기관 등을 명확하게 적은 문서로 하여야 한다.
④ 시장·군수 또는 구청장은 최초의 원상회복명령이 있었던 날을 기준으로 하여 1년에 2회 이내의 범위에서 원상회복명령이 이행될 때까지 반복하여 제1항에 따른 이행강제금을 부과·징수할 수 있다. 다만, 이행강제금의 총 부과 횟수는 해당 시설물의 소유자 또는 부설주차장의 관리책임이 있는 자의 변경 여부와 관계없이 5회를 초과할 수 없다.
⑤ 시장·군수 또는 구청장은 제19조의4제3항 전단에 따른 원상회복명령을 받은 자가 그 명령을 이행하는 경우에는 새로운 이행강제금의 부과를 중지하되, 이미 부과된 이행강제금은 징수하여야 한다.
⑥ 시장·군수 또는 구청장은 제3항에 따라 이행강제금 부과처분을 받은 자가 이행강제금을 기한까지 내지 아니하면 「지방행정제재·부과금의 징수 등에 관한 법률」에 따라 징수한다.(2020.3.24 본항개정)
⑦ 이행강제금의 징수금은 주차장의 설치·관리 및 운영 외의 용도에 사용할 수 없다.
(2010.3.22 본조개정)

부 칙 (2018.12.18)

제1조【시행일】 이 법은 공포한 날부터 시행한다. 다만, 제19조의13제4항 및 제5항의 개정규정은 공포 후 1개월이 경과한 날부터 시행한다.

제2조【기계식주차장치의 철거 신고에 관한 적용례】 제19조의13제4항 및 제5항의 개정규정은 같은 개정규정 시행 이후 기계식주차장치의 철거 신고를 하는 경우부터 적용한다.

부 칙 (2019.12.24)

제1조【시행일】 이 법은 공포 후 6개월이 경과한 날부터 시행한다.

제2조【경사진 곳에 설치된 주차장의 안전설비 구축에 관한 경과조치】 이 법 시행 당시 제6조제3항의 개정규정에 따라 국토교통부령으로 정하는 경사진 곳에 설치된 주차장의 설치·관리자는 이 법 시행일부터 6개월이 되는 날까지 같은 개정규정에 따른 미끄럼 방지시설과 미끄럼 주의 안내표지를 갖추어야 한다.

부 칙 (2021.1.12)

제1조【시행일】 이 법은 공포 후 6개월이 경과한 날부터 시행한다.

제2조【노상주차장의 폐지에 관한 적용례】 제7조제3항의 개정규정은 이 법 시행 당시 어린이 보호구역에 설치되어 있는 노상주차장에 대해서도 적용한다.

제3조【주차장특별회계 사용용도에 관한 적용례】 제21조의2제4항의 개정규정은 이 법 시행일이 속한 회계연도의 다음 회계연도부터 적용한다.

부 칙 (2021.12.7)

제1조【시행일】 이 법은 공포 후 6개월이 경과한 날부터 시행한다.

제2조【단지조성사업등에 따른 노외주차장 설치에 관한 적용례】 제12조의3제1항의 개정규정은 이 법 시행 이후 「항만법」 제46조에 따른 항만배후단지개발계획을 수립하는 경우부터 적용한다.

부 칙 (2023.8.16)

제1조【시행일】 이 법은 공포 후 1년이 경과한 날부터 시행한다. 다만, 제19조제15항의 개정규정은 공포 후 6개월이 경과한 날부터 시행하고, 제19조의20제7항 및 제30조제2항제4호의3의 개정규정은 공포 후 2년이 경과한 날부터 시행한다.

제2조【기계식주차장관리자등 기계식주차장치 안전관리교육에 관한 적용례】 제19조의20제4항의 개정규정에 따라 직접 기계식주차장치를 관리하는 기계식주차장관리자등은 이 법 시행 이후 1년 이내에 기계식주차장치 안전관리교육을 받아야 한다.

제3조【운행중지 명령에 관한 적용례】 제19조의24제1항의 개정규정은 이 법 시행 전에 같은 항 각 호 중 어느 하나에 해당하는 사유가 발생한 경우로서 이 법 시행 이후 그 사유가 계속되고 있는 경우에도 적용한다.

부 칙 (2024.1.9)

제1조【시행일】 이 법은 공포 후 6개월이 경과한 날부터 시행한다.

제2조【주차장 관리방법에 관한 적용례】 제8조의2제1항제6호, 제15조제2항제4호 및 제19조의3제3항제3호의 개정규정은 이 법 시행 당시 같은 개정규정에 따른 주차장에 고정하여 주차 중인 자동차의 경우에도 적용한다.

자동차손해배상 보장법

(약칭 : 자동차손배법)

(2008년 3월 28일
전부개정법률 제9065호)

개정
2009. 2. 6법 9449호(자동차관리법)
2009. 2. 6법 9450호 2009. 5.27법 9738호
2012. 2.22법11369호
2013. 3.23법11690호(정부조직)
2013. 8. 6법12021호 2015. 1. 6법12987호
2015. 6.22법13377호 2016. 3.22법14092호
2016.12.20법14450호
2017.10.24법14939호(한국교통안전공단법)
2017.11.28법15118호 2019.11.26법16635호
2020. 4. 7법17236호
2020. 6. 9법17453호(법률용어정비)
2021. 1.26법17911호(생활물류서비스산업발전법)
2021. 3.16법17948호 2021. 7.27법18347호
2021.12. 7법18560호 2022.11.15법19055호
2024. 1. 9법19981호→2024년 7월 10일 시행
2024. 1. 9법19986호(행정기관정비일부개정법령등)→2024년 7월 10일 시행
2024. 1.16법20046호→2025년 1월 17일 시행

제1장 총 칙

제1조【목적】 이 법은 자동차의 운행으로 사람이 사망 또는 부상하거나 재물이 멸실 또는 훼손된 경우에 손해배상을 보장하는 제도를 확립하여 피해자를 보호하고, 자동차사고로 인한 사회적 손실을 방지함으로써 자동차운송의 건전한 발전을 촉진함을 목적으로 한다.(2013.8.6 본조개정)

제2조【정의】 이 법에서 사용하는 용어의 뜻은 다음과 같다.

1. "자동차"란 「자동차관리법」의 적용을 받는 자동차와 「건설기계관리법」의 적용을 받는 건설기계 중 대통령령으로 정하는 것을 말한다.

1의2. "자율주행자동차"란 「자동차관리법」 제2조제1호의3에 따른 자율주행자동차를 말한다.(2020.4.7 본호신설)

2. "운행"이란 사람 또는 물건의 운송 여부와 관계없이 자동차를 그 용법에 따라 사용하거나 관리하는 것을 말한다.
3. "자동차보유자"란 자동차의 소유자나 자동차를 사용할 권리가 있는 자로서 자기를 위하여 자동차를 운행하는 자를 말한다.
4. "운전자"란 다른 사람을 위하여 자동차를 운전하거나 운전을 보조하는 일에 종사하는 자를 말한다.
5. "책임보험"이란 자동차보유자와 「보험업법」에 따라 허가를 받아 보험업을 영위하는 자(이하 "보험회사"라 한다)가 자동차의 운행으로 다른 사람이 사망하거나 부상한 경우 이 법에 따른 손해배상책임을 보장하는 내용을 약정하는 보험을 말한다.
6. "책임공제(責任共濟)"란 사업용 자동차의 보유자와 「여객자동차 운수사업법」, 「화물자동차 운수사업법」, 「건설기계관리법」 또는 「생활물류서비스산업발전법」에 따라 공제사업을 하는 자(이하 "공제사업자"라 한다)가 자동차의 운행으로 다른 사람이 사망하거나 부상한 경우 이 법에 따른 손해배상책임을 보장하는 내용을 약정하는 공제를 말한다.(2021.1.26 본호개정)
7. "자동차보험진료수가(診療酬價)"란 자동차의 운행으로 사고를 당한 자(이하 "교통사고환자"라 한다)가 「의료법」에 따른 의료기관(이하 "의료기관"이라 한다)에서 진료를 받음으로써 발생하는 비용으로서 다음 각 목의 어느 하나의 경우에 적용되는 금액을 말한다.
   가. 보험회사(공제사업자를 포함한다. 이하 "보험회사등"이라 한다)의 보험금(공제금을 포함한다. 이하 "보험금등"이라 한다)으로 해당 비용을 지급하는 경우
   나. 제30조에 따른 자동차손해배상 보장사업의 보상금으로 해당 비용을 지급하는 경우
   다. 교통사고환자에 대한 배상(제30조에 따른 보상을 포함한다)이 종결된 후 해당 교통사고로 발생한 치료비를 교통사고환자가 의료기관에 지급하는 경우

   (2009.2.6 본호개정)
8. "자동차사고 피해지원사업"이란 자동차사고로 인한 피해를 구제하거나 예방하기 위한 사업을 말하며, 다음 각 목과 같이 구분한다.
   가. 자동차손해배상 보장사업 : 제30조에 따라 국토교통부장관이 자동차사고 피해를 보상하는 사업
   나. 자동차사고 피해예방사업 : 제30조의2에 따라 국토교통부장관이 자동차사고 피해예방을 지원하는 사업
   다. 자동차사고 피해자 가족 등 지원사업 : 제30조제2항에 따라 국토교통부장관이 자동차사고 피해자 및 가족을 지원하는 사업
   라. 자동차사고 후유장애인 재활지원사업 : 제31조에 따라 국토교통부장관이 자동차사고 후유장애인 등의 재활을 지원하는 사업(2016.3.22 본목개정)

   (2013.8.6 본호신설)
9. "자율주행자동차사고"란 자율주행자동차의 운행 중에 그 운행과 관련하여 발생한 자동차사고를 말한다.(2020.4.7 본호신설)

제3조【자동차손해배상책임】 자기를 위하여 자동차를 운행하는 자는 그 운행으로 다른 사람을 사망하게 하거나 부상하게 한 경우에는 그 손해를 배상할 책임을 진다. 다만, 다음 각 호의 어느 하나에 해당하면 그러하지 아니하다.

1. 승객이 아닌 자가 사망하거나 부상한 경우에 자기와 운전자가 자동차의 운행에 주의를 게을리 하지 아니하였고, 피해자 또는 자기 및 운전자 외의 제3자에게 고의 또는 과실이 있으며, 자동차의 구조상의 결함이나 기능상의 장해가 없었다는 것을 증명한 경우
2. 승객이 고의나 자살행위로 사망하거나 부상한 경우

판례 자동차손해배상법의 목적이 자동차의 운행으로 사람이 사망하거나 부상한 경우에 손해배상을 보장하는 제도를 확립함으로써 피해자를 보호하고 자동차 운송의 건전한 발전을 촉진함에 있음(제1조)에 비추어 보면, '승객의 고의 또는 자살행위'는 승객의 자유로운 의사결정에 기하여 의식적으로 행한 행위에 한정된다.
(대판 2017.7.18, 2016다216953)

판례 '자기를 위하여 자동차를 운행하는 자'란 사회통념상 당해 자동차에 대한 운행을 지배하여 그 이익을 향수하는 책임주체로서의 지위에 있다고 할 수 있는 자를 말하고, 이 경우 운행의 지배는 현실적인 지배에 한하지 아니하고 사회통념상 간접지배 내지는 지배가능성이 있다고 볼 수 있는 경우도 포함한다.
(대판 2009.10.15, 2009다42703,42710)

판례 승객이란 자동차 운행자의 명시적·묵시적 동의하에 승차한 사람을 의미하는데, 반드시 자동차에 탑승하여 차량 내부에 있는 사람만을 승객이라고 할 수 없고, 운행중인 자동차에서 잠시 하차하였으나 운행중인 자동차의 직접적인 위험범위에서 벗어나지 않은 사람도 승객의 지위를 유지할 수 있으며, 그 해당 여부를 판단함에는 운행자와 승객의 의사, 승객이 하차한 경위, 하차 후 경과한 시간, 자동차가 주·정차한 장소의 성격, 그 장소와 사고 위치의 관계 등의 제반 사정을 종합하여 사회통념에 비추어 결정하여야 한다.(대판 2008.2.28, 2006다18303)

제4조【「민법」의 적용】 자기를 위하여 자동차를 운행하는 자의 손해배상책임에 대하여는 제3조에 따른 경우 외에는 「민법」에 따른다.

제2장 손해배상을 위한 보험 가입 등

제5조【보험 등의 가입 의무】 ① 자동차보유자는 자동차의 운행으로 다른 사람이 사망하거나 부상한 경우에 피해자(피해자가 사망한 경우에는 손해배상을 받을 권리를 가진 자를 말한다. 이하 같다)에게 대통령령으로 정하는 금액을 지급할 책임을 지는 책임보험이나 책임공제(이하 "책임보험등"이라 한다)에 가입하여야 한다.

② 자동차보유자는 책임보험등에 가입하는 것 외에 자동차의 운행으로 다른 사람의 재물이 멸실되거나 훼손된 경우에 피해자에게 대통령령으로 정하는 금액을 지급할 책임을 지는 「보험업법」에 따른 보험이나 「여객자동차 운수사업법」, 「화물자동차 운수사업법」, 「건설기계관리법」 및 「생활물류서비스산업발전법」에 따른 공제에 가입하여야 한다.(2021.1.26 본항개정)

③ 다음 각 호의 어느 하나에 해당하는 자는 책임보험등에 가입하는 것 외에 자동차 운행으로 인하여 다른 사람이 사망하거나 부상한 경우에 피해자에게 책임보험등의 배상책임한도를 초과하여 대통령령으로 정하는 금액을 지급할 책임을 지는 「보험업법」에 따른 보험이나 「여객자동차 운수사업법」, 「화물자동차 운수사업법」, 「건설기계관리법」 및 「생활물류서비스산업발전법」에 따른 공제에 가입하여야 한다.(2021.1.26 본문개정)

1. 「여객자동차 운수사업법」 제4조제1항에 따라 면허를 받거나 등록한 여객자동차 운송사업자
2. 「여객자동차 운수사업법」 제28조제1항에 따라 등록한 자동차 대여사업자
3. 「화물자동차 운수사업법」 제3조 및 제29조에 따라 허가를 받은 화물자동차 운송사업자 및 화물자동차 운송가맹사업자
4. 「건설기계관리법」 제21조제1항에 따라 등록한 건설기계 대여업자
5. 「생활물류서비스산업발전법」 제2조제4호나목에 따른 소화물배송대행서비스인증사업자(2021.1.26 본호신설)

④ 제1항 및 제2항은 대통령령으로 정하는 자동차와 도로(「도로교통법」 제2조제1호에 따른 도로를 말한다. 이하 같다)가 아닌 장소에서만 운행하는 자동차에 대하여는 적용하지 아니한다.

⑤ 제1항의 책임보험등과 제2항 및 제3항의 보험 또는 공제에는 각 자동차별로 가입하여야 한다.

제5조의2【보험 등의 가입 의무 면제】 ① 자동차보유자는 보유한 자동차(제5조제3항 각 호의 자가 면허 등을 받은 사업에 사용하는 자동차는 제외한다)를 해외체류 등으로 6개월 이상 2년 이하의 범위에서 장기간 운행할 수 없는 경우로서 대통령령으로 정하는 경우에는 그 자동차의 등록업무를 관할하는 특별시장·광역시장·특별자치시장·도지사·특별자치도지사(자동차의 등록업무가 시장·군수·구청장에게 위임된 경우에는 시장·군수·구청장을 말한다. 이하 "시·도지사"라 한다)의 승인을 받아 그 운행중지기간에 한정하여 제5조제1항 및 제2항에 따른 보험 또는 공제에의 가입 의무를 면제받을 수 있다. 이 경우 자동차보유자는 해당 자동차등록증 및 자동차등록번호판을 시·도지사에게 보관하여야 한다.
(2021.7.27 전단개정)

① 자동차보유자는 보유한 자동차(제5조제3항 각 호의 자가 면허 등을 받은 사업에 사용하는 자동차는 제외한다)를 해외체류 등으로 3개월 이상 2년 이하의 범위에서 일정 기간 운행할 수 없는 경우로서 대통령령으로 정하는 경우에는 그 자동차의 등록업무를 관할하는 특별시장·광역시장·특별자치시장·도지사·특별자치도지사(자동차의 등록업무가 시장·군수·구청장에게 위임된 경우에는 시장·군수·구청장을 말한다. 이하 "시·도지사"라 한다)의 승인을 받아 그 운행중지기간에 한정하여 제5조제1항 및 제2항에 따른 보험 또는 공제에의 가입 의무를 면제받을 수 있다. 이 경우 자동차보유자는 해당 자동차등록증 및 자동차등록번호판을 시·도지사에게 보관하여야 한다.(2024.1.16 전단개정 : 2025.1.17 시행)

② 제1항에 따라 보험 또는 공제에의 가입 의무를 면제받은 자는 면제기간 중에는 해당 자동차를 도로에서 운행하여서는 아니 된다.

③ 제1항에 따른 보험 또는 공제에의 가입 의무를 면제받을 수 있는 승인 기준 및 신청 절차 등 필요한 사항은 국토교통부령으로 정한다.(2013.3.23 본항개정)

③ 보험회사등은 자기와 제1항에 따라 보험 또는 공제에의 가입 의무를 면제받은 자가 체결한 보험 또는 공제의 계약기간을 국토교통부령으로 정하는 바에 따라 그 운행중지기간 내에서 유예할 수 있다.(2024.1.16 본항신설 : 2025.1.17 시행)

④ 제1항에 따른 보험 또는 공제에의 가입 의무를 면제받을 수 있는 승인 기준 및 신청 절차 등 필요한 사항은 국토교통부령으로 정한다.(2013.3.23 본항개정)

(2012.2.22 본조신설)

제6조【의무보험 미가입자에 대한 조치 등】 ① 보험회사등은 자기와 제5조제1항부터 제3항까지의 규정에 따라 자동차보유자가 가입하여야 하는 보험 또는 공제(이하 "의무보험"이라 한다)의 계약을 체결하고 있는 자동차보유자에게 그 계약 종료일의 75일 전부터 30일 전까지의 기간 및 30일 전부터 10일 전까지의 기간에 각각 그 계약이 끝난다는 사실을 알려야 한다. 다만, 보험회사등은 보험기간이 1개월 이내인 계약인 경우와 자동차보유자가 자기와 다시 계약을 체결하거나 다른 보험회사등과 새로운 계약을 체결한 사실을 안 경우에는 통지를 생략할 수 있다.(2009.2.6 본항개정)

② 보험회사등은 의무보험에 가입하여야 할 자가 다음 각 호의 어느 하나에 해당하면 그 사실을 국토교통부령으로 정하는 기간 내에 특별자치시장·특별자치도지사·시장·군수 또는 구청장(자치구의 구청장을 말하며, 이하 "시장·군수·구청장"이라 한다)에게 알려야 한다.
(2021.7.27 본문개정)

1. 자기와 의무보험 계약을 체결한 경우
2. 자기와 의무보험 계약을 체결한 후 계약 기간이 끝나기 전에 그 계약을 해지한 경우
3. 자기와 의무보험 계약을 체결한 자가 그 계약 기간이 끝난 후 자기와 다시 계약을 체결하지 아니한 경우

③ 제2항에 따른 통지를 받은 시장·군수·구청장은 의무보험에 가입하지 아니한 자동차보유자에게 지체 없이 10일 이상 15일 이하의 기간을 정하여 의무보험에 가입하고 그 사실을 증명할 수 있는 서류를 제출할 것을 명하여야 한다.

④ 시장·군수·구청장은 의무보험에 가입되지 아니한 자동차의 등록번호판(이륜자동차 번호판 및 건설기계의 등록번호표를 포함한다. 이하 같다)을 영치할 수 있다.

⑤ 시장·군수·구청장은 제4항에 따라 의무보험에 가입되지 아니한 자동차의 등록번호판을 영치하기 위하여 필요하면 경찰서장에게 협조를 요청할 수 있다. 이 경우 협조를 요청받은 경찰서장은 특별한 사유가 없으면 이에 따라야 한다.

⑥ 시장·군수·구청장은 제4항에 따라 의무보험에 가입되지 아니한 자동차의 등록번호판을 영치하면 「자동차관리법」이나 「건설기계관리법」에 따라 그 자동차의 등록업무를 관할하는 시·도지사와 그 자동차보유자에게 그 사실을 통보하여야 한다.(2012.2.22 본항개정)

⑦ 제1항과 제2항에 따른 통지의 방법과 절차에 관하여 필요한 사항, 제4항에 따른 자동차 등록번호판의 영치 및 영치 해제의 방법·절차 등에 관하여 필요한 사항은 국토교통부령으로 정한다.(2013.3.23 본항개정)

제7조【의무보험 가입관리전산망의 구성·운영 등】 ① 국토교통부장관은 의무보험에 가입하지 아니한 자동차보유자를 효율적으로 관리하기 위하여 「자동차관리법」 제69조제1항에 따른 전산정보처리조직과 「보험업법」 제176조에 따른 보험요율산출기관(이하 "보험요율산출기관"이라 한다)이 관리·운영하는 전산정보처리조직을 연계하여 의무보험 가입관리전산망(이하 "가입관리전산망"이라 한다)을 구성하여 운영할 수 있다.(2013.3.23 본항개정)

② 국토교통부장관은 관계 중앙행정기관의 장, 지방자치단체의 장, 「공공기관의 운영에 관한 법률」 제4조에 따른 공공기관의 장, 「유료도로법」에 따른 유료도로관리청 및 유료도로관리권자, 보험회사 및 보험 관련 단체의 장에게 가입관리전산망을 구성·운영하기 위하여 대통령령으로 정하는 정보의 제공을 요청할 수 있다. 이 경우 관련 정보의 제공을 요청받은 자는 특별한 사유가 없으면 요청에 따라야 한다.(2024.1.9 전단개정)

③ (2009.2.6 삭제)

④ 가입관리전산망의 운영에 필요한 사항은 대통령령으로 정한다.

제8조【운행의 금지】 의무보험에 가입되어 있지 아니한 자동차는 도로에서 운행하여서는 아니 된다. 다만, 제5조제4항에 따라 대통령령으로 정하는 자동차는 운행할 수 있다.

제9조【의무보험의 가입증명서 발급 청구】 의무보험에 가입한 자와 그 의무보험 계약의 피보험자(이하 "보험가입자등"이라 한다) 및 이해관계인은 권리의무 또는 사실관계를 증명하기 위하여 필요하면 보험회사등에게 의무보험에 가입한 사실을 증명하는 서류의 발급을 청구할 수 있다.

제10조【보험금등의 청구】 ① 보험가입자등에게 제3조에 따른 손해배상책임이 발생하면 그 피해자는 대통령령으로 정하는 바에 따라 보험회사등에게 「상법」 제724조제2항에 따라 보험금등을 자기에게 직접 지급할 것을 청구할 수 있다. 이 경우 피해자는 자동차보험진료수가에 해당하는 금액은 진료한 의료기관에 직접 지급하여 줄 것을 청구할 수 있다.

② 보험가입자등은 보험회사등이 보험금등을 지급하기 전에 피해자에게 손해에 대한 배상금을 지급한 경우에는 보험회사등에게 보험금등의 보상한도에서 그가 피해자에게 지급한 금액의 지급을 청구할 수 있다.

제11조【피해자에 대한 가불금】 ① 보험가입자등이 자동차의 운행으로 다른 사람을 사망하게 하거나 부상하게 한 경우에는 피해자는 대통령령으로 정하는 바에 따라 보험회사등에게 자동차보험진료수가에 대하여는 그 전액을, 그 외의 보험금등에 대하여는 대통령령으로 정한 금액을 제10조에 따른 보험금등을 지급하기 위한 가불금(假拂金)으로 지급할 것을 청구할 수 있다.

② 보험회사등은 제1항에 따른 청구를 받으면 국토교통부령으로 정하는 기간에 그 청구받은 가불금을 지급하여야 한다.(2013.3.23 본항개정)

③ 보험회사등은 제2항에 따라 지급한 가불금이 지급하여야 할 보험금등을 초과하면 가불금을 지급받은 자에게 그 초과액의 반환을 청구할 수 있다.

④ 보험회사등은 제2항에 따라 가불금을 지급한 후 보험가입자등에게 손해배상책임이 없는 것으로 밝혀진 경우에는 가불금을 지급받은 자에게 그 지급액의 반환을 청구할 수 있다.(2020.6.9 본항개정)

⑤ 보험회사등은 제3항 및 제4항에 따른 반환 청구에도 불구하고 가불금을 반환받지 못하는 경우로서 대통령령으로 정하는 요건을 갖추면 반환받지 못한 가불금의 보상을 정부에 청구할 수 있다.(2016.12.20 본항개정)

제12조【자동차보험진료수가의 청구 및 지급】 ① 보험회사등은 보험가입자등 또는 제10조제1항 후단에 따른 피해자가 청구하거나 그 밖의 원인으로 교통사고환자가 발생한 것을 안 경우에는 지체 없이 그 교통사고환자를 진료하는 의료기관에 해당 진료에 따른 자동차보험진료수가의 지급 의사 유무와 지급 한도를 알려야 한다.
(2009.2.6 본항개정)

② 제1항에 따라 보험회사등으로부터 자동차보험진료수가의 지급 의사와 지급 한도를 통지받은 의료기관은 그 보험회사등에게 제15조에 따라 국토교통부장관이 고시한 기준에 따라 자동차보험진료수가를 청구할 수 있다.
(2013.3.23 본항개정)

③ 의료기관이 제2항에 따라 보험회사등에게 자동차보험진료수가를 청구하는 경우에는 「의료법」 제22조에 따른 진료기록부의 진료기록에 따라 청구하여야 한다.

④ 제2항에 따라 의료기관이 자동차보험진료수가를 청구하면 보험회사등은 30일 이내에 그 청구액을 지급하여야 한다. 다만, 보험회사등이 제12조의2제1항에 따라 위탁한 경우 전문심사기관이 심사결과를 통지한 날부터 14일 이내에 심사결과에 따라 자동차보험진료수가를 지급하여야 한다.(2015.6.22 단서개정)

⑤ 의료기관은 제2항에 따라 보험회사등에게 자동차보험진료수가를 청구할 수 있는 경우에는 교통사고환자(환자의 보호자를 포함한다)에게 이에 해당하는 진료비를 청구하여서는 아니 된다. 다만, 다음 각 호의 어느 하나에 해당하는 경우에는 해당 진료비를 청구할 수 있다.

1. 보험회사등이 지급 의사가 없다는 사실을 알리거나 지급 의사를 철회한 경우
2. 보험회사등이 보상하여야 할 대상이 아닌 비용의 경우
3. 제1항에 따라 보험회사등이 알린 지급 한도를 초과한 진료비의 경우
4. 제10조제1항 또는 제11조제1항에 따라 피해자가 보험회사등에게 자동차보험진료수가를 자기에게 직접 지급할 것을 청구한 경우
5. 그 밖에 국토교통부령으로 정하는 사유에 해당하는 경우(2013.3.23 본호개정)

제12조의2【업무의 위탁】 ① 보험회사등은 제12조제4항에 따라 의료기관이 청구하는 자동차보험진료수가의 심사·조정 업무 등을 대통령령으로 정하는 전문심사기관(이하 "전문심사기관"이라 한다)에 위탁할 수 있다.

② 전문심사기관은 제1항에 따라 의료기관이 청구한 자동차보험진료수가가 제15조에 따른 자동차보험진료수가에 관한 기준에 적합한지를 심사한다.

③ (2015.6.22 삭제)

④ 제1항에 따라 전문심사기관에 위탁한 경우 청구, 심사, 이의제기 등의 방법 및 절차 등은 국토교통부령으로 정한다.(2015.6.22 본항개정)
(2012.2.22 본조신설)

제12조의3【전문심사기관의 조정 및 정산 등】 ① 전문심사기관은 전문심사기관의 심사결과에 따라 자동차보험진료수가가 지급된 이후에도, 다음 각 호의 어느 하나에 해당하는 경우에는 제19조제3항에도 불구하고 지급된 자동차보험진료수가를 확인·조정하여 보험회사등과 의료기관에 통보할 수 있다. 이 경우 보험회사등과 의료기관은 전문심사기관의 조정결과에 따라 자동차보험진료수가를 상호 정산하여야 한다.

1. 거짓이나 부정한 방법으로 자동차보험진료수가를 지급받은 경우
2. 착오 등으로 자동차보험진료수가가 잘못 지급된 경우
3. 그 밖에 자동차보험진료수가가 잘못 지급된 경우로서 대통령령으로 정하는 경우

② 전문심사기관이 제1항에 따라 자동차보험진료수가를 확인·조정할 수 있는 기간은 제12조제2항에 따라 의료기관이 보험회사등에 해당 자동차보험진료수가를 청구한 날부터 5년 이내로 한다.

③ 제1항에 따른 자동차보험진료수가의 확인·조정, 상호 정산 등의 방법 및 절차 등은 국토교통부령으로 정한다.
(2024.1.9 본조신설)

제13조【입원환자의 관리 등】 ① 제12조제2항에 따라 보험회사등에 자동차보험진료수가를 청구할 수 있는 의료기관은 교통사고로 입원한 환자(이하 "입원환자"라 한다)의 외출이나 외박에 관한 사항을 기록·관리하여야 한다.

② 입원환자는 외출하거나 외박하려면 의료기관의 허락을 받아야 한다.

③ 제12조제1항에 따라 자동차보험진료수가의 지급 의사 유무 및 지급 한도를 통지한 보험회사등은 입원환자의 외출이나 외박에 관한 기록의 열람을 청구할 수 있다. 이 경우 의료기관은 정당한 사유가 없으면 청구에 따라야 한다.

제13조의2【교통사고환자의 퇴원·전원 지시】 ① 의료기관은 입원 중인 교통사고환자가 수술·처치 등의 진료를 받은 후 상태가 호전되어 더 이상 입원진료가 필요하지 아니한 경우에는 그 환자에게 퇴원하도록 지시할 수 있고, 생활근거지에서 진료할 필요가 있는 경우 등 대통령령으로 정하는 경우에는 대통령령으로 정하는 다른 의료기관으로 전원(轉院)하도록 지시할 수 있다. 이 경우 의료기관은 해당 환자와 제12조제1항에 따라 자동차보험진료수가의 지급 의사를 통지한 해당 보험회사등에게 그 사유와 일자를 지체없이 통보하여야 한다.

② 제1항에 따라 교통사고환자에게 다른 의료기관으로 전원하도록 지시한 의료기관이 다른 의료기관이나 담당 의사로부터 진료기록, 임상소견서 및 치료경위서의 열람이나 송부 등 진료에 관한 정보의 제공을 요청받으면 지체 없이 이에 따라야 한다.
(2009.2.6 본조신설)

제14조【진료기록의 열람 등】 ① 보험회사등은 의료기관으로부터 제12조제2항에 따라 자동차보험진료수가를 청구받으면 그 의료기관에 대하여 관계 진료기록의 열람을 청구할 수 있다.

② 제12조의2에 따라 심사 등을 위탁받은 전문심사기관은 심사 등에 필요한 진료기록·주민등록·출입국관리 등의 자료로서 대통령령으로 정하는 자료(이하 "진료기록등"이라 한다)의 제공을 국가, 지방자치단체, 의료기관, 보험회사등, 보험요율산출기관, 「공공기관의 운영에 관한 법률」에 따른 공공기관 및 그 밖의 공공단체 등에 요청할 수 있다.(2021.7.27 본항개정)

③ 제1항에 따른 청구를 받은 의료기관 및 제2항에 따른 요청을 받은 기관은 정당한 사유가 없으면 이에 따라야 한다.(2021.7.27 본항개정)

④ 보험회사등은 보험금 지급 청구를 받은 경우 대통령령으로 정하는 바에 따라 경찰청 등 교통사고 조사기관에 대하여 교통사고 관련 조사기록의 열람을 청구할 수 있다. 이 경우 경찰청 등 교통사고 조사기관은 특별한 사정이 없으면 열람하게 하여야 한다.(2020.6.9 후단개정)

⑤ 국토교통부장관은 보험회사등이 의무보험의 보험료(공제계약의 경우에는 공제분담금을 말한다) 산출 및 보험금등의 지급업무에 활용하기 위하여 필요한 경우 음주운전 등 교통법규 위반 또는 운전면허(「건설기계관리법」 제26조제1항 본문에 따른 건설기계조종사면허를 포함한다. 이하 같다)의 효력에 관한 개인정보를 제공하여 줄 것을 보유기관의 장에게 요청할 수 있다. 이 경우 제공 요청을 받은 보유기관의 장은 특별한 사정이 없으면 이에 따라야 한다.(2019.11.26 본항신설)

⑥ 국토교통부장관은 제5항에 따른 교통법규 위반 또는 운전면허의 효력에 관한 개인정보를 제39조의3에 따른 자동차손해배상진흥원을 통하여 보험회사등에게 제공할 수 있다. 이 경우 그 개인정보 제공의 범위·절차 및 방법에 관한 사항은 대통령령으로 정한다.(2019.11.26 본항신설)

⑦ 자동차손해배상진흥원은 제5항 및 제6항에 따라 보험회사등이 의무보험의 보험료 산출 및 보험금등의 지급업무에 활용하기 위하여 필요한 경우 외에는 제6항에 따라 제공받아 보유하는 개인정보를 타인에게 제공할 수 없다.(2019.11.26 본항신설)

⑧ 보험회사등, 전문심사기관 및 자동차손해배상진흥원에 종사하거나 종사한 자는 제1항부터 제4항까지에 따른 진료기록등 또는 교통사고 관련 조사기록의 열람으로 알게 된 다른 사람의 비밀이나 제6항에 따라 제공받은 개인정보를 누설하거나 직무상 목적 외의 용도로 이용 또는 제3자에게 제공하여서는 아니 된다.(2021.7.27 본항개정)

⑨ 전문심사기관은 의료기관, 보험회사등 및 보험요율산출기관에 제2항에 따른 자료의 제공을 요청하는 경우 자료 제공 요청 근거 및 사유, 자료 제공 대상자, 대상기간, 자료 제공 기한, 제공 자료 등이 기재된 자료제공요청서를 발송하여야 한다.(2021.7.27 본항신설)

⑩ 제2항에 따른 국가, 지방자치단체, 의료기관, 보험요율산출기관, 공공기관 및 그 밖의 공공단체가 전문심사기관에 제공하는 자료에 대하여는 사용료와 수수료를 면제한다.(2021.7.27 본항신설)
(2012.2.22 본조개정)

제14조의2【책임보험등의 보상한도를 초과하는 경우에의 준용】 자동차보유자가 책임보험등의 보상한도를 초과하는 손해를 보상하는 보험 또는 공제에 가입한 경우 피해자가 책임보험등의 보상한도 및 이를 초과하는 손해를 보상하는 보험 또는 공제의 보상한도의 범위에서 자동차보험진료수가를 청구할 경우에도 제10조부터 제13조까지, 제13조의2 및 제14조를 준용한다.(2009.2.6 본조신설)

제3장 자동차보험진료수가 기준 및 분쟁 조정

제15조【자동차보험진료수가 등】 ① 국토교통부장관은 교통사고환자에 대한 적절한 진료를 보장하고 보험회사등, 의료기관 및 교통사고환자 간의 진료비에 관한 분쟁을 방지하기 위하여 자동차보험진료수가에 관한 기준(이하 "자동차보험진료수가기준"이라 한다)을 정하여 고시하여야 한다.(2021.7.27 본항개정)

② 자동차보험진료수가기준에는 자동차보험진료수가의 인정범위·청구절차 및 지급절차, 그 밖에 국토교통부령으로 정하는 사항이 포함되어야 한다.

③ 국토교통부장관은 자동차보험진료수가기준을 정하거나 변경하는 경우 제17조에 따른 자동차보험진료수가분쟁심의회의 심의를 거쳐 결정한다.(2021.7.27 본항개정)
(2013.3.23 본조개정)

제15조의2【자동차보험정비협의회】 ① 보험회사등과 자동차정비업자는 자동차보험 정비요금에 대한 분쟁의 예방·조정 및 상호 간의 협력을 위하여 다음 각 호의 사항을 협의하는 자동차보험정비협의회(이하 "협의회"라 한다)를 구성하여야 한다.

1. 정비요금(표준 작업시간과 공임 등을 포함한다)의 산정에 관한 사항
2. 제1호에 따른 정비요금의 조사·연구 및 연구결과의 갱신 등에 관한 사항
3. 그 밖에 보험회사등과 자동차정비업자의 상호 협력을 위하여 필요한 사항

② 협의회는 위원장 1명을 포함한 다음 각 호의 위원으로 구성하며, 위원은 국토교통부령으로 정하는 바에 따라 국토교통부장관이 위촉한다.

1. 보험업계를 대표하는 위원 5명
2. 정비업계를 대표하는 위원 5명
3. 공익을 대표하는 위원 5명

③ 협의회의 위원장은 제2항제3호에 해당하는 위원 중에서 위원 과반수의 동의로 선출한다.

④ 협의회 위원의 임기는 3년으로 한다. 다만, 위원의 사임 등으로 인하여 새로 위촉된 위원의 임기는 전임위원의 남은 임기로 한다.

⑤ 협의회는 제1항 각 호의 사항을 협의하기 위하여 매년 1회 이상 회의를 개최하여야 한다.

⑥ 제1항제1호에 따른 정비요금의 산정에 관한 사항은 보험회사등과 자동차정비업자 간의 정비요금에 대한 계약을 체결하는 데 참고자료로 사용할 수 있다.

⑦ 제1항부터 제6항까지에서 규정한 사항 외에 협의회의 구성·운영 및 조사·연구 등에 필요한 사항은 대통령령으로 정한다.
(2020.4.7 본조신설)

제16조 (2020.4.7 삭제)

제17조【자동차보험진료수가분쟁심의회】 ① 보험회사등과 의료기관은 서로 협의하여 자동차보험진료수가와 관련된 분쟁의 예방 및 신속한 해결을 위한 다음 각 호의 업무를 수행하기 위하여 자동차보험진료수가분쟁심의회(이하 "심의회"라 한다)를 구성하여야 한다.

1. 자동차보험진료수가에 관한 분쟁의 심사·조정
2. 자동차보험진료수가기준의 제정·변경 등에 관한 심의(2021.7.27 본호개정)
3. 제1호 및 제2호의 업무와 관련된 조사·연구

② 심의회는 위원장을 포함한 18명의 위원으로 구성한다.

③ 위원은 국토교통부장관이 위촉하되, 6명은 보험회사등의 단체가 추천한 자 중에서, 6명은 의료사업자단체가 추천한 자 중에서, 6명은 대통령령으로 정하는 요건을 갖춘 자 중에서 각각 위촉한다. 이 중 대통령령으로 정하는 요건을 갖추어 국토교통부장관이 위촉한 위원은 보험회사등 및 의료기관의 자문위원 등 심의회 업무의 공정성을 해칠 수 있는 직을 겸하여서는 아니 된다.(2013.3.23 본항개정)

④ 위원장은 위원 중에서 호선한다.

⑤ 위원의 임기는 2년으로 하되, 연임할 수 있다. 다만, 보궐위원의 임기는 전임자의 남은 임기로 한다.

⑥ 심의회의 구성·운영 등에 필요한 세부사항은 대통령령으로 정한다.

제18조【운영비용】 심의회의 운영을 위하여 필요한 운영비용은 보험회사등과 의료기관이 부담한다.

제19조【자동차보험진료수가의 심사 청구 등】 ① 보험회사등과 의료기관은 제12조의2제2항에 따른 심사결과 또는 제12조의3제1항에 따른 조정결과에 이의가 있는 때에는 이의제기 결과를 통보받은 날부터 30일 이내에 심의회에 그 심사를 청구할 수 있다.(2024.1.9 본항개정)

② (2013.8.6 삭제)

③ 전문심사기관의 심사결과 또는 조정결과를 통지받은 보험회사등 및 의료기관은 제1항의 기간에 심사를 청구하지 아니하면 그 기간이 끝나는 날에 의료기관이 지급 청구한 내용, 심사결과 또는 조정결과에 합의한 것으로 본다.(2024.1.9 본항개정)

④~⑤ (2013.8.6 삭제)

⑥ 제1항에 따른 심사 청구의 대상 및 절차 등은 대통령령으로 정한다.(2013.8.6 본항신설)

제20조【심사·결정 절차 등】 ① 심의회는 제19조제1항에 따른 심사청구가 있으면 자동차보험진료수가기준에 따라 이를 심사·결정하여야 한다. 다만, 그 심사 청구사건이 자동차보험진료수가기준에 따라 심사·결정할 수 없는 경우에는 당사자에게 합의를 권고할 수 있다.
② 심의회의 심사·결정 절차 등에 필요한 사항은 심의회가 정하여 국토교통부장관의 승인을 받아야 한다.
(2013.3.23 본항개정)

제21조【심사와 결정의 효력 등】 ① 심의회는 제19조제1항의 심사청구에 대하여 결정한 때에는 지체 없이 그 결과를 당사자에게 알려야 한다.
② 제1항에 따라 통지를 받은 당사자가 심의회의 결정내용을 받아들인 경우에는 그 수락 의사를 표시한 날에, 통지를 받은 날부터 30일 이내에 소(訴)를 제기하지 아니한 경우에는 그 30일이 지난 날의 다음 날에 당사자 간에 결정내용과 같은 내용의 합의가 성립된 것으로 본다. 이 경우 당사자는 합의가 성립된 것으로 보는 날부터 7일 이내에 심의회의 결정 내용에 따라 상호 정산하여야 한다.(2015.6.22 후단신설)

제22조【심의회의 권한】 심의회는 제20조제1항에 따른 심사·결정을 위하여 필요하다고 인정하면 보험회사등·의료기관·보험사업자단체 또는 의료사업자단체에 필요한 서류를 제출하게 하거나 의견을 진술 또는 보고하게 하거나 관계 전문가에게 진단 또는 검안 등을 하게 할 수 있다.

제22조의2【자료의 제공】 심의회는 제20조제1항에 따른 심사·결정을 위하여 전문심사기관에 필요한 자료 및 의견서를 제출하게 할 수 있다. 이 경우 요청을 받은 전문심사기관은 특별한 사유가 없으면 이에 협조하여야 한다.
(2016.3.22 본조신설)

제23조【위법 사실의 통보 등】 심의회는 심사 청구 사건의 심사나 그 밖의 업무를 처리할 때 당사자 또는 관계인이 법령을 위반한 사실이 확인되면 관계 기관에 이를 통보하여야 한다.

제23조의2【심의회 운영에 대한 점검】 ① 국토교통부장관은 필요한 경우 심의회의 운영 및 심사기준의 운용과 관련한 자료를 제출받아 이를 점검할 수 있다.
(2013.3.23 본항개정)
② 심의회는 제1항에 따라 자료의 제출 또는 보고를 요구받은 때에는 특별한 사유가 없으면 그 요구를 따라야 한다.
(2020.6.9 본항개정)

제3장의2 자동차손해배상보장위원회
(2024.1.9 본장신설)

제23조의3【자동차손해배상보장위원회의 설치】 ① 자동차 사고와 관련된 이해관계자의 손해배상 및 사회복귀 지원 등과 관련된 사항을 심의·의결 또는 조정하기 위하여 국토교통부장관 소속으로 자동차손해배상보장위원회를 둔다.
② 자동차손해배상보장위원회는 다음 각 호의 사항을 심의·의결 또는 조정한다.
1. 제31조제1항에 따른 재활시설의 설치 및 재활사업의 운영 등에 관한 다음 각 목의 사항
가. 재활시설의 설치와 관리에 관한 사항
나. 재활사업의 운영에 관한 사항
다. 재활시설운영자의 지정과 지정 취소에 관한 사항
라. 재활시설운영자의 사업계획과 예산에 관한 사항
마. 그 밖에 재활시설과 재활사업의 관리·운영에 관한 사항으로서 대통령령으로 정하는 사항
2. 제39조제1항 및 제2항에 따른 채권의 결손처분과 관련된 사항
3. 다음 각 목의 조합 등과 자동차사고 피해자나 그 밖의 이해관계인 사이에서 발생하는 분쟁의 조정에 관한 사항
가. 「여객자동차 운수사업법」 제60조에 따라 공제사업을 하는 조합 및 연합회
나. 「여객자동차 운수사업법」 제61조에 따른 공제조합
다. 「화물자동차 운수사업법」 제51조에 따라 공제사업을 하는 자
라. 「생활물류서비스산업발전법」 제41조에 따른 공제조합
4. 그 밖에 자동차손해배상보장과 관련하여 국토교통부장관이 필요하다고 인정하는 사항

제23조의4【자동차손해배상보장위원회의 구성 등】 ① 자동차손해배상보장위원회는 위원장 1명을 포함한 50명 이내의 위원으로 구성한다.
② 자동차손해배상보장위원회의 업무를 효율적으로 수행하기 위하여 다음 각 호의 분과위원회를 둘 수 있으며, 분과위원회에서 심의·의결 또는 조정한 사항은 자동차손해배상보장위원회에서 심의·의결 또는 조정한 것으로 본다.
1. 공제분쟁조정분과위원회
2. 재활시설운영심의분과위원회
3. 채권정리분과위원회
③ 제2항제1호에 따른 공제분쟁조정분과위원회는 제23조의3제2항제3호에 따른 분쟁 당사자의 조정 신청을 받아 조정안을 작성한 경우 각 당사자에게 이를 지체 없이 제시하여야 한다. 이 경우 각 당사자가 조정안을 수락한 경우에는 당사자 간에 조정조서와 동일한 내용의 합의가 성립된 것으로 본다.
④ 국토교통부장관은 대통령령으로 정하는 바에 따라 자동차손해배상보장위원회의 운영 및 사무 처리에 관한 업무(제45조제2항에 따라 한국교통안전공단에 위탁하는 업무에 관한 사항은 제외한다)의 일부를 제39조의3에 따른 자동차손해배상진흥원에 위탁할 수 있다.
⑤ 제1항부터 제4항까지에서 규정한 사항 외에 자동차손해배상위원회·분과위원회의 구성·운영 및 조정의 절차 등에 관하여 필요한 사항은 대통령령으로 정한다.

제4장 책임보험등 사업

제24조【계약의 체결 의무】 ① 보험회사등은 자동차보유자가 제5조제1항부터 제3항까지의 규정에 따른 보험 또는 공제에 가입하려는 때에는 대통령령으로 정하는 사유가 있는 경우 외에는 계약의 체결을 거부할 수 없다.
② 자동차보유자가 교통사고를 발생시킬 개연성이 높은 경우 등 국토교통부령으로 정하는 사유에 해당하면 제1항에도 불구하고 다수의 보험회사가 공동으로 제5조제1항부터 제3항까지의 규정에 따른 보험 또는 공제의 계약을 체결할 수 있다. 이 경우 보험회사는 자동차보유자에게 공동계약체결의 절차 및 보험료에 대한 안내를 하여야 한다.(2013.3.23 전단개정)

제25조【보험 계약의 해제 등】 보험가입자와 보험회사등은 다음 각 호의 어느 하나에 해당하는 경우 외에는 의무보험의 계약을 해제하거나 해지하여서는 아니 된다.
1. 「자동차관리법」 제13조 또는 「건설기계관리법」 제6조에 따라 자동차의 말소등록(抹消登錄)을 한 경우
2. 「자동차관리법」 제58조제5항제1호에 따라 자동차해체재활용업자가 해당 자동차·자동차등록증·등록번호판 및 봉인을 인수하고 그 사실을 증명하는 서류를 발급한 경우(2017.11.28 본호신설)
3. 「건설기계관리법」 제25조의2에 따라 건설기계해체재활용업자가 해당 건설기계와 등록번호표를 인수하고 그 사실을 증명하는 서류를 발급한 경우(2017.11.28 본호신설)
4. 해당 자동차가 제5조제4항의 자동차로 된 경우
5. 해당 자동차가 다른 의무보험에 이중으로 가입되어 하나의 가입 계약을 해제하거나 해지하려는 경우
6. 해당 자동차를 양도한 경우
7. 천재지변·교통사고·화재·도난, 그 밖의 사유로 자동차를 더 이상 운행할 수 없게 된 사실을 증명한 경우
8. 그 밖에 국토교통부령으로 정하는 경우(2013.3.23 본호개정)

제26조【의무보험 계약의 승계】 ① 의무보험에 가입된 자동차가 양도된 경우에 그 자동차의 양도일(양수인이 매매대금을 지급하고 현실적으로 자동차의 점유를 이전받은 날을 말한다)부터 「자동차관리법」 제12조에 따른 자동차 소유권 이전등록 신청기간이 끝나는 날(자동차소유권 이전등록 신청기간이 끝나기 전에 양수인이 새로운 책임보험등의 계약을 체결한 경우에는 그 계약 체결일)까지의 기간은 「상법」 제726조의4에도 불구하고 자동차의 양수인이 의무보험의 계약에 관한 양도인의 권리의무를 승계한다.
② 제1항의 경우 양도인은 양수인에게 그 승계기간에 해당하는 의무보험의 보험료(공제계약의 경우에는 공제분담금을 말한다. 이하 같다)의 반환을 청구할 수 있다.
③ 제2항에 따라 양수인이 의무보험의 승계기간에 해당하는 보험료를 양도인에게 반환한 경우에는 그 금액의 범위에서 양수인은 보험회사등에게 보험료의 지급의무를 지지 아니한다.

제27조【의무보험 사업의 구분경리】 보험회사등은 의무보험에 따른 사업에 대하여는 다른 보험사업·공제사업이나 그 밖의 다른 사업과 구분하여 경리하여야 한다.

제28조【사전협의】 금융위원회는 「보험업법」 제4조제1항제2호다목에 따른 자동차보험의 보험약관(책임보험이 포함되는 경우에 한정한다)을 작성하거나 변경하려는 경우에는 국토교통부장관과 미리 협의하여야 한다.
(2015.6.22 본조개정)

제29조【보험금등의 지급 등】 ① 다음 각 호의 어느 하나에 해당하는 사유로 다른 사람이 사망 또는 부상하거나 다른 사람의 재물이 멸실되거나 훼손되어 보험회사등이 피해자에게 보험금등을 지급한 경우에는 보험회사등은 해당 보험금등에 상당하는 금액을 법률상 손해배상책임이 있는 자에게 구상(求償)할 수 있다.(2021.7.27 본문개정)
1. 「도로교통법」에 따른 운전면허 또는 「건설기계관리법」에 따른 건설기계조종사면허 등 자동차를 운행할 수 있는 자격을 갖추지 아니한 상태(자격의 효력이 정지된 경우를 포함한다)에서 자동차를 운행하다가 일으킨 사고
(2017.11.28 본호신설)
2. 「도로교통법」 제44조제1항을 위반하여 술에 취한 상태에서 자동차를 운행하거나 같은 법 제45조를 위반하여 약물의 영향으로 정상적으로 운전하지 못할 우려가 있는 상태에서 자동차를 운행하다가 일으킨 사고
(2021.12.7 본호개정)
3. 「도로교통법」 제54조제1항에 따른 조치를 하지 아니한 사고(「도로교통법」 제156조제10호에 해당하는 경우는 제외한다)(2017.11.28 본호신설)
② 제5조제1항에 따른 책임보험등의 보험금등을 변경하는 것을 내용으로 하는 대통령령을 개정할 때 그 변경 내용이 보험가입자등에게 유리하게 되는 경우에는 그 변경 전에 체결된 계약 내용에도 불구하고 보험회사등에게 변경된 보험금등을 지급하도록 하는 다음 각 호의 사항을 규정할 수 있다.
1. 종전의 계약을 새로운 계약으로 갱신하지 아니하더라도 이미 계약된 종전의 보험금등을 변경된 보험금등으로 볼 수 있도록 하는 사항
2. 그 밖에 보험금등의 변경에 필요한 사항이나 변경된 보험금등의 지급에 필요한 사항

제29조의2【자율주행자동차사고 보험금등의 지급 등】 자율주행자동차의 결함으로 인하여 발생한 자율주행자동차사고로 다른 사람이 사망 또는 부상하거나 다른 사람의 재물이 멸실 또는 훼손되어 보험회사등이 피해자에게 보험금등을 지급한 경우에는 보험회사등은 법률상 손해배상책임이 있는 자에게 그 금액을 구상할 수 있다.
(2020.4.7 본조신설)

제5장 자동차사고 피해지원사업
(2013.8.6 본장제목개정)

제30조【자동차손해배상 보장사업】 ① 정부는 다음 각 호의 어느 하나에 해당하는 경우에는 피해자의 청구에 따라 책임보험의 보험금 한도에서 그가 입은 피해를 보상한다. 다만, 정부는 피해자가 청구하지 아니한 경우에도 직권으로 조사하여 책임보험의 보험금 한도에서 그가 입은 피해를 보상할 수 있다.(2012.2.22 단서신설)
1. 자동차보유자를 알 수 없는 자동차의 운행으로 사망하거나 부상한 경우
2. 보험가입자등이 아닌 자가 제3조에 따라 손해배상의 책임을 지게 되는 경우. 다만, 제5조제4항에 따른 자동차의 운행으로 인한 경우는 제외한다.
3. 자동차보유자를 알 수 없는 자동차의 운행 중 해당 자동차로부터 낙하된 물체로 인하여 사망하거나 부상한 경우(2021.7.27 본호신설)
② 정부는 자동차의 운행으로 인한 사망자나 대통령령으로 정하는 중증 후유장애인(重症 後遺障礙人)의 유자녀(幼子女) 및 피부양가족이 경제적으로 어려워 생계가 곤란하거나 학업을 중단하여야 하는 문제 등을 해결하고 중증 후유장애인이 재활할 수 있도록 지원할 수 있다.
③ 국토교통부장관은 제1항 및 제2항에 따른 업무를 수행하기 위하여 다음 각 호의 기관에 대통령령에 따른 정보의 제공을 요청하고 수집·이용할 수 있으며, 요청받은 기관은 특별한 사유가 없으면 관련 정보를 제공하여야 한다.(2016.3.22 본문개정)
1. 행정안전부장관
2. 보건복지부장관
3. 여성가족부장관
(2021.7.27 1호~3호신설)
4. 경찰청장
5. 특별시장·광역시장·특별자치시장·도지사·특별자치도지사·시장·군수·구청장(2021.7.27 본호개정)
6. 보험요율산출기관(2016.3.22 본호신설)
(2012.2.22 본항신설)
④ 정부는 제11조제5항에 따른 보험회사등의 청구에 따라 보상을 실시한다.
⑤ 제1항·제2항 및 제4항에 따른 정부의 보상 또는 지원의 대상·기준·금액·방법 및 절차 등에 필요한 사항은 대통령령으로 정한다.(2012.2.22 본항개정)
⑥ 제1항·제2항 및 제4항에 따른 정부의 보상사업(이하 "자동차손해배상 보장사업"이라 한다)에 관한 업무는 국토교통부장관이 행한다.(2013.3.23 본항개정)

제30조의2【자동차사고 피해예방사업】 ① 국토교통부장관은 자동차사고로 인한 피해 등을 예방하기 위하여 다음 각 호의 사업을 수행할 수 있다.
1. 자동차사고 피해예방을 위한 교육 및 홍보 또는 이와 관련한 시설 및 장비의 지원
2. 자동차사고 피해예방을 위한 기기 및 장비 등의 개발·보급
3. 그 밖에 자동차사고 피해예방을 위한 연구·개발 등 대통령령으로 정하는 사항
② 제1항에 따른 자동차사고 피해예방사업의 기준·금액·방법 및 절차 등에 관하여 필요한 사항은 대통령령으로 정한다.
(2013.8.6 본조신설)

제31조【후유장애인 등의 재활 지원】 ① 국토교통부장관은 자동차사고 부상자나 부상으로 인한 후유장애인의 재활을 지원하기 위한 의료재활시설 및 직업재활시설(이하 "재활시설"이라 한다)을 설치하여 그 재활에 필요한 다음 각 호의 사업(이하 "재활사업"이라 한다)을 수행할 수 있다.(2016.3.22 본문개정)
1. 의료재활사업 및 그에 딸린 사업으로서 대통령령으로 정하는 사업
2. 직업재활사업(직업재활상담을 포함한다) 및 그에 딸린 사업으로서 대통령령으로 정하는 사업
② (2016.12.20 삭제)
③ 재활시설의 용도로 건설되거나 조성되는 건축물, 토지, 그 밖의 시설물 등은 국가에 귀속된다.
④ 국토교통부장관이 재활시설을 설치하는 경우에는 그 규모와 설계 등에 관한 중요 사항에 대하여 자동차사고 후유장애인단체의 의견을 들어야 한다.(2013.3.23 본항개정)
(2016.3.22 본조제목개정)

제32조【재활시설운영자의 지정】 ① 국토교통부장관은 다음 각 호의 구분에 따라 그 요건을 갖춘 자 중 국토교통부장관의 지정을 받은 자에게 재활시설이나 재활사업의 관리·운영을 위탁할 수 있다.(2013.3.23 본문개정)
1. 의료재활시설 및 제31조제1항제1호에 따른 재활사업 : 「의료법」 제33조에 따라 의료기관의 개설허가를 받고 재활 관련 진료과목을 개설한 자로서 같은 법 제3조제3항에 따른 종합병원을 운영하고 있는 자
(2009.5.27 본호개정)
2. 직업재활시설 및 제31조제1항제2호에 따른 재활사업 : 다음 각 목의 어느 하나에 해당하는 자

가. 자동차사고 후유장애인단체 중에서 「민법」 제32조에 따라 국토교통부장관의 허가를 받은 법인으로서 대통령령으로 정하는 요건을 갖춘 법인
나. 자동차사고 후유장애인단체 중에서 「협동조합 기본법」에 따라 설립된 사회적협동조합으로서 대통령령으로 정하는 요건을 갖춘 법인
(2015.6.22 본호개정)
② 제1항에 따라 지정을 받으려는 자는 대통령령으로 정하는 바에 따라 국토교통부장관에게 신청하여야 한다. (2013.3.23 본항개정)
③ 제1항에 따라 지정을 받은 자로서 재활시설이나 재활사업의 관리·운영을 위탁받은 자(이하 "재활시설운영자"라 한다)는 재활시설이나 재활사업의 관리·운영에 관한 업무를 수행할 때에는 별도의 회계를 설치하고 다른 사업과 구분하여 경리하여야 한다.(2009.5.27 본항개정)
④ 재활시설운영자의 지정 절차 및 그에 대한 감독 등에 관해 필요한 사항은 대통령령으로 정한다.
제33조【재활시설운영자의 지정 취소】 ① 국토교통부장관은 재활시설운영자가 다음 각 호의 어느 하나에 해당하면 그 지정을 취소할 수 있다. 다만, 제1호 또는 제2호에 해당하면 그 지정을 취소하여야 한다.(2013.3.23 본문개정)
1. 거짓이나 그 밖의 부정한 방법으로 지정을 받은 경우
2. 제32조제1항 각 호의 요건에 맞지 아니하게 된 경우
3. 제32조제3항을 위반하여 다른 사업과 구분하여 경리하지 아니한 경우
4. 정당한 사유 없이 제43조제4항에 따른 시정명령을 3회 이상 이행하지 아니한 경우
5. 법인의 해산 등 사정의 변경으로 재활시설이나 재활사업의 관리·운영에 관한 업무를 계속 수행하는 것이 불가능하게 된 경우
② 국토교통부장관은 제1항에 따라 재활시설운영자의 지정을 취소한 경우로서 다음 각 호에 모두 해당하는 경우에는 새로운 재활시설운영자가 지정될 때까지 그 기간 및 관리·운영조건을 정하여 지정이 취소된 자에게 재활시설이나 재활사업의 관리·운영업무를 계속하게 할 수 있다. 이 경우 지정이 취소된 자는 그 계속하는 업무의 범위에서 재활시설운영자로 본다.(2013.3.23 전단개정)
1. 지정취소일부터 새로운 재활시설운영자를 정할 수 없는 경우
2. 계속하여 재활시설이나 재활사업의 관리·운영이 필요한 경우
③ 제1항에 따라 지정이 취소된 자는 그 지정이 취소된 날(제2항에 따라 업무를 계속한 경우에는 그 계속된 업무가 끝난 날을 말한다)부터 2년 이내에는 재활시설운영자로 다시 지정받을 수 없다.
제34조 (2024.1.9 삭제)
제35조【준용】 ① 제30조제1항에 따른 피해자의 보상금 청구에 관하여는 제10조부터 제13조까지, 제13조의2 및 제14조를 준용한다. 이 경우 "보험회사등"은 "자동차손해배상 보장사업을 하는 자"로, "보험금등"은 "보상금"으로 본다.(2009.2.6 본항개정)
② 제30조제1항에 따른 보상금 중 피해자의 진료수가에 대한 심사청구 등에 관하여는 제19조 및 제20조를 준용한다. 이 경우 "보험회사등"은 "자동차손해배상 보장사업을 하는 자"로 본다.
제36조【다른 법률에 따른 배상 등과의 조정】 ① 정부는 피해자가 「국가배상법」, 「산업재해보상보험법」, 그 밖에 대통령령으로 정하는 법률에 따라 제30조제1항의 손해에 대하여 배상 또는 보상을 받으면 그가 배상 또는 보상받는 금액의 범위에서 제30조제1항에 따른 보상 책임을 지지 아니한다.
② 정부는 피해자가 제3조의 손해배상책임이 있는 자로부터 제30조제1항의 손해에 대하여 배상을 받으면 그가 배상받는 금액의 범위에서 제30조제1항에 따른 보상 책임을 지지 아니한다.
③ 정부는 제30조제2항에 따라 지원받을 자가 다른 법률에 따라 같은 사유로 지원을 받으면 그 지원을 받는 범위에서 제30조제2항에 따른 지원을 하지 아니할 수 있다.
제37조【자동차사고 피해지원사업 분담금】 ① 제5조제1항에 따라 책임보험등에 가입하여야 하는 자와 제5조제4항에 따른 자동차 중 대통령령으로 정하는 자동차보유자는 자동차사고 피해지원사업 및 관련 사업을 위한 분담금을 국토교통부장관에게 내야 한다.(2016.12.20 본항개정)
② 제1항에 따른 분담금은 책임보험등의 보험료(책임공제의 경우에는 책임공제분담금을 말한다)에 해당하는 금액의 100분의 5를 초과하지 아니하는 범위에서 대통령령으로 정한다.(2022.11.15 본항신설)
③ 제1항에 따라 분담금을 내야 할 자 중 제5조제1항에 따라 책임보험등에 가입하여야 하는 자의 분담금은 책임보험등의 계약을 체결하는 보험회사등이 해당 납부 의무자와 계약을 체결할 때에 징수하여 정부에 내야 한다.
④ 국토교통부장관은 제30조제1항제1호 및 제2호의 경우에 해당하는 사고를 일으킨 자에게는 제1항에 따른 분담금의 3배의 범위에서 대통령령으로 정하는 바에 따라 분담금을 추가로 징수할 수 있다.(2020.6.9 본항개정)
⑤ 제1항에 따른 분담금의 납부 방법 및 관리 등에 필요한 사항은 대통령령으로 정한다.(2022.11.15 본항개정)
(2013.8.6 본조제목개정)
제38조【분담금의 체납처분】 ① 국토교통부장관은 제37조에 따른 분담금을 납부기간에 내지 아니한 자에 대하여는 10일 이상의 기간을 정하여 분담금을 낼 것을 독촉하여야 한다.
② 국토교통부장관은 제1항에 따라 분담금 납부를 독촉받은 자가 그 기한까지 분담금을 내지 아니하면 국세 체납처분의 예에 따라 징수한다.
(2013.3.23 본조개정)
제39조【청구권 등의 대위】 ① 정부는 제30조제1항에 따라 피해를 보상한 경우에는 그 보상금액의 한도에서 제3조에 따른 손해배상책임이 있는 자에 대한 피해자의 손해배상 청구권을 대위행사(代位行使)할 수 있다.
② 정부는 제30조제4항에 따라 보험회사등에게 보상을 한 경우에는 제11조제3항 및 제4항에 따른 가불금을 지급받은 자에 대한 보험회사등의 반환청구권을 대위행사할 수 있다.(2012.2.22 본항개정)
③ 정부는 다음 각 호의 어느 하나에 해당하는 때에는 제23조의3에 따른 자동차손해배상보장위원회의 의결에 따라 제1항 및 제2항에 따른 청구권의 대위행사를 중지할 수 있으며, 구상금 또는 미반환가불금 등의 채권을 결손처분할 수 있다.(2024.1.9 본문개정)
1. 해당 권리에 대한 소멸시효가 완성된 때
2. 그 밖에 채권을 회수할 가능성이 없다고 인정되는 경우로서 대통령령으로 정하는 경우
(2009.2.6 본항신설)
제39조의2 (2024.1.9 삭제)

제6장 자동차손해배상진흥원
(2015.6.22 본장신설)

제39조의3【자동차손해배상진흥원의 설립】 ① 국토교통부장관은 자동차손해배상 보장사업의 체계적인 지원 및 공제사업자에 대한 검사 업무 등을 수행하기 위하여 자동차손해배상진흥원을 설립할 수 있다.
② 자동차손해배상진흥원은 법인으로 한다.
③ 자동차손해배상진흥원은 주된 사무소의 소재지에서 설립등기를 함으로써 성립한다.
④ 자동차손해배상진흥원의 정관에는 다음 각 호의 사항이 포함되어야 한다.
1. 목적
2. 명칭
3. 사무소에 관한 사항
4. 임직원에 관한 사항
5. 업무와 그 집행에 관한 사항
6. 예산과 회계에 관한 사항
7. 이사회에 관한 사항
8. 정관의 변경에 관한 사항
⑤ 자동차손해배상진흥원은 정관을 작성하고 변경할 때에는 국토교통부장관의 승인을 받아야 한다.
제39조의4【업무 등】 ① 자동차손해배상진흥원은 다음 각 호의 업무를 수행한다.
1. 제2항의 검사 대상 기관의 업무 및 재산 상황 검사
2. 자동차손해배상 및 보상 정책의 수립·추진 지원
3. 자동차손해배상 및 보상 정책 관련 연구
4. 이 법 또는 다른 법령에 따라 위탁받은 업무
(2021.3.16 본호신설)
5. 그 밖에 국토교통부령으로 정하는 업무
② 자동차손해배상진흥원의 검사를 받는 기관은 다음 각 호와 같다.
1. 「여객자동차 운수사업법」에 따른 인가·허가를 받아 공제사업을 하는 기관(2021.3.16 본호개정)
2. 「화물자동차 운수사업법」에 따른 인가·허가를 받아 공제사업을 하는 기관(2021.3.16 본호개정)
3. 그 밖에 국토교통부령으로 정하는 기관
제39조의5【임원 등】 ① 자동차손해배상진흥원에 원장 1명, 이사장 1명을 포함한 12명 이내의 이사, 감사 1명을 둔다.(2021.7.27 본항개정)
② 원장은 자동차손해배상진흥원을 대표하고, 그 업무를 총괄하며, 제5항에 따른 이사회에서 추천을 받아 국토교통부장관이 임명한다.
③ 감사는 자동차손해배상진흥원의 업무와 회계를 감사하며, 국토교통부장관이 임명한다.
④ 원장 외의 임원은 비상근으로 한다.
⑤ 자동차손해배상진흥원은 제39조의4제1항의 업무에 관한 사항을 심의·의결하기 위하여 이사회를 둘 수 있다.
⑥ 이사회는 원장, 이사장, 이사로 구성하되, 그 수는 13명 이내로 한다.(2021.7.27 본항개정)
⑦ 이사회의 구성과 운영에 관하여 필요한 사항은 국토교통부령으로 정한다.
제39조의6【유사명칭의 사용 금지】 이 법에 따른 자동차손해배상진흥원이 아닌 자는 자동차손해배상진흥원 또는 이와 유사한 명칭을 사용할 수 없다.
제39조의7【재원】 ① 자동차손해배상진흥원은 제39조의4제2항 각 호의 기관으로부터 같은 조 제1항제1호의 검사 업무에 따른 소요 비용을 받을 수 있다.
② 자동차손해배상진흥원은 제39조의4제2항 각 호의 기관으로부터 검사 업무 이외에 필요한 운영비용을 받을 수 있다.
③ 자동차손해배상진흥원은 다음 각 호의 재원으로 그 경비를 충당한다.
1. 제1항에 따른 수입금
2. 제2항에 따른 수입금
3. 그 밖의 수입금
④ 제3항에 따른 수입금의 한도 및 관리 등에 필요한 사항은 대통령령으로 정한다.
제39조의8【자료의 제출요구 등】 ① 원장은 업무 수행에 필요하다고 인정할 때에는 제39조의4제2항 각 호의 기관에 대하여 업무 또는 재산에 관한 자료의 제출요구, 검사 및 질문 등을 할 수 있다.
② 제1항에 따라 검사 또는 질문을 하는 자는 그 권한을 표시하는 증표를 지니고 이를 관계인에게 내보여야 한다.
③ 원장은 제1항에 따른 업무 등으로 인한 검사결과를 국토교통부장관에게 지체 없이 보고하여야 한다.
제39조의9 (2020.4.7 삭제)
제39조의10【예산과 결산】 ① 자동차손해배상진흥원의 예산은 국토교통부장관의 승인을 받아야 한다.
② 자동차손해배상진흥원의 회계연도는 정부의 회계연도에 따른다.
③ 자동차손해배상진흥원은 회계연도 개시 60일 전까지 국토교통부장관에게 예산서를 제출하여야 한다.
④ 원장은 회계연도 종료 후 2개월 이내에 해당 연도의 결산서를 국토교통부장관에게 제출하여야 한다.

제6장의2 자동차사고 피해지원기금
(2016.12.20 본장신설)

제39조의11【자동차사고 피해지원기금의 설치】 국토교통부장관은 자동차사고 피해지원사업 및 관련 사업에 필요한 재원을 확보하기 위하여 자동차사고 피해지원기금(이하 "기금"이라 한다)을 설치한다.
제39조의12【기금의 조성 및 용도】 ① 기금은 다음 각 호의 재원으로 조성한다.
1. 제37조에 따른 분담금
2. 기금의 운용으로 생기는 수익금
② 기금은 다음 각 호의 어느 하나에 해당하는 용도에 사용한다.
1. 제7조제1항에 따른 가입관리전산망의 구성·운영
1의2. 제23조의4제2항제3호에 따른 채권정리분과위원회의 운영(2024.1.9 본호신설)
2. 제30조제1항에 따른 보상
3. 제30조제2항에 따른 지원
4. 제30조제4항에 따른 미반환 가불금의 보상
5. 제30조의2제1항에 따른 자동차사고 피해예방사업
6. 제31조제1항에 따른 재활시설의 설치
7. 제32조제1항에 따른 재활시설 및 재활사업의 관리·운영
8. 제39조제1항 및 제2항에 따른 청구권의 대위행사
9. (2024.1.9 삭제)
10. 제39조의3제1항에 따른 자동차손해배상진흥원의 운영 및 지원
11. (2021.12.7 삭제)
12. 자동차사고 피해지원사업과 관련된 연구·조사
13. 자동차사고 피해지원사업과 관련된 전문인력 양성을 위한 국내외 교육훈련
14. 분담금의 수납·관리 등 기금의 조성 및 기금 운용을 위하여 필요한 경비(2020.6.9 본호개정)
제39조의13【기금의 관리·운용】 ① 기금은 국토교통부장관이 관리·운용한다.
② 기금의 관리·운용에 관한 국토교통부장관의 사무는 대통령령으로 정하는 바에 따라 그 일부를 제39조의3에 따라 설립된 자동차손해배상진흥원, 보험회사등 또는 보험 관련 단체에 위탁할 수 있다.
③ 제1항 및 제2항에서 규정한 사항 외에 기금의 관리 및 운용에 필요한 사항은 대통령령으로 정한다.

제6장의3 자율주행자동차사고조사위원회
(2020.4.7 본장신설)

제39조의14【자율주행자동차사고조사위원회의 설치 등】
① 국토교통부장관은 제39조의17제1항에 따른 자율주행정보 기록장치(이하 "자율주행정보 기록장치"라 한다)에 기록된 자율주행정보 기록의 수집·분석을 통하여 사고원인을 규명하고, 자율주행자동차사고 관련 정보를 제공하기 위하여 필요한 경우 자율주행자동차사고조사위원회(이하 "사고조사위원회"라 한다)를 구성·운영할 수 있다.(2024.1.9 본항개정)
② 국토교통부장관은 사고조사위원회의 구성 목적을 달성하였다고 인정하는 경우에는 사고조사위원회를 해산할 수 있다.(2024.1.9 본항신설)
③ 사고조사위원회의 구성 및 운영에 필요한 사항은 대통령령으로 정한다.
제39조의15【사고조사위원회의 업무 등】 ① 사고조사위원회는 다음 각 호의 업무를 수행한다.
1. 자율주행자동차사고 조사
2. 그 밖에 자율주행자동차사고 조사에 필요한 업무로서 대통령령으로 정하는 업무
② 사고조사위원회는 제1항의 업무를 수행하기 위하여 사고가 발생한 자율주행자동차에 부착된 자율주행정보 기록장치를 확보하고 기록된 정보를 수집·이용 및 제공할 수 있다.
③ 사고조사위원회는 제1항의 업무를 수행하기 위하여 사고가 발생한 자율주행자동차의 보유자, 운전자, 피해자, 사고 목격자 및 해당 자율주행자동차를 제작·조립 또는 수입한 자(판매를 위탁받은 자를 포함한다. 이하 "제작자등"이라 한다) 등 그 밖에 해당 사고와 관련된 자에게 필요한 사항을 통보하거나 관계 서류를 제출하게 할 수 있다. 이 경우 관계 서류의 제출을 요청받은 자는 정당한 사유가 없으면 요청에 따라야 한다.
④ 제2항에 따른 정보의 수집·이용 및 제공은 「개인정보 보호법」 및 「위치정보의 보호 및 이용 등에 관한 법률」에 따라야 한다.

⑤ 사고조사위원회의 업무를 수행하거나 수행하였던 자는 그 직무상 알게 된 비밀을 누설해서는 아니 된다.
⑥ 사고조사위원회가 자율주행자동차사고의 조사를 위하여 수집한 정보는 사고가 발생한 날부터 3년간 보관한다.
제39조의16【관계 행정기관 등의 협조】 사고조사위원회는 신속하고 정확한 조사를 수행하기 위하여 관계 행정기관의 장, 관계 지방자치단체의 장, 그 밖의 단체의 장(이하 "관계기관의 장"이라 한다)에게 해당 자율주행자동차사고와 관련된 자료·정보의 제공 등 그 밖의 필요한 협조를 요청할 수 있다. 이 경우 관계기관의 장은 정당한 사유가 없으면 이에 따라야 한다.
제39조의17【이해관계자의 의무 등】 ① 자율주행자동차의 제작자등은 제작·조립·수입·판매하고자 하는 자율주행자동차에 대통령령으로 정하는 자율주행과 관련된 정보를 기록할 수 있는 자율주행정보 기록장치를 부착하여야 한다.
② 자율주행자동차사고의 통보를 받거나 인지한 보험회사등은 사고조사위원회에 사고 사실을 지체 없이 알려야 한다.
③ 자율주행자동차의 보유자는 자율주행정보 기록장치에 기록된 내용을 1년의 범위에서 대통령령으로 정하는 기간 동안 보관하여야 한다. 이 경우 자율주행정보 기록장치 또는 자율주행정보 기록장치에 기록된 내용을 훼손해서는 아니 된다.
④ 자율주행자동차사고로 인한 피해자, 해당 자율주행자동차의 제작자등 또는 자율주행자동차사고로 인하여 피해자에게 보험금등을 지급한 보험회사등은 대통령령으로 정하는 바에 따라 사고조사위원회에 대하여 사고조사위원회가 확보한 자율주행정보 기록장치에 기록된 내용 및 분석·조사 결과의 열람 및 제공을 요구할 수 있다.
⑤ 제4항에 따른 열람 및 제공에 드는 비용은 청구인이 부담하여야 한다.

제7장 보 칙

제40조【압류 등의 금지】 ① 제10조제1항, 제11조제1항 또는 제30조제1항에 따른 청구권은 압류하거나 양도할 수 없다.
② 제30조제2항에 따라 지급된 지원금은 압류하거나 양도할 수 없다.(2021.7.27 본항신설)
제41조【시효】 제10조, 제11조제1항, 제29조제1항 또는 제30조제1항에 따른 청구권은 3년간 행사하지 아니하면 시효로 소멸한다.(2009.2.6 본조개정)
제42조【의무보험 미가입자에 대한 등록 등 처분의 금지】 ① 제5조제1항부터 제3항까지의 규정에 따라 의무보험 가입이 의무화된 자동차가 다음 각 호의 어느 하나에 해당하는 경우에는 관할 관청(해당 업무를 위탁받은 자를 포함한다. 이하 같다)은 그 자동차가 의무보험에 가입하였는지를 확인하여 의무보험에 가입된 경우에만 등록·허가·검사·해제를 하거나 신고를 받아야 한다.
1. 「자동차관리법」 제8조, 제12조, 제27조, 제43조제1항제2호, 제43조의2제1항, 제48조제1항부터 제3항까지 또는 「건설기계관리법」 제3조 및 제13조제1항제2호에 따라 등록·허가·검사의 신청 또는 신고가 있는 경우
2. 「자동차관리법」 제37조제3항 또는 「지방세법」 제131조에 따라 영치(領置)된 자동차등록번호판을 해제하는 경우
② 제1항제1호를 적용하는 경우 「자동차관리법」 제8조에 따라 자동차를 신규로 등록할 때에는 해당 자동차가 같은 법 제27조에 따른 임시운행허가 기간이 만료된 이후에 발생한 손해배상책임을 보장하는 의무보험에 가입된 경우에만 의무보험에 가입된 것으로 본다.
③ 제1항 및 제2항에 따른 의무보험 가입의 확인 방법 및 절차 등에 관하여 필요한 사항은 국토교통부령으로 정한다.(2013.3.23 본항개정)
(2012.2.22 본조개정)
제43조【검사·질문 등】 ① 국토교통부장관은 필요하다고 인정하면 소속 공무원에게 재활시설, 자동차보험진료수가를 청구하는 의료기관 또는 제45조제1항부터 제6항까지의 규정에 따라 권한을 위탁받은 자의 사무소 등에 출입하여 다음 각 호의 행위를 하게 할 수 있다. 다만, 자동차보험진료수가를 청구한 의료기관에 대하여는 제1호 및 제3호의 행위에 한정한다.(2020.6.9 단서개정)
1. 이 법에 규정된 업무의 처리 상황에 관한 장부 등 서류의 검사
2. 그 업무·회계 및 재산에 관한 사항을 보고받는 행위
3. 관계인에 대한 질문
② 국토교통부장관은 이 법에 규정된 보험사업에 관한 업무의 처리 상황을 파악하거나 자동차손해배상 보장사업을 효율적으로 운영하기 위하여 필요하면 관계 중앙행정기관, 지방자치단체, 금융감독원 등에 필요한 자료의 제출을 요청할 수 있다. 이 경우 자료 제출을 요청받은 중앙행정기관, 지방자치단체, 금융감독원 등은 정당한 사유가 없으면 요청에 따라야 한다.(2013.3.23 전단개정)
③ 제1항에 따라 검사 또는 질문을 하는 공무원은 그 권한을 표시하는 증표를 지니고 이를 관계인에게 내보여야 한다.
④ 국토교통부장관은 제1항에 따라 검사를 하거나 보고를 받은 결과 법령을 위반한 사실이나 부당한 사실이 있으면 재활시설운영자나 권한을 위탁받은 자에게 시정하도록 명할 수 있다.(2013.3.23 본항개정)
제43조의2 (2021.12.7 삭제)
제43조의3【보험료 할인의 권고】 ① 국토교통부장관은 자동차사고의 예방에 효과적인 자동차 운행 안전장치를 장착한 자동차의 보험료 할인을 확대하도록 보험회사등에 권고할 수 있다.
② 제1항에 따른 자동차 운행 안전장치의 종류에 대해서는 대통령령으로 정한다.
(2016.3.22 본조신설)
제44조【권한의 위임】 국토교통부장관은 이 법에 따른 권한의 일부를 대통령령으로 정하는 바에 따라 특별시장·광역시장·특별자치시장·도지사·특별자치도지사·시장·군수 또는 구청장에게 위임할 수 있다.
(2021.7.27 본조개정)
제45조【권한의 위탁 등】 ① 국토교통부장관은 대통령령으로 정하는 바에 따라 다음 각 호의 업무를 보험회사등, 보험 관련 단체 또는 자동차손해배상진흥원에 위탁할 수 있다. 이 경우 금융위원회와 협의하여야 한다.
(2019.11.26 전단개정)
1. 제30조제1항에 따른 보상에 관한 업무
2. 제35조에 따라 자동차손해배상 보장사업을 하는 자를 보험회사등으로 보게 됨으로써 자동차손해배상 보장사업을 하는 자가 가지는 권리와 의무의 이행을 위한 업무
3. 제37조에 따른 분담금의 수납·관리에 관한 업무
(2016.12.20 본호개정)
4. 제39조제1항에 따른 손해배상 청구권의 대위행사에 관한 업무
5. (2024.1.9 삭제)
6. (2021.12.7 삭제)
② 국토교통부장관은 대통령령으로 정하는 바에 따라 제30조제2항에 따른 지원에 관한 업무 및 재활시설의 설치에 관한 업무를 「한국교통안전공단법」에 따라 설립된 한국교통안전공단에 위탁할 수 있다.(2017.10.24 본항개정)
③ 국토교통부장관은 제7조에 따른 가입관리전산망의 구성·운영에 관한 업무를 보험요율산출기관에 위탁할 수 있다.(2013.3.23 본항개정)
④ 국토교통부장관은 제30조제4항에 따른 보상 업무와 제39조제2항에 따른 반환 청구에 관한 업무를 보험 관련 단체 또는 특별법에 따라 설립된 특수법인에 위탁할 수 있다.(2013.3.23 본항개정)
⑤ 국토교통부장관은 제30조의2제1항에 따른 자동차사고 피해예방사업에 관한 업무를 「한국교통안전공단법」에 따라 설립된 한국교통안전공단 및 보험 관련 단체에 위탁할 수 있다.(2017.10.24 본항개정)
⑥ 국토교통부장관은 제39조의14에 따른 사고조사위원회의 운영 및 사무처리에 관한 사무의 일부를 대통령령으로 정하는 바에 따라 「공공기관의 운영에 관한 법률」에 따른 공공기관에 위탁할 수 있다.(2020.4.7 본항신설)
⑦ 국토교통부장관은 제1항 또는 제2항에 따라 권한을 위탁받은 자에게 그가 지급할 보상금 또는 지원금에 충당하기 위하여 예산의 범위에서 보조금을 지급할 수 있다.(2013.8.6 본항개정)
⑧ 제1항부터 제6항까지의 규정에 따라 권한을 위탁받은 자는 「형법」 제129조부터 제132조까지의 규정을 적용할 때에는 공무원으로 본다.(2020.4.7 본항개정)
⑨ (2016.12.20 삭제)
제45조의2【정보의 제공 및 관리】 ① 제45조제3항에 따라 업무를 위탁받은 보험요율산출기관은 같은 조 제1항에 따라 업무를 위탁받은 자의 요청이 있는 경우 제공할 정보의 내용 등 대통령령으로 정하는 범위에서 가입관리전산망에서 관리되는 정보를 제공할 수 있다.
② 제1항에 따라 정보를 제공하는 경우 제45조제3항에 따라 업무를 위탁받은 보험요율산출기관은 정보제공 대상자, 제공한 정보의 내용, 정보를 요청한 자, 제공 목적을 기록한 자료를 3년간 보관하여야 한다.
(2009.2.6 본조신설)
제45조의3【정보 이용자의 의무】 제45조제3항에 따라 업무를 위탁받은 보험요율산출기관과 제45조의2제1항에 따라 정보를 제공받은 자는 그 직무상 알게 된 정보를 누설하거나 다른 사람의 이용에 제공하는 등 부당한 목적을 위하여 사용하여서는 아니 된다.(2009.2.6 본조신설)
제45조의4【벌칙 적용에서 공무원 의제】 다음 각 호의 어느 하나에 해당하는 사람은 「형법」 제129조부터 제132조까지의 규정을 적용할 때에는 공무원으로 본다.
1. 제23조의3에 따른 자동차손해배상보장위원회의 위원 중 공무원이 아닌 위원(2024.1.9 본호개정)
2. 자동차손해배상진흥원의 임직원
(2020.4.7 본조신설)

제8장 벌 칙

제46조【벌칙】 ① 제14조제8항을 위반하여 진료기록등 또는 교통사고 관련 조사기록의 열람으로 알게 된 다른 사람의 비밀이나 제공받은 개인정보를 누설하거나 직무상 목적 외의 용도로 이용 또는 제3자에게 제공한 자는 5년 이하의 징역 또는 5천만원 이하의 벌금에 처한다. 이 경우 고소가 있어야 공소를 제기할 수 있다.(2021.7.27 본항신설)
② 다음 각 호의 어느 하나에 해당하는 자는 3년 이하의 징역 또는 3천만원 이하의 벌금에 처한다.(2021.7.27 단서삭제)
1. (2021.7.27 삭제)
2. 제27조를 위반하여 의무보험 사업을 구분 경리하지 아니한 보험회사등
3. 제32조제3항을 위반하여 다른 사업과 구분하여 경리하지 아니한 재활시설운영자
3의2. 제39조의15제5항을 위반하여 직무상 알게 된 비밀을 누설한 자(2020.4.7 본호신설)
4. 제45조의3을 위반하여 정보를 누설하거나 다른 사람의 이용에 제공한 자(2009.2.6 본호신설)
③ 다음 각 호의 어느 하나에 해당하는 자는 1년 이하의 징역 또는 1천만원 이하의 벌금에 처한다.(2015.1.6 본문개정)
1. 제5조의2제2항을 위반하여 가입 의무 면제기간 중에 자동차를 운행한 자동차보유자
2. 제8조 본문을 위반하여 의무보험에 가입되어 있지 아니한 자동차를 운행한 자동차보유자
(2012.2.22 1호~2호신설)
④ 제12조제3항을 위반하여 진료기록부의 진료기록과 다르게 자동차보험진료수가를 청구하거나 이를 청구할 목적으로 거짓의 진료기록을 작성한 의료기관에 대하여는 5천만원 이하의 벌금에 처한다.
제47조【양벌규정】 법인의 대표자나 법인 또는 개인의 대리인, 사용인, 그 밖의 종업원이 그 법인 또는 개인의 업무에 관하여 제46조의 위반행위를 하면 그 행위자를 벌하는 외에 그 법인 또는 개인에게도 해당 조문의 벌금형을 과(科)한다. 다만, 법인 또는 개인이 그 위반행위를 방지하기 위하여 해당 업무에 관하여 상당한 주의와 감독을 게을리하지 아니한 경우에는 그러하지 아니하다.
(2009.2.6 본조개정)
제48조【과태료】 ① (2013.8.6 삭제)
② 다음 각 호의 어느 하나에 해당하는 자에게는 2천만원 이하의 과태료를 부과한다.
1. 제11조제2항을 위반하여 피해자가 청구한 가불금의 지급을 거부한 보험회사등
2. 제12조제5항을 위반하여 자동차보험진료수가를 교통사고환자(환자의 보호자를 포함한다)에게 청구한 의료기관의 개설자
3. 제24조제1항을 위반하여 제5조제1항부터 제3항까지의 규정에 따른 보험 또는 공제에 가입하려는 자와의 계약 체결을 거부한 보험회사등
4. 제25조를 위반하여 의무보험의 계약을 해제하거나 해지한 보험회사등
5. 제39조의15제3항을 위반하여 정당한 사유 없이 사고조사위원회의 요청에 따르지 아니한 자(2020.4.7 본호신설)
6. 제39조의17제1항을 위반하여 자율주행정보 기록장치를 부착하지 아니한 자율주행자동차를 제작·조립·수입·판매한 자(2020.4.7 본호신설)
7. 제39조의17제3항을 위반하여 자율주행정보 기록장치에 기록된 내용을 정하여진 기간 동안 보관하지 아니하거나 훼손한 자(2020.4.7 본호신설)
③ 다음 각 호의 어느 하나에 해당하는 자에게는 300만원 이하의 과태료를 부과한다.
1. 제5조제1항부터 제3항까지의 규정에 따른 의무보험에 가입하지 아니한 자
2. 제6조제1항 또는 제2항을 위반하여 통지를 하지 아니한 보험회사등
3. 제13조제1항을 위반하여 입원환자의 외출이나 외박에 관한 사항을 기록·관리하지 아니하거나 거짓으로 기록·관리한 의료기관의 개설자
3의2. 제13조제3항을 위반하여 기록의 열람 청구에 따르지 아니한 자(2009.5.27 본호신설)
3의3. 제43조제1항에 따른 검사·보고요구·질문에 정당한 사유 없이 따르지 아니하거나 이를 방해 또는 기피한 자(2009.5.27 본호신설)
4. 제43조제4항에 따른 시정명령을 이행하지 아니한 자
④ 제39조의6을 위반하여 자동차손해배상진흥원 또는 이와 유사한 명칭을 사용한 자에게는 500만원 이하의 과태료를 부과한다.(2015.6.22 본항신설)
⑤ 제2항(제5호부터 제7호까지는 제외한다) 및 제3항에 따른 과태료는 대통령령으로 정하는 바에 따라 시장·군수·구청장이, 제2항제5호부터 제7호까지 및 제4항에 따른 과태료는 국토교통부장관이 각각 부과·징수한다.
(2020.4.7 본항개정)
제49조 (2009.2.6 삭제)

제9장 범칙행위에 관한 처리의 특례

제50조【통칙】 ① 이 장에서 "범칙행위"란 제46조제3항의 죄에 해당하는 위반행위(의무보험에 가입되어 있지 아니한 자동차를 운행하다가 교통사고를 일으킨 경우는 제외한다)를 뜻하며, 그 구체적인 범위는 대통령령으로 정한다.(2021.7.27 본항개정)
② 이 장에서 "범칙자"란 범칙행위를 한 자로서 다음 각 호의 어느 하나에 해당하지 아니하는 자를 뜻한다.
1. 범칙행위를 상습적으로 하는 자
2. 죄를 범한 동기·수단 및 결과 등을 헤아려 통고처분을 하는 것이 상당하지 아니하다고 인정되는 자
③ 이 장에서 "범칙금"이란 범칙자가 제51조에 따른 통고처분에 의하여 국고 또는 특별자치도·시·군 또는 구(자치구를 말한다)의 금고에 내야 할 금전을 뜻한다.
(2012.2.22 본항개정)
④ 국토교통부장관은 사법경찰관 또는 「사법경찰관리의 직무를 수행할 자와 그 직무범위에 관한 법률」 제5조제35호에 따라 지명을 받은 공무원이 범칙행위에 대한 수사를 원활히 수행할 수 있도록 대통령령으로 정하는 범위에서 가입관리전산망에서 관리하는 정보를 시·도지사, 시장·군수·구청장 또는 경찰청장에게 제공할 수 있다.
(2024.1.9 본항개정)
제51조【통고처분】 ① 시장·군수·구청장 또는 경찰서장은 범칙자로 인정되는 자에게는 그 이유를 분명하게

밝힌 범칙금 납부통고서로 범칙금을 낼 것을 통고할 수 있다. 다만, 다음 각 호의 어느 하나에 해당하는 자에게는 그러하지 아니하다.(2012.2.22 본문개정)
1. 성명이나 주소가 확실하지 아니한 자
2. 범칙금 납부통고서를 받기를 거부한 자
② 제1항에 따라 통고할 범칙금의 액수는 차종과 위반 정도에 따라 제46조제3항에 따른 벌금액의 범위에서 대통령령으로 정한다.(2021.7.27 본항개정)

제52조【범칙금의 납부】 ① 제51조에 따라 범칙금 납부통고서를 받은 자는 범칙금 납부통고서를 받은 날부터 10일 이내에 시장·군수·구청장 또는 경찰서장이 지정하는 수납기관에 범칙금을 내야 한다. 다만, 천재지변이나 그 밖의 부득이한 사유로 그 기간에 범칙금을 낼 수 없을 때에는 그 사유가 없어진 날부터 5일 이내에 내야 한다.
② 제1항에 따른 범칙금 납부통고서에 불복하는 자는 그 납부기간에 시장·군수·구청장 또는 경찰서장에게 이의를 제기할 수 있다.
(2012.2.22 본조개정)

제53조【통고처분의 효과】 ① 제51조제1항에 따라 범칙금을 낸 자는 그 범칙행위에 대하여 다시 벌 받지 아니한다.
② 특별사법경찰관리(「사법경찰관리의 직무를 수행할 자와 그 직무범위에 관한 법률」 제5조제35호에 따라 지명받은 공무원을 말한다) 또는 사법경찰관은 다음 각 호의 어느 하나에 해당하는 경우에는 지체 없이 관할 지방검찰청 또는 지방검찰청 지청에 사건을 송치하여야 한다.
(2012.2.22 본문개정)
1. 제50조제2항 각 호의 어느 하나에 해당하는 경우
2. 제51조제1항 각 호의 어느 하나에 해당하는 경우
3. 제52조제1항에 따른 납부기간에 범칙금을 내지 아니한 경우
4. 제52조제2항에 따라 이의를 제기한 경우

부 칙 (2021.1.26)

제1조【시행일】 이 법은 공포 후 6개월이 경과한 날부터 시행한다.(이하 생략)

부 칙 (2021.3.16)

이 법은 공포 후 3개월이 경과한 날부터 시행한다.

부 칙 (2021.7.27)

제1조【시행일】 이 법은 공포 후 6개월이 경과한 날부터 시행한다. 다만, 제29조제1항의 개정규정은 공포 후 1년이 경과한 날부터 시행한다.
제2조【보험금등의 구상에 관한 적용례】 제29조제1항의 개정규정은 같은 개정규정 시행 이후 발생한 자동차사고로 인하여 보험회사등이 법률상 손해배상책임이 있는 자에게 구상하는 경우부터 적용한다.
제3조【자동차손해배상 보장사업에 관한 적용례】 제30조제1항제3호의 개정규정은 이 법 시행 이후 자동차보유자를 알 수 없는 자동차의 운행 중 해당 자동차로부터 낙하된 물체로 인하여 사망하거나 부상하는 경우부터 적용한다.

부 칙 (2021.12.7)

제1조【시행일】 이 법은 공포 후 3개월이 경과한 날부터 시행한다. 다만, 제29조제1항제2호의 개정규정은 공포 후 6개월이 경과한 날부터 시행한다.
제2조【보험금등의 구상에 관한 적용례】 제29조제1항제2호의 개정규정은 같은 개정규정 시행 이후 발생한 자동차사고부터 적용한다.

부 칙 (2022.11.15)

이 법은 공포 후 6개월이 경과한 날부터 시행한다.

부 칙 (2024.1.9 법19981호)

제1조【시행일】 이 법은 공포 후 6개월이 경과한 날부터 시행한다.
제2조【전문심사기관의 조정 및 정산 등에 관한 적용례】 제12조의3 및 제19조의 개정규정은 이 법 시행 이후 의료기관이 제12조에 따라 청구한 자동차보험진료수가에 대하여 전문심사기관이 심사하여 지급된 경우부터 적용한다.

부 칙 (2024.1.9 법19986호)

제1조【시행일】 이 법은 공포 후 6개월이 경과한 날부터 시행한다.
제2조 생략
제3조【「여객자동차 운수사업법」 및 「자동차손해배상 보장법」의 개정에 관한 경과조치】 ① 이 법 시행 당시 종전의 「여객자동차 운수사업법」 제70조에 따른 공제분쟁조정위원회, 종전의 「자동차손해배상 보장법」 제34조에 따른 재활시설운영심의위원회 및 같은 법 제39조의2에 따른 자동차손해배상보장사업 채권정리위원회(이하 이 조에서 "종전위원회"라 한다)의 위원으로 위촉되거나 지명된 위원은 「자동차손해배상 보장법」 제23조의3의 개정규정에 따른 자동차손해배상보장위원회의 위원으로 위촉되거나 지명된 것으로 본다. 이 경우 위촉위원의 임기는 종전 임기의 남은 기간으로 한다.
② 이 법 시행 전에 종전위원회에 심의·의결 또는 조정 요청된 사항은 「자동차손해배상 보장법」 제23조의3의 개정규정에 따른 자동차손해배상보장위원회에 심의·의결 또는 조정 요청된 것으로 본다.
③ 이 법 시행 전의 행위에 대하여 벌칙을 적용할 때 다음 각 호에 따른 위원회 위원 중 공무원이 아닌 위원의 공무원 의제에 관하여는 「여객자동차 운수사업법」 제71조제5항 및 「자동차손해배상 보장법」 제45조의4제1호의 개정규정에도 불구하고 종전의 규정에 따른다.
1. 종전의 「여객자동차 운수사업법」 제70조제1항에 따른 공제분쟁조정위원회
2. 종전의 「자동차손해배상 보장법」 제34조제1항에 따른 재활시설운영심의위원회

부 칙 (2024.1.16)

이 법은 공포 후 1년이 경과한 날부터 시행한다.

자동차손해배상 보장법 시행령

(2008년 9월 25일 전부개정대통령령 제21036호)

개정
2009. 9. 3영21714호 2009.12.31영21963호
2010. 5. 4영22151호(전자정부법시)
2011. 1.24영22635호(의료법시)
2011. 4. 4영22829호(경제활성화친서민해소)
2012. 7. 4영23928호(위원회공정성일부개정령)
2012. 8.22영24065호
2013. 3.23영24443호(직제)
2013.12.30영25050호(행정규제재검토에따른일부개정령)
2014. 2. 5영25149호 2014.12.30영25940호
2015.11.20영26659호(의무경찰대설치및운영에관한법시)
2015.11.30영26683호(기준중위소득도입및맞춤형급여체계개편에따른일부개정령)
2015.12.22영26751호
2015.12.31영26844호(행정기관책임성강화)
2016.12.30영27743호
2018. 9.18영29180호(공무원재해보상법시)
2019. 2. 8영29518호(한국교통안전공단법시)
2020. 1. 7영30335호 2020. 2.25영30485호
2020. 3. 3영30509호(규제기한해제)
2020.10. 8영31105호
2020.12.31영31349호(자치경찰조직운영)
2021. 1. 5영31380호(법령용어정비)
2022. 1.25영32368호
2022. 3. 8영32528호(규제기한해제)
2022. 8. 2영32848호(건설기계관리법시)
2023. 3. 7영33321호(규제기한정비)
2023. 5.15영33468호

제1조【목적】 이 영은 「자동차손해배상 보장법」에서 위임된 사항과 그 시행에 필요한 사항을 규정함을 목적으로 한다.
제2조【건설기계의 범위】 「자동차손해배상 보장법」(이하 "법"이라 한다) 제2조제1호에서 "「건설기계관리법」의 적용을 받는 건설기계 중 대통령령으로 정하는 것"이란 다음 각 호의 것을 말한다.
1. 덤프트럭
2. 타이어식 기중기
3. 콘크리트믹서트럭
4. 트럭적재식 콘크리트펌프
5. 트럭적재식 아스팔트살포기
6. 타이어식 굴착기(2021.1.5 본호개정)
7. 「건설기계관리법 시행령」 별표1 제26호에 따른 특수건설기계 중 다음 각 목의 특수건설기계
가. 트럭지게차
나. 도로보수트럭
다. 노면측정장비(노면측정장치를 가진 자주식인 것을 말한다)
(2014.2.5 본호신설)

제3조【책임보험금 등】 ① 법 제5조제1항에 따라 자동차보유자가 가입하여야 하는 책임보험 또는 책임공제(이하 "책임보험등"이라 한다)의 보험금 또는 공제금(이하 "책임보험금"이라 한다)은 피해자 1명당 다음 각 호의 금액과 같다.
1. 사망한 경우에는 1억5천만원의 범위에서 피해자에게 발생한 손해액. 다만, 그 손해액이 2천만원 미만인 경우에는 2천만원으로 한다.(2014.12.30 본문개정)
2. 부상한 경우에는 별표1에서 정하는 금액의 범위에서 피해자에게 발생한 손해액. 다만, 그 손해액이 법 제15조제1항에 따른 자동차보험진료수가(診療酬價)에 관한 기준(이하 "자동차보험진료수가기준"이라 한다)에 따라 산출한 진료비 해당액에 미달하는 경우에는 별표1에서 정하는 금액의 범위에서 그 진료비 해당액으로 한다.
(2014.2.5 단서개정)
3. 부상에 대한 치료를 마친 후 더 이상의 치료효과를 기대할 수 없고 그 증상이 고정된 상태에서 그 부상이 원인이 되어 신체의 장애(이하 "후유장애"라 한다)가 생긴 경우에는 별표2에서 정하는 금액의 범위에서 피해자에게 발생한 손해액
② 동일한 사고로 제1항 각 호의 금액을 지급할 둘 이상의 사유가 생긴 경우에는 다음 각 호의 방법에 따라 책임보험금을 지급한다.
1. 부상한 자가 치료 중 그 부상이 원인이 되어 사망한 경우에는 제1항제1호와 같은 항 제2호에 따른 한도금액의 합산액 범위에서 피해자에게 발생한 손해액
(2012.8.22 본호개정)
2. 부상한 자에게 후유장애가 생긴 경우에는 제1항제2호와 같은 항 제3호에 따른 금액의 합산액
3. 제1항제3호에 따른 금액을 지급한 후 그 부상이 원인이 되어 사망한 경우에는 제1항제1호에 따른 금액에서 같은 항 제3호에 따른 금액 중 사망한 날 이후에 해당하는 손해액을 뺀 금액
③ 법 제5조제2항에서 "대통령령으로 정하는 금액"이란 사고 1건당 2천만원의 범위에서 사고로 인하여 피해자에게 발생한 손해액을 말한다.(2014.12.30 본항개정)

제4조【사업용자동차 등이 가입하여야 하는 보험 등의 금액】 법 제5조제3항 각 호 외의 부분 본문에서 "대통령령으로 정하는 금액"이란 피해자 1명당 1억원 이상의 금액 또는 피해자에게 발생한 모든 손해액을 말한다.

제5조【보험 등에의 가입의무가 없는 자동차】 법 제5조제4항에서 "대통령령으로 정하는 자동차"란 다음 각 호의 어느 하나에 해당하는 자동차를 말한다.
1. 대한민국에 주둔하는 국제연합군대가 보유하는 자동차
2. 대한민국에 주둔하는 미합중국군대가 보유하는 자동차
3. 제1호와 제2호에 해당하지 아니하는 외국인으로서 국토교통부장관이 지정하는 자가 보유하는 자동차
(2013.3.23 본호개정)
4. 견인되어 육지를 이동할 수 있도록 제작된 피견인자동차

제5조의2【보험 등의 가입 의무 면제사유】 법 제5조의2 제1항 전단에서 "대통령령으로 정하는 경우"란 다음 각 호의 어느 하나에 해당하는 경우를 말한다.
1. 해외근무 또는 해외유학 등의 사유로 국외에 체류하게 되는 경우
2. 질병이나 부상 등의 사유로 자동차 운전이 불가능하다고 의사가 인정하는 경우
3. 현역(상근예비역은 제외한다)으로 입영하거나 교도소 또는 구치소에 수감되는 경우
(2012.8.22 본조신설)

제6조【의무보험 가입관리전산망의 구성·운영 등】 ① 법 제7조제1항에 따라 의무보험 가입관리전산망(이하 "가입관리전산망"이라 한다)의 구성·운영을 위하여 국토교통부장관이 수행하여야 하는 업무는 다음 각 호와 같다.(2013.3.23 본문개정)
1. 가입관리전산망의 구성·관리 및 개선
2. 의무보험 관련 정보에 관한 데이터베이스의 구축·보급 및 운영(2009.12.31 본호개정)
3. 가입관리전산망의 운영을 위한 컴퓨터·통신설비 등의 설치 및 관리
4. 그 밖에 가입관리전산망의 구성·운영에 필요한 업무
② 국토교통부장관은 제1항 각 호에 따른 업무를 적절하게 수행하기 위하여 가입관리전산망 운영지침을 정할 수 있다.(2013.3.23 본항개정)
③ 법 제7조제2항 전단에서 "대통령령으로 정하는 정보"란 다음 각 호의 어느 하나에 해당하는 정보를 말한다.
(2009.12.31 본문개정)
1. 「자동차관리법」 제7조제1항에 따른 자동차등록원부(이륜자동차의 경우에는 같은 법 제48조에 따른 신고정보를 말한다)(2009.12.31 본호개정)
1의2. 「건설기계관리법」 제7조제1항에 따른 건설기계등록원부(2012.8.22 본호신설)
1의3. 「자동차관리법」 제27조제1항에 따른 임시운행허가 정보(2014.12.30 본호신설)
2. 법 제5조제1항부터 제3항까지의 규정에 따른 보험 또는 공제에의 가입 현황 및 변동 내용
3. 법 제6조제3항에 따른 서류제출명령의 현황
4. 「자동차관리법」 제13조제6항 및 제37조제3항, 「건설기계관리법」 제13조제10항, 「지방세법」 제131조제1항, 「질서위반행위규제법」 제55조제1항, 「여객자동차 운수사업법」 제89조제2항 또는 법 제5조의2제1항 및 제6조제4항에 따른 자동차 등록번호판 등의 영치 또는 보관 관련 정보(2022.8.2 본호개정)
5. 법 제30조제1항에 따른 보상청구의 현황 및 보상금 지급 현황
5의2. 법 제39조의13제2항에 따라 법 제39조의11에 따른 자동차사고 피해지원기금의 관리·운용에 관한 업무를 위탁받은 자의 기금의 관리·운용 내용(2016.12.30 본호신설)
6. 법 제45조제1항제3호에 따라 자동차손해배상 보장사업 분담금(이하 "분담금"이라 한다)의 수납·관리에 관한 업무를 위탁받은 자의 분담금의 수납·관리 내용
(2016.12.30 본호개정)
7. 법 제45조제3항에 따라 가입관리전산망의 구성·운영에 관한 업무를 위탁받은 자의 가입관리전산망의 구성·운영 내용
8. 법 제48조제3항제1호에 따른 과태료처분의 현황

9. 그 밖에 국토교통부장관이 가입관리전산망의 구성·운영에 필요하다고 인정하여 요청하는 정보(2013.3.23 본호개정)

제7조【보험금등의 지급청구 절차】 ① 법 제10조제1항에 따라 보험금 또는 공제금(이하 "보험금등"이라 한다)의 지급을 청구하거나 법 제11조제1항에 따라 가불금의 지급을 청구하려는 자는 보험회사 또는 공제사업자(이하 "보험회사등"이라 한다)에 다음 각 호의 사항을 적은 청구서를 제출해야 한다.(2023.5.15 본문개정)
1. 청구인의 성명 및 주소
2. 청구인과 사망자의 관계(피해자가 사망한 경우만 해당한다)
3. 피해자의 성명 및 주소(2023.5.15 본호개정)
3의2. 가해자의 성명(2023.5.15 본호신설)
4. 사고 발생의 일시·장소 및 개요
5. 해당 자동차의 종류 및 등록번호
6. 보험가입자(공제가입자를 포함한다. 이하 같다)의 성명(2023.5.15 본호개정)
7. 청구금액과 그 산출 기초. 다만, 법 제11조제1항에 따라 가불금의 지급을 청구하는 경우에는 산출 기초를 적지 아니한다.

② 제1항에 따른 청구서에는 다음 각 호의 서류를 첨부해야 한다.(2023.5.15 본문개정)
1. 진단서 또는 검안서
2. 제1항제2호의 사항을 증명하는 서류(2023.5.15 본호개정)
3. 국가경찰관서(지구대, 파출소 및 출장소를 포함한다. 이하 제20조제2항제3호가목에서 같다)의 장이 발급한 「도로교통법」 제54조제2항 본문에 따른 신고 사실을 확인할 수 있는 서류(제1항제4호의 사항이 포함된 것을 말한다). 다만, 「도로교통법」 제54조제1항 각 호 외의 부분에 따른 운전자등이 같은 조 제2항 본문에 따른 신고를 하지 않은 경우에는 보험회사등이 발급한 자동차 사고 접수 사실을 확인할 수 있는 서류(제1항제4호의 사항이 포함된 것을 말한다)로 이를 대신할 수 있다.(2023.5.15 본호신설)
4. 제1항제7호에 따른 산출 기초에 관하여 국토교통부령으로 정하는 증명서류(2013.3.23 본호개정)

③ 제1항에 따라 보험금등과 가불금의 지급을 함께 신청하는 자는 그 지급청구서를 각각 제출하되, 그 중 하나의 청구서에는 제2항제1호부터 제3호까지의 규정에 따른 서류를 첨부하지 않을 수 있다.(2023.5.15 본항개정)

④ 보험회사등은 보험금등 또는 가불금을 적절하게 지급하기 위하여 필요하다고 인정하면 제2항제1호에 따른 진단서를 제출하는 자에게 보험회사등이 지정하는 자가 작성한 진단서를 제출하게 할 수 있다. 이 경우 진단서 작성에 필요한 비용은 보험회사등이 부담한다.

제8조【보험금등의 청구에 대한 안내 등】 ① 보험회사등은 피해자에게 법 제10조에 따른 보험금등의 청구와 법 제11조에 따른 가불금의 청구에 필요한 사항을 안내하여야 한다.

② 보험회사등은 보험금등 또는 가불금을 지급할 때에는 보험가입자에게 의견을 제시할 기회를 주어야 한다.

제9조 (2014.12.30 삭제)

제10조【가불금액 등】 ① 법 제11조제1항에서 "대통령령으로 정하는 금액"이란 피해자 1명당 다음 각 호의 구분에 따른 금액의 범위에서 피해자에게 발생한 손해액의 100분의 50에 해당하는 금액을 말한다.(2009.12.31 본문개정)
1. 사망의 경우 : 1억5천만원(2020.2.25 본호개정)
2. 부상한 경우 : 별표1에서 정하는 상해 내용별 한도금액
3. 후유장애가 생긴 경우 : 별표2에서 정하는 신체장애 내용별 한도금액

(2009.12.31 2호~3호신설)

② 법 제11조제5항에서 "대통령령으로 정하는 요건"이란 보험회사등이 「민사집행법」 제24조 또는 제56조에 따른 집행권원(執行權原)을 가진 경우로서 다음 각 호의 어느 하나에 해당하는 경우를 말한다.
1. 가불금을 지급받은 자의 강제집행의 대상이 되는 재산(이하 "책임재산"이라 한다)에 대하여 최초로 강제집행을 시작한 날부터 1년이 지났음에도 불구하고 반환받아야 할 금액의 전부 또는 일부를 반환받지 못한 경우
2. 가불금을 지급받은 자의 책임재산을 알 수 없어 강제집행을 시작하지 못한 경우로서 「민사집행법」 제62조제7항에 따른 재산명시신청 각하결정(보험회사등이 가불금을 지급받은 자의 주소를 알았거나 알 수 있었음에도 불구하고 이를 바로잡지 아니하여 받은 각하결정은 제외한다)이 있은 경우에는 그 각하결정이 있은 날부터 1년이 지난 경우
3. 가불금을 지급받은 자의 책임재산을 알 수 없어 강제집행을 시작하지 못한 경우로서 「민사집행법」 제74조에 따라 재산조회를 한 결과 가불금을 지급받은 자의 책임재산이 없는 것으로 조회된 경우에는 보험회사등이 같은 법 제77조 및 「재산조회규칙」 제13조에 따라 재산조회 결과를 출력받은 날부터 1년이 지난 경우
4. 가불금을 지급받은 자가 「채무자 회생 및 파산에 관한 법률」에 따라 납부의무를 면제받게 된 경우(2015.12.22 본호신설)
5. 가불금을 지급받은 자가 사망하고 상속인이 없거나 상속인이 한정승인을 한 경우로서 「민법」 제1032조부터 제1039조까지 및 제1056조에 따른 청산이 종료되었음에도 불구하고 반환받아야 할 금액의 전부 또는 일부를 반환받지 못한 경우(2023.5.15 본호신설)

③ (2016.12.30 삭제)

제11조【자동차보험 진료수가의 지급 의사 등의 통지】 ① 법 제12조제1항에 따라 보험회사등이 의료기관에 하는 통지는 서류, 팩스, 전산파일, 그 밖의 문서로 한다.
② 법 제12조제5항제1호에 따른 통지 및 철회에 관하여는 제1항을 준용한다.

제11조의2【자동차보험진료수가 전문심사기관】 법 제12조의2제1항에서 "대통령령으로 정하는 전문심사기관"이란 「국민건강보험법」 제62조에 따른 건강보험심사평가원(이하 "건강보험심사평가원"이라 한다)을 말한다.(2014.2.5 본조개정)

제12조【입원환자의 외출 또는 외박에 관한 기록 관리】 ① 의료기관이 법 제13조제1항에 따라 교통사고로 입원한 환자(이하 "입원환자"라 한다)의 외출 또는 외박에 관한 사항을 기록·관리할 때에는 국토교통부령으로 정하는 바에 따라 다음 각 호의 사항을 적어야 한다.(2014.2.5 본문개정)
1. 외출 또는 외박을 하는 자의 이름, 생년월일 및 주소(2012.8.22 본호개정)
2. 외출 또는 외박의 사유
3. 의료기관이 외출 또는 외박을 허락한 기간, 외출·외박 및 귀원(歸院) 일시

② 외출 또는 외박에 관한 기록에는 외출 또는 외박을 하는 자나 그 보호자, 외출 또는 외박을 허락한 의료인(「의료법」 제2조제1항에 따른 의료인을 말한다. 이하 이 항에서 같다) 및 귀원을 확인한 의료인이 서명 또는 날인하여야 한다. 다만, 의료인이 외출 또는 외박을 허락하거나 확인할 수 없는 경우에는 의료기관 종사자가 서명 또는 날인할 수 있다.

③ 외출 또는 외박에 관한 기록의 보존기간은 3년으로 하고, 마이크로필름 또는 광디스크 등(이하 이 조에서 "필름"이라 한다)에 원본대로 수록·보존할 수 있다.

④ 제3항에 따른 방법으로 외출 또는 외박에 관한 기록을 보존하는 경우에는 필름의 표지에 필름촬영 책임자가 촬영 일시 및 그 이름을 적고, 서명 또는 날인하여야 한다.

제12조의2【교통사고환자 전원지시】 ① 법 제13조의2제1항에서 "생활근거지에서 진료할 필요가 있는 경우 등 대통령령으로 정하는 경우"란 입원 중인 교통사고환자가 수술·처치 등의 진료를 받은 후 해당 의료기관 또는 담당의사의 의학적 판단 결과 상태가 호전되어 더 이상 진료 중인 의료기관에서의 입원진료가 필요하지 않아 생활근거지에 소재한 의료기관 또는 제2항에 따른 다른 의료기관으로 옮길 필요가 있는 경우를 말한다.

② 법 제13조의2제1항에서 "대통령령으로 정하는 다른 의료기관"이란 다음 각 호의 구분에 따른 의료기관을 말한다.
1. 「의료법」 제3조제2항제3호가목부터 라목까지의 규정에 따른 병원·치과병원·한방병원 및 요양병원(이하 "병원등"이라 한다)에 입원 중인 교통사고환자 : 상급종합병원, 종합병원 및 병원등을 제외한 의료기관
2. 「의료법」 제3조제2항제3호마목에 따른 종합병원(이하 "종합병원"이라 한다)에 입원 중인 교통사고환자 : 「의료법」 제3조의4제1항에 따라 지정된 상급종합병원(이하 "상급종합병원"이라 한다) 및 종합병원을 제외한 의료기관
3. 상급종합병원에 입원 중인 교통사고 환자 : 상급종합병원을 제외한 의료기관

(2009.12.31 본조신설)

제12조의3【심사 등에 필요한 요청 자료의 범위】 법 제14조제2항에서 "대통령령으로 정하는 자료"란 별표2의2에서 정하는 자료를 말한다.(2022.1.25 본조신설)

제12조의4【교통사고 관련 조사기록의 열람 청구】 ① 법 제14조제4항 전단에 따라 보험회사등이 경찰관서에 열람을 청구할 수 있는 교통사고 관련 조사기록은 경찰공무원이 작성한 교통사고보고서 중 다음 각 호의 사항에 관한 기록으로 한다.(2020.12.31 본문개정)
1. 교통사고 발생 일시, 장소 및 원인
2. 교통사고 유형 및 피해상황
3. 무면허운전 및 음주운전 여부

② 보험회사등이 법 제14조제4항 전단에 따라 교통사고 관련 조사기록의 열람을 청구하는 경우에는 열람예정일 7일 전까지 열람청구서에 열람사유서를 첨부하여 경찰관서에 제출하여야 한다. 다만, 긴급하거나 부득이한 사유가 있음을 소명하는 경우에는 그러하지 아니하다.

③ 제1항에 따른 열람의 청구를 받은 경찰관서는 수사에 지장을 초래하는 등 특별한 사유가 있는 경우를 제외하고는 열람방법, 열람장소 및 열람범위 등을 정하여 서면, 전자우편 또는 휴대전화 등의 방법으로 알려야 한다.

(2012.8.22 본조신설)

제12조의5【교통법규 위반 등에 관한 개인정보 제공의 범위·절차 및 방법】 법 제14조제6항에 따라 보험회사등에 제공할 수 있는 교통법규 위반 또는 운전면허의 효력에 관한 개인정보(이하 "개인정보"라 한다) 제공의 범위는 다음 각 호와 같다.
1. 교통법규 위반에 관한 다음 각 목의 사항
  가. 교통법규 위반자의 성명, 주민등록번호 및 운전면허번호
  나. 교통법규 위반 일시 및 위반 항목
2. 운전면허에 관한 다음 각 목의 사항
  가. 운전면허 취득자의 성명, 주민등록번호 및 운전면허번호
  나. 운전면허의 범위, 정지 또는 취소 여부 및 정지기간 또는 취소일

② 법 제39조의3제1항에 따라 설립된 자동차손해배상진흥원(이하 "자동차손해배상진흥원"이라 한다)은 법 제14조제6항에 따라 보험회사등에 개인정보를 제공한 경우에는 국토교통부장관이 정하여 고시하는 바에 따라 제공 대상자, 제공 정보, 제공 목적 등을 기록·관리해야 한다.

③ 자동차손해배상진흥원은 법 제14조제6항에 따라 제공받은 개인정보의 보안유지 및 관리를 위하여 필요한 규정을 정하여 운영해야 한다.

(2020.2.25 본조신설)

제13조【자동차보험정비협의회의 구성·운영 등】 ① 국토교통부장관은 법 제15조의2제1항에 따른 자동차보험정비협의회(이하 "협의회"라 한다)의 위원이 다음 각 호의 어느 하나에 해당하는 경우에는 해당 위원을 해촉할 수 있다.
1. 심신장애로 인하여 직무를 수행할 수 없게 된 경우
2. 직무와 관련된 비위사실이 있는 경우
3. 직무태만, 품위손상 등의 사유로 위원의 직을 유지하는 것이 적합하지 않다고 인정되는 경우
4. 위원 스스로 직무를 수행하는 것이 곤란하다고 의사를 밝히는 경우

② 제1항에서 규정한 사항 외에 협의회의 구성·운영 및 조사·연구 등에 필요한 사항은 협의회의 의결을 거쳐 협의회의 위원장이 정한다.

(2020.10.8 본조개정)

제14조【자동차보험진료수가분쟁심의회의 구성 및 운영】 ① 법 제17조제3항에서 "대통령령으로 정하는 요건을 갖춘 자"란 다음 각 호의 어느 하나에 해당하는 자를 말한다.
1. 자동차보험·의료 또는 법률 등에 관한 지식이나 경험이 풍부한 자
2. 소비자단체에서 소비자 보호업무를 5년 이상 수행한 경력이 있는 자
3. 자동차사고의 피해자

② 법 제17조제1항에 따른 자동차보험진료수가분쟁심의회(이하 "심의회"라 한다)의 효율적으로 운영하기 위하여 심의회에 전문위원회를 둘 수 있다.

③ 심의회의 운영을 지원하기 위하여 심의회에 사무국을 둘 수 있다.

④ 심의회의 업무비용에 대한 보험회사등과 의료기관의 분담금액, 분담방법, 그 밖에 심의회의 운영에 필요한 사항은 심의회의 의결을 거쳐 심의회의 위원장이 정한다.

제15조【심의회 위원의 해촉】 국토교통부장관은 법 제17조제3항에 따른 위원이 다음 각 호의 어느 하나에 해당하는 경우에는 해당 위원을 해촉(解囑)할 수 있다.
1. 심신장애로 인하여 직무를 수행할 수 없게 된 경우
2. 직무와 관련된 비위사실이 있는 경우
3. 직무태만, 품위손상이나 그 밖의 사유로 인하여 위원으로 적합하지 아니하다고 인정되는 경우
4. 위원 스스로 직무를 수행하는 것이 곤란하다고 의사를 밝히는 경우

(2015.12.31 본조신설)

제16조【진료수가의 지급에 관한 이자율】 ① 보험회사등이 법 제12조제4항 본문에 따른 지급기한을 넘겨 청구액을 지급하는 경우에는 연 20퍼센트의 이자율을 적용하여 지급한다.

② (2014.2.5 삭제)

(2014.2.5 본조개정)

제16조의2【심의회에 대한 심사 청구의 대상 및 절차】 ① 보험회사등과 의료기관은 법 제12조의2제2항에 따른 이의제기 결과가 자동차보험진료수가기준을 부당하게 적용한 것으로 판단되면 법 제19조제1항에 따라 심의회에 심사를 청구할 수 있다.

② 제1항에 따라 심사를 청구하려는 보험회사등과 의료기관은 이의제기 결과에 대한 불복 사유 등을 적은 심사청구서를 심의회에 제출하여야 한다.

③ 심의회는 보험회사등과 의료기관으로부터 심사청구를 받은 경우에는 그 사실을 건강보험심사평가원에 통보하여야 한다.

④ 제3항에 따라 통보를 받은 건강보험심사평가원은 해당 청구에 대한 의견을 심의회에 제출하여야 한다.

⑤ 제1항부터 제4항까지에서 규정한 사항 외에 심사 청구의 대상 및 절차에 관하여 필요한 사항은 국토교통부장관이 정하여 고시한다.

(2014.2.5 본조신설)

제17조【보험계약 체결의 거부】 법 제24조제1항에서 "대통령령으로 정하는 사유가 있는 경우"란 다음 각 호의 어느 하나에 해당하는 경우를 말한다.
1. 「자동차관리법」 또는 「건설기계관리법」에 따른 검사를 받지 아니한 자동차에 대한 청약이 있는 경우
2. 「여객자동차 운수사업법」, 「화물자동차 운수사업법」, 「건설기계관리법」, 그 밖의 법령에 따라 운행이 정지되거나 금지된 자동차에 대한 청약이 있는 경우

3. 청약자가 청약 당시 사고 발생의 위험에 관하여 중요한 사항을 알리지 아니하거나 부실하게 알린 것이 명백한 경우

제18조 (2020.2.25 삭제)

제19조【자동차손해배상 보장사업에 따른 피해보상금액】 법 제30조제1항에 따라 정부가 피해자에게 보상할 금액(이하 "보상금"이라 한다)은 「보험업법」에 따라 인가된 책임보험의 약관에서 정하는 책임보험금 지급기준에 따라 산정한 금액으로 한다.

제20조【보상의 절차 등】 ① 피해자(피해자가 사망한 경우에는 피해보상을 받을 권리를 가진 자를 말한다. 이하 제3항과 제4항에서 같다)가 법 제30조제1항에 따라 보상을 청구할 때에는 다음 각 호의 사항을 적은 청구서를 국토교통부장관(법 제45조제1항에 따라 국토교통부장관이 법 제30조제1항에 따른 보상에 관한 업무를 위탁한 경우에는 그 위탁을 받은 자를 말한다. 이하 제5항과 제6항에서 같다)에게 제출해야 한다.(2023.5.15 본문개정)

1. 청구인의 성명 및 주소
2. 청구인과 사망자의 관계(피해자가 사망한 경우만 해당한다)
3. 피해자의 성명 및 주소(2023.5.15 본호개정)

3의2. 가해자의 성명(법 제30조제1항제1호 또는 제3호에 해당하는 경우는 제외한다)(2023.5.15 본호신설)

4. 사고 발생의 일시·장소 및 개요
5. 해당 자동차의 종류 및 등록번호(법 제30조제1항제1호 또는 제3호에 해당하는 경우는 제외한다)(2022.1.25 본호개정)
6. 청구금액

② 제1항에 따른 청구서에는 다음 각 호의 서류를 첨부해야 한다.(2023.5.15 본문개정)

1. 진단서 또는 검안서
2. 제1항제2호의 사항을 증명하는 서류(2023.5.15 본호개정)
3. 다음 각 목의 어느 하나에 해당하는 서류. 다만, 가목의 서류를 첨부한 경우에는 제1항에 따른 청구서를 제출한 후 90일 이내에 나목의 서류를 추가로 제출해야 한다.
   가. 국가경찰관서의 장이 발급한 「도로교통법」 제54조제2항 본문에 따른 신고 사실을 확인할 수 있는 서류(제1항제4호의 사항이 포함된 것을 말한다)
   나. 경찰서장이 발급한 자동차사고 발생 사실을 확인할 수 있는 서류로서 국토교통부령으로 정하는 서류

(2023.5.15 본호신설)

③ 자동차의 운행으로 인한 사망 또는 부상 사고를 조사한 경찰서장은 그 사고가 법 제30조제1항 각 호의 어느 하나에 해당하는 경우에는 피해자에게 법 제30조제1항에 따른 보상을 청구할 수 있음을 알려야 한다.

④ 피해자가 법 제35조제1항에 따라 준용되는 법 제10조 및 법 제11조에 따른 보상금 및 가불금을 함께 청구할 때에는 그 지급청구서를 각각 제출하되, 그 중 하나의 청구서에는 제2항에 따른 서류를 첨부하지 아니할 수 있다.

⑤ 국토교통부장관은 제1항에 따라 보상의 청구를 받으면 지체 없이 이를 심사한 후 보상금을 결정하고, 결정한 날부터 10일 이내에 지급하여야 한다.(2013.3.23 본항개정)

⑥ 제1항에 따른 보상금의 지급청구에 관하여는 제7조제4항을 준용한다. 이 경우 "보험회사등"은 "국토교통부장관"으로 본다.(2013.3.23 본항개정)

⑦ 보험회사등이 법 제11조제5항 및 법 제30조제4항에 따라 보상을 청구할 때에는 다음 각 호의 사항을 적은 청구서를 국토교통부장관(법 제45조제4항에 따라 국토교통부장관이 법 제30조제4항에 따른 보상 업무를 위탁한 경우에는 그 업무를 위탁받은 보험 관련 단체 또는 특수법인을 말한다. 이하 제9항에서 같다)에게 제출하여야 한다.(2015.12.22 본문개정)

1. 청구인의 명칭 및 주소
2. 피해자의 성명 및 주소(2015.12.22 본호개정)
3. 사고 발생의 일시·장소 및 개요
4. 해당 자동차의 종류 및 등록번호
5. 보험가입자의 성명 및 주소
6. 청구요건(제10조제2항에 해당하는 사유를 말한다)
7. 청구금액 및 그 산출 기초

⑧ 제7항에 따른 청구서에는 같은 항 제2호·제3호·제6호 및 제7호의 사항을 증명할 수 있는 서류를 첨부하여야 한다.

⑨ 국토교통부장관은 제7항에 따라 청구서를 받으면 지체 없이 이를 심사하여 보상의 금액을 결정하고, 결정한 날부터 10일 이내에 보상금을 지급하여야 한다.

(2013.3.23 본항개정)

제21조【지원대상자】 ① 법 제30조제2항에 따라 정부가 지원할 수 있는 대상자는 다음 각 호의 요건을 모두 갖춘 사람으로서 제23조제2항에 따라 지원대상자로 결정된 자로 한다. 다만, 지원을 위한 재원이 부족할 경우에는 생활형편이 어려운 자의 순서로 그 지원대상자를 선정할 수 있다.

1. 중증 후유장애인, 사망자 또는 중증 후유장애인의 유자녀 및 피부양가족일 것
2. 생활형편이 「국민기초생활 보장법」에 따른 기준 중위소득을 고려하여 국토교통부장관이 정하는 기준에 해당되어 생계 유지, 학업 또는 재활치료(중증 후유장애인인 경우만 해당한다)를 계속하기 곤란한 상태에 있을 것

② 제1항에 따른 중증 후유장애인, 사망자 또는 중증 후유장애인의 유자녀 및 피부양가족의 범위는 별표3과 같다.(2020.1.7 본조개정)

제22조【지원의 기준 및 금액】 ① 제21조제1항에 따른 지원대상자에 대하여 정부가 지원할 수 있는 기준은 다음 각 호와 같다.

1. 중증후유장애인의 경우 : 다음 각 목의 지원
   가. 「의료법」에 따른 의료기관 또는 「장애인복지법」에 따른 재활시설을 이용하거나 그 밖에 요양을 하기 위하여 필요한 비용의 보조
   나. 학업의 유지를 위한 장학금의 지급
2. 유자녀의 경우 : 다음 각 목의 지원
   가. 생활자금의 대출
   나. 학업의 유지를 위한 장학금의 지급
   다. 자립지원을 위하여 유자녀의 보호자(유자녀의 친권자, 후견인, 유자녀를 보호·양육·교육하거나 그 의무가 있는 자 또는 업무·고용 등의 관계로 사실상 유자녀를 보호·감독하는 자를 말한다)가 유자녀의 명의로 저축한 금액에 따른 지원자금(이하 "자립지원금"이라 한다)의 지급

(2009.12.31 1호~2호개정)

3. 피부양가족 : 노부모 등의 생활의 정도를 고려한 보조금의 지급
4. 제1호부터 제3호까지의 규정에 해당하는 사람에 대한 심리치료 등의 정서적 지원 사업(2012.8.22 본호신설)

② 제1항에 따른 지원 금액은 별표4에 따른 금액을 기준으로 하되, 지원을 위한 재원을 고려하여 국토교통부장관이 기준금액의 2분의 1의 범위에서 가감하여 정하는 금액으로 한다.(2013.3.23 본항개정)

제22조의2【자동차손해배상 보장사업을 위한 정보의 범위】 법 제30조제3항 각 호 외의 부분에서 "대통령령에 따른 정보"란 다음 각 호의 정보를 말한다.

1. 피해자(피해자가 사망한 경우에는 피해보상을 받을 권리를 가진 자를 말한다. 이하 제4호 및 제5호에서 같다)의 성명, 주민등록번호, 주소 및 연락처
2. 피해 원인, 피해 현황 및 피해 정도에 관한 정보
3. 가해차량에 관한 정보

(2022.1.25 1호~3호개정)

4. 피해자 가족구성원의 인적사항에 관한 정보 중 「주민등록법」 제30조에 따른 주민등록전산정보자료
5. 피해자의 생활형편에 관한 정보 중 다음 각 목의 정보
   가. 「국민기초생활 보장법」에 따른 수급권자 또는 차상위계층 여부
   나. 「한부모가족지원법」 제5조 또는 제5조의2에 따른 지원대상자 여부
6. 피해자의 신체 장애에 관한 정보 중 다음 각 목의 정보
   가. 별표2에 따른 후유 장애 등급 및 내용
   나. 「장애인복지법」에 따른 장애 종류 및 정도

(2022.1.25 4호~6호신설)

7. 그 밖에 제1호부터 제6호까지와 유사한 정보로서 국토교통부장관이 필요하다고 인정하는 정보(2022.1.25 본호개정)

(2012.8.22 본조신설)

제23조【지원의 방법 및 절차 등】 ① 제21조 및 제22조에 따른 지원을 받으려는 자는 지원신청서를 작성하여 국토교통부장관에게 제출하여야 한다.(2013.3.23 본항개정)

② 국토교통부장관은 제1항에 따른 지원신청을 받은 경우에는 지체 없이 이를 심사하여 지원대상 여부를 결정한 후 신청인에게 그 결과를 알려야 한다.(2013.3.23 본항개정)

③ 국토교통부장관은 법 제30조제2항 및 법 제31조에 따른 정부의 지원에 관한 업무를 적절하게 수행하기 위하여 다음 각 호의 사항이 포함되는 지원업무의 처리에 관한 규정을 작성하여야 한다.(2013.3.23 본문개정)

1. 제21조에 따른 지원대상자 선정의 세부 기준
2. 제22조제1항제2호 각 목에 따른 생활자금의 대출 및 그 상환, 장학금의 지급 또는 자립지원금의 지급에 관한 사항(2009.12.31 본호개정)
3. 제22조제2항에 따른 구체적인 지원금액
4. 제27조에 따른 구체적인 집행 절차 및 사후 관리 등에 관한 사항
5. 제1항에 따른 지원신청서의 작성 및 제출에 관한 사항
6. 재원의 관리와 회계처리에 관한 사항
7. 지원업무계획의 수립 및 시행에 관한 사항

제23조의2【자동차사고 피해예방사업의 범위 등】 ① 법 제30조의2제1항제3호에서 "자동차사고 피해예방을 위한 연구·개발 등 대통령령으로 정하는 사항"이란 다음 각 호의 사업을 말한다.

1. 자동차사고 피해예방을 위한 연구 및 개발
2. 자동차사고 피해예방과 피해보상에 관한 통계 및 자료의 수집·관리
3. 자동차사고 피해예방과 관련한 시범사업 및 선도사업의 시행·지원

② 국토교통부장관은 법 제30조의2제1항에 따른 자동차사고 피해예방사업을 적절하게 수행하기 위하여 다음 각 호의 사항이 포함된 자동차사고 피해예방사업 시행지침을 마련하여 운영하여야 한다.

1. 자동차사고 피해예방사업 계획의 수립 및 시행에 관한 사항
2. 재원의 관리와 회계처리에 관한 사항
3. 자동차사고 피해예방사업의 방법 및 절차에 관한 사항
4. 자동차사고 피해예방사업의 정책적 타당성 평가에 관한 사항

(2014.2.5 본조신설)

제24조【재활사업의 범위 등】 ① 법 제31조제1항제1호에서 "대통령령으로 정하는 사업"이란 다음 각 호의 사업을 말한다.

1. 의료재활사업 관계자에 대한 교육
2. 의료재활사업에 관한 조사·연구

② 법 제31조제1항제2호에서 "대통령령으로 정하는 사업"이란 다음 각 호의 사업을 말한다.

1. 직업재활사업 관계자에 대한 교육
2. 직업재활사업에 관한 조사·연구
3. 「장애인복지법」에 따른 장애인복지시설에서 제공하는 주거편의·상담·훈련 등 서비스의 소개

③ (2016.12.30 삭제)

제25조【재활시설운영자의 요건】 ① (2009.9.3 삭제)

② 법 제32조제1항제2호가목 및 나목에서 "대통령령으로 정하는 요건을 갖춘 법인"이란 각각 「장애인복지법」에 따른 장애인복지단체로서 자동차사고후유장애인의 재활사업을 목적으로 설립된 법인을 말한다.(2015.12.22 본항개정)

제26조【재활시설운영자의 지정신청 등】 ① 법 제32조제2항에 따라 재활시설운영자로 지정받으려는 자는 다음 각 호의 서류(전자문서를 포함한다)를 첨부하여 국토교통부장관에게 신청하여야 한다. 이 경우 국토교통부장관은 「전자정부법」 제36조제1항에 따른 행정정보의 공동이용을 통하여 법인등기부 등본을 확인하여야 한다.

(2013.3.23 본문개정)

1. 정관
2. 의료재활시설 및 직업재활시설(이하 "재활시설"이라 한다)의 운영·관리 등 계획서(자동차사고 후유장애인 재활시설의 운영·관리 등을 위한 전문인력의 확보 방안을 포함한다)
3. 재활시설의 운영·관리 등을 위한 내부 규정 1부
4. 의료재활시설운영자로 지정받으려는 경우에는 다음 각 목의 서류
   가. 의료기관 개설허가증 사본
   나. 「의료법」 제58조 및 제58조의3에 따른 평가결과 및 인증등급(2011.1.24 본목개정)
   다. 최근 3년간 진료과목별 진료실적

② 국토교통부장관은 제1항에 따른 신청을 받으면 법 제34조제1항에 따른 재활시설운영심의위원회(이하 "심의위원회"라 한다)의 심의를 거쳐 재활시설운영자를 지정하여야 한다.(2013.3.23 본항개정)

제27조【재활시설운영자에 대한 감독 등】 ① 재활시설운영자는 다음 연도 재활시설의 운영·관리 등을 위한 계획 및 예산을 매년 10월 31일까지 국토교통부장관에게 제출하고 승인을 받아야 한다. 승인받은 계획 및 예산을 변경하려는 경우에도 또한 같다.(2013.3.23 전단개정)

② 재활시설운영자는 다음 각 호의 사항을 매 분기 종료 후 25일 이내에 국토교통부장관에게 보고하여야 한다.

(2013.3.23 본문개정)

1. 재활시설의 운영·관리 등의 현황(입소자의 현황을 포함한다)
2. 재활시설의 운영·관리 등을 위한 전문인력의 현황
3. 재활시설의 운영·관리 등을 위한 교부금의 수입 및 지출현황
4. 재활시설의 운영·관리 등을 위한 교부금의 잔액증명서 등 국토교통부장관이 요구하는 자료(2013.3.23 본호개정)

③ 국토교통부장관은 재활시설운영자의 전 분기 재활시설의 운영·관리 등의 사업실적 및 재활시설의 운영·관리 등을 위한 교부금의 집행실적을 고려하여 다음 분기의 재활시설의 운영·관리 등을 위한 교부금을 조정하여 지급할 수 있다.(2013.3.23 본항개정)

제28조【심의위원회의 구성·운영 등】 ① 심의위원회는 위원장 1명을 포함한 20명 이내의 위원으로 구성한다.

② 심의위원회의 위원은 다음 각 호의 자가 되며, 위원장은 제3호의 위촉위원 중에서 호선한다.

1. 국토교통부의 자동차후유장애인 재활지원 관련 업무 담당 과장 또는 팀장(2013.3.23 본호개정)
2. 「한국교통안전공단법」에 따른 한국교통안전공단(이하 "한국교통안전공단"이라 한다) 소속 직원 중에서 한국교통안전공단 이사장이 지명하는 자 1명(2019.2.8 본호개정)
3. 다음 각 목의 자 중에서 국토교통부장관이 위촉하는 자 18명 이내(2013.3.23 본문개정)
   가. 경제·경영·법률·의료·교통·건축·장애인복지 또는 재활관련 분야의 대학(「고등교육법」 제2조에 따른 학교를 말한다)에서 조교수 이상으로 3년 이상 있거나 있었던 자
   나. 판사·검사 또는 변호사로 3년 이상 있거나 있었던 자
   다. 고위공무원단에 속하는 일반직공무원 또는 5급 이상 공무원으로서 교통·의료·건축 또는 장애인복지 분야에서 3년 이상 근무하거나 근무한 자
   라. 「공공기관의 운영에 관한 법률」에 따른 공공기관에서 교통·의료·건축·장애인복지 분야의 중간관리자 이상으로 3년 이상 있거나 있었던 자

마. 언론인으로서 3년 이상 근무하거나 근무한 자
바. 「비영리민간단체 지원법」 제2조에 따른 비영리민간단체로부터 추천을 받은 자
사. 그 밖에 경제·경영·법률·의료·교통·건축·장애인복지 또는 재활 관련 분야의 전문지식과 경험이 풍부한 자로서 해당 분야에서 3년 이상 근무하거나 근무한 자
③ 위촉위원의 임기는 2년으로 하되, 2차에 한하여 연임할 수 있다.(2009.12.31 본항개정)
④ 위원장이 부득이한 사유로 직무를 수행할 수 없을 때에는 위원장이 미리 지명한 위원이 그 직무를 대행한다.
⑤ 심의위원회의 회의는 재적위원 과반수의 출석으로 개의하고, 출석위원 과반수의 찬성으로 의결한다.
⑥ 심의위원회의 사무를 처리하기 위하여 간사 1명을 두되, 간사는 국토교통부 소속 공무원 중에서 국토교통부장관이 지명하는 자가 된다.(2013.3.23 본항개정)
⑦ 제1항부터 제6항까지 및 제28조의2에서 규정한 사항 외에 심의위원회의 운영 등에 필요한 사항은 심의위원회의 의결을 거쳐 위원장이 정한다.(2012.7.4 본항개정)

제28조의2【위원의 제척·기피·회피】 ① 심의위원회 위원(이하 이 조에서 "위원"이라 한다)이 다음 각 호의 어느 하나에 해당하는 경우에는 심의위원회의 심의·의결에서 제척(除斥)된다.
1. 위원 또는 그 배우자나 배우자이었던 사람이 해당 안건의 당사자(당사자가 법인·단체 등인 경우에는 그 임원을 포함한다. 이하 이 호 및 제2호에서 같다)가 되거나 그 안건의 당사자와 공동권리자 또는 공동의무자인 경우
2. 위원이 해당 안건의 당사자와 친족이거나 친족이었던 경우
3. 위원이 해당 안건에 대하여 자문, 연구, 용역(하도급을 포함한다), 감정 또는 조사를 한 경우
4. 위원이나 위원이 속한 법인·단체 등이 해당 안건의 당사자의 대리인이거나 대리인이었던 경우
5. 위원이 임원 또는 직원으로 재직하고 있거나 최근 3년 내에 재직하였던 기업 등이 해당 안건에 관하여 자문, 연구, 용역(하도급을 포함한다), 감정 또는 조사를 한 경우
② 해당 안건의 당사자는 위원에게 공정한 심의·의결을 기대하기 어려운 사정이 있는 경우에는 심의위원회에 기피 신청을 할 수 있고, 심의위원회는 의결로 이를 결정한다. 이 경우 기피 신청의 대상인 위원은 그 의결에 참여하지 못한다.
③ 위원이 제1항 각 호에 따른 제척 사유에 해당하는 경우에는 스스로 해당 안건의 심의·의결에서 회피(回避)하여야 한다.
(2012.7.4 본조신설)

제28조의3【심의위원회 위원의 해촉 등】 ① 제28조제2항제2호에 따라 위원을 지명한 자는 위원이 다음 각 호의 어느 하나에 해당하는 경우에는 그 지명을 철회할 수 있다.
1. 심신장애로 인하여 직무를 수행할 수 없게 된 경우
2. 직무와 관련된 비위사실이 있는 경우
3. 직무태만, 품위손상이나 그 밖의 사유로 인하여 위원으로 적합하지 아니하다고 인정되는 경우
4. 제28조의2제1항 각 호의 어느 하나에 해당하는 데에도 불구하고 회피하지 아니한 경우
5. 위원 스스로 직무를 수행하는 것이 곤란하다고 의사를 밝히는 경우
② 국토교통부장관은 제28조제2항제3호에 따른 위원이 제1항 각 호의 어느 하나에 해당하는 경우에는 해당 위원을 해촉할 수 있다.
(2015.12.31 본조신설)

제29조【보상책임의 면제】 법 제36조제1항에서 "그 밖에 대통령령으로 정하는 법률"이란 다음 각 호의 법률을 말한다.
1. 「공무원 재해보상법」(같은 법 제8조의 급여 중 같은 조 제5호에 따른 재해유족급여를 제외한 급여를 말한다)(2018.9.18 본호개정)
2. 「군인연금법」(같은 법 제6조제13호·제14호 및 제17호에 따른 재해보상금, 사망조위금 및 공무상요양비만 해당한다)
3. 「사립학교교직원 연금법」(같은 법 제42조에 따라 준용되는 「공무원 재해보상법」 제8조의 급여 중 같은 조 제5호에 따른 재해유족급여를 제외한 급여를 말한다)(2018.9.18 본호개정)
4. 「의무경찰대 설치 및 운영에 관한 법률」(2015.11.20 본호개정)
5. 「국가유공자 등 예우 및 지원에 관한 법률」(같은 법 제15조에 따른 간호수당, 같은 법 제17조에 따른 사망일시금 및 같은 법 제43조의2에 따른 보철구의 지급만 해당한다)
6. 「근로기준법」
7. 「국민건강보험법」

제30조【분담금의 납부자 등】 ① 법 제37조제1항에서 "대통령령으로 정하는 자동차보유자"란 제5조제3호에 따른 자동차의 보유자를 말한다.
② 제1항에 따른 자동차의 보유자와 자동차손해배상에 관한 보험계약을 체결한 보험회사(「보험업법」에 따른 외국보험회사를 포함한다)는 해당 자동차의 보유자로부터 분담금을 징수하여 정부에 납부하여야 한다.(2020.2.25 본항개정)

제31조【분담금액】 ① 법 제37조제1항에 따른 분담금은 다음 각 호의 구분에 따른 금액으로 한다.
1. 법 제5조제1항에 따라 책임보험등에 가입해야 하는 자 : 책임보험등의 보험료(책임공제의 경우에는 책임공제분담금을 말한다)에 해당하는 금액의 100분의 1에 해당하는 금액
2. 제30조제1항에 해당하는 자 : 법 제5조제1항에 따라 책임보험등에 가입해야 하는 자가 제1호에 따라 납부한 분담금의 평균 금액을 고려하여 국토교통부장관이 정하여 고시하는 금액
② 국토교통부장관은 제1항제1호를 개정하거나 같은 항 제2호에 따라 분담금을 정하여 고시하는 경우에는 미리 금융위원회와 협의해야 한다.
(2023.5.15 본조신설)

제32조【분담금의 납부 등】 ① 보험회사등은 법 제37조제3항 및 제4항에 따라 자동차보유자로부터 징수한 분담금을 징수한 달의 다음 달 말일까지 그 징수 명세를 첨부하여 국토교통부장관(법 제45조제1항에 따라 국토교통부장관이 법 제37조에 따른 분담금의 수납·관리에 관한 업무를 위탁한 경우에는 그 위탁을 받은 자를 말한다. 이하 제32조의2제2항에서 같다)에게 납부해야 한다.
(2023.5.15 본항개정)
② 국토교통부장관은 법 제30조제6항에 따른 자동차손해배상 보장사업(이하 "자동차손해배상 보장사업"이라 한다)에 따른 수입과 지출을 다른 수입 및 지출과 구분하여 경리해야 한다.(2023.5.15 본항개정)
③ 국토교통부장관은 법 제30조제1항에 따른 정부의 보상에 관한 업무를 적정하게 수행하기 위하여 다음 각 호의 사항이 포함되는 손해배상 보장업무의 처리에 관한 규정을 작성하여야 한다.(2013.3.23 본문개정)
1. 분담금의 징수·관리(2016.12.30 본호개정)
2. 보상처리에 관한 사항
3. 법 제39조제1항에 따른 손해배상청구권의 대위행사에 관한 사항
4. 보상업무계획의 수립 및 시행에 관한 사항
④~⑦ (2009.12.31 삭제)

제32조의2【분담금의 추가 징수】 ① 법 제37조제4항에 따라 추가로 징수할 수 있는 분담금은 법 제37조제1항에 따른 분담금의 3배에 해당하는 금액으로 한다.
② 보험회사등은 법 제37조제4항에 따라 분담금을 추가로 내야 할 자(제30조제1항에 해당하는 자는 제외한다)와 책임보험등의 계약을 체결할 때에 제1항에 따른 분담금을 징수하여 국토교통부장관에게 납부해야 한다.
(2023.5.15 본조개정)

제32조의3【분담금 부과에 대한 이의신청】 법 제37조제1항 또는 제4항에 따라 분담금을 부과받은 자는 그 분담금 부과에 이의가 있으면 「행정기본법」 제36조에 따라 국토교통부장관에게 이의신청을 할 수 있다.(2023.5.15 본조신설)

제33조【손해배상청구권의 대위행사를 위한 협조요청】 ① 국토교통부장관(법 제45조제1항에 따라 국토교통부장관이 법 제39조제1항에 따른 손해배상 청구권의 대위행사에 관한 업무를 위탁한 경우에는 그 위탁을 받은 자를 말한다)은 법 제39조제1항에 따른 피해자의 손해배상청구권을 대위행사하기 위하여 가입관리전산망을 이용하여 경찰청장, 시·도경찰청장이나 경찰서장(이하 "경찰청장등"이라 한다)에게 다음 각 호의 정보의 열람·제출 또는 확인 등을 요구할 수 있다.
1. 법 제30조제1항제1호 또는 제3호에 따른 보유자를 알 수 없는 자동차를 운행한 사람의 검거 여부와 인적사항(「개인정보 보호법 시행령」 제19조에 따른 주민등록번호, 여권번호, 운전면허번호 및 외국인등록번호를 포함한다. 이하 같다)에 관한 정보
2. 법 제30조제1항제2호 본문에 따른 보험가입자등이 아닌 사람의 인적사항에 관한 정보
(2022.1.25 본항개정)
② 제1항에 따른 요구를 받은 경찰청장등은 특별한 사유가 없으면 요구에 따라야 한다.

제33조의2【채권의 결손처분】 ① 법 제39조제3항제2호에서 "대통령령으로 정하는 경우"란 다음 각 호의 경우를 말한다.
1. 법 제39조제1항에 따른 손해배상책임이 있는 자 또는 법 제39조제2항에 따른 가불금을 지급받은 자(이하 "채무자"라 한다)의 행방을 알 수 없거나 재산이 없다는 것이 판명되어 법 제39조제3항에 따른 구상금 또는 미반환가불금 등(이하 "구상금등"이라 한다)을 받을 가능성이 없는 경우
2. 채무자가 「채무자 회생 및 파산에 관한 법률」에 따라 납부의무를 면제받게 된 경우
3. 그 밖에 구상금등을 받을 가능성이 없다고 법 제39조의2제1항에 따른 자동차손해배상보장사업 채권정리위원회(이하 "채권정리위원회"라 한다)가 인정한 경우
② 정부는 법 제39조제3항에 따라 청구권의 대위행사를 중지하거나 구상금등의 전부 또는 일부에 대한 결손처분을 한 경우 연도별로 채무자의 인적사항·사고내용·지급금액, 채권정리위원회의 의결사유·의결일자 등 필요한 내용을 기재한 대장(전자문서를 포함한다)을 작성하여 10년간 보관하여야 한다.
(2009.12.31 본조신설)

제33조의3【채권정리위원회의 구성 등】 ① 채권정리위원회는 위원장 1명을 포함한 15명 이내의 위원으로 구성한다.
② 채권정리위원회의 위원은 다음 각 호의 사람이 되며, 위원장은 제2호에 따라 지명받은 사람과 제3호의 위촉위원 중에서 호선한다.
1. 국토교통부의 자동차손해배상보장사업 관련 업무 담당 과장 또는 팀장(2013.3.23 본호개정)
2. 분담금관리자(법 제45조제1항제3호에 따라 법 제37조에 따른 분담금의 수납·관리에 관한 업무를 위탁받은 자를 말한다. 이하 같다) 소속 임직원 중에서 분담금관리자의 장이 지명하는 사람(이하 "지명위원"이라 한다) 1명(2023.5.15 본호개정)
3. 다음 각 목의 사람 중에서 국토교통부장관이 위촉하는 사람(이하 "위촉위원"이라 한다)(2013.3.23 본문개정)
가. 대학(「고등교육법」 제2조제1호에 따른 대학을 말한다)에서 「보험업법」 제4조제1항제2호다목의 자동차보험(이하 "자동차보험"이라 한다) 관련 분야의 조교수 이상으로 3년 이상 재직한 사람
나. 판사·검사 또는 변호사로 3년 이상 있거나 있었던 사람
다. 자동차보험 업무에 종사한 경력이 5년 이상 된 사람으로서 그 업무에 관한 학식과 경험이 풍부한 사람
③ 위원장과 위원은 비상근으로 한다.
④ 위촉위원의 임기는 2년으로 한다.
⑤ 위원장은 위원회를 대표하며 위원회의 업무를 총괄한다.
⑥ 위원장이 부득이한 사유로 직무를 수행할 수 없을 때에는 위원장이 미리 지명한 위원이 그 직무를 대행한다.
⑦ (2015.12.31 삭제)

제33조의4【채권정리위원회 위원의 해촉 등】 ① 제33조의3제2항제2호에 따라 위원을 지명한 자는 위원이 다음 각 호의 어느 하나에 해당하는 경우에는 그 지명을 철회할 수 있다.
1. 심신장애로 인하여 직무를 수행할 수 없게 된 경우
2. 직무와 관련된 비위사실이 있는 경우
3. 직무태만, 품위손상이나 그 밖의 사유로 인하여 위원으로 적합하지 아니하다고 인정되는 경우
4. 위원 스스로 직무를 수행하는 것이 곤란하다고 의사를 밝히는 경우
② 국토교통부장관은 제33조의3제2항제3호에 따른 위원이 제1항 각 호의 어느 하나에 해당하는 경우에는 해당 위원을 해촉할 수 있다.
(2015.12.31 본조신설)

제33조의5【채권정리위원회의 회의 등】 ① 위원장은 채권정리위원회의 회의를 소집하고 그 의장이 된다.
② 채권정리위원회의 회의는 재적위원 과반수의 출석으로 개의(開議)하고, 출석위원 과반수의 찬성으로 의결한다.
③ 위원 또는 그와 친족관계이거나 친족관계이었던 자가 해당 안건의 채무자가 되는 경우에는 그 위원은 해당 안건과 관련된 회의에 참석할 수 없다.
④ 채권정리위원회는 위원장이 필요하다고 인정하는 경우와 국토교통부장관의 요청이 있는 경우 수시로 개최할 수 있다.(2013.3.23 본항개정)
⑤ 채권정리위원회는 회의록을 작성하여 갖추어 두어야 한다.
⑥ 지명위원과 위촉위원이 안건심사와 관련하여 회의에 참석하는 경우 예산의 범위에서 수당·여비와 그 밖에 필요한 경비를 지급할 수 있다.
⑦ 제1항부터 제6항까지에서 규정한 사항 외에 채권정리위원회의 운영에 필요한 사항은 위원회의 의결을 거쳐 위원장이 정한다.
(2009.12.31 본조신설)

제33조의6【채권정리위원회의 소위원회】 ① 채권정리위원회가 위임한 사항을 심의하고 의결하기 위하여 채권정리위원회에 소위원회를 둘 수 있다.
② 소위원회는 위원장이 지명하는 5명 이내의 위원으로 구성한다.
③ 소위원회의 위원장(이하 "소위원장"이라 한다)은 해당 소위원회의 위원 중에서 호선한다.
④ 소위원회의 회의의 운영에 관하여는 제33조의3제5항·제6항 및 제33조의5를 준용한다. 이 경우 "위원장"은 "소위원장"으로, "채권정리위원회"는 "소위원회"로 본다.
(2015.12.31 전단개정)
(2009.12.31 본조신설)

제33조의7【채권정리위원회의 사무처리】 ① 채권정리위원회 및 소위원회의 사무를 처리하기 위하여 간사 1명을 둔다.
② 간사는 국토교통부 소속 공무원 중에서 국토교통부장관이 임명한다.(2013.3.23 본항개정)
(2009.12.31 본조신설)

제33조의8【결손처분에 관한 자료 제출 요구 등】 ① 국토교통부장관은 구상금등의 결손처분에 관한 채권정리위원회의 심의를 요청하기 위하여 다음 각 호의 자에게 필요한 자료의 제출을 요구할 수 있다.
1. 법 제45조제1항제1호 또는 제4호에 따라 법 제30조제1항에 따른 보상업무나 법 제39조제1항에 따른 손해배상

청구권의 대위행사에 관한 업무를 위탁받은 자(이하 이 조 및 제35조의3에서 "보장사업자"라 한다)
2. 법 제45조제4항에 따라 법 제30조제4항에 따른 보상업무 또는 법 제39조제2항에 따른 반환 청구 업무를 위탁받은 보험 관련 단체나 자동차손해배상진흥원(이하 이 조에서 "미반환가불금보상사업자"라 한다)
② 제1항에 따른 요구를 받은 보장사업자와 미반환가불금보상사업자는 특별한 사정이 없으면 지체 없이 그 요구에 따라야 한다.
(2022.1.25 본조개정)

제33조의9【수입금의 관리 등】 ① 자동차손해배상진흥원은 법 제39조의7제3항 각 호에 따른 수입금(이하 "수입금"이라 한다)의 관리계획을 수립하여 법 제39조의10 제3항에 따른 예산서와 함께 국토교통부장관에게 제출하여야 한다.(2020.2.25 본항개정)
② 자동차손해배상진흥원은 수입금을 제1항에 따른 수입금의 관리계획에서 정한 용도에만 사용하여야 한다.
③ 제1항 및 제2항에서 규정한 사항 외에 수입금의 한도 및 관리 등을 위하여 필요한 세부사항은 국토교통부장관이 정하여 고시한다.
(2015.12.22 본조신설)

제33조의10【기금의 관리·운용에 관한 사무의 위탁】
① 국토교통부장관은 법 제39조의13제2항에 따라 법 제39조의11에 따른 자동차사고 피해지원기금(이하 "피해지원기금"이라 한다)의 관리·운용에 관한 사무 중 다음 각 호의 사무를 자동차손해배상진흥원에 위탁한다.
1. 피해지원기금의 관리·운용에 관한 회계 사무
2. 피해지원기금의 수입 및 지출에 관한 사무
3. 피해지원기금의 자산운용에 관한 사무
4. 그 밖에 피해지원기금의 관리·운용에 관하여 국토교통부장관이 정하는 사무
② 제1항에 따라 피해지원기금의 관리·운용에 관한 사무를 위탁받은 자동차손해배상진흥원은 피해지원기금을 다른 회계와 구분하여 회계처리해야 한다.
(2022.1.25 본조개정)

제33조의11【피해지원기금의 회계기관】 ① 국토교통부장관은 피해지원기금의 수입과 지출에 관한 사무를 수행하기 위하여 그 소속 공무원 중에서 기금수입징수관, 기금재무관, 기금지출관 및 기금출납공무원을 각각 임명하여야 한다.
② 국토교통부장관은 제33조의10제1항에 따라 피해지원기금의 관리·운용에 관한 사무를 위탁받은 자동차손해배상진흥원의 임원 중에서 기금수입담당임원과 기금지출원인행위담당임원을, 자동차손해배상진흥원의 직원 중에서 기금지출원과 기금출납원을 각각 임명해야 한다. 이 경우 기금수입담당임원은 기금수입징수관의 직무를, 기금지출원인행위담당임원은 기금재무관의 직무를, 기금지출원은 기금지출관의 직무를, 기금출납원은 기금출납공무원의 직무를 각각 수행한다.
(2022.1.25 본조개정)

제33조의12【자율주행자동차사고조사위원회의 구성 등】 ① 법 제39조의14제1항에 따른 자율주행자동차사고조사위원회(이하 "사고조사위원회"라 한다)는 위원장 1명을 포함하여 20명 이내의 위원으로 구성한다.
② 위원은 다음 각 호의 어느 하나에 해당하는 사람 중에서 국토교통부장관이 임명하거나 위촉한다.
1. 「고등교육법」 제2조제1호부터 제6호까지의 학교에서 법학, 기계, 자동차, 전자, 제어, 정보통신기술 관련 분야의 조교수 이상의 직에 5년 이상 있거나 있었던 사람
2. 판사·검사 또는 변호사의 직에 5년 이상 있거나 있었던 사람
3. 4급 이상 공무원의 직에 있는 사람으로서 자동차와 관련된 업무에 실무경험이 있는 사람
4. 「소비자기본법」 제29조에 따라 등록된 소비자단체의 임원
5. 다음 각 목의 어느 하나에 해당하는 기관 등에서 10년 이상 자동차 관련 업무 또는 소비자보호 업무에 종사한 사람
가. 「공공기관의 운영에 관한 법률」 제4조에 따른 공공기관
나. 제3항제2호 각 목의 어느 하나에 해당하는 사업자 및 사업자단체 또는 연구기관
③ 다음 각 호의 어느 하나에 해당하는 사람은 위원이 될 수 없다.
1. 「국가공무원법」 제33조 각 호의 어느 하나에 해당하는 사람
2. 최근 3년 이내에 다음 각 목의 어느 하나에 해당하는 사업자 및 사업자단체 또는 연구기관의 임직원으로 재직한 사실이 있는 사람
가. 자율주행자동차를 제작·조립 또는 수입한 자(판매를 위탁받은 자를 포함한다. 이하 "제작자등"이라 한다) 및 그 사업자단체
나. 보험회사등 및 그 사업자단체
다. 자동차 및 자동차보험 관련 연구기관
④ 위원장은 위원 중에서 국토교통부장관이 임명하거나 위촉한다.
⑤ 위원의 임기는 2년으로 한다. 다만 위원의 사임 등으로 새로 임명 또는 위촉된 위원의 임기는 전임위원 임기의 남은 기간으로 한다.
⑥ 위원 중 공무원이 아닌 위원은 다음 각 호의 어느 하나에 해당하는 경우를 제외하고는 본인의 의사에 반하여 해촉되지 않는다.
1. 장기간의 심신쇠약 등으로 직무를 수행하는 것이 현저히 부적당하다고 인정되는 경우
2. 사고조사위원회의 업무와 관련하여 비위사실이 발견된 경우
3. 제33조의13제1항 각 호의 어느 하나에 해당하는 데에도 불구하고 회피하지 않은 경우
4. 연간 위원회 출석률이 3분의 2 미만인 경우
5. 직무태만, 품위손상, 전문성 부족 등의 사유로 위원의 직을 유지하는 것이 적합하지 않다고 사고조사위원회의 의결로 인정되는 경우
⑦ 사고조사위원회는 다음 각 호의 어느 하나에 해당하는 경우에 위원장이 소집한다.
1. 위원장이 필요하다고 인정하는 경우
2. 재적위원 3분의 1 이상이 소집을 요구하는 경우
3. 국토교통부장관이 소집을 요구하는 경우
⑧ 사고조사위원회는 재적위원 과반수의 출석과 출석위원 과반수의 찬성으로 의결한다.
⑨ 제1항부터 제8항까지에서 규정한 사항 외에 사고조사위원회의 구성·운영 등에 필요한 사항은 국토교통부장관이 정하여 고시한다.
(2020.10.8 본조신설)

제33조의13【위원의 제척·기피·회피】 ① 사고조사위원회의 위원이 다음 각 호의 어느 하나에 해당하는 경우 사고조사위원회의 심의·의결에서 제척된다.
1. 위원이나 그 배우자 또는 배우자였던 사람이 자율주행자동차사고의 당사자(자율주행자동차의 보유자인 경우를 포함한다. 이하 "당사자등"이라 한다)인 경우
2. 위원이 당사자등과 친족이거나 친족이었던 경우
3. 위원 또는 위원이 속한 법인 또는 단체(최근 3년 이내에 속했던 법인 또는 단체를 포함한다)가 해당 자율주행자동차사고에 대하여 증언, 진술, 자문, 연구, 용역 또는 감정을 한 경우
4. 위원 또는 위원이 속한 법인 또는 단체가 최근 3년 이내에 해당 자율주행자동차의 제작·조립·수입 또는 보험·공제와 관련된 자문, 연구 또는 용역을 수행한 경우
5. 위원이 해당 자율주행자동차의 제작자등 또는 해당 자율주행자동차사고로 인하여 보험금등을 지급해야 하는 보험회사등의 임직원으로 재직했던 경우
6. 위원이 당사자등, 해당 자율주행자동차의 제작자등 또는 해당 자율주행자동차사고로 인하여 보험금등을 지급해야 하는 보험회사등의 대리인이거나 대리인이었던 경우
② 자율주행자동차사고에 이해관계가 있는 자는 위원에게 공정한 심의·의결을 기대하기 어려운 사정이 있는 경우에는 사고조사위원회에 기피신청을 할 수 있다.
③ 사고조사위원회는 제2항에 따른 기피신청을 받은 경우 의결로 기피 여부를 결정한다. 이 경우 기피신청의 대상인 위원은 그 의결에 참여하지 못한다.
④ 위원은 제1항 각 호에 따른 제척사유에 해당하는 경우에는 스스로 해당 안건의 심의·의결에서 회피하여야 한다.
(2020.10.8 본조신설)

제33조의14【사고조사위원회의 업무】 법 제39조의15 제1항제2호에서 "대통령령으로 정하는 업무"란 다음 각 호의 업무를 말한다.
1. 법 제39조의15제2항에 따른 정보의 수집·이용 및 제공을 위한 정보통신망의 구축·운영
2. 자율주행자동차 및 그 사고에 대한 조사·연구
3. 그 밖에 자율주행자동차사고 조사에 필요한 업무로서 국토교통부장관이 요청하는 업무
(2020.10.8 본조신설)

제33조의15【자율주행정보의 기록·보관】 ① 법 제39조의17제1항에서 "대통령령으로 정하는 자율주행과 관련된 정보"란 다음 각 호의 어느 하나에 해당하는 정보로서 국토교통부장관이 고시하는 정보를 말한다.
1. 자율주행시스템(「자율주행자동차 상용화 촉진 및 지원에 관한 법률」 제2조제1항제2호에 따른 자율주행시스템을 말한다. 이하 같다)의 작동 및 해제에 관한 정보
2. 자율주행시스템의 개입 요구(「자율주행자동차 상용화 촉진 및 지원에 관한 법률」 제2조제2항제1호에 따른 부분 자율주행자동차에서 자율주행시스템이 운전자에게 개입을 요구하는 것을 말한다)에 관한 정보
3. 그 밖에 사고발생 원인 조사를 위해 필요한 정보
② 법 제39조의17제3항 전단에서 "대통령령으로 정하는 기간"이란 6개월을 말한다.
(2020.10.8 본조신설)

제33조의16【자율주행정보 등의 열람 및 제공 요구】
① 법 제39조의17제4항에 따라 자율주행정보 등의 열람 및 제공을 요구하려는 자는 국토교통부령으로 정하는 자율주행정보 열람 및 제공 신청서를 사고조사위원회에 제출해야 한다.
② 법 제39조의17제5항에 따라 청구인이 부담해야 하는 비용은 「공공기관의 정보공개에 관한 법률 시행령」 제17조제1항에 따라 행정안전부령으로 정하는 바에 따른다.
(2020.10.8 본조신설)

제33조의17 (2023.5.15 삭제)

제33조의18【자동차 운행 안전장치의 종류】 법 제43조의3제1항에 따른 자동차 운행 안전장치의 종류는 다음 각 호와 같다.
1. 차선이탈, 충돌, 사각지대 진입 등의 위험상황을 운전자에게 알려주는 장치
2. 장애물과의 충돌을 방지하기 위하여 차량의 제동 또는 제어 능력을 향상시키거나 차량 스스로 제동 또는 제어하는 장치
3. 자동차의 후방 확인을 위한 영상장치 등 운전자의 시계(視界)범위를 확보하기 위한 장치
4. 그 밖에 자동차사고의 예방에 효과가 있는 것으로서 국토교통부장관이 인정하여 고시하는 장치
(2016.12.30 본조신설)

제34조【자료 제출의 요청】 ① 특별자치시장·특별자치도지사·시장·군수 또는 구청장(구청장은 자치구의 구청장을 말하며, 이하 "시장·군수·구청장"이라 한다)은 국토교통부장관이 요청하면 법 제6조제2항·제3항 또는 제48조에 따라 의무보험에 가입하지 아니한 자에 대하여 하는 업무의 처리 현황을 특별시장·광역시장·특별자치시장·도지사 또는 특별자치도지사(이하 이 조에서 "시·도지사"라 한다)를 경유(특별자치시장과 특별자치도지사의 경우는 제외한다)하여 국토교통부장관에게 제출해야 한다.(2022.1.25 본항개정)
② 시·도지사는 시장·군수·구청장(특별자치시장과 특별자치도지사는 제외한다)이 의무보험에 가입하지 아니한 자에 대하여 하는 업무를 원활하게 수행할 수 있도록 필요한 지원을 해야 한다.(2022.1.25 본항개정)
③ 건강보험심사평가원은 국토교통부장관이 요청하면 법 제12조의2에 따라 위탁받은 자동차보험진료수가의 심사 업무 및 조정 업무 등의 처리현황을 국토교통부장관에게 제출하여야 한다.(2014.2.5 본항신설)

제34조의2【권한의 위임】 국토교통부장관은 법 제44조에 따라 법 제43조제1항에 따른 검사·질문 등의 권한 중 자동차보험진료수가를 청구하는 의료기관에 대한 검사·질문 권한을 시장·군수·구청장에게 위임한다.
(2013.3.23 본조개정)

제35조【권한의 위탁 등】 ① 국토교통부장관은 법 제45조제1항에 따라 같은 항 제1호 및 제2호의 업무를 보험회사등, 보험 관련 단체 또는 자동차손해배상진흥원에 위탁할 때에는 위탁받을 자에 대하여 다음 각 호의 사항을 확인해야 한다.(2023.5.15 본문개정)
1. 최근 3년간 재산상황 및 수입과 지출의 전망
2. 상설 보상조직 및 그에 필요한 인력 확보에 관한 사항 (2023.5.15 본호개정)
② 국토교통부장관은 법 제45조제1항 또는 같은 조 제4항에 따라 업무를 위탁하는 경우 위탁받는 기관 및 위탁업무의 내용을 관보에 게재해야 한다.(2023.5.15 본항개정)
③ 국토교통부장관은 법 제45조제2항에 따라 다음 각 호의 업무를 한국교통안전공단에 위탁한다. 다만, 다음 각 호의 업무와 관련하여 제23조제3항에 따른 지원업무의 처리에 관한 규정 작성에 관한 업무는 제외한다.
(2019.2.8 본문개정)
1. 법 제30조제2항에 따른 중증 후유장애인, 유자녀, 피부양가족에 대한 지원에 관한 업무
2. 법 제31조제1항에 따른 재활시설 설치에 관한 업무
④ 국토교통부장관은 법 제45조제3항에 따라 법 제7조에 따른 가입관리전산망의 구성·운영에 관한 업무(제6조제2항에 따른 가입관리전산망운영지침 작성에 관한 업무는 제외한다)를 「보험업법」 제176조에 따른 보험요율산출기관(이하 "보험요율산출기관"이라 한다)에 위탁한다.
(2013.3.23 본항개정)
⑤ 국토교통부장관은 법 제45조제5항에 따라 법 제30조의2제1항에 따른 자동차사고 피해예방사업에 관한 업무를 보험 관련 단체 중 국토교통부장관이 지정하여 고시하는 단체 또는 한국교통안전공단에 위탁한다.(2019.2.8 본항개정)
⑥ 국토교통부장관은 법 제45조제6항에 따라 사고조사위원회의 운영 및 사무처리를 한국교통안전공단에 위탁한다.(2020.10.8 본항신설)
⑦ 제2항 및 제3항에 따라 업무를 위탁받은 자는 다음 각 호의 사항을 매 분기 종료 후 25일 이내에 국토교통부장관에게 보고하여야 한다.(2013.3.23 본문개정)
1. 업무의 처리상황
2. (2016.12.30 삭제)
3. 제31조제1항에 따라 분담금을 정하기 위하여 국토교통부장관이 지정하는 자료(2016.12.30 본호개정)
⑧ 제4항 및 제5항에 따라 업무를 위탁받은 기관은 매년 11월 말까지 다음 연도 업무계획 및 소요 경비를 국토교통부장관에게 제출하여 승인을 받아야 한다. 승인받은 업무계획 및 소요 경비를 변경하려는 경우에도 또한 같다.
(2014.2.5 전단개정)
⑨ 제4항 및 제5항에 따라 업무를 위탁받은 기관은 매년 2월 말까지 전년도 업무실적 및 경비지출 명세를 국토교통부장관에게 제출하여야 한다.(2014.2.5 본항개정)

제35조의2 (2016.12.30 삭제)

제35조의3【정보의 제공 내용 및 범위】 법 제45조의2 제1항에 따라 보험요율산출기관이 법 제45조제1항에 따라 업무를 위탁받은 자에게 제공할 수 있는 정보의 내용 및 범위는 다음 각 호와 같다.
1. 보장사업자에 대한 정보의 제공 : 보험회사, 보험종목, 보험가입자의 이름·주소 및 주민등록번호, 자동차등록

번호, 책임보험의 시작일·종료일 등 보장사업자가 그 업무를 수행하는 데에 필요한 정보(2022.1.25 본호개정)

2. 분담금관리자에 대한 정보의 제공 : 보험회사, 보험종목, 보험가입자의 이름, 주소 및 주민등록번호, 자동차등록번호, 책임보험의 시작일·종료일 등 분담금관리자가 분담금의 수납·관리와 관련하여 국토교통부장관이 정하는 업무를 수행하는 데에 필요한 정보(2021.1.5 본호개정)

(2009.12.31 본조신설)

제35조의4【민감정보 및 고유식별정보의 처리】 ① 국토교통부장관(법 제45조제2항 및 제4항에 따라 국토교통부장관으로부터 업무를 위탁받은 자를 포함한다)은 다음 각 호의 사무를 수행하기 위하여 불가피한 경우 「개인정보 보호법」 제23조에 따른 건강에 관한 정보와 같은 법 시행령 제19조에 따른 주민등록번호, 여권번호, 운전면허번호, 외국인등록번호가 포함된 자료를 처리(「개인정보 보호법」 제2조제2호에 따른 처리를 말한다. 이하 이 조에서 같다)할 수 있다.(2013.3.23 본문개정)

1. 법 제11조제5항, 제30조제4항 및 제39조제2항에 따른 미반환가불금의 보상, 반환청구권 대위행사에 관한 사무
2. 법 제30조제2항 및 제36조제3항에 따른 중증 후유장애인의 유자녀 등의 지원에 관한 사무
3. 법 제31조부터 제34조까지의 규정에 따른 후유장애인 등의 재활 지원에 관한 사무(2016.12.30 본호개정)

② 국토교통부장관(법 제39조의13제2항 및 법 제45조제1항·제3항에 따라 국토교통부장관으로부터 업무를 위탁받은 자를 포함한다)은 다음 각 호의 사무를 수행하기 위하여 불가피한 경우 「개인정보 보호법」 제23조에 따른 건강에 관한 정보, 같은 법 시행령 제18조제2호에 따른 범죄경력자료에 해당하는 정보, 같은 법 시행령 제19조에 따른 주민등록번호, 여권번호, 운전면허번호, 외국인등록번호가 포함된 자료를 처리할 수 있다.(2016.12.30 본문개정)

1. 법 제7조에 따른 의무보험가입관리전산망의 구성·운영 등에 관한 사무
2. 법 제30조제1항, 제36조제1항·제2항, 제37조 및 제39조제1항에 따른 자동차손해배상 보장사업 및 분담금 징수·관리, 손해배상 청구권 대위행사에 관한 사무(2016.12.30 본호개정)
3. 법 제39조의2제1항에 따른 채권정리위원회의 운영에 관한 사무
4. 법 제39조의13제1항에 따른 피해지원기금의 관리·운용에 관한 사무(2022.1.25 본호개정)

③ 국토교통부장관은 법 제43조에 따른 검사·질문에 관한 사무를 수행하기 위하여 「개인정보 보호법」 제23조에 따른 건강에 관한 정보와 같은 법 시행령 제19조에 따른 주민등록번호, 여권번호, 운전면허번호, 외국인등록번호가 포함된 자료를 처리할 수 있다.(2013.3.23 본항개정)

④ (2023.5.15 삭제)

⑤ 자동차손해배상진흥원은 법 제39조의8제1항에 따른 자료의 제출요구, 검사 및 질문 등에 관한 사무를 수행하기 위하여 불가피한 경우 「개인정보 보호법」 제23조에 따른 건강에 관한 정보, 같은 법 시행령 제18조제2호에 따른 범죄경력자료에 해당하는 정보, 같은 법 시행령 제19조에 따른 주민등록번호, 여권번호, 운전면허의 면허번호 또는 외국인등록번호가 포함된 자료를 처리할 수 있다.(2015.12.22 본항신설)

⑥ 건강보험심사평가원은 법 제12조의2에 따른 자동차보험진료수가의 심사·조정에 관한 사무를 수행하기 위해 불가피한 경우 「개인정보 보호법」 제23조에 따른 건강에 관한 정보, 같은 법 시행령 제19조에 따른 주민등록번호, 여권번호, 운전면허의 면허번호 또는 외국인등록번호가 포함된 자료를 처리할 수 있다.(2020.1.7 본항신설)

⑦ 심의회는 법 제19조부터 제22조까지 및 제22조의2에 따른 자동차보험진료수가의 심사·조정 등에 관한 사무를 수행하기 위해 불가피한 경우 「개인정보 보호법」 제23조에 따른 건강에 관한 정보, 같은 법 시행령 제19조에 따른 주민등록번호, 여권번호, 운전면허의 면허번호 또는 외국인등록번호가 포함된 자료를 처리할 수 있다.(2020.1.7 본항신설)

(2012.8.22 본조신설)

제35조의5【규제의 재검토】 국토교통부장관은 다음 각 호의 사항에 대하여 다음 각 호의 기준일을 기준으로 3년마다(매 3년이 되는 해의 기준일과 같은 날 전까지를 말한다) 그 타당성을 검토하여 개선 등의 조치를 해야 한다.(2022.3.8 본문개정)

1. 제3조에 따른 책임보험금 등 : 2014년 1월 1일
2. (2023.3.7 삭제)
3. 제10조에 따른 가불금액 등 : 2014년 1월 1일
4. (2020.3.3 삭제)
5. 제25조에 따른 재활시설운영자의 요건 : 2014년 1월 1일
6. 제31조에 따른 분담금액의 기준 등 : 2014년 1월 1일(2020.3.3 본호개정)
7. 제32조의2제1항에 따른 분담금의 추가 징수 금액 : 2022년 1월 1일(2022.3.8 본호신설)

(2013.12.30 본조신설)

제36조【과태료의 부과기준】 법 제48조제1항부터 제3항까지의 규정에 따른 과태료의 부과기준은 별표5와 같다.(2011.4.4 본조개정)

제37조【범칙행위의 범위 및 범칙금액 등】 ① 법 제50조제1항에 따른 범칙행위의 구체적인 범위와 법 제51조제2항에 따른 범칙금의 액수는 별표6과 같다.

② 범칙금은 분할하여 납부할 수 없다.

제38조【범칙자의 범위】 ① 법 제50조제2항제1호에서 "범칙행위를 상습적으로 하는 자"란 범칙행위를 한 날부터 1년 이내에 같은 위반행위를 한 사람을 말한다.

② 법 제50조제2항제2호를 적용할 때에는 다음 각 호의 어느 하나에 해당하는 사람은 범칙자에서 제외하여야 한다.

1. 법 제6조제3항에 따라 의무보험 가입 명령을 받고 2개월 이내에 의무보험에 가입하지 아니한 사람
2. 의무보험에 가입되어 있지 아니한 자동차를 운행하다가 교통사고를 일으킨 사람

제38조의2【정보제공의 범위】 국토교통부장관은 법 제50조제4항에 따라 다음 각 호의 정보를 경찰청장에게 제공할 수 있다.(2013.3.23 본문개정)

1. 법 제5조제1항부터 제3항까지의 규정에 따른 보험 또는 공제에의 가입 현황 및 변동 내용에 관한 정보
2. 법 제8조 본문을 위반한 자에 대한 처리결과에 관한 정보

(2012.8.22 본조신설)

제39조【통고처분의 절차】 ① 시장·군수·구청장 또는 경찰서장은 법 제51조에 따라 통고처분을 할 때에는 범칙금 납부통고서를 작성하여야 한다.(2012.8.22 본항개정)

② 제1항에 따른 범칙금 납부통고서에는 통고처분을 받을 자의 인적사항, 범칙금액, 위반 내용, 적용 법규, 납부장소, 납부 기간 및 통고처분 연월일을 적고 시장·군수·구청장 또는 경찰서장이 기명날인하여야 한다.(2012.8.22 본항개정)

③ 제1항 및 제2항에서 규정한 사항 외에 범칙금의 납부 등에 필요한 사항은 국토교통부령으로 정한다.(2013.3.23 본항개정)

부　칙 (2020.1.7)

이 영은 공포한 날부터 시행한다.

부　칙 (2020.2.25)

이 영은 2020년 2월 27일부터 시행한다. 다만, 제10조제1항제1호, 제18조 및 제30조제2항의 개정규정은 공포한 날부터 시행한다.

부　칙 (2020.3.3)

이 영은 공포한 날부터 시행한다.

부　칙 (2020.10.8)

이 영은 2020년 10월 8일부터 시행한다.

부　칙 (2020.12.31)

제1조【시행일】 이 영은 2021년 1월 1일부터 시행한다.(이하 생략)

부　칙 (2021.1.5)

이 영은 공포한 날부터 시행한다.(이하 생략)

부　칙 (2022.1.25)

제1조【시행일】 이 영은 2022년 1월 28일부터 시행한다. 다만, 별표4의 개정규정은 공포한 날부터 시행한다.

제2조【생활자금 대출의 기준금액 상향에 따른 적용례】 별표4의 개정규정은 이 영 시행 이후 지원대상자인 유자녀에 대하여 제22조제1항제2호가목의 생활자금 대출을 신청하는 경우부터 적용한다.

부　칙 (2022.3.8)

이 영은 공포한 날부터 시행한다.

부　칙 (2022.8.2)

제1조【시행일】 이 영은 2022년 8월 4일부터 시행한다.(이하 생략)

부　칙 (2023.3.7)

이 영은 공포한 날부터 시행한다.

부　칙 (2023.5.15)

제1조【시행일】 이 영은 2023년 5월 16일부터 시행한다.

제2조【미반환가불금의 보상 청구에 관한 적용례】 제10조제2항제5호의 개정규정은 가불금을 지급받은 자가 이 영 시행 이후 사망하는 경우부터 적용한다.

[별표] ➡ 「法典 別册」 参조

물류정책기본법

(2007년 8월 3일 전부개정법률 제8617호)

개정
2008. 2.29법 8852호(정부조직)
2009. 2. 6법 9445호
2009. 6. 9법 9772호(국가통합교통체계효율화법)
2010. 5.17법10303호(은행법)
2010. 6. 4법10339호(정부조직)
2012. 6. 1법11461호(전자문서및전자거래기본법)
2012. 6. 1법11473호
2013. 3.23법11690호(정부조직)
2013. 8. 6법12017호
2014.11.19법12844호(정부조직)
2015. 6.22법13374호
2016. 3.29법14116호(항공안전법)
2017. 1.17법14541호　2017. 3.21법14714호
2017. 7.26법14839호(정부조직)
2017.10.24법14939호(한국교통안전공단법)
2018. 6.12법15677호　2018. 8.14법15729호
2018. 9.18법15780호
2020. 3.24법17091호(지방행정제재·부과금의징수등에관한법)
2020.10.20법17550호
2020.12.22법17689호(국가자치경찰)
2020.12.29법17799호(독점)
2022. 6.10법18945호　2023. 4.18법19382호
2024. 1. 9법19986호(행정기관정비일부개정법령등)→2024년 7월 10일 시행
2024. 2. 6법20231호(화학물질관리법)→2025년 8월 7일 시행이므로 「法典 別册」 보유편 수록

제1장 총　칙

제1조【목적】 이 법은 물류체계의 효율화, 물류산업의 경쟁력 강화 및 물류의 선진화·국제화를 위하여 국내외 물류정책·계획의 수립·시행 및 지원에 관한 기본적인 사항을 정함으로써 국민경제의 발전에 이바지함을 목적으로 한다.

제2조【정의】 ① 이 법에서 사용하는 용어의 정의는 다음과 같다.

1. "물류(物流)"란 재화가 공급자로부터 조달·생산되어 수요자에게 전달되거나 소비자로부터 회수되어 폐기될 때까지 이루어지는 운송·보관·하역(荷役) 등과 이에 부가되어 가치를 창출하는 가공·조립·분류·수리·포장·상표부착·판매·정보통신 등을 말한다.
2. "물류사업"이란 화주(貨主)의 수요에 따라 유상(有償)으로 물류활동을 영위하는 것을 업(業)으로 하는 것으로 다음 각 목의 사업을 말한다.
   가. 자동차·철도차량·선박·항공기 또는 파이프라인 등의 운송수단을 통하여 화물을 운송하는 화물운송업
   나. 물류터미널이나 창고 등의 물류시설을 운영하는 물류시설운영업
   다. 화물운송의 주선(周旋), 물류장비의 임대, 물류정보의 처리 또는 물류컨설팅 등의 업무를 하는 물류서비스업
   라. 가목부터 다목까지의 물류사업을 종합적·복합적으로 영위하는 종합물류서비스업(2015.6.22 본목신설)
3. "물류체계"란 효율적인 물류활동을 위하여 시설·장비·정보·조직 및 인력 등이 서로 유기적으로 기능을 발휘할 수 있도록 연계된 집합체를 말한다.
4. "물류시설"이란 물류에 필요한 다음 각 목의 시설을 말한다.
   가. 화물의 운송·보관·하역을 위한 시설
   나. 화물의 운송·보관·하역 등에 부가되는 가공·조립·분류·수리·포장·상표부착·판매·정보통신 등을 위한 시설
   다. 물류의 공동화·자동화 및 정보화를 위한 시설
   라. 가목부터 다목까지의 시설이 모여 있는 물류터미널 및 물류단지
5. "물류공동화"란 물류기업이나 화주기업(貨主企業)들이 물류활동의 효율성을 높이기 위하여 물류에 필요한 시설·장비·인력·조직·정보망 등을 공동으로 이용하는 것을 말한다. 다만, 「독점규제 및 공정거래에 관한 법률」 제40조제1항 각 호 및 같은 법 제51조제1항 각 호에 해당하는 경우(같은 법 제40조제2항에 따라 공정거래위원회의 인가를 받은 경우를 제외한다)를 제외한다.(2020.12.29 단서개정)
6. "물류표준"이란 「산업표준화법」 제12조에 따른 한국산업표준 중 물류활동과 관련된 것을 말한다.
7. "물류표준화"란 원활한 물류를 위하여 다음 각 목의 사항을 물류표준으로 통일하고 단순화하는 것을 말한다.
   가. 시설 및 장비의 종류·형상·치수 및 구조
   나. 포장의 종류·형상·치수·구조 및 방법
   다. 물류용어, 물류회계 및 물류 관련 전자문서 등 물류체계의 효율화에 필요한 사항
8. "단위물류정보망"이란 기능별 또는 지역별로 관련 행정기관, 물류기업 및 그 거래처를 연결하는 일련의 물류정보체계를 말한다.
9. (2012.6.1 삭제)
10. "제3자물류"란 화주가 그와 대통령령으로 정하는 특수관계에 있지 아니한 물류기업에 물류활동의 일부 또는 전부를 위탁하는 것을 말한다.
11. "국제물류주선업"이란 타인의 수요에 따라 자기의 명의와 계산으로 타인의 물류시설·장비 등을 이용하여 수출입화물의 물류를 주선하는 사업을 말한다.

12. "물류관리사"란 물류관리에 관한 전문지식을 가진 자로서 제51조에 따른 자격을 취득한 자를 말한다.
13. "물류보안"이란 공항·항만과 물류시설에 폭발물, 무기류 등 위해물품을 은닉·반입하는 행위와 물류에 필요한 시설·장비·인력·조직·정보망 및 화물 등에 위해를 가할 목적으로 행하여지는 불법행위를 사전에 방지하기 위한 조치를 말한다.(2012.6.1 본호신설)
14. "국가물류정보화사업"이란 국가, 지방자치단체 및 제22조에 따른 물류관련기관이 정보통신기술과 정보가공기술을 이용하여 물류관련 정보를 생산·수집·가공·축적·연계·활용하는 물류정보화사업을 말한다.(2012.6.1 본호신설)
② 제1항제2호에 따른 각 물류사업의 구체적인 범위는 대통령령으로 정한다.
제3조【기본이념】 이 법에 따른 물류정책은 물류가 국가 경제활동의 중요한 원동력임을 인식하고, 신속·정확하면서도 편리하고 안전한 물류활동을 촉진하며, 정부의 물류 관련 정책이 서로 조화롭게 연계되도록 하여 물류산업이 체계적으로 발전하게 하는 것을 기본이념으로 한다.
제4조【국가 및 지방자치단체의 책무】 ① 국가는 물류활동을 원활히 하고 물류체계의 효율성을 높이기 위하여 국가 전체의 물류와 관련된 정책 및 계획을 수립하고 시행하여야 한다.
② 국가는 물류산업이 건전하고 고르게 발전할 수 있도록 육성하여야 한다.
③ 지방자치단체는 국가의 물류정책 및 계획과 조화를 이루면서 지역적 특성을 고려하여 지역물류에 관한 정책 및 계획을 수립하고 시행하여야 한다.
제5조【물류기업 및 화주의 책무】 물류기업 및 화주는 물류사업을 원활히 하고 물류체계의 효율성을 증진시키기 위하여 노력하고, 국가 또는 지방자치단체의 물류정책 및 계획의 수립·시행에 적극 협력하여야 한다.
제6조【다른 법률과의 관계】 ① 물류에 관한 다른 법률을 제정하거나 개정하는 경우에는 이 법의 목적과 물류정책의 기본이념에 맞도록 하여야 한다.
② 이 법에 규정된 것 외의 물류시설의 개발 및 운영, 물류사업의 관리와 육성 등에 관하여는 따로 법률로 정한다.

제2장 물류정책의 종합·조정

제1절 물류현황조사

제7조【물류현황조사】 ① 국토교통부장관 또는 해양수산부장관은 물류에 관한 정책 또는 계획의 수립·변경을 위하여 필요하다고 판단될 때에는 관계 행정기관의 장과 미리 협의한 후 물동량의 발생현황과 이동경로, 물류시설·장비의 현황과 이용실태, 물류인력과 물류체계의 현황, 물류비, 물류산업과 국제물류의 현황 등에 관하여 조사할 수 있다. 이 경우 「국가통합교통체계효율화법」 제12조에 따른 국가교통조사와 중복되지 아니하도록 하여야 한다.(2013.3.23 전단개정)
② 국토교통부장관 또는 해양수산부장관은 다음 각 호의 자에게 제1항의 조사(이하 "물류현황조사"라 한다)에 필요한 자료의 제출을 요청하거나 그 일부에 대하여 직접 조사하도록 요청할 수 있다. 이 경우 협조를 요청받은 자는 특별한 사정이 없으면 요청에 따라야 한다.(2013.8.6 후단개정)
1. 관계 중앙행정기관의 장
2. 특별시장·광역시장·특별자치시장·도지사 및 특별자치도지사(이하 "시·도지사"라 한다)(2013.8.6 본호개정)
3. 물류기업 및 이 법에 따라 지원을 받는 기업·단체 등
③ 국토교통부장관 또는 해양수산부장관은 물류현황조사를 효율적으로 수행하기 위하여 필요한 경우에는 물류현황조사의 전부 또는 일부를 전문기관으로 하여금 수행하게 할 수 있다.(2013.3.23 본항개정)
④ 국토교통부장관 또는 해양수산부장관은 물류현황조사의 결과에 따라 물류비 등 물류지표를 설정하여 물류정책의 수립 및 평가에 활용할 수 있다.(2013.3.23 본항개정)
제8조【물류현황조사지침】 ① 국토교통부장관은 제7조제2항에 따라 물류현황조사를 요청하는 경우에는 효율적인 물류현황조사를 위하여 조사의 시기, 종류 및 방법 등에 관하여 대통령령으로 정하는 바에 따라 조사지침을 작성하여 통보할 수 있다.
② 국토교통부장관은 제1항의 지침을 작성하려는 경우에는 미리 관계 중앙행정기관의 장과 협의하여야 한다.(2013.3.23 본조개정)
제9조【지역물류현황조사 등】 ① 시·도지사는 지역물류에 관한 정책 또는 계획의 수립·변경을 위하여 필요한 경우에는 해당 행정구역의 물동량 현황과 이동경로, 물류시설·장비의 현황과 이용실태, 물류산업의 현황 등에 관하여 조사할 수 있다. 이 경우 「국가통합교통체계효율화법」 제12조에 따른 국가교통조사와 중복되지 아니하도록 하여야 한다.(2009.6.9 후단개정)
② 시·도지사는 관할 시·군 및 구(지방자치단체인 시·군 및 자치구를 말한다. 이하 "시·군·구"라 한다)의 시장·군수 및 구청장(이하 "시장·군수·구청장"이라 한다), 물류기업 및 이 법에 따라 지원을 받는 기업·단체 등에게 제1항의 조사(이하 "지역물류현황조사"라 한다)에 필요한 자료를 제출하도록 요청하거나 그 일부에 대하여 직접 조사하도록 요청할 수 있다. 이 경우 협조를 요청받은 자는 특별한 사정이 없는 한 이에 따라야 한다.
③ 시·도지사는 지역물류현황조사의 효율적인 수행을 위하여 필요한 경우에는 지역물류현황조사의 전부 또는 일부를 전문기관으로 하여금 수행하게 할 수 있다.
④ 시·도지사는 제2항에 따라 지역물류현황조사를 요청하는 경우에는 효율적인 지역물류현황조사를 위하여 조사의 시기, 종류 및 방법 등에 관하여 해당 특별시·광역시·특별자치시·도 및 특별자치도(이하 "시·도"라 한다)의 조례로 정하는 바에 따라 조사지침을 작성하여 통보할 수 있다.(2013.8.6 본항개정)
제10조【물류개선조치의 요청】 ① 국토교통부장관 또는 해양수산부장관은 물류현황조사 등을 통하여 물류수요가 특정 물류시설이나 특정 운송수단에 치우쳐 효율적인 물류체계 운용을 해치거나 관계 중앙행정기관의 장 또는 시·도지사의 물류 관련 정책 또는 계획이 제11조의 국가물류기본계획(이하 "국가물류기본계획"이라 한다)에 위배된다고 판단될 때에는 해당 중앙행정기관의 장이나 시·도지사에게 이를 개선하기 위한 조치를 하도록 요청할 수 있다. 이 경우 국토교통부장관 또는 해양수산부장관은 미리 해당 중앙행정기관의 장 또는 시·도지사와 개선조치에 대하여 협의하여야 한다.(2013.3.23 본항개정)
② 제1항에 따라 개선조치를 요청받은 관계 중앙행정기관의 장이나 해당 시·도지사는 특별한 사유가 없는 한 이를 개선하기 위한 조치를 강구하여야 한다.
③ 관계 중앙행정기관의 장이나 시·도지사는 제1항에 따른 개선조치의 요청에 이의가 있는 경우에는 제17조의 국가물류정책위원회(이하 "국가물류정책위원회"라 한다)에 조정을 요청할 수 있다.

제2절 물류계획의 수립·시행

제11조【국가물류기본계획의 수립】 ① 국토교통부장관 및 해양수산부장관은 국가물류정책의 기본방향을 설정하는 10년 단위의 국가물류기본계획을 5년마다 공동으로 수립하여야 한다.(2013.3.23 본항개정)
② 국가물류기본계획에는 다음 각 호의 사항이 포함되어야 한다.
1. 국내외 물류환경의 변화와 전망
2. 국가물류정책의 목표와 전략 및 단계별 추진계획
2의2. 국가물류정보화사업에 관한 사항(2012.6.1 본호신설)
3. 운송·보관·하역·포장 등 물류기능별 물류정책 및 도로·철도·해운·항공 등 운송수단별 물류정책의 종합·조정에 관한 사항
4. 물류시설·장비의 수급·배치 및 투자 우선순위에 관한 사항
5. 연계물류체계의 구축과 개선에 관한 사항
6. 물류 표준화·공동화 등 물류체계의 효율화에 관한 사항(2012.6.1 본호개정)
6의2. 물류보안에 관한 사항(2012.6.1 본호신설)
7. 물류산업의 경쟁력 강화에 관한 사항
8. 물류인력의 양성 및 물류기술의 개발에 관한 사항
9. 국제물류의 촉진·지원에 관한 사항
9의2. 환경친화적 물류활동의 촉진·지원에 관한 사항(2013.8.6 본호신설)
10. 그 밖에 물류체계의 개선을 위하여 필요한 사항
③ 국토교통부장관 및 해양수산부장관은 다음 각 호의 자에 대하여 국가물류기본계획의 수립·변경을 위한 관련 기초 자료의 제출을 요청할 수 있다. 이 경우 협조를 요청받은 자는 특별한 사정이 없는 한 이에 따라야 한다.(2013.3.23 전단개정)
1. 관계 중앙행정기관의 장
2. 시·도지사
3. 물류기업 및 이 법에 따라 지원을 받는 기업·단체 등
④ 국토교통부장관 및 해양수산부장관은 국가물류기본계획을 수립하거나 대통령령으로 정하는 중요한 사항을 변경하려는 경우에는 관계 중앙행정기관의 장 및 시·도지사와 협의한 후 국가물류정책위원회의 심의를 거쳐야 한다.(2013.3.23 본항개정)
⑤ 국토교통부장관은 국가물류기본계획을 수립하거나 변경한 때에는 이를 관보에 고시하고, 관계 중앙행정기관의 장 및 시·도지사에게 통보하여야 한다.(2013.3.23 본항개정)
제12조【다른 계획과의 관계】 ① 국가물류기본계획은 「국토기본법」에 따라 수립된 국토종합계획 및 「국가통합교통체계효율화법」에 따라 수립된 국가기간교통망계획과 조화를 이루어야 한다.(2009.6.9 본항개정)
② 국가물류기본계획은 다른 법령에 따라 수립되는 물류에 관한 계획에 우선하며 그 계획의 기본이 된다.
제13조【연도별시행계획의 수립】 ① 국토교통부장관 및 해양수산부장관은 국가물류기본계획을 시행하기 위하여 연도별 시행계획(이하 "연도별시행계획"이라 한다)을 매년 공동으로 수립하여야 한다.(2013.3.23 본항개정)
② 연도별시행계획의 수립·변경을 위한 자료제출의 요청 등에 관하여는 제11조제3항을 준용한다.
③ 연도별시행계획의 수립 및 시행에 필요한 사항은 대통령령으로 정한다.
제14조【지역물류기본계획의 수립】 ① 특별시장 및 광역시장은 지역물류정책의 기본방향을 설정하는 10년 단위의 지역물류기본계획을 5년마다 수립하여야 한다.
② 특별자치시장·도지사 및 특별자치도지사는 지역물류체계의 효율화를 위하여 필요한 경우에는 제1항의 지역물류기본계획을 수립할 수 있다.(2013.8.6 본항개정)
③ 지역물류기본계획은 국가물류기본계획에 배치되지 아니하여야 하며, 다음 각 호의 사항이 포함되어야 한다.
1. 지역물류환경의 변화와 전망
2. 지역물류정책의 목표·전략 및 단계별 추진계획
3. 운송·보관·하역·포장 등 물류기능별 지역물류정책 및 도로·철도·해운·항공 등 운송수단별 지역물류정책에 관한 사항
4. 지역의 물류시설·장비의 수급·배치 및 투자 우선순위에 관한 사항
5. 지역의 연계물류체계의 구축 및 개선에 관한 사항
6. 지역의 물류 공동화 및 정보화 등 물류체계의 효율화에 관한 사항
7. 지역 물류산업의 경쟁력 강화에 관한 사항
8. 지역 물류인력의 양성 및 물류기술의 개발·보급에 관한 사항(2013.8.6 본호개정)
9. 지역차원의 국제물류의 촉진·지원에 관한 사항
9의2. 지역의 환경친화적 물류활동의 촉진·지원에 관한 사항(2013.8.6 본호신설)
10. 그 밖에 지역물류체계의 개선을 위하여 필요한 사항
④ 국토교통부장관 및 해양수산부장관은 제1항에 따른 지역물류기본계획의 수립방법 및 기준 등에 관한 지침을 공동으로 작성하여야 한다.(2020.10.20 본항개정)
⑤ 국토교통부장관은 제4항에 따라 지침을 작성한 경우 특별시장 및 광역시장(제2항에 따라 지역물류기본계획을 수립하는 특별자치시장·도지사 및 특별자치도지사를 포함한다. 이하 제15조 및 제16조에서 같다)에게 통보하여야 한다.(2020.10.20 본항신설)
제15조【지역물류기본계획의 수립절차】 ① 특별시장 및 광역시장은 다음 각 호의 자에 대하여 지역물류기본계획의 수립·변경을 위한 관련 기초 자료의 제출을 요청할 수 있다. 이 경우 협조를 요청받은 자는 특별한 사정이 없는 한 이에 따라야 한다.
1. 인접한 시·도의 시·도지사
2. 관할 시·군·구의 시장·군수·구청장
3. 이 법에 따라 해당 시·도의 지원을 받는 기업·단체 등
② 특별시장 및 광역시장이 지역물류기본계획을 수립하거나 대통령령이 정하는 중요한 사항을 변경하려는 경우에는 미리 해당 시·도에 인접한 시·도의 시·도지사와 협의한 후 제20조의 지역물류정책위원회의 심의를 거쳐야 한다. 이 경우 특별시장 및 광역시장은 수립하거나 변경한 지역물류기본계획을 국토교통부장관 및 해양수산부장관에게 통보하여야 한다.(2020.10.20 본항개정)
③ 특별시장 및 광역시장은 지역물류기본계획을 수립하거나 변경한 때에는 이를 공고하고, 인접한 시·도의 시·도지사, 관할 시·군·구의 시장·군수·구청장 및 이 법에 따라 해당 시·도의 지원을 받는 기업 및 단체 등에 이를 통보하여야 한다.
④ 국토교통부장관 또는 해양수산부장관은 제2항 후단에 따라 통보받은 지역물류기본계획에 대하여 필요한 경우 관계 중앙행정기관의 장과 협의한 후 제19조제1항제1호의 물류정책분과위원회의 심의를 거쳐 변경을 요구할 수 있다.(2020.10.20 본항개정)
제16조【지역물류기본계획의 연도별 시행계획의 수립】 ① 지역물류기본계획을 수립한 특별시장 및 광역시장은 그 계획을 시행하기 위하여 연도별 시행계획(이하 "지역물류시행계획"이라 한다)을 매년 수립하여야 한다.
② 지역물류시행계획의 수립·변경을 위한 자료제출의 요청 등에 관하여는 제15조제1항을 준용한다.
③ 지역물류시행계획의 수립 및 시행에 필요한 사항은 대통령령으로 정한다.

제3절 물류정책위원회

제17조【국가물류정책위원회의 설치 및 기능】 ① 국가물류정책에 관한 주요 사항을 심의하기 위하여 국토교통부장관 소속으로 국가물류정책위원회를 둔다.(2013.3.23 본항개정)
② 국가물류정책위원회는 다음 각 호의 사항을 심의·조정한다.
1. 국가물류체계의 효율화에 관한 중요 정책 사항
2. 물류시설의 종합적인 개발계획의 수립에 관한 사항
3. 물류산업의 육성·발전에 관한 중요 정책 사항
3의2. 물류보안에 관한 중요 정책 사항(2012.6.1 본호신설)
4. 국제물류의 촉진·지원에 관한 중요 정책 사항
5. 이 법 또는 다른 법률에서 국가물류정책위원회의 심의를 거치도록 한 사항
6. 그 밖에 국가물류체계 및 물류산업에 관한 중요한 사항으로서 위원장이 회의에 부치는 사항

제18조【국가물류정책위원회의 구성 등】 ① 국가물류정책위원회는 위원장을 포함한 23명 이내의 위원으로 구성한다.(2013.3.23 본항개정)
② 국가물류정책위원회의 위원장은 국토교통부장관이 되고, 위원은 다음 각 호의 자가 된다.(2013.3.23 본문개정)
1. 기획재정부, 교육부, 과학기술정보통신부, 외교부, 농림축산식품부, 산업통상자원부, 고용노동부, 국토교통부, 해양수산부, 중소벤처기업부, 국가정보원 및 관세청의 고위공무원단에 속하는 공무원 또는 이에 상당하는 공무원 중에서 해당 기관의 장이 지명하는 자 각 1명(2017.7.26 본호개정)
2. 물류 관련 분야에 관한 전문지식 및 경험이 풍부한 자 중에서 위원장이 위촉하는 10명 이내의 자
(2009.2.6 본항개정)
③ 국가물류정책위원회의 사무를 처리하기 위하여 간사 1명을 두되, 간사는 국토교통부 소속 공무원 중에서 위원장이 지명하는 자가 된다.(2013.3.23 본항개정)
④ 공무원이 아닌 위원의 임기는 2년으로 하되, 연임할 수 있다.
⑤ (2024.1.9 삭제)
⑥ 제1항부터 제4항까지 외에 국가물류정책위원회의 구성 및 운영에 관하여 필요한 사항은 대통령령으로 정한다.
(2024.1.9 본항개정)

제19조【분과위원회】 ① 국가물류정책위원회의 업무를 효율적으로 추진하기 위하여 다음 각 호의 분과위원회를 둘 수 있다.
1. 물류정책분과위원회
2. 물류시설분과위원회
3. 국제물류분과위원회
② 각 분과위원회는 그 소관에 따라 다음 각 호의 사항을 심의·조정한다.
1. 국가물류정책위원회에서 심의·조정할 안건으로서 사전 검토가 필요한 사항
2. 국가물류정책위원회에서 위임한 사항
3. 이 법 또는 다른 법률에서 분과위원회의 심의·조정을 거치도록 한 사항
③ 분과위원회가 제2항제2호 및 제3호의 사항을 심의·조정한 때에는 분과위원회의 심의·조정을 국가물류정책위원회의 심의·조정으로 본다.
④ 제1항부터 제3항까지 외에 분과위원회의 구성 및 운영 등에 필요한 사항은 대통령령으로 정한다.

제19조의2【전문위원회】 ① 국가물류정책위원회의 업무를 효율적으로 수행하기 위하여 국가물류정책위원회에 다음 각 호의 전문위원회를 둘 수 있다.
1. 녹색물류전문위원회
2. 생활물류전문위원회
② 전문위원회의 구성 및 운영 등에 필요한 사항은 대통령령으로 정한다.
(2024.1.9 본조신설)

제20조【지역물류정책위원회】 ① 지역물류정책에 관한 주요 사항을 심의하기 위하여 시·도지사 소속으로 지역물류정책위원회를 둔다.
② 지역물류정책위원회의 구성 및 운영에 필요한 사항은 대통령령으로 정한다.

제3장 물류체계의 효율화

제1절 물류시설·장비의 확충 등

제21조【물류시설·장비의 확충】 ① 국토교통부장관·해양수산부장관 또는 산업통상자원부장관은 효율적인 물류활동을 위하여 필요한 물류시설 및 장비를 확충할 것을 물류기업에게 권고할 수 있으며, 이에 필요한 행정적·재정적 지원을 할 수 있다.
② 국토교통부장관·해양수산부장관 또는 산업통상자원부장관은 물류시설 및 장비를 원활하게 확충하기 위하여 필요하다고 인정되는 경우 관계 행정기관의 장에게 필요한 지원을 요청할 수 있다.
(2013.3.23 본조개정)

제22조【물류시설 간의 연계와 조화】 국가, 지방자치단체, 대통령령으로 정하는 물류 관련 기관(이하 "물류관련기관"이라 한다) 및 물류기업 등이 새로운 물류시설을 건설하거나 기존 물류시설을 정비할 때에는 다음 각 호의 사항을 고려하여야 한다.
1. 주요 물류거점시설 및 운송수단과의 연계성
2. 주변 물류시설과의 기능중복 여부
3. 대통령령으로 정하는 공항·항만 또는 산업단지의 경우 적정한 규모 및 기능을 가진 배후 물류시설 부지의 확보 여부

제23조【물류 공동화·자동화 촉진】 ① 국토교통부장관·해양수산부장관·산업통상자원부장관 또는 시·도지사는 물류공동화를 추진하는 물류기업이나 화주기업 또는 물류 관련 단체에 대하여 예산의 범위에서 필요한 자금을 지원할 수 있다.(2013.8.6 본항개정)
② 국토교통부장관·해양수산부장관·산업통상자원부장관 또는 시·도지사는 화주기업이 물류공동화를 추진하는 경우에는 물류기업이나 물류 관련 단체와 공동으로 추진하도록 권고할 수 있으며, 권고를 이행하는 경우에 우선적으로 제1항의 지원을 할 수 있다.(2013.8.6 본항개정)
③ 국토교통부장관·해양수산부장관·산업통상자원부장관 또는 시·도지사는 물류기업이 다음 각 호의 어느 하나에 해당하는 경우 우선적으로 제1항의 지원을 할 수 있다.(2023.4.18 본문개정)
1. 「클라우드컴퓨팅 발전 및 이용자 보호에 관한 법률」 제2조제1호에 따른 클라우드컴퓨팅(이하 "클라우드컴퓨팅"이라 한다) 등 정보통신기술을 활용하여 물류공동화를 추진하는 경우
2. 다음 각 목의 어느 하나에 해당하는 품목을 그에 적합한 온도를 유지하여 운송〔이하 "정온(定溫)물류"라 한다〕하기 위하여 물류공동화를 추진하는 경우
가. 「농업·농촌 및 식품산업 기본법」 제3조제6호·제7호에 따른 농수산물 및 식품
나. 「약사법」 제2조제4호에 따른 의약품
다. 그 밖에 첨단전자 부품 등 대통령령으로 정하는 품목
(2023.4.18 1호~2호신설)
④ 국토교통부장관·해양수산부장관·산업통상자원부장관 또는 시·도지사는 물류공동화를 확산하기 위하여 필요한 경우에는 시범지역을 지정하거나 시범사업을 선정하여 운영할 수 있다.(2013.8.6 본항개정)
⑤ 국토교통부장관·해양수산부장관 또는 산업통상자원부장관은 물류기업이 물류자동화를 위하여 물류시설 및 장비를 확충하거나 교체하려는 경우에는 필요한 자금을 지원할 수 있다.
⑥ 국토교통부장관·해양수산부장관 또는 산업통상자원부장관은 제1항부터 제5항까지의 조치를 하려는 경우에는 중복을 방지하기 위하여 미리 협의하여야 한다.
(2018.8.14 본항개정)
⑦ 시·도지사는 제1항부터 제4항까지의 조치를 하려는 경우에는 중복을 방지하기 위하여 미리 해당 조치와 관련하여 국토교통부장관·해양수산부장관 또는 산업통상자원부장관과 협의하고, 그 내용을 제14조에 따른 지역물류기본계획과 제16조에 따른 지역물류시행계획에 반영하여야 한다.(2018.8.14 본항개정)
(2013.3.23 본조개정)

제2절 물류표준화

제24조【물류표준의 보급촉진 등】 ① 국토교통부장관 또는 해양수산부장관은 물류표준화에 관한 업무를 효과적으로 추진하기 위하여 필요하다고 인정하는 경우에는 산업통상자원부장관에게 「산업표준화법」에 따른 한국산업표준의 제정·개정 또는 폐지를 요청할 수 있다.
② 국토교통부장관·해양수산부장관 또는 산업통상자원부장관은 물류표준의 보급을 촉진하기 위하여 필요한 경우에는 관계 행정기관, 「공공기관의 운영에 관한 법률」에 따른 공공기관(이하 "공공기관"이라 한다), 물류기업, 물류에 관련된 장비의 사용자 및 제조업자에게 물류표준에 맞는 장비(이하 "물류표준장비"라 한다)를 제조·사용하게 하거나 물류표준에 맞는 규격으로 포장을 하도록 요청하거나 권고할 수 있다.
(2013.3.23 본조개정)

제25조【물류표준장비의 사용자 등에 대한 우대조치】 ① 국토교통부장관·해양수산부장관 또는 산업통상자원부장관은 관계 행정기관, 공공기관 및 물류기업 등에게 물류표준장비의 사용자 또는 물류표준에 맞는 규격으로 재화를 포장하는 자에 대하여 운임·하역료·보관료의 할인 및 우선구매 등의 우대조치를 할 것을 요청하거나 권고할 수 있다.
② 국토교통부장관·해양수산부장관 또는 산업통상자원부장관은 물류표준장비의 보급 확대를 위하여 물류기업, 물류표준장비의 사용자 또는 물류표준에 맞는 규격으로 재화를 포장하는 자 등에 대하여 소요자금의 융자 등 필요한 재정지원을 할 수 있다.
(2013.3.23 본조개정)

제26조【물류회계의 표준화】 ① 국토교통부장관은 해양수산부장관 및 산업통상자원부장관과 협의하여 물류기업 및 화주기업의 물류비 산정기준 및 방법 등을 표준화하기 위하여 대통령령으로 정하는 기준에 따라 기업물류비 산정지침을 작성하여 고시하여야 한다.
② 국토교통부장관은 물류기업 및 화주기업이 제1항의 기업물류비 산정지침에 따라 물류비를 관리하도록 권고할 수 있다.
③ 국토교통부장관은 해양수산부장관 및 산업통상자원부장관과 협의하여 제1항의 기업물류비 산정지침에 따라 물류비를 계산·관리하는 물류기업 및 화주기업에 대하여는 필요한 행정적·재정적 지원을 할 수 있다.
(2013.3.23 본조개정)

제3절 물류정보화

제27조【물류정보화의 촉진】 ① 국토교통부장관·해양수산부장관·산업통상자원부장관 또는 관세청장은 물류정보화를 통한 물류체계의 효율화를 위하여 필요한 시책을 강구하여야 한다.
② 국토교통부장관·해양수산부장관·산업통상자원부장관 또는 관세청장은 물류정보화를 촉진하기 위하여 필요한 경우에는 예산의 범위에서 물류기업 또는 물류 관련 단체에 대하여 물류정보화에 관련된 설비 또는 프로그램의 개발·운용비용의 일부를 지원할 수 있다.
(2013.3.23 본조개정)

제28조【단위물류정보망의 구축】 ① 관계 행정기관 및 물류관련기관은 소관 물류정보의 수집·분석·가공 및 유통 등을 촉진하기 위하여 필요한 때에는 단위물류정보망을 구축·운영할 수 있다. 이 경우 관계 행정기관은 전담기관을 지정하여 단위물류정보망을 구축·운영할 수 있다.(2012.6.1 본항개정)
② 관계 행정기관이 전담기관을 지정하여 단위물류정보망을 구축·운영하는 경우에는 소요비용의 전부 또는 일부를 예산의 범위에서 지원할 수 있다.
③ 단위물류정보망을 구축하는 행정기관 및 물류관련기관은 소관 단위물류정보망과 제30조의2제1항에 따른 국가물류통합정보센터 또는 다른 단위물류정보망 간의 연계체계를 구축하여야 한다.(2012.6.1 본항개정)
④ 단위물류정보망을 운영하고 있는 관계 행정기관 및 물류관련기관은 제30조의2제1항에 따른 국가물류통합정보센터 및 다른 단위물류정보망을 운영하고 있는 행정기관 또는 물류관련기관이 연계를 요청하는 경우에는 상호협의를 거쳐 특별한 사정이 없으면 이에 협조하여야 한다.(2012.6.1 본항신설)
⑤ 단위물류정보망을 구축·운영하는 관계 행정기관의 장은 제30조의2제1항에 따른 국가물류통합정보센터 또는 단위물류정보망 간의 연계체계를 구축하기 위하여 필요한 때에는 국토교통부장관과 협의를 거쳐 제19조제1항제2호의 물류시설분과위원회(이하 "물류시설분과위원회"라 한다)에 같은 항에 따른 국가물류통합정보센터와의 연계 또는 단위물류정보망 간의 연계체계의 조정을 요청할 수 있다.(2013.3.23 본항개정)
⑥ 관계 행정기관은 대통령령으로 정하는 공공기관 또는 물류정보의 수집·분석·가공·유통과 관련한 적절한 시설장비와 인력을 갖춘 자 중에서 제1항에 따른 단위물류정보망 전담기관을 지정한다.(2012.6.1 본항신설)
⑦ 제6항에 따른 단위물류정보망 전담기관의 지정에 필요한 시설장비와 인력 등의 기준과 지정절차는 대통령령으로 정한다.(2012.6.1 본항신설)
⑧ 제1항에 따라 전담기관을 지정하여 단위물류정보망을 구축·운영하는 관계 행정기관은 단위물류정보망 전담기관이 다음 각 호의 어느 하나에 해당하는 경우에는 그 지정을 취소할 수 있다. 다만, 제1호에 해당하는 경우에는 지정을 취소하여야 한다.
1. 거짓이나 그 밖의 부정한 방법으로 지정을 받은 경우
2. 제7항에 따른 지정기준에 미달하게 된 경우
(2012.6.1 본항신설)

제29조【위험물질운송안전관리센터의 설치·운영】 ① 국토교통부장관은 다음 각 호에 따른 물질(이하 "위험물질"이라 한다)의 안전한 도로운송을 위하여 위험물질을 운송하는 차량(이하 "위험물질 운송차량"이라 한다)을 통합적으로 관리하는 센터(이하 "위험물질운송안전관리센터"라 한다)를 설치·운영한다. 이 경우 국토교통부장관은 대통령령으로 정하는 바에 따라 「한국교통안전공단법」에 따른 한국교통안전공단(이하 "한국교통안전공단"이라 한다)에 위험물질운송안전관리센터의 설치·운영을 대행하게 할 수 있다.(2017.10.24 후단개정)
1. 「위험물안전관리법」 제2조제1항제1호에 따른 위험물
2. 「화학물질관리법」 제2조제7호에 따른 유해화학물질
3. 「고압가스 안전관리법」 제2조에 따른 고압가스
4. 「원자력안전법」 제2조제18호에 따른 방사성폐기물
5. 「폐기물관리법」 제2조제4호에 따른 지정폐기물
6. 「농약관리법」 제2조제1호·제3호에 따른 농약과 원제(原劑)
7. 그 밖에 대통령령으로 정하는 물질
② 위험물질운송안전관리센터는 다음 각 호의 업무를 수행한다.
1. 위험물질 운송차량의 소유자 및 운전자 정보, 운행정보, 사고발생 시 대응 정보 등 위험물질운송안전관리센터 운영에 필요한 정보의 수집 및 관리
2. 제29조의2제1항·제2항 및 제5항에 따른 단말장치의 장착·운용 및 운송계획정보의 입력 등에 관한 교육
3. 위험물질운송안전관리센터의 업무 수행을 지원하기 위한 전자정보시스템(이하 "위험물질운송안전관리시스템"이라 한다)의 구축·운영
4. 위험물질 운송차량의 사고 관련 상황 감시 및 사고발생 시 사고 정보 전파
5. 「도로교통법」 제6조에 따라 각 시·도경찰청장이 공고하는 통행 금지 및 제한 구간, 「물환경보전법」 제17조에 따른 상수원보호구역 등 통행제한 구간, 그 밖에 국토교통부령으로 정하는 통행제한 구간(이하 "통행제한구간"이라 한다)에 진입한 위험물질 운송차량에 대한 통행금지 알림 및 관계 기관 등에 해당 위험물질 운송차량의 통행제한구간 진입 사실 전파(2020.12.22 본호개정)
6. 관계 행정기관과의 위험물질운송안전관리시스템 공동활용 체계 구축
7. 그 밖에 위험물질 운송차량의 사고예방 및 사고발생 시 신속한 방재 지원에 필요한 사항
③ 국토교통부장관은 예산의 범위에서 제1항에 따라 위험물질운송안전관리센터의 설치 및 운영을 대행하는 데 필요한 예산을 지원할 수 있다.

④ 위험물질운송안전관리센터의 운영에 필요한 정보를 수집·관리 및 활용하는 자(제1항에 따라 위험물질운송안전관리센터의 설치 및 운영을 대행하는 한국교통안전공단의 임직원과 제5항에 따라 정보를 공동으로 활용하는 관계 행정기관의 소속 직원을 포함한다)는 취득한 정보를 목적 외의 용도로 사용하여서는 아니 된다.
(2017.10.24 본항개정)
⑤ 관계 행정기관의 장은 위험물질운송안전관리시스템을 통하여 위험물질운송안전관리센터가 수집·관리하는 정보를 공동으로 활용할 수 있다.
⑥ 국토교통부장관은 위험물질운송안전관리센터의 운영을 위하여 필요한 경우에는 관계 행정기관 및 공공기관·법인 등(이하 이 조에서 "관계 행정기관 등"이라 한다)의 장에게 소속 공무원 또는 임직원의 파견과 자료 및 정보의 제공 등 업무 수행에 필요한 협조를 요청할 수 있다. 이 경우 요청을 받은 관계 행정기관 등의 장은 특별한 사유가 없으면 그 요청에 따라야 한다.
(2017.3.21 본조신설)

제29조의2【위험물질 운송차량의 소유자 등의 의무 등】 ① 도로운송 시 위험물질운송안전관리센터의 감시가 필요한 위험물질을 운송하는 위험물질 운송차량 중 최대 적재량이 일정 기준 이상인 차량의 소유자(「자동차관리법」 제7조에 따른 자동차등록원부에 기재된 자동차 소유자를 말한다. 이하 같다)는 위험물질운송안전관리시스템과 무선통신이 가능하고 위험물질 운송차량의 위치정보의 수집 등이 가능한 이동통신단말장치(이하 "단말장치"라 한다)를 차량에 장착하여야 한다. 이 경우 도로운송 시 위험물질운송안전관리센터의 감시가 필요한 위험물질의 종류 및 위험물질 운송차량의 최대 적재량 기준 등은 관계 중앙행정기관의 장과 협의를 거쳐 국토교통부령으로 정한다.
② 제1항에 따라 단말장치를 장착한 위험물질 운송차량(이하 "단말장치 장착차량"이라 한다)의 소유자는 단말장치의 정상적인 작동 여부를 점검·관리하여야 하며, 단말장치 장착차량의 운전자는 위험물질을 운송하는 동안 단말장치의 작동을 유지하여야 한다.
③ 국토교통부장관은 제1항 및 제2항에 따라 위험물질 운송차량의 소유자가 단말장치를 장착·운용하는 데 필요한 비용의 전부 또는 일부를 지원할 수 있다.
④ 제1항 및 제2항에 따른 단말장치의 장착·기술 기준 및 점검·관리 방법 등 단말장치의 장착·운용에 필요한 사항은 국토교통부령으로 정한다.
⑤ 단말장치 장착차량의 소유자는 위험물질을 운송하려는 경우 사전에 국토교통부령으로 정하는 바에 따라 해당 차량의 운전자 정보, 운송하는 위험물질의 종류, 출발지 및 목적지 등 운송계획에 관한 정보(이하 "운송계획정보"라 한다)를 위험물질운송안전관리시스템에 입력하여야 한다.
⑥ 국토교통부장관은 제4항 및 제5항에 따른 단말장치의 장착·기술 기준 및 운송계획정보를 입력하기 위하여 필요한 사항을 정할 때에는 사전에 관계 중앙행정기관의 장과 협의하여야 한다.
⑦ 국토교통부장관은 제1항·제2항 및 제5항에 따른 단말장치의 장착·운용 및 운송계획정보의 입력에 대한 위반 여부를 확인하기 위하여 관계 공무원 또는 위험물질운송단속원(한국교통안전공단의 임직원 중에서 위험물질 운송안전 관리 업무를 담당하는 사람을 말한다. 이하 같다)으로 하여금 위험물질 운송차량을 조사하게 하거나 위험물질 운송차량의 사업장에 출입하여 관련 서류 등을 조사하게 할 수 있다.(2017.10.24 본항개정)
⑧ 위험물질 운송차량의 소유자, 운전자 또는 관련 사업장의 관계인은 정당한 사유 없이 제7항에 따른 출입·조사를 거부·방해 또는 기피하여서는 아니 된다.
⑨ 제7항에 따라 출입·조사를 하는 공무원 또는 위험물질운송단속원은 그 권한을 표시하는 증표를 지니고 이를 관계인에게 보여주어야 한다.
(2017.3.21 본조신설)

제29조의3【단말장치의 장착 및 운행중지 명령】 ① 국토교통부장관은 제29조의2제1항에 따라 단말장치를 장착하지 아니하거나 같은 조 제4항에 따른 단말장치의 장착·기술 기준을 준수하지 아니한 자에게 국토교통부령으로 정하는 바에 따라 기간을 정하여 단말장치를 장착하거나 개선할 것을 명할 수 있다.
② 국토교통부장관은 제1항에 따른 조치명령을 받은 자가 그 명령을 이행하지 아니한 경우 그 위험물질 운송차량의 운행중지를 명할 수 있다.
(2017.3.21 본조신설)

제30조【국가물류통합데이터베이스의 구축】 ① 국토교통부장관은 해양수산부장관·산업통상자원부장관 및 관세청장과 협의하여 관계 행정기관, 물류관련기관 또는 물류기업 등이 구축한 단위물류정보망으로부터 필요한 정보를 제공받거나 물류현황조사에 따라 수집된 정보를 가공·분석하여 물류 관련 자료를 총괄하는 국가물류통합데이터베이스를 구축할 수 있다.
② 국토교통부장관은 국가물류통합데이터베이스의 구축을 위하여 필요한 경우 관계 행정기관, 지방자치단체, 물류관련기관 또는 물류기업 등에 대하여 자료의 제공을 요청할 수 있다.
(2013.3.23 본조개정)

제30조의2【국가물류통합정보센터의 설치·운영】 ① 국토교통부장관은 국가물류통합데이터베이스를 구축하고 물류정보를 가공·축적·제공하기 위한 통합정보체계를 갖추기 위하여 국가물류통합정보센터를 설치·운영할 수 있다.(2013.3.23 본항개정)
② 국토교통부장관은 다음 각 호의 어느 하나에 해당하는 자를 국가물류통합정보센터의 운영자로 지정할 수 있다.(2013.3.23 본문개정)
1. 중앙행정기관
2. 대통령령으로 정하는 공공기관
3. 「정부출연연구기관 등의 설립·운영 및 육성에 관한 법률」 또는 「과학기술분야 정부출연연구기관 등의 설립·운영 및 육성에 관한 법률」에 따른 정부출연연구기관(이하 "정부출연연구기관"이라 한다)
3의2. 제55조제1항에 따라 설립된 물류관련협회(2013.8.6 본호신설)
4. 그 밖에 자본금 2억원 이상, 업무능력 등 대통령령으로 정하는 기준과 자격을 갖춘 「상법」상의 주식회사
③ 국토교통부장관은 해양수산부장관·산업통상자원부장관 및 관세청장과 협의하여 국가물류통합정보센터의 효율적인 운영을 위하여 제2항에 따라 지정된 자(이하 "국가물류통합정보센터운영자"라 한다)에게 필요한 지원을 할 수 있다.(2013.3.23 본항개정)
④ 국가물류통합정보센터운영자의 지정에 필요한 절차 및 지정기준 등은 대통령령으로 정한다.
(2012.6.1 본조신설)

제31조【지정의 취소 등】 국토교통부장관은 국가물류통합정보센터운영자가 다음 각 호의 어느 하나에 해당하는 경우에는 그 지정을 취소할 수 있다. 다만 제1호에 해당하는 경우에는 지정을 취소하여야 한다.(2013.3.23 본문개정)
1. 거짓이나 그 밖의 부정한 방법으로 지정을 받은 경우
2. 제30조의2제4항에 따른 지정기준에 미달하게 된 경우 (2012.6.1 본호개정)
3. 국가물류통합정보센터운영자가 국가물류통합데이터베이스의 물류정보를 영리를 목적으로 사용한 경우 (2012.6.1 본호신설)

제32조【전자문서의 이용·개발】 ① 물류기업, 물류관련기관 및 물류 관련 단체가 대통령령으로 정하는 물류에 관한 업무를 전자문서(「전자문서 및 전자거래 기본법」 제2조제1호의 전자문서를 말한다. 이하 같다)로 처리하려는 경우에는 국토교통부령으로 정하는 전자문서를 이용하여야 한다.
② 국토교통부장관은 해양수산부장관 및 산업통상자원부장관과 협의하여 표준전자문서의 개발·보급계획을 수립하여야 한다.
(2013.3.23 본조개정)

제33조【전자문서 및 물류정보의 보안】 ① 누구든지 단위물류정보망 또는 제32조제1항의 전자문서를 위작(僞作) 또는 변작(變作)하거나 위작 또는 변작된 전자문서를 행사하여서는 아니 된다.(2012.6.1 본항개정)
② 누구든지 국가물류통합정보센터 또는 단위물류정보망에서 처리·보관 또는 전송되는 물류정보를 훼손하거나 그 비밀을 침해·도용(盜用) 또는 누설하여서는 아니 된다.(2012.6.1 본항개정)
③ 국가물류통합정보센터운영자 또는 단위물류정보망 전담기관은 전자문서 및 정보처리장치의 파일에 기록되어 있는 물류정보를 대통령령으로 정하는 기간 동안 보관하여야 한다.(2012.6.1 본항개정)
④ 국가물류통합정보센터운영자 또는 단위물류정보망 전담기관은 제1항부터 제3항까지의 규정에 따른 전자문서 및 물류정보의 보안에 필요한 보호조치를 강구하여야 한다.(2012.6.1 본항개정)
⑤ 누구든지 불법 또는 부당한 방법으로 제4항에 따른 보호조치를 침해하거나 훼손하여서는 아니 된다.

제34조【전자문서 및 물류정보의 공개】 ① 국가물류통합정보센터운영자 또는 단위물류정보망 전담기관은 대통령령으로 정하는 경우를 제외하고는 전자문서 또는 물류정보를 공개하여서는 아니 된다.
② 국가물류통합정보센터운영자 또는 단위물류정보망 전담기관이 제1항에 따라 전자문서 또는 물류정보를 공개하려는 때에는 미리 대통령령으로 정하는 이해관계인의 동의를 받아야 한다.
(2012.6.1 본조개정)

제35조【전자문서 이용의 촉진】 ① 국토교통부장관은 해양수산부장관 및 산업통상자원부장관과 협의하여 물류기업, 물류관련기관 및 물류 관련 단체에 대통령령으로 정하는 물류시설의 이용 등 관련 업무를 전자문서로 처리할 것을 요청할 수 있다.
② 국토교통부장관은 해양수산부장관 및 산업통상자원부장관과 협의하여 전자문서로 업무를 처리하는 물류기업에 대하여 물류관련기관으로 하여금 해당 화물의 우선처리·요금할인 등 우대조치를 할 것을 요청할 수 있다.
(2013.3.23 본조개정)

제4절 국가 물류보안 시책의 수립 및 지원 등
(2013.8.6 본절제목개정)

제35조의2【국가 물류보안 시책의 수립 및 지원】 ① 국토교통부장관은 관계 중앙행정기관의 장과 협의하여 국가 물류보안 수준을 향상시키기 위하여 물류보안 관련 제도 및 물류보안 기술의 표준을 마련하는 등 국가 물류보안 시책을 수립·시행하여야 한다.(2013.3.23 본항개정)
② 국토교통부장관은 관계 중앙행정기관의 장과 협의하여 물류기업 또는 화주기업이 다음 각 호의 어느 하나에 해당하는 활동을 하는 경우에는 행정적·재정적 지원을 할 수 있다.(2013.3.23 본문개정)
1. 물류보안 관련 시설·장비의 개발·도입
2. 물류보안 관련 제도·표준 등 국가 물류보안 시책의 준수
3. 물류보안 관련 교육 및 프로그램의 운영
4. 그 밖에 대통령령으로 정하는 물류보안 활동
(2012.6.1 본조신설)

제35조의3【물류보안 관련 국제협력 증진】 ① 국토교통부장관은 관계 중앙행정기관의 장과 협의하여 물류보안 관련 국제협력의 증진을 위한 시책을 수립·시행하여야 한다.(2013.3.23 본항개정)
② 물류보안 관련 국제협력을 위한 외국 및 국제기구와의 물류보안 관련 공동연구, 전문인력의 상호파견, 물류보안 기술개발 정보의 공유 등 물류보안 관련 국제협력을 위하여 필요한 사항은 대통령령으로 정한다.
(2012.6.1 본조신설)

제4장 물류산업의 경쟁력 강화

제1절 물류산업의 육성

제36조【물류산업의 육성 등】 ① 국토교통부장관 및 해양수산부장관은 화주기업에 대하여 운송·보관·하역 등의 물류서비스를 일관되고 통합된 형태로 제공하는 물류기업을 우선적으로 육성하는 등 물류산업의 경쟁력을 강화하는 시책을 강구하여야 한다.(2013.3.23 본항개정)
② 국토교통부장관·해양수산부장관 또는 산업통상자원부장관은 제1항에 따른 물류기업의 육성을 위하여 다음 각 호의 조치를 할 수 있다.(2013.3.23 본문개정)
1. 이 법 또는 대통령령으로 정하는 물류 관련 법률에 따라 국가 또는 지방자치단체의 지원을 받는 물류시설에의 우선 입주를 위한 지원
2. 물류시설·장비의 확충, 물류 표준화·정보화 등 물류효율화에 필요한 자금의 원활한 조달을 위하여 필요한 지원

제37조【제3자물류의 촉진】 ① 국토교통부장관은 해양수산부장관 및 산업통상자원부장관과 협의하여 화주기업과 물류기업의 제3자물류 촉진을 위한 시책을 수립·시행하고 지원하여야 한다.(2018.9.18 본항개정)
② 국토교통부장관은 해양수산부장관 및 산업통상자원부장관과 협의하여 화주기업 또는 물류기업이 다음 각 호의 어느 하나에 해당하는 활동을 하는 때에는 행정적·재정적 지원을 할 수 있다.(2018.9.18 본문개정)
1. 제3자물류를 활용하기 위한 목적으로 화주기업이 물류시설을 매각·처분하거나 물류기업이 화주기업의 물류시설을 인수·확충하려는 경우(2018.9.18 본호신설)
2. 제3자물류를 활용하기 위한 목적으로 물류컨설팅을 받으려는 경우(2018.9.18 본호신설)
3. 그 밖에 제3자물류 촉진을 위하여 필요하다고 인정하는 경우(2018.9.18 본호신설)
③ (2018.9.18 삭제)
④ 국토교통부장관은 해양수산부장관 및 산업통상자원부장관과 협의하여 제3자물류 활용을 촉진하기 위하여 제3자물류 활용의 우수사례를 발굴하고 홍보할 수 있다.
(2013.3.23 본조개정)

제37조의2【물류신고센터의 설치 등】 ① 국토교통부장관 또는 해양수산부장관은 물류시장의 건전한 거래질서를 조성하기 위하여 물류신고센터를 설치·운영할 수 있다.
② 누구든지 물류시장의 건전한 거래질서를 해치는 다음 각 호의 행위로 분쟁이 발생하는 경우 그 사실을 제1항에 따른 물류신고센터에 신고할 수 있다.
1. 화물의 운송·보관·하역 등에 관하여 체결된 계약을 정당한 사유 없이 이행하지 아니하거나 일방적으로 계약을 변경하는 행위
2. 화물의 운송·보관·하역 등의 단가를 인하하기 위하여 고의적으로 재입찰하거나 계약단가 정보를 노출하는 행위
3. 화물의 운송·보관·하역 등에 관하여 체결된 계약의 범위를 벗어나 과적·금전 등을 제공하도록 강요하는 행위
4. 화물의 운송·보관·하역 등에 관하여 유류비의 급격한 상승 등 비용 증가분을 계약단가에 반영하는 것을 지속적으로 회피하는 행위
③ 물류신고센터의 설치 및 운영에 필요한 사항은 대통령령으로 정한다.
(2018.9.18 본조신설)

제37조의3【보고 및 조사 등】 ① 국토교통부장관 또는 해양수산부장관은 제37조의2제2항에 따른 신고의 내용이 타인이나 국가 또는 지역 경제에 피해를 발생시키거나 발생시킬 우려가 있다고 인정하는 때에는 국토교통부령 또는 해양수산부령으로 정하는 바에 따라 해당 화주

기업 또는 물류기업 등 이해관계인에게 조정을 권고할 수 있다.
② 국토교통부장관 또는 해양수산부장관은 제1항에도 불구하고 신고의 내용이 「독점규제 및 공정거래에 관한 법률」, 「하도급거래 공정화에 관한 법률」, 「대리점거래의 공정화에 관한 법률」 등 다른 법률을 위반하였다고 판단되는 때에는 관계부처에 신고의 내용을 통보하여야 한다.
③ 국토교통부장관 또는 해양수산부장관은 제1항에 따른 조정의 권고를 위하여 필요한 경우 해당 화주기업 또는 물류기업 등 이해관계인에게 국토교통부령 또는 해양수산부령으로 정하는 자료를 제출하게 하거나 보고하게 할 수 있다.
④ 국토교통부장관 또는 해양수산부장관은 제1항에 따른 조정의 권고를 위하여 필요한 경우 관계 공무원으로 하여금 해당 화주기업 또는 물류기업 등 이해관계인의 사업장 또는 그 밖의 장소에 출입하여 장부나 서류, 그 밖의 물건을 조사하게 할 수 있다. 이 경우 조사를 하는 공무원은 그 권한을 표시하는 증표를 지니고 이를 관계인에게 내보여야 한다.
(2018.9.18 본조신설)

제2절 우수물류기업의 인증
(2015.6.22 본절제목개정)

제38조【우수물류기업의 인증 등】 ① 국토교통부장관 및 해양수산부장관은 물류기업의 육성과 물류산업 발전을 위하여 소관 물류기업을 각각 우수물류기업으로 인증할 수 있다.
② 제1항에 따른 우수물류기업의 인증은 물류사업별로 운영할 수 있으며, 각 사업별 인증의 주체와 대상 등에 필요한 사항은 대통령령으로 정한다.
③ 국토교통부장관 또는 해양수산부장관은 제1항에 따라 인증을 받은 자(이하 "인증우수물류기업"이라 한다)가 제4항의 요건을 유지하는지의 여부를 대통령령으로 정하는 바에 따라 점검할 수 있다.
④ 제1항에 따른 우수물류기업 선정을 위한 인증의 기준·절차·방법·점검 및 인증표시의 방법 등에 필요한 사항은 국토교통부와 해양수산부의 공동부령(이하 "공동부령"이라 한다)으로 정한다.
(2015.6.22 본조개정)
제38조의2 (2015.6.22 삭제)
제39조【인증우수물류기업 인증의 취소 등】 ① 국토교통부장관 또는 해양수산부장관은 소관 인증우수물류기업이 다음 각 호의 어느 하나에 해당하는 경우에는 그 인증을 취소할 수 있다. 다만, 제1호에 해당하는 때에는 인증을 취소하여야 한다.(2015.6.22 본문개정)
1. 거짓이나 그 밖의 부정한 방법으로 인증을 받은 경우
2. 물류사업으로 인하여 공정거래위원회로부터 시정조치 또는 과징금 부과 처분을 받은 경우(2018.9.18 본호신설)
3. 제38조제3항에 따른 점검을 정당한 사유 없이 3회 이상 거부한 경우(2015.6.22 본호개정)
4. 제38조제4항의 인증기준에 맞지 아니하게 된 경우 (2015.6.22 본호개정)
5. 제66조를 위반하여 다른 사람에게 자기의 성명 또는 상호를 사용하여 영업을 하게 하거나 인증서를 대여한 때
② 인증우수물류기업은 제1항에 따라 우수물류기업의 인증이 취소된 경우에는 제41조제1항에 따른 인증서를 반납하고, 인증마크의 사용을 중지하여야 한다.(2015.6.22 본항개정)
(2015.6.22 본조제목개정)
제40조【인증심사대행기관】 ① 국토교통부장관 및 해양수산부장관은 우수물류기업의 인증과 관련하여 우수물류기업 인증심사 대행기관(이하 "심사대행기관"이라 한다)을 공동으로 지정하여 다음 각 호의 업무를 하게 할 수 있다.(2015.6.22 본문개정)
1. 인증신청의 접수
2. 제38조제4항의 요건에 맞는지에 대한 심사(2015.6.22 본호개정)
3. 제38조제3항에 따른 점검의 대행
4. 그 밖에 인증업무를 원활히 수행하기 위하여 대통령령으로 정하는 지원업무
② 심사대행기관은 대통령령으로 정하는 바에 따라 다음 각 호의 어느 하나에 해당하는 기관 중에서 지정한다. (2015.6.22 본문개정)
1. 공공기관
2. 정부출연연구기관
3. (2015.6.22 삭제)
③ 심사대행기관의 장은 제1항 각 호에 따른 업무를 수행할 때 필요한 경우에는 관계 행정기관 또는 관련 있는 기관에 협조를 요청할 수 있다.(2015.6.22 본항개정)
④ 심사대행기관의 조직 및 운영 등에 필요한 사항은 공동부령으로 정한다.(2015.6.22 본항개정)
⑤ 국토교통부장관 및 해양수산부장관은 심사대행기관을 지도·감독하고, 그 운영비의 일부를 지원할 수 있다. (2015.6.22 본항개정)
(2015.6.22 본조제목개정)
제40조의2【심사대행기관의 지정취소】 국토교통부장관 및 해양수산부장관은 심사대행기관이 다음 각 호의 어느 하나에 해당하는 경우에는 공동으로 그 지정을 취소할 수 있다. 다만, 제1호에 해당하는 경우에는 지정을 취소하여야 한다.(2015.6.22 본문개정)
1. 거짓 또는 부정한 방법으로 지정을 받은 경우
2. 고의 또는 중대한 과실로 인증 기준 및 절차를 위반한 경우
3. 정당한 사유 없이 인증업무를 거부한 경우
(2015.6.22 본조제목개정)
(2012.6.1 본조신설)
제41조【인증서와 인증마크】 ① 국토교통부장관 또는 해양수산부장관은 소관 인증우수물류기업에 대하여 인증서를 교부하고, 인증을 나타내는 표시(이하 "인증마크"라 한다)를 제정하여 인증우수물류기업이 사용하게 할 수 있다.
② 인증마크의 도안 및 표시방법 등에 대하여는 공동부령으로 정하는 바에 따라 국토교통부장관 및 해양수산부장관이 공동으로 정하여 고시한다.
③ 인증우수물류기업이 아닌 자는 거짓의 인증마크를 제작·사용하거나 그 밖의 방법으로 인증우수물류기업임을 사칭하여서는 아니 된다.
(2015.6.22 본조개정)
제42조【인증우수물류기업 및 우수녹색물류실천기업에 대한 지원】 국가·지방자치단체 또는 공공기관은 인증우수물류기업 또는 제60조의3에 따른 우수녹색물류실천기업에 대하여 대통령령으로 정하는 바에 따라 행정적·재정적 지원을 할 수 있다.(2015.6.22 본조개정)

제3절 국제물류주선업

제43조【국제물류주선업의 등록】 ① 국제물류주선업을 경영하려는 자는 국토교통부령으로 정하는 바에 따라 시·도지사에게 등록하여야 한다.(2017.1.17 본항개정)
② 제1항에 따라 국제물류주선업을 등록한 자(이하 "국제물류주선업자"라 한다)가 등록한 사항 중 국토교통부령으로 정하는 중요한 사항을 변경하려는 경우에는 국토교통부령으로 정하는 바에 따라 변경등록을 하여야 한다. (2013.3.23 본항개정)
③ 제1항에 따라 등록을 하려는 자는 3억원 이상의 자본금(법인이 아닌 경우에는 6억원 이상의 자산평가액을 말한다)을 보유하고 그 밖에 대통령령으로 정하는 기준을 충족하여야 한다.(2012.6.1 본항개정)
④ 국제물류주선업자는 제3항에 따른 등록기준에 관한 사항을 3년이 경과할 때마다 국토교통부령으로 정하는 바에 따라 신고하여야 한다.(2013.3.23 본항개정)
제44조【등록의 결격사유】 다음 각 호의 어느 하나에 해당하는 자는 국제물류주선업의 등록을 할 수 없으며, 외국인 또는 외국의 법령에 따라 설립된 법인의 경우에는 해당 국가의 법령에 따라 다음 각 호의 어느 하나에 해당하는 경우에도 또한 같다.(2013.8.6 본문개정)
1. 피성년후견인 또는 피한정후견인(2015.6.22 본호개정)
2. 이 법, 「화물자동차 운수사업법」, 「항공사업법」, 「항공안전법」, 「공항시설법」 또는 「해운법」을 위반하여 금고 이상의 실형을 선고받고 그 집행이 종료(집행이 종료된 것으로 보는 경우를 포함한다)되거나 집행이 면제된 날부터 2년이 지나지 아니한 자
3. 이 법, 「화물자동차 운수사업법」, 「항공사업법」, 「항공안전법」, 「공항시설법」 또는 「해운법」을 위반하여 금고 이상의 형의 집행유예를 선고받고 그 유예기간 중에 있는 자
4. 이 법, 「화물자동차 운수사업법」, 「항공사업법」, 「항공안전법」, 「공항시설법」 또는 「해운법」을 위반하여 벌금형을 선고받고 2년이 지나지 아니한 자
(2016.3.29 2호~4호개정)
5. 제47조제1항에 따라 등록이 취소(이 조 제1호에 해당하여 등록이 취소된 경우는 제외한다)된 후 2년이 지나지 아니한 자(2017.1.17 본호개정)
6. 법인으로서 대표자가 제1호부터 제5호까지의 어느 하나에 해당하는 경우(2013.8.6 본호개정)
7. 법인으로서 대표자가 아닌 임원 중에 제2호부터 제5호까지의 어느 하나에 해당하는 사람이 있는 경우 (2013.8.6 본호신설)
제45조【사업의 승계】 ① 국제물류주선업자가 그 사업을 양도하거나 사망한 때 또는 법인이 합병한 때에는 그 양수인·상속인 또는 합병 후 존속하는 법인이나 합병으로 설립되는 법인은 국제물류주선업의 등록에 따른 권리·의무를 승계한다.
② 제1항에 따라 국제물류주선업의 등록에 따른 권리·의무를 승계한 자는 국토교통부령으로 정하는 바에 따라 시·도지사에게 신고하여야 한다.(2017.1.17 본항개정)
③ 제1항에 따라 승계받은 자의 결격사유에 관하여는 제44조를 준용한다.
제46조【사업의 휴업·폐업 관련 정보의 제공 요청】 시·도지사는 국제물류주선업자의 휴업·폐업 사실을 확인하기 위하여 필요한 경우에는 관할 세무관서의 장에게 대통령령으로 정하는 바에 따라 휴업·폐업에 관한 과세정보의 제공을 요청할 수 있다. 이 경우 요청을 받은 세무관서의 장은 정당한 사유가 없으면 그 요청에 따라야 한다.(2017.1.17 전단개정)
제47조【등록의 취소 등】 ① 시·도지사는 국제물류주선업자가 다음 각 호의 어느 하나에 해당하는 경우에는 등록을 취소하거나 6개월 이내의 기간을 정하여 사업의 전부 또는 일부의 정지를 명할 수 있다. 다만, 제1호·제4호·제5호에 해당하는 경우에는 등록을 취소하여야 한다.
1. 거짓이나 그 밖의 부정한 방법으로 등록을 한 경우
2. 제43조제3항에 따른 등록기준에 못 미치게 된 경우
3. 제43조제4항을 위반하여 신고를 하지 아니하거나 거짓으로 신고한 경우
4. 제44조(제45조제3항에서 준용하는 경우를 포함한다) 각 호의 어느 하나에 해당하게 된 경우. 다만, 그 지위를 승계받은 상속인이 제44조제1호부터 제5호까지의 어느 하나에 해당하는 경우에 상속일부터 3개월 이내에 그 사업을 다른 사람에게 양도한 경우와 법인(합병 후 존속하는 법인 또는 합병으로 설립되는 법인을 포함한다)이 제44조제6호 또는 제7호에 해당하는 경우에 그 사유가 발생한 날(법인이 합병하는 경우에는 합병일을 말한다)부터 3개월 이내에 해당 임원을 개임한 경우에는 그러하지 아니하다.
5. 제66조를 위반하여 다른 사람에게 자기의 성명 또는 상호를 사용하여 영업을 하게 하거나 등록증을 대여한 경우
(2017.1.17 본항개정)
② 제1항에 따른 처분의 구체적인 기준과 그 밖에 필요한 사항은 국토교통부령으로 정한다.(2013.3.23 본항개정)
제48조 (2013.8.6 삭제)
제49조【자금의 지원】 국가는 국제물류주선업의 육성을 위하여 필요하다고 인정하는 경우에는 국제물류주선업자에게 그 사업에 필요한 소요자금의 융자 등 필요한 지원을 할 수 있다.
제49조의2~제49조의3 (2015.6.22 삭제)

제4절 물류인력의 양성

제50조【물류인력의 양성】 ① 국토교통부장관·해양수산부장관 또는 시·도지사는 대통령령으로 정하는 물류분야의 기능인력 및 전문인력을 양성하기 위하여 다음 각 호의 사업을 할 수 있다.(2013.8.6 본문개정)
1. 화주기업 및 물류기업에 종사하는 물류인력의 역량강화를 위한 교육·연수
2. 물류체계 효율화 및 국제물류 활성화를 위한 선진기법, 교육프로그램 및 교육교재의 개발·보급
3. 외국 물류대학의 국내유치활동 지원 및 국내대학과 외국대학 간의 물류교육 프로그램의 공동 개발활동 지원
4. 물류시설의 운영과 물류장비의 조작을 담당하는 기능인력의 양성·교육(2012.6.1 본호신설)
5. 그 밖에 신규 물류인력 양성, 물류관리사 재교육 또는 외국인 물류인력 교육을 위하여 필요한 사업
② 국토교통부장관·해양수산부장관 또는 시·도지사는 다음 각 호의 어느 하나에 해당하는 자가 제1항 각 호의 사업을 하는 경우에는 예산의 범위에서 사업수행에 필요한 경비의 전부나 일부를 지원할 수 있다.(2013.8.6 본문개정)
1. 정부출연연구기관
2. 「고등교육법」 또는 「경제자유구역 및 제주국제자유도시의 외국교육기관 설립·운영에 관한 특별법」에 따라 설립된 대학이나 대학원
3. 그 밖에 국토교통부령 또는 해양수산부령으로 정하는 물류연수기관(2013.3.23 본호개정)
③ 국토교통부장관·해양수산부장관 또는 시·도지사는 필요한 경우 국토교통부령 또는 해양수산부령으로 정하는 바에 따라 제1항제1호 및 제4호의 사업을 전문교육기관에 위탁하여 실시할 수 있다.(2013.8.6 본항개정)
④ 제1항 각 호의 사업에 필요한 사항은 소관 업무별로 국토교통부령 또는 해양수산부령으로 정한다.(2013.3.23 본항개정)
⑤ 시·도지사는 제1항부터 제3항까지의 사업 등을 하려는 경우에는 중복을 방지하기 위하여 미리 국토교통부장관 및 해양수산부장관과 협의하고, 그 내용을 제14조에 따른 지역물류기본계획과 제16조에 따른 지역물류시행계획에 반영하여야 한다.(2013.8.6 본항신설)
제51조【물류관리사 자격시험】 ① 물류관리사가 되려는 자는 국토교통부장관이 실시하는 시험에 합격하여야 한다.(2013.3.23 본항개정)
② 제1항의 시험에 응시하여 부정행위를 한 자에 대하여는 그 시험을 무효로 한다.
③ 제2항에 따른 처분을 받은 자와 제53조에 따라 자격이 취소된 자는 그 처분을 받은 날 또는 자격이 취소된 날부터 3년간 시험에 응시할 수 없다.(2022.6.10 본항개정)
④ 제1항에 따른 시험의 시기, 절차, 방법, 시험과목, 출제, 응시자격 및 자격증 발급 등에 필요한 사항은 대통령령으로 정한다.(2013.8.6 본항개정)
⑤ 국토교통부장관은 제1항 및 제4항에 따른 시험의 관리 및 자격증 발급 등에 관한 업무를 대통령령으로 정하는 바에 따라 능력이 있다고 인정되는 관계 전문기관 및 단체에 위탁할 수 있다.(2013.8.6 본항신설)
제52조【물류관리사의 직무】 물류관리사는 물류활동과 관련하여 전문지식이 필요한 사항에 대하여 계획·조사·연구·진단 및 평가 또는 이에 관한 상담·자문, 그 밖에 물류관리에 필요한 직무를 수행한다.
제53조【물류관리사 자격의 취소】 국토교통부장관은 물류관리사가 다음 각 호의 어느 하나에 해당하는 때에는 그 자격을 취소하여야 한다.(2022.6.10 본문개정)

1. 제51조에 따른 자격을 부정한 방법으로 취득한 때
2. 제66조의2제1항을 위반하여 다른 사람에게 자기의 성명을 사용하여 영업을 하게 하거나 자격증을 대여한 때
(2022.6.10 본호개정)
3. 제66조의2제2항을 위반하여 물류관리사의 성명의 사용이나 물류관리사 자격증 대여를 알선한 때(2022.6.10 본호신설)

제54조【물류관리사 고용사업자에 대한 우선지원】 ① 국토교통부장관 또는 시·도지사는 물류관리사를 고용한 물류 관련 사업자에 대하여 다른 사업자보다 우선하여 행정적·재정적 지원을 할 수 있다.(2013.8.6 본항개정)
② 시·도지사는 제1항에 따른 지원을 하려는 경우에는 중복을 방지하기 위하여 미리 국토교통부장관과 협의하여야 한다.(2013.8.6 본항신설)

제5절 물류 관련 단체의 육성

제55조【물류관련협회 등】 ① 물류기업, 화주기업, 그 밖에 물류활동과 관련된 자는 물류체계를 효율화하고 업계의 건전한 발전 및 공동이익을 도모하기 위하여 필요할 경우 대통령령으로 정하는 바에 따라 협회(이하 "물류관련협회"라 한다)를 설립할 수 있다. 다만, 다른 법률에서 달리 정하고 있는 경우는 제외한다.(2013.8.6 본문개정)
② 물류관련협회를 설립하려는 경우에는 해당 협회의 회원이 될 자격이 있는 기업 100개 이상이 발기인으로 정관을 작성하여 해당 협회의 회원이 될 자격이 있는 기업 200개 이상이 참여한 창립총회의 의결을 거친 후 소관에 따라 국토교통부장관 또는 해양수산부장관의 설립인가를 받아야 한다.(2013.3.23 본항개정)
③ 물류관련협회는 제2항에 따른 설립인가를 받아 설립등기를 함으로써 성립한다.
④ 물류관련협회는 법인으로 한다.
⑤ 물류관련협회에 관하여 이 법에 규정한 것 외에는 「민법」 중 사단법인에 관한 규정을 준용한다.
⑥ 국토교통부장관 및 해양수산부장관은 물류관련협회의 발전을 위하여 필요한 경우에는 물류관련협회를 행정적·재정적으로 지원할 수 있다.(2013.3.23 본항개정)
⑦ 물류관련협회의 업무 및 정관 등에 필요한 사항은 대통령령으로 정한다.

제56조【민·관 합동 물류지원센터】 ① 국토교통부장관·해양수산부장관·산업통상자원부장관 및 대통령령으로 정하는 물류관련협회 및 물류관련 전문기관·단체는 공동으로 물류체계 효율화를 통한 국가경쟁력을 강화하고 국제물류사업을 효과적으로 추진하기 위하여 물류지원센터를 설치·운영할 수 있다.(2013.8.6 본항개정)
② 물류지원센터는 다음 각 호의 업무를 수행한다.
1. 국내물류기업의 해외진출 및 해외물류기업의 국내투자유치 지원
2. 물류산업의 육성·발전을 위한 조사·연구
3. 그 밖에 물류 공동화 및 정보화 지원 등 물류체계 효율화를 위하여 필요한 업무
③ 물류지원센터의 설치 및 운영 등에 필요한 사항은 대통령령으로 정한다.
④ 국토교통부장관·해양수산부장관 또는 산업통상자원부장관은 물류지원센터를 효율적으로 운영하기 위하여 필요한 경우 행정적·재정적인 지원을 할 수 있다.
(2013.3.23 본항개정)

제5장 물류의 선진화 및 국제화

제1절 물류 관련 연구개발

제57조【물류 관련 신기술·기법의 연구개발 및 보급촉진 등】 ① 국토교통부장관·해양수산부장관 또는 시·도지사는 첨단화물운송체계·클라우드컴퓨팅·무선주파수인식 및 정온(定溫)물류 등 물류 관련 신기술·기법(이하 "물류신기술"이라 한다)의 연구개발 및 이를 통한 첨단 물류시설·장비·운송수단(이하 "첨단물류시설등"이라 한다)의 보급·촉진을 위한 시책을 마련하여야 한다.(2023.4.18 본항개정)
② 국토교통부장관·해양수산부장관 또는 시·도지사는 물류기업이 다음 각 호의 활동을 하는 경우에는 이에 필요한 행정적·재정적 지원을 할 수 있다.(2018.6.12 본문개정)
1. 물류신기술을 연구개발하는 경우
2. 기존 물류시설·장비·운송수단을 첨단물류시설등으로 전환하거나 첨단물류시설등을 새롭게 도입하는 경우
3. 그 밖에 물류신기술 및 첨단물류시설등의 개발·보급을 위하여 대통령령으로 정하는 사항
(2018.6.12 1호~3호신설)
③ 국토교통부장관 또는 해양수산부장관은 물류신기술·첨단물류시설등 중 성능 또는 품질이 우수하다고 인정되는 경우 우수한 물류신기술·첨단물류시설등으로 지정하여 이의 보급·활용에 필요한 행정적·재정적 지원을 할 수 있다.(2018.6.12 본항신설)
④ 시·도지사는 제1항 또는 제2항의 조치를 하려는 경우에는 중복을 방지하기 위하여 미리 국토교통부장관 및 해양수산부장관과 협의하고, 그 내용을 제14조에 따른 지역물류기본계획과 제16조에 따른 지역물류시행계획에 반영하여야 한다.(2013.8.6 본항신설)
⑤ 제2항에 따른 지원의 세부적인 기준, 제3항에 따른 지정 및 지원의 기준·절차 등에 필요한 사항은 대통령령으로 정한다.(2018.6.12 본항신설)
(2018.6.12 본조제목개정)

제58조【물류 관련 연구기관 및 단체의 육성 등】 ① 국토교통부장관·해양수산부장관 또는 시·도지사는 물류 관련 기술의 진흥 및 물류신기술의 연구개발을 위하여 관련 연구기관 및 단체를 지도·육성하여야 한다.
(2018.6.12 본항개정)
② 국토교통부장관·해양수산부장관 또는 시·도지사는 물류 관련 기술의 진흥 및 물류신기술의 연구개발을 위하여 필요하다고 인정하는 경우에는 공공기관 등으로 하여금 물류기술의 연구·개발에 투자하게 하거나 제1항에 따른 연구기관 및 단체에 출연하도록 권고할 수 있다.
(2018.6.12 본항개정)
③ 국토교통부장관·해양수산부장관 또는 시·도지사는 물류분야의 연구나 물류기술의 진흥 등에 현저한 기여를 했다고 인정되는 공공기관·물류기업 또는 개인 등에게 포상할 수 있다.
(2018.6.12 본조제목개정)
(2013.8.6 본조개정)

제2절 환경친화적 물류의 촉진

제59조【환경친화적 물류의 촉진】 ① 국토교통부장관·해양수산부장관 또는 시·도지사는 물류활동이 환경친화적으로 추진될 수 있도록 관련 시책을 마련하여야 한다.(2013.8.6 본항개정)
② 국토교통부장관·해양수산부장관 또는 시·도지사는 물류기업, 화주기업 또는 「화물자동차 운수사업법」 제2조제11호가목에 따른 개인 운송사업자가 환경친화적 물류활동을 위하여 다음 각 호의 활동을 하는 경우에는 행정적·재정적 지원을 할 수 있다.(2020.10.20 본문개정)
1. 환경친화적인 운송수단 또는 포장재료의 사용
2. 기존 물류시설·장비·운송수단을 환경친화적인 물류시설·장비·운송수단으로 변경(2013.8.6 본호개정)
3. 그 밖에 대통령령으로 정하는 환경친화적 물류활동
③ 시·도지사는 제1항 또는 제2항의 조치를 하려는 경우에는 중복을 방지하기 위하여 미리 국토교통부장관 및 해양수산부장관과 협의하고, 그 내용을 제14조에 따른 지역물류기본계획과 제16조에 따른 지역물류시행계획에 반영하여야 한다.(2013.8.6 본항신설)

제60조【환경친화적 운송수단으로의 전환촉진】 ① 국토교통부장관·해양수산부장관 또는 시·도지사는 물류기업 및 화주기업에 대하여 환경친화적인 운송수단으로의 전환을 권고하고 지원할 수 있다.(2013.8.6 본항개정)
② 제1항에 따른 지원대상의 세부적인 기준 및 지원내용에 필요한 사항은 대통령령으로 정한다.
③ 시·도지사는 제1항의 조치를 하려는 경우에는 중복을 방지하기 위하여 미리 국토교통부장관 및 해양수산부장관과 협의하고, 그 내용을 제14조에 따른 지역물류기본계획과 제16조에 따른 지역물류시행계획에 반영하여야 한다.(2013.8.6 본항신설)

제60조의2 (2024.1.9 삭제)

제60조의3【환경친화적 물류활동 우수기업 지정】 ① 국토교통부장관은 환경친화적 물류활동을 모범적으로 하는 물류기업과 화주기업을 우수기업으로 지정할 수 있다.
② 제1항에 따라 우수기업으로 지정받으려는 자는 제59조제2항 각 호에 해당하는 환경친화적 물류활동의 실적 등 국토교통부령으로 정하는 지정기준을 충족하여야 한다.
③ 국토교통부장관은 제1항에 따라 지정을 받은 자(이하 "우수녹색물류실천기업"이라 한다)가 제2항의 요건을 유지하는지에 대하여 국토교통부령으로 정하는 바에 따라 점검을 할 수 있다.
④ 우수녹색물류실천기업의 지정 절차 및 방법 등에 필요한 사항은 국토교통부령으로 정한다.
(2013.8.6 본조신설)

제60조의4【우수녹색물류실천기업 지정증과 지정표시】 ① 국토교통부장관은 우수녹색물류실천기업에 지정증을 발급하고, 지정을 나타내는 표시(이하 "지정표시"라 한다)를 정하여 우수녹색물류실천기업이 사용하게 할 수 있다.
② 지정표시의 도안 및 표시 방법 등에 대해서는 국토교통부장관이 정하여 고시한다.
③ 우수녹색물류실천기업이 아닌 자는 지정표시나 이와 유사한 표시를 하여서는 아니 된다.
(2013.8.6 본조신설)

제60조의5 (2015.6.22 삭제)

제60조의6【우수녹색물류실천기업의 지정취소 등】 ① 국토교통부장관은 우수녹색물류실천기업이 다음 각 호의 어느 하나에 해당하는 경우에는 그 지정을 취소할 수 있다. 다만, 제1호에 해당할 때에는 지정을 취소하여야 한다.
1. 거짓이나 그 밖의 부정한 방법으로 지정을 받은 경우
2. 제60조의3제2항의 요건을 충족하지 아니하게 된 경우
3. 제60조의3제3항에 따른 점검을 정당한 사유 없이 3회 이상 거부한 경우
② 우수녹색물류실천기업은 제1항에 따라 지정이 취소된 경우에는 제60조의4제1항에 따른 지정증을 반납하고, 지정표시의 사용을 중지하여야 한다.
(2013.8.6 본조신설)

제60조의7【우수녹색물류실천기업 지정심사대행기관】 ① 국토교통부장관은 우수녹색물류실천기업 지정과 관련하여 우수녹색물류실천기업 지정심사 대행기관(이하 "지정심사대행기관"이라 한다)을 지정하여 다음 각 호의 업무를 하게 할 수 있다.
1. 제60조의3제1항에 따른 우수녹색물류실천기업 지정신청의 접수
2. 제60조의3제2항에 따른 우수녹색물류실천기업의 지정기준에 충족하는지에 대한 심사
3. 제60조의3제3항에 따른 우수녹색물류실천기업에 대한 점검
4. 그 밖에 지정업무를 원활히 수행하기 위하여 대통령령으로 정하는 지원업무
② 지정심사대행기관은 대통령령으로 정하는 바에 따라 다음 각 호의 어느 하나에 해당하는 기관 중에서 지정한다.
1. 공공기관
2. 정부출연연구기관
③ 지정심사대행기관의 조직 및 운영 등에 필요한 사항은 국토교통부령으로 정한다.
(2015.6.22 본조신설)

제60조의8【지정심사대행기관의 지정취소】 국토교통부장관은 지정심사대행기관이 다음 각 호의 어느 하나에 해당하는 경우에는 그 지정을 취소할 수 있다. 다만, 제1호에 해당하는 경우에는 지정을 취소하여야 한다.
1. 거짓 또는 부정한 방법으로 지정을 받은 경우
2. 고의 또는 중대한 과실로 지정 기준 및 절차를 위반한 경우
3. 정당한 사유 없이 지정업무를 거부한 경우
(2015.6.22 본조신설)

제3절 국제물류의 촉진 및 지원

제61조【국제물류사업의 촉진 및 지원】 ① 국토교통부장관·해양수산부장관 또는 시·도지사는 국제물류협력체계 구축, 국내 물류기업의 해외진출, 해외 물류기업의 유치 및 환적(換積)화물의 유치 등 국제물류 촉진을 위한 시책을 마련하여야 한다.(2013.8.6 본항개정)
② 국토교통부장관·해양수산부장관 또는 시·도지사는 대통령령으로 정하는 물류기업 또는 관련 전문기관·단체가 추진하는 다음 각 호의 국제물류사업에 대하여 행정적인 지원을 하거나 예산의 범위에서 필요한 경비의 전부나 일부를 지원할 수 있다.(2018.6.12 본문개정)
1. 물류 관련 정보·기술·인력의 국제교류
2. 물류 관련 국제 표준화, 공동조사, 연구 및 기술협력
3. 물류 관련 국제학술대회, 국제박람회 등의 개최
4. 해외 물류시장의 조사·분석 및 수집정보의 체계적인 배분
5. 국가간 물류활동을 촉진하기 위한 지원기구의 설립
6. 외국 물류기업의 유치
7. 국내 물류기업의 해외 물류기업 인수 및 해외 물류 인프라 구축(2018.6.12 본호개정)
8. 그 밖에 국제물류사업의 촉진 및 지원을 위하여 필요하다고 인정되는 사항(2018.6.12 본호신설)
③ 국토교통부장관 및 해양수산부장관은 범정부차원의 지원이 필요한 국가간 물류협력체의 구성 또는 정부간 협정의 체결 등에 관하여는 미리 국가물류정책위원회의 심의를 거쳐야 한다.(2013.3.23 본항개정)
④ 국토교통부장관·해양수산부장관 또는 시·도지사는 물류기업 및 국제물류 관련 기관·단체의 국제물류활동을 촉진하기 위하여 필요한 행정적·재정적 지원을 할 수 있다.(2013.8.6 본항개정)
⑤ 시·도지사는 제1항·제2항 또는 제4항의 조치를 하려는 경우에는 중복을 방지하기 위하여 미리 국토교통부장관 및 해양수산부장관과 협의하고, 그 내용을 제14조에 따른 지역물류기본계획과 제16조에 따른 지역물류시행계획에 반영하여야 한다.(2013.8.6 본항신설)

제62조【공동투자유치 활동】 ① 국토교통부장관·해양수산부장관 또는 시·도지사는 물류시설에 외국인투자기업 및 환적화물을 효과적으로 유치하기 위하여 필요한 경우에는 해당 물류시설관리자(공항·항만 등 물류시설의 소유권 또는 개별 법령에 따른 관리·운영권을 인정받은 자를 말한다. 이하 같다) 또는 국제물류 관련 기관·단체와 공동으로 투자유치 활동을 수행할 수 있다.
(2013.8.6 본항개정)
② 물류시설관리자와 국제물류 관련 기관·단체는 제1항에 따른 공동투자 유치활동에 대하여 특별한 사유가 없는 한 적극 협조하여야 한다.
③ 국토교통부장관·해양수산부장관 또는 시·도지사는 효율적인 투자유치를 위하여 필요하다고 인정되는 경우에는 재외공관 등 관계 행정기관 및 「대한무역투자진흥공사법」에 따른 대한무역투자진흥공사 등 관련 기관·단체에 협조를 요청할 수 있다.(2013.8.6 본항개정)

④ 시·도지사는 제1항 또는 제3항의 조치를 하려는 경우에는 중복을 방지하기 위하여 미리 국토교통부장관 및 해양수산부장관과 협의하여야 한다.(2013.8.6 본항신설)

제63조【투자유치활동 평가】 ① 국토교통부장관 및 해양수산부장관은 물류시설관리자의 외국인투자기업 및 환적화물에 대한 적극적인 유치활동을 촉진하기 위하여 필요한 경우에는 해당 물류시설관리자의 투자유치활동에 대한 평가를 할 수 있다.(2013.3.23 본항개정)

② 제1항에 따른 투자유치활동의 평가대상기관, 평가방법 및 평가결과의 반영 등에 관한 사항은 대통령령으로 정한다.

제6장 보 칙

제64조【업무소관의 조정】 이 법에 따른 국토교통부장관·해양수산부장관 및 산업통상자원부장관의 업무소관이 중복되는 경우에는 서로 협의하여 업무소관을 조정한다.(2013.3.23 본조개정)

제65조【권한의 위임 및 사무의 위탁】 ① 이 법에 따른 국토교통부장관·해양수산부장관 및 산업통상자원부장관의 권한은 그 일부를 대통령령으로 정하는 바에 따라 소속 기관의 장 또는 시·도지사에게 위임할 수 있다.

② 이 법에 따른 국토교통부장관·해양수산부장관·산업통상자원부장관 또는 시·도지사의 업무는 대통령령으로 정하는 바에 따라 그 일부를 관계 기관·단체 또는 법인에 위탁할 수 있다.(2013.8.6 본항신설)

(2013.8.6 본조개정)

제66조【등록증 대여 등의 금지】 인증우수물류기업·국제물류주선업자 및 우수녹색물류실천기업은 다른 사람에게 자기의 성명 또는 상호를 사용하여 사업을 하게 하거나 그 인증서·등록증 또는 지정증을 대여하여서는 아니된다.(2022.6.10 본조개정)

제66조의2【물류관리사 자격증 대여 금지 등】 ① 물류관리사는 다른 사람에게 자기의 성명을 사용하여 사업을 하게 하거나 물류관리사 자격증을 대여하여서는 아니 된다.

② 누구든지 물류관리사로부터 그 성명을 빌려 사업을 하거나 물류관리사 자격증을 대여받아서는 아니 되며, 이를 알선하여서도 아니 된다.

(2022.6.10 본조신설)

제67조【과징금】 ① 시·도지사는 제47조제1항에 따라 국제물류주선업자에게 사업의 정지를 명하여야 하는 경우로서 그 사업의 정지가 해당 사업의 이용자 등에게 심한 불편을 주는 경우에는 그 사업정지 처분을 갈음하여 1천만원 이하의 과징금을 부과할 수 있다.(2017.1.17 본항개정)

② 제1항에 따른 과징금을 부과하는 위반행위의 종별 및 그 정도에 따른 과징금의 금액, 그 밖에 필요한 사항은 대통령령으로 정한다.

③ 제1항에 따른 과징금을 기한 내에 납부하지 아니한 때에는 시·도지사는 「지방행정제재·부과금의 징수 등에 관한 법률」에 따라 징수한다.(2020.3.24 본항개정)

제68조【청문】 국토교통부장관, 해양수산부장관, 시·도지사 및 행정기관은 다음 각 호의 어느 하나에 해당하는 취소를 하려면 청문을 하여야 한다.(2017.1.17 본문개정)

1. 제28조제8항에 따른 단위물류정보망 전담기관에 대한 지정의 취소(2012.6.1 본호개정)
2. 제31조에 따른 국가물류통합정보센터운영자에 대한 지정의 취소(2012.6.1 본호개정)
3. 제39조제1항에 따른 인증우수물류기업에 대한 인증의 취소(2015.6.22 본호개정)
4. 제40조의2에 따른 심사대행기관 지정의 취소(2015.6.22 본호개정)
5. 제47조제1항에 따른 국제물류주선업자에 대한 등록의 취소(2012.6.1 본호신설)
6. (2015.6.22 삭제)
7. 제53조에 따른 물류관리사 자격의 취소(2012.6.1 본호신설)
8. 제60조의6제1항에 따른 우수녹색물류실천기업의 지정취소(2013.8.6 본호신설)
9. 제60조의8에 따른 지정심사대행기관의 지정취소(2015.6.22 본호신설)

제69조【수수료】 ① 다음 각 호의 어느 하나에 해당하는 신청을 하는 자는 국토교통부장관(제51조제5항 및 제65조제2항에 따라 업무를 위탁하는 경우 위탁받은 자를 포함한다)·해양수산부장관, 시·도지사, 심사대행기관 또는 지정심사대행기관의 장에게 수수료를 납부하여야 한다.

1. 제38조에 따른 우수물류기업의 인증 또는 점검의 신청
2. 제43조에 따른 국제물류주선업의 등록 또는 변경등록의 신청
3. 제51조에 따른 물류관리사 자격시험 응시와 자격증 발급의 신청
4. 제60조의3에 따른 우수녹색물류실천기업 지정 또는 점검의 신청

(2017.1.17 본항개정)

② 제1항에 따른 수수료의 산정기준 및 징수절차 등에 관하여 필요한 사항은 국토교통부령(제1항제1호의 경우에는 공동부령을 말한다)으로 정한다.(2013.3.23 본항개정)

제70조【벌칙 적용에서의 공무원 의제】 제29조제1항 후단에 따라 업무를 대행하는 한국교통안전공단의 임직원, 제29조의2제7항에 따라 업무를 수행하는 위험물질운송단속원, 제40조에 따라 업무를 행하는 심사대행기관의 임직원, 제60조의7에 따라 업무를 행하는 지정심사대행기관의 임직원은 「형법」 제129조부터 제132조까지의 규정에 따른 벌칙의 적용에서는 공무원으로 본다.

(2017.10.24 본조개정)

제7장 벌 칙

제71조【벌칙】 ① 제33조제1항을 위반하여 전자문서를 위작 또는 변작하거나 그 사정을 알면서 위작 또는 변작된 전자문서를 행사한 자는 10년 이하의 징역 또는 1억원 이하의 벌금에 처한다. 이 경우 미수범은 본죄에 준하여 처벌한다.(2017.1.17 전단개정)

② 제33조제2항을 위반하여 국가물류통합정보센터 또는 단위물류정보망에 의하여 처리·보관 또는 전송되는 물류정보를 훼손하거나 그 비밀을 침해·도용 또는 누설한 자는 5년 이하의 징역 또는 5천만원 이하의 벌금에 처한다.(2017.1.17 본항개정)

③ 제33조제5항을 위반하여 국가물류통합정보센터 또는 단위물류정보망의 보호조치를 침해하거나 훼손한 자는 3년 이하의 징역 또는 3천만원 이하의 벌금에 처한다.

(2017.1.17 본항개정)

④ 다음 각 호의 어느 하나에 해당하는 자는 1년 이하의 징역 또는 1천만원 이하의 벌금에 처한다.(2017.1.17 본문개정)

1. 제29조제4항을 위반하여 취득한 정보를 목적 외의 용도로 사용한 자(2017.3.21 본호신설)

1의2. 제33조제3항을 위반하여 전자문서 또는 물류정보를 대통령령으로 정하는 기간 동안 보관하지 아니한 자

2. 제43조제1항에 따른 국제물류주선업의 등록을 하지 아니하고 국제물류주선업을 경영한 자
3. 제66조의2제1항을 위반하여 자신의 성명을 사용하여 사업을 하게 하거나 물류관리사 자격증을 대여한 자
4. 제66조의2제2항을 위반하여 물류관리사로부터 그 성명을 빌려 사업을 하거나 물류관리사 자격증을 대여받은 자 또는 이를 알선한 자

(2022.6.10 3호~4호신설)

⑤ (2015.6.22 삭제)

⑥ 다음 각 호의 어느 하나에 해당하는 자는 3천만원 이하의 벌금에 처한다.

1. 제34조제1항을 위반하여 전자문서 또는 물류정보를 공개한 자
2. 제41조제3항을 위반하여 거짓의 인증마크를 제작·사용하거나 그 밖의 방법으로 인증받은 기업임을 사칭한 자

(2015.6.22 본항개정)

⑦ 다음 각 호의 어느 하나에 해당하는 자는 1천만원 이하의 벌금에 처한다.

1. 제29조의2제2항에 따른 위험물질 운송차량의 운행중지 명령에 따르지 아니한 자(2017.3.21 본호신설)

1의2. 제37조의3제3항에 따른 자료 제출 및 보고를 하지 아니하거나 거짓으로 한 자(2018.9.18 본호신설)

1의3. 제37조의3제4항에 따른 조사를 거부·방해 또는 기피한 자(2018.9.18 본호신설)

1의4. 제60조의4제3항을 위반하여 지정을 받지 아니하고 지정표시 또는 이와 유사한 표시를 사용한 자(2013.8.6 본호신설)

2. 제66조를 위반하여 성명 또는 상호를 다른 사람에게 사용하게 하거나 인증서·등록증 또는 지정증을 대여한 자(2022.6.10 본호개정)

제72조【양벌규정】 법인의 대표자나 법인 또는 개인의 대리인, 사용인, 그 밖의 종업원이 그 법인 또는 개인의 업무에 관하여 제71조의 위반행위를 하면 그 행위자를 벌하는 외에 그 법인 또는 개인에게도 해당 조문의 벌금형을 과(科)한다. 다만, 법인 또는 개인이 그 위반행위를 방지하기 위하여 해당 업무에 관하여 상당한 주의와 감독을 게을리하지 아니한 경우에는 그러하지 아니하다.

(2009.2.6 본조개정)

제73조【과태료】 ① 다음 각 호의 어느 하나에 해당하는 자에게는 200만원 이하의 과태료를 부과한다.

1. 제7조제2항, 제11조제3항(제13조제2항에서 준용하는 경우를 포함한다) 또는 제15조제1항(제16조제2항에서 준용하는 경우를 포함한다)에 따른 자료를 제출하지 아니하거나 거짓의 자료를 제출한 자(제7조제2항제3호, 제11조제3항제3호 및 제15조제1항제3호에 해당하는 자에 한정한다)(2009.2.6 본호개정)

1의2. 제43조제2항에 따른 변경등록을 하지 아니한 자(2012.6.1 본호신설)

2. 제45조에 따른 신고를 하지 아니한 자(2015.6.22 본호개정)
3. 제39조제2항을 위반하여 인증마크를 계속 사용한 자(2015.6.22 본호개정)
4. 제60조의6제2항을 위반하여 지정표시를 계속 사용한 자(2013.8.6 본호신설)
5. 제29조의2제1항을 위반하여 단말장치를 장착하지 아니한 자
6. 제29조의2제2항을 위반하여 단말장치를 점검·관리하지 아니하거나 단말장치의 작동을 유지하지 아니한 자
7. 제29조의2제5항을 위반하여 운송계획정보를 입력하지 아니하거나 거짓으로 입력한 자
8. 제29조의2제8항을 위반하여 정당한 사유 없이 출입·조사를 거부·방해 또는 기피한 자

(2017.3.21 5호~8호신설)

② 제1항의 과태료는 대통령령으로 정하는 바에 따라 국토교통부장관, 해양수산부장관 또는 시·도지사가 부과·징수한다.(2017.1.17 본항개정)

③~⑤ (2009.2.6 삭제)

부 칙 (2017.3.21)

제1조【시행일】 이 법은 공포 후 1년이 경과한 날부터 시행한다.

제2조【단말장치 장착에 관한 경과조치】 이 법 시행 당시 제29조의2제1항의 개정규정에 따라 단말장치를 장착하여야 하는 위험물질 운송차량의 소유자는 이 법 시행 후 국토교통부장관이 관계 중앙행정기관의 장과 협의를 거쳐 위험물질의 종류, 최대 적재량 등을 기준으로 구분하여 고시하는 날까지 단말장치를 장착하여야 한다.

부 칙 (2020.10.20)

이 법은 공포 후 6개월이 경과한 날부터 시행한다. 다만, 제59조제2항 및 제60조의2제2항제3호의 개정규정은 공포한 날부터 시행한다.

부 칙 (2020.12.22)

제1조【시행일】 이 법은 2021년 1월 1일부터 시행한다.(이하 생략)

부 칙 (2020.12.29)

제1조【시행일】 이 법은 공포 후 1년이 경과한 날부터 시행한다.(이하 생략)

부 칙 (2022.6.10)

제1조【시행일】 이 법은 공포 후 6개월이 경과한 날부터 시행한다.

제2조【자격증 대여 등으로 인한 물류관리사 자격의 취소에 관한 적용례】 제53조의 개정규정은 이 법 시행 이후 다른 사람에게 자기의 성명을 사용하여 영업을 하게 하거나 물류관리사 자격증을 대여한 경우 또는 이를 알선한 경우부터 적용한다.

부 칙 (2023.4.18)

이 법은 공포 후 6개월이 경과한 날부터 시행한다.

부 칙 (2024.1.9)

제1조【시행일】 이 법은 공포 후 6개월이 경과한 날부터 시행한다.

제2조【「물류정책기본법」의 개정에 관한 경과조치】 ① 이 법 시행 당시 종전의 「물류정책기본법」 제60조의2제1항에 따른 녹색물류협의기구의 위원으로 임명되거나 위촉된 위원은 「물류정책기본법」 제19조의2제1항제1호의 개정규정에 따른 녹색물류전문위원회의 위원으로 임명되거나 위촉된 것으로 본다. 이 경우 위촉위원의 임기는 종전 임기의 남은 기간으로 한다.

② 이 법 시행 당시 종전의 「생활물류서비스산업발전법」 제21조제1항에 따른 생활물류서비스산업정책협의회의 위원으로 임명되거나 위촉된 위원은 「물류정책기본법」 제19조의2제1항제2호의 개정규정에 따른 생활물류전문위원회의 위원으로 임명되거나 위촉된 것으로 본다. 이 경우 위촉위원의 임기는 종전 임기의 남은 기간으로 한다.

(舊 : 항공법)

항공안전법

(2016년 3월 29일
법 률 제14116호)

개정
2017. 1.17법14551호 2017. 8. 9법14872호
2017.10.24법14939호(한국교통안전공단법)
2017.10.24법14955호 2017.12.26법15326호
2019. 8.27법16566호 2019.11.26법16643호
2020. 6. 9법17453호(법률용어정비)
2020. 6. 9법17463호 2020.12. 8법17613호
2021. 5.18법18187호 2021.12. 7법18566호
2022. 1.18법18789호→시행일 부칙 참조
2022. 6.10법18952호 2023. 4.18법19394호
2024. 1. 9법19985호→2024년 7월 10일 시행
2024. 1.16법20051호→시행일 부칙 참조

제1장 총 칙

제1조【목적】 이 법은 「국제민간항공협약」 및 같은 협약의 부속서에서 채택된 표준과 권고되는 방식에 따라 항공기, 경량항공기 또는 초경량비행장치의 안전하고 효율적인 항행을 위한 방법과 국가, 항공사업자 및 항공종사자 등의 의무 등에 관한 사항을 규정함을 목적으로 한다. (2019.8.27 본조개정)

제2조【정의】 이 법에서 사용하는 용어의 뜻은 다음과 같다.

1. "항공기"란 공기의 반작용(지표면 또는 수면에 대한 공기의 반작용은 제외한다. 이하 같다)으로 뜰 수 있는 기기로서 최대이륙중량, 좌석 수 등 국토교통부령으로 정하는 기준에 해당하는 다음 각 목의 기기와 그 밖에 대통령령으로 정하는 기기를 말한다.
가. 비행기
나. 헬리콥터
다. 비행선
라. 활공기(滑空機)
2. "경량항공기"란 항공기 외에 공기의 반작용으로 뜰 수 있는 기기로서 최대이륙중량, 좌석 수 등 국토교통부령으로 정하는 기준에 해당하는 비행기, 헬리콥터, 자이로플레인(gyroplane) 및 동력패러슈트(powered parachute) 등을 말한다.
3. "초경량비행장치"란 항공기와 경량항공기 외에 공기의 반작용으로 뜰 수 있는 장치로서 자체중량, 좌석 수 등 국토교통부령으로 정하는 기준에 해당하는 동력비행장치, 행글라이더, 패러글라이더, 기구류 및 무인비행장치 등을 말한다.
4. "국가기관등항공기"란 국가, 지방자치단체, 그 밖에 「공공기관의 운영에 관한 법률」에 따른 공공기관으로서 대통령령으로 정하는 공공기관(이하 "국가기관등"이라 한다)이 소유하거나 임차(賃借)한 항공기로서 다음 각 목의 어느 하나에 해당하는 업무를 수행하기 위하여 사용되는 항공기를 말한다. 다만, 군용·경찰용·세관용 항공기는 제외한다.
가. 재난·재해 등으로 인한 수색(搜索)·구조
나. 산불의 진화 및 예방
다. 응급환자의 후송 등 구조·구급활동
라. 그 밖에 공공의 안녕과 질서유지를 위하여 필요한 업무
5. "항공업무"란 다음 각 목의 어느 하나에 해당하는 업무를 말한다.
가. 항공기의 운항(무선설비의 조작을 포함한다) 업무(제46조에 따른 항공기 조종연습은 제외한다)
나. 항공교통관제(무선설비의 조작을 포함한다) 업무(제47조에 따른 항공교통관제연습은 제외한다)
다. 항공기의 운항관리 업무
라. 정비·수리·개조(이하 "정비등"이라 한다)된 항공기·발동기·프로펠러(이하 "항공기등"이라 한다), 장비품 또는 부품에 대하여 안전하게 운용할 수 있는 성능(이하 "감항성"이라 한다)이 있는지를 확인하는 업무 및 경량항공기 또는 그 장비품·부품의 정비사항을 확인하는 업무(2019.8.27 본목개정)
6. "항공기사고"란 사람이 비행을 목적으로 항공기에 탑승하였을 때부터 탑승한 모든 사람이 항공기에서 내릴 때까지〔사람이 탑승하지 아니하고 원격조종 등의 방법으로 비행하는 항공기(이하 "무인항공기"라 한다)의 경우에는 비행을 목적으로 움직이는 순간부터 비행이 종료되어 발동기가 정지되는 순간까지를 말한다〕 항공기의 운항과 관련하여 발생한 다음 각 목의 어느 하나에 해당하는 것으로서 국토교통부령으로 정하는 것을 말한다.
가. 사람의 사망, 중상 또는 행방불명
나. 항공기의 파손 또는 구조적 손상
다. 항공기의 위치를 확인할 수 없거나 항공기에 접근이 불가능한 경우
7. "경량항공기사고"란 비행을 목적으로 경량항공기의 발동기가 시동되는 순간부터 비행이 종료되어 발동기가 정지되는 순간까지 발생한 다음 각 목의 어느 하나에 해당하는 것으로서 국토교통부령으로 정하는 것을 말한다.
가. 경량항공기에 의한 사람의 사망, 중상 또는 행방불명
나. 경량항공기의 추락, 충돌 또는 화재 발생
다. 경량항공기의 위치를 확인할 수 없거나 경량항공기에 접근이 불가능한 경우
8. "초경량비행장치사고"란 초경량비행장치를 사용하여 비행을 목적으로 이륙〔이수(離水)를 포함한다. 이하 같다〕하는 순간부터 착륙〔착수(着水)를 포함한다. 이하 같다〕하는 순간까지 발생한 다음 각 목의 어느 하나에 해당하는 것으로서 국토교통부령으로 정하는 것을 말한다.
가. 초경량비행장치에 의한 사람의 사망, 중상 또는 행방불명
나. 초경량비행장치의 추락, 충돌 또는 화재 발생
다. 초경량비행장치의 위치를 확인할 수 없거나 초경량비행장치에 접근이 불가능한 경우
9. "항공기준사고"(航空機準事故)란 항공안전에 중대한 위해를 끼쳐 항공기사고로 이어질 수 있었던 것으로서 국토교통부령으로 정하는 것을 말한다.
10. "항공안전장애"란 항공기사고 및 항공기준사고 외에 항공기의 운항 등과 관련하여 항공안전에 영향을 미치거나 미칠 우려가 있는 것을 말한다.(2019.8.27 본호개정)
10의2. "항공안전위해요인"이란 항공기사고, 항공기준사고 또는 항공안전장애를 발생시킬 수 있거나 발생 가능성의 확대에 기여할 수 있는 상황, 상태 또는 물적·인적요인 등을 말한다.(2019.8.27 본호신설)
10의3. "위험도"(Safety risk)란 항공안전위해요인이 항공안전을 저해하는 사례로 발전할 가능성과 그 심각도를 말한다.(2019.8.27 본호신설)
10의4. "항공안전데이터"란 항공안전의 유지 또는 증진 등을 위하여 사용되는 다음 각 목의 자료를 말한다.
가. 제33조에 따른 항공기 등에 발생한 고장, 결함 또는 기능장애에 관한 보고
나. 제58조제4항에 따른 비행자료 및 분석결과
다. 제58조제5항에 따른 레이더 자료 및 분석결과
라. 제59조 및 제61조에 따라 보고된 자료
마. 제60조 및 「항공·철도 사고조사에 관한 법률」 제19조에 따른 조사결과
바. 제132조에 따른 항공안전 활동 과정에서 수집된 자료 및 결과보고
사. 「기상법」 제12조에 따른 기상업무에 관한 정보
아. 「항공사업법」 제2조제34호에 따른 공항운영자(이하 "공항운영자"라 한다)가 항공안전관리를 위해 수집·관리하는 자료 등(2023.4.18 본목개정)
자. 「항공사업법」 제6조제1항 각 호에 따라 구축된 시스템에서 관리되는 정보
차. 「항공사업법」 제68조제4항에 따른 업무수행 중 수집한 정보·통계 등
카. 항공안전을 위해 국제기구 또는 외국정부 등이 우리나라와 공유한 자료
타. 그 밖에 국토교통부령으로 정하는 자료
(2019.8.27 본호신설)
10의5. "항공안전정보"란 항공안전데이터를 안전관리 목적으로 사용하기 위하여 가공(加工)·정리·분석한 것을 말한다.(2019.8.27 본호신설)
11. "비행정보구역"이란 항공기, 경량항공기 또는 초경량비행장치의 안전하고 효율적인 비행과 수색 또는 구조에 필요한 정보를 제공하기 위한 공역(空域)으로서 「국제민간항공협약」 및 같은 협약 부속서에 따라 국토교통부장관이 그 명칭, 수직 및 수평 범위를 지정·공고한 공역을 말한다.
12. "영공"(領空)이란 대한민국의 영토와 「영해 및 접속수역법」에 따른 내수 및 영해의 상공을 말한다.
13. "항공로"(航空路)란 국토교통부장관이 항공기, 경량항공기 또는 초경량비행장치의 항행에 적합하다고 지정한 지구의 표면상에 표시한 공간의 길을 말한다.
14. "항공종사자"란 제34조제1항에 따른 항공종사자 자격증명을 받은 사람을 말한다.
15. "모의비행훈련장치"란 항공기의 조종실을 동일 또는 유사하게 모방한 장치로서 국토교통부령으로 정하는 장치를 말한다.(2021.5.18 본호개정)
16. "운항승무원"이란 제35조제1호부터 제6호까지의 어느 하나에 해당하는 자격증명을 받은 사람으로서 항공기에 탑승하여 항공업무에 종사하는 사람을 말한다.
17. "객실승무원"이란 항공기에 탑승하여 비상시 승객을 탈출시키는 등 승객의 안전을 위한 업무를 수행하는 사람을 말한다.
18. "계기비행"(計器飛行)이란 항공기의 자세·고도·위치 및 비행방향의 측정을 항공기에 장착된 계기에만 의존하여 비행하는 것을 말한다.
19. "계기비행방식"이란 계기비행을 하는 사람이 제84조제1항에 따라 국토교통부장관 또는 제85조제1항에 따른 항공교통업무증명(이하 "항공교통업무증명"이라 한다)을 받은 자가 지시하는 이동·이륙·착륙의 순서 및 시기와 비행의 방법에 따라 비행하는 방식을 말한다.
20. "피로위험관리시스템"이란 운항승무원과 객실승무원이 충분한 주의력이 있는 상태에서 해당 업무를 할 수 있도록 피로와 관련한 위험요소를 경험과 과학적 원리 및 지식에 기초하여 지속적으로 감독하고 관리하는 시스템을 말한다.
21. "비행장"이란 「공항시설법」 제2조제2호에 따른 비행장을 말한다.
22. "공항"이란 「공항시설법」 제2조제3호에 따른 공항을 말한다.
23. "공항시설"이란 「공항시설법」 제2조제7호에 따른 공항시설을 말한다.
24. "항행안전시설"이란 「공항시설법」 제2조제15호에 따른 항행안전시설을 말한다.
24의2. "항공교통관리"란 항공교통 및 공역을 안전하고 효율적인 방법으로 통합 관리하는 업무로서 다음 각 목의 업무를 말한다.
가. 제78조에 따른 공역 등의 지정에 관한 업무
나. 제83조에 따른 항공교통업무
다. 제83조의2에 따른 항공교통흐름 관리업무
(2023.4.18 본호신설)
24의3. "항공교통데이터"란 항공교통관리에 필요한 다음 각 목의 자료를 말한다.
가. 외국정부 또는 국제기구와 항공교통관리를 위하여 항공기 비행정보 등 상호 공유·교환하는 자료
나. 공역관리를 위하여 항공교통관제업무 기관 등이 생성·관리하는 자료
다. 제58조제5항에 따른 레이더 자료 및 분석결과
라. 제67조제2항제4호에 따라 항공기를 운항하려는 사람이 작성·제출하여야 하는 비행계획 및 이와 관련된 자료
마. 제83조의2에 따른 항공교통흐름 관리를 위하여 필요한 자료
바. 제89조에 따른 항공정보 및 항공지도를 제공하기 위하여 필요한 자료
사. 공항시설 중 항공기의 이륙·착륙과 관련된 시설로서 활주로 등 국토교통부령으로 정하는 시설에서 생성·사용되는 자료
아. 「공항시설법」 제2조제17호에 따른 항행안전무선시설에서 생성·사용되는 항공기 위치 등에 관한 자료
자. 항공기의 공항 내 이동시간 자료 및 항공교통통계 등 공항운영자가 항공기 운항관리를 위하여 생산하는 자료
차. 「항공사업법」 제18조에 따른 운항시각에 관한 자료
카. 「기상법」 제14조에 따른 항공기의 안전운항에 필요한 예보 및 특보 등의 항공기상자료
(2023.4.18 본호신설)
25. "관제권"(管制圈)이란 비행장 또는 공항과 그 주변의 공역으로서 항공교통의 안전을 위하여 국토교통부장관이 지정·공고한 공역을 말한다.
26. "관제구"(管制區)란 지표면 또는 수면으로부터 200미터 이상 높이의 공역으로서 항공교통의 안전을 위하여 국토교통부장관이 지정·공고한 공역을 말한다.
27. "항공운송사업"이란 「항공사업법」 제2조제7호에 따른 항공운송사업을 말한다.
28. "항공운송사업자"란 「항공사업법」 제2조제8호에 따른 항공운송사업자를 말한다.
29. "항공기사용사업"이란 「항공사업법」 제2조제15호에 따른 항공기사용사업을 말한다.
30. "항공기사용사업자"란 「항공사업법」 제2조제16호에 따른 항공기사용사업자를 말한다.
31. "항공기정비업자"란 「항공사업법」 제2조제18호에 따른 항공기정비업자를 말한다.
32. "초경량비행장치사용사업"이란 「항공사업법」 제2조제23호에 따른 초경량비행장치사용사업을 말한다.
33. "초경량비행장치사용사업자"란 「항공사업법」 제2조제24호에 따른 초경량비행장치사용사업자를 말한다.
34. "이착륙장"이란 「공항시설법」 제2조제19호에 따른 이착륙장을 말한다.

제3조【군용항공기 등의 적용 특례】 ① 군용항공기와 이에 관련된 항공업무에 종사하는 사람에 대해서는 이 법을 적용하지 아니한다.
② 세관업무 또는 경찰업무에 사용하는 항공기와 이에 관련된 항공업무에 종사하는 사람에 대하여는 이 법을 적용하지 아니한다. 다만, 공중 충돌 등 항공기사고의 예방을 위하여 제51조, 제67조, 제68조제5호, 제79조 및 제84조제1항을 적용한다.
③ 「대한민국과 아메리카합중국 간의 상호방위조약」 제4조에 따라 아메리카합중국이 사용하는 항공기와 이에 관련된 항공업무에 종사하는 사람에 대하여는 제2항을 준용한다.

제4조【국가기관등항공기의 적용 특례】 ① 국가기관등항공기와 이에 관련된 항공업무에 종사하는 사람에 대해서는 이 법(제66조, 제69조부터 제73조까지 및 제132조는 제외한다)을 적용한다.
② 제1항에도 불구하고 국가기관등항공기를 재해·재난 등으로 인한 수색·구조, 화재의 진화, 응급환자 후송, 그 밖에 국토교통부령으로 정하는 공공목적으로 긴급히 운항(훈련을 포함한다)하는 경우에는 제53조, 제67조, 제68조제1호부터 제3호까지, 제77조제1항제7호, 제79조 및 제84조제1항을 적용하지 아니한다.

③ 제59조, 제61조, 제62조제5항 및 제6항을 국가기관등항공기에 적용할 때에는 "국토교통부장관"은 "소관 행정기관의 장"으로 본다. 이 경우 소관 행정기관의 장은 제59조, 제61조, 제62조제5항 및 제6항에 따라 보고받은 사실을 국토교통부장관에게 알려야 한다.

제5조【임대차 항공기의 운영에 대한 권한 및 의무 이양의 적용 특례】 외국에 등록된 항공기를 임차하여 운영하거나 대한민국에 등록된 항공기를 외국에 임대하여 운영하게 하는 경우 그 임대차(賃貸借) 항공기의 운영에 관련된 권한 및 의무의 이양(移讓)에 관한 사항은 「국제민간항공협약」에 따라 국토교통부장관이 정하여 고시한다.

제6조【항공안전정책기본계획의 수립 등】 ① 국토교통부장관은 국가항공안전정책에 관한 기본계획(이하 "항공안전정책기본계획"이라 한다)을 5년마다 수립하여야 한다.

② 항공안전정책기본계획에는 다음 각 호의 사항이 포함되어야 한다.

1. 항공안전정책의 목표 및 전략
2. 항공기사고·경량항공기사고·초경량비행장치사고 예방 및 운항 안전에 관한 사항
3. 항공기·경량항공기·초경량비행장치의 제작·정비 및 안전성 인증체계에 관한 사항
4. 비행정보구역·항로 관리 및 항공교통체계 개선에 관한 사항
5. 항공종사자의 양성 및 자격관리에 관한 사항
6. 그 밖에 항공안전의 향상을 위하여 필요한 사항

③ 국토교통부장관은 항공안전정책기본계획을 수립 또는 변경하려는 경우 관계 행정기관의 장에게 필요한 협조를 요청할 수 있다.

④ 국토교통부장관은 항공안전정책기본계획을 수립하거나 변경하였을 때에는 그 내용을 관보에 고시하고, 제3항에 따라 협조를 요청한 관계 행정기관의 장에게 알려야 한다.

⑤ 국토교통부장관은 항공안전정책기본계획을 시행하기 위하여 연도별 시행계획을 수립할 수 있다.

제2장 항공기 등록

제7조【항공기 등록】 ① 항공기를 소유하거나 임차하여 항공기를 사용할 수 있는 권리가 있는 자(이하 "소유자등"이라 한다)는 항공기를 대통령령으로 정하는 바에 따라 국토교통부장관에게 등록을 하여야 한다. 다만, 대통령령으로 정하는 항공기는 그러하지 아니하다.

② 제90조제1항에 따른 운항증명을 받은 국내항공운송사업자 또는 국제항공운송사업자가 제1항에 따라 항공기를 등록하려는 경우에는 해당 항공기의 안전한 운항을 위하여 국토교통부령으로 정하는 바에 따라 필요한 정비 인력을 갖추어야 한다.(2020.6.9 본항신설)

제8조【항공기 국적의 취득】 제7조에 따라 등록된 항공기는 대한민국의 국적을 취득하고, 이에 따른 권리와 의무를 갖는다.

제9조【항공기 소유권 등】 ① 항공기에 대한 소유권의 취득·상실·변경은 등록하여야 그 효력이 생긴다.

② 항공기에 대한 임차권(賃借權)은 등록하여야 제3자에 대하여 그 효력이 생긴다.

제10조【항공기 등록의 제한】 ① 다음 각 호의 어느 하나에 해당하는 자가 소유하거나 임차한 항공기는 등록할 수 없다. 다만, 대한민국의 국민 또는 법인이 임차하여 사용할 수 있는 권리가 있는 항공기는 그러하지 아니하다.

1. 대한민국 국민이 아닌 사람
2. 외국정부 또는 외국의 공공단체
3. 외국의 법인 또는 단체
4. 제1호부터 제3호까지의 어느 하나에 해당하는 자가 주식이나 지분의 2분의 1 이상을 소유하거나 그 사업을 사실상 지배하는 법인(「항공사업법」 제2조제1호에 따른 항공사업의 목적으로 항공기를 등록하려는 경우로 한정한다)(2021.12.7 본호개정)
5. 외국인이 법인 등기사항증명서상의 대표자이거나 외국인이 법인 등기사항증명서상의 임원 수의 2분의 1 이상을 차지하는 법인

② 제1항 단서에도 불구하고 외국 국적을 가진 항공기는 등록할 수 없다.

제11조【항공기 등록사항】 ① 국토교통부장관은 제7조에 따라 항공기를 등록한 경우에는 항공기 등록원부(登錄原簿)에 다음 각 호의 사항을 기록하여야 한다.

1. 항공기의 형식
2. 항공기의 제작자
3. 항공기의 제작번호
4. 항공기의 정치장(定置場)
5. 소유자 또는 임차인·임대인의 성명 또는 명칭과 주소 및 국적
6. 등록 연월일
7. 등록기호

② 제1항에서 규정한 사항 외에 항공기의 등록에 필요한 사항은 대통령령으로 정한다.

제12조【항공기 등록증명서의 발급】 국토교통부장관은 제7조에 따라 항공기를 등록하였을 때에는 등록한 자에게 대통령령으로 정하는 바에 따라 항공기 등록증명서를 발급하여야 한다.

제13조【항공기 변경등록】 소유자등은 제11조제1항제4호 또는 제5호의 등록사항이 변경되었을 때에는 그 변경된 날부터 15일 이내에 대통령령으로 정하는 바에 따라 국토교통부장관에게 변경등록을 신청하여야 한다.

제14조【항공기 이전등록】 등록된 항공기의 소유권 또는 임차권을 양도·양수하려는 자는 그 사유가 있는 날부터 15일 이내에 대통령령으로 정하는 바에 따라 국토교통부장관에게 이전등록을 신청하여야 한다.

제15조【항공기 말소등록】 ① 소유자등은 등록된 항공기가 다음 각 호의 어느 하나에 해당하는 경우에는 그 사유가 있는 날부터 15일 이내에 대통령령으로 정하는 바에 따라 국토교통부장관에게 말소등록을 신청하여야 한다.

1. 항공기가 멸실(滅失)되었거나 항공기를 해체(정비등, 수송 또는 보관하기 위한 해체는 제외한다)한 경우
2. 항공기의 존재 여부를 1개월(항공기사고인 경우에는 2개월) 이상 확인할 수 없는 경우
3. 제10조제1항 각 호의 어느 하나에 해당하는 자에게 항공기를 양도하거나 임대(외국 국적을 취득하는 경우만 해당한다)한 경우
4. 임차기간의 만료 등으로 항공기를 사용할 수 있는 권리가 상실된 경우

② 제1항에 따라 소유자등이 말소등록을 신청하지 아니하면 국토교통부장관은 7일 이상의 기간을 정하여 말소등록을 신청할 것을 최고(催告)하여야 한다.

③ 제2항에 따른 최고를 한 후에도 소유자등이 말소등록을 신청하지 아니하면 국토교통부장관은 직권으로 등록을 말소하고, 그 사실을 소유자등 및 그 밖의 이해관계인에게 알려야 한다.

④ 국토교통부장관은 제1항 또는 제3항에 따라 항공기 말소등록을 한 경우에는 국토교통부령으로 정하는 바에 따라 항공기 말소등록증명서를 발급하여야 한다.(2024.1.9 본항신설)

제16조【항공기 등록원부의 발급·열람】 ① 누구든지 국토교통부장관에게 항공기 등록원부의 등본 또는 초본의 발급이나 열람을 청구할 수 있다.

② 제1항에 따라 청구를 받은 국토교통부장관은 특별한 사유가 없으면 해당 자료를 발급하거나 열람하도록 하여야 한다.

제17조【항공기 등록기호표의 부착】 ① 소유자등은 항공기를 등록한 경우에는 그 항공기 등록기호표를 국토교통부령으로 정하는 형식·위치 및 방법 등에 따라 항공기에 붙여야 한다.

② 누구든지 제1항에 따라 항공기에 붙인 등록기호표를 훼손해서는 아니 된다.

제18조【항공기 국적 등의 표시】 ① 누구든지 국적, 등록기호 및 소유자등의 성명 또는 명칭을 표시하지 아니한 항공기를 운항해서는 아니 된다. 다만, 신규로 제작한 항공기 등 국토교통부령으로 정하는 항공기의 경우에는 그러하지 아니하다.

② 제1항에 따른 국적 등의 표시에 관한 사항과 등록기호의 구성 등에 필요한 사항은 국토교통부령으로 정한다.

제3장 항공기기술기준 및 형식증명 등

제19조【항공기기술기준】 국토교통부장관은 항공기등, 장비품 또는 부품의 안전을 확보하기 위하여 다음 각 호의 사항을 포함한 기술상의 기준(이하 "항공기기술기준"이라 한다)을 정하여 고시하여야 한다.

1. 항공기등의 감항기준
2. 항공기등의 환경기준(배출가스 배출기준 및 소음기준을 포함한다)
3. 항공기등이 감항성을 유지하기 위한 기준
4. 항공기등, 장비품 또는 부품의 식별 표시 방법
5. 항공기등, 장비품 또는 부품의 인증절차

제20조【형식증명 등】 ① 항공기등의 설계에 관하여 국토교통부장관의 증명을 받으려는 자는 국토교통부령으로 정하는 바에 따라 국토교통부장관에게 제2항 각 호의 어느 하나에 따른 증명을 신청하여야 한다. 증명받은 사항을 변경할 때에도 또한 같다.

② 국토교통부장관은 제1항에 따른 신청을 받은 경우 해당 항공기등이 항공기기술기준 등에 적합한지를 검사한 후 다음 각 호의 구분에 따른 증명을 하여야 한다.

1. 해당 항공기등의 설계가 항공기기술기준에 적합한 경우 : 형식증명
2. 신청인이 다음 각 목의 어느 하나에 해당하는 항공기의 설계가 해당 항공기의 업무와 관련된 항공기기술기준에 적합하고 신청인이 제시한 운용범위에서 안전하게 운항할 수 있음을 입증한 경우 : 제한형식증명
   가. 산불진화, 수색구조 등 국토교통부령으로 정하는 특정한 업무에 사용되는 항공기(나목의 항공기를 제외한다)
   나. 「군용항공기 비행안전성 인증에 관한 법률」 제4조제5항제1호에 따른 형식인증을 받아 제작된 항공기로서 산불진화, 수색구조 등 국토교통부령으로 정하는 특정한 업무를 수행하도록 개조된 항공기

(2017.12.26 본항신설)

③ 국토교통부장관은 제2항제1호의 형식증명(이하 "형식증명"이라 한다) 또는 같은 항 제2호의 제한형식증명(이하 "제한형식증명"이라 한다)을 하는 경우 국토교통부령으로 정하는 바에 따라 형식증명서 또는 제한형식증명서를 발급하여야 한다.

④ 형식증명서 또는 제한형식증명서를 양도·양수하려는 자는 국토교통부령으로 정하는 바에 따라 국토교통부장관에게 양도사실을 보고하고 해당 증명서의 재발급을 신청하여야 한다.

⑤ 형식증명, 제한형식증명 또는 제21조에 따른 형식증명승인을 받은 항공기등의 설계를 변경하기 위하여 부가적인 증명(이하 "부가형식증명"이라 한다)을 받으려는 자는 국토교통부령으로 정하는 바에 따라 국토교통부장관에게 부가형식증명을 신청하여야 한다.

⑥ 국토교통부장관은 부가형식증명을 하는 경우 국토교통부령으로 정하는 바에 따라 부가형식증명서를 발급하여야 한다.(2017.12.26 본항신설)

⑦ 국토교통부장관은 다음 각 호의 어느 하나에 해당하는 경우 해당 항공기등에 대한 형식증명, 제한형식증명 또는 부가형식증명을 취소하거나 6개월 이내의 기간을 정하여 그 효력의 정지를 명할 수 있다. 다만, 제1호에 해당하는 경우에는 형식증명, 제한형식증명 또는 부가형식증명을 취소하여야 한다.

1. 거짓이나 그 밖의 부정한 방법으로 형식증명, 제한형식증명 또는 부가형식증명을 받은 경우
2. 항공기등이 형식증명, 제한형식증명 또는 부가형식증명 당시의 항공기기술기준 등에 적합하지 아니하게 된 경우

(2017.12.26 본조개정)

제21조【형식증명승인】 ① 항공기등의 설계에 관하여 외국정부로부터 형식증명을 받은 자가 해당 항공기등에 대하여 항공기기술기준에 적합함을 승인(이하 "형식증명승인"이라 한다)받으려는 경우 국토교통부령으로 정하는 바에 따라 항공기등의 형식별로 국토교통부장관에게 형식증명승인을 신청하여야 한다. 다만, 다음 각 호의 어느 하나에 해당하는 항공기의 경우에는 장착된 발동기와 프로펠러를 포함하여 신청할 수 있다.

1. 최대이륙중량 5천700킬로그램 이하의 비행기
2. 최대이륙중량 3천175킬로그램 이하의 헬리콥터

(2017.12.26 본항개정)

② 제1항에도 불구하고 대한민국과 항공기등의 감항성에 관한 항공안전협정을 체결한 국가로부터 형식증명을 받은 제1항 각 호의 항공기 및 그 항공기에 장착된 발동기와 프로펠러의 경우에는 제1항에 따른 형식증명승인을 받은 것으로 본다.(2017.12.26 본항신설)

③ 국토교통부장관은 형식증명승인을 할 때에는 해당 항공기등(제2항에 따라 형식증명승인을 받은 것으로 보는 항공기 및 그 항공기에 장착된 발동기와 프로펠러는 제외한다)이 항공기기술기준에 적합한지를 검사하여야 한다. 다만, 대한민국과 항공기등의 감항성에 관한 항공안전협정을 체결한 국가로부터 형식증명을 받은 항공기등에 대해서는 해당 협정에서 정하는 바에 따라 검사의 일부를 생략할 수 있다.(2017.12.26 본문개정)

④ 국토교통부장관은 제3항에 따른 검사 결과 해당 항공기등이 항공기기술기준에 적합하다고 인정하는 경우에는 국토교통부령으로 정하는 바에 따라 형식증명승인서를 발급하여야 한다.(2017.12.26 본항개정)

⑤ 국토교통부장관은 형식증명 또는 형식증명승인을 받은 항공기등으로서 외국정부로부터 그 설계에 관한 부가형식증명을 받은 사항이 있는 경우에는 국토교통부령으로 정하는 바에 따라 부가적인 형식증명승인(이하 "부가형식증명승인"이라 한다)을 할 수 있다.

⑥ 국토교통부장관은 부가형식증명승인을 할 때에는 해당 항공기등이 항공기기술기준에 적합한지를 검사한 후 적합하다고 인정하는 경우에는 국토교통부령으로 정하는 바에 따라 부가형식증명승인서를 발급하여야 한다. 다만, 대한민국과 항공기등의 감항성에 관한 항공안전협정을 체결한 국가로부터 부가형식증명을 받은 사항에 대해서는 해당 협정에서 정하는 바에 따라 검사의 일부를 생략할 수 있다.

⑦ 국토교통부장관은 다음 각 호의 어느 하나에 해당하는 경우에는 해당 항공기등에 대한 형식증명승인 또는 부가형식증명승인을 취소하거나 6개월 이내의 기간을 정하여 그 효력의 정지를 명할 수 있다. 다만, 제1호에 해당하는 경우에는 형식증명승인 또는 부가형식증명승인을 취소하여야 한다.

1. 거짓이나 그 밖의 부정한 방법으로 형식증명승인 또는 부가형식증명승인을 받은 경우
2. 항공기등이 형식증명승인 또는 부가형식증명승인 당시의 항공기기술기준에 적합하지 아니하게 된 경우

제22조【제작증명】 ① 형식증명 또는 제한형식증명에 따라 인가된 설계에 일치하게 항공기등을 제작할 수 있는 기술, 설비, 인력 및 품질관리체계 등을 갖추고 있음을 증명(이하 "제작증명"이라 한다)받으려는 자는 국토교통부령으로 정하는 바에 따라 국토교통부장관에게 제작증명을 신청하여야 한다.(2017.12.26 본항개정)

② 국토교통부장관은 제1항에 따른 신청을 받은 경우 항공기등을 제작하려는 자가 형식증명 또는 제한형식증명에 따라 인가된 설계에 일치하게 항공기등을 제작할 수 있는 기술, 설비, 인력 및 품질관리체계 등을 갖추고 있는지를 검사하여야 한다.(2017.12.26 본항개정)

③ 국토교통부장관은 제1항에 따라 제작증명을 하는 경우 국토교통부령으로 정하는 바에 따라 제작증명서를 발급하여야 한다. 이 경우 제작증명서는 타인에게 양도·양수할 수 없다.(2017.12.26 본항신설)

④ 제작증명을 받은 자는 항공기등, 장비품 또는 부품의 감항성에 영향을 미칠 수 있는 설비의 이전이나 증설 또는 품질관리체계의 변경 등 국토교통부령으로 정하는 사유

가 발생하는 경우 이를 국토교통부장관에게 보고하여야 한다.(2017.12.26 본항신설)

⑤ 국토교통부장관은 다음 각 호의 어느 하나에 해당하는 경우에는 제작증명을 취소하거나 6개월 이내의 기간을 정하여 그 효력의 정지를 명할 수 있다. 다만, 제1호에 해당하는 경우에는 제작증명을 취소하여야 한다.

1. 거짓이나 그 밖의 부정한 방법으로 제작증명을 받은 경우
2. 항공기등이 제작증명 당시의 항공기기술기준에 적합하지 아니하게 된 경우

제23조【감항증명 및 감항성 유지】 ① 항공기가 감항성이 있다는 증명(이하 "감항증명"이라 한다)을 받으려는 자는 국토교통부령으로 정하는 바에 따라 국토교통부장관에게 감항증명을 신청하여야 한다.

② 감항증명은 대한민국 국적을 가진 항공기가 아니면 받을 수 없다. 다만, 국토교통부령으로 정하는 항공기의 경우에는 그러하지 아니하다.

③ 누구든지 다음 각 호의 어느 하나에 해당하는 감항증명을 받지 아니한 항공기를 운항하여서는 아니 된다.

1. 표준감항증명 : 해당 항공기가 형식증명 또는 형식증명 승인에 따라 인가된 설계에 일치하게 제작되고 안전하게 운항할 수 있다고 판단되는 경우에 발급하는 증명
2. 특별감항증명 : 해당 항공기가 제한형식증명을 받았거나 항공기의 연구, 개발 등 국토교통부령으로 정하는 경우로서 항공기 제작자 또는 소유자등이 제시한 운용범위를 검토하여 안전하게 운항할 수 있다고 판단되는 경우에 발급하는 증명

(2017.12.26 본항개정)

④ 국토교통부장관은 제3항 각 호의 어느 하나에 해당하는 감항증명을 하는 경우 국토교통부령으로 정하는 바에 따라 해당 항공기의 설계, 제작과정, 완성 후의 상태와 비행성능에 대하여 검사하고 해당 항공기의 운용한계(運用限界)를 지정하여야 한다. 다만, 다음 각 호의 어느 하나에 해당하는 항공기의 경우에는 국토교통부령으로 정하는 바에 따라 검사의 일부를 생략할 수 있다.

1. 형식증명, 제한형식증명 또는 형식증명승인을 받은 항공기
2. 제작증명을 받은 자가 제작한 항공기
3. 항공기를 수출하는 외국정부로부터 감항성이 있다는 승인을 받아 수입하는 항공기

(2017.12.26 본항신설)

⑤ 감항증명의 유효기간은 1년으로 한다. 다만, 항공기의 형식 및 소유자등(제32조제2항에 따른 위탁을 받은 자를 포함한다)의 감항성 유지능력 등을 고려하여 국토교통부령으로 정하는 바에 따라 유효기간을 연장할 수 있다.

⑥ 국토교통부장관은 제4항에 따른 검사 결과 항공기가 감항성이 있다고 판단되는 경우 국토교통부령으로 정하는 바에 따라 감항증명서를 발급하여야 한다.

(2017.12.26 본항신설)

⑦ 국토교통부장관은 다음 각 호의 어느 하나에 해당하는 경우에는 해당 항공기에 대한 감항증명을 취소하거나 6개월 이내의 기간을 정하여 그 효력의 정지를 명할 수 있다. 다만, 제1호에 해당하는 경우에는 감항증명을 취소하여야 한다.

1. 거짓이나 그 밖의 부정한 방법으로 감항증명을 받은 경우
2. 항공기가 감항증명 당시의 항공기기술기준에 적합하지 아니하게 된 경우

⑧ 항공기를 운항하려는 소유자등은 국토교통부령으로 정하는 바에 따라 그 항공기의 감항성을 유지하여야 한다.

⑨ 국토교통부장관은 제8항에 따라 소유자등이 해당 항공기의 감항성을 유지하는지를 수시로 검사하여야 하며, 항공기의 감항성 유지를 위하여 소유자등에게 항공기등, 장비품 또는 부품에 대한 정비등에 관한 감항성개선 또는 그 밖의 검사·정비등을 명할 수 있다.(2017.12.26 본항개정)

제24조【감항승인】 ① 우리나라에서 제작, 운항 또는 정비등을 한 항공기등, 장비품 또는 부품을 타인에게 제공하려는 자는 국토교통부령으로 정하는 바에 따라 국토교통부장관의 감항승인을 받을 수 있다.

② 국토교통부장관은 제1항에 따른 감항승인을 할 때에는 해당 항공기등, 장비품 또는 부품이 항공기기술기준 또는 제27조제1항에 따른 기술표준품의 형식승인기준에 적합하고, 안전하게 운용할 수 있다고 판단하는 경우에는 감항승인을 하여야 한다.

③ 국토교통부장관은 다음 각 호의 어느 하나에 해당하는 경우에는 제2항에 따른 감항승인을 취소하거나 6개월 이내의 기간을 정하여 그 효력의 정지를 명할 수 있다. 다만, 제1호에 해당하는 경우에는 그 감항승인을 취소하여야 한다.

1. 거짓이나 그 밖의 부정한 방법으로 감항승인을 받은 경우
2. 항공기등, 장비품 또는 부품이 감항승인 당시의 항공기기술기준 또는 제27조제1항에 따른 기술표준품의 형식승인기준에 적합하지 아니하게 된 경우

제25조【소음기준적합증명】 ① 국토교통부령으로 정하는 항공기의 소유자등은 감항증명을 받는 경우와 수리·개조 등으로 항공기의 소음치(騷音値)가 변동된 경우에는 국토교통부령으로 정하는 바에 따라 그 항공기가 제19조제2호의 소음기준에 적합한지에 대하여 국토교통부장관의 증명(이하 "소음기준적합증명"이라 한다)을 받아야 한다.

② 소음기준적합증명을 받지 아니하거나 항공기기술기준에 적합하지 아니한 항공기를 운항해서는 아니 된다. 다만, 국토교통부령으로 정하는 바에 따라 국토교통부장관의 운항허가를 받은 경우에는 그러하지 아니하다.

③ 국토교통부장관은 다음 각 호의 어느 하나에 해당하는 경우에는 소음기준적합증명을 취소하거나 6개월 이내의 기간을 정하여 그 효력의 정지를 명할 수 있다. 다만, 제1호에 해당하는 경우에는 소음기준적합증명을 취소하여야 한다.

1. 거짓이나 그 밖의 부정한 방법으로 소음기준적합증명을 받은 경우
2. 항공기가 소음기준적합증명 당시의 항공기기술기준에 적합하지 아니하게 된 경우

제26조【항공기기술기준 변경에 따른 요구】 국토교통부장관은 항공기기술기준이 변경되어 형식증명을 받은 항공기가 변경된 항공기기술기준에 적합하지 아니하게 된 경우에는 형식증명을 받거나 양수한 자 또는 소유자등에게 변경된 항공기기술기준을 따르도록 요구할 수 있다. 이 경우 형식증명을 받거나 양수한 자 또는 소유자등은 이에 따라야 한다.

제27조【기술표준품 형식승인】 ① 항공기등의 감항성을 확보하기 위하여 국토교통부장관이 정하여 고시하는 장비품(시험 또는 연구·개발 목적으로 설계·제작하는 경우는 제외한다. 이하 "기술표준품"이라 한다)을 설계·제작하려는 자는 국토교통부장관이 정하여 고시하는 기술표준품의 형식승인기준(이하 "기술표준품형식승인기준"이라 한다)에 따라 해당 기술표준품의 설계·제작에 대하여 국토교통부장관의 승인(이하 "기술표준품형식승인"이라 한다)을 받아야 한다. 다만, 대한민국과 기술표준품의 형식승인에 관한 항공안전협정을 체결한 국가로부터 형식승인을 받은 기술표준품으로서 국토교통부령으로 정하는 기술표준품은 기술표준품형식승인을 받은 것으로 본다.

② 국토교통부장관은 기술표준품형식승인을 할 때에는 기술표준품의 설계·제작에 대하여 기술표준품형식승인기준에 적합한지를 검사한 후 적합하다고 인정하는 경우에는 국토교통부령으로 정하는 바에 따라 기술표준품형식승인서를 발급하여야 한다.

③ 누구든지 기술표준품형식승인을 받지 아니한 기술표준품을 제작·판매하거나 항공기등에 사용해서는 아니 된다.

④ 국토교통부장관은 다음 각 호의 어느 하나에 해당하는 경우에는 해당 기술표준품형식승인을 취소하거나 6개월 이내의 기간을 정하여 그 효력의 정지를 명할 수 있다. 다만, 제1호에 해당하는 경우에는 기술표준품형식승인을 취소하여야 한다.

1. 거짓이나 그 밖의 부정한 방법으로 기술표준품형식승인을 받은 경우
2. 기술표준품이 기술표준품형식승인 당시의 기술표준품형식승인기준에 적합하지 아니하게 된 경우

제28조【부품등제작자증명】 ① 항공기등에 사용할 장비품 또는 부품을 제작하려는 자는 국토교통부령으로 정하는 바에 따라 항공기기술기준에 적합하게 장비품 또는 부품을 제작할 수 있는 인력, 설비, 기술 및 검사체계 등을 갖추고 있는지에 대하여 국토교통부장관의 증명(이하 "부품등제작자증명"이라 한다)을 받아야 한다. 다만, 다음 각 호의 어느 하나에 해당하는 장비품 또는 부품을 제작하려는 경우에는 그러하지 아니하다.

1. 형식증명 또는 부가형식증명 당시 또는 형식증명승인 또는 부가형식증명승인 당시 장착되었던 장비품 또는 부품의 제작자가 제작하는 같은 종류의 장비품 또는 부품
2. 기술표준품형식승인을 받아 제작하는 기술표준품
3. 그 밖에 국토교통부령으로 정하는 장비품 또는 부품

② 국토교통부장관은 부품등제작자증명을 할 때에는 항공기기술기준에 적합하게 장비품 또는 부품을 제작할 수 있는지를 검사한 후 적합하다고 인정하는 경우에는 국토교통부령으로 정하는 바에 따라 부품등제작자증명서를 발급하여야 한다.

③ 누구든지 부품등제작자증명을 받지 아니한 장비품 또는 부품을 제작·판매하거나 항공기등 또는 장비품에 사용해서는 아니 된다.

④ 대한민국과 항공안전협정을 체결한 국가로부터 부품등제작자증명을 받은 경우에는 부품등제작자증명을 받은 것으로 본다.

⑤ 국토교통부장관은 다음 각 호의 어느 하나에 해당하는 경우에는 부품등제작자증명을 취소하거나 6개월 이내의 기간을 정하여 그 효력의 정지를 명할 수 있다. 다만, 제1호에 해당하는 경우에는 부품등제작자증명을 취소하여야 한다.

1. 거짓이나 그 밖의 부정한 방법으로 부품등제작자증명을 받은 경우
2. 장비품 또는 부품이 부품등제작자증명 당시의 항공기기술기준에 적합하지 아니하게 된 경우

제29조【과징금의 부과】 ① 국토교통부장관은 제20조제7항, 제22조제5항, 제27조제4항 또는 제28조제5항에 따라 형식증명, 제한형식증명, 부가형식증명, 제작증명, 기술표준품형식승인 또는 부품등제작자증명의 효력정지를 명하는 경우로서 그 증명이나 승인의 효력정지가 항공기 이용자 등에게 심한 불편을 주거나 공익을 해칠 우려가 있는 경우에는 그 증명이나 승인의 효력정지처분을 갈음하여 1억원 이하의 과징금을 부과할 수 있다.(2017.12.26 본항개정)

② 제1항에 따른 과징금 부과의 구체적인 기준, 절차 및 그 밖에 필요한 사항은 대통령령으로 정한다.

③ 국토교통부장관은 제1항에 따라 과징금을 내야 할 자가 납부기한까지 과징금을 내지 아니하면 국세 체납처분의 예에 따라 징수한다.

제30조【수리·개조승인】 ① 감항증명을 받은 항공기의 소유자등은 해당 항공기등, 장비품 또는 부품을 국토교통부령으로 정하는 범위에서 수리하거나 개조하려면 국토교통부령으로 정하는 바에 따라 그 수리·개조가 항공기기술기준에 적합한지에 대하여 국토교통부장관의 승인(이하 "수리·개조승인"이라 한다)을 받아야 한다.

② 소유자등은 수리·개조승인을 받지 아니한 항공기등, 장비품 또는 부품을 운항 또는 항공기등에 사용해서는 아니 된다.

③ 제1항에도 불구하고 다음 각 호의 어느 하나에 해당하는 경우로서 항공기기술기준에 적합한 경우에는 수리·개조승인을 받은 것으로 본다.

1. 기술표준품형식승인을 받은 자가 제작한 기술표준품을 그가 수리·개조하는 경우
2. 부품등제작자증명을 받은 자가 제작한 장비품 또는 부품을 그가 수리·개조하는 경우
3. 제97조제1항에 따른 정비조직인증을 받은 자가 항공기등, 장비품 또는 부품을 수리·개조하는 경우

제31조【항공기등의 검사 등】 ① 국토교통부장관은 제20조부터 제25조까지, 제27조, 제28조, 제30조 및 제97조에 따른 증명·승인 또는 정비조직인증을 할 때에는 국토교통부장관이 정하는 바에 따라 미리 해당 항공기등 및 장비품을 검사하거나 이를 제작 또는 정비하려는 조직, 시설 및 인력 등을 검사하여야 한다.

② 국토교통부장관은 제1항에 따른 검사를 하기 위하여 다음 각 호의 어느 하나에 해당하는 사람 중에서 항공기등 및 장비품을 검사할 사람(이하 "검사관"이라 한다)을 임명 또는 위촉한다.

1. 제35조제8호의 항공정비사 자격증명을 받은 사람
2. 「국가기술자격법」에 따른 항공분야의 기사 이상의 자격을 취득한 사람
3. 항공기술 관련 분야에서 학사 이상의 학위를 취득한 후 3년 이상 항공기의 설계, 제작, 정비 또는 품질보증 업무에 종사한 경력이 있는 사람
4. 국가기관등항공기의 설계, 제작, 정비 또는 품질보증 업무에 5년 이상 종사한 경력이 있는 사람

③ 국토교통부장관은 국토교통부 소속 공무원이 아닌 검사관이 제1항에 따른 검사를 한 경우에는 예산의 범위에서 수당을 지급할 수 있다.

제32조【항공기등의 정비등의 확인】 ① 소유자등은 항공기등, 장비품 또는 부품에 대하여 정비등(국토교통부령으로 정하는 경미한 정비 및 제30조제1항에 따른 수리·개조는 제외한다. 이하 이 조에서 같다)을 한 경우에는 제35조제8호의 항공정비사 자격증명을 받은 사람으로서 국토교통부령으로 정하는 자격요건을 갖춘 사람으로부터 그 항공기등, 장비품 또는 부품에 대하여 국토교통부령으로 정하는 방법에 따라 감항성을 확인받지 아니하면 이를 운항 또는 항공기등에 사용해서는 아니 된다. 다만, 감항성을 확인받기 곤란한 대한민국 외의 지역에서 항공기등, 장비품 또는 부품에 대하여 정비등을 하는 경우로서 국토교통부령으로 정하는 자격요건을 갖춘 자로부터 그 항공기등, 장비품 또는 부품에 대하여 감항성을 확인받은 경우에는 이를 운항 또는 항공기등에 사용할 수 있다.

② 소유자등은 항공기등, 장비품 또는 부품에 대한 정비등을 위탁하려는 경우에는 제97조제1항에 따른 정비조직인증을 받은 자 또는 그 항공기등, 장비품 또는 부품을 제작한 자에게 위탁하여야 한다.

제33조【항공기 등에 발생한 고장, 결함 또는 기능장애 보고 의무】 ① 형식증명, 부가형식증명, 제작증명, 기술표준품형식승인 또는 부품등제작자증명을 받은 자는 그가 제작하거나 인증을 받은 항공기등, 장비품 또는 부품이 설계 또는 제작의 결함으로 인하여 국토교통부령으로 정하는 고장, 결함 또는 기능장애가 발생한 것을 알게 된 경우에는 국토교통부령으로 정하는 바에 따라 국토교통부장관에게 그 사실을 보고하여야 한다.

② 항공운송사업자, 항공기사용사업자 등 대통령령으로 정하는 소유자등 또는 제97조제1항에 따른 정비조직인증을 받은 자는 항공기를 운영하거나 정비하는 중에 국토교통부령으로 정하는 고장, 결함 또는 기능장애가 발생한 것을 알게 된 경우에는 국토교통부령으로 정하는 바에 따라 국토교통부장관에게 그 사실을 보고하여야 한다.

제4장 항공종사자 등

제34조【항공종사자 자격증명 등】 ① 항공업무에 종사하려는 사람은 국토교통부령으로 정하는 바에 따라 국토교통부장관으로부터 항공종사자 자격증명(이하 "자격증명"이라 한다)을 받아야 한다. 다만, 항공업무 중 무인항공기의 운항 업무인 경우에는 그러하지 아니하다.

② 다음 각 호의 어느 하나에 해당하는 사람은 자격증명을 받을 수 없다.

1. 다음 각 목의 구분에 따른 나이 미만인 사람
   가. 자가용 조종사 자격 : 17세(제37조에 따라 자가용 조종사의 자격증명을 활공기에 한정하는 경우에는 16세)

나. 사업용 조종사, 부조종사, 항공사, 항공기관사, 항공교통관제사 및 항공정비사 자격 : 18세
다. 운송용 조종사 및 운항관리사 자격 : 21세
2. 제43조제1항에 따른 자격증명 취소처분을 받고 그 취소일부터 2년이 지나지 아니한 사람(취소된 자격증명을 다시 받는 경우에 한정한다)
③ 제1항 및 제2항에도 불구하고 「군사기지 및 군사시설 보호법」을 적용받는 항공작전기지에서 항공기를 관제하는 군인은 국방부장관으로부터 자격인정을 받아 항공교통관제 업무를 수행할 수 있다.

제35조【자격증명의 종류】 자격증명의 종류는 다음과 같이 구분한다.
1. 운송용 조종사
2. 사업용 조종사
3. 자가용 조종사
4. 부조종사
5. 항공사
6. 항공기관사
7. 항공교통관제사
8. 항공정비사
9. 운항관리사

제36조【업무범위】 ① 자격증명의 종류에 따른 업무범위는 별표와 같다.
② 자격증명을 받은 사람은 그가 받은 자격증명의 종류에 따른 업무범위 외의 업무에 종사해서는 아니 된다.
③ 다음 각 호의 어느 하나에 해당하는 경우에는 제1항 및 제2항을 적용하지 아니한다.
1. 국토교통부령으로 정하는 항공기에 탑승하여 조종(항공기에 탑승하여 그 기체 및 발동기를 다루는 것을 포함한다. 이하 같다)하는 경우
2. 새로운 종류, 등급 또는 형식의 항공기에 탑승하여 시험비행 등을 하는 경우로서 국토교통부령으로 정하는 바에 따라 국토교통부장관의 허가를 받은 경우

제37조【자격증명의 한정】 ① 국토교통부장관은 다음 각 호의 구분에 따라 자격증명에 대한 한정을 할 수 있다.
1. 운송용 조종사, 사업용 조종사, 자가용 조종사, 부조종사 또는 항공기관사 자격의 경우 : 항공기의 종류, 등급 또는 형식
2. 항공정비사 자격의 경우 : 항공기 · 경량항공기의 종류 및 정비분야(2019.8.27 본호개정)
② 제1항에 따라 자격증명의 한정을 받은 항공종사자는 그 한정된 종류, 등급 또는 형식 외의 항공기 · 경량항공기나 한정된 정비분야 외의 항공업무에 종사해서는 아니 된다.(2019.8.27 본항개정)
③ 제1항에 따른 자격증명의 한정에 필요한 세부사항은 국토교통부령으로 정한다.

제38조【시험의 실시 및 면제】 ① 자격증명을 받으려는 사람은 국토교통부령으로 정하는 바에 따라 항공업무에 종사하는 데 필요한 지식 및 능력에 관하여 국토교통부장관이 실시하는 학과시험 및 실기시험에 합격하여야 한다.
② 국토교통부장관은 제37조에 따라 자격증명을 항공기 · 경량항공기의 종류, 등급 또는 형식별로 한정(제44조에 따른 계기비행증명 및 조종교육증명을 포함한다)하는 경우에는 항공기 · 경량항공기 탑승경력 및 정비경력 등을 심사하여야 한다. 이 경우 항공기 · 경량항공기의 종류 및 등급에 대한 최초의 자격증명의 한정은 실기시험으로 심사할 수 있다.(2019.8.27 본항개정)
③ 국토교통부장관은 다음 각 호의 어느 하나에 해당하는 사람에게는 국토교통부령으로 정하는 바에 따라 제1항 및 제2항에 따른 시험 및 심사의 전부 또는 일부를 면제할 수 있다.
1. 외국정부로부터 자격증명을 받은 사람
2. 제48조에 따른 전문교육기관의 교육과정을 이수한 사람
3. 항공기 · 경량항공기 탑승경력 및 정비경력 등 실무경험이 있는 사람(2019.8.27 본호개정)
4. 「국가기술자격법」에 따른 항공기술분야의 자격을 가진 사람
5. 항공기의 제작자가 실시하는 해당 항공기에 관한 교육과정을 이수한 사람(2022.6.10 본호신설)
④ 국토교통부장관은 제1항에 따라 학과시험 및 실기시험에 합격한 사람에 대해서는 자격증명서를 발급하여야 한다.

제39조【모의비행훈련장치를 이용한 자격증명 실기시험의 실시 등】 ① 국토교통부장관은 항공기 대신 제39조의2 제3항에 따라 국토교통부장관이 지정하는 모의비행훈련장치를 이용하여 제38조제1항에 따른 실기시험을 실시할 수 있다.
② 제39조의2제3항에 따라 국토교통부장관이 지정하는 모의비행훈련장치를 이용한 탑승경력은 제38조제2항 전단에 따른 항공기 탑승경력으로 본다.
③ 제2항에 따른 모의비행훈련장치의 탑승경력의 인정 등에 필요한 사항은 국토교통부령으로 정한다.
(2021.5.18 본조개정)

제39조의2【모의비행훈련장치의 지정 등】 ① 항공운송사업자 등 국토교통부령으로 정하는 자가 모의비행훈련장치 지정을 받으려는 경우에는 국토교통부장관에게 지정을 신청하여야 한다. 지정받은 사항을 변경하거나 제4항에 따른 지정의 유효기간을 연장할 때에도 또한 같다.
② 국토교통부장관은 제1항에 따른 신청을 받은 경우 해당 모의비행훈련장치의 성능기준 등이 국토교통부장관이 정하여 고시하는 모의비행훈련장치 지정기준(이하 이 조에서 "모의비행훈련장치 지정기준"이라 한다)에 적합한지를 검사하여야 한다. 다만, 지정의 유효기간을 연장하려는 모의비행훈련장치에 대해서는 그 검사의 일부를 생략할 수 있다.
③ 국토교통부장관은 제2항에 따른 검사 결과 해당 모의비행훈련장치가 모의비행훈련장치 지정기준에 적합하다고 인정하는 경우에는 해당 모의비행훈련장치의 등급 및 운용범위 등을 정하여 지정서를 발급하여야 한다.
④ 모의비행훈련장치 지정의 유효기간은 1년으로 한다. 다만, 해당 모의비행훈련장치에 대해 국토교통부령으로 정하는 바에 따라 품질관리시스템을 구축 · 운영하는 경우에는 그 유효기간을 2년 연장할 수 있다.
⑤ 국토교통부장관은 다음 각 호의 어느 하나에 해당하는 경우에는 해당 모의비행훈련장치에 대한 지정을 취소하거나 6개월 이내의 기간을 정하여 그 효력의 정지를 명할 수 있다. 다만, 제1호에 해당하는 경우에는 지정을 취소하여야 한다.
1. 거짓이나 그 밖의 부정한 방법으로 지정을 받은 경우
2. 모의비행훈련장치가 지정 당시의 모의비행훈련장치 지정기준에 적합하지 아니하게 된 경우
⑥ 제1항에 따른 지정 신청, 제2항 단서에 따른 검사의 일부 생략, 제3항에 따른 지정서의 발급, 제5항에 따른 처분의 기준 및 절차와 그 밖에 필요한 사항은 국토교통부령으로 정한다.
(2021.5.18 본조신설)

제39조의3【항공종사자 자격증명서의 대여 등 금지】 ① 자격증명을 받은 사람은 다른 사람에게 자기의 성명을 사용하여 항공업무를 수행하게 하거나 제38조제4항에 따라 발급받은 자격증명서(이하 "항공종사자 자격증명서"라 한다)를 빌려 주어서는 아니 된다.
② 누구든지 다른 사람의 성명을 사용하여 항공업무를 수행하거나 다른 사람의 항공종사자 자격증명서를 빌려서는 아니 된다.
③ 누구든지 제1항이나 제2항에서 금지된 행위를 알선하여서는 아니 된다.
(2021.5.18 본조신설)

제40조【항공신체검사증명】 ① 다음 각 호의 어느 하나에 해당하는 사람은 자격증명의 종류별로 국토교통부장관의 항공신체검사증명을 받아야 한다.
1. 운항승무원
2. 제35조제7호의 자격증명을 받고 항공교통관제 업무를 하는 사람
② 제1항에 따른 자격증명의 종류별 항공신체검사증명의 기준, 방법, 유효기간 등에 필요한 사항은 국토교통부령으로 정한다.
③ 국토교통부장관은 제1항에 따른 자격증명의 종류별 항공신체검사증명을 받으려는 사람이 제2항에 따른 자격증명의 종류별 항공신체검사증명의 기준에 적합한 경우에는 항공신체검사증명서를 발급하여야 한다.
④ 국토교통부장관은 제1항에 따른 자격증명의 종류별 항공신체검사증명을 받으려는 사람이 제2항에 따른 자격증명의 종류별 항공신체검사증명의 기준에 일부 미달한 경우에도 국토교통부령으로 정하는 바에 따라 항공신체검사를 받은 사람의 경험 및 능력을 고려하여 필요하다고 인정하는 경우에는 해당 항공업무의 범위 또는 유효기간을 한정하여 항공신체검사증명서를 발급할 수 있다.
(2022.1.18 본항개정)
⑤ 제4항에 따라 해당 항공업무의 범위 또는 유효기간을 한정하여 항공신체검사증명서를 발급받은 사람은 그 범위 또는 유효기간을 준수하여야 한다.(2022.1.18 본항신설)
⑥ 제1항에 따른 자격증명의 종류별 항공신체검사증명 결과에 불복하는 사람은 국토교통부령으로 정하는 바에 따라 국토교통부장관에게 이의신청을 할 수 있다.
⑦ 국토교통부장관은 제6항에 따른 이의신청에 대한 결정을 한 경우에는 지체 없이 신청인에게 그 결정 내용을 알려야 한다.(2022.1.18 본항개정)

제41조【항공신체검사명령】 국토교통부장관은 특히 필요하다고 인정하는 경우에는 항공신체검사증명의 유효기간이 지나지 아니한 운항승무원 및 항공교통관제사에게 제40조에 따른 항공신체검사를 받을 것을 명할 수 있다.

제41조의2【건강증진활동계획의 수립 · 시행】 ① 국토교통부장관 및 항공교통업무증명을 받은 자는 항공안전의 위험요소를 줄이기 위하여 매년 소속 항공교통관제사를 대상으로 항공교통관제사의 건강 증진 및 유지를 목적으로 하는 건강증진활동계획을 수립 · 시행하여야 한다.
② 항공운송사업자, 항공기사용사업자 또는 국외운항항공기 소유자등은 항공안전의 위험요소를 줄이기 위하여 매년 소속 운항승무원을 대상으로 운항승무원의 건강 증진 및 유지를 목적으로 하는 건강증진활동계획을 수립 · 시행하여야 한다.
③ 제1항 및 제2항에 따른 건강증진활동계획의 내용과 수립 · 시행에 필요한 사항은 국토교통부령으로 정한다.
(2022.1.18 본조신설)

제42조【항공업무 등에 종사 제한】 ① 제40조제2항에 따른 자격증명의 종류별 항공신체검사증명의 기준에 적합하지 아니한 운항승무원 및 항공교통관제사는 종전 항공신체검사증명의 유효기간이 남아 있는 경우에도 항공업무(제46조에 따른 항공기 조종연습 및 제47조에 따른 항공교통관제연습을 포함한다. 이하 이 조에서 같다)에 종사해서는 아니 된다.(2022.1.18 본항개정)
② 제40조제1항에 따른 항공신체검사증명을 받은 운항승무원 및 항공교통관제사는 국토교통부령으로 정하는 신체적 · 정신적 상태의 저하가 있는 경우에는 그 사실을 제49조제1항에 따라 지정된 항공전문의사의 소견서를 첨부하여 국토교통부장관에게 신고하여야 한다.
(2022.1.18 본항신설 : 2025.1.19 시행)
③ 국토교통부장관은 제2항에 따른 신고를 받은 경우 신고한 사람의 신체적 · 정신적 상태가 자격증명의 종류별 항공신체검사증명의 기준에 적합한지 여부를 지체 없이 확인하여 그 결과를 당사자에게 통지하여야 한다.(2022.1.18 본항신설 : 2025.1.19 시행)
④ 제2항에 따라 신체적 · 정신적 상태의 저하 사실을 신고한 사람은 제3항에 따른 결과를 통지받기 전까지 항공업무에 종사하여서는 아니 된다.(2022.1.18 본항신설 : 2025.1.19 시행)
⑤ 제2항에 따른 신체적 · 정신적 상태의 저하에 관한 구체적인 기준, 신고의 기한 및 방법 등에 필요한 사항은 국토교통부령으로 정한다.
(2022.1.18 본항신설 : 2025.1.19 시행)

제43조【자격증명 · 항공신체검사증명의 취소 등】 ① 국토교통부장관은 항공종사자가 다음 각 호의 어느 하나에 해당하는 경우에는 그 자격증명이나 자격증명의 한정(이하 이 조에서 "자격증명등"이라 한다)을 취소하거나 1년 이내의 기간을 정하여 자격증명등의 효력정지를 명할 수 있다. 다만, 제1호, 제6호의2, 제6호의3, 제15호 또는 제31호에 해당하는 경우에는 해당 자격증명등을 취소하여야 한다.(2021.12.7 단서개정)
1. 거짓이나 그 밖의 부정한 방법으로 자격증명등을 받은 경우
2. 이 법을 위반하여 벌금 이상의 형을 선고 받은 경우
3. 항공종사자로서 항공업무를 수행할 때 고의 또는 중대한 과실로 항공기사고를 일으켜 인명피해나 재산피해를 발생시킨 경우
4. 제32조제1항 본문에 따라 정비등을 확인하는 항공종사자가 국토교통부령으로 정하는 방법에 따라 감항성을 확인하지 아니한 경우
5. 제36조제2항을 위반하여 자격증명의 종류에 따른 업무범위 외의 업무에 종사한 경우
6. 제37조제2항을 위반하여 자격증명의 한정을 받은 항공종사자가 한정된 종류, 등급 또는 형식 외의 항공기 · 경량항공기나 한정된 정비분야 외의 항공업무에 종사한 경우(2019.8.27 본호개정)
6의2. 제39조의3제1항을 위반하여 다른 사람에게 자기의 성명을 사용하여 항공업무를 수행하게 하거나 항공종사자 자격증명서를 빌려 준 경우(2021.5.18 본호신설)
6의3. 제39조의3제3항을 위반하여 다음 각 목의 어느 하나에 해당하는 행위를 알선한 경우
가. 다른 사람에게 자기의 성명을 사용하여 항공업무를 수행하게 하거나 항공종사자 자격증명서를 빌려 주는 행위
나. 다른 사람의 성명을 사용하여 항공업무를 수행하거나 다른 사람의 항공종사자 자격증명서를 빌리는 행위
(2021.5.18 본호신설)
7. 제40조제1항을 위반하여 항공신체검사증명을 받지 아니하고 항공업무(제46조에 따른 항공기 조종연습을 포함한다. 이하 이 항 제13호, 제14호 및 제16호에서 같다)에 종사한 경우(2022.1.18 본호개정)
8. 제42조제1항을 위반하여 제40조제2항에 따른 자격증명의 종류별 항공신체검사증명의 기준에 적합하지 아니한 운항승무원 및 항공교통관제사가 항공업무에 종사한 경우(2022.1.18 본호개정)
8의2. 제42조제2항을 위반하여 신체적 · 정신적 상태의 저하 사실을 신고하지 아니한 경우
8의3. 제42조제4항을 위반하여 같은 조 제3항에 따른 결과를 통지받기 전에 항공업무를 수행한 경우
(2022.1.18 8호의2~8호의3신설 : 2025.1.19 시행)
9. 제44조제1항을 위반하여 계기비행증명을 받지 아니하고 계기비행 또는 계기비행방식에 따른 비행을 한 경우
10. 제44조제2항을 위반하여 조종교육증명을 받지 아니하고 조종교육을 한 경우
11. 제45조제1항을 위반하여 항공영어구술능력증명을 받지 아니하고 같은 항 각 호의 어느 하나에 해당하는 업무에 종사한 경우
12. 제55조를 위반하여 국토교통부령으로 정하는 비행경험이 없이 같은 조 각 호의 어느 하나에 해당하는 항공기를 운항하거나 계기비행 · 야간비행 또는 제44조제2항에 따른 조종교육의 업무에 종사한 경우
13. 제57조제1항을 위반하여 주류등의 영향으로 항공업무를 정상적으로 수행할 수 없는 상태에서 항공업무에 종사한 경우
14. 제57조제2항을 위반하여 항공업무에 종사하는 동안에 같은 조 제1항에 따른 주류등을 섭취하거나 사용한 경우
15. 제57조제3항을 위반하여 같은 조 제1항에 따른 주류등의 섭취 및 사용 여부의 측정 요구에 따르지 아니한 경우
15의2. 제57조의2를 위반하여 항공기 내에서 흡연을 한 경우(2020.12.8 본호신설)
16. 항공업무를 수행할 때 고의 또는 중대한 과실로 항공기준사고, 항공안전장애 또는 제61조제1항에 따른 항공안전위해요인을 발생시킨 경우

17. 제62조제2항 또는 제4항부터 제6항까지에 따른 기장의 의무를 이행하지 아니한 경우
18. 제63조를 위반하여 조종사가 운항자격의 인정 또는 심사를 받지 아니하고 운항한 경우
19. 제65조제2항을 위반하여 기장이 운항관리사의 승인을 받지 아니하고 항공기를 출발시키거나 비행계획을 변경한 경우
20. 제66조를 위반하여 이륙·착륙 장소가 아닌 곳에서 이륙하거나 착륙한 경우
21. 제67조제1항을 위반하여 비행규칙을 따르지 아니하고 비행한 경우
22. 제68조를 위반하여 같은 조 각 호의 어느 하나에 해당하는 비행 또는 행위를 한 경우
23. 제70조제1항을 위반하여 허가를 받지 아니하고 항공기로 위험물을 운송한 경우
24. 제76조제2항을 위반하여 항공업무를 수행한 경우
25. 제77조제2항을 위반하여 같은 조 제1항에 따른 운항기술기준을 준수하지 아니하고 비행을 하거나 업무를 수행한 경우
26. 제79조제1항을 위반하여 국토교통부장관이 정하여 공고하는 비행의 방식 및 절차에 따르지 아니하고 비관제공역(非管制空域) 또는 주의공역(注意空域)에서 비행한 경우
27. 제79조제2항을 위반하여 허가를 받지 아니하거나 국토교통부장관이 정하는 비행의 방식 및 절차에 따르지 아니하고 통제공역에서 비행한 경우
28. 제84조제1항을 위반하여 국토교통부장관 또는 항공교통업무증명을 받은 자가 지시하는 이동·이륙·착륙의 순서 및 시기와 비행의 방법에 따르지 아니한 경우
29. 제90조제4항(제96조제1항에서 준용하는 경우를 포함한다)을 위반하여 운영기준을 준수하지 아니하고 비행을 하거나 업무를 수행한 경우
30. 제93조제7항 후단(제96조제2항에서 준용하는 경우를 포함한다)을 위반하여 운항규정 또는 정비규정을 준수하지 아니하고 업무를 수행한 경우(2020.6.9 본호개정)
30의2. 제108조제4항 본문에 따라 경량항공기 또는 그 장비품·부품의 정비사항을 확인하는 항공정비사가 국토교통부령으로 정하는 방법에 따라 확인하지 아니한 경우(2019.8.27 본호신설)
31. 이 조에 따른 자격증명등의 정지명령을 위반하여 정지기간에 항공업무에 종사한 경우

② 제1항에 따라 효력정지를 명하는 경우 그 효력정지의 대상으로 운송용 조종사에 대해서는 부조종사 및 사업용·자가용 조종사 자격증명을 포함하고, 사업용 조종사에 대해서는 자가용 조종사의 자격증명을 포함한다.
(2022.1.18 본항신설)

③ 국토교통부장관은 항공종사자가 다음 각 호의 어느 하나에 해당하는 경우에는 그 항공신체검사증명을 취소하거나 1년 이내의 기간을 정하여 항공신체검사증명의 효력정지를 명할 수 있다. 다만, 제1호에 해당하는 경우에는 항공신체검사증명을 취소하여야 한다.
1. 거짓이나 그 밖의 부정한 방법으로 항공신체검사증명을 받은 경우
2. 제1항제13호부터 제15호까지의 어느 하나에 해당하는 경우
3. 제40조제2항에 따른 자격증명의 종류별 항공신체검사증명의 기준에 맞지 아니하게 되어 항공업무를 수행하기에 부적합하다고 인정되는 경우
4. 제40조제5항을 위반하여 한정한 항공업무의 범위를 준수하지 아니하고 항공업무(제46조에 따른 항공기 조종연습을 포함한다)에 종사한 경우(2022.1.18 본호신설)
5. 제41조에 따른 항공신체검사명령에 따르지 아니한 경우
6. 제42조제1항을 위반하여 항공업무에 종사한 경우
(2022.1.18 본호개정)
7. 제76조제2항을 위반하여 항공신체검사증명서를 소지하지 아니하고 항공업무에 종사한 경우

④ 자격증명등의 시험에 응시하거나 심사를 받는 사람 또는 항공신체검사를 받는 사람이 그 시험이나 심사 또는 검사에서 부정한 행위를 한 경우에는 해당 시험이나 심사 또는 검사를 정지시키거나 무효로 하고, 해당 처분을 받은 사람은 그 처분을 받은 날부터 각각 2년간 이 법에 따른 자격증명등의 시험에 응시하거나 심사를 받을 수 없으며, 이 법에 따른 항공신체검사를 받을 수 없다.(2022.1.18 본항개정)

⑤ 제1항 및 제3항에 따른 처분의 기준 및 절차와 그 밖에 필요한 사항은 국토교통부령으로 정한다.(2022.1.18 본항개정)

제44조【계기비행증명 및 조종교육증명】 ① 운송용 조종사(헬리콥터를 조종하는 경우만 해당한다), 사업용 조종사, 자가용 조종사 또는 부조종사의 자격증명을 받은 사람은 그가 사용할 수 있는 항공기의 종류로 다음 각 호의 비행을 하려면 국토교통부령으로 정하는 바에 따라 국토교통부장관의 계기비행증명을 받아야 한다.
1. 계기비행
2. 계기비행방식에 따른 비행

② 다음 각 호의 조종연습을 하는 사람에 대하여 조종교육을 하려는 사람은 비행시간을 고려하여 그 항공기의 종류별·등급별로 국토교통부령으로 정하는 바에 따라 국토교통부장관의 조종교육증명을 받아야 한다.(2017.10.24 본문개정)
1. 제35조제1호부터 제4호까지의 자격증명을 받지 아니한 사람이 항공기(제36조제3항에 따라 국토교통부령으로 정하는 항공기는 제외한다)에 탑승하여 하는 조종연습
2. 제35조제1호부터 제4호까지의 자격증명을 받은 사람이 그 자격증명에 대하여 제37조에 따라 한정을 받은 종류 외의 항공기에 탑승하여 하는 조종연습

③ 제2항에 따른 조종교육증명에 필요한 사항은 국토교통부령으로 정한다.

④ 제1항에 따른 계기비행증명 및 제2항에 따른 조종교육증명의 시험 및 취소 등에 관하여는 제38조 및 제43조제1항·제4항을 준용한다.(2022.1.18 본항개정)

제45조【항공영어구술능력증명】 ① 다음 각 호의 어느 하나에 해당하는 업무에 종사하려는 사람은 국토교통부장관의 항공영어구술능력증명을 받아야 한다.
1. 두 나라 이상을 운항하는 항공기의 조종
2. 두 나라 이상을 운항하는 항공기에 대한 관제
3. 「공항시설법」 제53조에 따른 항공통신업무 중 두 나라 이상을 운항하는 항공기에 대한 무선통신

② 제1항에 따른 항공영어구술능력증명(이하 "항공영어구술능력증명"이라 한다)을 위한 시험의 실시, 항공영어구술능력증명의 등급, 등급별 합격기준, 등급별 유효기간 등에 필요한 사항은 국토교통부령으로 정한다.

③ 국토교통부장관은 항공영어구술능력증명을 받으려는 사람이 제2항에 따른 등급별 합격기준에 적합한 경우에는 국토교통부령으로 정하는 바에 따라 항공영어구술능력증명서를 발급하여야 한다.

④ 제3항에도 불구하고 제34조제3항에 따라 국방부장관으로부터 자격인정을 받아 항공교통관제 업무를 수행하는 사람으로서 항공영어구술능력증명을 받으려는 사람이 제2항에 따른 등급별 합격기준에 적합한 경우에는 국방부장관이 항공영어구술능력증명서를 발급할 수 있다.

⑤ 외국정부로부터 항공영어구술능력증명을 받은 사람은 해당 등급별 유효기간의 범위에서 제2항에 따른 항공영어구술능력증명을 위한 시험이 면제된다.

⑥ 항공영어구술능력증명의 취소 등에 관하여는 제43조제1항제1호 및 같은 조 제4항을 준용한다. 이 경우 "자격증명등"은 "항공영어구술능력증명"으로 본다.(2022.1.18 전단개정)

제46조【항공기의 조종연습】 ① 다음 각 호의 조종연습을 위한 조종에 관하여는 제36조제1항·제2항 및 제37조제2항을 적용하지 아니한다.
1. 제35조제1호부터 제4호까지에 따른 자격증명 및 제40조에 따른 항공신체검사증명을 받은 사람이 한정받은 등급 또는 형식 외의 항공기(한정받은 종류의 항공기만 해당한다)에 탑승하여 하는 조종연습으로서 그 항공기를 조종할 수 있는 자격증명 및 항공신체검사증명을 받은 사람(그 항공기를 조종할 수 있는 지식 및 능력이 있다고 인정하여 국토교통부장관이 지정한 사람을 포함한다)의 감독으로 이루어지는 조종연습
2. 제44조제2항제1호에 따른 조종연습으로서 그 조종연습에 관하여 국토교통부장관의 허가를 받고 조종교육증명을 받은 사람의 감독으로 이루어지는 조종연습
3. 제44조제2항제2호에 따른 조종연습으로서 조종교육증명을 받은 사람의 감독으로 이루어지는 조종연습

② 국토교통부장관은 제1항제2호에 따른 조종연습의 허가 신청을 받은 경우 신청인이 항공기의 조종연습을 하기에 필요한 능력이 있다고 인정되는 경우에는 국토교통부령으로 정하는 바에 따라 그 조종연습을 허가하여야 한다.

③ 제1항제2호에 따른 허가는 신청인에게 항공기 조종연습허가서를 발급함으로써 한다.

④ 제1항제2호에 따른 허가를 받은 사람의 항공신체검사증명, 항공신체검사명령 등에 관하여는 제40조, 제41조 및 제42조를 준용한다.(2022.1.18 본항개정)

⑤ 제3항에 따른 항공기 조종연습허가서를 받은 사람이 조종연습을 할 때에는 항공기 조종연습허가서와 항공신체검사증명서를 지녀야 한다.

제47조【항공교통관제연습】 ① 제35조제7호의 항공교통관제사 자격증명을 받지 아니한 사람이 항공교통관제업무를 연습(이하 "항공교통관제연습"이라 한다)하려는 경우에는 국토교통부장관의 항공교통관제연습허가를 받고 국토교통부령으로 정하는 자격요건을 갖춘 사람의 감독 하에 항공교통관제연습을 하여야 한다.

② 국토교통부장관은 제1항에 따른 항공교통관제연습허가 신청을 받은 경우에는 신청인이 항공교통관제연습을 하기에 필요한 능력이 있다고 인정되면 국토교통부령으로 정하는 바에 따라 그 항공교통관제연습을 허가하여야 한다.

③ 제1항에 따른 항공교통관제연습의 허가는 신청인에게 항공교통관제연습허가서를 발급함으로써 한다.

④ 제1항에 따른 항공교통관제연습 허가를 받은 사람의 항공신체검사증명, 항공신체검사명령 등에 관하여는 제40조, 제41조 및 제42조를 준용한다.(2022.1.18 본항개정)

⑤ 제3항에 따른 항공교통관제연습허가서를 받은 사람이 항공교통관제연습을 할 때에는 항공교통관제연습허가서와 항공신체검사증명서를 지녀야 한다.

제47조의2【자격증명을 받지 아니한 사람의 조종연습등에 대한 연습허가·항공신체검사증명의 취소 등】 ① 국토교통부장관은 제46조제1항제2호에 따른 조종연습 또는 제47조제1항에 따른 항공교통관제연습(이하 이 조에서 "조종연습등"이라 한다)을 하는 사람이 다음 각 호의 어느 하나에 해당하는 경우에는 제46조제2항에 따른 항공기 조종연습허가 또는 제47조제2항에 따른 항공교통관제연습허가(이하 이 조에서 "연습허가"라 한다)를 취소하거나 1년 이내의 기간을 정하여 연습허가의 효력정지를 명할 수 있다. 다만 제1호, 제11호 및 제14호에 해당하는 경우에는 해당 연습허가를 취소하여야 한다.
1. 거짓이나 그 밖의 부정한 방법으로 연습허가를 받은 경우
2. 이 법을 위반하여 벌금 이상의 형을 선고 받은 경우
3. 조종연습등을 하는 사람으로서 조종연습등을 수행할 때 고의 또는 중대한 과실로 항공기사고를 일으켜 인명피해나 재산피해를 발생시킨 경우
4. 제46조제4항 및 제47조제4항에서 준용하는 제40조제1항을 위반하여 항공신체검사증명을 받지 아니하고 조종연습등을 한 경우
5. 제46조제4항 및 제47조제4항에서 준용하는 제42조제1항을 위반하여 제40조제2항에 따른 자격증명의 종류별 항공신체검사증명의 기준에 적합하지 아니한 사람이 조종연습등을 한 경우
6. 제46조제4항 및 제47조제4항에서 준용하는 제42조제2항을 위반하여 신체적·정신적 상태의 저하 사실을 신고하지 아니한 경우(2025.1.19 시행)
7. 제46조제4항 및 제47조제4항에서 준용하는 제42조제4항을 위반하여 같은 조 제3항에 따른 결과를 통지받기 전에 조종연습등을 한 경우(2025.1.19 시행)
8. 제46조제5항 또는 제47조제5항을 위반하여 항공기 조종연습허가서 또는 항공교통관제연습허가서를 소지하지 아니하고 조종연습등을 한 경우
9. 제57조제1항을 위반하여 주류등의 영향으로 조종연습등을 정상적으로 수행할 수 없는 상태에서 조종연습등을 한 경우
10. 제57조제2항을 위반하여 조종연습등을 하는 동안에 같은 조 제1항에 따른 주류등을 섭취하거나 사용한 경우
11. 제57조제3항을 위반하여 같은 조 제1항에 따른 주류등의 섭취 및 사용 여부의 측정 요구에 따르지 아니한 경우
12. 제57조의2를 위반하여 항공기 내에서 흡연을 한 경우
13. 조종연습등을 수행할 때 고의 또는 중대한 과실로 항공기준사고, 항공안전장애 또는 제61조제1항에 따른 항공안전위해요인을 발생시킨 경우
14. 이 조에 따른 연습허가의 정지명령을 위반하여 정지기간에 조종연습등을 한 경우

② 국토교통부장관은 조종연습등을 하는 사람이 다음 각 호의 어느 하나에 해당하는 경우에는 그 항공신체검사증명을 취소하거나 1년 이내의 기간을 정하여 항공신체검사증명의 효력정지를 명할 수 있다. 다만, 제1호에 해당하는 경우에는 항공신체검사증명을 취소하여야 한다.
1. 거짓이나 그 밖의 부정한 방법으로 항공신체검사증명을 받은 경우
2. 제1항제9호부터 제11호까지의 어느 하나에 해당하는 경우
3. 제46조제4항 및 제47조제4항에서 준용하는 제40조제2항에 따른 자격증명의 종류별 항공신체검사증명의 기준에 맞지 아니하게 되어 조종연습등을 하기에 부적합하다고 인정되는 경우
4. 제46조제4항 및 제47조제4항에서 준용하는 제40조제5항을 위반하여 한정된 항공업무의 범위를 준수하지 아니하고 조종연습등을 한 경우
5. 제46조제4항 및 제47조제4항에서 준용하는 제41조에 따른 항공신체검사명령에 따르지 아니한 경우
6. 제46조제4항 및 제47조제4항에서 준용하는 제42조제1항을 위반하여 제40조제2항에 따른 자격증명의 종류별 항공신체검사증명의 기준에 적합하지 아니한 사람이 조종연습등을 한 경우
7. 제46조제5항 또는 제47조제5항을 위반하여 항공신체검사증명서를 소지하지 아니하고 조종연습등을 한 경우

③ 연습허가의 심사를 받는 사람 또는 항공신체검사를 받는 사람이 그 심사 또는 검사에서 부정한 행위를 한 경우에는 해당 심사 또는 검사를 정지시키거나 무효로 하고, 해당 처분을 받은 사람은 그 처분을 받은 날부터 각각 2년간 이 법에 따른 연습허가의 심사를 받을 수 없으며, 이 법에 따른 항공신체검사를 받을 수 없다.

④ 제1항 및 제2항에 따른 처분의 기준 및 절차와 그 밖에 필요한 사항은 국토교통부령으로 정한다.
(2022.1.18 본조신설)

제48조【전문교육기관의 지정 등】 ① 항공종사자를 양성하려는 자는 국토교통부령으로 정하는 바에 따라 국토교통부장관으로부터 항공종사자 전문교육기관(이하 "전문교육기관"이라 한다)으로 지정을 받을 수 있다. 다만, 제35조제1호부터 제4호까지의 항공종사자를 양성하려는 자는 전문교육기관으로 지정을 받아야 한다.

② 제1항에 따라 전문교육기관으로 지정을 받으려는 자는 국토교통부령으로 정하는 기준(이하 "전문교육기관 지정기준"이라 한다)에 따라 교육과목, 교육방법, 인력, 시설 및 장비 등 교육훈련체계를 갖추어야 한다.

③ 국토교통부장관은 전문교육기관을 지정하는 경우에는 교육과정, 교관의 인원·자격 및 교육평가방법 등 국토교통부령으로 정하는 사항이 명시된 훈련운영기준을 전문교육기관지정서와 함께 해당 전문교육기관으로 지정받은 자에게 발급하여야 한다.

④ 국토교통부장관은 교육훈련 과정에서의 안전을 확보하기 위하여 필요하다고 판단되면 직권으로 또는 전문교육기관의 신청을 받아 제3항에 따른 훈련운영기준을 변경할 수 있다.
⑤ 전문교육기관으로 지정을 받은 자는 제3항에 따른 훈련운영기준 또는 제4항에 따라 변경된 훈련운영기준을 준수하여야 한다.
⑥ 전문교육기관으로 지정을 받은 자는 훈련운영기준에 따라 교육훈련체계를 계속적으로 유지하여야 하며, 새로운 교육과정의 개설 등으로 교육훈련체계가 변경된 경우에는 국토교통부장관이 실시하는 검사를 받아야 한다.
⑦ 국토교통부장관은 전문교육기관으로 지정받은 자가 교육훈련체계를 유지하고 있는지 여부를 정기 또는 수시로 검사하여야 한다.
⑧ 국토교통부장관은 전문교육기관이 항공운송사업에 필요한 항공종사자를 양성하는 경우에는 예산의 범위에서 필요한 경비의 전부 또는 일부를 지원할 수 있다.
⑨ 국토교통부장관은 항공교육훈련 정보를 국민에게 제공하고 전문교육기관 등 항공교육훈련기관을 체계적으로 관리하기 위하여 시스템(이하 "항공교육훈련통합관리시스템"이라 한다)을 구축·운영하여야 한다.
⑩ 국토교통부장관은 항공교육훈련통합관리시스템을 구축·운영하기 위하여 「항공사업법」 제2조제35호에 따른 항공교통사업자 또는 항공교육훈련기관 등에게 필요한 자료 또는 정보의 제공을 요청할 수 있다. 이 경우 자료나 정보의 제공을 요청받은 자는 정당한 사유가 없으면 이에 따라야 한다.
(2017.10.24 본조개정)

제48조의2【전문교육기관 지정의 취소 등】 ① 국토교통부장관은 전문교육기관으로 지정받은 자가 다음 각 호의 어느 하나에 해당하는 경우에는 그 지정을 취소하거나 6개월 이내의 기간을 정하여 그 업무의 정지를 명할 수 있다. 다만, 제1호 또는 제8호에 해당하는 경우에는 그 지정을 취소하여야 한다.
1. 거짓이나 그 밖의 부정한 방법으로 전문교육기관으로 지정받은 경우
2. 정당한 사유 없이 전문교육기관 지정기준을 위반한 경우
3. 제48조제5항을 위반하여 정당한 사유 없이 훈련운영기준을 준수하지 아니한 경우
4. 정당한 사유 없이 제48조제10항에 따른 국토교통부장관의 자료 또는 정보제공의 요청을 따르지 아니한 경우
5. 전문교육기관으로 지정받은 이후 2년을 초과하는 기간 동안 교육과정을 개설하지 아니한 경우
6. 고의 또는 중대한 과실로 항공기사고를 발생시키거나 소속 항공종사자에 대하여 관리·감독하는 상당한 주의의무를 게을리하여 항공기사고가 발생한 경우
7. 제58조제2항을 위반하여 다음 각 목의 어느 하나에 해당하는 경우
  가. 업무를 시작하기 전까지 항공안전관리시스템을 마련하지 아니한 경우
  나. 승인을 받지 아니하고 항공안전관리시스템을 운용한 경우
  다. 항공안전관리시스템을 승인받은 내용과 다르게 운용한 경우
  라. 승인을 받지 아니하고 국토교통부령으로 정하는 중요사항을 변경한 경우
8. 이 항 본문에 따른 업무정지 기간에 업무를 한 경우
② 제1항에 따른 처분의 세부기준 및 절차와 그 밖에 필요한 사항은 국토교통부령으로 정한다.
(2017.10.24 본조신설)

제48조의3【전문교육기관 지정을 받은 자에 대한 과징금의 부과】 ① 국토교통부장관은 전문교육기관 지정을 받은 자가 제48조의2제2호부터 제7호까지의 어느 하나에 해당하여 그 업무의 정지를 명하여야 하는 경우로서 그 업무를 정지하는 경우 전문교육기관 이용자 등에게 심한 불편을 주거나 공익을 해칠 우려가 있는 경우에는 업무정지 처분을 갈음하여 10억원 이하의 과징금을 부과할 수 있다.
② 제1항에 따른 과징금 부과의 구체적인 기준, 절차 및 그 밖에 필요한 사항은 대통령령으로 정한다.
③ 국토교통부장관은 제1항에 따라 과징금을 내야 할 자가 납부기한까지 과징금을 내지 아니하면 국세 체납처분의 예에 따라 징수한다.
(2017.10.24 본조신설)

제49조【항공전문의사의 지정 등】 ① 국토교통부장관은 제40조에 따른 자격증명의 종류별 항공신체검사증명을 효율적이고 전문적으로 하기 위하여 국토교통부령으로 정하는 바에 따라 항공의학에 관한 전문교육을 받은 전문의사(이하 "항공전문의사"라 한다)를 지정하여 제40조에 따른 항공신체검사증명에 관한 업무를 대행하게 할 수 있다.
② 교육이수실적, 경력 등 항공전문의사의 지정기준은 국토교통부령으로 정한다.
③ 항공전문의사는 국토교통부령으로 정하는 바에 따라 국토교통부장관이 정기적으로 실시하는 전문교육을 받아야 한다.

제50조【항공전문의사 지정의 취소 등】 ① 국토교통부장관은 항공전문의사가 다음 각 호의 어느 하나에 해당하는 경우에는 그 지정을 취소하거나 1년 이내의 기간을 정하여 그 지정의 효력정지를 명할 수 있다. 다만 제1호, 제3호, 제4호 또는 제6호부터 제8호까지의 어느 하나에 해당하는 경우에는 그 지정을 취소하여야 한다.
1. 거짓이나 그 밖의 부정한 방법으로 항공전문의사로 지정받은 경우
2. 항공전문의사가 제40조에 따른 항공신체검사증명서의 발급 등 국토교통부령으로 정하는 업무를 게을리 수행한 경우
3. 이 조에 따른 항공전문의사 지정의 효력정지 기간에 제40조에 따른 항공신체검사증명에 관한 업무를 수행한 경우
4. 항공전문의사가 제49조제2항에 따른 지정기준에 적합하지 아니하게 된 경우
5. 항공전문의사가 제49조제3항에 따른 전문교육을 받지 아니한 경우
6. 항공전문의사가 고의 또는 중대한 과실로 항공신체검사증명서를 잘못 발급한 경우
7. 항공전문의사가 「의료법」 제65조 또는 제66조에 따라 자격이 취소 또는 정지된 경우
8. 본인이 지정 취소를 요청한 경우
② 제1항에 따라 항공전문의사 지정 취소처분을 받은 사람은 그 처분을 받은 날부터 2년간 이 법에 따른 항공전문의사 지정을 신청할 수 없다.(2022.1.18 본항신설)
③ 제1항에 따른 처분기준 및 처분절차 등은 국토교통부령으로 정한다.

제5장 항공기의 운항

제51조【무선설비의 설치·운용 의무】 항공기를 운항하려는 자 또는 소유자등은 해당 항공기에 비상위치 무선표지설비, 2차감시레이더용 트랜스폰더 등 국토교통부령으로 정하는 무선설비를 설치·운용하여야 한다.

제52조【항공계기 등의 설치·탑재 및 운용 등】 ① 항공기를 운항하려는 자 또는 소유자등은 해당 항공기에 항공기 안전운항을 위하여 필요한 항공계기(航空計器), 장비, 서류, 구급용구 등(이하 "항공계기등"이라 한다)을 설치하거나 탑재하여 운용하여야 한다. 이 경우 최대이륙중량이 600킬로그램 초과 5천700킬로그램 이하인 비행기에는 사고예방 및 안전운항에 필요한 장비를 추가로 설치할 수 있다.(2017.1.17 후단신설)
② 제1항에 따라 항공계기등을 설치하거나 탑재하여야 할 항공기, 항공계기등의 종류, 설치·탑재기준 및 그 운용방법 등에 필요한 사항은 국토교통부령으로 정한다.

제53조【항공기의 연료】 항공기를 운항하려는 자 또는 소유자등은 항공기에 국토교통부령으로 정하는 양의 연료를 싣지 아니하고 항공기를 운항해서는 아니 된다.

제54조【항공기의 등불】 항공기를 운항하거나 야간(해가 진 뒤부터 해가 뜨기 전까지를 말한다. 이하 같다)에 비행장에 주기(駐機) 또는 정박(碇泊)시키는 사람은 국토교통부령으로 정하는 바에 따라 등불로 항공기의 위치를 나타내야 한다.

제55조【운항승무원의 비행경험】 다음 각 호의 어느 하나에 해당하는 항공기를 운항하려고 하거나 계기비행·야간비행 또는 제44조제2항에 따른 조종교육 업무에 종사하려는 운항승무원은 국토교통부령으로 정하는 비행경험(모의비행훈련장치를 이용하여 얻은 비행경험을 포함한다)이 있어야 한다.(2021.5.18 본문개정)
1. 항공운송사업 또는 항공기사용사업에 사용되는 항공기
2. 항공기 중량, 승객 좌석 수 등 국토교통부령으로 정하는 기준에 해당하는 항공기로서 국외 운항에 사용되는 항공기(이하 "국외운항항공기"라 한다)

제56조【승무원 등의 피로관리】 ① 항공운송사업자, 항공기사용사업자 또는 국외운항항공기 소유자등은 다음 각 호의 어느 하나 이상의 방법으로 소속 운항승무원 및 객실승무원(이하 "승무원"이라 한다)과 운항관리사의 피로를 관리하여야 한다.(2020.12.8 본문개정)
1. 국토교통부령으로 정하는 승무원의 승무시간, 비행근무시간, 근무시간 등(이하 이 조에서 "승무시간등"이라 한다) 또는 운항관리사의 근무시간의 제한기준을 따르는 방법(2020.12.8 본호개정)
2. 피로위험관리시스템을 마련하여 운용하는 방법
② 항공운송사업자, 항공기사용사업자 또는 국외운항항공기 소유자등이 피로위험관리시스템을 마련하여 운용하려는 경우에는 국토교통부령으로 정하는 바에 따라 국토교통부장관의 승인을 받아 운용하여야 한다. 승인 받은 사항 중 국토교통부령으로 정하는 중요사항을 변경하는 경우에도 또한 같다.
③ 항공운송사업자, 항공기사용사업자 또는 국외운항항공기 소유자등은 제1항제1호에 따라 승무원 또는 운항관리사의 피로를 관리하는 경우에는 승무원의 승무시간등 또는 운항관리사의 근무시간에 대한 기록을 15개월 이상 보관하여야 한다.(2020.12.8 본항개정)
(2020.12.8 본조제목개정)

제57조【주류등의 섭취·사용 제한】 ① 항공종사자(제46조에 따른 항공기 조종연습 및 제47조에 따른 항공교통관제연습을 하는 사람을 포함한다. 이하 이 조에서 같다) 및 객실승무원은 「주세법」 제3조제1호에 따른 주류, 「마약류 관리에 관한 법률」 제2조제1호에 따른 마약류 또는 「화학물질관리법」 제22조제1항에 따른 환각물질 등(이하 "주류등"이라 한다)의 영향으로 항공업무(제46조에 따른 항공기 조종연습 및 제47조에 따른 항공교통관제연습을 포함한다. 이하 이 조에서 같다) 또는 객실승무원의 업무를 정상적으로 수행할 수 없는 상태에서는 항공업무 또는 객실승무원의 업무에 종사해서는 아니 된다.
② 항공종사자 및 객실승무원은 항공업무 또는 객실승무원의 업무에 종사하는 동안에는 주류등을 섭취하거나 사용해서는 아니 된다.
③ 국토교통부장관은 항공안전과 위험 방지를 위하여 필요하다고 인정하거나 항공종사자 및 객실승무원이 제1항 또는 제2항을 위반하여 항공업무 또는 객실승무원의 업무를 하였다고 인정할 만한 상당한 이유가 있을 때에는 주류등의 섭취 및 사용 여부를 호흡측정기 검사 등의 방법으로 측정할 수 있으며, 항공종사자 및 객실승무원은 이러한 측정에 따라야 한다.(2020.6.9 본항개정)
④ 국토교통부장관은 항공종사자 또는 객실승무원이 제3항에 따른 측정 결과에 불복하면 그 항공종사자 또는 객실승무원의 동의를 받아 혈액 채취 또는 소변 검사 등의 방법으로 주류등의 섭취 및 사용 여부를 다시 측정할 수 있다.
⑤ 주류등의 영향으로 항공업무 또는 객실승무원의 업무를 정상적으로 수행할 수 없는 상태의 기준은 다음 각 호와 같다.
1. 주정성분이 있는 음료의 섭취로 혈중알코올농도가 0.02퍼센트 이상인 경우
2. 「마약류 관리에 관한 법률」 제2조제1호에 따른 마약류를 사용한 경우
3. 「화학물질관리법」 제22조제1항에 따른 환각물질을 사용한 경우
⑥ 제1항부터 제5항까지의 규정에 따라 주류등의 종류 및 그 측정에 필요한 세부 절차 및 측정기록의 관리 등에 필요한 사항은 국토교통부령으로 정한다.

제57조의2【항공기 내 흡연 금지】 항공종사자(제46조에 따른 항공기 조종연습을 하는 사람을 포함한다) 및 객실승무원은 항공업무 또는 객실승무원의 업무에 종사하는 동안에는 항공기 내에서 흡연을 하여서는 아니 된다.
(2020.12.8 본조신설)

제58조【국가 항공안전프로그램 등】 ① 국토교통부장관은 다음 각 호의 사항이 포함된 항공안전프로그램을 마련하여 고시하여야 한다.
1. 항공안전에 관한 정책, 달성목표 및 조직체계
2. 항공안전 위험도의 관리
3. 항공안전보증
4. 항공안전증진
(2019.8.27 1호~4호개정)
5.~6. (2019.8.27 삭제)
② 다음 각 호의 어느 하나에 해당하는 자는 제작, 교육, 운항 또는 사업 등을 시작하기 전까지 제1항에 따른 항공안전프로그램에 따라 항공기사고 등의 예방 및 비행안전의 확보를 위한 항공안전관리시스템을 마련하고, 국토교통부장관의 승인을 받아 운용하여야 한다. 승인받은 사항 중 국토교통부령으로 정하는 중요사항을 변경할 때에도 또한 같다.
1. 형식증명, 부가형식증명, 제작증명, 기술표준품형식승인 또는 부품등제작자증명을 받은 자
2. 제35조제1호부터 제4호까지의 항공종사자 양성을 위하여 제48조제1항단서에 따라 지정된 전문교육기관
(2017.10.24 본호개정)
3. 항공교통업무증명을 받은 자
4. 제90조(제96조제1항에서 준용하는 경우를 포함한다)에 따른 운항증명을 받은 항공운송사업자 및 항공기사용사업자(2019.8.27 본호개정)
5. 항공기정비업자로서 제97조제1항에 따른 정비조직인증을 받은 자
6. 「공항시설법」 제38조제1항에 따라 공항운영증명을 받은 자
7. 「공항시설법」 제43조제2항에 따라 항행안전시설을 설치한 자
8. 제55조제2호에 따른 국외운항항공기를 소유 또는 임차하여 사용할 수 있는 권리가 있는 자(2019.8.27 본호신설)
③ 국토교통부장관은 제83조제1항부터 제3항까지에 따라 국토교통부장관이 하는 업무를 체계적으로 수행하기 위하여 제1항에 따른 항공안전프로그램에 따라 그 업무에 관한 항공안전관리시스템을 구축·운용하여야 한다.
④ 제2항제4호에 따른 항공운송사업자 중 국토교통부령으로 정하는 항공운송사업자는 항공안전관리시스템을 구축할 때 다음 각 호의 사항을 포함한 비행자료분석프로그램(Flight data analysis program)을 마련하여야 한다.
1. 비행자료를 수집할 수 있는 장치의 장착 및 운영절차
2. 비행자료와 분석결과의 보호 및 활용에 관한 사항
3. 그 밖에 비행자료의 보존 및 품질관리 요건 등 국토교통부장관이 고시하는 사항
(2019.8.27 본항신설)
⑤ 국토교통부장관 또는 제2항제3호에 따라 항공안전관리시스템을 마련해야 하는 자가 제83조제1항에 따른 항공교통관제 업무 중 레이더를 이용하여 항공교통관제 업무를 수행하려는 경우에는 항공안전관리시스템에 다음 각 호의 사항을 포함하여야 한다.
1. 레이더 자료를 수집할 수 있는 장치의 설치 및 운영절차
2. 레이더 자료와 분석결과의 보호 및 활용에 관한 사항
(2019.8.27 본항신설)

⑥ 제4항에 따른 항공운송사업자 또는 제5항에 따라 레이더를 이용하여 항공교통관제 업무를 수행하는 자는 제4항 또는 제5항에 따라 수집한 자료와 그 분석결과를 항공기사고 등을 예방하고 항공안전을 확보할 목적으로만 사용하여야 하며, 분석결과를 이유로 관련된 사람에게 해고·전보·징계·부당한 대우 또는 그 밖에 신분이나 처우와 관련하여 불이익한 조치를 취해서는 아니 된다. 다만, 범죄 또는 고의적인 법령 위반행위가 확인되는 경우에는 그러하지 아니하다.(2022.6.10 단서신설)
⑦ 제1항부터 제3항까지에서 규정한 사항 외에 다음 각 호의 사항은 국토교통부령으로 정한다.
1. 제1항에 따른 항공안전프로그램의 마련에 필요한 사항
2. 제2항에 따른 항공안전관리시스템에 포함되어야 할 사항, 항공안전관리시스템의 승인기준 및 구축·운용에 필요한 사항
3. 제3항에 따른 업무에 관한 항공안전관리시스템의 구축·운용에 필요한 사항
(2019.8.27 본조제목개정)
제59조【항공안전 의무보고】 ① 항공기사고, 항공기준사고 또는 항공안전장애 중 국토교통부령으로 정하는 사항(이하 "의무보고 대상 항공안전장애"라 한다)을 발생시켰거나 항공기사고, 항공기준사고 또는 의무보고 대상 항공안전장애가 발생한 것을 알게 된 항공종사자 등 관계인은 국토교통부장관에게 그 사실을 보고하여야 한다. 다만, 제33조에 따라 고장, 결함 또는 기능장애가 발생한 사실을 국토교통부장관에게 보고한 경우에는 이 조에 따른 보고를 한 것으로 본다.(2019.8.27 본항개정)
② 국토교통부장관은 제1항에 따른 보고(이하 "항공안전 의무보고"라 한다)를 통하여 접수한 내용을 이 법에 따른 경우를 제외하고는 제3자에게 제공하거나 일반에게 공개해서는 아니 된다.(2019.8.27 본항신설)
③ 누구든지 항공안전 의무보고를 한 사람에 대하여 이를 이유로 해고·전보·징계·부당한 대우 또는 그 밖에 신분이나 처우와 관련하여 불이익한 조치를 취해서는 아니 된다.(2019.8.27 본항신설)
④ 제1항에 따른 항공종사자 등 관계인의 범위, 보고에 포함되어야 할 사항, 시기, 보고 방법 및 절차 등은 국토교통부령으로 정한다.
제60조【사실조사】 ① 국토교통부장관은 제59조제1항, 제120조제2항, 제129조제3항에 따른 보고를 받은 경우 또는 제59조제1항, 제120조제2항, 제129조제3항에 따른 보고를 받지 않았으나 항공기사고, 항공기준사고 또는 의무보고 대상 항공안전장애가 발생한 것을 인지하게 된 경우 이에 대한 사실 여부와 이 법의 위반사항 등을 파악하기 위한 조사를 할 수 있다.(2020.6.9 본항개정)
② 국토교통부장관은 제33조 및 제59조제1항에 따라 의무보고 대상 항공안전장애에 대한 보고가 이루어진 경우 이 법 및 「공항시설법」에 따른 행정처분을 아니할 수 있다. 다만, 제1항에 따른 조사결과 고의 또는 중대한 과실로 의무보고 대상 항공안전장애를 발생시킨 경우에는 그러하지 아니하다.(2019.8.27 본항신설)
③ 제1항에 따른 사실조사의 절차 및 방법 등에 관하여는 제132조제2항 및 제4항부터 제9항까지의 규정을 준용한다.
④ 제1항부터 제3항까지에서 규정한 사항 외에 사실조사 수행에 필요한 사항은 국토교통부장관이 정한다.
(2019.8.27 본항신설)
제61조【항공안전 자율보고】 ① 누구든지 제59조제1항에 따른 의무보고 대상 항공안전장애 외의 항공안전장애(이하 "자율보고대상 항공안전장애"라 한다)를 발생시켰거나 발생한 것을 알게 된 경우 또는 항공안전위해요인이 발생한 것을 알게 되거나 발생이 의심되는 경우에는 국토교통부령으로 정하는 바에 따라 그 사실을 국토교통부장관에게 보고할 수 있다.(2019.8.27 본항개정)
② 국토교통부장관은 제1항에 따른 보고(이하 "항공안전 자율보고"라 한다)를 통하여 접수한 내용을 이 법에 따른 경우를 제외하고는 제3자에게 제공하거나 일반에게 공개해서는 아니 된다.(2019.8.27 본항개정)
③ 누구든지 항공안전 자율보고를 한 사람에 대하여 이를 이유로 해고·전보·징계·부당한 대우 또는 그 밖에 신분이나 처우와 관련하여 불이익한 조치를 해서는 아니 된다.
④ 국토교통부장관은 자율보고대상 항공안전장애 또는 항공안전위해요인을 발생시킨 사람이 그 발생일부터 10일 이내에 항공안전 자율보고를 한 경우에는 고의 또는 중대한 과실로 발생시킨 경우에 해당하지 아니하면 이 법 및 「공항시설법」에 따른 처분을 하여서는 아니 된다.
(2020.6.9 본항개정)
⑤ 제1항부터 제4항까지에서 규정한 사항 외에 항공안전 자율보고에 포함되어야 할 사항, 보고 방법 및 절차 등은 국토교통부령으로 정한다.
제61조의2【항공안전데이터 등의 수집 및 처리시스템】
① 국토교통부장관은 항공안전의 증진을 위하여 항공안전데이터와 항공안전정보(이하 "항공안전데이터등"이라 한다)의 수집·저장·통합·분석 등의 업무를 전자적으로 처리하기 위한 시스템(이하 "통합항공안전데이터수집분석시스템"이라 한다)을 구축·운영할 수 있다.
② 국토교통부장관은 필요하다고 인정하는 경우 통합항공안전데이터수집분석시스템의 운영을 대통령령으로 정하는 바에 따라 관계 전문기관에 위탁할 수 있다.
③ 국토교통부장관은 통합항공안전데이터수집분석시스템의 운영을 위하여 다음 각 호의 사항이 포함된 통합항공안전데이터수집분석시스템의 운영기준을 정하여 고시할 수 있다.
1. 항공안전데이터등의 수집·저장·분석 절차
2. 항공안전데이터등의 제공기관과 분석결과 공유방법 및 절차
3. 그 밖에 통합항공안전데이터수집분석시스템 운영에 필요한 사항으로서 국토교통부령으로 정하는 사항
(2019.8.27 본조신설)
제61조의3【항공안전데이터등의 개인정보 보호】 국토교통부장관 또는 제61조의2제2항에 따라 통합항공안전데이터수집분석시스템의 운영을 위탁받은 전문기관은 같은 조 제1항에 따라 수집·저장·분석된 항공안전데이터등을 항공안전 유지 및 증진의 목적으로만 활용하여야 하며, 이 경우에도 「개인정보 보호법」 제2조제1호에 따른 개인정보가 보호될 수 있도록 시책을 마련하여 시행하여야 한다.(2019.8.27 본조신설)
제62조【기장의 권한 등】 ① 항공기의 운항 안전에 대하여 책임을 지는 사람(이하 "기장"이라 한다)은 그 항공기의 승무원을 지휘·감독한다.
② 기장은 국토교통부령으로 정하는 바에 따라 항공기의 운항에 필요한 준비가 끝난 것을 확인한 후가 아니면 항공기를 출발시켜서는 아니 된다.
③ 기장은 항공기나 여객에 위난(危難)이 발생하였거나 발생할 우려가 있다고 인정될 때에는 항공기에 있는 여객에게 피난방법과 그 밖에 안전에 관하여 필요한 사항을 명할 수 있다.
④ 기장은 운항 중 그 항공기에 위난이 발생하였을 때에는 여객을 구조하고, 지상 또는 수상(水上)에 있는 사람이나 물건에 대한 위난 방지에 필요한 수단을 마련하여야 하며, 여객과 그 밖에 항공기에 있는 사람을 그 항공기에서 나가게 한 후가 아니면 항공기를 떠나서는 아니 된다.
⑤ 기장은 항공기사고, 항공기준사고 또는 의무보고 대상 항공안전장애가 발생하였을 때에는 국토교통부령으로 정하는 바에 따라 국토교통부장관에게 그 사실을 보고하여야 한다. 다만, 기장이 보고할 수 없는 경우에는 그 항공기의 소유자등이 보고를 하여야 한다.(2019.8.27 본항개정)
⑥ 기장은 다른 항공기에서 항공기사고, 항공기준사고 또는 의무보고 대상 항공안전장애가 발생한 것을 알았을 때에는 국토교통부령으로 정하는 바에 따라 국토교통부장관에게 그 사실을 보고하여야 한다. 다만, 무선설비를 통하여 그 사실을 안 경우에는 그러하지 아니하다.
(2019.8.27 본항개정)
⑦ 항공종사자 등 이해관계인이 제59조제1항에 따라 보고한 경우에는 제5항 본문 및 제6항 본문은 적용하지 아니한다.
제63조【기장 등의 운항자격】 ① 다음 각 호의 어느 하나에 해당하는 항공기의 기장은 지식 및 기량에 관하여, 기장 외의 조종사는 기량에 관하여 국토교통부장관의 자격인정을 받아야 한다.
1. 항공운송사업에 사용되는 항공기
2. 항공기사용사업에 사용되는 항공기 중 국토교통부령으로 정하는 업무에 사용되는 항공기
3. 국외운항항공기
② 국토교통부장관은 제1항에 따른 자격인정을 받은 사람에 대하여 그 지식 또는 기량의 유무를 정기적으로 심사하여야 하며, 특히 필요하다고 인정하는 경우에는 수시로 지식 또는 기량의 유무를 심사할 수 있다.
③ 국토교통부장관은 제1항에 따른 자격인정을 받은 사람이 제2항에 따른 심사를 받지 아니하거나 그 심사에 합격하지 못한 경우에는 그 자격인정을 취소하여야 한다.
④ 국토교통부장관은 필요하다고 인정할 때에는 국토교통부령으로 정하는 바에 따라 지정한 항공운송사업자 또는 항공기사용사업자에게 소속 기장 또는 기장 외의 조종사에 대하여 제1항에 따른 자격인정 또는 제2항에 따른 심사를 하게 할 수 있다.
⑤ 제4항에 따라 자격인정을 받거나 그 심사에 합격한 기장 또는 기장 외의 조종사는 제1항에 따른 자격인정 및 제2항에 따른 심사를 받은 것으로 본다. 이 경우 제3항을 준용한다.
⑥ 국토교통부장관은 제4항에도 불구하고 필요하다고 인정할 때에는 국토교통부령으로 정하는 기장 또는 기장 외의 조종사에 대하여 제2항에 따른 심사를 할 수 있다.
⑦ 항공운송사업에 종사하는 항공기의 기장은 운항하려는 지역, 노선 및 공항(국토교통부령으로 정하는 지역, 노선 및 공항에 관한 것만 해당한다)에 대한 경험요건을 갖추어야 한다.
⑧ 제1항부터 제7항까지의 규정에 따른 자격인정·심사 또는 경험요건 등에 필요한 사항은 국토교통부령으로 정한다.
제64조【모의비행훈련장치를 이용한 운항자격 심사 등】 국토교통부장관은 비상시의 조치 등 항공기로 제63조에 따른 자격인정 또는 심사를 하기 곤란한 사항에 대해서는 제39조의2제3항에 따라 국토교통부장관이 지정한 모의비행훈련장치를 이용하여 제63조에 따른 자격인정 또는 심사를 할 수 있다.(2021.5.18 본조개정)
제65조【운항관리사】 ① 항공운송사업자와 국외운항항공기 소유자등은 국토교통부령으로 정하는 바에 따라 운항관리사를 두어야 한다.
② 제1항에 따라 운항관리사를 두어야 하는 자가 운항하는 항공기의 기장은 그 항공기를 출발시키거나 비행계획을 변경하려는 경우에는 운항관리사의 승인을 받아야 한다.
③ 제1항에 따라 운항관리사를 두어야 하는 자는 국토교통부령으로 정하는 바에 따라 운항관리사가 해당 업무를 원활하게 수행하는 데 필요한 지식 및 경험을 갖출 수 있도록 필요한 교육훈련을 하여야 한다.
제66조【항공기 이륙·착륙의 장소】 ① 누구든지 항공기(활공기와 비행선은 제외한다)를 비행장이 아닌 곳(해당 항공기에 요구되는 비행장 기준에 맞지 아니하는 비행장을 포함한다)에서 이륙하거나 착륙하여서는 아니 된다. 다만, 각 호의 경우에는 그러하지 아니하다.
1. 안전과 관련한 비상상황 등 불가피한 사유가 있는 경우로서 국토교통부장관의 허가를 받은 경우
2. 제90조제2항에 따라 국토교통부장관이 발급한 운영기준에 따르는 경우
② 제1항제1호에 따른 허가에 필요한 세부 기준 및 절차와 그 밖에 필요한 사항은 대통령령으로 정한다.
제67조【항공기의 비행규칙】 ① 항공기를 운항하려는 사람은 「국제민간항공협약」 및 같은 협약 부속서에 따라 국토교통부령으로 정하는 비행에 관한 기준·절차·방식 등(이하 "비행규칙"이라 한다)에 따라 비행하여야 한다.
② 비행규칙은 다음 각 호와 같이 구분한다.
1. 재산 및 인명을 보호하기 위한 비행절차 등 일반적인 사항에 관한 규칙
2. 시계비행에 관한 규칙
3. 계기비행에 관한 규칙
4. 비행계획의 작성·제출·접수 및 통보 등에 관한 규칙
5. 그 밖에 비행안전을 위하여 필요한 사항에 관한 규칙
제68조【항공기의 비행 중 금지행위 등】 항공기를 운항하려는 사람은 생명과 재산을 보호하기 위하여 다음 각 호의 어느 하나에 해당하는 비행 또는 행위를 해서는 아니 된다. 다만, 국토교통부령으로 정하는 바에 따라 국토교통부장관의 허가를 받은 경우에는 그러하지 아니하다.
1. 국토교통부령으로 정하는 최저비행고도(最低飛行高度) 아래에서의 비행
2. 물건의 투하(投下) 또는 살포
3. 낙하산 강하(降下)
4. 국토교통부령으로 정하는 구역에서 뒤집어서 비행하거나 옆으로 세워서 비행하는 등의 곡예비행
5. 무인항공기의 비행
6. 그 밖에 생명과 재산에 위해를 끼치거나 위해를 끼칠 우려가 있는 비행 또는 행위로서 국토교통부령으로 정하는 비행 또는 행위
제69조【긴급항공기의 지정 등】 ① 응급환자의 수송 등 국토교통부령으로 정하는 긴급한 업무에 항공기를 사용하려는 소유자등은 그 항공기에 대하여 국토교통부장관의 지정을 받아야 한다.
② 제1항에 따라 국토교통부장관의 지정을 받은 항공기(이하 "긴급항공기"라 한다)를 제1항에 따른 긴급한 업무의 수행을 위하여 운항하는 경우에는 제66조 및 제68조제1호·제2호를 적용하지 아니한다.
③ 긴급항공기의 지정 및 운항절차 등에 필요한 사항은 국토교통부령으로 정한다.
④ 국토교통부장관은 긴급항공기의 소유자등이 다음 각 호의 어느 하나에 해당하는 경우에는 그 긴급항공기의 지정을 취소할 수 있다. 다만, 제1호에 해당하는 경우에는 그 긴급항공기의 지정을 취소하여야 한다.
1. 거짓이나 그 밖의 부정한 방법으로 긴급항공기로 지정받은 경우
2. 제3항에 따른 운항절차를 준수하지 아니하는 경우
⑤ 제4항에 따라 긴급항공기의 지정 취소처분을 받은 자는 취소처분을 받은 날부터 2년 이내에는 긴급항공기의 지정을 받을 수 없다.
제70조【위험물 운송 등】 ① 항공기를 이용하여 폭발성이나 연소성이 높은 물건 등 국토교통부령으로 정하는 위험물(이하 "위험물"이라 한다)을 운송하려는 자는 국토교통부령으로 정하는 바에 따라 국토교통부장관의 허가를 받아야 한다.
② 제90조제1항에 따른 운항증명을 받은 자가 위험물 탑재정보의 전달방법 등 국토교통부령으로 정하는 기준을 충족하는 경우에는 제1항에 따른 허가를 받은 것으로 본다.
③ 항공기를 이용하여 운송되는 위험물을 포장·적재(積載)·저장·운송 또는 처리(이하 "위험물취급"이라 한다)하는 자(이하 "위험물취급자"라 한다)는 항공상의 위험 방지 및 인명의 안전을 위하여 국토교통부장관이 정하여 고시하는 위험물취급의 절차 및 방법에 따라야 한다.
제71조【위험물 포장 및 용기의 검사 등】 ① 위험물의 운송에 사용되는 포장 및 용기를 제조·수입하여 판매하려는 자는 그 포장 및 용기의 안전성에 대하여 국토교통부장관이 실시하는 검사를 받아야 한다.
② 제1항에 따른 포장 및 용기의 검사방법·합격기준 등에 필요한 사항은 국토교통부장관이 정하여 고시한다.
③ 국토교통부장관은 위험물의 용기 및 포장에 관한 검사업무를 전문적으로 수행하는 기관(이하 "포장·용기검사기관"이라 한다)을 지정하여 제1항에 따른 검사를 하게 할 수 있다.
④ 검사인력, 검사장비 등 포장·용기검사기관의 지정기준 및 운영 등에 필요한 사항은 국토교통부령으로 정한다.
⑤ 국토교통부장관은 포장·용기검사기관이 다음 각 호의 어느 하나에 해당하는 경우에는 그 지정을 취소하거나 6개월 이내의 기간을 정하여 그 업무의 전부 또는 일부의 정지를 명할 수 있다. 다만, 제1호에 해당하는 경우에는 그 지정을 취소하여야 한다.

1. 거짓이나 그 밖의 부정한 방법으로 포장·용기검사기관으로 지정받은 경우
2. 포장·용기검사기관이 제2항에 따른 포장 및 용기의 검사방법·합격기준 등을 위반하여 제1항에 따른 검사를 한 경우(2017.1.17 본호신설)
3. 제4항에 따른 지정기준에 맞지 아니하게 된 경우
⑥ 제5항에 따른 처분의 세부기준 등 그 밖에 필요한 사항은 국토교통부령으로 정한다.

제72조【위험물취급에 관한 교육 등】 ① 위험물취급자는 위험물취급에 관하여 국토교통부장관이 실시하는 교육을 받아야 한다. 다만, 국제민간항공기구(International Civil Aviation Organization) 등 국제기구 및 국제항공운송협회(International Air Transport Association)가 인정한 교육기관에서 위험물취급에 관한 교육을 이수한 경우에는 그러하지 아니하다.
② 제1항에 따라 교육을 받아야 하는 위험물취급자의 구체적인 범위와 교육 내용 등에 필요한 사항은 국토교통부장관이 정하여 고시한다.
③ 국토교통부장관은 제1항에 따른 교육을 효율적으로 하기 위하여 위험물취급에 관한 교육을 전문적으로 하는 전문교육기관(이하 "위험물전문교육기관"이라 한다)을 지정하여 위험물취급자에 대한 교육을 하게 할 수 있다.
④ 교육인력, 시설, 장비 등 위험물전문교육기관의 지정기준 및 운영 등에 필요한 사항은 국토교통부령으로 정한다.
⑤ 국토교통부장관은 위험물전문교육기관이 다음 각 호의 어느 하나에 해당하는 경우에는 그 지정을 취소하거나 6개월 이내의 기간을 정하여 그 업무의 전부 또는 일부의 정지를 명할 수 있다. 다만, 제1호에 해당하는 경우에는 그 지정을 취소하여야 한다.
1. 거짓이나 그 밖의 부정한 방법으로 위험물전문교육기관으로 지정받은 경우
2. 제4항에 따른 지정기준에 맞지 아니하게 된 경우
⑥ 제5항에 따른 처분의 세부기준 등 그 밖에 필요한 사항은 국토교통부령으로 정한다.

제73조【전자기기의 사용제한】 국토교통부장관은 운항 중인 항공기의 항행 및 통신장비에 대한 전자파 간섭 등의 영향을 방지하기 위하여 국토교통부령으로 정하는 바에 따라 여객이 지닌 전자기기의 사용을 제한할 수 있다.

제74조【회항시간 연장운항의 승인】 ① 항공운송사업자가 2개 이상의 발동기를 가진 비행기로서 국토교통부령으로 정하는 비행기를 다음 각 호의 구분에 따른 순항속도(巡航速度)로 가장 가까운 공항까지 비행하여 착륙할 수 있는 시간이 국토교통부령으로 정하는 시간을 초과하는 지점이 있는 노선을 운항하려면 국토교통부령으로 정하는 바에 따라 국토교통부장관의 승인을 받아야 한다.
1. 2개의 발동기를 가진 비행기 : 1개의 발동기가 작동하지 아니할 때의 순항속도
2. 3개 이상의 발동기를 가진 비행기 : 모든 발동기가 작동할 때의 순항속도
② 국토교통부장관은 제1항에 따른 승인을 하려는 경우에는 제77조제1항에 따라 고시하는 운항기술기준에 적합한지를 확인하여야 한다.

제75조【수직분리축소공역 등에서의 항공기 운항 승인】
① 다음 각 호의 어느 하나에 해당하는 공역에서 항공기를 운항하려는 소유자등은 국토교통부령으로 정하는 바에 따라 국토교통부장관의 승인을 받아야 한다. 다만, 수색·구조를 위하여 제1호의 공역에서 운항하려는 경우 등 국토교통부령으로 정하는 경우에는 그러하지 아니하다.
1. 수직분리고도를 축소하여 운영하는 공역(이하 "수직분리축소공역"이라 한다)
2. 특정한 항행성능을 갖춘 항공기만 운항이 허용되는 공역(이하 "성능기반항행요구공역"이라 한다)
3. 그 밖에 공역을 효율적으로 운영하기 위하여 국토교통부령으로 정하는 공역
② 국토교통부장관은 제1항에 따른 승인을 하려는 경우에는 제77조제1항에 따라 고시하는 운항기술기준에 적합한지를 확인하여야 한다.

제76조【승무원 등의 탑승 등】 ① 항공기를 운항하려는 자는 그 항공기에 국토교통부령으로 정하는 바에 따라 운항의 안전에 필요한 승무원을 태워야 한다.
② 운항승무원 또는 항공교통관제사가 항공업무를 수행하는 경우에는 국토교통부령으로 정하는 바에 따라 항공종사자 자격증명서 및 항공신체검사증명서를 소지하여야 하며, 운항승무원 또는 항공교통관제사가 아닌 항공종사자가 항공업무를 수행하는 경우에는 국토교통부령으로 정하는 바에 따라 항공종사자 자격증명서를 소지하여야 한다.(2021.5.18 본항개정)
③ 항공운송사업자 및 항공기사용사업자는 국토교통부령으로 정하는 바에 따라 항공기에 태우는 승무원에게 해당 업무 수행에 필요한 교육훈련을 하여야 한다.

제77조【항공기의 안전운항을 위한 운항기술기준】 ① 국토교통부장관은 항공기 안전운항을 확보하기 위하여 이 법과 「국제민간항공협약」 및 같은 협약 부속서에서 정한 범위에서 다음 각 호의 사항이 포함된 운항기술기준을 정하여 고시할 수 있다.
1. 자격증명
2. 항공훈련기관
3. 항공기 등록 및 등록부호 표시
4. 항공기 감항성
5. 정비조직인증기준
6. 항공기 계기 및 장비
7. 항공기 운항
8. 항공운송사업의 운항증명 및 관리
9. 그 밖에 안전운항을 위하여 필요한 사항으로서 국토교통부령으로 정하는 사항
② 소유자등 및 항공종사자는 제1항에 따른 운항기술기준을 준수하여야 한다.

제6장 항공교통관리 등
(2023.4.18 본장제목개정)

제77조의2【국가항행계획의 수립·시행】 ① 국토교통부장관은 항공교통관리 등을 위하여 국제민간항공기구(ICAO)의 세계항행계획 등에 따라 국가 항행에 관한 계획(이하 "국가항행계획"이라 한다)을 수립·시행하여야 한다.
② 국가항행계획에는 다음 각 호의 사항이 포함되어야 한다.
1. 항공교통정책의 목표 및 전략
2. 항공교통의 정보, 운영 및 기술에 관한 사항
3. 항공교통관리의 운영 효율성·안전성 등의 평가에 관한 사항
4. 그 밖에 항공교통의 안전성·경제성·효율성 향상을 위하여 필요한 사항
③ 국토교통부장관은 국가항행계획의 수립·시행을 위하여 관계 행정기관, 「공공기관의 운영에 관한 법률」에 따른 공공기관, 공항운영자, 항공운송사업자, 「항공사업법」 제2조제20호에 따른 항공기취급업자 및 관련 전문기관으로 구성되는 국가항행계획 추진협의체를 구성·운영할 수 있다.
④ 제3항에 따른 국가항행계획 추진협의체의 구성·운영에 필요한 사항은 대통령령으로 정한다.
(2023.4.18 본조신설)

제78조【공역 등의 지정】 ① 국토교통부장관은 공역을 체계적이고 효율적으로 관리하기 위하여 필요하다고 인정할 때에는 비행정보구역을 다음 각 호의 공역으로 구분하여 지정·공고할 수 있다.
1. 관제공역 : 항공교통의 안전을 위하여 항공기의 비행순서·시기 및 방법 등에 관하여 제84조제1항에 따라 국토교통부장관 또는 항공교통업무증명을 받은 자의 지시를 받아야 할 필요가 있는 공역으로서 관제권 및 관제구를 포함하는 공역
2. 비관제공역 : 관제공역 외의 공역으로서 항공기의 조종사에게 비행에 관한 조언·비행정보 등을 제공할 필요가 있는 공역
3. 통제공역 : 항공교통의 안전을 위하여 항공기의 비행을 금지하거나 제한할 필요가 있는 공역
4. 주의공역 : 항공기의 조종사가 비행 시 특별한 주의·경계·식별 등이 필요한 공역
② 국토교통부장관은 필요하다고 인정할 때에는 국토교통부령으로 정하는 바에 따라 제1항에 따른 공역을 세분하여 지정·공고할 수 있다.
③ 제1항 및 제2항에 따른 공역의 설정기준 및 지정절차 등 그 밖에 필요한 사항은 국토교통부령으로 정한다.

제79조【항공기의 비행제한 등】 ① 제78조제1항에 따른 비관제공역 또는 주의공역에서 항공기를 운항하려는 사람은 그 공역에 대하여 국토교통부장관이 정하여 공고하는 비행의 방식 및 절차에 따라야 한다.
② 항공기를 운항하려는 사람은 제78조제1항에 따른 통제공역에서 비행해서는 아니 된다. 다만, 국토교통부령으로 정하는 바에 따라 국토교통부장관의 허가를 받아 그 공역에 대하여 국토교통부장관이 정하는 비행의 방식 및 절차에 따라 비행하는 경우에는 그러하지 아니하다.

제80조【공역위원회의 설치】 ① 제78조에 따른 공역의 설정 및 관리에 필요한 사항을 심의하기 위하여 국토교통부장관 소속으로 공역위원회를 둔다.
② 제1항에서 규정한 사항 외에 공역위원회의 구성·운영 및 기능 등에 필요한 사항은 대통령령으로 정한다.

제81조【항공교통안전에 관한 관계 행정기관의 장의 협조】 ① 국토교통부장관은 항공교통의 안전을 확보하기 위하여 다음 각 호의 사항에 관하여 관계 행정기관의 장과 상호 협조하여야 한다. 이 경우 국가안보를 고려하여야 한다.
1. 항공교통관제에 관한 사항
2. 효율적인 공역관리에 관한 사항
3. 제83조의2에 따른 항공교통흐름 관리에 관한 사항
(2023.4.18 본호신설)
4. 그 밖에 항공교통의 안전을 위하여 필요한 사항
② 제1항에 따른 협조 요청에 필요한 세부 사항은 대통령령으로 정한다.

제82조【전시 상황 등에서의 공역관리】 전시(戰時) 및 「통합방위법」에 따른 통합방위사태 선포 시의 공역관리에 관하여는 각각 전시 관계법 및 「통합방위법」에서 정하는 바에 따른다.

제83조【항공교통업무의 제공 등】 ① 국토교통부장관 또는 항공교통업무증명을 받은 자는 비행장, 공항, 관제권 또는 관제구에서 항공기 또는 경량항공기 등에 항공교통관제 업무를 제공할 수 있다.
② 국토교통부장관 또는 항공교통업무증명을 받은 자는 비행정보구역에서 항공기 또는 경량항공기의 안전하고 효율적인 운항을 위하여 비행장, 공항 및 항행안전시설의 운용 상태 등 항공기 또는 경량항공기의 운항과 관련된 조언 및 정보를 조종사 또는 관련 기관 등에 제공할 수 있다.
③ 국토교통부장관 또는 항공교통업무증명을 받은 자는 비행정보구역에서 수색·구조가 필요한 항공기 또는 경량항공기에 관한 정보를 조종사 또는 관련 기관 등에 제공할 수 있다.(2020.6.9 본항개정)
④ 제1항부터 제3항까지의 규정에 따라 국토교통부장관 또는 항공교통업무증명을 받은 자가 하는 업무(이하 "항공교통업무"라 한다)의 제공 영역, 대상, 내용, 절차 등에 필요한 사항은 국토교통부령으로 정한다.

제83조의2【항공교통흐름 관리】 ① 국토교통부장관은 항공교통의 수용량과 교통량 간에 균형을 이루도록 항공교통량을 조정하고 항공교통의 혼잡을 사전에 해소하여 항공기의 안전하고 효율적인 운항이 유지되도록 항공교통흐름을 관리하여야 한다.
② 항공교통업무를 수행하는 기관, 항공운송사업자, 공항운영자 및 「항공사업법」 제2조제20호에 따른 항공기취급업자 등 항공기 운항과 관련이 있는 자는 제1항에 따른 항공교통흐름 관리에 적극 협조하여야 한다.
③ 제1항에 따른 항공교통흐름 관리에 필요한 사항은 국토교통부령으로 정한다.
(2023.4.18 본조신설)

제83조의3【항공교통데이터 수집·분석·평가시스템의 구축·운영 등】 ① 국토교통부장관은 항공기의 안전하고 경제적·효율적인 운항을 지원하기 위하여 항공교통데이터를 수집·분석·평가하기 위한 시스템(이하 "항공교통데이터시스템"이라 한다)을 구축·운영할 수 있다.
② 국토교통부장관은 항공교통데이터시스템을 구축·운영하기 위하여 관계 행정기관, 「공공기관의 운영에 관한 법률」에 따른 공공기관에 항공교통데이터의 제출을 요청할 수 있다. 이 경우 항공교통데이터의 제출을 요청받은 관계 행정기관 등은 정당한 사유가 없으면 이에 따라야 한다.
③ 국토교통부장관은 항공교통데이터시스템의 운영을 대통령령으로 정하는 바에 따라 항공교통데이터 관련 전문기관에 위탁할 수 있다.
④ 국토교통부장관은 항공교통데이터시스템의 운영을 위하여 다음 각 호의 사항이 포함된 운영기준을 정하여 고시할 수 있다.
1. 항공교통데이터의 수집·저장·분석 절차
2. 항공교통데이터의 제공기관과 분석결과 공유의 방법 및 절차
3. 그 밖에 항공교통데이터시스템 운영에 필요한 사항으로서 국토교통부령으로 정하는 사항
(2023.4.18 본조신설)

제84조【항공교통관제 업무 지시의 준수】 ① 비행장, 공항, 관제권 또는 관제구에서 항공기를 이동·이륙·착륙시키거나 비행하려는 자는 국토교통부장관 또는 항공교통업무증명을 받은 자가 지시하는 이동·이륙·착륙의 순서 및 시기와 비행의 방법에 따라야 한다.
② 비행장 또는 공항의 이동지역에서 차량의 운행, 비행장 또는 공항의 유지·보수, 그 밖의 업무를 수행하는 자는 항공교통의 안전을 위하여 국토교통부장관 또는 항공교통업무증명을 받은 자의 지시에 따라야 한다.

제85조【항공교통업무증명 등】 ① 국토교통부장관 외의 자가 항공교통업무를 제공하려는 경우에는 국토교통부령으로 정하는 바에 따라 항공교통업무를 제공할 수 있는 체계(이하 "항공교통업무제공체계"라 한다)를 갖추어 국토교통부장관의 항공교통업무증명을 받아야 한다.
② 국토교통부장관은 항공교통업무증명에 필요한 인력·시설·장비, 항공교통업무규정에 관한 요건 및 항공교통업무증명절차 등(이하 "항공교통업무증명기준"이라 한다)을 정하여 고시하여야 한다.
③ 국토교통부장관은 항공교통업무증명을 할 때에는 항공교통업무증명기준에 적합한지를 검사하여 적합하다고 인정되는 경우에는 국토교통부령으로 정하는 바에 따라 항공교통업무증명서를 발급하여야 한다.
④ 항공교통업무증명을 받은 자는 항공교통업무증명을 받았을 때의 항공교통업무제공체계를 유지하여야 하며, 항공교통업무증명기준을 준수하여야 한다.
⑤ 항공교통업무증명을 받은 자는 항공교통업무제공체계를 변경하려는 경우 국토교통부령으로 정하는 바에 따라 국토교통부장관에게 신고하여야 한다. 다만, 제2항에 따른 항공교통업무규정 등 국토교통부령으로 정하는 중요 사항을 변경하려는 경우에는 국토교통부장관의 승인을 받아야 한다.
⑥ 제5항 본문에 따른 변경신고가 신고서의 기재사항 및 첨부서류에 흠이 없고, 법령 등에 규정된 형식상의 요건을 충족하는 경우에는 신고서가 접수기관에 도달된 때에 신고 의무가 이행된 것으로 본다.(2017.8.9 본항신설)
⑦ 국토교통부장관은 항공교통업무증명기준이 변경되어 항공교통업무증명을 받은 자의 항공교통업무제공체계가 변경된 항공교통업무증명기준에 적합하지 아니하게 된 경우 변경된 항공교통업무증명기준을 따르도록 명할 수 있다.
⑧ 국토교통부장관은 항공교통업무증명을 받은 자가 항공교통업무제공체계를 계속적으로 유지하고 있는지를 정기 또는 수시로 검사할 수 있다.

⑨ 국토교통부장관은 제8항에 따른 검사 결과 항공교통안전에 위험을 초래할 수 있는 사항이 발견되었을 때에는 국토교통부령으로 정하는 바에 따라 시정조치를 명할 수 있다.(2017.8.9 본항개정)

제86조【항공교통업무증명의 취소 등】 ① 국토교통부장관은 항공교통업무증명을 받은 자가 다음 각 호의 어느 하나에 해당하는 경우에는 항공교통업무증명을 취소하거나 6개월 이내의 기간을 정하여 항공교통업무 제공의 정지를 명할 수 있다. 다만, 제1호 또는 제8호에 해당하는 경우에는 항공교통업무증명을 취소하여야 한다.

1. 거짓이나 그 밖의 부정한 방법으로 항공교통업무증명을 받은 경우
2. 제58조제2항을 위반하여 다음 각 목의 어느 하나에 해당하는 경우
 가. 항공교통업무 제공을 시작하기 전까지 항공안전관리시스템을 마련하지 아니한 경우
 나. 승인을 받지 아니하고 항공안전관리시스템을 운용한 경우
 다. 항공안전관리시스템을 승인받은 내용과 다르게 운용한 경우
 라. 승인을 받지 아니하고 국토교통부령으로 정하는 중요사항을 변경한 경우
3. 제85조제4항을 위반하여 항공교통업무제공체계를 계속적으로 유지하지 아니하거나 항공교통업무증명기준을 준수하지 아니하고 항공교통업무를 제공한 경우
4. 제85조제5항을 위반하여 신고를 하지 아니하거나 승인을 받지 아니하고 항공교통업무제공체계를 변경한 경우
5. 제85조제7항을 위반하여 변경된 항공교통업무증명기준에 따르도록 한 명령에 따르지 아니한 경우(2017.8.9 본호개정)
6. 제85조제9항에 따른 시정조치 명령을 이행하지 아니한 경우(2017.8.9 본호개정)
7. 고의 또는 중대한 과실로 항공기사고를 발생시키거나 소속 항공종사자에 대하여 관리·감독하는 상당한 주의의무를 게을리하여 항공기사고가 발생한 경우
8. 이 조에 따른 항공교통업무 제공의 정지기간에 항공교통업무를 제공한 경우

② 제1항에 따른 처분의 세부기준 등 그 밖에 필요한 사항은 국토교통부령으로 정한다.

제87조【항공교통업무증명을 받은 자에 대한 과징금의 부과】 ① 국토교통부장관은 항공교통업무증명을 받은 자가 제86조제1항제2호부터 제7호까지의 어느 하나에 해당하여 항공교통업무 제공의 정지를 명하여야 하는 경우로서 그 항공교통업무 제공을 정지하면 비행장 이용자 등에게 심한 불편을 주거나 공익을 해칠 우려가 있는 경우에는 항공교통업무 제공의 정지처분을 갈음하여 1억원 이하의 과징금을 부과할 수 있다.

② 제1항에 따른 과징금 부과의 구체적인 기준, 절차 및 그 밖에 필요한 사항은 대통령령으로 정한다.

③ 국토교통부장관은 제1항에 따른 과징금을 내야 할 자가 납부기한까지 과징금을 내지 아니하면 국세 체납처분의 예에 따라 징수한다.

제88조【수색·구조 지원계획의 수립·시행】 국토교통부장관은 항공기가 조난되는 경우 항공기 수색이나 인명구조를 위하여 대통령령으로 정하는 바에 따라 관계 행정기관의 역할 등을 정한 항공기 수색·구조 지원에 관한 계획을 수립·시행하여야 한다.

제89조【항공정보의 제공 등】 ① 국토교통부장관은 항공기 운항의 안전성·정규성 및 효율성을 확보하기 위하여 필요한 정보(이하 "항공정보"라 한다)를 비행정보구역에서 비행하는 사람 등에게 제공하여야 한다.

② 국토교통부장관은 항공로, 항행안전시설, 비행장, 공항, 관제권 등 항공기 운항에 필요한 정보가 표시된 지도(이하 "항공지도"라 한다)를 발간(發刊)하여야 한다.

③ 국토교통부장관은 제1항 및 제2항에 따른 항공정보 및 항공지도 중 국토교통부령으로 정하는 항공정보 및 항공지도는 유상으로 제공할 수 있다. 다만, 관계 행정기관 등 대통령령으로 정하는 기관에는 무상으로 제공하여야 한다.(2023.4.18 본항신설)

④ 제1항부터 제3항까지에 따른 항공정보 또는 항공지도의 내용, 제공방법, 측정단위 등에 필요한 사항은 국토교통부령으로 정한다.(2023.4.18 본항개정)

제7장 항공운송사업자 등에 대한 안전관리

제1절 항공운송사업자에 대한 안전관리

제90조【항공운송사업자의 운항증명】 ① 항공운송사업자는 운항을 시작하기 전까지 국토교통부령으로 정하는 기준에 따라 인력, 장비, 시설, 운항관리지원 및 정비관리지원 등 안전운항체계에 대하여 국토교통부장관의 검사를 받은 후 운항증명을 받아야 한다.

② 국토교통부장관은 제1항에 따른 운항증명(이하 "운항증명"이라 한다)을 하는 경우에는 운항하려는 항공로, 공항 및 항공기 정비방법 등에 관하여 국토교통부령으로 정하는 운항조건과 제한 사항이 명시된 운영기준을 운항증명서와 함께 해당 항공운송사업자에게 발급하여야 한다.

③ 국토교통부장관은 항공기의 안전운항을 확보하기 위하여 필요하다고 판단되면 직권으로 또는 항공운송사업자의 신청을 받아 제2항에 따른 운영기준을 변경할 수 있다.

④ 항공운송사업자 또는 항공운송사업자에 속한 항공종사자는 제2항에 따른 운영기준을 준수하여야 한다.

⑤ 운항증명을 받은 항공운송사업자는 최초로 운항증명을 받았을 때의 안전운항체계를 유지하여야 하며, 다음 각 호의 어느 하나에 해당하는 사유로 안전운항체계가 변경된 경우에는 국토교통부령으로 정하는 바에 따라 국토교통부장관이 실시하는 검사를 받아야 한다.(2022.6.10 본문개정)

1. 제2항에 따라 발급된 운영기준에 등재되지 아니한 새로운 형식의 항공기를 도입한 경우
2. 제9항에 따라 운항증명의 효력이 정지된 항공운송사업자가 그 운항을 재개하려는 경우
3. 노선을 추가로 개설한 경우
4. 「항공사업법」 제21조에 따라 항공운송사업을 양도·양수한 경우
5. 「항공사업법」 제22조에 따라 사업을 합병한 경우

(2022.6.10 1호~5호신설)

⑥ 국토교통부장관은 항공기 안전운항을 확보하기 위하여 운항증명을 받은 항공운송사업자가 안전운항체계를 유지하고 있는지를 정기 또는 수시로 검사하여야 한다.

⑦ 국토교통부장관은 제6항에 따른 정기검사 또는 수시검사를 하는 중에 다음 각 호의 어느 하나에 해당하여 긴급한 조치가 필요하게 되었을 때에는 국토교통부령으로 정하는 바에 따라 항공기 또는 노선의 운항을 정지하게 하거나 항공종사자의 업무를 정지하게 할 수 있다.

1. 항공기의 감항성에 영향을 미칠 수 있는 사항이 발견된 경우
2. 항공기의 운항과 관련된 항공종사자가 교육훈련 또는 운항자격 등 이 법에 따라 해당 업무에 종사하는 데 필요한 요건을 충족하지 못하고 있음이 발견된 경우
3. 승무시간 기준, 비행규칙 등 항공기의 안전운항을 위하여 이 법에서 정한 기준을 따르지 아니하고 있는 경우
4. 운항하려는 공항 또는 활주로의 상태 등이 항공기의 안전운항에 위험을 줄 수 있는 상태인 경우
5. 그 밖에 안전운항체계에 영향을 미칠 수 있는 상황으로 판단되는 경우

⑧ 국토교통부장관은 제7항에 따른 정지처분의 사유가 없어진 경우에는 지체 없이 그 처분을 취소하여야 한다.

⑨ 국토교통부장관은 항공기의 안전운항과 승객의 안전을 위하여 운항증명을 받은 항공운송사업자가 60일을 초과하여 연속적으로 운항을 중지한 때에는 운항증명 효력의 정지를 명하여야 한다.(2022.6.10 본항신설)

⑩ 국토교통부장관은 제5항에 따른 검사 결과 항공기의 안전운항이 가능하다고 인정되는 경우에는 해당 항공운송사업자에 대하여 제9항에 따른 운항증명 효력정지의 해제를 명하여야 한다.(2022.6.10 본항신설)

제91조【항공운송사업자의 운항증명 취소 등】 ① 국토교통부장관은 운항증명을 받은 항공운송사업자가 다음 각 호의 어느 하나에 해당하는 경우에는 운항증명을 취소하거나 6개월 이내의 기간을 정하여 항공기 운항의 정지를 명할 수 있다. 다만, 제1호, 제39호, 제39호의2 또는 제49호의 어느 하나에 해당하는 경우에는 운항증명을 취소하여야 한다.(2022.6.10 단서개정)

1. 거짓이나 그 밖의 부정한 방법으로 운항증명을 받은 경우
2. 제18조제1항을 위반하여 국적·등록기호 및 소유자등의 성명 또는 명칭을 표시하지 아니한 항공기를 운항한 경우
3. 제23조제3항을 위반하여 감항증명을 받지 아니한 항공기를 운항한 경우
4. 제23조제9항에 따른 항공기의 감항성 유지를 위한 항공기등, 장비품 또는 부품에 대한 정비등에 관한 감항성개선 또는 그 밖에 검사·정비등의 명령을 이행하지 아니하고 이를 운항 또는 항공기등에 사용한 경우 (2017.12.26 본호개정)
5. 제25조제2항을 위반하여 소음기준적합증명을 받지 아니하거나 항공기기술기준에 적합하지 아니한 항공기를 운항한 경우
6. 제26조를 위반하여 변경된 항공기기술기준을 따르도록 한 요구에 따르지 아니한 경우
7. 제27조제3항을 위반하여 기술표준품형식승인을 받지 아니한 기술표준품을 항공기등에 사용한 경우
8. 제28조제3항을 위반하여 부품등제작자증명을 받지 아니한 장비품 또는 부품을 항공기등 또는 장비품에 사용한 경우
9. 제30조제2항을 위반하여 수리·개조승인을 받지 아니한 항공기등을 운항하거나 장비품·부품을 항공기등에 사용한 경우
10. 제32조제1항을 위반하여 정비등을 한 항공기등, 장비품 또는 부품에 대하여 감항성을 확인받지 아니하고 운항 또는 항공기등에 사용한 경우
11. 제42조제1항을 위반하여 제40조제2항에 따른 자격증명의 종류별 항공신체검사증명의 기준에 적합하지 아니한 운항승무원을 항공업무에 종사하게 한 경우 (2022.1.18 본호개정)
12. 제51조를 위반하여 국토교통부령으로 정한 무선설비를 설치하지 아니한 항공기 또는 설치한 무선설비가 운용되지 아니하는 항공기를 운항한 경우
13. 제52조를 위반하여 항공기에 항공계기등을 설치하거나 나 탑재하지 아니하고 운항하거나, 그 운용방법 등을 따르지 아니한 경우
14. 제53조를 위반하여 항공기에 국토교통부령으로 정하는 양의 연료를 싣지 아니하고 운항한 경우
15. 제54조를 위반하여 항공기를 운항하거나 야간에 비행장에 주기 또는 정박시키는 경우에 국토교통부령으로 정하는 바에 따라 등불로 항공기의 위치를 나타내지 아니한 경우
16. 제55조를 위반하여 국토교통부령으로 정하는 비행경험이 없는 운항승무원에게 항공기를 운항하게 하거나 계기비행·야간비행 또는 조종교육의 업무에 종사하게 한 경우
17. 제56조제1항을 위반하여 소속 승무원 또는 운항관리사의 피로를 관리하지 아니한 경우(2020.12.8 본호개정)
18. 제56조제2항을 위반하여 국토교통부장관의 승인을 받지 아니하고 피로위험관리시스템을 운용하거나 중요사항을 변경한 경우
19. 제57조제1항을 위반하여 항공종사자 또는 객실승무원이 주류등의 영향으로 항공업무 또는 객실승무원의 업무를 정상적으로 수행할 수 없는 상태에서 항공업무 또는 객실승무원의 업무에 종사하게 한 경우
20. 제58조제2항을 위반하여 다음 각 목의 어느 하나에 해당하는 경우
 가. 사업을 시작하기 전까지 항공안전관리시스템을 마련하지 아니한 경우
 나. 승인을 받지 아니하고 항공안전관리시스템을 운용한 경우
 다. 항공안전관리시스템을 승인받은 내용과 다르게 운용한 경우
 라. 승인을 받지 아니하고 국토교통부령으로 정하는 중요 사항을 변경한 경우
21. 제62조제5항 단서를 위반하여 항공기사고, 항공기준사고 또는 의무보고 대상 항공안전장애가 발생한 경우에 국토교통부령으로 정하는 바에 따라 발생 사실을 보고하지 아니한 경우(2019.8.27 본호개정)
22. 제63조제4항에 따라 자격인정 또는 심사를 할 때 소속 기장 또는 기장 외의 조종사에 대하여 부당한 방법으로 자격인정 또는 심사를 한 경우
23. 제63조제7항을 위반하여 운항하려는 지역, 노선 및 공항에 대한 경험요건을 갖추지 아니한 기장에게 운항을 하게 한 경우
24. 제65조제1항을 위반하여 운항관리사를 두지 아니한 경우
25. 제65조제3항을 위반하여 국토교통부령으로 정하는 바에 따라 운항관리사가 해당 업무를 수행하는 데 필요한 교육훈련을 하지 아니하고 해당 업무에 종사하게 한 경우
26. 제66조를 위반하여 이륙·착륙 장소가 아닌 곳에서 항공기를 이륙하거나 착륙하게 한 경우
27. 제68조를 위반하여 같은 조 각 호의 어느 하나에 해당하는 비행 또는 행위를 하게 한 경우
28. 제70조제1항을 위반하여 허가를 받지 아니하고 항공기를 이용하여 위험물을 운송한 경우
29. 제70조제3항을 위반하여 국토교통부장관이 고시하는 위험물취급의 절차 및 방법에 따르지 아니하고 위험물을 취급한 경우
30. 제72조제1항을 위반하여 위험물취급에 관한 교육을 받지 아니한 사람에게 위험물취급을 하게 한 경우
31. 제74조제1항을 위반하여 승인을 받지 아니하고 비행기를 운항한 경우
32. 제75조제1항을 위반하여 승인을 받지 아니하고 같은 항 각 호의 어느 하나에 해당하는 공역에서 항공기를 운항한 경우
33. 제76조제1항을 위반하여 국토교통부령으로 정하는 바에 따라 운항의 안전에 필요한 승무원을 태우지 아니하고 항공기를 운항한 경우
34. 제76조제3항을 위반하여 항공기에 태우는 승무원에 대하여 해당 업무를 수행하는 데 필요한 교육훈련을 하지 아니한 경우
35. 제77조제2항을 위반하여 같은 조 제1항에 따른 운항기술기준을 준수하지 아니하고 운항하거나 업무를 한 경우
36. 제90조제1항을 위반하여 운항증명을 받지 아니하고 운항을 시작한 경우
37. 제90조제4항을 위반하여 운영기준을 준수하지 아니한 경우
38. 제90조제5항을 위반하여 안전운항체계를 유지하지 아니하거나 변경된 안전운항체계를 검사받지 아니하고 항공기를 운항한 경우
39. 제90조제7항을 위반하여 항공기 또는 노선 운항의 정지처분에 따르지 아니하고 항공기를 운항한 경우

39의2. 제90조제9항에 따른 운항증명 효력정지 중에 항공기를 운항한 경우(2022.6.10 본호신설)

40. 제93조제1항 본문 또는 같은 조 제2항 단서를 위반하여 국토교통부장관의 인가를 받지 아니하고 운항규정 또는 정비규정을 마련하였거나 국토교통부령으로 정하는 중요사항을 변경한 경우
41. 제93조제2항 본문을 위반하여 국토교통부장관에게 신고하지 아니하고 운항규정 또는 정비규정을 변경한 경우
42. 제93조제7항 전단을 위반하여 같은 조 제1항 본문 또는 제2항 단서에 따라 인가를 받거나 같은 조 제2항 본문에 따라 신고한 운항규정 또는 정비규정을 해당 종사자에게 제공하지 아니한 경우(2020.6.9 본호개정)

43. 제93조제7항 후단을 위반하여 같은 조 제1항 본문 또는 제2항 단서에 따라 인가를 받거나 같은 조 제2항 본문에 따라 신고한 운항규정 또는 정비규정을 준수하지 아니하고 항공기를 운항하거나 정비한 경우(2020.6.9 본호개정)
44. 제94조 각 호에 따른 항공운송의 안전을 위한 명령을 따르지 아니한 경우
45. 제132조제1항에 따라 업무(항공안전 활동을 수행하기 위한 것만 해당한다)에 관한 보고를 하지 아니하거나 서류를 제출하지 아니하는 경우 또는 거짓으로 보고하거나 서류를 제출한 경우
46. 제132조제2항에 따른 항공기 등에의 출입이나 장부·서류 등의 검사(항공안전 활동을 수행하기 위한 것만 해당한다)를 거부·방해 또는 기피한 경우
47. 제132조제2항에 따른 관계인에 대한 질문(항공안전 활동을 수행하기 위한 것만 해당한다)에 답변하지 아니하거나 거짓으로 답변한 경우
48. 고의 또는 중대한 과실에 의하여 또는 항공종사자의 선임·감독에 관하여 상당한 주의의무를 게을리하여 항공기사고 또는 항공기준사고를 발생시킨 경우
49. 이 조에 따른 항공기 운항의 정지기간에 운항한 경우
② 제1항에 따른 처분의 세부기준 및 절차 등 그 밖에 필요한 사항은 국토교통부령으로 정한다.

제92조【항공운송사업자에 대한 과징금의 부과】 ① 국토교통부장관은 운항증명을 받은 항공운송사업자가 제91조제1항제2호부터 제38호까지 또는 제40호부터 제48호까지의 어느 하나에 해당하여 항공기 운항의 정지를 명하여야 하는 경우로서 그 운항을 정지하면 항공기 이용자 등에게 심한 불편을 주거나 공익을 해칠 우려가 있는 경우에는 항공운항정지처분을 갈음하여 100억원 이하의 과징금을 부과할 수 있다.
② 제1항에 따른 과징금 부과의 구체적인 기준, 절차 및 그 밖에 필요한 사항은 대통령령으로 정한다.
③ 국토교통부장관은 제1항에 따른 과징금을 내야 할 자가 납부기한까지 과징금을 내지 아니하면 국세 체납처분의 예에 따라 징수한다.

제93조【항공운송사업자의 운항규정 및 정비규정】 ① 항공운송사업자는 운항을 시작하기 전까지 국토교통부령으로 정하는 바에 따라 항공기의 운항에 관한 운항규정 및 정비에 관한 정비규정을 마련하여 국토교통부장관의 인가를 받아야 한다. 다만, 운항규정 및 정비규정을 운항증명에 포함하여 운항증명을 받은 경우에는 그러하지 아니하다.
② 항공운송사업자는 제1항 본문에 따라 인가를 받은 운항규정 또는 정비규정을 변경하려는 경우에는 국토교통부령으로 정하는 바에 따라 국토교통부장관에게 신고하여야 한다. 다만, 최소장비목록, 승무원 훈련프로그램 등 국토교통부령으로 정하는 중요사항을 변경하려는 경우에는 국토교통부장관의 인가를 받아야 한다.
③ 국토교통부장관은 제1항 본문 또는 제2항 단서에 따라 인가하려는 경우에는 제77조제1항에 따른 운항기술기준에 적합한지를 확인하여야 한다.
④ 국토교통부장관은 제1항 본문 또는 제2항 단서에 따라 인가하는 경우 조건 또는 기한을 붙이거나 조건 또는 기한을 변경할 수 있다. 다만, 그 조건 또는 기한은 공공의 이익 증진이나 인가의 시행에 필요한 최소한도의 것이어야 하며, 해당 항공운송사업자에게 부당한 의무를 부과하는 것이어서는 아니 된다.
⑤ 국토교통부장관은 제2항 본문에 따른 신고를 받은 날부터 10일 이내에 신고수리 여부를 신고인에게 통지하여야 한다.(2020.6.9 본항신설)
⑥ 국토교통부장관이 제5항에서 정한 기간 내에 신고수리 여부 또는 민원 처리 관련 법령에 따른 처리기간의 연장을 신고인에게 통지하지 아니하면 그 기간(민원 처리 관련 법령에 따라 처리기간이 연장 또는 재연장된 경우에는 해당 처리기간을 말한다)이 끝난 날의 다음 날에 신고를 수리한 것으로 본다.(2020.6.9 본항신설)
⑦ 항공운송사업자는 제1항 본문 또는 제2항 단서에 따라 국토교통부장관의 인가를 받거나 제2항 본문에 따라 국토교통부장관에게 신고한 운항규정 또는 정비규정을 항공기의 운항 또는 정비에 관한 업무를 수행하는 종사자에게 제공하여야 한다. 이 경우 항공운송사업자와 항공기의 운항 또는 정비에 관한 업무를 수행하는 종사자는 운항규정 또는 정비규정을 준수하여야 한다.

제94조【항공운송사업자에 대한 안전개선명령】 국토교통부장관은 항공운송의 안전을 위하여 필요하다고 인정되는 경우에는 항공운송사업자에게 다음 각 호의 사항을 명할 수 있다.
1. 항공기 및 그 밖의 시설의 개선
2. 항공에 관한 국제조약을 이행하기 위하여 필요한 사항
3. 그 밖에 항공기의 안전운항에 대한 방해 요소를 제거하기 위하여 필요한 사항

제2절 항공기사용사업자에 대한 안전관리

제95조【항공기사용사업자의 운항증명 취소 등】 ① 국토교통부장관은 제96조제1항에서 준용하는 제90조에 따라 운항증명을 받은 항공기사용사업자가 제91조제1항 각 호의 어느 하나에 해당하는 경우에는 운항증명을 취소하거나 6개월 이내의 기간을 정하여 항공기 운항의 정지를 명할 수 있다. 다만, 제91조제1항제1호, 제39호, 제39호의2 또는 제49호의 어느 하나에 해당하는 경우에는 운항증명을 취소하여야 한다.(2022.6.10 단서개정)
② 국토교통부장관은 항공기사용사업자(제96조제1항에서 준용하는 제90조에 따라 운항증명을 받은 항공기사용사업자는 제외한다)가 제91조제1항제2호부터 제22호까지, 제26호부터 제30호까지 및 제32호부터 제48호까지의 어느 하나에 해당하는 경우에는 6개월 이내의 기간을 정하여 항공기 운항의 정지를 명할 수 있다.
③ 제1항 및 제2항에 따른 처분의 세부기준 및 절차와 그 밖에 필요한 사항은 국토교통부령으로 정한다.
(2017.1.17 본항신설)
④ 국토교통부장관은 제1항 또는 제2항에 따라 항공기 운항의 정지를 명하여야 하는 경우로서 그 운항을 정지하면 항공기 이용자 등에게 심한 불편을 주거나 공익을 해칠 우려가 있는 경우에는 항공기의 운항정지처분을 갈음하여 3억원 이하의 과징금을 부과할 수 있다.
⑤ 제4항에 따른 과징금 부과의 구체적인 기준, 절차 및 그 밖에 필요한 사항은 대통령령으로 정한다.(2017.1.17 본항개정)
⑥ 국토교통부장관은 제4항에 따른 과징금을 내야 할 자가 납부기한까지 과징금을 내지 아니하면 국세 체납처분의 예에 따라 징수한다.(2017.1.17 본항개정)

제96조【항공기사용사업자에 대한 준용규정】 ① 항공기사용사업자 중 국토교통부령으로 정하는 업무를 하는 항공기사용사업자에 대해서는 제90조를 준용한다.
② 항공기사용사업자의 운항규정 또는 정비규정의 인가 등에 관하여는 제93조 및 제94조를 준용한다.

제3절 항공기정비업자에 대한 안전관리

제97조【정비조직인증 등】 ① 제8조에 따라 대한민국 국적을 취득한 항공기와 이에 사용되는 발동기, 프로펠러, 장비품 또는 부품의 정비등의 업무 등 국토교통부령으로 정하는 업무를 하려는 항공기정비업자 또는 외국의 항공기정비업자는 그 업무를 시작하기 전까지 국토교통부장관이 정하여 고시하는 인력, 설비 및 검사체계 등에 관한 기준(이하 "정비조직인증기준"이라 한다)에 적합한 인력, 설비 등을 갖추어 국토교통부장관의 인증(이하 "정비조직인증"이라 한다)을 받아야 한다. 다만, 대한민국과 정비조직인증에 관한 항공안전협정을 체결한 국가로부터 정비조직인증을 받은 자는 국토교통부장관의 정비조직인증을 받은 것으로 본다.
② 국토교통부장관은 정비조직인증을 하는 경우에는 정비등의 범위·방법 및 품질관리절차 등을 정한 세부 운영기준을 정비조직인증서와 함께 해당 항공기정비업자에게 발급하여야 한다.
③ 항공기등, 장비품 또는 부품에 대한 정비등을 하는 경우에는 그 항공기등, 장비품 또는 부품을 제작한 자가 정하거나 국토교통부장관이 인정한 정비등에 관한 방법 및 절차 등을 준수하여야 한다.

제98조【정비조직인증의 취소 등】 ① 국토교통부장관은 정비조직인증을 받은 자가 다음 각 호의 어느 하나에 해당하는 경우에는 정비조직인증을 취소하거나 6개월 이내의 기간을 정하여 그 효력의 정지를 명할 수 있다. 다만, 제1호 또는 제5호에 해당하는 경우에는 그 정비조직인증을 취소하여야 한다.
1. 거짓이나 그 밖의 부정한 방법으로 정비조직인증을 받은 경우
2. 제58조제2항을 위반하여 다음 각 목의 어느 하나에 해당하는 경우
  가. 업무를 시작하기 전까지 항공안전관리시스템을 마련하지 아니한 경우
  나. 승인을 받지 아니하고 항공안전관리시스템을 운용한 경우
  다. 항공안전관리시스템을 승인받은 내용과 다르게 운용한 경우
  라. 승인을 받지 아니하고 국토교통부령으로 정하는 중요 사항을 변경한 경우
3. 정당한 사유 없이 정비조직인증기준을 위반한 경우
4. 고의 또는 중대한 과실에 의하거나 항공종사자에 대한 관리·감독에 관하여 상당한 주의의무를 게을리함으로써 항공기사고가 발생한 경우
5. 이 조에 따른 효력정지기간에 업무를 한 경우
② 제1항에 따른 처분의 기준은 국토교통부령으로 정한다.

제99조【정비조직인증을 받은 자에 대한 과징금의 부과】 ① 국토교통부장관은 정비조직인증을 받은 자가 제98조제1항제2호부터 제4호까지의 어느 하나에 해당하여 그 효력의 정지를 명하여야 하는 경우로서 그 효력을 정지하는 경우 그 업무의 이용자 등에게 심한 불편을 주거나 공익을 해칠 우려가 있는 경우에는 효력정지처분을 갈음하여 5억원 이하의 과징금을 부과할 수 있다.
② 제1항에 따른 과징금 부과의 구체적인 기준, 절차 및 그 밖에 필요한 사항은 대통령령으로 정한다.
③ 국토교통부장관은 제1항에 따라 과징금을 내야 할 자가 납부기한까지 과징금을 내지 아니하면 국세 체납처분의 예에 따라 징수한다.

제8장 외국항공기

제100조【외국항공기의 항행】 ① 외국 국적을 가진 항공기의 사용자(외국, 외국의 공공단체 또는 이에 준하는 자를 포함한다)는 다음 각 호의 어느 하나에 해당하는 항행을 하려면 국토교통부장관의 허가를 받아야 한다. 다만, 「항공사업법」 제54조 및 제55조에 따른 허가를 받은 자는 그러하지 아니하다.
1. 영공 밖에서 이륙하여 대한민국에 착륙하는 항행
2. 대한민국에서 이륙하여 영공 밖에 착륙하는 항행
3. 영공 밖에서 이륙하여 대한민국에 착륙하지 아니하고 영공을 통과하여 영공 밖에 착륙하는 항행
② 외국의 군, 세관 또는 경찰의 업무에 사용되는 항공기는 제1항을 적용할 때에는 해당 국가가 사용하는 항공기로 본다.
③ 제1항 각 호의 어느 하나에 해당하는 항행을 하는 자는 국토교통부장관이 요구하는 경우 지체 없이 국토교통부장관이 지정한 비행장에 착륙하여야 한다.

제101조【외국항공기의 국내 사용】 외국 국적을 가진 항공기(「항공사업법」 제54조 및 제55조에 따른 허가를 받은 자가 해당 운송에 사용하는 항공기는 제외한다)는 대한민국 각 지역 간을 운항해서는 아니 된다. 다만, 국토교통부령으로 정하는 바에 따라 국토교통부장관의 허가를 받은 경우에는 그러하지 아니하다.

제102조【증명서 등의 인정】 다음 각 호의 어느 하나에 해당하는 항공기의 감항성 및 그 승무원의 자격에 관하여 해당 항공기의 국적인 외국정부가 한 증명 및 그 밖의 행위는 이 법에 따라 한 것으로 본다.
1. 제100조제1항 각 호의 어느 하나에 해당하는 항행을 하는 외국 국적의 항공기
2. 「항공사업법」 제54조 및 제55조에 따른 허가를 받은 자가 사용하는 외국 국적의 항공기

제103조【외국인국제항공운송사업자에 대한 운항증명승인 등】 ① 「항공사업법」 제54조에 따라 외국인 국제항공운송사업 허가를 받으려는 자는 국토교통부령으로 정하는 기준에 따라 그가 속한 국가에서 발급받은 운항증명과 운항조건·제한사항을 정한 운영기준에 대하여 국토교통부장관의 운항증명승인을 받아야 한다.
② 국토교통부장관은 제1항에 따른 운항증명승인을 하는 경우에는 운항하려는 항공로, 공항 등에 관하여 운항조건·제한사항을 정한 서류를 운항증명승인서와 함께 발급할 수 있다.
③ 「항공사업법」 제54조에 따라 외국인 국제항공운송사업 허가를 받은 자(이하 "외국인국제항공운송사업자"라 한다)와 그에 속한 항공종사자는 제2항에 따라 발급된 운항조건·제한사항을 준수하여야 한다.
④ 국토교통부장관은 외국인국제항공운송사업자가 사용하는 항공기의 안전운항을 위하여 국토교통부령으로 정하는 바에 따라 제2항에 따른 운항조건·제한사항을 변경할 수 있다.
⑤ 외국인국제항공운송사업자는 대한민국에 노선의 개설 등에 따른 운항증명승인 또는 운항조건·제한사항이 변경된 경우에는 국토교통부장관의 변경승인을 받아야 한다.
⑥ 국토교통부장관은 항공기의 안전운항을 위하여 외국인국제항공운송사업자가 사용하는 항공기에 대하여 검사를 할 수 있다.
⑦ 국토교통부장관은 제6항에 따른 검사 중 긴급히 조치하지 아니할 경우 항공기의 안전운항에 중대한 위험을 초래할 수 있는 사항이 발견되었을 때에는 국토교통부령으로 정하는 바에 따라 해당 항공기의 운항을 정지하거나 항공종사자의 업무를 정지할 수 있다.
⑧ 국토교통부장관은 제7항에 따라 한 정지처분의 사유가 없어진 경우에는 지체 없이 그 처분을 취소하거나 변경하여야 한다.

제104조【안전운항을 위한 외국인국제항공운송사업자의 준수사항 등】 ① 외국인국제항공운송사업자는 다음 각 호의 서류를 국토교통부령으로 정하는 바에 따라 항공기에 싣고 운항하여야 한다.
1. 제103조제2항에 따라 국토교통부장관이 발급한 운항증명승인서와 운항조건·제한사항을 정한 서류
2. 외국인국제항공운송사업자가 속한 국가가 발급한 운항증명 사본 및 운영기준 사본
3. 그 밖에 「국제민간항공협약」 및 같은 협약의 부속서에 따라 항공기에 싣고 운항하여야 할 서류 등
② 외국인국제항공운송사업자와 그에 속한 항공종사자는 제1항제2호의 운영기준을 준수하여야 한다.
③ 국토교통부장관은 항공기의 안전운항을 위하여 외국인국제항공운송사업자와 그에 속한 항공종사자가 제1항제2호의 운영기준을 준수하는지 등에 대하여 정기 또는 수시로 검사할 수 있다.
④ 국토교통부장관은 제3항에 따른 정기검사 또는 수시검사에서 긴급히 조치하지 아니할 경우 항공기의 안전운항에 중대한 위험을 초래할 수 있는 사항이 발견되었을 때에는 국토교통부령으로 정하는 바에 따라 해당 항공기의 운항을 정지하거나 항공종사자의 업무를 정지할 수 있다.
⑤ 국토교통부장관은 제4항에 따른 정지처분의 사유가 없어지면 지체 없이 그 처분을 취소하여야 한다.

제105조【외국인국제항공운송사업자의 항공기 운항의 정지 등】 ① 국토교통부장관은 외국인국제항공운송사업자가 다음 각 호의 어느 하나에 해당하는 경우에는 6개월 이내의 기간을 정하여 항공기 운항의 정지를 명할 수 있다. 다만, 제1호 또는 제7호에 해당하는 경우에는 운항증명승인을 취소하여야 한다.(2021.5.18 단서개정)
1. 거짓이나 그 밖의 부정한 방법으로 운항증명승인을 받은 경우
2. 제103조제1항을 위반하여 운항증명승인을 받지 아니하고 운항한 경우
3. 제103조제3항을 위반하여 같은 조 제2항에 따른 운항조건·제한사항을 준수하지 아니한 경우
4. 제103조제5항을 위반하여 변경승인을 받지 아니하고 운항한 경우
5. 제106조제1항에 따라 준용되는 제57조제1항을 위반하여 조종사가 주류등의 영향으로 항공업무를 정상적으로 수행할 수 없는 상태에서 항공업무에 종사하게 한 경우 (2021.5.18 본호개정)
6. 제106조제2항에 따라 준용되는 제94조 각 호에 따른 항공운송의 안전을 위한 명령을 따르지 아니한 경우 (2021.5.18 본호신설)
7. 이 조에 따른 항공기 운항의 정지기간에 항공기를 운항한 경우

② 제1항에 따른 처분의 세부기준 등 그 밖에 필요한 사항은 국토교통부령으로 정한다.

제106조【외국인국제항공운송사업자에 대한 준용규정】
① 외국인국제항공운송사업자가 사용하는 항공기 조종사의 주류등 섭취·사용 제한에 관한 사항은 제57조를 준용한다.
② 외국인국제항공운송사업자의 항공안전 의무보고 및 자율보고 등에 관하여는 제59조, 제61조, 제92조 및 제94조를 준용한다.
(2021.5.18 본조개정)

제107조【외국항공기의 유상운송에 대한 운항안전성 검사】「항공사업법」 제55조에 따라 외국항공기의 유상운송 허가를 받으려는 자는 국토교통부령으로 정하는 기준에 따라 그가 속한 국가에서 발급받은 운항증명과 운항조건·제한사항을 정한 운영기준에 대하여 국토교통부장관이 실시하는 운항안전성 검사를 받아야 한다.

제9장 경량항공기

제108조【경량항공기 안전성인증 등】 ① 시험비행 등 국토교통부령으로 정하는 경우로서 국토교통부장관의 허가를 받은 경우를 제외하고는 경량항공기를 소유하거나 사용할 수 있는 권리가 있는 자(이하 "경량항공기소유자등"이라 한다)는 국토교통부령으로 정하는 기관 또는 단체의 장으로부터 그가 정한 안전성인증의 유효기간 및 절차·방법 등에 따라 그 경량항공기가 국토교통부장관이 정하여 고시하는 비행안전을 위한 기술상의 기준에 적합하다는 안전성인증을 받지 아니하고 비행하여서는 아니 된다. 이 경우 안전성인증의 유효기간 및 절차·방법 등에 대해서는 국토교통부장관의 승인을 받아야 하며, 변경할 때에도 또한 같다.
② 제1항에 따라 국토교통부령으로 정하는 기관 또는 단체의 장이 안전성인증을 할 때에는 국토교통부령으로 정하는 바에 따라 안전성인증 등급을 부여하고, 그 등급에 따른 운용범위를 지정하여야 한다.
③ 경량항공기소유자등 또는 경량항공기를 사용하여 비행하려는 사람은 제2항에 따라 부여된 안전성인증 등급에 따른 운용범위를 준수하여 비행하여야 한다.
④ 경량항공기소유자등 또는 경량항공기를 사용하여 비행하려는 사람은 경량항공기 또는 그 장비품·부품을 정비한 경우에는 제35조제8호의 항공정비사 자격증명을 가진 사람으로부터 국토교통부령으로 정하는 방법에 따라 안전하게 운용할 수 있다는 확인을 받지 아니하고 비행하여서는 아니 된다. 다만, 국토교통부령으로 정하는 경미한 정비는 그러하지 아니하다.

제109조【경량항공기 조종사 자격증명】 ① 경량항공기를 사용하여 비행하려는 사람은 국토교통부령으로 정하는 바에 따라 국토교통부장관의 자격증명(이하 "경량항공기 조종사 자격증명"이라 한다)을 받아야 한다.
② 다음 각 호의 어느 하나에 해당하는 사람은 경량항공기 조종사 자격증명을 받을 수 없다.
1. 17세 미만인 사람
2. 제114조제1항에 따른 경량항공기 조종사 자격증명 취소처분을 받고 그 취소일부터 2년이 지나지 아니한 사람

제110조【경량항공기 조종사 업무범위】 경량항공기 조종사 자격증명을 받은 사람은 경량항공기에 탑승하여 경량항공기를 조종하는 업무(이하 "경량항공기 조종업무"라 한다) 외의 업무를 해서는 아니 된다. 다만, 새로운 종류의 경량항공기에 탑승하여 시험비행 등을 하는 경우로서 국토교통부령으로 정하는 바에 따라 국토교통부장관의 허가를 받은 경우에는 그러하지 아니하다.

제111조【경량항공기 조종사 자격증명의 한정】 ① 국토교통부장관은 경량항공기 조종사 자격증명을 하는 경우에는 경량항공기의 종류를 한정할 수 있다.
② 제1항에 따라 경량항공기 조종사 자격증명의 한정을 받은 사람은 그 한정된 경량항공기 종류 외의 경량항공기를 조종해서는 아니 된다.
③ 제1항에 따른 경량항공기 조종사 자격증명의 한정에 필요한 세부 사항은 국토교통부령으로 정한다.

제112조【경량항공기 조종사 자격증명 시험의 실시 및 면제】 ① 경량항공기 조종사 자격증명을 받으려는 사람은 국토교통부령으로 정하는 바에 따라 경량항공기 조종업무에 종사하는 데 필요한 지식 및 능력에 관하여 국토교통부장관이 실시하는 학과시험 및 실기시험에 합격하여야 한다.
② 국토교통부장관은 제111조에 따라 경량항공기 조종사 자격증명(제115조에 따른 경량항공기 조종교육증명을 포함한다)을 경량항공기의 종류별로 한정하는 경우에는 경량항공기 탑승경력 등을 심사하여야 한다. 이 경우 종류에 대한 최초의 경량항공기 조종사 자격증명의 한정은 실기시험을 실시하여 심사할 수 있다.
③ 국토교통부장관은 다음 각 호의 어느 하나에 해당하는 사람에게는 국토교통부령으로 정하는 바에 따라 제1항 및 제2항에 따른 시험 및 심사의 전부 또는 일부를 면제할 수 있다.
1. 제35조제1호부터 제4호까지의 자격증명 또는 외국정부로부터 경량항공기 조종사 자격증명을 받은 사람
2. 제117조에 따른 경량항공기 전문교육기관의 교육과정을 이수한 사람
3. 해당 분야에 관한 실무경험이 있는 사람

④ 국토교통부장관은 제1항에 따라 학과시험 및 실기시험에 합격한 사람에 대해서는 경량항공기 조종사 자격증명서를 발급하여야 한다.

제112조의2【경량항공기 조종사 자격증명서의 대여 등 금지】 ① 경량항공기 조종사 자격증명을 받은 사람은 다른 사람에게 자기의 성명을 사용하여 경량항공기 조종업무를 수행하게 하거나 제112조제4항에 따라 발급받은 경량항공기 조종사 자격증명서(이하 "경량항공기 조종사 자격증명서"라 한다)를 빌려 주어서는 아니 된다.
② 누구든지 다른 사람의 성명을 사용하여 경량항공기 조종업무를 수행하거나 다른 사람의 경량항공기 조종사 자격증명서를 빌려서는 아니 된다.
③ 누구든지 제1항이나 제2항에서 금지된 행위를 알선하여서는 아니 된다.
(2021.5.18 본조신설)

제113조【경량항공기 조종사의 항공신체검사증명】 ① 경량항공기 조종사 자격증명을 받고 경량항공기 조종업무를 하려는 사람(제116조에 따라 경량항공기 조종연습을 하는 사람을 포함한다)은 국토교통부장관의 항공신체검사증명을 받아야 한다.
② 제1항에 따른 항공신체검사증명에 관하여는 제40조제2항부터 제7항까지의 규정을 준용한다.(2022.1.18 본항개정)

제114조【경량항공기 조종사 자격증명등·항공신체검사증명의 취소 등】 ① 국토교통부장관은 경량항공기 조종사 자격증명을 받은 사람이 다음 각 호의 어느 하나에 해당하는 경우에는 그 경량항공기 조종사 자격증명이나 자격증명의 한정(이하 이 조에서 "자격증명등"이라 한다)을 취소하거나 1년 이내의 기간을 정하여 자격증명등의 효력정지를 명할 수 있다. 다만, 제1호, 제5호의2, 제5호의3, 제12호 또는 제17호의 어느 하나에 해당하는 경우에는 자격증명등을 취소하여야 한다.(2021.12.7 단서개정)
1. 거짓이나 그 밖의 부정한 방법으로 자격증명등을 받은 경우
2. 이 법을 위반하여 벌금 이상의 형을 선고받은 경우
3. 경량항공기 조종업무를 수행할 때 고의 또는 중대한 과실로 경량항공기사고를 일으켜 인명피해나 재산피해를 발생시킨 경우
4. 제110조 본문을 위반하여 경량항공기 조종업무 외의 업무에 종사한 경우
5. 제111조제2항을 위반하여 경량항공기 조종사 자격증명의 한정을 받은 사람이 한정된 경량항공기 종류 외의 경량항공기를 조종한 경우

5의2. 제112조의2제1항을 위반하여 다른 사람에게 자기의 성명을 사용하여 경량항공기 조종업무를 수행하게 하거나 경량항공기 조종사 자격증명서를 빌려 준 경우

5의3. 제112조의2제3항을 위반하여 다음 각 목의 어느 하나에 해당하는 행위를 알선한 경우
 가. 다른 사람에게 자기의 성명을 사용하여 경량항공기 조종업무를 수행하게 하거나 경량항공기 조종사 자격증명서를 빌려 주는 행위
 나. 다른 사람의 성명을 사용하여 경량항공기 조종업무를 수행하거나 다른 사람의 경량항공기 조종사 자격증명서를 빌리는 행위

(2021.5.18 5호의2~5호의3신설)

6. 제113조(제116조제5항에서 준용하는 경우를 포함한다)를 위반하여 항공신체검사증명을 받지 아니하고 경량항공기 조종업무를 하거나 경량항공기 조종연습을 한 경우
7. 제115조제1항을 위반하여 조종교육증명을 받지 아니하고 조종교육을 한 경우
8. 제115조제2항을 위반하여 국토교통부장관이 정하는 교육을 받지 아니한 경우
9. 제118조를 위반하여 이륙·착륙 장소가 아닌 곳 또는 「공항시설법」 제25조제6항에 따라 사용이 중지된 이착륙장에서 경량항공기를 이륙하거나 착륙하게 한 경우
10. 제121조제2항에서 준용하는 제57조제1항을 위반하여 주류등의 영향으로 경량항공기 조종업무(제116조에 따른 경량항공기 조종연습을 포함한다)를 정상적으로 수행할 수 없는 상태에서 경량항공기를 사용하여 비행한 경우
11. 제121조제2항에서 준용하는 제57조제2항을 위반하여 경량항공기 조종업무(제116조에 따른 경량항공기 조종연습을 포함한다)에 종사하는 동안에 같은 조 제1항에 따른 주류등을 섭취하거나 사용한 경우
12. 제121조제2항에서 준용하는 제57조제3항을 위반하여 같은 조 제1항에 따른 주류등의 섭취 및 사용 여부의 측정 요구에 따르지 아니한 경우
13. 제121조제3항에서 준용하는 제67조제1항을 위반하여 비행규칙을 따르지 아니하고 비행한 경우
14. 제121조제4항에서 준용하는 제79조제1항을 위반하여 국토교통부장관이 정하여 공고하는 비행의 방식 및 절차에 따르지 아니하고 비관제공역 또는 주의공역에서 비행한 경우
15. 제121조제4항에서 준용하는 제79조제2항을 위반하여 허가를 받지 아니하거나 국토교통부장관이 정하는 비행의 방식 및 절차에 따르지 아니하고 통제공역에서 비행한 경우
16. 제121조제5항에서 준용하는 제84조제1항을 위반하여 국토교통부장관 또는 항공교통업무증명을 받은 자가 지시하는 이동·이륙·착륙의 순서 및 시기와 비행의 방법에 따르지 아니한 경우
17. 이 조에 따른 자격증명등의 효력정지기간에 경량항공기 조종업무에 종사한 경우

② 국토교통부장관은 경량항공기 조종업무를 하는 사람이 다음 각 호의 어느 하나에 해당하는 경우에는 그 항공신체검사증명을 취소하거나 1년 이내의 기간을 정하여 항공신체검사증명의 효력정지를 명할 수 있다. 다만, 제1호에 해당하는 경우에는 항공신체검사증명을 취소하여야 한다.
1. 거짓이나 그 밖의 부정한 방법으로 항공신체검사증명을 받은 경우
2. 제113조제2항에서 준용하는 제40조제2항에 따른 자격증명의 종류별 항공신체검사증명의 기준에 맞지 아니하게 되어 경량항공기 조종업무를 수행하기에 부적합하다고 인정되는 경우
3. 제1항제10호부터 제12호까지의 어느 하나에 해당하는 경우

③ 자격증명등의 시험에 응시하거나 심사를 받는 사람이 그 시험 또는 심사에서 부정행위를 하거나 항공신체검사를 받는 사람이 그 검사에서 부정한 행위를 한 경우에는 그 부정행위를 한 날부터 각각 2년 동안 이 법에 따른 자격증명등의 시험에 응시하거나 심사를 받을 수 없으며, 이 법에 따른 항공신체검사를 받을 수 없다.
④ 제1항 및 제2항에 따른 처분의 기준 및 절차와 그 밖에 필요한 사항은 국토교통부령으로 정한다.

제115조【경량항공기 조종교육증명】 ① 다음 각 호의 조종연습을 하는 사람에 대하여 경량항공기 조종교육을 하려는 사람은 그 경량항공기의 종류별로 국토교통부령으로 정하는 바에 따라 국토교통부장관의 조종교육증명을 받아야 한다.
1. 경량항공기 조종사 자격증명을 받지 아니한 사람이 경량항공기에 탑승하여 하는 조종연습
2. 경량항공기 조종사 자격증명을 받은 사람이 그 경량항공기 조종사 자격증명에 대하여 제111조에 따른 한정을 받은 종류 외의 경량항공기에 탑승하여 하는 조종연습

② 제1항에 따른 조종교육증명(이하 "경량항공기 조종교육증명"이라 한다)은 경량항공기 조종교육증명서를 발급함으로써 하며, 경량항공기 조종교육증명을 받은 자는 국토교통부장관이 정하는 바에 따라 교육을 받아야 한다.
③ 경량항공기 조종교육증명의 시험 및 취소 등에 관하여는 제112조 및 제114조제1항·제3항을 준용한다.

제116조【경량항공기 조종연습】 ① 제115조제1항제1호의 조종연습을 하려는 사람은 그 조종연습에 관하여 국토교통부령으로 정하는 바에 따라 국토교통부장관의 허가를 받고 경량항공기 조종교육증명을 받은 사람의 감독 하에 조종연습을 하여야 한다.
② 제115조제1항제2호의 조종연습을 하려는 사람은 경량항공기 조종교육증명을 받은 사람의 감독 하에 조종연습을 하여야 한다.
③ 제1항에 따른 조종연습에 대해서는 제109조제1항을 적용하지 아니하고, 제2항에 따른 조종연습에 대해서는 제111조제2항을 적용하지 아니한다.
④ 국토교통부장관은 제1항에 따라 조종연습의 허가 신청을 받은 경우 신청인이 경량항공기 조종연습을 하기에 필요한 능력이 있다고 인정될 때에는 국토교통부령으로 정하는 바에 따라 그 조종연습을 허가하고, 신청인에게 경량항공기 조종연습허가서를 발급한다.
⑤ 제4항에 따른 허가를 받은 사람의 항공신체검사증명 등에 관하여는 제113조 및 제114조를 준용한다.
⑥ 제4항에 따른 허가를 받은 사람이 경량항공기 조종연습을 할 때에는 경량항공기 조종연습허가서와 항공신체검사증명서를 지녀야 한다.

제117조【경량항공기 전문교육기관의 지정 등】 ① 국토교통부장관은 경량항공기 조종사를 양성하기 위하여 국토교통부령으로 정하는 바에 따라 경량항공기 전문교육기관을 지정할 수 있다.

② 국토교통부장관은 제1항에 따라 지정된 경량항공기 전문교육기관이 경량항공기 조종사를 양성하는 경우에는 예산의 범위에서 필요한 경비의 전부 또는 일부를 지원할 수 있다.
③ 경량항공기 전문교육기관의 교육과목, 교육방법, 인력, 시설 및 장비 등의 지정기준은 국토교통부령으로 정한다.
④ 국토교통부장관은 경량항공기 전문교육기관으로 지정받은 자가 다음 각 호의 어느 하나에 해당하는 경우에는 그 지정을 취소할 수 있다. 다만, 제1호에 해당하는 경우에는 그 지정을 취소하여야 한다.
1. 거짓이나 그 밖의 부정한 방법으로 경량항공기 전문교육기관으로 지정받은 경우
2. 제3항에 따른 경량항공기 전문교육기관의 지정기준 중 국토교통부령으로 정하는 사항을 위반한 경우

제118조【경량항공기 이륙·착륙의 장소】 ① 누구든지 경량항공기를 비행장(군 비행장은 제외한다) 또는 이착륙장이 아닌 곳에서 이륙하거나 착륙하여서는 아니 된다. 다만, 안전과 관련한 비상상황 등 불가피한 사유가 있는 경우로서 국토교통부장관의 허가를 받은 경우에는 그러하지 아니한다.
② 제1항 단서에 따른 허가에 필요한 세부기준 및 절차와 그 밖에 필요한 사항은 대통령령으로 정한다.

제119조【경량항공기 무선설비 등의 설치·운용 의무】 국토교통부령으로 정하는 경량항공기를 항공에 사용하려는 사람 또는 소유자등은 해당 경량항공기에 무선교신용 장비, 항공기 식별용 트랜스폰더 등 국토교통부령으로 정하는 무선설비를 설치·운용하여야 한다.

제120조【경량항공기 조종사의 준수사항】 ① 경량항공기 조종사는 경량항공기로 인하여 인명이나 재산에 피해가 발생하지 아니하도록 국토교통부령으로 정하는 준수사항을 지켜야 한다.
② 경량항공기 조종사는 경량항공기사고가 발생하였을 때에는 지체 없이 국토교통부령으로 정하는 바에 따라 국토교통부장관에게 그 사실을 보고하여야 한다. 다만, 경량항공기 조종사가 보고할 수 없을 때에는 그 경량항공기소유자등이 경량항공기사고를 보고하여야 한다.

제121조【경량항공기에 대한 준용규정】 ① 경량항공기의 등록 등에 관하여는 제7조부터 제18조까지의 규정을 준용한다.
② 경량항공기에 대한 주류등의 섭취·사용 제한에 관하여는 제57조를 준용한다.
③ 경량항공기의 비행규칙에 관하여는 제67조를 준용한다.
④ 경량항공기의 비행제한에 관하여는 제79조를 준용한다.
⑤ 경량항공기에 대한 항공교통관제 업무 지시의 준수에 관하여는 제84조를 준용한다.

제10장 초경량비행장치

제122조【초경량비행장치 신고】 ① 초경량비행장치를 소유하거나 사용할 수 있는 권리가 있는 자(이하 "초경량비행장치소유자등"이라 한다)는 초경량비행장치의 종류, 용도, 소유자의 성명, 제129조제4항에 따른 개인정보 및 개인위치정보의 수집 가능 여부 등을 국토교통부령으로 정하는 바에 따라 국토교통부장관에게 신고하여야 한다. 다만, 대통령령으로 정하는 초경량비행장치는 그러하지 아니하다.
② 국토교통부장관은 제1항 본문에 따른 신고를 받은 날부터 7일 이내에 신고수리 여부를 신고인에게 통지하여야 한다.(2020.6.9 본항신설)
③ 국토교통부장관이 제2항에서 정한 기간 내에 신고수리 여부 또는 민원 처리 관련 법령에 따른 처리기간의 연장을 신고인에게 통지하지 아니하면 그 기간(민원 처리 관련 법령에 따라 처리기간이 연장 또는 재연장된 경우에는 해당 처리기간을 말한다)이 끝난 날의 다음 날에 신고를 수리한 것으로 본다.(2020.6.9 본항신설)
④ 국토교통부장관은 제1항에 따라 초경량비행장치의 신고를 받은 경우 그 초경량비행장치소유자등에게 신고번호를 발급하여야 한다.
⑤ 제4항에 따라 신고번호를 발급받은 초경량비행장치소유자등은 그 신고번호를 해당 초경량비행장치에 표시하여야 한다.(2020.6.9 본항개정)

제123조【초경량비행장치 변경신고 등】 ① 초경량비행장치소유자등은 제122조제1항에 따라 신고한 초경량비행장의 용도, 소유자의 성명 등 국토교통부령으로 정하는 사항을 변경하려는 경우에는 국토교통부령으로 정하는 바에 따라 국토교통부장관에게 변경신고를 하여야 한다.
② 국토교통부장관은 제1항에 따른 변경신고를 받은 날부터 7일 이내에 신고수리 여부를 신고인에게 통지하여야 한다.(2020.6.9 본항신설)
③ 국토교통부장관이 제2항에서 정한 기간 내에 신고수리 여부 또는 민원 처리 관련 법령에 따른 처리기간의 연장을 신고인에게 통지하지 아니하면 그 기간(민원 처리 관련 법령에 따라 처리기간이 연장 또는 재연장된 경우에는 해당 처리기간을 말한다)이 끝난 날의 다음 날에 신고를 수리한 것으로 본다.(2020.6.9 본항신설)
④ 초경량비행장치소유자등은 제122조제1항에 따라 신고한 초경량비행장치가 멸실되었거나 그 초경량비행장치를 해체(정비등, 수송 또는 보관하기 위한 해체는 제외한다)한 경우에는 그 사유가 발생한 날부터 15일 이내에 국토교통부장관에게 말소신고를 하여야 한다.
⑤ 제4항에 따른 신고가 신고서의 기재사항 및 첨부서류에 흠이 없고, 법령 등에 규정된 형식상의 요건을 충족하는 경우에는 신고서가 접수기관에 도달된 때에 신고된 것으로 본다.(2020.6.9 본항신설)
⑥ 초경량비행장치소유자등이 제4항에 따른 말소신고를 하지 아니하면 국토교통부장관은 30일 이상의 기간을 정하여 말소신고를 할 것을 해당 초경량비행장치소유자등에게 최고하여야 한다.(2020.6.9 본항개정)
⑦ 제6항에 따른 최고를 한 후에도 해당 초경량비행장치소유자등이 말소신고를 하지 아니하면 국토교통부장관은 직권으로 그 신고번호를 말소할 수 있으며, 신고번호가 말소된 때에는 그 사실을 해당 초경량비행장치소유자등 및 그 밖의 이해관계인에게 알려야 한다.(2020.6.9 본항개정)

제124조【초경량비행장치 안전성인증】 시험비행 등 국토교통부령으로 정하는 경우로서 국토교통부장관의 허가를 받은 경우를 제외하고는 동력비행장치 등 국토교통부령으로 정하는 초경량비행장치를 사용하여 비행하려는 사람은 국토교통부령으로 정하는 기관 또는 단체의 장으로부터 그가 정한 안정성인증의 유효기간 및 절차·방법 등에 따라 그 초경량비행장치가 국토교통부장관이 정하여 고시하는 비행안전을 위한 기술상의 기준에 적합하다는 안전성인증을 받지 아니하고 비행하여서는 아니 된다. 이 경우 안전성인증의 유효기간 및 절차·방법 등에 대해서는 국토교통부장관의 승인을 받아야 하며, 변경할 때에도 또한 같다.

제125조【초경량비행장치 조종자 증명 등】 ① 동력비행장치 등 국토교통부령으로 정하는 초경량비행장치를 사용하여 비행하려는 사람은 국토교통부령으로 정하는 기관 또는 단체의 장으로부터 그가 정한 해당 초경량비행장치별 자격기준 및 시험의 절차·방법에 따라 해당 초경량비행장치의 조종을 위하여 발급하는 증명(이하 "초경량비행장치 조종자 증명"이라 한다)을 받아야 한다. 이 경우 해당 초경량비행장치별 자격기준 및 시험의 절차·방법 등에 관하여는 국토교통부령으로 정하는 바에 따라 국토교통부장관의 승인을 받아야 하며, 변경할 때에도 또한 같다.
② 초경량비행장치 조종자 증명을 받은 사람은 다른 사람에게 자기의 성명을 사용하여 초경량비행장치 조종을 수행하게 하거나 초경량비행장치 조종자 증명을 빌려 주어서는 아니 된다.(2021.5.18 본항신설)
③ 누구든지 다른 사람의 성명을 사용하여 초경량비행장치 조종을 수행하거나 다른 사람의 초경량비행장치 조종자 증명을 빌려서는 아니 된다.(2021.5.18 본항신설)
④ 누구든지 제2항이나 제3항에서 금지된 행위를 알선하여서는 아니 된다.(2021.5.18 본항신설)
⑤ 국토교통부장관은 초경량비행장치 조종자 증명을 받은 사람이 다음 각 호의 어느 하나에 해당하는 경우에는 초경량비행장치 조종자 증명을 취소하거나 1년 이내의 기간을 정하여 그 효력의 정지를 명할 수 있다. 다만, 제1호, 제3호의2, 제3호의3, 제7호 또는 제8호의 어느 하나에 해당하는 경우에는 초경량비행장치 조종자 증명을 취소하여야 한다.(2021.12.7 단서개정)
1. 거짓이나 그 밖의 부정한 방법으로 초경량비행장치 조종자 증명을 받은 경우
2. 이 법을 위반하여 벌금 이상의 형을 선고받은 경우
3. 초경량비행장치의 조종자로서 업무를 수행할 때 고의 또는 중대한 과실로 초경량비행장치사고를 일으켜 인명피해나 재산피해를 발생시킨 경우
3의2. 제2항을 위반하여 다른 사람에게 자기의 성명을 사용하여 초경량비행장치 조종을 수행하게 하거나 초경량비행장치 조종자 증명을 빌려 준 경우
3의3. 제4항을 위반하여 다음 각 목의 어느 하나에 해당하는 행위를 알선한 경우
가. 다른 사람에게 자기의 성명을 사용하여 초경량비행장치 조종을 수행하게 하거나 초경량비행장치 조종자 증명을 빌려 주는 행위
나. 다른 사람의 성명을 사용하여 초경량비행장치 조종을 수행하거나 다른 사람의 초경량비행장치 조종자 증명을 빌리는 행위
(2021.5.18 3호의2~3호의3신설)
3의4. 제125조의2제1항을 위반하여 안전교육을 받지 아니하고 비행을 한 경우(2024.1.16 본호신설 : 2025.1.17 시행)
4. 제129조제1항에 따른 초경량비행장치 조종자의 준수사항을 위반한 경우
5. 제131조에서 준용하는 제57조제1항을 위반하여 주류등의 영향으로 초경량비행장치를 사용하여 비행을 정상적으로 수행할 수 없는 상태에서 초경량비행장치를 사용하여 비행한 경우
6. 제131조에서 준용하는 제57조제2항을 위반하여 초경량비행장치를 사용하여 비행하는 동안에 같은 조 제1항에 따른 주류등을 섭취하거나 사용한 경우
7. 제131조에서 준용하는 제57조제3항을 위반하여 같은 조 제1항에 따른 주류등의 섭취 및 사용 여부의 측정 요구에 따르지 아니한 경우
8. 이 조에 따른 초경량비행장치 조종자 증명의 효력정지기간에 초경량비행장치를 사용하여 비행한 경우
⑥ 국토교통부장관은 초경량비행장치 조종자 증명을 위한 초경량비행장치 실기시험장, 교육장 등의 시설을 지정·구축·운영할 수 있다.(2017.8.9 본항신설)
⑦ 제5항에 따른 처분의 기준 및 절차와 그 밖에 필요한 사항은 국토교통부령으로 정한다.(2021.5.18 본항신설)

제125조의2【초경량비행장치 관련 안전교육】 ① 패러글라이더 등 국토교통부령으로 정하는 초경량비행장치에 대한 초경량비행장치 조종자 증명을 받은 사람은 안전교육을 받아야 한다.
② 패러글라이더 등 국토교통부령으로 정하는 초경량비행장치를 사용하여 조종교육을 하려는 사람(제1항에 따라 안전교육을 받아야 하는 사람은 제외한다)은 안전교육을 받아야 한다.
③ 제1항 및 제2항에 따른 안전교육의 내용·시기 및 방법 등에 필요한 사항은 국토교통부령으로 정한다.
(2024.1.16 본조신설 : 2025.1.17 시행)

제126조【초경량비행장치 전문교육기관의 지정 등】 ① 국토교통부장관은 초경량비행장치 조종자를 양성하기 위하여 국토교통부령으로 정하는 바에 따라 초경량비행장치 전문교육기관(이하 "초경량비행장치 전문교육기관"이라 한다)을 지정할 수 있다.
② 국토교통부장관은 초경량비행장치 전문교육기관이 초경량비행장치 조종자를 양성하는 경우에는 예산의 범위에서 필요한 경비의 전부 또는 일부를 지원할 수 있다.
③ 초경량비행장치 전문교육기관의 교육과목, 교육방법, 인력, 시설 및 장비 등의 지정기준은 국토교통부령으로 정한다.
④ 국토교통부장관은 초경량비행장치 전문교육기관으로 지정받은 자가 다음 각 호의 어느 하나에 해당하는 경우에는 그 지정을 취소할 수 있다. 다만, 제1호에 해당하는 경우에는 그 지정을 취소하여야 한다.
1. 거짓이나 그 밖의 부정한 방법으로 초경량비행장치 전문교육기관으로 지정받은 경우
2. 제3항에 따른 초경량비행장치 전문교육기관의 지정기준 중 국토교통부령으로 정하는 기준에 미달하는 경우
⑤ 국토교통부장관은 초경량비행장치 전문교육기관으로 지정받은 자가 제3항의 지정기준을 충족·유지하고 있는지에 대하여 관련 사항을 보고하게 하거나 자료를 제출하게 할 수 있다.(2017.8.9 본항신설)
⑥ 국토교통부장관은 초경량비행장치 전문교육기관으로 지정받은 자가 제3항의 지정기준을 충족·유지하고 있는지에 대하여 관계 공무원으로 하여금 사무소 등을 출입하여 관계 서류나 시설·장비 등을 검사하게 할 수 있다. 이 경우 검사를 하는 공무원은 그 권한을 나타내는 증표를 지니고 이를 관계인에게 내보여야 한다.(2017.8.9 본항신설)
⑦ 국토교통부장관은 초경량비행장치 조종자의 효율적 활용과 운용능력 향상을 위하여 필요한 경우 교육·훈련 등 조종자의 육성에 관한 사업을 실시할 수 있다.
(2019.11.26 본항신설)

제127조【초경량비행장치 비행승인】 ① 국토교통부장관은 초경량비행장치의 비행안전을 위하여 필요하다고 인정하는 경우에는 초경량비행장치의 비행을 제한하는 공역(이하 "초경량비행장치 비행제한공역"이라 한다)을 지정하여 고시할 수 있다.
② 동력비행장치 등 국토교통부령으로 정하는 초경량비행장치를 사용하여 국토교통부장관이 고시하는 초경량비행장치 비행제한공역에서 비행하려는 사람은 국토교통부령으로 정하는 바에 따라 미리 국토교통부장관으로부터 비행승인을 받아야 한다. 다만, 비행장 및 이착륙장의 주변 등 대통령령으로 정하는 제한된 범위에서 비행하려는 경우는 제외한다.
③ 제2항 본문에 따른 비행승인 대상이 아닌 경우라 하더라도 다음 각 호의 어느 하나에 해당하는 경우에는 제2항의 절차에 따라 국토교통부장관의 비행승인을 받아야 한다.
1. 제68조제1호에 따른 국토교통부령으로 정하는 고도 이상에서 비행하는 경우
2. 제78조제1항에 따른 관제공역·통제공역·주의공역 중 관제권 등 국토교통부령으로 정하는 구역에서 비행하는 경우(2021.12.7 본호개정)
(2017.8.9 본항신설)
④ 제2항 및 제3항제2호에 따른 국토교통부장관의 비행승인이 필요한 때에 제131조의2제2항에 따라 무인비행장치를 비행하려는 경우 해당 국가기관등의 장이 국토교통부령으로 정하는 바에 따라 사전에 그 사실을 국토교통부장관에게 알리면 비행승인을 받은 것으로 본다.
(2019.8.27 본항신설)

제128조【초경량비행장치 구조 지원 장비 장착 의무】 초경량비행장치를 사용하여 초경량비행장치 비행제한공역에서 비행하려는 사람은 안전한 비행과 초경량비행장치사고 시 신속한 구조 활동을 위하여 국토교통부령으로 정하는 장비를 장착하거나 휴대하여야 한다. 다만, 무인비행장치 등 국토교통부령으로 정하는 초경량비행장치는 그러하지 아니하다.

제129조【초경량비행장치 조종자 등의 준수사항】 ① 초경량비행장치를 사용하여 비행하려는 사람(이하 이 조에서 "초경량비행장치 조종자"라 한다)은 초경량비행장치로 인하여 인명이나 재산에 피해가 발생하지 아니하도록 국토교통부령으로 정하는 준수사항을 지켜야 한다.
(2024.1.16 본항개정)
② 누구든지 무인자유기구를 비행시켜서는 아니 된다. 다만, 국토교통부령으로 정하는 바에 따라 국토교통부장관의 허가를 받은 경우에는 그러하지 아니하다.(2024.1.16 본문개정)

③ 초경량비행장치 조종자는 초경량비행장치사고가 발생하였을 때에는 국토교통부령으로 정하는 바에 따라 지체 없이 국토교통부장관에게 그 사실을 보고하여야 한다. 다만, 초경량비행장치 조종자가 보고할 수 없을 때에는 그 초경량비행장치소유자등이 초경량비행장치사고를 보고하여야 한다.

④ 무인비행장치 조종자는 무인비행장치를 사용하여 「개인정보 보호법」 제2조제1호에 따른 개인정보(이하 "개인정보"라 한다) 또는 「위치정보의 보호 및 이용 등에 관한 법률」 제2조제2호에 따른 개인위치정보(이하"개인위치정보"라 한다) 등 개인의 공적·사적 생활과 관련된 정보를 수집하거나 이를 전송하는 경우 타인의 자유와 권리를 침해하지 아니하도록 하여야 하며 형식, 절차 등 세부적인 사항에 관하여는 각각 해당 법률에서 정하는 바에 따른다.(2017.8.9 본항개정)

⑤ 제1항에도 불구하고 초경량비행장치 중 무인비행장치 조종자로서 야간에 비행 등을 위하여 국토교통부령으로 정하는 바에 따라 국토교통부장관의 승인을 받은 자는 그 승인 범위 내에서 비행할 수 있다. 이 경우 국토교통부장관은 국토교통부장관이 고시하는 무인비행장치 특별비행을 위한 안전기준에 적합한지 여부를 검사하여야 한다.
(2017.8.9 본항신설)

⑥ 제5항에 따른 승인을 신청하고자 하는 자는 제127조제2항 및 제3항에 따른 비행승인 신청을 함께 할 수 있다.
(2019.11.26 본항신설)

제130조【초경량비행장치사용사업자에 대한 안전개선명령】 국토교통부장관은 초경량비행장치사용사업의 안전을 위하여 필요하다고 인정되는 경우에는 초경량비행장치사용사업자에게 다음 각 호의 사항을 명할 수 있다.
1. 초경량비행장치 및 그 밖의 시설의 개선
2. 그 밖에 초경량비행장치의 비행안전에 대한 방해 요소를 제거하기 위하여 필요한 사항으로서 국토교통부령으로 정하는 사항

제131조【초경량비행장치에 대한 준용규정】 초경량비행장치소유자등 또는 초경량비행장치를 사용하여 비행하려는 사람에 대한 주류등의 섭취·사용 제한에 관하여는 제57조를 준용한다.

제131조의2【무인비행장치의 적용 특례】 ① 군용·경찰용 또는 세관용 무인비행장치와 이에 관련된 업무에 종사하는 사람에 대하여는 이 법을 적용하지 아니한다.

② 국가, 지방자치단체, 「공공기관의 운영에 관한 법률」에 따른 공공기관으로서 대통령령으로 정하는 공공기관이 소유하거나 임차한 무인비행장치를 재해·재난 등으로 인한 수색·구조, 화재의 진화, 응급환자 후송, 그 밖에 국토교통부령으로 정하는 공공목적으로 긴급히 비행(훈련을 포함한다)하는 경우(국토교통부령으로 정하는 바에 따라 안전관리 방안을 마련한 경우에 한정한다)에는 제129조제1항, 제2항, 제4항 및 제5항을 적용하지 아니한다.
(2019.11.26 본항개정)

③ 제129조제3항을 이 조 제2항에 적용할 때에는 "국토교통부장관"은 "소관 행정기관의 장"으로 본다. 이 경우 소관 행정기관의 장은 제129조제3항에 따라 보고받은 사실을 국토교통부장관에게 알려야 한다.
(2017.8.9 본조신설)

제11장 보 칙

제132조【항공안전 활동】 ① 국토교통부장관은 항공안전의 확보를 위하여 다음 각 호의 어느 하나에 해당하는 자에게 그 업무에 관한 보고를 하게 하거나 서류를 제출하게 할 수 있다.
1. 항공기등, 장비품 또는 부품의 제작 또는 정비등을 하는 자
2. 비행장, 이착륙장, 공항, 공항시설 또는 항행안전시설의 설치자 및 관리자
3. 항공종사자, 경량항공기 조종사 및 초경량비행장치 조종자(2020.6.9 본호개정)
4. 항공교통업무증명을 받은 자
5. 항공운송사업자(외국인국제항공운송사업자 및 외국항공기로 유상운송을 하는 자를 포함한다. 이하 이 조에서 같다), 항공기사용사업자, 항공기정비업자, 초경량비행장치사용사업자, 「항공사업법」 제2조제22호에 따른 항공기대여업자, 「항공사업법」 제2조제27호에 따른 항공레저스포츠사업자, 경량항공기 소유자등 및 초경량비행장치 소유자등(2020.6.9 본호개정)
6. 제48조에 따른 전문교육기관, 제72조에 따른 위험물전문교육기관, 제117조에 따른 경량항공기 전문교육기관, 제126조에 따른 초경량비행장치 전문교육기관의 설치자 및 관리자(2020.6.9 본호신설)

6의2. 항공전문의사(2022.1.18 본호신설)
7. 그 밖에 항공기, 경량항공기 또는 초경량비행장치를 계속하여 사용하는 자

② 국토교통부장관은 이 법을 시행하기 위하여 특히 필요한 경우에는 소속 공무원으로 하여금 제1항 각 호의 어느 하나에 해당하는 자의 다음 각 호의 어느 하나의 장소에 출입하여 항공기, 경량항공기 또는 초경량비행장치, 항행안전시설, 장부, 서류, 그 밖의 물건을 검사하거나 관계인에게 질문하게 할 수 있다. 이 경우 국토교통부장관은 검사 등의 업무를 효율적으로 수행하기 위하여 특히 필요하다고 인정하면 국토교통부령으로 정하는 자격을 갖춘 항공안전에 관한 전문가를 위촉하여 검사 등의 업무에 관한 자문에 응하게 할 수 있다.
1. 사무소, 공장이나 그 밖의 사업장
2. 비행장, 이착륙장, 공항, 공항시설, 항행안전시설 또는 그 시설의 공사장
3. 항공기 또는 경량항공기의 정치장
4. 항공기, 경량항공기 또는 초경량비행장치

③ 국토교통부장관은 항공운송사업자가 취항하는 공항에 대하여 국토교통부령으로 정하는 바에 따라 정기적인 안전성검사를 하여야 한다.

④ 제2항 및 제3항에 따른 검사 또는 질문을 하려면 검사 또는 질문을 하기 7일 전까지 검사 또는 질문의 일시, 사유 및 내용 등의 계획을 피검사자 또는 피질문자에게 알려야 한다. 다만, 긴급한 경우이거나 사전에 알리면 증거인멸 등으로 검사 또는 질문의 목적을 달성할 수 없다고 인정하는 경우에는 그러하지 아니하다.

⑤ 제2항 및 제3항에 따른 검사 또는 질문을 하는 공무원은 그 권한을 표시하는 증표를 지니고, 이를 관계인에게 보여주어야 한다.

⑥ 제5항에 따른 증표에 관하여 필요한 사항은 국토교통부령으로 정한다.

⑦ 제2항 및 제3항에 따른 검사 또는 질문을 한 경우에는 그 결과를 피검사자 또는 피질문자에게 서면으로 알려야 한다.

⑧ 국토교통부장관은 제2항 또는 제3항에 따른 검사를 하는 중에 긴급히 조치하지 아니할 경우 항공기, 경량항공기 또는 초경량비행장치의 안전운항에 중대한 위험을 초래할 수 있는 사항이 발견되었을 때에는 국토교통부령으로 정하는 바에 따라 항공기, 경량항공기 또는 초경량비행장치의 운항 또는 항행안전시설의 운용을 일시 정지하게 하거나 항공종사자, 초경량비행장치 조종자 또는 항행안전시설을 관리하는 자의 업무를 일시 정지하게 할 수 있다.

⑨ 국토교통부장관은 제2항 또는 제3항에 따른 검사 결과 항공기, 경량항공기 또는 초경량비행장치의 안전운항에 위험을 초래할 수 있는 사항을 발견한 경우에는 그 검사를 받은 자에게 시정조치 등을 명할 수 있다.

제133조【항공운송사업자에 관한 안전도 정보의 공개】 국토교통부장관은 국민이 항공기를 안전하게 이용할 수 있도록 국토교통부령으로 정하는 바에 따라 다음 각 호의 사항이 포함된 항공운송사업자(외국인국제항공운송사업자를 포함한다. 이하 이 조에서 같다)에 관한 안전도 정보를 공개하여야 한다.
1. 국토교통부령으로 정하는 항공기사고에 관한 정보
2. 항공운송사업자가 속한 국가에 대한 국제민간항공기구(ICAO)의 안전평가 결과[국제민간항공기구(ICAO)에서 안전기준에 미달하여 항공기사고의 위험도가 높은 것으로 공개한 국가만 해당한다]
3. 그 밖에 항공운송사업자의 안전과 관련하여 국토교통부령으로 정하는 사항

제133조의2【안전투자의 공시】 ① 「항공사업법」 제2조제35호에 따른 항공교통사업자는 항공안전의 증진을 위하여 국토교통부장관이 항공안전과 직·간접적으로 관련이 있다고 인정한 지출 또는 투자(이하 "안전투자"라 한다) 세부내역을 매년 공시하여야 한다.

② 안전투자의 범위, 항목 및 공시를 위한 기준, 절차 등 안전투자의 공시를 위하여 필요한 사항은 국토교통부령으로 정한다.
(2019.11.26 본조신설)

제134조【청문】 국토교통부장관은 다음 각 호의 어느 하나에 해당하는 처분을 하려면 청문을 하여야 한다.
1. 제20조제7항에 따른 형식증명 또는 부가형식증명의 취소
2. 제21조제7항에 따른 형식증명승인 또는 부가형식증명 승인의 취소
3. 제22조제5항에 따른 제작증명의 취소
4. 제23조제7항에 따른 감항증명의 취소
(2017.12.26 1호~4호개정)
5. 제24조제3항에 따른 감항승인의 취소
6. 제25조제3항에 따른 소음기준적합증명의 취소
7. 제27조제4항에 따른 기술표준품형식승인의 취소
8. 제28조제5항에 따른 부품등제작자증명의 취소

8의2. 제39조의2제5항에 따른 모의비행훈련장치에 대한 지정의 취소 또는 효력정지(2021.5.18 본호신설)
9. 제43조제1항 또는 제3항에 따른 자격증명등 또는 항공신체검사증명의 취소 또는 효력정지(2022.1.18 본호개정)
10. 제44조제4항에서 준용하는 제43조제1항에 따른 계기비행증명 또는 조종교육증명의 취소
11. 제45조제6항에서 준용하는 제43조제1항에 따른 항공영어구술능력증명의 취소

11의2. 제47조의2에 따른 연습허가 또는 항공신체검사증명의 취소 또는 효력정지(2022.1.18 본호신설)
12. 제48조의2에 따른 전문교육기관 지정의 취소
(2017.10.24 본호개정)
13. 제50조제1항에 따른 항공전문의사 지정의 취소 또는 효력정지(같은 항 제8호의 경우는 제외한다)(2022.1.18 본호개정)
14. 제63조제3항에 따른 자격인정의 취소
15. 제71조제5항에 따른 포장·용기검사기관 지정의 취소
16. 제72조제5항에 따른 위험물전문교육기관 지정의 취소
17. 제86조제1항에 따른 항공교통업무증명의 취소
18. 제91조제1항 또는 제95조제1항에 따른 운항증명의 취소
19. 제98조제1항에 따른 정비조직인증의 취소
20. 제105조제1항 단서에 따른 운항증명승인의 취소
21. 제114조제1항 또는 제2항에 따른 자격증명등 또는 항공신체검사증명의 취소
22. 제115조제3항에서 준용하는 제114조제1항에 따른 조종교육증명의 취소
23. 제117조제4항에 따른 경량항공기 전문교육기관 지정의 취소
24. 제125조제5항에 따른 초경량비행장치 조종자 증명의 취소(2021.5.18 본호개정)

24. 제125조제5항에 따른 초경량비행장치 조종자 증명의 취소 또는 효력정지(2024.1.16 본호개정 : 2025.1.17 시행)

25. 제126조제4항에 따른 초경량비행장치 전문교육기관 지정의 취소

제135조【권한의 위임·위탁】 ① 이 법에 따른 국토교통부장관의 권한은 그 일부를 대통령령으로 정하는 바에 따라 특별시장·광역시장·특별자치시장·도지사·특별자치도지사 또는 국토교통부장관 소속 기관의 장에게 위임할 수 있다.

② 국토교통부장관은 제20조부터 제25조까지, 제27조, 제28조 및 제30조에 따른 증명, 승인 또는 검사에 관한 업무를 대통령령으로 정하는 바에 따라 전문검사기관을 지정하여 위탁할 수 있다.

③ 국토교통부장관은 제30조에 따른 수리·개조승인에 관한 권한 중 국가기관등항공기의 수리·개조승인에 관한 권한을 대통령령으로 정하는 바에 따라 관계 중앙행정기관의 장에게 위탁할 수 있다.

④ (2020.6.9 삭제)

⑤ 국토교통부장관은 다음 각 호의 업무를 대통령령으로 정하는 바에 따라 「한국교통안전공단법」에 따른 한국교통안전공단(이하 "한국교통안전공단"이라 한다) 또는 항공 관련 기관·단체에 위탁할 수 있다.(2017.10.24 본문개정)
1. 제38조에 따른 자격증명 시험업무 및 자격증명 한정심사업무와 항공종사자 자격증명서의 발급에 관한 업무
(2021.5.18 본호개정)
2. 제44조에 따른 계기비행증명업무 및 조종교육증명업무와 증명서의 발급에 관한 업무
3. 제45조제3항에 따른 항공영어구술능력증명서의 발급에 관한 업무
4. 제48조제9항 및 제10항에 따른 항공교육훈련통합관리시스템에 관한 업무(2017.10.24 본호개정)
5. 제61조에 따른 항공안전 자율보고의 접수·분석 및 전파에 관한 업무
6. 제112조제1항에 따른 경량항공기 조종사 자격증명 시험업무(2024.1.16 본호개정)

6의2. 제112조제2항에 따른 경량항공기 조종사 자격증명 한정심사업무(2024.1.16 본호신설)

6의3. 제112조제4항에 따른 경량항공기 조종사 자격증명서의 발급에 관한 업무(2024.1.16 본호신설)
7. 제115조제1항 및 제2항에 따른 경량항공기 조종교육증명업무와 증명서의 발급 및 경량항공기 조종교육증명을 받은 자에 대한 교육에 관한 업무
8. 제122조에 따른 초경량비행장치 신고의 수리 및 신고번호의 발급에 관한 업무(2020.6.9 본호신설)
9. 제123조에 따른 초경량비행장치의 변경신고, 말소신고, 말소신고의 최고와 직권말소 및 직권말소의 통보에 관한 업무(2020.6.9 본호신설)
10. 제125조제1항에 따른 초경량비행장치 조종자 증명에 관한 업무
11. 제125조제6항에 따른 실기시험장, 교육장 등 시설의 지정·구축·운영에 관한 업무(2021.5.18 본호개정)
12. 제126조제1항 및 제5항에 따른 초경량비행장치 전문교육기관의 지정 및 지정조건의 충족·유지 여부 확인에 관한 업무(2017.8.9 본호신설)
13. 제126조제7항에 따른 교육·훈련 등 조종자의 육성에 관한 업무(2019.11.26 본호신설)

13의2. 제130조에 따른 초경량비행장치사용사업자에 대한 안전개선명령 업무

13의3. 제132조제1항에 따른 항공안전 활동에 관한 업무(초경량비행장치사용사업자에 한정한다)
(2021.12.7 13호의2~13호의3신설)
14. 제133조의2제1항에 따른 안전투자의 공시에 관한 업무(2019.11.26 본호신설)

⑥ 국토교통부장관은 다음 각 호의 업무를 대통령령으로 정하는 바에 따라 항공의학 관련 전문기관 또는 단체에 위탁할 수 있다.
1. 제40조에 따른 항공신체검사증명에 관한 업무

1의2. 제42조제2항에 따라 항공신체검사증명을 받은 사람의 신체적·정신적 상태의 저하에 관한 신고 접수, 같은 조 제3항에 따른 항공신체검사증명의 기준 적합 여부 확인 및 결과 통지에 관한 업무(2022.1.18 본호신설 : 2025.1.19 시행)
2. 제49조제3항에 따른 항공전문의사의 교육에 관한 업무

⑦ 국토교통부장관은 제45조제2항에 따른 항공영어구술능력증명시험의 실시에 관한 업무를 대통령령으로 정하

는 바에 따라 한국교통안전공단 또는 영어평가 관련 전문기관·단체에 위탁할 수 있다.(2017.10.24 본항개정)

⑧ 국토교통부장관은 다음 각 호의 업무를 대통령령으로 정하는 바에 따라 「항공안전기술원법」에 따른 항공안전기술원 또는 항공 관련 기관·단체에 위탁할 수 있다.

1. 「국제민간항공협약」 및 같은 협약 부속서에서 채택된 표준과 권고되는 방식에 따라 제19조, 제67조, 제70조 및 제77조에 따른 항공기기술기준, 비행규칙, 위험물취급의 절차·방법 및 운항기술기준을 정하기 위한 연구 업무
2. 제59조에 따른 항공안전 의무보고의 분석 및 전파에 관한 업무(2019.8.27 본호개정)

2의2. 국가항행계획의 수립·시행에 관한 지원 업무(2023.4.18 본호신설)

3. 제129조제5항 후단에 따른 검사에 관한 업무(2017.8.9 본호신설)
4. 제108조에 따른 경량항공기 시험비행 등 허가 및 안전성인증에 관한 업무(2024.1.16 본호신설)
5. 제124조에 따른 초경량비행장치 시험비행 등 허가 및 안전성인증에 관한 업무(2024.1.16 본호신설)
6. 그 밖에 항공기의 안전한 항행을 위한 연구·분석 업무로서 대통령령으로 정하는 업무

(2017.1.17 본항신설)

⑨ 국토교통부장관은 제125조의2에 따른 초경량비행장치 관련 안전교육에 관한 업무를 대통령령으로 정하는 바에 따라 국토교통부장관이 지정하는 기관·단체에 위탁할 수 있다.(2024.1.16 본항신설 : 2025.1.17 시행)

제136조【수수료 등】 ① 다음 각 호의 어느 하나에 해당하는 자는 국토교통부령으로 정하는 수수료를 국토교통부장관에게 내야 한다. 다만, 제135조제2항 및 제5항부터 제9항까지의 규정에 따라 권한이 위탁된 경우에는 그 수탁기관에 내야 한다.(2024.1.16 단서개정)

1. 제20조제1항에 따라 형식증명 또는 제한형식증명을 신청하거나 변경신청을 하는 자(2024.1.16 본호개정)
2. 제20조제5항에 따라 부가형식증명을 신청하는 자(2024.1.16 본호개정)
3. 제21조제1항에 따라 형식증명승인을 신청하는 자
4. 제21조제5항에 따라 부가형식증명승인을 받으려는 자
5. 제22조제1항에 따라 제작증명을 신청하는 자
6. 제23조제1항에 따라 감항증명을 신청하는 자
7. 제24조제1항에 따라 감항승인을 받으려는 자
8. 제25조제1항에 따라 소음기준적합증명을 받으려는 자
9. 제27조제1항에 따라 기술표준품형식승인을 받으려는 자
10. 제28조제1항에 따라 부품등제작자증명을 받으려는 자
11. 제30조제1항에 따라 수리·개조승인을 받으려는 자
12. 제38조제1항에 따라 학과시험 및 실기시험에 응시하는 자
13. 제38조제2항에 따라 항공기·경량항공기 탑승경력 및 정비경력 등을 심사받으려는 자
14. 제38조제3항에 따라 항공종사자 자격증명 시험 및 한정심사의 전부 또는 일부를 면제받으려는 자
15. 제38조제4항에 따라 자격증명서를 발급받으려는 자
16. 제39조의2제1항에 따라 모의비행훈련장치의 지정·변경 지정 또는 지정의 유효기간 연장을 신청하는 자
17. 제44조에 따라 계기비행증명 또는 조종교육증명을 받으려는 자
18. 제45조에 따라 항공영어구술능력증명을 위한 시험을 신청하거나 항공영어구술능력증명서를 발급받으려는 자
19. 제46조제3항에 따라 항공기 조종연습허가서를 발급받으려는 자
20. 제63조제1항에 따라 운항자격인정을 받으려는 자
21. 제74조제1항에 따라 회항시간 연장운항의 승인을 받으려는 자
22. 제75조제1항에 따라 수직분리축소공역 등에서의 항공기 운항 승인을 받으려는 자
23. 제90조제1항에 따라 운항증명을 받으려는 자
24. 제90조제5항에 따라 안전운항체계 변경에 관한 검사를 받으려는 자
25. 제97조제1항에 따라 정비조직인증을 받으려는 자
26. 제103조제1항에 따라 외국인국제항공운송사업자에 대한 운항증명승인을 받으려는 자
27. 제107조에 따라 외국항공기의 유상운송에 대한 운항안전성 검사를 받으려는 자
28. 제108조제1항에 따라 경량항공기 안전성인증을 받으려는 자
29. 제112조제1항에 따라 경량항공기 조종사 자격증명 시험에 응시하는 자
30. 제112조제2항에 따라 경량항공기 조종사 자격증명 한정심사를 받으려는 자
31. 제112조제3항에 따라 경량항공기 조종사 자격증명 시험 및 한정심사의 전부 또는 일부를 면제받으려는 자
32. 제112조제4항에 따라 경량항공기 조종사 자격증명서를 발급받으려는 자
33. 제115조제1항에 따라 경량항공기 조종교육증명을 받으려는 자
34. 제115조제2항에 따라 경량항공기 안전교육을 받으려는 자
35. 제116조제4항에 따라 경량항공기 조종연습허가서를 발급받으려는 자
36. 제124조에 따라 초경량비행장치 안전성인증을 받으려는 자
37. 제125조제1항에 따라 초경량비행장치 조종자 증명을 받으려는 자
38. 제125조의2에 따라 초경량비행장치 안전교육을 받으려는 자
39. 제129조제5항에 따라 무인비행장치 특별비행승인을 받으려는 자

(2024.1.16 3호~39호신설)

② 검사등을 위하여 현지출장이 필요한 경우에는 그 출장에 드는 여비를 신청인이 내야 한다. 이 경우 여비의 기준은 국토교통부령으로 정한다.

제136조의2【비밀유지 의무】 다음 각 호의 어느 하나에 해당하는 업무에 종사하거나 종사하였던 사람은 그 직무상 알게 된 다른 사람의 의료 기록 등 개인정보의 비밀을 타인에게 누설하거나 직무상 목적 외에 사용하여서는 아니 된다.

1. 제34조에 따른 항공종사자 자격증명 업무
2. 제40조에 따른 항공신체검사증명 업무

(2022.1.18 본조신설)

제137조【벌칙 적용에서 공무원 의제】 다음 각 호의 어느 하나에 해당하는 사람은 「형법」 제129조부터 제132조까지의 규정을 적용할 때 공무원으로 본다.

1. 제31조제2항에 따른 검사관 중 공무원이 아닌 사람
2. 제135조제2항 및 제5항부터 제9항까지의 규정에 따라 국토교통부장관이 위탁한 업무에 종사하는 전문검사기관, 전문기관 또는 단체 등의 임직원(2024.1.16 본호개정)

제12장 벌 칙

제138조【항행 중 항공기 위험 발생의 죄】 ① 사람이 현존하는 항공기, 경량항공기 또는 초경량비행장치를 항행 중에 추락 또는 전복(顚覆)시키거나 파괴한 사람은 사형, 무기징역 또는 5년 이상의 징역에 처한다.

② 제140조의 죄를 지어 사람이 현존하는 항공기, 경량항공기 또는 초경량비행장치를 항행 중에 추락 또는 전복시키거나 파괴한 사람은 사형, 무기징역 또는 5년 이상의 징역에 처한다.

제139조【항행 중 항공기 위험 발생으로 인한 치사·치상의 죄】 제138조의 죄를 지어 사람을 사상(死傷)에 이르게 한 사람은 사형, 무기징역 또는 7년 이상의 징역에 처한다.

제140조【항공상 위험 발생 등의 죄】 비행장, 이착륙장, 공항시설 또는 항행안전시설을 파손하거나 그 밖의 방법으로 항공상의 위험을 발생시킨 사람은 10년 이하의 징역에 처한다.(2017.10.24 본조개정)

제141조【미수범】 제138조제1항 및 제140조의 미수범은 처벌한다.

제142조【기장 등의 탑승자 권리행사 방해의 죄】 ① 직권을 남용하여 항공기에 있는 사람에게 그의 의무가 아닌 일을 시키거나 그의 권리행사를 방해한 기장 또는 조종사는 1년 이상 10년 이하의 징역에 처한다.

② 폭력을 행사하여 제1항의 죄를 지은 기장 또는 조종사는 3년 이상 15년 이하의 징역에 처한다.(2017.10.24 본항개정)

제143조【기장의 항공기 이탈의 죄】 제62조제4항을 위반하여 항공기를 떠난 기장(기장의 임무를 수행할 사람을 포함한다)은 5년 이하의 징역에 처한다.

제144조【감항증명을 받지 아니한 항공기 사용 등의 죄】 다음 각 호의 어느 하나에 해당하는 자는 3년 이하의 징역 또는 5천만원 이하의 벌금에 처한다.

1. 제23조 또는 제25조를 위반하여 감항증명 또는 소음기준적합증명을 받지 아니하거나 감항증명 또는 소음기준적합증명이 취소 또는 정지된 항공기를 운항한 자
2. 제27조제3항을 위반하여 기술표준품형식승인을 받지 아니한 기술표준품을 제작·판매하거나 항공기등에 사용한 자
3. 제28조제3항을 위반하여 부품등제작자증명을 받지 아니한 장비품 또는 부품을 제작·판매하거나 항공기등 또는 장비품에 사용한 자
4. 제30조를 위반하여 수리·개조승인을 받지 아니한 항공기등, 장비품 또는 부품을 운항 또는 항공기등에 사용한 자
5. 제32조제1항을 위반하여 정비등을 한 항공기등, 장비품 또는 부품에 대하여 감항성을 확인받지 아니하고 운항 또는 항공기등에 사용한 자

제144조의2【전문교육기관의 지정 위반에 관한 죄】 제48조제1항 단서를 위반하여 전문교육기관의 지정을 받지 아니하고 제35조제1호부터 제4호까지의 항공종사자를 양성하기 위하여 항공기등을 사용한 자는 3년 이하의 징역 또는 3천만원 이하의 벌금에 처한다.(2017.10.24 본조신설)

제145조【운항증명 등의 위반에 관한 죄】 다음 각 호의 어느 하나에 해당하는 자는 3년 이하의 징역 또는 3천만원 이하의 벌금에 처한다.

1. 제90조제1항(제96조제1항에서 준용하는 경우를 포함한다)에 따른 운항증명을 받지 아니하고 운항을 시작한 항공운송사업자 또는 항공기사용사업자
2. 제97조를 위반하여 정비조직인증을 받지 아니하고 항공기등, 장비품 또는 부품에 대한 정비등을 한 항공기정비업자 또는 외국의 항공기정비업자

제146조【주류등의 섭취·사용 등의 죄】 다음 각 호의 어느 하나에 해당하는 사람은 3년 이하의 징역 또는 3천만원 이하의 벌금에 처한다.

1. 제57조제1항(제106조제1항에 따라 준용되는 경우를 포함한다)을 위반하여 주류등의 영향으로 항공업무(제46조에 따른 항공기 조종연습 및 제47조에 따른 항공교통관제연습을 포함한다) 또는 객실승무원의 업무를 정상적으로 수행할 수 없는 상태에서 그 업무에 종사한 항공종사자(제46조에 따른 항공기 조종연습 및 제47조에 따른 항공교통관제연습을 하는 사람을 포함한다. 이하 이 조에서 같다) 또는 객실승무원(2021.5.18 본호개정)
2. 제57조제2항(제106조제1항에 따라 준용되는 경우를 포함한다)을 위반하여 주류등을 섭취하거나 사용한 항공종사자 또는 객실승무원(2021.5.18 본호개정)
3. 제57조제3항(제106조제1항에 따라 준용되는 경우를 포함한다)을 위반하여 국토교통부장관의 측정에 따르지 아니한 항공종사자 또는 객실승무원(2021.5.18 본호개정)

제147조【항공교통업무증명 위반에 관한 죄】 ① 제85조제1항을 위반하여 항공교통업무증명을 받지 아니하고 항공교통업무를 제공한 자는 3년 이하의 징역 또는 3천만원 이하의 벌금에 처한다.

② 다음 각 호의 어느 하나에 해당하는 자는 1천만원 이하의 벌금에 처한다.

1. 제85조제4항을 위반하여 항공교통업무제공체계를 유지하지 아니하거나 항공교통업무증명기준을 준수하지 아니한 자
2. 제85조제5항을 위반하여 신고를 하지 아니하거나 승인을 받지 아니하고 항공교통업무제공체계를 변경한 자

제148조【무자격자의 항공업무 종사 등의 죄】 다음 각 호의 어느 하나에 해당하는 사람은 2년 이하의 징역 또는 2천만원 이하의 벌금에 처한다.(2017.1.17 본문개정)

1. 제34조를 위반하여 자격증명을 받지 아니하고 항공업무에 종사한 사람
2. 제36조제2항을 위반하여 그가 받은 자격증명의 종류에 따른 업무범위 외의 업무에 종사한 사람

2의2. 제39조의3을 위반한 사람으로서 다음 각 목의 어느 하나에 해당하는 사람

가. 다른 사람에게 자기의 성명을 사용하여 항공업무를 수행하게 하거나 항공종사자 자격증명서를 빌려 준 사람

나. 다른 사람의 성명을 사용하여 항공업무를 수행하거나 다른 사람의 항공종사자 자격증명서를 빌린 사람

다. 가목 및 나목의 행위를 알선한 사람

(2021.5.18 본호신설)

3. 제43조 또는 제47조의2에 따른 효력정지명령을 위반한 사람(2022.1.18 본호개정)
4. 제45조를 위반하여 항공영어구술능력증명을 받지 아니하고 같은 조 제1항 각 호의 어느 하나에 해당하는 업무에 종사한 사람

제148조의2【국가 항공안전프로그램에 관한 죄】 제58조제6항을 위반하여 분석결과를 이유로 관련된 사람에 대하여 불이익 조치를 한 자는 2년 이하의 징역 또는 2천만원 이하의 벌금에 처한다.(2022.6.10 본조신설)

제148조의3【항공안전 의무보고에 관한 죄】 제59조제3항을 위반하여 항공안전 의무보고를 한 사람에 대하여 불이익조치를 한 자는 2년 이하의 징역 또는 2천만원 이하의 벌금에 처한다.(2019.8.27 본조신설)

제148조의4【항공안전 자율보고에 관한 죄】 제61조제3항을 위반하여 항공안전 자율보고를 한 사람에 대하여 불이익 조치를 한 자는 2년 이하의 징역 또는 2천만원 이하의 벌금에 처한다.(2022.6.10 본조신설)

제149조【과실에 따른 항공상 위험 발생 등의 죄】 ① 과실로 항공기·경량항공기·초경량비행장치·비행장·이착륙장·공항시설 또는 항행안전시설을 파손하거나, 그 밖의 방법으로 항공상의 위험을 발생시키거나 항행 중인 항공기를 추락 또는 전복시키거나 파괴한 사람은 1년 이하의 징역 또는 1천만원 이하의 벌금에 처한다.(2017.1.17 본항개정)

② 업무상 과실 또는 중대한 과실로 제1항의 죄를 지은 경우에는 3년 이하의 징역 또는 5천만원 이하의 벌금에 처한다.

제150조【무표시 등의 죄】 제18조에 따른 표시를 하지 아니하거나 거짓 표시를 한 항공기를 운항한 소유자등은 1년 이하의 징역 또는 1천만원 이하의 벌금에 처한다.(2017.1.17 본조개정)

제151조【승무원을 승무시키지 아니한 죄】 항공종사자의 자격증명이 없는 사람을 항공기에 승무(乘務)시키거나 이 법에 따라 항공기에 승무시켜야 할 승무원을 승무시키지 아니한 소유자등은 1년 이하의 징역 또는 1천만원 이하의 벌금에 처한다.(2017.1.17 본조개정)

제152조【무자격 계기비행 등의 죄】 제44조제1항·제2항 또는 제55조를 위반한 자는 2천만원 이하의 벌금에 처한다.

제153조【무선설비 등의 미설치·운용의 죄】 제51조부터 제54조까지의 규정을 위반한 자는 2천만원 이하의 벌금에 처한다.

제153조의2【항공기 내 흡연의 죄】 ① 운항 중인 항공기 내에서 제57조의2를 위반한 자는 1천만원 이하의 벌금에 처한다.

② 주기 중인 항공기 내에서 제57조의2를 위반한 자는 500만원 이하의 벌금에 처한다.

(2020.12.8 본조신설)

제154조【무허가 위험물 운송의 죄】 제70조제1항을 위반한 자는 2천만원이하의 벌금에 처한다.

제155조【수직분리축소공역 등에서 승인 없이 운항한 죄】 제75조를 위반하여 국토교통부장관의 승인을 받지 아니하고 같은 조 제1항 각 호의 어느 하나에 해당하는 공역에서 항공기를 운항한 소유자등은 1천만원 이하의 벌금에 처한다.

제156조【항공운송사업자 등의 업무 등에 관한 죄】 항공운송사업자 또는 항공기사용사업자가 다음 각 호의 어느 하나에 해당하는 경우에는 1천만원 이하의 벌금에 처한다.
1. 제74조를 위반하여 승인을 받지 아니하고 비행기를 운항한 경우
2. 제93조제7항 후단(제96조제2항에서 준용하는 경우를 포함한다)을 위반하여 운항규정 또는 정비규정을 준수하지 아니하고 항공기를 운항하거나 정비한 경우
(2020.6.9 본호개정)
3. 제94조(제96조제2항에서 준용하는 경우를 포함한다)에 따른 항공운송의 안전을 위한 명령을 이행하지 아니한 경우

제157조【외국인국제항공운송사업자의 업무 등에 관한 죄】 외국인국제항공운송사업자가 다음 각 호의 어느 하나에 해당하는 경우에는 1천만원 이하의 벌금에 처한다.
1. 제104조제1항을 위반하여 같은 항 각 호의 서류를 항공기에 싣지 아니하고 운항한 경우
2. 제105조에 따른 항공기 운항의 정지명령을 위반한 경우
3. 제106조제2항에 따라 준용되는 제94조에 따른 항공운송의 안전을 위한 명령을 이행하지 아니한 경우
(2021.5.18 본호개정)

제158조【기장 등의 보고의무 등의 위반에 관한 죄】 다음 각 호의 어느 하나에 해당하는 자는 500만원 이하의 벌금에 처한다.
1. 제62조제5항 또는 제6항을 위반하여 항공기사고·항공기준사고 또는 의무보고 대상 항공안전장애에 관한 보고를 하지 아니하거나 거짓으로 한 자(2019.8.27 본호개정)
2. 제65조제2항에 따른 승인을 받지 아니하고 항공기를 출발시키거나 비행계획을 변경한 자

제159조【운항승무원 등의 직무에 관한 죄】 ① 운항승무원 등으로서 다음 각 호의 어느 하나에 해당하는 자는 500만원 이하의 벌금에 처한다.
1. 제66조부터 제68조까지, 제79조 또는 제100조제1항을 위반한 자
2. 제84조제1항에 따른 지시에 따르지 아니한 자
3. 제100조제3항에 따른 착륙 요구에 따르지 아니한 자

② 기장 외의 운항승무원이 제1항에 따른 죄를 지은 경우에는 그 행위자를 벌하는 외에 기장도 500만원 이하의 벌금에 처한다.

제160조【경량항공기 불법 사용 등의 죄】 ① 다음 각 호의 어느 하나에 해당하는 자는 3년 이하의 징역 또는 3천만원 이하의 벌금에 처한다.
1. 제121조제2항에서 준용하는 제57조제1항을 위반하여 주류등의 영향으로 경량항공기를 사용하여 비행을 정상적으로 수행할 수 없는 상태에서 경량항공기를 사용하여 비행을 한 사람
2. 제121조제2항에서 준용하는 제57조제2항을 위반하여 경량항공기를 사용하여 비행하는 동안에 주류등을 섭취하거나 사용한 사람
3. 제121조제2항에서 준용하는 제57조제3항을 위반하여 국토교통부장관의 측정 요구에 따르지 아니한 사람

② 제110조 본문을 위반하여 경량항공기 조종업무 외의 업무를 한 사람은 2년 이하의 징역 또는 2천만원 이하의 벌금에 처한다.

③ 제108조제1항에 따른 안전성인증을 받지 아니한 경량항공기를 사용하여 비행을 한 자 또는 비행을 하게 한 자는 1년 이하의 징역 또는 1천만원 이하의 벌금에 처한다.

④ 다음 각 호의 어느 하나에 해당하는 자는 6개월 이하의 징역 또는 500만원 이하의 벌금에 처한다.
1. 제109조제1항을 위반하여 경량항공기 조종사 자격증명을 받지 아니하고 경량항공기를 사용하여 비행을 한 사람
2. 제112조의2를 위반한 사람으로서 다음 각 목의 어느 하나에 해당하는 사람
   가. 다른 사람에게 자기의 성명을 사용하여 경량항공기 조종업무를 수행하게 하거나 경량항공기 조종사 자격증명서를 빌려 준 사람
   나. 다른 사람의 성명을 사용하여 경량항공기 조종업무를 수행하거나 다른 사람의 경량항공기 조종사 자격증명서를 빌린 사람
   다. 가목 및 나목의 행위를 알선한 사람
(2021.5.18 본호신설)
3. 제121조제1항에서 준용하는 제7조제1항을 위반하여 등록을 하지 아니한 경량항공기를 사용하여 비행을 한 자
(2020.6.9 본호개정)
4. 제121조제1항에서 준용하는 제18조제1항을 위반하여 국적 및 등록기호를 표시하지 아니하거나 거짓으로 표시한 경량항공기를 사용하여 비행을 한 사람

⑤ 제115조제1항을 위반하여 경량항공기 조종교육증명을 받지 아니하고 조종교육을 한 사람은 2천만원 이하의 벌금에 처한다.

⑥ 제119조를 위반하여 무선설비를 설치·운용하지 아니한 자는 500만원 이하의 벌금에 처한다.

⑦ 다음 각 호의 어느 하나에 해당하는 사람은 300만원 이하의 벌금에 처한다.
1. 제118조를 위반하여 경량항공기를 사용하여 이륙·착륙 장소가 아닌 곳 또는 「공항시설법」 제25조제6항에 따라 사용이 중지된 이착륙장에서 이륙하거나 착륙한 사람
2. 제121조제4항에서 준용하는 제79조제2항을 위반하여 통제공역에서 비행한 사람

제161조【초경량비행장치 불법 사용 등의 죄】 ① 다음 각 호의 어느 하나에 해당하는 자는 3년 이하의 징역 또는 3천만원 이하의 벌금에 처한다.
1. 제131조에서 준용하는 제57조제1항을 위반하여 주류등의 영향으로 초경량비행장치를 사용하여 비행을 정상적으로 수행할 수 없는 상태에서 초경량비행장치를 사용하여 비행을 한 사람
2. 제131조에서 준용하는 제57조제2항을 위반하여 초경량비행장치를 사용하여 비행하는 동안에 주류등을 섭취하거나 사용한 사람
3. 제131조에서 준용하는 제57조제3항을 위반하여 국토교통부장관의 측정 요구에 따르지 아니한 사람

② 제124조에 따른 비행안전을 위한 기술상의 기준에 적합하다는 안전성인증을 받지 아니한 초경량비행장치를 사용하여 제125조제1항에 따른 초경량비행장치 조종자 증명을 받지 아니하고 비행을 한 사람은 1년 이하의 징역 또는 1천만원 이하의 벌금에 처한다.

③ 제122조 또는 제123조를 위반하여 초경량비행장치의 신고 또는 변경신고를 하지 아니하고 비행을 한 자는 6개월 이하의 징역 또는 500만원 이하의 벌금에 처한다.

④ 다음 각 호의 어느 하나에 해당하는 사람은 500만원 이하의 벌금에 처한다.(2021.12.7 본문개정)
1. 제127조제2항을 위반하여 국토교통부장관의 승인을 받지 아니하고 초경량비행장치 비행제한공역을 비행한 사람
2. 제127조제3항제2호를 위반하여 국토교통부장관의 승인을 받지 아니하고 초경량비행장치를 이용하여 관제권에서 비행함으로써 항공기 이착륙을 지연시키거나 회항하게 하는 등 비행장 운영에 지장을 초래한 사람
3. 제129조제2항을 위반하여 국토교통부장관의 허가를 받지 아니하고 무인자유기구를 비행시킨 사람
(2021.12.7 1호~3호신설)

⑤ (2021.12.7 삭제)

제162조【명령 위반의 죄】 제130조에 따른 초경량비행장치사용사업의 안전을 위한 명령을 이행하지 아니한 초경량비행장치사용사업자는 1천만원 이하의 벌금에 처한다.

제163조【검사 거부 등의 죄】 제132조제2항 및 제3항에 따른 검사 또는 출입을 거부·방해하거나 기피한 자는 500만원 이하의 벌금에 처한다.

제163조의2【비밀유지 위반의 죄】 제136조의2를 위반하여 업무를 수행하는 과정에서 알게 된 비밀을 누설하거나 이를 직무상 목적 외에 사용한 자는 3년 이하의 징역 또는 3천만원 이하의 벌금에 처한다.(2022.1.18 본조신설)

제164조【양벌규정】 법인의 대표자나 법인 또는 개인의 대리인, 사용인, 그 밖의 종업원이 그 법인 또는 개인의 업무에 관하여 제144조, 제145조, 제148조, 제150조부터 제154조까지, 제156조, 제157조 및 제159조부터 제163조까지의 어느 하나에 해당하는 위반행위를 하면 그 행위자를 벌하는 외에 그 법인 또는 개인에게도 해당 조문의 벌금형을 과(科)한다. 다만, 법인 또는 개인이 그 위반행위를 방지하기 위하여 해당 업무에 관하여 상당한 주의와 감독을 게을리하지 아니한 경우에는 그러하지 아니하다.

제165조【벌칙 적용의 특례】 제144조, 제156조 및 제163조의 벌칙에 관한 규정을 적용할 때 제92조(제106조제2항에 따라 준용되는 경우를 포함한다) 또는 제95조제4항에 따라 과징금을 부과할 수 있는 행위에 대해서는 국토교통부장관의 고발이 있어야 공소를 제기할 수 있으며, 과징금을 부과한 행위에 대해서는 과태료를 부과할 수 없다.
(2021.5.18 본조개정)

제166조【과태료】 ① 다음 각 호의 어느 하나에 해당하는 자에게는 500만원 이하의 과태료를 부과한다.
1. 제41조의2를 위반하여 소속 항공교통관제사 또는 운항승무원을 대상으로 건강증진활동계획을 수립·시행하지 아니한 자(2022.1.18 본호신설)

1의2. 제56조제1항을 위반하여 같은 항 각 호의 어느 하나 이상의 방법으로 소속 승무원 또는 운항관리사의 피로를 관리하지 아니한 자(항공운송사업자 및 항공기사용사업자는 제외한다)(2020.12.8 본호개정)

2. 제56조제2항을 위반하여 국토교통부장관의 승인을 받지 아니하고 피로위험관리시스템을 운용하거나 중요사항을 변경한 자(항공운송사업자 및 항공기사용사업자는 제외한다)
3. 제58조제2항을 위반하여 다음 각 목의 어느 하나에 해당하는 자(제58조제2항제1호 및 제4호에 해당하는 자 중 항공운송사업자 및 항공기사용사업자 외의 자만 해당한다)
   가. 제작 또는 운항 등을 시작하기 전까지 항공안전관리시스템을 마련하지 아니한 자
   나. 국토교통부장관의 승인을 받지 아니하고 항공안전관리시스템을 운용한 자
   다. 항공안전관리시스템을 승인받은 내용과 다르게 운용한 자
   라. 국토교통부장관의 승인을 받지 아니하고 국토교통부령으로 정하는 중요사항을 변경한 자
4. 제65조제1항을 위반하여 운항관리사를 두지 아니하고 항공기를 운항한 항공운송사업자 외의 자
5. 제65조제3항을 위반하여 운항관리사가 해당 업무를 수행하는 데 필요한 교육훈련을 하지 아니하고 업무에 종사하게 한 항공운송사업자 외의 자
6. 제70조제3항에 따른 위험물취급의 절차와 방법에 따르지 아니하고 위험물취급을 한 자
7. 제71조제1항에 따른 검사를 받지 아니한 포장 및 용기를 판매한 자
8. 제72조제1항을 위반하여 위험물취급에 필요한 교육을 받지 아니하고 위험물취급을 한 자
9. 제115조제2항을 위반하여 국토교통부장관이 정하는 바에 따라 교육을 받지 아니하고 경량항공기 조종교육을 한 자
10. 제124조를 위반하여 초경량비행장치의 비행안전을 위한 기술상의 기준에 적합하다는 안전성인증을 받지 아니하고 비행한 사람(제161조제2항이 적용되는 경우는 제외한다)
11. 제132조제1항에 따른 보고 등을 하지 아니하거나 거짓 보고 등을 한 사람
12. 제132조제2항에 따른 질문에 대하여 거짓 진술을 한 사람
13. 제132조제8항에 따른 운항정지, 운용정지 또는 업무정지를 따르지 아니한 자
14. 제132조제9항에 따른 시정조치 등의 명령에 따르지 아니한 자
15. 제133조의2제1항에 따른 공시를 하지 아니하거나 거짓으로 공시한 자(2019.11.26 본호신설)

② 제125조제1항을 위반하여 초경량비행장치 조종자 증명을 받지 아니하고 초경량비행장치를 사용하여 비행한 사람(제161조제2항이 적용되는 경우는 제외한다)에게는 400만원 이하의 과태료를 부과한다.(2021.12.7 본항신설)

③ 다음 각 호의 어느 하나에 해당하는 자에게는 300만원 이하의 과태료를 부과한다.
1. 제108조제4항을 위반하여 국토교통부령으로 정하는 방법에 따라 안전하게 운용할 수 있다는 확인을 받지 아니하고 경량항공기를 사용하여 비행한 사람
2. 제120조제1항을 위반하여 국토교통부령으로 정하는 준수사항을 따르지 아니하고 경량항공기를 사용하여 비행한 사람
3. (2021.12.7 삭제)
4. 제125조제2항부터 제4항까지를 위반한 사람으로서 다음 각 목의 어느 하나에 해당하는 사람
   가. 다른 사람에게 자기의 성명을 사용하여 초경량비행장치 조종을 수행하게 하거나 초경량비행장치 조종자 증명을 빌려 준 사람
   나. 다른 사람의 성명을 사용하여 초경량비행장치 조종을 수행하거나 다른 사람의 초경량비행장치 조종자 증명을 빌린 사람
   다. 가목 및 나목의 행위를 알선한 사람
(2021.5.18 본호신설)
5. 제127조제3항을 위반하여 국토교통부장관의 승인을 받지 아니하고 초경량비행장치를 사용하여 비행한 사람(제161조제4항제2호가 적용되는 경우는 제외한다)
6. 제129조제1항을 위반하여 국토교통부령으로 정하는 준수사항을 따르지 아니하고 초경량비행장치를 사용하여 비행한 사람
7. 제129조제5항을 위반하여 국토교통부장관이 승인한 범위 외에서 비행한 사람
(2021.12.7 5호~7호신설)

④ 다음 각 호의 어느 하나에 해당하는 자에게는 200만원 이하의 과태료를 부과한다.
1. 제13조 또는 제15조제1항을 위반하여 변경등록 또는 말소등록의 신청을 하지 아니한 자
2. 제17조제1항을 위반하여 항공기 등록기호표를 붙이지 아니하고 항공기를 사용한 자(2020.6.9 본호개정)
3. 제26조를 위반하여 변경된 항공기기술기준을 따르도록 한 요구에 따르지 아니한 자
4. 항공종사자가 아닌 사람으로서 고의 또는 중대한 과실로 제61조제1항의 항공안전위해요인을 발생시킨 사람
5. 제84조제2항(제121조제5항에서 준용하는 경우를 포함한다)을 위반하여 항공교통의 안전을 위한 국토교통부장관 또는 항공교통업무증명을 받은 자의 지시에 따르지 아니한 자
6. 제93조제7항 후단(제96조제2항에서 준용하는 경우를 포함한다)을 위반하여 운항규정 또는 정비규정을 준수하지 아니하고 항공기의 운항 또는 정비에 관한 업무를 수행한 종사자(2020.6.9 본호개정)
7. 제108조제3항을 위반하여 부여된 안전성인증 등급에 따른 운용범위를 준수하지 아니하고 경량항공기를 사용하여 비행한 사람

8.~10. (2021.12.7 삭제)

⑤ 다음 각 호의 어느 하나에 해당하는 자에게는 100만원 이하의 과태료를 부과한다.
1. 제33조에 따른 보고를 하지 아니하거나 거짓으로 보고한 자
2. 제59조제1항(제106조제2항에 따라 준용되는 경우를 포함한다)을 위반하여 항공기사고, 항공기준사고 또는 의무보고 대상 항공안전장애를 보고하지 아니하거나 거짓으로 보고한 자(2021.5.18 본호개정)

3. 제121조제1항에서 준용하는 제17조제1항을 위반하여 경량항공기 등록기호표를 붙이지 아니한 경량항공기소유자등(2020.6.9 본호개정)
4. 제122조제5항을 위반하여 신고번호를 해당 초경량비행장치에 표시하지 아니하거나 거짓으로 표시한 초경량비행장치소유자등(2020.6.9 본호개정)
5. 제128조를 위반하여 국토교통부령으로 정하는 장비를 장착하거나 휴대하지 아니하고 초경량비행장치를 사용하여 비행을 한 자

⑥ 다음 각 호의 어느 하나에 해당하는 자에게는 50만원 이하의 과태료를 부과한다.
1. 제120조제2항을 위반하여 경량항공기사고에 관한 보고를 하지 아니하거나 거짓으로 보고한 경량항공기 조종사 또는 그 경량항공기소유자등
2. 제121조제1항에서 준용하는 제13조 또는 제15조를 위반하여 경량항공기의 변경등록 또는 말소등록을 신청하지 아니한 경량항공기소유자등

⑦ 다음 각 호의 어느 하나에 해당하는 자에게는 30만원 이하의 과태료를 부과한다.
1. 제123조제4항을 위반하여 초경량비행장치의 말소신고를 하지 아니한 초경량비행장치소유자등(2020.6.9 본호개정)

1의2. 제125조의2제2항을 위반하여 국토교통부장관이 실시하는 안전교육을 받지 아니하고 국토교통부령으로 정하는 초경량비행장치를 사용하여 조종교육을 한 자(2024.1.16 본호신설 : 2025.1.17 시행)

2. 제129조제3항을 위반하여 초경량비행장치사고에 관한 보고를 하지 아니하거나 거짓으로 보고한 초경량비행장치 조종자 또는 그 초경량비행장치소유자등

제167조【과태료의 부과·징수절차】 제166조에 따른 과태료는 대통령령으로 정하는 바에 따라 국토교통부장관이 부과·징수한다.

부 칙

제1조【시행일】 이 법은 공포 후 1년이 경과한 날부터 시행한다. 다만, 제56조제1항제2호, 같은 조 제2항, 제91조제1항제17호(제56조제1항제2호에 관한 부분만 해당한다)·제118조 및 제166조제1항제1호(제56조제1항제2호에 관한 부분만 해당한다)·제2호는 공포 후 3년이 경과한 날부터 시행한다.

제2조【다른 법률의 폐지】 항공법은 폐지한다.

제3조【과징금 부과에 관한 적용례】 제29조에 따른 과징금 부과는 법률 제13381호 항공법 일부개정법률 시행 후 최초로 증명이나 승인의 효력을 정지시킬 수 있는 사유가 발생한 경우부터 적용한다.

제4조【항공기 등에 발생한 고장, 결함 또는 기능장애 보고 의무에 관한 적용례】 제33조에 따른 보고는 법률 제12706호 항공법 일부개정법률 시행 후 발생한 것부터 적용한다.

제5조【초경량비행장치 말소신고 최고 등에 관한 적용례】 제123조제3항 및 제4항에 따른 초경량비행장치의 말소신고 최고 및 신고번호의 직권 말소는 법률 제12256호 항공법 일부개정법률 시행 당시 최초로 말소신고를 하여야 하는 기간이 지난 초경량비행장치소유자등부터 적용한다.

제6조【종전의 「항공법」에 따른 처분 등에 관한 일반적 경과조치】 이 법 시행 당시 종전의 「항공법」에 따라 한 행정기관의 행위 또는 행정기관에 대한 행위는 그에 해당하는 규정이 이 법에 있는 경우에는 이 법에 따른 행정기관의 행위 또는 행정기관에 대한 행위로 본다.

제7조【항공안전정책기본계획에 관한 경과조치】 제6조에 따른 항공안전정책기본계획은 이 법 시행 후 1년 이내에 수립하여야 한다.

제8조【항공기 등록 등에 관한 경과조치】 ① 이 법 시행 당시 종전의 「항공법」 제3조(제24조제9항에서 준용하는 경우를 포함한다)에 따라 등록된 항공기 및 경량항공기는 제7조(제121조제1항에서 준용하는 경우를 포함한다)에 따라 등록된 것으로 본다.
② 이 법 시행 당시 종전의 「항공법」 제23조제1항에 따라 신고한 초경량비행장치는 제122조제1항에 따라 신고한 것으로 본다.
③ 이 법 시행 당시 종전의 「항공법」 제9조(제24조제9항에서 준용하는 경우를 포함한다) 또는 제23조제1항에 따라 발급된 등록증명서 또는 신고번호는 제12조(제121조제1항에서 준용하는 경우를 포함한다) 또는 제122조제2항에 따라 발급된 것으로 본다.

제9조【항공기 등 등록기호표의 부착에 관한 경과조치】 이 법 시행 당시 종전의 「항공법」 제14조(제24조제9항에서 준용하는 경우를 포함한다)에 따라 항공기 또는 경량항공기에 부착한 등록기호표는 제17조(제121조제1항에서 준용하는 경우를 포함한다)에 따라 항공기 또는 경량항공기에 부착한 등록기호표로 본다.

제10조【항공기 기술기준에 관한 경과조치】 이 법 시행 당시 종전의 「항공법」 제17조제2항에 따라 고시한 항공기기술기준은 제19조에 따라 고시한 항공기기술기준으로 본다.

제11조【형식증명 등에 관한 경과조치】 ① 이 법 시행 당시 종전의 「항공법」 제17조제1항에 따라 발급받은 형식증명, 종전의 「항공법」 제17조제4항에 따라 발급받은 부가형식증명, 종전의 「항공법」 제17조의2제1항에 따라 발급받은 형식증명승인, 종전의 「항공법」 제17조의2제4항에 따라 발급받은 부가형식증명승인, 종전의 「항공법」 제15조에 따라 발급받은 감항증명, 종전의 「항공법」 제15조의2에 따라 발급받은 감항승인, 종전의 「항공법」 제16조에 따라 발급받은 소음기준적합증명 및 종전의 「항공법」 제20조의2에 따라 발급받은 부품등제작자증명으로서 이 법 시행 당시 유효한 것은 제20조, 제21조, 제23조부터 제25조까지 및 제28조에 따라 발급받은 증명 또는 승인으로 본다.
② 법률 제11244호 항공법 일부개정법률 시행 당시 종전의 규정에 따라 감항증명을 받은 항공기는 제23조제3항제1호에 따른 표준감항증명을 받은 것으로 본다.
③ 법률 제11244호 항공법 일부개정법률 시행 당시 종전의 규정에 따라 시험비행 등의 허가를 받은 항공기는 제23조제3항제2호에 따른 특별감항증명을 받은 것으로 본다.

제12조【제작증명에 관한 경과조치】 이 법 시행 당시 종전의 「항공법」 제17조의3제1항 및 제2항에 따라 제작증명을 받거나 받은 것으로 보는 자(법률 제7024호 항공법중개정법률 부칙 제2조에 따라 제작증명을 받은 것으로 보는 자를 포함한다)는 제22조에 따라 제작증명을 받은 것으로 본다.

제13조【기술표준품 형식승인에 관한 경과조치】 ① 이 법 시행 당시 종전의 「항공법」 제20조에 따라 기술표준품에 대한 형식승인을 받은 자는 제27조에 따라 기술표준품 형식승인을 받은 것으로 본다.
② 법률 제7024호 항공법중개정법률 시행 당시 종전의 규정에 따라 예비품증명을 받은 기술표준품은 제27조에 따라 기술표준품형식승인을 받은 것으로 본다.
③ 법률 제7024호 항공법중개정법률 시행 당시 종전의 규정에 따라 형식증명 또는 형식증명승인을 받은 항공기등에 장착되었던 기술표준품은 제27조에 따라 기술표준품 형식승인을 받은 것으로 본다.

제14조【수리·개조승인에 관한 경과조치】 이 법 시행 당시 종전의 「항공법」 제19조에 따라 수리·개조승인을 받은 자(법률 제7024호 항공법중개정법률 부칙 제3조에 따라 수리·개조승인을 받은 것으로 보는 자를 포함한다)는 제30조에 따라 수리·개조승인을 받은 것으로 본다.

제15조【항공기등의 정비등의 확인에 관한 경과조치】 종전의 「항공법」 제22조에 따라 항공기등, 장비품 또는 부품의 정비등에 대하여 확인을 받은 것은 제32조제1항에 따라 감항성을 확인받은 것으로 본다.

제16조【항공종사자 자격증명 등에 관한 경과조치】 ① 이 법 시행 당시 종전의 「항공법」 제25조제1항 및 제28조제1항에 따라 받은 항공종사자 자격증명 및 자격증명의 한정은 제34조제1항 및 제37조제1항에 따라 받은 항공종사자 자격증명 및 자격증명의 한정으로 본다.
② 법률 제5794호 항공법중개정법률 시행 당시 종전의 규정에 따라 사업용조종사자격증명을 받은 자는 별표의 사업용 조종사의 업무 범위란 제4호에 따른 업무를 할 수 있다.
③ 법률 제9780호 항공법 일부개정법률 시행 당시 종전의 규정에 따라 항공공장정비사 자격증명을 받은 사람은 제35조제8호의 항공정비사 자격증명을 받은 것으로 본다.
④ 이 법 시행 당시 종전의 「항공법」 제25조제1항 및 제28조제1항에 따라 받은 경량항공기 조종사 자격증명 및 자격증명의 한정은 제109조제1항 및 제111조제1항에 따라 받은 경량항공기 조종사 자격증명 및 자격증명의 한정으로 본다.
⑤ 법률 제9780호 항공법 일부개정법률 시행 당시 종전의 「항공법」 제23조제3항에 따라 초경량비행장치의 비행에 관한 자격증명을 받은 사람은 제109조제1항에 따른 경량항공기 조종사 자격증명을 받은 것으로 본다.
⑥ 이 법 시행 당시 종전의 「항공법」 제23조제3항에 따라 받은 초경량비행장치 조종자 증명은 제125조제1항에 따라 받은 초경량비행장치 조종자 증명으로 본다.

제17조【항공신체검사증명 등에 관한 경과조치】 ① 이 법 시행 당시 종전의 「항공법」 제31조에 따라 받은 항공신체검사증명은 제40조 및 제113조제1항에 따라 받은 항공신체검사증명으로 본다.
② 이 법 시행 당시 종전의 「항공법」 제34조의2에 따라 받은 항공영어구술능력증명은 제45조에 따라 받은 항공영어구술능력증명으로 본다.
③ 법률 제7691호 항공법 일부개정법률 부칙 제6조제1항에 따라 발급된 항공영어구술능력증명으로서 이 법 시행 당시 유효한 것은 제45조에 따라 발급받은 것으로 본다.

제18조【계기비행증명 및 조종교육증명 등에 관한 경과조치】 ① 이 법 시행 당시 종전의 「항공법」 제34조제1항에 따라 받은 계기비행증명은 제44조제1항에 따라 받은 계기비행증명으로 본다.
② 이 법 시행 당시 종전의 「항공법」 제34조제2항에 따라 받은 조종교육증명은 제44조제2항에 따라 받은 항공기 조종교육증명 또는 제115조제1항에 따라 받은 경량항공기 조종교육증명으로 본다.
③ 법률 제7024호 항공법중개정법률 시행 당시 종전의 규정에 따라 받은 회전익항공기 운송용 조종사의 자격증명은 제44조제1항에 따라 받은 계기비행증명으로 본다.
④ 법률 제9780호 항공법 일부개정법률 시행 당시 교통안전공단에 초경량비행장치 지도조종자로 등록한 사람은 제115조제1항에 따른 경량항공기 조종교육증명을 받은 것으로 본다.

제19조【조종연습의 허가에 관한 경과조치】 이 법 시행 당시 종전의 「항공법」 제35조제2항에 따라 받은 조종연습의 허가는 제46조제2항에 따라 받은 항공기 조종연습의 허가 또는 제116조제4항에 따라 받은 경량항공기 조종연습의 허가로 본다.

제20조【항공교통관제연습에 관한 경과조치】 이 법 시행 당시 항공교통관제 업무를 연습할 수 있는 시설에서 제35조제7호의 항공교통관제사 자격증명을 받은 사람의 감독 하에 항공교통관제 업무를 연습하고 있는 사람은 제47조제1항에 따른 허가를 받은 것으로 본다.

제21조【전문교육기관에 대한 경과조치】 이 법 시행 당시 종전의 「항공법」 제29조의3에 따라 지정된 전문교육기관(법률 제7024호 항공법중개정법률 부칙 제5조에 따라 지정을 받은 것으로 보는 전문교육기관을 포함한다)은 제48조에 따라 전문교육기관으로 지정된 것으로 본다.

제22조【항공전문의사에 대한 경과조치】 이 법 시행 당시 종전의 「항공법」 제31조의2에 따라 항공전문의사로 지정된 자(법률 제7691호 항공법 일부개정법률 부칙 제5조에 따라 항공전문의사로 지정받은 것으로 보는 자를 포함한다)는 제49조에 따라 항공전문의사로 지정된 것으로 본다.

제23조【항공안전프로그램 및 항공안전관리시스템에 관한 경과조치】 ① 이 법 시행 당시 종전의 「항공법」 제49조제1항에 따라 국토교통부장관이 고시한 항공안전프로그램은 제58조제1항에 따라 국토교통부장관이 고시한 것으로 본다.
② 이 법 시행 당시 종전의 「항공법」 제49조제2항에 따라 국토교통부장관의 승인을 받은 항공안전관리시스템은 제58조제2항에 따라 국토교통부장관의 승인을 받은 것으로 본다.

제24조【항공안전관리시스템 마련·운용에 관한 경과조치】 제58조제2항제1호, 제3호 및 제4호(항공기사용사업자만 해당한다)에 따라 항공안전관리시스템을 마련하여 운용하여야 하는 자는 이 법 시행 후 2년 이내에 항공안전관리시스템을 마련하여 국토교통부장관의 승인을 받아야 한다.

제25조【기장 등의 운항자격에 관한 경과조치】 ① 이 법 시행 당시 종전의 「항공법」 제51조제1항에 따라 자격인정을 받은 항공기의 기장 및 기장 외의 조종사와 같은 조 제5항에 따라 자격인정을 받은 것으로 보는 조종사는 제63조제1항 및 제5항에 따라 자격인정을 받은 것으로 본다.
② 법률 제6513호 항공법중개정법률 시행 당시 항공운송사업에 사용되는 항공기의 조종사로 근무 중인 사람은 제63조제1항에 따라 자격인정을 받은 것으로 본다.

제26조【항공기 이륙·착륙의 장소에 관한 경과조치】 이 법 시행 당시 종전의 「항공법」 제53조제1항제1호에 따라 받은 허가는 제66조제1항제1호에 따라 받은 허가로 본다.

제27조【항공기의 비행 중 금지행위 등에 관한 경과조치】 이 법 시행 당시 종전의 「항공법」 제55조 단서에 따라 받은 허가는 제68조 단서에 따라 받은 허가로 본다.

제28조【긴급항공기에 관한 경과조치】 이 법 시행 당시 종전의 「항공법」 제56조에 따라 지정을 받은 긴급항공기는 제69조에 따라 지정을 받은 긴급항공기로 본다.

제29조【위험물 운송 등에 관한 경과조치】 ① 이 법 시행 당시 종전의 「항공법」 제59조제1항에 따라 받은 허가는 제70조제1항에 따라 받은 허가로 본다.
② 이 법 시행 당시 종전의 「항공법」 제59조제2항에 따라 고시한 위험물취급의 절차 및 방법은 제70조제3항에 따라 고시한 위험물취급의 절차 및 방법으로 본다.

제30조【위험물 포장 및 용기의 검사 등에 관한 경과조치】 ① 이 법 시행 당시 종전의 「항공법」 제60조에 따라 검사를 받은 포장 및 용기는 제71조에 따라 검사를 받은 것으로 본다.
② 이 법 시행 당시 종전의 「항공법」 제60조제3항에 따라 지정된 포장·용기검사기관은 제71조제3항에 따라 지정된 것으로 본다.

제31조【위험물취급 전문교육기관에 대한 경과조치】 이 법 시행 당시 종전의 「항공법」 제61조제3항에 따라 지정된 위험물취급에 관한 전문교육기관은 제72조제3항에 따라 지정된 위험물전문교육기관으로 본다.

제32조【회항시간 연장운항의 승인에 관한 경과조치】 이 법 시행 당시 종전의 「항공법」 제69조의2에 따라 승인을 받은 비행기(법률 제12706호 항공법 일부개정법률 부칙 제4조제1항에 따라 승인을 받은 것으로 보는 비행기를 포함한다)는 제74조에 따라 승인을 받은 것으로 본다.

제33조【수직분리축소공역 등에서의 운항승인에 관한 경과조치】 이 법 시행 당시 종전의 「항공법」 제69조의3에 따라 승인을 받은 항공기는 제75조에 따라 승인을 받은 것으로 본다.

제34조【운항기술기준에 관한 경과조치】 이 법 시행 당시 종전의 「항공법」 제74조의2에 따라 고시한 운항기술기준은 제77조제1항에 따라 고시한 운항기술기준으로 본다.

제35조【공역 및 비행제한 등에 관한 경과조치】 ① 이 법 시행 당시 종전의 「항공법」 제38조제2항 및 제3항에 따라 지정·공고된 공역은 제78조제1항 및 제2항에 따라 지정·공고된 것으로 본다.
② 이 법 시행 당시 종전의 「항공법」 제38조의2에 따라 국토교통부장관이 공고한 비행의 방식과 절차는 제79조에 따라 국토교통부장관이 공고한 것으로 본다.

③ 이 법 시행 당시 종전의 「항공법」 제38조의2제2항 단서에 따라 받은 허가는 제79조제2항 단서에 따라 받은 허가로 본다.

제36조【공역위원회 설치에 관한 경과조치】 이 법 시행 당시 종전의 「항공법」 제38조의3에 따라 설치된 공역위원회는 제80조에 따라 설치된 것으로 본다.

제37조【항공교통업무증명에 관한 경과조치】 이 법 시행 당시 항공교통업무를 제공하는 국토교통부장관 외의 자는 제85조제1항에 따라 이 법 시행 후 2년 이내에 항공교통업무증명을 받아야 한다.

제38조【운항증명 등에 관한 경과조치】 ① 이 법 시행 당시 종전의 「항공법」 제115조의2제1항 및 제2항(제134조제3항에서 준용하는 경우를 포함한다)에 따른 운항증명 및 운영기준은 제90조제1항 및 제2항(제96조제1항에서 준용하는 경우를 포함한다)에 따른 운항증명 및 운영기준으로 본다.

② 법률 제9780호 항공법 일부개정법률 시행 당시 종전의 규정에 따라 정기항공운송사업자 또는 부정기항공운송사업자가 받은 운항증명은 제90조제1항에 따라 받은 운항증명으로 본다.

제39조【운항규정 및 정비규정에 관한 경과조치】 이 법 시행 당시 종전의 「항공법」 제116조제1항(제132조제3항 및 제134조제3항에서 준용하는 경우를 포함한다)에 따라 국토교통부장관에게 신고하였거나 인가를 받은 운항규정 및 정비규정은 제93조(제96조제2항에서 준용하는 경우를 포함한다)에 따라 신고하거나 인가를 받은 운항규정 및 정비규정으로 본다.

제40조【정비조직인증에 관한 경과조치】 이 법 시행 당시 종전의 「항공법」 제138조제1항에 따라 정비조직인증을 받은 자(법률 제7024호 항공법중개정법률 부칙 제6조제2항에 따라 정비조직인증을 받은 것으로 보는 자를 포함한다)는 제97조제1항에 따라 정비조직인증을 받은 것으로 본다.

제41조【외국항공기의 항행허가에 관한 경과조치】 이 법 시행 당시 종전의 「항공법」 제144조제1항에 따라 허가를 받은 자는 제100조제1항에 따라 허가를 받은 것으로 본다.

제42조【외국항공기의 국내 사용에 관한 경과조치】 이 법 시행 당시 종전의 「항공법」 제145조 단서에 따라 허가를 받은 항공기는 제101조 단서에 따라 허가를 받은 것으로 본다.

제43조【외국인 국제항공운송사업자에 대한 운항증명승인에 관한 경과조치】 이 법 시행 당시 종전의 「항공법」 제147조제1항에 따라 허가를 받은 자는 제103조제1항에 따라 운항증명승인을 받은 것으로 본다.

제44조【외국항공기의 유상운송에 대한 운항안전성 검사에 관한 경과조치】 이 법 시행 당시 종전의 「항공법」 제148조제1항에 따라 허가를 받은 자는 제107조에 따라 운항안전성 검사를 받은 것으로 본다.

제45조【경량항공기 안전성인증에 관한 경과조치】 이 법 시행 당시 종전의 「항공법」 제24조제2항에 따라 안전성인증을 받은 경량항공기는 제108조제1항에 따라 안전성인증을 받은 것으로 본다.

제46조【경량항공기 정비 확인에 관한 경과조치】 이 법 시행 당시 종전의 「항공법」 제24조제4항에 따라 경량항공기, 장비품 또는 부품의 정비에 대하여 확인을 받은 경량항공기 소유자 또는 경량항공기를 사용하여 비행하려는 사람(법률 제12256호 항공법 일부개정법률 부칙 제10조에 따라 정비 확인을 받은 것으로 보는 사람을 포함한다)은 제108조제4항에 따라 정비 확인을 받은 것으로 본다.

제47조【경량항공기 조종교육증명을 받은 자에 대한 교육에 관한 경과조치】 이 법 시행 당시 종전의 「항공법」 제24조제9항에서 준용하는 제34조에 따라 경량항공기 조종교육증명을 받은 사람은 제115조제2항에 따라 이 법 시행 후 1년 이내에 교육을 받아야 한다.

제48조【경량항공기 이륙·착륙의 장소 및 초경량비행장치의 비행승인에 관한 경과조치】 ① 이 법 시행 당시 종전의 「항공법」 제53조제2항 단서에 따라 받은 허가는 제118조제1항 단서에 따라 받은 허가로 본다.

② 이 법 시행 당시 종전의 「항공법」 제23조제2항에 따라 받은 초경량비행장치 비행승인은 제127조제2항에 따라 받은 초경량비행장치 비행승인으로 본다.

제49조【초경량비행장치의 안전성인증에 관한 경과조치】 이 법 시행 당시 종전의 「항공법」 제23조제4항에 따라 안전성인증을 받은 초경량비행장치는 제124조에 따라 안전성인증을 받은 것으로 본다.

제50조【초경량비행장치 전문교육기관 지정에 관한 경과조치】 이 법 시행 당시 종전의 「항공법」 제23조제6항에 따라 지정받은 초경량비행장치 전문교육기관은 제126조제1항에 따라 지정받은 초경량비행장치 전문교육기관으로 본다.

제51조【초경량비행장치 비행제한공역에 관한 경과조치】 이 법 시행 당시 종전의 「항공법」 제23조제2항에 따라 국토교통부장관이 고시한 초경량비행장치 비행제한공역은 제127조제1항에 따라 고시한 초경량비행장치 비행제한공역으로 본다.

제52조【행정처분 및 과징금에 관한 경과조치】 이 법 시행 전의 위반행위에 대한 행정처분 및 과징금에 관하여는 종전의 「항공법」에 따른다.

제53조【벌칙 및 과태료에 관한 경과조치】 이 법 시행 전의 행위에 대하여 벌칙 및 과태료를 적용할 때에는 종전의 「항공법」에 따른다.

제54조【다른 법률의 개정】 ①~㉓ ※(해당 법령에 가제정리 하였음)

제55조【다른 법령과의 관계】 이 법 시행 당시 다른 법령에서 종전의 「항공법」 또는 그 규정을 인용하고 있는 경우 이 법 중 그에 해당하는 규정이 있는 경우에는 종전의 「항공법」 또는 그 규정을 갈음하여 이 법 또는 이 법의 해당 조항을 인용한 것으로 본다.

부 칙 (2017.10.24 법14955호)

제1조【시행일】 이 법은 공포 후 6개월이 경과한 날부터 시행한다.

제2조【조종교육증명에 관한 경과조치】 ① 이 법 시행 당시 제37조에 따라 항공기의 종류 및 등급한정을 받은 운송용 조종사 또는 사업용 조종사로서 종전의 제44조에 따라 조종교육증명을 받은 사람은 제44조제2항의 개정규정에 따라 그 항공기의 종류별·등급별로 조종교육증명을 받은 것으로 본다.

② 이 법 시행 당시 종전의 제44조에 따라 조종교육증명을 받은 사람은 이 법 시행 후 1년 이내에 조종교육증명을 재교부받아야 한다.

제3조【전문교육기관 지정에 관한 경과조치】 ① 이 법 시행 당시 종전의 규정에 따라 국토교통부장관으로부터 전문교육기관의 지정을 받은 전문교육기관은 이 법에 따라 전문교육기관의 지정을 받은 것으로 본다. 다만, 해당 전문교육기관은 이 법 시행 후 6개월까지 제48조제3항의 개정규정에 따른 훈련운영기준을 발급받아야 한다.

② 이 법 시행 당시 전문교육기관으로 지정받지 아니하고 제35조제1호부터 제4호까지의 항공종사자를 양성하고 있는 경우에는 이 법 시행 후 1년까지 이 법에 따른 기준을 갖추어 전문교육기관으로 지정받아야 한다.

부 칙 (2019.8.27)

제1조【시행일】 이 법은 공포 후 6개월이 경과한 날부터 시행한다.

제2조【항공정비사 자격증명 한정에 관한 경과조치】 ① 이 법 시행 당시 종전의 제37조제1항제2호에 따라 항공기의 종류 한정을 받은 항공정비사 중 비행기 한정을 받은 항공정비사는 제37조제1항제2호의 개정규정에 따라 경량항공기 중 비행기 및 동력패러슈트에 대하여 경량항공기의 종류 한정을 포함하여 받은 것으로 본다.

② 이 법 시행 당시 종전의 제37조제1항제2호에 따라 항공기의 종류 한정을 받은 항공정비사 중 헬리콥터 한정을 받은 항공정비사는 제37조제1항제2호의 개정규정에 따라 경량항공기 중 헬리콥터 및 자이로플레인에 대하여 경량항공기의 종류 한정을 포함하여 받은 것으로 본다.

부 칙 (2019.11.26)

제1조【시행일】 이 법은 공포 후 6개월이 경과한 날부터 시행한다. 다만, 제133조의2, 제135조제5항제12호, 제166조제1항제15호의 개정규정은 공포 후 3년이 경과한 날부터 시행한다.

제2조【시범사업의 특례】 국토교통부장관은 안전투자공시제도를 원활하게 추진하기 위하여 제133조의2의 개정규정 시행 전에 시범사업을 실시할 수 있다.

부 칙 (2020.6.9 법17463호)

제1조【시행일】 이 법은 공포한 날부터 시행한다. 다만, 제7조 및 제135조의 개정규정은 공포 후 6개월이 경과한 날부터 시행하고, 법률 제16643호 항공안전법 일부개정법률 제135조제5항제14호의 개정규정은 2022년 11월 27일부터 시행한다.

제2조【항공기 등록에 대한 적용례】 제7조의 개정규정은 운항증명을 받은 국내항공운송사업자 또는 국제항공운송사업자가 이 법 시행 이후 최초로 항공기 등록을 신청하는 경우부터 적용한다.

제3조【항공운송사업자의 운항규정 변경신고 등에 관한 적용례】 제93조제5항·제6항, 제122조제2항·제3항 및 제123조제2항·제3항·제5항의 개정규정은 이 법 시행 후 최초로 신고, 변경신고 또는 말소신고를 한 경우부터 적용한다.

부 칙 (2020.12.8)

이 법은 공포 후 6개월이 경과한 날부터 시행한다.

부 칙 (2021.5.18)

제1조【시행일】 이 법은 공포 후 6개월이 경과한 날부터 시행한다.

제2조【외국인국제항공운송사업자의 항공기 운항의 정지 등에 관한 적용례】 제105조제1항제5호의 개정규정은 이 법 시행 이후 외국인국제항공운송사업자가 제106조제1항의 개정규정에 따라 준용되는 제57조제1항을 위반하여 조종사가 주류등의 영향으로 항공업무를 정상적으로 수행할 수 없는 상태에서 항공업무에 종사하게 한 경우부터 적용한다.

제3조【모의비행훈련장치 지정 등에 관한 경과조치】 ① 이 법 시행 당시 종전의 규정에 따라 국토교통부장관으로부터 지정받은 모의비행장치는 제39조의2제4항 본문의 개정규정에 따라 이 법 시행일부터 1년 간 지정을 받은 것으로 본다.

② 이 법 시행 당시 종전의 규정에 따라 인정받은 모의비행장치를 이용한 탑승경력 또는 비행경험은 제2조제15호의 개정규정에 따른 모의비행훈련장치를 이용한 탑승경력 또는 비행경험으로 본다.

부 칙 (2021.12.7)

제1조【시행일】 이 법은 공포 후 1년이 경과한 날부터 시행한다. 다만, 제10조제1항제4호의 개정규정은 공포한 날부터 시행하고, 제43조제1항 각 호 외의 부분 단서, 제114조제1항 각 호 외의 부분 단서 및 제125조제5항 각 호 외의 부분 단서의 개정규정은 공포 후 6개월이 경과한 날부터 시행한다.

제2조【과태료에 관한 경과조치】 이 법 시행 전의 위반행위에 대하여 과태료를 부과할 때에는 종전의 규정에 따른다.

부 칙 (2022.1.18)

제1조【시행일】 이 법은 공포 후 6개월이 경과한 날부터 시행한다. 다만, 제41조의2 및 제166조제1항제1호의 개정규정은 공포 후 1년이 경과한 날부터 시행하고, 제42조제2항부터 제5항까지, 제43조제1항제8호의2·제8호의3, 제47조의2제1항제6호·제7호 및 제135조제6항제1호의2의 개정규정은 공포 후 3년이 경과한 날부터 시행한다.

제2조【시험 응시제한 등에 관한 적용례】 제43조제4항 및 제47조의2제3항의 개정규정은 이 법 시행 이후 해당 시험이나 심사 또는 검사가 정지되거나 무효 처분을 받은 사람부터 적용한다.

제3조【항공전문의사 지정 신청에 관한 적용례】 제50조제2항의 개정규정은 이 법 시행 이후 같은 조 제1항에 따라 항공전문의사 지정 취소처분을 받은 사람부터 적용한다.

부 칙 (2022.6.10)

제1조【시행일】 이 법은 공포 후 6개월이 경과한 날부터 시행한다.

제2조【운항증명 효력의 정지 및 해제 등에 관한 적용례】 제90조, 제91조 및 제95조의 개정규정은 이 법 시행 당시 60일을 초과하여 연속적으로 운항을 중지하고 있는 항공운송사업자 또는 항공기사용사업자에 대하여도 적용한다.

부 칙 (2023.4.18)

제1조【시행일】 이 법은 공포 후 6개월이 경과한 날부터 시행한다.

제2조【국가항행계획에 관한 경과조치】 이 법 시행 당시 국제민간항공기구(ICAO)의 세계항행계획을 이행하기 위하여 수립된 국가항행계획은 제77조의2의 개정규정에 따른 국가항행계획으로 본다.

부 칙 (2024.1.9)

이 법은 공포 후 6개월이 경과한 날부터 시행한다.

부 칙 (2024.1.16)

제1조【시행일】 이 법은 공포 후 1년이 경과한 날부터 시행한다. 다만, 제129조의 개정규정은 공포한 날부터 시행하고, 제135조제5항 및 제8항, 제136조제1항 각 호의 개정규정은 공포 후 6개월이 경과한 날부터 시행한다.

제2조【초경량비행장치 관련 안전교육을 위한 준비행위】 국토교통부장관은 이 법 시행을 위하여 필요하다고 인정하는 경우에는 이 법 시행 전에 제135조제9항의 개정규정에 따른 초경량비행장치 관련 안전교육에 관한 업무를 위탁할 수 있는 기관·단체를 지정할 수 있다.

제3조【초경량비행장치 관련 안전교육에 관한 경과조치】 이 법 시행 당시 제125조의2제1항의 개정규정에 따른 안전교육을 받아야 하는 초경량비행장치 조종자 증명을 받은 사람은 이 법 시행일부터 2년 이내에 같은 개정규정에 따른 안전교육을 받아야 한다.

[별표] ➡ 「法典 別冊」 참조

도로법

(2014년 1월 14일 전부개정법률 제12248호)

개정
2014. 5.21법12639호 2015. 1. 6법12976호
2015. 1.28법13086호(소상공인보호및지원에관한법)
2015. 7.24법13426호(제주자치법)
2015. 8.11법13478호 2016. 1.19법13791호
2016. 1.19법13796호(부동산가격공시에관한법)
2016. 1.19법13805호(주택법)
2016.12. 2법14338호 2017. 1.17법14539호
2017.11.28법15115호 2018. 3.13법15455호
2018.12.18법15996호(대도시권광역교통관리에관한특별법)
2018.12.18법15997호
2020. 1.29법16902호(항만법)
2020. 2. 4법16912호(부등)
2020. 2. 4법16954호(소상공인기본법)
2020. 6. 9법17453호(법률용어정비)
2020.12.22법17689호(국가자치경찰)
2020.12.31법17814호(정부조직)
2021. 1.12법17893호(지방자치)
2021.12. 7법18555호 2022. 6.10법18940호
2022.11.15법19051호
2022.12.27법19117호(산림자원조성관리)
2023. 4.18법19379호
2023. 8. 8법19587호(매장유산보호및조사에관한법)
2023. 8.16법19677호
2023.10.24법19766호→2024년 10월 25일 시행이므로 「法典 別册」 보유편 수록
2024. 1. 9법19973호→2024년 7월 10일 시행
2024. 1. 9법19987호(행정법제혁신을위한일부개정법령등)
2024. 1.16법20041호
2024년 1월 25일 제412회 국회 본회의 통과→「法典 別册」 보유편 수록

제1장 총 칙

제1조【목적】 이 법은 도로망의 계획수립, 도로 노선의 지정, 도로공사의 시행과 도로의 시설 기준, 도로의 관리·보전 및 비용 부담 등에 관한 사항을 규정하여 국민이 안전하고 편리하게 이용할 수 있는 도로의 건설과 공공복리의 향상에 이바지함을 목적으로 한다.

제2조【정의】 이 법에서 사용하는 용어의 뜻은 다음과 같다.
1. "도로"란 차도, 보도(步道), 자전거도로, 측도(側道), 터널, 교량, 육교 등 대통령령으로 정하는 시설로 구성된 것으로서 제10조에 열거된 것을 말하며, 도로의 부속물을 포함한다.
2. "도로의 부속물"이란 도로관리청이 도로의 편리한 이용과 안전 및 원활한 도로교통의 확보, 그 밖에 도로의 관리를 위하여 설치하는 다음 각 목의 어느 하나에 해당하는 시설 또는 공작물을 말한다.
   가. 주차장, 버스정류시설, 휴게시설 등 도로이용 지원시설
   나. 시선유도표지, 중앙분리대, 과속방지시설 등 도로안전시설
   다. 통행료 징수시설, 도로관제시설, 도로관리사업소 등 도로관리시설
   라. 도로표지 및 교통량 측정시설 등 교통관리시설
   마. 낙석방지시설, 제설시설, 식수대 등 도로에서의 재해 예방 및 구조 활동, 도로환경의 개선·유지 등을 위한 도로부대시설
   바. 그 밖에 도로의 기능 유지 등을 위한 시설로서 대통령령으로 정하는 시설
3. "국가도로망"이란 제10조 각 호에 따른 고속국도와 일반국도, 지방도 등이 상호 유기적인 기능을 발휘할 수 있도록 체계적으로 구성한 도로망을 말한다.
4. "국가간선도로망"이란 전국적인 도로망의 근간이 되는 노선으로서 제10조제1호에 따른 고속국도와 같은 조 제2호에 따른 일반국도를 말한다.
5. "도로관리청"이란 도로에 관한 계획, 건설, 관리의 주체가 되는 기관으로서 도로의 구분에 따라 제23조에서 규정하는 다음 각 목의 어느 하나에 해당하는 기관을 말한다.
   가. 국토교통부장관
   나. 특별시장·광역시장·특별자치시장·도지사·특별자치도지사·시장·군수 또는 자치구의 구청장(이하 "행정청"이라 한다)
6. "도로구역"이란 도로를 구성하는 일단의 토지로서 제25조에 따라 결정된 구역을 말한다.
7. "도로공사"란 도로의 신설, 확장, 개량 및 보수(補修) 등을 하는 공사를 말한다.
8. "도로의 유지·관리"란 도로의 기능을 유지하기 위하여 필요한 일반적인 도로관리(경미한 도로의 보수 공사 등을 포함한다) 활동을 말한다.
9. "타공작물"이란 도로와 그 효용을 함께 발휘하는 둑, 호안(護岸), 철도 또는 궤도용의 교량, 횡단도로, 가로수, 그 밖에 대통령령으로 정하는 공작물을 말한다.

판례 도로법 적용을 받는 도로가 되기 위한 요건 : 도로는 도로의 형태를 갖추고, 도로법에 따른 노선 지정 또는 인정 공고 및 도로구역 결정·고시를 한 때 또는 도시계획법이나 도시재개발법에서 정한 절차를 거쳐야 비로소 도로법 적용을 받는 도로로 되는 것이고, 도로로 실제 사용되었다는 사정만으로는 도로법 적용을 받는 도로라고 할 수 없다.(대판 2011.5.26, 2010두28106)

제3조【국가 등의 책무】 ① 국가는 도로망의 건설, 관리 및 안전 등에 대한 종합적인 계획을 수립하고 필요한 시책을 마련하여 추진하여야 한다.
② 도로관리청은 도로에 관한 계획을 수립하거나 도로를 건설 또는 관리할 때에 다음 각 호의 사항을 고려하여야 한다.
1. 사회적 갈등을 예방하기 위하여 주민, 관계 전문가, 이해관계인 등의 의견을 충분히 반영할 것
2. 환경에 미치는 영향을 최소화 할 것
3. 도로의 상태가 적정하게 유지되도록 할 것
4. 도로 기능과 주변지역의 토지 이용이 조화를 이루도록 하여 도로의 지속가능성을 확보할 것
5. 지역공동체를 최대한 보전하도록 할 것
6. 안전하고 편리한 도로 이용을 위한 도로교통정보체계를 구축할 것

제4조【사권의 제한】 도로를 구성하는 부지, 옹벽, 그 밖의 시설물에 대해서는 사권(私權)을 행사할 수 없다. 다만, 소유권을 이전하거나 저당권을 설정하는 경우에는 사권을 행사할 수 있다.

제2장 도로에 관한 계획의 수립 등

제5조【국가도로망종합계획의 수립】 ① 국토교통부장관은 도로망의 건설 및 효율적인 관리 등을 위하여 10년마다 국가도로망종합계획(이하 "종합계획"이라 한다)을 수립하여야 한다.
② 종합계획은 다음 각 호의 계획과 조화를 이루도록 수립하여야 한다.(2024.1.16 본문개정)
1. 「국토기본법」 제6조제2항제1호에 따른 국토종합계획
2. 「국가통합교통체계효율화법」 제4조제1항에 따른 국가기간교통망계획
3. 「지방자치분권 및 지역균형발전에 관한 특별법」 제6조제1항에 따른 지방시대 종합계획
(2024.1.16 1호~3호신설)
③ 종합계획에는 다음 각 호의 사항을 포함하여야 한다.
1. 도로의 현황 및 도로교통 여건 변화 전망에 관한 사항
2. 도로 정책의 기본 목표 및 추진 방향
3. 도로의 환경친화적 건설 및 지속가능성 확보에 관한 사항
3의2. 도로시설의 안전 확보에 관한 사항(2018.12.18 본호신설)
4. 사회적 갈등의 발생을 예방하기 위한 주민 참여에 관한 사항
5. 도로 자산의 효율적 활용을 통한 도로의 가치 제고, 이용편의 증진에 관한 사항(2018.12.18 본호개정)
6. 첨단기술을 적용한 도로 구축 등 도로 관련 연구 및 기술개발에 관한 사항(2018.12.18 본호개정)
7. 국가간선도로망의 구성 및 건설에 관한 사항
8. 국가간선도로망의 건설 및 관리에 필요한 재원 확보의 기본방향과 투자의 개략적인 우선순위에 관한 사항
9. 국가간선도로망의 국제적 연계에 관한 사항
10. 그 밖에 국가간선도로망의 건설·관리·이용에 관한 사항으로서 대통령령으로 정하는 사항
④ 국토교통부장관은 제1항에 따라 종합계획을 수립하려는 때에는 미리 관계 중앙행정기관의 장과 협의하고, 특별시장·광역시장·특별자치시장·도지사·특별자치도지사(이하 "시·도지사"라 한다) 및 시장·군수·구청장(자치구의 구청장을 말한다. 이하 같다)의 의견을 들은 후 제9조에 따른 도로정책심의위원회의 심의를 거쳐야 한다.
⑤ 국토교통부장관은 제1항에 따라 종합계획을 수립한 때에는 지체 없이 그 주요 내용을 관보에 고시하고, 관계 중앙행정기관의 장과 시·도지사 및 시장·군수·구청장에게 종합계획을 보내야 한다.
⑥ 국토교통부장관은 종합계획이 수립된 날부터 5년마다 그 타당성을 검토할 수 있고, 필요하면 종합계획을 변경하여야 한다.
⑦ 이미 수립된 종합계획을 변경하는 경우에는 제4항 및 제5항의 규정을 준용한다. 다만, 대통령령으로 정하는 경미한 사항을 변경하는 경우에는 그러하지 아니하다.

제6조【도로건설·관리계획의 수립 등】 ① 도로관리청은 도로의 원활한 건설 및 도로의 유지·관리를 위하여 5년마다 제23조의 구분에 따른 소관 도로(제13조에 따른 고속국도 또는 일반국도의 지선을 포함한다. 이하 이 조에서 같다)에 대하여 도로건설·관리계획(이하 "건설·관리계획"이라 한다)을 수립하여야 한다. 다만, 제15조제2항에 따른 국가지원지방도에 대해서는 국토교통부장관이 건설·관리계획을 수립한다.
② 건설·관리계획은 종합계획에 부합하여야 한다.
③ 건설·관리계획에는 다음 각 호의 사항을 포함하여야 한다.
1. 도로 건설·관리의 목표 및 방향
2. 개별 도로 건설사업의 개요, 사업기간 및 우선 순위
3. 도로의 관리, 도로 및 도로 자산의 활용·운용에 관한 사항
4. 도로의 건설·관리 등에 필요한 비용과 그 재원의 확보에 관한 사항
5. 도로 주변 환경의 보전·관리에 관한 사항 및 지역공동체 보전에 관한 사항
6. 도로의 경관(景觀) 제고에 관한 사항
7. 도로교통정보체계의 구축·운영에 관한 사항
8. 그 밖에 도로관리청이 도로의 체계적인 건설·관리를 위하여 필요하다고 인정하는 사항
④ 도로관리청은 건설·관리계획을 수립하려는 때에는 도로 건설과 관련된 사항에 대해서는 미리 관계 행정기관의 장의 의견을 들어야 하며, 필요한 경우 관할 지방자치단체의 장에게 자료의 제출을 요구할 수 있다.
⑤ 국토교통부장관이 제1항에 따라 건설·관리계획을 수립하는 경우 제9조에 따른 도로정책심의위원회의 심의를 거쳐야 하고, 시·도지사가 건설·관리계획을 수립하는 경우에는 국토교통부장관과 협의하여야 하며, 시장·군수·구청장이 건설·관리계획을 수립하는 경우에는 특별시장·광역시장 또는 도지사와 협의하여야 한다.
⑥ 도로관리청은 국토교통부령으로 정하는 바에 따라 도로의 재산적 가치를 조사·평가하여 이를 건설·관리계획에 반영하여야 하고, 관련 자료를 체계적으로 관리하여야 한다. 이 경우 도로의 재산적 가치에 대한 조사·평가는 「국가회계법」 제11조에 따른 국가회계기준에 적합하여야 한다.
⑦ 도로관리청은 건설·관리계획을 수립한 경우에는 국토교통부령으로 정하는 바에 따라 고시하여야 한다.
⑧ 이미 수립된 건설·관리계획을 변경하는 경우에는 제5항 및 제7항의 규정을 준용한다. 다만, 대통령령으로 정하는 경미한 사항을 변경하는 경우에는 그러하지 아니하다.

제7조【건설·관리계획의 조정】 ① 국토교통부장관은 제6조에 따라 행정청이 수립한 건설·관리계획〔시도(市道)·군도(郡道) 및 구도(區道)에 대한 건설·관리계획은 제외한다〕에 대하여 행정청 간에 다른 의견이 있을 경우에는 관련 행정청의 신청을 받거나 직권으로 조정(調整)할 수 있다.
② 제1항에 따라 국토교통부장관이 조정을 하는 경우에는 해당 행정청의 의견을 들은 후 제9조에 따른 도로정책심의위원회의 심의를 거쳐야 한다.
③ 국토교통부장관은 제1항에 따라 직권으로 건설·관리계획에 대한 조정을 할 경우에는 미리 그 사실을 해당 행정청에 알려야 한다.
④ 행정청은 제1항에 따른 조정을 거쳐 건설·관리계획이 변경된 경우에는 그 변경 내용 등을 고시하여야 한다.
⑤ 제1항부터 제4항까지에서 규정한 사항 외에 건설·관리계획의 조정에 필요한 사항은 대통령령으로 정한다.

제8조【대도시권 교통혼잡도로 개선】 ① 국토교통부장관은 시·도지사 또는 시장·군수·구청장이 도로관리청인 도로 중 대도시권의 주요 간선도로로서 교통 혼잡의 해소, 물류의 원활한 흐름을 위하여 개선사업의 시행이 필요한 구간의 도로(이하 "대도시권 교통혼잡도로"라 한다)에 대하여 5년마다 권역별로 대도시권 교통혼잡도로 개선사업계획(이하 이 조에서 "사업계획"이라 한다)을 수립하여야 한다.
② 사업계획에는 다음 각 호의 내용이 포함되어야 한다.
1. 대도시권 교통혼잡도로 개선사업(이하 이 조에서 "개선사업"이라 한다)의 목표
2. 개선사업 대상 도로
3. 연차별 개선사업 계획
4. 개선사업의 시행을 위한 총투자 규모
5. 개선사업의 시행에 필요한 재원의 조달방안
6. 그 밖에 대통령령으로 정하는 사항
③ 국토교통부장관은 사업계획을 수립할 때에는 관계 중앙행정기관의 장 및 시·도지사나 시장·군수·구청장과 협의하고, 제9조에 따른 도로정책심의위원회 심의를 거쳐야 한다.
④ 행정청은 사업계획에 따라 매년 대도시권 교통혼잡도로의 개선을 위한 세부 사업계획을 수립하고 시행하여야 한다.
⑤ 대도시권 교통혼잡도로의 선정 기준, 관리 방법 등에 관하여 필요한 사항은 대통령령으로 정한다.
⑥ 이미 수립된 사업계획을 변경하는 경우에는 제3항의 규정을 준용한다. 다만, 대통령령으로 정하는 경미한 사항을 변경하는 경우에는 그러하지 아니하다.
⑦ 국토교통부장관은 「지방자치법」 제198조에 따른 인구 50만명 이상 대도시의 주요 간선도로에 대하여 5년마다 교통혼잡 실태 등을 조사할 수 있다.(2021.1.12 본항개정)

제9조【도로정책심의위원회의 설치 및 구성】 ① 도로정책에 관한 다음 각 호의 사항을 심의하기 위하여 국토교통부장관 소속으로 도로정책심의위원회(이하 "위원회"라 한다)를 둔다.
1. 종합계획의 수립 및 변경에 관한 사항
2. 국토교통부장관이 수립하는 건설·관리계획의 수립 및 변경에 관한 사항

3. 건설·관리계획의 조정에 관한 사항
4. 대도시권 교통혼잡도로 개선사업계획의 수립 및 변경에 관한 사항
5. 국토교통부장관이 지정·고시하는 도로의 노선 지정에 관한 사항
6. 국가가 관리하는 유료도로의 통행료 조정에 관한 사항
7. 장기간 지연되고 있는 도로와 관련된 사업 중 대통령령으로 정하는 요건에 해당하는 도로에 관련된 사업의 재평가에 관한 사항
8. 그 밖에 도로정책에 관한 중요한 사항으로서 국토교통부장관이 심의를 요청하는 사항
② 위원회는 위원장 1명과 부위원장을 포함한 25명 이내의 위원으로 구성한다.
③ 위원장과 부위원장은 국토교통부장관이 지명한다.
④ 위원회의 위원은 다음 각 호의 어느 하나에 해당하는 사람 중에서 국토교통부장관이 지명 또는 위촉한다.
1. 고위공무원단에 속하는 일반직 공무원 또는 3급 이상의 중앙행정기관 소속 공무원
2. 도로에 관한 학식과 경험이 풍부한 사람 중에서 국토교통부장관이 필요하다고 인정한 사람
⑤ 위원 중 공무원이 아닌 위원의 임기는 2년으로 하되, 연임할 수 있으며 보궐위원의 임기는 전임자의 남은 기간으로 한다.
⑥ 위원회의 구성·운영과 그 밖에 필요한 사항은 대통령령으로 정한다.

제3장 도로의 종류 및 도로관리청

제10조【도로의 종류와 등급】 도로의 종류는 다음 각 호와 같고, 그 등급은 다음 각 호에 열거한 순서와 같다.
1. 고속국도(고속국도의 지선 포함)
2. 일반국도(일반국도의 지선 포함)
3. 특별시도(特別市道)·광역시도(廣域市道)
4. 지방도
5. 시도
6. 군도
7. 구도

제11조【고속국도의 지정·고시】 국토교통부장관은 도로교통망의 중요한 축(軸)을 이루며 주요 도시를 연결하는 도로로서 자동차(「자동차관리법」 제2조제1호에 따른 자동차 및 같은 조 제1호의3에 따른 자율주행자동차와 「건설기계관리법」 제2조제1항제1호에 따른 건설기계 중 대통령령으로 정하는 것을 말한다. 이하 제47조, 제113조 및 제115조제1호에서 같다) 전용의 고속교통에 사용되는 도로 노선을 정하여 고속국도를 지정·고시한다.(2023.8.16 본조개정)

제12조【일반국도의 지정·고시】 ① 국토교통부장관은 주요 도시, 지정항만(「항만법」 제3조에 따라 대통령령으로 정하는 항만을 말한다), 주요 공항, 국가산업단지 또는 관광지 등을 연결하여 고속국도와 함께 국가간선도로망을 이루는 도로 노선을 정하여 일반국도를 지정·고시한다.(2020.1.29 본항개정)
② 국토교통부장관은 제1항에 따라 일반국도의 노선을 지정·고시하는 경우에 특별자치시·특별자치도 또는 시(市)의 관할구역을 통과하는 기존의 일반국도를 대체하기 위하여 필요한 경우에는 기존의 일반국도를 우회하는 구간을 일반국도로서 일반국도대체우회도로(이하 "우회국도"라 한다)로 지정·고시할 수 있다.
③ 국토교통부장관은 일반국도의 국가간선도로망으로서의 기능을 유지하기 위하여 필요한 경우에는 특별시·광역시·특별자치시·특별자치도 또는 시 지역(읍·면 지역은 제외한다)의 일반국도 중 일부 구간을 정하여 일반국도지정도로(이하 "지정국도"라 한다)로 지정·고시할 수 있다. 이 경우 지정국도의 지정 기준·절차 및 관리 기준 등은 대통령령으로 정한다.(2020.6.9 전단개정)
④ 국토교통부장관은 제3항에 따라 지정국도를 지정(변경 및 해제를 포함한다)하려면 지정국도의 대상이 되는 구간을 관할하는 특별시장·광역시장·특별자치시장·특별자치도지사 또는 시장의 의견을 들어야 한다.

제13조【고속국도 또는 일반국도의 지선】 ① 국토교통부장관은 다음 각 호의 어느 하나에 해당하는 도로를 고속국도 또는 일반국도의 지선(이하 "지선"이라 한다)으로 지정·고시할 수 있다.
1. 고속국도 또는 일반국도와 인근의 도시·항만·공항·산업단지·물류시설 등을 연결하는 도로
2. 고속국도 또는 일반국도의 기능을 보완하기 위하여 해당 고속국도 또는 일반국도를 우회하거나 고속국도 또는 일반국도를 서로 연결하는 도로
② 제1항에서 정한 것 외에 지선의 지정 기준에 관하여 필요한 사항은 대통령령으로 정한다.
③ 지선은 연결되는 주된 도로의 종류에 따라 각각 고속국도 또는 일반국도로 본다. 이 경우 지선이 연결되는 주된 도로의 범위는 국토교통부장관이 정한다.

제14조【특별시도·광역시도의 지정·고시】 특별시장 또는 광역시장은 해당 특별시 또는 광역시의 관할구역에 있는 도로 중 다음 각 호의 어느 하나에 해당하는 도로 노선을 정하여 특별시도·광역시도를 지정·고시한다.
1. 해당 특별시·광역시의 주요 도로망을 형성하는 도로
2. 특별시·광역시의 주요 지역과 인근 도시·항만·산업단지·물류시설 등을 연결하는 도로
3. 제1호 및 제2호에 따른 도로 외에 특별시 또는 광역시의 기능을 유지하기 위하여 특히 중요한 도로

제15조【지방도의 지정·고시】 ① 도지사 또는 특별자치도지사는 도(道) 또는 특별자치도의 관할구역에 있는 도로 중 해당 지역의 간선도로망을 이루는 다음 각 호의 어느 하나에 해당하는 도로 노선을 정하여 지방도를 지정·고시한다.
1. 도청 소재지에서 시청 또는 군청 소재지에 이르는 도로
2. 시청 또는 군청 소재지를 연결하는 도로
3. 도 또는 특별자치도에 있거나 해당 도 또는 특별자치도와 밀접한 관계에 있는 공항·항만·역을 연결하는 도로
4. 도 또는 특별자치도에 있는 공항·항만 또는 역에서 해당 도 또는 특별자치도와 밀접한 관계가 있는 고속국도·일반국도 또는 지방도를 연결하는 도로
5. 제1호부터 제4호까지의 규정에 따른 도로 외의 도로로서 도 또는 특별자치도의 개발을 위하여 특히 중요한 도로
② 국토교통부장관은 주요 도시, 공항, 항만, 산업단지, 주요 도서(島嶼), 관광지 등 주요 교통유발시설을 연결하고 국가간선도로망을 보조하기 위하여 필요한 경우에는 지방도 중에서 도로 노선을 정하여 국가지원지방도를 지정·고시할 수 있다. 이 경우 국토교통부장관은 교통 연결의 일관성을 유지하기 위하여 필요한 경우에는 특별시도·광역시도, 시도, 군도 또는 노선이 지정되지 아니한 신설 도로의 구간을 포함하여 국가지원지방도를 지정·고시할 수 있다.

제16조【시도의 지정·고시】 특별자치시장 또는 시장(행정시의 경우에는 특별자치도지사를 말한다)은 특별자치시, 시 또는 행정시의 관할구역에 있는 도로 노선을 정하여 시도를 지정·고시한다.

제17조【군도의 지정·고시】 군수는 해당 군(광역시의 관할 구역에 있는 군을 포함한다. 이하 이 조에서 같다)의 관할구역에 있는 도로 중 다음 각 호의 어느 하나에 해당하는 도로 노선을 정하여 군도를 지정·고시한다.
1. 군청 소재지에서 읍사무소 또는 면사무소 소재지에 이르는 도로
2. 읍사무소 또는 면사무소 소재지를 연결하는 도로
3. 제1호 및 제2호에 따른 도로 외의 도로로서 군의 개발을 위하여 특히 중요한 도로

제18조【구도의 지정·고시】 구청장은 관할구역에 있는 특별시도 또는 광역시도가 아닌 도로 중 동(洞) 사이를 연결하는 도로 노선을 정하여 구도를 지정·고시한다.

제19조【도로 노선의 지정·고시 방법 등】 ① 제11조부터 제13조까지 및 제15조제2항에 따른 고속국도, 일반국도, 지선 및 국가지원지방도의 노선 지정·고시는 관보에 하고, 제14조, 제15조제1항 및 제16조부터 제18조까지의 규정에 따른 특별시도·광역시도, 지방도, 시도, 군도 및 구도의 노선 지정·고시는 해당 지방자치단체의 공보에 하여야 한다.
② 제1항에 따른 도로 노선의 지정·고시에는 다음 각 호의 사항을 포함하여야 한다.
1. 노선번호
2. 노선명
3. 기점, 종점
4. 주요 통과지
5. 그 밖에 필요한 사항
③ 제1항 중 국토교통부장관이 노선의 지정·고시를 하는 경우에는 관계 중앙행정기관의 장과 협의하고 위원회의 심의를 거쳐야 한다.
④ 도로관리청은 제36조에 따라 도로관리청이 아닌 자의 도로공사로 도로 노선을 지정·고시할 필요가 있게 된 때에는 해당 도로공사의 준공확인을 한 뒤에 제1항부터 제3항까지의 규정에 따라 해당 도로 노선을 지정·고시할 수 있다.

제20조【관할구역 밖의 도로 노선 지정】 ① 행정청은 특히 필요하다고 인정하면 제14조부터 제18조까지의 규정에도 불구하고 대통령령으로 정하는 바에 따라 관계 행정청과 협의하여 그 관할구역 밖에 있는 도로를 각각 특별시도·광역시도, 지방도, 시도, 군도 또는 구도로 노선을 지정할 수 있다.
② 제1항에 따른 협의가 성립되지 아니하면 시·도지사는 국토교통부장관에게, 시장·군수 또는 구청장은 특별시장·광역시장 또는 도지사에게 각각 재정(裁定)을 신청할 수 있다.
③ 제2항에 따른 재정이 있으면 제1항에 따른 협의가 성립된 것으로 본다.
④ 제1항에 따른 협의 또는 제2항에 따른 재정이 있으면 도로 노선을 지정한 행정청은 해당 지방자치단체의 공보에 그 사실을 고시하여야 한다.

제21조【도로 노선의 변경과 폐지】 ① 국토교통부장관 또는 행정청은 제11조부터 제18조까지 및 제20조에 따라 지정한 도로 노선을 변경하거나 그 노선의 전부 또는 일부를 폐지할 수 있다.
② 행정청이 도로 노선을 지정·변경 또는 폐지하려면 국토교통부령으로 정하는 바에 따라 특별시도·광역시도, 지방도, 시도(특별자치시장이 노선을 지정한 것으로 한정한다)에 관하여는 국토교통부장관, 시도(특별자치시장이 노선을 지정한 것은 제외한다)·군도 또는 구도에 관하여는 특별시장·광역시장 또는 도지사의 승인을 받아야 한다.
③ 국토교통부장관 또는 행정청은 제1항에 따라 노선을 변경하거나 폐지하려면 국토교통부령으로 정하는 바에 따라 그 사실을 고시하여야 한다.

제22조【도로 노선의 중복】 ① 서로 다른 종류의 도로 노선이 중복되는 도로의 구간에 대해서는 상급도로(제10조 각 호에 따른 도로의 순위를 기준으로 해당 도로보다 높은 순위의 도로를 말한다. 이하 같다)에 관한 규정을 적용한다.
② 국토교통부장관 또는 행정청은 다른 도로 노선과 중복되게 도로 노선을 지정·변경하려는 경우나 다른 도로 노선과 중복된 도로 노선을 변경·폐지하려는 경우에는 그 다른 도로 노선을 지정한 행정청 또는 국토교통부장관(해당 도로 노선을 지정한 행정청 또는 국토교통부장관이 해당 도로의 도로관리청이 아닌 경우에는 도로관리청을 포함한다)에게 그 사실을 알려야 한다.

제23조【도로관리청】 ① 도로관리청은 다음 각 호의 구분에 따른다.
1. 제11조 및 제12조에 따른 고속국도와 일반국도 : 국토교통부장관
2. 제15조제2항에 따른 국가지원지방도(이하 "국가지원지방도"라 한다) : 도지사·특별자치도지사(특별시, 광역시 또는 특별자치시 관할구역에 있는 구간은 해당 특별시장, 광역시장 또는 특별자치시장)
3. 그 밖의 도로 : 해당 도로 노선을 지정한 행정청
② 제1항에도 불구하고 특별시·광역시·특별자치시·특별자치도 또는 시의 관할구역에 있는 일반국도(우회국도 및 지정국도는 제외한다. 이하 이 조에서 같다)와 지방도는 각각 다음 각 호의 구분에 따라 해당 시·도지사 또는 시장이 도로관리청이 된다.
1. 특별시·광역시·특별자치시·특별자치도 관할구역의 동(洞) 지역에 있는 일반국도 : 해당 특별시장·광역시장·특별자치시장·특별자치도지사
2. 특별자치시 관할구역의 동 지역에 있는 지방도 : 해당 특별자치시장
3. 시 관할구역의 동 지역에 있는 일반국도 및 지방도 : 해당 시장

제24조【도로 관리의 협의 및 재정】 ① 제23조에도 불구하고 행정구역의 경계에 있는 도로는 관계 행정청이 협의하여 도로관리청과 관리방법을 따로 정할 수 있다.
② 제1항에 따른 협의가 성립되지 아니하면 관계 행정청은 특별시·광역시·특별자치시·도 또는 특별자치도(이하 "시·도"라 한다)의 경계에 있는 도로에 관하여는 국토교통부장관에게 재정을 신청하고, 그 밖의 도로에 관하여는 특별시장·광역시장 또는 도지사에게 각각 재정을 신청할 수 있다.
③ 제2항에 따른 재정이 있으면 제1항에 따른 협의가 있는 것으로 본다.
④ 관계 행정청은 제1항에 따른 협의나 제2항에 따른 재정이 있으면 그 내용을 고시하여야 한다.

제4장 도로구역 및 도로와 관련된 사업의 시행

제25조【도로구역의 결정】 ① 도로관리청은 도로 노선의 지정·변경 또는 폐지의 고시가 있으면 지체 없이 해당 도로의 도로구역을 결정·변경 또는 폐지하여야 한다.
② 상급도로의 도로관리청(이하 "상급도로관리청"이라 한다)은 제1항에도 불구하고 해당 상급도로에 접속되거나 연결되는 하급도로(제10조 각 호에 따른 도로의 순위를 기준으로 해당 도로보다 낮은 순위의 도로를 말한다. 이하 같다)의 접속구간 또는 연결구간의 도로구역을 결정·변경 또는 폐지할 수 있다. 이 경우 상급도로관리청은 미리 하급도로의 도로관리청(이하 "하급도로관리청"이라 한다)의 동의를 받아야 한다.
③ 도로관리청은 제1항이나 제2항에 따라 도로구역을 결정·변경 또는 폐지하면 그 사유, 위치, 면적 등 대통령령으로 정하는 사항을 구체적으로 밝혀 국토교통부령으로 정하는 바에 따라 고시하고, 그 도면을 일반인이 열람할 수 있도록 하여야 한다.

판례 도로구역의 결정은 행정에 관한 전문적·기술적 판단을 기초로 도로망의 정비를 통한 교통의 발달과 공공복리의 향상이라는 행정목표를 달성하기 위한 행정작용으로서, 구 도로법과 하위법령에는 추상적인 행정목표와 절차만이 규정되어 있을 뿐 도로구역을 결정하는 기준이나 요건에 관하여는 별다른 규정을 두고 있지 않아 행정주체는 해당 노선을 이루는 구체적인 도로구역을 결정함에 있어서 비교적 광범위한 형성의 자유를 가진다.(대판 2015.6.11, 2015두35215)

제26조【주민 등의 의견청취】 ① 도로관리청은 제25조에 따라 도로구역을 결정·변경 또는 폐지하려는 경우에는 미리 해당 도로구역에 대한 주소, 도면, 면적 등 대통령령으로 정하는 사항을 공고하여 주민 및 관계 전문가 등의 의견을 들어야 한다. 다만, 대통령령으로 정하는 경미한 사항을 변경하는 경우에는 그러하지 아니하다.
② 제1항에 따른 공고, 주민 및 관계 전문가 등의 의견청취에 필요한 사항은 대통령령으로 정한다.

제27조【행위제한 등】 ① 도로구역 및 제26조제1항에 따라 공고를 한 도로구역 결정·변경 또는 폐지 예정지

(이하 "도로구역 예정지"라 한다)에서 건축물의 건축, 공작물의 설치, 토지의 형질변경, 토석(土石)의 채취, 토지의 분할, 물건을 쌓아놓는 행위, 그 밖에 대통령령으로 정하는 행위를 하려는 자는 특별자치시장, 특별자치도지사, 시장·군수 또는 구청장(이하 이 조에서 "허가권자"라 한다)의 허가를 받아야 한다. 허가받은 사항을 변경하려는 경우에도 또한 같다.
② 다음 각 호의 어느 하나에 해당하는 행위는 도로구역 및 도로구역 예정지에서 제1항에도 불구하고 허가를 받지 아니하고 할 수 있다.
1. 재해 복구 또는 재난 수습에 필요한 응급조치를 위하여 하는 행위
2. 그 밖에 대통령령으로 정하는 행위
③ 제1항에 따라 허가를 받아야 하는 자가 제26조제1항에 따른 공고 전에 다음 각 호의 어느 하나에 해당하는 경우에는 대통령령으로 정하는 바에 따라 허가권자에게 신고를 하고 해당 행위를 계속할 수 있다.
1. 해당 행위가 관계 법령에 따라 허가·인가·면허·승인·해제·결정·동의 또는 협의 등(이하 "인·허가등"이라 한다)을 받아야 하는 행위인 경우 관계 법령에 따라 인·허가등을 받고 이미 그 공사 또는 사업에 착수한 자
2. 해당 행위가 관계 법령에 따라 신고를 하여야 하는 행위인 경우 관계 법령에 따라 신고를 하고 이미 그 공사 또는 사업에 착수한 자
3. 해당 행위가 관계 법령에 따라 인·허가등을 받거나 신고를 할 필요가 없는 행위인 경우 이미 그 공사 또는 사업에 착수한 자
④ 허가권자는 제3항에 따른 신고를 받은 날부터 15일 이내에 신고수리 여부를 신고인에게 통지하여야 한다. (2018.12.18 본항신설)
⑤ 허가권자가 제4항에서 정한 기간 내에 신고수리 여부 또는 민원 처리 관련 법령에 따른 처리기간의 연장을 신고인에게 통지하지 아니하면 그 기간(민원 처리 관련 법령에 따라 처리기간이 연장 또는 재연장된 경우에는 해당 처리기간을 말한다)이 끝난 날의 다음 날에 신고를 수리한 것으로 본다.(2018.12.18 본항신설)
⑥ 허가권자는 허가를 받지 아니하고 제1항에 따른 행위를 한 자에 대하여 원상회복을 명할 수 있다. 이 경우 명령을 받은 자가 원상회복을 이행하지 아니하는 경우 허가권자는 「행정대집행법」에 따라 대집행할 수 있다.
⑦ 제1항에 따라 허가를 받은 경우에는 「국토의 계획 및 이용에 관한 법률」 제56조에 따라 허가를 받은 것으로 본다. 이 경우 제1항에 따른 허가에 관하여 이 법에서 규정한 것을 제외하고는 「국토의 계획 및 이용에 관한 법률」 제57조부터 제60조까지 및 제62조를 준용한다.
⑧ 제1항에도 불구하고 제26조제1항에 따른 공고가 있은 날부터 5년 이내에 해당 도로구역 예정지에 대하여 제25조제3항에 따른 도로구역의 결정·변경 고시가 이루어지지 아니하면 제1항에 따른 허가를 받지 아니하고 제1항에 따른 행위를 할 수 있다.

제28조【입체적 도로구역】 ① 도로관리청은 제25조에 따라 도로구역을 결정하거나 변경하는 경우 그 도로가 있는 지역의 토지를 적절하고 합리적으로 이용하기 위하여 필요하다고 인정하면 지상이나 지하 공간 등 도로의 상하의 범위를 정하여 도로구역으로 지정할 수 있다.
② 도로관리청은 제1항에 따른 도로구역(이하 "입체적 도로구역"이라 한다)을 지정할 때에는 토지·건물 또는 토지에 정착한 물건의 소유권이나 그 밖의 권리를 가진 자와 구분지상권(區分地上權)의 설정이나 이전을 위한 협의를 하여야 하며, 지상의 공간에 대한 협의가 이루어지지 아니하면 입체적 도로구역으로 지정할 수 없다. 이 경우 협의의 목적이 되는 소유권이나 그 밖의 권리, 구분지상권의 범위 등 협의의 내용에 포함되어야 할 사항은 대통령령으로 정한다.
③ 도로관리청은 제2항에 따라 토지의 지상 부분이나 지하 부분의 사용에 대하여 협의가 성립하면 구분지상권을 설정하거나 이전한다. 이 경우 구분지상권의 존속기간은 「민법」 제280조 및 제281조에도 불구하고 도로가 존속하는 때까지로 한다.
④ 도로관리청은 입체적 도로구역의 지하 부분에 대하여 「공익사업을 위한 토지 등의 취득 및 보상에 관한 법률」에 따라 구분지상권의 설정이나 이전을 내용으로 하는 관할 토지수용위원회(「공익사업을 위한 토지 등의 취득 및 보상에 관한 법률」 제51조에 따른 관할 토지수용위원회를 말한다. 이하 같다)의 수용재결이나 사용재결을 받으면 「부동산등기법」 제99조에 따라 단독으로 그 구분지상권의 설정등기나 이전등기를 신청할 수 있다.
⑤ 토지의 사용에 관한 구분지상권의 등기절차에 관하여 필요한 사항은 대법원규칙으로 정한다.

제29조【다른 법률에 따른 인·허가등의 의제】 ① 도로관리청이 제25조에 따라 도로구역을 결정하거나 변경하면 다음 각 호의 인·허가등에 관하여 제2항에 따라 관계 행정기관의 장과 협의한 사항은 해당 인·허가등을 받은 것으로 보며, 도로구역의 결정·변경을 고시하면 해당 인·허가등을 고시하거나 공고한 것으로 본다.
1. 「공유수면 관리 및 매립에 관한 법률」 제8조에 따른 공유수면의 점용·사용허가, 같은 법 제17조에 따른 점용·사용 실시계획의 승인 또는 신고 및 같은 법 제28조에 따른 공유수면의 매립면허
2. 「광업법」 제24조에 따른 광업권 설정의 불허가, 같은 법 제34조에 따른 광업권의 취소처분 또는 광구(鑛區)의 감소처분
3. 「군사기지 및 군사시설 보호법」 제13조에 따른 행정기관의 허가 등에 관한 협의
4. 「국토의 계획 및 이용에 관한 법률」 제30조에 따른 도시·군관리계획의 결정(이 법 제10조에 따른 도로 및 이와 관련하여 완충 목적으로 설치하는 도시·군계획시설인 녹지와 교통광장만 해당한다), 같은 법 제56조에 따른 개발행위의 허가, 같은 법 제81조제2항에 따른 시가화조정구역(市街化調整區域)에서의 행위에 대한 허가, 같은 법 제88조에 따른 실시계획의 인가
5. 「농어촌도로 정비법」 제5조에 따른 도로정비 허가
6. 「농지법」 제34조에 따른 농지전용(農地轉用)의 허가 및 협의
7. 「도시공원 및 녹지 등에 관한 법률」 제24조제1항 및 제27조제1항 단서에 따른 도시공원의 점용허가 및 도시자연공원구역에서의 행위 허가
8. 「매장유산 보호 및 조사에 관한 법률」 제8조에 따른 협의(2023.8.8 본호개정)
9. 「사방사업법」 제14조에 따른 입목·죽(竹)의 벌채 등의 허가, 같은 법 제20조에 따른 사방지(砂防地) 지정의 해제
10. 「산림자원의 조성 및 관리에 관한 법률」 제36조제1항·제5항에 따른 입목벌채등의 허가 및 신고, 「산림보호법」 제9조제1항 및 제2항제1호·제2호에 따른 산림보호구역(산림유전자원보호구역은 제외한다)에서의 행위의 허가·신고와 같은 법 제11조제1항제1호에 따른 산림보호구역의 지정 해제(2022.12.27 본호개정)
11. 「산업입지 및 개발에 관한 법률」 제12조에 따른 산업단지에서의 토지의 형질변경 등의 허가
12. 「산지관리법」 제8조에 따른 산지에서의 구역 등의 지정, 같은 법 제14조·제15조에 따른 산지전용허가 및 산지전용신고, 같은 법 제15조의2에 따른 산지일시사용허가·신고, 같은 법 제25조에 따른 토석〔토사(土砂)로 한정한다〕채취허가
13. 「소하천정비법」 제10조에 따른 소하천(小河川)공사 시행의 허가, 같은 법 제14조에 따른 소하천의 점용 등 허가
14. 「자연공원법」 제23조에 따른 공원구역에서의 행위 허가
15. 「장사 등에 관한 법률」 제27조제1항에 따른 분묘의 개장(改葬) 허가
16. 「제주특별자치도 설치 및 국제자유도시 조성을 위한 특별법」 제355조제3항 단서, 제356조제2항 단서, 제358조제2항제3호에 따른 도로 신설 등의 허가(2015.7.24 본호개정)
17. 「초지법」 제23조에 따른 초지전용의 허가
18. 「하천법」 제30조에 따른 하천공사 또는 하천의 유지·보수 허가 및 같은 법 제33조에 따른 하천의 점용허가
② 도로관리청은 제25조에 따라 도로구역을 결정하거나 변경하는 경우 제1항 각 호의 어느 하나에 해당하는 사항이 있으면 미리 관계 행정기관의 장과 협의하여야 한다. (2024.1.9 본항개정)
③ 제2항에 따라 협의를 요청받은 관계 행정기관의 장은 제1항 각 호의 법률에 규정된 인·허가등의 기준에 따라 협의 시 의견을 제출하고 도로관리청과 협의하여야 한다.
④ 제1항부터 제3항까지에서 규정한 사항 외에 인·허가등 의제의 기준·효과 및 처리기간의 통합 고시 등에 관하여는 「행정기본법」 제24조부터 제26조까지 및 「행정절차법」 제20조제2항을 준용한다. 이 경우 「행정절차법」 제20조제2항 중 "처분기준"은 "처리기준"으로, "공표"는 "고시"로 본다.(2024.1.9 본항개정)
⑤ 도로관리청이 제39조제1항에 따라 도로의 사용 개시를 공고하면 제1항 각 호의 인·허가등에 따른 공사 또는 사업 등의 준공검사 또는 준공인가 등을 받은 것으로 본다.

제30조【도로구역 내 시설의 설치】 도로관리청은 도로의 효용을 훼손하지 않는 범위에서 도로 이용자의 편의를 증진하기 위해 도로구역에 도로의 부속물과 공공목적의 다음 각 호의 시설을 설치·운영할 수 있다.
1. 「도시공원 및 녹지 등에 관한 법률」 제2조제4호에 따른 공원시설
2. 「자원의 절약과 재활용촉진에 관한 법률」 제2조제10호에 따른 재활용시설
3. 「체육시설의 설치·이용에 관한 법률」 제6조에 따른 생활체육시설
4. 그 밖에 도로의 효용 증진과 공공목적을 위하여 필요한 시설로서 대통령령으로 정하는 시설

제31조【도로공사와 도로의 유지·관리 등】 ① 도로공사와 도로의 유지·관리는 이 법이나 다른 법률에 특별한 규정이 있는 경우를 제외하고는 해당 도로의 도로관리청이 수행한다.
② 제1항에도 불구하고 국토교통부장관은 일반국도의 일부 구간에 대한 도로공사와 도로의 유지·관리에 관한 업무를 대통령령으로 정하는 바에 따라 도지사 또는 특별자치도지사가 수행하도록 할 수 있다. 이 경우 국토교통부장관은 미리 도지사 또는 특별자치도지사와 협의하여야 한다.
③ 국가지원지방도에 대한 도로공사에 필요한 조사·설계는 국토교통부장관이 실시한다. 다만, 특별시 또는 광역시 안의 국가지원지방도 구간에 대한 조사·설계는 특별시장 또는 광역시장이 실시하되, 국가지원지방도의 설계에 관하여는 국토교통부장관의 승인을 받아야 한다.
④ 국가지원지방도의 도로관리청은 제6조제1항 단서에 따라 국토교통부장관이 수립한 건설·관리계획과 제3항에 따른 조사·설계에 따라 국가지원지방도의 도로공사를 시행하여야 한다.
⑤ 제4항에도 불구하고 국가지원지방도의 도로관리청이 스스로 국가지원지방도의 건설비용을 부담하는 경우에는 국토교통부장관이 수립한 도로건설·관리계획에 따르지 아니하고 도로공사를 할 수 있다.

제32조【상급도로관리청의 도로공사 대행】 ① 국토교통부장관은 필요하다고 인정하면 대통령령으로 정하는 바에 따라 관계 행정청이 하여야 하는 도로공사를 스스로 시행할 수 있다. 다만, 시도·군도 및 구도에 대한 도로공사는 제외한다.
② 특별시장·광역시장 또는 도지사는 필요하다고 인정하면 대통령령으로 정하는 바에 따라 관할구역의 시장·군수 또는 구청장이 하여야 하는 도로공사를 스스로 시행할 수 있다.
③ 국토교통부장관, 특별시장·광역시장 또는 도지사는 제1항 및 제2항에 따라 도로공사를 시행하는 경우 대통령령으로 정하는 바에 따라 해당 도로관리청의 권한을 대행할 수 있다.

제33조【타공작물의 공사시행】 ① 도로관리청은 도로가 타공작물의 효용을 함께 갖추고 있거나 타공작물이 도로의 효용을 함께 갖추고 있는 경우 대통령령으로 정하는 바에 따라 타공작물의 관리자에게 도로공사를 시행하게 하거나 도로의 유지·관리를 하게 할 수 있으며, 도로관리청이 직접 타공작물에 관한 공사를 시행하거나 타공작물에 대한 유지·관리를 할 수 있다.
② 도로관리청이 제1항에 따라 타공작물에 관한 공사를 시행하거나 타공작물에 대한 관리를 할 경우 이를 도로공사 또는 도로의 유지·관리로 본다.
③ 도로관리청이 제1항에 따라 타공작물의 관리자에게 도로공사를 시행하게 하는 경우 해당 타공작물의 관리자는 도로공사를 마친 후 대통령령으로 정하는 바에 따라 도로관리청의 준공검사를 받아야 한다.
④ 도로관리청이 제1항에 따라 직접 타공작물에 관한 공사(타공작물의 관리는 제외한다. 이하 이 조에서 같다)를 시행하는 경우에는 타공작물의 관리자에게 대통령령으로 정하는 바에 따라 공사를 시행하기 전에 미리 통지하여야 하며, 공사를 준공하였을 때에는 해당 공사의 준공사실을 통지하여야 한다. 다만, 타공작물의 관리자가 중앙 행정기관의 장, 시·도지사 또는 시장·군수·구청장인 경우에는 미리 협의하여야 한다.

제34조【부대공사의 시행】 ① 도로관리청은 도로공사 외의 공사로서 다음 각 호의 어느 하나에 해당하는 공사(이하 "부대공사"라 한다)를 도로공사와 함께 시행할 수 있다. 이 경우 부대공사는 도로공사로 본다.
1. 도로공사를 시행하기 위하여 필요하게 된 공사
2. 도로공사로 인하여 필요하게 된 공사
② 도로관리청이 부대공사를 시행하는 경우에는 제33조제4항을 준용한다. 이 경우 "타공작물에 관한 공사"는 "부대공사"로, "타공작물"은 "관련 시설"로 본다.

제35조【공사 원인자 등에 대한 공사시행 명령 등】 ① 도로관리청은 도로공사 외의 공사(이하 "타공사"라 한다) 또는 도로공사 외의 행위(이하 "타행위"라 한다)로 인하여 도로공사가 필요하게 되면 그 타공사의 시행자나 타행위를 한 자에게 그 도로공사를 시행하게 하거나 그 타공사의 시행자나 타행위를 한 자의 부담으로 직접 도로공사를 시행할 수 있다.
② 제1항에 따라 도로관리청이 타공사의 시행자나 타행위를 한 자에게 도로공사를 시행하게 한 경우에는 제33조제3항을 준용한다. 이 경우 "타공작물의 관리자"는 "타공사의 시행자나 타행위를 한 자"로 본다.
③ 제1항에 따라 도로관리청이 타공사의 시행자나 타행위를 한 자의 부담으로 직접 도로공사를 시행하는 경우에는 해당 타공사의 시행자나 타행위를 한 자에게 대통령령으로 정하는 바에 따라 공사를 시행하기 전에 미리 통지하여야 하고, 공사를 준공하였을 때에는 준공 사실을 통지하여야 한다.

제36조【도로관리청이 아닌 자의 도로공사 등】 ① 도로관리청이 아닌 자는 도로공사를 시행하거나 도로의 유지·관리를 할 때에는 미리 대통령령으로 정하는 바에 따라 도로관리청의 허가를 받아야 한다. 다만, 다음 각 호의 어느 하나에 해당하는 경우 도로관리청이 아닌 자는 도로관리청의 허가를 받지 아니하고 도로공사를 시행하거나 도로의 유지·관리를 할 수 있다.
1. 제33조제1항에 따라 타공작물의 관리자가 도로공사를 시행하는 경우 또는 제35조제1항에 따라 타공사의 시행자나 타행위를 한 자가 도로공사를 시행하는 경우
2. 상급도로관리청이 상급도로의 공사를 시행할 때 상급도로와 접속되거나 연결되는 하급도로의 접속구간 또는 연결구간의 도로공사를 시행하는 경우. 이 경우 상급도로관리청은 대통령령으로 정하는 바에 따라 미리 해당 하급도로관리청과 협의하여야 한다.
3. 대통령령으로 정하는 경미한 도로의 유지·관리인 경우

② 제1항에 따라 도로관리청의 허가를 받은 자는 대통령령으로 정하는 바에 따라 공사착수 사실을 도로관리청에 신고하여야 하고, 공사를 준공하였을 때에는 도로관리청의 준공검사를 받아야 한다.
③ 제1항제2호에 따라 상급도로관리청이 하급도로의 도로공사를 시행하는 경우에는 공사를 준공하였을 때 대통령령으로 정하는 바에 따라 해당 하급도로관리청에 통지하여야 한다.

제37조【공공단체 또는 사인의 도로공사 등】 도로관리청은 도로에 관하여 직접적인 이해관계가 있는 공공단체 또는 사인(私人)에게 대통령령으로 정하는 경미한 도로공사나 도로의 유지·관리를 하게 할 수 있다.

제38조【공공시설의 귀속】 ① 도로관리청이 도로공사로 새로 공공시설(「국토의 계획 및 이용에 관한 법률」 제2조제13호에 따른 공공시설을 말한다. 이하 같다)을 설치하거나 기존의 공공시설에 대체되는 시설을 설치한 경우에는 「국유재산법」과 「공유재산 및 물품 관리법」에도 불구하고 새로 설치된 공공시설은 그 시설을 관리할 관리청에 무상으로 귀속되고, 종래의 공공시설은 도로관리청에 무상으로 귀속된다.(2020.6.9 본항개정)
② 도로관리청은 제1항에 따른 공공시설의 귀속에 관한 사항이 포함된 도로공사를 하려면 미리 해당 공공시설이 속한 관리청의 의견을 들어야 한다. 다만, 관리청이 지정되지 아니한 경우에는 관리청이 지정된 후 준공되기 전에 관리청의 의견을 들어야 하며, 관리청이 불분명한 경우에는 도로 등에 대하여는 국토교통부장관을, 하천에 대하여는 환경부장관을 관리청으로 보고, 그 외의 재산에 대하여는 기획재정부장관을 관리청으로 본다.
(2020.12.31 본항개정)
③ 도로관리청이 제2항에 따라 관리청의 의견을 듣고 도로공사를 한 경우 도로관리청은 그 허가에 포함된 공공시설의 점용 및 사용에 관하여 관계 법률에 따른 승인·허가를 받은 것으로 보아 도로공사를 할 수 있다. 이 경우 해당 공공시설의 점용 또는 사용에 따른 점용료 또는 사용료는 면제된 것으로 본다.
④ 도로관리청은 도로공사가 끝나 제39조제1항에 따라 사용을 개시한 때에는 해당 시설의 관리청에 공공시설의 종류와 토지의 세목(細目)을 통지하여야 한다. 이 경우 공공시설은 그 통지한 날에 해당 시설을 관리할 관리청과 도로관리청에 각각 귀속된 것으로 본다.(2020.6.9 후단개정)
⑤ 제1항, 제2항 및 제4항에 따른 공공시설을 등기할 때에 「부동산등기법」에 따른 등기원인을 증명하는 서면은 제39조제1항에 따른 사용을 개시함을 증명하는 서면으로 갈음한다.

제5장 도로의 사용 및 관리

제39조【도로의 사용 개시 및 폐지】 ① 도로관리청은 도로 구간의 전부 또는 일부의 사용을 개시하거나 폐지하려면 국토교통부령으로 정하는 바에 따라 이를 공고하고 그 도면을 일반인이 열람할 수 있게 하여야 한다. 다만, 기존 도로와 중복하여 노선을 지정하였거나 변경하였을 경우 그 중복되는 구간의 도로에 대해서는 그러하지 아니하다.
② 새로 건설된 일반국도의 사용을 개시하는 경우 해당 도로관리청은 새로 건설된 일반국도가 대체하는 기존 일반국도 구간에 대해서는 제1항에 따라 일반국도의 사용을 폐지하여야 한다. 다만, 기존 일반국도 구간을 일반국도로 계속 사용할 필요가 있는 경우에는 그러하지 아니하다.
③ 제2항에 따라 폐지되는 일반국도 구간의 도로관리청은 그 구간이 속하는 지역의 관할 도지사 또는 특별자치도지사에게 일반국도의 사용 폐지사실을 통보하여야 한다. 이 경우 통보를 받은 도지사 또는 특별자치도지사는 폐지되는 일반국도 구간에 대하여 지체 없이 지방도로 새로운 노선을 지정하고 도로관리청으로서 이를 관리하여야 한다.
④ 도지사 또는 특별도지사는 제3항에 따라 지방도로 노선을 지정하는 것이 곤란할 때에는 지체 없이 그 사실을 폐지되는 일반국도의 구간이 속하는 지역의 관할 시장이나 군수에게 통보하여야 한다. 이 경우 통보를 받은 시장이나 군수는 폐지되는 일반국도 구간에 대하여 지체 없이 시도 또는 군도로 새로운 노선을 지정하고 도로관리청으로서 이를 관리하여야 한다.
⑤ 도지사 또는 특별도지사가 새로 건설된 지방도의 사용을 개시하면서 기존 지방도 구간에 대하여 지방도의 사용을 폐지하는 경우에 제2항 및 제3항을 준용한다. 이 경우 "일반국도"는 각각 "지방도"로, "도지사"는 각각 "시장 또는 군수"로, "지방도"는 "시도 또는 군도"로 본다.

제40조【접도구역의 지정 및 관리】 ① 도로관리청은 도로 구조의 파손 방지, 미관(美觀)의 훼손 또는 교통에 대한 위험 방지를 위하여 필요하면 소관 도로의 경계선에서 20미터(고속국도의 경우 50미터)를 초과하지 아니하는 범위에서 대통령령으로 정하는 바에 따라 접도구역(接道區域)을 지정할 수 있다.
② 도로관리청은 제1항에 따라 접도구역을 지정하면 지체 없이 이를 고시하고, 국토교통부령으로 정하는 바에 따라 그 접도구역을 관리하여야 한다.
③ 누구든지 접도구역에서는 다음 각 호의 행위를 하여서는 아니 된다. 다만, 도로 구조의 파손, 미관의 훼손 또는 교통에 대한 위험을 가져오지 아니하는 범위에서 하는 행위로서 대통령령으로 정하는 행위는 그러하지 아니하다.
1. 토지의 형질을 변경하는 행위
2. 건축물, 그 밖의 공작물을 신축·개축 또는 증축하는 행위
④ 도로관리청은 도로 구조나 교통안전에 대한 위험을 예방하기 위하여 필요하면 접도구역에 있는 토지, 나무, 시설, 건축물, 그 밖의 공작물(이하 "시설등"이라 한다)의 소유자나 점유자에게 상당한 기간을 정하여 다음 각 호의 조치를 하게 할 수 있다.
1. 시설등이 시야에 장애를 주는 경우에는 그 장애물을 제거할 것
2. 시설등이 붕괴하여 도로에 위해(危害)를 끼치거나 끼칠 우려가 있으면 그 위해를 제거하거나 위해 방지시설을 설치할 것
3. 도로에 토사 등이 쌓이거나 쌓일 우려가 있으면 그 토사 등을 제거하거나 토사가 쌓이는 것을 방지할 수 있는 시설을 설치할 것
4. 시설등으로 인하여 도로의 배수시설에 장애가 발생하거나 발생할 우려가 있으면 그 장애를 제거하거나 장애의 발생을 방지할 수 있는 시설을 설치할 것

제41조【접도구역에 있는 토지의 매수청구】 ① 접도구역에 있는 토지가 다음 각 호의 어느 하나에 해당하는 경우 해당 토지의 소유자는 도로관리청에 해당 토지의 매수를 청구할 수 있다.
1. 접도구역에 있는 토지를 종래의 용도대로 사용할 수 없어 그 효용이 현저하게 감소한 경우
2. 접도구역의 지정으로 해당 토지의 사용 및 수익이 사실상 불가능한 경우
② 제1항 각 호의 어느 하나에 해당하는 토지(이하 "매수대상토지"라 한다)의 매수를 청구할 수 있는 소유자는 다음 각 호의 어느 하나에 해당하는 자이어야 한다.
1. 접도구역이 지정될 당시부터 해당 토지를 계속 소유한 자
2. 토지의 사용·수익이 불가능하게 되기 전에 해당 토지를 취득하여 계속 소유한 자
3. 제1호 또는 제2호에 해당하는 자로부터 해당 토지를 상속받아 계속 소유한 자
③ 상급도로의 접도구역과 하급도로의 접도구역이 중첩된 경우 매수대상토지의 소유자는 상급도로관리청에 제1항에 따른 매수청구를 하여야 한다.
④ 도로관리청은 제1항에 따라 매수청구를 받은 경우 해당 토지가 효용의 감소 등 대통령령으로 정한 기준에 해당되면 이를 매수하여야 한다.

제42조【매수청구의 절차 등】 ① 도로관리청은 제41조제1항에 따라 매수청구를 받은 날부터 2개월 이내에 해당 토지가 매수대상토지인지 여부 및 매수 예상가격 등을 매수청구인에게 알려야 한다.
② 도로관리청은 제1항에 따라 매수대상토지로 통보한 토지에 대해서는 매수계획을 수립하여 5년의 범위에서 대통령령으로 정하는 기간에 해당 매수대상토지를 매수하여야 한다.
③ 매수대상토지의 매수가격(이하 "매수가격"이라 한다)은 매수청구 당시의 「부동산 가격공시에 관한 법률」에 따른 공시지가를 기준으로 그 공시기준일부터 매수청구인에게 대금을 지급하려는 날까지의 기간 동안 대통령령으로 정하는 지가변동률, 생산자물가상승률, 해당 토지의 위치·형상·환경 및 이용 상황 등을 고려하여 평가한 금액으로 한다.(2016.1.19 본항개정)
④ 제1항부터 제3항까지의 규정에 따라 도로관리청이 매수한 토지는 해당 도로관리청이 국토교통부장관인 경우에는 국가에 귀속되고, 해당 도로관리청이 국토교통부장관이 아닌 경우에는 해당 도로관리청이 속한 지방자치단체에 귀속된다.
⑤ 제1항부터 제3항까지의 규정에 따라 매수대상토지를 매수하는 경우 매수가격의 산정 방법, 매수 절차, 그 밖에 필요한 사항은 대통령령으로 정한다.

제43조【감정평가 비용의 부담】 ① 제42조제3항에 따른 매수가격의 산정을 위한 감정평가 등에 드는 비용은 도로관리청이 부담한다.
② 제1항에도 불구하고 도로관리청은 매수가격의 산정을 위한 감정평가 절차가 시작된 후에 매수청구인이 정당한 사유 없이 매수청구를 철회하면 대통령령으로 정하는 바에 따라 감정평가에 드는 비용의 전부 또는 일부를 매수청구인에게 부담시킬 수 있다. 다만, 매수예상가격에 비하여 매수가격이 대통령령으로 정하는 비율 이상으로 떨어진 경우에는 그러하지 아니하다.
③ 매수청구인이 제2항 본문에 따라 부담하여야 하는 비용을 내지 아니하면 국세 또는 지방세 체납처분의 예에 따라 징수한다.
④ 제2항에 따라 감정평가 절차를 진행할 경우 도로관리청은 매수청구인에게 감정평가가 시작됨을 사전에 알려주어야 한다.

제44조【협의에 의한 토지의 매수】 ① 도로관리청은 접도구역을 지정한 목적을 달성하기 위하여 필요하면 접도구역에 있는 토지 및 그 정착물의 소유자와 협의하여 해당 토지 및 그 정착물을 매수할 수 있다. 이 경우 매수한 토지 및 그 정착물의 귀속에 관하여는 제42조제4항을 준용한다.
② 제1항에 따라 접도구역의 토지 및 그 정착물을 협의 매수하는 경우에 그 매수가격의 산정 시기·방법 및 기준 등에 관하여는 「공익사업을 위한 토지 등의 취득 및 보상에 관한 법률」 제67조제1항, 제70조, 제71조, 제74조, 제75조, 제75조의2, 제76조, 제77조 및 제78조제5항부터 제9항까지의 규정을 준용한다.

제45조【도로보전입체구역】 ① 도로관리청은 입체적 도로구역을 지정한 경우 그 도로의 구조를 보전하거나 교통의 위험을 방지하기 위하여 필요하면 그 도로에 상하의 범위를 정하여 도로를 보호하기 위한 구역(이하 "도로보전입체구역"이라 한다)을 지정할 수 있다.
② 도로보전입체구역은 해당 도로의 구조를 보전하거나 교통의 위험을 방지하기 위하여 필요한 최소한도의 범위로 지정하여야 한다.
③ 도로관리청은 도로보전입체구역을 지정하려면 국토교통부령으로 정하는 바에 따라 미리 그 사실을 고시하고, 그 도면을 일반인이 열람할 수 있도록 하여야 한다. 그 지정을 변경하거나 해제하려는 경우에도 같다.

제46조【도로보전입체구역에서의 행위제한 등】 ① 도로보전입체구역에 있는 시설등의 소유자나 점유자는 그 시설등으로 인하여 발생하는 도로구조나 교통안전에 대한 위험을 방지하기 위하여 필요한 조치를 하여야 한다.
② 도로보전입체구역에 있는 시설등의 소유자나 점유자에 대한 조치는 제40조제4항을 준용한다.
③ 도로보전입체구역에서는 고가도로의 교각 주변이나 지반면(地盤面) 아래에 위치하는 도로의 상하에 있는 토석을 채취하는 행위, 그 밖에 대통령령으로 정하는 행위를 하여 도로구조나 교통안전에 위험을 끼쳐서는 아니 된다.

제47조【고속국도 통행 방법 등】 ① 고속국도에서는 자동차만을 사용해서 통행하거나 출입하여야 한다.
② 국토교통부장관은 고속국도의 입구나 그 밖에 필요한 장소에 제1항의 내용과 고속국도의 통행을 금지하거나 제한하는 대상 등을 구체적으로 밝힌 도로표지를 설치하여야 한다.

제47조의2【고속국도 휴게시설 등에의 도로안전시설 설치 및 관리】 ① 국토교통부장관은 고속국도에 연결된 휴게시설, 주차장 등 대통령령으로 정하는 시설을 이용하는 보행자의 안전과 차량의 원활한 통행을 위하여 과속방지시설 등 도로안전시설을 설치하고 관리하여야 한다.
② 제1항에 따른 도로안전시설의 설치 및 관리에 필요한 사항은 국토교통부령으로 정한다.
(2015.1.6 본조신설)

제48조【자동차전용도로의 지정】 ① 도로관리청은 다음 각 호의 어느 하나에 해당하는 경우에는 대통령령으로 정하는 바에 따라 자동차전용도로 또는 전용구역(이하 "자동차전용도로"라 한다)을 지정할 수 있다. 이 경우 자동차전용도로로 지정하려는 도로에 둘 이상의 도로관리청이 있으면 관계되는 도로관리청이 공동으로 자동차전용도로를 지정하여야 한다.
1. 도로의 교통량이 현저히 증가하여 차량(「자동차관리법」 제2조제1호에 따른 자동차 및 같은 조 제1호의3에 따른 자율주행자동차와 「건설기계관리법」 제2조제1항제1호에 따른 건설기계를 말한다. 이하 같다)의 능률적인 운행에 지장이 있는 경우(2023.8.16 본호개정)
2. 도로의 일정한 구간에서 원활한 교통소통을 위하여 필요한 경우
② 도로관리청이 제1항에 따라 자동차전용도로를 지정할 때에는 해당 구간을 연결하는 일반 교통용의 다른 도로가 있어야 한다.
③ 제1항에 따라 자동차전용도로를 지정하는 도로관리청은 다음 각 호의 구분에 따라 경찰청장 등의 의견을 들어야 한다.
1. 도로관리청이 국토교통부장관인 경우 : 경찰청장
2. 도로관리청이 특별시장·광역시장·도지사 또는 특별자치도지사인 경우 : 관할 시·도경찰청장(2020.12.22 본호개정)
3. 도로관리청이 특별자치시장, 시장·군수 또는 구청장인 경우 : 관할 경찰서장
④ 도로관리청은 제1항에 따라 자동차전용도로를 지정할 때에는 대통령령으로 정하는 바에 따라 이를 공고하여야 한다. 그 지정을 변경하거나 해제할 때에도 같다.
⑤ 자동차전용도로의 구조 및 시설기준 등 자동차전용도로의 지정에 필요한 사항은 국토교통부령으로 정한다.

제49조【자동차전용도로의 통행 방법 등】 ① 자동차전용도로에서는 차량만을 사용해서 통행하거나 출입하여야 한다.
② 도로관리청은 자동차전용도로의 입구나 그 밖에 필요한 장소에 제1항의 내용과 자동차전용도로의 통행을 금지하거나 제한하는 대상 등을 구체적으로 밝힌 도로표지를 설치하여야 한다.

제50조【도로의 구조·시설 기준 등】 ① 도로의 구조 및 시설, 도로의 안전점검, 보수 및 유지·관리의 기준은 국토교통부령으로 정하되, 도로공사에 따르는 자연생태계의 훼손 및 인근 주민 등의 환경피해를 최소화하고 도로구조나 교통의 안전을 확보할 수 있도록 정하여야 한다.
② 도로 주변의 교통소음을 저감하기 위한 시설 중 터널과 형상이 유사한 구조의 방음시설(이하 "방음터널"이라 한다)에 대해서는 국토교통부령으로 정하는 재질 및 방

화성능 기준에 적합한 재료를 사용하여야 한다.
(2024.1.9 본항신설)
(2016.12.2 본조개정)
제50조의2【사고 예방과 소음 저감을 위한 배수성·저소음포장】 ① 도로관리청은 도로에서의 사고 예방과 소음 저감을 위하여 다음 각 호의 어느 하나에 해당하는 도로 구간은 배수(排水)성능이 강화되거나 소음저감 효과가 있는 포장(이하 이 조에서 "배수성·저소음포장"이라 한다)을 우선 적용하는 것을 고려할 수 있다.
1. 도로 표면의 물고임 또는 결빙 등으로 인한 미끄럼 사고가 빈번하게 발생하거나 발생할 우려가 있는 구간
2. 도로에서 발생하는 소음이 국토교통부령으로 정하는 기준을 초과하는 구간
② 국토교통부장관은 배수성·저소음포장이 활성화되도록 노력하여야 한다.
③ 배수성·저소음포장의 설치 기준, 구조 등에 관하여 필요한 사항은 국토교통부령으로 정한다.
(2024.1.9 본조신설)
제51조【도로와 다른 시설의 교차 방법】 고속국도, 자동차전용도로 또는 대통령령으로 정하는 도로와 다른 도로, 철도, 궤도, 교통용으로 사용하는 통로나 그 밖의 시설을 교차시키려는 경우에는 특별한 사유가 없으면 입체교차시설로 하여야 한다.
제52조【도로와 다른 시설의 연결】 ① 도로관리청이 아닌 자는 고속국도, 자동차전용도로, 그 밖에 대통령령으로 정하는 도로에 다른 도로나 통로, 그 밖의 시설을 연결시키려는 경우에는 미리 도로관리청의 허가를 받아야 하며, 허가받은 사항을 변경하려는 경우에도 또한 같다. 이 경우 고속국도나 자동차전용도로에는 도로, 「국토의 계획 및 이용에 관한 법률」 제60조제1항 각 호에 따른 개발행위로 설치하는 시설 또는 해당 시설을 연결하는 통로 외에는 연결시키지 못한다.
② 제1항에 따라 도로에 다른 도로, 통로나 그 밖의 시설을 연결시키려는 자는 도로에 연결시키려는 해당 시설을 소유하거나 임대하는 등의 방법으로 해당 시설을 사용할 수 있는 권원을 확보하여야 한다.
③ 제1항에 따른 허가(이하 "연결허가"라 한다)의 기준·절차 등 필요한 사항은 고속국도 및 일반국도(제23조제2항에 따라 시·도지사 또는 시장·군수·구청장이 도로관리청이 되는 일반국도는 제외한다)에 관하여는 국토교통부령으로 정하고, 그 밖의 도로에 관하여는 해당 도로관리청이 속해 있는 지방자치단체의 조례로 정한다.
④ 도로관리청은 연결허가를 할 때 도로와 다른 도로, 통로나 그 밖의 시설을 연결하면 대량의 교통수요가 발생할 우려가 있거나 교통체계상 다른 시설의 설치가 필요하다고 인정하는 경우에는 그 연결허가를 받는 자에게 원활한 교통 소통을 위한 시설의 설치·관리 등 필요한 조치를 하도록 할 수 있다.
⑤ 연결허가를 받아 도로에 연결하는 시설에 대하여는 제61조에 따른 도로점용허가를 받은 것으로 본다.
제53조【진출입로 등의 사용 등】 ① 연결허가를 받은 시설 중 도로와 연결되는 시설이 다른 도로나 통로 등 일반인의 통행에 이용하는 시설(이하 "진출입로"라 한다)인 경우 해당 연결허가를 받은 자는 일반인의 통행을 제한하여서는 아니 된다.
② 연결허가를 받은 자가 아닌 자가 새로운 연결허가를 받기 위하여 필요한 경우에는 다른 자가 먼저 연결허가를 받은 진출입로를 공동으로 사용할 수 있다. 이 경우 먼저 연결허가를 받은 자는 진출입로의 공동사용 동의 등 새로운 연결허가를 받으려는 자가 연결허가를 받는데 필요한 협력을 하여야 한다.
③ 제2항에 따라 먼저 연결허가를 받은 자는 새로운 연결허가를 받기 위하여 진출입로를 공동 사용하려는 자에게 공동사용 부분에 대한 비용의 분담을 요구할 수 있다.
④ 제3항에 따른 비용의 분담 금액은 진출입로의 사용면적을 기준으로 결정하되 구체적인 분담 금액의 결정 방법은 국토교통부령으로 정한다. 다만, 공동사용 부분에 대한 비용의 분담에 대해 다른 법령에서 달리 정하고 있는 경우에는 그에 따른다.
⑤ 제2항에 따라 새로운 연결허가를 받으려는 자는 먼저 연결허가를 받은 자가 정당한 이유 없이 진출입로의 공동사용에 협력하지 아니하는 경우 제4항에 따라 산정한 비용을 공탁(供託)하고 도로관리청에 연결허가를 신청할 수 있다. 이 경우 연결허가 신청을 받은 도로관리청은 공탁이 적정한지 여부를 검토하고 새로운 연결허가를 할 수 있다.(2020.6.9 전단개정)
제54조【보도의 설치 및 관리】 ① 도로관리청은 보행자의 안전과 차량의 원활한 통행을 위하여 필요하다고 인정되면 도로에 보도를 설치하고 관리할 수 있다.
② 보도의 설치 기준, 구조 등에 관하여 필요한 사항은 국토교통부령으로 정한다.
제55조【도로표지】 ① 도로관리청은 도로의 구조를 보전하고 교통을 원활하게 하기 위하여 필요한 장소에 도로표지를 설치하고 관리하여야 한다.
② 제1항에 따른 도로표지의 종류·서식과 그 밖에 도로표지에 필요한 사항은 국토교통부령으로 정한다.
제56조【도로대장】 ① 도로관리청은 소관 도로에 대한 도로대장을 작성하여 보관하여야 한다.
② 제1항에 따른 도로대장의 작성, 기재사항, 보관, 그 밖에 필요한 사항은 국토교통부령으로 정한다.
제57조【도로관리원】 ① 도로관리청은 효율적으로 도로를 관리하기 위하여 필요하면 소속 공무원 중에서 도로관리원을 임명할 수 있다.
② 도로관리원은 다음 각 호에 해당되는 자에게 공사의 중지, 도로구역 또는 접도구역에 있는 공작물이나 그 밖의 물건에 대한 개축·이전·제거를 명할 수 있으며, 그 공작물이나 물건 때문에 생길 수 있는 위해를 예방하기 위하여 그 소유자 또는 점유자에게 필요한 조치를 하도록 할 수 있다.
1. 제36조, 제40조제3항, 제46조제1항·제3항, 제47조제1항, 제49조제1항, 제61조제1항, 제73조 또는 제75조를 위반한 자
2. 제40조제4항, 제46조제2항, 제76조제1항 또는 제77조에 따른 처분을 위반한 자
③ 제2항에 따라 공사를 중지하도록 명하거나 도로의 안전 등을 위한 조치를 하려는 도로관리원은 그 권한을 표시하는 증표를 지니고 이를 관계인에게 보여 주어야 한다.
④ 제3항에 따른 증표에 관하여는 국토교통부령으로 정한다.
제58조【도로와 관련한 연구·개발 사업 등】 ① 국토교통부장관은 도로의 체계적인 계획, 건설, 보수, 유지·관리 등에 관한 연구·개발 사업을 추진할 수 있다.
② 국토교통부장관은 제1항에 따른 연구·개발 성과의 이용 및 보급을 위하여 필요하면 대통령령으로 정하는 바에 따라 시범사업을 실시할 수 있다.
제59조【도로 계획 등의 정보화】 ① 국토교통부장관은 도로의 계획, 건설, 보수, 유지·관리 등과 관련하여 다음 각 호의 업무에 관한 정보시스템을 개발하거나 기존 정보시스템을 지정하여 일반에게 보급할 수 있다.
1. 도로의 계획·건설에 관한 업무
2. 도로포장, 도로 비탈면, 교량 및 터널 등 도로시설물의 보수, 유지·관리에 관한 업무
3. 그 밖에 도로의 계획, 건설, 보수, 유지·관리에 대한 사항으로서 국토교통부장관이 필요하다고 인정하는 업무
② 국토교통부장관은 제1항에 따라 정보시스템을 개발하거나 기존의 정보시스템을 지정하는 경우에는 관련 행정청의 의견을 들어야 한다.
제60조【도로교통정보체계의 구축·운영 등】 ① 도로관리청은 도로의 이용 및 관리 업무를 효율적으로 추진하기 위하여 도로교통정보체계를 구축·운영할 수 있다.
② 도로관리청은 도로교통정보체계를 통하여 다음 각 호의 도로정보를 수집·가공하여 일반 국민에게 제공할 수 있다.
1. 도로의 소통 정보
2. 도로에서의 사고 정보
3. 그 밖에 대통령령으로 정하는 사항
③ 도로교통정보체계를 통하여 관리되는 정보의 내용과 도로교통정보체계의 구축·운영 또는 이를 활용한 정보의 제공 및 그 업무 처리에 필요한 사항은 대통령령으로 정한다.

제6장 도로의 점용

제61조【도로의 점용 허가】 ① 공작물·물건, 그 밖의 시설을 신설·개축·변경 또는 제거하거나 그 밖의 사유로 도로(도로구역을 포함한다. 이하 이 장에서 같다)를 점용하려는 자는 도로관리청의 허가를 받아야 한다. 허가받은 기간을 연장하거나 허가받은 사항을 변경(허가받은 사항 외에 도로 구조나 교통안전에 위험이 되는 물건을 새로 설치하는 행위를 포함한다)하려는 때에도 같다.
② 도로관리청은 승차한 상태로 상품의 구매가 가능한 시설 등 대통령령으로 정하는 시설의 설치를 위한 도로의 점용 허가를 할 때 해당 시설이 「도로교통법」 제12조제1항에 따라 지정된 어린이 보호구역 안에 있는 경우에는 해당 어린이 보호구역 지정 대상 시설의 장 또는 대상 장소의 관리자와 협의하여야 한다. 이 경우 「도로교통법」 제12조제1항제1호·제2호 및 제4호에 따른 학교·유치원·어린이집의 장은 다음 각 호의 구분에 따라 해당 위원회의 의견을 들어야 한다.
1. 학교 : 「초·중등교육법」 제31조에 따른 학교운영위원회
2. 유치원 : 「유아교육법」 제19조의3에 따른 유치원운영위원회
3. 어린이집 : 「영유아보육법」 제25조에 따른 어린이집운영위원회
(2023.4.18 본항신설)
③ 제1항에 따라 허가를 받아 도로를 점용할 수 있는 공작물·물건, 그 밖의 시설의 종류와 허가의 기준 등에 관하여 필요한 사항은 대통령령으로 정한다.
④ 도로관리청은 같은 도로(토지를 점용하는 경우로 한정하며, 입체적 도로구역을 포함한다)에 제1항에 따른 허가를 신청한 자가 둘 이상인 경우에는 일반경쟁에 부치는 방식으로 도로의 점용 허가를 받을 자를 선정할 수 있다.
⑤ 제4항에 따라 일반경쟁에 부치는 방식으로 도로점용허가를 받을 자를 선정할 수 있는 경우의 기준, 도로의 점용 허가를 받을 자의 선정 절차 등에 관하여 필요한 사항은 대통령령으로 정한다.(2023.4.18 본항개정)
제62조【도로점용에 따른 안전관리 등】 ① 대통령령으로 정하는 공작물이나 물건, 그 밖의 시설(차량의 진출입로를 포함한다)을 신설·개축·변경 또는 제거하거나 그 밖의 목적으로 도로를 점용하기 위하여 제61조제1항에 따른 허가(이하 "도로점용허가"라 한다)를 받은 자는 대통령령으로 정하는 바에 따라 안전시설 또는 안전표지를 설치하는 등 보행자 안전사고를 방지하기 위한 대책을 마련하여야 한다.(2017.11.28 본항개정)
② 도로의 굴착이나 그 밖에 토지의 형질변경이 수반되는 공사를 목적으로 도로점용허가를 받은 자는 해당 공사를 마치면 국토교통부령으로 정하는 바에 따라 도로관리청의 준공확인을 받아야 한다. 이 경우 대통령령으로 정하는 주요 지하 매설물(이하 "주요지하매설물"이라 한다)을 설치하는 공사를 마친 경우에는 그 준공도면을 도로관리청에 제출하여야 하며, 도로관리청은 국토교통부령으로 정하는 바에 따라 이를 보관·관리하여야 한다.
③ 다른 법률에 따라 인가·허가 등을 받으면 주요지하매설물 설치에 관한 공사의 준공확인을 받은 것으로 보는 경우 그 다른 법률에 따라 인가·허가 등의 신청을 받은 소관 행정기관의 장은 해당 인가·허가 등을 하기 전에 미리 도로관리청과 협의할 때에 주요지하매설물에 관한 준공도면의 사본을 도로관리청에 보내야 한다.
④ 도로관리청은 주요지하매설물이 설치된 도로에 대하여 굴착공사가 따르는 도로점용허가를 하면 그 주요지하매설물의 관리자에게 이를 알려야 한다.
⑤ 도로점용허가를 받은 자가 주요지하매설물이 있는 도로에서 굴착공사를 하려면 그 주요지하매설물의 관리자를 참여시켜야 한다.
⑥ 도로관리청은 도로점용에 따른 안전관리 실태 또는 주요지하매설물의 현황을 조사하기 위하여 도로점용허가(다른 법률에 따라 도로점용허가를 받은 것으로 보는 경우를 포함한다)를 받은 자 또는 도로공사의 준공확인을 받은 자(주요지하매설물의 현황 조사를 위한 경우에 한정한다)에게 국토교통부령으로 정하는 바에 따라 필요한 자료 제출을 요구할 수 있으며, 자료 제출 요구를 받은 자는 정당한 사유가 없으면 이에 따라야 한다.
(2021.12.7 본항개정)
제63조【도로점용허가의 취소】 ① 도로관리청은 도로점용허가를 받은 자가 다음 각 호의 어느 하나에 해당하면 그 도로점용허가를 취소할 수 있다.
1. 도로점용허가 목적과 다른 목적으로 도로를 점용한 경우
2. 도로점용허가를 받은 날부터 1년 이내에 해당 도로점용허가의 목적이 된 공사에 착수하지 아니한 경우. 다만, 정당한 사유가 있는 경우에는 1년의 범위에서 공사의 착수기간을 연장할 수 있다.
2의2. 제62조제1항에 따른 안전사고 방지대책을 이행하지 아니한 경우(2017.11.28 본호신설)
3. 제66조에 따른 점용료를 납부하지 아니하는 경우
4. 도로점용허가를 받은 자가 스스로 도로점용허가의 취소를 신청하는 경우
② 제1항에 따른 도로점용허가의 취소 절차, 방법 등은 국토교통부령으로 정한다.
제64조【공익사업을 위한 도로의 점용】 도로관리청은 다른 법률의 규정에 따라 토지를 수용하거나 사용할 수 있는 공익사업을 위한 도로점용허가를 거부할 수 없다. 다만, 다음 각 호의 어느 하나에 해당하는 경우에는 그러하지 아니하다.
1. 교통량이 현저히 증가하는 경우
2. 특별히 너비가 좁은 도로로서 교통을 위하여 부득이한 경우
3. 그 밖에 정당한 사유가 있는 경우
제65조【도로 점용공사의 대행】 ① 도로관리청은 도로구조의 보전을 위하여 필요하다고 인정하면 도로점용허가의 목적이 된 공사를 대행할 수 있다. 이 경우 해당 공사는 도로공사로 본다.
② 제1항의 경우에 도로관리청은 해당 공사의 내용과 시기를 도로점용허가를 받은 자에게 미리 알려야 한다.
제66조【점용료의 징수 등】 ① 도로관리청은 도로점용허가를 받아 도로를 점용하는 자로부터 점용료를 징수할 수 있다.
② 도로관리청은 다음 각 호의 어느 하나에 해당하는 경우에는 이미 징수한 점용료 중 도로점용허가 취소 등의 사유로 도로를 점용하지 아니하게 된 기간분의 점용료를 반환하여야 한다.
1. 제63조에 따라 도로점용허가를 취소한 경우
2. 제96조에 따라 도로점용허가를 취소한 경우
3. 그 밖에 도로점용허가 기간이 종료하기 전에 도로점용을 종료한 경우 등 대통령령으로 정하는 경우
③ 도로관리청은 제1항에 따른 점용료(이하 "점용료"라 한다) 징수를 위하여 필요하면 「부동산등기법」 제109조의2제1항에 따른 등기정보자료 및 「건축법」 제32조에 따른 전자정보처리 시스템을 이용할 수 있다.(2020.2.4 본항개정)
④ 점용료의 산정기준, 제2항에 따른 점용료의 반환 방법 등 점용료의 징수 및 반환 등에 필요한 사항은 고속국도 및 일반국도(제23조제2항에 따라 시·도지사 또는 시장·군수·구청장이 도로관리청이 되는 일반국도는 제외한다)에 관하여는 대통령령으로 정하고, 그 밖의 도로에 관하여는 대통령령으로 정하는 범위에서 해당 도로관리청이 속하는 지방자치단체의 조례로 정한다.

⑤ 제4항에도 불구하고 제61조제4항에 따라 일반경쟁에 부치는 방식으로 도로점용허가를 받은 자에 대해서는 해당 일반경쟁에 부친 때 도로점용허가를 받은 자가 제시한 금액을 점용료로 부과한다. 다만, 그 점용료는 제4항에 따라 산정된 점용료의 3배를 초과할 수 없다.(2023.4.18 본문개정)

제67조【점용료의 납부 방법】 ① 도로점용허가를 받은 자는 점용료를 대통령령으로 정하는 납부대행기관을 통하여 신용카드, 직불카드 등(이하 "신용카드등"이라 한다)으로 낼 수 있다. 이 경우 납부대행기관은 도로점용허가를 받은 자로부터 대통령령으로 정하는 바에 따라 납부대행수수료를 받을 수 있다.
② 제1항에 따라 점용료를 신용카드등으로 내는 경우 납부대행기관의 승인일을 점용료의 납부일로 본다.
③ 납부대행기관의 지정, 지정취소, 운영 및 납부대행수수료 등에 관하여 필요한 사항은 대통령령으로 정한다.

제68조【점용료 징수의 제한】 도로관리청은 도로점용허가의 목적이 다음 각 호의 어느 하나에 해당하면 대통령령으로 정하는 바에 따라 점용료를 감면할 수 있다.
1. 공용 또는 공익을 목적으로 하는 비영리사업을 위한 경우
2. 「재난 및 안전관리 기본법」 제3조제1호에 따른 재난, 그 밖의 특별한 사정으로 본래의 도로 점용 목적을 달성할 수 없는 경우(2022.6.10 본호개정)
3. 국민경제에 중대한 영향을 미치는 공익사업으로서 대통령령으로 정하는 사업을 위한 경우
4. 「주택법」 제2조제1호에 따른 주택에 출입하기 위하여 통행로로 사용하는 경우
4의2. 「주택법」 제2조제4호에 따른 준주택(주거의 형태에 한정한다)에 출입하기 위하여 통행로로 사용하는 경우(2016.1.19 본호개정)
5. 「소상공인기본법」 제2조에 따른 소상공인의 영업소에 출입하기 위하여 통행로로 사용하는 경우(2020.2.4 본호개정)
6. 통행자 안전과 가로환경 개선 등을 위하여 지상에 설치된 시설물을 지하로 이동 설치하는 경우
7. 「장애인·노인·임산부 등의 편의증진 보장에 관한 법률」 제8조제1항에 따른 편의시설 중 출입구에 이르는 접근로 또는 출입구와의 높이 차이를 제거하는 시설을 설치하는 경우(2017.11.28 본호개정)
8. 사유지의 전부 또는 일부를 국가 또는 지방자치단체에 기부채납한 자가 그 부지를 제61조제1항에 따라 점용허가받은 경우(2015.8.11 본호신설)
9. 「영유아보육법」 제2조제3호에 따른 어린이집 또는 「유아교육법」 제2조제2호에 따른 유치원에 출입하기 위하여 통행로로 사용하는 경우(2017.1.17 본호신설)

제69조【점용료의 강제징수】 ① 도로관리청은 점용료를 내야 할 자가 점용료를 내지 아니하면 납부기간을 정하여 독촉하여야 한다.
② 제1항에 따라 점용료의 납부가 연체되는 경우에 도로관리청은 가산금을 징수할 수 있다.
③ 제2항에 따른 가산금에 관하여는 「국세징수법」 제21조를 준용한다. 이 경우 "국세"는 "점용료"로 본다.
④ 도로관리청은 점용료를 내야 하는 자가 그 납부기한까지 점용료를 내지 아니하면 국세 또는 지방세 체납처분의 예에 따라 징수할 수 있다.

제70조【과오납 점용료의 반환】 도로관리청은 과오납(過誤納)된 점용료가 있으면 과오납된 날의 다음 날부터 반환하는 날까지의 기간에 대하여 대통령령으로 정하는 이자를 가산하여 과오납된 점용료를 반환하여야 한다.

제71조【점용료 부과처분에 대한 이의신청 특례】 ① 점용료를 부과 받은 자가 부과 받은 점용료에 대하여 이의가 있는 경우 점용료를 부과 받은 날부터 60일 이내에 도로관리청에 이를 증명할 수 있는 자료를 첨부하여 이의를 신청할 수 있다.
② 도로관리청은 제1항에 따른 이의신청이 있는 때에는 이의신청의 적부를 심사하고, 이의신청을 받은 날부터 21일 이내에 그 결과를 이의신청인에게 서면으로 통보하여야 한다. 다만, 부득이한 사유로 21일 이내에 통보할 수 없는 경우에는 그 기간을 만료일 다음 날부터 기산하여 21일의 범위에서 한 차례 연장할 수 있으며, 연장 사유를 이의신청인에게 통보하여야 한다.(2024.1.9 단서신설)
③ 도로관리청은 이의신청을 각하 또는 기각하는 결정을 한 때에는 이의신청인에게 행정심판 또는 행정소송을 제기할 수 있다는 취지를 제2항에 따른 결과 통보와 함께 통보하여야 한다.
④ 제1항부터 제3항까지에서 규정한 사항 외에 이의신청에 관한 사항은 「행정기본법」 제36조에 따른다.(2024.1.9 본항개정)
(2024.1.9 본조제목개정)

제72조【변상금의 징수】 ① 도로관리청은 도로점용허가를 받지 아니하고 도로를 점용하였거나 도로점용허가의 내용을 초과하여 도로를 점용(이하 이 조에서 "초과점용등"이라 한다)한 자에 대하여는 초과점용등을 한 기간에 대하여 점용료의 100분의 120에 상당하는 금액을 변상금으로 징수할 수 있다.
② 제1항에도 불구하고 초과점용등이 측량기관 등의 오류로 인한 것이거나 그 밖에 도로 점용자의 고의·과실로 인한 것이 아닌 경우에는 변상금을 징수하지 아니한다. 이 경우 도로관리청은 초과점용등의 사실을 해당 도로 점용자에게 통보하고, 그 통보 후 1개월이 지난 날부터 점용료 상당액을 징수한다.(2020.6.9 후단개정)
③ 도로관리청은 제2항에 해당하는 도로 점용자가 그 사실을 통보 받은 날부터 3개월 내에 적법한 도로점용허가를 받지 아니하면 도로관리청이 초과점용등의 사실을 해당 도로 점용자에게 통보한 날부터 변상금을 산정하여 징수할 수 있다. 도로점용허가 요건을 충족할 수 없어 허가를 받지 못한 경우에도 또한 같다.
④ 제67조, 제69조부터 제71조까지의 규정은 제1항 및 제3항에 따른 변상금의 징수, 과오납 변상금의 반환 및 이의신청에 대하여 준용한다. 이 경우 "도로점용허가를 받은 자"는 각각 "변상금을 납부하여야 하는 자"로, "점용료"는 각각 "변상금"으로 본다.

제73조【원상회복】 ① 도로점용허가를 받아 도로를 점용한 자는 도로점용허가 기간이 끝났거나 제63조 또는 제96조에 따라 도로점용허가가 취소되면 도로를 원상회복하여야 한다. 다만, 원상회복할 수 없거나 원상회복하는 것이 부적당한 경우에는 그러하지 아니하다.
② 도로관리청은 도로점용허가를 받지 아니하고 도로를 점용한 자에게 상당한 기간을 정하여 도로의 원상회복을 명할 수 있다.
③ 제1항 및 제2항에 따른 도로의 원상회복에 관하여는 제62조제2항을 준용한다. 이 경우 "도로점용허가를 받은 자"는 "원상회복을 하여야 하는 자"로 본다.
④ 도로관리청은 도로를 점용한 자가 제1항 본문 및 제2항에 따른 원상회복 의무를 이행하지 아니하면 「행정대집행법」에 따른 대집행을 통하여 원상회복할 수 있다.

제74조【행정대집행의 적용 특례】 ① 도로관리청은 다음 각 호의 어느 하나에 해당하는 경우로서 「행정대집행법」 제3조제1항 및 제2항에 따른 절차에 따르면 그 목적을 달성하기 곤란한 경우에는 해당 절차를 거치지 아니하고 도로에 있는 적치물 등을 제거하거나 그 밖에 필요한 조치를 할 수 있다.
1. 반복적, 상습적으로 도로점용허가를 받지 아니하고 도로를 점용하는 경우
2. 도로의 통행 및 안전을 확보하기 위하여 신속하게 필요한 조치를 실시할 필요가 있는 경우
② 제1항에 따른 적치물 등의 제거나 그 밖에 필요한 조치는 도로관리를 위하여 필요한 최소한도에 그쳐야 한다.
③ 제1항과 제2항에 따라 제거된 적치물 등의 보관 및 처리에 필요한 사항, 반환되지 아니한 적치물 등의 귀속 등에 필요한 사항은 대통령령으로 정한다.

판례 서울광장에서 서울시청 및 중구청 공무원들이 「행정대집행법」이 정한 계고 및 대집행영장에 의한 통지절차를 거치지 아니한 채 위 광장에 무단설치된 천막의 철거대집행에 착수하였고, 이에 피고인들을 비롯한 '광우병위험 미국산 쇠고기 전면 수입을 반대하는 국민대책회의' 소속 단체 회원들이 몸싸움을 하거나 천막을 붙잡고 이를 방해한 사안에서, 위 서울광장은 비록 공부상 지목이 도로로 되어 있으나 행정대집행의 특례규정이 적용되는 도로법상 도로라고 할 수 없으므로 위 철거대집행은 구체적 직무집행에 관한 법률상 요건과 방식을 갖추지 못한 것으로서 적법성이 결여되었고 따라서 피고인들이 위 공무원들에 대항하여 폭행·협박을 가하였더라도 특수공무집행방해죄는 성립되지 않는다.(대판 2010.11.11, 2009도11523)

제7장 도로의 보전 및 공용부담

제75조【도로에 관한 금지행위】 누구든지 정당한 사유 없이 도로에 대하여 다음 각 호의 행위를 하여서는 아니 된다.
1. 도로를 파손하는 행위
2. 도로에 토석, 입목·죽(竹) 등 장애물을 쌓아놓는 행위
3. 그 밖에 도로의 구조나 교통에 지장을 주는 행위

제76조【통행의 금지·제한 등】 ① 도로관리청, 제112조에 따라 고속국도에 관한 도로관리청의 업무를 대행하는 「한국도로공사법」에 따른 한국도로공사(이하 "한국도로공사"라 한다) 또는 「사회기반시설에 대한 민간투자법」 제2조제7호에 따른 사업시행자로서 「유료도로법」 제14조에 따라 도로(「사회기반시설에 대한 민간투자법」 제2조제5호에 따른 민간투자사업으로 건설된 도로의 경우로 한정한다)에 관한 도로관리청의 관리·운영 업무를 대행하는 자(이하 "민자도로 관리자"라 한다)는 다음 각 호의 어느 하나에 해당하는 경우에는 구간을 정하여 도로의 통행을 금지하거나 제한할 수 있다.
1. 도로에 관련된 공사로 인하여 부득이한 경우
2. 도로가 파손되거나 그 밖의 사유로 통행이 위험하다고 인정되는 경우
3. 지진, 홍수, 폭설, 태풍 등 천재지변이나 이에 준하는 재해가 발생하였거나 발생할 우려가 있어 도로에서 통행이 위험하거나 교통이 장시간 마비될 우려가 있는 경우
② 도로관리청, 한국도로공사 또는 민자도로 관리자가 제1항에 따라 도로의 통행을 금지하거나 제한하려면 통행 금지 또는 제한의 대상, 구간, 기간 및 이유를 구체적으로 밝힌 표지를 적당한 곳에 설치하고, 대통령령으로 정하는 바에 따라 미리 공고하여야 한다. 다만, 재해 발생 등이 급박하여 미리 통행의 금지 또는 제한을 공고할 시간적 여유가 없을 경우에는 미리 공고하지 아니할 수 있다.
③ 도로관리청, 한국도로공사 또는 민자도로 관리자가 제1항에 따라 도로의 통행을 금지하거나 제한하는 경우 해당 업무를 수행하는 소속 공무원 또는 직원은 그 신분을 표시하는 증표를 지니고 이를 관계인에게 보여 주어야 한다.
④ 도로관리청, 한국도로공사 또는 민자도로 관리자가 제1항에 따라 도로의 통행을 금지하거나 제한하는 경우에는 지체 없이 관할 경찰서관서의 장에게 그 사실을 통보하고 협조를 요청하여야 한다. 이 경우 협조 요청을 받은 경찰관서의 장은 특별한 사유가 없으면 이에 따라야 한다.
⑤ 도로관리청이 제1항에 따라 도로의 통행을 금지하거나 제한하는 경우에는 해당 도로에서의 위해(危害) 제거 및 원활한 교통소통을 위하여 필요한 조치를 하여야 하고, 한국도로공사 및 민자도로 관리자가 도로 통행의 금지 또는 제한을 실시한 경우에는 그 사실을 즉시 도로관리청에 보고한 후 필요한 조치를 하여야 한다.
⑥ 도로관리청, 한국도로공사 또는 민자도로 관리자는 다음 각 호에 모두 해당하는 경우 차량의 도로 진입이나 도로에 진행 중인 차량의 통행을 일시적으로 금지 또는 제한(이하 "긴급 통행제한"이라 한다)할 수 있다.
1. 천재지변이나 이에 준하는 재해 발생 등이 급박하고, 미리 통행의 금지 또는 제한을 공고할 시간적 여유가 없을 것
2. 도로의 구조를 보전하고 도로 운행의 위험을 방지하기 위하여 특히 차량의 도로 진입 또는 진행을 금지 또는 제한할 필요가 있을 것
⑦ 긴급 통행제한에 관하여는 제3항부터 제5항까지의 규정을 준용한다.
⑧ 긴급 통행제한의 구체적 기준 및 절차 등에 관하여 필요한 사항은 대통령령으로 정한다.

제77조【차량의 운행 제한 및 운행 허가】 ① 도로관리청은 도로 구조를 보전하고 도로에서의 차량 운행으로 인한 위험을 방지하기 위하여 필요하면 대통령령으로 정하는 바에 따라 도로에서의 차량 운행을 제한할 수 있다. 다만, 차량의 구조나 적재화물의 특수성으로 인하여 도로관리청의 허가를 받아 운행하는 차량의 경우에는 그러하지 아니하다.
② 차량 임대차계약의 임차인(「건설산업기본법」에 따른 건설공사에 사용되는 차량교통의 경우 수급인·하수급인 또는 시공 참여자를 말한다. 이하 같다)으로서 차량의 화물 적재를 사실상 관리하는 자는 임차한 화물적재 차량이 제1항에 따른 운행제한을 위반하여 운행되지 아니하도록 관리하여야 한다.
③ 화주(貨主), 화물자동차 운송사업자, 화물자동차 운송주선업자 등 차량의 운행에 대하여 지시·명령을 하거나 감독 등의 권한을 갖는 자는 차량의 운전자에게 제1항에 따른 차량의 운행 제한을 위반하여 차량을 운행하도록 지시·요구하거나 적재된 화물의 중량을 사실과 다르게 고지하여서는 아니 된다.(2022.11.15 본항개정)
④ 도로관리청은 제1항에 따른 운행제한에 대한 위반 여부를 확인하기 위해서 관계 공무원 또는 운행제한단속원(도로관리청, 한국도로공사 또는 민자도로 관리자가 고용하거나 위탁한 업체의 직원 중에서 차량 운행제한 업무를 담당하는 공무원이 아닌 사람을 말한다. 이하 같다)으로 하여금 차량에 승차하거나 차량의 운전자에게 관계 서류의 제출을 요구하는 등의 방법으로 차량의 적재량을 측정하게 할 수 있다. 이 경우 차량의 운전자는 정당한 사유가 없으면 이에 따라야 한다.(2016.1.19 전단개정)
⑤ 도로관리청은 제1항 단서에 따라 차량의 운행허가를 하려면 미리 출발지를 관할하는 경찰서장과 협의한 후 차량의 조건과 운행하려는 도로의 여건을 고려하여 대통령령으로 정하는 절차에 따라 운행허가를 하여야 하며, 운행허가를 할 때에는 운행노선, 운행시간, 운행방법 및 도로 구조물의 보수·보강에 필요한 비용부담 등에 관한 조건을 붙일 수 있다. 이 경우 운행허가를 받은 자는 「도로교통법」 제14조제3항의 단서 또는 제39조제1항의 단서에 따른 허가를 받은 것으로 본다.(2014.5.21 본항개정)
⑥ 국토교통부장관은 제1항 및 제5항에 따른 차량의 운행제한 및 운행허가를 신속하고 효율적으로 하기 위하여 차량운행허가시스템을 구축·운영할 수 있다.
⑦ 제1항에 따른 차량의 운행제한에 관하여는 제76조제2항 본문을 준용한다.
⑧ 운행제한단속원의 자격, 직무범위 등 필요한 사항은 국토교통부령으로 정한다.(2016.1.19 본항신설)

제78조【적재량 측정 방해 행위의 금지 등】 ① 차량의 운전자는 차량의 장치를 조작하는 등 대통령령으로 정하는 방법으로 차량의 적재량 측정을 방해하는 행위를 해서는 아니 된다.
② 도로관리청은 차량의 운전자가 제1항을 위반하였다고 판단하면 재측정을 요구할 수 있다. 이 경우 차량의 운전자는 정당한 사유가 없으면 그 요구에 따라야 한다.
③ 도로를 운행하는 화물자동차는 적재량 측정을 위하여 적재량 측정장비가 설치된 차로나 장소를 거쳐야 한다. 이 경우 적재량 측정을 위한 화물자동차의 규모, 고속국도의 진출입로 등 대상 도로와 그 밖의 측정 방법 및 절차 등에 필요한 사항은 대통령령으로 정한다.(2020.6.9 전단개정)

제79조【차량의 운행제한 및 운행허가를 위한 도로의 성능조사 및 보강】 국토교통부장관은 차량의 운행을 제한하는 주요 노선을 선정하여 행정청에 해당 도로의 성능조사 및 보강 등을 요청할 수 있으며, 행정청은 특별한 사유가 없으면 이에 따라야 한다.

제80조【차량의 회차 등】 도로관리청은 차량의 운전자가 제77조에 따른 운행제한을 위반하였을 경우 차량의 운전자에게 다음 각 호의 어느 하나에 해당하는 행위를 명할 수 있으며, 차량의 운전자는 정당한 사유가 없으면 이에 따라야 한다.
1. 차량의 회차(回車)
2. 적재물의 분리 운송
3. 차량의 운행중지

제81조【토지의 출입과 사용 등】 ① 도로관리청 또는 도로관리청으로부터 명령이나 위임을 받은 자는 도로공사, 도로에 대한 조사·측량 또는 도로의 유지·관리를 위하여 필요하면 타인의 토지에 출입하거나 타인의 토지를 재료적치장, 통로 또는 임시도로로 일시 사용할 수 있고, 특히 필요하면 입목·죽이나 그 밖의 장애물을 변경 또는 제거할 수 있다.
② 제1항에 따라 타인의 토지에 출입하려는 자는 출입하려는 날의 3일 전까지 그 토지의 소유자와 점유자에게 그 사실을 알려야 하며, 타인의 토지를 일시 사용하거나 장애물을 변경·제거하려는 자는 토지를 사용하려는 날이나 장애물을 변경·제거하려는 날의 3일 전까지 그 소유자와 점유자에게 그 사실을 알리고 의견을 들어야 한다. 다만, 소유자와 점유자의 주소 또는 거소가 불분명하여 토지 출입 또는 장애물의 변경·제거 사실을 알릴 수 없거나, 그 밖에 부득이한 사유가 있으면 그러하지 아니하다.
③ 해가 뜨기 전이나 해가 진 뒤에는 해당 토지 점유자의 승낙 없이 그 주거(住居)나 경계표·담 등으로 둘러싸인 토지에 출입할 수 없다.
④ 토지의 소유자 및 점유자는 정당한 사유 없이 제1항에 따른 행위를 방해하거나 거부하지 못한다.
⑤ 제1항에 따라 타인의 토지에 출입하려는 자는 그 신분을 표시하는 증표를 지니고 이를 관계인에게 보여 주어야 한다.
⑥ 제5항에 따른 증표에 관하여 필요한 사항은 국토교통부령으로 정한다.

제82조【토지 등의 수용 및 사용】 ① 도로관리청은 도로공사의 시행을 위하여 필요하면 도로구역에 있는 토지·건축물 또는 그 토지에 정착된 물건의 소유권이나 그 토지·건축물 또는 물건에 관한 소유권 외의 권리를 수용하거나 사용할 수 있다.
② 제1항에 따른 수용 또는 사용에 관하여는 「공익사업을 위한 토지 등의 취득 및 보상에 관한 법률」을 준용한다. 이 경우 제25조에 따른 도로구역의 결정 또는 변경과 도로구역의 결정 고시 또는 변경 고시는 「공익사업을 위한 토지 등의 취득 및 보상에 관한 법률」 제20조제1항 및 제22조에 따른 사업인정 및 사업인정고시로 보며, 도로관리청은 같은 법 제23조제1항 및 제28조제1항에도 불구하고 도로공사의 시행기간에 재결을 신청할 수 있다.

제83조【재해 발생 시 토지 등의 일시 사용 등】 ① 도로관리청은 재해로 인한 도로구조나 교통에 대한 위험을 방지하기 위하여 특히 필요하다고 인정하면 다음 각 호의 행위를 할 수 있다.
1. 재해 현장에서 구호, 복구 활동을 위하여 필요한 토지, 가옥, 그 밖의 공작물을 일시 사용하는 행위
2. 장애물을 변경 또는 제거하거나 토석·입목·죽·운반기구, 그 밖의 물건(공작물은 제외한다)을 사용하거나 수용하는 행위
3. 도로 인근에 거주하는 사람에게 노무(勞務)의 제공을 요청하는 행위
② 제1항에 따른 도로관리청의 행위로 인하여 발생하는 손실의 보상에 관하여는 제99조를 준용한다.

제8장 도로에 관한 비용과 수익

제84조【비용과 수익의 범위】 도로에 관한 비용과 도로에서 생기는 수익의 범위는 대통령령으로 정한다.

제85조【비용부담의 원칙】 ① 도로에 관한 비용은 이 법 또는 다른 법률에 특별한 규정이 있는 경우 외에는 도로관리청이 국토교통부장관인 도로에 관한 것은 국가가 부담하고, 그 밖의 도로에 관한 것은 해당 도로의 도로관리청이 속해 있는 지방자치단체가 부담한다. 이 경우 제31조제2항에 따라 국토교통부장관이 도지사 또는 특별자치도지사에게 일반국도의 일부 구간에 대한 도로공사와 도로의 유지·관리에 관한 업무를 수행하게 한 경우에 그 비용은 국가가 부담한다.
② 제1항에도 불구하고 제20조에 따라 노선이 지정된 도로나 행정구역의 경계에 있는 도로에 관한 비용은 관계 지방자치단체가 협의하여 부담 금액과 분담 방법을 정할 수 있다.
③ 제2항에 따른 비용의 부담에 관한 협의가 성립하지 아니할 때에는 제24조제2항 및 제3항을 준용한다.

제86조【비용의 지원 등】 ① 우회국도 및 일반국도의 지선 건설에 필요한 비용은 제85조제1항에도 불구하고 대통령령으로 정하는 바에 따라 그 일부를 그 도로가 위치한 구역을 관할하는 지방자치단체에 부담시킬 수 있다.
② 국가지원지방도의 건설 및 보수, 유지·관리에 필요한 비용 및 제8조제4항에 따라 대도시권 교통혼잡도로의 개선을 위한 세부 사업계획을 시행하는데 드는 비용은 제85조제1항에도 불구하고 대통령령으로 정하는 바에 따라 그 일부를 국가가 보조하여야 한다. 다만, 국가지원지방도의 도로관리청이 제31조제5항에 따라 스스로 비용을 부담하여 국가지원지방도의 건설공사를 하는 경우 그 건설비용은 국가가 보조하지 아니할 수 있다.
③ 제2항에 따라 건설되는 국가지원지방도와 대도시권 교통혼잡도로의 도로관리청은 사업이 원활하게 추진될 수 있도록 예산을 확보하여야 한다.
④ 제85조제1항에도 불구하고 국토교통부장관은 도로망의 정비 등을 위하여 특히 필요하다고 인정하면 대통령령으로 정하는 바에 따라 일반국도 외의 도로에 관한 비용의 일부나 제23조제2항에 따라 특별시장·광역시장·특별자치시장·특별자치도지사 또는 시장이 도로관리청이 되는 일반국도에 관한 비용의 일부를 보조할 수 있다.
⑤ 국토교통부장관은 제110조제3항에 따라 업무를 위탁받은 도로와 관련된 기관 또는 단체가 위탁받은 업무를 수행하는 데 필요한 비용에 대하여 보조 등 재정적 지원을 할 수 있다.

제87조【행정청의 비용 부담】 ① 국토교통부장관은 제85조제1항에 따라 국가가 부담하는 도로에 관한 비용의 일부를 대통령령으로 정하는 바에 따라 그 도로가 있는 특별자치시·도 또는 특별자치도나 그 도로로 인하여 이익을 얻는 시·도에 부담시킬 수 있다.
② 제85조, 제86조제1항, 제88조 및 이 조 제1항에 따라 특별시·광역시 또는 도가 부담하여야 할 비용은 대통령령으로 정하는 바에 따라 이익을 얻는 시·군 또는 구(자치구를 말한다. 이하 같다)에 그 일부를 부담시킬 수 있다.

제88조【도로공사의 대행 비용 등】 ① 국토교통부장관이 제32조제1항에 따라 도로공사를 시행하는 경우에 필요한 비용은 국가가 부담하며, 특별시장·광역시장 또는 도지사가 제32조제2항에 따라 도로공사를 시행하는 경우에 필요한 비용은 해당 특별시·광역시 또는 도가 부담한다.
② 국토교통부장관, 특별시장·광역시장 또는 도지사는 제1항에 따른 비용의 일부를 대통령령으로 정하는 바에 따라 해당 도로의 도로관리청이 속해 있는 지방자치단체에 부담시킬 수 있다.

제89조【타공작물의 공사비용】 ① 제33조제1항에 따라 도로관리청이 타공작물의 관리자에게 도로공사를 시행하도록 하거나 도로의 유지·관리를 하게 한 경우 그 비용은 이 법에 따라 해당 도로에 관한 비용을 부담하여야 할 자가 부담한다.
② 도로관리청은 제1항에도 불구하고 제33조제1항에 따른 도로공사의 시행 또는 도로의 유지·관리로 타공작물의 관리자가 이익을 얻을 때에는 해당 타공작물의 관리자에게 그가 얻는 이익의 범위에서 제1항에 따른 비용의 일부를 부담시킬 수 있다.
③ 제33조제1항에 따라 도로관리청이 직접 시행하는 타공작물에 관한 공사나 타공작물에 대한 관리에 필요한 비용은 해당 타공작물의 관리자가 부담한다. 다만, 도로관리청이 속해 있는 지방자치단체가 해당 타공작물에 관한 공사나 타공작물에 대한 관리로 이익을 얻으면 그 수익의 범위에서 비용의 일부를 그 지방자치단체가 부담할 수 있다.

제90조【부대공사의 비용】 ① 부대공사의 비용은 부대공사를 실시하기 위한 도로에 대한 도로점용허가(국가 또는 지방자치단체가 제107조에 따라 도로관리청과 협의하거나 도로관리청의 승인을 받고 도로점용을 하는 경우를 포함한다)에 특별한 조건이 있는 경우 외에는 그 부대공사가 필요하게 된 범위에서 이 법에 따라 도로에 관한 비용을 부담하여야 할 자가 그 전부 또는 일부를 부담한다. (2020.6.9 본항개정)
② 제1항에도 불구하고 제68조제3호에 따라 점용료를 감면받은 자는 도로관리청(제112조에 따라 고속국도에 대한 국토교통부장관의 권한을 대행하는 한국도로공사와 민자도로 관리자를 포함한다)이 도로공사를 시행하는 경우 해당 도로 점용으로 인하여 필요하게 된 타공사의 비용 전부를 부담하여야 한다.
③ 부대공사가 타공사 또는 타행위로 인하여 필요하게 된 경우 그 비용에 관하여는 제91조제1항 및 제2항을 준용한다.

제91조【원인자의 비용 부담 등】 ① 도로관리청은 타공사나 타행위로 인하여 도로공사를 시행하게 된 경우 타공사나 타행위의 비용을 부담하여야 할 자에게 그 도로공사의 비용의 전부 또는 일부를 부담시킬 수 있다.
② 제1항에 따른 비용의 징수 등에 필요한 사항은 국토교통부령 또는 도로관리청이 속한 지방자치단체의 조례로 정한다.
③ 공공단체 또는 사인이 제37조에 따라 도로공사를 하거나 도로의 유지·관리를 하는 경우 그 비용은 그 공공단체 또는 사인의 부담으로 한다.
④ 도로관리청은 제3항에 따른 비용 중 일부를 대통령령으로 정하는 바에 따라 도로에 관한 비용을 부담하여야 할 자에게 부담시킬 수 있다.
⑤ 도로관리청은 차량의 사고로 인하여 도로공사를 시행하게 된 경우 그 비용을 부담하여야 할 자에게 비용을 부담시키기 위하여 관계 중앙행정기관의 장, 지방자치단체의 장, 「보험업법」에 따른 보험회사 및 보험요율 산출기관, 「여객자동차 운수사업법」·「화물자동차 운수사업법」 및 「건설기계관리법」에 따른 공제사업을 하는 자에게 다음 각 호의 정보 제공을 요청할 수 있다. 이 경우 요청을 받은 자는 정당한 사유가 없으면 해당 정보를 제공하여야 한다.
1. 이름(법인인 경우 법인 명칭) 및 주소
2. 주민등록번호, 법인등록번호 또는 외국인등록번호
3. 자동차등록번호·건설기계등록번호 및 차량 등록의 변경·이전·말소에 관한 정보
4. 손해배상을 위한 보험 및 공제 등의 가입 여부
(2018.3.13 본항신설)
⑥ 도로관리청은 제5항에 따라 제공받은 정보를 「개인정보 보호법」에 따라 안전하게 관리하고, 제공받은 목적을 달성하였을 때에는 지체 없이 그 정보를 파기하여야 한다.(2018.3.13 본항신설)

제92조【도로관리청이 아닌 자가 시행하는 도로공사 등의 비용】 ① 제36조에 따라 도로관리청이 아닌 자가 도로공사를 시행하거나 도로의 유지·관리를 하는 경우 그 비용은 해당 도로공사의 시행자나 도로의 유지·관리 행위자가 부담한다.
② 국가는 제1항에 따른 도로공사 또는 도로의 유지·관리에 필요한 비용 중 일반국도에 관한 비용의 일부를 보조할 수 있고, 지방자치단체는 그 밖의 도로에 관한 도로공사 또는 도로의 유지·관리에 필요한 비용의 일부를 보조할 수 있다.

제93조【의무이행에 필요한 비용】 이 법이나 이 법에 따른 명령·조례 또는 이에 따른 처분으로 인하여 발생하는 의무를 이행하기 위하여 필요한 비용은 이 법에 특별한 규정이 있는 경우 외에는 그 의무를 지는 자가 부담한다.

제94조【비용의 징수 방법 등】 제89조부터 제93조까지의 규정에 따라 국가 또는 지방자치단체가 아닌 자가 부담하는 비용의 징수, 과오납된 비용의 반환 및 이의신청에 관하여 제69조부터 제71조까지의 규정을 준용한다. 이 경우 "점용료"는 각각 "비용을 부담하여야 할 자가 부담하는 비용"으로 본다.

제95조【점용료 등의 귀속】 ① 도로의 점용료와 도로에서 나오는 그 밖의 수익은 국토교통부장관이 도로관리청인 도로에서 생긴 것은 국가의 수입으로 하고, 국토교통부장관 외의 도로관리청이 관리하는 도로에서 생긴 것은 해당 도로관리청이 속해 있는 지방자치단체의 수입으로 한다.
② 이 법에 따라 도로관리청이 아닌 자가 부담하는 비용은 다음 각 호의 구분에 따라 수입으로 귀속한다.
1. 국토교통부장관이 부담시킨 비용 : 국가
2. 행정청이 부담시킨 비용 : 해당 행정청이 속해 있는 지방자치단체
3. 제89조제3항 단서에 따라 지방자치단체가 부담하는 비용 : 해당 타공작물의 관리자
4. 제91조제4항에 따라 비용을 부담하여야 할 자가 부담하는 비용 : 해당 공공단체나 사인
5. 제112조에 따라 국토교통부장관의 권한을 대행하는 한국도로공사가 부담시킨 비용 : 한국도로공사

제9장 보 칙

제96조【법령 위반자 등에 대한 처분】 도로관리청은 다음 각 호의 어느 하나에 해당하는 자에게 이 법에 따른 허가나 승인의 취소, 그 효력의 정지, 조건의 변경, 공사의 중지, 공작물의 개축, 물건의 이전, 통행의 금지·제한 등 필요한 처분을 하거나 조치를 명할 수 있다.
1. 제36조·제40조제3항·제46조·제47조·제49조·제51조·제52조·제61조·제73조·제75조·제76조·제77조·제106조제2항 또는 제107조를 위반한 자
2. 거짓이나 그 밖의 부정한 방법으로 제36조·제52조·제61조·제77조 또는 제107조에 따른 허가나 승인을 받은 자

제97조【공익을 위한 처분】 ① 도로관리청은 다음 각 호의 어느 하나에 해당하는 경우 이 법에 따른 허가나 승인을 받은 자에게 제96조에 따른 처분을 하거나 조치를 명할 수 있다.
1. 도로 상황의 변경으로 인하여 필요한 경우
2. 도로공사나 그 밖의 도로에 관한 공사를 위하여 필요한 경우
3. 도로의 구조나 교통의 안전에 대한 위해를 제거하거나 줄이기 위하여 필요한 경우
4. 「공익사업을 위한 토지 등의 취득 및 보상에 관한 법률」 제4조에 따른 공익사업 등 공공의 이익이 될 사업을 위하여 특히 필요한 경우
② 제1항에 따른 도로관리청의 처분으로 생긴 손실의 보상에 관하여는 제99조를 준용한다.

제98조【도로관리청에 대한 명령】 ① 다음 각 호의 어느 하나에 해당하면 일반국도, 특별시도·광역시도, 지방도 및 시도(특별자치시장이 도로관리청이 되는 시도로 한정한다)에 관하여는 국토교통부장관이, 시도(특별자치시장이 도로관리청이 되는 시도는 제외한다)·군도 또는 구도에 관하여는 특별시장·광역시장 또는 도지사가 도로관리청에 처분의 취소, 변경, 공사의 중지, 그 밖에 필요한 처분이나 조치를 할 것을 명할 수 있다.(2020.6.9 본문개정)
1. 도로관리청이 한 처분이나 공사가 도로에 관한 법령이나 국토교통부장관이나 특별시장·광역시장 또는 도지

사(이하 이 조에서 "감독관청"이라 한다)의 처분을 위반한 경우
2. 도로의 구조를 보전하거나 교통의 위험을 방지하기 위하여 특히 필요하다고 인정되는 경우
3. 「공익사업을 위한 토지 등의 취득 및 보상에 관한 법률」 제4조에 따른 공익사업 등 공공의 이익이 될 사업을 위하여 특히 필요하다고 인정되는 경우
② 제1항에 따른 감독관청의 명령으로 도로관리청이 그의 처분을 취소 또는 변경하여 발생하는 손실의 보상에 관하여는 제99조를 준용한다.
③ 제1항에 따른 감독관청의 명령이 제1항제3호에 해당하는 사유로 인한 것인 경우에는 그로 인한 손실에 대하여 도로관리청은 그 사업에 관한 비용을 부담하는 자에게 손실의 전부 또는 일부를 보상하도록 할 수 있다.
제99조【공용부담으로 인한 손실보상】 ① 이 법에 따른 처분이나 제한으로 손실을 입은 자가 있으면 국토교통부장관이 행한 처분이나 제한으로 인한 손실은 국가가 보상하고, 행정청이 한 처분이나 제한으로 인한 손실은 그 행정청이 속해 있는 지방자치단체가 보상하여야 한다.
② 제1항에 따른 손실의 보상에 관하여는 국토교통부장관 또는 행정청이 그 손실을 입은 자와 협의하여야 한다.
③ 국토교통부장관 또는 행정청은 제2항에 따른 협의가 성립되지 아니하거나 협의를 할 수 없는 경우에는 대통령령으로 정하는 바에 따라 관할 토지수용위원회에 재결을 신청할 수 있다.
④ 제1항부터 제3항까지의 규정에서 정한 것 외에 공용부담으로 인한 손실보상에 관하여는 「공익사업을 위한 토지 등의 취득 및 보상에 관한 법률」을 준용한다.
제100조【이행강제금】 ① 도로관리청은 제40조제4항에 따른 조치명령이나 제73조제1항·제2항에 따른 원상회복 명령을 받은 자가 조치명령이나 원상회복 명령에서 정한 시정기간 내에 그 명령을 이행하지 아니하면 1천만원 이하의 이행강제금을 부과한다.
② 도로관리청은 제1항에 따라 이행강제금을 부과하기 전에 상당한 이행기한을 정하여 그 기한까지 조치명령이나 원상회복 명령이 이행되지 아니할 때에는 이행강제금을 부과·징수한다는 뜻을 문서로 계고(戒告)하여야 한다.
③ 제2항에 따른 문서에는 이행강제금의 금액, 부과 사유, 납부기한, 수납기관 및 불복 방법 등이 포함되어야 한다.
④ 도로관리청은 최초의 조치명령 또는 원상회복 명령을 한 날을 기준으로 1년에 2회의 범위에서 그 조치명령 또는 원상회복 명령이 이행될 때까지 반복하여 제1항에 따른 이행강제금을 부과·징수할 수 있다.
⑤ 도로관리청은 조치명령 또는 원상회복 명령을 받은 자가 그 명령을 이행하거나 「행정대집행법」에 따른 대집행을 받으면 새로운 이행강제금의 부과를 즉시 중지하되, 이미 부과된 이행강제금은 징수하여야 한다.
⑥ 이행강제금의 납부 방법에 관하여는 제67조를 준용한다. 이 경우 "도로점용허가를 받은 자"는 "이행강제금을 납부하여야 하는 자"로, "점용료"는 "이행강제금"으로 본다.
⑦ 도로관리청은 제1항에 따라 이행강제금 부과처분을 받은 자가 납부기한까지 이행강제금을 내지 아니하면 국세 또는 지방세 체납처분의 예에 따라 징수한다.
⑧ 제1항에 따른 이행강제금의 부과기준과 그 밖에 필요한 사항은 대통령령으로 정한다.
제101조【청문】 도로관리청은 다음 각 호의 어느 하나에 해당하는 처분을 하려면 청문을 하여야 한다.
1. 제36조에 따라 도로관리청이 아닌 자에게 한 공사시행허가에 대한 제96조 또는 제97조에 따른 취소
2. 제63조제1항(제4호는 제외한다)에 따른 도로점용허가의 취소
제102조【도로에 관한 조사】 도로관리청은 도로와 관련된 계획의 효율적인 수립과 도로의 보수, 도로의 유지·관리 등을 위하여 필요하면 구간별 교통량, 도로의 구조, 그 밖에 도로에 관한 사항을 조사할 수 있다.
제103조【수수료의 징수】 ① 다음 각 호의 어느 하나에 해당하는 자는 국토교통부령 또는 해당 행정청이 속해 있는 지방자치단체의 조례로 정하는 수수료를 내야 한다.
1. 제36조에 따른 도로공사의 허가를 신청하는 자
2. 제61조에 따른 도로점용허가의 신청, 도로점용허가의 기간 연장 허가 또는 변경 허가를 신청하는 자
3. 제77조제1항 단서에 따라 도로 운행의 허가를 신청하는 자
② 제1항에 따른 수수료의 감면에 관하여는 제68조를 준용한다. 이 경우 "점용료"는 "수수료"로 본다.
③ 제1항에도 불구하고 제110조제3항에 따라 국토교통부장관의 업무를 위탁받은 기관 또는 단체는 위탁받은 업무에 대한 수수료의 기준을 따로 정할 수 있다.
④ 제110조제3항에 따라 국토교통부장관의 업무를 위탁받은 기관 또는 단체가 제3항에 따라 수수료 기준을 정하려는 경우에는 미리 국토교통부장관의 승인을 받아야 한다. 승인받은 사항을 변경하려는 경우에도 같다.
제104조【국제협력의 촉진】 ① 국토교통부장관은 도로의 건설, 보수, 유지·관리에 관한 국제적 동향을 파악하고 도로 분야 국제협력을 촉진하기 위하여 필요한 시책을 마련하고 추진하여야 한다.
② 국토교통부장관은 제1항에 따른 국제협력을 위하여 다음 각 호의 사업을 할 수 있다.
1. 도로 분야 국제협력을 위한 조사·연구
2. 도로 분야 인력·정보의 국제교류
3. 도로 분야 국제 규제·기준에 관한 정보의 수집·분석·보급
4. 아시안 하이웨이 등 국제도로망에 관한 조사
5. 그 밖에 국토교통부장관이 도로 분야 국제협력을 촉진하기 위하여 필요하다고 인정하는 사업
제105조【도로협회】 ① 도로와 관련된 사업을 경영하는 자 또는 이와 관련된 업무에 종사하는 자는 제4항 각 호의 사업을 추진하기 위하여 도로협회(이하 "협회"라 한다)를 설립할 수 있다.
② 협회는 법인으로 한다.
③ 협회는 국토교통부장관의 인가를 받아 주된 사무소의 소재지에서 설립등기를 함으로써 성립한다.
④ 협회는 다음 각 호의 사업을 한다.
1. 도로 분야 기술의 개발·보급을 촉진하기 위한 조사·연구
2. 도로에 관한 인식 및 전문성 향상을 위한 홍보·교육
3. 도로에 관한 국내외 기술동향 조사
4. 도로에 관한 연구·개발 및 사업관리
5. 국제 도로 관련 단체와의 협력
6. 제1호부터 제5호까지의 사업과 관련하여 국가 또는 지방자치단체가 대통령령으로 정하는 바에 따라 협회에 위탁하는 사업
7. 그 밖에 정관으로 정하는 사업
⑤ 국가 및 지방자치단체는 제4항제6호에 따라 협회에 위탁한 업무의 처리에 필요한 비용의 전부 또는 일부를 예산의 범위에서 지원할 수 있다.
⑥ 협회의 정관의 기재사항과 협회의 감독에 필요한 사항 등은 대통령령으로 정한다.
⑦ 협회에 관하여 이 법에 규정된 사항을 제외하고는 「민법」 중 사단법인에 관한 규정을 준용한다.
제106조【권리·의무의 승계 등】 ① 이 법에 따른 허가 또는 승인을 받은 자의 사망, 그 지위의 양도, 합병이나 분할 등의 사유가 있으면 이 법에 따른 허가 또는 승인으로 인하여 발생한 권리·의무는 다음 각 호의 구분에 따른 자가 승계한다.
1. 이 법에 따른 허가 또는 승인으로 발생한 권리나 의무를 가진 사람이 사망한 경우 : 상속인
2. 이 법에 따른 허가 또는 승인으로 발생한 권리나 의무를 가진 자가 그 지위를 양도한 경우 : 양수인
3. 이 법에 따른 허가 또는 승인으로 발생한 권리나 의무를 가진 법인이 분할·합병한 경우 : 분할·합병 후 존속하는 법인이나 합병에 따라 새로 설립되는 법인
② 제1항에 따라 권리나 의무를 승계한 자는 2개월 내에 국토교통부령으로 정하는 바에 따라 도로관리청에 신고하여야 한다.(2022.6.10 본항개정)
③ 도로관리청은 제2항에 따른 신고를 받은 날부터 15일 이내에 신고수리 여부를 신고인에게 통지하여야 한다.(2018.12.18 본항신설)
④ 도로관리청이 제3항에서 정한 기간 내에 신고수리 여부 또는 민원 처리 관련 법령에 따른 처리기간의 연장을 신고인에게 통지하지 아니하면 그 기간(민원 처리 관련 법령에 따라 처리기간이 연장 또는 재연장된 경우에는 해당 처리기간을 말한다)이 끝난 날의 다음 날에 신고를 수리한 것으로 본다.(2018.12.18 본항신설)
⑤ 도로점용허가를 받은 자가 점용의 목적이 되는 토지나 건물의 소유권을 타인에게 양도하는 경우에는 해당 도로점용허가에 따른 권리·의무도 함께 양도한 것으로 본다.
제107조【다른 사업 시행에 따른 협의 또는 승인】 국가 또는 지방자치단체가 이 법에 따라 도로관리청의 허가를 받아야 할 사항이 포함된 사업에 대해서는 해당 사업을 시행하는 중앙행정기관의 장 또는 지방자치단체의 장이 미리 도로관리청과 협의하거나 승인을 받아야 한다.
제108조【도시·군계획시설 도로 등에 대한 준용】 제10조 각 호에 열거된 도로 외에 「국토의 계획 및 이용에 관한 법률」 제2조제10호에 따른 도시·군계획시설사업으로 설치된 도로 등 대통령령으로 정하는 도로는 제2조제2호·제9호, 제4조, 제31조제1항, 제32조부터 제37조까지, 제54조, 제55조, 제61조부터 제66조까지, 제67조(제72조제4항에 따라 준용되는 경우를 포함한다), 제68조, 제69조(제72조제4항, 제94조에 따라 준용되는 경우를 포함한다), 제70조(제72조제4항, 제94조에 따라 준용되는 경우를 포함한다), 제72조, 제73조, 제75조부터 제77조까지, 제81조, 제83조부터 제85조까지, 제89조, 제90조부터 제93조까지, 제95조부터 제99조까지, 제101조부터 제103조까지, 제106조, 제107조, 제111조, 제113조제1항제2호, 제114조부터 제116조까지의 규정을 준용한다.(2017.1.17 본조개정)
제109조【벌칙 적용에서 공무원 의제】 다음 각 호의 어느 하나에 해당하는 사람은 「형법」 제129조부터 제132조까지의 규정을 적용할 때에는 공무원으로 본다.
1. 제77조제4항에 따른 운행제한단속원
2. 제110조제3항에 따라 도로와 관련된 기관 또는 단체가 위탁받은 업무에 종사하는 해당 기관 또는 단체의 임직원
(2016.1.19 본조개정)
제110조【권한의 위임·위탁】 ① 이 법에 따른 국토교통부장관의 권한은 대통령령으로 정하는 바에 따라 그 일부를 「대도시권 광역교통 관리에 관한 특별법」 제9조의2에 따른 대도시권광역교통위원장, 시·도지사 또는 국토교통부 소속기관의 장에게 위임할 수 있다.(2018.12.18 본항개정)
② 특별시장·광역시장·도지사·특별자치도지사 또는 국토교통부 소속기관의 장은 제1항에 따라 국토교통부장관으로부터 위임받은 권한의 일부를 시장(행정시의 시장을 포함한다. 이하 이 항에서 같다)·군수·구청장 또는 일반국도의 건설과 관리에 관한 업무를 수행하는 행정기관의 장에게 재위임할 수 있다. 이 경우 특별시장·광역시장·도지사 또는 특별자치도지사가 시장·군수·구청장에게 재위임하는 경우에는 국토교통부장관의 승인을 받아야 한다.
③ 국토교통부장관은 다음 각 호의 업무에 관한 도로관리청으로서의 업무를 대통령령으로 정하는 바에 따라 도로와 관련된 기관 또는 단체에 위탁할 수 있다.
1. 제55조에 따른 도로표지의 설치 및 관리 업무
2. 제60조에 따른 도로교통정보체계의 구축·운영 등 업무
3. 제102조에 따른 도로에 관한 조사 업무
4. 그 밖에 도로의 계획, 건설, 보수, 유지·관리에 관한 사항으로서 대통령령으로 정하는 사항
④ 국토교통부장관은 제1항부터 제3항까지의 규정에 따라 권한을 위임(제31조제2항에 따라 국토교통부장관이 도지사 또는 특별자치도지사에게 업무를 수행하게 하는 경우를 포함한다. 이하 이 항에서 같다) 또는 재위임 받거나 업무를 위탁받은 자에 대하여 그 권한의 또는 업무 수행의 적절성 여부 등을 확인하기 위해서 필요하면 국토교통부령으로 정하는 바에 따라 자료 요구, 현장조사 또는 시정명령 등 필요한 조치를 할 수 있다. 이 경우 권한을 위임 또는 재위임 받거나 업무를 위탁받은 자는 특별한 사유가 없으면 이에 따라야 한다.
제111조【토지매수 업무 등의 위임】 ① 국토교통부장관은 도로건설을 위한 토지매수 업무나 손실보상 업무를 대통령령으로 정하는 바에 따라 관할 시·도지사 또는 시장·군수·구청장에게 위임할 수 있다.
② 제1항에 따라 토지매수업무나 손실보상업무를 위임하는 경우에는 그 토지매수금액이나 손실보상금액의 100분의 2의 범위에서 대통령령으로 정하는 요율(料率)의 위임수수료를 그 업무를 위임받은 시·도지사 또는 시장·군수·구청장에게 지급하여야 한다.
제112조【고속국도에 관한 도로관리청의 업무 대행】 ① 국토교통부장관은 이 법과 그 밖에 도로에 관한 법률에 규정된 고속국도에 관한 권한의 일부를 대통령령으로 정하는 바에 따라 한국도로공사로 하여금 대행하게 할 수 있다.
② 한국도로공사는 제1항에 따라 고속국도에 관한 국토교통부장관의 권한을 대행하는 경우에 그 대행하는 범위에서 이 법과 그 밖에 도로에 관한 법률을 적용할 때에는 해당 고속국도의 도로관리청으로 본다.
③ 국토교통부장관은 제1항에 따라 한국도로공사로 하여금 업무를 대행하게 하는 경우에는 대통령령으로 정하는 바에 따라 업무대행수수료를 지급할 수 있다.

제10장 벌 칙

제113조【벌칙】 ① 다음 각 호의 어느 하나에 해당하는 자는 10년 이하의 징역이나 1억원 이하의 벌금에 처한다.
1. 고속국도를 파손하여 교통을 방해하거나 교통에 위험을 발생하게 한 자
2. 고속국도가 아닌 도로를 파손하여 교통을 방해하거나 교통에 위험을 발생하게 한 자
(2017.1.17 본항개정)
② (2017.1.17 삭제)
③ 고속국도에서 사람이 현존하는 자동차를 전복(顚覆)시키거나 파괴한 자는 무기 또는 3년 이상의 징역에 처한다.
④ 제3항의 죄를 범하여 사람을 상해에 이르게 한 자는 무기 또는 3년 이상의 징역에 처하고, 사망에 이르게 한 자는 무기 또는 5년 이상의 징역에 처한다.
⑤ 과실(過失)로 제1항제1호의 죄를 범한 자는 1천만원 이하의 벌금에 처한다. 다만, 고속국도의 관리에 종사하는 자는 3년 이하의 징역 또는 3천만원 이하의 벌금에 처한다.(2017.1.17 본문개정)
⑥ 업무상 과실 또는 중과실(重過失)로 제1항제1호의 죄를 범한 자는 3년 이하의 징역 또는 3천만원 이하의 벌금에 처한다.(2017.1.17 본항개정)
⑦ 제1항 및 제3항의 미수범은 처벌한다.(2017.1.17 본항개정)
제114조【벌칙】 다음 각 호의 어느 하나에 해당하는 자는 2년 이하의 징역이나 2천만원 이하의 벌금에 처한다.
1. 제27조제1항에 따른 허가 또는 변경허가를 받지 아니하고 같은 항에 규정된 행위를 한 자
2. 제36조제1항을 위반하여 허가 없이 도로공사를 시행한 자
3. 제40조제3항을 위반하여 접도구역에서 토지의 형질을 변경하는 등의 행위를 한 자
4. 제46조제3항을 위반하여 도로보전입체구역에서 토석을 채취하는 등의 행위를 한 자

5. 제52조제1항에 따른 허가 또는 변경허가 없이 도로에 다른 도로·통로, 그 밖의 시설을 연결한 자
6. 제61조제1항을 위반하여 도로점용허가 없이 도로를 점용한 자(물건 등을 도로에 일시 적치한 자는 제외한다)
7. 제75조를 위반한 자
8. 제80조에 따른 도로관리청의 회차, 분리 운송, 운행중지의 명령에 따르지 아니한 자
9. 정당한 사유 없이 제83조제1항에 따른 도로관리청의 처분에 항거하거나 처분을 방해한 자
10. 정당한 사유 없이 도로의 부속물을 이전하거나 파손한 자
11. 부정한 방법으로 이 법 또는 이 법에 따른 명령에 의한 허가를 받은 자

제115조【벌칙】 다음 각 호의 어느 하나에 해당하는 자는 1년 이하의 징역이나 1천만원 이하의 벌금에 처한다.
1. 제47조제1항을 위반하여 자동차를 사용하지 아니하고 고속국도를 통행하거나 출입한 자
2. 제49조제1항을 위반하여 차량을 사용하지 아니하고 자동차전용도로를 통행하거나 출입한 자
3. 제76조제1항에 따른 통행의 금지·제한을 위반하여 도로를 통행한 자
4. 정당한 사유 없이 제77조제4항에 따른 도로관리청의 요구에 따르지 아니한 자
5. 제78조제1항 및 제3항을 위반하여 차량의 적재량 측정을 방해한 자(2015.8.11 본호개정)
6. 정당한 사유 없이 제78조제2항에 따른 도로관리청의 적재량 재측정 요구에 따르지 아니한 자
7. 정당한 사유 없이 제81조에 따른 도로관리청의 처분 또는 행위에 항거하거나 이를 방해한 자

제116조【양벌규정】 법인의 대표자, 법인 또는 개인의 대리인, 사용인, 그 밖의 종업원이 그 법인 또는 개인의 업무에 관하여 제113조제1항·제7항, 제114조, 제115조의 어느 하나에 해당하는 위반행위를 하면 그 행위자를 벌하는 외에 그 법인 또는 개인에게도 해당 조문의 벌금형을 과(科)하고, 제113조제3항에 해당하는 위반행위를 하면 그 행위자를 벌하는 외에 그 법인 또는 개인을 5천만원 이하의 벌금에 처한다. 다만, 법인 또는 개인이 그 위반행위를 방지하기 위하여 해당 업무에 관하여 상당한 주의와 감독을 게을리 하지 아니한 경우에는 그러하지 아니하다.(2017.1.17 본문개정)

제117조【과태료】 ① 다음 각 호의 어느 하나에 해당하는 자에게는 500만원 이하의 과태료를 부과한다.
1. 제77조제1항에 따른 운행 제한을 위반한 차량의 운전자
2. 제77조제2항에 따른 관리를 하지 아니한 자(임차한 화물적재 차량이 제77조제1항에 따른 운행 제한을 위반하여 운행하는 경우로 한정한다)
3. 제77조제3항을 위반하여 차량의 운전자에게 같은 조 제1항에 따른 운행 제한을 위반한 운행을 지시·요구하거나 적재된 화물의 중량을 사실과 다르게 고지한 자(2022.11.15 본호개정)

② 다음 각 호의 어느 하나에 해당하는 자에게는 300만원 이하의 과태료를 부과한다. 이 경우 제1호 및 제2호에 대한 과태료는 대통령령으로 정하는 기준에 따라 도로관리청이 속하는 지방자치단체의 조례로 정할 수 있다.
1. 제61조제1항에 따른 도로점용허가 면적을 초과하여 점용한 자
2. 제61조제1항에 따른 도로점용허가를 받지 아니하고 물건 등을 도로에 일시 적치한 자
3. 제62조제1항을 위반하여 안전사고 방지대책을 마련하지 아니한 자
4. 제62조제2항 후단에 따른 준공도면을 제출하지 아니하거나 실제와 다른 도면을 제출한 자
5. 제62조제5항에 따른 주요지하매설물 관리자의 참여 없이 굴착공사를 시행한 자
6. 제76조제6항에 따른 긴급 통행제한을 위반한 자
7. 제96조나 제97조에 따른 도로관리청의 명령을 위반한 자

③ 다음 각 호의 어느 하나에 해당하는 자에게는 50만원 이하의 과태료를 부과한다.
1. 제62조제2항 전단에 따른 준공확인을 받지 아니한 자
2. 제73조제3항에 따른 도로의 원상회복에 따른 준공검사를 받지 아니한 자
3. 제106조제2항에 따른 신고를 하지 아니한 자

④ 이 법에서 규정한 사항 외에 제1항부터 제3항까지의 규정에 따른 과태료는 대통령령으로 정하는 바에 따라 해당 도로관리청이 부과·징수한다.

⑤ 제77조제1항에 따른 운행 제한을 위반한 차량의 운전자가 다음 각 호의 어느 하나에 해당하는 경우 그 차량의 운전자에 대하여는 제1항제1호를 적용하지 아니한다.
1. 차량의 운전자가 차량의 임대차 계약의 임차인이 제77조제2항을 위반한 사실을 신고하여 제1항제2호에 따라 차량의 임차인에게 과태료를 부과하는 경우
2. 차량의 운전자가 화주, 화물자동차 운송사업자, 화물자동차 운송주선사업자 등의 지시·요구 또는 사실과 다른 적재화물 중량의 고지에 따라 제77조제1항을 위반한 사실을 신고하여 제1항제3호에 따라 화주, 화물자동차 운송사업자, 화물자동차 운송주선사업자 등에게 과태료를 부과하는 경우(2022.11.15 본호개정)

⑥ 과태료의 납부방법에 관하여는 제67조를 준용한다. 이 경우 "도로점용허가를 받은 자"는 각각 "과태료를 납부하여야 하는 자"로, "점용료"는 각각 "과태료"로 본다.

제118조【권한의 대행】 제32조제3항에 따라 도로관리청의 권한을 대행하는 자는 이 장(章)의 규정을 적용할 때 도로관리청으로 본다.

부 칙

제1조【시행일】 이 법은 공포 후 6개월이 경과한 날부터 시행한다.

제2조【다른 법률의 폐지】 「고속국도법」은 폐지한다.

제3조【공공시설의 귀속에 관한 적용례】 제38조의 개정규정은 이 법 시행 전에 도로구역을 결정·고시하여 도로공사가 진행 중인 사업으로서 종래의 공공시설이 속한 관리청과 귀속에 관한 협의가 완료되지 아니한 공공시설에 대하여도 적용한다.(2016.1.19 본조개정)

제4조【도로와 다른 시설의 연결 등에 관한 적용례】 제52조 및 제53조제2항부터 제5항까지의 개정규정은 이 법 시행 후 연결허가를 신청하는 경우부터 적용한다.

제5조【도로점용허가의 일반경쟁 적용에 관한 적용례】 제61조제3항 및 제4항의 개정규정은 이 법 시행 후 도로점용허가를 신청하는 경우부터 적용한다.

제6조【점용료 등의 납부방법에 관한 적용례】 제67조의 개정규정(제72조제4항 및 제117조제6항에 따라 준용되는 경우를 포함한다)은 이 법 시행 후 점용료, 변상금 또는 과태료를 부과하는 경우부터 적용한다.

제7조【점용료 감면에 관한 적용례】 제68조제4호 및 제6호의 개정규정은 이 법 시행 후 도로점용허가를 신청하는 경우부터 적용한다.

제8조【점용료 부과에 대한 이의신청에 관한 적용례】 제71조의 개정규정은 이 법 시행 후 점용료를 부과하는 경우부터 적용한다.

제9조【변상금 부과 등에 관한 적용례】 제72조제2항부터 제4항까지의 개정규정은 이 법 시행 후 도로관리청이 초과점용등의 사실을 도로 점용자에게 통보하는 경우부터 적용한다.

제10조【이행강제금 부과에 관한 적용례】 제100조의 개정규정은 이 법 시행 후 제40조제4항에 따른 조치명령을 하거나 제73조제1항·제2항에 따라 원상회복의 명령을 한 경우부터 적용한다.

제11조【도로정비 기본계획 등에 관한 경과조치】 ① 이 법 시행 당시 도로관리청이 수립한 도로정비 기본계획은 도로관리청이 이 법에 따라 건설·관리계획을 수립하여 고시할 때까지 이 법에 따른 건설·관리계획으로 본다. 다만, 이 법 시행 당시 종전의 도로정비 기본계획이 수립된 날부터 10년이 경과한 경우 도로관리청은 이 법 시행일부터 1년 이내에 건설·관리계획을 수립하여 고시하여야 한다.

② 이 법 시행 당시 국토교통부장관이 수립한 대도시권 교통혼잡도로 개선사업계획과 행정청이 수립한 대도시권 교통혼잡도로 개선을 위한 세부 사업계획은 각각 이 법에 따라 수립된 것으로 본다.

제12조【도로정책심의회에 관한 경과조치】 ① 이 법 시행 당시 대통령령에 따라 설치된 도로정책심의회는 이 법에 따른 도로정책심의위원회로 본다.

② 이 법 시행 당시 대통령령에 따라 설치된 도로정책심의회의 위원장, 부위원장 및 위원은 각각 이 법에 따른 도로정책심의위원회의 위원장, 부위원장 및 위원으로 본다.

제13조【도로 노선의 지정에 관한 경과조치】 ① 이 법 시행 당시 종전의 규정 및 「고속국도법」에 따라 대통령령으로 노선을 정한 고속국도, 일반국도(우회국도를 포함한다), 지선 및 국가지원지방도와 종전의 규정에 따라 국토교통부령으로 노선을 정한 지정국도는 각각 이 법에 따라 지정·고시된 고속국도, 일반국도, 우회국도, 지선, 국가지원지방도 및 지정국도로 본다.

② 이 법 시행 당시 종전의 규정에 따라 특별시장·광역시장이 노선을 인정한 특별시도·광역시도는 각각 이 법에 따라 특별시장·광역시장이 지정·고시한 특별시도·광역시도로 본다.

③ 이 법 시행 당시 종전의 규정에 따라 도지사 또는 특별자치도지사가 노선을 인정한 지방도는 이 법에 따라 도지사 또는 특별자치도지사가 지정·고시한 지방도로 본다.

④ 이 법 시행 당시 종전의 규정에 따라 시장(특별자치시장을 포함하며, 특별자치도의 경우에는 특별자치도지사를 말한다. 이하 이 항에서 같다)·군수·구청장이 노선을 인정한 시도·군도·구도는 각각 이 법에 따라 시장·군수·구청장이 지정·고시한 시도·군도·구도로 본다.

제14조【도로구역에 관한 경과조치】 이 법 시행 당시 도로관리청이 결정·고시한 도로구역은 이 법에 따라 결정·고시된 도로구역으로 본다.

제15조【접도구역에 관한 경과조치】 이 법 시행 당시 종전의 규정 또는 종전의 「고속국도법」에 따라 지정된 접도구역은 이 법에 따라 지정된 접도구역으로 본다.

제16조【사단법인 한국도로교통협회에 관한 경과조치】 ① 이 법 시행 당시 「민법」 제32조에 따라 국토교통부장관의 허가를 받아 설립된 사단법인 한국도로교통협회(이하 "사단법인 한국도로교통협회"라 한다)는 제105조에 따른 협회로 본다. 이 경우 사단법인은 이 법 시행일부터 6개월 이내에 이 법의 요건에 적합하도록 정관 등을 변경하여 국토교통부장관의 인가를 받아야 한다.

② 제1항에 따라 국토교통부장관의 인가를 받은 사단법인은 이 법에 따른 협회의 설립과 동시에 「민법」 중 법인의 해산 및 청산에 관한 규정에도 불구하고 해산된 것으로 본다.

제17조【통행료의 징수폐지에 따른 경과조치】 ① 법률 제5894호 도로법중개정법률(이하 이 조에서 "같은 법"이라 한다)의 시행일인 1999년 8월 9일 당시 공사 중인 교량 등에 대해서 유료도로로 하기 위하여 유료도로공사의 사전공고를 하도록 한 같은 법 시행 당시의 「유료도로법」 제6조제1항 본문에도 불구하고 같은 법 시행일부터 6개월 이내에 유료도로공사의 공고를 한 경우에는 이를 「유료도로법」에 따른 유료도로로 본다.

② 같은 법 시행 당시 종전의 제35조 및 제36조에 따라 통행료를 징수하고 있는 교량등은 「유료도로법」에 따른 유료도로로 본다.

제18조【국가지원지방도의 조사·설계에 관한 경과조치】 법률 제7103호 도로법중개정법률의 시행일인 2004년 7월 21일 당시 건설교통부장관이 조사·설계를 실시 중인 국가지원지방도사업의 조사·설계에 대하여는 같은 법률에 따른 제24조제3항의 개정규정에도 불구하고 종전의 규정에 따른다.

제19조【손궤자부담금에 관한 경과조치】 법률 제8124호 도로법 일부개정법률의 시행일인 2007년 3월 29일 당시 부과된 손궤자부담금에 관하여는 종전의 규정에 따른다.

제20조【의견청취 및 행위제한 등에 관한 경과조치】 법률 제11471호 도로법 일부개정법률의 시행일인 2012년 12월 2일 당시 결정된 도로구역에 대한 의견청취 및 행위제한에 관하여는 같은 법률에 따른 제24조의2 및 제24조의3의 개정규정에도 불구하고 종전의 규정에 따른다.

제21조【도로점용 안전사고 방지대책에 관한 경과조치】 법률 제11471호 도로법 일부개정법률의 시행일인 2012년 12월 2일 당시 도로의 점용허가를 받은 자의 도로점용 안전사고 방지대책에 관하여는 같은 법률에 따른 제38조제6항의 개정규정에도 불구하고 종전의 규정에 따른다.

제22조【처분 등에 관한 일반적 경과조치】 이 법 시행 당시 종전의 「도로법」 및 종전의 「고속국도법」에 따라 행정기관이 행한 행위나 행정기관에 대하여 행한 행위는 각각 이 법에 따라 행정기관이 행한 행위나 행정기관에 대하여 행한 행위로 본다.

제23조【벌칙 및 과태료에 관한 경과조치】 이 법 시행 전에 종전의 「도로법」 및 종전의 「고속국도법」을 위반한 행위에 대한 벌칙 및 과태료의 적용은 종전의 규정에 따른다.

제24조【다른 법률의 개정】 ①~⑯ ※(해당 법령에 가제정리 하였음)

제25조【다른 법령과의 관계】 이 법 시행 당시 다른 법령에서 이 법 및 「고속국도법」 또는 그 규정을 인용하고 있는 경우 이 법 중 그에 해당하는 규정이 있는 때에는 종전의 규정을 갈음하여 이 법 또는 이 법의 해당 규정을 인용한 것으로 본다.

부 칙 (2016.1.19 법13791호)

이 법은 공포 후 6개월이 경과한 날부터 시행한다. 다만, 법률 제12248호 도로법 전부개정법률 부칙 제3조의 개정규정은 공포한 날부터 시행한다.

부 칙 (2017.11.28)

제1조【시행일】 이 법은 공포 후 6개월이 경과한 날부터 시행한다. 다만, 제68조제7호의 개정규정은 공포한 날부터 시행한다.

제2조【안전사고 방지대책에 관한 적용례】 제62조제1항의 개정규정은 이 법 시행 후 최초로 도로점용허가를 받은 경우부터 적용한다.

제3조【점용료 감면에 관한 적용례】 제68조제7호의 개정규정은 같은 개정규정 시행 후의 기간에 대하여 점용료를 징수하는 경우부터 적용하고, 해당 기간의 점용료를 이미 징수한 경우에는 제70조에 따라 반환한다.

부 칙 (2018.12.18 법15997호)

제1조【시행일】 이 법은 공포 후 6개월이 경과한 날부터 시행한다.

제2조【도로구역의 결정·변경 또는 폐지의 공고 전 착수된 공사 신고 등에 관한 적용례】 제27조제4항·제5항 및 제106조제3항·제4항의 개정규정(제108조에 따라 준용되는 경우를 포함한다)은 이 법 시행 이후 신고를 하는 경우부터 적용한다.

부 칙 (2020.6.9)

이 법은 공포한 날부터 시행한다.(이하 생략)

부　칙 (2020.12.31)
(2021.1.12)

제1조【시행일】 이 법은 공포 후 1년이 경과한 날부터 시행한다.(이하 생략)

부　칙 (2021.12.7)

이 법은 공포 후 3개월이 경과한 날부터 시행한다.

부　칙 (2022.6.10)

제1조【시행일】 이 법은 공포 후 6개월이 경과한 날부터 시행한다.
제2조【점용료 감면에 관한 적용례】 제68조제2호의 개정규정은 이 법 시행 이후의 기간에 대하여 점용료를 징수하는 경우부터 적용하고, 해당 기간의 점용료를 이미 징수한 경우에는 제70조에 따라 반환한다.
제3조【권리·의무의 승계에 관한 적용례】 제106조제2항의 개정규정은 이 법 시행 이후 권리나 의무를 승계하는 경우부터 적용한다.

부　칙 (2022.11.15)

이 법은 공포 후 6개월이 경과한 날부터 시행한다.

부　칙 (2022.12.27)

제1조【시행일】 이 법은 공포 후 6개월이 경과한 날부터 시행한다.(이하 생략)

부　칙 (2023.4.18)

제1조【시행일】 이 법은 공포 후 6개월이 경과한 날부터 시행한다.
제2조【도로의 점용 허가에 관한 적용례】 제61조제2항의 개정규정은 이 법 시행 이후 도로점용허가를 신청하는 경우부터 적용한다.
제3조【다른 법률의 개정】 ①~② ※(해당 법령에 가제정리 하였음)

부　칙 (2023.8.8)

제1조【시행일】 이 법은 2024년 5월 17일부터 시행한다.(이하 생략)

부　칙 (2023.8.16)

이 법은 공포한 날부터 시행한다.

부　칙 (2024.1.9 법19973호)

제1조【시행일】 이 법은 공포 후 6개월이 경과한 날부터 시행한다.
제2조【방음터널에 관한 적용례】 제50조제2항의 개정규정은 이 법 시행 이후 방음터널 설계 용역을 입찰 공고하는 경우부터 적용한다.

부　칙 (2024.1.9 법19987호)

제1조【시행일】 이 법은 공포한 날부터 시행한다.
제2조【이의신청에 관한 일반적 적용례】 이의신청에 관한 개정규정은 이 법 시행 이후 하는 처분부터 적용한다.
제3조부터 **제7조**까지 생략

부　칙 (2024.1.16)

제1조【시행일】 이 법은 공포 후 3개월이 경과한 날부터 시행한다.
제2조【국가도로망종합계획의 수립에 관한 적용례】 제5조제2항의 개정규정은 이 법 시행 이후 국가도로망종합계획을 수립 또는 변경하는 경우부터 적용한다.

사도법

(1961년 12월 27일
법 률 제872호)

개정
1963. 2.26법 1282호
1997.12.13법 5454호(정부부처명)
1999.12.28법 6067호
2008. 3.21법 8976호(도로법)
2012.12.18법11584호
2013. 3.23법11690호(정부조직)
2014. 1.14법12248호(도로법)
2015. 7.24법13434호
2018.12.18법16001호

제1조【목적】 이 법은 사도(私道)의 설치, 관리, 사용 및 구조 등에 관하여 필요한 사항을 규정함으로써 교통 발전에 이바지함을 목적으로 한다.(2012.12.18 본조개정)
제2조【정의】 이 법에서 "사도"란 다음 각 호의 도로가 아닌 것으로서 그 도로에 연결되는 길을 말한다. 다만, 제3호 및 제4호의 도로는 「도로법」 제50조에 따라 시도(市道) 또는 군도(郡道) 이상에 적용되는 도로 구조를 갖춘 도로에 한정한다.(2014.1.14 단서개정)
1. 「도로법」 제2조제1호에 따른 도로(2014.1.14 본호개정)
2. 「도로법」의 준용을 받는 도로
3. 「농어촌도로 정비법」 제2조제1항에 따른 농어촌도로
4. 「농어촌정비법」에 따라 설치된 도로
(2012.12.18 본조개정)
제3조【적용 제외】 이 법은 다음 각 호의 도로에는 적용하지 아니한다.
1. 다른 법률에 따라 설치하는 도로
2. 공원, 광구(鑛區), 공장, 주택단지, 그 밖에 동일한 시설 안에 설치하는 도로
(2012.12.18 본조개정)
제4조【개설허가 등】 ① 사도를 개설·개축(改築)·증축(增築) 또는 변경하려는 자는 특별자치시장, 특별자치도지사 또는 시장·군수·구청장(구청장은 자치구의 구청장을 말하며, 이하 "시장·군수·구청장"이라 한다)의 허가를 받아야 한다.
② 제1항에 따른 허가를 받으려는 자는 허가신청서에 국토교통부령으로 정하는 서류를 첨부하여 시장·군수·구청장에게 제출하여야 한다.(2013.3.23 본항개정)
③ 시장·군수·구청장은 다음 각 호의 어느 하나에 해당하는 경우를 제외하고는 제1항에 따른 허가를 하여야 한다.
1. 개설하려는 사도가 제5조에 따른 기준에 맞지 아니한 경우
2. 허가를 신청한 자에게 해당 토지의 소유 또는 사용에 관한 권리가 없는 경우
3. 이 법 또는 다른 법령에 따른 제한에 위배되는 경우
4. 해당 사도의 개설·개축·증축 또는 변경으로 인하여 주변에 거주하는 주민의 사생활 등 주거환경을 심각하게 침해하거나 사람의 통행에 위험을 가져올 것으로 인정되는 경우
④ 시장·군수·구청장은 제1항에 따른 허가를 하였을 때에는 지체 없이 그 내용을 공보에 고시하고, 국토교통부령으로 정하는 바에 따라 사도 관리대장에 그 내용을 기록하고 보관하여야 한다.(2013.3.23 본항개정)
⑤ 제1항부터 제4항까지에서 규정한 사항 외에 허가에 필요한 사항은 대통령령으로 정한다.
(2012.12.18 본조개정)
판례 사도개설허가에서 정해진 공사기간 내에 사도로 준공검사를 받지 못한 경우, 이 공사기간을 사도개설허가 자체의 존속기간(유효기간)으로 볼 수 없다는 이유로 사도개설허가가 당연히 실효되는 것은 아니다.(대판 2004.11.25, 2004두7023)
제4조의2 → 제8조로 이동
제5조【사도의 폭 등 기준】 사도의 구조는 「농어촌도로 정비법」에 따른 면도(面道) 또는 이도(里道)의 기준에 따른다. 다만, 통행에 지장을 주지 아니하는 범위에서 국토교통부령으로 정하는 바에 따라 그 기준을 완화할 수 있다.(2015.7.24 본조개정)
제6조【사용검사】 ① 제4조에 따라 허가를 받은 자는 그 공사를 마치면 국토교통부령으로 정하는 바에 따라 시장·군수·구청장으로부터 사용검사를 받아야 한다.(2013.3.23 본항개정)
② 사도를 개설한 자(이하 "사도개설자"라 한다)는 제1항에 따른 사용검사를 받기 전에는 사도를 사용할 수 없다. 다만, 사도를 개축·증축 또는 변경하는 경우로서 대통령령으로 정하는 경우에는 사용검사를 받기 전이라도 그 사도를 사용할 수 있다.
(2012.12.18 본조신설)
제7조【사도의 관리】 사도는 사도개설자가 관리한다.
(2012.12.18 본조개정)
제7조의2 → 제14조로 이동
제8조【접속구간의 개수 요구】 ① 사도개설자는 사도의 효용을 높이기 위하여 필요한 경우에는 시장·군수·구청장에게 해당 사도와 공도(公道)가 연결되는 접속구간을 개수(改修)하여 줄 것을 요구할 수 있다.
② 시장·군수·구청장은 제1항의 요구가 타당하다고 인정하면 그 접속구간을 개수할 수 있다. 이 경우 필요하다고 인정하면 사도의 너비와 전체 길이를 초과하여 접속구간을 개수할 수 있다.
(2012.12.18 본조개정)
제9조【통행의 제한 또는 금지】 ① 사도개설자는 그 사도에서 일반인의 통행을 제한하거나 금지할 수 없다. 다만, 다음 각 호의 어느 하나에 해당하는 경우로서 대통령령으로 정하는 바에 따라 시장·군수·구청장의 허가를 받은 경우는 그러하지 아니하다.
1. 해당 사도를 보전(保全)하기 위한 경우
2. 통행상의 위험을 방지하기 위한 경우
3. 그 밖에 대통령령으로 정하는 사유에 해당하는 경우
② 사도개설자는 제1항 단서에 따라 일반인의 통행을 제한하거나 금지하려면 해당 사도의 입구에 그 기간과 이유를 분명하게 밝힌 표지를 설치하여야 한다.
(2012.12.18 본조개정)
제10조【사용료 징수】 사도개설자는 그 사도를 이용하는 자로부터 사용료를 받을 수 있다. 이 경우 대통령령으로 정하는 바에 따라 미리 시장·군수·구청장의 허가를 받아야 한다.(2012.12.18 본조신설)
제11조【권리·의무의 승계 등】 ① 다음 각 호의 어느 하나에 해당하는 자는 종전 사도개설자의 권리·의무를 승계한다.
1. 사도개설자가 지위를 양도한 경우 : 양수인
2. 사도개설자가 사망한 경우 : 상속인
3. 법인인 사도개설자가 다른 법인과 합병한 경우 : 합병 후 존속하는 법인이나 합병으로 설립되는 법인
② 제1항에 따라 권리·의무를 승계한 자는 국토교통부령으로 정하는 바에 따라 시장·군수·구청장에게 그 사실을 신고하여야 한다.(2013.3.23 본항개정)
③ 시장·군수·구청장은 제2항에 따른 신고를 받은 날부터 30일 이내에 신고수리 여부를 신고인에게 통지하여야 한다.(2018.12.18 본항신설)
④ 시장·군수·구청장이 제3항에서 정한 기간 내에 신고수리 여부 또는 민원 처리 관련 법령에 따른 처리기간의 연장을 신고인에게 통지하지 아니하면 그 기간(민원 처리 관련 법령에 따라 처리기간이 연장 또는 재연장된 경우에는 해당 처리기간을 말한다)이 끝난 날의 다음 날에 신고를 수리한 것으로 본다.(2018.12.18 본항신설)
(2012.12.18 본조신설)
제12조【사도의 보수·보완 명령 등】 ① 시장·군수·구청장은 사도가 제5조에 따른 기준에 맞지 아니하는 경우에는 사도개설자에게 보수 또는 보완을 명할 수 있다. 이 경우 통행상의 위험 방지 등을 위하여 필요하면 통행제한, 통행금지, 그 밖에 필요한 조치를 함께 명할 수 있다.
② 사도개설자가 제1항 후단의 명령에 따라 통행제한, 통행금지 등의 조치를 하는 경우에는 해당 사도의 입구에 그 기간과 이유를 분명하게 밝힌 표지를 설치하여야 한다.
③ 제1항에 따른 명령에 필요한 사항은 대통령령으로 정한다.
(2012.12.18 본조신설)
제13조【허가의 취소】 ① 시장·군수·구청장은 다음 각 호의 어느 하나에 해당하는 경우에는 제4조에 따른 허가를 취소할 수 있다. 다만, 제1호에 해당하는 경우에는 그 허가를 취소하여야 한다.
1. 거짓이나 그 밖의 부정한 방법으로 제4조에 따른 허가를 받은 경우
2. 제12조에 따른 명령에도 불구하고 해당 사도가 제5조에 따른 기준에 맞지 아니한 경우로서 통행상의 위험이 큰 경우
3. 사도개설자가 허가의 취소를 신청하는 경우
4. 사도개설자에게 해당 토지의 소유 또는 사용에 관한 권리가 없게 된 경우
② 시장·군수·구청장은 제1항에 따라 허가를 취소하는 경우에는 대통령령으로 정하는 바에 따라 공사의 중지, 해당 사도의 폐쇄 또는 원상회복을 명할 수 있다.
③ 시장·군수·구청장은 제1항에 따라 허가를 취소하려는 경우에는 대통령령으로 정하는 바에 따라 이해관계인의 의견을 들어야 하고, 청문을 실시하여야 한다.
④ 시장·군수·구청장은 제1항에 따라 허가를 취소한 경우에는 지체 없이 그 내용을 공보에 고시하여야 한다.
(2012.12.18 본조신설)
제14조【보조금】 시장·군수·구청장은 사도가 사도로서의 효용을 넘어 공공교통에 크게 도움이 된다고 인정하면 예산의 범위에서 설치비와 관리비의 전부 또는 일부를 보조할 수 있다.(2012.12.18 본조개정)
제15조【보전을 위한 금지행위】 누구든지 정당한 사유 없이 사도에 관하여 다음 각 호의 행위를 하여서는 아니 된다.
1. 사도를 파손하는 행위
2. 사도에 토석(土石), 입목(立木)·죽(竹), 그 밖의 장애물을 쌓아 놓는 행위

3. 그 밖에 사도의 구조나 교통에 지장을 주는 행위
(2012.12.18 본조개정)

제16조【벌칙】 다음 각 호의 어느 하나에 해당하는 자는 700만원 이하의 벌금에 처한다.
1. 제4조를 위반하여 허가를 받지 아니하고 사도를 개설·개축·증축 또는 변경한 자
2. 제9조를 위반하여 사도에서 일반인의 통행을 제한하거나 금지한 자
3. 제10조를 위반하여 허가를 받지 아니하고 사용료를 징수한 자
(2012.12.18 본조개정)

제17조【과태료】 ① 다음 각 호의 어느 하나에 해당하는 자에게는 300만원 이하의 과태료를 부과한다.
1. 제6조제2항을 위반하여 사용검사를 받기 전에 사도를 사용한 자
2. 제11조제2항을 위반하여 권리·의무를 승계한 자가 시장·군수·구청장에게 그 사실을 신고하지 아니한 자
3. 제12조에 따른 사도의 보수·보완 명령을 이행하지 아니한 자
4. 제13조제2항에 따른 공사의 중지, 사도의 폐쇄 또는 원상회복 명령을 이행하지 아니한 자
5. 정당한 사유 없이 제15조 각 호를 위반하여 사도의 파손 행위, 사도에 토석, 입목·죽, 그 밖의 장애물을 쌓아놓는 행위와 사도의 구조나 교통에 지장을 주는 행위를 한 자

② 제1항에 따른 과태료는 대통령령으로 정하는 바에 따라 시장·군수·구청장이 부과·징수한다.
(2012.12.18 본조신설)

부　칙 (2012.12.18)

제1조【시행일】 이 법은 공포 후 6개월이 경과한 날부터 시행한다.

제2조【개설허가 등에 관한 적용례】 제2조부터 제6조까지의 개정규정은 이 법 시행 후 제4조제1항의 개정규정에 따른 허가를 신청하는 경우부터 적용한다.

제3조【사도개설자의 권리·의무 승계에 관한 적용례】 제11조의 개정규정은 이 법 시행 후 제11조제1항의 개정규정에 따른 권리·의무 승계의 사유가 발생한 경우부터 적용한다.

제4조【일반적 경과조치】 이 법 시행 전에 종전의 규정에 따라 한 처분 또는 절차, 그 밖의 행위는 이 법에 따라 한 것으로 본다.

부　칙 (2018.12.18)

제1조【시행일】 이 법은 공포 후 1개월이 경과한 날부터 시행한다.

제2조【사도개설자의 권리·의무의 승계 신고에 관한 적용례】 제11조제3항 및 제4항의 개정규정은 이 법 시행 이후 사도개설자의 권리·의무의 승계 신고를 하는 경우부터 적용한다.

유료도로법

(2001년 1월 29일 전개법률 제6403호)

개정
2004.10.22법 7242호
2005. 1.27법 7386호(사회기반시설민간투자)
2008. 2.29법 8852호(정부조직)
2008. 3.21법 8976호(도로법)
2009.12.29법 9853호
2012.12.18법11586호
2013. 3.23법11690호(정부조직)
2014. 1.14법12248호(도로법)
2014. 1.14법12255호
2015. 1. 6법12984호
2016. 2. 3법14017호
2017. 3.21법14717호
2017.10.31법15022호(주식회사등의외부감사에관한법)
2018. 1.16법15357호
2019.11.26법16633호
2020. 3.24법17091호(지방행정제재·부과금의징수등에관한법)
2020.12.22법17743호
2023. 4.18법19388호
2023. 8.16법19684호

제1장 총　칙
(2012.12.18 본장개정)

제1조【목적】 이 법은 유료도로의 신설·개축(改築)·유지 및 관리 등에 관한 사항을 정함으로써 교통의 편의를 증진하고 국민경제의 발전에 이바지함을 목적으로 한다.

제2조【정의】 이 법에서 사용하는 용어의 뜻은 다음과 같다.
1. "도로"란 「도로법」 제2조제1호에 따른 도로를 말한다.(2014.1.14 본호개정)
2. "유료도로"란 다음 각 목의 도로를 말한다.
가. 이 법에 따라 통행료 또는 사용료를 받는 도로
나. 「사회기반시설에 대한 민간투자법」 제26조에 따라 통행료 또는 사용료를 받는 도로(이하 "민자도로"라 한다)
(2018.1.16 본호개정)
3. "도로관리청"이란 「도로법」 제23조 및 제24조에 따른 도로의 관리청을 말한다.(2014.1.14 본호개정)
4. "지방도로관리청"이란 지방자치단체인 도로관리청을 말한다.
5. "유료도로관리청"이란 제4조에 따라 도로관리청이 유료도로를 신설 또는 개축하는 경우에는 해당 도로관리청을 말하고, 제5조에 따라 국토교통부장관이 유료도로를 신설 또는 개축하는 경우에는 국토교통부장관을 말하며, 제6조에 따라 도로관리청이 아닌 자가 유료도로를 신설 또는 개축하는 경우에는 허가권자인 도로관리청을 말한다.(2013.3.23 본호개정)
6. "차량"이란 「자동차관리법」 제2조제1호에 따른 자동차와 「건설기계관리법」 제2조제1항제1호에 따른 건설기계 중 도로를 운행할 수 있는 것으로서 대통령령으로 정하는 것을 말한다.

제3조【다른 법률과의 관계】 유료도로의 신설·개축·유지·수선 또는 그 밖의 관리에 관하여 이 법에 규정되지 아니한 사항은 「도로법」에 따른다.(2014.1.14 본조개정)

제2장 유료도로의 신설 또는 개축
(2012.12.18 본장개정)

제4조【도로관리청의 유료도로 신설 또는 개축 등】 ① 도로관리청은 다음 각 호의 사항 모두에 해당하는 도로를 신설 또는 개축하여 그 도로를 통행하는 자로부터 통행료를 받을 수 있다.
1. 해당 도로를 통행하는 자가 그 도로의 통행으로 인하여 현저히 이익을 얻는 도로
2. 그 부근에 통행할 다른 도로(유료도로는 제외한다)가 있어 신설 또는 개축할 그 도로를 통행하지 아니하여도 되는 도로

② 다음 각 호의 어느 하나에 해당하는 도로를 유료도로로 신설 또는 개축하는 경우에는 제1항 각 호의 요건을 필요로 하지 아니한다.
1. 고속국도
2. 관광을 목적으로 하는 도로
3. 육지와 섬 사이 또는 섬과 섬 사이를 연결하는 도로

③ 제1항 및 제2항에도 불구하고 제16조제5항에 따라 산정한 통행료의 수납기간에 납부될 것으로 예상되는 통행료 총액이 해당 유료도로의 신설·개축·유지·수선 또는 그 밖의 관리에 필요한 비용의 원리금 총액(이하 "건설유지비 총액"이라 한다)에 미치지 못하는 경우에는 그 도로를 유료도로로 신설 또는 개축할 수 없다. 다만, 국가나 지방자치단체가 그 도로를 신설 또는 개축하는 것이 사회적·경제적 타당성이 있고 그로 인하여 공공교통의 편익이 현저하게 증가한다고 인정하여 그 도로의 건설에 대통령령으로 정하는 비율 이상의 재정지원(출자·출연 및 보조 등을 말한다. 이하 같다)을 하는 경우에는 그러하지 아니하다.(2019.11.26 본문개정)

④ 도로관리청은 민자도로의 관리운영권이 소멸되는 경우에도 해당 도로의 통행료 인하 등 공익적 목적으로 투입된 비용을 회수하기 위하여 제10조제1항에 따른 유료도로관리권을 설정하고 해당 도로의 이용자로부터 통행료를 징수하게 할 수 있다.(2019.11.26 본항신설)
(2019.11.26 본조제목개정)

제5조【국토교통부장관의 유료도로 신설 또는 개축 등】 ① 국토교통부장관은 지방도로관리청의 관리에 속하는 도로로서 국토의 개발, 관광사업의 진흥 및 지역주민의 편의 등과 특히 밀접한 관계가 있고, 그 도로가 제4조의 요건에 해당하는 경우에는 대통령령으로 정하는 바에 따라 스스로의 부담으로 그 도로를 신설 또는 개축하여 통행료를 받을 수 있다.

② 국토교통부장관은 제1항에 따라 유료도로를 신설 또는 개축하려는 경우에는 미리 해당 지방도로관리청의 동의를 받아야 한다. 이 경우 지방도로관리청은 동의 여부에 관하여 지방의회의 의견을 거쳐야 한다.

③ 제1항에 따라 국토교통부장관이 지방도로관리청의 관리에 속하는 도로를 신설 또는 개축하여 통행료를 받는 경우에는 제7조제2항에 따라 공고된 공사완료일의 다음 날부터 또는 제19조에 따라 공고로 지정한 날부터 통행료의 수납기간이 끝나는 날까지의 그 도로의 유지·수선 또는 그 밖의 관리에 필요한 의무와 비용은 국토교통부장관이 부담한다.

④ 국토교통부장관은 제1항에 따라 유료도로를 신설 또는 개축하거나 제3항에 따라 도로의 유지·수선 또는 그 밖의 관리에 필요한 의무와 비용을 부담하는 경우에는 그 기간 동안 대통령령으로 정하는 바에 따라 해당 지방도로관리청의 권한을 대행한다.
(2013.3.23 본조개정)

제6조【비도로관리청의 유료도로 신설 또는 개축】 도로관리청이 아닌 자(이하 "비도로관리청"이라 한다)는 대통령령으로 정하는 바에 따라 해당 도로관리청의 허가를 받아 스스로의 부담으로 제4조제1항 또는 제2항의 요건에 해당하는 도로를 신설 또는 개축하여 통행료를 받을 수 있다.

제7조【유료도로 공사의 공고】 ① 유료도로관리청은 제4조부터 제6조까지의 규정에 따른 유료도로의 신설 또는 개축에 관한 공사를 시행할 때에는 대통령령으로 정하는 바에 따라 미리 그 도로의 종류, 노선명(路線名) 및 공사의 구간·종류·시작일 등을 공고하여야 한다. 공고한 사항을 변경하려는 경우에도 또한 같다.

② 유료도로관리청은 제1항에 따른 공사의 전부 또는 일부를 완료하거나 공사를 폐지할 때에는 제1항에 준하여 미리 그 취지를 공고하여야 한다.

제8조【유료도로와 다른 도로와의 연결 등】 ① 국토교통부장관 또는 지방도로관리청은 다른 지방도로관리청이 관리하는 유료도로에 자기가 관리하는 도로를 연결하려는 경우에는 미리 해당 지방도로관리청과 협의하여야 한다.(2013.3.23 본항개정)

② 지방도로관리청은 국토교통부장관이 관리하는 유료도로에 자기가 관리하는 도로를 연결하려는 경우에는 국토교통부장관의 승인을 받아야 한다.(2013.3.23 본항개정)

③ 유료도로관리청은 교통의 연계성 및 효율성 증진을 위하여 필요한 경우에는 해당 유료도로와 직접 연결되는 도로의 도로관리청에 그 도로의 개축·수선 등을 요구할 수 있다.

④ 유료도로관리청이 제1항부터 제3항까지의 규정에 따른 협의·승인 또는 요구를 하는 경우로서 해당 유료도로에 제10조에 따른 유료도로관리권이 설정되어 있는 경우에는 미리 유료도로관리권자의 의견을 들어야 한다.

제9조【지방자치단체의 비용 분담】 유료도로의 신설·개축·유지·수선 또는 그 밖의 관리로 인하여 특별한 이익을 얻는 지방자치단체는 그에 관한 비용의 전부 또는 일부를 분담할 수 있다.

제3장 유료도로관리권
(2012.12.18 본장개정)

제10조【유료도로관리권의 설정 등】 ① 유료도로관리청은 유료도로를 유지·관리하고 그 유료도로를 통행하거나 이용하는 자로부터 통행료·점용료 등을 받을 수 있는 권리(이하 "유료도로관리권"이라 한다)를 설정할 수 있다.

② 제1항에 따라 유료도로관리권을 설정받은 자(이하 "유료도로관리권자"라 한다)는 해당 유료도로관리청에 등록하여야 한다.

판례 양재~판교 간 경부고속국도 구간의 통행료징수권을 행사할 권한은 국가로부터 통행료징수권이 포함된 유료도로관리권을 출자받은 한국도로공사에게 있다.(대판 2005.6.24, 2003두6641)

제11조【유료도로관리권의 성질】 유료도로관리권은 물권(物權)으로 보며, 이 법에 특별한 규정이 있는 경우를 제외하고는 「민법」 중 부동산에 관한 규정을 준용한다.

제12조【저당권의 처분에 관한 특례】 저당권이 설정된 유료도로관리권은 그 저당권자의 동의가 없으면 처분할 수 없다.

제13조【권리의 변동】 ① 유료도로관리권 또는 유료도로관리권을 목적으로 하는 저당권의 설정·변경·소멸 및 처분의 제한은 해당 유료도로관리청에 갖추어 둔 유료도로관리권 등록부에 등록함으로써 그 효력이 발생한다.

② 제1항에 따른 등록에 필요한 사항은 대통령령으로 정한다.

제14조【유료도로관리권자의 업무 대행】 유료도로관리청은 대통령령으로 정하는 바에 따라 「도로법」에 따른 해당 유료도로관리청의 업무를 유료도로관리권자가 대행하게 할 수 있다.(2014.1.14 본조개정)

제4장 통행료
(2012.12.18 본장개정)

제15조【통행료 납부의 대상 등】 ① 유료도로관리청 또는 유료도로관리권자는 해당 유료도로를 통행하는 차량에 대하여 그 구조·중량 등을 고려하여 국토교통부령으로 정하는 차량의 종류별로 통행료를 받는다.(2013.3.23 본항개정)
② 제1항에 따른 차량 중 군작전용 차량, 구급 및 구호차량, 소방활동에 종사하는 차량, 그 밖에 대통령령으로 정하는 차량에 대하여는 본래의 목적을 위하여 운행되는 경우에만 대통령령으로 정하는 바에 따라 통행료를 감면할 수 있다. 다만, 다음 각 호의 어느 하나에 해당하는 경우에는 통행료를 감면하지 아니하되, 그 구체적인 기준과 절차는 대통령령으로 정한다.(2023.8.16 단서신설)
1. 「도로법」 제77조제1항을 위반한 경우
2. 「도로교통법」 제39조제1항 또는 제4항을 위반한 경우
3. 그 밖에 대통령령으로 정하는 경우
(2023.8.16 1호~3호신설)
③ 유료도로관리청 또는 유료도로관리권자는 설날·추석 등 대통령령으로 정하는 날에는 대통령령으로 정하는 바에 따라 고속국도를 이용하는 차량의 통행료를 감면할 수 있다.(2018.1.16 본항신설)
④ 국가는 제2항 및 제3항에 따른 통행료 감면으로 인하여 발생하는 비용의 전부 또는 일부를 대통령령으로 정하는 바에 따라 지원할 수 있다.(2018.1.16 본항신설)

제16조【유료도로관리청에 의한 통행료의 결정 및 기준】 ① 유료도로관리청은 해당 유료도로의 통행으로 인하여 시간과 비용 면에서 통상적으로 얻는 이익의 범위에서 유료도로(고속국도는 제외한다)의 통행료를 정하여야 한다.
② 국토교통부장관은 물가 수준, 다른 교통수단의 운임, 그 밖의 공공요금 등과 비교하여 공정하고 상당하다고 인정하는 범위에서 유료도로인 고속국도의 통행료를 정하여야 한다.(2013.3.23 본항개정)
③ 유료도로관리청은 해당 도로의 통행료 인하 등 공익적 목적으로 투입된 비용을 회수하기 위하여 통행료 수납기간을 연장할 수 있다.(2019.11.26 본항신설)
④ 통행료의 총액은 해당 유료도로의 건설유지비 총액[유료도로관리청이 손실을 보전(補塡)하기 위하여 대통령령으로 정하는 국가예산 또는 제24조제1항에 따라 지방자치단체의 특별회계에 계상(計上)된 손실보전준비금을 포함한다]을 초과할 수 없다. 다만, 제4조제4항에 따라 유료도로관리권을 설정하여 통행료를 징수하는 경우에는 통행료의 총액이 건설유지비 총액(유료도로관리권 설정 이후 발생한 비용에 한정한다)과 해당 유료도로의 통행료 인하 등 공익적 목적으로 투입된 비용을 합산한 금액을 초과할 수 없다.(2019.11.26 단서신설)
⑤ 해당 유료도로의 통행료, 그 수납기간, 통행료 총액 및 건설유지비 총액 산정의 기준·방법 및 절차 등에 관하여 필요한 사항은 대통령령으로 정한다.

제17조【비도로관리청에 의한 통행료의 결정 및 기준】 ① 비도로관리청(유료도로관리청으로부터 유료도로관리권을 매입한 자를 포함한다. 이하 같다)은 해당 유료도로의 건설유지비 총액, 통행료 외에 그 유료도로에 관한 수익, 통행료 수납기간 및 수익률 등을 고려하여 통행료를 정한다.
② 비도로관리청은 통행료를 수납하려는 경우에는 국토교통부령으로 정하는 바에 따라 해당 유료도로관리청의 승인을 받아야 한다. 승인을 받은 통행료를 변경하려는 경우에도 또한 같다.(2013.3.23 전단개정)
③ 제2항 후단에 따라 통행료를 변경하거나 「사회기반시설에 대한 민간투자법」에 따라 민자도로의 통행료를 조정하려는 경우 그 인상률은 기존의 통행료가 변경되거나 조정된 날이 포함된 연도부터 통행료를 변경하거나 조정하려는 날의 전년도까지의 누적된 연간 소비자 물가상승률을 초과하지 아니하는 범위에서 정하여야 한다.(2018.1.16 본항신설)

제18조【통합채산제】 ① 유료도로관리청 또는 유료도로관리권자는 둘 이상의 유료도로가 다음 각 호의 요건에 모두 해당하는 경우 해당 유료도로를 하나의 유료도로로 하여 통행료를 받을 수 있다. 이 경우 유료도로관리권자가 통합채산제에 신규 유료도로를 포함시키거나 기승인 내용을 변경할 경우에는 제19조에 따른 통행료 및 수납기간 등의 공고 이전에 유료도로관리청의 승인을 받아야 한다.(2014.1.14 후단개정)
1. 유료도로에 대한 유료도로관리청 또는 유료도로관리권자가 동일할 것
2. 유료도로가 교통상 관련을 가지고 있을 것
3. 유료도로에 대하여 통행료를 통합하여 받는 것이 적당하다고 인정되는 특별한 사유가 있을 것
② 제1항에 따른 통합채산제의 승인 방법 및 절차 등에 필요한 사항은 대통령령으로 정한다.(2014.1.14 본항신설)

제18조의2【통행료의 일괄 수납】 서로 다른 유료도로관리청 또는 유료도로관리권자가 관리하는 유료도로를 연속하여 통과하는 차량에 대해서는 하나의 유료도로관리청 또는 유료도로관리권자가 통행료를 일괄하여 받을 수 있다. 이 경우 일괄 수납 사실과 각각의 유료도로 통행료를 이용자가 알 수 있도록 하여야 한다.(2016.2.3 본조신설)

제19조【통행료 및 수납기간 등의 공고】 유료도로관리청 또는 유료도로관리권자는 통행료를 받으려는 경우 대통령령으로 정하는 바에 따라 미리 통행료, 그 수납기간 및 수납방법, 그 밖에 필요한 사항을 관보 또는 공보에 공고하고, 도로상의 일반인이 보기 쉬운 장소에 그 내용을 적은 표지(標識)를 설치하여야 한다. 통행료, 그 수납기간 및 수납방법 등을 변경하려는 경우에도 또한 같다.

제20조【부가통행료의 부과·수납】 ① 유료도로관리청 또는 유료도로관리권자는 해당 유료도로를 통행한 자가 거짓이나 그 밖의 부정한 방법으로 통행료를 내지 아니하였거나 감면받았을 때에는 그 통행료 외에 내지 아니하거나 감면받은 통행료의 10배의 범위에서 대통령령으로 정하는 부가통행료(附加通行料)를 부과·수납할 수 있다.(2017.3.21 본항개정)
② 제1항의 경우 유료도로로 진입한 장소가 분명하지 아니할 때에는 통행료를 낼 장소에서 가장 먼 거리를 통행한 것으로 추정한다.
③ 제1항에 따른 통행료와 부가통행료의 부과·수납 등에 대한 고지 방법 및 절차, 그 밖에 필요한 사항은 국토교통부령으로 정한다.(2020.12.22 본항신설)

제20조의2【부가통행료 부과에 대한 이의제기 및 처리절차 등】 ① 제20조에 따른 부가통행료의 부과에 이의가 있는 자는 부가통행료 부과에 대한 고지를 받은 날부터 30일 이내에 해당 부가통행료를 부과한 유료도로관리청 또는 유료도로관리권자에게 이의를 제기할 수 있다.
② 유료도로관리청 또는 유료도로관리권자는 제1항의 이의제기 내용이 타당하다고 인정될 때에는 부가통행료 부과를 취소하여야 한다.
③ 그 밖에 부가통행료 부과에 대한 이의제기 및 처리절차 등에 필요한 사항은 국토교통부령으로 정한다.
(2023.4.18 본조신설)

제21조【통행료 등의 수납 위탁 및 강제징수】 ① 유료도로관리청은 통행료와 부가통행료를 낼 의무가 있는 자가 이를 내지 아니하면 국세 체납처분의 예 또는 「지방행정제재·부과금의 징수 등에 관한 법률」에 따라 징수할 수 있다.(2020.3.24 본항개정)
② 유료도로관리권자는 통행료와 부가통행료를 낼 의무가 있는 자가 이를 내지 아니하면 대통령령으로 정하는 바에 따라 국토교통부장관 또는 해당 지역을 관할하는 특별자치시장, 특별자치도지사 또는 시장·군수·구청장(자치구의 구청장을 말한다. 이하 같다)에게 그 수납을 위탁할 수 있다.(2018.1.16 본항개정)
③ 특별자치시장, 특별자치도지사 또는 시장·군수·구청장이 제2항에 따라 통행료와 부가통행료의 수납을 위탁받았을 때에는 지방세 체납처분의 예에 따라 징수할 수 있다. 이 경우 유료도로관리권자는 특별자치시장, 특별자치도지사 또는 시장·군수·구청장이 징수한 금액의 100분의 10에 해당하는 금액을 그 특별자치시, 특별자치도 또는 시·군·구(자치구를 말한다)에 교부하여야 한다.
④ 「한국도로공사법」에 따른 한국도로공사가 유료도로관리권자로 설정되어 있는 유료도로(고속국도만 해당한다)의 경우 그 통행료와 부가통행료를 낼 의무가 있는 자가 이를 내지 아니하면 한국도로공사는 대통령령으로 정하는 바에 따라 국토교통부장관의 승인을 받아 국세 체납처분의 예 또는 「지방행정제재·부과금의 징수 등에 관한 법률」에 따라 징수할 수 있다.(2020.3.24 본항개정)
⑤ 국토교통부장관은 제2항에 따라 위탁받은 통행료와 부가통행료의 수납 업무를 제23조의7에 따른 민자도로관리지원센터에 위탁할 수 있다.(2018.1.16 본항신설)
⑥ 민자도로 관리지원센터가 제5항에 따라 통행료와 부가통행료의 수납을 위탁받았을 때에는 대통령령으로 정하는 바에 따라 국토교통부장관의 승인을 받아 국세 체납처분의 예 또는 「지방행정제재·부과금의 징수 등에 관한 법률」에 따라 통행료와 부가통행료를 징수할 수 있다. 이 경우 유료도로관리권자는 민자도로 관리지원센터가 징수한 금액의 100분의 10에 해당하는 금액을 민자도로 관리지원센터에 내야 한다.(2020.3.24 전단개정)
(2018.1.16 본조제목개정)

제21조의2【차량영상인식시스템의 구축·운영】 ① 유료도로관리청 또는 유료도로관리권자는 통행료 및 부가통행료의 부과·수납을 위하여 해당 유료도로를 통과하는 차량의 영상정보를 수집·관리하는 시스템(이하 "차량영상인식시스템"이라 한다)을 구축·운영할 수 있다.
② 제18조의2에 따라 통행료를 일괄하여 받는 해당 유료도로의 유료도로관리청 또는 유료도로관리권자는 차량영상인식시스템으로 처리된 정보(이하 "차량영상정보"라 한다)를 공동으로 이용할 수 있다.
③ 제1항 및 제2항에 따른 차량영상인식시스템의 구축·운영과 차량영상정보의 공동 이용은 「개인정보 보호법」 및 「위치정보의 보호 및 이용 등에 관한 법률」에 따라야 한다.
④ 제1항 및 제2항에서 규정한 사항 외에 차량영상인식시스템의 구축·운영 및 차량영상정보의 공동 이용에 필요한 사항은 대통령령으로 정한다.
(2016.2.3 본조신설)

제21조의3【통행료 부과 등을 위한 정보의 요청】 ① 유료도로관리청, 유료도로관리권자 또는 민자도로 관리지원센터는 다음 각 호의 업무를 수행하기 위하여 불가피한 경우에는 관계 중앙행정기관의 장 또는 지방자치단체의 장에게 필요한 정보를 제공하여 줄 것을 요청할 수 있다. 이 경우 요청을 받은 자는 특별한 사유가 없으면 해당 정보를 제공하여야 한다.(2018.1.16 전단개정)
1. 통행료의 감면
2. 내지 아니한 통행료(내야 하는 통행료를 감면받은 경우에는 감면받은 통행료는 제외한다. 이하 같다)의 부과·수납·강제징수
3. 부가통행료의 부과·수납·강제징수
② 유료도로관리청, 유료도로관리권자 또는 민자도로 관리지원센터가 제1항에 따라 요청할 수 있는 정보는 제1항 각 호에 따른 감면, 부과, 수납 또는 강제징수의 대상자(내지 아니한 통행료 및 부가통행료의 경우 유료도로를 통행한 자를 알 수 없는 경우에는 해당 차량의 소유자를 말한다)에 대한 다음 각 호의 정보로 한다. 다만, 제4호에 따른 정보는 유료도로관리청, 「한국도로공사법」에 따른 한국도로공사 및 민자도로 관리지원센터만 요청할 수 있다.(2018.1.16 본문개정)
1. 이름(법인인 경우 법인 명칭) 및 주소
2. 차량의 색상 및 차명
3. 자동차등록번호·건설기계등록번호와 차량등록의 변경·이전·말소에 관한 정보
4. 주민등록번호, 법인등록번호, 외국인등록번호 및 차량의 압류사항에 관한 정보
5. 제15조제2항에 따른 통행료 감면 대상의 확인을 위하여 필요한 정보로서 대통령령으로 정하는 정보
③ 유료도로관리청, 유료도로관리권자 또는 민자도로 관리지원센터는 제1항에 따라 제공받은 정보를 「개인정보 보호법」에 따라 안전하게 관리하고, 제공받은 목적을 달성하였을 때에는 지체 없이 그 정보를 파기하여야 한다.
(2018.1.16 본항개정)
(2017.3.21 본조신설)

제22조【통행료 등의 귀속】 이 법에 따라 수납하는 유료도로의 통행료와 부가통행료는 국토교통부장관이 수납하는 경우에는 국고의 수입으로 하고, 지방도로관리청이 수납하는 경우에는 해당 지방자치단체의 수입으로 한다. 다만, 유료도로관리권이 설정된 유료도로의 경우에는 유료도로관리권자의 수입으로 한다.(2013.3.23 본문개정)

제23조【수납한 통행료 등의 사용제한】 제22조에 따라 국고 또는 지방자치단체에 귀속된 유료도로의 통행료와 부가통행료는 다음 각 호의 어느 하나에 해당하는 목적 외의 용도로 사용하여서는 아니 된다.
1. 유료도로의 신설 또는 개축에 관한 비용의 원리금 상환
2. 도로(유료도로 및 유료도로와 연결되는 통로를 포함한다)의 신설·개축·유지·수선 또는 그 밖의 관리에 필요한 비용

제4장의2 민자도로의 감독·관리 등
(2018.1.16 본장신설)

제23조의2【정부 등의 책무】 ① 국토교통부장관은 민자도로의 유료도로관리권자(이하 "민자도로사업자"라 한다)가 민자도로를 안전하고 효율적으로 유지·관리할 수 있는 환경을 조성하기 위하여 노력하여야 한다.
② 국토교통부장관은 제1항에 따른 환경 조성을 위하여 민자도로의 유지·관리 및 운영에 관한 기준을 정하여 고시하여야 한다.
③ 유료도로관리청은 제2항에 따른 민자도로의 유지·관리 및 운영에 관한 기준에 따라 매년 소관 민자도로에 대하여 운영평가를 실시하여야 한다.
④ 유료도로관리청은 제3항에 따른 운영평가 결과에 따라 민자도로에 관한 공사의 시행, 민자도로의 유지·관리 체계 개선 등 필요한 조치를 명할 수 있다.
⑤ 제3항에 따른 운영평가의 절차, 방법 및 그 밖에 필요한 사항은 국토교통부령으로 정한다.

제23조의3【민자도로사업자의 의무】 ① 민자도로사업자는 민자도로의 안전하고 효율적인 관리와 이용자의 편의를 도모하기 위하여 노력하여야 한다.
② 민자도로사업자는 제23조의2제2항에 따른 민자도로의 유지·관리 및 운영에 관한 기준을 준수하여야 한다.
③ 민자도로사업자는 제23조의2제4항에 따른 명령을 이행하고 그 결과를 유료도로관리청에 보고하여야 한다.
④ 민자도로사업자는 민자도로의 체계적인 관리를 위하여 소관 민자도로에 대하여 5년 단위의 중기 유지·관리 및 운영계획(이하 "유지관리계획"이라 한다)을 수립·시행하여야 한다.(2020.12.22 본항신설)
⑤ 제4항에 따른 유지관리계획에는 다음 각 호의 사항이 포함되어야 한다.
1. 민자도로의 유지·관리 및 운영에 관한 목표 및 추진방향

2. 민자도로 시설물의 보수·보강 또는 교체·점검 등 유지·관리에 관한 사항
3. 민자도로의 유지·관리 및 운영에 필요한 비용에 관한 사항
4. 민자도로의 유지·관리 및 운영을 위한 인력 및 장비의 확보에 관한 사항
5. 재난·재해 등 긴급상황 발생 시 교통안전성 확보 등 조치체계에 관한 사항
6. 민자도로 정보관리체계의 구축·운영에 관한 사항
7. 그 밖에 민자도로의 체계적인 관리를 위하여 필요한 사항으로서 대통령령으로 정하는 사항
(2020.12.22 본항신설)
⑥ 민자도로사업자는 유지관리계획에 따라 연차별 시행계획(이하 "유지관리시행계획"이라 한다)을 수립·시행하여야 한다.(2020.12.22 본항신설)
⑦ 민자도로사업자는 유지관리계획 및 유지관리시행계획을 수립한 경우 이를 국토교통부령으로 정하는 바에 따라 유료도로관리청에 제출하여야 한다.(2020.12.22 본항신설)
⑧ 유료도로관리청은 제7항에 따라 제출된 유지관리계획 및 유지관리시행계획의 적정성 등을 검토하여 필요한 경우 민자도로사업자에게 수정 또는 보완을 요구할 수 있다. 이 경우 수정 또는 보완을 요구받은 민자도로사업자는 특별한 사유가 없으면 이에 따라야 한다.(2020.12.22 본항신설)
⑨ 그 밖에 유지관리계획 및 유지관리시행계획의 수립시기, 유지관리시행계획의 내용 등 필요한 사항은 대통령령으로 정한다.(2020.12.22 본항신설)

제23조의4【국회에 대한 보고 등】 ① 국토교통부장관은 「사회기반시설에 대한 민간투자법」 제53조에 따라 국가가 재정을 지원한 민자도로의 건설 및 유지·관리 현황에 관한 보고서를 작성하여 매년 5월 31일까지 국회 소관 상임위원회에 제출하여야 한다.
② 국토교통부장관은 제1항에 따른 보고서를 작성하기 위하여 민자도로사업자에게 필요한 자료의 제출을 요구할 수 있다.

제23조의5【사정변경 등에 따른 실시협약의 변경 요구 등】 ① 유료도로관리청은 중대한 사정변경 또는 민자도로사업자의 위법한 행위 등 다음 각 호의 어느 하나에 해당하는 사유가 발생한 경우 민자도로사업자에게 그 사유를 소명하거나 해소 대책을 수립할 것을 요구할 수 있다.
1. 연속하여 3년 동안 연간 실제 교통량이 「사회기반시설에 대한 민간투자법」 제2조제6호에 따른 실시협약(이하 "실시협약"이라 한다)에서 정한 교통량의 100분의 70에 미달하는 경우
2. 연속하여 3년 동안 연간 실제 통행료 수입이 실시협약에서 정한 통행료 수입의 100분의 70에 미달하는 경우
3. 민자도로사업자가 실시협약에서 정한 자기자본의 비율을 대통령령으로 정하는 기준 미만으로 변경한 경우. 다만, 「사회기반시설에 대한 민간투자법」 제2조제4호에 따른 주무관청의 승인을 받아 변경한 경우는 제외한다.
4. 민자도로사업자가 주주로부터 대통령령으로 정하는 기준을 초과한 이자율로 자금을 차입한 경우
5. 도로의 종류 또는 등급이 변경되는 경우
6. 교통여건이 현저히 변화되어 실시협약의 변경이 필요하다고 인정되는 사유로서 대통령령으로 정하는 경우
② 제1항에 따른 요구를 받은 민자도로사업자는 유료도로관리청이 요구한 날부터 30일 이내에 그 사유를 소명하거나 해소 대책을 수립하여야 한다.
③ 유료도로관리청은 다음 각 호의 어느 하나에 해당하는 경우 제23조의7에 따른 민자도로 관리지원센터의 자문을 거쳐 실시협약의 변경 등을 요구할 수 있다.
1. 민자도로사업자가 제2항에 따른 소명을 하지 아니하거나 그 소명이 충분하지 아니한 경우
2. 민자도로사업자가 제2항에 따른 해소 대책을 수립하지 아니한 경우
3. 제2항에 따른 해소 대책으로는 제1항에 따른 사유를 해소할 수 없거나 해소하기 곤란하다고 판단되는 경우
④ 유료도로관리청은 민자도로사업자가 제3항에 따른 요구 조치에 따르지 아니하는 경우 실시협약에 따른 보조금 및 재정지원금의 전부 또는 일부를 지급하지 아니할 수 있다.

제23조의6【민자도로사업자에 대한 지원】 유료도로관리청은 정책의 변경 또는 법령의 개정 등으로 인하여 민자도로사업자가 부담하여야 하는 비용이 추가로 발생하는 경우 그 비용의 전부 또는 일부를 지원할 수 있다.

제23조의7【민자도로 관리지원센터의 지정 등】 ① 국토교통부장관은 민자도로에 대한 감독 업무를 효율적으로 수행하기 위하여 대통령령으로 정하는 기간 내에서 다음 각 호의 어느 하나에 해당하는 기관을 민자도로 관리지원센터(이하 "관리지원센터"라 한다)로 지정할 수 있다.
1. 「정부출연연구기관 등의 설립·운영 및 육성에 관한 법률」에 따른 정부출연연구기관
2. 「공공기관의 운영에 관한 법률」에 따른 공공기관
② 관리지원센터는 다음 각 호의 업무를 수행한다.
1. 실시협약과 관련한 자문 및 지원
2. 민자도로의 교통수요 예측, 적정 통행료 및 운영비 산출과 관련한 자문 및 지원
3. 제23조의2제2항에 따른 민자도로의 유지·관리 및 운영에 관한 기준 및 제23조의2제3항에 따른 운영평가와 관련한 자문 및 지원
3의2. 제23조의3제4항·제6항·제8항에 따른 유지관리계획 및 유지관리시행계획의 수립·검토와 관련한 자문 및 지원(2020.12.22 본호신설)
4. 제21조제5항에 따라 위탁받은 통행료와 부가통행료의 수납 및 같은 조 제6항에 따른 통행료와 부가통행료의 징수
5. 제6항에 따라 국토교통부장관 또는 유료도로관리청이 위탁하는 업무
6. 그 밖에 민자도로 감독 지원을 위하여 국토교통부령으로 정하는 업무
③ 국토교통부장관이 제1항에 따라 관리지원센터를 지정할 때에는 민자도로에 대한 해당 기관의 전문성을 고려하여야 한다.
④ 국토교통부장관은 관리지원센터가 업무를 수행하는 데에 필요한 비용을 예산의 범위에서 지원할 수 있다.
⑤ 국토교통부장관은 관리지원센터가 다음 각 호의 어느 하나에 해당하는 경우에는 지정을 취소할 수 있다. 다만, 제1호에 해당하는 경우에는 지정을 취소하여야 한다.
1. 거짓이나 그 밖의 부정한 방법으로 지정을 받은 경우
2. 지정받은 사항을 위반하여 업무를 수행한 경우
⑥ 국토교통부장관 또는 유료도로관리청은 민자도로와 관련하여 이 법과 「사회기반시설에 대한 민간투자법」에 따른 업무로서 국토교통부령으로 정하는 업무를 관리지원센터에 위탁할 수 있다.

제23조의8【민간 사용기간이 종료된 민자도로의 관리방법 등】 ① 「사회기반시설에 대한 민간투자법」 제25조제1항에 따라 사업시행자가 무상으로 사용·수익할 수 있는 기간이 종료된 민자도로는 다음 각 호의 어느 하나에 해당하는 방법으로 관리한다.
1. 「도로법」 제10조에 따른 도로(고속국도는 제외한다)로서 관리
2. 「한국도로공사법」에 따른 한국도로공사 또는 「지방공기업법」에 따라 설립된 법인에 위탁하여 관리
3. 해당 도로를 증설 또는 개량한 후 「사회기반시설에 대한 민간투자법」 제4조제1호 또는 제2호에 해당하는 방식으로 관리
② 유료도로관리청 또는 비도로관리청은 제16조 및 제17조제1항에도 불구하고 제1항제2호 또는 제3호에 따라 관리되는 도로의 경우 해당 도로의 효율적인 유지·관리를 위하여 필요한 범위에서 통행료를 정할 수 있다.
③ 제2항에 따른 통행료의 산정 기준·방법 및 절차 등에 필요한 사항은 국토교통부령으로 정한다.

제5장 보 칙
(2012.12.18 본장개정)

제24조【특별회계 등】 ① 국가나 지방자치단체는 유료도로에 관한 특별회계를 설치하여 그 수입 및 지출을 관리하여야 한다.
② 유료도로관리권자는 매 회계연도가 끝난 후 90일 이내에 해당 유료도로의 건설유지비 총액, 수납한 통행료의 총액 등에 관한 회계보고서를 작성하여 해당 유료도로관리청에 제출하고, 관련 장부와 근거 자료를 비치하여야 한다. 이 경우 「주식회사 등의 외부감사에 관한 법률」 제4조에 따른 외부감사의 대상일 때에는 감사인(監査人)에게 회계감사를 받은 회계보고서를 제출하여야 한다.
(2018.1.16 전단개정)
③ 제2항에 따라 유료도로관리권자가 작성하는 회계보고서의 작성기준 등에 관하여 필요한 사항은 대통령령으로 정한다.

제25조【감독】 ① 국토교통부장관은 필요하다고 인정하면 지방도로관리청에 유료도로에 관한 공사의 시행, 점용허가의 제한, 접도구역의 지정 또는 변경, 그 밖에 유료도로의 관리에 필요한 처분이나 조치를 명할 수 있다.
(2013.3.23 본항개정)
② 유료도로관리청은 비도로관리청(민자도로사업자를 포함한다)이 이 법 또는 이 법에 따른 허가조건을 위반하였을 때에는 허가의 취소, 공사의 중지, 행정대집행 또는 그 밖에 필요한 처분을 하거나 조치를 명할 수 있다.
(2018.1.16 본항개정)

제25조의2【과징금】 ① 유료도로관리청은 비도로관리청이 다음 각 호의 어느 하나에 해당하는 위반행위를 한 경우에는 대통령령으로 정하는 통행료 수입에 100분의 3을 곱한 금액 이하의 과징금을 부과할 수 있다.
1. 제23조의3제2항을 위반하여 민자도로의 유지·관리 및 운영에 관한 기준을 준수하지 아니한 경우
2. 제23조의3제3항을 위반하여 명령을 이행하지 아니하거나 그 결과를 보고하지 아니한 경우
3. 제25조에 따른 처분이나 명령을 위반한 경우
② 제1항에 따른 과징금을 부과하는 위반행위의 종류, 과징금의 금액 및 징수방법 등에 필요한 사항은 대통령령으로 정한다.
③ 유료도로관리청은 제1항에 따른 과징금을 내야 할 자가 납부기한까지 내지 아니하면 국세 체납처분의 예 또는 「지방행정제재·부과금의 징수 등에 관한 법률」에 따라 징수한다.(2020.3.24 본항개정)
④ 제1항에 따른 과징금 중 국토교통부장관이 부과·징수한 과징금은 「교통시설특별회계법」에 따른 교통시설특별회계 도로계정의 수입으로 한다.
(2018.1.16 본조신설)

제6장 벌 칙

제26조【벌칙】 ① 거짓이나 그 밖의 부정한 방법으로 제6조에 따른 허가를 받거나 허가 없이 유료도로를 신설 또는 개축한 자는 2년 이하의 징역 또는 2천만원 이하의 벌금에 처한다.
② 제17조제2항에 따른 승인 또는 변경승인을 받은 자가 그 승인조건을 위반하여 통행료를 수납하였을 때에는 1년 이하의 징역 또는 1천만원 이하의 벌금에 처한다.
(2012.12.18 본조개정)

제27조【양벌규정】 법인의 대표자나 법인 또는 개인의 대리인, 사용인, 그 밖의 종업원이 그 법인 또는 개인의 업무에 관하여 제26조제1항 또는 제2항의 위반행위를 하면 그 행위자를 벌하는 외에 그 법인 또는 개인에게도 해당 조문의 벌금형을 과(科)한다. 다만, 법인 또는 개인이 그 위반행위를 방지하기 위하여 해당 업무에 관하여 상당한 주의와 감독을 게을리하지 아니한 경우에는 그러하지 아니하다.(2012.12.18 본조신설)

제28조【과태료】 ① 다음 각 호의 어느 하나에 해당하는 자에게는 1천만원 이하의 과태료를 부과한다.
1. 제18조제1항에 따른 승인을 받지 아니하고 통합채산제를 시행한 자
2. 제23조의2제2항에 따른 민자도로의 유지·관리 및 운영에 관한 기준을 위반한 자
2의2. 제23조의3제4항·제6항·제7항을 위반하여 유지관리계획 또는 유지관리시행계획을 수립하지 아니하거나 제출하지 아니한 자(2020.12.22 본호신설)
3. 제23조의4제2항에 따른 자료 제출을 거부하거나 거짓으로 자료를 제출한 자
② 제1항에 따른 과태료는 대통령령으로 정하는 바에 따라 유료도로관리청이 부과·징수한다.
(2018.1.16 본조개정)

제29조【과태료에 관한 규정 적용의 특례】 제28조의 과태료에 관한 규정을 적용할 때 제25조의2에 따라 과징금을 부과한 행위에 대해서는 과태료를 부과할 수 없다.
(2018.1.16 본조신설)

부 칙 (2018.1.16)

제1조【시행일】 이 법은 공포 후 1년이 경과한 날부터 시행한다.
제2조【과징금에 대한 적용례】 제25조의2의 개정규정은 이 법 시행 후 최초로 발생하는 위반행위부터 적용한다.

부 칙 (2019.11.26)

제1조【시행일】 이 법은 공포한 날부터 시행한다.
제2조【다른 법률의 개정】 ※(해당 법령에 가제정리 하였음)

부 칙 (2020.3.24)

제1조【시행일】 이 법은 공포한 날부터 시행한다.(이하 생략)

부 칙 (2020.12.22)

제1조【시행일】 이 법은 공포 후 6개월이 경과한 날부터 시행한다.
제2조【민자도로의 유지관리계획 및 유지관리시행계획에 관한 경과조치】 이 법 시행 당시 종전의 규정에 따라 수립된 민자도로의 유지관리계획 및 유지관리시행계획은 제23조의3제4항 및 제6항의 개정규정에 따른 유지관리계획 및 유지관리시행계획으로 본다.

부 칙 (2023.4.18)
(2023.8.16)

이 법은 공포 후 6개월이 경과한 날부터 시행한다.

記號 · 略語表

《本文記號表》

【 】 法令固有의 標題
[ ] 編者가 붙인 標題
①②③ 法令固有의 項表示
(1)(2)(3) 編者가 붙인 項表示

改前	개정전 조문	판례	우리나라 판례
참조	참조조문	일판	일본 판례
독판	독일 판례	프판	프랑스 판례
영판	영국 판례	미판	미국 판례

《法令略語》

가~나 部

略語	法令
가등기담보	가등기담보등에관한법률
가소	가사소송법
가소규	가사소송규칙
가족관계등록	가족관계의등록등에관한법률
간이절차에의한민사	簡易節次에의한民事紛爭事件處理特例法
감규	監査院規則
감사	감사원법
감염병	감염병의예방및관리에관한법률
감정평가감정평가사	감정평가및감정평가사에관한법률
개인정보보호일부개정법령등	개인정보보호를위한일부개정법령등
거절증서	거절증서령
건설산업	건설산업기본법
건축	건축법
검찰	검찰청법
경범	경범죄처벌법
경제활성화친서민해소	경제활성화및친서민국민불편해소등을위한일부개정법령등
경찰공무원	경찰공무원법
경찰직무	경찰관직무집행법
계엄	계엄법
고등교육	고등교육법
고유정보처리	고유식별정보처리마련을위한일부개정법령등, 고유식별정보마련을위한일부개정법령등
공간정보구축관리	공간정보의구축및관리등에관한법률
공공보상	公共用地의取得및損失補償에관한特例法
공공차관	공공차관의도입및관리에관한법률
공무원범죄	공무원범죄에관한몰수특례법
공무원보수	공무원보수규정
공무원복무	국가공무원복무규정
공무원연금	공무원연금법
공무원임용	공무원임용령
공무원임용시	공무원임용시험령
공선	공직선거법
공수처법	고위공직자범죄수사처 설치 및 운영에 관한 법률
공익설립	공익법인의설립·운영에관한법률
공인중개사부동산거래신고	공인중개사의업무및부동산거래신고에관한법률
공장광업재단	공장및광업재단저당법
공증	공증인법
공증인수수료	공증인수수료규칙
공직선거규	공직선거관리규칙
공직윤리강화	공직윤리 강화를 위한 일부개정법령등
공직자범죄수사처	고위공직자범죄수사처 설치에 따른 일부개정법령등
공직자윤리	공직자윤리법
공탁	공탁법
공토법	공익사업을위한토지등의취득및보상에관한법률
과기령	科學技術部令
과태료금액정비	과태료금액정비를위한일부개정법령등
과태료부과일부개정법령등	과태료부과·징수절차정비를위한일부개정법령등
관세	관세법
광업	광업법
광업재단저당	鑛業財團抵當法
교령	教育部令
교육	教育法(舊)
교육공무원	교육공무원법
교육기본	교육기본법
국가계약	국가를당사자로하는계약에관한법률
국가공무원	국가공무원법
국가배상	국가배상법
국가보안	國家保安法
국가소송	국가를당사자로하는소송에관한법률
국가안보	국가안전보장회의법
국가유공자등예우	국가유공자등예우및지원에관한법률
국가자치경찰	국가경찰과 자치경찰의 운영에 관한 법률
국감	국정감사및조사에관한법률
국군조직	국군조직법
국민기초생활	국민기초생활보장법
국민보험	국민건강보험법
국방령	國防部令
국세	국세기본법
국세와지방세의조정	국세와지방세의조정에관한법률
국세징수	국세징수법
국유재산	국유재산법
국제연합	國際聯合憲章
국토이용	국토의계획및이용에관한법률
국회	국회법
국회에서의증언	국회에서의증언·감정등에관한법률
군무원	군무원인사법
군사기밀	군사기밀보호법
군사법원	군사법원법
군사법원의재판권	軍事法院의裁判權에관한법률
군용물등범죄	군용물등범죄에관한특별조치법
군인연금	군인연금법
군형	군형법
권한지방이양	중앙행정권한및사무등의지방일괄이양을위한일부개정법령등
귀속재산	歸屬財産處理法
규	規則
규제기한설정	규제재검토기한설정을위한일부개정법령등
규제기한정비	규제재검토기한설정등규제정비를위한일부개정법령등
규제기한해제	규제재검토기한설정해제등을위한일부개정법령등
규제일몰제적용	규제일몰제적용을위한일부개정법령등
근기	근로기준법
근로자참여	근로자참여및협력증진에관한법률
금감설치	金融監督機構의設置등에관한법률
금융감독	金融監督機構의設置등에관한法律制定등에따른公認會計士등의整備에관한法律
금융부실	금융회사부실자산등의효율적처리및한국자산관리공사의설립에관한법률
금융산업	금융산업의구조개선에관한법률
금융실명	금융실명거래및비밀보장에관한법률
기초연구진흥개발	기초연구진흥및기술개발지원에관한법률
내수면	內水面漁業法
노노	노동조합및노동관계조정법
노동위	노동위원회법
(구)노동쟁의	(구)勞動爭議調整法
(구)노사	(구)勞使協議會法
(구)노조	(구)勞動組合法
노령	勞動部令
노무사	공인노무사법
노인복지	노인복지법
농수산물유통	농수산물유통및가격안정에관한법률
농어촌등보건의료	농어촌등보건의료를위한특별조치법
농어촌정비	농어촌정비법
농지	농지법
농협	농업협동조합법

다~바 部

略語	法令
담배	담배事業法
담보부사채	擔保附社債信託法
대규	大法院規則
대기환경	대기환경보전법
대외무역	대외무역법
도농복합	都農複合形態의市設置에따른行政特例등에관한法律
도로교통	도로교통법
도시공원녹지	도시공원및녹지등에관한법률
도시재개발	都市再開發法
독점	독점규제및공정거래에관한법률
디자인보호	디자인보호법
령(영)	大統領令
마약	마약류관리에관한법률
모자	모자보건법
문화예술진흥	문화예술진흥법
문화유산	문화유산의 보존 및 활용에 관한 법률
문화재	문화재보호법
물가안정	물가안정에관한법률
민	민법
민감정보고유식별정보	민감정보및고유식별정보처리근거마련(정비)을위한일부개정법령등
민소규	민사소송규칙
민방위	民防衛基本法
민부	民法附則
민사소송비용	민사소송비용법
민사조정	민사조정법
민소	민사소송법
민집	민사집행법
민집규	민사집행규칙
반도체	반도체집적회로의배치설계에관한법률
발명	발명진흥법
방문판매	방문판매등에관한법률
벌금	벌금등임시조치법
범죄피해자구조	犯罪被害者救助法
법	法律
법령	法務部令
법령등공포	법령등공포에관한법률
법령서식개선	법령서식개선등을위한일부개정법령등
법령용어정비	어려운법령용어정비를위한일부개정법령등
법률구조	법률구조법
법률용어정비	법률용어 정비를 위한 일부개정법령
법원공무원	법원공무원규칙
법원조직	법원조직법
법정공고방식확대	법정공고 방식 확대를 위한 일부개정법령
변리사	변리사법
변호사	변호사법
병역	병역법
보복령	保健福祉部令
보험	보험업법
보호관찰	보호관찰등에관한법률
본적삭제일부개정법령등	서식중본적란삭제를위한일부개정법령등
부	附則
부가세	부가가치세법
부동산가격공시감정평가	부동산가격공시및감정평가에관한법률
부동산중개	不動産仲介業法
부등	부동산등기법
부등규	부동산등기규칙
부정경쟁	부정경쟁방지및영업비밀보호에관한법률